KB211293

《무디 성경 주석》은 한국의 복음주의 교회가 오랫동안 기다려왔던 축복입니다. 성경은 "하나님께 가까이함이 내게 복이라"(시 73:28)고 말씀합니다. 그러나 소셜미디어에 함몰된 현실은 하나님 앞으로 나아가는 것을 심히 방해하고 있습니다. 교회와 목회자는 세속의 중력을 뚫고 현대인을 하나님께 인도해야 할 책임이 있습니다. 하나님을 가까이하는 데 성경 말씀을 제대로 읽고 묵상하는 것만큼 중요한 일이 없습니다. 그러나 이 모든 것은 말씀에 대한 정확하고 올바른 이해와 해석 위에서만 가능합니다. 이번에 발간되는 《무디 성경 주석》은 그 깊이와 신뢰성에서 독보적이며, 특별히 성경에 대한 접근성을 획기적으로 열어놓아 누구나 쉽지만 바르게 다가갈 수 있도록 했습니다. 《무디 성경 주석》은 하나님의 말씀을 간절히 사모하는 한국교회와 설교자들 그리고 성도들이 이 땅에서 말씀을 깨달아 가슴 뛰는 삶을 살아갈 수 있도록 성령의 감화로 인도할 것입니다.

–오정현 목사(사랑의교회)

《무디 성경 주석》은 유명한 복음주의 신학교인 무디 신학교 교수진들이 집필한 주석입니다. 그래서 신학적으로 일관성이 있으며, 잡다한 학설의 나열 대신 복음적 적용에 탁월한 강점을 지니고 있습니다. 무엇보다 목회자와 평신도가 함께 접근해서 유익을 얻을 수 있도록 쉽고 명료하게 저술되었습니다. 만약 우리가 꼭 한 권의 단권주석만을 참고해야 한다면, 저는 주저 없이 이 책을 추천할 것입니다. 이 주석은 한국교회의 강단과 평신도들의 성경 묵상을 풍성하게 하는 축복의 샘이 될 것입니다.

–이동원 목사(지구촌교회 원로)

'성경을 얼마나 깊고 진실하게 이해하는가'는 교회의 생명력과 직결된 중대 사안입니다. 《무디 성경 주석》은 이 도전으로부터 시작되었습니다. 이 책은 복음주의의 정통에 서 있는 일관된 관점으로 저술되었습니다. 그러면서도 다양한 학계의 논쟁점들을 피하지 않으며, 더 나아가 풍성한 적용점을 독자에게 선물합니다. 그리하여 학자는 핵심 신학 연구가, 평신도는 풍성한 묵상이 가능하게 합니다. 이 책이 많은 독자의 손에 들려 말씀의 온전함을 경험하게 하는 도구로 사용되기를 기대하며 추천합니다.

–송태근 목사(삼일교회)

성경 주석은 저자(들)의 신학적 입장에서 성경을 해설하는 작업입니다. 따라서 어떤 주석도 완벽할 수 없습니다. 이런 까닭에 신실한 말씀의 사역자가 되려는 사람이라면 다양한 신학적 스펙트럼을 대변하는, 신뢰할 만한 주석서들을 구비하여 균형 잡힌 시각을 가지도록 노력해야 합니다. 《무디 성경 주석》은 미국의 보수적 복음주의를 대변하는 주석으로 인정받고 있습니다. 기고자들은 선택된 신학적 입장에 충실하게 본문을 분석하고 해석합니다. 뿐만 아니라, 주석 과정에서 중요한 신학적 주제들을 깊이 있게 다루었습니다. 이 책은 목회 현장에서 자주 봉착하는 신학적 질문들에 책임 있게 응답하는 데 큰 도움이 됩니다. 어떤 신학적 입장에 서 있든지 설교자의 서재에 있어야 할 좋은 참고서라고 확신합니다.

–김영봉 목사(와싱톤 사귐의교회)

《무디 성경 주석》은 성령의 조명을 받은 학자들이 기독론을 중심에 두고 주석한 책입니다. 따라서 어느 부분을 펼쳐도 복음을 발견하게 됩니다. 복음으로 성경을 보면 창세기에서 요한계시록까지 감사와 기쁨으로 대할 수 있습니다. 주석의 개요만 살펴보아도 성경 각 권의 중심 메시지가 한눈에 들어올 것입니다. 또한 목회자든 평신도든 누구나 쉽게 이해할 수 있도록 주석했고, 성경의 난제들을 쉽게 이해할 수 있도록 풀어주고 있습니다. 관찰, 해석, 깊은 묵상, 실제적 적용으로 이끌어주는 책이기에 기쁨으로 추천합니다.

–한태수 목사(은평성결교회)

말씀에 대한 깊은 연구로 세상을 뒤흔든 부흥사 무디는, 성경을 그저 읽어서는 안 되고 위대한 진리를 사냥하듯 이 깊이 파야 하며, 또 이런 성경 연구를 통해 지식을 늘리려 하지 말고 삶을 바꾸어야 한다고 소리쳤습니다. 이 책은 무디 신학교 교수들이 무디의 정신에 충실하게 집필해낸 탁월한 성경 주석서입니다.《무디 성경 주석》은 우리 모두를 말씀의 높은 산으로 이끄는 셰르파요, 진리의 넓은 바다로 안내하는 항해사요, 은혜의 깊은 강물로 인도하는 안내선이 되어줄 것입니다.

–전광식 총장(고신대학교)

《무디 성경 주석》은 하나님의 말씀을 계시로 받아들이려는 이들이 경건을 위해 거룩한 독서를 하거나 교회의 유익을 위해 설교할 때 곁에 두고 참고해야 할 가장 좋은 주석입니다. 문자적 해석 위에 기초를 세운 뒤 신약과 연결시켜 정경적 의미가 무엇인지 밝힐 뿐 아니라, 개인의 경건과 교회의 덕을 세우는 방식으로 적용하며 해석해 주기 때문입니다. 드와이트 무디는 가난하고 배움이 없었지만 복음을 전하려는 열정 하나로 하나님께 쓰임을 받아 탁월한 설교자가 되었습니다. 그의 정신을 이어받은 무디 신학교의 교수들이 펴낸《무디 성경 주석》을 읽는다면 뜨거운 복음의 열정을 회복할 수 있으리라 생각하여 기쁘게 추천합니다.

–김지찬 교수(총신대 신학대학원)

영어권에서 보수적 신학을 반영하는 단권주석의 결정판,《무디 성경 주석》이 마침내 한국에 상륙했습니다. 경사로운 사건입니다. 이 책은 성경의 명료성에 기반을 두고 성경 무오에 입각하여 성경을 해석하는 보수적 주석의 압권입니다. 성경 각 권마다 친절한 개요를 포함하여 총론적 내용들을 담고 있으며, 독자들의 이해를 돕기 위한 수많은 장치들(도표, 지도, 심화 자료 등)을 적소에 배치해놓았습니다. 읽다 보면 고개를 끄덕이게 하는 신앙적 감동의 힘을 느낄 수 있습니다. 목회자, 설교자, 신학생, 성경교사 들이 반드시 구비해야 할 주석입니다.

–류호준 교수(백석대 신학대학원)

한국교회의 역사가 130년이 넘었지만 아직까지도 성경과 복음에 대한 더 깊고 넓은 이해가 절실합니다. 하나님의 말씀을 하나님이 의도하신 그대로 이해하고, 그 말씀이 가르치는 바를 삶의 현장 속에서 구체적으로 적용하는 일은 예수님의 모든 제자들이 감당해야 할 거룩한 책임이자 특권입니다. 이 일을 위해서는 훌륭한 참고서적들이 필요한데, 그중에서도 뛰어난 신학자들이 심혈을 기울여 집필한《무디 성경 주석》은 매우 실재적이고 구체적인 도움을 줄 것입니다. 하나님의 말씀을 총체적으로 이해하고 적극적으로 실천하기 위해 분투하는 모든 형제자매들에게 이 책을 적극 추천합니다.

–정성욱 교수(덴버 신학대학원)

THE MOODY BIBLE COMMENTARY

무디 성경 주석

무디 신학교 교수진 기고

김순현 · 정옥배 외 옮김

국제제자훈련원

The Moody Bible Commentary

This book was first published in the United States by Moody Publishers, 820 N. LaSalle Blvd., Chicago, IL 60610 with title *The Moody Bible Commentary,*

This Korean edition is published by arrangement of Moody Publishers through rMaeng2, Seoul, Republic of Korea.

하나님의 말씀을 연구하는 데 자신을 드린
무디 신학교의 학생들에게 이 책을 바친다.
그들을 가르치고,
또한 그들이 전 세계를 다니며
사람들을 가르치는 모습을 지켜보면서
우리 편집자들과 기고자들은
큰 영광과 특권을 누렸다고 자부한다.

너는 진리의 말씀을 옳게 분별하며 부끄러울 것이 없는
일꾼으로 인정된 자로 자신을 하나님 앞에 드리기를 힘쓰라.
디모데후서 2:15

차례

지도, 도표, 일러스트, 심화 자료 목록 8
머리말 ··· 11
기고자 소개 ··· 12
감사의 말 ··· 13
약어표 ··· 14
서론 ··· 18

구약성경

창세기 ··· 23
출애굽기 ··· 121
레위기 ··· 193
민수기 ··· 237
신명기 ··· 289
여호수아 ··· 345
사사기 ··· 389
룻기 ··· 429
사무엘상 ··· 439
사무엘하 ··· 487
열왕기상 ··· 527
열왕기하 ··· 567
역대상 ··· 603
역대하 ··· 635
에스라 ··· 691
느헤미야 ··· 709
에스더 ··· 739
욥기 ··· 755
시편 ··· 813
잠언 ··· 975
전도서 ··· 1079
아가 ··· 1097
이사야 ··· 1117
예레미야 ··· 1229
예레미야애가 ··· 1327
에스겔 ··· 1343
다니엘 ··· 1429
호세아 ··· 1469
요엘 ··· 1487
아모스 ··· 1499
오바댜 ··· 1519
요나 ··· 1525

미가 ··· 1535
나훔 ··· 1547
하박국 ··· 1555
스바냐 ··· 1565
학개 ··· 1575
스가랴 ··· 1585
말라기 ··· 1613

신약성경

마태복음 ··· 1625
마가복음 ··· 1707
누가복음 ··· 1749
요한복음 ··· 1817
사도행전 ··· 1893
로마서 ··· 1985
고린도전서 ··· 2023
고린도후서 ··· 2063
갈라디아서 ··· 2085
에베소서 ··· 2105
빌립보서 ··· 2119
골로새서 ··· 2131
데살로니가전서 ··· 2141
데살로니가후서 ··· 2157
디모데전서 ··· 2163
디모데후서 ··· 2175
디도서 ··· 2183
빌레몬서 ··· 2189
히브리서 ··· 2193
야고보서 ··· 2225
베드로전서 ··· 2239
베드로후서 ··· 2251
요한일서 ··· 2259
요한이서 ··· 2275
요한삼서 ··· 2279
유다서 ··· 2283
요한계시록 ··· 2289

성구 색인 ··· 2323
주제 색인 ··· 2416

지도, 도표, 일러스트, 심화 자료 목록

지도

네 가지 출애굽 예상 경로 ······ 147
이스라엘의 광야 여정 ······ 259
지파별 땅 분배 ······ 284
이스라엘의 요단 동편 점령 ······ 296
중부 및 남부 전투 ······ 364
레위 성읍과 도피성 ······ 379
주요 사사 및 대적의 개략적 위치 ······ 402
솔로몬의 국내 행정 ······ 651
르호보암이 요새화한 성읍들 ······ 656
바사 제국 지도 ······ 715
느헤미야가 성벽을 재건할 당시의 예루살렘 ······ 717
예레미야와 에스겔 당시의 세계 ······ 1232
새로운 땅의 경계와 분배 ······ 1426
이스라엘을 둘러싼 아모스의 심판 신탁들(1:3-2:16) ······ 1503
미가가 예언한 남쪽 성읍들 ······ 1538
바울의 첫 번째 전도 여행 ······ 1935
바울의 두 번째 전도 여행 ······ 1944
바울의 세 번째 전도 여행 ······ 1964
바울의 로마까지의 여정 ······ 1972
고린도와 주변 지역 ······ 2024
아시아의 일곱 교회 ······ 2290

도표

창조의 날 ······ 35
홍수 내러티브의 교차 대구 구조 ······ 59
하나님의 공급하심 ······ 64
요셉의 신분 상승 과정 ······ 112
창조와 성막 ······ 172
제사에 대한 율법 ······ 200
아론의 제사장 사역과 메시아의 제사장 사역의 대조 ······ 212
대제사장의 사역과 위대한 대제사장의 사역 ······ 220
레위인의 수와 맡은 책임 ······ 241
레위의 후손들 ······ 242
출애굽 이후 첫 두 달 동안 일어난 사건 ······ 247
출애굽기와 민수기의 유사점과 차이점 ······ 252
열두 정탐꾼에게 주어진 명령과 열 정탐꾼의 보고 256
특히 국경에서 여행 중인 사람들을 만나시는 하나님 ······ 271
오경의 메시아 예언 ······ 275
시내산과 모압 평지 사이의 유사점 ······ 276
신명기 4장과 고대 조약의 유사점 ······ 297
십계명 분류 방식 ······ 302
에발산에서 전한 저주의 경고와 십계명 ······ 333
출애굽기와 여호수아서 사건의 병행 ······ 353
가나안 남부의 정복 ······ 365
사사기의 연대 ······ 391
이스라엘 왕조(북 왕국) ······ 530
유다 왕조(남 왕국) ······ 531

욥기의 역사적 지표들 757
적의 공격: 이전과 이후 764
욥이 겪은 증상과 해석 765
욥에 대한 공격의 전개 797
이사야서의 인용 1118
이사야서의 구조 1119
메시아의 복과 심판(7-12장) 1132
모티어가 제시한 이사야 13:1-23:18 신탁의 구조 1143
종의 노래에 담긴 메시지 1185
다니엘서의 구조 1431
다니엘 2-7장의 교차 대구법 구조 1436
다니엘이 겪은 사건들 1448
다니엘 2장과 7장 비교 1451
적그리스도의 전형인 안티오코스 4세 1454
70이레에 대한 다니엘의 환상 1457
아모스 5:1-17에 대한 교차 대구법 접근 1509
스가랴의 말과 예수님의 말씀 비교 1587
마태복음 13:53-16:28에 나오는 유사한 주기들 1661
공관복음과 요한복음 비교 1818
요한복음에 나타난 표적 8개 1827
요한복음 5장에 나오는 예수님에 대한 다섯 증인 1840
예수님의 일곱 가지 '나는…이다'(I am) 주장들 1843
스데반의 말과 예수님의 말씀 비교 1922
교회의 성숙 상태 2050
야고보서와 산상수훈의 유사점 2226

일러스트

성막의 구조 173
이스라엘 진영의 배치와 이십 세 이상인 남자의 수(명) 240
레위인 성읍의 가능한 구조 286
솔로몬의 성전 645
새 성전 1415
성전 구역 1851

심화 자료

창조의 '날'이 뜻하는 기간은 24시간인가? 27
성막 168
가나안 족속의 몰살-무고해 보이는 생명의 말살(6:21) 357
에스더서에서 하나님 찾기 740
복음 비평 연구 1626
사도 요한에 대한 몇 가지 사실 1818
바울에 대한 새 관점 1986
고린도전서 1-4장의 배경 2028
예언과 방언 2051

일러두기

1. 원서에서 기준으로 삼은 영어 성경 역본은 NASB(New American Standard Bible)이며, 한국어판에서는 대한성서공회의 개역개정판 성경을 사용했다. NASB와 개역개정판의 내용이 다를 때는 가장 적절한 우리말 성경 역본을 사용하고 출처를 밝혔다.
2. 각 권의 '주석' 부분에서 성경 구절을 직접 인용할 경우 굵은 글씨로 표기했다.
3. 본문의 관련 성경 구절 중에서 별도의 성경 약어가 없는 것은 그 구절이 위치한 권의 장절을 가리킨다.

머리말

당신이 손에 든 이 책은 무디 신학교 역사상 가장 야심찬 기획의 결과물이자 오랫동안 공들여 펴낸 대작이다. 《무디 성경 주석》은 평신도와 목회자 모두가 하나님의 말씀을 더 깊이 알고 그 영원한 진리를 삶에 적용하도록 이끌어주는 탁월한 길잡이이다.

여느 주석들과 달리 이 책은 일관된 신학적 관점으로 성경에 접근한다. 30명의 기고자 모두 무디 신학교의 학부와 대학원에서 학생들을 가르치는 훌륭한 교수들이다. 그들은 성경 본문을 파고들어 주의 깊게 말씀을 해석하고, 새로운 통찰을 얻는다. 이를 통해 분명하고 간결하게 진리를 부각시키며, 누구에게나 유익한 지식을 나누어 준다.

당신은 이 책의 효과적인 구성에 감탄할 것이다. 성경 각 권의 서론은 독자들이 역사적 배경과 저자, 수신자, 본문 해석과 관련된 다양한 쟁점들을 이해하게 해준다. 또한 개요를 보며 성경 각 권의 논지가 어떻게 전개되는지를 한눈에 파악할 수 있다. 본문 주석은 간결하고 통찰력이 넘친다. 기고자들은 보수적이고 복음주의적이면서도 여러 교단을 아우르는 관점을 견지하며, 본문에서 파생된 복잡한 문제를 다룬다. 논란이 되는 주제도 정직하게 논의하며, 학계에서 분명한 합의에 이르지 못한 문제는 인위적으로 결론을 내리지 않는다. 그에 더해 성경을 오늘의 문제에 어떻게 적용해야 하는지도 분명하게 지적했다. 독자들은 이 책이 성경 연구와 신학적 통찰, 실천적 적용을 놀랍게 엮어냈음을 알게 될 것이다.

무디 신학교는 하나님 말씀의 진리로 풍성히 무장된 사람들을 키워내는 데 전념하고 있다. 우리는 성경 안에 있는 하나님의 계시를 더 깊이 깨달아 앎으로써 하나님과 구원의 관계를 누리는 것이 가장 중요하다고 생각하며 앞으로도 그럴 것이라고 믿는다. 모든 사람이 우리 학교의 훌륭한 교수진에게 직접 배울 수는 없다. 그 대신 이 주석이 그들의 가르침을 가정과 교실, 강단, 삶 속으로 가져다줄 것이다.

당신이 말씀을 더 깊이 알고, 적용하고, 순종하면서 "그리스도 안에서 완전한 자"(골 1:28)로 자라가는 데 이 책이 도움이 되기를 기도한다.

폴 니퀴스트(무디 신학교 총장)

기고자 소개

Louis A. Barbieri BA, ThM, ThD, Professor Emeritus of Theology, Moody Bible Institute, *Mark, 1 and 2 Peter, Jude*

Michael J. Boyle BS, ThM, DMin, Associate Professor of Pastoral Studies, Moody Bible Institute, *Nahum*

James F. Coakley BA, MDiv, ThM, DMin, Professor of Bible, Moody Theological Seminary, *Numbers, Deuteronomy*

Charles H. Dyer BA, ThM, PhD, Professor-at-Large of Bible, Moody Bible Institute, *Jeremiah, Lamentations, Ezekiel*

David Finkbeiner BA, MA, MDiv, PhD, Chair and Professor of Theology, Moody Bible Institute, *Proverbs, Ecclesiastes*

John K. Goodrich BA, MDiv, ThM, PhD, Assistant Professor of Bible, Moody Bible Institute, *Hosea*

Daniel D. Green BA, ThM, DMin, Professor of Pastoral Studies, Moody Theological Seminary, *Micah, Revelation*

John F. Hart BS, ThM, ThD, Professor of Bible, Moody Bible Institute, *John, James*

John A. Jelinek BREd, ThM, ThD, Vice President and Dean, Professor of Theology, Moody Theological Seminary, *Leviticus, Amos*

John M. Koessler BA, MA, MDiv, DMin, Professor of Pastoral Studies, Moody Bible Institute, *1 and 2 Timothy, Titus*

John T. McMath BA, MDiv, STM, DMin, Professor of Bible, Moody Bible Institute–Spokane, *Judges*

William H. Marty BA, MDiv, STM, ThD, Professor of Bible, Moody Bible Institute, *Acts*

Eugene J. Mayhew BREd, ThM, ThD, Professor of Old Testament and Semitic Languages, Moody Theological Seminary, *Job*

Winfred O. Neely BA, MA, DMin, Professor of Preaching and Pastoral Studies, Moody Bible Institute, *1 and 2 Samuel*

Bryan O'Neal BA, MA, PhD, Professor of Theology, Moody Bible Institute, *Nehemiah*

Gerald W. Peterman BDes, MDiv, MA, PhD, Professor of Bible, Moody Bible Institute, *Galatians, Ephesians, Philippians, Colossians, Philemon*

Michael A. Rydelnik BA, ThM, DMiss, Professor of Jewish Studies, Moody Bible Institute, *Song of Solomon, Daniel, Joel, Habakkuk, Haggai, Isaiah, Zechariah, Malachi*

Steven H. Sanchez BA, ThM, PhD, Professor of Bible, Moody Bible Institute, *Obadiah*

Ronald Sauer BA, ThM, PhD, Professor of Bible, Moody Bible Institute, *Hebrews, 1, 2 and 3 John*

Harry E. Shields BA, ThM, DMin, Adjunct Professor of Pastoral Studies, Moody Theological Seminary, *1 and 2 Kings*

Tim M. Sigler BA, MA, MDiv, PhD, Professor of Bible, Moody Bible Institute, *Song of Solomon*

James Spencer BS, MA, MDiv, PhD, Vice President and Dean of Distance Learning, Moody Bible Institute, *Isaiah*

William D. Thrasher BS, ThM, ThD, Professor of Bible and Theology, Moody Theological Seminary, *Jonah*

J. Brian Tucker BS, MA, MDiv, DMin, PhD, Associate Professor of New Testament, Moody Theological Seminary, *Ezra*

Michael G. Vanlaningham BA, MDiv, PhD, Professor of Bible, Moody Bible Institute, *Matthew, Romans, 1 Corinthians*

Gerald D. Vreeland BA, MDiv, ThM, PhD, Professor of Bible, Moody Bible Institute–Spokane, *Joshua*

Michael G. Wechsler BS, MA, PhD, Professor of Bible, Moody Bible Institute, *Ruth*

Walter White, Jr. BA, ThM, Former Alumni Director and faculty member, Moody Bible Institute, *Zephaniah*

David L. Woodall BA, MDiv, ThM, PhD, Professor of New Testament and Greek, Moody Theological Seminary, *2 Corinthians*

Kevin D. Zuber BA, MDiv, ThM, PhD, Professor of Theology, Moody Bible Institute, *Exodus, 1 and 2 Chronicles, Luke, 1 and 2 Thessalonians*

감사의 말

《무디 성경 주석》과 같은 대작이 만들어지기까지 많은 이들이 자신의 재능을 드려 헌신했다. 대표 편집위원인 우리는 탁월한 주석을 쓰고, 교정하고, 다시 쓰고, 완성한 모든 기고자들에게 큰 빚을 졌다. 무디 신학교의 훌륭한 학자들과 함께 주 예수님을 섬길 수 있다는 것 그리고 이 지식을 하나님의 사람들에게 전달하고자 그들과 함께 일했다는 것은 우리에게 대단한 영광이요 특권이다.

우리는 이 주석이 한낱 계획에 그치는 것이 아니라 실제로 출판되도록 비전과 지혜를 주고, 격려하고, 인내하며, 지도해준 무디 신학교의 매체 부문 선임 부총장 그렉 손튼에게 감사드린다. 그리고 이 주석의 책임 편집자인 앨런 숄스에게도 감사드린다. 그의 근면과 탁월한 편집 능력 덕분에 이 책이 출간될 수 있었다.

재능 있는 편집자들인 크리스토퍼 리스와 짐 빈센트, 폴 브링커호프, 고인이 된 로이 주크에게도 고마움을 표하고 싶다. 훌륭한 글쓰기로 편집 작업에 큰 도움을 준 에바 리델닉과 필립 롤리에게 특별히 감사드린다. 이 기획을 감독한 편집이사 엘리자베스 뉴언하이저에게 대단히 감사드린다. 조판과 인쇄를 감독한 무디 출판사의 제작이사 라이언 로이드에게도 감사드린다. 그리고 지원 업무를 해준 새라 골드먼에게도 고마움을 전하고 싶다.

아내인 에바와 수에게 우리가 얼마나 고마워하는지는 말로 다 표현할 수가 없다. 그들은 놀라운 인내로 수많은 시간 동안 우리가 이 일에 매달리는 것을 이해해주었고, 늘 분주했던 우리를 용납해주었으며, 언제나 따뜻하고 너그러운 마음으로 격려해주었다.

마지막으로 가장 중요한 감사의 대상이 남았다. 우리에게 성경을 주셨고, 성경을 연구하도록 우리 모두를 부르셨으며, 우리가 이 주석을 만들 수 있도록 성령을 통해서 힘을 주신 하나님 우리 아버지와 우리의 메시아 주 예수님께 가장 크게 감사드린다. 우리에게 생명을 주시고 우리를 지키시며 이날까지 이르게 하신 우주의 왕, 주 우리 하나님, 찬송을 받으소서. 아멘!

약어표

성경

구약

약어	책명	약어	책명	약어	책명
창	창세기	대하	역대하	단	다니엘
출	출애굽기	스	에스라	호	호세아
레	레위기	느	느헤미야	욜	요엘
민	민수기	에	에스더	암	아모스
신	신명기	욥	욥기	옵	오바댜
수	여호수아	시	시편	욘	요나
삿	사사기	잠	잠언	미	미가
룻	룻기	전	전도서	나	나훔
삼상	사무엘상	아	아가	합	하박국
삼하	사무엘하	사	이사야	습	스바냐
왕상	열왕기상	렘	예레미야	학	학개
왕하	열왕기하	애	예레미야애가	슥	스가랴
대상	역대상	겔	에스겔	말	말라기

신약

약어	책명	약어	책명	약어	책명
마	마태복음	엡	에베소서	히	히브리서
막	마가복음	빌	빌립보서	약	야고보서
눅	누가복음	골	골로새서	벧전	베드로전서
요	요한복음	살전	데살로니가전서	벧후	베드로후서
행	사도행전	살후	데살로니가후서	요일	요한일서
롬	로마서	딤전	디모데전서	요이	요한이서
고전	고린도전서	딤후	디모데후서	요삼	요한삼서
고후	고린도후서	딛	디도서	유	유다서
갈	갈라디아서	몬	빌레몬서	계	요한계시록

성경 역본

ESV	English Standard Version
HCSB	Holman Christian Standard Bible
NKJV	New King James Version
KJV	King James Version
NABRE	New American Bible Revised Edition
NIV	New International Version
NASB	New American Standard Bible
NET	New English Translation
NLT	New Living Translation
NLTse	New Living Translation 2nd edition
RSV	Revised Standard Version
TNIV	Today's New International Version

고대 자료

Ant.	*Jewish Antiquities*
ANET³	*Ancient Near Eastern Texts Relating to the Old Testament,* 3rd ed.
Apoc. Mos.	*Apocalypse of Moses*
2 Apoc. Bar.	*2 Baruch* (*Syriac Apocalypse*)
b. Ketub.	*Babylonian Talmud, tractate Ketubbot*
b. Sanh.	*Babylonian Talmud, tractate Sanhedrin*
b. Yebam.	*Babylonian Talmud, tractate Yebamot*
CD	Cairo Genizah copy of Damascus Document
Exod R	*Exodus Rabbah* (Midrash)
Gen R.	*Genesis Rabbah* (Midrash)
Hist. Eccl.	*Church History* (Eusebius)
Jub	Jubilees
m. 'Abot	*Mishna 'Abot* (Talmud)
m. Tamid	*Mishna Tamid* (Talmud)
m. Yoma	*Mishnah Yoma* (Talmud)
PsSol	Psalms of Solomon
QH	Qumran Hebrew
1QIsaª	Isaiahª
1QS	Rule of the Community

QH	Qumran Hebrew
Sam	Samaritan Pentateuch
Seqal.	Seqalim
SibOr	Sibylline Oracles
Sir	Sirach/Ecclesiasticus
Sukk.	Sukkah
Sym	Symmachus
Syr	Syriac
Theod	Theodotian
TJud	Testament of Judah
TLev	Testament of Levi
Vg	Vulgate

현대 자료

AB	*Anchor Bible Commentaries*
AYB	(*Anchor Yale Bible Commentaries*)
BAGD	(Bauer, W., W. F. Arndt, F. W. Gingrich, and F. W. Danker. *A Greek-English Lexicon of the New Testament and Other Early Christian Literature*. 2d ed. Chicago:University of Chicago Press, 1979)
BAR	*Biblical Archaeological Review*
BCB	Baker Commentary on the Bible
BDB	*Hebrew and English Lexicon of the Old Testament*
BDAG	Frederick W. Danker, ed., and Walter Bauer. *A Greek-EnglishLexicon of the New Testament and Other Early Christian Literature*. 3rd ed. Chicago: University of Chicago Press, 2001.
BDB	Brown-Driver-Briggs Hebrew and English Lexicon
BECNT	Baker Exegetical Commentary on the New Testament
BibSac	*Bibliotheca Sacra*
BKCNT	The Bible Knowledge Commentary, New Testament
BKCOT	The Bible Knowledge Commentary, Old Testament
BSE	The BE Series Commentary
BST	The Bible Speaks Today
BTCB	Brazos Theological Commentary on the Bible
CBC	The Cambridge Bible Commentary
COT	Commentary on the Old Testament
CCSOT	The Communicator's Commentary Series: Old Testament

EBC	The Expositor's Bible Commentary
HALOT	Koehler, Ludwig; Walter Baumgartner, and Johann Jacob Stamm. *The Hebrew and Aramaic Lexicon of the Old Testament*. 4 vols. Leiden: E. J. Brill, 1994-1999.
Hermenia	Hermenia: A Critical and Historical Commentary on the Bible
HNTC	Harper's New Testament Commentaries
ICC	International Critical Commentary
IVPNTC	InterVarsity Press New Testament Commentary
JETS	*Journal of the Evangelical Theological Society*
JPS	Jewish Publication Society
L&N	Louw, J. P. and E. A. Nida, Greek-English Lexicon of the New Testament: Based on Semantic Domains
LSJ	Liddell, Henry G, Robert Scott, and Henry S. Jones. *A Greek-English Lexicon*. 9th ed. Oxford, 1996.
MNTC	MacArthur New Testament Commentary
NAC	New American Commentary
NEAEHL	New Encyclopedia of Archaeological Excavations in the Holy Land
NIBC	New International Bible Commentary
NICNT	New International Commentary on the New Testament
NICOT	New International Commentary on the Old Testament
NIGTC	New International Greek Testament Commentary
NIVAC	NIV Application Commentary
NSBT	New Studies in Biblical Theology
NTC	New Testament Commentary
Pillar Pillar	New Testament Commentary
SBEC	Studies in the Bible and Early Christianity
SNTMS	Society for New Testament Studies Monograph Series
TOTC	Tyndale Old Testament Commentaries
TWOT	*Theological Wordbook of the Old Testament*. Edited by R. Laird Harris, Gleason L. Archer, Jr., and Bruce K. Waltke. 2 vols. Chicago: Moody, 1980.
WBC	Word Biblical Commentary
WEC	Wycliffe Exegetical Commentary
WTJ	*Westminster Theological Journal*

서론

"성경을 이해하려면, 읽어야 한다." 우리 두 사람이 굳게 믿는 첫 번째 원칙이다. 두 번째 원칙은 다음과 같다. "처음 읽었을 때 이해가 안 되면 다시 읽으라."

독실한 성도들은 오랫동안 '성경의 명료성'이라는 원리를 굳게 붙잡았다. 이 말에는 여러 의미가 담겼지만 그중에 가장 기본적인 뜻은, 메시아 예수님을 따르는 이들이 성경을 읽는다면 그들은 성경을 이해할 수 있다는 것이다. 그런데 이 일반적 원리에는 몇 가지 조건이 따른다.

- 성경을 이해하려면 노력해야 한다. 열심히 성경을 공부해야 한다.
- 성경을 이해하기까지는 시간이 필요하다. 읽자마자 다 이해할 수는 없다.
- 성령이 우리의 마음과 생각을 열어주셔야만 성경을 이해할 수 있다.
- 기꺼이 순종하려고 할 때만 성경을 이해할 수 있다.
- 성경은 결코 완벽하게 이해할 수 없다. 우리는 언제나 성경에서 새로운 사실을 배울 수 있다.

성경을 읽다 보면 종종 누군가의 도움이 필요해진다. 혼자 성경을 읽다가 이해하기 어려운 구절이나 단어를 발견했을 때, 주일학교 또는 소그룹의 성경 공부를 준비하다가 특정 단락이 앞 단락과 어떻게 연결되는지 궁금해졌을 때, 누군가로부터 받은 질문에 분명하게 대답해주어야 할 때 등이다. 이 책의 기고자들은 성경을 읽는 평신도나 주일학교 교사, 소그룹 인도자, 목회자가 성경을 보다 명확하게 이해하도록 돕기 위해 최선을 다했다.

성경을 공부하는 이들이 참고할 만한 주석은 많다. 그렇다면《무디 성경 주석》은 무엇이 특별할까?

1. 신뢰할 수 있다

무디 출판사의 표어는 "당신이 믿을 수 있는 이름"이다. 1886년 이래로 '하나님의 말씀', 곧 진리에 헌신해온 무디 신학교의 출판사이기 때문에 이런 표어를 내걸었다. 학교 설립 이후 성경의 진실성에 대한 공격과 그 가르침을 약화시키려는 시도와 그 권위에 대한 도전이 끊임없이 이어졌지만, 무디 신학교의 모든 교직원들은 하나님의 말씀인 성경이 무오하며 성령의 영감으로 기록되었음을 굳게 믿었다. 이처럼 성경의 권위를 높이는 자세와 성경 연구에서만큼은 최고가 되겠다는 결단 덕분에 무디는 "당신이 믿을 수 있는 이름"이 되었다. 그리고 출판사의 표어처럼 신뢰할 수 있는 주석을 만들기 위해서 무디 신학교의 교수진 30명이 자신들의 모든 역량을 이 한 권의 책에 쏟아부었다.

언약의 표지로서 후속적 순종의 의례이지 언약 참여의 전제 조건이 아니기 때문이다.

c. 의례에 대한 아브라함의 반응(17:17-27)

17:17-27. 할례의 의례를 세우신 후에 하나님은 사래의 이름을 **사라**로 바꾸셨다['다투는 자'라는 의미를 가질 수 있는 전자는 그가 하갈과의 관계에서 어려움을 겪을 것이라는 전조가 되었던 반면(16:1-6; 21:9-14), '왕비'를 뜻하는 후자는 그로부터 여러 민족의 왕이 나올 것이라는 약속을 반영한다, 15-16절]. 앞서 하나님은 아브람의 이름을 **아브라함**으로('존귀한 아버지'에서 '많은 무리의 아버지'처럼 들리는 이름으로, 5절) 바꾸셨다. 그런 다음 하나님은 (3절에서 그러셨듯이) 얼굴을 땅에 대고 **엎드리는 아브라함**에게 그녀를 통해 아들을 주시겠다는 약속을 다시 한 번 확증하셨다. 그러나 그는 하나님을 예배하는 대신 **웃으며**[17절, *vayitschaq*, 바이이츠하크] **이스마엘**을 약속의 상속자와 후계자로 삼게 해달라고 요구했다. 하나님은 너그러이 참으시며 흔들리지 않는 은혜로(완벽한 아버지로서!) 이에 응답하셨다. 그분은 이스마엘과 언약을 세우지 않으실 것이고 **사라가 내년에 낳**을 아들(21절)과 **언약**을 **세우**실('유지하실'이 더 나은 번역이다) 것(19, 21절)이라고 선언하셨다. 또한 하나님은 아브라함에게 이 아들의 이름을 '그가 웃다'라는 뜻의 이삭(*yitschaq*, 이츠하크)으로 지으라고 하셨다(19절). 이 이름은 이삭이 태어난 순간부터 그의 부모들에게 하나님이 신실하게 이루신 그 약속에 대한 그들의 믿음 없는 반응(18:12에서 사라 역시 웃었다)을 상기시켰을 것이다(또한 부정적인 의미를 지녔던 웃음이 21:6에서는 긍정적인 방향으로 바뀐다). 이런 내용에 비추어볼 때 15:4-5에서처럼 아브라함의 의심이 다시 한 번 누그러진 것으로 여겨진다. 그가 더 이상 의심했다는 말이 없기 때문에 이번에는 그의 의심이 보다 확실히 누그러진 셈이다. 그런 이유로 바울은 아브라함이 의심하지 않고 믿음으로 견고해졌다고 말했다(롬 4:19-20과 그에 대한 주석을 보라). 그는 분명한 순종의 표시로 **집에서 태어난 모든 자와 돈으로 산 모든 자**에게 할례를 행했다(23-27절).

6. 사귐을 표현하시는 하나님(18:1-33)

이 장은 하나님과 인류의 사귐을 아름답게 묘사한다. 이를 통해 부패와 죄로 물든 타락 이후에도 하나님이 그저 과업을 완수하기 위해서만 인류를 대하시는 것이 아님을 보여준다. 그분은 계시를 주시고 언약을 맺으시고 심판을 내리시는 것과 같은 과업을 넘어서 관계를 경험하는 것을 강조하시며 삶에서 보다 '평범한' 시기에도 기꺼이 인간과 '관계를 맺으려' 하신다.

a. 아브라함에 대한 공감을 확증하시는 하나님 (18:1-8)

18:1-8. '평범한' 인간의 삶에서 많은 비중을 차지하는 것 중 하나는 식사 시간이다. 하나님은 점심 무렵에 아브라함을 방문하신다. 그분의 방문은 중동에서 해가 가장 뜨거운 시간에(**날이 뜨거울 때에**, 1절) 시작되어 저녁까지 계속되었다(7절에서 말하듯이 **좋은 송아지**를 준비하기 위해서는 그만큼의 시간이 필요했을 것이다). 그런 다음 두 천사는 가까이 있는 소돔을 향해 떠났다(18:22과 19:1을 보라). 3절에서 아브라함이 하나님께만 사용하는 히브리어 단어인 **주**, 즉 아도나이라는 말로 인사하는 것을 볼 때 하나님이 인간의 모습으로 방문하셨다는 것을 아브라함은 즉시 깨달았다고 여겨진다. 또한 동사와 소유대명사도 (아브라함이 세 방문자 모두에게 말을 했다면 복수형이었겠지만) 복수형이 아니라 단수형이다.

b. 아브라함을 향한 그분의 은혜를 확증하시는 하나님(18:9-15)

18:9-15. 식사를 하시면서 (혹은 마치신 후에) 하나님은 17:21에 기록된 그분의 약속을 되풀이하셨고, 내년 이맘때 **사라**를 통해 아브라함에게 **아들**을 주시겠다고 말씀하신다(10절). 주목할 만한 점은 아브라함이 아무런 의심도 표현하지 않고 약속을 되풀이하신 하나님의 말씀을 받아들였다는 것이다. 약속의 실현이 가까워졌다는 기대와 더불어 그의 믿음이 자란 것처럼 보인다. 반면에 장막 문에서 처음으로 하나님에게 이 약속을 들은 사라는 앞 장에서 아브라함이 했던 것처럼 웃음으로 반응했다(12절). 그러나 사라는 **속으로** 웃었다. 자신과 남편이 모두 **노쇠**한(가임기를 지난, 폐경기인) 상황에서 어떻게 **즐거움**을 누릴 수 있겠냐는 불신앙이 동반된, 내면화된 웃음이었다. 주목할 만한 점은 사라의 불신앙에 대해 하나님이 아브라함을 대하실 때와 마찬가지로 너그러움과 인내로 대응하셨다는 것이

다. 그분은 하와를 대하셨던 것처럼 사라를 대하셨다. 하나님은 무엇보다도 사라의 영적 행복과, 사라가 자신의 죄를 분명히 직시하게 하시는 데에 관심을 기울이셨다. 따라서 그분은 더 직접적인 방식으로 사라의 믿음 없는 생각을 바꿔서 말하셨다. **내가 늙었거늘 어떻게 아들을 낳으리요**(13절). 사라가 아브라함의 아들을 임신하도록 기적을 베푸시겠다는 하나님의 의도는 **여호와께 능하지 못한 일이 있겠느냐**(14절)라는 문장으로 분명해진다. "능하지 못한"이라고 번역된 단어는 '놀라운'이라는 뜻을 지니며 하나님(삿 13:18; 사 9:6)과 그분이 행하시는 신적/기적적 행위(시 139:14; 사 29:14)에 적용된다.

c. 아브라함에게 그분의 의를 확증하시는 하나님 (18:16-33)

18:16-33. 두 천사는 하나님이 소돔을 멸하시기 전에 롯과 그의 가족에게 그 도성을 떠나라고 경고하는 구속의 책무를 수행하고자, 일어나 **소돔으로 향**했다(16절). 그런 다음 하나님은 소돔에 대한 그분의 계획을 아브라함에게 알려줄 것인지를 숙고하시고, 그분이 **그를 택하였**기 때문에(19절) 그에게 알려주신다. 이 말씀을 통해 하나님은 모든 신자에게 똑같이 적용되는 심오한 사실을 재차 강조하신다. 왜냐하면 여기에서 **택하였나니**로 번역된 동사는 문자적으로 '알다'라는 의미를 갖기 때문이다. 따라서 "내가 그를 '알게' 되었나니"로 번역할 수 있다. 구약 전체에서 이 동사는 그 대상을 가장 깊이 혹은 가장 '친밀하게' 아는 것을 뜻한다. 이 말은 대개 세 유형 중 하나를 가리킨다. (1) 경험으로 얻은 정보에 대한 앎, (2) 한 사람이 성관계(혹은 동성 간 성관계, 참고. 19:5)를 통해 다른 사람을 속속들이 앎, (3) 성령과 연합하여 하나님이 인간 개개인을 속속들이 아심이다. 요한복음 10:27에서 "내 양은 내 음성을 들으며 '나는 그들을 알며' 그들은 나를 따르느니라"라고 말씀하실 때 예수님은 이 세 번째 유형의 앎을 의도하셨다. 반대로 하나님께 알려지지 않을 때 사람은 궁극적으로 멸망(시 1:6)이나 "둘째 사망"(계 20:6), 즉 그분의 사랑이라는 경험으로부터 영원히 단절된다.

하나님이 그분이 아시는 이들과 그렇지 않은 이들을 다르게 대하신다는 이 주제를 계속 이어가면서, 아브라함은 **주께서** 소돔의 **의인**(23절, 의롭다고 '여김을 받는' 이들)을 **악인과 함께 멸하**지 않으실 것이며(23절) **세상을 심판하시는 이**로서 그분이 **정의를 행하실 것**(25절)이라고 주장했다. 사실 신학적으로 순진했던 아브라함은 두 개의 구별되는 기대, 즉 (1) 하나님이 악인과 의인을 달리 대하심으로써 '정의'를 행하실 것이라는 기대와 (2) 그분이 소돔에 있는 소수의 의인들을 고려해 그 도성에 대한 의로운 심판을 집행하지 않으심으로써 '자비'를 행하실 것이라는 기대를 하나로 합했다. 완벽한 정의를 고수하신다면, 하나님은 부패하고 타락한 세상 속에서 사는 삶이 초래하는 결과로부터 의인을 구하실 의무가 없으시다. 그러나 죽은 자가 부활하고 '심판'이 내려질 때 '정의'를 집행하셔야 한다. 그날에 일부(의롭다고 여김을 받는 이들)는 무죄 선고를 받고 '영생'을 누릴 테지만 다른 이들(악인)은 유죄 선고를 받고 "끝없이 부끄러움"을 당할 것이다(단 12:2; 계 20:4-15). 그러나 아브라함의 믿음은 아직도 '어린아이'에 불과했기 때문에, 하나님은 아브라함에게 신적 속성을 가르쳐주시려고 최후의 심판이 이르기도 전에 그분의 (자비와 결합된) 정의를 생생하게 보여주셨다.

7. 집단적 심판의 패러다임(19:1-29)

a. 심판의 원인(19:1-11)

19:1-11. 두 **천사**가 **소돔**에 도착했을 때(1절) **성문에 앉아 있**던 **롯**이 즉시 그들을 알아보았다. 그는 그들에게 자신의 **집**에서 하룻밤을 편히 지내라고 초대했다(2절). 롯의 환대와는 대조적으로 **그 성 사람**들은 낯선 이들이 도착했다는 소식을 듣자 **노소를 막론하고** 롯의 집을 **에워싼** 다음, 그들과 **상관**할 수 있게(문자 그대로는 '우리가 그들을 알 수 있도록'이며, '성적'인 앎을 뜻한다) 그들을 끌어내라고 요구했다(4-5절). 이 사건으로부터 남색(sodomy)이라는 말이 유래했다.

동성애를 옹호하는 이들은 여기에 사용된 '알다'라는 말이 '친분을 맺다'라는 뜻으로서 중동 지역 방식의 환대를 베풀겠다거나 그들이 정탐꾼인지를 알아보기 위해 천사들을 심문하겠다는 의미라고 주장해왔다. 따라서 그들은 이것이 동성애 행위를 가리키는 말이 아니며 소돔의 죄는 그저 천사들을 환대하지 않았던 것뿐이라고 주장한다. 그러나 '알다'라는 말이 '친분을 맺다'라는 의미를 가질 수 있기는 하지만 이 맥락에서는 성적 행위를 가리키는 것이 분명하다. 첫째, 창세기에서

'알다'라는 말은 성적 행위를 뜻하는 말로 자주 사용된다(4:1, 17, 25; 24:16; 38:26). 둘째, 문맥을 볼 때 이것은 성적 행위가 분명하다. 그렇지 않다면 롯이 그 대신에 자신의 딸들을 내주겠다고 말하지 않았을 것이다. 뿐만 아니라 롯은 그들이 아직 '남자를 알지 못한다'(히브리어 단어의 문자적 번역, 8절)고 말하면서 명백히 이 단어를 성적 의미로 사용한다. 마지막으로, 신약의 유다서 1:7에서는 소돔의 죄가 "음란하며 다른 육체를 따라" 간 것이라고 말하는데, 이는 그들의 죄가 '환대하지 않음'이 아니라 성적인 것이었음을 가리킨다.

소돔 사람들의 이런 집단적이고 도착적인 욕망은 하나님이 왜 그들을 멸하겠다고 결정하셨는지를 여실히 보여준다. 그러나 당혹스럽게도 롯은 겁탈하겠다고 위협하는 폭도에게 처녀인 자신의 **두 딸**을 대신 내어주겠다고 제안함으로써 두 손님을 보호하려 했다(8절)!

이런 제안에 비춰볼 때 "날마다 불법한 행실을 보고 들음으로 그 의로운 심령이 상"한 "의로운 롯"이라는 베드로후서 2:7-8의 말씀은 더욱더 놀랍다. 15:6의 아브라함의 경우와 마찬가지로 중요한 점은 롯이 '의롭다고 여김을 받는다'는 것이다. 비록 그의 믿음과 거기에서 비롯된 행위가 불완전할지라도 하나님이 그 어떤 행위와도 상관없이 믿음 때문에 그를 의롭다고 간주하신다는 것이다. 아브라함이 필연적으로 성적인 죄를 범하는 결과를 낳을 수밖에 없음에도 자신의 여자 가족(아내인 사래/사라)을 의도적으로 '넘겨준' 사건은 그가 의롭다고 여김을 받았다는 말씀보다 먼저 등장하기도 하고(12장) 나중에 등장하기도(20장) 한다.

b. 심판의 구별(19:12-22)

19:12-22. 두 천사는 **롯**에게 **사위**와 **자녀**, 그에게 **속한 자들을 다** 데리고 이 도성을 빠져나가라고 경고함으로써 자신들의 사명을 수행했다(12-16절). 여기에서 **사위**(14절)라는 용어는 롯의 두 딸과 결혼할 소돔 남자들, 즉 그의 딸들과 약혼했지만 아직 결혼은 하지 않은 남자들을 가리킨다. 이것은 성경 시대 전체와 전통을 엄격하게 지키는 유대인 사회에서 오늘날까지도 일관되게 적용되는 결혼 관습을 반영한다. 구체적으로 말하자면, 결혼은 약혼으로부터 '시작되며' 1년 후 예식과 첫날밤을 치름으로써 '완결'된다. 따라서 혼인 관계는 비록 첫날밤을 치르지 않았더라도 이혼 증서로만 무효화될 수 있다. 이는 요셉이 아직 약혼 기간 중이었음에도 마리아와 '이혼'할 생각을 했던 이유를 설명해준다(마 1:18-20에 대한 주석을 보라). 어쨌든 롯의 가정과 연관된 모든 남자들은 그가 **농담**을 한다고 생각하며 그의 호소를 거부했다. 그러나 롯의 **아내**와 **두 딸**은 그와 함께 성을 빠져나왔다. 이는 꼭 그들이 그의 말을 믿었거나 그 남자들과 달리 소돔을 떠나고 싶었기 때문이라기보다는, **자비**하신 **여호와께서** 두 천사가 그들의 **손**을 잡고 억지로 성 밖으로 끌고 나오도록 하셨기 때문이다.

c. 심판의 목적(19:23-29)

19:23-29. 롯과 그의 가족에게 소돔을 떠나라고 말하면서 두 천사는 **돌아보**지 말라고 구체적으로 말했지만(17절) 롯의 아내는 뒤를 돌아보고야 말았다. 그 결과 **소금 기둥이 되었**다. 이런 일이 일어난 까닭은 단지 그녀가 돌아보는 행동을 했기 때문이 아니라 그녀로 하여금 '뒤를 돌아보게' 만든 마음의 태도와 영적인 충성심 때문이었다(또한 이는 4:3-5과 6:5에서 이미 입증된 원칙과 일맥상통한다). 천사들의 경고와 이후에 롯의 아내가 **뒤를 돌아보았**다는 진술에 사용된 히브리어 동사(*vathabbet*, 밧하베트)는 보는 '행동'을 가리킬 때 일반적으로 사용하는 동사가 아니다. '욕망이나 승인, 확신'의 마음으로 무언가를 바라본다는 구체적인 생각을 담고 있으며 훨씬 덜 쓰이는 동사이다(시 119:6; 사 66:2; 암 5:22; 슥 12:10). 아브라함 역시 이 도성이 파괴되는 것을 **보았**지만, 그는 소금 기둥으로 변하지 않았다(28절). 여기에서는 더 흔히 사용되는 동사가 사용되었다. 이 동사는 그저 보는 (물론 롯과 그의 가족에 대한 걱정으로 촉발된) 행동을 가리킬 뿐이며 롯의 아내가 보여준 특정한 형태의 '바라봄'이 아니다. 하나님이 (**유황**으로) 내리신 심판의 영속적 성격과 그 광범위함(**온 들과…땅에 난 것을 다**, 25절)에 관해서는 13:10과 13:1-18에 대한 주석을 보라.

8. 죄의 지속(19:30-20:18)

a. 롯 가정의 갈등(19:30-38)

19:30-38. 이 본문은 악한 사회에 둘러싸이는 상황의 잠재적 위험을 생생하면서도 비극적으로 그려낸다. 롯의 **두 딸**은 결혼할 수 있는 나이의 처녀(19:8, 14)라는 사실로부터 추론할 수 있듯이 소돔에서 태어나고

자랐다. 성경에는 흔히 십대 초반의 여자들을 처녀라고 부른다. 반면에 롯은 소돔에서 약 25년을 살았다. 롯은 아브람이 약 75세였을 때 소돔으로 이주했으며(12:4; 13:10), 아브라함은 이제 99세가 되었다(17:1, 21; 18:10). 물론 악한 사회 '속에서' 산다고 반드시 자녀가 '악해지는' 것은 아니다. 예를 들어 가나안 사람들이 가득한 땅에서 자란 이삭은 훌륭한 사람이 되었다. 문제는 그 가족이, 특히 부모가 자녀의 영적, 도덕적 성장에 영향을 미칠 주변 문화에 얼마나 동화되었는지에 달려 있다. 이런 점은 딸들의 어머니인 롯의 아내가 소돔 출신이었다는 논리적 함의로 입증된다. 이는 그녀가 왜 이 장에서 처음으로 언급되었는지를 설명해줄 뿐만 아니라 왜 그녀가 떠나기를 원치 않았던 소돔을 갈망하며 "뒤를 돌아보았는지"(26절)를 설명해준다. 또한 남편이 될 사람들이 소돔과 함께 멸망했으며 다른 희망이 없다고 생각했기 때문에, 태생적, 문화적 의미에서만이 아니라 도덕적, 영적 의미에서도 소돔의 '자녀'였던 롯의 딸들은 **아버지에게 술을 마시게 하고**[즉, 그가 취하게 만들고] 아버지와 **동침**했다(33-35절). 그 결과로 **모압**과 **벤암미** 두 아들이 잉태되고 태어났는데, 이 사건은 하갈과 이스마엘로부터 시작된 비극의 반복이었다. 즉, 가부장제 가족 안에서 저지른 성적인 죄의 결과는 이스라엘을 대적하는 또 다른 인종 집단을 낳았다. **모압**과 **암몬 자손**이 그들이다(37-38절). 나중에 모압은 발람에게 이스라엘을 저주하도록 시켰으며(민 22-24장), 암몬 족속은 사사와 왕조 시대에 여러 차례 이스라엘과 전쟁을 벌였다(삿 3:12-30; 10:6-18; 대상 19장).

b. 아브라함 가정의 갈등(20:1-16)

20:1-16. 아브라함은 이스라엘 남부 **네게브**에 위치한 **그랄** 땅에서 머물면서, 애굽에 머물 때 저지른 일(12:10-20)과 동일한 '죄의 고리'를 만들기 시작했다. 그러나 아브라함이 죄를 지은 동기(기근에 대한 두려움, 죽음에 대한 두려움)를 네 절에 걸쳐 할애했던 이전 사건과 대조적으로, 이번 경우에는 아브라함이 그저 **그의 아내 사라를 자기 누이라**고 말했을 뿐이다(2절). 믿음이 없어서 아브라함이 거짓말을 한 것은 동일하지만, 여기에서는 아브라함의 죄에 대한 반응 그리고 아브라함과 **아비멜렉**의 반응이 대비되는 점에 이야기의 초점을 맞춘다. 그러므로 이는 아브라함과 맺은 언약을 지키시는 하나님의 은혜와 신실하심을 강조한다(반면 12장에서 아브라함이 타락한 동기에 초점을 맞춘 것은 언약을 '세우시는' 하나님의 은혜를 강조한다). 블레셋 왕(26:1을 보라)인 아비멜렉은 이 사건 전체에서 **의로운** 방식으로 행동했다. 그는 자신에게 **현몽**하여 사라가 **남편이 있는 여자임**을 계시하신 하나님께 거짓 없이 대답한다(3절). 실제로 이 문제에 관해 아비멜렉이 **온전**하고 **깨끗**했기 때문에 하나님은 그가 **범죄하**는 것을, 즉 결혼을 하고 자신도 모르게 간음죄를 범하는 것을 **막으셨**다. 아비멜렉은 비록 이방인이었지만 아브라함의 하나님을 자신이 모시는 신들 중 하나로 받아들였을 가능성이 있다. 뿐만 아니라 요나 이야기에서 이방인 선원들처럼(욘 1:10-16), 그는 한 분이신 참 하나님을 따르는 이보다 더 의로운 행동을 보였다.

아비멜렉은 상황을 '바로잡을' 첫 번째 기회를 놓치지 않고 아브라함을 불러 그의 죄를 정면으로 지적했으며(9-10절), 이로써 아브라함의 하나님에 대한 복종과 존경을 분명히 드러냈다. 아비멜렉의 행동과는 대조적으로 아브라함은 거짓말을 인정하지 않고 오히려(기껏해야) '반쪽 진리'일 뿐인 두 가지 이유를 대며 변명했다. (1) 그랄의 블레셋 사람들은 하나님을 두려워하지 않는다고 생각했기 때문(11절)이고(아비멜렉의 행동은 이 생각이 옳지 않음을 분명히 입증했다), (2) 사라가 **정말로** 같은 아버지에게서 난 아브라함의 **누이**[즉, **이복 누이**]이기 때문이라는 것이다(12절). 그러나 이것은 자신의 아내를 '누이'라고 소개한 남자의 행동을 정당화하기 어렵다! 아비멜렉이 이 문제를 밀어붙이지 않고 오히려 죄인이 자신의 죄를 정면으로 마주하게 하면서, 그가 바라는 대로 아브라함이 죄를 깨닫고 회개하는 것을 그와 하나님 사이에서 해결해야 할 문제로 남겨둔 것은 칭찬받아 마땅하다. 사실 아비멜렉은 사라의 결백함을 공적으로 알리기 위해 아브라함에게 **은 천 개**를 주었으며(16절), 이는 자기가 마땅히 해야 할 도리 이상을 한 것이다. 아비멜렉이 약간 빈정대듯이 사라에게 이 돈을 그녀의 남편이 아니라 **오라비**에게 주었다고 말한 것을 가지고 누가 그를 비난할 수 있겠는가!

c. 성화를 이루시는 하나님의 신실하심과 은혜 (20:17-18)

20:17–18. 아브라함이 회개를 하지 않고 대체로 신실하지 않게 행동했지만, 하나님은 아브라함과의 관계를 확증하고 아브라함이 (심지어는 죄를 짓는 가운데서도!) 하나님 앞에서 다른 이들을 대변하는 '선지자' 역할을 맡고 있음을 강조하심으로써, 자신의 변함없고 한결같은 신실하심을 보여주셨다. 선지자로서 아브라함은 아비멜렉의 치유와 그의 **집**에 속한 여자들의 **모든 태**를 열어달라고 기도했다. 아비멜렉이 하나님의 부성적 사랑이 향하는 대상에 대해 자기도 모르게 저지른 (거의 저지를 뻔한) 죄 때문에 하나님이 그를 고통스럽게 하시고 그 집 여자들의 태를 닫으신 것은, 하나님이 아브라함과 맺으신 언약의 무조건적인 성격을 생생하게 입증한다! 좋든 싫든 하나님은 약속을 하셨고 그 약속을 반드시 지키셨다. 자신의 이름을 위해, 또한 그분의 자녀가 그분의 사랑을 궁극적으로 인정하도록 만들기 위해 그들을 보호하고 보존하셨다(단 9:18–19; 말 1:5).

9. 복에 관한 하나님의 주권(21:1–34)

a. 주권적으로 아브라함과 사라에게 복을 주시는 하나님(21:1–8)

21:1–8. 아브라함에게는 아무런 공로가 없지만 하나님은 **말씀하신 대로 사라에게 행하셨**고(1절; 17:16, 21; 18:10, 14을 보라), 이미 폐경기를 지난(18:11을 보라) 그녀가 기적적으로 **아들**을 잉태하여 낳게 하셨다. 17:19에서 하나님이 명령하신 대로 아브라함은 아들의 이름을 '그가 웃다/웃을 것이다'라는 뜻을 지닌 **이삭**[이츠하크]으로 지었다. 그들은 이삭을 보며 신실하게 성취된 하나님의 약속에 대한 자신들의 '믿음 없는 반응'을 계속해서 떠올렸다(17:17; 18:12을 보라). 동시에 하나님이 죄나 의심으로 부패한 것을, 그것이 무엇이든지 선으로 만드실 수 있음을 예증하면서 사라는 이삭이라는 이름의 의미를 새롭게 깨닫고 하나님이 주시는 복을 직접 증언했다. 그녀는 분명히 '이삭'이라는 이름에 대한 언어유희를 의도하며 **듣는 자가 다 나와 함께 웃으리로다**, 즉 그들이 이삭의 탄생이라는 기적을 보면서 자신과 함께 기뻐하며 웃을 것이라고 선언했다(6절).

b. 주권적으로 하갈과 사라에게 복을 주시는 하나님(21:9–21)

21:9–14. 이삭은 젖을 떼고(8절) 어머니의 직접적인 감독을 '벗어나기' 시작하자 하나님이 약속의 아들과 이스마엘 사이에 존재할 것이라고 선언하신 적의(16:12을 보라)가 구체적으로 나타나기 시작했다. 따라서 이 시점에 이스마엘은 16세 혹은 17세였을 것이다. 그는 이삭이 태어나기 전에 13세였으며(17:21, 27) 젖을 떼는 데 2, 3년이 걸렸을 것이다(삼상 1:22–24; 2:11; 마카베오 하 7:27; 탈무드 *b. Ketub*. 60b; *b. Yebam*. 43a). 이스마엘은 자신의 동생을 놀렸다. **놀리는**이라는 말은 의도적인 언어유희의 사례로서 이삭의 이름('웃음')과 동일하지만 여기에서는 조롱이라는 부정적 의미로 사용된다. 더 나아가 미드라시라고 불리는 고대 유대교 주석(참고. Gen. Rab. 53:11)에서는 이 말이 조롱(잠 26:19) 외에도 성적 부도덕(39:17), 우상숭배(출 32:6), 살해 시도(삼하 2:14)와도 연관된다고 지적한다. 결정적인 의미를 제공하지는 않지만 미드라시에서는 이스마엘이 그저 순수하게 놀이를 하지는 않았을 것이라고 정확하게 논증한다. 이 본문에서 형제 사이의 갈등은 창세기에서 자주 다루는 주제를 반영한다(4:8에 대한 주석을 보라).

일단 이 일이 알려지자 이스마엘의 조롱의 대상이었던 이삭과 이삭이 학대당하는 것을 지켜보며 속을 태우던 사라, **그 일이 매우 근심이 되었**던 아브라함, 결국 아브라함의 집을 떠나 **브엘세바 광야에서 방황**해야 했던 하갈과 이스마엘(14절) 등 가족 모두가 곤란을 겪게 된다(이는 죄의 결과와 하나님을 기다리지 않았을 때의 결과를 상기시키는 또 다른 장치이다). 이스마엘을 쫓아내야 했던 아브라함은 몹시 고통스러웠다. 특히 그를 약속의 상속자로 삼고 싶다는 그의 바람(17:18)과 자신의 아들로서 이스마엘을 보호하고 싶다는 바람(21:11)에서 분명히 드러나듯이 그는 이스마엘을 사랑했기 때문이다. 따라서 아브라함이 하갈과 이스마엘을 내보낸 것은 참된 희생의 행위이다. 그럼에도 하나님은 아브라함을 위로하시며 그분의 주권에 따라 행동하시겠다고, 곧 이삭이 아브라함 언약의 상속자가 될 것이며 이스마엘은 큰 민족의 조상이 될 것이라고(21:12–13) 분명히 말씀하셨다.

21:15–21. 하갈과 그의 아들이 사막에서 **물이 떨어져** 죽게 되었다고 체념했을 때 하나님은 주권적으로

(그들에게 아무런 언약적 의무가 없으심에도) **샘물**을 주심으로써 그들의 필요를 충족시키셨으며, 이스마엘이 **큰 민족을 이루게 하시**겠다는 그분의 무조건적인 복을 되풀이해서 말씀하셨다(15-19절; 16:10을 보라). **하갈을 부른 하나님의 사자**가 (19:1-8에서처럼) 신현인지는 본문에서 명시하지 않았다. 의미심장하게도 **하나님**에 해당하는 단어는 그분의 언약과 관계를 나타내는 이름인 '야훼'가 아니라 그분의 능력을 반영하는 '엘로힘'이다. 앞 단락에서 이삭의 경우와 마찬가지로 이 경우에도 아들의 이름에 관한 언어유희를 통해 하나님의 복이 강조된다. 이스마엘에 해당하는 히브리어는 이쉬마엘(*yishma'el*)로서 17절에서 하나님의 적극적 개입을 알리는 말—"하나님이 들으셨나니"(*vayishma' 'elohim*, 바이쉬마 엘로힘)—로 사용되는 동시에 16:7-11에서 하나님이 하갈과 이스마엘에게 주신 동일한 약속을 떠올리게 했다.

c. 주권적으로 아비멜렉과 그의 백성에게 복을 주시는 하나님(21:22-34)

21:22-34. 하나님은 복(즉, 그분을 '아는' 복)을 널리 이방인에게까지 퍼뜨리시겠다는 그분의 궁극적 목적(12:3)을 고대하시면서, 또한 이를 다시금 기억하게 하시려고 **아비멜렉과 그 군대 장관 비골**이 자기네 백성(블레셋, 22-24절; 참고. 26:1)을 대표해 아브라함과 평화의 맹세를 하게 만드셨다. 앞 장에서 아브라함이 한 분이신 참 하나님을 믿는 신자가 다른 이들을 어떻게 대해야 하는지를 완전히 잘못된 방식으로 보여주었으며 아비멜렉을 대단히 불쾌하게 하고 그에게 죄를 지었음을 감안하면, 이 점은 특히나 큰 의미를 지닌다. 하지만 인간적 기대와 달리 아비멜렉은 아브라함에게가 아니라 아브라함의 하나님께 끌렸고, 아브라함이 **무슨 일을 하든지 하나님이 그와 함께 계**신다고 인정했다(22절). 이러한 인정은 '전도'의 시작 과정, 즉 이방인 왕이 아브라함의 하나님이신 야훼가 자신이 복종해야 할 유일한 하나님이라는 사실을 이제 막 깨달았음을 보여준다. 이는 22절에서 아비멜렉과 비골이 한 말 그리고 26:28에서 그들이 이삭에게 한 말을 비교해볼 때 후자의 경우 그들이 하나님의 언약적 이름을 사용하고 있음을 통해서 분명히 알 수 있다. 그런 다음 아브라함이 아비멜렉에게 **양과 소**를 양도함으로써 아비멜렉(과 그의 백성)과 아브라함 사이의 평화 서약은 확증된다(27절). **일곱 암양 새끼**(28절)가 27절에 언급된 선물의 일부였는지 아니면 별도의 선물이었는지에 관해 히브리어 본문은 명확히 설명하지 않는다. 히브리 사상에서 일곱의 의미는 완전이다. 따라서 맹세의 '완결'이나 '확증'을 뜻한다. 실제로 '일곱'과 '맹세'에 해당하는 히브리어는 같으며(*sheva'*, 쉐바) 이는 맹세를 했던 곳의 우물(그리고 결국에는 그 마을)의 이름, 즉 **브엘세바**(*be'er sheva'*, 베에르쉐바)에도 반영되었다. 브엘세바는 '맹세의 우물'과 '일곱 우물'이라는 (모순적이라기보다는) 상호 보완적 의미를 지닌다. 아브라함만 선물을 주고 아비멜렉은 선물을 주지 않았다는 사실은 아브라함이 이 조약에서 탄원자였음을 암시한다. 뿐만 아니라 이야기 전체에서 아브라함이 블레셋 땅에 머무는 것으로, 따라서 아직도 하나님의 약속이 성취되기를 기다리는 것으로 묘사한다. 히브리서 기자는 이런 관점을 견지하면서 아브라함이 "이방의 땅에 있는 것같이 약속의 땅에서 거류"했고 심지어 "땅에서는 외국인과 나그네"였다고 썼다(히 11:8-13).

10. 절정에 이른 아브라함의 믿음(22:1-19)

이 장의 의미는 이중적이다. 한편으로는 가장 강력한 믿음(아브라함의 믿음뿐만 아니라 이삭의 믿음)의 모범이 될 만한 패러다임을 제시하고 참된 믿음은 반드시 외적 '행동'으로 표현됨을 보여준다. 다른 한편으로 이 장에서는 구약에서 볼 수 있는 메시아에 대한 가장 생생한 '모형'(예언자적 상징 유형) 중 하나를 제시한다. 사실 이것은 신약에서 그리스도의 죽음과 부활 모두를 상징하는 모형이라고 명시한 '유일무이의' 사건이다(히 11:17-19). 심지어 오랜 유대교 전통—특정한 기독론적인 의미를 배제하는—에서도 이 장이 전반적인 영적, 구속적 상징을 갖고 있음을 인정하며, 이는 대속죄일의 절정이며 열흘간의 '경외와 회개'의 기간이 시작되는 로쉬 하샤나(신년 축제)의 둘째 날에 이 장을 읽는 관행에도 반영되어 있다. 유대교 사상에서는 아브라함이 이삭을 묶은 것이 하나님에 대한 신실한 순종과 자기희생을 보여주는 최고의 예가 되었기 때문이다. 따라서 아브라함의 제사는 로쉬 하샤나 예배의 '기억'하는 기도에서도 언급된다. 이 기도에서는 하나님께 "우리 조상 아브라함이 제단 위에서 그의 아들

이삭을 결박했음을, 그가 온전한 마음으로 하나님의 뜻을 행하기 위해 자신의 긍휼을 억눌렀음을 기억하소서. 그리하여 하나님의 긍휼이 우리를 향한 하나님의 진노를 압도하게 하소서. 하나님의 크신 자비로 하나님의 크신 진노가 하나님의 백성으로부터 벗어나게 하소서"라고 간구한다[Louis Jacobs, "Akedah," *Encyclopaedia Judaica*, ed. Cecil Roth (Jerusalem: Keter Publishing, 1971), 2:480-481].

a. 믿으라고 부르시는 하나님(22:1-2)

22:1-2. 하나님의 부르심에 대해 아브라함은 그저 **내가 여기 있나이다**라고 대답했으며(1절), 이는 그가 '거기 있다'는 뜻일 뿐만 아니라 하나님이 그에게 맡기신 일은 무엇이든 기꺼이 할 준비가 되었음을 나타낸다. 하나님이 '그를 사용하실 수 있다'는 뜻이기도 하다. 야곱(46:2)과 모세(출 3:4), 사무엘(삼상 3:4), 이사야(사 6:8)도 자신들의 무조건적 순종을 주장하면서 똑같이 "내가 여기 있나이다"나 "내가 여기 있나이다. 나를 보내소서!"라고 말했다. 각 경우에 하나님의 부르심이나 명령의 내용은 그 사람이 섬길 준비가 되었음을 밝힌 '뒤'에야 계시되었다. 이것은 20장의 대실패에서 입증된 것과는 달리 아브라함의 영적 '기질'에 급격한 변화가 일어난 것처럼 보일 수도 있지만, 이 사건과 앞 장에 기록된 이삭의 탄생 사이에 적어도 13년이 지났음을 기억해야 한다. 이 기간 동안 아브라함은 하나님의 전능하심, 신실하심, 은혜—이 모두가 상속자에 관한 중추적 약속을 그분이 성취하셨다는 사실과 연결된다—를 묵상하기에 충분한 시간을 가졌으며, 그 결과 그는 이제 자신의 생각과 행동을 오래전에 이미 그의 것으로 간주되었던 의로움(15:16)과 일치시킬 만큼 크게 성장했다.

이 장의 모형론은 이삭을 묶고 이제 곧 제물로 바치려 하는 장면에서 절정에 이르지만 이미 2절에서 시작되며, 그 핵심은 하나하나가 그리스도에게도 그대로 적용되는, 이삭을 설명하는 말과 밀접한 관련이 있다. 따라서 이삭처럼 예수님은 **아들**로 묘사되며, 아버지는 기꺼이 아들을 제물로 바쳤다(사 53:10; 요 3:16; 행 2:23). 이삭은 아브라함의 **독자**로 묘사되지만, 히브리어 야히드(*yachid*)는 '독특한'으로 해석되어야 한다. (또한 이스마엘 역시 아브라함의 아들이었기 때문에 '유일한'은 적합한 번역어가 아니다.) 비슷하게 메시아는 독생자로 불린다(요 1:14, 18; 3:16, 18; 요일 4:9). '독생'은 잘못된 번역이기는 하지만 이 말 역시 메시아에게 적용될 때 '독특한'이라는 의미를 갖는다. 이삭이 그의 아버지에게 사랑을 받는 대상이었듯이, 예수님 역시 그분의 아버지에게 **사랑**받는 대상으로 묘사된다(마 3:17; 눅 3:22). 또한 예수라는 이름과 마찬가지로 **이삭**이라는 이름은 부모가 아니라 하나님이 선택하셨다(17:19; 마 1:21). 이 또한 성경에서 대단히 드물게 나타난다. 따라서 이런 유사점들이 결합되어 이삭과 메시아 사이의 모형론적 연관성을 확립한다.

b. 믿음을 표현하는 아브라함(22:3-9)

22:3-5. 아브라함은 **제삼 일에** 제사를 드릴 장소에 도착했다(4절). 이 말의 메시아적 의미는 이날이 이삭을 제물로 바칠 준비를 했던 날일 뿐만 아니라, "잠자는 자들의 첫 열매"(고전 15:20)로서 "사흘 만에" 다시 살아나실 분(행 10:40)의 모형으로서 "그를 죽은 자 가운데서 도로 받은"(히 11:19) 날이라는 것이다. 아브라함의 강력한 믿음에 대해 히브리서 11:19에서는 "그가 하나님이 능히 이삭을 죽은 자 가운데서 다시 살리실 줄로 생각한지라"라고 말한다. 그러므로 아브라함은 **종들에게**(5절) 그와 이삭이 산으로 올라가 **예배하고 돌아오**겠다고 말했다. 이 일이 일어나기 위해서는 하나님이 이삭을 죽은 자 가운데서 다시 살리실 수 있어야 할 뿐만 아니라 **번제**로 바쳐진 후 남은 재로부터 그를 원상태로 되돌리실 수 있어야 했다. 아브라함이 가진 믿음의 토대는, 바로 앞 장에서 하나님이 "이삭에게서 나는 자라야 네 씨라 부를 것"(21:12; 참고. 히 11:18)이라고 하시면서 주신 무조건적 약속이었다. 이삭은 아직 결혼하지 않았기 때문에 이 일은 그가 죽은 채로 있는 한 결코 일어날 수가 없었다.

22:6-9. 이삭은 무슨 일이 일어날지 아직 듣지 못했다. 이는 그가 "불과 나무는 있거니와 번제할 어린 양은 어디 있나이까?"라고 묻는 것을 보면 알 수 있다(7절). 아브라함은 하나님이 그에게 하신 요구를 이삭에게 이야기하기가 (그 일을 행하는 것은 말할 것도 없거니와) 어려웠을 것이다. 그러나 아브라함은 이삭의 물음에 답하며 믿음의 확신을 가지고 **번제할 어린 양은 하나님이 자기를 위하여 친히 준비하**실 것이라고 말

했다(8절). 이 번역은 하나님이 이삭을 부활시키실 것이라는 기대와 모순을 이룬다. 이삭을 '번제'로 바치라는 하나님의 명령(2절)이나 히브리서 11:19에 기록된 이 사건에 대한 해석에 비춰보면 이런 기대는 분명 옳은 기대였다. 아브라함이 이삭을 불안하게 만들지 않으려고 '선의의 거짓말'을 한 것일 뿐이라는 대안적 설명도 불충분하기는 마찬가지이다. 왜냐하면 (1) 거짓말은 거짓말이며, 이런 죄는 강력한 믿음의 모범을 제시하는 이 이야기의 맥락에서 어울리지 않기 때문이다. 또한 (2) 만약 이것이 아브라함이 의도한 것(그리고 이삭이 이해한 것)이라면, 이삭을 제단에 묶었을 때 그가 어린 양이 어디 있는지 묻지 않았다는 점은 매우 놀랍다. 실제로 아브라함은 장차 어린 양을 준비하실 것이라고 말하지 않았다. 같은 형태의 히브리어 동사가 미래 시제뿐만 아니라 현재 시제로도 사용됨을 염두에 둔다면(17:1-8에 대한 주석을 보라), 아브라함의 대답은 문자 그대로 "하나님이 어린 양을 준비하고 계신다"라고 번역할 수도 있다. 이런 번역은 모든 모순을 해소한다. 왜냐하면 이는 아브라함이 이삭을 가리켜서 한 말이기 때문이다. 즉, 이삭이 바로 하나님이 준비하신 '어린 양'이기 때문이다. 아브라함의 대답을 이렇게 이해하면 이삭과 예수님 사이의 연결 고리가 하나 더 추가되기 때문에 이 사건의 모형론적 의미가 더욱더 강조된다. 즉, 둘 모두 하나님이 특별히 준비하신 어린 양이기 때문이다(요 1:29; 고전 5:7). 또한 예수님처럼 이삭 역시 억지로 희생제물이 되지 않았다는 점도 중요하다. 이삭이 자발적 희생제물이었던 것처럼 주 예수님도 그분의 아버지가 그에게 맡기신 역할을 기꺼이 담당하셨다(막 10:45; 요 10:18). 이삭은 그를 **번제**로 태우기 위해 필요한 양만큼의 **나무**를 이고 갈 정도로 힘이 셌으며(예수님이 지신 나무 십자가와 연결되는 또 하나의 모형론적 연관성), 따라서 그는 자신이 원할 경우 묶이지 않을 수 있었다. 또한 8절과 14절에서 **준비하시리라**로 번역된 동사는 '보다'(*r-'-h*, 라아)와 같은 동사이며 흔히 하나님이 언제나 최선의 것을 평가하고 공급하신다는 의미이다.

c. 천사가 믿음을 인정하다(22:10-19)

22:10-12. 그가 손에 **칼을 잡고** 아들을 죽이려고 한 후(10절), 즉 하나님의 명령에 순종하는 시험을 심리적으로 통과한 후(이것이 히 11:17-19의 핵심이다), **여호와의 사자**[성육신 이전 나타나신 하나님의 아들]가 아브라함을 불러 멈추게 하셨다. 그의 성숙한 믿음을 인정하신 것이다(**네가 네 아들 네 독자까지도 내게 아끼지 아니하였으니 내가 이제야 네가 하나님을 경외하는 줄을 아노라**, 11-12절). 이는 전지하신 하나님이 아브라함이 자신을 경외하는지 모르셨다는 말이 아니다. 하나님이 미리 아신 바가 실현되었다는 뜻이다. 중세 랍비 신학자인 나흐마니데스(Nachmanides)는 "하나님에 대한 아브라함의 경외감은 처음에 잠재적으로 존재했다. 그것은 그런 위대한 행위를 통해 실현되지 않았지만, 이제 비로소 그의 믿음이 [하나님께] 실제로 알려졌다."[Ramban-Nachmanides, "Bereishis, Genesis Part 1" *Commentary on the Torah*, vol. 1, ed. R. Yaakov Blinder (Brooklyn, NY: Mesorah Publications, 2004), 503].

22:13-14. 그런 다음 천사는 그의 **아들을 대신하여** 희생될 **숫양**을 준비했다(13절). 그래서 아브라함은 그곳의 이름을 **여호와 이레**라고 지었다(14절). 이 구절은 앞에서 지적한 것과 동일한 이유로 현재 시제로 해석하는 것이 맞다. '주께서 준비하신다'(문자적으로는 '주께서 보신다'). 이는 하나님이 행하실 일에 대한 말씀일 뿐만 아니라 그분이 이미 행하신 일과 일반적으로 행하시는 일에 대한 말씀이기도 하다. 14절 하반절에서 후대의 한 성경 편집자는 구약 정경이 완결되기 전 성령의 감독을 받아 **오늘날까지 사람들이 이르기를 여호와의 산에서 준비되리라**[혹은 준비된다] **하더라**라는 주석을 덧붙였다. "여호와의 산"은 모리아산이며, 이 사건이 일어난 바로 이 산은 훗날에 성전산이 될 것이다(22:2; 대하 3:1; 사 2:2). 모리아산의 제사는 성부 하나님이 '준비'하신 죄를 제거할 유일한 제사, 즉 천상의 제단에서 자신의 피를 "죄를 위하여 한 영원한 제사"(히 10:12)로 드리신, 아브라함의 '씨'(18절)이자 하나님의 아들이신 메시아 예수의 제사에 대한 생생한 '그림자'이다.

22:15-19. 아브라함의 믿음으로 인해 하나님은 아브라함에게 복을 주고 그의 **씨가 크게 번성하**게 하겠다고 약속하시며 그와 맺은 언약을 재확인하셨다(17a절). 이 문장에서 아브라함의 씨는 분명히 집단적 의미

로 받아들여야 한다. 왜냐하면 **하늘의 별과 같고 바닷가의 모래**처럼 셀 수 없을 것이기 때문이다. 그런 다음 하나님은 아브라함의 **씨가 그**[문자적으로 '그의'] **대적의 성문을 차지하고 그 씨로 말미암아 천하 만민이 복을 받을** 것이라고 약속하셨다(17b-18절). 여기에서 '씨'는 온 세상에 복을 줄 한 개인을 가리키는 것처럼 보인다. 이 씨를 가리키는 대명사가 단수형(문자적으로, '그의' 대적의 성문을 차지하리라)이기 때문에 이 점은 명백하다. 알렉산더(T. D. Alexander)는 이것을 두고 17절 상반절에서 '씨'가 집단을 가리키는 말로 사용되었다가 17절 하반절과 18절에서 개인을 가리키는 말로 전환됨을 반영한다고 주장했다. 그의 주장은 17절 상반절에서 '씨'를 집단적 의미로 사용하기는 하지만 17절 하반절에서 [히브리어에서 생각의 지속을 표현할 때 통상적으로 사용되는 '바브 연속법'(vav consecutive) 없이 여기에서는 완전히 새로운 생각의 시작을 표시하는 단순한 미완료 동사를 사용해서] 새로운 문장이 시작된다는 것이다.

이 새 문장 때문에 '씨'라는 단어가 개인을 가리키는 의미로 새롭게 사용되었다고 보는 쪽이 더 타당한 것처럼 여겨진다. 이는 이 계시가 하나님의 원수를 통치하고 세상에 복을 줄 아브라함의 특별한 후손을 기대하는 말씀이라는 뜻이다[T. Desmond Alexander, "Further Observations on the Term 'Seed' in Genesis," *Tyndale Bulletin* 48, no. 2 (1997): 363-367]. 바울은 이 한 씨가 메시아를 가리키며 나사렛 예수를 통해 성취되었음을 깨달았다(갈 3:8, 16).

11. 가족 문제(22:20-23:20)

a. 친척과 관계를 유지하다(22:20-24)

22:20-24. 아브라함이 그의 형제 나홀에게 자녀가 태어났다는 소식을 전해 듣는 이 짧은 기록, 구체적으로는 나홀의 손녀 **리브가**에 대한 언급은 앞의 아브라함 이야기와 뒤에 이어지는 내용 사이의 연결 고리 역할을 한다. 주제 면에서는 리브가가 이 짧은 족보에서 언급된 유일한 여자 후손이고, 이는 다음 장에 나오는 사라의 죽음을 예상하게 하며, 다음 여족장으로 '공백 없이' 전환됨으로써 아브라함의 후손과 아브라함 언약의 지속을 보장해준다. 신학적으로는 "가나안 족속의 딸" 중에서 이삭의 아내를 찾지 않는 아브라함의 의로운 바람(24:3; 4절을 보라)을 예상하게 하고, 또한 이를 통해 모세율법에서 규정했으며(신 7:3-4; 또한 스 9:1-2; 느 13:27) 신약에서도 재확인했던(고전 7:39; 벧전 3:7; 참고. 고후 6:14) "믿지 않는 자와 멍에를 함께 메지 말라"라는 원칙을 확립한다.

b. 사라를 애도하다(23:1-2)

23:1-2. **사라는 백이십칠 세를** 산 후 아낙의 아버지 아르바의 이름을 딴 기럇아르바(수 14:15; 21:11)라는 도시에서 **죽었다**. 예루살렘 남서쪽으로 약 30.5킬로미터 떨어진 이 도시의 위치를 명확하게 나타내기 위해 후대의 편집자는 이스라엘 사람들에게 일반적으로 알려진 도시명인 헤브론을 덧붙였다. 훗날 이곳에 아브라함이 묻혔기 때문에(25:9) 유대인은 이 도시를 특별하게 생각한다. 또한 이곳은 사라(23:19)와 이삭(35:29), 리브가, 레아, 야곱(49:31; 50:13; 행 7:16)이 묻힌 곳이며, 다윗이 열두 지파 모두에 의해 왕으로 인정받기 전 7년 반 동안 유다를 다스릴 때 수도로 삼았던 도시이기도 하다(삼하 5:3-5을 보라).

c. 가족 장지를 구입하다(23:3-20)

23:3-20. 이 장의 나머지 부분은 아브라함이 **헷 족속 에브론**에게서 (사라의 **매장**지로) **막벨라 굴**과 주변 **밭**을 구입하는 거래(9-10, 20절)를 자세히 그리고 군데군데 법률적인 용어를 사용하여(특히 16-20절) 묘사한다. 이 거래를 묘사하는 데 거의 한 장 전체를 할애한 점이 의아하게 여겨질 수도 있다. 하나님은 아브라함과 그의 후손들에게 구체적으로는 "헷 족속"의 땅(15:20)을 포함해 가나안 땅 전체를 '이미' 넘겨주셨기 때문이다. 아브라함의 군사력을 감안하면(14:14-16과 14:1-16에 대한 주석을 보라) 그는 단순히 (그리고 정당하게) 힘으로 그 땅을 차지할 수도 있었다. 하지만 만약 그렇게 한다면 그 땅의 다른 거주민들이 사라가 묻힌 곳의 거룩함과 온전함을 존중하지 않을 것이다. 이 장에서 아브라함은 자신의 신앙적 전제나 세계관을 공유하지 않는 불신자들 사이에서 살며 그들과 교류하는 신자의 본보기를 보여준다. 아브라함은 하나님이 주신 그 땅에 대한 권리를 헷 족속이 인정하지 않는다는 것을 인식했기 때문에, 자신의 소유권을 존중받고자 문화적으로 용인되는 상업적 거래 과정을 거쳤다.

12. 이삭과 리브가의 결혼(24:1-67)

a. 아브라함의 청원(24:1-9)

24:1-9. 12:2의 약속처럼 **여호와께서** 아브라함에게 **범사에 복을 주셨다**(1절). 그래서 아브라함은 생의 마지막이 가까워질수록 족장의 지위를 제대로 물려주기 위해 이루어야 할 남은 한 가지 책무, 즉 이삭의 **아내**를 찾는 일에 열중했다. 그는 자신의 **종**[그를 개인적으로 돕는 종이었던 다메섹 사람 엘리에셀이었을 가능성이 크다. 15:2을 보라]에게 **가나안 족속의 딸 중에서** 이삭을 **위하여 아내를 택하지 말고**(3절) 한 분이신 참 하나님을 사랑하는 가문, 즉 메소포타미아(메소보다미아)에 있는 자신의 아버지 가문에서 아내 될 사람을 찾으라고 명령했다(4절). 아브라함이 자신의 종에게, 적합한 아내를 고르는 일이 그가 아니라 **그보다 앞서 그 사자를 보내실** 하나님께 달려 있다고 했던 말 역시 여호와에 대한 아브라함의 믿음을 보여준다(7절). 약속의 땅을 떠나 애굽으로 갔던 그의 영적 미숙함(12:10)과 대조적으로 여기에서 아브라함은 스스로 그 땅을 떠나거나 이삭으로 하여금 떠나도록 허락하기를 거부했다. 아브라함은 **여호와께서** 그를 자신의 **고향 땅에서 떠나게 하시고**, 하나님이 그와 후손들에게 주신 이 땅으로 이끄셨다고 말했다. 가나안을 떠나는 것은 필요를 채워주시는 하나님의 능력을 믿지 못한다는 뜻이었다. 종은 **그의 주인 아브라함의 허벅지 아래에 손을 넣고** 주인의 명령을 지키겠다고 **맹세**했다(9절). 이것은 오늘날 오른손을 드는 관습처럼 고대 근동에서 맹세를 하는 방식이었을 것이다.

b. 하나님의 응답(24:10-49)

24:10-49. 아브라함의 친척들이 사는 **나홀의 성** 바깥 **우물**에 도착했을 때(10절), 종은 이삭에게 적합한 아내를 찾게 해달라고 **주께** 간구했다. 종은 자신이 물을 달라고 부탁했을 때 물을 **마시게** 해줄 뿐만 아니라 자발적으로 **낙타**에게도 물을 먹이겠다고 대답하는 사람을 하나님이 **정하신** 여자로 간주하겠다는, 상당히 구체적인 '시험'을 제안했다. 종은 낙타 열 마리를 끌고 갔으며(10절), 중동 전역에서 흔히 볼 수 있는 단봉낙타는 한 번에 100~150리터의 물을 마실 수 있다. 그 종이 하나님께 직접 도움을 구하자 **말을 마치기도 전에** 택함을 받은 여자가 나타났다(15절). 이는 하나님이 "구하기 전에 너희에게 있어야 할 것"을 아신다(마 6:8)는 중요한 사실을 생생하게 예증한다. **소녀**[16절, 나아라(*na'arah*)는 대개 청소년을 뜻한다]로 묘사된 **리브가가 모든 낙타를 위해 물을 긷고자 물동이를** 들고 **우물과 구유** 사이를 바삐 오가는 동안(24:19-20) **그 사람은 여호와께서 과연 평탄한 길을 주신 여부를** 알아보기 위해 그녀를 **묵묵히 주목**했다(21절). 기도에 대한 응답이 너무 빨리 찾아온 것처럼 보였기 때문에 그는 무슨 일이 일어나고 있는지를 이해할 시간이 필요했다. 물론 그는 결국 자신의 기도가 분명하게 응답받았음을 깨닫고 하나님께 깊이 감사드렸다. 그는 **머리를 숙여 여호와께 경배**했다(26-27절). 그러자 리브가는 집으로 **달려가** 가족에게 **이 일을 알렸다**. 곧바로 리브가의 **오라버니 라반**이 **우물로 달려가** 그 종을 **집으로** 데려왔고, 그 **종**은 **라반**과 그녀의 아버지 **브두엘**에게 자초지종을 이야기하면서 이 모든 일에 자신의 **주인 아브라함의 하나님 여호와**가 주권적인 역할을 하셨다고 강조했다(33-49절).

c. 사람들의 반응(24:50-67)

24:50-67. 자신의 임무에 대한 종의 설명을 듣고 난 후 **라반과 브두엘**의 반응(**이 일이 여호와께로 말미암았으니 우리는 가부를 말할 수 없노라**, 50절)은 미지근했다. 여기에서 그들이 야훼의 존재를 긍정하고(**이 일이 여호와께로 말미암았으니**) 심지어 이 일에 관여한다고 해서 그분을 '자신들의' 하나님으로 섬긴다고 성급히 결론지어서는 안 된다. 성경에서 다른 민족의 신(들)을 인정하는 사례는 흔하다. 정말로 그분을 '자신들의' 하나님이라고 여겼다면, 그들은 좋다고 말했을 것이다. 즉, 리브가가 하나님이 택하신 여자라는 말에 동의했을 것이다. 라반과 브두엘은 이 결혼에 반대하지 않았으며(어쨌든 이삭은 상당히 부유한 친척이었다), 처음에 그들은 이 결혼을 소극적으로 승낙하면서 그 종에게 리브가를 데려가라고 말했다(51절). 하지만 그들은 다시 한 번 생각하는 듯하더니(55-56절), 이상하게도 리브가를 불러 이 일에 관한 생각을 물었다(57-58절). 아마도 '체면을 구기지 않는' 방식으로 결혼 승낙이 뒤집히기를 바랐을 것이다. 리브가는 다시 한 번 **가겠나이다**(58절)라고 간단히 답함으로써 모범적인 성품(그리고 하나님의 선택의 적합성)을 입증했다. 이 대답은 기꺼이 사회적, 지리적으로뿐만 아니

라 신학적으로도 (야훼에 대한 믿음으로) 자신의 거처를 옮기겠다는 말이며, 이는 나중에 행동으로 입증된다(25:22). 그리고 후에 룻 역시 **가겠나이다**[*'elek*, 엘레크]라는 말로 나오미와 그녀의 하나님께 헌신하겠다는 의사를 밝혔다(룻 1:16). 종은 리브가를 이삭에게 데려갔으며(61-66절), 이삭은 그녀를 **아내로 삼고 사랑했다**(67절).

저자는 창세기 3:15에서 시작된 '후손'이라는 주제의 연속으로 리브가의 축복을 기록한다. 여자의 후손이 뱀의 머리를 상하게 할 것처럼(3:15), 아브라함의 후손은 그 대적의 성문을 차지하고 그로 말미암아 모든 민족이 복을 받을 것이다(22:17b-18). 여기에서 리브가의 **씨**는 언젠가 **그 대적의 성문을 얻**을 것이다. 창세기에서는 바로 이 특별한 후손, 곧 원수들을 정복하고 세상에게 복을 주실 메시아가 어떻게 나타날지를 서서히 보여주고 있다.

13. 이삭에게 횃불 넘기기(25:1-11)

a. 아브라함이 이삭을 인정하다(25:1-6)

25:1-6. 사라가 죽은 후 아브라함은 **그두라를 후처로 맞이**했고(1절), 여섯 아들을 얻었다(2-4절). 그중 **미디안**은 앞으로 이스라엘과 적대적 관계가 될 민족의 조상이다(참고. 민수기 31장과 사사기 6장). 아브라함은 물론 이 **서자들**을 다 사랑했으며 그들에게 **재산**을 주었지만(6절), **이삭**이 **자기의 모든 소유**를 물려받을 상속자임을 분명히 했다(5절).

b. 이삭과 이스마엘이 아브라함을 장사 지내다 (25:7-10)

25:7-10. 아브라함이 **백칠십오 세**의 일기로 죽자 **이삭과 이스마엘**은, 비록 관계가 소원해지기는 했지만(16:12; 21:21; 25:18) 함께 아버지를 사라가 묻힌 **막벨라 굴**에 합장했다. 이는 이스마엘이 자신의 성품과 반하는 행동을 할 때도 있었다는 것을 보여준다(16:12을 보라). 뿐만 아니라 이스마엘이 결국에는 이삭을 아브라함의 상속자라고 인정했던 것으로 보인다.

c. 하나님이 이삭을 인정하시다(25:11)

25:11. **아브라함이 죽은 후에 하나님이 그의 아들 이삭에게 복을 주셨고**라는 말처럼 하나님은 이삭이 자기 아버지 가문의 지도자로서뿐만 아니라 그분이 하신 무조건적 약속(아브라함 언약)의 매개자로서 족장의 지위를 차지했음을 인정하신다. 이 말이 12:2과 24:1의 언약을 암시한다는 사실은 26:3-4에서 한층 더 명확해진다. 하나님은 12:1-3에서 아브라함에게 처음으로 말씀하신 언약의 세 조항인 땅(규정된 장소, 이스라엘의 땅, 12:1)과 씨(구별된 백성, 12:2)와 복(권위 있는 도덕 기준, 12:3)이 이삭에게 적용됨을 분명하게 확증하셨다. 성경의 다른 책에서도 하나님의 약속이 이삭을 통해 이어졌음을 명시적으로 강조한다(예를 들어 대상 16:16; 시 105:9; 롬 9:7; 히 11:18).

B. 이스마엘의 자손: 하나님의 백성과 갈등을 빚다 (25:12-18)

25:12-18. 아브라함에게 주신 약속—따라서 '구속의 길'에 맞춰진 이야기의 초점—이 이삭을 통해 계속 이어졌지만 이스마엘의 족보를 간략히 소개하는 데는 몇 가지 중요한 목적이 있다. (1) 이스마엘을 **열두 지도자들**(16절)의 조상으로 만들고 "그를 매우 크게 생육하고 번성하게" 하며 "큰 나라가 되게" 하겠다는 하나님의 약속이 성취되었음을 입증한다(참고. 17:20; 또한 16:10; 21:13을 보라). (2) 이스마엘이 **그 모든 형제의 맞은편에 거주**했다(18절)라는 결론적 진술은, 이삭과 힘을 합쳐 아버지의 장사를 치렀지만 일반적으로는 "모든 사람"에 대해, 구체적으로 그의 '형제'에 대해 하나님이 선언하셨던 적의(16:12에 대한 주석을 보라)가 이스마엘과 그의 후손에게 이어질 것임을 보여준다. (3) 아마도 여기에 기록된 족보는 이스마엘과 그의 열두 아들이 성경 역사와 성경 이후 역사에서 아랍인들과 연결된다는 사실을 입증할지도 모른다. 일부 학자들은 창세기에서는 이스마엘과 아랍 민족들을 전혀 연결시키지 않으며, 이렇게 연결하는 것은 성경이 아니라 코란임을 지적하면서 둘 사이의 연관성을 부인해왔다. 하지만 이스마엘이 아랍인들과 연관된다고 볼 수 있는 성경적 증거로는 이사야 21:13-17과 에스겔 27:21에서 이스마엘의 둘째 아들 게달을 '아라비아'와 동일시한다는 점이다. 이스마엘을 아랍 민족들과 연결시킬 수 있는 역사적 증거를 들 수 있다. 느헤미야 6:1의 "아라비아 사람 게셈"이 주전 5세기 비문에 언급된 "게달 왕"일 수 있으며, 그렇다면 아랍인들은 이스마엘의 둘째 아들과 연결되는 셈이다. 또한 아랍인들은 7세기에(아브라함 이후 2,700년이 지났을 때) 이슬람이 발흥한 이

래로 자신들이 이스마엘의 후손이라고 주장해왔으며, 유대교와 기독교 전통에서도 일반적으로 이를 받아들였다.

C. 이삭의 자손: 하나님을 기다리는 법 배우기 (25:19-35:29)

창세기의 모든 주요한 서사와 마찬가지로(그 시작이 명확한 첫 번째 서사를 제외하고) 25:19에서는 ~의 족보는 이러하니라라는 표현과 더불어 새로운 서사 '주기'가 시작된다(예를 들어 5:1; 6:9; 10:1; 11:27; 25:19; 37:2). 이 족보의 초점은 족보 제목에 거명된 사람(즉, 이삭)이 아니라 아브라함 언약이 전해진 다음 세대의 아들(즉, 야곱)이다. 아브라함과 이삭에게 초점을 맞춘 앞의 서사 주기 뒤에 언약의 매개자로 택함을 받지 못한 장자인 이스마엘의 간략한 족보가 '맺음말'처럼 이어진 것과 같이, 이 서사 주기에서도 야곱에게 초점을 맞추며 마지막에 에서의 간략한 족보가 맺음말처럼 이어진다(36:1-37:1). 이 서사에서는 일차적으로 그분이 이미 약속하고 성취하신 바에 비추어 '주를 기다리는 법'(즉, 그분의 방식으로 그분의 때에 일하는 법)을 '배우며' 족장의 성장해가는 과정에 초점을 맞춘다. 야곱은 자신의 끈질긴 타락을 극복하고 그의 참된 정체성대로, 즉 자녀와 '대면'하기를 기뻐하시는(32:30) 완벽한 사랑의 아버지가 낳은 자녀로서 살아가고자 몸부림치는 신자의 생생한 사례(아담과 하와, 가인, 아브라함처럼)이다.

1. 야곱과 에서: 이삭의 아들들(25:19-34)

a. 자식이 없는 리브가(25:19-21a)

25:19-21a. 리브가와 결혼했을 때 **이삭은 사십 세**였는데, 성경 시대에 남자가 첫 결혼을 하기에는 비교적 늦은 나이었다. 여자는 십대 초에, 남자는 십대 말에 [예를 들면, "젊어서 취한 아내" 같은 표현(잠 5:18; 사 54:6; 말 2:14-15)에서 '젊어서'(*ne'urim*, 네우림)라는 말은 주로 십대를 가리킨다. 이 주제에 관한 가장 이른 시기의 랍비 문서 중 하나에서는 남자가 결혼하기에 적합한 나이를 18세로 명시했다(*m. 'Abot* 5.21)] 결혼하는 것이 일반적이었다. 그렇지만 이삭의 사례를 통해 일찍 결혼하는 것보다 적합한 사람과 결혼하는 것이 더 중요하다는 결론을 내릴 수 있다. 특히 이삭처럼, 중요한 신앙 문제에서 자신과는 철저히 '맞지 않는' 문화에 둘러싸여 있을 때는 더욱 그렇다. 사래처럼(11:30) 리브가 역시 **임신하지 못**했다. 그러나 각 경우에 족장의 반응은 달랐다. 이는 그들의 영적 성숙도를 반영한다. 아브라함은 아무것도 하지 않은 반면(적어도 성경에는 아무것도 적혀 있지 않다), **이삭은 여호와께 간구했으며 여호와께서 그의 간구를 들으셨으므로 그의 아내 리브가가 임신**했다(21절). 하나님의 응답은 즉각적이지 않았다. 리브가는 결혼 후 20년이 지나 이삭이 60세가 되었을 때에야 아이를 낳았기 때문이다(26절). 어쨌든 이는 4:25과 20:17-18; 21:1-2에서 분명히 제시했던 중요한 성경적 원칙, 즉 "자식들은 여호와의 기업"(시 127:3)이기에 여자가 잉태하게 하실 수 있는(혹은 태를 '열거나 닫으시는') 분은 여호와밖에 없다는 원칙을 재차 확인해준다.

b. 야곱과 에서가 태어나다(25:21b-26)

25:21b-26. 쌍둥이를 임신한 줄 모른 채 **태 속**의 움직임에 대해 염려하던 리브가는 **가서 여호와께** 여쭈었다(22절). 하나님은 리브가의 복중에 두 국민(즉, 앞으로 두 민족의 조상이 될 쌍둥이 '아들들')이 있다고 알려주실 뿐만 아니라 **큰 자가 어린 자를** 섬길 것이라고 말씀하셨다(23절). 이 말씀을 통해 하나님은 그분의 주권적인 뜻으로, 장자를 더 우월하다고 생각하는 관습과 달리 야곱과 그의 모든 자손들(즉, 장차 야곱/이스라엘이 이룰 '국민')이 아브라함 언약의 수혜자이자 매개자가 될 특권을 누릴 것이라고 선언하셨다. 이와 같이 나이가 많은 사람보다 어린 사람을 선호하는 것은 창세기에 자주 등장하는 사례이다. 예를 들면, 가인보다 아벨을(4:1-8), 이스마엘보다 이삭을(21:1-21), 레아보다 라헬을(29:30-31), 그의 모든 형제보다 요셉을(37:4), 세라보다 베레스를(38:29-30), 므낫세보다 에브라임을(48:13-20) 선호했다. 하나님의 택하심이 인간의 공로가 아니라 그분의 주권적 뜻에 근거한다고 주장하기 위해 바울은 로마서 9:11-12에서 이 본문에 묘사된 하나님의 응답을 인용했다. "그 자식들이 아직 나지도 아니하고 무슨 선이나 악을 행하지 아니한 때에." 리브가에 대한 하나님의 응답은 그저 '예언적'(즉, 이스라엘이 국가적 차원에서 에돔보다 우세해질 것을 내다보다)이라기보다는 '선언적'(즉, 그 순간 쌍둥이에 관한 그분의 결정)이었다. 바울은 하나님이 '쌍둥이'

가 태어나거나 그들이 무슨 일을 하기도 전에 그들에 관해 말씀하셨음을 강조했다. 따라서 이에 대한 유일한 설명은 하나님의 주권적 선택이다. 하나님은 말라기를 통해서도 같은 말씀을 하셨다. "내가 야곱을 사랑하였고 에서는 미워하였으며"(말 1:2-3; 롬 9:6-13과 말 1:2-3에 대한 주석을 보라). 이는 두 사람에 대한 하나님의 감정적 태도를 가리킨다기보다는 그분이 그저 한 사람을 주권적으로 택하고 다른 한 사람을 거부하셨음을 뜻한다(또한 창 29:30-31을 보라. 그분의 '감정적' 성향에 관해 말하자면 하나님은 모두를 사랑하신다. 요 3:16을 보라).

c. 에서가 장자권을 팔다(25:27-34)

25:27-34. 영적으로 성숙했으며 훌륭한 성품을 지녔지만, 이삭은 완벽하지 않았다. 그는 자신을 더 많이 닮은 자녀를 편애했다. 부모들이 흔히 저지르는 잘못이다. 이런 경향은 야곱에게도 전해졌고, 그 결과 야곱은 자신의 자녀뿐만 아니라(다른 열 아들보다 요셉과 베냐민을 더 좋아했다) 결혼 관계에서도(레아보다 라헬을 사랑했다) 이런 우를 범했다. 이삭은 **사냥한 고기를 좋아하므로 익숙한 사냥꾼**이었던 **에서를 사랑**했다(편애했다)(28절). 하지만 같은 덫에 걸린 **리브가**는 장막에 거하는 **조용한** 아들 **야곱**을 사랑했다(즉, 편애했다). 이처럼 부모가 편이 갈려 자녀를 편애했기 때문에 후에 야곱과 에서의 사이가 멀어졌으며 야곱은 **팥죽** 한 그릇을 주고 에서의 **장자**권을 샀다(31절). 이 단락에서 시작된 형제 사이의 갈등은 야곱 이야기 전체에서 계속되며 창세기에서 자주 다루는 주제를 반영한다(4:8에 대한 주석을 보라). 분쟁의 원인이 된 장자권은 부모의 '축복'과는 구별된다(27:30-46과 49:8-12을 보라). 물론 에서에게도 **장자의 명분**을 **가볍게 여**긴(귀하게 여기지 않은) 잘못이 있으며(34절), 그가 **붉은**['*adom*, 아돔] 팥죽 한 그릇에 장자권을 팔아넘긴 불명예를 기념하며 그의 후손은 이제 **에돔**['*edom*, '붉은'(민족), 30절]으로 불린다.

2. 이삭: 족장의 분투(26:1-33)

이 장에서는 족장과 하나님의 약속을 위임받은 사람으로서의 역할을 수행하는 이삭의 모습을 그린다. 이 책임을 이행하는 과정에서 이삭은 여러 가지 어려움을 경험했다. 아비멜렉에게 리브가가 자신의 아내라고 말하기가 두려워졌을 때, 그는 하나님의 보호하심에 대한 믿음이 부족함을 깨달았다. 약속의 땅에서 그곳 사람들과 우물을 둘러싼 분쟁을 해결해야 했고, 블레셋 왕인 아비멜렉과 언약을 맺어야 했다.

a. 하나님의 약속을 신뢰하기 위한 분투: 리브가에 관해 거짓말을 한 이삭(26:1-17)

26:1-17. 족장과 하나님의 약속을 위임받은 사람으로서의 역할을 맡자마자 이삭은 자신의 아버지 아브라함의 실수(두 번이나 자신과 사라의 관계에 대해 잘못된 정보를 전달)를 되풀이한다(12:10-20; 20:1-18). 이 이야기는 아브라함이 첫 번째로 저지른 동일한 실수(12장)와 놀라울 만큼 유사하다. (1) 두 사람 다 처음에 **흉년**을 겪었으며(1절; 참고. 12:10a), 약속의 땅에 발생한 흉년은 언제나 믿음에 대한 시험이었다. (2) 두 사람 다 흉년이 들자 **애굽으로 내려**갈 생각에서 남쪽으로 이주했다(2절, 참고. 12:10b). (3) 하나님은 두 사람에게 **땅**과 **씨**(**자손**), **복**[족장 개인을 위한 복만이 아니라 궁극적으로는 **천하 만민**을 위한 복]이라는 세 조항을 명시적으로 언급하면서 그분의 언약을 주권적으로 확증하셨다(3-4절; 참고 12:1-3). (4) 하나님이 그분의 언약을 확증하신 후 두 족장은 그 지역 남자들이 아름다운 아내 때문에 자신을 **죽일까** 두려워하여 아내를 **누이**라고 속였다(7절; 참고. 12:11-13, 19). (5) 그 지역의 왕은 거짓말을 알아차리고, 족장이 두려움에 떨며 예상했던 것과는 달리 그들의 결혼을 인정했다. 그리고 거짓말한 것에 대해 족장을 꾸짖었으며 그들을 보호(아브람의 경우에는 애굽에서 안전하게 떠날 수 있도록)하겠다는 왕명을 내렸다(10-11절; 참고. 12:19-20). 이 사건의 초점은 족장의 완벽하지 않은 믿음과 그들이 저지른 잘못에 맞춰져 있다. 이런 유사점은 이삭에게 언약을 받을 만한 자격이 없음을 보여준다. 이를 통해 이 언약의 무조건적 성격과 언약을 지키시는 하나님의 신실하심 그리고 그분의 주권을 강조한다.

특별히 중요한 것은 5절에서 하나님이 하신 말씀이다. **아브라함이 내 말을 순종하고 내 명령과 내 계명과 내 율례와 내 법도를 지켰음이라.** 하나님은 아브라함에게 가나안으로 이주하고(12:1) 할례를 받고(17:10) 이삭을 바치라는(22:2) 등 '몇 가지'를 행하라고 명령하셨지만, 이 행동들은 여기 나열된 매우 구체적인 법적 용어와 어울리지 않아 보인다. 사실 성경에서 이 네 개의 구체적 용어가 (복수로든 단수로든) 사용된 것은 이번이 처음이며, 그 후 이 용어들 넷이 함께 사용될 때는 거의 모세율법에만 적용된다(참고. 신 11:1). 하나님의 말씀에서 이렇게 모세율법을 가리키는 용어가 사용된 것은, 독자에게 아브라함이 믿음으로 완벽하게 율법을 지켰다는 의로움을 인정받았다고 가르치기 위함이다. 사실 사도 바울이 로마서 3:31에서 아브라함의 의로움에 대한 긴 논의를 시작하면서 "우리가 믿음으로 말미암아 율법을 파기하느냐? 그럴 수 없느니라. 도리어 율법을 굳게 세우느니라(즉, 우리는 율법이 가르치는 바를 입증한다)"라고 말했을 때 그가 펼치려던 주장도 바로 이것이다.

b. 죄인들과 더불어 살아가기 위한 분투: 이삭과 그랄 사람들의 다툼(26:18-25)

26:18-25. 두 족장 사이의 유사성은 여기에서 그치지 않는다. 12:10-20에서 아브람의 '죄의 연쇄'를 묘사한 다음 13장에서는 아브람의 목자와 롯의 목자가 땅의 자원을 놓고 갈등을 벌이는 모습이 그려진다. 이 본문에서도 중동에서는 특히 부족한 자원인 물을 두고 **그랄 목자들이 이삭의 목자와** 다툰다(20절). 의심할 나위 없이 이삭의 일꾼들이 가나안 목자들보다 수도 많고 (그는 아브람으로부터 14:14-15에 묘사된 강력한 전투력을 물려받을 것이므로) 더 강했지만, 그는 인내심을 갖고 분쟁이 일어난 곳을 떠나 **목자들이 다투지** 않는 곳을 찾을 때까지(21-22절) 옮겨다녔다. 그 후 하나님은 아브람에게 그러셨듯이(13:14-17; 15:1) 이삭을 보호하고 그의 필요를 채워주시겠다는 언약을 재확인하셨다(24절). 그에 대한 응답으로 족장 이삭은 **제단을 쌓고, 여호와의 이름을** 불렀다(25절).

c. 하나님의 주권을 인정하기 위한 분투: 이삭과 아비멜렉의 언약(26:26-33)

26:26-33. 20장에서 아브라함이 자신에게 큰 잘못을 했지만 그와 언약을 맺었듯이, 아비멜렉은 이삭과 언약을 맺는다(26-31절). 이삭이 아브라함과 같은 방식으로(즉, 아비멜렉이 자기도 모르게 족장의 아내와 간음죄를 저지를 뻔하게 만듦으로써, 20:3-4) 그에게 잘못을 저질렀음에도 둘은 언약을 맺었다.

이 본문이 다루는 일화는 20장의 사건이 있었던 때로부터 적어도 75년이 지난 후에 일어났으며, 이 **아비멜렉**은 아브라함이 만났던 사람이 아닐지도 모른다. ('왕의 아버지'나 '멜렉이 아버지다'라는 뜻을 지닌) '아비멜렉'이라는 이름은 애굽 왕의 호칭인 '바로'처럼 (또한 블레셋 왕 아기스가 '아비멜렉'이라고 불리는 시편 34장의 제목처럼) 블레셋 왕의 호칭일 수도 있다. 한편으로, 다음과 같은 이유 때문에 이 사람은 아브라함이 만났던 바로 그 **아비멜렉**일 수도 있다. (1) 두 이야기 모두에 **비골**이라는 이름의 **군대 장관**이 등장한다(26절; 21:22을 보라). (2) 이 시점에서 인간의 수명은 200세 정도였으며(데라는 205세, 아브라함은 175세, 이삭은 180세에 사망), 이는 80년 이상의 통치 기간과 조화를 이룬다. (3) 아비멜렉이 이삭과 맺은 **계약**에서 아비멜렉이 이를 주도했다는 점과 계약 문구의 어법이 21:22-23에 기록된 아브라함과의 계약과 비슷하며 심지어 어떤 경우는 동일하다.

더 중요한 점은 이 단락이 이방인까지 복을 받게 하겠다는 사명을 성취하시는, 하나님의 절대적이고도 은혜로운 주권의 증거라는 사실이다. 왜냐하면 21장에서와 마찬가지로 여기에서도 족장은 한 분이신 참 하나님을 믿는 사람으로서 담대한 신뢰와 의로운 행동, 심지어는 인간으로서 마땅히 갖춰야 할 품위조차 보여주지 못하고 대부분의 사람들이 "합당하지 아니한 일"(20:9을 보라)이라 여기는 행위를 했기 때문이다. 그러나 두 경우 모두 가장 직접적으로 피해를 입은 아비멜렉은, 무책임한 행동으로 하나님의 복이 이방인에게 확장되는 것을 가로막았던 이삭과 평화의 언약을 맺었을 뿐만 아니라, 이삭의 하나님이 지니신 궁극적 주권과 은혜로운 성품을 인정했다! 사실 아브라함을 만난 이후로 한 분이신 참 하나님에 대한 아비멜렉의 이해와 '그분에 대한 믿음'이 더 깊어졌을 가능성이 있다. 왜냐하면 아브라함을 만났을 때는 아비멜렉이 '하나님'(엘로힘)이라는 일반적 용어를 사용했지만(21:22-23), 여기에서 이삭을 만났을 때는 그가 하나님을 지칭할 때 그분의 언약적 호칭인 '여호와'(*yhwh*)를 썼기 때문이다(26:28-29).

오늘날 아브라함의 '자손'으로 말미암아 만민이 복을 받게 하고자(12:1-3; 22:18; 26:4-5) 하나님은 교회가 그 구속의 명령(마 28:18-20)을 이행할 때 주님에 대한 그들의 사랑과 감사를 보여줄 특권을 주신다. 또한 신자들에게는 자신의 유익을 위해 예수 안에 있는 구원의 복된 소식을 나누라고 말씀하신다. 그러나 구원은 오직 그분의 사역이며, 사람들이 무슨 일을 하든지 하지 않든지 하나님의 목적은 성취될 것이고, 그분의 "계획을 따라…예정을 입은"(엡 1:11) 각 사람은 결국 그분께로 이끌릴 것이다(참고. 렘 31:3; 요 6:44, 65).

3. 야곱: 이삭의 후계자(26:34-35:29)

야곱 이야기는 세 부분으로 구성되었는데 각각은 야곱이 약속의 땅에 있느냐 없느냐에 따라 나뉜다. 첫 번째 부분은 야곱이 약속의 땅에서 형 에서와 다투는 모습을 보여준다(26:34-28:9). 두 번째 부분은 약속의 땅 바깥에서 삼촌인 라반과 다투는 야곱의 모습을 그린다(28:10-31:55). 세 번째 부분에서는 야곱이 약속의 땅으로 돌아오며, 그가 벌인 에서와의 다툼, 하나님과의 다툼이 마침내 해소된다(32:1-35:29). 이 세 이야기의 목적은 하나님이 야곱에게 주신 약속에서 그분의 주권적 선택을 강조하기 위함이다.

a. 그 땅 안에서: 에서와의 경쟁(26:34-28:9)

야곱 이야기의 첫 번째 부분에서, 그는 그 땅 안에 머물면서 형인 에서와 복을 놓고 다툰다. 이 부분은 다시 셋으로 나뉜다. 에서와 이방 여인의 결혼에 관한 서문으로 시작되고, 복에 관한 갈등을 그리는 본문이 이어지며, 에서와 또 다른 이방 여인들의 결혼에 대해 언급하는 후기로 마무리된다.

(1) 서문: 이방 여인들과 결혼한 에서(26:34-35)

26:34-35. 야곱이 이삭을 속이고 에서 대신 복을 받는 이야기는 에서의 두 차례 결혼에 관한 서문으로 시작된다. 두 경우 모두 에서는 메소포타미아로 돌아가 자기 친척 중에서 신부를 찾지 않고 이방인인 헷 족속 여인들과 결혼했다. 이 결혼은 **이삭과 리브가의 마음에 근심이 되었**다. 또한 야곱이 이삭을 속인 이야기는 에서의 또 다른 결혼에 관한 후기로 마무리되며(28:8-9), 이 이야기를 둘러싸는 액자를 이룬다. 이런 액자 구조의 의미에 관해서는 28:8-9과 28:6-9에 대한 주석을 보라.

(2) 본문: 복을 얻기 위해 노력한 야곱(27:1-28:5)

27:1-46. 이삭이 야곱을 축복하는 이야기는 족장 사이에 복이 전해졌음을 강조한다. NASB를 기준으로 이 부분(26:34-28:9)에서만 '복'이라는 말을 명사 형태로든, 동사 형태로든 28회 사용한다. 이야기는 에서가 죽 한 그릇을 받고 야곱에게 장자권을 파는 사건으로 시작되며(25:29-34) 이는 이야기의 배경을 이룬다. 장자권은 맏아들이 받을 복을 포함한 것으로 보인다. 그렇기 때문에 히브리서 12:16-17에서는 장자권과 복을 동일시한다.

이삭은 **나이가 많아 눈이 어두워 잘 보지 못**했기 때문에 죽기 **전에** 족장의 복을 넘겨줄 시간이 되었다고 판단했다(27:4). 이삭이 60세에 에서를 낳았고(25:26) 에서가 40세에 결혼했기(26:34) 때문에, 이때 이삭의 나이는 적어도 100세였다. 이삭은 수십 년을 더 살고 야곱이 낳은 자신의 손자 열두 명을 다 보게 되지만(35:22b-27을 보라) 언약에 관한 우위성은 족장의 복과 밀접하게 연결되기 때문에(또한 49:8-12을 보라), 이때는 '구속의 길'(아브라함 언약이 유지되는 가계)이 결정되는 매우 중요한 순간이었다. 이삭이 에서를 축복하려고 했기에 리브가는 두 아들이 태어날 때 하나님이 하신 말씀, 즉 "큰 자"가 아니라 "어린 자"를 택하셨다는 말씀(25:23)을 남편에게 알리지 않은 것으로 보인다. 리브가의 침묵은 두 부모가 각각 다른 아들을 편애하는 것과도 맥이 잘 통한다. 그러나 이삭이 두 아들이 태어났을 때 하나님이 하신 말씀과 에서가 장자권을 판 것을 알고 있었지만, 복을 줄 때 이런 사실을 무시하겠다고 결심했을 가능성이 더 높다.

이삭의 의도를 엿들었을 때 리브가는 하나님이 그분의 목적을 성취하실 것이라고 믿는 대신 남편을 속여 자신이 편애하는 아들인 야곱을 축복하게 만들 계획을 세웠다(27:5-13). 리브가가 시키는 대로 야곱은 에서로 변장해 눈먼 아버지의 촉각과 후각을 속이고 복을 훔치는 데 성공했다. 그는 에서의 옷을 입고 염소 가죽으로 털이 많은 에서의 팔처럼 꾸몄다(27:15-17). 에서는 후에 이를 알아차리고 그는 **야곱**['그가 속이다'라는 뜻]이 다시 한 번 자신의 이름대로 행동했다고 지적했다. **그가 나를 속임이 이것이 두 번째니이다**[야곱이 팥죽으로 에서의 장자권을 산 일(25:29-34)과 이삭을 속여 족장의 복을 받은 일을 가리킨다, 36절]. 야곱을 '죽여' 복수하겠다는 에서의 계획이 **리브가에게 들리**

자(42절), 그녀는 편애하는 아들에게 에서의 **노가 풀릴 때까지** 자신의 **오라버니 라반에게로 피신하라고** 재촉했다(44절).

독자들은 이 이야기를 에서의 눈으로, 즉 아버지를 속이고 복을 훔친 야곱의 잘못을 강조하는 식으로 바라보는 경우가 많다. 그러나 화자는 이야기의 당사자 네 명 모두에게 죄가 있음을 강조한다. 이삭과 에서에게는 하나님이 누구에게 복을 주시겠다고 했는지를 고의적으로 간과한 죄가 있다. 이삭은 에서가 장자권을 팔았다는 사실과 두 아들이 태어날 때 하나님이 주신 말씀을 무시하기로 작정했다. 에서는 자신의 의지로 장자권을 판 사실을 무시하기로 작정했다. 리브가와 야곱은 복이라는 자신들의 목적을 이루기 위해 고의적으로 속인 죄가 있다. 리브가는 많은 음식을 준비하고 에서의 옷과 털이 많은 염소 가죽을 이용해서 눈먼 이삭을 속였다. 야곱은 조금 꺼리는 태도를 보였지만 자신이 축복을 받겠다는 목적을 이루기 위해 어머니의 계획을 그대로 따랐다. 야곱이 복을 훔쳤기 때문에 그의 속임수가 잘못인 것이 아니다. 야곱은 이미 복을 샀기 때문에 그가 복을 갖는 것은 정당했다. 야곱의 잘못은 자신의 인간적인 속임수와 조작 없이도 하나님이 그분의 뜻을 이루실 것이라는 믿음이 없다는 데 있었다. "큰 자가 어린 자를 섬기리라"(25:23)라고 주권적으로 선포하신 하나님은 인간의 실패에도 불구하고 그분의 주권적 목적을 성취하셨다. 하나님의 복은 인간이 공로를 쌓아 얻은 것이 아니라 하나님의 은총과 선택의 행위로 주어졌다는 것이 다시 한 번 입증되었다.

리브가가 이삭을 속인 것은 분명히 비난받아 마땅하지만 그녀의 성품이 완전히 망가진 것은 아니었다. 45-46절에 기록된 리브가의 말과 행동은 자신이 저지른 일에 대한 죄책감을 명백하게 드러내며, 병든 남편에 대한 사랑과 염려를 보여준다. 그녀는 이삭에게 그가 편애하는 아들이 동생을 죽이려 한다고 알려서 족장에게 큰 근심을 불러일으키기보다는[**너희 둘**(45절)이라고 말할 때 그녀는 아마도 야곱과 에서가 아니라 그의 병든 아버지를 가리켰을 것이다], 메소포타미아의 친척들 중에서 아내를 찾는다는 단 하나의 목적을 위해서(목적이 정당하고 심지어 영적으로는 꼭 필요한 일이기 때문에 '핑계'가 아니다) 야곱을 멀리 보내라고 권했다.

화자는 야곱의 기만에 대해 명시적으로 비난하지는 않았지만, 야곱의 삶에서 벌어진 사건들은 하나님을 신뢰하는 대신 아버지를 속임으로써 그가 자신과 다른 이들에게 고통을 주었음을 보여준다. 첫째, 집에 있기를 좋아하는 소년이었던 야곱은 집에서 도망쳐 나와야 했다. 둘째, 리브가가 편애하던 아들이었던 그는 사랑하는 어머니를 보지 못했다. 셋째, 야곱은 에서의 약점을 이용한 것처럼 자기 삼촌 라반에게 이용당할 것이다. 넷째, 이삭의 눈이 먼 것이 야곱이 그를 속일 수 있게 해준 가리개였던 것처럼, 라반도 레아의 얼굴을 덮는 가리개를 이용해 야곱을 속인다(이삭과 야곱 모두 자신이 속았다고 말했다는 점을 주목하라, 27:35; 29:25). 다섯째, 야곱이 에서의 옷을 이용해 아버지를 속인 것처럼, 그의 아들들은 요셉의 옷을 이용해 그를 속일 것이다(37:32). 여섯째, 야곱은 죽을 때 만족스러워했던 것으로 보이는 아브라함(25:8)이나 이삭(35:28-29)과 달리 생의 마지막 시기를 험난하게 보냈다(47:9).

28:1-5. 리브가의 재촉에 대한 반응으로, 또한 스스로도 비슷한 걱정을 했을 것이기 때문에 이삭은 야곱에게 **밧단아람**[메소포타미아 북부, 오늘날의 터키 남동부 지역]에 있는 **외조부 브두엘의 집**으로 가서 **외삼촌 라반의 딸 중에서 아내를 맞이하라고** 당부했다. 이삭이 했던 말은 24:3에서 아브라함이 받았던 명령, 즉 **가나안 사람의 딸들 중에서 아내를 맞이하지 말라**[믿지 않는 자와 '멍에'를 함께 메지 말아야 한다, 참고. 고후 6:14, 또한 22:20-24에 대한 주석을 보라]는 명령과 같다(28:6).

(3) 후기: 또다시 이방 여인들과 결혼한 에서 (28:6-9)

28:6-9. 이삭을 속이는 이야기는 에서가 이방 여인들과 결혼하고 그로 인해 부모들이 근심했다고 서술한 서문으로 시작되었다(26:34-35). 여기에서 이 이야기는 에서의 또 다른 결혼에 관한 후기로 마무리된다. 에서는 자신의 부모가 첫 이방인 아내들을 못마땅하게 여기는 것을 보면서 회개하기는커녕 아버지를 더 불쾌하게 만들려고 **이스마엘에게 가서** 또 다른 이방인 여자들을 **아내로 맞이**했다. 에서가 이방인과 결혼한 이

야기로 속임에 관한 이야기를 액자처럼 둘러싼 것은, 야곱이 속임수로 복을 받았지만 에서는 자손의 순수성을 지키겠다는 의지가 없었으므로 더더욱 복을 받을 자격이 없었음을 보여주기 위해서이다.

b. 그 땅 밖에서: 라반과의 경쟁(28:10-31:55)

야곱 이야기의 두 번째 부분은 약속의 땅 밖에서 삼촌 라반과 다투는 야곱을 묘사한다. 여기에서는 남을 잘 속이고 정직하지 않은 라반과 함께 지낼 때 하나님이 어떻게 야곱을 돌보셨는지를 보여준다. 또한 하나님이 어떤 식으로 야곱에게 그의 불명예스러운 행동에 관한 교훈을 주셨는지를 보여준다. 야곱이 속이는 죄를 저질렀다면, 이제 라반의 행동을 통해 그는 속임수와 정직하지 않은 행동을 당하는 사람의 입장이 어떤 것인지를 배울 것이다.

(1) 야곱의 여정(28:10-22)

28:10-15. 야곱/라반 이야기는 메소포타미아로 가는 야곱의 여정과 그분의 약속이 이야기 전체를 이끄는 원칙이 될 것이라는 하나님의 보증으로 시작된다. **하란**을 거쳐 밧단아람으로 가는 도중에 야곱은 가나안 족속이 **루스**라고 부르는 곳에서 유숙했다. 나중에 그가 **베델**이라고 부른 이곳은 예루살렘 북쪽으로 17킬로미터 떨어져 있다. 야곱은 이스라엘 땅을 떠나면서 꿈을 꾸었다. 그는 꿈속에서 **땅**과 **하늘**을 잇는 **사닥다리**와 하나님의 사자들이 **그 위에서 오르락내리락하**는 모습을 보았다(12절). 이것은 천사들이 야곱을 위해 계속해서 활동하는 것을 상징한다. 아마도 올라가는 천사들은 야곱이 이스라엘 땅에 있는 동안 그를 보호했던 천사들이었을 것이며, 내려가는 천사들은 그 땅 바깥에서 활동하며 여행하는 동안 그를 보호할 천사들이었을 것이다. **여호와께서** 그 사다리 **위에** 서 계셨으며, 이삭에게 약속의 세 조항, 즉 [가나안] '**땅**'과 **땅의 티끌같이** 될 '**자손**', 그의 **자손**[문자적으로 '씨', 13-14절]**으로 말미암아 땅의 모든 족속이** 받게 될 '**복**'에 대해 확증하셨다.

28:16-22. 꿈에 대한 응답으로 야곱은 잠에서 깬 후 그곳에 하나님이 계신다고 선언했다. 그는 베개로 삼았던 **돌**에 **기름**을 부음으로써 그곳을 거룩하게 구별했다. 마지막으로 그는 **하나님이** (1) 자신과 **함께 계**시고 자신이 **가는 이 길에서** 자신을 안전히 **지키시고** (2) **먹을 떡**과 (3) **입을 옷을 주시**고, (4) 자신이 **평안히 아버지 집으로 돌아가게 하**신다면, **여호와**(야훼, 언약의 하나님)께서 자신의 **하나님**이 되실 것(21절)이라고 **서원**했다(20-22절). 이때부터 그가 밧단아람에서 돌아올 때까지 야곱은 한 번도 야훼를 자신의 하나님으로 부르지 않고 아브라함이나 이삭의 하나님으로 부른다(이는 야곱이 아직도 주님의 구원에 대한 믿음이 없었음을 암시하며, 하나님의 선택은 인간의 이해나 공로에 의존하지 않음을 보여준다).

(2) 야곱의 결혼(29:1-30)

29:1-14. 야곱/라반 이야기의 두 번째 부분에서는 야곱의 결혼과 그를 속이는 라반의 행동에 대해 다룬다. 야곱은 마침내 목적지인 밧단아람에 도착했고(28:2을 보라) 거기에서 **양 세 떼**와 **우물**곁에 있던 목자들을 만났다(29:2). 목자들에게 인사를 건네고 그들이 삼촌 **라반**이 사는 도시 **하란**에서 왔음을 알게 된 후 야곱은 양 떼가 (우물 주변에는 뜯을 만한 풀이 별로 없었을 테지만) 아직 풀을 뜯어야 할 시간에 그저 누워 있도록 내버려두었다면서 목자들을 가볍게 꾸짖었다(7절). 목자들이 이미 야곱에게 **라헬**이 자기 아버지의(즉, 라반의) 양 떼를 **몰고** 우물로 오고 있다고 말했기 때문에, 그가 목자들을 꾸짖으며 **양에게 물을 먹이고 가서 풀을 뜯게 하라**고 재촉했을 것이다. 그러면 그의 사촌이 쉽게 자기 양 떼를 끌고 우물로 올 수 있기 때문이다. **라헬**이 도착했을 때 **야곱**은 **우물 아귀에서 돌을 옮**기고 그녀의 양 떼에게 물을 먹였다. 야곱의 어머니 리브가는 같은 족속 중에서 이삭의 신부를 찾고자 아브라함이 보낸 종을 만났을 때 그가 끌고 온 낙타에게 물을 먹였다(24:20). 야곱은 친척에 대한 적절한 인사로서 **라헬에게 입맞추**었으며(11절), 마찬가지로 삼촌 **라반**을 만났을 때도 그를 **안고 입맞추**었다(13절).

29:15-30. 한 달 동안 라반과 함께 지낸 후(14절) 야곱은 라헬과 사랑에 빠졌고, 라반은 **7년** 동안 일을 하는 조건으로 야곱에게 자신의 딸을 아내로 주겠다고 약속했다. 하지만 **그 기한이 찼**을 때 라반은 야곱을 속이고 그에게 **레아**를 주었다. **저녁**이었고(23절) 레아가 얼굴을 가렸을 것이기 때문에 야곱은 그녀를 알아보지 못했다. 야곱은 전에 눈이 먼 아버지를 속였다(27:1-29). 따라서 이는 보복적 정의의 한 예라고 할 수 있다.

그렇다고 라반의 죄가 면제되지는 않는다. 그는 고의적으로 부당하게 야곱을 속였기 때문이다. 이야기 전체에서 계속되는, 친척인 야곱과 라반 사이의 갈등은 창세기에서 자주 등장하는 주제이다(4:8에 대한 주석을 보라). **칠 일**[7년]을 더 일한 후에 야곱은 **레아보다 더 사랑**하는(문자적으로, '레아보다 선호하는') **라헬**을 아내로 맞을 수 있었다. 이 부분에서는 하나님이 야곱의 계략과 관련해서 그를 징계하기는 하셨지만, 결국은 그분의 모든 약속을 이루셨음을 보여준다. 징계는 야곱이 자신보다 훨씬 더 기만적인 삼촌과 같이 살면서 겪은 공정한 보복을 통해 명백히 드러난다. 하지만 원치 않았던 아내인 레아가 이스라엘의 중요한 여족장이 되는 것을 통해 약속의 성취 역시 명백히 드러난다.

(3) 야곱의 자녀(29:31-30:24)

29:31-30:24. 야곱/라반 이야기의 세 번째 부분은 라반을 위해 일하는 동안 야곱의 자녀들이 태어난 것에 대해 다룬다. 이 부분은 하나님이 바라보신 사람을 위해 이제 곧 무언가를 행하실 것이라는 기대를 갖게 하는 **여호와께서…보시고**라는 표현으로 시작된다(1:4-5에 대한 주석을 보라). 주님은 대부분의 번역에서 **사랑받지 못**했다고 기술한 레아를 보셨다(29:31). **그가 레아보다 라헬을 더 사랑하여**라는 30절의 번역은 이와 모순을 이룬다. 왜냐하면 레아가 사랑을 덜 받았다는 것은 그가 '사랑받지 못했다'는 것과 다르기 때문이다. 그러나 히브리어 본문에서는 아무런 모순도 없다. 왜냐하면 31절에서 레아를 묘사하는 형용사가 '선호되지 않은'(*shenu'ah*, 쉐누아)이라는 뜻을 가질 수 있고, 마찬가지로 30절에 사용된 그 반대말도 '선호된'(*ye'ehav*, 예에하브)이라는 뜻을 가질 수 있기 때문이다. '선호되지 않은'과 '선호된'이라는 단어가 현재의 문맥에서 뜻이 통하는 유일한 번역어이다. 따라서 30절에서는 야곱이 레아보다 라헬을 '선호했다'고 말하는 반면, 31절에서는 레아가 '선호되지 않았다'고 말하는 셈이다. 그러므로 하나님은 레아에게 은혜를 베푸셔서 **그의 태**를 여셨으며, 그 후 레아는 야곱의 첫 네 아들을 낳았다(31-35절). 그리고 그중 넷째인 **유다**를 통해 아브라함 언약의 가장 위대한 조항을 매개하는 자가 날 것이다(49:8-12). 야곱의 다른 여덟 아들 중에서 둘은 레아에게서 났으며(**잇사갈**과 **스불론**, 30:18, 20), **레아의 시녀 실바**[**갓**과 **아셀**, 30:11, 13]와 **라헬**[**요셉**과 **베냐민**, 30:24과 35:18], **라헬의 시녀 빌하**[**단**과 **납달리**, 30:6, 8]에게 각각 둘씩 태어났다.

이 이야기의 목적은 야곱의 열두 아들이 어떻게 태어났는지를 서술하는 것이며, 거기에 더해서 하나님의 약속이 인간의 계략이 아니라 하나님의 은혜로운 선물을 통해 성취됨을 보여주는 것이다. 이 이야기에서 라헬은 레아가 그토록 갈망하는 야곱의 사랑을 받았다. 레아에게는 라헬이 간절히 원하는 자녀가 있다. 따라서 바라는 바를 얻기 위한 모든 종류의 조작과 계략, 긴장이 발생한다. 그러나 인간이 받은 것은 그 무엇이든지 하나님이 은혜로 주신 것이다. 그러므로 이야기는 **하나님이 레아의 소원을 들으시고**(30:17) **하나님이 라헬을 생각하셨다**(30:22)는 말에서 절정에 이른다. 이는 곧 하나님의 복이 인간의 책략이 아니라 은혜로부터 온다는 것을 뜻한다. 또한 이것은 하나님이 은혜로 이스라엘 민족을 택하실 것이며, 하나님이 그들을 택하고 사랑하신 것은 "너희가 다른 민족보다 수효가 많기 때문이" 아니라 "여호와께서 다만 너희를 사랑하심으로 말미암아, 또는 너희의 조상들에게 하신 맹세를 지키려" 하셨기 때문임을 미리 보여준다(신 7:7-8).

(4) 야곱의 번성(30:25-43)

30:25-26. 야곱/라반 이야기의 네 번째 부분은 라반이 야곱을 속이려고 노력했지만, 그럼에도 하나님은 야곱이 번성하게 해주셨음을 보여준다. **요셉**이 태어난 후 **야곱**은 삼촌 **라반**에게 **고향**[가나안, 25절]으로 돌아가고 싶다는 자신의 바람을 알렸다. 그러나 라반은 주께서 야곱 때문에 자신에게 복을 주셨다고 말하면서 그에게 계속 머무를 것을 권했다(27절). 이는 하나님이 아브라함과 약속의 가계에 속한 그의 자손을 축복하는 자에게 복을 내리시겠다는 그분의 약속(12:3)을 성취하신 또 하나의 사례이다. 라반은 야곱을 정직하게 대하지 않았지만, 단지 자신의 집에 머무는 야곱과 관계가 있다는 이유만으로 하나님의 복이 라반에게로 흘러넘쳤다.

30:27-30. 주께서 자신에게 복을 주셨음을 인정하는 라반의 말은 한 분이신 참 하나님에 대한 개인적 신앙이 아니라 점술에 근거를 두었다. **내가 깨달았노니**[대부분의 영어 성경에서는 '점을 쳐서 알다'라고 번

역—옮긴이 주]라는 라반의 말은 그저 '직관이나 통찰로 무언가를 발견했다'는 뜻이 아니라 동물의 창자나 새의 움직임을 관찰하는 등의 방식으로 점을 치는 이교도의 종교적 풍습을 가리킨다. 훗날 하나님은 모세를 통해 이스라엘에게 주신 율법에서 이것을 명백하게 금지하셨다(레 19:26; 신 18:10; 참고. 왕하 17:17). 그러나 언약의 가족을 축복하는 이들에 내리시는 하나님의 복은 그들이 가진 믿음의 본질로 결정되지 않는다. 이러한 하나님의 은총과 그분이 맺은 언약의 무조건적 성격은, 그분이 언약의 가족에게 복을 내리실 때 훨씬 더 분명히 드러난다.

30:31-36. 족장 야곱은 라반의 염소와 양 중에서 **아롱진 것과 점 있는 것**, 라반의 양 떼 중에서 **검은 것**을 추려서 이를 자신의 품삯으로 삼겠다는 조건 하에 머무는 데 동의했다(32절). 보통은 이런 색깔을 띤 가축의 수가 적었기 때문에 라반은 야곱이 내건 조건을 기꺼이 수용했다. 그러나 야곱에게 가축을 조금만 주어도 된다는 것에 만족하지 못했던, 라반은 염치없게도 아롱진 것과 점 있는 것을 빼낸 뒤 야곱에게서 사흘 길이 떨어진 곳으로 옮겼다(35-36절). 따라서 남아 있는 가축들이 얼룩무늬가 있거나 점이 있거나 검은 가축을 낳을 확률은 훨씬 더 줄었을 것이다.

30:37-43. 이에 대한 대응으로 야곱은 버드나무와 살구나무와 신풍나무 가지의 껍질을 벗겨다가 짝짓기를 하는 동물 앞에 두었다. 동물이 교미하는 중에 본 것은 그 새끼의 생김새에 영향을 미칠 것이라는, 흔하기는 하지만 전적으로 잘못된 상식에 기초한 행동이다. 야곱은 여전히 하나님의 언약과 그분의 넉넉한 공급하심을 신뢰하지 못하고, 계속해서 자신의 책략으로 상황을 개선하려 했다. 야곱의 행동은 하나님이 그분의 주권적 능력과 은혜 안에서 주시겠다고 약속한 것을 인간의 힘으로 이루어보려는 모습을 보여준다. 하지만 교미하는 동안 껍질 벗긴 가지를 바라본 양들이 **얼룩얼룩한 것과 점이 있고 아롱진 것을 낳**았기 때문에(39절), 이런 방식이 효과가 있는 것처럼 보였다. 결국 야곱은 자신의 책략 때문에 성공했다고 말하지 않고 하나님 덕분임을 인정하면서 "하나님이 이같이 그대들의 아버지의 가축을 빼앗아 내게 주셨"다고 말한다(31:9).

하나님은 아브라함(12:16)과 이삭(26:12-14)에게 그러셨듯이 야곱을 번성하게 하셨다. 따라서 이 단락은 라반의 계략과 반대에도 하나님이 그분의 약속에 신실하셨음을 드러낸다. 이 이야기는 애굽에서 이스라엘이 하게 될 경험을 미리 보여준다. 야곱이 고향으로 돌아가고 싶어 했듯이(30:25) 이스라엘도 그럴 것이다(출 3:7). 야곱이 자신에게 이익을 주었기 때문에 라반이 그를 붙잡고 싶어 했던 것처럼(30:26), 바로도 이스라엘이 떠나도록 허락하지 않을 것이다(출 1:14). 뿐만 아니라 야곱의 풍요로움이 문자 그대로 가득했듯이(창 30:43에서 **매우 번창하여**로 번역), 이스라엘 역시 사람들로 '가득하게' 될 것이다(출 1:12에서 '퍼져나가니'로 번역). 따라서 야곱을 통해 구체화된, 그분의 백성을 향한 하나님의 약속은 어떠한 반대가 있어도 성공적으로 이루어질 것이다.

(5) 야곱의 역경(31:1-32:2)

31:1-16. 야곱/라반 이야기의 다섯 번째인 동시에 마지막 부분인 이곳에서는 야곱이 삼촌의 집에서 도망쳐 나오는 모습을 그린다(31:1-55). 이 부분의 이야기는 야곱이 도망쳤던 이유로부터 시작된다(31:1-16). 얼룩무늬와 점이 있는 양과 염소나 검은 양이 더 적을 것이라고 예상했지만 실제로는 이런 가축들이 라반의 양 떼에서 새로 태어난 가축 중 다수를 차지했기 때문에 야곱과 라반 사이의 관계가 나빠졌다. 그렇게 라반의 재산을 이용한 결과 야곱은 큰 부자가 되었다. 이것은 앞 장에서 하나님이 라반에게 복을 주신 이유가 야곱 때문임을 인정한 것(30:27)과 모순되는 것처럼 보이지만, 이런 새로운 상황 전개는 "너를 저주하는(문자적으로, '무시하는') 자"를 저주하겠다는, 하나님이 첨부하신 언약적 약속과 전적으로 조화를 이룬다(또한 그 약속이 성취된 예이기도 하다). 왜냐하면 야곱이 아내인 라헬과 레아에게 말했듯이, "그대들의 아버지가 나를 속여 품삯을 열 번이나 변경"했기 때문이다(31:7). 이것은 30:31-34에서 둘이 계약을 맺은 후에 일어난 일을 가리킨다. 이 계약에 따라 야곱은 얼룩얼룩하거나 점이 있는 양과 염소, 검은 양을 전부 갖기로 했다. 하지만 이런 계약에 불만을 품은 라반은 자신의 말을 뒤집어 야곱에게 **점 있는 것**만 그의 **삯**이 될 것이라고 말했고, 그런 다음 **온 양 떼가 낳은 것이 점이 있는 것**임을 깨닫자 라반은 다시 말을 바꿔 **얼룩무**

늬 있는 것만 그의 삯이 될 것이라고 말했다(31:8). 야곱은 **하나님이 이같이** 라반의 **가축을 빼앗아 내게 주셨**다고 말했다. 이것은 '무시한 사람에 대한 저주'라는 언약의 패러다임을 입증할 뿐만 아니라, 언약의 가족을 저주하려고 했던 사람을 하나님이 동일한 방식으로 저주하실 것이라고 기대하게 만든다. 주님의 참된 성품과 언약적 사랑에 대해 야곱의 눈이 서서히 열리고 있었다. 그는 **아버지의 하나님**이 자신과 **함께 계셨**고(5절) 자신이 경제적으로 **해**를 당하지 않도록 지키셨다고 말했다(7절). 그는 목축에 정성을 쏟았지만 **얼룩무늬 있는 것, 점 있는 것과 아롱진 것**이 늘어난 까닭은 하나님이 활동하셨기 때문이라고 말했다(11-12절). 따라서 **꿈에** 하나님이 그에게 내리신 명령에 순종하여 그리고 그와 라반 사이의 적대감 때문에, 야곱과 그의 가족은 가나안 땅으로 돌아갈 준비를 했다(13-16절).

31:17-30. 다음 단락에서는 야곱의 실제 싸움에 대해 묘사한다. 라반이 **양털을 깎**느라 분주한 사이에 야곱은 **모든 가축을 이끌고** 가족과 함께 **밧단아람**을 떠나 **가나안 땅**을 향해 출발했다. 그리고 이때 하나님의 온전한 복과 대조를 이루는 기만의 순환이 계속되었다(17-19절). 명시적, 암시적으로 이 사건의 세 주요 인물(야곱과 라헬, 라반)의 신학적 미숙함과 죄를 강조하는 핵심 동사는 여기에서 여덟 차례 사용된[19, 20, 26, 27, 30, 32, 39(두 번)] '도둑질하다'[어근 *g-n-b*에서 유래한 가나브(*ganab*)]이다. 이것은 하나님이 도둑질하지 말라고 하신 여덟 번째 계명에서 사용하신 동사와 동일하다(출 20:15을 보라). **라헬**은 라반의 **드라빔**[가족의 수호신 상]을 **도둑질**했고(19절), 20절에서 야곱은 라반의 마음을 훔쳤다(문자적으로 번역한 것이다. NASB 등에서는 '속였다'고 풀어썼다). 여기에는 미묘한 아이러니가 있다. 왜냐하면 바로 이어지는, **야곱은 그 거취를 아람 사람 라반에게 말하지 아니하고 가만히 떠났더라**라는 문장을 볼 때 라반의 '마음'을 '훔쳤다'는 말은 그의 **딸들**[라헬과 레아]과 손주들을 비밀리에 데리고 간 것을 뜻한다고 할 수도 있기 때문이다. 라반 자신도 26-27절에서 그런 취지로 말하는 듯하다. 그러나 라반의 '마음'을 '훔쳤다'는 말(20절)과 라반의 우상 '드라빔'을 훔쳤다는 말(19b절) 사이의 유사성은, 그의 마음이 자신의 피와 살보다는 우상에게 고착되어 있었음을 암시한다! 그리고 정말로 라반은 우상을 되찾는 일에 몰두했다. 라반은 결국 야곱을 **뒤쫓아** 가(25절) 네 가지에 관해 구체적으로 그를 비난했다.

첫째, 그는 야곱이 몰래 도망치면서 자신의 마음을 훔쳤다(**나를 속이고**, 26절)고 비난했다. 둘째, 그는 야곱이 자신의 **딸들**을 **사로잡힌 자같이** 끌고 갔으며(26절), 이는 그들을 훔친 것과 같다고 비난했다. 셋째, 그는 야곱이 자신의 손주들을 **가만히** 데리고 가서 작별 인사도 할 수 없게 했다고 비난했다(27-28절). 마지막으로 그는 야곱이 자신의 **신**[우상, 30절]을 훔쳐갔다고 비난했다. 어떤 점에서 이것은 모두 부당한 비난이었다. 첫째, 하나님은 라반이 야곱을 부당하게 대하는 것을 보시고 야곱에게 떠나라고 하셨다. 따라서 야곱은 몰래 도망갈 타당한 이유가 있었다(11-13절). 둘째, 야곱의 부인들은 아버지에게 부당한 대우를 받았다고 생각했기 때문에 그와 함께 가겠다고 동의했다(14-16절). 셋째, 야곱을 **해할 만한 능력이** 있다고 라반 스스로 인정한 것에서 알 수 있듯이(29절), 만약 라반에게 자신의 출발을 알렸다면 야곱과 그의 가족이 위험해질 수도 있었다. 그러나 **하나님**은 라반의 꿈에 나타나셔서 그에게 그렇게 하지 말라고 경고하셨다(24, 29절). 마지막으로, **야곱은 라헬이 우상을 도둑질한 줄을 알지 못했다**(32절).

31:31-42. 라반뿐만 아니라 야곱도 속았다. 그는 **라헬이** 자기 아버지의 우상을 **도둑질한 줄 알지 못했**기 때문이다. 알았다면 그는 **외삼촌의 신**[우상들]을 **누구에게서 찾든지 그는 살지 못할 것**이라고 라반에게 맹세하지 않았을 것이다(32절). 우상들을 찾지 못한 이유는, 라헬이 그것을 **낙타 안장 아래에 넣고 그 위에 앉**았기 때문이다(34절). 그는 **생리가 있어** 움직일 수 없다고 핑계를 댔다(35절). 자기 '신'들을 훔쳐간 것에 대한 라반의 노여움(30, 32, 35b절)과 비난을 받은 것에 대한 야곱의 분노(36-37절)로 일촉즉발의 상황이 펼쳐졌지만, 하나님은 야곱을 해할 능력을 지닌 라반에게 그를 해치지 말라고 경고하심으로써 '양쪽' 모두에게 복을 베푸셨다(29, 42절).

야곱은 라반에게, 그가 잘못된 이유로 자신을 비난했으며(36-37절) 자신이 열심히 일했음에도 **이십 년** 동안 혹사했다는 사실을 상기시켰다. 이렇게 하나님은 언약대로 야곱을 지키셨으며, 라반은 그분이 맺은 약속의 가계에 속한 족장을 해할 경우 반드시 받아야 할 하나님의 저주를 면할 수 있었다(42절). 분노 중에도 야곱은 하나님의 언약적 보호를 깨닫고 그에게 정의를 베푸신 분이 바로 자기 **아버지의 하나님, 아브라함의 하나님 곧 이삭이 경외하는 이**라고 말했다. 여러 해 전 가나안에서 도망쳐 나올 때, 야곱은 하나님이 자신을 가나안으로 평안히 돌아오게 해주신다면 여호와께서 자신의 하나님이 될 것이라고 맹세한 적이 있다(28:20-21). 라반에게서 탈출했지만 아직 안전하게 가나안으로 돌아가지는 못했기 때문에, 야곱은 자신의 맹세에 충실하게 주께서 자기 조상의 하나님이심을 인정했지만 아직 자신의 하나님이라고 고백하지는 않았다. 주님을 묘사하면서 그는 **이삭이 경외하는 이**라는 독특한 이름을 사용했는데, 이는 이삭이 하나님을 경외했다는 의미를 담고 있다(31:42, 참고. 31:53).

31:43-55. 그런 다음 두 사람은 평화의 **언약을 맺고**(44절), **돌무더기**를 쌓아 그 **증거**로 삼았다. 라반은 이를 자신의 모국어인 아람어로 **여갈사하두다**라고 불렀으며, 야곱은 자신의 모국어인 히브리어로 **갈르엣**[두 단어 모두 '증거의 돌무더기'라는 뜻] 그리고 **미스바**['망루'라는 뜻]라고 불렀다. 돌무더기를 두 친척 사이에 경계로 삼았고, 이로써 둘의 관계는 소강상태에 놓였다. 다신론자인 라반은 **아브라함의 하나님, 나홀의 하나님**의 이름으로 평화의 맹세를 한 반면, 야곱은 한 분이신 참 하나님, **그의 아버지 이삭이 경외하는 이**의 이름으로 맹세했다. 그런 다음 이 단락은 **라반이 손자들과 딸들에게 입 맞추며 그들에게 축복**했다는 긍정적인 진술로 마무리된다. 이런 결말은 이스라엘의 아들들이 밧단아람(메소포타미아 북부)과 단절되었음을 말해준다. 이제는 그들이 아내를 찾기 위해서든 다른 어떤 이유에서든 조상의 땅으로 돌아오지 않을 것이다.

32:1-2. 라반과 헤어져 약속의 땅으로 돌아오는 이야기의 뒷부분에서는 야곱이 **하나님의 사자들**을 보게 된다. 야곱은 **그 땅 이름을** '두 진영'이라는 뜻으로 **마하나임**이라고 지었는데, 이는 이곳에 서로 연합한 두 진영, 즉 이 천사들로 이루어진 하나님의 진영과 그의 아내와 자녀, 양 떼로 이루어진 야곱의 진영이 있었음을 뜻한다. 천사들에 대한 이 환상은 야곱이 20년 전 약속의 땅을 떠날 때 사닥다리 위를 **오르락내리락**하는 **하나님의 사자들**을 보았던 꿈과 밀접히 연결된다(28:11-13). 이러한 의도적 연관성은 **하나님의 사자들**이라는 구절이 구약 전체에서 이 두 본문에만 나오는 점을 통해 명백해진다. 따라서 약속의 땅을 떠날 때 하나님이 그에게 보여주셨듯이, 그가 그 땅으로 돌아올 때도 하나님은 그분이 보호하신다는 것을 그에게 다시 한 번 상기시키신다. 하나님의 천사들이 자기를 보호한다는 사실은 형 에서를 만날 준비를 하던 야곱에게 큰 격려가 되었을 것이다.

야곱과 라반 사이의 마지막 이별을 묘사하는 이 부분의 목적은, 하나님이 야곱을 보호하시고 그에게 공급해주심을 보여주는 것이다. 야곱에 대한 태도가 바뀌고(31:5) 그를 속이고(6-7절) 야곱의 품삯에 대한 약속을 바꾼 것(8-9절)을 통해 명백히 드러났던 라반의 적대감에, 주님은 그와 함께 계셨으며(5절) 그를 보호하셨고(7절) 그에게 양 떼를 주셨다(9절). 하나님은 야곱을 보호하셨을 뿐만 아니라 아브라함(12:16; 20:14)과 이삭(26:13-14)에게 그러셨듯이 그의 필요를 채워주시고 그에게 큰 부를 주셨다(31:9,16,42). 수 세기가 지나서 이스라엘이 약속의 땅에 들어갈 때, 그들은 이 말씀을 통해 하나님이 애굽 사람들의 학대 속에서도 그 민족을 보호셨으며 그들의 필요를 채우셨음을 기억했을 것이다. 오늘날의 신자들 역시 비양심적인 사람들에게 부당한 대우를 받을지라도 주께서 그분의 백성을 정말로 보호하고 그들의 필요를 채우신다는 말씀을 통해 격려를 얻는다. "만일 하나님이 우리를 위하시면 누가 우리를 대적하리요"(롬 8:31).

c. 그 땅으로 돌아가다: 사람들과 하나님 사이의 갈등이 해소되다(32:3-35:29)

야곱 이야기의 세 번째 부분에서는 약속의 땅에 돌아와서 그가 행한 일을 묘사한다. 그 목적은 야곱이 마침내 다툼을 해소하고 형 에서 및 자신의 하나님과 평화로운 관계가 된 것을 보여주기 위함이다.

(1) 야곱과 에서의 화해(32:3-33:20)

야곱이 약속의 땅에 들어간 후에도 그의 갈등에 관한 이야기는 계속된다. 그가 에서를 두려워하는 모습(32:1-23), 하나님과 다투는 모습(32-24-32) 그리고 결국 에서와 화해하는 모습(33:1-17)이 그려진다.

(a) 에서에 대한 야곱의 두려움(32:3-23)

32:3-8. 에서에 대한 야곱의 두려움을 묘사하는 것으로 이야기가 시작된다. 야곱이 가나안으로 돌아왔을 때 그는 **세일 땅**에 위치한 **형 에서**의 거주지에 가까이 다가갔다(36:21을 보라). 그곳은 사해 남동쪽 **에돔 들**에 있는 산악 지역이었다. 그는 **자기보다 앞서 사자들을 보내** 그가 형에게 **은혜 받기를 원**한다고 알렸다(4-5절). 야곱이 떠난 주된 이유가 바로 에서의 살해 위협이었기 때문이다(27:42). 그러자 에서는 **사백 명을 거느리고** 자기 동생을 **만나**러 나섰다. 이 소식을 들은 야곱은 형이 자신과 전쟁을 벌이려 한다고 생각한 나머지 **심히 두렵고 답답**해했다(7절). 이 마지막 두 동사(우리말 번역으로는 형용사—옮긴이 주)는 야곱이 성숙하지 못했으며 심지어 주님과 그분의 언약에 대한 믿음이 완전히 결여되어 있다는 것을 암시한다. 히브리어 구약성경의 다른 곳에서(삿 10:9; 왕하 25:26 등) 이 두 동사는 하나님의 언약적 보호와, 그분이 "앞에서 가시며 함께하시기" 때문에 "두려워하지 말라. 놀라지 말라"는 명령(신 31:8)에 대해 이스라엘 백성이 믿지 못했던 것을 묘사하고자 사용되었다. "두려워하지 말라"는 성경에서 가장 자주 언급된 하나님의 명령 중 하나이다(예를 들어 사 44:8; 눅 12:32; 행 27:24; 계 1:17). 또한 그분의 백성과 함께하시고 그들을 결코 떠나거나 버리지 않겠다고 약속하신, "하나님이 우리와 함께 계시다"(마 1:23; 참고. 요 1:14)라는 뜻의 임마누엘이라고 불리신 예수님도 이 명령을 되풀이하셨다(마 28:20b; 요 14:16-18).

32:9-23. 따라서 야곱은 **형의 손에서 자신을 건져내달라고 주[야훼]께** 간구했다(9-12절). 그러면서 그는 하나님이 자신에게 **은혜를 베풀어** 자신의 **씨로 바다의 셀 수 없는 모래와 같이 많게 하시겠다**는 그분의 약속을 지키시려면 반드시 그렇게 하셔야 한다고 주장했다(11-12절). 그러나 야곱은 이 시점에 이르기까지 자신의 행동 양식과 일관된 모습으로 하나님의 언약적 이름을 부르면서도 **아브라함의 하나님**과 **이삭의 하나님**을 부르며 기도할 뿐 아직도 주님을 자신의 하나님으로 인정하지 않았다(9-10절). 뿐만 아니라 야곱은 하나님을 기다리는 데 만족하지 않고 곧장 자신의 계획을 추진했다. 기도하기도 전에 그는 자신의 가족을 둘로 나눴다(7절). 두 진영, 즉 천사의 진영과 자신의 진영을 보았던 마하나임의 경험(32:2) 때문에 이런 생각을 한 것으로 보인다. 그의 논리는 "에서가 와서 한 떼를 치면 남은 한 떼는 피할" 수 있다는 것이었다(32:8). 야곱은 더 나아가 에서의 화를 누그러뜨리고자 동물 550마리(14-15절)를 화해의 선물(13-21절)로 보냈다. 이는 야곱이 아직도 예전처럼 책략에 의존하고 있음을 보여준다. 훗날 이스라엘이 약속의 땅에 들어갈 때, 그들은 이 사건을 떠올렸을 것이다. 그리고 약속의 땅을 정복하기 위해서는 야곱의 책략을 따르거나 가나안 족속에게 조공을 바치는 것이 아니라 주님을 신뢰하며 그분께 순종해야 한다는 것을 다시 한 번 되새겼을 것이다.

(b) 하나님과 씨름하는 야곱(32:24-32)

32:24-25. 야곱의 영적 투쟁은 **어떤 사람이** 나타나 **날이 새도록 야곱과 씨름**했을 때 집약되어 최고조에 이르며, 마침내 하나님의 도우심으로 해소된다. 이 싸움은 고립된 사건이 아니라 하나님이나 사람들과 끊임없이 다투었던 야곱의 삶 전체를 요약하는 것으로 이해해야 한다. 이 '사람'이 사실 인간의 모습을 한 하나님 자신(특히, 성육신 이전에 나타나신 성자 하나님)이었다는 점은 다음 사실로 명백해진다. (1) 이 사람이 **야곱의 허벅지**를 건드린 것만으로도 그의 **허벅지 관절이 어긋났다**(25, 32절). (2) 이 사람은 야곱의 **이름**을 그의 '언약적' 지위에 더 잘 맞는 이름, 즉 **이스라엘**로 바꾸었다(28절). 이스라엘은 '그가 하나님과 싸웠다'는 뜻이 아니라 '하나님이 싸우신다(즉, 야곱을 위해)'는 뜻이다. 전자보다 후자의 번역이 지지를 받는 까닭은, (a) 시제가 히브리어의 미완료(즉, 지속)이고, (b) 신의 이름을 포함한 이름(theophoric name)에서는 '하나님'을 동사의 주어로 삼는 것이 보통이며, (c) 언약적 현실에서 이름을 지으신 분, 즉 하나님이 의도하신 대로 야곱의 지위가 지속되기 때문이다. 이것의 근거는 17:5에서 하나님이 야곱의 할아버지인 '아브람'의 이름을 '아브라함'으로 바꾸신(그리고 더 일반적으로는 그리스도가 믿음으로 자신을 따르는 이들의 이름을 바꾸신) 이유를 떠올리게 한다. (3) 야곱이 하나님과 겨루었다는 이 사람의 말은 이 시점까지 야곱이 살아온 삶의 전반적 궤적을 반영하는 동시에 야곱과 이 사람 사이의 다

툼, 혹은 씨름 대결을 가리키는 것이 분명하다(28절). (4) 야곱은 이 씨름 대결이 벌어진 곳에 '하나님의 얼굴(혹은 '임재')'이라는 의미로 '브니엘'이라는 이름을 붙였다. 야곱 자신이 설명한 대로 "내가 하나님과 대면하여 보았"기 때문이다(30절). 비록 출애굽기 33:20에서는 아무도 하나님을 보고 살 수 없다고 말하지만, 이 본문에서는 성부 하나님을 지칭하는 것으로 보인다(참고. 요 6:46; 딤전 6:16; 요일 4:12). 하나님의 아들은 보이는 하나님(골 1:15)이시며, 성육신 이전에도 이 이야기에서처럼(참고. 삿 6:11-16; 사 6:1-5; 단 10:5-6) 여호와의 사자로 나타나셨고, 성육신 이후에는 신-인이신 예수님(눅 2:25-32; 요 1:18; 17:1-8; 고후 4:6; 빌 2:6; 히 1:3; 계 1:12-18) 안에 나타나셨다.

32:26-32. 야곱은 이 신비로운 남자를 붙잡고 허벅지 관절이 어긋난 상황에서도 그가 축복할 때까지 계속 덤볐다. 결국 하나님의 사자는 그의 요구를 들어주었고, 족장의 이름을 바꾸었다. 왜냐하면 그가 **하나님과 및 사람들과 겨루어 이겼**기 때문이다(28절). '이겼다'라는 말은 야곱이 그 사람을 힘으로 제압해 씨름 대결에서 승리했다는 뜻이 아니다. 오히려 야곱이 하나님께 어쩔 수 없이 제압당했고 복을 받는 데 성공했다는 뜻이다. 즉, 그는 그저 아브라함 언약의 물질적 약속뿐만 아니라 구원의 믿음이라는 보다 선별된 영적 약속까지도 물려받았다. 역설적으로 그는 순종을 통해 **이겼**다(복을 받았다). 바로 그런 의미로 야곱은 30절 마지막 부분에서 **내 생명이 보전되었다**라고 말했다. 그러나 이 구절은 "그리고 내 영혼이 건짐(혹은 '구원')을 받았다"라고 번역하는 편이 더 낫다. 이것은 '발길질을 하고 소리를 지르며' (하나님에 의해) 하나님께 끌려온 사람의 모습이다. 그 결과 야곱은 꾀를 부리는 사람에서 하나님의 복을 받고 승리한 사람으로 변화되었다. 그렇기에 본래의 독자들, 즉 약속의 땅에 들어가던 이스라엘 백성은 자신들의 승리가 그저 다른 이들과의 다툼을 통해서가 아니라 하나님의 복을 통해서 얻어졌음을 깨달았을 것이다.

(c) 에서와 화해하는 야곱(33:1-17)

33:1-4. 야곱은 하나님께 복을 받았지만, 에서와 관계할 때는 여전히 어려움을 겪을 것이라고 예상했다. 에서가 전쟁이라도 벌일 듯이 사람들을 데려온 것을 보면서(1절) 야곱은 당당하게 아내와 자녀들을 두고 자신만 먼저 에서를 만나러 나갔다. 그는 그들보다 앞서 나가 형에게 다가간 후, 에서 앞에서 **일곱 번 땅에 굽혀** 인사했다(2-3절). 그런데 에서는 전혀 예상하지 못한 행동을 보였다. **에서가 달려와서 그를 맞이하여 안고 목을 어긋맞추어 그와 입맞추고 서로 울었**다(4절). 여러 해 동안 원한을 품었고 심지어는 살해 위협까지 했지만(27:42) 에서는 동생과 화해했다. 이것은 야곱이 꾀를 부린 결과가 아니라 하나님이 그의 마음속에서 일하신 결과였다.

33:5-17. 야곱은 자신의 가족을 에서에게 소개한 후(5-7절) 에서에게 선물을 주며 형에게 선물을 받으라고 강권했다(8-11절). 야곱은 그 땅까지 동행하겠다는 에서의 제안을 거절했는데, 이는 **자식들**과 **양 떼**와 **소 떼**가 뒤처질까 염려했기 때문이고(12-15절) 또한 에서가 마음을 바꿀까 두려웠기 때문이다. 이제 야곱은 약속의 땅으로 돌아와서 에서가 간 세일(16절)과 반대 방향에 있는, 요단강 동쪽이자 얍복강 북쪽의 **숙곳**(장막)에 임시로 장막을 쳤다(17절).

에서와 야곱이 화해한 이야기는, 하나님이 역사하심으로써 에서와 야곱 모두가 변화되었음을 보여준다. 동생을 죽이겠다고 위협하던 에서는 화해를 원하고 심지어 동생을 보호하겠다고 나서는 사람으로 변했다. 이는 분명히 32:9-12에 기록된 야곱의 기도에 대한 하나님의 응답이었다. 야곱 역시 꾀를 부리는 사람에서 주님을 따르는 사람으로 변했다. 이 점은 가족을 뒤에 두고 나아가 에서를 만나는 담대함(33:3), 에서 앞에 머리를 숙이는 겸손함(33:3), 위험한 상황에서 벗어났다고 생각되지만 선물을 받으라고 강권하는 그의 아량(33:10-11)으로 분명해진다. 야곱의 행동은 이스라엘의 본보기가 되었다. 야곱처럼 그들도 승리를 위해 주님을 의지한다면 약속의 땅을 정복하고 그곳에 정착할 수 있을 것이다.

(d) 그 땅으로 돌아온 야곱(33:18-20)

33:18-20. 야곱이 에서와 화해한 이야기의 맺음말에서는 그가 약속의 땅 **가나안**에 다시 정착하는 모습을 그린다. 그는 얍복강 동쪽으로 약 32킬로미터 떨어진 **세겜 성읍**에 정착했고, 할아버지 아브라함이 헷 족속에게 헤브론 인근의 땅을 구입했던 것처럼(23:1-20)

하몰의 아들들에게 땅을 구입했다. 더 중요한 사실은 야곱이 **제단을 쌓고 그 이름을** '엘(El)은 이스라엘의 하나님이다'라는 뜻의 **엘엘로헤이스라엘이라 불렀다**는 것이다(20절). 여기에서 '이스라엘'은 (나중에 생겨날 민족이 아니라) 구체적으로 야곱을 가리킨다. 이렇게 그가 예배를 드리는 모습은 야곱의 영적 변화를 강조한다. 그 땅을 떠날 때 야곱은, 만약 하나님이 약속을 지켜 자신을 돌아올 수 있게 하신다면, 조상들의 하나님이 자기의 하나님이 되실 것이라고 맹세했다(28:21). 20년 전에 했던 그 맹세 이후 야곱 이야기 전체에서 야곱은 언제나 주님을 아브라함의 하나님과 이삭의 하나님이라고 불렀으며, 단 한 번도 자신의 하나님이라고 부르지 않았다. 이제 하나님이 약속을 지키셨고 그가 무사히 돌아올 수 있도록 지켜주셨기 때문에, 야곱은 제단의 이름을 정하면서 마침내 주님을 자신의 하나님으로 고백했다. 이제 야곱의 영적 변화가 마무리되었다. 그는 완벽하지 않았고 그에게는 싸움이 아직도 남아 있었지만, 이제 야곱은 분명히 하나님의 사람, 이스라엘의 하나님을 따르는 사람이 되었다.

(2) 디나가 겁탈당하다(34:1–31)

야곱이 가나안으로 돌아왔기 때문에 이제 하나님이 아브라함 언약을 성취하고 그 땅을 야곱과 그의 열두 아들에게 주실 것이라고 생각할지도 모른다. 아직은 그 땅을 정복하는 역사가 일어나지 않을 것임을 분명히 하기 위해서, 이 이야기는 야곱이 자신과 후손에게 약속으로 주어진 땅에서 손님으로 살아가며 겪는 어려움을 보여준다.

34:1–12. 야곱과 그의 가족은 세겜 성읍 변두리에 진을 쳤다. 이 성읍의 **추장**인 **세겜**은 야곱의 딸 **디나**(디나의 탄생은 앞서 이 단락의 서문처럼 언급되었다, 30:21)를 보고 그녀를 강간했다(2절, 문자적으로는 '욕보였다'). 놀랍게도 야곱은 딸이 강간을 당한 것에 무관심했다(5절). 아마도 세겜 사람들이 두려웠거나, 디나가 라헬보다 덜 사랑한 레아의 딸이기 때문이거나, 어쩌면 둘 다였을 것이다. **그의 아버지 하몰**을 통해 세겜은 야곱에게 디나를 자신의 **아내**로 달라고 간청했다(3–12절). 이 간청은 강간을 **부끄러운 일**이라고 생각했던 야곱 아들들의 면전에서 이루어졌다(7절).

34:13–24. 형제들은 이 범죄에 대해 슬퍼하며 분노했지만 세겜 사람들 중 모든 **남자가 할례를 받아** 이스라엘 가문과 **한 민족**이 되는 조건으로 결혼에 동의했다(15–16절). 이 거래에서 야곱을 제외한 모든 당사자가 속이는 행동을 하는 것처럼 보인다(13절). 야곱의 아들들은 특히 세겜 사람들을 속였고, 야곱이 아버지를 속였던 것처럼 자신들의 아버지까지도 속이는 것으로 묘사된다(13절). 또한 세겜 사람들 역시 기만적으로 행동했다. 이 계약이 암시하는 바는 그들이 '이스라엘의 조건대로' 이스라엘과 연합했기 때문에 이스라엘의 하나님께 순종하고(따라서 개종하고) 할례가 그 외적 표지(17:11과 17:1–16에 대한 주석을 보라) 역할을 하는 아브라함 언약 안으로 들어가겠다는 것이다. 그러나 하몰은 세겜의 남자들에게, 이스라엘과 한 민족이 되어 이스라엘의 부(그들의 가축과 재산)를 얻고자 할례를 받으라고 설득했다(22절).

34:25–31. 이어지는 시므온과 레위의 죄는 훨씬 중대했다. 왜냐하면 세겜 남자들이 할례를 받고 회복을 기다리는 사이에(25절)두 형제는 그 성읍을 기습하여 **모든 남자를 죽**였다. 디나는 이미 **세겜의 집**으로 보내진(따라서 결혼한, 26절) 상태였다. 두 아들의 속임수에 관한 소식이 진심으로 결혼에 동의했던 야곱에게 전해지자, 그는 화를 내며 그 땅의 다른 족속들이 모여서 자신을 **치고** 자신과 자신의 **집**을 망하게 할 것이라고 지적했다(30절). 이에 대해 디나의 형제들(시므온과 레위, 디나는 모두 레아한테서 난 형제자매였음을 주목하라)은 그저 "그가 우리 누이를 창녀같이 대우함이 옳으니이까?"라고 말했다(31절).

이 사건은 야곱의 삶을 다룬 이야기에서 다양한 목적을 지닌다. 첫째, 이 사건은 땅의 정복이 이때가 아니라 (하나님이 아브라함에게 말씀하신 대로, 창 15:13–16) 훨씬 나중에 이루어질 것임을 보여준다. 둘째, 야곱의 아들들이 한 행동은 언약/약속을 위험에 빠뜨린 것처럼 보이지만, 하나님은 그분의 은혜로 그 땅을 결국 이스라엘에게 주실 것이다. 그렇기에 그들이 어디로 가든지, 야곱의 예상과 다르게(35:5) 사람들을 두렵게 하는 하나님이 그들을 둘러싸고 보호하셨다(30절). 셋째, 이 이야기는 수백 년이 지나서 이스라엘이 마침내 그 땅에 들어가 정착하게 되었을 때 가나안 족속과 조약을 맺거나 통혼하지 말라는 경고의 역할을 했다. 이 이야기의 마지막 기능은 배반의 주모자였던 시므온과 레위가 이스라엘의 왕을 배출할 지파가 될 자격이 없었던 이유를 설명하는 것이다(참고. 49:5-7).

(3) 야곱 이야기의 마무리(35:1-29)

창세기의 뒷부분에서 야곱이 등장하기는 하지만, 그가 주요 인물로 등장하는 부분은 이 장에서 마무리된다. 이 장에서는 하나님이 아브라함과 이삭, 야곱과 맺으신 언약을 신실하게 지키시는 것을 보여준다.

35:1-15. 아들들이 배신행위를 했지만, 야곱은 언약을 지키시는 하나님이 자신의 가족이 파괴되도록 내버려두지 않으실 것임을 알았다. 그래서 그는 **자기 집안 사람**에게 **자신을 정결하게 하고**, 그와 더불어 그의 **환난 날에 응답하시며** 그가 **가는 길에서 함께하신 하나님**을 의지하자고 말했다(3절). 비록 야곱의 가족에게는 불완전한 점이 많았지만 그들은 보호를 받았고, 하나님은 **그 사면 고을들로 크게 두려워하게 하**심으로써 족장의 믿음을 인정하셨다(5절). 이렇게 결말이 아브라함 언약 그리고 무조건적으로 이를 지키시는 하나님의 신실하심과 연결됨을 강조하기 위해 언약과 그 세 가지 주요 조항, 즉 '복'(9절, **그에게 복을 주시고**)과 후손이 이룰 '백성'(11절, **한 백성…네게서 나오고**), '땅'(12절, **땅을 네게 주고 내가 네 후손에게도 그 땅을 주리라**)이 명시적으로 언급된다. 여기에 **왕들이 네 허리에서 나**온다는 약속이 추가되었다(11절). 이 약속은 궁극적인 메시아 왕이 나올 유다 가문을 통해 성취되었다(49:8-12).

35:16-22a. 야곱과 그의 가족은 예루살렘 북쪽으로 약 17킬로미터 떨어진 **벧엘에서 길을 떠나** 예루살렘 남쪽으로 약 8킬로미터 떨어진 **에브랏에 이르**렀다. 도중에 **라헬이 해산하게 되어 심히 고생**했고, 그녀는 결국 숨을 거두었다. 하지만 **아들**이 태어났고, 죽어가던 라헬은 그의 이름을 '내 고통의 아들'이라는 뜻으로 **베노니**라 불렀다. 하지만 야곱은 이 일을 더 긍정적으로 기념하기 위해 자신의 열두 번째 아들이자 막내아들인 그의 이름을 '(내) 오른쪽 (손)의 아들'이라는 뜻의 **베냐민**으로 바꿨다. 그 후 라헬은 **에브랏 곧 베들레헴** 인근에 **장사**되었으며, 그곳에는 아직도 그의 무덤이 남아 있다. 이로부터 얼마 지나지 않아 야곱의 맏아들인 르우벤이 **그 아버지의 첩 빌하와 동침**함으로써 (22절) 아버지에게 중대한 잘못을 저질렀다(따라서 그는 언약의 복을 받을 자격을 잃어버렸다, 49:4). 첩은 아내로 간주되었으며 30:4에서도 빌하를 아내라고 부르기 때문에 이것은 근친상간이었다. 이 짧은 이야기는 전체 이야기와 무관하지 않으며, 맏아들인 르우벤이 이스라엘 지파의 지도자가 될 수 없는 이유를 설명하기 위해서 포함되었다. 야곱은 이들의 죄 때문에 르우벤(49:3-4)과 시므온과 레위(49:5-7, 참고. 34:25-30)를 건너뛰고, 유다가 왕을 낼 가문의 조상이 될 것이며 그에게서 이스라엘의 메시아 왕이 나올 것이라고 말했다(49:8-12).

35:22b-29. "이삭의 족보"(25:19)는 여기에서 **이삭**에 대한 하나님의 축복 전체를 요약하는 말씀으로 마무리된다. 하나님이 이삭(과 야곱)에게 주신 물질적인 복의 분명한 증거는 (시 127:4-5의 용어를 사용하자면) "가득한 화살통" 같은 그의 아들들, 즉 야곱과 에서 외에 그 후손이 약속된 민족(창 12:2을 보라)을 이룰 열두 명의 손자이다. 이삭이 **나이가 많고 늙어 기운이 다하매** 죽었다는 말씀은 문자적으로 '(즉, 자신의) 날들에 만족하며'라고 번역되며, 이 역시 하나님이 이삭에게 복을 주셨음을 말해준다. 또한 이 구절은 하나님이 이삭에게 주신 (그가 하나님을 알고 하나님께 알려졌다는) 영적인 복을 암시한다. 성경에서 나이가 많고 기운이 다하여 죽었다는 표현은 이곳 외에도 네 차례 더 등장하는데, 모두가 믿음이 성숙한 신자로서 세상을 떠난 사람들을 묘사한다. 그 네 사람은 욥(욥 42:17)과 아브라함(25:8), 다윗(대상 23:1; 29:28), 여호야다(대하 24:15)이다. 서로 반목하다가 화해한 이삭의 두 아들(33:1-17)은 한 자리에 모여 아버지의 장례를 치렀다.

D. 에서의 자손: 하나님의 백성과 갈등을 빚게 될 또 다른 민족(36:1-37:1)

36:1-37:1. 이삭의 형 이스마엘의 족보는 25:12-18에 기록되어 있다. 마찬가지로 여기에도 하나님이 아브라함 언약에서 배제하신 형 **에서의 족보**가 기록되어 있다. 이 족보는 하나님의 약속대로 에서의 자손도 한 민족을 이룬다는 것을 보여주며, 이는 족보가 기록된 목적 중 하나이기도 하다. 하지만 중요한 차이에 주목해야 한다. 하나님은 이스마엘에 대해서 그에게 복을 주셔서 큰 민족을 이루겠다고 약속하셨지만(17:20),

에서에 대해서는 하나님의 복과 분명한 관련성이 없이 그저 '민족'을 이룰 것이라고만 선언하셨다(25:23). 실제로 에서의 후손인 **에돔** 족속(36:8)은 주님과 그분의 백성에 맞섰기 때문에 결국 망하고 말았다(말 1:3-4).

또한 에서의 족보는 두 가지 추가적인 목적을 가지고 있기 때문에 이스마엘의 족보보다 대략 여섯 배 더 길다. 첫 번째는 20-30절에 기록된 **호리 족속 세일의 자손**과 관계가 있다. 세일은 아브라함 가문의 후손이 아니었지만, 그의 후손은 에서 후손과 혼인 관계로 연결되었다. 둘의 공통 후손 중에는 **에서의 아들 엘리바스**의 아들인 **아말렉**과 세일의 딸 **딤나**가 있었다(12, 22절). 에돔의 자손(에돔 족속; 9, 19, 43절을 보라)은 세일의 자손보다 더 수가 많고 강해졌기 때문에 **세일 자손**의 거주지를 포함한 이 지역 전체가 **에돔 땅**으로 불렸다(21절). 또한 그 거주민들은 모두가 에서와 연결되는 것은 아니지만 보통 **에돔 족속**으로 알려졌고, 특히 아말렉이 에돔 족속 중에서 우세해졌기 때문에 [나중에 열두 지파의 자손을 지칭할 때 '유다' 민족('유대인'이라는 말도 '유다'에서 왔다)이라는 말을 사용했던 것처럼] **아말렉** 족속으로 알려졌다(출 17:8; 민 24:20; 신 25:17; 삿 3:13 등). 아말렉은 지극히 악하며 하나님의 백성에 맞섰기 때문에 하나님이 (이스라엘의 손에) 전멸당할 것이라고 저주하신 몇 안 되는 족속 중 하나였다(출 17:14을 보라). 만약 이곳에 세일 후손과 더불어 아말렉 후손에 대해 자세히 기록되지 않았다면, 이스라엘은 아말렉 족속과 전혀 관계가 없지만 유력한 족속인 '아말렉'의 이름으로 알려진 '모든' 사람들(14:7)을 불가피하게 죽였을 것이다. 따라서 이 족보의 자세한 기록은 이스라엘 백성이 (자신도 모르는 사이에) "무죄한 피"를 흘리게 하는 죄(참고. 신 19:10; 21:7-9)를 범하지 않도록 막아주었으며, (앞서 18:23에서 아브라함이 분명히 말했듯이) 하나님이 정의를 매우 정확하게 적용하신다는 것을 예증했다.

에서의 족보를 기록한 두 번째 목적은 31-39절에 기록된 **에돔 땅을 다스리던 왕들**과 관계가 있다. 여기에 열거된 여덟 왕들(**벨라**, **요밥**, **후삼**, **하닷**, **삼라**, **사울**, **바알하난**, **하달**)은 후대에 이스라엘에 세워질 왕조와 극명한 대조를 이룬다. 에돔의 왕들은 인간의 노력으로 세운 왕조를 대표한다. 왜냐하면 각각의 왕은 다른 도시와 분명하게 연결되며, 따라서 계보의 연속성이 중요하게 취급되지 않기 때문이다. 그러나 후대 이스라엘의 왕조는 하나님의 '노력으로' 세워진 왕조를 대표한다. 왜냐하면 오직 하나님만이 이 왕조를 세우고, 유지하고, 결국에는 그분이 직접 지켜내셨기 때문이다(참고. 삼하 7:12-16). 이러한 대조는 이 '여덟' 명의 에돔 왕들이 **이스라엘 자손을 다스리는 왕이 있기 전**까지 통치했다(31절)는 분명한 진술로 훨씬 더 생생하게 입증된다. 그러나 이미 진정한 이스라엘 (유다) 왕조의 여덟 번째 왕인 여호사밧의 때에 이르면 에돔에는 왕이 없어진다(왕상 22:47).

E. 야곱의 자손: 요셉과 이스라엘에 대한 하나님의 섭리(37:2-50:26)

창세기의 마지막 부분에서는 '구속의 길'의 성경적 틀이 완성된다. 여기에서는 그 길을 세우는 (또한 유지하는) 과정에서 하나님의 주권을 강조할 뿐만 아니라 그 길의 마지막은 아브라함 언약의 세 가지 핵심 조항인 '땅'과 '민족', '복'을 완벽하고 영원히 집행하는 데 중심이 되실 유다의 한 자손일 것임을 강조한다. 물론 비중 면에서는 요셉이 야곱의 열두 아들 중에 가장 두드러진다. 하지만 그렇다고 해서 형제 중 두 번째로 두드러지며 어떤 점에서는 메시아와 관련된 그의 중요성 때문에 모든 아들 중에서 가장 두드러진 인물인 유다의 중요성이 희미해지지는 않는다(49:8-12). 37:28에서 (유다의 주도로) 요셉이 팔려갈 때 요셉과 유다의 길이 갈라지지만, 나머지 형들과 달리 유다는 본문의 문학적 흐름에서 크게 멀어지지 않았으며(따라서 38장에서는 그를 부각시킨다) 훗날 그의 길은 애굽에 있는 요셉의 길과 다시 합쳐졌다.

1. 구덩이에 빠진 요셉(37:2-40:23)

야곱의 족보(2절)는 이야기의 강조점이 요셉에서 유다로 넘어가기 전까지는(43:8-9과 44:18-34과 아래의 관련된 주석을 보라) 야곱이 아니라 아브라함 언약이 전해지는 다음 세대의 아들, 요셉(25:19-35:29과 38:1-30에 대한 주석을 보라)에게 초점을 맞춘다. 이에 따라 아브라함과 이삭, 야곱의 서사 주기가 각각 결론에 이른 시점에서 요셉의 주기가 시작된다.

a. 형들에 의해 애굽에 노예로 팔려간 요셉 (37:2-36)

37:2-17. 창세기의 마지막 부분에서 중심이 되는 인물인 요셉의 이야기는 후대 역사에서 하나님이 이스라엘을 향한 관심을 드러내기 위해 사용하신 여러 유형 중 하나이다. 이 유형에서는 한 유대인을 정부 권력의 상층부에 오르게 함으로써 유대인들의 사회 정치적 지위를 향상시키고 그들의 물질적 복지를 증진시키는 결과를 낳았다. 성경 시대의 다른 예로는 모세(바로의 입양된 아들, 출 2:10)와 다윗(블레셋 왕 아기스의 사령관이자 경호대장, 삼상 28:2), 다니엘(느부갓네살부터 고레스까지 바벨론과 페르시아 왕의 조언자, 단 1:21), 에스더[페르시아 왕 아하수에로(혹은 크세르크세스)의 왕비, 에 2:17], 그의 친척 모르드개(처음에는 아하수에로의 시종이었다가 왕 다음가는 사람이 된다, 에 2:21; 10:3), 느헤미야(페르시아 왕 아닥사스다의 술 관원, 느 1:11) 등이 있다.

야곱은 진정으로 하나님을 의지하게 되었지만 완벽하지는 않았다. 그가 그의 부모들이 보였던 것과 똑같은 죄의 경향, 즉 여러 형제 중에서 한 명만 대놓고 편애하는 모습을 보인 것도 전혀 놀랍지 않다. 이삭이 에서를 편애하고 리브가가 야곱을 편애하여 형제간의 반목을 부추기고 결국에는 에서가 동생을 죽일 계획을 꾸미는 지경에 이른 것처럼(27:42), 요셉—**아버지가 형들보다 그를 더 사랑**했던(4절)—에 대한 야곱의 편애도 마찬가지였다. 이것은 그의 형들이 그에게 노골적인 증오를 품고 결국에는 그를 "죽이기를 꾀하도록" 만든 첫 번째 요인이 되었다(18절). 이 단락에서 시작된 요셉과 그의 형들 사이의 갈등은 창세기에서 자주 등장하는 주제를 반영한다(4:8에 대한 주석을 보라).

여기에 부모들이 배워야 할 중요한 교훈이 있다. 여러 자녀를 둔 부모는 자녀 중 한 명을 편애할 수 있지만, **노년에 얻은 아**들인 요셉에게 자연스럽게 기우는 아버지의 마음이 그에게 **채색옷**을 지어 입힘으로써 밖으로 표출되자(3절) 요셉의 형들이 품은 증오가 활활 타올랐다는 사실이다. 채색옷을 볼 때마다 형들은 요셉이 편애를 받고 있음을 떠올렸다. 뿐만 아니라 형제 사이의 갈등은 두 번째 요인, 곧 요셉의 교만 때문에 악화되었다. 요셉이 **형들에게** 자기의 두 가지 **꿈**—두 꿈 모두 가족이 (예배가 아니라 복종의 의미로) 그에게 **절하**는 모습을 분명하게 상징했다—을 이야기했으며, 그 때문에 형들은 **그를 더욱 미워**했다(5-11절). **해와 달과 열한 별**에 관해서는 요한계시록 12:1-6에 대한 주석을 보라. 이야기의 뒷부분에서 형제들이 양식을 구하러 애굽으로 내려가 요셉 앞에 절을 해야 했을 때 이 꿈의 성취가 분명해진다(42:9). 그러나 갈등을 부추겨 증오를 일으킨 세 번째 요인은, 요셉에 대한 형들의 시기였다. 그들은 **아버지가 형들보다 그를 더 사랑함을 보고**(4절), 그의 꿈에 대해 너무나도 분노한 나머지 그를 **시기**했다(11절).

37:18-36. 그래서 형들은 요셉을 **죽여** 시체를 광야의 **한 구덩이에 던지**기로 했다(20절). 하지만 이때(참고. 26절) 맏형인 르우벤은 긍휼의 마음 혹은 아버지를 존경하는 마음으로 **동생에게 손을 대지**[즉, 죽이지] **말고 구덩이에 던지**자고 설득했다. 르우벤은 나중에 **요셉을 구출하여 그의 아버지에게로 돌려보**낼 생각이었다(22절). 안타깝게도 르우벤의 선의는 요셉을 노예로 팔려가게 한 네 번째 요인이 되었다. 동생을 직접 방어하기보다는 꾀를 써서 구하려고 했던 그의 계획은 실패하고 말았다. 요셉을 노예로 팔려가게 만든 다섯 번째 요인은 그의 형 유다의 탐욕이었다. 르우벤이 모르는 상황에서 유다는, 요셉을 긍휼히 여기는 것처럼 보였지만(그는 우리의 동생이요 우리의 혈육이니라, 27절) 실제로는 탐욕스러운 제안을 했다. 그는 동생을 죽인들 **무엇이 유익**하겠느냐며 의문을 제기했고(26절), 그 대신 **애굽으로 내려가는 이스마엘** 상인들에게 요셉을 팔자고 제안했다(25-27절). 이는 16:12에서 하나님이 말씀하신, 이스마엘 후손과 이삭 후손 사이의 적대감이 벌써 생겨나고 있음을 보여준다. 이스마엘은 야곱의 큰아버지였기 때문에 이 이스마엘 사람들은 (촌수로는 두세 세대밖에 차이가 나지 않는) 요셉의 사촌들이었을 것이다. 가족 사이의 갈등에 영향을 미친 마지막 여섯 번째 요인은, 형들이 **요셉의 옷을 숫염소**의 **피**에 **적셔서 아버지에게** 가지고 감으로써 아버지를 속인 행위이다(33-34절). 이전에 야곱은 형 에서의 옷을 입고 아버지를 속였다(27:1-46). 이제는 그의 아들들이 요셉의 찢기고 피 묻은 옷으로 그를 속였다(37:33-35).

이 장에 기록된 슬픈 사건은 세 가지 결과를 낳는다. 첫째, 요셉은 노예로 팔려갈 것이다(참고. 39:1-6). 둘째, 야곱은 앞으로 22년 동안 가장 아끼던 아들의 죽음을 애도하며 슬픔 속에서 살게 될 것이다(37:35). 셋째, 요셉의 형들은 자신들이 겪는 모든 고통이 동생에게 저지른 죄 때문이라고 생각하며, 줄곧 죄책감 속에서 살아갈 것이다(참고. 42:21-22; 44:16).

b. 유다가 속아서 후사를 얻다(38:1-30)

38장이 유다에 관한 내용을 다루며 요셉을 한 번도 언급하지 않는다는 점 때문에 성경을 비판적으로 해석하는 사람들은 이 장이 요셉 이야기에 '끼어들었거나' 요셉 이야기를 '방해한다'고 보았다. 이런 판단은 창세기 마지막 부분(즉, 37:2부터 50:26까지 이어지는 "야곱의 족보")의 목적이 '단지' 요셉 이야기를 제시하는 것이라고 전제한다. 하지만 이 마지막 부분의 중요한 목적은, 먼저 에덴에서 주어지고(3:15), 아브라함에게도 주어지며(22:18), 유다 가문으로부터 의로운 왕이 오심으로서 궁극적으로 완성될(49:10) 구속의 자손에 관한 약속이 점진적으로 성취되는 과정을 추적하는 것이다. 이 장은 이 목적에 부합하며 없어서는 안 될 만큼 중요한 가치를 지닌다. 왜냐하면 이 장에서는 유다에 '초점'을 맞춤으로써, 그 씨의 공급에서 유다가 차지할 필수적인 (요셉보다 훨씬 더 중요한!) 위치를 예상하게 하고 '예비하기' 때문이다.

창세기 38장은 그 '씨'에 초점을 맞출 뿐만 아니라 요셉 이야기와 맞물리는 몇 가지 서사적 고리도 포함한다. 첫째, 유다/다말 이야기는 서사적 긴장을 조성한다. 앞 장에서 요셉 이야기는 그가 노예로 팔려가는 것으로 마무리되었으며(37:36), 이 장은 장면을 바꿔 가나안에서 일어난 사건으로 돌아온다. 이것은 고전적인 서사 기법으로 독자가 요셉에게 무슨 일이 일어났는지를 궁금해하도록 만들어 호기심을 키운다.

둘째, 유다/다말 이야기는 요셉 이야기가 전개될 시간을 허락한다. 본문의 시간 기록에 따르면 요셉이 노예로 팔려간 때부터 양식이 필요한 형들이 마침내 그 앞에 나타날 때까지 22년이 흘렀다. 따라서 유다의 후손이 자라서 결혼하고 자녀를 기르기에 충분한 시간이 있었다.

셋째, 유다/다말 이야기는 앞의 이야기와 문학적 연결고리를 제공한다. 로버트 알터(Robert Alter)는 38장과 요셉 이야기의 나머지 부분 사이의 다양한 언어적, 주제적 연관성을 논증한 바 있다. 예를 들어, 요셉의 형들은 요셉의 피 묻은 옷을 야곱에게 보여주면서 "보소서"(*haker-na*, 하케르-나)라는 말을 사용했으며(37:32), 다말은 유다한테서 약속의 징표로 받은 물건들을 보여주면서 동일하게 "보소서"라고 말했다(38:25). 또한 두 이야기 모두에서 염소를 이용한 속임수가 있다. 형제들은 요셉의 옷에 묻은 염소의 피로 야곱을 속이며(37:31), 다말은 염소 새끼를 기다리는 동안 유다의 다짐을 받아내는 계략으로 그를 속인다(38:17-18). 뿐만 아니라 성적으로 순결하지 않은 유다(38:15-16)와 성적 순결을 지키려고 애쓰는 요셉(39:10-12)의 모습이 대조를 이룬다[Robert Alter, *The Art of Biblical Narrative* (New York: Basic Books, 1981), 3-12 특히 10. 《성서의 이야기 기술》(아모르문디)].

넷째, 유다/다말 이야기는 창세기의 더 광범위한 주제들과 연결된다. 예를 들어, 앞서 사라와 라헬이 겪었고 여기에서 다말이 겪는 '무자식'이라는 문제가 있다. 그리고 이 이야기에서 유다는 다른 족장들(야곱에게 속은 이삭, 라반에게 속은 야곱, 아들들에게 속은 야곱)처럼 속임수에 넘어간다. 또한 이 이야기는 언약/약속이 다시 한 번 위험에 처함을 보여준다. 이번에는 유다 가문의 대가 끊길 만큼 위험한 상황이다. 이야기의 마지막에서 나이가 많은 아들 세라보다 나이가 어린 아들인 베레스가 더 총애를 받는데, 이는 창세기에서 반복되는 경향이다. 분명히 유다/다말 이야기는 창세기 서사와 잘 들어맞으며, 불필요하게 혹은 임의로 삽입된 이야기가 아니다.

38:1-13. 38장의 사건은 유다의 삶에서 영적 '전환점'을 보여준다. 이것은 그의 아버지가 새롭게 편애하는 아들인 베냐민에 대한 그의 태도와 행동에서 볼 수 있듯이, 그가 도덕적으로 달라진 이유를 설명해준다. 44:18-34에서 유다는 요셉을 배신하는 일에 가담했던 그의 잘못과 대조적으로 막냇동생의 행복과 아버지의 감정에 대해 지극한 긍휼을 보인다. 유다가 이 '전환점'에 이르는 과정은 (이런 영적 전환점이 흔히 그러하듯이) 그 자신의 죄와 다말에게 이상적이지 않은 행동을 한 것으로 시작되었다. 처음에 그는 본분이 요구하는 바를 행하지 않았다. 즉, 자신의 두 아들(엘과 오

난)의 과부였던 **다말**을 남은 아들 **셀라**에게 **아내**로 주지 않았다(6-11, 14절). 가장 가까운 친척의 아들이 없는 과부와 결혼하는 이런 관습은 (한 사람의 어머니가 노년에도 부양을 받을 수 있도록 보장해주는, 룻 4:15을 보라) 어머니에 대한 존중뿐만 아니라 (죽은 남편의 '이름'이 남자 상속자를 통해 유지되도록 보장하는, 룻 4:5) 가족에 대한 존중을 보여주는 중요한 방식이었다. 결국 하나님은 모세율법을 통해 이 관습을 법으로 규정하셨다(신 25:5-6). 하지만 **오난**이 **씨**[즉, 남자 상속자]를 죽은 **형** 엘에게 주지 않으려고 했던 것이 **여호와가 보시기에 악**했다는 말을 통해 하나님이 이 관습을 승인하셨음을 분명히 알 수 있다(8-10절).

38:14-26. 그러므로 다말은 유다를 속이는 일에 착수하며, 이는 남에게 준 고통이 "자기 머리로" 돌아간다는 말씀과도 일치한다(시 7:16). 유다는 들짐승이 요셉을 죽였다고 거짓말을 함으로써 야곱을 속이는 일에 앞장섰던 것처럼, 이제는 그 자신이 속는다. 다말이 변장을 했기 때문에 **유다**는 **그를 보고 창녀로 여겼으며**(15절) **그에게로 들어갔더니 그가 유다로 말미암아 임신**했다(18절). **석 달쯤 후에** 임신 사실이 눈에 띌 정도가 되자 유다는 다말이 **행음**[*zenunim*, 제누님, 문자적으로 '위법적(혼외) 성행위']했다고 비난하며 그를 불사르라고 명령했다(24절). 그런 다음 사실은 유다가 태아의 아버지임을 다말이 폭로한 순간 유다의 '전환점'이 찾아왔다. 유다는 단호하게 (그리고 매우 공개적으로!) 자신의 죄를 마주했다. 그의 죄는 (1) 다말을 셀라에게 아내로 줌으로써 (그의 아들 엘뿐만 아니라) 다말에게 긍휼을 베풀고 그에 대한 '본분'을 다하지 못한 것, (2) (그가 다말을 창녀라고 생각했으므로) 창녀와 위법적 성행위를 한 것, (3) 자신이—그가 이제야 깨달았듯이 '다말과'—저지른 바로 그 죄 때문에 다말(과 그의 아기)을 처형하라고 무자비하게 명령했던 위선이다. 유다는 통회하는 마음을 드러내며 다말이 **나보다 옳도다**라고 선언했다(26절). 실제로 다말은 이 장에 펼쳐진 드라마에서 유다보다 '더' 옳았지만 완벽히 옳지 않았음은 분명하다. 왜냐하면 비록 유다 가문의 남자한테서 아들을 잉태하는 것은 그녀의 권리였지만, 이 잉태를 보장받기 위해서 죄악 된 방식을 택했기 때문이다. 여기에서 옳다는 선언은 유다보다 그가 도덕적으로 더 낫다는 진술이 아니다. 오히려 이 선언은 이 장 전체의 목적, 즉 궁극적으로 메시아 왕을 낼(49:8-12) 유다 가계의 보존을 설명하려는 목적으로부터 추론된다. 따라서 형을 위해 씨를 길러내는 것을 거부했던 오난과 자신의 가계를 위한 씨를 길러내기 위해 막내아들을 다말에게 남편으로 주지 않은 유다의 행동이 분명히 보여주듯이, 약속의 가계를 보존하는 일에 무관심한 것은 악한 행위이다. 반대로 다말은 속이거나 매춘을 함으로써가 아니라 메시아 왕이 나올 약속의 가계를 보존하는 일에 관심을 기울임으로써 자신이 의로움을 증명했다.

유다는 이스라엘 왕과 메시아 가문의 조상이 되기 때문에, 그의 변화는 창세기 서사에서 중요한 역할을 한다(49:8-12). 이 서사에서는 미묘한 실마리를 통해 유다의 역할과 지위가 변했다는 것을 드러낸다. 예를 들어, 창세기 앞부분에서는 유다가 형제를 배신하여 금전적 이득을 취하고자 요셉을 죽이지 말고 팔자고 주장하는, 탐욕스러운 인물처럼 보인다(37:26-27). 이 장에서 유다는 며느리에 대해 무정하고 잔인한 모습을 보인다. 뿐만 아니라 그는 가문의 순수성을 유지해야 할 필요성(그는 가나안 여인과 결혼했다, 38:2)이나 심지어는 자신의 가계를 이어갈 책임에 대해서도 무관심했다. 하지만 여기에 기록된 그의 '전환점' 이후의 이야기는 유다를 끌어올리기 시작한다. 예를 들어, 나중에 야곱은 애굽으로 가자는 르우벤의 부탁을 무시하지만(42:37-38) 유다의 말에는 귀를 기울인다(43:8-11). 형제들이 식량을 얻으려고 애굽에 갔을 때 유다는 그들의 지도자처럼 보인다(44:14; 46:28). 뿐만 아니라 후에 유다는 동생 베냐민과 아버지에 대한 긍휼의 마음을 보여준다(44:30-34). 이런 변화는 유다의 가문이 번성하고 장차 메시아를 낼 가문이 될 것이라는 야곱의 신탁을 위한 배경을 이룬다(49:8-12).

38:27-30. 다말은 유다의 가계를 잇는 쌍둥이 아들 **베레스**와 **세라**를 낳았다. 세라는 **먼저 손**을 내밀었는데, 이는 그가 맏이가 될 수 있었다는 뜻이지만 그는 손을 **안으로 다시 끌어들였다**(새번역). 그런 다음 베레스가 태어났다. 따라서 다시 한 번 창세기에서 어린 아들이 편애를 받고 아브라함 언약의 후계자가 되는 것을 볼 수 있다. 이는 약속의 가계에 씨를 공급하는 일이 하

나님의 주권에 있음을 강조한다(25:21b-26에 대한 주석을 보라). 여기에서 제시된 구속의 길의 정점이 되신 메시아 예수는 세라의 후손(마 1:3)으로 오실 것이다.

c. 보디발의 아내가 요셉을 무고하다(39:1-23)

이미 비극적인 요셉의 이야기는 상황이 더 악화되었다. 요셉은 구덩이에 떨어졌다가 노예 신세가 되었고, 이 장 끝에 이르면 감옥에 들어간다. 이 장에서는 "무릇…경건하게 살고자 하는 자는 박해를 받으리라"(딤후 3:12)라는 의로운 삶의 역사적(하지만 인기가 없으며 종종 인식되지도 못하는) 원칙을 분명히 입증한다. 하지만 이런 박해를 통해 가장 위대한 "의로 교육"함(딤후 3:16)이 이루어지는 경우가 많다. 이 과정에서 신자는 참으로 하나님을 의지하는 것이 무엇을 뜻하는지 배우기 때문이다. 따라서 이 장에서 우리는 하나님이 그로 하여금 핵심 인물들에게 "은혜를 입"게 하심으로써(하나님의 '막후 활동'을 가리키는 중요한 구절, 4, 21절) 경건하게 살고자 하는 요셉의 노력을 보충하시고, 궁극적으로 하나님의 언약 백성인 이스라엘의 행복에 도움이 되는 방식으로 그분이 하시는 일을 복되게 끝맺으시는 모습을 볼 수 있다.

39:1-6a. 따라서 **요셉**은 형제들이 그를 팔았던 **이스마엘 사람**들에게서 그를 다시 사들인 바로의 **신하 친위대장 애굽 사람 보디발**에게 **은혜를 입**었다(4절). 이후 요셉이 형통한 원인은 **여호와께서 요셉과 함께하시므로**라는 놀라운 말로 즉시 밝혀진다(2-3절). 만약 주께서 정말로 요셉과 함께하셨다면 그가 노예로 팔려가지도 않았을 것이라고 생각할 수도 있다. 하지만 한 사람의 삶 속에 하나님이 함께하신다는 것과 성공의 정도는 역경의 부재가 아니라 역경 중의 신실한 태도로 가늠해야 한다. 그런 점에서 요셉은 크게 성공한 사람이었다. 어떤 이들은 요셉이 보디발의 가정에서 성공한 이유를 그가 부지런히 일했기 때문이라고 생각할지도 모르지만, 사실 그것은 **여호와께서 그의 범사에 형통하게 하셨**기 때문이었다(3절). 그 결과 요셉은 보디발의 **가정 총무**가 되었으며 **여호와의 복이 그의 모든 소유에 내렸**다(5절).

39:6b-23. 요셉이 노예 신세임에도 만족스러운 상황을 맞은 것처럼 보였던 바로 그때 화자는 요셉이 **용모가 빼어나고 아름다웠**다고(6절) 묘사함으로써 더 큰 어려움에 빠질 것임을 암시한다. 젊고 잘생긴 외모 때문에 주인의 아내는 간통을 하려는 의도로 거듭 그에게 접근했다(7, 10절). 이런 유혹을 거부할 수 있었던 요셉의 힘은 주인에 대한 충성에서, 훨씬 더 중요하게는 주님이 정말로 자신과 함께하신다는 깨달음에서 비롯되었다(8-9절). 그는 **내가 어찌 이 큰 악을 행하여 하나님께 죄를 지으리이까**라고 묻는다. 한번은 유혹을 받는 상황에서 요셉이 지혜롭게 주인의 아내를 뿌리치고 도망쳤으며(12절; 딤후 2:22에서 바울이 디모데에게 했던 충고를 보라. 또한 고전 6:18을 보라), 그녀는 그의 **주인**, 즉 자신의 남편이 **집으로 돌아왔**을 때 요셉을 거짓으로 고소했다. 그 결과 **요셉의 주인이 그를 잡아 옥에 가두니 그 옥은 왕의 죄수를 가두는 곳이었**다(20절). 이제 요셉은 배반과 거짓 고소를 모두 겪었고, 총애를 받는 아들에서 노예로, 죄수로 신분이 격하되었다. 그런 다음 화자는 놀랍게도 독자에게 **여호와께서 요셉과 함께하**셨음을 상기시킨다(21절). 감옥에서 다시 한 번 하나님은—그분의 계획은 축소되지 않은 채로 계속해서 펼쳐졌다—그가 **간수장**에게 **은혜를 받게 하**셨으며, 간수장은 **옥중 죄수를 다 요셉의 손에 맡겼**다(21-22절). 역경을 하나님께 버림받았다는 증거로 여기는 경우가 있다. 그러나 요셉의 삶에서는, 그가 어려움을 겪었지만 주께서 그와 함께하시며 그에게 은혜와 성공을 허락하셨다. 이 이야기는 분명히 요셉이 겪는 어려운 환경에서도 선한 목적을 성취하시는 하나님의 섭리를 입증한다.

d. 술 맡은 관원장이 요셉을 잊다(40:1-23)

40:1-15. 이제 모든 일을 주관하시는 하나님의 손이 더 분명해진다. 하나님은 바로의 신하 중 새롭게 죄수가 된 **두 사람**, 즉 **술 맡은 관원장과 떡 굽는 관원장**에게 주신 꿈을 통해 요셉의 출세, 곧 이스라엘의 보존을 위한 준비를 하셨다(2절). 두 사람 모두 **하룻밤에** 꿈을 꾸었다. 꿈의 의미를 이해하지 못했지만 다음 날 **아침** 두 관원장 모두 **근심**에 빠졌다(5-6절). 이 남자들은 낯선 사람들이었지만 요셉은 **어찌하여 얼굴에 근심의 빛**이 있는지 물으며 그들을 긍휼히 대했다. 그리고 그들이 꿈 이야기를 들려주었을 때 요셉은 모든 **꿈의 해석은 하나님께 있**다고 분명히 말했으며, 그들의 꿈을 해석함으로써 그들의 곤경을 해결해주려고 했다

(7-8절).

40:16-23. 요셉은 술 맡은 관원장의 꿈을 **좋**게 해석하여, **사흘 안에 바로가** 그를 관직에 **회복시**킬 것이며 그는 **전에 하던 것같이** 바로를 섬길 것이라고 말했다(13절). 하지만 떡 굽는 관원장의 꿈은 좋지 않게 해석하여, 마찬가지로 **사흘 안에 바로가** 그를 **나무에** 매달 것이라고 말했다(19절). 이후 **요셉이 그들에게 해석함과 같이**(22절) 되었다. 하지만 요셉이 **술 맡은 관원장**에게, 은혜를 베풀어 자신이 억울하게 옥살이하는 사정을 바로에게 아뢰어달라고 부탁(14절)했으나 그는 **요셉을 잊었다**(23절). 이 과정에서 요셉은 하나님이 계속 구원의 길을 예비하고 '봇물'처럼 그분의 '손에' 있는 "왕의 마음"(잠 21:1)을 움직이시는 동안 그분을 기다린다는 것(술 맡은 관원장은 "만 이 년" 동안 요셉에게 했던 약속을 무시했다, 41:1)이 무엇을 뜻하는지를 배웠을 것이다. 뿐만 아니라 똑같은 신학적 원리를 입증하려는 목적을 지닌, 대단히 비슷한 사례로는 아하수에로가 (마찬가지로 왕의 두 신하와 관련된) 모르드개의 행동을 치하해야 한다는 사실을 기억하지 못했던 사건이 있다. 이 경우에도 (모르드개의 출세뿐만 아니라) 이스라엘의 구원을 위해 가장 효과적인 때가 될 때까지 왕은 이를 기억하지 못했다(에스더 6장에 대한 주석을 보라).

2. 총리에 오른 요셉(41:1-50:26)

a. 요셉이 총리가 되다(41:1-57)

41:1-13. 하나님은 **만 이 년 후**에야 비로소 요셉의 개인적 상황—사실 그분의 백성에 대한 그분의 돌보심을 묘사하는 훨씬 더 큰 태피스트리에서 겨우 한 가닥의 실에 불과한—을 해결해주셨다(1절). 이때 **바로는 그의 마음을 번민하**게 만든 두 가지 꿈을 꾸었다(8절). 첫 번째 꿈에서는 **파리한 일곱 암소**가 **살진 일곱 소**를 먹었고, 두 번째 꿈에서는 **가는 일곱 이삭**이 **충실한 일곱 이삭**을 삼켰다(2-7절). 바로가 이 꿈들을 해석할 사람을 찾지 못하자 [은연중에 하나님께 자극을 받아] **술 맡은 관원장**은 요셉을 생각해내고 바로에게 그가 **꿈**을 정확히 **해석**하는 능력을 가졌다고 말한다(9-13절).

41:14-37. 바로가 요셉을 불러 정말로 꿈을 해석할 수 있는지 물었을 때, 의미심장하게도 요셉은 자신에게는 그런 능력이 없다고 대답했다. 이것이 2년 만에 처음으로 기록된 그의 말이다(16절). 문자적으로 해석하면 '그것은 나와 별개이다', 즉 '그것은 나와 전혀 상관이 없다'라는 말이다. 요셉은 13년 동안 (부당하게) 노예로, 그다음에는 죄수로 지낸 후에도 원한을 품지 않았다. 그는 오직 하나님과 그분의 영광에만 초점을 맞췄다. 이런 초점 덕분에 그는 그 오랜 시간 동안 절망에 빠지지 않을 수 있었다. 처음으로 기회를 얻게 되자 요셉은 아무런 망설임도 없이 바로에게 하나님의 주권(따라서 그분의 영광)을 강조하며 **하나님께서 바로에게 편안한 대답을 하시리이다**라고 말했다(16절). 하지만 이 구절은 '하나님이 바로의 상황에 대해 반응하실 것이다'라고 번역해야 한다. '상황'으로 번역된 단어는 (일반적으로 '평화'나 '온전함'을 뜻하는) 히브리어 '샬롬'(*shalom*)이며 여기에서는 '상황'이나 '안녕'이라는 의미로 사용되었다. 그런 다음 바로는 요셉에게 자신의 꿈을 이야기했고, 요셉은 두 가지 꿈이 같은 것을 뜻한다고 해석했다. 즉, **애굽 땅에 일곱 해 큰 풍년**이 있을 것이며 그 **후에**는 **일곱 해 흉년이** 들 예정인데 그 흉년이 **너무 심**할 것이라고 말했다(29-31절). 그런 다음 요셉은 바로에게 **명철하고 지혜 있는 사람**을 찾아 이 흉년을 대비하기 위한 구체적 조치를 실행하라고 조언했다. "요셉을 알지 못"했던 400년 후의 그의 후계자(출 1:8)와는 대조적으로, 이때의 바로는 요셉의 하나님이 그에게 참된 것을 알려주셨다고 인정하며 적극적으로 반응했다(41:38).

41:38-57. 바로는 요셉이 바로 이 일에 적합한 **명철하고 지혜 있는** 사람임을 알아차렸다(39절). 그런 다음 바로는 요셉을 자신 다음으로 큰 권력을 지닌 2인자로 만들었다(이는 이스라엘 성경 역사의 반대쪽 끝무렵에 에스더와 모르드개가 똑같이 구속을 위한 '지위에 오르게 될 것'을 예상하게 한다, 에 8:2; 10:3). 그리고 바로는 **애굽 온 땅에서 네 허락이 없이는 수족을 놀릴 자가 없으리라**라고 선언했다(44절). 요셉은 곡식을 **심히 많**이 저장하여 기근에 대비했으며(49절), 자신에게 **두 아들**을 낳아줄 아내를 취했다(50절). 아들들의 이름은 굴욕과 고통으로 점철된 13년(그는 17세에 팔려가 30세 때 바로에게 발탁되었다, 37:2; 41:46)에 초점을 맞추기보다는 하나님이 그분의 시간과 계획에 따라 그에게 보여주신 은혜와 복에 초점을 맞췄고, 요셉

의 이기적이지 않으며 '하나님 중심적인' 관점을 반영한다. 그는 두 아들의 이름을 **하나님이 내게 내 모든 고난…을 잊어버리게 하셨다**는 뜻에서 '그분이 잊게 하신다'라는 의미의 **므낫세**(51절)와 **하나님이 나를 내가 수고한 땅에서 번성하게 하셨다**는 뜻에서 '비옥한 땅' 혹은 '두 배의 비옥함'이라는 의미의 **에브라임**(52절)이라고 지었다.

요셉이 애굽에서 총리의 직위에 오른 것이 요셉 이야기의 절정이라고 생각할지도 모른다. 하지만 이 부분은 이야기의 흐름 속에서 목적을 위한 수단에 불과하다. 요셉이 그의 형들과 화해하고 자신의 모든 고통스러운 경험들이 이스라엘의 아들들을 구원하기 위해 하나님이 세우신 계획의 일부였음을 깨닫는 장면이 이야기의 절정을 이룰 것이다.

b. 요셉이 형제들을 시험하다(42:1-44:34)

다음 세 장에서 요셉이 형들을 가지고 노는 것처럼 보일 수도 있지만 사실 그는 그들을 시험하고 있다. 그의 의도는 형들의 양심과 성품, 긍휼, 즉 그들이 자신을 노예로 팔 때는 드러나지 않았던 특징들을 평가해보려는 것이었다.

(1) 양심에 관한 시험(42:1-38)

42:1-24. 42-45장에서 하나님은 앞의 다섯 장에서(37:2 이후로) 펼쳐놓은 다양한 상황을 '한데 묶으시며' 형들이 자신들의 죄를 정면으로 마주하게 하신다. 그 목적은 그들을 화해시키고 거룩하게 단련함으로써, 그들을 이상적인 언약 백성으로 빚어내는 것이다. 언젠가 예언자들이 말하는 미래가 이르면 그들은 그런 모습으로 변화될 것이다(참고. 신 10:12-22; 사 1:25-26; 말 1:5). 가나안 땅까지 확대된 기근(41:57을 보라)의 결과로 야곱이 **애굽에서 곡식을 사** 오도록 **요셉의 형 열 사람**을 보냈을 때 이 대단원이 시작된다(3절). 그들이 도착했을 때 **요셉은 형들을 알아보았**지만 **그들은 요셉을 알아보지** 못했다(7-8절). 요셉은 형들을 괴롭히거나 복수하기 위해서가 아니라 그들의 집단적 성품이 나아졌는지, 그들이 속이기 좋아하는 마음을 극복했는지 알아보기 위해서 이 상황을 지혜롭게 활용하여 여러 방식으로 그들을 시험했다. 요셉은 먼저 그들이 살과 피를 나눈 자신에게 저질렀던 악을 뉘우치고 있는지 알아보고자 그들의 집단적 양심을 시험했다.

요셉은 그들을 **정탐꾼들**(14절)이라고 비난했다. 그들의 상황을 어렵게 만든 다음 양심을 시험하려고 한 것이다. 요셉은 이것이 사실이 아님을 알고 있었으며, 형들 역시 이를 부인했다. 그러자 요셉은 그들 **중에 진실이** 있는지를 판단하기 위한 조건을 제시했다(16절). 원래 이 조건은 나머지 아홉 명이 갇혀 있는(죄수로 잡혀 있는) 동안 그들 **중 하나**가 돌아가 막냇동생 베냐민을 데려오라는 것이었지만, 요셉은 자비롭게 이 조건을 완화시켰으며(그는 그들이 자신에게 저지른 일을 잠깐 동안도 그들에게 하지 않았다) 그들 중 한 사람 **시므온**만 구금했다(24절). 바로 이때 요셉은 그들이 히브리어로 나누는 대화를 엿듣다가 그들이 요셉에게 했던 자신들의 행동에 대해 정말로 죄책감과 후회를 느끼고 있음을 알게 되었다. 그들은 **요셉이** 자신들의 말을 듣는 줄을 알지 못한 채(23절) **우리가 아우의 일로 말미암아 범죄하였도다**(21절)라고 말했고, 맏이인 르우벤은 **그러므로 그의 핏값을 치르게 되었도다**라고 선언했다(22절).

42:25-38. 그런 다음 **시므온**은 남고 나머지 아홉 형이 **가나안 땅**의 **아버지 야곱에게** 돌아갔을 때(29절) 요셉은 계속해서 그들의 양심을 시험했다. 하지만 이번에는 친절을 베푸는 방식으로 그들을 시험했다. 요셉은 **명하여 곡물을 그 그릇에 채우게 하고 각 사람의 돈은 그의 자루에 도로 넣게 하고 또 길양식을 그들에게 주게** 했다(25절). 이처럼 후한 선물을 발견했을 때 그들은 하나님의 자비로운 공급하심에 대해 그분을 찬양하기는커녕 **하나님이 어찌하여 이런 일을 우리에게 행하셨는가**라고 물으며 몹시 당황해했다(28절). 다시 한 번 그들은 요셉에게 했던 자신들의 행동에 대해 죄책감을 느끼고 있음을 선언했다. 20년 넘게 세월이 흐른 지금 요셉의 형들은 더 이상 전처럼 냉담하고 비정한 사람들이 아니었다. 하나님은 그들이 죄를 지은 후 그토록 오랜 세월이 지난 후에 요셉의 손으로 그들에게 징계를 내리셨다. 하지만 그들이 집으로 돌아와 아버지에게 무슨 일이 일어났는지를 말했을 때, 야곱은 그들과 더불어 베냐민을 애굽으로 보내지 않았다. 야곱은 **재난이 그에게 미치면** 자신이 **슬퍼하며 스올로 내려갈** 것(즉, 마음이 아파서 죽을 것)이라고 말했다(38절).

(2) 성품에 관한 시험(43:1-34)

43:1-15. 애굽으로 돌아가야 했던 형들은 자신들이 또 다른 시험을 통과했음을 보여주었다. 이번은 성품에 관한 시험이었다. **기근**이 여전히 **심**했고, 이스라엘 가문은 **애굽에서 가져온 곡식을 다 먹**었다(1-2절). 그들은 곡식을 더 사기 위해서 요셉에게 다시 가야 할 형편에 이르렀는데, 그러기 위해서는 베냐민을 데려가야만 했다. 성품에 대한 시험의 첫 번째 측면이 분명해진다. 즉, 여전히 야곱의 집에 있을 때에도 그들은 책임감이 있음을 입증했다(43:1-15). 특히 유다는 아버지에게 자신이 베냐민을 책임지겠다고 약속했다(8-9절). 이 시점에서 유다의 역할이 확장되고 신학적으로는 요셉의 역할을 넘어서기 시작한다. 왜냐하면 베냐민의 안전을 보장하기 위해 유다가 (요셉을 팔 때 그가 부정적으로 앞장섰듯이) 긍정적으로 앞장서서 아버지에게 자신이 동생을 위해 **담보가 되**겠다고 선언했기 때문이다(9절). 여기에 사용된 표현인 에에렌누(*'e'erennu*)는 무척 중요하다. 왜냐하면 이것은 앞서—단지 우연에 그치는 것이 아니라!—38:17-18에서 다말이 유다에게 받아냈으며 유다의 영적 '전환점'에 촉매 역할을 했던 '담보' 혹은 '약속'(*'erabon*, 에라본)을 묘사할 때 사용했던 말과 동일한 어근을 지니기 때문이다(*'-r-b*). 여기에서 같은 어근을 사용했다는 사실은 두 사건 사이의 미묘하지만 명백한 관련성을 보여주며, 또한 이는 두 번째 사건에서 유다의 도덕적 행위에 전환이 일어났음을 강조한다. 따라서 요셉의 요구대로 형들은 베냐민을 데리고 애굽으로 돌아가 **요셉 앞에** 섰다(15절).

43:16-23. 그들의 성품에 대한 시험의 두 번째 측면은 그들이 요셉을 마주할 때 분명해진다. 그들은 자신들이 정직한 사람들임을 증명했다. 요셉을 팔 때 그들이 보여준 탐욕스러운 행동과 대조적으로, 예상치 못하게 곡식값을 돌려받았을 때 그들은 탐욕을 부리며 이것을 취하는 대신 자루에서 발견한 돈을 즉시 돌려주겠다고 말했다(20-22절). 놀랍게도 요셉은 그들에게 이미 돈을 받았으며 그들의 하나님이 **재물을 자루에 넣어** 그들에게 주셨다고 말했다(23절).

43:24-34. 그들의 성품에 대한 시험의 세 번째 측면은 요셉이 그들을 위해 준비한 잔치에서 분명해진다. 요셉이 그들을 **나이에 따라**, 즉 그들이 태어난 순서에 따라 앉혔다(33절)는 말을 통해서 드러나듯이, 요셉이 형들에게 자신의 정체를 밝힐 것이라는 기대가 고조됨에 따라 문학적 긴장도 점점 커져간다. 낯선 사람이라면 이 순서를 몰랐을 것이다. 이 잔치에서 또 하나 이상한 점은 **애굽 사람**들이 그들끼리 **따로** 앉았고, **요셉**도 **따로**, 열한 명의 형제들도 **따로** 앉았다는 것이다(32절). 이는 요셉이 애굽의 신분 제도를 지켰기 때문이다. 애굽에서는 외국인, 특히 목자들을 교양 없고 천하다고 여겼다. 요셉의 형제들은 목자였기 때문에 그와 함께 앉지 못했다. 하지만 요셉은 다른 애굽 사람들과도 따로 떨어져 앉았는데, 이는 형제들에게 애굽의 총리도 외국인임을 알게 해주는 첫 번째 신호였다. 그런 요셉은 다음 시험으로 자기 음식을 형제들에게 주면서 베냐민에게는 **다른 사람보다 다섯 배나** 더 주었다(34절). 그럼에도 그들 모두 **즐거워**했으며, 전에 요셉에게 보였던 질투를 전혀 드러내지 않았다.

(3) 긍휼에 관한 시험(44:1-34)

요셉은 형들에 대한 마지막 시험을 통해 그들이 전에 보였던 냉담하고 무관심한 모습에서 자비롭고 남을 돌보는 모습으로 변화되었는지를 알아보려 했다.

44:1-34. 이 시험은 요셉의 형들이 가나안으로 돌아가고자 길을 떠났을 때 시작되었다. 요셉의 **집 청지기**는 그들을 뒤따라가 [주인의 지시에 따라 자신이 미리 넣어두었던] **베냐민의 자루**에 든 주인의 은잔을 발견했다. 이에 대한 벌로 베냐민은 요셉의 **노예**가 되어야 했다(1-13절). 형들은 **요셉의 집**으로 돌아갔고, 거기에서 유다는 앞장서서 자기 동생을 살려달라고 간청했다(18절, 앞서 **유다와 그의 형제들**이라는 구절은 유다가 주도적인 역할을 할 것임을 예상하게 한다, 14절). 유다는 상황 전체를 요약한 다음 44:32에서 요셉에게 자신이 베냐민을 위한 **담보**—다시 한 번 38:17-18에서 유다의 '담보'나 '약속'(에라본)을 뜻했던 명사와 동일한 어근을 지닌 동사 형태, 즉 아라브(*'arab*)를 사용하면서—가 되기로 했다고 말함으로써 자신의 탄원을 마무리했다. 38장에서 '담보'는 특정한 소유물(유다의 도장과 끈, 지팡이)이었지만, 44장에서는 '유다'라는 사람 자체가 담보였다. 이 용어의 메시아적 함의는 구약에서 예레미야를 통한 주님의 종말론적 선언(렘 30:21)에 표현되어 있다. "그들 중 한 사람인 그들의 지도자가 그

요셉의 신분 상승 과정

나이	요셉의 신분	참고
17세	노예로 팔려가다	창 37:2
28세	감옥에서 잊혀지다	창 41:1; 41:46
30세	총리가 되다	창 41:46
39세	형들에게 자신의 정체를 드러내다	창 45:6
56세	아버지 야곱의 임종을 지키다	창 47:28
110세	애굽에서 죽다	창 50:22

들을 위해 자신을 담보로 내어줄 것"이기 때문에 메시아가 언젠가 그분의 백성 이스라엘을 자신과 화해시키실 것이다(문자적 번역).

형들, 특히 그들의 지도자로서 유다는 그들이 정말로 긍휼의 시험을 통과했음을 입증했다. 이전에 그들은 자기 동생의 고통에 무관심했으며, 그를 죽일 생각을 했고, 그를 구덩이에 던져 넣으며, 결국 그를 노예로 팔았다(37:18-28). 뿐만 아니라 그들은 아버지의 슬픔에 냉담했고, 아버지를 속여 그가 총애하던 아들을 들짐승이 죽였다고 믿게 만들었다(37:31-35). 하지만 이제 유다는 베냐민을 대신해 기꺼이 처벌을 받으려고 할 뿐만 아니라(44:33), 베냐민이 돌아오지 못할 경우 슬퍼할 자신의 아버지에 대해 심히 걱정하는 마음도 표현했다. **그 아이가 나와 함께 가지 아니하면 내가 어찌 내 아버지에게로 올라갈 수 있으리이까 두렵건대 재해가 내 아버지에게 미침을 보리이다**(34절). 그들은 더 이상 자기 동생과 아버지에게 죄를 저질렀던 잔인하고, 질투하고, 속이고, 냉담한 사람들이 아니었다. 이제 그들은 진심으로 막냇동생을 걱정하고 나이 든 아버지를 측은히 여겼다.

c. 요셉이 형제들과 화해하다(45:1-28)

45:1-15. 형들이 변했음을 깨닫고 감정이 북받친 요셉은 **나는 요셉이라**라고 선언함으로써 형들에게 자신의 정체를 드러냈다(1-3절). 그러자 형들은 깜짝 놀랐고(3절, 문자적으로 '놀라서 할 말을 잃었다') 요셉이 복수를 할까 봐 두려워했다. 지금까지 요셉의 형들은 애굽의 권력자 때문에 겪는 어려움이 요셉을 판 자신들의 죄에 응당한 대가라고 생각하며 일반적인 의미의 죄책감을 느껴왔다(42:22; 44:16). 하지만 형들을 걱정하는 마음에 요셉은 친절한 말로 그들을 위로했으며, 그의 말은 모든 것을 아우르시는 하나님의 선하심과 주권에 대해 신학적으로 깊은 성찰을 담고 있다. 형들이 죄악 된 의도를 가지고 그를 애굽으로 가던 상인들에게 노예로 팔았지만 요셉은 더 큰 선을 깨달았다. **하나님이 생명을 구원하시려고 나를 당신들보다 먼저 보내셨나이다**(45:5; 또한 50:20을 보라). 하나님의 섭리를 깨닫는 것이 요셉이 형들과 화해하는 데 가장 중요한 열쇠였다. 멀어지고 상처 입은 모든 사람들 사이의 화해도 마찬가지이다. 요셉은 그들이 자신을 **애굽에** 노예로 팔았다고 한 차례 말했지만, 사실은 이스라엘 가문을 보존하기 위한 사랑의 행위로 자신을 애굽으로 보내신 분이 **하나님**이셨다고 세 차례나 분명히 말했다(5,7,8절). 다시 말해 13년 동안 노예로서 후에는 죄수로서 요셉이 겪었던 모든 고통은, 형들의 죄악 된 의지와 행동의 결과일 뿐만 아니라 궁극적으로는 하나님의 완벽한 의지와 배후에서 이루어지는 섭리의 결과였다. 동사 **보내셨나이다**(5절)는 능동태 동사로서 요셉의 형들이 저지른 죄악 된 행위에 대한 하나님의 섭리를 가리킨다. 형들의 죄악 된 행위를 묘사하는 동사인 **팔았다** 역시 능동태 동사이다(4-5절). 이것은 하나님이 자유로운 인간 행위에 주권적으로 역사하시며, 이 둘이 서로 모순되는 것처럼 보이지만 성경에서는 양립이 가

능함을 보여주는 성경의 핵심 본문 중 하나이다. 형들이 뉘우쳤을 때 요셉은 이 심오한 신학적 통찰을 담은 선언을 함으로써 형들을 위로하고 그들과 화해했다. 하지만, 그렇다고 해서 형들에게 악한 행동에 대한 책임이 없다는 뜻은 아니다. (죄와 악에 대한) 하나님의 주권과 인간의 책임에 대한 간략한 논의를 위해서는 로마서 9:17-23에 대한 주석을 보라. 요셉이 형들에게 살 곳을 제공하고(10절), 마지막 5년의 기근 동안 그들에게 식량을 제공하고(11절), 아버지를 애굽으로 **모시고 내려오**라고 말했던 것(13절)을 보면, 요셉과 형들이 완전히 화해했음을 분명하게 알 수 있다. 참된 화해는 참된 열매를 맺으며 복수심이나 원한을 전혀 드러내지 않는다.

45:16-28. 요셉의 형들이 왔다는 소문을 듣고 바로—하나님이 요셉에게 언제나 은혜를 베푸셨음을 알던—는 요셉에게 온 가족을 애굽 땅으로 초대하라고 말하면서 그들에게 **좋은 땅을 주**겠다고 약속했다(18절). 열한 명의 형제는 바로와 요셉에게 받은 **양식**과 선물을 싣고 **가나안 땅**에 있는 **아버지 야곱에게** 돌아갔다(25절). 그리고 그들은 바로의 자비로운 초대와 **요셉이 지금까지 살아 있어 애굽 땅 총리가 되었**다는 소식을 전했다(26절).

d. 요셉이 온 애굽을 돌보다(46:1-47:26)

요셉 이야기의 다음 부분에서는 많은 사람들, 특히 요셉의 형들과 아버지 야곱의 삶에서 하나님의 섭리가 어떻게 작동했는지를 보여준다. 요셉은 형들에게 하나님이 "생명을 구원하시려고" 자신을 애굽으로 보내셨다고 말했다(45:5). 비슷하게 이어지는 이야기에서는 하나님이 어떻게 요셉을 이용해 이스라엘(야곱)의 가족과 애굽 사람들, 심지어 바로의 목숨을 돌보셨는지를 보여준다.

(1) 요셉이 야곱의 가족을 부양하다(46:1-47:12)

46:1-34. 가나안에 기근이 닥쳤을 때 바로 그곳을 버리고 애굽으로 내려감(12:10)으로써 영적 미성숙을 드러냈던 아브람(아브라함)과 분명한 대조를 이루며, 야곱은 **애굽으로**(5-6절) 가기 전에 먼저 **브엘세바**에 들렀다(46:1). 브엘세바는 야곱의 할아버지 아브라함이 "여호와의 이름을 불렀던" 중요한 장소였다(21:33). 뿐만 아니라 브엘세바에서 하나님은 야곱의 아버지 이삭에게 나타나셨고 아브라함에게 주신 약속을 그에게 재확인시켜주셨다(26:23-24). 그에 대한 응답으로 이삭은 "그곳에 제단을 쌓고, 여호와의 이름을" 불렀다(25절).

따라서 야곱은 **하나님께 희생제사를 드리**며 그분의 이름을 불렀고, 주께서 그렇게 해도 좋다고 확신시키신 후에야 길을 떠났다(46:1-7). 야곱이 **애굽**으로 데려간 가족의 수는 **육십육 명**이었다(26절). 여기에는 야곱과 (이미 애굽에 있던) 요셉, 그의 두 아들 에브라임과 므낫세 그리고 (족보와 관련한 고대의 관습에 따라) 아내들이 제외되었다. 따라서 이 네 남자들을 포함하면 **애굽**에 있는 **야곱의 집**에 속한 사람들의 수가 **칠십 명**이 된다(27절). 스데반은 75명이라고 말했는데(행 7:14), 이는 요셉의 세 손자와 두 증손자를 포함했기 때문일 것이다(50:23과 민 26:29, 35-36, 즉 출애굽 이전 창세기에 언급된 애굽에 있는 야곱의 '모든' 자녀). 애굽 사람들과의 사회적 접촉(따라서 그들에게 괴롭힘을 당할 가능성)을 최소화하기 위해 요셉은 그의 가족들에게 **목자**로서의 역할을 강조하라고(그에 관해 거짓말하지 '말라고') 지시했다. 왜냐하면 애굽의 신분 제도(43:24-34에 대한 주석을 보라)에 따르면, **애굽 사람은 다 목축을 가증히 여**겼기 때문이다(46:34).

47:1-12. 애굽으로 이주한 덕분에 야곱과 그의 가족은 요셉의 가족과 육체적으로 상봉할 수 있었다. 뿐만 아니라 그 덕분에 야곱의 가족은 하나님이 약속하신 것과 같이 '위대한 민족/나라'로 성장할 수 있는 이상적인 공간을 얻었다(12:2; 15:5; 17:2; 22:17; 26:4, 24; 28:14; 35:11을 보라). 가나안 땅에서 족장의 가족은 땅과 자원을 차지하기 위해 다투는 수많은 부족과 민족(대부분이 더 강하고 더 수가 많았던) 중 하나일 뿐이었다(참고. 13:7; 15:19-21; 21:25; 26:18-21; 47:4). 하지만 애굽에서는 바로의 명령으로 그들에게 **땅의 좋은 곳 고센 땅** 안에 특권적인 공간이 주어졌다(47:6). 고센은 이집트 문서에 언급되지 않았지만 나중에 **라암셋** 지역으로 불렸다(11절). 고센은 땅이 기름지고 요셉과 가까운 곳이어야 하기에, 아마도 나일강 삼각주의 비옥한 지역이었을 것이다. 여기에서 그들은 괴롭힘이나 기근에 대한 걱정 없이 번성할 수 있었다. 따라서 요셉은 그를 애굽에 보내신 하나님의 섭리적 목

적을 성취했다. **그의 아버지와 그의 형들과 그의 아버지의 온 집에 그 식구를 따라 먹을 것을 주어 봉양**했기 때문이다(12절). 뿐만 아니라 400년이 지난 후 그들은 "생육하고 불어나 번성하고 매우 강하여 온 땅에 가득하게 되었"다(출 1:7). 그때 그 백성은 하나님이 주신 기업인 가나안 땅 전역에 퍼져 그 땅을 채울 정도로 수가 많았다.

(2) 요셉이 애굽 사람들을 부양하다(47:13-19)

47:13-19. 하나님은 요셉을 애굽으로 데려오셔서 그의 가족을 부양하게 하셨다. 뿐만 아니라 그분은 모든 애굽과 가나안 사람들에 대해서도 관심을 갖고 계셨다. 사실 **사방에 먹을 것이 없고 애굽 땅과 가나안 땅이 기근으로 황폐**한 상황이었다(13절). 그러므로 풍년이 든 7년 동안 음식을 저장하도록 하나님이 요셉에게 주신 계획은, 그 자신의 가족뿐만 아니라 온 애굽 백성과 가나안에 살던 사람들까지도 구했다(참고. 45:5, 7; 50:20).

47:15-19. 요셉은 식량을 내주는 대가로 돈을, 그다음에는 가축을, 마지막으로는 땅을 받았다. 그것이 다 떨어졌을 때, 애굽 사람들은 자발적으로 자신의 몸을 팔아 비교적 덜 가혹한 대우를 받았던 바로의 노예가 되었다. 그 대가로 요셉은 그들에게 식량을 줄 뿐만 아니라 땅에 곡식을 기르기 위해 필요한 씨를 주었으며, 바로는 그 소출의 20퍼센트를 취했다. 사실상 백성은 자신의 땅을 경작하고 자신의 농작물을 받은 후 바로에게 20퍼센트의 세금을 냈다. 이 서사는 문학적 전략상 의도적인 아이러니를 드러낸다. 요셉이 은 이십 세겔에 이집트에 노예로 팔려온 것과 마찬가지로(37:28; 참고. 39:17), 이제 그는 온 애굽 땅을 노예로 팔아 땅의 모든 돈[문자적으로 은]을 거둬들였다(14, 18절). 어떤 의미에서 이것은 히브리 노예 한 사람을 사들인 것에 대해서 모든 애굽 사람들에게 가해진 보복적 정의였다(12:3). 그러나 애굽 사람들은 자신들이 노예가 된 것을 해방의 수단으로 여겼으며, 요셉에게 "주께서 우리를 살리셨사오니!"라고 말했다(25절).

(3) 요셉이 바로를 부양하다(47:20-26)

47:20-26. 하나님이 요셉을 애굽으로 보내신 목적은, 이스라엘 가문과 애굽 사람들을 구할 뿐만 아니라 바로를 부유하게 만들기 위해서였다. 따라서 요셉이 백성과 했던 영리한 거래를 통해 그들의 부와 그들의 가축과 그들의 땅과 심지어는 그들 자신까지 (제사장들을 제외하고, 22, 26절) 바로의 재산이 되었다. 그 결과 야곱과 그의 가족을 축복하고 그들을 애굽으로 맞아들이고 그들에게 식량과 좋은 땅과 안전을 제공했던 바로는 복을 누렸으며, 이는 하나님의 백성을 축복한 이들이 하나님께 복을 받을 것이라는 아브라함 언약의 성취이기도 하다(12:3).

e. 야곱이 요셉의 아들들을 축복하다 (47:27-48:22)

이스라엘 가문의 구원을 특히 강조하며 애굽 땅 전체를 구하는 일에 요셉이 맡았던 섭리적 역할을 설명한 다음 이제 이야기는 요셉이 장자의 자격으로 받은 복을 강조한다.

47:27. 이제 이야기는 애굽의 구원으로부터 이스라엘에 대한 복으로 전환된다. 이스라엘은 **애굽 땅**에서 머무는 동안 번영했다고 묘사된다. 그들은 **생육하고 번성**했기 때문이다(27절). 본문에서는 동산에서 아담과 하와에게 했던 말("생육하고 번성하라", 1:22, 28)과 똑같으며, 훨씬 의미심장하게는 야곱이 가나안으로 돌아와 하나님이 그에게 복을 내리실 때 하셨던 말씀(35:11)과 똑같은 히브리어 단어를 사용한다. 주께서 야곱에게 지시하셨듯이, 이제 그분은 섭리적 돌보심으로 야곱이 그 명령을 순종하게 해주셨다. 27절에서는 이스라엘이 고센에 머문 기간이 일종의 '배양 기간'이었음을 생생하게 강조한다. 여기에서 저자는 '인물'을 가리키는 이스라엘[**이스라엘 족속이 애굽 고센 땅에 거주하며**(27절), 동사 '거주하며'는 단수형이다]을 처음으로 민족을 가리키는 이스라엘(**거기에서 생업을 얻어 생육하고 번성하였더라**, 여기에서는 동사가 모두 복수형이다)로 능숙하게 전환시켰다. 후자의 진술은 17:6에서 하나님이 "내가 너로 심히 번성하게 하리니"라고 말씀하시며 아브라함에게 주신 약속을 상기시키고, 이 미래의 상태를 하나님의 언약적 신실함이라는 중요한 주제와 연결시킨다.

47:28-31. 야곱이 요셉을 축복하는 일화의 서두로서 이야기는 새로운 시간대로 전환된다. 이제 야곱이 애굽으로 이주한 지 **십칠 년**이 지났고 기근은 오래전에 끝났다(28절). 야곱은 147세이다. 야곱은 자신의 죽

음을 예상하며 요셉에게 자신을 반드시 약속의 땅에 묻어달라고 당부한다. 족장에게 주어진 약속의 핵심은 하나님이 이 땅을 그들의 후손에게 주시겠다는 것이다. 야곱은 땅에 대한 약속이 궁극적으로 성취될 것을 기대하며, 마른 뼈들이 다시 생명을 얻게 될 때 자신도 그 일부가 되기를 바랐다. 그리고 요셉과 유다는 그들의 왕이신, 위대한 다윗의 아들 아래서 한 나라가 된다(겔 37:22-24, 이에 대한 주석을 보라).

48:1-22. (그가 잘 알고 있듯이) 생의 마지막이 다가왔을 때(48:21) 야곱은 족장으로서 자신의 아들들을 축복하는 일에 관심을 돌렸다. 따라서 요셉이 **아버지가 병들었다**는 소식을 듣고 두 아들 **므낫세와 에브라임**을 데리고 그를 방문했을 때(1절), 야곱은 요셉에게 **그들에게 축복**할 테니 그들을 가까이 데리고 오라고 말했다(8-16절). 사실상 그가 자신이 직접 낳은 아들의 지위로 격상시킨(5절을 보라) 두 손자에게 축복하면서 야곱은 의도적으로 첫째보다 둘째를 더 크게 축복했다. 이는 창세기 전체에서 반복된 경향이기도 하다(25:21b-26에 대한 주석을 보라). 이는 선택에서 하나님의 주권을 강조할 뿐만 아니라(참고. 롬 9:10-16), 야곱의 넷째 아들(유다)이 다음 세대에 메시아와 관련된 복을 받을 사람으로서 '통상적 관습과 달리' 선택을 받을 것임을 예상하게 해준다(49:8-12). 그에 더해 야곱은 열두 아들에게 마지막 말을 남기기 전에 요셉을 향하여 그의 **형제보다 땅을 더 주**겠다고 말했다(48:22). 다시 말해 기업을 열두 아들 사이에서 열셋으로 나눌 것이며, 요셉은 13분의 2를 받을 것이고 나머지는 13분의 1씩을 받을 것이다. 이는 비록 가장 큰 (메시아에 관한) 복은 유다에게 가겠지만(49:8-12에 대한 주석을 보라), 장자권(즉, 다른 형제들이 받을 유산의 두 배, 여기에서는 "땅을 더" 준다는 말로 표현)은 (대상 5:2에서 확증한 대로, 참고. 창 27:36에 제시된 복과 장자권 사이의 차이) 요셉에게 간다는 뜻이다.

f. 야곱이 열두 지파를 축복하다(49:1-33)

49:1-2. (몇몇 경우에는 책망이 섞인) 자신의 마지막 축복의 말이 지닌 중요성뿐만 아니라 그 말의 '예언적' 성격을 강조하기 위해서, 야곱은 아들들에게 **후일에**[문자적으로 '마지막 날들에'] 그들에게 일어날 일을 말할 테니 **모이라**고 말했다(1절). 이 구절(**후일에**)은 오경에서 사용된 세 곳(민 24:14; 신 4:30; 31:29)을 포함한 히브리어 성경의 다른 곳의 용례와 마찬가지로, 메시아 왕의 마지막 오심과 그분이 '육체적'으로뿐만 아니라 '영적'으로도 이스라엘을 회복시킬 때 그 절정에 이르게 될 구속사의 종말에 가까운 미래를 구체적으로 지칭한다(참고. 사 2:2; 렘 23:20; 겔 38:16; 단 10:14). 따라서 여기에는 아브라함이 맡았던 복처럼 이 종말론적 지배자의 역할을 맡을 약속의 후손에 관한 구체적인 기대가 표현되어 있다. 이는 하나님이 메시아 왕, 아브라함의 궁극적 후손을 통해 동산에서 잃어버린 복을 회복하실 것이라는 창세기 전체의 주제에도 부합한다.

49:3-7. 이 복을 내려줄 아들을 고를 때 야곱은 관습대로 태어난 순서를 따랐다. 하지만 첫 세 아들은 전에 아버지의 명예를 직접적으로 (그리고 심각하게) 더럽히는 죄를 저질렀기 때문에 메시아와 관련된 복을 받을 자격이 없었다. **르우벤**은 야곱의 첩 빌하를 범했고(35:22; 49:4에 암시), **시므온과 레위**는 세겜 족속과의 약속을 어겼다(34:11-17, 30; 49:5-6에 암시).

49:8-12. 따라서 메시아와 관련된 복은 **유다**에게 내려졌다. 야곱은 유다에게서 날 메시아 왕의 '우위성'에 초점을 맞춘다. 구체적으로 유다/메시아의 우위성의 네 측면이 묘사된다. 먼저 그는 자신의 형제들보다 우위에 있을 것이며 이는 **너는 네 형제의 찬송이 될지라**라는 말로, 더 중요하게는 **네 아버지의 아들들이 네 앞에 절하리로다**라는 병행구로 묘사된다. 이 진술은 처음에 37:10에서 요셉에게 적용되었던 것과 동일한 표현을 사용한다. 핵심은, 이스라엘 가족이 가까운 미래에는 요셉에게 절을 하겠지만 먼 미래에는 그들 모두가 유다에게 절할 것이며, 이는 그의 후손, 즉 영원한 보좌에 앉으신 메시아 왕에 대한 상징이라는 점이다(참고. 삼하 7:16).

미래의 왕은 '권세의 우위'를 지닐 것이다. 이는 먹이를 향해 막 달려들려고 하는 **사자**의 이미지로 묘사되며 미래의 왕이 승리하는 권세를 뜻한다(참고. 사실상 같은 단어가 사용되는 민 24:9). "유대 지파의 사자 다윗의 뿌리가 이겼으니"라는 요한계시록 5:5 말씀에 기록된 메시아의 칭호는 승리하는 권세에 대한 예언에서 유래했다.

그다음으로 야곱은 미래 왕조의 우위를 묘사한다.

먼저 그가 통치 '기간'에서 유다(즉, 다윗 가문)의 모든 왕보다 뛰어날 것이라고 말한다. 따라서 규와 지팡이(49:10)로 상징되는 통치자의 직위는, 그 마지막 왕이 왕의 **규**와 **지팡이**를 영원히 차지하러 올 **때까지**만 계속해서 승계될 것이다(이것이 **떠나지 아니하며…까지**라는 구절의 자연스러운 함의이다). 둘째, 이 통치자는 참되고 의로운 '본성'이라는 점에서 모든 통치자들보다 뛰어날 것이다. 미래의 왕에게 해당하는 칭호는 **실로**이며 이 말은 다양하게 해석되어 왔다. (1) (NASB와 탈무드 *b. Sanh*. 98b의 경우처럼) 실로는 '평화를 이루는 이'라는 뜻의 고유명사일 수 있다. 하지만 이는 성경의 어법이나 유비를 통해 확증될 수 없다. (2) 이 말은 실로라는 지명에서 유래했을 수도 있다. 그런데 히브리어 성경에는 이 도시명을 표기하는 다양한 철자법이 등장하지만 창세기 49:10처럼 도시명을 표기한 경우는 없다. 뿐만 아니라 인명에서 도시명이 유래하는 것이 성경의 관례이며, 그 반대가 아니다. (3) 이 단어를 셸로(*sheloh*)라고 발음할 수도 있으며, 그 경우 '조공이 바쳐질 분'이라는 뜻이 된다. 이런 해석은 병행구처럼 보이는 다음 구절 **그에게 모든 백성이 복종하리로다**를 통해 지지를 받는다. 즉, 복종하는 이들이 조공을 바친다고 해석할 수 있다. 하지만 이렇게 해석하려면 능동형인 **오시기**라는 동사를 '바쳐지다'라는 수동형으로 바꾸어야만 한다. 따라서 발음을 다르게 하는 것으로 볼 가능성이 희박해진다. (4) 이 단어는 '그것을 소유하신 이'라는 뜻의 히브리어 축약형일 수도 있다. 이 해석에 반대하는 사람들이 내세우는 주된 근거는, 이것이 소수의 마소라 사본에서만 발견된다는 것이다. 하지만 월터 카이저(Walter Kaiser)는 38종의 마소라 사본이 이런 해석을 뒷받침하므로, 이것이 문헌적으로 지지를 받는다고 주장한다. 더 나아가 이것이 "그것을 소유하신 이"라는 70인역 번역의 근거가 된다. 이렇게 해석하는 관점은 온켈로스의 타르굼(오경의 아람어 번역본인 타르굼의 하나로서 바빌로니아 타르굼이라고 부르기도 한다), 아퀼라역(소아시아 폰투스의 아퀼라가 번역했다고 알려진 히브리어 성경의 헬라어 역본), 심마쿠스역(주후 2세기 말에 번역된 히브리어 성경의 헬라어 역본), 데오도티온역(주후 150년경에 번역된 것으로 알려진 히브리어 성경의 헬라어 역본—이상 옮긴이 주)의 지지도 받고 있으며, 에스겔 21:25-27에서 성경적 전거도 갖고 있는 것으로 보인다. 따라서 이 해석은 그럴듯하다[Walter C. Kaiser, *The Messiah in the Old Testament* (Grand Rapids, MI: Zondervan, 1995), 51-52.《구약에 나타난 메시아》(크리스찬출판사)]. 유다의 후손은 이스라엘의 궁극적인 참된 왕, 의로운 왕권을 소유하신 분이 될 것이다.

또한 이 왕은 그 통치의 '범위'가 유다에서 나올 미래의 모든 왕들을 능가할 것이다. 왜냐하면 **그에게 모든 백성이 복종**할 것이기 때문이다(49:10). **모든 백성**['*ammim*, 암밈]이라는 용어는 이스라엘 백성 전체를 가리킬 때는 대개 단수('*am*, 암)로 사용된다. 하지만 여기에서는 복수로 사용되었기 때문에 이스라엘뿐만 아니라 열방이 미래의 왕에게 복종할 것임을 뜻한다.

그런 다음 야곱은 미래의 왕이 더 부유할 것이라고 묘사했다. 즉, 그가 다스리는 땅은 자연적으로나 경작을 통해서나 식량이 풍부한 이상적인 공간이 될 것이다. **나귀나 암나귀 새끼**가 포도나무를 상하게 하거나 포도를 따 먹을까 염려하지 않고 그것을 **아름다운 포도나무**에 맬 것이다(11절). 왜냐하면 그 땅이 그런 포도나무로 가득할 것이기 때문이다. 뿐만 아니라 이 포도로 만드는 최상급 포도주가 너무나도 많아서 **그 옷**을 빨 때 아깝다는 생각이 전혀 없이 물 대신 포도주를 사용할 수 있을 것이다! "그날에 산들이 단 포도주를 떨어뜨릴 것이며 작은 산들이 젖을 흘릴 것이며"라는 요엘 3:18과 마찬가지로 이런 이미지는 메시아의 왕국이 모든 면에서 풍성할 것임을 강조하기 위한 과장법이다. 이 기간 동안 모든 백성의 육체적 건강 역시 이상적인 상태를 유지할 것이다. 이는 **그의 눈은 포도주로 인하여 붉겠고**[문자적으로 '보다 더 어둡고', 즉 그의 건강한 흰자위 때문에 본디 셈족인 그의 어두운 홍채가 더욱 부각된다는 뜻] **그의 이는 우유로 말미암아 희리로다**[문자적으로, '보다 더 희다']라는 왕에 대한 묘사를 통해 강조된다. 이런 묘사는 기아나 영양실조로 고통당하는 이들에게 흔히 나타나는 증상, 곧 황달로 누레진 흰자위나 부실한 식단과 고령 등으로 누레진 치아와 대조를 이룬다.

49:13-27. 나머지 아들들에 대한 야곱의 마지막 축복은 대부분 짧고 모호하며 미래 지향적이고, 대체

로 각 사람의 이름을 차용한 언어유희와 관련이 있다. 이 이름은 각각 복되고 풍요로운 미래의 시간을 묘사하는데, 이는 이 예언들이 모두 유다의 메시아적 후손이 세상을 다스릴(49:8-12) 종말에 관한 것임을 뜻한다(49:1-2). **스불론**의 경계는 확장되어 종말에 레바논의 **시돈**까지 이를 것이다(13절). **잇사갈**은 궁극적으로 안식의 땅에 정착할 소망을 품고 **건장한 나귀**처럼 일할 것이다(14-15절). **단**[히브리어로 '심판자']은 **그의 백성을 심판**할 것이며, 이 구절은 사사였던 삼손을 통해 성취된 것으로 보인다(삿 13-16장). **말굽을 물 독사**에 관한 모호한 구절(49:17)은 그 의미가 명확하지 않지만, 야곱의 감탄을 근거(**여호와여 나는 주의 구원을 기다리나이다**, 18절)로 유다의 사자에 의한 종말의 해방을 가리킨다고 볼 수 있다. **갓**에 대한 예언은 언어유희로 가득한데, 여섯 개의 히브리어 단어 중 넷이 갓의 이름에 있는 것과 같은 글자를 포함한다. 이 예언에서는 갓이 이스라엘 원수의 **뒤를 추격하**게 될 종말의 승리를 기대한다(19절). **아셀**은 번영을 약속받으며(20절), 메시아 왕이 이스라엘에게 번영을 가져다줄 때 이를 얻을 것이다(49:11). **납달리**에 대한 아리송한 예언(21절)에서는 자유와 유쾌함을 묘사하는데, 이는 메시아 왕 아래서 누릴 조건이다. 요셉에 대한 예언(22-26절)은 예상대로 (유다를 제외한) 다른 형제들에게 했던 말보다 더 길다. 야곱은 시적 이미지로 요셉의 이야기를 재진술한 후(22-24절) **복**이라는 단어를 반복함으로써 요셉의 후손들이 장차 받을 복을 강조했다(25-26절). 베냐민에 관한 예언은 유다에게 준 약속을 상기시키는데, 두 지파 모두 육식동물로 묘사된다[유다는 사자로(49:9), 베냐민은 **이리**로(27절)]. 베냐민에게는 유다의 사자가 그의 왕좌를 차지할 때 얻게 될 군사적 승리(49:10)가 약속된다.

49:28-33. 예언의 말에 이어지는 단락에서는 지파에 대한 야곱의 축복으로부터 요셉 이야기의 마지막으로 서사적 전환이 이루어진다. 이 단락은 지파에 대한 야곱의 축복을 강조함으로써 시작되는데(28절), 여기에서는 **축복**이라는 단어를 다른 형태로 세 차례(NASB, 개역개정에서는 두 차례—편집자 주) 사용한다. 이런 복들은 왕권을 소유하신 이(49:10)가 그분의 보좌를 차지하고 낙원을 되찾으실 때 실현될 것이다. 모세가 야곱의 축복을 포함시킨 목적은 약속의 땅으로 들어가는 이스라엘이, 의로운 왕이 오실 때 평화와 번영을 얻게 되리라는 소망을 바라보도록 하기 위함이었다. 마지막으로 야곱은 아들들에게 자신의 몸을 가나안에 묻어달라고 이전보다 훨씬 더 구체적으로 부탁한다(29-33절, 참고. 47:29-30). 이는 독자에게 약속의 땅을 상기시키기 위함이며, 하나님이 이스라엘에게 주신 이 약속을 정말로 이루실 것이라고 야곱이 여전히 믿고 있음을 보여주기 위함이다. 이제 야곱은 죽고 **그의 백성에게로 돌아갔**다. 이는 오경에서 한 차례만 등장하는 표현이다(25:8; 민 31:2; 신 32:50).

g. 요셉이 끝까지 하나님을 믿다(50:1-26)

이 장은 요셉 이야기와 창세기의 맺음말 구실을 한다. 이 장의 목적은 하나님에 대한 요셉의 믿음과, 하나님이 조상들에게 주신 약속을 야곱이 생의 마지막까지 신뢰했음을 보여주기 위함이다.

50:1-14. 요셉의 믿음은, 야곱의 바람에 따라 자기 아버지를 **가나안 땅에** 자신이 직접 묻을 수 있게 해달라고 바로에게 부탁하는 것으로 분명하게 드러난다(5절). 바로의 승낙을 받은 후 **요셉**과 **그의 형제**들은 야곱의 시신을 **가나안 땅으로** 옮겨 **막벨라 밭 굴에 장사**했다(7-12절). 이곳은 아브라함과 사라, 이삭과 리브가와 레아가 묻힌 곳이기도 하다(49:31). 가나안에서 야곱의 가족은 **칠 일 동안** 그를 애도했다(50:10). 이는 사무엘상 31:13에 사용된 비슷한 표현과 더불어 현대 유대교의 '시바'(7일간 죽은 가족을 애도하는) 관습의 근거가 된다. 애굽 사람들(50:7)과 가나안 땅으로 돌아가는 이스라엘 지파가 긴 행렬을 이뤘다는 것을 포함해 요셉이 아버지의 장례를 치른 것에 관한 이 긴 이야기를 기록한 목적은, 약속의 땅에 대한 요셉의 믿음을 보여주기 위함이다. 요셉이 애굽으로부터 그렇게 멀리 떨어진 곳에서 이 중요한 장례를 치른 까닭은, 그가 이스라엘 가족이 약속의 땅으로 돌아갈 수 있도록 해주시겠다는 하나님의 약속(15:13-16)을 믿었기 때문이다.

50:15-21. 하나님에 대한 요셉의 신뢰는 아버지 야곱이 죽은 후 그와 형제들 사이의 관계를 통해서도 분명히 드러난다. 요셉이 아버지에 대한 존경심 때문에 자신들에게 복수하려는 마음을 억눌렀을 수도 있다고 생각한 형들은 이제 요셉이 자신들을 벌할까 봐 두려

워했다(15절). 그래서 그들은 다시 한 번 요셉에게 저지른 잘못을 사과했다(16-18절). 이 시점에 하나님에 대한 요셉의 믿음이 분명히 드러나며, 이는 요셉이 육신의 아버지를 위해서가 아니라 하나님의 손이 자신의 삶 속에서 일하심을 알았기 때문에 형들을 용서했다는 것을 그들에게 다시 한 번 상기시켜주었다. 따라서 요셉은 자신의 삶에 관한 이야기 전체의 궁극적 핵심을 재진술하면서(참고. 45:7), 그가 애굽으로 와서 **많은 백성의 생명을 구원하게** 하신 분이 바로 하나님이셨음을 상기시켰다. **당신들은 나를 해하려 하였으나 하나님은 그것을 선으로 바꾸사**라는 요셉의 말(20절)은 그들이 하나님의 섭리를 돌아보게 했다. 요셉이 자신의 형들을 용서할 수 있었던 것은 하나님의 선한 계획에 대한 신뢰 때문이었다.

50:22-26. 하나님에 대한 요셉의 믿음은 그가 이스라엘 자손에게 했던 부탁을 통해 다시 한 번 분명히 드러난다. 비록 야곱의 가족은 애굽 땅에서 특별히 주어진 고센으로 돌아왔지만, 요셉은 계속해서 약속의 땅으로 돌아가는 데 초점을 맞췄다. 그는 이스라엘 자손에게 **하나님이 반드시 당신들을 돌보시리니**[문자적으로는 방문하시리니]라고 말하며, 그들이 **여기서** 자신의 **해골을 메고 올라가겠다**고 다짐하게 만들었다(25절). 여기에서 핵심 단어는 '방문하다'[어근 *p-q-d*에서 온 동사 입코드(*yiphqod*)로서, 이 동사가 하나님에 대해 사용될 때 그분의 백성에 대한 적극적인 관심을 암시한다. 뿐만 아니라 여기 사용된 절대 부정사 파코드 입코드(*paqod yiphqod*, 24-25절에서 두 차례)는 그 동작이 일어날 것임을 가장 강력하게 말하는 방식이다, '하나님이 반드시 너희를 방문하실/돌보실 것이다']와 '메고 올라가다'[어근 *'-l-h*에서 온 동사 베하알리템(*veha'alitem*)으로서 방향에 관련된 표현으로 사용될 경우 약속의 땅을 향한 움직임을 가리키며, 약속의 땅 안에서 사용될 경우는 예루살렘을 향한 움직임을, 예루살렘 안에서 사용될 경우는 성전을 향한 움직임을 가리킨다. 따라서 '올라가다'라는 말은 주의 임재로 더 가까이 나아간다는 뜻이다]이다. 요셉은 하나님이 반드시 이스라엘 백성을 약속의 땅으로 돌아오게 하실 것이라고 신실하게 믿었으며, 하나님이 마침내 이 일을 이루실 때 자신도 동참하기를 원했다.

따라서 창세기는 이스라엘이 약속의 땅이라는 이상으로 돌아오는 것뿐만 아니라 "땅의 모든 족속"(12:3 등)이 타락 이전의 동산에서처럼 창조의 이상으로 돌아올 때, 하나님의 모든 종들이 "그의 얼굴을" 보고 성자와 함께한 상속자로서 "세세토록 왕 노릇" 할 그날을 기대하며 마무리된다(롬 8:17; 계 22:4-5).

참 고 문 헌

Alexander, T. Desmond. "Further Observations on the Term 'Seed' in Genesis." *Tyndale Bulletin* 48, no. 2 (1997): 363-67.

Allis, O. T. *God Spake by Moses*. Nutley, NJ: Presbyterian and Reformed, 1958.《모세오경약해》(생명의말씀사).

Alter, Robert. *The Art of Biblical Narrative*. New York: Basic Books, 1981.《성서의 이야기 기술》(아모르문디).

_____. *Genesis: Translation and Commentary*. New York: W. W. Norton & Co, 1996.

Atkinson, David. *The Message of Genesis 1-11*. Downers Grove, IL: Intervarsity, 1990.

Baldwin, Joyce. *The Message of Genesis 12-50*. Downers Grove, IL: Intervarsity, 1986.《창세기》(두란노).

Cassuto, Umberto. *A Commentary on the Book of Genesis*, vol 1. Jerusalem: Magnes Press, 1961.

_____. *The Documentary Hypothesis and the Composition of the Pentateuch*, trans. Israel Abrahams. Jerusalem and New York: Shalem, 2008.

Davis, John J. *Paradise to Prison*. Grand Rapids, MI: Baker, 1975.

Garrett, Duane. *Rethinking Genesis*. Grand Rapids, MI: Baker, 1991.

Hamilton, Victor. *The Book of Genesis*, 2 vols. New International Commentary on the Old Testament. Grand Rapids, MI: Eerdmans, 1990-95.

Hertz, J. H. *The Pentateuch and Haftorahs*. London: Soncino Press, 1950.

Jacob, Benno. *The First Book of the Bible: Genesis*. New York, NY: Ktav, 1974.

Jacobs, Louis. "Akedah." In *Encyclopaedia Judaica*, vol. 2. Edited by Cecil Roth, 480-81. Jerusalem: Keter Publishing, 1971.

Morris, Henry M. *The Genesis Record*. Grand Rapids, MI: Baker, 1976. 《창세기》(전도출판사).

Ramban-Nachmanides. "Bereishis, Genesis Part 1." In *Commentary on the Torah*. vol. 1. Edited by R. Yaakov Blinder. Brooklyn, NY: Mesorah Publications, 2004.

Ross, Allen P. *Creation and Blessing: A Guide to the Study and Exposition of Genesis*. Grand Rapids, MI: Baker, 1981. 《창조와 축복》(디모데).

Sailhamer, John H. *Genesis*. The Expositor's Bible Commentary. Grand Rapids, MI: Zondervan, 1990.

_____. *The Pentateuch as Narrative*. Grand Rapids, MI: Zondervan, 1992. 《모세오경》(크리스찬서적).

Sarna, Nahum. *Genesis*. The JPS Torah Commentary. Philadelphia: Jewish Publication Society, 1989.

_____. *Understanding Genesis*. New York: Schocken Books, 1966.

Waltke, Bruce K. *Genesis: A Commentary*. Grand Rapids, MI: Zondervan, 2001.

Wenham, Gordon. *Genesis*, 2 vols. Word Biblical Commentary. Waco, TX: Word, 1987-1994. 《창세기 하》, WBC 성경주석(솔로몬).

Wise, Michael O., Martin Abegg, Jr., and Edward Cook, trans. *The Dead Sea Scrolls: A New Translation*. Rev.ed. San Francisco: HarperSanFrancisco, 2005.

Youngblood, Ronald, ed. *The Genesis Debate*. Nashville: Thomas Nelson, 1986.

출애굽기

케빈 주버(Kevin D. Zuber)

서 론

출애굽기의 히브리어 제목 베엘레 쉐모트(*w'elleh semot*)는 "이름은 이러하니"라는 1:1의 첫 단어들로부터 유래했다(개역개정에서는 1절 마지막에 등장—옮긴이 주). 창세기 46:8에도 등장하는 이 구절 뒤에는 "야곱과 함께…애굽에 이른" 사람들의 목록이 이어진다. 이 책은 시간을 가리키는 부사인 '이제'(개역개정에서는 생략—옮긴이 주)로 시작되며 이것은 창세기와 명백하게 관련되어 있음을 드러내기 때문에, 출애굽기가 창세기 서사의 연속으로 기록되었음은 분명하다. 뿐만 아니라 성막이라는 주제(출애굽기의 마지막 부분)와 성막에서 봉사하는 레위인 제사장들의 역할이라는 주제(레위기의 첫 장들)가 토라(율법서) 혹은 오경(다섯 책)의 두 번째 책과 세 번째 책을 하나로 묶어준다. 토라는 분리된 다섯 책이 아니라 다섯 권으로 이뤄진 하나의 책으로 읽히도록 쓰인 것이 틀림없다.

이 책의 영어 제목은 70인역(구약성경의 헬라어 번역본)에서 유래한 라틴어에서 파생되었다[엑소더스(*exodus*)는 '밖으로 나가다'라는 뜻의 헬라어 엑소도스(*exodos*)를 라틴어로 옮긴 말이다]. 이 책 첫 부분의 중심 주제에 근거를 둔 이 제목은 '탈출', 즉 노예 생활을 하던 이스라엘 민족이 애굽을 떠난다는 뜻이다. 이 떠남은 약속의 땅으로 가는 여정에서 첫 번째 핵심 단계였다(참고. 3:8, 17; 13:5; 32:13; 33:1; 34:11-12). 출애굽으로 시작된 이 여정은 민수기에서 재개되지만(참고. 민 15:2) 두려움과 불신앙 때문에 지체되고 만다(민 13, 14장에 대한 주석을 보라). 신명기에서 다시 한 번 이 여정을 다룰 때는(참고. 신 1:6-8) 주님이 이 백성에게 주신 약속(창 12-15장), 주님의 구원(출애굽기), 주님의 공급과 보존, 보호(출애굽기-신명기), 약속의 땅에 들어가기 위한 준비(신명기)와 연결하여 이야기를 전개한다. 이렇게 볼 때 "출애굽기는 토라의 핵심을 이룬다"[Walter C. Kaiser Jr., "Exodus," in vol. 2 *Expositor's Bible Commentary*, ed. Frank E. Gaebelein (Grand Rapids, MI: Zondervan, 1990), 287].

저자. 오경이 공통성이 없는 다양한 자료에서 유래한 이전 시기의 재료를 후대(주전 550년경)에 편집한 문서라는 자유주의적, 비판적 견해[예를 들어 JEDP 문서 가설; Bill T. Arnold, "Pentateuchal Criticism, History of," in *Dictionary of the Old Testament Pentateuch*, ed. T. Desmond Alexander and David W. Baker (Downers Grove, IL: InterVarsity, 2003), 622-631; 또한 Kaiser, "Exodus," 288, and John J. Davis, *Moses and the Gods of Egypt* (Winona Lake, IN: BMH Books, 1986), 45을 보라]는 모세가 오경의 저자라고 명시된 본문의 견해와 완전히 모순된다. 키친(Kitchen)은 "기본적인 사실은, 우리가 가진 히브리어 성경 말고는 이 네 자료(혹은 그것의 변이형)에 대한 객관적이며 독립적인 증거가 없다는 것이다"라고 분명히 지적한다[Kenneth A. Kitchen, *On the Reliability of the Old Testament* (Grand Rapids, MI: Eerdmans, 2003), 492].

모세가 출애굽기의 저자임을 뒷받침하는 몇 가지 증거가 있다. 첫째, 모세가 무언가에 대해 적으라는 지시를 받아(17:14; 34:4, 27-29) "모세가 여호와의 모든 말씀을 기록하고"라고 기록한 구절(24:4; 참고. 민

33:1-2; 신 31:9)을 통해 출애굽기 안에서 내적 증거를 찾을 수 있다. 둘째, "목격자의 진술을 반영하는 대단히 풍부한 세부 사항"이 모세가 저자임을 "뒷받침하는 것처럼 보인다"[Davis, *Moses and the Gods*, 46; 특히 모세와 하나님만 있는 장면을 묘사하는, 모세가 부름을 받는 이야기(3, 4장)를 주목하라. 이 대화의 세부 사항은 모세 말고 그 누구도 알 수 없었다]. 셋째, 구약의 다른 책에서도 모세가 출애굽기와 오경의 저자임을 명시한다(참고. 수 1:7; 8:31-32; 왕상 2:3; 왕하 14:6; 스 6:18; 느 13:1; 단 9:1-13; 말 4:4). 넷째, 신약성경 역시 모세가 저자임을 분명히 인정한다. "마가복음 12:26에서는 출애굽기 3:6을 '모세의 책'이라고 말하며(참고. 막 7:10), 누가복음 2:22-23에서는 출애굽기 13:2을 일컬어 '모세의 법'과 '주의 율법'이라고 말한다"(Kaiser, "Exodus," 288). 요한 역시 모세가 율법서의 저자임을 확증한다(요 7:19; 참고. 5:46-47; 행 3:22; 롬 10:5).

마지막으로 모세는 "애굽 사람의 모든 지혜를 배워 그의 말과 하는 일들이 능"했기 때문에 이 책들을 썼을 개연성이 매우 높다(행 7:22).

연대. 출애굽 자체의 연대에 관한 현대의 논쟁은 주로 "성경 기록을 진지하게 받아들이는 이들"에 한정된 물음이다[John H. Walton, "Exodus, Date of," *Dictionary of the Old Testament Pentateuch*, ed. T. Desmond Alexander and David W. Baker (Downers Grove, IL: InterVarsity, 2003), 258-272]. 넓게 말하자면 논점은 두 가지 가능한 연대, 즉 이른 시기로는 제18 왕조의 후대 파라오 시대(주전 1580-1321년경)나 늦은 시기로는 제19 왕조 시대(주전 1321-1205년경)로 수렴되었다(참고. Kaiser, "Exodus," 289).

늦은 시기를 옹호하는 이들은 1:11에 국고성 비돔과 라암셋에 관해 기록되었음을 지적하면서 라암셋이 제19 왕조 람세스 2세(라암셋 2세)와 관련이 있다고 본다. 또한 자신들의 견해를 뒷받침하는 특정한 고고학적 자료를 제시한다(참고. Walton, "Exodus, Date of," 263; Kaiser, "Exodus," 289).

반면에 성경의 두 본문은 이른 시기를 지지한다. 하나는 약속의 땅에 백성이 들어간 때(땅의 정복)와 사사 입다의 통치 사이에 '삼백 년'의 시간이 흘렀다고 말하는 사사기 11:26이다. 다른 본문은 열왕기상 6:1이다. 이 절에서는 솔로몬이 즉위한 지 4년이 되던 때가 애굽 땅에서 나온 지 480년이 되었을 때라고 말한다. 만약 이때를 주전 966/5년으로 잡는다면(Davis, *Moses and the Gods*, 34; 왕상 6:1에 대한 주석을 보라) 출애굽은 주전 1446/5년에 일어났으며, 이는 (출애굽 자체와 정복의 시작 사이에 몇 년을 더한다면, 참고. 민 14:34) 사사기 11:26의 연대와도 조화를 이룬다. 람세스 2세의 이름을 딴 도시에 관해서는, 이 도시가 이스라엘 노예에 의해 먼저 지어졌고 람세스 2세가 권좌에 오른 후에 개명되었을 수도 있다. 그런 다음 후대의 필사자들이 창세기 14:14에서 라이스를 단으로 고친 것처럼(창세기 서론의 문서 가설에 관한 항목 중 '3. 연대 오류'를 보라) 도시의 이름을 수정했을 수도 있다.

출애굽 연대에 관한 문제는 출애굽기 서사에 등장하는 여러 왕과 파라오(바로)의 정체성에 관한 물음과 연관이 있다. 노예살이 기간이 400년 이상이었기 때문에(참고. 창 15:13; 출 12:40; 행 7:6), 억압을 시작한 왕은 출애굽 때 살았던 사람이 아니다. "새 왕"(1:8)은 아마도 제18 왕조 이전 잠시 동안 애굽을 정복했던 셈족인 힉소스의 왕(주전 1730-1570년경)일 것이다[참고. Davis, Moses and the Gods, 40, 53; Ronald F. Youngblood, *Exodus: Everyman's Bible Commentary* (Chicago: Moody, 1983), 23; 참고. Kaiser, "Exodus," 305 n. 8]. 이른 연대를 채택할 경우 출애굽은 (주전 1580년부터 1321년경까지 지배한) 제18 왕조 말기에 일어난 셈이며, 따라서 1:12에 언급된 "애굽 사람"은 힉소스를 추방했고 계속해서 히브리인들을 억압했던 사람들(아마도 제18 왕조의 첫 지배자들이었던 파라오 카모세와 아흐모세 1세)일 것이다. 히브리 산파들에게 명령을 내린 왕(1:15)은 투트모세 1세일 가능성이 크며, 그의 재위 기간 중 모세가 태어났다(주전 1525년). 투트모세가 죽은 후 그의 아들 투트모세 2세가 짧은 기간 다스린 후 하트셉수트 여왕이 왕위에 올랐다. 그의 양아들은 투트모세 3세였는데, 모세는 이 파라오를 피해 도망쳤으며(출애굽보다 40년 앞서, 2:15), 그가 바로 4:19에서 죽었다고 말하는 그 파라오이다. 출애굽 시점의 파라오는 그의 아들 아멘호테프 2세였다(참고, Davis, *Moses and the Gods*, 42-43; Youngblood,

Exodus, 24-25).

목적. 출애굽기가 이스라엘 민족의 역사적 서사에서 중요한 연결 고리를 제공한다는 점은 명백하다. 주님이 아브람과 그의 후손에게 무조건적 약속을 주실 때도 (창 15장을 보라), 그분은 아브람에게 그의 후손이 "이 방에서 객이 되어" 노예가 되고 억압을 당할 테지만 결국 "이 땅으로", 즉 약속의 땅으로 돌아올 것이라고 알려주셨다(창 15:13-16을 보라). 출애굽기는 출애굽을 경험한 세대(와 그 후 세대)가 그들이 경험한 노예살이와 위대한 구원은 하나님의 주권적이며 은혜로운 계획과 목적에 따른 것임을 마음에 새길 수 있도록 민족의 속박과 해방을 자세히 기록했다.

더 나아가 이 책의 목적은, 하나님이 그들 가운데 계신다는 것이 얼마나 큰 특권이며 얼마나 중요한지를 이스라엘 민족의 마음에 새기는 것이다. 성막은 (레위기에 기록된 제사장에 관한 명령과 더불어) 신중하고 진지하며 엄숙한 예배가 얼마나 중요한지를 기억하게 해주는, 만질 수 있는 상징이었다. 성막과 같은 장소에서 하나님께 나아갈 때 그 누구도 경박해서는 안 된다. 물론 출애굽기에는 십계명에 대한 첫 기록도 포함되어 있다. 십계명은 이스라엘 백성을 위한 하나님의 주권적 계획이라는 복 그리고 그분의 놀라운 임재를 누리며 살도록 격려하시는, 주님의 은혜로운 선물이었다.

출애굽 세대가 약속의 땅에 들어가는 데 실패했음을 기억하면서 두 번째 세대, 즉 정복 세대(여호수아서를 보라)는 오경의 이 부분(출애굽기)을 격려(주님은 그분의 약속, 특히 그들이 약속의 땅에 살 것이라는 약속을 지키신다)인 동시에 경고(어느 세대든 그분의 약속을 알고 누리기 위해서는 주님을 신뢰하고 그분께 순종해야 한다)로 읽었을 것이다(신 28장을 보라).

주제. 구약의 나머지 부분에서 출애굽기보다 더 자주 언급되는 이 민족의 역사적 사건은 없다. 속박으로부터의 해방(구속)이라는 주제는 구약의 신학과 역사에서 핵심적인 위치를 차지하며, 이 주제는 출애굽기 첫 부분의 핵심이기도 하다. 출애굽기의 두 번째 주요 주제는 예배이다. 이 주제는 성막에 관한 명령과 성막의 건설을 통해 강조된다. 성막 건설과 비품에 대한 세부 사항은 예배가 하나님 백성의 삶에서 핵심적인 역할을 했다는 증거가 된다.

출애굽기의 전체적인 주제는 신론, 즉 하나님에 대한 지식이다. 하나님의 위격과 속성, 완전성에 관한 계시를 비롯해 이 책에 계시된 하나님에 관한 가르침의 넓이에 필적할 만한 책은 거의 없다. 출애굽기의 신론은 구약의 나머지 부분과 성경 전체에서 주 하나님의 위격과 계획을 이해하는 데 기초가 된다. 출애굽기에서 주님은 백성과 맺은 언약을 지키시는 하나님으로 나타난다. 그분은 가망이 없어 보이지만 순종하는 종들을 부르시고, 그들에게 능력을 주시고, 그들을 사용하시는 하나님이다. 그분은 스스로 있는 분이다(참고. 3:14). (우상과 거짓 신들은 무능한 존재로 입증되지만) 그분은 주권적 능력과 권위를 나타내시는 분으로 계시된다. 그분은 자기 백성이 그분 앞에서 거룩하게 살기를 원하시는 거룩한 하나님이다(그리고 이를 위해 그분은 그들에게 십계명을 주셨다). 그분의 율법에는 그분의 속성이 계시되어 있다. "율법은 하나님의 본성에 대한 일종의 증명서이다"[Millard J. Erickson, *Christian Theology* (Grand Rapids, MI: Baker, 1998), 820. 《복음주의 조직신학》(크리스천다이제스트)]. 그분은 자기 백성을 돌보시고, 그들에게 필요한 것을 공급하시고, 그들을 보호하시며, 오래 참으시는 신실하신 하나님으로 묘사된다. 그분은 외경심을 불러일으키며, 거룩하시지만 그분의 백성들 가운데(성막 안에) 거하기를 원하시는 하나님으로 계시된다. 그분은 참된 예배를 요구하시는, 예배를 받으시기에 합당한 하나님이다.

개 요

Ⅰ. 구속: 하나님이 이스라엘 백성을 애굽의 속박에서 구원하시다(1:1-18:27)

A. 속박의 시작(1:1-22)

1. 야곱 아들들의 족보(1:1-7)
2. 억압이 시작되다(1:8-14)
3. 억압이 계속되다(1:15-22)

B. 모세: 초기의 삶과 소명(2:1-22)
1. 모세의 어머니가 아들을 구하기 위해 노력하다(2:1-4)
2. 바로의 딸이 모세를 구하다(2:5-10)
3. 모세의 실패(2:11-15a)
4. 모세의 미디안 체류(2:15b-22)

C. 모세를 부르시다: 주저와 강요(2:23-4:26)
1. 백성의 속박을 기억하시다(2:23-25)
2. 불붙은 떨기나무로 모세를 부르시다(3:1-9)
3. "스스로 있는 자"가 모세에게 임무를 맡기시다(3:10-4:17)
a. 모세의 첫 번째 반론(3:10-12)
b. 모세의 두 번째 반론(3:13-17)
c. 앞으로 일어날 사건을 미리 보여주시다(3:18-22)
d. 세 표적과 모세를 대변할 자(4:1-17)
4. 부르심과 실행의 과도기에 일어난 사건(4:18-26)

D. 모세의 귀환: 실패와 (재)확증(4:27-7:7)
1. 모세와 아론의 재회 그리고 백성의 환영(4:27-31)
2. 바로의 거부(5:1-23)
3. 인내하시며 약속을 상기시키시는 주님(6:1-8)
4. 재확증과 준비(6:9-7:7)

E. 재앙을 통한 심판(7:8-10:29)
1. 첫 대결(7:8-13)
2. 아홉 가지 심판 혹은 재앙(7:14-10:29)

F. 마침내 자유(11:1-15:21)
1. 마지막 심판 혹은 재앙(11:1-10)
2. 유월절을 통해 죽음에서 구원받고 보존되다(12:1-30)
a. 유월절을 위한 백성의 준비(12:1-13)
b. 무교절에 관한 명령(12:14-20)
c. 유월절 사건이 실행되다(12:21-22, 28)
d. 유월절의 약속과 백성에 대한 약속(12:23-27)
e. 마지막 심판: 장자의 죽음(12:29-30)
3. 출애굽 사건(12:31-39)
a. 슬픔에 잠긴 바로가 백성을 놓아주다(12:31-32)
b. 백성이 서둘러 출발하다(12:33-39)
4. 요약: 속박의 시간(12:40-41)
5. 외국인과 이방인, 유월절에 관한 명령(12:42-51)
6. 장자의 성별(13:1-16)

7. 홍해를 건너다(13:17-14:31)
   a. 1단계: 주께서 백성을 이끄시다(13:17-22)
   b. 2단계: 바로가 백성을 뒤쫓다(14:1-12)
   c. 3단계: 주께서 백성을 보존하시다(14:13-31)
8. 해방과 보존에 대한 찬양: 모세의 노래(15:1-21)

G. 홍해부터 시내까지의 여정 1부(15:22-17:7)
H. 홍해부터 시내까지의 여정 2부(17:8-18:27)
1. 아말렉과의 전쟁(17:8-16)
2. 이드로와의 재회와 그의 조언(18:1-27)

Ⅱ. 율법과 성막(19:1-40:38)

A. 백성이 율법을 받을 준비를 하다(19:1-25)
1. 백성이 언약을 받아들이고 지킬 것을 다짐하다(19:1-8)
2. 백성이 성결을 드러내다(19:9-25)
   a. 주님의 위치(19:9)
   b. 백성의 위치(19:10-15)
   c. 제사장의 위치(19:22)
   d. 주님의 임재(19:16-20)
   e. 주님의 경고(19:21, 23-25)

B. 백성에게 십계명을 주기 위한 준비(20:1-17)
1. 서문(20:1-2)
2. 백성에게 주님을 존중하라고 명령하는 첫 번째 돌판(20:3-11)
   a. 다른 신을 두지 말라(20:3)
   b. 우상을 섬기지 말라(20:4-6)
   c. 주의 이름을 망령되게 부르지 말라(20:7)
   d. 안식일을 지키라(20:8-11)
3. 백성에게 다른 이들을 존중하라고 명령하는 두 번째 돌판(20:12-17)
   a. 부모를 공경하라(20:12)
   b. 살인하지 말라(20:13)
   c. 간음하지 말라(20:14)
   d. 도둑질하지 말라(20:15)
   e. 거짓말하지 말라(20:16)
   f. 탐내지 말라(20:17)

C. 백성이 헌신과 경외, 예배로 대답하다(20:18-26)

D. 율법의 적용: 신실한 삶 살기(21:1-23:19)
1. 노예제에 관한 율법(21:1-11)
   a. 남자 노예(21:1-6)
   b. 여자 노예(21:7-11)
2. 개인적 상해에 관한 율법(21:12-36)
3. 개인적 재산에 관한 율법(22:1-15)

4. 개인적 행동에 관한 율법(22:16-23:9)
5. 예배에 관한 율법(23:10-19)

E. 땅을 정복할 계획(23:20-33)

F. 언약의 비준(24:1-18)
1. 주께 나아가다(24:1-11)
2. 산 위로 올라간 모세(24:12-18)

G. 성막과 그 건축자와 제사장에 관한 명령(25:1-27:21; 30:1-21; 35:1-38:31)
1. 첫 명령(25:1-9)
a. 봉헌(25:1-8; 30:11-16; 35:4-9; 38:21-39:1)
b. 주님의 설계안(25:9)
2. 언약궤: 주님의 거룩한 임재를 상징(25:10-16; 26:34; 37:1-5)
3. 속죄소: 화목제물을 상징(25:17-22; 37:6-9)
4. 진설병을 두는 상: 육신적 공급을 상징(25:23-30; 26:25; 37:10-15)
5. 금 등잔대: 영적 공급을 상징(25:31-40; 26:35; 37:17-24)
6. 성막 자체: 하나님의 인격적 임재를 상징(26:1-30)
7. 휘장: 하나님의 '숨어 계심'을 상징(26:31-37)
8. 놋 번제단: 죄를 위한 희생제사의 필요성을 상징(27:1-8; 38:1-7)
9. 성막 뜰: 분리를 상징(27:9-20; 38:9-20)
10. 성막의 제사장(27:21-29:46)
a. 제사장의 역할(27:21-28:1)
b. 제사장의 의복(28:2-43; 39:1-31)
c. 제사장의 성별(29:1-46)
11. 분향할 제단: 기도와 중보를 상징(30:1-10; 37:25-29)
12. 인구조사와 속전(30:11-16)
13. 놋 물두멍: 정결을 상징(30:17-21; 38:8; 40:30-32)
14. 관유와 향: 성별을 상징(30:22-38)
15. 성막의 건축자(31:1-11; 35:30-35; 36:1-2)
16. 안식일을 상기시키시다(31:12-18; 35:1-3)

H. 배교와 그 결과(32:1-34:35)
1. 금송아지(32:1-29)
a. 아론과 백성의 어리석음(32:1-6)
b. 분노와 중보(32:7-14)
c. 대결: 아론과 백성에게 맞서는 모세(32:15-29)
(1) '무거운' 하산(32:15-18)
(2) '뜨거운' 대결(32:19-20)
(3) '열띤' 대화, 모세 대 아론(32:21-24)
(4) 가혹한 분리(32:25-29)
2. 중보와 친밀함을 보여주는 다섯 장면, 모세와 주님(32:30-33:23)
a. 장면 1: 자기희생적 제안(32:30-35)

b. 장면 2: 희망적이지만 슬픈 말씀(33:1-6)
c. 장면 3: 분리된 진영(33:7-11)
d. 장면 4: 친밀한 대화(33:12-17)
e. 장면 5: 영광스러운 만남(33:18-23)
3. 복구와 갱신(34:1-35)
a. 두 돌판의 복구(34:1-9)
b. 언약의 갱신(34:10-26)
c. 요약과 전환(34:27-28)
d. 후기: 모세의 얼굴이 빛나다(34:29-35)
I. 성막에 관한 명령을 반복하시다(35:1-39:43)
1. 안식일을 상기시키시다(35:1-3)
2. 봉헌물(35:4-9)
3. 장인과 그들의 일(35:10-19)
4. 장인과 헌물(35:20-36:7)
5. 건축이 계속되다(36:8-37:29)
a. 휘장, 널판(36:8-38)
b. 언약궤, 속죄소, 상, 등잔대, 분향할 제단(37:1-29)
6. 놋 번제단, 물두멍, 뜰(38:1-20)
7. 물자 목록(38:21-39:1)
8. 제사장의 의복: 에봇, 흉패, 긴 옷, 속옷, 관(39:2-31)
9. 요약: 성막이 완성되다(39:32-43)
J. 성막의 제작과 건설(40:1-33)
K. 성막에 임하시다(40:34-38)

주 석

I. 구속: 하나님이 이스라엘 백성을 애굽의 속박에서 구원하시다(1:1-18:27)

이야기는 하나님이 어떻게 이스라엘을 애굽의 속박에서 구원/해방하시고, 출애굽 때 보존/보호하시며, 시내산까지 가는 여정 가운데 인도/공급하셨는지를 설명하면서 시작된다.

A. 속박의 시작(1:1-22)

이스라엘 자손이 어떻게 애굽에서 종살이를 하게 되었는지를 간결하게 설명한다. 이 부분에서는 어째서 그 백성에게 구원이 필요한지를 보여준다.

1. 야곱 아들들의 족보(1:1-7)

1:1-7. 출애굽기의 짧은 첫 단락에서 저자는 야곱 아들들의 족보를 통해 요셉의 특별한 지위를 강조하면서 창세기 서사와 출애굽기 서사를 하나로 묶는다(참고. 창 46:8-27). 요셉은 목록의 마지막에 언급되며, 그의 죽음이 부각된다. 주님이 요셉을 보존하시는 사건을 통해 그분의 섭리가 분명히 드러났으며 이는 야곱의 가족, 곧 이스라엘 민족을 보존하시기 위한 수단이었다(창 37; 39-47; 50:20을 보라). 애굽에 올 당시 이 가족은 70여 명에 불과했다(창 46:27; 신 10:22; 행 7:14; 70명이 야곱과 함께 애굽으로 왔으며 요셉의 가족은 이미 거기에 있었다). 주께서 아브라함(창 15:5, 13; 17:6)과 야곱(창 35:11-12)에게 주신 약속이 성취되었고, 그에 따라 이 가족은 하나의 민족이 되었다. 그

들은 번성하여 그 수(1:7; 민 1:46을 보라)가 불어났으며 강한 힘을 갖게 될 가능성이 있었다. 이 몇 절에서는 수백 년이 넘는 세월 동안에 일어난 일을 요약한다.

2. 억압이 시작되다(1:8–14)

1:8–14. 이렇게 오랜 시간이 지난 다음이었기에, 총리 요셉의 활동과 애굽에 대한 헌신을 기억하고 그에게 감사하는 이들은 이미 사라져버렸다. 그리고 힉소스 시대의 통치자 중 하나인(서론의 '연대'를 보라) **새 왕이 일어나 애굽을 다스렸다**(1:8). **일어나 다스리더니라**는 표현은 '맞서 일어났다'라는 말에 더 가까운 의미를 담고 있으며, 따라서 이는 정상적인 승계가 아니라 적대 세력이 탈취했음을 뜻한다(참고. Davis, *Moses and the Gods*, 53). 이 왕은 (더 이상 단순한 가족이 아니라 이제는 민족이 된) 이스라엘 자손의 놀라운 성장과 번영이 애굽 안에서 자신의 지배권을 위협하며, 또한 이들이 침략 세력의 잠재적 협력자임을 깨달았다. 이 위협을 약화시키기 위해 그는 이스라엘 자손을 노예로 만들어 억압하고 학대하기 시작했다. 아마도 그는 그들을 피지배자와 노예로 만들어 이스라엘 인구를 감소시키거나 그들의 성장을 제어하려고 했을 것이다. 그러나 이 정책은 실패했다. 이스라엘은 학대를 당할수록 인구가 더 빨리 증가했고 더 폭넓게 퍼져나갔다. 하지만 바로는 자신의 근시안적이며 억압적인 정책을 더 강력히 추진했다.

속박은 400년 이상 지속되었기 때문에(12:40; 참고. 창 15:13; 행 7:6) **새 왕**에 의한 최초의 속박과 1:13에서 말하는 '지속된 구조적 억압' 사이에는 시간 차이가 있었음이 분명하다. 여기에서 **벽돌 굽기와 농사의 여러 가지 일**을 통해 이스라엘을 억압했던 이들은 애굽인들(서론의 '연대'를 보라)이었다(1:14).

3. 억압이 계속되다(1:15–22)

1:15–22. 억압 정책으로 이스라엘 백성의 수를 줄이거나 그들에게 위협받고 있다는 불안감을 떨쳐내는 데 실패하자 애굽인들은 인종 학살 정책을 시작했다(그리고 앞으로도 이스라엘 후손은 여러 차례 이런 공포에 직면할 것이다). 애굽의 왕(아마도 투트모세 1세, 서론의 '연대'를 보라)은 히브리 산파인 **십브라**와 **부아**에게 히브리 여인이 낳은 모든 남자 아기를 살해하라고 지시했다. 이 두 여인은 비공식적일지도 모르지만 산파 일을 감독하도록 인정받은 사람들이었을 것이며, 모든 히브리 산파들은 왕의 명령을 이행해야만 했다. 본문에서는 이 용감하고 신실한 여인들이 **하나님을 두려워**했다고 말한다. 의심할 나위 없이 이들은 자녀가 하나님의 선물이며(시 127:3) 아이들을 죽이는 것은 살인이라고 믿었다. 그들은 사람의 법이 하나님의 명령이나 뜻과 상충될 때 신자는 인간이 아니라 하나님께 순종해야 한다는 원칙을 알고 있었다(행 5:29). 그래서 이 경건한 여인들은 왕의 명령을 거부했으며, 이스라엘 자손은 계속해서 번성했다.

계속 남자 아기들이 태어나는 것에 대해 설명을 요구받자 산파들은 왕에게 히브리 여인들이 **건장하여** 자신들의 도움 없이도 아기를 낳는다고 말했다. 물론 사실일 수도 있지만 그럴 가능성은 매우 낮다. 하나님이 산파들에게 은혜를 베푸신 것은 왕의 물음에 솔직하지 않게 대답했기 때문이 아니라 그들이 **하나님을 두려워**했기 때문일 것이다. 또 다른 가능성은 그들이 더 큰 선을(진실을 말하기보다 생명을 살리기를) 택했으며, 따라서 그들은 진실을 말해야 할 의무로부터 자유롭다는 것이다. 이는 생명을 살리고자 수술을 행하는 외과의가 날카로운 도구로 누군가를 베는 것을 금지하는 법에 저촉되지 않거나 구급차 운전자가 관상동맥 증후군 환자를 병원으로 이송하기 위해 빨간 신호등을 무시하고 달려도 교통법에 따라 과실을 면제받는 것과 비슷하다. 이 경우에 산파들은 생명을 구했기 때문에, 비록 정직하지 않게 대답했지만 하나님께 은혜를 받았다.

낙담한 왕은 **그의 모든 백성에게**(1:22) 히브리인의 남자 신생아를 확실히 죽이라고 명령했다.

B. 모세: 초기의 삶과 소명(2:1–22)

본문에서는 계속해서 어떻게 모세가 이스라엘 자손을 애굽의 속박으로부터 구해낼 하나님의 도구가 되었는지를 이야기한다. 이 부분에서는 이스라엘을 구원하는 도구였던 그의 삶을 기록한다.

1. 모세의 어머니가 아들을 구하기 위해 노력하다 (2:1–4)

2:1–4. 이야기는 바로의 명령이 민족 전체에 가한 위협에서 그것 때문에 한 레위인 부부(아므람과 요게벳, 참고. 6:20)와 그들의 갓 태어난 아들이 처한 위험으로 빠르게 전환된다. 아이가 **잘생**겼다는 묘사는 모

세가 아기였을 때부터 남달랐다고 인정받은 것을 뜻한다(참고. 행 7:20; 히 11:23). 어머니의 따뜻한 사랑은 모세의 생명을 지키기 위한 필사적인 노력으로 이어진다. 본문에서는 (생명을 보존했던) 노아의 방주를 떠올리게 하는 용어를 사용하며 **역청과 송진**(새번역, 참고. 창 6:14)을 바른 파피루스 바구니에 모세를 넣고 (바로의 명령에 의도적이지는 않더라도 문자적으로 복종해, 참고. 1:22) 나일강에 띄워 보냈다고 말한다. 이 방주를 강물의 흐름을 벗어난 곳(갈대 사이에)에 두었으며, 모세의 누이 미리암(참고. 15:20; 민 26:59)이 이를 지켜보았다.

2. 바로의 딸이 모세를 구하다(2:5-10)

2:5-10. 모세 어머니의 계획에 의해서든 하나님의 섭리에 의해서든 방주는 왕의 딸이 **목욕하러 나일강으로 내려**온 곳 근처에 자리를 잡았다(2:5). 방주와 아기는 금세 발견되었고, 공주는 우는 아기가 **히브리 사람의 아기**임을 알아차렸다. 그런데도 공주는 불쌍한 마음이 들었다. 모세의 누이는 아기를 구하려는 공주의 의도를 감지하자 그녀 앞에 나서서 아기를 돌볼 유모를 찾아보겠다고 과감히 제안했다. 공주는 이 제안을 즉시 받아들였다. 이처럼 믿기 어려운 방식으로 모세는 목숨을 구했고 자신의 생모와 재회했다(또한 어머니는 아들에게 젖을 먹이는 대가로 삯을 받았다).

애굽 공주의 아들이 된 모세는 왕족의 교육을 받았지만(그리고 애굽의 고등 학문도 배웠을 것이다, 행 7:22) 생모에게 돌봄을 받았다. 따라서 그는 자신이 가진 히브리인으로서의 유산을 이해할 수 있었다. 동시대의 애굽 이름들(아흐모세, 투트모세)과 관련이 있을 것으로 보이는 이름인 **모세**는 그가 물에서 '건져졌음'[히브리어 동사 마샤(*mashah*)의 뜻]과 연관된 언어유희였다. 애굽 공주가 히브리어 동사를 사용한 언어유희를 만들었을 가능성은 적다. 이 이름은 모세의 생모가 지었거나 제안했을 것으로 보인다. 하나님의 섭리적 돌보심이 분명하게 나타났다. 하나님이 신실하게 모세를 보호하셨듯이, 이 사건은 모세의 책을 읽는 이스라엘 독자에게 앞으로 그들이 약속의 땅에 들어가 그곳을 정복하기 위해 싸울 때도 그분은 여전히 그들을 신실하게 대하실 것이라는 격려의 메시지가 되었을 것이다.

3. 모세의 실패(2:11-15a)

2:11-15a. **자기 형제들**을 구하고 보존하려는 모세의 첫 번째 시도는 부적절했으며 완전한 실패였다. 여러 해(약 40년, 행 7:23)가 지났고 이제 모세는 성인이 되었다. 그는 여전히 애굽 공주의 아들로서 특권을 누리며 살았지만, 자신이 히브리 혈통임을 인식했고 그들을 **자기 형제들**로 여겼다(2:11, 본문에서 두 차례 언급). 그들의 고된 노동은 상대적으로 특권을 누리는 그의 삶과 분명한 대조를 이루었고, 모세는 그 불의를 예리하게 자각했다(참고. 히 11:25). 한번은 모세가 어떤 애굽 사람이 히브리 사람을 학대하는 것을 보았다. 그는 이것이 불의하다고 생각했고, 이런 마음은 그릇되고 성급한 행동을 부추겨 결국 모세는 그 애굽 사람을 죽였다. 자신을 본 사람이 없는지 확인하기 위해 주위를 둘러보았고 시체를 **모래 속에 감추**었다는 말(2:12)은, 모세 자신도 이 행동이 잘못되었다고 인지했음을 보여준다. 만약 자신의 형제들이 자신의 행동에 대해 찬사를 보내고 그를 보호해주리라고 기대했다면 그는 크게 착각한 것이다. **이튿날** 모세는 **두 히브리 사람**이 싸우는 것을 보고 말리려 했지만, 거절당하고 정체를 폭로하겠다는 위협을 받을 뿐이었다. 잘못한 사람의 말(**네가 애굽 사람을 죽인 것처럼**, 2:14)은 은근한 위협이 아니었으며, 따라서 모세는 **일이 탄로**났음을 깨달았다. 실제로 바로가 이 사건에 관해 들었을 때 그는 **모세를 죽이고자** 했다(2:15).

4. 모세의 미디안 체류(2:15b-22)

2:15b-22. 다시 한 번 본문은 모세의 미디안 체류와 이어지는 결혼 이야기로 빠르게 전환된다. 이스라엘 백성을 이끌도록 모세를 준비시키기 위한 하나님의 섭리적 계획 때문에 그는 **미디안**의 사막 지역에서 오랜 시간(약 40년 동안, 참고. 행 7:29-30) 동안 체류한다. 그곳에서 그는 다시 한 번 불의를 본 후 **미디안 제사장**(르우엘, 이드로, 출 3:1)의 딸들과 우물에서 가축에게 물을 먹이던 목자들 사이의 분쟁에 개입했다(2:17). 이런 기사도를 발휘한 덕분에 그는 (십보라와) 결혼을 하고 가정을 이루고(아들 게르솜을 얻고) 목자로 살아가게 된다. "사막에서 보낸 오랜 시간은 낭비가 아니라 더 성숙하고 하나님의 일에 묵상하는 시간이었다(참고. 행 7:29 이하)"(Davis, *Moses and the Gods*, 57).

C. 모세를 부르시다: 주저와 강요(2:23-4:26)

1. 백성의 속박을 기억하시다(2:23-25)

2:23-25. 이스라엘 자손이 노예 상태로 계속해서 고통을 당하는 동안 모세는 준비를 하고 있었다. 애굽에서는 정권이 바뀌었지만 그가 해야 할 일은 훨씬 더 중요해졌다. 민족은 가혹한 속박을 당하고 있었다. 하지만 하나님이 이스라엘의 울부짖음을 들으셨고, 그분은 족장들과 맺으신 그분의 **언약을 기억하셨다**(2:24). 그분은 **그들을 기억하셨**으며(2:25), 그들을 해방시키고 이끌어줄 한 사람을 곧 보내실 것이다. 2:23-25에 기록된 이 짧은 말씀의 핵심은 이스라엘이 속박에서 해방되어야 할 당위성을 모세의 부르심이라는 맥락 안에 자리 잡도록 하는 것이다. 민족이 고통을 당하는 동안 주님은 그들의 해방을 준비하고 계셨다. 알려지지 않은 곳에서 상상할 수 없는 방식으로 전혀 예상하지 못했던 사람에게 그들의 구원자가 되라고 주님이 부르셨음을 그들은 전혀 모르고 있었다. 모세를 준비시키시는 하나님의 섭리는 모세의 책을 읽는 이들에게 격려가 되었을 것이다. 애굽에서 억압을 당하는 동안 유대 민족은 하나님이 그들을 위한 지도자를 준비시키기 위해 어떻게 일하실지 전혀 예상하지 못했다. 하지만 그분은 일하고 계셨다. 마찬가지로 그분은 그들이 약속의 땅에 들어갈 때 그 땅을 정복할 수 있도록 놀라운 방식으로 일하실 것이다.

2. 불붙은 떨기나무로 모세를 부르시다(3:1-9)

3:1-6. 모세가 장인의 양 떼를 돌보는 지극히 평범한 일을 하고 있을 때, 하나님은 그를 부르셨다. 아마도 모세는 애굽을 떠나 40년(행 7:23과 출 7:7을 보라) 동안 살아오면서 이곳에 수없이 와봤을 것이다. 주께서 모세를 부르신 곳은 시내산의 또 다른 이름인 **하나님의 산 호렙**(3:1; 참고. 출 19:11)이었다. 모세에게 이것은 예상치 못한 부르심이었지만 하나님의 영원한 계획 속에서는 피할 수 없는 부르심이기도 했다. 여기에서 눈부신 하나님의 현현이 있었다(참고. 창 15:17; 출 13:21; 40:34; 왕상 8:11). 불이 붙은 떨기나무는 하나님이 (여기에서는 **여호와의 사자**의 모습으로) 계심을 뜻했다(3:2). **여호와의 사자**는 '주의 뜻을 전하는 이'라고 번역할 수도 있으며, 그 때문에 여호와의 사자가 초월적인 존재이기는 하지만["주님의 뜻을 전하는…천상의 법정에서 온 하나님의 뜻을 전하는 특별한 이"(Youngblood, *Exodus*, 32)] 주님 자신은 아니라고 결론을 내리는 이들도 있다. 그러나 다른 이들은 여기에서 여호와의 사자가 "하나님과 구별되는 초월적인 존재일 가능성이 희박하다"라고 주장한다[Victor P. Hamilton, *Exodus: An Exegetical Commentary* (Grand Rapids, MI: Baker, 2011), 46]. 주의 '사자/천사'는 많은 성경 서사에 등장하고(참고. 창 16:7, 9, 11; 22:11, 15; 31:11; 48:16; 삿 6:11; 13:13, 15, 16), "이런 구절에서는 천사/하나님/주를, 마치 바꿔 쓸 수 있고 구별되지 않는 것처럼 묘사한다. 이는 주님 자신이 그 천사이며 그 천사가 주님 자신이라는 생각을 뒷받침해준다"(Hamilton, *Exodus*, 46). 일부에서는 더 나아가 "여호와의 사자"가 성육신 전에 현현하신 예수 그리스도라고 주장한다. 지금까지 "하나님을 본 사람이 없으"며 예수 그리스도는 성부를 계시하시는 분이시므로(참고. 요 1:18; 12:45; 14:9), 그들은 구약의 신현(하나님의 가시적 현현)이 사실상 성육신 이전 그리스도의 현현이라고 주장한다(창 32:24-25에 대한 주석을 보라).

이 천사는 **모세야 모세야**라고 엄숙히 부름으로써, 또한 이곳이 주의 임재로 거룩해졌으므로 (더러운) 신을 벗으라고 준엄하게 명령함으로써 이 장소와 시간의 엄숙함 그리고 거룩함을 모세가 분명히 깨닫게 했다(3:5). 그분이 자신을 일컬어 족장들의 하나님이라고 말씀하셨는데, 이는 모세가 주의 약속을 이루는 일에 부름을 받았다는 것을 의미한다(참고. 창 12:1-3; 15:13-16). 단순한 호기심에서 시작된 일(3:3)이 외경심을 불러일으키는 하나님과의 만남을 통해 경건한 두려움(3:6b)으로 변했다.

3:7-9. 그 즉시 주님은 **애굽에 있는 내 백성의 고통**에 대해 모세의 주의를 환기시키셨다(3:7). 하나님은 모세에게 자신이 그들의 불행(참고. 2:24-25)과 고통의 **부르짖음**을 잘 안다고 말씀하셨다. 뿐만 아니라 그분은 이제 곧 아브라함에게 주신 약속을 성취하시고 그들을 애굽에서 이끌어내 약속의 땅, 복의 땅, **젖과 꿀이 흐르는 땅**(3:8)으로 인도하실 것이다. 하나님은 창세기 15장에서 아브라함에게 약속을 주실 때 이 땅의 경계를 명확하게 정하셨다. 창세기 15:19-21에 기록된 가나안 족속들의 이름과 여기에 기록된 이름을 비교해 보면, 이 이야기가 창세기와 이어지며 하나님이 아브라

함에게 주신 약속이 계속해서 유효하다는 것을 알 수 있다. 창세기와 마찬가지로 출애굽기에서도 이 이름들을 열거한 목적은 아브라함에게 주어진 약속이 성취될 지리적 위치(땅, '흙')를 명확히 하는 것이다. 하나님이 그분의 약속에 대해 말씀하실 때 아브라함과 모세는 물리적인 땅에 대해 생각했을 것이므로, 실제 땅 말고는 그 어떤 것도 이 약속의 성취일 수가 없음은 명백하다. 또한 두 곳 모두에서 이 목록이 후에 다윗이 예루살렘에 수도를 세우고자 쫓아냈던 가나안 족속(참고. 삼하 5:6 이하)인 **여부스 족속**(참고. 3:17; 13:5; 23:23)으로 끝난다는 점도 주목해야 한다. 과시적인 것처럼 보이는 이 가나안 족속의 목록은 여부스 족속을 물리치고 예루살렘에 이스라엘 민족의 (영원한) 수도를 세우는 사건에 대한 전조이기도 하다. 아브라함에게 처음 주어졌고 다윗을 기대하게 만든 이 목록을 모세에게 다시 한 번 말씀하심으로써, 하나님은 언약 백성의 역사에서 여러 단계들을 하나로 묶으셨다.

마지막으로, 애굽 사람들이 이스라엘 민족을 억압하는 것에 대해 다시 한 번 말씀하신다. 이는 그저 하나님이 이 사실을 아신다는 뜻이 아니라 이 억압이 곧 끝날 것이라는 뜻이었다.

3. "스스로 있는 자"가 모세에게 임무를 맡기시다 (3:10-4:17)

이스라엘의 울부짖음 그리고 애굽 사람들의 혹독한 억압과 관련하여, 하나님은 모세에게 그가 이 민족(**내 백성**)을 구원하는 일에 도구로 선택되었다고 말씀하셨다. 모세는 이 부르심에 즉시 이의를 제기했으며, 이 만남에서 그는 몇 차례 더 이의를 제기했다. 하나님은 모세가 자기에게 맡겨진 책무를 마지못해하면서도 겸손히 받아들일 때까지 그가 이의를 제기할 때마다 대답하셨다.

a. 모세의 첫 번째 반론(3:10-12)

3:10-12. 이 첫 번째 반론에서 모세는 스스로를 하찮고 부적합한 사람인 것처럼 말한다. 그는 거짓 겸손을 드러냈다(3:11). 하나님의 대답은 사실상 그의 주장을 받아들이는 것이었다. 비록 모세 자체는 하찮고 부적합한 존재이지만, 주께서 그와 함께하시며(**내가 반드시 너와 함께 있으리라**) 그분의 능력으로 그분의 목적을 위해 일할 때 모세는 결코 실패하지 않을 것이다. 모세는 하나님이 직접 주시는 능력 덕분에 충분히 이 소명을 맡을 수 있으며, 이 일에 적합한 사람이 될 것이다. 부르심에 순종하고 성취된 일의 증거, 즉 구속된 민족이 바로 이 산에서 하나님을 예배할 그때의 증거를 본 후에야(3:12) 모세는 주께서 그에게 맡기실 중대한 책무를 완수할 수 있을 것이다. 하나님은 모세에게 장차 일어날 일과 그 안에서 모세가 해야 할 역할을 펼쳐 보이셨다. 이 사건들이 하나님이 미리 알려주신 대로 일어났기 때문에 최초의 독자들, 즉 이제 곧 약속의 땅에 들어갈 이스라엘 백성은 앞으로 이 땅을 차지하기 위한 싸움을 할 것이다. 그들은 하나님이 앞으로 일어날 일을 아실 뿐만 아니라 모세에게 하셨듯이 그들에게도 성공할 것이라고 약속하셨음을 깨닫고 격려를 얻었을 것이다.

b. 모세의 두 번째 반론(3:13-17)

3:13-17. 이 반론은 매우 이상하다. 주께서는 이미 모세에게 자신이 족장들, 조상들의 하나님이라고 말씀하셨다(참고. 3:6). 여기에서 모세는 만약 자신이 돌아가 **이스라엘 자손**에게 이 하나님이 자신을 지도자로 삼으셨다고 말하면 그들이 그분의 이름을 물을 것이라고 주장하는 듯하다. 모세는 만약 자신이 그들에게 하나님의 이름을 말하지 못한다면 지도자로서의 권위가 약해질 것이라고 말하는 셈이다. 하나님은 장엄하고 외경심을 불러일으키는 방식으로, 성경에 기록된 자기 계시의 가장 중요한 표현 중 하나를 대답으로 주셨다. 그분은 자신이 스스로 있는 자라고 말씀하셨으며, 백성에게 **스스로 있는 자가 나를 너희에게 보내셨다**라고 말하라고 모세에게 이르셨다(3:14).

스스로 있는 자라는 이름은 히브리어 동사 에흐예(*'ehyeh*)의 1인칭 단수형('나는 있다')을 문자적으로 번역한 것이다. 이 동사의 3인칭 단수형은 예훼(*yehweh*, '그가 있다')로 음역된다. 후자의 단어로부터 하나님의 이름('야훼')이 나왔고 대부분의 영어 번역본에서는 '주'로 번역된다. 이 네 글자의 조합(히브리어로는 *YHWH*)을 '거룩한 네 글자'(tetragrammaton, 네 글자로 된 하나님의 이름)라고 부른다. 이 이름은 하나님의 본성 및 존재와 관련된 중요한 의미를 담고 있으며—그분은 스스로 존재하신다. 즉, 하나님은 자존하시며 그분의 존재는 다른 어떤 원인에도 의존하지 않는다—신학적으로 의미가 풍성하다. 이 이름은 하나님이 언약을 맺으시고 그 언약을 **대대로** 지키시는 분이심을 뜻하는 **기억할 칭호**가 된다(3:15). 하지만 모세와 민족에 적용되는 즉각적 의미는 명백했다. 이 이름은 계시는(존재하시는) 하나님, 하나님(살아 계신 하나님, 참된 하나님)이신 하나님, 존재하는 모든 것이 그분의 존재에 의존하는 하나님(참고. 요 1:1-2; 골 1:17)이 족장들에게 말씀하시고 그들에게 약속을 주신 바로 그 하나님이심을 선언한다(3:15).

다시 말해서, 그분의 이름과 그분이 족장들과 맺으신 관계는 이 민족에게 그들의 하나님이 유일한 하나님이자 참된 하나님이시며(참고. 사 44:6-8), 그분이 하나님으로서의 능력과 권위를 지니시며, 조상들(족장들, 아브라함과 '이삭', 야곱)의 하나님으로서 그들에게 관심을 기울이시며 반드시 그들을 속박에서 해방시키겠다고 약속하셨음을 의미했을 것이다. 하나님은 그분이 그들에게 관심을 갖는 것은 그저 그들이 고통을 당하기 때문이 아니라 땅에 관한 약속을 성취하려 하시기 때문이라고 모세에게 설명하셨다. 그리고 이 약속은 그 땅에 들어갈 준비를 하고 있던 이 민족에게 큰 격려가 되었을 것이다. 하나님은 창세기 15장에서 아브라함에게 주셨던 언약을 상기시키는 용어로 (가나안 족속의 이름에 근거해) 그 위치를 구체적으로 말씀하시며, 그분이 자기 백성을 인도하실 **땅**이 얼마나 풍요로운지를 알려주셨다(3:17).

c. 앞으로 일어날 사건을 미리 보여주시다 (3:18-22)

3:18-22. 하나님은 이때를 이용해서 모세가 곧 일어날 출애굽 사건을 간략하게 개관할 수 있도록 하셨다. 그분은 모세에게 이스라엘의 **장로**들은 모세의 말을 듣겠지만 **애굽 왕**은 그렇지 않을 것이라고 말씀하셨다(3:19). **히브리 사람의 하나님**이신 주를 예배하고 그분께 제사할 기회를 달라는 소박한 요청조차도 거부당할 것이다. 따라서 애굽 왕은 힘에 의해서만, 즉 하나님의 **강한 손**과 그분의 **이적**[다가올 재앙들]에 의해서만 그들을 놓아줄 것이다. 그리고 그 과정에서 이스라엘 민족은 애굽을 **빈손으로** 떠나지 않을 것이고 애굽 사람들은 재앙으로 황폐해진 후에 이스라엘 민족을 놓아주면서 스스로 (아마도 신부처럼) 모든 가정(모든 **여인**)에 재물을 제공할 것이다. 따라서 이스라엘 민족은 **애굽 사람들의 물품을 취**할 것이다(3:22). 아브라함의 애굽 체류는 여기에 묘사된 사건의 전조가 되었다(창 12:10-20에 대한 주석을 보라). 이 개관은 모세에게 그리고 나중에는 백성에게, 주님의 계획이 그분의 예언대로 정확하게 이뤄질 것이라는 격려의 메시지가 되었다. 그들은 하나님의 이전 약속이 그분의 말씀처럼 성취되는 것을 보면서, 그들이 그 땅을 정복하게 하겠다는 약속 또한 성취하실 것이라고 믿을 수 있었다.

d. 세 표적과 모세를 대변할 자(4:1-17)

4:1-9. 모세는 아직도 하나님의 부르심에 헌신할 준비가 되지 않았다. 그의 세 번째 반론은 하나님이 정말로 그에게 나타나셨음을 입증하기 위해 필요한 증거가 없다는 것이었다(4:1). 이런 반대를 극복하고자 하나님은 모세에게 세 가지 표적을 주셨다(참고. 신 13:1-3). 첫째, 목자인 그는 지팡이를 들고 있었는데, 그것이 뱀으로 변했다가 다시 지팡이로 변했다(4:2-5). 지팡이가 변한 뱀이 환영이 아니라 실제 뱀이었다는 사실은, 모세가 처음으로 이 표적을 행할 때 그가 **뱀 앞에서 피**했다는 말을 통해 증명된다(4:3). 또한 모세는 꼬리를 잡고 뱀을 들어(4:4) 피조물을 완전하게 지배함을 증명했다(위험한 뱀을 잡는 통상적인 방법은 독을 품은 이빨에 물리지 않도록 목을 잡는 것이다). 이 구절의 상징성은 매우 분명하다. 뱀은 사탄의 도구였고(참고. 창 3:1, 14), 따라서 악의 표상이었으며, 애굽의 신상과 종교에서도 자주 사용되었다. 모세가 뱀을 지배한 것은 주님이 사탄과 애굽의 신들을 지배하신다는 것을 상징한다. 이 점은 장차 다가올 애굽 사람들에 대한 심판에서 훨씬 더 분명하게 드러날 것이다(참고. 7-12장).

두 번째 표적으로, 모세의 손에 나병이 생겼다가 회복되었다(4:6-7). 카이저는 '나병', 즉 한센병이 고대에도 알려져 있었다고 지적한다. 그러나 성경의 나병은 건선과 백반, 부스럼, 기타 피부 질환 증상을 가리키는 경우도 있는 것으로 보인다(Kaiser, "Exodus," 326). 표적이 의미를 갖기 위해서는 질병이 발생하고 나서 즉시 치료되어야 했다. 건조하고 벌레가 많은 환경에서 살았던 애굽 사람들은 항상 피부 질환으로 고통을 받았으며 피부 위생을 무척 꼼꼼하게 신경 썼다. 이 표적은 먼저 그들을 두렵게 했고, 그다음에는 호기심을 불러일으켰을 것이다. 이런 종류의 능력은 그들의 일상에서 실제로 마주하는 현실과 직접적인 연관이 있었다.

세 번째 표적에서 모세는 나일강의 물을 떠 와야 했다. 강물을 마른땅에 부으면 그 물이 피로 변할 것이다(4:8-9). 이 표적은 주의 능력이 애굽 종교의 신성한 요소 중 하나를 통제함을 증명했으며, 애굽 사람들의 일상에서 가장 중요한 측면, 즉 나일강의 물에 영향을 미칠 가능성을 분명히 보여주었다.

이런 표적들의 목적은 이를 통해 초자연적인 능력을 보여주는 것이었다. 이런 이적은 평범한 사람의 능력을 넘어서며, 모세의 메시지가 이 표적들과 마찬가지로 주께로부터 온 것임을 입증한다(참고. 왕상 17:24). 더 나아가 이 표적들은 애굽 사람들이 신성하게 여기는 요소들과 애굽 신들의 권위 아래 있다고 여겨지는 것들을 지배하시는 하나님의 능력을 명백히 드러냈다. 하나님이 그분의 약속과 능력으로 애굽 사람들과 맞서기를 주저하는 모세의 마음을 돌이키신 것처럼, 이 이야기는 약속의 땅을 정복하라는 두려운 책무를 앞두고 머뭇거리던 유대 민족에게 격려의 메시지가 되었을 것이다.

4:10-17. 이런 놀라운 표적이 주어진 후에도 모세는 두 가지 이의를 더 제기했다. 네 번째 반론에서 그는 자신이 **말을 잘하지 못하며 입이 뻣뻣하고 혀가 둔**하다고 했다(4:10). 하나님은 자신이 **사람의 입을 지었**고 사람에게 지각하는 능력을 주었다고 대답하셨다(4:11). 그분은 자신이 택하신 사자(使者)에게 어떤 부족함이 있더라도 이를 극복하실 수 있다. 마지막 반론에서 모세는 하나님께 다른 누군가를 보내시라고 직접 요구했다(4:13). 하나님은 더 이상 참지 않으시고 모세를 향해 노하셨다(4:14a). 하지만 그분은 택하신 종에게 여전히 은혜로우셨으며, 그의 형 아론을 대변인으로 주심으로써 네 번째 반론에 대답하셨다(4:15-16). 그분의 섭리로 아론은 이미 모세를 만나기 위해 나오는 중이었다(4:14b). 따라서 모세는 그의 손과 지팡이, 표적을 지니고 가야만 했다.

4. 부르심과 실행의 과도기에 일어난 사건(4:18-26)

4:18-23. 모세가 부르심을 받은 사건과 그가 바로를 처음으로 대면하는 사건의 과도기에 일련의 사건이 발생했다. 모세는 자신의 세속적 의무를 소명으로 전환하여 바로와 대결할 준비를 해야 했다. 모세는 그저 가만히 앉아서 주님의 부르심을 기다리지 않았다. 그는 가정에 충실했으며, 그에게는 하나님의 부르심에 헌신하기 전에 처리해야 할 의무가 있었다. 첫째, 모세는 장인인 이드로에게 가서 경의를 표하며 작별을 고했다(18절). 이어서 주님은 그의 목숨을 노리던 이들이 다 죽었음을 그에게 재확인시키셨다. 모세는 자신의 가족, 즉 **그의 아내와 아들들**[게르솜, 참고. 2:22; 엘리에셀, 참고. 18:4]을 **나귀에**[그가 가벼운 짐만 가지고 여행하고 있음을 뜻한다] 태우고, (하나님의 보증을 기억하기 위해) 부르심의 상징인 **하나님의 지팡이를 손에 잡고**, 애굽으로 떠났다. 주님은 모세가 자기에게 주어진 모든 표적을 행할 수 있도록 다시 한 번 준비시키시며, 바로가 완고한 태도로(**그의 마음을 완악하게 한즉**이라는 말의 의미, 7:3을 보라) 백성을 놓아주라는 요구에 응하지 않을 것이라고 경고하셨다. 여기에서 주님은 이스라엘을 **내 아들 내 장자**라고 부르셨는데(4:22), 이는 우선권과 특권적 지위를 뜻한다. 바로는 주의 장자를 학대했기 때문에 자신의 장자가 죽는 고통을 당할 것이다. 이는 애굽에 내릴 마지막 재앙에 대한 전조였다.

4:24-26. 그런 다음 모세의 아들이 연관된 흥미로운 사건이 일어났다. 하나님의 사람은 성실하게 모든 일을 해야 하고 주님께 철저히 순종해야만 하지만, 모세는 아들 중 한 명에게 할례를 하지 않았다. 그 때문에 주님은 **그**[모세]를 **죽이려 하셨**다(4:24). 아마도 생명을 위협하는 질병에 걸렸을 테지만 살해 위협이 정확히 어떤 것이었는지는 알 수 없다. 십보라는 이스라엘 출신이 아니었으므로 할례 의식을 혐오스럽게 느꼈을 것이다. 그러나 그녀는 스스로 이 의식을 행했다. 그녀는 아이의 포피를 모세의 **발**[성기를 일컫는 완곡한 표현일 수도 있지만 꼭 그렇지는 않을 수도 있다]에 던지며 그를 **피 남편**이라고 불렀다. 이렇게 말하면서 십보라는 모세가 두 번째로 자신의 남편이 되었다고 선언한다. 움베르토 카수토는 그가 "나는 당신을 죽음에서 구했고, 당신이 다시 살았기 때문에 당신은 두 번째로 나의 남편이 되었으며, 이번에는 나의 피 남편, 즉 피를 통해 얻은 남편입니다"라고 설명한다[Umberto Cassuto, *A Commentary on the Book of Exodus*, 3rd ed. (Jerusalem: Magnes Press, 1967), 60].

이 단락의 의미는 이중적이다. 첫째, 만약 모세가 언

약을 지키시는 아브라함의 하나님을 대변하는 사람이 되고자 한다면, 그는 언약의 규정을 지켜야만 했다(창 17:9-22). 둘째, 유월절에 참여하는 이들은 할례를 받아야 한다는 규정의 전조가 되었다(출 12:43-48). 모세의 가족이 미디안으로 돌아온 것은 이 시점이었을 수도 있다(18:2에 대한 주석을 보라).

D. 모세의 귀환: 실패와 (재)확증(4:27-7:7)

모세와 아론의 재회는 그들에게 기쁨을 주었고 그들의 첫 보고는 이스라엘 백성에게 기쁨을 준 반면, 바로와의 첫 대면은 백성에게 더 큰 역경과 고난을 초래했다. 주께서는 낙담하고 혼란스러워하는 지도자에게 다시 한 번 확신을 주셔야만 했다.

1. 모세와 아론의 재회 그리고 백성의 환영 (4:27-31)

4:27-31. 주님은 이미 아론을 보내셔서 모세를 만나게 하셨으며(참고. 4:14), 두 형제는 **하나님의 산에서** 재회했다(4:27). 모세는 아론에게, 하나님이 자기에게 하신 말씀을 다 전했다. 그런 다음 아론과 함께 애굽으로 가서 **이스라엘 자손과 장로를 다 모으고** 그들에게 표적을 보이며 그들을 고난으로부터 해방시키시려는 하나님의 의도를 알렸다. 그러자 그들은 **믿고 경배**했다(4:31).

2. 바로의 거부(5:1-23)

5:1-23. 바로의 완강한 거부는, 하나님이 백성을 속박에서 해방시키려고 하신다는 소식을 들은 이스라엘 민족이 느낀 기쁨을 금세 사라지게 만들었다. 바로에게 했던 모세의 첫 번째 요구는 곧바로 모질게 거부되었다. 바로는 **나는 여호와를 알지 못하니**(5:2)라고 말했는데, 이는 자신에게 이스라엘의 하나님에 대한 지식이 없다는 게 아니라, 그들의 하나님은 자신이 인정하거나 예배하거나 섬기는 신이 아니라는 뜻이다. 모세와 아론은 더 가벼운 요청을 했다. 단기간에 예배하고 돌아올 수 있도록 자기들을 보내달라는 것이었다. 아마도 모세와 아론은 바로를 시험하거나 그가 어느 수준까지 협상할 의지가 있는지를 알아보려고 했을 것이다. 어쩌면 그들은 이 가벼운 요청부터 시작해서 이스라엘 민족을 보내달라는 더 대담한 요구로 서서히 넘어가려고 했을지도 모른다. 그들은 하나님의 심판이 두려워서, 그분이 **우리를 치실까 두려워서** 이런 요청을 한다고 주장했다(5:3).

이는 이상한 주장이다. 왜냐하면 하나님이 모세에게 하신 명령에는 이런 내용이 전혀 없기 때문이다. 어쨌든 바로는 더 가벼운 요청까지도 거부했다. 이 대화는 모세와 아론이, 하나님이 그들에게 명하신 바(참고. 7:2)를 그대로 말하기보다는 바로와 협상하려 했음을 보여주려고 하는 듯하다. 모세는 주님이 지시하신 대로 자신에게 주어진 표적을 행하지도 않았다(참고. 4:21; 7:10).

그러자 바로는 모세가 백성의 게으름을 조장한다고 비난하며(5:4; 참고. 5:8, 17), 오히려 노동 강도를 더 높이고 **감독들**에게 그들을 더 가혹하게 다루라고 명령했다(5:6-9). 짚은 진흙을 잘 뭉치게 하고 벽돌을 단단하게 만드는 역할을 했는데, 전에는 이스라엘 백성들에게 짚이 제공되었던 것으로 보인다. 하지만 이제 그들은 짚을 모을 책임까지 짊어졌다. 게다가 완성해야 할 벽돌의 할당량은 전과 동일했다. 이 명령을 이행하기 위해 이스라엘 민족은 **짚을 대신할 곡초 그루터기**, 즉 추수 후 밭에 남아 있는 곡식 줄기를 모으는 데 많은 시간과 노력을 들여야 했다. 바로의 감독들은 이렇게 늘어난 노동량을 억지로 채우게 하려고 [아마도 감독들과 애굽 기록원들 아래에서 '십장' 역할을 하는 이스라엘 사람들인] **이스라엘 자손의 기록원들**(5:15a)을 **때리**기까지 했다(5:14). 감독들이 그들이 권위를 넘어서는 행동을 하고 있으며 불합리한 태도를 보인다고 생각했을 이스라엘 기록원들은, 바로에게 **왕은 어찌하여 당신의 종들에게 이같이 하시나이까**라고 하소연했다(5:15b). 바로는 그들이 게으르다는 훨씬 더 직접적인 비난으로 응수했고 그들이 짚도 모으고 벽돌의 할당량도 채워야 한다고 재차 명령했다(5:17-18). 낙담한 기록원들은 모세와 아론을 만나자마자 그들이 이런 어려움을 초래했다며 비난했다. **너희가 바로의 눈과 그의 신하의 눈에 미운 것이 되게 하고**['너희가 우리를 악취를 풍기는 존재가 되게 하고'] **너희가 그들의 손에 칼을 주었다**('너희가 그들이 훨씬 더 쉽게 우리를 파괴하도록 만들었다')(5:20-21).

모세 자신도 이런 낙담에 굴복해 **주여, 어찌하여 ~셨나이까**[왜 이렇게 되었습니까? 왜 접니까?]라며 불평했다(5:22). 모세는 주께서 바로가 이런 반응을 보일 것임을 예상하라고 말씀하셨던 것을 잊어버렸음이 분명하다(참고. 4:21).

3. 인내하시며 약속을 상기시키시는 주님(6:1-8)

6:1-8. 모세와 백성은 바로가 모세의 요구를 거부하자 낙담하고 좌절했다. 모세가 그들을 구원하시려는 하나님의 계획을 알렸을 때 기뻐했던 백성(참고. 4:31)의 태도가 기록원들에게 내려진 바로의 명령 때문에 낙담으로 급히 뒤바뀌자 모세도 낙심하고 만다. 그래서 하나님은 다시 한 번 인내하시며 그에게 확신을 주신다. 신학적으로 풍부한 의미를 지닌 이 단락에서 하나님은 모세에게 **나는 여호와이니라**(6:2, 6)라고 말씀하시며, 언약을 맺고 또한 그것을 지키는 하나님임을 상기시키셨다(참고. 3:14-15). 하나님은 모세에게 이 구원은 그분이 행하시는 일임을 상기시키셨다[내가…하리라; 6:1, 6(3회), 7(2회), 8(2회)]. 하나님은 족장들에게 하신 언약을 모세에게 상기시키셨다(6:7, 9). 주님은 족장들이 그분을 **전능의 하나님**으로 알고 있었지만 **여호와**라는 이름으로는 자신을 **그들에게 알리지** 않으셨다고 말씀하셨다(6:3). 그분의 말씀은 그들이 이 이름을 들어보지 못했거나 알지 못했다는 뜻이 아니다. 그들은 분명히 이 이름을 알고 있었기 때문이다(참고. 창 4:26; 9:26; 12:8; 22:14; 24:12).

이 말씀은, 족장들은 (큰 민족에 관한) 약속을 '하신' 하나님에 대해 알고 있었지만 이 세대, 즉 모세의 세대와 정복을 수행할 세대는 그분을 (그들을 큰 민족으로 만들고 그들을 속박에서 해방시키겠다는, 참고. 창 15:13-14) 약속을 '지키시는' 하나님으로 알게 될 것이라는 뜻이다. 족장들은 그분을 약속을 하시는 하나님으로 알고 있었다. 모세의 백성은 그분을 약속을 지키시는 하나님으로 알 것이며, 그분이 속박으로부터 우리를 **빼낸 하나님 여호와**라고 말할 것이다(6:7). 그리고 하나님은 이 백성에게 약속의 땅을 주심으로써 약속을 성취하실 것이다(6:4, 8).

4. 재확증과 준비(6:9-7:7)

6:9-7:7. 모세가 바로의 마음을 돌려서 백성을 놓아주도록 하는 데 실패하자 크게 실망한 백성들은 주님이 모세에게 하신 말씀으로도 확신을 갖지 못했다(6:9). 그러자 모세는 다시금 언변에 자신이 없음을 피력했다(6:12b, 30). 여기서 모세가 정말로 이 일에 적합한 사람임을 재확인시키기 위해 두 가지 논거가 제시된다. 첫째, 모세와 아론의 혈통적, 가문적 배경을 선별적으로 기록한 족보이다. "정체성을 확인하는 히브리식 방법은 족보를 제시하는 것이다"[Alan R. Cole, *Exodus*, TOTC (Downers Grove, IL: InterVarsity, 1973), 93. 《출애굽기》, 틴델 구약주석 시리즈(CLC)]. 바로를 찾아가 백성을 놓아주라고 요구하도록 하나님께 부름을 받은 사람들로서, 모세와 아론은 백성의 적법한 대변자여야 했다. 따라서 그들은 백성의 일부여야 했다. 출애굽기의 족보는 이 점을 증명한다. 이 족보의 앞뒤에는 모세와 아론에 대한 명령이 주어진다(6:13과 6:28-29).

둘째, 하나님은 모세와 아론에게 세 가지 사실을 단순하고도 분명하게 상기시키셨다. 그들은 이 일을 하도록 하나님께 부름을 받았으며, 그저 그분이 **명령한 바를 말하**기만 하면 된다(7:2). 또한 바로의 저항은 예상했던 일일 뿐만 아니라 계획의 일부이기도 했다. 그리고 이 모든 일의 목적은 그분이 **여호와**이심을 보여주는 것이었다(6:29; 7:5). 하나님이 약한 (그리고 나이가 많은, 7:7) 도구(즉, 모세와 아론)를 사용하셨고 당시 지구상에서 가장 강력한 왕이 하나님께 저항했다는 사실은, 장차 올 구원이 모세의 설득력이나 민족의 힘을 통해서 혹은 왕이 약했기 때문이 아니라 약속을 성취하시는 하나님의 긍휼과 위대하심으로 이뤄졌음을 모두가 분명히 알게 해줄 것이다. 이는 광야 세대로 이루어진 약한 도구가 약속의 땅에 들어가 대적을 만나게 될 때도 마찬가지일 것이다.

바로의 마음을 완악하게 하셨다(7:3)는 문제는 오랫동안 논쟁의 대상이 되었으며(롬 9:17-18에 대한 주석을 보라), 하나님의 주권에 대한 논쟁과 인간의 자유의지에 관한 물음으로 귀결되는 경우가 많다. 출애굽기 저자는 이 둘을 조화시키려고 노력하지 않는다는 점을 눈여겨보아야 한다. 하나님이 바로의 마음을 완악하게 하신 것도 사실이고(4:21; 7:3; 9:12; 10:1, 20, 27; 11:10; 14:4, 8, 17), 바로가 스스로 마음을 완악하게 먹은 것도 사실이다(7:13, 14, 22; 8:15, 19, 32; 9:7, 34, 35; 13:15). 어떤 이들은 바로에게 자신의 마음을 완악하게 한 책임이 있으며, 하나님은 바로가 자신의 자유의지에 따라 어떻게 하리라는 것을 (미리) 아셨고 그대로 정하신 것뿐이라고 주장함으로써 이 문제를 해결하려고 했다. 하지만 이는 충분한 해결책이 아니다. 4:21과 7:3을 보면 마음을 완악하게 한 것은 처음부터 그리고 주로 주께서 그분의 목적을 위해 그렇게 행하신 것이 분명하기 때문이다.

이것은 하나님이 정하신 계획이나 목적, 행동이 행위자(이 경우에는 바로)의 자유로운 행동과 양립할 수 있다는 양립 가능론(compatibilism)의 고전적 사례이다. 하나님은 바로의 마음이 완악해질 것이라고 미리 결정하셨지만—하나님은 주권자이시다—바로는 여전히 스스로의 의지로 마음을 완악하게 만들 수 있었다. 왜냐하면 그는 자신이 하고 싶지 않았던 무언가, 자신의 의지에 반하는 무언가를 하도록 강요받지 않았기 때문이다. 존 파인버그(John Feinberg)는 "비록 어떤 행동이 결정된 것이라고 할지라도 원인이 강요되지 않는 한 그것은 자유로운 행동이다"라고 설명한다[John Feinberg, "God Ordains All Things," in *Predestination and Free Will: Four Views of Divine Sovereignty and Human Freedom*, ed. David Basinger and Randall Basinger (Downers Grove, IL: InterVarsity, 1986), 24. 《예정과 자유의지》(부흥과개혁사)]. 즉, 바로가 완악한 마음을 드러내도록 하나님이 결정하셨다고 (그분이 주권적으로 이 일이 일어나게 하셨다고) 할지라도, 강요가 없었기 때문에 (즉, 바로는 자신이 하고 싶은 바에 반하는 행동을 하도록 강요를 받지 않았기 때문에) 그는 자유로웠으며 따라서 자신의 완악한 마음에 대해 책임이 있다. 바로는 하나님이 그가 행하도록 정해두신 바를 행하겠다고 자유롭게 선택했다.

현재의 문맥이 주장하는 내용은, 바로의 완악한 마음 이면에 주님이 계시며 이는 그분의 능력, 곧 **표징과 이적을 애굽 땅에서** 드러내시기 위함(7:3b)이었음을 그분이 직접 분명하게 밝히셨다는 것이다.

E. 재앙을 통한 심판(7:8-10:29)

본문은 어떻게 이스라엘 백성이 애굽의 노예살이에서 마침내 해방되었는지를 계속 이야기한다. 이 부분과 다음 부분에서는 열 가지 심판을 통해 이스라엘이 구원받는 과정을 묘사한다. 일련의 기적들, 하나님이 말씀하신 '표징과 이적'(7:3)이 일어난다. 이 기적은 주님을 대변하는 자들의 권위를 입증하고, 주의 능력을 보이고, 애굽 사람들과 바로를 겸손하게 하며, 애굽 이방 종교를 직접 겨냥하여 그들의 신은 거짓 신이라고 밝히는 것이 목적이다.

1. 첫 대결(7:8-13)

7:8-13. 주님은 자신의 종들에게 바로와 대결하라고 다시 한 번 말씀하셨다. 모세와 아론은 백성 앞에서 자신들의 권위를 인증하기 위해 행했던(4:30) 지팡이가 뱀으로 변하는 이적을, **이적을 보이라**는 바로의 요구에 대응하기 위해 다시 한 번 행했다. 바로와의 첫 대면과 달리(참고. 5:1-3), 모세와 아론은 **여호와께서 자기들에게 명령하신 대로 행하**였고(참고. 7:6, 10), 아론이 던진 지팡이는 뱀이 되었다. 바로는 이처럼 하나님의 권위와 능력이 드러난 후에도 이를 왜곡하기 위해 **현인들과 마술사, 요술사**[관리들과 애굽 종교 지도자들, 참고. 딤후 3:8]들을 불러 이 이적을 흉내 내는 요술(귀신의 힘을 빌리는 주술적 행위, 참고. 계 16:14)을 부리게 했다. 이 요술은 단순한 손재주이거나 실제 뱀을 물리적으로 조작해 만들어낸 환영이거나 사탄과 귀신들의 힘을 빌리는 초자연적 사건일 수도 있다(참고. 고후 11:13-14; 딤전 4:1). 그러나 곧바로 더 강력한 주님의 능력이 나타났으며 아론의 지팡이/뱀이 애굽 마술사들의 지팡이/뱀을 삼켰다.

더 강력한 주님의 능력이 나타나고 그분의 종들이 우세하다는 사실이 분명하게 드러났지만, 바로의 마음은 요지부동이었고 그의 적대감은 여전했다. 모세와 아론은 실패한 것처럼 보였지만 첫 대면을 마쳤을 때처럼 실망하거나 낙심하지 않았다. 아마도 이번에는 이 일이 주께서 말씀하신 대로 일어났음을 기억했기 때문일 것이다(7:13).

2. 아홉 가지 심판 혹은 재앙(7:14-10:29)

7:14-10:29. 바로와의 다음번 대면을 통해 흔히 '열 재앙'이라고 부르는 일련의 극적인 사건이 시작된다. 이 사건들의 전반적 흐름을 간략히 살펴보기 전에 몇 가지 예비적 논점을 지적해두는 것이 좋겠다. 첫째, 처음의 아홉 심판을 하나로 보고 마지막 심판(장자의 죽음)을 출애굽을 촉발한 유월절과 더불어 사건의 절정으로 보는 것이 가장 적절해 보인다. 뒤에서 지적하겠지만, 첫 아홉 사건은 마지막 사건에서는 보이지 않는 하나의 경향을 띤다. 마지막 사건의 서술은 훨씬 더 자

세하며, 이는 이 사건이 첫 아홉 사건과 구별됨을 암시한다. 둘째, 이 사건들을 가리켜 흔히 '재앙'이라고 부른다. 하지만 (전염성이 있는 질병이나 유행병을 연상시키는) '재앙'이라는 영어 단어('plague')는 이 사건과 어울리지 않는다. 이 모든 사건들은 '심판'이라는 용어로 묘사하는 것이 더 적합하며, 이 말은 그 뒤에 숨어 있는 하나님의 의도를 전달해준다. 셋째, 이 심판들, 특히 첫 아홉 심판에 관해서는 많은 주석가들이 이것을 하나님이 의도하신 시기(참고. 8:23)에 하나님이 의도하신 장소에서(9:4, 6, 26), 하나님이 의도하신 비율대로 일어난 자연적 사건으로 설명하려고 노력해왔다. 그러나 시기(즉, 모세가 선언했을 때)와 범위(몇몇 심판은 애굽 사람들에 한정, 참고. 8:22; 9:4, 6, 26; 11:7), 명백한 의도(애굽의 여러 신들에 대한 공격, 아래의 주석을 보라)를 고려할 때 이 사건은 순수한 기적, 즉 오직 주 하나님만이 행하실 수 있는 초자연적이며 신적인 능력이 나타났다고 봐야 한다(참고. 7:3).

넷째, 이런 논점은 이 사건을 통해 본디 강조하려던 점을 파악하기보다는 자연주의적인 설명에 초점을 맞춘 이들이 종종 놓치고 있지만 결코 놓쳐서는 안 되는, 너무나도 분명한 신학적 의도가 이 사건들 안에 자리 잡고 있음을 일깨워준다. 즉, 주님만이 유일하며 참된 하나님이시다(참고. 40:17). 이는 마지막 두 가지 논점으로 이어진다. 다섯째, 이 심판에는 점층성이 존재한다. 즉, 심각한 불편에서 생명을 위협하는 재앙으로 전환된다. 그리고 여섯째, 비록 분명하게 언급되지는 않지만 이 심판들은 애굽 종교의 핵심 특성에 대한 공격이었으며, 사실상 애굽 신들의 무능과 비실재성을 입증할 목적(아래의 넷째 논점에 관한 주석을 보라)을 지닌 애굽 신들과의 다툼이었음이 명백하다(참고. 민 33:4). 이 시험의 의도는 바로와 그의 백성에게 히브리인들의 하나님, 주 야훼(YHWH)가 하나님이심을 보여주는 것이다.

이 사건들에는 일반적인 경향성이 있다. 첫째, 하나님이 모세와 아론에게 명령하신다. **여호와께서 모세와 아론에게 이르시되**(7:14; 8:1, 16, 20; 9:1, 8, 13; 10:1, 21). 마침내 모세와 아론은 하나님이 그들에게 말하고 행하라고 말씀하신 대로 말하고 행하는 법을 배웠다. 따라서 그들은 이 심판이 전개되는 과정에서 바로가 고집을 부려도 담대하고 단호하며 결연한 태도를 유지했다.

둘째, 여러 차례 하나님은 모세를 통해 **내 백성을 보내라**라고 요구하셨다(7:16; 8:1, 20; 9:1, 13; 10:3). 세 번째, 여섯 번째, 아홉 번째 사건에서는 이 요구가 빠져 있다.

셋째, 여러 차례 하나님은 모세를 통해 경고하셨다(7:17-18; 8:2-4, 21; 9:2-3, 14-16; 10:4). 이 경고 역시 세 번째, 여섯 번째, 아홉 번째 사건에서는 빠져 있다. 요구와 경고가 주어졌다는 사실은, 한편으로는 하나님이 은혜롭게 그분의 의도를 분명히 밝히셨다는 뜻이다. 하나님은 그분의 백성이 속박에서 해방되어야 하며 이를 거부하면 상응하는 결과가 있을 것임을 바로에게 알려주고 싶으셨다. 경고 없이 심판을 하셨다면 바로는 이런 재앙이 왜 일어나고 있는지 궁금해했을 것이다. 하지만 하나님은 그렇게 내버려두지 않으셨다. 한번은 애굽 사람들이 피난처를 찾으려고만 하면 재앙을 피할 수 있을 것임을 분명히 말씀하시기도 했다(참고. 9:18-21). 다른 한편으로, 심판이 내리기 전에 요구나 경고가 없었던 경우는 하나님이 바로에게 교만하지 말라고 경고하신 셈이다. 하나님의 은혜로운 경고를 가벼이 여기거나 하나님이 단호하지 않다고 해석해서는 안 된다. 이를 통해 사람들은, 결코 교만해서는 안 되며 하나님이 그분의 심판이라는 재난에 대비할 시간을 주실 것이라고 기대해서는 안 된다는 점을 분명하게 알 수 있다(참고. 눅 12:20).

넷째, 심판은 애굽 사람들이 섬기는 신에게 타격을 입힐 것이다. 심판이 내리기 전 하나님은 그 사건을 묘사하셨다. 물이 피로 변할 것이다(7:17-18). 이것은 나일강의 신에 대한 공격, 어쩌면 그 자체가 신으로 간주되는 강에 대한 공격이거나 나일강의 신인 하피 혹은 물과 생명의 신인 크눔에 대한 공격이었을 것이다. 이 공격은 오시리스(이집트 신화에 등장하는 신으로 저승의 왕이며 죽은 사람의 죄과를 심판한다—편집자 주)에게 굴욕을 주었을 것이다. 한 신화에 따르면 나일강은 그의 혈류였기 때문이다. 8:3-4에서는 개구리가 땅을 덮칠 것이라고 말씀하셨다. 이것은 대개 개구리로 표상되는 헤케트(혹은 크눔의 아내인 헥트)에 대한 공격이었다. 이 여신은 출산을 관장했다. 8:16b에서는 이

(이 용어는 분명하지 않으며 아마도 '모기'를 뜻할 것이다)가 사람과 짐승, 땅을 뒤덮을 것이라고 말씀하셨다. 이것은 땅 혹은 먼지의 신인 게브에 대한 공격이었다. 8:21에서 파리[문자적으로는 '떼', 70인역에서는 피를 빠는 '쇠파리'의 일종인 퀴노무이아(*kynomuia*)로 번역]가 땅에 가득할 것이라고 말씀하셨다. 이는 사실상 땅의 모든 신들에 대한 공격이었다.

9:3에서는 심판이 가축에게 내렸다. 땅 전역에서 가축이 죽을 것이다. 이는 흔히 황소로 표상되는 다산의 남신 아피스에 대한 공격, 혹은 암소의 모습으로 형상화되는 하늘의 여신 하토르에 대한 공격이었다. 9:9에서는 사람과 짐승에게 악성 종기가 생길 것이라고 말씀하셨다. 이는 섹스의 여신 카드슈에 대한 공격으로서 악성 종기는 성기에 생기는 염증일 가능성이 크다. 이 부분의 아이러니는 애굽 사람들이 그런 감염을 예방하기 위해 사용하는 비누의 재료인 **화덕의 재**(9:8)가, 여기에서는 하나님의 섭리 아래 오히려 감염을 유발할 것이라는 점이다.

마찬가지로 우박과 메뚜기, 흑암에 의한 심판도 다 애굽 신들에 대한 공격이었다. 9:18-19에서는 무거운 우박이 땅에 내릴 것이라고 말씀하셨다. 이것은 바람과 폭풍의 신인 세트에 대한 공격이었다. 10:4-6에서는 메뚜기가 땅에 내려올 것이라고 말씀하셨다. 이것은 땅을 보호하는 신인 세라피스나 삼 또는 옷 만들기와 연관된 생명의 여신 이시스, 작물을 보호하는 역할을 맡은 다산과 식물의 신 민에 대한 공격이었다. 흑암이 땅을 뒤덮었을 때(10:21-23), 해와 연관된 몇몇 주요 신들, 즉 레와 라, 아몬 레, 아텐, 아툼, 호루스가 굴욕을 당했다. 이렇듯 애굽의 모든 신들을 향한 공격은 그 당시의 애굽 사람들에게 그 의미가 훨씬 더 명확했고 그로 인한 타격도 컸을 것이다. 이것은 사실상 그들의 세계관 전체를 공격하는 것이었다. 그들이 세상을 이해하도록 도와준 모든 것이 무너져 내렸을 것이다.

다섯째, 심판의 몸짓이 있었다. 첫째(7:20), 둘째(8:6), 셋째(8:17), 일곱째(9:22), 여덟째(10:13), 아홉째(10:22) 심판에서 이런 몸짓은 아론이나 모세가 지팡이나 양손을 들거나 한 사람이 지팡이를 잡거나 그저 한 손을 드는 것이었다. 이런 몸짓은 사건을 엄숙하게 만들 뿐만 아니라 이런 심판이 그냥 일어나는 것이 아님을 분명히 했을 것이다. 주님의 대변자들이 한 명령에 따라 심판이 내려왔다.

여섯째, 사건의 묘사를 통해서 그 영향력을 밝히는 경우가 많다. 묘사는 (1) 심판의 범위(예를 들어, **그 물이 다 피로 변하고**, 7:20; **온 땅에**, 7:21; 모든 곳에 개구리가 있을 것이며 **네 침실과 네 침상 위…네 떡 반죽 그릇에 들어갈 것이다**, 8:3; **애굽 온 땅의 티끌이 다 이가 되어**, 8:17; **파리가 애굽 온 땅에 이르니**, 8:24; **애굽의 모든 가축은 죽었으나**, 9:6; **애굽 온 땅의 사람과 짐승에게 붙어서 악성 종기가 생기리라**, 9:9; **우박이 애굽 온 땅에서…모든 것을 쳤으며**, 9:25; **메뚜기가 애굽 온 땅에 이르러**, 10:14; **캄캄한 흑암이…애굽 온 땅에 있어서**, 10:22), (2) 심판의 시기(예를 들어, **이레 동안**, 7:25; **내일**, 8:10; **내일 이 표징이 있으리라**, 8:23; **기한을 정하여**, 9:5; **내일 이맘때면**, 9:18; **삼 일 동안**, 10:22), (3) 심판의 결과(예를 들어, **애굽 사람들이 나일강 물을 마시지 못하며**, 7:21; **파리로 말미암아 그 땅이 황폐하였더라**, 8:24; **애굽의 모든 가축은 죽었으나**, 9:6; **우박이 또 밭의 모든 채소를 치고 들의 모든 나무를 꺾었으되…삼과 보리가 상하였으나**, 9:25, 31; 메뚜기가 **밭의 채소와 나무 열매를 다 먹었으므로…푸른 것은 남지 아니하였더라**, 10:15; **더듬을 만한 흑암이리라…삼 일 동안…사람들이 서로 볼 수 없으며 자기 처소에서 일어나는 자가 없으되**, 10:21, 23) 등 다양한 내용을 다룬다. 어떤 경우에는 하나님이 히브리인들을 보호하신 것에 대해서도 묘사한다. 그분의 **백성**이 사는 고센에는 파리가 몰려오지 않았다(8:22-23), 이스라엘의 가축은 돌림병으로 죽지 않았다(9:4, 6, 7), **이스라엘 자손들이 있는 그곳 고센 땅에는 우박이 없었다**(9:26), **온 이스라엘 자손들이 거주하는 곳에는 빛이 있었다**(10:23). 이렇게 이스라엘 백성이 재앙을 면한 것을 보고 교만한 애굽 사람들은 당혹스러워하며 분노했을 것이다.

일곱째, 바로의 반응으로부터 시작되는 심판에 대한 애굽 사람들의 반응이 있다. 처음에 바로는 무관심했지만(**그 일에 관심을 가지지도 아니하였고**, 7:23), 심판이 계속해서 내리고 점점 더 심해지자 그는 모세와 아론을 부르고 다시 불러(예를 들어 8:8, 25; 9:27; 10:8, 16, 24) 고통을 누그러뜨려달라고 부탁할 수밖에 없었다. 그리고 애굽 마술사들의 반응이 있었다. 처음에는 그들도 이적을 흉내 낼 수 있었지만(7:22; 8:7), 나중에는 그렇게 할 수 없었고(8:18-19, 심지어 심판이 **하나님의 권능**이라고 고백한다, 8:19), 결국 그들 스스로 심판(특히 악성 종기, 9:11)을 받고 말았다. 또한 **신하들**[애굽 사람 전체를 가리키는 것으로 보임]의 반응이 있었다. 여덟 가지 심판이 내린 후 그들은 바로에게 모세의 요구를 받아들여 **그 사람들을 보내**라고 촉구했다(10:7).

여덟째, 앞에서 지적했듯이 바로는 모세와 아론을 부르지 않을 수 없었고, 몇몇 경우에 왕은 양보할 준비가 된 듯했다. 바로가 (1) 모세와 아론의 중보를 요청하고(**여호와께 구하여**, 8:8; **너희는 나를 위하여 간구하라**, 8:28; 9:28; 10:17), (2) 협상을 시작할(예를 들어 8:25 이하; 10:18 이하; 10:24 이하) 때도 있었다. 하지만 바로는 성실한 태도로 협상을 하지 않았고, 이는 회개하는 것처럼 보일 때(예를 들어 9:27; 10:16)도 마찬가지였다. 바로는 정직하게 회개하지 않았다.

아홉째, 모세와 아론이 바로와 애굽을 위해 중보하고 이어서 하나님이 심판을 누그러뜨리시기도 했다(예를 들어 8:12, 30; 9:33; 10:18). 이는 인내하시며 길이 참으시는 하나님의 성품을 보여주며, 바로의 마음을 완악하게 하신 것에 대해서 논할 때 반드시 이 점을 감안해야만 한다. 하나님이 모든 것을 통제하시고 바로가 그분께 저항하며 그분의 요구에 반대하도록 만드신다는 점은 분명하지만(주요 주제에 관한 아래의 논의를 보라), 주님은 은혜롭게도 참된 회개를 할 수 있도록 기회를 주시며 진정한 의미의 회개를 바라신다는 점 역시 사실이다(참고. 겔 33:11; 마 23:37).

열째, 각 사건은 바로가 약속을 뒤집었다는 언급으로 마무리된다. 그는 다시 마음이 완악해져 백성을 보내주겠다는 약속을 어긴다(7:22; 8:15, 19, 32; 9:7, 12, 34-35; 10:20, 27).

첫 아홉 심판에 관한 이야기를 관통하는 몇 가지 주제가 있다. 첫 번째 주제는 자기 백성을 돌보시는 하나님이다. 이미 지적했듯이 몇몇 심판에서 주님은 애굽을 심판하실 때 자기 백성을 보호하실 것이라고 분명히 말씀하셨다(참고. 8:22-23a; 9:26; 10:23b). 물론 최선의 보호는 그 백성이 완전히 애굽을 빠져나오게 하시는 것이다(이는 교회가 들려 올라가 대환란 동안 하나님의 진노를 피할 때 경험할 그분의 보호하심과 비슷하다. 살전 4:13, 5:11과 계 3:10에 대한 주석을 참고하라).

두 번째 주제는 하나님의 뜻에 대한 저항이 쓸데없다는 것이다. 바로는 주의 뜻이 불가항력적이라는 근본적 진리를 직시하지 않을 수 없었다. 이와 관련된 하위 주제는 주님께 지은 죄를 부분적으로 회개하거나 일시적인 혹은 진실하지 않은 슬픔은 헛되다는 것이다. 하나님은 진실한 순종만을 받아주신다. 우리의 적절한 반응은 오직 하나님 앞의 철저한 겸손이다(참고. 10:3).

그리고 이것은 세 번째 주제, 사실상 이 이야기의 핵심 주제와 연결된다. 이는 **네가 이로 말미암아 나를 여호와인 줄 알리라**라는 장엄한 선언에 요약되어 있다(7:17a). 이 사건들은 주님이 주권적이시고 독특하시며(**우리 하나님 여호와와 같은 이가 없는 줄을 알게 하리니**, 8:10; **온 천하에 나와 같은 자가 없음을 네가 알게 하리라**, 9:14b), 자신이 만드신 피조물 안에서 일하시며(**이 땅에서 내가 여호와인 줄을 네가 알게 될 것이라**, 8:22b), 백성의 예배를 받기 원하시고(**그들이 나를 섬길 것이니라**, 7:16; 8:1, 20; 9:1, 13; 10:3), 모든 피조물에게 복종과 순종을 요구하신다는 것(예를 들어, 이 서사에서 바로에게 내린 모든 명령)을 말해준다.

이 서사의 핵심에는 하나님이 모세와 아론에게 하신 말씀과 관련된, 두 가지 중요하고 의미심장한 구절이 있다. 9:14-16에 기록된 첫 구절은 하나님이 바로에게 하신 말씀으로, 그분이 왜 이렇게 점진적인 방식으로 백성을 속박에서 구원하시는지를 설명하신다. 그분은 **온 천하에 나와 같은 자가 없음을 네가 알게 하기** 위해서라고 말씀하셨다(9:14). 이것은 바로와 애굽 사람들이 행하던 이교와 거짓 종교에 대한 직접적 공격이다. 그들의 신들은 다 무능력하며 거짓이다. 이 심판들은 **히브리 사람의 하나님 여호와**(9:13)이신 그분만이 참된 하나님이심을 증명한다. 더 나아가 주님은 바로를 즉시 없애실 수도 있지만(네가 세상에서 끊어졌을 것이나, 9:15) 그를 남겨두셨다고 말씀하신다(9:16a). 이는 하나님의 허락과 은총, 인내 덕분이며, 그 목적은 주님의 **능력을 네게 보이고** 그분의 **이름이 온 천하에 전파되게 하려** 함이다(9:16b; 참고. 롬 9:17-18). 이 위대한 목적은 하나님의 백성이 이 이야기를 읽는 지금도 여전히 성취되고 있으며, 그분의 은총과 능력을 드러내는 이 놀라운 사건은 3,500여 년이 지난 지금도 여전히 세상에 그분의 능력과 이름을 선포하고 있다.

두 번째 핵심 구절인 10:1-2에서 하나님은 이 백성의 후세대에게 **내가 여호와인 줄을 알**도록(10:2b) 그들에게 이 일련의 사건들을 이야기해주라고 구체적으로 말씀하셨다. 바로에게 하신 말씀의 목적은 하나님이 온 천하를 주관하시는 주권자임을 드러내기 위함이었고, 백성에게 주신 이 말씀의 목적은 주님이 특별한 의미에서 그들에게 하나님이 되심을 드러내고자 함이었다. 그분은 그들을 위해 일하셨으며, 일하고 계신다. 이 말씀은 하나님이 그들에게 약속하신 땅을 정복하고 다스리기 위해서 오랜 전쟁을 시작하려고 하는 다음 세대에게 특히 의미심장하게 다가왔을 것이다. 사실 그들은 주님이 이 심판들을 행하실 때 애굽에 있지는 않았지만, 이 심판들은 이를 직접 경험한 사람들뿐만이 아니라 '그들을 위한' 것이자 그들을 격려하기 위한 것이기도 했다.

모든 이야기는 10:28-29에서 대단원에 이른다. 좌절감과 모욕감을 느끼며 모세에게 **너는 나를 떠나가고 스스로 삼가 다시 내 얼굴을 보지 말라**라고 명령했을 때, 바로는 자신이 아는 것보다 더 정확한 사실을 말한 셈이다. 다시 말해서, "앞으로 우리는 다시는 만나지 않을 것이다". 모세는 그가 진실을 말했다고 인정했지만 그가 바라고 의도했던 바를 인정하지는 않았다. '죽음의 위협'을 한 사람은 바로였지만, 장차 올 마지막 대결에서 승리하는 사람은 모세일 것이다.

F. 마침내 자유(11:1-15:21)

이제 이야기는 어떻게 이스라엘 자손이 애굽을 떠났으며 바로의 마지막 공격으로부터 살아남았는지를 꼼꼼히 묘사한다. 이 부분에서는 어떻게 이스라엘의 구원이 성취되었으며 쫓아오는 적으로부터 보호받았는지를 서술한다. 이를 통해 모세는 약속의 땅을 차지하기 위해 그곳으로 들어갈 준비를 하던 이스라엘 백성을 격려하고자 했을지도 모른다. 그 땅을 차지하기 위해 앞으로 그들은 이미 그곳에서 살아가던 수많은 부족들을 물리쳐야만 했다. 하나님은 정복 과정에서 이스라엘을 그 원수로부터 구하시고, 그들을 파괴하기 위해 쫓아오던 이들로부터 보호하실 것이다.

1. 마지막 심판 혹은 재앙 (11:1-10)

11:1-8. 하나님은 모세에게 단순하지만 단호하게 마지막 재앙, 즉 장자의 죽음을 계시하셨다. 아마도 하나님은 어둠이 계속된 3일 동안 11:1-3에 기록된 정보를 모세에게 계시하셨을 것이며, 모세는 바로의 살해 위협 직후 10:29에 기록된 말을 하는 바로 그 시점에 바로에게 이를 전달했을 것이다. 하나님은 모세에게 길었던 심판이 이제 곧 끝날 것이라고 알려주셨다. 또한 그분은 바로가 '백성을 보내줄' 뿐만 아니라 사실상 **너희를…쫓아**낼 것이라고 하셨다(11:1). 더욱이 주님은 모세에게 백성으로 하여금 애굽 사람들에게 **은금 패물**을 요구하도록 지시하라고 말씀하셨다. 백성은 애굽 사람들이 자기들에게 후하게 줄 것이라고 예상할 수 있었다. 왜냐하면 그분이 **그 백성으로 애굽 사람의 은혜를 받게 하셨**으며 모세도 **애굽 땅에 있는 바로의 신하와 백성의 눈에 아주 위대하게 보였**기 때문이다. 이 놀라운 일은 상황의 역전이기도 했지만, 거기에는 실용적인 목적도 있었다. 백성은 여정 중에 이러한 재물이 필요했을 것이며 이것을 가지고 성막을 건설했을 것이다(참고. 25:2-7; 35:20-29; 38:21-31). 또한 모세가 애굽 사람들과 이스라엘 백성 모두의 **눈에 아주 위대하게 보였**다는 묘사(11:3)는 애굽 사람들이 그들의 부를 기꺼이 포기하고 이스라엘 백성을 보내준 까닭을 분명하게 설명해준다.

모세는 의로운 분노에 넘쳐, 바로에게 다가올 심판을 전하며 이를 매우 섬뜩하게 묘사했다(11:8b). 밤중에 전례 없는 방식으로 죽음이 애굽 땅을 찾아올 것이다. **애굽 땅에 있는 모든 처음 난 것은 죽**을 것이다. 이스라엘을 비롯하여 수많은 고대의 가부장제 사회와 마찬가지로 애굽에서도 한 가정의 **장자**는 무척 중요한 위치를 차지했다. 어느 가정에서나 장자는 가족의 재산을 가장 많이 상속받았으며, 그 가정의 사회적 지위를 상징하는 사람이었다. 가족은 그의 안녕을 위해 많은 것을 투자한다. 왕이나 바로의 장자는 왕좌를 상속받으며, 왕조와 국가의 운명과 미래가 문자적으로 그리고 상징적으로 그에게 달려 있다. 장자의 죽음은 개인/가정의 재앙일 뿐만 아니라 종교적, 사회적 재앙이자 왕조의 명운이 걸린 재앙이다. 이 대참사의 범위는 바로의 왕좌로부터 비천한 노예의 집까지, 심지어는 이 나라의 마구간과 가축우리까지 미쳤다. 말 그대로 그날 밤 애굽의 모든 가정, 모든 집, 모든 헛간에 죽음이 찾아왔다(참고. 12:30b). 이 재난은 **큰 부르짖음**, 즉 비길 데가 없을 정도로 엄청난 국가적 차원의 슬픔을 만들어냈다(11:6). 이 사건은 하룻밤 만에 한 세대 혹은 그보다 더 오랫동안 이 나라를 무력하게 만들 수 있을 만큼 파괴력이 대단했다.

하나님은 애굽 사람들이 그 피해를 훨씬 통렬하게 느끼도록 **이스라엘 자손**에게는 개 한 마리도 짖지 못하게 하실 것이다. 즉, 그 누구도 이 백성에게 항의하지 못할 것이다. 이는 하나님이 그분의 백성과 그분에 반대하는 이들을 **구별**하신다는 것을 보여준다. 바로는 이 재앙 때문에, 자신의 백성이 자신이 아니라 모세를 찾아가 그에게 **너와 너를 따르는 온 백성은 나가라**고 요구할 것이라는 말까지 듣는다.

11:9-10. 요약하는 구절(11:9-10)의 목적은 앞의 이야기 전체를 기억하게 하면서 마지막 심판이 불러올 대참사를 정당화하는 말을 덧붙이기 위함이다. 바로는 이적들 앞에서 겸손해지고 회개하고 주의 말씀에 순종했어야 하지만 오히려 마음이 완악해졌고 결국에는 끔찍한 보복에 나섰다.

2. 유월절을 통해 죽음에서 구원받고 보존되다 (12:1-30)

a. 유월절을 위한 백성의 준비(12:1-13)

12:1-10. 유월절 준비는 관련된 주제에 관한 몇 가지 지시로 이루어졌다. 이 지시들은 3일 동안 흑암이 계속되던 때에 주어졌을 것이며, 이스라엘의 온 회중(*'eda*, 에다)에게 주어졌을 것이다(12:3, 6). '에다'라는 용어는 여기에서 처음으로 사용된다. 이 용어는 출애굽기와 여호수아에 100회 이상 쓰인다. 기본적인 의미는 '공동체'나 '회중'이다. 지금까지 백성을 일컬어 '히브리인들'이나 '이스라엘 자손'이라고 말했지만, 지금부터 그들은 독특한 회중의 구성원이 된다. 그들은 이 유월절 경험을 통해 독특한 에다로 연합될 것이다. 뿐만 아니라 "본문에서 모세가 '이스라엘 온 회중'에게 말한다고 명시적으로 언급할 때마다 이어지는 내용이 대단히 중요하다고 확신해도 무방하다"(35:1; 민 1:2, 18; 26:2을 보라; Hamilton, *Exodus*, 180). 먼저 하나님은 새 달력에 관한 명령을 주셨다(12:1-2). 다가올 사건, 즉 출애굽 사건의 중요성을 강조하고자 하나님은 모세에게 히브리 달력을 새롭게 조정해서 출애굽이 일어난 달(**이달**)인 아빕월(3월/4월, 참고. 13:4; 23:15; 34:18; 신 16:1)이 종교력의 첫 달이 되게 하라고 지시하셨다. 바벨론 포로기 이후 종교력을 또 다시 재조정했다. 아빕월은 니산월로 바뀌었고(참고. 느 2:1; 에 3:7), 그 결과 그리스도 시대에 이르면 두 가지 달력, 즉 종교력과 시민력(세속력)이 존재했으며 한 달력의 첫 달은 다른 달력의 일곱째 달이 되었다.

다음으로 유월절 절기에 관한 명령이 이어진다. 아빕월 열흘째 날에 양(혹은 어린 염소)을 골라(12:3a) 열나흗날까지 간직해두어야 했다(즉, 나머지 양 떼에서 따로 떼어놓을 뿐만 아니라 적합한지 관찰하고 검사해야 했다, 12:6a). 그리고 그날 **해 질 때**(12:6b, 문자적으로는 '두 저녁 사이에', 참고. 신 16:6) 그 양을 죽여야 했다(참고. Hamilton, *Exodus*, 180).

양에 관한 명령은 구체적이었다. 양은 한 가정이 먹기에 충분한 크기여야 했다(12:3b). 만약 식구 수가 너무 적으면 이웃과 함께 나누어야 했다(12:4a). 양은 **흠 없고 일 년 된 수컷**이어야 했다(12:5a). 적당한 양을 찾을 수 없다면 같은 자격의 어린 염소를 사용할 수 있었다(12:5b). 그런 다음 유월절 식사에 관한 구체적인 명령이 있었다. 동물을 죽인 다음 물에 삶거나(참고. 신 16:7) **날것으로** 먹어서는 안 되고 꼭 구워서 먹어야 했다(12:9). "주변의 이교도 민족들이 제사를 지낸 후 날고기를 먹는 경우가 많았기 때문에 고기를 날것으로 먹지 말라는 명령은 중요했다"(Davis, *Moses and the Gods*, 148). 동물은 **머리와 다리**까지 전부를 준비해야 했다(12:9b; 그리고 다리를 부러뜨려서는 안 된다, 참고 12:46). 고기는 그날 밤에 다 먹어야 했으며(12:10a) 남은 것은 불사르고 아무것도 남겨두지 말아야 했다(12:10b).

그에 더해 양고기를 **무교병과 쓴 나물**과 함께 먹어야 했다(12:8b; 참고. 민 9:11). **쓴 나물**["꽃상추와 치커리, 그 밖의 애굽에서 나는 쓴맛 나는 채소 등"(Youngblood, *Exodus*, 60)]은 백성에게 노예살이의 쓰라린 경험을 상기시켰을 것이다(참고. 1:14). **무교병**은 누룩을 넣지 않고 부풀어 오를 시간도 없이 서

둘러 만든 빵이었다. 마초트(*matzot*)의 정확한 어원은 확실하지 않다. '짜내거나 누른 (납작한) 빵'이라는 뜻일 수도 있고, 평범한 종류의 빵을 가리키는 같은 셈어 계열의 용어와 관계가 있을 수도 있다(참고. Kaiser, "Exodus," 375). 또한 참여하는 이들은 **급히** 떠날 준비가 된 것처럼 옷을 다 갖춰 입은 채로 식사를 해야 했다(12:11a). 그다음에는 유월절 피로 무엇을 해야 하는가에 관한 명령이 이어진다. 유월절 어린 양의 피를 매우 이상한 방식으로 다루었다. 즉, 그 피를 규정된 방식대로 이 식사를 하는 모든 집 **좌우 문설주와 인방**에 발라야 했다(12:7, 그 의미에 관해서는 12:21-22에 대한 주석을 보라).

12:11-13. 그런 다음 유월절 어린 양의 죽음과 피를 바르는 행위의 목적을 간략하게 설명한다(12:11-13). 이것이 여호와의 유월절이라고 강조한다(12:11b). 하나님은 이 유월절을 생각해내신 분이다. 사실상 그분이 이 유월절을 제공하셨다. 그분은 이 피를 보고 실제로 '넘어가신' 분이다. 이 모든 것은 그분에게 심판할 권리가 있음을 전제한다. **내가 심판하리라 나는 여호와라**(12:12). 하지만 이는 그분이 은혜로운 하나님이심을 증명했다. **내가 피를 볼 때에 너희를 넘어가리니**(12:13b). 또한 주님은 열 번째 재앙이 **애굽의 모든 신들**에 대한 심판이라고 분명히 말씀하셨다(12:12). 이 신들이 다 무능하며 공허하다는 사실이 (이미 입증된 것처럼) 단번에 입증될 것이다. 그러나 죄에 대한 심판이 이루어지는 바로 그때도 은혜, 즉 피 흘림 때문에 가능한 구원이 있었다. "구원은 언제나 심판을 통해 온다. 구원받는 모든 사람은 심판을 통해 구원받는다"[참고. James M. Hamilton Jr., *God's Glory of Salvation Through Judgment* (Wheaton, IL: Crossway, 2010), 57, 58]. 이스라엘 민족은 어린 양의 죽음과 피 흘림으로 구원받았고, (애굽에 대한) 심판을 통과해 심판에서 건짐을 받았다. "죄 사함을 포함해, 구속은 무죄한 제물의 피를 흘릴 때만 일어난다(히 9:22; 요일 1:7). '유월절 양'은 '하나님의 어린 양'이신 예수를 예표한다(그분의 십자가 사역을 가리키며 예증한다)"(Youngblood, *Exodus*, 60).

사도 요한은 유월절의 이런 측면을 예수 그리스도와 그분이 성취하신 구원에 적용하면서, 나사렛 예수에 대해 "보라. 세상 죄를 지고 가는 하나님의 어린 양이로다"라고 선언했다(요 1:29, 이 구절에 대한 주석을 보라). 사도 바울 역시 유월절 예식과 예수 그리스도의 희생을 연결시키면서, "우리의 유월절 양 곧 그리스도께서 희생되셨느니라"라고 주장했다(고전 5:7, 이 구절에 대한 주석을 보라). 이 민족이 (애굽에 대한) 심판으로부터 구원을 받았듯이, 예수 그리스도를 믿는 사람들은 어린 양의 죽음/피로 심판을 통과해 구원을 받는다.

b. 무교절에 관한 명령(12:14-20)

12:14-20. 이 식사는 분명하고도 명확히 유월절과 연결되며(참고, 23:15; 레 23:5-8; 신 16:1-8), 따라서 유월절과 무교절은 "실용적인 목적 때문에 하나의 절기로 결합되었다. 마가복음 14:1, 12을 보라"(Youngblood, *Exodus*, 61). 여기에서는 먼저 이 절기의 본질을 지적한다. 이것은 **기념**(12:14)이자 **영원한 규례**(12:17)가 될 것이다. 이런 지적은 이 모든 경험(애굽의 노예살이와 마지막 재앙의 상처)이 관련된 모두에게 분명한 교훈이 되었으며, (1) 이 교훈이 되풀이될 필요가 없도록, 또한 (2) 이후의 세대가 주께 감사할 것이 많음을 알 수 있도록 기억되어야 했다. "유월절을 통해 그들은 애굽에서 구원받은 사실을 영원히 기념할 것이며, 무교절을 통해 그들은 서둘러 도망쳐야 했던 고난을 되새겼을 것이다"(Youngblood, *Exodus*, 61).

절기는 이레 동안 계속되어야 했고(12:15, 18, 19), 이를 위해 모든 일상을 멈추어야 했다. 주에 대한 헌신이 두드러졌다. 이 절기를 지키기 위해서는 함께 생각하고 계획해야 했다. 계획하고 준비하며 그들의 행동과 그 행동을 하는 이유에 대해 생각하기 위해서는 날마다 하는 일상적인 일을 중단해야 했을 것이다.

그다음으로는 절기 준비에 대한 명령이 주어졌다. 모든 누룩을 제거하는 것으로 준비가 시작된다(15절). 레위기 2:11과 고린도전서 5:7-8에서 누룩은 "타락의 상징"으로 이해되지만(Davis, *Moses and the Gods*, 150), 언제나 그런 의미를 갖는 것은 아니다(마 13:33에 대한 주석을 보라). "모든 가정은 마음이 순결하고 깨끗해야 했으며, 따라서 모든 누룩을 집에서 제거해야 했다(12:19)"(Kaiser, "Exodus," 374). 누룩을 집에서 물리적, 실제적으로 제거하는 것은 그들의 마음에서 영적, 내적으로 불순물을 제거한다는 뜻이다.

그런 다음 성회에 관한 명령이 있었다(12:16a). 7일간 이어지는 절기의 처음과 마지막에 성회를 열어야 했다. 이 두 성회는 거룩한 모임이라는 말로서(12:16a) 이 모임이 구별되고 주님의 일에 바쳐진 축제였음을 의미한다. 다시 말해서 이 절기 전체의 목적은, 후세대가 그들의 생각과 마음을 집중하여 하나님이 이 첫 유월절에 이 민족을 위해 일하심으로써 약속을 성취하셨음을 되새길 수 있도록 돕는 것이었다.

또한 하나님은 절기를 지키는 것에 관해 몇 가지 규정을 주셨다. 어떤 노동도 해서는 안 되며(12:16b), 이 시간을 온전히 주께 바쳐야 했다. 그리고 **유교병을 먹는 자는 이스라엘에서 끊어**질 것이라고 하셨다(12:15, 19). 즉, 그들은 공동체의 복과 보호를 누리지 못할 것이다. 이런 규정의 목적은 절기의 목적과 가치를 보호하기 위함이었다. 만약 누군가 이런 식으로 절기를 무시한다면 이는 이 절기가 공동체 전체에 대해 갖는 의미를 약화시킬 것이다. 19절에서는 **타국인이든지 본국에서 난 자든지를 막론하고** 모두에게 유교병이 금지된다. 이는 "창세기 12:3에 기록된 아브라함 언약에서도 예상했듯이 이방인들도 이스라엘과 더불어 절기에 참여할 수 있음"을 의미한다(Kaiser, "Exodus," 374).

이 절기의 의미는 이중적이었다. 백성은 하나님이 급하게 애굽에서 그들을 구해내신 것을 기억해야 했다(12:17b). **이날에 내가 너희 군대를 애굽 땅에서 인도하여 내었음이니라**. 하지만 또한 그들이 구별된 민족이 되게 하시려고 그들을 구원하셨다는 것도 알아야 했다. 그들의 집에서 누룩을 제거하게 한 목적은 이 두 주제를 강화하기 위함이었다. 누룩은 (누룩곰팡이의) 침투하는 특성과 더불어 널리 퍼지는 특성이 있다. 또한 어떤 것이 지닌 영향력이나 퍼지는 결과도 연상시킨다. 후대의 성경 구절에서는 누룩의 이런 특성을 언급한다(예를 들어 마 13:33과 눅 13:20-21에서 말하는 하나님 나라의 확산, 마 16:6과 막 8:15과 눅 12:1에서 말하는 바리새인들의 가르침이 퍼져가는 영향력, 고전 5:6-8에서 말하는 악의와 악독이라는 묵은 누룩, 참고. 갈 5:9). 따라서 절기 7일 동안 누룩을 없애는 목적은 그들을 둘러싼 (여기에서는 애굽 사람들의) 문화의 삶과 세계관, 가치관에서 비롯된 경건하지 못한 영향력을 의식적으로 차단하려는 것처럼 보인다. 그들은 자기들의 사고방식에 침투해 영향력을 미침으로써 주를 위해 살고 그분께 헌신하는 것에서 멀어지게 만드는 세속적 가치관을 제거해야 했다.

c. 유월절 사건이 실행되다(12:21-22, 28)

12:21-22, 28. 여기에서는 단순하지만 감동적인 말로 **이스라엘 자손이 물러가서 그대로 행하되 여호와께서 모세와 아론에게 명령하신 대로 행**했다고 기록한다(12:28). **문 인방**은 출입구의 위를 가로지르는 부분이며 **설주**는 문틀을 이루는 양 기둥이다(12:22). 집을 드나드는 데는 하나의 통로만 있다고 가정하는 셈이다(그리고 대개는 그랬다). **우슬초**(12:22)는 다소 자극적인 향이 있는 박하의 한 종류로 "작고 흰 꽃 뭉치"가 있으며 표면에 털이 나 있어서 "액체에 담갔다가 뿌리기에 적합하다"(참고. Davis, *Moses and the Gods*, 151; 참고. 레 14:49-52; 민 19:18-19). 우슬초로 제물의 피를 뿌리는 것은 신성하게 하고 정결하게 하는 행위였다(참고. 레 16:14-15). 실제로 피를 뿌리는 행위는 대개 속죄, 특히 대리적 속죄를 암시했다. 인방과 설주에 피를 바르는 것은 미신적 행위가 아니라 그 집에 사는 사람들이, 자기들을 보호하기 위해 자기들에게 속죄가 주어졌음을 믿는다는 뜻이었다. "어린 양을 죽이고 그 피를 집의 출입과 보호를 상징하는 문에 바르는 행위는 대단히 중요한 의미를 지녔다. 이는 즉각적으로는 속량을 위해 치른 큰 대가(죽음, 피 흘림, 제사, 지불, 속전)를 가리켰으며, 상징적으로는 예수 그리스도의 죽음을 가리켰다(참고. 벧전 1:2; 롬 5:8-9; 히 9:13-14; 13:12)"(Davis, *Moses and the Gods*, 147). 이 양과 그들의 관계는 예수 그리스도와 오늘날 신자들의 관계와 같다. 요한복음 1:29과 고린도전서 5:7에 대한 주석을 보라.

d. 유월절의 약속과 백성에 대한 약속(12:23-27)

12:23. **멸하는 자**로부터 보호하시겠다는 즉각적인 약속(12:23)은 땅에 대한 약속과 연결되어 있었다(12:25). **멸하는 자**는 "하나님을 대적하는 악마적 세력이 아니라 아마도 주님의 뜻을 집행하는 그분의 천사였을 것이다"(Kaiser, "Exodus," 376). 더 나아가 여호와의 사자(참고. 삼하 24:16; 사 37:36), 즉 하나님이 직접 천사의 모습으로 나타나신 신현일 수도 있다. 직

접적인 행동을 통해서든 매개된 행동(참고. 시 78:49)을 통해서든 이것은 주께서 하신 일이었다. **여호와께서 재앙을 내리려고 지나가실** 테지만(참고. 히 11:28), 인방과 설주에 피를 바른 문은 넘어가실 것이다.

12:24-27. 이제 초점이 유월절 사건을 경험한 이들에게 주어진 약속으로부터 앞으로 올 세대(12:24), 특히 약속의 땅에 들어갈 사람들(12:25)에게로 자연스럽게 이동한다. 그들 역시 이 절기를 지켜야 했다. 이 규례는 영원히 지켜야 했으며, 부모는 **자녀**를 참여시키고 그들에게 그 의미를 가르쳐야 할 책임이 있었다(12:24; 26). 특히 그들은 그 땅에 들어갔을 때 거기서 이 예식을 행해야 했다(12:25). 땅을 정복하는 두려운 책무를 앞둔 이스라엘 자손은, 그 땅을 정복하러 들어가기 직전에 이 말씀을 읽으며 출애굽 사건에서 이토록 극적으로 드러난 하나님의 능력을 상기하면서 마음을 다잡았을 것이다. 장엄하고 영광스럽기는 했지만 출애굽은 그 자체가 목적이 아니라 목적에 이르는 수단일 뿐이었다. 이 백성은 그 **땅**에서 살아야 했다. 그들은 그분이 약속하신 바를 '받기 위해' 애굽의 속박'에서' 구원받았다(25절).

이는 아브라함에게 주신 언약의 핵심 요소였다(참고. 창 15:13-16; 17:7, 8). 안타깝게도 이 민족은 바벨론 포로기까지 이 절기를 일관되게 지키지 못했다. 약속의 땅에 들어가는 때와 바벨론 포로기 사이에 이 절기를 지켰다는 기록은 세 번밖에 없다. 솔로몬(대하 8:13)과 히스기야(대하 30장), 요시야(대하 35장)가 이 절기를 지켰다는 기록이 전부이다. 다른 때도 이 절기를 지켰을 수 있지만 이 후대의 본문들을 보면 유월절 절기가 무시되었다가 회복되었음이 분명하다.

e. 마지막 심판: 장자의 죽음(12:29-30)

12:29-30. 그분이 말씀하신 대로 **여호와께서 애굽 땅에서 모든 처음 난 것을 다 치셨고**(12:29), **애굽에 큰 부르짖음이 있었다**. 한 집도 예외가 없었다. **그 나라에 죽임을 당하지 아니한 집이 하나도 없었음이었더라**(12:30). 여기에서 핵심은 그날 밤 '애굽의' 모든 가정에 죽음이 찾아왔지만 더 절대적인 의미에서 '모든' 가정에 죽음이 있었다는 점이다! 장자의 죽음이 아니면 유월절 어린 양의 죽음이었다. 하나님의 심판을 피하는 유일한 방법은 피를 흘리는 대속적 희생이었다.

3. 출애굽 사건(12:31-39)

a. 슬픔에 잠긴 바로가 백성을 놓아주다(12:31-32)

12:31-32. 실제 출애굽 사건은 극적인 방식으로 일어났다. 애굽의 장자들이 죽은 후, 특히 **바로의 장자**가 죽고 난 후(참고. 12:29) 바로는 물러서는 태도를 보였다. 날이 밝기를 기다리지도 않고 (**밤에**) 그는 모세와 아론을 불렀다. **일어나 떠나**라는 그의 말(12:31)은 여전히 반항적이었지만 전혀 모호하지 않았다. 전에 그는 (속마음과 달리) 그들에게 예배할 수 있는 제한적 자유를 허용하겠다고 제안했지만(8:25; 10:8, 24을 보라) 여기에서 그는 철저하게 양보했다.

그들은 떠날 자유를 얻었을 뿐 아니라 (하나님이 모세에게 미리 말씀하셨듯이, 참고. 11:1) 떠나라는 명령을 받았다. "그의 대답에는 제한이나 양보가 전혀 없었다. 오히려 이스라엘은 모세가 요구한 대로 떠날 수 있었다(12:32)"(Davis, *Moses and the Gods*, 153). **나를 위하여 축복하라**라고 말할 때도(12:32b) 바로의 말은 진실하지 않았다. "바로는 축복을 바랐지만 자신의 무례하고 교만한 행동을 회개할 생각은 전혀 없었다"(Hamilton, *Exodus*, 193).

b. 백성이 서둘러 출발하다(12:33-39)

12:33-39. 이스라엘 자손은 너무도 급히 애굽을 떠났기 때문에 빵이 부풀어 오를 시간도 없었고(**발교되지 못한 반죽**) 서둘러 그릇을 옷 자루에 담았다(12:34). 애굽 사람들은 그들이 어서 떠나기를 바랐으며(12:33) 그들의 출발을 재촉하기 위해 이스라엘 사람들에게 많은 선물을 주는 것도 주저하지 않았다(애굽 사람들이 그들에게 많은 것들을 주었다면 유대 민족은 여행에 필요한 물품을 수고스럽게 모을 필요도 없었을 것이다, 12:36). 분명히 그들은 그저 요구하기만 하면 되었을 것이다. 예언대로 하나님이 그들에게 은혜를 베푸셨기 때문이다(참고 11:2-3). 여기에서 애굽 사람들의 동기는 선의나 죄책감이 아니었을 것이다. 아마도 히브리인들의 하나님께 은혜를 받고자 하는 바람, 그들 때문에 애굽이 당하는 슬픔을 보며 유대 민족을 제거하고자 하는 바람(12:33을 보라)을 반영했을 것이다. 혹은 이제 패배하여 신뢰할 수 없게 된 애굽의 신들을 위한 금은 장신구, 우상, 숭배의 대상이던 값비싼 물건이 더 이상 쓸모없게 되었을지도 모른다. 어떤

경우든 애굽 사람들이 이렇듯 후하게 베풀도록 하신 분은 주님이셨다. 왜냐하면 **여호와께서 애굽 사람들에게 이스라엘 백성에게 은혜를 입히게 하**셨기 때문이다(12:36). 그리고 이것은 아브라함에게 주신 약속의 성취였다(참고. 창 15:14).

백성은 재빨리 빠져나와 **라암셋을 떠나서 숙곳에 이르렀다**. 정확한 위치는 알 수 없지만, 애굽 사람들이 그들을 속박했던 장소(참고. 1:11)를 떠나 "라암셋의 남쪽이며 약간 동쪽에 위치한 나일강 동부 삼각주"의 변경 마을로 이동했을 가능성이 높다. "약 하루가 걸리는 거리"였다(Hamilton, *Exodus*, 193). **숙곳**(37절)이라는 말은 '장막'을 뜻하는 히브리어 수코트(*sukkot*)이며, **숙곳**은 단순히 장막이 있는 곳, 즉 대상(隊商)이 잠시 머무는 곳이었을 수도 있다.

보행하는 장정이 육십만이라는 말은 전체 인구가 200~250만 명 정도라는 뜻일 것이다. 많은 학자들이 이 숫자의 정확성을 부인하며 불가능한 일이라고 선언해왔지만, 다른 학자들은 그럴 가능성을 뒷받침하는 논리를 제시해왔다(Davis, *Moses and the Gods*, 154-156; Hamilton, *Exodus*, 194; Kaiser, "Exodus," 379을 보라). 예를 들어, 60만이라는 숫자는 "출애굽기 38:26, 민수기 1:46, 2:32(육십만 삼천오백오십), 11:21(육십만) 등 성경에서 꾸준히 재등장하며"(Hamilton, *Exodus*, 194), 이는 필사자의 오류나 히브리 숫자 체계를 오해했다는 주장을 반박한다. 또한 민수기 2:32처럼 더 구체적인 숫자를 언급하는 구절은 이를 반올림해 **육십만**이라는 숫자를 사용한 본문의 비문자적 해석이나 잘못된 해석을 반박한다. 또한 바로가 "이 백성 이스라엘 자손이 우리보다 많고 강하도다"(참고. 1:9)라고 말할 정도로 그들의 숫자가 많았다는 점도 지적할 수 있다. (일부 비평적 학자들의 주장처럼) 바로가 600 가정에 대해 그토록 염려했다고 보기는 어렵다.

'더 합리적으로' 숫자를 줄이려는 시도는 결국 본문이 분명하게 증언하는 데도 비판적인 학자가 타당하게 여길 만한 것을 기준으로 삼는 경우가 대다수이다. 그러나 이런 해석은 너무나도 주관적이며 성경적/역사적 서술에 대한 심각한 오독(과 전면적인 부인)으로 이어진다. 이스라엘 민족이 애굽에서 (400년 이상) 머물렀음을 감안하면 그들의 수가 250만을 넘을 정도로 늘어났다고 가정하는 것은 불합리하지 않다. 그리고 두 번째 세대의 수가 60만 1,730 가정이었음을 감안하면(민 26:51) 여기에 제시된 숫자가 정확하다고 인정하는 것이 가장 합리적으로 보인다.

이스라엘 민족과 더불어 **수많은 잡족**['*ereb rab*, 에레브 라브]이 있었다. 이는 아마도 노예살이를 하던 다른 민족들과 "히브리인들의 하나님이 보여주신 권능에 감동받은" 애굽 사람들을 가리킬 것이다(Davis, *Moses and the Gods*, 156). 일부는 이스라엘의 신앙을 받아들인 진실된 개종자들이었지만, 다수는 그렇지 않았으며 이들은 나중에 모세와 민족에게 골칫거리가 되었다(참고. 민 11:4).

4. 요약: 속박의 시간(12:40-41)

12:40-41. 본문에서는 애굽에서 머문 햇수가 430년이었다고 말한다(12:41). 어떤 이들은 이 숫자와 창세기 15:13에서 아브람에게 주신 약속과 예언의 숫자 사이에 모순이 있다고 주장해왔다. 창세기에서는 400년 동안 머물 것이라고 말했다. 창세기 15:13에 기록된 시간은 반올림하여 어림잡은 숫자였을 가능성이 높다(아브람이 이 언약의 핵심을 이해하기 위해 더 정확한 숫자를 굳이 알아야 필요는 없었다). 이 구절(출 12:41)에서는 역사적으로 정확한 숫자를 제시한다(여기에서는 애굽의 속박이 실제로 종식된 시점에서 이야기를 마무리하기 때문에 정확한 숫자를 제시하는 것이 당연할지도 모른다).

5. 외국인과 이방인, 유월절에 관한 명령(12:42-51)

12:42-51. 이 명령은 참되신 주 하나님과 애굽의 거짓 신들 사이의 대결을 감안할 때 예상될 수 있었던 상황, 즉 이스라엘 가정에 속해 있거나 그들과 함께 떠나기를 바랐던 타국인들(즉, 파멸을 피하고 싶어서 유월절에 참여하고 이스라엘 민족과 함께 떠나고 싶어 했던 애굽 사람들)을 어떻게 대할 것인가에 관한 문제를 다룬다. 이 명령에서는 그런 사람들이 할례를 받아야 하며 **본토인과 같이** 되어야 한다고 규정한다(12:48). 유월절 예식 전체는 해방과 보호와 구원이 유월절 양의 피 아래로 들어온 사람들에게 주어진다는 점을 분명히 말해주었지만, 또한 와서 믿고 복종하고 순종하는 사람은 누구나 환영을 받으며 그들 역시 구원을 받을 것이라고 약속한다. 이는 출애굽에 참여한 세대에만 적

용되지 않으며 출애굽기를 읽은 세대, 즉 거룩한 땅을 정복하고 그 안에서 살아갈 세대에게도 그대로 적용되는 말씀이었다.

6. 장자의 성별(13:1-16)

13:1-16. 하나님이 이스라엘 민족에게 (이 세대와 미래 세대를 위해) 이와 같이 명령하신 목적은, 이 민족에게 출애굽과 유월절 사건을 각인시키기 위함이었다(13:3b-4). 하나님은 모세에게 말씀하셨고, 모세는 백성에게 **기념**하라고 명령했다(13:3). 아마도 모세는 유월절에 관한 명령을 주면서(12장) 동시에 이 명령도 주었을 것이다. 일단 민족이 **그 땅**에 들어간 후 이를 기념해야 했다(13:5). 이를 통해 다시 한 번 출애굽이 목적(이 민족이 약속의 땅을 차지할 수 있게 하려는)을 위한 수단임을 분명히 했다(참고. 3:8, 17; 창 15:13-21). 이들은 지정된 시간, 즉 **아빕월 이날에**(13:4) **해마다 절기가 되면**(13:10) 이를 기념해야 했다. 또한 각 가정 단위로 이를 기념해야 했다(13:8, 14).

더 나아가 모세는 어떻게 기념해야 하는지 설명했다. 기념하기 위해서는 세 가지 수단(특히 세 가지 기억을 돕는 장치)이 있어야 했다. 첫째, 그들은 장자를 바쳐야 했다(**거룩히 구별하여 내게 돌리라**, 13:2; **구별하여 여호와께 돌리라**, 13:12). 제사를 통해 이를 이행하거나 적절하게 주를 섬기도록 장자를 내어줄 수도 있다(13:13). 물론 이것은 애굽에 내렸던 마지막 심판(장자의 죽음)과 하나님이 (유월절 양을 통해) 장자를 보호하신 것을 상기시켰다. 또한 모든 아들과 딸(사실 모든 사람)과 모든 생명(모든 동물)이 다 주께 속한 것임을 보여주기 위함이었다. 장자의 우선성은 주께 하는 헌신의 우선성을 의미했다(Davis, *Moses and the Gods*, 161을 보라).

둘째, 무교병에 대한 추가적인 명령이 있었다(13:3, 6-7), 이는 주에 대한 헌신이 그들의 삶을 인도하고 다른 이들에게 그런 헌신을 보여주어야 한다는 것을 다시 한 번 그들에게 상기시키기 위함이었다. 누룩의 은유는 두루 퍼지는 영향력을 상징한다. 누룩이 빵 전체에 두루 퍼져 영향을 미치듯이, 백성이 주께 온전히 헌신하고자 한다면 거룩하지 않은 영향력이라는 누룩은 제거되어야만 했다.

셋째, 더 잘 기억하기 위해서 손에 **기호**와 이마에(문자적으로 '너의 눈 사이에') **표**를 그려야 했다. 어떤 이들은 이것을 비유적인 의미(잠 3:3; 6:21을 보라)로 받아들이지만 유대 민족은 이것을 문자적으로 받아들였으며 성구함(phylacteries, 이 용어는 이마에 두르는 띠와 비슷한 무언가를 가리킨다. 이것이 13:16에서 의미하는 바인 듯하다)을 사용하기 시작했다. 이것은 성경 구절을 적은 양피지가 든 작은 가죽 상자로서, 그들이 이 사건들과 그 의미를 되새길 수 있도록 가죽띠로 머리와 팔에 부착했다. 이는 해야 할 중요한 일을 기억하기 위해 "손가락에 끈을 묶는다"(frontlet bands)라는 현대 영어의 표현과도 유사하다.

마지막으로, 모세는 그들이 무엇을 기억해야 하는지를 분명히 해두었다. 그들은 **여호와께서 강하신 손으로 너를/우리를 애굽에서 인도하여내셨음**을 기억해야 했다(13:9, 16). 어떤 의미에서 이 구원은 단지 이것을 경험한 세대만을 위한 것이 아니라 모든 세대의 모든 이스라엘 사람을 위한 것이었다. 어떤 의미에서는 민족으로서 그들의 존재 자체가 이 위대한 구원으로 가능해졌다고 할 수 있다.

7. 홍해를 건너다(13:17-14:31)

이 극적인 단락에서는 이 구원의 세 단계를 묘사한다.

a. 1단계: 주께서 백성을 이끄시다(13:17-22)

13:17-20. 본문은 주께서 백성을 **블레셋 사람의 땅의 길**, 즉 해안가를 따라 난 길(이 북동쪽 길이 분명히 가장 빠른 길이었을 것이다)로 인도하지 않으셨다고 설명한다. 왜냐하면 블레셋 사람들(혹은 블레셋 이전의 '바다 민족들')이 있었으며 그런 이유로 오래도록 치열한 군사 작전을 펼쳐야 하기 때문이다(13:17). 그들은 **대열을 지어** 행진했다(13:18b). 이는 아마도 무기를 지닌 채, 어쩌면 군대 같은 대형을 이루었다는 뜻일 것이다(참고. 수 1:14; 4:12; 삿 7:11; 참고. Davis, *Moses and the Gods*, 164). 하지만 보기와는 달리 그들은 군사적 분쟁에 뛰어들 준비가 되지 않았다. 문제는 그들에게 무기가 없다는 것이 아니었다. 그들에게는 용기가 없었다. 즉, 그들은 싸움에 대한 확신이 불분명했고 주님을 굳건하게 신뢰하지 못했다. 정복에 나서기 전에 이 백성은 주님이 곧 행하실 일을 보아야 했다. 그들에게는 오직 율법만이 줄 수 있는 헌신과 응집력이 필요했다. 이 시점에 이스라엘 백성은 얼마 전까지 노

예였던 사람들이 느슨한 관계로 연결된 무리에 불과했다. 그들은 다가올 본격적인 싸움에 앞서 하나의 민족이 되어야 했다.

그래서 주님은 **홍해의 광야 길로 돌려 백성을 인도하셨고**(13:18a) 그들이 **숙곳을 떠나서 광야 끝 에담에 장막을 치**게 하셨다(13:20). 이 장소들의 정확한 위치는 알려지지 않았지만(카이저는 몇몇 제안을 열거하지만 "모두가 추측하고 있을 뿐이다!"라고 결론을 내린다. 참고. Kaiser, "Exodus," 385; Kitchen, *Reliability of the OT*, 256-260을 보라), 이동 경로가 남남동 방향 애굽 동부 국경의 사막 지역 쪽이었다고 추측된다.

이 기록의 저자는 이들 장소가 어디에 있는지를 알고 있었으며 이렇게 자세히 기록함으로써 이 기록의 역사성을 뒷받침하는 증거를 제시하려 했음이 분명하다(참고. Davis, *Moses and the Gods*, 168). **홍해**[*yam-suph*, 얌 수프]는 파피루스 늪을 뜻하는 '갈대 바다'로 번역할 수 있다. 키친은 "확장된 용례"에서 이 용어는 "수에즈만과 아카바만"에도 적용되며 그럴 경우 얌 수프는 구체적인 장소를 뜻하기보다는 수에즈만에서 끝나는 "일련의 길게 뻗어 있으며 군데군데 소금기 많은 물"로 이루어진 "북쪽에서 남쪽까지" 이어지는 지역을 가리키는 것으로 볼 수 있다고 지적했다(참고. Kitchen, *Reliability of the OT*, 262-263).

홍해를 어디에서 건넜는지 그 정확한 위치에 관해서 데이비스는 네 가지 견해를 말한다. 그중 하나는 "팀사호나 현재의 멘잘레호 남쪽 연장 구역" 근처에서 건넜다는 것이다(Davis, *Moses and the Gods*, 176. 이 견해는 애굽 문헌에서 이 지역을 얌 수프로 지칭한다는 점에 근거를 둔다). 그러나 앞서 지적했듯이 얌 수프는 늪처럼 생긴 몇몇 물길을 지칭하는 말로 쓰였다. 또 다른 견해는 나일강 삼각주 북동쪽 지역으로 건넜다는 것인데, 이곳은 하나님이 금지하신 **블레셋 사람의 땅의 길**(13:17)에 해당하며 사실 이스라엘 사람들이 갔다고 알려진 장소인 마라(15:22, 23을 보라)를 기준으로 삼아도 잘못된 방향에 자리 잡고 있다. 세 번째 견해는 훨씬 더 남쪽인 수에즈만의 북쪽 끝에서 건넜다는 것이다. 하지만 이곳으로 건너면 건넌 후에 (분명히 이스라엘 사람들이 갔던 곳인 시나이반도의 북서쪽 지역에 있는) 수르 광야(15:22을 보라)에 이를 수가 없다. 네

네 가지 출애굽 예상 경로

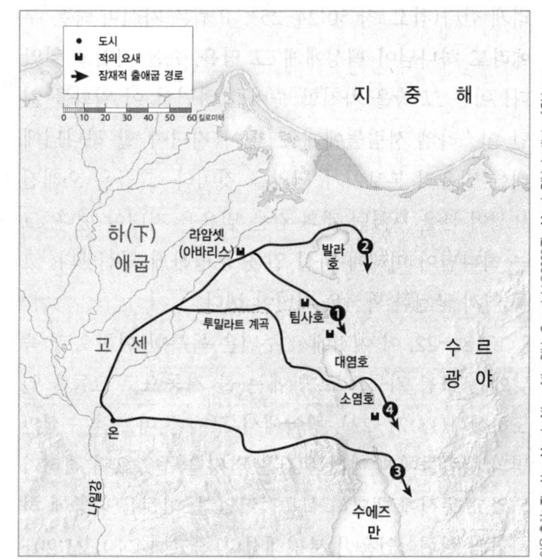

인용 출처: *The New Moody Atlas of the Bible*. Copyright ©2009 The Moody Bible Institute of Chicago.

번째 견해는 이른바 대염호 지역에서 건넜다는 것이다. 이곳은 늪지대이기 때문에 얌 수프라고 부르기 적합한 지역이며 수르 광야의 바로 건너편에 있다. 이 지역에서 건넜을 경우 그로부터 3일 안에 마라에 쉽게 도달할 수 있었을 것이다(15:22-23).

물론 비판적인 학자들은 다섯 번째 견해를 주장한다. 즉, 이 사건은 결코 일어나지 않았으며 하나님의 구원에 관한 신화로 읽어야 한다는 것이다. 그러나 본문의 전반적인 의미와 정확한 이름과 장소를 고려할 때, 저자는 독자들에게 이것이 역사적 서사임을 알려주고 싶어 한 것이 분명하다. 그리고 오스왈트(Oswalt)가 주장했듯이, 만약 이것이 역사적 사건이 아니고 저자가 기록한 대로 일어나지 않았다면 "우리는 이스라엘이 자신들의 역사를 이야기하기 위해 어째서 이렇게 독특한 역사적 허구를 만들어냈는지를 설명해야만 한다"[John N. Oswalt, *The Bible Among the Myths* (Grand Rapids, MI: Zondervan, 2009), 150].

요약하자면 정확한 위치는 논란이 되고 있지만 얌 수프는 **홍해**의 일부를 가리킨다고 볼 수 있다. 적어도 "그 어떤 것도 얌 수프를 홍해와 연결시키지 못하게 막지는 않는다"(Kaiser, "Exodus," 384). 따라서 첫째나 셋째 견해가 가장 설득력이 있어 보인다.

요셉의 유골에 대한 언급(13:19)은 하나님의 약속

에 대한 요셉의 믿음을 보여주는, 요셉의 요청을 떠올리게 한다(참고. 창 50:24-25). 요셉은 자신이 죽은 후에라도 하나님이 백성에게 그 땅을 주실 것임을 알았다! 이는 그 땅을 차지할 준비를 하면서 이 일화를 읽던 이스라엘 사람들에게, 그들이 지녀야 할 하나님에 대한 믿음의 본보기가 되었을 것이다. 그들은 오래전 요셉이 본을 보였던 것과 같은 믿음을 지녀야 했다. 그는 하나님이 미래에 하실 일을 분명하게 확신했다. 그들 역시 굳건한 확신을 지녀야 했다.

13:21-22. 이 여정에서 주님은 독특한 현현으로, 즉 **낮에는 구름 기둥으로, 밤에는 불 기둥으로** 그들을 인도하셨다(13:21-22). 광야에서 모세를 따르던 수십만 명의 사람들에게 이것은 깊은 감명을 주었으며 격려가 되었고 동시에 대단히 실용적이었다. 이것은 나중에 하나님의 현현이었음이 분명해졌다[참고. 14:19; 23:20-23. 이런 놀라운 현현은 대개 하나님의 임재(즉, 쉐키나 영광)를 묘사한다]. 이를 볼 때마다 백성은 하나님이 언제나 그들과 함께하심을 떠올렸을 것이다. 이는 그들을 고무시켰을 것이며, 그분이 그들을 안전하게 지키시고 인도하신다고 확신하게 만들었을 것이다. 아마도 그들이 출애굽 이후 예상하지 못한 방향으로 이동했음에도 아무도 이의를 제기하지 않았던 것은 바로 이런 이유 때문이었을 것이다.

b. 2단계: 바로가 백성을 뒤쫓다(14:1-12)

14:1-4. 하나님은 앞으로 일어날 사건에 대해 간략히 설명하셨다(14:1-4). **장막을 치게 하라…바로가…말하기를…내가 바로의 마음을 완악하게 한즉 바로가 그들의 뒤를 따르리니…내가…영광을 얻어…애굽 사람들이…알게 하리라. 비하히롯**과 **믹돌**[문자적으로, '탑']의 정확한 위치는 알려지지 않았지만 이곳이 **바다와 믹돌 사이**에 있었다는(14:2) 추론은 합리적이다. 이곳에 진을 쳤다면 바다에 가로막혀 있었으므로 그들은 도망칠 곳이 없었을 것이다. 군사적인 관점에서 이 지역은 방어할 수 있는 곳이 아니었다. 바로가 보기에 그들은 목적지도 모른 채 방황하다가 덫에 **갇힌** 것이나 마찬가지였다(14:3). 백성은 갇힌 것처럼 보였을지도 모르지만 주님은 바로를 덫에 빠뜨릴 계획을 세우셨다. 마음이 완악해지고(7:3에 대한 주석을 보라) 교만한 왕은 백성을 뒤쫓을 것이지만 주께 파괴되고 말 것이다. 따라서 하나님은 **바로로 말미암아** 영광을 받으실 것이다(14:4a). 그가 패배한 후 모두가 하나님이 **여호와인 줄** 알 것이기 때문이다(14:4b; 롬 9:17-18, 23에 대한 주석을 보라).

14:5-9. 마지막 심판의 충격이 잦아들자 바로와 그의 신하들(사실상 모든 애굽 사람들)의 **마음이 변했**다(14:5). 그들은 자신들의 노예가 탈출하도록 허락한 것을 후회했으며 병거로 그들을 추격할 계획을 세웠다(14:5b-6, 9). 바로가 동원한 병거의 수(**선발된 병거 육백 대와 애굽의 모든 병거를 동원하니 지휘관들이 다 거느렸더라**)는 그가 완벽하게 승리하고자 했음을 보여준다. 병거는 고대에 도저히 무너뜨릴 수 없어 보이는 무기였으며 애굽의 힘과 능력을 상징했다. 여기에서 병거를 강조하는 목적은 하나님의 능력과 바로의 능력을 대조하기 위해서이다. 이 거대하고도 강력한 군대는 아이러니하게도 바람과 물이라는 단순한 요소로만 구성된 주의 능력으로 순식간에 사라져버리고 말 것이다.

14:10-12. 처음에 **이스라엘 자손**은 의기양양하며 자신감이 넘치는 태도로 **담대히**[문자적으로, '제멋대로'] **나갔**다. 하지만 **바로가 가까이** 오자 그들은 **심히 두려워하며 여호와께 부르짖었**다(14:10). 이런 반응은 이해할 만하지만 이어서 그들이 한 말은 그들의 믿음이 연약하고 성숙하지 못함을 드러냈다. "신랄하게 비꼬는 말투"로(Davis, *Moses and the Gods*, 169) 그들은 "**애굽에 매장지가 없느냐?**"라며 원망했다. 그들은 "만약 우리를 죽이려고 했다면 애굽에는 분명히 수많은 무덤이 있으니 거기서 죽이는 게 훨씬 더 쉬웠을 것이다"라고 말하는 셈이다. 다시 말해 그들은 자기들이 이제 곧 광야에서 죽을 것이며 광야에서 바로의 손에 죽을 바에는 차라리 다시 바로의 노예로 사는 편이 더 낫겠다고 생각한 것이다(14:11-12). 그들은 불과 얼마 전에 하나님의 능력이 위대하게 드러나는 것을 목격했음에도, 그 순간에 느낀 두려움 때문에 그것을 잊은 채 용기를 잃어버리고 말았다. 그들은 (인간적 관점에서는 분명히 나빠 보였던) 외부 환경과 (확실히 보잘것없었던) 자신의 자원에 기초해 사건의 결과를 예측하고 있었다.

c. 3단계: 주께서 백성을 보존하시다(14:13-31)

14:13-15. 모세의 반응은 이 사건들 때문이 아니라 하나님을 아는 지식 때문에 그가 변화되었음을 보여준다. 그는 그들이 최근에 경험한 모든 사건들, 심판, 능력의 나타남을 되풀이해서 말하지 않았다. 그는 그저 백성에게 **두려워하지 말라**고 명령했다(14:13a). 그들에게 싸울 준비를 명하지 않고 **가만히 서서**[문자적으로, '굳게 서서'] **보라**고 말했다(14:13b). 그리고 그들에게 말하기를 그치라고 했다(14:14b). 이는 어쩌면 말을 함으로써 더욱 두려움에 빠지는 것을 막기 위함이었을 것이다. 지난번에 백성이 낙심했을 때(참고. 5:20-21) 모세도 그들처럼 낙담했음을 떠올렸을지도 모른다(참고. 5:22-23). 하지만 이번에 그는 바로한테서 눈길을 돌려 주의 말씀을 기억했다. 모세는 백성에게 **여호와께서 너희를 위하여 싸우**실 것이며(14:14) 그들은 그분의 구원을 볼 것이고 그날 이후로 더 이상 애굽 사람들을 보지 않을 것이라고 말했다(14:13b). 그렇다고 해서 그들이 움직이지 않고 그대로 있어야 한다는 말은 아니었다. 그들은 **앞으로 나아가**야 했지만(14:15b) 이 싸움은 주의 것이었다.

14:16-20. 본문에서 간략히 묘사했지만 이 극적인 사건이 실제로 일어나기까지는 어느 정도 시간이 걸렸을 것이다. 첫째, 모세는 부적합해 보이며 예상 밖의 행동을 하라는 명령을 받았다. 그는 지팡이를 **바다 위로** 들어 **그것이 갈라지게 하**고 그렇게 함으로써 백성이 바다 가운데서 마른땅으로 걸어가는, 전혀 예상하지 못했던 방법으로 백성들을 탈출시켜야 했다(14:16b). 다시 한 번 주님은 그분의 계획과 애굽 사람들에 대한 계획을 말씀하셨다(14:17-18; 참고. 3:4). 그러는 사이에 **구름 기둥**[즉, 연기와 불, 참고. 13:21-22]의 모습으로 나타난 하나님의 사자가 애굽 사람들이 다가오지 못하도록 후방을 막아주었고, 덕분에 백성은 바다를 건너 탈출하기에 충분한 시간을 벌 수 있었다(14:19-20).

14:21-29. 그런 다음 모세는 극적인 행동으로 **손을 내밀**었고 **여호와께서 큰 동풍**으로 **바닷물을 물러가게 하시니**[문자적으로, '가게 하시니'] **바다가 마른 땅이** 되었으며 **물은 벽이 되**었다(14:21-22, 29; 참고. 시 78:13). 이 사건 전체는 회의론자들이 종종 주장하듯이 호수에 갑자기 물이 빠지거나, 자연적으로 바람이 불거나, 물 표면이 얼거나 굳은 현상으로 이해하기보다는 초자연적인 사건으로 이해하는 것이 타당하다(참고. Davis, *Moses and the Gods*, 171-175).

애굽 사람들이 추격하려 했을 때(14:23) 하나님은 **애굽 군대를 어지럽게 하**셨으며(24절, 그때는 **새벽**으로 해가 뜨기 직전 밤의 마지막 시각이었다) 그 결과 그들이 보유한 무기 중 가장 좋고 강력한 장비였던 병거가 전적으로 쓸모없게 되었다(14:25a). 이제 애굽 사람들은 용기를 잃고 **여호와가 그들을 위하여 싸우**고 계심을 인정했다(14:25). 그들은 퇴각하려고 했지만 때는 이미 늦었다. 이스라엘을 구원했던 현상이 역전되었다. **새벽**녘에 모세는 지팡이를 들어 물이 제자리로 돌아오게 했으며(14:27a) 애굽 군대는 전멸하고 말았다(14:27b-28). 많은 비평적 학자들이 주장하듯이 만약 기적이 전혀 일어나지 않은 채로 이스라엘 사람들이 무릎 깊이의 물을 건너서 탈출했다면, 오히려 애굽의 병사들이 그런 얕은 물에 빠져 죽은 것이 기적이었을 것이다.

14:30-31. 요약하는 구절(14:30-31)은 위대한 사건이 일어나기 직전 백성이 표현한 두려움과 불평과 날카로운 대조를 이룬다. 여기에서 초점은 **이스라엘**에 맞춰져 있다. 그들이 이곳에 올 때는 속박에서 구원을 받은 '사람들'에 불과했지만 이제 그들은 적이 철저히 패배하는 것을 지켜본, 단합된 민족으로 서 있었다. 그들은 더 이상 바로를 두려워할 필요가 없었다. 백성은 **여호와를 경외하며 여호와와 그의 종 모세를 믿었다**(14:31).

8. 해방과 보존에 대한 찬양: 모세의 노래 (15:1-21)

15:1-21. 출애굽 서사 안에 삽입된 이른바 '모세의 노래'는 이스라엘 민족이 바다를 건너게 하신 하나님의 위대한 구원 사건을 기념하고 기뻐하는 찬양시이다. 이 시는 앞 장에서 서술된 역사적 사건을 시적으로 다시 이야기한다. 아마도 모세의 생애에서 훨씬 더 늦게 쓰였으며 (아마 모세 자신에 의해) 이 책의 후기 판본에 이르러 이 부분에 배치되었을 것이다. 15절에서 에돔과 모압을 언급하는 것을 통해 이런 추론을 할 수 있다. 왜냐하면 이 민족들은 훨씬 나중에 이르러서야 이스라엘 민족의 이야기나 경험담에 등장하기 때문이다(참고. 민

20:14 이하; 22:1; 26:3). 데이비스는 이 노래가 "이후의 모든 찬양에 대한 영적, 신학적 기준을 마련했다"라고 지적한다(Davis, *Moses and the Gods*, 183).

이 시는 네 가지 주요 주제를 포함한다. (1) 애굽 사람들에게 승리하신 주님에 대한 찬양(15:1-3, 6-8, 11-13, 21), (2) 주님이 애굽 사람들을 물리치신 것에 대한 기쁨(15:4-5, 9-10), (3) 열방에 대한 경고(15:14-16a, b), (4) 주님이 민족에 대한 약속을 성취하실 것이라는 기대(15:16c, d-17). 이 시는 주의 원수와 주의 속성에 관해 이야기한다. 약속의 땅에 들어가 그곳을 차지하기 위해 싸울 준비를 하던 출애굽기 독자들은 네 주제 모두가 시의적절하다고 생각했을 것이다.

이 노래의 내용은 주의 대적, 그분의 속성과 구원을 묘사한다. 먼저 이 노래는 주의 원수를 이야기한다. 그들은 병거와 군대를 갖고 있기 때문에 참으로 강력했다(15:4). 하지만 교만하게도 그들은 자신들이 이길 것이라고 확신했다(15:9a). 결국 애굽의 병사들은 철저히 패했다(15:5b, 10b). 그리고 주의 원수들은 모두 그렇게 될 것이다. 그들은 납처럼 가라앉고 멸망을 당했다(15:10b). 따라서 주의 원수들은 두려워해야 하지만(15:14-16) 그렇게 하지 않는다. 결국 그들은 멸망을 당할 것이다.

다음으로, 이 노래는 주의 속성을 이야기한다. 그분은 '초월적'인 분이다. **여호와여 신 중에 주와 같은 자가 누구니이까**라는 수사적 물음(15:11a)은 '그 누구도 그분과 같지 않다'는 분명한 대답으로 이어진다. 그분은 거룩하시다(15:11b). 그분은 **거룩함으로 영광스러우**시다. 그분은 전능하시고, 원수와 자연현상과 환경을 다스리며, 그런 능력으로 그분의 백성을 위해 싸우신다(15:3, 6, 8a; 15:10a, 12).

그분은 '관계를 맺으시는' 하나님이다(15:2). 시를 지은 사람은 **여호와는 나의 힘이요 노래시며 나의 구원이시로다 그는 나의 하나님이시니 내가 그를 찬송할 것이요 내 아버지의 하나님이시니 내가 그를 높이리로다**라고 확신 있게 말할 수 있다. 여기에서 1인칭 단수 대명사는 민족 전체에 적용되며, 민족 전체를 대변해서 이 말을 하는 것으로 이해해야 한다. 하지만 이는 각 사람이 할 수 있는 말이기도 하다. 왜냐하면 하나님은 자기 백성의 삶 속에서 인격적으로 활동하시기 때문이다(15:13). 그분은 약속을 지키시는 하나님이며(15:17), 주님이다. 그분은 **영원무궁하도록 다스리실** 것이다(18절; 시 10:16; 29:10; 146:10; 계 11:15을 보라). 종말에는 최후의 궁극적 승리가 찾아올 것이다.

마지막으로, 이 노래는 이스라엘을 구원하신 주를 이야기한다. 출애굽 사건을 간략하게 묘사한 구절(사실상 세 번째 재진술, 15:19)이 뒤따른다. **선지자 미리암**(15:20-21; 참고. 민 12:2)이 등장하는 축제가 묘사된다. 미리암은 성경에서 여선지자로 불린 첫 번째 여자이다(참고. 드보라, 삿 4:4; 훌다, 왕하 22:14; 안나, 눅 2:36; 빌립의 딸, 행 21:9). 당시의 문화와는 달리 이스라엘에서 여성은 중대한 특권과 의무를 부여받았으며 주에 대한 헌신과 봉사로 큰 영예를 누렸다.

모세의 노래와 더불어 이 장면에서는 "남자들과 여자들이 함께 참여하는 공동체의 행사"를 묘사한다. "공동체가 같은 노래를 부르며 기뻐할 때 강력한 유대감이 생겨난다. 이 두 사람(모세와 미리암)의 지도력에서…상호 보완성은 공동체 전체의 일치와 효율성을 위한 핵심 본보기 역할을 한다"(Hamilton, *Exodus*, 235). 미리암이 90세에 가까웠을 테지만 그녀는 놀랍게도 춤을 추며 **소고**[아마도 손가락에 끼우는 작은 심벌즈]를 연주했다.

G. 홍해부터 시내까지의 여정 1부(15:22-17:7)

바다로부터 시내산까지의 여정에서는 백성의 불평과 하나님의 공급하심에 초점을 맞춘다. 백성은 물 때문에 불평했다(15:22-27). 또한 그들은 음식 때문에 불평했다(16:1-12). 그런 다음 그들은 다시 물 때문에 불평했다(17:1-7).

15:22-27. 그들은 바다를 건넌 지 고작 사흘밖에 되지 않았는데 벌써 불평하기 시작했다(15:22). 불평을 한 이유는 물 때문이었다. 사실 물 부족은 많은 사람들이 사막에서 살 때 심각한 문제였다. 그들은 **마라**[히브리어로 '쓰다'라는 뜻]에서 물을 찾았지만 마실 수가 없었다(15:23). 아마도 미네랄 성분이 너무 많았거나 아니면 깨끗하지 않았기 때문일 것이다. 하나님은 모세의 기도에 응답하시며(15:25a) 특별한 나무를 사용하심으로써 그 물을 마실 수 있는 물로 바꾸어주셨다. 더러운 물을 깨끗하게 만들거나 광물 성분을 걸러주는 기능이 있다고 알려진 나무는 없다. 이 사건은 보이는 그대로

이해해야 한다. 즉, 이것은 주의 공급하심을 보여주는 기적이었다.

광야 여정을 시작하면서 이스라엘 민족은 식량 문제, 특히 물 부족이라는 문제를 예상했을 것이다. 이것은 주님이 미리 내다보지 못하셨던 문제가 아니었다. 그분은 이 사건을, 백성을 가르치고 시험하는 기회로 삼고자 하셨다. **여호와께서…그들을 시험하실새**(15:25c). 여기에서 '시험'이라는 단어는 무언가의 '가치를 증명하다', 무언가의 '자격을 검증하다'라는 뜻을 담고 있다. 주님은 그들이 실패하게 만들려고 하지 않으셨다. 오히려 훈련과 시험의 과정으로서 공급하심의 필요성은 백성에게 그들의 믿음을 검증할 수 있는 기회를 주었다. 사실 이를 통해 그들은 하나님이 재앙에서 그들을 건지고 바다를 가르신 후 날마다 그들의 필요를 채워주실 분이 되실 것임을 기억해야 했다(정복을 시작하는 시점에서 모세의 독자들 역시 이에 대해 새로운 확신을 갖게 되었을 것이다). 그러나 그분은 이런 일상적 필요를 채워주심으로써 **너희 하나님 나 여호와의 말을 들어 순종하고 내가 보기에 의를 행**해야 함을 되새길 수 있기를 바라셨다(15:26a). 하나님이 '특별한' 방식으로 공급하신 목적은 그분의 **모든 규례를 지켜**야 할 일상적인 의무를 백성에게 상기시키기 위함이었다(15:26b). 이 사건 직후 그들은 물이 풍부한 곳(**엘림**, 수에즈 남동쪽으로 약 96킬로미터 떨어져 있는 오아시스로서 지금은 와디 가란델이라 불린다)에 도착했다(15:27).

16:1-12. 두 번째 불평은 바다를 건넌 지 한 달도 되지 않아서 일어났으며(16:1), 이번에는 음식이 문제였다(16:3). 다시 한 번 하나님은 모세에게 이것이 시험이라고 설명하셨다. **내가 시험하리라**(16:4). 물의 경우와 마찬가지로, 날마다 만나를 공급하신 목적은 그들을 **애굽 땅에서 인도하여내**신(16:6) 바로 그 주님이 그들의 필요를 채워주시는 분이심을 상기시키기 위함이었다(참고. 16:7, **너희가…보리니**; 16:12, **내가 여호와 너희의 하나님인 줄 알리라**). 동시에 하나님은 메추라기의 모습으로 **고기**[문자적으로 '살', 16:12-13]를 보내셨다(16:13; 참고. 시 78:27, "많은 고기를 비같이 내리시고"). 그들이 이 음식만 먹은 것은 아니다. 12:32, 38(참고. 17:3)에서는 그들이 양 떼와 소 떼를 몰고 나왔다고 지적했다. 따라서 그들에게는 먹을거리가 풍성했을 것이다. 그러나 만약 가축을 다 잡아먹는다면 약속의 땅에 정착한 후 그곳에서 기를 가축이 없을 것이다.

이 음식은 날마다 주어졌다. 이렇게 음식을 특별하고 규칙적으로 공급하신 목적은 그들로 하여금 하나님이 보시기에 **의를 행**하고(참고. 15:26) 그분의 **율법을 준행**해야 함(16:4)을 상기시키기 위함이었다. 날마다 이 식량을 모으면서 그들은 감사한 마음으로 겸손히 주님의 공급하심을 인정하거나 아니면 아무 생각 없이 이기적으로 그 음식을 먹었을 것이다. 만약 날마다 주의 공급하심을 인정했다면 그들은 자연히 주의 계명과 규례를 인정하고 순종했을 것이다. 하지만 이 음식이 어디에서 왔는지 아무런 관심이 없었다면 **내 율법을 준행하**라는 주의 명령에도 관심을 기울이지 않았을 것이다. 백성의 계속되는 불평에도(16:2, 7) 주님은 은혜롭게 자기 백성의 필요를 채워주셨다.

16:13-36. 불평에 관한 이야기들 사이에 만나를 다룬 긴 구절이 포함되어 있다. 많은 이들이 만나를 자연적 현상으로 설명해보려고 시도했지만, 그들의 노력은 실패했다. 여기에 묘사된 음식의 양과 질을 고려하면, 만나는 바위와 나무 위에 자라는 지의(地衣, 곰팡이 같은 유기체)나 나무껍질, 어린 가지, 잎, 그 지역에서 자라는 식물[예를 들면, 위성류(渭城柳)]의 수액과는 전혀 비슷하지 않다. "구약에 이렇게 수없이 언급된 현상을 설명하는 데 이토록 많은 지면이 할애되었다는 사실 자체가 이것이 초자연적 현상이었음을 말해준다"(Davis, *Moses and the Gods*, 192). "만나는 특별한 목적을 위해 기적적으로 창조된 독특한 물질로 이해해야 한다"(Kaiser, "Exodus," 403).

만나의 몇 가지 특징은 주목할 만하다. 첫째, 모세는 만나를 어떻게 발견했는지를 기록하고 특징을 묘사한다(16:13-15, 31). 만나는 이른 아침에 이슬과 함께 나타났다. 이슬이 마른 후에 보이는 **서리같이 가는** 것이었다. **깟씨같이 희고 맛은 꿀 섞은 과자 같았다.** 다시 말해서 익숙한 맛이었지만 그들이 먹어본 그 어떤 것과도 비슷한 맛은 아니었다. 그래서 그들은 **이것이 무엇이냐**라고 물었다. 히브리어에서 이 물음은 '만 후'(*man hu*)인데 이는 '만'(만나로 음역된 히브리어 단어)을 사용한 언어유희였다. 헬라어 구약성경(70인역)

에서는 '티 에스티 투토'(*ti esti touto*), 즉 '이것이 무엇인가?'라고 번역했다. 따라서 이 물질의 실제 이름은 말 그대로 '이것이 무엇이냐?'이다. 그들의 물음과 그에 대한 대답이 없다는 사실은, 만나가 자연에서 난 음식이 아님을 말해준다.

그런 다음 모세는 만나를 모으는 과정을 묘사했다(16:16-21). 그들이 만나를 모을 때 이 물질의 초자연적 성격이 훨씬 더 분명히 드러났다. 모든 사람은 **한 사람에 한 오멜**[약 2리터, 참고. 16:36]**씩 거두어야** 했다. 하지만 개인이 아무리 많이 모으더라도 모두가 충분히, 너무 많지도 적지도 않게 가졌다. 뿐만 아니라 아무도 하루에 이틀 치 분량을 모을 수는 없었다. 밤새 상해버리기 때문이다. 모두가 날마다 거두어야 했다. 물론 어떤 사람들은 더 많이 모으려고 했지만 이는 현명하지 못한 행동이었다. 왜냐하면 **벌레가 생기고 냄새가** 났기 때문이다(16:20). **모세가 그들에게 노**했다는 언급(16:20b)은 이런 간단한 지시마저 따르기를 거부하는 백성을 이끌면서 그가 느꼈을 좌절감을 말해준다. 이는 하나님이 이스라엘에게 날마다 그분께 의지해야 함을 가르치려고 하셨음을—예수님이 그분을 따르는 이들에게 "오늘 우리에게 일용할 양식을 주시옵고"라고 기도하라고 가르치신 것처럼(마 6:11)—말해준다.

또한 안식일과 만나에 관한 특별한 명령이 있었다(16:22-30). 안식일에 거둘 필요가 없도록 그들은 여섯째 날에 평소보다 두 배 많은 양을 거두어야 했다(16:22a, 25-26). 모세는 지도자들에게(16:22b-23a) 안식일에 필요한 모든 것을 여섯째 날에 준비하라고 말했다(16:23). 다른 날에 모은 여분과 다르게 여섯째 날에 모은 만나는 일곱째 날인 안식일에도 온전했다(16:24). 역시나 어떤 이들은 안식일에 밖으로 나가 만나를 거두려고 했지만, 아무것도 없음을 깨닫고 실망했다(16:27). 사람들이 명령을 따르지 않자 이번에는 하나님이 실망감을 표현하셨다. 주님은 안식일의 중요성과 특권에 대해 다시 한 번 설명하셨다(16:28-30).

이 보충 해설의 마지막 구절들(16:32-36)은 어떻게 기념할 것인가에 관한 기록이다. 이 단락은 모세가 땅을 정복하기 직전에 오경을 완성했음을 입증한다. 40년 동안의 광야 생활을 언급하기 때문이다(16:35). 모세는 이 민족이 주의 공급하심을 기억할 수 있도록 만나의 일부를 보존했다. 나중에 이것은 언약궤 안 **증거판 앞에** 두었다(16:34). 이것을 통해 이후의 세대는 만나가 그저 그것을 먹었던 이들에게 주어진 음식이 아니었음을 기억해야 했다. 만나가 없었다면 출애굽 세대는 살아남지 못했을 것이다. 그 세대가 살아남지 못했다면 만나를 보기만 했던 이후의 세대 역시 존재하지 않았을 것이다. 그들은 "이것이 무엇이냐?"가 이후 세대의 삶도 가능하게 했음을 기억해야 했다. 만나는 주님이 단지 그들의 필요를 채우기 위해서가 아니라 백성에게 주신 약속을 성취할 수 있도록 그들을 보존하기 위해서 선택하신 수단이었다.

17:1-7. 세 번째 불평은 다시 한 번 물에 관한 것이었다. 여기에서는 상황이 약간 달랐다. 이번에는 백성이 주를 시험하는 것처럼 보이기 때문이다(17:2b, 7을 보라. **너희가 어찌하여 여호와를 시험하느냐**). 여기에서 시험은 도전의 의미를 가지고 있다. 그들은 하나님께 물을 공급해보라고 도전했으며, 모세가 목숨의 위협을 느낄 정도로 그의 지도력에 도전했다(17:4). 하나님이 그들에게 물을 주셨고 모세의 지도력도 회복시켜 주셨지만, 이 유감스러운 사건은 이 장소에 부여된 두 이름, 즉 **맛사**와 **므리바**[문자적으로 '시험'과 '다툼']로 기억되었으며, 이것은 백성에게 그들의 행동이 부적절했으며 그분의 시험을 통과하기까지 가야 할 길이 멀었음을 상기시켰다. 민수기 20:8과 달리 여기에서는 하나님이 모세에게 **반석을 치라**고 명령하셨다(17:6)는 사실은 주목할 만하다(그 본문에 대한 주석을 보라).

H. 홍해부터 시내까지의 여정 2부(17:8-18:27)

1. 아말렉과의 전쟁(17:8-16)

17:8-16. 아말렉이 에서의 후손이라는 사실 말고는(참고. 창 36:12) 그들이 정확히 누구인지, 왜 이 시점에서 이스라엘 민족에게 맞섰는지는 명확하지 않다. 그들은 이스라엘 역사에서 몇 차례 더 등장한다(참고. 신 25:17-18; 민 14:43-45; 삼상 15:2-9; 30:1-20). 이스라엘 민족의 장군(17:9)이자 모세의 부관(참고. 24:13; 32:17; 33:11; 수 1:1)이었던 여호수아가 여기에서 처음으로 언급된다. 모세가 그에게 명령을 내렸고(17:9) **여호수아가 모세의 말대로 행**했다(17:10)는 사실을 주목해야 한다. 이것은 백성 전체와 대비를 이루는 순종의 본보기였다. 이 전투는 전세가 직접 싸움에 임한

사람들이 아니라, 말 그대로 그 모든 것 위에 있던 모세에게 달렸다는 점 때문에 더욱더 주목할 만하다. 물론 손을 드는 모세의 행동(17:11)은 단순히 싸우는 이들을 격려하기 위한 것이 아니었으며, 개인적인 중보의 문제도 아니었다. 이 행동은 군대의 승리가 주님의 변함없으심에 달렸다는 것을 상징적으로 보여주었다. 왜냐하면 승리한 후 기념으로 쌓은 제단의 이름이 **여호와 닛시**(17:15, '군기'나 '깃발' 또는 '문장'을 뜻한다), 즉 (모세의 팔이 아니라) '주께서 나의 깃발이시다'였기 때문이다. 주님은 용기와 힘의 원천이며, 따라서 승리를 거두신 분도 주님이었다.

2. 이드로와의 재회와 그의 조언(18:1-27)

18:1-12. 이 장은 모세가 아내와 아들들과 재회하는 장면으로 시작된다. 모세의 아들들의 이름은 그의 영적 경험을 반영한다. "게르솜은 '추방'이라는 뜻이며, 엘리에셀은 말 그대로 '나의 하나님이 도움이시다'라는 뜻이다"(Davis, *Moses and the Gods*, 197). 그 뒤로 모세가 장인과 재회하는 장면이 이어진다(18:5-12). 모세는 이드로를 대단히 존경했으며 아마도 그를 (어쩌면 창세기 14장의 멜기세덱이나 욥처럼) 참되신 하나님의 제사장으로 여겼을 것이다. 모세의 이야기는 이드로의 신앙을 확증해준다(18:11).

18:13-23. 모세의 일상을 관찰하던 이드로는 한 가지 문제를 발견했다. 모세는 주된 제사장(중보자)과 백성 전체를 위한 행정관(사사)의 역할을 동시에 하려고 했다. 백성은 영적인 문제(**하나님께 물으려고**, 18:15)가 있을 때도, 세속적인 문제(**재판**을 위해, 16절)가 있을 때도 모세에게 찾아왔다. 그 때문에 모세와 백성 모두 어려움을 느꼈다(18a절). 이드로의 질책은 단호했다. **네가 혼자 할 수 없으리라**(18:18b). 하지만 그는 해결책을 제시했다(18:19-23). 먼저 그는 모세에게 **하나님 앞에서 그 백성**의 대표자가 되라고 충고했다(18:19a). 이는 하나님 앞에서 '그들을 위해' 중보하고(18:19b) '그들에게' 하나님에 관해 가르치라는 뜻이었다(18:20). 그런 다음 모세에게 **능력 있는 사람들**, 섬김의 자격을 갖춘 사람들을 골라서(18:21) 이들과 재판 업무를 나누라고 충고했다(18:22-23). 그렇게 한다면 중대한 문제나 분쟁은 모세가 처리하지만, 사소한 문제들은 이 사람들과 당사자들이 이들의 감독 아래 스스로 해결할 수 있을 것이다(18:22). 이 충고는 모세에게 탁월한 통치 원리를 제공했을 뿐만 아니라, 모세가 영적 지도자의 역할에 전념할 수 있도록 해주었을 것이다(참고. 행 6장).

18:24-27. 모세는 이드로의 조언을 전적으로 수용했다. **모세가 자기 장인의 말을 듣고 그 모든 말대로 하여** 새로운 제도는 원활하게 시행되었으며, 이드로는 **자기 땅으로 떠났다**(27b절).

Ⅱ. 율법과 성막(19:1-40:38)

속박에서 구원을 받은 후 이스라엘 자손은 하나님께 시내산 언약을 받았다. 이것은 세 가지 영역, 즉 하나님과 관계를 맺으며 사는 삶, 하나님의 백성과 맺은 관계 속에서 사는 삶, 하나님께 드리는 참된 예배가 중심이 되는 삶에서 그들에게 주어진 복이었다.

A. 백성이 율법을 받을 준비를 하다(19:1-25)

1. 백성이 언약을 받아들이고 지킬 것을 다짐하다 (19:1-8)

19:1-2. 시내산 도착은 화려하지 않은 단순한 용어로 기록되어 있다. 민족이 애굽을 떠나 시내산까지 이르는 데는 석 달이 걸렸다. 출애굽기 19:1과 민수기 10:11을 비교해보면 백성이 시내산에서 11개월 동안 머문 것으로 보인다. "출애굽기 19:1-40:38과 레위기 1:1-27:34, 민수기 1:1-10:10에 기록된 모든 일은 하나님의 백성이 이 거룩한 곳에 머무는 동안에 일어났다"(Hamilton, *Exodus*, 291). 이는 "모세에게 익숙한 상황으로의 회귀"였다. 그는 "장엄하고 감동적인" 장소로 돌아왔다(Davis, *Moses and the Gods*, 202, 203). 하나님이 율법을 주신 위대한 사건이 주의를 산만하게 하는 요소도, 다른 어떤 연관성도, 세상의 그 어떤 것도 없는 곳에서 일어났음을 강조하기 위해서, **광야**라는 말이 반복된다. 이곳에는 주님 말고 정말 아무것도 없었다. 백성이 언약, 즉 수립될 관계에 집중할 수 있도록 다른 모든 요소는 배제되었다. 이것은 "히브리 역사에서 최고의 순간 중 하나였다"(Davis, *Moses and the Gods*, 202).

19:3-8. 이 단락은 언약 자체를 계시하며 표준적인 고대 근동의 종주권 조약, 즉 봉신과 주군이 맺은 조약 [J. W. Marshall, "Decalogue," in *Dictionary of the Old*

Testament Pentateuch, ed. T. Desmond Alexander and David W. Baker (Downers Grove, IL: InterVarsity: 2003), 173 이하를 보라]의 조항들을 반영한다. 이런 조약에는 표준 형식이 존재했다. '서문'('너희는 들으라. 너희는 들으라', 19:3), 봉신과 주군이 맺은 관계의 '역사'('이렇게 우리의 관계가 여기까지 왔다', 19:4), '규정'['너(봉신)는 이것을 행할 것이다', 19:5a], '약속/복을 내림'['나(주군)는 너에게 이것을 줄 것이다', 19:5b-6a], '공적 제출'(19:6b-7), '공적 수용'(19:8). 이런 언약을 맺는 목적은 이미 존재하는 관계를 강화하고 공식화하기 위함이었다(Hamilton, *Exodus*, 301). 여기에서 민족과의 관계는 족장들에게 주신 주의 약속(참고. 6:8; 13:5)과 그분이 그들을 속박으로부터 주권적으로 은혜롭게 구원하신 사건에 근거를 두고 있었다. **내가 어떻게 독수리 날개로 너희를 업어 내게로 인도하였음을 너희가 보았느니라**(19:4).

따라서 **내 말을 잘 듣고 내 언약을 지키라**는 규정(19:5)은 약속[앞서 지적했듯이 이 약속은 족장들, 아브라함(창 12:1-3; 15, 17장)과 이삭(창 26:24), 야곱(창 28:13-15; 35:11-12)에게 주어졌다]을 얻기 위한 수단이 아니라 그 약속을 누리며 사는 방법이었다. '만약 너희가 순종하고 계명을 지키면 너희는 **내 소유**임을 증명할 수 있을 것'이라는 뜻이다(19:5). 그들은 이미 그분의 백성'이었다'(Hamilton, *Exodus*, 301). 하나님은 '이스라엘이 죄를 멀리하고 하나님의 일시적 징계를 경험하는 결과를 피함으로써 아브라함 언약을 성취할 수 있음'을 확실히 하시려고 이스라엘에게 율법을 주셨다.

만약 하나님이 그들을 징계하신다면 민족은 그 땅에서 쫓겨날 수 있으며(신 28:64-65) 그분의 영광과 복을 경험할 수 없을 것이다. 더 나아가 아브라함 언약 전체가 성취되지 못할 수도 있다. 물론 결국 모세는 이스라엘이 율법을 지킬 수 없다는 것을 예상했으며(신 31:29), 하나님이 이스라엘에게 마음의 할례를 통해 새 언약을 주심으로써 언약을 성취하게 하실 것이라고 예언했다(신 30:6). 따라서 하나님이 이스라엘에게 이 율법을 주신 까닭은, 그들이 그분의 명령대로, 그분의 속성에 부합하는 기준에 따라 살 때만 그 복을 누릴 수 있기 때문이었다. "사실 시내산 언약에서는 야훼께서 이스라엘이 어떤 종류의 민족이 되기를 원하시는지 분명히 밝히고 있다…족장의 약속된 후손인 이스라엘은 하나님이 아브라함에게 주신 명령("너는 내 앞에서 행하여 완전하라", 창 17:1) 안에 담겨 있는 윤리적 독특성을 유지할 때만 창세기 17:7-9에서 예상했던 하나님과 인간 사이의 관계를 누릴 수 있을 것이다"[P. R. Williamson, "Covenant," in *Dictionary of the Old Testament: Pentateuch* (Downers Grove, IL: IVP Academic, 2002), 150].

이 복은 세 '호칭' 안에 요약되어 있다. 그들은 하나님의 **소유**['독특한 보물', '택함을 입은 특별한 지위'] 임을 증명할 것이며(신 7:6; 14:2; 26:18; 시 135:4; 말 3:17), **제사장 나라**가 될 것이고, **거룩한 백성**이 될 것이다(19:5-6; 참고. 벧전 2:9). 이 호칭은 그들이 (가장 참된 의미에서 '하나님 아래서') 새로운 백성으로서 주님과 독특한 관계를 누릴 것이며, 나머지 인류에 대해 독특한 책임을 지닐 것이고, 열방 가운데서 독특한 지위를 가질 것—새로운 이름과 특권, 새로운 책임, 새로운 성격—임을 뜻한다. 이 호칭은 이 민족이 하나님 앞에서 그리고 세상 앞에서—**세계가 다 내게 속하였나니…너희는 모든 민족 중에서 내 소유가 되겠고**(19:5)—왕과 제사장과 예언자의 지위를 갖고 있음을 말해준다. 이는 구약의 '대위임'으로 불린다(참고. Youngblood, *Exodus*, 90).

요약하자면, 언약에 근거한 하나님과의 관계를 누리기 위해서 그들은 그것을 받아들여야 했다. 그런 다음 그것에 헌신해야 했다. 즉, 규정에 따라 살고 복에 합당한 삶을 살아야 했다. 이 시점에 백성은 열정적인 태도를 보이며 **여호와께서 명령하신 대로 우리가 다 행하리이다**라고 대답했다(19:8). 안타깝게도 이렇게 칭찬받을 만한 감정이 항상 일관된 행동으로 이어지지는 않았다.

2. 백성이 성결을 드러내다(19:9-25)

a. 주님의 위치(19:9)

19:9. 하나님은 **빽빽한 구름 가운데서** 백성에게 말씀하실 것이라고 모세에게 알렸다(19:9). 이런 현현의 목적은 두 가지 진리를 전달하기 위함이었다. 즉, 그분은 (그들 가까이에) 내재하시지만 동시에 그분은 (그들 위에, 그들 너머에) 초월적으로 계신다. 백성은 이 두

진리를 받아들이고 둘 사이에서 신학적, 실존적 균형을 유지해야 했다. 내재를 지나치게 강조해서 그분이 너무 익숙해지면 이 관계를 경홀히 여길 수도 있다. 하지만 초월만 지나치게 강조한다면 그분이 너무 멀리 있다고 생각할 수도 있고 심지어는 알 수 없는 분처럼 보일 수도 있다. 나중에 지적하겠지만, 성막의 의도는 이 두 속성의 균형을 유지하고자 함이었다. 그분은 가까이에 계시지만(그들과 함께 거하셨지만), 숨어 계셨다. 제사를 통해서만 가까이 갈 수 있도록 벽과 휘장으로 가린 곳에 계셨다. 그분은 **빽빽한 구름 가운데** 계셨지만 그분의 목소리를 들을 수 있었다. 하나님이(**내가**) 모세와(**너와**) **말하는 것을 백성들이** 들을 수 있었다.

b. 백성의 위치(19:10-15)

19:10-15. 하나님은 모세에게 먼저 **그들을 성결하게 하라고** 말씀하셨다(19:10a). 성결의 근원적 의미는 그들이 주와 만날 준비를 하기 위해 분리되고 정결해지고 깨끗해져야 한다는 것이다. 성결과 정화의 절차는 여러 단계를 거쳤다. 첫째, 그들은 옷을 빨아야 했다(19:10b, 14). 이는 정화의 상징이 분명했다. 둘째, 그들은 3일 동안 준비에만 전념해야 했다(19:11, 참고. 19:15a). 이를 위해 사실상 일상생활의 규칙적 활동을 다 제쳐두고, 주의 임재와 말씀을 받을 준비를 하는 데 이 시간을 사용했을 것이다(19:11b). 셋째, 그들은 산의 경계를 지켜야 했다. 산은 '거룩'하기 때문이다(19:12a; 참고. 3:5, 이곳은 "거룩한 땅"이다). 이 경계를 침범하는 것은 곧 죽음을 뜻하기 때문에 이 경계를 진지하게 받아들여야 했다(19:12b). 경계를 침범한 사람은 부정하다고 간주되고 심지어 그를 처형할 때도 그를 만져서는 안 되었다. 그는 돌로 쳐서 죽이거나 **화살로 쏘아** 죽여야 했다(19:13). 넷째, 그들은 산으로 다가가기 전에 정해진 소리, 즉 나팔 소리를 기다려야 했다(19:13b). 히브리어에서는 양의 뿔을 불면 '그들이 산을 오르리라'라고 말한다. 따라서 3일 동안 산에서 떨어져 있은 후 셋째 날에 온 민족이 산을 올라야 했다. 다섯째, 그들은 성관계를 삼가야 했다(19:15b; 레 15:16을 보라).

이런 외적인 준비(몸, 깨끗한 옷 입기, 경의를 표하며 거리를 두기)는 마음과 생각의 내적 준비를 드러내는 것이어야 했다. 이 모든 것의 의도는 그들로 하여금 이제 곧 만날 분을 조심스럽고 예배하는 자세로 대하게 하려는 것이었다.

c. 제사장의 위치(19:22)

19:22. 그에 더해 이 만남에 관련해서 제사장들에게는 특별한 명령이 내려졌다. 제사장들은 **몸을 성결히** 해야 했다(19:22). 이들은 공식적인 제사장들(레위인의 제사장직은 아직 확립되지 않았다. 참고. 민 3:45)이 아니라 가족의 대표 혹은 주께 바쳐진 장자였을 것이다(참고. 13:2). 이는 주께 다가갈 때 주의를 기울이지 않거나 경솔한 태도를 취하는 것을 막기 위한 또 하나의 보호장치였다.

d. 주님의 임재(19:16-20)

19:16-20. 주님은 극적이며 놀라운 현상, 즉 우레와 번개, **빽빽한 구름**, 매우 큰 **나팔 소리**(19:16), 연기, 불, 진동, 점점 커지는 **나팔 소리**(19:18-19)를 동반하여 나타나셨다. 이런 현상에 대한 자연주의적 설명은 부적절하며 불필요하다. 이것은 화산이나 단순한 뇌우가 아니었다. 놀라운 주의 임재를 표현하기 위한, 철저하게 초자연적이며 경외감을 불러일으키는 현상이었으며, "두렵지만 매혹적"이었다(Hamilton, *Exodus*, 307; 모세에게조차도, 참고. 히 12:21). 그 목적은 "백성에게 이 주권적 하나님의 장엄한 능력을 각인시켜" 그들이 했던 다짐(19:8)을 "가벼이 여기지" 않게 하기 위함이었다(Davis, *Moses and the Gods*, 206). "백성에게 깊은 도덕적 인상이 새겨졌다. 그들은 이제 곧 율법을 통해 그분의 성격과 성품을 계시하실, 거룩하신 하나님의 영광스럽고 장엄한 임재 안에 있었기 때문이다"(Kaiser, "Exodus," 418).

백성은 너무나도 두려운 나머지 명령을 받은 대로(참고. 19:13에 대한 주석을 보라) 산에 오르기를 거부했다(19:17). 그러므로 하나님은 민족 전체에게 언약을 주시는 대신 그들의 중보자인 모세에게 주셨다. 따라서 민족은 제사장 나라(참고. 19:6)가 아니라 제사장들(중보자들)이 있는 나라가 될 것이다[John H. Sailhamer, *The Pentateuch as Narrative* (Grand Rapids, MI: Zondervan, 1992), 53-57. 《모세오경》(크리스찬서적)].

e. 주님의 경고(19:21, 23-25)

19:21, 23-25. 여기에서는 준비 과정에서 주어진

경계에 관한 명령을 되풀이하는 것으로 보이지 않는다. 오히려 그들이 산으로 올라오기를 거부한 후(참고. 19:13, 17; 20:18-21) 하나님은 이제 그들에게 더 이상 산꼭대기로 올라오려고 해서는 안 된다는 강력한 경고를 내리셨다. 이것은 제사장들을 가진 나라가 된 결과였다. 그러므로 하나님은 **와서 보려고** 하거나(19:21) **여호와에게로 올라오지** 말라고(19:24) 명령하셨다. 그들이 자기 목숨을 지키고 싶다면 자기 자리를 지켜야 했다. 이는 그들이 관계를 맺는 하나님은 가벼이 여기거나 경솔히 다가가서는 안 되는 분이심을 뜻했다. 하나님과 이런 관계를 누리기 위해서 그들은 그분의 위치와 자신들의 위치를 알고 존중하고 지켜야만 했다.

B. 백성에게 십계명을 주기 위한 준비(20:1-17)

1. 서문(20:1-2)

20:1-2. 십계명의 첫 구절은 세 가지 위대한 신학적 진리를 선포한다. 주는 말씀하시는 하나님이고(**말씀으로**), 그분은 자신을 계시하시며, 관계를 맺으시는 하나님(**나는…'네 하나님' 여호와니라**)이다. 주는 일하시는 하나님, 구속하시는 하나님, **너를…인도하여낸** 하나님이다. "율법을 주시는 이는 그분의 율법을 은혜의 테두리 안에 두신다. 왜냐하면 애굽의 손에서 구속하시고 구원하신 그분의 은혜로운 행동으로 그분의 이름 야훼(주)가 드러났기 때문이다." 많은 학자들은 이 "역사적 서문"과 "고대 근동의 주군-봉신 조약" 사이의 유사성을 지적해왔다(Kaiser, "Exodus," 422). 주께서 모세에게 이런 형식으로 율법을 계시하신 것은 아마도 모세와 백성이 그 구조에 익숙하고 이를 어떻게 대해야 하는지 어느 정도 이해할 수 있었기 때문일 것이다.

율법에는 두 개의 판이 있었다. 1계명에서 4계명이 기록된 판에는 피조물로 남자와 여자들이 자신의 창조주를 예배할 의무를 적어두었다. 두 번째 판에는 다양한 관계와 가정, 사회에서 남자와 여자들이 서로에게 지켜야 할 의무를 적어두었다.

2. 백성에게 주님을 존중하라고 명령하는 첫 번째 돌판(20:3-11)

a. 다른 신을 두지 말라(20:3)

20:3. 주는 하나님, 유일한 하나님이시다(20:3)! '내 앞'이라는 표현은 아마도 **나 외에는**과 같은 뜻일 것이다. 한 분 참되신 하나님을 온갖 신들 중 하나에 지나지 않는 존재로 여기고, 그런 신들에게 하는 것처럼 그분을 예배해서는 안 된다. 이 표현은 실제로 다른 신들이 있다는 의미가 아니다. 실재하든 가상의 것이든 다른 어떤 실체도 하나님으로 예배해서는 안 된다는 말씀이다. 다른 어떤 것도, 다른 어떤 신들도[돈(참고. 마 6:24), 쾌락, 권력, 명예, 심지어 자신까지도] 생각이나 말이나 행동에서 하나님보다 우선해서는 안 된다. 하나님의 백성과 모든 살아 있는 피조물들은 오직 그분께만 충성을 바쳐야 한다.

b. 우상을 섬기지 말라(20:4-6)

20:4-6. 우상숭배는 용납할 수 없다. (특히 예배라는 표면적인 목적을 위해) 하나님을 묘사하거나 표상하려는 모든 시도는 하나님의 진리에 미치지 못할 뿐만 아니라, 예배자들이 하나님을 잘못 이해하도록 왜곡할 수밖에 없기 때문이다. "하나님은 영이시다"(요 4:24). 모든 물질적 표상은 그분을 잘못 표상하여 그분에 관한 잘못된 관념을 초래할 것이다. 따라서 모든 우상은 거짓 신이며, 조각이나 상 또는 다른 물질적 형태로 하나님의 본모습을 묘사하거나 재현하려고 해도 결국 하나님의 진리를 일그러뜨릴 뿐이다. 금지 명령은 하늘이나 땅, 바다(**땅 아래 물**)에 있는 피조물의 모든 **형상**으로 확장된다. 세 단계의 존재[하늘('영적' 공간이 아니라 대기권)과 땅과 물]는 재앙으로 말미암아 패배한 애굽 신들이 머무는 신화적 공간이었다(롬 1:22-25을 보라). 이 금지 명령을 뒷받침하고자 두 가지 이유가 주어진다. 첫째, 하나님은 자신이 질투하는 하나님이심을, 즉 그분의 백성을 불타오르듯 뜨겁게 사랑하시며 따라서 그들의 반역을 결코 허용하지 않으실 것임을 계시하셨다. 그분의 징계는 서너 대까지 이를 것이다. 이것은 하나님이 죄에 대해 여러 세대를 저주하신다거나 부모의 죄 때문에 그 자녀들을 심판하신다는 뜻이 아니다(신 24:16; 겔 18:20). 오히려 죄와 반역(우상숭배)의 결과와 그에 대한 심판이 여러 세대로 확장될 것임을 뜻한다. 이런 반역의 결과 중 하나는 자녀가 부모의 길을 따르는 경우가 많을 것이며 그들 스스로도 반역자가 되어 우상숭배를 행함으로써 심판을 받게 된다는 것이다.

둘째, 하나님은 자신이 사랑하시는 하나님임을 계시하셨다. 즉, 순종에 대한 그분의 복, **나를 사랑하고 내**

계명을 지키는 자에게 주시는 그분의 복은 많은 세대까지 확장될 것이다. 반역의 결과가 삼사 대에 영향을 미치는 것과 순종의 결과로 천 대가 복을 받는 것 사이의 불균형은 주께서 복수심에 불타는 하나님이 아니시며 긍휼을 베푸시는, 자비롭고 은혜로우신 하나님이심을 보여준다. 그분은 자기 백성을 사랑하시고, 그들이 가장 최선의 것을 누리길 원하시며, 그분 자체가 그들의 최선이시다.

c. 주의 이름을 망령되게 부르지 말라(20:7)

20:7. 성경에서 한 인물의 이름은 단순한 호칭이 아니라 그 인물의 총체적인 성품을 함축하는 말, "그의 본성을 계시하는 말"이다. 따라서 "하나님의 이름은 하나님의 본성을 계시한다[G. F. Hawthorne, "Name," vol. 3, *International Standard Bible Encyclopedia* (Grand Rapids, MI: Eerdmans, 1986), 481-482]. 하나님의 이름을 존중해야 하는 까닭은 그분이 존중받아 마땅하신 분이기 때문이다. 따라서 격식을 차리지 않는 맹세(즉, 저주하는 행위)든 공식적인 맹세(즉, 법정이나 하나님에 '관해' 진지하게 생각하지도 않으면서 하나님 '앞에' 맹세를 하는 행위)든 주의 이름을 경솔하거나 불경하게, **망령되게**[문자적으로, '아무런 목적도 없이'] 사용하는 것을 금지하셨다. 정당한 맹세까지 부정하는 것은 아니다. 하지만 누군가 주의 이름을 말할 때는 경외하며 존중하는 태도로, 그분이 참되신 주 하나님이심을 의식적으로 인정하면서 말해야 한다. 경솔하게 주의 이름을 부르는 행위는 불경할 뿐만 아니라 그분의 장엄한 인격과 모든 생명에 대한 궁극적 통치권을 은연중에 부인하고 시시한 것으로 만든다.

d. 안식일을 지키라(20:8-11)

20:8-11. 주님은 유일하신 분이라는 것과, 그분이 절대적인 헌신과 예배뿐만 아니라 백성 개인의 생명 전체를 포함하는 완전한 충성을 받기에 합당하시다는 것을 인정하는 의미로 안식을 준수해야 했다. 주님이 시간을 요구하신 이유가 바로 이것이다. 네 번째 계명의 근본 의미는 이스라엘이 주께 평생을 바친다는 상징으로서 7일 중 하루를 그분께 바쳐야 한다는 것이다. '안식일'이라는 말의 기본적인 뜻은 '쉼'이다(참고. Kaiser, "Exodus," 423). 엿새 동안 일하고 하루를 쉬는 형태는 모든 인류를 위한 것이었다(참고. 창 2:1-3; 막 2:27; 참고. 신 5:13-15). 또한 안식일은 거의 쉴 수 없었던 노예였다가 애굽의 속박에서 구원을 받은 민족에게 특별한 의미가 있었다(참고. 신 5:15). "이스라엘은 하나님의 창조 사역과 출애굽을 기억하기 위해 안식일을 지켰다"(Kaiser, "Exodus," 424). 데이비스는 "안식일은 이스라엘의 모든 축제와 절기의 기초가 되었다. 왜냐하면 그 모두가 안식일의 쉼에서 절정에 이르기 때문이다"라고 말했다(Davis, *Moses and the Gods*, 21). 안식일에 관한 명령은 (그 자체로는) 신약에서 반복되지 않는다. 적용할 수 있는 원리(7일 중에서 휴식과 예배를 위한 하루)는 있지만 이 명령은 주님과 이스라엘 자손 사이의 징표로서 독특한 의미로 이스라엘 민족에게 주어졌다(참고. 31:13-17). 따라서 이스라엘에게 적용되었던 방식과 똑같이 교회에 적용되지는 않는다(참고. 골 2:16-17). Thomas R. Schreiner, *40 Questions About Christians and Biblical Law* (Grand Rapids, MI: Kregel Academic, 2010), 209 이하를 보라.

3. 백성에게 다른 이들을 존중하라고 명령하는 두 번째 돌판(20:12-17)

a. 부모를 공경하라(20:12)

20:12. '공경하다'는 '귀하게 여기다'(참고. 잠 4:8), '돌보다'(참고. 시 95:7), '존경의 태도를 보이다'(참고. 레 19:3)라는 뜻을 갖는다(참고. Youngblood, *Exodus*, 98). 모든 권세가 주께 속했기 때문에, 또한 그분이 가정을 만드셨고 사회적 관계 속에 인간의 모든 권위 구조를 세우셨기 때문에, 우리는 이런 권위 구조를 존중해야 한다. 부모와 정부(참고. 롬 13장), 교사 등에 대한 반역과 불순종은 궁극적으로 하나님께 반역하고 불순종하는 것이다. 이 계명은 미성년 자녀에게만 국한되지 않고, 성인 자녀도 나이 든 부모를 존경하고 돌보아야 한다고 가르친다. "다섯 번째 계명은 진정한 사회적 안정을 위한 핵심 요건을 제공한다"(Davis, *Moses and the Gods*, 216). 이 계명에 추가된 약속은 일차적으로 약속의 땅에 살던 이스라엘 민족에게 적용되지만, '안정된 가정생활이 안정된 사회를 만든다'는 원리는 더 폭넓은 적용이 가능하다(참고. 엡 6:1-3).

b. 살인하지 말라(20:13)

20:13. 구약에서 사람을 죽이는 행위를 가리키는 일곱 개의 용어 중에 계획적이며 의도적인 살해를 금지

할 때 사용되는 용어는 바로 '살인'이다(참고. Kaiser, "Exodus," 424-425). 모든 생명은 주께 속했다. 그분이 생명, 특히 인간의 생명을 창조하신 분이기 때문이다. 살인은 다른 인간에 대한 공격일 뿐만 아니라, 모든 인간이 하나님의 형상으로 만들어졌기 때문에(참고. 창 1:26-27; 9:6) 하나님에 대한 공격이기도 하다. 그러므로 모든 생명은 거룩하다. 즉, 주께 구별된 것이며 그분께 속한 것이고 그분께 바쳐져야 한다. 따라서 생명을 주거나 취하는 일은 오직 그분만이 하실 수 있다. 이 계명은 살인과 자기 자신의 목숨을 취하는 것을 비롯해 모든 무고한 생명을 취하지 못하도록 금지한다. 하지만 자기방어나 나라를 지키는 것이나 사형을 금지하지는 않는다. 사실 구약에서도 여러 차례 자기방어 과정에서 누군가를 죽이는 것은 죄가 아니며(22:2; 참고. 에 9:1-5), 전쟁이 필요하고(17:9), 사형은 적절한 처벌임(창 9:6)을 인정한다.

c. 간음하지 말라(20:14)

20:14. 하나님이 결혼과 가정을 창조하셨으며, 우리는 그분을 위해 이를 존중해야만 한다. 사실상 이 계명에서는 결혼 관계 외부에서 발생하는 (남자에 의한 것이든 여자에 의한 것이든) 모든 형태의 성적 표현이 성적 타락(이 말의 가장 기본적인 의미와 가장 풍부한 의미에서)이며 따라서 금지된다고 말한다(참고. 마 5:27-28; 참고. 레 20:10).

d. 도둑질하지 말라(20:15)

20:15. "사유재산권은 모든 사회를 안정시키는 중요한 원리이다"(Davis, *Moses and the Gods*, 218). 이 계명은 정당한 보상 없이 다른 사람의 물건이나 귀중품을 취하는 행위와 다른 사람에게 피해를 입히며 정직하지 않은 이윤이나 혜택을 취하는 모든 행위를 금지한다.

e. 거짓말하지 말라(20:16)

20:16. 주는 진리의 하나님이시며, (그분은 자신을 사랑하기 때문에) 진리를 사랑하시고, "모든 거짓 행위를 미워하신다"(참고. 시 119:104, 128). 거짓말은 진리가 언제나 옳다는 것을 부인하는 행위이다. 거짓말은 하나님의 성품과 그분의 속성을 부인하는 행위이다. 진리를 말하지 않는다면 사회 구조 전체가 무너질 것이다. 이 계명은 노골적인 거짓말과 모든 고의적 기만, 근거 없는 주장(즉, 험담과 소문)을 금지한다.

f. 탐내지 말라(20:17)

20:17. "이 계명은 모든 정욕을 단호하게 금지하는 것이다"(Davis, *Moses and the Gods*, 220). 이 계명을 외면적으로만 지킨다면 그 사람은 이 계명에 따라 산다고 말할 수 없다. 이 계명들을 행동뿐만이 아니라 마음으로도 지켜야 한다. 예수님은 증오가 사실상 살인이며 정욕이 사실상 간음이라고 말씀하실 때 바로 이 점을 가르치셨다(마 5:21-30에 대한 주석을 보라). 죄라는 타락은 행동 안에 있기 전에 먼저 마음속에 있다. "탐심은 심리적으로 사람을 비천하게 만드는 결과를 가져온다"(Davis, Moses and the Gods, 220). 탐심은 만족하는 마음을 빼앗고(참고. 빌 4:11-12; 딤전 6:6-8) 우리가 천상의 영원한 재물 대신 지상의 세속적인 장난감을 획득하는 데 주의를 집중하게 만든다(참고. 마 6:20, 33).

C. 백성이 헌신과 경외, 예배로 대답하다(20:18-26)

20:18-21. 이 단락에서는 출애굽기 19:13-16의 이야기를 재서술한다. 사실 이 사건은 모세가 산으로 올라가 십계명을 받기 전에 일어났다. 앞의 서사(19:13-16)는 사람들이 하나님을 두려워하여 산에 올라가지 못한 이야기를 하나님의 관점에서 서술했다. 여기에서는(20:18-21) 이 이야기를 백성의 관점에서 재서술한다[Sailhamer, *The Pentateuch as Narrative*, 56.《모세오경》(크리스찬서적)]. 이 이야기에서 모세는 백성에게 **두려워하지 말라**고 하면서 용기를 북돋우려고 노력했다(20:20a). 그는 **하나님이 임하심은…너희로 경외하여 범죄하지 않게 하려 하심이니라**라고 설명했다(20:20b). 핵심은 '그분에게서 도망치거나 산에 오르지 못할 정도로 두려워하지는 말라. 너희는 두려워하는 중에도 굳게 서서 듣고 순종해야 한다'라는 것이다(20:20b). 그러나 백성은 산에 오르기를 거부했으며 그런 다음에는 산에 오르는 것을 금지당했다(참고. 19:24). 그 결과 하나님은 이스라엘의 매개자인 모세에게 그들이 순종해야 할 율법을 훨씬 더 많이 주셨다. 이것이 '언약 법전'이라고 알려진 율법의 한 항목이다(20:22-31:18).

20:22-26. 백성은 예배를 드리며 십계명에 응답했다. 그들은 이제 막 계시된 규정을 마음에 새겨야 했으

며, 따라서 다른 어떤 신이나 우상도 받아들여서는 안 되었다(20:22-23). 그들은 제사를 위한 제단을 만들라는 명령을 받았다(20:24). 이스라엘 자손에게는 금과 은이 많았지만(12:35-36을 보라), 주님은 그들에게 **토단**(20:24)이나 자연 상태의(자르지 않고 다듬지 않은) 돌로 만든 제단을 원하신다고 말씀하셨다(20:25). 이런 명령에는 이스라엘의 예배를 주변 이교도의 예배와 구별하려는 의도가 있었던 것으로 보인다. 도구를 사용하면 그것을 **부정하게** 할 수 있다고 말씀하셨다(20:25). 하지만 왜 그렇게 되는지를 분명히 설명하지는 않으신다. 아마도 이는 어떤 형상이나 표상도 돌에 새기지 못하게 하기 위함이었을 것이다. 어쨌든 모든 형태의 우상숭배를 피하고 이 제단에서 드리는 예배의 행위를 이교도의 예배와 구별시키기 위해 대단히 세심한 주의를 기울여야 했다(20:26). 하나님의 **이름을 기념하게 하는 모든 곳에서** 앞으로 민족이 만날 '지역 신들'에게가 아니라 주께 제단을 세워야 했다(20:24b). 성막의 제단이 완성되면 이런 제단들은 더 이상 필요가 없어질 것이다.

D. 율법의 적용: 신실한 삶 살기(21:1-23:19)

'십계명'과 바른 예배에 대한 명령을 내리신 후 하나님은 모세에게 **백성 앞에 세울 법규**를 주셨다(21:1). 이는 하나님의 백성이 공동체로서 신실하게 살기 위한 원리가 되었다. 이 법규는 결의론 형식(공동체 생활과 갈등 해소를 위한 지침으로서 실례와 사례를 제시하며 흔히 '만약…그러면' 구조를 갖는 판례법)과 정언법 형식('하라'와 '하지 말라'는 명령과 계율)을 취한다. 이런 법규는 기본적으로 두 가지 목적을 지닌다. 첫째는 공동체 생활에서 신실함을 고양하기 위함이고, 둘째는 주에 대한 헌신에서 신실함을 강화하기 위함이다. 21장부터 23장에 이르는 이 부분은 '언약서'(24:7을 보라)라고 불린다.

어떤 이들은 구약의 '율법 법전'은 고대 근동의 법전(예를 들어, 수메르 법전, 우르남무와 리피트-이슈타르, 바빌로니아 법전, 함무라비와 에쉬눈나, 히타이트 법전)에서 '빌려온 것'이라고 주장해왔다(Davis, *Moses and the Gods*, 223-226; Hamilton, *Exodus*, 359을 보라). 그러나 유사성은 단순히 (예를 들어 말썽을 부리는 동물들처럼, 똑같은 종류의 분쟁과 문제를 만들어냈을) 비슷한 사회경제적 상황과 문화 속에서 살았던 결과일 가능성이 더 높다. 반면에 구약의 법전은 놀랍고도 근본적인 차이를 드러낸다[예를 들어, 노예를 대하는 방식, "과부와 고아, 가난한 이들, 약한 이들"에 대한 돌봄과 관심(Youngblood, *Exodus*, 102)]. 주님이 모세에게 '언약서'를 주셨지만, 다른 어떤 고대 근동의 법전에도 신이 말하는 경우는 없다. 이 '언약서'에는 구약에 기록된 약속과 애굽, 정복, 왕국의 서사라는 맥락 속에서만 제대로 이해할 수 있는 항목들이 있다(Hamilton, *Exodus*, 360을 보라).

1. 노예제에 관한 율법(21:1-11)

노예제는 피할 수 없는 현실이었다(역사상 그렇지 않았던 곳보다 그랬던 문화와 사회가 더 많았다). 일반적으로 그런 문화에서, 구체적으로는 이스라엘 문화에서 노예제는 오늘날 많은 사람들에게 익숙한 개념과 달랐다. 당시의 노예제는 강요된 예속과 인종적으로 구획된 속박과도 동일한 제도가 아니었다. 그럼에도 히브리어 단어 에베드(*'ebed*)는 '노예' 그 이상의 이미를 가지고 있었다. 그런 사회에서는 경제적으로 나쁜 환경에 처했을 때 사람들이 '계약 노예', 즉 기본적인 생필품을 지급받는 대가로 일정 기간 다른 사람의 노예가 되는 계약을 맺었다. 그런 제도를 폐지하는 것이 현실적으로 불가능했기 때문에 그에 대한 규제가 필수적이었다. 노예가 되는 이유는 다양했다. 전쟁 포로(참고. 민 31:26; 신 20:10 이하), 돈을 주고 산 이방인(레 22:11; 25:44-45), 경제적 어려움 때문에 부모가 돈을 받고 판 아동(느 5:5; 참고. 암 2:6; 8:6도 이런 경우에 해당할 가능성이 있음)도 있었고, 경우에 따라서는 자신을 팔기도 했다(레 25:39). 이것은 일종의 '계약 노예제'였을 것이다. 여기에서 말하는 노예는 '채무 노예', 즉 '경제적 어려움에 처해' 노예가 된 사람일 가능성이 높다. 아니면 그들은 범죄에 대한 보상으로 일정 기간 노예로 일해야만 했을 것이다(22:3c; 참고. Hamilton, *Exodus*, 373, 395).

a. 남자 노예(21:1-6)

21:1-6. 율법에서는 남자 노예에 관한 몇 가지 규정을 기록했다. 첫 번째 규정에서는 노예로 일하는 기간을 6년으로 제한했다(21:2). 이것은 이스라엘 사회의 노예 제도가 지닌 독특한 특징이었다. 두 번째 규정에

서는 기혼자 노예와 관련된 복잡한 문제를 다룬다. 남자는 자신의 아내를 지킬 권리가 있었던 반면(21:3), 주인은 자신의 노예(들)를 지킬 권리가 있었다(21:4). 이 문제를 정확히 어떻게 처리하는지에 관해서는 완벽하게 설명하고 있지 않으며, 이로써 각각의 사례를 공정하게 해결하기 위해 필요한 여지를 허용했다. 이 규정의 핵심은 인간으로서 노예의 권리와 주인의 경제적 권리, 재산권 사이에 균형을 이루어야 한다는 것이다. 세 번째 규정에서는 노예가 자신의 주인에게 남아 있기를 원하는 경우를 다룬다(21:5-6). 이렇게 공식적으로 인정해야 할 정도로 그런 경우가 잦았다는 사실은, 이스라엘의 노예제가 남북전쟁 이전 미국의 노예제처럼 무자비한 예속이 아니었음을 말해준다. 그것은 '노예제'였지만 많은 경우 우호적인 협약이었다. 이 관계를 공식화하기 위해서는 공적 '증언'과 노예가 평생 동안 지니게 될(**종신토록**) '항구적 표시'가 있어야 했다. 여기에 사용된 **재판장**이라는 말에 관해 이론이 있다(21:6). 하엘로힘(*ha'elohim*)이라는 용어는 '하나님'(NASB)일 수도 있고 '판사들'(KJV)일 수도 있다. 이것은 공식적고 엄숙하며 공적인 의식이었기 때문에, 이 용어는 '하나님 앞의 증인들'인 인간 판사들을 가리킨다고 이해하는 것이 가장 적합해 보인다.

b. 여자 노예(21:7-11)

21:7-11. 율법은 여자 노예에 관한 몇 가지 규정도 기록하고 있다. 신명기 15:17b의 병행 구절에서는 2-6절에 기록된 계약을 통해 노예가 된 여자들도 있었음을 암시한다. 즉, 이 법규는 남자 노예만이 아니라 여자 노예에게도 적용될 수 있다. 그러나 여기에서 말하는 계약은 다소 다른 것처럼 보인다. 첫 번째 규정은 아버지가 스스로 '채무 노예'가 되지 않고 대신 (빚을 갚기 위해) 딸을 노예로 판 계약을 다룬다. 이 계약은 성격상 혼인 관계였으므로 (그런 관계를 전제할 수도 있었으므로) 쉽게 해소되지 않았다(21:7). 하지만 두 번째 규정에서는 이 계약이 실패할 경우 취할 조치를 다루며, 따라서 다른 시나리오를 묘사한다. 만약 여자 노예를 **아내로 삼으려고**(새번역) 했다면 주인은 그녀를 되팔 수 없으며, 그녀는 가족의 도움으로 속량될 수 있었다(21:8a). 율법은 그녀를 외국인, 즉 비이스라엘인에게 팔 수 없음을 강조한다(21:8b). 만약 그녀를 아들의 아내로 삼으려고 한다면 그녀를 가족으로서 온전한 권리를 지닌 딸로 대우해야 했다(21:10). 마지막으로 그녀의 권리와 지위가 유지되지 않는다면 그녀는 채무를 변제하지 않고 이 가정을 떠날 자유가 있으며, 그럴 경우 그녀는 자신의 가족에게 돌아갈 수 있다. 그런 다음 다른 사람과 혼인할 수 있었다(21:11).

이런 법규의 핵심은 개인의 권리를 존중하는 동시에 주인의 권리도 인정한다는 것이다. 영구적인 노예제는 허용되지 않았다(21:2). 여자 노예조차도 권리를 가지고 있었는데 당시 문화에서 이는 놀라운 법 조항이었다. 만약 여자 노예를 아내나 첩으로 삼기 위해 샀다면 그녀를 그냥 내쫓을 수 없었다(21:7). 그녀는 가족 안에서 권리를 가지고 있었으며, 심지어 개인적인 소유물에 대한 권리도 가지고 있었다(21:10).

이 모든 것은 하나님이 개인의 권리와 인격의 존엄성을 중요하게 생각하심을 보여준다. 어떤 경제 제도에서든 가진 자와 못 가진 자가 있을 수 있지만(있을 테지만) 개인의 인격적 존엄과 권리는 하나님 아래서 다른 이들에게 존중받아야 한다. 다시 말해, 사람을 물건이나 사물이나 소유물이 아니라 사람으로 대해야 한다.

2. 개인적 상해에 관한 율법(21:12-36)

일련의 '판례'는 조건절('만약 ~하다면') 다음에 귀결절('그러면' 혹은 '그런 경우에는')이 뒤따르는 형식을 띤다. 이 판례들은 공동체의 삶에서 공평과 정의를 유지하기 위한 법률을 규정한다. 첫 번째는 누군가 다른 사람에게 (다소간) 직접적인 상해를 입힌 경우를 다룬다(21:12-17).

21:12, 14. 누군가 살의를 품고 (미리 계획한 대로) 다른 사람을 쳐서 죽였다면 어떻게 해야 될까(21:12a, 14a)? 그런 경우에 동일한 보복, 즉 죽음이 있어야 한다(21:12b, 14b). 성경에서는 명백한 '살인'의 경우에 대해서 불분명하거나 모호하게 말하지 않는다. 생명, 특히 인간의 생명(참고. 창 9:6)은 하나님의 것이다. 모든 살인은 그분의 특권을 함부로 취하려는 것이며 사실상 그리고 궁극적으로 그분에 대한 공격이다. 또한 그것은 (인류의) 사회 전체에 대한 공격이며 죽은 사람의 가족에 대한 공격이다. 살인은 개인의 권리(그 사람의 목숨)와 하나님의 권리(그 생명을 통해 행할 수 있는, 하나님에 대한 헌신과 봉사), 사회적 권리(생명이

사회 전체를 위해 할 수 있고 해야 했던 공헌) 그리고 가족의 권리(생명이 그 가정의 안녕과 번영, 행복을 위해 이행해야 할 부양의 의무와 역할)를 빼앗는 행위이다. 살인은 한 문화와 사회를 지탱하는 힘을 다른 어떤 범죄보다 더 약화시킨다. 그것은 삶과 죽음에서 하나님의 역할을 빼앗고 이웃에게 해를 입히기 때문에 율법의 두 돌판을 '다' 어기는 행위이다. 생명 자체가 존중되고 보호되지 않는다면 안전한 사회구조가 존재할 수 없다. 그런 범죄자에게는 어떤 도피처도 제공하면 안 된다(21:14).

21:13. 어떤 사람이 '미리 계획되지 않은' 행동이나 우발적인 복수의 행위로 다른 사람을 쳐서 죽였다면 어떻게 해야 될까? 그런 경우 가해자는 (나중에 여섯 곳의 도피성으로 계시될, 참고. 민 35:6-24; 신 19:1-13) 도피처로 피할 수 있다. 그 경우 하나님이 이를 허락하신 것으로 간주했으며, 상황을 누그러뜨리는 하나님의 섭리로 이해했다.

21:15, 17. 부모를 치거나 저주한 경우는 어떨까? 다시 한 번 사형으로 처벌했다. 부모를 **치는** 아들이나 딸은 실제로 신체적인 공격을 가한 사람일 수도 있고 (압살롬의 예와 같이 아버지의 권위에 도전한 아들처럼) 비유적인 공격을 가한 사람일 수도 있다. 부모를 **저주하는** 사람은 말로 공격을 하거나 더 많은 경우에는 '부작위의 죄'(즉, 나이가 들어 자녀가 부양할 의무가 있는 부모를 돌보지 않는 죄; 참고. Hamilton, *Exodus*, 378-379)를 저지른 사람일 수 있다. 현대인에게는 심각한 죄처럼 보이지 않을 수 있지만, 이 메시지는 그런 행동이 주의 권위와 가족이라는 기본적인 사회 제도를 약화시키는 것과 마찬가지라는 뜻이다. 이런 가치는 심각하게 받아들여야만 했다.

21:16. 납치의 죄는 어떻게 해야 하는가? 이 역시 사형으로 처벌했다(참고. 신 24:7). 당시 이런 행동의 동기는 아마도 몸값을 받아내기보다는 노예로 삼기 위함이었을 것이며, 따라서 피해자와 그 가족의 권리를 박탈하는 결과를 낳았다.

본문에서 네 차례 가해자를 **반드시 죽일지니라**라고 했지만(12, 15-17절) 누가 어떻게 처형을 집행하는지는 말하지 않는다는 점이 주목할 만하다. 이 때문에 이 법은 민사적 규정이라기보다는 도덕적 기준처럼 보인다. 해밀턴은 **반드시 죽일지니라**라는 말이 모트 유마트(*mot yumat*)로서 "죽여야 한다" 혹은 "죽일 수도 있다"로 번역할 수 있다고 지적한다["히브리어의 미완료는 '해야 한다'와 '할 수도 있다'를 구별하지 않는다"(Hamilton, *Exodus*, 378)]. 뿐만 아니라 흥미롭게도 본문에서는 누가 어떻게 사형을 집행하는가에 관해서 관심이 없다. 이 때문에 해밀턴은 "사형을 당할 만한 죄에 관한 규정은 그 의도가 법적이기보다는 도덕적이며" 따라서 "사형 명령이나 죽음의 위협은 범죄의 심각성을 환기하지만", 모든 경우에 실제적인 처형의 법적 필요성을 규정해놓지는 않았을 가능성이 있다고 주장한다. 다시 말해, 이런 죄는 하나님이 보시기에 사형으로 처벌해야 마땅하지만 이는 그렇게 처형을 집행하라는 구체적인 법적 명령이라기보다는 도덕적 판단에 가까웠을 것이다(참고. Hamilton, *Exodus*, 378). 그러므로 이런 경우에는 실제로 법이 보기보다 가혹하거나 엄격하게 적용되지 않았을 수도 있다.

21:18-19. 상대방을 쳐서 죽이지는 않았지만 심각한 상해를 입혔다면 어떻게 될까? 그런 경우 가해자는 다친 사람이 완전히 나을 때까지 소요되는 모든 비용을 지불할 의무가 있었다. 물론 다친 사람이 죽는다면 21:12의 규정이 적용될 것이다. 여기에서도 핵심은 분명하다. 하나님의 백성은 자신의 행동에 개인적으로 책임을 져야만 한다. 마지막에는 다친 사람이 회복된 후 아무 일도 일어나지 않았던 것처럼 생활할 수 있어야 한다. 가해자는 모든 '손실'에 대해 보상해야 한다. **돌이나 주먹으로** 쳤다는 세부적 묘사는 이 법이 난투 상황이나 격분해서 저지르는 우발적 폭력 행위에 관한 것임을 말해준다.

21:20-21, 26-27. 노예를 친 경우는 어떻게 해야 할까? 여기에서는 몇 가지 시나리오를 상정한다. 만약 노예가 죽었다면 가해자는 **형벌을 받**을 것이다(21:20, 문자적으로 '복수를 당하다'라는 뜻인데 노예의 생명 역시 인간의 생명이므로 이는 가해자의 죽음을 말할 것이다). 만약 노예가 하루나 이틀이라도 더 살았다면 처벌을 받지 않을 것이다. 아마도 여기에서 상정하는 상황은 노예가 대단히 다루기 어려워 수차례 그리고 점점 더 가혹한 매질을 할 수밖에 없는 경우일 것이다. 여기에서 율법은 주인이 존경과 섬김을 받을 권리를

보장하는 동시에 지나치게 가혹하고 심지어는 치명적인 대우로부터 노예를 보호하려고 노력한다. 노예가 훈육을 받아 눈이나 이를 잃게 된 경우 그 노예는 자유를 얻었다(21:26-27). 다시 말해서 주인은 노예 소유주로서 권리를 갖지만 기본적인 차원에서는 노예의 개인적 권리가 주인의 권리보다 우선했다.

21:22-25. 임신한 여인을 친 경우는 어떨까? 다시 한 번 여러 가지 시나리오가 상정된다. (아마도 임신한 여인에게) 상해가 없었지만 여인이 조산을 했다면 벌금이 부과될 것이다. 여인의 남편은 일정한 금액을 청구할 수 있지만 참된 정의를 보존하기 위해 재판관들이 그것을 결정했다. 그러나 만약 여인에게 상해를 가했을 경우 가해자에 대한 '상응하는 처벌', '보복 상해'가 있어야 한다(21:23-25).

일부 성경에서는 21:22을 **임신한 여인을…낙태하게** 했다고 잘못 번역했다(개역개정도 그렇게 번역—옮긴이 주). 따라서 일부에서는 사형이 아니라 벌금만 부과되었기 때문에 태어나지 않은 아이는 다른 인간보다 가치가 덜하다는 뜻이라고 주장하며 이를 통해 낙태를 정당화해왔다. 히브리어 본문은 문자적으로 '그녀의 아이가 나온다'라고 옮길 수 있으며, 이는 조산을 뜻한다. 뿐만 아니라 이 경우에 폭행은 **다른 해**를 초래하지 않았다. **해**라는 말은 '심각하거나 치명적인 상해'를 뜻한다. 메킬타(*Mekhilta*, 출애굽기에 대한 고대 랍비 주석)에서는 이 말이 '죽음'을 뜻한다고 이해했다(*Mekhilta Mishpatim N'zik*. S. 8). 그러므로 이것은 여인이 조산하게 만들었지만, 여인이나 그녀의 아이에게는 치명상을 입히지 않았던 폭행을 묘사한다. 따라서 이 구절은 태아의 생명이 온전한 인간보다 가치가 없다는 뜻이 전혀 아니다. 이런 식의 주장은 본문의 의도와 함의를 훌쩍 넘어선다. **눈은 눈으로, 이는 이로**라는 유명한 조항은 '동해보복법'이라고 불린다(참고. 마 5:38-41). 이 원칙은 야만적이라고 조롱당하고 실행 불가능하며 '사회적 교양이 결여되어 있다'고 무시를 당해왔다(참고. Davis, *Moses and the Gods*, 236). 그러나 이것은 '범죄에 상응해서 처벌해야 한다'는 뜻일 뿐이다. 일부에서 생각하듯이 이것을 문자적으로 받아들여야 한다는 뜻이 아니라 '원칙으로서' 적용되어야 한다는 뜻이었다. 사실 이 법은 전혀 야만적이지 않았으며 오히려 복수를 제한한다. 예를 들어, 누군가가 다투는 과정에서 한쪽 눈을 잃었다면 그에 대응해 상대방을 죽이겠다고 주장할 수 없었다. "동해보복법의 목적은 단순했다. 즉, 온전한 정의를 이루고자 함이었다"[Douglas K. Stuart, *Exodus*, NAC (Nashville, TN: Broadman & Holman, 2006), 492-494].

21:28-32. 다음으로는 동물이나 사람의 부주의 때문에 우연히 상해를 입은 경우에 관한 법을 다룬다. 소가 사람을 들이받은 경우(21:28-32) 다양한 판결이 상정된다. 만약 한 번 들이받았는데 사람이 죽었다면 동물은 죽여서 버려야 하지만 주인에게는 책임이 없었다(21:28). 만약 그 동물이 (말하자면 다른 동물에 대해) 공격적인 성향을 지니고 있다는 것이 알려져 있으며 주인도 이를 아는 상황에서 누군가를 죽였다면 주인에게 책임이 있고 심지어는 사형까지도 당할 수 있었다(21:29). 그러나 주인은 그 대신에 속죄금 지불을 택할 수 있었으며(21:20), 금액은 피해자 가족이 결정한다. 다만 노예가 죽었을 경우에는 속죄금이 은 삼십 세겔로 정해져 있었다(21:32).

21:33-36. 다음 법은 입구가 열린 구덩이를 가진 사람의 사례를 다룬다. 당시 입구가 열린 구덩이가 흔했으며 대개는 물 재사용을 위한 저수조로 사용했다. 그런 구덩이를 가진 사람은 동물(과 사람)이 빠지는 (그래서 보통은 빠져 죽는) 것을 막기 위해 그 주위를 꼭 덮어두어야 했다(21:33). 만약 주인이 부주의해서 동물이 죽었다면, 구덩이 주인은 사실상 '죽은 소를 사들임으로써' 그 동물의 주인에게 **보상**해야 했다(21:34). 한 사람의 소가 다른 동물을 들이받은 경우에는 (21:35-36) 두 가지 시나리오가 제시된다. 첫째로 한 동물이 들이받아 다른 동물이 죽었다면 살아 있는 동물을 팔아서 두 주인이 그 값을 나누고 죽은 동물도 나누어야 한다(21:35). 한 동물이 반복적으로 공격을 하는 (**받는 버릇이 있는**) 것으로 알려져 있음에도 다시 들이받게 방치했다면 두 주인은 동물을 서로 바꾸어야 한다. 따라서 가해 동물의 주인은 산 동물을 내주고 죽은 동물을 가져야 했다(21:36).

이런 법 안에 담긴 항구적인 원리는, 하나님이 생명을 만드신 분이며 모든 생명이 그분의 것이고 그분이 모든 생명에게 관심을 기울이신다는 것이다. 그리고 사람은 동물보다 더 중요하며 하나님의 백성은 "그들이 소유한 것에 대해 (개인적으로) 책임을 져야 한다"라는 것이다(Hamilton, *Exodus*, 393).

3. 개인적 재산에 관한 율법(22:1-15)

22:1-5. 이 문화에서 가축을 소유하는 것은 단순히 사유재산을 지닌 것 이상의 의미가 있었다. 그것은 사회적 지위를 보여주는 동시에 일상생활에서 기본적으로 필요한 것들을 공급하는 수단이기도 하다. 한 사람이 다른 사람의 가축을 훔쳤다면, 그는 단순히 지위에 대한 상징을 취한 것이 아니라 생계 수단을 취한 것이나 마찬가지이다. 훔친 사람이 잡혔을 경우 그는 배상할 의무가 있었다(22:1).

뚫고 들어와 도둑질을 한 경우에는 몇 가지 시나리오가 제시된다. 도둑이 침입하던 중에 살해를 당했다면 집주인에게는 아무런 죄가 없었다(22:2). 도둑이 죽지 않았다면 (혹은 잡혔다면) 그는 배상을 할 의무가 있었다(22:3-4). 그러나 배상은 단지 훔친 물건을 돌려주는 데 그치지 않았고 벌금도 지불해야 했다.

자신이나 다른 사람의 재산에 대해 부주의했을 때는 몇 가지 시나리오가 제시된다. 주인이 자신의 땅에서 자신의 가축으로 하여금 풀을 뜯게 하다가 그 가축이 다른 사람의 밭에서 풀 뜯는 것을 방치했다면, 그는 배상할 의무가 있었다(22:5). 부주의하게 불을 취급하다가 피해를 초래한 경우에 불을 일으킨 사람은 배상할 의무가 있었다(22:6). 다른 사람의 물건을 맡고 있다가 그 물건을 도둑맞거나 잘못 취급했다면 그는 배상할 의무가 있었다(22:7-13). 하지만 만약 도둑이 잡혔다면 배상할 의무는 도둑에게 있었다(22:7, 12). 다른 사람에게 무언가를 빌린 경우에는, 빌린 물건과 더불어 본래의 주인을 고용한 경우가 아니라면(22:15) 빌린 사람이 그것에 대해 책임이 있다고 간주되었다(22:14).

각 시나리오에서 중요한 단어는 '배상'이다. 가해자는 "그것을 제대로 고쳐놓고", "되갚고", "정당한 보상을 하고", "그 물건을 본래의 상태로 돌리거나 그에 해당하는 값을 치러야 했다". "도둑질에 대한 모든 처벌에서 핵심은 배상이다. 심지어 용서를 받더라도 변상할 의무가 없어지지는 않는다"(Hamilton, *Exodus*, 395). 주님은 그분의 백성이 '사유재산'을 가지고 소유하게 하셨으며, 한 개인의 사유재산은 다른 이들에게 존중을 받아야 한다고 분명히 가르치셨다.

4. 개인적 행동에 관한 율법(22:16-23:9)

22:16-17. 율법에서는 사회가 제대로 작동하게 하기 위해서 개인의 행동에 관한 문제도 다루었다. 처녀를 유혹한 사람은 그녀와 결혼을 하든지 그렇지 않으면 그 여자의 지참금을 지불할 의무가 있었다. 물론 이것은 돈만 내면 그런 행위를 해도 좋다는 뜻이 아니라 그런 부적절한 행위가 있었을 때 정당한 대가를 치르게 하려는 것이었다. 분명한 사실은, 이 본문에서는 강간이 아니라 결혼하지 않은 여자를 유혹하고 동의를 얻어 성관계를 갖는 경우를 다룬다는 것이다. 이렇게 거룩하지 않은 관계의 결과로 그녀는 다른 사람과 결혼할 수 없었을 것이다. 그러므로 이 법의 목적은 그 후 여자를 보호하려는 것이었다. 유혹한 사람은 그녀를 버릴 수 없었고 아내로서 그녀를 부양할 의무가 있었다.

22:18-20. 무당의 마술(22:18)과 수간(22:19), 우상숭배(22:20)에 대한 처벌은 사형이었다. 이런 행위는 그 자체만으로도 도덕적으로 불쾌할 (하나님의 본성을 거스를) 뿐만 아니라 공동체의 사회 구조를 파괴할 만큼 좋지 않은 영향을 미쳤다. 이런 행위는 모두 주변 문화의 이교적, 제의적 행위의 전형이었으며, 하나님의 백성은 마땅히 이를 피해야 했다.

22:21-24. 외국인(**이방 나그네**)이나 과부, 고아를 착취하는 행위는 금지되었다. 그런 행위는 주의 분노를 불러일으켜 심각한 처벌을 받을 것이다(22:23-24). 이 문제에 관한 주님의 관심은 이런 문제를 전혀 다루지 않는 다른 고대 근동의 법전과 철저한 대조를 이룬다. 대부분의 고대 근동 사회에서 나그네와 이방인은 아무런 권리가 없었으며 압제를 받고 노예 취급을 당하는 경우가 많았다. 그들은 그 사회에서 가장 약한 사람들에 속했으며, 약한 사람들일 수밖에 없는 고아와 과부도 마찬가지였다. 주의 백성 사이에서는 압제당하는 사람들, 눈에 잘 띄지 않는 사람들, 돌봄을 받지 못하는 사람들, 자신을 지킬 힘이 없는 사람들이 보호를 받아야 한다.

22:25-27. 돈의 사용에 관한 몇 가지 법률이 제정되었다. 고리대금은 금지되었으며(22:25), 공정하지 않은 담보를 요구하는 행위도 금지되었다(22:26-27). 가난

한 이들 역시 '학대를 당하고 약한' 계층에 속했다. 그들은 쉽게 착취를 당하고 이용당했다. 이것은 모든 사람에게 '무이자 대출'을 하라는 명령이 아니라 가난한 이들에게 돈을 빌려줄 때 그들을 공정하게 대하고 존중하라는 명령이다.

22:28-30. 하나님만을 섬겨야 할 필요성에 관한 몇 가지 법률이 제정되었다. 하나님을 모독하는 말을 해서는 안 되며(22:28) 처음 난 것으로 하나님께 영광을 돌려야 한다(22:29-30; 참고. 13:2, 12). 이것은 그들에게 삶의 첫 열매가 누구의 것인지를 상기시켜주었다. 또한 그들은 이미 죽은 채로 발견된 짐승의 고기, 즉 썩은 고기를 먹지 말아야 한다(22:31). 이 문맥에서는 이상한 법처럼 보일 수도 있지만, 이는 백성들에게 정결의 필요성을 상기하기 위한 규정이었다.

23:1-9. 앞에서 제정된 몇몇 법률을 재진술하는 것처럼 보이는 법률이 제시된다. 거짓말(**거짓된 풍설**)은 금지되었다(23:1). (**악인과 연합하여**) 거짓 증언에 참여하는 것 역시 금지되었다(23:1). 폭도 같은 행동에 참여하지 말아야 한다(23:2). 이는 더 큰 불의를 초래하는 경우가 많기 때문이다. 단지 가난하다는 이유로 법적, 형사적 사건에서 가난한 사람을 편들어서는 안 된다. 어떤 경우에서든 '공평'의 원리를 지켜야 했다(23:3). 다른 사람의 재산을 돌보아야 한다(23:4-5). 사유재산의 권리와 가치에 관한 원리는 약하고 가난한 이들을 돌보아야 할 필요성만큼이나 중요한 문제였다. (법정에서처럼) 정의를 유지해야 한다. 거짓 증언을 해서는 안 되며, 뇌물을 받아서는 안 되고, 이방인을 억압(착취)해서는 안 된다(23:6-9).

이런 법들 중 일부는 그 의도와 목적이 매우 분명해 보인다. 사회적 관계에서 공평과 정의가 있어야 한다고 가르친다. 더 나아가 이렇게 금지된 행위들이 하나님의 생각과 마음, 뜻과 양립할 수 없다고 가르친다. 부도덕, 부정(不淨), 불의, 다른 이들을 배려하지 않는 태도, 거짓말과 같은 행동은 그분의 본성과 배치된다. 하나님을 섬긴다는 것은 주변의 문화와 구별되는 방식으로 살고 섬기고 예배하는 것을 뜻한다. 주님은 진리와 정의의 하나님이시며, 그분의 사람들은 진리와 정의의 사람이어야 한다.

5. 예배에 관한 율법(23:10-19)

23:10-13. 민족의 예배와 하나님 앞의 삶에 관한 일련의 법이 주어졌다. 토지를 위한 안식의 율법에서는 여섯 해 동안 파종하고 수확한 다음에는 한 해 동안 땅을 묵혀야 한다고 규정했다(23:10-11). 이렇게 일곱째 안식년을 갖게 할 의무는 "이스라엘의 독특한 관습이었던 것처럼 보인다"(Davis, *Moses and the Gods*, 244). 이는 부분적으로는 가난한 이들을 위한 것이었다. **네 백성의 가난한 자들이 먹게 하라.** 아마도 그들은 휴한지에서 자라는 나머지 작물을 수확할 수 있었을 것이다. 또한 이는 **들짐승**, 아마도 야생동물에게 적합한 서식지를 제공하기 위함이었을 것이다. 민족은 토지의 안식년을 준수하지 못한 것으로 악명이 높았으며, 이는 그들이 70년 동안 포로 생활을 하게 된 이유의 일부였다(참고. 대하 36:17-21). "모든 안식일은 창조 행위에서 능력을 사용하신 하나님의 주권을 상기하게 해주었다. 안식년은 땅이 하나님의 것이며 인간은 하나님 아래서 그것을 위탁받았을 뿐임을 상기하게 해주었다(레 25:23)"(Davis, *Moses and the Gods*, 244). 그에 더해 가축과 집안의 종들에게도 동일하게 안식일의 쉼이 주어져야 했다(23:12). 따라서 일할 때가 있고 쉴 때가 있었다. 개인적으로도, 동물에게도, 노예에게도 쉼이 있어야 한다.

23:14-19. 여기에서는 민족적 차원에서 예배를 드리는 세 절기에 관한 법을 간략히 요약했다. 이 부분은 모세오경에서 '절기 축제'를 다룬 다섯 글 중 첫 번째에 해당한다(참고. 34:18-26; 레 23; 민 28-29; 신 16:1-17). 이 본문에서는 간략하게 언급할 뿐이지만 병행 본문에서는 이 절기에 관한 자세한 명령과 설명을 제시한다. 무교절은 출애굽을 기념하는 절기이다. 맥추절(혹은 초실절, 칠칠절, 34:22)은 곡식을 주신 주께 감사하는 절기이다. 수장절(혹은 초막절, 장막절, 레 23:33-36)은 나머지 농산물을 내려주신 주께 감사하는 절기이다. 나팔절과 대속죄일은 언급되지 않았지만 가을 절기의 일부로 포함되었을 것이다. 이스라엘 사람들이 초막절을 지키려고 주 앞으로 나올 때, 그들은 더 일찍 와서 이 두 절기를 지켰을 것이다. 이 세 절기에는 그 누구도 **빈손으로** 참석해서는 안 된다고 명시되어 있다(23:15c).

주님이 공급해주신 것을 기뻐하고 감사하는 것이 이

절기의 목적이라면 아무것도 없이 나타나는 행동은 모순이었을 것이다(참고. 23:19a). 모든 남자들이 아내와 가족을 데리고(참고. 신 31:10-12; 삼상 1:3-5; 느 8:13 이하) **매년 세 번씩**(23:17) 절기에 참석하게 함으로써 공동의 믿음에 기초한 민족의 연합과 민족적, 신학적 일치를 강화시켰을 것이다.

마지막으로 바른 예배를 위해 주의해야 할 사항을 지적한다. 우상숭배는 절대로 하지 말아야 하며(23:13) 적합한 제물로 예배해야 한다(23:18-19a). 일부에서는 **염소 새끼를 그 어미의 젖으로 삶지 말라**는 금지 명령(23:19b)이 이교 의식이나 관습을 가리킨다고 생각해왔다(참고. *Davis, Moses and the Gods*, 246). 이교도처럼 주문을 외우거나(23:13) 피와 기름을 사용하는 것처럼(23:18) 이교의 영향을 받은 행위는 절대로 하나님께 드리는 참된 예배에 포함되어서는 안 된다. 새끼를 어미의 젖으로 삶는 것은 유대교에서 흔히 이해하듯이 젖과 고기를 함께 먹어서는 안 된다는 뜻이 아니라 어미의 젖을 먹는 새끼를 어미한테서 떼어서 요리하지(삶지) 말라는 뜻일 가능성이 높다. 그렇게 하면 어미에게 큰 충격을 줄 것이기 때문이다.

이 본문에서 발견되는 항구적인 원리는 "그분이 너희의 재산과 시간의 주인이신 여호와시다"라는 가르침이다(Hamilton, *Exodus*, 426). 따라서 주에 대한 헌신이 매일, 매주, 매년, 끊임없이 그들의 관심사가 되어야 했다. 절기를 지키게 하신 목적은 공동의 예배로 민족을 연합시킬 뿐만 아니라 그들에게 언약을 지키시는 주님의 복을 해마다 상기시키고자 함이었다. 그분께 마땅히 드려야 할 헌신이 달력 안에, 인생의 굽이굽이 안에 엮여 있어야 했다. 하나님께 드리는 예배는 그분의 방식을 따라야 하고 사회의 예배 방식과 형식, 즉 이교도에게 익숙하고 이교를 연상시키는 방식과 형식을 혼합해서는 안 된다. 주님은 이런 문제에, 심지어는 세속적으로 보이는 생명의 양상(그것을 존중하고 보존하는 것)과 재산(가축)에도 관심을 기울이신다. 그분은 공평과 정의, 다른 이들을 위한 공동체의 돌봄을 중요하게 생각하신다.

E. 땅을 정복할 계획(23:20-33)

출애굽기 23장의 이 부분은 흔히 언약서의 맺음말로 여겨진다. 하지만 몇 가지 점에서 이 마지막 부분은 언약서의 나머지 부분과 구별된다. 한 주석가가 지적하듯이, "이 자료를 보면 자연스럽게 떠오르는 물음은 '이것이 여기에서 하는 일은 무엇일까?'이다. 이 단락[23:20-33]은 약속과 경고를 담고 있다. 그렇다면 이것은 이 법적인 문서와 어떻게 어울리는 것일까?"(Stuart, *Exodus*, 541). 세 가지 이유가 제시될 수 있다. 첫째, 이 부분에서는 민족에게 하나님이 땅 약속을 잊지 않으셨음을 재진술한다(참고. 창 12:1; 15:18-21). 둘째, 여러 경우 방금 계시된 언약서의 몇몇 부분을 성취하고 적용하는 데에는 분명히 땅이 중요했다. 즉, 몇몇 규정은 땅의 소유를 전제한다(예를 들어 땅의 안식, 23:10 이하). 왜냐하면 그들이 소유한 땅에서 그들은 이 법을 실천하고 이 절기를 기념해야 했기 때문이다(23:14-19). 셋째, 대체로 '땅'은 나머지 '세상'으로부터 '분리된' 곳이어야 했다. 율법은 유대 민족을 '세상'으로부터 분리시켰다. 땅 역시 세상으로부터 '분리된' 공간이어야 한다. 민족은 하나님의 백성'으로서' 살아갈 그들만의 공간, 민족이 주를 예배하고 섬길 수 있도록 분리된, 더 정확히는 주변 세상으로부터 구별된 공간을 가져야 한다. 만약 그들이 하나님이 원하시는 민족과 백성이 되려 한다면, 만약 그들이 정말로 언약을 지키려 한다면 그들에게는 그들의 땅, 즉 그 자체로 다르고 구별되어 보이며 실제로 다르고 구별된 공간이 필요했다! 만약 그들이 '사는 방식에서' 다르고 구별되어야 한다면, 그들이 '사는 공간'에서도 다르고 구별되어야 한다.

23:20-26. 이 부분에서 하나님은 정복을 용이하게 할 네 가지 약속을 계시하셨다. 첫째, 싸우는 천사에 관한 약속이 있었다. 어떤 이들은 이 천사가 독특한 일회적 사명, 즉 정복 전에 그 땅의 거주민들이 두려워하도록 만드는 사명을 맡은 "특별 요원 천사"라고 주장한다. 다른 이들은 이 천사가 주의 사자, 즉 성육신 이전 그리스도의 신현이라고 확신한다(참고. Stuart, *Exodus*, 541). 이 천사의 정체성을 이해하는 열쇠는 **내 이름이 그에게 있음이니라**라는 구절이다(23:21b). 이것은 단순히 '그가 나의 권위를 지닌다'라는 뜻일 수도 있다(적어도 이런 의미를 담고 있음은 확실하다). 혹은 (구약에서는 누군가의 '이름'이 그의 성품과 본성을 반영하기 때문에) '나의 성품과 본성이 그의 성품과 본성이다'

라는 뜻일 수도 있다. 따라서 이 천사가 주의 이름으로 온다는 말은, 그가 주의 권위를 지니고, 그분의 능력을 지니고, 그분의 약속을 지니고 온다는 말이다.

신명기 7장에는 이 짧은 단락의 더 긴 병행 본문이 있다. 그곳을 보면 그들을 그 땅으로 인도하시고(신 7:1) 이스라엘을 대적하는 민족들을 물리치시는(7:2) 분이 바로 주님이시라고 분명히 말한다. 다시 말해서 이 천사는 신현으로 나타나신 주님이다(참고. 창 18:2, 16-17; 19:1).

이 천사는 무슨 일을 할까? 첫째, 천사는 **길에서** 그들을 **보호하여**(23:20a) 그들을 하나님이 **예비한 곳에 이르게 하**기 위해 보냄을 받을 것이다(23:20b, 23a). 이 민족은 자기 힘에 의지해 길을 찾으려고 하거나 '자신들이 살 곳을 찾으려고' 해서는 안 된다. 이 민족은 이 천사를 의지해야 했다! 하나님이 이 민족을 보호하고 인도하시며, 그분의 천사를 통해 그분이 택하고 '예비하신' 곳으로 인도하실 것이다. 둘째, 이 천사가 민족의 원수와 적들을 '처리'하고 그들을 파괴할 것이다(23:22b, 23b). 물론 이것은 그들이 전혀 싸울 필요가 없다는 뜻이 아니다. 그들 자신 때문이 아니라 하나님의 능력과 약속 때문에 궁극적으로 승리할 것이라는 뜻이다.

그런 다음 이중적인 경고로 시작되는 양식과 건강에 대한 약속이 주어졌다(23:24-26). 한편으로는 혼합주의적 신앙에 대한 금지 명령(23:24a)과 이교 예배를 철저히 파괴하라는 명령이 있었다(23:24b). 이교와 가나안 종교를 완벽하게 분리하고 파괴하지 못한다면 그 어떤 것도 용납되지 않을 것이다. 이방 종교는 절대로 허용될 수 없으며, 가나안의 악한 종교가 민족의 예배와 삶에 혼합되거나 영향을 미칠 수 있는 가능성을 절대로 허용해서는 안 된다.

다른 한편으로 그들은 주께 절대적인 헌신을 보여야 했다(23:25a). **여호와를 섬기라**라는 간단한 구절은(절기를 지킨다는 의미로, 23:14-19) 예배로 섬기는 것뿐만 아니라, ('언약서'의 맥락에서) 이렇게 살아감으로써 그리고 방금 그들에게 계시된 율법을 지킴으로써 '여호와를 섬겨야' 한다는 뜻이다. 하나님은 그들이 이 경고에 귀를 기울이고 이런 헌신을 실천하면 그들에게 사중적 복을 주겠다고 약속하셨다. 기본적인 음식(**양식과 물**, 23:25b), 전반적인 건강과 무병(無病, 23:25c), 건강한 임신 및 유산과 불임 없음(23:26a), 장수(23:26b). 이런 특별한 복은 민족의 성장과 번영을 위해 무척 중요했다(신 7:12 이하를 보라).

23:27-30. 다음으로 정복에 대한 약속이 주어졌다(23:27-30). 하나님은 민족에게, 아마도 초자연적이겠지만 무서운 일련의 사건을 통해 정복이 성취될 것이라고 말씀하셨다(23:27-28). **위엄**과 심지어 **왕벌**(참고. 신 7:20)은 아마도 비유나 은유로 이해해야 할 것이다. 즉, 하나님은 그 민족보다 먼저 '두려움과 공포'를 보내셔서 그 땅을 차지하고 있는 사람들이 당황하며 낙심하게 만드시고, 이로써 그들의 사기를 꺾으시며 이스라엘이 그들을 쉽게 정복할 수 있도록 하실 것이다. 그것이 무엇이었든지 실제로 효과를 발휘했다. 라합은 정탐꾼들에게 "우리가 너희[이스라엘]를 심히 두려워하고 이 땅 주민들이 다 너희 앞에서 간담이 녹나니"라고 말했다(수 2:9). 더 나아가 하나님은 그들에게 조절된 방식으로 정복이 이루어질 것이라고 말씀하셨다(23:29-30; 참고. 신 7:22 이하). 여기에는 '실용적인' 면이 있었다. 그 땅에 사람이 없다면 잡초가 무성해질 것이며 농사를 짓기 위해서는 다시 잡초를 베어야 할 것이다. 또한 야생동물이 그 땅을 차지해 인간에게 위협을 줄 수도 있다. 하나님의 계획은 가나안 사람들을 점진적으로 제거함으로써 이스라엘이 그 땅을 더 쉽게 차지하도록 하는 것이었다.

23:31-33. 마지막으로 안전한 경계에 대한 약속이 주어졌다. 마지막 약속에서 하나님은 땅의 범위를 알려 주셨다[23:31a; 서쪽으로 **블레셋 바다**는 지중해를 가리킨다(블레셋이 해안을 지배했기 때문에 그렇게 불렸다, 참고. 13:17). 남쪽으로 **광야**는 사해 남쪽과 동쪽의 사막 지역을 가리킨다. 북쪽으로 **강**은 바벨론, 즉 오늘날 이라크에 있는 유프라테스강을 말한다]. 여기에서는 '서쪽 경계와 동쪽 경계'를 묘사한다. 그러나 '내부에 적이' 남아 있는 한 (적을 차단할) 안전한 경계는 별로 의미가 없을 것이다. 따라서 하나님은 가나안 사람들을 무찌르고 쫓아내라고 명령하셨다. 그들과는 어떤 조약도 맺어서는 안 되며(참고. 신 7:2) 그 누구도 **땅에 머물**도록 허락해서는 안 되었다(23:31b-33a). 이처럼 가혹해 보이는 요구를 하시는 까닭은 분명했다. 제거되지

않는다면 그들은, 이스라엘이 죄를 범하도록 유혹하는 **올무**가 될 것이다(23:33b). 하나님의 명령이 도덕적인가에 관한 논의는 여호수아 6장 주석의 '가나안 족속의 몰살-무고해 보이는 생명의 말살(6:21)'을 보라.

F. 언약의 비준(24:1–18)

1. 주께 나아가다(24:1–11)

24:1–2. 언약의 비준은 세 단계로 이루어졌다. 첫째, 지도자들이 주께 나아갔다. 하나님은 모세와 함께 아론 그리고 그의 아들 나답과 아비후, 장로 70명에게 **여호와께로 올라**오라고 하셨지만(1a절), 모세에게만 **여호와께 가까이 나아오**라고 하셨으며 다른 이들은 멀리서 예배해야 했다. 또한 백성은 훨씬 더 뒤에 머물러 있어야 했다. 주를 철저히 경외하는 것이 마땅하며, 따라서 그분께 나아갈 수 있는 사람은 제한되었고 소수를 제외하면 그분께 가까이 갈 수 없었다. 이것은 오늘날 신자들이 누리는 특권과 대조를 이룬다(참고. 히 2:17–18; 4:16). 예수 그리스도를 믿는 이들은 이런 본문을 읽을 때, 자유롭게 예배하러 나올 수 있는 것과 자비로우신 아버지께 필요를 아뢰라는 따뜻한 초대에 대해 더 감사한 마음을 가져야 한다(히 2:17–18; 4:16).

24:3–8. 둘째, 백성들이 동의했다. 그들의 동의는 두 단계로 이루어졌다. 첫째, 모세는 백성에게 **여호와의 모든 말씀**을 전했으며, 그들은 이를 지키겠다고 대답했다(24:3). 그런 다음 모세는 **여호와의 모든 말씀을 기록**했다(24:4a). 이것은 앞에서 주어진(20–23장) '언약서'(24:7)였다. 제단은 상징적 도안으로 만들어졌다. 즉, 열두 기둥은 열두 지파를 표상했다(24:4). 바쳤던 제사 역시 상징적이었다. 어린 소가 그렇듯이 청년들은 아마도 초태생을 상징했을 것이다. 제사와 피 흘림은 '언약 맺기'의 공통 요소였다(참고. 창 15장에 대한 주석). 이것은 **화목제**(24:5; 참고. 레 3:1 이하), 즉 민족과 예배자가 하나님과 함께 누리는 평화와 사귐을 수립하는 것이 아니라 그에 대해 기뻐하며 감사하는 제물이었다. 피는 거룩하게 하고 깨끗하게 하며 성별하는 기능을 했다. 따라서 제단을 깨끗하고 거룩하게 하고자 피를 **제단에 뿌**렸으며(24:6), 백성을 거룩하게 하고 성별하기 위해 이 언약에 대한 헌신을 다짐한 백성에게도 피를 뿌렸다(24:8). 이것은 그들에게 엄숙한 맹세를 상기시켜줄 엄숙한 예식이었다.

24:9–11. 셋째, 하나님이 나타나셨다. 이 엄숙한 예식이 끝난 후 일어난 사건은 구약에서 가장 신비로운 사건 중 하나이다. 어떤 점에서 완벽히 명확하지는 않지만 지도자들은 앞서 초대를 받은 대로(24:1–2) 산을 어느 정도 올라갔고(하지만 여전히 '멀리서', 24:1b), 거기에서 **이스라엘의 하나님을 보**았다(24:10a). 여기에서는 '보았다'라고 번역된 두 개의 다른 용어가 사용되었다. **보니**(24:10a)로 번역된 라아(*ra'a*)는 흘끗 본다는 뜻에 더 가깝고, **뵙고**(24:11b)로 번역된 하자(*haza*)는 계속해서 응시한다는 뜻에 더 가깝다. 어떤 점에서 (완벽하게 명확하지는 않지만) 그들은 그분을 '흘끗 보기'도 했으며 사귐의 시간에 그분을 '응시하기'도 했다. 아마도 이것은 아브라함(창 18장)이나 마노아(삿 13장)의 경험과 비슷했을 것이다.

여기에 **그의 발아래에는 청옥을 편 듯하**다는 묘사(24:10b)는 놀라움을 더해준다. 이는 그곳이 '내세' 같은 분위기였다는 뜻이었다. **하나님이 이스라엘 자손들의 존귀한 자들에게 손을 대지 아니하셨**다는 말(24:11a)은 하나님이 허락하지 않으시면 하나님을 본 사람은 아무도 살 수 없다는 출애굽기 33:20의 말씀을 염두에 두고 한 것이다. 뿐만 아니라 그들은 단지 하나님의 영광이나 그분의 환상을 본 것이 아니라 하나님을 보았다. 마지막으로 이 장면은 그들이 **먹고 마셨**다는 말로 마무리된다(11b절). 먹고 마시기는 예배에서 흔히 이루어지는 행위이다. 예를 들어, 아브라함이 멜기세덱과 예배할 때도 그랬고(창 14:18), 오늘날 신자들 또한 예배에서 주의 만찬을 행할 때 먹고 마신다(고전 11:23–26). 미래에는 어린 양의 혼인 잔치에서 먹고 마시는, 성대한 예배의 축제가 있을 것이다(계 19:7–10). 메시아의 왕국에서는 열방이 위대한 메시아의 잔치를 위해 모일 것이다(사 25:6). 출애굽기에서 이 장면을 묘사한 목적은 주께서 언약에 대한 백성의 헌신을 받아주셨음을 보여주고자 함이었다. 왜냐하면 이것은 '언약을 비준하는 식사'였으며, 하나님이 지도자들과 직접 친교를 나누신 것은 그분이 민족과 참된 친교를 나누셨음을 뜻하기 때문이다.

2. 산 위로 올라간 모세(24:12–18)

24:12. 이 단락의 마지막 부분에서는 모세가 돌판을 받기 위해 불려 올라간 것을 기록하고 있다(24:12).

돌판은 여기에서 처음으로 언급된다. 돌판을 택한 이유는 틀림없이 내구성이나 영속성 때문이었을 것인데, 이는 율법 자체의 속성을 나타냈다. 이 돌판은 또한 인상적이고 묵직했을 것이며, 이 역시 은유적으로 율법이 본디 그런 성격을 지니고 있음을 상징했다. 즉, **율법과 계명**은 그것이 적힌 '돌'과 동일한 성격을 지닌다.

24:13-18. 모세는 혼자 불려 올라갔다. 그의 주변에 좋은 사람들이 있기는 했지만 지도자는 모세였으며 그는 율법의 매개자가 될 것이다(참고. 요 1:17). 일단 산에 오르자 모세는 영광에 둘러싸였다(24:15-18). 밝고 빛나며 맹렬한 구름은 주의 임재를 상징했다. 마태복음 17:1-8과 예수 그리스도가 어떤 분이신지(즉, 주의 영광을 지니신 분임을) 확증하려는 목적을 지녔던 변화산 사건과 이 본문 사이의 의도적이며 모형론적인 유사성에 주목하라. 모세는 돌판을 받았을 뿐만 아니라 **사십 일 사십 야**(24:18)를 산에서 지내는 동안 틀림없이 성막의 자세한 규정도 전해 받았을 것이다. 그것은 경외감을 불러일으키는 구조물에 관한 영광스러운 계시가 주어지는 사이에 펼쳐진 놀라운 장면이었다.

G. 성막과 그 건축자와 제사장에 관한 명령(25:1-27:21; 30:1-21; 35:1-38:31)

1. 첫 명령(25:1-9)

a. 봉헌(25:1-8; 30:11-16; 35:4-9; 38:21-39:1)

25:1-7; 참고. 35:20-29. 하나님은 애굽에서 가지고 나온 재물로(참고. 12:35-36) 민족에게 "넘치도록 능히" 복을 주셨다(참고. 엡 3:20-21). 따라서 이스라엘 자손은 성막에 필요한 재료를 바치라는 명령을 받았을 때 귀금속, 금은과 놋, 그 밖의 귀한 재료와 돈을 넉넉히 바쳤다. 비판적인 학자들은 성막에 사용된 귀금속의 회계 처리에 의문을 제기해왔다. 그러나 정확한 숫자가 기록된 점은 회계 처리가 세심하게 이루어

성막

민족의 구심점인 성막

성막은 물질적/문자적 의미에서나 비유적/영적 의미에서 민족의 구심점이었다. 하나님은 성막에 관해 직접 지시하셨다(25:1; 30:11, 22, 34; 31:1, 12). 이는 (1) 민족과 주님의 관계, (2) 주님이 받으실 만큼 올바른 예배, (3) 주님에 대한 민족의 전반적인 헌신에 관해 이 구조물이 얼마나 중요한지를 분명하게 알려주시기 위함이었다. "출애굽기는 출애굽 사건을 서술하는 데 대략 2장을 할애하고, 십계명에 대해서는 3분의 2장을 할애한 반면 성막에 대해서는 13장을 할애한다…책 전체의 약 3분의 1에 해당하는 분량이다"(Hamilton, *Exodus*, 449). 이는 하나님이 바라시는 것은 민족이 예배와 하나님에 대한 섬김을 가장 중요한 일로 삼는 것임을 말해준다. 25:1부터 30:10에 이르는 이 부분은 출애굽기에서 가장 길게 이어진 주님의 말씀을 기록하고 있다(Hamilton, *Exodus*, 455).

성막의 기원에 관한 이론들

성막의 기원에 관해 지금까지 몇 가지 이론이 제시되었다. 어떤 이들은 성막을 (1) 성전을 이상적인 방식으로 (그리고 시대착오적으로) 민족 초기 역사의 허구적 서사에 투사해낸 것, 즉 "성전을 유목민으로 살았던 이스라엘의 과거에 투사한 것"이라고 생각한다[예를 들어, 이것은 벨하우젠(Wellhausen) 학파의 비평적 관점이다]. 따라서 "근대 [비평적] 학문의 관점에서는 성막의 역사성에 대해 반대한다"[핵심 주장과 반론으로는 Charles L. Feinberg, "Tabernacle," vol. 5, *Zondervan Pictorial Encyclopedia of the Bible* (Grand Rapids, MI: Zondervan, 1976), 578-581; Kaiser, "Exodus," 451을 보라]. "그러나 가설적인 자료 이론의 주장과 반대로 본문에서는 출애굽기 25, 40장을 역사적 사건으로 제시한다"(Kitchen, *Reliability of the OT*, 275 이하, 495).

어떤 이들은 성막이 (2) '주변 고대 근동 문화에서 찾아볼 수 있는 이동식 신전의 한 형태'였다고 주장한다. 그런 이동식 신전이 존재했다는 점은 의

문의 여지가 없지만, 성막은 비판자들이 주장하는 예와 구별되는 몇 가지 특징을 지닌다(이에 관해서는 주석에서 논할 것이다).

물론 어떤 이들은 성막을 (3) '하나님이 그 계획과 목적을 계시하신 독특한 구조물'로 본다. "웅장한 성막 구조물은 상상력이 풍부한 모세의 머리에서 나온 것이 아니라 하나님의 계시로 시작되었다는 것이 가장 적합한 설명이다"(Davis, *Moses and the Gods*, 253; 251-253을 보라). 본문에서는 반복적으로 **여호와께서 모세에게 말씀하여 이르시되…무릇 내가 네게 보이는 모양대로…이 산에서 네게 보인 양식대로**라고 말한다(25:1, 9, 40; 또한 26:30; 27:8b; 참고. 행 7:44; 히 8:5; 9:23-24). "성경은 성막의 기원이 하나님께 있으며 특별 계시로 모세에게 주어진 것이라고 더할 나위 없이 분명하게 말한다"(Davis, *Moses and the Gods*, 253).

성막을 일컫는 명칭들

성막을 지칭하는 데 적어도 다섯 가지의 다른 용어가 사용되었다(*Davis, Moses and the Gods*, 254을 보라. 참고. Feinberg, "Tabernacle," 572-573). (1) 25:8에 사용된 용어는 '성소'(*miqdash*, 미크다쉬)이다. 이 용어는 이곳이 주를 위해 성별된 거룩한[카다쉬(*qadahs*), 코데쉬(*qodesh*)] 곳이라는 뜻이다. 이는 성막이 구별되기 위해 분리된 곳임을 뜻한다. 성막은 거룩하기에, 속되고 부정한 것은 차단되어야 했다. 성막 주변과 그 안에 있는 모든 것은 주를 예배하는 데 바쳐진 것이었으며, 다른 용도로 사용해서는 절대 안 되었다[Richard E. Averbeck, "Sanctuary," *miqdas*, vol. 2, *New International Dictionary of Old Testament Theology and Exegesis* (Grand Rapids, MI: Zondervan, 1997), 1078-1087을 보라]. (2) 25:9에서 사용된 용어는 '거하다'나 '머무르다'라는 뜻의 사칸(*sakan*)이라는 말에서 유래한 '장막'(*miskan*, 미스칸)이다. 이곳은 하나님이 그분의 백성 가운데 거하시는 공간이었다. (3) 26:36에 사용된 용어는 오헬('*ohel*, NASB에서는 'tent'로 번역했지만 개역개정에서는 '성막'으로 번역—옮긴이 주)이다. 이 말은 성막이 임시로 사용하는 이동식 구조물이었음을 뜻한다. (4) 29:42에서는 '회막'('*ohel mo'ed*, 오헬 모에드)이라는 용어가 사용되는데 이는 '모임'에서 유래한 말로, 정해진 곳에서 이루어지는 엄숙한 모임이라는 의미를 담고 있다. 이 모임은 곧 예배를 위한 모임이었다. (5) 38:21에서는 '증거막'(*miskan ha'edut*, 미스칸 하에두트)이라는 용어 혹은 구절이 사용된다(참고. 민 17:7). '증거막'이라는 명칭은 이 공간이 주의 능력과 약속, 공급하심을 '증거'하는 역할을 해야 한다고 말해준다. 이 공간의 목적은 민족의 신앙과 헌신을 고양하는 것이다. 십계명의 돌판 자체가 '증거판'이라고 불렸다(40:20, 21). 따라서 이곳은 이 돌판을 보관하는 공간이었다.

성막의 목적

성막은 이스라엘 민족을 위해 몇 가지 기능을 했다. "광야 성막은 예배 공동체에 세 가지로 활력을 불어넣었다." 성막은 "하나님께 드리는 예배에 질서"를 부여하기 위해 세워졌다. 더 나아가 "하나님의 임재를 실재적으로 지각할" 수 있게 해주었다. 그리고 민족에게 '안정성'을 제공하고 민족이 머무는 '위치'가 되어주었다. 광야에서도 "머물 곳"이 있었다(Hamilton, *Exodus*, 449을 보라). 또한 성막은 (흔히 국기나 국가 기념물처럼 공유된 상징을 통해 성취되는) 민족의 일체감을 고양시켰을 것이다. 성막은 사회적 결속의 감정을 제공했을 것이다(공동체의 활동이 말 그대로 이 구조물을 중심으로 이뤄졌다). 그리고 성막은 민족적 자부심을 위한 구심점을 제공했다. 왜냐하면 그들 모두가 성막 건설에 기여했고 함께 노력했으며, 성막이 건설되는 것을 지켜보았기 때문이다.

그러나 무엇보다도 성막은 "신정정치 자체의 토대를 이루는 근본 개념, 즉 주께서 그분의 성소 안에서 눈에 보이는 영광 가운데 그분의 백성과 더불어 거하신다는 생각"에 대한 상징의 역할을 했다. "성막이라는 교향곡의 지배적 주제는 인간 가운데 거하시는 하나님이다"(Feinberg, "Tabernacle,"

583).

성막의 신학적 목적은 세 가지 표제, 즉 관계/예배/예표로 요약될 수 있다(Davis, *Moses and the Gods*, 255-256을 보라). 민족은 성막의 예배를 통해 (제한적이지만 실제적인 의미에서) 주님과의 사귐, 서로와의 사귐을 누려야 했다. 속죄를 위한 제사 외에 다른 제사, 소제(참고. 레 2:1-16)와 화목제(참고. 레 3:1-7)는 백성이 '사귐'을 위해 헌신을 표현할 수 있는 수단을 제공했다.

물론 민족은 성막에서 예배를 해야 했다. 따라서 "성소는 한 분이시며 참되신 하나님을 예배할 수 있는 가시적 중심이었고, 이교도의 많은 신들에 대한 예배에 맞서는 보루였다. 율법처럼 [성막은] 우상숭배에 맞서는 보호 장치였다(29:43, 45; 민 35:34)"(Davis, *Moses and the Gods*, 255).

마지막으로 성막은 예수 그리스도가 십자가 위에서 행하신 속죄 사역을 예표하는(예증하는) 역할을 했다. "또한 성막은 예수 그리스도에 초점이 맞춰진 하나님의 구속 계획을 예언적으로 미리 보여주었다. 히브리서는 지상의 성막이 천상의 성막을 나타내는 모형일 뿐이며 그 목적은 우리 주 예수 그리스도의 사역과 그분의 신성을 가리키기 위함이라고 분명히 말한다"(Davis, *Moses and the Gods*, 255). 데이비스는 요한복음 1:14의 '거하시매'라는 말이 문자적으로 "장막에 머물다"라는 뜻임을 지적한다. 예수는 정말로 "우리와 함께하시는 하나님"이셨다! 그리고 그분은 죄를 위한 속죄제물이셨다. 그리고 '그분의' 죽음 직후 "성소 휘장이 위로부터 아래까지 찢어졌으며"(마 27:51) 이는 이제 신자들이 "은혜의 보좌 앞에 담대히 나아갈" 수 있음을 상징한다(히 4:16; 10:19). 더 나아가 예수 그리스도는 지금 "천상의 성소"에 계시며 거기에서 "항상 살아 계셔서 그들을 위하여 간구하신다"(히 7:25).

"모세 시대의 성막은 여기 지상에서 그리스도가 행하신 대제사장적 사역과 하늘에서 행하시는 그분의 영원한 사역을 묘사한 놀라운 그림이었다"(참고. 히 7:26-27; Davis, *Moses and the Gods*, 255-256). 그러나 성막의 모든 요소(숫자와 재료, 채의 길이, 받침의 크기, 휘장의 길이 등)에서 모형론적 의미를 찾으려는 시도는 부적절하다. 이것은 오히려 원래의 맥락에서 성막이 지닌 의미를 축소시킨다.

일부 학자들은 "창세기 2-3장에 기록된 에덴동산에 대한 묘사와 성막 사이에 수많은 유사점"이 있다고 주장해왔다[Richard E. Averbeck, "Tabernacle," *Dictionary of the Old Testament Pentateuch* (Downers Grove, IL: InterVarsity, 2003), 817; Gordon J. Wenham, "Sanctuary Symbolism in the Garden of Eden Story," in *"I Studied Inscriptions From Before the Flood": Ancient Near Eastern Literary Approaches to Genesis 1-11*, ed. Richard S. Hess and David Toshio Tsumura (Winona Lake, IN: Eisenbrauns, 1994)]. 만약 그런 유사점을 인정한다면, 성막은 하늘의 보좌가 있는 방과 인간이 하나님과 사귐을 누렸을지도 모르는 공간을 축소해 복제해놓은 것으로 이해할 수도 있다. 출애굽기 25:1-9에 대한 주석 중 도표 '창조와 성막'을 보라.

졌으며 내역이 꼼꼼하게 기록되었음을 말해준다(참고. 38:21-31). 스튜어트는 현대의 무게나 길이 단위와의 상관관계에 대해 다양한 제안이 있었지만 "고대의 특정한 시간과 장소에서 어떤 무게나 길이 단위가 사용되었는지를 정확히 알 수는 없다"라고 지적한다(Stuart, Exodus, 772 n. 300). 많은 이들은 1달란트가 약 34킬로그램이며 1세겔은 약 11.4그램일 것이라고 추측한다. 그렇다면 대략적으로 말해, 사용된 금의 총량은 약 1톤이었고, 은은 약 3,420킬로그램, 놋은 2,400킬로그램(이상 현대인의 성경)이 사용되었다. 38:26에 따르면, 은만 따져도 스무 살 이상의 남자 603,550명이 한 사람당 반 세겔씩 바친 셈이다.

25:3-7. 열네 가지 부속 재료가 언급되어 있지만 이 목록이 전부였다고 생각할 필요는 없다. 덜 중요한 재

료는 너무 흔해서 언급하지 않았을 수도 있다.

다소 뻔해 보이는 물음은 '이게 다 어디서 왔을까?'이다. 그리고 마찬가지로 뻔해 보이는 대답은 '대개는 애굽에서'이다. 이것은 애굽 사람들한테서 취한 것이었다(참고. 12:35-36). 또한 아말렉 사람들을 친 다음에 취한 전리품도 있었을 것이다(참고. 17:8-16). 뿐만 아니라 미디안 족속이나 그 지역을 통과하는 대상(隊商)과 교역했을 수도 있다.

기본 재료는 유기물과 무기물로 이뤄졌다. 유기물로는 쉽게 구할 수 있었던 동물의 가죽이 대표적이다(양과 염소가 넉넉했다). **해달**의 가죽(25:5; 26:14)은 바다 동물의 한 종류를 일컫는 용어를 번역한 것이라고 여겨진다. 직물은 대개 (애굽에서 흔했던) 아마로 만든 베나 동물의 털로 (짜거나 자아서) 만든 것이었다. 이런 물건을 장식하거나 염색하는 데 사용된 염료는 (조개류와 식물, 광물을 재료로) 직접 만들거나 (지중해 전역에서 교역을 했던 페니키아인들과) 교역을 통해 구했을 것이다. 조각목은 일종의 '가시나무' 혹은 관목을 재료로 만들었다. 이 지역에 많았던 나무로, 높이가 7.6미터까지 자라기도 했다. 주황색을 띤 이 나무는 단단하며 내구성이 좋고 해충에도 매우 강했다. 줄기와 가지는 '채'(pole)를 만들기에 더없이 좋았다. 등을 밝히는 데 필요한 기름(25:6)과 기름을 부을 때 쓰는 (향료를 섞은. 참고. Kaiser, "Exodus," 453) 향품(25:6; 30:22-38을 보라)처럼 소모품에 해당하는 재료는 보충되어야 했다.

무기물 재료는 다양한 수준으로 정제해야 했다. 준보석은 장식물로 사용하기 위해 자르거나 모양을 냈을 것이다. 금은과 놋 같은 금속은 제련하고 다듬어야 했을 것이다. 당시 제련 기술은 초보적인 단계였지만 상당히 널리 퍼져 있었다. 성막에는 주로 뜰(제단과 물두멍)에 사용된 가장 덜 귀한 놋부터 성막 자체에 사용된 은과 금, 지성소 안 언약궤와 속죄소에 가장 광범위하게 사용된 금까지 다양한 가치의 금속이 상징적으로 사용되었다.

25:8; 참고. 35:4-9. 하나님은 그들에게 계획을 알려주시기 전에 먼저 모세로 하여금 예물을 드리게 하라고 명령하셨다. 유일한 동기부여는 **내가 그들 중에 거할** 수 있게 하라는 말씀이었다(25:8). 하나님은 **마음에 원하는 자는 누구든지**(35:4-9) 예물을 바치라고 하셨다. 즉, 그분은 모세에게 그들이 그저 의무감으로 마지못해서 내어놓는 예물이 아니라(참고. 고후 8:4-5; 9:7) 자발적으로 바치는 예물만을 원하신다고 분명히 말씀하셨다. 드리는 이들은 마음이 '감동'되고 '자원'했기 때문에 예물을 드렸다(35:21, 22, 29). 35:21-29과 36:3-7을 보면 백성이 너무나도 기쁜 마음으로 화답하여 더 이상 예물을 가져오지 말라고 명령해야 할 정도였다(36:3-7). "성전 건축 준비를 시작했던 다윗 시대에도 비슷한 분위기였다(참고. 대상 29:1-9)"(Davis, *Moses and the Gods*, 261).

30:11-16. 성막 건축을 위한 자발적인 예물 외에도 하나님은 성막의 유지와 운영을 위해 세금을 제정하셨다. 이것은 **속전**이라고 불렸으며 **회막 봉사**를 위해 사용되어야 했다(30:16). 이 세금은 **이스라엘 자손의 수효를 조사한** 결과에 따라 결정되었고(30:12), **계수 중에 드는 모든 자 곧 스무 살 이상 된 자**는 누구나 반 세겔의 세금을 내도록 정해졌다(30:14). 이 세금은 모든 사람들에게 평등하게 배분되었으며 부자와 가난한 사람 사이에 구별을 두지 않았다. 모두가 같은 액수를 지불했다(30:15). **속전**으로서(30:16) 이 세금은 **대속**하는 데 쓰였고(30:15, 16) **생명의 속전**이라고 불렸다(30:12). 그들은 이 세금을 진지하게 받아들여야 했다. 이 세금을 내지 않는다면 그들은 **질병**, 즉 심판의 위험에 놓일 것이다(30:12). 핵심은, 속죄를 성취하는 데 필수적인 성막이 계속해서 제 기능을 하려면 이 돈이 꼭 필요했다는 것이다. 따라서 이 세금을 내지 않는 행위는 속죄의 필요성을 진지하게 생각하지 않은 것과 마찬가지로 여겨졌다.

b. 주님의 설계안(25:9)

25:9. 성막은 하나님이 직접 모세에게 보여주신 **모양**을 주의 깊게 따라서 지어야 했다(25:9). 성막은 뜰(울타리로 둘러싸인 구역)과 뜰 안에 있는 건물(성막 자체)로 이루어진다. 성막은 (두 개의 정사각형을 붙여 놓은 모양의; 27:9-12, 18) 직사각형 구역 안에 자리 잡은 사각형 형태의 구조물이었다. 입구는 동쪽으로 하나만 나 있었다. 구조물은 언제나 입구는 동쪽으로, 지성소는 경내의 서쪽 끝에 자리 잡도록 세워졌다. 따라서 언약궤는 서쪽 반(정사각형)의 한가운데에 놓였고

놋 제단은 동쪽 반(정사각형)의 한가운데에 놓였을 것이다. 입구에서 놋 제단이 보였고 그 뒤에는 물두멍이 놓였을 것이다(한쪽 옆에 놓였을 수도 있다). 그 뒤로 두 개의 방, 즉 성소와 지성소로 이루어진 성막 자체가 있었다(참고. 26:33).

2. 언약궤: 주님의 거룩한 임재를 상징(25:10-16; 26:34; 37:1-5)

25:10-16; 26:34; 37:1-5. (문자적 의미뿐만 아니라 비유적/영적 의미에서도) 성막의 중앙에는 "분명히 성막의 모든 기구 중에서 가장 거룩한" 언약궤가 있었다(Hamilton, *Exodus*, 459). 카이저는 언약궤가 "180회 언급되었으며, 그 자체가 언약궤의 중요성을 강조하고 있다"라고 지적한다("Exodus," 454). 사실 언약궤는 금박을 입힌 직사각형 나무 상자(*'aron*, 아론)일 뿐이다. 그러나 그것은 '초월적 의미'를 지녔다! 속죄소라고 불리는 덮개가 있는 언약궤는 지성소 안에 놓인 유일한 물건이었다. 길이는 2.5규빗(약 1.13미터), 너비는 1.5규빗(약 0.68미터), 높이도 1.5규빗이었다. 모퉁이마다 하나씩 네 개의 발이 있었고, 각각의 발에는 고리를 달아서 역시 금박을 입힌 조각목으로 만든 채를 걸어 언약궤를 운반할 수 있게 했다. (고리와 채가 달린 다른 기구와 달리) 언약궤의 경우에는 이 채를 절대로 제거

창조와 성막

창 조	성 막
"하나님이 이르시되…"라는 하나님의 말씀으로 시작되는 일곱 막(幕) 창 1:3, 6, 9, 14, 20, 24, 26	"여호와께서 말씀하여 이르시되…"라는 하나님의 말씀으로 시작되는 일곱 막 출 25:1; 30:11, 17, 22, 34; 31:1, 12
하나님의 영은 수면 위로 운행하셨다. 창 1:2	그(브살렐)에게 하나님의 영을 충만하게 했다. 출 31:3; 35:31
"하나님이 지으신 그 모든 것을 보시니 보시기에 심히 좋았더라." 창 1:31	"모세가 그 마친 모든 것을 본즉 여호와께서 명령하신 대로 되었으므로." 출 39:43
"천지와 만물이 다 이루어지니라." 창 2:1	"성막 곧 회막의 모든 역사를 마치되." 출 39:32
하나님이 그분의 일을 마치셨다. 창 2:2	모세가 그 일을 마쳤다. 출 40:33
하나님이 그 일곱째 날을 복되게 하셨다. 창 2:3	모세가 그들을 축복했다. 출 39:43
하나님이 일곱째 날에 안식하시고 그날을 거룩하게 하셨다. 창 2:2-3	하나님이 일곱째 날에 안식하시고 그날을 거룩하게 하라고 이스라엘에게 명령하셨다. 출 31:12-18
에덴동산은 순금과 귀한 보석으로 만들어졌다. 창 2:12a	성막은 순금과 귀한 보석으로 만들어졌다. 출 25:3, 18
에덴동산 한가운데는 선악을 알게 하는 나무가 있었다. 창 2:9; 3:6	성막의 지성소에는 율법이 있었다. 출 25:16; 신 31:26; 잠 3:18
주께서 동산을 거니셨다. 창 3:8	주께서 진영 가운데를 거니셨다. 레 26:12; 신 23:14
인류는 동산에서 하나님을 예배하고 그분께 순종해야 했다. 창 2:15	레위인들은 성막에서 섬기고(예배) 삼가야(순종) 했다. 민 3:7-8; 18:5-6
타락: 인류가 그 나무에 관한 하나님의 명령을 어겼다. 창 3:1-7	타락: 이스라엘이 우상숭배에 관한 하나님의 명령을 어겼다. 출 32장
천사가 동산을 지켰다. 창 3:24	천사가 속죄소를 지켰다. 출 25:18

해서는 안 되었다(25:15).

언약궤 안에는 **증거판**(참고. 신 10:1-5, '돌판', '십계명')이라고 불리는 두 돌판(25:16, 21; 40:20)을 넣어두어야 했다. 나중에는 만나와 아론의 지팡이도 언약궤 안에 넣어두었다(참고. 히 9:4-5). 민수기 4:5-6에 따르면 언약궤를 옮길 때는 덮어야 했다. 이는 비바람으로부터 언약궤를 보호할 뿐만 아니라 사람들이 언약궤를 보지 못하게 하려는 의도였을 것이다.

3. 속죄소: 화목제물을 상징(25:17-22; 37:6-9)

25:17-22; 37:6-9. 카이저는 이렇게 기록했다. "[윌리엄] 틴들이 이 단어 카포레트(*kapporet*, '속죄 덮개')를 처음으로 '시은좌'(mercy seat, 개역개정에서는 '속죄소'로 번역—옮긴이 주)로 번역한 사람이었으며 루터도 1534년 독일어 번역본에서 이를 따랐다"(Kaiser, "Exodus," 454). 사실 '속죄 덮개'가 이 물건에 적합한 명칭이다. 왜냐하면 '속죄'가 성막과 제사 체계 전체의 핵심이며 이 물건이 성막의 초점이기 때문이다. 언약궤의 덮개인 속죄소는 순금으로 만들어졌다. 여기에서나 등잔대처럼 다른 물건을 가리킬 때 사용되는 **순금**이라는 말은 아마도 '도금하지 않고 순전히 금으로만 만들었다'고 이해해야 할 것이다. 당시 기술로는 오늘날 생각하는 것과 같은 '순금'을 만들 수 없었기 때문이다.

속죄소 양쪽 끝에는 서로를 마주한 채 서로에 닿도록 날개를 펼친 두 그룹이 형상화되어 있다. 그룹은 천사의 계급으로서 하나님의 초월적이며 영화로운 임재와 연관이 있었다(겔 10:1-22). 성소의 휘장도 이 천사의 이미지를 수놓아 장식했다(참고. 26:1, 31). '속죄소'라는 용어는 히브리어 '덮다'에서 유래했으며 '속죄'의 의미를 담고 있다. 이것은 1년 중 단 하루, 대제사장이 지성소에 들어가도록 허락된 날이었던 대속죄일 예식의 핵심이다(참고. 레 16장). 그날에는 제물의 피를 속죄소에 뿌려 한 해 동안 민족을 위한 '죄 덮음'을 성취했다. 이것이 상징하는 바는 분명했다. 위에는 하나님의 쉐키나 영광이 있었으며(참고. 40:34 이하), 언약궤 안에는 율법('증거판')이 있었고, 그 사이 속죄소 위에는 속죄하는 피가 있었다.

"속죄소가 붙어 있는 언약궤는 성막에서 가장 중요한 물건이었음이 분명하다"(Davis, *Moses and the Gods*, 264). 아무도 그것을 보지 못했지만 그들은 그것이 거기 있으며 바로 그곳에 그분이 계시다는 것을 알았다. **거기서 내가 너와 만나고 속죄소**(참고. 삼상 4:4) **위 곧 증거궤 위에 있는 두 그룹 사이에서**(25:22). 지구에 인간이 존재하는 핵심 의미는 하나님과 관계를 맺음으로써 그분께 영광을 돌리는 것이다. 이 성막은 어떻게 이 관계가 가능한지를 말해주는 상징이었다. 성막을 통해서 하나님은 인간에게 가까이 오셨다. 성막은 화목제물(로마서 3:25에서 '화목제물'로 번역되는 헬라어 단어는 '속죄소'이신 예수님을 가리킨다)을 제공했다. 성막은 죄인의 잘못을 속죄했고 민족의 예배를 하나님이 받으실 만한 것으로 만들어주었다.

성막의 구조

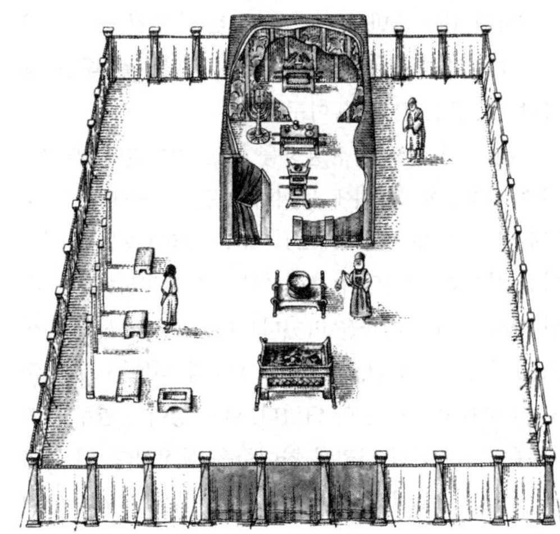

출처: *Ryrie Study Bible*, NASB. Chicago: Moody Publishers, 2012.

4. 진설병을 두는 상: 육신적 공급을 상징 (25:23-30; 26:25; 37:10-15)

25:23-30; 26:25; 37:10-15. 상 역시 조각목으로 만들었으며 금박을 입히고 금으로 장식했다. 그것은 다소 좁은 상으로서 높이는 언약궤와 같았지만 길이는 더 짧고 너비는 더 좁았다(즉, 길이는 두 규빗, 너비는 한 규빗, 높이는 한 규빗 반이었다). 이 상은 성막 안 성소의 북쪽 측면에 두어야 했다. 경계와 비교적 폭이 넓은 모서리(**손바닥 넓이만 한 턱**, 25:25)에 관한 세부 사항은 이것이 그저 장인이 만든 예술 작품일 뿐만 아니라 실용적이기도 했음을 말해준다. 테두리에 턱을 만든 이유는 물건이 쉽게 떨어지지 않도록 막기 위함이

었을 것이다. 상에는 (언약궤와 비슷하게) 고리와 채를 부착하여 쉽게 운반할 수 있도록 했다. 또한 바쳐진 다양한 제물에 맞게 사용할 수 있는 '식탁용품'(**대접, 숟가락, 병, 붓는 잔**)을 놓아두었다.

상의 주된 용도는 **진설병**을 두는 것이었다(25:30). 매주 안식일에 상 위에 두어야 했던 이 떡(매주 새로 구워낸 떡 열두 덩이, 레 24:5-8을 보라)은 '하나님을 위한 식사'가 아니었다(흔히 이교 신전에서는 신을 위한 식사로 이런 제물을 바쳤다). (이 떡을 자신의 음식으로 삼도록 허용된, 레 24:9) 제사장 외에는 그 누구도 이 떡을 먹어서는 안 되었다. 열두 덩이는 열두 지파가 주님과의 식탁 사귐에 참여함을 상징했다. 이 성막은 이 '사귐'을 가능하게 했으며, 이 떡은 그분의 임재 안에 있었고 제사장의 대리를 통해 열두 지파도 거기에 있었다. 또한 이 떡은 하나님이 이 민족에게 공급하신 육신의 식량을 상징하기도 했다. "아마도 이 떡 자체가 주께서 그분의 백성이 생명을 유지할 수 있도록 꼭 필요하고 기본적인 것들을 공급해주심을 상징할 것이다(마 6:11; 눅 11:3을 보라)"(Youngblood, *Exodus*, 120). 데이비스는 "더 나아가 떡은 장차 오실 생명의 떡이신 예수 그리스도를 가리켰다(요 6:32, 35). 진설병이 제사장의 양식이 된 것처럼, 예수 그리스도는 자기 백성의 필요를 채우신다"(Davis, *Moses and the Gods*, 265).

5. 금 등잔대: 영적 공급을 상징 (25:31-40; 26:35; 37:17-24)

25:31-40; 26:35; 37:17-24. 전체가 금으로 된 등잔대(*menorah*, 메노라)는 성소의 남쪽 진설병 상 맞은편에 서 있었다. 이 등잔대는 (초는 로마 시대에 이르러서야 비로소 발명되었기 때문에) 초가 아니라 기름을 태우기 위해 만들어졌다. 그것의 무게는 한 달란트(25:39)였으며 한 덩이의 금으로 만들었다. 그 밑판이 양쪽에 각각 세 개씩 **가지 여섯**(25:32-33)이 붙어 있는 줄기를 떠받쳤다(25:31). **등잔**은 각 가지 위에 하나씩과 줄기 위에 하나가 있어 총 일곱 개였다. 등잔은 순금을 두들겨서 **살구꽃**을 닮은 **잔**과 **꽃받침**[작은 꽃의 꽃잎으로 이루어진 컵 모양의 구조물], **꽃** 모양으로 만들었다. 등잔대의 정확한 외형은 알 수 없지만 목적과 기본적인 도안은 분명하다. 기름을 각 가지의 용기 안에 부었으며, 이 용기는 불을 붙일 기름을 담는 또 다른 잔에 기름을 공급했다. 사용되는 기름은 **감람으로 짠** [찧어서 짜낸] **순수한 기름**(27:20)이어야 했다.

매일 아침저녁으로 누군가 등잔을 손질했다(30:7-8; 레 24:3-4). NASB에 사용된 [심지를] '다듬다'(trims, 30:8)는 정확한 용어가 아니다. 등잔은 양초가 아니기 때문이다. 여기에서 **손질**한다는 말(30:7)은 '올라가게 하다'라는 뜻으로, 아마도 기름 저장 용기가 잔 아래에 있었기 때문에 기름을 위로 올린다는 말이었을 것이다. 등잔은 항상 켜두어야 했다(27:21).

등잔대는 창문이 없고 천으로 가려진 성막 내부를 밝히는, 실용적인 목적을 지녔다. 또한 하나님이 그분의 임재로 공급하시는 '조명'을 뜻하는 상징적 목적도 지니고 있었다. 그분의 임재는 '밝히기' 때문이다. 또한 등잔대는 "참빛이신 예수 그리스도(요 1:6-9, 8:12)"를 가리키는 모형론적 의미를 지니고 있었다(Davis, *Moses and the Gods*, 267).

6. 성막 자체: 하나님의 인격적 임재를 상징 (26:1-30)

26:1-30. 성소와 지성소를 이루는 공간의 전반적인 구조(26:33)는 여러 겹의 휘장으로 가려진 틀을 지닌 격자형이었다. 첫 번째 겹들은 **청색 자색 홍색**(26:1)으로 물을 들였으며 베를 정확한 길이로 잘라서 만든 휘장이었다. 이 휘장은 **그룹**을 수놓아 장식했으며(26:1) 아마도 색이 번갈아가며 여러 개의 고리에 걸려 있었고(26:4-5) 금 갈고리로 연결되어 있었다(26:6). 그 위로는 열한 겹의 염소 털 휘장(26:7)이 드리워져 있었으며(이것은 바깥의 빛을 전부 차단했을 것이다), 그다음으로는 숫양과 해달 가죽으로 만든 덮개(26:14)가 있었다(방음과 방수를 위한 것으로 보인다).

이렇게 여러 겹의 덮개와 휘장 아래에는 '세워놓은' 격자와 같은 기능을 하는 조각목 **널판**으로 만든 격자형 구조물(26:15 이하)이 있었다(이것은 '널빤지'라기보다는 '틀'이나 '사다리와 비슷한' 틀이었을 가능성이 높다). "총 48개의 틀이 있었는데, 북쪽과 남쪽으로 각각 20개, 서쪽으로 6개, 뒤쪽 구석으로 2개가 있었으며, 이는 추가적인 보강을 위한 것일 가능성이 높다(26:18, 20, 22, 23)"(Hamilton, *Exodus*, 471-72). **아래에서부터 위까지 각기 두 겹 두께로 하여 윗고리에 이르게 하**

고(26:24)라는 묘사는, 이 틀이 바닥은 넓고 위에서는 한데 엮여 A 자 모양을 이루었다는 뜻일 수 있다. 이는 각 모서리에 두 개의 틀이 필요했던 또 다른 이유이다. 띠(26:26 이하)는 '빗장'으로서 각 면에 5개씩 15개가 있었다(26:26-27). 마지막으로 널판 가운데에는 하나의 중간띠가 있었다(26:28). 이런 **널판**[틀]과 **띠**는, 세웠을 때는 구조물을 튼튼하게 해주지만 동시에 해체와 재결합도 용이하게 해주는 '장부와 장붓구멍' 구조로 결합되어야 한다. 틀과 마찬가지로 성막 자체도 동쪽을 향해 열려 있었다.

7. 휘장: 하나님의 '숨어 계심'을 상징(26:31-37)

26:31-37. 성소 안의 두드러진 특징은 두 휘장이다. 한 휘장(26:36)은 동쪽(뜰 방향) 입구를 가렸다. 이것은 베로 만들었으며 성막 자체를 덮는 베로 된 휘장과 같은 색, 즉 **청색 자색 홍색**으로 염색했다(26:36; 참고. 26:1). 이 휘장은 **조각목**으로 만든 **다섯 기둥**에 매달려 있었으며 금으로 만든 **갈고리**로 고정되어 있었다(26:37). 또 다른 휘장(26:1)은 (분향단과 진설병상, 등잔대가 있는) 성소와 (언약궤와 속죄소가 비치된) 지성소 사이에 걸려 있었다. 오직 대제사장만이(레 16:11-12) 1년 중 단 하루(레 16:2, 34) 대속죄일 예식 중에(레 16:29-30) 이 두 번째 휘장을 열 수 있었다.

하나님은 '가까이에' 계셨지만 이 휘장들은 그분을 '숨겼다'. 비록 그분은 '그들과 함께' 계셨지만 그분은 여전히 '초월적인 하나님'이셨다. 헤롯 시대의 성전에 있던 안쪽 휘장은 단순히 베로 만든 것이 아니었지만[Alfred Edersheim, *The Life and Times of Jesus the Messiah*, vol. II, (London: Longmans, Green and Co., 1900), 609을 보라. 《메시아 2》(생명의말씀사)], 마태복음 27:51에서는 예수께서 숨을 거두셨을 때 "성소 휘장이 위로부터 아래까지 찢어"졌다고 기록한다(이 구절에 대한 주석을 보라). 이것은 두 가지 진리를 담고 있었다. 즉, 그리스도의 죽음은 그 어떤 제사도 이룰 수 없었던 방식으로 거룩하신 하나님의 임재 앞에 나아갈 길을 열었으며(참고. 히 4:16; 10:19), 이렇게 '위에서 아래로' 그리고 '은혜의 보좌'로 나아가는 길을 열 수 있는 분은 오직 하나님밖에 없다.

8. 놋 번제단: 죄를 위한 희생제사의 필요성을 상징 (27:1-8; 38:1-7)

27:1-8; 38:1-7. 이 제단은 큰 상자였다. 가로와 세로가 각각 다섯 규빗에 높이가 세 규빗(즉, 가로와 세로가 각각 약 2.3미터에 높이가 약 1.4미터)이었던 이 제단은 성막에서 가장 큰 기구였다. 조각목으로 만들고 놋을 입혔으며, 격자 그물을 제외하고는 가운데가 비어 있었다(27:4). 그 안에는 제물을 태우기 위해 숯을 넣었을 것이다. (레 4:7, 10, 18에서는 '번제단'이라고 불렀다.) 불이 타는 동안에는 (상자 자체에 불이 붙는 것을 막기 위해) 아마도 상자 안에 흙을 깔았을 것이다. 필요하다면 운반이 용이하도록 흙을 제거할 수 있었다. 장인들은 제물이 타고 남은 재를 제거하기 위한 놋 장비(**부삽**, **대야**, **고기 갈고리**, **불 옮기는 그릇**, 27:3)를 만들었다.

모퉁이마다 하나씩 네 개의 **뿔**로 제단을 장식했다. 이것은 사실상 모퉁이를 수직으로 연장한 것과 같았고 동물의 뿔을 형상화했을 것이다. 뿔은 불 위에 제물을 묶어 얹어두는 데 사용되었다(27:2; 참고. 시 118:27). 뿔 자체에도 제물의 피를 발랐는데(29:12; 레 8:15; 9:9; 16:18) 이는 제물을 받을 수 있도록 제단을 거룩하게 만들기 위함이었다. 제단에는 고리를 달았으며 여기에 역시 나무로 만들고 놋을 입힌 채를 끼워 제단을 쉽게 옮길 수 있게 했다.

앞서 지적했듯이 제단은 뜰 안으로 들어온 예배자가 가장 먼저 보는 물건이었다. 그것은 죄가 사람을 하나님으로부터 분리시키며 죄는 곧 죽음을 뜻한다는 것을 강력하게 상기시키는 물건이었다. "이 제단에서 동물을 죽이는 행위는 이스라엘로 하여금 죄가 정말로 큰 대가를 요구한다는 사실을 매우 생생하게 상기시켰다. 무고한 동물이 죽음을 당하고 불태워지는 것을 보는 일은 유쾌하지 않았다. 그처럼 죄는 흉측한 것이다. 골고다에서와 마찬가지로 이곳에서도 제물은 모든 이들에게 죄가 얼마나 추악하며 그 대가가 무엇인지를 생생하게 상기시켜주었을 것이다"(Davis, *Moses and the Gods*, 272).

9. 성막 뜰: 분리를 상징(27:9-20; 38:9-20)

27:9-20; 38:9-20. 여러 개의 놋 기둥으로 뜰의 경계를 표시했다. 기둥 사이에 휘장을 걸었고 휘장은 은고리로 연결했다(27:10). **다섯 규빗 높이**(27:18), 즉 약 2.3미터 높이의 **세마포**로 만든 휘장(27:9)은 성막

구역 안에서 일어나는 일을 무심코 볼 수 없도록 해주었다. 뜰 안에서 일어나는 활동은 엄숙하고 진지했으며 아무나 보아서는 안 되었다. 입구의 휘장은 뜰을 이루는 나머지 휘장들과는 달랐으며(27:16), 뜰과 성막으로 들어가는 유일한 길이었다.

10. 성막의 제사장(27:21-29:46)

a. 제사장의 역할(27:21-28:1)

27:21-28:1. 제사장들은 성막이 지속적으로 운영되도록 관리했으며, 온 민족은 제사장들의 지위(권위와 의무)를 인정해야 했다. 제사장들은 그들이 맡은 의무를 다하기 위해 성별되었으며, 그 의무가 명확히 규정되어야 했다. 그렇지 않으면 성막을 만드는 이 모든 노력이 허사로 돌아갈 수도 있었다. 이는 모세 이전의 시대와는 전혀 달랐다. "모세 이전 시대에 제사장의 직은 한 가정의 가장(참고. 욥 1:5)이나 족장이 맡았다.… 예를 들면, 아브라함과 이삭, 야곱은 제단을 만들고 제사를 드렸다(창 12:7; 13:18; 26:25; 33:20; 35:1, 2). 그 밖의 제사장으로는 창세기 14장의 멜기세덱과 출애굽기 2:16 그리고 3:1의 이드로가 있다"(참고. Davis, *Moses and the Gods*, 278). 그러나 성막에서 봉사하는 제사장의 역할은 독특했다.

제사장에 관한 가장 자세한 규정은 레위기 1-8장에 기록되어 있다(레 1-8장에 대한 주석을 보라). 제사장의 주된 역할은 (다른 이들을 위해 하나님 앞에 서서) 하나님과 인간 사이의 매개자가 되는 것이었고, 그의 기본적인 역할은 제사와 중보(기도)였다. 제사장의 의무는 성막 안(**회막 안**)에서(27:21a), **여호와 앞에서**(27:21b) 이루어졌다. 데이비스는 "제사장직은 당연히 죄의식과 중재의 필요성을 내포한다"라고 지적한다(Davis, *Moses and the Gods*, 278).

제사장의 직무는 성막을 유지하는 일(참고. 30:7-8)과 매개자로서의 영적인 일(참고. 29:38-44; 레 9:22; 민 6:23-27)로 이뤄졌다.

"제사장들은 이스라엘 안에서 자신의 힘으로 일어난 [영향력과 지위를 차지한] 자칭 신비가나 제의 전문가가 아니었다. 그들은 하나님께 택함을 받았으며 아론의 후손이어야 했다"(Davis, *Moses and the Gods*, 278). 출애굽기 27:21에서는 **아론과 그의 아들들**을 그저 성막에서 기능을 수행하도록 권한을 부여받은 사람들이라고 부르지만(이것은 구약에서 아론과 그의 아들들을 제사장직과 명시적으로 연결시키는 첫 번째 구절이다), 28:1에서는 아론과 그의 아들들, 즉 **아론**, **나답**, **아비후**, **엘르아살**, **이다말**을 제사장이라고 부른다. 하나님은 이 사람들이 **내게 제사장 직분을 행하**도록 부름을 받았다고 분명히 말씀하셨다. 이 구절은 두 차례 더 반복되며(28:3, 4) 그렇게 함으로써 이 점을 더욱더 강조한다. 이 직무는 사람이 동경하거나 자신의 권위로 취할 수 있는 것이 아니었다. 이것은 사람을 높여주는 직무가 아니라 하나님과 이스라엘 사이를 중재하는 직무였다. 제사장과 그들의 옷, 그들의 의무, 그들의 역할에 관한 모든 것은 그 사람의 직무와 역할에 초점이 맞춰졌다. 그 옷을 입은 사람의 자질과 성품은 중요했지만, 그 사람의 성품이 옷을 더럽히거나 그 직위의 품위를 손상시키지 않는 한에서만 중요했다. 그는 자신의 인격으로 그 직위의 가치나 중요성에 아무런 기여를 하지 못했다. 그는 그 직무의 가치를 손상시킬 수는 있었지만, 결국 가장 중요한 것은 그의 직무와 매개자로서의 역할이었다.

b. 제사장의 의복(28:2-43; 39:1-31)

28:2-5; 39:1. 하나님은 제사장의 의복이 영화롭고 아름다운 **거룩한 옷**이라고 말씀하신다(28:2). 이 의복은 깊은 인상을 심어주기 위해 만들어졌다. ('옷이 사람을 만드는' 경우와 매우 비슷했다.) 이 의복은 독특했고 보통 사람의 평상복과는 달랐다. 그 이유는 분명했다. 제사장들은 보통 사람과는 전혀 다른, 독특한 직무를 수행했기 때문이다. 뿐만 아니라 때로는 예복(권위 있는 직위나 지위를 상징하는 옷)이라고 불리는 그들의 옷은 성막 자체의 존엄과 위엄을 반영했다. 그리고 어떤 경우에 그들의 옷은 실용적일 필요도 있었다. 즉, 제사장이 역할을 수행하고 직무를 이행하기 위해서 의복의 구성 요소 자체를 사용해야만 하는 경우도 있었다.

"의도적으로 사람들이 제사장직을 고귀하다고 생각하게 만들었다. 의복은 제사장들을 하나의 계급으로, 어떤 의미에서는 나머지 백성보다 우월한 계급으로 구별시켜주는 역할을 했다. 구별된 의복은 제사장들로 하여금 그들이 거룩한 신분을 부여받았으며 그로 인해 성별된 삶을 살도록 요구받았음을 끊임없이 상기시켜 주었을 것이다"(Davis, *Moses and the Gods*, 283). 이런 이유 때문에 의복을 만드는 데는 특히나 숙련된 사람들이 필요했다(28:3; 참고. 28:8, 15).

먼저 모든 의복의 목록과 그에 대한 전반적인 묘사가 주어졌고(28:4-5; 참고. 39:1) 그런 다음 세부 사항에 대한 묘사가 이어졌다. 의복 목록에는 **흉패**와 **에봇**, **겉옷**, **반포 속옷**, **관**, **띠**가 포함되었다. 세부 사항에 대한 묘사는 이 목록의 순서를 따르지 않는다(하지만 이렇게 차이가 나는 데 특별한 이유가 있는 것처럼 보이지는 않는다).

28:6-14; 39:2-7. **에봇**은 앞치마나 상하의가 붙은 작업복과 비슷했지만 성막 휘장과 동일한 아름다운 옷감을 가지고 성장 휘막과 동일한 색으로 만들었다(참고. 26:1). 제사장직의 주요한 상징(참고. 삼상 2:18, 28; 14:3; 22:18)인 에봇은 베로 만들고 (진짜) 금실을 섞어서 짠 앞면과 뒷면으로 이루어졌으며 아마도 소매는 없었을 것이다(39:3). 두 부분은 양쪽 어깨에서 금으로 만든 고리나 끈으로 연결했다(28:13-14). 허리에는 **띠**를 맸다(28:8). 에봇의 가장 두드러진 특징은 양쪽 어깨 위에 있는 고리나 끈 위에 박아 넣은 **두 개의 호마노**였다. 이 돌에는 각각 이스라엘 열두 지파 중 여섯 지파의 이름을 새겨 넣었다(28:9-12). 그 의미는 분명했다. 제사장은 에봇을 입을 때마다 온 민족을 대표했다. 이 돌들은 **이스라엘의 아들들을 기념하는 보석**이었다(39:7).

28:15-30; 39:8-21. **흉패**에 관한 명령은 다른 어떤 의복에 대한 명령보다 분량이 많으며, 이는 그 중요성을 강조한다. 에봇과 같은 재료로 만들었으며 금 사슬과 고리(28:24-28; 39:15-21)로 에봇 앞면에 부착했던 흉패는 **두 겹으로** 된 약 22센티미터(**한 뼘**)의 정사각형 모양이었다(28:16). 이것은 일종의 주머니로서 대제사장이 심장 윗부분에 착용했을 것으로 보인다(28:29). 그 위에는 세 개씩 **네 줄로** 보석을 박았는데(28:17-20; 39:13), 이 보석 위에 열두 지파의 이름을 새겨야 했으므로 이 역시 지파들을 상징했다(28:21; 39:14). 따라서 대제사장은 성소에 들어갈 때마다 민족을 대표했다(28:29).

흉패에서 가장 놀라운 (그리고 신비로운) 부분은 **우림과 둠밈**이었다(30절). 이 용어는 각각 '빛'과 '완전함'을 뜻한다. 우림과 둠밈은 대제사장이 오늘날에는 분명히 이해할 수 없는 방식으로 하나님의 뜻을 결정할 때(참고. 민 27:21) 사용되었을 것이다. 어떤 이들은 이것들이 특정한 물음에 대해 '예'나 '아니요'의 대답을 얻기 위해 (오늘날의 주사위처럼) 거룩한 제비뽑기로 사용되었다고 주장해왔다. 그러나 이것은 주의 대변인으로서 대제사장의 특별한 권위를 상징했을 뿐일 수도 있다. 다시 말해서 제사장이 이 돌들이 박힌 흉패를 착용했을 때 그는 하나님 대신 말하는 셈이었다(Davis, *Moses and the Gods*, 286; Kaiser, "Exodus," 467).

28:31-35; 39:22-26. 제사장은 에봇 아래에 **받침 겉옷**을 입었다. 푸른 겉옷은 에봇보다 약간 더 길었으며 무릎까지 닿았다. 솔기 없이 하나의 천으로 만든 이 옷은 "팔을 넣도록 열려 있었으며 머리를 통과시키는 구멍이 나 있었다"(Kaiser, "Exodus," 467). 밑단에는 청색과 자색, 홍색 실로 수놓은 **석류** 모양의 장식이 있었다. **옷 가장자리로 돌아가며** 석류 장식과 금방울이 번갈아가며 배치되었다(28:34). 밝은색과 석류 장식은 대제사장을 돋보이게 만들었을 것이며, 금방울은 그가 움직일 때마다 소리를 냈을 것이다. 대제사장이 안에서 움직일 때 나는 종소리는 성소 밖에 있는 사람들로 하여금 제사장이 보이지 않지만 살아서 자신의 거룩한 의무를 수행하고 있으며 하나님께 순종하고 그분을 기쁘시게 하고 있음을 알 수 있게 해주었다.

28:36-38; 39:30-31. **관**은 대제사장의 머리 장식이었으며 대제사장의 의복에서 문자적, 비유적으로 맨 꼭대기에 자리를 잡았다. 이 관은 아마도 접어서 머리를 감싼 천으로 이루어졌을 것이다. 오늘날 중동과 이슬람 국가 남자들의 모습을 통해 사람들에게 익숙해진 형태와 비슷했다. 앞에는 **청색 끈**으로 매단 **순금 패**가 부착되어 있었다(28:37). 패에는 **여호와께 성결**이라는 대단히 중요한 문구가 새겨져 있었다(28:36). (이 물건에 대한 묘사가 이 패로부터 시작된다는 점을 주목해야 한다.) 이 패는 사람들이 대제사장을 볼 때 맨 먼저 쳐다보는 부분일 가능성이 높았으며, 그들은 대제사장을 볼 때마다 그의 의복 전체를 압도하는 이 패를 눈여겨보았을 것이다. 이 패는 "이스라엘 예배의 핵심을 드러내기" 때문에 이 패가 의복 전체를 압도하는 게 마땅했다(Davis, *Moses and the Gods*, 287). 대제사장은 **여호와께 성결**해야 했다(28:36). 그 공간 전체가 '하나님

의 거룩하심'에 대한 증언이었으며 그 과정 전체의 목적이 예배자를 '하나님 앞에 거룩하게' 만드는 것이었기 때문이다.

이런 문구가 새겨진 관과 패를 착용함으로써 대제사장은 (거룩하게 하는 하나님의 임재를 거룩한 백성에게 전하는 사람으로서) **성물과 관련된 죄책을 담당**했다. 즉, 이 성막을 이루는 모든 거룩한 예물을 온전히 성결하게 하고 **여호와께서 받으**실 만한 것으로 만들었다(28:38).

28:39-43; 39:27-29. 의복을 이루는 나머지 품목은 모든 제사장들이 착용해야 했다. **반포 속옷**(28:39)은 속옷, 즉 **베**로 만든 **속바지**(28:42) 위에 그리고 푸른 에봇 아래에 입는 흰 베로 만든 긴 옷이었다. 이 의복의 주된 목적은 삼가는 태도로 몸을 가리는 것이었다(38:43). 제사장들이 착용하는 **속옷**과 **띠**, **관**(28:40-43; 39:27-29)은 성막의 다른 물품과 마찬가지로 영광과 아름다움을 드러낸다.

제사장의 의복에 관한 세부 사항과 **여호와께서 모세에게 명령하신 대로** 세심하게 이 의복을 만들어야 한다는 말씀(39:1, 5, 7, 21, 26, 29, 31)은 이 장들의 중요한 교훈을 다시 한 번 강조한다. 즉, 하나님은 사람들이 그분을 어떻게 예배하는가에 대해 관심을 기울이셨다. 이 모든 것에는 사람들로 하여금 무슨 일이 일어나는지를 이해하고 그에 관해서 깊이 생각해보도록 만들려는 의도가 있었다. "자각하는 신앙이 종교 의례의 핵심이다.…다시 말해서, 종교 행위에서 자신의 행동에 관한 한 사람의 믿음은 그 행위의 유효성에 핵심적인 역할을 한다"(Stuart, *Exodus*, 615). 이 모든 것은 예배자 개개인이 '내가 여기에서 거룩하신 하나님을 예배하고 있다'는 것을 인식하게 하고 그들의 생각과 마음을 하나님께 재정향(再定向)하도록 해주었을 것이다.

c. 제사장의 성별(29:1-46)

29:1-46. 제사장의 의복이 마련된 다음에는 자격에 맞는 사람들과 모세가 이 의복을 착용하고 제사장으로서 주를 섬길 수 있도록 스스로를 거룩하게 했다(28:41). 제사장의 성별은 제사장으로서 주를 섬기도록 그들을 구별했다는 뜻일 뿐이다(29:1a).

제사장의 성별 예식(29:2-9; 참고. 레 8장)은 제물(29:1b)과 예물(29:2-3)로 시작되었다. 동물들은 흠이 없어야 했다(29:1). 이는 제사가 순수하고 하나님이 받으실 만한 것이어야 한다는 점을 예배자에게 상기시켰을 것이다. 또한 물로 씻는 절차가 있었으며(29:4), 이것 역시 제물과 예물을 하나님이 받으실 만한 것으로 만들기 위해서는 제사장이 순수하고 거룩해야 함을 강조했다. 예식은 엄숙한 수여식, 즉 실제로 대제사장에게 그의 직분을 나타내는 예복을 수여하는 의식으로 이어졌다(29:5-6). 그런 다음 제사장의 머리에 관유를 부었고(29:7) 마지막으로 모든 제사장들에게 그들의 소명을 나타내는 **속옷**과 **띠**, **관**을 수여했다(29:8-9).

출애굽기 29장에서는 예식을 요약한 다음 제물을 매우 자세히 설명한다. 데이비스는 "제물은 속죄제를 위한 어린 수송아지 한 마리와 번제를 위한 숫양 한 마리, 위임식을 위한 숫양 한 마리로 이루어졌다"라고 요약한다(Davis, *Moses and the Gods*, 289). 제사장들은 세 차례 제물이 될 동물의 머리 위에 안수를 해야 했다(29:10, 15, 19). 동물에 안수하는 제사장은, 죄인의 죄책을 죄가 없는 이에게 옮기는 것(전가)을 상징한다. 이는 제사 제도 전체의 핵심 특징이었다(참고. 레 16:21-22; 참고. 벧전 2:24; 사 53). 이전과 전가라는 관념은 대속의 체계와 신학을 가리킨다. 이 장면 전체는 동물을 죽이는 행동과 결합되어 형벌 대속의 교리를 구체적으로 묘사한다.

성별 예식에서 제사장들은 동물을 죽이고 피를 발랐다. 수송아지의 피로 제단을 깨끗하게 했으며(29:11-14), 숫양의 피로 유화(宥和, 하나님의 진노를 누그러뜨림)가 성취되었고(29:16-18), 다른 숫양의 피로 제사장이 정결해지고 성별되었다(29:20-21). 내장과 떡과 전병은 요제 혹은 거제물이었다(29:24, 28). 이 제물들은 제사장이 제물을 흔들거나 상징적으로 주 앞에 들어 올리는 행동에서 이런 이름이 붙여졌다('이것을 보소서!', 레 7:30-32을 보라). **화목제**라는 용어가 이런 제물들의 의미를 말해준다(29:28). 화목제(참고. 레 7장)는 축하의 의미를 지녔으며, (속죄제와 속건제를 드리고 이를 주님이 받으신 후) 예배자가 하나님과의 관계에서 누리는 평화를 상징하는 기쁨의 행위였다(이에 관한 훨씬 더 자세한 논의는 레 1-8장에 대한 주석을 보라).

이 장(출 29장)의 마지막 단락에서는 제사장과 그의

의무에 대한 추가적인 규례를 제시했다. 대제사장의 의복은 다음 세대에 전해져야 했다. 이 의복은 다시 만들지 말고 재사용해야 했다(29:29-30). 이를 통해 세대에 걸친 연속성을 확보할 수 있었다. 제물은 제사장들을 위한 음식이 되었지만, 평신도들이 제물의 고기나 예물의 일부였던 떡을 먹는 것은 명시적으로 금지되었다(29:31-34). 이 규정은 제물이 단순한 상품이 되는 것을 막아주었다. 위임식은 이레 동안 계속되었다(29:35-37). 이는 위임식을 기억할 만한 사건으로 만들었다. 매일 드리는 제사와 이를 어떻게 아침 제사와 저녁 제사로 나누어야 하는지에 관한 자세한 규정이 주어졌다(29:38-41; 참고. 민 28:3-8). 이는 제사장이 날마다 행하는 활동에 질서와 균형을 부여했을 것이다.

마지막으로 계속해서 바쳐야 했던 번제(29:42)는 이 **회막**에서 민족을 만나주시며(29:42-44), 매개자인 제사장의 사역을 통해 만나주시겠다는 주님의 약속을 상기시켰을 것이다(29:44). 이 성막은 출애굽 사건을 통해 그리고 그 사건 이후 계시된 하나님의 계획, 즉 **내가 이스라엘 자손 중에 거하여 그들의 하나님이** 될 것이라는 계획의 정점이었다(29:45).

11. 분향할 제단: 기도와 중보를 상징 (30:1-10; 37:25-29)

30:1-10; 37:25-29. 금 등잔대와 진설병 상에 더해 성소에 있는 세 번째 기구는 분향단이었다. 다른 물품처럼 이 제단도 조각목으로 만들고 금을 입혔다(30:1, 3). 길이와 너비는 한 규빗, 높이는 두 규빗이었다(30:2). 이는 뜰에 있는 놋 제단을 더 작게 금으로 만든 형태였고 모서리에는 **뿔**이 있었다. 다른 물품과 마찬가지로 고리가 달려 있었으며 운반할 때는 고리에 끼워 사용하는 채도 있었다. 분향단은 성소의 서쪽 **휘장** 앞에 두었으며 따라서 사실상 속죄소 바로 앞에 배치되었다(30:6).

제사장은 날마다 등잔을 챙기듯이 향을 살라야 했으며(30:7) 이 일은 대대로 이어져야 했다(30:8). 대속죄일 속죄의 피를 제외하고는 **다른 향**(30:34-38과 거룩한 향에 관한 아래의 주석을 보라)이나 다른 어떤 제물도 이 제단 위에 두어서는 안 된다(30:9, 10). **이 제단은 여호와께 지극히 거룩하니라**(30:10)라는 엄숙한 선언은 민족이 예배와 하나님에 대한 헌신에 있어서 지녀야 할 관심과 경외감을 강조하기 위함이었다. 이 제단은 민족의 기도와 찬양을 상징했다. 이 향기로운 향처럼 백성의 기도가 계속해서 영화롭고 은혜로우신 주 하나님께 올라가야 했다(참고. 시 141:2; 계 5:8; 8:3-4).

12. 인구조사와 속전(30:11-16)

25:1-9에 대한 주석을 보라.

13. 놋 물두멍: 정결을 상징 (30:17-21; 38:8; 40:30-32)

30:17-21; 38:8; 40:30-32. 놋 물두멍은 성막 입구에서 예배자들을 섬기던 여인들이 바친 놋 거울을 녹여서 만든 대야였다(38:8). 물두멍은 두 부분, 즉 물을 담아두는 대야와 그 아래 실제로 씻을 때 사용하는 또 하나의 대야로 만들어졌을 것이다. 따라서 제사장은 물을 담아두는 용기에서 물을 길어 씻을 때 사용하는 놋 받침에 부었을 것이다(30:18). 중요한 점은, 제사장은 물두멍을 제사를 드린 '후'가 아니라 드리기 '전'에 사용해야 했다는 것이다(30:20). 이는 하나님이 그분을 섬기고 예배하는 이들에게서 깨끗한 손과 정결한 마음(시 24:3-4)을 기대하신다는 것을 다시 한 번 일깨워주었다. 제사장은 주를 섬기기 전에 '세상의 더러움'을 깨끗하게 씻어야만 했다(참고. 엡 5:25-26).

14. 관유와 향: 성별을 상징(30:22-38)

30:22-38. 모세는 관유(30:22-33)와 거룩한 향(30:34-38)에 관해 특별한 명령을 받았다(**여호와께서 모세에게 이르시되**라는 구절이 삽입된 점을 주목하라. 30:22, 34). **거룩한 관유**(30:25)는 **상등 상품**(30:23), 즉 가장 값비싼 재료를 가지고 정확한 제조법에 따라 만들어야 했다. **몰약**은 성경에서 자주 언급된다. 아마도 박사들이 아기 예수께 바친 선물 중 하나로 가장 잘 알려져 있을 것이다(마 2:11). 같은 이름의 나무에서 채취한 수지로 만든 몰약은 다양한 곳에 쓰였다. 두 번째 향료인 육계는, 같은 이름의 나무에 핀 꽃에서 얻은 열매를 으깨어 짠 기름과 그 나무의 껍질을 깎아낸 것을 원료로 만든다. 계피는 계피나무 꽃에서 얻은 기름이다. 창포는 아마도 갈대 뿌리의 고갱이였을 것이다. 감람기름은 이 혼합물의 주성분을 이루었다.

이 특별한 관유를 광범위하게 사용하여 성막 구조물, 장비, 기구, 용품에 발랐다(30:26-28). 그 목적은 이 품목들을 구별하여 거룩한 용도를 위해 분리된, **지극히 거룩한 것으로**(30:29) 여기게 하기 위함이었다. 뿐만 아니라 이 기름을 제사장들에게 발라서, 그들을 **거룩하게** 해야 했다(30:30). 이런 배합으로 만든 기름은 이 용도로만 써야 했고 다른 어떤 용도를 위해서도 다시 만들어서는 안 되었다. 왜냐하면 그렇게 할 경우 '거룩하고 성별된' 것으로 여겨져야 하는 것을 식별하는 이 기름의 가치가 떨어질 것이기 때문이다. 이런 금지 명령을 위반하다가 적발된 사람은 누구든지 **그 백성 중에서 끊어지**게 된다(30:33). 해밀턴은 "한 사람을 '끊어지게 한다'는 것은 나무를 베어 넘어뜨리는 것에서 빌려온 은유이다(참고. 렘 11:19)"라고 지적했다(Hamilton, *Exodus*, 516). 이는 처형에 대한 완곡한 표현이었다.

마찬가지로 거룩한 향은 값비싼 향료를 재료로 정확한 제조법에 따라 만들어야 했으며(30:34), 매우 주의 깊게 처리해야 했고(30:35), 오직 성막에서만 사용해야 했다. 향 역시 **너희에게 지극히 거룩하**다고 간주되어야 했다(30:36, 37). 다시 한 번 주님은, 이 명령을 어기고 이 향을 일상적인 목적으로 사용하는 사람은 누구든지 사형에 처해야 한다고 선언하심으로써 성막 제도와 그분에 대한 예배의 사소한 부분까지도 독특한 의미를 부여하셨다.

15. 성막의 건축자(31:1-11; 35:30-35; 36:1-2)

31:1-11; 35:30-35; 36:1-2. 몇몇 구절에서는 숙련된 장인의 중요성을 강조한다. 하나님은 **지혜**와 **지혜로운** 일꾼들(31:6) 그리고 성막의 모든 일을 할 수 있는 지혜(35:35)를 강조하셨으며, 이는 모세에게 내리신 명령을 통해서도 확인할 수 있다(참고. 26:1, 31; 28:3, 6, 8, 15, 27; 29:5). 성막 건설에 참여했던 많은 숙련된 장인들 중에서 본문에서는 브살렐(그의 이름은 '하나님의 그늘 아래'라는 뜻으로 '보호'라는 의미를 갖는다. 31:2; 35:30; 36:1-2을 주목하라)과 오홀리압[그의 이름은 '아버지(하나님)는 나의 장막이시다'라는 뜻이다. 31:6; 35:34; 36:1-2을 보라] 두 사람의 이름만 밝힌다. 그들은 다른 숙련된 남자들(과 여자들, 참고. 35:25-26을 보라)을 감독하는 지도자로서 아마도 작업 감독 역할을 했을 것이다.

모든 장인들이 지혜가 충만했지만(31:6; 36:1) 본문은 브살렐만이 하나님의 영이 충만했다고 말한다(31:3; 35:31, **지혜와 총명과 지식과 여러 가지 재주로**). 이는 그에게 영적 재능이 주어졌으며 그 때문에 그는 하나님이 원하시고 이 계획에 꼭 필요한 방식대로 정확히 자신의 (타고난 것이든 습득한 것이든) '기술'을 사용할 수 있었다는 뜻일 가능성이 크다. ("사실, '성령이 충만하다'라는 말은 '정확히 하나님이 원하는 바를 행하고 말하는 능력을 하나님께로부터 받았다'라는 뜻을 지닌 성경적 관용구이다." Stuart, *Exodus*, 650-652) 따라서 '지혜로운' 사람이란 이미 유능한 장인이었지만 성막을 만드는 일에 참여하기 위해 자신의 전문 분야에 대한 더 많은 능력을 부여받은 사람을 말하는 것처럼 보인다. 그들은 숙련된 장인으로서 필요한 일을 했을 뿐만 아니라 다른 이들에게 그 일을 하는 법을 가르치기도 했다(35:34). 해밀턴은 "성경에서 처음으로 '성령이 충만한' 사람"은 족장이나 예언자, 제사장이 아니라 "건설 작업 감독인 브살렐이었다"라고 지적한다. "성경에서는 족장과 예언자, 제사장의 일을 거룩하다고 말하는 것과 마찬가지로 노동자의 일과 솜씨도 거룩하다고 말한다. 한 사람이 손으로 하는 일은 마음으로 하는 일만큼이나 거룩하다"(Hamilton, Exodus, 483).

성막을 짓는 일에는 매우 다양한 기술(야금, 목공, 주형, 목각, 금속 조각, 바느질, 자수, 직조, 향수 제조, 전반적 설계 등)이 필요했다(참고. 35:10-19). 성막을 만드는 일에 참여하는 것은 이례적인 특권이었을 테지만 또한 많은 이들이 누린 특권이기도 했다. 그리고 이 특권은 능력에 기초했다. 즉, 기술이 있는 사람들은 등용되었으며, 사회적 지위와 상관없이 누구나 성막 건설에 참여할 수 있었다. 참여할 의지와 능력이 있는 모든 사람들이 주의 일에 동참할 수 있었던 것이다.

16. 안식일을 상기시키시다(31:12-18; 35:1-3)

31:12-18; 35:1-3. 하나님은 성막에 관한 명령을 내리시던 중 모세에게 안식일을 다시 한 번 상기시키셨다(31:12-17). 나중에 모세는 백성에게 이 말씀을 되풀이해서 말했다(35:1-3). 이 말씀은 성막 건설이라는 상황과 절차 속에서도 우선순위가 주님이라는 것을 강조하고자 주어졌을 것이다. 장인들은 성막 건설을 위해서 일할 때에도 안식일 규정이 여전히 적용된

다는 것을 이해해야 했다. 영블러드(Youngblood)의 주장처럼, "출애굽기 31장과 35장의 안식일 관련 말씀은 이스라엘이 안식일에 성막이나 거기에 사용될 기구를 만드는 일을 해서는 안 된다고 경고하기 위해 주어졌다"(Youngblood, *Exodus*, 113).

하나님은 안식일 준수에 관해 세 가지를 강조하셨다. 첫째, 안식일 준수의 목적은 민족으로 하여금 하나님이 **너희를 거룩하게 하는** 분이심을 분명히 깨닫게 하기 위함이었다(31:13). 이날에는 자신의 삶을 주께 집중해야 했다. 그들은 아무 일도 '하지' 말고 **안식일을 지켜**야(문자적으로 '지키다'라는 단어는 '하다'라는 뜻을 가진다) 했다(31:16). 둘째, 안식일을 어긴 벌은 죽음이었다(31:14, 15; 35:2). 현대의 기준에서 보면 가혹한 처벌처럼 보일 수도 있지만, 이는 민족에게 이날의 중요성과 목적[안식(참고. 31:15, 17; 35:2)과 경건]을 일깨워주었다. 셋째, 안식일 준수는 세대가 바뀌어도 주께서 친히 성취하신 언약적 관계를 중심으로 이 민족이 국가적 정체성을 유지하도록 하려는 목적을 가지고 있었다(16절). 그것은 **영원한 언약**이었으며 안식일의 규칙적인 (영속적인) 준수는 이 사실을 상기시켰을 것이다. 그것은 하나님과 **이스라엘 자손 사이에 영원한 표징**이었다(31:16-17). 노아 언약에 외적 표징(무지개, 창 9:12-17)이 있었고 아브라함 언약도 그러했듯이(할례, 창 17:9-22), 시내산 언약의 표징은 안식일이었다.

H. 배교와 그 결과(32:1-34:35)

이 세 장은 성막에 관한 하나님의 명령(25:1-31:18)과 성막의 실제 건설에 관한 기록(35:1-39:31) 사이에 배치되었다. 이 장들은 민족의 지독한 배교 행위와 주님의 놀라운 은총을 기록한다. 여기에 기록이 배치된 것은 그 시점에 아직도 건설 중이었던 성막이 얼마나 필요한지를 강조하기 위함이다. 성막과 성막의 봉사를 통해 끊임없이 주어지는 교훈이 없다면 백성은 그들이 사는 세상의 예배 형식을 따르고 말 것이다. 만약 하나님이 은혜롭게 주시는 그분과의 사귐에 대한 형식이 없다면 그들은 스스로 형식을 만들려고 할 것이다. 하지만 하나님은 그분이 보여주시고 은혜롭게 규정하신 참된 예배만을 받으시며, 그것을 통해서만 하나님께 나아올 수 있다고 알려주신다.

1. 금송아지(32:1-29)

a. 아론과 백성의 어리석음(32:1-6)

32:1-6. 모세가 오래도록 산에서 내려오지 않자 우상숭배가 시작된다. 백성은 모세를 찾을 수 없을지도 모른다고 두려워하기 시작했다(32:1). 그들은 어리석게도 짜증을 내고 변덕을 부렸다. 모세가 주께 율법을 받아오기를 기다리는 대신 그들은 자신들이 택한 시간에 그 일이 일어나기를 원했다. 그래서 스스로 신을 만들었다. 카이저는 "올바른 리더십이 보이지 않을 때 사람들은 실족한다"라고 지적한다(Kaiser, "Exodus," 478). 이는 옳은 말이지만 사람들이 잃어버린 것은 모세의 리더십이 아니었다. 그들이 모세를 **우리를 애굽 땅에서 인도하여낸 사람**이라고 보았다는 사실 자체가 그것을 말해준다. 백성은 주님이 자기들의 참된 '지도자'라는 사실을 이해하지 못했던 것이다. 모세가 곁에 있을 때, 그들은 자기들에게 지도자가 있다고 결론을 내렸다. 하지만 그가 없을 때면 자신들에게 '지도자'가 없다고 생각했다. 비록 모세가 산에 올라가서 백성이 그를 볼 수 없기는 했지만, 사실 백성은 그들을 애굽 땅에서 건져내신 주님을 한 번도 본 적이 없었다. 특히 시내산 기슭에서 그들은 '보는 것으로 행하지 않고 믿음으로 행해야' 했다. 하지만 모세가 보이지 않자 그들은 믿음이 흔들렸다.

뿐만 아니라 그들은 하나님의 능력과 위엄이 나타난 것을 이미 보았으며(참고. 19:18, 기적을 보는 것이 믿음을 갖는 데 핵심이라고 생각하는 이들에게는 너무나도 커다란 기적이었다), 하나님이 모세에게 올라오라고 부르신 것을 알고 있었다(참고. 19:21; 24:1). 그들은 (장로 칠십 인을 비롯해, 참고. 24:9-11) 자신들의 대표가 하나님을 본 것을 알고 있었으며, 이미 자발적으로 주께 순종하겠다고 다짐했다(24:3; 7). 그들의 눈은 주를 바라보고 그분을 신뢰해야 했다.

그러나 그들은 조바심과 두려움 때문에 **일어나라 우리를 위하여…신을 만들라**라는 어리석은 요구를 했다(32:1b). 백성은 종교적이었고, 영적이었으며, 또한 예배하고 싶어 했다. 그렇지만 그들은 부적절한 신학을 가지고 있었다.

신[엘로힘]이라는 용어는 복수형이며 이에 대해서는 몇 가지 견해가 있다. 어떤 이들은 이를 두고 백성이 일종의 다신론을 고수했다는 증거라고 주장해왔다. 다른 이들은 이것이 '장엄 복수'일 뿐이라고 주장해왔다. 또 다른 이들은 **우리를 인도할**이라는 구절에서 '인도하다'라는 동사가 복수형이므로 문법적 필요성 때문에 복수형을 사용한 것일 뿐이라는 견해를 제시했다. 그러나 데이비스는 "보통 '엘로힘'이 참되신 하나님을 지칭하는 말로 사용될 때는 단수형 동사를 쓴다"라고 지적한다(Davis, *Moses and the Gods*, 293). 다시 말해서, '엘로힘'이라는 말을 사용한 것만으로는 백성이 다신론으로 되돌아갔다고 결론내릴 수 없다.

사건이 진행되는 과정을 볼 때 여기에서 문제는 단지 우상숭배인 것처럼 보인다. 그들은 만신전(萬神殿)에 또 하나의 신을 추가하려고 하지 않았으며, 그들을 속박에서 건져내신 하나님(32:4)을 우상숭배의 방식으로 예배하려고 했을 뿐이다. 다시 말해서 문제는 백성이 더 많은 신들이나 새로운 신들을 원했던 것이 아니라 '새긴 우상'을 가지고 참되신 하나님을 예배하려고 했다는 것이다. 따라서 금송아지는 단순한 거짓 신이 아니었다. 오히려 (4절에서 주장하듯이) 그것은 참되신 하나님을 잘못된 방식으로 묘사하려는 것이었다.

어리석게도 아론은 백성의 요구에 동의했으며 그들에게 헌물을 바치라고 부추겼다(32:2-3). 그들은 **금 고리**를 내어놓았다. 이것은 나쁜 거래였다. 백성은 성막 건설을 위해 아까워하지 않는 마음으로 봉헌했지만(참고. 25:2-7; 35:21-24) 이제 그들은 금으로 된 우상을 만들기 위해서 가장 값비싼 소유물을 내놓았다.

아론의 행동이 의도적으로 자세히 묘사된다. 그는 **받아**, **새겨**, **만**들었다(32:4a). 이는 이 우상을 만들겠다는 결정은 성급했지만 그 행동은 의도적이었음을 강조한다. 이렇게 하려면 시간이 필요했고, 그 시간에 아론은 하던 일을 멈춘 뒤 자신의 행동에 관해 생각해보았어야 했다. "때때로 아론처럼 매우 거룩한 사람들도 그들의 신앙고백과 상반되는 행동을 하도록 설득당하곤 한다"(Kaiser, "Exodus," 478). 이 물건은 아마도 백성이 바친 고리에서 금을 얻은 뒤 애굽의 신상들처럼 그 금을 나무에 입혀서 만들었을 것이다. 곧 '순금'이 아니라 '나무로 만든 값싼 모조품'이었을 것이다. 여기에서 **송아지 형상**이라는 말은 금을 '녹여' 만들었다는 뜻이다. 송아지를 택한 이유는 그것이 애굽과 여러 곳에서 숭배의 대상으로 여겨졌기 때문이었을 것이다. 송아지는 박력과 힘을 상징했다. 이는 종교 혼합주의의 노골적인 예로서 (이교) 문화의 요소를 가져와 그것을 하나님이 계시하신 바와 섞으려는 시도였다. 이런 우상은 그들에게 익숙했으며 따라서 옳은 것처럼 보였다. 그들이 애굽에서 익히 보았던 것이었다. 그러므로 그들은 이 우상을 통해서 주를 예배할 수 있다고 생각했다. 이것이 종교 혼합주의가 작동하는 방식이다.

아론의 선언은 그들의 어리석은 신학을 드러낸다. **이스라엘아 이는…너희의 신이로다**(32:4b). 이는 그들의 신앙을 바꾸려는 시도가 아니었다. 아론이 **이는 너희를 애굽 땅에서 인도하여낸 신**이라고 말했기 때문이다. 다시 말해서, 아론은 이 일이 신을 바꾸는 것이라고 생각하지 않으며, 오히려 참되신 하나님을 더욱 잘 예배하는 것이라고 믿었다. (여로보암이 이스라엘에 우상의 신당을 세우면서 똑같은 주장을 했던 왕상 12:28을 보라. 그에게는 정치적인 동기도 있었을 것이다. 그는 자기 백성들이 예루살렘으로 가는 것을 막고 싶어 했다. 왜냐하면 백성들이 유다 왕을 존경하게 될 수도 있고, 그렇게 되면 이스라엘 내에서 자신의 왕권이 약해지기 때문이다.) 이는 신성모독과 다름없다.

그런 다음 아론은 어리석은 말로 우상숭배를 부추겼다(5-6절). 사실상 아론은 새로운 절기를 도입하려고 했으며 사람들에게 제단과 제물, 이 절기를 기념할 새로운 방식을 제공했다. 이런 행동은 어리석을 뿐만 아니라 천박했다. **일어나서 뛰놀더라**라는 6절의 마지막 부분은 도덕적으로 매우 불미스러운 일이 일어났음을 암시한다. 이것은 육체적이고 육감적이고 관능적이며 부도덕한 놀이, "술에 취한 채 탐닉했던 성적인 놀이"였다(Kaiser, "Exodus," 478). 이런 종류의 행동은 우상숭배와 결합되는 경우가 상당히 많았다(참고. 갈 5:19-21; 벧전 4:3).

그들은 예배자들의 개인적인 욕망을 충족시키기 위한 예배를 했다. 이것은 이기적(인간중심적이며 '그들이' 좋아하는 것)이고, 혼합주의적(문화의 요소로서, 그들은 주변 문화의 종교적 관습을 가져와 주님께 드리는 예배와 뒤섞으려고 했다. 이것은 세상이 이해할 만한 것이었다)이며, 관능적인 예배(이것은 '성적 매력'을 지녔다)였다. 그러나 하나님을 모독하고 백성들을 타락시키는 예배였다.

b. 분노와 중보(32:7–14)

32:7–10. 모세는 아래에 있는 진영에서 무슨 일이 일어났는지를 알기도 전에 산 위에서 주의 분노를 마주했다. **너는 내려가라**라는 주의 말씀이 모세에게는 충격이었을 것이다. 전에 하셨던 그분의 따뜻하고 친밀한 말씀(참고. 24:1, 12)과 다르게 "갑작스럽고 냉담했다"(Kaiser, "Exodus," 478). 모세에게 말씀하시며 그분은 그들을 '내 백성'(참고. 3:7)이 아니라 **네 백성**이라고 부르셨다. 하나님은 백성을 애굽인들의 속박으로부터 건져내신 것이 그분의 목적이었다고 확언하시는 대신(참고. 6:6 이하) 그 백성을 가리켜 **네가 애굽 땅에서 인도하여낸** 사람들이라고 말씀하셨다(32:7a). 주께서는 말씀으로 그들과의 관계를 끊으셨다. 하나님은 모세에게 그 슬픈 사건에 대해 설명하시기도 전에 유죄 판결을 먼저 내리셨다. **네 백성이 부패하였도다**(32:7b). 이것은 "창세기 6:12에서 노아 시대의 배교와 타락을 묘사할 때 사용한 것과 똑같은 동사이다. 그 동사는 '파괴나 멸망으로 나아가다'라는 뜻이다(신 9:6; 10:16; 시 75:5; 렘 17:23; 행 7:51)"(Kaiser, "Exodus," 478). 그들은 단순한 잘못을 저지른 것이 아니었다. 문제는 단순한 '판단 착오'가 아니었다. 그들은 주께서 **명령한 길을 속히 떠나** 재빨리 그리고 성급하게 죄와 악의 길로 빠졌다. 그들은 하나님이 **그들에게 명령한 길**을 걷는 데 실패했다. 그들은 과녁에서 빗나갔으며 거기에 미치지 못했다(32:8a). '죄'를 '하나님의 율법에 대한 순종의 결핍이나 이를 어기는 것'으로 정의한다면(《웨스트민스터 소요리문답》, 문 38), 그들은 두 가지를 다 범했다.

주님은 모세에게 상황을 설명하기 위해(32:8b) 앞 단락(32:1-6)에 기록된 정보를 알려주셨다. 주의 입에서 나오는 말씀을 듣고 모세는 소름이 끼칠 만큼 경악했다. 하나님은 마치 말씀으로 그를 찌르시듯이 백성의 행위를 묘사하셨다. **그들이…만들고…예배하며…제물을 드렸다**(32:8). 그 절정은 주님을 특별히 염려하게 만들었던 그들의 행위였다. 백성은 그 우상을, 자신들을 **애굽 땅에서 인도하여낸** 자신들의 **신**이라고 확신했다(32:8b). 그분의 백성이 어리석고 무능한 우상을 섬기며 오직 한 분이신 하나님이 마땅히 받으셔야 할 찬양을 그 흉측하고 기괴한 물건에 바치는 것을 보시면서 하나님은 대단히 슬퍼하시고 분노하셨을 것이다. 그 결과 하나님이 진노하시기 시작했다. **내가 이 백성을 보니**(32:9a)라는 말씀에는 "내가 그들을 지켜보았다. 내가 그들의 두려움에 대해 응답했다. 내가 그들의 필요를 채워주었다. 내가 그들에게 복을 주었다. 내가 그들을 지켜주었다. 그리고 지금 나는 그들이 이런 짓을 하는 것을 보았다! 내가 그들을 위해 이 모든 일을 했는데, 어떻게 그들이 나에게 이럴 수 있단 말인가!"라는 뜻이 담겨 있었다.

그분은 **목이 뻣뻣한 백성이로다**라고 기소했다(32:9b). 목이 뻣뻣하다는 표현은 이후 민족의 역사에서 백성을 묘사하는 말로 고통스러울 만큼 자주 사용되었다(참고. 33:3, 5; 34:9; 신 9:6; 10:16; 대하 30:8; 36:13; 시 75:5; 렘 17:23; 행 7:51). 이것은 탄 사람이 고삐를 당겨도 고개 돌리기를 거부하는 말의 모습을 묘사하는 표현이다. 민족은 자주 주의 명령에 귀를 기울이지 않았다. 아이러니하게도 그들은 움직이지도 못하며 어리석고 생명도 없는 우상 앞에서는 기꺼이 절을 했지만, 살아 계시며 주권자이신 주님 앞에서는 고집스럽게 순종을 거부했다.

하나님은 모세에게, 그분이 얼마나 깊게 실망하셨는지를 나타내기 위해 **내가 하는 대로 두라**라고 말씀하셨다(32:10a). 깊은 실망감을 전하기 위해 그분은 **진노**를 말씀하셨고 심지어는 **그들을 진멸하고** 모세만 데리고 새로 시작하실 수도 있다고 하셨다(32:10b). 이것은 신인동형동성론(神人同形同性論, anthropopathism), 즉 인간적인 용어인 안트로포스(*anthropos*, '인간'에 해당하는 헬라어)를 사용해 하나님의 감정을 묘사함으로써 주님의 진리를 설명하는 표현의 한 예이다. 주님의 정서와 감정은 타락한 인간의 정서와 감정보다 차원이 높고 거룩하다. 하지만 그분의 감정도 인간의 감정만큼이나 실제적이며 진실하다. 이 경우에 신인동형적 묘사는, 하나님의 백성이 스스로를 파괴하는 지독한 죄를 범할 때 그분이 느끼시는 고통이나 괴로움을 깨닫게 해준다.

이 말씀은 말하자면 모세에 대한 일종의 시험이었다(예를 들어, Kaiser, "Exodus," 479; Davis, *Moses and the Gods*, 296). 모세는 그를 큰 나라로, 사실상 새로운 아브라함(참고. 창 12:2)으로 만들어주시겠다는 제안을 받아들일까? 아니면 그는 하나님의 약속에 대한 믿음을 지킬까? 모세는 주를 신뢰하고 신실한 중재자로 남아 백성을 위해 중보할까? 모세는 "족장의 역할 대신 중보자의 역할을 택한다"(Hamilton, *Exodus*, 538).

32:11-14. 모세는 상황의 심각성을 인식하고 지체 없이 주께 간절히 탄원했다(**여호와께 구하여**, 32:11a). 모세는 주께서 마음을 풀고 돌이켜 그분이 하겠다고 말씀하신 바를, 즉 그분이 '하고 싶으신' 바를 하지 않으셔야 하는 네 가지 이유를 제시했다. 첫째, 그는 어떻게 하나님이 이 백성을 애굽의 속박에서 건져내셨는지를 회상했다. 모세는 사실상 "주님, 방금 주님의 진노를 불러일으켰던 이 사람들이 노예살이를 할 때 주님의 긍휼을 불러일으켰던 바로 그 사람들임을 기억하소서"라고 말하는 셈이었다(32:11b; 참고. 2:23-25; 3:7, 9). (모세에게 말씀하시면서) 하나님은 백성을 "네 백성"이라고 부르셨지만 모세는 그분이 전에 사용하셨던 언약의 언어로 돌아가 그들을 "주의 백성"이라고 불렀다. 모세는 하나님이 전에 보여주셨던 백성에 대한 사랑과 관심에 호소했다.

둘째, 그는 하나님이 그들을 구원하시면서 보이셨던 **큰 권능**과 **강한 손**을 주께 상기시켰다(32:11b). 만약 하나님이 지금 그들을 포기하신다면 그 일이 다 허사로 밝혀질 것이다. 사실상 그는 "주께서는 그들에게 놀라운 구원을 제공하셨습니다. 그 모두가 허사일 뿐이었다면 수치스러운 일이 아닐 수 없습니다"라고 말한 셈이다. 셋째, 모세는 애굽인들이 지켜보고 있을 것이라고 지적했다. 만약 하나님이 이 민족을 파괴하신다면 애굽 사람들은 고소하다는 듯이 주님을 바라볼 것이다(32:12a). 애굽 사람들은 그분이 이런 백성을 속박에서 건져내신 것은 어리석은 일이었다고 판단할 것이다. 더 나쁘게는, 하나님이 나쁜 신이며 구원은 그들을 파괴할 수 있는 곳으로 그들을 데려가기 위한 고약한 속임수였다고 생각할지도 몰랐다. 하나님의 백성을 속박에서 건져내신 그분의 공의와 긍휼에 대한 위대한 증거가 사라질 수도 있었다. 넷째, 모세는 조상들, 즉 **아브라함과 이삭과 이스라엘**[야곱]에게 주신 언약을 상기했다(32:13a). 이들을 가리켜 주의 종이라고 말했으며, 많은 후손과 **이 온 땅**에 대한 약속을 상기했다(32:13). 하나님은 그분의 주권으로 이 약속을 선포하셨으며(**주께서…맹세하여…내가…하리라**) 영원히(**영원한**) 지키겠다고 말씀하셨다(32:13b). 모세는 하나님께 직접적으로 탄원한다. **주의 맹렬한 노를 그치시고 뜻을 돌이키사 주의 백성에게 이 화를 내리지 마옵소서**(32:12b). 어떤 의미에서 그는 하나님께 '약속을 지키실 것'을, 약속하신 대로 이 민족에게 복을 주시겠다는 '본래의 의도를 견지하실 것'을 그리고 그들을 진멸하겠다는 생각을 완전히 포기하실 것을 요구했다.

하나님은 모세의 중보에 대해 응답하시며 멸망의 위협으로부터 그분의 첫 계획, 즉 언약의 성취로 **뜻을 돌이키셨다**(32:14). 이러한 '돌이킴'은 생각을 바꾸셨다는 뜻이 아니다. 이것은 하나님이 변하지 않으시며 신실하신 분으로서, 자신의 본성을 지키시겠다는 그분의 의도를 표현한 말이었다. '회개'(KJV)라는 용어는 "'안타까워하다', '불쌍히 여기다', '가엾게 여기다'라는 뜻을 지닌 히브리어 나함(*naham*)을 번역한 말이다. 이 단어는 하나님을 묘사하는 말로 30회 사용되었으며, 그때마다 하나님은 그분의 의로운 목적에 일치하도록 생각이나 의도를 바꾸시고 그 목적에 맞는 행동을 취하신다"(Davis, *Moses and the Gods*, 297).

이 돌이킴은 하나님이 하고자 하셨던 바에 관해 문자적으로 '생각을 바꾸셨다'는 의미가 아니다. 오히려 "하나님이 뜻을 돌이키셨다고 말할 때, 이는 (1) 그분이 인간의 상황이 바뀐 것을 아시고 (2) 이 바뀐 상황에 맞도록 행동하고자 하셨다는 뜻이다"[Bruce A. Ware, *God's Lesser Glory: The Diminished God of Open Theism* (Wheaton, IL: Crossway Books, 2000), 90]. 따라서 '생각을 바꾼 것'은 주님이 아니라 백성이며, 그에 비추어 그분은 (이 백성에게 복을 주시겠다는) 그분의 본래 목적으로 돌아오시거나 더 정확히는 그 목적을 이루는 데 계속해서 전념하셨다. "주께서 뜻을 돌이키시는 근거는 세 가지이다. 즉, (1) 중재(참고. 암 7:1-6), (2) 백성의 회개(렘 18:3-11; 욘 3:9-10), (3) 긍휼(신 32:36; 삿 2:18; 삼하 24:16)이다"(Kaiser, "Exodus," 479).

c. 대결: 아론과 백성에게 맞서는 모세(32:15-29)

하나님의 진노라는 재앙을 막아낸 모세는 이제 이 참사를 해결하기 위해 백성에게 돌아간다. 주 앞에서 마음을 다해 중재했던 모세는 이제 격분하여 백성과 아론을 꾸짖는다.

(1) '무거운' 하산(32:15-18)

32:15-18. 모세는 두 증거판을 들고 산에서 내려왔다. 주의 말씀을 생각하고, 직면한 상황을 바라보며 그는 분명 마음이 무거웠을 것이다. "이것은 '두 증거판'의 '양면'에 글자가 새겨져 있음(32:15)을 말해주는 유일한 구절이다"(Kaiser, "Exodus," 479). 본문은 이 돌판이 **하나님이 만드신 것이며 글자는 하나님이 쓰셔서 판에 새기신 것**(32:16)이라고 말하지만 34:28에서는 모세가 '판에 기록했다'(새번역, NASB)고 말한다(이와는 다르게 개역개정은 "여호와께서…기록하셨더라"라고 번역—옮긴이 주). 이것은 모순이 아니라 오히려 '축자영감설'[성경의 영감이 개별 단어에까지 적용되며 성경의 모든 부분을 아우른다는 교리, 참고. Charles C. Ryrie, *Basic Theology* (Chicago: Moody, 1999), 76-82. 《평신도 신학입문》 (두란노)]에 대한 확실한 증거이다. 산 아래에서 나는 시끄러운 소리를 들었을 때 여호수아는 진영에서 싸움이 벌어져서 나는 소리라고 생각했다. 이런 소란에 대한 여호수아의 반응은 그의 착한 마음을 말해준다. 처음에 그는 백성이 공격을 당하고 있다고 생각했다. 아마도 백성이 그런 죄악 된 행위와 더러운 우상숭배를 할 리가 없다고 생각했을 것이다. 모세는 시적인 표현을 사용해 그의 생각을 바로잡았다(32:18은 시적인 구절이다). 그는 아래에서 부르는 노래에 관한 짧은 노래를 불렀다. 그것은 여호수아처럼 전쟁의 함성이 아니라 노래였으며, 주를 찬양하는 즐거운 소리가 아니라 이교도처럼 예배하는, 귀에 거슬리는 소리였다.

(2) '뜨거운' 대결(32:19-20)

32:19-20. 진영 가까이에 이르러 금송아지와 그 주위로 춤추는 사람들의 모습을 보았을 때 모세는 빠르고 격한 반응을 보였다. **크게 노하여**라는 표현은 그가 느낀 분노의 깊이를 충분히 드러내지 못한다. 흔히 사용하는 '분노가 폭발했다'나 '격노했다'는 말이 그의 화를 더 정확하게 묘사하는 표현이다. 그는 돌판을 산 아래로 집어던져 깨뜨렸다(32:19). 이것은 성급한 행동이었을 수도 있지만 상징적인 행동이기도 했다. 백성은 이런 우상숭배와 타락한 예배로 율법을 깨뜨렸고, 따라서 모세는 돌판을 깨뜨렸다! 그런 다음 모세는 우상을 불태웠고 그 재를 물에 뿌려 백성이 마시게 했다. 이는 어렵지 않았을 것이다. (위에서 지적했듯이) 아마도 신상의 대부분은 나무였고 그 위에 금박을 씌웠을 것이기 때문에, 신상이 불에 쉽게 탔다고 봐야 한다. 그들에게 재를 마시게 하는, 이상하고 극적인 행위는 그들로 하여금 창피함을 느끼게 하는 한 방법이었다(참고. 우상숭배를 하는 사람에게 재를 먹인다고 기록된 사 44:20). 이것은 주를 배신한 수치스러운 행동에 내려진 수치스러운 벌이었다(참고. 왕하 23:15).

(3) '열띤' 대화, 모세 대 아론(32:21-24)

32:21-24. 그런 다음 모세는 아론에게 다가갔다. 많은 점에서 두 사람의 대화는 예측 가능했다. 먼저 모세는 아론이 민족을 큰 죄에 빠지게 했다고 책망했다(32:21b). 모세가 아론의 행동을 백성의 행동보다 훨씬 더 어처구니없다고 여겼다는 미묘한 암시가 있다. **이 백성이 당신에게 어떻게 하였기에 당신**이 이런 일을 했습니까(32:21a, 사실상 모세는 "아론, 만약 당신이 의도해서 그렇게 했다면 백성에게 더 큰 해를 입히지는 않았을 것입니다!"라고 말한 셈이다). 아론의 대답은 삼중적이었다(그리고 역시 예측 가능했다). 먼저 그는 신을 만들라고 요구한 것은 백성이라고 주장하면서 백성에게 책임을 돌렸다(32:22-23a). 사실은, 백성을 비난하면서 아론이 구체적으로 지적한 바, 즉 **백성의 악함**(32:22b)과 그들이 불의한 요구를 했다는 점(32:23a) 때문에 아론은 그들이 요구하는 바를 들어주지 말았어야 했다. 둘째, 아론은 백성이 불안한 것은 모세가 늦게 왔기 때문이었다고 주장했다(32:23b). 이것이 모세의 잘못이었다고 은근히 주장하면서 책임을 모세에게 떠넘기려고 했던 셈이다. 마지막으로 그는 우상이 저절로 만들어졌으며, 따라서 기적이라는(그가 모은 금을 불 속에 던지자 우상이 저절로 생겨났다는) 터무니없는 주장을 제시했다(**내가 불에 던졌더니 이 송아지가 나왔나이다**, 32:24). 그는 사실상 "그 우상은 내가 만든 게 아닙니다! 저절로 생겼습니다!"라고 말하는 셈이었다. (어린 아론이 이런 논리를 펼쳤다면 어머니 요게벳이 어떻게 반응했을지 자못 궁금하다.)

이런 합리화는 근거가 너무나도 허약하고 그럴듯하지도 않았기 때문에 모세는 굳이 이를 논박하지도 않왔다. 아론은 자신의 어리석은 변명으로 비난을 자초했다. 그는 실패한 지도자의 전형이다. 다른 이들에게 책임을 떠넘기고 사태가 자신의 통제를 벗어났다고 주장하는 사람은 이미 실패한 지도자이기 때문이다.

(4) 가혹한 분리(32:25-29)

32:25-29. 그런 다음 모세는 진정한 배교자와 그저 '잘못된 길로 인도된' 사람들을 분리시켰다. 이 시점에서 상황은 전적으로 혼란스러웠다(32:25). 백성은 자제력을 완전히 상실한 채 **방자**(32:25, 두 번 사용)하게 행동했다. 이 말은 '풀다'나 '열다'라는 의미를 지닌다. 이스라엘의 원수들이 이런 혼돈을 목격했다면 이는 그들에게 조롱거리가 되었을 것이다(32:25c). 모세는 사람들이 그의 목소리를 듣고 그를 볼 수 있도록 **진 문**에서 외쳤다. **누구든지 여호와의 편에 있는 자는 내게로 나아오라**(32:26a, 문자적으로는 그저 '나에게!'). 이 말에 온 진영 전체가 깜짝 놀라서 축제를 중단했을 것이다. 또한 이런 방탕한 축제에 대해 그저 방관자로 남아 있던 사람들은 자신을 그것과 분리시킬 기회를 얻었을 것이다. 어리석음, 우상숭배, 부도덕과 '깨끗이 단절'할 기회가 주어지자 **레위 자손**이 모세에게 모였다(32:26b). 레위인들에 대한 모세의 명령(32:27)은 가혹하며, 심지어는 극단적으로 보일 수도 있다. **너희는 각각 허리에 칼을 차고…각 사람이 그 형제를, 각 사람이 자기의 친구를, 각 사람이 자기의 이웃을 죽이라.** 그러나 (실제로 죽음을 당한 사람의 수가 **삼천 명가량**임을 고려하면, 32:28b) 끝까지 우상숭배와 방탕한 축제를 고집한 이들만 처형당한 것으로 보인다. 처벌은 참으로 가혹했지만, 죄와 그것이 이제 막 생겨난 민족에게 가하는 실제적인 위험을 감안하면 지나치게 가혹하지는 않았다. 주 앞에서 민족의 순수함과 앞으로 주를 섬기는 그들의 신앙을 지키기 위해서는 이렇게 노골적인 불신앙과 우상숭배에 대해 신속하고도 분명한 처벌이 필요했다. 그러나 정당하고 필요한 일이라고 해도 레위인들이 이 처벌을 집행하기는 어려웠을 것이다. 이들은 적이 아니라 같은 민족이었기 때문이다. 그들은 형제와 친구들이었다(32:27b).

그럼에도 그들은 이 일을 행해야만 한다는 것을 알고 있었다. 이 일에서, 즉 이렇게 진리와 오류가 충돌할 때 중립이란 없다. 중도 언약이란 있을 수 없다. 우상숭배, 특히 이렇게 파렴치한 우상숭배는 절대로 용인될 수 없다. 이 민족을 분리되고 구별된 하나님의 백성으로 보존하기 위해서는 우상숭배자들을 반드시 제거해야 했다(참고. 출 22:20; 신 7장). 이는 분명 피로 얼룩지고 가슴이 찢어지는 행동이었다. 이 일을 위해서는 '헌신된 사람들'이 필요했으며(32:29a) 이 일을 맡은 사람들은 복을 받았다(32:29b).

금송아지 사건으로 민족과 주님 사이에는 틈이 벌어졌다. 이런 불신앙은 지속적인 영향을 미칠 수밖에 없다. 배교와 불신앙의 불가피한 결과였던 신뢰 상실, 깨어진 언약의 고통, 정서적 거리감은 이제 하나님과 이 백성들이 맺은 관계의 일부가 되었다. 어떻게 주께서 이런 백성과 함께하겠다는 그분의 의도를 지켜내실 수 있을까? 그들이 그분에 대해 이토록 변덕스러운 태도를 보일 때 그분은 그들 가까이에 계실 수가 없으셨다(참고. 33:5). 하나님은 전에도 그러셨고(예를 들어 에녹, 노아, 아브라함) 앞으로도 그러실 것처럼(예를 들어 사무엘, 다윗, 솔로몬, 히스기야, 요시야) 그분의 초점을 한 사람에게 집중하셨다. 하나님이 그들과 함께 거하셔서 그들도 하나님과 함께 거할 수 있게 하시겠다는 그분의 목적은, 한 사람 모세와 친밀한 교제 안에 거하심으로써 그분의 의로운 거룩하심을 위반하지 않고 그들이 신실하지 않은 모습을 드러낼 때마다 가혹한 조치를 취할 필요가 없이 성취되어야 했다.

출애굽 경험의 다음 단계에서 우리는 모세가 두 가지 역할을 맡는 것을 볼 수 있다. 그는 이스라엘을 위한 중보자인 동시에 주님의 친밀한 동반자가 되었다.

2. 중보와 친밀함을 보여주는 다섯 장면, 모세와 주님 (32:30-33:23)

a. 장면 1: 자기희생적 제안(32:30-35)

32:30-35. 이 장면에서 모세는 백성의 잘못을 속죄하기 위해 자신을 바치겠다고 말했다. 그러나 하나님은 그에게, 백성이 그들 자신의 죄에 대해 고통을 당해야 한다고 말씀하셨다. 이것은 가장 위대한 자기희생의 기도 중 하나이다(참고. 롬 9:1-3). "모세는 너무나도 간절히 하나님께 호소하느라 32절에 기록된 조건문을 완성하지도 못했다"(Davis, *Moses and the Gods*, 301). 사실상 그는 이렇게 기도한 것이다. "만약 주께서 그들의 죄를 용서하신다면 저는 그것으로 만족하겠

습니다. 하지만 만약 그렇게 하지 않으신다면…." 모세는 너무나 비통하여 하나님께 **주께서 기록하신 책에서 내 이름을 지워**달라고 부탁한다(32b절). 여기에 지칭된 책은 시편 69:28에서 '생명책'이라고 부른 것과 같은 책일 것이다. 분명히 이 책은 주의 은혜를 입은 사람들을 적어놓은 하늘에 있는 책이나 기록("천상의 책", Hamilton, *Exodus*, 555)을 가리킬 것이다(참고. 사 34:16; 단 12:1; 말 3:16; 참고. 빌 4:3; 계 3:5; 20:12, 15; 21:27). 모세는 철저한 자기희생을 드러내며, 하나님이 백성에게 은혜를 베푸시는 대가로 복의 약속을 비롯해 이 책 안에서 자신의 자리를 포기하겠다고 제안했다(참고. 롬 9:3). 하지만 하나님은 이를 거부하고 "죄를 지은 사람이 자신의 죄에 대해 책임져야 한다"라는 원칙(참고. 신 24:16; 겔 18:4, 13, 17)을 재확인하셨다(Kaiser, "Exodus," 481).

b. 장면 2: 희망적이지만 슬픈 말씀(33:1–6)

33:1–6. 이 장면은 주께 좋은 소식과 나쁜 소식을 계시로 받는 것을 묘사한다. 좋은 소식으로, 하나님은 족장에게 주신 약속을 지키겠다는 그분의 의도를 재확인시키셨다(33:1-3a). 그러나 나쁜 소식은 그분이 이제 그들이 꿈꾸던 방식으로는 이 여정에서 그들과 함께하지 않으실 것이라는 말씀이었다(33:3b, 5a). 그 이유는 만약 그분이 그들과 함께 계시고 그들이 다시 타락한다면 그분으로서는 그들을 **진멸**할 수밖에 없기 때문이다(33:5a). 실로 음울한 소식이었다(33:4a). 그들은 **장신구**를 빼라는 명령을 받았다(33:5b-6). 아마도 그들은 금송아지를 만들기 위해 금 고리를 뺀 뒤, 값비싼 개인적 소유물을 포기했음을 감추기 위해 다른 장신구를 만들었을 것이다. 이제 그들은 (반지도 귀걸이도 없이) 빈손과 빈 귀가 되었다. 이렇게 장신구를 제거했을 때 그들은 자신들이 단지 물질적으로가 아니라 더 중요하게는 영적으로 잃어버린 것(하나님의 임재를 잃어버린 것)을 떠올리며 슬퍼했을 것이다.

c. 장면 3: 분리된 진영(33:7–11)

33:7–11. 이 장면에서는 주님이 모세와 친밀하게 대화를 나누시는 모습을 묘사한다. 이는 분명 성막이 완성되기 전의 일이었을 것이다. 여기에 언급된 회막은 성막 자체와는 구별되어야 한다. '회막'이라는 용어가 나중에는 성막을 지칭하는 말로 사용되기는 하지만 (성막은 아론과 아론의 제사장들에 의해 사용되어야 했던 반면에) 여기에서 **회막**은 모세만 사용했던 **진 밖**의 임시 장막이었다(33:7). (성막 안 하나님의 임재는 일단 확립되면 변함이 없었던 반면에) 하나님의 임재를 상징하는 구름은 모세가 이 장막 안에 있느냐 없느냐에 따라 이 장막으로 오기도 하고 이 장막을 떠나기도 했다. 이것은 성막이 완성될 때까지 주님과 민족의 소통을 위해 마련된 임시 **회막**이었던 것으로 보인다.

이를 통해 주님은 그들 가운데 있지 않으실 때에도 계속해서 민족을 인도하실 수 있을 정도로 그들과 함께할 수 있으셨다(참고. 33:3). 주님이 모세에게 말씀하고 계심을 보여주는 극적인 신호가 있었다. 모세가 회막으로 들어갈 **때 구름 기둥이 내려 회막 문에 서** 있었다(33:9). 이는 하나님과 모세가 서로 이야기를 나누고 있음을 의미했다. 그럴 때 백성은 각자 자신의 장막 앞에 서서 **예배**했다(33:8, 10). **여호와께서는 모세와 대면하여 말씀하시며**(33:11)라는 구절을 문자적으로 받아들여서는 안 된다. 주 하나님은 영이시며(참고. 요 4:24) 얼굴은 물론이거니와 몸을 가지고 있지 않으시기 때문이다(33:20 이하를 보라). 이것은 신인동형적 언어, 즉 인간적인 단어를 사용해 피조물과 관계를 맺으시는 하나님의 진리를 전달하고자 하는 것이다. "주께서 '사람이 자기의 친구와 이야기함같이 여호와께서는 모세와 대면하여 말씀'하셨다는 사실(33:11a)은 모세가 그의 하나님과 따뜻하게 소통했음을 말해준다. 이 표현은 친근한 대화를 뜻한다"(Davis, *Moses and the Gods*, 303). 이는 꿈이나 환상과 상반되는 '직접적' 계시를 지칭할 가능성이 높다(참고. 민 12:6-8). 의미심장하게도 오경의 마지막 부분에서는 모세처럼 주와 얼굴을 마주하고 말씀을 나눈 예언자가 없었다고 주장하는데, 이는 이스라엘이 그런 예언자를 계속해서 기다려야 함을 뜻한다(신 34:10-12과 그에 대한 주석을 보라). 그 후에도 **여호수아는 회막을 떠나지** 않았다(33:11b). 이는 여호수아가 모세의 장막에서 모세의 시중을 들면서 모세가 그를 필요로 하는 동안 떠나지 않았음을 뜻할 것이다.

d. 장면 4: 친밀한 대화(33:12–17)

33:12–17. 이 장면에서는 모세와 하나님 사이의 대화 중 하나(아마도 많은 대화 중 대표적인 대화)를 그

린다. "모세의 말은 교만한 뻔뻔함이나 하나님을 경외하는 마음이 없음을 드러내지 않는다. 반대로 그의 말은 진지하게 하나님의 마음을 구하는 사람만이 가질 수 있는 확신에 찬 기도를 보여준다"(Davis, *Moses and the Gods*, 304). 모세는 백성을 이끌 책무에 대해 생각하면서 하나님 앞에 몇 가지 걱정을 아뢰었다(33:12a). 모세는 주께서 자신이 참으로 백성을 이끌도록 선택된 사람이라는 확신을 다시 한 번 심어주시기를 원했다. 처음에 모세는 주께 조력자, 즉 **나와 함께 보낼 자**를 요구하는 것처럼 보였다(33:12b). 이에 대한 하나님의 대답은 그저 **내가 친히 가리라**였다(33:14a). 그런 다음 모세는 자신이 주의 은총을 입었음을 재확인받기를 바랐다. 이 대화에서 "주의 목전에 은총을 입었다"라는 구절(그리고 그와 같은 뜻을 지닌 구절)이 여러 차례 반복되며[33:12b; 13(두 차례); 16; 17], 이는 분명 모세의 주된 염려였다. 모세는 하나님의 이름을 알고(33:12b) 하나님의 길을 알고(33:13a) 하나님이 그분의 백성과 맺으신 독특한 관계에 대한 확신을 갖기 위해(33:16b) 이 은총이 필요함을 알고 있었다. 모세는 하나님이 곧 시작될 여정 가운데 그분의 임재를 내려주겠다고 다짐하심으로써 그에게 이 은총을 재확인시키실 것을 요구했다(33:14-15). 은혜로우신 주님은 모세에게 이를 약속해주셨다(33:17).

e. 장면 5: 영광스러운 만남(33:18-23)

33:18-23. 이 마지막 장면에서 모세는 하나님과의 친밀한 대화들 중에서 가장 담대한 요구를 했다. **원하건대 주의 영광을 내게 보이소서**(33:18). 하나님의 대답은 그분이 기꺼이 모세의 바람을 들어주고자 하셨음을 보여준다. 하지만 그분은 그분과 모세 사이의 형이상학적이며 도덕적인 거리를 인정하심으로써 그의 요구에 제한을 두셨다.

하나님은 먼저 무슨 일이 일어날지를 설명하셨다. 모세는 그분의 **모든 선한 것**을 볼 수 있을 것이며, **여호와의 이름**이 선포되는 것을 들을 것이고, 주의 은혜와 긍휼이 드러나는 것을 볼 것이다(33:19). 또한 모세는 무슨 일이 일어날 수 없는가에 관한 설명도 들었다. **네가 내 얼굴을 보지 못하리니 나를 보고 살 자가 없음이니라**(33:20). 마지막으로 하나님은 모세가 어떻게 이 계시를 받을 것인지를 설명하셨다. 먼저 모세에게 **반석 틈** 안에 보호받을 수 있는 장소가 주어질 것이며, 주님의 **손**이 그를 덮을 것이다(33:22). 다시 한 번 이것은 신인동형적 언어를 사용한 예이다. 이런 행동을 성취하기 위해서 주님이 정확히 어떤 방식을 사용하셨는지는 명시되지 않았다. 그런 다음 주님은 그분의 영광과 더불어 그 영광 안에서 지나가겠다고 약속하셨다. **내 영광이 지나갈 때에**(33:22). 따라서 모세는 '뒤로부터'(**내 등**) 주를 볼 수 있을 테지만, 앞에서는 그분을 볼 수 없을 것이다(**얼굴은 보지 못하리라**, 33:23). **나를 보고 살 자가 없음이니라**(참고. 요 1:18; 6:46; 딤전 1:16-17)라는 33:20의 분명한 말씀은 여러 사람들이 하나님의 얼굴을 보거나 적어도 하나님을 보았다는 구약의 다른 말씀(예를 들어 하갈, 창 16:13; 야곱, 창 32:30; 마노아, 삿 13장; 이사야, 사 6:1 이하 등)과 모순을 이루는 것처럼 보인다. 그중에 다수는 신현, 즉 인간의 감각으로 지각할 수 있는 형태나 방식으로 하나님이 나타나신 경우이다. 다른 경우에는 이런 표현이 눈으로 볼 수 있는 광경 자체가 아니라 하나님과의 참된 만남이나 관계를 뜻한다.

모세의 경험은 주를 보거나 만나는 다른 종류의 경험과는 차원이 달랐던 것처럼 보이지만 정확히 어떻게 달랐는지에 관한 설명은 없다. 모세는 주님을 직접 본 게 아니라 하나님의 쉐키나 영광만 보았을 수도 있지만 실제로 무슨 일이 일어났는가에 관한 추측은 그야말로 추측일 뿐이다. "시내산에서 모세와 하나님 사이에 정말로 무슨 일이 일어났는지를 완전히 이해하는 것은 절대로 불가능할 것이다. 모세는 인간 언어로는 묘사할 수 없는 것들을 보았음이 분명하다"(Davis, *Moses and the Gods*, 305; 참고. 고후 12:4).

3. 복구와 갱신(34:1-35)

출애굽기 34장은 복구와 언약 갱신에 관한 달콤 쌉싸래한 장이다. 달콤하면서도 '쌉싸래한' 까닭은 민족의 죄로 인해 이런 식의 복구와 언약 갱신 예식이 꼭 필요했기 때문이다. 쌉싸래하면서도 '달콤'한 까닭은 이 사건을 통해 하나님의 은총, 그분의 길이 참으심, 그분의 약속에 대한 흔들리지 않는 헌신, 그분의 완전함(특히 34:6-7)이 참으로 놀랍게 드러나기 때문이다.

a. 두 돌판의 복구(34:1-9)

34:1-9. 하나님이 모세에게 지시를 내리심으로써

복구 과정이 시작되었다(34:1-3). 모세는 진영으로 돌아와 금송아지를 보았을 때 처음에 받았던 두 돌판을 깨뜨렸다(34:1; 참고. 32:19). 주와 그분의 백성 사이의 관계가 회복되기 위해서는 이 돌판이 복구되어야 했다. **여호와께서 모세에게 이르시되**라는 간단한 말 이면에 큰 은총이 숨어 있다(34:1a). 주께서 기꺼이 이 백성과 더불어 다시 시작하시려고 했다는 사실 자체가 헤아릴 수 없는 은총과 자비의 행위였다. 의미심장하게도 하나님은 본래의 돌판에 단어를 추가하거나 빼지 않으셨다. 이스라엘이 실패했다고 해서 율법을 다시 편집할 필요가 없었다. 오히려 율법을 재천명해야 했으며, 이스라엘은 율법을 듣고 귀를 기울여야 했다. 다시 한 번 모세는 혼자서 산으로 올라가야 했다. 그러나 첫 번째(24:1-8)와 달리 아론이나 그의 아들들, 다른 장로들에 관한 언급이 없다. 다시 한 번 백성과의 달라진 관계를 반영하면서(참고. 33:3-5) 하나님은 더 이상 그들의 몇몇 대표들을 통해 민족을 대하시지 않으시고 이제 그분의 유일한 대표를 통해서 민족을 대하신다. 그분은 모세만 상대하신다.

모세는 충실하게 순종했으며, 엄숙한 하산(참고. 32:15-16)은 역전되었다. 모세는 한 번 더 산으로 올라갔다(34:4; 참고. 24:12-15). 첫 번째 산으로 올라갈 때는 즐거움과 기대감이 넘쳤지만, 이번에 올라갈 때는 분명히 통회의 마음이 넘쳤을 것이다. 그러나 주님의 말씀에는 은총과 자비가 풍성했다. 하나님이 모세에게 계시를 주시는 장면(34:5-7)은 출애굽기에서 가장 놀라운 단락 중 하나이며, 이에 관해 주목할 만한 점이 몇 가지 있다.

첫째, 하나님이 문자적, 비유적으로 스스로 낮아지신 것을 볼 수 있다. **여호와의 이름을 선포하실** 때 그분이 오셔서 모세와 함께 서셨다(34:5b). 주님은 "내가 하는 대로 두라"라고 말씀하셨지만(참고. 32:10), 이제는 그분이 모세에게 **올라**오라고 말씀하셨으며(2절) 모세가 그분을 부르자 그분이 실제로 **그와 함께 거기 서**셨다(34:5). 그런 다음 주님이 **그의 앞으로 지나시며**(34:6a) 모세에게 계시를 주실 준비가 되었음을 보여주셨다. 이 계시는 그분의 이름과 그분의 속성으로 이루어졌다. 그 이름, **여호와, 여호와 하나님**은 모세와 민족에게 기억해야 할 그분의 이름, 그분의 언약적 이름(참고. 3:14, 15)을 상기시켰다. 그분은 여호와, 곧 약속을 하고 그 약속을 지키시는 하나님이셨다.

이 속성과 완전함—선하시고 **자비롭고 은혜롭고 노하기를 더디하고 인자**[헤세드(*chesed*), '항구적이며 언약적 사랑']**와 진실이 많은**(34:6b)—은 모두 이 민족이 복을 받고 보존되는 데 필수적인 속성이었다. "주께서 자신을 가리켜 말씀하신 모든 것은 다른 이들, 특히 그분이 택하신 백성을 위해 그분이 행하시는 바이다"(Hamilton, *Exodus*, 576). 그분의 정의와 공의, **인자**, 용서, 심판이라는 속성(34:7)은 백성을 안심시키는 동시에 그들에게 경고가 되었다. 그분은 천 대까지 인자를 베푸시지만 결코 **벌을 면제하지는** 않으신다(34:7b). 이는 그분의 분배적 정의, 즉 보상하고 처벌하시는 그분의 정의[참고. 사 3:10; 롬 2:6; 벧전 1:17; 참고. Paul Enns, *Moody Handbook of Theology*, rev. ed. (Chicago: Moody) 200]와 보복적 정의, 즉 "악한 자들을 벌하시는 하나님의 진노의 표현"(Enns, *Handbook of Theology*, 200; 참고. 창 2:17; 신 27:26; 갈 3:10; 롬 6:23) 모두를 가리킨다. 이런 속성들은 공의와 자비의 균형을 반영한다. 그분은 공의의 하나님이시지만 또한 긍휼의 하나님이시기도 하다. 하나님의 백성은 전자를 기억함으로써 후자를 이용하려는 생각을 버려야 한다. 그들은 그분의 진노를 가벼이 여겨서는 안 되며 그분의 인자를 바라야 한다(참고. 20:5, 6). 이 사건에 대한 바울의 논의는 로마서 9:14-16의 주석을 보라.

이러한 계시에 대해 유일하게 적합한 반응은 예배이다. 모세는 예배했으며(34:8) 중재했다(34:9). 다시 한 번 모세는 백성의 유일한 대표였다. 그런 그의 간구는 개인적이었다. **내가 주께 은총을 입었거든**(9a절). 백성은 하나님의 은총을 받을 자격이 없지만, 모세는 주의 종으로서 세 가지 복을 구했다. 그는 그들 가운데 주의 임재를 구했으며, 그들의 **악과 죄를 사하시**기를 구했고, 하나님이 백성을 다시 그분의 **기업**으로 삼으시기를 구했다(34:9b).

b. 언약의 갱신(34:10-26)

34:10-26. 이제 주님은 백성에게 직접 말씀하셨다. 주님의 말씀은 그분이 모세의 기도에 응답하셨음을 보여준다. 먼저 그분은 언약을 세우거나 갱신하겠다는 의도를 밝히셨다(34:10a).

하나님은 땅을 정복하는 일에 관해서 두 가지를 언급하셨다. 첫째, 하나님은 그 땅의 거주민들을 놀라게 할 **이적**을 행할 것이라고 약속하셨다. 이 이적은 특별할 것이다(**아직 온 땅 아무 국민에게도 행하지 아니한**). 이 이적은 널리 목격될 것이다(**백성이 다…보리니**). 그리고 이 이적은 공포를 자아낼 것이다(**두려운 것임이니라**)(34:10). 둘째, 하나님은 그 땅에 사는 민족들을 **쫓아내**겠다고 약속하셨다(34:11). 그분은 몇 가지 문제에 관해 백성에게 훈계와 경고의 말씀을 하셨다. 그들은 **그 땅의 주민과 언약**[조약]**을 세우지 말**아야 했다. 오히려 **그들의 제단들을 헐고 그들의 주상을 깨뜨려**야 했다(34:11-13). 거주민들과 타협하려 하거나 그것을 용인해서는 안 되었다. 뿐만 아니라 그들은 **다른 신**을 예배해서는 안 되었다(34:11-14a). 이 마지막 경고를 주시는 이유는 주의 이름이 **질투**이기 때문이다(34:14b). 주님이 스스로를 칭하시는 이름치고는 이상한 이름이다. 물론 이 이름에 '지나친 소유욕과 이기심'이라는 부정적인 의미를 덧붙여서는 안 된다. 그분이 **질투의 하나님**이라고 말하는 것은 그분이 '그분 자신의 영광과 그분 백성의 바르고 적합한 헌신을 정의롭게 지키신다'는 뜻이다. 하나님은 거주민들의 이교적 행동이나 사고와 동화되는 것을 막기 위해, 그들과 철저히 분리되어야 한다고 명령하셨다. 거주민들과 **언약**을 할 때는 그들의 예배에 참여하게 될 것이며(**신을 음란하게 섬기며 그들의 신들에게 제물을 드리고**), 결국 그들과 통혼하게 될 것이다(34:15-16). 그들은 금송아지로 귀결된 종교 혼합주의를 철저히 피해야 했다(34:17).

주님이 주신 언약 규정(34:18-26)은 다소 반복적이며 언약책의 조항을 요약하려는 의도가 있었다(참고. 21-23장). 그러나 이 '더 짧은 목록'의 목적은 '축소된' 조항들이 언약책을 대체했음을 보여주고자 함이 아니었다. 이 모든 조항들이 여전히 유효함을 간략히 밝혀두려는 것이었다. 백성들이 순종하겠다고 공개적으로 밝히는 모습이 언급되어 있지 않다는 점도 중요할 수 있다(참고. 24:3, 7). 이번에는 언약이 모두 주의 것이었다.

c. 요약과 전환(34:27-28)

34:27-28. 다시 한 번(참고. 24:4) 모세는 언약의 말씀을 기록하라는 명령을 받았다(34:27). 이 말씀을 잊거나 무시해서는 안 되며 실천해야 했다. 모세가 산에 머문 시간, 상황, 목적을 기록한 28절은 전환을 알리는 절이다.

d. 후기: 모세의 얼굴이 빛나다(34:29-35)

34:29-35. 모세는 돌판과 언약 조항을 다시 받으며 산에서 다시 40일 주야를 보낸 후 이스라엘 자손에게 돌아왔다. 모세는 주와 대화를 나누며 영광스러운 주의 임재 안에 있었기 때문에 자신의 얼굴이 빛나고 있음을 알지 못했을 것이다(29절). "모세의 얼굴에 드리운 광채는 하나님의 영광을 반영했다(고후 3:7)"(Davis, *Moses and the Gods*, 308). 이러한 내세의 현현 때문에 아론과 온 이스라엘 자손은 깜짝 놀랐고 그에게 다가가기를 두려워했다(34:30). 그는 그들을 부른 (물론 다 괜찮다고 그들을 안심시킨) 후 **여호와께서 시내산에서 자기에게 이르신 말씀을 다 그들에게 명령**했다(31-32절). 이 현현이 어떤 이들에게는 주의를 분산시키는 것일 수 있었고, 다른 이들에게는 불안한 마음을 갖게 만드는 것일 수도 있었다. 어떤 이들은 위협을 느꼈을지도 모른다. 다른 이들은 얼마 후 영광이 사라지자 당황했을지도 모른다. 따라서 모세는 "임시 회막이나 성막에서 그가 홀로 하나님과 함께 있을 때"나 "하나님이 백성에게 주시는 메시지가 있을 때"를 제외한 모든 경우에 수건으로 얼굴을 가리기로 했다(Davis, *Moses and the Gods*, 308). 사도 바울이 이 현현을 어떻게 적용하는가에 관해서는 고린도후서 3:13을 보라.

I. 성막에 관한 명령을 반복하시다(35:1-39:43)

이 다섯 장에서는 하나님이 모세에게 주신 명령을 반복한다. 여기에서 모세는 **회중**에게 하나님이 명령하신 그대로 일하라고 말했다. **여호와께서 너희에게 명령하사 행하게 하신 말씀이 이러하니라**(35:1). 이런 반복에 대해 몇 가지 이유나 목적을 생각해볼 수 있다. 첫째, 이것은 완전히 똑같은 명령을 반복하시는 것이 아니다. 25-31장에서 본문은 주의 말씀을 강조한다. 그분이 직접 명령을 주시며 명령의 초점은 계획에 맞춰져 있다. 그러나 35-40장에서 본문은 백성과 일꾼들의 성취를 강조한다. 그리고 실제 건설의 기록(36:8; 39:31)에서는 '무엇'을 했는가가 아니라 그것이 '정말로' 이루어졌음(완성되고 완료되었음)을 강조하며, 그 일을 한 사람들(장인과 건축자들)에 초점을 맞춘다. 여기에서는 '그가 만들었다'(그리고 비슷한 구절)라는 말이 계속 반복되는데, 이는 기구들이 그저 '어딘가에서 갑자기 나타난' 게 아니라 지혜롭고 헌신된 일꾼들이 만든 것임을 명시하기 위해서이다.

또한 이런 반복은 "하나님이 그분의 백성에게 전하라고 주신 메시지를 정확히 전달했던 모세의 신실함에 대해 주목하게 만든다"(Hamilton, *Exodus*, 611). 이 행동은 과거 시제로 기록되어 있다. 주께서 계획하고 모세에게 계시하신 일이 이루어지고 있으며 실제로 완료되었다. 건설이 완료되었으며 **여호와께서 모세에게 명령하신 대로** 구조물이 세워졌음을 39:1부터 반복해서 강조한다(39:1, 5, 7, 21, 26, 29, 31, 32, 42, 43; 40:19, 21, 23, 25, 27, 29, 32).

물론 이런 반복을 통해 강조하고자 했던 또 다른 주장은 금송아지 사건(32-34장)조차도 성막 건설이라는 장엄한 계획을 중단시키지 못했다는 것이다.

1. 안식일을 상기시키시다(35:1-3)

31:12-17에 대한 주석을 보라.

2. 봉헌물(35:4-9)

25:1 이하에 대한 주석을 보라.

3. 장인과 그들의 일(35:10-19)

26:1-30과 31:1-11에 대한 주석을 보라.

4. 장인과 헌물(35:20-36:7)

마음이 감동된 모든 자와 자원하는 모든 자(35:21; 참고. 35:22, 29)라는 구절을 통해 다시 한 번 백성이 기꺼이 예물을 바치고 건설에 동참했음을 강조한다.

5. 건축이 계속되다(36:8-37:29)

26:1-30, 31-37에 대한 주석을 보라.

a. 휘장, 널판(36:8-38)

26:1-37에 대한 주석을 보라.

b. 언약궤, 속죄소, 상, 등잔대, 분향할 제단 (37:1-29)

25:10-40; 30:1-10에 대한 주석을 보라.

6. 놋 번제단, 물두멍, 뜰(38:1-20)

27:1-20; 30:1-17에 대한 주석을 보라.

7. 물자 목록(38:21-39:1)

25:1 이하에 대한 주석을 보라.

8. 제사장의 의복: 에봇, 흉패, 긴 옷, 속옷, 관 (39:2-31)

28:2-43에 대한 주석을 보라.

9. 요약: 성막이 완성되다(39:32-43)

39:32-43. 카이저는 **성막 곧 회막의 모든 역사를 마치되**(39:32)라는 말씀이 "창조 이야기의 결론인 창세기 2:1-2을 떠올리게 한다"고 주장한다(Kaiser, "Exodus," 495). 이는 다시 한 번 성막이 '완성된 계획'임을 강조한다. 더 나아가 성막을 이루는 구성 요소를 요약해 열거함으로써 이 계획이 정말로 완료되었음을 강조했다. 어떤 요소도 빠뜨리지 않았다. 다시 한 번 이 일이 **여호와께서 모세에게 명령하신 대로** 이루어졌음을 강조한다(39:32, 42, 43).

J. 성막의 제작과 건설(40:1-33)

40:1-33. 성막을 **둘째 해 첫째 달 곧 그달 초하루에** 완성하고 세웠다(40:17). 민족이 시내산에 도착한 후 약 1년이 지났을 때였다. 성막을 세웠고(40:18-19), 언약궤를 들였으며, 속죄소를 설치했고(40:20-21), 기구를 제자리에 배치했다(40:22-30). 이제는 익숙해진 모든 물건을 요약하는 의미로, 또한 마지막 확인 목록으로서 열거한다. 말 그대로 모든 것이 제자리를 찾았다. 그런 다음 모세와 아론과 제사장들은 씻었으며(40:31-32), 주위를 둘러보았다. 모든 것이 갖춰졌고 일을 다 마쳤다(40:33). 모세는 '속죄'의 가치를 보여주는 매개체인 성막을 완성했다. 그와 반대로 예수님은 실제로 속죄를 이루셨다(요 19:30).

K. 성막에 임하시다(40:34-38)

40:34-38. 주의 영광의 구름이 회막을 덮고 그 위에 머물고 마침내 **성막에 충만**했을 때 이 일은 장엄한 절정에 다다랐다. 이는 지도자들과 숙련된 일꾼들, 예물을 바친 모든 사람들에게 짜릿한 클라이맥스이자 매우 보람된 순간이었을 것이다. 이 현현은 이 일이 완료되었을 뿐만 아니라 하나님도 마지막 결과물에 대해 기뻐하셨음을 분명히 드러냈다. 해밀턴은 어떤 점에서 성막은 "시내산 경험을 옮겨놓은 것"이라고 본다. "그분의 임재로 기슭에 있는 이스라엘로부터 멀리 떨어져 있던 시내산 꼭대기를 덮으셨던 하나님이 이제는 그분의 백성 가운데 그들의 진영 중앙에서 거하실 것이다. 초월적이신 분이 성육신하신 분이 된다. [그러나] 모순어법을 사용하자면 그분은 보이지 않는 임마누엘로 남

아 계신다"(Hamilton, *Exodus*, 451).

모세조차도 회막에 들어갈 수 없었다는 사실을 통해 이 현현이 얼마나 강렬했는지 알 수 있다(40:35).

이 현현은 구름이 성막 위에서 떠오를 때 백성에게 이동할 시간이 되었음을 알리는 수단이 되었다(40:36; 참고. 민 10:11). 역으로 백성이 그들이 있는 곳에 머무르기를 그분이 원하신다는 신호이기도 했다. 이 현현은 이전에 있었던 하나님의 임재와 보호의 현현, 즉 구름과 불기둥(13:21)의 원리를 그대로 따랐다. 사람들이 성막에서 본 것(40:38)은 문자적인 불이 아니라 주의 찬란한 영광이었다(개역개정에서는 구름 가운데 있었다고 번역—옮긴이 주).

이 책은 앞을 내다보며 마무리된다. 성막은 완성되었지만 이동하도록 설계되었으며 이 민족은 약속의 땅을 향해 움직여야 했다.

참 고 문 헌

Cole, R. Alan. *Exodus*. Tyndale Old Testament Commentaries. Downers Grove, IL: InterVarsity, 1973. 《출애굽기》, 틴델 구약주석 시리즈(CLC).

Davis, John J. *Moses and the Gods of Egypt: Studies In Exodus*. Winona Lake, IN: BMH Books, 1986.

Hamilton, Victor P. *Exodus: An Exegetical Commentary*. Grand Rapids, MI: Baker, 2011.

Kaiser, Jr., Walter C. *Exodus*. Vol. 2 of The Expositors Bible Commentary, ed. by Frank E. Gaebelein, 287-497. Grand Rapids, MI: Zondervan, 1990.

Motyer, Alec. *The Message of Exodus*. The Bible Speaks Today. Downers Grove, IL: InterVarsity, 2005.

Sailhamer, John H. *The Pentateuch as Narrative*. Grand Rapids, MI: Zondervan, 1992. 《모세오경》(크리스챤서적).

Stuart, Douglas K. *Exodus*. The New American Commentary. Nashville: Broadman & Holman, 2006.

Youngblood, Ronald F. *Exodus*. Everyman Bible Commentary. Chicago: Moody, 1983.

레위기

존 젤리넥(John A. Jelinek)

서 론

저자. 오경의 저자와 관련된 일반적 질문에 대해서는 이 책의 다른 곳에서 다루었기 때문에(창세기 개관을 보라) 여기서는 레위기 안에서 찾을 수 있는 관련 정보를 다루려고 한다. 이 책의 내용은 하나님이 모세에게 직접 하신 말씀("여호와께서…모세를 부르시고", 1:1)으로, 백성이 시내산 가까이에 있던 40일(참고. 출 40:17과 민 1:1) 중 어느 시점에 계시된 것이다. 이 책에서는 모세를 주의 말씀을 받는 사람이라고 반복해서 부른다(예를 들어 1:1; 4:1; 6:1, 8, 19, 24; 7:22, 28; 8:1). 만약 구약에서 하나님이 한 개인이나 개인들에게 하신 말씀을 붉은 글자로 표시한 성경책이 있다면 레위기는 거의 전부가 붉은색일 것이다. 그런 의미에서 하나님이 레위기의 저자이시며 모세는 주께 받은 대로 영감을 입은 계시를 기록했다.

연대. 제롬(Jerome)과 후대의 이븐 에즈라(Ibn Ezra, 12세기), 안드레아스 칼슈타트(Andreas Carlstadt, 루터와 대립한 인물)를 제외하면 19세기 이전에 모세의 오경 저작설에 이의를 제기한 사람은 거의 없었다[예를 들어, G. Herbert Livingstone, *The Pentateuch in its Cultural Environment* (Grand Rapids, MI: Baker, 1974) 220-221을 보라. 《모세오경의 문화적 배경》(CLC)]. 편견 없이 오경을 읽는다면 19세기에 발생한 문서가설과 본문에 대한 원자론적이며 진화론적 접근법은 정당화될 수 없다. 앨런 로스(Allen Ross)는 이렇게 말했다.

오경의 형성에 대해 어떤 생각을 가지고 있든지 레위기가 오경이라는 맥락과 고립될 수 없음은 분명하다. 이 책의 가르침은 (출 25-31장에 기록된) 성소와 그 안에 있는 모든 기구가 존재하고 있음을 전제하며, 그 성소의 존재는 언약의 존재를 전제한다. 그 언약은 족장들에게 주어진 약속으로 이루어졌다.… 뒤따르는 제의에 대한 모든 명령은 언약의 내용을 이룬 언약 백성의 예배와 봉사의 세부 사항을 규정한다[*Holiness to the Lord: A Guide to the Exposition of Leviticus* (Grand Rapids, MI: Baker, 2002), 19]. 《거룩과 동행》(디모데).

제의와 정결 의례에 대한 레위기의 내용은 같은 시기 다른 문화에 대해 알려진 것과 조화를 이룬다. 율리우스 벨하우젠(Julius Wellhausen)은 레위기에 사용된 언어가 출애굽기에 사용된 언어보다 후대의 것이라고 주장했다. 그러나 언어 분석과 상호 본문적 연구는 이 이론의 타당성에 대한 의심을 불러일으킨다[A. Hurvitz, "Linguistic Criteria for Dating Problematic Biblical Texts," *Hebrew Abstracts* 14 (1973), 74-79과 Mark Rooker, *Biblical Hebrew in Transition: The Language of the Book of Ezekiel* (New York: Continuum, 1990), 54-64]. 요약하자면, 모세를 오경 전체뿐만 아니라 레위기의 저자로 보고 따라서 저작 연대를 주전 1440-1420년으로 볼 만한 충분한 이유가 있다(문서가설에 대한 논의는 창세기 서론을 보라).

목적. 하나님은 그분의 백성을 애굽에서 건져내시고 나서 얼마 지나지 않아 이스라엘을 위한 수많은 명령을 모세에게 주셨으며, 여기에는 어떻게 그들이 사귐과 예배를 위해 그분의 임재로 나아갈 수 있는지에 대한 많은 세부 사항도 포함되었다. 레위기에서는 이스라엘 민족 안에서 예배가 어떤 역할을 하는지 설명한다. 모세가 하나님이 "그분의 백성이 그분께 제사를 드리고 그들에 대한 그분의 권위를 인정하라고 요구하신다"라고 바로에게 말했을 때(참고. 출 3:18; 5:3), 하나님은 예배에 대한 이런 명령들을 염두에 두셨다. 많은 이들은 이 책을 낯설고 오래전에 지나간 시대에나 적용되는 구닥다리 의례를 나열한 책이라고 생각하지만, 이 책을 바르게 해석하면 예배를 통해 하나님께 나아가는 법에 대해 매우 중요한 가르침을 얻을 수 있다.

어떤 이들은 이스라엘 민족 초창기의 낡은 의례에서 가치 있는 것을 전혀 얻을 수 없다는 잘못된 결론을 내릴지도 모른다. 예수의 십자가 죽음이 동물 제사의 필요성을 폐지하지 않았는가? 레위기는 오늘날에는 아무런 의미도 없는 피로 범벅이 된 제의를 다룬 낡은 책이 아닌가? 그러나 바울은 모든 성경이 유익하다고 말했다(딤후 3:16-17). 레위기는 살아남기 위해 애쓰던 이스라엘 민족과 그들의 출애굽이라는 맥락에서 쓰였다. 그렇다면 이 책은 지금도 의미가 있다. 왜냐하면 하나님의 율법은 약속의 땅으로 가는 길과 그 땅 안에서 그분의 백성이 마주칠 일상적인 상황을 다루기 위해 주어졌기 때문이다.

영향. 왜 이 책이 여기에 있는가? 오늘날의 독자에게 이 책은 어떤 의미가 있는가? 레위기는 하나님의 성품을 완전히 알지 못했던 사람들에게 그분의 거룩하심을 더 깊이 이해할 수 있도록 해준다. 아래의 다섯 가지 이유 때문에 우리는 레위기를 공부해야 한다.

1. 이 책을 바르게 해석할 때 거룩하신 하나님 앞에서 저지른 잘못이라는 죄의 본질을 더 깊이 이해할 수 있다. 이 책에서는 인간의 죄와 타락한 상태라는 걸림돌에 대해 거듭 논한다. 죄는 여러 가지로 인간의 경험에 영향을 미친다고 이야기한다.

첫째, 죄는 인간을 하나님께 가까이 가지 못하게 한다(죄로 인해 인간과 하나님 사이에 생겨난 거리를 유지하기 위해 거룩한 공간을 마련해 놓아야 한다). 따라서 레위기는 창세기에서 하나님이 직접 족장에게 계시하셨고 (아브라함에게 주신 약속에 따라 민족을 속박에서 해방시키심으로써 그분의 거룩함이 얼마나 광대하며 탁월한지를 보여주시면서) 출애굽기에서 모세와 민족에게 계시하셨던 하나님의 본성에 대한 계시를 더 풍성하게 해준다. 또한 성막은 그분의 백성 사이에 계신 주님의 임재를 눈으로 볼 수 있게 해주었다. 시내산에서 그분이 그들과 언약을 세우심으로써 그곳은 거룩한 곳, 즉 이스라엘 백성이 하나님을 만난 곳으로 구별되었다. 하지만 그 산은 하나님의 백성에게 항구적인 거주지가 아니었다. 그렇다면 어떻게 그들은 이곳을 떠난 후에 이곳의 거룩함과 신성함을 유지할 수 있을까? 성막의 설계와 성막에서 행할 의례는 이 물음에 대한 답이다[James K. Hoffmeier, *Ancient Israel in Sinai* (New York: Oxford University Press, 2005), 201-202]. 시내산과 비교하면 작았지만 성막은 이동할 수 있었고, 더 중요한 사실은 주께서 직접 설계하셨다는 것이다. 그곳에서 하나님과의 만남이 정기적으로 이루어질 수 있었다. 성막은 이스라엘이 약속의 땅을 향해 여행하는 동안 시내산 경험의 거룩함과 주의 임재를 담아낼 수 있었다.

둘째, 죄는 인간이 하나님을 참으로 알지 못하게 만든다(죄는 하나님께 영광을 돌리는 진리에 대한 바른 인식과 적용을 방해한다).

셋째, 죄는 인간이 창조주 하나님과 소통하거나 사귈 수 없게 만든다. 이 책 전체에서는 하나님이 죄인과 관계를 맺으신다고 전제하며, 여기에는 그들에게 그분과의 화해가 필요하다는 점도 포함된다.

2. 속죄의 상징을 연구함으로써 하나님이 죄인에게 주시는 구속의 본질을 더 폭넓게 이해할 수 있다. 예배 의례에서 대속이 존재하는 곳마다 구속에 이르는 길이 강조된다. 하나의 생명이나 하나의 물건이 다른 생명이나 물건을 대신해 바쳐진다. 대속은 인간의 죄책, 속죄의 필요성, 유화(宥和, 죄에 대한 하나님의 진노를 누그러뜨림)의 필요성을 암시한다. 더 나아가 구속을 위한 하나님의 계획에는 전가, 즉 대속을 통해 죄가 있는 쪽에서 다른 쪽으로 죄책을 옮기는 것이 포함된다. 따라서 죽음이 있다. 제사는 대속물(즉, 흠 없는 동물)의 죽음을 요구한다. 하나님이 제공하신 구속은 그분의 동정이 아니라 그분의 공의와 이 공의의 만족에 기초한다.

하나님의 구속은 무고한 제물의 피를 통해서만 가능하다(참고. 히 9:22). 구속의 목적은 거룩함을 만들어내는 것이다. 하나님의 구속 때문에 사람들이 그들의 행위에서 거룩하고 구별되어야 할 필요성을 면제받는 것은 아니다.

구약에서 동물과 곡식으로 드리는 제사는 어떻게 주께서 죄인인 백성에 대한 자비로 그분의 공의를 누그러뜨리시는지를 상징적으로 보여준다. 이스라엘이 애굽에서 노예로 살아갈 때 그들의 하나님은 구속의 하나님으로서 스스로를 애굽의 신들과 구별하셨다. 그분의 백성에게 이 의례를 계시하신 하나님은 오늘날 사람들이 관계를 맺어야 할 바로 그 하나님이시다. 이스라엘의 하나님과의 관계는 희생적인 기도와 찬양, 봉헌에 초점을 맞춘다. 이스라엘의 법과 그와 관련된 상징에서도 이러한 관계적이며 구속적인 요소를 발견할 수 있다. 이스라엘을 종살이라는 속박에서 건져내신 그 하나님은 지금도 그분이 택하신 이들을 종살이에서 속량하신다. 오늘날 신자들은 "거룩한 나라"(벧전 2:9, 교회는 새 이스라엘이 아니지만)가 되라는 그분의 부르심을 들으며 결국 그분이 거하시는 곳으로 인도될 것이다(계 21:3).

3. 거룩한 백성과 더불어 거룩함 가운데 거하려 하시는 하나님의 바람을 더 깊이 이해하고 그리스도의 성육신을 더 잘 이해할 수 있을 것이다. 오경을 읽음으로써 우리가 하나님에 대해 알 수 있는 것 중 하나는 사람들이 거룩하신 하나님과의 사귐 가운데 있지 못하기 때문에 세상이 지금 이런 상태에 있다는 사실이다. 하나님은 그분과 사귐을 누리도록 인류를 창조하셨으며 그분과 사귐을 누리며 살 수 있는 곳, 즉 에덴까지도 창조하셨다. 존 월튼(John Walton)의 말처럼 에덴은 "거룩한 공간"이었다[*Old Testament Today: A Journey from Original Meaning to Contemporary Significance* [Grand Rapids, MI: Zondervan, 2004], 122-124]. 레위기는 아담이 죄를 범했을 때 무엇을 잃어버렸는지를 볼 수 있게 해줄 뿐만 아니라 이생에서 지상에서 거룩한 공간을 회복하기 위해서는 무엇을 해야 하는지를 알게 해준다. 이 책은 오늘날 하나님을 예배하려는 사람들에게 매우 중요한 가르침을 준다. 더 나아가 이 책은 인류 가운데 거하기 위해 인간의 몸을 취하신 메시아의 사역을 예시(豫示)한다.

4. 제사 제도를 이해하는 것은 전도에 도움이 된다. 왜냐하면 이것은 죄 사함을 위한 메시아의 궁극적이며 최종적인 희생을 예시하기 때문이다. 제사는 예수 그리스도의 궁극적 희생의 풍성함을 묘사하는 예 혹은 생생한 보기 역할을 한다. 어떤 제사도 예수의 죽음을 통해 성취된 것을 모두 예시할 수는 없지만, 제사 제도 전체는 풍성하고 온전한 방식으로 이 사건에 대한 독특한 전조를 이룬다. 교과서를 통해 상어에 대한 해부학적, 생리학적 지식을 습득했지만 상어를 한 번도 본 적이 없는 사람은 수족관에서 상어를 본 사람과 전혀 다른 방식으로 상어를 이해한다. 상어를 가만히 들여다본 적은 없지만 상어와 같이 수영을 해본 사람은 수족관에서 멀리 떨어져 무심코 상어를 본 사람보다 상어를 훨씬 더 잘 이해한다. 교과서는 상어라는 실존의 '그림자'를 제시하지만 상어와의 만남은 '본질'에 해당한다. 마찬가지로 레위기를 다 읽지 않고도 구원을 이해할 수 있지만, 예수 그리스도의 희생을 온전히 이해하기 위해서는 성부께서 그분의 아들을 십자가로, 즉 우리의 구원을 성취했던 그 순간으로 이끄심으로써 무엇을 행하셨는지를 이해해야만 한다. 레위기에서 묘사된 하나님의 모습은 예수님의 최종적 희생을 더 온전히 이해할 수 있도록 신자들을 준비시키며, 어떻게 그리스도의 희생이 죄를 속상(贖償, 갚아서 물어줌)하고 죄에 대한 하나님의 의로운 분노를 유화(다른 곳으로 돌림)하는지를 설명할 수 있게 해준다.

5. 레위기를 통해 독자들은 신구약(특히 로마서와 히브리서)의 특정 구절이 가진 의미를 더 깊이 이해할 수 있다. 레위기는 천년왕국 제사(겔 40-48장)를 이해할 틀을 제공한다. 신약성경의 많은 본문은 레위기에서 제공하는 배경에 비춰볼 때 더 잘 이해할 수 있다(예를 들어, 자신을 전제로 드린다는 바울의 말, 빌 2:17). 히브리서에서 말하는 그리스도의 희생의 종결성은 레위기에 대한 지식을 전제한다(참고. 히 7:26-28; 9:12, 26, 28).

레위기로 알려진 이 책은 그분의 백성 가운데 그분의 임재를 유지하시고자 하는 주의 바람 때문에 기록되었다. 그분의 성품에 대해 이 책이 가르치는 바는 오늘날에도 여전히 유효하며 가르침을 준다.

배경. 레위기에 기록된 사건은 출애굽기 40:17과 민수기 1:1 사이에, 즉 이스라엘이 출애굽한 후 가나안으로 가는 사이 대략 한 달 동안의 기간에 일어났다. 출애굽기 40장에서는 광야에서 성막을 세우라는 하나님의 명령에 따라 성막이 완성되었고 "여호와의 영광이 성막에 충만"했다고 말한다(34절). 더 범위를 넓혀서 보면 레위기 전체는 출애굽기 19장부터 민수기 10장에 이르는 시내산에서 맺은 하나님과 그분의 백성 사이의 계약 이야기 안에 자리 잡고 있다[David A. Dorsey, *The Literary Structure of the Old Testament* (Grand Rapids, MI: Baker, 1999), 72을 보라. 《구약의 문학적 구조》(크리스찬출판사)]. 이렇게 더 광범위한 배경에서는 하나님의 거룩하심이 신학적 토대(출 19-20장)를 이루며 예배에 대한 규례는 그 위에 세워져 있다. 레위기는 하나님의 백성이 가나안을 향해 떠나는 시점에서 그들 가운데 하나님의 임재를 확보하기 위해 필수적인 단계를 말해주고 있다.

레위기는 출애굽기 29장(제사장의 성별에 대한 법)과 출애굽기 40:1-16(예배와 제사장직의 중심으로서 성막을 성별하는 명령)에서 하나님이 주신 명령의 역사적 성취를 기록하고 있다. 레위기에서는 이 성취에 대한 부분적인 기록인 출애굽기 40:17-38의 내용을 더 자세히 기록한다. 레위기는 이스라엘 민족에게 하나님이 그분의 백성과 함께 거하시는 곳을 어떻게 유지할 것인지와 그들이 그분 앞에서 어떻게 거룩할 수 있는지에 대한 지침을 제공했다.

위에서 지적했듯이 성경의 많은 부분은 이 책에서 주신 하나님의 명령에 비추어볼 때만 그 의미를 바르게 이해할 수 있다. 그리스도의 죽음과 우리 주님의 속죄와 암시적, 명시적으로 연관된 모든 것은 레위기가 그리는 거룩한 하나님의 모습에서 그 기원을 찾을 수 있다.

어떤 점에서 레위기는 정언적(명령하는) 요소와 결의론적(만약…그러면) 요소를 둘 다 지닌 법적 문헌으로 분류될 수 있다. 10장의 짧은 서사를 제외하면 이 책은 이스라엘이 하나님께 나아가려 할 때 지켜야 할 법을 다룬다. 변호사 사무실에 있는 법정 소송에 대한 전문적인 책처럼 법적 문헌은 보통 사람에게 어려워 보일 수도 있다. 그러나 레위기의 법적 문헌은 한 분이신 참 하나님을 예배하는 것과 관련된 실제적인 측면을 다룬다. 대부분의 현대 신자들은 예배 형식에 대한 명령을 떠올리지 못한다. 신약에서는 특정한 예배 형식이나 예전을 규정하지 않기 때문이다. 오늘 신자들이 주님을 자유롭고 자연스럽게 예배하는 것과 비교하면 레위기의 의례는 공허한 반복처럼 보일 수도 있다. 그러나 레위기에서 제사장은 자신의 의무를 바르게 수행하면서 단순히 예배자의 외적인 순종이 아니라 그보다 훨씬 더 중요한 것을 추구했다. 하나님의 거룩하심에 대해 분명하고 일관되게 인식하지 못한다면 예배의 모든 행위는 금세 경외하는 마음을 결여한 판에 박힌 행동으로 전락하고 말 것이다.

구조. 레위기를 두 부분으로 나누는, 잘 알려진 접근법에서는 신자가 하나님께 나아갈 수 있는 방법과 하나님 앞에서 거룩함을 유지하는 방법을 다룬다. 그런 관점에서 이 책은 크게 두 부분으로 나누어볼 수 있다.

1부. 하나님께 나아가는 법: 제사(1-10장)

2부. 하나님 앞에서 걷기: 성결(11-27장)

그러나 이 책을 1-16장과 17-27장으로 나누는 것이 더 적합할 수도 있다. 만약 하나님이 시내산에서 계시하신 목적에 따라(참고. 출 25:8; 33:17) 주의 임재가 민족과 함께하기를 바랐던 모세의 탄원대로(참고. 출 33:15-16) 그분의 백성 가운데 거하시려면, 먼저 "거룩한 공간"이 만들어져야 하며(성막 건립, 출 40:1-33; 레 1-16장) 민족의 거룩과 정결이 유지되어야 했다(레 17-27장)[Richard Averbeck, "Sacred Space and Sacred Community in the Old Testament and the New Testament," 1999년 11월 18일 매사추세츠 주 댄버스에서 열린 복음주의신학회(Evangelical Theological Society)에서 발표한 논문].

레위기 16장은 이 책의 신학적 중심이다. 속죄일의 핵심은 성막의 거룩함과 민족의 거룩함이다. 16장에서는 이날에 행하는 다섯 가지 다양한 제사의 결과를 가리켜 '속죄'라는 단어가 13회 사용된다. 제사장과 백성을 위해 피의 속죄가 두 번 이루어졌다(3, 5절). 온 회중을 위해 희생양 제사를 드렸다(20-22절). 제사장과 민족을 위해 번제를 두 번 드렸다. 핵심은 분명하다. 하나님이 그분의 백성과 함께 거하실 '공간'을 유지하기 위해서는 속죄가 반드시 필요하다. 이 의례들은 하나님이 거하시는 성막을 피로 정결하게 할 뿐만 아니라 (32-33절, 11-19절을 가리킴) 백성을 정결하게 하여 (29-31절) 그분이 거하시기에 적합하게 만들었다.

개 요

Ⅰ. 백성 가운데 주가 임재하시도록 거룩한 처소를 마련하는 것에 대한 하나님의 명령(1:1-16:34)

A. 하나님의 거룩하심은 올바른 제사와 제물을 드림으로써 그분의 거처를 확보할 책임을 맡은 이들에 의해 유지되어야 한다(1:1-7:38)

1. 번제에 대한 법: 죄에 대한 하나님의 진노와 하나님이 예배자를 받아들이신다는 것을 말해주는 제사(1:1-17)
2. 소제에 대한 법: 신자가 자기 생명의 참된 근원을 하나님 안에서 찾을 수 있음을 인정하며 드리는 제사(2:1-16)
3. 화목제에 대한 법: 신자가 하나님과 누리는 평화 및 하나님과 인간 사이에 가능해진 사귐에 감사하는 공동체의 축제(3:1-17)
4. 속죄제에 대한 법: 개인이 의도하지 않은 죄에 대해 드리는 제사(4:1-5:13)

a. 의도하지 않은 죄를 속죄하는 의례(4:1-35)

(1) 대제사장을 위한 속죄제물(4:3-12)

(2) 회중을 위한 속죄제물(4:13-21)

(3) 지도자와 평민을 위한 속죄제물(4:22-35)

b. 속죄제가 필요한 죄의 예(5:1-6)

c. 속죄제에서 가난한 자에 대한 배려(5:7-13)

5. 속건제에 대한 법: 부지중에 하나님이나 인간에게 저지른 죄에 대해 보상하고자 할 때 드리는 제사(5:14-6:7)

a. 부지중에 주의 성물에 대해 저지른 죄(5:14-19)

b. 다른 사람의 재산이나 주의 이름에 대해 저지른 죄(6:1-7)

6. 제사장이 제사를 드리는 것에 대한 추가 규정(6:8-7:38)

a. 번제에서 제사장의 행동과 복식은 언제나 받을 수 있는 속죄를 통해 언제나 계시는 하나님께 나아갈 수 있음을 의미한다(6:8-13)

b. 평민의 소제에서 제사장의 행동은 하나님이 믿음으로 드리는 제물을 받아주심을 표현해야 한다(6:14-18)

c. 제사장의 소제에서 제사장은 마땅히 주에 대한 자신의 헌신을 표현해야 한다(6:19-23)

d. 제사장의 속죄제에서 제사장은 마땅히 하나님 앞에서 죄를 심각하게 자각하고 있음을 표현해야 한다(6:24-30)

e. 속건제에서 제사장은 죄의 고백과 회개를 강조한다(7:1-10)

f. 화목제와 그 다양한 제물을 드릴 때 제사장은 일반 백성에게 제물을 바르게 먹는 법에 대해 가르침으로써 제물의 순전함을 확보한다(7:11-21)

g. 제사장은 일반 백성으로 하여금 기름과 피가 주의 것임을 분명히 알게 한다(7:22-27)

h. 화목제에 바쳐진 제물을 바르게 다루고 먹음으로써 제사장은 하나님에 대한 경외를 드러

낸다(7:28-38)

B. 제물을 드리도록 위임된 이들과 그들이 대표하는 땅과 백성은 주의 임재 안으로 들어가는 모든 것이 거룩한지를 분명히 함으로써 그들 가운데 계신 주의 거룩하심을 드러내야 한다(8:1-16:34)

1. 하나님의 처소를 확보하는 이들은 다른 이들과 구별되는 거룩함으로 스스로를 성별함으로써 하나님의 거룩하심을 보존해야 한다(8:1-10:20)

a. 레위인 제사장들의 위임식(8:1-36)

b. 성막 예배의 시작(9:1-24)

c. 하나님의 거룩하심을 범하는 죄와 그 결과로 주어진 성막 의무에 대한 규례: 나답과 아비후가 이상한 불을 드리다(10:1-20)

2. 하나님의 백성은 그들 자신과 그들이 소유하고 행하는 모든 것을 다른 이들과 구별되는 거룩함 가운데 드림으로써 하나님의 거룩하심을 보존해야 한다(11:1-15:33)

a. 하나님의 백성은 그분이 규정하신 것만 먹음으로써 정결하거나 부정하다고 여기는 것에 대해 그분의 백성으로서 스스로를 구별한다(11:1-47)

b. 하나님의 백성은 그분의 거룩한 임재 가운데 들어가는 피를 존중함으로써 열방 가운데 그분의 백성으로서 스스로를 구별한다(12:1-8)

c. 하나님의 백성은 질병과 감염을 다루는 방식에서 그분의 독특한 백성으로서 스스로를 구별한다(13:1-14:57)

d. 하나님의 백성은 자신의 몸을 관리함으로 하나님께 영광을 돌리려고 하며 그렇게 함으로써 그분의 백성으로서 스스로를 구별한다(15:1-33)

3. 하나님의 거룩하심 때문에 그분의 백성과 제사장들에게는 속죄일이 필요하다(16:1-34)

Ⅱ. 주의 임재를 선포하는 거룩한 땅과 거룩한 백성을 보존하기 위한 하나님의 명령(17:1-27:34)

A. 제물에 대한 명령을 상기시키다: 하나님께만 제사 드릴 것, 피를 거룩하게 여길 것, 정결한 상태로 하나님께 나아갈 것(17:1-16)

B. 공동체의 거룩에 대한 권고: 하나님의 백성은 성적, 사회적, 윤리적 삶에서 그들의 예배를 받으실 배타적 권리에 대해 하나님께 영광을 돌려야 한다(18:1-20:27)

1. 그분의 백성은 성별된 성으로 하나님께 영광을 돌려야 한다(18:1-30)

2. 그분의 백성은 성별된 사회적, 윤리적 실천으로 하나님께 영광을 돌려야 하며, 하나님이 그들의 삶에 반영된 그분의 거룩하심을 볼 수 있어야 한다(19:1-37)

3. 그분의 백성은 성별된 예배와 가정생활의 독특한 특징으로 하나님께 영광을 돌려야 한다(20:1-27)

C. 거룩한 (구별된) 물건이나 사람들과 그들의 거룩함을 유지하기 위한 규례(21:1-27:34)

1. 제사장이나 거룩한 제물이 더럽혀지거나 자격을 상실하게 되는 경우에 대한 문제(21:1-22:33)

a. 제사장과 대제사장의 자격(21:1-24)

b. 주께 드리는 제물의 거룩함을 보존하기 위한 규칙(22:1-33)

2. 절기에 따른 성회: 이스라엘이 하나님께 시간을 성별하여 드리는 것에 대한 규정(23:1-44)

3. 하나님을 섬기기 위해 거룩하게 다루어야 할 물건들: 떡, 기름, 거룩한 하나님의 이름(24:1-23)

4. 하나님을 섬기기 위해 거룩하게 다루어야 할 땅: 안식년과 희년에 대한 규정(25:1-55)

5. 하나님을 섬기기 위해 거룩하게 다루어야 할 땅: 땅에서 누릴 조건적인 언약의 복과 주께 불순

종했을 때의 결과(26:1-46)

6. 하나님의 성소에 바친 예물의 거룩함과 주께 바르게 드리는 법에 대한 규례(27:1-34)

주 석

I. 백성 가운데 주가 임재하시도록 거룩한 처소를 마련하는 것에 대한 하나님의 명령(1:1-16:34)

애굽에서 나와 모세를 따라가던 평범한 이스라엘 사람들은 아브라함과 이삭, 야곱의 하나님이 어떤 분이신지에 대해 분명한 이해가 없었을 것이다. 애굽에서 오랫동안 노예로 살며 애굽의 수많은 신들과 종교 의례를 접하다 보니 그들 중 상당수는 자신들과 하나님의 관계에 대해 뚜렷한 의식이 없었다. 이스라엘이 일신론적 관점을 결여한 것은 아닐 수도 있지만 그들은 하나님에 대해서, 어떻게 그분께 나아가야 하는가에 대해서 제대로 이해하지 못했을 것이다. 이런 부분은 하나님이 주시는 명확한 말씀으로 교정되어야 했다.

그러므로 레위기 1-16장에서는 하나님이 광야 생활 동안 그분의 백성과 함께하고 약속의 땅에서 그들과 함께 거하게 해줄 의례와 환경에 초점을 맞춘다. 하나님은 모세를 부르시고 사명을 주시면서 그분의 이름 야훼를 그에게 계시하셨다(참고. 출 3:14). 모세가 이스라엘에게 그들의 하나님을 다시 소개했을 때, 민족으로 하여금 그들의 땅에서 그들을 둘러싼 이방 민족과 구별되는 구체적이고 독특한 정체성을 형성하도록 도와야 했다. 때문에 어떻게 하나님께 나아갈 것인가에 대한 상징과 신학이 반드시 필요했다. 레위기의 규례와 의례는 민족이 하나님과 관계를 맺을 때 필요한 예전을 법제화하고 규정한다. 더 나아가 이 규례와 의례는 이스라엘의 민족적 정체성을 강화하는 데 도움을 주었다. 의례가 이스라엘에게 하나님과 인간의 본성에 대해 가르쳐준 교훈은 오늘날 신자들에게도 여전히 유익하다. 예배의 초점은 사람들이 원하는 것이 아니라 하나님의 탁월하심이다. 예배는 하나님을 향해야 하며 그분을 위한 것이다. 불행히도 예배의 많은 부분은 예배하는 사람을 (심미적으로나 문화적으로) 기쁘게 하는 것이 그분께도 기쁨이 될 것이라는 전제에 기초해 있다. 그러나 사람들이 즐기는 것에만 초점을 맞춘 예배는 전통적이며 인정받는 형식만 중시하는 예배만큼이나 핵심을 놓치고 있다. 예배는 하나님의 거룩하심이라는 핵심 그리고 그분께 나아가며 다른 예배자들과 사귐을 유지하기 위해서는 인간에게 속죄가 필요하다는 사실에 초점을 맞추어야 한다. 오늘날 예배는 다양한 형식을 취할 수 있지만, 가장 중요한 사실은 예배에 임하는 태도가 거룩해야 한다는 것이다.

구약 예배의 핵심은 레위기 1-7장에 묘사된 제사이다. 물론 이것이 하나님께 드리는 제사 제도의 시초는 아니었다. 아담도 제사에 대해 알았으며(창 3:21), 가인과 아벨(창 4:3-4), 노아(창 8:20-21)도 마찬가지였다. 이런 제사에서 예배하는 이는 자신이 하나님보다 열등하며 자신의 죄를 마땅히 인식하지 못하면 그분께 나아갈 자격이 없음을 표현했다. 또한 제사를 통해 예배하는 이로 하여금 그분께 나아올 수 있도록 허락하시는 하나님의 은혜로운 공급하심을 인정했다. 이런 의례를 신실하게 행할 때 하나님은 예배하는 이를 받아주셨고, 그분과의 연합이 성취되었으며, 죄책이 제거되었다. 이 의례의 목적은 그 당시 이교들이 제의를 행하면서 믿었던 것처럼 마법을 드러내려 함이 아니었다. 외적인 행동은 예배하는 이의 내적 확신과 태도가 옳을 때만 유효했다. 다시 말해서, 신자의 구원은 하나님이 은총으로 주시는 믿음을 통해서 이루어졌다. 믿음 없이는 결코 하나님을 기쁘시게 할 수 없으며, 이 의례는 바로 이 가르침을 재차 강조했다.

A. 하나님의 거룩하심은 올바른 제사와 제물을 드림으로써 그분의 거처를 확보할 책임을 맡은 이들에 의해 유지되어야 한다(1:1-7:38)

1. 번제에 대한 법: 죄에 대한 하나님의 진노와 하나님이 예배자를 받아들이신다는 것을 말해주는 제사(1:1-17)

레위기의 히브리어 제목은 이 책을 시작하는 첫 단어로서 "그리고 그분이[주께서] 부르셨다"(1:1)라고 번역할 수 있다. 레위기는 출애굽기로부터 민수기까지(출 19:1-민 10:10) 이어지는 역사적 서사의 일부이다. 하나님의 율법은 이스라엘과 그분의 만남이라는 맥락 안에서 주어졌다. 레위기의 내용은 성막의 완성(출애굽 1년 후, 출 40장)과 두 번째 해 두 번째 달의 첫날(민 1:1) 사이 30일 동안 모세에게 주어졌다. 위에서 지적했듯이 레위기는 출애굽기 34-40장과 붙여서 읽어야 한다. 다음의 표와 같이 레위기의 첫 부분에서는 이스라엘에게 주어진 다양한 제사에 대한 하나님의 명령을 다룬다.

1:1-9. 이런 맥락에서 하나님이 모세를 부르셨다(1:1). 번제는 하나님과의 교제나 사귐의 표현으로서 신자가 드리는 자발적 제사였다. 이 제사는 개인적 기도와 같은 사적 예배가 아니며, 집단이나 가족 안에서 지키는 유월절 절기와도 달랐다. 번제는 하나님께 나아갈 수 있다는 공적 증언이자 고백이었다(3절). 하나님과의 교제 안에서 이루어지는 예배 행위로서 번제는 보고 참여하는 모든 이들에게 교훈이 되었다. 하나님의 성소(따라서 하나님의 거룩한 임재) 안에 죄인이 들어가기 위해서는 반드시 피의 제사에 의한 대속적 속죄가 이루어져야 했다. 레위기는 두 가지 다른 생각을 하나로 묶는 제사로부터 시작된다. (1) 죄는 인간을 거룩하신 하나님으로부터 분리시킨다. (2) 하나님과의 교제는 적합한 제사를 통해 그분께 나아가는 이들에게만 가능하다.

동물 전체를 불태운다는 것은 하나님이 제물을 다 받으신다는 것을 뜻하며(연기로 올라감, 9절) 죄에 대한 하나님의 불타는 진노를 묘사한다. 따라서 이 제사는 드리는 사람이 하나님께 전적으로 복종하겠다는 것과 하나님이 드리는 사람을 전적으로 받아주신다는 것을 상징했다. 바치는 동물은 전혀 흠이 없어야 했다(2-3절). 결점이 없는 수컷은 직접 그 동물을 길렀든지 농부나 목자한테서 구입했든지 예배자에게는 값비싼 동물이었다. 드리는 사람의 능력이 바칠 동물의 종류

제사에 대한 율법

명칭	제물	절차	의미	적용
번제 1:1-17	소, 양, 염소, 새	드리는 사람: 동물의 머리에 안수하고 죽임. 제사장: 피를 제단 사방에 뿌리고 제물을 불사름. 전체를 태워야 함.	완전한 봉헌 "그 전부를 제단 위에서 불살라 번제를 드릴지니"	우리 자신을 산 제물로 드려야 함(롬 12:1).
소제 2:1-16	곡식 가루, 무교병, 구운 햇곡식	곡식 가루: 노동 기름: 기름 부음 유향: 향기로운 냄새	하나님이 받으실 만한 섬김	우리가 하는 모든 일은 하나님이 받으실 만한 섬김으로 그분께 드려져야 함(골 3:17).
화목제 3:1-17	소, 양, 염소	피를 제단 사방에 뿌림. 기름은 불태움. 고기는 제사장과 드리는 사람이 나누어 먹음.	축제의 식사 (감사/자원)	성만찬을 행해야 함 (고전 10:16-18).
속죄제 4:1-5:13	소, 양, 염소, 새	대속 동일시 죽음 삶의 교환	대속적 희생을 믿음으로 죄를 용서받음.	우리는 메시아의 대속적 희생을 믿음으로 죄 사함을 받아야 함.
속건제 5:14-6:7	숫양	피를 제단 사방에 뿌림. 기름을 불태움.	하나님(5:15-16)이나 사람(6:4-5)에게 보상함.	화해하고 행한 잘못에 대해 보상해야 함(마 5:23-24).

에 영향을 미쳤지만(10, 14절), 예배자는 예물로서 받으실 만한 동물만 가져와야 했다. 이 규정은 신약 신자들에게 주께서 그들에게 값비싼 예물을 바라시며 희생을 요구하신다는 점을 떠올리게 한다. 하나님은 신자들이 그분께 자신을 산 제물로 온전히 바치기를 원하신다(롬 12:1-2).

자신의 능력에 따라 동물을 선택한 후 예배자는 그것을 성막으로 가져와 **번제물의 머리에 안수**했다(4절). 동물의 머리에 손을 얹는 행위는 예배자가 제물과 동일시하고 자신의 죄책을 그 동물에게 전가하는 것을 상징했다(참고. 8:14; 16:21; 민 27:18-20). 제물을 바치는 이스라엘 사람은 한 손으로 동물을 잡고 다른 손으로 그 동물의 목을 베었다. 동물은 그의 손에 죽었으며 이로써 흩뿌려지는 피가 원래는 자신의 피였어야 했음을 생생히 표현했다. 제사를 통한 속죄 혹은 정화 덕분에 하나님의 진노를 다른 곳으로 돌릴 수 있었다(참고. 레 16:16-19). 속죄가 이루어졌으므로 하나님과 인간 사이의 관계가 회복되었다.

하나님이 죄 사함과 속죄를 허락하시려면 반드시 피 흘림이 있어야 했다(참고. 창 4:4; 민 17:11; 히 9:22). 레위기의 제사는 반복적이며 선혈이 낭자했고 많은 면에서 사람을 불편하게 했다. 현대인들은 이렇게 피를 자세히 묘사한 글을 읽는 데 익숙하지 않다. 오늘날 대부분의 사람들은 자신이 먹는 고기가 어떻게 손질되는지 한 번도 본 적이 없다. 사람들이 고기를 구입할 때는 이미 살균 처리를 거쳐 포장되어 있다. 그러나 고대인들에게 동물은 경제의 기초였으며, 따라서 동물 제사는 그들의 영적 삶과 직결되어 있었다.

신약 저자들이 분명히 말하듯이 메시아는 이 제사의 대형(對型, 성취)이다. 번제처럼 그리스도의 죽음은 완전했다(참고. 히 10:5-7). 그분의 최종적 제사에서 하나님의 진노의 완전한 소멸과 만족이 이루어졌다. 흠 없고 완벽한 제물에 대한 강조는 그리스도의 흠 없는 희생을 묘사한다. 바로 이 제사로 그분은 그분의 교회를 흠 없게 하시고(참고. 엡 5:27) 아버지께 향기로운 냄새로 바치신다(1:9). 그런 점에서 이 제사는 그리스도의 유효한 사역을 예표한다. 하나님을 예배하는 이들은 지금도 대속적 희생에 근거해 그분께 나아가야 한다.

레위기에서 주께서는 제사를 아무 데서나 드려서는 안 되며 **회막**에서(3, 5절) **여호와 앞**에서(3절) 드려야 한다고 분명히 말씀하셨다(참고. 신 12:13-14). 하나님이 받으실 만한 것이 되기 위해서는 제사를 공적으로 드려야 했다. 제사를 감독하는 제사장은 희생된 각 동물에게서 피를 모아 그것을 **제단**에 뿌렸다(5절). 피는 하나님께만 속했으며 죄 사함을 위해 하나님이 주신 것이었다. 피는 죽음을 통해 처벌이 집행되었다고 하나님께 외쳤다(참고. 히 12:24).

제사장은 가죽을 취해 의복과 수입원으로 삼을 수 있었다(7:8). 개인이나 공동체로서 예배를 드릴 때 하나님은 언제나 그분의 백성의 기본적 필요를 채워주셨다. 오늘날 목회자를 부양하기 위해 교회를 통해 주께 드리는 예물도 이와 똑같이 거룩한 사역을 성취하는 역할을 한다.

번제물은 **제단 위에**(1:7) 배열하여 불로 완전히 태워야 했다(1:9). 이는 주께서 제물을 완전히 받으셨음을 상징한다. 이것이 바로 하나님 앞에 자신을 바칠 때 취해야 할 유일한 자세이다. 우리는 우리의 모든 존재와 소유를 하나님께 제물로 바쳐야 한다.

번제의 목적은 **속죄**였다(1:4). 이 말의 뜻은 '달래다'나 '몸값을 치르다'(죄책을 따라서 처벌의 필요성을 제거함, 참고. 창 32:20; 삼하 21:3-4)이다. 이사야 6:7에서는 '죄'가 '사하여졌고'라고 번역한다. 즉, 속죄하다는 '죄책을 제거하다'를 의미한다. 따라서 이 제사의 목적은 죄에 대한 하나님의 심판을 '제거하거나' '달래는' 것이다. 핵심은 어떤 예배자도 먼저 자신의 죄와 더러움이 속죄를 받고 제거되고 용서받지 않은 채 하나님께 나아갈 수 없다는 것이다.

번제에서는 흠 있는(죄인인) 예배자를 대신해 흠 없는 생명을 바쳤다. 이 대속의 의례에서는 바쳐진 동물의 피가 필요했다(5, 11절). 적어도 세 가지 교훈이 있다. 첫째, 하나님의 용서를 받기 위해 제사에는 피를 바치는 행위가 포함되어야 했다. 둘째, 피는 생명을 뜻한다(참고. 17:11). 피(즉, 생명)는 오직 하나님만의 것이다. 그것은 용서를 위해 하나님이 주신 것이다. 셋째, 하나님께 이르는 유일한 길이신 예수님은 자신의 피 흘림을 통해 흠 없는 제물로 자신을 바치셔야 했다(참고. 히 12:24).

제사장은 제물로 바친 동물의 피를 그릇에 담아 **제단**에 뿌렸다(1:5, 11). (피의 양이 적은 새의 경우 피를 제단 옆에 흐르게 하면 되었다.) 그런 다음 제사를 드리는 사람은 그 동물의 가죽을 벗기고 각을 떴다(6절). 제사장은 각을 뜬 것과 머리, 기름을 제단에 올려놓았고(8절), 그런 다음 **내장**과 **정강이**를 물로 씻어서 제단 위에 올려놓았다(9절). 동물이 흠 없는 대속물로 사용되기 전에 부정한 요소를 제거해야 했다. 번제를 드린 후에는 소제와 전제가 뒤따랐다[참고. 민 6:13-17(나실인 서약); 민 15:22-24; 또한 오순절 기간 중, 참고. 레 23:18].

제사를 묘사하는 이미지를 전하려고 하는 점은 하나님이 전적으로 제사를 **향기로운 냄새**로 받아주시며(9절), 따라서 (믿음으로 제사를 드렸다면) 제사를 드리는 사람도 받아주신다는 것이다. 예수 그리스도 역시 '흠이 없으시기' 때문에 그분은 이 제사라는 예표를 성취하신다(참고. 히 7:25-27).

1:10-17. 10절에서는 소 대신 다른 동물, 즉 **양**이나 **염소**를 드릴 수 있다고 말한다. 이러한 규정은 레위기에 자주 등장한다. 가난한 이들을 배려하여 다른 동물을 바칠 수 있다고 규정할 때도 있고, 그 이유를 밝히지 않을 때도 있다.

하나님은 예배하는 이들이 자신의 재산에 따라 제물을 바칠 수 있도록 허락하셨다. 소나 양을 바칠 수 없으면 새(산비둘기나 집비둘기, 14절)를 바칠 수도 있었다. 가난 때문에 하나님께 나아오지 못하는 사람은 없었을 것이다. 하나님이 예배에서 부자를 편애하지 않으시듯 신자들도 그래서는 안 된다(참고. 약 2:5). 심지어 요셉도 제물로 산비둘기를 가져왔다(참고. 눅 2:24). 제물로 바칠 새는 흔했으며 예배하는 사람이 덫이나 다른 방법으로 잡을 수 있었을 것이다. 새는 모이주머니와 깃을 제거했고(16절), 무력함을 보여주기 위해 **날개**를 잡고 찢었다(17절).

작은 동물로 드리는 제사에서도 하나님은 이스라엘 백성에게 교훈을 주려고 하셨다. 하나님은 대속하는 제물로 하여금 그분과 그분을 예배하는 이들 사이의 거리를 메우게 하셨다(3, 10, 14절). 예배하는 사람은 누구든지 하나님이 '받으실 만한' 대속 제물을 가져와야 했다. 그분이 받으실 만한 제물이 되기 위해서 그 동물은 흠이 없어야 했다. 제물이 되는 동물은 결함이 전혀 없어야 했다. 결함이 없는 소나 양, 염소는 값비싸며 소중한 동물, 포기하기 어려운 동물이었다.

또한 모든 예배자는 무조건적인 순종으로 자신의 제물을 바쳐야 했다. 제물은 완전히 불태워야 할 선물이었다. 제물은 올라('*ola*, 연기 속에 올라가는 것, 즉 번제)이며 코르반(*qorban*)이라는 명사는 이 제물이 선물임을 뜻했다. 제물은 야생동물이어서는 안 되었다. 신명기 14:5에 따르면 사냥으로 잡은 짐승은 먹어도 되지만 그것은 아무 비용도 들지 않는 제물이 될 것이므로 제물로 바쳐서는 안 되었다. 이는 완전한 순종이 아니었다.

여호와께 향기로운 냄새(13절)라는 표현은 후각적인 신인동형론 표현이다. 하나님은 제물의 '냄새를 맡지' 않으시지만 제물을 기쁘게 받으셨다. 하나님은 예배하는 사람이 살이 타는 냄새를 '맡으며' 이 냄새가 그분이 이 선물을 받아주심을 상징한다는 것을 알기 원하셨다. 그와 비슷하게 그리스도의 죽음은 하나님께 드려진 "향기로운 제물과 희생제물"이라고 불린다(엡 5:2). 하나님은 그리스도의 제물을 기뻐 받으셨다.

번제는 신자를 하나님 앞에서 받으실 만한 존재로 만드시는 그리스도의 유효한 사역을 예표했다. 제물을 바치는 사람이 자신의 손을 제물에 얹는 행위, 즉 동일시와 전가를 상징하는 행위는 신자의 믿음을 상징한다. 피가 흐를 때 생명이 제거되며 따라서 죄책이 제거되었다. 예배자는 거룩하신 하나님 앞에서 죽어 마땅하지만, 그분의 진노를 그리스도께 부으셨기 때문에 그분의 거룩함이 만족되었다.

2. 소제에 대한 법: 신자가 자기 생명의 참된 근원을 하나님 안에서 찾을 수 있음을 인정하며 드리는 제사(2:1-16)

레위기 2장에서는 어떻게 소제(피가 없는 유일한 제사)를 주의 깊게 준비하고 제사장에게 가져와 하나님께 봉헌해야 하는지를 설명한다. 소제는 공적으로 드릴 수도 있고 사적으로 드릴 수도 있었다. 공적으로 드릴 경우에는 성막의 열두 덩어리 진설병이나 오순절의 곡식 다발, 추수 때(참고. 23:9-14)와 오순절(참고. 23:15-22)에 드리는 요제의 형태로 드릴 수 있었다. 사적으로 드릴 경우 속죄제나 속건제를 드릴 때를 제외하면 어느 때든지 성막으로 가져올 수 있었다.

2:1-8. 이 장은 '생명'을 뜻하는 히브리어 네페쉬(*nephesh*)로 시작된다. 신자가 드리는 모든 제물과 마찬가지로 소제에서 신자는 하나님이 자기 삶의 근원이심을 인정한다는 것을 나타내기 위해 자신의 생명의 상징을 하나님께 돌려드렸다. 이스라엘 사람 중 누구도 상징적으로든 육신적으로든 자신의 제물로 하나님을 먹여 살린다고 믿지 않았다. 일부 번역에서 구약의 제사를 '양식 제물'이라고 부르는 것은 제사에 대한 인간적 관점을 반영한다.

이 명령을 받을 때 이스라엘 백성은 사막에 있었다. 사막에서는 곡식이 자랄 수 없었으며, 상당한 비용을 치르고 어렵게 곡식을 구입해야만 했다. 따라서 민족이 가나안에 이를 때까지는 소제를 드리기가 불가능하거나 대단히 어려웠다. 이스라엘이 약속의 땅에 들어간 후 이 제사는 계절의 순환과 그에 따른 소출(혹은 소출의 부족)을 직접적으로 주의 손길과 연결시키는 방법이기도 했다. 이제 그들은 더는 유목민이 아니라 땅을 차지한 사람들이었기 때문에 그들의 제사는 하나님이 내려주신 복으로 이렇게 그들의 지위가 바뀌었음을 반영했을 것이다. 신자는 자신의 소유 중에서 가장 좋은 것을 주께 드림으로써 그분에 대한 자신의 헌신을 표현할 수 있다. 소제는 예배자의 하나님에 대한 헌신과 주의 공급하심에 대한 그의 감사를 상징적으로 보여주었다. 마찬가지로 오늘날 하나님은 그분의 백성이 그들의 삶의 일부를 바침으로써 그분에 대한 헌신을 드러낼 때 기뻐하신다.

성막에서 예배자는 주께서 **향기로운 냄새**로 받으시는 순전한 소제를 제사장에게 가져옴으로써 주에 대한 자신의 헌신을 선언했다(2절). 진실하게 하나님께 바친 예물은 하나님과 그분이 이스라엘과 맺으신 언약에 대한 개인적인 충성을 반영하기 위해 부정함이 전혀 없어야 했다. 대개 바치는 예물은 곡식(빻은 곡물), 즉 **고운 가루**와 **올리브기름**, [단순한 향료가 아니라] **유향**의 혼합물로 이루어졌다. 이것은 요리하지 않은 것(2절)일 수도 있고 요리한 것(4-7절)일 수도 있다. 빵으로 구울 때는 고리 모양이거나 구멍이 나 있었다. 구약에서 기름은 주를 위해 구별되었음을 상징하는 경우가 많다(예를 들어, 제사장에게 기름 붓기, 참고. 8:30). 주께 헌신하고 그분의 일을 하려 할 때는 가장 좋은 재료를 사용해야만 했다.

소제에서 남은 것은 제사장들의 몫이었는데, 그 이유 중 일부는 그들에게 이스라엘에서 곡식을 키울 수 있는 땅을 차지할 권리가 주어지지 않았기 때문이다(3절, 참고. 민 8장과 고전 9:13-14). 소제는 신자가 주께 드리는 음식의 예물로서 번제나 화목제와 함께 드릴 수 있었다. 제사장이 제사를 드리는 이와 하나님 사이의 매개자로 섬겼듯이, 오늘날 예수께서는 그분을 통해 하나님이 신자의 예물을 기쁘게 받아주시는 매개자가 되신다(참고. 히 5:5-10).

그런데 왜 소제는 **무교병**이어야 했을까? 어떤 이들은 발효 과정에서 불순물이 생길 수 있기 때문에 누룩을 빼야 했다고 주장해왔다. 하지만 그렇다면 왜 일부 제사에서는 포도주를 바치라고 하셨을까(예를 들면 23:13)? 아마도 그 이유는 누룩이 가나안의 제사 의례에서 널리 사용되었기 때문일 것이다(암 4:4-5).

2:9-16. 제사장이 제단에서 불사를 **기념할** 몫(9절)은 예배자로 하여금 하나님이 그의 제물을 받았음을 알게 해주었다(2, 9절). 하나님은 그분과의 교제 안에 있는 이들의 제물을 받아주신다. 소제에서 남은 것은 제사장들의 필요를 위한 것이었다(참고. 6:14-23). 소제에 **소금**을 넣은 것(13절)은 예배자와 하나님 사이의 언약적 관계를 상징했을 수도 있다. 민수기 18:19과 역대하 13:5에서는 '소금 언약'을 언급한다. 비록 (누룩처럼) 소금이 심판의 맥락에서 등장하기도 하지만(참고. 창 19:26), 신약에서는 긍정적인 이미지로 등장하기도 한다(예를 들어 "너희 말을 항상 은혜 가운데서 소금으로 맛을 냄과 같이 하라", 골 4:6). 누룩은 타락시키는 요소로 묘사되는 경우가 많지만(예를 들어, 마 16:6), 소금은 보존하고 정화하는 기능을 한다. 에스겔 43:24에서 하나님은 천년왕국의 번제에 소금을 뿌려야 한다고 말씀하셨다. 소금은 당시 고대 근동의 다른 언약에서도 상징적으로 사용되었다. 그 당시에 소금은 정결을 뜻할 뿐만 아니라 훨씬 더 중요하게는 장수를 상징했다. 소제에 소금을 넣음으로써 이스라엘에게 하나님이 그들과 맺으신 언약이 영원한 것임을 상기시켰다.

3. 화목제에 대한 법: 신자가 하나님과 누리는 평화 및 하나님과 인간 사이에 가능해진 사귐에 감사

하는 공동체의 축제(3:1-17)

화목제는 제사를 드리는 사람이 하나님과 평화를 누리는 것을 다른 이들과 함께 기뻐하면서 자발적으로 나누는 식사이다(드릴 수 있는 화목제의 종류는 7장에서 설명한다). 지금처럼 그때도 신자가 하나님과 평화를 누리고 이를 기뻐할 수 있는 근거는 대속하는 제물이 흘린 피이다. 이것은 주의 구원에 감사하며 드리는 제물이다.

3:1-5. **수컷**이든 **암컷**이든 **소**(1절)나 **양**(6절), **염소**(12절) 중에서 흠이 없는 동물을 성막 문으로 제사장에게 가져올 수 있었다. 여기서 공동 식사는 언급하지 않고 있지만 화목제는 구약에서 주의 만찬에 해당하는 역할을 했다. 여러 제사를 함께 드릴 때는 언제나 하나님과 인간 사이의 관계가 온전하다는 것을 나타내는 화목제가 순서상 마지막이었다.

번제와 마찬가지로(참고. 1:4) 예배자는 동일시의 행위로서 동물의 **머리에 안수**했다(2절). 이 제사에서는 죄나 죄책을 다루지 않지만 하나님과 교제를 나누기 원하는 사람은 자신을 내어놓는다는 뜻으로 제물과 자신을 동일시했다. 이는 거룩하신 하나님께 나아가기 위해서는 언제나 피 흘림이 필요하다는 점과도 일맥상통한다. 또한 제물의 **기름**은 주의 것으로 특별히 명시되었다(3절). (좋은 부분으로 여겨지는) 각 동물의 기름이 있는 부분은 불살라 하나님께 드려야 했다.

3:6-11. 이 경우에도 역시 제물로 바치는 동물은 흠이 없어야 하며, 제사를 드리는 이의 손에 죽었다(6-8절). 넓적한 꼬리를 지닌 이스라엘 양의 기름진 **꼬리**(9절)는 무게가 40킬로그램에 이르기도 했다. 또한 고대인들은 콩팥과 간(4절)을 맛있는 요리 재료로 귀하게 여겼으며 두 부위를 정서적 삶의 중심으로 보았다. 일부 고대 근동 민족들은 동물의 **내장**(9절)이나 간엽을 활용해 신들이 '뜻'을 점쳤지만 이런 식의 이교 풍습은 이스라엘에서 금지되었다. 이스라엘 사람들은 간을 생명의 중심으로 간주했던 것으로 보인다. 화살이 사람의 간을 관통하면(참고. 잠 7:23) 그 결과는 죽음이었을 것이다.

이 제사의 핵심은 예배자와 참석한 모든 이에게 생명의 가장 좋은 부분이 하나님의 것임을 깨닫게 하는 것이었다. 이런 값비싼 제사는 그만한 가치가 있다. 왜냐하면 하나님을 기쁘시게 하는 것이 가장 가치 있는 일이며 이것이 언제나 신자에게 최선이기 때문이다. 하나님과 평화를 누리는 것을 기뻐하는 이들은 그분이 요구하시는 모든 일에서 그분께 자신을 내어드려야 한다. 예배에서도 말뿐만 아니라 행동으로 헌신을 드러내야 한다.

3:12-17. 하나님은 동물이 소든지(1-5절) 양이나 염소이든지(6, 12절) 흠이 없으며(3:1) **여호와 앞에** 드려져야 한다고(1, 7, 12절) 분명히 말씀하셨다. 어떤 이스라엘 사람도 자기가 하고 싶은 방식으로 하나님을 예배해서는 안 되었다. 그는 하나님의 지시를 따라야 했다. 오늘날의 신자들도 예배를 드릴 때 하나님의 계시된 뜻에 순종해야 한다.

17절에서는 이 장을 요약한다. 이 명령의 **영원**성은 하나님의 백성이 그분과 평화를 누리게 되었음을 기뻐할 때 오직 그분께만 초점을 맞추기를 원하심을 말해준다. 오늘날 신자들도 예수께서 흘리신 피 때문에 하나님과 평화를 누리고 있음을 기뻐한다. 모든 기름은 어떤 경우에도 예외 없이 주의 것이었다(16절). 번제의 경우처럼 가난한 이들은 새를 바쳐도 좋다는 규정은 없었지만 그들도 친교의 식사에 참여할 수 있었다.

4. 속죄제에 대한 법: 개인이 의도하지 않은 죄에 대해 드리는 제사(4:1-5:13)

a. 의도하지 않은 죄를 속죄하는 의례(4:1-35)

4:1-2. 다시 한 번 **여호와께서 모세에게 말씀**하시는데 이번에는 길게 말씀하셨다. 속죄제에 대한 하나님의 규례는 5:13까지 계속되어 주께서 하신 하나의 긴 말씀을 이룬다. 칼빈은, 인간은 자신의 영혼에 달라붙어 있는 죄를 백분의 일도 알지 못한다고 말한 적이 있다. 이 부분은 바로 그 점을 강조한다. 치아의 충치처럼 작은 불완전함도 중대한 문제를 일으킬 수 있다. 그와 비슷하게 죄는 우리가 종종 깨닫지 못하는 문제를 만들어낸다. 하나님의 거룩하심 때문에 의도하지 않은 죄(그 행동이 하나님의 기준에 반함을 알지 못한 채 저지른 죄)조차도 죄이며 그분에 대한 심각한 모욕이다. 제사장(3절)이나 회중(13절), 지도자(22절), 이스라엘의 평민(27절)이 **부지중에** 죄를 범했다면 그에 대해 보상을 해야 했다. 여기서 말하는 죄는 모르고 저지른(문자적으로, '제멋대로' 저지르지 않은, 참고. 민 15:27-31)

죄이다.

이 제사는 전통적으로 '죄의 제사'라고 불리지만 사실은 '죄로부터의' 정화를 뜻한다. 이 제사의 목적은 예배 장소를 정화하여 그곳을 주께 거룩한 곳으로 만드는 것이었다[R. K. Harrison, Leviticus: An Introduction and Commentary (Downers Grove, IL: InterVarsity, 1990), 61.《레위기 주석》(CLC)]. 하나님은 은혜롭게 그분의 백성의 죄를, 심지어는 그들이 의도하지 않게 범한 죄까지도 용서받을 수 있게 해주신다. 이런 상황은 의도하지 않은 죄가 알려진 직후에 속죄제를 드려야 한다는 인상을 준다. 알려지지 않은 죄조차도 인간과 하나님 사이에 큰 간격을 만든다면 죄는 반드시 해결되어야 한다.

이 맥락에서는 이스라엘 지도자들의 죄를 강조한다(3, 22절). 지도자들의 죄는 파괴적인 결과를 낳는 경우가 많으며 그들을 따르는 이들도 죄를 짓게 만든다. 처음부터 하나님은 지도자들에게 더 많은 것을 요구하셨으며 이는 반복적으로 나타나는 경향을 보인다.

'여호와께 향기로운 냄새'라는 구절은 첫 세 제사에서 자주 등장하지만(1:9, 13, 17; 2:2, 9, 12; 3:5, 16) 속죄제의 경우는 그렇지 않다(4:31에서 단 한 차례). 하지만 '속죄'라는 용어는 레위기의 첫 세 제사에서는 1:4에 단 한 차례 나타나지만 속죄제를 다루는 부분에서는 여덟 번 나타난다.

4장에서는 네 부류의 개인이나 집단, 즉 기름 부음을 받은 (대)제사장(3-12절), 이스라엘 회중 전체(13-21절), 지도자(22-26절), 평민(27-35)에 대해 다룬다. 제사를 드리는 이는 동일시와 인정의 행위로서 동물의 머리에 손을 얹어야 했다(4, 15, 24, 29절). 대속물에 죄가 전가되기 전에 하나님께 죄를 인정해야만 했다. 그런 다음에야 비로소 속죄가 이루어질 수 있었다(4:20, 26, 31, 35; 5:6, 10, 13). 하나님은 그분을 기쁘시게 하는 제물의 피를 근거로 그분께 속죄를 간청하는 죄인을 용서하셨다. 고린도후서 5:21에서는 이 원칙이 그리스도의 죽음에 적용된다.

(1) 대제사장을 위한 속죄제물(4:3-12)

4:3-12. **제사장**은 하나님 앞에서 백성의 대표 역할을 하기 때문에 그가 의도하지 않게 저지른 죄는 그 죄책이 그가 대표하는 백성에게까지 확대된다(3절). 제사장은 제물인 **수송아지**의 피를 성소로 가지고 가서 **휘장 앞에 일곱 번** 뿌리고(6절) 성소 안 **향단 뿔**에 발랐다(7절). 기름 부위(8절)는 **제단 위에서** 불살라서 드렸다(10절). 그런 다음 동물의 시체는 **진영 바깥 정결한** 곳에서 의례에 따라 불살랐다(12절). 보통 제사장에게 주어지는 부위도 이 경우에는 그의 것이 아니었다. 죄를 범한 사람이 바로 제사장이기 때문이다. 하나님은 제사장에게 피를 뿌리고 동물의 나머지 부분을 버리라고 명령하심으로써 오직 피만이 이스라엘의 죄에 대해 속죄할 수 있음을 알려주셨다. 히브리서 기자의 말처럼 오직 피만이 죄로 인한 더러움으로부터 성막과 제사장, 백성, 땅을 깨끗이 할 수 있었다. "피 흘림이 없은즉 사함이 없느니라"(히 9:22).

(2) 회중을 위한 속죄제물(4:13-21)

4:13-21. 회중 전체를 위한 속죄제 의례는 제사장을 위한 의례와 비슷했다. 여기서 죄는 무지와 부주의의 죄(참고. 5:4), 혹은 반역하는 마음 없이 저지른 죄이다. 다 자란 소가 아니라 어린 **수송아지**(14절, '어린 황소', NIV)를 바쳤으며, 백성을 대신해 장로들이 그 수송아지와 스스로를 동일시했다(4:15-16). 그 결과는 **속죄**와 용서였다(20절).

(3) 지도자와 평민을 위한 속죄제물(4:22-35)

4:22-26. **족장**이 죄를 범한 경우에는(22절) 흠 없는 **숫염소**(24절)를 바쳐야 했다. 피는 **번제단 뿔**에 바르고 나머지 피는 **번제단 밑에** 쏟았다.

4:27-35. 그 땅의 평민을 위한 의례도 동일했다. 다만 평민은 흠 없는 암염소를 드릴 수 있었다. 이 모든 의례는 하나님의 백성에게 거룩하신 하나님이 거룩한 곳에서 거룩한 백성 가운데 거하기 원하신다는 것을 상기시켰다.

죄는 죽음의 처벌을 요구하는 하나님에 대한 모욕이다. 하나님은 속죄하기 위해 순전하며 값비싼 제물을 요구하신다. 하나님께 나아가는 모든 사람들은 대속하는 제물을 통해 그들의 죄를 완전히 제거해야만 한다. 소제와 달리 속죄제에는 기름이나 유향이 포함되지 않았는데, 이는 이런 재료들이 기쁨의 상징이었기 때문이다. 참으로 회개하는 예배자는 기쁨이 아니라 통회의 마음으로 죄를 인정한다.

예수께서는 '진영 바깥'에서 고통당하셨으며, 이는

이 정결하게 하는 제사의 성취일 뿐만 아니라 속죄일 제사의 성취이기도 하다(16:27; 히 13:11).

b. 속죄제가 필요한 죄의 예(5:1-6)

레위기 5:1-13의 주제는 여전히 속죄제이지만 이 주제에 접근하는 방식은 달라진다.

5:1-6. 여기서는 의도적으로 저지른 죄와 의도하지 않게 저지른 죄의 예를 열거한다. 1절에서는 의도적으로 저지른 죄의 예를 제시한다. 맹세를 한 상태에서 거짓 증언을 한 사람은 미리 계획한 대로 그런 죄를 범했다. 만약 증거가 될 만한 증언을 하지 않는다면 그는 법을 위반한 셈이다. 따라서 **그 허물이 그에게로 돌아갈 것이다.** 2-3절에서는 한 사람이 모른 상태에서 **부정한** 것과 접촉했을 때 그에게 죄책이 있으며 속죄제를 드릴 필요가 있다고 설명한다. 한 사람이 부정해질 수 있는 구체적인 방식에 대해서는 레위기 12-22장에서 설명한다. 구약에서 신체적인 정결함은 영적 정결함의 상징이었다. 이스라엘은 정결에 대한 하나님의 자세한 명령을 지킴으로써 이교도 이웃들과 분리되었다.

4절에서는 말하는 중에 무심코 죄를 저지른 경우를 다룬다. 하지만 사소한 죄도 여전히 죄이다. 나중에 명백히 드러났다고 해서 그 실체가 무효가 되는 것은 아니다. 내뱉은 말에 대해 무책임한 사람들은 죄가 있다. 즉, 경솔하게 맹세를 한 사람은 죄가 있다. 모세는 불신앙에서 나온 경솔한 말 때문에 약속의 땅에 들어가지 못했다(참고. 민 20:12; 시 106:32-33).

이 부분에서는 실례 들기를 마무리하면서 이미 4장에서 다루었던 의도하지 않게 죄를 저지른 이들에게 적합한 제물의 종류를 반복한다. 죄의 고백은 단순한 사실 인정 이상이었다. 이는 죄의 성격과 그 죄에 의해 모욕을 받으신 하나님의 성품 둘 다를 인정하는 행위였다. 죄의 고백과 주에 대한 순종은 그분과의 친교를 회복시킨다(참고. 요일 1:9).

c. 속죄제에서 가난한 자에 대한 배려(5:7-13)

5:7-13. 하나님은 신자들 중에서 가장 가난한 이들에게도 은혜를 베푸신다. 여기서는 하나님이 가난한 이들을 위해 은혜롭게 마련해주신 예외 조항을 명시한다. 속죄제로 양을 바칠 수 없는 사람은 **산비둘기 두 마리나 집비둘기 새끼 두 마리**를 바칠 수 있게 하셨다. 하지만 가난하여 새를 바칠 여유조차 없다면 적은 양의 가루를 바칠 수 있었다(11절). 이것은 피 제사가 아니라고 반대하면서 하나님이 모든 경우마다 죄에 대한 피 제사를 요구하신 것은 아니라고 결론을 내릴지도 모른다. 그러나 제사장은 가루를 받아서 **여호와의 화제물 위에서 불살라야** 했고(12절) 이로써 가루는 전에 제물로 바친 동물과 결합되었다. 따라서 모두가 화목제를 바칠 정도로 넉넉하지는 않았지만 속죄제는 누구나 바칠 수 있었다. 제사장은 **소제물**의 일부를 받아서 사용했다(13절). 아마도 회개하지 않는 예배자에게서는 제사장이 제물을 받지 않았을 것이다. 제물을 받을 때 제사장은 회개하는 예배자에게 하나님이 그의 제물을 받으시고 죄를 용서하셨다고 말했다.

5. 속건제에 대한 법: 부지중에 하나님이나 인간에게 저지른 죄에 대해 보상하고자 할 때 드리는 제사(5:14-6:7)

a. 부지중에 주의 성물에 대해 저지른 죄(5:14-19)

5:14-19. 신자들이 하나님을 거룩하신 분으로 대하지 못했음을 인정할 때 그분은 기뻐하신다. 신자들이 부지중에 저지른 잘못을 인정하고 보상하기 위해 필요한 일을 할 때 그분의 이름이 영광을 받는다. 따라서 보상하는 행동, 즉 잘못된 것을 바로잡는 행동은 참된 회개를 증명한다. 죄는 대개 하나님이나 인간의 것을 빼앗는 것과 관계가 있기 때문에 죄를 고백할 때 손해 입힌 것에 대해 바로잡아야 한다. 5:14-6:7은 모두 율법을 위반한 사례를 다루는데, 이 경우에 위반한 사람은 죄가 있다고 본다. 따라서 보상 제물을 바쳐야 한다. 앞부분(4:1-5:13)과 달리 여기서는 보상이 요구되었다. '속건제'라는 전통적 용어는 앞에서 다룬 속죄제가 죄책을 제거하기 위한 제물이 아니라는 잘못된 인상을 줄 수도 있다. 여기서의 의도는 하나님과의 친교를 가로막는 악을 제거하는 것이다.

여호와의 성물에 대한 범죄(5:15)는 성막(이후에는 성전)의 배타적인 재산을 남용하거나 오용하는 것을 가리킨다. 주께 바쳐진 물건은 '거룩'해지며 올바르게 버려질 때까지는 계속해서 거룩한 채로 남아 있다. 속건제로는 **흠 없는 숫양**을 드려야 했다(15절). 성전 전통에서는 숫양의 가치가 적어도 은 두 세겔은 되어야 한다고 가르쳤을 수도 있다. 그에 더해 죄를 범한 사람은 주의 성물의 가치의 오분의 일에 해당하는 금액을 지불해야 했다(16절). 이 모든 것은 죄를 바라보는 하나님의 관점은 인간의 관점과 다르다는 것을 말해준다. 많은 경우에 신자들은 알지도 못한 채 주께 죄를 범한다. 그들이 알지도 못하는 영역에 대해 용서를 받아야 할 수도 있다.

b. 다른 사람의 재산이나 주의 이름에 대해 저지른 죄 (6:1-7)

주께 신실하지 못한 태도는 다른 사람과의 관계에서도 표출될 수 있다. 한 사람이 누군가를 속여서 빼앗는다면 그는 바로 주께 죄를 범한 셈이다.

6:1-7. 2-3절에 언급된 것과 같은 뻔뻔하고 의도적인 죄를 지었을 때는 훔친 재산에 대해 보상하고 그에 더해 그 재산 가치의 오분의 일에 해당하는 벌금을 지불해야 했다. 여기서는 어떻게 한 사람이 이웃을 속이거나 사취하는지에 대한 예를 나열한다. 담보물에 대해 누군가를 속이거나 맡긴 물건을 돌려주지 않거나 강도질을 하거나 물건이나 재산을 억지로 빼앗거나 원래의 주인에게 돌려주어야 할 물건을 계속 가지고 있거나 이런 문제에 대해 거짓 맹세를 할 때 그 사람은 속이는 죄를 범한 것으로 간주된다. 이런 죄는 **여호와께 신실하지 못**한 행동으로 여겨졌다(2절). 신약에서 삭개오가 했던 보상은 여기서 요구되는 태도의 실례가 된다(참고. 눅 19:2-10). **속양**(6절)은 죄에 대한 보상(expiation, 죄책의 제거)이며 오분의 일 벌금은 죄 위의 죄를 넘어서는 보상(restitution)이었다. 사람들이 하나님 앞에서 자신의 죄책을 인정하며 피해를 입은 사람들에게 변상하려고 노력할 때 그분은 기뻐하신다. 죄를 범한 경우 가능한 때는 언제든 어디서든 보상을 해야 한다. 사람들과의 바른 관계는 하나님과의 바른 관계를 예증한다(참고. 미 6:8).

그리스도는 마지막 속건제이시다. 그분은 죽음을 통해 배상과 보상, 속죄를 가능하게 하셨다. 그분이 자신의 목숨을 많은 사람들을 위한 대속물로 주셨을 때(참고. 막 10:45) 하나님께 가장 완전한 배상이 이루어졌다. 그런데도 오늘날 신자는 그리스도께서 이루신 속죄를 믿는 동시에 다른 사람에 대해 저지른 죄를 고백할 때 그 사람에게 보상을 해야 한다(마 5:23-24).

6. 제사장이 제사를 드리는 것에 대한 추가 규정 (6:8-7:38)

여기서는 제사장이 앞에서 제시된 다섯 가지 제사를 행할 때 지켜야 할 추가적인 세부 규정을 다룬다. 한 가지 차이점은 화목제가 더 자세히 논의된다는 것이다(7:11-35). 이는 이 제사들의 상대적 빈도와 제사에 대한 하나님의 관점을 반영한다. 제사에 대한 세부 규정 중 일부는 제사장이 자신의 몫을 다루는 방식과 관계가 있다.

a. 번제에서 제사장의 행동과 복식은 언제나 받을 수 있는 속죄를 통해 언제나 계시는 하나님께 나아갈 수 있음을 의미한다(6:8-13)

6:8-13. 제사장은 반드시 불이 계속 타오르도록 할 책임이 있었다(9, 12-13절). 재는 의례적으로 **정결한** 곳으로 옮겨야 했다(11절). 항상 타오르는 불은 번제물이 완전히 하나님께 바쳐질 수 있게 했다. 또한 계속해서 타오르는 불은 하나님이 베푸시는 속죄를 언제나 얻을 수 있으며 이를 위해서 하나님이 그분의 백성 가운데 거하심을 뜻했다. 많은 경우 성적 표현과 심지어는 성관계까지 이뤄지는 이교의 희생 제의와 달리 이스라엘 제사장의 행동은 정숙해야 했다. 그는 재를 치우기 위해 세마포 긴 옷과 새로운 속바지를 입어야 했는데 이는 하나님의 거룩하심을 상징했다. 하나님을 섬기는 이들은 그들이 행하는 모든 일에서 거룩해야 했다. 다른 이들이 하나님께 나아가도록 돕는 지도자들은 그들의 행실에서 거룩함을 드러내야 한다. 오늘날 메시아 예수를 믿는 모든 신자가 제사장이므로(참고. 벧전 2:5) 신자들은 자신의 행동을 통해 하나님의 거룩하심이 드러나도록 노력해야 한다.

b. 평민의 소제에서 제사장의 행동은 하나님이 믿음으로 드리는 제물을 받아주심을 표현해야 한다 (6:14-18)

6:14-18. 이스라엘 평민이 주께 **소제**를 가져왔을 때, 제사장은 그에게 하나님이 이런 신실한 헌신의 행동을 받아주신다는 확신을 갖게 해야 했다. 따라서 예배자가 하나님에 대해 잘못된 인상을 갖지 않도록 하나님이 정하신 모든 규례를 주의 깊게 따라야 했다. 소제물의 **기념물** 부분을 불로 태움으로써(15절) 제사장은 하나님이 이 제물을 받으셨음을 상징적으로 보여주었다. 제사장은 제물의 일부를 먹음으로써(16절) 이 예물을 하나님이 받아주셨음을 구체적으로 보여주었다.

제사장은 거룩함을 입은 사람으로 자신의 지위를 더럽힐 수 있는 것은 절대로 먹지 않았기 때문이다(18절).

c. 제사장의 소제에서 제사장은 마땅히 주에 대한 자신의 헌신을 표현해야 한다(6:19-23)

6:19-23. 대제사장은 자신과 제사장직을 위해 **항상 드리는**[매일 아침과 저녁에, 20절; 참고. 히 7:27] **소제물**을 바쳐야 했다. 그 양은 하루분의 곡류(20절), 즉 2.2리터(현대인의 성경) 정도였다. 평민의 제물과 달리 제사장이 먹을 몫은 없었으며(23절), 제물을 완전히 불태웠다. 제사장들은 하나님의 백성에게 제물을 '받을' 뿐만 아니라 신실한 봉헌과 헌신의 본보기가 되어야 했다. 날마다 이렇게 제물을 바치면서 그는 자신이 제사장직을 위해 성별되었음을 다시금 되새겼을 것이다. 제사장은 위임을 받을 때 그런 제물을 바쳤기 때문이다. 이 단락은 이 명령의 항구성을 강조하면서 마무리되며(22절), 이를 통해 백성이 본보기를 따르기를 바라시는 하나님의 마음을 다시 한 번 강조한다.

d. 제사장의 속죄제에서 제사장은 마땅히 하나님 앞에서 죄를 심각하게 자각하고 있음을 표현해야 한다(6:24-30)

6:24-30. 무지에 의해 계명을 어겼을 때(참고. 레 4장)만이 아니라 다음과 같은 경우도 속죄제를 바쳐야 했다. 초하루(월삭)와 유월절 기간 중 날마다, 칠칠절 기간 중 날마다, 나팔절, 초막절 기간 중 날마다, 대속죄일, 제사장의 위임식에, 다양한 종류의 부정함(예를 들어, 출산, 참고. 12:6, 8과 나병, 14:31)을 정결하게 하는 의례에, 의례를 위해 사용할 정결하게 하는 물을 준비할 때(참고. 민 19:1-10) 속죄제를 바쳐야 했다. 제사를 빈번히 바쳐야 했으므로 부주의하거나 올바르지 않게 행할 가능성이 있었다. 그 때문에 24-26절에서는 **여호와 앞**에 제물을 바쳐야 함을 강조한다. 속죄제는 사람들이 날마다 하나님께 죄를 범하고 있음을 상기시켰다.

이 부분의 초점은 의례의 지도자인 제사장에 맞추어져 있다. 모든 제사장은 평민에 비해 더 높은 수준의 거룩함을 지킬 의무가 있었다. 규정된 장소에서 제물을 바치고 먹어야 함을 강조함으로써 예배자와 제사장에게 용서가 하나님께로부터 온다는 것을 상기시켰다. 속죄제는 **회막 뜰**, 즉 하나님의 임재 앞에서 먹어야 했다(26절). 제사장은 의례를 정결하게 유지하기 위해 최선을 다해야 했다(27-28절). 무슨 수를 써서라도 부정한 것과의 접촉을 피해야 했다. 마찬가지로 오늘날 하나님께 드리는 예배를 이끄는 사람들은 회개하지 않은 태도나 고백하지 않은 죄를 통해 부정함이 그분의 임재 안에 들어오지 못하게 막아야 한다.

제사장이 먹을 고기를 삶는 데 사용한 **토기**는 깨뜨려야 했고, **유기**는 깨끗이 닦고 헹구어야 했다(28절). 제사장은 제물을 먹어야 했지만(29절), **속죄**를 위해서 그 피를 성막에 **가지고 들어**간 경우에는 고기를 먹지 말아야 했다(30절).

e. 속건제에서 제사장은 죄의 고백과 회개를 강조한다(7:1-10)

7:1-5. 보상 제물(혹은 속건제)은 의도하지 않게 하나님의 율법을 어겼음을 깨닫고 이를 보상하려 하는 가장 헌신되고 영적인 이스라엘 사람들만 드렸던 예물이었다(참고. 5:14-19). 그런 이유 때문에 이 제물은 다른 제물보다 덜 빈번히 드렸을 것이라고 추측해볼 수 있다. 제사장은 예배자에게 하나님이 그의 죄를 용서하셨음을 일깨우는 역할을 했다. 이 제도를 통해 하나님은 심지어 알지 못하는 죄에 대해서도 정기적으로 고백하고 회개할 수 있도록 하셨다.

7:6-10. 다른 많은 제사와 마찬가지로 이 제사를 드리는 제사장은 제물 중에서 자신의 몫을 받았다. 하나님은 그분을 예배하는 이들의 예물을 통해 그들을 섬기는 이들을 돌보신다. 이것이 언제나 하나님의 방식이었다(참고. 신 25:4; 고전 9:7-11). 자주 그랬던 것처럼 제물이 적었을 때는 그분의 소명에 순종하기가 어려웠다. 주께서는 제물을 **거룩**하며(참고. 7:1) 바르게 다루어야 한다고 은혜롭게 그분의 종에게 상기시키셨다. 사람들이 신실할 때는 이런 제물에서 취한 동물 가죽만으로도 레위인들이 이를 다양한 방식으로 거래하여 생계를 유지할 수 있었다. 모든 **남자**(6절)라는 말은 제사장들만을 가리키며 그들의 직계 가족은 포함하지 않는다.

f. 화목제와 그 다양한 제물을 드릴 때 제사장은 일반 백성에게 제물을 바르게 먹는 법에 대해 가르침으로써 제물의 순전함을 확보한다(7:11-21)

7:11-15. 여기서는 제사장들이 제물의 일부를 먹

는 제사에서 제사장뿐만 아니라 일반 백성 역시 제물의 일부를 먹도록 허용된 제사로 초점이 바뀐다(11-36절). 함께 나누는 제물 중에 으뜸은 **화목제물**이다(11-21절). 이 단락은 제사장들에게 주어진 명령(6:8-7:36)의 일부지만 일반 백성을 위한 명령을 제사장에게 주신 것은 백성이 이에 확실히 순종하도록 하기 위해서였다. 이 단락은 레위기 3:1-17을 보충한다. 하나님과 평화를 누리게 된 것을 기뻐하는 이들은 주께 헌물을 드려야 했다. 동물 제물 외에 예배자는 무교병과 무교전병을 드려야 했다(12-14절). 참된 예배를 위해서는 언제나 대가를 치러야 한다. 신자는 하나님께 돌려드리는 것 없이 그분께 받기만 해서는 안 된다. 하나님이 주시는 것은 신자들이 재물을 쌓아둘 수 있도록 하기 위해서가 아니다. 화목제물은 감사 제물이나 자원 제물로 드릴 수 있었지만, 감사 제물인 경우에는 드린 **그날** 먹어야 했다(15절).

7:16-21. **서원이나 자원하는** 제물은 같은 날과 그 이튿날에 먹을 수 있었지만(16절), **셋째 날까지** 남아 있는 것은 불살라야 했다(17절). 제물로 바친 바로 그 날 동물을 먹으라고 명하신 이유는 신자의 생각 속에 아직 생생하게 남아 있는 동안에 하나님이 주시는 유익을 인식해야 함을 강조하기 위해서였을 것이다. 이 제물에서는 정결 의례가 매우 중요했다. 언약 안에 있는 이들이 먹을 제물은 부정한 것과 절대로 접촉해서는 안 되었다(19절). 부정한 것이 음식과 접촉하기만 해도 의례적인 부정함이 전달된다. 이를 통해 하나님과 누리는 평화를 축하하기 원하는 예배자에게 세상의 부정함으로부터 정결함을 유지해야 한다는 점을 상기시켰다(21절). 하나님이 요구하신 것을 행하지 못할 경우에는 엄한 처벌을 받았다. **자기 백성 중에서 끊어**진다는 말(20-21절)은 예배 제의에서 배제된다는 뜻이었을 것이며 더 나아가 죽음으로 심판을 받는다는 뜻이었을지도 모른다. 하나님과 누리는 평화를 축하하는 이들은 이처럼 공개적으로 위선적인 태도 없이 해야 한다.

g. 제사장은 일반 백성으로 하여금 기름과 피가 주의 것임을 분명히 알게 한다(7:22-27)

7:22-27. 제사를 위해서가 아니라 다른 방식으로 죽은 동물의 기름은 먹어서는 안 되었다(23-25절). 또한 하나님은 아무도 제물로 바친 동물의 **기름**이나 **피**를 먹어서는 안 되며, 이를 어길 경우 사형에 처해야 한다고 말씀하셨다(25-27절). 기름이나 피를 먹는 행위는 거룩한 것을 약탈하는 행위였다. 동물의 피를 먹지 말라는 명령은 노아 시대로 거슬러 올라간다(참고. 창 9:3-4). 하나님은 예배자들에게 그들이 소유한 것 중 가장 좋은 것이 그분께 속했음을 인정하라고 요구하셨다. 기름은 예배자가 바칠 수 있는 가장 좋은 것을 상징했지만, 피는 예배자의 생명을 대신하는 것으로 받아들여졌다. 피를 바치는 것은 곧 자신의 생명을 바치는 것이었다(참고. 17:11).

h. 화목제에 바쳐진 제물을 바르게 다루고 먹음으로써 제사장은 하나님에 대한 경외를 드러낸다(7:28-38)

7:28-34. 이 단락에서는 화목 제물 중에서 주께서 취하시는 부분과 제사장에게 주어질 부분을 명시하고, 그 제물을 어떻게 바치고 다루고 먹어야 하는지를 규정한다. 제물을 드리는 사람은 **제물**[**기름**과 **가슴**]을 제사장에게 가져와야 했다(28-30절). 제물을 드리는 사람은 [히브리어의 데누파(*tenupah*)로 흔히 요제라고 부르는] 들어 올린 제물(동물의 **가슴**)을 자기 **손**에 놓았다(30절). 그런 다음 유대교 전승에 따르면 제사장은 자신의 손을 예배자의 손 뒤에 놓고 위로 (하나님을 향해) 들어 올린 다음 아래와 뒤, 앞으로 움직여 예물의 공개적 봉헌을 상징적으로 표현했을 것이다. 요제에 더해 [동물의 **오른쪽 뒷다리**로, 32-34절] **거제**를 드렸다. 동물의 가슴은 제사장들에게 돌아갔는데 대개는 섬기는 제사장들이 나누어 가졌으며(31절), 뒷다리는 제사를 집례한 제사장에게 돌아갔다(32절).

7:35-38. 수 세기에 걸쳐 제사장의 몫은 늘어났다. 이는 제사장이었던 엘리의 아들들이 받아야 할 것보다 더 많은 제물을 탐했던 사무엘 시대를 생각해보면 분명해진다. 신명기 18:3에서는 제사장이 어깨 외에 제물로 바친 동물의 두 볼과 위를 받았다고 말한다.

B. 제물을 드리도록 위임된 이들과 그들이 대표하는 땅과 백성은 주의 임재 안으로 들어가는 모든 것이 거룩한지를 분명히 함으로써 그들 가운데 계신 주의 거룩하심을 드러내야 한다(8:1-16:34)

1. 하나님의 처소를 확보하는 이들은 다른 이들과 구별되는 거룩함으로 스스로를 성별함으로써 하나님의 거룩하심을 보존해야 한다(8:1-10:20)

제사장직의 토대를 이루는 사상은 이스라엘 민족이 제사장 나라였다는 계시이다(참고. 출 19:5-6). 민족이 형성되기 전부터 욥과 노아, 아브라함과 같은 이들은 자기 가족을 위해 제사장의 역할을 했다. 여기서 임명된 이스라엘 제사장들은 위에서 소개했듯이 특별한 기능과 구체적인 책무와 역할을 맡았다. 그들의 위임에 대한 주의 명령에 따라 실제 위임식을 행하기 전에 재료와 참여자, 회중을 모아야 했다(8:1-5). 그런 다음 제사장들을 씻기고 기름 붓고 예복을 입히는 준비 과정이 이어졌다(6-13절). 위임식 제사(14-29절)는 모세가 아론과 그의 아들들에게 **기름**을 뿌림으로써 마무리되었다(30절). 그런 다음 주께서 주신 구체적인 명령에 따라 이레 동안 기다려야 했다(31-36절). [그가] **여호와께서 자기에게 명령하신 대로** 했다는 구절을 후렴처럼 반복함으로써 아론과 백성이 주의 명령에 철저히 순종해야 함을 강조했다(참고. 8:4, 5, 9, 13, 17, 21, 29, 34, 36; 9:6, 7, 10, 21; 10:7, 13, 15).

a. 레위인 제사장들의 위임식(8:1-36)

제사장의 위임식은 하나님의 계시로 명하신 공적 예식이었다. 적합한 재료가 다 모였을 때(2절), 모세는 **아론과 그의 아들들을 회막**으로 데리고 가고 **회중**을 **회막 문**에 모았다(3절). 지금까지 주의 종을 목회자로 안수하는 일은 하나님의 백성에 의해 공동체의 행사로 기념된다. 모세는 일어날 모든 일이 주의 명령에 의한 것임을 공적으로 선언했다. 신자의 공동체는 주의 종에 대한 위임식이 주의 말씀에서 시작되었음을 알아야 했다(4-5절).

8:6-13. **아론과 그의 아들들을 씻기는** 위임식이 시작되었다(6절). 여기서 씻는다는 말은 문자적으로 씻는다는 말이지만 동시에 상징적 함의도 지닌다. 이 행위는 이생의 악으로 더럽혀진 사람을 상징적으로 회복시켰으며, 주의 목회자가 세상의 타락으로부터 정화되어야 함을 모두에게 상기시켰다.

아론과 그의 아들들에게 예복을 입힘으로써(7절)는 그들에게 제사장의 임무를 부여했다(참고. 출 28:2). 장식한 관은 보이지 않는 주의 영광과 위엄을 떠올리게 하는 가시적인 상징의 기능을 했다. 이 예복을 입으면서 제사장은 자신이 섬기는 하나님이 경외심을 불러일으키시는 분이심을 마음에 새겼다. 영적 지도자들은 입는 옷을 통해서도 하나님의 구별된 성품을 반영해야 한다. 대제사장이 입는 **겉옷** 혹은 망토는 하나로 된 푸른 색 재료로 만든 위엄 있는 옷이었고, **속옷**처럼 무릎이나 살짝 그 아래까지 닿았다. 밑단은 청색, 자색, 홍색 실로 석류를 수놓았고 사이사이에 종을 달았다.

대제사장은 겉옷 위에 **에봇**(7절, 출 28:5-14에 묘사됨)을 입었으며, 에봇은 대제사장의 예복에서 가장 인상적인 부분인 **흉패**를 지탱했다. 흉패는 백성과 하나님 사이에서 대제사장이 맡은 중재자의 역할을 상징했다. 흉패에 붙은 열두 보석은 각각 (흉패에 새긴 각 지파의 이름과 더불어) 이스라엘의 지파를 상징했다. **우림과 둠밈**(8절)은 흉패에 붙어 있는 물건이었다(출 28:15-30에 대한 주석을 보라). 이것은 인간이 이해할 수 없는 일에 대해 하나님의 뜻을 물을 때 사용한 도구였다.

8:14-21. 고대 근동에서는 집에 찾아온 방문자를 환영하며 맞이한다는 표시로 그 사람에게 기름을 부었다(참고. 출 30:30-33; 시 23:5). 상징적으로 아론에게 기름을 붓는 것(그리고 일반적으로는 제사장에게 기름을 붓는 것)은 하나님이 아론을 받아들이시고 '그분의 집'으로 들어와 제사장으로서의 사역을 맡는 것을 환영하신다는 것을 의미했다. 또한 이런 기름 부음은 아론과 하나님의 동일시를 상징했다. 기름은 성령과 연관되기 때문에(예를 들어 사 61:1) 기름 부음은 성령이 임하셔서 그의 삶에 능력을 더하신다는 것을 상징할 수도 있다(참고. 고후 1:21; 눅 4:18; 요 2:20). 기름은 주로 성별하는 기능을 했다. 예배를 위해 구별하기 위해 기름을 제단과 모든 기구에 일곱 번 뿌렸기 때문이다(11절).

14-21절의 핵심은 기름을 바름으로써 성별할 수 있지만 그것만으로는 충분하지 않다는 것이다. 백성 앞에서 하나님을 대표하는 사람들에게는 속죄제와 번제를 바쳐야 했다. 대속하는 제물의 **피**에 의해 그 삶이 성화되지 않고(14-17절) 그 삶이 하나님을 섬기기 위해 성별되지 않은(22-28절) 사람은 제사장으로서 섬길 수 없다. 이 첫 제사(**속죄제**)는 죄로부터 깨끗하게 하기 위해 드렸다(참고. 레 4장). 지도할 사람들은 따르는 사

람들이 깨끗해져야 하는 것과 마찬가지로 죄로부터 깨끗해져야만 했다. 두 번째 제사는 번제였다(18절). 이 제물은 어떤 부분도 제사장이 취할 수 없었다. 이것은 제사장을 대신했기 때문에 전부 주께 드렸다. 위임식에서 번제를 드림으로써 제사장이 하나님께 나아가기 위해서는 그분과 항상 친교의 상태를 유지해야만 함을 상기시켰다.

8:22-30. 세 번째 제물은 **위임식의 숫양**이라고 불렀다(22절). 이 제물은 제사장이 부름을 받은 그 목적을 기념했다. 위임식 제물의 피는 제사장의 **오른쪽 귓부리**와 **오른쪽 엄지손가락**, **오른쪽 엄지발가락**에 발랐다(23-24절). 따라서 듣고 행하고 걷는 데 사용되는 이 신체 부위들은 주께서 쓰시도록 성별되었다. 오늘날 성별된 신자는 자신의 삶의 이러한 영역들을 성령께서 통제하고 사용하시도록 내어드린다. 이 단락은 히브리서 5:8-9을 이해하는 데 도움이 된다. 예수께서는 자신을 바침으로써 하나님께 온전히 성별되고 헌신하셨으며, 부르심을 받은 그 목적대로 완벽한 대제사장이 되셨다는 의미에서 "온전하게 되셨다." 이 제물은 **요제**로 바쳤지만(27-29절) 먹지는 않았다. 그 역시 이 제물은 제사장을 대신해 드린 것이기 때문이었다.

8:31-36. 이 장의 마지막 몇 절에서는 **아론**과 **그의 아들들**이 위임식을 마치기 위해 제사를 반복하면서 **이레 동안** 회막에서 머물러야 했다고 설명한다. 아마도 일주일 동안 회막에 머물게 한 까닭은 제사장들로 하여금 앞으로 자신들이 해야 할 사역의 중요성을 마음에 새기게 하기 위해서였을 것이다. 아론은 이 모든 것에 순종했으며, 이는 제사장직이 순조롭게 시작되었음을 뜻한다. 나중에 일반적으로 제사장직이(구체적으로는 아론과 그의 아들들이, 참고. 10장) 실패했음에도, 하나님은 영적 지도자들이 이 예식을 날림으로 행해서는 안 된다고 명령하셨다. 이끄는 이들은 주께서 명하신 모든 일에 순종해야 한다. '왕 같은 제사장'(벧전 2:9)으로 부름 받은 사람들이 주께 선택적으로 순종하는 모습은 절대로 정당화될 수 없다.

b. 성막 예배의 시작(9:1-24)

9:1-7. 위임식 일주일 후에(따라서 제사장으로 성별되고 나서 **여덟째 날에**) 공동체 전체가 예배를 시작해야 했다. 2절에서는 **아론**에게 제사를 준비하라고 명하며, 3절에서는 공동체 모두에게 주의 말씀에 따라 준비하라고 말한다. 모세는 제사장의 사역을 재가하기 위해 주께서 직접 **나타나실** 것이라는 확신을 두 차례 표했다(4, 6절). **여호와의 영광**(6, 23절)은 그분의 백성 가운데 계시는 가시적인 주의 임재였다(참고. 출 24:16-17; 40:34-38). 주의 임재가 아니면 어떤 제의도 무의미하다. 하나님은 순종하는 사람들에게만 그분의 임재를 알게 하신다. 사람들이 그분이 정말로 임재하심을 인정하지 않고 그저 예배의 순서만 따를 때 하나님은 기뻐하지 않으신다.

모세가 첫 제의에서 중재자의 역할을 했다. 주께서는 이스라엘 백성에게 매개된 대속 제물을 통해 그분과의 사귐을 이루라고 요구하셨다. 백성이 **여호와 앞에** [문자적으로, '여호와의 면전으로', 3-5절] 제물을 가져왔기 때문에 제사장들은 하나님으로부터 백성을 보호하는 '완충' 역할을 해야 했다. 하나님께 경솔하게 접근하는 것은 절대로 허용되지 않았다.

9:8-21. 먼저 제사장들을 위한 **속죄제** 혹은 정결하게 하는 제사(**수송아지**, 8-11절)와 **번제**(12-14절)를 드렸다. 제사장을 정결하게 하는 제사(8-9절)에서 아론은 **수송아지**의 피를 제단 뿔에 발랐다(피를 분향단에 바르는 4:5-7의 의례와는 다른 것이었다). 다시 한 번 하나님과 교제를 나누기 전에는 언제나 속죄를 위한 중보가 필요했다. 제사장을 위한 번제물인 동물을 죽인 후(12-14절) 아론은 **피를 제단 사방에** 뿌렸는데(12절) 이는 제단을 정결하게 하고 구별하기 위해서였다. 그런 다음 **속죄제** 혹은 정결하게 하는 제사(숫염소, 15절), **번제**(16절), **소제**(17절), **화목제**[**수소와 숫양**, 18-21절]를 포함해 공동체 전체를 위한 제사를 드렸다.

9:22-24. 이 장은 주님께 제물을 불태우고 따라서 아론의 제사장직을 비준하는 그분의 삼키는 불이 영광스럽게 나타나는 장면으로 마무리된다. 이 제의의 세부사항은 앞에서 이미 다루었으므로(1:2-6:7의 주석을 보라) 여기서는 반복하지 않는다. 그러나 제의의 순서는 중요하다. 속죄제가 다른 제사보다 우선했다. 제사장들을 위한 정결하게 하는 제사가 뒤따랐는데, 정결이 하나님 앞에서 매개자 역할을 하기 위한 선결 조건이었기 때문이다. 절정에 해당하는 화목제(18-21절)에서

는 하나님이 자신을 낮추시고 이스라엘 가운데 거하시기 위해서는 그들이 먼저 속죄제에 의한 유화(宥和)를 통해서 그분께 그들 자신을 전적으로 거룩하게 바쳐야만 함을 이스라엘 백성에게 가르쳤다. 생명과 그 구성요소 전체를 (따라서 기름과 함께 소제를) 완전히 바치는 것이 이 진리에 비추어볼 때 유일하게 합리적인 반응이다. 신자들은 하나님과 평화를 누리는 것에 대해 계속해서 기념한다(참고. 롬 5:1). 이 기념의 방법이나 양식은 다를 수 있지만 그런 평화는 언제나 큰 희생의 대가로 얻어진다.

아론은 백성의 매개하는 제사장으로서 손을 들어 그들을 **축복**했다(22절). 손을 들어 올리는 행동은 주의를 하나님께 집중함을 뜻했다. 다윗은 성소에서 찬양하면서 하나님이 거하시는 지성소를 향해 손을 들었다(참고. 시 28:2). 신자들은 그들의 대제사장이신 예수 그리스도의 매개를 통해 계속해서 하나님께 나아갈 수 있다(참고. 히 4:11-16). 하나님의 **영광**이 나타났을 때(23절), 신자들은 하나님의 임재를 보여주는 이 분명한 증거를 통해 그들의 믿음에 대한 확신을 얻을 수 있었다. 그분의 영광은 그분의 승인을 뜻했다. 이곳은 하나님을 보고 들을 수 있는 곳이었다. 오늘 신자들이 그들을 위해 피를 흘리신 예수 그리스도를 통해 하나님께 나아갈 때 그들도 하나님이 그들과 함께하심을 확신할 수 있다.

c. 하나님의 거룩하심을 범하는 죄와 그 결과로 주어진 성막 의무에 대한 규례: 나답과 아비후가 이상한 불을 드리다(10:1-20)

모세는 성막 예배의 확립 직후 일어난 아론의 두 아들 나답과 아비후에 대한 사건을 기술했다. 모세는 8장과 9장에서 "여호와께서 모세에게 명하신 대로"라는 구절을 반복함으로써 이 장의 사건과 이 장에서 주어진 명령에 대해 독자들을 미리 준비시켰다. 제사장들은 주의 명령을 마음대로 바꾸지 말고 그대로 성취해야만 했다. 나답과 아비후의 죄에 대한 이 사건은 하나님께 가까이 가는 모든 사람들이 그분을 거룩하신 분으로 대해야 함을 보여준다.

그에 더해 이 사건을 이곳에 배치한 것은 이 책의 구조적 목적에도 부합한다. 레위기 11-15장은 정경 안에서 무엇이 '정결하고' 무엇이 '부정한가'에 대한 율법을 다룬 내용 중 가장 많은 분량을 차지하는 부분이며, 이 장들 바로 앞에 아론의 두 아들이 올바르지 못한 방식으로 성소에 접근하다가 죽은 이 이야기가 배치되어

아론의 제사장 사역과 메시아의 제사장 사역의 대조

아론의 제사장직		메시아의 제사장직	
죽을 수밖에 없는 죄인들이 자신들의 죄를 위해 제물을 바침.	레 4:3-12; 9:1-11; 16:6 이하; 히 8:4	죄가 없고 부활하신 하나님의 아들이신 그분은 죄를 범하지 않으셨기에 아무런 제사도 필요하지 않음.	히 4:15; 7:27
그들 자신의 죄와 다른 이들의 죄를 위해 죽을 대속물을 바침.	히 5:1-3	다른 이들의 죄를 위해 대속물로 죽으심.	사 52-53; 히 9:26; 고후 5:21
하나님과 친교를 나눌 공간을 만들거나 유지하거나 복구하기 위해 반복적으로 제사를 드림.	민 28-29장; 히 9:6	우리가 하나님과의 친교를 누릴 수 있게 하시려고 한 제사를 드리심.	히 9:12, 26 (시작하는 제사: 렘 31:34; 히 10:20)
'멋대로' 저지른 죄(즉, 반역하는 마음으로, 의도적으로 저지른 죄)에 대해서는 그 죄책을 제거하지 못함.	민 15:31	죄책을 제거하고 깨끗한 양심을 주심.	행 13:39; 히 9:14
하나님의 임재 안에서 자신을 보호하기 위해 분향함.	레 16:2, 13	죄를 정결하게 하시는 사역을 성취하신 후 하나님과 얼굴을 마주하시고 성부의 오른편에 계심.	요 1:1; 히 1:3

있다. 의미심장하게도 그다음에 이어지는 대속죄일 의례(참고. 레 16장)에서 모세는 경솔하게 성소에 들어가는 것에 대해 경고하면서 아론의 아들들이 맞이한 죽음을 다시 언급했다(참고. 16:1-2). 그런 다음 하나님은 제사장을 깨끗하게 하는 제사를 먼저 행하고 나서 성소와 백성의 죄와 부정함을 제거하라고 명령하셨다(3-19절). 핵심은 분명했다. 부정함은 회중 전체에 위험을 초래한다.

10:1-3. 아론의 두 아들 **나답과 아비후**는 **다른 불**을 바쳤다(1절). 본문에서는 분명히 말한다. **여호와께서 명령하시지 아니하신** 이 이상한 불과 이 제사장들이 저지른 죄의 본질은 무엇일까? 어떤 이들은 출애굽기 30:7-8을 가리키며 분향 제사를 드릴 시간을 위반한 것을 말한다고 본다. 또 다른 견해는 그들이 술에 취한 채 제사를 드렸다는 것이다. 왜냐하면 바로 다음 단락에서 제사장들에게 **죽음을 면하**기 위해 **포도주나 독주**를 마시지 말라고 명하기 때문이다(10:9). 세 번째 해석은 그들이 거룩한 재료가 아닌 다른 재료에서 불을 가져왔다는 것이다(참고. 16:12). 이 견해에서는 **다른**이라는 말의 용법에 초점을 맞춘다. 다른 문맥에서 이 말은 외부인(신 25:5)이나 제사장이 아닌 사람들('일반인', 레 22:12; 민 16:40)을 가리킬 때 사용되기 때문이다. 따라서 바깥에서 온 불이었으며 '승인되지 않은'이라는 의미에서 '다른'이라고 번역하는 것이 가장 좋다. 그들은 그렇게 할 만한 타당한 이유가 있다고 생각했을지도 모르지만, 하나님은 그렇게 여기지 않으셨다. 대제사장의 아들로서 나답과 아비후는 하나님이 무엇을 요구하시는지 마땅히 알았어야 했다. 그러나 그들은 순종하지 않았고, 하나님께로부터 나온 **불**[제단에서 나온 불일 수도 있음, 2절]이 그들을 삼켰다. 하나님의 종들은 하나님의 기준을 지켜야 하며 그렇지 못할 경우 그분께 직접 징계를 받을 수도 있었다(그들은 **여호와 앞에서** 죽었다). 하나님이 순종을 명하셨을 때 대리인이나 대행자가 그 일를 해서는 안 된다. 하나님의 계시된 뜻을 수행할 사람들은 거룩한 것과 속된 것을 구별해야 한다.

10:4-7. 나답과 아비후가 저지른 죄의 결과는 그들의 시체를 처리하는 방식과 이어지는 애도에도 영향을 미쳤다(4-6절). 모세는 **아론**과 그의 아들들에게 죽은 이들에 대해 애도하지 말라고 말했지만, 동족들이 **치신 불로 말미암아 슬퍼**하는 것은 허락했다. 이는 죄에 대해서만큼은 하나님이 전혀 편애를 보이지 않으신다는 진리를 가장 생생히 보여준다. 이들이 자신의 아들들이었을지라도 아론은 공적으로 애도해서는 안 되었다(6-7절). 하나님의 제사장에게는 애도조차도 성별된 행동이었다.

10:8-11. 아론의 아들들이 죄를 지었을 때 술에 취했다고 기록되어 있지는 않지만 이제 제사장들은 주께 예배할 때 취하게 만드는 술을 마셔서는 안 된다는 경고가 주어졌다(8-9절). 술 취한 제사장들은 의례를 집행하고(10절) 하나님의 율법에 대해 가르칠 때(11절) 실수할 가능성이 있다. 거룩한 것과 속된 것을 구별하는 능력이 저하되지 않은 사람들이 하나님의 백성을 더 잘 가르칠 수 있다. 하나님의 백성은 하나님에 대한 경외의 본보기가 필요했고, 따라서 제사장들은 하나님의 뜻을 이행할 능력을 약화시킬 수 있는 모든 것을 피해야만 했다. 뿐만 아니라 하나님을 예배하는 이들은 제사장이 최선이라고 생각하는 방식으로 하나님의 일을 집행하고 있는지 의심해서는 안 된다(참고. 말 2:7-8).

10:12-15. **모세**는 아론의 **남은 아들 엘르아살**과 **이다말**에게 **여호와의 명령대로 소제**와 **요제**의 의례를 행하고 정해진 부위를 그들의 몫으로 먹으라고 구체적으로 지시했다. 여기에 기록된 제사장의 몫에 대한 규례(12-15절)는 후대에 삽입된 것으로 보일지도 모르지만, 이를 포함시킴으로써 하나님이 나답과 아비후와 함께 그들마저 거부하지는 않으셨음을 제사장들에게 상기시켰다.

10:16-20. 아론과 그의 남은 아들들은 **속죄제물** 먹기를 삼갔는데 그럴 만한 이유가 있었다. 그들은 가족을 잃은 것에 대해 애도하고 있었으며, 또한 주의 이름을 더 욕되게 하는 것을 원하지 않았을 것이다. 모세는 아론의 설명을 수용했다(20절). 삶의 어려운 선택 이면에서 기초를 이루는 동기는 언제나 하나님을 기쁘시게 하려는 마음이어야 한다. 이날의 사건에도 불구하고 제사장들의 주된 관심은 자기 부인과 그들의 섬김을 통해 하나님을 높이는 것이었다.

2. 하나님의 백성은 그들 자신과 그들이 소유하고 행하는 모든 것을 다른 이들과 구별되는 거룩함 가

운데 드림으로써 하나님의 거룩하심을 보존해야 한다(11:1–15:33)

하나님은 사람들의 실제적이고 일상적이며 통속적인 삶에서 그분의 거룩함이 드러나는가에 관심을 기울이신다. 이 장들에서는 정결 의례의 토대를 이룰 하나님의 명령, 즉 하나님이 자신의 '거처'로 삼으신 진영에 접근할 수 있는지 없는지를 결정할 원리를 자세히 기술한다. 이스라엘에서 음식에 대한 규정(레 11장)은 정결한 동물과 부정한 동물을 명시함으로써 이스라엘을 다른 민족들과 구별시키려 하는 하나님의 목적에 기여했다. 거룩하신 하나님은 그분의 백성들이 먹는 음식뿐만 아니라 일상적 활동에서도 정결한 것과 부정한 것을 구별하신다. 12-15장에서는 인간에게서 나오는 부정함과 그에 대한 진단, 정결 의례에 대해 다룬다. 정결과 부정이라는 개념은 하나님이 노아가 방주로 데려온 동물들 사이에 이런 구별을 하시는 창세기 8장에 처음 등장한다. 노아도 홍수 후에 정결한 동물을 제물로 바칠 정도로 이 개념을 충분히 이해하고 있었다.

이런 본문을 해석할 때는 주의를 기울여야 한다. 왜냐하면 부정한 모든 것이 본질적으로 죄가 있는 것은 아니지만 죄가 있는 모든 것은 거룩하신 하나님의 임재로 들어가기에 부적합하다는 의미에서 부정하기 때문이다. 하지만 다른 맥락에서는 부정함이 구체적으로 죄의 행위를 가리킨다(예를 들어 18:20, 23).

'부정'에 해당하는 히브리어 단어는 타메(*tame*, '비정상적인, 부자연스러운, 약한, 아픈')이며 '정결'에 해당하는 단어는 타헤르(*taher*, '정상적인, 깨끗한, 순수한, 온전한')이다. 부정함은 레위기의 두드러진 주제이다. '부정'이라는 단어는 구약에서 182회 나오는데 그중에서 2/3가 레위기에 등장한다. '정결'이라는 단어는 구약에서 92회 나오는데 그중에서 절반이 레위기에 등장한다. 특정한 동물을 먹거나 만졌을 때 예배자는 하나님의 임재로 들어가기에 부적합해질 수 있었다. 동물의 시체를 만지기만 해도 그 사람은 주의 임재로 들어가기에 부적합해졌다. 레위기 11장에서는 음식과 관련해 정결과 부정을 논한다. 죽은 동물과의 접촉에서 기인한 정결이나 부정도 언급되지만, 죽은 동물을 부정하다고 부르는 것은 그것을 먹었을 때 의례적으로 깨끗함을 유지할 수 없기 때문인 것으로 보인다. 먹을 수 있는 정결한 동물도 의례적으로 규정된 방식으로 도살되지 않았다면 먹을 수 없었다. 제사장처럼 의례적으로 정결한 사람조차도 주의 임재로 들어가기 위해서는 희생 제의를 통해 거룩해져야만 했다.

무언가나 누군가가 정결하다는 것은 그것이나 그가 본질적으로 하나님의 임재로 들어갈 수 없는 비정상성(그리고 이것은 불완전, 약함, 질병 등을 포함했다)으로부터 자유로움을 뜻했다. 또한 특정한 동물은 이스라엘의 먹거리와 의례에서 배제되었다. 왜 어떤 동물은 정결하다고 간주되고 다른 동물은 그렇지 않았는지에 대해서는 논쟁의 여지가 있다. 이 동물들이 이교 제의에 사용되었기 때문이라거나 건강과 위생에 대한 염려 때문이라거나 상징적 재현 때문이라는 식의 대답이 제시되었다. 그러나 특정한 동물은 배제하고 다른 동물을 포함시키는 이유에 대해 독단적인 주장은 피해야 한다. 분명한 사실은 주께서 그들이 '정결하거나' '부정하다고' 계시하셨으며, 이로써 이스라엘이 다른 민족과 분리되고 구별될 수 있는 또 하나의 방법을 제공하셨다는 것이다(11:44-45).

a. 하나님의 백성은 그분이 규정하신 것만 먹음으로써 정결하거나 부정하다고 여기는 것에 대해 그분의 백성으로서 스스로를 구별한다(11:1–47)

11:1–19. 하나님은 신자들에게 거룩하라고 명령하시며(11:44-45; 참고. 19:2; 20:26; 벧전 1:16), 구약에서 이 거룩함은 그들이 먹는 것에도 적용되었다. 하나님이 그분의 백성이 무엇을 먹는지와 같은 기초적인 문제에 관심을 갖고 계신다는 것이 이상해 보일 수도 있다. 그러나 오늘날까지 중동의 일부 문화에서는 먹을거리가 사람의 정체성을 규정하기도 한다. 이슬람교도가 먹을 수 있는 음식과 그리스도인이 먹을 수 있는 음식이 다르기 때문에 그들은 같은 식탁에서 함께 식사할 수 없다. 애굽 사람들은 목동들을 가증하게 여겼으며(참고. 창 46:34) 그들과 함께 식사를 하지 않았다. 이는 아마도 그들이 먹는 음식 중 몇몇 동물이 성스러운 존재라고 생각했기 때문일 것이다. 하나님은 이스라엘 백성의 먹을거리에 대해 이런 식의 규정을 주심으로써 이스라엘에서 그들을 둘러싸게 될 이교 문화의 특징을 이루는 바람직하지 않은 영향으로부터 그분의 백성을 보호하려 하셨을 것이다. 예수께서는 새 언

약 아래에서 모든 음식이 정결하다고 선언하셨다(참고. 막 7:19; 참고. 행 10:10-16). 바울이 훨씬 나중에 고린도 교인들에게 상기시켰듯이, 모든 것을, 심지어는 먹고 마시는 것조차도 하나님의 영광을 위해서 해야 한다(고전 10:31).

레위기 11장에서 부정함이라는 개념은 정상적이거나 기대되는 행동에 따라 기능하지 않는 무언가를 가리킨다. 들짐승의 경우(1-8절) 정상적인 특징에는 (두 부분으로 나누어져) 갈라진 발굽과 되새김질, 즉 반추가 포함된다(3절). 물에서 사는 동물의 경우 지느러미와 비늘을 기준으로 삼았다(9절). 그런 부정함을 그 자체로 죄가 있는 것이라고 생각해서는 안 되며, 신체적 비정상성이라는 의미의 부정함으로 인해 이스라엘에게 그 동물이 허용되지 않는다는 것으로 이해해야 한다. **낙타**와 **사반**[바위너구리, 5절], **토끼**는 굽이 갈라지지 않았기 때문에 **부정**하다고 선언했다(4-6절, 다른 동물들에 대한 기준은 신 14:4-5에 언급됨). 이런 동물들과 관련해 히브리어의 정관사를 사용한 것은 이것이 동물의 종을 가리킨다는 점을 말해준다. 많은 아랍 민족들은 낙타를 제물로 사용했으며, 중동 전역에서 그 고기를 먹었다.

돼지는 굽이 갈라져(7절) 있지만 되새김질을 하지 않기 때문에 부정하다. 애굽에서는 구 왕국 시대에 돼지를 길렀을 수도 있다(주전 2700-2200년, 참고. Harrison, Leviticus, 121-122). 고기뿐만 아니라 먹을 것(씨앗, 뿌리 등)을 찾기 위해 땅을 파는 성질 때문에 돼지는 정착민들에게 귀한 재산이었다. 가나안 예배에서 돼지가 제물로 사용되기는 했지만(주전 18세기부터 16세기까지 텔 엘-파라에서), 그런 사실이 여기에 제시된 금지 명령을 충분히 설명해주지는 못한다. 이교 예배에 사용된 다른 동물들은 히브리 제의에 사용되었다. 어떤 이들은 이스라엘 백성의 제사에 사용된 동물과 그들의 먹을거리 사이의 유사성에 주목해왔다. 실제로 하나님은 무엇이 제물로 적합한지에 대해 제한을 두셨으며, 따라서 음식에 대한 금지 명령이 비슷한 경향을 따랐을 수도 있다.

물고기는 대개 **지느러미와 비늘**을 이용해 앞으로 나아간다(9-12절). 일부 해양 동물들은 이런 '정상적인' 수단을 이용해 물에서 움직이지 않으며, 따라서 부정하다고 간주되었다. 하나님은 이처럼 부정한 수생동물에 대해 이스라엘이 취해야 할 태도를 설명하시며 강한 표현을 쓰셨다. 그들은 이런 동물을 **가증**[히브리어 쉐케츠(*sheqetz*)를 번역한 말로서 의례적으로 부정하며 따라서 가증스럽다는 뜻]하다고 여겨야 했다. 맹금류 새는 여전히 그 안에 피가 남아 있는 고기를 먹기 때문에 히브리의 먹을거리에서 금지되었다(13-19절).

11:20-23. 네 발로 기어다니는 **곤충**도 **혐오**스럽다고 여겨졌지만(20-23절) 그 이유는 제시되지 않았다. 아마도 이상하고 종잡을 수 없게 움직이기 때문일 것이다. 반면에 (뒷**다리**로 뛰어서 움직이는) 메뚜기와 귀뚜라미, 베짱이는 허용되었다. 이런 곤충은 정결했으며 세례 요한의 식단에 포함되었다(참고. 마 3:4).

11:24-28. 여기서는 살아 있는 동물에서 죽은 동물로 초점을 이동시킨다. 제사 의례에서 적절하게 도살된 (피 역시 올바르게 처리된) 동물을 제외하면 동물의 주검은 부정하다고 여겨야 했다. 죽은 동물과 접촉하여 더럽혀진 신자들은 거룩하신 하나님께 가까이 나아오기 전에 정화되어야 했다. 죽음은 하나님의 임재 앞에서 자연스럽지 않기 때문에 모든 시체는 사람을 오염시키고 그것을 전염시킨다. 옷을 빨고 (**저녁까지**) 격리 기간을 보내야 했다.

11:29-38. 무리를 지어 살며 땅바닥 가까이에서 지내는 작은 동물들(두더지, 쥐, 도마뱀 등)도 부정하다고 여겨졌다. 이렇게 기는 동물들은 주위를 오염시키고 이들과 접촉한 모든 기구나 **의복**, **그릇**에 영향을 미쳤다. 이는 **저녁까지** 지속되는 한시적인 부정함을 전염시켰으며 사람들과 사물에 영향을 미쳤다.

11:39-40. 정결한 동물의 시체조차도 만약 자연적인 원인으로 죽은 것이라면 더럽다고 간주했다(39절). 먹을 수 있는 동물의 시체를 만지거나 시체를 일부를 먹은 사람도 **저녁까지 부정**했다.

11:41-47. 부정한 동물을 먹지 말라는 명령이 41-43절에서 다시 한 번 강조되고, 그 이유도 제시된다. 주께서 **거룩**하시기 때문이다. 신자는 그를 영원한 파멸에서 건지신 하나님이 거룩하시기 때문에 거룩해야 한다. 신약 신자가 음식에 대해 제약을 받는 유일한 이유는 형제에 대한 사랑이다(참고. 롬 14:15; 고전 8, 10장). 구속받은 하나님의 백성은 그분의 거룩함을 본

받아야 한다. 45절에서는 부정한 것을 피해야 하는 이유를 세 가지로 제시한다. (1) 하나님이 그분의 백성을 **애굽 땅에서** 인도해내셨으므로 그들은 오직 그분의 것이며 (2) 그분은 그들의 **하나님**이시고 (3) 그분은 **거룩하시다.**

b. 하나님의 백성은 그분의 거룩한 임재 가운데 들어가는 피를 존중함으로써 열방 가운데 그분의 백성으로서 스스로를 구별한다(12:1–8)

12:1–5. 음식처럼 단순한 문제가 사람이 하나님께 나아갈 수 있는지 여부에 영향을 미쳤듯이, 음식 외의 문제(곰팡이, 질병, 신체 배출물 등)도 한 사람을 성막에 접근하기에 부적합하게 만들 수 있었다. 아기를 낳은 후 산혈이 있다면 이는 그 여인이 의례적으로 부정하며 **성소에 들어가지** 말아야 한다는 뜻이었다(4절). 이런 경우 **정결**하게 되는 기간을 가진 다음 그를 성소에 온전히 참여할 수 있도록 회복시키기 위해 제사를 드려야 했다. 이는 출산 자체에 죄가 있어서가 아니었다. 전혀 그렇지 않았다. 하나님은 아담과 하와에게 생육하고 번성하라고 명령하셨으며(창 1:28), 결혼한 부부가 아이를 낳는 행위를 성별하셨다. 여기서 핵심은 출산 때 흘러나온 피를 성소 근처에 가져올 수 없다는 것이다. 제물의 피만, 그것도 규정된 사람이 확정된 방식을 통해서만 성소로 가져올 수 있었다. 희생제사와 무관하게 피와 접촉할 경우 그 사람은 (죄인이 되는 게 아니라) 부정해진다. 시체를 만지면 하나님께 나아오기 부적합해지는 것처럼 출산한 경우에도 이 장에서 서술하듯이 정결 의례를 거쳐야 했다.

남자 아기는 태어난 후 **여덟째 날**에 할례를 받아야 했으며, 그의 어머니는 **이레 동안** 의례적으로 부정했다. 하나님은 할례를 통해 그분의 백성에게 그들이 오직 그분의 은혜로운 선택에 의해 그분을 위해 구별되었음을 상기시켰다(참고. 창 17:10–14; 21:4). 인간의 약함에도 하나님은 신자들에 대한 그분의 은혜와 신실하심을 계속해서 상기시켜 주셨다. **여자** 아기가 태어났을 때는 어머니의 부정한 기간이 두 배로 늘어났다(5절). 그 이유에 대해서는 아무런 설명도 없지만, 일부에서는 여자 아기가 언젠가는 월경과 출산을 통해 의례적 부정함을 겪게 될 것이기 때문이라고 추측한다. 그 이유가 무엇이든 주께서는 그분의 주권적 권리로 태어날 때부터 남성과 여성을 이렇게 구별하셨다.

12:6–8. 낳은 아기가 남자든 여자든 산모는 자신을 하나님께 드린다는 상징으로 1년 된 **어린 양**을 드려야 했다. 이런 제사는 언약 공동체 안에서 산모의 지위를 강조했다. 모든 남성처럼 그 여인도 하나님과 인격적인 관계를 누리고 그분의 임재 안에 받아들여질 수 있었다. 현대 독자들은 하나님의 임재 안으로 들어가는 데 이런 제한을 두는 것을 이해할 수 없는 일이라고 생각할지도 모른다. 그러나 계시록 21:27에서는 미래에 깨끗하지 않고 부정한 사람들은 하나님의 임재로 들어가지 못할 것이라고 말한다. 이는 하나님이 그분의 거룩함이 요구하는 것을 계시하신 레위기의 이 구절들을 반영하는 것으로 보인다.

c. 하나님의 백성은 질병과 감염을 다루는 방식에서 그분의 독특한 백성으로서 스스로를 구별한다 (13:1–14:57)

특정한 피부 상태와 감염은 진영과 제사를 드리는 장소에 접근하지 못하게 하는 걸림돌이었다. 신체 질병은 인류 안에 있는 부정함의 증상이었다. 여기서 **나병**[차라아트(*tsara'at*), '치다'라는 뜻의 동사에서 유래]으로 번역된, 비늘처럼 벗겨지거나 불그스름한 피부병(2, 6, 10, 18, 30, 39절)은 다양한 종류의 피부 질환을 포함한다. 이것은 현대 의학에서 나병(한센병)으로 진단하는 병이 아니다. '나병'이라는 번역어는 주전 3세기에 히브리어 본문을 헬라어로 번역한 70인역의 오역에서 유래했다. 차라아트라는 말을 옮기면서 번역자들은 헬라어 레프라(*lepra*)의 형용사형인 레프로숨(*leprosum*)이라는 단어를 잘못 사용했으며, 그 결과 영어 성경에서도 '피부병'이라는 바른 용어 대신 '나병'이라는 잘못된 용어로 번역하게 되었다.

모든 질병은 죽음에 가까워지고 있음을 말해주는 증상이다. 질병은 인간 타락의 결과로 세상 안에 존재하는 '타락의 증거'이다. 본문에서는 피부 질환의 진단과 그로 인한 격리에 대해 논하고 나서(13:1–46), 곰팡이와 그것이 신체에 미치는 영향을 다룬다(13:47–59). 피부 상태를 회복하기 위한 의례(14:1–32)에 대해 다룬 다음 곰팡이가 발생한 후의 회복 의례에 대해 논한다(14:33–57).

13:1–46. 피부병이 있을 경우 **제사장**이 이를 살펴

보아야 했다(13:2). 피부병이 의심되지만 확실하지 않을 경우 제사장은 환자를 7일간 격리시켰다. 이 기간이 끝나면 환자를 다시 점검했고, 더는 문제가 없어 보이면 일주일 더 격리시킨 후 환자가 나았다고 선언할 수 있었다(17절). 그러나 치료를 위해서는 제사장이 아무것도 하지 않았다. 그는 병이 다 사라진 후에야 제의를 행했다. 나중에 신명기 24:8-9에서는 백성에게 '피부병'(나병은 피부병의 한 종류일 뿐이다)에 관련된 모든 문제에서 제사장들의 권리를 따르라고 명령하면서 모세의 권위에 도전했던 미리암(민 12:11-15)의 경우를 예로 들었다. 그러나 미리암의 경우 같이 죄를 범했던 남동생인 아론을 통해서가 아니라 예언자 모세와 그의 기도를 통해서 병이 나았다. 치유는 하나님으로부터 직접(참고. 출 15:24-26) 혹은 그분의 예언자들을 통해서(예를 들어, 모세, 참고. 출 15:25; 엘리사, 이사야, 왕하 2:19-22; 20:7-9) 온다.

신체 질병은 하나님의 임재와 규정된 예배의 실천으로부터 예배자를 분리시켰다(참고. 13:45-46). 병에 걸린 사람은 반드시 죄가 있다는 것은 아니었지만 의례적으로 부정하다고 여겨졌다. 이런 질병이 한 개인의 삶에서 죄에 대한 하나님의 처벌을 나타낸다고 결론내리는 것은 잘못일 것이다. 그러나 병에 걸린 사람들은 하나님의 임재와 영광에 가까이 다가갈 수 없다. 이런 식으로 그들은 죄를 묘사하는 '그림' 역할을 한다. 이스라엘 백성은 아플 때도 예배할 수는 있었지만 온전하지 않은 상태로 하나님의 임재에 들어갈 수 없었다. 만성적으로 아플 경우 그들은 부패하지 않을 부활한 미래의 몸에 소망을 두었다. 마찬가지로 오늘날 신자들은 하나님이 그들의 썩을 육신을 썩지 않게 만드시고 죽을 수밖에 없는 몸을 죽지 않게 만드실 그때를 기다린다(참고. 고전 15:53-54). 오늘날 하나님이 우리를 낫게 해주시는 것은 그분이 궁극적으로 신자의 몸을 영원히 치유하시겠다는 약속의 상징이다.

13:47-59. 털옷이나 베옷, 가죽옷에 푸르스름하거나 불그스름한 곰팡이가 생기면 이를 제사장에게 보여야 했다(13:47-49). 이레 동안 관찰한 후 곰팡이가 번졌다면 옷을 태워야 했다(52절). 이는 하나님의 백성에 대한 그분의 관심이 옷처럼 그들의 생명을 건드리는 물건에까지 확대됨을 보여주었다. 만약 이레가 지난 후 곰팡이 **색점**이 **퍼지지** 않았다면, 제사장은 그것을 빨라고 명령했다. 일주일 후에도 변하지 않았다면 그 옷은 불태워야 했다(55절). 만약 색점이 옅어졌다면 그 부분을 옷에서 떼어내야 했다(56절). 하지만 색점이 다른 곳에 다시 나타나면 그 옷은 태워야 했다. 색점이 사라졌다면 옷을 **다시 빨아야** 했으며 그 후에는 그 옷이 정결하다고 선언했다(58절).

물질적인 부패는 이 타락한 세상에 만연한 영적 타락의 외적 표지이다. 죽음이 그런 것처럼 부패는 하나님의 피조물을 위해 그분이 본래 세우신 목적의 일부가 아니었으며, 이런 명령은 평민과 지도자들에게 하나님이 아직도 피조물의 타락한 본성에 대해 걱정하고 계심을 상기시켜주었다.

14:1-9. 14장에서는 피부 질환이 나은 사람을 위해 제사장들이 행해야 할 회복 의례를 기록하고 있다. 이 의례는 하나님이 이 병을 치유해주셨다는 그 사람의 믿음을 공적으로 증언하는 행위였다. 제사장은 진영 바깥에서 환부가 나았는지 확인한 후(1-3절) **살아 있는 정결한 새 두 마리와 백향목과 홍색 실**[실제로는 연지벌레(*cocus ilicis*)의 알에서 얻은 색소로 만든 붉은 천 조각, 참고. 출 25:4]**과 우슬초**를 가져오게 해야 했다. 백향목과 천의 붉은색은 아마도 회복된 생명의 피를 상징했을 것이다. **새 하나는 흐르는 물 위 질그릇 안에서** 죽여야 했다(5절). 살아 있는 새는 **백향목**과 천, **우슬초**와 함께 죽은 새의 피에 적셔야 했다. 그런 다음 제사장은 회복된 나병 환자에게 피를 뿌리고 살아 있는 새를 놓아주었다(7절). 이 의례는 나중에 나오는 희생양 제의(참고. 레 16장)와 유사하지만 그 경우에는 동물을 놓아주는 것이 (죽음을 통해) 고통이 떠나고 이제 하나님께 나아갈 수 있도록 회복되었음을 상징했다.

이 시점에 부정한 사람이 정결해졌다고 선언했지만, 그에게는 아직 해야 할 일이 더 있었다. 그는 옷을 빨고 털을 밀고 몸을 씻고 **이레** 동안 **자기 장막** 밖에 머물러야 했다(8-9절). 이 의례를 따른 사람의 모습은 그의 생명이 새로워졌음을 극적으로 보여주었을 것이다.

14:10-20. 이처럼 몸을 씻고 털을 미는 행위가 반복되었으며, 여덟째 날에 그 사람은 성막에서 **소제물**과 **속건제물**, **요제**, **번제물**, **속죄제물**을 드려야 했다(10-13절). 이 의례에는 제사장을 위임할 때와 비슷한 방식

으로 회복된 예배자의 **오른쪽** 귓부리와 **엄지손가락, 엄지발가락**에 기름을 바르는 것이 포함되었다(15-18절; 참고. 8:24-27). 피를 바름으로써 예배자는 섬기는 책무를 위해 새롭게 성별되었으며, 기름을 바름으로써 그가 주의 집의 친교 안으로 회복된 것을 환영했다.

14:21-32. 가난한 이들을 위한 대체 제물은 본질적으로 동일한 의례를 따르며, 이스라엘 백성에게 하나님이 그분의 은총으로 가난한 이들이나 부자들에 대해 차별하지 않으심을 가르쳐주었다. 나중에 랍비들은 나병 환자를 치료하는 것은 죽은 사람을 되살리는 것만큼 어려우며 실제로 치유되는 경우가 드물다고 가르쳤다. 그러나 나병 환자가 정결해지는 것은 복음서에 기록된 것처럼 메시아 시대의 징조 중 하나로 기대되었다. 세례 요한이 자기 제자들을 보내 예수께 그분이 바로 '오실 그이'이신지 물었을 때, 예수께서는 "너희가 가서 듣고 보는 것을 요한에게 알리되, 맹인이 보며 못 걷는 사람이 걸으며 나병 환자가 깨끗함을 받으며 못 듣는 자가 들으며 죽은 자가 살아나며 가난한 자에게 복음이 전파된다 하라"라고 대답하셨다(마 11:4-5).

14:33-57. 이 장의 마지막 부분에서는 거룩함이 이스라엘 백성의 삶에 어디까지 확대되어야 하는지를 자세히 기록한다. 심지어 집과 옷, 그릇까지 정결해져야 했다. 사람들이 중요하지 않다고 생각하는 평범한 것조차도 하나님은 매우 중요하게 여기시는 경우가 많다. 죄는 세상에서 모든 오염과 질병의 원천이다. 집을 정결하게 하는 의례는 신자가 자기 것이라고 부르는 모든 것을 소유하신 하나님의 거룩하심을 가리켰다.

제사장이 검사를 실시하고 돌이나 흙벽에 핀 곰팡이를 제거하게 한 것(39-42절)은 신자들이 하나님을 기쁘시게 하기 위해 그들의 소유물을 거룩하게 해야 한다는 가르침을 시각적으로 강조했다. 만약 집 안에 오염이 다시 발생하면(43-47절) 이스라엘 백성은 그 집을 헐고 성 밖에 내다 버려야 했다. 이렇게 하는 것이 비용도 많이 들고 불편했을지도 모르지만 신자들은 이렇게 순종해야만 올바른 성화에 온전히 이를 수 있음을 깨달았을 것이다. (나병 환자의 정결 의례와 비슷한) 마지막 정결 의례를 명하신 까닭은 하나님이 오셔서 그분의 백성 가운데 거하실 수 있도록 하기 위해서였다(48-53절). 하나님은 신자들이 세상의 오염으로부터 정결하여 온전히 그분께 영광을 돌리기를 바라신다.

d. 하나님의 백성은 자신의 몸을 관리함으로 하나님께 영광을 돌리려고 하며 그렇게 함으로써 그분의 백성으로서 스스로를 구별한다(15:1-33)

15:1-22. 레위기 15장에서는 자발적이든(정액) 비자발적이든(월경) 부정한 몸의 '유출병'('흐르다'라는 뜻의 단어에서 유래한)이 있을 경우 분리와 성화를 위한 하나님의 명령을 다룬다. 하나님은 생식 활동을 명하셨으며, 그런 행동이 적합한 상황도 규정해두셨다. 이 장에서는 인간의 성기와 관련해 의례적으로 부정한 사람들을 위한 지침을 구체적으로 제공하며, 따라서 거룩함에 대한 하나님의 관심이 인간의 성과 관련된 모든 분야를 포함함을 보여준다. 결혼 안에서의 성행위는 죄가 아니다. 성기의 배출물은 의례적으로 부정하다고 여기지만, 그중에는 결혼 안에서 일어나는 성관계나 월경 동안 발생한 것도 있다. 이는 건강하며 정상적인 것이다. 다만 성행위가 하나님의 예배와 연관되는 것만 금지되었다.

제사장들은 성관계나 질병의 어떤 요소도 하나님의 임재에 들어오지 못하게 하라고 이스라엘 백성을 가르쳐야 했다. 이런 가르침은 다산 제의에서 하나님이 주신 이 선물을 남용했던 주변 민족들에 대해 반론을 제기하는 기능을 했다. **부정**함은 분명히 전염성이 있다고 간주되었으며 **부정**한 사람이 만진 물건에도 전염될 수 있었다(4-11절). 부정한 사람이 그 물건에 앉았든지 누웠든지 부정한 배출물의 근원을 접한 모든 것은 자동적으로 부정하다고 간주되었다. 여기는 침상(4절)과 가구(6절), 부정한 사람이 만진 질그릇(12절), 심지어는 그가 탔던 안장(9절)까지 포함되었다.

15:13-33. 또한 본문에서는 남자(13-18절, 먼저 비정상적인 남자에 대해, 그런 다음 정상적인 경우에 대해)와 여자(19-30절, 먼저 정상적인 여자에 대해, 그런 다음 비정상적인 경우에 대해)가 하나님의 임재로 나아가는 예배자로 회복되기 위한 의례에 대해 논하고, 그런 다음 몸의 배출물에 대한 정결 규례를 요약한다(31-33절). 제의적 순수성에 대한 이런 규례의 목적은 건강과 정결이었다. 제사장이 점검해야 할 다른 형태의 부정함(레 13-14장)과 달리, 개인이 스스로 필요한 결정을 하고 나서 규정된 대로 씻고 예배 처소로부터 격

리되는 의례적 치료 절차를 따라야만 했다(13, 16, 21, 22, 27절). 그들이 정결해지려면 **산비둘기나 집비둘기**를 번제와 속죄제로 드려야 했다(14, 29절). 여인이 산후에 드리는 제물과 재료가 동일한 이 제사는 남아 있는 모든 의례적 불순함을 제거했다. 물론 하나님은 절대로 부부 사이의 성관계가 순수하지 않다고 말씀하지 않으셨다(참고. 히 13:4). 다만 그분 앞에서 순결해야 할 필요성을 강조하실 뿐이다.

3. 하나님의 거룩하심 때문에 그분의 백성과 제사장들에게는 속죄일이 필요하다(16:1-34)

오경의 한가운데 있는 레위기에서 다루는 제사장을 위한 지침의 한가운데 욤 키푸르(*Yom Kippur*), 즉 속죄일 절기가 자리 잡고 있다. 여기서 설명하는 의례는 제사장이 집전하는 의례 중에서도 독특하다. 이날은 민족의 의례적 부정함이 하나님 앞에서 온 민족을 위험에 빠뜨릴 수 있음을 상기시켰다. 부정함은 하나님이 그들 가운데 거하시는 장소인 주의 성막(참고. 16:16; 민 19:13, 20)과 그 땅 자체(참고. 18:27)를 더럽혔다. 불순은 하나님이 그들 가운데 계속해서 거하시는 것을 불가능하게 만들 수도 있다(참고. 겔 9:7; 43:7). 부정함이 정화되지 않는다면 하나님의 진노가 일어나 결국 그 땅의 거민이 쫓겨날 수도 있었다(참고. 18:25). 실제로 유다는 바벨론 유수 때 그런 일을 겪었다. 따라서 죄로 인한 부정함과 의례적 부정을 성막으로부터 제거하기 위해 다양한 제사를 드려야 했다.

16:1-19. 하나님은 속죄일에 대한 명령을 아론에게 주시면서 먼저 레위기 10장에 기록된 그의 두 아들의 죽음을 떠올리게 하셨다. 이는 연속적인 실마리 기능을 했다. 여기에 주어진 계명들은 아론의 두 아들이 죽은 직후에 주어졌을 것이다. 또한 논리적 연관성도 있다. 아론의 두 아들은 성막에서 분향하던 중에 죽었다. 또한 이 경우에도 아론은 자신을 보호하기 위해 주의 깊게 규정된 방식으로 향을 바쳤을 것이다(12절). 이 제의에서 가장 중요한 것은 순종이다.

하나님은 그분의 임재에 올바르게 들어갈 수 있는 방법을 알려주셨다. 대제사장이 준비할 사항을 매우 자세히 가르쳐주셨다. 대제사장은 올바른 시간에 와서 자신과 다른 제사장들을 위해 적합한 제물을 가져와야 했다(3, 6절). 보통 제사장들이 거룩한 물두멍에서 떠온 물로 손과 발을 씻어야 했던 반면(참고. 출 30:18-21), 대제사장은 이 행사를 준비하면서 자신의 온몸을 씻어야 했다(4절). 목욕 후에 대제사장은 이때를 위해 마련된 적합한 의복을 입고 적합한 동물을 고르는 절차를 감독해야 했다(5, 7-10절).

두 염소의 운명은 속죄와 속상을 생생히 묘사한다(8-10절). 대제사장은 제비를 뽑아서 각각의 운명을 결정했다(8절). 한 염소는 속죄제로 드려졌다(5절). 그러나 속죄는 [정결하게 제사에서(9절)] 첫 번째 염소가 흘린 피뿐만 아니라 (죄의 제거를 상징하는, 20-22절을 보라) 멀리 보내진 두 번째 염소에 의한 죄와 죄책의 제거에 의해 이루어졌다.

부정(16, 19절)은 도덕으로부터 빗나감을 뜻했다. 이날은 이스라엘 백성에게 1년 중 가장 거룩한 날이 되었다. 왜냐하면 바로 이날 이스라엘 민족의 모든 죄가 대리적 피 제사에 의해 속죄되었기 때문이다. 그와 비슷하게 신약 예배의 중심은 온 인류의 죄를 지신 위대한 대제사장이신 그리스도의 죽음이다. 어떤 의미에서 속죄일은 구약의 성금요일이었다.

제사장이 제비뽑기로 두 염소의 운명을 결정했지만, 그 결정은 주께 달려 있었다(문자적으로, '주를 위해 제비가 그 위로 올라간', 9절). 아론에게 (그리고 나중에는 다른 대제사장들에게) 내리신 지시에 의하면, 첫 번째 제사는 그 자신(11절에서 두 차례 강조됨)과 **집안** 식구들을 위한 속죄제이다. 그런 다음 지성소에 향로를 두어 **향연**을 만들었다(12-13절). 아마도 이 향연의 목적은, 십계명을 담고 있는 언약궤의 뚜껑인 속죄소를 덮어서 하나님의 영광의 임재 안에서 아론을 죽음으로부터 보호하기 위해서였을 것이다(참고. 출 25:22). 이어서 그는 **수송아지의 피**를 가져다가 그것을 **속죄소 동쪽** 옆에 한 번, **속죄소 앞에** 일곱 번 뿌려야 했다(14절). 그 일을 마친 뒤 아론은 백성을 위한 속죄제 염소를 죽여서 그 피를 비슷한 방법으로 뿌려야 했다(15절). 그는 수송아지를 바치는 제사를 마무리하기 전에 염소로 드리는 속죄제나 정결하게 하는 제사를 시작해야 했다.

피를 이렇게 일곱 번 바르는 목적은 성소에서 민족의 부정을 깨끗이 제거하고 하나님의 임재를 상징하는 지성소에서 허물과 죄를 제거하기 위해서였다. 속죄일에 드리는 특별한 속죄제를 포함해 속죄제나 정결하게 하는 제사는 죄와 의례적 부정을 깨끗이 제거하는 역할을 했다(16-22절). 그런 다음 제사장은 **회막**, 즉 바깥 성소로 가서 수송아지와 염소의 피를 분향단에 바름으로써 비슷한 방식으로 회막을 피로 정결하게 했다(16:16; 참고. 출 30:9-10). 이 모든 행동은 다른 어떤 사람 없이 대제사장이 혼자서 했던 행동이었다(17절). 아론은 뜰 밖으로 나가면서 수송아지와 염소의 피를 **제단** 귀퉁이 **뿔**에 발라야 했다(18절). 한 해 동안 민족과 그 제사장들이 그들의 죄와 부정함을 그 앞에 가져왔으므로 이를 통해 제단을 다시 성결하게 했다(19절). 죽인 수송아지와 염소의 남은 시체는 진영 밖에서 태워야 했는데(27절) 이로써 백성의 의례적 부정함을 제거했다.

16:20-34. 살아 있는 염소를 풀어주는 예식(20-22절)은 공동체의 도덕적 잘못을 제거하는 것을 상징했다. 이 의례에서 대제사장 아론은 민족 전체를 대표했다. 그는 **두 손으로 살아 있는 염소의 머리에 안수**하고 이스라엘의 모든 죄를 고백했다(20-21절). 아론이 백성의 죄를 고백하는 데 얼마나 오래 걸렸을까? 아마 몇 시간 동안 고백했을 것이라고 상상해볼 수 있다. 모세의 고백(참고. 출 32-24장)은 아론의 기도에 어떤 내용이 포함되었을지 짐작할 수 있게 해준다. 이 행동은 염소와의 동일시라기보다는 죄의 전가를 상징할지도 모른다. NASB에서 희생양(8절)으로 번역된 단어는 **아사셀**['떠나는 염소' 혹은 '광야 염소'라는 뜻이거나 일부에서 주장하듯 귀신의 이름]이다. 염소가 아사셀을 '위한' 혹은 아사셀'에게' 주는 것이라고 말하기 때문에 일부에서는 이를 광야에서 사는 귀신을 가리키는 말로 본다(참고. 후대의 유대 문학에 아사셀을 언급한 곳으로는 에녹서 8:1; 9:6이 있다). 이 경우에 죄를 그것을 만든 이, 귀신들의 왕한테 돌려보낸 셈이다. 그러나 성경 어디에도 공경이나 제물을 귀신에게 바치라고 권하지 않으며, 레위기 17:7에서는 그런 행동을 가증스럽다고 묘사하면서 계속되어서는 안 된다고 말한다. 대안으로 아사셀이라는 용어를 '완전한 파괴'로 번역할 수 있다는 주장이 있다. 제2성전기 전승(m. Yoma 6:6)에서는 그 동물을 벼랑(아사셀의 또 다른 의미는 '바위 절벽'임) 끝에서 밀거나 다시 돌아오지 못하게 하기 위해 산으로 보내서 죽게 했다고 주장한다. 이 경우에 대제사장은 염소를 **광야로** 보내서 죄도 함께 가져가게 한 셈이다(21-22절). 이 사건의 공적 성격이 염소가 죄를

대제사장의 사역과 위대한 대제사장의 사역

대제사장	위대한 대제사장
절기와 초하루, 안식일은 그림자일 뿐이다(골 2:17a).	그리스도는 이 그림자 뒤의 실체이시다(골 2:17b).
대제사장은 율법을 통해 백성이 하나님께 나아갈 수 있도록 매개한다(레 8-10장).	그리스도는 율법의 성취이자 목적[텔로스(*telos*)]이시다(히 3:1-3; 4:14; 7:17-21; 9:15).
속죄제는 반복적인 죽음과 제사를 요구했다(레 4:1-35).	그리스도는 마지막 속죄제이시며 따라서 완벽한 희생제물이시다(롬 3:25; 히 7:27; 9:26-28).
바친 제물은 제사장과 그의 가족(레 16:6, 17), 이스라엘 백성(16:17), 지상의 성막(16:16, 20, 33)을 정결하게 했다.	그리스도의 희생제물은 천상의 성막에 있는 (히 9:23-5; 사탄의 반역에 의해 더러워진?) 천상의 '것들'과 믿음으로 나아오는 이들의 양심을 깨끗하게 하셨다. 그리스도를 위해서는 정결하게 하는 제물이 전혀 필요 없었다!
대제사장은 이 역할을 맡음으로써 자신을 영화롭게 하지 않았지만, 그는 택함을 받았다(시 5:4).	레위인 대제사장에게 적용되는 것이 하나님께 택함을 받으신 더 위대한 대제사장 그리스도께도 적용된다(히 5:5-6).
아론의 계통을 따라(히 5:4; 7:23)	멜기세덱의 반차를 따라(히 7:17, 23-25)
맹세 없이 제사장직을 맡음(히 7:21).	주의 맹세에 의해 제사장직을 맡으심(히 7:20-28).

가져가버렸음을 분명히 말해주기 때문에 이것이 최선의 해석인 것으로 보인다.

그런 다음 아론은 회막으로 돌아와서 옷을 벗고 두 번째로 제의적 목욕을 했다(23-24절). 아마도 희생양과 접촉하여 더러워졌기 때문에 그는 남은 일을 하기에 부적합해졌을 것이며, 따라서 다시 한 번 몸을 씻어야 했을 것이다. 이는 희생양을 보낸 사람도 제의적 목욕을 해야 했다는 점과 조화를 이룬다(26절). 이유가 무엇이든 두 번째로 목욕을 한 후 제사장은 속죄제를 마무리했다(25절).

이 영원한 **규례**(29a절)에는 이날이 **안식일 중의 안식일**이라는 말씀도 포함되었다(31절). 예배하는 이들로 하여금 삶의 영적 현실에 집중하도록 만들기 위해 삶의 필수적인 두 기능(먹기와 일하기)이 중단되었다. 이날에 예배하는 이들은 그들의 생각에서 세상에 대한 걱정과 관심(주로 물질적인)을 제거하고 하나님이 그들의 영적 삶을 위해 무엇을 제공하셨는지에 초점을 맞추어야 했다. 속죄일 이면에서 생동하는 힘은 예배하는 사람의 참회하는 마음이었다. 피 흘림의 제사와 죄의 제거를 통해 이뤄진 속죄가 회개하는 죄인이 하나님께 나아갈 수 있는 유일한 길을 마련했다. 하나님은 민족적 애도와 회개의 날이었던 그날 하나님께 나아가는 이들이 통회할 것을 기대하셨다.

속죄일을 안식일로 지켜야 했으므로 그날은 아무 일도 해서는 안 되었다(참고. 23:26-32). 이 안식일을 지키지 않는 사람은 누구든지 자기 **백성 중에서 끊어질 것**이다(23:29). 또한 이날은 사람들이 **스스로 괴롭게** 해야 하는 날이었다(16:31; 23:27; 참고. 민 29:7). 여기에는 금식이 포함되었을 수도 있다. 따라서 이날은 애도와 금식, 회개로 보내는 유일한 축일이었을 것이다. 이 장을 마무리하면서 안식일 준수를 다시 한 번 촉구하고 이날 해야 할 일을 전체적으로 다시 한 번 정리한다(29-34절). 이러한 예식들은 공적이고 엄숙함을 느끼게 했지만 죄를 완전히 해결하기에는 불충분했다(히 10:4). 어떤 이들은 속죄일, 욤 키푸르가 의도적인 죄만 덮는다고 이해한다. 이런 죄에 대해서는 레위기에 어떤 제사 규정도 없기 때문이다. 하지만 이날을 한 해 동안 성소와 백성 가운데 축적되어 온 모든 의례적 부정과 도덕적 잘못을 진영과 성소로부터 제거하는 '정화의 날'로 이해하는 편이 더 나을 것 같다. 그런 의미에서 죄는 '속죄'되었지만 '화해'되지는 않았다(보상을 통해 죄책이 제거되었지만 죄에 대한 하나님의 진노는 아직 남아 있다 —옮긴이 주). 화해를 위해서는 대제사장이자 희생제물로서 자신을 흠 없이 바칠 수 있는 메시아의 마지막 제사를 기다려야 했다(히 9:11-14). 그런 의미에서 수송아지와 염소의 피는 인간의 죄 문제를 절대로 완전히 해결하지 못했다. 해결할 수 있었다면 메시아가 죽으실 필요가 없었을 것이다.

이스라엘의 속죄제를 위한 두 염소 모두 장차 오실 메시아 예수 그리스도의 죽음을 상징했다. 죽임을 당한 염소는 그리스도의 죽음을 상징했다. 진영 밖으로 내몰려 다시는 돌아올 수 없도록 광야로 보내진 염소는 메시아께서 세상의 죄를 지실 때 성부로부터 분리되셨던 그분의 훨씬 더 큰 고통을 상징했다(히 13:11-13). 이 구약의 제사는 죄인의 대속물로서 주께서 행하신 속죄 사역의 가장 무시무시한 측면 중 하나를 반영한다.

신약에서, 특히 히브리서에서는 예수의 죽음이 구약의 제사보다 더 우월함을 강조한다. 예수 그리스도는 아론과 이스라엘의 모든 대제사장보다 훨씬 더 우월하시다. 아론은 죄인이었지만 예수는 죄가 없으시다. 그분은 자신을 위해 제사를 드릴 필요가 없으셨다(참고. 히 7:26-28). 아론은 죽었지만, 그리스도는 영원히 살아 계신다(참고. 히 7:15-25).

Ⅱ. 주의 임재를 선포하는 거룩한 땅과 거룩한 백성을 보존하기 위한 하나님의 명령(17:1-27:34)

A. 제물에 대한 명령을 상기시키다: 하나님께만 제사 드릴 것, 피를 거룩하게 여길 것, 정결한 상태로 하나님께 나아갈 것(17:1-16)

1-16장에서는 이스라엘을 하나님으로부터 분리시키는 죄와 제의적 부정에 대한 하나님의 명령에 초점을 맞추었지만, 17-27장에서는 그 명령을 위반한 사람들에게 아무런 구제 수단이 없는 명령에 초점을 맞춘다. 17장은 의례에 대해 제사장들이 지켜야 할 명령과 이스라엘에게 기대되는 행동 사이에서 가교 역할을 한다. 이 장에서는 앞 장들에서 하나님이 주신 명령을 위반한 이들에 대한 세 가지 경고를 제시한다. 첫째, 모든 제사를 오직 주께 드리고 다른 누구에게도 드리지 말

라(1-9절). 둘째, 하나님이 특수한 기능을 위해 구별하신 피를 먹지 말라(10-14절). 셋째, 자신을 정결하게 하는 일을 게을리하지 말라.

17:1-9. 첫째, 희생제물의 피의 거룩함에 대해 설명하시면서 하나님은 이스라엘 백성에게 거짓 예배와 피의 중요성을 무시하는 것에 대해 경고하셨다(1-4절). 하나님의 백성은 그분을 경외하는 마음으로 피를 (생명과 구속의 상징으로서) 다루어야 했다. 마찬가지로 오늘날 그리스도의 피를 거룩하게 여기지 않는 신자들은 준엄한 책망을 받는다(참고. 히 10:19-27). 오직 한 분이신 살아 계신 참 하나님께 드린 제사만 받아들여질 수 있다. 하나님의 백성은 오직 하나님께만 제물을 드려야 한다. 거짓 신들에게 제사를 바치는 것(첫 번째 계명을 위반하는 우상숭배 행위)을 막기 위해 제사를 위한 모든 도살은 성막에서 이루어져야 했다. 이를 어긴 사람들은 공동체로부터 쫓아내야 했다(참고. 7:20-21). 성막으로 제물을 가져오게 한 목적은 주님이 아닌 다른 모든 신에게 제사를 드리는 행위를 중단시키기 위해서였다. 이는 염소 귀신(개역개정에서는 숫염소—옮긴이 주)으로 묘사된 거짓 신들과 연관이 있다(7절). 결국 성전이 세워진 후, 특히 규정된 절기와 관련해 제물을 죽이는 장소가 예루살렘으로 집중되었다. 추가적인 규례(참고. 신 12:15-16, 20-28)를 통해 이스라엘 백성으로 하여금 그들의 성안에서 제사와 다른 방식으로 도살된 동물의 고기를 먹을 수 있게 했다. 하지만 제물이 된 동물은 예루살렘에서만 도살해야 했다.

17:10-14. 육체의 생명은 피에 있으며(11절), 주께서는 제단에 그것을 바치는 사람의 생명을 속하는 기능을 피에 부여하셨다. 신자들은 하나님만이 모든 육체의 생명에 대한 권리를 가지고 계심을 인정한다. 하나님의 백성은 피를 생명과 구속의 상징으로서 거룩하게 다루어야 했다. 이는 이스라엘 백성이 사냥으로 잡은 동물의 피를 다 흘리게 해야 함을 의미했다. 동물에게 피가 흐를 때마다 모든 육체의 생명이 하나님의 것임을 기억해야 했다. 살아 계신 하나님을 신실하게 예배하는 사람은 생명이 그분의 것임을 인정하고 그분께만 제사를 드릴 것이다. 이런 명령을 준수하지 않는 것에 대한 처벌은 끊어지는 것이었다(10,14절). 이 단락은 다시 한 번 그리스도의 속죄를 가리킨다. 그리스도께서 그분의 생명을 많은 사람을 위해 대속물(생명을 대신하는 생명)로 주셨기 때문에(막 10:45), 우리는 참 하나님이 아닌 다른 무언가나 누군가를 예배함으로써 그리스도의 피를 땅바닥에 놓고 짓밟아서는 안 된다. 사냥한 동물의 피조차도 먹어서는 안 된다(13절). 하나님은 자신의 백성이 살아가는 모든 영역에서 충성을 받으실, 변함없고 독점적인 권리를 갖고 계신다. 이는 오직 하나님만이 갖고 계신다.

17:15-16. 자연적으로 죽거나 다른 동물의 공격을 받아서 죽은 동물을 먹을 수 있지만, 제사장은 먹을 수 없었다(참고. 22:8). 그러나 그런 고기를 먹는 사람은 (의례적으로) 부정하다고 간주되었다.

B. 공동체의 거룩에 대한 권고: 하나님의 백성은 성적, 사회적, 윤리적 삶에서, 그들의 예배를 받으실 배타적 권리에 대해 하나님께 영광을 돌려야 한다 (18:1-20:27)

1. 그분의 백성은 성별된 성으로 하나님께 영광을 돌려야 한다(18:1-30)

18:1-5. 주께서는 이스라엘 백성에게 언약에 대한 충성의 문제로서 애굽 사람들과 가나안 사람들의 관습을 따르지 말 것을 경고하라고 모세에게 말씀하셨다. 하나님이 이 점에 대해 가나안 백성들의 죄 때문에 그들을 심판하시듯이 하나님의 언약을 깨뜨린 이스라엘 백성도 똑같이 심판을 받을 것이다. 하나님의 백성은 주께 속해 있기 때문에 그들은 그분의 명령을 충실히 지킴으로써 이방 세계로부터 자신들을 구별해야만 했다.

하나님의 백성은 세상의 타락하고 비천하며 가증스러운 행위를 삼가야 했다. 이 명령은 의례적 예배뿐만 아니라 성적인 행위에도 적용되었다. 성에 대한 율법의 목적은 이웃한 민족들 중에서 이스라엘의 정체성을 강화시키는 것이었다. 이방인이 이스라엘의 일원으로 받아들여졌다면, 그들은 이렇게 확립된 명령을 위반하지 않겠다는 조건하에서만 받아들여졌다(참고. 18:26; 20:2). 위반에 대한 처벌에는 죽음(참고. 20:2, 9-16)과 민족이 소유한 땅의 몰수(참고. 18:25)가 포함되었다.

18:6-18. 여기서는 모두 함의 자손인 가나안 사람들과 애굽 사람들의 악을 반영하는 성적 행위에 대해

경고한다(3절). 이 민족들의 삶에서 종교와 관련된 성매매, 근친상간, 동성애, 다양한 난교 제의가 흔히 나타났다. 가나안에서 섬기는 신들은 특히 저속했으며 도덕적 성품이라고 할 만한 것이 없었다. 가나안에서는 아동을 제물로 바치는 행위, 뱀을 예배하는 행위, 종교와 관련된 성매매(남성과 여성 모두)가 다른 민족들 중에서는 볼 수 없는 규모로 일어났다. 나중에 이스라엘은 이런 경고에 주의하지 않았으며 안으로부터 타락하고 말았다.

금지 명령은 (다수의 현대 근친상간 관련법보다 더) 구체적이며 정언적인 성격을 띤다(**너는…하지 말라**). 6절은 근친상간 금지에 대한 일반적 진술로 시작되며 7-18절에서는 이 진술이 구체적인 상황에 적용된다. **하체를 범하**는 것은 성관계를 완곡히 표현하는 말이다. **살붙이**는 문자적으로 '살 중의 살'인 사람, 즉 가족의 경계 안에 있는 사람들이다. 금지 명령은 직접적이며, 자신의 생모(7절)와 계모(8절), 생모의 딸이든 계모의 딸이든 누이(9, 11절), 아들의 자녀이든 딸의 자녀이든 손녀(10절), 삼촌이나 숙모(14절), 며느리(15절), 형제의 아내(16절), 한 여자와 그의 딸이나 손녀(17절)가 포함된다. 이런 관계를 일컬어 **악행**[품위 없거나 수치스러운 행위]이라고 말한다.

18:19-23. 어떤 이들은 19-23절의 사례들을 사람의 씨(정액)를 잘못 사용한다는 공통점으로 묶을 수 있다고 주장해왔다[예를 들어, Roy Gane, Leviticus, Numbers, NIVAC (Grand Rapids, MI: Zondervan, 2004), 320-321]. 월경 중인 여자와 성관계를 할 때 남자는 부정해졌다. **이웃의 아내**에게 접근하는 것을 금지한 것도 같은 이유로 이 목록에 포함된다. 그런 행동은 출애굽기 20:14의 위반이며, 결혼이라는 언약 안에서 자신의 몸을 맡겨진 목적에 맞게 사용하지 않는 것이기도 하다. 놀랍게도 이 금지 명령은 아동을 제물로 바치기 위한 목적으로 **자녀를 몰렉에게** 주지 말라는 금지 명령과 나란히 배치되어 있다(21절). 22-23에서는 동성애와 수간을 분명히 정죄한다. 뒤에 나오는 레위기 20:13, 15-16에서는 이 명령을 반복하면서 사형의 처벌을 추가한다. 게인(Gane)은 이렇게 설명한다. "여기서 우리가 해야 할 일은 성경을 다시 쓰는 것이 아니라 성경이 말하는 것을 이해하는 것이다. 우리가 좋아하든 그렇지 않든 성경은 현대 서구에서 강요하는 정치적 올바름이라는 잣대에 제한을 받지 않는다"(321쪽). 이런 행동을 정죄한 것은 단지 그것이 이교 예배와 관련되었기 때문이 아니라 이런 행동 자체가 비도덕적이기 때문이었다.

레

18:24-30. 하나님의 백성은 하나님이 그분의 거룩하심 때문에 이교도들의 저속한 행동에 대해 심판을 내릴 수밖에 없으심을 기억해야만 했다. 가증스러운 삶을 사는 이들에게 하나님은 그들의 행동에 대해 책임을 물으실 것이다. 마찬가지로 오늘날 하나님의 백성은 언약의 하나님에 대해 신실함을 지켜야 하며 세상의 관습에 참여해서는 안 된다. 그렇지 않으면 그들은 자신들의 죄에 대해 징계를 받을 것이다. 구약 신학에서는 백성의 죄가 그들 자신에게 떨어질 뿐만 아니라 땅에 대해서도 영향을 미쳤다(27절). 그 땅 자체가 하나님의 거룩한 소유였기 때문에(참고. 출 19:5; 레 25:23), 그 땅에서 하나님의 거룩하심을 더럽히는 일을 행할 때 이는 땅에 중대한 영향을 미쳤다. 땅 자체가 그들을 **토해**낼 것이며(28절) **이 가증한 모든 일을 행하는** 사람들은 하나님의 언약 **백성 중에서 끊어**질 것이다(29절).

사도행전 15장에 기록된 예루살렘 공의회에서는 이러한 레위기의 명령을 따라서 이방인 그리스도인들이 피해야 할 죄를 강조했다. 이 목록에는 귀신에게 바친 음식을 먹는 것(참고. 17:3-9)과 적절하지 않게 도살된 고기 안에 있는 피를 먹는 것(17:10-14), 성적 부도덕 전반(18장)이 포함되었다. 비록 그리스도인들이 그리스도를 통해 그들 안에 있는 죄의 능력으로부터 자유롭기는 하지만(참고. 롬 6장), 그들이 이런 규정에 대해 면제를 받았다고 주장할 만한 타당한 이유는 없어 보인다.

2. 그분의 백성은 성별된 사회적, 윤리적 실천으로 하나님께 영광을 돌려야 하며, 하나님이 그들의 삶에 반영된 그분의 거룩하심을 볼 수 있어야 한다 (19:1-37)

19:1-4. 다시 한 번 **여호와께서 모세에게 이스라엘 온 회중을** 위한 명령을 주셨다(2절). 이 율법의 본질은 그것을 주신 하나님의 본질과 밀접하게 연결되어 있으며, 그것을 지킬 때 이스라엘은 그들의 주님을 반영할

것이다. 하나님은 이스라엘에게 **거룩한**(구별된, 성별된) 실천을 통해 그분을 모방함으로써 가족처럼 그분을 닮은 백성으로서 스스로를 구별하라고 말씀하셨다(2절). 이스라엘 백성은 단지 의례와 제사에 대한 명령을 준수할 뿐만 아니라 의로운 삶을 살아야 했다. 의례에 대한 광범위한 명령을 보면서 제사만 드리면 거룩하신 하나님과 관계를 맺기에 충분하다고 잘못 생각할 수도 있다. 레위기 19장에서는 서로 분리되어 있는 듯 보이는 많은 율법들이 이 진리와 연결되어 있음을 강조한다. 십계명은 삼중적 명령으로 요약된다. '율법을 지키라': 부모를 공경하라, 안식일을 지키라, 우상을 만들지 말라(1-4절). '예배를 통해 하나님의 선하심을 찬양하라': 화목제물을 드리라(5절). '가난한 이들을 돌보라': 가난한 이들이 이삭을 주울 수 있도록 배려하라(9-10절).

하나님은 본질적으로 악과 분리되어 계시며, 따라서 하나님의 백성은 그분의 거룩하심을 따라 악을 멀리하게 하는 그분의 계명을 지켜야 한다. 신실한 신자는 하나님이 그분의 권위로 직접 자신의 부모에게 주신 정당한 권위를 인정하고 존중한다(3a절). **안식일을 지키라**는 명령(3b절)은 이 특별한 날에 대한 명령에 따라 이날을 지키라는 뜻이다. 그렇게 함으로써 그들은 인간을 위한 안식일 규정이 포함된 언약을 세우신 하나님께 충성하는 모습을 보여주었다(참고. 출 20:8-11). 그리고 하나님은 한 분 참 하나님이시며 이스라엘의 주님이시기 때문에 부어 만든 신상을 우상으로 삼는 것은 잘못된 일이었다.

19:5-8. 레위기 3:1-17과 7:11-21에서 자세히 설명했던 **화목제물**을 위한 의례를 여기서 다시 언급하는 까닭은 신자들에게 하나님과의 화목을 기뻐할 때조차도 거룩하게, 하나님의 명확한 계명에 주의해서 행해야 함을 상기시키기 위해서이다. **셋째 날**까지 제물을 먹는다면 제물을 드린 사람은 자기 **백성 중에서 끊어**질 것이다(8절).

19:9-18. 신자들은 자신만큼 넉넉하지 못한 이들의 필요를 채움으로써 하나님을 닮은 사회적 행동을 보여준다(9-10절). 한 사람이 얼마나 너그러운가는 그가 가난한 이들과 이방인이 이삭줍기를 할 수 있도록 자신의 밭에 남겨둔 곡식의 양을 통해 확인할 수 있었다. 그와 비슷하게 오늘날 한 사람의 우선순위는 그 사람의 지출 목록을 통해 확인할 수 있다.

신자들은 서로를 선의로 대한다. 그들은 **도둑질**하지 않는다(11절; 참고. 출 20:15). 그들은 거래와 개인적 윤리에 있어서 정직하고 공정하다(11-16절). 이는 하나님이 의로우시며 그분의 성품이 그들이 날마다 하는 결정을 규정하기 때문이다. **거짓 맹세**는 그들이 하는 말의 특징이 아니다(12절; 참고. 출 20:16). 하나님을 속이기 위해 맹세를 구실로 삼아서는 안 된다. 신자들은 마땅히 주어야 할 품삯을 착취하거나 미루지 않는다(13절). 착취하지 말라는 비슷한 금지 명령은 신명기 24:14-15과 잠언 22:16에도 기록되어 있다. 신자들은 다른 이들의 소유를 의도적으로나 무력으로 취하지 않는다. 신자들은 모든 사람을 공평하게 대해야 한다. 그 누구도 이용해서는 안 된다. 또한 신자들은 청각장애인과 시각장애인을 존중해야 한다(14절).

그리고 신자들은 편파적으로 판단해서는 안 된다(15절). (가난하든 부유하든) 사회 안에서 한 사람의 지위 때문에 그 사람을 편애해서는 안 된다. 공의를 위해 모든 사람을 공명정대하게 대해야 하며 고자질을 멀리해야 한다. 다른 이들을 사랑한다는 것은 신자들이 개인적인 원한이나 증오를 품지 않는다는 것을 뜻한다(17-18절). 이런 율법들은 십계명의 근본 원리를 재차 강조한 것인데 출애굽기 20장의 맥락을 넘어서 더 구체적인 상황으로 이 원리를 확장시켰다.

19:19. 이 절이 무관해 보이는 많은 계명들과 하나로 묶여 있는 까닭은 분명하지 않다. 19절에서는 두 종류의 가축을 교미시키거나 두 종류의 씨앗을 섞어 뿌리거나 모직과 면직처럼 다른 재료를 섞어서 짠 옷을 입는 것을 금한다. 이런 계명을 주신 이유는 아마도 하나님의 백성으로 하여금 그들이 그분께 구별되어 있음을 상기시키기 위해서였을 것이다. 그들은 하나님이 만드신 구별을 지킴으로써 하나님의 거룩함을 따라야 했다. 비슷하게 하나님은 이스라엘에게 성막에서 사용하는 기름과 향품을 섞는 것도 금지하셨다(참고. 출 30:32-38).

19:20-22. 만약 한 남자가 여종과 **동침**했다면 그의 죄는 **숫양**을 **속건제**로 드림으로써 속죄할 수 있었다.

19:23-25. 히브리인들은 약속의 땅에 들어가서 **과**

목을 심은 후에 3년 동안은 그 열매를 먹지 말아야 하며, 넷째 해에는 열매를 **여호와께** 드려야 했고, **다섯째 해**에 비로소 그 열매를 먹을 수 있었다. **넷째** 해의 열매는 일종의 첫 열매의 제물로서 주께 특별히 드렸다. 이는 하나님이 아담과 하와에게 선악을 알게 하는 나무의 열매를 먹지 말라고 하신 말씀을 떠오르게 한다(참고. 창 2:17). 하나님이 모든 것의 주인이심을 인정하는 신자들은 그분이 그들에게 무엇을 요구하시든 기꺼이 그분을 예배한다.

19:26-31. 이 단락은 죽은 자와 관련된 종교적 제의를 가리키는 것으로 보인다(참고. 신 14:1-2; 렘 16:6; 암 8:10). 26절의 히브리어는 문자적으로 '너희는 피를 먹지 말라'라는 뜻이다. 이것은 피를 먹지 말라는 금지 명령의 반복일 수도 있고, 이교 예배의 특정 부분에 참여하지 말라는 경고일 수도 있다. 머리와 수염을 깎거나(렘 9:25-26; 25:23) 몸에 문신을 하는(28절) 것 같은 이교의 관습은 주께서 가증스럽게 여기는 행위였다. 성매매(29절), 점술(26, 31절), **신접한 자**를 찾는 행위(31절; 참고. 레 20:6)도 금지되었다. 이교의 관습으로부터 자신을 분리하고 그렇게 함으로써 하나님의 자녀라는 차별성을 유지하는 것이 중요했다.

19:32-37. 신자들은 다른 이들에게 친절하며 정의로운 태도를 보여줌으로써 하나님의 거룩하심을 따라야 한다. 여기에는 **노인**을 공경하고 (외국에서 온 거류민처럼) 가난한 이들에게 친절을 베풀고(32-34절) 거래할 때 윤리적인 태도를 취하는 것(35-37절) 등이 포함된다. 오늘날 무게와 치수는 기업 윤리에서 가장 중요한 자리를 차지하지는 않지만, 식료품점에서 상품을 전보다 조금씩 포장함으로써 소비자에게 같은 가격으로 더 적은 양을 제공하는 일이 일어나고 있다. 문제는 더 적은 양을 제공하는 게 아니라 마치 같은 값어치를 지닌 것처럼 제시한다는 점이다.

따라서 레위기 19장에서 하나님의 백성은 그분의 계명(율법의 문구)을 지킴으로써, 사랑(율법의 정신)으로 다른 사람과 관계를 맺음으로써, 세상으로부터 구별되어야 한다는 그분의 기준(율법의 요구)에 따라 삶으로써, 다른 이들에게 그분의 자비와 공의를 보여줌(율법을 마음에 적용함)으로써 그분의 거룩하심에 일치함을 보여주어야 했다.

3. 그분의 백성은 성별된 예배와 가정생활의 독특한 특징으로 하나님께 영광을 돌려야 한다 (20:1-27)

이 장에서는 이방 종교의(우상숭배의) 죄와 성적인(근친상간이나 수간과 관련된) 죄가 언약 공동체 안에서 발견되었을 때 이스라엘이 이를 어떻게 처리해야 하는가에 대한 처벌 규정을 자세히 설명한다. 18장에서는 땅을 더럽히는 위험한 행위를 규정하고 이를 금지했으며, 20장에서는 이런 행위에 대한 처벌을 규정한다. 처벌의 종류에는 주께 저지른 범죄에 대한 처벌(1-8절)과 이스라엘 가족 가운데 행한 범죄에 대한 처벌(9-21절)이 있었다. 금지 명령의 순서는 얼핏 보기에는 아리송하지만 규정된 처벌의 무게가 그 기준이다. 9-16절에서는 사형에 해당하는 행동을 열거하며, 17-19절에서는 공동체로부터 쫓아내야 할 범죄를 열거하고, 20-21절에서는 불임이나 자녀를 얻지 못하는 처벌을 받는 범죄를 다룬다.

20:1-8. 중대한 죄에 대해서는 사형으로 처벌해야 했으며(예를 들면 돌로 쳐서, 2절), 그 목적은 그런 행위를 저지르지 못하게 하기 위해서였다. **몰렉**을 예배하는 이들은 희생제사로나 성적으로 자기 자녀(참고. 18:21)를 바쳤다(2, 4절). 몰렉은 요단 동편에 사는 암몬 족속의 신이었다(참고. 왕하 23:10; 렘 32:35). 이런 행위에 참여하는 이들은 하나님이 부모에게 맡기신 소중한 생명에 대한 책임을 철저히 무시하는 태도를 드러냈다. 더 나아가 이런 행동은 성막(하나님의 **성소**)과 하나님의 이름(**성호**, 3절)을 더럽혔다.

또한 이 장에서는 강신술, 부모를 저주하고 그들에 대해 무례한 태도를 드러내는 행위('신들'의 이름으로 누군가의 부모에게 재앙이 내리기를 비는 행위), 간음(이스라엘 가정을 파괴시키는 행위), 근친상간, 동성애, (고대 근동에서 흔했던) 수간을 비롯해 거짓 예배에서 생겨나는 많은 죄 된 행동도 열거했다. 오늘날에도 너무 많은 목회자들이 일련의 목록(율법주의적 규정)으로 불신앙의 증상(이교적 생활 방식)을 치료하려고 한다. 그들이 정말로 해야 할 일은 문제의 뿌리, 즉 거짓 예배가 거짓 행동을 낳는다는 원리를 직시하는 것이다.

고대 근동의 종교에는 접신과 다양한 귀신 숭배를 비롯해 마법과 미신이 넘쳐났다(2-6절). 이 부분에서는 아동을 희생제물로 바치는 몰렉에 대한 거짓 예배와 강신술에 대해 경고한다. 주께 거룩한 삶을 살기 원한다면 신자들은 이교 신앙을 거부해야 한다. 이 장 전체에서 도덕적 실패에 대해 반드시 심판하시겠다는 하나님의 약속이 반복되고 있음을 인식해야 한다. **내가… 그를 그의 백성 중에서 끊으리니**(3, 5-6절). 또한 주님의 정체성(**나는 너희의 하나님 여호와이니라**, 7, 24절)과 그분의 거룩한 성품(8, 26절)이 이런 명령을 지키게 하는 동기로 거듭 제시되고 있음을 인식해야 한다.

접신(6절)은 마술을 부려 미래를 예언하거나 미래의 사건에 영향을 미치기 위한 목적으로 영혼을 불러내는 행위를 말한다(참고. 삼상 28:7). 이런 행위는 언약의 위반으로서 성매매와 비교되었다. 접신의 마술을 행한 사람들은 사형에 처해졌다. (18장부터 시작되는 이 부분 전체와 마찬가지로) 이 단락에 제시된 명령의 근거는 주의 거룩하심을 상기시키는 말씀을 통해 보강되었다(7-8절). 하나님은 그분의 율법을 지키라고 자주 권고하셨다(참고. 18:4-5, 26; 19:37).

그러나 여기서는 레위기에서 처음으로 하나님이 이스라엘을 거룩하게 하시는 분임을 밝힌다(**나는 너희를 거룩하게 하는 여호와이니라**, 8절). 이스라엘 백성이 여호와의 규례를 지킬 때 그분은 그들을 거룩하게 하셨다. 이 말씀을 통해 거룩하라는 하나님의 부르심을 되새기면서 주께 거룩한 삶을 살기 위해 이교적 신념과 행위를 피해야 한다. 예배와 의식은 결국 그것을 행하는 이들의 생활 방식에도 영향을 미친다. 이교도처럼 믿고 예배한다면 결국 그 사람은 이교도처럼 살 것이다. 해결책은 단순히 이교도처럼 살기를 그치는 것이 아니다. 이것은 표면적인 문제만 다룰 뿐이다. 해결책은 신령과 진정으로 주를 예배하는 것이다(참고. 요 4:24).

20:9. 누군가의 부모를 저주하는 것을 금지했고 이를 어기는 사람은 사형에 처해졌다. 이 명령이 거룩에 대한 율법에 이어졌는데, 부모를 공경하라는 명령이 제5계명으로 주어졌기 때문이다(참고. 19:2-3). 이런 저주는 화가 나서 하는 말에 그치지 않는다. '저주하다'는 '공경하다'의 반대말이었다. '공경하다'라는 말은 누군가의 부모에게 그들이 마땅히 받아야 할 권위와 관심을 드리는 것을 뜻했다. '저주하다'는 그들의 권위를 가벼이 여기거나 경멸하는 태도로 그들을 대하는 것을 뜻했다. 그 과정에서 '신들'이 누군가의 부모에게 화를 내리기를 비는 경우도 있었다. 비록 랍비 전통에서는 이런 형을 거의 집행하지 않았다고 하지만, 누군가의 부모를 저주하는 것은 사형에 해당하는 범죄였다(참고. 출 21:17; 잠 20:20; 마 15:4). 하나님은 그분의 율법을 주시면서 그분께 순종하라는 권고가 가족 관계에 대한 명령에 뒤따라 나오게 하셨다. 만약 자신의 부모를 공경한다면 여기에서 지적하는 많은 범죄들은 일어나지 않을 것이다.

20:10-21. 10-21절에 열거된 죄들은 본질적으로 18장에서 설명했던 바로 그 죄들이다. 여기서는 그런 범죄에 대해 규정된 처벌에 초점을 맞춘다. 사형에 해당하는 범죄에는 간음(10절)과 남자와 **그의 아버지의 아내** 사이의 근친상간(11절), 남자와 **그의 며느리** 사이의 근친상간(12절), 남자들의 동성애(13절), 수간(15-16절)이 포함되었다. 이런 죄는 사적인 성격을 띠지만 그럼에도 주께 저지른 범죄이다.

남자와 짐승의 수간에 대한 사형은 남자와 여자의 수간 행위 모두에 대한 처벌로 교정되었다(15-16절). 하나님은 세상을 질서 있게 창조하셨으며(창 1-2장), 이런 행위는 성을 만드신 그분의 의도를 위반하는 행위였다. 가까운 친척의 벌거벗은 몸을 범하는 것은 하나님의 의도에서 벗어난 행위로서 그분이 약속하신 복에서 배제되는 벌을 받았다. 월경 중인 여자를 가까이하는 것에 대한 처벌(이스라엘 백성 중에서 끊어짐)은 앞에서도 지적했지만(참고. 15:24; 18:19) 여기서 처음으로 시행되었다.

20:22-27. 이 장의 마지막 단락에서는 주님과 그분이 거룩하게 하신 **땅**의 관계와 그분의 백성이 스스로를 다른 민족들과 구별하기를 바라시는 그분의 마음을 강조한다. 하나님의 '거룩한 공간'은 성막 안에 있을 뿐만 아니라 그분의 성막을 위해 따로 마련해두신 그 땅 안에 있었다. 이스라엘은 주의 규례에 순종하는 조건으로 그 땅 안에서 특권적 지위를 약속받았다. 하나님은 이 목적을 위해 그들을 구별하셨으며(26절), 그들이 그분의 백성인 것처럼 행동해야 한다는 것이 그분의 기대이자 요구였다. 그들은 정말로 하나님의 것이었기 때문이다.

C. 거룩한 (구별된) 물건이나 사람들과 그들의 거룩함을 유지하기 위한 규례(21:1-27:34)

1. 제사장이나 거룩한 제물이 더럽혀지거나 자격을 상실하게 되는 경우에 대한 문제(21:1-22:33)

a. 제사장과 대제사장의 자격(21:1-24)

지금까지 주께서 주신 명령에서 거룩에 대한 권고는 백성 전체를 향한 것이었다(참고. 17:2; 18:2; 19:2; 20:26). 21-22장에서는 제사장이 더럽혀져서 자격을 잃어버리는 경우와 제물로 바칠 동물에게 필요한 자격과 관련된 세 가지 문제를 다룬다.

이 두 장의 구조는 22:1-16에서 제사장들에게 하나님의 거룩한 성소가 더럽혀져서는 안 된다고 하셨던 말씀의 핵심을 재차 강조한다.

A. 제사장을 섬김에 적합하게 만드는 자질(21:1-15)
  B. 제사장을 섬김에 적합하지 못하게 만드는 결함(21:16-24)
    C. 거룩한 공간을 더럽혀짐으로부터 보존해야 한다(22:1-16)
  B'. 동물을 제사에 적합하지 못하게 만드는 결함(22:17:-25)
A'. 동물을 제사에 적합하게 만드는 자질(22:26-33)

이 구조가 지닌 힘은 가운데 항목(C)에 집중되며, 이로써 성막 안의 거룩한 공간이 더럽혀지지 않도록 막아야 할 제사장의 의무를 강조한다. 이는 제사장들이 하나님께 나아가는 거룩한 공간을 유지하기 위한 기준을 집행할 때 경계를 늦추지 않도록 했다. 그 교훈은 진영 전체에 확대되었다. 하나님이 죄인들과 함께하신다면, 이를 위해서는 하나님께서 내려주신 조건이 반드시 충족되어야만 한다.

21:1-15. 제사장들과 다른 이스라엘 백성들과의 관계, 특히 결혼 안에서의 관계에서 더럽혀질 가능성을 다룰 필요가 있었다. 제사장은 죽음과의 접촉에 의해(1-3절), 살을 베거나 머리카락을 자름으로써(5절), 인정받지 못하는 결혼에 의해(5절), 신체적 불완전에 의해(16-24절) 더럽혀질 수 있었다. 하나님의 임재 안에서 섬기는 이들은 다른 이들보다 더 높은 기준을 요구받는다. 하나님을 섬기는 이들은 다른 이들의 양심에 완전히 부합하는 삶을 살아야 한다.

사역이라는 목적을 위해 그들은 죽음과 접촉을 피해야 했다(11절). 왜냐하면 인간의 죄에 대한 마지막 저주인 죽음은 한 사람을 더럽혀서 그로 하여금 하나님의 임재에 들어가지 못하게 만들기 때문이었다(참고. 민 19:11-22). 제사장은 애도와 죽음이 초래하는 제의적 불결함을 멀리함으로써 하나님의 백성이 언제나 소망과 순결을 눈으로 볼 수 있게 해야 했다. 제사장으로서 그는 언제든지 중재할 준비가 되어 있어야 했다. 그와 주님의 사귐은 그에게 가장 친밀한 관계였으며, 가까운 친척과의 관계보다 우선했다. 머리카락을 자르고 수염을 깎고 살을 베는 것은 가나안의 애도 의례의 일부로서 제사장들에게는 금지되었다(참고. 렘 9:26; 25:23; 겔 5:1).

제사장은 결혼 관계에서 주의 순결한 언약의 본보기가 되어야 했다(7-9, 13-15절). 제사장은 창녀나 이혼한 여인(7절), 처녀가 아닌 사람, 심지어는 과부와도(13-14절) 결혼할 수 없었다. 제사장의 아내의 평판 때문에 그의 남편이 거룩한 일을 맡기에 부적합해져서는 안 되었다. 그는 순결하고 흠이 없어야 했으며, 사람들에게 이상적인 결혼의 본을 보여야 했다. 사실 중요한 의미에서 모든 이스라엘 사람은 제사장이었지만(이 민족은 아브라함의 복을 세상에 매개해야 했다), 하나님은 성막 제사장들에게 더 높은 기준을 요구하셨다. 신약에도 장로와 교회 지도자들에게 더 높은 기준을 요구하는 비슷한 본문들이 있다(참고. 딤전 3:1-13). 공동 예배를 이끌고 사람들에게 하나님의 말씀을 가르치며 하나님의 대표로서 섬기는 이들은 모든 면에서 모범적인 삶을 살아야 한다.

이는 제사장의 가족에게도 그대로 적용되었다. 그들은 행동에서 더 높은 기준을 충족해야 했다. 만약 제사장의 딸이 **행음**[거짓 예배]에 참여했음이 밝혀지면, 민족 중에서 거짓 예배와 관련된 악을 제거하려 하는 이스라엘의 바람을 드러내는 의미로 그 딸을 불살라야 했다(9절).

10-12절에서는 제사장에서 대제사장으로 초점이 바뀌지만 여전히 같은 원리가 적용된다. 그는 이미 기름 부음과 의복을 통해 다른 제사장들과 구별되었다. 대제사장은 더 높은 기준을 고수해야 했다. 헝클어진 머리

와 모자를 쓰지 않은 머리는 관유의 의미와 달리 그의 머리가 하나님께 속하지 않았다는 의미를 전달할 수도 있었다(10절). 어떤 경건의 행위도, 심지어는 죽은 어머니나 아버지에 대한 존경의 행위조차도(11절) 허용되지 않았다. 그는 자손을 속되게 하고(15절) 그들이 제사장직을 맡을 자격을 잃어버리지 않도록 하기 위해서 자기 백성에 속한 처녀와 결혼해야 했다. 이 모든 외적인 지표는 그가 오직 주께만 충성한다는 것을 보여주는 데 그 목적이 있다. 물론 제사장의 마음은 똑같은 바람을 반영해야 했고, 이기적인 욕망은 모든 외적인 행동을 무효로 만들었다. 성소에 들어가셔서 단번에 영원한 제사를 드리신 위대한 대제사장(히 10:14)이신 오직 예수만이 이런 이미지에 완벽히 부합하는 주에 대한 열심을 보여주셨다.

21:16-24. 하나님의 사람은 자신의 의무를 수행할 온전한 자격을 갖추어야 했으며, 이를 통해 주의 완전하심을 반영해야 했다. 제사장들은 신체적 불완전함이나 흠이 없어야 했다(16-23절). 이 자격 요건은 레위기 22:17-25에 기록된 제물과 예물의 자격 요건과 똑같다. 제사를 위한 동물이 흠이 없어야 했듯이(22:17), 제사장도 완벽한(전심을 다하며 신실한) 마음이어야 했다. 기형은 하나님의 창조와 본래적 완벽함을 반영하지 못한다. 하나님의 매개자들은 사람들에게 본보기가 되어야 했다. 그 자신이 더럽혀진 상태라면 그는 다른 이들에게 더러움과 질병으로부터 깨끗해질 것을 요구할 수 없을 것이다.

이런 불완전함은 아론의 자손들이 제사장으로서 섬길 수 없도록 만들었지만 그렇다고 해서 그들에게 할당된 몫을 먹지 못하게 만들지는 않았다(22-23절). 종교 지도자들이 기준에 미치지 못하게 살면서 다른 사람들에게 순종과 순결을 요구할 수 있을까? 구약의 요구는 신체적 특징을 다뤘다. 의식법에서는 성막/성전 예배를 위해 신체적 온전함을 요구했기 때문이다. 교회에서 우리는 예배자들을 이끄는 사람들의 적절한 은사와 도덕적 성품에 관심을 기울인다. 그렇기 때문에 많은 사람들이 이러한 권위 있는 지위를 원하거나 추구하더라도 그들에게는 걸맞은 자격이 없는 것으로 간주되어야 한다.

21-22장에서 거룩에 대한 가장 큰 걸림돌이 되는 문제는 그 사람의 가족 관계와 관련이 있다. 이는 오늘날 신자들에게도 그대로 적용된다. 예수께서는 그들이 기꺼이 아버지와 어머니를 떠나 자기 십자가를 지고 그 분을 따라야 한다고 가르치셨다(참고. 마 10:37-38).

b. 주께 드리는 제물의 거룩함을 보존하기 위한 규칙 (22:1-33)

22:1-16. 하나님의 목회자들이 영적 섬김에 참여하려 한다면 그들은 정결함을 유지해야 한다. 모세는 제사 음식이 부정해졌다면 제사장이 이를 먹어서는 안 된다고 경고했다. 제사장들은 성물 가까이에서 활동하기 때문에 죄를 범할 가능성이 가장 높았다. (죄나 부정한 상태로 먹는 행위 등으로 인해) 스스로 영적이지 않은 영적 지도자는 다른 백성을 영적으로 이끌지 말아야 한다(참고. 눅 6:39-42). 성물의 일부는 그들의 급료로 제사장에게 주어졌다(1-2절; 참고. 6:14-18; 7:6, 35-36). 제사장들은 자신에게 맡겨진 성물이 반드시 바르게 사용되도록 해야 할 책임이 있었다. 제사장에게 생계를 의존해야 했던 사람(예를 들어, 종이나 과부가 된 딸, 11, 13절)만 성물을 먹도록 허용되었다. 이방인이나 고용된 사람, 나그네는 성물을 먹도록 허용되지 않았다. 거룩한 것이 속된 것과 섞이지 않게 하기 위해서였다. 하나님의 경륜에서 지도자들은 그들이 맡은 것에 대해 책임을 질 것이다. 여기에는 그들의 개인적 정결함도 포함된다(4-6절). 이 명령을 따르지 못했을 때 받아야 할 벌은 죽음이었다(9절).

만약 일반인이 부지중에 성물을 먹으면 그 사람은 성물과 거기에 20퍼센트를 더해서 갚아야 했다(14절). 제사장 가족은 제사장의 몫을 먹을 수 있었지만(11절) 제사장 가문에 속하지 않은 사람과 결혼하면 이 몫을 먹을 자격을 잃었다(12절). 제사장에게 제공된 모든 음식은 거룩한 음식으로 취급했다. 하나님의 목회자들은 하나님의 백성이 드린 선물을 낭비하거나 오용해서는 안 된다(참고. 딤전 6:7-11).

22:17-33. 22:17-30에서 주어진 명령은 제사장뿐만 아니라 성소에 가지고 갈 적합한 제물을 고르는 이스라엘 사람들에게도 적용된다. 이따금 주께서 요구하신 것보다 못한 것을 드리려 하는 유혹이 얼마나 컸을지 우리는 그저 상상해볼 뿐이다. 번제(17-19절)와 화목제(21-30절)에 사용될 제물의 거룩함을 지키기 위

한 기준은 제사장뿐만 아니라 회중을 위한 규정이기도 했다. 하나님이 받으실 만한 제사에서 동물에 대한 요구조건이 상세히 기록되었다. 이는 제사장들과 백성에게 가장 좋은 것을 드리는 이들만이 하나님께 나아올 수 있음을 상기시켜주었다. 그보다 못한 것을 드리는 것은 하나님의 성품을 잘못 이해하는 것이나 다름없다.

지금도 순종하는 예배자들은 하나님이 기뻐하시는 제물을 가지고 그분께 나아간다(참고. 롬 12:1-2). 위선적으로 경건한 척 행동하고 하나님께 가치 없는 것을 드리는 행위는 얼마나 어리석은가! 약삭빠른 사람은 기형 동물 때문에 입은 사업상 손실을 계산하여 그것을 영적 자선이라도 하듯이 주께 드리겠다고 생각할지도 모른다. 여기서 제물에 대한 규칙을 상세히 기술한 이유는 하나님이 완벽한 것을 요구하시는데 불완전한 것을 바쳐서는 안 된다는 점을 강조하기 위해서였다. 제물은 드리는 사람의 마음 상태를 반영해야 하며, 제사장은 이 상태를 확인하고 점검할 책임이 있었다.

신실한 예배자들은 그들을 거룩하게 하시는 거룩하신 하나님이 요구하시는 것에 순종해야 했다(29-33절). 속량하시고 거룩하게 하시는 주 하나님을 예배하려 하는 이들은 그분이 받으실 만한 제물을 그분께 드려야 한다. 참으로 탁월한 것만 하나님께 드려야 한다(고후 8-9장; 빌 4:10-20; 벧전 2:5; 엡 5:2; 히 13:15-16). 완벽한 제사를 위한 기준은 예수 그리스도께서 드리신 마지막 제사를 예상하게 한다. 그분은 모든 죄로부터 완전히 자유로우신(참고. 히 9:14) 흠 없고 점 없는 어린 양(참고. 벧전 1:19; 요 1:29; 계 5:6; 7:9; 12:11; 13:8; 15:3; 17:14; 19:9; 21:22)이셨다. 마지막 세 절(31-33절)에서는 주께서 이 민족을 거룩하게 하시는 분이시므로 그분의 이름을 영화롭게 하라고 촉구했다.

2. 절기에 따른 성회: 이스라엘이 하나님께 시간을 성별하여 드리는 것에 대한 규정(23:1-44)

이 부분은 오경에 기록된 다섯 절기력 중 하나이다(참고. 출 23:14-17; 34:18-26; 민 28-29; 신 16:1-7; 또한 겔 45:18-25을 참고하라). 레위기와 민수기의 절기력에서는 각 절기의 지속 기간을 명시하고 시작되는 시점도 정확히 지적한다. 레위기 23장에서는 일곱 차례의 지정된 모임을 명시하는데, 유월절로 시작해서 초막절로 마무리된다. 첫 세 절기인 유월절과 무교절, 초실절은 봄에 여드레 동안 이어서 지켜졌다. 이 세 절기는 나중에 '유월절'로 묶어서 부르게 된다. 네 번째 절기인 맥추절은 그로부터 50일이 지난 초여름에 지켜졌다. 신약시대에 이르면 이 절기는 헬라어 이름인 오순절로 알려지는데, 이 말은 '50'을 뜻한다(참고. 행 2장). 마지막 세 절기, 즉 나팔절, 속죄일, 초막절은 가을(일곱 번째 달)에 21일간 지속되었다. 이 세 절기는 '초막절'로 묶어서 부르게 된다.

23:1-3. 안식일 율법 제도의 목적은 하나님의 백성으로 하여금 창조 때 안식하신 그분을 본받음으로써 그들의 창조주를 공경하고 예배하도록 격려하기 위함이었다. 하나님의 백성은 안식을 거룩히 지킴으로써 그들의 삶에 대해 그분의 주권을 선포했다(참고. 출 20:3). 안식일에 허용되지 않는 몇 종류의 일은 오경에 자세히 기록되어 있었다. 여기에는 음식 준비(참고. 출 16:23), 경작과 추수(참고. 출 34:21), 불 피우기와 장작 모으기(참고. 출 35:3; 민 15:32-36)가 포함된다. 이렇게 함으로써 이스라엘 백성은 세상일에 마음을 빼앗기지 않을 수 있었다. 하나님은 성소가 아니라 인간이 있는 곳에서(**너희가 거주하는 각처에서**, 3절) 기꺼이 그들을 만나고자 하셨다. 오늘날 신자들에게 궁극적인 안식은 그리스도이시다(참고. 히 4:3-11).

이 구절과 구약의 다른 구절에 기초해 이스라엘 백성은 안식일(토요일)에 모여 일을 멈추고 하나님을 예배했다. 출애굽기 20:1-17에 기록된 십계명 중에서 아홉 계명만이 신약에서 다시 제정되었다. (마 19:18-19에서는 살인과 간음, 도둑질, 거짓 증언, 부모 공경, 암묵적으로 하나님에 대한 예배를 이야기하고, 롬 13:9에서는 탐심에 대해 언급한다.) 하나님을 예배하라는 말씀은 첫 세 계명을 아우른다. 재확인되지 않은 한 계명은 안식일 계명이었다. 그 대신 예수께서는 자신이 안식일의 주인이라고 말씀하셨다(마 12:8).

하나님은 엿새의 창조 사역을 마치신 후 일곱째 날에 쉬셨다. 전능하신 하나님은 피곤해 하시거나 휴식을 위해 일을 중단하실 필요가 없으시다. 그분은 예수께서 마가복음 2:27에 인용하신 그 단순한 이유 때문에 일을 멈추셨다. "안식일이 사람을 위하여 있는 것이요, 사람이 안식일을 위하여 있는 것이 아니니." 하나님은 죽을 수밖에 없으며 하나님께 초점을 맞출 시간이 필요한 그분의 백성을 위해 안식일을 세우셨다. 이를 통해 인간의 영혼과 육체가 모두 새로워진다. 구약 율법에서는 도덕적, 법적, 제의적 체계의 일부로서 안식일 준수를 요구했다. 이 체계를 통해 이스라엘 백성은 행동과 정치, 하나님께 나아가는 일에 대한 하나님의 요구 사항을 충족시켰다. 그런 의미에서 안식일은 율법의 일부였다. 하나님의 은혜 안에 머물러 있기 위해 그들은 안식을 지켰다. 안식일을 지키지 않으면 그 사람은 죄 안에 있으며 벌을 받을 수도 있었다(참고. 출 31:15; 민 15:32-36).

메시아의 속죄와 믿음을 통한 칭의(롬 5:1)에 힘입어 그리스도인들은 더 이상 장차 올 것의 그림자에 불과했던(골 2:16-17) 율법을 지킬 의무가 없다. 그리스도를 믿는 이들은 율법 아래 있지 않고 은총 아래 있다(롬 6:14-15). 안식일은 예수 안에서 성취되었다. 그분 안에 참 안식이 있기 때문이다(마 11:28). 새 언약의 신자들은 율법을 지킬 의무가 없으며 이는 안식일에도 적용된다. 그런데도 매주 하루 안식과 영적 갱신의 날을 갖는 것이 여전히 적절하다. 그날은 더는 일곱째 날일 필요가 없지만(롬 14:5) 매주 안식과 예배를 위한 날을 갖는 것은 지혜로운 일일 것이다.

23:4-8. 하나님의 백성은 유월절과 무교절에 애굽의 속박과 출애굽을 기억함으로써 그들을 위해 강력한 구원을 베푸신 그분의 행동을 기념해야 했다. 특정한 역사적 축제를 통해 신자들을 향한 하나님의 신실하심을 기억하는 것은 칭찬할 만한 일이다. 이스라엘 백성은 한 주 동안 무교병을 먹고, 일상적인 노동을 멈추고 주께 번제(출 12:15-16에 기록되지 않은 요구 사항)를 드려야 했다(8절). 완전히 태우는 제사를 드리는 것은 자기중심적 본성의 제거를 상징했다. 오늘날 신자들은 그들의 유월절 어린 양이신 그리스도(참고. 고전 5:7)께서 그들을 위해 비슷한 목적으로 자신을 희생하셨음을 기억해야 한다.

23:9-14. 첫 이삭 한 단을 바침으로써 하나님의 백성은 그분의 공급하심을 인정해야 했다. 즉, 물질로 그분께 찬양을 바쳐야 했다. 여기서 추수한 첫 곡식 단은 요제로 바쳤다(11절; 참고. 7:30). 단을 흔드는 것은 하나님이 예배자를 받아주심을 상징했으며, 또한 이 제물을 여덟째 날에 바쳤기 때문에 새로운 시작을 상징하기도 했다. 한 주의 첫날에 바친 이 제물은 예배하는 이들로 하여금 그해의 소산을 전부 주께 드려야 함을 일깨워주었다.

23:15-22. 칠칠절이나 오순절은 하나님의 공급하심에 대해 감사하는 시간이었다. 신자들은 그분께 그들이 가진 가장 좋은 것을 징표로 드렸으며 가난한 이들과 풍성히 나눴다. 이 제물은 초실절 제물을 드리고 나서 7주가 지났을 때 드렸다(16절). 이 초실절 예물로 그들은 **떡 두 개**를 가져왔다(17절). 예수께서 부활하신 후 50일이 되었을 때인 오순절에 교회가 시작되었다(참고. 행 2:1). 하나님은 성령을 주셨으며, 이는 그리스도의 사역의 성취와 교회 시대의 시작을 상징했다. 의례에 화목제를 추가하는 것(19절)은 하나님과 구속받은 이들 사이의 친교를 강조했다.

23:23-25. 이스라엘 백성에게 **나팔**을 부는 것은 하나님이 그분의 백성에게 성회를 준비하라고 부르시는 것(참고. 민 10:1-10)을 상징했다. 하나님은 노동을 멈추고 그분을 예배하기 위한 성회로 모이라고 그분의 자녀를 규칙적으로 부르신다. **일곱째 달**[*Tishri*, 티쉬리]의 **첫날**인 로쉬 하샤나(*Rosh Hashana*, 한 해의 머리)는 곧 다가올 속죄일과 초막절을 위해 특별한 준비를 하는 날이었다(24절). 사람들은 **노동**을 삼가고 **여호와께 화제**를 드려야 했다(25절). 어떤 이들은 이 절기의 나팔이 교회의 휴거를 알리는 나팔을 묘사한다고 말한다(참고. 살전 4:16; 고전 15:52). 다른 이들은 종말에 흩어진 이스라엘이 다시 모이는 것을 가리킨다고 본다.

23:26-32. 속죄일 혹은 정결하게 하는 날에 하나님은 그분의 백성에게 말씀하셨다. 그들은 그분의 임재 안에 모여 스스로 겸손해지고 노동을 삼가고 속죄하는 유효한 제사에 기초해 그분께 탄원함으로써 영적 갱신을 구해야 한다. 속죄일은 **일곱째 달 열흘날**에 지켜야 했다(27절). 이날은 사실 **이달 아흐렛날 저녁**에 시작되어 열흘날 저녁까지 지켜졌다(32절). 후대의 랍비 전통에서는 이런 시간 계산법을 모든 특별한 날에 적용했다.

23:33-44. 약속의 땅에 들어간 후에 백성은 그들이 광야에서 임시로 거하면서 겪었던 고난을 절대로 잊지

말아야 했다(42-43절). 광야에서 그들은 하나님의 인도하심을 경험했다. 한 주 동안 **초막**에 살면서 그들은 애굽에서 속박을 당하던 이 민족이 이기적이며 방종했던 때가 너무나도 많았음을 기억해야 했다. 몇몇 예언자들은 이 절기의 이미지를 빌려와 이를 장차 올 주의 다스리심과 연결시켰다(참고. 사 52:7-13; 미 5:1-4). 이 절기는 천년왕국 동안 지켜질 것이며(참고. 슥 14:16), 아마도 메시아를 통해 하나님의 구원을 기억하기 위한 절기로 지켜질 것이다. 하나님이 과거에 하신 일을 기억함으로써 신자들은 현재 그분을 더욱더 신뢰할 수 있도록 격려를 받는다.

3. 하나님을 섬기기 위해 거룩하게 다루어야 할 물건들: 떡, 기름, 거룩한 하나님의 이름(24:1-23)

24:1-16. 거룩한 절기와 더불어 이스라엘은 주의 임재 안에 거룩한 물건들을 유지해야 했다. 여기에는 성소 안에 있는 등잔불을 위한 **기름**과 그곳 상 위에 둘 **떡**이 포함되었다. 음식인 떡과 빛을 밝히는 기름은 하나님의 은총을 기억하게 하는 물건으로서 날마다 행하는 성막 봉사를 통해 점검해야 했다.

떡과 기름과 관련된 의례는 제사장들과 하나님께 나아오는 모든 사람들에게 왕이신 하나님이 성막에 거하심을 상기시켜주었다(참고. 민 23:21). 성막과 후대의 성전은 예배 처소일 뿐만 아니라 주께서 그분의 백성 가운데 거하심을 상징하기도 했다(후대에 솔로몬은 이 점을 인식했다. 참고. 왕상 8:27-29). 등잔불을 정리하고 향을 피우고 소제를 드리는 일은 지상의 왕을 섬기는 행위와 비슷했다. 주께서는 떡을 먹지 않으시지만 이것은 그분의 백성으로 하여금 그분이 그들의 생명의 근원이심을 상기시켜주었다.

이스라엘 자손은 **등잔대**에 넣어둘 기름을 가져왔다(참고. 출 27:20-21). 항구적으로 비치된 (더 순수한 기름을 얻기 위해 짜지 않고 빻아서 만든) 기름을 보면서 신자들은 주를 헌신적으로 섬긴다면 그분께 나아갈 길은 영원히 열려 있을 것임을 떠올렸다.

KJV에서는 떡을 '진설병'이라고 부른다. NASB의 경우 민수기 4:7에서 '임재의 떡'이라고 번역하는데, 이 단어는 문자적으로 '얼굴의 떡'이다. 이 떡은 제사장들에게 하나님의 백성이 그들의 주님과 지속적인 교제를 누릴 수 있음을 상기시켰을 것이다. 규칙적으로 식사를 함께 하시는 시간은 친교와 교제의 시간이었다. 안식일마다 갓 구운 무교병을 상 위에 올렸다(8-9절). 제사장들이 이 떡을 먹는 것은 열두 지파의 모든 구성원이 그들의 하나님과 친교를 나눔을 상징했을 것이다. 이 떡은 하나님께 바쳤다는 의미에서 하나님의 '양식'이었지만, 하나님이 생명을 유지하기 위해 이 양식이 필요했다고 생각하지는 않았다.

성물에 대한 설명과 더불어 주의 **이름**을 **모독**했던 사람에 대한 이야기가 기록되어 있다(11절). 이것은 이 책에 기록된 두 서사 중 두 번째이다(참고. 10:1-20). 이 이야기는 성물의 주제를 강조하는 역할을 한다. 어머니는 **이스라엘** 사람이고 아버지는 **애굽** 사람인 한 사람이 주의 이름을 모독했을 때(출 20:7의 위반, 참고. 출 22:28), 이 사람을 돌로 쳐야 했다. 하나님은 그분의 백성 가운데 거하시고자 하는 바람 때문에 그들에게 하나님의 이름의 거룩함을 지키는 데 경계를 늦추지 말 것을 요구하셨다. 주의 '이름'은 이름표보다 훨씬 더 큰 의미를 담고 있다. 그분의 이름은 그분의 본성, 그분의 존재 자체를 가리킨다. 이 이스라엘 사람은 저주할 때 하나님의 이름을 사용하는 어리석음을 범하지 말았어야 했다. 하나님의 공의 때문에 그분의 이름을 모독한 사람은 심판을 받아야만 했다. 그 결과 **회중**은 **진영 밖**에서 그를 돌로 쳐서 죽였다.

신자들은 주의 이름을 어떻게 다루어야 하는가? "이름이 거룩히 여김을 받으시오며"라는 말은 "하나님의 이름이 거룩하기를 기원합니다"라는 뜻이다. 신자들은 하나님의 명성에 누가 되지 않도록 말하고 생활해야 한다. 많은 사람들은 신자들의 삶 속에서 듣고 보는 것을 통해서만 하나님에 대해 알게 된다.

24:17-23. 24장은 다양한 폭력 행위에 대한 처벌 규정으로 마무리된다. 살인에 대한 처벌은 사형이다(17절). 출애굽기 21:12-14에서 하나님은 살인과 의도하지 않은 살인(manslaughter)을 구별하셨다. 폭력 행위에 가담한 사람은 폭력적인 처벌을 받아야만 했다(**눈에는** 눈, 20절). 이런 보복법이 잔인하고 이상하게 보일 수도 있지만 그 목적은 정의를 보존하고 복수를 제한하기 위해서였다. 핵심은 상해에 대해 사형으로 처벌하는 대신 범죄에 마땅한 처벌을 받게 하는 것이었다. 본토인이든 이방인이든(22절) 각 사람은 주의 이름

을 영화롭게 하기 위해 노력해야 했다.

4. 하나님을 섬기기 위해 거룩하게 다루어야 할 땅: 안식년과 희년에 대한 규정(25:1–55)

이 장에서는 다시 거룩한 시간에 대해 다룬다. 이번에는 23장처럼 축약된 절기 일정을 다루는 게 아니라 (6년에 한 번, 50년에 한 번) 한 해 전체를 성별한다는 관점에서 다룬다. 주께서 모세에게 다시 말씀하셨고, 그분이 이스라엘 백성에게 약속하신 땅의 거룩함에 대해 말씀하셨다. 25장에서는 안식년과 희년 규정을 다루며, 26장에서는 순종하지 않을 때의 벌은 그 땅에서 추방당하는 것이라고 밝힌다.

25:1–7. 이스라엘 백성은 가나안을 정복한 다음 안식년을 지켜야 했다(2-3절). 일곱째 해마다 땅이 본래의 상태로 회복될 수 있도록 그 땅을 위한 안식을 지킴으로써 주의 공급하심을 인정해야 했다. 모든 농업 활동을 중단하고 땅은 경작하지 않은 채로 두어야 했다. 그 땅에서 자라는 것은 무엇이든지 모두가 나누어 가져야 했다. 하나님은 백성에게 그분이 주신 선물을 서로 나누라고 권하셨으며, 이렇게 순종함으로써 그들은 그분께 철저히 의존하고 있음을 보여주었다(6절). 광야의 만나처럼, 기르지 않고 거둔 하나님의 선물은 주께서 날마다 그들의 필요를 채워주셔야만 함을 잊지 않게 해주었다(20-21절을 보라). 안타깝게도 후대에 이 명령을 준수하지 않았기 때문에 이스라엘은 포로로 잡혀갔으며, 그때 땅은 언약 백성이 없는 상황에서 안식년을 지켰다(대하 36:21; 렘 25:11).

25:8–19. 8-19절에서는 희년(**오십 년째 해**) 규정을 기술한다. 여기에 기록된 명령은 가난한 이스라엘 사람과 관계가 있으며 다른 사람들이 그의 필요를 채워줄 것이라는 기대와 연관된다. 8-12절에서는 희년을 계산하는 법을 다룬다. 오십 번째 해(희년)는 7년마다 돌아오는 안식년이 일곱 번 지난 다음 해였으므로 다음 7년 주기의 첫해와 일치한다. 다시 말해서 이때는 땅을 위한 2년 동안의 안식이 필요했다. 희년이 지나고 5년 동안 정상적으로 농사를 지은 다음에는 다시 안식년을 지켜야 했다.

그들은 희년을 지키면서 모든 소유지를 본래의 주인에게 돌려주어야 했다(13절). 이는 이스라엘 백성이 가난 때문에 땅을 팔아야 했던 상황과 관련이 있었다. 14절과 17절에서는 길잡이가 되는 원리를 이렇게 설명한다. **너희 각 사람은 그의 형제를 속이지 말라.** 땅을 사용하는 대가로 지불하는 금액은 희년에서 얼마나 가까운가를 기준으로 계산했다(15-16절). 본문에서는 그 땅이 그 주인의 것으로 남아 있어야 한다는 점을 분명히 한다. 파는 것은 **소출**의 가치였다(16, 23절). 이는 이 명령에 순종하지 않는 것을 더 심각한 죄로 만들었다. 그것은 사람에게 속한 땅을 훔치는 행위였다. 뿐만 아니라 희년에는 모든 이스라엘의 노예가 해방되었다(10절, **각각 자기의 가족에게로 돌아갈지며**, 참고. 출 21:2). 한 이스라엘 사람이 다른 이스라엘 사람에게 갚아야 할 빚은 탕감되었지만, 이방인이 이스라엘 사람에게 진 빚은 탕감되지 않았다(참고. 신 15:1-3).

이 단락에서는 하나님이 그분의 백성에게 주신 약속 중에 땅이 핵심적인 위치를 차지한다는 맥락으로 빚을 갚아야 할 도덕적 의무를 설명하고 있다. 물론 여기서 가르치는 원리는 남용되기 쉬웠다. 어떤 이스라엘 사람들은 안식년이 얼마나 남았는지를 기준으로 해서 돈을 빌려줄지 여부를 판단했을 수도 있다. 하나님은 신명기 15:13-14에서 다루는 실제적인 문제까지 이 원리를 적용하시려 했다. 신명기에서는 주인들이 노예들을 해방하면서 그들에게 선물을 주어야 한다고 말한다. 레위기에서는 이스라엘 사람들이 생계를 유지하기 위해 의존해야 했던 땅을 강조한다. 채권자에게 자신의 땅을 잃는 기간은 (6년으로) 한정되어 있었지만, 이는 땅의 소산으로 생계를 유지하는 사람에게는 기다리기에 짧은 시간이 아니었다.

25:20–22. 이런 법들은 하나님의 백성이 시간을 정하여 그들이 나누는 땅의 소산이 주권적인 창조주께서 주시는 선물임을 인정해야 한다고 가르친다. 순종할 때 하나님이 주시는 복을 받는다. 하나님은 그분의 계명에 순종할 때 반드시 그분의 백성에게 후하게 베푸실 것이다. 여섯 째 해에 수확이 세 배로 늘어났으므로(21절) 땅의 주인들은 그 땅을 충실히 돌본 결과로서 충분한 혜택을 누릴 수 있었다.

25:23–54. 뿐만 아니라 율법에서는 한 사람을 대신해 가까운 친척이 그 사람이나 그의 소유지를 대신 물어주어야 한다고 규정했다(25절). 이것은 54절까지 계속되는, 이스라엘 백성이 가난에 빠지게 된 네 가지

상황 중 첫 번째이다. 29-34절에서는 성이나 마을에서 가옥을 대신 물어주는 것에 대한 규칙을 다루고, 레위인들에게 **언제든지 무를 수 있는** 권리를 부여한다. 35-38절에서는 그분의 땅에서 가난한 이들과 이방인, 나그네를 위한 정의를 추구하시는 하나님을 영화롭게 하기 위해 돈을 빌려줄 때는 이자를 받지 말아야 한다고 분명히 규정한다. 39-43절에서는 이스라엘 사람이 빚을 갚기 위해 종이 된 상황을 다룬다. 이스라엘 사람은 종이 아니라 품꾼으로 대우해야 했다. 그들이 참으로 섬길 분은 지상의 주인이 아니라 그들의 주인이신 하나님이시기 때문이었다(42, 55절). 다른 나라 출신의 종에 대한 대우는 덜 관대했지만(44-46절), 이 경우에도 하나님은 정의로운 대우에 관심을 기울이셨다(참고. 19:33-34). 이스라엘 사람이 이방인에게 종으로 팔려간 경우(47-54절) 그 사람의 가까운 친척이 정당한 절차를 거쳐 속량할 수 있었다.

어떤 이들은 율법이 노예제를 받아들일 만하며 정상적인 제도로 취급하는 점, 특히 이방인 노예를 동산이나 부동산으로 취급한다는 점(44-46절)이 도덕적으로 문제가 있다며 이의를 제기해왔다. 사실 노예가 이스라엘 사람인 경우 그들은 일정 기간 동안 계약을 맺고 일하는 일꾼들이었으며 빚을 다 갚았을 때나 안식년에는 자유를 얻을 수 있었다(40절; 신 15:12). 이방인 노예의 경우 율법은 그들을 엄밀한 의미에서 동산으로 취급하지 않았다. 역사적으로 재산처럼 취급되는 노예들에게는 혈연관계나 결혼의 권리나 신체를 보호받을 권리, 이동의 자유, 자유를 얻을 기회가 주어지지 않았다. 율법에서는 이스라엘 노예 소유주들에게 이방인 노예를 상속하도록 허용했지만, 그들을 대하는 방식에 제한이 있었다. 그런 점에서 이스라엘의 노예제는 고대 근동에서 흔히 볼 수 있던 노예를 재산으로 취급했던 노예제와 구별되었다.

월터 카이저(Walter C. Kaiser Jr.)는 성경에 기록된 이방인 노예에 대한 법의 몇 가지 특징을 지적하면서 이스라엘의 주인들은 "노예에 대해 생사를 좌우하는 절대적 권력"을 갖고 있지 않았다고 주장한다.

> 성경의 법을 따른다면, 주인이 자기 노예를 죽이면 그는 생명을 잃을 수도 있었다. 만약 그가 이를 부러뜨리거나 눈에 상처를 입히는 것처럼 노예에게 신체 상해를 가하기만 해도 노예는 즉시 완전한 해방을 얻었다(출 21:20, 26). 히브리인 가족과 함께 지내는 이방인 노예는 매주 하루 동안 쉴 수 있었다(출 20:10; 신 5:14).

카이저는 계속해서 말한다.

> 자신을 사로잡은 사람과 결혼한 여자 포로는 다시 노예로 팔 수 없었으며, 만약 남편인 그의 주인이 그를 미워하게 되면 그는 해방되어 자유인이 되었다(신 2:14). 노예 사이의 결혼도 자유인 사이의 결혼만큼 거룩하다고 인정받았으며, 그 노예가 약혼만 한 상태더라도 자유인이든 아니든 다른 남자가 이 언약을 침해하면 이는 속건제가 필요한 죄로 간주되었다[Walter C. Kaiser Jr, *Toward Old Testament Ethics* (Grand Rapids, MI: Zondervan, 1983), 289. 《구약성경윤리》(생명의말씀사)].

율법에서는 고대 근동 세계의 나머지 지역처럼 이방인 노예를 대하지 않았음을 말해주는 이런 차이점이 있었음에도, 이런 형태의 외국인 노예제가 허용되었다는 점 자체가 여전히 윤리적으로 문제가 된다고 생각할 수 있다. 이런 윤리적 물음에 대해 완벽한 대답은 없겠지만 다음 내용이 이 문제를 어느 정도는 누그러뜨릴 수 있을 것이다. 첫째, 이런 종류의 노예제에는 인종주의적 요소가 없었다. 유럽과 북미의 노예제처럼 이스라엘 백성이 아닌 사람들을 인간이 아니라고 여기거나 열등한 인간으로 간주하지 않았다. 둘째, 이스라엘 사람들은 이방인 노예를 먼 나라에서 사 올(25:44의 **취할지니**는 문자적으로 '사다'라는 뜻) 수 있었다. 그러므로 이런 종류의 노예제는 상당히 드물었을 것이다. 사실 왕족과 사회의 상층 계급에만 한정되었을 가능성이 높다. 이런 노예들은 읽기, 쓰기, 번역하기 등 특별한 기술을 가지고 있어서 귀중한 자산으로서 좋은 대우를 받았을 가능성이 높다. 외국에서 사온 노예 중 일부는 이스라엘 가운데 사는 외부인들이었다. 비록 7년마다 떠날 수 있는 것은 아니었지만 그들의 상황은 일정 기간 계약을 맺고 일하는 이스라엘의 일꾼들과 매우 비슷했을 것이다. 셋째, 노예를 사 올 때는 이방인 주인이나 노예 중개상이 아니라 노예와 직접 거래를 했을 가능성이 높다. 따라서 이는 히브리인 노예가 자신을 주인에게 팔고 심지어는 자신의 노예 상태를 항구적인 것으로 만들기로 결정할 수 있었던 이스라엘인에게 적용되는 제도와 더 비슷했다(출 21:5-6). 넷째, 주인들은 이방인 노예를 학대하거나 잔인하게 대하지 말아야 했다(19:34; 신 10:19). 마지막으로, 이방인 노예가 이스라엘의 한 분 참 하나님을 따르는 사람이 되었을 때 그는 더는 이방인으로 간주되지 않고 히브리인 노예와 똑같은 권리 및 특권을 가질 수 있었다.

25:55. 이 장은 이 모든 법을 위한 신학적 근거를 재확인하는 것으로 마무리된다. 즉, 하나님은 모든 이스라엘 백성의 주인이시다. 이 말씀을 이해하지 못하고 이스라엘 안의 모든 사람들이 마음에 새기지 않았다면 이런 구체적인 법에 대해 순종할 가능성이 거의 없었을 것이다. 불행히도 아모스(암 2:6-10; 4:1-2) 같은 후대의 예언자들은 이스라엘이 다른 이들, 심지어는 자기 백성을 정의롭게 대하기보다는 이기적인 욕심을 추구하는 모습을 폭로했다. 가난한 사람들이 그 상황에서 빠져나올 수 있도록 돕기 위해 모든 규정이 마련되었다. 노예 노동은 허용되지 않았다. 사람들은 고용된 노동자로서 일하도록 계약을 맺었으며 그런 지위에 맞도록 존엄한 대우를 받아야 했다.

5. 하나님을 섬기기 위해 거룩하게 다루어야 할 땅: 땅에서 누릴 조건적인 언약의 복과 주께 불순종했을 때의 결과(26:1-46)

26:1-13. 이 장은 주군과 봉신 사이의 조약을 떠올리게 한다. 왕(주님)은 그와 언약을 맺는 사람들(이스라엘, 그분의 봉신)이 어떻게 충성을 보여야 하는가에 대한 규정을 제시한다. 주께서는 언약의 의무에 대해 그분의 백성에게 충고하고 훈계하셨다. 이스라엘 백성은 율법, 특히 우상을 피하고 안식일과 하나님의 성소를 거룩하게 하라는 핵심 요소를 지켜야 했다(1-2절). **석상** 앞에 절을 하거나 하나님의 안식일을 거룩히 지키지 않는 행위는 언약에 대한 불성실의 예이다. 주께서는 순종하며 사는 이들에게 보상하신다(4-10절). 그분 앞에서 순종할 때 농사가 풍작이 되고(4-5절), 그 땅에 **평화**와 보호가 임할 것이며(6절), 전쟁에서 승리할 것이다(7-8절). 주께서 그분의 백성 가운데 함께 하신다는 사실이 순종에 대한 보상을 보증했다(11-13절).

26:14-39. 여기서는 불순종의 결과를 설명하면서 언약의 주군과 봉신 관계에서 불순종한 이들에게 저주가 내릴 것이라고 경고한다. 이스라엘이 불순종에 대해 회개하기를 거부한다면, 하나님은 그 민족에게 저주를 내리실 것이다. 여기서 저주는 다섯 단계로 이뤄지며 점점 더 가혹해진다. 1단계: **놀라운 재앙**, **폐병**, **열병**, 전투에서 패배(14-17절), 2단계: 기근과 가뭄(18-20절), 3단계: 들짐승(21-22절), 4단계: 전쟁, 염병, 음식 할당(23-26절), 5단계: 식인, 땅에서 추방(27-28절). 하나님이 그분의 백성과 함께 거하실 땅은 거룩해야 했다. 불순종한 백성이 실패의 결과로 추방당할 때 그 땅은 안식을 누릴 것이다.

이 단락의 메시지는 분명하다. 하나님께 불순종할 때 징계를 받을 것이고, 계속해서 고집스럽게 불순종한다면 주의 손으로 더 가혹한 징계를 받을 것이다. 복에 대한 말씀보다 저주에 대한 말씀이 더 길다는 점도 시사하는 바가 있다. '만일'[14, 15(두 번), 18, 21, 23, 27, 40] 이스라엘이 신실하지 않다면 하나님은 그들의 죄된 이익이 아니라 그분의 거룩한 성품에 신실하심을 보여주실 것이다. 언약을 깨뜨리는 불성실함을 노골적으로 드러낼 때(15절) 군사적 패배를 당하고 말 것이다(17절). 땅 위의 **세력**에 대해 **교만**할 때 그 땅은 불모지가 되고 말 것이다(19-20절). 주께 대적할 때 그분은 재앙을 보내고 들**짐승**을 보내 사람과 **가축**을 집어삼키게 하실 것이다(21-22절). 적대가 계속되면 염병과 기근을 통해(23-26절) 죄에 대한 벌을 일곱 배(24, 28절)나 받을 것이다. 회개하지 않고 계속해서 주께 대적할 때 가족끼리 잡아먹고(27-29절) 우상숭배의 본거지가 파괴되고(30절) 도시가 황폐해지고(31-32절) 결국에는 추방당하는 지경에 이르고 말 것이다(33-39절).

그러나 회개하면 소망이 있다(40-46절). 불순종을 그치고 자기중심적인 시도를 포기하고 주께 돌아올 때, 용서와 복을 받을 것이다. 여기서 원칙은 분명하다. 신자는 하나님께 순종해야 하며, 겸손하게 회개하고 죄를 고백해야 한다(40-41절). 그렇게 할 때 하나님은 그분의 은혜로우신 본성에 따라 용서하고 그들의 조상 [하나님을 떠났다가 돌아온 경험이 있었던] **야곱**과 **이삭**, **아브라함**에게 주신 약속을 회복하실 것이다.

26:40-46. 26장은 하나님이 거하시는 땅에 대한 명령을 어겼다가 회개할 백성을 위해 그분이 베푸실 은총에 대한 기대로 마무리된다(40-46절). 뿐만 아니라 여기서는 하나님이 이스라엘과 맺으신 언약의 무조건적 성격을 강조한다. 하나님은 이 민족을 흩으시는 것을 비롯해 그들을 징계하실 테지만 그런데도 **그들을 내버리지 아니하며 미워하지 아니하며 아주 멸하지 아니하고 그들과 맺은 내 언약을 폐하지 아니하리니, 나는 여호와 그들의 하나님이 됨이니라**라고 약속하신다(44절). 따라서 이스라엘이 불순종하더라도 하나님은 이스라엘과 맺으신 언약을 잊지 않으실 것이며, 이스라엘에게 주신 땅을 빼앗지 않으실 것이다.

27장에서는 (25-26장에서 정의하는) 거룩한 물건이나 사람들을 주님한테서 속량하려고 할 때 해야 할 일을 명시하고 있다.

6. 하나님의 성소에 바친 예물의 거룩함과 주께 바르게 드리는 법에 대한 규례(27:1-34)

27:1-34. 서원을 남용하는 것을 막기 위해 (그리고 제멋대로 한 서원을 대체할 보상을 명시하기 위해) 하나님은 구체적인 보상 금액을 지불하고 서원의 대상이나 당사자인 사람과 맞바꿀 수 있도록 허락하셨다(2-8절). 하나님이 모세에게 말씀하시는 것으로 시작되고 이어진 책이 이스라엘을 향해 하나님이 하신 말씀을 얼마나 진지하게 여기시는지를 생각해보라고 요청하는 말씀으로 마무리된다는 사실은 의미심장하다. 이 장에서는 먼저 사람에 대한 서원을 다룬 다음(2-8절) 동물에 대한 서원(9-13절), 가옥이나 부동산의 봉헌(14-25절), 초태생 동물의 봉헌(26-27절), 금지된 혹은 '바쳐진' 물건이나 사람(28-29절), 십일조(30-33절)를 다룬다.

하나님은 더 많은 벌금을 내고 특정한 소유물이나 사람을 되살 수 있게 하셨지만, 제물이 될 동물(9-10절)이나 초태생 동물(이런 동물은 이미 그분의 것이므로, 26절)과 같은 소유물에 대해서는 속량을 허용하지 않으셨다. 한 사람이 하나님께 서약을 한다면 그분은 그 사람이 그 서약에 충실해야 한다고 규정하신다. 하나님은 신자들에게, 약속한 모든 일을 충실히 행하고 그렇게 함으로써 그분의 신실하심을 반영해야 하고 성급히 약속하기를 삼가야 한다고 명하신다(마 6:33-37; 엡 4:25). 이를 잘 보여주는 사례는, 하나님이 받으실 만한 동물을 바쳤을 때 그 동물은 더 좋은 동물을 바쳐도 무를 수가 없었다는 것이다. 그런 시도를 한다면 두 동물 모두 하나님의 소유가 되었다(10절).

밭이나 부동산을 무르기 위해서는 그 값의 20퍼센트를 추가로 내야 했다. 가격은 희년이 얼마나 남았는지를 기준으로 결정되었다(16-25절). 밭을 **무르지** 못하면 그 밭은 희년에 **제사장**의 재산이 되었다(21절). 모든 **가축의 처음 난 것**은 이미 **여호와의 것**이었으며(26절; 참고. 출 13:2,12), 따라서 봉헌하는 제물로 바칠 수 없었다. 무를 수 없는 다른 항목에는 (진멸의 대상으로) 온전히 바쳐진 사람도 포함되었다(28-29절; 참고. 수 7장의 아간).

이 책은 십일조에 대한 명령으로 마무리된다(30-34절). 어떤 사람은 하나님에 대한 예배에 이토록 집중하는 책이라면 여기서부터 시작해야 한다고 생각할지도 모른다. 오히려 십일조는 이 예배 환경의 절정이다. 신약에서는 10퍼센트를 바치라는 명령을 재확인하지 않는다. 오늘날 신자들은 율법이 아니라 은총 아래에 있기 때문이다. 그러나 순종하며 성령께서 이끄시는 신자들은 청지기로서 하나님이 주신 모든 자원을 맡고 있음을 분명히 인식하고 하나님의 목적을 위해 아낌없이 드려야 한다(행 20:35; 고후 8-9장에 대한 주석을 보라). 씨앗이든 열매든 땅의 모든 소산 중에서 십분의 일은 **여호와**를 위해 구별하여 드렸다(30절). 만약 한 이스라엘 사람이 돈으로 십일조의 일부를 **무르기** 원한다면 그는 그 값에 20퍼센트를 추가해서 내야 했다(31절). 그렇게 함으로써 사람들로 하여금 주께서 주신 혜택에 대해 마땅히 받을 자격이 있다고 느끼지 못하도록 막을 수 있었다. 자신이 열심히 땀을 흘려 작물을 수확하거나 동물을 길렀기 때문에 그 결과로 얻은 복이 주께로부터 온 것이 아니라고 잘못된 결론을 내리는 사람들도 있었다. 오늘날 하나님을 예배하는 이들도 비슷한 실수를 피해야 한다. 하나님은 이스라엘 백성이 그 땅에서 하나님과 평화를 누리며 살 수 있도록 **시내산에서** 모세를 통해 이 명령들을 주셨다. 절대로 우리는 하나님이 주시는 복을 노동에 대한 보상으로, 마땅히 받을 자격이 있는 것으로 생각해서는 안 된다. 주를 찬양하며 한 부분(십일조)을 떼어 드림으로써 이 깨달음을 행동으로 보일 수 있다. 또한 이는 인간이 자연스럽게 빠지기 쉬운 이기적인 태도를 약화시켜주기도 한다.

루이스(C. S. Lewis)는 《사자와 마녀와 옷장》(*The Lion, the Witch and the Wardrobe*, 시공주니어 역간)에서 사자 "아슬란(하나님)은 안전하지 않지만 선하시다"라고 말했다. 이스라엘은 애굽을 떠나면서 그들을 그분과의 친교로 돌아오라고 부르신 하나님이 '안전'하지 않으시다는 것을 분명히 깨달았다. 그분은 재앙으로 애굽 사람들을 황폐하게 하셨다. 야훼는 절대로 소홀히 여겨서는 안 되는 분이셨다. 이런 배경에서 레위기는 하나님이 인류에 대한 사랑으로 죄인이 구속을 받을 수 있게 하시고 그분의 임재로 나아가 친교와 예배의 기회를 누릴 수 있게 하셨음을 계시한다. 그 핵심에 있어서 레위기는 이스라엘 민족에게 예배를 위해 치러야 할 대가를 설명하는 책이다. 모세가 바로에게 하나님이 그분의 백성이 그분께 제사를 드리고 그렇게 함으로써 그들에 대한 그분의 더 높은 권위를 인정하라고 요구하신다고 말했을 때(출 3:18; 5:3), 하나님은 궁극적으로 예배를 위한 이런 규정들을 염두에 두셨다. 많은 사람들은 이 책을 낯선 과거 시대에 적용되었던 진부한 의례를 나열해놓은 책이라고 생각하지만, 바르게 해석한다면 이 책은 예배를 통해 거룩하신 하나님께 나아가는 것에 대해 매우 중요한 가르침을 담고 있다. 레위기에서는 하나님의 거룩하심에 대해 분명히 이해하지 못한다면 사람들이 예배라고 부르는 것이 금세 뻔하고 심지어는 불경한 반복 행위로 전락하고 만다는 사실을 분명히 보여준다.

참 고 문 헌

Bailey, Lloyd R. *Leviticus-Numbers*. Smyth & Helwys Bible Commentary. Macon, GA: Smith & Helwys, 2005.

Boyce, Richard N. *Leviticus and Numbers*. Westminster Bible Companion. Louisville, KY: Westminster John Knox, 2008.

Dorsey, David A. *The Literary Structure of the Old Testament*. Grand Rapids, MI: Baker, 1999. 《구약의 문학적 구조》(크리스찬출판사).

Douglas, Mary. *Leviticus as Literature*. Oxford: Oxford University Press, 1999.

Gane, Roy. *Leviticus, Numbers*. The NIV Application Commentary. Grand Rapids, MI: Zondervan, 2004.

Goldberg, Louis. *Leviticus: Bible Study Commentary*. Grand Rapids, MI: Zondervan, 1980.

Harrison, R. K. *Leviticus: An Introduction and Commentary*. Downers Grove, IL: InterVarsity, 1990. 《레위기 주석》, 틴델 구약주석 시리즈(CLC).

Hoffmeier, James K. *Ancient Israel in Sinai*. New York: Oxford University Press, 2005.

Kiuchi, Nobuyoshi. *Leviticus*. Apollos Old Testament Commentary. Downers Grove, IL: InterVarsity, 2007.

Livingston, G. Herbert. *The Pentateuch in Its Cultural Environment*. Grand Rapids, MI: Baker, 1974. 《모세오경의 문화적 배경》(CLC).

Rooker, Mark. *Leviticus: An Exegetical and Theological Exposition of Holy Scripture*. New American Commentary. Nashville: Broadman & Holman, 2000.

Ross, Allan. *Holiness to the Lord: A Guide to the Exposition of Leviticus*. Grand Rapids, MI: Baker, 2002. 《거룩과 동행》(디모데).

Sailhamer, John H. *The Pentateuch as Narrative*. Grand Rapids, MI: Zondervan, 1992. 《모세오경》(크리스챤서적).

Sawyer, John F. A., ed. *Reading Leviticus: A Conversation with Mary Douglas*. Sheffield: Sheffield Academic Press, 1996.

Wenham, Gordon J. *The Book of Leviticus*. The New International Commentary on the Old Testament. Grand Rapids, MI: Eerdmans, 1979. 《레위기》(부흥과개혁사).

민수기

제임스 코클리(James F. Coakley)

서 론

이 책의 영어 제목은 70인역에서 명명한 아리드모이(*Arithmoi*, 숫자들)에서 왔다. 인구조사를 비롯해 이 책에 여러 숫자 목록이 등장하기 때문이다. 이 책의 히브리어 제목은 베미드바르(*Bemidbar*, 광야에서)이며 첫 절의 다섯 번째 히브리어 단어에서 유래했다. 이 제목은 이 책의 핵심을 차지하는 지리적 위치와 관계가 있다.

민수기의 역사적 배경은 이스라엘 민족이 출애굽(주전 1445년) 이후 요단강을 건너 약속의 땅에 들어갈 때(주전 1405년)까지 광야에서 유랑하던 시간이다.

저자. 모세가 민수기를 썼다는 것이 전통적인 견해이다. 민수기는 구약과 신약 모두에서 모세가 썼다고 말하는(수 23:6; 느 8:1; 막 12:26) 다섯 '율법서/모세의 책'과 연관성이 강하다. 민수기 33:2은 모세가 이스라엘 광야 여정에서 일어난 사건을 기록했으며, 그에게 기록하고 그 기록을 계속해서 유지하는 능력이 있었다고 주장한다.

일부 학자들은 모세 저작설을 의심하면서 후대 편집자들이 다양한 자료를 모아 편집한 현재의 책으로 본다. '문서 가설'에 따르면 이 책은 주로 P(제사장) 자료로 이루어져 있으며(1:1-10:28과 15, 17-19, 26-31, 33-36장), 다른 장들의 경우는 J와 E 자료가 섞여 있다. '문서 가설'에 대한 비판은 창세기 서론을 보라.

연대. 이 책은 한 권으로 된 율법서의 일부로 아마도 모세 생애의 마지막 해에 기록되었을 것이다. 이 책은 이스라엘 백성이 여리고 맞은편 요단강 동쪽에 진을 치는 장면으로 마무리된다. 신명기는 출애굽 후 "마흔째 해 열한째 달"에 기록되었다(신 1:3). 그러므로 주전 1405년, 신명기를 쓰기 직전에 민수기를 썼을 것이다.

목적과 주제. 민수기에서는 이 책의 두 차례 인구조사(1장과 26장)에서 계수한 이스라엘의 두 세대를 비교하고 대조한다. 첫 세대는 반역의 결과로 광야에서 죽을 것이라는 판결을 받았고, 두 번째 세대는 신실하게 약속의 땅으로 들어갈 준비를 했다. 그들의 이야기는 슬로브핫의 딸들과 약속의 땅 유산에 대한 이야기로 둘러싸여 있다(27:1-11; 36:1-12). 두 번째 세대가 첫 번째 세대의 오류를 따를지도 모른다는 불안감이 자연스럽게 조성된다. 이 책의 구조는 후대의 독자와 청자들이 자신을 두 번째 세대의 입장에 두고 어떤 세대를 본받을 것인지 생각해볼 수 있게 한다.

이 책에는 다양한 장르가 결합되어 있는데, 가장 두드러진 장르로는 역사적 서사(10:11-14:45)와 시(21-24장)가 있다. 그 밖의 장르로는 율법(5-6장), 목록(1-4장), 여정 기록(33장)이 있다.

민수기는 개요를 작성하기가 어렵기로 악명이 높다. 이 책에는 시간을 가리키는 말이 몇 차례 등장하지만, 시간의 흐름으로 책의 개요를 파악하기는 어렵다(참고. 1:1과 9:1). 따라서 시간을 가리키는 이런 말도 이 책의 구조를 파악하는 데 큰 도움이 되지 못한다.

그래서 민수기의 개요를 작성하려고 할 때 흔히 사용하는 방식은 이 책에 기록된 지리적 움직임을 따르는 것이다.

1. 시내산(1:1-10:10)

2. 가데스 바네아(10:11-20:13)

3. 모압(20:14-36:13)

데니스 올슨(Dennis Olson)은 이 책을 두 세대와 그들에 대한 인구조사에 따라 나눌 수 있다고 주장한다 [Dennis T. Olson, *The Death of the Old and the Birth of the New: The Framework of the Book of Numbers and the Pentateuch* (Chico, CA: Scholars Press, 1975), 120-123]. 따라서 1-25장은 애굽을 탈출해 광야를 행진하던 하나님의 백성 1세대를 다룬다. 그런 다음 26-36장에서는 애굽을 탈출한 하나님의 백성 2세대가 약속의 땅에 들어갈 준비를 하는 모습을 다룬다. 이 주석의 개요는 그의 주장을 따른 것이다.

개 요

Ⅰ. 1세대의 광야 생활 역사(1:1-25:18)
- A. 약속의 땅에 들어가기 위한 1세대의 준비(1:1-10:36)
  1. 첫 번째 인구조사와 열두 지파의 배치(1:1-2:34)
  2. 레위인들과 그들의 의무(3:1-4:49)
  3. 정결 문제와 질투에 대한 율법(5:1-31)
  4. 나실인 서약과 아론의 축복(6:1-27)
  5. 성막 봉헌(7:1-89)
  6. 레위인들의 성별(8:1-26)
  7. 유월절을 지키다(9:1-23)
  8. 시내산에서 출발하다(10:1-36)
- B. 1세대의 반역(11:1-25:18)
  1. 진영 내의 반역(11:1-35)
  2. 아론과 미리암의 반역(12:1-16)
  3. 가데스에서의 반역(13:1-14:45)
  4. 제사에 대한 추가 명령(15:1-41)
  5. 고라의 반역(16:1-50)
  6. 아론의 신원(17:1-13)
  7. 레위인에 대한 추가적인 명령(18:1-32)
  8. 정결하게 하는 물(19:1-22)
  9. 모세의 죄와 아론의 죽음(20:1-29)
  10. 놋뱀(21:1-35)
  11. 예언자 발람(22:1-25:18)
      - a. 발람이 발락을 만나다(22:1-41)
      - b. 발람의 예언(23:1-24:25)
      - c. 발람이 이스라엘을 타락시키다(25:1-18)

Ⅱ. 약속의 땅에 들어가는 2세대의 소망(26:1-36:13)
- A. 약속의 땅에 들어가기 위한 2세대의 준비(26:1-32:42)
  1. 두 번째 인구조사(26:1-65)
  2. 2세대에게 주는 명령(27:1-30:16)

3. 미디안과 전쟁 그리고 요단 동편 지파들의 정착(31:1-32:42)
B. 약속의 땅에 들어갈 2세대를 위한 권면(33:1-36:13)
1. 이스라엘 여정의 회고(33:1-56)
2. 땅의 경계(34:1-29)
3. 레위인의 성읍(35:1-34)
4. 여자들이 받을 유산(36:1-13)

주 석

Ⅰ. 1세대의 광야 생활 역사(1:1-25:18)

민수기는 출애굽 이후 1년이 지났을 때부터 이스라엘의 역사를 이어가며 그들이 요단강을 건너기 직전까지 했던 경험을 기록한다.

A. 약속의 땅에 들어가기 위한 1세대의 준비 (1:1-10:36)

1. 첫 번째 인구조사와 열두 지파의 배치 (1:1-2:34)

1:1. **여호와께서…모세에게 말씀하여 이르시되라**는 구절은 이 책에서 45회 이상 등장하며, 이 책 내용의 신적 기원을 강조한다. 이 책의 배경은 **시내 광야**이다. 이곳은 지리적으로 황량하며 사람도 거의 살지 않았다. 시험의 공간인 광야는 성경의 많은 곳에서 등장하는 주제이며(신 8:1-2; 시 95:8-9; 마 4장), 이 책의 첫머리에서는 독자들에게 이 책의 주요 주제를 소개한다. **회막**은 이 책에서 성막을 일컫는 두 명칭 중 하나이다(다른 하나는 '증거의 장막', 17:8). 이 책은 출애굽 후 **둘째 해 둘째 달 첫째 날**(4월/5월)에 시작된다. 성막에 기름을 바른 지 정확히 한 달이 지났을 때였다(출 40:17; 민 7:1). 민수기는 사건의 연쇄를 엄격히 시간 순으로 따르지 않는다. 이는 모세가 연대표를 만드는 것보다는 그들의 역사 속에서 중요한 신학적 교훈과 관련된 사건에 집중했음을 보여준다.

1:2-46. 주께서는 모세에게 나중에 다룰 레위 지파를 제외한 모든 지파의 20세 이상 남자의 수를 **계수**하라고 명하셨다. 이 인구조사는 정복에 필요한 준비를 하고자 군사적 맥락에서(**싸움에 나갈 만한 모든 자**, 3절) 이루어졌다. 각 지파에서 우두머리 한 사람씩을 선발해 모세를 돕게 했다.

인구수(603,550명)는 출애굽기 38:26에 기록된 수와 같았다(출 12:37과 민 11:21에서는 600,000명으로 반올림). 갓 지파가 우두머리를 고를 때는 열한 번째로 언급되고(1:14) 조사한 인구수를 기록할 때는 세 번째로 언급된(24-25절) 까닭은 분명하지 않다. 이는 갓 지파가(2:10-16에 따르면) 르우벤과 시므온 지파와 함께 행진했기 때문일 수도 있다. 이 숫자들은 50이나 100의 배수로만 나타나 있는 것으로 보이기 때문에 조금씩 반올림되었을 수도 있다. 이 우두머리들은 민수기 2장과 7장에서 진영의 위치를 배정하고 제물을 바칠 때 다시 언급되지만, 이름을 열거하는 순서는 달랐다.

히브리어 단어 엘레프(*eleph*)를 '천'이 아니라 '부족'이나 '족장'을 뜻하는 것으로 해석함으로써 총 인구수를 훨씬 더 적게 조정하려는 시도는 1:46에 기록된 총 인구수와 조화를 이룰 수 없다. 그렇게 시도했을 때 각 지파의 인구수에서 '엘레프' 앞에 있는 숫자들을 다 더하면 603이 나오지 않으며(즉, 46+59+45+74+54+57+40+32+35+62+41+53은 603이 아니라 598) 엘레프 뒤의 숫자를 다 더하면 5,550이다. 이 척박한 지리적 공간에서(아내와 자녀들을 더했을 때) 2백만 명 이상의 사람들에게 필요한 물자를 공급하는 일이 대단히 어려웠을 테지만 이 숫자들을 있는 그대로 받아들이는 것이 최선이다. 분명히 하나님은 열 재앙과 출애굽 사건에서 기적을 보여주셨으며, 그분이 계속해서 초자연적으로 이 민족의 필요를 채워주셨을 것이라고 생각하지 않을 이유가 없다. 신명기 29:5과 같은 구절에서 하나님은 "[나는] 사십 년 동안 너희를 광야에서 인도했거니와 [그 사이에] 너희 몸의 옷이 낡아지지 아니하였고 너희 발의 신이 해어지지 아니하였으며"라고 분명히

이스라엘 진영의 배치와 이십 세 이상인 남자의 수(명)

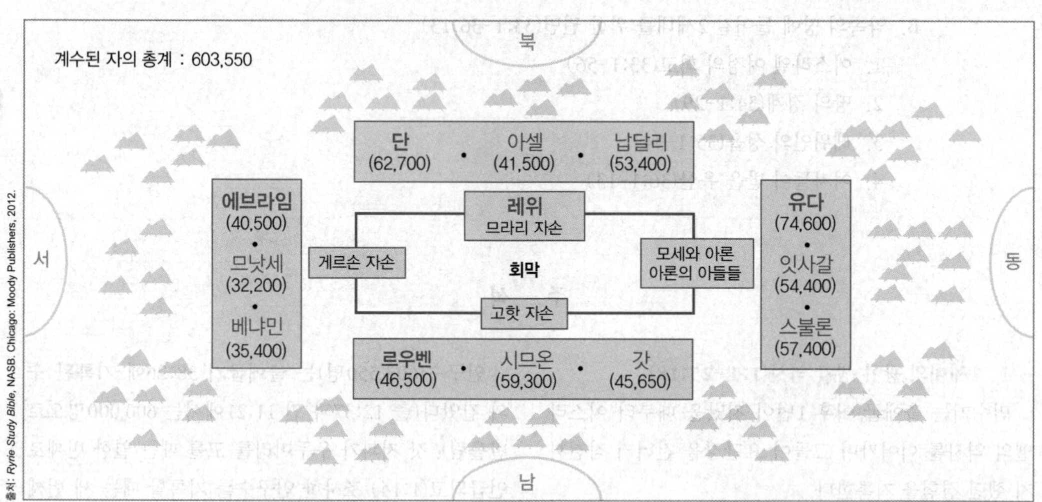

말씀하셨다.

1:47-54. 이 인구조사에 레위 지파는 포함되지 않았다. 다른 지파들에 대한 인구조사가 일차적으로 군사 목적을 위한 것이었기 때문에 레위 지파는 계수하지 않았다. 레위 지파의 일차적 기능은 성막의 일을 담당하는 것이었다. 이 단락에서는 레위인들을 조직하여 성막과 관련된 모든 일에 대한 책임을 그들에게 맡기는 것에 초점을 맞춘다. 그들은 운반, 설치, 해체를 비롯해 성막 기구를 감독할 책임을 맡았다. 또한 레위인이 아닌 사람이 가까이 와서 죽지 않도록 전 과정을 감시해야 할 책임도 맡았다. 민족을 위해서 진영이 세워졌을 때, 레위인들은 성막 구조물을 둘러싸고 고리 모양으로 자리를 잡았다. 그들은 그렇게 함으로써 각 지파의 진영 사이에서 완충 지대 역할을 했으며 외부 적들의 침략에 대한 방어 수단이 되었다.

2:1-33. 민수기 1장에서는 군사 목적을 위해 출애굽 당시 이스라엘의 많은 인구를 계수했다. 여기에서 이 책은 광야 기간 동안 이렇게 거대한 집단의 운용 계획에 초점을 맞춘다. 진영은 지파별로 배치되었으며 이런 구조는 지파들 간의 지위를 어느 정도 반영했다. 따라서 유다가 진영 동쪽의 가장 두드러진 자리를 배정받은 것처럼 모세와 아론, 그의 아들들은 회막 문 근처 동쪽에 자리를 잡았다. 창세기의 앞부분에서는 동쪽 방향이 불길한 의미를 갖고 있지만(동쪽으로 움직이는 모습이 불순종의 맥락에서 나타나기 때문에 동쪽을 부정적으로 보는 경우가 많다. 예를 들어 창 3:24; 4:16; 11:2), 궁극적으로는 구속이 그 방향으로부터 오는 것일지도 모른다. 각 지파는 가문의 깃발로 확인되었으며 회막 사방으로 대칭을 이루는 모양으로 배치되었다. 아마도 이는 질서를 드러낼 뿐만 아니라 군사적 방어를 강화하기 위한 목적이었을 것이다. 이 군기(軍旗)와 그것의 크기와 모양, 색에 대해서는 자세한 정보가 없다. 유대교 전통에서는 이 군기가 대제사장의 흉패에 부착된 돌의 색깔을 기초로 삼았을 것이라고 본다(출 39:14). 민수기 2장에서는 진영 사방에 배치된 지파의 순서에 대해 언급하지 않는다. 즉, 유다가 으뜸 지파로서 중앙에 있었는지, 아니면 모서리 한 곳에 자리를 잡았는지는 확실하지 않다.

라헬의 아들들은 성막의 서쪽에 함께 배치되었다. 레아의 후손들은 한 지파를 제외하고는 성막의 동쪽과 남쪽에 자리를 잡았다. 갓(레아의 여종인 실바의 장남)은 레아의 가장 나이가 많은 두 아들 르우벤과 시므온과 더불어 남쪽의 비어 있는 자리에 배치되었다. 여종에게서 난 다른 아들들은 진영의 북쪽에 함께 배치되었다.

지파가 행진할 때 회막은 두 번째 부대와 세 번째 부대 사이에 배치해야 했다. 이런 배치를 통해 적의 공격을 받을 경우에 회막을 더 안전하게 지킬 수 있었다.

레위인의 수와 맡은 책임

가문	게르손 자손	고핫 자손	므라리 자손	모세와 아론 아론의 아들들: 이다말과 엘르아살
남자의 수(1개월 이상)	7,500명	8,600명	6,200명	
지휘관	엘리아삽	엘리사반	수리엘	아론
감독자	이다말	엘르아살	이다말	
책임	덮개와 휘장, 휘장 문, 뜰의 휘장, 줄을 포함한 성막과 장막	증거궤와 상, 등잔대, 제단, 기구, 휘장, 그와 관련된 모든 것	널판, 띠, 기둥, 받침, 줄	제사장으로 섬기며, 성막을 옮기는 날에 성막 기구를 포장하고 그것을 풀었다.
일할 수 있는 사람의 수 (30~50세까지)	2,630명	2,750명	3,200명	

2:34. 이 시점에 백성은 질서 있고 순종하는 자세를 보였다. 전체가 조화를 이루었으며, 주님과 모세에게 순종했다. 하지만 이런 초기의 순종은 나중에 반역하는 백성의 모습과 대조를 이룬다.

2. 레위인들과 그들의 의무(3:1-4:49)

3:1-13. 이제 관심은 레위 지파, 구체적으로는 아론의 아들들에 집중된다. **낳은 자는 이러하니라**라는 표현은 창세기에서 구조를 나누는 장치로 11회 사용된 톨레도트(*toledoth*)와 동일한 표현이다. 이 구절은 같은 히브리어 단어를 사용함으로써, 특히 두 책이 모두 목록과 족보에 초점을 맞춘다는 점에서 민수기와 창세기를 이어준다. 아론의 네 아들, 즉 나답과 아비후, 엘르아살, 이다말은 태어난 순서대로 이름이 기록되어 있다.

나답과 **아비후**의 죽음이 언급된다(4절). 그들은 죽을 때 자녀가 없었기 때문에 제사장의 계보를 이을 상속자도 없었다. 레위기 9-10장에 기록된 그들의 죽음은 시간상으로 민수기 1장의 인구조사와 가까웠다. 불과 한 달이 지난 시점에 일어난 일이었다(참고. 출 40:17; 민 1:1). 이것은 이전에 일어난 불순종 행위에 대한 첫 번째 회상이다. 안타깝게도 이 주제는 이 책의 뒷부분에서 중요한 역할을 하게 된다. 흥미로운 사실은 이 첫 실패가 백성이 아니라 제사장의 실패였다는 점이다. 지도를 받는 이들은 권위를 지닌 사람들을 본받아 뒤따라가는 경우가 많다. 아론의 다른 아들 **엘르아살**과 **이다말**이 대제사장인 그들의 **아버지 아론** 아래에서 **제사장**으로서 섬겼다.

나머지 레위인들은 성막에서 봉사함으로써 제사장들을 돕는 역할을 해야 했다. 허용되지 않은 사람이 회막에 들어오면 누구든 예외 없이 **죽임을 당**했다. 이 규례는 성막과 그 안의 물건들이 전적으로 거룩함을 다시 한 번 강조했다.

레위 지파는 모든 지파의 맏아들 역할을 했다. 각 지파에서 그들의 장자를 제사장으로 보내는 대신 레위 지파 전체가 민족 전체를 위해 대리자와 대체자 역할을 했다. 열 재앙에서 주님이 애굽의 장자를 치셨기 때문에 사람이든 짐승이든 **처음 태어난 자**는 모두 그분의 것이었다. 이는 대속이라는 중요한 주제를 보여주는 한 예이다.

3:14-39. 레위 지파는 군사용 인구조사에서 **계수**되지 않았지만(1:47), 그들의 책무와 진영 배치를 준비하기 위해 이제 **일 개월 이상 된** 남자를 다 계수하여 등록하게 했다.

그들을 레위의 **세 아들**, **게르손**과 **고핫**, **므라리**의 이름을 따라 나누었다(흔히 게르손 자손, 고핫 자손, 므라리 자손으로 불린다).

고핫 자손은 성소의 물건을 돌볼 책임을 맡았기 때문에 레위 지파에서 가장 은혜를 많이 입은 가문이었다. 모세와 아론 모두 이 가문 출신이었기 때문에 주께서는 모세와 아론과 그의 아들들에게 좋은 자리인 **성막**의 동쪽, 즉 **해 돋는 쪽에** 진을 치게 하셨다.

28절에서 고핫 자손의 수는 8,600명으로 기록되어 있다. 이 숫자를 39절에 기록된 레위인의 총수(3:22, 28, 34) 22,000명과 일치시키기 위해 일부 헬라어 70인역 사본에서는 고핫 자손의 수를 8,300명으로 기록하면서 필사자가 실수했을 가능성이 있다고 지적한다(히브리어 한 글자를 추가하면 6이 3으로 바뀜). 이런 불일치에 대한 또 다른 해결책은 이것이 반올림한 숫자라는 것이다. 하지만 43절에 기록된 처음 태어난 남자의 수(22,273명)가 반올림한 숫자가 아니기 때문에 이런 주장은 개연성이 없다. 가장 간단한 해결책은 300명이 레위인의 맏아들이었기 때문에 이스라엘의 맏아들을 무를 자격이 없으므로 계수에서 제외되었다는 것이다. 1개월 이상인 레위인 남자를 다 계수했으며, 그 수는 22,000명이었다.

3:40-51. 1장처럼 군사용 인구조사에서 20세 이상의 모든 남성을 계수하는 대신, 모든 지파의 **처음 태어난 남자**를 다 계수했다. 이는 그들의 수와 레위인의 수가 일치하는지를 알아보기 위해서였다. 레위인들은 다른 지파의 맏아들을 대신해서 섬겼기 때문이다. 레위인이 아닌 맏아들의 총수는 22,273명이었다. 이 숫자는 몇 가지 문제를 야기한다. (1) 이것은 이 책에서 100이나 50의 배수가 아닌 첫 번째 숫자이다. (2) 이 숫자와 603,550명(1:46)이라고 기록된 병력의 수를 비교하면 그 비율이 너무 낮다(이 민족의 남자 27명 중 한 명만이 맏아들인 셈이다). 가능한 설명 중 하나는 첫 번째 유월절 이후에 태어난 맏아들만 계수했다는 것이지만, 본문에서는 이를 명시적으로 언급하지 않는다.

레위인이 아닌 맏아들이 273명 더 많았기 때문에 주께서는 이들에 대해 한 사람에 **다섯 세겔씩** 총 1,365 세겔(약 15.6킬로그램)의 속전을 받으라고 하셨다. 다시 한 번 이 단락에서 대속의 주제가 두드러진다. 구체적으로 누가 이 속전을 지불했는지, **아론과 그의 아들들**에게 속전을 준 뒤에 그것이 무엇을 위해 사용되었는지는 알 수 없다. 이 단락에서 또 다른 강조점은 **나는 여호와라**라는 말씀으로 두 차례(41, 45절) 등장하며 작은 교차 대구 구조를 이룬다.

A. 나는 여호와라…레위인을 내게 돌리고…처음 태어난…가축을 내게 돌리라(3:41)

B. 모세가…모든 처음 태어난 자를 계수하니 (3:42)

C. 여호와께서 자기에게 명령하신 대로(3:42)

B'. 계수된 처음 태어난 남자(3:43)

A'. 처음 태어난 자 대신에 레위인을 취하고…가축을 취하라 레위인은 내 것이라 나는 여호와니라 (3:45)

교차 대구 구조의 초점은 가운데 오는 축이다. 이 경우에는 처음 태어난 자를 계수하는 모세의 순종을 강조한다(42절; 참고. 51절). 이것은 모세와 이스라엘 백성의 순종이라는 주제를 강조하는 또 하나의 예이다.

4:1-3. 이제 레위인의 세 가문과 그들의 책임으로 초점이 이동한다. 태어난 순서에 따라서가 아니라 그들이 감독했던 물품의 거룩함에 따라서 이 가문의 이름이 기록되어 있다. 여기에 기록된 수많은 세부 사항을 보면 하나님은 성소와 그 안의 모든 것이, 거룩하고 성스러움을 강조하기 원하신다는 사실을 알 수 있다. 30~50세까지 남자들만 회막에서 봉사할 자격이 있었다. 이 남자들은 인생의 전성기를 보내고 있었으며, 주께서 명확하게 명령하신 대로 맡은 의무를 주의 깊게 이행할 수 있을 정도로 성숙했다. 모세와 아론은 인구조사를 감독하고 각 레위 가문에 역할을 분담할 책임을 맡았다.

레위의 후손들

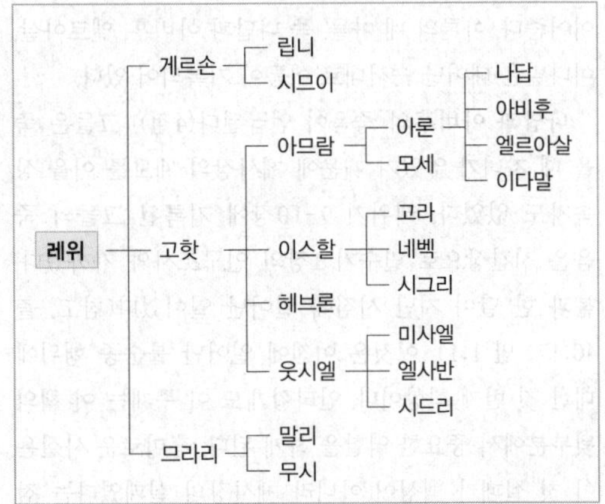

4:4-20. 고핫 자손은 모세와 아론의 가문이었으며 가장 거룩한 물건들을 돌보았기 때문에 고핫이 장자가 아니었음에도 그들의 이름이 가장 먼저 기록되었다. 제

사장만이 **증거궤**를 비롯해 성소의 기구를 다룰 수 있었다. '증거궤'라는 표현은 앞서 출애굽기에서 흔히 언약궤로 부르는 물건을 지칭하기 위해 사용되었다. 민수기의 앞부분에서는 여전히 이 이름으로 불리다가 10:33 이후에는 '언약궤'라는 용어가 사용된다. '증거'라는 말은 십계명을 가리키는 말로 사용되었으므로(출 31:18) 두 돌판을 보관하는 이 물품을 증거궤라고 부른 까닭을 이해할 수 있다. 그러나 이 용어는 더 구체적인 '언약궤'라는 명칭으로 점점 더 많이 알려지기 시작했다. 성소를 해체하고, 물건들을 이동할 준비를 하고, 심지어는 막대기나 틀을 사용해 옮기는 방법에 대해 구체적인 명령이 주어졌다. 아론과 그의 아들들은 모든 물건을 해달 **가죽**과 **청색**이나 **홍색**, **자색** 보자기로 싸야 했다. 이 색깔들은 왕가와 연관되는 경우가 많다(에 1:6). 이렇게 함으로써 (이 물품을 운반하는 책임을 맡은) 고핫 자손이 이 물품들을 만지거나 심지어는 보지 못하게 했다. 이 물품들의 거룩함을 강조하기 위해 거룩한 물건을 만지는 죄를 범한 자는 사형으로 처벌했으며(4:15, 20), 사무엘상 6장과 사무엘하 6장에 이 명령을 어긴 사례가 기록되어 있다. **엘르아살**은 특히 기름과 **향**, **소제물**로 쓰이는 곡식 가루를 감독할 책임을 맡았다.

4:21-28. 게르손 자손은 **휘장**과 바깥 **덮개**, 그와 관련된 장비를 운반하는 책임을 맡았다. 이 물품들은 성소가 아니라 성막 울타리와 연관이 있었다. 그들의 일은 모두 **이다말**이 감독하는 제사장들의 지시 아래에서 이루어졌다.

4:29-33. 므라리 자손은 이다말의 감독 아래 **회막**의 틀을 이루는 물품을 운반하는 일을 맡았다. 가장 중요한 물건에 대한 명령에서 시작해 이제 가장 덜 중요한 물건에 대한 명령에 이르렀다. 덜 중요한 물품조차도 주의 말씀에 따라 운반해야 함을 강조하기 위해 이런 물품을 다루는 법에 대해서도 구체적인 명령이 주어졌다. 고핫 자손이 가장 거룩한 물품에 대한 책임을 맡았지만, 회막을 세우고 해체하고 옮기는 일에는 모든 레위 가문이 필요했고 모두가 그 일을 도왔다.

4:34-49. 성소를 옮기는 일을 돕는 30~50세까지의 레위인의 수는 8,580명(고핫 자손 2,750명, 게르손 자손 2,630명, 므라리 자손 3,200명)이었다. 이는 회막에서 봉사할 의무가 있는 1개월 이상 된 레위인의 총수(22,000명)의 39퍼센트에 해당한다. 이 단락에서는 **여호와의 명령대로** 레위인이 계수되었다고 네 차례 말한다(4:37, 41, 45, 49). 이 책에서 지금까지 강조해온 주제, 즉 모세가 하나님의 명령을 정확히 순종했음을 재차 확인한다. 또한 초점이 좁혀졌다. 본문의 초점이 모든 지파의 계수로부터 레위 지파로, 그런 다음 레위 가문들로 이동했기 때문이다. 회막과 관련하여 이렇게 초점을 좁혀가는 것의 핵심은, 주님에 대한 예배이다.

3. 정결 문제와 질투에 대한 율법(5:1-31)

5:1-4. 주께서는 모세에게 의례적으로 **부정**한 사람은 누구든지 **진영 밖**으로 내보내 일정 기간 동안 살게 하라고 명령하셨다. 이는 주께서 그들 가운데 거하시기 때문이며(3절) 부정한 사람이 그곳을 더럽히지 않기를 바라시기 때문이었다. 여기서의 강조점은 차별이나 개인적 지위가 아니라 정결함이다. 이처럼 정결함을 지극히 강조하는 것은 주께서 개인의 부정함뿐만 아니라 그들의 부정함이 진영 안의 거룩한 공간에 미칠 영향에 대해 걱정하셨음을 말해준다. 그분이 그들 **가운데 거하**시기 위해서는 백성과 공간이 모두 정결해야 했다. 죄와 부정함은 개인과 민족, 성소에 부정적으로 영향을 미치며, 따라서 어떤 대가를 치르더라도 모든 영역에서 거룩함을 보존해야 한다. 이스라엘 백성이 이 명령에 순종했다는 점은 지금까지 이 책의 주제였던 주의 명령에 대한 철저한 순종을 보여주는 또 하나의 예이다.

5:5-10. 여기서는 진영 안에서 개인 간의 관계에, 특히 한 개인이 다른 개인에게 범죄를 가한 경우에 대해 초점을 맞춘다. 눈에 보이는 신체적 부정함으로부터 내적인 인격적 부정함으로 강조점이 바뀌었다. 공동체에서 모든 범죄는 **여호와께 거역**하는 신실하지 못한 행위로 간주되었고, 따라서 고백과 보상이 요구되었다. 이에 대한 보상으로 피해를 입힌 것의 가치에 20퍼센트를 더해서 돌려주어야 했다. 만약 보상을 받을 피해 당사자나 가까운 친척이 없다면 그 보상을 제물이 될 **숫양**과 함께 **제사장**에게 주어야 했다. 개인 간의 보상 과정에 제사장이 개입하는 것은, 거룩함이 진영에서 이루어지는 외적 행위뿐만 아니라 공동체 전체에 영향을 미칠 내면적 양상에 의해서도 영향을 받는다는 것을 말해준다. 진영의 외적인 정결함뿐만 아니라 백성의

내적 정결함을 유지하기 위해서는, 부정한 사람을 진영에서 배제해야 했던 것처럼 개인 간 갈등의 원인도 공정하게 해결해야 했다.

5:11-28. 점점 더 개인적이며 숨겨진 죄로 초점이 이동하는 가운데, 이 단락에서는 부부 관계의 정결함에 주의를 집중한다. 의례적 부정함과 개인 간의 범죄와 마찬가지로 부부의 부정(不貞)은 결혼 관계를 심각하게 깨뜨릴 뿐 아니라 주께 신실하지 못한 행위로 간주되었다. 남편이 아내의 부정을 의심하지만 증거가 없을 경우 그는 아내를 제사장에게 데리고 가 보릿가루를 제물로 드리면서 아내가 시련을 겪게 해야 했다.

이 절차는 제사장이 아내를 **여호와 앞에** 세우는 것으로 시작되었다(16절). 아마도 이는 회막 입구에서 이루어졌을 것이다. 이 의례를 위해 성막 바닥에서 취한 흙이 필요했으며, 소제를 위한 제단이 가까이 있었고 이 절차의 일부로 소제물에서 취한 곡식을 사용해야 했기 때문이다. 아내를 정해진 위치에 세운 다음 제사장은 성막 **바닥**에서 **티끌**을 취해 토기 안에 있는 거룩한 물과 섞었다(5:17). 그런 다음 그는 여자의 머리를 풀었고, 여자는 약 2.2리터(현대인의 성경, 십분의 일 에바)의 보리 소제물을 손에 들었다. 본문에서는 구체적으로 이 의례를 기억나게 하는 소제물과 의심의 소제물(공동번역에서는 "질투 때문에 바치는 곡식 예물"이라고 번역—옮긴이 주)이라고 부른다.

그런 다음 제사장은 여자에게 맹세를 시키면서, 그가 자신을 더럽히지 않았다면 이 **쓴 물**이 그에게 아무런 해가 되지 않을 것이라고 말했다. 그러나 만약 자신을 더럽혔다면 배가 부어오르고 허벅지가 무르는 저주가 그에게 임할 것이다. 그러면 의심을 받는 아내는 **아멘**이라고 대답할 것이다. 그다음에 제사장은 저주의 말을 두루마리에 써서 쓴 물이 든 항아리에 넣고 씻었는데, 이는 여자가 이 저주의 말을 먹겠다는 뜻이었다. 이어서 소제물을 **여호와** 앞에 흔들고 제단에 바쳤고, 여자는 거룩한 물과 흙, 씻어낸 글자의 혼합물을 마실 것이다. 그 결과를 언제 확인할 수 있는지에 대해서는 말하지 않고 있지만, 만약 자신을 더럽혔다면 여자는 고통을 당하고 증상이 몸에 나타날 것이다. 만약 죄가 없다면 아무런 고통도 당하지 않을 것이다. 그랬을 때 여자는 아무 죄가 없는 것으로 밝혀지고 앞으로도 자녀를 낳을 수 있을 것이다.

이 본문을 해석하는 데 몇 가지 어려움이 있다.

가부장주의적 관점. 남편이 아내의 부정을 의심할 때마다 아내는 이러한 시련을 겪는다. 아내가 남편의 부정을 의심할 때 어떤 절차를 따라야 하는지나 아내가 부정을 의심받았지만 나중에 그런 죄가 없음이 밝혀졌을 때 부부 관계는 어떻게 되는지에 대해서는 언급이 없다. 아내나 남편이 간음 행위를 하는 중에 잡히면 사형으로 처벌을 받았다(레 20:10). 따라서 이 의례는 직접적인 물증이나 증인이 없는 경우에만 적용되었을 것이다. 간음의 죄를 저질렀어도 아내는 저주와 공개적인 조롱, 불임의 벌을 받았을 것이므로 자비를 베푼 셈이다. 또한 이는 아내를 보호하는 수단을 제공하기도 했다. 남편이 계속해서 아내의 부정을 고발하면 아내는 이러한 재판을 거쳐 모든 의심을 제거할 수 있었다. 이는 공개적인 절차였으므로 아내가 무고하다면 남편은 수치를 당했을 것이다.

질투의 마음. 남편이 아내에 대해 질투의 마음을 품게 된 이유는 말하지 않는다. 아내가 임신을 했는데 남편이 아이 아버지가 자신이 아니라고 의심할 때 이런 일이 일어날 수 있을 것이라고 설명해볼 수 있다. 이러한 시련을 겪은 아내는 유산을 하고 앞으로는 더 이상 아이를 가질 수 없었을 것이다.

보리. 통상 제물로 사용되는 곡식은 고운 가루로 빻은 밀이었으나 여기에서는 보리를 사용했다. 보리는 밀만큼 비싸지 않았으며(왕하 7:1) 가난한 이들의 음식(룻 2:17)이나 동물 사료(왕상 4:28)로 사용되는 경우가 많았다. (알렉산드리아 출신의 1세대기 유대교 철학자) 필로는 보리가 이성이 없는 동물 및 불행한 환경의 사람들과 연관이 있기 때문에 이 의례를 위해 적합한 제물이었다고 생각했다.

머리 풀기. 아마도 아내는 대개 머리카락을 묶고 있었을 것이다. 따라서 주 앞에서 머리카락을 푸는 것은 평판을 잃어버리는 것, 애도, 부정의 가능성을 상징하거나 여자가 연약하며 공격받을 수 있음을 뜻했다.

주술의 사용. 하나님은 이스라엘에게 주문을 외우는 것을 분명히 금지하셨다(신 18:11). 이런 재판은 주술적인 절차라고 생각할 수도 있다. 그러나 이 재판은 분명한 주의 명령에 따라 이루어졌으며, 그분이 결과를 감독하셨다. 여기에 내포된 명백한 상징은 이 의례를 주술적인 것으로 보아서는 안 되는 이유를 보여준다.

자연적 혹은 초자연적 결과. 어떤 이들은 자연적인 처벌을 '쓴 물'을 마셨을 때 물에 있는 흙에 대한 생리적인 반응과 죄책감으로 인한 정서적 반응이 결합된 것이라고 생각한다. 그러나 본문에서는 아내에게 죄가 있을 때 초자연적으로 벌이 내릴 것임을 암시한다. 이 절차가 주술이나 생리적으로 죄책을 탐지하는 것이 아님을 설명하기 위해, 재판 과정에서 하나님의 역할을 강조한다(16, 21, 25절).

처벌의 성격. 벌은 간음 행위에 사용되는 여자의 몸에 내렸다. '허벅지'는 성기 주변을 가리키는 완곡한 표현으로 종종 사용되었고(창 24:2, 9) 마르다(문자적으로는 '떨어지다')는 유산이나 자궁 탈출증을 암시할 수도 있다. 또한 부어오른 배는 임신했을 때 나타나는 신체 반응을 가리킬 수도 있다. 하지만 이 경우에는 잉태의 기쁨이 아니라 죄책을 외부에 드러내는 것으로 이해할 수 있다. 이 처벌이 신체와 관련해 정확히 어떤 성격을 지녔든지, 처벌의 결과로 이 여인은 앞으로 자녀를 낳을 수 없었다. '흙 먹기', '저주', '배', '출산'처럼 비슷한 개념과 단어를 사용한다는 점에서 창세기 3장의 타락을 떠올리게 한다.

5:29-31. 이 의례에 대한 후기에서는 재판을 요약하면서 남편이 아내에게 이런 방식으로 성적 정절을 시험하자고 요구할 때 남편은 죄가 없다고 명시한다. 가정에서의 정결은 회막에서의 정결만큼 중요하다. 주께서는 이 경우에 응답하겠다고 약속하셨으며, 그렇게 하심으로써 그분의 백성 사이에서는 숨겨진 죄조차 용납되지 않을 것임을 분명히 하셨다.

4. 나실인 서약과 아론의 축복(6:1-27)

6:1-21. 지금까지는 정결 문제에 초점을 맞추었지만, 여기서는 제사장들과 레위인들뿐만 아니라 민족 중에서 자신을 성별해 드리기 원하는 모든 사람들에게 관심을 돌린다. 하나님께 자신을 **구별**해 드리겠다고 **특별한 서원**을 하기 원하는 남자나 여자는 누구든지 정해진 기간 동안 그렇게 할 수 있는 기회를 얻었다.

본문에서는 남자를 위한 절차를 다루며, 민수기 30장에서는 서원을 하고 싶어 하는 여자들을 위한 절차를 더 자세히 다룬다. 사무엘의 경우처럼(삼상 1:1) 부모가 자신들의 아들에 대해 이런 서약을 할 수도 있었다. 남자들의 경우 이 서원은 '**나실인** 서원'이라고 불렸으며, 이 서약을 이행하기 위해서는 엄격한 요구 조건을 지켜야 했다.

첫째, 나실인은 **포도**와 관련된 모든 것을 먹지 말아야 했다(포도주, 포도즙, 건포도, 씨, 심지어는 포도 **껍질**도 먹지 말아야 했다). 특히 이것이 필수 식품이었던 지중해 세계에서 모든 포도 제품을 삼가는 모습은 자기 절제를 분명히 보여주었다. 포도 열매를 복으로 여기는 경우도 많았지만, 노아와 롯, 금송아지 사건 때 이스라엘 백성의 경우에서 보듯이 부정적인 면도 있었다. 술은 제사장의 판단을 흐리는 경향이 있었으며(레 10:8-10), 나실인 서약도 평신도에게 '제사장과 비슷한' 지위를 부여했으므로 이 서약에서 포도주가 금지된 까닭을 쉽게 이해할 수 있다.

둘째, 그는 **머리**카락을 자르지 말아야 했다. 이렇게 성별의 대상으로서 머리에 초점을 맞추는 까닭은 머리카락이 '더럽혀질' 수 있으며 또한 그것을 제물로 드렸기 때문이다. 삼손의 경우처럼 머리카락은 개인의 힘을 상징할 수도 있지만, 이 서원에서 머리카락의 상징적 기능은 분명하지 않다. 머리카락은 신체에서 계속 눈에 보이게 자라는, 살아 있는 부분이므로 아마도 그 사람의 생명을 상징할 수도 있다.

셋째, 그는 시체에 가까이 가서는 안 되며, 심지어는 가족의 시체에도 가까이 가서는 안 되었다. 시체와 접촉하면 몸이 더럽혀졌다.

시체와 접촉한 후에는 7일 동안 부정한 것으로 간주되었다(19:1-2). 나실인에게는 규정이 훨씬 더 엄격했다. 누군가 그의 곁에서 **갑자기** 죽었을 때 설령 시체와 신체 접촉이 없었더라도 나실인은 몸이 더럽혀진 것으로 간주되었다. 더럽혀진 후 일곱째 날에 그는 머리를 밀었다. 그렇게 함으로써 더럽혀진 머리카락을 완전히 제거할 수 있었을 것이다. 일주일 동안 머리카락이 더 자라났을 것이기 때문이다. 여덟째 날에 그는 산비둘기 두 마리나 집비둘기 새끼 두 마리를 하나는 속죄제물과 하나는 번제물로 드렸다. 또한 그는 1년 된 어린 암양을 속죄제물로, 1년 된 숫양을 화목제물로 드려야 했다. 그는 머리를 성별하여 드리고 서원 기간을 처음부터 다시 시작해야 했다.

만약 정한 기간 동안 서원을 어기지 않았다면, 그 기간이 끝났을 때 그는 번제물과 속죄제물, 화목제물, 소제, 전제, 무교병을 드려야 했다. 그런 다음 그는 **머리**를 밀고 머리카락을 **화목제물**을 드리는 제단 위에 바칠 수 있었다. 예배하는 사람은 화목제물의 일부를 먹고, 일부는 제사를 집전한 제사장이 받았다.

나실인은 제사장이 아니었지만 사실상 그는 제사장의 기능을 했다. 완전한 거룩은 레위인에 국한되지 않았으며, 어떤 남자나 여자도 자신을 성별해 온전히 하나님께 드릴 수 있었다.

6:22-27. 그런 다음 이스라엘 백성에 대한 복이 선포되었다. 누군가를 **축복**한다는 것은 그 사람에 대한 하나님의 은혜를 선언하는 것이다. 그것은 복을 비는 사람이 받는 사람에 대한 소망이나 바람을 표현하는 형식을 띤다. 구약에서 축복은 형식과 내용이 매우 다양하다. 즉, 하나님이 인류에게 복을 주시는 경우(창 1:22, 28)부터 아버지가 아들들을 축복하는 경우(창 27:27-29; 49:1-28)까지 다양하다. 주께서는 아론이 해야 할 말을 모세에게 정확히 가르쳐주셨다. 이 축복의 분명한 목적은 27절에 말하듯이 주께서 그들 위에 그분의 **이름**을 내리시기 위해서였다. 이 책에서는 이 축복을 여기에 배치함으로써 제사장의 주된 역할이 백성을 축복하는 것임을 강조한다. 이 축복은 출애굽기 20장에서 시작된, 오경에서 법규를 다루는 긴 부분의 마지막에 자리를 잡고 있다. 이런 전략적 위치는 만약 백성이 지금까지 그랬듯이 주의 명령에 귀를 기울이고 따른다면 하나님의 복과 은혜를 받을 수 있을 것임을 넌지시 말해주고 있다.

축복의 구조는 각각이 두 구절로 이루어진 삼중적 성격을 띠며 전반적으로 시적인 형식을 보인다. 각 부분은 축복의 내용이 점점 더 구체적이고 강력해진다. 첫 번째 축복은 일반적인 성격을 띠며, 하나님의 복과 보호를 구한다. 두 번째 축복에서는 신인동형론적인 표현을 사용하면서, 주께서 은혜롭게 그분의 얼굴을 축복을 받는 사람에게 향하시기를 더 구체적으로 구한다. 마지막 축복은 훨씬 더 구체적이며, 주님의 **얼굴**이 예배하는 사람에게 집중되어 그 사람이 **평강**[히브리어로 '샬롬'(*shalom*), 온전함]을 강력히 누리기를 빈다. 하나님의 얼굴이 빛처럼 누군가에게 비친다는 이미지는 성경의 다른 곳에서도 사용된다(시 44:3; 80:3). 하나님의 얼굴이 비칠 때 그분은 은혜를 베푸시지만, 얼굴을 숨기실 때 그분은 진노하신다(신 31:17-18; 시 30:7; 104:29). 이 **평강**은 눈에 보이는 복과 더불어 주님과 바른 관계를 누림을 뜻한다.

5. 성막 봉헌(7:1-89)

민수기 1-4장의 서사가 여기서 계속된다. 민수기 5-6장은 삽입된 논고이며 의례적 부정과 범죄에 대한 보상, 부정을 판단하는 의례, 나실인 서원 등 다양한 문제를 다루었다. 이 장의 서사는 앞서 일어난 사건(성전 봉헌)을 가리킨다. 민수기 1:1에서 지적했듯이 이 장들에서는 사건을 엄격히 시간 순으로 추적하지는 않는다. 이에 대해서는 다음 쪽의 표를 보라.

민수기에서 모세는 사건을 연대순으로 서술하는 데 관심에 없다. 그 대신 그는 순종(그의 순종과 이스라엘 민족의 순종)의 그림을 보여주려 한다. 문학적 특성 및 주제와 관련된 이유 때문에 그는 성막 이야기를 바로 이 부분에 배치했다. (성경에서 두 번째로 긴) 이 장에서는 성막을 봉헌하면서 연속해서 12일 동안 12지파의 **지휘관**들이 예물을 드리는 것을 자세히 반복해서 묘사한다.

7:1. **제단**에 초점을 맞추어 **성막**(새번역)에 기름 바르는 것을 묘사한다.

7:2-88. 앞에서 인구조사를 책임진 사람들로 언급된 지휘관들이 여기서는 자기 지파의 예물 봉헌을 감독해야 했다. 위의 연대표에 따르면, 예물 봉헌이 먼저(둘째 해 첫째 달 첫째 날) 이루어졌으며 인구조사는 한 달이 지나서야 시작되었다(1:1). 모세는 이 지휘관들이 기뻐하며 예물을 드리는 모습을 먼저 묘사하기보다는, 그들이 신실하게 어쩌면 더 평범하게 인구조사를 도운 것에 대해 묘사하고 난 뒤에야 예물을 드리는 예배자로서 그들의 역할에 초점을 맞추려 했다.

예물 봉헌과 더불어 레위 가문이 성막 구조물을 옮기는 일을 돕기 위한 **수레**와 **소**도 바쳤다. 수레와 소에 더해 각 지휘관은 소제로 채운 은 접시와 그릇, 향을 채운 금 대접, 번제물, 속죄제물, 화목제물로 쓰일 동물도 바쳤다. 의심할 나위 없이 이 예물은 백성이 출애굽 직전 애굽 사람들에게 요구한 물품에서 나왔다(출 12:35-36). 은은 총 **이천사백 세겔**[약 27.4킬로그램]

출애굽 이후 첫 두 달 동안 일어난 사건

날짜 (출애굽 이후 둘째 해)	사건	성경
첫째 달 첫째 날	성막을 세움	출 40:2, 17; 민 7:1
	제사에 대한 명령이 시작됨	레 1:1
	예물 봉헌이 시작됨	민 7:3
	제사장의 위임식이 시작됨	레 8:1-36
첫째 달 여덟째 날	제사장의 위임식이 완료됨	레 9:1-7
첫째 달 열두째 날	예물 봉헌이 완료됨	민 7:84
	레위인의 성별	민 8:5-6
첫째 달 열넷째 날	두 번째 유월절	민 9:2
둘째 달 첫째 날	인구조사가 시작됨	민 1:1
둘째 달 열넷째 날	부정한 이들을 위한 유월절	민 9:11
둘째 달 스무째 날	구름이 움직이고 진영이 출발함	민 10:11

이었으며 금은 **백이십 세겔**[약 1.4킬로그램]이었다.

이 장의 내용은 차이가 거의 없이 반복된다. 각 지파의 예물 봉헌을 반복해서 서술함으로써 지파들의 연합과 이 종교 예식에 그들이 함께 참여했음을 강조한다. 현대의 독자들에게는 이 이야기가 지나치게 반복적인 것처럼 보일 수도 있지만, 고대의 독자들은 이를 긍정적으로 받아들이며 모든 지파가 참여했다는 사실을 기뻐했을 것이다. 유일한 차이는 지휘관의 이름이 민수기 1장과 다른 순서로 기록되었다는 것이다.

이 순서에서는 유다에게 가장 먼저 봉헌하는 지파로서의 두드러진 역할이 주어진 반면(12절), 인구조사에서는 장자인 르우벤이 목록에서 가장 먼저 기록되었다.

7:89. 이 절에서는 **모세가 회막에 들어**갈 때마다 하나님께 직접 계시를 받았다는 말을 짤막한 여담처럼 남긴다. 모세는 대제사장이 아니었지만 지성소에 들어갈 수 있었을 것이다. 그가 **증거궤 위 속죄소 위의 두 그룹 사이에서** 이 계시를 받았기 때문이다. 그 당시 아론이 대제사장이었지만 모세는 아론이 그 직분을 받기 전에 대제사장 역할을 했기 때문에 지성소에 들어갈 특권을 유지했음이 분명하다. 이 절에서는 적합한 예물을 드리고 그들 가운데 임재하시는 주님을 기뻐한 후에, 주께서 민족에게 자신을 즐거이 계시하신다는 것을 암시한다.

6. 레위인들의 성별(8:1-26)

8:1-4. 주께서 아론에게 등잔대의 불을 켜서 어디를 비추어야 할지 알려주셨다. 4절에서는 등잔대 만드는 법을 다시 설명하면서 **여호와께서** 모세에게 **보이신** 규격을 따라 정확히 만들었음을 강조한다. 출애굽기 25:31-40에 따르면 금 한 달란트, 곧 약 34킬로그램(현대인의 성경)을 두드려서 등잔대를 만들었다. 형태에 대해서는 분명한 명령이 있지만, 높이와 너비의 정확한 규격은 주어지지 않았다. 등잔대의 일곱 등불은 북쪽을 향해 빛을 비추도록 배치해야 했다. 하나님은 모세에게 설계도를 보여주셨으며 정확히 설계도대로 만들었다. 등잔대는 가지가 있는 나무 모양이었다. 이는 아마도 다른 기구와 더불어 에덴동산과 그곳의 나무, 그곳을 지키는 그룹들을 상징했을 수도 있다.

8:5-13. 이 단락에서는 회막에서 일할 책임을 맡은 레위인을 정결하게 하는 절차를 자세히 설명한다. 분명히 민수기는 레위 지파에 초점을 맞춘다. 앞서 레위인을 계수했고(3장), 그들이 진을 칠 위치를 배정했으며(2장), 각 가문이 성막에서 해야 할 일을 나누었다(4

장). 그런 다음 여기서는 그들을 성별하고 그들에게 할당된 의무를 위임한다. 레위기 8-9장에 따르면, (아론과 그의 아들들을 위한) 제사장의 위임 절차는 첫째 달 첫째 날에 시작되어 7일 뒤에 완료되었다. 이 단락의 내용은 각 지파의 지휘관들이 12일 동안 예물을 봉헌한 사건 뒤에 이어지며(7장) 첫째 달 열넷째 날에 지켰던 유월절(9장)보다 앞서기 때문에, 레위인의 성별은 첫째 달 열두째 날 사이의 짧은 기간 동안 이루어졌을 것이다. 이 명령은 (이미 성별된) 레위인 제사장들을 위한 것이 아니라 레위 지파 전체를 위한 것이었다. 레위기 8장에서 제사장들의 위임식을 치렀으며, 몇몇 유사점이 있기는 하지만 두 예식 사이에는 차이점이 많다.

레위 지파를 성별하는 예식은 몇 단계로 이루어졌다. 첫째, **속죄의 물**을 그들에게 뿌렸다. 성경에서 정확히 이 구절이 사용된 경우는 이곳이 유일하며, 본문에서는 이 목적을 위해 어떻게 이 물을 준비해야 하는지 설명하지 않는다. 암송아지의 재를 물에 더해서 만들었을 수도 있으며, 나중에 이 물은 부정을 제거하기 위한 수단으로 사용되었다(19:9). 그런 다음 레위인들은 전신을 삭도로 밀어야 했다. 이는 완전한 정결을 뜻했을 테지만, 제사장들을 성별할 때 그들이 삭도로 온몸을 밀지 않아도 되었던 까닭은 분명하지 않다. 아마도 여기서 '삭도로 민다'라고 번역된 동사는 '다듬다'라는 뜻을 가지고 있을 것이다. 머리카락을 다 밀라는 말이 아니라 있는 머리카락을 다듬어서 단정한 모습으로 주 앞에 나아갈 준비를 하라는 명령이었을 것이다. 이것은 그들의 옷을 씻는 다음 단계와도 관련이 있다.

예식을 위해 수송아지 두 마리가 사용되었는데, 한 마리는 번제물로, 한 마리는 속죄제물로 사용되었다. 그런 다음 레위 지파 전체, 아마도 인구조사에서 계수 대상이었던 모든 남자들을 회막 앞으로 모았다. 나머지 이스라엘 백성은 레위인들에게 안수해야 했으며, 이는 백성이 그들의 대표인 레위인들과 자신을 동일시함을 상징했다. 그러고 나서 아론은 한 집단으로서의 레위인들을 주 앞에 요제로 드렸다. 이는 민족이 레위 지파를 주 앞에 일종의 살아 있는 제물로 드린다는 뜻이었다.

그런 다음 레위인들은 번제물과 속죄제물로 드린 두 **수송아지**의 머리에 안수해야 했다. 그러고 나서 다시 레위인들을 모아 두 번째로 그들을 **여호와께 요제**로 드렸는데, 이번에는 아론과 그의 아들들이 드리는 일을 맡았다.

8:14-19. 레위인들은 정결하게 하는 예식을 마친 후 **회막**에서 맡은 일을 할 준비를 했다. 이 부분은 동일한 사건에 대한 명령을 설명하는 부분(3-13절)과 이를 기술하는 부분(20-22절) 사이에 배치되어 있으며, 레위인들을 정결하게 하는 예식의 중요한 신학적 목적을 논한다. 레위인들은 주의 소유로 구별되었다고 명시한다. 이 개념은 14, 16, 17, 18절에서도 반복되며, 따라서 이 단락의 초점을 이룬다.

레위인들은 이스라엘 모든 지파의 **초태생**을 대신하는 사람들이라는 점에서 하나님의 독점적 소유물이었다. 모든 지파의 자손 중에서 모든 초태생을 주의 소유로 삼는 대신 레위 지파 전체가 그들의 대리자로 섬겼다. 이 주장은 주께서 애굽의 모든 초태생을 치셨던 출애굽기의 열 재앙 서사와 관련이 있다. 모든 레위인들이 그분의 것이라고 분명히 말씀하신 후, 주께서는 그들을 아론과 그의 아들들에게 주셔서 그들이 회막과 관련된 모든 책무를 돕게 하셨다. 주께서 레위인들이 성막을 돌보는 일을 돕도록 허락하셨기 때문에 나머지 이스라엘 민족은 성소에 접근할 때 신체적 위험에 빠지지 않았다.

8:20-22. 이 단락은 성막 일에서 아론과 그의 아들을 돕도록 레위 지파를 정결하게 하는 예식에 대해 앞에서 규정된 내용(5-13절)이 실제로 어떻게 이루어졌는지를 기술한다. 이 단락에서는 그들이 주께서 주신 모든 명령을 온전히 따랐음을 강조한다(20, 22절). 이는 지금까지 이 책에서 민족의 지도자들뿐만 아니라 개인들이 주께 전적으로 순종했음을 강조하는 또 다른 예이다. (앞서 레위기 10장에 기록된 나답과 아비후의 불순종을 민수기 3:4에서 넌지시 언급하기는 하지만) 지금까지는 본문에서 백성의 불순종을 드러내는 사례를 한 차례도 기록하지 않았다.

8:23-26. 회막 봉사를 할 자격이 있는 레위인은 나이가 25세와 50세 사이여야 했다. 50세 이상은 은퇴해야 했지만, 자격이 있는 레위인들을 돕는 일은 계속해서 할 수 있었다. 대부분이 몸으로 하는 일이었으므로, 이 규정을 통해 레위인 중에서 성숙하면서도 거룩한 물품을 다루기에 신체적으로 적합한 사람을 일꾼으로

삼을 수 있었다. 민수기 4:3에서 고핫 자손에 대한 연령 제한은 30세 이상이다. 이 차이를 설명하는 방법 중 하나는 레위인 일꾼들이 30세가 될 때까지 처음 5년 동안은 견습 기간을 거쳤다는 것이다. 나중에 다윗이 다스릴 때 레위인들은 20세부터 성전 봉사를 시작할 수 있었다(대상 23:24-25). 이에 대해서는 레위인들이 더 이상 성막과 그 안에 두는 거룩한 물품을 옮길 필요가 없었기 때문이라고 설명할 수 있다.

7. 유월절을 지키다(9:1-23)

9:1-5. 민수기의 사건은 출애굽 후 둘째 해 둘째 달에 시작되었지만(1:1), 이제 본문은 시간을 돌려 둘째 해 첫 달에 일어난 사건, 즉 하나님이 **유월절**에 대한 명령을 주셨던 일을 묘사한다. 이런 시간적 재배치의 이유는 이 책이 주제를 좁혀 영적으로 더 중요한 사안에 집중하기 때문이라고 설명할 수 있다. 이 책은 인구조사와 진영 배치에 대한 설명으로 시작해, 레위 가문들에게 성막의 임무를 할당한 것을 설명한 다음, 더 주제를 좁혀 유월절을 지키는 것에 대해 다룬다. 유월절은 3, 4월에 해당하는 첫째 달(아빕월) 열넷째 날에 지켜야 했다. 5절에서는 이스라엘이 묵묵히 순종했음을 다시 한 번 강조한다.

9:6-14. 이 단락에서는 유월절과 관련해 의례적으로 **부정**해져서 제 날짜에 이를 지키지 못하는 경우에 대해 다룬다. 어떤 이스라엘 사람들은 **시체**와 접촉했기 때문에 부정하다고 간주되었다. 그들은 다음 유월절까지 1년을 기다릴 필요 없이 다른 이들과 동시에 유월절 의무를 이행하기를 바랐다. 모세는 그들의 걱정에 대해 즉답을 주지 않았다. 이 문제에 대한 주의 명령을 알아낼 때까지 기다려달라고 부탁했다. 민수기 7:89에서는 그가 회막에 들어갈 때마다 주께 말씀드릴 기회를 얻었다고 지적했다. 여기서 모세가 주의 명확한 인도하심을 구하려 했다는 말을 통해 그가 주께 의존했으며 자신의 지혜가 아니라 하나님의 명령을 전하기 원했음을 알 수 있다. 모세를 통해 영광을 받으신 주께서는 모세에게 그가 원하는 명령을 내려주셨다.

자신의 의지와 무관하게 부정해진 사람이나 집을 떠나 **여행** 중에 있는 사람은 한 달 후에 유월절을 지킬 수 있었다. 그러나 고의로 유월절 지키지 않은 사람은 백성 중에서 끊어져야 했으며 그 대가를 치러야 했다. **타국인**이 유월절을 지키기 원할 경우에는 이스라엘 백성이 지키는 그날에 지킬 수 있었다. 그러나 앞서 출애굽기 12:48에서는 그 전에 할례를 받아야 한다고 명시한 적이 있다. 여호수아 5:10을 근거로 이스라엘이 약속의 땅에 들어갈 때까지는 유월절을 지키지 않았을 것이라고 결론내릴 수 있다. 할례를 받지 않은 남자는 유월절을 지킬 수 없었다. 요단강을 건넌 다음 길갈에 이른 후에야 비로소 그들이 할례를 받았기 때문이다. 요한복음 19:36에서는 유월절 식사에 참여하는 사람은 누구든지 양을 요리하거나 먹는 동안 뼈를 하나도 **꺾지** 말아야 한다는 규정(9:12)을 언급하면서 그리스도의 죽음이 이 본문을 성취했다고 설명한다.

9:15-23. 이 단락에서는 **구름**이 **성막** 위에 나타났으며 광야 여정 동안 이스라엘을 인도했다고 설명한다. 이 단락은 연대순을 따른 서술이 아니다. 이스라엘 백성이 실제로 출발하기도 전에 구름이 이스라엘을 인도하는 방식을 설명하기 때문이다. 미래에 가서야 얻을 수 있는, 광야에서 유랑하는 기간 전체에 대한 정보를 이곳에 배치했다. 반복적인 성격과 운율 때문에 이 단락은 주변 단락들과 확연한 차이를 보인다. 9:1-14에서 이스라엘 백성은 과거에 드러난 하나님의 구속 능력을 생생히 떠올리게 해주는 유월절을 지켰다. 이제 모세는 거의 시적인 형식의 담화로 또 하나의 생생하고도 가시적인 상징을 설명한다. 유월절 어린 양이 과거에 주의 능력을 보여주는 실물 자료였다면, 구름은 현재와 미래에 민족을 인도하시겠다는 주님의 다짐을 시각적으로 보여주는 상징이었다.

이 현상은 흔히 출애굽기 40:35의 구절을 사용해 '쉐키나 영광'이라고 불리지만, 민수기에서는 이런 이름을 사용하지 않는다. 대신 일관되게 **구름**이라는 명칭을 사용한다.

성막을 세운 첫날 구름이 그것을 덮었으며 **불 모양**을 띤 채 계속 머물러 있었다. 민족이 새로운 장소를 향해 떠날 때마다 구름이 떠올랐다. 이것은 생생한 시각 신호였다. 구름은 낮이든 밤이든 어느 때나 떠오를 수 있었고, **이틀**이 지난 후, 심지어 1년이 지난 후 다시 떠오를 수도 있었다. 19절과 23절에서 이스라엘의 순종을 몇 차례 더 강조한다. 이스라엘 백성은 주의 명령에 따라 이동했으며, 주님만이 민족의 참된 지도자셨다

(23절).

8. 시내산에서 출발하다(10:1-36)

10:1-10. 진영에 여러 사건을 알릴 때는 은 **나팔**을 불었다. 두 나팔을 함께 불면 지파들이 밖으로 나와야 했고 하나를 불면 여러 가문의 지휘관들이 모여야 했다. 동쪽의 지파들이 먼저 출발해야 했고, 그다음 나팔 소리에 남쪽 지파들이 출발해야 했다. 나머지 두 방향(서쪽과 북쪽)은 언급하지 않지만 분명히 두 방향에 자리 잡은 지파들이 그다음으로 행진했을 것이다. 구름의 움직임은 민족 전체에 곧 진영을 해체해야 함을 알려주는 가시적 신호였으므로, 나팔 소리는 더 구체적으로 시간을 알려주는 역할을 했고 이동 중에 질서와 규율을 유지하도록 도와주었다.

나팔 불기라는 주제를 다루면서 모세는 또 어떤 경우에 나팔을 사용해야 하는지와 누가 나팔을 불어야 하는지에 대해 설명했다. 나팔은 **아론의 자손들**만 불어야 했다. 그들은 민족이 진영을 해체할 때뿐 아니라 전쟁에 나가거나 정해진 절기와 제사를 알리기 위해서도 나팔을 불어야 했다. 전투 중에는 나팔을 불어서, 일어나 이스라엘의 적을 무찔러달라고 하나님께 기원했다. 또한 그들 가운데 하나님이 함께하심을 기뻐하기 위해서 나팔을 불기도 했다.

10:11-13. 이 단락에서 이 책과 오경 전체의 내용이 지리적으로 나누어진다. 출애굽기 19장부터 줄곧 민족은 시내산에 머물렀으며, 이제 약 1년 만에 처음으로 그들이 이동하기 시작했다. 그들은 출애굽 이후 둘째 해 둘째 달 스무째 날에 여정을 시작했다. 그들은 몇 달만 가면 약속의 땅에 도착할 것이라고 기대했다. 신명기 1:3에서는 "마흔째 해 열한째 달 그달 첫째 날에" 비로소 광야 유랑이 끝났다고 말한다. 따라서 출발한 후 광야에서 보낸 기간은 총 38년 8개월 11일이었다. 민수기 10:13은 순종에 대해 마지막으로 분명히 언급한 구절이며, 이제 모세는 나머지 광야 기간 동안 민족을 특징지은 불순종을 강조하기 시작했다. 출발한 후 그들은 사해에서 남서쪽으로 약 160킬로미터 떨어진 **바란 광야**를 향했다. 여기서 바란 광야에 대한 언급은 창세기 21장의 하갈 이야기를 떠올리게 한다. 하갈의 경험과 민수기에서 묘사하는 이스라엘의 경험 사이에는 몇 가지 공통점이 있다. 이스라엘 백성과 하갈 모두 고향을 떠나 광야를 떠돌았으며 여기에는 바란 광야도 포함된다. 그들은 물이 부족한 상황을 만났으며 하나님이 물을 공급해주시는 경험을 했다.

10:14-28. 여기에 언급된 지파의 여러 지도자들은 2, 3, 7장에 기록된 사람들과 같다. 따라서 각 지파의 지도자 열두 명의 이름은 네 번째로 언급된다. 지파들은 민수기 2장에 기록된 것과 동일한 순서로 행진했지만, 레위 가문들이 행진한 곳에 대해서는 차이가 있다. 2:16-17에 따르면 회막과 레위인의 진영은 모두 (르우벤이 이끄는) 두 번째 지파군 다음에 출발해야 했다. 하지만 10:17에서는 게르손 자손과 므라리 자손이 (**유다**가 이끄는) 첫 번째 지파군 뒤에서 행진했으며 **고핫** 자손만 2:16-17에서 규정한 대로 (**르우벤**이 이끄는) 두 번째 지파군의 뒤를 따랐다고 서술한다(21절). 이는 2:16-17에서 말했던 바를 더 분명히 설명하는 것일 수도 있고, 이스라엘이 주께서 명령하신 바에 완전히 순종하지는 않았음을 암시하는 것일 수도 있다. 민수기 10장과 11장에서는 전적이며 완전한 순종에서 부분적인 순종으로, 더 나아가 노골적인 반역으로 전환되기 시작한다. 순종에서 불순종으로 변화가 일어난 정확한 시점만이 확실하지 않을 뿐이다.

10:29-32. 여기서 일어난 사건은 순종에서 불순종으로 이스라엘의 태도가 바뀌고 있음을 보여주는 한 예로 이해할 수도 있고, 건전한 상식을 보여주는 **모세**와 **호밥** 사이의 짧은 대화로 볼 수도 있다. 많은 사람들은 모세와 그의 처남인 호밥 사이의 대화를 모세가 약속의 땅을 향한 여정을 시작하면서 그와 민족에게 도움이 될 조언을 구하는 것으로 이해한다. 모세는 호밥에게 광야에서 지내는 동안 자신의 눈이 되어달라고 부탁했으며, 길잡이가 되기로 동의한다면 호밥이 물질적으로 유익을 얻을 것이라고 약속했다. 이는 모세가 실용적이며 좋은 제안을 한 것처럼 들릴 수도 있지만, 민수기의 문맥을 보면 모세의 제안을 의심스럽게 여길 만한 실마리를 발견할 수도 있다.

어쩌면 이 말을, 중립적이거나 심지어는 긍정적인 제안으로 이해해서는 안 될지도 모른다. 첫째, 이스라엘 백성에게는 언제 어디로 출발해야 할지를 말해주는 구름이 있었다(9:15-23). 둘째, 모세는 주께 직접 나아가(7:89; 의례적으로 부정해서 유월절에 참여할 수 없는 이들에 대한 문제를 처리할 때처럼, 9:8-13) 필요한 말씀을 직접 들을 수 있었다. 셋째, 민수기 25장과 31장에서 볼 수 있듯이 미디안 족속 전체는 이스라엘에게 도덕적으로 대단히 부정적인 영향을 미치게 된다. 모세의 초청은 사실상 이스라엘에 도덕적 해악을 초래하는 '트로이의 목마'가 되었을지도 모른다.

모세의 요청은 그가 생각한 '제2안'으로 이해할 수도 있다. 만약 구름이 믿을 만한 길잡이가 되지 못한다면, 그는 대비 계획이나 적어도 실행 가능한 두 번째 의견을 참고할 수 있었다. 비록 호밥이 경로나 식량을 조달할 수 있는 방법을 알고 있었다고 할지라도 이 시점에서는 민족의 크기 때문에 호밥이 제공할 수 있는 전략적인 조언이 실질적인 도움이 되기는 어려웠을 것이다. 또한 모세가 이런 요청을 하는 방식을 보면 그의 동기를 어느 정도 엿볼 수 있다. 호밥이 최초의 제안을 거절하자 모세는 훨씬 더 다급하게 호소했다. 그는 **우리를 떠나지 마소서**라고 말하며 호밥에게 같이 있어 달라고 부탁했다. **당신은 우리가 광야에서 어떻게 진 칠지를 아나니**라는 그의 호소는 마치 그가 호밥의 지식에 의존했던 것처럼 들린다. 또한 모세는 호밥의 통찰력과 지시를 바랐던 것처럼 보인다. **우리의 눈이 되리이다**. 모세는 호밥에게 '주님'이나 '구름'을 대신하는 사람 역할을 해달라고 부탁하는 것인지도 모른다.

이 사건은 의심과 불신앙의 씨앗이 모세 안에 움트고 있음을 말해주는 것일 수도 있다. 나중에 이 의심이 싹을 틔웠을 때, 그는 바위를 내려쳤으며 주께서는 그가 믿지 않았기 때문에 그렇게 했다고 분명히 말씀하셨다(20:12). 만약 레위 가문이 행진하는 순서를 바꾼 것(10:17-21; 참고. 2:16-17)을 레위 가문이 주의 명령을 살짝 어긴 것으로 볼 수 있다면, 이 사건은 민족의 지도자인 모세조차도 주의 명령에 대한 불신앙이 그의 마음속에 파고드는 것을 방치하기 시작했음을 암시하는 것일 수도 있다. 다음 장에 이르면(11:1) 민족 전체가 주님과의 관계에서 반역과 불만의 태도를 공개적으로 드러내기 시작했음이 분명해진다. (레위 가문들이) 주의 명령에서 약간 벗어난 것으로부터 시작해 (모세의) 의심으로, 더 나아가 (민족의) 노골적인 반역으로 이어지는 경향은 에덴동산에서 이미 드러난 적이 있다(창 3장).

10:33-36. 이제 본문은 시내산을 출발한 이스라엘 백성에게 다시 초점을 맞춘다. 첫 여정은 사흘 동안 계속되었으며, **언약궤**가 그들의 앞에 갔다. 이 단락에서는 '언약궤'라는 말이 성경에서 처음으로 사용된다. 이동 중에는 덮어두어야 했으므로(4:5-6) 민족이 그들 앞에 있는 언약궤를 보지는 못했을 것이다. 구름과 더불어 언약궤는 그들이 여정 중에 어디에서 멈추어야 하는지를 안내했을 것이다.

모세는 언약궤가 출발할 때마다 군사적인 언어를 사용하는, 강력한 반복구를 외쳤다(35-36절). **여호와여 일어나사 주의 대적들을 흩으시고 주를 미워하는 자가 주 앞에서 도망하게 하소서**. 이 반복구를 외침으로써 주께서 이스라엘을 적으로부터 보호하기를 기원했으며, 하나님께 그분의 백성 가운데 함께 계시기를 간구했다(36절).

B. 1세대의 반역(11:1-25:18)

1. 진영 내의 반역(11:1-35)

11:1-3. 지금까지(적어도 민 10:13까지는) 본문에서 모세와 레위인들, 이스라엘 민족 전체의 완전한 순종을 계속해서 강조해왔다. 얼마 지나지 않아 그런 태도는 희미해지고 말았다. 열 장에 걸쳐 여정을 준비하는 과정을 묘사한 후 이제 백성이 이동하는 것을 묘사한다. 그러나 모든 것이 순조롭지는 않았다. 백성은 그들이 겪는 어려움에 대해 **원망**하기 시작했고, 주께서는 그들에 대해 **진노**하셨다. 민족은 홍해를 건넌 직후, 식량과 물이 없다고 불평했다(출 15:22-27, 16장, 17장). 하지만 이것은 민수기에 처음으로 기록된 불평이었다. 이번에도 그들은 3일이 지난 후에 이렇게 불평했다(출 15:22-27; 참고. 민 10:33). 이 책에서 이스라엘의 불평과 주의 진노 사이의 연관성은 여기에 처음 소개되며 이후에도 반복된다. **불**이 주께로부터 나와서 진영 끝에 있는 이들을 쳤다. 이 불은 그들을 살랐지만, 그들의 몸을 다 태우지는 않았다. [이는 나답과 아비후의 경우도 마찬가지였다. 불이 그들을 삼켰지만(레 10:2) 그들의 시체는 진영 밖으로 옮겨졌다.] 시체는 하나님의 진노하심을 보여주는 가시적인 상징이었을 것이다. 백성은 모세에게 탄원했으며, 모세가 그들을 위해 **기도하**자 불이 꺼졌다. 여기서 백성을 위한 모세의 중보라는 이 책의 또 다른 주제가 처음 소개된다. 이곳은 **다베라**

로 불렸는데 이 지명은 '불타다'라는 히브리어 동사에서 왔다. 민수기의 지명은 그 장소에 일어난 사건에 근거하는 경우가 많다(11:34-35).

이런 유사점을 기록한 목적은 광야 기간 동안 이스라엘의 죄와 하나님의 신실하심이 반복되는 경향이 있음을 보여줄 뿐만 아니라 도덕적, 영적 쇠락을 보여주기 위함이다. 이렇게 쇠락하는 주기에서 민족과 그들의 지도자들이 보여준 나쁜 태도는 그들에게 부정적인 영향을 미쳤다.

출애굽기와 민수기의 유사점과 차이점

출애굽기	민수기
백성이 불평함(16:2, 7)	백성이 불평함(11:1–3)
만나를 공급하심(16:13–16)	만나를 공급하심(11:7–9)
메추라기를 공급하심(16:13)	메추라기를 공급하심(11:31)
모세를 도울 지도자들이 임명됨(18:17–26)	모세를 도울 지도자들이 임명됨(11:25)
미리암이 기뻐함(15:20–21)	미리암이 반역함(12:1)
아말렉이 패배함(17:8–16)	아말렉이 승리함(14:39–45)

11:4–9. 불이 사라진 후에도 **그들 중에 섞여 사는 다른 인종들이** 또다시 불평을 늘어놓기 시작했는데, 이번에는 음식에 대한 불평이었다. 구약에서 '섞여 사는 다른 인종들'이라는 말은 여기서만 유일하게 사용된다. 앞서 이 집단을 가리키는 말로 사용된 표현은 '수많은 잡족'이었다(출 12:38). 아마도 이들은 이스라엘 백성이 아닌 사람들로서 출애굽 당시 애굽에 살던 셈족이나 애굽 사람들이었을 것이다. 이들은 만나에 만족하지 않았고 **고기**와 다채로운 먹거리를 요구하기 시작했다. 고기를 달라는 요구는 이상하다. 성경에서는 민족이 보유한 가축이 많았다고 말하기 때문이다(출 12:38; 민 32:1). 그리고 '고기'는 애굽에서 노예로 있는 동안 그들이 먹은 음식으로 언급되지 않는다. 그들이 애굽에서 즐긴 음식에 대해 과장해서 말하고 있음이 분명하지만, 동시에 가축은 중요한 재산이었으므로 자기네 가축을 잡아먹기를 원하지 않았을 수도 있다. 따라서 아마도 그들은 자기들이 소유한 동물이 아닌 다른 고기를 찾고 있었을 것이다.

만나는 올리브기름을 섞은 **깟씨** 같았다. 앞서 출애굽기 16:31에서는 맛이 꿀 섞은 과자 같다고 설명했다. 따라서 백성은 만나를 다양한 방식으로 묘사했다. 만나는 모아서 갈아 여러 가지로 요리할 수 있었다. 기호에 따라 **가마**에 삶거나 **과자**처럼 구웠다. 만나에 대한 자연주의적 설명(예를 들면, 식물의 분비물)은 본문에서 상세히 설명하는 초자연적 특징과 어울리지 않는다. 초자연적 능력이 작용하지 않았다면 38년 동안 민족 전체를 먹일 수 있을 정도로 충분한 양의 자연적인 물질이 토요일을 제외하고 날마다 나타나는 일은 불가능했을 것이다.

11:10–15. 백성의 불평이 너무 심해서 그들이 장막문에서 **우는** 소리를 모세가 들을 수 있을 정도였다. 음식을 공급하시는 그분께 감사하지 않은 그들의 태도 때문에 다시 한 번 주께서 심히 **진노**하셨다. 그들은 만나와 메추라기를 하나님의 사랑이 담긴 은혜로운 공급하심으로 이해하기는커녕 매일 주시는 음식뿐만 아니라 주님까지도 경멸했다. 모세도 그들의 반응에 대해 언짢아했다. 모세는 개인적으로 어떻게 반응해야 하는지 주께 묻기보다는 감사할 줄 모르는 백성을 혼자서 이끌어야 하는 것에 대해 하나님께 불평했다. 모세는 자신도 이미 답을 알고 있는 수사 의문문을 주 앞에서 쏟아냈다. 그가 어른이 된 후의 첫 번째 사건, 즉 히브리인을 때리는 애굽 사람을 죽였던 사건(출 2:11)을 통해서 알 수 있듯이 그의 약점 중 하나는 분노였다. 모세의 눈에는 백성을 이끄는 책임이 너무 무거워 보였다. 그래서 그는 주께서 이 짐을 덜어주지 않으신다면 차라리 죽기를 바란다고 말했다.

11:16–17. 앞서 이드로는 모세에게 송사를 처리하는 일을 도와줄 재판관들을 임명하라고 충고한 적이 있다(출 18:13-26). 주님은 민족을 돌보는 영적 책임으로부터 모세가 자유로워질 수 있도록, 모세에게 이스라엘 백성 중에서 장로 70명을 선발하라고 말씀하셨다. 그분은 모세에게 임한 영을 그들에게도 내려주겠다고 말씀하셨다.

11:18–23. 이 장에서는 별개의 두 이야기가 결합되어 있다. 하나는 백성이 고기를 요구하는 이야기이며, 다른 하나는 책임이 너무 부담스럽다고 모세가 불평하는 이야기이다. 이 단락에서는 4-9절에서 시작된 고기 관련 사건의 결과를 서술한다. 주께서는 하루가 아니

라 **한 달 동안** 먹을 고기를 주겠다고 말씀하시며 백성에게 **몸을 거룩히 하**라고 명령하셨다. 또한 고기가 콧구멍(NASB)으로 나올 때까지 먹게 해주겠다고 말씀하셨다. 이것이 흥미로운 까닭은, '진노'라는 단어(1절)와 콧구멍이라는 단어의 히브리어 철자(*ap*)가 동일하기 때문이다. 분노의 감정은 콧구멍과 연관되었다(즉, 화가 날 때 콧구멍을 벌름거린다). 주의 '코'가 진노했을 때, 심판을 받는 이들은 '코'로 그 결과를 느낄 것이다.

모세는 주께서 그렇게 많은 양의 고기를 공급하신다는 것에 대해 의심을 드러냈으며, 주께서는 **여호와의 손이 짧으냐**라고 물으시며 모세를 책망하셨다. 23절에서는 이런 불평 배후에 자리 잡은 문제의 본질과 그에 대한 하나님의 해결책을 제시한다. 이 교훈은 민족과 그 지도자들 모두를 위한 것이다. 근본 문제는 하나님의 능력에 대한 불신앙과 의심이며, 의심과 불신앙에 대한 해결책은 그분의 말씀이 참되다고 믿는 것이다.

11:24-30. **장로 칠십 인**이 성막 입구에 보인 후에 주께서는 17절에서 하겠다고 약속하신 대로 행하셨다. 그분은 영적 권위의 분명한 증거로서 모세에게 임한 영이 **칠십 장로**에게도 임하게 하셨다. 그들은 예언하기 시작했지만, 다시는 그렇게 하지 않았다. 선발된 칠십 장로 중에 **엘닷**과 **메닷**이 있었는데, 무슨 까닭인지 그들은 다른 장로들과 함께 있지 않았다. 이 두 사람은 자신들이 있던 진영에서 예언하기 시작했으며, 이 사실이 모세에게 전해졌다. 오랫동안 모세의 부관이었던 여호수아는 상관의 지위를 보호하려는 마음에, 그들이 예언하기를 그치게 하자고 말했다. 모세는 성령의 능력이 이렇게 눈에 보이게 드러나는 것에 대해 위협을 느끼지 않았으며, 오히려 모든 주의 백성이 이렇게 나타난 성령의 특별한 선물을 누릴 수 있기 바란다고 말했다. 이러한 모세의 겸손함은 그의 성품을 이루는 핵심 요소이며, 이후에 발생하는 그의 지도력에 대한 도전이 근거가 없음을 보여주는 적절한 배경이다.

11:31-35. 이 단락은 '영'이나 '바람'을 뜻하는 히브리어 단어 루아흐를 활용한 언어유희를 통해 앞 단락과 연결된다. 주의 영이 칠십 장로에게 예언의 은사를 부어주셨고, 이제는 주의 **바람**이 백성에게 **메추라기**를 내려주실 것이다. 이 메추라기는 그 무리가 약 1미터 두께를 이루며 날아왔거나 땅에서 1미터 높이에서 날았기 때문에 쉽게 잡을 수 있었다. 약 36시간 동안 메추라기가 날아들어서 진영 안의 각 사람이 2,200리터(**열 호멜**) 이상을 모을 수 있었다. 진영 가운데 그렇게 많은 고기를 저장하기는 쉽지 않았을 것이다. 하나님이 내리신 메추라기는 축복이자 저주였다. 그들은 고기를 풍성히 먹을 수 있는 기회를 얻었지만, 동시에 주의 진노를 불러일으킬 정도로 게걸스러운 식탐을 드러냈기 때문이다. 메추라기를 먹기도 전에 주께서 심히 큰 재앙을 보내셨으며 많은 사람이 죽었다. 이곳은 탐욕의 무덤이라는 뜻으로 기브롯 핫다아와로 불렸다.

2. 아론과 미리암의 반역(12:1-16)

12:1-8. 민족이 하세롯에 진을 친 후(11:35), **미리암과 아론이 모세를 비방**했다. 미리암과 아론이 짝을 이뤘지만 히브리어 동사는 여성형이다. 이는 미리암이 모세의 지도력에 대한 도전을 선동했음을 말해주며 그 결과 그가 벌을 받았던 까닭을 설명해준다. 하지만 아론과 미리암의 연합은 심각한 위협이었다. 그들이 남매였을 뿐만 아니라 각각 대제사장과 예언자였기 때문이다(출 15:20). 이러한 도전의 이유는 모세가 **구스 여인**과 결혼했기 때문이었다. 이 여인이 십보라를 가리키는지(합 3:7에서 볼 수 있듯이 미디안과 구스/구산이 연관이 있을 수도 있으므로) 오늘날 누비아나 에티오피아로 알려진 지역 출신의 두 번째 아내를 가리키는지는 분명하지 않다. 이 여인의 국적은 분명하지 않지만 모세의 형제들이 인종에 근거해 이의를 제기했음은 분명하다.

이스라엘에서 인종적 순수함은 중요한 문제였지만, 외국인도 영적 공동체에 참여하도록 허용되었다(9:14). 미리암은 인종에 대해 문제를 제기했지만, 근본적인 문제는 질투와 이 여인 때문에 자신의 영적 지위 중 일부를 잃어버릴 수도 있다는 우려였다. 미리암은 모세의 아내가 이스라엘에서 가장 영향력 있는 여자인 자신의 지위를 위협한다고 생각했을지도 모른다. 새로 세워진 칠십 장로의 영적 권위를 고려할 때(11:25), 미리암은 자신의 영적 권위가 점점 약해진다고 생각했을지도 모른다. 혹은 모세에게 도전함으로써 자신이 전에 누렸던 영적 지위를 어느 정도 회복할 수 있다고 생각했을지도 모른다. 이런 생각은 곧 모세를 이스라엘 최고의 지도자로 선택하신 주님의 뜻을 거부하는 것이었다.

모세의 겸손에 대한 이어지는 진술(12:3)은 나중에 삽입된 문장으로, 후대에 영감을 입은 편집자가 모세의 성품에 대한 하나님의 평가를 간단하게 진술한 몇 군데 되지 않은 구절 중 하나인 듯하다. 앞 장에서는 이미 겸손한 모세의 모습을 보여주었다(11:29). 따라서 여기서 이를 다시 언급하는 것은 미리암의 비난이 훨씬 더 터무니없어 보이게 하는 효과가 있다. 이 도전에 대한 응답으로 **여호와께서 모세와 아론과 미리암을 회막으로** 부르셔서 모세의 권위와 지위를 재확인시켜주셨다. 주께서 **구름** 가운데서 직접 그들에게 시적인 형식으로 말씀하셨으며, 자신과 모세의 특별한 관계를 옹호하셨다. 주께서는 자신을 계시하실 때 환상과 꿈을 통해 계시하셨지만, 모세에게 말씀하실 때는 **대면하며 명백히** 말했다고 말씀하셨다. 심지어 모세는 다른 어떤 사람도 볼 수 있는 특권을 누리지 못했던 **여호와의 형상**까지 보았다(8절). 이런 특별한 권리를 누리는 하나님의 종 모세를 **비방하기를 두려워하지** 않느냐고 하나님은 모세의 형제들에게 물으셨다. 이를 통해 예언자로서 모세의 독특한 지위가 확립되었다. 오직 그만이 하나님께 직접 계시를 받았다. 이는 나중에 주께서 이스라엘에게 모세와 같은 메시아적 예언자를 약속하실 때 더 중요한 의미를 갖게 된다(신 18:15-19). 이 미래의 예언자 메시아는 이스라엘의 다른 모든 예언자와는 다를 테지만, 모세처럼 그분도 꿈이나 환상을 통해서가 아니라 하나님과 직접 교통하실 것이다.

12:9-16. 그런 다음 주께서는 진노하셔서 미리암에게 나병을 내리셨고, 그녀를 의례적으로 부정하게 만들어 공동체로부터 추방되게 하셨다. 아론은 동생에게 탄원하며 그녀를 위해 호소했다. 그는 미리암의 육체가 **살이 반이나 썩어** 사산된 아이 같다고 말했다. 모세는 지체 없이 누나를 위해 중보했으며 주께 **고쳐**달라고 간구했다. 하지만 미리암은 즉시 치유를 받지는 못했다. 미리암의 죄는 너무도 심각했으므로 그녀는 아버지한테 얼굴에 침 뱉음을 당하는 사람처럼 되었다. 그런 사람은 이레 동안 **진영 밖에** 머물러야 했다. 침 뱉음은 경멸을 드러내는 극단적 행동이었으며(신 25:9), 명백한 이유로 사람을 부정하게 만들었다. 그녀가 제기한 도전의 공적 성격 때문에 그녀는 공적으로 수치를 당하고 말았다. 미리암의 죄 때문에 진영의 움직임이 지체되었다. 그녀가 일주일 동안의 추방 기간을 마치고 돌아올 때까지 기다려야 했기 때문이다. 미리암이 진영으로 돌아온 후 민족은 **하세롯**을 떠나 **바란 광야**에 이르렀다.

3. 가데스에서의 반역(13:1-14:45)

13:1-16. 이제 주님은 모세에게 **사람을 보내어** 땅을 정탐하라고 명하셨다. 이 단락에서는 이스라엘 본진의 위치에 대해 점점 더 구체적인 정보를 제시한다. 첫째, 그들은 바란 광야(12:16, 사해에서 남서쪽으로 약 160킬로미터)에 있었으며, 더 명확히 하자면 신 광야(13:21, 사해에서 남서쪽으로 약 40킬로미터)로 알려진 지역에 자리를 잡았고, 더 구체적으로는 가데스(13:26, 사해에서 남서쪽으로 약 96킬로미터)에 있었다. 나중에 모세는 이스라엘 백성이 바로 이곳에서 "올라가서 차지하라"라는 명령을 받았다고 기록했다(신 1:21). 그들은 전진하기 전에 사람을 보내 경로를 탐색하고 도시에 대해 보고하게 하라고 모세에게 부탁했다(신 1:22). 이렇게 하는 그들의 동기는 선하게 들리지만, 사실 그들은 '가서' '차지하라'는 간단한 주의 말씀에 대해 믿음으로 담대하게 나아가는 모습을 보여주지 못했다. 그런데도 하나님은 은혜롭게 그들의 요청을 들어주셨고 모세에게 보낼 사람들을 선발하라고 말씀하셨다(1절). 이 사람들은 **그들의 조상의 가문 각 지파 지휘관 중에서** 뽑아야 했다. 선발된 사람들은 인구조사나 예물 봉헌에서 지도자로 언급된 지파의 대표와 동일한 인물이 아니었다(1, 2, 7장). 아마도 앞서 언급된 지도자들은 나이 많은 정치인들이었고, 이번에는 정찰 임무를 맡기에 신체적으로 더 적합한 사람들이 필요했을 것이다. 공식적으로 이들은 나중에 여호수아가 여리고를 살펴보기 위해 보낸 이들처럼 '정탐꾼'(수 2:1)이라고 불리지 않았다. 하지만 그들은 자기 의견으로 사람들을 쉽게 좌지우지할 만큼 명망 있는 인물들이었을 것이다. 소속된 지파와 더불어 그들의 이름이 기록되었다는 사실은 그들이 민족 안에서 영향력 있는 중요한 인물들이었음을 말해준다. 그들은 자신들이 본 것을 정직하게 보고할 것이라고 믿을 수 있는 사람들이었으며, 그들의 권고는 백성에게 영향력이 있었을 것이다. 선발된 사람들 중 두 사람이 이후에 더 두드러진 역할

을 했는데, 그들은 모세가 여호수아로 이름을 바꾸었던 (13:16) **에브라임 지파** 출신의 **호세아**와 **유다 지파** 출신의 **갈렙**이었다.

13:17-33. 모세는 분명하고 명쾌한 명령을 내렸지만(다음 쪽의 도표 '열두 정탐꾼에게 주어진 명령과 열 정탐꾼의 보고'를 보라), 그들의 보고는 혼란을 낳았다.

앞에서 모세는 이스라엘 백성이 따랐던 명령을 자세히 기록함으로써(예를 들어, 출 26-30장에서 성막에 대한 명령을 기록한 다음 36-40장에서 어떻게 그 명령이 지켜졌는지를 기록했다) 하나님의 명령에 대한 그들의 순종을 보여주거나 "여호와께서 모세에게 명령하신 대로" 행했다고 설명했다(1:54). 이 사건에서 모세는 분명한 명령을 내렸으며 이 사람들이 돌아와서 대답해야 할 질문까지 알려주었다. 그러나 그들이 요청받은 대로 했다거나 모세가 했던 모든 물음에 답했는지에 대해서는 아무 언급이 없다. 그들의 보고는 모세가 내린 지시와 순서가 달랐으며, 조사하라고 지시를 받지 않은 항목에 대한 정보를 추가하는 경우도 많았다.

여호수아와 갈렙도 이 정탐꾼들 중 일부였지만 그들은 온전히 주를 따랐기 때문에 그들에게는 잘못이 없었다(14:24). 나머지 정탐꾼들은 사람들에게 긍정적으로 영향을 미칠 수 있는 내용을 빠뜨렸다. 헤브론은 족장 아브라함과 연관된 장소이며, 아브라함이 거기에 묻혀 있었으므로 이스라엘 백성으로 하여금 그가 받은 땅 약속을 떠올리게 했을 것이다. 헤브론이 애굽의 소안보다 7년 먼저 세워졌다는 말(13:22)은 문맥과 무관하게 삽입된 흥미로운 정보이다. 소안은 나일강 삼각주 북부에 있는 타니스라는 도시와 관련이 있으며 다윗 왕 시대에 애굽의 정치적 수도였다. 헤브론이 이 애굽 도시보다 연대가 앞선다고 말함으로써 헤브론의 중요성을 분명히 강조한다.

정탐꾼들이 택한 경로는 신 광야 남쪽에서 출발해 (21절), 다마스쿠스를 지나 하맛 어귀 르홉까지 북상했다. 돌아오는 길에 그들은 헤브론 근처 에스골(문자적으로, '송이') 골짜기에 들러(너무 커서 **막대기에 꿰어 메야** 했던) 포도송이와 석류, 무화과를 비롯해 그 지역의 농산물을 가져왔다. 이런 과일들은 주께서 그들을 보내시는 이 땅이 얼마나 비옥한지를 분명히 보여주었을 것이다. 정탐에는 총 40일이 걸렸고, 그들은 가데스(26절, 사해에서 남서쪽으로 96킬로미터)에 자리를 잡았다고 구체적으로 명시된 진영으로 돌아왔다.

보고는 **과연 그 땅에 젖과 꿀이 흐른**다는 긍정적인 말로 시작되었다. 이는 약속의 땅이 비옥하다는 것을 강조하기 위해 자주 사용되는 표현이다(예를 들어 출 3:8, 17). 이 표현의 정확한 의미는 파악하기가 쉽지 않다. 젖을 뜻하는 히브리어 단어 할라브(*chalab*)는 기름을 뜻하는 단어 헬레브(*cheleb*)와 동일한 자음을 가지고 있지만, 아마도 여기서는 '기름'보다는 가축의 부산물을 염두에 두고 있을 것이다. 꿀은 야생벌이 만드는 꿀을 가리키거나 수액(樹液), 무화과나 다른 과일에 시럽 같은 부산물을 가리킨다. 가축(젖)과 과일(꿀)로 가득한 땅의 이미지는 생동감이 넘치는 은유이다. 이 단어가 무엇을 뜻하든지, 분명히 그들은 방문하고 온 땅에 풍성하고 달콤한 먹거리가 있다고 말한 셈이다. 날마다 만나를 먹는 데 익숙해진 백성에게 이는 대단히 매력적으로 보였을 것이다.

그들의 보고가 긍정적으로 시작되기는 했지만 이미 시작하자마자 미묘한 전환이 일어난다. **그러나**(28절)라는 말은 그들의 첫 보고를 약화시키고 그들의 잘못된 태도를 드러낸다. 그들은 모세가 했던 질문에 대답하기보다는 태도를 갑자기 바꿔 이스라엘이 계속해서 그 땅으로 들어가야 하는가에 대한 자신들의 의견을 개입시켰으며 그 땅의 거민들을 힘으로 압도할 수 있는가에 대한 의심을 피력했다. 갈렙은 열 정탐꾼이 하는 말을 반박하면서 하나님이 약속하신 땅을 **취하자**며 용기를 북돋웠다. 열 정탐꾼은 주로 가나안에 사는 사람들의 커다란 체구와 강력히 요새화된 성읍에 대해 우려했다. 그들은 보고를 듣는 이들의 공포감을 극대화하기 위해 **아낙** 자손(28절)과 **네피림**(33절)을 언급했다. 아낙은 헤브론 근처에 살던 집단으로서(수 11:21-22) 키가 매우 컸다(신 2:10). 네피림은 앞에서 홍수 이전에 살던 사람들로 언급되었다(창 6:4).

네피림의 가계가 노아 홍수 때 살아남지 못했다면 어떻게 그때 네피림이 있을 수 있는가 하는 의문이 제기되어왔다. 정탐꾼들은 땅을 정복하는 문제 앞에서 민족이 직면한 어려움에 대해 거짓 보고를 하고 있었으므로, 그들이 보았던 덩치가 큰 사람들에 대해 과장했으며 그들이 네피림이라고 착각했을 수도 있다. 또 다

열두 정탐꾼에게 주어진 명령과 열 정탐꾼의 보고

명령	도착 후 이행해야 할 명령의 순서	보고 순서	보고	이행 여부
17절-네겝 길로 행하여 산지로 올라가서			21절-그들이 올라가서 땅을 정탐하되 신 광야에서부터 하맛 어귀 르홉에 이르렀고 22절-네겝으로 올라가서 헤브론에 이르렀으니	이행했다. 하지만 다른 곳까지 들렀다.
18절-그 땅이 어떠한지 정탐하라 곧 그 땅 거민이 강한지 약한지 [살펴보라]	1	3	28절-그 땅 거주민은 강하고 32절-거기서 본 모든 백성은 신장이 장대한 자들이며	이행했다. 하지만 거민의 신장을 보고에 추가했다.
18b절-[그 땅 거민이] 많은지 적은지 [살펴보라]	2			이행하지 않았다.
19a절-그들이 사는 땅이 좋은지 나쁜지 [살펴보라]	3	1a	27절-과연 그 땅에 젖과 꿀이 흐르는데	이행했다. 하지만 '좋다'라는 단어를 사용하지 않았다.
19b절-사는 성읍이 진영인지 산성인지 [살펴보라]	4	4	28절-성읍은 견고하고 심히 클 뿐 아니라 거기서 아낙 자손을 보았으며	이행했다. 하지만 성읍의 크기와 거민의 이름을 언급했다.
20a절-토지가 비옥한지 메마른지 [살펴보라]	5	1b	27절-과연 그 땅에 젖과 꿀이 흐르는데	이행했다. 하지만 동일한 단어를 사용하지 않았다.
20b절-나무가 있는지 없는지를 탐지하라	6			이행하지 않았다.
20c절-그 땅의 실과를 가져오라	7	2	23절-또 에스골 골짜기에 이르러 거기서 포도송이가 달린 가지를 베어 둘이 막대기에 꿰어 메고 또 석류와 무화과를 따니라	이행했다.

른 설명은 이 네피림이 이름은 같지만 다른 민족이며, 창세기 6장에서 묘사한 원래의 네피림처럼 키가 크고 거만했을 수도 있다는 것이다. 정탐꾼들은 **모든 백성이 신장이 장대**하며(32절) 그들 앞에서 자신들은 **메뚜기**처럼 작게 느껴졌다고(33절) 보고했다. 그들은 스스로를 승리자가 아니라 먹잇감이라고 생각했다.

14:1-4. 이스라엘 백성은 열 정탐꾼의 부정적인 보고에 마음이 흔들렸으며 불안한 마음에 소리 높여 울었다. 그들은 모세와 아론에게 불평하면서, 더 이상 불행해지기를 원치 않는 마음으로 차라리 애굽에 있을 때 **죽었거나** 지금 **광야**에서 죽기를 바란다고 말했다. 이스라엘 백성은 광야에서 죽기를 바랐으며, 아이러니하게도 하나님은 결국 그 세대의 요구를 들어주셨다(14:29). 전투가 끝나면 여성과 아동을 전리품으로 취하는 경우가 많았으므로 그들과 그들의 가정이 위기에 처한 것은 사실이었다. 그러나 그들은 공포와 반역의 마음을 드러내는 대신에 주께서 그들을 원수로부터 보호하시며, 올라가 그 땅을 차지할 능력을 주실 것이라고 믿었어야 했다. 그들에게는 그들 가운데 주의 임재를 보여주는 분명하고도 만질 수 있는 상징들이 많았다. 또한 하나님은 최근에도 그들을 원수로부터 기적적으로 보호하셨다. 하지만 그들은 앞으로 나아가 주께

자신들의 미래를 맡기기보다는 돌아가 애굽의 압제자에게 복종하는 편이 더 낫다고 생각했다. 그들은 애굽에 있는 동안 당했던 속박의 고통(출 2:23-24)을 금세 잊어버렸으며, 그들을 이끌고 애굽으로 돌아갈 새 지도자를 선택하려 했다.

14:5-10. 그러자 모세와 아론은 자기 비하의 표현으로 온 진영 앞에서 땅에 엎드렸다. 그들은 입을 열기 전에 몸으로 말한 셈이다. 이는 여호수아와 갈렙을 감동시켰고, 그들은 모세와 아론과 뜻을 같이한다는 의미로 애도와 깊은 슬픔을 상징하는 행동으로서 **옷을 찢었다**(창 37:29). 이 시점에 여호수아와 갈렙은 백성에게 이 땅이 **심히 아름다운 땅**임을 기억하라고 간청했다. 여호수아가 약속의 땅을 정탐할 사람 중 하나로 선발되었지만 민수기에서 그의 말이 기록되기는 이곳이 처음이다. 아마도 여호수아는 모세의 부관이었기 때문에(출 24:13) 앞서 갈렙과 함께 목소리를 높이지는 않았을 것이다(13:30). 그는 모세와 가까웠기 때문에 백성은 으레 그가 자신의 멘토인 모세를 지지할 것이라고 예상했을 것이다. 하지만 이제 그는 갈렙과 함께 담대하게 주께 반역하는 민족의 어리석음을 지적했다. 그는 그들이 **그 땅 백성을 두려워하지 말**아야 한다고 강조했다. 주께서 그들과 함께하시므로 그 땅의 거민들은 그들 앞에 쓰러질 것이기 때문이다. 백성은 지도자를 세우고 싶어했으며(14:4), 결국 여호수아가 그들의 새 지도자가 되었다. 하지만 그는 그들의 요구대로 그들을 이끌고 애굽으로 돌아가지 않을 것이다. 오히려 그는 그들을 약속의 땅으로 이끌 것이다. 여호수아와 갈렙의 열정적인 탄원은 백성을 설득하지 못했고, 백성은 오히려 그들을 **돌로 치려**고 했다. 백성을 막기 위해 **여호와의 영광**이 나타나 은혜롭게 그분의 종들을 보호하고 백성에게 경고하셨다.

14:11-19. 주께서는 모세에게 말씀하시며 몇 가지 수사적인 질문을 던지셨다. 사실상 그분은 그들 가운데 가시적이며 만질 수 있는 초자연적 이적을 행하셨음에도 그분을 거부하고 믿지 않는 이 민족을 얼마나 더 오래 참아야 하느냐고 모세에게 물으셨다. 주께서는 그분의 백성을 해방시키기 위해 애굽에 재앙을 내리셨듯이 **전염병으로** 그들을 치겠다고 말씀하셨다. 또한 모세와 함께 민족을 처음부터 새로 시작하겠다고 말씀하셨다. 하지만 전에도 그랬듯이(출 32:11-13) 모세는 그렇게 하시면 애굽 사람들 사이에서 주님의 명성이 더러워질 테니 그렇게 하지 마시라고 탄원했다. 다른 모든 민족들이 주께서 이 민족에게 어떻게 행하셨는지 듣는다면 그분이 약속을 성취할 능력이 없다고 비웃을 것이다. 모세는 하나님의 속성에 호소하며 주께서 그분의 크신 능력과 인내, **인자**를 보여주시기를, 그분께서 이 백성의 **죄악**을 용서하시기를 간구했다. 모세는 변호사 같은 주장을 펼쳤다. 만약 주께서 민족을 없애버리신다면 이는 반역하는 이스라엘의 성품보다는 그분의 성품에 더 많은 영향을 미칠 것이라고 주장했다. 만약 민족을 파괴하겠다는 그분의 계획을 실행하신다면, 이는 이 백성을 약속의 땅으로 인도하겠다는 언약을 성취할 능력이 그분께 없다는 뜻일 테고 이는 그분의 명성에 부정적인 영향을 미칠 것이다.

하지만 모세는 주께서 이 반역을 처벌하지 않고 넘어갈 수 없으시다는 것을 알고 있었다. 모세는 주께서 **아버지의 죄악을 자식에게 갚아 삼사 대까지 이르게 하**실 것이라고 말했다. 이 구절은 오경의 다른 곳에서도 반복되며(출 20:5; 신 5:9), 회개하지 않은 채(따라서 용서받지 못한 채) 남아 있는 죄의 결과를 강조한다. 다른 곳에서 모세는 사람들이 아버지의 죄가 아니라 자신의 죄 때문에 죽는다고 주장했다(신 24:16). 따라서 이 구절은 죄의 경향이 다음 세대에도 반복되는 경우가 많다는 뜻으로 이해할 수 있다. 다음 세대는 이전 세대가 떠난 그곳에서 시작하며, 죄는 계속해서 커진다. 또한 이 말은 죄가 후대에 계속해서 영향을 미치는 부정적인 결과를 초래한다는 뜻일 수도 있다. 오늘날 일부에서는 성경적 근거도 없이 모든 죄와 문제를 일종의 '가계의 저주' 탓으로 돌린다. 그들은 죄의 결과에 대한 하나님의 경고와 그분이 죄에 대해 각 세대를 저주하신다는 사실을 혼동하고 있다. 모세는 주께 그분의 풍성한 자비로 이 백성을 용서해달라고 담대히 간구함으로써 중보적 기도를 마무리했다.

14:20-38. 모세의 주장과 기도를 근거로 주께서는 은혜롭게 백성을 용서하고 그들을 제거하지 않으셨다. 하지만 그들의 반역 행위에 대해 마땅한 결과가 있을 것이다. 이러한 용서의 행위뿐만 아니라 마땅한 벌을 내리는 행위까지도 **여호와의 영광**이 온 **세계**에 충

만해지는 데 기여할 것이다(21절). 하나님이 민족에게 벌을 내리시며 주에 대해 불평한 20세 이상의 사람은 누구든지 광야에서 죽을 것이라고 말씀하셨다. 이토록 가혹한 벌을 내리신 까닭은 그들이 주의 영광과 초자연적 표적을 보고 나서도 열 번이나 주를 시험했기 때문이다. 열 번의 시험이라는 표현은 꼭 문자적인 의미라기보다는 많음을 강조하는 문학적 장치일 수도 있다(참고. 욥 19:3). 그런데도 백성이 주를 시험한 경우를 최소한 열 차례는 확인할 수 있다(출 14:11-12; 15:23-24; 16:2-3, 20, 27; 17:1; 32:1-10; 민 11:1, 4; 14:1-3).

숫자 '10'(14:22)은 주께서 애굽에 보내신 재앙(출 7-11장)의 숫자라는 점에서 중요하다. 열 재앙은 하나님의 능력을 드러냈으며, 이와 비슷하게 이스라엘의 열 차례 시험은 하나님의 인내를 강요했다. 한편 갈렙은 **마음이 그들과 달라서** 망설임 없이 주를 **따랐**기 때문에 이 처벌에서 면제되었다(24절, 여호수아는 30절에서 언급).

이튿날 백성은 가데스를 떠나 **아말렉인과 가나안인**이 사는 골짜기를 통과해 약속의 땅으로 곧장 나아가는 대신, **홍해** 방향(아마도 사해에서 남쪽으로 약 193킬로미터, 가데스에서 남동쪽으로 약 129킬로미터 떨어진 아카바만, 즉 성지와 반대 방향)으로 가는, 더 길고도 우회하는 경로를 택했다.

이제 주께서는 백성에게 그들이 받을 징계를 설명하라고 모세와 아론에게 명하셨다. 앞서 백성은 **광야에서** 죽고 싶다고 말했으며(2절), 주님은 그 요구를 들어주셨다. "말이 씨가 된다"(be careful what you wish for)라는 격언은 이 사건과 꼭 맞는 말이다. 대신 원수의 먹잇감이 될 것이라고 생각했던(3절) 그들의 자녀들은 **여호수아, 갈렙**과 더불어 약속의 땅에 들어갈 것이다. 민족의 죄는 용서를 받았지만(20절) 그들의 행동이 낳은 결과는 20세 이상인 사람들이 자신들의 불신앙 때문에 광야에서 죽을 때까지 그들의 자녀가 고통을 받는 것이었다. 에스겔 18:13-18에서는 부모의 죄에 대해 아들은 도덕적 책임이 없다고 주장했지만, 그렇다고 해서 그들이 부모의 죄로 인한 결과로 고통받지 않을 것이라는 말은 아니다. 구체적인 처벌은 이들이 정탐하는 데 걸린 시간에 대해 하루를 1년으로 계산했다. 정탐에 **사십 일**이 걸렸으므로(13:25) 약속의 땅에 들어가기 전에 그들은 **사십 년**을 광야에서 지내야 했다. 백성은 이미 애굽을 떠난 후 광야에서 1년 넘게 지냈고(9:1; 참고. 1:1) 민수기 1:1 이후 짧은 기간이 지났으므로 실제로 벌을 받는 기간은 38년이 조금 넘었다. 그들의 불신앙과 반역의 가증함을 강조하기 위해서 주님은 민족으로 하여금 그 땅을 차지하지 못할 것이라고 믿게 만들려 했던 사람들에게 **재앙**으로 죽는 벌을 내리셨다(37절).

14:39-45. 처벌이 선고되고 열 명의 정탐꾼이 재앙으로 죽는 것을 보면서 민족은 슬퍼했다. 하지만 이튿날 그들은 **산꼭대기**로 가서 그 땅을 차지하겠다고 결심했다. 그들은 죄를 인정하고 이제 주께서 약속하신 땅으로 들어갈 준비를 했다. 모세는 그들에게 그렇게 하지 말라고 경고했으며, 주께서 그들과 함께하지 않으실 것이므로 성공하지 못할 것이라고 경고했다. 다시 한 번 그들은 반역하여 **모세**와 **언약궤** 없이 마음대로 행동했다. **아말렉인**과 **가나안인**들은 그들을 가볍게 무찌르고 쫓아냈다.

4. 제사에 대한 추가 명령(15:1-41)

이 장에서는 네 범주의 보완하는 법을 다루며, 그 사이에 안식을 어긴 사람에 대한 짧은 이야기가 들어간다. 첫 세대는 사형선고를 받았지만 이 장의 내용은 다음 세대가 약속의 땅에 들어간 후를 내다본다. 하나님은 그들에게 희생제사에 대한 추가 명령을 내리셨다. 한편으로 이는 그들에게 소망을 주었다. 주께서 그들에게 제사를 규제할 지침을 주심으로써 그 땅에서 장차 그들을 위한 계획을 갖고 계심을 알 수 있었기 때문이다. 다른 한편으로 이 장에서는 그들이 따라야 할 더 많은 규례를 제시한다. 오경에서 죄에 대한 이야기를 할 때마다 독자는 그 즉시로 규제하는 율법이 더 많이 주어질 것임을 예상할 수 있다[John H. Sailhamer, *The Pentateuch as Narrative* (Grand Rapids, MI: Zondervan, 1992), 387]. 죄의 결과 중 하나는 더 많은 죄를 막기 위해 추가로 법이 제정된다는 것이다. 이 경우에 법과 규제는 이 책의 핵심적 반역을 다룬 부분(민 13-14장)에 바로 뒤따라 등장한다.

15장은 몇 가지 점에서 직접적인 문맥과 관련이 있다. 먼저 이전의 불평 중 다수는 식량 부족과 주께서 공

이스라엘의 광야 여정

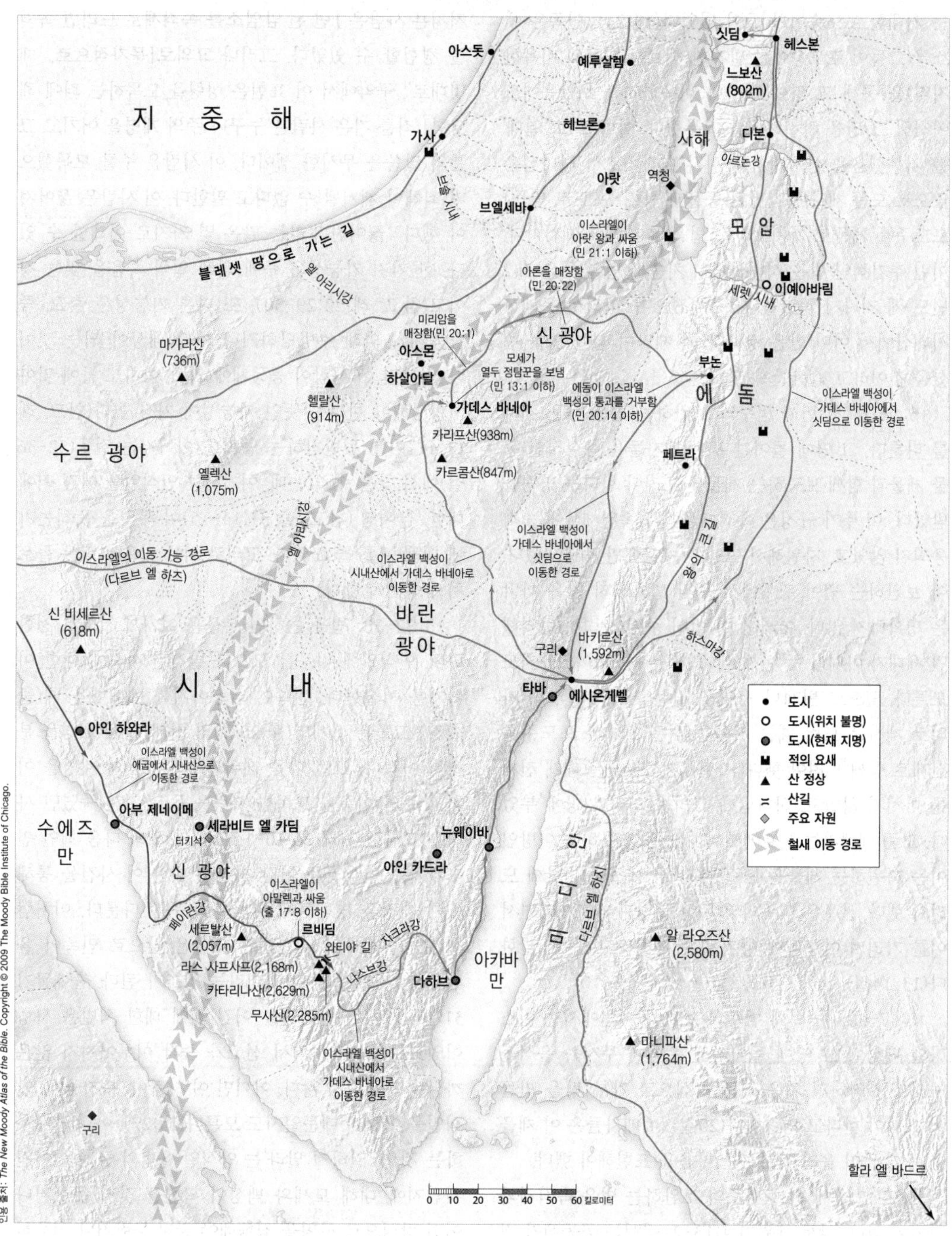

급하신 음식(즉, 만나)에 대해 감사하지 않는 마음과 연관이 있었으므로, 앞으로는 동물을 제물로 드릴 때마다 **소제**를 가져와야 했다(15:4). 아마도 이는 주님이 광야에서 그들에게 은혜롭게 공급하신 만나를 떠올리게 하거나 상징했을 것이다. 또 다른 연관성은 소제를 추가로 드리는 것 외에 **포도주**를 전제로 포함시켜

야 했다는 점이다(15:5). 정탐꾼들이 가져온 품목 중에는 거대한 포도송이가 들어 있었다(13:23). 민족은 에스골(그들이 포도송이를 발견한 헤브론 인근의 비옥한 지역)을 통해 그 땅이 얼마나 비옥한지를 보았음에도 여전히 그 땅을 차지하기를 거부했다. 아마도 그 '열매'를 거부했음을 상기시켜줄 시각적 장치로서 하나님은 앞으로 모든 제사에 지정된 동물과 함께 (포도로 만든) 포도주를 제물로 가져오라는 법을 추가하셨을 것이다. 이런 추가적인 법은 시내산에서 처음 율법을 주신 지 2년도 채 지나지 않았을 때 주어졌으며, 따라서 문맥상 시내산에서 이미 받은 것보다 더 제약이 심한 법을 주셨을 것이라고 짐작할 수 있다.

15:1-16. 첫 번째 범주의 보완하는 법은 동물 제사를 다룬다. 그 땅에 들어간 후 예배자들은 통상적인 동물 제물과 함께 보충하는 제물을 드려야 한다는 명령을 받았다. 이 추가 규정은 속죄제물이나 속건제물에는 적용되지 않았고, 자원해서 드리는 제물에만 적용되었다. 이 보완하는 법이 광야에서 즉각 발효되지 않은 까닭은 명확하지 않다. 어쩌면 이 법이 주께 강력히 반역했던 세대가 아니라 두 번째 세대만을 위한 법이었을지도 모른다. 앞으로 **번제나 서원을 갚는 제사**(8절), 즉 자의로 제사를 드릴 때는 기름을 섞은 소제와 **포도주**를 **전제**로 함께 드려야 했다(10절). 제사장들은 대개 전제를 마시지 않았고, 하나님께 드리는 의미로 땅에 부었다. 모든 예배자는 본토에서 태어났든 거류하는 이방인이든 자원하는 제물을 드릴 때 이런 예물들을 함께 드려야 했다. 본문은 민족의 지독한 불평과 대조시키면서 이를 가리켜 **여호와께 향기로운 화제**라고 두 번 말한다(13, 14절).

15:17-12. 두 번째 범주의 보완하는 법에서는 이스라엘 백성이 그 땅에 들어가서 주님이 주시는 음식을 누리기 시작하면 처음 거둔 곡식으로 **가루 떡**을 만들어 드려야 한다고 명령했다(20절). 예배자들은 이 제물을 주께 들어 올려 감사하는 마음을 표현해야 했다.

15:22-31. 세 번째 범주의 보완하는 법은 **속죄제**와 관련이 있다. 앞서 레위기 4:13-21에서는 공동체가 저지른 죄를 속죄하는 방법을 다루었고, 여기서는 해야 할 바를 하지 않은 죄를 바로잡는 법을 설명한다. 공동체가 알지 못하고 저지른 죄는 용서받을 수 있었다. 뿐만 아니라 본토 태생이든 외국인이든 부지중에 죄를 저지른 사람은 1년 된 **암염소**를 **속죄제**로 드리면 속죄를 경험할 수 있었다. 그러나 **고의로**[문자적으로, '제멋대로', 구약에서 이 표현은 성령을 모독하는 죄에 해당함] 죄를 지은 사람은 누구나 주의 계명을 어기고 그분의 말씀을 무시한 셈이다. 이 사람은 주를 모독했으며 죄책이 제거될 수 없다고 말한다. 이 사람은 **끊어**져야 했다. '끊어진다'라는 말은 몇 가지로 이해할 수 있다. 한 가지 가능성은 주에 의해 일찍 죽음을 맞는 것이고(참고. 레 23:29-30), 또 다른 가능성은 출교, 즉 공동체에 의해 추방당하거나 기피 대상이 되는 것이다. 하지만 이 사람이 공동체에 의해, 아마도 돌에 맞아 처형당해야 한다는 뜻일 가능성이 가장 높다(참고. 레 17:4). 이를 뒷받침하는 증거를 이어지는 절들(32-36절)에서 찾을 수 있는데, 여기서는 안식일을 어긴 죄에 대한 '끊어짐'(참고. 출 31:14-15)이 무엇을 뜻하는가에 대해 예를 들고 있다. 고의로 죄를 지은 사람은 돌로 쳐서 죽여야 했다.

15:32-36. 법을 논하던 본문은 여기서 서사로 전환하며, 안식일에 나무를 모으다 발견된 사람에 대한 이야기를 서술한다. 민족이 금송아지를 예배했을 때(출 32장) 그들은 십계명(출 20장)의 첫째, 둘째 계명을 분명히 어겼다. 그런 다음 레위기에서는 셋째 계명을 어기고 주의 이름을 모독한 사람을 돌로 쳐서 죽였던 사건을 묘사했다(레 24:10-14, 23). 오경의 다음 책인 민수기에는 안식일을 어긴 사람에 대한 이 사건을 통해 넷째 계명을 명백하게 위반한 경우를 다룬다. 이처럼 십계명을 차례로 위반하는 모습은 앞으로 민족이 율법을 잘 지키지 못할 것이라는 징조가 된다. 출애굽기 31:14-15에서 안식일을 어긴 죄에 대한 처벌은 사형이었고, 따라서 여기서 선고가 즉각 이루어지지 않은 까닭은 분명하지 않다. 어쩌면 이 사람이 '부지중에' 안식일을 어겼기 때문일지도 모른다(15:27). 아니면 **나무하는 것**이 '일하지 말라'는 안식일 율법의 규정을 어긴 것인지에 대해 모세와 백성이 확신을 갖지 못했거나 어떤 방식으로 사형을 집행해야 할지 몰랐거나 신중히 사형을 집행하려 했을지도 모른다. 어떤 경우든 안식일을 범한 사람은 모세를 통해 주께서 분명한 판결을 주실 때까지 가두어두었다. 하나님은 그를 사형에 처하라

고 선언하셨으며, 백성은 그를 **진영 밖에서** 돌로 쳐야 했다. 백성은 반역하는 태도를 잠시 멈추고 **여호와께서 모세에게 명령하신 대로** 순종했다. 이것은 희미한 희망의 빛을 제공한다. 독자로 하여금 백성이 주께 순종할 수 있음을 상기시키기 때문이다.

15:37-41. 넷째 범주의 새로운 법은 옷에 푸른 **술**을 부착하는 것과 관련이 있었다. 이번에도 이 단락은 불순종을 강조하는 서사 단락(구체적으로 안식일 위반, 또한 약속의 땅을 거부했던 최근의 사건)을 뒤따른다. 만약 백성이 안식일 준수 같은 기본적인 법을 지키는 것조차 잊어버린다면 그들의 법령에 새로운 법이 추가될 것이다. 이 경우에 추가된 보충 법률은 위반 내용에 상응한다. 하나님은 이미 주신 법을 지켜야 한다는 사실을 그들에게 상기시키기 위해 시각적 상징물(술)을 옷에 달고 다니라고 명령하셨다. 문제의 근원은 39절에 기록되어 있다. 그들은 **자신의 마음과 눈의 욕심**을 따르고 있었으며, 따라서 그들이 소유한 모든 옷에 술을 부착해 눈에 보이는 교훈으로 삼아야 했다. 파란색은 충성을 상징하며 제사장의 예복에도 사용되었다(출 28장). 또한 술은 레위 지파 출신이 아니더라도 모든 백성이 어떤 의미에서 제사장 같은 사람임을 넌지시 떠올리게 했을 것이다. 이 술은 하나님이 택하신 백성으로서 그들의 독특한 지위를 상징했다.

5. 고라의 반역(16:1-50)

16:1-11. 이제 레위인 **고라**가 주도한 반역을 묘사하는 서사에 다시 초점을 맞춘다. 앞서 모세의 지도력에 대한 도전을 주도한 사람은 아론과 미리암이었다(민 12장). 이번에는 레위 지파 고핫 자손 중 몇 사람과 **르우벤** 지파 출신 몇 사람이 연합하여 지도자들을 공격했다. 고핫 자손은 성막에서 가장 거룩한 물품을 다루는 특권적인 책임을 부여받았다(4:1-20). 하지만 고라는 그런 권위가 충분하지 않다고 생각했고, 그 때문에 이 연합을 주도했다. 특히 그들의 조상은 야곱의 장자인 반면, 유다는 야곱의 넷째 아들이기 때문에, 진영 배치에서 유다가 특권적인 역할을 맡은 것을 시기했을 르우벤 지파의 일부도 그에게 가담했다. 따라서 이 도전은 단순한 종교적 분쟁이 아니었다. 제사장들이 속한 레위 지파 외에도 많은 사람들이 연루되어 있었으므로 정치적 양상을 띠기도 했다. 민족 안에서 영향력이 큰 이스라엘 공동체의 지도자 250명이 선동하는 이들에 가담했다. 이것은 작은 도전이 아니었다. 그들은 모세뿐만 아니라 대제사장인 아론에 대해서도 불만을 품고 있었다.

그들의 분노는 더 민주적인 영적 권위 구조가 필요하다는 생각에 기초했다. **회중이 다 각각 거룩하며** 모세나 아론과 똑같이 주의 임재를 경험했기 때문이다. 그들은 모세와 아론이 이스라엘 민족을 지배하는 독점적 권위를 취한다고 생각했고 이에 대해 불만을 품었다. 반역자들은 주께서 모세와 아론을 임명하셨다는 사실을 고려하지 못했다. 따라서 그들은 단지 인간 지도자에 대해 반역할 뿐만 아니라 주께도 반역했다.

이 소식을 듣고 모세는 14:5에서 그랬듯이 땅에 엎드렸다. 이런 도전에 직면해 모세는 분쟁을 해결하기 위해 시련에 의한 재판을 실시하자고 제안했다. 이튿날 아침 주께서 **거룩한 자가 누구인지** 가시적으로 보여주실 것이며, 지도자로 하나님이 택하신 사람을 **자기에게 가까이 나아오게** 하실 것이라고 말했다(5절). 모세는 그들에게 향로를 가져와서 그 안에 향을 담아 **여호와 앞에** 태우라고 지시했다. 모세와 아론이 분수에 맞지 않게 군림한다고 고라가 생각했듯이(3절), 모세는 지금 정확히 같은 구절을 사용하면서(7절) 분수에 맞지 않게 행동하는 것은 바로 그들이라고 말했다. 모세는 레위인들을 꾸짖으며 그들이 이미 성막 봉사 임무에서 주께 은혜를 입었음을 상기시켰다. 그는 그들이 제사장 직분까지 차지하려고 한다고 질책했다. 그들은 근원적으로 아론이 아니라 **여호와**에 맞서 대항하는 것이라고 주장했다.

16:12-15. 모세가 조건을 정한 것에 대해 분개한 **다단**과 **아비람**은 시련에 의한 재판에 참여하기를 거부했다. 여기서 고라가 아니라 그들을 지목한 까닭은 분명하지 않다. 르우벤 지파에 속했던 그들의 불만은 그 성격이 영적이라기보다는 정치적이었을 것이며, 지금까지 모세가 고핫 자손의 관심사에 대해서만 대응했다고 느꼈을지도 모른다. 그들은 모세가 민족을 젖과 꿀이 흐르는 땅으로 이끌기는커녕 그 반대의 일을 저질렀다고 외쳤다. 모세가 넉넉하고 풍요로운 땅에서 그들을 이끌어내어 광야에서 죽게 만들었다고 주장했다. 고라와 그를 따르는 이들이 애굽에 대해 **젖과 꿀이 흐르는**

땅이라는 구절, 즉 주께서 약속의 땅에 대해 사용하신(출 3:8) 바로 그 구절을 서슴없이 사용했다는 사실은 그들이 얼마나 교만한지를 보여준다. 그들은 모세의 실패한 지도력 때문에 백성이 이 지경에 이른 것을 보지 못하게 하려면 모세가 그들의 **눈을 빼**야 할 것이라고 비아냥거렸다(14절). 모세는 분노하여 **그들의 헌물**[이튿날 아침 그들이 가져올 분향 제물을 가리키는 것으로 보이는]을 받지 말라고 주께 탄원했다. 또한 그는 민족의 지도자로서 개인적으로 이익을 취하거나 특권을 추구하지 않았다고 말하면서 자신의 동기에 대해 방어했다. 뿐만 아니라 그들 중 한 사람도 해하지 않았으며 어떠한 개인적 복수도 하지 않았다고 주장하면서 결백함을 입증하려 했다.

16:16-27. 모세는 고라와 그를 따르는 250명에게 이튿날 아침 아론과 함께 **향**이 든 **향로**를 가지고 **여호와 앞으로** 나올 준비를 하라고 명했다. 그다음 날 그들은 시련에 의한 재판에 임하기 위해 회막 입구에 모였다. 목적은 주께서 누가 그분의 대표자들인지를 가시적으로 보여주실 수 있게 하기 위해서였다. 주의 영광이 나타났으며, 주께서는 모세와 아론에게 그곳에 모인 나머지 사람들을 **순식간에 멸**할 테니 그들한테서 떨어지라고 말씀하셨다. 모세와 아론은 땅에 엎드려 반역자들을 살려달라고 하나님께 간청했다. 그들은 **모든 육체의 생명의 하나님**이라는 이름으로 그분을 불렀는데(22절), 이 구절은 성경의 다른 곳에서 단 한 차례 더 사용되었다(27:16). 이는 하나님이 개인의 내적 동기를 아신다는 것을 뜻한다.

모세와 아론은 단 한 사람(고라)이 이 반역을 선동했고 하나님은 이를 아신다고 믿었기 때문에, 주님이 회중을 심판하셔서는 안 된다고 느꼈다. 주님은 모세의 탄원에 대해 답하지 않으시고, 모세와 아론이 이 반역자들한테서 떠나야 하며 온 민족이 세 주모자와 스스로를 분리해야 한다고 말씀하셨다. 다단과 아비람은 참여하기를 거부했기 때문에(12절) 모세와 장로들은 그들의 장막이 있는 곳으로 가서 이들의 물건은 아무것도 만져서는 안 된다고 알렸다. 이들과 이들에게 속한 것은 주의 진노를 받을 것이기 때문이다. 다단과 아비람의 가족은 장막에서 나와 입구에 서 있었고, 나머지 회중은 그들 곁을 떠났다.

16:28-40. 그런 다음 모세는 최후통첩을 보냈다. 그는 반역자들이 자연적 원인으로 죽는다면 자신은 하나님이 택하신 지도자가 아니라고 주장했다. 하지만 땅이 입을 열어 그들을 **산 채로** 삼킨다면 그들이 주를 업신여겼음을 입증한다는 것이다. 모세가 이 말을 마치자마자 **땅이 입을 열어** 고라를 따랐던 이들과 그들의 소유물을 다 삼킨 다음 그들 위로 닫혔다(31-32절). 삼켜진 이들은 **산 채로 스올에 빠**졌다. 여기서 '스올'은 아마도 '저승'(죽음 이후 육체에서 분리된 영혼이 머무는 영역)이 아니라 '무덤'을 뜻할 것이다. 고핫 자손은 성막의 남쪽 르우벤 지파 가까이에 진을 쳤기 때문에 이것은 지리적으로 고립된 사건이었다. 하지만 온 백성이 공황 상태에 빠졌다. 그들은 땅이 그들도 삼킬 것이라고 생각해서 **도망**쳤다. 그들이 공황 상태에 빠진 사이에 **여호와께로부터 불**이 나와 향로를 들고 있던 250명을 **불살랐다**.

주께서는 모세에게 향로가 **거룩**해졌기(구별되었기) 때문에 엘르아살로 하여금 불탄 자리에서 향로를 가져오게 하고 향로에 남아 있는 불을 모아 쏟으라고 명령하셨다. 그런 다음 향로를 두드려서 **제단을 싸는 철판**을 만들어야 했다. 이는 아론의 후손만이 주 앞에 **향**을 드려야(제사장으로 섬겨야) 한다는 것을 영구적으로 상기시켰다.

16:41-50. 주의 징계가 분명히 드러나서도 바로 그 다음 날 백성은 **원망**하며 반역자들의 죽음이 모세와 아론의 탓이라고 주장했다. 회중은 그들을 반역자라고 부르지 않고 오히려 여호와의 백성이라고 불렀다. 그렇게 함으로써 하나님의 진노를 받은 이들과 상당한 연대감을 분명히 드러냈다. 회중이 회막에 모였을 때 **구름이 회막을 덮었고 여호와의 영광이 나타났**다. 모세와 아론이 앞으로 나왔으며, 하나님은 그들에게 전날 고라와 반역자들에게 행하신 것처럼 그들을 순식간에 멸할 테니 나머지 백성한테서 떨어지라고 말씀하셨다.

모세와 아론은 다시 엎드렸다. 모세는 빨리 행동했으며, 주께 화를 푸실 것을 탄원하는 대신 아론에게 향로를 가져와 제단의 불을 담고 향을 피워서 백성을 위해 **속죄하라**고 지시했다. 아론은 재빨리 행동에 나서 향로와 향, 불을 가져왔으며, 이미 염병이 시작되었음에도 회중 속으로 달려 들어갔다.

어떤 이들은 향이 동물 제사 외에 속죄의 대안적 수단이었다고 주장해왔다. 그러나 토라에 따르면 죄에 대한 속죄는 피 제사에 의해서만 가능하다(레 17:11). 민수기 16:46-47에서 중요한 것은 속죄가 아니라 **염병**을 멈추는 것이었다. 동사 키페르(*kipper*)가 보통은 '속죄하다'나 '속상하다'를 뜻하지만, 제이콥 밀그롬(Jacob Milgrom)의 주장처럼 46-47절의 경우에는 "문맥상 '유화하다'라는 의미를 함축한다". 그에 따르면 향은 "하나님의 진노를 달래고 누그러뜨리는" 기능을 했다[Jacob Milgrom, *JPS Torah Commentary: Numbers* (Philadelphia: Jewish Publication Society, 1989), 142]. 따라서 이 본문은 동물 제사 외에 속죄의 대안적 수단을 제시하지 않으며, 향을 하나님을 달래고 염병을 멈추는 수단으로 묘사할 뿐이다. 더 나아가 향은 기도의 의미도 담고 있으며(출 30:8; 시 141:2), 따라서 중보의 기도 대신 올라가는 향 연기는 하나님의 진노가 더 이상 퍼지는 것을 막기 위한 기도와 같은 기능을 했다. 이것은 아론의 대제사장직에 대한 강력한 확증이며, 고라가 생각했듯이(16:3) 모두가 주 앞에 제사장으로 설 수는 없다는 증거였다. 아론의 재빠른 대응으로 대부분의 사람들이 목숨을 잃지 않았다. 하지만 14,700명은 끝내 살아남지 못했고, 전날 죽은 사망자 수에 그만큼이 더해졌다.

6. 아론의 신원(17:1-13)

17:1-13. 앞에 기록된 아론의 재빠른 행동(16:47)에 바로 이어서 이 이야기를 배치한 것은, 하나님이 (고라처럼) 아론에게 도전하려는 사람들에 맞서 아론을 대제사장으로 분명히 인정하셨음을 보여준다. 주께서는 아론의 선택과 권위를 거부하는 이들에 맞서 아론의 정당성을 재확인하셨다.

하나님은 모세에게 각 지파 지도자마다 하나씩 **지팡이 열둘**을 가져오게 하라고 말씀하셨다. 이 지팡이는 지파 전체와 그것을 지닌 사람의 권위를 상징했다. **지팡이**[히브리어로 마테(*matteh*)]라는 말은 '지파'를 뜻하는 히브리어 단어와 같다(참고. 1:4). 이 흥미로운 언어유희에 따르면 레위 지팡이/지파만이 주의 대표로 선택되었다. 주께서 택하신 '지팡이'는 그분이 신적으로 지명하신 '지파'를 상징했다. 고대 유대 민족 사이에서 지팡이는 걸을 때 사용하는 지팡이, 목자의 기구(출 4:2), 가문의 문장과 권위의 상징(창 38:18; 시 110:2) 등 여러 기능을 했다.

각 지도자는 지팡이에 자기 이름을 적으라는 지시를 받았으며, 아론은 레위 지파의 대표자로서 이름을 적어야 했다. 모세는 모든 지팡이를 회막 안 **증거궤** 앞에 두었다. '증거판'이라는 구절처럼(출 31:18) '증거'라는 말은 십계명을 가리킨다. 지팡이를 언약궤 앞에 두었다는 뜻이다(출 40:20). 접근이 제한되었으며 **여호와 앞에** 두었기 때문에 지팡이는 안전할 것이다(17:7). 하나님이 택하신 지팡이에는 싹이 날 것이며, 이를 통해 하나님이 누구를 택하셨는지를 말해줄 뿐만 아니라 모세와 아론에 대한 **원망**도 줄어들 것이다. 여기서 성막을 민수기에서 대체로 사용하는 명칭인 '회막'이 아니라 **증거의 장막**으로 부르는데, 이는 4절에 언급된 언약궤의 다른 이름(즉, 증거궤)과 밀접한 관련이 있다.

이튿날 지팡이를 꺼내러 갔을 때 모세는 아론의 지팡이에 **움이 돋고** 순이 나고 꽃이 피고 **살구 열매가 열린** 것을 보았다. 죽어서 딱딱해진 살구나무에 싹이 나고 꽃이 피고 열매가 열리는 것은 분명히 초자연적 표적이었다. 성막에 있는 등잔대의 잔이 살구꽃 모양이었으므로(출 25:33-36) 성막과 밀접히 연관된 물품에 대한 암시를 통해 주께서 아론을 택하셔서 그곳에서 섬기게 하셨음을 강조한 셈이다. 아론의 지팡이는 앞으로 주께 원망하는 모든 반역자에 대해 경고하고 그분이 아론을 대제사장으로 택하셨음을 강조하기 위해 언약궤 앞에 다시 가져다놓았다. 아론의 지팡이는 십계명 돌판(출 25:16), 만나 항아리(출 16:33-34)와 함께 언약궤 안에 보관했다. 전에는 민족이 누구든 주의 대표가 되고(16:3) 그분 앞에 향을 드릴 수 있다고 생각했지만, 이제는 오히려 과민한 반응을 보이며 성막 근처에 있기 때문에 **다 죽게** 되었다고 생각했다. 겸손히 주께서 세우신 종들에게 복종하고 불평하기를 그치는 대신 그들은 두려움에 떨 뿐이었다. 여전히 그들은 주의 은혜로운 행동보다는 자신에게 초점을 맞추고 있었다.

7. 레위인에 대한 추가적인 명령(18:1-32)

18:1-7. 이 단락은 죄에 대해 기록한 서사 단락 다음에 더 많은 법이 주어지는 경향을 따른다. 제사장 아론에 맞선 반역(16장)과 성막에 가까이 나아가는 것에

대한 민족의 두려움(17:12-13)을 다루고 난 뒤 옛 법을 재검토했으며 아론과 그의 아들들의 제사장직을 확증하기 위해 새로운 법이 추가로 주어졌다. 그에 더해 이 법은 성소가 침범당하지 않도록 보호할 책임이 누구에게 있는지를 설명했다.

대개는 하나님이 먼저 모세에게 명령을 하셨지만, 이 경우는 아론에게 직접 말씀하셨다. 이제 그와 그의 아들들과 가족이 성소에 대한 범죄와 제사장이 저지르는 범죄에 대해 영적으로 책임을 져야 했기 때문이다. 제사장은 거룩한 물건을 다루도록 위임을 받았고 제사장직의 거룩함을 유지할 책임이 있었기 때문에 맡은 의무를 수행할 때 최대한 주의를 기울여야 했다. 고핫 자손에 속하지 않고 거룩한 물품에 대한 책임이 없는 레위인들은 성막 기구나 제단에 접근하지 말라는 명령을 받았다. 그렇지 않으면 그들과 고핫 자손이 죽을 것이다. 명령을 위반한 사람은 자신의 죄 때문에 죽을 것이고, 아론과 그의 아들들은 이런 침범을 막지 못했기 때문에 죽을 것이다. 아론은 자신의 친족인 레위인들이 성막에서 제사장이 아닌 사람이 할 수 있는 모든 의무를 맡아서 그를 도울 수 있도록 주께서 친히 주신 **선물**이라는 말씀을 들었다. 그와 그의 아들들만 제사장의 의무를 수행해야 하며, 성소에 가까이 오는 외부인은 누구든지 죽임을 당할 것이다.

18:8-11. 아론과 그의 아들들은 성막으로 가져오는 제물 중에서 자신의 몫을 받아야 했다. 여기에는 소제와 속죄제와 속건제물의 일부가 포함되었다. 이에 더해, (여자를 포함해) 아론의 가족은 의례적으로 **정결**하다면 요제물의 일부를 먹을 수 있었다.

18:12-19. 또한 아론과 그의 아들들은 **제일 좋은 기름과 포도주, 곡식, 첫 소산**으로 드리는 제물을 주께서 주시는 선물로 받았다. 이는 태워서 드리는 제물이 아니었기 때문이다. 사실 주께 **드린 모든 것**은 제사장들이 사용할 수 있었다. **처음 태어난** 사람과 짐승은 제사장이 쓰도록 구별되었으며, 예배자는 실제로 자손을 드리는 대신에 은 다섯 세겔로 자손을 대속할 수 있었다. 하지만 정결한 동물은 주께 제물로 드려야 했으므로 이런 대속이 불가능했다. 처음 태어난 정결한 동물의 피는 제단 앞에 뿌리고 기름을 불살라야 했지만, 고기는 제사장들에게 할당되었다. 이 모든 규정은 하나님이 아론과 그의 자녀에게 복을 주신다는 증거였다.

아론은 특별히 16:47에 기록된 행동으로 주를 기쁘시게 했으며 그 결과로 그의 가정이 혜택을 받는 추가적인 규례가 주어졌다. 아론은 순종에 대해 보상을 받았고 자신의 삶에서 만질 수 있는 복을 누렸다. 사실 주께서는 이 규정을 영원한 **소금 언약**으로 세우셨다. 소금은 불가침이나 항구성을 상징하는 경우가 많으며, 따라서 이 규정이 깨어질 수 없는 언약임을 말해준다. 또한 소금 언약은 충성이나 계약을 뜻하는 관용적 표현일 수도 있다. 한 사람이 누군가와 (음식 안에 있는) '소금'을 나눈다면 그 사람은 주인의 환대를 받은 사람이며 손님은 은혜로운 주인의 이익을 지킬 책임이 있다는 것이다(참고. 스 4:14).

18:20-24. 아론(그리고 암시적으로는 제사장들)은 다른 지파들처럼 **땅**을 **기업**으로 받는 대신 **여호와**를 기업으로 삼아야 했으며, 모든 레위인은 **십일조**를 기업으로 받을 것이다. 그들은 성막에서 의무를 수행한 것에 대한 보상으로 다른 지파가 드린 제물 중 일부를 수입으로 얻었다. 다른 이스라엘 백성은 절대로 **회막에 가까이 하지 말**아야 했고 이를 어기면 사형에 처했다. 따라서 레위인이 회막에서 민족을 대신하는 사람들로 그들을 대표해야 했다. 레위인에게는 다른 수입원이 없었기 때문에 다른 지파에서 드리는 제물에 전적으로 의존했다.

18:25-32. 이제 하나님은 아론이 아니라(1, 8, 20절) 모세에게 말씀하시며, 레위인이 이스라엘 백성에게 받은 십일조의 **십일조**를 주께 드리도록 하라고 명하셨다. 아론이 아니라 모세에게 말씀하신 까닭은 그가 제사장 이상의 역할을 했기 때문일 것이다. 그는 예언자와 통치자(비록 기름 부음을 받은 왕은 아니었지만 왕의 역할을 함. 참고. 신 33:5)의 직무를 수행해온 것처럼 보인다. 이 십일조는 레위인의 몫으로 주어진 곡식과 포도주 예물 중에서 드려야 했다. 또한 그들은 레위인의 자격으로 받은 것 중에서 가장 좋은 것을 골라 제물을 드려야 했다. 이 제물의 일부는 먼저 **아론**에게 주고, 나머지는 다른 레위인이 **어디서든지** 먹을 수 있었다. 이는 그들이 성막에서 일한 것에 대한 보수의 일부였기 때문이다. 주께서는 이렇게 레위인들의 필요를 채우셨다. 그들이 이를 바르게 행한다면 그들에게는 죄가 없

을 것이다. 하지만 **성물을 더럽**힌다면 그들은 죽을 것이다.

8. 정결하게 하는 물(19:1–22)

첫 세대는 반역을 저지르고 땅을 차지하기를 거부했기 때문에 광야에서 죽을 것이므로, 그들은 다음 38년 동안 계속해서 시체에 노출될 것이다. **붉은 암송아지**의 의례는 부정함을 제거하기 위한 또 다른 수단이었다. 레위기에서 설명하듯이 두 가지 방식으로 부정을 제거할 수 있었다. (1) 죽은 짐승이나 월경의 피와 접촉한 경우에는 물로 씻고 **저녁까지** 기다림으로써 부정이 제거될 수 있었다(레 11:27-28, 39-40; 15:25-27). (2) 더 복잡한 상황에서는 부정해진 사람이 **이레**를 기다린 다음 동물을 제물로 드려야 했다(레 15:28-30). 민수기 9:6-8에서는 시체와 접촉하여 유월절 식사를 할 수 없는 사람들에 대해 다루었다(그들은 유월절 식사를 할 수 있을 때까지 한 달을 기다려야 했다, 9:11). 광야 여정 중에 많은 시체가 생겼을 것이므로(시체와 접촉해서 부정해진 사람이 드려야 할 동물 희생제사의 비용은 말할 것도 없이) 주께서는 은혜롭게 대안을 마련하셨다. 백성은 재와 다른 성분을 섞은 물로 자신을 정결하게 할 수 있었다. 이렇게 함으로써 성막의 정결을 유지하고 오염을 막을 수 있었다.

19:1–10. 하나님은 모세와 아론에게 **부정을 씻는 물**을 준비하는 방법을 알려주셨다(9절). 흠이나 결함이 없는 붉은 피부의 암송아지를 엘르아살에게 가져와야 했다. 대부분의 번역에서는 이 동물을 암송아지(heifer)로 번역하지만, 암송아지는 엄밀히 말해 송아지를 한 번도 낳지 않은 소이다. 본문에서는 이 동물이 멍에를 한 번도 메지 않은 암소여야 한다고 강조한다. 이 동물을 회막 안에서 제물로 바치는 대신 **진영 밖으로** 끌고 가 엘르아살이 보는 앞에서 죽여야 했다. 엘르아살이 선택된 까닭은 주께서 명하신 대로 절차를 이행하는지 확인하기 위해서였고, 부정해질 가능성이 있었으므로 대제사장인 아론의 지위를 보호하기 위해서였을 것이다. 붉은색은 피를 상징하기 때문에 붉은 암송아지를 사용해야 했다. 그런 다음 엘르아살은 피를 가져다가 성막 앞에 일곱 번 뿌려야 했다.

이렇게 피를 뿌리는 목적에 대해 두 가지 견해가 있다. 하나는 이렇게 함으로써 암송아지를 하나님이 받으시기에 적합한 제물로 성별했다는 것이다. 성막을 향해 뿌리는 행위를 통해 피가 성별되었으므로, 그 연장선상에서 붉은 암송아지도 정결하게 하는 제물로 성별되었다는 말이다. 더 가능성이 높은 견해는 성막을 정결하게 하고 오염으로부터 보호하고자 성막을 향해 피를 뿌렸다는 것이다. 민수기의 이 부분은 성막의 정결을 유지하는 것에 초점을 맞추어왔다(18:1). 성막을 향해 피를 뿌렸으므로 이 견해가 더 설득력이 있어 보인다. 성막이 거룩하게 유지되어야 할 '거룩한 공간'이라는 관념은 레위기의 핵심 주제이다(참고. 레 16장).

이 의례에서는 암송아지를 전통적인 동물 제사에서 대개는 남기는 부분을 비롯해 전부를 불태워야 했다. 또한 이것은 동물의 피까지 불살라야 하는 유일한 제사였다. 이 동물이 재로 변하는 사이에 제사장은 불 속에 **백향목과 우슬초, 홍색 실**을 던져 넣어야 했다. 이 세 가지 추가 성분은 진영 밖에서 이루어지는 또 다른 의례, 즉 나병 환자가 병에서 나은 후에 정결하게 하는 의례에서도 사용되었다(레 14장). 이 의례 전체에 붉은 물건에 대한 강조를 분명히 확인할 수 있다. (붉은빛을 띠는) 백향목과 홍색 실은 '붉은색'이라는 주제를 재차 강조한다. 홍색 실은 붉은 염료를 만들기 위해 사용하는 벌레를 일컫는 '주홍 벌레'로 번역될 수 있다. 일부에서는 **우슬초**가 '마저럼'(marjoram)이라고 부르는 식물이나 비슷한 종류의 허브라고 주장해왔지만 정확히 어떤 식물을 말하는지는 분명하지 않다. 우슬초는 피를 뿌릴 때 사용되었으며(출 12:22), 따라서 피와 연관이 있다. '우슬초'로 번역된 말(히브리어로 *'zb*)은 '백향목'으로 번역된 말(히브리어로 *'rz*)과 철자가 비슷하다. 따라서 이 식물이 붉은색이거나 적어도 다른 두 물건처럼 붉은색과 밀접한 연관이 있었을 수 있다. 이런 성분의 결합은 아마도 피와 그것이 제공하는 정화(淨化)를 상징했을 것이다.

이 의례를 수행하기 위해서는 세 사람이 필요했다. 감독을 위해 엘르아살이 필요했고, 동물을 불태우기 위해 또 한 사람이 필요했으며, 재를 모으기 위해 또 한 사람이 필요했다. 세 사람 모두 **저녁까지 부정**했다. 의례에서 재를 실제로 사용하는 사람도 저녁까지는 부정했다(21절). 이 절차는 재를 만들기 위한 것이었고, 마친 후에는 재를 모아 진영 밖 정결한 장소에 보관했다.

물에 이 재를 섞어서 **부정을 씻는 물**, 즉 죄로부터 상징적으로 정결해지는 물로 사용했다. 피처럼 붉은 이 용액은 물에 재와 다른 성분을 넣을 때마다 정결하게 하는 속성을 갖게 되었으며, 따라서 '미리 준비해둔' 이 혼합물은 정결하게 하는 의례에서 뿌리는 목적에 적합했다.

19:11-13. **시체**를 만진 사람은 셋째 날과 일곱째 날에 잿물로 자신을 정결하게 해야 했다. 앞서 언급했듯이 이 의례는 하나님의 은혜로운 대답이었다. 이 방법이 없었다면 부정한 사람은 비싼 동물을 제물로 드려야 했다. 이 명령을 따르지 않으면 이 사람은 계속 부정한 채로 남아 있을 것이며 결국 **이스라엘에서 끊어져야**(처형되어야, 참고. 15:31) 했다. 성막은 하나님이 그곳에 거하시기 때문에 거룩한 공간이며, 부정한 사람에 의해 **더럽혀져서**는 안 된다.

19:14-22. 여기서는 죽은 사람 근처에 있다가 부정해진 사람의 상황을 다룬다. 누군가 죽었을 때 장막 안에 있거나 장막으로 들어온 사람에게는 **정결하게 하는 물**을 뿌려야 했다(20, 21절). 뚜껑을 열어놓고 덮지 않은 그릇도 부정하다고 간주되었다. 죽음이라는 부정은 생명이 없는 물체에도 옮겨질 수 있으므로, 그것도 정화해야 했다. 들에서 칼에 찔려 죽었거나 자연적 원인으로 죽은 사람의 시체를 우연히 만진 사람 혹은 **무덤**이나 사람의 **뼈**를 우연히 만진 사람도 이레 동안 부정하다고 간주되었다(16절).

"정결하게 하는 물"로 뿌리는 방법은 다음과 같았다. 첫째, 재를 가져와 그릇에 담고 흐르는 물과 섞어야 했다. 그런 다음 정결한 사람이 우슬초를 가져다가 그 혼합물에 적셔서 장막과 그 안에 있는 모든 것, 사망 시점 장막 안에 있던 모든 사람 위에 뿌려야 했다. 들에서 시체를 만졌거나 무덤 또는 사람 뼈를 만진 사람에게도 이렇게 해야 했다. 이 의례는 셋째 날과 일곱째 날에 행했으며, 이 물을 뿌린 사람도 스스로 물에 씻어야 했고 저녁까지 부정하다고 간주되었다. 다시 한 번 본문에서는 이 의례를 거치지 않은 사람은 누구든지 부정하며 주의 성소를 더럽힐 수 있다고 강조한다. 이 의례는 시체와 접촉해 부정해진 사람을 적은 비용으로 간편하게 정결히 하는 방법을 제시했다.

9. 모세의 죄와 아론의 죽음(20:1-29)

19:22과 20:1 사이에 긴 시간이 지났다. 앞의 모든 사건은 출애굽 후 둘째 해에 일어났다(9:1). 이제 본문에서는 이 사건이 **첫째 달에** 일어났다고 말한다. 어느 해인지는 말하지 않지만, 이때 아론이 죽었고(20:28), 뒤에서(33:38) 아론이 출애굽 후 40년 되는 해 다섯째 달 첫째 날 죽었다고 명시하므로 미리암은 출애굽 후 40년 되는 해 첫째 달에 죽었다고 추측할 수 있다. 진영 이동을 마지막으로 명확히 기록한 곳은 14:25로 이스라엘 백성이 홍해 길을 따라 광야로 들어간 때였다. 그들은 가데스에서 출발했음이 분명하다(13:26). 이제 38년이 지나 그들은 마지막으로 반역했던 곳인 가데스로 돌아왔다. 본문의 이야기 세계 속에 38년이 지났지만 무슨 일이 일어났는지에 대해서는 거의 혹은 전혀 이야기하지 않는다. 분명히 모세는 광야 생활의 처음과 마지막에 일어난 사건에 초점을 맞춘다. 아무런 정보도 없는 오랜 기간은 그들로 하여금 반역의 결과를 생생히 떠올리게 하는 장치였다.

이 단락은 미리암의 죽음으로 시작해 아론의 죽음으로 마무리되며 중간 부분에서는 모세가 지은 불신앙의 죄에 초점을 맞춘다. 토라에서는 홍해에서 시내산까지(출 13:17-19:25, 32), 시내산에서 가데스까지(10:11-12:16), 가데스에서 모압까지(민 20:1-22:1) 주요한 세 곳에서의 여정을 기록한다. 이 여행 기록 사이에는 몇몇 핵심적 차이점이 있지만, 적과의 싸움, 승리의 노래, 하나님이 주시는 음식과 물에 대한 불평, 모세의 기도, 미리암이 관련된 일화를 비롯해 공통된 요소도 많다.

웬함이 지적하듯이 이 마지막 주기(가데스에서 모압까지)에서는 앞의 두 주기에서 발견되는 경향을 역전시켜 놓았다. 앞에서는 승리가 비극으로 변하는 것을 기록하지만, 여기서는 비극이 결국 승리가 되고 약속의 땅 입성에 대한 소망을 다시 일깨우는 것으로 마무리된다[Gordon J. Wenham, *Numbers: An Introduction and Commentary*, TOTC (Downers Grove, IL: InterVarsity, 1981), 148].

20:1. **미리암**이 죽어 가데스에 묻혔다. 그녀는 광야 생활의 마지막 해까지 살았지만 그녀의 죽음은 옛 세대 모두가 같은 처벌을 받을 것임을 상기시켰다(14:26-30). 아론과 모세도 마찬가지였다. 미리암은 민

족 중에서 가장 중요한 여성이었지만, 그녀의 죽음을 둘러싼 자세한 상황을 전혀 기록하지 않는다. 본문에서는 미리암이 약속의 땅 밖에서 죽은 것이 그녀가 반역한 결과라고 말하지는 않지만 이를 암시할지도 모른다. 이 장에서 아론의 죽음을 기록하면서 그의 죽음이 반역 때문이라고 말하기 때문이다(20:24, 28).

20:2-13. 이 단락에서는 음식과 물 부족에 대해 회중이 또다시 불평하는 모습을 묘사한다. 미리암은 과거에 물과 밀접한 연관이 있었다(출 2:1-7; 15:20-21). 흥미롭게도 본문에서는 그의 죽음을 알린 후 물이 없다고 말한다(2절). 민족은 다시 한 번 모세와 아론에게 화를 내며 차라리 이전 심판에서 자기네 형제들과 함께 **죽었더라면** 좋았을 것이라고 말했다. 이들이 가리키는 형제들은 모두 광야 생활 초기에 즉사했다(11:33; 14:29, 36-37; 16:32, 35, 49). 하지만 20:2-5에서 불평하는 이들은 38년을 더 살았으며 광야 생활이 끝나가는 이 마지막 해에 죽을 것임을 알고 있었다. 아마도 그들은 어쨌든 죽을 것이므로 더는 잃을 게 없다고 생각했을지도 모르며, 따라서 다시 한 번 원망할 배짱이 생겼을 것이다. 불평하는 이들은 이전과 마찬가지로 여전히 목이 곧았으며, 38년의 광야 생활을 거친 후에도 여전히 나쁜 태도를 고치지 못했다.

이에 대해 모세와 아론은 전에도 그랬듯이(14:5, 10; 16:4, 19, 22) 회막 입구에서 **엎드**렸고 주께서 응답하시기를 기다렸다. 다시 한 번 **여호와의 영광이 나타**났고 주께서 그들에게 말씀하셨다(6절; 또한 고전 10:1-5에 대한 주석을 보라). 주께서는 그들에게 **지팡이**를 들고 회중 앞에서 **반석에게 명령하**라고 지시하셨다. 지팡이를 **여호와 앞에서** 가져왔으므로 이는 분명히 아론의 싹 난 지팡이(17:10)로서 그들의 불평을 막기 위한 표지로 언약궤 근처에 두었다. 이 지팡이를 보기만 해도 그들은 불평하기를 그치고 회개해야 했다. 모세와 아론은 반석 앞에 민족을 보았고, 반석에게 말하는 대신 백성을 **반역**자라고 부르며 가혹하게 책망했다. 그런 다음 지팡이로 **반석을 두 번** 쳤다. 주의 명령을 따르지 않았음에도 그분은 은혜롭게 민족에게 물을 공급하셨다. 그런 다음 주께서는 모세와 아론을 부르셨고, 그들이 백성을 이끌고 약속의 땅에 들어갈 수 없을 것이라고 말씀하심으로써 그들에게 벌을 내리셨다. 모세가 반석에 명령하지 않고 반석을 두 번 내리쳤기 때문에 모세와 아론이 약속의 땅에 들어가지 못했다거나, 화가 나서 민족에게 가혹하게 말했기(10b절) 때문에 벌을 받았다거나, 자신이 공로를 차지하려 했기 때문에("우리가…물을 내랴", 10c절) 벌을 받았다고 흔히들 주장한다. 본문에 명시된 이유는 불순종 때문이 아니라 그들의 믿음이 부족했기 때문이다(**너희가 나를 믿지 아니하고 이스라엘 자손의 목전에서 내 거룩함을 나타내지 아니한 고로**, 12절). 여기서 '믿다'라는 동사는 누군가의 말을 참되다고 인정하는 것도 포함하지만, 신뢰와 순종의 마음으로 들은 것에 응답해 행동한다는 의미도 있다.

주께서는 그들의 불신앙 때문에 민족이 약속의 땅에 들어가지 못하고 광야에서 죽을 것이라고 강조하셨다. 그들의 죄는 전적으로 주님에 대한 믿음과 신뢰가 부족했다는 것이다. 물론 모세와 아론, 이스라엘 백성은 주께 불순종했지만, 그것은 불순종의 열매였을 뿐, 벌을 받은 근본 원인은 아니었다. 그들이 광야에서 죽었던 까닭은 율법을 지키지 못했기 때문이 아니었다. 14장에서 백성이 하나님을 믿고 신뢰하지 못했듯이, 모세와 아론도 믿음이 부족했다[Sailhamer, *The Pentateuch as Narrative*, 397. 《모세오경》(크리스찬서적)]. 므리바('다툼')라는 지명은 이 사건과 연관되어 있다. 시편 95:8에서는 이 사건을 언급하면서 마음을 완악하게 하지 말아야 함을 기억하라고 말한다. 아마도 그들은 가데스에 진을 치고 있었을 것이므로(20:1, 14), 므리바라는 지명은 이 사건과 연관이 있을 뿐 반드시 지리적 위치를 말하는 것은 아닐 수도 있다. 어떤 경우든 주께서는 그들 가운데서 스스로 거룩하심을 증명하셨다.

20:14-21. 이제 민족은 **에돔** 민족과 갈등을 겪게 된다. 야곱의 형 에서를 통해 생겨난 에돔은(창 36:8) 이스라엘의 먼 친척이며, 모세는 그들의 허락을 받아 그 땅을 통과하기 위해 그들과 우호적인 관계를 맺으려 했다. 모세는 그들의 동정심을 얻어 에돔 땅을 통과해도 좋다는 허락을 받기 위해 애굽으로 내려간 이후 이스라엘의 역사를 짧게 설명했다. 모세는 지나갈 때 길(**왕의 큰길**)에만 머물고 그들의 우물물도 마시지 않겠다고 덧붙였다. 하지만 에돔은 이스라엘이 통과하도록 허락하지 않았고, 심지어 강력한 힘을 과시하면서 그들

민

에 맞서기 위해 나왔다(왕의 큰길의 위치에 대해서는 지도 '이스라엘의 광야 여정'과 민 14:20-38에 대한 주석을 보라).

아마도 에돔의 적대적 반응은 에서와 야곱 사이에 있었던 예전의 갈등(창 27-28장)에 대한 복수심에서 비롯되었을 것이다. 이스라엘이 심각한 불신앙의 사건(민 14장) 직후, 약속의 땅으로 가려다가 실패했을 때 이방 민족(아말렉, 14:42-45)과 갈등을 경험했듯이, 이제 모세의 불신앙(20:9-12)은 또 다른 이방 민족과의 갈등을 초래했으며(에돔, 20:14-21) 최단 경로를 통해 약속의 땅에 도달하려는 시도 역시 좌절되고 말았다. 에돔과 이스라엘은 그들의 역사에서 계속 갈등을 겪었다(옵 1:10-14). 온 회중은 직선에 가까운 경로로 가는 대신 (위치가 명확히 알려지지 않은) **호르산**으로 여정을 변경했다. 결국 이스라엘 백성은 에돔 주위를 우회해야만 했다.

20:23-29. 그들이 호르산에 도착한 후 주께서 모세와 아론을 부르시며 **아론이 므리바**에서 드러난 불신앙의 행태에 동참했기 때문에 곧 죽을 것이라고 말씀하셨다. 모세는 아론과 엘르아살을 데리고 호르산에 올라가서 아론의 옷(대제사장의 예복)을 벗겨 엘르아살에게 입혀야 했다. 모세는 주께서 명령하신 대로 행했으며, 아론의 옷을 벗겨 **그의 아들 엘르아살에게** 입혔다. 그 후 **아론은 산꼭대기에서** 죽었다. 모세와 엘르아살은 산을 내려왔고, 이스라엘 백성은 아론을 위해 **삼십 일** 동안 애도했다. 아론은 출애굽 후 40년이 되던 해에 123세의 나이로 죽었다(33:38-39). 아론의 죽음은 옛 세대 모두가 약속의 땅에 이르기 전에 죽을 것임을 다시 한 번 상기시켰다. 엘르아살이 대표하는 새로운 세대가 지휘를 맡기 시작했다는 점에서 희미한 희망의 빛이 비쳤다.

10. 놋뱀(21:1-35)

21:1-3. 이 짧은 이야기는 새로운 세대의 첫 승리를 묘사하며 민족의 미래에 대해 희망적인 분위기를 조성한다. 호르산 지역에 있는 동안 남쪽의 네겝에 사는 **가나안의 아랏 왕**이 이스라엘이 (위치를 알 수 없는) 아다림 길로 올 계획이라는 소식을 듣고 이스라엘을 공격했다. 아랏은 헤브론 남쪽으로 약 32킬로미터 떨어져 있다. 그들 중 몇 사람이 이 왕에게 포로로 잡혀갔기 때문에 이스라엘 백성은 주께서 그들을 넘겨주시면 이 성읍들을 **다 멸하**겠다고 서원했다. 주께서 그들의 요청을 들어주셨으며, 가나안 사람들은 패배하고 멸망을 당했다. 그들은 이곳의 이름을 **호르마**라고 불렀다. 전에 그들은 이 지역에서 패배를 경험했지만(14:45), 이제는 이곳이 승리와 연관되었다.

21:4-9. 이스라엘은 막 승리를 맛보았지만, **에돔 땅을 우회하**기 위해 **출발하**자 불평하기 시작했다. 또다시 그들은 **음식**과 **물** 부족에 대해 참을 수 없다고 말했다. 이번에는 주께서 은혜롭게 주신 음식의 질(**하찮은**)에 대해 불평했다. 그들의 반역에 대한 대가로 **여호와께서 불뱀들을** 백성 가운데 보내셨고 많은 사람이 물려 죽었다. 백성은 반역에 대해 회개하면서 주께서 뱀을 제거하시도록 기도해달라고 모세에게 부탁했다. 모세가 기도하기 시작했고, 주께서는 그 기도를 들으시고 모세에게 불뱀 형상을 만들어 장대에 달라고 명하셨다. 물린 사람들은 그 형상을 보기만 하면 살 수 있었다. 예수께서는 자신의 처형 방식에 대해 말씀하시며 이 사건을 언급하셨다(요 3:13-14에 대한 주석을 보라). 신자들은 높이 들리시고 죄를 짊어지신 십자가의 예수께 시선을 고정함으로써 그들의 죄가 얼마나 깊고 그분의 자비가 얼마나 크신지를 묵상할 수 있다. 나중에 이 **놋뱀**은 히스기야 시대에 걸림돌이 되었다. 숭배의 대상이 되어 파괴해야 했기 때문이다(왕하 18:1-6에 대한 주석을 보라).

21:10-20. 이 본문에서는 위치를 알 수 없는 **오봇**에서 시작해 **모압**까지 이어지는 여정 기록을 이어간다. 에돔이 그들을 통과시켜주지 않았기 때문에 민족은 왕의 큰길을 피해 에돔 동쪽으로 갔다(20:21). 그들은 모압 동편에서 행진해 모압과 **아모리** 사이의 경계를 이루는 **아르논강** 건너편에 이르렀다(이 강은 동에서 서로 흘러 사해 동편의 중앙 해변으로 연결된다). 이 강은 가파른 경사면 때문에 자연적인 **경계** 역할을 했다. 이곳의 험하고 가파른 지형은 시적으로 기억되며 **여호와의 전쟁기**라는 책에 기록되었다. 이 책은 '야살의 책'(수 10:13; 삼하 1:18)과 비슷하지만 남아 있지는 않다. 이러한 성경 외부의 자료는 영감으로 기록되지는 않았지만 성경 저자들이 영감으로 본문을 작성할 때 사용했던 정보를 담고 있다. 누가가 복음서를 쓸 때

다른 자료를 참고한 것과 비슷하다(눅 1:1-4).

아르논강을 건넌 후 그들은 북쪽으로 계속 행진하여 **브엘**에 이르렀고, 거기서 하나님은 백성에게 기적적으로 **우물**을 주셨다(21:16). 이 일을 기념하기 위해 노래를 지었는데, 이것은 (우물 파는 숙련된 장인들이 아니라) 귀족들이 지팡이 표면을 긁자 물이 많이 나왔다는 노래였다. 광야 여정 마지막에 간주곡처럼 삽입된 이 사건은 약속의 땅을 향한 행진 초기였던 10:35-36의 노래와 함께 그 안의 내용을 괄호처럼 묶고 있다. 그런 다음 민족은 몇 군데를 경유해 **비스가**에 도착했다.

21:21-35. 헤스본의 **시혼**과 바산의 **옥**을 물리친 사건은 가나안 땅의 정복을 기대하고 있는 이스라엘 백성으로 하여금 다시 한 번 승리를 미리 맛보게 해주었다. 후에 이 승리는 주께서 그분의 백성을 도우러 오실 수 있음을 말해주는 사례로 기억되었다(신 2:24; 3:7; 시 135:10-12; 136:17-21). 백성의 정확한 이동 경로는 확실하지 않다. 아모리와 바산 지역은 모압의 북쪽에 있었으므로 여기서 일어난 일은 비스가에 도착하기 직전 그들의 움직임에 대한 회상일 수도 있다(21:20). 다시 말해서 그들은 아르논강을 건넌 후 시혼과 옥을 치기 위해 북쪽으로 올라간 뒤에 모압 평지로 되돌아왔을 수 있다. 강을 건너 약속의 땅에 들어가기 전에 요단 동편 지역의 북쪽으로 올라간 까닭은 기록되어 있지 않다. 아마도 주께서는 민족이 가나안으로 들어가기 전 승리를 맛보기를 원하셨을 것이다.

에돔에게 했듯이(20:14-18) 그들은 아모리인들에게 그들의 땅을 지나가게 해달라고 부탁했으나 다시 한 번 거부당했다. **시혼**은 그들이 지나가는 것을 막기 위해 **자기 백성을 다 모아** 이스라엘과 맞서 싸웠다(23절). 이스라엘은 아모리인들을 무찌르고 그들의 땅을 차지했다. 그런 다음 이스라엘 백성은 시혼 왕을 기리며 모압을 비웃기 위해 쓴 아모리의 경구를 오히려 아모리인들을 조롱하기 위해 인용했다(27-30절). 시혼은 모압에 대한 승리를 자랑했으므로, 시혼과 아모리인들을 무찌른 이스라엘은 더 위대한 승리자였다.

승리한 후 그들은 아모리 영토를 차지했고 정탐꾼을 보내 사해 북동쪽으로 약 32킬로미터 지점에 있는 또 다른 아모리 성읍인 **야셀**까지 점령했다. 그런 다음 그들은 북쪽으로 행진해[갈릴리 바다 남서쪽으로 약 24킬로미터 지점에 있는] **에드레이**에서 **바산 왕 옥**과 싸워 그와 그의 백성을 무찔렀다. 주께서는 이스라엘 백성에게 시혼을 무찌른 것처럼 옥도 정복하라고 말씀하셨다. 에드레이에서 승리한 후 이스라엘 백성은 갈릴리 바다의 동쪽 지역인 바산 땅까지 점령했다. 모세는 신명기 3:1-11에서 이 승리를 더 자세히 설명한다.

11. 예언자 발람(22:1-25:18)

이 부분에서는 발람과 발락, 이스라엘 민족 사이에 있었던 일을 자세히 다룬다. 이 장들은 독립된 단위처럼 보인다. 하지만 모압이, 이스라엘이 약속의 땅으로 가는 길에 부딪힐 수밖에 없는 요단 동편의 민족 중 하나였다는 점에서, 이 장들은 광야 여정에 대한 기록과 여전히 관계가 있다. 익살스러운 요소가 있기는 하지만 아브라함 언약(창 12:2-3)에 대해 심각한 메시지를 전달한다. 이스라엘에게 주신 하나님의 약속은 그들의 중대한 반역에도 불구하고 여전히 유효하다.

a. 발람이 발락을 만나다(22:1-41)

22:1. 이스라엘 백성은 남쪽으로 내려와 가나안 정복을 시작하기 위한 준비 장소가 된 **모압 평지**로 돌아왔다. **여리고 맞은편**에 진을 쳤다는 언급(1절)은 그들의 위치를 말해줄 뿐만 아니라 그들 앞에 요단강을 건너고 여리고를 정복하는 어려운 과업이 기다리고 있음을 알리는 전조이기도 했다. 이스라엘 백성은 여호수아 3:1에 이를 때까지 이곳에 머물 것이다. 민수기 25:1에서는 구체적으로 이곳을 싯딤이라고 부른다.

22:2-6. 모압 족속은 특히 이스라엘이 **아모리인**을 무찌른 후 자기네 지역에 이렇게 규모가 큰 이스라엘 민족이 자리 잡고 있는 것에 대해 두려워했다. 모압 왕 **발락**은 성경에서 몇 차례 언급된다(수 24:9; 삿 11:25; 미 6:5; 계 2:14). 모압 사람들은 최근까지도 아모리의 시혼 왕 지배 아래에 있었고(21:26), 이스라엘 백성이 시혼을 무찌른 후(21:23-26) 모압은 독립을 되찾을 수 있었다. 물론 발락은 모압이 그 지위를 유지하길 바랐을 것이며, 따라서 이후 그가 보인 행동에는 분명한 동기가 있다.

이스라엘의 존재는 모압 족속이 접촉한 미디안 족속에게도 큰 걱정거리였다. 미디안 족속은 그두라에게서 난 아브라함의 후손이었으며(창 25:1-2), 모세도 미디안 여자와 결혼했다(출 2:16, 21). 모세가 예전에는 미디안 족속과 좋은 관계를 유지했지만(10:29), 이 사건을 시작으로 이스라엘과 미디안 족속 사이의 갈등이 계속되었다(25:6, 14-18; 31:2-10; 삿 6:1-8:28).

하나님은 이스라엘 백성으로 하여금 모압 땅을 차지하게 하실 계획이 없으셨으므로(신 2:9) 모압 족속은 두려워할 이유가 전혀 없었다. 모압 족속은 이스라엘을 소에 비교했는데, 민수기 24:8에서는 하나님을 묘사하기 위해 소의 이미지를 사용했다. 이스라엘이 인구도 더 많고 최근 이 지역에서 승리를 거두었기 때문에 발락은 전쟁 전략을 바꿨다. 발람을 고용해 이스라엘을 **저주**하게 한 것이다.

발람이 어디 출신인지는 명확하지 않다. 발람과 연관된 지리적, 인종적 명칭이 몇 가지 있다. [흔히들 유프라테스강을 뜻한다고 생각하는] **강가 브돌**(5절), 자기 백성의 자손이 사는 땅[22:5, 혹은 '아마우의 자손이 사는 땅', 몇몇 사본에 따르면 '암몬'(개역개정에서는 **고향**으로 번역—옮긴이 주)], 아람(23:7), '동쪽 산'(23:7), 메소포타미아(신 23:4, 문자적으로 '아람 나하라임') 등이다. 이 이야기가 다루는 기간에 편도로 640킬로미터 거리를 여러 번 왕복했다고 보기에는 무리가 있기는 하지만, 대부분의 학자들은 그가 메소포타미아(현재의 이라크) 출신이었다고 주장한다. 대안으로는 그가 모압에서 훨씬 더 가까운 요단 동편 지역(시리아) 출신이라고 생각해볼 수 있다. 1967년에 지금의 요르단에 있는 데이르 알라에서 '브올의 아들 발람'을 구체적으로 언급한 비문(주전 850년경)이 발견되었다. 따라서 발람과 요단 동편 사이에 높은 연관성이 있다.

22:7-14. 발락은 발람을 고용하여 이스라엘을 **저주**하기 위해, 모압과 미디안의 장로들을 사절단으로 보내 그를 데려오게 했다. 발락이 발람을 데려오려고 한 이유는, 발람이 축복하는 사람은 복을 받고 그가 저주하는 사람은 저주를 받는다고 믿었기 때문이다(22:6). 이렇게 하면서 그는 창세기 12:3에서 하나님이 아브라함에게 약속하신 능력을 발람이 가졌다고 말한 셈이다. 사절단이 발락의 요청을 전하자 발람은 자신이 주의 뜻을 여쭐 수 있도록 그들에게 하룻밤을 묵으라고 부탁했다. 발람 이야기는 매번 하나님이 발람에게 무슨 말을 해야 할지 명하셨다고 서술하며 발람이 주를 만났다고 기록한다. 이런 반복이 민수기 22-24장에 있는 이 이야기 전체에 통일성을 부여한다.

발람의 영적 상태에 대해서는 이견이 존재한다. 어떤 이들은 그가 이스라엘의 하나님에 대해 그분의 인격적인 이름('야훼', 22:8)을 사용했고 주께서 그에게 하라고 하신 것을 행하려 했으므로 참된 신자였다고 추측한다. 반면에 그는 율법에서 분명히 금지한(신 18:10) 점술을 행하는 사람이었고(수 13:22), 신약에서도 그를 부정적으로 묘사한다(벧후 2:15; 유 1:11; 계 2:14). 민수기 22-24장에서는 발람의 성격에 대해 명시적으로 언급하지 않지만, 나중에 그는 이스라엘로 하여금 "모압 여자들과 음행"하게 만드는, 전적으로 부정적인 인물로 묘사된다(25:1-9; 31:16). 심지어 그는 악행의 결과로 죽임을 당했다(31:8). 민수기 22-24장에서 그의 부정적 성격을 언급하지 않는 이유는 그가 이스라엘 백성을 축복하는 중요한 역할을 했기 때문이다. 주께서 그를 사용해 이스라엘에게 복을 내리시기 전에 그의 부정적 특징을 강조했다면 그것은 이 부분의 문자적, 주제적 목적에 부합하지 않았을 것이다.

하나님은 밤에 발람에게 오셔서 누가 사람들을 보내 그를 고용하려고 하는지 수사적으로 물으셨다. 발람 이야기 안에 있는 몇 가지 삼중적 반복은 발람의 전반적 태도가 얼마나 어리석은지를 강조하는 분명한 문학적 장치인 것처럼 보인다. 발람이 하나님을 세 차례 만났고(22:10, 20, 22-35), 나귀가 천사를 세 차례 피했으며(22:23, 25, 27), 발람이 세 차례 제사에 참여했다(23:1, 14, 29).

민수기의 이 부분에서 사용하는 하나님의 이름에 변화가 있다. 발람은 그가 주께 접촉할 필요가 있다고 말했지만(22:8), 본문에서는 하나님이 그를 만나셨다고 말한다. 이는 모세가 발람을 어떻게 묘사하는지에 대한 실마리가 될 수 있다. 발람은 이스라엘의 주님과 직접 접촉할 수 있다고 주장했지만, 사실 이 이교도 점쟁이는 주님과 인격적 관계를 전혀 맺지 못했다. 5-6절에서 발락이 한 말을 요약하고 있지만 몇 가지 차이점이 있다(특히 **저주**에 해당하는 히브리어 단어가 다르다). 사절단이 말을 약간 바꾸었거나 발람이 하나님의 명령을 그분께 되풀이하여 말하면서 말을 바꾸었다. (다른 이교 지도자들에게도 그러셨듯이, 창 20:6-7) 하나님은 은혜롭게 발람과 소통하셨고, 그들과 **함께 가지도 말**

고 이스라엘을 **저주**하지도 말라고 경고하셨다. 아침에 발람이 사절단과 함께 돌아오기를 거부했다는 소식이 발락에게 전해졌다.

22:15-21. 발락은 발람을 유혹해 이스라엘을 저주하게 하려고 더 신분이 높은 사람들로 이루어진 더 큰 규모의 사절단을 보내며 큰 보상을 약속했다. 처음에 발람은 재정적인 보상만으로 주의 명령을 거스를 수 없다고 말했다. 하지만 그는 그들에게 다시 한 번 주의 뜻을 물을 테니 하룻밤을 묵으라고 말했다. 아마 하나님이 생각을 바꾸셨다는 말을 듣고 싶었을 것이다. 주의 뜻을 물었을 때 발람은 하나님이 그에게 말하라고 하신 **말만** 해야 한다는 조건으로 그들과 함께 가도 좋다는 허락을 받았다. 그래서 발람은 아침에 **나귀**를 타고 **모압 고관들과 함께** 떠났다. 12절에서 발람에게 하셨던 첫 번째 금지 명령("가지도 말고")이 철회되었으므로 이야기의 긴장감은 점점 더 커진다. 두 번째 금지 명령("저주하지도 말라", 12절)에 대해서는 어떻게 하실까? 그것도 뒤집힐 수 있을까? 주께서는 광야 기간 대부분 동안 이스라엘 백성의 행동과 태도에 대해 기뻐하지 않으셨으므로 모세는 독자들에게 발람이 이스라엘을 저주하도록 하나님이 허락하실 수도 있다는 생각을 갖게 함으로써 이야기의 긴장을 고조시켰다.

22:22-30. 발람이 **갔으로 말미암아 하나님이 진노하셨고**, 발람이 가는 길을 막기 위해 **여호와의 사자**를 보내셨다. 때때로 여호와의 사자는 그리스도 현현(출 3:2-5의 경우처럼 삼위일체의 두 번째 위격이 성육신 전에 나타나심)을 뜻한다. 이것도 그런 경우인지는 분명하지 않다. 31절에서 주님과 천사가 같은 분이 아니라 구별되는 두 존재처럼 보이기 때문이다.

하나님이 앞서 그에게 모압 지도자들과 함께 가도 좋다고 허락하셨는데(20절), 지금은 허락하신 대로 한다고 그에게 화를 내신다는 점에 대해 긴장이 존재한다. 어떤 이들은 발람이 명백히 "불의의 삯"을 사랑했기 때문에(벧후 2:15) 하나님의 진노가 그의 행동이 아니라 말로 표현되지 않은 의도를 향했다고 믿는다. 하지만 본문에서는 **그가 갔으로 말미암아** 하나님이 진노하셨다고 분명히 말한다(22절, 하지만 이를 '그가 가는 동안'이라고 시간을 나타내는 절로 해석할 수도 있다). 유대교 전통에서는, 여기서 발람이 지체 없이 동의한 것은 그가 적극적으로 이스라엘을 저주하려 했음을 말해주며, 그로 인해 하나님의 진노를 초래했다고 믿는다. 본문에서는 분명히 발람을 희극적으로 묘사한다. 예를 들어, 이 '점쟁이'가 자신이 가는 길에 초자연적인 천사가 나타날 것을 '점치지' 못하고, 이 '선견자'가 길에 있는 이 대적하는 천사를 '보지' 못했다는 점은 아이러니하다. 발람은 하나님이 이스라엘을 저주하라고 허락하셨으니 재정적 보상을 얻을 수 있을 것이라고 잘못 생각했다. 따라서 주께서 진노하셨다.

이 사건은 주께서(심지어 때로는 진노하신 상황에서) 여행 중인 누군가를 만나신 또 하나의 예이다(아래 표를 보라). 이런 사건들은 모두 하나님이 인간의 움직임을 통제하고 계시며 사람들은 주의 명령을 주의 깊게 행해야 함을 상기시켜준다.

특히 국경에서 여행 중인 사람들을 만나시는 하나님

순서	성경	사람과 장소
1	창 28:10-22	야곱, 밧단아람으로 가는 도중 벧엘에서
2	창 32:22-32	야곱, 가나안으로 가는 도중 얍복강에서
3	창 46:1-5	야곱, 애굽으로 가는 도중 브엘세바에서
4	출 4:24-26	모세, 애굽으로 가는 도중 광야에서
5	민 22:21-35	발람, 모압으로 가는 도중

발람이 길을 가고 있었지만 나귀는 **여호와의 사자를 보고 길에서 벗어나 밭으로** 들어갔다. 발람은 다시 길로 돌아가라고 나귀에게 채찍질을 했다. 다시 길을 가다가 이번에는 포도원에서 나귀가 길 양쪽에 있는 담벼락 한쪽으로 몸을 바짝 붙여 발람의 발을 짓눌렀다. 다시 발람은 나귀를 때렸다. 다시 출발했을 때 주의 사자는 나귀가 꼼짝도 할 수 없는 곳에 서 있었고, 나귀는 그대로 길에 엎드렸다. 화가 난 **발람**은 **지팡이로 나귀를 때렸다**. 그러자 **여호와께서 나귀 입을 여**셨고 나귀는 발람에게 왜 자기를 세 번이나 때렸느냐고 물었다. 발람은 눈앞에 벌어진 일을 보고도 당황하지 않은 듯했다. 그는 이런 일이 날마다 정상적으로 일어난다는

듯 대화를 이어갔다. 화가 난 점쟁이는 모욕을 당했기 때문에 **칼**이 있었더라면 이 짐승을 죽였을 것이라고 말했다. 나귀는 자신이 습관적으로 이런 태도를 보이지는 않았고 자신의 행동에 대해 분명히 다른 이유가 있다고 공손히 대답했다.

나귀가 말할 수 있었다는 점은 발람의 예언(민 23-24장)을 위한 중요한 서사적 준비 장치이다. 이스라엘은 나중에 이스라엘을 잘못된 길로 이끄는 잘못을 저지른 이 거짓 선견자의 말을 어떻게 받아들일 수 있을지 의아해했을 것이다. 그러므로 이 이야기의 목적은 하나님이 나귀의 입을 열 수 있으시듯 발람을 통해서도 진리를 말씀하실 수 있음을 보여주기 위함이었다.

22:31-35. 주께서 '선견자' 발람의 **눈을 밝히**셨고 **여호와의 사자**가 칼을 빼들고 거기 서 있는 것을 보게 하셨다. 발람은 경외하는 마음으로 얼굴을 땅에 대고 엎드렸다. 나귀처럼 행동하던 발람은 앞서 나귀가 취한 자세와 똑같이 했다. 이제 여호와의 사자가 발람에게 **어찌하여** 나귀를 **세 번 때렸**는지 물었다. 나귀의 행동은 발람이 죽임을 당하지 않도록 보호하기 위한 것이었다. 발람은 자신의 죄를 고백하고 돌아가겠다고 말했다.

여호와의 사자는 발람에게 모압에서 온 사람들과 함께 가도 좋다고 대답했지만, 주께서 그에게 계시하는 것만 말해야 한다고 당부했다. 이는 그로 하여금 주의 계시 없이는 선견자인 그가 아무것도 '볼' 수 없음을 분명히 깨닫게 하기 위해서였다. 고집 센 나귀조차도 경험이 많다는 선견자가 보지 못하는 것을 볼 수 있었다. 발람과 그의 나귀 이야기는 발락이 발람을 어떻게 대할지에 대한 전조가 된다. 여기서 일어난 일은 민수기 23-24장에서 재현될 것이다. 나귀가 (칼을 휘두르는 천사와 지팡이를 휘두르는 눈먼 선견자 사이에서) 진퇴양난에 빠졌듯이, 이제 자신이 이스라엘을 축복하는 것이 주의 뜻임을 깨달은 발람도 곧 훨씬 더 까다로운 처지에 세 차례나 처하게 될 것이다. 그는 하나님의 진노를 볼 것이며, 발락에게 유혹을 받겠지만 주께서 그의 입을 여실 것이다.

22:36-41. 발락은 발람을 맞이하기 위해 모압 **변경**까지 나왔고, 어째서 더 일찍 오지 않았냐며 그를 질책했다. 그는 발람이 충분한 보상을 받지 못할 것이라고 생각했을지도 모른다고 여겼다. 발람은 자신이 이제 왔지만 **하나님이** 자기 **입에 주시는 말씀**을 할 수 있을 뿐이라며 빈정거리듯 대답했다. 두 사람은 (위치를 알 수 없는) 기럇후솟으로 갔고, 거기서 제의를 위한 준비를 했다. 발락은 왕이었지만, 그도 소와 양을 제물로 바치는 데 직접 참여했다. 제사와 공동 식사를 위해 동물을 죽였으며, (간엽이나 다른 내장을 이용해 점을 치는) 간 점술과 같은 다른 제의도 행했을 것이다. 이러한 예비적 제의를 마친 후 이튿날 **아침 발락**은 **발람**을 데리고 이스라엘 진영 일부를 볼 수 있는 **바알의 산당**으로 갔다. 이스라엘 백성 중 일부만 본 까닭은 저주가 효력을 발휘하기 위해서는 저주의 대상이 눈에 보이는 범위 안에 있어야 한다고 생각했기 때문이다. 발락은 발람에게 이스라엘 진영 전체를 다 보여주면 그 엄청난 수 때문에 발람이 두려워할 것이라고 걱정했을지도 모른다.

b. 발람의 예언(23:1-24:25)

23:1-6. 발람은 발락에게 **일곱 제단을 쌓고** 각 제단을 위해 수송아지 한 마리와 숫양 한 마리를 제물로 준비해달라고 말했다. 고대 근동 전역에서 '일곱'은 성스러운 숫자였으며, 따라서 여기처럼 이 숫자가 이교 제의와 연관되는 경우도 드물지 않았다. 모든 제물은 **번제물**이었다(6절). 레위기 제사법에도 같은 이름의 제물이 있었지만(레 1장), 그렇다고 발람과 발락이 이스라엘의 하나님을 예배한 것은 아니다. 다른 민족도 동물을 다 태워 제물로 바쳤기 때문이다. 제물을 바친 후 발람은 **언덕길로** 갔는데, 아마도 하나님의 응답을 듣기 위해 혼자 갔을 것이다. 하나님은 발람을 만나 발락과 모압 지도자들에게 전할 메시지를 주셨다.

23:7-12. 발람이 모압 사람들에게 전달한 네 가지 예언 중 첫째 예언이 이어진다. 발람은 먼저 그가 어디에서 왔으며 왜 이곳에 왔는지에 대해 이야기했다. 그의 말은 시적인 수준으로 고조된 연설이었다. 첫 문장은 이 예언의 많은 문장이 그렇듯이 동의 대구 구조이다(**아람**은 동쪽 산지를 가리키며, **발락**은 모압 왕이었다). 발람은 보통 메소포타미아 북부 출신이라고 생각하지만, 이는 시리아에 더 가까운 지역을 가리킬 수도 있다(22:2에 대한 주석을 보라). 그는 이스라엘을 저주하도록 발락에게 부름을 받았다. 발람은 하나님이 이 민족을 저주하지 않으시는데 어떻게 자신이 그런 일

을 할 수 있겠느냐고 말했다. 선견자는 멀리서 하나님의 백성을 바라보면서 이스라엘을 **여러 민족 중의 하나로 여겨**서는 안 된다고 말했다(9절). 이는 하나님이 이스라엘을 다른 모든 민족과 구별시켜 그들에게 독특한 지위를 부여하셨음을 뜻한다. 이스라엘 백성은 티끌처럼 수가 많았고(10절), (아마도 그에게 가장 가까운 진영의) 사분의 일도 셀 수 없었다. 발락은 발람의 반응에 대해 화를 냈다. 발람이 신들을 조종해 자신이 바라는 결과를 얻을 수 있을 것이라고 생각했기 때문이다. 하지만 점쟁이는 주께서 자신의 입에 넣어주신 말씀만 할 수 있다고 대답했다. 첫 번째 예언에서는 주께서 이스라엘 민족에 대한 언약적 신실함을 저버리지 않으실 것이라고 계시한다.

23:13-26. 발락은 장소를 옮기면 다른 결과를 얻을 수 있을 것이라고 기대했다. 발람이 나귀에 대해 그랬듯이 발락은 완고하고 끈질겼다(민 22장). 정확한 위치(**소빔** 들)는 분명하지 않지만 **비스가**(14절)는 모압 평지를 내려다볼 수 있는 산맥의 일부이다. 다시 일곱 제단을 쌓았고 각 제단에 수송아지와 숫양을 바쳤다. 이번에도 발람은 주의 말씀을 듣기 위해 발락을 떠났고, 주께서는 다시 한 번 발락에게 할 말을 발람에게 계시하셨다. 예언을 받은 후 발람은 발락에게 돌아왔고, 발락은 주께서 무엇을 계시하셨는지 물었다.

두 번째 시적 예언은 하나님의 불변성에 대한 명확한 신학적 진술로 시작된다(19절). 이미 그분은 이스라엘을 축복하라는 명확하고 돌이킬 수 없는 명령을 내리셨다. **하나님이 그들을 애굽에서 인도하여 내셨으니**라는 말로 출애굽을 회상하고 그분의 백성에 대한 그분의 헌신을 강조했다(22절). 또한 그들은 큰 복과 주의 인격적 임재를 경험했다. **왕을 부르는 소리가 그 중에 있도다**라는 구절(21절)은 '용사이신 하나님'이라는 모티프, 즉 이스라엘을 지키시는 하나님의 군사적 힘을 묘사하는 이미지를 떠올리게 한다(시 47:5). **들소** 뿔처럼 이스라엘을 보호하실 이 강력한 하나님은 이스라엘을 해하려는 모든 점술이나 복술을 무력하게 만드실 수 있다. 하나님의 백성은 **사자**처럼 자신을 위협하려는 사람은 누구든지 집어삼킬 것이다.

이번에 발락은 자신이 후한 보상을 약속했던 결과를 얻지 못했으니 발람에게 이스라엘을 저주하지도 말고 축복하지도 말라고 간청했다. 발람은 발락에게 이미 했던 말을 상기시키며, 자신은 아무 힘이 없고 주께서 명하신 말씀을 할 수밖에 없다고 말했다.

23:27-30. 발락은 세 번째로 이스라엘을 저주할 장소를 마련했다. 어리석게도 발락은 위치를 옮기면 자신이 바라는 결과를 얻을 수 있을 것이라고 생각했으며, 발람을 **브올산 꼭대기**로 데리고 가서 거기에 다시 일곱 제단을 쌓고 수송아지 한 마리와 숫양 한 마리를 각각 바쳤다.

24:1-2. 앞서 발람은 주의 뜻을 물었지만(23:3, 15) 이번에는 점을 치지 않았다. 대신 그는 이스라엘 진영 전체를 바라보며 **하나님의 영**으로부터 직접 계시를 받았다. **하나님의 영이 그 위에 임하셨**다고 해서 반드시 그가 이스라엘의 하나님을 믿었다는 뜻은 아니다. 이는 그저 하나님이 특별히 그로 하여금 이 구체적인 메시지를 전하게 하셨다는 뜻일 뿐이다. '엎드려서'라는 구절(4, 16절)은 이 메시지를 전할 때 그가 예언자적 황홀경을 경험했다는 뜻일 수도 있다.

24:3-9. 발람은 그의 눈이 열려 전능자의 **환상**을 보고 이스라엘에 대한 **하나님의 말씀**을 분명히 듣게 되었음을 깨달았다는 말로 세 번째 시적 예언을 시작했다. 이 예언의 도입부에서 하나님의 영이 그에게 임해 이런 말을 한다고 발락에게 분명히 알렸다. 발람은 이스라엘 진영을 둘러보면서 이스라엘의 비옥함을 생생히 묘사하기 위해 지리(골짜기와 동산)와 식물(침향목과 백향목) 관련 언어를 사용했다. **물통에서 물이 넘**친다는 표현은 물통 두 개를 들고 가는 사람을 연상시킨다. 그가 걸을 때 물이 넘쳐 이리저리 튀고 있다. 이것은 특히나 건조한 이 지역에서는 하나님의 넘치는 복을 매우 생생히 묘사하는 이미지였다. 씨에 대한 언급도 이 예언을 아브라함에게 복을 주시겠다는 하나님의 약속과 연결시킨다. 그분은 아브라함의 씨가 셀 수 없을 정도로 많아지게 하시겠다고 말씀하셨다(창 22:17).

아각(7절)은 사울 시대의 인물이 아니다(삼상 15:32-33). 아각은(바로가 애굽 왕의 호칭이었듯이) 아말렉 사람들이 사용한 왕의 호칭이었을지도 모른다. 민수기 24:20에서는 이스라엘 초기의 적이었던(출 17:8-13) 아말렉의 패배를 예언한다. 70인역과 사마리아 오경에서는 **아각보다 높으니**라는 구절 대신 종말에 이스라엘에 맞설 원수인 '곡보다 더 크니'로 읽히도록 본문을 수정했다(참고. 겔 38-39장). 수정된 본문을 따를 경우 세 번째 예언의 메시아적 메시지가 강화된다. 이 메시아가 곡을 무너뜨리고 위대한 왕국을 세우실 것임을 강조하기 때문이다[Michael Rydelnik, *The Messianic Hope: Is the Hebrew Bible Really Messianic?* (Nashville, TN: Broadman & Holman, 2012), 102]. 이는 이스라엘의 왕과 왕국이 무시할 수 없는 강력한 세력이 될 것임을 강조한다(창 17:16).

민수기 24:7-9에서는 두 번째 예언(23:21-24)에서 이미 전한 내용을 상당 부분 반복하지만 그 내용에는 미묘한 차이가 있다. 3인칭 복수에서 3인칭 단수로 대명사가 변화된다["하나님이 그들을 애굽에서 인도하여내셨으니"(23:22)와 **하나님이 그를 애굽에서 인도하여내셨으니**(24:8)]. 이것은 이스라엘의 과거 역사에 대한 이야기에서 이스라엘의 미래 왕에 대한 이야기로의 전환이다. 이 예언의 메시아적 함의는 분명하다. 모세는 "과거에 있던 하나님의 위대한 구원 행위에서 가져온 용어로 미래 왕의 통치를" 이해했다. "하나님이 과거에 이스라엘을 위해서 행하신 일을 그분이 약속된 왕을 보내실 미래에 그분이 그들을 위해 행하실 일의 예표로 이해한다"[Sailhamer, *The Pentateuch as Narrative*, 408.《모세오경》(크리스챤서적)]. 미래의 왕에 대한 이 예언은 오경에서 이미 주어졌다(창 17:6; 35:11; 49:10과 이 구절에 대한 주석을 보라). 이 미래의 왕은 그 누구도 감히 깨울 수 없는 **사자**와 같을 것이라고 발람은 계속해서 말했다(참고. 창 49:9). 그런 다음 그는 아브라함 언약의 핵심 명제를 반복함으로써 세 번째 예언을 마무리했다. **너를 축복하는 자마다 복을 받을 것이요 너를 저주하는 자마다 저주를 받을지로다**(24:9; 참고. 12:3). 발람이 이교도 점쟁이임에도 그의 예언은 구약의 개념을 온전히 사용했다(예를 들어 창 12:3; 49:8-10). 그가 이 성경 구절들을 본래 알고 있었을 수도 있고, 하나님의 영이 그를 사용하셔서 자신도 모르게 이 예언을 통해 이 구절들을 언급하게 하셨을 수도 있다.

24:10-14. 마침내 발락은 발람을 고용해 이스라엘을 저주하게 하려는 시도가 부질없음을 깨달았다. 그래서 그는 그의 봉사에 대해 보상하지 않고 그를 쫓아냈다. 발람은 발락에게 여호와의 명령에 반하는 어떤 말도 할 수 없다고 이미 말했음(22:18)을 상기시켰다. 발락이 발람에게 아무리 돈을 많이 준다 해도 그로 하여금 주께서 선언하신 바를 되돌리게 할 수는 없다. 발람은 집으로 돌아가고 싶었지만 가기 전에 발락과 모압 족속, 다른 이웃 민족들을 향한 하나님의 예언을 전했다. 이는 부탁받지도 않은 행위였다. 그가 사용한 형식(14절)은 오경의 다른 곳에서 미래에 대한 핵심적인 메시아 예언이 주어질 때마다 사용된 형식이다. 각 단락에서 핵심 인물(야곱, 발람, 모세)은 (명령형으로) 듣는 이들을 모이게 하고 장차 일어날 일을 선포했다(창 49:1; 민 24:14; 신 31:29). 각 경우에 긴 서사 다음에 메시아에 대한 핵심 개념을 소개하는 시적인 간주곡이 이어진다[Sailhamer, *The Pentateuch as Narrative*, 36.《모세오경》(크리스챤서적)]. 도표 '오경의 메시아 예언'은 이러한 예언의 개요이다.

24:15-19. 발람의 네 번째 시적 예언은 세 번째 예언처럼 시작된다. 그는 먼저 전능자 하나님이 눈을 열어주신 사람이 이 메시지를 전한다고 인정한다. 그는 이스라엘의 많은 적들이 패배할 것이라고 예언하고, 왕 같은 인물이 나타나 이스라엘의 원수를 정복하는 데 주요한 역할을 할 것이라고 말했다. 발람의 선언은 오경 전체에서 메시아에 대한 가장 명확한 진술이다.

선견자 발람은 그가 본 인물을 묘사하기 시작했지만(**내가 그를 보아도**, 17절), 이 인물이 도착하기까지 시간적(**이때의 일이 아니며**), 공간적 거리(**가까운 일이 아니로다**)가 있었다. 발람은 이 인물을 **별**과 **규**로 묘사했다. **별**은 왕과 연관되어 언급되는 경우가 많았으며(사 14:12; 마 2:2), **규**는 능력과 권위를 상징했다(창 49:10; 시 45:6). 다윗 왕은 이 예언의 상당 부분에 대한 전조였지만, 이 이미지들은 그리스도 안에서 분명히 성취되었다(마 2:2; 히 1:8; 벧후 1:19; 계 22:16). 이 통치자가 모압을 무찌를 것이라는 예언은 장차 다윗이 모압에게 거둘 승리에 대한 전조였지만(삼하 8:2), 창세기 3:15에 기록된 메시아에 대한 약속을 암시하기도 한다.

셋의 자식들이 누구를 가리키는가에 대해서는 고대의 수투족이라거나 **세일**[에돔 족속]을 가리킨다는 등 다양한 견해가 있다. 그러나 이 부분이 동의 대구 구조

오경의 메시아 예언

창세기 49장	출애굽기 15장	민수기 22–24장	신명기 31장–33장
가나안 →	애굽 →	광야 →	요단 동편
창 49:1 야곱이 그 아들들을 불러 이르되, "너희는 모이라. 너희가 후일에 당할 일을 내가 너희에게 이르리라." **창 49:10** "규가 유다를 떠나지 아니하며…."	**출 15:17–18** "주께서 백성을 인도하사 그들을 주의 기업의 산에 심으시리이다. 여호와여, 이는 주의 처소를 삼으시려고 예비하신 것이라. 주여, 이것이 주의 손으로 세우신 성소로소이다. 여호와께서 영원무궁 하도록 다스리시도다."	**민 24:14** "이제 나는 내 백성에게로 돌아가거니와, 들으소서. 내가 이 백성이 후일에 당신의 백성에게 어떻게 할지를 당신에게 말하리이다." **민 24:17** "내가 그를 보아도 이때의 일이 아니며 내가 그를 바라보아도 가까운 일이 아니로다. 한 별이 야곱에게서 나오며, 한 규가 이스라엘에게서 일어나서…."	**신 31:28–29** "너희 지파 모든 장로와 관리들을 내 앞에 모으라. 내가 이 말씀을 그들의 귀에 들려주고 그들에게 하늘과 땅을 증거로 삼으리라. 내가 알거니와 내가 죽은 후에 너희가 스스로 부패하여 내가 너희에게 명령한 길을 떠나 여호와의 목전에 악을 행하여 너희의 손으로 하는 일로 그를 격노하게 하므로 너희가 후일에 재앙을 당하리라."

를 취하기 때문에 알려지지 않은 모압의 왕가나 모압 족속 전체를 가리키는 일반적인 용어일지도 모른다. 에돔(18절)도 메시아이며 왕인 이 인물의 손에 패해 정복을 당할 것이라고 예언한다. **그 성읍**은 (나중에 페트라로 알려진) 셀라일 가능성이 크다.

24:20–25. 마지막 예언에서는 **아말렉**에 대해서도 다룬다. 아말렉 족속은 출애굽 직후 이스라엘을 공격한 적이 있다(출 17:8-16). 그들은 첫 민족들 중 하나였지만(그들의 기원은 에서까지 거슬러 올라간다, 창 36:12) 결국에는 멸망당할 것이다.

발람은 **겐 족속**(24:21)으로 시선을 돌려 그들이 낭떠러지에 난공불락의 거처를 갖고 있는 듯하지만 **앗수르의 포로**가 될 것이라고 예언했다. 당시 앗수르는 민족으로 발전하는 중이었으며, 주전 9세기에서 6세기까지 강력한 세력으로 부상했다. 겐 족속과 미디안 족속은 그들과 연관이 있으며, 어쩌면 같은 사람들일 것이다(10:29; 참고. 삿 1:16).

발람은 다시 먼 미래를 내다보며 **깃딤**의 해변에서 와 **앗수르**와 **에벨**을 파괴할 **배들**에 대해 말했다(24절). 깃딤은 키프로스가 아니라 그리스와 로마를 포함하는 광범위한 지중해 지역을 가리킬 가능성이 높다(렘 2:10; 겔 27:6; 단 11:30). 앗수르가 메소포타미아 지역(앗수르와 바빌론)에 자리 잡고 있으며 에벨이 히브리인들과 밀접히 연관된 이름(창 11:14-17)이라는 점에서, 이는 이 예언이 미래를 정확히 예측했음을 보여주는 강력한 증거이다. 그리스와 로마는 정말로 이 지역을 정복하고 지배했으며 제국을 세웠다. 발람은 이 예언을 마친 후 **일어나** 자기가 살던 곳으로 **돌아갔다**. 그곳이 어디인지는 분명히 말하지 않는다. 많은 이들은 브올일 것이라고 추측하지만(22:5), 이 책의 뒷부분(31:8)에서는 그가 미디안 족속 가운데 살았다고 말한다. 이는 발람의 집이 먼 메소포타미아보다는 시리아에 더 가까웠을 것임을 암시하는 또 하나의 예이다.

발람 이야기의 핵심은 무엇일까? 대제사장 아론이 죽고(20:28) 예언자 모세가 므리바에서 불신앙을 드러낸 후(20:9-12) 사실상 2선으로 물러난 상황은 이스라엘 역사의 중대한 전환기였다. 이때 하나님은 발람이라는 이교도 선견자를 세워 이스라엘을 위해 가짜 대리자, 예언자, 제사장의 역할을 하게 하셨다. 하나님은 이스라엘 지도자들이 그들을 실망시킬 때도 그들과의 언약을 지키셨다. 하나님이 뜻밖의 자원으로 이스라엘에게 복을 주셨기 때문에 아브라함 언약(창 12:3)은 여전히 유효했고, 이 민족을 저주하는 이들에게는 저주가 내렸다.

c. 발람이 이스라엘을 타락시키다(25:1–18)

25:1–5. 이스라엘을 저주하려던 발람의 시도는 좌절되었지만, 그는 이스라엘을 유혹해 거짓 신들을 예배하고 부도덕한 죄를 범하게 만드는 데 큰 역할을 했다. 이스라엘이 싯딤[사해 북동쪽으로 약 13킬로미터 지점]에 머무는 동안 남자들이 모압 여자들과 음행을 하기 시작했으며, 이 여자들은 그들로 하여금 **바알브올**에게 제사를 바치고 절을 하게 만들었다. 바알브올은 가나안의 바알, 몰록과 비슷한 모압, 미디안, 암몬의 주신 중 하나였다. 이 신들은 성적인 다산 제의와 연관되는 경우가 많았다. 또한 바알브올은 죽은 자에게 바친 제물을 먹는 것과도 연관된다(시 106:28). 바알브올은 또한 이스라엘이 거짓 신들을 예배한 장소로 언급되기도 한다(호 9:10). 이에 대해 주께서는 진노하시며 모세에게 음행을 저지른 자들을 공개적으로 처형하여 그분의 분노를 떠나가게 하라고 명령하셨다(4절). 모세는 이스라엘 재판관들에게, 자기의 관할 안에 있는 남자들 중 바알을 예배하는 데 가담한 사람은 누구든지 죽이라고 명령했다. 시내산에서 일어난 일과 이곳 모압 평지에서 일어난 일 사이에는 많은 유사점이 존재한다(아래의 표를 보라).

이 유사점은 두 번째 세대가 약속의 땅 정복을 시작하기 전에 첫 번째 세대의 모습을 보며 부정적 교훈을 기억해야 하고, 각각의 경우에 주께서 동일하게 대응하셨음을 기억하라고 말해준다.

25:6–9. 모세가 음행을 범한 이들을 처벌하라는 명령을 내렸을 때, 한 사람(시므리, 14절)이 온 진영이 보는 앞에서 감히(모압 족속과 연합했던) 미디안 여인(고스비, 15절)을 자기 장막으로 데리고 들어가 성관계를 했다. 아론의 손자이자 엘르아살의 아들 비느하스가 즉시 창을 들고 장막으로 들어가 두 사람의 몸을 동시에 찔렀다. 이 즉각적인 대응으로 염병이 멈췄지만, 이미 2만 4천 명이 죽은 후였다(고린도전서 10:8에서 바울은 하루에 2만 3천 명이 죽었다고 말했다. 이런 불일치에 대한 가장 단순한 설명은 바울은 하루에 2만 3천 명이 죽었음을 강조했으며 이 단락의 사망자 수는 그다음 날 죽은 1천 명까지 포함했다는 것이다. 더 자세한 논의는 그곳의 주석을 보라). 앞서 고라의 반역으로 인한 죽음과 이 염병이 회막 남쪽 지파들(르우벤과 시므온, 갓)에 큰 타격을 가했을 수 있다. 두 인구조사 사이

시내산과 모압 평지 사이의 유사점

유사점	시내산	모압 평지
계시 다음에 반역이 뒤따름	출 20–31장/출 32장	민 23–24장/민 25장
거짓 신을 예배함	금송아지, 출 32:8	바알브올, 민 25:3
죄를 지은 자를 즉각 처형함으로써 주의 진노를 멈춤	출 32:26–28	민 25:7–8
대응의 결과로 받은 제사장직	레위 지파, 출 32:29	비느하스, 민 25:11–13
인구조사	출 30:12	민 26:2–4
제사에 대한 법	출 34:25	민 28:1–8
절기에 대한 법	출 34:18–24	민 28:11–31
기업	출 32:13	민 27:1–11
여호수아	출 32:17	민 27:18–23
안식일	출 35:1–3	민 28:9–10

에 세 지파의 인구가 45,020명(약 30퍼센트) 감소했기 때문이다.

25:10-13. 주께서는 모세에게 비느하스의 열심과 담대한 행동 때문에 민족을 다 없애버리지는 않겠다고 말씀하셨다. 이 즉각적 대응 덕분에 비느하스는 **평화의 언약**, 즉 항구적 제사장직을 받았다. 앞에서 이미 하나님은 아론의 아들들이 항구적으로 제사장이 될 것이라고 말씀하셨지만(출 29:9), 여기서는 그 제사장직이 구체적으로 아론의 손자 비느하스 가문으로 좁혀졌다. 여기서 그의 행동은 하나님의 의롭고 거룩하신 성품에 대한 본보기였다.

25:14-18. 앞에서는 염병을 초래한 사람들의 이름을 기록하지 않았지만 이제 그들의 이름을 **시므리**[시므온 지파 사람]와 **고스비**[미디안 수령의 딸]로 밝힌다. 이 사건은 모압 땅에서 일어났지만 주께서는 모세에게 모압 족속과 연합했던 미디안 족속을 대적하여 치라고 명령하셨다.

Ⅱ. 약속의 땅에 들어가는 2세대의 소망 (26:1-36:13)

A. 약속의 땅에 들어가기 위한 2세대의 준비 (26:1-32:42)

1. 두 번째 인구조사(26:1-65)

26:1-51. 1세대의 나머지는 25장에서 염병으로 죽은 것으로 보이며(14:19; 26:65), 이제 주께서는 모세와 엘르아살에게(아론은 이미 죽었으므로) 한 번 더 인구조사를 실시하라고 명하셨다. 이 인구조사의 목적은 군사적 성격을 띠었다(2절). 바로 앞에서 하나님이 미디안 족속을 치라고 명하셨으며(25:17) 정복 전쟁을 위한 병참 준비도 해야 했기 때문이다. 또한 이 인구조사는 약속의 땅을 차지한 후에 각 지파에 얼마나 많은 땅을 배분해야 할지를 결정하는 데도 도움이 될 것이다(26:53).

이 인구조사의 결과는 민수기 1장에 기록된 첫 인구조사와 비교할 근거를 제공한다.

이 장에 기록된 숫자를 가지고 광야 기간 동안 1세대가 하루에 평균적으로 몇 명이나 죽었는지를 대충 계산해볼 수 있다. 고라의 반역과 바알브올의 염병으로 많은 사람이 죽기는 했지만, 이를 감안하더라도 이 기간 동안 하루 평균 90회의 장례식을 치러야 했다.

레위인들은 인구조사에서 제외된 것처럼, 이 심판에서도 면제를 받았을 수 있다. **아론의 아들 엘르아살**은 회막에서 봉사하기 시작했을 때(4:16), 이미 30세 이상이었을 가능성이 높다(4:47). 그는 정탐꾼을 보내기 전에 30세 이상이었으며(민 13-14장) 아버지 아론을 이어서 제사장으로 섬겼고 정복 기간 중에 살아 있었으므로(수 14:1) 그는 여호수아와 갈렙처럼 첫 번째 인구조사 때도 있었을 것이다. 일부 여자들도 이 심판에서 제외되었을 수 있다. 전쟁에 나갈 수 있는 20세 이상의 남자에 초점을 맞춘 것으로 보이기 때문이다.

이 인구조사는 므낫세와 에브라임의 순서가 바뀐 것을 제외하면 민수기 1장의 인구조사와 비슷하다. 이것은 에브라임의 인구가 더 심각하게 줄었고 므낫세를 다들 원하는 일곱 번째로 배치하기 위해서였을 것이다. 이는 민수기에서 중요한 역할을 하는 슬로브핫의 딸들이 므낫세 지파에 속했기 때문이기도 하다(27, 36장에 대한 주석을 보라).

그 외에 두 인구조사의 주요한 차이점은 두 번째 조사에서는 각 지파의 총 인구수를 기록할 뿐만 아니라 각 지파를 이루는 가문도 열거한다는 것이다. 이렇게 가문의 이름을 언급함으로써 아브라함의 후손이 강력한 민족을 이룰 것이라고 약속하신 아브라함 언약을 부각시킨다(창 12:2; 26:24; 46:3). 이 가문 이름은 창세기 46:8-27까지 거슬러 올라갈 수 있다. 창세기 46장의 이름과 비교하면 몇몇 이름이 빠져 있지만 이는 야곱 가계의 일부 손자들이 애굽에서 염병으로 죽어서 대가 끊어졌음을 뜻할지도 모른다(예를 들어, 시므온의 아들 오핫, 베냐민의 아들들인 베겔과 아룻, 아셀의 아들 이스와). 이름의 철자법에 차이가 있는 경우도 있다는 점을 주목하라(예를 들어, 시므온의 아들 여무엘이 느무엘로 바뀜). 약 4백 년이 지나는 동안 가문의 이름을 표기하는 방식이 달라지는 경우가 생길 수밖에 없었다.

인구조사 목록 여기저기에서 다단과 아비람(9절), 에르와 오난(19절)처럼 주께 심판을 받은 이들을 언급한다. 이들을 언급한 까닭은 이스라엘 백성으로 하여금 죄를 범하는 성향을 구체적으로 상기시키기 위해서였다. 흥미로운 사실은, 인구가 많은 단 지파는 한 **가문**

(수함, 42절)만을 다루는 데 비해 므낫세 지파의 가문들은 자세히 논한다는 점이다. 또한 **세라**(46절)는 야곱의 손녀로 유일하게 인구조사에서 이름이 구체적으로 기록되었다(59절에서 또 다른 손녀인 '요게벳'을 언급한다).

이 조사에서 레위 지파를 제외한 인구수는 601,730명이었다. 광야 기간 동안 주께서 2세대를 번성하게 하셨으므로 군사력은 사실상 출애굽 당시와 비슷했다.

26:52-56. 인구조사를 마쳤으므로 주께서는 모세에게 더 큰 지파에 더 큰 기업을 주고 제비를 뽑아 땅을 나누라고 명하셨다. 더 큰 지파는 일정한 영토를 받을 테지만 그 영토는 제비를 뽑아 배분해야 했다. 어떻게 더 큰 지파가 더 넓은 땅을 받는 동시에 제비뽑기로 영토를 할당할 수 있었을까? 가장 쉬운 해법은 전체적인 영토를 제비뽑기로 정한 다음 지파의 크기에 근거해 더 큰 지파는 실제 경계를 넓혀주고 더 작은 지파는 경계를 좁혔을 것이라고 생각하는 것이다.

26:57-65. 레위 지파도 가문으로 계수했으며, 고핫 자손인 **아므람**에 초점을 맞춘다. 아므람은 아론과 모세, 미리암의 어머니인 **요게벳**[레위의 손녀(개역개정에서는 딸로 번역—옮긴이 주)이며 아므람 아버지의 누이, 출 6:20]과 결혼했다. 그렇다면 모세는 레위의 증손자인 셈이다. 그럴 경우 이스라엘이 애굽에서 430년을 보냈다는 사실과 조화시키기가 어려울 수도 있다(출 12:40-41). 레위와 모세는 네 세대 차이밖에 나지 않는다(또 다른 족보에서는 요셉과 슬로브핫이 여섯 세대 차이밖에 나지 않는다). 가능한 설명으로는 (1) 레위의 족보에 몇백 년 간격으로 아므람이 두 사람 있었다는 것, (2) 족보에 기록되지 않은 공백이 존재한다는 것, (3) 4백 년의 애굽 체류는 여러 세대를 상징하는 이상화된 숫자라는 것 등이다.

아마도 최선의 해결책은 족보에 공백이 존재한다는 견해일 것이다. 역대상 7:20-29에는 에브라임과 여호수아가 최대 열 세대 차이가 난다고 기록되었다. 따라서 레위와 모세가 네 세대 차이밖에 나지 않는 레위 가계에는 공백이 있다고 볼 수 있다. 어떤 경우든 여기서 중요한 점은, 레위 지파가 군사 목적을 위한 인구조사에 포함되지는 않았지만 광야 기간 동안 천 명이 늘었다는 것이다. 그들이 포함되지 않은 또 하나의 이유는 그들이 약속의 땅에서 땅을 기업으로 받지 않을 것이기 때문이었다.

이 인구조사를 **모세와 엘르아살**이 실시했다고 요약하면서, **갈렙과 여호수아** 외에는 이전 인구조사에서 계수된 사람들 중 단 한 사람도 살아남지 못했다고 강조한다. 이는 그분께 충성하는 이들에게는 약속을 지키시고 언약을 신실하게 지키지 않은 이들은 벌하시는 하나님의 신실하심을 강조한다. 또한 새 인구조사는 하나님이 약속하신 땅을 기업으로 받기를 기대하던 새 세대에게 소망의 전조가 되었다.

2. 2세대에게 주는 명령(27:1-30:16)

27:1-11. **슬로브핫의 딸들**에 대한 이야기는 민수기 구조에서 핵심적인 위치를 차지하며 새로운 세대 이야기를 둘러싸고 있다(27, 36장). 남자 후손이 없었던 슬로브핫의 딸들은 시내산 이후 만들어진 판례법의 기초가 되었다. 므낫세 지파 출신인 이 다섯 딸들은 미래의 기업에 대한 걱정 때문에 **회막**으로 나아가 **모세와 엘르아살** 앞에 자신들의 사정을 알렸다.

그들의 아버지는 **죽었**지만 **고라**의 반역에 동참했기 때문은 아니었다. 그는 모든 1세대와 마찬가지로 정탐꾼의 보고 이후에 드러난 불신앙 때문에 죽었다. 이 여인들은 아버지가 아들은 없고 딸만 있는 상황에서 땅이 부계로 넘어가는 것에 대해 예외를 인정해달라고 요청했다. 그들은 아들들과 똑같은 재산권을 요구했다. 모세는 그들의 사정을 **여호와께 아뢰**었고, 주께서는 슬로브핫의 딸에게 유리하게 판결하셨으며 그들에게 아버지의 기업에 대해 온전한 재산권을 갖도록 허락하셨다. 그런 다음 나머지 민족을 위해 판례로 삼으셨다. 한 사람이 **아들** 없이 죽으면 기업은 그의 **딸**[들]에게 넘겨주어야 했다. 딸도 없으면 기업은 그 사람의 형제에게 주어야 했으며, 살아 있는 형제가 없으면 기업을 아버지의 형제에게 주어야 했고, 아버지 형제도 살아 있지 않으면 가장 가까운 친척에게 주어야 했다.

민수기에서 이 사건은 두 가지 이유 때문에 중요하다. 첫째는 이 사건이 이곳과 책의 마지막(민 36장)에 배치되어 있다는 점 때문이다. 앞서 언급했듯이 이 사건은 두 번째 세대 이야기를 둘러싸고 있으며, 책의 구조가 어떻게 나뉘는지를 쉽게 파악할 수 있게 해준다. 둘째는 이 요청의 시점 때문이다. 약속의 땅에 들어가

기도 전에 이 딸들은 기업에 대한 요청을 했다. 따라서 그들은 땅을 정복하기도 전에 상속권에 대한 관심을 표했다. 슬로브핫의 딸들이 이런 요청을 한 것은 민수기 저자가 강조하고 싶었던 것으로, 위대한 믿음의 본보기가 되었다. 이 딸들은 너무나도 주를 신뢰했기 때문에 아버지의 **기업**을 받을 수 있을 것이라 확신했다. 그들은 약속의 땅을 실제로 나누기도 전에 재산권 문제를 해결하기 위해 노력했다. 앞서 그들은 아버지의 **이름**이 가문에서 **삭제**되지 않기를 바란다고 분명히 말했다(4절). 그러므로 그들은 아브라함 언약을 세우고 복 주시겠다고 약속하신 주를 신뢰했다고 볼 수 있다. 또한 그들은 아버지의 가계가 그 언약을 통해 주시는 유산을 놓치지 않기를 바랐다. 광야에서 보여준 민족의 불평과 반역에도 이 딸들은 이스라엘에게 주신 하나님의 약속을 믿는 위대한 신앙의 본을 보였고, 그 약속을 붙잡기 원했다. 그들은 이 새로운 세대가 하나님의 약속에 어떻게 반응해야 하는가에 대한 역할 모델이었다.

27:12-23. 유산 상속권 외에 또 하나의 시급한 문제가 민족을 기다리고 있었다. 누가 모세를 이어서 이스라엘 백성을 약속의 땅으로 이끌 지도자가 될 것인가? 이 단락에서는 **여호수아**가 모세의 후계자로 선택될 것이라고 확증한다. 미리암은 이미 죽었고(20:1) 아론도 죽었다(20:28). 이제 모세가 죽음을 준비해야 할 시간이었다.

모세는 **신 광야 므리바**에서 하나님의 말씀에 거역했기 때문에 약속의 땅에 들어갈 수 없었다. 하지만 하나님은 모세에게 아비람 산맥의 한 봉우리(신 32:49에서 느보산이라고 설명, 전통적으로 사해 북쪽 끝에서 동쪽으로 약 11킬로미터 떨어진 곳으로 본다)에 올라 멀리서 그 땅을 볼 수 있는 기회를 주셨다. 모세는 위대한 지도자의 모습을 보이면서 주께 자신의 걱정을 이야기했고 자신이 없을 때 **목자**처럼 백성을 이끌 지도자를 임명해달라고 탄원했다. 모세는 주를 **모든 육체의 생명의 하나님**(16:22에서도 사용)이라고 부르면서 인간의 동기를 아시는 하나님의 능력을 강조했다. 주께서는 모세에게, **그 안에 영이 머무는 자인 여호수아**에게 **안수하고** 엘르아살과 회중 앞에서 그를 후계자로 임명하라고 명하셨다.

'영'(루아흐)이라는 말은 그가 지도자로서의 능력을 타고났음을 가리킨다고 볼 수도 있다. 하지만 **영**이라는 단어는 구체적으로 성령을 지칭할 가능성이 더 높다. 이 구절은 여호수아가 백성의 지도자로서 성령이 충만했다는 뜻이다(신 34:9). 구약에서 많은 지도자(예를 들어 다윗, 시 51:11; 스가랴, 대하 24:20)와 중요한 인물들(브살렐, 출 35:30-31)이 특수한 임무를 수행할 수 있도록 성령의 특별한 능력을 받았다. 이런 임명 행위를 통해 모세는 자신의 권위를 여호수아에게 부여하여 이스라엘 백성이 그의 리더십에 복종하게 했다. 여호수아는 스스로 모세의 충실한 조력자(출 33:11)이자 신실하며 하나님을 믿는 정탐꾼(14:6, 30)임을 입증했다. 아론이 모세를 도왔듯이, 엘르아살은 여호수아를 도와야 했다. 엘르아살은 **우림**의 도움을 받아 주의 뜻을 물었다.

우림은 하나님이 그분의 뜻을 계시하기 위해 만들라고 하신 장치였다. 그것은 하나님의 의도를 보여주는 제비이거나 색깔 있는 돌이었을지도 모른다. 오늘날에는 하나님의 뜻을 판별하기 위해 제비뽑기를 할 필요가 없다. 신자들에게는 완전한 정경과 내주하시는 성령을 통해 하나님의 뜻이 완전히 계시되어 있기 때문이다. 모세는 주어진 대로 주의 명령을 이행했다. 순종에 대한 이중적 진술(27:22-23)은 모세와 이스라엘 백성에게 또 하나의 긍정적 신호가 되었다. 민수기 앞부분에서는 주의 명령에 대한 백성의 순종을 자주 반복해서 말했고(1:19; 2:33; 4:49; 5:4; 8:22), 이제 다시 그들의 순종을 거듭 강조한다(31:7, 31, 41, 47; 36:10). 이 새로운 세대가 계속해서 순종의 길을 걷는다면 이들의 미래는 밝을 것이다.

제사 제도에 대한 명령은 오경 여러 곳에 기록되어 있지만(출 29:38-46; 레 1:7; 16장; 23장; 민 15장), 주께서는 약속의 땅으로 들어가는 문턱에 규칙적으로 드려야 할 제사에 대해 간략히 설명하셨다. 첫 이삭을 바치는 절기(레 23:9-14)가 누락되었으므로 빠짐없이 작성된 목록은 아니었다.

민수기의 이 시점에 제사 제도를 요약해서 기록한 까닭은 명확하지 않다. 하지만 두 번째 인구조사 후 얼마 안 된 시점이므로, 두 번째 세대에게 그들의 영적 의무를 분명히 상기시켜주는 역할을 했을 것이다. 민족은 곧 주께서 약속하신 땅에 도착할 것이며, 이 명령은 그들로 하여금 가나안에서 곧 경험할 목축 생활을 준비할 수 있게 해주었다. 또한 이 명령은 그들이 미디안 족속을 정복하고 많은 가축을 얻기(민 31장) 전에 주어졌다. 정기적으로 드려야 할 제사는 주께서 이 세대의 필요를 채워주신다는 사실을 끊임없이 상기시켰을 것이다. 제사를 설명하는 순서는 빈도를 따랐다. 매일, 매주, 매달 드려야 하는 제사를 설명하고 나서 해마다 지키는 절기를 설명했다. 추가적인 제사에 더해 날마다 바칠 제물을 드려야 했다. 속죄일 제사나 다른 곳에서 설명한 절기 제사(예를 들어 첫 이삭을 바치는 절기, 레 23장)를 제외하면, 한 해에 수송아지 113마리, 숫양 37마리, 어린 숫양 1,093마리를 번제로, 숫염소 30마리를 속죄제로 드렸다.

28:1-15. 제사에 대한 명령은 먼저 날마다 드려야 하는 제물에 대해 설명한 다음(1-8절), 안식일 제사(9-10절)와 매달 초하루에 드려야 하는 제물(11-15절)에 대해 설명한다. 증류주는 몇천 년이 지난 후에 발명되었으므로 **독주**(7절)는 맥주였을 것이다. 여기서 독주는 과일로 만든 술인 포도주와 대조되는 곡식(보리나 밀)으로 만든 술을 가리킨다. 날마다 드릴 제물은 아침저녁으로 한 번씩, 즉 하루에 두 차례 가져왔다. 안식일 제사는 매일 드리는 제사와 여기서 설명하는 다른 제사(민 28-29장)에 더해 추가로 드렸다. 매달 **초하루**에는 번제와 소제, 전제 외에 염소를 속죄제로 더 드려야 했다(28:15). 나팔 불기에 대한 명령은 초하루 절기와 관련해 주어졌다(10:10).

28:16-31. **유월절**에 대한 명령은 앞에서 이미 받았지만(출 12장; 레 23:5-8), 이 단락에서는 **무교절**에 대해 자세히 설명한다. 무교절은 유월절 직후 이레 동안 계속되기 때문이다(이 두 절기는 지금의 달력으로는 3월/4월에 해당한다). 날마다 제사를 드려야 했고, 마지막 날에는 **성회**로 모여야 하며(18절) 아무 일도 하지 말아야 했다. 다음으로는 칠칠절에 드릴 제물을 열거한다(26-31절). 이 절기에서는 초여름 보리 수확이 끝나고 밀 수확이 시작되는 것에 대해 감사드렸다.

29:1-6. 절기 달력에서는 일곱이라는 숫자가 중요하다(예를 들어, 안식일 제물은 일곱이나 칠의 배수로 드렸다). **일곱째 달**[현재의 달력에서는 9월] **초하루**는 나팔 부는 날이며 성회로 모이고 정해진 제물을 드려야 했다.

29:7-11. 일곱째 달 열흘날에도 **성회**[다른 곳에서는 속죄일이라고 부름]로 모여야 했다(레 16장; 23:27). 이 특별한 날에는 레위기 16장에서 설명하는 희생양 제의 외에도 **숫염소 한 마리를 속죄제로** 드려야 했다.

29:12-38. 장막절은 **일곱째 달 열다섯째 날**에 시작해 8일 동안 계속되었다(35절). 이 절기는 기념하는 절기인 동시에 수확을 기뻐하는 축제였다. 기념하는 절기로서 이스라엘 백성은 장막에서 지내면서 광야에서 여행하는 동안(레 23:42-43) 주께서 그들에게 장막에서 살게 하셨음을 기억해야 했다. 하나님은 모든 절기 중에서 가장 많은 수의 제물을 요구하셨고, 이로써 주님이 해마다 공급하시는 수확물에 대해 감사를 표하게 하셨다. 날마다 여러 제물로 제사를 드려야 했는데, **수송아지 열세 마리**부터 시작해 하루에 한 마리씩 제물의 수가 줄어 일곱째 날에는 **일곱** 마리로 줄었으며, (안식일인) 마지막 날에는 수송아지 한 마리, 숫양 한 마리, 일 년 되고 흠 없는 숫양 일곱 마리만 드리면 되었고, 숫염소 한 마리를 속죄제로 드려야 했다.

29:39-40. 정해진 절기 때마다 주께 이 제물을 드릴 뿐만 아니라 비절기(**서원제**나 **낙헌제**)에도 다른 제물을 기억하고 드리라는 말로 이 단락이 마무리된다. 모세는 민족에게 이 모든 명령을 충실히 전달함으로써 책임을 완수했다.

30:1-16. 29:39에서 '서원제'를 언급한 다음 어떻게 **서원**하는가에 대한 긴 논의가 이어진다. 서원은 무언가를 하겠다는 약속이나 어떤 행동을 삼가겠다는 다짐의 형식을 띤다. 레위기 27장에서는 서원을 하는 것에 대한 명령이 기록되어 있지만 그것을 **무효**로 만드는 방법에 대한 논의는 없다. 서원을 진지하게 받아들여야 했으므로 이제 모세는 언제 어떤 경우에 서원이 **무효**가 될 수 있는지에 대해 주께서 주신 명령을 기록한다. 언제 서원을 뒤집을 수 있는지를 설명하기 위해 몇몇 법적인 사례를 제시한다. 이런 상황들은 전반적인 경향(셋으로 이루어진 두 묶음)을 따른다. 남자나 **과부**, **이혼 당한 여자**가 서원을 했다면 이를 어겨서는 안 된다. 딸이나 아내가 서원을 했는데 아버지나 남편이 이를 파기하기 원한다면 그는 아무런 죄책 없이 파기할 수

있었다. 그렇게 함으로써 딸이나 아내가 성급하게 서원을 했거나 가장의 권위에 반하는 서원을 했을 때 가장에게 권위를 유지할 수 있게 했다. 민족은 영적 문제뿐만 아니라 가정에서도 권위의 구조를 유지해야 했다.

가장의 권위와 관련된 또 다른 예는 한 여자가 결혼하기로 맹세했을 때이다. 만약 남편 될 사람이 여자의 서원을 파기하고 싶어 할 때는 그가 원하는 대로 할 수 있었다. 남편은 아내가 한 서원을 나중에 파기할 기회가 있었다. 하지만 남편이 처음에는 서원에 대해 아무 말도 하지 않다가 나중에 이를 파기하려고 한다면 그는 아내가 서원을 지키지 않은 죄책을 담당해야 한다. 그런 죄책을 초래할 가능성 때문에 아마도 그는 서원을 파기하려 하지 않을 것이다. 만약 아내가 한 서원을 **무효**로 만들고 싶다면 그는 듣는 즉시 그 서원을 파기해야 했다.

3. 미디안과 전쟁 그리고 요단 동편 지파들의 정착 (31:1–32:42)

이 부분에서는 민수기 25장의 마지막, 즉 모압 족속과 미디안 족속의 부추김으로 시작된 바알브올과 관련된 반역 이야기와 이어진다. 주께서는 모세에게 미디안 족속을 치라고 구체적으로 명령하셨고(25:17), 이 이야기에서는 그 명령을 성취한다. 여기서 미디안 족속의 정복은 새로운 세대에게 희망을 불어넣을 것이며 주의 능력이 함께하므로 약속의 땅 정복이 확실히 가능하다는 것을 상기시켰을 것이다. 전투에서 취한 전리품을 레위인들에게 할당한 것은 주께서 (도피성과 목초지를 주심으로써, 민 35장) 그들의 필요도 채워주실 것임을 예상할 수 있게 했다.

31:1-6. 주께서는 **미디안에게 원수를 갚으라**고 모세에게 명령하시면서 **그 후에 네가 네 조상에게로 돌아갈** 것이라고 말씀하셨다. 이는 므리바에서 죄를 지은 결과 그가 곧 죽게 될 것임을 분명히 상기시켰다. 물론 신명기의 내용을 이스라엘에게 전달해야 했지만, 신명기가 대체로 그의 고별 연설이라는 점에서 그의 임박한 죽음은 이제 며칠밖에 남지 않은 상황이었다. 모세의 첫 아내(십보라)는 미디안 사람이었지만, 이런 사실과 40년 동안 머물며 미디안 족속과 맺은 관계조차도 그가 이 명령을 수행하지 않을 핑계가 될 수 없었다. 모세는 백성에게 레위를 제외하고 **각 지파에서 천 명씩**을 전쟁에 내보내라고 지시했다. 비느하스가 그들을 이끌었다는 사실은 이 전쟁을 '거룩한 전쟁'으로 보았음을 입증한다(성막의 거룩한 **기구와 신호 나팔**을 앞세운 것도 마찬가지였다).

31:7-12. 모든 미디안 **남자**와 **다섯 왕**을 죽였을 정도로 그들은 전쟁에서 큰 승리를 거두었다. 이제 미디안 족속과 밀접한 관계를 맺고 있던 **발람** 역시 **칼**로 죽임을 당했다. 본문에서는 군사 작전에 대해서나 심지어 어디에서 이 전투가 벌어졌는지에 대해서도 말하지 않는다. 오히려 이스라엘 백성이 거룩한 전쟁을 하라는 주의 명령에 순종했다는 점과 민족이 빼앗은 전리품에 초점을 맞췄다. 미디안 족속은 여기서 군사적으로 심각한 타격을 받았지만, 재정비하여 사사 시대에는 이스라엘 백성을 위협하는 세력으로 부상했다(삿 6-8장). 미디안 족속은 유목 생활을 하는 민족이어서 그들을 다 죽이기는 어려웠을 것이다. 그런데도 모든 성읍과 진영을 '불태웠'으며, 여자들과 아이들을 사로잡고 **가축과 양 떼와 재물을 다 탈취**했다. 모든 전리품을 **모압 평지**의 이스라엘 **진영**에 있는 모세와 엘르아살에게 가져갔다. 앞서 민수기 22:1에서 진영이 요단 건너편 **여리고 맞은편**에 있었다고 언급했고, 이 책에서 몇 차례 더 반복된다(33:48, 50; 34:15; 35:1,13). 미디안에게 승리를 거둔 직후, 여리고를 대해 언급한 것은 그들이 요단강을 건넜을 때 마주칠 첫 번째 주요한 걸림돌을 상기시키는 전조가 되었을 것이다. 그들로 하여금 요단 동편에서 적에게 승리하게 하신 주께서 그들이 약속의 땅에 들어갈 때도 적에게 승리하게 하실 것이다.

31:13-18. 모세와 엘르아살, 백성의 지도자들은 진영 밖으로 나가 군사들을 맞이했다. 모세는 여자들을 살려둔 것에 대해 군대의 지휘관들에게 화를 냈다. 그는 미디안 여자들이 브올에서 민족을 타락하게 한 주된 원인으로, 발람의 말을 따라 민족으로 하여금 주를 거역하여 범죄하게 만들었음을 고통스럽게 상기시켰다. 모세는 모든 남자아이들 그리고 성관계를 맺은 적이 있는 모든 여자들을 처형하라고 명령했다. 여자와 아이들을 처형하라는 이런 명령을 내린 까닭에 대해 의아해할 수도 있지만, 몇 가지를 기억할 필요가 있다. (1) 미디안 족속은 이스라엘의 진정한 적이었으며, 바알브올의 반역에 그들이 가담한 것 때문에 크게 진노

하신 주님은 민족 전체에게 복수하셨다. (2) 미디안 여자들은 바알브올 사건에 직접 가담했으므로 성관계 경험이 있는 모든 여자는 믿을 수 없었다(간음에 대한 처벌은 사형이었다, 레 20:10). (3) 앞서 미디안 여자들은 성관계를 이용해 이스라엘 백성을 유혹하고 거짓 신들을 예배하게 만들었기 때문에, 부도덕과 우상숭배를 뒤섞은 죄는 부드럽게 다룰 수가 없었다. (4) 남자아이들을 처형함으로써 장차 이스라엘에 대한 반란을 방지할 수 있었다. 미디안 족속의 처형은 단순히 군사적 문제가 아니라 신학적 문제이기도 했다. 아브라함 언약에서 주님은 이스라엘을 저주하는 이들은 저주를 받을 것이라고 분명히 말씀하셨다(창 12:3). 따라서 주님은 아브라함 후손에 대한 그분의 약속을 성취하고 계신다.

31:19-24. 군사들은 미디안 족속을 죽이는 동안 시체와 접촉했기 때문에 그들과 그들이 만진 물건은 다 의례적으로 부정했다. 그러므로 그들은 모두 셋째 날과 일곱째 날에 정결하게 하는 의례(민 19장)를 거쳐야 했다. 전리품으로 빼앗은 것 중에서 **불을 견딜** 수 있는 모든 금속은 불에 넣거나 녹인 다음 정결하게 하는 물을 뿌렸다(참고. 19:17-21). 불을 견디지 못하는 물건은 다 물을 뿌려야 했다. 이 군사들은 7일 동안 기다리고 옷을 빤 후에 진영으로 돌아올 수 있었다.

31:25-47. 모든 전리품과 처녀들은 정해진 방식대로 배분되었다. 군사들은 (엘르아살에게 줄 몫을 뺀) 전리품의 절반을 받았고, (레위인들에게 줄 몫을 뺀) 나머지 절반은 민족에게 나누어 주었다.

처녀 320명은 레위인들에게 주어 회막 앞에서 제사장들을 돕는 일꾼으로 봉사하게 했다(31:35, 40; 참고. 출 38:8).

31:48-54. 군대의 지휘관들은 모세에게 1만 2천 명의 군사 중 한 사람도 미디안과의 전쟁에서 죽지 않았으므로 금제품을 가지고 낙헌제를 드리겠다고 말했다. 그들은 **우리의 생명을 위하여 여호와 앞에 속죄하려고** 이 제물을 드린다고 말했다(31:50). 토라에 따르면 속죄하는 유일한 방법은 피 제사였다(레 17:11). 그렇다면 어떻게 금이 속죄의 대안적 수단, 즉 속죄하는 돈의 기능을 할 수 있었을까? 답은 31:50에서 사용된 히브리어 단어 코페르(*kopher*)가 속죄를 뜻하는 단어와 같은 어근을 갖지만 '속죄하거나 속상하다'라는 동일한 의미를 갖지는 않는다는 것이다. 이 단어는 '당신의 생명을 위해 속전을 지불하다'라는 뜻이다(참고. 출 21:29-30; 30:12). 히브리어 성경에서 코페르라는 단어는 14회 사용되는데, 죄를 속죄한다는 뜻으로는 한 번도 사용되지 않았다. 코페르는 '속전, 뇌물, 빚 청산'을 뜻한다(예를 들어 사 43:3; 삼상 12:3; 잠 6:35; 암 5:12). 따라서 이 구절에서는 군사들이 '여호와 앞에서 우리 자신을 위해 속전을 지불하고자' 금을 드리겠다고 말하는 셈이다. 이 남자들은 속죄하는 게 아니라 그들의 목숨을 살려주신 주께 속전을 드리려 했다. 헌물은 금 **만 육천칠백오십 세겔**, 약 190킬로그램(현대인의 성경)이었다. 모세와 엘르아살은 이 헌물을 성막으로 가져와 기념으로 삼았다.

32:1-5. 요단 동편 정복은 민수기 21:21-35에 기록되어 있지만, 22장 이후로는 이스라엘에 대한 위협에 초점을 맞추고 있다. 그런 다음 정착으로 초점이 이동한다. 미디안 족속에 대한 승리(민 31장) 이후 르우벤과 갓 지파는 요단 동편의 야셀과 길르앗 지역에 정착하겠다고 청원했다.

르우벤과 갓 지파는 **가축**이 많았다(하지만 다른 이들도 마찬가지였다, 31:42-46). **야셀**과 **길르앗** 지역을 둘러본 후 그들은 모세와 엘르아살에게 이 땅이 가축을 치기에 좋은 장소이니 그들이 이 땅을 기업으로 삼을 수 있는지 물었다. 길르앗은 요단 동편의 북쪽에 있었고, 아마도 야셀은 길르앗의 남쪽에 있었을 것이다. 이 요청을 할 때 그들은 모세가 넌지시 알아차리고 가축이 많은 이 두 지파에게 요단 동편 지역을 주자고 제안하기를 바라는 것처럼 보였다. 그들은 함락한 도시를 열거한 다음(3절) 그들이 보유한 동물에 대해 강조했다(4절). 하지만 본문에서는 [그들이] **이르되**(5절)라는 말을 두 번째(참고. 32:2) 하고 나서야 그들의 직접적인 요청을 기록하고 있다. 이는 4절과 5절 사이에 그들이 말을 멈추었음을 뜻한다. 그들이 요단 동편 땅을 요청한 까닭은 하나님이 원래 약속하신 땅을 기업으로 받으려 하는 마음이 없었기 때문이라기보다 이기적인 동기(가축에 대한 걱정) 때문이었던 것처럼 보인다.

32:6-15. 모세는 갓과 르우벤 지파에게 엄하게 대답하며, 그들의 행동이 나머지 이스라엘 백성을 **낙심하게** 만든다고 말했다. 민족 대부분이 여전히 싸우는 동

안 그들은 편안하게 살 것이기 때문이다. 그는 그들의 행동을 **가데스 바네아**에서 정탐 결과 보고로 인해 발생한 사건(민 13-14장)과 비교했다. 두 경우 모두 약속의 땅에 정착하는 것에 대한 무관심이 드러났다. 이 새로운 세대도 첫 세대의 실패를 반복하여 주께서 약속하신 땅을 차지하지 않으려고 하는가? 그들도 벌을 받아 약속의 땅 밖에서 계속해서 유랑할 것인가? 모세는 하나님이 첫 세대에 대해 크게 진노하셨다고(10, 13, 14절) 분명히 선언했다. 그는 이런 요청을 하는 이들도 그들과 같으며 같은 처벌(유랑과 죽음)을 경험할 위험에 처해 있다고 말했다.

32:16-32. 그러자 갓과 르우벤은 정복할 때 형제들을 버리지 않겠다고 대답했다. 하지만 그들은 약속의 땅 정복을 도우면서 가축을 위해 **우리**를 짓고 어린 자녀를 보호하기 위해 **성읍**을 건축하겠다고 말했다. 그들은 정복이 끝날 때까지 집으로 돌아가지 않을 테고, 요단 동편이 그들의 소유가 될 것이므로 강 저편에서는 **기업**을 받지 않겠다고 말했다.

그들의 요청은 몇 가지 우려를 자아낸다. (1) 궁극적으로 요단 동편은 아브라함 언약에서 하나님이 약속하신 땅의 일부였지만, 민족이 가나안 사람들을 내쫓고 지파의 크기에 따라 그 땅을 나누는 것이 주의 목적이었다. 갓과 르우벤은 하나님의 목적이 이행되기도 전에 성급하게 소유지를 요구했다. (2) 그들이 애초에 이런 요청을 한 까닭은 주의 약속에 대한 믿음 때문이 아니라 이기적인 동기 때문이었다. 그들은 그저 가나안 정복에 참여하는 데 동의하기만 한 것처럼 보인다. (3) 그들의 요청은 지파 간 분열을 조장하고 형제들과 가깝고 친밀한 관계를 유지하지 못하게 만들 수도 있었다.

그런데도 모세는 그들의 계획에 동의했다. 그러나 주님이 약속하신 땅에서 그분의 원수를 다 몰아낼 때까지, 싸울 수 있는 모든 남자들이 정복 전쟁을 도와야 한다는 규정에 그들이 복종해야 한다는 조건을 달았다. 땅을 정복한 다음 그들은 요단 동편으로 돌아와 그 땅을 주 앞에서 그들의 **소유**로 받을 것이다. 만약 그렇게 하지 않으면 그들은 주께 죄를 범한 것이며, 이 죄에 대해 합당한 벌을 받을 것이다. 갓과 르우벤 지파는 이 규정에 동의했고, 모세는 이 합의를 엘르아살에게 전달했다. 모세는 계속 남아서 이 합의가 이행되는지를 점검할 수 없을 것이기 때문이다.

32:33-42. 모세는 갓과 르우벤, 므낫세 반 지파에게 시혼과 옥의 왕국으로부터 빼앗은 영토를 주었다. **므낫세 반 지파**는 요단 동편 영토의 일부를 소유로 받은 지파로 처음 언급된다. 그들은 갓과 르우벤의 요청이 수락될 것처럼 보였을 때부터 협상을 시작했을 수도 있고, 슬로브핫의 딸들이 므낫세 지파 출신이었으므로(민 27장) 이미 지파 구성원들이 받을 기업에 대해 관심을 갖고 있었을 수도 있다(특히 **마길** 가문의 경우, 참고. 27:1; 32:39-40). 그 후 요단 동편 지파들은 이 지역에 여러 성읍을 건설했다.

B. 약속의 땅에 들어갈 2세대를 위한 권면 (33:1-36:13)

1. 이스라엘 여정의 회고(33:1-56)

이 단락은 애굽에서 모압 평지에 이르는 이스라엘의 여정을 기록하고 있다. 이 장에 언급된 진지 중 다수는 위치를 확인할 수 없다. 민수기에서 이 시점의 여정을 자세히 기록하는 데는 몇 가지 이유가 있을 수 있다. (1) 모세가 곧 그의 "조상에게로 돌아갈" 때가 되었으므로(31:2), 모세가 그들을 이끌었던 장소의 지명을 기록한 것은 그의 리더십에 대한 지리적인 추도사 기능을 했을 것이다. 여기서 다시 한 번 강조되는 모세의 자질 중 하나는 그가 **여호와의 명령**에 귀를 기울였다는 점이다(33:2). (2) 또한 민족의 **노정**에 대한 기록은 새로운 세대를 위한 중요한 신학적 교훈이 되었다. 이 여정 동안 하나님은 40여 곳에서 신실하게 그들의 필요를 채우셨으므로 가나안 정복에서도 계속해서 그분이 그들을 이끄실 것이라고 신뢰할 수 있었다.

33:1-49. 모세는 애굽의 **라암셋**을 시작으로 여정의 출발점을 기록했다. 이스라엘 백성은 **유월절 다음 날** 애굽 사람들이 열 번째 재앙으로 죽은 장자들을 묻는 동안 대담하게 애굽을 떠났다. 하나님은 애굽을 치심으로써 그들의 무능한 신들에 대해 강력한 반론을 제시하셨다(지도 '이스라엘의 광야 여정'과 민 14:20-38에 대한 주석을 보라).

33:50-56. 주께서 모세에게 정복에 대한 명령을 주셨다. 민수기의 주된 목적은 민족(특히 새로운 세대)에게 약속의 땅에 정착할 준비를 하게 하는 것이므로, 이 부분에서는 **가나안** 정복과 관련된 법에 초점을 맞춘다.

지파별 땅 분배

오경의 다른 곳과 마찬가지로 이스라엘의 죄나 반역을 묘사한 서사가 나온 직후에는 일련의 법이 뒤따라 나온다. 죄가 있을 때마다 더 많은 법이 주어졌다. 몇몇 사례만으로 충분하다.

나팔 소리를 들은 후 산에 올라 주를 예배하라는 명령에 대해 이스라엘이 두려워하며 불순종한 직후

(출 3:12; 19:9-25) 십계명과 '언약책'이 주어졌다(출 20-23장). 금송아지를 숭배한 죄(출 32장)를 묘사한 다음에는 일련의 법에 대한 논의가 길게 이어진다(출 34장 이하). 열 정탐꾼의 죄를 묘사한 직후(민 13-15장), 더 많은 법이 주어진다(민 15장). 여기서는 가나안 정복이 시작되기도 전에 르우벤과 갓 지파가 기업을 달라고 요청한 직후(민 32장), 정복에 대한 법을 다룬다. 주께서는 이스라엘 백성에게 가나안의 **원주민**을 **몰아내고** 그들이 **새긴 석상과 부어 만든 우상**뿐만 아니라 그들의 **산당**을 다 파괴하라고 명령하셨다. 정복을 마친 후에는 **제비 뽑아** 지파의 크기에 따라 **기업**을 나눠 주어야 했다. 원주민을 몰아내지 못하면 남겨둔 자들이 이스라엘의 **눈에 가시**와 이스라엘의 **옆구리에 찌르는 것**이 될 것이다. 이스라엘이 가나안 사람들을 완전히 내쫓지 않는다면 주께서 불순종으로 인해 이스라엘을 내쫓으실 것이다.

2. 땅의 경계(34:1-29)

주께서는 계속해서 모세에게 명령을 주셨는데, 이번에는 가나안 땅의 경계에 대한 명령이었다. 지명의 위치를 파악하기가 쉬운 것은 아니지만, 개략적인 경계는 확인할 수 있다.

34:1-6. 남쪽 경계는 염해(사해) 남단에서 시작해 동쪽으로 아그랍빔(문자적으로 '전갈 길') 비탈의 남쪽을 돌아서 신을 지나 가데스 바네아의 남쪽으로 이어진 다음 애굽 시내를 지나 바다(지중해)에 이른다. **서쪽 경계**는 대해(지중해)의 해안선이었으므로 파악하기 쉽다.

34:7-15. **북쪽 경계**는 호르산(아론이 죽은 장소가 아닌 다른 산) 근처 대해에서 시작해 하맛 어귀와 스닷, 시브론을 지나 하살에난에서 끝난다. **동쪽 경계**는 하살에난에서 시작해 스밥과 리블라를 지난 다음 긴네렛(갈릴리 바다) 동쪽 해변으로 이어진다. 그런 다음 요단강을 따라 남쪽으로 내려가 염해(사해)에 이른다.

르우벤과 갓, 므낫세 반 지파는 이미 요단 동편에서 **기업**을 받았기 때문에 이제 땅은 아홉 개 반 지파들의 소유로 규정되었다.

34:16-29. 주께서는 모세를 향하여 엘르아살과 여호수아가 땅 분배를 감독하게 하라고 명령하셨다. 가나안에서 **기업**을 받을 열 지파는 각각 이 일을 도울 **지휘관**을 뽑아야 했다. 유다 지파를 대표하는 **갈렙**은 성경의 다른 곳에 언급된 유일한 지휘관이다.

3. 레위인의 성읍(35:1-34)

민수기의 다른 곳과 마찬가지로 다른 지파에 대한 명령에 이어서 레위인들에 대한 명령이 이어진다(1:1-46/1:47-54; 2:1-34/3:1-49; 26:1-56/26:57-62).

35:1-5. 레위인의 성읍 크기를 확정하기가 어렵다는 문제에 대해 여러 방식의 설명이 있었다. 이는 **성읍**과 **초장**의 정확한 규모를 파악하기 위해 4절과 5절을 어떻게 조화시켜야 하는가와 관계가 있다(히브리어 본문의 경우 4절에서는 천 규빗으로, 5절에서는 이천 규빗으로 기록된 반면, 70인역에는 두 절 모두 이천 규빗으로 기록되어 있다). 기록된 크기에 적용될 수 있을 정도로 (명시되어 있지 않은) 내부 성읍의 크기가 매우 작거나, **초장**이 기하학적으로 서로 맞물려 있거나, 각 측면에 인접한 땅으로 보아야 한다(일러스트 '레위인 성읍의 가능한 구조'를 보라).

35:6-15. 레위인들은 **사십팔 성읍**을 받았고, 그 중 여섯은 **도피성**으로 지정되었다. 도피성은 다른 지파의 기업 사이에 골고루 배치되었다. 이 성들의 이름은 여호수아 21장에 기록되어 있다. 가나안은 주의 소유였으므로 이스라엘은 이 땅이 인간의 피 흘림으로 인해 부정해지지 않도록 막음으로써 이 땅을 거룩하게 지켜야 했다(35:33). 그러므로 도피성은 살인죄를 다루기 위해 설치되었다. 살인과 그로 인해 흘린 피는 땅을 심하게 오염시키므로 이를 반드시 바로잡아야 했다. 이는 주께서 이 땅에 거하셨기 때문이다(34절). '거룩한 공간'으로서 약속의 땅은 바르지 않게 흘린 피로 오염되지 말아야 했다. 대개의 경우 살인은 사형으로 처벌했다(창 9:5-6; 출 21:12-14). 하지만 만약 우연히 사람을 죽이는 일이 발생했을 때 도피성 법은 **살인자**가 재판을 받기 위해 **도피할** 수 있도록 해주었다. 살인죄로 고발당한 사람은 누구든지 레위인들 사이에서 피난처를 얻었다.

35:16-21. 누군가 미리 계획된 살인을 저질렀을 때 그 사람은 처형해야 했다. 누군가를 죽이기 위해 **철**이나 **돌**, **나무**로 된 흉기를 사용했다면 이는 살인 의도를 뒷받침하는 증거였다. 그런 살인자는 도피성으로 피할 수 없었다. 그 대신 그는 **피를 보복하는 자**[살해당

레위인 성읍의 가능한 구조

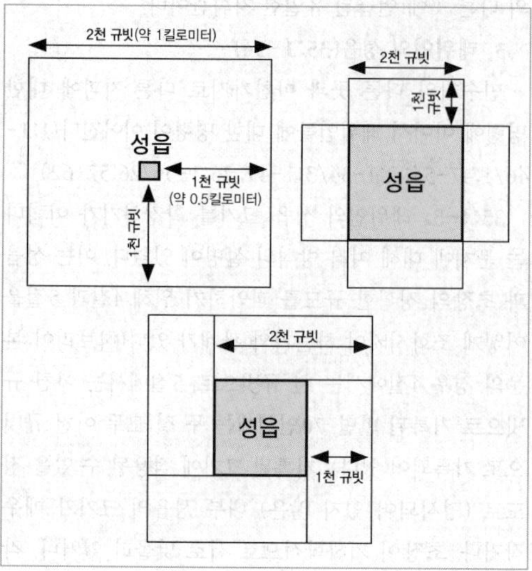

한 사람의 친척]에게 죽임을 당해야 했다. 개인 간의 구원(舊怨)으로 살인이 일어났을 때 피를 보복하는 자는 가해자를 죽여야 했다. 유무죄를 결정하기 위해 재판관과 배심원 앞에서 재판을 행하는 현대의 법 절차와 비교하면 이런 규정이 야만적인 사적 보복을 부추기는 것처럼 보일 수도 있다. 그러나 피를 보복하는 자에 대한 관습은 홍수 이후에 처음으로 만들어졌다(창 9:5-6). 그것은 인간이 하나님의 형상으로 창조되었다는 사실과 밀접하게 연결되어 있다. 인간의 피를 흘리게 하는 것은 그 피를 흘리게 한 사람의 피로만 해결될 수 있는 심각한 문제이다.

35:22-29. 그러나 만약 한 사람이 사고로 죽임을 당했거나 죽임을 당한 사람과 살인자 사이에 전부터 악의가 없었다면, 살인자는 도피성으로 피해 재판을 기다릴 수 있었다. 회중이 재판을 실시했는데, 회중은 일군의 시민들을 뜻할 가능성이 높다. 이 재판은 죽음이 일어난 곳에서 열렸을 수도 있다. 25절에서 재판 후에 살인자를 그가 **피하였던 도피성으로 돌려보**낸다고 말하기 때문이다. 회중은 문제를 판단하고 판결을 내릴 책임이 있었다. 만약 살인자에게 살인죄가 없다고 판결하면 그는 도피성으로 돌아갈 수 있었고 **대제사장이 죽기까지** 거기서 머물러야 했다. 피를 보복하는 자가 도피성 경계 밖에서 그를 발견하고 죽였다면 보복하는 자에게 살인의 죄가 없었다. 하지만 왜 대제사장이 죽을 때 살인자가 풀려났을까? 대제사장의 죽음은 살인자의 죽음을 대신하는 것으로 간주되었을 수도 있지만, 그보다는 대제사장의 죽음이 희년과 비슷하게 법적 제한 기간(공소 시효)의 종결을 뜻했을 가능성이 더 높다.

35:30-34. 의도적인 살인의 경우에는 두 명 이상의 증인이 있을 때만 범인의 처형이 가능했다. 살인죄로 유죄 판결을 받은 사람은 처형 대신에 속전(벌금)을 낼 수 없었으며, 도피성에 피난처를 구한 살인자도 보상금을 내고 석방될 수 없었다. 인간의 피 흘림은 땅을 더럽히기 때문에 가해자의 피를 통하는 것만이 유일한 보상 방법이었다. 하나님은 그 땅에 거하셨으며 피로 더럽혀진 땅에서 살기를 원하지 않으셨다.

4. 여자들이 받을 유산(36:1-13)

36:1-13. 앞에서 므낫세 지파 출신인 슬로브핫의 다섯 딸들은 아들들과 똑같이 완전한 재산권을 달라고 요청해 이를 받아냈다(27:1-11). 그들은 아버지의 이름이 사라질까 우려했다. 슬로브핫에게는 아들이 없기 때문에 그의 몫의 기업은 다른 가족들에게 양도될 것이다. 여기서는 **므낫세** 지파의 지도자들이 이 결정의 함의와 관련된 문제를 모세에게 가져왔다. 딸이 결혼할 때마다 그가 받을 자격이 있는 기업은 그의 남편 가족에게 넘겨질 것이다. 만약 남편이 다른 지파 출신이라면 이는 민수기 33:50-34:29에 규정된 땅 분배 계획에 불균형을 초래할 수도 있다. 50년마다 **희년**(레 25:10)을 지킨다면 그 기업은 항구적으로 다른 지파에 할당될 수도 있다는 점은 문제를 더 복잡하게 만들었다. 따라서 모세는 슬로브핫의 딸들이 조상의 지파의 가족에게만 시집을 갈 수 있다는 새로운 명령을 내렸다. 이렇게 함으로써 기업이 다른 지파에게 넘어가는 것을 막을 수 있었다. 이제 각 지파는 자기 조상들의 기업을 계속해서 소유할 수 있었다. 슬로브핫의 딸들은 **숙부의 아들들**과 결혼함으로써 모세의 명령에 순종했다.

민수기는 슬로브핫의 딸들에 대한 판례로 마무리된다. 따라서 민족이 곧 약속의 땅에 들어가게 될 이 시점에 이 책과 민족에게 중요한 두 주제를 강조한다. (1) 딸들은 순종했다. 이스라엘이 하나님의 복을 누리고 싶다면 그들은 이 딸들처럼 순종해야 했다. 민수기의 첫 부분에서 "여호와께서…명령하신 대로" 행했다고 말하면서 순종을 강조했듯이(1:19), 마지막 부분도 순종을 강조하는 이야기로 마무리된다. 이런 모습을 계속 유지한다면 두 번째 세대에게 희망이 있을 것이다. (2) 그들은 땅 약속에 대한 큰 믿음을 보였다. 민족이 주를 기쁘시게 하기 원한다면, 그들은 이 여인들이 그랬듯이 하나님의 약속을 신뢰해야 한다. 그들은 자신들의 아버지 가족이 하나님이 주신 기업을 놓치기를 원하지 않았고, 그렇기 때문에 요단강을 건너기도 전에 이 기업에 대해 모세에게 탄원했다.

민수기 마지막 몇 장의 초점은 '땅'(땅의 분배와 경계, 정결함)이었다(민 34-36장). 이 책 전체가 약속의 땅을 향한 전진과 이동에 초점을 맞췄다. 이 마지막 부분에서는 각 지파가 **조상 지파의 기업을 지켜야 한다**고 강조한다(7절). 이 책을 마무리하는 이 시점에 여전히 대답하지 않은 물음이 있다. 이 새로운 세대는 하나님의 약속(창 17:8)을 붙잡고 땅을 그들의 기업으로 소유할 수 있을까? 이 책의 마지막 문장에서는 이것이 주께서 여리고 맞은편 모압 평지에서 모세에게 주신 **계명과 규례**라고 요약한다. 요단강 반대쪽에는 여전히 적이 자리 잡고 있지만, 민족은 하나님을 믿고 그분이 말씀을 성취하시는 것을 바라볼 기회를 얻었다.

민

참 고 문 헌

Allen, Ronald B. "Numbers." In *Genesis-Numbers*. Vol. 2 of The Expositor's Bible Commentary, edited by Frank E. Gaebelein. Grand Rapids, MI: Zondervan, 1990.

Ashley, Timothy R. *The Book of Numbers. New International Commentary on the Old Testament*. Grand Rapids, MI: Eerdmans, 1993.

Cole, R. Dennis. *Numbers*. The New American Commentary. Nashville, TN: Broadman & Holman, 2000.

Harrison, R. K. *Numbers*. Wycliffe Exegetical Commentary. Chicago: Moody, 1990.

Merrill, Eugene H. "Numbers." In *The Bible Knowledge Commentary: Old Testament*, edited by John F. Walvoord and Roy B. Zuck. Wheaton, IL: Victor Books, 1985. Reprint, Colorado Springs: Cook Communications, 1996. 《민수기 · 신명기》, BKC 강해주석(두란노).

Olson, Dennis T. *The Death of the Old and the Birth of the New: The Framework of the Book of Numbers and the Pentateuch*. Chico, CA: Scholars Press, 1975.

Rydelnik, Michael. *The Messianic Hope: Is the Hebrew Bible Really Messianic?* Nashville, TN: Broadman & Holman, 2010.

Sailhamer, John H. *The Pentateuch as Narrative*. Grand Rapids, MI: Zondervan, 1992. 《모세오경》(크리스챤서적).

Wenham, Gordon J. *Numbers: An Introduction and Commentary*. Tyndale Old Testament Commentary. Downers Grove, IL: InterVarsity, 1981.

신명기

제임스 코클리(James F. Coakley)

서 론

모세오경 중에서 다섯 번째 책인 신명기의 영어 제목 Deuteronomy는 '두 번째 율법'이라는 뜻의 70인역 제목 듀테로노미온(*Deuteronomion*)에서 왔다. 70인역에서는 "이 율법서의 등사본"이라는 신명기 17:18의 구절에서 이 제목을 가져왔는데, 이는 이 책을 출애굽기의 복사본으로 잘못 이해한 것이다. 유대교에서 이 책의 제목은 이 책의 히브리어 첫 단어들인 엘레 하데바림(*elleh haddebarim*)으로 '이것이 말씀이다'라는 뜻이다. 신명기의 상당 부분이 이스라엘 민족이 약속의 땅에 들어가기 직전에 모세가 그들에게 했던 연설이라는 점에서 이 제목이 책의 내용을 더 정확히 반영한다. 또한 이 제목은 율법을 다룬다는 점에 초점을 맞추는 대신 설교의 요소를 담고 있다는 점을 반영한다.

저자. 이 책에서는 모세가 신명기를 썼다고 명확히 밝히며(31:9, 24), 모세가 이 책의 내용을 '말했다'고 여러 차례 언급한다(1:9; 5:1; 29:2; 31:30). 이 책에서는 구약의 다른 어떤 책보다도 인간 저자를 분명히 밝힌다. 따라서 다른 주장이 있다 하더라도 그것의 입증 책임은 이 책의 모세 저작설을 받아들이지 않는 사람들에게 있다. 편집자가 추가한 내용이 일부 삽입되어 있지만(예를 들어 34:5-12), 여호수아(수 1:7-8)와 에스라(스 3:2), 예수(요 5:45-47)께서 증언하시듯 이 책의 핵심부는 모세가 썼다. 오경을 비판적으로 바라보는 이들 대부분은 신명기가 JEDP 문서 가설에서 'D' 자료에 해당하며, 열왕기하 22:8-11에 기록된 성전에서 발견한 '율법책'과 동일하고, 주전 7세기에 살았던 단일 저자에 의해 통일성 있게 편집되었다고 생각한다. 문서 가설에 대한 비판은 창세기 서론을 보라.

연대. 이 책의 역사적 배경은 이스라엘 민족이 요단강을 건너 약속의 땅으로 들어가기 직전이다(약 주전 1405년).

언약의 형식을 띠는 이 책은 고대 근동의 조약들, 더 구체적으로는 메리디스 클라인[Meredith Kline, *Treaty of the Great King: The Covenant Structure of Deuteronomy: Studies and Commentary* (Grand Rapids, MI: Eerdmans, 1963)]이 주장했듯이 주군-봉신 조약과 형식상 유사하다. 그러나 신명기의 전반적인 문체와 장르는 권면하는 설교에 가깝다. 모세는 동기를 부여하는 구문과 명령문을 사용하여 독자/청자들에게 특정한 행동을 하도록 권고했다. 이 책에는 율법도 포함되어 있지만, 서사와 운문도 포함되어 있으므로 이 책 전체를 율법책이라고 말할 수는 없다. 뿐만 아니라 조약 관련 용어를 사용하기는 하지만 '언약'[히브리어로 베리트(*berith*)]이라는 말이 이 책의 전반적인 성격을 설명하는 말로 사용되지는 않는다. 올슨의 주장처럼 [D. T. Olson, *Deuteronomy and the Death of Moses,* (Minneapolis: Fortress Press, 1994), 10-12] 이 책을 이스라엘의 본질적 전통과 신학의 정수를 담고 있는 교리문답서 형식의 책으로 이해하는 것이 최선이다. 이 책은 각 세대가 다음 세대에 전해주어야 할 신앙에 기초한 교육의 핵심을 담고 있으며 구약에서 조직신학에 가장 가까운 책이다. 신명기는 따로 떨어져 있는 독립적인 책으로 보아서는 안 되고, 오경의 다섯 권을 아우르는 통일된 하나의 책 토라의 일부로 보아야 한다.

주제와 목적. 이 책은 일차적으로 가르치는 책이기 때문에 그 목적은 이스라엘에게 언약에 충실하고 순종하기를 촉구하는 것이다. 말하자면, 후대의 독자들이 마치 모압 평지에 와 있는 것처럼 이 책에서는 그들에게 전심으로 주를 사랑하고 은혜롭게 약속을 성취하시며 그분의 자녀들과 인격적 관계를 맺기 원하시는 하나님을 잊지 말라고 당부한다. 이스라엘은 하나님의 말씀에 뿌리를 내리고 그분과 다른 이들을 풍성히 사랑함으로써 하나님의 약속을 자기 것으로 삼을 준비를 해야 했다.

구조. 신명기에는 중첩되는 세 구조가 있다.

첫째, 신명기는 고대 근동의 조약 형식을 반영하며, 이는 언약을 강조하는 이 책의 특징을 부각시킨다.

Ⅰ. 전문(1:1-5)
Ⅱ. 역사적 서문: 언약의 역사(1:6-4:49)
Ⅲ. 법 규정(5-26)
Ⅳ. 축복과 저주(27-30)
Ⅴ. 증인(30:19; 31:19; 32:1-43)

둘째, 신명기는 12-16장의 법 규정을 중심축으로 삼는 교차 대구 구조를 이루기도 한다.

A 역사적 회고(1-3장)
  B 언약을 지키라는 권면(4-11장)
    C 중심축: 언약의 규정(12-26장)
  B' 언약을 기념하는 예식(27-30장)
A' 예언적 전망(31-34장)

셋째, 이 책에서는 다양한 표제를 사용하여 새로운 부분이 시작됨을 알리는데, 이는 가르치는 책으로서 이 책 내부 구조를 만드는 역할을 한다.

1:1. "이는…말씀이니라"—
  과거(1-4장)
4:44. "율법은 이러하니라"—
  십계명(5장)
6:1. "이는… 명령과 규례와 법도라"—
  현재를 위한 율법(6-28장)
29:1. "언약의 말씀은 이러하니라"—
  미래의 언약 갱신(29-32장)
33:1. "축복함이 이러하니라"—
  미래를 위한 축복(33-34장)

배경. 신명기의 존재와 영향력은 성경 전체에 뚜렷이 나타나 있다. 신명기는 구약의 나머지 부분에서 일어날 일에 대해 방향을 잡아주며 심지어는 신약에도 영향을 미친다. 이와 관련해 일곱 가지 사실을 찾아볼 수 있다.

첫째, 신명기는 여호수아의 성공과 사사 시대의 실패를 설명해준다. 성공하기 위해 여호수아는 '이 율법책'(즉, 신명기)을 묵상하고 지켜 행하라는 명령을 받았다. 여호수아는 자신의 생의 마지막에 언약 갱신 예식을 행할 정도로 이 책의 가르침을 신실하게 실천했다. 분명히 그는 자녀들의 마음속에 하나님의 말씀을 새겼을 것이다. 생의 마지막에 "오직 나와 내 집은 여호와를 섬기겠노라"라고 담대하게 선언했기 때문이다(수 24:15). 여호수아는 신명기를 알고 삶 속에서 실천했기 때문에 성공했다. 사사 시대에는 정반대의 일이 벌어졌다. 이때는 "사람이 각기 자기의 소견에 옳은 대로 행"했으며 결함 있는 지도자들이 넘치는 혼란스러운 시대였다(삿 21:25). 이 시기에 이스라엘은 '율법책'에 따라 바르게 행하지 않았고, 따라서 실패를 경험했다.

둘째, 신명기는 이스라엘 왕들의 성공과 실패를 설명해준다(17:14-20). 왕은 저마다 자기 손으로 '율법책'[토라에서 신명기만 이 명칭을 사용하므로 이는 신명기를 가리킬 것이다(29:21; 30:10; 31:26)]을 필사해야 했다. 그러므로 왕은 하나님의 명령을 모르는 척할 수 없었다. 다윗 왕은 이 명령에 따랐을 가능성이 높지만(시 1, 19, 119장), 그의 아들 솔로몬은 그렇지 않았다(참고. 17:16-17과 왕상 10-11장). 여로보암은 열왕기상 12장에서 신명기의 명령을 분명히 어겼고, 이는 후대의 다른 악한 왕들도 마찬가지였다(왕상 15:34; 16:26).

셋째, 신명기는 주전 8-6세기까지 활동한 많은 예언자들의 존재를 설명해준다. 이스라엘의 영적 타락 때문에 하나님은 그분의 은혜로 예언자들을 보내셨으며, 그들의 메시지는 본질적으로 "신명기를 읽고 지켜 행하라"였다. 이스라엘 민족은 신명기에 귀를 기울이고 지키며 산다면 하나님이 그들에게 복을 주시고 그들에 대한 심판을 막으실 것이라는 메시지를 들어야 했다. 그들이 바르게 반응한다면 신명기 28장의 복을 받을 것이고, 그렇게 하지 않는다면 신명기 28장의 저주를 받을 것이다. 사실상 예언자들이 되풀이한 메시지는 신명기였다. 모든 예언자들, 특히 호세아와 예레미야, 다니엘은 모두 신명기와 똑같은 메시지를 전했다. 선지서를 이해하려면 신명기의 메시지를 먼저 이해해야 한다.

넷째, 신명기는 바벨론 유수의 이유를 설명해준다(28:36). "여호와께서 너와 네가 세울 네 임금을 너와 네 조상들이 알지 못하던 나라로 끌어가시리니 네가 거기서 목석으로 만든 다른 신들을 섬길 것이며." 한마디로 말해 주전 586년의 사건이 일어난 까닭은 아무도 신명기를 지켜 행하지 않았기 때문이다.

다섯째, 신명기는 신약에 큰 영향을 미쳤다. 신명기는 신약에서 가장 자주 인용된 네 책 중 하나이다(나머지는 시편과 창세기, 이사야이다). 바울서신은 이 책에 대한 인용과 암시로 가득하다.

여섯째, 신명기는 예수께서 읽고 실천하신 '성경'의 핵심을 이뤘다. 예수께서 열두 살이었을 때 율법에 대한 지식으로 성전의 선생들을 깜짝 놀라게 하셨다(눅 2:46-47). 세례를 받으신 후, 그분은 성령에 이끌려 유대 광야로 가 사탄에게 시험을 받으셨는데, 마태복음 4:4, 7, 10에서 그분은 신명기를 세 차례 인용하셨다. 첫 아담은 하나님의 말씀을 의심함으로 동산에서 유혹에 넘어가고 말았지만, 마지막 아담은 하나님이 신명기에서 하신 말씀을 암송하심으로 사막에서 유혹을 이겨내셨다. 이는 예수께서 신명기를 '아시므로' 이상적인 완벽한 왕이심을 말해준다(참고. 17:18-20).

일곱째, 신명기는 크고 첫째 되는 계명을 요약한다. "율법 중에서 어느 계명이 크니이까?"라는 질문을 받고 예수께서는 "네 마음을 다하고 목숨을 다하고 뜻을 다하여 주 너의 하나님을 사랑하라"라고 대답하셨다(마 22:36-37; 신 6:5). 신명기는 신자에게 하나님을 사랑하라고 명령하는 구약의 첫 번째 책이며, 이를 거듭 언급한다. "네 하나님 여호와를 사랑"하라(11:1; 30:16).

개 요

- Ⅰ. 서론(1:1-5)
- Ⅱ. 모세의 첫 번째 연설: 역사적 서문(1:6-4:43)
  - A. 호렙에서 벳브올에 이르기까지 하나님이 베푸신 은혜에 대한 역사적 회고(1:6-3:29)
  - B. 율법에 신실하게 순종하라는 권면(4:1-40)
  - C. 추가된 도피성(4:41-43)
- Ⅲ. 모세의 두 번째 연설: 법 규정(4:44-26:19)
  - A. 율법의 본질과 성취(4:44-11:23)
  - B. 선별된 언약 율법에 대한 해설(12:1-25:19)
  - C. 율법의 의례적 성취(26:1-19)
- Ⅳ. 모세의 세 번째 연설: 축복과 저주(27:1-28:68)
  - A. 언약 갱신을 명령하다(27:1-26)
  - B. 축복과 저주(28:1-68)
- Ⅴ. 모세의 네 번째 연설: 순종하라는 권면(29:1-30:20)
  - A. 언약적 신실함에 대한 호소(29:1-29)
  - B. 결단을 촉구하다: 생명과 복 혹은 사망과 저주(30:1-20)
- Ⅵ. 결론(31:1-34:12)
  - A. 율법을 기탁하고 여호수아를 임명하다(31:1-29)
  - B. 모세의 노래(31:30-32:43)
  - C. 모세의 죽음을 준비하다(32:44-52)

D. 열두 지파에 대한 모세의 축복(33:1-29)
E. 모세의 죽음(34:1-12)

주 석

I. 서론(1:1-5)

1:1-5. 신명기는 언약 조약의 형식을 취하지만 첫 부분에서는 이 책이 온 **이스라엘** 민족이 **요단 저쪽 광야**에 있을 때 **모세**가 그들에게 행한 일련의 연설(**말씀**)이라고 말한다. 온 이스라엘이라는 표현은 이 책에서 내용상 나뉘는 부분에서 자주 등장하며(5:1; 29:2; 31:1; 32:45), 권두와 권미에도 사용된다(1:1; 34:12). 모세는 민족의 통일성이 자기 신학의 핵심 요소라고 생각했고, 오경의 첫 부분에 나오는 가인과 아벨 이야기부터 이 주제를 다루며 그들이 '형제를 지키는 자'가 되어야 한다고 강조했다(창 4:9).

이스라엘 백성은 **아라바 광야**의 황량한 환경 속에 진을 치고 있었다. 아라바는 갈릴리 바다 근처 북쪽에서 시작해 남쪽으로는 아카바만까지 이어지는 열곡(裂谷)이다. 그들의 위치에 대해 확인하기 쉽지 않은 지명들로 자세히 설명한다. 신명기의 대부분은 모세의 말로 이루어져 있지만, 첫 부분(1:1-5)은 당시 (모세는 한 번도 들어가 보지 못했던) 이스라엘 땅에 살았던 다른 누군가(여호수아이거나 신명기 마지막에 후기를 덧붙인 사람일 것이다)가 쓴 서론인 것처럼 보인다. 모세는 이스라엘이 **요단 저쪽…광야에** 있을 때 그들에게 연설을 했다(1절). 만약 모세가 이 서론을 썼다면 이 위치는 지리적으로 모세의 시점이 될 수 없다. 신명기의 결론(34장)은 모세의 죽음에 대한 정보를 포함하며, 따라서 성령의 영감으로 글을 쓰라고 하나님께 지시를 받아 다른 누군가가 서론과 결론을 모세의 말에 추가하여 이 책의 틀을 잡았을 것이다. 이 책에서는 지리적, 시간적 위치를 밝히고 있다(2-3절). 이스라엘의 위치는 **호렙산**에서 **열하룻길**, 약 240킬로미터 떨어진 곳이었다. 호렙은 시내산의 또 다른 이름이다. 신명기에서는 호렙이 아홉 번, 시내는 단 한 번만 언급된다(33:2). '열하룻길'이라는 말은 이스라엘이 같은 거리를 이동하는 데 40년이 걸렸다는 사실과 극명한 대조를 이룬다. 이는 하나님이 애굽에서 구원하신 이스라엘 백성의 믿음 없음과 불순종을 분명히 상기시킨다. 이때(40년째 되는 해에) 모세는 **여호와께서 그들을 위하여 자기에게 주신 명령을 다** 말했다. 시혼과 옥 두 왕을 무찌른(민 21:21-35) 후의 일이라는 역사적 배경을 더 자세히 밝히고, **요단 저쪽**(5절)이라는 지리적 배경을 되풀이해서 설명한다(1:1,5).

이 첫 단락은 책의 서론으로서 신명기를 모세가 한 말이라고 설명하며, 동시에 모든 미래의 독자들에게 바른 관점을 제시한다. 즉, 모든 세대는 '요단 저쪽'에 있어 아직 하나님의 약속을 온전히 상속받지 못했다고 볼 수 있다. 첫 세대뿐만 아니라 이후의 모든 세대는 불순종의 결과(11일 대신 40년)뿐만 아니라 하나님의 은총(시혼과 옥에 대한 승리) 그리고 모세가 알려준 '주께서 명령하신 모든 것'에 귀를 기울이는 것이 중요하다는 사실도 명심해야 한다. 서론은 이 책의 역사적 배경을 밝히는 동시에, 모든 독자에게 이 책의 신학적 중요성도 탁월하게 제시한다.

II. 모세의 첫 번째 연설: 역사적 서문(1:6-4:43)

A. 호렙에서 벳브올에 이르기까지 하나님이 베푸신 은혜에 대한 역사적 회고(1:6-3:29)

1:6-8. 모세의 첫 연설에서는 먼저 **말씀**하시는 분이 우리 하나님 여호와이심을 분명히 밝힌다. 이 구절은 쉐마 구절(6:4)을 비롯해 20회 이상 등장한다. 이스라엘 백성이 주와 누리는 관계의 관계적, 공동체적 양상을 강조한다. 모세는 여정의 역사를 재서술하면서 주께서 그들이 차지할 땅에 대해 주신 자세한 명령을 먼저 인용한다. 호렙에서 1년을 보낸 후(민 10:11) 주께서는 그들에게 그곳을 떠나 그분이 족장들에게 약속하신 땅을 차지하라고 명령하셨다. 주께서 하신 이 구체적인 말씀을 강조함으로써 모세는 약속의 땅이라는 선물과 약속을 지키시는 하나님의 능력을 강조한다. 이스

라엘의 책임은 그저 보고 차지하는 것이었다(8절). 그들은 눈으로 하나님의 선물을 바라보고 취하기만 하면 되었다.

1:9-18. 모세는 약속을 지키시는 하나님의 능력을 강조하는 동시에 혼자서 민족을 이끌기에 자신이 부적합함을 부각시켰다(9절). 출애굽기 3-4장에서 하나님이 그를 처음 부르셨을 때 그랬듯이 모세는 자신의 부적합함을 드러내고 주께서 그에게 하라고 말씀하신 것을 혼자서는 해낼 수 없다고 말했다. 따라서 그는 이 책무를 완수하도록 도와줄 사람들을 요청했다. 이제 그는 아론에게 그를 돕게 하는 대신(출 4:14-16) 법적 분쟁을 해결하는 일을 도와줄 지파의 지도자들을 어떻게 선택할 것인지를 설명했다(출 18:13-27). 그는 불어난 이스라엘의 인구를 더는 감당할 수 없고 그들의 분쟁에 적절히 대응할 수도 없다고 느꼈다(12절). 하나님이 아브라함 언약을 성취하신 결과 이스라엘 백성은 하늘의 별처럼 늘어나고 있었다(창 15:5). 민족이 계속해서 커지는 상황에서 모세는 통치를 도와줄 사람이 필요하다고 공개적으로 밝혔다.

그의 삶에서 드러난 또 다른 성격은 분노였다(출 2:12). 하나님이 그를 약속의 땅에 들어가지 못하게 하신 이유 중 하나도 분노였다(민 20:10-11). 따라서 모세는 처음부터 자신의 두 가지 결점, 즉 자신에게 자격이 없다고 느끼는 태도와 갈등 상황에서 분노를 쉽게 드러내는 모습을 솔직히 밝혔다. 여기서는 이드로에 대해 언급하지 않지만, 재판관을 임명해 사소한 송사를 판결하게 하고 모세는 '어려운' 사건만 처리하라고 구체적으로 제안했던 사람이 바로 그였다(출 18:14-15). 재판관들은 지혜롭고 분별력이 있어야 했으며 경험이 많고 흠잡을 데 없는 평판을 지닌 사람이어야 했다. 재판관들을 계속 확대되는 권위의 구조로 나눴다는 사실은 사적, 공적 문제를 다룰 때 군대처럼 정확성을 기했음을 말해준다. 이 재판관들은 공명정대해야 했고 누군가의 출신이나 부, 지위에 영향을 받지 말아야 했다.

책의 앞부분에서 정의와 의에 대해 이렇게 강조했다는 사실은, 이것이 이 책의 주제이자 목적임을 암시한다. 신명기 첫 부분에서 초점으로 삼을 수 있는 광야 생활에 관련된 모든 이야기들 중에서 모세는 재판관들이 판결을 내릴 때 공명정대해야 한다고 강조하는 이야기를 선택했다. 이는 이 책의 뒷부분에서 다루는 율법을 적용하려 하는 모든 이들이 명심해야 할 중요한 문제이다.

1:19-21. 모세는 계속해서 출애굽 경험을 되돌아본다. 이스라엘은 호렙에서 출발한 후 가데스 바네아에 이를 때까지 크고 두려운 광야를 지났다. 광야의 척박함은 주께서 그들에게 약속하신 비옥한 땅과 극명한 대조를 이뤘다. 주께서는 이렇게 황량한 땅에서 그들의 필요를 채워주심으로써 그분의 신실함을 보이셨다. 이 땅은 지금 아모리 족속의 지배하에 있으며, 이는 이스라엘이 이 땅을 차지하기 위해서는 그들을 제거해야만 한다는 뜻이었다. 21절은 사실상 8절을 반복하면서 땅의 선물에 대해서 강조할 뿐만 아니라 두려워하거나 낙심하지 않고 그들 앞에 놓인 사명에 순종하여 그 땅을 차지하는 것이 중요함을 역설한다.

1:22-33. 가데스에 도착한 후 모세는 백성의 요청에 동의해 전략 수립을 위해 그 땅을 정탐할 사람들을 보내기로 했다. 그래서 지파마다 한 사람씩 열두 명의 대표가 그 땅을 정탐했다. 그들은 땅의 비옥함을 보여주는 증거로 과일을 가져와 그곳이 전반적으로 좋고 고향으로 삼기 적합하다고 증언했다. 모세는 보고를 왜곡시킨 것과 관련해 열 정탐꾼의 역할을 부각시키지 않았다(민 13:31-33). 대신 그는 그 땅을 차지하지 못했던 책임을 주의 명령에 맞서 반역했던 민족 전체에게 돌렸다. 그들은 (그들의 요새에 대해 과장함으로써, 신 28장) 아모리 족속의 크기와 힘을 두려워했을 뿐만 아니라 하나님의 선하심과 동기에 대해 의문을 제기하면서 그분이 그들을 미워하고 멸망시키려고 하신다고 생각했다. **아낙 자손**(28절)이라는 말은 이 말을 듣는 이들에게 공포를 불러일으키기 위해 사용되었다. 이 말은 흔히 강력한 적의 대명사처럼 사용된다(2:10, 21; 9:2; 민 13:33). 모세는 그들이 애굽에서 탈출할 때 주께서 함께하셨고 보호하셨음을 그들에게 상기시킴으로써 그들의 두려움을 잠재우려고 했다. 또한 그는 따뜻한 가족 관계의 은유를 사용해(**사람이 자기의 아들을 안는 것 같이**, 31절) 민족이 광야에서 지내는 동안 하나님이 긍휼을 베푸셔서 그들을 돌보셨음을 묘사했다. 하지만 주의 함께하심과 보호, 긍휼에도 불구하고 백성은 그들의 광야 여정 동안 걸음마다 그들을 인도

하기 위해 군대의 척후병처럼 활동하셨던 주를 신뢰하는 데 실패했다.

1:34-40. 주께서는 그들의 반역과 불평에 대해 진노하셨으며, 갈렙과 여호수아를 제외하고는 이 악한 세대에 속한 남자가 단 한 사람도 그 땅을 보거나 거기에 들어갈 수 없을 것이라고 말씀하셨다. 모세조차도 이 땅에 들어가지 못했다. 주께서 그의 반역과 믿음 없음으로 인해 진노하셨기 때문이다(민 20:12). 반역하는 세대는 가나안 거민들이 자기 자녀들을 집어삼킬까봐 걱정했지만, 정작 그 땅을 기업으로 받고 소유한 것은 자녀들이었다. 주께서는 그들에게 뒤돌아 광야로 돌아가라고 선고하셨다.

1:41-46. 백성이 죄를 인정하며 올라가서 싸우라고 하셨던 주의 명령을 뒤늦게 따르고자 했음에도, 모세는 주의 메시지를 전하면서 그들이 무력으로 땅을 차지하려 해서는 안 되며 이를 거역하면 패배할 것이라고 말했다. 그러나 백성은 또 순종하지 않고 교만하게 산지의 아모리 족속을 공격했다. 적은 그들의 시도를 분쇄하고 호르마(네게브 사막에 있는 곳이었을 가능성이 높음, 참고. 수 15:30)까지 그들을 추적했다. 민족은 그들의 행동에 대해 통곡했지만, 주께서는 판결을 뒤집어 그들이 약속의 땅에 들어가도록 허락하지 않으셨다. 대신 그들은 가데스의 광야에서 많은 날을 보냈다.

2:1-8. 민족은 주로 반역을 일삼았지만 순종할 때도 있었다. 그들은 **여호와께서…명령하신 대로…광야에 들어갔다**(1절). 그러나 곧장 약속의 땅을 향해 가는 대신 남쪽 홍해 방향으로 향했다. (1:46의 반복인) 여러 날 동안이라는 구절은 비옥함의 이미지를 환기하며, 그들이 헤아릴 수 없을 정도로 많이 세일산 주변을 돌았다는 사실은 이를 한층 더 부각시킨다. 세일산은 사해 남쪽 에돔 접경에 있는 산맥에 위치해 있었다. 주께서는 이렇게 유랑하는 동안 모세를 부르셔서 민족이 에서 자손(에돔 족속)의 영토를 지나 북쪽으로 갈 수 있게 하라고 말씀하셨다. 에돔 족속은 '너희 동족'이라는 친근한 이름으로 불리지만, 유대 민족은 그들을 두려워하며 살았다. 따라서 이스라엘은 그들의 영토를 지나갈 때 그들을 자극할 만한 어떤 행동도 하지 말아야 했고 그들이 사용한 음식이나 물에 대해서 보상을 해주어야 했다. 주께서는 광야 생활 40년 동안 이스라엘 백성의 필요를 은혜롭게 채워주셨으므로 에돔도 이스라엘 때문에 피해를 입지 않도록 그들에게 보답해야 했다. 이스라엘 백성은 하나님께 기업을 받은 유일한 민족이 아니었다. 주께서는 세일산 지역을 에서 자손들에게 선물로 주셨기 때문이다. 이런 조건을 제시했음에도 에돔 족속은 이스라엘이 지나가도록 허락하지 않았으며(민 20:14-21), 따라서 민족은 동쪽으로 그들을 우회해 사해 동쪽 모압 광야를 통과해 가야 했다.

2:9-15. 에돔을 자극하지 말아야 했던 것처럼 하나님은 이스라엘 백성에게 모압도 자극해서는 안 된다고 말씀하셨다. 주께서 세일을 에서 자손에게 주셨듯이(5절) 아르(사해 동쪽으로 약 11킬로미터 떨어진 모압의 도시나 지역으로 아르논강과 가까웠다고 추정, 2:18)를 롯의 자손에게 기업으로 주셨다. 10-12절은 에밈에 관련된 배경 정보를 제공하고 에돔 족속이 세일을 소유하게 된 경위를 설명하는 내용으로 괄호처럼 삽입되어 있다. 이 부분은 성령의 영감을 받은 후대의 저자가 정보와 역사적 배경을 더 명확히 전달하기 위해 삽입했을 것이다. **이스라엘이 여호와께서 주신 기업의 땅에서 행한 것과 같았느니라**(12절)라는 구절은 여호수아의 정복 이후 시간이 어느 정도 지났을 때를 가리키는 것처럼 보인다. 에밈은 전에 모압을 차지했던 사람들이었다. 그들은 아낙 자손과 크기나 힘이 비슷했으며 르바임으로 알려졌다. [네피림(민 13:32-33)과 삼숨밈(2:20)과 더불어] 키 큰 민족을 지칭하는 여러 명칭이나 그들의 역사와 영토를 설명하는 데 관심을 기울이는 모습은 원래의 독자들이 이들에 대한 정보에 큰 관심을 갖고 있었음을 말해준다. 그들에 대한 흥미와 두려움이 동시에 있었고, 성경의 여러 이야기에 관련 정보를 삽입해둘 정도로 관심이 컸다.

모압이 이 강하고 수도 많고 키도 큰 적을 몰아낼 수 있었다는 사실은 가나안에서 아낙 자손을 몰아낼 수 있다는 이스라엘 백성의 믿음을 강화시켜주었어야 했지만, 오히려 그들은 낙심하고 말았다(1:28). 괄호처럼 삽입된 이 부분은 '예화'의 기능을 한다. 만약 모압 족속이 에밈을 내쫓고 그 땅을 차지했으며 에돔 족속이 호리 사람들에 대해 똑같이 할 수 있었다면, 이스라엘도 약속의 땅에 현재 누가 살고 있든지 그 땅을 차지하는 데 아무런 어려움이 없을 것이다. **여호와께서 그들**

과 함께 싸우실 것이기 때문이다. 삽입된 정보를 기록한 다음(10-12절), 모세는 이야기를 계속 이어간다. 그는 주께서 [아마도 사해 남동쪽 끝 근처로 모압의 남쪽 경계에 있는] **세렛 시내**를 건너라고 명령하셨으며 이스라엘 백성이 그렇게 했다고 기록했다.

2:14-23. 가데스 바네아를 출발해(1:19) 세렛 시내를 건널 때까지 걸린 시간은 **삼십팔 년**이었다. 그렇게 오래 걸린 까닭은 싸울 수 있는 나이의 이스라엘 남자 모두가 불신앙에 대한 벌로 죽어야 했기 때문이다(1:35). **아르**에서 **모압 변경**을 지나 암몬 족속 영토로 들어갈 때 이스라엘 백성은 (에돔이나 모압을 자극하지 말아야 했던 것처럼) 그들도 자극하지 말아야 했다. 주께서 그들의 땅을 이스라엘에게 기업으로 주지 않으셨기 때문이다. 10-12절과 비슷하게 괄호처럼 삽입된 내용이 20-23절에도 등장한다. 여기서는 앞의 경우와 비슷한 정보를 제공하지만, 이번에는 암몬과 암몬 족속이 그곳에 살기 위해 주의 도우심으로 내쫓은 사람들(르바임이나 삼숨밈)에 대해 언급한다. 이전 거주민들을 제거한 민족의 또 다른 예는 아위 사람을 내쫓고 [지중해 남동쪽 해안에 있는] **가사까지** 정착한 **갑돌**[크레타로 추정]에서 온 **갑돌 사람**[블레셋]이다. 이처럼 쫓겨난 민족들에 대한 정보를 추가한 목적은 이스라엘 백성도 주의 도우심으로 가나안 땅의 원주민들을 제거할 수 있다고 그들을 격려하기 위해서였다.

2:24-31. 모세는 19절 내용에 이어서 암몬을 통과한 이후 여정의 다음 단계를 서술했다. 에돔과 모압, 암몬의 경우처럼 평화적인 정책 대신, 이제 이스라엘 백성은 사해 동쪽과 북쪽의 아모리 영토를 차지하기 위한 싸움을 시작해야 했다. 당시 이곳은 사해 북단에서 북쪽으로 약간 치우친 동쪽 방향으로 약 19킬로미터 떨어진 도시인 **헤스본 왕 시혼**의 지배를 받았다. 주께서 다른 모든 민족의 마음속에 이스라엘 백성에 대한 공포를 심으셨다(참고. 출 15:14-16). 처음에 시혼에게는 이스라엘 백성이 평화롭게 지나가도록 허락하고 도중에 사용한 음식이나 물에 대해 보상을 받을 기회가 있었다. 이는 에돔과 모압에게 제안한 것과 동일한 정책이었다.

시혼은 이 제안을 거부했다. **여호와께서** 그를 이스라엘의 손에 넘기시려고 **그의 성품과 마음을 완고하게 하셨**기 때문이다(30절). 이전에도 주께서는 이스라엘을 보내주지 않으려고 했던 또 다른 외국 지도자 바로의 마음을 완악하게 하셨다(출 4:21).

이는 시혼에게 이 문제에 대한 자유의지가 없었다는 뜻이 아니다. 두려움 때문이든 자신의 군사력에 대한 자신감 때문이든 그는 스스로 그들을 통과시키지 않으려는 마음을 품었다(민 21:23). 아모리 족속은 에돔 족속과 모압 족속, 암몬 족속과 달리 이스라엘과 관계가 없었다. 또한 이들 민족처럼 주께서 아모리 족속에게 땅을 기업으로 주셨다는 말씀도 없다(2:5, 9, 19). 오히려 주께서는 시혼과 그의 땅을 이스라엘 백성에게 기업으로 넘겨주시겠다고 분명히 말씀하셨다(31절).

2:32-37. 이스라엘 백성은 [위치를 알 수 없는] **야하스에서 시혼**과 맞서 싸웠다. 주께서 아모리 족속에 대한 결정적 승리를 주셔서 그들은 시혼과 그의 아들들을 죽이고 그들의 성읍을 점령하고 한 사람도 남기지 않고 진멸했다. 동물과 노획물은 전리품으로 나눠 가졌다. 진멸이라는 말[히브리어로 하람(*charam*), 34절]은 '거룩한 전쟁'의 용어를 떠올리게 하며 이 책에서 여러 번 사용된다(3:6; 7:2; 13:16; 20:17). (민간인을 죽이는 것과 관련된 윤리 문제에 대해서는 7장의 논의를 보라.) 남쪽의 아로엘과 북쪽의 길르앗까지 아모리 영토 전체를 이제 이스라엘이 지배했다. **우리가 모든 높은 성읍을 점령하지 못한 것이 하나도 없었으나**라는 구절(36절)은 그들의 성벽을 가리켰다. 이는 가나안의 '성곽이 하늘에 닿았'기 때문에(1:28) 가나안 사람들을 정복할 수 없을 것이라고 생각했던 이스라엘에 대한 책망이었다. 이스라엘은 (롯을 통해 이스라엘과 친척 관계인, 창 19장) 암몬 영토를 침입하지 않고 주께서 명령하실 때만 나아갔다는 점에서 하나님께 순종했다.

3:1-7. 아모리 족속에게 승리를 거둔 후 다음으로 처리해야 할 적은 대략 갈릴리 바다 동쪽 지역을 다스리던 **바산 왕 옥**이었다. 옥은 [바산의 남쪽 경계] **에드레이**에서 이스라엘과 싸우기 위해 병력을 모았다. 주께서는 모세에게 이스라엘 백성이 그를 두려워해서는 안 된다고 말씀하셨다. 시혼을 무찌르고 그의 땅을 차지했듯이 그들은 옥과 그의 영토 또한 점령할 수 있을 것이기 때문이다. 주께서는 정말로 옥과 그의 백성을 이스

이스라엘의 요단 동편 점령

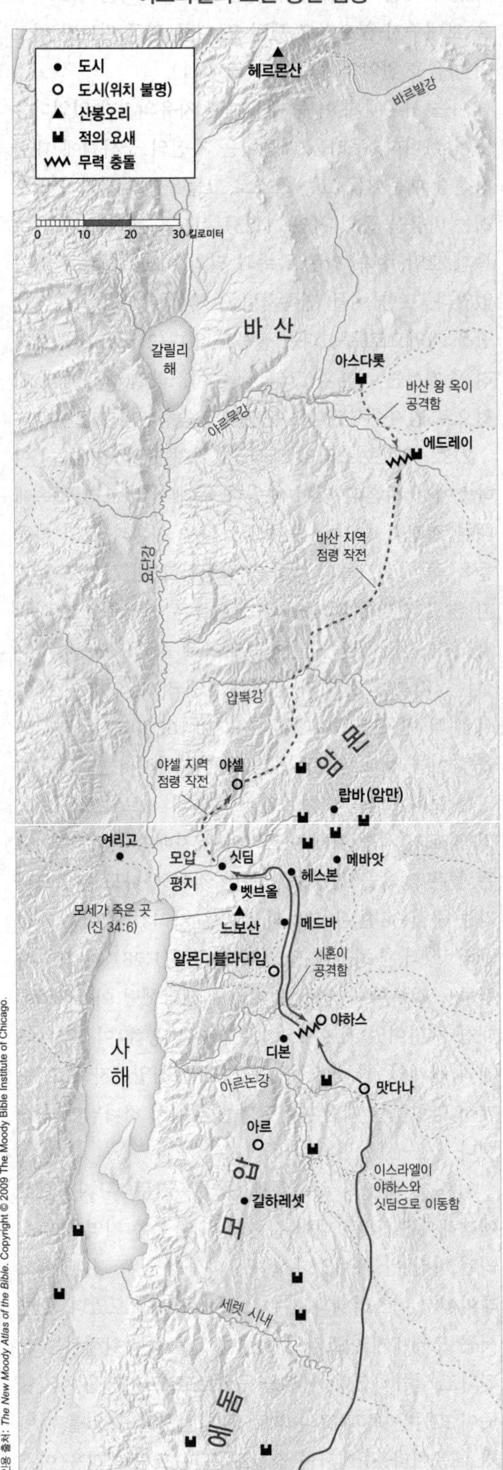

라엘의 손에 넘기셨고, 그들은 요새화된 성읍 60곳과 성벽이 없는 마을 다수를 점령했다. 시혼과 그의 백성처럼(2:34) '아르곱'이라고 부르기도 하는 바산의 모든 사람들을 진멸했지만 동물과 노획물은 전리품으로 삼았다(민간인을 죽이는 것과 관련된 윤리 문제에 대해서는 7장의 주석을 보라).

3:8-11. 이 단락에서는 아모리 왕 시혼과 옥이 지배하던 요단 동편 (**요단강 이쪽**) 지역의 점령에 대해 요약한다. 이 승리는 중대한 사건으로서 가나안 땅에도 똑같이 하겠다는 이스라엘 결의를 강화시켰다. 이 지역은 **아르논** 골짜기(남쪽)에서 **헤르몬산**[북쪽]에 이르는 넓은 영토였다. 헤르몬은 높이(2,814미터)와 위치 때문에 자연적 경계 역할을 했다. 이 지역의 다른 민족들은 이 산을 시룐이나 스닐이라고 불렀다. 이제 이스라엘은 길르앗과 바산에 있던 옛 아모리 성읍을 모두 차지했다. 옥은 르바임의 마지막 남은 자였으므로, 아마도 그는 혈통과 큰 키 때문에 아모리 족속을 지배했을 것이다. 그의 키는 길이가 9규빗이고 너비가 4규빗(약 4미터와 1.8미터)이었던 침대 크기로 확인할 수 있다. 그의 철 '침상'은 그가 죽은 후 암몬 족속이 승리를 기념하기 위해 랍바에 전시해두었는데, 이것은 그의 관이었을 수도 있다.

3:12-17. 이스라엘 백성은 새로 정복한 영토를 차지했고, 이것을 **르우벤**과 **갓**, **므낫세 반 지파**에게 주었다. 르우벤과 갓은 시혼이 다스리던 영토 대부분을 소유했고(아르논 골짜기부터 길르앗 남부까지), 므낫세 반 지파는 전에 옥의 나라였던 땅(바산과 길르앗 북부)을 차지했다. 므낫세 지파의 **야일**은 바산을 받았고 그곳 이름을 자신의 이름을 따라(**하봇야일**) 지었다. 그가 이 지역을 정복하는 데 공헌했기 때문이었다(민 32:41). 므낫세 지파의 마길은 길르앗 북부에 정착했다.

3:18-20. 모세는 르우벤과 갓, 므낫세 반 지파가 형제 지파들이 그들에게 주어진 땅을 차지할 때까지는 군사를 보겠다고 약속했던 것을 상기시켰다(민 32:16-19). 그들의 아내와 자녀, 가축은 집에 남아 있을 수 있었지만, 남자들은 가나안의 모든 땅이 정복될 때까지 돌아갈 수 없었다. 가나안을 정복하는 데는 최소한 5년이 걸렸다(수 14:6-15; 22:1-4).

3:21-22. 그런 다음 모세는 후계자인 여호수아를

불러 그에게 가나안 사람들을 두려워하지 말라고 격려했다. 그들의 **하나님 여호와께서** 친히 그들을 위해 **싸우실** 것이기 때문이다. 그는 시혼과 옥에 대한 승리를 통해 요단을 건넌 후 장차 주께서 하실 일들을 그들에게 상기시켰다.

3:23-29. 주께서 시혼과 옥에 대한 전투에서 모세를 군사 지도자로 사용하셨고 그는 므리바에서 죄를 지은 후(민 20:12) 하나님의 **권능**을 보았기 때문에, 하나님께 **요단**을 **건너가**도록 허락하지 않으시겠다는 말씀을 재고해달라고 탄원했다(25절). 모세는 자신을 하나님의 **종**이라고 부르며 주께 겸손히 나아갔다(24절). 모세는 애굽에서 하나님이 행하신 일을 탄원의 근거로 삼지 않았다. 대신 그는 자신이 불신앙을 드러낸 후에 하나님이 그분의 위대하심과 능력을 드러내셨음을 언급했다.

주께서는 진노하시며 모세의 요청을 단호히 거절하셨고 다시는 이 문제를 꺼내지 말라고 말씀하셨다(26절). 하지만 주께서는 모세가 비스가 산꼭대기에 올라 비록 그 땅에 들어갈 수는 없지만 최소한 그 땅을 사방으로 바라보도록 은혜롭게 허락하셨다(27절; 34:1-5을 보라). 하나님은 모세에게 이제 그의 역할은 자신을 이어서 백성의 지도자가 된 여호수아를 격려하는 것임을 상기시키셨다(31:7-8). 모세는 모압에 있는 **벳브올 맞은편 골짜기**에서 민족에게 마지막 연설을 했다. 이곳은 사해 북단에서 북동쪽으로 약 8킬로미터 떨어진 곳으로 그가 죽은 후 묻힌 곳이기도 하다(34:6). 브올이라는 지명(3:29)은 민수기에 기록된 두 사건을 떠올리게 한다. 브올은 발람이 예언했던 장소(민 23:28)이며, 싯딤에서 행한 반역에서 백성은 바알브올을 예배했다(민 25:1-3). 모세의 마지막 연설은 이스라엘 민족이 최근에 저지른 심각한 반역을 배경으로 행해졌다.

어떤 신이…있으리이까(3:24)라는 모세의 질문은 그가 다른 신들이 존재한다고 생각했음을 암시하지 않는다. 이것은 비할 데 없는 주의 본성과 능력을 강조하는 수사적 장치였다.

B. 율법에 신실하게 순종하라는 권면(4:1-40)

이 장은 고대 근동 조약, 특히 주전 2천 년대 히타이트 조약의 형식을 상당 부분 반영한다. 명백한 조약 형식을 띠지는 않지만 많은 유사점이 있다. 이런 유사점은 이 책이 공식적인 어휘를 사용할 정도로 관계를 매우 강조하는 책이라는 사실을 부각시킨다.

4:1-2. 이 시점까지 모세는 지난 40년 동안 하나님이 이스라엘을 어떻게 대하셨는지를 기록했다. 이제 그는 더 설교에 가까운 형식으로 말하기 시작한다. 이스라엘의 역사 전체를 기록한 것은 이 민족이 가나안 땅 정복을 준비하는 시점에 그들에게 동기를 부여하기 위해서였다. 모세는 이 책의 첫 명령을 말했다. 그들은 그가 가르치는 **규례와 법도**를 들어야[6:4과 마찬가지로 히브리어로 쉐마(*shema*)] 했다. 최근에 주께서 이스라엘에게 보여주신 신실하심 때문에 민족은 반드시 그분께 순종해야만 했다. **규례**는 포고된 법(정언적이며 일반적인 명령)을 가리키고, **법도**는 판례('만약…그러면' 형식의 결의론적 명령)와 임명된 재판관이 내린 결정을 가리킬 것이다. **그리하면 너희가 살 것이요 땅을 얻게 되리라**라는 목적절은 하나님이 주시는 복과 약속의 땅 획득이 순종에 달려 있음을 반영한다. 하나님의 명령(2절에서 명령이라는 동사와 명사가 세 번 사용됨)을 어떤 식으로든 변경해서는 안 된다.

신명기 4장과 고대 조약의 유사점

공통점	신명기 구절
당사자에 대한 언급	신 4:1-2
역사적 서문과 행위	신 1:1-3:29; 4:10-12
순종을 촉구함	신 4:1
변경 금지	신 4:2
선언/전달	신 4:10
증인	신 4:26

4:3-4. 바알브올의 일을 언급함으로써 모세는 죄와 불순종의 결과에 명백한 사례를 제시했다. 거기서 그들은 모압의 우상숭배와 부도덕에 참여했고(민 25:1-9을 보라), 그 결과 하나님은 그 죄에 가담한 이들을 멸망시키시고 **여호와께 붙어 떠나지 않은** 이들은 보존하심으로써 그분의 심판을 분명히 보이셨다. 모세는 이 말을 듣고 있던 이들이 몸소 그런 상황을 경험했기 때문에 구원하시는 하나님의 은혜를 이해할 수 있다고 말

함으로 그들에게 이 문제가 직접적으로 영향을 미친다는 사실을 깨닫게 했다.

4:5-8. 모세는 **규례와 법도**를 충실히 선포해왔다고 주장함으로써 자신을 순종의 본보기로 제시했다(5절). 따라서 그는 그들에게 이것을 **지켜 행하라**고 권면했다. 하나님의 율법에 대한 순종은 지혜와 지식에 이르는 길이다. 율법은 이스라엘이 하나님의 심판을 피하고 약속의 땅에 머무를 수 있도록 하기 위해 주어졌다. 따라서 민족은 여러 민족 중에서 하나님을 영화롭게 하는 도구로서의 역할을 성취할 수 있었다. 하지만 율법은 결코 이스라엘이 영원한 구원을 누리는 수단으로 주어지지 않았으며 이는 하나님이 의도하신 것도 아니었다. 이스라엘이 하나님의 권위에 순종할 때 이 율법에 대해 알게 된 다른 민족들은 이스라엘의 율법이 특별함을 깨닫고 이스라엘이 세상에서 독특한 지위를 갖는 것에도 동의할 것이다. 모세는 이 점을 더 명확히 하기 위해 다른 어떤 민족도 이스라엘처럼 그들의 신과 친밀한 관계를 누리지 못하며 다른 어떤 민족도 이스라엘의 율법만큼 의로운 법전을 갖지 못했다고 주장했다. 이스라엘의 하나님은 그분의 인격적 친밀함과 율법의 공의 때문에 다른 모든 신들보다 뛰어나시다.

4:9-14. 스스로 삼가며(9절)라는 말은 이 책에서 자주 등장하며(6:12; 8:11; 12:13, 19, 30; 15:9) 모세의 가르침을 개인적으로 적용해야 함을 강조한다. 민족은 자신들이 눈으로 본 것을 잊지 말아야 했다. 그들은 하나님을 직접 '보거나' 그분의 상징물을 숭배할 수 없기 때문에 이 사건들에 대한 기억이 그들의 생각과 마음속에 새겨져야 했다. 백성은 마음속에 가르침을 내면화할 뿐만 아니라 그들의 **아들들…손자들**도 이를 알게 해야 했다. 이로부터 세대에서 세대로 전해야 할, 민족을 위한 교리문답의 기능을 하는 책이라는 신명기의 핵심적 특징이 비롯되었다.

모세는 백성에게 평생 동안 여호와를 경외하고 자녀에게도 이를 가르치겠다고 호렙산(시내산)에서 다짐한 내용을 상기시킴으로 이 책무의 중요성을 설명했다(10절; 또한 6:20을 보라). 10절에 언급된 하나님의 말씀은 뒤에서 **십계명**을 가리키는 것으로 명시된다(13절). 여기서 초점은 민족이 호렙에서 율법을 받았던 경험에 맞춰지며, 따라서 여기서 하나님의 말씀은 주께서 광야 생활 중에 이스라엘에게 주신 모든 명령이 아니라 '십계명'임을 제한적으로 가리킨다. 하지만 이것은 하나님의 모든 명령의 중요성을 강조하기도 한다. 주께서 불 속에서 말씀하셨다는 말은 그분이 불붙은 떨기나무에서 모세를 처음으로 부르셨던 사건(출 3:2)을 떠올리게 한다. 불과 어둠, 구름의 이미지는 하나님의 전능하심을 강조한다. 또한 하나님은 구별된 형태가 없으신 분이시므로 아무도 그분을 상징하는 형상이나 조각상(우상)을 만들어서는 안 된다는 것을 보여준다. 이스라엘 백성은 불에서 나오는 목소리와 그 목소리가 하는 말에 주의를 집중해야 했다. 신명기 4:13에서는 이 책에서 27회 사용된 **언약**[히브리어로 베리트(*berith*)]이라는 용어가 처음으로 사용되며, **십계명**[문자적으로 '열 마디 말']이라는 말도 사용된다.

십계명은 두 돌판에 적혔다. 아마도 한 쪽에 일부, 다른 한 쪽에 일부가 아니라 각 돌판에 십계명이 다 새겨져 있었을 것이다. 언약의 각 당사자가 사본을 갖고 있어야 하며 이를 이스라엘에서 가장 거룩한 공간(지성소 안 언약궤)에 함께 보관하는 것이 당연하기 때문이다. 모세는 십계명을 전했을 뿐만 아니라 이스라엘 백성에게 **규례와 법도**를 가르쳐서 약속의 땅에 도착한 후에 그들이 하나님의 명령을 바르게 적용할 수 있도록 도와주어야 했다.

4:15-20. 여호와께서 말씀하실 때 이스라엘 백성이 어떤 형상도 보지 못했음을 언급한 후(12절), 모세는 여기에 덧붙여 그분을 상징하는 어떤 물건도 만들어서는 안 된다고 분명히 말했다. 주변의 모든 이방 민족은 자기네 신들을 상징하는 우상을 갖고 있었지만, 이스라엘 백성은 **스스로 부패하여** 남자의 형상이든, 여자의 형상이든, 짐승의 형상이든, 새의 형상이든, 곤충의 형상이든, 물고기의 형상이든 그 어떤 형상도 만들어서는 안 되었다. 16-18절에 사용된 용어는 창세기 1장에서 하나님이 창조하신 모든 피조물을 묘사하기 위해 사용된 용어를 떠올리게 한다. 이런 것들은 피조물일 뿐 창조주가 아니기 때문에 절대로 예배의 대상이 될 수 없다. 또한 이스라엘 백성은 천체도 예배해서는 안 된다. 다른 고대 근동 민족들은 **해와 달과 별들**을 예배했지만, 이스라엘 백성은 그들의 관습에 유혹을 받아 천체를 섬겨서는 안 된다. **하늘 위의 모든 천체**는 아마도

지구에 빛을 공급할 뿐만 아니라 달력을 위한 목적으로 **천하 만민을 위하여 배정**되었다.

모세는 백성에게 하나님이 그들을 당시의 초강대국이었던 애굽에서 건져내신 것은 **자기 기업의 백성**을 삼기 위해서였음을 상기시켰다. 이스라엘은 하나님의 기업이었으며, 따라서 그분은 그들에게 특별한 요구를 하셨다. 애굽은 금속에서 불순물을 제거하는 데 사용되는 **쇠 풀무불**에 비유된다. 즉, 주께서는 그들이 애굽에서 보낸 시간을 정화의 수단으로 사용하셔서 그들을 약속의 땅에 들어가기에 적합한 사람들로 만들려고 하셨다.

4:21-24. 20절의 풀무불 이미지를 통해 환기된 정결의 중요성을 강조하기 위해 모세는 자신의 삶을 예로 든다. 불신앙을 드러내며 바위를 내리쳤던 모세의 행동(민 20:12)은 하나님의 진노를 불러일으켰고, 그 결과 모세는 **여호와께서** 이스라엘에게 **기업으로 주신 그 아름다운 땅에 들어가지 못하게** 되었다(21절). 여기서 모세는 가나안에 들어갈 자격을 잃어버리게 만든 자신의 죄를 세 번째로 언급한다(1:37; 3:26). 그때마다 그는 자신이 **아름다운 땅**에 들어갈 수 없게 되었다고 말했다(1:35; 3:25; 4:21-22). 다시 한 번 모세는 백성에게 스스로 삼가(참고. 15절) **언약을 잊지 말고** 어떤 형상도 조각하지 말라고 당부했다(23절). 우상숭배는 민족이 언약을 잊어버렸음을 말해주는 가장 분명한 증거이다. 모세는 15절과 20절의 불 이미지를 다시 활용하면서 **여호와는 소멸하는 불**이시며 **질투하시는 하나님이시**라고 강조했다(24절). 주께서는 자기 백성에게 전적인 충성을 요구하시며 어떤 모습으로도 우상숭배를 허용하지 않으실 것이다(모세는 25-28절에서 이 점을 강조한다).

4:25-31. 우상숭배 금지 명령은 모세의 말을 직접 들었던 사람들뿐만 아니라 미래 세대에게도 중요했다. 이스라엘 백성이 **스스로 부패하여 우상**을 만든다면 이는 하나님의 진노를 불러일으킬 것이다(25절). **천지**가 그들의 죄를 증언할 것이며, 이스라엘 백성은 그 땅에서 쫓겨날 것이다. 이스라엘은 그가 줄 것이며 **여러 민족 중에** 흩어질 것이다(26-27절). 그들은 범죄에 합당한 처벌을 받아 이방 땅에서 보지 못하며 보지 못하는 **목석**의 신들을 섬기도록 강요를 받을 것이다(28절). 그러나 포로 생활과 처벌도 언약을 무효로 만들지는 않을 것이다. 그들이 하나님의 심판 아래에 있을 때 전심으로 **여호와**를 찾는다면 그분은 응답하시고 그들을 회복시키실 것이다(29-31절). 이것은 단지 가설적인 약속이 아니었다. 오히려 이스라엘이 주께 돌아와 그들의 메시아이신 예수를 믿을 **끝 날**에 대한 예언이다(호 3:5; 슥 12:10-14; 마 23:37-39; 롬 11:26에 대한 주석을 보라).

여호와는 그분의 약속에 충실하신 **자비하신 하나님**이시며, 그들을 완전하지 멸하지 않으시고 그들의 조상과 세우신 언약을 결코 잊지 않으실 것이다. 29절은 누군가가 피조물 안에서 발견한 하나님의 빛에 바르게 응답하고 하나님을 구하면 하나님이 그 사람을 구원하실 수 있는 가능성을 뒷받침하는 구절로 인용되곤 한다(이런 생각에 대한 비판으로는 롬 1:18-32에 대한 주석을 보라). 하지만 이 말씀은 이스라엘에게 하신 말씀이며, (피조물 안의 '자연 계시'가 아니라) 하나님이 특별히 계시하신 언약의 약속에 기초하고, 미래에 일어날 일에 대한 예언이며, 그분의 언약 백성이 아닌 개인이나 집단에 적용될 수 없다.

4:32-34. 모세는 미래(25절)에서 과거로 방향을 전환해 자신의 청중에게 창조까지 거슬러 올라가면서 출애굽과 시내산 사건에서 했던 그들의 경험과 비슷한 상황을 찾아보라고 말했다. 이스라엘만이 직접적 계시를 받았다고 주장할 수 있으며, 제사장들만이 아니라 모두가 이 계시의 일부였다. 이스라엘이 애굽에서 건짐을 받은 후 민족으로 형성되었듯이 다른 민족으로부터 구원을 받음으로써 민족으로 형성된 경우는 없었다. 또한 주께서 재앙으로 이스라엘을 애굽에서 구원하시고 홍해를 건너게 하시고 광야에서 만나를 공급하신 것처럼 자기네 신들이 이적과 기사를 행하는 것을 보았던 민족도 없었다. 주의 **강한 손**과 **편 팔**을 선택된 몇 사람이 아니라 모든 백성이 눈으로 볼 수 있었다.

4:35-40. 주께서는 역사 속에 자신을 계시하셨고, 따라서 이스라엘은 **여호와**가 **하나님**이시며 **그 외에는 다른 신이 없음**을 알게 하셨다(35절). 이스라엘 백성은 하나님이 그 누구보다 뛰어나신 유일한 신이심을 이해하고 앞으로 더 나아가기 전에 그분을 신뢰해야 했다. 모세가 말했듯이 하나님은 호렙에서 보이지

않으셨다. 하지만 그분의 목소리가 하늘로부터 들렸고, **큰 불**로 그분의 임재가 가시적으로 드러났다(36절). 하나님은 이스라엘에게 그분의 사랑, 주권, 뛰어나심을 가르치기 위해 자신을 계시하셨다. 하나님은 이 세대의 조상들, 특히 족장들을 너무나도 사랑하셔서 그 후손을 택하셨고 친히 민족을 애굽에서 이끌어내셨다(37절). 하나님의 사랑은 단순한 감정이 아니다. 그것은 받는 이들을 위한 언약적이며 관계적인 사랑이다. 군대를 이끄는 강력한 주군처럼 하나님은 약속의 땅에서 적을 내쫓는 과정을 도와주셨고 봉신 국가인 이스라엘에게 그 땅을 **기업**으로 나누어 주셨다(38절). **오늘**이라는 말을 반복함으로써(38, 39절) 모세는 하나님만이 참 하나님이시며 **다른 신이 없음**을 명심해야 한다고 강조했다. 따라서 모세는 하나님의 본성에 초점을 맞추면서 이스라엘 백성에게 **여호와의 규례와 명령을 지키라**고 말했다(40절). 그들은 순종하면 그 땅에서 여러 세대에 걸쳐 번영을 누릴 것을 기대할 수 있었다.

C. 추가된 도피성(4:41–43)

요단 동편에 **세 성읍**을 도피성으로 두라는 말은 문맥과 동떨어져 보일 수도 있다. 왜 모세는 1:6-4:40까지 첫 번째 연설을 한 직후에 이 성들에 대해 설명하는 것일까? 모세는 도피성에 대해 더 자세히 설명했다(19:1-14에 대한 주석을 보라). 하지만 여기서 모세는 3인칭으로 지칭되며(그의 이름은 1:5에서 마지막으로 언급되었다), 이는 내용이 전환됨을 말해준다. 이 책의 구조에서 이 단락은 간주곡처럼 하나님의 계명을 지키라는 모세의 열정적 당부(40절)와 44절부터 시작되는 율법과 계명에 대한 말씀을 분리시키는 기능을 한다.

이 말씀이 이곳에 배치된 것은 적절하다. 모세는 오래 번영을 누리며 그 땅에 머물기 위해서는(40절) 살인자에게 도피성을 제공하는 제도를 실시해야 한다고 이해했기 때문이다. 4:44-26:19에서 개개의 법과 계명을 길게 설명하기 전에 모세는 이런 법과 계명을 어기는 범죄자들을 정당한 절차대로 다뤄야 한다는 원칙의 본보기로서 이 자비로운 제도에 대해 설명했다. 하나님은 완전한 순종을 요구하시지만 동시에 사랑이 많고 자비로우시다. 그분은 사랑과 자비로 무고한 살인자를 극단적인 처벌로부터 보호하신다. 사전에 계획을 세워 살인을 저지르지 않고 우연히 사람을 죽였다면 그 살인자는 죄가 없다(참고. 민 35:31). 이곳에 도피성 법률이 포함된 것은 "살인하지 말지니라"라는 다음 장(5:17)의 절대적인 명령에 대한 제한으로 이해할 수 있다[John H. Sailhamer, *The Pentateuch As Narrative* (Grand Rapids, MI: Zondervan, 1992), 435]. 실제로 약속의 땅에 도피성을 설치하는 것은 이스라엘 백성이 요단강을 건넌 후의 일일 테지만(민 35:9-28), 당시 그들은 요단 동편에 있었기 때문에 모세는 이미 정복한 영토에 세 성읍, 즉 **르우벤 지파**를 위해 **베셀**, **갓 지파**를 위해 **라못**, **므낫세 지파**를 위해 **골란**을 도피성으로 지명할 수 있었다. 다른 세 성읍은 정복 후에 지명될 것이다(수 20:7).

Ⅲ. 모세의 두 번째 연설: 법 규정(4:44–26:19)

A. 율법의 본질과 성취(4:44–11:23)

4:44–49. 과거에 하나님이 이스라엘의 필요를 어떻게 채워주셨는지 회고하고 나서 모세는 앞으로 약속의 땅에 들어갈 그들에게 필요한 법을 설명함으로써 지금 그의 말을 듣는 이들을 위한 가르침을 전하기 시작한다. 이 단락에서 이 책의 다음 주요 부분이 시작된다. 44절은 본문의 주요 부분을 나누는 핵심 표제 중 하나이다(1:1; 4:44; 6:1; 12:1; 29:1; 33:1). 이것은 **모세가 이스라엘 자손에게 선포한** 율법[히브리어로 토라(*torah*)]이다. '율법'은 법인 동시에 교훈이나 가르침으로 이해하는 것이 가장 좋다. 더 나아가 증언, 율례와 규례로 분류할 수도 있다. 이것은 시내산에서 받은 율법과 다르지 않으며, 이제 곧 약속의 땅에 들어갈 이스라엘 백성을 위해 여기에 기록되어 있다. (시혼과 옥에 대한) 중요한 군사적 승리를 부각시키면서 역사를 요약하고 그들이 이미 차지한 땅의 경계를 설명한다. 이 승리는 그들이 요단강을 건넌 후에 일어날 일들에 대한 전조였다. 여기서 이를 다시 한 번 회고하는 까닭은 이스라엘에게 하나님의 도우심으로 얻었던 과거의 승리를 되새기게 함으로써 미래의 일에 대해 그들에게 용기를 불어넣기 위해서였다.

5:1–3. 지리적, 역사적 서론(4:44-49)에 이어서 모세는 이 책의 두 번째 연설을 기록했다(5-12장). 앞서 그랬듯이 그는 **온 이스라엘을 불러** 십계명의 재진술뿐만 아니라 추가적인 율례와 규례에 대해 주의를 기울

이라고 말했다. 그는 들으라는 명령으로 시작한다. 이 말은 이 부분에서 자주 사용되는 명령어이다(4:1; 6:4; 9:1). 이스라엘은 이 율법을 수동적으로 듣는 것으로 그치면 안 된다. 그들은 **그것을 배우며 지켜 행**해야 했다(1절). 모세의 목표는 이스라엘이 이 율법에 순종함으로써 그들의 지혜와 공의를 드러내는 것이었다(4:6-8). 율법은 '종교적 법률'과 공동체와 정의에 영향을 미치는 법규의 혼합물이었다. 모세는 **여호와께서 호렙산에서** 이스라엘과 **언약을 세우셨**고(2절), 이전 세대가 아니라 **오늘 여기 살아 있는 우리**와 언약을 세우셨음을 강조했다(3절). 거의 40년 전에 호렙산에서 성인이었던 사람들은 가데스 바네아에서 저지른 반역죄 때문에(민 14:1-4) 여호수아와 갈렙을 제외하고 다 죽었다. 따라서 모세는 아마도 출애굽 첫 세대의 자녀들에게 이 연설을 하고 있었을 것이다. 이 자녀들은 시내산에 있었을 수도 있지만 믿음과 순종이 부족했던 부모들처럼 광야에서 죽는 벌을 받지 않았다(1:39-40을 보라). 그들은 '두 번째 세대'였다. 흥미롭게도 모세는 세 번째와 네 번째 세대도 언급했다(4:9). 모세는 주로 두 번째 세대에게 이 연설을 했지만 분명히 미래 세대에 대해 관심을 갖고 있었다.

5:4-5. 모세는 하나님이 이스라엘과 언약을 세우시는 것을 목격했던 청중의 직접적 경험을 더 자세히 서술했다. 모세는 **여호와께서** 산에서 그들과 **대면하여** 불 가운데서 말씀하셨다고 주장했다(4절). 민족이 시내산에 접근했을 때 무슨 일이 있었는가에 대해 의문스러운 점이 있다. 출애굽기 3:12에서 하나님은 불붙은 떨기나무에서 모세에게 "내가 반드시 너와 함께 있으리라. 네가 그 백성을 애굽에서 인도하여 낸 후에 너희가 이 산에서(문자적으로 '산 위에서') 하나님을 섬기리니 이것이 내가 너를 보낸 증거니라"라고 말씀하셨다. 분명히 하나님은 모세만이 아니라 온 민족이 산으로 올라오기를 원하셨다. 마침내 그들이 산에 도착했을 때 주께서는 백성에게 "나팔을 길게 불거든 산 앞에(문자적으로 '산 위에') 이를 것이니라"라고 말하라고 모세에게 명령하셨다(출 19:13). 나팔 소리가 울렸을 때 백성은 하나님을 예배하러 산에 오르는 대신 떨었다(출 19:16). 그들은 두려워했고, 두려운 나머지 산에 오르지 않는 불순종을 범하고 말았다. 그래서 모세를 제외하고는 두려움과 불신앙 때문에 하나님이 의도하신 대로 산 위에서 그분을 예배할 기회를 잃어버렸다. 신명기 5:5에서 모세는 **여호와와 너희 중간에** 서 있는 중재자인 자신의 역할을 강조했다. 하지만 또한 그는 **너희가 불을 두려워하여 산에**[문자적으로 산 위에] **오르지 못**했다고 분명히 말했다. 이는 출애굽기 19:16에서 말하는 것과 동일한 이유를 반영한다. 이 불순종의 결과로 민족은 공동체로서 하나님을 예배할 기회를 잃어버렸으며 이제 중재자를 통해서만 그분께 나아갈 수 있었다. 안타깝게도 그들은 '제사장 나라'(출 19:6)가 될 수도 있었지만 이제는 '제사장을 가진' 민족밖에 될 수 없었다. 이 시점에서(시내산에서) 아론과 레위인 제사장직은 아직 확립되지 않았다(시간이 흐른 후에 시작되었다, 출 28:1-4).

5:6-21. 모세는 출애굽기 20장의 십계명을 재진술했다. (각 계명에 대한 더 자세한 논의는 그곳의 주석을 보라.) 두 이야기를 비교하면 몇 가지 차이점을 발견할 수 있다. (1) 신명기에서 모세는 안식일에 대해 '기억하라'(출 20:8) 대신에 '지키라'(12절)라는 동사를 사용한다. (2) 출애굽기 20:11에서는 안식일 준수를 창조 주간과 연관시키는 반면, 신명기 5:15에서는 이스라엘 백성에게 애굽에서 노예로 지냈던 것을 기억하며 안식일을 지키라고 말한다. (3) 신명기에 기록된 **네 하나님 여호와가 네게 명령한 대로**(5:12, 15, 16)라는 말이 출애굽기 20장 이야기에는 등장하지 않는다. (4) 신명기에서 **네 이웃의 아내를 탐내지 말지니라**와 **네 이웃의 집**(5:21)의 순서가 출애굽기 20:17의 순서와 반대이다. 지금까지 언급된 차이점 중에서 중요한 의미를 지닌 것은 안식일에 대한 것뿐이다. 모세는 안식일을 단지 '기억'할 뿐만 아니라 '지키라'(12절)고 말함으로써 출애굽기 20:8의 명령을 강화했다. 또한 그는 더 오래된 창조 주간보다는 그들이 최근에 했던 애굽 종살이 경험을 근거로 들었다. (5) 뒤의 표에서 볼 수 있듯이 십계명의 번호를 매기는 방식에 있어서 신앙 전통들 사이에 차이가 있다.

십계명은 더 두드러진 계명으로 시작되는 것 같다. 신명기에서는 십계명에 중요성을 부여한다. 모세가 처음으로 준 중요한 법이기 때문이다. 십계명은 이 책의 신학적 메시지의 핵심이며, 많은 학자들은 이것을 신명기

십계명 분류 방식

	유대교의 견해	가톨릭교와 일부 루터교회의 견해	개신교의 견해
1	나는 너를 애굽 땅, 종 되었던 집에서 인도하여 낸 네 하나님 여호와라.	나는 너를 애굽 땅, 종 되었던 집에서 인도하여 낸 네 하나님 여호와라. 나 외에는 다른 신들을 네게 두지 말지니라.	나 외에는 다른 신들을 네게 두지 말지니라.
2	나 외에는 다른 신들을 네게 두지 말지니라.	너는 네 하나님 여호와의 이름을 망령되이 일컫지 말라.	너는 자기를 위하여 새긴 우상을 만들지 말라.
3	너는 네 하나님 여호와의 이름을 망령되이 일컫지 말라.	안식일을 지켜 거룩하게 하라.	너는 네 하나님 여호와의 이름을 망령되이 일컫지 말라.
4	안식일을 지켜 거룩하게 하라.	네 부모를 공경하라.	안식일을 지켜 거룩하게 하라.
5	네 부모를 공경하라.	살인하지 말지니라.	네 부모를 공경하라.
6	살인하지 말지니라.	간음하지 말지니라.	살인하지 말지니라.
7	간음하지 말지니라.	도둑질하지 말지니라.	간음하지 말지니라.
8	도둑질하지 말지니라.	네 이웃에 대하여 거짓 증거하지 말지니라.	도둑질하지 말지니라.
9	네 이웃에 대하여 거짓 증거하지 말지니라.	네 이웃의 아내를 탐내지 말지니라.	네 이웃에 대하여 거짓 증거하지 말지니라.
10	네 이웃의 아내를 탐내지 말지니라. 네 이웃의 집이나 그의 밭이나 그의 남종이나 그의 여종이나 그의 소나 그의 나귀나 네 이웃의 모든 소유를 탐내지 말지니라.	네 이웃의 집이나 그의 밭이나 그의 남종이나 그의 여종이나 그의 소나 그의 나귀나 네 이웃의 모든 소유를 탐내지 말지니라.	네 이웃의 아내를 탐내지 말지니라. 네 이웃의 집이나 그의 밭이나 그의 남종이나 그의 여종이나 그의 소나 그의 나귀나 네 이웃의 모든 소유를 탐내지 말지니라.

12-26장 내용의 기본 개요로 이해한다[John Walton, "Deuteronomy: An Exposition of the Spirit of Law," *Grace Theological Journal* 8.2 (1987), 213-225]. 십계명은 전통적으로 두 범주, 즉 하나님과의 수직적 관계를 규정하는 계명(1-4계명)과 공동체 안에서 다른 이들과의 수평적 관계를 규정하는 계명(5-10계명)으로 나뉜다.

5:6-7. 제1계명: 십계명은 하나님의 구원 사건, 즉 출애굽에 기초한다. 신약에서 예수의 죽음과 부활이 그렇듯이 구약에서 가장 중요한 구원 사건으로서 출애굽은 구약의 신학적 핵심 역할을 한다. 하나님은 친히 그들을 **애굽 땅**의 노예 생활에서 구해내신 사건에 기초해 그들에게 **나 외에는 다른 신들을 네게 두지** 말라고 명령하셨다. 이교 신들이 존재한다고 가정할 필요는 없다. 이 계명은 신들이 실제로 존재한다고 믿든지 그렇지 않든지 이스라엘 백성 그 누구도 다른 신을 예배해서는 안 된다는 점을 강조한다. 다른 민족들은 신들의 존재를 믿는다고 할지라도 이스라엘은 그들을 예배하거나 그들의 존재를 인정해서는 안 된다. 하나님이 그들의 예배와 섬김의 배타적이며 유일한 초점이어야 했고, 그 누구도 그 어떤 것도 그분과 견주려고 하지 말아야 했다.

5:8-10. 제2계명: 제1계명과 관련해 이스라엘은 하나님을 상징하는 그 어떤 종류의 물건도 우상으로 만들지 말아야 했다. 하나님이 모든 것을 창조하셨으므로 하늘과 땅 위, 물속에 있는 어떤 피조물의 형상도 예배의 초점이 되어서는 안 된다. 이 계명에는 보이지 않는 이스라엘의 주 하나님을 상징하는 만질 수 있는 물건을 만드는 행위에 대한 금지도 포함된다. 금지의 이유는 주께서 **질투하는 하나님**이시기 때문이다. 이는 이 책에서 반복되는 주제이다(4:24; 6:14-15). 이런 감정은 이스라엘이 하나님과 맺은 언약적 관계에서 배타성

을 유지하라는 부르심과 조화를 이룬다. 만약 이스라엘이 다른 영적 존재에 대해 영적으로 애정을 준다면 하나님은 질투하셔서 민족을 벌하실 것이다. 이 계명의 위반에 대한 경고의 말씀도 주어져 있다. 하나님은 **나를 미워하는 자의 죄를 갚되 아버지로부터 아들에게로 삼사 대까지 이르게 하**실 것이다. 우상숭배는 하나님을 미워하는 것과 동일하며, 우상숭배에 가담한 부모는 자녀와 손주에게 부정적인 영향을 미칠 것이다. 하지만 주를 사랑하고 그분의 계명을 지키는 부모는 여러 세대에게 전해질 영적 유산을 남긴다. 따라서 여러 세대에 대한 언급은 '가계 저주론'과 전혀 무관하며 정상적인 결과일 뿐이다. 계명을 외적으로 지키는 것만으로는 부족하다. 하나님은 그들이 계명을 지킬 때 그분을 **사랑**하기를 원하셨다.

5:11. 제3계명: 주의 이름을 망령되이 일컫지 말라는 명령은 욕이나 불경스러운 말을 할 때 그분의 여러 호칭을 사용하지 말아야 한다는 것 이상의 의미를 지닌다. '망령'이라는 말이 20절에서는 '거짓' 증언이라는 맥락에서 사용되기도 한다. 따라서 여기서 이 말의 일차적 의미는 이 명령을 거짓 증언을 할 때 주의 이름을 이용하는 것에 대한 금지로 한정한다. 이것은 맹세나 약속처럼 모든 발화 행위에서 그분의 이름을 기만적으로 사용하는 것에도 적용될 수 있다. 그분의 이름은 그분의 존재의 확장이며 모든 대화에서 경외하는 마음으로 그분의 이름을 말해야 한다.

5:12-15. 제4계명: 안식일 준수 명령은 긍정적으로 진술된 두 계명 중 첫째 계명이다. 여기서 '기억하여'(출 20:8)라는 동사 대신에 사용된 '지켜'라는 동사는 그저 무언가를 머릿속에 떠올리기보다는 더 적극적인 신체적 반응을 암시한다. 이 명령은 표현에서 출애굽기와 가장 큰 차이를 드러내며, 이는 40년 전과 비교했을 때 안식일 준수의 중요성을 더 강조하려 했음을 보여준다. 신명기는 출애굽기의 가르침을 반복하지 않고 시내산에서 원래 받았던 명령의 의미를 더 자세히 설명한다. 출애굽기 20장과 달리 여기서는 이 명령을 창조 주간과 명시적으로 연결시키지 않는다. 여기서는 안식일 준수가 출애굽 사건에 대한 기념임을 설명하는 데 초점을 맞춘다. 일곱 번째 날은 하나님의 창조 행위를 기억하는 날로 다른 날들과 구별되었지만, 이제는 여기에 그분의 구속 사역이 더해진다. 이 계명에서는 누가 이날을 지켜야 하는지를 매우 구체적으로 설명한다. **너나 네 아들이나 네 딸이나 네 남종이나 네 여종이나 네 가축이나 네 문안에 머무는 객이라도 아무 일도 하지 말라.** 언약 공동체의 구성원뿐만 아니라 (방문 중이든 종으로 고용되었든) 외국인도 안식을 지켜야 했고, 이는 가축에게도 적용되었다. 매주 하루 모든 일을 멈추고 각 가정의 종과 가축이 이스라엘을 위한 하나님의 구속 사역을 기리며 작은 '구원'을 누리게 함으로써 하나님의 구원 행위를 기념해야 했다. 이것은 신약에서 반복되지 않는 유일한 계명이다. 신약 신자들도 따로 시간을 내어 하나님의 선하심과 은총을 돌아보는 것이 중요하다. 하지만 안식일을 육체노동을 하지 말아야 하는 날로 보는 것은 신약성경의 지지를 받지 못한다. 사도 바울은 그 누구도 안식일 준수에 대해 너희를 판단하지 못하게 하라고 분명히 말했다(골 2:16).

5:16. 제5계명: **네 부모를 공경하라**는 계명은 수평적 계명 중 첫째이며 긍정적 명령으로는 둘째이다(참고. 레 19:3). 이 계명은 인간의 첫 번째이자 일차적인 관계를 다룬다. 이 명령은 아마도 나이 많은 부모에 대한 성인의 태도에 초점을 맞추고 있을 것이다. 다른 어디에서도 십계명이 젊은이들을 대상으로 삼은 것이라고 언급하지 않기 때문이다(참고. 14절). 뿐만 아니라 예수께서는 이 계명을 성인 자녀에게 적용되는 것으로 이해하셨다(참고. 마 15:4-6). 그러나 바울이 에베소서 6:1-2에서 지적했듯이 젊은이들이 배제되지는 않는다. 이 명령에는 장수와 그 땅에서 번영을 누리는 삶에 대한 약속이 포함된다.

5:17. 제6계명: **살인**이라는 말은 미리 계획한 살인과 의도하지 않은 살인을 모두 뜻할 수 있다. 의도하지 않은 살인에 대해서는 뒤에서 더 자세히 다룬다(19:1-13). 따라서 여기서는 주로 미리 계획한 살인에 초점을 맞춘다. 이 계명은 전쟁에서 싸우는 군사나 범죄자에 대한 처형에는 적용될 수 없다. 성경 다른 부분에서는 이런 행동을 명령하고 있기 때문이다(창 9:6; 민 31:7).

5:18. 제7계명: **간음**에 대한 금지는 또 다른 인간관계의 중요성을 강조한다(참고. 5:16-17). 다른 부분에서는 성적으로 저지르는 범죄를 금지하지만, 여기서는 부부 사이의 성적인 정숙을 강조한다. 이는 언약적 관

계의 문제이기 때문이다. 배우자에 대한 신실함은 하나님에 대한 신실함에 대한 상징이다.

5:19. 제8계명: 도둑질은 잘못이지만(참고. 출 22:1-13), 이 금지 명령을 수평적 인간관계에 대한 다른 명령과 나란히 배치했기 때문에 이 명령은 누군가의 물질적인 재산을 훔치지 말라는 명령이라기보다는 납치나 유괴에 대한 금지 명령에 한정되는 것처럼 보인다. 물론 여기서 물건을 훔치는 행위를 배제한다는 뜻은 아니다. 납치는 금전적 이익을 위해 누군가를 그의 가족과 떨어뜨려놓음으로써 언약적 관계를 파괴한다.

5:20. 제9계명: **네 이웃에 대하여 거짓 증거하지 말**라는 명령은 법적 환경에서 사람들을 어떻게 대해야 하는가의 문제로서 다시 한 번 언약 공동체 안에서의 신실함을 말한다. 정직함과 진실함이 하나님의 백성의 특징을 이루어야 한다.

5:21. 제10계명: 십계명의 마지막 금지 명령은 외적 행동을 통해 명백히 드러나지 않는 유일한 명령이다. 탐심은 마음의 죄이며 십계명에서 다루는 다른 모든 죄의 뿌리이다. '아내'와 '집'의 순서가 출애굽기와는 반대이며, '밭'이 추가되었다. 이는 슬로브핫의 딸에게 부여한 상속권과 더불어 여성의 권리가 향상되었음을 반영하는 것인지도 모른다(민 36장).

5:22-26. 원래 십계명을 받을 때의 잊을 수 없는 상황(**산 위 불 가운데, 구름 가운데, 흑암 가운데에서 큰 음성으로**) 때문에 그리고 그분이 더는 계명을 추가하지 않으셨기 때문에 십계명의 거룩함이 더욱 부각된다. 백성은 그들이 경험하는 것에 대해 두려워했지만 중재자 역할을 수행할 지파의 수령과 **장로들**을 보냈다. (창 32:30에서 야곱이나 더 나중에 출 33:11에서 모세는 그렇지 않았지만) 누구든지 하나님을 보면 즉시 죽을 것이라는 생각이 널리 퍼져 있었다(삿 13:22). 민족은 모세가 하나님을 만난 다음에도 여전히 살아 있음을 알고 있었다. 하지만 그들은 하나님을 보고도 살아남을지 확신하지 못했고, 따라서 모세를 그들의 매개자로 삼으며 그가 하나님께 받은 것을 무엇이든 순종하겠다고 약속했다.

5:27-6:3. 주께서는 그분의 말씀을 듣고 순종하겠다는(**행하겠다는**) 백성의 반응에 대해 기뻐하셨고, 그들이 항상 이렇게 경외하며 순종하는 태도를 유지하기를 바라셨다(28-29절). 그들을 장막으로 돌려보낸 후 모세는 하나님 곁에 머물며 백성이 그 땅에서 지켜야 할 추가적인 법규를 받아야 했다(31절). 모세는 수사적 미사여구를 사용하며 민족이 순종하면 그들이 차지할 땅에서 오래 머물며 번영할 것이라고 말했다.

5장 마지막 부분의 주제는 6장 시작 부분과 긴밀히 연결되며 다음과 같은 교차 대구 구조를 보인다. **너희는 삼가 행하여 좌로나 우로나 치우치지 말라**는 32절의 명령은 이 구조에서 중심축을 이루며 민족이 하나님의 계명에 철저히 순종해야 할 필요성을 요약한다.

모세가 본문을 이런 식으로 구성한 목적은 이 절들을 (이 경우에는 장의 구분을 나누는) 하나의 단위로 규정하고 바깥 부분의 명령형 동사('듣고', 5:27; 6:3)와 민족이 **좌로나 우로나 치우치지 말아야** 한다(5:32)라는 중심축에 초점을 맞추기 위해서였다.

그 땅에서 오래 살기 위해(5:31, 33) 민족은 그분을 경외하고(5:29; 6:2) 순종으로부터 벗어나지 않음으로써(5:32) 하나님의 명령에 귀를 기울여야 했다(듣고, 5:27; 6:3).

신명기 5:27-6:3의 구조

A 듣고[히브리어로 쉐마(*shema*)]…당신에게 이르는[히브리어로 다바르(*dabar*)] 것(5:27)
  B 경외하며 내 모든 명령을 지켜서…그 자손이(5:29)
    C 명령과 규례와 법도를…가르쳐서(5:31)
      D 내가 그들에게 기업으로 주는 땅(5:31)
        E 너희 하나님 여호와께서 너희에게 명령하신 대로 너희는 삼가 행하여(5:32)
          F 너희는 삼가 행하여 좌로나 우로나 치우치지 말고(5:32)
        E' 너희 하나님 여호와께서 너희에게 명령하신 모든 도를 행하라(5:33)
      D' 너희가 차지한 땅(5:33)
    C' 가르치라고 명하신 명령과 규례와 법도(5:33)
  B' 아들…경외하며…명령을 지키게(6:2)
A' 듣고[히브리어로 쉐마(*shema*)]… 네게 허락하심[히브리어로 다바르(*dabar*)](6:3)

6:4. 이 말씀은 구약 전체의 핵심 구절 중 하나이다. 이 말씀은 쉐마로 불리는데, **들으라**라는 뜻의 히브리어에서 유래했다. 이스라엘을 향해 들으라고 권고하는 이 말씀은 이 책에서 두 번째로 기록되어 있으며(5:1), 그 목적은 민족으로 하여금 이 본문의 명령에 철저히 주의를 기울이고 순종하도록 하는 데 있다. 이 절은 유대교의 핵심을 이루는 신앙고백이다. 그러나 히브리어가 여러 가지로 해석될 수 있어서 이 말씀은 번역하기가 까다롭다. 첫 단어들은 서술문은 (동사를 보충해) '여호와는 우리 하나님이시다'로 해석할 수도 있고 명사구로 (**우리 하나님 여호와는**) 해석할 수도 있다. 그러나 서술문일 가능성은 낮다. 이 책에서 이 구절이 사용된 21곳 중에서 어떤 곳도 '여호와는 우리 하나님이시다'로 해석될 가능성이 없기 때문이다(참고. 1:6, 20; 6:20, 24). 정말로 어려운 문제는 이 절의 마지막 단어를 형용사 '한'('여호와는 한 분이시다')으로 해석할 것인지, 부사 '오직'('오직 여호와만')으로 해석할 것인지에 대한 것이다. 두 번역 모두 가능하며, 어쩌면 두 개념 모두를 허용하는 의도적 모호성을 드러내는 흔하지 않은 예일 수도 있다. 어떻게 해석하든지 이 말씀은 일신론을 암시하며, 신명기의 다른 본문들(예를 들어, 32:39)도 이 생각을 뒷받침한다. 형용사('한')라면 이 용어는 삼위일체 교리와 상충하지 않는다. 오경의 다른 곳에서 에하드(*'ehad*)는 두 사람(아담과 하와)이 '한'(에하드) 몸을 이룬다고 묘사한 경우(창 2:24)처럼 복합적인 단일체를 지칭할 수 있기 때문이다. 신명기 6장의 직접적인 문맥을 고려하면 마지막 단어를 부사로 해석하는 것이 더 나을 수도 있다. 십계명에서는 분명히 '오직' 하나님만 예배하라고 명령하며("나 외에는 다른 신들을 네게 두지 말지니라," 5:7), 직접적 문맥에 해당하는 절들(5:13-15)에서는 그분의 독특성 때문에 그분만을 예배해야 한다고 설명하기 때문이다. 삼위일체 교리가 중요한 진리이기는 하지만 이 절은 그 교리에 초점을 맞추는 것으로 보이지 않는다.

6:5. 쉐마의 신앙고백에 이어 **네 하나님 여호와를 사랑하라**는 말씀이 이어진다. 여기서 사랑은 감정적 끌림이 아니라 그분에 대한 완전한 헌신을 암시한다. 모세는 사랑을 **마음을 다하고 뜻을 다하고 힘을 다하여** 그분께 충성을 표현하는 것으로 이해한다. 온 인격체가 하나님에 대한 이 충성스러운 헌신을 표현해야 한다는 것이다. 히브리어에서 **마음**은 일반적으로 사고하는 정신과 연관이 있으며, **뜻**은 가장 내면적인 존재나 감정을 가리키고, **힘**은 앞의 두 명령을 열심히(문자적으로, '아주 아주 많이') 행한다는 의미이다. '다하고'라는 말을 반복함으로써 주에 대한 이스라엘의 헌신이 나뉘지 않고 완전해야 함을 강조한다.

6:6-9. 모세는 하나님이 주시는 이 말씀을 **마음에 새겨야** 한다고 말했다. '마음'은 감정보다는 정신과 지성을 가리키므로 이스라엘 백성은 나중에 여호수아 1:8에서 강조하듯이 이 말씀을 성찰하고 묵상해야 했다. 이것은 형식적인 교육이라는 의미가 아니라 일상적이며 평범한 삶의 경험을 통해 자녀에게 열심히 가르치라는 뜻이다. **집에 앉았을 때에든지 길을 갈 때에든지 누워 있을 때에든지 일어날 때에든지. 네 손목에 매어 기호를 삼으며 네 미간에 붙여 표로 삼으**라는 명령(8절)은 하나님의 말씀을 그들이 하는 모든 행동('손목'이 암시하듯이) 뿐만 아니라 세상을 바라보는 방식('미간'이 암시하듯이)에 대한 지침으로 삼아야 한다는 것을 계속 상기할 수 있게 하라는 뜻이다. 또한 그 말씀을 **네 집 문설주와 바깥문에 기록**해야 했다. 이는 하나님의 율법을 집에서('문설주') 그리고 더 큰 공동체 안에서('바깥문') 순종해야 한다는 뜻이다. 비록 후대의 유대교에서는 이 명령을 문자적으로 해석해 경문 띠(마 23:5)와 메주자(신 6:4-9과 11:13-21을 작은 두루마리에 적어 작은 상자에 넣은 다음 집의 문설주에 부착한 것)를 사용했지만, 이 명령을 비유적으로 받아들이는 것이 더 나은 해석이다.

6:10-15. 이 단락에서는 이스라엘이 약속의 땅에 들어간 후 그곳의 풍요와 번영을 누리면서 자기만족에 빠질 수 있음에 대해 경고한다. 이스라엘 백성은 그들이 몸소 투자하지 않은, 다른 이들의 노동이 낳은 결실을 누릴 것이다(10-11절). 하지만 이 놀라운 축복을 누리다가 삼가지 않고 **애굽 땅 종 되었던 집에서** 그들을 인도해내신 **여호와**를 잊어버릴 위험이 있었다(12절). 이런 생각은 나중에 잠언 30:7-9에서도 반복된다. 번영은 망각을 초래할 가능성이 있다. 영적 기억상실증을 막는 방법은 **여호와**만을 **경외하**고 그분만을 **섬기**는 것이다(13절). 사탄이 자신에게 절하기만 하면 세상의 모

든 나라를 주겠다고 예수님을 유혹했을 때, 그분은 이 말씀(6:13)을 인용하시며 사탄을 꾸짖으셨다(마 4:10에 대한 주석을 보라).

그런 다음 모세는 하나님의 유일성과 배타성이라는 주제를 더 자세히 설명했다. 그들은 **다른 신들**, 구체적으로 이웃 민족들의 신들을 **따르지 말아야** 했다. **너희의 하나님 여호와는 질투하시는 하나님**이시기 때문이다. 하나님은 그들의 완전한 헌신과 충성을 원하셨다. 만약 그들이 그분을 잊는다면 그분은 그들을 **지면**에서 쓸어버리실 것이다. 이는 하나님이 아브라함에게 주신 약속(창 12:1-8; 15:1-21; 17:1-22)을 어기실 수도 있다는 뜻이 아니라 불순종 때문에 그분이 한 세대를 완전히 멸망시키고 새로운 이스라엘을 시작하실 수도 있다는 뜻이다.

6:16-19. 이스라엘 백성은 **너희가 맛사에서 시험한 것같이 너희의 하나님 여호와를 시험하지 말라**는 명령을 받았다(출 17:7). 거기서 물이 부족했을 때 그들은 하나님이 그들의 필요를 채워주실 것이라고 믿는 대신 그분을 원망했다. 예수께서는 성전 꼭대기에서 뛰어내려 천사들에게 그분을 구하게 하라는 사탄의 유혹을 거부하실 때 신명기 6:16을 인용하셨다(마 4:5-7에 대한 주석을 보라). 민족이 그 땅에서 성공하고 오래 살기 위해서는 하나님의 명령을 열심히 지켜야 했다.

6:20-25. 여기서 모세는 6:7에서 시작된 자녀 교육이라는 주제로 다시 돌아갔다. 그는 부모에게 자녀가 이 모든 율법의 의미를 물었을 때 바로 대답할 수 있도록 준비하라고 명령했다(20절). 그들은 애굽에서 노예로 살았던 역사를 이야기해주어야 했고, 그들을 **애굽에서 이끌어내 우리 조상들에게 맹세하신 땅**으로 인도하신 주의 기적적인 구원에 대해 말해주어야 했다(21-23절). 이렇게 하나님이 그들을 위해 일하셨으므로 그들은 그들을 위한 하나님의 일하심의 결과로 **이 모든 규례를 지키**고 그들의 하나님 여호와를 경외해야 했다. 이는 그들에게 **항상 복을 누리게 하기 위하심이며** 그들을 **오늘과 같이 살게 하려 하심**이었다(24절). 순종의 결과는 **의로움**이다(25절). 이 말씀은 몇 가지 의미로 이해할 수 있다. 이는 (1) 육신적 해방(사 46:13), (2) 하나님이 그들을 위해 성취하신 구원 행위(삿 5:11), (3) 아브라함의 경우처럼 주님과의 올바른 관계(창 15:6)를 가리킬 수 있다. 그러나 이 맥락에서는 언약의 복(그 땅에서 번영과 장수를 누림, 참고. 의로움이 동의어처럼 복과 짝을 이루는 시 24:5)을 누린다는 의미로 이해하는 것이 가장 좋을 것이다. 율법을 지키는 것은 의로움의 기초가 아니라 언약에 대한 충성의 외적 표현이기 때문이다.

7:1. 신명기의 대략적 구조가 십계명에 대한 해설이라는 관점과 조화를 이루는 방식으로(5:6-21에 대한 논의를 보라) 7장에서는 이스라엘이 다른 신들을 섬기지 말아야 한다는 제1계명에 대해 자세히 설명한다. 이스라엘은 현재의 거주민을 없애고 그들의 예배와 관련된 모든 흔적을 제거함으로써 제1계명에 순종하는 삶을 살기에 더 적합해질 것이다.

이 절에서는 일곱 민족을 열거하는데, 이는 가나안의 모든 거주민을 가리킨다. 아말렉은 가나안 땅에 거주하는 민족이지만 이 목록에는 언급되지 않았다(출 17:8-16; 민 13:29). 따라서 이것은 빠짐없이 기록된 목록이 아니다. 이 가나안 민족은 집단적으로 이스라엘보다 **많고 힘이** 셌다. 열거된 민족 다수는 누구를 말하는지 파악하기가 쉽지 않다. **헷 족속**은 이미 가나안에 거주하는 것으로 기록되어 있지만(창 23:10; 27:46), 역사적으로는 대부분 소아시아 지역과 연관이 있다. 노아의 아들 함의 후손인 **기르가스 족속**(창 10:15-16)은 소아시아나 요단 동편에 자리를 잡았을 가능성이 있다. **아모리 족속**은 가나안과의 연관성이 확인되었다(창 14:13). 이 민족은 가나안 민족 전체를 가리키며(창 15:16) 가나안(1:19-20)뿐만 아니라 요단 동편(민 21:13)의 영토까지 차지했다. 노아의 손자 가나안의 후손인 **가나안 족속**(창 10:6)은 이 지역 민족들 다수의 조상으로 간주되었으며 영토의 경계가 "시돈에서부터 그랄을 지나 가사까지와 소돔과 고모라와 아드마와 스보임을 지나 라사까지" 매우 광범위했다(창 10:19). **브리스 족속**은 가나안 족속과 합쳐서(창 13:7; 34:30) 더 넓은 민족 구분을 상징하는 집단으로 보는 경우가 많았다. 다른 곳에서는 그들이 가나안 산지에 살았다고 말한다(수 11:3). **히위 족속**은 함의 후손이었다(창 10:17). 일반적으로 그들은 기브온(수 9:7; 11:19)에서 세겜(창 34:2)까지 이스라엘의 중앙부에 자리를 잡고 있었다. **여부스 족속**은 함의 아들 가나안의 후손이었다(창 10:16). 그들은 가나안 산지에 살았으며(민 13:29) 예루살렘의 원주민이었다(수 15:63).

7:2-6. 사람들은 현재 그 땅을 차지한 모든 민족을 완전히 멸하라는 하나님의 말씀을 사랑이 없고 가혹하다고 생각해왔다. 이런 명령을 주신 이유를 설명하는 데 도움을 주는 몇 가지 요인이 있다. 첫째, 모든 사람은 죄인이며 하나님의 심판 아래 있다. 따라서 어떤 민족이든 하나님의 은총에 의해서만 살 수 있다. 둘째, 문맥(7:10)에서 이 민족들이 주를 미워했음을 암시하며, 따라서 그들은 이스라엘의 하나님에 대해 중립적이지 않았다. 셋째, 창세기 15:13에서는 하나님이 이 민족들에 대해 4백 년 동안 참으셨고 역사에서 바로 이 시점이 될 때까지 그들에 대한 처벌을 미루셨다고 말한다. 하나님은 가나안 사람들이 가장 지독하게 타락할 때까지 오랫동안 기다리셨다. 그들을 전멸시키라는 하나님의 명령은 이 상황에만 해당되는 것이므로 인종 학살을 정당화하는 데 이용해서는 안 된다. 넷째, 만약 이스라엘이 이 민족들이 그들의 땅에 살도록 내버려둔다면 하나님의 백성이 그들의 이교적 관습을 퍼뜨리고 모방할 것이다(20:17-18). 다섯째, 하나님이 라합과 룻처럼 유대인이 아닌 여자들이 메시아의 가계에 들어오도록 허용하셨다는 사실을 기억한다면 가나안 민족들을 전멸시키라는 명령은 덜 가혹하게 느껴질 수 있다. 하나님은 언제나 민족들을 언약 안에 포함시킬 계획을 갖고 계셨지만(창 12:2-3), 이스라엘이 그분의 선물로서 이 땅을 차지할 것이라고 약속하셨다. 이스라엘은 실제로 국경 바깥의 모든 민족에게 평화를 제공해야 했지만(20:10-18), 국경 안에서는 모든 이교 민족을 제거해야 했다. 여기서 구체적으로 언급하지는 않지만 가나안 아이들까지 전멸시켜야 했다는 점은 현대인의 감수성을 거스른다. 이러한 파괴의 총체성은 이 본문에서 (3절) 다른 민족과 동화되지 말아야 한다는 금지 명령과 연결된다. 이 아이들을 살려둔다면 그들은 이스라엘을 위협하는 올가미가 될 것이다. 아이들을 포함해 모든 가나안 사람들을 죽이는 것은 가나안식 생활 방식에 동화되는 것을 예방하는 수단이었으며 이스라엘이 오직 하나님을 위해 구별되어야 함을 상기시키는 강력한 장치였다.

이 단락에서는 그 땅에서 다른 민족 사람들과 혼인 관계를 맺지 말아야 함을 강조한다. 이는 그들이 이스라엘의 아들들로 하여금 **여호와를 떠나고 다른 신들을 섬기게** 만드는 것을 막기 위해서였다(4절). 그들의 **제단**과 **주상**[다산을 기원하는 남성 우상], **아세라 목상**[바알의 여성 배우자], **우상**처럼 그들의 종교 관습의 모든 흔적을 깨뜨리거나 불태워야 했다. 이런 박멸 정책을 명하신 이유는 이스라엘이 **여호와 네 하나님의 성민**이기 때문이다(6절). 그분은 **지상 만민 중에서** 그들을 **자기 기업의 백성으로 택하셨**다(6절). 이 모든 것을 하나님이 주도하셨으며, 그분은 그들이 배타적으로 그분을 대표하는 민족이 되기를 원하셨다.

7:7-11. 이 단락에서는 하나님이 이스라엘 민족을 택하신 이유를 제시한다. 여호와께서 그들을 **기뻐하신** 것은 그들이 수효가 많기 때문이 아니었다. 오히려 그들은 **모든 민족 중에서 가장 적었**다(7절). 하나님은 그분의 주권으로 한 사람 아브라함에게 언약적 사랑을 베푸셨으며(창 12:1-2), 그 후 그의 가족은 70명으로 늘어났고(10:22), 결국 지금에 이르렀다. 주께서는 그들의 조상들과 맺으신 약속을 지키셨고 **권능의 손으로 애굽의 종살이에서** 그들을 건져내심으로써 이스라엘을 속량하셨다(8절). 그렇게 하심으로써 그분은 그들이 참으로 그분의 '기업'이며 이 지위를 유지하고 있음을 증명하셨다(6절). 이 지위는 십계명의 첫째 계명의 부산물이었다. 즉, 그들은 그분 외에 다른 신들을 두지 말아야 했다. '주께서' 그들을 택하고 속량하시고 사랑하시고 그들에게 주신 약속을 지키셨기 때문에 이 민족은 다른 어떤 신도 섬기지 말아야 했다. 그러므로 그들은 오직 그분의 것이었다. 이스라엘은 하나님이 **신실하신** 분이심을 기억하고 그분의 성품을 반영해야 했다. 그분은 정말로 신실하셔서 **그를 사랑하고 그의 계명을 지키는 자에게는 천 대까지 그의 언약을 이행하시며 인애를 베푸**신다(9절). 이 말씀은 그분이 그들에 대한 언약적 사랑에 영원히 신실하실 것임을 뜻한다. 그러나 그분을 미워하는(거부하는) 이들에게는 지체 없이 보응하실 것이다(10절). 그분의 신실하심은 확실하며 변함없지만 그분의 심판은 직접적이며 즉각적이다. 모세는 **명령과 규례와 법도를 지켜 행할** 것을 다시 한 번 촉구하면서 이 단락을 마무리한다(11절). 이처럼 율법을 가리키는 다양한 명칭은 본문 안에서 각 부분을 나

누는 표지 역할을 하는 경우가 많다(4:1, 40; 6:1, 20; 8:11; 10:13; 11:1, 32; 12:1; 26:16; 30:16).

7:12-16. 이스라엘 백성이 이 율법에 주의를 기울이고 순종할 때 주께서 이 언약을 지키시고 그들에게 인애를 베푸실 것이다(12절). 이 복은 그분의 사랑으로부터 흘러나와 자손의 수가 많아질 뿐만 아니라 곡식과 가축도 풍성해질 것이다(13-14절). 이 복은 모두에게 명백해질 것이다. 그 땅에는 자식이 없고 가축 새끼가 없는 집이 없을 것이며 그들은 질병에 걸리지 않을 것이기 때문이다. 게다가 그들의 군사적 정복도 성공적일 것이다. 그 과정에서 그들은 가나안 사람들에게 자비를 베풀려 하는 유혹에 빠져서는 안 된다. 그들의 부정적인 영향력 때문에 이스라엘이 멸망의 길로 빠질 수 있기 때문이었다(16절). 모세는 십계명의 제1계명을 강조하면서 **그들의 신을 섬기지 말라**고 명했다. **그것이 네게 올무가** 될 것이기 때문이다(16절).

7:17-26. 이제 모세는 가나안 사람들을 그 땅에서 제거하라는 명령을 수행할 때 이스라엘이 가질 수 있는 잠재적인 두려움에 대해 이야기했다. 만약 그들을 제거할 힘이 없다는 생각이 든다면, 이스라엘은 주께서 출애굽 사건에서 그들을 위해 무슨 일을 하셨는지를 기억해야 했다(17-19절). 뿐만 아니라 **여호와께서** 도망치려고 하는 사람들을 처리하기 위해 **왕벌을 그들 중에 보내**실 것이다(20절). **왕벌**은 말 그대로 이스라엘 군사들을 도우러 올 곤충을 뜻할 수도 있다. 혹은 이스라엘의 정복 이전에 가나안 사람들을 '약하게 만든' 외국의 군사력을 가리킬 수도 있다. 혹은 비유적으로 이스라엘이 도착하자 가나안 사람들이 마치 왕벌 떼의 공격을 받는 것처럼 두려워할 것이라는 뜻일 수도 있다. 출애굽기 23:27-28에서는 이 단어를 '공포'(개역개정에서는 '위엄'으로 번역함—옮긴이 주)와 연결시켜 사용한다. 따라서 비유적 의미로 쓰였을 가능성이 더 높다. 왕벌이 무엇이든지 이스라엘 백성은 적을 두려워해서는 안 된다. 하나님이 그들 가운데 계시며 **이 민족들을 쫓아내**도록 도와주실 것이기 때문이다(22절). 이 정복은 점진적으로(**조금씩**) 일어날 것이다. 그렇지 않으면 그 땅에 들짐승들이 번성해 사람들을 해할 것이다. 주께서는 민족들을 큰 혼란에 빠뜨리고 그들의 왕들을 처형하도록 이스라엘에게 넘겨주셔서 그 땅에서 그들의 업적과 유산을 아무도 기억하지 못하게 하실 것이다(23-24절). 정복하는 동안 설령 추출해낼 수 있는 귀금속으로 만든 것이라고 해도 조각한 신상은 완전히 불살라야 했다. 금전적 가치와 상관없이 어떤 종교적 물품도 전리품으로 취해 집에 가져오지 말아야 했다(25-26절).

8:1. 모세는 이스라엘 백성이 **살고 번성하고 여호와께서** 그들에게 주겠다고 약속하신 **땅**을 **차지하**기 위해서는 그가 그들에게 명하는 모든 명령에 철저히 순종해야 한다고 강조했다. 모세는 신명기에서 오늘이라는 단어를 거듭 사용하는데(2:18; 9:3; 11:32), 이는 그 세대가 언약에 바르게 반응해야 함을 강조할 뿐만 아니라 이후의 모든 독자들에게도 바로 지금 하나님의 명령에 바르게 반응해야 한다는 생각을 갖게 한다.

8:2-10. 주께서 광야에서 40년 동안 그들을 인도하신 것을 기억함으로써 이스라엘은 장차 주의 계명을 지키려 하는 열심을 품을 수 있었다. 하나님은 광야에서 보낸 시간을 통해 그들을 겸손하게 하셨고 그들이 언약에 순종할지 알아보셨다(2절). 하나님은 그들을 시험하셨다. 이는 그분이 모르셔서가 아니라 이스라엘의 헌신이나 헌신하지 않음이 드러나도록 하기 위해서였다. 주께서는 그들이 육신적 굶주림을 경험하도록 예정하셨고, 초자연적으로 그들에게 만나를 주셨다. 단지 그들의 몸에 필요한 것을 공급하기 위해서 그분이 이렇게 하신 것은 아니다. 사람이 물질적인 **떡으로만** 사는 것이 아니라 그분의 **입에서 나오는** 영적 음식(계명과 가르침)으로 산다는 것을 강조하기 위해서였다(3절). 음식에 대한 이런 언급은 (음식과 관련된) 에덴동산의 첫 유혹을 떠올리게 한다. 예수께서는 돌을 떡으로 만들어보라는 사탄의 유혹을 물리치시며 이 말씀(8:3)을 인용하셨다(마 4:4에 대한 주석을 보라).

하나님은 광야에서 이스라엘에게 음식을 공급하셨을 뿐만 아니라 그들의 옷이 해어지지 않게 하셨다. 뜨겁고 험한 길을 걸어 다녔지만 그들 중 누구도 발이 부르트지 않았다(4절). 광야 기간 동안 그분이 그들을 대하시는 방식은 자신의 복수심이 아니라 그들의 유익을 위해 그들을 징계하시려 하는 그분의 마음에 기초했다(5절). 모세는 징계라는 주제를 이어가면서 다시 한 번 이스라엘에게 **네 하나님 여호와의 명령을 지켜** 그의 길을 따라가며 그를 경외하라고 강조했다(6절). 그분은 그들을 징계하셔서 그들이 아름다운 땅에 들어가 그 땅을 받을 준비를 할 수 있게 하셨다. 이 땅에는 여러 수원(시내와 분천과 샘)뿐만 아니라 밭과 포도원, 과수원이 풍부하며, 모두가 풍성한 농산물을 내고 채굴할 광물도 넉넉할 것이다(7-9절). 그들은 이 모든 은혜로운 공급하심을 누려야 했으며, 그들에게 옥토를 주신 여호와를 찬송해야 함을 잊지 말아야 했다(10절).

8:11-20. 모세는 이스라엘에게 **여호와의 명령**을 **지키지** 않음으로써 **여호와를 잊어버려서는** 안 된다고 경고했다. 모세는 교만이 그들의 마음속에 파고들도록 내버려두지 말아야 하며 그들이 누리는 모든 것이 직접 주께로부터 온 것임을 잊지 말라고 미리 주의를 주었다. 만약 그들이 **여호와를 잊어버리고 다른 신들을 따라 그들을 섬기며 그들에게 절하면**(19절), 그 결과는 심각할 것이고 그들은 멸망할 것이다. 그들은 시혼과 옥처럼(민 21:33-34; 신 1:4; 3:3) 멸망을 당하고 말 것이며, 이는 그들이 **여호와의 소리**에 불순종했기 때문일 것이다.

9:1-6. 모세는 청중에게 그들 앞에 놓인 엄청난 과업을 상기시켰다. 그들은 자신들보다 크고 강한 민족들, 즉 강대하고 키가 크며 **성벽**으로 둘러싸인 성읍에서 사는 민족들을 전멸시켜야 했다(1-2절). 민수기 14장에서 정탐꾼의 보고를 받은 후, 그들은 바로 이 정보 때문에 두려워했다. 따라서 모세는 이 정보를 다시 거론하며 그런 불신앙의 죄를 되풀이하지 말라고 경고했다. 주께서 **맹렬한 불**처럼 그들보다 앞서서 가실 것이므로 그들은 그분을 뒤따라가면서 **그들을 쫓아내며 속히 멸**하기만 하면 된다(3절).

앞에서(8:17) 모세는 이스라엘 백성이 그들의 신체적 능력으로 약속의 땅에서 번성할 수 있을 것이라고 생각하려는 유혹을 받을 수 있다고 말했다. 여기서 그는 또 다른 잠재적 유혹, 그 땅에서의 성공이 그들 자신의 **공의** 덕분이라고 생각하려는 유혹에 대해 경계했다(5-6절). 모세는 그들이 약속의 땅에 사는 민족들을 쫓아내는 데 성공하는 이유는 가나안 사람들의 **악함** 때문이지 이스라엘 백성의 선함 때문이 아니라고 강조했다. 뿐만 아니라 그들이 성공하는 까닭은 주께서 선한 행위에 대해 그들에게 보상하시는 것이 아니라 이스라엘의 조상들에게 하신 서약을 성취하시기 때문이라고 이해해야 한다. 사실 모세가 이 장의 뒷부분에서 예를 들어 보여주듯이 이스라엘이 **목이 곧은 백성**임에도, 이 **아름다운 땅**이 은혜로운 선물로 그들에게 주어질 것이다(6절).

9:7-14. 그런 다음 모세는 금송아지 사건(출 32장)을 회고함으로써 그들이 얼마나 목이 곧은 백성인지를 예증했다. 십계명에 대한 해설을 이어가면서 모세는 오직 주님만이 그들의 하나님이시며 그들은 어떤 우상도 만들지 말아야 한다고 강조했다(7절; 5:8을 보라). **호렙산에서** 있었던 대표적인 우상숭배 사건이 발생한 것은 모세가 산에 올라가 **사십 주 사십 야**를 머물던 바로 그때였다. 따라서 그는 그들이 이토록 지독한 죄를 잊지 않기를 원했다. 모세가 금식하며 하나님이 손으로 기록하신 두 돌판을 받을 준비를 하고 있을 때 민족은 금식하며 **우상을 부어 만들었다**(12절). 불의 이미지는 이 부분에서 반복되는 주제이다. 하나님은 '맹렬한 불'이시며(9:3), 주께서 **불 가운데서** 말씀하셨고(10절), 산에는 **불이 붙었다**(15절). 하나님의 임재를 둘러싼 불과 대조적으로 백성은 금을 녹여 송아지를 만드는 데 그들의 불을 사용하고 있었다(9:12, 16).

6-13절은 교차 대구 구조를 이루며 그 중심축(10절)은 십계명을 담은, **하나님이 손으로 쓰신 두 돌판**에 초점을 맞춘다. 이 구조의 시작과 끝에는 이스라엘의 목이 곧음에 대한 진술이 자리 잡고 있다(6, 13절).

신명기 9:6-13의 구조

A 목이 곧은 백성(9:6)
　B 애굽 땅에서 나오던(9:7)
　　C 내가…올라가서(9:9)
　　　D 언약의 돌판들(9:9)
　　　　E 사십 주 사십 야(9:9)
　　　　　F 여호와께서 두 돌판을 내게 주셨나니…그 돌판의 글은 하나님이 손으로 기록하신 것이요(9:10)
　　　　E' 사십 주 사십 야(9:11)
　　　D' 언약의 두 돌판(9:11)
　　C' 일어나…내려가라(9:12)
　B' 네가 애굽에서 인도하여 낸(9:12)

A' 목이 곧은 백성(9:13)

이 구조를 사용함으로써 모세는 민족이 목이 곧음(이 구조의 첫 번째 구성 요소)을 강조할 뿐만 아니라 주께서 은혜롭게 손으로 쓰신 십계명 돌판을 주셨다는 중심축을 부각시켰다. 그들이 반역한 결과 하나님은 그들을 **멸하여 그들의 이름을 천하에서 없애고** 모세와 함께 새 민족을 시작하려고 하셨다(14절).

9:15-21. 이 단락에서는 금송아지 사건에 대한 모세의 반응을 기록한다. 그의 관점에서 산에서 내려오면서 우상을 만드는 그들의 죄를 직접 목격한 상황을 서술한다(15-16절). 그들의 반역을 목격하자 그는 두 돌판을 박살 냄으로써 죄에 대한 혐오감을 표출했고, 민족이 언약을 위반했다는 사실을 시각적으로 상기시켰다(17절). 중재자로서 모세는 주 앞에 엎드려 다시 40일 동안 먹지도 마시지도 않고 죄를 지은 민족을 대신해 주께 청원했다(18절). 주께서 민족과 금송아지를 만드는 데 가담한 형 아론(19-20절)을 위한 모세의 기도(26-29절)를 들으셨다. 모세는 우상을 **불살라** 부수고 가늘게 갈아서 그들이 마시는 냇물에 뿌렸다(21절, 또한 출 32:20을 보라).

9:22-24. 모세는 그들이 반역하는 민족임을 증명하는 네 가지 예를 더 들었다(6, 13절). 이런 범죄를 저지른 장소는 **다베라**(민 11:1-3)와 **맛사**(출 17:1-7), **기브롯 핫다아와**(민 11:31-34), **가데스 바네아**(민 13-14장)였다. 다베라는 시내산에서 북쪽으로 3일 거리에 있었고(민 10:33), 하나님이 심판으로 불을 내리셨기 때문에 그런 이름으로 불렸다(민 11:3). 기브롯 핫다아와는 시내산과 하세롯 사이 어딘가에 있었지만 정확한 위치는 알 수 없다. 이 지명은 '탐욕의 무덤'이라는 뜻이며 메추라기 이야기와 관계가 있다(민 11:34). 가데스 바네아는 시내산 북동쪽으로 신 광야의 남쪽 경계에 있는(수 15:3) 오아시스로서 예루살렘에서 남동쪽으로 약 137킬로미터 떨어져 있다. 백성의 죄는 주의 명령에 대한 불순종과 불신앙이었다. 하나님께 반역하는 모습이 처음부터 그들의 특징이었다.

9:25-29. 모세는 자신의 기도에 대해 계속해서 이야기했고(18-19절), **사십 주 사십 야**(26절) 동안 계속된 중보와 탄원 기도의 내용을 기록했다. 이 기도를 한 까닭은 사실 (22-23절에 기록된 추가적인 반역 때문이 아니라) 금송아지 사건 때문이었지만, 이처럼 계속되는 반역의 사건은 모세의 중보 기도가 얼마나 중요했는지를 강조한다. 주께서는 백성을 **멸하기**를 원하셨지만 모세는 주께서 아브라함과 이삭, 야곱에게 주신 약속을 상기시키며 만약 그분이 모세와 새로 시작하신다면 그 약속이 무효가 되고 말 것이라고 말했다(26-27절). 모세는 다른 민족 앞에서 주의 평판을 유지해야 한다는 점을 논거로 삼았다. **여호와께서 그들에게 허락하신 땅으로 그들을 인도하여 들일 만한 능력도 없고 그들을 미워하기도 하사 광야에서 죽이려고 인도하여 내셨다 할까** 두렵다고 말했다(28절). 모세는 하나님께 이스라엘이 반역하는 백성임에도 여전히 그분의 **기업**임을 기억해주실 것을 호소했다.

10:1-5. 모세의 기도 덕분에 민족을 보존할 수 있었다. 주께서 그에게 **처음과 같은 두 돌판을 다듬어 가지고 산에 올라 내게로 나아오라**고 명하셨기 때문이다(1절). 이는 이스라엘과의 언약이 여전히 유효함을 뜻했다. 뿐만 아니라 하나님은 모세에게 나무로 돌판을 담을 궤(상자)를 만들라고 명령하셨다(참고. 출 34:1). 이 궤는 나중에 브살렐이 언약궤를 아름답게 만들기 전에(출 37:1-9) 사용했던 상자일 가능성이 높다. 모세가 산에 오른 후 주께서 두 돌판에 **십계명**을 쓰셨다(4절). 언약의 당사자가 하나씩 갖는다는 의미로 두 돌판 각각에 십계명 전체를 기록했을 가능성이 높다. 그런 다음 두 돌판을 궤 안에 안전히 보관해야 했다.

10:6-11. 이 단락에는 꼭 시간에 대한 문제는 아니지만 주제와 관련해 모세가 말하고 있는 많은 요소를 하나로 묶는 역사적 내용이 괄호처럼 삽입되어 있다. 마지막으로 언급된 지리적 위치는 모세가 십계명을 받았던 호렙산이었지만 이제는 광야 기간을 앞으로 빨리 돌려 **브에롯 브네야아간**을 떠나던 때를 묘사한다. 그들이 호렙산에서 출발할 때로부터(민 33:31) 한참 시간이 흐른 시점이다. 브에롯 브네야아간은 에돔 경계에서 가까운 알려지지 않은 장소로서 '야아간 아들들의 우물'이라는 뜻이다. 모세롯의 정확한 위치도 불확실하지만, 에돔 경계의 호르산 근처였다(참고. 민 20:25-26). 이 지명들을 감안하면 이 사건들이 **아론**이 죽고(민 20:28) 광야 생활이 끝나가던 시점에 일어났음을

알 수 있다. 주께서는 모세에게 그와(모세는 레위 지파 출신이었다) 새로운 민족을 시작하겠다고 말씀하셨다(출 32:10). 실제로 모세가 아브라함처럼 새 이스라엘 민족의 창시자가 되지는 않았지만 앞으로 이스라엘에서 레위 지파는 (아론이 죽은 후에도) 특별한 위치를 차지하게 된다. 레위인들은 **언약궤를 메고 여호와 앞에 서서** 그분을 섬기고 그분 이름으로 축복하도록 구별되는 영광을 얻었다(8절). 레위 지파는 땅을 분배받지 않았지만 주께서 친히 그들의 기업이 되셨다(9절). 일반적으로 기업은 각 지파에 할당된 땅을 일컬었다. 레위 지파는 땅을 분배받지 않았기 때문에 그들이 제사장으로서 섬기는 대가로 보상을 받았다. 주께서 레위 지파에게 복을 주셨고, 이는 모세가 호렙산에서 반역한 민족을 위해 매개자로서 중보했기 때문인 것으로 보인다. 두 번째 40일이 끝났을 때 **여호와께서** 모세의 기도를 들으시고 백성을 **멸하지** 않으셨다.

10:12–22. 모세는 이제 '**이스라엘아!**'라는 말로 연설을 마무리하기 시작했다(참고. 4:1). 그는 **네 하나님 여호와께서 네게 요구하시는 것이 무엇이냐**라는 수사 의문문으로 연설의 메시지를 요약했다(12절). 대답은 분명히 **네 하나님 여호와를 경외하여 그의 모든 도를 행하고 그를 사랑하며 마음을 다하고 뜻을 다하여 네 하나님 여호와를 섬기고 내가 오늘 네 행복을 위하여 네게 명하는 여호와의 명령과 규례를 지키**는 것이었다. 이는 4:44에서 시작되어 11:32에서 끝나는 그의 메시지를 요약하기에 적절한 방식이다. 이 긴 부분에서는 많은 핵심 동사들이 반복되었다(예를 들어, '경외하다' 5:29; 6:13, '행하다' 5:33; 8:6, '사랑하다' 6:5; 7:9, '섬기다' 5:9; 8:19, '지키다' 6:2; 8:6).

모세가 주께 전적으로 헌신하는 태도를 심어주려고 노력하는 까닭은, 단지 그분의 주권, 즉 **하늘**과 **땅**이 그분께 **속**했기 때문만이 아니라(14절) 하나님이 의도적으로 **택**하신 **조상**들의 후손인 그들에 대한 사랑을 계속해서 보여주시기 때문이었다(15절). 의도한 결과는 백성이 **마음**[지성과 감정]**에 할례**를 행하고 더는 **목**[그들의 의지]을 **곧게 하지** 않는 것이었다(16절). 할례는 언약에 순종한다는 외적 표지였지만 여기서 모세는 마음으로 주께 순종하는 것이 더 중요하다고 말하고 있다. 이 메시지에서 모세가 염두에 둔 또 다른 목적은 백성에게 그들 가운데 가난한 이들을 위해 정의를 행하도록 권면하는 것이었다(17-19절). **두려우신 하나님**은 **사람을 외모로 보**거나 뇌물을 받지 않으신다. 이스라엘 백성도 그들 가운데 있는 **고아**와 **과부**, **나그네**를 그분처럼 정의롭게 대해야 한다(미 6:8). 모세는 그들이 하나님을 찬양하도록 하나님이 그들의 눈앞에 분명히 드러나도록 행하신 **크고 두려운 일**을 그들에게 상기시켰다(21절). 그분의 사랑에 대한 또 다른 증거는 겨우 **칠십 인**으로 시작한 이스라엘이 이제 **하늘의 별 같이 많**아졌다는 사실이다(22절).

11:1–7. 이 단락에서 모세는 10:12에서 시작한 결론을 이어가며 **여호와를 사랑하**고 그분의 **명령을 지키라**고 반복해서 촉구한다. 모세의 연설이 설교 형식을 띤다는 것은 **오늘날 기억할 것**과 같은 구절을 사용한다는 점을 통해 분명히 드러난다(2절). 이는 원래의 청중뿐만 아니라 후대의 모든 독자를 겨냥한 수사적 효과를 부각시킨다. 여기서 모세가 누구에게 말하고 있는지 주목하라. 그는 애굽에서 탈출하고 가데스 바네아에서 반역하고 광야에서 죽는 벌을 받았던 원래의 성인 세대(20세 이상)를 연설의 대상으로 삼지 않았다.

이 시점에서 모세는 약속의 땅으로 들어가기 직전인 두 번째 세대(출애굽 당시 20세 이하)를 대상으로 연설하고 있었다. (여호수아와 갈렙을 제외한) 1세대는 이미 광야에서 죽었다. 모세는 2세대가 실제로 그 땅에 들어갈 사람들이었으므로 그들에게 초점을 맞추고 있었다. 여기서 모세는 2세대의 자녀들(즉, 3세대)에게 말하고 있지 않다는 점을 강조했다. 그들은 출애굽을 경험하지도 못했고 광야에서 하나님이 1세대에 내리신 (땅이 다단과 아비람이 집어삼켰을 때처럼, 6절; 민 16:31-33을 보라) 중요한 징계와 심판을 목격하지도 못했기 때문이다. 2세대는 이런 사건을 다 겪었지만 20세 이하였기 때문에 그들에게는 책임이 없었다. 주를 사랑하라는 명령(11:1)은 그들이 애굽에서 구원받은 것을 직접 눈으로 보았다는 사실에 근거했다(7절).

11:8–17. 그러므로라는 말은 그들이 들어가서 그 **땅을 차지**한 후 언약에 충성하라는 부르심이 주께서 애굽에서 그들을 위해 하신 일에 기초한다는 점을 강조한다(8-10절). 이 부분의 주요 주제는 땅과 그 땅에서 언약의 복을 누릴지 여부가 그들의 신실함, 특히 십

계명의 첫 두 명령에 대한 신실함에 달려 있다는 가르침이다. 그들이 언약에 대해 신실하다면 **젖과 꿀이 흐르는** 땅이라는 관용구로 자주 묘사되는(예를 들어 출 3:8; 신 6:3 등) 그 땅에서 오래 머무를 수 있을 것이다. 애굽에 식량이 풍부했지만 이를 위해서는 나일강이 강둑을 범람할 때마다 관개시설을 통제하기 위한 애굽 사람들의 노력이 반드시 필요했다. 그와 대조적으로 이스라엘 땅은 인간의 아무런 노력 없이 **하늘에서 내리는 비**를 받았다(11절). 또한 **여호와의 눈**이 언제나 그 땅을 살펴주셨다(12절). **이른 비, 늦은 비**가 규칙적으로 내리도록 하려면 그들이 순종하고 자신들의 **하나님 여호와를 사랑하여 마음을 다하고 뜻을 다하여** 섬겨야 했다(13-15절). 만약 그들이 미혹되어 **다른 신**들을 섬기거나 예배한다면, 주의 **진노**가 불타오를 것이며 그분은 **하늘을 닫아** 비가 내리지도 않고 땅이 소산을 내지 않게 하실 것이며 백성은 그 땅에서 **속히 멸망할** 것이다(16-17절).

11:18-21. 2세대의 자녀들은 애굽과 광야에서 하나님이 강한 손으로 행하신 일을 보지 못했다(11:2). 따라서 2세대 부모들은 먼저 그들 자신의 **마음**과 **뜻**에 하나님의 말씀을 새겨야 했다(18절; 참고. 6:5). 이는 손목과 미간에 하나님의 말씀을 매는 행위로 상징적으로 묘사되는데, 그들이 행하는 모든 일(손목)과 그들이 세상을 바라보는 방식(미간, 참고. 6:8에 대한 주석)에서 하나님의 **말씀**을 실천해야 함을 보여주기 위해서였다. 그들 자신의 삶 속에 말씀을 심었다면 이제 그들은 자녀들에게 그 말씀을 가르칠 수 있을 것이며 하루 중 어느 때든 가르칠 수 있는 시간을 마련할 수 있을 것이다(19절; 참고. 6:7). 또한 집 **문설주**와 성읍의 **바깥문**에 하나님의 말씀을 적어두어야 했다. 이는 가정과 더 큰 공동체 안에서 하나님의 말씀을 실천해야 한다는 뜻이다(20절). 하나님의 율법을 가정에서 사적으로, 성읍 안에서 공적으로 실천한다면 주께서 그들의 자녀가 그 땅에서 머물 날이 많아져서 **하늘이 땅을 덮는 날과 같아지게**, 즉 영원하게 해주시겠다고 약속하셨다.

11:22-25. 그 땅에서 민족들을 **쫓아내**시겠다는 주의 약속의 성취 여부는 이스라엘이 그분의 명령을 지키고 **하나님 여호와를 사랑하고 그의 모든 도를 행하여 그에게 의지하**는가에 달려 있었다. 이는 언약에 대한 충성의 필요성을 반영한다. 정복 성공의 토대는 군사적 힘이 아니라 주에 대한 신실함이었다. 경계는 **광야**[남쪽 끝 네게브 사막]**에서부터 레바논까지와 유브라데강에서부터 서해**[지중해]**까지**였다. 이것은 다른 곳에 묘사된 경계와 비슷하다(창 15:18; 출 23:31; 민 34:2-10; 신 1:7-8).

11:26-32. 모세는 연설을 마무리하면서 당시 대부분의 언약 조약의 공통 요소였던 복과 저주 규정에 초점을 맞췄다. 이 단락은 27-28장의 또 다른 복과 저주 항목과 더불어 모세의 다음 담화(12-26장)를 둘러싸고 있다. 처음에 호렙산(시내산)에서 언약을 세운 것과 비슷하게, 언약 갱신 의식도 또 다른 산지에서 거행될 것이다(예루살렘 북쪽으로 약 48킬로미터 떨어져 있으며 각각 세겜 성읍의 남쪽과 북쪽에 자리 잡은 그리심산과 에발산, 29절). 이 의식은 **길갈 맞은편 모레 상수리나무 곁** 가나안 영토 안에서 행해야 했다(30절). 이 길갈은 여호수아 시대의 길갈(수 5:9)이 아니라 예루살렘 북쪽으로 약 29킬로미터 떨어진 곳에 있는 다른 장소이다. 모레 상수리나무는 세겜 근처의 나무숲이었다(창 12:6). 모세는 의도적으로 모레 상수리나무를 언급함으로써 아브라함이 가나안 땅에 들어올 때 처음으로 제단을 쌓은 곳을 떠올리게 했다(창 12:6-7). 그렇게 함으로써 하나님이 아브라함과 세우신 언약의 중요성을 부각시키고, 가나안 사람들 사이에서 하나님을 예배하는 것과 관련해 이 지역(세겜 근처로 예루살렘에서 북쪽으로 48킬로미터 떨어진 곳)의 영적 의미 또한 부각시켰다. 여기서 야곱은 밧단아람에 있는 동안 자기 가족들이 모았던 이방 신상들을 상수리나무 아래에 묻었다(창 35:4). 민족이 순종한다면 **그리심산**에서 선포하신 축복을 받을 것이다. 하지만 **돌이켜 떠나 다른 신들**을 따른다면 그들은 **에발산**에서 선포된 저주를 받을 것이다(29절). 모세는 하나님이 주신 **모든 규례와 법도를 지켜 행**하라는 명령을 다시 한 번 상기시키며 이 연설을 마쳤다(32절).

B. 선별된 언약 율법에 대한 해설(12:1-25:19)

신명기에서 가장 긴 부분은 법전이지만, 법전 역시 6-11장의 특징을 이뤘던 권면하는 문체로 제시되고 있다. 12장에서 새로운 부분이 시작되지만, 아래에서 볼 수 있듯이 작은 교차 대구 구조를 통해 앞의 담화와 연결되어 있기도 하다.

이런 식의 구조에서는 맨 처음에 나오는 항목(여기서는 땅 선물)과 중심축에 초점이 맞춰진다. 중심축에서는 오늘 즉각적으로 규례와 법도에 순종해야 한다고 강조한다.

신명기 11:31–12:1의 구조

A 땅[히브리어로 에레츠(*eretz*)](11:31)

B 너희에게 주시는 땅…반드시 그것을 차지하여 (11:31)

C 지켜 행할지니라(11:32)

D 규례와 법도(11:32)

E 내가 오늘 너희 앞에 베푸는(11:32)

D' 규례와 법도(12:1)

C' 지켜 행할(12:1)

B' 네게 주셔서 차지하게 하신(12:1)

A' 땅[히브리어로 에레츠(*eretz*)](12:1)

12:1. 이 절은 신명기의 중심부(12-25장—옮긴이 주)가 시작되는 표제로서 이 책의 구조를 나누는 데 사용된 다른 표제(1:1; 4:44; 6:1; 12:1; 29:1; 33:1)와도 비슷하다. 여기서 기록된 율법 법전을 지칭하는 데 사용된 용어는 **규례와 법도**이다. 이 두 히브리어 단어는 짝을 이루어 자주 사용되며(4:1; 5:31; 6:1) 본질적으로 동일한 뜻을 지닌다. 여기서는 일반적인 규정(신 5-11장)에서 더 구체적인 명령으로 범위를 한정하는 효과가 있다.

12:2–3. 모세는 앞에서 명령한 것을 반복하면서(7:5) 백성에게 그 땅의 예배 장소, 특히 산이나 나무와 연관된 곳을 다 허물라고 말했다. 산은 제의적 중심지인 경우가 많았으며, 이교 예배는 나무숲에서 행하는 경우가 많았다. 숲은 고대 근동에서 건축을 위한 목재를 제공한다는 점에서 중요했을 뿐만 아니라 다산의 중요한 상징으로 간주되었다. 따라서 이교 관습과 연관되는 경우가 많았다(참고. 창 12:6에서 '모레 상수리나무'가 '가나안 사람'과 나란히 등장함). 아브라함은 종종 나무 옆에 제단을 세웠는데(예를 들어, 창 13:18; 참고. 신 11:30), 아마도 나무와 연관된 가나안 관습에 맞서기 위해서였을 것이다. 이교 예배와 연관된 모든 물건은 깨뜨리거나 불살라야 했다. 이스라엘 백성은 전혀 흔적을 남기지 말고 **그 이름을 그곳에서 멸**해야 했다.

12:4–14. 신명기에서 처음으로 모세는 중앙 성소라는 주제를 다루기 시작했다. '중앙 성소'란 주께서 이스라엘을 위해 하나의 예배 처소로 택하신 장소를 가리키기 위해 학자들이 사용하는 용어이다. 가나안 사람들은 언덕과 높은 산에서, 나무 옆에서 예배를 드렸지만, 이스라엘 백성은 **너희의 하나님 여호와께 그처럼 행하지 말아야** 했다(4절). 대신 그들은 **오직 너희의 하나님 여호와께서 택하신 곳**에서 그분을 찾아야 했다(5절). 그분은 오직 한 곳에 **자기의 이름을 두실** 것이다(5절). 이곳에 주의 이름을 세운다는 것은 이 책 전체에 반복해서 등장하는 주제이다(12:11, 21; 14:23-24; 16:2, 6, 11; 26:2). 이곳은 마침내 예루살렘에 자리를 잡을 때까지는 어느 곳이든 하나님이 성막을 세우라고 하신 곳이었다. 하지만 초점은 여러 곳이 아니라 민족이 예배를 하도록 지정된 유일한 공간이라는 것이었다. 그들은 이 한 곳으로 **번제**와 **제물**, **십일조**와 그 밖의 예물을 가져와야 했다. 이 한 곳에서 감사하는 예배자들은 **여호와 앞에서** 거룩한 공동 식사를 나눌 수 있었다(7절). 광야를 유랑하는 기간 동안 모든 사람이 **각기 소견대로** 했다(8절). **하나님 여호와께서 주시는 안식과 기업에 아직은 이르지 못**했기 때문이다(9절). 그러나 요단강을 건너고 그 땅에서 살게 되었을 때 그들은 거기서만 예배하고 **여호와 앞에서 즐거워**해야 했다(10-12절). 아무 데서나 제의적 장소를 발견했다고 **번제**를 드려서는 안 되었다. 그들은 **하나님 여호와께서 택하실 그곳**에서만 제사를 드려야 했다(11절).

12:15–28. 지정된 한 곳에서만 모든 동물 제사를 드려야 한다고 명령한 다음, 모세는 음식을 위한 것이든 예배를 위한 것이든 동물을 도축하는 것에 대해 설명했다. 사냥으로 잡은 것이든 가축이든, 동물은 그것을 누가 먹을 수 있는지 상관없이 공동체 안에서 고기를 얻기 위해 도축할 수 있었다. 백성은 **피**를 먹는 것이 금지되었으므로 **땅에** 쏟아버려야 했다(16절). 피는 생명을 상징하여(레 17:10-12) 거룩하다고 간주되었기 때문에 먹지 말아야 했다. 그리고 동물을 의도적으로 죽일 때마다 올바르게 처리해야 했다. 무엇이든지 제물로 바쳐야 하는 것은 집에서(**네 각 성에서**, 17절) 먹으

면 안 되었다. **여호와 앞에서** 이 제물을 먹도록 지정된 유일한 장소는 중앙 성소였다.

레위인들은 다른 지파처럼 땅을 받지 못했으므로 모세는 백성에게 그들이 [그들의] **땅에 거주하는** 동안 그들을 **저버리지 말라**고 명령했다(19절). 아마도 음식에 대해 이야기하면서 모세는 나머지 민족이 레위인들에게 양식을 제공해야 한다는 점을 분명히 해두고 싶었을 것이다. 고기를 먹는 것에 대해 다루는 거의 동일한 두 단락 사이에 레위인들에 대한 명령을 배치함으로써 그들이 종교인의 자격으로 성막에서 수행하는 일뿐만 아니라 그들의 복지에도 관심을 기울여야 한다는 점을 강조하려 했을 것이다. 어떤 경우이든 주께서는 고기 먹는 것을 분명히 허용하셨으며 개인적인 기호에 맞게 고기를 먹는 것에 제한을 두지 않으셨다. 이는 특히 중앙 성소에서 멀리 떨어져 사는 이들에게 해당되었으며, 성막/성전에만 제물을 가져오라는 명령과 모순되지 않는다. 모세는 여기서 동물을 죽이고 먹는 것에 대한 명령을 대부분 반복해서 말했다(20-28절; 참고. 15-18절). 그가 하는 말을 현장에서 직접 들었을 청중에게는 이러한 반복이 명령을 이해하는 데 도움이 되었을 것이다. 모세는 앞에서 그랬듯이(13, 19, 28절) **내가 네게 명령하는 이 모든 말을 너는 듣고 지키라**는 경고를 반복했다(28절). 백성이 목이 곧아서 **여호와의 목전에 선과 의를 행하라**는 훈계를 계속해서 들어야 했기 때문이다.

12:29-32. 가나안 예배 관습의 흔적을 모조리 파괴하라는 주제를 이어가면서(2절) 모세는 그들의 모든 종교적 상징을 깨뜨리고 불사르라는 명령에 덧붙여 백성이 호기심에서라도 가나안 사람들의 종교 행위에 참여해서는 안 된다고 다시 한 번 강조했다. 그들은 **올무에 걸려** 이런 신들을 따르고 심지어는 그들의 가증한 이교 제의를 자신들의 예배와 결합시킬 가능성이 있었다. 그들의 제의를 모방해서는 안 된다. 가나안 사람들이 **여호와께서 꺼리시며 가증히 여기시는 일**을 행하고, 심지어는 **자기들의 자녀를 불살라 그들의 신들에게** 바쳤기 때문이다. 이스라엘은 아무것도 더하거나 빼지 않고 주의 명령을 철저히 따라야 했다. 12장의 마지막 절(32절)은 히브리어 마소라 사본처럼 다음 단락을 소개하는 절로 보는 것이 가장 적합하다.

13:1-5. 이 단락에서는 민족이 다른 신들을 따르고자 하는 유혹을 받을 수 있는 세 가지 경우를 설명한다. 민족은 거짓 선지자, 가까운 가족, 심지어는 배교한 성읍 전체에게서 유혹을 받을 수 있었다. 여기에 이 명령을 배치한 목적은 제2계명(나 외에는 다른 신들을 네게 두지 말지니라, 5:7)을 더 자세히 설명하기 위해서였을 것이다. 이것이 바로 이런 거짓 선지자들이 백성으로 하여금 하게 만들려는 행동이기 때문이다. 여기서 선지자는 다른 누군가를 대신해 말하는 사람이다. 한 사람은 다른 사람을 위한(아론이 모세를 위해 그랬듯이, 출 7:1), 혹은 한 신을 위한 '선지자'가 될 수 있다. 모세는 이 선지자를 '거짓 선지자'로 분명히 규정하지는 않지만, 그것이 이 단락에서 그가 의도한 의미였다.

민족 가운데서 **선지자나 꿈꾸는 자**가 일어나 **이적과 기사**를 실제로 이루어지게 한다면 정말로 위험한 상황이 될 수 있다(1-2절). 그 한 예언의 정확성을 근거로 그 거짓 선지자는 사람들을 유혹하여 **다른 신들을 따르고 섬기**게 할 수도 있다(2절). 고대 근동에서 선지자들은 존경받는 사람들이었으므로 거짓 선지자가 사건을 정확하게 예측하거나 이적을 행할 수 있다면 이는 심각한 위협이 될 수 있었다. 만약 그 선지자나 꿈꾸는 자가 사람들로 하여금 여호와가 아닌 다른 신들을 예배하도록 유혹하는 데 성공했다면 해결책은 간단하다. 그 선지자를 죽여야 한다. 그가 그들로 하여금 주를 **배반하게** 만들었고 **도에서 꾀어**냈기 때문이다(5절). 예수께서는 죽임을 당하셨지만 그렇다고 해서 그분이 거짓 선지자라는 뜻은 결코 아니다. 다른 참 선지자들도 죽임을 당했기 때문이다(대하 24:20-22; 마 23:30). 기독교를 반대하는 이들 중 일부는 이 본문을 근거로 그들이 예수께서 메시아이심을 거부하는 것이 정당하다고(그들의 주장에 따르면 이적과 기사를 행한 다음 사람들을 도에서 꾀어냈으므로, 1, 5절) 주장할지도 모른다. 그러나 예수께서는 참 선지자의 모든 자격을 갖추셨고 사람들로 하여금 율법을 바르게 이해하도록 가르치셨다. 주께서는 민족이 참으로 **마음을 다하고 뜻을 다하여 여호와를 사랑하는**지 알아보기 위해 그런 거짓 선지자가 일어나도록 예정하실 수도 있다(3절). 나중에 이스라엘은 드문 경우를 제외하고는 거짓 선지자들을 처형하지 않았다(왕상 18:40). 해결책은 민족이 **하나님**

여호와를 따르며 그를 경외하며 그의 명령을 지키며 그의 목소리를 청종하며 그를 섬기며 그를 의지하는 것이었다(4절). 이 모든 명령은 언약에 대한 충성과 신실함을 뜻한다.

13:6-11. 거짓 선지자보다 훨씬 더 위협적인 것은 가까운 가족이 누군가를 유혹해 다른 신들을 섬기게 만드는 경우였다. 사람들은 사랑하는 사람이 돌로 쳐서 죽임을 당할까 두려워하여 그가 이런 죄가 있다고 말하지 않을 것이다. **너와 네 조상들이 알지 못하던**(6절)이라는 구절은 그들이 이런 신들에 대해 한 번도 들어보지 못했다는 말이 아니라 그런 신들을 예배하는 데 가담한 적이 없었다는 뜻이다. 첫 단계로 그런 가족을 **따르**거나 그들의 말을 **듣지** 말아야 했고(8절), 다음 단계는 그들을 **애석히 여기**거나 그들이 저지른 일을 **덮어 숨기**려고 하지 말아야 한다. 사랑하는 사람이 범한 죄를 보고한 가족이 가장 먼저 그 사람을 돌로 쳐야 했고(9절), 그런 다음에 공동체의 다른 구성원들이 유혹한 그 사람을 죽이는 데 동참해야 했다. 그 결과 **온 이스라엘이 듣고 두려워**할 것이며 다른 이들은 그들의 길을 따르겠다는 생각을 버릴 것이다. 다시 한 번 모세는 첫 번째 계명을 따르는 것, 즉 그분 외에 다른 신들을 두지 않는 것의 중요성을 강조했다.

13:12-18. 사람들이 다른 신들을 따르도록 유혹을 받는 세 번째 사례는 불량배가 한 성읍 전체를 장악한 다음 한 지역에 광범위하게 우상숭배를 도입한 경우이다. 이런 경우 소문을 근거로 조치를 취하는 대신 그런 장악의 진실성을 확인하기 위해 철저한 조사를 실시해야 했다(12-14절). 만약 그것이 사실로 밝혀지면 성읍 주민을 다 **칼날**로 쳐야 했고, 그런 다음 성읍과 그 가축까지 진멸해야 했다(15절). 값이 나가는 물건은 다 모아서 성읍 가운데 쌓은 다음 주께 번제로 드려야 했다(16절). 뿐만 아니라 타고 남은 잔해는 내버려두어야 했으며, 성읍을 결코 재건하지 말고 신실하지 않음에 대한 증거로 남겨두어야 했다. 전리품 중에 가치가 있을 만한 것이 있더라도 **진멸할** 물건은 그 어떤 것도 개인적 용도로 취하지 말아야 했다(17절). 이스라엘 백성은 이런 철저한 조치와 심지어 재정적인 손실을 감수해야 했다. 그러면 (그 성읍에 대한) 주의 불타는 진노가 민족에게 내리지 않을 것이다. 대신 그분은 **긍휼**과 **자비**를 베푸셔서 그들을 번성하게 하시고 그들의 소유로부터 이익을 취하지 않음으로써 겪었던 재정적 손실을 보상해주실 것이다. 모세는 다시 한 번 **여호와의 말씀을 듣고 그 모든 명령을 지켜 여호와의 목전에서 정직하게 행하**라고 그들에게 열정적으로 호소함으로써 이 단락을 마무리했다(18절).

14:1-2. 모세는 (거짓 선지자들이 전하는) 가나안 신들을 거부해야 함을 강조한 다음, 개별적인 가나안 관습을 거부해야 할 필요성에 대해 논했다. 이 단락에서는 개인적 거룩함에 관련된 몇 가지 문제를 다루는데, 그중 첫 번째는 죽은 사람에 대한 애도와 관계가 있다. 여기서 이스라엘 백성은 처음으로 **너희 하나님 여호와의 자녀**라고 불린다. 이 호칭은 그들이 하나님과 특별한 가족 관계를 맺고 있음을 말해준다. 이런 친밀한 관계를 감안해 민족은 **죽은 자를 위하여 자기 몸을 베지 말며 눈썹 사이 이마 위의 털을 밀지 말**아야 했다. 자기 몸을 베거나 상처를 입히는 관습은 후대의 히브리인들 사이에서도(렘 16:6) 애도의 표현으로 행해졌지만, 여기서는 명백히 금지되고 있다. 애굽 사람들은 수염을 깨끗이 민 것으로 알려졌다(창 41:14). 하나님의 백성은 누군가가 죽었을 때 그런 의례를 모방하지 말아야 했다. 민족은 **여호와의 성민**이며 그분의 **기업**이어야 했다. 그러므로 주와 맺은 친밀한 관계를 보여주지 않는 애도 관습을 모방하는 것은 적절하지 않았다.

14:3-21. 개인적 거룩함과 관련된 또 다른 관심사는 음식을 먹는 것과 (성경 시대 이후 유대교에서 정착된 명칭을 사용하자면) 코셰르 법이었다. 민족은 **가증한 것**을 먹지 말아야 했다. 이스라엘 백성이 어떤 종류의 음식을 먹는가는 주께 중요한 문제였다. 이는 식단뿐만 아니라 신학과도 관계가 있기 때문이었다. 이 단락에서 어떤 특정한 동물을 언급하고 있는지가 언제나 명확한 것은 아니지만, 서식지에 따라 동물을 분류했다. 여기에서는 육상동물과 수생동물, 공중에서 사는 동물이 포함된다. 육상동물에는 소와 양, 염소 같은 가축과 사슴과 노루, 산 염소 등 야생동물이 포함된다. 이런 동물은 굽이 갈라져 있고 되새김질을 해야 했다(6절). 이 두 기준을 충족하지 못하는 동물은 먹지 말아야 했다. 여기에는 낙타와 토끼, 사반(마멋과 비슷하게 생

긴 작은 설치류), 돼지가 포함된다(6-8절). 이런 특징을 기준으로 구별하는 이유에 대해서는 설명이 없다.

거룩함이 이 본문의 초점이며(참고. 그들은 '성민'이어야 했다, 14:2), 이 거룩함은 영적, 의례적, 상징적, 신체적 영역 등 다양한 영역을 아우른다. 이스라엘 백성이 먹는 음식이 외적인 거룩함을 분명히 반영해야 했다는 점에서 여기서는 내적 조건의 외적 표현을 강조한다. 정결한 동물은 정해진 기준(이 경우는 굽이 갈라지고 되새김질을 하는 동물)을 충족해야 했다. 따라서 이 기준을 충족하지 못하는 동물은 다 부정하다고 간주되었으므로 거룩함을 표상하지 못했다. 동일한 설명은 다음 범주, 즉 물에서 서식하는 동물과도 관계가 있다. **지느러미**와 **비늘**이 있는 것은 무엇이든지 먹을 수 있었지만, 다른 모든 수생동물은 금지되었다(9-10절). 먹을 수 있도록 허용된 물고기는 이스라엘 백성이 식단에도 반영해야 할 정결함과 거룩함을 상징적으로 보여준다.

세 번째 영역은 하늘에서 사는 동물이었다. 정결한 새는 먹을 수 있었지만, 이 본문에서는 정결한 새의 예를 제시하지 않는다. 하지만 부정한 새에는 **독수리**와 **솔개**, **물수리**, **매**, **까마귀**, **타조**, **부엉이**, **갈매기**, **새매**, **당아**, **학**, **황새**, **박쥐**가 포함된다(12-18절). 이런 새를 부정하다고 규정한 까닭은 적절하게 피를 빼지 않고 먹이를 먹거나 독수리처럼 썩은 고기를 먹는 맹금류이기 때문일 것이다.

그밖에 잡다한 음식 관련 제한 규정이 제시된다. 먼저 백성은 **스스로 죽은 모든 것을 먹지 말아야** 했다(21절). 공동체 안에 사는 나그네는 그것을 먹을 수 있었고, 이방인에게 돈을 받고 파는 것도 가능했다. 하지만 그 동물이 죽은 원인을 확정할 수 없거나 그 동물의 피를 적절하게 제거하지 않았다면 이스라엘 백성은 그것을 먹지 말아야 했다. **너는 염소 새끼를 그 어미의 젖에 삶지 말지니라**(21절, 참고. 출 23:19; 34:26)라는 다음 명령은 그 뜻을 이해하기 어렵다. 대표적인 설명은 이런 명령이 다산을 비는 가나안의 관습을 반영한다는 것이다. 이 해석을 뒷받침하는 빈약한 증거는 젖에 새끼를 삶는 것에 대해 전혀 언급하지 않는 13세기 우가리트어 비문을 아마도 정확하지 않게 재구성한 내용을 근거로 삼는다[Jacob Milgrom, "You Shall Not Boil a Kid in its Mother's Milk," *Bible Review* 1 (October 1985): 48-55]. 그러나 정결함과 이 견해는 이교도와 연관된 관습을 삼가야 함을 강조하는 현재의 문맥과 조화를 이룬다. 또 다른 해석은 이 문장을 "너는 그 어미의 젖을 '먹고 있는' 염소 새끼를 삶지 말지니라"로 번역하는 것이다. 다시 말해서 아직 젖을 떼지 않은 새끼는 먹지 말아야 했다는 것이다. 어린 동물에 대한 배려는 오경의 다른 곳에도 반영되어 있으므로(레 22:27-28; 신 22:6) 이 해석도 가능성이 있다. 또한 이 명령은 자기 새끼가 도살될 때 참을 수 없는 고통을 느낄 어미에 대한 염려를 표현하는 것일 수도 있다. 하지만 이것은 정결이라는 주제와는 상관이 없어 보인다. 필론(Philo, *De Virtute* 143)까지 거슬러 올라가는 또 다른 해석은 이것이 삶과 죽음을 섞는 것에 대한 금지라는 것이다. '너는 염소를 잡아서 죽인 후에 그것에게 생명을 준 것(젖)에 담그지 말지니라.' 이 단락에서 말하는 다른 '분리'와 마찬가지로(정결과 부정) 이것도 뒤섞지 말아야 할 또 다른 구별(생명과 죽음)이다. 14:1에서는 이스라엘 백성이 살아 있는 동안 자기 몸에 죽음의 상징을 보이지 말아야 한다고 말했다. 따라서 이 견해가 문맥과 조화를 이루는 더 나은 해석이라고 볼 수 있다. 이 명령은 유대교에서 이 절을 흔히 이해하는 것처럼 고기와 우유를 함께 먹지 말아야 한다는 것과는 아마도 무관할 것이다.

14:22-29. 모세는 이제 주제를 바꾸어 십일조에 대해 다룬다. 하지만 이 주제도 바로 앞에서 다룬 음식과 연관이 있다(13:3-21). 십일조 중에서 주 앞에서 먹을 수 있는 것에 대해 초점을 맞추기 때문이다(14:23, 26). 모세는 백성에게 곡식이든, 포도주든, 기름이든, 처음 태어난 가축이든 **매년 토지 소산의 십일조**를 드려야 한다고 명령했다(22절). 이는 그들에게 그들의 하나님 **여호와 경외하기**를 항상 **배우**게 하기 위해서였다(23절). 중앙 성소가 있는 곳과 거리가 너무 먼 경우에는 **그것을 돈으로 바꾸어** 그 돈으로 그들이 **마음에 원하는 모든 것**을 사서 **여호와 앞에서** 가족과 함께 즐겁게 먹을 수 있었다(23-26절). **포도주**나 **독주**를 사서 마실 수 있다는 말씀은 술 취함을 부추기는 말씀이 아니다. 이것은 잔치의 일부로서 귀하게 여긴 음료였다. 다음 법규에서는 각 가정에게 십일조의 일부를 레위인들에게 주

어야 함을 상기시켰다. 그들은 **분깃이나 기업**이 없기 때문이다(27절). 십일조를 뜻하는 영어 단어 tithe는 십분의 일을 뜻하는 고대 영어에서 유래했다. 십일조는 구약 초기부터 나타나는 관습이었다(참고. 창 14:20; 28:22). 십일조는 두 가지 주요한 특징을 지닌다. 첫째, 의무적으로 드려야 할 하나님께 되갚아 드리는 선물(14:22)로서 모든 소산과 가축이 그분에게서 왔음을 인정하는 행위였다. 또한 십일조는 왕실(삼상 8:17)과 제사장, 가난한 이들을 위한 자금을 마련하는 수단이었다. 3년마다 마지막에는 백성의 소출의 두 번째 십일조를 성소가 아니라 자기 성읍에 저장해두어야 했다(28절). 그런 다음 레위인들과 나그네, 고아, 과부에게 나누어 주어 그들이 **먹고 배부르게** 해야 했다. 그러면 주께서 그들이 손으로 하는 일에 계속해서 복을 더하실 것이다(29절). 여기서 하나의 역설이 드러난다. 이스라엘 백성이 더 많이 받기 위해서는 주께 십분의 일을 돌려드려야 했고 약하고 가난한 이들을 돌보기 위해 3년마다 소출의 일부를 내놓아야 했다.

15:1-6. 모세는 계속해서 약하고 가난한 이들을 돌보아야 할 책임(14:28-29)과 연결되는 주제를 다루며 안식년에 대한 명령을 기록했다. 안식년은 앞에서도 언급되었으며(출 23:10-11; 레 25:1-22), 그에 의하면 이스라엘은 7년마다 땅을 경작하지 말아야 했다. 이 법은 제4계명의 확장일 수도 있다. **매 칠 년 끝에는** 모든 채권자가 동료 이스라엘 사람이 진 빚을 **면제**해야 했다(1절). 빚을 면제하는 관습은 빌려준 사람에게는 (특히 안식년에 가까운 때에 돈을 빌려주었다면) 불공정하게 보일 수 있지만 이 관습을 옹호하기 위해 몇 가지 주장을 해볼 수 있다. 이 본문의 전체적인 주제는 하나님이 백성에게 복을 주신다는 것에 초점을 맞춘다. 따라서 비록 안식년이 매우 가까운 시점에 빌린 돈을 면제해주는 것이 불합리한 명령처럼 보여도, 하나님은 반드시 그분께 순종하는 채권자들에게 풍성히 복을 내려주실 것이다. 또한 이 단락에서는 빚을 면제하라는 명령 이면의 (금융적 원리가 아니라) 도덕적 원리에 초점을 맞춘다. 본질적으로 그들은 하나님께 빚을 진 사람들이며, 마찬가지로 다른 이들이 진 빚을 면제(용서)해야 할 도덕적 책임이 있다. 그러나 **이방인**에게 내준 빚은 갚으라고 할 수 있었다(3절). 이유가 무엇이든 빚을 낸 모든 이스라엘 사람의 빚을 면제해주어야 했다(2절). 주님과 그분의 명령에 전적으로 순종한다면 그들 중에는 **가난한 자가 없**을 것이다. 주께서 그 **땅에서** 그들에게 **복**을 주시고 모든 사람들에게 충분한 것보다 더 많을 것이기 때문이다(4-5절). 사실 그들은 **여러 나라를 통치**하고 그들에게 꾸지 않고 빌려줄 수 있을 정도로 풍요롭게 살 것이다(6절).

15:7-11. 그런 다음 모세는 다른 상황에 대해 논했다. **어느 성읍에서든지 가난한 형제**가 그들과 함께 살고 있다면 그들은 그 사람에 대해 마음을 완악하게 하지 말아야 했다(7절). 오히려 그들은 후하게 베풀고 그가 필요한 만큼 빌려주어야 했다(8절). 또한 빌려주는 사람은 단지 다음 일곱째 해 면제년이 얼마 남지 않았다는 이유만으로 빌려주기를 꺼려서는 안 된다(9절). 빌려주지 않는다면 그 가난한 사람은 그 이스라엘 사람에 대해 **여호와께 호소**할 수 있었다. 그러면 빌려주지 않은 것은 **죄**가 될 것이다. 빌려줄 때는 아까워하는 마음 없이 주어야 했다. 주께서 빌려준 사람에게 복을 주시고 그들이 입은 재정적 손실을 다 보충해주실 것이기 때문이다. 만약 그들이 언약에 대해 완전히 신실하다면 이스라엘에는 가난한 사람이 전혀 없을 것이다(15:4). 모세는 백성의 신실하지 않음으로 인해 그 땅에 가난한 사람이 언제나 있을 것이라고 현실주의적으로 지적했다. 하지만 그렇다고 해서 그들 가운데 있는 약하고 가난한 이스라엘 사람들에게 손을 펴 도와야 할 책임으로부터 자유로워지는 것은 아니었다.

15:12-18. 모세는 빚을 갚기 위해 자신을 판 계약 노예의 문제를 다루었다. **동족**이라는 단어는 흔히 '형제'로 번역되는 히브리 단어이며, 이 본문에서 일곱 번째로 사용되고 있다[15:2, 3, 7(2회), 9, 11, 12]. 흥미롭게도 이는 가인과 아벨 이야기(창 4장)에서 이 단어가 사용된 것과 동일한 횟수이다. 신명기 15장에서는 '형제'라는 말을 반복적으로 사용함으로써 이 장의 핵심 주제를 분명히 한다. 즉, 가인이 아벨을 돌보아야 했듯이 이스라엘 백성은 자기 형제들을 돌보아야 할 책임이 있다. 한 이스라엘 사람이 남자이든 여자이든 노예를 샀다면, 그 노예에게는 **여섯 해 동안**만 일을 시켜야 했고 **일곱째 해**에는 그를 놓아주어야 했다(12절). 노예를 놓아줄 때는 그들이 **빈손으로** 가지 않도록 돈이나

물건을 주어야 했다(13절). 그들에게 주인의 양 떼와 작물, 포도주 틀에서 얻은 수익을 나누어 주어야 했다(14절). 노예는 6년 동안 노동을 제공했으므로 주인을 위해 한 일과 관련된 수익을 받아야 했다.

온 민족이 애굽 사람들의 노예였다가 속량되었으므로 이스라엘의 계약 노예들도 노예 상태에서 해방되어야 했다(15절). 그러나 노예가 주인을 **사랑하고 그와 동거하기를 좋게 여겨**서 노예로 남기 원한다면, 그가 주인에게 헌신한다는 상징으로 주인은 **송곳을 가져다가 그의 귀를 문에 대고 뚫**어야 했다(16-17절). 송곳으로 노예의 귀를 주인집의 문에 대고 뚫을 때 노예는 주인에게 평생 충성하겠다고 말하는 셈이었다. 구멍이 난 귓불은 다른 이들에게 이 노예가 자신의 권리를 포기했음을 말해주었을 것이다. 이는 여자 노예들에게도 적용되었다. 일곱째 해에 노예를 해방할 때 경제적 손실이 따를 주인들에게 모세는 6년 동안 노예가 했던 일을 품꾼을 고용해 하게 했다면 비용이 두 배 이상이 들었을 것이라는 점을 상기시켰다.

15:19-23. 동물의 **처음 난 수컷**을 성별하는 것에 대한 명령을 이곳에 배치한 이유가 명백하지는 않다. 한 가지 설명은 이 명령이 이 장의 다른 법과 조화를 이룬다는 것이다. 즉, 6년이 지나서 빚을 면제하거나 노예를 해방할 때 어떤 사람들은 처음 난 수컷을 성별할 때 입는 경제적 손실에 대해 생각할지도 모른다. 그러나 초태생 동물을 사용할 때는 경제적 유익이 없다(**첫 새끼는 부리지 말고**, 19절). 해마다 초태생을 제사를 위해 중앙 성소로 데려가 **여호와 앞에서** 가족이 공동 식사로 먹어야 했기 때문이다(20절). 그리고 어떤 식이든 결함이 있는 초태생 수컷은 제물로 드릴 수 없었다. 그런 동물은 사냥으로 잡은 야생동물처럼 집에서 먹을 수 있었다. 하지만 피는 먹지 말고 **물같이 땅에 쏟**아야 했다(21-23절; 또한 12:16, 23, 24을 보라).

16:1-8. 처음 난 수컷 동물을 중앙 성소로 데리고 오는 것에 대해 논한 다음 모세는 이런 동물을 데리고 오는 주요 종교 절기에 대해 이야기했다(16:1-7). 첫 번째 절기는 **아빕월**[3월 중순에서 4월 중순 사이]의 **유월절**이었다. 바로 이달에 주께서 그들을 애굽에서 인도해냈기 때문이다(1절). 이 본문에 등장하는 새로운 정보는 유월절 동물을 중앙 성소에서 제물로 드려야 한다는 것이다. 반면에 앞에서는(레 23:4-8; 민 28:16-25) 이 절기를 개인적으로 집에서 지켰으므로 장소가 특정되지 않았다(2절). 유월절과 더불어 이스라엘은 **이레 동안 무교병**을 먹으라는 지시를 받았다. 이는 그들이 **급히** 애굽을 떠나야 했고 보통 때처럼 누룩을 넣은 빵을 만들 시간이 없었음을 기억하기 위해서였다(3절). 이 일주일 동안 그들이 사는 곳 어디에도 누룩을 두어서는 안 되며 유월절 식사에서 남은 고기도 나중에 먹기 위해 이튿날 아침까지 두어서는 안 되었다(4절). 애굽에서 그들은 다음 날 아침 서둘러 떠나야 했기 때문에 떠나기 전에 남은 고기를 요리하거나 누룩 넣은 빵을 만들 시간이 없었다. 모세는 유월절을 각 성읍이 아니라 중앙 성소에서만 지켜야 한다고 다시 한 번 강조했다(5절). 그들은 밤에(전날 해 질 녘, 6절) 요리를 해서 먹어야 했고, 그런 다음 **아침에** 중앙 성소 부근 임시 숙소로 돌아가야 했다(7절). 이 단락은 안식일에 대한 제4계명의 확장이기 때문에 모세는 절기의 일곱째 날에 **일하지 말아야** 함을 강조했다(8절).

16:9-12. 중앙 성소로 순례해야 하는 두 번째 절기는 **칠칠절**이었다. 다른 본문에서는 맥추절(출 23:16)이나 "처음 익은 열매를 드리는 날"(민 28:26)이라고 부른다. 날짜를 정하기 위해서 **곡식**에 처음 **낫**을 대는 날부터 **일곱 주**를 셌다. 3월/4월에 추수를 시작한 후 7주가 지난 5월/6월, 즉 유월절 후 50일이 되는 때였다. 이 절기는 그해의 풍성한 수확에 감사하는 데 초점을 맞추었다. 경제적, 사회적 지위와 상관없이 모두가 **자원하는 예물**을 드리며 **여호와 앞에서** 즐거워하며 감사드려야 했다. 모세는 그들이 한때는 애굽에서 노예였음을 기억하라고 다시 한 번 명령한다(5:15; 15:15). 그 기억으로 인해 그들은 더 감사할 것이다.

16:13-15. 중앙 성소로 가서 지키는 세 번째 절기는 **초막절**이었다. 이 절기도 7일 동안 계속되며 9월/10월에 곡식과 포도를 수확한 다음 7일 동안 지켰다. 앞의 절기(칠칠절)는 밀 수확 후 지켰고, 초막절은 다른 곡식 대부분을 수확하고 과일이 익은 다음에 지켰다.

이번에도(참고. 16:11) 지주만이 아니라 공동체 내의 모든 사람들이 이 절기를 지켜야 했다.

16:16-17. 모세는 **모든 남자가 일 년에 세 번** 앞서 언급한 세 절기를 지키기 위해 중앙 성소 여호와 앞으

로 나와야 한다고 말했다. 남자들은 반드시 참석해야 했지만, 여자와 아이들은 가능하면 참석하라고 권고했다(11, 14절). 세 절기 모두 초태생 동물이든 자원하는 예물이든 헌물을 드려야 한다. 각 사람은 그해 하나님이 주신 복에 따라 형편에 맞게 예물을 드려야 했다.

16:18-20. 이 단락은 18:22까지 계속되는 새로운 주제가 시작되는 부분이다. 지금까지 모세는 가난한 이들에 대해 긍휼을 베풀고 기쁨으로 주를 예배할 것을 당부했다. 여기서 그는 민족의 지도자와 영적 지도자들의 행동에 초점을 맞춘 13장의 주제로 돌아간다. 이 단락에서는 이스라엘 내의 관리들이 해야 할 일을 설명한다. 언약에 대한 충성과 관련된 명령을 논한 다음 모세는 정치적이며 영적인 일을 집행할 책임을 진 지도자의 문제로 관심을 전환했다. 첫 번째 논의 대상은 정의를 유지하는 중요한 일을 맡은 재판장들이다. 신명기는 법전이므로 모세가 법적 문제를 중재하는 사람들에 대해 먼저 이야기하는 것은 적절하다. 민족이 그 땅에 정착한 후에 **공의로 백성을 재판할 재판장들과 지도자들**을 임명해야 했다. 앞서(1:9-18) 모세는 행정을 도와줄 공정한 재판장들의 필요성에 대해 말했으며, 여기서 그는 추가적인 지침을 주었다. 이 재판장들은 절대로 재판을 **굽게 하지 말며 사람을 외모로 보지 말며 뇌물을 받지 말**아야 했다. **지혜자의 눈을 어둡게** 하는 뇌물을 특별히 금지했다. 그들의 주된 임무는 정의를 추구하는 것이다. 정의가 이스라엘의 특징이 될 때 그들은 살아서 **여호와께서** 그들에게 **주시는 땅을** 계속 **차지**할 수 있을 것이기 때문이다.

16:21-22. 이 단락은 정의에 대한 논의와 동떨어진 것처럼 보일 수도 있다. 그러나 모세는 우상을 세우지 말고(16:1-2) 흠이 있는 동물을 제물로 드리지 말아야 하는 것(17:1)을 재판장들이 감독해야 할 문제이며(16:18-20) 그렇게 함으로써 그 땅이 정의가 넘치는 곳이 될 것이라고 생각했을지도 모른다. 재판장들은 민사상의 문제를 감독할 뿐만 아니라 신학적, 종교적 문제를 감독하고 십계명, 특히 첫 두 계명을 지킬 책임을 맡았다. 여기서는 중앙 성소 안 **여호와를 위하여 쌓은 제단 곁에 어떤 나무로든지 아세라 상을 세우지 말고** 어디든지 **주상**을 세우지 말라고 구체적으로 명령한다. 이것은 주께서 격렬히 미워하시는 물건들이다. 가나안의 다신 제의와 연관이 있고 제1, 제2계명에서 분명히 금지되었기 때문이다.

17:1. 이 명령에서는 결함이 있거나 흠이 있는 동물을 제물로 드리는 것을 금지한다. 이는 주의 이름을 망령되이 여기지 말라고 금지한 세 번째 계명에 대한 추가적 해설로 이해할 수 있다. 흠 있는 동물을 제물로 드리는 것은 그분께 합당하지 않은 선물을 바침으로써 그분을 업신여기는 행위로 간주된다. 제사를 드리는 사람은 제사장이라도 문맥을 고려할 때 재판장이 영적 문제에 관련해 위반이 없도록 감독할 권한을 지녔을 것이라고 추측할 수 있다.

17:2-7. 여기서는 재판장들에게 성별을 가리지 않고 언약을 위반한 사람들을 사형에 처할 책임을 맡긴다(2, 5절). 주의 목전에서 악을 행한 **남자**나 **여자**는 누구든지 돌로 쳐 죽여야 했지만, 문제를 **자세히** 조사한 후(4절), 두 사람 이상이 증언을 할 때만(6절) 사형을 집행해야 했다. 개인적인 원한을 갚을 가능성이 있기 때문에 누군가에게 유죄 판결을 내릴 때 증인 한 사람으로는 부족했다(19:15). 증인의 법정 진술의 정직성을 보존하기 위해서 증인의 진술 때문에 누군가에게 사형을 선고할 경우 그를 처형할 때 증인이 가장 먼저 돌을 들어야 했다(7절). 이는 예방적 수단이었다. 증인이 거짓말을 한다면 이는 중대한 문제이기 때문이다. 하지만 거짓말에 그치지 않고 더 나아가 사람을 죽여야만 한다면 그들은 처음부터 거짓 고발을 하려고 하지 않을 것이다. 여기서 핵심은, 그들 중에서 **악을 제거**하기 위해 사형을 실시하는 경우에도 정결함을 유지해야 했다는 것이다(7절).

17:8-13. 살인 사건처럼 지방의 법원에서 **판결하기 어려운 일**이 생기면, 레위인 제사장이나 임명된 재판장에게 (어쩌면 두 사람이 함께 재판하도록) 이 사건을 가져가야 했다(8-9절). 이 사건을 판결하는 관리들은 판결의 이유를 설명하고 그렇게 함으로써 율법의 뜻대로 **가르쳐**야 했다(11절). 교만하게 판결을 따르지 않는 사람은 누구든지 죽여야 했다(12절). 이런 경우에 사형을 적용하는 목적은 그 땅에서 **악을 제하**기 위함이었으며, 또한 다른 모든 이들에게 제사장과 재판장의 권위에 도전하지 못하도록 막기 위해서였다. 17:10에 대해서는 마 23:3의 주석을 보라.

17:14-20. 이 단락에서 모세는 미래의 왕에 대한 지침을 이야기했다(14절). 고대 근동에서 왕은 거의 무제한의 권력과 권위를 부여받았다. 그러나 이스라엘은 그렇지 않았다. 이웃 민족들에 비해 왕의 권위가 엄격히 규제되었다. 주께서는 민족이 **주위의 모든 민족들 같이** 왕을 갖게 되기를 요구할 것이라고 예상하셨다. 그렇기에 왕의 처신에 대해 명백한 지침을 주셨다. 왕이 통치를 시작하기도 전부터 몇 가지 제한 사항을 두어야 했다. 첫째, 백성이 선택하거나 다른 누군가가 임명한 사람이 아니라 반드시 하나님 여호와께서 택하신 자가 왕이 되어야 했다(15a, b절). 둘째, **타국인**이 왕이 될 수 없었다(15c절). 왕은 이스라엘에서 태어난 사람이어야 했다. 셋째, 왕은 **병마를 많이 두지 말아야** 했다(16절). 말은 군사적 자산으로 간주되었으며, 왕은 강력한 무기고를 구축하려고 해서는 안 되었다. 말을 확보한다는 것은 왕이 그것을 얻기 위해 무역 동맹을 형성해야만 한다는 뜻이었고, 모세는 왕에게 **병마를 많이 얻으려고** 다른 나라, 특히 **애굽**에 가지 말라고 명했다. **여호와께서 너희가 이후에는 그 길로 다시 돌아가지** 말라고 말씀하셨기 때문이다(16절). 넷째, 왕은 **아내를 많이 두지** 말아야 했다(17절). 당시에는 정치적 동맹을 확보하기 위해 결혼을 하는 경우가 많았다. 그러나 이스라엘 왕은 동맹을 형성함으로써 권력을 강화하려고 해서는 안 되었다. 많은 아내를 두는 것의 또 다른 위험은, 그들의 이교적 배경 때문이든 왕이 민족의 필요보다 자기 가족의 필요를 채우는 데 열중하기 때문이든 왕의 **마음**이 주께로부터 멀어지게 할 수 있다는 것이다. 다섯째, 왕은 자기를 위해 **은금**을 많이 모으려고 하지 말아야 했다. 민족의 힘은 재물이 아니라 하나님과의 관계에서 나왔다. 솔로몬이 나중에 몰락한 주요 원인 중 하나는 그가 이 명령들을 지키지 못했기 때문이었다(왕상 10:14-15, 23, 26-28; 11:1-6).

모세는 왕의 배경(17:15)과 처신(16-17절)에 대해 논한 다음 왕의 훈련에 대해 말했다. 모든 왕은 왕위에 오를 때 **이 율법서의 등사본을 레위 사람 제사장 앞에서 책에 기록**해야 했다(18절). 그의 머릿속은 이 율법(신명기 전체이거나 신 5-26장처럼 이 책의 일부)의 내용으로 가득해야 했다. 이 책을 스스로 베껴 쓴 다음 그는 그것을 **평생에 자기 옆에 두고 읽어**(19절) 이 규례를 그가 하는 모든 결정에 대한 지침으로 삼아야 했다. 그렇게 함으로써 그는 그의 **하나님 여호와 경외하기를 배울** 것이며 교만하게 자신을 **형제 위**로 높이지 않을 것이다(20절). 좌로나 우로나 치우치지 않고 이 모든 명령을 지킨다면 그와 그의 자손은 길고 성공적인 통치 기간을 누릴 것이다.

18:1-8. 재판장과 왕의 정치적 역할에 대해 논하고 나서 모세는 제사장의 영적 의무에 초점을 맞추었다. 레위 지파는 다른 열한 지파처럼 땅을 배분받지 못했으므로(1절) 주께 드린 **화제물** 중에서 양식을 받아야 했다. 여기서 언급된 동물의 부위(3절)는 레위기나 민수기의 법과 다소 차이가 있다(레 7:28-36; 민 18:8-9). 이전 법에서는 가슴과 오른쪽 뒷다리를 제사장 몫으로 삼으라고 했던 반면에 여기서는 **앞다리**와 **두 볼, 위**를 제사장 몫으로 삼으라고 말한다. 이렇게 차이가 나는 것은 이전의 본문에서는 화목제물과 다른 레위기 제사를 다룬 반면, 신명기에서는 그 밖의 '자원하는' 제물이나 절기 제물을 다루기 때문일지도 모른다. 몇 가지는 수정이 이루어졌지만, 이 법의 전체적인 의미는 이스라엘이 전반적인 제사 제도에서 나오는 수익으로 레위 지파를 적절하게 돌보아야 한다는 것이었다. 제사장들과 레위인들은 **곡식**과 **포도주**, **기름**의 첫 열매 제물과 **처음 깎은 양털** 중 일부를 받았다(4절). **네 하나님 여호와께서 네 모든 지파 중에서 그를 택하여 내시고 그와 그의 자손에게 항상 여호와의 이름으로 서서 섬기게 하셨**기 때문에 레위인들에게 이런 것들을 주어야 했다(5절). 레위인 제사장들은 대부분 성소 근처에 살았지만, 레위인 중 일부는 민족 전체에 흩어져서 살았으며(6절), 나중에 그들이 사는 지역은 레위인의 성읍이 되었다(수 21장). 이 제사장들은 조상의 유산을 팔아 수입으로 삼을 수 있던 것 말고는 중앙 성소에서 섬기는 이들과 동등한 지위를 가졌으며 동등한 몫을 받았다(7-8절).

18:9-14. 이스라엘 백성은 그 땅에 들어간 후 영적 독특성을 유지하기 위해 **그 민족들의 가증한 행위를 본받지** 말아야 했다(9절). 금지된 관습 중 가장 먼저 언급된 것은 아이들을 **불 가운데로 지나게 하는** 아동 인신제사였다(10절). 이 관습은 아마도 신들의 뜻을 결정하거나 판별하기 위한 목적으로 행해졌을 것이다.

또한 모세는 복술이든, **요술**이든, **무당**이든, 주문이든, 신접이든, 영매든, **초혼자**든 모든 종류의 점치는 관습을 금지했다(10-11절). 이런 것들은 **가증한 일이**며, 주께 의지하지 않는 태도를 드러낸다. 따라서 주께서 직접 **그들을 쫓아내**실 것이다(12절). 주께서는 어떤 상황에서도 그들이 점치는 관습을 허락하지 않으셨고, 그런 일을 하지 않음으로써 그들은 **여호와 앞에서 완전**해질 것이다(13-14절).

18:15-22. 백성은 점치는 자들에게 의존하는 대신 **여호와께서 형제 중에서 일으키**실 모세와 **같은 선지자**의 영적 인도를 받을 수 있을 것이다(15절). (앞에서 제사장/재판장과 왕의 계급을 규정했듯이, 17:8-20) 어떤 이들은 이 말씀을 미래의 선지자 계급에 대한 예언으로 이해한다. 다른 이들은 이 말씀을 점진적 예언으로 이해해 선지자 계급에서 시작해 마지막 선지자 메시아에서 정점을 이룰 것이라는 뜻으로 본다. 이런 해석에서는 '선지자'라는 말('나비')을 집단 명사로 이해해야 한다. 그러나 '나비'를 집단적 의미로 보아야 하는 경우에는 본문에서 단수형과 복수형을 서로 바꿔 쓸 수 있어야 하지만 이 본문에서는 단수의 의미로만 사용되고 있다고 델리취는 지적한다[F. Delitzsch, *Messianic Prophecies in Historical Succession*, trans. S. I. Curtis (Edinburgh: T&T Clark, 1891), 61].

더 가능성이 높은 해석은 신명기 18장이 장차 올 종말론적이며 메시아적 선지자에 대한 예언이라는 것이다(Sailhamer, *The Pentateuch as Narrative*, 456). 이 해석에 대한 중요한 반론은 교만한 선지자에 대한 말씀(18:20-22)은 특정한 한 거짓 선지자에 대한 말씀이 아니라 일반적인 말씀이라는 것이다. 따라서 이런 대조를 감안하면 모세와 같은 선지자도 특정한 한 선지자가 아니라 일반적인 선지자일 것이라고 추측할 수 있다. 이에 대한 반론으로, 첫째, 여기서 '그러나'라는 말[히브리어 아크(*'ak*), 18:20. 개역개정에서는 번역되지 않음—옮긴이 주]은 완전한 대조가 아니라 약한 반의(反意)를 뜻하는 접속사이다. 실제로 대조되는 것은 모세와 같은 선지자는 하나님의 이름으로 말하지만 교만한 선지자는 제 마음대로 하나님의 이름을 들먹일 뿐이라는 것이다. 둘째, 15-19절에서 모세와 같은 선지자라고 말할 때 '선지자'라는 단어에는 정관사가 붙지 않지만 교만한 선지자라는 말에는 정관사가 붙는다. 정관사 없이 사용될 때(15-19절) 이 단어는 '모세와 같은' 이라는 말의 한정을 받는 단수형이다. 하지만 정관사와 함께 사용될 때는(20-22절) 통칭할 때 사용하는 관사로서 모든 거짓 선지자를 가리킨다. 본문에서는 형태를 미묘하게 바꾸어 선지자의 두 의미를 명확히 구별한다. 언젠가 모세와 같은 특징을 지닌 한 특별한 선지자가 나타날 것이다. 또한 제멋대로 말하는 가짜 예언자들이 나타날 것이며 이들은 무시해야만 한다.

토라의 다른 두 본문에서는 모세와 같은 선지자라는 말의 의미를 분명히 설명한다. 첫째, 민수기 12:6-8에서는 모세가 하나님께 직접('대면하여') 말했다는 점에서 모든 선지자들과 구별된다고 말한다. 따라서 모세와 같은 참 선지자는 주님과 직접 소통할 것이다. 둘째, 훨씬 후대에 아마도 정경이 닫힐 무렵에 쓰인(해당 본문의 주석을 보라) 신명기 34:10에서는 "이스라엘에 모세와 같은 선지자가 일어나지 못하였"다고 말한다. 이는 히브리어 정경이 닫힐 당시에도 신명기 18:15-19의 예언이 아직 성취되지 않았고 독자는 모세와 같은 메시아적 예언자를 계속 기다려야 했다는 뜻이다[이 메시아 예언에 대한 자세한 논의로는 Michael Rydelnik, *The Messianic Hope: Is the Hebrew Bible Messianic?* (Nashville: Broadman & Holman, 2010), 56-64을 보라]. 사도행전 3:22-23에서 예수를 가리켜 이 예언의 직접적 성취라고 말하는 것도 바로 이 때문일 것이다.

문맥상 민족이 어떤 종류의 점술에도 의존해서는 안 되었기 때문에 이 점이 중요하다(18:10). 민족은 주께서 그에게 계시하지 않으신 말을 **제 마음대로** 전하거나 **다른 신들의 이름으로** 말하는 모든 선지자를 처형해야 했다(20절). 제 마음대로 말한다는 것은 권한을 위임받지 못한 채 말하거나 정당하게 소유하지 않은 권리를 주장하는 것을 뜻했다. 이 본문에서는 하나님의 권위를 거부하는 태도나 행동을 옹호하는 거짓 선지자를 가리킨다. 선지자가 주의 이름으로 말했는지 판단하기 위해 백성은 그 선지자의 말이 실현되는지 살펴보아야 했다. 실현되지 않는다면 그 선지자는 제 마음대로 말한 것이며 백성은 그가 예언한 것을 두려워하지 말아야 했다(21-22절).

19:1-3. 앞에서 모세는 요단 동편 지역에 도피성 세

곳을 지정했다(4:31-43). 여기서는 전에 받은 규례대로(민 35:6-34) 가나안 땅의 **세 성읍**에 도피성을 설치하라고 명령한다. 민족이 그 땅에 들어가서 그곳에 살던 민족들을 쫓아내고 **그들의 성읍과 가옥**에 정착한 다음 그들은 지정된 세 성읍을 구별해야 했다. 이 성읍들은 **모든 살인자**가 쉽게 도피할 수 있도록 좋은 길로 접근할 수 있어야 했고 동일한 간격을 두고 배치되어야 했다. 여호수아의 지휘 아래 정복을 마친 후 세 성읍이 공식적으로 지정되었다(수 20:7-9). 살인자는 의도적이든 그렇지 않든 누군가의 생명을 빼앗은 모든 사람을 가리킨다.

19:4-7. 만약 누군가 **이웃**을 우연히 죽였고(예를 들어, **도끼가 자루에서 빠져 그의 이웃을 맞춰**) 둘 사이에 전부터 원한이 없었다면 그 살인자는 지정된 도피성 중 한 곳으로 **도피하여 생명을 보존할** 수 있었다. 도피성은 그 살인자를 보호해주었다. 그렇게 하지 않으면, 대개는 피해자의 가족인 **피를 보복하는 자**가 그 살인자를 뒤쫓아 가 그가 지정된 성읍 중 한 곳에 도달하기 전에 (비록 둘 사이에 원한이 없었더라도) 그를 잡아 죽일 수도 있었다.

19:8-9. 모세는 주께서 그들의 **지경**을 넓혀 그들의 조상에게 주겠다고 약속하신 땅을 다 차지하게 하시면 도피성 세 곳을 더 설치해야 한다고 말했다. 민족이 계명을 지켜 행함으로써 언약에 충성할 때만 성읍을 추가해 세울 필요가 있을 것이다. 안타깝게도 민족은 완전히 신실하지 못했으며, 따라서 추가적인 세 성읍이 지정되지 못했다. 이론적으로는 메시아께서 이 땅에 그분의 나라를 세우실 때 이 성읍을 세울 수 있을 것이다. 도피성에 대한 더 자세한 논의는 민수기 35장에 대한 주석을 보라.

19:10-13. 피 흘림은 중대한 문제였다. 무고한 피를 흘려 민족이 피 흘린 죗값을 받지 않도록 누군가가 살해된 경우에는 모든 사건을 바르게 처리해야 했다. 이는 다음 사례 연구의 논리적 근거를 설명해준다. 앞에서(4-7절) 모세는 누군가가 친구를 의도하지 않게 살해한 상황에 대해 논했다. 하지만 이제 모세는 이웃을 의도적으로 살해한 경우에 대해 다룬다. 만약 엎드려서 누군가를 기다리고 있다가 그를 쳐서 죽게 하고 도피성 중 한 곳으로 피신하면, (아마도 복수의 증인을 대상으로 조사한 다음, 참고. 15절) 장로들이 사람을 보내 살인자를 도피성에서 끌어내고 피를 보복하는 자에게 넘겨 처형하게 해야 했다. 그런 사람에게는 자비를 베풀어서는 안 되었다. 무고한 생명을 살해한 경우는 피를 흘리게 한 죄에 대해 온 민족을 위해 속죄를 해야만 했기 때문이다(10절). 민족이 무고한 개인의 죽음에 의해 오염되었기 때문에 온 민족에게서 무고한 피를 제거하기 위해서는 살인자를 처형해야 했다.

19:14. 이 절은 땅과 다른 이들에 대한 존중을 연결함으로써 이전 단락과 문맥상 연결된다. 이웃의 생명이 중요하듯 이웃의 재산도 중요했다. 경계를 표시하는 돌은 한 사람의 법적 소유지 경계를 표시하는 데 사용되었다. 누구도 더 많은 땅을 차지하기 위해 경계표를 일부러 옮기면 안 되었다. 이 절은 이웃의 소유를 탐하지 말라는 열 번째 계명에 대한 위반 사례이다. 뒤에서는 이 금지 명령을 위반하는 사람은 모두 저주를 받을 것이라고 말한다(27:17).

19:15-21. 이 단락에서는 이웃에 대해 거짓 증언하지 말라는 아홉 번째 계명에 대해 더 자세히 설명한다(5:20). 앞에서 증인이 두 명 이상일 때만 사형을 집행할 수 있다고 규정한 적이 있다(17:6). 이제 동일한 원리가 다른 범죄에도 적용된다(15절). 여기서 새 법규는 누군가 의도적으로 악의적인 거짓 증언을 한 경우를 다룬다. 그런 일이 일어났을 때 양쪽이 **하나님 앞에** 서야 했다(17절). 하나님 앞은 아마도 중앙 성소를 뜻할 것이며, 거기서 임명된 제사장과 재판장은 송사를 조사하고 판결을 내렸다(18절). 악의적인 증언을 했다면 그 사람은 상대가 받게 하려고 꾀한 그 벌을 받아야 했다(19절). 이렇게 함으로써 그 땅에서 **악**을 제거하고, 다른 사람들이 형사 사건에서 거짓 증언을 하지 못하게 막을 수 있었을 것이다(20절). 다시 한 번 거짓으로 고발한 사람에게는 자비를 베풀지 말라고 분명히 말했다(13절). 위증은 동해보복법(*lex talionis*)으로 처벌받았다. **생명에는 생명으로, 눈에는 눈으로, 이에는 이로, 손에는 손으로, 발에는 발로이니라**(21절). 다시 말해서 처벌은 범죄와 비교해 합당한 수준이어야 하며 과도해서는 안 된다. 이 원리는 약속의 땅 안에서 공동체를 위해 시행해야 했으므로 개인적 처벌이 아니라 사법적 처벌로 보아야 했다. 나중에 예수께서는 개인적인

관계에서는 이 원리를 따를 필요가 없다고 말씀하셨다(마 5:38-42).

20:1-9. 이 장은 전쟁 수행에 대한 유일한 법을 포함하고 있다. 살인에 대한 법률(19장)에 이어지며, 따라서 언제 인간의 생명을 취하는 것이 정당한가라는 주제와 관계가 있다. 또한 이 단락에서는 여섯 번째 계명("살인하지 말라")의 뜻을 더 명확히 설명하려 한다. 이 단락에서는 외국 땅에서 전쟁을 수행해야 할 때 이 전쟁을 정당화하는 조건에 대해 아무런 정보도 제공하지 않는다. 전쟁이 일어났을 때 그에 대한 일반적인 지침만 제공할 뿐이다. 구약의 다른 곳에서는 '죽일 때'가 있다고 인정하며(전 3:3), 민족의 역사 전체에서 하나님은 이스라엘에게 적을 공격하라고 명령하셨다(예를 들어, 삼상 23:4; 대하 20:15). 그러나 그럴 때도 바라는 목적은 평화(10-12절)임을 언제나 강조했다.

모세는 싸울 때 적의 수가 더 많고 무기가 더 강력해도 이스라엘은 절대로 **두려워하지 말라**는 권면으로 이 장을 시작했다(1절). 전쟁은 군사적 문제일 뿐만 아니라 종교적, 신학적인 문제이기 때문에 사람들에게 전쟁을 준비시킬 때 제사장은 중요한 역할을 했다. 전쟁에 나가기 직전 군대의 투지를 강화함으로써 그들을 고무하고, **여호와**께서 그들과 함께 나가셔서 이스라엘의 적군과 맞서 **싸우시고** 그들을 구원하실 것임을 상기시켰다(2-4절). 제사장은 거기 서 있는 것만으로도 주께서 그들과 함께 하시며 그분이 전투에서 그들에게 유리한 결과를 얻을 수 있게 해주실 것이라고 믿을 수 있음을 군대에게 상기시켜주었다.

군대의 사기를 높이기 위해 사령관들은 전투 시작 전에 병사들에게 **새 집을 건축**하거나 **포도원을 만들**거나 **약혼**했지만 아직 결혼하지 못한 사람이 있는지 물어야 했다. 만약 이런 경우에 해당된다면 그 병사들을 돌려보내 그들이 삶의 이 특별한 사건들을 잠시나마 즐길 수 있게 했다. 또한 이렇게 함으로써 경제뿐만 아니라 가정도 안정시킬 수 있었을 것이다(5-7절). 그리고 주변의 다른 사람들의 사기에 영향을 미칠 정도로 지나치게 두려움을 느끼는 병사가 없는지 물어보아야 했다. 만약 그런 상황에서 제사장의 격려조차 그들의 결의를 강화시키기 못한다면 그들도 집으로 돌려보내야 했다(8절). 사령관들은 신실한 군사만으로 이루어진 군대인지 확인한 후 실제 전투에서 군대를 이끌 **지휘관**들을 임명해야 했다(9절).

20:10-15. 이 단락에서는 외국 땅에서 수행하는 전쟁에 대해 다룬다. 이스라엘은 가나안 땅에서 모든 민족을 제거해야 했기 때문이다. 이스라엘 백성은 그들에게서 **멀리** 떨어져 있는 성읍에 대해서는 화친의 조건을 제시해야 했다(즉, 그들에게 봉신 국가가 될 기회를 주었다). 평화 제의를 받아들인다면 그 성읍 주민들은 그들을 위해 강제 노역을 할 것이다(10-11절). 한 성읍이 화친의 조건을 따르지 않는다면 그 성읍을 포위 공격해야 했고, **네 하나님 여호와께서 그 성읍을 네 손에 넘기시거든** 모든 남자를 처형시켜야 했다(12-15절). **여자들과 유아들, 가축들, 성읍 가운데 있는 모든 것은** 전리품으로 취할 수 있었다.

신

20:16-18. 그러나 약속의 땅의 경계 안에서 그 땅의 정복을 진행하면서 그 땅을 차지한 사람들과 전쟁을 벌일 때, 유대 민족은 아무것도 살려두지 말아야 했다(여기에 아이들도 포함된 까닭에 대해서는 7:2-6의 논의를 보라). 가나안 땅 안의 여러 민족들(7:1)은 모두 주의 명령에 따라 철저히 멸망시켜야 했다. 그들이 **모든 가증한 일을 너희에게 가르칠** 기회를 얻지 못하도록 완전히 전멸시켜야 했다. 민족들을 살려둔다면 그들은 이스라엘에게 영향을 미쳐 **너희 하나님 여호와**에 대한 **범죄**인 우상숭배에 참여하게 할 수도 있다.

20:19-20. 여기서 모세는 이스라엘이 약속의 땅 안이든 밖이든 한 성읍을 포위 공격할 때 지켜야 할 교전 규칙에 대한 추가 정보를 제공한다. 군대는 저항하는 성읍을 정복하려 할 때 무자비하게 행동하는 경우가 많다. 그 결과 지역 전체가 황폐해지고 만다. 그러나 이스라엘의 전쟁은 그렇게 무자비해서는 안 되었다. 성읍을 포위 공격할 때 과일나무는 베지 말아야 했다. 과일나무는 그 기간 중 병사들의 식량이 될 수 있기 때문이다. 또한 과일나무까지 베는 것은 너무 잔인하고 복수심에 가득 찬 것으로 간주되었다. 모세의 물음은 과일나무의 가치를 부각시킨다. **들의 수목이 사람이냐 너희가 어찌 그것을 에워싸겠느냐.** 하나님이 과일나무는 남기고 아이와 아기는 전멸시키라고 명령하시는 것이 위선적으로 보일 수 있다. 그러나 모세는 앞에서 가나안 사람들과 동화되는 것을 우려했다(7:3). 따라서 이

민족들을 (남자와 여자, 아이들까지) 철저히 전멸시켜야 한다. 그러나 전쟁 시에 열매를 맺지 않는 나무는 잘라서 **성읍을 치는 기구**로 사용할 수 있었다.

21:1-9. 모세는 질서 유지와 관련된 많은 문제를 다룸으로써 "살인하지 말라"라는 여섯 번째 계명을 자세히 해설한다. 이 단락에서는 해결되지 않은 살인에 대한 판례에 대해 논한다. **피살된 시체가 들에 엎드러진 것을 발견하고** 누가 그를 죽였는지 알 수 없다면, **장로들과 재판장**들은 범죄 현장으로 가서 현장에서 가장 가까운 성읍이 어디인지를 판단해야 한다(1-2절). 그런 다음 그 성읍의 장로들에게 알려야 하고, 그들은 아직 멍에를 메고 일한 적이 없는 **암송아지**를 취해 **물이 항상 흐르는 골짜기**로 끌고 가야 한다(3-4절). 이 골짜기가 범죄 현장에서 가까울 필요는 없었을 것이다. 골짜기로 가는 이유는 이어지는 의식을 위해 흐르는 물이 필요했기 때문이다. 골짜기에서 장로들은 (아마도 도끼로) 그 송아지의 목을 꺾어야 했다. 이것은 제사가 아니었다. 피를 땅에 뿌리거나 다른 방식으로 처리하지 않았기 때문이다. 암송아지의 목을 꺾는 것은 살인죄가 발생했으며, 아직 누구인지 알 수 없지만 죄인은 죽어서 마땅함을 상징했다. 이때 주의 대표자인 제사장들을 골짜기로 불러야 했고, 거기서 그들은 죽은 암송아지 위에서 (정결함의 상징으로서 가까이 있는 흐르는 물로, 4절) 손을 씻으며 다음과 같이 말했다. **우리의 손이 이 피를 흘리지 아니하였고 우리의 눈이 이것을 보지도 못하였나이다 여호와여 주께서 속량하신 주의 백성 이스라엘을 사하시고 무죄한 피를 주의 백성 이스라엘 중에 머물러 두지 마옵소서**(7-9절). 이 의식은 이스라엘이 모든 유혈의 죄를, 심지어 가해자를 알지 못하는 경우에도 해결해야만 함을 뜻한다. 그 땅은 더럽혀지지 않은 채로 남아 있어야 했고, 이 의식은 해결되지 않은 살인 사건에서 유혈로 인한 죄책을 제거하는 규정된 수단이었다.

21:10-14. 모세는 다수의 가족 관련 법을 기록했다. 먼저 **사로잡은** 여자들에 대한 규제를 다루었다. 앞서(20:14) 율법에서는 함락한 성읍의 여자와 아이들은 살려주어야 한다고 규정했다. 여기서 설명하듯이 병사 중 하나가 사로잡은 여자에 대해 결혼하고 싶을 만큼 매력을 느끼는 경우가 생길 수 있었다. 그럴 때는 먼저 경계할 필요가 있었다. 가나안 민족 출신의 여자와 결혼하는 것은 명시적으로 금지되었으며(7:3) 주께서 명하신 대로 여자를 비롯해 모든 거주민을 죽인다면 이런 결혼은 가능하지도 않았을 것이기 때문이다. 이런 상황의 배경은 (비록 명시적으로 언급되지는 않았지만) 사로잡힌 여자들 중 일부가 (라합처럼) 이스라엘의 하나님을 섬기기 원했다는 것이며, 그렇다면 이스라엘 사람이 이 여자들 중 한 사람과 결혼하는 것이 가능했다. 그러나 이 경우 여러 규정이 주어졌다. 여자의 **머리를 밀고 손톱을 베고** 옷을 벗게 해야 했다(12-13절). 이런 행동의 목적은 분명하지 않다. 어떤 이들은 처음부터 이 여자를 원했던 유일한 이유가 육체적으로 아리따웠기 때문이라면 꾸민 것을 제거함으로써 그가 덜 매력적으로 보이게 만드는 것이라고 생각한다. 가장 그럴듯한 설명은 이런 행동이 그가 이전의 삶과 연관된 모든 것을 제거하고 이스라엘 공동체 안의 삶을 받아들여야 함을 상징한다는 것이다. 또한 이는 그의 남편으로 하여금 그를 더 이상 이방인이 아니라 아내로 대해야 함을 상기시켰을 것이다. 여자에게도 한 달 동안 부모를 애도할 시간을 주었다. 아마도 성읍이 함락된 후 그의 **부모**가 죽어서 그들의 죽음을 슬퍼할 시간이 필요했을 것이다. 이런 규정을 다 지켰다면 이제 그 병사는 여자와 결혼할 수 있었다. 하지만 여자가 마음에 들지 않는다면 그를 결혼 관계에서 자유롭게 해주어야 하며 **그의 마음대로 가게** 해야 했다(14절). 비록 이방인이지만 그는 특정한 권리를 가지며 절대로 **돈을 받고** 팔거나 종으로 여기지 말아야 했다. (이혼한 결과) 이미 그를 욕보였기 때문이다. 남자는 더 이상 그를 욕보여서는 안 된다. 이런 법률 중 일부는 현대인의 감수성을 거스를 수도 있다. 이는 당시 다른 고대 근동 민족들이 전쟁 포로를 대하는 일반적인 방식과도 전혀 달랐다.

21:15-17. 창세기 2:22-24에서는 일부일처제가 결혼의 표준이라고 분명히 말하지만, 여기서는 일부다처인 상황에서 가족 안에서 장자의 권리를 보호하기 위해 이를 규제하는 법에 대해 다룬다. 이 단락이 10-14절 뒤에 자리 잡고 있다는 점은 이 여자가 일부다처 가정에서 사랑을 받지 못하는 아내임을 암시할 수도 있다. 일부다처 가정에서 모든 아내가 **아들을 낳았다면** 누가 더 남편에게 사랑받는지에 상관없이 첫째로 태어

난 아들이 아버지의 재산 중에서 두 배의 몫을 받아야 했다. 가족 서열은 유지되어야 하고 분명히 규정된 것과 다른 결과를 얻기 위해 이를 조작하려고 해서는 안 된다. (이혼처럼) 일부다처제는 하나님이 명시적으로 용인하지 않으셨음에도 행해졌다. 대개는 평민이 아니라 부나 권력을 지닌 사람들(아브라함, 엘가나, 다윗)이 여러 아내를 취했다. 이것은 지위를 과시하는 수단이기도 했다. 자신을 부양할 다른 수단이 없는 여자에게 은혜를 베풀기 위한 이타적 행동인 경우도 있었다. 구약 안에서 하나의 관습으로 언급되기는 하지만 결혼이란 한 남자와 한 여자 사이의 결합이어야 한다는 본래의 명령(창 2:22-24)을 따르는 것이 최선이다. 일부다처제는 이 단락이 묘사하는 것처럼 어려운 상황을 초래하는 경우가 많기 때문이다.

21:18-21. 이 단락의 판례는 부모 공경에 대한 다섯째 계명에 대한 부연 설명이다. 부모에게 지독하게 불순종하며 아무리 징계를 해도 말을 안 듣는 **완악하고 패역한 아**들이 있다면 부모는 그를 성문에 있는 **장로들**에게 끌고 가야 했다. 그 아들이 전혀 바로잡을 수 없고 모든 권위 구조에 대해 의도적으로 반역할 때 이런 상황이 적용된다. 부모는 그의 반역에 대해 증언하고 그의 행동에 대한 구체적인 예를 들어야 했다. 이 경우에 부모는 자기 아들이 **방탕하며 술에 잠긴 자**라고 증언했다. 전자는 음식에 대해 자제하지 못한다는 말이고, 후자는 음주에 대해 절제하지 못한다는 말이다. 부모에게는 아들을 사형시킬 일방적인 권위가 없지만, 장로들이 부모의 의견에 동의한다면 성읍의 모든 사람들이 그 아들을 **돌로 쳐 죽**여야 했다. 개별 가족의 도덕은 민족의 도덕적, 영적 구조에 영향을 미친다. 그렇기 때문에 불순종은 공동체에서 제거해야 할 **악**이었다.

21:22-23. 신명기에서는 여러 번에 걸쳐 특정 행동에 대해 사형을 규정하고 있지만(13:10; 17:5; 21:21), 그런 본문에서는 사형 집행 후 범죄자의 시체를 처리하는 것에 대한 지침을 제시하지 않았다. 여기서 모세는 그런 상황에 무엇을 해야 하는가에 대해 사례 연구를 제공했다. 누군가가 처형되어 **나무 위에** 매달려 있다면, 시체를 제거하고 처형한 바로 **그날** 해지기 전에 묻어주어야 했다. 나무에 매다는 것은 처형 방식이 아니었지만(돌로 치는 것이 전형적인 방식이었다), 그들의 죽음을 알리고 그들의 행동을 모방하려는 사람들을 막기 위해 처형된 범죄자의 시체를 말뚝에 걸어 올리는 경우가 많았다. 처형된 범죄자는 처형을 초래한 행동 때문에 하나님께 저주받았다고 간주되었다. 분명히 이런 상황은 가시적 교훈으로서 사람들에게 그들의 행동이 초래할 결과에 대한 경고가 되지만, 범죄자의 시체는 이스라엘이 그들의 **땅을 더럽히지** 않는 방식으로 처리해야 했다. 갈라디아서 3:13에서 바울은 이 본문을 인용하면서 그리스도의 죽음 덕분에 신자들이 '율법의 저주'로부터 속량을 받았다고 주장했다.

22장은 분리된 자료처럼 보이지만, 그것이 한 단위라는 미묘한 단서가 있다. [소(1, 4, 10절), 나귀(3, 10절), 의복(3, 5, 12절), 집(2, 8절) 등] 반복되는 단어들이 여기에 기록된 법들을 하나로 이어준다. 또한 이 단락에서는 생명을 취하는 것과 관련된 문제(21:18-22:8)에서 성적 순결을 비롯한 정결의 문제(22:9-30)로 전환이 이루어진다.

22:1-4. 이 명령은 잃어버린 소유물과 그것을 챙겨 돌려주어야 할 책임을 다룬다. 이웃에 대한 사랑과 생명 전반에 대한 존중을 보여주기 위해 이스라엘 백성은 다른 사람의 소유물에 대해 높은 윤리적 기준을 유지해야 했다. 모세는 길을 잃은 소나 양을 보면 주인에게 돌려주어야 한다고 명령했다(1-2절). 그런 다음 이 명령을 확장해 잃어버리거나 잘못 놓아둔 다른 모든 소유물까지 포함시킨다. 가축, 특히 소는 일을 시킬 수 있기 때문에 값비싼 재산이었다. 따라서 가축을 주인에게 돌려주는 것은 옳은 일일 뿐만 아니라 그 덕분에 주인은 생활수준을 유지할 수 있었다. 주인에게 호의를 베풀어 그가 소유물을 되찾아가도록 도와주어야 했으며, 동물에게도 호의를 베풀어 넘어진 것을 보면 가서 일으켜주어야 했다.

22:5. 다음에 나오는 이성의 옷을 입는 복장 도착을 금지하는 법은 맥락에서 벗어난 것처럼 보일 수도 있지만, 모세는 정결 율법과 다른 것을 섞는 것에 대한 금기로 주제를 천천히 전환하고 있었다. 어떤 이들은 이성의 옷을 입는 행위가 때때로 이교의 다산 제의에서 활용되었고 이스라엘 백성은 언제나 스스로를 이교 관습과 분리해야 했다고 주장해왔다. 다른 이들은 이 법의 목적이 동성애를 막으려 하는 것이라고 이해한다.

배경이 무엇이든 정결과 기대되는 규범이라는 주제가 두드러진다. 이성의 옷을 입는 것은 혼란스러운 메시지를 전하므로 금지되었다.

22:6-7. 모세가 어미 새와 그 새끼나 알을 동시에 취하지 말라는 이 금지 명령을 내린 까닭에 대해 학자들 사이에 이견이 있다. 대부분의 학자들은 이것을 이스라엘 백성이 특히 동물의 왕국에서 생명에 대한 경외를 생생하게 가르치기 위한 방법으로 이해한다. 하지만 새끼의 생명을 취한다는 점에 이 설명은 그럴듯해 보이지 않는다. 이는 단순히 미래를 위한 식량을 확보하기 위해 식량 자원을 보존하기 위한 수단이었을지도 모른다. 앞서 나왔던 한 성읍을 포위 공격할 때 과일나무를 베지 말라는 명령과 동일한 원리가 작동하고 있다(20:19-20). 이 명령에 순종할 때 번영과 장수를 누릴 것이다.

22:8. 이웃에 대한 사랑을 가시적으로 표현하는 또 다른 방법으로서 집을 지을 때 지붕에 난간을 만들어야 했다. 지붕은 주거 공간과 손님이 머무는 공간으로 사용되었기 때문에 손님이 머무는 동안 그들을 보호할 안전장치를 만들어두어야 했다. 이스라엘은 인간 생명을 귀하게 여겨야 하며 생명을 보존하고 보호하는 모든 수단을 활용해 유혈의 죄를 막아야 했다.

22:9-11. 이제 모세는 다른 재료를 섞지 말라는 명령을 나열한다. 이스라엘 백성은 씨를 뿌릴 때 **두 종자**를 섞어 뿌리거나, 다른 두 종류의 동물로 밭을 갈거나 직물을 섞어 짠 옷을 입지 말아야 했다. 이런 혼합물이 신체에 해로운 요소는 전혀 없지만, 정결함을 외적으로 드러내는 것은 이스라엘 백성을 특징짓는 내적인 영적 정결함을 상징했으므로 높은 수준의 정결함에 부합하지 못하는 것은 모두 금지되었다.

22:12. 그들의 옷에는 **네 귀에 술**을 달아야 했다. 여기에는 설명이나 이유가 적혀 있지 않지만 앞에서 이미 기록했다(민 15:37-41). 술은 이스라엘 백성이 어디에 가든지 주의 계명을 기억하도록 도와주었다.

22:13-21. 가정은 이스라엘 공동체의 중요한 구성 요소였으며, 따라서 가정의 정결함을 유지하기 위해서는 성에 대해 높은 기준을 유지하는 것이 중요했다. 여기서 모세는 일곱 번째 계명의 의미를 풀어서 설명하고 있다.

첫 번째 사례 연구에서는 아내가 결혼 당시에 처녀가 아니었다고 주장함으로써 **비방거리를 만들어 그에게 누명을 씌우는** 남편에 대해 다룬다(13-14절). 첫째, 모세는 이것이 거짓 비난이었을 때 어떻게 해야 하는지 설명한 다음, 정당한 고발이었을 때는 어떻게 해야 하는지를 설명했다. 어떤 경우든 아내의 부모는 **그 처녀의 처녀인 표**를 **장로들에게** 가져다주고(15절), 비난에 대해 알리고 조사를 위한 증거를 제출해야 했다. 아내가 처녀라는 증거는 첫날밤을 치른 후 처녀막이 파열되어 생긴 침대보의 혈흔이었다. 장로들이 그 증거가 타당하다고 생각하면 남편을 붙잡아 징계하고(매질하고) 은 일백 세겔을 벌금으로 받아 아버지에게 주었다(18-19절). 이 벌금은 신랑이 보통 신부를 얻을 때 신부의 아버지에게 지불하는 돈의 두 배였다(29절). 따라서 남편은 **처녀**에게 공개적으로 누명을 씌운 것에 대해 벌을 받았고, 이후 그는 아내와 이혼할 수 없었다(19절). 중한 벌금을 부과하고 공개적으로 수치를 당하게 함으로써 아내를 거짓 비난으로부터 보호하려 한 것이다. 그러나 아내가 결혼 당시 처녀가 아니었다면 **그의 아버지 집 문에서** 돌로 쳐서 죽여야 했다(20-21절). 이렇게 명령한 까닭은 부모가 딸의 처녀성을 지키도록 돕지 않았거나 심지어 처녀가 아닌데도 남편이 될 사람에게 처녀처럼 보이도록 공모했기 때문이었다.

22:22. 그런 다음 간음에 대해 분명한 금지 명령(일곱 번째 계명)을 내리면서 결혼한 사람과 **동침**하다가 붙잡힌 남자나 여자에 대한 처벌은 사형이라고 명시했다. 이 경우에 부정의 명백한 증거가 있어야 했으며 처형은 아마도 돌로 쳐 죽이는 방식으로 이루어졌을 것이다(참고. 21, 24절).

22:23-27. 남자와 약혼한 처녀는 법적으로 결혼한 여자와 같다. 따라서 그가 성읍 안에 있는 동안 다른 남자와 성관계를 한 경우 여자와 남자 모두 돌로 쳐서 죽여야 했다(23-24절). 여자가 강간당했다고 주장하지만 이를 막기 위해 소리를 지르지 않았다면, 그가 합의하에 성관계를 했다고 판결을 받아 간음죄로 처형당해야 했다. 그러나 성행위가 [가까이에 사람들이 없는] 들에서 일어났다면, 이를 강간으로 간주해 남자는 처형하고, 여자는 잘못을 하지 않았기 때문에 처벌하지 말아야 했다. 이것은 처녀에 대한 범죄 행위였다(25-27절).

22:28-29. 또 다른 시나리오에서 **만일 남자가** 약혼하지 아니한 처녀를 **붙들고** 그와 **동침**했다면 그 남자는 처녀의 **아버지에게 은 오십 세겔**을 주어야 했고 그녀는 그의 아내가 될 것이며 남자는 평생 이혼할 수 없었다(28-29절). 어떤 이들은 여자에게 자신을 강간한 남자와 결혼하도록 강요하는 법에 대해 이의를 제기한다. 그러나 다음과 같은 이유들로 '붙들고'(*taphas*, 타파스)라는 동사는 강간이 아니라 유혹하여 합의하에 혼전 성관계를 갖는 것을 의미할 가능성이 더 높다. (1) 출애굽기 22:16-17에 기록된 비슷한 법에서 사용된 동사는 '붙잡다'(타파스)가 아니라 '꾀다'(*pathah*, 파타)이며, 따라서 유혹하여 합의하에 한 성관계를 뜻한다. (2) 여기에 사용된 동사 '붙잡다'(타파스)는 이전 단락에 나오는 '강간'[22:25, 하자크(*chazaq*)라는 어근에서 유래한 단어로 '힘으로 압도하다'라는 뜻]이라는 단어와 구별된다. (3) '붙잡다'(타파스)라는 동사가 문자적으로는 신체를 붙잡는 것을 뜻하지만 '누군가의 마음을 사로잡다'(참고. 출 14:5)라는 말처럼 비유적인 의미를 지니기도 하므로 유혹에 훨씬 더 가까울 수도 있다. 따라서 이 법은 사랑의 말로 젊은 처녀를 유혹해 그와 **동침**한 남자에 대해 다룬다. 나중에 "정혼하지 않은 처녀를 유혹한 사람은 그녀를 아내로 맞아야 할 의무가 있었으며, 신부를 맞을 때 통상적으로 지불해야 할 대가를 지불해야 했고, 이혼할 권리를 박탈당했다"(Meredith Kline, *Treaty of the Great King*, 111). 유혹한 사람과 결혼한다는 것이 현대인의 감수성에는 거슬리게 들릴지도 모르지만 이 법의 배후에는 나름대로 근거가 있다. 그것은 여자의 명예를 보호하기 위한 수단이었다. 또한 이렇게 합법적이지 않은 관계에서 아이가 태어났다면 그 아이는 재정적 지원을 받을 수 있었다. 또한 이 법에서는 이혼할 권리를 박탈했으므로 유혹과 혼전 성관계에 대한 강력한 억제 장치가 되었을 것이다. 이처럼 가정의 안정과 성적 정결은 이 문화에서 감정보다 더 중시되는 가치였다.

22:30. 엄밀히 말해 간음은 아니었지만, 남자가 자기 아버지가 죽은 후 계모와 결혼하는 것을 금지했다. 이는 **아버지의 하체**를 드러내는(공인된 성관계와 관련된 사생활의 권리를 침범하는 것을 뜻하는 완곡어법) 행동이었다. 이 행동은 아버지의 결혼의 거룩함을 침해했고 근친상간으로 간주되었다.

23:1-8. 이 단락에서는 **여호와의 총회**에 참여할 자격을 지닌 사람들을 제한하는 것에 대해 다룬다(1절). '총회'에 대한 설명은 없지만, 가장 널리 받아들여지는 견해는 그것이 중앙 성소라는 것이다. 다시 한 번 정결함의 개념과 상징이 두드러진다. 이 규례가 배제된 사람들을 도덕적으로 판단한다고 볼 필요는 없다. 첫 번째로 **고환이 상한** 사람이나 **음경이 잘린** 사람은 배제되었다. 여기서 고환이 상했다는 것은 유전적 원인일 수도 있고 사고나 고의일 수도 있지만, 원인이 무엇이든 결과는 동일했다. 그들은 총회에 들어갈 수 없었다. 이 금지 명령은 아마도 이방 신들에게 자신을 바치기 위해 거세한 남자들(더 나아가 외국 정부 아래에서 관리로 일한 사람들)을 겨냥했을 것이다. 이스라엘의 예배 제도에서는 '온전함'이 중요기 때문에 '완벽한' 기준(이 경우에는 완전한 남성의 신체)에 부합하지 못하는 것은 다 배제되었다. 자기 몸에 무언가가 없는 사람은 더 이상 온전히 하나님의 형상으로 창조된 사람을 대표할 수 없었기 때문이다(창 1:27).

또한 **사생자**도 배제되었다(2절). **사생자**라는 말은 드물게 사용되므로 사생자인 사람을 모두 지칭할지도 모르나 그럴 가능성은 낮다. 미혼인 사람이 성관계를 가졌을 때는 사형에 처하거나(22:20-22) 결혼을 해야 했기 때문이다(22:28-29). 따라서 금지된 이방인과의 결혼에서 태어난 자녀나 이교 제의에 참여하는 제의적 창기가 낳은 자녀를 지칭할 가능성이 더 많다. 10대까지도 총회에 들어올 수 없다는 말은 '영원히'라는 뜻의 관용어구이다. 열한 번째 세대는 총회에 들어올 수 있다는 뜻이 아니었을 것이다.

암몬 사람과 모압 사람도 총회에서 배제되었다(3-6절). 그들이 출애굽 이후 이스라엘 백성에게 환대를 베풀지 않았고 발람을 고용해 민족을 저주하려 했기 때문이다. 또한 그들은 롯과 그의 딸들의 근친상간으로 생겨난 자손이었기 때문에 배제되었을 것이다(창 19:3-38). 그러나 **여호와께서** 이스라엘을 사랑하셨기 때문에(창 12:3) 발람의 저주가 결국 **복**으로 바뀌었다. 민족은 그들과 평화 조약을 맺음으로써 **평안함**을 추구하지 말아야 했고, 교역 조약을 맺음으로써 **형통함**을 추구하지 말아야 했다.

에돔 사람과 애굽 사람은 모압이나 암몬과 다르게 대해야 했다(7-8절). 에돔 사람은 야곱의 형 에서의 후손이었기 때문에 형제로 간주했다. 애굽 사람들은 이스라엘 백성이 그들의 땅에서 나그네로 살았으며, 거기서 사는 동안 적어도 처음에는 환대를 받았기 때문에 미워하지 말아야 했다. 이 두 민족의 후손은 **삼 대**가 지나면 이스라엘의 총회에 들어올 수 있었다. 다시 말해서 그들의 손자 손녀는 이스라엘 종교적, 의례적 예배 체계 안에서 완전한 권리를 누릴 수 있었다.

이런 기준을 명시하고 있다면, 모압 여인 룻의 후손인 다윗과 같은 명백한 예외는 어떻게 보아야 할까? 이런 배제의 원칙은 모압 사람을 아내로 맞은 이스라엘 사람보다는 모압 남자에게 초점을 맞추었을 것이다. 하지만 나중에 에스라는 이 명령을 절대적으로 해석해 이방 사람과의 결혼을 금지하는 것으로 이해했다(스 9:1-2). 또한 이 명령은 하나님을 '믿지 않는' 이방인이 총회에서 예배에 참여할 수 없다는 말씀일 수도 있으며, 이 해석은 정결이라는 주제와도 맞아떨어진다. 가장 간단한 해석은, 이것을 '율법'보다 '믿음'이 우선함을 보여주는 사례로 이해하는 것이다. 룻은 특히 영적으로 어두웠던 사사 시대에 이스라엘의 하나님에 대한 놀라운 믿음을 보였으며, 하나님의 은혜로 이스라엘 공동체의 일원이 되었을 뿐만 아니라 메시아의 족보에도 들어갈 수 있었다.

23:9-14. 1-8절에서는 총회의 정결함에 대해 다루는 반면, 9-14절에서는 병사들이 전쟁에 나갈 때 군대의 정결함에 대해 다룬다. 군사들은 **모든 악한 일**을 스스로 삼가야 했다(9절). 구체적으로 **밤에 몽설**한 사람은 **진영 밖으로** 나가 해질 때까지 기다려서 **목욕**을 한 다음 **해진 후에** 다시 진영으로 들어올 수 있었다(10-11절). 여기서 도덕적으로 잘못된 것은 없지만, 그가 ('정상적인' 방식으로, 즉 아내와의 성관계를 통해 정액을 배출하지 않았으므로) 의례적으로 부정했고 전쟁은 신학적인 문제로 간주되었기 때문에(하나님이 그들 가운데서 싸우시기 때문에) 이것은 단순히 군사적 사건이 아니었다. 배설물을 진영 밖에 묻으라는 명령도 마찬가지였다(12-14절). 하나님이 이스라엘 군대와 함께 싸우셨으므로 진영 안 어디에도 부정함이 있어서는 안 되었다. 진영은 **거룩**해야 했다.

23:15-16. 이방 민족에게 도망쳐온 노예는 주인에게 돌려보내지 말아야 했다. 대신 그들이 선택한 곳에서 이스라엘 백성과 더불어 살도록 허락해야 했고 그들을 괴롭히지 말아야 했다. 이 정책은 고대 근동 전역에서 행하던 것과 전혀 달랐다. 노예는 법적으로 주인에게 인도해야 할 의무가 있는 경우가 많았으며, 노예를 돌려보내는 사람에게는 금전적으로 보상을 하는 경우도 많았다. 그러나 이스라엘은 다른 사람들이 피해서 보호를 받을 수 있는 피난처로 여겨져야 했다. 이 법이 정결함의 주제와 어떻게 어울리는지는 분명하지 않지만, 14절('넘기시려고')과 15절('도망하거든')에 동일한 히브리어 단어가 사용되므로 언어적 연관성이 이 자료를 하나로 묶어준다.

23:17-18. 정결이라는 주제에 대해 이스라엘 **여자나 남자**는 제의적 **창기**로 일해서는 안 되며, 창기가 번 돈은 주께 **서원**하는 제물로 드리지 말아야 한다고 규정했다. **개**는 남창을 일컫는 경멸적인 용어이다. 이교의 다산 제의와 연관된 이런 관습은 **여호와께 가증한** 것이었다.

23:19-20. 돈이라는 주제에 대해 모세는 이스라엘 사람이 같은 이스라엘 사람에게 돈을 빌려주거나 다른 무언가를 빌려주는 법적 계약을 할 때 **이자를 받지** 말아야 한다고 규정했다. 하지만 외국인에게는 이자를 받을 수 있었다. 주께서 그 땅에서 순종하는 그분의 백성에게 풍성한 **복**을 내리실 것이므로 서로 돕기에 충분한 자금이 있을 것이다. 또한 이 법은 강한 사람이 부유해지기 위해 약한 사람들을 약탈하는 것을 막아주었다.

23:21-23. 역시 돈 문제에 대해 다음 법에서는 예배자가 서원하는 것을 지체하지 말고 갚아야 한다고 명령했다. **서원**은 **여호와**와 맺은 약속이며, 따라서 예배자는 자신이 행하겠다고 말로 다짐한 것을 그대로 이행해야 할 책임이 있었다. 이 명령은 주의 이름을 망령되이 일컫지 말라는 세 번째 계명에 대한 해설로 볼 수도 있다. 서원을 하고 지키지 못할 바에야 차라리 서원을 하지 않는 편이 더 낫다.

23:24-25. 여기에 기록된 법에서는 가난한 이들을 보호하고 사랑으로 형제를 배려하라고 명령한다. 백성은 다른 사람의 포도원이나 밭에서 **포도**나 **이삭**을 먹을 수 있었다. 나중에 먹으려고 그릇에 담지 않고 바로

먹는 한 그렇게 하도록 허용되었다. 이를 허용한 것도 주께서 그 땅에서 순종하는 백성에게 풍성히 복을 주실 것이며 이런 규정을 두어도 백성 전체가 번영하는 데 지장이 없을 것이라고 전제했기 때문이다.

24장에는 주로 정결, 정의, 가난한 이들에 대한 긍휼의 문제를 다루는 많은 법이 포함되어 있다. 이 주제들은 모두 이 책의 앞부분에서 이미 논의되었다.

24:1-4. (이 단락과 관련해 마태복음 19:3-9에 대한 주석도 보라.) 이혼의 근거에 대한 법은 율법에서 명시적으로 다루지 않는다. 이 책의 앞부분에서는 명확히 금지된 때를 제외하고 몇 가지 상황에서 이혼이 가능하다고 전제한다(22:19, 29). 여기서 묘사하는 상황에는 몇 가지 전제 조건이 있으며, 따라서 이혼 정책 전반에 대한 근거로 사용될 수 없다. 여기서 율법은 아마도 민족 가운데서 이미 일어나고 있는 일을 규제하려고 했을 것이다. 만약 한 남자가 아내에게 **수치 되는 일이 있음**을 알고 그를 **기뻐하지 아니하면** 그는 아내에게 **이혼 증서**를 써주고 내보낼 수 있었다. 그런 다음 그녀가 다른 남자의 아내가 되었는데 다시 그 남자가 그녀에게 **이혼 증서**를 써주거나 죽었다면, 그 여자는 첫 남편과 다시 결혼할 자유가 없었다. 첫 남편이 아내한테서 발견한 **수치 되는 일**이 무엇을 뜻하는지에 대해서는 이견이 있다. 간음이나 결혼 전의 부정은 아닐 것이다. 이 경우의 처벌은 사형이었기 때문이다(22:20-22). 아마도 수치 되는 일이란 다른 어떤 성적 부정함일 테지만 정말로 무엇을 뜻하는지는 알 수 없다. 여기서 중요한 문제는 다른 사람과 결혼한 다음 이혼한 배우자와 재혼하는 것은 더러움 때문에 허용되지 않았다는 것이다. 여기서 무엇이 더러움을 초래했는지도 분명하지 않다. 어쩌면 첫 남편이 아내를 내보낼 때 그녀의 명예를 더럽혔기 때문일 수도 있다. 현대 독자들에게는 말이 안 되는 것처럼 들릴 수 있지만 정결의 문제, 기대되는 규범, 약자의 보호는 대단히 중요했고 많은 구약 율법의 기초를 이뤘다. 이 법은 이혼을 규제하려 했고, 아마도 더 나아가 이스라엘 사회 안에서 이혼을 억제하려고 했을 것이다. 이혼에 대한 더 많은 정보를 위해서는 에스라 9장의 논의를 보라.

24:5. 여기에서는 이제 막 결혼 사람은 누구든 1년 동안 군 복무를 면제해주는 가정 친화적인 법을 규정한다. 이 법 덕분에 부부는 결혼 생활을 누릴 기회를 얻었을 뿐만 아니라 다음 세대를 이어갈 후계자를 길러 내는 일을 시작할 수 있었을 것이다.

24:6. 날마다 음식을 준비할 때 맷돌을 사용했으므로 돈을 빌릴 때 그것을 담보로 사용하는 것은 위법이었다. 이는 **생명**을 유지할 수단 혹은 그 빚을 갚을 돈을 벌 수단을 빼앗는 행위였기 때문이다.

24:7. 이것은 여덟째 계명에 대한 해설이었으며, 더 구체적으로는 납치에 대한 법이었다. 고대 근동에서 납치는 몸값을 받아내기 위해서라기보다는 누군가를 붙잡아서 돈을 받고 노예로 팔기 위해 자주 행해졌다. 붙잡힌 사람은 자유를 박탈당할 것이다. 그가 외국으로 팔려가 언약 공동체와 축복에 참여하지 못한다면 죽은 것이나 마찬가지일 것이다. 납치에 대한 처벌은 사형이었다.

24:8-9. 이 두 절은 레위기 13-14장에 의존하고 있음이 분명하다(그곳의 주석을 보라). 거기서 모세는 제사장들에게 **나병**을 다루는 법에 대해 가르쳤다. 이제 그는 그 지침을 다시 부각시키면서 민족에게 나병에 대한 법을 힘써 **지켜 행하**라고 권면했다. 미리암과 그에게 일어난 일을 언급하면서 나병에 대한 법을 잊어버리지 말고 엄격히 준수하라고 촉구했다. 또한 이를 통해 그들이 그분의 계명을 준수하지 못했을 때 주께서 그분의 언약 백성에게 행하실 일에 대해 경고했다.

24:10-13. 담보 문제는 이미 언급했지만(6절), 여기서는 이 주제를 확장하면서 특히 채무자의 존엄성을 존중해야 함을 강조한다. 채권자는 채무자의 **집**에 들어가지 말아야 했으며, 그렇게 함으로써 그의 존엄성과 사생활을 존중해야 했다. 채무자가 가난하다면 채권자는 채무자가 밤에 편안히 자기 위해 필요한 물건을 담보로 가져가지 말아야 했다. 예를 들어, 겉옷의 경우 낮에는 겉옷으로 사용하지만 밤에는 찬 공기를 막는 이불로 사용했으므로 **전당물**로 가져갈 수 없었다. 이스라엘이 그 땅에서 순종한다면, 주께서 채권자들이 가난한 이들에게 베푼 긍휼을 그들의 **공의**로 여기고 복을 주실 것이다.

24:14-15. 앞의 법과 비슷하게 고용주는 날마다 노동자가 집으로 돌아가기 전에 품삯을 지불해야 했다. 그래야만 하루 벌어 하루 먹고 사는 **가난**한 이들이 가

족을 부양할 수 있었다. 고용주가 이 정책을 이행하지 않으면 노동자는 **여호와께** 호소할 수 있었고, 그분은 고용주의 무자비한 행동을 **죄**로 여기실 것이다.

24:16. 앞에서 법 위반에 대해 사형으로 처벌하라는 규정이 많았다. 여기서는 사형 집행에 대한 추가적 지침을 제공한다. 율법에서는 범죄 행위에 대한 자발적인 대속적 죽음을 허용하지 않는다. 자녀가 지은 죄 때문에 **아버지**를 죽일 수 없으며 그 반대도 마찬가지이다. 이는 앞에서 주어진 규정을 무효로 만들지 않는다(5:9). 그곳의 문맥은 (사법적 영역이 아니라) 영적인 영역에서 부모의 죄악 된 행위가 후손에게 오랫동안 영향을 미친다는 것이었다. 문맥상 24:16의 법은 이 부분의 가운데 배치되어 개인적 책임의 중요성을 강조하는 역할을 한다.

24:17-18. 나그네와 고아, 과부는 사법적, 경제적 학대를 당하는 경우가 많았다. 이스라엘 백성은 그들을 희생시켜 정의를 왜곡시키거나 약하고 가난한 이들이 가진 얼마 안 되는 것을 담보로 잡지 말아야 했다. 이들을 향해 긍휼을 베풀어야 하는 까닭은 이스라엘이 애굽에서 노예로 지내면서 그들도 그런 처지에서 살았기 때문이다.

24:19-22. 계속해서 가난한 이들과 관련된 법을 다루면서 이삭줍기와 수확에 대한 규정을 기록한다. 지주들은 **나그네와 고아, 과부**를 위해 수확하는 동안 이삭과 감람나무 열매, 포도를 얼마간 남겨두어야 했다(19절). 그러면 그들은 존엄성을 지키면서 스스로 먹을 양식을 구할 수 있었다. 이 법이 적용된 실례를 룻기 2장에서 볼 수 있다. 그들은 가난한 이들을 위한 법을 따름으로써 그들이 애굽에서 노예로 살아갈 때 하나님이 그들에게 보여주신 은혜로운 행동을 본받았다(참고. 24:18).

25:1-3. 이 법에서는 태형을 다루며, 그 집행에 대해 제한을 둔다. 존엄성은 이 책의 많은 법조문을 관통하는 주제이며, 또 하나의 예를 여기서 볼 수 있다. 죄인은 처벌을 받아야 하지만, 벌이 과도해서는 안 되며 벌을 집행하는 과정에서 그를 모욕해서도 안 된다. 이 상황에서 **태형**을 받아야 하는 사람을 **사십** 대 이상 때릴 수 없었다. 부주의해서 이 제한선을 넘는 일이 발생하지 않기 위해 후대의 유대교 율법에서는 태형을 서른아홉 대로 제한했다(고후 11:24).

25:4. 다음 법은 구체적이다. **곡식 떠는 소에게 망을 씌우지 말지니라.** 다시 말해서 동물이 농부를 위해 일할 때 그 동물에게 자비를 베풀어야 한다는 것이다. (비용 때문에) 소를 소유한 사람이 거의 없었으므로 흔히들 다른 사람의 소를 빌리거나 임대해 수확한 곡식을 타작할 때 활용했다. 이 경우에 이익을 극대화하기 위해 탈곡하는 동안 자신의 소나 임대한 다른 사람의 소에 재갈을 물리지 말아야 했다. 이런 행위는 이웃된 도리에도 어긋나며 동물에게 해를 입힐 수도 있었다. 바울은 목회자가 자신이 섬기는 사람들로부터 물질적 이득을 취하려 해서는 안 된다는 점을 설명하기 위해 이 절을 두 차례 인용했다(고전 9:9; 딤전 5:18).

25:5-10. 여기서는 여러 가치들이 긴장을 이루는 사례를 제시하는데, 이런 상황을 해결하기 위한 법이 필요했다. 하나의 가치는 남편이 자기 가족의 이름을 물려줄 남자 상속자를 갖으려 하는 마음이고, 또 하나의 가치는 높은 수준의 성적 정결을 유지하는 것이었다. 만약 한 남편이 아들이 없는 상태에서 죽는다면 어떻게 합법적인 방식으로 상속자를 내세울 수 있을까? 동생은 형수와 동침하지 말아야 했지만(레 18:16), 특수한 요건이 충족되면 이 법에 대한 예외가 있을 수 있다. 만약 **형제들이 함께 사는데** 그중 하나가 결혼하고 나서 아들 없이 죽었다면, 형제 중 한 사람이 죽은 형제의 아내를 아내로 맞아 그 죽은 형제의 이름을 이을 상속자를 낳을 수 있었다(5-6절).

한 형제는 이에 동의하지 않을 권리가 있었지만, 이 경우에 그는 이 의무에서 벗어나기 위해 치욕적인 의식을 거쳐야 했다. 죽은 형제의 아내는 성읍 장로들 앞에 가서 그의 **신을 벗기고 그의 얼굴에 침을 뱉을** 것이다(7-9절). 그 후로 계속 그는 **신 벗김 받은 자의 집**이라고 불릴 것이다(10절). 신을 벗기는 행위의 상징적 의미는 명확하지 않지만, 룻기 이야기에서 볼 수 있듯이 그가 죽은 형제의 재산에 대한 권한을 포기했음을 뜻했다(룻 4:7). 그의 얼굴에 침을 뱉는 행위는 그가 적어도 7일 동안은 의례적으로 부정해질 것임을 뜻했다(민 12:14). 강력한 사회적 압력 때문에 대부분은 이러한 율법에 순응했다. 각 지파의 각 가문에 하나님이 이스라엘에게 약속하신 모든 기업을 상속할 자손이 계속 유지되는 것이 중요했기 때문이다.

25:11-12. 이 법의 논리적 근거는 자손을 기를 수 있는 능력에 대한 우려인 것으로 보인다. 두 남자가 몸싸움을 벌이는 상황에서 한 남자의 아내가 자기 **남편**을 구하려고 상대방의 **음낭**을 잡았다면, 그녀의 손을 잘라내야 하고 자비나 동정심을 조금도 보이지 말아야 했다. 여기서 두 가치를 볼 수 있다. 하나는 정숙함에 대한 일반적인 관심이다. 이 법이 후사에 대한 법 바로 다음에 배치되었음을 감안할 때 여기서 더 강력한 가치는 여자가 그 행동으로 남자의 생식 능력을 위험에 빠뜨릴 수도 있었다는 점과 관계가 있다. 이것은 법 위반에 대한 처벌로 신체 절단을 요구하는 유일한 사례이다.

25:13-16. 모세는 상업에 대한 법으로 주제를 전환해 이스라엘 백성이 상거래에서 철저히 정직해야 한다고 명령했다. 자기에게 유리하게 거래를 조작하기 위해 두 가지 도량법을 사용하지 말아야 했다. 이 분야에서 정직한 태도를 유지할 때 약속의 **땅**에서 오래 머물며 번영할 것이다. 백성이 순종할 때 하나님의 심판을 피할 수 있기 때문이다.

25:17-19. 오경에서 아말렉은 가나안 거민 중 이스라엘에 맞서는 최대의 적으로 규정된다. 그들과 벌인 두 전투에 대해서는 앞에서 언급했지만(출 17:8-16; 민 14:39-45), 여기서 모세는 이스라엘에 맞선 그들의 행동에 대해 훨씬 더 많은 정보를 제시한다. 이스라엘이 애굽을 탈출하는 동안 아말렉 족속은 이스라엘 행렬의 뒤쪽에서 약한 사람과 낙오한 사람들을 의도적으로 살해했다(참고. 삼상 15:2). 피곤하고 지친 사람들을 죽였기 때문에 더욱 흉악한 짓이었다. 약한 이들을 돌보는 것은 신명기의 중요한 주제이다. 아말렉 족속은 하나님이 귀하게 여기시는 가치를 의도적으로 모독했다. 따라서 이스라엘 백성은 성공적으로 약속의 땅을 차지하고 거기에 정착한 후에 **천하에서 아말렉에 대한 기억을 지워버**려야 했다. 그러나 안타깝게도 그들은 그렇게 하지 못했고, 후대에도 아말렉 족속은 무시할 수 없는 세력으로 남아 있었다(삼하 1:1; 참고. 삼상 15:20).

C. 율법의 의례적 성취(26:1-19)

26:1-11. 이제 모세는 12장에서 시작된 개별 법 조문에 대한 긴 해설을 마무리한다. 26장은 27장부터 시작하는 이 책의 다음 주요 부분으로 전환이 이루어지는 장이기도 하다. 이 장은 이 책에서 '규례와 법도'를 다루는 주요 부분이 시작되는 신명기 12장과 더불어 괄호를 이룬다. 신명기 12:6에서는 민족이 약속의 땅을 차지한 후 특별한 예물을 가져올 것이라고 기대했고, 모세는 (26장에서) 특별한 십일조와 예물에 대한 명령으로 이 부분을 마무리한다.

신명기의 핵심을 이루는 이 부분의 처음과 마지막 단락에서는 바른 예배, 즉 이 책의 핵심적인 신학적 메시지에 대한 명령에 초점을 맞춘다. 이 부분에서 첫 열매 제물의 역할을 부각하기 위해 16장에서는 절기에 대해 설명하면서도 첫 열매 제물을 언급하지 않았을 것이다. 26:1-11에서 설명하는 이 제물과 다음 단락(12-15)에서 언급하는 특별한 십일조는 그들이 그 땅에 들어간 직후 드려야 했다. 그런 다음 역시 그 땅에 들어간 후 에발산과 그리심산에서 행할 또 다른 예배에 대한 논의로 자연스럽게 전환된다(27-28장). 그들은 **그 토지의 모든 소산의 만물**을 **광주리**에 담아 중앙 성소로 가져와야 했다(2절). 이는 분명히 첫 세대가 드릴 일회적인 제물이었다. 이 말씀 대부분은 모압 평지에서 모세의 연설을 듣던 청중에게만 적용될 것이기 때문이다. 중앙 성소에 도착한 예배자는 제사장에게 이렇게 공개적으로 말해야 했다. **내가 오늘 당신의 하나님 여호와께 아뢰나이다 내가 여호와께서 우리에게 주시겠다고 우리 조상들에게 맹세하신 땅에 이르렀나이다**(3절). 그런 다음 제사장은 수확물을 담은 광주리를 받아 제단 앞에 두어야 했다(4절).

그러고 나서 다시 한 번 민족의 순례와 주의 신실함을 묘사하는 긴 신앙고백 같은 진술을 해야 했다. 이 두 번째 선언에서 예배자는 **내 조상은 방랑하는 아람 사람**이었다고 말해야 했다(5절). 이 조상은 야곱이다. **애굽에 내려가 거기에서 소수로** 살았지만 강한 민족이 된 사람이었기 때문이다. **방랑**이라는 말은 야곱 가족이 정착하지 못하고 유목민처럼 살았음을 뜻한다. **아람 사람**은 지리적으로 야곱이 메소포타미아 북부(예루살렘 북동쪽으로 640킬로미터 떨어진 밧단아람, 창 24:4, 10; 25:20)와 연관됨을 가리킨다. 이 고백에서는 그들을 애굽에서 건져내고 비옥한 땅을 기업으로 주신 주의 신실하심을 자주 언급한다(6-9절). 이 책에서 예배자가 말을 하는 경우는 이곳이 유일하다. 중앙 성소에서 첫 열매를 제물로 드림으로써 예배자는 주께 감사드렸고, 그렇게 할 때 그와 레위인, 그들 가운데 사는 외국인들이 주의 선하심으로 인해 **즐거워할** 것이다.

26:12-15. 이 특별한 십일조 예물은 앞에서 설명한 제물과 마찬가지로(1-11절) 민족이 그 땅에 들어간 후 **셋째** 해에 드려야 했다. 이 예물은 중앙 성소에 드리지 않고 성읍 안의 레위인과 나그네, 고아, 과부에게 나누어주어 그들이 **먹고 배부르게** 해야 했다. 모든 예배자가 더 광범위한 공동체와 하나님이 주신 복을 나누어야 했다. 이 십일조를 드리면서 하나님의 구체적인 지침에 직접적으로 순종해 드린다고 공적으로 진술해야 했다. 또한 예배자는 이스라엘 백성과 그들에게 풍성한 선물로 주신 땅에 복을 내려주실 것을 탄원해야 했다. 여기서 처음으로 **하늘**이 하나님이 거하시는 곳(**처소**)이라고 선언한다.

26:16-19. 모세는 12:1에서 시작된 이 중요한 단락을 마무리하면서 **마음을 다하고 뜻을 다하여** 이 모든 **규례와 법도**에 순종하라고 호소했다. **오늘**이라는 말을 사용함으로써 그 땅에 들어가는 첫 세대를 향한 이 호소의 즉각성을 강조한다. 그들이 **여호와**께서 그들의 하나님이시라고 선언했고 그들이 **그 도를 행하고 그의 규례와 명령과 법도를 지키며 그의 소리를** 들어야 한다는 모세의 말은 모압판 시내산 언약을 공식적으로 비준하는 기능을 했다. 이 법 조문에 동의함으로써 여호와께서는 이스라엘이 그분의 **보배로운 백성**이 될 것이라고 선언하셨다. 그분이 이 민족을 **찬송과 명예와 영광**으로 높이실 것이며 그들은 **여호와의 성민**이 될 것이다. 성민은 대개 '거룩한'(*qados*, 카도스)으로 번역되는 히브리어 단어를 포함하며 이 단락에서는 주의 목적을 위해 '구별'되었다는, 즉 성별되었다는 뜻이다.

Ⅳ. 모세의 세 번째 연설: 축복과 저주 (27:1-28:68)

A. 언약 갱신을 명령하다(27:1-26)

27:1-8. 이제 이스라엘 장로들과 함께 모세는 언약 비준 의식을 위한 준비로서 백성에게 **이 명령을 다 지킬** 것을 촉구했다(1절). 장로들은 모세가 하나님의 매개자로서 율법을 신실하게 전했음을 증언하는 역할을 했다. 또한 장로들은 민족에게 영적, 국가적 지도자 역할을 하기 시작했다. 모세가 곧 죽을 것이며 그 후에는 그들이 축복과 저주 의식을 진행해야 했기 때문이다. 아래에서 볼 수 있듯이 이 장은 이 책의 교차 대구 구조에서 가운데에 자리 잡은 법전을 둘러싸고 있는 북엔드(bookend)의 일부이다.

신명기 11:26-28:15의 구조

A 복과 저주 중에서 하나를 선택하라(11:26)

B 그리심산에서 선포된 축복의 약속, 에발산에서 선포된 저주의 약속(11:29)

C 명령에 순종하라(11:32)

D 순종해야 할 명령(12-26장)

C' 명령에 순종하라(26:16)

B' 그리심산에서 선포된 축복의 약속, 에발산에서 선포된 저주의 약속(27:12-13)

A' 복과 저주 중에서 하나를 선택하라(28:2, 15)

이 구조의 전반적 효과는 축복과 예배, 순종이라는 맥락 안에 법전(즉, '규례와 법도' 12:1)을 담은 가운데 부분을 포함시킨 것이다.

민족은 그 땅에 도착한 후 에발산에 **큰 돌들을 세우고 석회를 발라야** 했다(2절). 이는 돌의 표면을 **이 율법의 모든 말씀**을 기록하기에 적합하게 만들기 위해서였다(3절). "이 율법의 모든 말씀"이 무엇을 뜻하는지에 대해 학자들 사이에서 논란이 있다. 오경 전체가, 심지어는 신명기조차도 돌에 새기기에는 너무 길기 때문에 어떤 이들은 언약책, 즉 신명기 12-26장이나 십계명(신 5:7-21)만을 가리킨다고 주장해왔다. 이 돌들을 야외에 세웠다면 이 말씀을 기록한 것은 이 의식만을 위해서였을 것이다. 비나 다른 기후 조건 때문에 석회가 금방 씻겨 내려갈 것이기 때문이다. 석회를 바른 돌 비문 외에 이스라엘 백성은 다듬지 않은 돌로 번제와 화목제를 드리기 위한 제단을 쌓아야 했다(5-8절). 다듬지 않은 돌로 만들어야 했던 이유는 이스라엘 백성이 이 제단을 만들 때 이교도 장인들의 기술에 의존하지 말아야 함을 강조하기 위해서였거나 도구를 사용하면 주께 바친 제단이 부정해지기 때문이었다(출 20:25-

26). (세겜 근처) 에발산/그리심산 지역이 중앙 성소로 간주되었을 가능성이 있다. 그러나 여기에 기록된 것은 일회적인 의식이었기 때문에 궁극적으로 예루살렘을 중앙 성소로 삼으려 했다고 생각하는 편이 더 낫다. 뒤에서 하나님의 이름이 그곳에 거하실 것이라고 반복해서 말하기 때문이다.

27:9-10. 모세는 앞서 장로들과 함께 섰듯이(1절) 이제는 그가 죽은 후 민족을 영적으로 이끌 레위인 제사장들과 함께 섰다. 모세는 공적으로 그들과 자리를 함께함으로써 자신의 권위를 장로들과 제사장들에게 넘겨주고 있었다. 제사장들 역시 백성에게 여호와께 순종하고 그분의 명령을 지켜 행하라고 말했다. 따라서 제사장들은 즉시 이스라엘 백성에 대한 영적 권위를 행사했다.

27:11-14. 돌에 말씀을 새기고 제단을 세운 후 민족을 둘로 나누어 여섯 지파는 그리심산에서 서서 하나님이 백성에게 주시는 복을 선포하고 나머지 여섯 지파는 에발산에 서서 저주를 선포해야 했다. 특정 지파는 복을 선언하고 특정 지파는 저주를 선언한 이유는 제시되지 않았다. 복을 선언한 지파는 모두 레아와 라헬의 자녀(에브라임과 므낫세는 요셉의 두 아들)였고, 저주를 선포한 지파에는 몸종의 자녀와 레아의 아들 르우벤과 스불론이 더해졌다. 아마도 르우벤은 장자였지만 빌하와 동참함으로써 아버지의 침상을 더럽혔기 때문에 저주를 선포하게 했을 것이다(창 35:22; 49:3-4). 스불론은 레아의 막내아들이었고 여섯 지파씩 짝을 맞춰야 했기 때문에 저주를 선포하는 지파로 선정되었을 것이다. 여기서 특정 지파가 저주를 선포했다고 해서 하나님이 그들을 저주하셨다는 뜻은 아니다. 14절의 레위 사람은 아마도 레위인 제사장들일 것이다(참고. 수 8:33). 나머지 레위 지파는 그리심산에 서 있었기 때문이다.

27:15-26. 아래 표에서 볼 수 있듯이 열두 저주 중에서 무려 여덟 가지는 십계명에 대한 위반이라고 특정할 수 있다.

레위인들이 저주를 선포할 때마다 양쪽 산의 백성은 **아멘**으로 응답하며 저주와 규정된 내용에 대한 동의를 표현해야 했다. 이 위반 중 다수는 은밀히 행해질 수 있었으며(15, 24절), 따라서 증인이 없더라도 위반한 사람에게는 저주가 내릴 것이다. 저주를 받는 죄는 다양한 영역과 관계가 있다. 하나님(15절), 가족(16절), 이웃(17, 24절), 약하고 가난한 사람들(25절)에 대한 죄와 성적인 죄(20, 22, 23절), 살인(즉, 사전에 계획해 이웃을 죽이는 것) 등이다. **이 율법의 말씀을 실행하지 아니하는 자는 저주를 받을 것이라**(26절)라는 마지막 저주는 특정한 계명에 대한 위반이 아니라 신명기에 기록된 법전 전체에 대한 일반적이며 포괄적인 위반에 대한 것이므로 다른 저주와는 차이가 있다. 27장에서 저주는 나열한 반면 공식화된 복의 선언은 기록하지 않았다. 이에 대해 다음과 같이 설명할 수 있다. (1) 이

에발산에서 전한 저주의 경고와 십계명

저주	저주 명령	십계명
1	15절: 우상을 만드는 자	1/2계명(5:8-10)
2	16절: 그의 부모를 경홀히 여기는 자	5계명(5:16)
3	17절: 그의 이웃의 경계표를 옮기는 자	8계명(5:19)
6	20절: 그의 아버지의 아내와 동침하는 자	7계명(5:18)
8	22절: 그의 자매와 동침하는 자	7계명(5:18)
9	23절: 장모와 동침하는 자	7계명(5:18)
10	24절: 그의 이웃을 암살하는 자	6계명(5:17)
11	25절: 무죄한 자를 죽이려고 뇌물을 받는 자	6계명(5:17)

스라엘은 민족으로서 언약에 순종하지 않을 것이며 따라서 복을 받지 못할 것이라고 예상했다. 혹은 (2) 다음 장(신 28장)이 복의 목록으로 시작되며 저주에 대한 문학적 대조를 이루므로 이는 그저 모세가 의도한 구조적 장치일 뿐이다.

B. 축복과 저주(28:1-68)

28:1-14. 에발산과 그리심산에서 행할 의식에 대한 지침을 전달한 후(27장), 모세는 민족에게 복과 저주에 대한 추가적인 정보를 전했다. 복과 저주는 오경의 첫 장들까지 거슬러 올라가며(창 1:22; 3:17), 오경의 첫 부분과 마지막 부분에서 이 주제를 다룸으로써 이를 (창세기부터 신명기까지) 모세의 책 전체에 대한 북엔드 역할로 삼는다. 여기서는 이 언약의 조건적 요소가 명백히 드러난다. 복은 이스라엘이 하나님의 계명을 힘써 지켜 행하는 데 달렸기 때문이다. 이 명령을 따른다면 하나님은 이스라엘을 **세계 모든 민족 위에** 뛰어나게 하실 것이다(1절). 이 복은 가정에서든 전쟁에서든 그 땅에서 그들의 삶 모든 영역으로 확장될 것이다. 도시의 상인뿐만 아니라 시골의 농부도 물질적 번영을 누릴 것이다. 3-6절은 세겜에서 행할 공동체의 축복 선포 의식(27:9-26)의 일부로 사용되었을 것으로 보인다. 거기서 이 의식에서 선포할 축복의 내용을 다루지 않았기 때문이다.

28:7-14에서 모세는 3-6절의 축복을 더 자세히 설명한다. 축복은 세 영역에 대해 주어진다. (1) 모든 군사 작전에서 승리를 거둘 것이다(7절). (2) 모든 가족이 가축 새끼와 수확(11-12절)을 풍성히 얻어 물질적 번영을 경험할 것이다(8절). (3) 이스라엘이 주의 명령에 귀를 기울여 좌로나 우로나 치우치지 않고 그 명령을 힘써 지킨다면 그들은 열방 중에서 뛰어난 민족이 될 것이며 **머리가 되고 꼬리가 되지 않**을 것이다(13-14절). 이 축복이 하나님의 백성이 번영할 것이라는 약속을 포함하지만, 이 약속은 이스라엘에게 주어진 것으로서 그들이 모세 언약에 순종할 때 복을 받을 것이라고 말한다는 점에 주목하라. 그리스도인들은 모세 언약 아래 있지 않기 때문에 이런 복을 요구할 수 없다(롬 6:14; 7:1-4; 갈 3:23-4:7에 대한 주석을 보라).

28:15-19. 순종하면 복을 받지만 불순종하면 저주를 받을 것이다. 저주는 복보다 훨씬 더 광범위하며, 이는 이스라엘이 언약에서 자신의 의무를 다하는 데 어려움을 겪을 것이므로 저주에 대한 경고가 훨씬 더 명시적일 필요가 있었다는 뜻이다. 16-19절의 네 가지 저주는 3-6절의 네 가지 축복과 정반대지만, 2번과 3번이 역전되어 있으므로 같은 순서는 아니다. 이는 불순종의 결과를 암시할지도 모른다. 저주의 결과 중 하나가 혼란이기 때문이다(20절).

28:20-24. 7-14절에서 복을 더 자세히 설명했듯이 여기서 모세는 저주의 함의를 풀어서 설명한다. 이스라엘이 주를 버리고 악행을 저지를 때 민족은 멸망에 이를 때까지 고통스러운 육신의 질병을 경험할 것이고 그들이 시도하는 모든 일이 성공하지 못할 것이다. 주께서 가뭄을 보내셔서 아무것도 자라지 못하게 하실 것이다.

28:25-37. 저주가 그들의 몸과 땅에 영향을 미칠 뿐만 아니라 모든 군사 작전이 너무도 끔찍한 패배로 끝나서 죽은 사람을 매장할 사람조차 남아 있지 않을 것이다. 그리고 그들의 **시체는 모든 새와 짐승들의 밥**이 될 것이다(25-26절). 민족은 하나님의 심판을 받을 것이며, 그분이 열 재앙 중에 애굽에 내리셨던 **종기**를 이스라엘에게 내리실 것이다(27절; 출 9:8-12을 보라). 그들은 정신적, 육체적으로 너무나 고통을 당해서 그들이 시작한 어떤 일도 완수할 수 없을 것이다(28-29절). 대신 그들은 여러 압제자들에게 희생당할 것이며, 결혼과 새로 지은 집, 포도원의 첫 수확처럼 평범한 삶의 기쁨조차 누리지 못할 것이다(30절). 그들은 자신이 기른 가축의 고기도 먹지 못할 것이며, 적의 약탈을 막을 힘도 없어서 자녀를 노예로 빼앗기고 말 것이다(31-33절). 이 모든 절망과 무력감, 질병 때문에 그들은 미치고 말 것이다(34절). 결국 민족은 그들의 **임금**과 더불어 포로로 잡혀가 **목석으로 만든 신들**을 섬기게 될 것이다. 열방 중에서 높임을 받는 대신(36절; 28:10, 13을 보라), 그들은 어디로 끌려가든지 조롱거리가 될 것이다(37절).

28:38-48. 저주가 명백히 드러날 중요한 영역 중 하나는 농업이다. 그들이 기른 곡식, 포도원과 과수원의 작물은 시들거나 메뚜기나 벌레, 해충이 다 갉아먹을 것이다(38-40; 42절). 그들의 아들과 딸들도 포로로 끌려갈 것이므로 다음 세대는 그들 중에 있는 이방

인에게 지배를 받을 것이다(41절). 그들은 약탈인 대부업자들에게 희생당할 것이고 그들의 지위는 점점 낮아질 것이다. **이 모든 저주가 네게 와서 너를 따르고 네게 이르러 마침내 너를 멸하리니**라는 그의 말을 통해 알 수 있듯이(45절), 모세는 민족이 이런 저주를 당할 것이라고 생각했다. 일어날 심판은 미래의 후손에게 경고의 메시지가 되었을 것이며(46절), 주께 순종하지 않고 **기쁨과 즐거운 마음으로** 그분을 **섬기지** 않는다면 이런 심판을 당할 것이다(47절). 복을 받기는커녕 그들은 **주리고 목마르고 헐벗고** 적의 **철 멍에**를 멜 것이다(48절).

28:49-57. 모세는 불순종의 심각한 결과 중 하나로 군대의 포위 공격을 생생히 묘사했다. 이방 민족들이 이스라엘을 덮칠 것이며(49절) 노인을 **보살**피는 것과 같은 정상적인 문화적 가치를 경멸할 것이다(50절). 토지의 **소산**을 적이 다 먹어 치울 것이며(51절) 모든 성벽이 허물어질 것이다(52절). 포위를 당하는 동안 사정이 너무나도 끔찍해져서 품위 있는 남자들과 고상한 여자들까지도 자기 식구를 미워할 것이며, 심지어 자기네 자녀나 태아를 나누지 않으려고 몰래 먹을 것이다(53-57절). 이스라엘의 후대 역사 속에서 이런 예를 실제로 찾아볼 수 있다(왕하 6:24-29; 렘 2:20-4:10). 모세는 율법에 대한 불순종의 결과로 그들이 얼마나 깊이 타락할지를 예언했다. 특히 바벨론 유수와 연관되어 이 예언이 실현되었다.

28:58-68. 다시 한 번 모세는 백성에게 **이 율법의 모든 말씀을 지켜 행하**고 주의 **영화롭고 두려운 이름을 경외하**라고 경고했다(58절). 그렇게 하지 않으면 민족은 하나님이 애굽에 내리신 것과 같은 끔찍한 재앙과 질병을 당할 것이기 때문이다(59-61절). 하나님이 그들을 위해 계획하신 모든 복과 전혀 반대의 일이 일어날 것이다. 그들은 **하늘의 별같이 많**기는커녕(창 22:17) 수가 **얼마 되지 못할** 것이다(62절). 주께서 그들로 하여금 번성하게 하기를 기뻐하셨지만, 그들의 불순종 때문에 이제 그들을 망하게 하기를 기뻐하실 것이다(63절). 하나님이 그들을 망하게 하기를 기뻐하신다는 말씀에 대해 많은 사람들이 당혹스러워한다. 그러나 그분의 백성이 의도적으로 불순종하고 하나님의 은총을 업신여기면, 그들이 순종할 때 하나님이 기뻐하시는 그 열정이 그들에 대해 적대적으로 바뀔 것이다. 그들은 그 땅에서 평화와 안식을 누리기는커녕 두려움과 절망, 의심을 느낄 것이다(64-66절). 아침마다 그들은 저녁이 되기를 바랄 것이며, 저녁이 시작되면 빨리 아침이 되기를 바랄 것이다(67절). 이는 위로를 기대하지 못하는 절망적인 상황을 묘사한다. 기괴하게 뒤틀려서 역전된 출애굽이 일어날 것이다(68절). 그들은 애굽 사람들에게 스스로 노예가 되겠다고 말하지만, 애굽 사람들은 그들을 노예로 사들이려고 하지도 않을 것이다. 모세는 노예살이보다 훨씬 더 나쁜 일이 있다고 말한다. 그들은 너무나도 비천해져서 자신을 노예로 팔겠다고 하지만 아무도 그 낮은 가격을 지불하고 그들을 사가려고 하지 않을 것이다.

신

V. 모세의 네 번째 연설: 순종하라는 권면 (29:1-30:20)

A. 언약적 신실함에 대한 호소(29:1-29)

29:1. 언약의 말씀은 이러하니라라는 이곳의 표제는 앞에서도 그랬듯이(1:1; 4:44; 6:1; 12:1) 이 책의 또 다른 주요 부분이 시작됨을 알린다. 사실 이 표제는 12:1에서 시작된 이 책의 법전을 적절히 마무리하는 역할을 한다. 하지만 여기서 모세가 자기 앞에 있는 청중으로 초점을 전환해 다음 주제로 넘어가기 전 그들에게 해야 할 말을 시작한다는 것을 말해주기도 한다. 모세는 주께서 **호렙에서** 민족의 첫 세대와 맺으신 언약과 그가 **모압 땅에서** 두 번째 세대에게 준 이 언약의 말씀을 효과적으로 결합시켰다.

29:2-8. 효과적인 연설가처럼 모세는 그들을 여기까지 인도한 중요한 역사적 사건, 특히 **이적과 큰 기사**가 동반된 출애굽(3절)과 **광야** 생활 **사십 년** 동안 하나님이 민족을 인도하고 필요를 채워주신 것(5절)에 대해 회고했다. 또한 모세는 **시혼**(민 21:23-26)과 **옥**(민 21:33-35)에 대한 승리와 르우벤, 갓, 므낫세 반 지파에 그들의 땅을 나누어 준 일(민 32:33)에 대해 서술했다. 놀랍게도 모세는 이런 은혜에도 불구하고 **그러나 깨닫는 마음과 보는 눈과 듣는 귀는 오늘 여호와께서 너희에게 주지 아니하셨느니라**라고 경고했다. 이스라엘 백성이 가데스에서 그랬듯이(9:22-24) 계속해서 하나님을 신뢰하기를 거부했기 때문에 통찰력이 부

족하다는 말처럼 들릴 수도 있다. 그러나 주께서 그들에게 그분의 길을 깨달을 수 있는 영적 지각을 주지 않으셨기 때문에 백성의 믿음이 그분의 책임이라는 뜻일 가능성이 더 높다(롬 9장의 논의를 보라). 어떤 경우든 모세는 민족을 위한 소망을 제시하는 것으로 보인다. 4절 첫 부분의 **그러나…오늘**이라는 말은 상황이 곧 바뀔 것임을 암시한다. 모세는 미래에 하나님이 그들의 마음에 할례를 베풀고 그들로 하여금 마음을 다해 그분을 사랑할 수 있게 하실 일을 위한 기초를 놓고 있었다(30:6). 이는 그들이 제대로 하나님을 믿고 사랑하기 위해서는 하나님이 먼저 그들의 마음속에서 일을 하셔야 함을 뜻한다. 로마서 11:8에서 바울은 구원을 위해 하나님의 은총이 필요함을 강조하면서 이 본문을 인용했다(그 본문과 롬 9:6-23에 대한 주석을 보라). 신약 신자들과 마찬가지로 이스라엘도 하나님께 바르게 응답하기 위해서 은총이 필요했다.

29:9-15. 민족의 번영은 그들이 이 언약의 말씀을 지키는지 여부에 달려 있었다(9절). 모세는 **오늘**이라는 말을 반복함으로써(10, 12, 13, 15절) 현재에 대해 강조했으며, **수령**으로부터(10절) 가장 신분이 낮은 노예에 이르기까지 **여호와** 앞에 서서 공식화된 헌신의 의식에 참여해야 함을 강조했다. 주께서는 모세 앞에 서 있는 사람들뿐만 아니라 그때 거기 없는 사람들(15절), 즉 모든 미래의 이스라엘 백성과 이 언약을 새롭게 하심으로써 아브라함과 이삭, 야곱에게 하신 그분의 약속을 지키셨다(13절).

29:16-21. 모세는 민족이 애굽 사람들이 우상숭배를 행하는 것을 보았다고 말하면서 다시 한 번 우상숭배 금지의 중요성을 강조했다. 그들은 광야에서 유랑하는 동안 대체로 우상숭배로부터 차단되어 있었으며, 가나안 땅으로 들어가면서 가나안 사람들의 우상숭배를 따르려는 유혹을 받기 쉬웠다. 따라서 이 경고는 매우 시의적절했다. 이스라엘은 단 한 사람도 이방 신을 섬기도록 내버려두지 말아야 했다. **뿌리**가 생기고 퍼져나가 더 큰 배교로 이어질 수 있기 때문이다(18절). 여호와는 이런 우상숭배자를 절대로 용서하지 않으실 것이다. 오히려 그는 앞서 이 책에 언급된 모든 저주를 받고, 그의 이름은 천하에서 지워질 것이다(20절).

29:22-28. 모세는 미래에 대한 논의를 이어가면서 불순종이 그 땅의 물리적 특성에 미칠 영향에 대해 설명했다. 미래의 후손과 심지어는 이방인까지도 주께서 그 땅을 황폐하게 하셨음을 증언할 것이다(22절). **소돔과 고모라**의 멸망을 언급하면서 이를 생생히 묘사했다(23절; 참고. 창 19장). 사람들은 이스라엘이 언약을 버리고(25절) 우상숭배의 길을 따른 것이 황폐와 멸망의 원인이었다고 말할 것이다. 그 땅은 저주를 받을 것이며, 주께서는 크게 **진노**하셔서 백성을 뿌리째 뽑아 다른 나라에 **내던지**실 것이다(28절).

29:29. 이 마지막 문장(**감추어진 일은 우리 하나님 여호와께 속하였거니와 나타난 일은 영원히 우리와 우리 자손에게 속하였나니**)은 여러 가지로 해석할 수 있다. 어떤 이들은 **감추어진 일**(29절)이란 개인의 숨겨진 죄라고 주장한다. 이 경우에 이 절은, 하나님이 한 사람의 은밀한 죄를 벌하실 것이지만, 민족은 율법을 신실하게 지키기 위해 **나타난 일**[즉, 공개적이며 확인할 수 있는 죄]을 뿌리 뽑아야 할 책임이 있다는 말이다. 더 나은 견해는 '감추어진 일'이란 하나님이 이스라엘에게 의도적으로 계시하지 않으신 그분의 지식과 미래의 계획을 가리킨다는 것이다. 이 견해가 문맥과 더 잘 어울린다. 이 본문에서 개인의 사적인 행동보다 민족의 공동체적 행동에 더 초점을 맞추기 때문이다. 이스라엘은 하나님의 방식의 모든 신비를 알아내는 데 관심을 두지 말아야 했다. 대신 그들은 그분이 이미 그들에게 계시하신 많은 말씀[예를 들어, '언약의 말씀'(1절)과 '이 책'(27절)]을 든든히 붙잡는 데 집중해야 했다. 하나님은 그들에게 그분의 계획을 미리 아는 특권을 주지 않으셨다. 그러므로 하나님은 그들이 이미 계시된 말씀에 순종할 때 복을 주실 것이다.

B. 결단을 촉구하다: 생명과 복 혹은 사망과 저주 (30:1-20)

30:1-10. 모세는 백성이 불순종에 빠져 언약에 따르는 저주의 일부로 포로 생활을 경험할 때가 있을 것이라고 예상했다. 배교는 불가피할 것이다. 그러나 그는 추방당할 때 그들이 회개하고 **여호와**를 의지함으로써 포로 생활에서 이 땅으로 돌아올 기회가 있을 것이라는 희망도 불어넣었다(3절). 포로 생활 중 그들이 회개하면 하나님은 긍휼을 베푸시고 쫓겨난 이들(4절)을 다시 그 땅으로 인도하셔서 이전 세대보다 훨씬 더 번

성하게 하실 것이다. 더 나아가 **여호와**께서(6절) 그들의 마음에 할례를 베푸셔서(참고. 10:16) 그들로 하여금 전심으로 그들의 하나님 **여호와**를 사랑할 수 있게 하실 것이다. 이것이 예레미야와 에스겔이 말하는 새 언약의 기초이다(렘 31:31-34; 겔 36:24-32).

그들이 미래에 회개할 때 주께서 다시 한 번 아브라함 언약(창 12:3)의 핵심 요소를 확증하시고 이스라엘을 **미워하고 핍박하던** 사람들에게 **저주를 내리**실 것이다(7절). 불순종 때문에 보류되었던 모든 **축복**이 회복될 것이다. 하지만 다시 한 번 이러한 미래의 축복은 이스라엘이 주께 순종하고 **마음을 다하며 뜻을 다하여** 그분께 돌아오느냐에 달려 있었다(10절).

30:11-14. 모세는 이스라엘 백성이 하나님의 명령을 이해할 수 있고 성취할 수 있다고 말했다. 또한 이미 명령이 가까이에 있기 때문에 그것을 얻기 위해 **하늘에 올라가**거나(12절) **바다를 건**널(13절) 필요가 없다고 말했다. 그들에게 너무나 가까이 있어서 그들은 그것에 대해 말할 수 있고(**네 입에**) 깊이 내면화할(**네 마음에**, 14절) 수 있다. 바울은 로마서 10:6-8에서 12-14절을 인용했다(그 부분의 주석을 보라). 유대 민족은 모세의 시대나 그 이후에 율법이 너무 까다롭거나 이해하기 어렵다고 말할 수 없었다. 하나님은 그들이 율법을 쉽게 접할 수 있도록 모든 준비를 해주셨다. 바울이 이 본문을 인용한 목적은 예수 그리스도의 복음과의 유사점을 부각시키기 위해서였다. 하나님은 바울과 다른 사도들을 통해 복음을 접하기 쉽고 이해하기 쉽게 만드셨다. 문제는 하나님이 충분히 행하지 않으셨다는 게 아니다. (여전히) 문제는 그들이 예수를 메시아로 받아들이기를 거부했다는 것이다.

30:15-20. 모세는 백성 앞에 정반대의 선택을 제시했다. 그들은 **생명과 복**을 택할 수도 있고 **사망과 화**를 택할 수도 있었다(15절). 모세는 그들이 하나님과의 관계를 누리기 위해서 근본적인 책임을 다해야 함을 상기시켰다. **네 하나님 여호와를 사랑하고 그 모든 길로 행하며 그의 명령과 규례와 법도를 지키라**(16절). 이 명령을 따른다면 그들은 **생존하며 번성할** 것이다. 하지만 순종하지 않는다면 그들은 **반드시 망할** 것이며(18절) 그 땅에서 그들의 날이 짧을 것이다. 모세는 **하늘과 땅**을 그들 앞에 놓인 선택에 대한 증인으로 불렀으며(19절), 그들과 그들의 후손이 하나님이 주시는 복을 누리며 번성할 수 있도록 **생명을 택하**라고 권면했다. 모세의 권면대로 주를 사랑하며 순종하고 그분께 헌신하는 부모들은 미래 세대에게 오래도록 지속될 영향력을 미칠 것이다.

Ⅵ. 결론(31:1-34:12)

A. 율법을 기탁하고 여호수아를 임명하다 (31:1-29)

31:1-8. 다가오는 죽음을 준비하기 위해 앞서 모세는 공개적인 자리에서 자신을 장로들(27:1), 제사장들(27:9)과 연결시켰으며, 이제는 여호수아에게 지도자의 자격을 부여한다. 모세는 백성에게 자신이 120세이며 **더 이상 출입**할 수 없음을 상기시켰다(2절). 죽을 당시 "그의 눈이 흐리지 아니하였고 기력이 쇠하지" 않았다(34:7). 그는 백성을 이끌고 가나안을 군사적으로 정복할 수 있을 정도의 기운은 없었지만 여전히 자신의 모든 신체적 능력을 완전히 사용할 수 있었다. 뿐만 아니라 그의 불신앙 때문에(민 20:12) 주께서는 그에게 **요단**을 건너지 말라고 말씀하셨다(2절). 아무리 인간 지도자가 중요하다고 할지라도 **여호와**께서 그 민족들을 **멸하시**기 위해 그들보다 **먼저 건너가**실 것이다(3절). 그런데도 여호수아는 정복 과정에서 하나님이 그들의 지도자로(참고. 3:28) 인정하신 인물이었다. 주께서 시혼과 옥에 대해 그렇게 하셨듯이 가나안에 있는 그들의 적을 정복하실 것이다(민 32:33; 신 1:4). 그러나 이스라엘 백성은 앞서 제시한 교전 규칙을 따를 책임이 있었다(7:1-5). 모세는 백성에게 **강하고 담대하라**고 명했다(6-7절). 주께서 그들과 함께하시며(8절) 그분은 언제나 신실하실 것이므로 그들이 **두려워**할 필요가 없었기 때문이다. 그런 다음 모세는 여호수아에게 같은 메시지를 주었다. 나중에 민족이 요단강을 건너기 직전 주께서 친히 같은 말씀을 여호수아에게 반복하셨다(수 1:6-9).

31:9-13. 연속성을 보장하기 위해 모세는 이 율법을 기록한 다음 이스라엘 백성의 거룩한 재산인 언약궤를 옮기는 제사장들에게 맡겼다. **이 율법**(9절)은 신명기 전체나 6-28장에 기록된 법전을 가리킨다. 모세는 **칠 년**마다 초막절에(10절) 중앙 성소에서 이 율법

을 공적으로 낭독해야 한다고 명령했다. 이렇게 신명기를 공적으로 낭독하는 것은 남자들만을 위해서가 아니라 여자와 아이들, 그들 가운데 있는 모든 이방인들을 위한 것이기도 했다(12절). 온 백성이 이 율법을 접하여 단지 들을 뿐만 아니라 그것을 통해 주를 경외하고 하나님의 율법을 힘써 지키는 법을 배워야 했다.

31:14-22. 이제 모세의 죽음이 임박했으므로 하나님은 그에게 여호수아와 더불어 **회막**으로 나아오라고 말씀하셨다. 주께서 여호수아를 모세를 대신할 지도자로 임명하시기 위해서였다(14절). 신명기 전체에서 유일하게 회막이 언급되는 부분이다. **장막 문 위에 나타난 구름 기둥**으로 주의 임재를 알 수 있다(15절). 모세는 앞서 장차 민족이 배교할 것이라고 예상했지만(30:1), 여기서 하나님은 이스라엘이 **음란히 그 땅의 이방 신들을 따르며 일어날 것**이며, 그렇게 함으로써 주와 그분의 언약을 버릴 것이라고 모세에게 직접 말씀하셨다(16절). 그들의 불순종 때문에 주께서 진노하실 것이고, 그들을 버리실 것이다. 그 결과 **허다한 재앙과 환난**(17절)이 그들에게 임할 것이고, 그들은 **하나님이 그들 가운데 계시지 않**기 때문에 이런 재앙이 그들에게 내렸음을 공개적으로 인정할 수밖에 없을 것이다. 이제 하나님은 모세에게 **노래를 써서** 민족에게 **가르침**으로써 불순종의 결과에 대한 항구적인 증거로 삼으라고 명하셨다. 그들이 계명을 기억하지 않더라도 이 노랫말은 기억할 것이다. **그들의 자손이 부르기를 잊지 아니한 이 노래가 그들 앞에 증인처럼** 될 것이기 때문이다(21절). 주께서는 그들을 약속의 땅으로 인도하시기도 전에 그분께 순종하지 않고자 하는 그들의 의도를 이미 아셨다. 따라서 모세는 이 노래(32장)를 바로 그날 썼으며 그것을 이스라엘 백성에게 가르치기 시작했다(22절).

31:23-29. 앞서 여호수아의 임명을 위해 모세와 여호수아는 회막으로 부름을 받았고(14절), 이제 공식적으로 임명이 이루어졌다. 여호수아의 임명은 구조상 장차 이스라엘의 배교를 강조하는 본문(31:16-22)을 둘러싸는 북엔드 역할을 한다. 민족이 불순종하는 것을 모세가 막을 수 없었듯이, 여호수아도 민족이 타락하는 것을 막지 못할 것이다. 그래도 여호수아는 **강하고 담대**해야 했다(23절). 그가 가나안 정복을 이끌 때 하나님의 임재가 그와 함께할 것이기 때문이다.

모세는 이 율법의 말씀을 기록하는 일을 마무리하면서 이 책을 **언약궤 곁에 두어 증거가 되게 하라**고 명령했다(26절). 십계명의 두 돌판을 언약궤 안에 둠으로써 시내산 언약을 기념했듯이 모압 지역에서 기록된 이 언약은 신명기를 언약궤 곁에 둠으로써 기념했다. 여기서 제사장들에게 한 모세의 말은 그들의 **반역함**과 **목이 곧음**에 대한 그의 평가를 반영했다. 그는 자신이 죽은 후에 제사장들의 불순종이 점점 더 심해지기만 할 것이라고 예언했다(27절). 그런 다음 그는 **장로**와 **관리들**을 불러 자신이 죽은 후 그들의 불순종이 점점 더 심해질 것이라는 부정적인 평가를 듣게 했다(28절). 그러고 나서 모세는 범위를 훨씬 더 넓혀 온 민족에게 이 노래의 말씀(32장)을 들려주었다.

여기서 몇몇 증거가 제시되고 있다. 언약궤 곁에 둔 신명기(26절)는 제사장들에 맞서는 증거였다. **하늘과 땅**은 장로와 관리들에 맞서 증언할 것이며(28절), 이제 모세의 노래가 온 민족에 맞서는 증거가 될 것이다(21절). 모세는 이 세 증거, 즉 책, 자연, 노래가 앞으로 민족의 배교에 대해 증언할 것이라고 말했다. 모세는 떠나면서 그들에게 이것을 남길 것이다. 28-29절에서 모세가 한 말은 후대에 대한 말로써 미래의 일에 초점을 맞춘다. 모세는 오경의 모든 주요한 운문 자료를 시작할 때 비슷한 언어를 사용했다. 핵심적인 메시아 예언을 담은 중요한 시가 긴 서사 뒤에 이어지며 모세오경의 전반적 구조를 형성한다[네 운문과 네 서사를 다룬 도표 '오경의 메시아 예언'(민 24장 주석)을 보라].

모세는 오경의 중요한 시(창 49장; 출 15장; 민 22-24장; 신 32-33장)를 활용해 긴 서사를 요약할 뿐만 아니라 서사를 멈추고 일시 중지한 채 이 노래 안에서 오실 메시아에 대한 핵심 정보를 삽입했다. 모세가 이처럼 미래에 대한 운문으로 오경의 구조를 짠 것은 (하나님이 "너를 위하여 나와 같은 선지자를 일으키시리니"라는 신 18:15 말씀에서도 암시했던) 미래의 메시아를 강조하기 위해서였다. 신명기는 두 편의 시['모세의 노래'(32장)와 '모세의 축복'(33장)]로 오경을 마무리함으로써 이를 다시 한 번 강조했다.

B. 모세의 노래(31:30-32:43)

31:30-32:4. 신명기는 노래 두 편, 즉 모세의 노래

(32장)와 모세의 축복(33장)으로 마무리된다. 모세는 이스라엘의 미래 세대가 기억할 수 있도록 시편을 짓는 것처럼 단어에 공을 들였다. 그는 하늘과 땅을 불러 자신이 하는 말에 귀를 기울이라고 말했다(1절). 그들은 이스라엘이 그 땅에 있는 동안 행하는 일을 목격하고 이를 증언할 증인이 될 것이기 때문이다. 모세는 자신의 노랫말이 **연한 풀**을 적시는 새롭게 하는 **비** 같기를 바랐다(2절). 모세는 이런 말로 주의 이름과 그분의 위대하심을 선포했다. 성경에서 처음으로 주를 **반석**으로 묘사하는데(4절) 이는 그분의 변치 않으심과 영원하심을 상징한다. 고대 근동의 다른 신들의 변덕스러운 행동과 달리 그분이 하시는 일은 **완전하고** 또한 **정의롭**다. 그분은 신실하시며 모든 사람을 **공의**롭게 대하신다.

32:5-14. 주의 공의와 정반대로 이스라엘 민족은 그분을 **향하여 악을 행**했다(5절). 그들은 아버지이신 그분을 전혀 닮지 않았고 오히려 **흠이 있고 삐뚤어진 세대**였다(5절). 안타깝게도 민족은 자신들의 창조주께 어리석고 지혜롭지 않게 응답했다(6절). 그들의 아비와 장로들은 주께서 그들을 그분의 **기업**으로 **택하**신(구별하신) 은혜에 대해 증언할 수 있었다(8-9절). 또한 출애굽 때 하나님이 **자기의 새끼 위에 너풀거리며 그의 날개를 펴서 새끼를 받**는 독수리처럼 그들을 보호하셨던 위대한 구원에 대해 장로들은 증언할 수 있었다(11절). 여호와께서 그들을 **인도하**셔서 광야를 통과하게 하셨으며 요단 동편에서는 밭과 가축의 가장 좋은 소산을 먹게 하셨다(12-14절).

32:15-18. 이 모든 번영에도 민족은 **기름지매** 자기를 지으신 **하나님을 버리고** 자기를 구원하신 **반석을 업신여겼**다(15절). 이스라엘이 전혀 의롭지 않음에도 반어적으로 그들을 '의로운 사람'이라는 뜻의 여수룬이라고 부른다(참고. 33:5, 26). 그들은 배교가 더 심해져 우상에게 예배하고 이상한 신들에게 제사를 드리기까지 했다(16절). 너무나도 타락한 나머지 귀신들에게 바치는 제사에 참여하기에 이르렀다(17절; 참고. 17:7). 그들은 실제로 자기를 **낳은** 분보다 새로운 신들을 더 좋아했다(18절). 하나님은 그들을 지으신 아버지이자 그들을 낳으신 어머니로 묘사된다(18절).

32:19-27. 이제 주께서는 자신을 **진노하게 한** 그들을 저버리셨다(19절). 그분은 그들에게 얼굴을 숨기시고 그들의 종말이 어떨지 두고 보실 것이다(20절). 그들이 우상숭배로 그분을 진노하게 했기 때문에 그분도 이방 민족을 이용해 그들의 분노를 일으키실 것이다(21절). 하나님의 맹렬한 진노는 끝이 없어서 심지어는 **스올**의 깊은 곳까지 이른다(22절). 여기서 스올은 무덤을 뜻한다. 주께서 모든 종류의 재앙을 그들 위에 퍼부으셔서 그들은 **황폐**해지고 소멸될 것이다(23절). 그들은 작은 벌레뿐만 아니라 큰 짐승에게 파괴될 것이다(24절). 집 밖에서는 칼이 사랑하는 이들을 앗아갈 것이며, 그들의 마음을 공포가 지배할 것이다(25절). 젊은이들뿐만 아니라 매우 어리거나 나이가 많은 사람들도 이 파괴의 영향력을 감지할 것이다. 그들의 미래가 심각한 위험에 빠져 지구상에서 **그들에 대한 기억**이 지워져버리는 지경에 이를 수도 있다(26절). 하나님이 그들을 완전히 박살 내지 않으시는 유일한 이유는, 만약 그렇게 하시면 이스라엘의 적들이 주의 능력에 대해 잘못된 판단을 내리고 교만하게도 자기들이 이스라엘을 멸망시켰다고 착각할 것이기 때문이다(27절).

32:28-33. 설상가상으로 이스라엘은 하나님이 행하시는 일을 이해하지도 못했다. 그들은 이 모든 파괴가 하나님이 그들의 주의를 환기하기 위해 보내신 것임을 분별하지도 못했다. **그들 중에 분별력이 없**어서 하나님의 징계를 깨닫지 못했다(28-29절). 그들은 그들의 하나님(반석)이 그렇게 만들지 않으셨다면 적군 한 사람이 이스라엘 사람 천 명을 몰아낼 수 없었을 것이라고 판단할 수 있어야 했다(30절). 적의 군대도 자기들의 성공을 설명할 수 없을 것이다. 그들의 신들은 이런 성공을 허락하는 경우가 매우 드물기 때문이다(31절). 이 적들은 **소돔**과 **고모라**보다 더 나쁘겠지만(32절), 하나님은 반역하는 자녀를 징계하기 위해 악한 민족들이라는 독을 서슴없이 사용하실 것이다(33절).

32:34-43. 이제 분위기가 희망적으로 급격히 변한다. 비록 하나님은 적을 사용해 이스라엘을 심판하시지만, 상황을 역전시켜 그들의 행동에 대해 책임을 묻기 전까지만 그들을 내버려두실 것이다. **여호와**께서 **그들의 무력함**을 보실 때 다시 한 번 그분의 백성을 **판단하시고** 이스라엘을 **불쌍히 여기**실 것이다(36절). 다시 말해서, 그들이 더는 노력할 수 없을 때, 그들이 **피하던** 신들을 포기할 때 비로소 그분은 그들을 도우러 오실

것이다(37절).

하나님이 징계하시는 목적은 결코 민족을 파괴하기 위함이 아니며, 그들에게 그분 **외에 신이 없**음을 깨닫게 하기 위해서였다(39절). 오직 그분만이 죽이거나 살릴 능력을 갖고 계신다. 주께서 그들을 다치게 하셨지만, 이제 그분은 그들을 **낫**게 하길 원하셨다. 이스라엘이 이것을 깨닫고 나면, 하나님은 이스라엘의 **대적들**에게 복수하실 것이다(41절). 이로 인해 그분의 백성뿐만 아니라 모든 민족들이 **즐거워**할 것이다. 주께서 땅 위에 공의를 행하시고 **자기 땅과 자기 백성을 위하여 속죄하**실 것이기 때문이다(43절). 모세의 노래는 배교의 결과에 대한 부정적인 경고를 담고 있지만, 하나님의 공의와 속죄하시는 능력을 찬양하는 긍정적인 말로 마무리된다.

C. 모세의 죽음을 준비하다(32:44-52)

32:44-47. 모세와 여호수아가 이 노래를 가르치고 나서(44절) 모세는 다시 민족에게 그가 **증언한 모든 말**을 마음에 간직하고 그들의 자녀에게 **이 율법의 모든 말씀**을 지켜 행하게 하라고 요구했다(46절). 이 노랫말은 그들이 그 메시지에 주의를 기울이기만 한다면 예방약이 될 것이다. 이것은 그저 **헛된** 말이 아니었으며, 이스라엘에게 생명의 근원이었다. 백성이 이 말씀을 지킨다면 **그 땅에서** [그들의] **날이 장구**할 것이다(47절).

32:48-52. 모세가 노래를 지은 바로 그날(48절) 하나님은 모세를 불러 **모압 땅**에 있는 **느보산**[사해 북동쪽 끝에서 요단강 동쪽으로 129킬로미터 떨어진 곳에 있는 산]에 올라 주께서 이스라엘 백성에게 주실 가나안 땅을 마지막으로 한 번 멀리에서 바라보라고 말씀하셨다. 아론이 호르산에서 그랬듯이, 모세는 거기서 **죽어** 그의 **조상에게로 돌아**갈 것이다. 주께서는 가데스의 므리바 물가에서 모세가 주를 신뢰하지 않았고 주의 **거룩함**을 나타내지 않았기 때문에 약속의 땅에 들어갈 수 없다고 다시 말씀하셨다(51절, 민 20:1-13에 대한 주석을 보라). **므리바**라는 지명이 붙은 다른 두 장소가 있다. 여기서는 가데스 바네아 인근 예루살렘 남동쪽으로 145킬로미터 떨어진 곳을 말한다. 하나님은 모세가 멀리서 그 땅을 조망하도록 허락하셨지만, 이미 모세는 백성을 약속의 땅으로 직접 이끌 지도자로서의 권위를 이양한 적이 있다.

D. 열두 지파에 대한 모세의 축복(33:1-29)

33:1-5. 모세의 노래(32장) 다음에 모세의 축복이 이어진다. 오경은 두 편의 시적인 미사여구로 마무리된다. 모세의 책에서는 운문이 주요 부분을 끝맺는 경우가 많다(창 49장; 출 15장; 민 22-24장; 신 32-33장). 이 시는 분명히 시간이 어느 정도 지난 다음 오경에 추가되었을 것이다. 도입부에서 모세가 **죽기 전에** 이렇게 말하며 민족을 축복했다고 명시하기 때문이다. 따라서 신명기 내용 중에 모세가 죽은 후에 추가된 부분이 여기에서 시작되며 34장 끝까지 계속된다.

이 축복은 모세가 한 일종의 마지막 유언으로서 야곱이 생의 마지막에 각 지파를 축복했던 것과 비슷하다. 지파 목록의 지파 수를 12에 맞추는 구조적 제약 때문에 한 지파를 빼야 했다. 이 본문에서는 레위가 포함되고 시므온이 빠졌다. 시므온이 빠진 이유는 명확하지 않다. 나중에 여호수아 시대에 시므온 지파에 할당된 기업은 유다의 영토 안에 완전히 포함되었으며(수 19:1-9) 결국 유다 지파에 흡수되었다. 따라서 신명기 33장에서 시므온을 언급하지 않는 점은 이 지파의 쇠락에 대한 전조일지도 모른다.

모세는 신적인 전사이신 주를 찬양하는 말로 시작했다. 이는 주께서 시내산에 오셨을 때 눈으로 볼 수 있는 방식으로 이스라엘과 만나 그들에게 율법을 주셨기 때문이다. 주께서 백성을 사랑하시며, 하나님이 말씀으로 자신을 계시할 때 많은 성도(천사들)가 그분을 옹위했다. 모세는 율법을 전달하는 인간 매개자였고 여수룬의 왕이라고 불렸다.

신명기의 마지막 두 장은 모세를 흥미롭게 묘사한다. 그는 제사장이 하는 것과 비슷하게 열두 지파에 축복을 선언했고(33:1), 이스라엘에 대해 왕 같은 권력을 행사했기 때문에 **여수룬의 왕**이라 불렸고(33:5; 참고. 32:15), 다음 장에서는 이스라엘에 모세와 같은 선지자가 일어나지 못했다고 말한다(34:10). NASB에서는 5절의 대명사 'He'를 대문자로 표기하며, 이는 번역자들이 이 대명사가 모세가 아니라 하나님을 가리킨다고 이해했음을 뜻한다. 그러나 가장 가까운 선행사가 모세이므로(4절) 이 대명사는 모세를 가리키는 말로 보는 쪽이 더 낫다. 26절의 '여수룬의 하나님'이라는 구절(개역개정에서는 여수룬을 호격으로 번역함, "여수룬이여 하나님…"—옮긴이 주)을 고려할 때 하나님이 곧 여수룬이라는 해석은 배제해야 한다. 따라서 모세라는 인물이 제사장과 왕, 선지자직을 무척 잘 구현했으므로 그가 오실 메시아의 본보기가 되었다는 견해가 자연스럽다.

33:6-25. 이제 모세는 이스라엘 열두 지파를 축복하기 시작했다. 야곱의 맏아들 **르우벤**을 위한 그의 바람은 그의 후손이 **죽지** 않는 것이었다. 이어지는 **그 사람 수가 적지 아니하기를**이라는 구절은 '그의 사람이 적기를'이라고 번역할 수 있는데, 그 경우 창 49:3-4에 기록된 르우벤에 대한 야곱의 부정적인 평가와 조화를 이룬다. 이 축복에서 다른 어떤 지파에 대해서도 부정적인 진술이 없으며 70인역에서 이를 긍정적 의미로 이해한다는 점은 이 구절이 르우벤의 숫자가 줄지 않기를 바라는 기도라는 관점에 무게를 싣는다. **유다**(7절)는 유력한 지파였으며 민족이 이동할 때마다 가장 먼저 출발했다. 따라서 모세는 그들이 앞장서서 전투를 벌일 때 하나님의 도우심을 받기를 바랐다.

레위(8절)에 대해 모세는 특별히 둠밈과 우림을 제사장 지파의 소유물로 언급했다. 이는 하나님의 뜻을 판별하기 위해 제비뽑기를 하는 데 사용된 일종의 보석이었다. 이에 대한 설명은 없지만, 하나님의 뜻을 물었을 때 예 혹은 아니오 형식의 물음에 대한 답을 보여주는 돌이나 빛이었을 것이다. 모세는 둠밈과 우림이 하나님께 온전히 헌신한 거룩한 사람에 의해 계속해서 통제되기를 바랐다. 우림은 '빛'이라는 뜻이며 이 보석들이 어떻게 작동했는지에 대해 실마리를 제공한다. 이 보석들은 하나님이 의도하신 대로 사용했을 때 초자연적으로 빛났을 것이다. 정경이 닫히기 전에 하나님은 그분의 분명한 뜻을 계시하기 위해 그런 장치를 사용하셨다. 지금 우리는 하나님의 말씀이라는 완전한 계시를 갖고 있기 때문에 신자들에게 더는 그런 장치가 필요하지 않다. 모세가 암시하는 역사적 사건은 하나님에 대한 이 지파의 충성을 보여준다. 그들은 금송아지 사건에서 우상숭배를 저지른 동족을 거리낌 없이 죽였다(출 32:25-29). 레위인들은 민족을 위한 율법 교사로서 중요한 역할을 부여받았다. 모세는 그들의 책무가 복되고 그들에게 맞서는 모든 사람들이 좌절을 맛보기를 기도했다.

베냐민(12절)은 평화와 안전을 누리고 주께서 사랑하시는 사람들로서 그분의 어깨 사이에서 보호를 받게 되리라는 축복을 받았다. **어깨 사이에**가 무엇을 가리키는지는 불분명하다. 베냐민이 주의 어깨(팔) 사이에 안전히 머문다는 뜻일 수도 있고, 아버지가 아들을 안 것처럼 주께서 베냐민을 어깨 위에 올리고 옮기신다는 뜻, 즉 신명기 앞부분에서 사용한 이미지(1:31)일 수도 있다. 가장 가능성이 높은 해석은 이 표현이 베냐민이 사는 곳이 아니라 주께서 사시는 곳, 즉 베냐민 지파의 '어깨'(즉, 언덕) 사이를 가리킨다는 것이다. 앞에서(12:11) '살다'라는 동사는 성소, 궁극적으로 예루살렘을 가리키는 말로 사용되었다. 여호수아서에서는 성소를 베냐민 지파가 받은 영토 내부에 자리 잡는 것으로 보았다(수 15:8; 18:28). 에브라임과 므낫세를 아우르는 **요셉**(13절)은 모든 지파 중에서 가장 긴 축복을 받았다. 그들은 가장 좋은 재물뿐만 아니라 (**수송아지**가 상징하는) 군사력을 받아 큰 물질적 번영을 누릴 것이다. 므낫세가 맏아들이었지만 야곱의 예언대로(창 48:17-20) 에브라임의 수가 더 많을 것이다(**만만**).

야곱의 축복에서 그랬듯이(창 49:13-15) 스불론과 잇사갈(18절)은 짝을 이룬다. 그들은 일상적인 활동과 **바다의 풍부한 것**으로 인해 즐거워할 것이다. **갓**(20절)은 복을 받아 요단 동편의 광대한 영토를 받았으며 주의 공의를 집행하는 사나운 사자로 묘사된다. 아마도 가나안 정복에서 보여줄 그들의 활약을 의미할 것이다.

단(22절)은 **사자의 새끼**라고 말하는데, 이는 앞서 유다에 대해 사용한 표현이었다(창 49:9). 단은 어린 사자의 힘과 과감히 행동에 나서는 용기를 지녔다. **납달리**(23절)는 여호와의 복이 가득하며 [아마도 갈릴리 바다의] **서쪽과 남쪽을 차지할** 것이다. **아셀**(24절)은 다른 지파들보다 더 많이 사랑받을 것이며 물질적인 번영을 누릴 것이다. 그의 발이 올리브기름에 잠긴다는 표현이 이를 상징한다.

33:26-29. 여기서 여수룬(26절)을 언급함으로써 모세의 축복(5절)을 마무리한다. 또한 이 단락은 1-5절의 주제를 반영한다. 여기서는 적수가 없는 신적 전사 이미지를 사용해 하나님을 그들을 도우러 **하늘을 타고** 오시는 분으로 묘사한다. 하나님은 영원하시며 피난처이시다. 영원하신 팔이 그들 아래에서 그들을 떠받치고

있기 때문에 민족은 그들에게 맞서는 모든 원수로부터 안전하다. 하나님 같은 분이 없는 것과 마찬가지로(26절) 이스라엘처럼 하나님의 복을 받는 이들도 없다. 주께서 수비적으로 그들을 지키는 **방패**(29절)와 공격적으로 그들을 위해 싸우는 **칼**이 되시기 때문에 이스라엘은 원수 앞에서 승리할 것이다.

E. 모세의 죽음(34:1-12)

34:1-12. 모세는 율법책의 말씀을 쓰고(31:24) 그들에게 모세의 노래를 가르치고(32:24) 이스라엘 지파들에 대한 축복을 선언한 다음(33:1) 앞서 명령을 받은 대로(32:48-50) **느보산**에 올랐다(1절). 주께서 그로 하여금 북쪽에서 시작해 남쪽에 이르기까지 약속의 땅을 초자연적으로 조망하게 하셨다. 주께서 특별히 그의 눈을 열어 보게 하지 않으셨다면 서쪽 바다(지중해)는 느보산에서 보이지 않았을 것이다. 아브라함과 이삭, 야곱에게 하신 주의 약속을 언급한 것(4절)은 하나님이 족장들에게 하신 약속에 신실하셨음을 강조하기 위해서이다. 여기서는 모세가 약속의 땅으로 건너갈 수 없는 이유를 설명하지 않지만, 이 책에서 이미 설명한 적이 있다(32:51-52). 그래도 모세는 주의 신실한 종이었기 때문에 그분의 은혜로 그 땅을 조망할 수 있었다. 결국 모세는 **모압 땅에서** 죽었으며(5절), 아마도 주께서 친히(삿 9장) **벳브올 맞은편**에 있는 알려지지 않은 무덤에 그를 묻으셨을 것이다.

오경 전체의 저자가 모세였다는 견해를 뒷받침하는 명확한 증거가 있다. 그러나 모세의 죽음을 다룬 이 이야기는 모세가 아닌 누군가에 의해 나중에 추가되었음을 말해주는 몇몇 실마리가 있다. 첫째, 만약 이것을 모세가 썼다면, 그는 죽기도 전에 자신의 장지에 대한 자세한 예언을 기록했어야 했다. 또 다른 실마리는 단이 이스라엘 북부에 자리 잡았다는 말(34:1)을 통해 단 지파가 북쪽의 라이스로 이주한 후에(삿 18장) 편집자가 이에 대한 정보를 보완했음을 알 수 있다. 마지막 단서는 '오늘까지'(34:6)라는 구절로, 실제로 모세가 죽은 시점과 이 논평을 이야기에 추가한 시점 사이에 시간이 얼마간 흘렀음을 알려준다. 모세의 눈이 **흐리지** 않았고 그의 **기력**(7절, 육체적 능력, 심지어는 성적 능력)이 쇠하지 않았다. 따라서 죽음의 원인은 몸이 약해지거나 병이 들어서가 아니었다.

민족은 30일 동안 모세를 애도했는데(8절), 이는 일반적인 7일의 애도 기간보다 훨씬 더 길었다(창 50:10). 이제 여호수아는 **지혜의 영이 충만**했으며(9절), 이는 앞서 모세가 행한 안수식 때문이라고 설명한다(민 27:23; 참고. 신 31:23). 여호수아는 이제 민족의 지도자로 확실히 자리 잡았고, **이스라엘 자손이** 그에게 **순종**했다.

그 후에는 이스라엘에 모세와 같은 선지자가 일어나지 못하였나니 모세는 여호와께서 대면하여 아시던 자요라는 구절을 둘러싸고 이견이 있다. 많은 이들은 여호수아가 신명기의 마지막 부분(33-34장)을 썼다고 주장하지만, 몇 가지 이유 때문에 히브리어 정경이 닫힐 무렵에 이 부분이 추가되었을 가능성이 더 높다. 첫째, 신명기 33:1에서는 모세를 '하나님의 사람'이라고 부르는 반면, 오경의 나머지 부분에서는 그를 '여호와의 종'이라고 부른다. '하나님의 사람'이라는 구절은 오경의 다른 곳에서 한 번도 사용되지 않으며 하나님의 선지자를 가리키는 포로기의 용어이다. 둘째, 아무도 모세가 묻힌 곳을 기억하지 못했으며(34:5-6), 이는 많은 시간이 흘렀다는 뜻이다. 셋째, **모세와 같은 선지자가 일어나지 못하였나니**라는 구절은 이스라엘에서 예언의 시대가 끝났음을 전제한다. 그러므로 신명기 33-34장은 원래 모세가 쓴 책에 포로기 이후 성령의 영감으로 추가된 부록일 가능성이 높다(Michael Rydelnik, *The Messianic Hope: Is the Hebrew Bible Really Messianic?*, 62-63을 보라).

이 부분이 포로기 이후 오경에 추가되었다면, 이는 에스라 시대에 **이스라엘에 모세와 같은 선지자가 일어나지 못하였나니**라는 말을 적을 때 글쓴이는 구약의 모든 선지자들을 되돌아볼 수 있었으며 아무도 모세만큼 위대하지 않았다고 결론 내렸다는 뜻이다. 그러므로 모세와 같은 선지자에 대한 예언(18:15-19)은 아직 성취되지 않았고, 독자는 장차 메시아를 통해 이 예언이 성취될 때를 계속해서 기다려야 함을 되새겼을 것이다.

따라서 신명기와 오경 전체는 미래의 어느 시점엔가(참고. 18:15-19) 이스라엘에 모세에 필적할 만한 선지자(메시아)가 일어날 것이라는 예언으로 마무리된다. 모세는 모든 선지자들 중에서 유일하게(민 12:6-8) 주와 **대면**하는 친밀한 관계를 경험했으며(10절), 구약시대 전체에서도 견줄 만한 사례가 없었다. 더 나아가 모세가 행한 것과 같은 놀라운 이적과 기사는 어떤 민족도 보지 못했고 어떤 선지자도 행하지 못했다. 그러므로 오경은 언젠가 말과 행동에서 모세보다 더 위대한 메시아적 예언자가 이스라엘 민족을 위해 일어날 것이라는 희망적인 기대로 마무리된다. 오경은 이렇게 앞을 내다보면서 끝을 맺으며, 신약 저자들은 나사렛 예수가 예언의 성취라고 바르게 이해했다(18:15-19과 행 3:22; 7:37에 대한 주석을 보라).

참 고 문 헌

Craigie, Peter C. *The Book of Deuteronomy*. The New International Commentary on the Old Testament. Grand Rapids, MI: Eerdmans, 1976.

Deere, Jack S. "Deuteronomy." In *The Bible Knowledge Commentary: Old Testament*, edited by John F. Walvoord and Roy B. Zuck, 259-324. Wheaton, IL: Victor Books, 1985; reprint, Colorado Springs: David C. Cook, 1996.《민수기, 신명기》, BKC 강해주석(두란노).

Kline, Meredith G. *Treaty of the Great King: The Covenant Structure of Deuteronomy: Studies and Commentary*. Grand Rapids, MI: Eerdmans, 1963.

McConville, J. G. *Deuteronomy*. Apollos Old Testament Commentary. Leicester: Apollos, 2002.

Merrill, Eugene H. *Deuteronomy*. The New American Commentary, vol. 4. Nashville: Broadman & Holman, 1994.

Merrill, Eugene H. "Deuteronomy." In *Cornerstone Biblical Commentary*, vol. 2, edited by Philip W. Comfort, 445-679. Carol Stream, IL: Tyndale, 2009.

Olson, D. T. *Deuteronomy and the Death of Moses: A Theological Reading*. Minneapolis: Fortress Press, 1994.

Sailhamer, John H. *The Pentateuch as Narrative*. Grand Rapids, MI: Zondervan, 1992.《모세오경》(크리스찬서적).

Thompson, J. A. *Deuteronomy: An Introduction and Commentary*. The Tyndale Old Testament Commentaries. Downers Grove, IL: InterVarsity, 1974.

여호수아

제럴드 브릴랜드(Gerald D. Vreeland)

서 론

저자. 이 책의 저자가 누구인지는 분명하지 않다. 책 제목 '여호수아'는 주인공의 이름에서 따온 것으로, 여호수아가 이 책의 저자일 수도 있다. 다만 책의 내용 중에 여호수아의 죽음(24:29-33)이 기술된 점은 이러한 견해가 풀어야 할 난제이다. 물론 누군가가 이 부분을 첨언한 것일 수도 있다(참조. 신 34:5-12). 엘르아살이나 여호수아보다 오래 산 장로 중의 한 사람일지도 모른다. 1인칭 복수 시점으로 기술된 부분이 있다는 점에서 여호수아가 책 내용의 대부분을 직접 기술했으리라는 추측도 가능하다(NASB의 5:1에는 "다른 사본에는 '우리'로 표기됨"이라는 각주가 있다).

연대. 이 책의 연대에 대한 학자들의 견해는 크게 두 가지로 나뉜다. 먼저 이집트 제19왕조(주전 1300년대)와 병행하는 시기로 보는 견해가 있다. 실제 사건들의 발생 시기는 주전 15세기 후반이나 14세기 초반으로 보는 것이 보다 확실한 듯하다. 열왕기상 6:1에는 다음과 같은 구절이 나온다. "이스라엘 자손이 애굽 땅에서 나온 지 사백팔십 년이요 솔로몬이 이스라엘 왕이 된 지 사 년 시브월 곧 둘째 달에 솔로몬이 여호와를 위하여 성전 건축하기를 시작하였더라." 성전 건축이 시작된 시기를 주전 966년 봄으로 보면, 여기서 출애굽 시기까지 480년을 거슬러 올라가고, 여기에 광야에서 40년간 방황한 시기를 더했을 때, 가나안으로 들어가는 시점은 주전 1405년 또는 1406년이 된다. 이는 이후 입다의 진술(삿 11:26)에 나오는 300년이라는 시간과도 잘 들어맞는다.

일반 역사학의 관점에서는 이집트 왕 메르넵타 스텔라(Merneptah Stela)가 특기할 만하다. 메르넵타의 통치 기간은 주전 1236-1223년이다. 메르넵타는 람세스 2세(Raamses Ⅱ)의 뒤를 이어 이집트의 파라오가 되었는데, 후기 출애굽기설에 따르면 람세스 2세는 출애굽기 시기의 파라오인 것으로 추측된다(이 문제에 대해서는 출애굽기 주석의 서론을 참조하라). 메르넵타 기념비의 기록에 의하면 이스라엘은 이 시기에 이미 가나안에 정착한 것으로 보인다(*ANET*[3], 376-378). 이에 따르면 출애굽기의 연대는 주전 1230년경이 된다. 스텔라에 따르면 이 시기의 이스라엘은 떠오르는 신흥 적대 세력이 아니라 이미 확고히 자리를 잡은 토착 세력임을 알 수 있다. 메르넵타 스텔라 시기의 이스라엘은 이미 지정학적으로나 문화적으로 확고한 위치를 점하고 있었다. 베를린 박물관의 고대 유물 중 상형문자가 새겨진 돌받침대에서 이스라엘이라는 이름을 발견한 최근의 연구에 따르면, 이스라엘은 이미 제18왕조 후기 즉, 주전 1300년대 초기부터 이집트의 적이었던 것으로 추정된다.

이 책의 주요 사건들은 25~30년간 이루어졌다. 초기에 있었던 세 번의 전쟁은 대략 7년이 걸렸다(14:7, 10). 여호수아가 가나안 침공을 시작했을 때의 나이가 79세였고 110세에 숨을 거두었다면, 전체 기간은 대략 31년이 된다. 이에 따르면 여호수아서의 사건들이 일어난 시기는 대략 주전 1406-1375년이 될 것이다.

목적과 주제. 많은 구약학자들은 신학의 핵심 주제를 약속과 성취로 본다. 여호수아서에는 수 세기에 걸친 예언적 약속이 역사적 사건을 통해 성취되는 모습이 그려진다. 이 책이 강조하는 점은 두 가지이다. 첫째, 우상을 숭배하는 백성은 멸망한다. 둘째, 참되신 한 분 하나님을 믿는 백성은 승리한다. 따라서 이 책의 주제는 '믿음의 모험과 승리'이다. 여호수아서는 역사적 사건의 기술을 통해, 하나님이 어떻게 이스라엘 백성의 신실하지 못한 믿음에도 불구하고 끝까지 신실하게 약속을 성취하시는지를 잘 보여준다. 이스라엘의 하나님은 언약을 지키시는 하나님이다. 가나안 땅의 정복과 분배의 역사를 통해 하나님께 대한 믿음과 헌신을 더욱 굳세게 하는 것이 이 책의 목적이다.

영향. 성경을 전체적으로 조망할 때 여호수아서의 중요성은 더욱 분명해진다. 이스라엘이 약속의 땅에 거주한다는 사실은 이미 그들이 그곳으로 들어갔다는 사실을 전제로 한다. 또한 이스라엘이 정복한 많은 도시들이 이후의 이야기들에 다시 등장한다. 이어지는 사사시대에서 이스라엘의 역사는 곧 절망으로 치닫게 되지만, 적어도 여호수아서에서는 하나님이 아브라함에게 하신 약속이 여호수아와 이스라엘 백성을 통해 가나안 정복으로 성취되는 모습이 그려진다.

여호수아서는 이어지는 구약성경을 이해하는 배경이 된다. 여호수아서에 기록된 글과 세계와 주제가 없다면 사사기를 신학적으로 이해하는 것은 큰 난제가 될 것이다(처음에 멋지게 시작된 일이 나중에 어떻게 그렇게 엉망이 될 수 있는지!). 여호수아서에 나타난 진리를 알지 못하면, 독자는 순종이 복을 받는 지름길이라는 교훈을 쉽게 알아차릴 수 없을 것이다.

여호수아서에 기록된 사건들은 다른 신구약성경에서도 중요하게 언급된다. 이스라엘 백성은 바벨론에 포로로 잡혀갔다 돌아오고 나서 여호수아 때 이후 처음으로 초막절을 성대하게 지킨다(느 8:17). 또한 스데반 집사는 장막(성막)이 여호수아와 함께 요단강을 건넌 사실을 진술한다(행 7:44-45). 마지막으로 히브리서에서는 여호수아가 이스라엘에게 준 '안식'과 그리스도 안에서 성도가 누리는 '안식'이 대비된다(히 4:8).

배경. 여호수아서는 요단강 동편에 이른 이스라엘의 이야기로 시작된다. 애굽에서 노예 생활을 했던 것은 벌써 40여 년 전의 일이다. 애굽에서 나온 이스라엘 사람 중 20세 이상은 모두 광야에서 죽었고, 남은 백성은 젊은 세대이다. 이스라엘의 위대한 입법자였던 모세의 장례를 마친 후, 이제 여호수아가 뒤를 이어 나라의 지도자가 된다. 이스라엘 백성은 하나님이 400여 년 전에 아브라함에게 약속하셨던 것처럼(창 13:14-18), 가나안 땅을 차지하기 위해 들어갈 준비를 한다.

르우벤, 갓, 므낫세 반 지파는 가족과 가축을 요단 동편 지역에 정착시키게 해달라고 모세에게 요청하고, 모세는 죽기 전에 이 요구를 들어주었다(민 32:1-5; 20-33). 대신 남자 4만 명은 가나안 침공에 앞장서기로 약속한다(4:13). 당시 이스라엘 전체 인구는 2백만 명에 이르렀을 것으로 추정된다. 백성은 모세의 죽음을 크게 슬퍼했지만(신 34:5-8), 요단 동편 지역에서 아모리인에게 승리를 거둔 후 크게 고무되었으며 여호수아를 지지했다(1:15-18).

갈렙은 40세에 가나안 땅을 정탐했는데(민 13장), 여호수아는 갈렙과 비슷한 나이였을 것으로 추정된다. 따라서 요단강을 건널 무렵에는 79세쯤 되었을 것이다. 여호수아는 에브라임 지파 출신으로 모세의 부관이었다(출 17:9-13). 또한 모세가 율법을 받을 때 부하로서 그를 수행했다(출 24:13). 가나안 땅을 정탐한 사람 중 오직 갈렙과 여호수아만 하나님이 그 땅을 차지하게 해주시리라고 굳게 믿었다. 그 결과 옛 세대 중에서는 그들과 (아마도) 아론의 두 아들 엘르아살과 이다말(14:1)만이 가나안으로 들어갈 수 있었다. 여호수아는 하나님의 특별한 위임을 받았으며, 용감한 전사이자 장군으로서 가나안 정복 전쟁을 강력하게 지휘했다. 여호수아는 110세에 죽는다(24:29).

가나안은 북쪽의 시돈에서 남쪽의 가사와 소돔에 이르는 요단강 서편의 땅을 일컫는다(창 10:19). 가나안의 본래 뜻은 히브리어로 '무역상' 또는 '상인'이다. 이곳은 자주색 염료의 생산지였기 때문에 예로부터 '자줏빛 땅'으로 알려지기도 했다. 또한 이스라엘 군대는 골짜기에 사는 가나안 주민들을 쫓아내지 못했는데, 이는 그들에게 철 병거가 있었기 때문이다(삿 1:19).

가나안에는 다양한 부족이 살았다. 그중 유력한 부족은 헷 족속, 아모리 족속, 가나안 족속, 브리스 족속, 히위 족속, 여부스 족속, 기르가스 족속이었다(창 15:19-21; 수 9:1). 이 중에서 가나안 족속과 여부스 족속은 토착 세력으로 보인다. 헷 족속은 북쪽 소아시아에서 왔으며, 아모리 족속은 동쪽에서, 히위 족속은 메소포타미아 출신으로 세일 산지에서 사해를 건너온 것으로 추정된다(창 36:20). 브리스 족속에 대해서는 알려진 바가 없으며, 기르가스 족속의 정확한 위치도 알 수 없다.

가나안의 종교는 가장 저급한 풍요 신앙이었다. 엘은 주신이었으며, 바알은 엘의 아들로서 아스다롯(또는 아낫)의 정부(情夫)였다. 바알은 비, 해, 초목의 신이었고, 그의 정부(情婦) 아스다롯은 성애와 풍요의 화신이었다. 이들에게는 도덕성이 없었으며, 따라서 이들에 대한 숭배는 역사상 가장 비도덕적인 잔인하고도 퇴폐적인 관행을 낳았다. 이러한 문화는 멸절되어야만 했다(레 18:21-30; 신 12:30-32).

개 요

Ⅰ. 서론: 가나안 정복을 위한 준비(1:1-5:15)
   A. 여호수아의 위임과 명령(1:1-18)
   B. 정탐꾼이 여리고로 침투하다(2:1-24)
   C. 이스라엘이 요단강을 건너다(3:1-17)
   D. 이스라엘 백성이 기념비를 세우다(4:1-24)
   E. 이스라엘이 성결하게 되고, 땅에 거주하기 시작하다(5:1-12)
   F. 여호와의 군대 대장이 여호수아를 만나다(5:13-15)
Ⅱ. 가나안 정복을 위한 세 주요 전투(6:1-12:24)
   A. 여리고와 중부 전투(6:1-8:35)
   B. 남부 전투(9:1-10:43)
   C. 북부 전투(11:1-15)
   D. 승리에 대한 평가: 점령 지역과 평화(11:16-23)
   E. 승리에 대한 평가: 점령 성읍과 왕들(12:1-24)
Ⅲ. 가나안 땅의 분배(13:1-21:45)
   A. 땅의 분배: 명령과 요단 동편 지역에 대한 평가(13:1-33)
   B. 땅의 분배: 충성스러운 영웅 갈렙을 위한 땅(14:1-15)
   C. 땅의 분배: 요단강 서편 지파와 여호수아(15:1-19:51)
   D. 땅의 분배: 도피성과 레위 지파를 위한 성읍(20:1-21:45)
Ⅳ. 후기: 고별(22:1-24:33)
   A. 여호수아가 요단 동편 지역의 지파를 돌려보내다(22:1-34)
   B. 여호수아의 첫 번째 고별사(23:1-16)
   C. 여호수아의 마지막 고별사(24:1-28)
   D. 부록: 여호수아의 죽음, 이스라엘의 충성, 요셉의 유골, 엘르아살의 죽음(24:29-33)

주 석

I. 서론: 가나안 정복을 위한 준비(1:1-5:15)

A. 여호수아의 위임과 명령(1:1-18)

1:1-4. 여호수아는 요단강 서편을 바라보고 있다. 위대한 입법자 모세는 두 지파 반에게 땅을 분배한 후 곧 죽었다(신 34:4-8). 이제 누가 지도자가 될 것이며, 그는 누구에 의해 지도자로 세워질 것인가? 이스라엘의 과거와 미래를 연결해주는 고리는 무엇일까? 여호수아서의 서두는 신명기의 마지막 장면과 이어지면서 이러한 질문에 대한 해답을 준다. 이 책에서 모세는 **여호와의 종**으로, 여호수아는 **모세의 수종자**로 묘사되어 있다. 여호수아 역시 묘비명을 통해 '여호와의 종'(24:29)이라는 칭호를 얻게 되는데, 그렇게 되기까지의 과정이 24장이라는 짧은 서술 속에 기록되어 있다.

여호수아의 위임식에 이스라엘 백성이 초대된다(신 31:7, 23). 여호와는 여호수아에게 요단강을 건너가 땅을 차지하라고 직접 명령하신다(3절). 이러한 명령은 모세가 했던 연설을 연상하게 하며(신 11:24), 하나님이 아브람에게 하셨던 약속에 이미 예시되었던 내용이다(창 13:14-17). 하나님의 땅에 대한 약속이 이제 성취되려 한다. 개략적으로 그려졌던 국경선은 이후에 자세히 세분화된다(13-21장).

1:5-7. 여호수아는 위대한 약속을 받는다. 평생에 누구도 그를 대적할 수 없을 것이다. 하나님은 모세와 그러셨던 것처럼, 여호수아와 친밀한 관계를 유지하겠다고 약속하신다. 여호수아는 **내가 너를 떠나지 아니하며 버리지 아니하리니**라는 약속을 받는데, 이는 이후 모든 믿는 자에게 주어지는 약속이다(마 28:20).

또한 여호수아는 **강하고 담대하라**는 명령을 받는다. 여기서 강하다는 개념은 신체적 강인함을 뜻하지는 않는다. 물론 전투에서 신체적 강인함은 유용하지만 이 표현의 근원적인 뜻은 무언가를 굳게 붙드는 것이다. 즉 '자신의 신체와 감정을 확고히 제어하는 것'을 뜻한다. 두려움을 없애는 것이 아니라 에너지를 제어하여 긍정적인 결과를 이끌어내는 것이다. 여호수아는 백성에게 땅을 분배할 것이다. 이러한 약속은 이미 열두 지파의 지휘관에게 주어진 것이었다(민 34:16-29). 이후 이들 모두는 가나안 전쟁에서 살아남는다.

또한 여호수아는 모세의 모든 율법을 준수하라는 명령을 받는다. **그리하면 어디로 가든지 형통**할 것이다. 이는 물질적인 번영만을 뜻하지는 않는다. 영적인 의미에서 충성된 자는 형통을 보장받는다.

1:8-9. "이 교훈의 책을 네 입에서 떠나지 말게 하며 주야로 그것을 묵상하여…"(HCSB). HCSB 번역본은 모세가 쓴 다섯 권의 책, 모세오경을 뜻하는 히브리어 '토라'(torah)를 '교훈'(instruction)으로 번역했다. 이 단어는 율법보다는 가르침, 교훈 또는 교리에 가깝다(토라는 율례와 판례를 비롯하여 서술, 예언, 시와 해설 등을 포함하는 보다 폭넓은 개념이다). 이 교훈을 묵상해야 한다. 서양 사람들은 묵상을 무언가를 마음속으로 조용히 되새기는 것으로 생각하는 경향이 있다. 그러나 마음속 생각을 소리 내어 말하는 것이 묵상이라고 보는 히브리 학자들이 느는 추세이다. 동양 사상에서 만트라(mantra)를 반복하는 것과는 달리, 묵상은 명제적 계시를 암송하는 것이다. 묵상의 목적은 **그 안에 기록된 대로 다 지켜 행**하는 것이다. 순종이 중요하며, 순종할 때 형통의 약속이 주어진다(참고. 시 1편). **강하고 담대하라**는 명령은 형통에 대한 말씀 전체를 양괄식으로 묶는다(6, 9절). 여호수아는 땅에 대한 약속, 형통의 약속 그리고 하나님이 함께하신다는 약속을 받았다.

1:10-11. 여호수아는 먼저 **관리들에게 명령하여** 진중에 다니면서 백성에게 **양식**을 준비시키게 한다. '관리'라는 말은 '기록하다'라는 뜻의 아카드어와 연관이 있다. 바로의 명령으로 이스라엘 백성에게 노역을 부과한 관리에 대해서 같은 단어가 사용되었다(출 5:6-19). 다른 곳에서는 '행정관'으로 쓰이기도 한다. **사흘 안에** 요단강을 건너려는 계획은 이래로 늦춰지는데, 여리고에 갔던 정탐꾼의 복귀가 늦어졌기 때문이다. 여호수아의 명령 중 '무엇'에 대한 부분은 분명했지만, '언제'에 대한 부분은 다소 지연되었을 수도 있다.

1:12-15. 여호수아는 요단 동편의 땅을 차지한 지파에게 가나안 정복에 동참해야 할 의무를 상기시킨다(민 32:16-32; 신 3:18-20). 두 지파와 반 지파는 모세에게 했던 약속을 재확인한다.

1:16-18. 이들 지파의 첫 진술은 의미가 분명하다.

그들은 순종을 약속했다. 그러나 **우리는 범사에 모세에게 순종한 것같이 당신에게 순종하려니와**라는 진술은 아이러니하다. 옛 세대는 모두 불순종으로 광야에서 죽었기 때문이다. 이 세대 역시 과거가 깨끗하지만은 않다(참고. 민 25:1-9). 17절의 **오직 당신의 하나님 여호와께서 모세와 함께 계시던 것같이 당신과 함께 계시기를 원하나이다**라는 구절은 단순한 소원이나 기도가 아니라 보다 강한 표현이다. "(확실히) 여호와께서 모세와 함께하셨던 것처럼 당신과 함께 '하실 것이다'." 여기서 쓰인 동사는 미래 직설법으로서, 조동사나 명령형 동사로 소원을 표현하는 것보다 더 강한 의미이다. 이 서원에 참여한 자들 중에서 일부는 다가올 전투에서 죽을 것이다. 성도의 서약에는 그 대상이 배우자든, 가족이든, 교회 또는 국가든 큰 대가가 따르게 마련이다. 사람이 서원을 할 때, 하나님은 그가 삶의 고난 속에서도 그 약속을 지키는지 지켜보신다(시 15:4).

B. 정탐꾼이 여리고로 침투하다(2:1-24)

라합의 신실함에 대한 이야기는 모험 이야기의 형식을 취한다. 다음 도식은 이 이야기의 교차 배열법 구조를 보여준다.

라합의 모험

A 여호수아가 2명의 정탐꾼을 보내다(1a절)
 B 침투/긴장: 정탐꾼을 보호하다(2-7절)
  C 라합의 놀라운 신앙고백(8-14절)
 B' 귀환/긴장: 라합의 가족을 보호하다(15-21절)
A' 정탐을 완수하고 여호수아에게 보고하다(22-24절)

여기서 대칭적 구조의 초점은 라합의 신앙고백에 맞추어져 있다.

2:1a. 여호수아는 다가올 가나안 정복을 위한 정보를 수집하기 위해 2명의 요원을 은밀히 보낸다. 여호수아가 이처럼 보안을 강조한 데에는 충분한 이유가 있었다. 첫째, 정탐꾼이 발각될 위험을 최소화하기 위함이다. 둘째, 정탐꾼이 돌아와서 백성을 놀라게 하기 전에 여호수아에게 먼저 보고하게 하기 위함이다. 이스라엘은 38여 년 전 가데스에서 정탐에 관한 과오를 저지른 적이 있다(민 13:25-33). 정탐꾼의 잘못된 보고는 백성의 불순종과 불신앙으로 이어졌고, 결국 옛 세대는 광야에서 떠돌다가 모두 죽고 말았다. 그 당시 중요한 역할을 담당했던 여호수아는 이제 매우 신중하게 일을 진행한다.

2:1b. 여리고에 도착한 정탐꾼들은 **기생의 집에** 들어간다. 본문의 의미는 분명하다. 정탐꾼들은 불법적인 행위를 하지 않았다. 또한 라합이 부도덕한 여인이었다는 것도 분명하다. 1세기 역사학자 요세푸스(Josephus)에서 현대에 이르기까지 많은 이들이 라합을 여인숙 주인으로, 라합의 집을 여인숙으로 설명하려 했다. 그러나 이는 설득력이 없다. **기생**[*zona*, 소나]이라는 히브리어는 '부도덕한 여인'(대개 돈에 팔린, 참고. 창 38:24)을 뜻하거나, 이스라엘의 하나님을 버리고 이방신을 음란하게 섬기는 자('다른 신을 음란하게 섬기는', 참고. 레 20:5; 겔 6:9)를 뜻한다. 이와 다른 의미를 주장하는 것은 편파적이다.

'믿음 명예의 전당'(히 11장) 회원인 라합의 명예를 지켜야 한다고 생각하는 이들도 있다. 기생이라는 어두운 과거를 가진 사람이 그런 믿음의 고백을 할 수 있다는 사실이 의아하게 느껴질 수도 있다. 하지만 성도를 구속하시는 하나님의 역사가 바로 그런 것이다. 하나님은 형언할 수 없는 은혜로 파선한 인생을 아름답고 쓸모 있게 바꾸신다. 정탐꾼이 기생의 집에 들어간 이유는 그곳에 쓸 만한 정보가 많았기 때문이다.

2:2-4a. 정탐꾼은 곧 발각되고 그들의 계획은 틀어진다. 여리고 왕은 그들을 체포하기 위해 사람을 보낸다. 4절은 이렇게 시작한다. **그 여인이 그 두 사람을 이미 숨긴지라**[여기서 사용된 동사 어간은 *qal*로서, 이것이 긴급하고 갑작스런 행동임을 암시한다]. 라합은 정탐꾼이 여리고 왕의 요원들에게 발각되지 않도록 신속하게 행동한다.

2:4b-5. 라합은 왕의 밀사에게 거짓말을 한다. 정탐꾼들이 어디서 왔는지 알지 못하며 이미 떠났다고 말한다. 또한 그들이 어디로 갔는지는 모르지만 급히 쫓아가면 따라잡을 수 있을지도 모른다고 충고한다. 이는 비록 계략이었지만, 하나님은 그들이 라합의 말을 듣고 쫓아가기를 바라셨다. 우리는 성경에서 이런 윤리적 난제를 종종 본다. 신약성경이 라합을 칭찬한 것은 그녀의 언행이 의로웠기 때문이라기보다는, 그녀가 하나님의 경륜을 믿고 그에 참여했기 때문이다(참고. 히

11:31; 약 2:25).

2:6-7. 당시 대부분의 삼은 이집트에서 수입되었다. 라합이 부지런해서 야생 삼을 직접 모아온 것일 수도 있고, 삼을 사서 나중에 천을 짜기 위해 말리고 있었던 것일 수도 있다. 어쨌든 삼대는 정탐꾼들이 숨기에 매우 적절한 장소였다. 7절에는 왕의 밀사들이 허탕을 치는 장면이 이어진다.

2:8-11. 라합은 먼저 정탐꾼에게 접근해 희소식을 전한다. 여호와께서 가나안을 그들에게 주셨다는 사실을 알고 있으며, 이로 인해 모든 사람이 겁에 질려 간담이 녹았다고 고백한다. 다음으로 이스라엘의 오래 전 역사(출 14:27-31)와 최근의 사건(민 21:21-35)을 회고한다. 라합이 말한 **전멸**이라는 단어는 금압(禁壓)이라는 명사와 관련이 있다. 여리고의 모든 생물은 죽임을 당하고, 불태울 수 있는 모든 것은 불태워지며, 모든 보물은 하나님께 바쳐질 것이다. 이어서 라합은 개인적인 두려움을 고백한다. **우리가 듣자 곧 마음이 녹았고**(11a절). 그리고 놀라운 신앙고백이 이어진다. **너희의 하나님 여호와는 위로는 하늘에서도 아래로는 땅에서도 하나님이시니라**(11b절). 절망감에서 나온 논리적 귀결이겠지만, 이러한 표현의 전례가 없는 것은 아니다. 십계명에는 다음과 같은 구절이 있다. "너를 위하여 새긴 우상을 만들지 말고 또 '위로 하늘에 있는 것이나 아래로 땅에 있는 것이나' 땅 아래 물속에 있는 것의 어떤 형상도 만들지 말며"(출 20:4; 참고. 신 4:39; 5:8). 이는 기본적인 교리나 신조를 연상케 하는 진술인데, 라합은 개인적인 추리 또는 하나님의 직접적 계시로 이런 고백에 이르렀을 것이다.

2:12-13. 다음으로 라합은 가족의 목숨을 위해 협상한다. **선대**(12절)라는 말에 해당하는 히브리어는 헤세드(*chesed*)이다. '친절'이라는 표현은 이 단어의 의미를 설명하기에 부족하다. 이 단어가 하나님의 백성에 대한 그분의 호의를 나타낼 때는 '영원한 인자하심'을 뜻하고, 사람에 대해서는 '충성'을 뜻한다. 즉 라합은 이렇게 말하고 있다. "내가 당신에게 나의 충성심을 보여준 것처럼 당신도 충성을 다해 나와 내 가족을 살려주시오." 죽어야 할 사람을 살려준 것을 '친절'이라고 표현하는 것은 부족하다. 그것은 말로 형언할 수 없는 자비이다. 라합은 확실한 증거를 요구했고 그들의 약속을 기꺼이 받아들였다(13-14절).

2:14-21. 정탐꾼이 라합에게 대답한다. 정탐꾼은 충성을 맹세하면서 세 가지 주의 사항을 조건으로 내건다. 첫째, 라합은 정탐꾼을 만난 사실에 대한 비밀을 지켜야 한다. 둘째, 창문에 붉은 줄을 매야 한다. 셋째, 이스라엘 침공 시 목숨을 부지하기 원하는 사람은 라합과 함께 있어야 한다. 라합은 그들의 요구 조건을 수락하고, 정탐꾼들은 어둠 속으로 사라진다.

2:22. 여리고(텔 에스 술탄) 서쪽으로 1,400여 미터 떨어진 곳에는 절벽이 있었다. 두 정탐꾼은 쫓아오는 자들이 여리고로 돌아갈 때까지 3일 동안 동굴에서 숨어 지냈다. 그리고 마침내 요단강을 건너 본진으로 복귀한다.

2:23-24. 그들은 여호수아에게 **그들이 겪은 모든 일을 고한다**. 그들의 놀라운 이야기는 지도자의 결의를 더욱 확고하게 만들었다(24절). 38년 전 가데스에서 10명의 정탐꾼이 전했던 두려움은 더 이상 없었다. 더 이상의 머뭇거림도 없었고(참고. 민 14:8), 하나님께 대한 담대한 믿음만이 있었다. 그 땅의 백성에 대해서는 라합의 진술을 되풀이했다. "간담이 녹더이다." 백성에게 소식이 전파되면서 불안감이 퍼지는 일도 없었다. 다음 날 모든 백성은 일찍 일어나 요단강을 건널 준비를 했다. 이제 전투가 임박했다.

라합의 유산은 영원히 이어진다. 라합은 예수의 족보에서 다윗과 예수의 조상으로 나오며(마 1:5), 히브리서(11:31)와 야고보서(2:25)는 그녀의 믿음과 행위에 대해 칭찬한다. 라합에게서 기생이라는 오명을 벗기려고 애쓸 필요는 없다. 하나님은 가장 악질적인 거짓말쟁이, 사기꾼, 도둑 그리고 창기들을 구원하신다. 어떠한 담도 하나님과 그분이 사랑하시는 자녀 사이를 가로막을 수는 없다. 마리아(눅 1:46-55), 한나(삼상 2:1-10), 라합(수 2:9-11)의 노래와 신앙 고백에 놀라워할 필요도 없다. 이방인 라합은 성도에게 "너희의 하나님 여호와는 위로는 하늘에서도 아래로는 땅에서도 하나님"이심을 상기시킨다.

룻기를 보면, 라합은 보아스의 어머니이다. 라합은 아마도 룻이 가족의 일원이 되는 것을 지켜보지는 못했을 것이다. 하지만 보아스가 이방인 룻에게서 보았던 이스라엘의 하나님께 대한 충성심(헤세드)은 사실 새로운 것이 아니었다. 그는 어머니에게서 이미 그것을 보았다. 또한 이방인을 받아들이는 것 역시 새롭지 않았다. 아버지 살몬에게서 이미 그것을 배웠다. 보아스가 민족주의에 얽매이지 않고 '현숙한 여자'(룻 3:11)를 가족으로 받아들일 수 있었던 데는 그런 이유가 있었다.

C. 이스라엘이 요단강을 건너다(3:1-17)

이제 이스라엘이 요단강을 건너려 한다. 그 전에 몇 가지 선행 의식이 있다. 장중한 어조로 이어지는 서술은 의식의 분위기를 더해준다. 여러 의식이 이어지는 가운데 이스라엘은 강으로 다가간다.

3:1-2. 이스라엘은 일찍 일어나 강 동편 둑에 진을 친다. **사흘**이라는 시간은, 여호수아의 처음 계산이 잘못된 것이라면, 정탐꾼의 늦은 복귀로 추가된 시간일 것이다. 또는 여호수아가 관리들에게 명령을 내리기 전에 정탐꾼들이 먼저 출발한 것일 수도 있다(1:10).

3:3-4. 백성들은 언약궤가 먼저 움직일 때까지 기다렸다가 그 뒤를 따랐고, 언약궤와 1킬로미터(현대인의 성경) 정도의 거리를 유지했다.

3:5. 여호수아는 백성에게 **자신을 성결하게 하라**고 명령한다. '성결케 하다'(*qadash*, 카다쉬)의 원뜻은 '구별하다'이다. 이는 또한 예배나 병역을 위한 준비 상태를 뜻한다. 예레미야는 예루살렘에 대한 하나님의 진노를 선포하면서, 하나님이 예루살렘을 파멸할 자를 '준비'하셨다고 했다(렘 22:7). 바벨론의 군대가 '성결하게' 되었다는 표현은 적절하지 않다. 하나님이 유다를 징계하기 위해 바벨론 군대를 '준비'하셨다는 뜻이다. 여기에서 '성결'이란 죄로부터의 분리, 잡다한 일상사로부터의 분리, 하나님의 사명을 위한 분리 그리고 가나안을 정복하기 위한 준비를 의미한다.

저자는 백성이 자신을 성결하게 해야 하는 이유가 분명함을 밝힌다. **여호와께서 내일 너희 가운데에 기이한 일들을 행하**실 것이기 때문이다. 구약성경에서 '기이한 일'이라는 표현은 '기적'에 가장 가까운 말이다. 이제 이스라엘은 출애굽에 필적할 만한 사건을 준비하고 있다.

3:6-7. 제사장들은 언약궤를 메고 백성에 앞서 행진하도록 명령받는다. 의례적인 어조는 제사장들의 순종을 반영한다. 하나님은 여호수아에게 백성 앞에서 그의 명성을 드높이고 모세에 비견될 만한 인물로 만들겠다고 직접 말씀하신다. 또한 여호수아와 함께하겠다는 약속을 재확인하신다.

3:8-13. 언약궤를 멘 제사장들은 요단 물가에 서도록 지시받는다. 백성 역시 다음 행동에 대한 지침과 약속의 말씀을 받는다. 하나님이 그들과 함께하실 것이며 그들은 가나안 족속들에게 승리를 거둘 것이다(10절). 출애굽 때에 홍해가 갈라졌던 것처럼, 요단 **물이 끊어지**게 될 것이다(13절). 각 지파별로 대표를 선출하라는 지시가 내려지는데 그 이유는 다음에 밝혀진다.

정복할 나라들에 대한 목록은 약간의 차이를 보이는데, 이들은 '유력한 용의자군'이라 할 수 있다. 여러 족속과 그 기원에 대해서는 서론의 내용을 참조하라. 도시국가를 대표하는 족속으로는 '여부스 족속'이 유일하다. '여부스'는 예루살렘의 옛 이름으로, 유대인은 다윗 시대 전까지는 이 도시를 제압하지 못했다(삼하 24장). 또한 이 도시는 아마르나(Amarna) 서신에도 등장하는데, 예를 들어 압두-헤바(Abdu-Heba)라는 총독은 파라오에게 이집트가 여부스의 곤경에 대해 별 관심이 없으며, 다른 도시국가들도 전혀 돕지 않는다고 불만을 토로한다(*ANET*[3], 487-489).

3:14-16. 이스라엘은 장막을 떠나고, 제사장들은 언약궤를 메고 백성 앞으로 나아간다. 문장의 동사가 진행형으로 바뀌는데 이는 독자에게 생생한 현장감을 주기 위해서이다. "제사장들은 언약궤를 '메고'(carrying) 백성 앞에서 나아가니라…궤를 '멘'(carrying) 자들이 요단에 '이르며'(proaching) 궤를 멘 제사장들의 발이 물가에 '잠기자'(were dipped) 곧 위에서부터 흘러내리던 물이 그쳐서…한 곳에 '쌓이고'(stood)…"(14-16절, 기고자 강조).

요단 물이 그쳐서 쌓인 후에야 비로소 역사적 시제로서 종결적 서술이 이루어진다. 저자는 마치 다음과 같이 말하는 듯하다. "우리 하나님 정말 대단하시지? 하나님에 대해서 더 알고 싶지 않니?"

요단 물은 언약궤로부터 꽤 떨어진 상류 쪽에서 끊어졌는데, 이는 이스라엘이 언약궤와의 거리를 유지할 수 있게 하기 위함이었던 듯하다. 기적에 대한 세부적인 묘사를 주목하라. 요단 물은 홍수기에 끊어졌으며, 그 공간은 이스라엘이 건널 수 있을 만큼 넓었다. 제사장들은 강 중앙에 섰고, 이스라엘은 마른 땅을 건넜다.

물의 멈춤은 요단강에 국한되지 않았으며 아담과 사르단 아래 모든 지류가 끊어졌다. 모든 사건은 하나님이 말씀하신 그대로 이루어졌다.

3:17. 출애굽 사건과 마찬가지로, 요단 물은 갈라졌으며, 백성은 마른 땅을 건넜고, 하나님은 영광을 받으셨으며, 하나님의 종도 명성을 얻었다(출 14:29-31). 성도는 하나님이 기적을 통해 그분의 백성을 구원하기 원하시면 틀림없이 그렇게 하실 수 있다는 사실을 알아야 한다. 따라서 앞에 '강'이 가로막고 있다 할지라도, 하나님을 신뢰해야 한다.

D. 이스라엘 백성이 기념비를 세우다(4:1-24)

여호수아 3장과 4장은 한 묶음으로 이해하는 것이 바람직하다. 이 단원에서 관점의 차이를 주목할 필요가 있다. 요단강을 '건너가는 것'(11절)과 요단강에서 '빠져나오는 것'(16-18절) 사이에 차이가 있다. 요단강을 건너가는 백성은 요단 동편 지역에서 가나안으로 들어가려 한다. 요단강을 빠져나온 백성은 가나안 땅에서 앞으로 다가올 일들을 예의 주시한다. 여호수아 4장의 마지막 절은 요단강 도하 사건의 결론이다. "이는 땅의 모든 백성에게 여호와의 손이 강하신 것을 알게 하며 너희가 너희의 하나님 여호와를 항상 경외하게 하려 하심이라 하라." 따라서 5:1은 두 사건을 이어주는 '경첩' 역할을 한다고 볼 수 있다.

4:1-10. 각 지파별 대표 선출에 대한 명령(3:12)이 다시 내려진다. 이번에는 기념비로서 **요단 가운데…그곳에서 돌 열둘을 택**하라는 명령이 추가된다(3절). 열두 지파의 대표는 각기 돌을 취하여 강 서편으로 가져오고, **여호수아가 요단에서 가져온 그 열두 돌을 길갈에 세운다**(20절, 길갈은 사해에서 북서쪽으로 약 11킬로미터 떨어져 있으며, 여리고 근방에 위치함, 8절을 보라). 이 기념비는 후손들에게 하나님이 홍수기에 기적적으로 요단강을 가르셔서 이스라엘이 마른 땅으로 건너가게 하신 사실을 남기기 위한 **표징**(6절)이다.

의아하게도, 여호수아는 강 한복판에 스스로 기념비를 세운다(9절). 큰 바위들은 간조기에 물 밖으로 드러났을 수도 있다. 여호수아의 진의가 무엇이었는지는 알기 어렵지만, 기념비라는 것이 후대의 교훈을 위한 것이라는 사실과, 여호수아의 기념비가 상대적으로 눈에 잘 띄지 않았으리라는 점을 상기하면, 이 기념비가 이스라엘 하나님의 영광을 가리지는 않았을 것이다. 여호수아서의 마지막 부분(24:29-33)이 기록된 때로부터, **오늘까지 거기에 있더라**. 마지막으로 백성은 명령받은 대로 속히 강을 건넌다.

4:11-13. **모든 백성이 건너기를 마친 후에 여호와의 궤와 제사장들이 백성의 목전에서 건넜으며**. 모든 과정은 의례적인 분위기 속에서 진행된다. 그러나 백성을 훈련시키려는 의도 역시 다분하다. 요단 동편 지파는 모세가 명한대로 가족과 가축을 요단 동편에 남겨둔 채 가장 앞장서서 가나안으로 전진한다. 이들은 가나안의 저항이 있을 경우를 대비한 강력한 군대였다.

4:14. 여호수아가 크게 높임을 받는다. **여호와께서 모든 이스라엘의 목전에서 여호수아를 크게 하시매**. 여호수아의 위치는 종신적이었으며, 백성은 모세를 존경했던 것처럼 여호수아를 존경했다. 하나님이 누군가를 높이시면, 그는 모든 이로부터 주목을 받고 수치를 당하지 않을 것이며, 그러한 지위는 평생 지속될 것이다.

4:15-18. 요단강을 '건너가는' 관점에서 요단강으로부터 '빠져나오는' 관점으로의 변화는 새로운 이야기가 시작됨을 보여준다. 하나님은 여호수아에게 언약궤를 멘 제사장들을 **요단에서 올라오게 하라**고 명령하신다. 하나님이 명령하시고 제사장들이 순종하여, **그 발바닥으로 육지를 밟는 동시에 요단 물이 본 곳으로 도로 흘러서 전과 같이 언덕에 넘쳤다**.

출애굽 사건과 병행하여, '요단에서 올라오게 하라'는 표현이 반복된다. 한편, **언약궤**는 **증거궤**로도 표현되며 다양한 성격을 드러낸다. 언약궤에는 만나가 든 항아리와 아론의 싹 난 지팡이 그리고 십계명 즉 언약의 석판이 들어 있었다. 이 석판은 하나님이 주신 증거판이다(참고. 출 25:16).

4:19-23. 백성이 요단 서편 둑으로 올라서자, 출애굽 사건과 병행을 이루는 또 다른 부분이 부각된다. 이스라엘이 요단강을 건넌 시기는 유월절 기간, 즉 **첫째 달**[아빕월, 3-4월] **십 일**이었다. 이는 이스라엘이 유월절 기간에 홍해를 건넌 것과 같다. 바로 여기에서 출애굽 사건의 정점이 연출된다. 이스라엘은 마침내 약속의 땅에 들어선다. 그런 다음 서쪽으로 이동하여 여리고에서 3킬로미터쯤 떨어진 외곽 지역에 진을 친다. 기념하는 돌들은 원형 또는 무더기 형태로 놓였을 것이다. 만

약 이 사건이 5:9에 나오는 것처럼 길갈이라는 이름과 관련이 있다면 양쪽 다 가능성이 있다(이는 어떤 사건을 기념하여 장소의 이름을 짓는 어원학의 사례가 될 것이다). 여호수아는 기념 돌들의 교훈적 의미를 백성에게 설명한다. 나중에 자손들이 돌들의 의미에 대해 물으면, **너희의 하나님 여호와께서 요단 물을 너희 앞에서 마르게 하사 너희를 건너게 하신 것이 너희의 하나님 여호와께서 우리 앞에 홍해를 말리시고 우리를 건너게 하심과 같았나니**라고 대답해야 한다. 하나님은 모세 및 옛 세대와 함께하셨던 것처럼, 이제 여호수아 및 후세대와 함께하시며 그들을 약속의 땅으로 인도하신다.

4:24. 두 가지 목적이 요약되어 있다. 첫째, 하나님이 요단강을 통해 이스라엘 백성을 구원하신 것은 **땅의 모든 백성에게 여호와의 손이 강하신 것을 알게** 하기 위함이었다. 이스라엘의 존재 목적은 하나님을 영화롭게 하며, 다른 이들을 그분께로 이끄는 것이었다. 둘째, 이는 그들이 그들의 **하나님 여호와를 항상 경외하게 하려 하심**이었다. 이스라엘은 언제나 하나님을 사랑하며(신 6:5) 경외해야 했다. 소멸하는 불(히 12:29)이신 하나님을 사랑하며 경외하는 것은 쉽지 않고, 하나님의 손안으로 들어가는 것은 두려운 일이다(히 10:31). 하지만 하나님은 또한 아들을 구세주로 보내주신 하늘 아버지이시며, 잃어버린 양을 찾으시고 탕자를 맞아주시는 아버지이시다.

E. 이스라엘이 성결하게 되고, 땅에 거주하기 시작하다(5:1-12)

이 장의 핵심 단어는 거룩이다. 이스라엘의 남자는 언약의 상징, 즉 할례를 받아야 한다. 이어서 백성들이 유월절을 지키고, 마지막으로 여호수아는 하나님의 군대 장관을 만난다. 이 장에서는 두 가지 중요한 변화가 나타난다. 이스라엘이 가나안에 정착하기 시작하고, 곧이어 만나가 그친다. 이 또한 출애굽 사건을 반영한다. 병행 도표에서 볼 수 있듯, 어떤 사건들은 순차적으로 반복되고, 어떤 사건들은 [키아즘(교차적 병행 구조)으로] 이전의 사건을 반영한다.

5:1. 이스라엘의 적들은 공포에 사로잡혀 무력화되었다. 공세를 취하기에는 적기였지만, 세 가지 요소가 선결되어야 했다. 그것은 할례(1-9절), 유월절 준수(10절) 그리고 여호와의 군대 장관을 만나는 것(13-15절)

수

출애굽기와 여호수아서 사건의 병행

출애굽기	여호수아서
하나님이 지도자 모세와 만나시다(2-3장).	하나님이 지도자 여호수아와 만나시다(1:3-5; 5:13-15).
유월절을 지키다(11-12장).	
애굽에서 탈출하다(12-14장).	
이스라엘이 홍해를 건너다(14:13-31).	이스라엘이 요단강을 건너다(3-4장).
애굽 군대가 괴멸하다(14-15장).	
할례(12:44, 48 '유월절'): 팔 일째 되는 모든 남자(레 12:3)	새 세대의 할례(5:1-9).
	유월절을 지키다(5:10).
애굽에서 가져온 양식이 떨어지고 만나가 주어지다(16장).	만나가 그치다(5:12).
하나님과의 언약을 확인하다(19-24장).	에발산/그리심산에서 언약을 재확인하다(8:30-35).
광야에서 방황하다가 불순종 세대가 다 죽다(민14장-신 34장).	여리고가 파괴되다(6장).

이었다. 할례는 언약 앞에서 이스라엘의 상태에 관한 문제였다. 언약의 증표는 할례였으며, 이스라엘의 모든 남자가 반드시 지켜야 했다(참고. 창 17장). 또한 이스라엘 공동체에 속하기 위한 첫 의식이었다.

5:2-3. 하나님은 여호수아에게 **부싯돌로 칼을 만들어 이스라엘 자손들에게 다시 할례를 행하라**고 명령하신다. 이는 이후에 설명하듯, 할례를 받은 사람이 다시 할례를 받아야 한다는 뜻은 아니었다. 여호수아는 명령대로 따른다.

5:4-5. 부모들은 규정(창 17:9-14; 레 12:3)대로 아들들에게 할례를 행하지 않았다. 구세대는 태어난 지 팔 일째 되는 유아에게 할례를 시행할 의무를 거부했고, 젊은 세대는 이러한 불신앙의 세대에 의해 양육되었다. 아이러니하게도 이런 불신앙의 부모 세대는 (나그네와 노예로 살았지만) 할례를 받았다(출 12:42-51).

5:6. 불신앙의 세대는 모두 멸절되었다. **애굽에서 나온 족속 곧 군사들이 다 멸절하기까지 사십 년 동안을 광야에 행하였더니**. 하나님은 스스로 기회를 저버린 세대가 가나안에 들어가 땅을 차지하는 것을 허락하지 않으셨다. 저자는 **우리**라는 대명사를 사용함으로써 자신의 존재를 부각시키려 했는지도 모른다. 그러나 이것이 여호수아가 저자라는 증거는 아니며, 저자는 단지 하나님이 이제 그들에게 땅을 주려 하신다는 사실을 강조하고 있다.

5:7-8. 하나님은 이제 믿고 순종하는 후세대를 길러내셨다. 그들은 할례를 받았으며, 이는 반드시 시행해야 하는 의무였다. 할례를 행한 후 낫기를 기다리는 동안 이스라엘은 무방비 상태였다(참고. 창 34장). 이스라엘의 적들이 공포에 질린 이유는(1절), 이러한 위험한 시기에 하나님이 그분의 백성을 보호하셨기 때문이었다.

5:9. 이스라엘은 오랜 세월 책망의 멍에를 졌다. 하나님이 족장들에게 가나안을 약속하신 지 400여 년이 흘렀으며, 그중 대부분은 애굽에서 보냈다. 또한 애굽에서 나그네로 지낸 세월의 대부분을 노예로 지냈다. 떠난 후, 애굽을 이스라엘은 가나안에 들어가 정복을 시작할 수 있었지만, 가데스에서 저지른 반역 때문에 그 기회를 놓치고 38년간 광야를 떠돌았다. 불신앙의 세대는 광야를 떠나지 못했고 거기에서 모두 죽고 말았다. 이제 하나님을 청종하고 믿음으로 무장한 세대가 약속의 땅을 받으려고 한다.

'길갈'이라는 이름은 하나님의 말씀에서 따온 언어유희이다. **내가 오늘 애굽의 수치를 너희에게서 떠나가게 하였다**[have rolled]. '굴리다'(to roll)의 뜻을 가진 히브리어 갈랄(*galal*)은 길갈이라는 단어와 음이 유사하며, 어원적으로 연관이 있을 수도 있다. 이러한 이유로 이곳의 지명을 새롭게 지은 것인지도 모른다. 이곳은 이미 모세와 여호수아에게 알려진 곳이었다(신 11:30; 수 4:19, 20). 이미 알려진 오랜 지명에 새로운 의미가 부여되는 경우도 있다. 예를 들면 브엘세바의 경우가 그러하다(창 21:31; 26:33). 길갈이라는 지명도 이미 존재했지만, 하나님이 애굽의 수치를 굴려버리심으로 이전에 없던 새로운 의미가 부여된 것인지도 모른다. 이후로 길갈은 이스라엘의 작전 기지로서 자주 거론된다.

5:10. 이스라엘은 유월절 전에 할례를 시행해야 했다(출 12:42-51). 그들은 첫째 달(아빕월) 10일에 요단강을 건넜고, 그날에 유월절 양을 준비해두어야 했다. 모든 남자는 언약을 준수하는 증표로 할례를 받았고, 14일에 유월절을 지켰다. 그리고 유월절을 지킬 때마다 이스라엘이라는 나라의 탄생을 기념했다. 할례와 마찬가지로, 첫 유월절은 이스라엘에게 매우 중요한 사건이었다. 이는 국가적인 사건으로, 유월절 준수는 곧 건국 기념이 되었다.

5:11-12. 두 가지 중요한 사건이 이어진다. 이스라엘 백성은 가나안의 소산물을 먹기 시작했고, 이어서 만나의 공급이 중단된다. 더 이상 만나가 필요하지 않게 된 것이다.

F. 여호와의 군대 대장이 여호수아를 만나다 (5:13-15)

5:13-14. **여호와의 군대 대장**과 마주친 여호수아가 과연 검을 꺼내 들었을지는 알 수 없다. 이 방문객은 여호수아와의 대면에 전혀 놀란 기색이 없다. 여호수아가 묻는다. **너는 우리를 위하느냐 우리의 적들을 위하느냐**. 하지만 방문객은 질문에 대한 직접적인 대답을 주지 않는다.

대신 다음과 같이 대답한다. "아니라 나는 여호와의 군대 대장으로 지금 왔느니라." 그러자 여호수아는 땅에 엎드린다. 여호수아는 이 방문객이 신적 존재임을 깨닫는다. 이 방문객이 누구 편인가가 중요한 것이 아니라 여호수아가 누구 편에 서는가가 중요했다. "여호수아가 얼굴을 땅에 대고 엎드려 절하고." NASB가 '절하고'로 번역한 단어를 HCSB는 '경배하고'로 번역하는데, 이는 HCSB 번역진이 이 방문객을 신의 현현(顯現) 또는 그리스도의 현현(성육신 이전의 그리스도가 나타남)으로 보고 있음을 나타낸다. 이 방문객은 군대 대장이었고 그 군대의 주인은 그리스도이시다.

5:15. 여호수아의 두 번째 질문(14절)에 대한 대답은 예상치 못한 것이었다. **네 발에서 신을 벗으라 네가 선 곳은 거룩하니라.** 이 표현은 모세의 부르심(출 3:5)과 유사하다. 여기에는 '땅'이라는 단어가 빠져 있다. 여호수아는 이미 성지에 엎드려 있기 때문에 '거룩한 땅'이라는 표현은 불필요하다. 말하자면 지역 전체가 거룩한 땅인 셈이다. 모세의 위임 이야기와 병행으로, 이제 여호수아는 모세의 직을 이어받는다. 이 시점부터, 기록된 유산인 토라(오경)의 경우를 제외하면, 모세에 대한 언급은 점점 줄어든다. 여호수아가 이제 새로운 모세이다. 여호수아가 백성을 다스리고 전쟁을 이끌며 제사장직을 강화한다.

새로운 상황에서 지도자가 하나님의 말씀을 권위로 선포할 때 성도들이 순응하여 따르는 경우가 있는가 하면 이를 거부하는 경우도 있다. 어떤 경우이든 지도자와 성도들은 하나님의 뜻에 민감해야 하며, 하나님이 위대한 일을 이루시게 해야 한다. 성도는 거룩하도록 부르심을 받았다. 하나님과 가까울 때에만 다른 사람들을 통해 보여주시는 그분의 인도를 깨달을 수 있다.

Ⅱ. 가나안 정복을 위한 세 주요 전투(6:1-12:24)

이스라엘은 배수의 진을 치고 약속의 땅으로 들어섰다. 이들에게는 오직 전진만이 있을 뿐이다. 먼저 지상에서 가장 고도가 낮은 지역의 하나인 여리고를 정복해야 한다. 여리고 이후 가나안 정복은 문자적, 비유적으로 위로 올라가는 힘겨운 전투가 된다.

A. 여리고와 중부 전투(6:1-8:35)

요단강을 건넌 후 처음으로 맞닥트린 요새가 여리고였다. 여리고는 요단강 나루터를 장악한 채 동서로 뻗은 주요 도로를 끼고 있었다. 고원지대로 나가기 위해서는 반드시 여리고를 정복해야 했다.

6:1. 성문이 '닫혔다'는 표현(참고. 2:5,7)이 다시 등장하면서 새로운 사건의 시작을 알린다. 여리고는 굳게 닫혔는데, 이는 주민들이 겁에 질렸을 뿐 아니라 극도로 경계 상태에 있음을 보여준다. 낮에는 연기가, 밤에는 불길한 모닥불이 피어올랐기 때문에 이스라엘 진영은 눈에 잘 띄었다. 함부로 나다니는 자는 요단강 동편 지파의 4만 대군을 상대해야 했다(참고. 4:12-13).

6:2. 하나님은 여리고 정복을 기정사실로 말씀하신다. **내가 여리고와 그 왕과 용사들을 네 손에 넘겨주었으니.** 옛 주석들은 여기에 쓰인 동사를 '예언적 완료'라고 지칭했다. 하나님의 관점에서 볼 때, 이 행위는 과거에 이미 완료되었고 현재까지 그 결과가 지속되고 있다. 이러한 표현이 쓰인 이유는 여호수아에게 확신을 주시기 위함이었다.

6:3-5. '공격당하는' 방향으로 접근하는 것은 언뜻 납득이 가지 않는다. '어리석은'[Donald H. Madvig, "Joshua" Vol. 3 of EBC, ed. Frank E. Gaebelin (Grand Rapids, MI: Zondervan, 1992), 278] 행위로 비칠 수도 있다. 하나님의 계획은 완벽하지만 때때로 어리석게 보일 수도 있다. 가나안 백성은 완전히 공포에 사로잡혔으며(2:9,11; 5:1), 여리고 역시 마찬가지였다(6:1). 간신히 화살이 미치지 못하는 거리에서 수만의 이스라엘이 행진하는 모습은 이 작은 요새의 주민들을 더욱 불안하게 만들었을 것이다. 하나님의 계획은 언제나 멋지다. 마지막 날, 이스라엘은 일찍 일어나 성 주위를 일곱 번 돈 뒤, 제사장들은 나팔을 불고 온 백성은 큰 소리로 외쳐야 한다.

6:6-14. 처음 이틀 동안 전방 부대(아마도 요단 동편에 정착한 지파의 전사들, 1:14)는 앞에서 행진하고, 제사장 중 일부는 궤를 메고 일부는 나팔을 불면서 그 뒤를 따른다. 맨 뒤에는 후군이 제사장들을 따른다. 무장한 군인들은 적으로부터 하나님을 보호하기 위한 것이 아니었다. 하나님에게는 보호가 필요 없다! 군대의 목적은 언약궤와 제사장들 그리고 하나님이 더렵혀지는 것을 방비하기 위함이었다. 여리고 성을 계속해서 도는 것은 성회를 연상시키는데, 아마도 그러한 의도가 깔려 있을 것이다.

칠 일은 유월절에 이은 무교절의 일수와 일치한다. 특정 숫자에 특별한 의미가 있다는 성경적 근거는 없지만, 이 장에는 '7'이라는 숫자가 계속 등장한다. 4절에 4회 나오며, 장 전체에는 도합 14회 나온다. '7'이라는 숫자는 '전체, 완결, 완성' 등을 의미하기도 한다 [David M. Howard, Jr., *Joshua*. Vol. 5 of NAC, ed. E. Ray Clendenen (Nashville, TN: Broadman & Hilman, 2002), 169]. 하나님이 이 성을 함락시키기 원하신다면, 철저하고도 완벽하게 멸망시키실 것이다.

6:15-20. 일곱째 날에는 더 많은 일들이 발생한다. 무장한 군인과 제사장들은 아침 일찍 일어나 성을 일곱 바퀴 돈다. 엄청난 거리를 걸어야 하는 것처럼 보일 수도 있지만, 여리고 성의 크기는 불과 남북으로 320여 미터, 동서로 160여 미터밖에 되지 않았다. 마지막 바퀴를 돌 때 여호수아는 백성에게 명령을 내린다. **외치라 여호와께서 너희에게 이 성을 주셨느니라**. 20절에서 나팔 소리가 울려 퍼지고 백성이 크게 소리를 지르자, "성벽이 성벽 아래로 무너졌다"(기고자 번역, 참고. 5절). HCSB는 이를 '붕괴'로 표현하는데 성벽이 바깥쪽 언덕 아래로 무너져 내렸음을 의미한다. 가스탕(Garstang)의 고고학적 발굴 자료(1930-1936년에 발굴)와 이후 브라이언트 우드(Bryant Wood)의 연구(참고 문헌을 보라)는 이러한 붕괴가 실제로 있었음을 지지한다. 17-19절에는 먼저 지휘관들에게 내려진 명령이 지휘 체계를 따라 아래로 전달되는 모습이 나타난다.

여리고 성은 완전히 파괴되고 불태워져야 한다. 모든 사람과 짐승은 죽임을 당해야 한다. 금은과 동철 기구들은 온전히 하나님께 바쳐져서 성막 곳간에 들여야 한다. 하나님은 이미 이들의 멸망을 명령하셨고(신 7:2; 20:16-18), 이들을 완전히 멸절시키기 원하셨다. 이방신을 섬기는 토착 세력은 이스라엘의 신앙을 혼탁하게 만들고 타락시킬 위험이 있다. 가나안 족속은 속함을 받을 수 없었으며 멸절되어야 했다. 하나님은 400여 년 전에 아브라함에게 이미 말씀하셨다. "아모리 족속의 죄악이 아직 가득 차지 아니함이니라"(창 15:16b). 이제 그들의 악이 가득 찼다. 가나안 족속은 의례적으로 매춘을 하고 자녀를 제물로 바치는 등 끔찍한 종교 의식을 저질렀고, 일상생활에서도 심각한 악행을 일삼았다. 레위기 18장에 나오는 악행이 가나안 족속의 관행을 반영한다고 보면, 이들은 근친상간, 간통, 자녀 희생, 동성애, 수간 등을 일삼았다(레 18:6-23). 하나님은 이러한 죄악을 가장 가증스러운 죄로 규정하신다. 이러한 악행은 사회에 전혀 도움이 되지 않는다. 이스라엘은 절대 이러한 악행을 저지르지 말아야 한다(레 18:24-30). 이스라엘은 가나온 족속을 죽이거나 추방시켜야 했다(신 20:16-18).

극도로 혼란스러운 전투 속에서 하나님의 은혜가 한 사람의 성도와 그 가족에게 임했다. 라합은 목숨을 구했다. 동족을 버리고 이스라엘과 하나 되기 위해 라합에게 들어온 자들 역시 모두 살았다. 여리고 성벽은 무너졌고 성은 곧 함락되었다. 전투에 관한 서술이 짧다고 해서 사상자가 없었던 것은 아니다. 아무리 확실한 전투라 할지라도, 전쟁에서는 예기치 않은 결과가 발생할 수 있다.

6:21. 여기에서 '멸절'로 번역된 단어는 대부분 하람(*charam,* 하렘, 헤렘) 단어의 하나이다. 이 단어는 순종의 예배 행위로서 하나님의 영광을 위한 '헌신된 파괴'를 뜻한다. 전사들은 모든 건물을 파괴했고 살아 있는 것은 모두 죽였다.

6:22-23. 여호수아는 두 정탐꾼(2장)에게 라합과 그 가족을 보호하라고 명령하고, 정탐꾼들은 그들을 이스라엘 진영 밖으로 이끌어낸다. 이는 일종의 영적인 격리 기간이었다. 라합은 곧 유다 족속에 편입된다.

6:24. 이 가나안 성읍에게 안겨진 마지막 치욕은 불사름이다. 성읍에 있던 모든 귀금속은 불로 제련된 후 성막의 곳간으로 옮겨진다(대부분의 귀금속, 참고. 7:20-21).

6:25. 라합이 구원을 받은 이유는 **여호수아가 여리고를 정탐하려고 보낸 사자들을 숨겼**기 때문이다. 신약성경은 그녀의 영웅적인 행동이 믿음에서 비롯된 것이라고 설명한다(약 2:25; 히 11:31). **오늘까지 이스라엘 중에 거주**한다는 구절에서 '오늘'은 본문이 기록된 시점을 뜻하는데, 여호수아 사후 세대의 어느 시점으로 추정된다(24:31). 라합은 하나님의 한량없는 자비와 은혜의 증표로 영원히 살아 있다. 그녀는 믿음의 사람으로서 이스라엘 하나님의 종들에게 끝까지 신실했다. 이후 그녀의 아들 보아스는 모압 여인 룻과 결혼했고, 룻은 다윗의 증조모가 된다. 세대가 흘러 라합과 룻은 예수님의 조상이 된다(룻 4:20-22; 마 1:4-17). 라합은 이스라엘 역사 속에 살아 있다.

가나안 족속의 몰살-무고해 보이는 생명의 말살(6:21)

가나안을 정복하는 과정에서 '무고한' 생명의 도살을 직접 명령하지는 않았다 할지라도 '그것을 묵인한 신을 숭배하는 것이 과연 옳은가'라는 의문이 있다. 만약 하나님이 정말 그러한 도살을 명령하셨다면, 신정론(神正論, 신의 정당함에 대한 이론)은 이에 대해 설명해야 할 것이다. 그러나 그러한 논의에 앞서 몇 가지 짚고 넘어가야 할 명제가 있다. (1) '무고한' 생명이 과연 어떻게 되었을지는 누구도 알 수 없다. 하나님은 선하고 공의로운 분이시다. 개개인의 운명은 그 개인과 하나님 사이에서 결정될 사안이다. (2) 예수님은 한 개인이 이 땅에서 살고 죽는 것보다 그의 영원한 운명이 어떻게 될 것인지에 더 관심을 보이셨다. 예수님은 바람직한 제자의 삶에 대해 가르치면서 다음과 같이 말씀하셨다. "몸은 죽여도 영혼은 능히 죽이지 못하는 자들을 두려워하지 말고 오직 몸과 영혼을 능히 지옥에 멸하실 수 있는 이를 두려워하라"(마 10:28). (3) 전쟁에서 살아남은 자들에게 가장 고통스러운 것은 죽음이 아닐 수 있다. '무고한' 전쟁 생존자가 어떤 끔찍한 일을 당하게 될지는 아무도 모른다. 때때로 어린아이들이 당하는 참혹한 고통을 볼 때마다 우리는 산 자들보다 죽은 자들이 더 복될 수 있다는 생각을 하기도 한다(전 4:2; 계 14:13).

이런 문제 외에도, 하나님이 가나안을 멸절하라고 명령하신 데는 몇 가지 이유가 있다.

첫째, 이제 아모리 족속의 죄악이 가득 찼다(참고. 창 15:16). 하나님이 아브람에게 하신 말씀의 요지는 가나안 족속을 그 마음의 정욕대로 더러움에 내버려두겠다는 것이었다(롬 1:24-32). 하나님은 그들이 정욕대로 하나님을 끝까지 떠나가도록 내버려두셨다. 그 결과 소돔과 고모라처럼 그들은 멸망에 이르렀다.

둘째, 창세기에 나오는 '가나안에 대한 저주'(창 9:24-27)를 상기해야 한다. 가나안 족속의 행위는 타락을 거듭하여 멸절할 수밖에 없는 지경에 이르렀다. 이 역시 전례가 없었던 것은 아니다. 가인은 형제를 죽임으로써 저주를 받았고(창 4:11), 그 결과 그 후손은 대홍수 때 전멸했다(창 6장). 그러나 이 역시 어린아이들의 문제는 설명하지 못한다. 왜 아이들조차 속함을 받을 수 없었을까?

셋째, 끊임없이 계속되는 대규모의 전투 속에서 전쟁 포로는 물론 노예조차 건사하기가 불가능했을 것이다. 전쟁 포로 또는 노예로 전락한 아이들은 짐이 되었을 것이며, 결국 더 참혹한 희생물로 전락할 수도 있었다.

넷째, 하나님의 명령과 그에 대한 수행은 역사적 사실로 기록되었다. 이 명령은 일회적인 사건이었으며, 가나안 정복을 통해 성취되었다. 이 사건을 통해 어떤 철학이나 신학 또는 방식(modus operandi)이 추론되어서는 안 된다.

그러나 이 명령의 특수한 성격은 여전히 불편하다. 왜 하필 그때, 거기여야만 했는가? 여리고와 가나안이 멸절되어야 했던 다섯째 이유는, 하나님이 완전히 깨끗한 상태에서 새로 나라를 시작하기 원하셨기 때문일지도 모른다. 그러기 위해서는 여리고와 가나안의 모든 살아 있는 것을 죽여야만 했다.

여섯째, 하나님은 너무나 거룩한 분이시기에 완전한 멸망, 즉 헤렘(*herem*)이 불가피하다는 논증이 있다. 아모리인의 죄악이 가득 찼다면, 완전하신 하나님의 거룩함에 대한 능욕 역시 가득 찬 것이다.

일곱째, 유진 메릴[Eugene H. Merrill, "The Case for Moderate Discontinuity" in Stanley N. Gundry, ed., *Show Them No Mercy: For Views on God and Canaanite Genocide* (Grand Rapids, MI:Zondervan, 2003), 63-94]은 이 전쟁을 "야훼의 전쟁"이라고 부른다. 이 전쟁에는 (바로의 경우처럼) 치료될 수 없는 마음의 완악함이라는 문제가 있다(참고. 11:20). 쇠락한 문명이 다시 부흥하는 경우가 흔치 않다는 사실을 상기해볼 때, 가나안처럼 타락한 사회가 나중에 다시 나아지리라고 기대하기 어려운 것 역시 사실이다. 이것은 단순히 문화적인 타락이 아니라 인간의 악한 본성에 뿌리박힌 문제이다. 오직 하나님에게만 이에 대한 심판을 결정할 권리가 있다.

여덟째, 대부분의 '야훼의 전쟁'과 이스라엘의 가나안 정복 전쟁의 경우에 하나님은 범상치 않은 은혜의 통로들을 허락하셨다. 사람들의 마음이 완악해지기 전이나 과정 중에 또는 완악해진 후에라도 그러한 은혜의 통로를 열어두셨다. 이는 라합과 그녀의 가족 그리고 기브온 주민의 경우만 봐도 자명하다. 또한 가나안 전쟁 동안 살아남은 사람들과 이후 이스라엘 민족에 흡수된 사람들도 있다. 하나님의 은혜는 자명하며, 이는 가나안 족속에게도 마찬가지였다.

이스라엘은 애굽에서의 노예 생활에서 속함을 받아야 했고, 새로이 살 곳이 필요했으며, 가나안 족속을 근절하고 그 땅을 차지하라는 하나님의 명령을 받았다. 더불어 중요한 것은, 이 특정한 전쟁을 제외한 다른 어떤 경우에도 '성전'을 빌미로 어떤 민족을 말살할 허가가 주어진 경우는 없다는 사실이다.

6:26. 여호수아는 이스라엘 백성에게 여리고 성을 재건하는 자는 저주를 받을 것임을 맹세하게 한다. 누구든 여리고 성을 재건하려는 자는 아들을 잃게 될 것이다. 이 저주는 수 세기 후에 실현된다(왕상 16:34을 보라). 열왕기상의 저자는 이 사실을 알고 있었으며, 다음과 같이 기술한다. "여호와께서 눈의 아들 여호수아를 통하여 하신 말씀과 같이 되었더라."

6:27. 여리고 성은 불탔고 연기가 피어올랐으며, **여호와께서 여호수아와 함께하시니 여호수아의 소문이 그 온 땅에 퍼졌다**. 이전에 여호수아에게 나타났던 여호와의 군대 대장(5:13)에게 여호수아가 던졌던 질문("너는 우리를 위하느냐 우리의 적들을 위하느냐")에 대한 대답이 마침내 주어졌다. 질문 당시 군대 대장은 여호수아의 질문에 대한 대답을 즉각 주지 않았지만, 여리고 성이 함락되고 난 후 성경 저자가 그 답을 주고 있다. 비교적 별다른 저항 없이 큰 승리를 거두게 되면, 다음 전투는 더욱 자신감을 가지고 임하기 쉽다. 이제 다른 나라들은 이스라엘에 대한 공포로 무력화되었다. 가나안은 이스라엘의 하나님과 여호수아의 손에 의해 완전히 말살될 것을 두려워하고 있다. 이후로 이스라엘이 가나안 땅을 정복하기 시작하면서 여호수아의 명성은 이스라엘뿐 아니라 가나안 족속에게까지 널리 퍼져나간다.

여호수아 6-8장은 하나의 이야기로 읽어야 한다. 7장은 '문제' 장이다. 대부분의 현대 형사 사법 체계는 '한 사람에 대한 범죄는 모두에 대한 범죄'라는 원리를 기초로 한다. 아간의 범죄와 체포, 재판 및 처벌의 이야기는 이러한 원리에 잘 들어맞는다. "한 사람의 범죄 행위 때문에 나라 전체가 멸망할 수 있다…한 개인의 죄는 그 가족과 공동체 전체에 영향을 미친다"(Madvig, "Joshua," 281). 공동체 내에서 누군가 잘못을 저지르면, 공동체 구성원 모두가 그에 따른 피해를 입게 된다.

7:1. 아간 한 사람이 저지른 범죄였지만, 하나님은 이를 **이스라엘 자손들**의 죄악으로 여기셨다. 이는 개인주의에 익숙한 현대인들에게는 불합리하게 보일 수도 있다. 그러나 누룩처럼, 해결되지 않은 감춰진 죄가 이스라엘 전체로 퍼져나갈 수 있다는 점이 문제이다. 그래서 아간의 죄는 심각한 공동체의 죄로 인식될 필요가 있었다.

7:2. 아이의 정탐에 대한 기술에 미묘한 차이가 보인다. 이 기술은 성공적인 여리고 정탐에 대한 것(2:1)보다는 한 세대 전에 있었던 재앙적인 실패의 경우(민 13:2)와 더 닮았다. 민수기에 나오는 서술은 이후 이스라엘에 닥칠 재앙을 미리 보여주는 셈이다.

7:3-4. 아간의 죄가 낳은 결과 중 하나는 이스라엘이 여리고의 승리로 교만해졌다는 사실이다. 정탐꾼들은 여호수아에게 말한다. **그들은 소수이니 모든 백성을 그리로 보내어 수고롭게 하지 마소서**. 그러나 여전히 하나님의 도움 없이는 결코 이길 수 없다.

7:5. 아이 전투에서 첫 사상자가 발생한다. 여리고 전투에서도 사상자가 전혀 없지는 않았겠지만, 기록된 바는 없다. **삼십육**이라는 숫자 자체는 작지만, 이에 담긴 의미는 크다. 이스라엘은 한 작은 전투에서 가나안 정복 전쟁의 추진력을 상실한다. 이들은 더 이상 무적

이 아니다. 가나안 족속을 사로잡았던 공포는 예전에 간담이 녹았던 것처럼(참고. 2:11, 24) 다 녹아버렸다. 반대로 이스라엘 **백성의 마음이 녹아 물같이** 되었다.

7:6-9. 여호수아와 장로들의 행동은 마치 멜로드라마처럼 비쳐질 수 있다. 그러나 어떤 문화권에서는 슬피 우는 행위에 보다 심각한 의미가 담겨 있다. 여호수아에게 닥친 어려움은 모세와 아론이 겪었던 어려움과 분명히 닮았다. 요단 동편을 떠나 요단강을 건넌 일은 애굽을 떠나 홍해를 건넌 일을 닮았다. 지금 여호수아는 멸망을 두려워하면서, 모세가 그랬던 것처럼, 하나님의 명성을 위해서라도 구원해달라고 호소한다(예를 들어, 출 32:11-13; 민 14:15-16).

7:10-12. 하나님은 여호수아에게 뜻밖의 말씀을 하신다. 이스라엘이 전쟁에서 '질 수 있는' 유일한 이유는 교만과 죄이다. 하나님은 이스라엘이 죄를 범했다는 사실 위에서 여호수아에게 명령을 내리신다. 7:1에는 무언가 엄청난 잘못이 저질러졌다는 기술이 나온다. 이제 저자는 하나님이 어떻게 여호수아에게 범죄의 내용과 범인을 밝혀나가시는지를 보여준다. 하나님께 바친 물건을 취하는 행위는 도둑질로 규정되고, 이러한 잘못은 반드시 시정되어야 한다. 국지전에서 패한 이스라엘은 헤렘(*herem*, 멸절)과 자신의 위치를 바꾼 셈이 되었다. 하나님께 온전히 바친 물건 대신 스스로 온전히 바친 것이 되어버렸다. 하나님은 **그 온전히 바친 물건을…멸하지 아니하면** 다시는 그들과 함께하지 않겠다고 말씀하신다.

7:13-15. 하나님은 여호수아에게 **백성을 거룩하게** 하라고 말씀하신다. 하나님은 이제 범죄자를 처단하려 하시며, 백성은 하나님을 맞을 준비를 해야 한다. 깨끗하게 씻고, 깨끗한 옷을 입고, 성적인 행위를 금해야 한다. 제비뽑기를 통해 하나님의 섭리로 범인이 밝혀지는 경우는 많다(참고. 삼상 10:20-21; 14:29, 39-42). 범인이 밝혀지면 그와 그 가족을 먼저 돌로 쳐 죽이고(참고. 7:25), 시체는 불태워야 한다. 불은 모든 것을 정하게 한다. **망령된 일**로 번역된 단어는 종종 '어리석은 짓' 또는 확장된 의미로서 '의도적 죄'(*HALOT*, 664)로도 번역된다. 요컨대, 아간은 잘못된 일임을 알고도 어리석게 이런 짓을 한 것이다.

7:16-18. **이에 여호수아가 아침 일찍이 일어나서** (3:1; 6:12; 7:16), 하나님을 맞이하고 하나님의 심판에 동참할 준비를 한다. 제비뽑기를 통해(14절), 여호수아는 하나님의 도움으로 먼저 범죄자를 특정 지파(유다)로 좁히고, 특정 족속(세라)과 특정 가문(삽디)으로 좁힌 후, 마지막으로 특정 가족의 가장인 아간으로 지목한다. 하나님은 이 모든 과정에서 여호수아를 인도하셨고, 이를 통해 아간의 범죄를 얼마나 혐오하는지를 모든 사람에게 보여주셨다.

7:19. 여호수아는 아간에게 자백하고 하나님께 영광을 돌리라고 명령한다. 자신이 지목될 때까지 기다렸던 아간은 마침내 자백한다. '초범의 법칙'이라는 것이 있는지도 모른다. 어떤 유형이나 시기의 첫 범죄에 대해 하나님이 그에 상응하는 엄격한 벌을 내리시는 것 말이다(예를 들어, 아담과 하와, 홍수 세대, 출애굽기 세대, 하나님의 것을 훔친 아간, 사울 왕, 아간에 비교되는 아나니아와 삽비라 등). 만약 하나님이 이런 죄를 지은 자마다 모두 즉각 벌하신다면, 살아남는 사람은 많지 않을 것이다. 또한 살아남은 사람이 하나님께 순종하는 것도 신앙심보다는 보복에 대한 두려움 때문일 것이다.

7:20-21. 아간은 죄를 인정한다. 그런데 자신의 행동을 고백하면서 하와의 범죄에 대한 성경의 표현을 그대로 따른다. **내가…보고 탐내어 가졌나이다**(참고. 창 3:6). 주의 깊은 독자라면 에덴동산의 첫 범죄를 떠올리며 두 사건의 유사성을 발견할 것이다. 아간이 취한 물품의 양과 가치는 막대했다. 이는 처벌의 강도와 범위를 생각할 때 매우 중요하다.

7:22-23. 사자는 아간이 이야기한 대로 모든 것을 찾아내 가져왔다. **그들이 그것을 여호와 앞에 쏟아놓으니라.** '쏟아놓다'라는 표현은 여호와 앞에 전제(관제)를 '쏟아붓는'다는 표현이다. 여기에는 정결 의식의 느낌이 있다.

7:24-26. 이 장소에 대한 명명(命名)이 공식화되기 전에 '괴로움'이라는 단어가 여러 번 언급된다. 여호수아와 이스라엘 백성은 아간과 **그에게 속한 모든 것**을 '괴로움의 골짜기'로 끌고 간다. 그리고 아간과 그 가족을 돌로 쳐 죽이고 불사른 다음, 그 위에 돌무더기를 크게 쌓아 여호와의 거룩함을 범한 죄에 대한 기념물로 삼는다. **여호와께서 그의 맹렬한 진노를 그치시니** 그

곳 이름을 '괴로움의 골짜기'로 불렀다.

왜 아간의 아들들과 딸들이 죽임을 당했을까? 성경은 말한다. "아버지는 그 자식들로 말미암아 죽임을 당하지 않을 것이요 자식들은 그 아버지로 말미암아 죽임을 당하지 않을 것이니 각 사람은 자기 죄로 말미암아 죽임을 당할 것이니라"(신 24:16). 어쩌면 이 성인 자녀들은 아간 범죄의 공범일지도 모른다. 혹은 여호수아가 "그의 모든 소유"(15절)라는 구절을 가축과 무생물 및 모든 가족까지 포함하는 것으로 이해했던 것인지도 모른다. 그러나 하나님은 범죄의 장본인 외에는 '아무도' 구체적으로 지목하지 않으셨다. 여호수아 6장까지 여호수아는 하나님의 음성을 주의 깊게 듣는다. 그러나 7장에 들어와서는 추진력을 잃기 전까지는 하나님의 뜻을 찾지 않는다. 하나님은 여호수아를 꾸짖고(10-15절), 범인을 체포하게 하신다. 여호수아는 하나님의 명령에 대해 구체적인 사항을 묻지 않는다. 전통적인 견해는 여호수아가 아이들을 범죄의 종범(從犯)으로 보고 하나님의 명령을 전적으로 이행했다고 보는 것이다(12-15, 24-26절). 이 처벌의 결과로 하나님의 진노는 누그러졌지만, 이후 이스라엘과 하나님의 관계는 소원해진다.

개인주의자들이 범하는 또 다른 윤리적 문제가 있다. 그들은 어떤 죄를 저지르고는 "아무도 다친 사람은 없다"라는 말을 종종 하곤 한다. 현대 서양의 사고방식에서 죄란 한 개인의 양심과 삶에만 영향을 미치는 문제이다. 그런데 아간이 지은 죄의 경우, 하나님은 진노하며 이스라엘이 손쉬운 승리를 얻도록 돕지 않으셨다. '이스라엘'이 죄를 지은 것으로 책망을 받았고, '이스라엘'이 전투에서 패배했다. 36명의 전사가 목숨을 잃었다. 이스라엘은 기세가 꺾였고 사기도 떨어졌다. 범법자를 찾아내기 위해 소중한 시간을 낭비했다. 처벌은 사형이었으며, 아간과 그의 아들들, 딸들, 가축까지 모두 죽임을 당했다. 정복 전쟁을 상당히 진척시킬 수 있는 기회를 놓치고, 다시 시작해야 했다. 손상된 관계와 불법적 취득에는 나쁜 결과가 따른다. 죄, 범죄, 부도덕은 가족, 공동체, 국가에 악영향을 미친다.

여리고 정복(2장)에서 최초의 패배와 아이 성 정복에 이르는 8장까지의 모든 이야기는 하나의 이야기로 읽혀야 한다. 이후 8:30-35에 나오는 언약의 갱신 이야기는 여호수아 서술에 큰 단락을 짓는 사건이다.

8:1. 하나님은 여호수아에게 아이 성의 전투에서 함께하겠다고 약속하신다. 이전의 패배로 정신을 차린 이스라엘은 이제 더 이상 교만하지 않고(7:3-4), 수많은 전사들이 전투에 참여한다. 아이와 동맹한 도시들은 각자의 요새를 떠나지 않고, 아이는 이스라엘의 덫에 빠지게 된다.

8:2. 아이와 그 왕은 여리고처럼 될 것이다. 이번에는 이스라엘이 전쟁 노략물을 스스로 취해도 좋다. 아간이 조그만 더 기다렸더라면! 하나님이 여호수아에게 말씀하신다. **아이 성 뒤에 복병을 둘지니라**. 하나님은 사령관에게 기만전술을 포함한 작전 명령을 하달하신다. 주요 병력은 아이 사람을 들판으로 끌어내기 위해 거짓 후퇴를 한다.

8:3-8. 여호수아는 전투를 위해 매복 병력을 전략적으로 배치한다. 여호수아 군대의 주력 부대는 **함께한 군사**(3, 11절)로 불린다. 여호수아는 이 중에서 **용사 삼만 명**(3절)을 뽑는다. 이후에 함께 한 군사 중에서 다시 **오천 명**을 선발한다(11-12절). 3만 명과 5천 명의 매복병이 정확히 어디에 배치되었는지는 판단하기 어렵다. 아이 성은 북쪽으로 가는 길 쪽에 있었다. 따라서 **성 뒤**(2절)는 서쪽이 아니라 남쪽, 즉 북쪽으로 난 길에 있는 '성문' 반대편일 가능성도 있다.

매복에 관한 하나님의 명령이 수행된다. 3만 용사는 길갈에서 출발하여 언덕으로 올라가서 아이 성 뒤쪽(남쪽 또는 남서쪽) 은신처에서 밤을 보낸다. 주력 부대('함께 한 군사')는 동쪽에서 성으로 접근한다. 이후 아이의 군대를 유인하기 위해 거짓 후퇴를 한다. 다음 여호수아는 아이 군대가 **그들이 처음과 같이 우리 앞에서 도망한다**고 반응할 것이라 예상한다. 아이 군대가 성에서 멀리 떠나면(16-17절), 매복 중인 3만 용사가 은신처에서 나와 성을 점령하고 불을 지른다. 이후 주력 부대는 방향을 돌려 매복 군대와 합세하여 아이 군대를 궤멸한다.

3만 명의 용사는 매복하기에 적지 않은 숫자이다. 어쩌면 이들은 남서쪽까지 넓게 퍼져서 아이와 아이에서 북서쪽으로 3.2킬로미터 정도 떨어진 벧엘 사이를 차단하는 역할까지 수행했을 것이다. 5천 명의 복병은 아이와 '서쪽'(*miyyam*, 미얌, 12절) 벧엘 사이에 매복한 채로 대기 중이었다. 이들의 임무는 벧엘이 전투에 개입하지 못하도록 견제하는 것이다. '함께한 군사'(이스라엘의 주력 부대)는 '북쪽'(13절)으로 향한 길 건너 골짜기에 있었다. 그러나 아이 군대는 처음 전투에서 겨우 3천 명의 이스라엘 군대와 싸웠을 뿐(7:4을 보라), 동쪽과 북쪽에 배치된 이스라엘 군대의 규모를 알지 못했다.

8:9-17. 전투가 시작되자, 이스라엘은 거짓으로 패한 체하며 동쪽으로 후퇴한다. 아이 군대는 아무런 의심 없이 이스라엘 군대를 뒤쫓는다. 매복 중이던 3만 명의 군대는 아이 성을 점령하고 불을 지른다. 서쪽의 5천 매복병은 벧엘을 무력화한다. 벧엘은 전투에 참여하지만(17절), 큰 힘을 발휘하지 못한다[수 12장 여호수가가 정복한 왕/도시 목록을 보면 벧엘은 아이에 대한 언급에서는 누락되고(12:9), 남부 전투 목록에 등장한다(12:16)].

8:18-23. 전략과 시기 선택에 뛰어난 하나님이 여호수아에게 말씀하신다. **네 손에 잡은 단창을 들어 아이를 가리키라 내가 이 성읍을 네 손에 넘겨주리라**. 하나님의 말씀은 이스라엘이 홍해를 건널 때 모세가 바다 위로 손을 내밀자 바로의 군대가 괴멸당했던 이야기와 비슷하다(출 14:26-27). 여호수아는 미리 약정된 손짓으로 주력부대인 '함께한 군사'의 방향을 돌려놓는다. 이스라엘의 모든 군대는 동쪽으로 도망치던 것을 멈추고 서쪽으로 돌이켜서 서쪽의 3만 복병과 자신들 사이에 낀 아이 군대를 친다. 3만 용사는 망치가 되고 주력부대('함께한 군사')는 모루가 되어 아이 군대를 완전히 궤멸시킨다. 아이 성은 불타고 아이 백성은 죽임을 당한다. 따라서 이스라엘은 아이 성을 약탈하고 왕을 사로잡는다.

8:24-29. 전쟁터의 모든 적군은 물론 여자들(25절)도 죽임을 당했다. 아이들 역시 마찬가지였을 것이다. 정복 전쟁 중에서 사상자 수가 기록된 것은 이 전투가 유일하다. 얼마 전 전투에서 이스라엘 군인 36명이 전사했고(7:5), 이 날에는 아이 주민 1만 2천 명이 죽임을 당했다. 아이 왕은 나무에 달렸으며(참고. *ANET*³, 288), 그 시체 위에는 큰 돌무더기가 쌓였고, '오늘까지'(참고. 7:25-26) 그대로 있었다. 아이 성은 불탔으며 그 잔해는 여호수아서가 기록될 때까지 그대로 남아 있었다. 악한 왕과 그 성읍은 하나님의 심판으로 처형된 반역자 아간처럼 큰 돌무더기로 영원히 남게 된다.

8:30-35. 이 부분이 기록된 위치가 조금씩 다르게 나타난다. 먼저 사해문서에서는 5장 1절과 2절 사이에 나타나며, 70인역에서는 9:2에서 가나안 족속이 연합 세력을 구축한 이야기 다음에 나오고, 여기에서는 8:30 이하에 기록되어 있다. 그러나 8장 말미에 기록된 보편적 히브리어 성경과 다른 위치를 따를 이유는 없어 보인다. 세겜 족속에 대한 전쟁 이야기는 없다. 세겜은 12장에 나오는 피정복 성읍과 왕들 목록에도 빠져 있다. 어쩌면 기록 없이 정복되었을 수도 있고, 이스라엘과 평화 조약을 맺었을 수도 있다. 이스라엘과 세겜의 관계에는 오랜 역사가 있다. 아브라함은 가나안 땅으로 들어서서 세겜에 이르렀다(창 12:6; 34장). 야곱의 아들들이 세겜 족속을 속인 일도 있다(창 34장; 참고. 창 48:22). 본문에는 이방인/거류민에 대한 언급이 있는데 이들이 세겜 족속일 수도 있다(33, 35절).

이스라엘은 대군과 함께 아무런 방해 없이 앞으로 나아갈 수 있었다. 백성은 다듬지 않은 돌(출 20:25; 신 27:5-6)로 에발산에 제단을 쌓았다. 번제는 속죄를 위한 것이었고, 화목제는 일반 백성이 참여하는 교제의 제사 성격이었다. 이는 솔로몬 왕정 시기에 비견될 수 있다. 당시 언약궤는 예루살렘에 있었지만 예루살렘 중심의 신앙이 아직 확립되지 않았기 때문에 솔로몬은 기브온에서 하나님을 만났다(왕상 3:4).

모든 것이 하나님의 명령대로 시행되었다(31, 33, 35절; 참고. 신 27:11-14). 여호수아는 모세의 율법을 기록했는데, 이는 앞으로 왕이 될 사람이 해야 할 의무이기도 했다(신 17:18-20). 여호수아가 이렇게 한 것은 스스로를 왕으로 여겼기 때문이 아니라 이스라엘의 영적 지도자였기 때문이다. 백성의 절반은 에발산 앞 또는 정상에 섰고, 나머지 절반은 그리심산에 마주 섰다. 세겜은 예루살렘으로부터 약 43킬로미터 북쪽에 있다. 에발산은 고대 세겜의 중심지로부터 약 3킬로미터 북쪽에 위치하고, 그리심산은 남쪽으로 약 1.5킬로미터 지점에 위치한다. 그들은 아마도 언약의 축복과 저주를 번갈아 노래했을 것이다. 가장 중요한 사실은 여호수아가 **율법책에 기록된 모든 것 대로 축복과 저주하는 율법의 모든 말씀을 낭독**한 것이다.

이스라엘은 아브라함과 이삭과 야곱의 후손 및 거류민(33, 35절)으로 구성된 복합 민족이다. 라합과 그 가족은 진정한 이스라엘의 일원으로 흡수되었다. 아간과 그 가족은 하나님의 통치에 대한 반역죄로 가나안 족속과 다름없이 끊어졌다. 라합처럼 누구든지 이스라엘의 하나님을 믿은 사람은 이방인이나 본토인에 상관없이 받아들여졌다.

B. 남부 전투(9:1-10:43)

강력한 이스라엘 군대의 소문은 주위 나라를 마비 상태에 빠뜨렸다(2:9-11; 5:1). 이 부분에서는 이스라엘의 적들이 적극적으로 맞서 싸운다. 아이 성과의 첫 교전에서 패배한 것이 그 이유였다. 이스라엘은 더 이상 무적 군대가 아니었다. 그들은 하나의 연합 세력을 구축하려 했으나 결국 절반이 갈려서 2개의 연합 세력을 이루었고, 이는 이스라엘에게 다행스런 일이었다(참고. 9:1; 10:1; 11:1-3). 적국의 목록은 이전 모세의 명령에 나오는 목록과 상응한다(신 20:17). 3절은 다른 이야기가 이어진다는 것을 분명히 보여준다. "기브온 주민들이…." 10장부터는 본격적으로 남부 연합 세력과의 전투 이야기가 속개되는데, 이스라엘의 승리와 적들의 공포 그리고 연합 세력에 동참한 4개의 히위 족속 이야기가 나온다(10:1-3).

아간의 절도와 아이 성에서의 첫 실패로 백성 가운데 실망감이 퍼졌을 수도 있지만, 하나님은 기대 이상의 결과를 얻게 하셨다(참고. 롬 8:28). 여리고 성을 파괴한 것과 같은 방식으로 다른 성들도 점령하는 것이 하나님의 의도가 아니라면, 포위 전쟁은 정복 전쟁의 속도를 늦추고 이스라엘의 자원을 사멸시킬 위험이 있다. 따라서 가나안 족속은 적극적으로 공세를 취했고, 이로 인해 이스라엘은 평지에서 적들의 군대를 궤멸함으로써 무방비 상태의 성읍을 접수할 수 있었다. 이는 또한 정복 전쟁 시기의 불탄 성읍에 대한 고고학적 증거가 많이 발견되지 않은 이유이기도 하다(갈릴리 바다에서 북서쪽으로 약 13킬로미터 떨어진 하솔은 예외로, 정복 전쟁 시기에 불탄 흔적이 보인다).

9:1-2. 하나의 연합 세력을 구축하려던 시도는 결국 양분된 세력으로 귀결되었다(10:1-2; 11:1-3). 각 나라의 이름이 제시된 순서는 신명기 20:17에 나오는 순서와 같은데, 주의 깊은 독자라면 이를 눈치챘을 것이다. 이는 예언 성취까지는 아니더라도, 앞으로 일어날 사건에 대한 예시로 볼 수 있다.

9:3-5. 기브온 주민은 이스라엘을 기만하든지 아니면 전멸을 각오해야 했다. 어쩌면 에발산에서 이스라엘이 율법을 낭송하는 것을 듣고, 자신들이 다음 목표라는 것을 알게 됐을지도 모른다. 기브온 주민은 오래된 식량과 해어진 옷으로 계략을 준비한다.

9:6-7. 기브온 주민은 먼 곳에 떨어져 있는 성읍에 대한 조약 규정을 숙지하고 있었다(신 20:10-15). 그들의 조약 요청은 의심을 불러일으켰다. **너희가 우리 가운데에 거주하는 듯하니 우리가 어떻게 너희와 조약을 맺을 수 있으랴.** 긴장을 고조시키기 위해 저자는 기브온 주민이 히위 사람이라는 사실을 흘린다. 이들은 전멸되어야 한다.

9:8. 기브온 주민은 질문에 대한 직접적인 대답을 회피한다. **우리는 당신의 종들이니이다**(참고. 11절). 여호수아는 그들이 누구이며 어디서 왔는지를 재차 캐묻는다.

9:9-10. 기브온 주민은 준비한 각본을 되풀이하면서 여호와의 명성을 드높인다. 그들은 자신들이 가까운 곳에 산다는 사실을 들키지 않기 위해서 시간적으로 거리가 먼 사건들만 이야기한다. 즉, 출애굽 사건과 요단 동편 전쟁에 대해서만 이야기하고, 요단강을 기적적으로 건넌 일이나 여리고와 아이의 함락에 대해서는 함구한다. 이들의 진술은 라합의 진술(2:9-11)을 연상시키지만, 하나님의 능력에 대한 이들의 지식은 라합의 참된 신앙에는 미치지 못한다.

9:11. 기브온 주민은 어쩌면 왕정이 아니라 장로들의 통치를 받고 있었는지도 모른다. 이는 이스라엘 문화와의 연계성을 보여준다. 조약과 종에 관한 2개의 진술이 나온다(참고. 6, 8절).

9:12-13. 기브온 주민은 계속해서 양식과 의복이 출발할 때는 새것이었다고 말한다. 마침내 그들의 이야기는 긴장의 최고조에 이른다. NASB는 '부스러지다'(crumbled)라고 번역했는데 염소나 양의 '아롱진 것'(창 30:39)을 뜻하는 말이다. '곰팡이가 나다'가 더 나은 번역일 수 있다(개역개정은 "곰팡이가 났으며"—옮긴이 주).

9:14-15. 이스라엘은 이들의 양식이 얼마나 오래됐

는지 살펴보았지만, **여호와께 묻지 아니**했다. 아이 성에서의 잘못도 바로 이것이었다. 여호수아와 족장들은 기브온 주민이 진정 누구인지 알지 못한 채 이들과 조약을 맺는다. 이들은 결국 이스라엘 민족에 통합되지만, 이는 하나님의 명령에 대한 위반이었다(신 20:17).

9:16-17. **조약을 맺은 후 사흘이 지나서야** 이스라엘은 기브온 주민이 근방에 산다는 사실을 알게 된다. 어쩌면 또 다른 정찰로 사실이 드러난 것인지도 모른다. 기브온은 당시 서쪽의 여러 성읍들과 동맹을 맺고 있었다.

9:18-19. 이스라엘 백성은 족장들에게 불만을 품는다. 백성은 히위 족속을 칠 준비가 되었지만, 족장들은 조약 파기를 허락하지 않았다. 족장들에게는 정탐꾼과 라합의 경우에서처럼, 여호와의 이름으로 한 맹세가 적을 '진멸하라'는 모세의 명령보다 더 위중했다. 기브온 주민의 입장에서는 자신들의 기만으로 인해 맹세가 무효화되지 않을까 걱정스러웠다.

9:20-23. 백성에게는 이 조약이 평등한 쌍방 간의 조약처럼 보였을 수도 있다. 족장들은 기브온 주민이 이스라엘을 섬기도록, 특히 성막 일을 돕도록 했다. 여호수아의 저주는 의미심장해 보인다. 후에 사울 왕은 인종 청소를 시도한다(삼하 21:1-9).

9:24-27. 기브온 주민은 멸절을 피하기 위해 기만이라는 수단을 불사했다고 대답한다. 그리고 여호수아의 말에 승복한다. 맹세로 인해 **좋고 옳은** 것이 뒤집혔기 때문에 기브온 주민은 전멸을 면할 수 있었다. 그러나 백성은 여호수아가 기브온 주민을 살려준 것에 대해 여전히 불만을 품었을 것이다.

한 민족이 목숨을 부지했다. 유대교와 기독교 전통의 신자들은 기브온 주민의 입장을 이해할 것이다. 기브온 주민은 이방 민족으로서는 성막 가장 가까이에서 봉사하는 민족이 된다. 그들은 제사를 위해 나무를 패고, 정결 예식을 위해 물을 길었다. 이방인으로서는 속죄의 의미를 가장 가까이서 지켜볼 수 있었다. 그들은 폭력의 위협 속에서 살았지만(참고. 삼하 21장), 늘 하나님의 보호 아래 있었다(참고. 느 3:7; 7:25). 여기에서 하나님의 은혜를 볼 수 있다. 비록 여호수아가 부주의했지만, 하나님께 미리 묻지 않았다고 해서 여호수아나 백성이 직접적으로 벌을 받지는 않았다. 하나님은 기브온 주민에게 은혜를 베푸셨으며, 이를 통해 볼 때 여타 아모리 족속과는 달리 이들의 죄악은 아직 가득 차지 않았던 것으로 짐작할 수 있다.

가나안 족속은 기브온이 이스라엘과 조약을 맺었다는 이유로 연합하여 침략을 감행한다. 한때 이스라엘의 소문을 듣고 두려움에 떨었던 가나안 족속은 더 이상 머뭇거리지 않고 공세를 취하는데, 이는 오히려 이스라엘의 전쟁을 돕는 결과가 되었다. 아이 성 전투에서 이스라엘이 패배했다는 소식에 용기를 얻은 여러 나라들은 이스라엘을 치기 위해 나선다. 여호수아 10장에는 이스라엘에 대한 가나안 공세가 기록되어 있다. 가나안 연합 세력은 먼저 기브온을 포위한다. 여호수아는 기브온을 구출하고, 기상학적이고 천문학적 자연 현상을 수반한 남부 전투가 이어진다.

10:1-5. 여리고와 아이 왕들이 어떻게 됐는지에 대한 소문이 퍼지자, 한때 두려움에 떨었던 적들은 적극적으로 공세를 취한다. 기브온은 게셀과 마찬가지로 요새화된 성읍이었고('중부 및 남부 전투' 지도를 보라), 그 주민은 이름난 용사들이었다. 예루살렘 왕은 헤브론(예루살렘 남쪽 약 32킬로미터), 야르뭇(예루살렘 서남쪽 약 24킬로미터), 라기스(예루살렘 남서쪽 약 45킬로미터), 에글론(예루살렘 남남서쪽 약 45킬로미터)의 왕들과 군대를 소집한다. 예루살렘 왕은 이스라엘과 히위 족 연합 세력으로부터 중부 고원지대를 탈환하기 위해 도움을 요청한 것이다. **아모리 족속의 다섯 왕들**은 합세하여 기브온을 포위한다.

10:6-9. 기브온 사람들은 길갈(여리고 근방)에 있는 여호수아에게 사람을 보내 자신들이 처한 곤경에 대해 알린다. **산지에 거주하는 아모리 사람의 왕들이 다 모여 우리를 치나이다**. 이에 이스라엘은 신속히 움직인다. 적들의 지원군을 차단하기 위해 이미 진지를 구축했을 수도 있다(참고. 9:1-2). 여호수아는 밤새도록 군대를 이동시킨다(9절; 참고. 8:3). 이 구절에 나오는 **용사**는 정예병이기보다는 전체 군대를 지칭한다. 전쟁을 위해 훈련된 군대가 작전에 투입된다. 하나님은 전쟁에 함께할 것이며 큰 승리를 거두게 하겠다고 약속하신다(참고. 1:5; 3:7; 6:2; 8:1).

10:10. 이스라엘 군대는 적들을 추격한다. **여호와께서 그들을 이스라엘 앞에서 패하게 하시므로** 승리의

중부 및 남부 전투

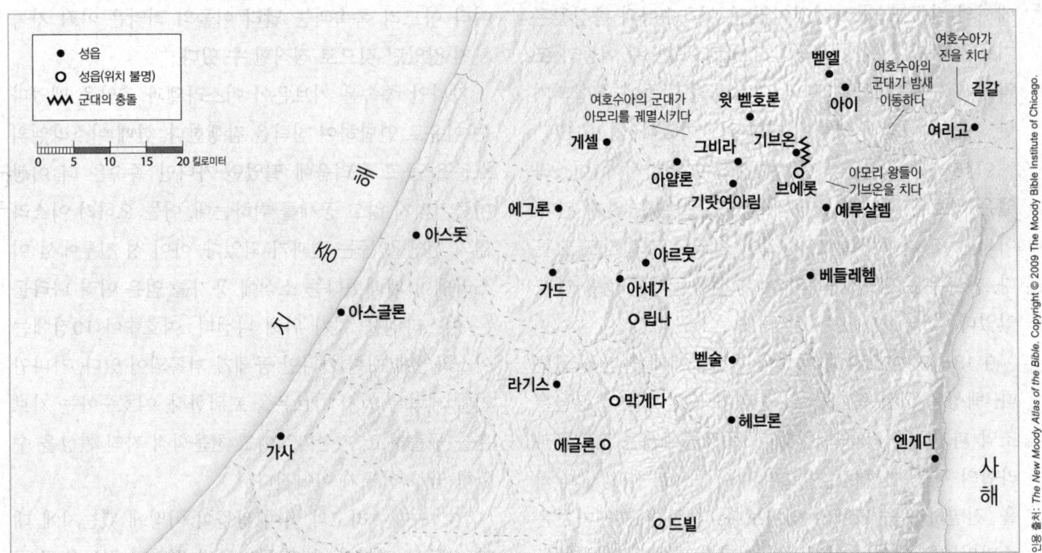

주역은 하나님이시다. 전쟁터는 이미 가나안 족속의 시체로 가득했고, 하나님은 그들을 말살하신다.

10:11. 공포에 사로잡힌 적은 도주하기 시작한다. 가나안 군대는 서쪽으로 달아났는데, 이 방향은 내리막길이었다. 적들은 살육 지대로 들어섰고, **여호와께서 하늘에서 큰 우박 덩이를 아세가에 이르기까지 내리셨**다. 성경은 '우박 덩이'라고 분명히 기술하는데, 이는 이 사건이 운석우(隕石雨)가 아니라 기상학적 현상임을 뜻한다. 여호수아의 기습 공격도 끔찍했지만, **이스라엘 자손의 칼에 죽은 자보다 우박에 죽은 자가 더 많았다.**

10:12-14. 이 본문에는 놀랍고도 분명한 사건들이 기록되어 있다. 아모리 사람들이 패퇴하고, 여호수아가 하나님께 아뢴다. 그러자 **태양이 머물고 달이 멈추어** 해가 평소보다 길었다. 이를 기술한 야살의 책에 대한 언급도 나온다. 이스라엘은 적들에게 원수를 갚았으며, **이 같은 날은 전에도 없었고 후에도 없었**다. 하나님은 사람의 목소리를 듣고 이스라엘을 위해 싸우셨다.

비평주의학자들은 이 본문에 기록된 사건들을 신화적, 비유적(비문자적)으로 접근한다. 본문을 시적 형식으로 이해하면, 신화적 기술이나 이미지를 통한 과장법적 수사로 볼 수도 있다. 그러나 예술 역시 실체에 대한 기술이기 때문에 문제가 해결되지는 않는다. 현상론적 언어를 전제로 하는 접근법도 있다. 이 접근법은 상황이란 그렇게 보이는 것일 뿐이며 실체는 달리 추구되어야 한다고 본다. 예를 들어, 이스라엘 군대가 적에게 심대한 타격을 줄 수 있었기 때문에 해가 중천에 머문 것처럼 '보인 것'뿐이며, 일반적으로 하루에 할 수 있는 것보다 훨씬 더 많은 일을 했기 때문에 아주 긴 하루였던 것처럼 '보인 것'이라는 주장이다. 세 번째 접근법은 기상학적 현상으로서 일몰시 햇빛이 오랫동안 굴절되었기 때문이라고 본다. 일종의 천문학적인 현상 때문이었을 수도 있다는 것이다. 네 번째 설명은 그 사건이 있던 날의 해와 달의 위치에 주목한다. 보름달 아래서 8-10시간 동안 행군한 이스라엘은(9절) 기습 공격을 감행할 수 있었고, 나중에 볼 때 아주 긴 하루처럼 느껴졌다는 설명이다.

그러나 글은 있는 그대로 이해되어야 한다. 본문을 단순하게 읽어보면 지구가 아주 천천히 자전한 것으로 이해할 수 있다. 현상론적 언어라고 해서 반드시 '비과학적'인 것은 아니다. 오늘날의 기상학자들도 실제로 해가 뜨거나 지지는 않지만 '일출'이나 '일몰'이라는 표현을 쓴다. 이 사건은 해와 달이, 적어도 초기에는, 동시에 하늘에 떠 있을 때 발생했을 것이다. 지구의 자전이 완전히 정지될 필요는 없다(물론 그랬을 수도 있다). 지구의 자전 속도가 감소하는 것만으로도 하늘의 해는 **중천에 머물러서 거의 종일토록 속히 내려가지 아니하였**던 것처럼 보일 수 있다. 달의 공전과 지구의 정지 때문에 발생하는 조수의 영향을 지적하는 비판이 있을 수 있다. 그러나 하나님은 우주를 창조한 분이시며 모든 인과관계를 관장하기 때문에 그런 조수의 영향도 조절하실 수 있다.

10:15. 15절과 43절은 똑같다. 이는 중복오사(실수로 반복해서 기록하는 것)가 아니라 양괄법(역사적 사건을 괄호로 묶어 표현하는 기법)이다. 이렇게 자료를 괄호로 묶어서 기술하는 목적은 그 시기에 발생한 사건들에 추가적인 정보를 제공하기 위함이다. 이스라엘은 다섯 왕들을 죽인 다음 막게다, 립나, 라기스, 에글론, 헤브론, 드빌, 네겝으로 진격했으며, 하나님의 도우심으로 수일에 걸쳐 이 성읍들을 점령한 후 길갈로 돌아온다.

10:16-18. 패퇴한 다섯 왕들이 동굴에 숨어 있다는 보고를 받은 여호수아는 일단 동굴을 봉쇄하라는 명령을 내린다. 이 사건은 하나님과 이스라엘의 적들 위에 쌓인 '돌무더기'(참고. 7:26; 8:29; 10:27)를 연상하게 한다.

10:19-21. 이스라엘 군대는 적을 추격하라는 명령을 받는다. 적이 요새로 퇴각하는 것을 저지해야 했는데, 요새를 포위하는 것은 여호수아의 공세적 전략과 맞지 않았기 때문이다. 요새는 10대 1의 병력으로 방어가 가능하기 때문에, 요새 전투는 아직 전투가 많이 남은 여호수아 군대의 효율성을 크게 떨어트릴 수 있다. 막게다(예루살렘 남서쪽 40킬로미터 정도에 위치)에는 전진 기지가 있었거나 첫 포위 작전이 시도된 듯하다. 대부분의 적이 무력화되었지만 일부 낙오병은 요새로 귀환한다. **혀를 놀려 이스라엘 자손을 대적하는 자가 없었더라**(21b절)는 구절의 문자적 해석은 이렇다. "이스라엘 자손에 대해 혀를 날카롭게 하는 자가 아무도 없었다." 공포와 절망감에 사로잡힌 적들은 말을 조심하게 된다.

10:22-27. 다섯 왕은 동굴 밖으로 끌려나온다. 23절의 어조는 마치 사형선고 같다. 이스라엘의 대적들을 지휘한 왕들임을 강조하듯, 지역 이름이 열거된다. 고대 근동 지역 풍습에 따라 지휘관들은 왕들의 목을 발로 밟는다. 여호수아는 그들에게 **강하고 담대하라**고 말한다. 하나님이 여호수아에게 말씀하신 것처럼(8절), 여호수아는 이들에게 승리를 약속한다. **여호수아가 그 왕들을 쳐 죽여**. 여호수아가 직접 했을 수도 있고 지휘관들에게 명령했을 수도 있다. 고대인은 빅토리아 시대의 신사와는 달랐다. 이들은 근동의 장군이었으며 서양인의 관점에서는 야만적이었다. 아마도 왕들을 먼저 칼로 친 후 말뚝에 박아서 온 군대로 그들의 죽는 모습을 보게 했을 것이다. 끔찍하게 들릴지 모르지만, 이 광경을 목격하는 이방인들에게는 큰 효과가 있었을 것이다. 또한 여호수아 군대와 지휘관들의 사기 진작에도 도움이 되었을 것이다. 왕들의 시체는 해 질 때 내려서(참고. 신 21:22-23), 이전에 숨어 있던 동굴에 던져졌다. 동굴 입구를 막은 큰 돌은 본서가 기록된 시점까지 그대로 있었다(참고. 7:26; 8:29).

10:28. 막게다에 대한 성공적인 포위가 다시 기술된다. 그 성읍 사람들은 모두 죽임을 당하고, 그 왕은 여리고 왕과 같은 운명을 맞는다(참고. 8:29; 10:1). 이제 남부 전투가 시작되었다.

10:29-39. 이 성공 이후, 이스라엘이 점령한 가나안 남부의 일곱 성읍[Howard, *Joshua*, 257, Richard S. Hess, *Joshua: An Introduction and Commentary*. TOTC, ed. D.J. Wisemen(Downers Grove, IL: Intevarsity, 1996), 203을 보라]과 그 병행이 아래 도표에 나와 있다.

가나안 남부의 정복

성읍	피해	무기	비교 구절
막게다	왕, 성읍, 사람	칼	여리고처럼
립나	왕, 성읍, 사람	칼	여리고처럼
라기스	왕, 성읍, 사람	칼	립나처럼
게셀	왕, 사람	–	–
에글론	왕, 성읍, 사람	칼	라기스처럼
헤브론	왕, 성읍들, 사람	칼	에글론처럼
드빌	왕, 성읍들, 사람	칼	헤브론, 립나처럼

편차가 적지 않기 때문에 대칭적인 기술을 정형화된 특징으로 보기는 힘들지만, 저자가 사건을 체계적으로 기술하려 했던 것은 분명하다.

예루살렘은 이 시기에 정복되지 않았다(참고. 삼하 5:8-10). 게셀 역시 이 시기에 정복되지 않았다(참고. 왕상 9:16). 헤브론과 에글론의 왕들은 막게다 근처 동굴에서 이미 죽임을 당했지만, 이들의 죽음 후 재빨리 승계가 이루어진 것으로 보인다. 여호수아 군대가 이 성읍들을 포위했을 때 승계자들 역시 전임자와 같은 운명을 맞는다. 이 장의 후반부에는 이스라엘 군대의 승리가 단시간에 이루어진 것처럼 기술되어 있지만, 실제 전투 기간이 어느 정도였는지는 알 길이 없다.

이스라엘은 활 모양을 그리며 남부 일곱 성읍을 정복한 후('중부 및 남부 전투' 지도를 보라), 셰펠라(*shephelah*)로 불리는 구릉지대를 쳤고, 그 다음 동부의 내륙지대로 향했다. 12장을 보면, 이스라엘 남부의 건조지인 네겝에서 탈취한 성읍들이 추가적으로 나온다.

10:40-42. 남부 전투의 정복지는 고원지대(**산지**), 남부지대(**네겝**), 구릉지대(셰펠라, **평지**), 그리고 오르막(**경사지**)을 망라한다. 여호수아는 하나님의 명령대로 **하나도 남기지 아니하고 호흡이 있는 모든 자는 다 진멸**했다. 게셀의 경우에는 호흡이 있는 자를 다 진멸하지 못했는데(16:10), 이렇듯 명백한 모순은 신명기 20:10-18에 나오는 전쟁에 관한 명령을 살펴봄으로써 설명할 수 있다. 이를 보면, 멀리 떨어져 있는 성읍(게셀처럼)에 대해서는 먼저 화평을 제시할 수 있다. 게셀의 경우처럼, 만약 화평을 거절할 경우에는 그 지도자들을 죽이고 백성은 예속시켰다. 여호수아는 게셀의 왕과 군대가 라기스를 돕기 위해 전투에 나섰기 때문에 그들을 멸망시켰지만(33절), 그 성읍 자체는 복속시켰다(16:10).

그리하여 이스라엘은 명령을 완수한다. 남부의 가데스 바네아와 가사에서 중부 고원의 기브온까지 전 지역을 정복했다. 신학적으로 말하자면, 하나님의 법대로 싸울 때에는 하나님이 함께하심으로 승리가 보장되었다. **이스라엘의 하나님 여호와께서 이스라엘을 위하여 싸우셨**다는 표현이 반복된다(14, 42절).

10:43. 남부 전투를 끝내고 이스라엘은 길갈로 돌아온다. 남부 전투와 북부 전투 사이의 시간적 간격은 알 수 없지만, 아마도 남부 전투가 진행되는 동안 가나안 북부 세력의 연합이 이루어졌을 것이다.

C. 북부 전투(11:1-15)

이스라엘 군대가 가나안 중부와 남부 지역을 정복하고 길갈에 있을 때, 가나안 북부 지역이 연합하여 이스라엘을 대적한다. 야빈과 요밥 2명의 왕만 이름이 언급된다. 야빈은 네 성읍과 광대한 지역을 소집해서 전투를 준비한다. 야빈이 소집한 군대의 규모는 알 수 없다. 요세푸스의 기록에 의하면 "전체 군대의 숫자는 보병이 30만, 기병이 1만, 병거가 2만"이었다(*Ant.*:5, 1, 18). 유대인들은 두려워했으며 "하나님은 그들의 믿음 없음을 꾸짖으셨다." 비이성적인 공포가 있는가 하면 현실적인 우려도 있다. 하나님은 그들에게 말씀하신다. "그들로 말미암아 두려워하지 말라"(6a절).

11:1-5. 하솔 왕 야빈이 이 소식을 듣고. 야빈은 이스라엘이 남부 연합 세력을 격파했다는 사실을 이미 알고 있었다. 광대한 지역에서 군대가 소집되었다. 최북단 헤르몬산에서 지중해까지 그리고 트랜스요르단(요단 동편)과 에돔(사해 남동쪽)에서 군대가 소집되었고, 남부 연합의 잔여 세력(예를 들면, 예루살렘 근방의 여부스족)도 합류했다. **이 왕들이 모두 모여 나아와서 이스라엘과 싸우려고 메롬 물가에 함께 진 쳤더라.** 이 진은 갈릴리 바다 북서쪽으로 수 킬로미터 떨어진 곳으로 보인다. 히틴의 뿔(the Horns of Hittin, Hess, *Joshua*, 211) 근처로서, 병거의 기동이 가능한 곳이었다.

11:6. 공포의 순간에 하나님은 지도자에게 말씀하시고, 지도자는 다시 백성을 격려한다. **내일 이맘때**라는 말씀에 여호수아는 깜짝 놀랐을 것이다. 잘 무장된 수많은 군대를 격파하고 도살하는 것은 하나님의 특별한 섭리일 수밖에 없다.

군마 뒷발의 힘줄을 끊는 것은 잔인해 보이지만, 여기에는 중요한 이유가 있다. 신명기 17:16에 따르면, 이스라엘의 지도자는 병마를 많이 두지 말아야 한다. 병마는 부귀와 권력의 상징이다. 또한 뒷발의 힘줄이 끊긴 말은 더 이상 군마로 쓰일 수 없다(달릴 수 없는 말은 나그네를 위한 식용으로 쓰일 뿐이다). 이스라엘의 땅은 보병으로 방어가 가능하며, 기마 부대는 공격 부대로 인식된다.

11:7-9. 하나님이 승리를 약속하시자 이스라엘 군

대는 신속히 움직인다(참고. 8:1-2; 10:7-9). 가나안 족속이 전술 계획을 세우는 사이에 이스라엘은 이미 그들을 습격한다. 이스라엘 군대의 신속한 전개와 현란한 기동도 훌륭했지만, 핵심은 여호와의 일하심이었다. **여호와께서 그들을 이스라엘의 손에 넘겨주셨기 때문에**. 적진에서 학살이 시작되자 적은 도주하기 시작한다. 이스라엘은 북서쪽으로 지중해 연안의 시돈까지, 동북쪽으로는 헤르몬산까지 적을 추격한다. 여호수아는 하나님의 명령대로 말의 뒷발 힘줄을 끊고 병거를 불사른다.

11:10-11. **그때에**라는 구절은 시간을 나타내기보다는 또 다른 행동을 서술하기 위한 것이다. 이스라엘은 추격을 멈추고 **돌아와서** 연합 세력의 중심부인 하솔(갈릴리 바다 북쪽 약 13킬로미터에 위치)에 공격을 집중한다. 결국 하솔을 점령하고 모든 사람을 죽인 후, 취할 것은 취하고 나머지는 불태운다. 여리고 및 아이와 마찬가지로 하솔 역시 불태워짐으로써 정결케 된다.

11:12-15. 다른 요새화된 성읍들도 격파되고 왕들은 사로잡힌 후 죽임을 당한다. 다시는 저항할 수 없도록 완전히 파괴된다. 하솔이 불태워진 것이 다시 한 번 강조되고 여러 성읍들은 약탈당한다.

모든 사람은 칼날로 쳐서 멸하여 호흡이 있는 자는 하나도 남기지 아니하였으니(14b절). 매우 비통한 진술이다. 여호수아의 군대가 지나간 곳은 철저한 파멸뿐이었다. 그냥 지나친 곳의 사람들은 살아남았다. 이스라엘이 '전면적인 전쟁'을 치를 수밖에 없었던 이유는 아모리 족속의 죄가 돌이킬 수 없는 지경에 이르렀기 때문이다(참고. 창 15:16). 소돔과 고모라의 경우처럼, 하나님의 유일한 해결책은 이들을 지면에서 쓸어버리는 것뿐이었다(20절). 여호수아는 모세가 내렸던 일반 명령을 다 수행했으며, 하나님이 주신 특수 명령도 그대로 준행했다.

D. 승리에 대한 평가: 점령 지역과 평화(11:16-23)

11:16-18. **여호수아가 이같이 그 온 땅 곧 산지와 온 네겝과 고센 온 땅과 평지와 아라바와 이스라엘 산지와 평지를 점령하였으니**. 이 개요에는 전투로 획득한 땅의 목록이 들어 있다. 산지는 아마도 갈릴리의 고원지대일 것이다. 네겝은 브엘세바를 중심으로 하는 유대 남부의 사막지대이다. 고센 땅은 남서부에 위치한 다. 평지는 해안 평원과 에스드라엘론 평원(갈릴리 바다 남서쪽 약 32킬로미터 지점에 위치한 비옥한 평원)을 포함한다. 두 번째 산지는 유다, 에브라임, 므낫세의 중앙 고원지대를 말한다. 두 번째 평지(셰펠라)는 예루살렘과 헤브론 서쪽의 구릉지대를 지칭한다. 17절에는 정복지에 에돔(사해 남서쪽), 레바논(북쪽 끝), 시리아(북동쪽 끝)가 포함된다. 이 모든 지역에서 여호수아는 성읍을 정복하고 왕들을 죽인다. 기록된 사건들은 단시간에 이루어진 일처럼 보일 수 있지만, 서술상의 특징과 시간적 거리를 혼동해서는 안 된다. 비록 간략하게 서술된 사건이지만, **여호수아가 그 모든 왕들과 싸운 지가 오랫동안이었**다(18절). 갈렙의 진술(14:7-11)에 비추어 볼 때 정복에 걸린 시간은 7년이다.

11:19-20. 이스라엘은 **기브온**[그비라, 브에롯, 기랏여아림도 기브온의 동맹 세력임]과만 화친을 맺었다(9장을 보라). 이들 히위족은, 비록 성전 사역자로서의 삶이었지만, 라합과 그 가족처럼 살아남았다. 주위의 다른 족속들은 여자와 아이를 포함해 모두 죽임을 당했다.

다음 구절에는 신학과 신학적 역사관이 나타난다. **그들의 마음이 완악하여 이스라엘을 대적하여 싸우러 온 것은 여호와께서 그리하게 하신 것이라 그들을 진멸하여 바치게 하여 은혜를 입지 못하게 하시고**(20a절). 이는 바로의 마음을 완악하게 하신 것에 비견된다(출 4:21; 롬 9:17-18의 주석을 보라). 여호수아서 저자에 따르면 가나안의 여러 왕국들이 몰락한 것은 하나님의 주권이며, 멸망한 왕들의 의도 역시 하나님의 감독 아래 있다. 하나님의 은혜가 아니면 바로나 가나안 족속은 자신의 악한 본성을 거스를 수 없다. 가나안 족속이 이스라엘을 치러 나온 것은 하나님의 섭리에 의한 것이며, 이는 그들을 멸절하시려는 하나님의 뜻이었다. 하나님은 400여 년 후에 그때가 올 것임을 알고 계셨다(창 15:16). 라합과 그 가족 그리고 기브온 사람 외에는 아무도 하나님의 자비를 얻지 못했다. 하나님은 잠시 동안 가나안 사람들이 마음대로 살도록 내버려두셨고, 때가 되자 그들의 극악한 방탕함을 심판하여 멸절하셨다(참고. 롬 1:18-28). 성경은 신약시대에도 사람의 운명이 죽기 전에 결정되어 있다고 말한다(벧전 2:8; 롬 9:13-23의 주석을 보라). 놀랍게 들릴지 모르지만, 여호수아 11:20의 의미가 바로 그것이다. 때가 되었고 그들은 삶을 빼앗겼다. 심판이 불가피했으며 모든 것은 하나님의 주권적 계획대로 이루어졌다.

11:21-22. **그때**라는 말이 다시 등장하는데(10절을 보라), 여기서는 아낙 사람의 멸절에 대한 이야기가 나온다. 이 두 절은 가나안 정복 이야기의 결론에 해당한다. **아낙 사람**은 가데스에서 이스라엘을 겁에 질리게 했던 장본인이다(민 13:32-33; 참고. 신 1:28; 9:2). 모세는 아낙 족속과 르바임에 대해 '많고 키가 크'다고 했으며(신 2:10-11, 20-21), 르바임의 마지막 후손인 바산 왕 옥은 길이 약 4미터, 너비 1.8미터(현대인의 성경)인 침대에서 잤다고 했다(신 3:11).

정탐꾼들은 네피림을 보았다고 보고했다(참고. 창 6:4). 민수기 13:33의 "네피림 후손인 아낙 자손"이라는 구절은 저자의 설명이거나 혹은 다른 정탐꾼 보고의 인용일 것이다. NASB에서는 이 구절이 괄호 안에 묶여 전체 인용문 속에 포함되어 있다. 네피림에 대한 정탐꾼의 보고가 정확하지 않은 이유가 여럿 있다. 첫째, 정탐꾼들은 사실을 과장하고 있다. 둘째, 네피림은 노아 홍수 때 전멸했다. 셋째, 모세는 그들의 보고를 신뢰하지 않았다(참고. 신 1:28; 9:2). 아낙 사람은 크고 위협적이었지만, 결국 죽임을 당하거나 유대 고원지대로 도망치는 신세가 되었다. 본서가 기록된 시점까지 살아남은 아낙 사람의 거주지는 이후 팔레스타인 해안 평지로 불리는 지역이 유일하다(참고. 삼상 17장; 삼하 21:16-22; 대상 20:4-8).

11:23. **여호수아가…그 온 땅을 점령하여**. 이제는 이스라엘이 가나안의 주인이고 나머지는 모두 이방인이다. 여호수아는 하나님의 명령을 다 준행했다. 23절의 상반절은 가나안 정복을 회고하고, 하반절은 13장 이후 사건을 예시한다. 마침내 **그 땅에 전쟁이 그쳤더라**. 이후의 전투는 각 지파별, 국지적 전투이다. 평화가 도래하고 땅의 분배가 시작된다. 하지만 모든 삶에는 풍파가 그치지 않듯 전쟁 없는 안식은 영원하지 않다. 여호수아서에서도 안식은 완전하지 못하다(17:12-13을 보라). 신약성경은 이렇게 말한다. "만일 여호수아가 그들에게 안식을 주었더라면 그 후에 다른 날을 말씀하지 아니하셨으리라"(히 4:8). 전쟁이 그치고 땅이 안식을 누리듯, 성도는 하나님 안에서 안식을 누린다. 이에 대한 어거스틴(Augustine)의 고백은 매우 적절하다. "우리는 주님을 위해 지어졌습니다. 주님 안에서 안식을 찾을 때까지 우리 마음은 안식을 누리지 못합니다"[*Confessions* 1:1.《고백록》].

E. 승리에 대한 평가: 점령 성읍과 왕들(12:1-24)

기본 주제의 반복이 주는 교육적 효과는 반복할수록 기억하게 된다는 점이다. 12장의 어조는 엄숙한 성회의 느낌이다. 마치 하나님의 뜻을 거스르다가 멸망한 왕들의 무덤을 엄숙하게 행진하는 것 같다.

12장은 세 부분으로 나뉜다. 첫째(1-6절)와 셋째(9-24절) 부분은 분량이 비슷하지만 내용과 장르(이야기 대 목록)가 다르다. 1-6절은 요단강 동쪽 정복을 반복한다. 7-8절은 정복한 지역과 사람에 대한 개요이다. 9-24절은 정복당한 성읍과 죽임을 당한 왕들의 목록이다. 1절과 7절의 차이점은 방향과 여호수아의 이름이 삽입된 점이다.

12:1-6. 이 부분은 요단 동편의 정복(민 21:21-35)과 토지 분배(민 32:1-42) 사건을 회상한다. 시혼과 옥은 넓은 영토를 다스렸지만, 요단강 서편을 다스린 31명의 왕은 도시 국가의 왕으로서 성읍 주변만 다스렸다. 모세가 살아 있을 때 정복한 땅은 현대의 시리아 남서부와 요르단 중부 지역을 아우른다.

12:7-8. 정복한 지역과 사람에 대한 개요가 나와 있다. 동편 경계는 북단의 헤르몬산에서 호를 그리며 내려와 남쪽의 에돔 영토(사해의 남동쪽)에 이른다. 서편 영토는 중부 산지와 구릉지대(셰펠라), 평원(해안과 에스드라엘론), 아라바와 남부(네겝)를 아우른다. 이들의 위치에 대해서는 11:16-18의 주석을 보라. 정복한 사람들은 모세의 명령(신 20:17)과 적의 연합 세력(9:1)에 나오는 사람들과 비교된다.

12:9-24. 히브리어 본문에는 왕들의 성읍 목록이 기록되어 있는데, 성읍 이름이 오른쪽에 나오고 형용사 '하나'가 그 다음 왼쪽에 나온다(히브리어는 오른쪽에서 왼쪽으로 읽음—옮긴이 주). 24절 하반부를 문자적으로 해석하면 이렇다. "모든 왕들은 서른 그리고 하나'였다'"(기고자 번역).

이 목록은 6장에서 11장에 걸쳐 기록된 정복의 일반적인 진행 과정을 보여준다. 벧엘의 경우는 8장에서 정복된 것이 아니라 이후에(참고. 12:9, 16) 복속된 것일 수 있다. 8:17에 따르면 벧엘 군대는 아이 전투에 참여했는데, 군대나 왕에 대한 직접적인 언급은 나오지 않는다(참고. 삿 1:22-26). 예루살렘과 게셀은 수 세기 후에 정복되지만(삼하 5:6-9; 왕상 9:16), 그 군대는 전투에서 궤멸되고 왕들은 죽임을 당했다. **호르마와 아랏**도 언급된다(참고. 민 21:1-3). 그들은 모세 때에 이미 궤멸되었는데, 여호수아 때에 다시 한 번 멸망했을 것이다. 어쩌면 모세 때에 멸망한 성읍을 다시 재건했던 것일 수도 있다.

'땅을 아직 차지하지 못했음'을 보여주는 부분에 대해서는(17:12; 참고. 삿 1:27), 이스라엘 군대는 전쟁터에서 적의 군대와 왕들을 죽였지만 적의 요새화된 성읍들을 깨뜨리지는 못했다고 설명할 수 있다. 그리하여 이스라엘이 강성할 때는 가나안이 이스라엘의 지배를 받았지만, 반대로 가나안이 강성할 때는 이스라엘이 압박을 받았다(삿 1:27-36). 이러한 압박은 영적인 타락과 우상숭배 때문이었다(범죄와 회개의 '순환'에 관한 신학적 고찰에 대해서는 사사기의 주석을 보라).

"…그 땅에 전쟁이 그쳤더라"(11:23). 가나안의 왕들과 군대는 더 이상 저항할 수 없을 정도로 무력화되었다. 이제 땅의 분배라는 세 번째 주요 국면이 시작된다. 정복은 대가 없이 얻은 것이 아니다. **여호수아가 나이가 많아 늙으매**(13:1; 참고. 23:1-2). 하나님이 이스라엘을 위해 싸우셨지만, 때때로 부상을 당한 사람도 남편과 부모를 잃은 사람도 있었다. 고아들이 확대 가족으로 입양되는 등 가족의 재편이 불가피했다. 그러나 전쟁이 그침으로써 이제 생존자들은 땅을 분배받는다.

Ⅲ. 가나안 땅의 분배(13:1-21:45)

A. 땅의 분배: 명령과 요단 동편 지역에 대한 평가(13:1-33)

하나님은 여호수아에게 이스라엘을 이끌어 승리를 쟁취하고 땅을 분배하라고 말씀하신다(1:6). 이어지는 이야기는 여호수아서가 레위 지파를 위한, 레위 지파에 의한, 레위 지파의(에이브러햄 링컨에게 양해를!) 책이 아닌가 하는 착각을 들게 한다. 가장 좋은 땅이 레위 지파에 주어진다. 뿐만 아니라 방어물(성벽)에 가까운 땅도 레위 지파의 몫이다. 또한 이스라엘이 힘들게 쟁취한 성읍들이 '도피성'(참고. 20장) 또는 레위 지파의 성읍(참고. 21장)이 된다.

13장에는 앞으로 정복해야 할 땅의 목록(1-7절), 요단 동편의 땅(9-13절), 르우벤 지파의 땅(16-23절), 갓 지파의 땅(24-28절) 그리고 동쪽 므낫세 지파의 땅(29-31절의 설명을 보라)이 소개된다. 저자는 요단 동편 지역 지파의 땅 분배(32절)에 대한 기술을 마치고, 레위 지파의 '기업'(33절)에 대해 언급한다. 지역과 성읍에 대한 상세한 내용은 민수기 주석에 나오는 '지파별 땅 분배' 지도를 참고하라. 현대 독자에게는 각 지파별로 분배된 땅의 경계와 성읍 목록이 따분해 보일지 모르지만, 하나님이 이스라엘에게 주신 산업이 농업임을 상기할 필요가 있다. 하나님의 복은 곧 비옥한 땅이었다(레 26:4; 신 11:14). 하나님의 뜻은 이스라엘에게 땅을 허락하고 이스라엘이 하나님을 전적으로 의지함으로써 그 땅에 복을 내리시는 것이었다(레 26:3-4; 신 7:13; 8:11-18; 28:1-8). 따라서 땅을 다른 지파나 친족에게 팔 수 없었으며(레 25:25), 외인에게 넘어간 땅은 희년에 원 소유주에게 되돌아가야 했다(레 25:10-13, 23). 이스라엘이 하나님을 의지하고 하나님이 그들을 보살피심으로써 온 세상에 하나님의 선하심과 능력을 널리 알리게 된다(신 15:6; 28:10). 이스라엘이 하나님을 저버릴 때 하나님이 그들을 땅에서 옮겨버리시는 심판 역시 같은 주제를 보여준다(신 28:63; 29:25-28; 30:17-18). 땅이 각 지파에게 정확하고 세밀하게 분배된다는 사실은 하나님이 땅을 통해 이스라엘에게 복을 내리고, 궁극적으로는 하나님 자신을 기업으로 주시려는 의도임을 보여준다. 따라서 땅은 매우 중요하다.

13:1-7. 여호수아는 이제 나이가 많아졌다(참고. 23:1-2). 갈렙과 나이가 비슷하다고 가정하면(14:7-10), 85세쯤 됐을 것이다. 이후에 팔레스타인으로 불리는 남서쪽 해안 평원은 아직 완전히 이스라엘의 수중에 떨어지지 않았다. 정복 전쟁은 대략 주전 1400년경이다. 에게해 지역에서 해양 민족이 이스라엘 남서부 해안 지역으로 집단 이주한 것은 대략 주전 1375년이다. 창세기 26:1(참고. 창 20:1-2) 같은 본문을 보면 팔레스타인에는 이미 사람들이 거주하고 있었으며 이들은 문화적으로 가나안 사람이었다. 페니키아(북쪽 갈멜산으로부터 시돈과 두로를 포함한 지역) 역시 아직 정복되지 않았지만, 여호수아는 이 땅을 이스라엘에게

분배한다(7절).

13:8-13. 요단 동편 지파에게 분배된 땅은 모세의 말을 재확인해주었다(8절). 이 땅은 이후 암몬 족속과 분쟁의 대상이 된다(참고. 삿 11장). 11절에서 그술 족속과 마아갓 족속은 정복되지만, 쫓겨나지는 않는다. 다윗의 문제 아들 압살롬은 그술 왕 달매의 딸이 낳은 왕자였다(삼하 15-18장).

13:14. 레위 지파에게는 넓은 영토가 주어지지 않는데, 이는 **이스라엘의 하나님 여호와께 드리는 화제물이 그들의 기업이 되었**기 때문이다. 레위 지파는 레위 성읍과 예배지 두 곳에서 살았고, 제물을 먹을 수 있었기 때문에 농사를 짓거나 가축을 기를 필요가 없었다.

13:15-23. 요단 동편 지역의 남단은 르우벤 지파의 영토이다. 아르논 골짜기(사해 동쪽 중간 지역)에서 북쪽의 랍바(사해 북동쪽 40킬로미터, 오늘날의 암만)에 이른다. 이들과 갓 지파 사이, 사해 북쪽 약 48킬로미터 지점에는 협곡이 있어서 두 지파의 경계를 이룬다.

13:24-28. 북쪽 갓 지파의 영토는 요단강으로 흘러드는 협곡과 얍복강, 갈릴리 바다 남단과 동쪽의 랍바를 아우르는 삼각 형태의 땅이다.

13:29-32. 마길의 자손, 므낫세 반 지파는 동쪽 므낫세 지파의 땅을 차지한다(31절). 이는 가장 큰 분배 중 하나이다. 이 땅의 경계는 갈릴리 바다 남단에서 길르앗 라못(갈릴리 바다 남동쪽 약 48킬로미터)에 이르고, 북동쪽 사막을 가로질러 헤르몬산(갈릴리 바다 북동쪽 약 40킬로미터)에 이르며, 갈릴리 바다 해안선이 서쪽 경계를 이룬다.

13:33. 이 장은 레위 지파의 기업에 대해 다시 언급하면서 끝을 맺는다. **이스라엘의 하나님 여호와께서 그들의 기업이 되심이었더라**. 레위 지파는 하나님을 섬기는 일을 위해 선별되었다. 이들은 종교적 업무뿐 아니라 목양, 교육, 법, 의료 업무까지 수행했다.

르우벤, 갓, 므낫세 반 지파는 앗수르 왕이 남쪽으로 침략했을 때 가장 먼저 포로로 잡혀간다(대상 5:26). 요단 동편의 초원은 좋은 목초지였지만, 개활지로서 방어에는 불리했다. 요단 동편의 레위 지파는 주전 722년 사마리아 함락 후 유다 지파로 이주했을 수도 있다(대하 30:10-11).

B. 땅의 분배: 충성스러운 영웅 갈렙을 위한 땅 (14:1-15)

14장은 두 부분으로 나뉜다. 분배해야 할 땅(1-4절)과 갈렙의 요청 및 헤브론 정복(6-14a절)이다. 각 부분에는 성실한 순종에 대한 논평(5, 14b절)이 나오며, 마지막에 헤브론에 대한 결론적인 논평이 뒤따른다(15절). 이 장은 본서 전체의 경첩 역할을 하는데, 정복에 대한 이야기와 땅의 분배에 대한 이야기의 균형을 잡아준다. 저자의 의도 중에는 땅을 차지함에 있어서 유다 지파의 우월성을 보여주려는 것도 있다. 헤브론은 나중에 레위 성읍이 되는데, 이는 레위 지파와 제사장직의 우월성을 보여준다.

14:1. 땅 분배 이야기를 소개하는 주제문에는 엘르아살과 여호수아가 최고 지도자임이 나타난다(1절; 19:51). **지파의 족장들**도 땅 분배에 참여한다. 아마도 민수기(민 34:17-29)에 나오는 인물과 같을 것이다. 하나님은 이들이 전쟁에서 살아남게 하셨다.

14:2. 기업을 제비 뽑아 각 지파별로 나누어 준다. '제비'는 하나님이 정하신 것이다(민 26:55). 제비뽑기는 하나님의 뜻을 분별하도록 허락되었으며 대제사장이 해야 했다. 이는 제사장이 사용하는 '우림'과 '둠밈'과도 연관이 있을 수 있다. 유다 지파가 제일 먼저 뽑았는데, 유다 영토에 필적할 만한 영토로는 동쪽 므낫세 지파의 땅이 유일했다. 성경에서 제일 마지막으로 의사결정을 위해 제비뽑기가 사용된 사례는 사도행전 1:26에 나온다. 성령을 주신 다음에는(행 2:1-13), 더 이상 이런 방식으로 하나님의 뜻을 분별할 필요가 없게 되었다.

14:3-5. 요단 동편의 므낫세, 에브라임 그리고 레위 지파를 살펴본다. 요단강 동편 지파는 땅을 분배받았지만 레위 지파는 분배받지 못한다. 야곱의 '축복'(창 49:5-7)대로 시므온은 나중에 유다 지파에 흡수되어 사실상 사라진다. 레위 지파는 이스라엘 전역으로 흩어지고, 요셉의 두 아들은 두 몫을 받는다. 땅 분배에 관한 서론 부분은 이스라엘이 성실하게 땅을 분배했다고 결론 맺는다.

14:6-7. 갈렙은 여호수아에게 땅을 요청하기에 앞서 모세가 한 말과 자신의 성실한 순종을 상기한다. 80대 노인 갈렙의 요청(참고. 12절)과 이후에 나오는 진격 명령에는 아이러니, 인과응보 그리고 종결성이 나타

난다. 갈렙은 이전 세대가 그토록 두려워했던(민 13-14장) 아낙 사람을 친다. 아낙 사람을 팔레스타인 해안 평지로 완전히 쫓아내기 위해서는(11:21-22) 이 습격이 반드시 필요했다. 갈렙은 그니스 사람으로, 그니스 족속의 후손일 수도 있다(참고. 창 15:19). 이들은 모세 때에 이르러 유다 지파의 일부로 인정받았다(민 13:6). 어쩌면 그는 외지인으로서 이스라엘에 들어와서 가장 가까운 지파에 흡수되었는지도 모른다. 어원을 통해 살펴볼 수도 있다. 이방 족속을 지칭하는 '그니스'라는 단어는 '그나스'에서 파생된 것일 수 있다. 갈렙의 아우 옷니엘은 '그나스의 아들'로 불린다(15:17; 참고. 삿 1:13). 어떤 경우이든, 이스라엘에 동참한 외지인은 용맹으로 위명을 떨친다.

여호와께서 가데스 바네아에서 나와 당신에게 대하여 하나님의 사람 모세에게 이르신 일을 당신이 아시는 바라. 여기에는 강조를 위해 대명사가 사용되었다. 히브리어의 한정 동사에는 주어(동작의 주체)의 인칭과 수가 포함되어 있다. 따라서 술어의 주체를 나타내기 위한 별도의 명사나 대명사가 불필요하다. 그런데 별도의 대명사가 첨가되는 경우는 주체를 강조하는 의미가 있으며, 따라서 재귀대명사를 사용하여 번역하는 것이 좋다. "여호와께서 가데스 바네아에서 나(갈렙)와 당신(여호수아)에게 대하여…당신이 '친히'(yourself) 아시는 바라"(기고자 번역). 하나님은 이렇게 말씀하셨다. "여분네의 아들 갈렙과 눈의 아들 여호수아 외에는 내가 맹세하여 너희에게 살게 하리라 한 땅에 결단코 들어가지 못하리라"(민 14:30).

7절에서 갈렙은 민수기 13-14장에 나오는 사건을 회상한다. 가데스를 떠나 약속의 땅을 정탐할 무렵의 갈렙은 40세였다. **내가 성실한 마음으로 그에게 보고하였고.** '성실한 마음으로'는 문자적으로 '내 마음에 있는 것'이다. 이 보고에는 가나안의 요새와 거인에 관한 내용뿐 아니라, 하나님이 이 땅을 주시리라는 그의 믿음이 들어 있었다.

14:8. 옛 세대의 열 정탐꾼은 **백성의 간담을 녹게** 했다(참고. 2:9, 11, 24; 5:1). 갈렙은 다시 대명사를 사용해 힘주어 말한다. **나는** [실로 myself] **내 하나님 여호와께 충성하였으므로.**

14:9. 신명기 1:36에는 모세가 갈렙에게 맹세했다는 말이 없다. 모세는 단지 하나님이 그에게 하신 말씀을 갈렙에게 전달했을 뿐이다. 갈렙이 독자들이 알지 못하는 내용을 알고 있던 것일 수도 있다. 그러나 하나님이 단순히 약속을 하시든(신 1:36에서처럼) 심지어 맹세를 하시든, 하나님 자신보다 더 큰 권위자는 없으며(히 6:13) 하나님은 반드시 자신의 약속을 지키신다.

14:10. 갈렙은 경이로움을 강조하여 말한다. **이제 보소서 여호와께서 이 말씀을 모세에게 이르신 때로부터 이스라엘이 광야에서 방황한 이 사십오 년 동안을 여호와께서 말씀하신 대로 나를 생존하게 하셨나이다.** 그리고 덧붙인다. **오늘 내가 팔십오 세로되.** 갈렙은 이제까지 살아남아 하나님이 이루신 약속의 성취를 목격하는 희열에 차 있다. 그는 광야 40여 년과 가나안 정복 기간 동안 묵묵히 순종하는 믿음을 보여주었다. 여기에서 7년이라는 정복 기간이 추론될 수 있다.

14:11. 갈렙은 45년 전 가데스에서처럼 신체적으로 강건하다고 말한다. 갈렙에게 **싸움**을 감당할 수 있는 힘이 있다는 것은 군사적 행동이 가능함을 뜻한다. **출입**을 감당할 수 있다는 표현 역시 전투에서 다치지 않고 무사히 귀환할 수 있다는 의미이다.

14:12. 갈렙은 이제 땅을 요구한다. **이 산지를 지금 내게 주소서.** 갈렙은 이 요구에 따르는 위험을 충분히 알고 있다. **당신도 그날에 들으셨거니와 그곳에는 아낙 사람이 있고 그 성읍들은 크고 견고할지라도.** 그의 요청은 당돌함이 아니라 하나님께 대한 믿음에서 비롯된 것이다. **여호와께서 나와 함께하시면 내가 여호와께서 말씀하신 대로 그들을 쫓아내리이다.**

14:13. 자연스럽게 여호수아의 축복이 이어진다. 이스라엘 백성이 에발산에 서고 여호수아가 백성에게 축복한 일(8:33)은 유대인에게 있어서 축복을 하고 받는 전형이 되었다. 갈렙이 받은 축복에는 중요한 땅을 소유하게 된 물질적인 복이 포함되었는데, 이는 다윗 통치기에 매우 중요한 도시로 떠오르는 헤브론이었다(참고. 삼하 2장).

14:14-15. 주요 사건을 통해 이름이 붙여진 장소가 나올 때는 **오늘까지**라는 표현이 나오는 경우가 많다. 헤브론은 갈렙과 그 후손에게 주어졌다. **이는 그가 이스라엘의 하나님 여호와를 온전히 좇았**기 때문이다. 이 성읍의 옛 이름은 기럇 아르바였다. 아르바는 아

낙 사람 가운데 가장 큰 사람이었다. 아낙 사람은 거인이었으며(참고. 신 1:28; 9:2), 아르바는 그중에 몸집과 흉악함이 최고였을 것이다. 이 부분의 전반적인 주제는 성실함에 승리가 따른다는 사실이다.

하나님은 45년 전에 갈렙에게 약속을 주셨고, 갈렙은 긴 시간 동안 친구와 가족이 죽는 것을 지켜보았다. 때때로 누군가가 상식을 뛰어넘는 신체적, 정신적 능력을 보이는 경우가 있다. 80대 노인이 요새를 몰아치는 것이 범상한 일은 아닐지언정 불가능하지는 않다. 또한 갈렙은 혼자서 공격을 감행한 것이 아니다. 진정 놀라운 것은 그가 온갖 반대와 외로움을 무릅쓰고 45년 동안 묵묵히 믿음의 횃불을 치켜들었고, 마침내 하나님의 약속이 성취되는 것을 지켜보았다는 사실이다. 아무리 반대가 극심하고 실망스럽고 오랜 시간이 걸리더라도, 성도라면 모름지기 갈렙처럼 "여호와를 온전히 좇"아야 한다. 또한 갈렙은 오늘날 재정적인 준비와 건강을 갖춘 은퇴 노인들의 전형이다. 그는 나이가 많았지만 꿈을 잃지 않았고, 주님을 위해 적극적으로 나섰다. 우리도 그리해야 한다. 그것이야말로 수영장에서 볕이나 쪼이며 탄산음료를 홀짝이는 것보다 훨씬 바람직하다. 주님을 위해 깨뜨려야 할 견고한 진이 아직 많다.

C. 땅의 분배: 요단강 서편 지파와 여호수아 (15:1-19:51)

전쟁이 그친 후(참고. 14:15), 땅이 남은 지파에게 분배된다. 유다 지파가 먼저 '제비'를 뽑았는데, 이는 편의와 예언에 따른 것이었다. 인구조사에 의하면 유다 지파에 사람이 가장 많았다(민 26장). 유다의 우선권 역시 예언된 바 있다. "규가 유다를 떠나지 아니하며"(창 49:10a). 중앙의 좋은 땅이 유다의 차지였는데, 가장 면적이 넓었다. 이와 관련하여 또 다른 예언이 있다. "내가 그들을 야곱 중에서 나누며 이스라엘 중에서 흩으리로다"(창 49:7b). 시므온은 이후 유다에 흡수되며 존재를 상실한다. 이들 성읍의 위치에 대해서는 민수기 주석에 나오는 '지파별 땅 분배' 지도를 보라.

15:1-12. 유다 지파의 동서 경계는 비교적 구별하기가 쉽다. 동쪽 경계는 사해(문자적으로, '염해')이며 서쪽 경계는 지중해(문자적으로, 대해)로, 현대의 가자 남쪽 이집트 와디(와디 엘아리쉬)에서 시작하여 얍브넬(지중해 연안 근처, 예루살렘 북서쪽으로 약 56킬로미터)에 이른다. 여기에서 에그론 동쪽에서 발원하는 물길을 따라 북동쪽으로 경계가 이어진다. 북쪽 경계는 지중해로부터 고원지대로 이어지며, 예루살렘 남쪽을 지나 켈트 와디를 감아 돌아 여리고 남쪽을 지나 사해로 이어진다. 남쪽 경계는 사해 남단에서 호를 그리며 아라바(리프트 밸리) 서쪽으로 이어지다가, 이집트 와디의 물길을 따라 지중해에 이른다. 얼마나 남쪽까지 '호'가 내려가는지는 정확히 알 수 없다. 왕국 시대에는 아카바(에시온 게벨) 만까지 영토가 포함되었다.

15:13-19. 땅 분배 이야기 중간에 정복 이야기가 다시 등장한다. 14장에서 갈렙의 군대가 헤브론을 정복했는데, 이제 그 세부 내용이 첨가된다. 갈렙은 기럇 세벨을 쳤다. 이 성읍은 이후에 드빌(사해 남서쪽으로 약 48킬로미터)이라 불린다. 갈렙은 선포한다. **기럇 세벨을 쳐서 그것을 점령하는 자에게는 내가 내 딸 악사를 아내로 주리라.** 결국 갈렙의 아우 옷니엘이 이 성읍을 점령하고 악사를 아내로 맞는다. 악사는 아버지에게 특별한 복을 요구한다. 경작지에는 물이 필요하기 때문에 악사는 지혜롭게 윗샘과 아랫샘을 달라고 한다.

갈렙은 85세였지만 결혼 적령기의 딸이 있었다. 어쩌면 재혼으로 얻은 딸일 수도 있다. 구약성경에서 여자는 자주 언급되지 않는데, 언급되는 경우에는 특별한 주의를 기울일 필요가 있다. 악사는 15:16-19과 사사기 1:12-15에서 지혜와 용기를 갖춘 여인으로 영원히 기억된다. 악사는 남편을 설득하여 밭을 요구하게 하고, 아버지의 복을 받아낸다. 갈렙은 그녀에게 윗샘과 아랫샘을 더하여 준다. 드빌은 이후 레위 성읍이 되고, 헤브론은 도피성이 된다. 이후 다윗은 망명 생활을 청산하고 헤브론으로 돌아와서 왕으로 추대된다(삼하 2:1-4).

15:20. 여호수아 15:20-62에는 유다 지파에 분배되는 성읍에 대한 설명이 나온다. 반시계 방향으로 움직이면서 설명되는데, 히브리어 용례에 따르면 5개의 '구역'으로 나뉜다. 70인역에는 여섯째가 추가되어 성읍의 수와 베들레헴에 대해 소개한다. 히브리어역의 목록에는 베들레헴이 나오지 않는다. 그런 연유로 미가는 이렇게 말한다. "베들레헴 에브라다야 너는 유다 족속 중에 작을지라도"(미 5:2a)

15:21-32. 첫째 구역은 남쪽(네겝)이다. 여기에는

다윗이 활동하는 십(삼상 23:19), 족장들의 땅 브엘세바(창 21:32-33; 26:23-33), 시므온에게도 주어지는 시글락(수 19:5) 등이 포함된다. 시글락은 완전히 정복되지 않으며, 블레셋 왕 아기스가 시글락을 다윗에게 준다(삼상 27:6).

15:33-44. 둘째 구역은 서쪽 평지(셰펠라)이다. 에스다올과 소라는 나중에 베냐민에 속했다가 유다 지파로 돌려지고(삿 13:2; 18:1-31), 후에 삼손 이야기의 배경이 된다. 아둘람은 다윗이 사울을 피해 숨은 곳이다(삼상 22:1). 아세가와 소고는 다윗이 골리앗을 물리치는 곳이다(삼상 17장). 라기스는 예레미야서에 나오고(렘 34:7), 아시리아와 바벨론 침략 역사에 등장한다(*ANET*[3], 288, 321-322, 488-490). 그일라는 다윗이 블레셋의 포위에서 구출해준 곳이다(삼상 23장).

15:45-47. 셋째 구역은 블레셋과 관련이 있다. 블레셋은 대부분 유다 지파의 땅을 차지한다. 지중해 연안의 세 성읍은 블레셋과 맞닿아 있다. 에그론은 북동쪽, 아스돗은 북서쪽 그리고 가사는 남서쪽에 위치한다[셋다 민수기 주석의 '지파별 땅 분배' 지도에 나온다. 이 성읍들은 삼손 이야기(삿 13-16장)와 언약궤 이야기(삼상 4-6장)에 다시 등장한다].

15:48-60. 넷째 구역은 유다의 산지로, 몇 주요 성읍이 포함된다. 드빌은 옷니엘이 재정복하며, 레위 성읍이 된다. 헤브론은 갈렙이 재정복하고, 도피성이 된다. 헤브론에서 다윗은 처음으로 왕위에 오르며(삼하 2장), 압살롬은 여기에서 반역을 도모한다(삼하 15:7-12). 마온과 갈멜은 다윗, 나발, 아비가일의 이야기에 등장한다(삼상 25장). 다윗은 사울을 피해 도주할 때 이스르엘(삼상 25:43)에서 아히노암을 아내로 취한다. 기럇 바알 곧 기럇 여아림은 단 지파 이주 이야기의 배경이 되며(삿 18:12), 블레셋에 빼앗긴 언약궤가 이곳으로 돌려진다(삼상 6:21-7:2; 참고. 삼하 6:1).

70인역에 나오는 여섯째 구역에는 다윗과 사촌인 요압, 아비새, 아사헬의 고향인 베들레헴이 첨가된다. 베들레헴은 이후 메시아의 출생지가 된다(미 5:2).

15:61-62. 다섯째 구역은 광야이다. **엔 게디**는 사해 북서쪽 해안에 위치하며, 후에 다윗은 그일라를 떠나 이곳에 몸을 의탁한다(삼상 23:29; 24:1). 말일에 이곳은 염분이 빠지고 많은 물고기가 살게 될 것이다(겔 47:10).

15:63. 정복에 대한 기술에서 처음으로 '정복의 빈틈'이 나온다. 예루살렘은 베냐민 지파에게 분배되지만(18:21-28), **예루살렘 주민 여부스 족속을 유다 자손이 쫓아내지 못하였다**. 어쩌면 예루살렘의 남쪽이 유다의 경계에 포함되었는지도 모른다. 다음 사사기의 진술과 비교해보라. "유다 자손이 예루살렘을 쳐서 점령하여 칼날로 치고 그 성을 불살랐으며"(삿 1:8). 여호수아 15장 63절은 첫 전투(10장)에 대한 기술일 수도 있다. 예루살렘의 소유권에 대한 진실 역시 기술되어 있다. "베냐민 자손은 예루살렘에 거주하는 여부스 족속을 쫓아내지 못하였으므로 여부스 족속이 베냐민 자손과 함께 오늘까지 예루살렘에 거주하니라"(삿 1:21, 수 15:63과의 병행에 주목하라). 두 진술 모두 사실이다. 베냐민과 유다 모두 여부스 족속을 쫓아내지 못했고, 여부스 족속은 이 글이 쓰인 시점까지 그들 속에 함께 살았다. 엄밀히 따지면 이 땅은 베냐민에 속하지만, 다윗의 왕위가 머물게 된다.

다윗의 불행한 인구조사 이야기를 보면 여부스 족속이 여전히 남아 있음을 알 수 있다. 여부스 사람 아라우나의 타작마당에서 번제를 드리는데(삼하 24:18-25), 터 값으로 금 600세겔이 지불된다(대상 21:25). 이는 약 금 7킬로그램쯤일 것이다(현대인의 성경). 아라우나의 터는 이스라엘 성전 부지가 되고 유대인, 기독교인, 무슬림의 성지가 된다. 중세 초기에는 성전 근처에 오마르 모스크(바위 돔)와 알 아크사 모스크가 건립된다.

16장을 보면 뭔가 빠진 것 같은 느낌이 든다. 에브라임 지파의 남쪽 경계는 베냐민과 단 지파의 북쪽 경계와 일치한다. 북쪽 경계는 모호한데, 이에 해당하는 성읍 목록이 빠져 있다. 그 이유에 대한 대답은 분명하지 않다. 사본의 훼손 때문인 것 같지는 않다. 어쩌면 해당 부족 간에 충분한 공감이 이루어졌고, 저자가 이 부분을 정확히 묘사할 필요가 없었던 것일 수도 있다. 어쨌든 에브라임과 서쪽 므낫세 지파는 중앙 고원지대에 하나의 거대한 땅을 분배받았다(민수기 주석의 '지파별 땅 분배' 지도를 보라). 에브라임, 므낫세 그리고 베냐민 지파는 사해 북쪽의 땅을 분배받았다.

16:1. **요셉 자손**의 경계는 **여리고 샘**에서 시작된다. 여리고는 아마도 베냐민과 에브라임의 공동 소유였던

것 같다. 에브라임 지파의 경계는 북쪽의 성읍에서 시작하여 벧엘로 올라온다.

16:2. 본문은 **벧엘**과 루스를 뚜렷이 구분하지만, 다른 곳에서는 같은 곳으로 나온다(예, 창 28:19; 참고. 18:13). 아마도 한쪽이 옛 이름인 듯하다. 아다롯은 16:7에 나오는 아다롯과는 다른 성읍이며, 베냐민의 땅으로도 언급된다(16:5; 18:13). **아렉 족속**은 완전히 쫓겨나지 않는다. 아렉 족속인 후새는 다윗의 친구였고, 압살롬의 반역 때 지혜와 용기로 아히도벨의 계략을 무력화한다(삼하 15:31-37; 17:5-16).

16:3-4. 계속해서 경계는 아랫 벧호론으로 내려온 다음 야블렛 족속의 경계를 지나간다. 야블렛 족속에 대해서는 알려진 바가 거의 없다. 이후 경계는 게셀(10절을 보라)을 지나 지중해까지 이어진다. 므낫세 지파에 대한 내용은 17장에 나오고, 16장은 에브라임의 이야기이다.

16:5-7. 에브라임의 경계는 동쪽으로 아다롯 앗달에서 윗 벧호론으로 이어지고, 서쪽으로 나아가 북쪽 믹므다까지 이어진다(참고. 17:7). 야노아는 열왕기하 15:29에서 앗수르 왕 디글랏 빌레셀이 점령한 성읍 목록에 다시 등장한다. 이후 경계는 여리고를 지나 요단으로 이어진다.

16:8-9. 답부아에서 서쪽으로 가나 시내를 지나 지중해에 이른다. 성읍들에 대한 언급은 있지만 구체적인 목록은 나오지 않는다.

16:10. 게셀의 정복과 관련한 정보가 누락되어 있다. 패퇴한 게셀 주민들(10:33)이 다시 귀환하여 성읍을 재건했거나 아니면 처음부터 완전히 쫓겨나지 않았을 것이다. 게셀은 이후 바로에 의해 멸망하고, 바로의 딸인 솔로몬의 아내에게 예물로 주어진다(왕상 9:16). **가나안 족속이 오늘까지 에브라임 가운데에 거주하며 노역하는 종이 되니라.**

이스라엘은 가나안 족속을 멸절해야 했다(신 20:16-18). 이들의 실패는 전투로 인한 피로(11:23; 14:15), 또는 약해진 믿음 때문이었을 것이다. "이스라엘이 강성한 후에야 가나안 족속에게 노역을 시켰고"(삿 1:28a; 참고. 삿 1:35). 이스라엘이 가나안 족속을 완전히 죽이거나 추방시켰더라면 역사는 많이 달라졌을 것이다. 또한 가나안의 우상숭배에 빠지는 위험도 적었을 것이다.

17장은 다섯 부분으로 이루어진다. (1) 서쪽 므낫세 지파의 땅. (2) 요단 동편 지역 슬로브핫의 딸들의 기업. (3) 경계에 관한 기술(7-11절). (4) 이스르엘 골짜기의 가나안 족속을 쫓아내지 못함. (5) 요셉 지파가 땅을 정복하는 것이 어렵다고 불평함(14-18절).

17:1-2. 므낫세 지파가 요단 동편의 땅을 차지한 이유는 가축이 많았기 때문이다(민 32:1-2, 33-42). 1절에 나오는 또 다른 이유는 그들이 뛰어난 용사였기 때문이다. 이어서 여섯 가문의 이름이 나온다. 이 중 슬로브핫의 아버지요, 성경에 기록된 이름난 여인들의 할아버지인 헤벨이 등장한다.

17:3-6. 헤벨의 손녀들이 등장한다. 이들은 두 가지 사실에 근거해서 땅을 요구했다. 자신들의 아버지에게는 아들이 없었고, 이들은 반역에 참여하지 않았다(민 27장). 결국 이들은 땅을 받지만 또 다른 문제가 있다. 이들이 다른 지파의 남자에게 시집을 가면 땅이 므낫세 지파에게서 떨어져나가게 될 것이다. 따라서 이들은 므낫세 지파의 친족 중에서 결혼을 해야 했다(민 36장). 헤벨의 가문은 슬로브핫을 통해 다섯 딸로 이어지고, 기업이 5배로 늘어난다. 슬로브핫의 다섯 딸은 아버지의 이름과 유업을 이어가고, 이스라엘 여인들의 상속권을 확립한다. 이들의 행동을 통해 지혜와 용기를 엿볼 수 있다.

17:7-11. 요단강 서편 므낫세 지파의 동편 경계는 요단강으로, 대략 사해부터 갈릴리 바다에 이른다. 서편 경계는 지중해이다. 북쪽 경계는 잇사갈, 스불론, 아셀 지파의 영토와 맞닿아 있다. 북쪽의 벧 스안과 갈멜 산맥의 이블르암, 다아낙, 므깃도와 욕느암도 므낫세 영토에 포함된다. 남쪽 경계는 세겜을 포함하여 서남쪽으로 야르콘강을 따라가다가 아벡을 지나 욥바 북쪽의 지중해까지 이어진다(민수기 주석의 '지파별 땅 분배' 지도를 보라).

돌의 주민이 목록에 세 번째로 등장하는데, '나밧'을 돌의 다른 이름으로 생각하기도 한다. 나밧은 '높은 곳' 또는 비슷한 발음으로 '돌의 높은 곳'을 뜻할 수 있다(참고. 11:2; 12:23; 왕상 4:11).

17:12-13. 요새화된 성읍들은 막강했다. 벧 스안, 이블르암, 다아낙 그리고 므깃도는 모두 병거를 가지고

있었다. 따라서 이스라엘이 강성한 후에야 이들을 복속시킬 수 있었다(참고. 삿 1:21, 27-36). 정복 이후에 다아낙은 레위 성읍이 된다.

17:14-18. 네 번째 땅 분배 이야기(참고. 14:6-15; 15:18-19; 17:3-6; 17:14-18; 21:1-3)는 갈렙의 겸손 및 용기와 대조를 이룬다. 요셉 지파는 분배받은 땅이 너무 작으며, 정복하기가 어렵다고 불평한다. 또한 하나님의 복으로 인구가 많아졌기 때문에 땅을 하나만 분배받는 것은 부당하다고 말한다(참고. 1절; 참고. 16:1). 이에 대해 여호수아는 위엄을 갖춘 채 외교적으로 대응한다. 여호수아는 고원 삼림지대 곧 브리스와 르바임 족속을 정복하라고 말한다. 르바임은 거인족으로 알려져 있었다(참고. 신 3:11). 아낙 족속과 전쟁을 벌였던 갈렙과 달리 요셉 지파는 르바임족에 겁을 집어먹었다.

요셉 지파의 대표는 고원지대는 충분치 않고, 골짜기는 가나안족의 철 병거 때문에 정복하기 어렵다고 불평한다(참고. 삿 4-5장; 히 11:32). 여호수아는 그들을 격려하면서 너희는 숫자가 많고 강하므로 다른 땅을 정복하라고 말한다. 그들은 명령을 받은 대로(15절) 삼림을 개척하고 정착한다. 이들은 병거를 가진 가나안족을 몰아내야 했다. 이 병거는 목재 구조에 철 기구들이 장착된 전투용 병거였을 것이다.

갈렙, 악사 그리고 슬로브핫의 딸들과는 대조적으로 요셉 지파의 반응은 만족스럽지 못하다. 앞의 사람들은 성실, 지혜, 용기를 갖추었지만, 요셉 지파는 문제를 해결하지 못했고 믿음이 부족했다. 앞의 사람들은 길이 이름을 남기게 되었지만, 이들은 우유부단하고 불평만 하는 이름 없는 사람들로 남았다.

여호수아 18장에서 처음으로 나머지 일곱 지파에게 땅이 분배된다. 땅의 경계가 가장 확실하게 그려져 있고 성읍의 이름도 자세히 기록되어 있다(민수기 주석의 '지파별 땅 분배' 지도를 보라). 문서상의 문제나 지리적인 문제도 거의 없고, 히브리어 본문과 70인역도 잘 들어맞으며, 모든 위치가 다른 목록(9:17; 15:9, 60)과 일치한다. 유일한 예외는 기랏 여아림이다.

베냐민은 야곱의 총애를 받은 라헬의 아들이다. 라헬은 그를 낳다가 죽는다(창 35:18). 일곱 지파 중 처음으로 베냐민 지파가 제비를 뽑아서 유다 지파, 므낫세 지파, 에브라임 지파 사이의 땅을 분배받는다. 유다 지파는 이후 왕과 메시아를 배출하고, 므낫세와 에브라임 지파는 장자권의 복을 받았다(르우벤에서 요셉의 아들인 므낫세와 에브라임에게로 장자권이 옮겨졌다, 대상 5:1-2; 참고. 창 48:17-19). 베냐민의 지경에는 예루살렘이 포함되며, 이스라엘의 첫 왕인 사울이 이 지파에서 배출된다. 26개의 성읍 중 다수가 성경 역사에 등장한다. 이 장은 세 부분으로 나뉜다. 1-10절에는 책망과 정찰의 내용이 기록되어 있다. 11-20절에는 베냐민 지파의 경계가 나오고, 21-28절에는 성읍 목록이 있다.

수

18:1-3. 이스라엘과 회막은 길갈에서 나라의 지리적 중심지인 실로로 이동한다. 실로는 이후 수 세기 동안 이스라엘의 종교적, 행정적 중심지가 되며, 블레셋이 침공할 때까지 유지된다(삼상 4:2-11).

여호수아는 이스라엘에게 먼저 질문을 던진다. **너희가 너희 조상의 하나님 여호와께서 너희에게 주신 땅을 점령하러 가기를 어느 때까지 지체하겠느냐.** 이스라엘이 언제까지 떠돌이 생활을 하려고 하는지에 대한 책망이 담겨 있다. 하나님이 족장들에게 성지를 주겠다고 하신 약속은 이들이 행동을 시작해야 할 충분한 동기가 된다.

18:4-10. 책망 후 여호수아는 **각 지파에 세 사람씩**을 선정해서 땅을 정탐하게 한다. 중차대한 정탐 임무를 주면서 여호수아는 몇 단어를 특히 강조한다. '일어나다'(4절), '가다/다니다'[4, 8(4회), 9절], '그리다'[4, 6, 8(2회), 9절], '돌아오다'(4, 8, 9절). 이러한 반복은 임무의 중대성을 강조한다.

유다는 이미 남쪽에 땅을 차지했으며, 에브라임은 북쪽에 땅을 차지했다. 여기에서는 레위 지파의 기업에 대한 언급이 세 번째로 등장한다. 이제 독자는 보다 큰 차원에서 '여호와의 제사장 직분'(7절)에 대한 설명을 듣는다. 제사장직은 단순히 짐승을 도축하는 것에 국한되지 않으며, 질병의 진단, 교육, 상담, 형사사법 등 보다 심오한 종교적 기능을 수행한다.

18:11-20. 베냐민 지파의 경계는 북쪽으로는 에브라임(16:1-4, 5), 남쪽으로는 유다(15:5-11)와 맞닿아 있다.

북서쪽 및 남서쪽 경계는 단 지파와 맞닿아 있다. 경계 북쪽에는 벧호론이, 남쪽에는 기럇 여아림이 있다

(14절). 기럇 여아림은 기브온과 동맹을 맺은 세 히위 족속 중 하나이며(참고. 9:17), 유다에 속한다(참고. 15:9, 60). 후에 블레셋에서 돌아온 언약궤가 근 20년간 이곳에 머문다(삼상 7:1-2; 대상 13:6; 참고. 대하 1:4). 베냐민에 있는 기럇 여아림은 **유다 자손의 성읍**(14절)이 된다. 여부스 족속(참고. 15장)은 베냐민과 유다 지파 모두 풀지 못하는 숙제로 남으며, 이 문제는 근 400년 후 다윗 때까지 지속된다(삼하 5:6-9; 참고. 삼하 24:16, 18-25). 경계선에도 이 문제가 나타난다. **또 힌놈의 골짜기로 내려가서 여부스 남쪽에 이르러 엔로겔로 내려가고**(16b절).

18:21-28. 많은 성읍들이 성경 역사를 통해 그 이름을 보존하고 있으며, 단지 10개 성읍만이 무명으로 남아 있다. **여리고**는 나중에 재건되는데, 여호수아의 저주대로(6:26) 재건 과정에서 건축자의 두 아들이 죽임을 당한다(왕상 16:34). 족장들의 역사(창 28:10-22; 35:1-15)에 등장하는 **벧엘**은 여호수아와 이스라엘에 수치를 안겨준다. **아윔**은 하나의 성읍이라기보다는 여러 촌락이 군락을 이루고 있었다(23절; 참고. 신 2:23; 수 13:3). 블레셋의 주요 성읍인 **게바**(삼상 13:3, 16)는 요나단에 의해 해방된다(삼상 14:5-15). 평화 조약(9:3-21)으로 문제가 된 **기브온**은 다윗에게도 골칫거리가 된다(삼하 21:1-9). **그비라**는 4개의 기브온 연합 세력 중 하나이다(9:17). **라마**는 사무엘의 고향이다(삼상 1:1, 19; 2:11; 7:17; 8:4). **예루살렘**은 모든 성경에서 가장 주요한 도시가 된다.

베냐민 지파는 이제 유다와 에브라임 사이에서 안전하다. 예루살렘을 품고, 동으로는 자연 환경이 경계를 이룬다. 이스라엘이 분열될 때 베냐민은 유다와 함께 남 왕국을 이룬다(참고. 왕상 12장). 베냐민은 기원전 8세기의 앗수르 침공 때도 살아남으며, 이스라엘 역사에서 중요한 역할을 감당한다. 왕은 유다 지파에서 나오고 제사장은 레위 지파에서 배출되지만, 베냐민에게는 예루살렘이 있다.

여호수아 19장에서는 여섯 번의 제비를 뽑는다. 그러나 상황은 점차 나빠져서 실패로 치닫는다. 이스라엘의 서부 중앙 지대를 확보하지 못한 단 지파는 최북단으로 이주한다. 아셀 지파 역시 나을 것이 없다. 많은 성읍의 위치가 불명확하며, 몇몇 주요 성읍들은 페니키아의 지배를 받고(예, 두로와 시돈), 다른 성읍들은 솔로몬과 히람의 협상에 의해 페니키아의 두로로 양도된다(왕상 9:11-13).

19:1-9. 예언(창 49:5-7)의 성취로 시므온은 유다의 영토 내에서 땅을 얻는다. 명목상의 이유는 **유다 자손의 분깃이 자기들에게 너무 많기** 때문이었다(9절). 시므온은 유다를 도와서 함께 땅을 정복한다(삿 1:3). 대부분의 성읍은 유다의 목록으로 기록되는데, 기억에 남는 성읍은 몇 되지 않는다. 브엘세바는 족장 시대부터 알려졌지만(예, 창 46:1), "단에서부터 브엘세바까지"(예, 삿 20:1; 삼상 3:20; 왕상 12:29-30)라는 구절은 이스라엘 전체를 가리킨다. **브엘세바**는 에돔과 아말렉의 침입을 방비하는 남방 요새였다. **호르마**는 이스라엘이 가나안에 들어오기 전에 패퇴했다(민 21:3). **시글락**은 나중에 블레셋 왕 아기스의 지배를 받는데, 다윗에게 양도된 후 유다에 복속된다(삼상 27:6).

솔로몬의 아들 르호보암의 폭정(왕상 12장을 보라)으로 왕국이 분열될 때 북쪽의 열 지파는 남쪽의 두 지파(유다와 베냐민)와 갈라선다. 예루살렘이 남쪽에 있었기에 베냐민은 유다에게 남는다. 많은 레위 사람도 북쪽과 동쪽에서 유다로 왔을 것이다. 시므온은 북쪽으로 가거나(대하 15:9; 34:6), 유다에 흡수된다. 각 지파의 지리적 분포는 이후 성경 역사가 진행되는 데 있어서 하나의 중요한 요소가 된다.

19:10-16. 세 번째 제비는 **스불론**이 뽑는다. 스불론의 영토는 남쪽으로 므낫세, 서쪽으로 아셀, 동쪽으로 잇사갈, 북쪽으로 납달리와 경계를 이룬다. 잇사갈과 납달리는 **아스놋 다볼**(34절)에서 스불론과 경계를 이룬다. 이들 성읍은 이스르엘과 벳 네토파 계곡에서 스불론의 경계를 보여준다. **시므론**은 북부 가나안 연합 세력의 일원이었다(11:1). **베들레헴**은 입산의 고향이다(삿 12:8-10). 스불론은 르호보암에 대항하여 반란을 일으킨 북 왕국에 동참하고, 이후 역사에서 잊힌다.

19:17-23. 다음 제비는 **잇사갈**의 몫이다. 경계를 그리기에 충분할 만큼 방대한 성읍 목록이 기술된다. 잇사갈은 벧스안 평지와 동부의 하갈릴리, 갈릴리 바다 주변 지역의 땅을 차지했다. 성읍은 위치에 따라 기록되었다. 첫 4개는 이스르엘 골짜기에, 다음 5개는 '바살트 고원'에 그리고 마지막 4개는 절벽에 위치했다.

수넴은 엘리사를 도운 여인이 살던 곳이다(왕하 4:8-37). **기시온**과 **엔 간님**은 레위 성읍이다(21:28-29). **다볼**산은 바락의 승리가 시작되는 곳으로 역사에 남는다(삿 4장). 벧산 성벽은 블레셋이 사울과 그 아들의 시체를 거는 곳이 된다(삼상 31장). **잇사갈**은 왕국이 분열할 때 북 왕국에 서며(왕상 12장), 중요성을 상실해간다.

19:24-31. **다섯째로 아셀 자손의 지파를 위하여 그 가족대로 제비를 뽑았다.** 갈멜 산맥이 남쪽 경계이고 동편 경계는 납달리와 스불론이다. 서편 경계의 대부분은 지중해이다. 북쪽 경계는 리타니강으로 추정된다. 아셀은 기손강이 지중해로 흘러드는 곳과 갈릴리 고원지대의 서편을 차지한다.

페니키아 세력이 강성해서 대부분의 레위 성읍은 위치가 불명확하다. 두로와 시돈의 정복은 어려움을 겪는다. 아셀은 결국 악고, 시돈 그리고 레위 성읍인 르홉을 포함한 다섯 성읍으로부터 가나안족을 몰아내지 못한다(참고. 삿 1:31-32). 아셀은 분배받은 땅에 대한 장악력을 점차 잃어간다. 전투를 통해 얻은 땅은 아니지만, '쓸모없는' 가불 땅은 솔로몬에 의해 페니키아인에게 양도된다(왕상 9:10-14). 아셀은 통일 왕국 이후 여로보암 편에 서면서 중요성을 상실하지만, 신약시대까지도 안나라는 여선지자를 통해 그 명맥이 이어진다(눅 2:36-38).

19:32-39. **여섯째로 납달리 자손을 위하여…제비를 뽑았으니.** 납달리 땅은 예수님의 갈릴리 사역 대부분이 이루어진 곳이다. 이는 예언된 바와 같다. "스불론 땅과 납달리 땅이 멸시를 당하게 하셨더니 후에는 해변 길과 요단 저쪽 이방의 갈릴리를 영화롭게 하셨느니라 흑암에 행하던 백성이 큰 빛을 보고 사망의 그늘진 땅에 거주하던 자에게 빛이 비치도다"(사 9:1b-2).

야곱이 납달리에게 남겼던 유언 중 **아름다운 소리**는 메시아의 강림이었는지도 모른다(창 49:21). 납달리 땅은 갈릴리 고원의 동편을 포함하며, 서편으로 아셀과 스불론, 남쪽으로 잇사갈과 경계를 이룬다. 납달리의 동편 경계는 갈릴리 바다의 남단에서 요단강 상류로 이어지며, 헤르몬산 남서쪽의 단과 더 북쪽의 이욘을 포함한다. 북쪽 경계는 리타니강으로 추정된다.

납달리의 성읍들은 **견고한 성읍들**로 불린다. **긴네렛**은 막달란 평원에 있었다. **하솔**은 여호수아에 의해 불살라지며(11:11), 이후에 바락의 작은 군대에 의해 패퇴한다(삿 4장). 바락의 고향은 **게데스**이며 가장 북쪽에 있는 도피성이다. 목록에 나오는 거의 절반의 성읍이 성경에 다시 등장하지 않는다.

19:40-48. **단** 지파는 가장 인기가 없는 땅을 얻는다. 북으로는 에브라임, 남으로는 유다 사이에 끼었고, 서로는 지중해, 동으로는 베냐민의 기럇 여아림과 벧호론 사이를 경계로 한다.

소라와 **에스다올**은 삼손 이야기(삿 13:1, 25; 16:31)에 다시 등장한다. 단 지파는 북쪽에 새 땅을 얻기 위해 나갈 때, 바로 이 성읍들에서부터 정찰을 시작한다(삿 18:2, 8, 11). 단 지파의 몫은 아모리의 땅이었다(삿 1:34). **딤나**는 삼손이 아내로 삼으려던 블레셋 여자의 고향이다(삿 14:1). **에그론**은 단에 속해야 했지만, 후에 블레셋 다섯 성읍의 일원이 된다(참고. 삼하 5:17-25). **메얄곤**은 아벡에서 발원하여 지중해로 흘러드는 샘을 가리킬 수도 있다. 이 땅은 아시리아 침공 전 유다에게 병합된다. 땅을 제대로 취하지 못한 단 지파는 북상하여 헤르몬산 북쪽의 레셈 또는 라이스를 정복하고 단이라고 이름을 고쳐 불렀다(삿 18장).

19:49-50. 땅 분배는 갈렙으로부터 시작해서 여호수아로 끝을 맺는다. 두 신실한 전사는 승리와 땅을 약속받았다(참고. 민 14:30). 여호수아는 땅을 마지막으로 받는다. 최상의 땅을 받지도 않는다. **딤낫 세라**(참고. 삿 2:9)는 예루살렘 북서쪽 약 32킬로미터 지점에 위치하며, 바위와 언덕이 많다. 이스라엘의 행정가, 장군이자 모세의 종이었던 여호수아는 여생을 건축가로 마감한다.

19:51. **실로에 있는 회막 문**에서 마지막 결론이 기술된다. 언약궤는 이곳에서 다음 수 세기 동안 머물게 된다. 이제 임무는 거의 완수되었다. 두 가지 세부 사항이 남아 있다. 레위인을 위한 성읍과 도피성이다.

이스라엘은 이제 유목 생활을 청산하고 농경 사회로 옮겨간다. 이스라엘 사람들은 농사를 짓기 시작하고, 하나님이 계획하셨던 정착된 삶을 시작한다. 결론적으로 몇 가지 세부 사항이 진술되고, 위대한 승리에 대한 경고가 덧붙여진다.

D. 땅의 분배: 도피성과 레위 지파를 위한 성읍

(20:1-21:45)

20장은 모세오경과 요단 동편의 성읍들을 회고하면서 요단 서편의 세 성읍에 대해 소개한다. 여호수아 20장과 21장은 레위 지파에 대한 말씀이다. 최상의 성읍들을 재분배하는 표면적인 이유는 법적으로 위급한 상황을 해결하기 위한 것, 즉 도피성의 마련이다. 20장에는 그 실질적 기능이 설명되어 있는데, 도피성은 지방 법원의 역할을 수행한다.

출애굽기 20장에는 십계명이 나오고(참고. 신 5장), 곧이어 도피성에 관한 규정이 이어진다(출 21:12-13과 그 주석을 보라). 정당한 재판을 받을 때까지 개인이 보호받을 수 있도록 최소한 6개의 도피성이 마련된다(민 35:9-15). 모세는 요단 동편의 세 성읍을 도피성으로 지정한다(신 4:41-43). 이 장에서는 그 나머지 세 성읍이 지정된다.

20:1-6. 모세의 명령을 재확인하면서 요단 서편에서 성읍들을 지정하라는 명령이 주어진다. 특정 성읍이 지정되지는 않았고, 도피성의 기능과 관련된 조건이 설명된다. 도피성은 그 기능을 수행하기에 적합한 근접성이 확보되어야 한다. 고의적 살인이 아니라 과실 치사[예를 들어, **미워함이 없이 부지중에 그의 이웃을 죽이**는 경우(5절)]를 저지른 사람은 일단 도피성으로 몸을 피할 수 있다. 도망자는 성읍 문에서 **장로들의 귀에 자기의 사건을 말하**고, 장로들은 그를 보호할 것인지 아니면 보복자에게 넘길지를 결정한다(참고. 신 19:11-12). 현대 독자에게는 충격적으로 들릴 수 있지만, 고대 근동에는 개인의 죽음에 대해 정부나 개인이 복수할 수 있었다. 또한 도피성 제도는 악용(예를 들어, 보복의 악순환)을 규제했다. 도망자의 경위가 합법적으로 판정되면, 망명이 허용된다.

본래(5절)라는 말은 히브리어의 구어적 표현으로, 문자적으로는 '어제' 또는 '그제'를 뜻한다. NASB는 "본래 미워함이 없이"라고 번역하며, NIV는 "계획적 범행 의사 없이"라고 번역한다. 현대 법적 용어로 표현된 NIV가 그 본뜻을 잘 전해준다. 고대부터 살인과 과실치사는 달리 취급되었다.

대제사장이 죽기까지 도망자를 보호해준 이유는 도망자를 따라온 피의 보복자에게 냉각기를 주고, 도망자의 이동에도 제약을 두기 위해서였을 것이다. 살인자는 **회중 앞에 서서 재판을 받기까지** 도피성에 머물러야 했으며, 대제사장이 죽은 후에야 거주 제한이 풀렸다.

20:7-8. 요단 서편에서 도피성으로 지정된 성읍은 상갈릴리에 있는 납달리의 **게데스**, 에브라임 중앙의 **세겜**, 유다 중앙의 **헤브론**['레위 성읍과 도피성' 지도를 보라]이다. 요단 동편의 도피성도 다시 기술된다. 요단 동편에서 두 지파와 반 지파에게 분할된 땅은 매우 컸기 때문에 각 지파별로 하나씩 배정되었다.

요단 동편의 도피성은 르우벤의 **베셀**, 갓 지파 땅의 **길르앗 라못** 그리고 므낫세 지파의 바산 땅에 있는 **골란**이다. 베셀의 위치에 대해서는 논란이 있다.

20:9. 도피성에 대한 규정은 이렇다. (1) 과실치사의 문제를 처리한다. (2) 증인을 보호한다. (3) 무분별한 보복을 막는다. (4) 정당한 재판을 보장한다. 외국인에 대한 보호와 공정한 재판 역시 보장되었다. '거류민'은 '체류 외국인' 또는 '국외 거주자'를 뜻한다. 하나님은 체류 외국인에 대해 특별한 관심을 보이셨으며 그들에 대한 이스라엘의 관용을 촉구하셨다. "너희도 애굽 땅에서 나그네였음이라"(출 22:21b).

이 도피성에 이르는 거리는 경우에 따라서 56~64킬로미터에 이르기도 하는데(예를 들어, 브엘세바에서 헤브론까지), 이는 상당한 거리이다. 하지만 목숨을 부지하기 위해 달린다고 생각하면, 거리는 그리 문제가 아닐 수도 있다. 정의를 구현하기 위해 이러한 '법정'들은 공정하게 분포되었다. 성경에 기록된 이스라엘의 후기 역사에서 도피성에 대한 언급이 거의 없는 까닭은 이 제도가 잘 정착하여 별다른 사례를 기록할 이유가 없었거나 혹은 사회 붕괴의 여파로 이 제도가 완전히 와해되었기 때문일 것이다. 어쨌든 이 제도는 빠르고 공정한 정의와 사법 체계의 사례이다.

하나님이 싸우셨고, 이스라엘이 이겼으며, 땅이 분배되었다. 이제 하나님을 가까이에서 섬기는 레위 사람을 위한 성읍이 분배된다('레위 성읍과 도피성' 지도를 보라). 이 성읍 중 일부는 성경에서 다시 언급되지 않는다. 대체로 레위 지파가 역사적 기록을 관장했기 때문에, 레위 성읍은 더 오래 기억에 남는다. 여호수아 21장에서 42개의 성읍이 추가적으로 분배되는 사실을 볼 때, 이스라엘은 교육, 의료, 사법을 담당한 레위 지파와 결코 멀지 않았음을 알 수 있다.

레위 성읍과 도피성

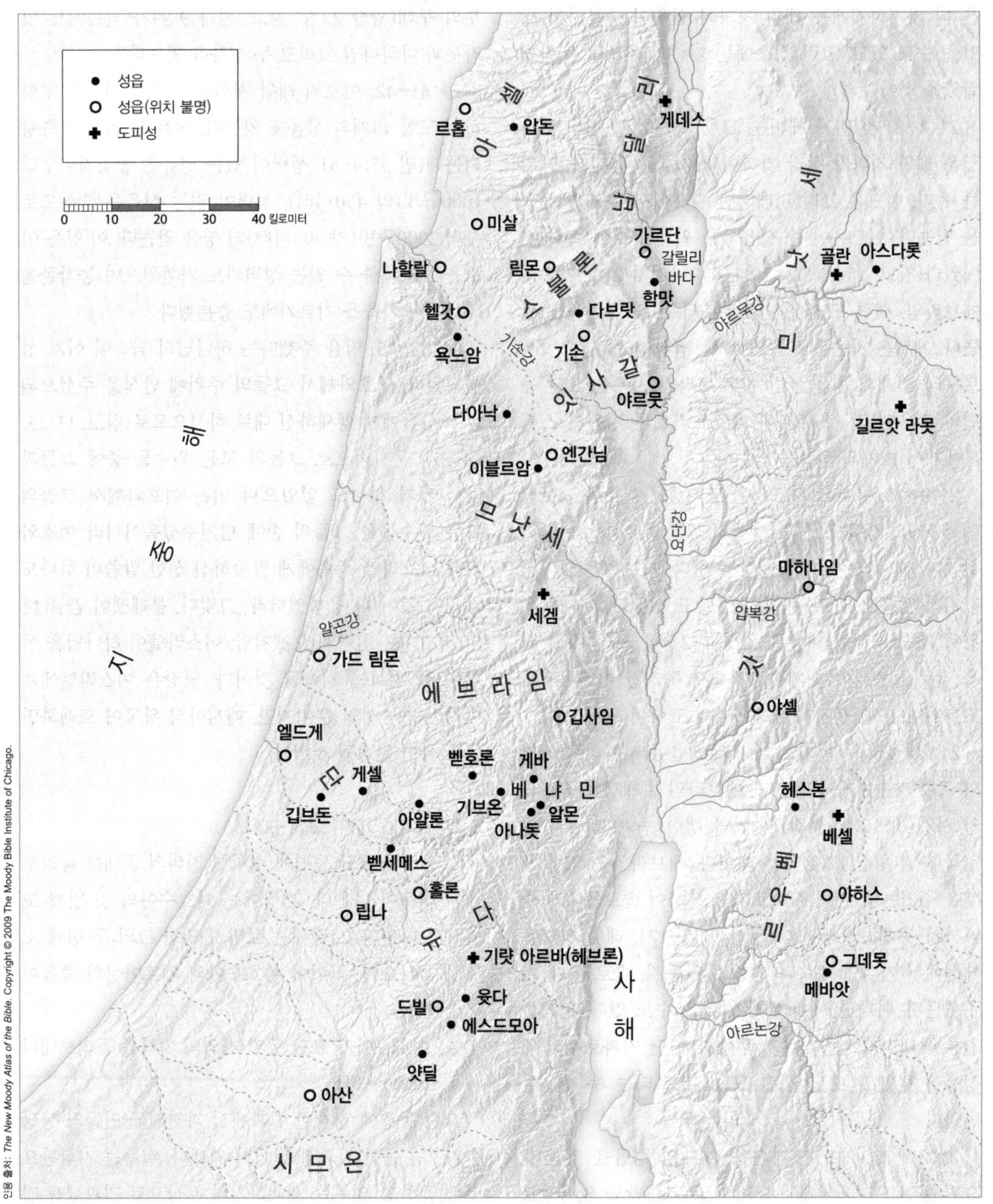

21:1-3. 갈렙(14:6-15), 악사(15:13-19), 슬로브핫의 딸들(17:3-6) 그리고 요셉 지파(17:14-18)에 이어 마지막으로 레위 지파의 땅 요구에 관한 이야기가 나온다. **레위 사람의 족장들이 제사장 엘르아살과 눈의 아들 여호수아와 이스라엘 자손의 지파 족장들에게 나아와.** 그들은 이후 3세기 동안 언약궤가 머무르는 실로로 나아와서 하나님의 지시(민 35:1-8)를 근거로 성읍을 요구한다. 다른 지파들은 의무감으로 또는 하나님께

대한 헌신으로 레위 지파에게 성읍을 준다. 모든 성읍을 다 차지하기에는 레위 지파의 인원이 충분하지 않았을 수도 있고, 그런 경우에는 기존의 주민들과 함께 살았을 것이다.

21:4-8. 첫 번째 제비는 그핫 가족이 뽑는다. 하나님은 레위 지파가 성막 가까이 있기를 원하신다. 레위는 유다, 시므온 그리고 베냐민 지파에서 13개의 성읍을 받는다. 시므온이 준 성읍들은 원래 유다에 속한 것이었다(참고. 15:21-62; 19:1-9). 나머지 그핫 가족은 에브라임, 서편 므낫세, 단으로부터 10개의 성읍을 받는다. 게르손 자손은 북쪽의 아셀, 납달리, 동편 므낫세로부터 13개의 성읍을 받는다. 므라리 자손은 요단 동편의 르우벤 및 갓 지파와 에스드라엘론 평원의 스불론에게서 12개의 성읍을 받는다.

21:9-19. 유다와 시므온은 도피성인 헤브론을 포함해서 9개의 성읍을 준다. 갈렙 가문은 헤르본 주변에서 살았다. 베냐민은 4개의 성읍을 준다. 기브온은 그다지 값지지 않은 선물로, 이방인이 살고 있었다. 아나돗은 왕위 계승(자세한 내용은 왕상 1-2장을 보라)에서 편을 잘못 들었다가 대제사장직에서 쫓겨난 아비아달의 고향이며, 또한 선지자 예레미야의 고향이다(렘 1:1).

21:20-26. 두 번째로 10개의 성읍은 사마리아 산지의 그핫 자손에게 분할된다. 에브라임의 세겜은 족장들의 사건(창 12:6; 34장)과 언약 갱신(수 8:30-35) 및 왕국 분열(왕상 12:1)의 무대이다. 에브라임은 또한 게셀을 주었는데, 이곳은 바로가 정복하여 솔로몬에게 줄 때까지 통제하지 못했다(왕상 9:15-17). 레위 사람은 게셀에서 가나안 족속과 함께 살았든지, 솔로몬 때 이주했든지, 아니면 아예 살지 않았을 수도 있다. 명확한 결론을 내리기에는 자료가 부족하다. 단 지파로부터 네 성읍을 받았고, 요단 서편 므낫세로부터는 두 성읍을 받았다.

21:27-33. 게르손 자손은 13개의 성읍을 얻는데, 요단 동편 므낫세에게서 도피성 골란을 받고, 잇사갈로부터 네 성읍을, 아셀에게도 네 성읍을 받는다. 납달리로부터는 도피성이자 바락의 고향(삿 4장)인 게데스를 얻는다.

21:34-40. 므라리 자손은 12개의 성읍을 얻는다. 스불론으로부터 네 성읍을 얻고, 르우벤에게서는 도피성 베셀과 세 성읍을 얻으며, 갓 지파로부터는 여러 전투의 무대(왕상 22장; 참고. 왕하 9장)가 되는 길르앗 라못과 마하나임 그리고 두 성읍을 얻는다.

21:41-42. 이로써 레위 지파는 도피성 여섯을 포함하여 도합 48개의 성읍을 얻는다. 땅은 두 가지로 측량되는데(민 35:4-5), 성벽이 있는 성읍은 중심지로부터 1000규빗(약 450미터), 성벽이 없는 성읍은 중심으로부터 2000규빗(약 900미터)의 땅을 얻는다. 이 땅은 이들을 보호해줄 수 있는 성벽과도 가까웠으며 농작물을 키우거나 가축을 기르기에도 충분했다.

21:43-45. 땅을 주겠다는 하나님의 약속이 이제 성취되었다. **여호와께서 그들의 주위에 안식을 주셨으되 그 조상들에게 맹세하신 대로 하셨으므로**(참고. 11:23; 14:15). 군사적으로 **그들의 모든 원수들 중에 그들과 맞선 자가 하나도 없었으니 이는 여호와께서 그들의 모든 원수들을 그들의 손에 넘겨주셨음이니라 여호와께서 이스라엘 족속에게 말씀하신 선한 말씀이 하나도 남음이 없이 다 응하였더라**. 그렇다. 블레셋이 곧 유다의 저지대를 침략해 오겠지만, 이스라엘이 하나님을 섬기는 한 평화는 지속될 것이다. 당장은 이스라엘에게 미래의 가능성일 뿐이지만, 메시아의 왕국이 도래하면 그 궁극이 완성될 것이다.

Ⅳ. 후기: 고별(22:1-24:33)

22장에는 요단 동편에 정착한 지파의 군대를 돌려보내는 내용이 나온다. 23장에는 여호수아의 첫 번째 고별사가 나온다. 24장에는 보다 유명한 그의 두 번째 고별사가 나오며, 곧이어 여호수아와 엘르아살의 죽음이 서술된다.

A. 여호수아가 요단 동편 지역의 지파를 돌려보내다 (22:1-34)

요단 동편에 정착한 지파에서 파견된 군인들의 상당수가 7년 동안 가족과 떨어져 지냈다. 일부는 지휘관으로 진급하고, 일부는 제대하거나 부상으로 귀환했을 것이다. 입대하여 전투에 참여한 소년들은 어른이 되었다. 보급 부대가 운용되고 강화되면서 지속적으로 유동인구가 발생했다. 이 정도 규모의 부대가 유지되기 위해서는 약탈만으로는 부족하다. 더 이상 전투 계획이 없으므로 동편 군대는 요단을 건너 고향으로 귀환한다.

22:1-8. **여호수아가 르우벤 사람과 갓 사람과 므낫세 반 지파를 불러서.** 여호수아는 요단 동편에 정착한 지파의 군대를 소집하여 형제와 함께 싸우기로 한 그들의 맹세가 성취되었음을 선포한다. 또한 칭찬과 당부의 말을 덧붙인다. **오직 여호와의 종 모세가 너희에게 명령한 명령과 율법을 반드시 행하여.** 5절에는 쉐마(*Shema'*, 신 6:4-5)를 연상케 하는 부분도 있지만, 여호수아의 명령은 대부분 신명기 10:12-13의 인용이다. **명령과 율법을 반드시 행하여 너희의 하나님 여호와를 사랑하고 그의 모든 길로 행하며 그의 계명을 지켜 그에게 친근히 하고 너희의 마음을 다하며 성품을 다하여 그를 섬길지니라.**

여호수아는 그들을 축복하고 고향으로 돌려보낸다. 두 지파와 반 지파는 가축과 귀금속 그리고 의복 등 많은 재산을 가지고 귀환하며(7-9절, 참고. 민 32:1), 고향에서 가족들과 나눈다.

22:9. **르우벤 자손과 갓 자손과 므낫세 반 지파가 가나안 땅 실로에서 이스라엘 자손을 떠나 여호와께서 모세에게 명령하신 대로 받은 땅 곧 그들의 소유지 길르앗으로 가니라.** 위치와 방향이 의미심장하다. 지리와 사람 그리고 방향이 대조를 이룬다. 동편 지파와 이스라엘, 실로/가나안과 고향인 길르앗, 여호수아와 모세 그리고 가나안 정착 여부 등이 대조를 이룬다.

사람들 사이의 물리적인 거리는 지리적 분리뿐 아니라 사회적 분리도 야기한다. 그들은 정기적으로 만나지 못하며, 그러는 사이에 오해가 발생할 수 있다. 르우벤, 갓, 므낫세 반 지파의 전사들이 실로를 떠나 요단을 건너 가족에게로 귀환한 후, 요단 동편과 서편 지파 사이의 장벽은 요단강뿐만이 아니었다. 오해가 뒤따를 수 있다는 사실이 문제였으며, 이는 곧 현실로 다가온다. 이 장의 나머지는 그 이야기를 다루는데, 르우벤, 갓, 므낫세 반 지파의 군대가 귀환하면서 세운 작지만 범상치 않은 구조물이 동편 지파에 대한 서편 지파의 오해와 불신을 야기한다.

22:10-20. 귀환을 시작한 요단 동편 지파의 군대는 요단을 건너기 전 돌 구조물을 세운다. 요단 하류 서편 둑에 멈춘 그들은 **거기서 요단 가에 제단을 쌓았는데 보기에 큰 제단이었다**(10절). 지류의 위치로 가늠해 볼 때, 그들은 에브라임 중부를 떠나 북동쪽으로 서편 므낫세 지역을 관통했으며, 갓 지파 맞은편 서편 므낫세의 땅에 제단을 세웠을 것이다. 이들의 동기를 알 수 없는 서편 지파에게는 이것이 하나님께 대한 반역으로 비칠 수 있었다. 이는 이스라엘의 예배와 제사 제도의 분권화와 혼합주의로 인식되었다.

요단 동편에 대한 비난의 의도 없이, 소식은 곧 실로에 전해진다(11절). 그러나 요단 서편의 열 지파는 크게 놀란다. 곧 **르우벤, 갓** 그리고 **므낫세 반 지파**를 치기 위해 이스라엘의 군대가 소집된다(12-13절). 먼저 사태의 진위를 파악하기 위해 비느하스를 중심으로 각 지파의 천부장이 파견된다. 비느하스가 선발된 이유는 신학적인 순결(17, 20절을 보라)과 배교자 처리(민 25:6-8)에 대한 그의 열정 때문이었을 것이다.

동편 므낫세 역시 피고에 포함되었지만(11절), 10인의 대표단에는 서편 므낫세 대표도 있었다. 비느하스는 아마도 레위 지파의 대표였을 것이다. 이들은 길르앗까지 갔으며 이는 대략 89킬로미터에 이르는 여정이었다(15절).

두 지파와 반 지파의 반역은 하나님의 언약을 저버림으로써 이스라엘의 단일성을 훼손하는 것으로 비쳤다(16절). 만약 이들이 이 제단에서 다른 신들에게 제사를 드렸다면, 이는 신학적인 간음과 배교에 해당한다. 만약 실로가 아닌 장소에서 제사장 없이 여호와께 제사를 올렸다면, 이는 신학적인 타협 또는 분열 행위에 해당한다.

16절에서 누군가 비느하스가 등장하는 바알브올의 사건을 언급한다(참고. 민 25:1-8). 이는 이스라엘의 뼈아픈 기억이었다. **여호와의 회중에 재앙이 내렸으나 오늘까지 우리가 그 죄에서 정결함을 받지 못하였거늘.** 이스라엘은 여전히 바알 숭배의 유혹에 직면해 있거나 아니면 재앙의 후유증으로 고통받고 있었을 것이다. 대표단은 요단 동편 지파의 죄로 이스라엘 전체가 심판을 받을 것이라 생각했다.

현대 독자에게는 깨끗하거나 **깨끗하지 아니**한 땅의 개념이 이상하게 보일 수 있다(19절). 어쩌면 이는 이스라엘 다수 지파가 거주하는 요단 서편 땅만 깨끗하다고 주장하는 자민족 중심주의적 표현일 수 있다. 그러나 그보다는 생각의 차이일 것이다. 요단 서편 이스라엘의 주장은 이렇다. "너희 생각에 요단 동편이 의례적으로 깨끗하지 않다고 생각되면, 가족과 가축을 데리고 서편으로 건너오라."

서편 지파의 고발 내용은 하나님께 대한 반역에서 공동체에 대한 반역으로 초점이 바뀐다(20절). 아간의 사건을 언급하는데, 아간은 명백하게 금지된 물품인 하나님께 바친 것(7장)을 취하는 죄를 저질렀다. 그들의 주장은 이렇다. **그의 죄악으로 멸망한 자가 그 한 사람만이 아니었느니라**. 아이와의 첫 전투에서 여러 전사가 죽임을 당했고, 전투가 끝난 후에는 아간과 그의 가족 및 모든 가축이 몰살했다. 만약 요단 동편 지파가 제단을 쌓음으로써 죄를 범한다면, 이스라엘 전체가 그 대가를 치르게 될 것이다.

22:21-23. 피고인 요단 동편 지파는 고발 내용을 부인한다. 그들은 먼저 이렇게 외친다. **전능하신 자 하나님 여호와, 전능하신 자 하나님 여호와께서 아시나니**(21절). 그런 다음 저주를 자청한다. 만약 자신들이 유죄라면, 이스라엘이 죽여도 좋고 하나님이 친히 벌하셔도 좋다는 것이다(23절). 그들은 하나님을 떠나지도 않았으며 제단을 사용하지도 않았다.

22:24-25. 제단을 쌓은 일은 의심을 살 만했다. 이스라엘의 배교자나 이방 가나안 사람들이 잘못 사용할 우려가 있었다. 그러나 요단 동편 지파는 자신들의 관심이 신정(神政)에 있다고 항변한다. 그들은 언약 공동체에서 쫓겨난 것으로 오해받을 것을 두려워했다(24절). 그리고 양 진영 사이를 가로막고 있는 요단강을 주목했다(25절). 자신들이 서편 진영으로부터 서서히 고립될 것을 염려했고, 이러한 지리적, 사회적 괴리가 결국 하나님을 섬기는 문제까지 이어지지 않을까 걱정했다. **너희의 자손이 우리 자손에게 여호와 경외하기를 그치게 할까 하여**.

22:26-29. 동편 지파의 대변인은 **모형**(28절, '모델', '복제')이라는 단어를 사용하면서 이 제단이 실로에 있는 성막의 제단에 대한 하나의 기념물일 뿐임을 설명한다. **번제나 다른 제사**를 드리려는 것이 아니라, **우리와 너희 사이**의 **증거**로 삼음으로써 미래의 후대가 성**막**에서 참 하나님께 제사를 드릴 수 있도록 하기 위한 것이었다고 말한다(27, 29절).

22:30-31. 비느하스와 지도자들은 동편 지파의 진정성에 만족한다. 그리고 비느하스는 대표자로서 고발을 취하한다.

22:32-33. 대표단은 희소식을 안고 서편으로 귀환하며, 요단 동편 지파의 속내를 알게 된 이스라엘은 군대를 해산한다.

22:34. 요단 동편 지파는 안도의 한숨을 내쉬며 제단을 **엣**[Witness]이라 명명한다. **우리 사이에 이 제단은 여호와께서 하나님이 되시는 증거라**라는 구절까지 명명으로 이해될 수 있는데, 이는 이야기 전개에는 잘 들어맞지만 번역상으로는 변격(變格)이다. 이야기는 무난하게 마무리된다. 심각한 대립이 발생했지만, 진정성이 확인되고 내전은 무마된다.

여호수아 22장에서 얻을 수 있는 실질적인 교훈이 있다. 죄의 길에 빠진 것처럼 보이는 형제나 자매를 추궁할 때는 매우 조심해야 하며, 사전에 최대한 많은 사실을 미리 확인해야 한다. 또한 사실 관계를 정확히 보고하고, 오해가 있을 때는 인정하며, 혐의가 벗겨지면 함께 즐거워해야 한다.

아직 쫓겨나지 않은 가나안 족속은 이스라엘 여러 지파 간의 내전을 원했을지도 모른다. 그러면 세력이 약화된 이스라엘을 치고 땅을 되찾을 수도 있다. 마찬가지로 그리스도인도 생각이 다른 형제들을 관용으로 대하지 않으면, 헐뜯기 좋아하는 또 다른 사람들이 그 점을 악용하여 교회와 구세주를 비방할 것이다.

B. 여호수아의 첫 번째 고별사(23:1-16)

22장은 정복 과정에서 발생한 마지막 위기에 대한 기록이다. 23장으로의 전환은 약간 어색한 감이 있다. 이제 평화가 정착되었으며 시간이 꽤 흘렀다. "여호와께서 주위의 모든 원수들로부터 이스라엘을 쉬게 하신 지 오랜 후에…"

여호수아는 먼저 자신의 연로함을 밝히며 이야기를 시작한다(2절; 참고. 13:1). 13장 이후로 근 25년이 흘렀다. 땅 분배 시(14:10을 보라) 갈렙과 여호수아가 같은 나이였다면(대략 85세) 그리고 여호수아가 110세에 죽었다면(24:29), 이 연설은 땅 분배 후 대략 25년이 흐른 여호수아의 생애 말미에 행해졌다고 볼 수 있다. 새 땅에 평화와 평온이 깃든 지도 20여 년이 흘렀으며, 신세대도 성년이 되었다.

첫 번째 고별사에서 여호수아는 이전에 나온 주제(22:5)를 더욱 심화한다. 그는 이스라엘에게 하나님을 경외하고 사랑하며, 모든 계명을 지킬 것을 촉구한다. 그리고 긍정적인 태도로 하나님의 약속이 성취되었음을 선포한다. 하지만 현실적으로 아직 쟁취해야 할 땅이 많음 또한 지적한다. 1장과 24장의 유명한 구절들을 제외하면, 이 연설은 여호수아서의 최고 연설이라 할 만하다. 초기에 사용했던 표현들을 재현하면서 "크게 힘써"(be very firm)라고 격려하며 적절한 경고로 끝을 맺는다. 이스라엘의 불순종과 언약을 저버리는 행동은 심판을 초래할 것이다.

23:1-2. 떠날 때가 가까움을 직감한 여호수아는 **온 이스라엘 곧 그들의 장로들과 수령들과 재판장들과 관리들을** 소집한다.

23:3-5. 긍정적이면서 현실적인 모습이다. 3절에서 여호수아는 하나님이 이스라엘을 위해 싸우고 약속을 지키셨다고 말한다. 그러나 땅은 여전히 부분적으로 정복되었을 뿐이다. 여호수아는 이 땅을 각 지파에게 분배해서 정복하도록 한다. 적은 패퇴했고 대부분의 남자는 죽임을 당했지만, 남은 후세들이 다시 군대를 일으킬 것이다. 5절에서 여호수아는 하나님이 그들을 몰아내실 것이라고 희망적으로 이야기한다.

23:6-7. 여호수아는 이스라엘에게 '강해지라'(be very strong, 6절, HCSB역)고 훈계한다. 이는 그가 수십 년 전 남부 전투에서 했던 말을 연상케 한다(10:25). 여호수아는 이스라엘이 확고하게 율법에 헌신하기를 원했으며, 영적으로나 사회적으로 남아 있는 가나안족에게 물들지 않기를 원했다. 통혼을 통해 가나안 사람이 이스라엘에 속할 수도 있지 않냐고 생각할 수 있다. 그러나 부모는 자녀에게 문화와 종교를 전수하게 되고, 따라서 이방 부모는 자녀를 이방 풍습으로 이끌 것이다(참고. 출 34:12-16; 신 20:16).

23:8-11. 가나안을 이스라엘로 동화시키거나 또는 이스라엘이 가나안에 동화되는 대신, 이스라엘은 하나님께 충성하고 하나님이 수십 년 전에 시작한 일을 이어나가실 것을 믿어야 했다. 여호수아는 이스라엘이 겪었던 엄청난 역경을 다시 상기한다. **너희 중 한 사람이 천 명을 궤멸시켰으니 이는 너희의 하나님 여호와 그가 너희에게 약속하신 것같이 너희를 위하여 싸우셨음이라**(10절, HCSB, 참고. 삼상 4-6장). 그리고 이스라엘을 훈계한다. "너희 자신의 안녕을 위해 열심을 다해서 너희 하나님을 사랑하라"(11절, HCSB, 참고, 신 6:5). 영적인 승리와 기쁨으로 가는 진정한 길은 자기 백성을 사랑하시는 하나님을 전적으로 의지하고 그분께 순종하는 것이다.

23:12-13. 여호수아는 중요한 경고를 준다. 만약 이스라엘이 언약을 저버리고 남은 이방인과 통혼하면, 땅에 대한 보호가 그치고 하나님은 더 이상 이스라엘을 위해 싸우지 않으실 것이다(13절). 이스라엘이 깨어서 조심하지 않으면 **그들이 너희에게 올무가 되며 덫이 되며 너희의 옆구리에 채찍이 되며 너희의 눈에 가시가 되어서** 결국에는 그 '가시'가 땅을 차지하고 이스라엘은 무릎을 꿇게 될 것이다.

23:14. 여호수아는 자신의 죽음을 이야기하며 연설에 종지부를 찍는다. 마치 자신의 유언을 들려주는 것처럼 이스라엘의 주의를 환기한다. 그리고 하나님의 성실하심을 상기한다. 하나님이 약속하셨고, 그 약속은 모두 선하며, 결코 어긋나지 않았다. 하나님의 모든 말씀은 결국 다 그대로 이루어질 것이다. 단 하나의 약속도 없어지지 않을 것이다.

23:15-16. 만약 하나님이 좋은 약속을 다 지키신다면, 이스라엘이 언약을 저버릴 경우 불길한 약속도 다 지키실 것이다. 이스라엘이 언약을 배반하면 하나님의 맹렬한 진노가 임하여 이스라엘은 속히 그 땅에서 쫓겨날 것이다. **만일 너희가 너희의 하나님 여호와께서 너희에게 명령하신 언약을 범하고 가서 다른 신들을 섬겨 그들에게 절하면 여호와의 진노가 너희에게 미치리니 너희에게 주신 아름다운 땅에서 너희가 속히 멸망하리라.** 땅은 하나님이 주신 것이며, 따라서 하나님이 다시 거두어가실 수 있다. 유대인이 아닌 그리스도인에게는 특별히 땅에 대한 약속이 없다. 구속받은 이스라엘은 애굽의 나일강에서 유프라테스에 이르는 땅을 기업으로 받고, 그리스도인은 이를 포함한 온 세상을 기업으로 받을 것이다. 그러나 이스라엘이 신실함을 잃을 때는 땅에 거주한다는 보장이 없다. 모세는 이스라엘이 하나님께 순종하지 않으면 하나님이 심판하여 땅에서 뽑아버리실 것이라고 예언했다(신 28:63; 29:25-28; 30:17-18을 보라). 좋은 땅을 차지하고 누리는 특권은 하나님의 변덕이 아니라 이스라엘이 하나님을 의지하고 그 언약에 순종하는가에 달려 있다(크

게 힘써, 6절).

여호수아가 요단 동편 지파(22:5)와 이스라엘(23장)에게 내린 훈계는 오늘날 우리에게도 그대로 적용된다. 옛 신정 국가이든 오늘날의 신앙 공동체이든, 개인과 신앙 공동체는 항상 하나님이 하신 일을 기억해야 하며(3, 9-10절), 이 타락한 세상을 살아가는 동안 시험과 다툼이 일어날 때 하나님을 신뢰해야 한다. 모름지기 하나님의 백성은 여호수아 때나 지금이나 신앙 공동체 밖의 사람들로부터 영적인 삶과 가치관에 영향을 받지 않도록 방비해야 한다(7절). 성도는 삼가 "마음을 다하고 뜻을 다하고 힘을 다하여 네 하나님 여호와를 사랑"해야 한다(신 6:5). 그렇게 할 때 사랑의 대상이 모든 복과 은혜의 근원이 된다.

반대로 성도가 하나님을 경외하지 않으면(12절), 영적인 삶이 앞으로 나아가는 데 심각한 방해를 받는다(13절). 하나님은 약속을 지키셨고 앞으로도 그러하실 것이다(14절). 은혜의 약속이 성취된 것처럼 징벌의 약속 역시 이루어질 것이다(15절). 그리스도를 구세주로 확실히 믿는 사람도 성경에 나타난 하나님의 뜻에 어긋나는 삶을 지속할 때는 무서운 징계를 받을 수 있다. 여호수아의 지도 아래 있었던 이스라엘이 하나님 앞에서 교만하면 안 되었던 것처럼 우리 역시 그러하다.

C. 여호수아의 마지막 고별사(24:1-28)

히브리인의 역사를 돌이켜볼 때, 세겜이야말로 이야기를 마무리하기에 적절한 장소이다. 아브람이 가나안에 들어왔을 때 제일 먼저 언급된 장소가 세겜이었으며, 하나님은 거기에서 땅을 약속하셨다(창 12:5-9). 세겜은 야곱이 메소포타미아에서 가나안으로 되돌아온 곳으로, 그는 거기에서 하나님 앞에 기념 제단을 쌓았다(창 33:18-20). 야곱은 대가족과 함께 귀환했고, 이들을 통해 열두 지파가 성립된다. 또한 야곱은 세겜을 떠나면서 식솔에게 우상을 제거하라고 명한다(창 35:2-4). 세겜은 또한 언약을 갱신한 곳이기도 하다(8:30-35).

여호수아는 마지막 연설에서 반복을 통해 당부의 말을 전한다. 이방 신을 섬기는 것에 대해 세 번이나 거듭 경고하고(2, 14, 15절), 이방 신을 치워버리라고 두 번 명령한다(14, 23절; 참고. 창 35:2-4). 백성 역시 여호와만 섬기겠다고 약속한다(16-18, 21-24절). 이스라엘의 맹세에 '증인'이라는 말이 반복적으로 등장하고(22절), 여호수아 역시 기념 돌을 세우면서 언약에 대한 '증거'라고 말한다(27절). 그러나 데이비드 하워드 주니어(David Howard, Jr.)에 따르면 "여호수아 24장은 조약 또는 언약에 관한 본문이라기보다는 언약 갱신 예식에 관한 보고서이다"(*Joshua*, 428). 여호수아 24장의 구성은 다음과 같다.

Ⅰ. 서문(1-2절)
Ⅱ. 역사적 서언(2-13절)
Ⅲ. 약정(14-15; 16-25절)
Ⅳ. 보존과 유산(26절)
  A. 성전/성막에 기록 보관
  B. 회중에게 열람 제공
Ⅴ. 증인(22, 27절)
Ⅵ. 복/재앙(19-20절에 함축)

24:1. 23장과 마찬가지로, 세겜에 모인 회중은 모든 백성과 관리들을 포함한다. **이스라엘 모든 지파를 세겜에 모으고 이스라엘 장로들과 그들의 수령들과 재판장들과 관리들을 부르매**(참고. 23:2). 연로한 여호수아가 모임을 소집했고, 모든 백성은 **하나님 앞에** 모였다.

24:2-13. 여호수아는 아브라함의 이야기를 이스라엘에게 들려준다(창 11:26-12:3). 그들은 메소포타미아에서 약속의 땅으로 이주했고, 우상을 떠나 여호와만 섬겼다. 그 다음 여호수아는 족장 시대와 애굽으로의 여정까지 이야기한다(3-4절). 5절에서는 400여 년의 시간을 뛰어넘어 출애굽의 사건을 요약한다. 애굽은 많은 재앙을 겪었고, 이스라엘은 애굽을 떠나 홍해 앞에서 가로막혔다. 이야기를 듣는 이들 중에 여호수아와 함께 이 사건들을 직접 경험한 이는 사실상 없었다. 그들의 조상은 여호와의 도우심으로 홍해를 가로질러 건넜고, 애굽의 군대는 물에 빠져 죽었다. 여호수아는 이스라엘이 애굽 사람으로부터 무사히 도망칠 수 있도록 둘 사이를 갈라놓았던 흑암을 강조한다(참고. 3:15-17; 4:18, 23).

또 너희가 많은 날을 광야에서 거주하였느니라(7절). 여호수아의 말을 듣는 이들은 부모와 조부모 세대가 광야 여정 중에 다 죽었다는 사실을 알고 있다. 그들은 에돔, 암몬, 모압 땅을 두루 돌아다녔고, 요단 동편에서 아모리 사람의 공격을 받았다. 신학적인 요점은 하나님이 그들에게 승리를 주셨다는 사실이다(8절). 다음 여호수아는 모압 왕 발락과 점쟁이 발람의 음모에 대해 이야기한다. 고대 사람들은 저주에 실제적인 효력이 있다고 믿었다. 그러나 하나님이 복 주기로 작정하신 것에 대해서는 아무런 효력이 없다. 현대인은 저주의 효능을 믿지 않지만, 심리적인 영향은 받기도 한다. 하나님은 발람의 말을 듣지 않겠다고 말씀하셨다. 발람은 오히려 이스라엘을 거듭 축복했고, 하나님은 그들을 구원하셨다(10절). 어떤 이는 이를 반복보다는 강조로 보지만, 발람은 이스라엘을 거듭 축복했고(민 23-24장), 문법적으로 보아도 반복이 맞다. 이는 하나님이 복주신 대상을 저주하려는 거듭된 시도가 헛되다는 저자의 의도이다.

요단을 건넌 후에(4:5-9; 20-24장), 이스라엘은 가나안 영토를 획득한다. 11절에 나오는 7개의 족속은 여호수아 3:10을 떠올리게 한다. 하나님은 그들 앞에 **왕벌**을 보내셨다. 이 단어는 복수가 아니라 단수형으로 쓰였는데, 이는 집합적 명사로서 한 마리의 거대한 왕벌 또는 왕벌 떼를 가리킨다(참고. 출 23:28; 신 7:20).

신학적 요점은 이것이다. **너희의 칼이나 너희의 활로써 이같이 한 것이 아니며**. 산사태이든 지진이든 천문학적인 현상이든 왕벌이든 간에, 하나님이 모든 일을 주관하셨고 이스라엘에게 승리를 주셨다. 인간적인 관점에서 볼 때 요새나 아무런 정규 군사 훈련 없는 유목민이 땅과 성읍을 쟁취하는 것은 불가능하다. 모세는 하나님의 손이 이를 이루실 것을 예언했다(신 6:10-12).

24:14-15. 여호수아는 역사적인 고찰을 통해 이스라엘이 명령을 따르도록 권고한다. 아브라함의 때부터 보아온 하나님의 성품과 역사를 근거로 여호수아는 명령을 내린다. (1) 여호와를 경외하고 그분만 섬기라. (2) 애굽과 메소포타미아의 신들을 제거하라. (3) 이방 신인지 아니면 전능하고 신실하신 여호와인지, 섬길 자를 선택하라. 여호수아는 자신을 예로 들어 권면을 마무리한다. **오직 나와 내 집은 여호와를 섬기겠노라**. 여호수아는 역사, 명령 그리고 실례를 통해 이스라엘이 나아가야 할 길을 제시한다.

24:16-18. 백성은 충성을 다짐한다. 그들은 나름대로 역사를 요약하면서, 애굽에서의 노예 생활과 가나안까지의 여정에서 보여주신 하나님의 기적과 섭리를 강조한다(17절). 그들에게 약속의 땅을 허락하신 분은 하나님이시며, 여호와만 섬기겠다고 약속한다.

24:19-20. 여호수아는 하나님은 너무 높으셔서 그들이 섬기지 못할 것이라고 대답한다. 하나님은 거룩하시고 질투하시며 때로는 용서하지 않으신다. 여호수아의 어조는 사뭇 비장하다. "만일 너희가 여호와를 버리고 이방 신들을 섬기면 너희에게 복을 내리신 후에라도 돌이켜 너희에게 재앙을 내리시고 너희를 멸하시리라." 히브리어 구조는 매우 자연스럽다. 모세 역시 비슷한 경고를 한 바 있다(신 28:15-68). 어쩌면 여호수아는 백성의 답변에서 불성실을 감지하고, 강력한 언어를 구사한 것일 수도 있다. 역사는 여호수아의 경고가 타당함을 증명한다. 그러나 이들과 이후 세대는 대체로 여호와를 성실하게 섬긴다(31절).

24:21-24. 백성은 여호와에 대한 충성을 재확인하고, 여호수아는 백성이 스스로 증인이 되었다고 선언한다. 백성은 발설한 사실에 대해 스스로 **증인**이 되었고, 여호수아는 그 사실을 확증한다(22절). 여호수아는 이스라엘이 역사를 통해 우상을 간직해왔다고 의심하면서, 14절에서 했던 말을 반복하며 이방 신을 치우라고 명령한다(23절). **향하라**는 말 속에는 이방 종교의 물질적 쾌락주의로부터 여호와를 향한 거룩한 순종으로의 완전한 방향 전환을 촉구하는 뜻이 담겨 있다(24절). 백성은 여호와를 향한 자신들의 결심을 재확인한다. **우리 하나님 여호와를 우리가 섬기고 그의 목소리를 우리가 청종하리이다**.

24:25-28. 여호수아는 생애 마지막 과업의 하나로 이스라엘 후세대와의 언약을 공식화한다. 이는 기록되었으며(26절), 아마도 모세오경의 부록으로 첨가되었을 것이다.

여호수아는 성소 곁에 기념비를 세운다. 이는 언약 체결을 위해 임시로 성별한 장소일 것이다. 세겜의 나무는 야곱의 가족이 우상을 묻었던 상수리나무를 연상케 한다(창 35:4). 그리고 여호수아는 이 돌들이 모든 말을 들은 증거가 되며 그들이 하나님을 부인할 수 없다고 **다짐**한다(27절).

여호수아는 마지막으로 백성을 고향으로 돌려보낸다. 그들은 하나님께 충성을 맹세한다. 여호수아의 후계자는 지정되지 않는다. 이제 이스라엘의 지도부는 제사장들의 손에 달렸다. 비느하스가 다음 세대의 지도자가 되고, 레위인들이 사건을 재판하고 질병을 진단하며 율법을 통해서 교훈을 제공한다.

D. 부록: 여호수아의 죽음, 이스라엘의 충성, 요셉의 유골, 엘르아살의 죽음(24:29-33)

마지막 시간 표지인 '이 일 후에' 세 가지 사건이 소개되는데, 여기에는 창세기와 출애굽기의 주요 사건을 회상케 하는 지리적 표기가 나타난다. 창세기와 여호수아서의 세겜과 관련한 여러 병행과 족장 요셉과 여호수아, 엘르아살 사이의 병행이 나온다. 29-33절에는 하나님이 창세기에서 하신 많은 약속에 대한 성취가 기록되어 있다. 아브라함, 이삭, 야곱의 후손이 땅을 차지하리라는 약속은 적어도 부분적이나마 성취되었다. 창세기와 여호수아서의 접점, 두 책에 기록된 세겜의 중요성, 요셉과 여호수아가 110세까지 살았다는 사실 그리고 요셉의 유해까지 모든 사실이 의도하는 바는, 독자에게 하나님이 약속에 신실하신 분이라는 사실을 주지하는 것이다.

24:29-32. 이 부분은 여호수아의 부고이며 동시에 위대한 족장 요셉과의 병행이다. 여호수아는 죽고, 모세처럼 **여호와의 종**이라 불린다.

여호수아와 요셉의 첫 번째 병행은 여호수아가 110세에 죽었다는 사실이다. 요셉도 같은 나이에 죽었다(창 50:22, 26). 두 사람 모두 애굽에서 얼마 동안 살았는데, 애굽에서는 110이 완전한 나이로 여겨졌다. 이집트 제5왕조 파라오의 모사였던 비지어 프타-호텝(주전 2450년)은 아들을 위한 잠언에서 이렇게 말한다. "내가 이 땅에서 이룬 것은 하찮지 않다. 나의 세수는 110세에 이르렀으며…가히 존경을 받아 마땅할 만큼 왕을 위해 헌신했다"(*ANET*[3], 414).

여호수아는 그가 받았던 에브라임의 산지 딤낫 세라에 장사된다(19:50; 참고. 삿 2:9). 여호수아의 영향력은, 요셉이 그랬던 것처럼, 그의 생애에 국한되지 않고 후대까지 이어진다.

요셉이 묻힌 땅은 여호수아가 묻힌 곳과 같은 거룩한 땅이었다. 요셉은 하나님이 이스라엘을 가나안으로 돌려보내실 때 자신의 유골을 가져가라고 유언을 남겼다(창 50:24). 족장들이 가나안에 묻힌 것처럼, 믿음으로 요셉은 자녀들에게 자신의 유골을 가나안으로 가져가도록 맹세하게 했다(창 50:25). 출애굽 당시 모세는 요셉의 유골을 취했으며(출 13:19), 40여 년간 가지고 다녔다! 요셉의 유골은 마침내 여호수아가 묻힌 곳에서 32킬로미터도 채 떨어지지 않은 세겜[야곱은 수백 년 전에 이 땅을 샀다(창 33:18-19)]에 안착한다. 밧단아람에서 출생한 요셉의 여정은 마침내 끝을 맺는다.

마침내 순환이 완성된다. 하나님이 아브라함에게 약속하셨고, 이스라엘이 애굽으로 내려갔으며, 출애굽과 광야 방황을 거쳐 이제 가나안을 정복하고 정착했다. 요셉이 애굽으로 끌려갔지만 그 유골이 돌아온 것처럼, 이스라엘은 대가족으로서 애굽으로 내려갔다가 한 나라를 이루어 돌아와서 평화롭게 고향에 정착했다.

24:33. 비느하스는 오랜 기간 대제사장으로서 준비되었고, 아론의 아들인 그의 아버지 엘르아살은 마침내 숨을 거둔다(33절). **산**[Gibeah, 히브리어로는 기브아트 비느카스(*gib'ath pinechas*), '비느하스의 산 또는 언덕']의 위치는 확실하지 않다. 기브아는 비록 경계선이 유동적이기는 하지만 에브라임보다는 베냐민에 속한다. 따라서 이곳은 에브라임에 속하지만 위치를 알 수 없는 어딘가로 보는 것이 타당하다.

29-33절은 하나님이 족장들에게 땅을 주겠다고 하신 약속의 순환이 종결되었음을 기술한다. 이 짤막한 서술의 세부 내용 및 여호수아서 전체는 하나님이 약속을 반드시 지키시는 분이라는 사실을 일깨워준다. 우리를 포함한 모든 세대는 이스라엘처럼 누구를 섬길지 선택하고 여호수아의 결정을 따라야 한다. "오직 나와 내 집은 여호와를 섬기겠노라"(15절).

참 고 문 헌

Abegg Jr., Martin, Peter Flint, and Eugene Ulrich. *The Dead Sea Scrolls Bible: The Oldest Known Bible Translated for the First Time into English.* San Francisco: Harper, 1999.

Beitzel, Barry J. *The Moody Atlas of the Bible.* Chicago: Moody, 2009.

Gundry, Stanley N. ed., *Show Them No Mercy: Four View on God and Canaanite Genocide.* Grand Rapids, MI: Zondervan, 2003.

Bimson, John J. and David Livingston. "Redating the Exodus, " *Biblical Archaeological Review* 13 (September-October 1987): 40-53, 66-68.

Boice, James Montgomery. *Joshua.* Grand Rapids, MI: Baker, 1989. 《우리는 주님만 섬기리라》(솔라피데).

Butler, Trent C. "Joshua." *Word Biblical Commentary.* vol. 7. Waco, TX: Word, 1983. 《여호수아》, WBC 성경주석(솔로몬).

Campbell, Donald K. "Joshua" in *The Bible Knowledge Commentary,* Old Testament. Colorado Springs, CO: Victor, 1985. 325-371. 《여호수아, 사사기》, BKC 강해주석(두란노).

Davis, John J. *Conquest and Crisis.* Grand Rapids, MI: Baker, 1969.

Garrett, Duane A. *Proverbs, Ecclesiastes, Song of Songs.* Vol.. 14. The New American Commentary. Ed. E. Ray Clendenen. Nashville: Broadman & Holman, 1993.

Hess, Richards S. *Joshua: And Introduction and Commentary,* Tyndale Old Testament Commentaries, ed. D. J. Wiseman. Downers Grove, IL: InterVarsity, 1996.

Howard Jr., David M. *Joshua.* The New American Commentary. Vol. 5. ed. E. Ray Clendenen. Nashville: Broadman & Holman, 2002.

Jensen, Irving L. "Joshua: Rest-Land Won." *Everyman's Bible Commentary.* Chicago: Moody, 1966.

Kitchen, K. A. *On the Reliability of the Old Testament.* Grand Rapids, MI: Eerdmans, 2003.

Madvig, Donald H. "Joshua." *The Expositor's Bible Commentary.* Vol. 3. ed. Frank E. Gaebelein. Grand Rapids, MI: Zondervan, 1992. 239-371.

Merrill, Eugene H. "The Case for Moderate Discontinuity" in Stanley N. Gundry, ed., *Show Them No Mercy: Four View on God and Canaanite Genocide.* Grnad Rapids, MI: Zondervan, 2003, 63-94.

______. *Kingdom of Priests: A History of Old Testament Israel.* Grand Rapids, MI: Baker, 1989. 《제사장의 나라》(CLC).

Pritchard, James B., ed. *Ancient Near Eastern Texts: Relating to the Old Testament* ANET. Princeton: Princeton University Press, 1969.

Wood, Bryant G. "Did the Israelites Conquer Jericho: A New Look at the Archaeological Evidence." *Biblical Archaeological Review* 16 (March-April, 1990): 44-58.

______. "Notes and News: Khirbet el-Maqatir, 1995-1998", *Israel Exploration Journal*, 50 (200): 123-130.

Wood, Leon J. *A Survey of Israel's History.* Revised by David O'Brien. Grand Rapids, MI: Zondervan, 1970, 86. 《이스라엘의 역사》(CLC).

Woudstra, Marten H. "The Book of Joshua." *The New International Commentary on the Old Testament.* Grand Rapids, MI: Eerdmans, 1981.

사사기

존 맥머스(John T. McMath)

서 론

사사기는 여호수아의 죽음 이후, 가나안 땅에 거하는 이스라엘이 사무엘의 영도 아래 통일 왕국으로 나아가는 역사적 여정을 그린다.

이 책의 명칭은 히브리어로는 쇼페팀(*shophetim*), 불가타역으로는 리베르 유디쿰(*Liber Iudicum*)이며, 70인역에는 크리타이(*Kritai*)로 표기되어 있다. 세 언어 모두 '사사'를 뜻하고 영어의 '사사기'(judges)는 이 전통을 따른다.

사사는 민사 분쟁을 해결하기도 했지만(예를 들어, 드보라), 정치적, 군사적 지도력을 발휘하는 것이 주된 임무였다.

'사사'에 해당하는 히브리어 어근 *sh-ph-t*는 아마도 '다스리고 통제하는' 또는 '교정하는', '질서를 바로잡는' 또는 '바르게 하는' 등의 의미를 갖는 셈어에서 파생된 것으로 보인다. 사사기는 또한 하나님의 신에 '감동'되는 것을 강조한다. 많은 주석가들은 하나님의 신에 감동되는 것을 하나님이 사명을 위해 특별한 은사를 주시는 것으로 설명한다. 사사의 정치적 기능은 메소포타미아나 카르타고 또는 고대 에블라에서도 그에 해당하는 예를 볼 수 있지만, 하나님의 신에 감동된 이스라엘 사사들의 모습은 역사상 유례가 없는 독특한 현상이라 할 수 있다.

저자. 사사기의 저자가 누구인지는 확실하지 않다. 비평가들은 사사기가 뚜렷한 세 부분으로 구성되어 있으며(개요를 보라), 이는 서로 다른 역사와 전통이 복합적으로 구성된 증거라고 주장한다. 그러나 그런 가설은 불필요하다. 사사기의 구성은 책의 주제를 잘 보여준다. 하나님의 신에 감동된 지도자라 할지라도 이스라엘이 영적으로 승리하도록 이끌지는 못한다는 것이다. 본 주석은 사사기가 단일 저자에 의해 기록된 것으로 본다.

사사기의 저자는 모든 역사가들이 그렇듯 역사 자료를 사용했다. 정복 전쟁 이야기(1:1-2:5)는 여호수아서의 병행일 수 있다(강조점에 있어서는 중요한 차이를 보임). 부록 부분(17-21장)은 저자가 다를 수도 있다. 드보라의 노래(5장)는 이 책에 기록되기 오래전부터 이미 있었던 것이 분명하다. 각 사사들의 이야기는 서로 다른 자료를 사용했을 수도 있다. 어쨌든 단일 저자가 성령의 영감에 따라 모든 자료를 정경의 형태로 기록했다.

탈무드는 사사기의 저자를 사무엘로 본다. 이 견해에 대한 주요 반론은 사사기가 왕의 필요성을 지지하는 것처럼 보이는 반면 사무엘은 반대하는 것처럼 보인다는 사실이다. 사무엘 저작설을 옹호하는 이들은 사무엘이 반대한 것은 왕권 자체가 아니라 이스라엘이 왕을 원하는 불순한 동기라고 주장한다. 백성은 당장 코앞에 닥친 정치적, 군사적 문제의 해결책으로 왕을 생각했고, 사무엘은 만왕의 왕이신 하나님의 대리인으로서 경건한 왕을 생각했다. 하나님의 신에 감동한 지도자들도 결국 실패했기 때문에, 사무엘은 어쩌면 인간의 왕권에 대한 비판의 의미로서 사사기를 기술했는지도 모른다. 어쨌든 사사기는 익명의 저작으로 기술되었고, 그렇게 읽혀야 한다.

연대. 몇몇 단서를 종합해볼 때, 사사기는 초기 왕국 시대에 서술된 것으로 결론지을 수 있다. 첫째, 정신없는 사사 시대를 보다 차분하고 안정적인 상황에서 바라보고 있음을 알 수 있다. 둘째, 사사기 1:21은 다윗이 예루살렘을 점령하기 이전의 시대 모습을 서술한다. "여부스 족속이 베냐민 자손과 함께 오늘까지 예루살렘에 거주하니라." 셋째, 1:29은 가나안 족속이 게셀을 통제하고 있음을 기술하는데, 게셀은 아얄론 계곡 입구의 국제 무역로에 위치한 주요 성읍으로, 예루살렘에서 서북쪽으로 32킬로미터쯤 떨어졌으며 후에(주전 970년) 이스라엘의 통제권 안으로 들어온다.

일부 비평가들은 18:30에서 단 지파의 제사장들이 "그 땅 백성이 사로잡히는 날까지" 계속 섬겼다는 구절을 들어 사사기의 연대를 바벨론 포로 후기로 주장하기도 한다. 그러나 그런 끔찍한 상황이 다윗과 솔로몬의 시대에 용인되었으리라고 보기는 어렵다. E. J. 영(Young)은 [*An Introduction to the Old Testament* (GrandRapids, MI:Eerdmans, 19490)에서] '땅'을 '궤'로 읽어야 한다고 주장하는데(따라서 이 구절은 주전 1075년경에 블레셋이 언약궤를 탈취한 사건을 가리킴), 이는 내용상 일리가 있으며 히브리어 자음도 약간만 수정하면 된다[아레츠(*'arets*)를 아론(*'aron*)으로]. 그러나 이를 지지하는 사본이 없기 때문에, 오늘날 학자들은 대개 이 주장을 받아들이지 않는다.

주제. 사사기를 이해하기 위한 핵심은 2:16에 있다. "여호와께서 사사들을 세우사 노략자의 손에서 그들을 구원하게 하셨으나." '구원하다'라는 단어는 '구하다'라는 뜻으로 흔히 쓰이는 동사이다. 모세는 이스라엘 백성을 애굽에서 구원하기 위해 사명을 받았지만, 광야에서 38년간 백성의 장례식만 주관하다가 생을 마감했다. 참으로 아이러니하다. 여호수아는 그 이름의 뜻이 '구원자' 또는 '구하는 자'였지만, 백성을 구원하는 데 있어서 부분적인 성공을 거두었을 뿐이다. 사사기의 분명한 서술 목적은 사사들 역시 백성을 구원하는 데 실패한다는 사실이다. 이 주제는 사사기에 두 번 등장한다. "그때에는 이스라엘에 왕이 없었으므로 사람마다 자기 소견에 옳은 대로 행하였더라"(17:6; 21:25). 하나님의 신에 감동된 인간 지도자조차 이스라엘을 영적인 승리로 이끌지 못한다는 사실은 사울이나 다윗보다 더 위대한 왕이 필요하다는 사실을 역설한다. '위대한 왕'이라는 용어는 근동의 개념으로서 히타이트족이 처음 사용했으며, '왕들의 왕' 또는 제국의 지도자를 의미한다. 사사 시대 이스라엘이라는 배경에서 '위대한 왕'이란 홀로 인류의 필요를 채워줄 수 있는 메시아적 지도자를 의미한다.

목적. 사사기는 가나안 정복에서 왕정이 일어나는 시기까지의 이스라엘 역사를 기록한다. 또한 왜 위대한 왕이 필요한지에 대해 이야기를 풀어나간다. 저자는 수세기에 걸친 이스라엘의 영적인 몰락을 보여주면서, 이스라엘이 직면한 근원적인 문제는 일시적, 지엽적 지도자로서는 결코 해결할 수 없다고 주장한다. 드보라와 바락 그리고 기드온의 지도 아래 거둔 승리는 진정으로 대단하지만, 곧바로 이스라엘은 죄와 우상숭배에 빠진다. 후기 사사인 삼손과 입다는 무정부 상태를 겨우 모면하는 정도에 그친다. 17-21장은 이스라엘이 점차 배교의 나락으로 떨어져가는 시기를 그린다. 이 장들의 기록 위치는 연대순에 따른 것이 아닐 수 있지만 그 의도는 분명하다. 바로 하나님을 왕으로 모시지 않는 이스라엘의 처참한 모습을 보여주기 위함이다.

배경. 사사기는 모세오경, 여호수아서, 사사기, 사무엘서, 열왕기, 에스라서, 느헤미아서를 아우르는 '기본 역사서'의 하나이다. 모두 선지자들에 의해 쓰였을 것으로 추정되고, 역대기 역사서와 구별된다. 기본 역사서는 이스라엘 전체 역사의 이면을 보여주는 잘 짜인 메타내러티브(metanarrative)로서 대략 주전 1500년부터 400년까지 다수의 저자가 다양한 자료를 사용해 기록했다.

이러한 거시적 역사 틀에서 볼 때, 영웅과 선지자들, 구원자와 사사들, 왕과 정복자들의 이야기는 종종 비극적 결말을 맺는다. 하나님의 사람 모세는 약속의 땅에 들어가지 못한다. 정복자 여호수아는 가나안 땅을 완전히 정복하지 못한다. 사사들은 겨우 위기를 모면하지만 그 기간은 점점 짧아진다. 사울은 실패자이다. 다윗은 밧세바와 통간하고 그녀의 남편 우리아를 살해한다. 솔로몬은 수많은 아내와 말을 취하고, 우상숭배에 빠진다. 이스라엘과 유다의 많은 왕들은 몇몇 희망찬 순간을 제외하고는 왕국을 멸망의 수렁으로 몰아간다.

사사기의 연대

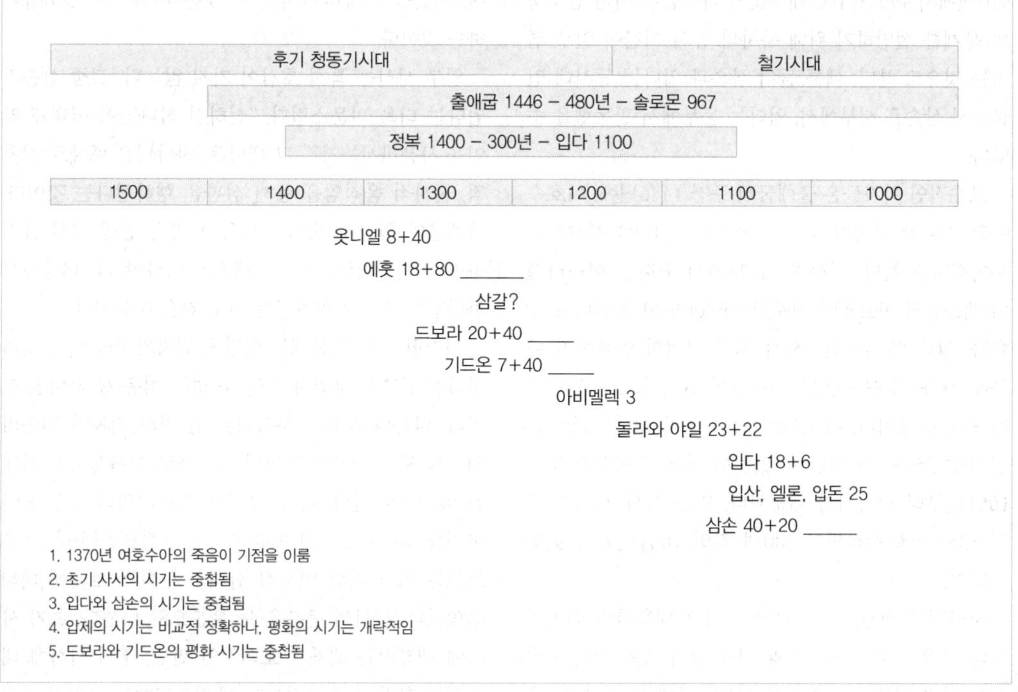

메타내러티브는 보다 큰 시각에서 이야기를 들려주는데, 사사기는 그 일부분이다. 성경신학자는 성경신학의 '중심' 또는 '주제'에 대해 이야기한다. 창세기부터 계시록까지 성경이 보여주고자 하는 바는 영광 가운데 계신 하나님이다. 하나님의 영광이라는 큰 주제를 위해 2개의 병행 주제가 제시된다. 즉 왕국 프로그램과 구속 프로그램은 서로 얽힌 채로 창세기 3:15('원시 복음', 해당 주석을 보라)부터 영원까지 계속된다.

사사기 저자는 이 땅의 왕국으로는 영원한 경건의 토대를 마련할 수 없음을 역설한다. 하나님은 이 땅의 왕이 이스라엘의 문제를 해결할 수 없음을 아셨다. 죄라는 인류의 거대한 문제는 구속자이자 왕이신 분을 필요로 한다.

이러한 이유에서 기본 역사서의 메타내러티브는 메시아를 향한 전주곡으로 보는 것이 타당하다. 메시아의 '씨앗'이 창세기 3:15에 예언되었고, 왕의 가계를 통해 면면히 이어졌으며, 선지자들은 그분을 위대한 왕으로 예언했고, 그분은 죄에 대해 고난을 받은 후 결국에는 영원토록 땅과 하늘에서 다스리실 것이다.

사사 시대에 '이스라엘에 없었던'(18:1) 왕은 단순한 이 땅의 국가수반이 아니다. 그 위대한 왕은 기름 부음을 받은 자 곧 왕(Messiah the Prince), 예수 그리스도이시다. 사사기는 영원과 그리스도를 가리키는 성경 전체 내러티브의 일부분을 이룬다. '예수'는 히브리어 '여호수아'에 해당하는 헬라어 이름으로서, 위대한 '구원자'이다.

여호수아의 죽음부터 왕정 확립까지의 기간은 대략 300년이다. 사사기는 가나안을 완전히 정복하지 못한 이후 이스라엘 지파의 격동기를 다룬다. 주변 정세 역시 격동의 시기였다. 이집트는 아마르나 시대(주전 15세기)의 혼란기를 거쳐 이집트 제19왕조의 람세스 2세와 메르넵타가 부상한다. 히타이트는 메소포타미아의 미탄니와 죽음의 결전을 벌였고, 지역의 군소 세력도 서로 다투었다. '해양 민족'이라고도 불린 에게해 민족의 일부였던 블레셋은 이 시기에 팔레스타인으로 이주하고, 이후 이스라엘에게 위협적인 존재가 된다.

사사의 통치 시기와 평화의 시기를 합산하면 대략 410년에서 490년이다. 대부분의 학자들은 이런 연도상의 문제를 설명하기 위해 사사의 통치 기간이 일부 겹치는 것으로 본다. 예를 들어 삼손과 입다는 동시대 인물로서 삼손은 서부에서, 입다는 동부에서 활동했을 수 있다.

보수적인 학자들은 출애굽이 주전 1446년에, 여호수아의 가나안 정복이 주전 1405년에서 1400년경에 이루어졌다고 본다. 사사기 11:26에서 입다는 이스라엘이 헤스본과 아로엘에 거주한 지 300년이 흘렀다고 말한다. 입다(와 삼손)는 사사 시대 말기의 인물이기 때문에 사사 시대는 주전 1400년에서 적어도 1100년까지 지속된 셈이다. 이 기간에 49년 내지 50년(도합 349년 또는 350년)을 더할 수 있는데, 사울의 통치가 주전 1051년부터 시작되기 때문이다. 또는 사사 시대가 주전 1351년에 시작되어 300년 후인 1051년에 끝났을 수도 있다.

사사기는 전쟁, 암살, 모반 그리고 대혼란의 이야기이다. 에훗이 에글론을 몰래 칼로 찔러 죽인 것이나 야엘이 천막 말뚝을 시스라의 관자놀이에 박아 넣은 것, 기드온이 왕들을 몰살한 것 등은 오늘날의 시각에서는 비윤리적으로 보일 수 있다. 이러한 윤리적 문제에 대한 접근은 많은 면에서 저주 시편(예를 들어 시 109:6-13)의 경우와 닮았다. 이스라엘의 적은 하나님의 적이며, 이들을 참혹하게 벌주는 것은 하나님을 영화롭게 하는 것이다.

일부 사사는 특히 호감이 가지 않는다. 그중 삼손과 입다는 더욱 의문스럽다. "선하신 하나님이 어떻게 악인을 사용하시는가?" 그 대답은, 하나님은 때때로 정치적, 군사적 움직임을 통해 심판을 행하신다는 것이다. 바벨론의 침공에 대해 하박국이 받은 설명 역시 그러하며, 바사의 전제 군주 고레스가 이사야 44-45장에서 하나님의 종으로 칭찬받은 것도 같은 이유이다.

이러한 윤리적 문제는 인간 구원자가 백성이 절실히 바라는 완벽한 구원자가 될 수 없는 이유 중 하나일 것이다. 다음의 개요는 사사기를 한 명의 저자가 기존의 역사적 자료를 가지고 단일 저작물로 기록했다는 가정을 바탕으로 한다. 이 중 프롤로그는 12명의 구원자 이야기를 다루는 2개의 에필로그와 병행을 이룬다. 프롤로그는 이 시기의 역사적 실패와 신학적 토대에 대해 설명한다. 사사의 목록은 두 부분으로 나뉜다. 초기 사사에 대해서는 대체로 호의적인 반면, 후기 사사에 대해서는 훨씬 덜 호의적이다. 에필로그에는 각자가 자기 생각대로 살아가는 사사 시대의 사회상이 적나라하게 그려진다.

개 요

Ⅰ. 두 프롤로그: 여호수아의 죽음 이후 이스라엘의 불순종으로 죄와 은혜의 순환이 반복되다(1:1-3:6)
- A. 순종과 실패의 기록(1:1-2:5)
  1. 배경 설정(1:1)
  2. 충성된 유다(1:2-21)
  3. 북부 지파의 실패(1:22-36)
  4. 이스라엘의 탄식(2:1-5)
- B. 죄와 은혜의 신학(2:6-3:6)
  1. 여호수아의 죽음과 그 이후에 대한 기록(2:6-10)
  2. 이스라엘의 우상숭배에 대한 기록(2:11-13)
  3. 하나님의 진노가 압제자들을 일으키다(2:14-15)
  4. 사사들이 세워져서 압제자들로부터 한숨을 돌리다(2:16-19)
  5. 언약을 어긴 죄 때문에 하나님이 진노하셔서 이방 나라를 쫓아내지 못하다(2:20-23)

6. 시험하고 벌주기 위해 남겨진 나라들(3:1-6)

Ⅱ. 열두 구원자를 통해 실패의 악순환이 드러나다(3:7-16:31)

초기 사사들:

A. 옷니엘: 사사기 순환의 모델(3:7-11)

1. 이스라엘의 우상숭배(3:7)
2. 이스라엘이 메소보다미아의 압제에 8년간 팔리다(3:8)
3. 구원을 향한 처절한 부르짖음(3:9a)
4. 구원자가 세워지다: 옷니엘, 그나스의 아들(3:9b-10)
5. 40년간의 평온(3:11)

B. 에훗: 왼손잡이 사사(3:12-30)

1. 모압 왕 에글론 압제 아래 18년(3:12-14)
2. 에훗의 비밀 임무(3:15-24)
3. 에글론 수하들의 방만한 대응(3:25)
4. 에훗이 탈출하여 에브라임을 소집하다(3:26-30a)
5. 80년간의 평온(3:30b)

C. 삼갈: 수수께끼 같은 막간 이야기(3:31)

D. 드보라: 이스라엘의 어머니(4:1-5:31)

1. 하솔에 대한 군사 작전(4:1-24)
   a. 하솔 왕 야빈이 20년 동안 학대하다(4:1-3)
   b. 여선지자 드보라가 용사 바락을 부르다(4:4-10)
   c. 겐 사람 헤벨이 소개되다(4:11)
   d. 기손 전투(4:12-16)
   e. 시스라가 야엘을 만나다(4:17-22)
   f. 야빈과의 긴 전투(4:23-24)
2. 드보라의 노래(5:1-31)
   a. 여호와를 찬송하라(5:1-5)
   b. 이스라엘의 어머니, 드보라(5:6-11)
   c. 이스라엘 지파를 소집하다(5:12-18)
   d. 기손 전투(5:19-23)
   e. 야엘: 가장 복 받은 여인(5:24-27)
   f. 시스라 어머니의 탄식(5:28-31a)
3. 40년간의 평온(5:31b)

E. 기드온: 작은 자 중의 작은 자(6:1-9:57)

1. 기드온 이야기의 서론(6:1-10)
   a. 7년간 행해진 미디안의 압제(6:1-6)
   b. 선지자가 전한 언약의 메시지(6:7-10)
2. 기드온이 이스라엘을 구원하라는 부름을 받다(6:11-40)
   a. 여호와의 사자가 기드온을 부르다(6:11-18)
   b. 기드온의 접대와 두려움(6:19-24)

c. 바알 제단과 아세라 상을 찍어버리다(6:25-27)
d. 요아스와 다투다(6:28-32)
e. 북부 지파를 소집하다(6:33-35)
f. 양털 징조(6:36-40)

3. 미디안의 패퇴(7:1-25)
a. 하롯의 진(7:1)
b. 겁 없는 자들을 선발하다(7:2-3)
c. 태평한 자들을 선발하다(7:4-8)
d. 기드온이 꿈 이야기를 엿듣다(7:9-14)
e. 전투를 준비하다(7:15-18)
f. 에스드라엘론 평원의 전투(7:19-23)
g. 에브라임을 소집하다(7:24-25)

4. 전투 이후(8:1-27)
a. 에브라임 지파를 달래다(8:1-3)
b. 숙곳과 브누엘이 돕지 않다(8:4-9)
c. 왕들을 사로잡고 미디안을 약탈하다(8:10-12)
d. 숙곳과 브누엘을 벌하다(8:13-17)
e. 세바와 살문나를 처형하다(8:18-21)
f. 기드온이 왕으로 추대되다(8:22-27)

5. 기드온의 평온 시대(8:28-35)
a. 40년간의 평온(8:28)
b. 기드온의 말년과 후손들(8:29-32)
c. 이스라엘이 하나님을 잊다(8:33-35)

6. 아비멜렉과 세겜의 멸망(9:1-57)
a. 아비멜렉의 반역과 요담의 대응(9:1-21)
(1) 아비멜렉이 반역을 일으켜 세겜의 왕이 되려 하다(9:1-6)
(2) 요담의 우화(9:7-15)
(3) 요담의 도전과 도망(9:16-21)
b. 세겜과 아비멜렉의 멸망(9:22-55)
(1) 3년의 격변기(9:22-25)
(2) 가알이 도전하다(9:26-29)
(3) 방백 스불이 반역을 경고하다(9:30-33)
(4) 가알이 패배하다(9:34-41)
(5) 세겜을 정복하다(9:42-45)
(6) 세겜의 망대를 불사르다(9:46-49)
(7) 아비멜렉이 데베스에서 죽다(9:50-55)
c. 요담의 저주가 성취되다(9:56-57)

후기 사사들:

F. 돌라와 야일: 2명의 소(小)사사(10:1-5)

1. 돌라: 23년간의 안정(10:1-2)
2. 야일: 22년간의 번영(10:3-5)

G. 입다: 버림받은 구원자(10:6-12:7)
1. 길르앗과 암몬의 도전(10:6-18)
a. 죄와 18년간의 억압(10:6-9)
b. 하나님이 근심하실 정도로 부르짖다(10:10-16)
c. 암몬과 길르앗의 소집(10:17-18)
2. 입다가 암몬에 맞서도록 부름 받다(11:1-11)
a. 입다가 소개되다(11:1-3)
b. 입다가 길르앗을 이끌기로 동의하다(11:4-11)
3. 암몬 전투(11:12-40)
a. 입다의 외교(11:12-28)
b. 입다의 어리석은 서원(11:29-33)
c. 입다의 딸(11:34-40)
4. 에브라임과의 내전(12:1-6)
5. 6년간의 평온(12:7)

H. 입산, 엘론, 압돈: 3명의 소(小)사사(12:8-15)
1. 입산: 7년간 다스린 가정적 사사(12:8-10)
2. 엘론: 스불론에서 10년간 다스리다(12:11-12)
3. 압돈: 나귀와 함께한 8년(12:13-15)

I. 삼손: 흠이 많은 구원자(13:1-16:31)
1. 블레셋이 40년간 이스라엘을 압박하다(13:1)
2. 놀라운 수태와 출산: 삼손이 소개되다(13:2-25)
a. 여호와의 사자가 마노아의 아내에게 나타나다(13:2-7)
b. 마노아가 하나님과 이야기하다(13:8-14)
c. 여호와의 사자 앞에 제사를 드리다(13:15-20)
d. 마노아 아내의 분별력(13:21-23)
e. 삼손이 태어나고 여호와의 영에 감동되다(13:24-25)
3. 삼손이 딤나에서 결혼하다(14:1-15:20)
a. 삼손이 블레셋 여자를 아내로 취하다(14:1-4)
b. 삼손이 여자를 만나러 부모와 함께 내려가다(14:5-9)
c. 삼손의 결혼식이 대참사로 끝나다(14:10-20)
(1) 잔치(14:10-11)
(2) 삼손의 수수께끼(14:12-14)
(3) 배반의 배반(14:15-20)
d. 삼손이 블레셋의 농작물을 망치다(15:1-8)
e. 삼손이 유다 사람에게 결박당하다(15:9-13)
f. 레히 전투(15:14-19)
g. 삼손이 20년간 다스리다(15:20)

4. 삼손의 욕망과 죽음(16:1-31)
   a. 삼손과 가사의 기생(16:1-3)
   b. 삼손과 들릴라(16:4-22)
      (1) 들릴라가 소개되다(16:4-6)
      (2) 힘의 근원에 대한 세 번의 시험(16:7-14)
      (3) 들릴라가 삼손의 비밀을 캐내다(16:15-17)
      (4) 삼손이 블레셋에 사로잡히다(16:18-22)
   c. 삼손의 수치와 복수(16:23-31)
      (1) 삼손의 수치(16:23-27)
      (2) 삼손의 복수(16:28-31)

Ⅲ. 두 에필로그: 극심한 영적 타락에 빠진 이스라엘이 나라를 안정시킬 위대한 왕을 요구하다 (17:1-21:25)

A. 단 지파의 우상숭배(17:1-18:31)
1. 에브라임의 우상숭배(17:1-13)
   a. 미가와 그의 어머니(17:1-6)
   b. 레위인을 제사장으로 삼다(17:7-13)
2. 단 지파가 움직이다(18:1-31)
   a. 단 지파의 정찰대가 미가의 제사장을 만나다(18:1-6)
   b. 단 지파가 새 정착지를 찾다(18:7-10)
   c. 600명이 에브라임으로 가다(18:11-13)
   d. 미가의 제사장이 변절하다(18:14-20)
   e. 미가와 다투다(18:21-26)
   f. 단(라이스) 지파에 우상숭배가 확립되다(18:27-31)

B. 베냐민 지파의 패악(19:1-21:25)
1. 레위인 첩의 처참한 살해(19:1-30)
   a. 레위인이 베들레헴에서 첩을 데려오다(19:1-9)
   b. 기브아로 가다(19:10-15)
   c. 기브아의 낯선 이가 친절을 베풀다(19:16-21)
   d. 패악한 기브아 주민들이 강간과 살인을 저지르다(19:22-26)
   e. 참혹한 방법으로 지파들을 소집하다(19:27-30)
2. 범죄자들을 처단하기로 결의하다(20:1-17)
   a. 미스바에서 지파들을 소집하다(20:1-7)
   b. 베냐민을 벌하기로 동의하다(20:8-11)
   c. 베냐민이 온 이스라엘을 치려고 나오다(20:12-17)
3. 내전과 베냐민의 패배(20:18-48)
   a. 하나님께 묻다(20:18)
   b. 첫 번째 공격이 실패하다(20:19-23)
   c. 두 번째 공격마저 실패하다(20:24-28)
   d. 세 번째 기습 공격이 성공하다(20:29-48)

4. 잃어버린 지파를 복원하다(21:1-24)
   a. 이스라엘 지파의 딜레마(21:1-7)
   b. 야베스 길르앗을 파괴하다(21:8-12)
   c. 베냐민에게 아내를 구해주다(21:13-15)
   d. 실로에서 아내를 더 구하다(21:16-24)
5. 후렴구: 이스라엘에 왕이 없다(21:25)

주 석

I. 두 프롤로그: 여호수아의 죽음 이후 이스라엘의 불순종으로 죄와 은혜의 순환이 반복되다(1:1-3:6)

여호수아의 노력을 이어가는 최선의 목표가 있음에도 불구하고 이스라엘이 실패하는 역사적 과정이 그려진다. 실패의 원인은 윤리적이며 신학적이다. 이스라엘은 여호와를 잊었고, 하나님이 없는 것처럼 살기 시작했다. 이스라엘의 죄 문제에 대한 진정한 해결책은 하나님의 은혜뿐이다.

A. 순종과 실패의 기록(1:1-2:5)

첫 프롤로그에는 여호수아서의 내용과 병행을 이루는 이야기가 나오며, 이는 두 번째 프롤로그에 나오는 영적 실패의 배경이 된다. 상당수의 가나안 족속이 이스라엘 내에 머물게 되었고, 이는 결국 이스라엘의 몰락으로 이어진다.

1. 배경 설정(1:1)

1:1. **여호수아가 죽은 후**라는 구절은 사사기 전체의 배경이 된다. 백성은 **누가 먼저 올라가서 가나안 족속과 싸울** 것인지 묻는다. 기적을 동반한 모세와 여호수아의 시대는 지나갔고, 그 이후로 뚜렷한 지도자가 부상하지 않았다. 하나님이 선택하고 능력을 부여하신 지도자는 아직 나타나지 않는다. 두 번째 프롤로그에 여호수아의 죽음이 다시 부연된다(2:8; 참고. 수 24:29).

2. 충성된 유다(1:2-21)

이 프롤로그의 목록에 모든 지파가 다 수록된 것은 아니지만, 남쪽의 유다 지파에서 시작해서 북쪽으로 이어진다.

1:2. 이스라엘의 질문에 하나님은 유다가 먼저 가나안을 치러 올라가라고 대답하신다. 유다는 시므온과 함께 가나안을 치러 올라가는데, 이러한 노력은 이후에도 지속된다. 이 사건은 여호수아 15-17장의 기록과 어느 정도 병행을 이룬다.

1:3-5. **가나안 족속**은 가나안에 살고 있는 모든 원주민을 가리킨다. **브리스 족속**이라는 단어는 '마을 사람들'[히브리어로 페라존(*perazon*), 삿 5:7]이라는 말과 관련이 있다. 따라서 브리스 족속은 마을 거주민으로서 산지의 성벽이 없는 촌락에 거주하는 농민들이었고, 가나안 족속은 도시 거주민이었다.

만 명이 죽임을 당했다. 구약 연구의 난제 중 하나는 큰 숫자가 종종 나타난다는 사실이다. 대부분의 학자는 여러 사건에서 기록된 인구나 파병 군대의 크기, 살해된 숫자가 사실과 달리 과장된 것으로 본다. 주석가들은 다양한 설명을 시도하지만, 모든 것을 설명하지는 못한다. 전통적으로 '천'으로 번역된 히브리어 엘레프(*eleph*)를 달리 이해하려는 시도가 있다. 하지만 엘레프를 '군중', '부족' 또는 '부대 단위'로 해석할 경우 일부 문제는 해결될 수 있지만 다른 문제는 오히려 더 어려워질 수도 있다. 숫자에 대해서는 너무 교조적으로 접근하지 않는 것이 낫다.

1:6-7. **아도니 베섹**['베섹의 왕']이 죽임을 당한다. 베섹은 사무엘상 11: 8에도 사울이 군대를 소집한 곳으로 등장하는데, 지리적인 위치를 파악하기가 쉽지 않다. 예루살렘에서 북서쪽으로 32킬로미터쯤 떨어진 곳에 위치한, 게셀 북동쪽의 키르벳 베스쿠 유적이 후보지의 하나이다.

엄지손가락과 엄지발가락을 자르는 것은 패퇴한 왕들에게 수치를 주기 위함이다. 아도니 베섹 역시 자신의 적에게 같은 짓을 했음을 고백하며, 똑같은 대접을 받는다. 사로잡힌 왕족의 수족을 자르고 수치를 주는 것은 고대 근동의 전쟁사에서 흔히 있는 일이었다. 고대 유적에서 엄지손가락과 엄지발가락을 자른 예를 찾기는 쉽지 않지만, 결박된 포로가 무릎을 꿇고 있거나 수족이 잘린 사례는 많다. 또한 이집트의 유적에서 잘린 손 무더기가 흔히 발견되곤 한다.

1:8. 여기서 나오는 **예루살렘**은 베냐민에게 분배되었지만 베냐민 지파가 취하지 못했던 여부스 족속의 요새(21절)와는 다른 곳이다. 요새화되지 않은 서편의 언덕을 지칭하는데, 오늘날의 시온산을 가리키며, 현대의 옛 예루살렘 유대인 구역과 아르메니아인 구역을 포함한다. 이 지역에서 출토된 유물 중에서 후기 청동기시대의 것으로 추정되는 것은 몇몇 질그릇 조각이 전부이다.

1:9-15. 유다는 **남방**과 **헤브론** 그리고 **기럇 세벨**의 가나안 족속을 무찌른다. **남방**[Negev]은 이스라엘 남부의 건조 지역을 가리킨다. **헤브론**은 예루살렘 남쪽 약 32킬로미터에 위치하며, '드빌'로도 불리는 **기럇 세벨**은 헤브론 남서쪽 약 18킬로미터에 위치한다.

1:16-17. 모세의 장인 이드로는 **겐 사람**으로 미디안의 제사장이었다(출 18:1). 이드로의 제사장직은 멜기세덱의 일반 계시 제사장직과 연관이 있다(창 14장의 주석을 보라). 겐 사람은 셈족 유목민으로 시나이 지역에서 거주했다. 이들이 남방으로 이주한 사실은 이스라엘과 연합했음을 보여준다. 초기부터 사막 지역의 일부 유목민에게는 유일신 전통이 있었다. **아랏**, **스밧** 그리고 **호르마**의 정확한 위치는 알기 어렵다. 호르마는 '폐허'를 뜻하며, 이는 이스라엘이 이 지역을 파괴했음을 기념하는 것으로 보인다. 스밧은 '망보는 곳'을 뜻하는 듯하며, 근처의 고지대와 연관이 있을 수 있다.

1:18. 유다는 **가사**, **아스글론**, **에글론** 3개의 블레셋 성읍을 점령한다. 이는 이 지역에 대한 유대인의 정복과 정착이 제2 후기 청동기시대(주전 1400-1200년)에 이루어졌음을 뜻한다. 만약 사사 시대가 블레셋이 이 지역을 관할하게 되는 더 늦은 시기에 도래했다면, 이러한 진술은 신빙성이 떨어진다. 가드 근방의 라기스에서 발굴된 고고학적 자료에 의하면, 가사에서 돌에 이르는 해안 평원 지대는 적어도 주전 1158년부터 블레셋의 강력한 지배를 받는다. 따라서 이 시기 이전에 이스라엘이 해안 평원의 성읍을 접수했다고 보는 것이 정황상 맞다. 이 세 성읍은 모두 해안선에 위치하며, 국제 무역로 상에 위치한 거점으로서 유다는 이 성읍들을 오래 점령하지 못한 듯하다. 블레셋은 이 지역으로 들어온 후 이스라엘과 조우하기 전에 먼저 이집트와 패권을 다투게 된다.

1:19-20. 유다가 골짜기에 사는 가나안 족속을 몰아내지 못하는 것은 그들에게 **철 병거**가 있었기 때문이다. 이 진술은 18절과 상반된 것처럼 보이기도 하는데 18절의 승리는 부분적인 승리로 볼 수 있다. 갈렙은 **모세가 명령한 대로** 헤브론을 받는다(참고. 수 15:13).

1:21. 예루살렘에 거주하는 **여부스 족속**은 여호수아 10장에서는 아모리 족속에 포함되는 것으로 나오지만, 혼합 혈통일 수도 있다. 에스겔 16:3은 예루살렘의 근본이 가나안, 아모리, 헷 사람이라고 말한다. 나중에 다윗이 성전 부지로 구입한 타작마당의 소유자는 여부스 사람 아라우나였다. 아라우나라는 이름은 후르리어 단어 에우리네(*ewrine*, '주')로서 고유 명칭이 아닐 수도 있다.

3. 북부 지파의 실패(1:22-36)

1:22-25. 요셉 가문이 벧엘을 정탐하게 하였는데. 이들 정탐꾼은 '무장 정찰대원'으로서 여호수아가 라합에게 보냈던 2명의 첩보원(수 2장)과는 구별되는 것으로 보인다. **정탐하**다는 단어는 '관찰하다'는 동사에서 파생되었다. 성읍을 배반한 젊은이가 구원받은 이야기는 라합 이야기의 병행이다. **선대**는 히브리어로 헤세드(*chesed*)이며, 이는 언약에 기반을 둔 하나님의 변함없는 사랑을 가리키는 단어이다.

1:26. 요셉 가문이 성읍을 점령하도록 도와준 사람과 그 가족은 대략 오늘날의 수리아에 해당하는 북쪽 **헷 사람들의 땅**으로 도망치도록 허락받았다. 당시 헷 사람들은 갈릴리 바다 북서쪽으로 48킬로미터쯤 떨어진 리타니강 북부 지역을 관할했다.

1:27-36. 이 부분은 여호수아 13장과 병행을 이룬다. 세부 사항이 추가되었지만 전반적인 상황에는 변화가 없다. 많은 지파가 자기 지역 내의 가나안 족속을 몰아내는 데 어려움을 겪는다.

므낫세 지역에는 이스르엘 골짜기의 주요 성읍들이 포함되었다. **벧스안**은 요단강을 건너는 전략적 요충지였는데, 가나안족과 이집트인이 관할했다. 나중에 블레셋이 이 지역을 장악하고, 사울 왕의 시체를 성벽에 매단다(삼상 31:2, 8-10).

4. 이스라엘의 탄식(2:1-5)

2:1-5. 가나안 족속의 철 병거에 대한 무방비가 이스라엘의 가장 큰 문제는 아니었다. 하나님을 전심으로 섬기지 않음으로써 이스라엘은 실패했고, 이는 사사 시대의 배경이 된다. 이스라엘은 내부와 외부의 적으로 인해 실패를 반복하는 악순환을 겪는다. 이스라엘은 하나님의 말씀에 순종하지 않고 가나안의 제단을 헐지 않으며, 이로 인해 가나안은 그들의 옆구리에 가시가 되고 가나안의 신들은 올무가 된다. 이스라엘이 가나안 족속을 몰아내지 못함으로써 이방 문화가 잔존할 뿐 아니라 일부 지역에서는 이것이 번성하여 철기시대까지 이어진다(주전 1200년경에 시작). 결국 이스라엘이 아니라 제1 철기시대의 블레셋이 가나안 족속을 몰아낸다.

B. 죄와 은혜의 신학(2:6-3:6)

두 번째 프롤로그에는 사사 시대의 신학적 배경이 소개되면서 여호와와 그가 행한 일을 알지 못하는 세대의 이야기가 펼쳐진다. 부모 세대가 자녀 세대를 제대로 가르치지 못했기 때문에 이 시기의 이스라엘은 도덕적, 영적 나락으로 빠진다. **여호와**를 섬긴 자들(7절)과 **바알들**을 섬긴 자들(11절)이 극명한 대조를 이룬다. 경건의 본질은 참되신 왕, 즉 이스라엘의 하나님께 기꺼이 복종하려는 마음이며, 악성의 본질은 점점 이방 신에게 복종하려는 마음이다. 사악한 문화에 둘러싸인 이스라엘은 점차 세속 문화의 세계관에 물들어갔으며, '바알들'을 숭배하기 시작했다. 본문의 내용을 통해 가나안의 도시 우가리트에서 볼 수 있는, 가나안이 받아들인 종교와 모든 산마루와 그 제단에서 섬기는 개별 바알들을 포함한 이 지역 토속 종교의 차이점을 알 수 있다. 가나안의 종교는 매춘과 방탕한 축제 등의 유사 마술을 통해 땅과 짐승 및 사람의 다산을 강조한다. 이러한 종교 체계는 많은 이스라엘 백성에게 큰 유혹이 되었다.

이스라엘의 죄 문제에 대한 해답은 단번에 주어지지 않는다. 점진적으로 계시를 보여주시는 하나님은 이 시점에서 죄는 사회를 부식시키며 그분의 은혜 없이는 해결될 수 없다는 사실을 가르쳐주신다. 하나님의 능력을 힘입은 일시적 해결책, 즉 사사들조차 근본적인 죄 문제의 해답이 될 수 없다. 가장 깊은 수준에서 보면, 이는 결국 위대한 왕, 즉 메시아의 필요성에 대한 하나의 실례인 셈이다.

1. 여호수아의 죽음과 그 이후에 대한 기록(2:6-10)

2:6. **이스라엘 자손이 각기 그들의 기업으로 가서 땅을 차지하였고**. 이는 땅을 정복하라는 하나님의 말씀에 따른 가장 이상적인 귀결이다. 이 구절은 연대적으로 여호수아 24:28에 이어진다.

2:7. **여호와를 섬겼더라**에 나오는 '섬기다'는 단어는 히브리어로 에웨드(*`ewed*)이며, 11절에서는 바알들을 섬기는 단어로 나온다. 혼합주의보다는 대조에 초점이 있다. 하나님께만 드려야 할 예배를 불법적으로 바알들에게 드렸다. **장로들 곧 여호와께서 이스라엘을 위하여 행하신 모든 큰 일을 본 자들**. '일' 또는 '행하심'은 하나님이 출애굽과 정복 시기에 하신 기적들을 가리킨다. 이러한 놀라운 능력들은 이스라엘 역사의 기초를 이루지만 여호수아의 사역이 끝나면서 함께 중지되고, 수백 년 후에 엘리야와 엘리사의 선지 사역이 기적을 통해 증명될 때까지 재현되지 않는다. 이러한 인증 기적은 신약 시대에 다시 재현되었다가 사도 시대가 끝나면서 함께 종결된다(엡 2:20; 히 2:3-4).

2:8-10. **그 후에 일어난 다른 세대는 여호와를 알지 못하며**. 여기에서 '알다'라는 단어[히브리어로 야다(*yada'*)]는 개인적, 경험적 지식을 뜻하며, 단순한 지적 지식을 뜻하지는 않는다. 한 세대가 하나님과 필수적인 관계를 맺지 않은 채로 성장했다는 사실은 그들의 부모 세대에 대해 많은 점을 시사한다. 신명기 6장은 자녀에게 하나님의 율법을 열정적으로 가르쳐야 한다고 엄중히 명령한다.

2. 이스라엘의 우상숭배에 대한 기록(2:11-13)

'사사기 순환'으로 불리는 도식이 소개된다. 각 순환에는 다음 요소들이 대략 순서대로 반복된다. '죄'(유대 백성이 우상숭배에 빠진다)—'압제'(외세가 침략하여 이스라엘을 다스린다)—'간구'(유대 백성이 하나님께 부르짖는다)—'구원'(하나님이 사사를 세워 외압으로부터 이스라엘을 해방시키신다).

2:11. 여기에서 **악**으로 번역된 단어는 히브리어로

하라(*hara'* 문자적으로 '그 악' 또는 '그 악한 것')이다. 구약에서 악은 보통 라(*ra'*)이며, 악의 추상적 성격을 강조하여 대개가 부정형으로 표현된다. 저자는 여기에서 정관사를 사용하여 이들이 '바알들'을 섬기는 악을 특정화한다.

일부 학자는 이들의 악을 이방 아내를 취한 것으로 본다. 그러나 반복되는 **이스라엘 자손이 여호와의 목전에 악을 행하여**라는 구절은 이스라엘이 가나안의 방탕한 종교 관습과 음란에 빠지는 것을 가리킨다['B. 죄와 은혜의 신학(2:6-3:6)'에 나오는 바알 숭배에 관한 해설을 보라]. 가나안 족속을 약속의 땅에서 몰아내지 못한 실패는 타락이 만연한 문화적 배경을 만들었다. 가나안의 이스라엘 2세대는 극도로 타락한다.

이스라엘 자손이 여호와의 목전에 악을 행하여. 이 구절은 이스라엘이 외세의 강한 압제를 받을 때마다 반복된다(2:11; 3:7, 12; 4:1; 6:1; 10:6; 13:1). 이 표현은 하나의 후렴구로서 이스라엘의 악이 점차 심화되고 있음을 나타낸다.

13절에서는 **바알**이 단수로 나오는 반면, 여기에서는 복수인 **바알들**로 표현된 이유는 무엇일까? 바알(Baal), 얌(Yam) 그리고 아세라(Asherah) 신화에는 오직 하나의 바알만 등장한다. 이들 신화에 따르면, 위대한 신 엘(El)은 냉담하고 무관심한 지배자이며 멀리 떨어진 산에 거주한다. 그 아래에서 바알은 다산의 신으로서 때를 따라 내리는 비를 관장한다. 바알은 혼돈의 괴물 얌(*Yam*, '바다'), 모트(*Mot*, '죽음')와 충돌을 일으키는데, 이러한 갈등이 가나안 종교의 핵심을 이룬다. 창녀 여신인 아낫(Anat) 및 아세라와 함께 바알은 가나안 방탕의 전형이다. 이들의 신학에 따르면, 바알은 이들 여신과 성적인 관계를 맺음으로써 땅에 풍요를 가져온다. 이들의 숭배자들 역시 신의 이름으로 종교적 성행위에 동참함으로써 신의 가호를 받게 되며, 바알은 숭배자들의 농작물과 가축 그리고 자녀에게 풍작과 다산을 허락한다.

'바알들'이라는 표현은 바모트(*bamot*)로 불리는 산마루 신전들에 그려진 다양한 바알의 모습을 가리킨다. 불행히도 많은 이스라엘 백성이 유혹적인 토속신앙에 물들었다.

2:12-13. 이스라엘이 **다른 신들을 섬겼다**는 표현은 가나안 종교의 다신교적 특성을 가리킨다. 페니키아인, 모압인, 블레셋인 등 제 민족은 다양한 신들과 여신들을 섬겼는데, 이들 대부분은 다산 숭배 유형을 따른다. 또한 많은 경우에 이들 신들에게서는 사악하거나 색욕적인 요소가 발견된다. 가나안과 이스라엘 정착지의 유적에서 이런 신들의 돌상 또는 금속상이 다량 출토되었다.

3. 하나님의 진노가 압제자들을 일으키다(2:14-15)

2:14-15. 하나님이 이스라엘을 **노략하는 자**의 손에 넘기시자 이스라엘은 자체적 방어력을 완전히 상실한다. **그들이 어디로 가든지 여호와의 손이 그들에게 재앙을 내리시니**. 이 진술은 여호수아 1:5에서 여호수아에게 주신 하나님의 약속과 극명한 대조를 이룬다. "네 평생에 너를 능히 대적할 자가 없으리니." 이스라엘이 하나님의 율법을 지켰더라면 하나님은 그들에게 성공을 주셨을 것이다. 이스라엘의 극심한 고통은 그들의 불순종에 대한 하나님의 심판을 뜻했다.

4. 사사들이 세워져서 압제자들로부터 한숨을 돌리다(2:16-19)

2:16. **여호와**께서 이스라엘을 구원하도록 사사들을 세우신다. 사사들은 하나님이 일으키신 압제자에 대항했다. 하나님은 이스라엘에게 경건을 가르치기 위해 압제자와 사사를 사용하신다.

2:17. 그러나 이스라엘은 하나님을 따르지 못한다. 그들의 실패 이유는 명확하다. (1) **그들이 그 사사들에게도 순종하지 아니하고**. 그들은 사사를 따르지 않았다. (2) **오히려 다른 신들을 따라가 음행하며 그들에게 절하고**. '절하다'는 곧 숭배를 뜻하며, 전심으로 삶을 신에게 바치는 것을 의미한다. 이는 곧 영적인 불충 또는 간음을 뜻한다. (3) **여호와의 명령을 순종하던 그들의 조상들이 행하던 길에서 속히 치우쳐 떠나서**. (4) **그와 같이 행하지 아니하였더라**.

2:18-19. 이스라엘이 대적에게 압박을 받을 때 하나님은 그들을 불쌍히 여기신다. 그래서 사사들을 세워서 구원하신다. 그러나 사사로 인한 성공은 길지 못했다. 이스라엘의 구원은 사사의 죽음까지만 지속되었다. 여기에서 위대한 인간 지도자를 통한 구원은 언제나 한계가 있다는 사실이 잘 드러난다. 인간의 가장 깊은 문제를 해결할 수 있는 구원자는 능력이 무한해야

할 뿐 아니라 삶을 근본적으로 변화시킬 수 있어야 한다. 그 외의 구원자는 결국 한계가 드러날 수밖에 없다.

5. 언약을 어긴 죄 때문에 하나님이 진노하셔서 이방 나라를 쫓아내지 못하다(2:20-23)

2:20-21. 이스라엘은 반복적으로 하나님의 **언약**을 어기고, 하나님은 그들에게 **진노**하신다. 이스라엘은 단지 혈통과 문화를 공유한 집단이 아니다. 그들은 명백히 하나님의 선택을 받은 나라이며, 하나님의 목적을 위해 만들어졌다. 그들은 영원히 하나님과의 언약 관계로 존재해야 한다. 하나님의 목소리를 듣고 순종하는 것이 그들의 기본적인 의무이다.

2:22-23. 하나님이 가나안 족속과 여러 나라를 남겨두신 목적은 이스라엘을 **시험**하기 위해서이다. '시험'이라고 해서 하나님이 그 결과를 모르신다는 뜻은 물론 아니다. 시작과 끝을 아는 하나님은 이스라엘이 실패할 것을 분명히 아셨다(신 31:29). 하나님의 의도는 반복되는 실패를 경험적으로 보여줌으로써 이스라엘이 하나님과 구원의 관계를 맺어야 한다는 사실을 깨닫게 하는 것이었다.

6. 시험하고 벌주기 위해서 남겨진 나라들(3:1-6)

3:1-2. 가나안에 남겨진 여러 민족은 이스라엘을 시험하기 위해서이다. 이는 곧 **이스라엘 자손의 세대 중에 아직 전쟁을 알지 못하는 자들에게 그것을 가르쳐 알게 하려**는 의도였다. 그러나 2:22에 따르면 하나님이 이스라엘을 시험하시는 목적은 그들이 하나님께 순종하는지 보기 위함이다(참고. 3:4). 가장 이상적인 것은 이스라엘 전체가 경건과 순종을 이루고, 이를 통해 하나님이 그들을 가나안에 평화롭고 확실하게 정착시키시는 것이다. 그러나 죄로 물든 이스라엘은 점점 더 타락했고 전쟁은 끊이지 않았다. 평화의 왕이 다시 오시기까지 이스라엘의 모든 세대는 위협과 폭력을 경험할 수밖에 없었다. 가나안의 민족들은 두 가지 목적을 위해 존재했다. 먼저, 이스라엘은 실패했고 따라서 메시아를 필요로 한다는 것을 보여주기 위해서이다. 또한, 이스라엘이 실패의 대가로 끊임없는 폭력과 전쟁에 시달리도록 하기 위해서이다.

3:3. 블레셋의 다섯 군주들이라는 구절에 대해 시대착오적 오류라고 생각하는 학자들이 있다. 블레셋은 아브라함 때에도 가나안에 있었다. 아브라함은 그랄 왕 아비멜렉과 조우한 적이 있는데, 그는 블레셋 사람이었다(창 21-22장). 아마도 해안가에 소규모로 거주했던 것으로 보이며, 이집트의 속국이었을 것이다. 블레셋은 철기시대가 도래할 무렵(주전 1200년경) 대규모로 이 지역으로 이주한다. 또한 사사기의 편집이 이루어진 시기는 왕정 초기(주전 1000년경)였으므로, 블레셋의 다섯 군주는 그 당시 이 지역에 해당하는 이름이었을 수도 있다.

3:4-6. 가나안에 남은 나라들은 이스라엘이 하나님을 순종하는지 시험하기 위한 것이었다(1절의 주석을 보라). 불행히도 이스라엘은 정복하지 못한 이들 나라의 딸들과 통혼했고, 그들의 신들을 섬겼다. 그들은 시험을 통과하지 못한다.

Ⅱ. 열두 구원자를 통해 실패의 악순환이 드러나다(3:7-16:31)

초기 사사들:

12명의 사사가 종종 언급되지만, 사실상 주요 사사는 6명이다. 또한 삼갈은 엄밀히 말하면 사사가 아니다. 아비멜렉은 찬탈자였으며 사사에 포함되지 않는다. 5명의 소사사는 이름만 알려질 뿐, 그들의 압제자가 누구인지 그들이 어떤 전쟁을 치렀는지에 대해서는 아무 기록이 없다.

3장에서 10장까지에는 첫 번째 주요 사사 그룹인 옷니엘, 에훗, 드보라 그리고 기드온의 이야기가 기록되어 있다. 이들은 대체로 호감을 주는 인물들로서 이스라엘의 한 지역을 관장했고, 일부는 그 시기가 중첩되는 것으로 보인다. 이들에 대한 도덕적 평가는 우호적인 편인데, 점차 악화되는 경향을 보인다. 두 번째 사사 그룹에는 입다와 삼손(그리고 5명의 소사사들)이 포함된다. 이들 두 사사는 후기 인물이었을 것이며(아마도 주전 1100년경 전후) 그 시기가 중첩되는 것으로 보이는데, 삼손은 요단 서편을 입다는 요단 동편을 관할한 것으로 추정된다. 입다와 삼손에게는 존경받을 만한 모습이 거의 없다. 입다는 딸을 번제로 드렸으며(11:31, 39) 내전을 촉발했다(12:1-6). 삼손은 통제 불능의 말썽꾼으로서 많은 블레셋 사람들을 죽이지만 이스라엘에 대한 블레셋의 억압을 분쇄하지는 못했다.

이스라엘이 악을 행했다는 진술이 지속적으로 반복

주요 사사 및 대적의 개략적 위치

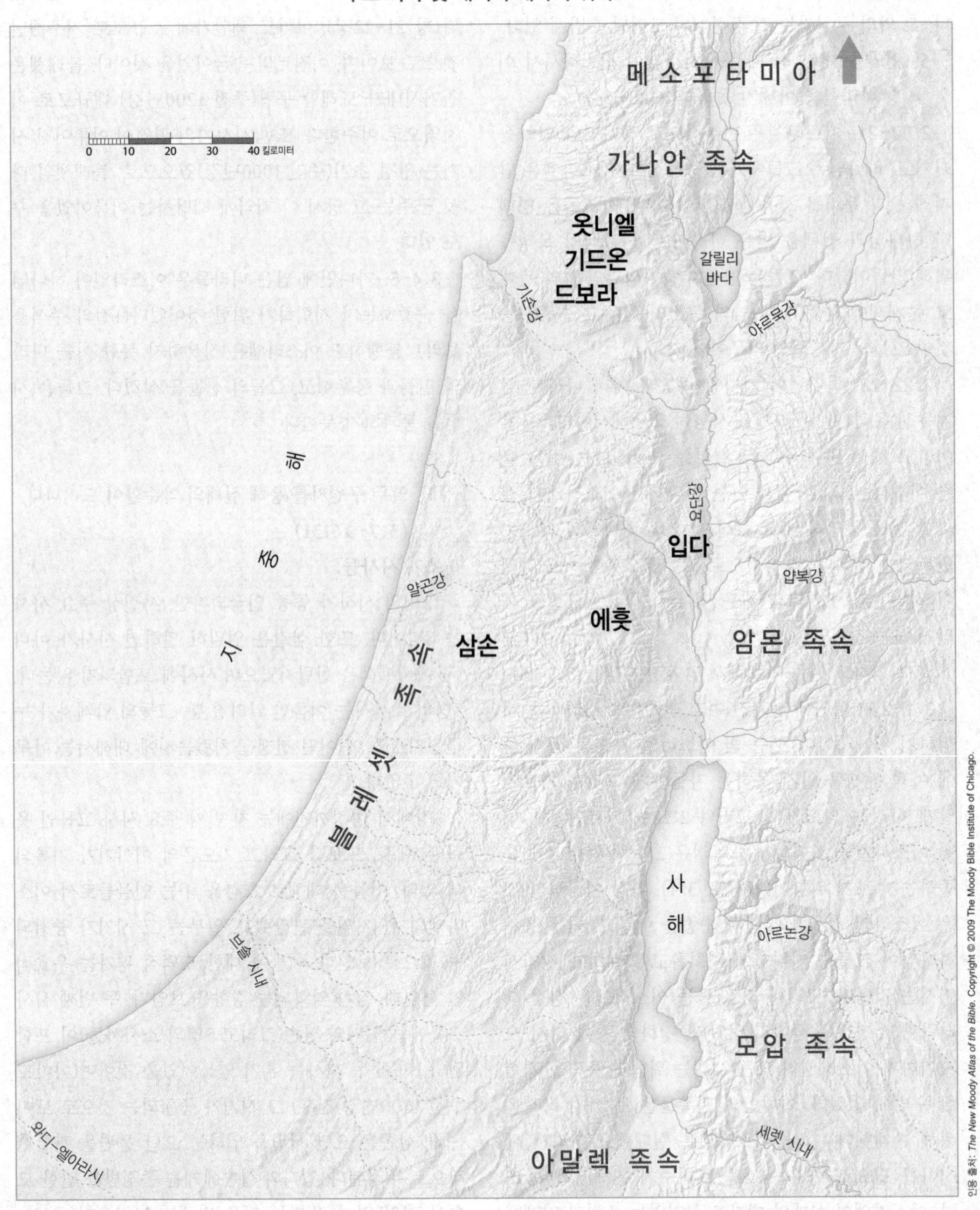

되는데(2:11; 3:7, 12; 4:1; 6:1; 10:6; 13:1), 이는 이스라엘에게 진정으로 경건한 지도자가 필요하다는 사실을 보여준다. 물론 그 이후로 왕들조차 경건한 지도력을 유지하는 데 실패한다.

A. 옷니엘: 사사기 순환의 모델(3:7-11)

옷니엘에 대한 간략한 서술이 나온다. 그의 통치기는 사사기 순환의 유형을 보여주기 위한 것이다.

1. 이스라엘의 우상숭배(3:7)

3:7. 이스라엘 자손이 여호와의 목전에 악을 행하여. 이들의 잘못은 두 가지이다. **자기들의 하나님 여호와를 잊어버리고 바알들과 아세라들을 섬긴지라.** 언약을 어기는 죄는 하나님과의 기본적인 관계를 망각하는 데서 시작한다. 이스라엘은 자신이 누구이며 여호와가 누구이신지를 잊었고, 그 결과 주변 나라들과 똑같이 행동하기 시작한다.

2. 이스라엘이 메소보다미아의 압제에 8년간 팔리다(3:8)

3:8. 메소보다미아의 압제를 필두로 많은 압제가 뒤따르는데, 이스라엘과 어느 정도 멀리 떨어진 적대 세력으로는 메소보다미아가 유일하다. 이후의 모든 압제국은 근방 세력이다. **구산 리사다임**['이중으로 악한 구산', 이스라엘이 붙인 별명일 것이다]에 대해서는 알려진 바가 거의 없다. 여기에 나오는 압제자는 **메소보다미아**[히브리어로 아람-나하리임(Aram-Naha-riyim), 문자적으로 '두 강의 아람']인데, 이는 메소보다미아 충적평야의 북서쪽에 해당하는 아람 또는 수리아 지역을 가리킨다.

이 시대의 지역 열강(이집트, 미탄니, 히타이트) 역사 속에는 이 짤막한 진술의 내용이 전혀 등장하지 않는다. 아마도 구산은 군소 군벌로서 동시대 주요 열강의 주목을 끌지는 못했던 것으로 보인다.

3. 구원을 향한 처절한 부르짖음(3:9a)

3:9a. 이스라엘 자손이 여호와께 부르짖으매 여호와께서 이스라엘 자손을 위하여 한 구원자를 세워 그들을 구원하게 하시니. 구원자(사사)는 아무런 희망이 없는 사람들을 구해내는 자이다. 성경은 죄인에게 필요한 것이 단순히 교사나 의사가 아니라 구세주임을 분명히 밝힌다. 사람의 문제는 죄로 인해 병들거나 의로 교육받지 못하는 것에 국한되지 않는다. 인류는 **허물과 죄로 죽었고**(엡 2:1), 하나님의 은혜로만 구원받을 수 있다.

4. 구원자가 세워지다: 옷니엘, 그나스의 아들 (3:9b-10)

3:9b-10. 갈렙의 아우 옷니엘은 여호수아보다 어리지만 동시대 인물로서 하나님의 능력을 힘입어 구산 리사다임을 압도한다. 옷니엘은 유다 지파이지만 전투는 북쪽에서 이루어졌을 것이다.

5. 40년간의 평온(3:11)

3:11. 그 땅이 40년간 평온을 누린 이후에(기간은 대략적 수치로 추정된다), 옷니엘이 죽는다. 압제로부터의 평온은 사사가 살아 있는 동안만 유지된다.

B. 에훗: 왼손잡이 사사(3:12-30)

그다음 등장하는 (사사의 행적에 대해 자세한 이야기가 기술된) '주요' 사사는 에훗이다. 모압 왕이 이끄는 연합 세력은 종려나무 성읍, 즉 여리고를 접수하는데, 에훗은 이들과 일전을 벌인다.

삿

1. 모압 왕 에글론 압제 아래 18년(3:12-14)

3:12. 모압은 사해 동쪽에 위치한 사막 왕국으로서 북쪽은 사해 중앙의 아르논강, 남쪽은 사해 남단의 세렛강이 경계를 이룬다. 후기 청동기시대에는 이 지역에 어느 정도 인구가 거주했다. 고고학자 넬슨 글룩(Nelson Gleuck)은 이 지역에서 이 시기에 해당하는 22개의 성읍 또는 촌락의 유적을 발견했다.

3:13-14. 암몬은 아르논강으로부터 모압 북쪽의 얍복강에 이르는 고원지대의 왕국이다. 아말렉은 반유목민족으로 이 지역에 흩어져 살았다. **종려나무 성읍**(여리고)은 여호수아에 의해 파괴되었고, 이 시기에는 폐허였다. 에글론은 여리고 동편 비옥한 평지에 여름 궁전을 세웠던 것 같다.

2. 에훗의 비밀 임무(3:15-24)

현대의 군 지휘관들은 에훗의 행동을 '특수 작전'이라고 부를지도 모르겠다. 그는 암살 임무를 수행하기 위해 거짓 외교관 행세를 한다. 에훗은 주도면밀하게 계획했고, 적절한 무기를 준비했으며, 최상의 상황을 선택했다. 은폐, 접근, 실행, 철수를 치밀하게 계획한 그는 이후 지파를 소집할 생각이었다. 에훗의 행동은 세밀하게 준비된 전쟁 행위였다. 사실 이 전쟁은 침략자이자 압제자인 에글론이 시작한 것이다. 따라서 에훗의 이야기에 내재적 윤리 문제는 없다고 볼 수 있다.

3:15. 에훗은 **왼손잡이**였다. 역사와 문학을 통해 볼 때 왼손잡이들은 오명을 썼다. 고고학적 자료에 의하면 왼손잡이는 심각한 군사적 위협으로 간주되지 않았다. 전승 기념비에 보이는 인물상은 거의 오른손잡이다. 예를 들어, 이집트 왕 투트의 나무상자에 새겨진 유명한 전차 장면에서 왕은 오른손으로 화살을 당긴다. 이집트의 나르메르 팔레트에서는 나르메르 왕이 오른손으

로 철퇴를 들어 아시아인 죄수를 내려친다. 성벽의 성문으로 이어지는 경사면은 방패를 든 손이 반대 방향으로 가도록 오른손잡이 병사에게 불리하게 설계되어 있다. 여러 언어권에서 왼손잡이를 부당하게 표현한다. 예를 들어 라틴어는 오른손을 '렉투스'(*rectus*, 바른) 또는 '덱스트라'(*dextra*)로 표현하는 반면, 왼손은 '시니스터'(*sinister*, 불길한)로 표현한다.

이러한 고유의 (그리고 비이성적인) 편견이 악한 왕 에글론의 실패로 이어졌다. 에글론과 그의 수하들은 왼손잡이가 위협이 되리라고는 전혀 생각하지 못했다. 이 사건이 특히 아이러니한 까닭은 에훗의 혈통 때문이다. 그는 베냐민 출신인데 베냐민의 문자적 의미는 '오른손의 아들'이다.

3:16. 에훗은 양쪽에 날이 선 칼을 들키지 않도록 오른쪽 허벅지에 감추는데, 이 칼이 매우 흥미롭다. 후기 청동기시대 대부분의 무기는 다양한 모양의 중후한 형태로 주조되었다. 청동은 부서지기 쉬웠기 때문에 얇은 날은 실용적이지 않았다. 이 시기의 유물에 그려진 검들은 대부분 이른바 '낫' 검으로 불리는 형태를 띠는데, 날 부분이 낫처럼 생겼으며 한쪽 면에 도끼날 같은 날이 있다. 그런데 에훗의 검은 단검 같은 형태로서 날카로운 양날이 있었고 옷 속에 감출 수 있을 만큼 작았다. 에훗이 직접 만든 이 칼은 손잡이를 포함해서 대략 한 규빗(45센티미터)쯤 되었다. 청동으로 만들어졌기 때문에 전투에서 오래 사용할 수는 없었을 것이며, 아마도 이 임무를 위한 일회용 무기로 제작되었을 것이다.

3:17-18. 무력으로 영토를 장악한 군벌은 지역 주민으로부터 보호비(듣기 좋게 말해서 '공물')를 뜯어 갔다. 이러한 지역 주민은 그 대가로 어떠한 보호나 혜택도 받지 못했다. 에글론에게는 제국이라는 개념이 없었으며, 그는 단지 희생자들로부터 돈을 뜯는 데만 관심이 있었다.

3:19. '자르다', '베다'라는 뜻의 단어 *psl* 에서 파생된 히브리어 페실림(*pesilim*)을 우상(idols, NSAB 등)으로 번역하든 아니면 돌 뜨는 곳(KJV 등)으로 번역하든, 이곳은 잘 알려진 지형으로 길갈 근처에 있었다. 이 길갈은 보다 잘 알려진 여리고 동쪽의 길갈과는 다른 곳으로서 예루살렘에서 북동쪽으로 24킬로미터쯤 떨어진, 아둠밈 산길 북쪽의 베냐민과 유다의 경계에 있는 작은 마을이다. 에훗은 이곳에서 **돌아와서** 에글론에 대한 거사를 실행에 옮긴다.

3:20. 에훗은 **서늘한 다락방에 홀로 앉아 있는** 에글론에게 다가간다. 이런 다락방에는 선선한 바람이 잘 들지 않았을 것이다.

3:21-24. 에훗은 칼로 에글론의 배를 찌른다. 은밀한 계략이 강조되고 영웅적 행위로 묘사된다. 에훗은 칼을 왕의 배에 꽂아둔 채로 도망친다. 24절의 '발을 가리다'(covering his feet; KJV, ASV 등)의 표현은 '변을 보다'(relieving himself; RSV, NASB, NIV, ESV 등)라는 의미이다(참고. 삼상 24:3).

3. 에글론 수하들의 방만한 대응(3:25)

3:25. 에훗이 떠나면서 **다락문**을 잠갔기 때문에 에글론의 수하는 **열쇠**를 가지고 문을 열어야 했다. 고대 세계에서 열쇠는 범상치 않은 물건으로, 몇몇 사례가 발굴되어 이스라엘 박물관 등지에 전시되어 있다. 이러한 열쇠는 크기가 컸으며, 문을 가로질러 반대편의 육중한 빗장을 열도록 만들어졌다.

4. 에훗이 탈출하여 에브라임을 소집하다 (3:26-30a)

3:26-30a. 에글론을 떠난 에훗은 나팔(*shophar*, 쇼파르)을 불어 에브라임 지파를 소집한다. 전사들이 급히 따라 나와서 요단강 나루를 장악한 뒤 **모압 사람 약 만 명을 죽였으니 모두 장사요 모두 용사**였다(29절; 참고. 1:4 주석).

5. 80년간의 평온(3:30b)

3:30b. 80년이라는 시간은 옷니엘과의 중첩 여부에 따라 연대를 주전 13세기 초반 또는 중반까지 끌고 내려온다. 이에 따르면 에훗 이후에 등장하는 삼갈의 가장 이른 연대가 바로 이 시점이 된다.

C. 삼갈: 수수께끼 같은 막간 이야기(3:31)

3:31. 일부 주석가는 **삼갈**을 소사사로 부르지만, 적시 적소에 등장했다는 점을 제외하면 그는 이스라엘과 상관없는 인물일 가능성이 농후하다. 사실상 이 구절의 모든 세부 사항은 언어학적 또는 고고학적 난제에 해당한다.

먼저 삼갈이라는 이름이 문제이다. 이 이름은 히브리어가 아니다. 여러 설명이 제시되었는데, 가나안어 가설이 제일 그럴듯하다. 이 가설은 셈족어 동사 *mgr*에 접두어 *shin*이 결합된 것으로 본다. 히브리어에는 *shin*이라는 접두어가 없지만 우가리트어에는 있으며, 여타 북서 셈족어군에도 가능성이 있다. 이 접두어는 일부 분사에서 볼 수 있는 히브리어 접두어 *mem*(멤)과 연관이 있다. *mgr*은 '경작하다'라는 뜻의 동사이므로 '농부'라는 해석이 가능하며, 이는 **소 모는 막대기**와도 잘 들어맞는다.

아낫의 아들이라는 표현은 그가 아낫 출신임을 가리키는 것일 수 있다. 몇몇 후보지가 식별된 바 있다. 또는 잘 알려진 가나안의 전쟁과 사랑의 여신 아낫을 지칭하는 것일 수도 있다. 어쩌면 여기 기록된 사건 이후 삼갈이 이런 명칭을 얻었는지도 모른다.

소 모는 막대기는 무기라고 하기에는 이상하게 보일 수 있다. 이것에 해당하는 히브리어는 말라마드(*malamad*)인데, 이는 히브리어 자음 *l*(*lamed*, 라메드)과 소리 및 모양이 닮았다. 소 모는 막대기는 한쪽 끝은 소를 찌를 수 있도록 뾰족하고, 다른 쪽은 소를 돌보는 데 필요한 일을 하도록 삽 모양을 한 긴 막대기일 것으로 추정된다. 한쪽 혹은 양쪽 끝을 날카롭게 하면, 건장한 농민군의 손에서 막강한 무기로 변신할 수 있었을 것이다.

삼갈이 죽인 **블레셋 사람** 역시 시기적으로 문제가 된다. 람세스 3세는 주전 1190년경 해양 민족의 진출을 격퇴한다. 이스라엘 고고학자 데이비드 우시쉬킨(David Ussishkin; 유대 셰펠라의 라기스 발굴을 주도함)은 이 시기로부터 대략 30여 년 후에야 비로소 평원의 가나안족 성읍이 멸망한다고 주장한다[참고. *New Encyclopedia of Archaeological Excavations in the Holy Land* (Jerusalem: Isreal Exploration Society), 904 및 여타 참조 사항]. 삼갈이 활동한 연대를 정확히 집어내기는 어렵다. 삼갈 사건은 에훗 이후의 일로 나오며, 야엘 및 드보라와 동시대 인물로 묘사되므로(5:6), 삼갈은 주전 13세기 후반의 인물인 것으로 볼 수 있다. 이미 언급한 바와 같이, 이들 블레셋 사람은 집단 이주가 시작되기 50여 년 전 가나안 해안 지역을 습격한 소규모의 세력을 지칭하는 것일 수 있다.

이 구절은 **그도 이스라엘을 구원하였더라**는 말로 끝을 맺는다. 구원에 해당하는 히브리어 야샤(*yasha'*)는 다른 사사의 경우에 쓰인 구원이라는 단어와 동일하다. 이는 일부 학자들이 삼갈을 사사로 분류하는 근거 중 하나이다.

D. 드보라: 이스라엘의 어머니(4:1-5:31)

세 번째 사사이자 유일한 여자 사사인 드보라는 5장 6절에 나오는 삼갈과 비슷한 시기에 등장한다. 여자 사사의 등장과 바락 및 남편 랍비돗의 무능은 당시 이스라엘에 강력한 남성 지도자가 부재했음을 암시한다.

1. 하솔에 대한 군사 작전(4:1-24)

이 장에는 하솔에 대한 두 번째 전투가 기술되어 있다(여호수아 11장에서 여호수아가 하솔을 불사른다). 이는 같은 사건에 대한 반복이 아니며, 왕의 이름을 제외하면 세부적 내용이 판이하다.

a. 하솔 왕 야빈이 20년 동안 학대하다(4:1-3)

4:1-2. 여호수아 11장에도 여호수아가 불사른 하솔의 멸망이 기록되어 있다. 그 당시 왕의 이름도 야빈이었다. 가나안 사람은 철기시대 I기(주전 1200년경)가 시작될 때까지 계속 잔류했던 것 같다. 야빈은 왕의 이름일 수도 있고, 파라오, 차르, 시저 등과 같은 왕의 명칭일 수도 있다.

4:3. 야빈의 군대 장관 시스라에게는 **철 병거 구백 대**가 있었다. 이는 거대한 전차 부대이지만, 고대 세계에서 유례가 없는 정도는 아니다. 이집트의 파라오 투트모세 3세는 므깃도에서 900대 이상의 병거를 획득했다고 말한다(주전 1470년경). 전차 부대에는 막대한 군수품이 필요하다. 전차 부대를 양성하고 배치하는 것은 현대전의 항공모함 전투단을 구축하는 것에 비견될 수 있다. 확고한 군수 지원, 기술 연구와 개발, 인적자원의 훈련과 지원, 병참 시설의 확보 등을 통해서만 이러한 군대를 양성할 수 있다. 전차병은 의용군이나 징집병으로 충당할 수 없고, 훈련과 준비에 전념할 수 있는 전문가들이어야 한다. 가나안의 봉건제도 하에서 이들은 아마도 토지를 소유하고 재산을 관리하는 종들을 거느린 귀족이었을 것이다.

전차용 병마는 전투를 위해 특별히 관리되고 훈련되었다. 대부분의 말들은 기념비에 그려진 것과 같은 전투 상황 속으로 자발적으로 돌진하지 않는다. 전장의 소음과 혼란 속에서도 명령대로 돌진하고 적을 짓밟도록 훈련받아야 한다. 이러한 말들은 매우 비쌀 뿐 아니라 이들의 훈련을 위해서는 광활한 초지가 필요했을 것이다.

면적이 거의 1.6제곱킬로미터에 이르는 하솔의 아래 도시(lower city)는 한때 가나안의 병거 기지로 생각되었다. 하지만 이스라엘 고고학자 이가엘 야딘(Yagael Yadin)의 발굴 결과를 보면, 후기 청동기시대에 아래 도시에는 비교적 많은 인구가 거주했던 것으로 보인다(NEAEHL, 597). 말과 병거는 아마도 도시 외곽 지역에서 관리되었던 것 같다. 이러한 전문적인 특수 부대가 전부 하솔에서 거주할 수는 없었을 것이다.

b. 여선지자 드보라가 용사 바락을 부르다(4:4-10)

4:4-5. 당시 **이스라엘의 사사**였던 **드보라**는 '선견자' 유형의 선지자로서 **종려나무** 아래에서 백성들에게 하나님의 뜻을 보여주곤 했던 것 같다. 당시 문화적 관습상 여자가 군사적, 정치적 지도자가 되는 일은 흔치 않았기 때문에, 드보라의 존재와 역할은 남자 지도자의 부재 상황을 간접적으로 방증한다고 볼 수 있다. 드보라는 하나님이 남자를 영적 지도자로 세우신다는 '일반적 규칙의 예외'이다(창 2:20, 23; 딤전 2:11-15). 드보라가 이스라엘의 사사이던 시기의 특수한 주변 상황을 고려해보면 여자가 이러한 리더십을 발휘한다는 사실은 더욱 놀랍다.

드보라의 종려나무는 당시에 잘 알려진 곳이었겠지만 이스라엘 전역에는 다양한 종류의 종려나무가 산재하므로 오늘날 그 위치를 식별할 수는 없다.

4:6-10. 드보라가 납달리와 스불론 자손을 끌어들인 사실로 미루어볼 때, 당시 가나안 족속의 문제는 국가적인 골칫거리였음을 짐작할 수 있다. 바락의 고향은 납달리 **게데스**로서, 레바논 산맥의 훌라 골짜기를 굽어보며, 갈릴리 바다 북단에서 북쪽으로 26킬로미터쯤에 위치한다. 9-10절에 나오는 **게데스**는 이와 다르다. 이 게데스는 아마도 갈릴리 바다 남단 근처 다볼산 사면에 위치한 성읍일 것이다. 다볼산 북쪽 경사면에 **만 명**의 군대가 집결했는데, 남쪽 이스르엘의 가나안 군대는 이들을 볼 수 없었을 것이다.

c. 겐 사람 헤벨이 소개되다(4:11)

4:11. 겐 사람 헤벨이 소개되면서 그의 아내 야엘의 활약을 기대하게 한다(17절). **사아난님 상수리나무**는 하갈릴리 게데스 근처에 있는 것으로 추정되며, 여호수아 19:33에서 납달리의 경계가 되는 지형물로 언급되었다.

d. 기손 전투(4:12-16)

결정적인 전투가 펼쳐진 지형은 드보라가 선택한 곳임이 분명하다. 전차 부대 지휘관이 스스로 부대를 늪지대로 내보낼 까닭이 없기 때문이다.

4:12-13. 다볼산은 이스르엘 평원을 굽어보는 화산돔으로서 이 지역 국제 무역로상의 주요 지형물이다. 다볼산에 주요 병력이 집결한 것은 무역로를 확보하려는 의미가 있다. **시스라는 철 병거 구백 대**와 보병을 **하로셋학고임**[이스르엘 평원 서편으로 추정]으로부터 **기손강**으로 모은다. 기손강은 므깃도 근방의 늪지대로 벧 쉐아림을 지나 하이파만으로 이어진다. 이 지역은 광활하기 때문에 병거들과 보병을 동원하기에 적합해 보였을 것이다. 나사렛 근처의 고지에서 보기에는 전투에 적합한 지형 같았을지 모르지만, 우기에는 수렁으로 변하는 지역이었다.

4:14-16. 바락은 **시스라**를 패퇴시키고 모든 군대를 도륙한다.

e. 시스라가 야엘을 만나다(4:17-22)

4:17-22. 겐 사람 헤벨의 아내 야엘은 거짓 호의로 시스라를 안심시킨 뒤, 그가 잠이 든 사이 천막 말뚝을 그의 관자놀이에 박아버린다. 말뚝은 시스라의 머리를 꿰뚫고 땅에 박힌다. 드보라의 리더십이라는 보다 큰 관점에서 보면, 야엘의 독살스러운 행동은 성경의 고전적인 남성 리더십의 실패를 드러낸다. 아담이 먼저 창조되고 그다음에 하와가 창조되었듯이, 성경은 남녀가 존재론적으로 평등하지만(창 1:27) 남성에게 기능적인 리더십이 있음을 보여준다(창 2:20, 23; 딤전 2:11-15). 따라서 드보라와 야엘의 행동은 남자가 경건한 지도자 역할을 수행해야 한다는 일반적 규범의 예외라 할 수 있다. 뿐만 아니라 사사 시대 이스라엘의 상황은 여자들이 군사 작전을 진두지휘해야 할 만큼 남성 리더십에 문제가 있었음을 강조한다.

f. 야빈과의 긴 전투(4:23-24)

4:23-24. 야빈과의 전쟁은 기손 전투에서 끝나지 않는다. 야빈이 **진멸**하기까지는 좀 더 많은 시간이 걸린다. 본문에는 하솔이 점령되었다는 설명이 보이지 않는다.

2. 드보라의 노래(5:1-31)

가장 오래된 히브리 노래 중 하나인 드보라의 노래에는 병행과 운율 등 히브리 시의 전형적인 특질이 잘 나타난다. 이 장은 정착 시기 이스라엘의 삶을 이해하는 데 큰 도움을 준다.

a. 여호와를 찬송하라(5:1-5)

5:1-2. **이스라엘의 영솔자들이 영솔하였고**와 **백성이 즐거이 헌신하였으니**는 병행구이다. 여기서 수수께끼 같은 용어인 페라(*pera*, leaders, NASB)는 자원한 백성들과 대조를 이루며, 리더십과 관련 있는 단어로 해석해야 한다. 우가리트어 역시 통솔력과 관련 있음을 보여준다.

5:3-5. **왕들아 들으라 통치자들아 귀를 기울이라. 노래**하다(*shir*, 쉬르)와 **찬송**하다(*zāmar*, 차마르)는 전문 용어로서 시편에도 등장한다[예를 들어 시 49:1 '들으라', '귀를 기울이라'; 30:4, 12 '찬송하다'—분사 미즈모르(*mizmor*)는 보통 '시편'으로 번역된다]. 여기서 나타난 이 땅의 왕들에 대한 태도는 앞으로의 모습을 미리 보여준다. 즉, 저자는 이 땅의 나라와 왕들이 만왕의 왕께 절하고 경배할 그날을 바라보고 있다(시 2:8; 110:1).

b. 이스라엘의 어머니, 드보라(5:6-11)

5:6-7. **아낫의 아들 삼갈의 날에 또는 야엘의 날에는 대로가 비었고.** 후기 청동기시대가 끝나갈 무렵 이스라엘의 삶이 얼마나 불안정했는지 잘 묘사되어 있다. 강력한 중앙 정부가 없었기 때문에 도로는 안전하게 보호되지 못했다. 후기 청동기 Ⅱ기 대부분(주전 1400-1200년) 이집트는 제국의 위용을 유지하지 못한다. 이스라엘 역시 강대국과는 거리가 멀었고 그 영향력은 미미했다. 농촌 지역은 자급자족을 하는 농민이나 가축 사육자들이 주를 이루었으며, 이들이 큰 성읍의 시장에 식량을 공급했다. 농촌 지역의 안정은 전반적인 경제 안정에 매우 중요한 영향을 미쳤다.

아시아에 대한 이집트 제국의 마지막 주요 원정은 파라오 메르넵타(주전 1230년경)에 의해 이루어졌으며, 이는 유명한 이스라엘 스텔라(리비아인에 대한 메르넵타의 승전을 기념)에 기록되어 있다. 드보라가 묘사하는 후기 청동기 말미 이스라엘의 모습은 메르넵타가 원정을 시도했던 동기를 잘 설명해준다.

5:8-9. 고고학자들은 후기 청동기시대 이스라엘 땅에 성벽이 없었다고 주장해왔다. 그래서 8절에 나오는 **전쟁이 성문에 이르렀으나**라는 구절에 의문을 표한다. 그러나 이 시기에 해당하는 이집트의 유적을 대충 살펴보더라도, 강력한 성벽으로 보호된 이스라엘/가나안의 주요 성읍들이 이집트의 신무기에 의해 함락되었다는 기록을 쉽게 볼 수 있다. 이 성벽 중 다수는 중기 청동기시대에 지어졌고, 오늘날까지 남아 있는 경우도 많다! 더욱이 평화와 번영의 시기에 지어진 성벽이라면, 후기 청동기시대까지 남아 있지 않을 이유는 없다.

드보라는 여기에서(또한 11절에서) 이 지역 상업 도시들의 **성문**을 염두에 두고 있다. 도적 떼에 의해 무역과 농업이 타격을 받으면, 나라 전체의 상황이 위태로워질 수밖에 없다. 이 성읍들은 가나안 거점들과 마찬가지로, 이 땅을 휩쓴 혼란 속에서 조악하나마 성벽을 갖추고 있었다.

8절에 나오는 **그때**에 해당하는 히브리어는 아즈('*az*)로서 때를 나타내는 소사이며, 8b, 11b, 13a, 19a, 22a절에서 군사적 행동을 서술할 때 사용된다. 전쟁이 발발하자 **방백**과 **백성**이 모두 나선다.

5:10-11. **활 쏘는 자들의 소리로부터 멀리 떨어진 물 긷는 곳에서도 여호와의 공의로우신 일을 전하라**는 구절을 통해 이스라엘의 주요 통신 수단이 구전이었음을 짐작할 수 있다. 이스라엘의 역사나 설화 중 상당 부분이 시나 노래로 기록되었는데, 이는 문화 전체로 전파하기 위해서였다. 부자(**흰 나귀를 탄 자들, 양탄자에 앉은 자들**)나 여행객 모두 여호와의 승리를 찬송하도록 부름 받는다.

c. 이스라엘 지파를 소집하다(5:12-18)

5:12-13. **귀인**과 **용사**는 북부 가나안족과 분쟁이 발생하자 드보라를 도우러 온 사람들이다. '귀인'의 히브리어는 아디림('*adirim*)으로, 아다르('*adar*, '유명한' 또는 '강력한')에서 파생되었다. '용사'는 깁보림(*gibborim*)으로, 재력가로서 전쟁에 참여한 사람을 가리킨다. 사무엘하 23:8-39에서 다윗의 '용사들' 역시 깁보림으로 불린다. 룻의 남편 보아스 역시 깁보르(*gibbor*)라고 불리는데, 이는 공동체 내에서 그가 유력한 위치를 차지한다는 것을 뜻한다.

남은 귀인으로 번역된 히브리어는 사리드(*sarid*)이다. 그러나 (패전의 결과로) 생존한 사람들이라는 의미는 문맥에 비추어볼 때 어색하다. N. 나아만(N. Na'aman)은 이 히브리어가 성읍 사리드를 가리킨다고 보았다[다아낙에서 남쪽으로 약 10킬로미터, 갈릴리 바다에서 남서쪽으로 약 40킬로미터 떨어진 성읍으로, 가나안 군대의 소집 장소로 추정된다. *VT* 40(1990): 423-426을 보라]. 이 견해를 따르면 이런 번역이 가능하다. "그때에 그가 귀인들을 향해 사리드로 내려왔고, 여호와의 백성들은 용사처럼 내게로 내려왔다." 이 견해에 따르는 것이 해석상 자연스럽다.

5:14-18. 드보라와 바락의 전투 소집 장면이 시적으로 묘사되어 있다. **에브라임**과 **베냐민**, 두 남부 지파가 먼저 언급되는데, 아마도 드보라와 관련이 있기 때문일 것이다. 왜 에브라임이 **아말렉**과 함께 언급되었는지는 알기 어렵다. 에브라임의 영토 일부가 과거 아말렉의 땅이었기 때문인 듯하다. **대장군의 지팡이**는 부대장의 손에 들린 '지휘관의 막대기'를 가리킨다. 이 지팡이는 의례적 상징물이었을 수도 있고 실제 무기였을 수도 있다. 지휘관은 패퇴한 적장을 죽이는 용도로 철퇴나 도끼를 휴대하고는 했다. 이 지팡이가 기록용 도구처럼 보이는 경우도 있기 때문에, 일부는 이 지팡이를 행정관의 상징으로 보기도 한다. 하지만 여기에서처럼 전장의 경우에는 해당되지 않는다.

마길은 보통 이스라엘 북단 요단강 동편 골란 지역에 정착한 므낫세 반 지파를 지칭하지만, 여기에서는 므낫세 지파 자체를 가리킨다. 전투가 벌어진 장소가 므낫세의 서편 영토인 이스르엘 골짜기였기 때문이다. **스불론**과 **납달리**(18절)는 특별히 칭송을 받는데, 아마도 소집에 가장 먼저 응했기 때문일 것이다. 국제 무역로상에서 이들이 차지한 영토는 가나안 족속에게는 시급한 난제였을 것이다.

전장에서 멀리 떨어진 지파들은 전투에 참여하지 않았는데, 이들에 대한 분노가 표출된다. 모압과 국경을 맞댄 **르우벤**은 가장 멀리 떨어져 있었다. 르우벤은 전쟁에 참여하지 않았으며 모닥불 가에 앉아서 양떼를 부르는 휘파람 또는 작은 피리 소리를 즐겼다. 드보라는 갓 지파 대신 **길르앗**을 호명한다. 길르앗은 사해 북쪽과 동쪽, 야르묵강과 얍복강 사이의 초지로서 갓 지파와 므낫세 지파의 영토이다. 요단 동편 지파를 아우르는 의미로 갓 지파를 언급한 것 같다.

단은 배에 머물렀는데, 단 지파가 전투에 참여하지 않은 이유는 서쪽의 가나안 및 블레셋 때문이었다. 이 진술이 이루어진 시점은 아마도 단 지파가 북단의 라이스로 이주하기 이전일 것이다. **배에 머무름**이 언급된 점으로 미루어 볼 때, 단 지파는 적어도 지중해 연안의 일부를 장악했던 것 같다. 북쪽 경계의 야르콘강(현대 텔아비브의 북쪽 외곽 지역)이나 욥바의 작은 반도에는 작은 배들이 정박할 수 있었을 것이다.

아셀에는 이 시기에 페니키아인이 많았다. 갈멜에서 두로까지 대부분의 해안 지대는 가나안과 페니키아인이 지배한 것으로 보인다. 솔로몬 시대 이전에 이스라엘이 이 지역을 점령했음을 보여주는 증거는 거의 없다.

d. 기손 전투(5:19-23)

5:19-22. **므깃도 물가 다아낙**에서 전투가 발발했다. '다아낙'은 갈릴리 바다에서 약 40킬로미터쯤 떨어진, 이스르엘 골짜기 남단에 위치한 텔 타아나크(*Tel Ta'anak*)이다. **기손강**은 늪 저지대를 관통해서 도시 북쪽으로 흐른다. 하늘에서부터 싸우는 **별들**은 아마도 드보라의 자유로운 시적 표현일 것이다. 이는 하나님이 가나안 병거를 궤멸하기 위해 때마침 내려 보내신 폭우를 가리키는 것으로 보인다. 비로 인한 진창만큼 병거가 기동하기에 불리한 지형도 드물 것이다. **말굽 소리가 땅을 울리도다**라는 표현은 풍자임에 틀림없다. 말들은 둔부까지 진창에 빠져 있었다.

5:23. 드보라는 **메로스**에 저주를 퍼붓는다. 메로스의 위치는 알려져 있지 않으나, 전쟁터에서 가까운 다볼산 근처일 것으로 추측된다. 메로스 주민은 이스라엘의 전투를 돕지 않고, 도망치는 시스라를 잡지도 않았다.

e. 야엘: 가장 복 받은 여인(5:24-27)

5:24-27. 야엘의 영웅적 활약상이 운문 형식으로 표현되어 있다. 4:17-21에는 같은 내용이 산문 형식으로 기록되었다.

f. 시스라 어머니의 탄식(5:28-31a)

5:28-31a. 시스라 어머니의 탄식이 기록된 까닭은 동정심 때문이 아니라 그녀의 헛된 기대를 조롱하기 위함이다. 시스라의 어머니는 아들의 승리와 귀환을 기대하면서 그의 지체를 걱정한다. 시녀들은 그런 그녀를 헛되이 위로한다. **그들이 어찌 노략물을 얻지 못하였**

으랴 그것을 나누지 못하였으랴 사람마다 한두 처녀를 얻었으리로다 시스라는 채색옷을 노략하였으리니(아마도 어머니에게 줄 선물일 것이다). 저자는 시스라의 어머니가 아들의 죽음에 대한 진실을 알고 오히려 극심한 실망과 슬픔에 빠질 것을 암시하며, 여호와에 대한 그녀의 오만을 비웃는다. 드보라는 여호와의 이름을 부르며 기도한다. **주의 원수들은 다 이와 같이 망하게 하시고 주를 사랑하는 자들은 해가 힘 있게 돋음 같게 하시옵소서.**

3. 40년간의 평온(5:31b)

5:31b. 이제 시대 배경은 주전 1200년경 또는 후기 청동기 Ⅱ기로 넘어간다.

E. 기드온: 작은 자 중의 작은 자(6:1-9:57)

기드온의 이야기는 사사기에서 가장 많은 분량을 차지한다. 절수는 100개에 이른다. 전체 71절인 삼손 이야기와 견주어보더라도, 기드온이 거둔 승리가 이스라엘 전체에게 얼마나 중요한지를 짐작할 수 있다. 미디안과 그 연합 세력은 마음 내키는 대로 가나안 전체를 유린했다. 9장에는 기드온의 아들 아비멜렉의 비사가 기록되어 있는데, 이 역시 기드온 이야기에 포함시키는 것이 좋다.

기드온은 등장하는 장면부터 구원자의 모습과는 거리가 멀다. 어느 정도 경건한 사람이었던 것은 사실이지만, 미성숙하고 겁이 많았다. 많은 학자들은 이스라엘의 도덕성과 지도력이 지속적으로 하강 곡선을 그렸다고 생각한다. 하지만 기드온의 이야기로 마감되는 초기 사사들은 괜찮지만 불완전했던 영웅으로 보는 것이 더 타당하다. 영속적인 구원은 아직 도래하지 않았다.

1. 기드온 이야기의 서론(6:1-10)

a. 7년간 행해진 미디안의 압제(6:1-6)

6:1-6. 미디안 족속은 아브라함이 후처인 그두라를 통해 얻은 미디안의 후손이다(창 25:2). 그들은 요셉 이야기 속에서는 낙타 상인들이었고(창 37장), 광야에서는 모세의 우방이자 친척이었으며(출 2:15-25), 이스라엘의 공격과 약탈 대상이었다(민 31:1-24). 미디안은 아마도 정치적 구심점 없이 개별 '왕들' 또는 '방백들'이 이끄는 여러 부족의 연합체였던 것 같다. 미디안 공세의 주요 운송 수단은 낙타였다. 이를 통해 먼 거리의 신속한 이동이 가능했고, 타격 후 반격 전 재빠른 퇴각이 가능했다. 메뚜기 떼처럼 무수히 많은 **미디안과 아말렉과 동방 사람들**이 이스라엘의 군대를 쳤다. 아말렉은 에서의 후손이며(창 36:12), 이전부터 이스라엘의 적이었다(민 14:45). **동방 사람들**[*bene qedem*, 베네 케뎀]은 유목 민족으로서, 아마도 에서의 또 다른 후손이었을 것이다.

b. 선지자가 전한 언약의 메시지(6:7-10)

6:7-10. 하나님이 선지자를 보내신 것은 새로운 발전이다. 이전에는 백성이 부르짖을 때 사사를 통해 구원하셨다. 하지만 이번에는 이름 모를 한 선지자를 보내어 백성들을 위로하고 꾸짖으신다. **아모리 사람의 땅의 신들을 두려워하지 말라 하였으나 너희가 내 목소리를 듣지 아니하였느니라.**

2. 기드온이 이스라엘을 구원하라는 부름을 받다 (6:11-40)

기드온이 부름 받은 장황한 이야기는 단순하게 등장하거나 짤막한 기록만 남긴 다른 사사들과는 큰 차이를 보인다. 기드온은 아버지 요아스가 그 지역 촌장이기는 했지만, 귀족 출신이 아니었다. 기드온의 가문은 그 지역 밖에서는 그다지 알려지지 않았다. 바로 이 점이 중요하다. 하나님은 가장 이름 없고 능력 없는 자라도 믿음으로 순종하기만 하면 들어 쓰신다. 기드온이 어떻게 믿음과 용기를 키워나가는지가 바로 이 본문의 주제이다.

a. 여호와의 사자가 기드온을 부르다(6:11-18)

6:11. 여호와의 사자가 밀을 포도주 틀에서 타작하는 기드온에게 나타나 말한다. 밀 타작은 보통 타작마당이라고 불리는 넓고 평평한 곳에서 이루어진다. 최적지는 들판에서 가장 높은 곳이다. 먼저 황소나 사람이 밟고 지나가면서 밀대에서 낟알갱을 떨어낸다. 그다음 까부르는 과정이 이어지는데, 밀과 쭉정이를 공중으로 날려서 무거운 알곡은 바닥에 떨어지고 쭉정이는 바람에 날려가도록 한다. 이러한 행사는 보통 마을 축제로 이루어지며, 인근 사람들 눈에 잘 띈다. 그러나 미디안 때문에 이러한 행사는 불가능했다.

포도주 틀에서 밀을 타작하는 것은 이와 전혀 다르다. 포도주 틀은 사각 또는 원형 기구로서 보통 돌을 깎아 만든다. 이 틀에 포도를 넣고 발로 밟는데 이 과정에서 만들어지는 포도즙은 관을 따라서 아래쪽 작은 포도주 통에 담기고, 이후 항아리로 옮겨져 발효된다. 이런 작업은 보통 동산이나 포도원에서 이루어지며 주위 사람들 눈에 잘 띄지 않는다. 미디안이 너무나 두려웠던 기드온은 몰래 포도주 틀에서 타작을 준비한다. 당장 끼니를 때울 정도의 양만 준비하려 했는데 이는 미디안의 압제하에서 이스라엘의 형편이 얼마나 어려웠는지를 잘 보여준다.

6:12-14. **여호와의 사자가 기드온에게 나타나 이르되.** 이곳과 구약 전반에 나오는 '여호와의 사자'의 정체성에 대해서는 학자들의 의견이 분분하다. 이 사자는 하나님의 권위를 가졌고 예배를 받으려 한 것으로 보아, 신의 현현 즉 하나님이 이 땅에 보이는 형태로 자신을 드러내신 것으로 볼 수 있다. 우리가 본문을 통해 알 수 있는 것은 이 정도까지이다. 하지만 신약성경에는 이런 구절이 있다. "본래 하나님을 본 사람이 없으되 아버지 품속에 있는 독생하신 하나님이 나타내셨느니라"(요 1:18). 따라서 이러한 등장은 아마도 성육신 이전의 그리스도(그리스도 현현)일 것으로 생각할 수 있다. 왜 미디안이 이스라엘을 압박하는가에 대한 기드온의 질문에 하나님의 사자는 네가 가서 이스라엘을 구원해야 한다고 대답한다.

6:15. **내가 무엇으로 이스라엘을 구원하리이까.** 기드온의 겸손은 거짓이 아니다. 그는 사실 이름 없는 가문의 대단치 않은 인물이었다. 가문의 위계 서열이 엄격한 사회에서(참고. 이후 에브라임과의 분쟁) 기드온은 자신이 지도력을 발휘할 수 있는 실질적 가능성을 이야기하고 있다.

6:16-18. 기드온에 대한 하나님의 대답은 모세의 경우를 떠오르게 한다. **내가 반드시 너와 함께하리니.** 모세는 "내가 누구이기에" 가야 하냐고 불평하고, 하나님은 "스스로 있는 자"가 너를 바로에게 보낸다고 대답하신다(출 3:11, 14). 요지는 분명하다. 하나님과 함께 걷는다면 사회적 지위는 아무 문제도 되지 않는다. 능력과 힘은 오직 하나님께 있다.

b. 기드온의 접대와 두려움(6:19-24)

6:19-24. 기드온이 하나님의 사자에게 예물을 드리려고 한 것은 자신이 하나님의 임재 앞에 있음을 인식했기 때문이다. 사자가 불로 예물을 사른 것은 예물을 받는 고전적인 방식이다. 성경의 초기 시대에는 여호와 앞에서 나오는 불로 모든 제사가 드려졌다(레 10:1-2; 왕상 18:38).

하나님의 사자를 만난 것에 대한 기드온의 두려움은 신의 현현일 경우에만 타당하다. 사자는 기드온을 안심시킴으로써 그의 믿음을 확고하게 한다.

기드온이 제단을 쌓은 것은 그의 믿음이 한 걸음 성장했음을 보여준다. 제단의 존속에 관한 진술(**그것이 오늘까지 아비에셀 사람에게 속한 오브라에 있더라**)은 사사기가 실제 사건이 일어난 시점보다 한참 후에 쓰였거나 편집되었음을 가리킨다.

c. 바알 제단과 아세라 상을 찍어버리다(6:25-27)

6:25-27. 하나님의 사자로부터 부름 받은 기드온은 이제 믿음의 표시로 아버지에게 있는 바알 제단과 근처의 아세라 상을 찍어버리라는 명령을 받는다.

제단은 바알에게 제사를 하는 돌로 만들어진 구조물이다. 아세라 상은 바알의 아내인 아세라를 기리는 신목 또는 조각상이다. 가나안의 산당에는 이 두 가지가 있었고, 이곳에서 방탕한 바알 숭배가 이루어졌다. 바알 숭배자들은 바알의 눈에 들어 다산의 복을 받기 위해 비도덕적 행위도 서슴지 않았다. 이러한 행태는 이스라엘에게도 전수되었으며, 유다의 가장 경건한 왕들만이 이를 금했다.

기드온이 산당을 파괴한 것은 그 지역 주민 전체에게 대단한 타격이었다. 후대의 회당이나 교회, 모스크처럼 산당은 주민들의 경제적, 정서적 투자가 집중되는 곳이었다. 산당의 파괴는 분명한 의사 표현이었다.

d. 요아스와 다투다(6:28-32)

6:28-30. 바알 제단과 아세라 상의 파괴는 지역사회를 근본부터 뒤흔들었다. 기드온에 대한 사형선고는 현대인에게는 이상하게 보일지 몰라도, 고대인에게는 지극히 당연한 일이었다. **성읍 사람들**은 기드온이 범인임을 알게 되자 그를 죽이려 한다.

6:31-32. 그러나 기드온의 아버지 요아스는 선언한다. **그[바알]가 자신을 위해 다툴 것이니라.** 이 선언은 오브라 사람들의 세계관에 대한 도전이었다. 바알이 그들의 주장대로 정말 신이라면 스스로를 지킬 수 있을 것이다. 바알 숭배의 핵심은 바알이 혼돈의 괴물과 죽음까지도 무찌르고 사람들에게 질서와 삶을 가져다 줄 능력이 있다는 것이다. 이 모든 주장이 사실이라면, 바

알이 기드온을 즉사시키는 것은 문제도 아니다. 그러나 많은 이의 기대와 달리 기드온에게는 아무 일도 일어나지 않았고, 이는 가나안 신의 무능력에 대한 강력한 증거가 되었다. 요아스의 진술은 이스라엘의 심장에서 점점 꺼져가던 참되신 하나님에 대한 신앙의 불씨를 되살린다.

e. 북부 지파를 소집하다(6:33-35)

6:33-35. 동방 사람들이 다시 요단을 건너와 이스르엘에 진을 친다. **여호와의 영이 기드온에게 임하시니 기드온이 나팔을 불매.** '임하시다'의 히브리어는 라바쉬(*labash*)로 '옷 입다' 또는 '옷을 입히다'라는 의미이다. 이는 3:10의 여호와의 영이 옷니엘에게 '임했다'는 단순한 표현에 비해 훨씬 더 생생한 이미지를 담고 있다.

f. 양털 징조(6:36-40)

6:36-40. 기드온의 미성숙한 믿음이 나타난다. 그는 두 번에 걸쳐 하나님의 권위를 시험한다. 하나님이 기드온의 요청을 꾸짖지 않고 들어주었다고 해서 이러한 행위를 인정하셨다고 볼 수는 없다.

오늘날에도 '양털'을 사용하려는 그리스도인이 있다면, 이 시대에는 그러한 방법이 적용되지 않는다는 사실을 명심하기 바란다. 뿐만 아니라 기드온 이야기에서 기드온의 행동이 성도가 내리는 의사 결정의 모범이라는 메시지는 전혀 없다.

3. 미디안의 패퇴(7:1-25)

엄청난 전투의 결과 미디안은 패퇴한다. 이후 수 세기 동안 유목 민족은 이스라엘의 영토에 범접하지 못한다. 이사야 9:4은 이 전투를 이스라엘 역사의 위대한 순간으로 묘사한다.

a. 하롯의 진(7:1)

7:1. 하롯 샘의 위치는 길보아 산지의 서쪽, 하롯 골짜기의 남쪽(그리스도 시대의 헤롯 대왕과는 관련이 없음), 갈릴리 바다 남쪽 약 40킬로미터 지점으로 추정된다. 샘은 하롯강의 발원지를 이루고, 벧스안을 지나 요단강으로 빠져 흐른다. 미디안의 진은 이스라엘의 진에서 북쪽 골짜기 맞은편으로 약 3킬로미터쯤 떨어진, 모레산 발치였을 것으로 추측된다.

b. 겁 없는 자들을 선발하다(7:2-3)

7:2-3. 많은 숫자의 군사들이 전투에 참여하기 위해 므낫세, 아셀, 스불론, 납달리 지파에서 모여든다(6:35). 이상하게도 정작 사건의 무대가 되는 잇사갈 지파는 언급되지 않는다. 기드온의 성공적인 군대 소집을 치하하는 대신, 하나님은 기드온에게 숫자를 줄이라고 명령하신다. 두려워 떠는 자 2만 2천 명은 집으로 돌아간다.

c. 태평한 자들을 선발하다(7:4-8)

7:4-6. 군대를 더 줄이기 위해 하나님은 기드온에게 다시 명령하신다. **누구든지 개가 핥는 것 같이 혀로 물을 핥는 자들을 너는 따로 세우고 또 누구든지 무릎을 꿇고 마시는 자들도 그와 같이 하라.** 이 진술은 다소 명확하지 않다. 첫 번째 집단의 300명은 한 손에 무기를 잡은 채로 한 손으로 물을 떠서 마치 개처럼 손바닥에 고인 물을 핥아 먹었을 것이다. 반면에 다른 이들은 무릎을 꿇고 얼굴을 물에 댄 채 들이켰다. 어떤 이들은 300명이 전투에 임하는 경계심을 풀지 않았기 때문에 더 나은 군인이라고 주장한다. 반면에 요세푸스(Josephus)는 300명이 다른 이들보다 더 경계에 신경을 쓰지 않았는데, 이는 하나님의 능력이 함께하심에 대한 반증이라고 기록한다(*Antiquities of the Jews*, 5.6.3, lines 216-217). 이 견해에 따르면, 기드온의 군대는 300명의 태평한 정예 부대로 축소된다.

7:7-8. 보다 타당성이 있는 대안은 이 시험이 전적으로 임의적인 것이며, 단순히 전사의 숫자를 줄이기 위한 것이라는 설명이다. 승리의 영광을 강력한 군대의 위용이 아니라 전적으로 하나님께 돌릴 수 있을 만큼 전사의 숫자를 줄이는 것이 이 시험의 목적이었다. 본문의 요지는 하나님이 전투를 승리로 이끄시며, 백성의 힘이 아니라 그분의 힘으로 그리하신다는 사실을 이스라엘에게 보여주는 것이다. 그래서 하나님은 기드온에게 이렇게 말씀하신다. **내가…너희를 구원하며**(7절). 300명의 용사는 경계심이 뛰어나거나 반대로 더 태평한 군대일 필요가 없다. 하나님은 군사적 능력을 바탕으로 이들을 선발하신 것이 아니다. 그러한 견해들은 구원을 성취하시는 하나님의 능력에 초점을 맞추는 전체 주제와 상반된다. 하나님이 무언가를 임의로 하시는 경우가 있다면, 300명의 선발이 가장 좋은 예라 할 수 있다. 하나님은 자신의 놀라운 능력을 보여주기 위해 그렇게 하셨다. 누가 300명에 선발되는지는 중요하

지 않다. 중요한 것은 하나님일 뿐 기드온이나 그 수하가 아니다.

d. 기드온이 꿈 이야기를 엿듣다(7:9-14)

7:9-14. 기드온은 여전히 믿음을 북돋워줄 무언가가 필요했고, 하나님은 그날 밤 기드온을 부하 부라와 함께 미디안 진영으로 보내어 그들의 꿈 이야기를 엿듣게 하신다. 보리떡 한 덩이가 미디안의 장막을 쳐서 무너뜨린 이야기는 적 군대의 사기가 얼마나 저하된 상태인지 여실히 보여준다.

e. 전투를 준비하다(7:15-18)

7:15-18. 기드온은 300명을 100명씩 세 부대로 나눈 뒤, 각자에게 나팔과 빈 항아리와 횃불을 준다. 각기 병사에게 들려준 세 가지 물품은 미디안을 격퇴하는 기드온의 복안이 된다. **나팔**은 숫양의 뿔인 쇼파르이다. 쇼파르 소리를 들어본 사람은 알겠지만, 이는 연주용 악기가 아니다. 대개 군 지휘관들이 이런 요란한 소리를 내는 기구를 휴대했다. 따라서 300개의 쇼파르 소리를 접한 미디안 군대는 엄청난 대군이 몰려온 것으로 착각할 만했다. **항아리**는 토기장이가 물건을 담기 위해 만드는 흔한 질그릇으로, 횃불을 감추기 위한 것이었다. **횃불**은 미디안에게 이스라엘 삼백 용사들의 공격으로 보였을 것이다.

f. 에스드라엘론 평원의 전투(7:19-23)

7:19-23. **이경 초에**[밤 10시경] 기드온의 군대가 나팔을 불고 항아리를 깨뜨리며 횃불을 치켜든다. 나팔 소리와 횃불과 **여호와와 기드온의 칼**이라는 함성은 미디안을 파멸로 몰아넣는다. 소집을 받은 납달리와 아셀과 므낫세가 패주하는 적을 뒤쫓는다.

g. 에브라임을 소집하다(7:24-25)

7:24-25. 적의 후퇴를 차단하기 위해 에브라임 지파가 소집된다. 미디안의 두 지휘관 오렙과 스엡은 에브라임에 사로잡혀 죽임을 당한다.

이 기적적인 승리를 통계 수치로 살펴보자. 미디안 군대의 수는 약 13만 5천에 이른다(8:10에 따르면 미디안 군대 중 1만 5천 명이 살아남고 12만 명이 전사한다). 그러나 기드온 군대는 300명이다. 이는 히브리 군사 한 명당 미디안 군사 450명의 비율이다. 하나님 외에 누가 이런 승리를 이루어낼 수 있겠는가? 바로 이 점이 이 이야기의 핵심이다. 이 기적의 주인공은 기드온이 아니라 하나님이며, 이는 다른 모든 이야기도 마찬가지이다!

4. 전투 이후(8:1-27)

a. 에브라임 지파를 달래다(8:1-3)

8:1-3. 에브라임의 두령들은 기드온이 자신을 진즉에 소집하지 않았다고 따진다. 그러나 군대의 규모를 제한하신 분은 하나님이다. 기드온은 에브라임을 오히려 꾸짖을 수 있었지만, 자신을 낮추고 그들의 활약을 치켜세우면서 지혜롭게 달랜다.

b. 숙곳과 브누엘이 돕지 않다(8:4-9)

8:4-9. 에브라임이 오렙과 스엡을 요단 나루턱에서 처리한 후, 기드온은 두 왕 **세바**와 **살문나**를 추격한다. 이들 지휘관과 왕의 관계는 하솔의 장군 시스라와 왕 야빈에 비견될 수 있다.

기드온은 여전히 300명의 용사를 이끌고 적을 추격하다 숙곳과 브누엘에 이르러 양식을 요청한다. 그곳 촌장들은 기드온의 작은 군대가 미디안을 패퇴시키리라고는 생각지 못한 채 요청을 거절하고, 기드온은 잔혹한 보복을 약속한다.

c. 왕들을 사로잡고 미디안을 약탈하다(8:10-12)

8:10-12. 기드온은 부하들과 함께 얍복강 북쪽의 숙곳 나루에서 강을 건넌 다음, 얍복강 물길을 따라 광야로 추격한다. 아마도 이 길이 **장막에 거주하는 자의 길**이었을 것이다. 미디안은 이때 **갈골**[사해 동쪽 와디 시르한에 위치했을 것으로 추정]에 이르렀는데, 그들은 자기들이 추격 사정권 밖에 있다고 생각했다. 그러나 기드온은 여전히 그들을 쫓고 있었으며, 암만(여리고 북동쪽에 위치)에서 북서쪽으로 약 11킬로미터 떨어진 **노바**와 **욕브하**를 지나, 이미 사기를 잃은 적들을 기습 공격하여 궤멸시킨다.

d. 숙곳과 브누엘을 벌하다(8:13-17)

8:13. 기드온은 **헤레스 비탈**[문자적으로 '해가 지나는 곳'] 전장에서 돌아온다. 정확한 위치는 알 수 없으나, 아마도 여리고에서 북서쪽으로 약 35킬로미터 떨어진, 브누엘 동쪽의 얍복 지역으로 추정된다.

8:14-16. 기드온이 한 소년을 사로잡아 **숙곳의 방백들과 장로들 칠십칠 명**의 명단을 작성하게 한 사실로 미루어 볼 때, 당시 이 지역의 식자율이 꽤 높았으리라 짐작된다. 히브리어의 철자는 배우기 쉬웠다. 이 명

단은 아마도 질그릇 조각에 새겼을 것이다. 기드온은 떡 주기를 거절한 **숙곳 사람들**을 **들가시**와 **찔레**로 만든 채찍으로 징벌한다.

8:17. 기드온은 이미 맹세한대로(9절), **브누엘의 망대**를 헐어버린다. 이 망대는 힘의 상징이며 동시에 종교적 상징이었을 것이다. 또한 성읍으로 들어가는 길을 방비하는 망루였을 것이다.

e. 세바와 살문나를 처형하다(8:18-21)

8:18-21. 기드온은 자신의 형제들(**어머니의 아들들**, 19절)의 살인자이기도 한 세바와 살문나를 죽인 후, 낙타 목에 있던 초승달 장식들을 떼어 가진다.

f. 기드온이 왕으로 추대되다(8:22-27)

8:22-27. 이스라엘 백성은 승리한 기드온에게 대대로 왕이 되어달라고 요청한다. 많은 이들이 외세의 침입을 막기 위해서는 통일된 나라가 좋다고 생각했다. 이러한 방식으로 왕을 추대하는 일은 고대 세계에서 드물지 않다. 부족국가 또는 도시국가에서는 전투에서 크게 활약하고 이전 왕을 살해한 자가 왕이 되는 일이 흔했다. 대를 이은 왕권의 전수는 또 다른 왕이 일어나 도전할 때까지만 유지되었다. 주전 931년 솔로몬 사후, 남쪽 유다와 분리된 북 이스라엘은 바로 이런 유형의 끊임없는 쿠데타를 겪어야 했다.

기드온이 이 요청을 거절한 것은 칭찬받을 만한 일이다. 하지만 그는 여러 특권을 행사했다. 많은 부를 쌓았고(26절), 왕의 의복을 얻었으며(26절), 에봇을 만들고(27절), 여러 첩들을 두었다(30절). 뿐만 아니라 아들의 이름을 아비멜렉(문자적으로 '나의 아비는 왕', 31절)이라고 지었다.

기드온은 획득한 **금 귀고리**, **장식들과 패물**, **낙타 목에 둘렀던 사슬** 등으로 **에봇**을 만드는데, 이는 이후 그에게 올무가 된다. 그는 아마도 이것을 하나님과 소통하는 도구로 만들었을 것이다. 에봇은 보석이 달린 조끼 또는 가슴 판으로서 아론의 후손 제사장의 의복 중 가장 정교한 것이었고, 하나님의 뜻을 확정하는 모종의 방법으로 사용되었다. 에봇에 사용된 금의 양으로 미루어볼 때, 거기에는 우상의 형상이 있었던 듯하다. 기드온이 금 귀고리로 에봇을 만든 것은 아론이 금 귀고리로 황금 송아지를 만든 일을 연상케 한다(출 32:2-4). 기드온은 가나안 왕들처럼 자신을 위해 에봇을 이용해서 숭배 시스템을 만들었다. 이는 이스라엘의 영적 재앙을 불러왔으며 **온 이스라엘이 그것을 음란하게** 위했다.

5. 기드온의 평온 시대(8:28-35)

a. 40년간의 평온(8:28)

8:28. 이 평온 시기는 드보라의 평온 시기와 중첩되는 듯하며, 이제 시대 배경은 주전 1160년경으로 이어진다.

b. 기드온의 말년과 후손들(8:29-32)

8:29-32. 기드온에게는 **칠십 명**의 아들이 있었는데, 그중에는 **세겜**에서 **첩**을 통해 얻은 아비멜렉도 있었다. 기드온의 결점 중 하나는 많은 처첩을 거느린 것이다. 많은 처를 거느리는 목적은 대개 두 가지인데 막대한 부를 자랑하는 것과(이들을 모두 거느리려면 돈이 많이 든다), 정치적 힘을 과시하는 것이다(대부분의 처는 외세와 제휴의 결과이다). 후기 이스라엘 왕들 중에 더러 이런 경우가 있지만, 기드온은 이스라엘의 지도자 중에서 가장 먼저 이와 같은 사례를 남겼다.

기드온의 가문을 괴롭힌 증오와 살인은 구약성경의 많은 일부다처제 사례가 보여주는 전형적인 결과이다.

c. 이스라엘이 하나님을 잊다(8:33-35)

8:33-35. 기드온이 죽자마자 이스라엘은 다시 바알을 숭배한다. **이스라엘 자손이 돌아서서…음행하였으며**라는 구절은 문자적으로 '이스라엘 자손이 간통으로 되돌아갔다'이다. 이는 영적으로나 육체적으로 모두 사실이었다. 그들은 우상을 숭배했으며 또한 가나안 숭배와 문화의 핵심에는 간통이 있었다. 이러한 평가는 사사기에 네 번 등장한다(2:17; 8:27, 33; 19:2). 또한 이스라엘은 하나님을 잊었으며, 기드온의 집을 후대하지도 않았다. 여기서 언급되는 신전(9:4)은 바알브릿의 신전이며, 바알브릿은 문자적으로 '언약의 주'를 뜻하는 세겜의 수호신이었다. 이스라엘은 **모든 원수들의 손에서 자기들을 건져내신 여호와 자기들의 하나님을 기억하지 아니**했다. 아이러니하게도 그들은 바로 세겜에서 이런 짓을 저질렀는데, 세겜은 이스라엘이 하나님께 재헌신하면서 가나안의 신들을 섬기지 않겠다고 맹세한 곳이다(참고. 수 24장).

6. 아비멜렉과 세겜의 멸망(9:1-57)

아비멜렉은 사사가 아니며, 하나님은 그를 이스라엘

의 구원자로 세우지 않으셨다. 따라서 이 장은 사사기 순환 이야기가 아닌 기드온 이야기의 에필로그에 해당한다. 일부다처제 사회에서 이복형제 간에 혈육상잔이 발생하면 도망자는 보통 외가 친족에게 몸을 의탁한다. 세겜에서 발생한 일도 이런 사례로 볼 수 있다. 저자의 의도는 하나님이 이스라엘의 지도자가 되지 않을 때 발생하는 혼란의 참상을 강조하는 것이다.

세겜은 족장 시대부터 성경 내러티브에서 중요한 위치를 차지했다. 야곱의 아들들은 세겜을 정복했고, 요셉은 그곳에 장사된다. 여호수아는 세겜을 정복하지 않았으며 세겜은 여호수아에게 협조적이었다. 그러나 과거 가나안족과의 악연은 계속된다. 에벳의 아들 가알이 아비멜렉을 대적해 일어나서 세겜의 가나안족 창시자인 하몰의 후손에게 충성할 것을 종용한다(28절).

a. 아비멜렉의 반역과 요담의 대응(9:1-21)

기드온의 이야기는 8:28에서 쉽게 끝날 수 있었다. 그러나 이야기는 기드온의 많은 첩과 아들들 그리고 아비멜렉으로 이어지면서 점차 암울한 분위기를 더해 간다. 기드온은 잠시 이스라엘을 구원하는 데는 성공했을지 모르지만, 아버지로서 그리고 궁극적으로는 이스라엘의 지도자로서는 실패했다.

(1) 아비멜렉이 반역을 일으켜 세겜의 왕이 되려 하다(9:1-6)

9:1-2. 기드온은 공식적으로는 왕이 되라는 제안을 거절했지만, 그의 아들 아비멜렉(문자적으로 '나의 아비는 왕')은 아무런 거리낌 없이 왕이 되려 한다. 그는 외조부의 모든 친족에게 자신이 골육임을 내세워 세겜의 왕으로 추대하라고 요구한다. **나는 너희의 골육임을 기억하라**. 이는 고대 사회에서 매우 중요한 사안이었다.

9:3. 아비멜렉 어머니의 형제들은 그 마음이 아비멜렉에게로 기울었다. 정치에서는 이성보다 감정이 앞서는 경우가 많다.

9:4-5. 아비멜렉은 **방탕하고 경박한 사람들**을 고용한다. 다윗이 그랬던 것처럼(참고. 삼상 22:1-2), 아비멜렉은 불한당들을 모아 거사를 도모한다. 그러나 다윗과 달리 그는 그들의 인품이나 기술을 개선하지 못한다. 앞에서 언급했듯이, 사사 시대는 매우 불안정한 시기였다. 범법자나 비주류들은 사회 언저리를 떠돌며 호시탐탐 사욕을 채울 기회를 엿보았다. 아비멜렉은 모든 형제를 죽이고, 황급히 몸을 감춘 기드온의 막내아들 **요담**만 목숨을 부지한다. 아비멜렉은 모든 형제를 **한 바위** 위에서 죽였는데, 이는 돌 제단을 의도한 것이다. 즉, 그들은 전투에서 죽임을 당한 것이 아니라 사형을 당했다. 이는 앞으로 나올 우화의 전조가 되며 이어지는 이야기의 복선이 된다.

9:6. 밀로[beth-millo, 문자적으로 '채움의 집']는 텔 발라타에 있는 거대한 중기 청동기 Ⅱ기 구조물로 추정된다. 이 구조물은 믹돌(*Migdol*) 또는 '요새 신전'으로 알려진 것으로, 세겜 성벽 안, 중기 청동기 요새의 유적 위에 세워진 거대한 신전이다. 아마 방어용 성채로 사용되었을 것이다. **기둥**은 성전 정면에 세워진 성스러운 돌(*masseba*, 마세바)로 추정된다. 아비멜렉은 여기에서 왕으로 추대되지만, 그의 '통치'는 므낫세의 작은 지역에 국한된다.

(2) 요담의 우화(9:7-15)

9:7-15. 요담이 세겜 장로들에게 외친 이야기는 성경에 나오는 우화의 사례 중 최고라 할만하다. 우화는 도덕적 교훈을 담은 짤막한 산문 또는 운문으로서, 이야기 속의 동물과 식물은 사람처럼 행동한다. 나무들이 왕을 찾아 헤매다가 결국 가시나무로 결정했다는 이야기는 고전적인 우화 형식의 풍자이다. 우화 속의 악독한 가시나무는 아비멜렉을 가리킨다. 왕의 자질을 갖춘 다른 나무들은 그런 가련한 주민들의 왕이 되기를 거부한다. 따라서 이야기는 세겜 사람들 역시 에둘러서 비판하고 있다. 우화와 주변 이야기 사이에 뚜렷한 분리가 보이기 때문에, 일부 학자들은 이 우화가 그 지역 문화에 이미 존재하는 이야기가 아니었을까 추측하기도 한다. 어쩌면 요담은 이 우화를 익히 알고 있었으며, 극적인 효과를 위해 여기에서 외쳤는지도 모른다.

(3) 요담의 도전과 도망(9:16-21)

9:16-21. 너희가 행한 것이 과연 진실하고 의로우냐. 요담은 똑같은 표현을 앞뒤로 반복해서 사용함으로써(이러한 표현 기법을 양괄식이라 함) 비판의 요지를 분명하게 밝힌다(16, 19절). 그는 풍자적인 어조로 세겜 장로들의 충성심과 도덕적 진실성을 비판한다.

b. 세겜과 아비멜렉의 멸망(9:22-55)

(1) 3년의 격변기(9:22-25)

9:22. **아비멜렉이 이스라엘을 다스린 지 삼 년에.** 아비멜렉이 세겜에서 왕으로 추대되었지만, 저자는 아비멜렉을 왕으로 인정하지 않는다. '다스리다'에 해당하는 히브리어는 야사르(*yasar*)로, '통치하다', '대장이 되다'를 뜻하며, 왕을 의미하지는 않는다.

9:23-25. **세겜 사람들이 아비멜렉을 배반하였으니.** 아비멜렉이 기드온의 아들들을 죽인 것에 대한 복수를 위해 세겜 사람이 반역을 일으킨다. 여기서 언급된 **악한 영**은 다른 말로 '불화'(악감정)라고 할 수 있으며 악귀를 뜻하지 않는다. 아비멜렉의 적들은 그의 통치를 교란하기 위해 세겜을 통과하는 상인들을 강탈한다. 그 결과 교역량이 현저하게 줄었을 것이다. 아마르나 시대(주전 14세기 초)에 므깃도 왕은 세겜의 라바유가 이와 똑같은 짓을 저질렀다고 힐난했다. 세겜은 이와 같은 매복에 매우 적합한 장소였기 때문에, 이 이야기는 신빙성이 있다. **포악한 일을 갚되**라는 표현은 복수의 원칙을 지칭하는 것으로 보인다. 세겜 사람은 악한 행위에 벌이 따른다는 사실을 믿었을 것이다. 그들은 악한 행동을 통해 복수를 앞당긴다.

(2) 가알이 도전하다(9:26-29)

9:26-29. 가알은 세겜의 장로로서, 아비멜렉을 지지하지 않았던 것으로 보인다. 그는 세겜에 들어와서 성대한 잔치를 즐긴 후 아비멜렉을 공공연히 비난한다. 가알은 주민을 선동해서 자기를 따르게 하면서 아비멜렉에게 도전장을 내민다. 복수하시는 하나님의 손이 전체 이야기를 이끌어가며, 요담의 저주는 점점 현실로 이루어진다(20절).

(3) 방백 스불이 반역을 경고하다(9:30-33)

9:30-33. 아비멜렉의 부사령관 스불이 세겜의 잔치를 목격한 뒤, 주인에게 반역을 경고하면서 새벽에 엄습할 것을 제안한다. 새벽은 예로부터 기습 공격의 적기였다.

(4) 가알이 패배하다(9:34-41)

9:34-41. **아비멜렉**은 도전에 응하여 **가알**과 그 친족을 **세겜**에서 몰아낸다. **므오느님 상수리나무**는 세겜 주민에게 잘 알려진 성지였으나, 현재는 그 위치를 알 수 없다.

(5) 세겜을 정복하다(9:42-45)

9:42-45. 아비멜렉과 그의 부하들은 성읍에서 **밭으로** 나온 수많은 사람들을 죽인다. 어리석은 복수심에 사로잡힌 아비멜렉은 그의 영토 중 가장 중요한 성읍을 완전히 파괴하고, 전멸의 의미로 소금을 뿌린다. 이러한 의미로 소금을 사용한 사례는 나중에 로마제국이 카르타고를 파괴했을 당시의 기록에 등장한다. 이러한 행위는 '영원히 쓸모없는 땅이 되도록' 저주했던 것으로 추정된다. 소금기가 많은 땅은 농작물을 재배하기 어렵다. 세겜은 2세기 후 여로보암 1세 때 재건되기 전까지는 다시 역사에 등장하지 못한다(왕상 12:25).

(6) 세겜의 망대를 불사르다(9:46-49)

9:46. 여기에 나오는 망대는 6절에 나오는 밀로와 같다. 그 의미에 대해서는 6절의 주석을 보라.

9:47-49. **모든 백성들도 각각 나뭇가지를 찍어서 아비멜렉을 따라 보루 위에 놓고 그것들이 얽혀 있는 보루에 불을 놓으매 세겜 망대에 있는 사람들이 다 죽었으니 남녀가 약 천 명이었더라.** 이 사악한 행위는 아비멜렉의 과도한 복수심과 잔인성의 또 다른 증거가 된다.

(7) 아비멜렉이 데베스에서 죽다(9:50-55)

9:50-55. 아비멜렉이 데베스(세겜에서 동북쪽으로 약 16킬로미터 지점, 이스르엘 골짜기로 향하는 길목에 위치한 전략적 요새로 아비멜렉 영토의 북쪽 경계에 위치)를 공격하자, 주민들은 모두 **망대 꼭대기**로 도망한다. 한 여인이 **맷돌 위짝**을 아비멜렉에게 던진다. 이것은 큰 원통형 돌로서 아래 고정된 돌과 함께 곡식을 가는 데 사용되며, 운반이 가능했다. 아비멜렉은 여인이 던진 돌에 맞아 치욕스러운 죽음을 당한다.

c. 요담의 저주가 성취되다(9:56-57)

9:56-57. 요담이 한 모든 저주가 그대로 이루어진다. 사사기에서 처음으로 하나님이 복수의 원칙대로 움직이신다. 세겜 주민은 그들에게 어울리는 왕을 얻었고, 왕 역시 그에게 어울리는 백성을 얻었다. 하나님은 사람들이 지은 죄의 대가를 치르게 하신다.

후기 사사들:

사사 시대 후기의 주요 사사인 입다와 삼손 이야기 전후에 여러 소사사들이 언급된다. 입다나 삼손이 특별히 더 칭송받는 것은 아니지만, 이들은 이 시기 이스라엘의 지정학적 상황을 주도한다. 이들은 주전 12세기

(주전 1100년) 말엽에 활동한다. 입다는 동편의 암몬을 상대했고, 삼손은 서편의 블레셋과 싸웠다. 중앙 산지의 맞은편에 위치한 두 위협은 결국 이스라엘이 왕을 요구하는 자극제가 된다.

F. 돌라와 야일: 2명의 소(小)사사(10:1-5)

이들 소사사에 대해서는 알려진 바가 거의 없다. 그들이 다스린 성읍이나 그들의 압제자에 대한 고고학적 자료도 거의 없다.

1. 돌라: 23년간의 안정(10:1-2)

10:1-2. 당시 흔한 이름인 **사밀**은 에브라임의 산지 중 한 곳이었을 것으로 추정된다.

2. 야일: 22년간의 번영(10:3-5)

10:3-5. 길르앗에 있는 야일의 **성읍 삼십**은 **하봇야일**[문자적으로 '야일의 장막촌']이라 불렸다. 이들 두 사사의 연대는 알려져 있지 않으며, 동시대 인물로 추정된다.

G. 입다: 버림받은 구원자(10:6-12:7)

사사 시대를 특징짓는 죄와 심판의 순환이 다시 한 번 자세하게 기록된다. 이번에는 이스라엘의 죄가 너무나 극심하여 적어도 처음에는 하나님이 이들을 적으로부터 구원하기를 거부하신다.

1. 길르앗과 암몬의 도전(10:6-18)

이스라엘이 암몬과 블레셋이라는 군소 세력과 상대하는 동안, 당시 열강은 관망 상태에 있었다. 사사 시대 말기에 소아시아, 메소포타미아, 이집트의 열강이 개입하지 않았기 때문에 이스라엘은 약 150년 동안 독립 국가로 발전할 수 있었다. 아마르나 서신에 나오는 메소포타미아의 미탄니는 이미 오래전에 히타이트에 의해 무력화되었다. 대신 주전 1290년에 이집트와 히타이트가 오론테스강(신약성경에 나오는 수리아의 안디옥 근처)의 게데스에서 싸웠으나 승부를 가리지 못한다. 주전 1200년경에는 이 지역으로 이주한 해양 민족이 히타이트 제국을 무너뜨리고, 팔레스타인 연안에서 이집트와 대치한다. 이러한 대치는 소모전으로 이어져 국력의 약화를 낳았고, 결국 열강이 이스라엘을 포함한 이 지역의 일에 신경을 쓰지 못하는 결과로 이어진다.

a. 죄와 18년간의 억압(10:6-9)

10:6-9. 6절에는 이방 신의 긴 목록이 나오는데, 처음으로 암몬과 블레셋의 신들이 언급된다. 이스라엘은 모든 죄를 빠르게 받아들였다. 이들은 모두 다산 신들로서 서로 비슷하면서도 각기 독특한 특징이 있었다. 블레셋의 다곤은 한때 물고기 신으로 생각되었지만 사실이 아닌 것 같다. 다간(*Dagan*)은 셈어로 '곡식'이라는 뜻이다. 다간/다곤은 서부 셈족의 다산 신이었을 것이다. 메소보다미아의 문학에도 이 이름이 등장한다. 암몬의 신은 밀곰(몰렉의 부패)이었는데, 아이 제사를 좋아했다. 모압은 그모스를 섬겼으며 이 역시 인간 제사를 좋아했다. 기록에 따르면 이들 두 신은 추한 금속 조각상의 모습을 하고 있으며, 지하 세계의 신으로 추정된다. 하나님은 이스라엘이 이들 이방 신을 섬기는 것에 진노하셨고, 그 결과 블레셋과 암몬은 요단 양쪽에서 18년간 이스라엘을 억압했다(8절).

b. 하나님이 근심하실 정도로 부르짖다(10:10-16)

10:10-16. 사사기에서 하나님과 이스라엘의 가장 격렬한 대면 장면이 기록되어 있다. 10절에서 이스라엘은 간결하면서도 분명하게 죄를 고백한다. 하나님은 11-14절에서 그분이 행하신 놀라운 구원을 자세히 열거하신다[애굽으로부터의 구원, 출 12장; 아모리, 민 21:21-26; 암몬, 삿 3:13; 블레셋, 삿 3:3; 시돈, 삿 3; 아말렉, 민수기와 사사기; 마온(70인역에는 미디안), 삿 7장]. 또한 하나님은 이스라엘이 하나님을 버리고 이방 신을 섬겼다고 책망하신다. 하나님은 일곱 나라의 손에서 이스라엘을 건져내셨는데, 이 일곱 나라는 이스라엘이 섬긴 거짓 신들의 숫자(6절)와도 연관성이 있다. 15절에서 이스라엘이 회개하는 장면은 참으로 가련하다. 16b절은 이렇게 말한다. **여호와께서 이스라엘의 곤고로 말미암아 마음에 근심하시니라**["여호와께서 이스라엘의 곤고를 더 이상 견디지 못하시니라", 일부 영역본—옮긴이 주]. 이는 이스라엘이 억압받는 것을 하나님이 더 이상 외면할 수 없으셨다는 뜻이다. 어떤 이는 이 구절을 이렇게 해석해야 한다고 주장한다. "그의 영혼이 곤고로 인해 짧아졌다." 즉, 하나님이 이스라엘의 진실하지 못한 회개가 반복되는 것을 더 이상 참을 수 없으셨다는 것이다. 그럼에도 불구하고 이스라엘의 구원을 위해 입다에게 하나님의 영이 임한다(11:29, 32). 따라서 이 구절은 하나님이 이스라엘을 불쌍히 여기시는 것으로 이해하는 것이 낫다.

c. 암몬과 길르앗의 소집(10:17-18)

10:17-18. 이 구절은 고대의 전쟁 관습에 대해 시사하는 바가 많다. 길르앗이 장군을 선임하기도 전에 암몬과 길르앗은 일전을 위해 군대를 소집한다(17절). 입다를 장군과 정치적 지도자로 추대한 것은 그 이후에 이루어진 일이다(18절). 이스라엘 군대가 진을 친 **미스바**는 흔한 이름으로 '망대'라는 뜻이며, 그 이상은 알려진 바가 없다.

2. 입다가 암몬에 맞서도록 부름 받다(11:1-11)

a. 입다가 소개되다(11:1-3)

입다 이야기는 하나님이 예상치 못한 사람을 쓰신다는 점에서 특기할 만하다. 이스라엘이 점점 나락으로 떨어지는 시점에서 하나님은 배경과 인품이 불확실한 사람을 통해서라도 이스라엘 백성을 구원하려 하신다. 이는 하나님을 섬기는 이들에게 위로가 된다. 성공은 인간적인 조건이 아니라 하나님의 능력에 달린 것임을 보여주기 때문이다. 다만 입다가 끝까지 초심을 지키지 못한 것이 아쉽다.

11:1-2. 입다는 **큰 용사**[*gibbor hayil*, 깁볼 하일]로 불리는데, 이 용어는 주로 재산이나 혈통 그리고 전투 기술 등으로 명망이 높은 사람을 가리킨다. 입다는 사회적 지위 때문이 아니라 싸움 기술 때문에 이렇게 불렸을 것이다. 입다는 '길르앗'이라는 사람이 이름을 알 수 없는 기생에게서 낳은 아들이었다. 그러한 불명예 때문에 그의 형제들은 입다의 상속권을 부정했다. 입다는 집과 고향에서 쫓겨난다.

11:3. 입다는 방탕한 사람들(참고. 9:4)을 모아 사병을 거느리는데, 이 지역에서는 상당한 영향력을 행사한다. 거의 300년 만에 암몬이 허약한 이스라엘을 치려 하자, 그에 맞설 유일한 대안으로 입다가 떠오른다. 길르앗 사람들은 기껏해야 지역 폭력배들의 우두머리인 입다에게 도움을 요청한다. 하지만 입다는 놀라운 승리를 거두고 믿음의 인물로 인정받는다(히 11:32).

b. 입다가 길르앗을 이끌기로 동의하다(11:4-11)

11:4-11. 입다와 지역 주민들 간의 협상은 이들의 절박함과 입다의 경계심을 잘 드러낸다. 입다는 협상안의 내용을 하나님 앞에서 반복함으로써 계약을 공식화한다(11절).

3. 암몬 전투(11:12-40)

이 전투는 주전 1100년경에 발발한다. 하나님이 입다에게 승리를 허락하시지만, 이것으로 암몬과의 분쟁이 끝난 것은 아니다. 암몬은 100년 후 다윗 때에 이르러 비로소 완전히 진압된다(삼하 12:31).

a. 입다의 외교(11:12-28)

11:12-28. 여기에는 암몬의 영토와 이 지역에 이스라엘이 거주한 연수가 자세히 기록되어 있다. 이 지역에서 가장 특기할 만한 지형은 얍복강이다. 얍복강은 요르단 암만 북서쪽의 여러 샘에서 발원하여 현대의 자르카까지 북쪽으로 흐르다가 서쪽 요르단으로 이어진다. 바위 협곡을 지나면서 높이가 760여 미터나 떨어지는 모습이 장관이다.

암몬은 아마도 모압과 동맹을 맺었을 것이며, 이후 영토 확장의 기회를 노렸다. 입다는 자세한 역사적, 지리적 설명을 통해 르우벤과 갓이 거주하는 지역에 대한 이스라엘의 영유권을 주장한다. 모세는 가데스에서 에돔과 모압에게 **지나가게**(17절) 해줄 것을 요청하지만 거절당한다(민 20장). 이들 두 민족은 암몬과 더불어 이스라엘과 같은 조상의 후예이며, 하나님은 이들에게 고원지대를 기업으로 주신다(신 2:5, 9, 19). 그러나 아모리의 **시혼**(19절)과는 그런 관계가 없었으며, 모세는 지체 없이 아르논강(사해 동쪽, 중간 지점에서 북남으로 갈림, 민 21장)가의 그 영토를 접수한다.

아르논에서부터 얍복까지와 광야에서부터 요단까지 아모리 족속의 온 지역을 점령하였느니라(22절). 본문에 동편 경계에 대한 설명이 좀 더 자세했으면 하는 아쉬움이 있다. 암몬은 암만 주변 지역을 점유했음이 분명하며, 욕브하(사해 북동쪽으로 약 40킬로미터)에서 헤스본(사해 북단에서 동쪽으로 약 23킬로미터)에 이르는 고원 가장자리까지 차지했을 것으로 추정된다. 르우벤은 베셀(사해 북단에서 동쪽으로 약 13킬로미터)에서 아르논에 이르는 메데바 고원지대 대부분을 차지했으며, 갓은 요단 동편의 산지를 차지했다. 정확한 경계에 대해서는 논란이 있으며 명확한 결론을 내리기 힘들다.

삼백 년 거주했다는 언급은 사사 시대의 연대를 추정하는 열쇠가 된다. 물론 개략적인 숫자이겠지만, 주전 1400년의 정복 시기와 사사 시대 말기인 주전 1100년에 잘 들어맞는다. 입다가 주장하는 요지는 각 종족이 하나님이 주신대로 영토를 차지했다는 것이다. 입다는 **이스라엘**의 영예로운 행동을 언급한 뒤 **암몬**에게도 영예로운 행동을 요청한다. **네 신 그모스가 네게 주어 차지하게 한 것을 네가 차지하지 아니하겠느냐**. 입다가 그모스를 언급했다고 해서 반드시 그모스를 진정한 신으로 인정했다는 뜻은 아니다. 이는 단순히 암몬이 믿는 것을 근거로 그들과 협상을 벌이는 것이다.

b. 입다의 어리석은 서원(11:29-33)

11:29-33. **아로엘에서부터 민닛에 이르기까지 이십 성읍을 치고 또 아벨 그라밈까지 매우 크게 무찌르니**. 입다는 암몬을 치러 가면서 많은 학자들의 논란을 불러일으키는 행동을 한다. 그의 집 문에서 제일 처음으로 나오는 이는 **누구든지** 번제로 바치겠다는 서원은 전투에 임하는 그의 믿음이 얼마나 부족했는지를 보여준다. 하나님과 협상을 함으로써 은총을 받아낼 수 있다는 생각은 이스라엘이 흔히 저지르는 잘못이었다.

모세가 인신 제사를 금한 것은 사실이지만(레 18:21; 신 12:31), 입다가 이 사실을 숙지했을 만큼 하나님에 대한 지식이 있었는지는 확실치 않다. 주변 국가들, 특히 암몬과 모압은 아이들을 제물로 바쳤다. 열왕기하 3:27에서 모압 왕이 왕세자를 도륙한 것은 이러한 극악무도함을 보여주는 실제 사례이다. 입다는 이러한 이방 풍습에 영향을 받아서 하나님에 대한 잘못된 헌신을 약속한 것일 수도 있다. 반면에 입다의 딸이 죽임을 당하지 않았을 가능성도 있다. **그는 여호와께 돌릴 것이니 내가 그를 번제물로 드리겠나이다**. 이 구절에서 히브리어 접속사 '그리고'를 '이접적 접속사'('또는')로 읽을 수 있다. 이 경우에는 입다가 둘 중 하나를 선택할 수 있다는 의미가 된다.

c. 입다의 딸(11:34-40)

11:34-40. 역사적으로 이 구절은 입다가 실제로 그의 딸을 번제로 드린 것으로 이해되었다. 그러나 이를 반박하는 이들은 몇 가지 이유를 주장한다. 첫째, 입다의 딸은 자신의 운명에 관한 소식을 이상하리만치 침착하게 받아들인다. **나의 아버지여 아버지께서 여호와를 향하여 입을 여셨으니 아버지의 입에서 낸 말씀대로 내게 행하소서**. 어린 여자가 자신의 죽음에 대한 소식을 그렇게 담담하게 받아들일 수 있다고는 믿기 어렵다는 주장이다. 둘째, 입다의 딸은 목숨 자체가 아니라 **처녀로 죽음을 인하여 애곡**할 시간을 달라고 요청한다. 이는 그녀가 번제로 바쳐진 것이 아니라 성막의 처녀 수종자로 바쳐졌다는 것을 암시한다는 주장이다. 시편 68:25에 비슷한 표현이 나오는데, 성막에서 소고 치는 처녀에 대한 언급이 있다. 하나님을 섬기는 자로서는 대단한 영예일 수 있지만, 무남독녀인 입다의 딸로서는 대가 끊기는 것이 못내 슬펐을 것이라는 주장이다. 셋째, 본문에는 애곡 기간이 끝난 후 입다가 서원한 대로 딸에게 행했고 **딸이 남자를 알지 못하였더라**는 기록이 나올 뿐 입다가 딸을 번제물로 죽였다는 기록은 없다. 따라서 입다는 딸을 번제로 드리지 않았고, 성막에서 봉사하는 처녀로 바쳤다고 보는 것이 타당하다는 주장이다. 어찌 되었든 입다의 어리석은 서원은 이 시기의 표상이며, 그의 가족에게 중차대한 영향을 미쳤음에 틀림없다.

4. 에브라임과의 내전(12:1-6)

12:1-6. 이야기의 초점은 입다의 어리석음에서 에브라임의 오만으로 옮겨진다. 큰 지파인 에브라임은 수년 전 기드온에게 그랬던 것처럼(8:1), 입다가 자신들을 빠뜨렸다고 불평을 터뜨린다. 이에 입다는 자신이 도움을 요청했지만 그들이 거절한 사실을 상기한다. 이 시점에서 입다의 외교적 인내심은 이미 한계에 다다랐고, 에브라임 지파 장로들과의 설전은 결국 내전으로 이어진다. 내전이 발발한 이유 중 하나는 에브라임이 길르앗을 모욕했기 때문이다. **너희 길르앗 사람은 본래 에브라임에서 도망한 자로서 에브라임과 므낫세 중에 있다**. 에브라임은 요셉의 후손인 길르앗이 요단 건너편에 정착했다는 이유로 반역자라고 조롱했다. 전투에서 패배한 에브라임은 요단 나루턱을 건너 도주하려 했다. 입다를 따르는 길르앗 사람은 요단을 건너려는 에브라임을 판별하는 데 어려움을 겪었는데, 에브라임 외에도 요단을 건너는 사람이 적지 않았기 때문이다. 그리하여 기브온 사람은 에브라임 지파를 판별해내는 시험을 고안한다. '쉽볼렛'이라는 발음으로 에브라임을 판별해낸 사건은 언어학자들의 관심을 끈다. 셈어의 치찰음은 방언별 차이가 심하기로 유명하다. 같은 종족이 300년 동안 분리되었다고 해서 발음상의 그리 큰 변화를 가져오지는 않았을 것이다. 이는 사사 시대가 일반적으로 인정되는 것보다 훨씬 더 오랜 기간이라고 주장하는 근거가 된다.

5. 6년간의 평온(12:7)

12:7. 쌍방 간에 깊은 상처만 남긴 잔혹한 내전 끝에 6년이라는 짧은 평화기가 찾아온다. 이는 점점 쇠락해 가는 이스라엘의 상태를 간접적으로 시사한다.

H. 입산, 엘론, 압돈: 3명의 소(小)사사(12:8-15)

삼손의 이야기를 본격적으로 펼치기 전에 저자는 3명의 소사사에 대해 언급한다. 이들은 군사적 기능을 담당하지 않고 지역의 행정관으로 섬겼던 것 같다.

1. 입산: 7년간 다스린 가정적 사사(12:8-10)

12:8-10. **입산**은 상대적으로 덜 알려진 스불론의 베들레헴에서 다스렸다(북쪽의 갈멜산에서 동쪽으로 약 11킬로미터). 남쪽의 베들레헴은 보통 '유다의 베들레헴'으로 불렸다. 그의 결혼 관습, 특히 자녀들의 배우자를 부족 밖에서 데려온 것은 내전 이후 이스라엘의 분열을 보듬으려는 노력을 암시한다.

2. 엘론: 스불론에서 10년간 다스리다(12:11-12)

12:11-12. **엘론**에 대해서는 알려진 바가 거의 없다. 그의 성읍 스불론은 보다 유명한 아얄론 골짜기의 성읍일 수도 있지만, 그 가능성은 크지 않다.

3. 압돈: 나귀와 함께한 8년(12:13-15)

12:13-15. **압돈**은 세겜에서 남쪽으로 10킬로미터쯤 떨어진, 므낫세와 에브라임 경계에 위치한 비라돈에서 살았다. 많은 자녀를 두었는데, 이는 그가 부유했음을 말해준다. 그의 **아들**들과 **손자**들이 **나귀**를 탔다는 것은 그들이 스스로를 귀족으로 여겼음을 의미한다. 고대 사회에서 나귀를 타는 것은 상류층의 상징이었다(10:4).

I. 삼손: 흠이 많은 구원자(13:1-16:31)

삼손 이야기는 성경에서 가장 흥미진진한 이야기 중 하나이다. 독자들은 이 범상치 않은 영웅에게 끌리기도 하고 실망하기도 한다. 그의 끝없는 욕망과 자만심은 스스로를 파멸의 길로 몰아넣었다. 그러나 하나님은 그 역시 이스라엘을 구원하기 위해 사용하신다.

1. 블레셋이 40년간 이스라엘을 압박하다(13:1)

13:1. 블레셋의 압박 기간으로 언급된 40년은 삼손이 입다와 동시대 인물이라는 진술과 부합한다. 고고학자의 주장대로 블레셋이 주전 1154년경에 이 지역으로 진출했다고 보고, 40년의 압제 기간과 삼손의 성장 기간을 합산하면, 삼손 이야기의 시점은 대략 주전 1100년 직후가 된다.

2. 놀라운 수태와 출산: 삼손이 소개되다(13:2-25)

입다와는 대조적으로 삼손은 하나님이 선택하셨고, 하나님의 영이 함께했으며, 그의 삶에는 이적과 징조가 가득했다.

a. 여호와의 사자가 마노아의 아내에게 나타나다(13:2-7)

13:2-3. 이 사건들의 시간적 배경은 **단 지파**가 북쪽으로 이주한 지 100년쯤 후인, 주전 12세기경이다. 마노아와 그 아내는 선조들이 선택한 단 지파의 땅에 머물렀는데, 이는 그들이 다른 사람들과 함께 북쪽으로 이주하지 않았음을 뜻한다. 예루살렘에서 서쪽으로 약 24킬로미터 떨어진 **소라**는 예루살렘 서쪽의 주요 방어 도시 중 하나로, 소렉 골짜기(벧세메스에서 북쪽으로 약 3킬로미터) 건너편 웅장한 언덕 위에 위치했다. 블레셋이 산지 쪽으로 공세를 취하기 시작했을 때, 소렉은 그 최전방에 자리 잡고 있었다. 마노아의 아내는 임신하지 못했다. 그러나 시편 113:9은 하나님이 임신하지 못하던 여자를 즐거워하는 어머니가 되게 하신다고 노래한다. 이 기적의 수태와 출산은 이삭에 대한 반향이며 메시아에 대한 예표이다. 생명은 언제나 하나님으로부터 온다.

13:4-7. 포도주와 독주와 삭도에 대한 금지는 범상치 않은데, 이는 삼손이 나면서부터 나실인이 될 것임을 의미한다. 나실인의 서원(민 6장)은 보통 일시적인 서원으로, 특별한 영적 훈련이나 과업과 관련이 있다. 성경에 기록된 항구적인 나실인의 사례로는 삼손이 유일하다.

b. 마노아가 하나님과 이야기하다(13:8-14)

13:8-14. 마노아가 아내의 중차대한 선언을 선뜻 받아들이지 못한 것은 이해할 만하다. 그는 사자로부터 그 이야기를 직접 듣고 싶었다. **하나님의 사자**(6절, 9절)는 **여호와의 사자**(3절, 13절)로도 불린다. 사자에 대해 정관사가 사용된 것으로 보아, 이 역시 기드온의 경우처럼 신의 현현이었던 것 같다(이에 대해서는 6:12-14의 주석을 보라).

c. 여호와의 사자 앞에 제사를 드리다(13:15-20)

13:15-20. 놀라우리만치 자세한 기록은 **여호와의 사자**가 지닌 능력을 재확인한다. 그가 식사를 거절하는

것은 이스라엘과 하나님 사이의 교제가 부실함을 암시하는 듯하다. 사자는 대신 번제를 요구하면서 마노아가 그의 정체를 바로 알 수 있도록 돕는다. 마노아가 이름을 묻자 사자는 **기묘자**라고 대답한다. 히브리어 펠(*pel'*)은 지각을 뛰어넘는 그 무언가를 가리키며, 하나님이 행하시는 놀라운 일과 연관이 있다(참고. 사 9:6).

하나님은 이들 부부가 드린 번제를 놀라운 방법으로 받으신다. 하나님의 불이 나와서 그것을 불사르고 여기에 더 놀라운 일이 더해진다. **여호와의 사자가 제단 불꽃에 휩싸여 올라간지라**. 마노아와 그 아내는 고전적인 경배 방식대로 **얼굴을 땅에 대고** 엎드린다.

d. 마노아 아내의 분별력(13:21-23)

13:21-23. **여호와의 사자**를 본 후 마노아는 절규한다. **우리가 하나님을 보았으니 반드시 죽으리로다**. 이러한 마노아의 태도는 하나님을 보는 것에 대한 전통적인 견해를 반영한다(출 33:20). 반면 마노아의 아내는 모든 사건을 일어난 상황 속에서 이해한다. 진정 놀라운 사건이 일어났지만 이를 위해 그들이 해야 할 일이 있으므로 죽지는 않을 것이라고 믿는다. 마노아는 착한 사람이었지만 영적으로는 둔감했으며, 오히려 그 아내는 분별력이 있었다.

e. 삼손이 태어나고 여호와의 영에 감동되다 (13:24-25)

13:24. 삼손의 출생과 성장이 짤막하게 기록되어 있다. 삼손이 자라매 **여호와께서 그에게 복을 주셨다**. 삼손이라는 이름은 '태양'을 가리키는 히브리어 셰메쉬(*shemesh*)의 지소사(작은 것을 나타내는 단어—옮긴이 주)이며, 이는 그의 화사한 용모를 반영하는 것으로 보인다. 삼손의 이름을 이방 태양신 샤마시(Shamash)의 이름을 본 딴 것이라고 볼 수도 있다. 삼손은 고대 세계에서는 매우 흔한 이름이었다.

13:25. **에스다올**은 **소라**에서 소렉 골짜기(예루살렘 서쪽으로 약 19킬로미터) 북쪽으로 10여 킬로미터 떨어진 곳에 위치한 텔 에쉬타올로 추정된다. 에스다올은 항상 소라와 함께 언급된다. 이 두 성읍 사이에 **마하네단**['단의 진영']이 있었는데, 여기에서부터 하나님의 영이 삼손을 움직이기 시작한다. 이후 삼손은 이곳에 묻힌다(16:31). 이 지역의 주요 성읍인 벧세메스(예루살렘 남서쪽 약 27킬로미터)는 '단의 진영'으로 알려진 지역 내에 있었을 것이다. 이 성읍은 서쪽에서 소렉 골짜기로 진입하는 요충지이다.

3. 삼손이 딤나에서 결혼하다(14:1-15:20)

통제 불능의 욕망으로 인한 삼손의 비극이 처음으로 등장한다. 경건해 보이는 삼손의 부모는 고집불통인 아들을 전혀 통제하지 못한다.

a. 삼손이 블레셋 여자를 아내로 취하다(14:1-4)

14:1-3. 삼손이 **딤나**에서 한 블레셋 여자를 본다. 딤나는 텔 바타쉬로, 소렉 골짜기의 벧세메스와 소라에서 서쪽으로 약 6킬로미터쯤 떨어진 곳에 위치한다. 블레셋과 이스라엘 영토의 경계는 대략 두 성읍의 중간 지점에서 남북으로 뻗었을 것이다. 벧세메스에서는 전략적 위치 파악이 용이하다. 단 지파의 성읍 벧세메스와 소라는 서쪽을 향한 강력한 방어 진지였고, 소렉 골짜기는 여기에서부터 점점 넓어지다가 북쪽의 아얄론 골짜기와 연결된다. 블레셋 병거는 이 평원에서 마음대로 기동할 수 있었고, 소렉 골짜기 위쪽 협곡에서 이르러서야 비로소 기동에 제한을 받았다.

삼손이 블레셋 여자를 아내로 삼겠다고 하자 그의 부모는 그것이 정말 지혜로운 결정인지 되묻는다. 그러나 삼손은 이미 그녀의 외모에 반한 후였다.

14:4. 삼손의 요청은 사실 **여호와께[서]…블레셋 사람을 치려 함**이었다(일부 영역본은 블레셋 사람을 치려 한 주체를 여호와로 봄. 학자들의 의견은 서로 갈림—옮긴이 주). 바로 이 점이 삼손 이야기를 관통하는 요지이다. 비록 삼손이 경건하지 않을지라도, 하나님은 그의 삶을 통해 자신의 뜻을 성취하신다.

b. 삼손이 여자를 만나러 부모와 함께 내려가다 (14:5-9)

14:5-9. 딤나로 내려가던 그들은 딤나의 포도원에 이른다. 젊은 사자가 소리 지르자 삼손에게 **여호와의 영**이 강하게 임하고, 삼손은 **사자를 염소 새끼를 찢는 것같이** 찢는다. 이 엉뚱한 이야기는 14절에 나오는 수수께끼의 서막이 된다. 사자는 삼손을 치기 위한 하나님 계획의 일부였다. 삼손은 결혼 만찬에서 하객들과 내기를 하고, 결국 30명의 블레셋 사람들을 도륙한다.

c. 삼손의 결혼식이 대참사로 끝나다(14:10-20)

여기에서 보이는 결혼 관습은 성경의 다른 곳에 나오는 관습과 사실상 같다. 결혼식은 약혼과 결혼의 두 단계로 이루어진다. 약혼은 결혼에 버금가는 효력을 발휘했고, 보통 부모들이 주선했다. 약혼 전에는 당사자들이 서로에 대해 아는 것이 별로 없는 경우가 많았다. 결혼 연회에는 양가 친족과 친구 그리고 신부 측 마을 주민이 참여했다. 결혼 예식은 간소했으며, 신랑 신부와 양가 부모가 증인 앞에서 결혼을 동의하는 것으로 이루어졌다. 결혼식보다는 이후 연회가 중요한 행사였다. 삼손의 결혼이 특이한 점은 신부가 결혼 후에도 친정에서 살았다는 점이다. 대개는 신부가 신랑 부모의 집에서 신랑과 함께 살았다. 삼손이 블레셋 사람과 다툰 후 신부는 다른 남자에게 보내졌지만 여전히 친정에서 살았으며, 신랑은 그녀를 만나기 위해 처가로 갔다.

(1) 잔치(14:10-11)

14:10-11. 삼손과 30명의 블레셋 청년들이 참여한 잔치는 수수께끼 게임의 무대가 된다.

(2) 삼손의 수수께끼(14:12-14)

14:12-14. 중동 사람들은 논리적 난제 풀기를 즐겼는데 이는 그들의 문학에서도 쉽게 엿볼 수 있다. 삼손이 블레셋 사람과 수수께끼로 내기를 한 것도 이와 비슷한 상황이었을 것이다. 블레셋 사람이 수수께끼를 풀면 삼손이 그들에게 **베옷 삼십 벌과 겉옷 삼십 벌**을 주기로 했고, 풀지 못하면 반대로 그들이 삼손에게 똑같이 주기로 했다.

(3) 배반의 배반(14:15-20)

14:15-20. 블레셋 청년들과 삼손의 아내 그리고 삼손 간의 얽히고설킨 배반이 펼쳐진다. 삼손의 아내는 블레셋 청년들로부터 수수께끼의 해답을 알아내라는 위협을 받자 삼손을 다그친다. 그렇게 알아낸 답을 블레셋 청년들에게 알리고, 그들은 삼손에게 해답을 제시한다. 삼손은 그들이 자신의 아내를 이용했다고 힐난한다. **너희가 내 암송아지로 밭 갈지 아니하였더라면 내 수수께끼를 능히 풀지 못하였으리라**. 아내를 암송아지로 지칭한 것은 아마도 그녀의 반항적인 성격을 가리키는 것 같다(렘 50:11; 호 4:16). **여호와의 영이 삼손에게 갑자기 임하시매**. 이 구절은 이 사건이 블레셋을 치려는 하나님의 의도이며, 삼손의 선행이 아니라는 것을 입증한다(20절에 대해서는 15:2을 보라).

지중해 연안에 위치한 **아스글론**은 블레셋의 주요 도시 중 하나로 블레셋 문화의 중심지였다. 분노에 찬 삼손은 이 일과 상관없는 블레셋 사람 30명을 죽인다. 이는 삼손의 개인적인 원한에 의한 것으로 보이지만, 실은 하나님의 영이 그를 움직이셨다. 따라서 삼손은 개인적인 원한을 갚으려고 했지만 예기치 않게 하나님의 도구로 사용되었으며, 사사로서 이스라엘의 적을 무찔렀다.

d. 삼손이 블레셋의 농작물을 망치다(15:1-8)

15:1-8. 아내를 잃은 보복으로 삼손은 여우 300마리를 잡아 그 꼬리를 묶고 불을 붙인 다음, 블레셋의 곡식 밭으로 몰아넣는다. 그리하여 블레셋의 **곡식 단과 아직 베지 아니한 곡식과 포도원과 감람나무들을** 불살라버린다. 딤나 지역은 농경에 매우 적합했다. 강우량이 풍부했기에 인위적으로 물을 대지 않고도 다양한 농작물 재배가 가능했다. 충적 평원에서는 온갖 곡식이 잘 자랐고, 돌이나 나뭇가지로 밭이랑을 만들었다. 구릉지대는 올리브와 포도 재배에 적합했다. 알곡이 무르익어가는 여름에는 본문에 나오는 것과 같은 들불이 쉽게 번지곤 했다. 블레셋 사람은 삼손의 아내와 그 **아버지**를 불살라버린다(6절). 삼손은 그에 대한 보복으로 많은 블레셋 사람을 도륙한다. 이 모든 사건은 보복으로 이루어졌지만, 보다 큰 관점에서 보면 이는 삼손을 통해 블레셋 사람을 벌주시려는 하나님의 계획이었다.

이 일 후에 삼손은 **에담 바위 틈**으로 내려가 거기서 살았다. 이는 사실상 산지 어느 곳이든 해당된다. 이곳에는 석회암이 풍부했고, 동굴은 은신처로 안성맞춤이었다.

e. 삼손이 유다 사람에게 결박당하다(15:9-13)

15:9. **블레셋 사람들**이 **진**을 친 유다의 **레히**는 예루살렘 남서쪽 19킬로미터쯤에 위치하며, 그 의미는 '턱뼈'이다. '레히'라는 이름은 이 전투가 끝난 후에 이곳에 붙여졌다.

15:10-13. 블레셋과 유다의 대화를 통해 그들의 관계를 엿볼 수 있다. 블레셋은 유다를 다스리는 자로 불리는데, 이는 유다에 대한 블레셋의 통치 또는 지배를 나타낸다. 신명기 15:6은 하나님께 성실히 순종하면 이스라엘이 복을 받고 여러 나라를 다스릴 것이며, 다른 나라의 통치를 받지 않을 것이라고 약속한다. 반대로 불순종은 필연적으로 다른 나라의 지배를 불러온다는 것을 이스라엘의 역사는 분명히 보여준다. 유다 사람들

은 블레셋의 요구를 따르기로 결정하고, 삼손은 그들과 다투지 않고 조용히 새 밧줄에 묶인 채 따라간다. 블레셋 사람들이 삼손을 향해 달려들며 소리 지를 때, 여호와의 영이 삼손에게 임하고 전투가 발발한다(14절).

f. 레히 전투(15:14-19)

15:14-19. 삼손은 **나귀의 새 턱뼈**로 블레셋 사람 **천 명**을 죽인다. 블레셋 평원 북부의 텔 카실에서 발견된 턱뼈는 이 놀라운 이야기를 잘 설명해준다. 이 턱뼈는 날카로운 부싯돌처럼 다듬어져, 곡식을 베기에 적합한 낫 모양을 하고 있다. 죽은 지 얼마 안 되는 나귀의 턱뼈는 압력에도 잘 부서지지 않기에 최고의 무기였을 것이다. 이후에 하나님은 삼손을 위해 레히의 우묵한 곳을 터뜨려 물이 샘솟게 하시며, 삼손은 그곳을 **엔학고레**라고 부른다. 이곳의 위치는 알 수 없지만, 저자가 이 이야기를 덧붙인 이유는 분명하다. 하나님은 삼손에게 영을 부어주었을 뿐 아니라(14절) 물이라는 육체적 필요도 채워줌으로 그가 사사 직분을 통해 하나님의 뜻을 성취해가게 하신다.

g. 삼손이 20년간 다스리다(15:20)

15:20. 삼손의 생애 20년이 짤막하게 기술된다. 삼손은 이스라엘의 사사로 불린다.

4. 삼손의 욕망과 죽음(16:1-31)

삼손은 열정과 피로 얼룩진 자신의 삶에 어울리는 죽음을 맞이한다.

a. 삼손과 가사의 기생(16:1-3)

16:1-3. 이 짧은 에피소드 안에 삼손이 어떤 사람인지가 잘 드러난다. 그는 도덕적으로는 연약했고, 육체적으로는 괴력의 사나이였다. 도덕적으로 연약했기에, 여러 도시들을 다니며 육체적 쾌락을 탐닉했다. 이번에도 가사로 내려가 한 **기생**을 찾아갔다가 그 지역 블레셋 사람들로부터 습격당할 위기에 빠진다. 삼손은 이를 알아차리고, 밤중에 성읍 문짝(문설주와 문빗장까지)을 빼어 메고 헤브론 앞산으로 간다. 가사에서 헤브론까지는 약 64킬로미터 거리이다(일부는 이 산을 헤브론 방향에 있는, 가사 근처의 산으로 본다). 저자가 삼손의 놀라운 힘을 기술한 것은 그에게 블레셋의 방어체계를 교란할 수 있는 능력이 있다는 것을 강조하기 위함이 아니다. 그보다는 오히려 삼손의 도덕적 취약성과 신체적 괴력을 대조적으로 비교하고 있다. 만약 삼손이 신체적 괴력에 어울리는 도덕적 권위를 갖추었다면 얼마나 대단한 사사가 될 수 있었을지 상상해보라.

b. 삼손과 들릴라(16:4-22)

(1) 들릴라가 소개되다(16:4-6)

16:4-6. **소렉 골짜기**에서 삼손은 **들릴라**와 사랑에 빠진다. 소렉 골짜기는, 기술한 바와 같이, 서쪽에서 예루살렘과 산지로 들어가는 세 진입로 중 하나이며 셋 중에서 가장 험난하다. **소렉**이라는 단어는 질 좋은 포도를 가리키는 '선홍색'이라는 단어에서 파생되었다. 이제 삼손의 나실인 서약이 본격적인 시험대에 오른다.

블레셋 방백들은 첩보 작전의 일환으로 들릴라에게 상당량의 뇌물을 준다.

(2) 힘의 근원에 대한 세 번의 시험(16:7-14)

16:7-14. 삼손은 들릴라에게 **마르지 아니한 새 활줄 일곱**으로 자신을 결박하면 남들처럼 **약해**질 것이라고 대답한다. 이 '활줄'(*yetharim*, 예타림)은 짐승의 내장으로 만들어졌으며, '새 활줄'은 나귀의 새 턱뼈처럼, 오래된 것보다 더 질겼던 것 같다. 삼손은 위험한 줄타기를 하고 있었다. 삼(9절)은 이곳과 이사야 1:31에만 나오는 히브리어(*ne'oret*, 네오레트)로서 이사야에서는 '삼오라기'로 번역된다.

다음은 **새 밧줄**이라고 이야기했고, 삼손은 이 역시 실 같이 쉽게 끊어버린다.

그다음 삼손은 들릴라에게 자신의 **머리털 일곱 가닥을 베틀의 날실에 섞어 짜면** 된다고 말한다. 들릴라가 베를 짜는 동안 삼손이 잠든 것으로 미루어, 이 베틀은 날실을 바닥의 네 귀퉁이에 고정시키는 수평 형태였던 것으로 추정된다. 16:13-14a의 히브리어 본문(MT)에는 표기상의 실수로 누락된 부분이 보인다. 이는 70인역을 기준으로 복원되었으며(NASB, NIV, ESV), 다른 부분에서 볼 수 있는 들릴라 이야기의 요소가 보충되었다.

(3) 들릴라가 삼손의 비밀을 캐내다(16:15-17)

16:15-17. 마침내 삼손은 **삭도**로 **머리를 밀면** 힘이 떠나고 **약해**질 것이라고 고백한다. 고대의 최고 삭도는 부싯돌이나 흑요석으로 만들어졌다. 단단한 화성암에 날카로운 날이 있었다. 물론 삼손의 머리털이 힘의 근원은 아니다. 힘은 하나님의 영으로부터 왔다(14:19 등). 삼손의 머리가 삭도로 밀린 것은 그의 몰락의 원인

일 뿐 아니라 영적인 파산을 상징적으로 보여준다.

(4) 삼손이 블레셋에 사로잡히다(16:18-22)

16:18-21. 삼손이 가진 힘의 근원은 그의 신체적 능력도 아니었고, 긴 머리털도 아니었다. 긴 머리털은 그의 나실인 서약에 대한 외적인 상징일 뿐이었다. 나실인 서약은 이스라엘 남자가 특별한 임무나 기도를 위해 스스로를 구별하는 것으로서 하나님이 직접 말씀하셨다(민 6:1-2). 하나님은 나실인으로서 삼손의 지위를 존중하셨고, 그에게 이스라엘의 적을 섬멸하는 특별한 임무를 맡기셨다. **여호와께서 이미 자기를 떠나신** 것이 그가 멸망한 진짜 이유였고, 머리가 잘린 것은 그 사실에 대한 외적 상징일 뿐이었다. 삼손은 어리석게도 들릴라에게 사실을 털어놓음으로써 머리털을 잘렸고, 이로써 나실인 서약이 깨졌다.

삼손에게 일어난 일이 이 시대의 성도에게 일어날 수는 없다. 구약시대에는 특별한 임무를 위해 하나님의 영이 일시적으로 임했다가 떠나는 것이 규범적이었다. 사도행전 2장에서 교회가 탄생한 뒤에야 비로소 예수님이 약속하신대로 성령은 보편적이고 항구적으로 성도 안에 내주하신다(요 14:16-17).

삼손이 패배하고 눈이 뽑힌 것은 그의 어리석음과 영적인 무지를 상징한다. 또한 맷돌을 돌리게 되는데 이 일은 당시 가장 힘들고 천한 노역이었다.

16:22. 하지만 시간은 여전히 흘렀고 머리털은 **다시 자라기 시작**했다. 물론 머리털에 비밀이 있었던 것은 아니다. 이는 삼손의 나실인 서원이 회복되고 있음을 가리킨다. '시작했다'라는 표현은 삼손의 삶에서 성령의 역사가 다시 시작됨을 예시한다(13:5, 25을 보라. 하나님이 삼손을 쓰시는 것에 대해 같은 표현이 사용된다). 하나님과 삼손의 관계는 끝나지 않았다. 하나님은 다시 그를 사용하실 것이고, 삼손은 블레셋에게 복수할 기회를 얻을 것이다.

c. 삼손의 수치와 복수(16:23-31)

(1) 삼손의 수치(16:23-27)

16:23-27. 비극에 모욕이 더해진다. 블레셋 방백들은 삼손을 **다곤** 신전에 끌어내어 강제로 재주를 부리게 한다.

(2) 삼손의 복수(16:28-31)

16:28-31. 야르콘강의 텔 카실(현대의 텔아비브 북쪽 면)에서 발견된 중첩된 형식의 블레셋 성전들은 크기가 크지 않다. 이런 성전들은 기둥 역시 그리 크지 않았을 것이다. 지름은 대략 90센티미터, 높이는 약 5~6미터쯤 되었을 것으로 추정된다.

카실에서 발견된 성전은 서로 2미터쯤 떨어진 2개의 기둥이 천정을 떠받치는 구조이다. 커다란 나무판으로 만들어진 지붕은 목재나 돌로 된 대들보로 지지되어 있어서 기둥이 쓰러지면 주저앉는다. **지붕**에 있던 **삼천 명**의 블레셋 사람이 삼손으로 인해 죽임을 당한다.

삼손의 삶은 비극으로 끝난다. 그러나 하나님은 그를 통해 잠시나마 블레셋으로부터 이스라엘을 구원하셨다.

Ⅲ. 두 에필로그: 극심한 영적 타락에 빠진 이스라엘이 나라를 안정시킬 위대한 왕을 요구하다 (17:1-21:25)

17-21장에 기록된 두 사건은 시간적으로 16장 이후에 발생한 사건이 아니다. 오히려 사사 시대 초기의 사건들로 보인다. 18:30에서 그 단서를 볼 수 있는데, 단 지파의 제사장이 된 레위인 요나단은 모세의 손자로 나온다(주석을 보라). 이에 따르면 이 사건은 여호수아가 가나안을 정복한 지 100년이 채 지나지 않은 시점에 발생한 것으로 추정된다. 저자가 이 사건들을 여기에 기록한 이유는 이를 배교와 퇴폐가 만연한 당시 시대상을 반영하는 원형적인 사건으로 보았기 때문이다. **그때에는 이스라엘에 왕이 없었으므로 사람마다 자기 소견에 옳은 대로 행하였더라**(17:6; 21:25).

저자는 의도적으로 이들 이야기가 기존에 기록된 성경 속의 이야기와 비슷하게 보이도록 구성한다. 예를 들면 레위인과 그 첩의 이야기(19:1-26)는 창세기 19장의 소돔 이야기를 연상시키는데, 이는 사사 시대의 이스라엘이 소돔처럼 사악하다는 것을 보여주려는 의도이다. 또한 베냐민 지파와의 전쟁 이야기(20:1-48)는 이스라엘의 아이 전투(수 7-8장)를 떠올리게 한다. 이는 이스라엘이 하나님께 순종하지 않음으로써 선조들의 죄를 답습하고 있음을 보여주려는 것이다. 이 기록은 사사 시대가 영적인 쇠퇴기이며 동시에 정치적 혼란기임을 특징적으로 보여준다. 이스라엘에 왕이 없는 것은 이스라엘의 영적인 문제와 직접적인 연관이 있다. 어떤 이는 이를 다윗과 그 왕조를 위한 변명이라 고 보기도 하지만, 사무엘서와 열왕기는 다윗과 그의 아들들 역시 이스라엘의 필요를 채우지 못함을 여실히 보여준다. 결론적으로 사사기는 다윗의 후손으로 오는 메시아만이 이스라엘의 참된 왕이 되실 수 있다고 주장한다.

A. 단 지파의 우상숭배(17:1-18:31)

1. 에브라임의 우상숭배(17:1-13)

미가라는 에브라임 사람과 그의 어머니가 만들어내는 역겨운 이야기는 이스라엘이 얼마나 타락했는지를 단적으로 보여준다. 미가는 도둑이었고, 그의 어머니는 바보였다. 이들은 은으로 우상을 만들고, 자식을 성별해서 제사장으로 삼았다! 은 천백은 아마도 그녀가 평생 모은 재산일 것이다. 당시에는 은행도 투자신탁도 없었으므로, 모든 재산을 은이나 금 또는 보석의 형태로 집에 보관했다.

a. 미가와 그의 어머니(17:1-6)

17:1-4. **미가**는 **어머니**의 **은 천백**을 자기가 가져갔다고 고백하며, 은을 돌려준다. 미가의 어머니는 은 **이백**으로 우상을 만든다. 구약성경은 우상에 대해 자주 이야기하는데 대부분 어떻게 만들어졌는지를 설명한다. 4절에서는 페셀(*pesel*)과 마세카(*massekah*)라는 용어가 등장한다. 첫 단어는 '조각된 상'으로, 두 번째는 '주조된 상'으로 번역될 수 있다. 이런 우상들 중 많은 경우가 현존하며, 고고학 문헌에서 그 모양에 대한 상세한 기록을 볼 수 있다. 라반과 그의 드라빔(*teraphim*, '가족 신상', 창 31:19의 주석을 보라) 이야기를 통해서 이 물건의 가치를 짐작할 수 있다. 가족 신상 세트는 가문의 부와 상속권을 상징했던 것으로 보인다.

17:5. 미가는 새로 얻은 우상을 위해 집의 일부를 **신당**으로 개조한다. 신당은 한쪽 벽면을 움푹하게 꾸민 것으로 추정되는데, 이는 이스라엘의 성스러운 건물에서 흔히 발견되는 특징이다. 그는 아들 한 명을 정식으로 성별해서 **제사장**으로 삼는다. 이는 아론의 후손으로 이어지는 제사장직을 부정하는 행위이다. 성막과 성전을 통한 제사장의 봉사는 궁극적으로 그리스도의 사역으로 이어진다.

17:6. **그때에는 이스라엘에 왕이 없었으므로 사람마다 자기 소견에 옳은 대로 행하였더라.** 왕의 부재로 인한 이스라엘의 영적인 몰락을 상기시킨다. 이는 궁극적으로 메시아가 없음으로 인한 문제이다(이에 관해서는 'Ⅲ. 두 에필로그'의 주석을 보라).

b. 레위인을 제사장으로 삼다(17:7-13)

17:7-13. 이후 미가의 제사장이 되는 젊은 레위인 역시 하나님을 예배하는 원칙에 대해 잘 알지 못한다. 그는 베들레헴 출신이었는데 이는 레위 지파의 성읍이 아니다. 이로 미루어 볼 때 이 시기의 레위 지파는 지원 부족으로 각지로 흩어져 먹고살 길을 찾았던 것 같다. 미가는 레위인을 집 안에 들이면 **여호와**가 **복**을 주실 것으로 생각했다. 레위인을 행운의 부적쯤으로 치부한 것은 분명 레위인을 성막에서 하나님을 섬기는 자로 규정한 성경의 가르침에 위반되는 것이다. 미가의 행동은 제사장직에 대한 몰이해에서 비롯되었다.

2. 단 지파가 움직이다(18:1-31)

a. 단 지파의 정찰대가 미가의 제사장을 만나다 (18:1-6)

18:1-6. 단 지파가 분배받은 땅이 정착하기에 어려운 땅이라는 것은 의심의 여지가 없다. 블레셋은 대부분의 단 지파 영토에서 활개를 쳤는데, 이는 그들의 병거로 예루살렘 서쪽과 남쪽의 평지 및 산지를 쉽게 통제할 수 있었기 때문이다. 그러나 단 지파의 실패는 약한 군사력 때문이라기보다는 영적인 문제 때문이었다. 미가 가족의 이야기는 무엇보다 이들의 특징을 잘 드러낸다. 단 지파는 땅을 차지하라는 하나님의 명령을 완수할 만한 믿음이 없었다. 우상숭배는 살아 계신 하나님에 대한 그들의 헌신이 부족하다는 것을 보여주는 증거였다.

이는 그들이 이스라엘 지파 중에서 그때까지 기업을 분배받지 못하였음이라(1절). 단 지파는 상황을 비관적으로 보고 있었던 것 같다. 여호수아는 단 지파에게 영토를 할당했지만(수 19:40-48을 보라), 영토를 정복한 뒤 넘겨준 것은 아니었다. 그들이 직접 정복해야 했는데 그렇게 하지 못했다. 블레셋의 위협이 늘 상존했기 때문에 그들은 살 만한 다른 땅을 찾기 시작한다. 그리하여 **땅을 정탐**하도록 5명의 정찰대가 투입된다. 이는 여호수아 2:1에 나오는, 라합의 집으로 들어간 정탐꾼의 이야기와 병행을 이룬다. 미가의 집으로 들어간 5명은 레위인의 목소리를 알아듣고, 과연 그들의 여정이 **형통**할 것인지를 하나님께 묻게 한다.

b. 단 지파가 새 정착지를 찾다(18:7-10)

18:7. **라이스**에 다다른 다섯 정찰대원은 주민들이 **염려 없이 거주**하는 모습을 보고 깊은 인상을 받는다. 정찰대의 충고대로 단 지파는 북쪽으로 약 160킬로미터 떨어진 라이스로 이주한다. 당시 요단강 상류 지역에는 이미 가나안 문명이 1500년 이상 자리 잡고 있었다. 라이스는 고대 동방의 많은 주요 도시들이 설립된 시기와 같은 시기에 요르단 골짜기 위쪽에 설립되었다. 수원이 풍부한 샘 근처의 언덕이었으며, 주변에는 비옥한 농토와 국제 무역로가 있었다. 당연히 이곳에는 많은 사람들이 거주하고 있었다.

18:8-10. 라이스의 젖줄인 샘은 거대한 유공성석회암(有孔性石灰岩)층으로 이루어진 헤르몬산 기저에서 흘러나왔다. 헤르몬산의 눈이 녹은 물은 석회암으로 스며든 후 샘과 강들을 통해 연중 내내 주변 지역으로 공급되며, 이를 통해 상대적으로 건조 기후인 이 지역에 생명을 불어넣었다. 라이스 주민들은 이 강력한 요새 안에서 안정적으로 지내고 있었다. 이 성읍은 그야말로 **평온하며 안전**했고(7절), 이는 단 지파가 분배받은 블레셋 지역과는 극명한 대조를 이루었다(수 19:40-48을 보라).

c. 600명이 에브라임으로 가다(18:11-13)

18:11-13. **단 지파의 가족 중 육백 명이 무기를 지니고 소라와 에스다올에서 출발하여 올라가서 유다에 있는 기럇여아림에 진 치니…무리가 거기서 떠나 에브라임 산지 미가의 집에 이르니라**. 기럇여아림은 예루살렘에서 북서쪽으로 십여 킬로미터 떨어져 있다. 600명은 대략 영국 군대의 연대 규모이다. 단 지파의 군대가 그런 조직화된 편제를 갖춘 것은 아니겠지만, 이 숫자(3:31에서 삼갈이 죽인 블레셋 사람 수와 같음)를 통해 이 사건이 매우 신중하게 계획된 군사 작전임을 추측할 수 있다.

d. 미가의 제사장이 변절하다(18:14-20)

18:14-20. **그 다섯 사람이 미가의 집에 들어가서 그 새긴 신상과 에봇과 드라빔과 부어 만든 신상을 가지고 나오매**. 이들은 제사장에게 함께 가서 **단 지파의 제사장**이 되라고 종용한다. 이 절도 행위를 통해 우상숭배와 탐욕 사이의 숨겨진 관계를 엿볼 수 있다. 우상은 이방 신이었으며 또한 경제적 부를 상징했다. 우상숭배자들은 신과의 관계뿐 아니라 부를 통해서 신변의 안전을 도모하려 했다.

e. 미가와 다투다(18:21-26)

18:21-26. **미가**는 **단 자손** 600명이 자신의 우상을 가져갔다고 따지지만, 그들이 월등히 강함을 깨닫고 집으로 돌아간다. 600명은 군사적인 무력으로 미가를 위협했다. 이 중 아무도 영적인 분별력을 가지고 행동하는 사람이 없었다.

f. 단(라이스) 지파에 우상숭배가 확립되다 (18:27-31)

18:27-31. 단 자손 600명은 라이스를 불사른 후 재건한 뒤 **단**이라고 이름 붙인다. 최근에 단에서 실시된 고고학적 연구에 따르면, 주전 1200-1150년 시기에 해당하는 탄층이 발견되었는데, 이는 성경의 기록과 잘 맞아떨어진다. 스스로 임명된 **제사장**들은 이곳에서 봉직했다.

30절에는 몇몇 난제가 있다. 첫째, 마소라인(7-11세기에 이스라엘과 바벨론에서 활동하던 성경 필사자와 학자들—편집자 주)에 의한 본문상의 문제가 있다. 그들은 '모세'라는 이름의 자음 사이에 추가적인 자음('nun', 영어의 'n'에 해당함)을 넣어서 모세를 '므낫세'로 바꾸었는데, 몇몇 영역본이 이를 따른다. 그러나 다른 역본이나 사본에는 이런 자음 추가가 발견되지 않기 때문에, 이 제사장은 실제로 게르솜을 통한 모세의 후손으로 보는 것이 타당할 것이다. 마소라인에 의한 자음 추가는 율법을 받은 모세의 명예를 지키려는 의도로 생각된다. 둘째, 본문에 의하면 단 지파의 이주와 함께 시작된 이방 신의 제사장직은 **그 땅 백성이 사로잡히는 날까지**[*gelot ha'aretz*, 겔로트 하아레츠] 계속된다. 이 구절은 성경 다른 곳에서는 발견되지 않으며, 다만 겔로트는 이스라엘의 포로를 가리키는 말로 종종 사용된다. 영(Young), 카일(Keil), 델리츠(Delitszch) 등은 본문의 수정을 제안했다[*ha'aretz* 하아레츠(땅)에서 *ha'aron* 하아론(언약궤)으로 수정하고, 관련 연대를 아벡 전투 시기(삼상 4:1-11)로 봄]. 그러나 사본이나 역본상에는 이 제안을 지지하는 증거가 없다. 따라서 주전 722년 북 왕국의 포로나 주전 586년 유다 왕국의 포로로 보는 것이 타당할 것이다. 이렇게 보면 사사기는 실제 사건이 일어난 시기보다 훨씬 나중에 기록되었으며, 그 이후에 사본의 복사나 편집이 이루어졌다고 추측할 수 있다. 이는 포로 이후 이스라엘에게 매우 중요한 경고가 되었을 것이다. 그들 또한 왕이 없었으며, 따라서 그들 역시 각자 소견에 옳은 대로 행하는 죄에 빠질 수 있었다.

B. 베냐민 지파의 패악(19:1-21:25)

1. 레위인 첩의 처참한 살해(19:1-30)

이 시기의 암울한 모습이 그려진다. 도덕은 죽었고 사회가 흔들리면서 가족 단위도 붕괴되기 시작한다. 연대는 기록되지 않았으며 추정할 수도 없지만, 마치 작금의 서양 문명을 보는 듯하다. 거의 대부분의 인물이 익명으로 등장하는데, 이는 당시 나라 전체의 모습을 대변하는 것 같다. "그때에는 이스라엘에 왕이 없으므로 사람이 각기 자기의 소견에 옳은 대로 행하였더라"(17:6; 21:25).

a. 레위인이 베들레헴에서 첩을 데려오다(19:1-9)

19:1-9. **어떤 레위 사람이 유다 베들레헴에서 첩을 맞이하였더니**(1절). 전체적인 사회의 지원이 부족했기 때문에 적지 않은 레위 사람이 여호수아 20-21장에서 분배된 레위 성읍을 떠났던 것 같다. 본문의 레위 사람은 도덕의식이 희박하고 하나님의 종으로서 성별해야 할 의무도 저버렸다. 그는 베들레헴에서 첩을 취했고, 첩은 화를 내며 그를 떠난다. NASB는 **행음하고**[played the harlot]로 번역하지만, 히브리어 어근 자나(*zanah*)는 아카드어 '화를 내다', '미워하다'에 더 가까운 것으로 보인다. 이들이 보여주는 행동은 무엇 하나 도덕적으로 용인될 만한 것이 없다. 레위 사람은 첩의 아버지에게 가서 그녀를 설득해서 돌려보내라고 요청한다. 장인은 중동의 관습대로 그에게 머물기를 요청하면서 닷새를 붙들어둔다. 그는 딸을 정말 사랑하는 것처럼 보인다.

그러나 장인은 이 사태를 어떻게 처리해야 할지 전혀 알지 못한다. 그의 출신 배경은 분명하다. 그의 말 속에는 유목민이 쓰는 표현이 잔뜩 들어 있기 때문이다(8절의 '해가 기울도록'의 문자적인 뜻은 '천막 치기', 9절의 '해가 기울었느니라'는 '야영', 9절의 '집'은 '천막'이다).

b. 기브아로 가다(19:10-15)

19:10-15. 레위 사람과 그의 첩, 그리고 종은 해 질 무렵 여부스에 다다랐는데, 거기서 머물지 않고 **기브아**로 간다.

c. 기브아의 낯선 이가 친절을 베풀다(19:16-21)

19:16-21. 성읍 광장은 성읍으로 들어가는 입구 혹은 성문 안쪽에 위치했다. 광장은 주요 회합 장소였으며, 정치적 토론과 상업 활동 그리고 휴식의 장소였다. 레위 사람이 광장으로 가서 밤을 지낼 방도를 찾은 것은 전혀 이상한 일이 아니었다. 광장은 성문 안에 있었고, 공공장소로서 누구나 지나다니는 곳이었다. 따라서 가장 안전해야 할 광장에서 봉변을 당한다는 것은 매우 놀라운 일이다. 이는 이스라엘의 타락상을 보여주는 또 다른 사례이다. 한 노인이 고대 근동의 전형적인 환대를 베풀며 레위 사람을 자기 집으로 데려가 밤을 지내게 한다.

d. 패악한 기브아 주민들이 강간과 살인을 저지르다 (19:22-26)

19:22-26. 이 부분은 창세기 19장과 소돔에 사는 롯을 방문한 사람들의 이야기를 떠올리게 한다. 소돔이 심히 악하여 심판을 받은 것과 똑같이 베냐민 사람도 심판의 위기에 처했다. 두 이야기의 병행은 하나님의 법대로 사는 것을 거부하고 각자가 자기 소견에 옳은 대로 사는 이스라엘의 도덕적 진공상태를 강조하기 위함이다. 기브아 사람은 소돔 사람과 똑같이 기술되고, 그들의 잔혹함도 가감 없이 묘사된다. 가나안 족속 가운데는 동성애가 만연했지만(종교적으로는 제재됨), 이스라엘 가운데 동성애가 언급된 것은 이곳이 유일하다. 동성애는 레위기 18장과 20장에서 금지된다. 노인은 손님을 성읍의 **불량배**들에게 넘겨주는 것을 거부한다. 그런데 이상하게도, 자신의 **처녀 딸**을 대신 내주려 했고 손님은 자신의 첩을 불량배들에게 넘겨준다. 불량배들은 **그 여자와 관계하였고 밤새도록 그 여자를 능욕**했다. 처참하리만치 끔찍한 일들이 이어지는데, 이는 롯이 자기의 처녀 딸을 소돔 사람에게 넘겨주려 했던 일을 떠올리게 한다(창 19:8). 이러한 일들이 기록된 것은 단지 충격을 주기 위해서가 아니라, 소돔에게 그랬던 것처럼 하나님이 이들을 심판하실 수밖에 없는 근거를 제시하려는 것이다. 베냐민 지파가 말살된 것은 슬프지만 하나님의 공의를 위해서는 불가피했다. 심판

은 이스라엘의 나머지 지파에 의해서 집행되는데, 그들 역시 이들보다 별반 나을 것이 없었다.

e. 참혹한 방법으로 지파들을 소집하다(19:27-30)

19:27-30. 손님인 레위 사람은 **그 여인이 집 문에 엎드러져 있고 그의 두 손이 문지방에 있는 것**(27절)을 발견한다. 그는 시신을 거두어 고향으로 간 뒤, 시신을 토막 낸다. 그녀의 이름은 죽은 뒤에도 나오지 않는다. **열두 덩이**로 토막 난 그녀의 시신은 이스라엘의 지파들을 소집하고, 내전을 초래한다.

2. 범죄자들을 처단하기로 결의하다(20:1-17)

a. 미스바에서 지파들을 소집하다(20:1-7)

20:1-7. 역겨울 정도로 끔찍한 사건의 전개는 결국 베냐민 지파에 대한 이스라엘 나머지 지파의 공격으로 이어진다. 각 지파들이 소집되자, 그 레위 사람은 사건의 경위를 설명한 뒤 아이러니한 결론을 내린다. **그들이 이스라엘 중에서 음행과 망령된 일을 행하였기 때문이라.**

b. 베냐민을 벌하기로 동의하다(20:8-11)

20:8-11. 백성 중 십분의 일이 차출되어 나머지 **백성**에게 줄 **양식**을 준비하게 한다. **이스라엘 모든 사람이 하나같이 합심**했다는 진술이 사사기 처음으로 등장한다. 이들은 레위 사람의 첩이 기브아에서 강간당한 것에 대한 보복으로 기브아를 치기로 결의한다.

c. 베냐민이 온 이스라엘을 치려고 나오다 (20:12-17)

20:12-17. 베냐민은 불량배들(문자적으로 '벨리알의 자식들')을 넘겨줄 기회를 얻었지만, 그들을 포기하지 않기로 결정한다. 백성 중에서 택한 700명의 왼손잡이도 전투에 참여한다. 2만 6,700명의 베냐민이 이스라엘 나머지 지파의 40만 대군과 대결한다.

3. 내전과 베냐민의 패배(20:18-48)

내전의 비극은 왕이 있기 전 이스라엘 지도자들의 실패를 강조한다. 사사나 부족의 어른들도 이스라엘 사회를 안정시키지 못한다. 이러한 상황은 사무엘상에서 이스라엘이 왕을 요구하는 배경이 된다. 궁극적으로, 구약성경은 인간 왕으로는 진정한 평화가 이 땅에 올 수 없음을 보여준다. 오직 이상적인 왕, 메시아만이 그렇게 할 수 있다. 구약성경은 일관되게 메시아의 사역을 지향한다.

a. 하나님께 묻다(20:18)

20:18. 이스라엘이 벧엘에서 하나님께 묻는다. 아마도 제사장들이 우림과 둠밈으로 하나님의 뜻을 구했을 것이다.

b. 첫 번째 공격이 실패하다(20:19-23)

20:19-23. 기브아를 치기 위해 전선이 구축된다. 이스라엘은 첫 전투에서 40만 대군 중 2만2천 명을 잃는다. 이 패배는 재앙이었으며, 견고한 방어 진지에 대한 보병의 공격은 흔히 이런 패배로 귀결된다. 지도자들은 울면서 하나님께 계속 싸울지를 묻고, 하나님은 재공격을 명령하신다.

c. 두 번째 공격마저 실패하다(20:24-28)

20:24-28. 두 번째 공격 역시 첫 번째와 같은 방식으로 진행되고, 1만 8천 명의 전사자를 내는 재앙으로 귀결된다. 하루 종일 울고 금식한 이스라엘은 제사장 비느하스를 통해 다시 하나님의 뜻을 묻고, 하나님은 내일의 승리를 약속하신다.

d. 세 번째 기습 공격이 성공하다(20:29-48)

20:29-48. 전술적 상황은 여호수아 7-8장의 아이 전투를 떠올리게 한다. 주력 부대는 라말라 근처에서 산등성이를 따라 북쪽에서 내려왔을 것이다. 매복군은 아얄론 골짜기로 이어지는 나할 아다롯 와디의 바위 틈에 숨어 있다가 서쪽에서 들이닥쳤다. 기브아를 불사른 것 역시 아이와 비슷하다. 베냐민은 600명을 제외한 전원이 몰살당한다.

4. 잃어버린 지파를 복원하다(21:1-24)

a. 이스라엘 지파의 딜레마(21:1-7)

21:1-7. 자신들이 행한 끔찍한 일을 비로소 현실로 자각한 이스라엘은 열두 지파 중에서 베냐민이 없어진 것에 대해 절망한다. 베냐민의 모든 성읍이 파괴되었고(20:48), 모든 군대가 사실상 전멸했으며, 온 이스라엘이 살아남은 베냐민에게 딸을 주지 않기로 맹세했기 때문에 문제는 심각했다.

b. 야베스 길르앗을 파괴하다(21:8-12)

21:8-12. 이스라엘은 **야베스 길르앗**[요단강 동편 므낫세 지역, 예루살렘 북동쪽 약 96킬로미터] 주민이 전쟁에 참여하지 않은 것을 깨닫고, 그들을 처단하는 것을 이 문제의 해결책으로 삼는다. 모든 남자는 죽이고 처녀만 살려서 베냐민에게 주기로 결정한다. 이

후 야베스 길르앗은 구약성경에 두어 번 등장한다(삼상 11:1, 사울 왕에게 구출됨; 삼하 21장, 사울의 시신을 수습함).

c. 베냐민에게 아내를 구해주다(21:13-15)

21:13-15. 림몬 바위에 숨어 있던 베냐민 생존자들은 평화를 수용하고 신붓감을 받아들이지만, 여전히 신붓감이 부족했다.

d. 실로에서 아내를 더 구하다(21:16-24)

21:16-24. 여호와의 명절에 실로에 춤추러 나오는 여자들 중에서 아내를 더 구해 온다. 이미 한 맹세 때문에 아무도 자기 딸을 베냐민 사람에게 줄 수 없었기에(1절), 생존자들에게 성막에서 예배하기 위해 실로에 모인 각 지파 중에서 필요한 대로 처녀를 "붙들어 가지고" 아내를 삼게 한다. 이렇게 함으로써 딸을 주지 않기로 한 책임을 면하려는 것이었다. 비록 편법이었지만 베냐민 지파의 복원 계획은 성공을 거두며, 기원전 722년 앗수르에 의해 추방될 때가지 베냐민 지파는 존속한다. 이 끔찍한 이야기는 주요 주제를 다시 한 번 부각시킨다. 위대한 왕 없이는, 하나님의 백성에게 안정이란 없다.

5. 후렴구: 이스라엘에 왕이 없다(21:25)

21:25. 사사기는 후렴구와 함께 끝을 맺는다. **그때에 이스라엘에 왕이 없으므로 사람이 각기 자기의 소견에 옳은 대로 행하였더라**(참고 17:6). 이는 17:6과 함께 양괄식을 이루며 에필로그를 앞뒤로 묶어준다. 같은 진술이 앞 괄호가 되어 에필로그가 시작되면서 이스라엘의 끔찍한 이야기들이 소개되고, 같은 주제가 반복되면서 뒷 괄호가 되어 에필로그를 마무리한다. 이 에필로그는 사사 시대의 문제점을 분명히 보여준다. 왕이 없었기 때문에, '사람이 각기 자기의 소견에 옳은 대로 행하였'으며 하나님의 법을 무시했다. 이는 또한 먼 미래에 의로운 왕이 나타나 이스라엘이 다시 하나님을 경외하게 할 것을 시사한다.

여호수아서와 사사기는 모세에서 왕정으로 넘어가는 역사적 전환 과정을 보여주며, 이후 구약성경 전체의 틀을 잡아주는 역사적, 지리적 토대를 제공한다. 이 책들은 이러한 역사를 이해하는 데 있어서 필수 불가결하다. 뿐만 아니라 이스라엘이 왕을 요구하는 역사적 배경을 제공한다. 보다 큰 맥락에서 보면, 여호수아와 사사들이 이스라엘을 구원하는 데 실패한 사실은 이스라엘과 모든 사람이 위대한 왕, 메시아를 필요로 함을 가리킨다. 메시아가 오면, 자기 백성을 구원하고 영원한 자기 나라를 굳게 세우실 것이다.

참 고 문 헌

Bimson. John. *Redating the Exodus and Conquest*. Sheffield, England: Almond Press, 1981.

Biran, A. *Biblical Dan*. Jerusalem: Israel exploration Society, 1994.

Block Daniel I. *Judges, Ruth*. New American Commentary. Nashville: Broadman & Holman, 1999.

Cundall, Arthu. *Judges*. Tyndale Old Testament Commentary. Downers Grove, IL: InterVarsity, 1968.

Finkelstein, Israel. *The Archaeology of the Israelite Settlement*. Jerusalem: Isreal Exploration Society, 1988.

Garstang, John. *Joshua-Judges*. Grand Rapids, MI: Kregel Publications, 1935, 1978.

Gordon, Cyrus H. *Before the Bible: The Common Background of Greek and Hebrew Civilization*. New York: Harper and Row, 1962.

Lindsey, F. Duane. "Judges." In *The Bible Knowledge Commentary, Old Testament*, edited by John F. Walvoord and Roy B. Zuck. Wheaton, IL: Victor Books, 1985; reprint, Colorado Springs: David C. Cook, 1996. 《여호수아 · 사사기》(두란노).

Mazar, Amihai. *Excavations at Tell Qasile*, Part 1. Jerusalem: Hebrew University, 1980.

______. *Excavations at Tell Qasile*, Part 2. Jerusalem: Hebrew University, 1985.

Wolf, Herbert. "Judges." Vol. 3 of The Expositor's Bible Commentary, edited by Frank Gaebelein. Grand Rapids, MI: Zondervan, 1992.

Wood. Leon. *Distressing Days of the Judges*. Grand Rapids, MI: Zondervan, 1975.

룻기

마이클 웩슬러(Michael G. Wechsler)

서 론

저자와 연대. 성경의 여러 책들이 그렇듯, 룻기 역시 저자를 밝히지 않는다. 오랜 유대교(그리고 기독교) 전통에 따르면, 저자는 사무엘이다. 가장 오래된 바벨론 탈무드 바바 바트라(*Bava' Batra'* 14b)에는 이렇게 기록되어 있다. "사무엘은 자신의 책(즉, 삼상 24:22까지의 사무엘서), 사사기, 룻기를 저술했다." 이 전통을 의심할 이유는 없다. 또한 초기 선지자들, 특히 사무엘이 성경을 기록하는 역할을 담당했다는 것은 분명하다(대상 29:29; 삼상 10:25). 고대 히브리어를 연구하는 학자들에 따르면, 룻기의 히브리어는 표현 양식이나 어법이 초기 성경 시대의 것으로서 사사기, 사무엘서 그리고 열왕기 초반부와 비슷하다. 따라서 저자인 사무엘은 사무엘하 5:3에 기록된 다윗의 즉위식 이후, 주전 11세기 말미에 룻기를 기록한 것으로 보인다(또는, 삼상 16장에서 다윗이 기름 부음 받은 후).

목적. 룻기의 목적은 단순히 다윗의 족보에 관한 정보('다윗의 자손'으로 오실 메시아 즉 예수, 마태복음 1장을 보라)를 주려는 것이 아니다. 그런 목적이라면 마지막 다섯 절만으로도 충분하다. 아니, 그마저도 불필요하다. 같은 정보가 역대상 2:3-15에 나오는 더 자세한 족보에 제시되어 있기 때문이다. 룻기의 목적은 다윗의 족보 안에서 발견되는 긍정적인 사례를 제시하는 데 있다. 이는 오늘날의 표현을 빌자면, 믿음의 '해부'라 할 수 있다. 먼저 룻기는 우리에게 믿음이 적용되는 범위를 알려준다. 즉 믿음이 시험을 받는 결정적 순간들, 믿음으로 인내해야 하는 오랜 시간, 하나님이 이 땅에서 허락하시는 상급 등이 기술된다. 또한 모범이 되는 믿음의 사례를 통해서(이 경우에는 모압 여인 룻) 믿음이 어디까지 적용되는지를 보여준다. 참된 믿음과 그에 따르는 복은 이스라엘 혈통이 아닌 사람(야곱의 후손이 아닌 사람)에게까지 적용된다.

바로 이 두 번째 주제가 룻이 믿음의 모범으로서 다윗의 족보 안에 제시되는 이유를 설명해준다. 룻은 아브라함과 더불어 이스라엘 역사상 가장 존경받는 인물이자, 하나님으로부터 메시아에 관한 가장 중요한 약속(삼하 7장을 보라)을 받는 다윗과 연을 맺는다. 이는 궁극적으로는 그녀가 모압 혈통이라는 이유로 배척을 받지는 않았다는 것을 보여준다(보아스보다 가까운 친족은 이 사실 때문에 그녀를 배척한다, 룻 4:6의 주석을 보라).

그러나 그보다 더 중요한 것은 룻의 이방인 신분이 오히려 강조된다는 사실이다. 애초에 하나님이 이스라엘을 선택하고 다윗의 메시아적 왕조를 확립하신 이유는 참된 하나님을 믿는 복을 "땅의 모든 족속"에게 주시기 위함이었다(창 12:3과 그 주석을 보라). 마태가 복음서를 시작하면서 의도한 것도 같은 맥락이다(마 1:3-5). 그는 매우 분명하고도 특이하게 다윗 즉 예수의 족보에 이방 여인들을 포함시키면서, 세 번째 인물로 룻을 기술한다(첫 두 여인은 다말과, 보아스의 어머니 라합이다). 마태는 메시아 사역이 이 세상 모든 사람을 향한 것이며, 메시아를 보내신 아버지의 사랑이 얼마나 넓고 깊은지 강조한다.

배경. 기독교 성경에서 룻기는 '역사서'에 포함된다. 역사서는 구약성경을 크게 네 부분으로 나눌 때 두 번째에 해당한다. 이는 헬레니즘 유대인들(이스라엘 밖에 거주하며 헬라어를 사용하는 유대인들)의 구약성경 순서를 따른 것이다. 70인역(히브리어 성경의 헬라어 번역본으로, 주전 280-260년경에 번역이 시작됨)도 이 순서를 따르는데, 이는 기본적으로 장르(즉, 표현 양식)에 따라 성경의 각 책을 분류, 조직한 것이다.

반면 유대인의 오랜 전통에 의하면, 룻기는 케투빔(*Ketubim*, 성문서, 문자적으로 '글')에 속한다. 이스라엘에 거주하는 유대인 전통(팔레스타인 전통으로도 불림)에 따르면 성문서는 히브리어 성경의 세 번째이자 마지막 분류군이다. 이는 기본적으로 각 책들을 주제(그리고 전례)에 따라 분류, 조직한 것이다.

또한 룻기는 성문서 내에서 '다섯 두루마리'(*hamesh megillot*, 하메쉬 메길롯)로 불리는 소그룹에 속하는데, 이들은 전통적으로 유대인 회당에서 연중 절기에 읽힌다. 가장 오래되고 권위 있는 히브리어 성경의 사본에 따르면, 룻기는 이 다섯 두루마리 중 첫째이며 잠언 뒤에 나온다. 룻기는 헬레니즘 전통으로는 오순절로 알려진 수장절에 읽힌다. 이러한 분류가 주제 및 교훈적 목적에 따른 것이라는 점은 잠언이 '현숙한 여인'(*eshet hayil*, 에셋 하일)에 관한 기술로 끝맺는다는 사실에서도 드러난다(잠 31:10). 이 표현은 잠언을 제외하면 오직 룻기에서만 발견되며, 룻기 3:11에서 룻에 대한 묘사로 기술된다('현숙한 여인'에 대해서는 아래의 해설을 보라).

주제. 룻기에는 몇 가지 주제가 나타나며, 그 해석은 매우 중요하다.

(1) 기업 무를 자

성경에서 '기업 무를 자'에 대한 모세의 법 제정이 확실하게 기록된 곳은 룻기가 유일하다. 신명기 25:5-6에 기록된 법은 보통 '수혼법'(levirate marriage)이라 불린다. 여기에 나오는 '형제들'은 가장 가까운 남자 친족을 가리키는 것으로 볼 수 있다. 이 법에 따르면, 사망한 남편의 가장 가까운 남자 친족(후기 성경 시대에는 부계 형제들만)이 미망인에게 아들이 없을 경우 미망인과 결혼해야 했다. 수혼법은 후기 성경 시대 (그리고 현대의 종교적) 유대인들에게도 널리 받아들여지고 지켜졌다. 이 법은 하나님이 창세기 38:6-14, 26에 기록된 모세 이전의 관습을 개선하고 체계화하셨음을 보여준다(룻 4:12과 비교해보라). 이 법의 목적은 다음과 같다. 첫째, 미망인의 필요가 남자 근족에 의해 적절한 방법으로 채워지도록 한다. 둘째, 죽은 남자의 '이름'(명성)과 기업(창 11:1-4, 10-26)이 이어지게 한다(즉, "그 이름이 이스라엘 중에서 끊어지지 않게", 신 25:6).

이 법과 보아스가 보여준 실례는 성경에 나타난 '구속자'(Redeemer)로서의 하나님의 이미지를 보여준다는 점에서 의미심장하다. '기업 무를 자'(*go'el*, 고엘)를 가리키는 법률적 용어는 보아스뿐 아니라 하나님에게도 적용된다. 이는 특히 이사야서에 자주 등장하는데, 하나님의 완전한 구속 사역(즉, 영적이며 물질적인)을 가리킨다. 이사야 49:6-7은 이렇게 말한다. "그가 이르시되 네가 나의 종이 되어 야곱의 지파들을 일으키며 이스라엘 중에 보전된 자를 돌아오게 할 것은 매우 쉬운 일이라 내가 또 너를 이방의 빛으로 삼아 나의 구원을 베풀어서 땅 끝까지 이르게 하리라 이스라엘의 구속자[고엘], 이스라엘의 거룩한 이이신 여호와께서 사람에게 멸시를 당하는 자, 백성에게 미움을 받는 자, 관원들에게 종이 된 자에게 이같이 이르시되…"(참고. 사 44:24; 47:4; 48:17; 49:26; 54:5-8; 59:20; 60:16; 63:16; 욥 19:25; 시 19:14; 렘 50:34).

(2) 현숙한 여인

앞에서 이야기했듯이, (이스라엘에서 살던 유대인들의 초기 전통에서 비롯된) 대다수 유대교 전통에서 룻기는 잠언 바로 다음에 나온다. 이는 이상적인 '현숙한 여인'(에셋 하일, 잠 31:10)에 대한 잠언 마지막 부분의 기록과 룻기가 같은 주제로 연결됨을 가리킨다. 룻이야말로 성경에서 이에 해당하는 유일한 여인이다(룻 3:11).

따라서 잠언 31장의 '현숙한 여인'이 갖춘 다양한 장점과 품행이 룻기 전반에 걸쳐서 룻에게서도 발견되며, 어떤 경우에는 기술하는 용어조차 같다. 현숙한 여인은 아침 일찍 일어나 일을 시작하며(잠 31:15), 룻도 그러하다(룻 2:7; 3:14). 현숙한 여인은 근면성실하게 일하며(잠 31:27), 룻도 그러하다(룻 2:7, 17). 현숙한 여인은 힘든 일을 마다하지 않고, "힘 있게 허리를 묶으며"(잠 31:17), 룻도 그러하다(룻 2:17-18, 주석을 보라). 현숙한 여인은 항상 가족의 필요를 공급하며(잠 31:15), 룻도 그러하다(룻 2:14, 18). 현숙한 여인은 "인애의 법"을 말하며(잠 31:26), 룻도 그러하다(룻 1:8; 3:10). 현숙한 여인은 남편의 칭찬을 받고(잠 31:28), 룻도 그러하다(미래 남편으로부터, 룻 3:10). 현숙한 여인은 그 행한 일로 말미암아 "성문에서" 칭찬을 받고(성읍 사람들로부터, 잠 31:31), 룻도 그러하다(룻 3:11).

룻의 배경을 고려하면, 이러한 두 성경 사이의 연결성과 차이점이 더욱 부각된다. 만약 룻이 많은 난관(믿음의 공동체 밖에서 자람, 개종함, 과부임, 몹시 가난함)에도 불구하고 이러한 현숙한 여인이 될 수 있다면, 아무런 어려움 없는 이스라엘 여인은 얼마나 더 현숙할 수 있을까?

(3) 인애의 법

룻기 본문의 주요 단어 중 하나는 히브리어 헤세드(*chesed*)이며, 이는 인애, 자비, 은혜 등으로 다양하게 번역/이해된다. 중세의 저명한 유대학자 마이모니데스(Maimonides, 12세기 말)가 이를 잘 설명한다. "전혀 받을 자격이 없는 이에게 선을 베푸는 것…또는 그가 받을 자격 그 이상으로 더 큰 선을 베푸는 것…따라서 지극히 높으신 자로부터 오는 모든 좋은 것은 헤세드이다"(*Guide of the Perplexed*, ed. Qafih, §iii.53).

룻기에는 이 표현이 세 번 나오는데, 룻은 헤세드의 실행자이자 수혜자이다. 1:8에서 나오미는 룻과 오르바에 대해 하나님의 헤세드를 실행한 사람이자 받을 사람으로 언급한다. "너희가 죽은 자들과 나를 선대한 것 같이 여호와께서 너희를 선대하시기를 원하며." 2:20에서 룻과 나오미(즉, "살아 있는 자", 복수형) 그리고 엘리멜렉과 룻의 남편 말론("죽은 자", 복수형)은 하나님의 헤세드를 받은 자로 묘사된다. "그가 여호와로부터 복 받기를 원하노라 그가 살아 있는 자와 죽은 자에게 은혜 베풀기를 그치지 아니하도다." 3:10에서 룻은 헤세드의 실행자로 언급된다. "네가 베푼 인애가 처음보다 나중이 더하도다." 룻이 계속해서 헤세드의 실행자이자 수혜자로 언급되는 것은 이 책의 큰 주제와 관련이 있는데, 결국 이는 진정한 믿음이 적용되는 범위(즉, 유대 민족뿐 아니라 이방 민족에 이르기까지)와 그에 따르는 은혜를 강조하려는 것이다.

개 요

- Ⅰ. 믿음의 시험(1:1-18)
  - A. 유대 남자들이 시험을 받다(1:1-5a)
  - B. 유대 여자들이 시험을 받다(1:5b-7)
  - C. 모압 여자들이 시험을 받다(1:8-18)
- Ⅱ. 믿음의 인내(1:19-4:12)
  - A. 룻이 인내하다(1:19-2:18)
  - B. 나오미가 인내하다(2:19-3:4)
  - C. 보아스가 인내하다(3:5-4:12)
- Ⅲ. 믿음의 상(4:13-22)
  - A. 룻이 상을 받다(4:13)
  - B. 나오미가 상을 받다(4:14-17)
  - C. 보아스가 상을 받다(4:18-22)

룻

주 석

I. 믿음의 시험(1:1-18)

A. 유대 남자들이 시험을 받다(1:1-5a)

1:1-5a. 이 책에 기술된 사건들의 시간적 배경은 **사사들이 치리하던 때**이다. 이 구절은 이 책을 사사 시대 이스라엘을 특징짓는 미성숙한 믿음의 순환 이야기와 구별하는 역할을 한다(따라서 룻기는 사사기에 나오는 한 편의 에피소드가 아니라 별도의 책이다). 한편 사사 시대의 미성숙한 믿음은 여기에서도 드러나는데, 가장인 **엘리멜렉**은 흉년을 피해 약속의 땅을 버리고 고향인 **유다 베들레헴**['유다' 베들레헴은 스불론의 베들레헴과 구별된다. 수 19:15을 보라]을 떠나 **모압 지방에 가서 거류**한다.

약속의 땅에 임하는 흉년은 믿음의 시험이며, 경우에 따라서는 하나님의 징벌이다. 그 시험에 대한 적절한 반응은, 대부분의 베들레헴 주민처럼, 하나님을 의지하고 약속의 땅에 머무르는 것이다(창 46:3에서 기근을 만난 야곱이 요셉의 초청으로 가나안을 떠날 때 하나님이 주신 약속과 그에 대한 주석을 보라). 엘리멜렉의 죽음은 이러한 신학적 배경 아래에서 이해되어야 한다. 엘리멜렉의 죽음은 땅을 떠난 죄(하나님은 그분의 뜻을 묻지 않고 마음대로 하는 삶을 허락하지 않으신다)와 모압에서 거주한 죄(2절)에 대한 하나님의 궁극적인 징계였다(참고. 고전 5:5). 이러한 행동은 그가 회개하려 하지 않았다는 것을 강조한다(1:21의 주석을 보라).

엘리멜렉의 영적 미성숙은 그의 **두 아들 말론과 기룐**에게서도 그대로 보인다. 그들은 **모압 여자 중에서 그들의 아내를 맞이하였는데**[성경에서 결혼을 지칭하는 표현임]. 물론 룻은 나중에 모범적인 성도가 되지만, 이방 여인과 결혼한 행위 자체는 신명기 7:3에 나오는, **그들과 혼인하지도 말라**는 모세의 계명에 대한 명백한 위반이었다. 이스라엘은 이방 사람과 결혼하지 말아야 했고, 신명기 23:3에 따르면 모압 역시 예외가 아니었다. 하나님 앞에서, 결과는 결코 수단을 정당화할 수 없다(참고. 빌 2:14-16; 딤후 3:10-12; 벧전 2:13-20; 5:9-10). 말론과 기룐의 '때 이른' 죽음 역시 이런 배경 아래에서 이해되어야 한다. 이는 그들이 하나님의 법을 아무렇지도 않게 어긴 것에 대한 징벌이었다.

B. 유대 여자들이 시험을 받다(1:5b-7)

1:5b-7. 가정의 리더이자 최종 의사 결정권자인 남자들이 죽고 나자, 두 모압 며느리와 함께 남겨진 나오미가 가정을 이끌어간다. 그녀는 가장 먼저 **일어나 모압 지방에서 돌아오**기로 하는데, 이는 죽은 남편의 선택과 극명한 대조를 이룬다. 화자의 시점이 약속의 땅 안에 있음을 주목하라. **그 여인이 모압 지방에서 여호와께서 자기 백성을 돌보시사 그들에게 양식을 주셨다 함을 듣고**. 이 진술을 근거로 나오미의 결정이 영적인 동기에서 나온 것만은 아니라고 단정하는 것은 다소 성급하다. 본문은 나오미의 결정이 바로 이것 때문이었다고 말하지 않는다. 모압에서 두 며느리는 나오미를 봉양했을 것이다. 나오미는 단지 이스라엘로 가고 싶은 뜻을 분명히 밝혔을 뿐이다. 이 시점에서 나오미의 영적인 성숙을 폄하하는 것은 성급할 뿐 아니라 정당화될 수 없다. 그녀는 하나님의 뜻과 배려에 민감하게 반응했다(하나님은 6절에서 처음 언급된다). 이러한 나오미의 민감함은 이어지는 이야기에서 더욱 두드러진다. 또한 그녀는 자신과 **함께** 유다에 가기로 결정한 **두 며느리**의 영적 평안에 지대한 관심을 보인다.

C. 모압 여자들이 시험을 받다(1:8-18)

1:8-18. 일부 학자들은 이 부분에 나오는 나오미의 진술을 영적 미성숙으로 인한 불평불만으로 보지만, 자세히 보면 오히려 그 반대이다. 나오미에게는 영적 문제에 대한 날카로운 시각이 있다. 하나님의 뜻과 일하심뿐 아니라 며느리의 영적 평안에 대해서도 관심이 많다. 이는 나오미가 며느리에게 건네는 도전적인 말에서 발견된다(8-9a절; 11-13절; 15절).

맨 처음 나오미는 이렇게 말한다. **여호와께서 너희에게 허락하사 각기 남편의 집에서 위로를 받게 하시기를 원하노라**. '위로'(*menuha*, 메누하)라는 단어가 중요한데, 이는 성경에서 참된 하나님을 믿을 때 얻게 되는 영적인 쉼(하나님과의 관계)을 뜻한다(참고. 시 95:11, 히 4:3, 창 2:15에서도 같은 히브리어 어근이 쓰임, 그 주석을 보라). 이러한 쉼은 이방 남편의 집에서는 누리기 어렵다. 다음으로 나오미는 이렇게 말한다. **여호와의 손이 나를 치셨으므로**. 남편과 두 아들이 내린 잘못된 결정으로 인해 고통을 당하는 처지이므로, 자기와 함께 사는 것은 쉽지 않을 것이라는 말이다. 이에 오르바는 시어머니와 함께하는 삶을 포기한다. 나오미는 마지막으로 룻에게 일갈한다. **보라 네 동서는 그의 백성과 그의 신들에게로 돌아가나니 너도 너의 동서를 따라 돌아가라**. 다시 말해서 "네 신들에게로 돌아가라!"라는 뜻이다.

하지만 룻은 이러한 도전에 맞서 결연하게 자신의 의지를 표명한다. **어머니께서 가시는 곳에 나도 가고 어머니께서 머무시는 곳에서 나도 머물겠나이다 어머니의 백성이 나의 백성이 되고 어머니의 하나님이 나의 하나님이 되시리니**. 룻은 나오미와 그 백성과 그 하나님께 충성을 다짐하고, 나오미는 비로소 이 문제에 대해 말하기를 그친다. 세 번에 걸친 나오미의 도전은 매우 주의 깊게 준비된 일종의 경고였다. 오늘날 만연한 행태와 달리, 나오미는 개종으로 인한 어려움을 은근슬쩍 덮어두려 하지 않는다. 오히려 그 부분을 부각한다. 이 점에서 나오미는 예수님을 닮았다. 예수님은 결코 '쉬운' 믿음을 약속하지 않으셨다. 오히려 자신을 따르기 위해서는 고통스러운 대가를 치러야 할 것이라고 말씀하셨다(참고. 마 8:18-22; 막 13:9-13; 눅 18:18-30; 요 10:24-26).

이런 면에서 룻과 오르바는 예수님이 누가복음 8:4-15에서 말씀하신 '씨 뿌리는' 비유의 생생한 실례가 된다. 오르바는 '바위' 위에 떨어진 씨를 가리킨다. "말씀을 들을 때에 기쁨으로 받으나 뿌리가 없어 잠깐 믿다가 시련[*peirasmou*, 페이라스무; 히브리어 맛사(*massa*, '시험')와 동의어; 참고. 70인역 출 17:7]을 당할 때에 배반하는 자요." 룻은 '좋은 땅'을 대표한다. "착하고 좋은 마음으로 말씀을 듣고 지키어 인내로 결실하는 자니라."

Ⅱ. 믿음의 인내(1:19-4:12)

A. 룻이 인내하다(1:19-2:18)

1:19-22. 나오미와 룻이 **베들레헴**에 이르자, 온 성이 **그들로 말미암아 떠든다**. 그들은 나오미가 돌아와서 기뻤으며, 또한 모압에서 그녀의 가족에게 닥친 불행이 궁금했다. 나오미에게 질문을 던진 여자들은 그곳을 떠나지 않은 자들이다. 나오미의 답변은 애초에 모압으로 떠난 것이 잘못이었음을 암시한다. 그것은 단순한 실수가 아니라 죄였다. 이는 베들레헴에 남았던 여자들과 그 남편들을 긍정하는 것이다. 나오미가 약속의 땅을 떠난 것은(비록 남편 아비멜렉이 주도한 것이지만) 순전히 인간적인 행동이었다. **내가 풍족하게 나갔더니**. 이 결정에서 하나님이 배제되었다는 사실이 대비를 통해 강조되는데, 그녀가 불쌍하게 되돌아 온 것은 전적으로 하나님이 하신 일이다. **여호와께서 내게 비어 돌아오게 하셨느니라**. 나오미의 생각은 분명하다. 그녀가 '비어'(죽음으로 남편과 아들들을 잃은 것) 돌아온 것은 약속의 땅을 떠나 **모압 땅**에서 거주한 잘못된 결정에 대한 하나님의 징계였다.

모압 여인 룻이 모압 지방에서 '돌아왔다'고 표현한 것에 주목할 필요가 있다. 문법적으로 룻에 대한 표현이라는 것은 확실하다. 같은 표현이 2:6에도 나온다. 여기에서 물리적 위치 변경을 의미하는 데 쓰인 '돌아오다'라는 동사는 다른 곳에서는 영적인 '돌아옴', 즉 '회개하다'의 의미로도 흔히 쓰인다(예를 들어 사 19:22; Even-Shoshan, *A New Concordance*, s.v. *sh-w-b*, "d" 항을 보라). **모압 지방**과의 연관성을 고려할 때, 이러한 의미로 이 동사를 이해하는 것이 더욱 적절하다. 히브리어 성경에서 민족/지리가 종교와 매우 근접한 연관성을 보이는 점을 고려할 때(15절에서처럼), 룻이 모압에서 '돌아왔다'는 표현은, 모압 신에 대한 신앙을 회개했다는 의미와 같다. 이는 초점이 룻의 영적인 충성심에 있으며, 그녀의 올바른 행동과 인내[즉, 그녀의 현숙함(3:11)] 역시 영적인 헌신에서 비롯된 것임을 보여준다.

2:1-18. 룻의 현숙함과 나오미를 향한 헌신은 주도적으로 움직이는 모습에서 잘 드러난다. 룻은 나오미와 함께 먹을 양식을 구하기 위해 나선다(참고. 18절). **내가 밭으로 가서 내가 누구에게 은혜를 입으면 그를 따라서 이삭을 줍겠나이다**(2절). 룻은 이스라엘 백성이 추수할 때 "가난한 사람과 거류민"(레 19:9-10; 23:22), "나그네와 고아와 과부"(신 24:19)를 위해 이삭을 남겨두어야 하는 모세의 법을 잘 숙지하고 있었음에 틀림없다(나오미가 가르쳐주었을 것이다). 이는 율법의 중심이자 핵심인 '인애의 법'을 적용하기 위한 실질적인 지침이다(마 22:39; 롬 13:8-10을 보라). 나오미는

이미 '늙은' 여자였고(1:12; 4:15을 보라), 룻은 2:5(그리고 4:12)에서 **소녀**[*na'ara*, 나아라]로 묘사된 것으로 보아 아직 20대였던 것 같다. 이 용어는 주로 10대에서 20대 중반의 여자를 지칭한다. 이는 룻이 당시 관습에 따라 10대 초에 결혼했을 것으로 볼 때, 말론의 죽음까지 10년쯤 흘렀다는 이야기 서두의 기록(1:4)과도 잘 맞아떨어진다.

룻이 가서 베는 자를 따라 밭에서 이삭을 줍는데 우연히 엘리멜렉의 친족 보아스에게 속한 밭에 이르렀더라. 룻은 20절에서 나오미의 말을 듣기 전까지는, 이 '우연찮은' 사건의 중요성을 알지 못한다. 하나님의 주권이라는 성경적 관점에서 볼 때, 이는 결코 '우연'이 아니다. "하나님을 사랑하는 자 곧 그의 뜻대로 부르심을 입은 자들에게는 모든 것이 합력하여 선을 이루느니라"(롬 8:28). '우연히…더라'(happened, *vay-yiqer*, 바이-이케르의 어근은 *q-r-h*)라는 동사에도 하나님의 행동이 암시되어 있다. 이 동사는 성경에 그리 자주 사용되지는 않는데(23회 사용됨), 하나님의 능동적인 배려를 암시하는 경우에 사용되기도 했다(창 24:12; 27:20을 보라). 룻의 현숙함은 하루 종일 쉬지 않고 일하는 것으로도 증명된다(7절: **아침부터 와서는 잠시 집에서 쉰 외에 지금까지 계속하는 중이니이다**). 또한 룻은 보아스의 호의를 겸손하게 받아들인다(13절: **내 주여 내가 당신께 은혜 입기를 원하나이다 나는 당신의 하녀 중의 하나와도 같지 못하오나**). 뿐만 아니라 나오미를 위해 자신의 음식을 챙겨둔다[14절: **룻이 배불리 먹고 남았더라**(문법적으로 능동적 행위를 나타내므로, '남다'가 아니라 '챙겨두다'가 타당함)].

B. 나오미가 인내하다(2:19-3:4)

2:19-23. 나오미는 남편과 아들에 대한 하나님의 징계로 고통을 겪었지만, 그럼에도 불구하고 하나님의 뜻에 초점을 맞추며 인내했다. 이러한 태도는 룻이 일하게 한 사람의 이름이 보아스임을 밝혔을 때 확실히 드러난다. 나오미는 이렇게 외친다. **그가 여호와로부터 복 받기를 원하노라 그가 살아 있는 자와 죽은 자에게 은혜**[히브리어로 헤세드, 서론을 보라] **베풀기를 그치지 아니하도다**. 그리고 룻에게 설명한다. **그 사람은 우리와 가까우니 우리 기업을 무를 자**[문자적으로 친족-구속자] **중의 하나이니라**. 하나님의 놀라운 섭리가 정확하게 룻을 보아스의 밭으로 인도해서 둘을 만나게 했고, 결국 기업을 무를 자로서 결혼하게 하신다는 뜻이다. 하나님이 주선하신 이 결혼은 '살아 있는 자' 즉, 나오미와 룻을 위한 하나님의 헤세드이다. 보아스는 이 두 여자의 여생을 책임질 것이다. 또한 이 결혼은 '죽은 자' 즉, 엘리멜렉과 말론을 위한 헤세드이기도 하다. 기업을 무를 자에 관한 법(즉, 신 25:5-6의 '수혼법')에 따르면, 말론의 '이름'(즉, 명성과 기업)은 보아스와 룻이 나은 첫 아들을 통해 이어진다(서론을 보라).

3:1-4. 하나님의 뜻을 염두에 둔 나오미는 보아스에게 룻을 알려야 할 필요를 깨닫는다. 그리고 보아스와 결혼하기 원하는 룻의 마음을 전달할 의로운 방법을 생각해낸다. 보아스는 홀아비였거나 아니면 미혼 상태였던 것 같다. 어쩌면 그는 하나님의 백성들조차 불의한 시대에서 의로운 여자를 기다리고 있었는지도 모른다. 나오미는 룻에게 말한다. **너는 목욕하고**[하루 종일 밭에서 일했기에] **기름을 바르고**[즉, 향수를 뿌리고] **의복을 입고**. 그러면 보아스는 룻의 의도를 알아차리고, 그녀가 어떻게 해야 할지를 말해줄 것이다. 나오미의 조언은 베드로전서 3:3-5에 나오는 베드로의 가르침과 상충하지 않는다. 베드로는 외모 꾸미기에 치중하는 것을 경계했을 뿐 외모 가꾸는 것 자체를 배제하지는 않았다. 베드로는 틀림없이 "전에 하나님께 소망을 두었던 거룩한 부녀들"의 목록에 룻을 포함시켰을 것이다.

C. 보아스가 인내하다(3:5-4:12)

3:5-18. 룻은 **타작마당으로 내려가서 시어머니의 명령대로** 순종한다. **보아스가 먹고 마시고 마음이 즐거워 가서 곡식 단 더미의 끝에 눕는지라 룻이 가만히**[즉, 조심스럽게, 누군가 보고 자신과 보아스의 의도를 곡해하여 비난하지 않도록] **가서 그의 발치 이불을 들고 거기 누웠더라**(7절). 발치 이불을 든 것은 그를 조용히 깨우려는 의도였다. 서늘한 밤바람에 발이 노출되자, 보아스는 "오한을 느끼며 몸을 움츠거렸다"(8절 동사의 문자적 해석, NASB는 "깜짝 놀라 몸을 굽히고"). 보아스의 발을 노출한 것을 성적인 행위로 보는 이도 있지만, 본문에는 그 어떤 부도덕성에 대한 암시도 없다. 보아스는 **여호와**의 이름으로 룻을 맞고(10절), 그녀를 **현숙**[또는 '덕', 즉 경건]**한 여자**로 부르며(11절),

밤새도록 그녀를 보호하고(13절), 아침에도 그녀의 평판을 지킨다(14절).

보아스가 깨자 룻은 즉시 정체를 밝히며, 자신의 의도를 간단명료하게 밝힌다. **당신의 옷자락**[문자적으로, 날개]**을 펴 당신의 여종을 덮으소서 이는 당신이 기업을 무를 자**[고엘, 단순한 친족이 아님]**가 됨이니이다.** 룻의 경건한 품성이 이야기 속에 잘 드러나지만, 보아스는 이를 다시 한 번 분명하게 천명한다. **네가 현숙한 여자인 줄을 나의 성읍 백성이 다 아느니라.** 이 표현은 잠언 31:10에 나오는 현숙한 여인과 꼭 같은 표현이다(서론을 보라). 룻의 간결한 호소에는 모든 남성과 남편이 꿈꾸는 존경의 마음이 담겨 있다(엡 5:33; 벧전 3:2; 에 1:20). (1) 룻은 보아스가 이전에 룻의 영적인 충성심에 대해 썼던 표현을 그대로 답습하고 있다[2:12을 보라, "그의 날개 아래 보호를 받으러 온"; 증손자 다윗도 시 36:7(히 8장), 시 91:4에서 같은 표현을 씀]. 이는 룻이 보아스의 말에 세심한 주의를 기울이고 있었음을 보여준다. (2) 룻은 비록 자신이 이 일을 시작했지만, 보아스가 행동의 주체이며 자신은 객체임을 분명히 밝힌다. 그리하여 보아스는 룻의 말을 듣고, 나오미가 예견한 대로, 룻이 어떻게 해야 할지를 알려준다. 즉 이 밤에는 여기에 머무르고, 자신은 **아침**에 이 일에 대한 결론을 내릴 것이라고 말한다.

4:1-12. 보아스는 약속한대로, 또한 3:18에서 나오미가 예상한대로, 룻의 결혼 문제를 강력하게 추진한다. 다음날 아침 보아스는 **성문**으로 간다. 당시 성읍 내 행정적, 사법적 주요 사안은 모두 성문에서 다루어졌다(참고. 창 23:10; 34:20; 신 21:19; 수 20:4). 보아스는 자신보다 더 가까운(따라서 룻과 먼저 결혼할 권리가 있는, 3:12을 보라) **기업 무를 자**[고엘, 단순한 '친족'이 아님]와 **성읍 장로 열 명**[모든 공식적인 '거래'의 최소 증인 숫자]을 불러 모은다. 이 주요 본문과 다른 본문들(즉, 창 18:32에서 아브라함이 청원한 10명의 의인, 창 42:3에서 10명의 형제가 애굽으로 내려감, 민 14:27에 나오는 10명의 불평하는 정탐꾼)로부터 유대인의 미니얀[*minyan*, 쿠오룸('quorum')] 법칙이 도출되었다. 이 법에 따르면 유대교의 회중 기도나 여타 중요 종교의식에는 최소한 10명의 인원이 필요하다[참고. Joseph b. Judah ibn Aqnin (d. 1226), *Sefer ha-musar*, on *Abot* chap. 5; *Yalqut shi moni ad loc.*; etc.].

보아스는 먼저 엘리멜렉(지금은 나오미)의 **소유지**를 무를 사람이 필요하다고 말한 다음(3-4a절), 이를 위해서는 룻을 속량해야(룻과 결혼해야) 한다고 덧붙인다. 보아스가 땅의 취득을 먼저 말한 점은 주목할 만하다. 이는 매력적인 제안으로, 다른 친족은 처음에 이를 받아들인다. **내가 무르리라**(4b절). 여기에서 우리는 보아스의 영적인 성숙도를 알 수 있다. 그는 1장에서 나오미가 자부들에게 그랬던 것처럼, 자신의 욕망보다는 상대의 유익을 앞세우는 원칙적인 행동을 보여준다. 나오미는 사랑하는 며느리들과 함께하기를 원했지만, 자신을 따르지 말고 고향으로 돌아가라고 설득했다. 이는 그들의 결심이 진실하고 확고하기를 원했기 때문이다(1:5b-7의 주석을 보라). 보아스 역시 룻과 결혼하고 싶었지만, 조건이 상대방에게 더 매력적으로 보이도록 땅을 무르는 것에 대한 제안에 신경을 쓴다. 일단 제안을 승낙한 다음에는 철회하는 것이 더 어렵기 때문이다. 룻과 그 땅에 대한 권리를 포기하는 것은 물질적 손해뿐 아니라 사회적, 영적 손해를 감수해야 했다(이러한 권리 포기의 결과에 대해서는 신 25:7-10을 보라). 그럼에도 불구하고, 이 기업 무를 자는 땅을 무르기 위해서는 룻을 속량해야 한다는 사실을 알고는 승낙을 철회하고, 권리를 보아스에게 양도한다.

일부 주석가는 이 사람의 거부를 옹호하려 한다. 이 사람은 이미 결혼한 몸으로서 다수의 아내 혹은 피상속인 간의 분쟁을 피하려 했다는 주장이다. 그러나 이 사람이 결혼했는지에 관해서는 본문에 전혀 언급이 없다. 오히려 그는 룻과의 결혼을 거부하는 이유를 명백히 밝힌다. **내 기업에 손해가 있을까 하여**(6절). '손해가 있다'(*ashhit*, 아쉬히트, 어근 *sh-h-t*)라는 단어는 문자적으로 '더럽히다', '오염시키다'(창 6:12; 신 31:29에서처럼 흔히 죄와 관련하여)라는 뜻이다. 룻과 결혼하여 아이를 낳는 것은 모압 사람과 연합하는 것으로써, 자신의 씨와 기업을 '더럽힐 수' 있다는 것이 그의 주장이다. 그는 하나님이 신명기 7:3-4에서 하신 명령의 의도(영적인 오염을 금함)는 저버리고, 문자에만 집착하는 잘못을 저지르고 있다. 달리 말해서 이 사람은 여호와와 그 백성에 대한 룻의 충성심은 외면하고[그 역시 성읍 백성(3:11)의 일원으로서 이를 충분히 숙지하고

룻

있었을 것이다], 룻의 인종적 배경에만 집착하고 있다. 이는 인종차별과 다르지 않다! 그가 기업 무를 자에 대한 모세의 율법에 따라 **그 죽은 자의 기업을 그의 이름으로**(5절) 세우지 않은 이유는 바로 이것이다. 그 결과 그는 이 사건이 기록된 성경에 영영 자기 이름을 올리지 못한다.

Ⅲ. 믿음의 상(4:13-22)

A. 룻이 상을 받다(4:13)

4:13. 룻의 영적인 헌신과 경건의 인내 그리고 나오미의 조언(3:3-4)에 대한 순종은 세 가지 열매를 맺는다. (1) 룻은 경건한 남자의 **아내**가 된다. 2:1은 보아스를 깁보르 하일(*gibbor hayil*)로 묘사하는데, 이는 룻에 대한 묘사 에셋 하일('현숙한 여자', 3:11)에 상응하는 남성형 표현이다. 보아스는 룻(그리고 나오미)의 물질적 필요를 채워줄 뿐 아니라, 바른 가르침과 양육으로 영적인 필요도 채워줄 것이다(참고. 고전 14:35; 엡 5:25). (2) 하나님은 보아스와 결혼한 룻을 임신하게 하신다(문자적으로, '하나님이 그녀에게 임신을 허락하시다'). 룻은 말론과 결혼 생활 10년 동안 임신하지 못했다(하나님이 임신을 막으셨다, 1:4; 자녀는 하나님의 '선물/기업'이다, 시 127:3을 보라). (3) 룻이 자녀, 특히 아들을 수태한 것은 성경 문화에서 특별한 의미를 갖는다. 15절에서 나타나듯, 아들은 노년의 봉양자이다.

B. 나오미가 상을 받다(4:14-17)

4:14-17. 나오미는 하나님의 뜻과 일하심을 끝까지 주목하고, 룻에게 적절한 조언을 함으로써(3:3-4) 복을 받는다. 그리고 소중한 며느리를 통해 손자를 얻는다. **이는 네 생명의 회복자**[문자적으로 '영혼의 회복자'(*meshiv nefesh*, 메쉬브 네페쉬), 다윗이 같은 표현을 씀, (시 19:7; 23:3; 35:17)]**이며 네 노년의 봉양자라 곧 너를 사랑하며 일곱 아들보다 귀한 네 며느리가 낳은 자로다**. 또한 나오미는 아이의 **양육자**[*omenet*, 오메넷, 유모]가 된다. 이 용어로 미루어 볼 때 나오미는 실제로 아이에게 젖을 먹였을 수도 있지만(폐경기 여성도 수유가 가능함), 여기에서는 '후견인/보호자'[이에 해당하는 남성형은 *omen*(오멘)으로, 모르드개에 쓰임, 에 2:7]로 보는 것이 낫다. 이러한 관습은 오늘날에도 많은 문화권(특히 동방)에서 볼 수 있다. 따라서 나오미는 아이의 부모와 더불어 양육에 중요한 역할을 했다. 아이의 이름은 **오벳**으로, 그 뜻은 '종'이며, 이는 오바댜('여호와 또는 하나님의 종')라는 이름의 축약형으로 볼 수 있다.

C. 보아스가 상을 받다(4:18-22)

4:18-22. 보아스가 받은 복은 룻이 받은 복과 병행을 이룬다. (1) 경건한 여자(에셋 하일)를 아내로 얻는다. (2) 룻이 임신한다. (3) 아이가 아들이다. 세 번째 복을 통해 보아스는 **다윗**(17절; 18-22절에 자세히 설명됨)의 족보(보통 남자 조상의 혈통을 따름), 궁극적으로는 메시아의 족보에 자신의 '이름'을 올린다. 보아스가 포함된 짧은 족보를 소개하는 문구도 주목할 만하다. "계보는 이러하니라"(*elleh toledot*, 엘레흐 톨레도트). 이 표현은 성경에 12회 등장하는데, 모세오경을 제외하면 여기가 유일하다. 이 '계보'에는 하나님의 약속과 메시아를 통한 구속의 계획이 담겨 있다(즉, 아담의 계보, 창 5:1; 노아, 창 6:9; 셈, 창 11:10; 데라, 창 11:27; 이삭, 창 25:19; 야곱, 창 37:2; 모세와 아론, 민 3:1).

족보로 끝맺음을 한 것에는 깊은 의미가 있다. 이는 이스라엘의 이상적 왕인 다윗의 가계를 확립하며 나아가 메시아 가계의 기초를 제공한다. 룻, 나오미, 보아스는 오벳의 출생을 기쁨으로 고대했다. 이스라엘은 보아스처럼, 나라를 속량할 궁극적인 구속 주 다윗의 자손 메시아를 고대해야 한다.

참 고 문 헌

Atkinson, David. *The Message of Ruth: The Wings of Refuge*. The Bible Speaks Today. Edited by J. A. Motyer. Downers Grove, IL: InterVarsity, 1985.

Block, Daniel I. *Judges, Ruth*. New American Commentary. Nashville: Broadman & Holman, 1999.

Bush, Frederic W. *Ruth, Esther*. Vol. 9 of Word Biblical

Commentary. Dalls: Word Books, 1996. 《룻기 · 에스더》, WBC 성경주석(솔로몬).

Duguid, Iain. *Esther & Ruth*. Reformed Expository Commentary. Philiipsburg, NJ: P&R Publishing, 2005.

Franke, John R., ed. *Joshua, Judges, Ruth, 1-2 Samuel*. Vol. 4 of Ancient Christian Commentary on Scripture: Old Testament. Downers Grove, IL: InterVarsity, 2005.

Hubbard, Robert L. *The Book of Ruth*. New International Commentary on the Old Testament. Grand Rapids, MI: Eerdmans, 1988.

Huey, F. B. "[Commentary on] Ruth." Vol. 3 of the Expositor's Bible Commentary. Edited by Frank E. Gaebelein, et al., 509-549. Grand Rapids, MI: Zondervan, 1992.

Keil, C. F. and F. Delitzsch. *Joshua, Judges, Ruth*. Vol. 4 of Biblical Commentary on the Old Testament. Trans. by James Martin. Edinburgh: T & T Clark, 1865. Reprint. Grand Rapids, MI: Eerdmans, 1956.

Lewis, Arthur. *Judges and Ruth*. Everyman's Bible Commentary. Chicago: Moody, 1979.

Reed, John W. "Ruth." Vol. 1 of The Bible Knowledge Commentary, Edited by John F. Walvoord and Roy B. Zuck, 415-429. Wheaton, IL: Victor Books, 1985.

Younger, K. Lawson, Jr. *Judges and Ruth*. NIV Application Commentary. Grand Rapid, MI: Zondervan, 2002.

사무엘상

윈프리드 닐리(Winfred O. Neely)

서 론

히브리어 성경에서 사무엘 상하의 제목은 그냥 '사무엘'이다. 그 이유는 사무엘이 책 초반부의 주요 인물로 등장하며, 이스라엘의 초기 두 왕인 사울과 다윗에게 기름을 부어 왕권을 주었기 때문이다. 구약성경이 처음 헬라어로 번역되었을 때, 당시 사용할 수 있는 두루마리로는 사무엘서의 모든 내용을 담을 수 없었다. 따라서 사무엘서는 우리가 사용하는 영어 성경에서 두 권으로 분리되었다. 물론 분리 그 자체는 사무엘서가 하나님의 영감으로 기록되었다는 사실에 전혀 영향을 미치지 않으므로 아무런 문제가 되지 않는다. 그러나 독자는 사무엘 상하가 본래 한 권이었다는 사실을 염두에 두고 이해해야 한다.

저자. 책 제목은 '사무엘'이지만 사무엘이 저자는 아니며, 저자가 누구인지는 알 수 없다. 책의 내용으로 미루어볼 때, 이 책은 이스라엘이 북 이스라엘과 남 유다로 갈라진 지 얼마 되지 않은 시기에 기록된 것으로 보인다(참고. 왕상 12장; 삼상 6:18, 9:9, 27:6).

성령이 저자/화자에게 영감을 주어 야살의 책(삼하 1:18)이나 "선견자 사무엘의 글과 선지자 나단의 글과 선견자 갓의 글"(참고. 대상 29:29)과 같은 기록을 자료로 참고하도록 하셨음이 분명하다. 사무엘서의 저자를 정확하게 알 수는 없지만, 이 책의 진정한 저자는 하나님이시다.

연대. 사무엘서가 기록된 명확한 연대는 분명하지 않다. 탈무드는 사무엘을 저자로 추측하며, 사무엘서의 '목격담' 서술과 '고대적 언어 특징' 등을 근거로 기록 연대를 "다윗의 통치기 또는 그 직후"(주전 1025-900년경)로 본다[J. Carl Laney, *First and Second Samuel* (Chicago: Moody, 1982), 8]. 그러나 사무엘상 27:6에 나오는 유다 왕들에 대한 언급을 보면 기록 연대는 왕국의 분열(주전 930년경) 이후인 것 같다. 또한 저자는 주전 722년 앗수르에 의한 북 이스라엘의 몰락을 언급하지 않는데, 저자가 이 사실을 알았다면 언급하지 않았을 리가 없다. 따라서 사무엘서는 그 사건 이전에 쓰였을 것이며 "사무엘서의 기록 연대는 주전 930년에서 723/722년 사이가 될 것이다"[David M. Howard, Jr., *An Introduction to the Old Testament Historical Books* (Chicago: Moody, 1993), 145.《구약 역사서 개론》(크리스찬출판사)].

목적. 이 책은 분열 왕국 시기 유다에 살던 사람들이 어떠한 상황에서도 담대한 믿음으로 하나님과 동행하며 그분을 영화롭게 하도록 격려하기 위해 쓰였다. 저자의 목적은 이들이 불신과 불순종의 잘못된 결정들을 거부하고 끊어버려서 참혹한 결과를 당하지 않도록 하려는 것이다. 이러한 목적을 위해 한나, 사무엘, 사울, 요나단, 다윗과 같은 이들의 삶을 조명한다.

저자는 단순히 정보를 전달하는 것에 그치지 않고, 사무엘, 다윗, 한나, 아비가일 그리고 수많은 남녀 용사들 같은 믿음의 사람들이 더욱 많이 일어나기를 소망한다. 레니(Laney)는 이렇게 말한다. "성경에는 이스라엘이 하나의 나라로서 성립되어 가는 과정이 잘 기록되어 있다. 이는 매우 정확한 역사적 기록일 뿐 아니라, 죄의 결과, 성령의 일하심, 하나님의 주권 등에 대한 중요한 영적 교훈을 담고 있다”(Laney, *First and Second Samuel*, 7).

사무엘서의 가장 중요한 목적은 다윗의 궁극적인 자손, 즉 메시아를 가리키는 것이며, 이를 위해 다윗이 주요 인물로 등장한다. 사무엘은 왕들에게 기름 부은 선지자로 등장한다. 사울은 다윗과 달리 하나님의 마음에 합하지 않은 왕의 예로 등장한다. 다윗은 이 책의 주요 인물로서, 목동에서 전사로, 도망자로, 왕으로, 실패자로, 망명객으로 그리고 다시 복위된 왕으로 등장한다. 그는 이상적인 왕으로 묘사된다. 다윗 이야기의 중심은 하나님이 다윗에게 한 씨를 주실 것이며, 또한 그 씨에게 영원한 집과 왕국과 왕위를 주실 것이라는 약속이다(삼하 7:12-16). 다윗 언약으로 불리는 이 약속이 사무엘서의 핵심이다. 결국 영원한 왕으로서 다스릴 분은 메시아이시기 때문이다.

배경. 사무엘서의 역사적 배경은 사무엘로 대변되는 사사 시대의 석양과, 사울과 다윗으로 상징되는 신정 왕국의 첫새벽이다. 모세 이후 위대한 선지자 중 한 명인 사무엘은 마지막 사사로서 사사 시대에서 왕정 시대로의 전환을 이끈다. 사무엘서가 다루는 기간은 정확히 알 수 없지만, 대략 150년쯤으로 추정된다. 사무엘상 1장에 나오는 한나의 경험을 10년쯤으로 보고, 사무엘이 노년(삼상 8:1)에 사울을 왕으로 기름 부은 사실(60-65세 정도로 추정)을 참고하고, 사울과 다윗의 통치 기간을 각각 40년씩으로 두고, 다윗이 주전 970년에 죽은 사실 등을 계산해보면, 기원전 1120년에서 970년까지 약 150년이라는 기간이 산출된다.

사무엘서의 장르는 역사 내러티브이다. 역사적 사실이 하나님의 관점으로 기술되며, 교훈을 주기 위한 이야기 형식으로 재구성된다. 이 책은 정경의 일부로서 역사서에 속한다. 볼드윈(Baldwin)은 이렇게 말한다. “사무엘서는 문학적으로 대단히 품격 있는 책이다…매우 신중하게 선별되었으며…독자들이 이야기에 빠져들게 한다”[Joyce G. Baldwin, *1 and 2 Samuel*, TOTC, edited by D.J. Wiseman (Downers Grove, IL: InterVarsity, 1988), 16].

저자는 하나님의 관점에서 역사를 서술한다. 하나님이 이 책의 궁극적인 저자이시므로, 저자의 관점이 곧 하나님의 관점이다.

사무엘서의 저자는 매우 능숙하게 이야기를 풀어간다. 뛰어난 문학적 표현력과 감수성을 바탕으로 아이러니와 유머, 회상, 극적 긴장과 해소 등을 자유자재로 구사한다.

사무엘서의 이야기를 따라가다 보면 우리는 상상력을 통해 이야기 속에 참여하는 스스로를 발견하게 된다. 이를 통해 하나님의 구속 역사라는 큰 이야기 속에서 개개인의 이야기를 비추어 보고, 그 가운데서 역사하시는 하나님의 은혜를 깨닫게 된다.

사무엘서에는 잊을 수 없는 등장인물들, 실제로 역사 속을 거닐었던 사람들이 가득하다. 저자는 그중에서도 다윗에게 많은 지면을 할애한다. 다윗은 모세 다음으로 이스라엘의 상상력을 사로잡았으며, 이스라엘의 가장 위대한 왕으로서 이후 모든 왕들을 평가하는 기준이 되었다. 그는 하나님의 마음에 합한 사람이었지만, 하나님의 영은 그의 끔찍한 죄를 덮어두지 않고 사무엘하 11장에서 낱낱이 밝히신다. 하지만 본문을 통해 그 어떤 인물보다 적극적으로 모습을 드러내는 이는 하나님 자신이다. 사무엘서는 진정 그분의 이야기이며, 이는 모든 성경이 마찬가지이다.

개 요

- I. 사무엘, 한나가 서원으로 낳은 아들(1:1-8:22)
  - A. 하나님이 한나의 기도를 들어주시다(1:1-2:11)
    - 1. 한나가 기도하고 서원하다(1:1-28)
    - 2. 한나가 기쁨으로 찬양과 기념의 기도를 드리다(2:1-11)
  - B. 엘리의 아들들과 사무엘(2:12-36)

1. 엘리의 아들들이 큰 죄를 짓다(2:12-17)
2. 엘리의 아들들과 사무엘이 대조되다(2:18-36)

C. 소년이 선지자가 되다(3:1-21)
1. 하나님이 사무엘을 부르시다(3:1-9)
2. 하나님이 사무엘에게 말씀하시다(3:10-14)
3. 사무엘이 하나님의 말씀을 엘리에게 알리다(3:15-18)
4. 사무엘이 자라다(3:19-21)

D. 하나님을 이용하려는 위험(4:1-22)
1. 언약궤를 전투에서 잘못 사용하다(4:1-4)
2. 중차대한 오해(4:5-9)
3. 언약궤를 블레셋에게 빼앗기다(4:10-11)
4. 엘리가 죽다(4:12-18)
5. 이스라엘의 영광이 떠나다(4:19-22)

E. 여호와의 손이 블레셋에 엄중히 임하다(5:1-12)
1. 블레셋이 하나님의 궤를 빼앗다(5:1-5)
2. 종기, 환난 그리고 죽음(5:6-12)

F. 블레셋이 언약궤를 이스라엘에게 돌려보내다(6:1-7:1)
1. 블레셋이 자기 방식대로 언약궤를 옮기다(6:1-18)
2. 언약궤를 불경하게 대하다(6:19-7:1)

G. 하나님이 이스라엘을 블레셋으로부터 구원하시다(7:2-17)
1. 20년 동안 슬피 울다(7:2-4)
2. 금식의 날(7:5-6)
3. 하나님께 부르짖으라고 사무엘에게 간청하다(7:7-11)
4. 에벤에셀을 세우다(7:12-14)
5. 사무엘 사역의 요약(7:15-17)

H. 백성이 왕이신 하나님을 거부하다(8:1-22)
1. 사무엘 아들들이 문제를 일으키다(8:1-3)
2. 왕을 요구하다(8:4-9)
3. 왕에 대해 경고하다(8:10-18)
4. 백성이 듣기를 거절하다(8:19-22)

Ⅱ. 사울, 백성의 왕(9:1-15:35)

A. 비밀리에 사울에게 기름 붓다(9:1-10:16)
1. 이스라엘에서 가장 크고 잘생긴 자(9:1-2)
2. 선견자에게 물어보기로 결정하다(9:3-14)
3. 평범함 속에 깃들어 있는 하나님의 섭리(9:15-21)
4. 객실 잔치와 지붕에서의 담화(9:22-27)
5. 확증을 위한 세 가지 징조(10:1-8)
6. 마지막 징조와 귀환(10:9-16)

B. 사무엘이 미스바에서 사울을 공식적인 왕으로 추대하다(10:17-27)

C. 사울이 성령을 힘입어 암몬 사람을 무찌르다(11:1-15)
1. 길르앗 야베스가 포위되다(11:1-4)
2. 하나님의 영이 사울에게 힘 있게 임하다(11:5-13)
3. 나라를 새롭게 하다(11:14-15)
D. 사무엘이 온 이스라엘에게 연설하다(12:1-25)
1. 사무엘의 도덕적 권위(12:1-5)
2. 하나님의 공의로운 일들(12:6-18)
3. 메시지에 대한 백성의 반응(12:19-25)
E. 하나님이 사울의 왕조를 버리시다(13:1-23)
1. 이스라엘이 블레셋 사람들에게 미움을 받다(13:2-7)
2. 사울의 어리석은 번제(13:8-18)
3. 군사적 우위와 경제적 착취(13:19-23)
F. 하나님이 이스라엘을 구원하시다(14:1-52)
1. 요나단의 믿음과 거룩한 용기(14:1-15)
2. 블레셋이 큰 혼란에 빠지다(14:16-23)
3. 사울의 어리석은 맹세(14:24-35)
4. 요나단이 제비에 뽑히다(14:36-46)
5. 사울의 성공적 치세기의 요약(14:47-52)
G. 하나님이 왕으로서의 사울을 버리시다(15:1-35)
1. 사울이 하나님의 말씀에 불순종하다(15:1-9)
2. 하나님이 사울을 이스라엘의 왕으로 삼은 것을 후회하시다(15:10-35)
Ⅲ. 다윗, 하나님의 마음에 합한 자(16:1-31:13)
A. 다윗이 사울의 궁정에서 흥하다(16:1-20:42)
1. 하나님이 다윗을 선택하시다(16:1-23)
a. 하나님은 중심을 보신다(16:1-13)
b. 다윗이 사울의 궁정에서 섬기다(16:14-23)
2. 다윗이 골리앗을 이기다(17:1-58)
a. 40일간의 도발(17:1-11)
b. 다윗이 최전선을 방문하다(17:12-19)
c. 다윗이 골리앗의 도전에 응하다(17:20-30)
d. 다윗이 골리앗을 죽이다(17:31-58)
3. 다윗의 거룩한 승리에 대한 반응들(18:1-30)
a. 사랑과 우정의 거룩한 언약(18:1-5)
b. 사울의 살인적 시기와 의심(18:6-9)
c. 악령이 사울에게 힘 있게 내리다(18:10-11)
d. 두려움과 조작(18:12-19)
e. 끔찍한 지참금(18:20-30)
4. 하나님이 다윗을 보호하신 네 가지 사례(19:1-24)
a. 하나님이 요나단을 이용하여 다윗을 보호하시다(19:1-7)

b. 하나님이 사울의 실책을 이용하여 다윗을 보호하시다(19:8-10)
c. 하나님이 미갈을 이용하여 다윗을 보호하시다(19:11-17)
d. 하나님이 자신의 영을 이용하여 다윗을 보호하시다(19:18-24)
5. 언약의 우정이 시험대에 오르다(20:1-42)
a. 삶과 죽음 사이가 한 걸음(20:1-11)
b. 들에서 맺은 언약(20:12-17)
c. 화살에 담긴 비밀 메시지(20:18-23)
d. 왕의 만찬에 불참하다(20:24-29)
e. 드러나는 사울의 진심(20:30-34)
f. 친구와 이별하다(20:35-42)

B. 다윗이 사울의 궁정에서 도망치다(21:1-31:13)
1. 굶주리고 무력하고 겁에 질린 도망자(21:1-15)
a. 성별된 떡을 먹다(21:1-7)
b. 다윗이 골리앗의 칼을 받다(21:8-9)
c. 다윗의 실감 나는 연기(21:10-15)
2. 아둘람 굴과 놉의 제사장들(22:1-23)
a. 아둘람 굴의 다윗에게 몰려들다(22:1-2)
b. 다윗의 부모가 모압 미스베에서 은거하다(22:3-4)
c. 요새를 떠나 헤렛 수풀로 가다(22:5)
d. 에셀 나무 아래에서 사울이 불평하다(22:6-10)
e. 사울이 여호와의 제사장들에게 복수하다(22:11-23)
3. 신실하신 하나님과 신의를 저버리는 사람들(23:1-28)
a. 다윗이 그일라를 구원하다(23:1-5)
b. 신의를 저버린 그일라 주민들(23:6-14)
c. 친구의 격려(23:15-18)
d. 바위로 피하다(23:19-28)
4. 다윗이 긍휼을 베풀어 사울을 살리다(23:29-24:22)
a. 다윗이 사울의 옷자락을 베다(23:29-24:7)
b. 다윗이 긍휼의 증거를 제시하다(24:8-15)
c. 사울이 다윗의 자비에 응답하다(24:16-22)
5. 지혜로운 여인의 조언을 듣다(25:1-44)
a. 사무엘이 죽다(25:1)
b. 나발과 아비가일의 소개(25:2-3)
c. 나발이 다윗과 그 수하들을 경멸하다(25:4-13)
d. 아비가일이 지혜롭게 중재하다(25:14-35)
e. 하나님이 나발을 치시다(25:36-38)
f. 다윗이 아비가일을 아내로 맞다(25:39-44)
6. 다윗이 사울을 다시 살려주다(26:1-25)
a. 사울이 다윗을 다시 추격하다(26:1-5)

b. 다윗이 곤히 잠든 사울을 발견하다(26:6-12)
c. 다윗이 사울의 수하를 부르다(26:13-16)
d. 다윗이 사울에게 외치다(26:17-20)
e. 다윗이 사울의 창을 내보이다(26:21-25)
7. 다윗이 블레셋으로 도피하다(27:1-12)
a. 다윗이 다시 아기스로 건너가다(27:1-4)
b. 다윗이 가드에서 16개월 동안 지내다(27:5-7)
c. 다윗이 비밀 작전을 벌이다(27:8-12)
8. 사울과 엔돌의 신접한 여인(28:1-25)
a. 궁지에 빠진 다윗(28:1-2)
b. 궁지에 빠진 사울(28:3)
c. 바닥까지 내려간 사울의 삶(28:4-25)
9. 하나님이 다윗을 블레셋 군대에서 빠져나오게 하시다(29:1-11)
a. 블레셋이 다윗을 불신하다(29:1-5)
b. 다윗이 블레셋 군대에서 빠져나오다(29:6-11)
10. 다윗이 하나님 안에서 힘을 되찾다(30:1-31)
a. 아말렉이 시글락을 습격하다(30:1-10)
b. 예기치 않게 정보를 얻다(30:11-15)
c. 다윗이 빼앗긴 것을 모두 되찾다(30:16-20)
d. 다윗이 전리품을 나누다(30:21-31)
11. 사울과 그 아들들이 죽임을 당하다(31:1-13)
a. 사울이 스스로 목숨을 끊다(31:1-7)
b. 블레셋이 사울과 그 아들들의 시체를 발견하다(31:8-10)
c. 길르앗 야베스 주민이 용기를 내어 은혜에 보답하다(31:11-13)

주 석

I. 사무엘, 한나가 서원으로 낳은 아들(1:1-8:22)

사무엘은 사무엘상 초반 여덟 장의 주인공이다. 그의 어머니 한나는 하나님께 아들을 구했고, 그에 대한 응답이 사무엘이었다. 대부분의 사람들이 사무엘서의 중심인물은 다윗이라고 생각한다. 그럼에도 불구하고 초반부에 한나의 이야기가 기록된 이유에 대해 볼드윈은 이렇게 말한다. "한나의 간구는 하나님의 뜻이라는 큰 주제와 관련 있다. 하나님은 충직하게 자신을 대변할 사람을 이 세상에 보내려고 준비하고 계셨다"(Baldwin, *1 and 2 Samuel*, 50). 사무엘의 레위 혈통(1절)에 대한 기술도 의미가 있다. 사무엘은 선지자와 사사였을 뿐 아니라 제사장이었다(Laney, *First and Second Samuel*, 16). 제사장으로서의 역할은 그가 사울에게 한 말에서 분명하게 드러난다. **너는 나보다 앞서 길갈로 내려가라 내가 네게로 내려가서 번제와 화목제를 드리리니**(10:8a). 사무엘의 탄생 이야기는 그가 왕에게 기름 부을 자격이 있음을 보여준다. 사울은 실패한 왕의 표상이며, 다윗은 이상적인 왕이 된다.

A. 하나님이 한나의 기도를 들어주시다(1:1-2:11)

1. 한나가 기도하고 서원하다(1:1-28)

1:1-2. **엘가나**라는 이름이 먼저 언급되는데, 그 뜻은 '하나님이 창조하셨다'이다. **라마다임 소빔**은 '라마'의 긴 이름이다(참고. 1:19; 2:11; 7:17). 라마의 의미는 '높이' 또는 '고도'이며, 라마다임의 의미는 '2개의 높은 곳'이다. 고대 이스라엘 사람은 방비와 안전을 위해 언덕에 성읍을 세웠다. 예루살렘에서 북동쪽으로 약 11킬로미터 떨어진 라마는 인접한 2개의 언덕 위에 세워졌다. 하나의 성읍이었기에 라마라 불렸고, 두 개의 인접한 언덕에 세워졌기에 **라마다임**이라고도 불렸다(1:1).

엘가나에게는 두 아내가 있었는데, **한나**[은혜]와 **브닌나**[진주]였다. 거명된 순서로 보아 한나가 첫째 부인이고, 브닌나가 둘째였다. 첫째 부인 한나는 브닌나와 달리 덕망이 높았다.

그러나 한나에게는 아이를 낳지 못하는 아픔이 있었다. 고대 세계에서 아이를 낳는다는 것, 특히 남편의 대를 이을 아들을 생산한다는 것은 곧 하나님의 복을 받는 것으로 인식되었다(참고. 창 16:1-16; 21:1-8; 시 127:3-5). 저자는 굳이 이유를 설명하지 않지만, 엘가나가 둘째 부인을 얻은 이유는 아마도 대를 이을 아들을 얻기 위해서였을 것이다.

구약성경에서 하나님은 일부양처와 일부다처를 허용하시는데, 이를 정식으로 허가하신 것은 결코 아니다. 메릴(Merrill)은 이렇게 말한다. "엘가나의 일부양처는 사무엘이 태어난 시대가 얼마나 무법천지였는지를 보여주는 하나의 시금석이다"[Eugene H. Merrill, "1 Samuel," *BKCOT* (Wheaton, IL: Victor Books, 1985), 433]. 일부는 엘가나의 경우처럼, 첫 번째 결혼에서 아이가 없을 경우 두 번째 결혼이 허용되었다고 보기도 하지만, 일부양처나 일부다처는 한 남자와 한 여자로 규정된 결혼에 대한 하나님의 표준(창 2:18-25)을 명백히 위반하는 것이다. 영블러드(Youngblood)는 이렇게 말한다. "성경에서 일부다처제를 명백하게 죄로 보는 부분을 찾을 수는 없지만, 일부다처제로 인한 여러 가지 문제점과 불상사는 어디서나 쉽게 볼 수 있다"[Ronald F. Youngblood, "1, 2 Samuel" in *EBC*, rev. ed., edited by Tremper Longman, III and David E. Garland (GrandRapids, MI: Zondervan, 2009), 45].

1:3. 아내가 둘이긴 했지만, 엘가나는 하나님을 경외했다. 그는 매년 실로(사해 북서쪽 약 40킬로미터)에 가서 하나님을 예배하고 제사를 드렸다. 이스라엘의 남자는 매년 하나님이 택하신 곳(실로의 성막 또는 이후 예루살렘의 성전)에 올라가서 세 번의 절기를 지켜야 했다. 이 절기는 무교절, 칠칠절, 초막절(참고. 출 23:14-17; 34:23; 신 16:16-17)이다. 엘가나의 연중 순례는 이 세 절기와 관련이 있었을 것이다. 당시 예배(성막)와 절기의 중심지는 실로였다.

1:4-5. 엘가나는 가족과 함께 실로로 갔다. 연례 예배는 하나님 앞에서 즐기는 축제였다. 하나님께 제사를 드린 후에 모든 가족이 화목제에 참여했다. 가장으로서 엘가나는 제물의 분깃을 브닌나와 가족에게 나눠주었고 한나에게는 갑절을 주었는데, 이는 그녀의 고충에 대한 사랑과 배려였다. **여호와께서 그에게 임신하지 못하게 하시니**(5절). 한나의 불임은 단순한 생물학적 문제가 아니라 하나님의 주권적 역사의 결과였다.

1:6. 브닌나는 엘가나에게 아이를 낳아준 존재였고, 한나는 엘가나가 사랑하는 이였다. 일부양처제가 흔히 그러하듯, 브닌나는 한나를 시기하고 괴롭혔다. 매년 온 가족이 참여하는 절기 때마다 브닌나는 한나의 불임을 악용하여 자극했다.

1:7-8. 한나는 오랜 시간 마음의 아픔을 감내했다. 그러다 마침내 먹기를 거부하며 울었다. 절기 때 먹기를 거부하는 것은 추수감사 만찬에서 음식을 거부하는 것과 같다. 엘가나가 위로하려 했지만, 한나의 아픔은 이미 그의 손길이 닿을 수 없는 곳에 있었다.

1:9-10. 한나가 아이 갖기를 구하려고 성막에 왔을 때, **제사장 엘리**는 여호와의 전 문설주 곁 의자에 앉아 있었다. 대부분의 사람이 땅바닥에 앉던 시절에, 의자는 권위와 존경의 상징이었다. 고대 세계에서 성전은 왕의 거주지였다. 이스라엘에서 성전은 하나님이 이 땅에서 거하시는 곳이었다. 예루살렘 성전은 솔로몬 통치기에 세워지며, 여기에 나오는 **전**은 성막과 그 주위의 임시 구조물을 가리킨다. **마음이 괴로워서**의 문자적 의미는 '영혼이 쓰라린'이다. 이는 고통으로 인한 마음과 감정의 극심한 괴로움을 뜻한다. 영혼의 쓰라림이 한나를 기도로 몰고 갔다.

1:11. 괴로운 한나는 기도했고 **서원**했다. 서원은 예배의 행위이며 하나님께 드리는 약속이다. 서원은 예배의 필수 사항은 아니지만, 서원을 이행하는 것은 매우

중차대한 사안이다. 사람이 일단 서원을 하면, 하나님은 반드시 그의 이행을 요구하신다(참고. 신 23:21-23; 시 50:14; 잠 31:2; 행 18:18). 성경에서 하나님께 서원을 한 여자는 한나가 유일하다.

한나는 하나님을 **만군의 여호와**로 부른다. 성경에서 하나님이 이런 명칭으로 불리는 것은 사무엘상 1:3이 처음이다. 이는 하나님의 능력에 대한 선언이다. NIV는 '만군'이라는 용어를 '전능'으로 번역한다. 만군은 천사와 별들과 구속받은 백성으로 이루어진 군대를 일컫는다. 이 명칭은 하나님의 능력이 무궁무진하며 다함이 없다는 것을 뜻한다. 한나는 하나님이 태를 열고 자녀를 줄 수 있는 분임을 이해하고 있으며, 이는 그녀의 기도에 잘 나타난다. 만군의 여호와는 무명의 고통받는 한 여인을 돌아보신다. 한나는 하나님 앞에서 자신을 낮추며 **여종**이라 칭한다. 그리고 자신을 **기억**해달라고 간구한다. 하나님이 누군가를 기억하신다는 것은 그 사람을 위해 특별히 행동하신다는 것을 의미한다. 한나는 만약 하나님이 아들을 허락하시면, 그의 평생을 하나님께 바치겠다고 약속한다.

삭도를 머리에 대지 아니하겠다는 한나의 말은 나실인 서원을 떠오르게 한다(참고. 민 6:1-21). **그의 평생**이라는 표현은 사무엘이 종신 나실인임을 암시한다[Robert D. Bergen, *1, 2 Samuel*, NAC (Nashvilee: Broadman & Holman, 1996), 69]. 추무라(Tsumura)에 따르면 나실인 서원은 보통 한시적이다[David Toshio Tsumura, *The First Book of Samuel*, NICOT (Grand Rapids, MI: Eerdmans, 2007), 118].

나실인 서원을 한 사람은 정한 기간 동안 머리를 자르지 않는다. 볼드윈의 지적처럼, 나실인의 깎지 않는 머리털은 그가 하나님을 위해 구별된 사람임을 보여주는 증표이다(Baldwin, *1 and 2 Samuel*, 52). 서원으로 정해진 기간이 끝나면, 다시 머리를 자른다. 그런데 한나는 한시적인 기간이 아니라 아이의 평생을 하나님께 바치겠다고 약속한다. 평생 삭도를 머리에 대지 않는다는 것은 그의 평생을 성별한다는 의미이다. 한나는 하나님과 동행하는 것이 그분에게서 받고 다시 그분에게 돌려드리는 것임을 이해했다.

1:12-16. 한나가 자신의 영혼을 하나님 앞에 쏟아놓을 때, 엘리는 앉은 채로 그녀를 지켜보았다. 한나의 기도는 소리가 나지 않았기에 엘리는 그녀의 입술이 움직이는 것을 보면서 술에 취한 것으로 오해했다.

1:17-18. 엘리는 한나를 격려한다. **이스라엘의 하나님이 네가 기도하여 구한 것을 허락하시기를 원하노라.** 그녀는 음식을 먹고, 다시는 슬픈 기색을 띠지 않았다. 상황은 변함이 없었지만 그녀의 걱정은 사라졌다. 한나의 기쁨은 그녀의 얼굴을 바꾸어놓았다.

1:19-20. 그 후에 엘가나와 한나가 성관계를 갖고, 하나님은 그녀를 기억하신다. 성경 세계에서 이름이란 단지 사람을 식별하는 것 이상의 의미를 갖는다. 이름은 한 사람의 인격에 대한 요약이며, 동시에 그의 삶 속에 나타난 하나님의 역사에 대한 요약이다. 또한 특정한 하나님의 성품과 역사를 가리키기도 한다. 한나는 아들의 이름을 **사무엘**이라 짓는데, **이는 내가 여호와께 그를 구하였다**는 뜻이다. 문맥이 암시하는 바에 따르면, 그 이름의 의미는 '하나님께 구하였다'이다(참고. 17, 20, 27-28절).

1:21-23. 다음 해에 엘가나는 제사하러 실로로 올라가지만, 한나는 가지 않는다. 한나는 사무엘을 실로에 떼놓기 전에 먼저 젖을 떼기 원했다. 당시에는 아기에게 먹일 분유 같은 것이 없었다. 그러므로 모유 수유가 일반적이었으며, 이는 때때로 아이가 다섯 살이 될 때까지 계속되었다.

1:24-28. 약속을 지켜야 할 때가 도래한다. 한나는 사무엘을 실로로 데려가 엘리에게 맡긴다. 그리고 서약 공식을 사용하면서 자신이 수년 전에 엘리 앞에서 기도했던 여인임을 강조한다. **내 주여 당신의 사심으로 맹세하나이다.** 사무엘은 한나가 기도와 서원으로 얻은 아들이다. 이 아이는 엘리가 아니라 하나님께 바쳐졌다. 이별은 고통스러웠지만 한나는 약속을 지킨다. 본문은 28절 말미에 나오는 경배의 주체가 누구인지를 명확히 밝히지 않는다(영어 역본은 'he' 또는 'they', 개역개정은 '그가'—옮긴이 주). 레니는 '그'가 엘가나를 가리키는 것으로 보며(*First and Second Samuel*, 19), 한나가 사무엘을 엘리에게 맡길 때 동행했을 것으로 설명한다. 어쩌면 당시 세 살 남짓밖에 되지 않은 사무엘이 경배했을 수도 있다. 사무엘은 범상치 않은 아이였으며, 성경은 그가 여호와를 섬겼다고 기록한다(2:11; 참고. 2:21; 3:1).

2. 한나가 기쁨으로 찬양과 기념의 기도를 드리다 (2:1-11)

2:1. 1-10절은 시이다. 어떤 감정과 생각들은 시를 통해서만 적절히 표현될 수 있다. 이는 사무엘서의 첫 번째 시이다. 이 부분은 사무엘서에 있는 시적 양괄 구조의 시작에 해당하며, 마무리는 사무엘하 22-23장이다. 한나의 기도는 자신의 간청을 듣고 응답하시는 하나님의 능력에 대한 개인적 간증이라 할 수 있다(Laney, *First and Second Samuel*, 19-20). 그렇다면 한나의 간증은 분열 왕국 시대의 백성에게 어떤 상황에서든지 하나님을 담대히 믿으며 그분과 동행할 것을 격려하는 저자의 의도와 잘 맞아떨어진다(서론의 설명을 보라). 마리아 역시 송가에서 한나의 기도를 인용한다(참고. 눅 1:46-55).

한나는 하나님의 선하심을 묵상하며 기도한다. 2-10절은 그 기도의 내용이다. 한나의 기도는 찬양과 기념으로 드리는 기도의 훌륭한 예를 보여준다. 그녀의 감사는 개인적이다. **내 마음…내 뿔…내 입**(1절). 사무엘이 아니라 하나님이 기쁨의 이유였다. '뿔'은 하나님의 힘과 위엄을 상징한다(참고. 시 18:2; 92:10). 한나는 수치에서 존귀의 자리로 옮겨졌다. 하나님의 구원을 즐거워하며 원수들을 향하여 크게 입을 연다. 그들은 하나님을 믿는 자를 공격하였기에, 곧 하나님의 원수들이다(2절).

2:2-3. 한나는 하나님 같은 분이 없다고 두 번 반복하면서, 하나님의 비교할 수 없는 거룩하심(참고. 출 15:11; 레 11:44-45)과 유일하심(참고. 출 15:11)과 무한한 능력을 강조한다. 하나님은 이스라엘의 반석이시다(참고. 신 32:4). 하나님을 바위로 표현하는 것을 구약성경에서 흔히 볼 수 있는데, 이는 백성의 피난처와 보호자이며(바위 요새처럼), 안정이신(건물의 단단한 기초처럼, 참고. 신 32:15, 18; 삼하 22:47) 하나님을 상징한다. 오만한 인간의 자랑은 하나님 앞에서 설 자리가 없다. 하나님은 모든 것을 아시며, 사람의 마음과 동기를 보시고, 무한한 정의의 저울로 그 행동을 달아보신다.

2:4-5. 하나님은 상황을 역전시키신다. 역전의 절정을 바로 한나가 경험했다. **임신하지 못하던 자는 일곱을 낳았고**. 한나는 결국 6명의 자녀를 낳는데, 여기서 성경이 말하는 일곱은 완전수로서 그녀의 삶이 완전히 역전되었음을 가리킨다. 브닌나는 많은 자녀를 두었지만 역사에서 완전히 잊힌다.

2:6-9. 볼드윈은 6절에 대해 이렇게 말한다. "전체 시 중에서 가장 놀라운 2행 연구(couplet)이며, 이는 하나님이 사람을 죽은 자의 영역에서 다시 삶으로 옮기신다고 보기 때문이다"(*1 and 2 Samuel*, 57). 스올이라는 단어는 종종 '무덤'으로 번역되는데, 이는 또한 죽은 자의 영역, 떠난 영혼들의 처소를 가리킨다(Youngblood, "1, 2 Samuel," 58). 레니는 이렇게 설명한다. "스올은 엄밀히 말하면 악한 자들이 죽은 후 마지막 심판을 받기 위해 부활할 때까지 기다리는 장소로 볼 수도 있다(참고. 민 16:33; 욥 24:19; 시 30:9; 사 38:18). 이런 의미에서, 스올은 신약성경의 '음부'에 상응한다"(*First and Second Samuel*, 20).

삼상

또한 한나는 하나님이 **빈궁한 자를 거름더미에서** 일으키신다고 노래한다(8절). 고대 근동에서 거름더미란 성문 밖 쓰레기 처리장을 가리킨다. 사람들은 각종 쓰레기와 짐승의 오물을 이곳에 투척했다. 거름더미는 개들과 심각한 질병에 감염된 자들의 은신처였다. 쓰레기 처리장에 앉는다는 것은 고통과 아픔, 수치 그리고 궁핍의 징표였다(참고. 욥 2:7-8; 애 4:5). 하나님은 빈궁한 자를 거름더미에서 일으키실 뿐 아니라 원하시는 때에 **영광의 자리를 차지하게** 하신다. 하나님이 이렇게 하실 수 있는 까닭은 땅의 기둥들이 하나님의 것이기 때문이다. 기둥은 안정과 지지의 은유적 표현이다. 하나님은 땅을 안정케 하신다. **거룩한 자들**[히브리어로 *hasidim*, 하시딤]은 '하나님과 언약 관계인 자'를 의미한다. 이들은 하나님의 언약 사랑(히브리어로 *chesed*, 헤세드)의 대상이다. 반대로 악인은 영원한 흑암 중에서 잠잠하게 된다. 삶의 승리는 사람의 힘으로 얻을 수 있는 것이 아니다.

2:10-11. 한나의 기도는 예언적 선포로 끝을 맺는다. 당시 이스라엘에는 왕이 없었다. 그러나 한나에게는 하나님의 목적에 대한 통찰력이 있었다. **자기의 기름 부음을 받은 자의 뿔을 높이시리로다**. 왕과 관련하여 하나님의 기름 부음 받은 자, 곧 메시아(히브리어로 *meshiach*, 메시아흐)가 성경에서 언급된 것은 이곳이 처음이다. 한나의 예언적 기도는 다윗 왕조를 가리킬

뿐 아니라 다윗의 가장 위대한 후손, 주 예수 그리스도를 가리킨다. 한나는 창세기 49:10 또는 민수기 24:17의 예언을 알고 있었을 것이다. 이 구절들은 장차 이스라엘에 메시아 왕이 오실 것을 예언한다. 왕의 오심은 사무엘서의 중심 메시지이다(삼하 7:12-16). 메시아에 대한 기대는 포로 시대와 포로 후기 시대까지 이어진다(단 7:13-14; 9:24-27; 학 2:20-23; 슥 6:11-15; 9:9; 12:10; 말 4:4-5). '내 뿔'(1절)을 언급하며 시작된 시는 **뿔**에 대한 언급으로 끝을 맺는다. 노래를 끝낸 한나는 엘가나와 함께 집으로 돌아간다(11절).

B. 엘리의 아들들과 사무엘(2:12-36)

1. 엘리의 아들들이 큰 죄를 짓다(2:12-17)

2:12-17. "엘리의 가족은 엘가나의 가족과 뚜렷한 대비를 이룬다. 1장 21절 이하에서 볼 수 있는 경건함과 사려 깊은 배려를 전혀 찾을 수 없다"[Laurence E. Porter, "1 and 2 Samuel," in NIBC, edited by F.F. Bruce (Grand Rapids, MI: Zondervan, 1979), 355]. 엘리의 아들들(홉니와 비느하스, 참고. 1:3)은 특히 사무엘과 극명한 대비를 이루는데, 이들의 불성실함은 사무엘 출생 당시 이스라엘의 영적 위기 상황을 잘 대변한다.

홉니와 비느하스는 행실이 나빴다(worthless men, 문자적으로 '벨리알의 아들들', 12절). 성경에서 어떤 사람을 평가할 때는 흔히 '믿음의 아들' 또는 '벨리알의 아들'로 표현한다. 저자는 사무엘서 전체에서 '벨리알'(Belial)이라는 단어를 아홉 번 사용한다(참고. 1:16; 2:12; 10:27; 25:17, 25; 30:22; 삼하 16:7; 20:1; 23:6). 구약성경에서 이 용어는 어떤 특정 인물을 지칭하지는 않으며, 후기 유대문학에서는 벨리알이 악마의 화신으로 묘사된다. 또한 이 단어는 고린도후서 6:15에서처럼 마귀를 지칭하는 용어로 사용되기도 한다 [C. L. Feinberg, "Belial," in *The Zondervan Pictorial Encyclopedia of the Bible*, vol. 1, edited by Merrill C. Tenney (Grand Rapids, MI: Zondervan, 1975), 513].

'벨리알'의 뜻은 '악한', '쓸모없는', '무익한', '파괴적인', '아무짝에 쓸데없는'[Ralph W. Klein, *1 Samuel*, 2nd ed., WBC (Nashville: Thomas Nelson, 1983), 25]이다. 벨리알의 아들인 엘리의 아들들은 악하고 쓸모없으며 파괴적인 인간이었다. 그들은 여호와를 알지 못했고, 어떻게 제물을 바쳐야 하는지에 대한 제사장의 책무도 전혀 몰랐다(참고. 레 7:28-36; 신 18:3). 홉니와 비느하스는 세 살 갈고리에 걸리는 대로 고기를 취했는데, 이는 하나님의 섭리를 무시하는 행위였다. 하나님이 제일 먼저 모든 짐승의 기름을 받으셔야 했기 때문이다(참고. 레 3:16; 4:8-10, 26, 30-31; 7:28-31; 17:6). 하지만 이들은 하나님이 받으시기 전에 자기들의 몫을 불법적으로 취했다. 따라서 **이 소년들의 죄가 여호와 앞에 심히 컸다**(17절).

2. 엘리의 아들들과 사무엘이 대조되다(2:18-36)

2:18-21. 엘리의 아들들과는 대조적으로, 사무엘은 어려서부터 여호와 앞에서 섬겼다. 저자는 사무엘이 경건하게 성장하는 장면과 엘리 아들들의 방탕한 모습을 교차적으로 보여준다. 이는 비록 어리지만 하나님께 대한 경외심 그리고 영적인 민감성을 갖춘 사무엘과 어른이지만 그 반대의 모습인 엘리 아들들을 뚜렷이 대비하기 위함일 것이다.

사무엘이 입은 **에봇**은 제사장의 의복으로(출 28:4-9; 삼상 22:18), 몸에 꼭 맞는 앞치마 모양의 허리까지 내려오는 민소매 웃옷이다[G. L. Archer, "Ephod," in *The Zondervan Pictorial Encyclopedia of the Bible*, Vol. 2, edited by Merrill C. Tenney (Grand Rapids, MI: Zondervan, 1975), 332-333]. 사무엘의 어머니는 계속 자라는 아들을 위해 매년 옷을 지어주었다. 사무엘이 견습 제사장이었기 때문에 이 옷은 아마도 에봇을 가리킬 것이다. 하나님은 한나에게 다섯 자녀를 더 주셨다. 하나님은 한나가 드린 것보다 더 많이 주셨다.

2:22-26. 당시에는 회막 문에서 수종 드는 여인들이 있었다(참고. 출 38:8). 이 여인들이 어떤 일을 했는지는 명확하지 않다. 엘리의 아들들은 이들이 하는 일을 종교 매춘으로 변질시켰다. 엘리 아들들의 죄는 백성에게로 퍼져나갔고, 이들도 하나님을 거역했다. 엘리의 아들들은 아버지의 꾸지람을 듣지 않았다. 그들은 돌이킬 수 없는 길을 갔고, 하나님이 이들에게 내리시는 죽음의 심판은 불가피했다.

2:27-36. 이름 없는 하나님의 사람이 예언의 공식을 사용하여 엘리에게 경고한다. **여호와의 말씀에**. 이 표현은 히브리어 성경에서 293회 사용된다. 사사 시대의 암흑기에도 하나님은 자신의 대변인을 두셨다. 하나님은 그분의 사람을 통해서 엘리에게 일련의 질문을

던지신다. 하나님이 그들에게 내리신 복을 상기할 때, 엘리가 한 일은 매우 어리석었다. **내 제물과 예물**(29절)은 제사 체계 전체의 요약이다. 엘리는 자식들의 악한 행위를 방관함으로써 하나님보다 아들들을 더 존중했다. 그는 하나님께 마땅한 경의를 표하라고 보다 철저하고 집요하게 자식들을 훈계했어야 했다. 하나님의 반응은 이렇게 요약된다. **나를 존중히 여기는 자를 내가 존중히 여기고**[문자적으로 '무겁게 만들고'] **나를 멸시하는 자를 내가 경멸하리라**[문자적으로 '가볍게 만들리라']. **네 팔과 네 조상의 집 팔을 끊어**[문자적으로 '네 팔과 네 아버지 집의 팔을 부러뜨리고']. 엘리는 하나님의 처소, 즉 성막의 환난을 보게 될 것이다. 이는 이후 블레셋이 하나님의 궤를 탈취하고, 하나님의 백성이 목숨을 잃는 비극으로 실현된다(참고. 4:2, 10-11). 엘리의 후손들 중에는 경험과 지혜, 영향력 있는 인물이 없었다(참고. 22:14-20).

많은 시간이 흐른 후, 사울은 놉의 제사장들을 학살한다(참고. 22:6-23). 이 과정에서 엘리의 후손 중 단 한 명 아비아달만이 도망친다. 솔로몬은 아비아달의 제사장직을 파면하고 사독의 가문에게 이전한다. **여호와께서 실로에서 엘리의 집에 대하여 하신 말씀을 응하게 함이더라**(참고. 왕상 2:26-27; 4:2). 홉니와 비느하스가 한날에 죽임을 당함으로써(참고. 2:34; 4:11) 엘리의 후손에 대한 하나님의 심판이 성취될 것이 명확해진다. 대신 하나님은 자신의 뜻을 이행할 **충실한 제사장**을 세우실 것이다(35절). 이 예언은 일차적으로 사독을 통해서 성취되고(사무엘을 뜻할 수도 있다), 궁극적으로 주 예수 그리스도 안에서 성취된다(참고. 히 2:17-18). 엘리의 후손은 곤궁해지며, 빵을 구걸하고, 성전의 허드렛일을 간청하게 될 것이다.

C. 소년이 선지자가 되다(3:1-21)

1. 하나님이 사무엘을 부르시다(3:1-9)

3:1-9. 사사 시대에는 **여호와의 말씀이 희귀하여**[즉, 하나님이 사람에게 거의 말씀하시지 않아서] **이상이 흔히 보이지 않았다**. '이상'은 하나님의 말씀이 선지자에게 물리적인 방법으로 보이는 것을 말한다. 그 안에 담긴 메시지를 보는 것이 중요하며, 주로 꿈이나 환상 등을 통해 이루어진다[J. M. Lower, "Vision," *The Zondervan Pictorial Encyclopedia of the Bible*, Vol. 5, edited by Merrill C. Tenney (Grand Rapids, MI: Zondervan, 1975), 889-890]. 그러면 선지자는 그 이상을 말로써 백성에게 전달한다. 사무엘 시대에는 선지자들이 받은 이상이 적었을 뿐 아니라, 그마저도 이스라엘 백성과 지도자들의 영적 무지 때문에 큰 영향을 미치지 못했다. 하나님은 대부분의 시간 동안 침묵하셨다(참고. 잠 29:18; 암 8:11). 엘리는 나이가 많아 시력을 거의 잃었고, 나중에는 완전히 맹인이 된다(참고. 4:15). 해 질 녘부터 동틀 무렵까지 금 촛대(menorah, 메노라)의 등불을 밝혀두는 것은 제사장의 책무였다(참고. 출 25:31-37; 27:20-21; 레 24:1-4).

사무엘은 **하나님의 궤**(3절)가 있는 성막 안에서 잤다. 여기서 성막은 성막 자체와 문설주 및 문을 포함한 부속 건물을 아우른다. 궤는 하나님의 임재를 상징한다. **하나님의 등불은 아직 꺼지지 아니하였으며**라는 구절을 통해, 앞으로 일어날 사건이 시작되기 전임을 알 수 있다. 하나님이 사무엘을 부르시자 사무엘은 엘리가 부른 것으로 생각한다. 선지자가 하나님의 부르심에 응답하듯 사무엘은 목소리에 대답한다. **내가 여기 있나이다**(창 22:1; 출 3:4을 보라). 사무엘이 오해한 이유는 분명하다. **사무엘이 아직 여호와를 알지 못하고 여호와의 말씀도 아직 그에게 나타나지 아니한 때라**(7절). 하나님에 대한 사무엘의 경험 부족은 두 가지였다. (1) 사무엘은 개인적 경험을 통해 하나님을 만나지 못했다. (2) 하나님은 사무엘에게 직접적으로 말씀하신 적이 없었다. 엘리는 하나님이 사무엘을 부르셨다는 것을 알아차리고, 어떻게 대응해야 할지를 알려준다.

2. 하나님이 사무엘에게 말씀하시다(3:10-14)

3:10-14. 하나님이 사무엘에게 나타나 두 번 그의 이름을 부르신다. 성경에는 이름을 두 번 부른 사례가 더러 있는데(참고. 창 22:11; 출 3:4; 행 9:4), 모두 각 개인의 삶에서 기념비적인 순간에 일어난 사건이다. 사무엘이 하나님에게 처음으로 받은 메시지는 마치 자신의 가족과 같은 엘리 가족에 대한 심판의 메시지였다.

3. 사무엘이 하나님의 말씀을 엘리에게 알리다 (3:15-18)

3:15-18. 사무엘은 하나님의 사자로서 첫 번째 시험을 치른다. 두려움을 극복하고, 심판의 메시지를 자기와 가까운 사람에게 그대로 전한다. 엘리는 사무엘에

게 부드럽게 이야기하면서도 하나라도 숨기면 저주를 받을 것이라고 말한다. 사무엘의 메시지를 듣고 난 엘리의 반응은 칭찬받을 만하다. **이는 여호와이시니 선하신 대로 하실 것이니라**(18절).

4. 사무엘이 자라다(3:19-21)

3:19-21. 이 구절은 사무엘의 신체적 성장과 신앙적 진보를 요약해준다. **단에서부터 브엘세바까지**라는 표현은 이스라엘의 최북단 단에서 최남단 브엘세바까지를 가리킨다. **여호와의 선지자**인 사무엘은 하나님이 선택하신 그분의 공식 대변인이었다. 사무엘은 모세 이후 이스라엘에서 최초로 언급된 선지자이다.

D. 하나님을 이용하려는 위험(4:1-22)

1. 언약궤를 전투에서 잘못 사용하다(4:1-4)

4:1-4. 이스라엘은 사무엘을 통해 하나님의 뜻을 묻지 않은 채로 블레셋과 전투를 치른다. 이스라엘 백성은 영적으로 무기력한 상태였다. 이 전투는 엘리 집안에 대한 하나님의 심판이 시작되었음을 보여주는 기록으로서 의미가 있다(Laney, *First and Second Samuel*, 24). 블레셋은 할례 받지 않은 이방인으로서, 기원전 12세기에 에게해의 섬들과 소아시아에서 지중해 연안으로 이주해 온 사람들이다(Laney, *First and Second Samuel*, 24). 블레셋은 "사사 시대 후반부에서 이스라엘 왕정 초기까지 이스라엘의 숙적이었다"(Youngblood, "1, 2 Samuel," 70). 영블러드에 따르면, 블레셋은 사무엘서 전체에서 약 150회 가량 언급된다. 블레셋의 위협은 사무엘상 전반에 걸쳐 만연해 있다. 이스라엘과 그 숙적 간의 첫 전투가 여기에 기록되었다.

에벤에셀[사해 북서쪽으로 약 64킬로미터, 지중해 연안에서 약 13킬로미터]의 뜻은 '도움의 돌'인데, 의미상 이 장에서 사용된 것이 아이러니하다. 오만한 이스라엘은 하나님의 도움을 경험하지 못하기 때문이다.

블레셋이 아벡에서 이스라엘을 격파하자, 이스라엘의 장로들은 하나님의 궤를 전쟁터로 가져오기로 결정한다. 궤의 도움으로 블레셋을 무찌르려는 심산이었다. 이스라엘 장로들은 하나님이 아니라 궤를 의지했으며, 하나님의 궤를 행운을 가져다주는 주물로 여겼다.

2. 중차대한 오해(4:5-9)

4:5-9. 하나님의 궤가 진영으로 들어왔다고 해서 하나님이 이스라엘에게 승리를 가져다주시는 것은 아니었다. 약 3킬로미터 떨어진 곳에 있던 블레셋은 이스라엘이 궤를 보고 흥분해서 내지르는 소리를 듣고 더욱 전열을 가다듬어 맹렬하게 싸운다. 이스라엘의 궤로 인한 두려움이 그들을 분발시킨 것이다.

3. 언약궤를 블레셋에 빼앗기다(4:10-11)

4:10-11. 그리고 마침내 상상할 수 없는 일이 일어난다. 블레셋이 하나님의 궤를 탈취한 것이다. 이 장에는 궤가 탈취되었다는 말이 다섯 번 반복된다(11, 17, 19, 21-22절). 저자는 독자에게 이스라엘이 이 비극을 자초했음을 분명히 밝히고자 한다. 이스라엘은 하나님의 뜻을 찾는 대신 언약궤를 부적처럼 사용함으로써 엄청난 결과를 감수해야 했다.

4. 엘리가 죽다(4:12-18)

4:12-18. 베냐민 지파의 한 사람이 전쟁터에서 약 32킬로미터의 언덕길을 달려와 실로에 이른다. 먼지를 뒤집어쓴 머리와 해진 옷은 비극의 상징이었다. 엘리는 소동하는 소리를 들었지만, 이 사람의 몰골에 담긴 비극은 볼 수 없었다. 어찌 된 일인지 묻는 그에게 슬픈 소식이 전달된다. 많은 이스라엘 사람들이 죽었고, 엘리의 두 아들도 죽었으며, 하나님의 궤는 빼앗겼다는 소식이었다. **하나님의 궤를 말할 때에 엘리가 자기 의자에서 뒤로 넘어져 문 곁에서 목이 부러져 죽었으니 나이가 많고 비대한 까닭이라**(18절). 궤를 빼앗겼다는 소식은 엘리가 감당하기에 너무 벅찼다. 그의 죽음은 한 시대의 종언을 의미했다.

5. 이스라엘의 영광이 떠나다(4:19-22)

4:19-22. 엘리의 **며느리인 비느하스의 아내**는 임신 중이었다. 비극적인 소식을 접한 그녀는 조산한다. 해산 중에 숨을 거두면서 그녀는 아이 이름을 **이가봇**이라 한다. 그 의미는 '영광이 없다'이다. 이 이름에는 그의 출생 당시 상황이 반영되어 있다. **하나님의 궤를 빼앗겼으므로 영광이 이스라엘에서 떠났다**(22절). '영광'은 하나님이 성막을 통해 그분의 백성 이스라엘과 함께하심을 보여주는 상징이었다. 이스라엘은 성막을 통해 함께하시는 하나님의 영광을 즐기는 특권을 누렸다(참고. 롬 9:2-5). 하나님을 빼앗긴 것은 아니었다. 그러나 궤를 빼앗긴 것은 하나님의 영광이 그 백성을 떠났다는 슬픈 현실에 대한 증거였다. 하나님이 그

들과 함께하신다는 영원한 증거가 사라져버렸다.

E. 여호와의 손이 블레셋에 엄중히 임하다 (5:1-12)

1. 블레셋이 하나님의 궤를 빼앗다(5:1-5)

5:1-2. 블레셋 사람들이 하나님의 궤를 빼앗아 가지고 **에벤에셀에서부터 아스돗에 이르니라**[서남 방향으로 약 48킬로미터의 거리, 아스돗은 예루살렘 서쪽 약 56킬로미터]. 블레셋은 궤를 전리품으로 여겼으며, 그들의 신이 여호와 하나님을 이긴 결과라고 오해했다. 아스돗은 블레셋 펜타폴리스의 일원으로 도시국가였다. 블레셋 다섯 도시국가는 연합 세력을 이루었으며, 각 성읍은 방백의 지배를 받았다. "블레셋 다섯 방백"이라는 표현은 이를 가리킨다(참고. 6:16). 다섯 성읍은 가사(최남단, 아스돗 남쪽 약 32킬로미터), 아스글론(아스돗 남쪽 약 16킬로미터), 아스돗, 가드(아스돗 남서쪽 약 16킬로미터), 에그론(최북단, 아스돗 북동쪽 약 16킬로미터)이다. 다곤은 블레셋의 주신으로, 바알의 아버지로 추정되며, 다산과 곡식의 신이다. 블레셋은 다곤을 위해 가사(참고. 삿 16:23-31), 벧산(참고. 삼상 31:10; 대상 10:8-10), 아스돗에 신전을 세웠다. 블레셋은 여호와를 격퇴한 상징으로 언약궤를 아스돗의 다곤 신전에 두었다.

5:3-5. 아스돗 사람들이 이튿날 일찍이 일어나 본즉 다곤이 여호와의 궤 앞에서 엎드러져 그 얼굴이 땅에 닿았는지라. 땅에 엎어진 얼굴은 수치(그리고 경배)의 자세이다. 다곤은 무능한 신이었으며, 여호와 앞에서 고꾸라졌고, 스스로 일어서지도 못했다.

다음 날 아침 아스돗 사람은 다곤이 여호와 앞에서 다시 고꾸라진 것을 발견했다. 이번에는 **그 머리와 두 손목은 끊어져** 있었다. 영블러드는 말한다. "고대 세계에서 잘린 머리와…손은…전리품이었다. 따라서 여호와가 다곤을 격파하신 것이다"(Youngblood, "1, 2 Samuel," 77). 여호와는 다곤의 신전에서 다곤을 고꾸라뜨리고 처형함으로써 자신의 우월한 능력을 과시하셨다. 블레셋 사람은 다곤의 머리와 손목이 신전 문지방에 놓인 것을 보고 기겁한다. 그래서 문지방을 밟는 사람은 그와 똑같은 일을 당할까 두려워하여 다곤 신전 문지방을 밟지 못하게 한다.

2. 종기, 환란 그리고 죽음(5:6-12)

5:6-12. 여호와의 손이 아스돗 사람에게 엄중히 더하사. 이 사건에서 '하나님의 손'이 네 번 언급된다(6-7, 9, 11절). 블레셋은 악성 종기로 하나님의 심판을 겪는다(6, 9, 12절). 히브리어로 종기는 부어오르는 것 혹은 부스럼을 뜻한다(Laney, *First and Second Samuel*, 28). 뿐만 아니라 심리적, 정서적 혼란이 있었으며, 목숨을 잃기도 했다(9-12절). 여호와는 다곤을 그 집에서 고꾸라뜨리고, 블레셋 사람을 재앙으로 쳐서 울부짖게 함으로 스스로의 우월함을 드러내셨다.

F. 블레셋이 언약궤를 이스라엘에게 돌려보내다 (6:1-7:1)

1. 블레셋이 자기 방식대로 언약궤를 옮기다 (6:1-18)

6:1-9. 여호와의 궤가 블레셋의 손에 빠진 지 일곱 달 만에(1절), 그들은 마침내 자신들의 제사장들과 복술자들에게 자문을 구한다. 복술자는 주술을 행하는 이로, 그 구체적인 내용은 알려진 바 없다. 모세의 법에 따르면 속건제에는 흠 없는 숫양을 드려야 했다(참고. 레 5:15). 그러나 블레셋 복술자들은 금 독종과 금 쥐를 제안했다. 쥐는 하나님의 눈에 불결했다(참고. 레 11:29). 또한 언약궤는 결코 수레로 옮길 수 없었다(참고. 민 4:5-15). 이스라엘은 이후 비극적 사건을 통해 이를 배우게 된다(참고. 삼하 6:1-7).

하나님은 이방인의 무지를 통해 목적을 이루셨다. 궤를 이스라엘에게 돌려보내는 것은 패배의 시인이었다. 금 독종은 신체적 고통을 가리킨다. 5개의 금 쥐는 땅을 황폐하게 하는 쥐를 가리키며, 아마도 이것이 독종의 원인이었을 것이다. 쥐는 흑사병을 옮긴다. 블레셋이 맛본 재앙 역시 페스트였을 수 있다(Laney, *First and Second Samuel*, 28). 블레셋의 종교 지도자들은 재앙이 정말 하나님으로부터 온 것인지를 판별할 수 있다고 주장한다. 그들은 **멍에를 메어보지 아니한 젖 나는 소 두 마리**를 끌어다가 궤를 실은 수레를 끌게 한다. 이 암소들은 똑바로 걷는 훈련을 받지 않았다. 또한 송아지를 두었으므로, 본능적으로 새끼에게로 돌아가려 할 것이다. 만약 이 암소들이 본능을 거부하고 벧세메스로 직진한다면, 이는 여호와가 재앙을 내리셨다는 증거가 될 것이다.

6:10-18. 모성본능조차 거부하고, 암소들은 곧장 벧

세메스(아스돗 동쪽 약 29킬로미터, 예루살렘 서쪽 약 24킬로미터)로 전진한다. 블레셋에 재앙을 내리신 이는 여호와였다.

2. 언약궤를 불경하게 대하다(6:19-7:1)

6:19-7:1. 벧세메스 사람은 **여호와의 궤**를 모독했다. 언약궤를 열고 안을 들여다보았는데, 이는 명백한 모세율법의 위반이었다. 레위인만이 언약궤를 취급할 수 있었지만, 그들도 직접 만질 경우 즉사했다(Merrill, "1 Samuel," 437). 하나님은 벧세메스 사람 **(오만) 칠십 명**을 죽이셨는데, 작은 성읍치고는 큰 숫자이다. NIV 역과 일부 히브리어 사본은 70명이 죽었다고 기술한다. 레니는 이렇게 설명한다. "오만 칠십이라는 숫자는 보수적인 학자들도 회의적으로 보는데, 아마도 필사 과정의 실수로 보인다"(*First and Second Samuel*, 29). 이 이야기의 교훈은 하나님의 은혜를 당연시해서는 안 된다는 사실이다. 하나님이 언약궤를 통해 이스라엘과 함께하시는 것은 전적으로 은혜이다. 이스라엘은 언약궤를 거룩하게 취급해야 한다. 벧세메스 사람은 하나님을 거룩하게 모시지 않았고, 그에 대한 벌을 받았다.

G. 하나님이 이스라엘을 블레셋으로부터 구원하시다 (7:2-17)

1. 20년 동안 슬피 울다(7:2-4)

7:2-4. 20년 동안 여호와의 궤가 기럇여아림에 머문다. 궤를 성막에 모시지 못했기 때문에(Youngblood, "1, 2 Samuel," 86) 그리고 백성이 우상을 섬기는 잘못을 했기 때문에, 이스라엘 온 족속은 여호와를 바라며 통탄한다. 사무엘은 백성에게 여호와께로 돌아오라고 격려한다. '돌아오다'는 것은 '죄와 우상숭배에서 떠나 하나님께로 오는 것'을 뜻한다. 이는 **전심으로** 해야 한다. **아스다롯**은 우상 여신으로, 바알의 처였으며 다산과 성적 매력의 상징이었고, 변태적 의미로 거룩이라 불렸다[Merrill F. Unger, *The New Unger's Bible Dictionary*, edited by R. K. Harrison (Chicago: Moody, 1988), 484]. 여호와만 섬기는 것은 완전히 배타적으로 여호와께 헌신하는 것을 의미한다. 이스라엘이 블레셋의 우월한 군사력과 압제로부터 구원을 받으려면 오직 여호와만 섬겨야 했다.

엉거(Unger)에 따르면, 바알은 다산의 신으로서 가나안 주요 남성 신의 하나이다. 바알의 영역은 하늘이며, 숭배자는 천둥소리를 바알의 목소리로 생각했다. 바알을 제거하는 것에는 우상 파괴가 포함된다. 우상을 부수고 불태워야 했다. 아스다롯을 제거하는 것 역시 우상 파괴 및 바알과 아스다롯 숭배와 관련된 음탕한 행위의 근절이 포함된다.

2. 금식의 날(7:5-6)

7:5-6. 사무엘이 기도를 위해 온 이스라엘을 미스바(예루살렘 북쪽 약 10킬로미터)로 소집한다. 미스바는 이미 이스라엘의 회합 장소였으며(참고. 삿 20:1), 사무엘의 정기 순회지였다(7:16). 예루살렘 함락 후, 미스바는 수도가 된다(왕하 25:23; Baldwin, *1 and 1 Samuel*, 79). 백성은 물을 길어 붓는데, 이는 하나님 앞에서 회개의 의미로 영혼을 쏟아붓는 것을 상징한다(참고. 삼상 1:15; 시 42:4; 62:8; 애 2:19). 그러고 나서 근원적인 문제를 고백한다. **우리가 여호와께 범죄하였나이다**. 미스바에서 사무엘은 이스라엘의 사사가 된다. 사무엘은 이스라엘의 마지막 사사였다.

3. 하나님께 부르짖으라고 사무엘에게 간청하다 (7:7-11)

7:7. 이스라엘 자손이 미스바에 모였다 함을 블레셋 사람들이 듣고 그들의 방백들이 이스라엘을 치러 올라온지라. 블레셋은 이스라엘이 한곳에 모인 것을 좋은 기회라고 생각했을 것이다. 레니에 따르면, 이스라엘은 이 근처에서 이미 두 번이나 패퇴한 적이 있으며(참고. 4:1-2; 5:1), 따라서 블레셋은 승리를 자신했을 것이다.

7:8-11. 이스라엘은 사무엘에게 구원을 부르짖으라고 간청한다. 사무엘은 먼저 하나님께 어린 양을 번제로 바치고, 그런 다음 백성을 위해 기도한다. 사무엘이 제물을 준비하는 동안, 블레셋 군대는 성벽 밖까지 접근한다. **여호와께서 블레셋 사람에게 큰 우레를 발하여 그들을 어지럽게 하시니**. 우렛소리는 하나님의 목소리였다(참고. 시 29:3). 강력한 우레는 블레셋을 혼란과 공황으로 몰아넣었다.

4. 에벤에셀을 세우다(7:12-14)

7:12-14. 돌을 사용해서 주요 사건의 기념물로 삼는 것은 이미 이스라엘 역사의 일부가 되었다. 야곱과 장인 라반은 돌무더기를 쌓아서 언약을 기념했다(참고. 창 31:46-49). 여호수아는 요단을 건너 약속의 땅

으로 들어가면서 요단에서 열두 돌을 취해 기념비로 세우도록 했다(수 4장). 사무엘은 미스바와 센 사이에 돌을 세우고 **에벤에셀**이라 불렀다. 그 의미는 '도움의 돌'이며, 하나님이 이 순간까지 이스라엘을 도우셨음을 기념했다.

5. 사무엘 사역의 요약(7:15-17)

7:15-17. 사무엘의 사역이 요약되어 있다. 사무엘은 고향인 라마에 제단을 쌓았고, 하나님을 예배하고 의지했다.

H. 백성이 왕이신 하나님을 거부하다(8:1-22)

1. 사무엘 아들들이 문제를 일으키다(8:1-3)

8:1-3. 사무엘이 순회 사사였다는 기록은 역설적으로 왕의 필요성을 기대하게 한다(Youngblood, "1, 2 Samuel," 88). 시간은 어느덧 주전 1051년에 이르렀는데, 이 해에 사울이 왕으로 등극한다. 많은 세월이 흘렀고, 사무엘은 65~70세 정도의 노인이 되었다(Merrill, "1 Samuel," 439). 자신의 나이를 자각한 사무엘은 하나님만 하실 수 있는 일을 한다(참고. 삿 2:16, 18: 3:9, 15). 자신의 아들 **요엘**과 **아비야**를 사사로 세운 것이다. 요엘의 뜻은 '여호와가 하나님'이며, 아비야의 뜻은 '나의 아버지는 여호와'이다. 그러나 사무엘의 아들들은 이름값을 하지 못했고, **이익을 따라 뇌물을 받고 판결을 굽게** 하여 사사직을 이용해서 경제적 이득을 취했다. 이렇듯 사무엘 아들들은 경건하지 않았는데, 문제는 그것만이 아니었다.

2. 왕을 요구하다(8:4-9)

8:4-9. 사무엘 아들들의 악행을 더 이상 방관할 수 없었던 이스라엘의 장로가 행동에 나선다. 이들은 각 가문과 부족의 어른으로서 나라의 지도자 역할을 했다(Unger, *The New Unger's Bible Dictionary*, 343). 백성의 대변인으로서(**백성이 네게 한 말**, 7절), 장로는 부도덕한 사무엘의 아들들에 대한 해결책으로 왕을 요구한다. 그러나 장로의 대안은 더 큰 문제를 야기한다. 하나님은 사무엘에게 백성의 요구를 들어주라고 하신다. 이스라엘은 하나님 대신 왕을 요구함으로써 하나님을 거부했다. 바로 이 점이 백성의 요구에 담긴 치명적인 독소였다. 이스라엘에는 이미 완전하고 유일하신 왕, 하나님이 계셨다. 하지만 백성은 왕을 요구함으로써 하나님의 통치를 거부했고, 그 동기는 더욱 불순했다. 이스라엘은 주위의 **모든 나라와 같이** 되기를 원했던 것이다. 백성의 행위는 비극적이었으며 또한 전형적이었다. 하나님은 사무엘에게 **그들을 다스릴 왕의 제도**를 가르치게 하신다(9절).

3. 왕에 대해 경고하다(8:10-18)

8:10-18. 하나님은 왕이 그들을 어떻게 취급할지 자세하게 설명하면서 그들의 마음에 확실히 박히도록 경고하신다. **그날에 너희는 너희가 택한 왕으로 말미암아 부르짖되 그날에 여호와께서 너희에게 응답하지 아니하시리라**(18절).

4. 백성이 듣기를 거절하다(8:19-22)

8:19-22. 그럼에도 불구하고, 백성은 사무엘의 경고를 거절하고 왕을 요구한다. 하나님은 그들의 요구를 들어주신다. 오랜 시간이 지난 후에 하나님은 백성의 요구에 대해 이렇게 말씀하신다. "내가 분노하므로 네게 왕을 주고 진노하므로 폐하였노라"(호 13:11). 하나님이 백성의 잘못된 요구를 들어주시는 것은 곧 재앙과 고통 그리고 그분의 분노를 의미했다. "무엇을 바랄 때는 매우 조심해야 한다"는 속담은 이스라엘에게 사실이었다. **우리의 왕이 우리를 다스리며 우리 앞에 나가서 우리의 싸움을 싸워야 할 것이니이다**(20절). 왕을 통한 그들의 바람에는 군사적 승리도 포함되었다. 그러나 골리앗이 나왔을 때(참고. 삼상 17장), 사울은 이스라엘을 이끌고 전투로 나가는 의무를 수행하지 못한다. 다윗이 성공함으로써 사울이 아니라 다윗이 진정한 왕의 자격이 있음이 드러난다.

사무엘상의 첫 부분은 이스라엘이 왕이신 하나님을 거절하는 것으로 끝을 맺는다. 이는 이스라엘 역사에서 결정적이고 비극적인 전환점이 되며, 하나님은 이를 백성에게 경고하신다. 레니는 이렇게 요약한다. "모세의 예언에 의하면, 이스라엘에 왕이 서는 것이 하나님의 주권적 의지라 할지라도, 그들은 잘못된 태도로 잘못된 시기에 왕을 요구했으며 이는 하나님의 권위적 의지가 아니었다. 그러나 하나님은 관대한 의지로 그들의 선택을 들어주셨다(Laney, *First and Second Samuel*, 36).

Ⅱ. 사울, 백성의 왕(9:1-15:35)

9장에서 15장까지는 이스라엘의 첫 왕인 사울의 이야기가 주를 이룬다. 사울의 첫 아들이자 왕세자인 요나단도 소개된다. 사울과 요나단은 대조를 이룬다. 15장에서 하나님이 이스라엘의 왕인 사울을 거부하시면서 사무엘상의 두 번째 부분이 막을 내린다.

A. 비밀리에 사울에게 기름 붓다(9:1–10:16)

각 장을 통해 이야기가 구분되어 있지만, 9장 10절부터 10장 16절까지의 내용을 자세히 읽어보면 결국은 이것이 한 사건임을 알 수 있다.

1. 이스라엘에서 가장 크고 잘생긴 자(9:1–2)

9:1–2. 사울의 아버지 **기스**는 베냐민 지파였다. 기스는 **유력한 사람**이었다. 구약성경에서 이러한 표현으로 기술된 인물은 세 명 더 있다. 보아스(참고. 룻 2:1, "유력한 자"), 입다(참고. 삿 11:1, '용사') 그리고 다윗(참고. 삼상 16:18, "용기가 있는 자")이다. 기스의 족보를 보면 베냐민 지파의 유력한 가문임을 알 수 있다. 사울은 "타고난 자질이 매우 출중했는데"(Baldwin, *1 and 2 Samuel*, 87), 골리앗의 위협 앞에서 비겁하고 유약한 모습을 보였다는 점이 아이러니하다. 사울의 이름은 '구했다'를 의미하며 이 역시 아이러니하다. 왜냐하면 백성이 사울을 왕으로 삼음으로써, 하나님께 구한 것을 받았기 때문이다. 사울은 왕처럼 보였지만, 이야기가 진행되면서 (특히 골리앗 이야기를 통해) 왕으로서의 자격이 없음이 드러난다.

2. 선견자에게 물어보기로 결정하다(9:3–14)

9:3–5. 기스의 잃어버린 나귀를 찾기 위해 사울은 네 곳을 뒤지지만 실패한다(4절, 그중 한 곳은 **살리사**인데 이곳은 바알-살리사로도 불림, 예루살렘 북서쪽으로 약 43킬로미터). 아버지에게 심려를 끼치지 않기 위해 사울은 그냥 돌아가려 한다. 여기서 중요한 점은 사울이 아버지의 나귀를 찾기 위한 수색을 포기하려 한다는 사실이다. 이와 대조적으로, 다윗은 아버지의 양떼 돌보기를 결코 포기하지 않는다. 다윗은 이새의 짐승뿐 아니라 하늘 아버지의 양떼(백성)도 결코 포기하지 않는다. 이 역시 사울이 왕으로서의 자질이 부족함을 보여주는 예이다.

9:6–12. 사울의 사환이 숩(예루살렘 북쪽 베냐민 지파에 속한 땅의 부족 이름으로 추정)에 있는 하나님의 사람에게 물어보자고 조언한다. **그가 혹 우리가 갈 길을 가르쳐 줄까 하나이다.** 사울은 하나님의 사람에게 줄 선물이 없어서 망설이다가, 마침 사환에게 은 **한 세겔의 사분의 일**이 있어서 이것을 주기로 한다. 9절에서 옛 행습에 대한 설명이 나오면서 잠시 이야기의 흐름이 끊긴다. 하나님께 묻는 것은 특정한 문제에 대해 하나님의 지혜와 인도를 구하는 것이다(참고. 창 25:22-23; 왕상 22:5-8; 왕하 3:11). 선지자가 하나님의 대변인이라면 선견자는 이상을 통해 하나님의 메시지를 받는 사람이다. 메릴에 따르면, 선견자의 사역은 주로 하나님의 계시를 받는 것인 반면 선지자의 사역은 주로 하나님의 계시를 선포하는 것이다. 선지자는 선견자이기도 했다("1 Samuel," 440-441). 그래서 레니는 한때 두 용어 사이에 차이가 있었으나, 사무엘상 기록 무렵에는 그러한 구분이 없어졌다고 설명한다(*First and Second Samuel*, 38). 9절의 삽입구 역시 독자에게 '선지자' 대신 '선견자'를 소개하는 역할을 한다.

고대 근동에서 촌락과 성읍의 차이는 성벽의 존재 유무였다. 촌락에는 성벽이 없었고, 성읍은 집과 건물들이 성벽으로 둘러싸여 있었다. 성읍은 대개 저지대에 있는 수원지 근처에 세워졌다. 우물이나 샘에서 물을 길어다가 성읍으로 공급하는 것은 중요하면서도 일상적인 일이었다. 주로 여자들이 저녁 무렵에 물을 길었다(참고. 창 24:11). 성읍으로 올라가던 사울과 그의 사환은 물 길러 내려오는 **소녀**들과 마주친다(11절). 사무엘의 행방을 알리는 소녀들의 목소리에는 급박함이 서려 있었다. **빨리 가소서…그가 제물을 축사한 후에야…그러므로 지금 올라가소서 곧 그를 만나리이다.** '제물을 축사하다'라는 표현은 성경에서 이곳이 유일하며, 그 뜻은 '제물을 먹기 전에 하나님께 감사를 드리다'라는 것이다. 즉, 이는 경배의 표현이다(참고. 눅 9:16; 요 6:11).

9:13–14. 산당은 도시 외곽의 고지대에 있었으며, 예배를 드리는 곳이었다. 산당은 보통 이교 숭배와 관련이 있는데, 솔로몬 성전이 완공된 이후에는 이곳만 제외하고 모두 그러했다. 사무엘 시대에는 산당에서 하나님께 예배를 드렸다. 실로는 이미 주전 1050년경에 파괴되었고(아마도 블레셋에게 언약궤를 빼앗길 때, 참고. 삼상 4장, Unger, *The New Unger's Bible Dictionary*, 1183), 솔로몬 성전은 아직 건축되지 않았기 때문이다(참고. 왕상 3:1-5; 대하 1:2-3). 이 이야기 속의 산당은 여호와를 예배하는 곳이었다. 그곳에는 적

어도 30명을 수용할 수 있는 건물이 있었다(22절).

3. 평범함 속에 깃들어 있는 하나님의 섭리 (9:15-21)

9:15-17. 사울이 나귀를 찾아 나서고, 결정을 내리며, 소녀들로부터 정보를 얻는 평범한 일들 뒤에는 하나님의 섭리가 있었다. 하나님은 이를 통해 그분의 뜻을 이루며 사울을 사무엘에게 보내신다. 사울이 도착하기 전날, 하나님은 사무엘에게 베냐민 땅에서 한 사람을 보낼 것이라고 말씀하신다. 그리고 그에게 기름을 부어 이스라엘의 지도자로 삼으라고 명하신다. "기름을 붓는 것"은 "하나님의 목적을 위해 성별하는 것"을 뜻한다. 머리에 기름을 붓는 행위는 또한 "성령이 능력으로 임하는 것을 상징한다"(Youngblood, "1, 2 Samuel," 101). 구약성경에서는 선지자, 제사장, 왕이 기름 부음을 받았다. 하나님은 사무엘 같은 사람을 통해서 다른 사람에게 기름을 붓게 하셨지만, 궁극적으로 사역을 위해 사람을 세우고 기름 붓는 것은 하나님이 자신이었다. '기름 부음'이라는 단어에는 성령의 임재와 능력(참고. 10:9-10; 16:13), 책임(참고. 15:17; 삼하 12:7) 그리고 명예(참고. 24:6; 26:10-11; 삼하 1:14)의 의미가 담겨 있다. 이어지는 구절에는 백성을 불쌍히 여기시는 하나님의 마음이 나타난다. **그가 내 백성을 블레셋 사람들의 손에서 구원하리라 내 백성의 부르짖음이 내게 상달되었으므로 내가 그들을 돌보았노라**(16절). 이스라엘은 하나님의 소유였고, 하나님은 16절과 17절에서 그들을 네 번이나 '내 백성'이라고 부르신다.

9:18-19. 18절에서 다시 동작이 이어진다. **성문 안**은 문자적으로 '문 한 가운데서'이다. 고대 근동의 성문은 출입문 이상의 의미를 가지며, 성읍의 사회·정치·경제활동의 중심지였다. 성읍의 거리는 좁았지만, 성문 앞에는 너른 광장이 있어서 사람들이 여러 목적을 위해 모일 수 있었다. 사람들은 여기서 물건을 사고팔거나(참고. 왕하 7:1), 법정을 열었으며(참고. 룻 4:1-2), 토론하고(참고. 시 69:12), 하나님의 말씀을 듣고 예배를 드렸다(참고. 대하 32:6; 느 8:1-8).

9:20-21. 사무엘이 사울에게 말한다. **온 이스라엘이 사모하는 자가 누구냐 너와 네 아버지의 온 집이 아니냐.** 이 진술에는 격려와 경고가 담겨 있다. 이스라엘은 원래 하나님의 통치를 기다렸다. 그러나 하나님 대신 사울을 왕으로 선택했다(참고. 12:1). 사울은 하나님의 부르심에 대해 스스로 부적격하다고 느꼈는데, 이런 태도는 그가 처음이 아니다(참고. 출 3:11; 4:10; 삿 6:15; 삼하 7:18; 렘 1:4-6).

4. 객실 잔치와 지붕에서의 담화(9:22-27)

9:22-27. 사무엘은 사울의 삶에 대한 하나님의 부르심을 이해했다. 그래서 지파와 가문에 대한 사울의 염려를 개의치 않았다. 사무엘은 사울과 그 사환을 산당의 객실로 데리고 가서 상석에 앉힌다. 그리고 영예의 표시로 사울을 위해 준비해둔 특별한 요리를 대접한다. 고대 근동의 집 지붕은 편평했으며, 사람이 떨어지지 않도록 벽이 있었다. 지붕은 집 구조상 매우 중요했는데, 방어의 거점이었고(참고. 수 2:6, 8), 기도의 공간이었으며(참고. 행 10:9), 비밀 대화의 장소였다(참고. 삼상 9:25). 손님은 선선한 밤공기를 즐기며 지붕에서 자기도 했다(26절). 저자는 사무엘과 사울의 대화 내용을 기술하지 않지만, 두 사람은 왕국과 왕국의 당면 과제에 대해 이야기를 나누었을 것이다.

삼상

5. 확증을 위한 세 가지 징조(10:1-8)

10:1. 사무엘은 사울에게 기름을 붓고 존경의 표시로 입을 맞춘다. 이후 하나님은 사울을 기업의 지도자로 세우신다.

10:2-8. 세 가지 징조가 사울의 삶에 대한 하나님의 부르심을 확증한다. 첫 번째 징조는 **라헬의 묘실**[예루살렘 남쪽으로 수 킬로미터 떨어진, 베들레헴 근처로 추정되나 확실치 않음] 근처에서 나타난다. 두 사람이 사울에게 아버지의 나귀를 찾았다고 말한다.

두 번째 징조는 "베델로 가는 길목에 위치한 주요 지형물인"(Baldwin, *1 and 2 Samuel*, 91) **다볼 상수리나무**에서 이루어진다. 세 사람이 나타나 사울에게 **떡 두 덩이**를 준다. 떡은 사울의 모든 필요를 채워주는 하나님의 공급을 상징한다.

세 번째 징조는 블레셋의 영지가 있는 **하나님의 산**에서 일어난다. 볼드윈에 따르면, 히브리어 기브아트하엘로힘(*gibeathelohim*)은 사울의 성읍 기브아를 가리키는 것으로 볼 수 있다. 또한 블레셋에 대한 언급은 사울이 당면한 위협을 상기시킴으로써 사울에게 하나님의 능력이 필요하다는 것을 강조한다(Baldwin, *1 and 2 Samuel*, 91). 사울은 비상한 방법으로 능력을 받는다.

산당에서 내려오는 선지자들의 행렬과 마주치는데, 이 때 하나님의 영이 크게 임하고 사울은 임무를 완수할 능력을 얻는다.

6. 마지막 징조와 귀환(10:9-16)

10:9-16. 사울이 선지자들을 만나기 전, 하나님이 먼저 사울의 마음 안에서 일하신다. 10-13절에는 세 번째 징조와 관련된 사건이 집중적으로 기술된다. 사울이 선지자의 음악 행렬과 조우하자, **하나님의 영이 사울에게 크게 임하므로 그가 그들 중에서 예언을 한다.** 이 장면을 목격한 자들은 사울이 선지자들과 함께 있는 모습에 의아해했다. 사울이 선지자가 된 것은 아니었지만, 이때 사울은 예언의 은사를 사용했다. 이는 사울의 삶에 하나님이 함께하신다는 놀랍고도 강력한 징조였다.

B. 사무엘이 미스바에서 사울을 공식적인 왕으로 추대하다(10:17-27)

10:17-19. 사무엘은 이미 비밀리에 사울을 왕으로 세웠다. 이제 백성이 공식적으로 사울을 왕으로 선택한다. 사무엘은 예언적 서두로 연설을 시작한다. **여호와께서 이같이 말씀하시기를.** 하나님은 변함없이 이스라엘을 돌보고 사랑하며 보호하셨지만, 이스라엘은 하나님을 버렸다. 하나님은 모든 재앙과 환난에서 이스라엘을 구하셨지만, 이스라엘은 하나님 대신 왕을 내놓으라고 고집했다. 이러한 책망을 통해 왕을 세우는 것은 하나님의 뜻이 아니었으며, 이스라엘 백성이 고집한 것임을 상기시킨다. 어떠한 왕도 하나님을 대신해서 애굽의 종살이와 모든 **재난과 고통** 중에서 그들을 구해낼 수 없다. 그러나 백성이 왕을 갖기로 작심했기에, 사무엘은 그들의 요구에 따라, 아무도 알지 못하는 왕의 신상을 판별해내는 작업을 시작한다.

10:20-24. 이스라엘이 각기 지파와 가족별로 여호와 앞에 나아오고, 선별 과정을 거쳐 사울이 뽑힌다. 지파는 이스라엘의 가장 큰 하위 조직이며, 그다음은 가문이다. 가문은 다시 가족으로 세분된다. 베냐민 지파가 뽑힌다. 제비뽑기는 여러 사안에 있어서 하나님의 뜻을 분별하는 수단이었다(참고. 민 26:55; 33:54; 수 7:14-26; 대상 24:5; 잠 16:33; 눅 1:9; 행 1:24-26). 제비는 사람이 던지지만, 결과는 하나님이 결정하신다(참고. 잠 16:33). 그러므로 결과에 이의를 제기할 수는 없다. 오늘날 제비뽑기는 더 이상 하나님의 뜻을 분별하는 수단으로 인정되지 않는다. 그리스도인이 하나님의 특정한 뜻을 분별하기 위해 제비뽑기를 해야 한다는 성경 말씀은 없다. 오순절에 성령을 주셨기에(행 2장), 성령이 성도의 마음을 일깨워서 하나님의 말씀에 비추어 바른 결정을 내리도록 도우신다. 그러므로 더 이상 제비뽑기는 필요 없다.

사울이 왕으로 판별된다. 아이러니하게도 백성은 사울의 행방을 하나님께 물어야 했다. 사울은 **짐보따리들** 사이에 숨어 있었다. 새 왕치고는 이해할 수 없는 행동이었다. 이스라엘 중에서 가장 키가 큰 사울은 다른 사람보다 어깨 위만큼 더 컸다. 그의 외모는 왕다웠지만, 문제는 하나님을 향한 헌신과 충성이 과연 다른 모든 사람보다 뛰어난가 하는 점이었다.

10:25-27. 백성은 하나님을 버렸지만, 하나님은 그들을 향한 은혜를 거두지 않으셨다. 하나님은 일부 **유력한 자들**의 마음을 만지셨고, 그들은 사울을 지지했다. 어떤 **불량배**[문자적으로 '벨리알의 아들들']들은 사울을 경멸하면서 이스라엘을 이끌고 적으로부터 구원할 그의 능력을 의심했다. 그러나 사울은 지혜롭게도 욕쟁이들의 악한 말에 대꾸하지 않았다. 이는 "상황을 악화시키지 않기 위함이었다"(Laney, *First and Second Samuel*, 41).

C. 사울이 성령을 힘입어 암몬 사람을 무찌르다(11:1-15)

1. 길르앗 야베스가 포위되다(11:1-4)

11:1-4. 암몬 사람이 길르앗 야베스를 포위하자, 사울이 이들을 구원한다. 이를 통해 왕이 된 사울은 몇 가지 측면에서 통치를 확고히 했다. 첫째, 길르앗 야베스의 구원과 승리로 나라의 지지 기반을 확대했다. 다음으로, 압제자로부터 백성을 구원함으로써 "이 사람이 어떻게 우리를 구원하겠느냐"(10:27)는 식의 비방을 완전히 잠재웠다(Baldwin, *1 and 2 Samuel*, 96). 또한 사울은 길르앗 야베스 사람과 혈통적으로 연관이 있었던 것으로 보이는데 이들 역시 베냐민 지파였다(Merill, "1 Samuel," 442).

암몬 왕 **나하스**는 **암몬 사람**으로 불리는데, 이는 역시 나하스로 불린 다윗의 부친 이새와 구별하기 위해서이다(참고. 삼하 17:25). 암몬 사람은 롯이 딸에게서 얻은 아들 벤암미의 후손이다(참고. 창 19:30-38). 길르앗 야베스는 길르앗의 성읍으로, 요단 동편에 있으며 갈릴리 바다에서 남동쪽으로 약 32킬로미터 떨어져 있다. 나하스는 전투를 벌여 야베스 사람을 위협했고, 그들은 나하스에게 **언약**을 요청한다. 이에 나하스는 악랄한 조건을 내건다. 오른쪽 눈알을 빼내는 것은 전투 능력을 상실케 하고, 모욕과 수치를 안기는 것이었다. 길르앗 야베스 주민은 하나님의 구원보다 인간 지도자를 더 신뢰했다. **우리에게 이레 동안 말미를 주어 우리가 이스라엘 온 지역에 전령들을 보내게 하라 만일 우리를 구원할 자가 없으면 네게 나아가리라**. 나하스는 승리를 확신했고, 이들을 도울 자가 없으리라 생각했다. 그래서 야베스 사람이 이레 동안 요단을 건너 도움을 청하도록 허락한다.

전령은 예루살렘에서 북쪽으로 약 4킬로미터 떨어진, **사울이 사는 기브아**에 도착한다(Youngblood, "1, 2 Samuel," 117). 이 지명은 같은 이름의 다른 지명과 구별된다(참고. 수 15:57). 사울의 기브아와 베냐민의 기브아는 같은 곳이다. 사울의 기브아는 사울의 출생지이자 거주지이다(참고. 15:34). 길르앗 야베스 주민은 베냐민 지파와 가까운 혈연 관계였다(참고. 삿 21:1-15). 기브아 주민들은 소리를 높여 울었다. 이는 환난으로 인한 고통과 슬픔의 표현이었다.

2. 하나님의 영이 사울에게 힘 있게 임하다 (11:5-13)

11:5-13. 사울이 마침 이 순간에 나타난 것은 하나님의 섭리였다(5절). 왕정 초기에 사울은 여전히 농사를 짓고 있었다. **하나님의 영**이 결정적인 순간에 힘 있게 사울에게 임했고, 이는 사울이 암몬에게 승리를 거두는 열쇠가 되었다(6절). 하나님의 백성이 전쟁에서든 목회에서든 성공을 거두려면, 성령의 능력을 힘입어야 한다(참고. 슥 4:6).

여기서부터 13절까지 사울이 한 모든 일은 성령이 그 안에서 일하신 결과이다. 황소를 잘라서 그 조각을 전국 각처로 보낸 것은 경고를 담은 전투 소집령이었다. **누구든지 나와서 사울과 사무엘을 따르지 아니하면 그의 소들도 이와 같이 하리라**(7절). 사울은 사무엘의 이름을 거론함으로써 소집에 무게를 더했다.

백성은 일사분란하게 응했다. 사울의 소집을 들을 때, **여호와의 두려움**이 그들에게 임했기 때문이다. '여호와의 두려움'이 백성에게 임했다는 표현이 성경에 처음으로 등장한다. 다른 경우에는 하나님의 두려움이 이스라엘의 적들에게 임한다(참고. 대하 20:29).

요단 서편에 위치한 **베섹**은 길르앗 야베스에서 서쪽으로 약 16킬로미터쯤 떨어져 있었다. 길르앗 야베스에 근접해 있었기 때문에 군대를 보내기에 적절한 위치였다. 사울이 소집한 군대를 계수하니 이스라엘에서 **삼십만 명**, 유다에서 **삼만 명**이 모였다(8절). 8절에서 이스라엘과 유다가 구분된 것은 주전 931년에 왕국이 실제로 분열된 이후에 이 책이 서술되었기 때문일 수도 있고, 또는 이 시기에 이미 분열의 '조짐'이 싹트고 있었기 때문일 수도 있다(Laney, *First and Second Samuel*, 43; Youngblood, "1, 2 Samuel," 118).

삼상

하나님이 승리의 확신을 주셨다고 해서 기만전술을 포기한 것은 아니었다. 길르앗 야베스 주민은 자만에 차 있는 나하스에게 다음 날 항복할 것처럼 행동한다(10절).

이튿날(11절) 성령의 인도에 따라 사울은 훌륭한 군사적 전략을 펼친다. 군대를 3개의 부대로 나눈 뒤, 새벽에 암몬 군대를 기습 공격한다. 고대 이스라엘에서 밤 시간은 3개의 단위로 나뉜다. (1) 초저녁은 일몰부터 밤 10시까지이다(참고. 애 2:19) (2) 이경은 밤 10시에서 새벽 2시까지이다(참고. 삿 7:19). (3) 삼경 혹은 새벽은 새벽 2시에서 6시 또는 일출까지이다(참고. 출 14:24).

승리 후, 백성은 미스바에서 사울의 즉위를 비방했던 자들을 죽이려 한다(참고. 10:27). 그러나 사울은 이를 저지한다. **이 날에는 사람을 죽이지 못하리니 여호와께서 오늘 이스라엘 중에 구원을 베푸셨음이니라.**

3. 나라를 새롭게 하다(11:14-15)

11:14-15. 사무엘은 지금이 **길갈로 가서 나라를 새롭게** 할 적기라고 판단한다. 길갈은 요단 골짜기에 있는 도시로서 여리고에서 그리 멀지 않으며, 이스라엘 역사에서 신학적으로 매우 중요한 의미를 지닌다(참고. 수 4:1-24; 5:1-9; 삼상 7:16). 이스라엘 백성이 여호수아의 영도 아래 요단을 건넌 후 제일 먼저 진을 친 곳이기도 하다. 사무엘도 여기에서 나라를 다스렸으며, 아각 왕을 죽였다(Unger, *The New Unger's Bible*

Dictionary, 477). '새롭게 하다'라는 단어는 백성이 하나님을 떠났기에 회복이 필요함을 암시한다. 이스라엘은 왕이신 하나님을 버렸기에 나라를 새롭게 해야 했다. 나라를 새롭게 하는 것은 사울을 왕으로 한 새로운 신정 정치 아래에서 하나님께 다시 헌신하는 것을 의미했다.

사무엘은 길갈에서 하나님 앞에 사울을 이스라엘의 왕으로 세우고, 이스라엘은 **화목제**를 드린다. 화목제를 드릴 때는, 제물을 먹기 전에 가장 좋은 부분을 하나님께 바쳐야 한다(참고. 레 3:1-16; 7:15). 그런 다음 예배드리는 사람이 자기 몫을 먹고, 제사장에게도 그 몫을 준다(참고. 레 7:11-18, 28-34). 화목제사는 흠 없는 제물의 피를 흘림으로써 하나님과 화목해지는 것을 상징한다. 여기까지가 사울 왕의 절정기였다.

D. 사무엘이 온 이스라엘에게 연설하다(12:1-25)

1. 사무엘의 도덕적 권위(12:1-5)

12:1-5. 사무엘은 깔끔하게 연설을 시작한다. "너희가 내게 한 말을 내가 다 듣고 너희 위에 왕을 세웠더니." 그리고 백성 **앞에 출입**했다고 말한다. 이는 그가 백성 앞에서 누구나 볼 수 있고, 평가할 수 있는 공적인 삶을 살았다는 뜻이다. 이스라엘은 사무엘의 삶을 보았고, 그의 인격과 성실을 인정했다. 사무엘의 통치는 흠잡을 데가 없었다. 자기 자리를 이용해서 백성을 갈취하지 않았고, 부정부패로 사리사욕을 채우지도 않았다. 이스라엘은 하나님 앞에서 사무엘의 진실함을 증언했다.

2. 하나님의 공의로운 일들(12:6-18)

12:6-8. 사무엘은 연설의 다음 부분으로 넘어가면서, 모세와 아론을 세운 것은 사람이 아니었음을 지적한다. 이는 백성이 믿음으로 하나님을 바라는 대신 사울을 선택한 것에 대한 은근한 꾸짖음이었다. 그다음 사무엘은 **여호와께서 너희와 너희 조상들에게 행하신 모든 공의로운 일에 대하여** 담론을 시작한다(7절). 이스라엘은 가만히 서서 하나님이 하신 위대한 일을 상기해야 했다. 8절은 야곱이 애굽으로 내려간 일, 출애굽 그리고 가나안 정복을 간략히 요약한다.

12:9-11. 하나님은 이스라엘을 위해 능력과 공의로 일하셨지만, **그들이 그들의 하나님 여호와를 잊었다**. 여호와를 잊는 것은 열쇠 위치를 까먹는 것과 같은 일시적인 망각을 의미하지 않는다. 성경에서 말하는 여호와를 잊는다는 것은 의도적으로 하나님을 거역하기로 선택하고(참고. 신 8:11), 우상을 따르기로 작심하는 것(참고. 신 8:19)을 뜻한다. 사무엘상 12:9-11에는 사무엘 때까지 이어진 사사기의 순환이 요약되어 있다. 이스라엘이 하나님을 떠나고, 하나님은 그들을 적에게 넘기시고, 그들은 도와달라고 부르짖고, 하나님은 사사를 세우신다. '넘기다'(selling, 9절)라는 은유는 노예가 시장에서 팔리는 장면을 연상케 한다.

사무엘은 자신의 삶에 대한 하나님의 부르심을 잘 알았다. 그리하여 모세, 아론, 여룹바알(기드온의 다른 이름), 베단(즉, 바락), 입다와 자신을 동일시한다. 이스라엘이 우상을 버리고 하나님을 신뢰한 결과가 11절에 나온다. **너희에게 안전하게 살게 하셨거늘**.

12:12-18. 사무엘은 이스라엘이 최근에 행한 일을 구속사적 맥락에서 조망한다. 사무엘 아들들의 부패, 서쪽 블레셋의 위협, 동쪽 나하스의 위협으로 이스라엘은 왕을 요구했다. 그러나 역사적으로 볼 때 그들이 이러한 요구를 할 근거는 없다. 하나님은 과거에도 언제나 그들을 보호하셨고, 그분을 의지하고 동행하면 앞으로도 그리하실 것이기 때문이다. 그들이 왕을 요구한 진정한 동기는 불신이었다. 그러나 하나님은 자기 백성을 심판하는 대신, "자비롭고 허용적인 의지"를 보임으로써 백성의 요구를 들어주신다. 13절은 이 점을 분명히 밝힌다. **여호와께서 너희 위에 왕을 세우셨느니라** (Youngblood, "1, 2 Samuel," 127).

이제 이스라엘은 원하는 것, 즉 **왕**을 얻었다. 이것이 사무엘 연설의 요지였다. 그러나 하나님은 여전히 백성에게 자비로우셨다. 하나님과 동행하면, 만사형통이리라. 그러나 **거역하면 여호와의 손이 너희의 조상들을 치신 것 같이 너희를 치실 것이라**(15절).

그러나 여전히 이스라엘은 왕을 구한 죄의 심각성을 깨달아야 했다. 이를 위해 사무엘은 두 번째로 백성 앞에 **여호와께서 너희 목전에서 행하시는 이 큰 일**을 펼친다. 그러고 나서 때 아닌 우레와 비를 구한다(17절). 이는 시각, 청각, 촉각 교보재를 통해 이스라엘이 왕을 구한 죄악의 중대성을 자각하게 하려는 것이었다. 당시는 밀을 수확할 시기로, 5월에서 6월 사이였다. 이 시기에는 원래 비가 오기 않기 때문에, 갑자기 쏟아진 우레와 비는 이스라엘이 왕이신 하나님을 버리고 인간 왕을 선택한 것에 대한 하나님의 노여움을 상징했다.

3. 메시지에 대한 백성의 반응(12:19-25)

12:19-25. 백성은 하나님과의 격리와 임박한 죽음을 감지한다. 그들은 수많은 죄에 왕을 구하는 죄를 더했다. 사무엘은 하나님이 백성에게 무수히 하셨던 말씀을 따라 한다. **두려워하지 말라**. 그리고 그들의 죄를 경시하지 않으면서도 앞으로 나갈 것을 주문한다. **너희가 과연 이 모든 악을 행하였으나 여호와를 따르는 데에서 돌아서지 말고 오직 너희의 마음을 다하여 여호와를 섬기라**. 그리고 하나님을 저버리는 어리석음을 경고한다(21절).

사무엘은 하나님이 그분의 영광을 위해 백성들을 버리지 않으실 것이라고 격려한다. 또한 기도하지 않는 것을 여호와에 대한 죄로 여기며, 자신은 그들을 위해 기도할 것이라고 약속한다. 나라의 통치권은 사울에게 주어졌지만, 사무엘은 여전히 선지자로서의 역할을 수행한다. 그는 **선하고 의로운 길을** 백성에게 가르친다.

또한 사무엘은 백성에게 여호와를 경외하고 섬길 것을 촉구한다. 마지막으로 강력한 은유를 통해 경고를 던진다. **만일 너희가 여전히 악을 행하면 너희와 너희 왕이 다 멸망하리라**. 바닥에 있는 쓰레기가 쓸려 내버려지듯, 이스라엘과 그 왕은 하나님의 심판을 받아 쓸려 내버려질 것이다.

이스라엘 역사의 결정적 순간에 사무엘의 의미심장한 연설이 끝을 맺는다.

E. 하나님이 사울의 왕조를 버리시다(13:1-23)

13:1. 사울의 나이와 통치 기간에 대한 진술로 이야기가 시작된다. 이 간략한 진술은 학자들의 난제이다. 히브리어 본문에는 사울이 통치를 시작할 무렵의 나이에 대한 정보가 부족하고, 사울의 통치 기간이 너무 짧게 서술되어 있다. NASB는 이렇게 번역했다. "사울이 통치를 시작할 무렵 '삼십' 세였고, 그가 '사십'이 년간 다스렸다." 숫자 '삼십'과 '사십'은 이탤릭체인데, 이는 히브리어 본문상에는 없다는 뜻이다. 볼드윈에 따르면, "이 정보는 처음부터 누락되었거나, 주어진 숫자가 옳을 리 없다고 생각한 후기의 필사자들이 오해한 것으로 보인다"(*1 and 2 Samuel*, 102-103).

히브리어 본문의 정보 부족 문제를 해결하기 위해, 일부 번역자들은 70인역 사본을 따라 사울의 나이에 숫자 '삼십'을, 그의 통치 기간에 숫자 '사십'을 보충했다. 그러나 히브리어 본문은 사울이 통치를 시작할 무렵의 나이를 밝히지 않는다. 히브리어 본문은 사울이 2년간 다스렸다고 기술하는데, 이는 사울이 '사십 년간' 이스라엘을 다스렸다고 말하는 사도행전 13장 21절과 상충하는 것처럼 보인다. 두 진술은 서로 모순일까? 아니다. 사울의 통치 기간이 2년이라는 것은 하나님의 관점이다. 사울은 2년간 하나님 앞에서 합법적으로 다스렸다. 사람의 관점에서 그는 40년간 다스렸지만, 그중 38년은 하나님께 불순종했다. 일부 학자는 이 견해에 동조한다. "그리하여, 하나님의 관점에서 볼 때, 사울은 겨우 짧은 기간 동안만 왕이었다. 사울의 즉위 당시 나이는 저자에게 상관이 없었는데, 이는 그가 이미 하나님으로부터 버림받았기 때문이다"(Tsumura, *The First Book of Samuel*, 333).

삼상

1. 이스라엘이 블레셋 사람들에게 미움을 받다 (13:2-7)

13:2-7. **믹마스**는 베냐민 땅의 성읍으로, 예루살렘 북동쪽 약 11킬로미터에 있었다. 저자는 처음으로 사울의 아들 **요나단**을 언급한다. 요나단은 **게바**[베냐민 성읍, 예루살렘 북쪽 약 8킬로미터]에 있는 블레셋의 수비대를 쳐서 승리를 거둔다. 군사적 전초 기지인 수비대에는 부대가 상주했다. 요나단이 게바의 수비대를 무찌름으로써 이스라엘은 블레셋에게 **미움을 받게 되었다**. '미움'이라는 번역은 히브리어의 원뜻보다 약하다. 원래 의미는 '강렬하고 역겨운 악취'이다. 사울은 곁에 있는 상비군 **삼천 명** 외에, 이전에 집으로 돌려보냈던 자원군을 **길갈**로 소집한다. 군대가 더 필요했기 때문이다.

블레셋은 전투를 위해 병력을 동원한다. 그들에게는 **병거가 삼만**이었다. 당시 이스라엘에는 병거가 없었기 때문에, 블레셋이 군사적으로 우위였다. 또한 블레셋 **백성은 해변의 모래 같이** 많았다(5절). 사울과 **이천 명**의 군사는 믹마스에 있었는데, 상당수가 블레셋 군대의 위용을 보고 기겁해서 길갈을 떠났다. 사울의 군대는 기도로 전투를 준비하는 대신, 정신적으로 붕괴되어 **굴과 수풀과 바위 틈과 은밀한 곳과 웅덩이**에 숨어들었다(6절).

2. 사울의 어리석은 번제(13:8-18)

13:8-9. 사태는 더욱 악화된다. **이레 동안**의 긴박한 기다림 끝에(8절), 사울 곁을 지키던 백성이 흩어지기 시작한다. 그래서 사울은 사태를 직접 해결하기 위해 **번제**를 드린다(9절). 그러나 성별된 제사장만이 여호와께 제사를 드릴 자격이 있었다(참고. 출 29:38-46; 레 1:5, 7). 사울이 제사를 끝내자마자 사무엘이 나타난다(10절). 제사장인 사무엘만이 합법적인 제사를 드릴 수 있었다. 사울은 믿음으로 조금 더 기다렸어야 했다.

13:10-13. 사무엘이 사울에게 묻는다. **왕이 행하신 것이 무엇이냐**(11절). 사울은 자신의 행동을 정당화하려 한다. 그러나 사무엘은 사울에게 노골적으로 말한다. **왕이 망령되이 행하였도다**(13절). '망령되이 행하다'는 '도덕적 또는 영적 능력의 결핍'을 뜻한다. 이는 대개 하나님에 대한 불신과 두려움으로 악한 행동을 하는 경우에 쓰이는 표현이다(참고. 창 31:28; 삼상 26:21; 삼하 24:10; 대상 21:8). 하나님의 사람이 저항하기 힘든 상황에 직면했을 때 원칙을 저버리고 죄를 짓고 스스로를 구원하려고 하면, 그 결과는 재앙이다.

13:14. 사울의 불순종으로 인해 그의 나라는 지속되지 못한다. 사울은 왕조를 이루지 못한다. **여호와께서 그의 마음에 맞는 사람을 구하여 여호와께서 그를 그의 백성의 지도자로 삼으셨느니라**(14절). 영블러드에 따르면, (하나님의) 마음에 맞는 사람은 "하나님이 택하신 사람이며…따라서 하나님의 관심을 마음에 품은 자이다"("1, 2 Samuel," 137). 볼드윈 역시 이에 동의한다. 그런 사람은 "선지자의 말처럼, 하나님의 뜻이 자신의 삶을 인도하도록 내버려둘 준비가 되어 있다"(*1 and 2 Samuel*, 105). 하나님의 마음에 맞는 사람은 그분의 영광과 목적에 관심이 있다. 하나님은 이미 사울의 대체를 선택하셨다.

13:15-18. 사울의 군대는 **육백 명**으로 줄어들었다(15절). 한편 블레셋은 **믹마스**의 진영에서 각기 다른 방향으로 3개의 습격대를 내보낸다(16절). 그들은 믹마스에서 세 방향으로 나간다. **한 대는 오브라 길을 따라서 수알 땅에 이르렀고 한 대는 벧호론 길로 향하였고 한 대는 광야쪽으로 스보임 골짜기가 내려다 보이는 지역 길로 향하였더라**(17-18절). 이는 기동성과 다양성을 고려한 당시의 보편적 군사 작전이었다(참고. 11:11). 기드온 역시 사사기 7장 16절에서 같은 작전을 구사했다(Youngblood, "1, 2 Samuel," 139).

3. 군사적 우위와 경제적 착취(13:19-23)

13:19-23. 철공은 철을 다루는 기술자이다. 당시 블레셋은 철을 제련할 수 있었다. 그들은 이스라엘이 철 제련 기술을 습득하지 못하게 했는데 이는 군사 전략적인 이유 때문이었다. **히브리 사람이 칼이나 창을 만들까 두렵다**(19절). 쇠로 된 칼이나 창은, 나무창이나 활은 물론 청동 무기보다 강하고 치명적이었다. 철 제련 기술은 블레셋에게 또 다른 이익을 안겨주었다. 이스라엘이 소유한 철 기구는 농기구뿐이었는데 이를 유지하고 보수하기 위해서는 블레셋으로 가야만 했다. 그 비용으로 블레셋은 "삼분의 이 세겔"을 청구했고(21절, 새번역), 이를 계산하면 4분의 1 온스 또는 8그램쯤 된다. 물론 이는 폭리였다.

블레셋은 믹마스 진지를 방어하기 위해 믹마스로 이르는 통로에 수비대를 배치했다. 그러나 이스라엘은 무기가 없었고, 오직 **사울과 그의 아들 요나단에게만** 있었다(22절). 이 삽입절이 중요한 이유는, 인간적으로 볼 때 이스라엘은 블레셋의 적수가 아님을 보여주기 때문이다! 이를 통해 독자는 이스라엘이 압도적 무기를 보유한 블레셋을 무찌르는 것이 전적으로 하나님의 구원임을 깨닫게 된다(참고. 14:23). 요나단에게 칼이 있다는 설명은 다음 장에서 요나단이 용감하게 돌진해 나가는 이야기의 배경이 된다. 저자는 독자들에게 하나님과 함께 하는 한 사람이 '하나의 군대'가 될 수 있음을 다시 한 번 상기시킨다. 요나단 역시 이렇게 말한다. **여호와의 구원은 사람이 많고 적음에 달리지 아니하였느니라**(14:6).

F. 하나님이 이스라엘을 구원하시다(14:1-52)

1. 요나단의 믿음과 거룩한 용기(14:1-15)

14:1-3. **요나단**이 처음으로 사울의 아들로 소개된다. 믿음으로 요나단은 무기 든 소년에게 말한다. **우리가 건너편 블레셋 사람들의 부대로 건너가자**(1절). 블레셋의 수비대는 믹마스로 가는 길에 있었는데, 요나단과 무기 든 소년이 있던 곳의 남쪽이었다. 상관의 무기를 드는 자는 매우 용맹할 뿐 아니라 무공이 뛰어나야 했다. 그는 전쟁터에서 상관을 따라다니며, 상관을 보호하고, 경우에 따라서는 목숨을 바쳐야 했다. 한편 사울은 **미그론**[2절, '벼랑'이라는 뜻]**에 있는 석류나무**

아래 있었다. 엘리의 증손자 **아히야**는 제사장으로서 사울과 함께 있었다. 원칙적으로 그는 사울에게 하나님의 뜻을 전달해야 했다.

14:4-5. 블레셋 수비대로 가려면, 요나단은 **믹마스**로 가는 길의 **남쪽**과 **북쪽** 사면에 위치한 2개의 가파른 절벽 **보세스**와 **세네**를 통과해야 했다. 보세스는 '미끄러운' 또는 '빛나는'을, 세네는 '가시가 많은'을 뜻했다. 보세스는 햇빛을 반사해서 앞을 보기가 힘들고 미끄러웠기에 등반이 어려웠다. 세네 역시 가시덩굴 등이 산재해서 등반이 어려웠다. 험난한 절벽이 거대한 기둥처럼 둘러섰다. 지형학적으로 볼 때, 요나단이 블레셋 수비대에 이르기 위해 절벽을 오르는 데는 엄청난 용기가 필요했다.

14:6-10. 요나단이 무기 든 소년에게 말한다. **우리가 이 할례 받지 않은 자들에게로 건너가자 여호와께서 우리를 위하여 일하실까 하노라**(6절). 그리고 덧붙인다. **여호와의 구원은 사람이 많고 적음에 달리지 아니하였느니라.** 무기 든 소년이 대답한다. **당신의 마음에 있는 대로 다 행하여 앞서 가소서 내가 당신과 마음을 같이하여 따르리이다**(7절). 요나단의 무기 든 자는 요나단의 결연한 믿음을 전적으로 따랐다.

14:11-15. 블레셋은 이들을 비웃는다. **보라 히브리 사람이 그들이 숨었던 구멍에서 나온다**(11절). 자만한 블레셋 사람은 요나단과 무기 든 자에게 올라오라고 말한다. 하나님이 자신들을 요나단의 손에 넘겨주실 줄은 상상도 하지 못했다. 수비대는 가파른 언덕에 있었기에, 요나단은 손과 발로 기어서 올라가야 했다. 험준한 바위를 통과한 요나단과 무기 든 소년은 수비대로 이어지는 가파른 경사로를 내달린다. 마침내 수비대에 다다른 두 사람은 살육을 시작하는데, **반나절 갈이 땅 안에서 처음으로 쳐 죽인 자가 이십 명 가량**에 이른다(14절). NIV는 "반 에이커 정도의 땅"으로 번역하는데, 이는 그리 크지 않은 규모를 가리킨다.

13장 7절에서는 사울의 사람들이 떨었지만, 이제는 블레셋 사람들이 떤다. **들에 있는 진영과 모든 백성들이 공포에 떨었고 부대와 노략꾼들도 떨었으며 땅도 진동하였으니 이는 큰 떨림이었더라**[15절; 문자적으로, '하나님의 진동'].

2. 블레셋이 큰 혼란에 빠지다(14:16-23)

14:16-19. 기브아에 있던 사울의 파수꾼이 이 사건을 감지한다. **허다한 블레셋 사람들이 무너져 이리저리 흩어지더라**(16절). 사태가 심상치 않음을 직감한 사울은 이스라엘 군대를 점호한다. 그리고 **요나단과 그의 무기를 든 자**가 없다는 보고를 받는다(17절). 이 보고는 이어지는 사울의 어리석은 맹세에 대한 불길한 전조가 된다(참고. 24절). 사울이 이야기하는 동안 블레셋 진영의 소동은 점점 심해지고, 사울은 군대를 위해 하나님의 뜻을 묻고 기도하러 온 제사장 아히야에게 **네 손을 거두라**고 말한다(19절). 사울의 명령은 전투 개시에 관한 성경 수칙의 중대한 위반이었다. 하나님의 말씀에 따르면(참고. 신 20:1-4), 제사장은 전투 개시에 앞서 백성을 위해 기도하고, 하나님만 의지하라는 격려의 메시지를 전하게 되어 있다. 그러나 사울은 임무를 수행 중이던 아히야의 행동을 저지했는데, 이는 군대의 전략적 기동 시기를 놓치지 않으려 했기 때문이다. 사울은 마치 하나님은 이 전투와 상관없다는 듯이 움직였다.

14:20-23. 아이러니하게도, 하나님은 블레셋의 많은 칼을 이용해서 블레셋을 치신다. 전투는 이스라엘에게 유리하게 전개되어, 이전에 싸움을 거부했던 두 집단마저 이스라엘 편에 선다. 목숨을 부지하기 위해 이스라엘을 버리고 블레셋 편에 가담했던 **히브리 사람**(21절)과, 승리의 소식을 듣고 뛰쳐나온 **에브라임 산지에 숨었던 이스라엘 모든 사람**(22절)이 블레셋을 추격했다. 이 비겁한 군인들마저 사울과 요나단에 합세한 것이다(21절). 저자는 그날의 승리를 **여호와**의 구원으로 돌린다(23절).

3. 사울의 어리석은 맹세(14:24-35)

14:24-30. 이 날에 이스라엘 백성들이 피곤하였으니(24절). 이스라엘 역사상 가장 위대한 구원의 날에, 조상들이 홍해의 구원 때 즐거워하고 노래하고 춤추었던 것과는 달리(참고. 출 15:20; 삿 5:1-31), 이스라엘 백성은 피곤했다(참고. 13:6). 이는 사울이 백성에게 "어리석은 맹세"를 시켰기 때문이다(Tsumura, *The First Book of Samuel*, 368). "저녁 곧 내가 내 원수에게 보복하는 때까지 아무 음식물이든지 먹는 사람은 저주를 받을지어다"(24절). 싸우는 사람은 음식을 먹고 힘을 내야 한다. 사울의 맹세는 성급했고 불필요했으

며, 적에게 복수하고 싶은 그의 욕망에서 비롯된 것이었다. 이는 또한 그날 밤 굶주린 군대가 짐승을 피째 잡아먹는 중대한 실수를 범하게 했다(참고. 32절). **백성이 수풀로 들어갈 때에 꿀이 흐르는 것을 보고도 그들이 맹세를 두려워하여 손을 그 입에 대는 자가 없었으나**(26절). 아버지의 맹세를 알 길이 없는 요나단은 꿀을 먹었고, 힘을 얻었다(**눈이 밝아졌더라**). 백성 중 한 사람이 요나단에게 맹세에 대해 말한다. **오늘 음식물을 먹는 사람은 저주를 받을지어다**(28절). 이에 요나단이 대답한다. **내 아버지께서 이 땅을 곤란하게 하셨도다**(29절). 요나단은 지혜로웠기에, 약간의 꿀을 먹는 것이 얼마나 큰 효과가 있는지를 직접 시범보인 것이다. 만약 백성이 그날에 전리품을 먹도록 허락했으면, 블레셋에 대해 더욱 큰 승리를 거둘 수 있었을 것이다.

14:31-35. 저자는 백성이 허기졌을 뿐 아니라 무척 피곤했다고 기술한다(31절). 허기지고 지친 백성들은 닥치는 대로 전리품을 먹어치우면서 고기를 피째 먹었는데 이는 성경을 명백하게 위반한 것이었다(참고. 레 3:17; 17:10-13). 백성이 고기를 피째 먹음으로써 하나님께 죄를 짓고 있다는 소식을 접한 사울은 그들을 멈추게 한다(33-34절). **사울이 여호와를 위하여 제단을 쌓았으니 이는 그가 여호와를 위하여 처음 쌓은 제단이었더라.** 사울은 마음에서 우러나온 헌신 때문이 아니라 편의를 위해서 이렇게 했던 것 같다. 사울이 "진실하고 경건했다"고 보거나[Walter Brueggemann, *First and Second Samuel*, Interpretation: A Bible Commentary for Teaching and Preaching (Louisville, KY: John Knox Press, 1990), 105.《사무엘 상, 하: 목회자와 설교자를 위한 주석》(한국장로교출판사)], 사울의 제사가 "하나님께 드리는 속죄의 제사"였다고 보는(Merrill, "1 Samuel," 446) 주석가들도 있기는 하다.

4. 요나단이 제비에 뽑히다(14:36-46)

14:36-44. 사울은 적극적으로 밤까지 블레셋을 추격하려 한다. 그래서 하나님께 물었지만 하나님은 **그 날에 대답하지 아니하**신다(37절). 위대한 구원의 날에, 하나님은 사울에게 말씀하지 않으셨다. 왜냐하면 사울과 하나님의 관계가 이미 어그러져 있었기 때문이다. 사울은 누군가의 죄 때문에 하나님이 침묵하신다고 생각한다. 그리하여 범인을 색출하기 위해 수사를 시작했는데, 사실 범인은 사울 자신이었다(38절). 아이러니하게도, 사울은 또 성급하게 범인이 아들 요나단이라도 **반드시 죽으리라**고 선언한다(39절). 요나단이 제비에 뽑히고, 사울은 용맹스러운 아들에게 사형선고를 내린다(40-44절).

14:45-46. 요나단은 아버지의 어리석은 리더십의 희생양이었다. 백성이 요나단을 구하러 나선다. 그들은 왕의 소원을 받아들이지 않고 이렇게 외친다. **여호와의 살아 계심을 두고 맹세하옵나니 그의 머리털 하나도 땅에 떨어지지 아니할 것은 그가 오늘 하나님과 동역하였음이니이다**(45절). 사울이 지혜로운 판단을 내렸더라면, 하나님이 요나단을 통해 이루신 위대한 승리는 더욱 빛났을 것이다. 사울처럼 육적이고 무능한 지도자는 어리석은 결정을 내릴 수 있고, 그럼으로써 하나님의 영향력을 감소시킨다.

5. 사울의 성공적 치세기의 요약(14:47-52)

14:47-52. 이 구절은 다음과 같은 인상을 준다. 사울은 왕조가 거절당하는 등의 우여곡절을 겪었지만, 어쨌든 위대한 통치자였다. 그러나 그것은 사실이 아니다. 바로 다음 장에서 사울은 하나님이 뽑으신 지도자로서의 위치를 상실한다. 베르겐(Bergen)에 따르면, 이 시점에서 사울의 경력에 대한 이러한 "수수께끼 같은" 요약(47-48절)이 삽입된 이유는, 저자의 관점에서 볼 때 사울이 이미 하나님의 기름 부음을 받은 지도자가 아니었기 때문이다(Bergen, *1, 2 Samuel*, 162). 그리하여, 마치 그가 이미 사망한 것처럼, 그의 경력이 요약되었다. 사울 가족의 목록이 첨부된 것도 같은 이유 때문일 것이다(49-51절).

G. 하나님이 왕으로서의 사울을 버리시다 (15:1-35)

1. 사울이 하나님의 말씀에 불순종하다(15:1-9)

15:1-2. 사무엘은 사울에게 그가 이스라엘의 왕이 된 목적이 **여호와의 말씀**을 듣는 것임을 상기시킨다(1절). 이는 순종하는 마음으로 듣는 것을 의미한다. 아말렉은 에서의 후손이었다(참고. 창 36:12). 아말렉과 이스라엘 사이의 긴장은 인종적 차이 때문이 아니라, 아말렉이 하나님과 그의 백성에게 사악한 적대감을 품었기 때문이다(참고. 민 24:20; 신 25:17-19). 사울의 임무는 수 세기 전 이스라엘이 애굽에서 나왔을 때, 이스

라엘을 악독하게 공격한 아말렉 민족에게 하나님의 진노를 쏟아붓는 것이었다(참고. 출 17:8-16; 신 25:17-19). 그들의 공격은 사실상 하나님과 그분의 통치에 대한 것이었다(참고. 출 17:16).

15:3-5. 사무엘은 사울에게 아말렉이 소유한 모든 것을 **진멸**하라고 말한다. '진멸하다'(히브리어로 *herem*, 헤렘)의 뜻은 심판으로 '무언가를 완전히 하나님께로 돌리다'이다. 이 경우에는 적의 소유물이 그 대상이었다. 히브리 사람은 전리품을 취할 수 없었고, 완전히 파괴해야 했다. 이 동사는 이 장에서 여러 번 등장한다(3, 8, 9, 15, 18, 20절). 21절에는 제람(*zeram*, '**멸할 것**')이라는 명사가 나온다. 사울은 아말렉 사람을 아무도 살려둘 수 없었고, 어린아이와 젖먹이도 예외가 아니었다. 이 명령을 이해하기가 쉽지는 않지만, 헤렘(진멸하다)이라는 단어가 지니는 격렬함은 죄가 하나님의 눈에 얼마나 심각한 문제인지를 강조한다. "이 명령은 완전히 정의로운 하나님이 내리신 것이며, 죄에 대한 공정한 심판의 집행이다"(Laney, *First and Second Samuel*, 51). 하나님의 명령은 사울과 그 군대를 그분의 진노를 퍼붓기 위한 도구로 만들었다. 이러한 행태는 구약성경의 신정정치에만 국한되며 오늘날에는 해당되지 않는다. 이스라엘은 세상에 대한 하나님의 증인이 되기 위해 구별된 민족으로, 하나님이 직접 선택하신 백성이며 나라이다. 따라서 이스라엘이 사악한 이방 민족의 영향에 노출되지 않는 것은 매우 중요했다. 이방 민족은 이스라엘을 타협과 혼합주의로 이끌 위험이 있었기 때문이다[자세한 논의는 여호수아 주석의 '가나안 족속의 몰살 — 무고해 보이는 생명의 말살'(수 6:21)을 보라].

15:6-9. 사울은 **겐 사람**에게 아말렉에게서 떠나라고 경고한다. 이들은 모세의 장인 이드로의 후손이다(참고. 출 2:16-22; 3:1; 18:1-27; 삿 1:16; 4:11). 아말렉과 달리 겐 사람은 이집트에서 떠나온 이스라엘을 선대했다(Klein, *1 Samuel*, 150). 사울은 아말렉을 격퇴했지만, 그의 순종은 온전하지 못했다. 아말렉 왕 **아각**을 살려두었기 때문이다.

2. 하나님이 사울을 이스라엘의 왕으로 삼은 것을 후회하시다(15:10-35)

15:10-12. 마빈 윌슨(Marvin R. Wilson)에 따르면, '후회하다'(11절)는 표현은 하나님이 주권적 목적에 따라 분노를 누그러뜨리거나 백성에 대한 처리를 변경하시는 것을 뜻한다(참고. 창 6:6-7; 출 32:14; 삿 2:18; 삼상 15:11). 윌슨은 말한다. "언뜻 보면, 이런 표현은 하나님의 불변성을 확증하는 구절들과 모순까지는 아니더라도 상충하는 것처럼 보인다…(삼상 15:29; 시 110:4). 하나님이 '후회'하신다는 표현은, 신인동감동정설(神人同感同情說)적인 표현일 뿐, 하나님의 속성에 대한 문제를 야기하지는 않는다. 인간의 세속적, 제한적 관점에서 보면, 하나님의 목적이 변한 것처럼 보인다. 그래서 구약성경은 하나님이 계획하셨던 심판 또는 재앙을 '뉘우쳤다'고 표현한다(대상 21:15; 렘 18:8; 26:3, 19; 암 7:3, 6; 욘 3:10)"[Marvin Wilson, "regret," in TWOT, edited by R. Laird Harris, Gleason L. Archer, Bruce K. Waltke (Chicago: Moody, 1980), 570-571]. 사울의 불순종은 하나님의 마음에 슬픔을 안겼다. 다음 날 사무엘은 사울이 갈멜에 **자기를 위하여 기념비**를 세웠다는 사실을 알게 된다(12절). 이스라엘 백성은 하나님을 위해 기념비를 세웠지 사람을 위해 세운 적은 결코 없었다.

15:13-16. 내가 여호와의 명령을 행하였나이다(13절). 사울의 진술은 사실이 아니며 부정확했다. 1절에서 사무엘은 사울에게 '하나님의 말씀[문자적으로 '목소리', 콜(*qol*)]을 들으라'[동사 샤마(*shama*)]고 말했다. 아이러니하게도, 14절에서 사무엘은 묻는다. **내 귀에 들려오는 이 양의 소리**[*qol*, '목소리']**와 내게 들리는 소의 소리**[역시 콜]는 **어찌 됨이니이까**['들리다' 역시 동사 샤마]. 저자는 이런 아이러니한 말장난을 통해, 사울의 상반된 주장에도 불구하고, 사울이 하나님과 사무엘의 명령을 따르지 않았음을 분명히 지적한다. 사울은 불순종을 변명하면서 이렇게 경건하게 선언한다. **백성이 당신의 하나님 여호와께 제사하려 하여 양들과 소들 중에서 가장 좋은 것을 남김이요 그 외의 것은 우리가 진멸하였나이다**(15절).

15:17-19. 하나님이 사울을 위해 하신 모든 일에 비추어 볼 때, 그의 불순종은 망령되고 변명의 여지가 없다. 사울 스스로도 전리품을 탈취하려는 탐욕에 찬 광란에 합세했다. 사무엘은 사울을 다그친다. **어찌하여 왕이 여호와의 목소리를 청종하지 아니하고 탈취하**

기에만 급하여 여호와께서 악하게 여기시는 일을 행하였나이까(19절). 사울은 사나운 짐승이 먹잇감을 움키듯 전리품에 달려들었다. 19절의 '탈취하다'와 '행하다' 두 동사는 2인칭 단수형이다. 사무엘은 사울을 단독 범인으로 지목한다.

15:20-23. 사울은 불순종의 원인으로 백성을 비난한다. **백성이 그 마땅히 멸할 것**[헤렘] **중에서 가장 좋은 것으로 길갈에서 당신의 하나님 여호와께 제사하려고 양과 소를 끌어왔나이다**. 그러나 저자는 9절에서 이렇게 말한다. **사울과 백성이 아각과 그의 양과 소의 가장 좋은 것 또는 기름진 것과 어린 양과 모든 좋은 것을 남기고 진멸하기를 즐겨 아니하고**. 그리고 사무엘은 결코 잊지 못할 진술을 내뱉음으로써 사울의 잘못을 지적한다. 사무엘은 먼저 사울의 속내를 캐기 위해 질문을 던진다. **여호와께서 번제와 다른 제사를 그의 목소리를 청종하는 것을 좋아하심같이 좋아하시겠나이까**(22절). 질문은 하나님이 제사보다 그분의 말씀 듣는 것을 훨씬 더 좋아하신다는 뜻을 암시한다. 그리고 말한다. **순종이 제사보다 낫고 듣는 것이 숫양의 기름보다 나으니**. 그다음 사무엘은 사울의 죄를 분석한다. **거역하는 것은 점치는 죄와 같고 완고한 것은 사신 우상에게 절하는 죄와 같음이라**(23a절). 점치는 것은 영매와 마녀에게 묻는 죄이고[사울은 이를 금했고, 나중에 이를 범한다(참고. 28:3-25)], 우상숭배는 하나님 대신 거짓 신을 숭배하는 것이다. 사울의 거역과 의지적 불순종 그리고 완고함은 하나님을 우리 삶의 주인된 자리에서 치워버리는 다른 죄들과 닮았다(Bergen, *1, 2 Samuel*, 172-173). 사울의 불순종은 심각한 결과를 초래한다. **왕이 여호와의 말씀을 버렸으므로 여호와께서도 왕을 버려 왕이 되지 못하게 하셨나이다**(23b절). 사울은 왕조를 잃어버렸을 뿐 아니라 왕의 자리에서도 쫓겨났다. 사무엘이 이 말을 했을 때 하나님의 눈에서는 사울의 통치가 막을 내렸다.

15:24-31. 사울이 비로소 시인한다. **내가 범죄하였나이다**. 그리고 두려움이 불순종의 원인이었음을 고백한다. 그는 하나님의 목소리를 듣는 대신 백성의 목소리에 귀를 기울였다. 사울이 하나님의 말씀을 버렸기에, 하나님 역시 그를 버려 왕이 되지 못하게 하셨다. '버리다'가 23절에서 두 번, 26절에서 두 번 언급된다. **사울이 그의 겉옷자락을 붙잡으매 찢어진지라**(27절). 사무엘은 찢어진 옷자락을 보여주며 사울에게 말한다. **여호와께서 오늘 이스라엘 나라를 왕에게서 떼어 왕보다 나은 왕의 이웃에게 주셨나이다**(28절).

29절에서 사무엘은 하나님에 대한 놀라운 표현을 사용한다. 하나님을 **이스라엘의 지존자**[영광 또는 명성]로 부른다. 하나님은 불변하시며, 그분의 계획은 변하지 않는다. 사울을 버리고 나라를 그의 이웃에게 주시는 것은 하나님의 불변성만큼이나 확고하다. 사울이 사무엘과 함께 돌아가기를 원했던 이유는 오직 이미지 관리를 위해서였다(30-31절).

15:32-35. 사무엘은 아말렉 사람의 왕 아각에게 하나님의 심판을 집행한다. 아각은 생각했다. **진실로 사망의 괴로움이 지났도다**. 하지만 사무엘은 아각에게 그가 저지른 악행의 희생자들과 똑같은 운명을 당하게 되리라고 말한다. 저자는 사울의 불순종이 사무엘을 슬프게 했다고 기술한다. **여호와께서는 사울을 이스라엘 왕으로 삼으신 것을 후회하셨더라**(35절; 참고. 16:11). 두 진술(11절, 35절)은 11절에서 35절까지를 양괄식으로 묶으며, 사울의 반역으로 인한 하나님과 사무엘의 슬픔을 보여준다(Laney, *First and Second Samuel*, 52). 하나님의 목소리에 대한 거역은 하나님을 슬프게 하며, 불순종의 결과는 참혹한 재앙이다. 사울의 거역은 이스라엘 왕정 역사에 새로운 국면을 연다.

Ⅲ. 다윗, 하나님의 마음에 합한 자(16:1-31:13)

사무엘상 16장과 함께 구약성경에서 가장 흥미진진한 이야기가 펼쳐진다. 저자는 다윗에게 주로 초점을 맞추며, 다윗은 사무엘하 마지막까지 주인공으로 나온다. 사실상 사무엘과 사울의 이야기는 다윗 이야기의 프롤로그로 첨가된 셈이다. 모세를 제외하고, 다윗처럼 이스라엘의 상상력을 사로잡은 인물은 없다.

A. 다윗이 사울의 궁정에서 흥하다(16:1-20:42)

비록 버림받았지만, 사울은 왕위를 포기하지 않았다. 그는 길보아산에서 자살하는 그날까지 권력을 움켜쥐었다. 그러나 하나님은 이스라엘의 다음 왕으로 다윗을 준비하셨고, 악신에 시달리는 사울을 통해 그를 다듬어 가신다. 다윗이 이스라엘 전체의 왕으로 등극하기까지는 오랜 시간이 걸리지만, 그는 그 과정에서 절망과 두려움과 고통의 순간에 하나님을 신뢰하는 법을 배운다. 사울 아래서 다윗이 경험한 사건들은 구약성경에서 가장 감동적이고 교훈적인 기록이다.

1. 하나님이 다윗을 선택하시다(16:1-23)

a. 하나님은 중심을 보신다(16:1-13)

16:1-3. 사무엘은 사울의 불순종을 슬퍼했지만, 하나님은 새로운 일을 시작하신다. 이는 이야기 전개상 매우 중요한 순간으로, 사무엘상 후반부와 사무엘하 전체의 주인공이 무대 전면에 등장한다. 사울의 마음에는 하나님의 뜻, 관심, 영광이 없었기에, 하나님은 마음속이 온통 그분의 뜻과 관심 그리고 영광으로 가득한 사람을 선택하신다. 그는 양치기 소년이며 이후 이스라엘의 목자가 된다(참고. 삼하 5:2, Brueggemann, *First and Second Samuel*, 119). 하나님은 **베들레헴 사람 이새**(1절)의 막내아들을 왕으로 선택하신다. 사무엘이 하나님이 시키신 일에 대해 염려하자, 하나님은 사무엘의 두려움을 무시하지 않고 어떻게 일을 진행할지 말씀해주신다.

16:4-5. 장로는 늙고 경험 많은 성읍의 지도자들이었다. 성결하게 하는 것은 '자신을 하나님께로 따로 떼어 구별하는 것'이다. 성결에는 정화 예식과 특정 음식 및 성관계의 금기가 포함되었다. 하나님 앞에 서는 엄숙한 경우에는 성결이 필수적이었다. 사무엘은 베들레헴 장로들과 이새와 그 아들들을 제사에 초대한다.

16:6-7. 이새의 장자 엘리압(참고. 대상 2:13)을 본 사무엘은 마음속으로 외친다. **여호와의 기름 부으실 자가 과연 주님 앞에 있도다**. 사무엘은 사울의 수려한 외모를 생각했을지 모르지만, 하나님의 생각은 달랐다. 하나님은 중심을 보셨다. 하나님은 종을 고를 때 외모가 아니라 내면을 보신다.

16:8-10. 이새의 아들들이 장자부터 차례대로 사무엘 앞을 지나갔지만, 하나님은 아무도 선택하지 않으신다.

16:11-13. 이는 사무엘을 곤란하게 만들었다. **네 아들들이 다 여기 있느냐**. 사무엘의 질문에 이새는 막내가 있다고 대답한다. 막내아들은 양 떼를 돌보고 있었는데 아버지는 그의 이름조차 거명하지 않는다. 다윗이 부름을 받았다. 그가 하나님의 선택이었다. 다윗은 용모가 붉었는데, 이는 야외에서 일하고 숙식하며 볕에 그을린 탓이었다. 그의 얼굴은 아름다웠다. 다윗의 가족이 이 사건을 어떻게 이해했는가는 그리 중요치 않다. 사무엘은 다윗에게 기름을 부은 후 **라마**로 돌아간다.

b. 다윗이 사울의 궁정에서 섬기다(16:14-23)

16:14. 여호와의 영이 다윗에게 임하고(13절), **여호와의 영이 사울을 떠나**간다(14절). 구약성경 시대에는 오늘날처럼 하나님의 영이 성도 안에 내주하지 않았다. 오늘날 그리스도를 구주로 영접하는 자에게는 하나님의 영이 오셔서 그 안에서 영원히 거하신다(참고. 요 14:16-17; 고전 12:13). 하나님이 사울을 버려 왕이 되지 못하게 하셨다는 또 다른 증거가 있다. **여호와께서 부리시는 악령이 그를 번뇌하게 한지라**. 하나님의 영이 때로는 악령이 될 수 있다고 보기보다는, 히브리어 구절을 '악(또는 재앙)의 영'으로 번역하는 것이 낫다. 이는 사울을 심판하는 임무를 맡은 영이었을 것이다(Tsumura, *The First Book of Samuel*, 427). 번뇌는 사울을 공포에 떨게 했을 뿐 아니라 무능력하게 만들었다. 여기서 하나님의 도덕성과 주권의 문제가 야기된다. 이곳뿐 아니라 여러 곳에서(예를 들어 욥 1-2장) 성경은 하나님이 섭리를 통해 어둠의 세력까지 주관하시지만, 그것이 도덕적 비난의 대상은 아니라고 가르친다(실로 심오한 신비이다). 하나님이 주권적으로 이러한 영을 부리신 것에는 두 가지 목적이 있었다. 첫째, 이는 사울의 반역에 대한 하나님의 심판이었다. 둘째, 다윗의 음악이 악령으로 인한 사울의 고통을 덜어줄 것이다. 이 때문에 사울은 다윗을 곁에 두게 되고, 다윗은 사울 곁에서 왕의 도에 관한 중요한 경험을 쌓게 된다.

16:15-18. 사울의 신하는 문제의 원인을 알았고, 해결책으로 음악을 제안한다. 하나님의 섭리로, 사울의 신하 중에 다윗을 아는 이가 있었다. 당시 다윗은 이미 좋은 평판을 받고 있었다. **베들레헴 사람 이새의 아들을 본즉 수금을 탈 줄 알고 용기와 무용과 구변이 있는 준수한 자라 여호와께서 그와 함께 계시더이다**(18절). 사람들은 다윗의 삶에 하나님이 함께하신다는 것을 알고 있었다.

16:19-23. 다윗을 요청하는 사울의 말을 통해 볼 때, 사울은 다윗의 직업을 알았던 것 같다. **양 치는 네 아들 다윗을 내게로 보내라**. 그리하여 다윗은 사울 앞에 '모셔 선다'(문자적으로, 섬기기 위해 '앞에 서다'). 사울은 다윗을 사랑했지만 그 사랑은 짧았다. 다윗은

일단 사울의 무기 드는 자가 된다. 무기 드는 자는 위급한 상황이나 전투 시에 왕 또는 왕자를 수행한다. 무기 드는 자는 왕의 명령이나 소원을 이행할 수 있었다. 왕의 측근이 된 다윗은 왕의 도에 대한 통찰을 얻게 된다. 사울은 몰랐지만, 하나님은 섭리를 통해 왕으로 뽑은 다윗을 음악가이자 무기 드는 자로 사울 곁에 두신다. 이 기간 동안 다윗은 왕의 역할에 대해 많이 배웠을 것이다.

신하의 조언이 일단은 효과가 있었다. **다윗이 수금을 들고 와서 손으로 탄즉 사울이 상쾌하여 낫고 악령이 그에게서 떠나더라**(23절).

2. 다윗이 골리앗을 이기다(17:1-58)

다윗과 골리앗의 이야기는 성경 이야기 중 가장 장황하고 잘 알려진 이야기이다. 이 이야기는 이전 장에서 다윗이 기름 부음을 받을 때 야기된 질문에 해답을 준다. **사람은 외모를 보거니와 나 여호와는 중심을 보느니라**(16:7). 하나님이 다른 형제나 사울에게서는 보지 못하고 다윗에게서만 보신 것이 과연 무엇일까? 그 질문에 대한 대답이 다윗과 골리앗 이야기 속에 들어 있다.

a. 40일간의 도발(17:1-11)

17:1. 이스라엘과 싸우기 위해 블레셋은 예루살렘에서 남서쪽으로 수 킬로미터 떨어진(Merrill, "1 Samuel," 448) '엘라 골짜기' 남쪽 편 **에베스담밈**['피의 경계'라는 뜻, 전투에서 흘린 피 때문임]에 진을 친다.

17:2-4. 사울과 그 군대는 **엘라 골짜기** 북쪽에 집결한다. 두 군대 사이에 골짜기 평지가 있었다.

블레셋에서 골리앗이라는 **싸움을 돋우는 자**[champion]가 등장한다(4절). '싸움을 돋우는 자'는 '둘 사이의 사람', 즉 두 군대 사이의 사람을 뜻한다. 때로는 양편 군대에서 싸움을 돋우는 자가 나와서 서로 싸우고 그 결과에 따라 전쟁의 승부가 결정되기도 했다. 혈투로 인한 양쪽의 피해를 최소화하려는 의도였다. 골리앗의 키는 **여섯 규빗 한 뼘**이었다. 한 규빗은 대략 45센티미터이며, 한 뼘은 반 규빗이다. 따라서 골리앗의 키는 대략 3미터(현대인의 성경)였다. 주후 3세기의 70인역 루시안 교정본, 사무엘상의 사해문서본(4QSama로 불림), 요세푸스(*Ant*. 6.171)는 모두 히브리어 마소라 사본보다 시기적으로 앞서는데, 골리앗의 신장을 "네 규빗 한 뼘"으로 기록한다. 이에 따르면 2미터가 조금 넘는다고 할 수 있다.

만약 이 추정 자료가 더 신빙성이 있다면(이를 지지하는 증거가 많다), 사울은 거인보다 조금 작은 정도였을 것이다. 그는 이스라엘의 다른 사람보다 머리 하나가 더 컸으므로(9:2), 195센티미터쯤 되었을 것으로 추정할 수 있다(당시 이스라엘 남자 평균 키는 168센티미터를 넘지 않았다). 그렇다면 정황으로 볼 때 사울이 싸움에 나서야 했다. 그는 또한 이스라엘 군인 중에서 드물게 골리앗의 것과 비슷한 청동갑을 가지고 있었다(참고. 38-39절). 당시에는 청동이 귀했다. 어떻게 따져봐도 이 블레셋 사람과 싸울 사람은 사울이었다.

뿐만 아니라 백성은 사울 왕의 임무가 "우리 앞에 나가서 우리의 싸움을 싸워야 할 것"(8:20)이라고 믿었다. 하지만 사울은 비겁하게 골리앗과의 싸움을 피했고, 다른 군인들과 함께 도망쳤다(참고. 24절). 저자는 이 사실을 기록함으로써 사울이 이스라엘 왕으로서 자격이 없고, 다윗이 적격자임을 주장한다(아래 언급을 보라). 골리앗 이야기의 이해를 돕기 위해서는 다음의 글을 참고하라. J. Daniel Hays, "Reconsidering the Height of Goliath," *JETS* 48 (December 2005), 713-714. 이 이야기는 다윗과 골리앗의 대결이라기보다는 다윗과 사울의 대조이다.

17:5-7. 갑옷은 전사의 가슴과 배를 보호한다. 골리앗의 청동갑은 **놋 오천 세겔**로 약 57킬로그램(현대인의 성경)이었다. 골리앗의 각반 역시 놋이었다. 어깨 사이, 즉 등에는 **놋 단창**을 메었다. 단창은 창과 비슷한데, 짧고 가볍다. 골리앗의 창 자루는 **베틀 채** 같으며 두껍고 조작이 용이했다. 창날은 **철 육백 세겔**로 약 7킬로그램(현대인의 성경)이었다. 골리앗의 앞에는 **방패 든 자**가 먼저 갔다. 보통 방패는 전사를 보호할 수 있을 만큼 컸기에, 골리앗의 방패는 길이가 3미터쯤 되었을 것이다. 또한 칼이 든 칼집이 있었다(참고. 51절). 이 거인의 모습을 보기만 해도 이스라엘은 오금이 저렸을 것이다.

17:8-11. 골리앗은 40일간 하루 두 번씩 이스라엘을 도발했다(16절). 17장의 사건은 거의 한 달 반 동안 이루어졌다. 골리앗의 도발을 들은 사울과 이스라엘은 공포에 사로잡혔다. **놀라 크게 두려워하니라**. 그들은

하나님의 언약을 믿지 않았기에 골리앗을 두려워했다.

b. 다윗이 최전선을 방문하다(17:12-19)

17:12. 다윗의 아버지 이새가 **베들레헴 에브랏 사람**으로 소개된다(참고. 16:1). 에브랏은 베들레헴의 옛 이름으로(참고. 창 35:19; 48:7), 에브랏 사람은 베들레헴 거주민이다.

17:13-16. 16장에 나왔던 이새의 나이 많은 아들 3명이 다시 언급된다. 이들은 전투에 참여할 수 있을 만큼 나이가 찼다(참고. 민 1:3). 하지만 이들은 골리앗과 싸우지 못했고, 그래서 하나님은 그들을 왕으로 선택하지 않으셨다. 다윗은 사울의 궁정에서 일했지만, 사울은 다윗이 왕궁과 집을 오가며 아버지 양 떼를 돌보도록 허락했다(15절).

17:17-19. 이새는 다윗을 전방으로 보내 형들에게 음식을 가져다주고, 형들의 안부를 확인하게 한다. **그 때에 사울과 그들과 이스라엘 모든 사람들은 엘라 골짜기에서 블레셋 사람들과 싸우는 중이더라**(19절). 이 진술은 아이러니하다. 사울과 그 군대는 다윗이 도착할 때까지 40일에 이르도록 교착 상태에 있었기 때문이다.

c. 다윗이 골리앗의 도전에 응하다(17:20-30)

17:20-23. 다윗이 진지에 다다를 즈음, 하나님의 섭리로 골리앗이 접근하여 하나님의 백성을 조롱한다. 그는 하던 짓을 반복했고, 이번에는 다윗이 그 거인의 말을 듣는다.

17:24-25. 40일이 지나는 동안, 사울은 골리앗의 도전에 응하는 자를 위해 포상을 마련했다. **이스라엘 중에서 세금을 면제하게**[free in Israel] 한다는 말은 세금과 군역의 면제를 뜻한다. 21세기 기준으로 보아도 꽤 두둑한 포상이다!

17:26-30. 다윗이 묻는다. **이 할례 받지 않은 블레셋 사람이 누구이기에 살아 계시는 하나님의 군대를 모욕하겠느냐**. '할례 받지 않은 자'라는 표현은 골리앗의 신체적 특성에 대한 지적이 아니다. 골리앗은 이스라엘 사람이 아닌 이방인이며 따라서 의지할 수 있는 언약의 약속이 없다. 다윗은 이 사태의 영적 핵심을 이해했다. 골리앗의 조롱은 이스라엘에 대한 것이 아니라, 이스라엘의 하나님을 향한 것이었다. 다윗의 큰 형 **엘리압**은 다윗의 말을 듣고 화를 낸다. 엘리압이 화가 난 이유는 막냇동생이 자기보다 더 큰 믿음과 용기를 가졌기 때문이었다.

d. 다윗이 골리앗을 죽이다(17:31-58)

17:31-33. 이스라엘 진영에서 누군가 골리앗을 치러 나갔다는 소문을 듣고 사울이 다윗을 부른다. 사울은 어리고 전투 경험이 없는 다윗을 보면서, 소싯적부터 전쟁터에서 잔뼈가 굵은 골리앗의 상대가 되지 못하리라고 생각한다.

17:34-37. 그러한 사울에 대한 다윗의 대답은 감탄할 만하다. 어린 목동 다윗에게는 자신만의 승리 경험이 풍부했다. 다윗 시대에는 사자와 곰 같은 사나운 짐승이 들판을 활보했다. 다윗은 사자가 자신의 양 떼를 습격해서 새끼를 물어 갈 때마다 끝까지 쫓아갔다. 보통 사람은 사자를 쫓는 대신 손실을 감수하고 말겠지만, 다윗은 달랐다. 다윗은 사자를 공격했고 사자의 입에서 새끼를 구해 왔다. 만약 사자가 반격하면 다윗은 그의 **수염**[갈기, 35절]을 잡고 쳐 죽였다. 아버지의 나귀를 찾기 위해 최선을 다하지 않은 사울과 달리(참고. 9:5), 다윗은 적극적이고 꿋꿋하고 용맹스러운 자세로 아버지의 양 떼를 지켰다.

이러한 세세한 사실이 기록된 이유는 사울이 아니라 다윗이 이스라엘의 '목자'로서 적격임을 보여주기 위함이다. 다윗은 이 블레셋 사람을 이미 수없이 맞닥뜨렸던 사나운 짐승의 위협으로 간주했다. 하나님은 다윗을 사자와 곰에게서 건져낸 것처럼 골리앗에게서도 건져 내실 것이다.

17:38-39. 사울은 전투를 위해 다윗에게 자기 갑옷을 입히려 한다. 그러나 다윗은 사울의 갑옷에 익숙하지 않았기에 벗어버린다. 다윗은 인간의 도구가 아니라 하나님을 신뢰하고 임무를 완수하려 한다.

17:40. 다윗은 **매끄러운 돌 다섯을 골라서 자기 목자의 제구 곧 주머니**에 넣는다. 본문은 다윗이 왜 5개의 돌을 취했는지 설명하지 않기에, 다만 그 의미를 짐작할 뿐이다. 그는 아마도 빗나갈 경우를 대비해 여분의 돌을 챙겼을 것이다. 그리고 손에 **물매**를 든다. 이는 아이들의 새총이 아니라 고대 군대의 살상 무기였다. 가죽 주머니 양쪽에 긴 줄이 부착된 형태이며(Klein, *I Samuel*, 179), 익숙한 물매꾼은 테니스공 크기의 돌멩이를 시속 160킬로미터 이상으로 던질 수 있었다. 이는

삼상

오늘날 프로야구 투수의 직구보다 빠른 속도이다. 이제 다윗은 **블레셋 사람에게로** 나아간다.

17:41-42. 다윗을 본 골리앗은 오판한다. 거인은 이 소년을 쉽게 죽이리라 생각하며 **업신여**긴다.

17:43-47. 고대 전사는 싸우기 전에 욕설과 저주를 주고받았다. 골리앗은 다윗의 살을 **공중의 새들과 들짐승들**에게 먹이로 주겠다고 위협했다(44절). 그러나 다윗의 대답은 달랐다. 그는 하나님의 이름으로 싸웠다. 다윗의 목표는 하나님의 영광이었다. **네 목을 베고 블레셋 군대의 시체를 오늘 공중의 새와 땅의 들짐승에게 주어 온 땅으로 이스라엘에 하나님이 계신 줄 알게 하겠고**(46절).

골리앗에 대한 다윗의 기적적인 승리는 온 나라에게 이스라엘의 하나님을 보여줄 것이다. 또한 하나님의 백성에게 인간의 무기만으로는 구원을 얻을 수 없으며, **전쟁은 여호와께 속한 것**(47절)이라는 교훈을 줄 것이다. 골리앗은 다윗과 싸우는 것이 아니라 하나님께 저항하고 있다. 전쟁은 여호와께 속한 것이므로, 그분이 골리앗을 다윗의 손에 넘겨주실 것이다.

17:48-54. 돌연히 말이 그친다. **다윗이 블레셋 사람을 향하여 빨리 달리며**(48절). 다윗의 행동은 도망치던 사울 및 그 군대와 대조를 이룬다. **손을 주머니에 넣어 돌을 가지고 물매로 던져 블레셋 사람의 이마를 치매 돌이 그의 이마에 박히니 땅에 엎드러지니라**(49절). 골리앗은 순식간에 무너진다.

골리앗은 정신을 잃었지만 죽은 것은 아니었다. 다윗은 골리앗의 **칼로 그의 머리**를 자른다(51절). 골리앗의 죽음을 본 블레셋은 도망치기 시작한다. 이날 이스라엘은 블레셋을 완벽하게 무찌른다. 블레셋을 추격하던 이스라엘은 그들의 진으로 들어가 유용한 물품과 짐승을 **노략**한다(53절). 다윗은 골리앗의 **머리를 예루살렘**으로 가져간다.

17:55-58. 저자는 다윗이 골리앗을 대면하러 나가던 처음 장면으로 잠시 돌아간다. 사울은 군사령관 아브넬에게 다윗의 아버지에 대해 묻는다. 사울은 이전에 이새에게 다윗을 궁정에 머물게 하도록 요청한 일이 있기에, 이런 질문은 이상해 보인다. 전투가 끝난 후 아브넬은 다윗을 사울에게 데려온다. 사울이 다윗의 아버지가 누구인지 물으면서 이 장은 끝을 맺는다. 사울이 다윗의 이름을 묻지 않고 아버지의 이름을 물은 것은 그의 가문을 확인해서 제대로 포상하기 위해서였다(참고. 25절, Laney, *First and Second Samuel*, 50). 사울의 질문으로 미루어 볼 때, 다윗이 이전에 왕궁에서 일했던 것은 정기적이지 않았고 사울이 다윗을 마지막으로 본 이후 몇 년이 흘렀을 것이다(Merrill, "1 Samuel," 448-449). 설명이야 어떻든 간에, 하나님은 사울 대신 다윗을 사용하셨다. 이는 다윗이 과거의 승리로부터 교훈을 얻었고(34-36절), 위협의 본질을 제대로 파악했으며(26절), 전쟁이 여호와의 것임을 깨달았기 때문이다(47절).

이 극적인 이야기를 통해 하나님이 왜 다윗에게 기름을 부으셨는지 알 수 있다. 이 소년에게는 사울이나 다른 형제에게는 없는 왕이 될 만한 뚜렷한 자질이 있었다. 그 자질이란 다름 아닌 자신의 안전보다 하나님의 영광을 더 염려하는 것이었다. 이 본문을 우화적으로 삶에 적용하여 어떻게 하면 삶의 거인들을 극복할 수 있는지에 대해 토론하는 것은 바람직하지 않다. 그보다 하나님은 어떤 사람을 선택해서 사용하시는지를 묻는 것이 좋다. 하나님은 자신의 안전보다 하나님을 영화롭게 하는 데 관심이 있는 사람을 쓰신다.

3. 다윗의 거룩한 승리에 대한 반응들(18:1-30)

이 장에서는 여러 시나리오가 펼쳐진다. 궁정에서 상시적으로 일하게 된 다윗은 왕위에 한층 더 가까워졌다. 그러나 치즈홀름(Chisholm)에 따르면, 사울의 증오와 시기로 왕위에 이르는 길이 평탄하지만은 않았다. 이러한 긴장은 사울의 죽음까지 계속 이어지고, 그 이후에도 즉시로 해결되지 않았다[Robert Chisholm, *1 & 2 Samuel* (Grand Rapids, MI: Baker, 2013), 122]. 그러나 저자는 이에 크게 개의치 않고 사울의 아들과 딸을 비롯한 모든 사람이 다윗을 사랑했다고 기술한다(Chisholm, *1& 2 Samuel*, 122).

a. 사랑과 우정의 거룩한 언약(18:1-5)

18:1-5. 사울의 아들 요나단은 다윗의 용맹스러운 믿음을 보고 그를 사랑했다. 사울은 더 이상 다윗이 집으로 돌아가 아버지의 양 떼를 돌보도록 허락하지 않는다(참고. 16:19; 17:15). 다윗이 군대에서 복무할 만큼 나이가 찼기 때문일 것이다. 이전에 다윗을 병기 드는 자로 삼았던(참고. 16:21) 사울은, 이제 군대의 지

휘관으로 임명한다(5절). **요나단은 다윗을 자기 생명 같이 사랑하여 더불어 언약을 맺었으며**(3절). 성경의 언약은 엄숙한 약속으로, 양쪽 모두 그 조항들을 준수해야 한다. 요나단은 평범한 우정의 표현으로는 충분치 않을 만큼 다윗을 맹렬하게 사랑했다. 또한 그는 자기가 아니라 다윗이 이스라엘의 진정한 왕위 계승자임을 깨달았다. 이러한 자각으로 요나단은 다윗과 우정의 언약을 맺었고, 이 우정은 충성을 요구했다. 이 두 경건한 남자들의 우정은 일생 동안 지속된다. **요나단이 자기가 입었던 겉옷을 벗어 다윗에게 주었고 자기의 군복과 칼과 활과 띠도 그리하였더라**(4절). 이는 존경과 우정이 담긴 상징적 표시였다. 사울은 다윗을 군대 지휘관으로 삼았고, 이는 백성을 기쁘게 했다. 목동 소년의 용맹한 믿음이 온 나라의 상상력에 불을 지폈다.

b. 사울의 살인적 시기와 의심(18:6-9)

18:6-9. 이스라엘 모든 성읍에서 여인들이 소고를 들고 거리로 쏟아져 나와 노래하고 춤추며 군대의 귀환을 환영했다. 수 세기 전 기적적으로 홍해를 건널 때에도 비슷한 축하 행사가 벌어졌었다(참고. 출 15:20-21). 추무라는 이렇게 말한다. "이스라엘 여인들은 노래와 춤과 악기로 승리를 축하했다. 사사기 11장 34절이 그 예이다"(Tsumura, *The First Book of Samuel*, 476). 여인들은 사울이 죽인 자가 **천천**이라 노래한다(7a절). 그러나 사울이 실제로 전투에서 수천을 죽인 것은 아니었다. 이는 단지 시적 표현이었다. 그리고 다음 소절이 이어진다. **다윗은 만만이로다**(7b절). **사울이 그 말에 불쾌하여 심히 노하여 이르되 다윗에게는 만만을 돌리고 내게는 천천만 돌리니 그가 더 얻을 것이 나라 말고 무엇이냐 하고**(8절). 이후로 사울은 다윗을 시기와 질투와 의심의 눈초리로 바라본다(9절). 그럴 만큼 충분한 이유가 있었다. 사울은 왕으로서 비참하게 실패했고, 전투에서 전사들을 이끌지 못했다(참고. 8:20). 반면 다윗은 성공했으며, 신출임에도 불구하고 사람들은 그의 능력을 알아보았다. 진정한 기름부음 받은 자였던 다윗은(참고. 16:13) 이 시점에서 왕으로 등극할 수 있었고, 백성은 왕으로서의 다윗을 환영할 것이다. 사울은 그 사실을 알았다. 그의 반응은 단순한 질투가 아니었다. 왕의 자리에서 쫓겨날지 모른다는 공포였다.

c. 악령이 사울에게 힘 있게 내리다(18:10-11)

18:10-11. 사울은 공포와 시기에 무릎을 꿇는다. 16장 14, 23절에서처럼 **하나님께서 부리시는 악령**이 사울을 다시 괴롭힌다(이 부분의 신학적 고찰에 대해서는 16장 14절의 주석을 보라). 사울은 두 번 다윗을 죽이려 하지만 성공하지 못한다.

d. 두려움과 조작(18:12-19)

18:12-16. 사울은 다윗을 두려워했다. **여호와께서…다윗과 함께**했고, 자기를 떠나셨기 때문이다. 다윗이 두려운 나머지, 사울은 그를 곁에서 떠나게 하고 **천부장**으로 삼는다(13절). 그리고 정기적으로 다윗에게 위험한 임무를 맡긴다. 멀리 떠밀렸지만, 다윗은 무엇을 하든지 흥했다. 이는 **여호와께서 그와 함께** 계셨기 때문이다(14절).

삼상

18:17-19. 사울은 다윗이 골리앗을 죽였을 때 **맏딸 메랍**을 주었어야 했다(참고. 17:25). 그러나 자기 말을 지키지 않았다. 대신 다윗이 **여호와의 싸움**을 싸우는 조건으로 메랍을 아내로 주겠다고 제안한다. 사울은 결혼과 여호와를 향한 열심이라는 위장막으로 적의 손을 빌어 전투에서 다윗을 죽게 만들려는 검은 속셈을 감춘다. 결혼 날짜가 잡히지만, 막상 때가 되자 결혼은 취소된다. 사울은 메랍을 **므홀랏 사람 아드리엘**에게 아내로 준다. 다윗은 미천하고 스스로 왕의 사위가 될 자격이 없다고 생각했지만, 사울의 행위는 변명의 여지가 없다. 메랍과 아드리엘은 아들 다섯을 낳는다.

오랜 시간이 흐른 후에, "사울과 피를 흘린 그의 집"에 엄중한 심판이 닥친다(참고. 삼하 21:1). 사울의 후손 일곱이 기브온 주민에 의해 목매어 달린다(참고. 삼하 21:7-9). 사울은 이스라엘에서 이방인을 없애려는 열심이 지나친 나머지, 기브온 사람 일부를 죽이는 죄를 짓는다. 이스라엘은 이미 기브온과 오랜 조약을 맺고 있었다(참고. 수 9:3-27). 그날 죽임을 당한 자 중 다섯은 메랍과 아드리엘의 아들이었다(Laney, *First and Second Samuel*, 123-124). 다섯 명 모두 교수형에 처해졌다(참고. 삼하 21:7-9). 그들은 "여호와 앞에" 목매어 달렸는데(삼하 21:9), 이는 궁극적으로 하나님의 심판이었음을 가리킨다.

e. 끔찍한 지참금(18:20-30)

18:20-22. **미갈**은 '미가엘'의 여성형으로, '하나님

같은 이가 누구냐'라는 뜻이다. 사울은 미갈이 다윗을 사랑한다는 말을 듣고 기뻐한다. 딸과 다윗을 위해 기뻐한 것이 아니라, 딸의 사랑을 덫으로 삼아 다윗을 잡으려고 생각했기 때문이다. 사울은 자신의 속내와 감정을 숨긴 채, 다윗을 칭찬하며 **사위가 되라고** 부추긴다.

18:23-27. 다윗에게는 미갈을 위한 지참금이 없었다. 지참금이란 결혼할 여인의 부모에게 지급하는 돈이다. 그러나 사울은 융통성을 발휘하여, 돈 대신 **블레셋 사람들의 포피 백 개**라는 끔찍한 지참금을 요구한다(25절). 전쟁의 승자는 패자의 머리를 잘라 전리품으로 삼기도 한다. 사울이 머리나 다른 부분이 아니라 포피를 원한 것은 블레셋 사람이 할례 받지 않은 것과 관련이 있을지 모른다. 블레셋은 종종 '할례 받지 않은 사람'이라는 식으로 불렸다(참고. 14:6; 17:26; Tsumura, *The First Book of Samuel*, 486). 어찌됐든 사울은 다윗이 끔찍한 지참금을 구하러 나섰다가 블레셋에게 죽임을 당하기 원했다. 하지만 다윗과 그의 수하는 정한 기한이 차기도 전에 백 명이 아니라 블레셋 사람 **이백 명**을 죽인다(27절). 다윗은 지참금을 가지고 왕에게 나아갔고, 사울은 어쩔 수 없이 딸 미갈을 다윗에게 아내로 준다.

18:28-30. 여호와께서 다윗과 함께 계심을[이 장에서 세 번 반복, 12, 14, 28절] **사울이 보고 알았고 사울의 딸 미갈도 그를 사랑하므로 사울이 다윗을 더욱더욱 두려워하여 평생에 다윗의 대적이 되니라**. 다윗을 해하려는 사울의 음모는 오히려 다윗을 성공으로 이끈다. 이는 하나님이 다윗과 함께 하셨기 때문이다.

4. 하나님이 다윗을 보호하신 네 가지 사례 (19:1-24)

a. 하나님이 요나단을 이용하여 다윗을 보호하시다 (19:1-7)

19:1-7. 하나님이 다윗을 이스라엘의 차기 왕으로 선택하셨다는 사실에 대해 일말의 의심이 남아 있다면, 19장이 그런 의심을 잠재울 것이다. 다윗은 하나님의 보호를 즐겼다. 반면 다윗에 대한 사울의 두려움은 살의에까지 이른다. "사울은 모든 계략을 걷어치우고, 요나단과 신하들에게 대놓고 다윗을 죽이라고 명령한다"(Bergen, *1, 2 Samuel*, 206). 사울은 요나단이 다윗과 가까운 것을 알았기에, 다윗을 죽이려는 사악한 음모에 요나단을 가담시키려 한다. 그러나 다윗에 대한 요나단의 태도는 사울과 전혀 달랐다. 다윗은 처음으로 요나단의 입을 통해 사울의 살해 의도를 접하게 된다. 요나단은 아버지 사울을 타이르며 다윗을 죽이지 말라고 설득한다. 요나단의 말을 들은 사울은 여호와의 이름으로 다윗을 죽이지 않겠다고 맹세한다(6절). 하나님은 요나단의 개입을 통해 다윗을 보호하셨다.

b. 하나님이 사울의 실책을 이용하여 다윗을 보호하시다 (19:8-10)

19:8-10. 사울은 악령이 접한 자신을 위해 수금을 타는 다윗을 단창으로 벽에 박으려 한다. 하지만 창은 빗맞은 채 벽에 박힌다. 하나님은 사울의 실책을 통해 다윗을 보호하신다. 결국 사울은 맹세를 지키지 않았다(6절). '하나님이 부리신 악령'에 대해서는 16장 14절의 주석을 보라.

c. 하나님이 미갈을 이용하여 다윗을 보호하시다 (19:11-17)

19:11-17. 다윗의 집은 도시 성벽의 일부였다. 다윗은 창문을 통해 곧장 성 밖으로 나가 전령의 시야에서 사라졌다. **우상**(13절)의 히브리어는 테라핌(*teraphim*)이다. 이는 집에 두는 우상으로, 점치는 목적과 잘못된 예배를 위해 쓰였다. 사람들은 이를 소유하면 다산에 도움이 된다고 생각했다. 구약성경은 테라핌의 사용을 금한다(참고. 왕하 23:24; 겔 21:21; 슥 10:1-2). 미갈은 이 우상을 사용해서 다윗이 침대에 누운 것처럼 사울의 수하를 속였다. **미갈이 우상을 가져다가 침상에 누이고 염소 털로 엮은 것을 그 머리에 씌우고 의복으로 그것을 덮었더니**(13절). 사울이 두 번째 전령들을 보내자 미갈은 다윗이 **병들었다고** 말한다(14절). 사울은 세 번째 전령들을 보내 다윗을 침상째 끌고 와서 죽이려 한다. 저자는 유머를 잃지 않고 이렇게 기술한다. **전령들이 들어가 본즉 침상에는 우상이 있고 염소 털로 엮은 것이 그 머리에 있었더라**(16절). 미갈은 다윗이 죽이려 해서 어쩔 수 없이 그를 도왔다고 주장한다. 사울의 분노를 피하기 위한 거짓말이었다. 하나님은 미갈의 경고와 기만과 거짓말과 능수능란함을 통해 다윗을 보호하신다. 이 사건을 배경으로 다윗은 시편 59편을 썼다(해당 시편에 대한 주석을 보라).

**d. 하나님이 자신의 영을 이용하여 다윗을 보호하시

다(19:18-24)

19:18-23. 저자는 다윗의 탈출(10, 12, 17-18절)과 끝없는 도피(10, 12, 18절; 참고. 20:1)를 강조한다. 다윗과 사무엘은 라마 근처 **나욧**에서 머문다(18절, 참고. 20:1). 나욧이 고유명사인지 일반명사인지는 불확실하다. 사무엘과 선지자 무리가 살았던 라마의 한 구역을 가리킬 수도 있다(참고. 20절, Youngblood, "1, 2 Samuel," 201). 만약 그렇다면 사울을 피해 숨기에 좋은 곳으로 보였을 것이다. 사울은 다윗을 잡기 위해 전령들을 세 번 보낸다[20, 21(두 번)절]. 그런데 예상치 못한 일이 벌어진다. 하나님의 영이 사울이 보낸 전령들에게 임한 것이다. 사울이 다윗을 체포하러 직접 나서자 그에게도 하나님의 영이 임한다.

19:24. 사울은 **옷을 벗고**(24절), 성령에 의해 24시간 동안 꼼짝하지 못한다. 이 이상한 사건은 다윗에 대해 "끔찍한 범죄"를 저지르지 못하게 하려는 것이었는지도 모른다(Baldwin, *1 and 2 Samuel*, 133). 또는 사울이 회개하도록 하나님의 영이 일하셨던 것일 수도 있다(Laney, *First and Second Samuel*, 43-44). 어쩌면 둘 다일 수도 있다. 사울이 하나님 앞에서 왕복을 벗은 것은 하나님이 사울을 버리셨음을 보여주는 강력한 이미지이다(Bergen, *1, 2 Samuel*, 211). '벗었다'(24절)는 표현은 사울이 옷을 다 벗었다기보다는 겉옷을 벗은 것을 뜻한다(Tsumura, *The First Book of Samuel*, 499). 하나님은 자신의 영을 사울과 그 수하에게 내려 보내셨다. 하나님은 다양한 방법을 통해서 그분의 종을 보호하신다.

5. 언약의 우정이 시험대에 오르다(20:1-42)

a. 삶과 죽음 사이가 한 걸음(20:1-11)

20:1-4. 나욧을 떠난 다윗이 요나단에게 묻는다. **내가 무엇을 하였으며 내 죄악이 무엇이며 네 아버지 앞에서 내 죄가 무엇이기에 그가 내 생명을 찾느냐.** 2-3절에 따르면, 요나단은 19장의 사건을 몰랐다. 다윗의 맹세는 죽음의 칼날 앞에 선 심정을 대변한다. **진실로 여호와의 살아 계심과 네 생명을 두고 맹세하노니 나와 죽음의 사이는 한 걸음뿐이니라**(3절). 사울은 다윗을 죽이려고 작심했다. 이제 다윗은 사울의 왕궁과 아내 그리고 고향을 떠나 도망자의 신세가 된다.

20:5-6. 다윗과 요나단은 **초하루**[new moon]를 통해 사울의 진정한 속내를 알아보려 한다. 다윗은 왕의 만찬에 당연히 참석해야 했기에, 그의 불참 사유를 사울이 인정하는지 그렇지 않은지를 통해 사울의 진정한 의도를 알 수 있었다. 그러나 사울의 과거 행적은 그의 반응에 대한 실마리를 이미 제공한다(Brueggemann, *First and Second Samuel*, 147). 초승달이 떠오르자, 사람들은 하나님을 예배함으로써 새 달의 시작을 축하했다. 이런 행사에서 다윗은 **마땅히 왕을 모시고 앉아 식사를 하여야** 했다. 그러나 사울 앞에서 신변의 위협을 느낀 다윗은 **셋째 날 저녁까지** 들에 숨는다. 행사가 끝날 때까지 기다리려는 심산이었을 것이다. 어떤 달에는 새 달 축제가 이틀 만에 끝나기도 했다(Tsumura, *The First Book of Samuel*, 505). 어쨌든 다윗은 그때까지는 사태가 판결나리라 생각했다. 그는 마침 이때 있었던 다윗 가문의 매년제를 불참의 핑계로 댔다.

20:7-9. 앞에서 이야기한 바와 같이, 다윗의 결장에 대한 사울의 반응은 그의 속내를 드러낼 것이다. 사울이 화를 내면, 사울이 자기를 죽이려 한다는 다윗의 말이 사실로 드러날 것이다. 다윗은 요나단에게 인자하게 행하라고 요구한다. 왜냐하면 요나단은 여호와 앞에서 자기와 맹약했기 때문이다(참고. 18:3). **인자하게 행하**는 것은 '언약의 충성과 신의를 보이다'는 뜻이다. 다윗은 자신을 요나단의 **종**으로 표현하면서 겸손을 나타낸다. 요나단과 다윗의 우정 언약에는 하나님 앞에서 이루어진 언약이라는 수직적 차원이 있다. 다음에 나오는 요나단의 행동은 하나님 앞에서 이루어진 언약 우정에 대한 충성을 잘 보여준다. 언약 우정의 본질에 관해서는 18장 1-5절의 주석을 보라.

20:10-11. 두 사람은 사울의 의도가 다윗의 주장과 같은 것으로 판명될 경우, 요나단이 그 사실을 다윗에게 전달할 방도를 생각해낸다.

b. 들에서 맺은 언약(20:12-17)

20:12-13. 요나단은 사울이 다윗을 해칠 의도가 있으면 반드시 다윗에게 알리겠노라고 다짐한다. 여기서 특정한 약속을 지키지 않을 경우 하나님으로부터 무서운 결과 또는 저주를 자청하는 공식이 사용된다. **여호와께서 내 아버지와 함께 하신 것같이 너와 함께 하시기를 원하노니.** 요나단은 다윗이 왕이 될 것을 알았고, 하나님이 왕인 다윗과 함께하시길 갈망했다. 요나

단은 아버지의 왕권에 대해 현재형 시제를 쓰지 않는다. 하나님이 더 이상 아버지와 함께하지 않으신다는 것을 알았기 때문이다.

20:14-15. 요나단은 다윗에게 **여호와의 인자하심**[헤세드, 신실한 사랑, 언약에 기반한 사랑]을 베풀어, 자기가 **죽지 않게** 하라고 요청한다. 새 왕은 권력을 공고히 하기 위해 잠재적 정적을 살해했다(참고. 삿 9:5-7; 왕상 2:19-25, 28-34, 36-46; 15:28-30; 16:10-11; 왕하 11:1-3). 요나단은 다윗이 권력을 잡더라도 자기를 죽이지 말라고 부탁한다. 뿐만 아니라 **여호와께서 너 다윗의 대적들을 지면에서 다 끊어버리신 때에도 너는 네 인자함을 내 집에서 영원히 끊어버리지 말라**고 말한다.

20:16-17. 저자는 요나단과 다윗 사이에서 일어난 일을 요약한다. 요나단은 언약의 조항이 이행되지 않을 경우, "여호와께서는 다윗을 치실지어다" 대신 **여호와께서는 다윗의 대적들을 치실지어다**라고 선언한다. 요나단은 다윗을 진실로 사랑했기에 다윗에 대해서는 여호와의 심판을 언급하는 것조차 꺼렸다.

c. 화살에 담긴 비밀 메시지(20:18-23)

20:18-23. 다음 날 새 달이 뜬다. **사흘 후**에 다윗은 **에셀 바위 곁에** 숨기로 한다. 이 유명한 바위는 위치 식별 표지였다. 타르굼(Targum)을 인용한 볼드윈에 따르면, 에셀은 '이별의 바위'라는 뜻이며, '표지석'이었기 때문에 '오해의 여지가 없는 장소'였다(Baldwin, *1 and 2 Samuel*, 136). 요나단은 화살을 세 번 쏠 것이며, 화살이 다윗 쪽으로 날아가면 다윗이 안전하다는 뜻이므로 사울 왕궁으로 돌아와도 좋다고 말한다. 그러나 요나단이 아이에게 **보라 화살이 네 앞쪽에 있다**고 말하면 다윗이 반드시 떠나야 한다는 뜻이었다.

d. 왕의 만찬에 불참하다(20:24-29)

20:24-29. 사울은 다윗의 불참을 알지만 아무 말도 하지 않는다. 그는 다윗의 불참이 의례적 불결 때문이라고 생각한다(26절). 만찬은 제사 음식이기 때문에 이를 위해서는 옷을 빨고 몸을 정결케 하며 성관계를 금하는 등의 성별이 필수적이었다. 사울은 처음으로 다윗을 **이새의 아들**이라 부르는데, 이는 경멸적 의미가 담긴 표현이다(27절, 참고. 30-31; 22:7, 8, 13, 28-29). 요나단은 다윗이 고향의 가족 제사에 초청받았다고 거짓말한다.

e. 드러나는 사울의 진심(20:30-34)

20:30-31. 사울은 상스러운 언어로 요나단과 그의 모친을 경멸한다. 화가 난 사울은 요나단이 다윗의 편을 드는 반역자라고 공격하며, 요나단과 그의 모친에게 모멸감을 안긴다. 하나님은 이미 사울을 버리셨음에도, 사울은 요나단의 권력욕을 부추기며 다윗이 그의 정적이 될 것이라고 설득한다.

20:32-34. 사울은 다윗을 죽이려 했던 것처럼(참고. 19:8-10), **단창**으로 자기 아들을 죽이려 한다. 다윗을 죽이기로 결심한 아버지를 보고 심히 노한 요나단은 **그 달의 둘째 날에는 먹지 아니**한다. 이런 행사에서 먹지 않는 것은 무언가 삶에 아픔이 있어서 슬프고 고민스럽다는 표시이다.

f. 친구와 이별하다(20:35-42)

20:35-38. 다음 날 아침 요나단은 (이미 다윗과 약정한대로, 18-23절) 아이 위로 지나치게 화살을 쏜 뒤 외친다. **화살이 네 앞쪽에 있지 아니하냐**(37절). 이는 사울이 다윗을 죽이기로 작정했다는 뜻이다. 그리고 아이에게 말한다. **지체 말고 빨리 달음질하라**. 이는 또한 다윗이 도망쳐야 한다는 뜻이다.

20:39-42. 성경에서 가장 감동적인 장면이 연출된다. 다윗은 땅에 엎드려 **세 번 절**하고, 요나단과 **서로 입 맞춘다**. 여기에는 결코 성적인 의미가 없으며, 이는 남자 사이의 깊은 우정을 표현하는 문화적 관습이었다(참고. 롬 16:16; 고전 16:20; 고후 13:11; 살전 5:26; 벧전 5:14). 하나님의 젊은 전사들이 울었는데, **다윗이 더욱 심했다**(41절). 두 사람은 이후 요나단이 길보아 산에서 죽기 전에(참고. 31:2) 딱 한 번 잠깐 만난다(참고. 23:16-18). 다윗이 어려서 취한 아내 미갈은 다른 남자에게 주어지고, 다윗은 오랜 시간이 흐른 후에야 그녀를 되찾는다(참고. 삼하 3:12-16).

B. 다윗이 사울의 궁정에서 도망치다(21:1-31:13)

이 부분은 다윗이 이상적인 왕이 되기 위해 필요한 훈련 과정이기 때문에 포함되었다. 도망자의 삶을 통해 다윗은 어떤 왕이 되어야 할지 깨달았다. 이러한 어려운 시절을 통해 성군의 길을 배운 것이다.

1. 굶주리고 무력하고 겁에 질린 도망자(21:1-15)

a. 성별된 떡을 먹다(21:1-7)

21:1-2. **놉**은 베냐민에 있는 '제사장의 성읍'으로, 예루살렘에서 동쪽으로 약 3킬로미터 떨어져 있다. 거기에는 하나님의 성전인 성막이 있었다. 놉은 예배 중심지로서 실로를 대체했던 것으로 추정되는데, 이는 다윗이 그곳을 먼저 찾은 이유이기도 하다. 아히멜렉은 '왕의 형제'라는 뜻이다. 다윗 정도의 신분이면 호위대를 포함해 수행원을 대동하는 것이 보통이지만, 그는 사울의 고관들 없이 홀로 놉을 찾는다.

21:3-4. 다윗은 놉 방문 이유에 대해 아히멜렉에게 거짓말을 한다. 다윗이 지칭한 **왕**(2절)은 사울이 아니라 하나님이며, 그래서 거짓이 아니라고 보는 이도 있다(Youngblood, "1, 2 Samuel," 213). 그러나 본문에는 그런 해석을 지지할 만한 근거가 보이지 않는다. 다윗이 사울의 영적 고문인 아히야(참고. 14:3; 22:9)의 형제인 아히멜렉을 믿을 수 있을지 확신이 없었기 때문으로 보는 이들도 있다(Tsumura, *The First Book of Samuel*, 529; Baldwin, *1 and 2 Samuel*, 137). 그러나 이는 단지 추측일 뿐, 제사장들의 학살로 이어진 다윗의 거짓말에 대한 변명은 될 수 없다(참고. 22:6-23). 몇몇 소년이 다윗과 함께 있었다. **거룩한 떡** 혹은 진설병(참고. 6절)은 성막에서 쓰기 위해 특별히 구운 떡이다. 매 안식일마다 새로 열두 덩이를 구워서 교체했고, 물린 떡은 오직 제사장만이 먹을 수 있었다(참고. 레 24:5-9). 마침 제사장이 새 떡을 올리고 오래된 떡을 물린 참이었다. 다윗이 굶주려 있었기에, 제사장은 특별히 예외적으로 다윗과 소년들에게 떡을 준다. 후에 예수 그리스도는 보다 큰 선을 위했던 아히멜렉의 결정과 행동을 인정하신다(참고. 마 12:1-7).

21:5-6. 다윗은 자기와 소년들이 **진설병**을 먹기 위해 필요한 의례적 요건을 충족한다고 단언한다.

21:7. 그날에 사울의 수하 중 **에돔 사람 도엑**이 놉에 있었다. 에돔 사람은 에서의 후손이었다(창 25:19-23; 36:9). 에돔 사람이 하나님과 그 백성을 대적한 역사를 떠올려볼 때(민 20:14-21; 24:18; 옵 1장), 도엑의 언급은 "이야기 속 악당의 등장을 알린다"[Eugene H. Peterson, *First and Second Samuel* (Louisville, KY: Westminster John Knox, 1999), 111].

b. 다윗이 골리앗의 칼을 받다(21:8-9)

21:8-9. 다윗은 왜 칼이 없는지에 대해 다시 거짓말한다. 사용할 수 있는 칼은 다윗이 **엘라 골짜기**에서 죽인 **골리앗의 칼**밖에 없었다. 이는 다윗에게 역경에도 승리를 주시는 하나님의 능력을 일깨워주었다.

다윗이 제사장 아히멜렉을 방문한 사건은 진실과 정직의 필요성에 대한 교훈을 남긴다. 그것도 아주 끔찍한 방법을 통해서이다. 그의 거짓말(2절)은 개인적 안전을 보장해준 것처럼 보였지만, 이는 결국 놉 제사장들의 학살로 귀결된다(22:9-19). 다윗은 자기가 초래한 치명적 손상을 확인한 후, 잘못을 뉘우치며 그 결과에 대해 전적으로 책임을 진다(22:22-23).

삼상

c. 다윗의 실감 나는 연기(21:10-15)

21:10-15. 블레셋의 영토로 도망치면서 사울이 추격을 멈추자 다윗은 일단 그곳에 몸을 의탁한다. 골리앗의 고향인 가드에서(Unger, *The New Unger's Bible Dictionary*, 459), 다윗은 왕인 아기스에게 거짓 충성을 맹세하지만, 아기스의 **신하**들은 그를 알아본다(11절). 정체가 탄로 난 다윗은 목숨의 위협을 느끼고, 곤경에서 벗어나기 위해 미친 척 연기를 한다. 전략은 주효했다. 15절을 보면, 다윗은 누군가를 만나 설득 끝에 아기스로 들어간 것 같다. 그들은 다윗이 누구인지 몰랐다. 가드에서의 경험을 배경으로 다윗은 시편 34편과 56편을 썼다. 그는 두렵고 절망적인 몸부림 속에서도 하나님은 그분의 사람을 신실하게 보호하신다는 교훈을 얻었다.

2. 아둘람 굴과 놉의 제사장들(22:1-23)

a. 아둘람 굴의 다윗에게 모여들다(22:1-2)

22:1-2. 아둘람은 예루살렘에서 남서쪽으로 약 40킬로미터 떨어진 성읍이다. 유대 광야도 이 지역에 있었다. **아둘람 굴**['피난처']은 다윗의 은신처가 된다. 다윗은 이 동굴에서의 경험으로 시편 47편을 썼던 것으로 보인다. 왕위에 대한 잠재적 정적을 말살하는 관행에 비추어 볼 때, 다윗의 친족들 역시 위험했으므로 이들은 아둘람 굴의 다윗에게로 모였다. 그 외에도 **환난 당한 모든 자와 빚진 모든 자와 마음이 원통한 자가 다** 다윗에게 모여들었다(2절). '환난'의 뜻은 '엄청난 외적 압박으로 받는 고통'으로, 종종 원수로 인해 생긴다(참고. 사 51:13). 다윗에게 몰려든 자들은 사울의 압제나 기타 상황으로 인해 환난을 당한 자들이었다.

'빚'의 뜻은 '채권자가 있는'이다. 구약성경의 채권자는 가난한 자에게 돈을 빌려주고 이자를 받아 이득을 챙겼다. 채권자는 경제적 어려움에 빠진 하나님의 백성을 이용했다. 대출의 이자로 집, 포도원, 올리브 숲 등을 뺏기도 했다(참고. 느 5:1-13). 하나님의 백성에게 돈을 빌려주고 이자를 취하는 행위는 이스라엘을 위한 하나님의 말씀에 어긋났다(참고. 출 22:25; 레 25:35-38; 겔 18:7). 뿐만 아니라 이스라엘에서 하나님의 백성은 7년마다 빚을 탕감받았다(참고. 신 15:1-11; 느 10:31). 이는 재정적 실패 때문에 가난에 빠지는 자들을 위한 하나님의 안전망이었다(참고. 레 25:35-38). 하지만 채권자들은 이들을 이용했다. 엄청난 고리를 매기고, 무자비한 요구를 했으며, 7년째에도 면제를 거부했다. 심지어 채무자와 그 아이들을 노예로 만들어서 더 심한 경제적 어려움과 고통을 안기기도 했다.

권리를 박탈당한 가난한 자들이 다윗에게 몰렸다. '원통'의 문자적 뜻은 '쓴 영혼'이며, 여기서 "'쓴'은 파괴적이고 마음을 짓뭉개는 상황에 대한 정서적 반응"을 뜻한다(Hamilton, "Bitter," TWOT, 528). 사울 통치 하에서의 삶이 너무도 고통스러웠기에 그들에게는 하나님이 필요했다. 다윗은 환난 당하고 빚지고 원통한 자들의 우두머리가 된다. 이들 중 일부는 다윗 정부의 관료가 되고, 일부는 그의 용사가 된다. 이들의 변신은 하나님을 따르는 다윗의 리더십 덕분이었다. 오늘날 교회에서도 하나님은 경건한 리더십을 통해 세상의 주변인을 하나님의 용사로 변화시키신다.

b. 다윗의 부모가 모압 미스베에서 은거하다 (22:3-4)

22:3-4. **모압**에는 다윗과 그의 친족이 있었다. 왜냐하면 모압 여인 룻이 다윗의 증조모였기 때문이다(참고. 룻 4:18-22). 그러므로 다윗이 사울을 피해 모압으로 가서 부모의 안전을 도모한 것은 일리가 있다. **미스베**[예루살렘 북쪽 약 10킬로미터]는 모압 왕의 거주지였을 수 있다. 그다음 다윗은 **요새**로 갔다. '요새'는 히브리어로 메추다(*metsuda*)이며, 여기에서 영어의 '마사다'(Masada)가 파생되었다. 요새의 위치는 명확하지 않은데 현대의 마사다로 알려진 곳이었을 것으로 추정된다. 이곳은 사해 서쪽 해안에서 멀지 않으며, 주위 사막에서 약 366미터 정도 솟아오른 암각 고원에 위치한다. 요새 동편으로는 좁고 뱀처럼 구불구불한 길이 정상까지 이어진다. 고원 정상에서는 사방으로 수 킬로미터까지 볼 수 있었기 때문에 매우 유용한 요새였다.

c. 요새를 떠나 헤렛 수풀로 가다(22:5)

22:5. 다윗에 합류한 **선지자 갓**이 다윗에게 유다 땅으로 가라고 명령한다. **헤렛**은 유다에 있는 숲이 울창한 산지로, 다윗과 부하들이 숨기에 안성맞춤이었다.

d. 에셀 나무 아래에서 사울이 불평하다(22:6-10)

22:6-8. 사울이 **에셀**[tamarisk, 위성류/능수버들] 나무 아래 앉아 있을 때, 다윗이 유다에 있다는 소문이 이른다. 이 활엽수는 높이가 9미터에 이르며 잎은 넓은 그늘을 만든다. 사울은 신하들을 **베냐민 사람**이라 부르면서 역시 베냐민 사람인 자기에 대한 충성심을 고양하려 한다. **이새의 아들이 너희에게 각기 밭과 포도원을 주며 너희를 천부장, 백부장을 삼겠느냐.** 밭과 포도원은 경제적 힘을 가리키고, 천부장, 백부장은 군사적 힘을 가리킨다(7절). 사울은 자신의 수하마저 음모를 꾸민다며 의심한다.

22:9-10. 도엑은 사울의 망상을 이용하여 그의 눈에 들려 한다. 도엑은 다윗이 제사장 아히멜렉과 함께 있는 것을 보았고, 그가 다윗을 위해 하나님께 물었다고 말한다. 그러나 다윗이 아히멜렉에 거짓말한 사실은 말하지 않는다.

e. 사울이 여호와의 제사장들에게 복수하다 (22:11-23)

22:11-17. 사울은 다윗을 도운 아히멜렉의 행위를 반역으로 오해했고, 아히멜렉이 다윗을 변호하자 더욱 격노한다(14-15절). 사울은 여호와의 제사장들을 죽이라고 명령하지만 신하들은 주저한다.

22:18-19. 그러자 사울은 **에돔 사람 도엑**에게 **제사장들을 죽이라고** 명령한다. 도엑은 제사장 85명을 죽이고, 놉의 **남녀와 아이들과 젖 먹는 자들과 소와 나귀와 양**까지 몰살한다(19절). 도엑의 제사장 학살 사건은 구약성경의 가장 충격적인 학살이다.

22:20-23. 아히멜렉의 아들 중 **아비아달**이 탈출해서 다윗에게 사울의 제사장 학살 사실을 알린다. 실제로 죽인 것은 도엑이지만, 명령한 자는 사울이었다. 다윗은 자기의 거짓말이 불러온 참상을 받아들이고, 학살에 대한 책임을 진다(22절). 하나님의 선지자 갓이 다윗과 함께했고, 이제 하나님의 제사장 아비아달이 합류

한다(참고. 23:9-10; 30:7; 대상 15:11-15). 다윗은 시편 52편에서 도엑의 배신에 대해 썼다.

3. 신실하신 하나님과 신의를 저버리는 사람들(23:1-28)

a. 다윗이 그일라를 구원하다(23:1-5)

23:1. 다윗은 비록 도망자였지만, 백성은 여전히 그를 경건한 지도자로 우러러보았다. **그일라**는 겹문과 빗장을 갖춘(7절) 성벽에 둘러싸인 난공불락의 성읍으로, 예루살렘 남서쪽 약 30킬로미터에 있었다. 이를 접수하기 위해서는 포위 작전을 해야 했다. 그런데 타작마당이 성 밖에 있었기 때문에 방어에 어려움이 있었다. 블레셋은 이 **타작마당을** 공격해서 밀을 **탈취**하고 일꾼들을 죽였다.

23:2-5. 다윗은 하나님께 블레셋을 공격해서 **그일라를 구원**할지 묻고, 하나님은 그리하라고 대답하신다. 하나님의 뜻을 재확인하기 위해 다시 묻자, 하나님은 블레셋에 대한 승리를 확인해주신다. 수하들이 함께했지만 공격을 이끈 이는 다윗이었다.

b. 신의를 저버린 그일라 주민들(23:6-14)

23:6-12. 다윗이 그일라에 있다는 소식을 들은 사울은 하나님이 다윗을 자기 손에 넘기셨다고 생각한다(7절). 그래서 부하들을 이끌고 그일라를 포위해서 다윗을 잡으려 한다. 사울의 계획을 감지한 다윗은 아비아달의 **에봇**을 이용해서 하나님의 의중을 파악한다. 에봇에는 우림과 둠밈이 담긴 주머니가 부착되어 있었으며(Bergen, *1, 2 Samuel*, 232), 이것을 이용해서 하나님의 뜻을 확인할 수 있었다(출 28:30의 주석을 보라).

다윗은 자기 때문에 또 다른 도시가 파괴될까 염려한다(10절; 참고. 22:14-19). 하나님은 다윗에게 사울이 공격하러 올 것임을 알려주신다(11절). 600명의 딸린 식구가 있었기에 이 정보는 다윗에게 매우 중요했다(13절). 그는 그일라를 떠나는 것이 합당하다는 확신이 필요했다. 비록 다윗이 그일라를 구했지만, 하나님은 배은망덕한 그일라가 다윗과 그 수하들을 사울에게 넘겨줄 것이라고 알려주신다(12절). 여기에서 다윗은 리더십에 관한 또 하나의 교훈을 얻는다. 지도자는 하나님의 구원만 신뢰해야 하며 사람들을 믿어서는 안 된다.

23:13-14. 다윗과 그 수하는 사울을 피해 다시 도망길에 오른다. 다윗이 어디로 갔는지 알 수 없는 사울은 잠시 추격을 중단한다. 십(예루살렘 남쪽 약 35킬로미터)은 유대 광야로 둘러싸인 고지대 성읍이었다. **사울이 매일 찾되 하나님이 그를 그의 손에 넘기지 아니하시니라.** 이후 사울은 죽을 때까지 다윗에 대한 의심의 눈초리를 거두지 못한다. 다윗에 대한 하나님의 보호는 사무엘상의 주요 주제이다.

c. 친구의 격려(23:15-18)

23:15-18. 하나님의 섭리로 다윗의 친구 요나단이 와서 **그에게 하나님을 힘 있게 의지하게** 한다. '의지하게 하다'의 문자적 의미는 '손을 강하게 하다'이다. 요나단은 두려움 가운데 있는 다윗을 위로한다. **두려워하지 말라**(17절). 요나단은 왕국이 다윗의 것임을 알았다. 요나단은 왕이 되지 않는다. 그는 자기가 다윗 다음이 될 것이라고 생각했다. 두 사람은 세 번째 언약을 맺는다. 이 언약은 다윗 왕국에서 요나단의 위치를 규정한다. 이 또한 사울의 후계자를 통해 다윗의 정당한 왕위를 확증하는 것이다.

d. 바위로 피하다(23:19-28)

23:19-23. **십 사람들**이 사울에게 와서 다윗이 **광야**[여시몬] 근처에 숨었다고 이른다. 광야는 유대 산지 동편에서 사해에 이르는 사막지대이다. 동굴과 바위들이 많은 이 산지는 은신처로 제격이었다. 사울은 다윗에 대한 살인적 시기심을 은폐하고자 경건한 언어를 구사한다(21절).

23:24-28. 다윗은 마온에 있었다. 헤브론에서 남쪽으로 10여 킬로미터쯤 떨어진 마온은 고지대 성읍으로, **아라바**의 유대 광야로 둘러싸여 있었다. 아라바는 건조한 골짜기로 사해에서 남쪽으로 홍해의 아카바만까지 약 193킬로미터를 내달린다. 사울과 그 부하들은 아라바에서 다윗과 그 수하들을 따라잡는다. 다윗과 수하들이 사로잡히기 직전, 전령이 **블레셋 사람들**의 침공을 사울에게 전한다(27절). 이에 사울은 다윗에 대한 추격을 멈춘다. 이는 사울의 손에서 다윗을 구원하기 위해 블레셋의 침공을 유도하신 하나님의 섭리였다. 다윗과 그의 부하들은 이를 기념하기 위해 자신들이 죽을 뻔했던 곳의 이름을 **셀라하마느곳**[the Rock of Escape]이라 부른다. 즉 그곳은 사울의 추격으로부터 탈출한 곳이다(28절).

4. 다윗이 긍휼을 베풀어 사울을 살리다 (23:29-24:22)

복수에 관한 내용이 24장에서 26장까지를 관통한다. 24장과 26장에서 다윗은 복수를 하는 대신 사울을 살려준다. 이 사건은 여호와와 "여호와의 기름 부음을 받은 자"(24:6)에 대한 다윗의 경외심을 보여줄 뿐 아니라, 다윗이 하나님께 이스라엘의 다음 왕으로 선택받았지만, "그는 이전 왕의 목숨을 스스로 취하는 왕위 찬탈자가 아님"을 보여준다(Laney, *First and Second Samuel*, 70). 이 두 가지 사건 사이에는 다윗이 불한당 나발에게 복수할 뻔했던 사건이 기록되어 있다. 다윗은 세 번의 사건을 통해서 목숨의 위협이나 모멸감에도 불구하고 끝끝내 복수를 포기하는 중요한 교훈을 얻는다. 아랫사람(사울과 나발)이 마땅히 화를 당해야 하는 상황에서도 절제함으로써, 다윗은 스스로 손에 피를 묻히지 않고 하나님이 친히 그 원수를 벌하실 수 있도록 했다(참고. 25:26). 로마서 12장 19절의 말씀을 다윗은 몸소 배웠다. **너희가 친히 원수를 갚지 말고 하나님의 진노하심에 맡기라 기록되었으되 원수 갚는 것이 내게 있으니 내가 갚으리라고 주께서 말씀하시니라.**

a. 다윗이 사울의 옷자락을 베다(23:29-24:7)

23:29-24:3. **엔게디**는 예루살렘에서 남동쪽으로 48킬로미터쯤 떨어진, 사해 서편의 광야 성읍이다. 이 지역에는 바위와 굴이 산재한 언덕과 산이 있었는데 샘을 중심으로 들염소들이 살았다. 그리하여 이곳은 엔게디, 즉 '들염소의 샘'이라 불렸다. 다윗 시대에는 엔게디에 사람이 살지 않았다. 다윗을 쫓던 사울은 **양의 우리**에 이른다(24:3). 그리고 근처의 동굴에 **뒤를 보러** 들어갔다. '뒤를 보다'의 문자적 의미는 (옷자락으로) '발을 가리다'이며, 이는 몸속의 배설물을 처리한다는 뜻의 완곡한 표현이다. 사울은 다른 사람의 눈길을 피해 동굴 안에 홀로 있었다.

24:4-5. 다윗의 사람들은 이를 사울을 죽이라고 하나님이 주신 기회로 보았다. 그러나 다윗은 사울의 목숨을 취하는 대신에 **사울의 겉옷 자락을 가만히 베**었다. 사울은 뒤를 보는 동안 겉옷을 곁에 벗어 놓았을 것이다. 다윗은 옷자락을 벤 것 때문에 마음이 찔렸다(문자적으로 '다윗의 마음이 그를 쳤다'). 죄책감을 느낀 것이다.

24:6-7. 사울의 지위를 존중한 다윗은 사울을 죽이려 하지 않지만, 부하들은 죽일 것을 종용한다. 그러나 동굴 속에서 다윗은 강력한 지도력을 발휘하여 수하들이 사울을 해치지 않도록 설득한다. 그동안 사울이 저지른 짓을 생각할 때, 다윗이 사울의 생명을 취하는 유혹에 빠지지 않은 것은 대단히 놀랍다. 어떤 면에서 보면, 직접 복수하지 않고 하나님께 맡긴 것이 골리앗을 베어 죽인 것보다 더 위대한 믿음의 행동이다. 사울은 무슨 일이 일어났는지 전혀 모른 채 동굴을 떠난다.

b. 다윗이 긍휼의 증거를 제시하다(24:8-15)

24:8-10. 다윗의 그다음 행동은 함께 있는 사람들을 충격으로 몰아넣었을 것이다. 굴에서 나온 다윗은 사울을 부르고 예를 갖추어 **땅에 엎드려 절**한다. 다윗은 자비를 베풀었다. 사울이 다윗을 죽이려 한 것은 누군가 다윗이 그를 해치려 한다고 자극했기 때문이 아니다. 다윗이 사울을 아꼈다고 말한 것은(10절), 곤란을 당한 자에 대한 긍휼의 표현이다. **나는 내 손을 들어 내 주를 해하지 아니하리니 그는 여호와의 기름 부음을 받은 자이기 때문이라.** 다윗은 하나님이 사울을 왕위에 앉히셨음을 알았다. 그러므로 스스로 사울을 치는 대신 하나님이 자기를 왕으로 세우실 것이라는 믿음을 붙들었다.

24:11-12. 다윗에게는 사울을 긍휼히 여겨 목숨을 보전했다는 물리적 증거가 있었다. 다윗은 베인 **옷자락**을 들어 사울에게 보인다. 그는 사울에게 세 가지 사실을 확인시키고 싶었다. 사울은 다윗의 목숨을 취하려고 쫓아다녔지만, 다윗의 손에는 악이 없으며, 사울과 그 왕국에 반란을 일으키지 않았고, 사울에게 **범죄한** 일도 없었다(11절; 참고. 20:1).

24:13. 다윗은 오랫동안 이스라엘에 회자된 짧고 간결한 속담을 말한다. **악은 악인에게서 난다.** 다윗의 행동은 그가 악인이 아님을 보여주었다. 그의 마음이 악했다면 동굴 안에서 사울의 생명을 거두었을 것이다.

24:14-15. 다윗은 두 가지 은유를 사용해서 자신은 사울의 추격을 받을 만한 가치조차 없음을 역설한다. 그는 자신을 **죽은 개**와 **벼룩**이라 부른다. 그리고 여호와가 재판장이 되어 자기 사정을 살피고 사울의 손에서 건지시도록 자신을 내맡긴다.

c. 사울이 다윗의 자비에 응답하다(24:16-22)

24:16-22. 다른 때와 달리, 사울은 다윗을 '이새의 아들'이라 부르지 않고 **내 아들**이라 부른다. 다윗은 사울의 사위였다. 하나님과 멀어진 사울이었지만, 사람이 원수를 그냥 돌려보내지 않는다는 것쯤은 이해했다. 사울은 다윗이 왕이 될 것과 왕국이 그의 손에 굳게 서리라는 것을 알았다(20절). 새 왕조가 정권을 잡으면, 잔인한 왕들은 옛 왕조의 후손들을 처형하곤 한다. 사울은 다윗에게 자기 **후손을 끊지 아니**할 것을 약속하게 하고(21절), 다윗은 그렇게 맹세한다. 그러나 이후 사울의 세 아들은 블레셋에게 죽임을 당한다(참고. 31:2). 남은 아들 이스보셋은 자기 진영에서 처형되며(참고. 삼하 4:5-12), 사울의 일곱 손자는 하나님의 심판으로 처형된다(삼하 21:1-9; 삼상 18:17-19의 주석을 보라). 그러나 다윗은 사울의 다리 저는 손자 므비보셋에게 인자를 베푼다(참고. 삼하 9:1-13).

5. 지혜로운 여인의 조언을 듣다(25:1-44)

a. 사무엘이 죽다(25:1)

25:1. 모세 이후 이스라엘의 가장 위대한 선지자였던 사무엘이 죽고 온 이스라엘이 슬피 운다. 그의 죽음은 한 시대의 종언을 고했다. 다윗은 시나이반도의 동중부에 위치한(창 21:20-21) **바란 광야**로 간다. 다윗이 정확히 어디에 머물렀는지는 불명확하다. 히브리어 본문에는 '바란'으로 나오지만, NIV는 70인역을 따라 '마온 광야'로 표기한다(Laney, *First and Second Samuel*, 72). 베르겐은 '바란' 표기를 선호한다. 저자가 의도적으로 다윗의 삶을 이스라엘의 역사와 병행하여 묘사하고 있기 때문이다. 다윗이 바란에서 머문 것은 5세기 전 이스라엘의 여정을 떠올리게 한다(참고. 민 10:12; 12:16, Bergen, *1, 2 Samuel*, 243).

b. 나발과 아비가일의 소개(25:2-3)

25:2-3. 헤브론에서 남쪽으로 약 11킬로미터 떨어진 마온에 한 사람이 있었는데, 그의 생업이 갈멜('하나님의 포도원')에 있었다. 갈멜은 유다에 속한 지역으로, 이스라엘 북서쪽 지중해 연안의 산맥인 갈멜산과는 구별된다. 농경사회인 이스라엘에서 부의 척도는 가축과 땅이었다. 이 사람에게는 양이 **삼천 마리**, 염소가 **천 마리** 있었다. 양털 깎기는 4월에서 5월 사이에 열리는 연례 행사였다. 양털은 매우 귀중한 상품이었으며, 옷 만들기 등 여러모로 쓸모가 많았다. 양털 깎기는 즐거운 축제였다.

이 사람의 이름은 나발('바보', 성경에서는 불경건하고 비도덕적인 인간을 뜻함, 참고. 시 14:1, 극중 인물에게 적합한 이름임)이었다. 나발에게 아비가일이라는 아내가 있었는데, 그 이름의 뜻은 '아버지의 기쁨'이다. 그녀는 **총명**하고(문자적으로 '이해를 잘하는', 나발의 악함과 그녀의 착함이 대조를 이룸), **용모가 아름다**웠다. 아름다움과 지혜가 아비가일 안에서 조화를 이루어 빛이 났다. 반면 그녀의 남편은 **완고하고 행실이 악**했다. 나발은 유다 가문인 갈렙 족속으로, 다윗과 같은 지파 출신이었다. 나발은 갈렙의 후손이었으나 조상의 명성에 전혀 어울리지 않는 인물이었다.

c. 나발이 다윗과 그 수하들을 경멸하다(25:4-13)

25:4-8. 광야는 위험한 곳이었다. 떼강도가 출몰하여 목자들을 해치고 양을 훔쳐갔다. 다윗과 그 수하들은 나발의 목자들에게 방패막이가 되어주었다. **네 목자들이 우리와 함께 있었으나**(7절). 다윗의 부하들은 떼강도와 들짐승으로부터 나발의 목자와 양들을 보호했다. 명절을 맞아 다윗은 자신의 성의에 대한 감사의 표시를 기대했다. 그래서 그는 **소년 열 명**을 나발에게 보내 그의 손에 있는 대로 조금 나눠 주기를 요구했다. 다윗이 보호의 대가를 갈취하려는 것은 아니었다. 오히려 나발의 수하들이 다윗의 보호를 받아들였기 때문에, 다윗과 그 부하들에게 대가를 지불할 의무가 있었다.

25:9-13. 나발은 다윗을 **이새의 아들**이라고 부른다(10절). 이는 사울이 다윗을 부를 때 사용했던 경멸적 표현이다. 그는 다윗을 **주인**인 사울에게서 **억지로 떠나는** 종으로 매도한다. 나발은 자기 소유물에 지나치게 집착한다. "내가 어찌 **내 떡**과 물과 **내 양털 깎는 자를 위하여 잡은 고기**를 가져다가 어디서 왔는지도 알지 못하는 자들에게 주겠느냐"(11절). 나발은 다윗의 소년들을 경멸했고, 재산 보호에 대한 계약상의 의무대로 지급되어야 할 것들을 주지 않았다. 분노한 다윗과 400명은 나발과 그 집에 보복할 준비를 갖추고, 200명은 **소유물 곁에** 남았다. '소유물'(13절)로 번역된 히브리어는 도구, 농기구, 무기, 그릇 등 광야 생활에 필요한 장비들을 가리킨다.

d. 아비가일이 지혜롭게 중재하다(25:14-35)

25:14-17. 하인들 가운데 한 명이 아비가일에게 나

발이 다윗의 소년들을 어떻게 모욕했는지 말한다. 그는 다윗의 수하들이 자기들을 어떻게 보호했는지 설명하기 위해 적절한 비유를 사용한다. **그들이 우리와 함께 있어 밤낮 우리에게 담이 되었음이라**(16절). 그는 나발을 **불량한 사람**[문자적으로,'벨리알의 아들'; 2:12의 주석을 보라]으로 칭한다.

25:18-22. 아비가일은 곧바로 다윗과 소년들에게 줄 음식을 준비한다. 남편에게는 아무 말 하지 않고 모든 일을 진행한다. 나발은 말이 통하지 않는 고집불통이었기 때문이다. 그에게 이야기하는 것은 시간 낭비일 뿐이었다. 다윗이 화가 난 이유는 나발이 자신들을 착취했기 때문이다. 그래서 그는 하나님의 심판을 선언한다(22절). 다윗의 분노가 적절하지 않다고 반론할 수도 있다. 추무라에 따르면, 다윗은 감정을 통제하지 못했고, 그가 폭력을 행사하지 않도록 하기 위한 하나님의 은혜와 간섭이 있었다(Tsumura, *The First Book of Samuel*, 585). 볼드윈도 이에 동의한다. 다윗이 사울은 살려주었지만, 나발의 경우에는 살육을 결코 주저하지 않았다(Baldwin, *1 and 2 Samuel*, 150).

25:23-25. 아비가일과 다윗의 만남은 성경에 나오는 멋진 남녀 간의 만남이다. 다윗이 입을 떼기도 전에, 이 총명하고 아름다운 여인은 나귀에서 얼른 내려와 그의 발치에 엎드려 얼굴을 땅에 댄다. 그녀의 첫마디는 이랬다. **내 주여 원하건대 이 죄악을 나 곧 내게로 돌리시고**(24절). 그러고 나서 자신의 말을 들어달라고 지혜롭게 간청한다. 24절에서 31절까지 기록된 그녀의 이야기는 성경에 등장하는 가장 지혜로운 말 중 하나이고, 구약성경에 기록된 여자의 입에서 나온 연설 중 가장 길다(사사기 5장의 드보라와 바락의 노래를 보라). 그녀는 다윗에게 남편의 이름이 그의 사람됨을 그대로 보여준다고 설명한다. 나발('바보')은 그의 이름만큼이나 실로 미련했다(25절).

25:26-31. 아비가일은 다윗에게 그의 삶에 함께하신 하나님의 손길을 상기시키면서, 하나님이 그가 **피를 흘려 친히 보복**하지 않도록 막으셨다고 지적한다. 아마도 동굴에서 사울을 살려준 일을 가리켰던 것 같다. 또한 복수는 하나님의 것임을 상기시킨다(26절). 24장에서 이 교훈을 체득한 다윗은 26장에서 다시 복습하게 된다. 이 장에서는 또 다른 상황에서 이 교훈을 배우고 있다. 왕에게 보복하지 않는 것도 중요했지만, 자신을 경멸한 바보에게 복수하지 않는 것도 경건한 결심을 요구하는 시험이었다.

아비가일은 가져온 예물(문자적으로 '복')을 **내 주를 따르는 이 소년들**[문자적으로 '내 주의 발치에서 따르는 자']에게 주게 해달라고 요청한다(27절). 그리고 비록 잘못한 사람은 남편이지만, 자기의 **허물**을 용서해달라고 간청한다. 그러면서 요청의 근거로 몇 가지 사실을 제시한다. (1) 여호와께서 다윗을 위해 **든든한 집**, 즉 왕조를 세우실 것이다(28절). 아비가일은 여기서 다윗의 삶을 예언적으로 말한다. 실제로 하나님이 다윗에게 왕조를 약속하시기까지는 수년이 더 흘러야 한다(참고. 삼하 7:8-17). (2) 다윗은 **여호와의 싸움**을 하고 있다. (3) 다윗의 일생에서 **악한 일**을 찾을 수 없을 것이다. 이 진술은 예언이라기보다는 나발에게 악을 행하지 말라는 가벼운 경고의 의미이다(Youngblood, "1, 2 Samuel," 248). 다윗은 이후 밧세바 사건으로 악을 저질렀다. (4) 여호와께서 다윗을 보호하실 것이다. (5) 여호와께서 다윗의 원수를 멸하실 것이다(29절). 그러면서 여호와께서 원수를 물매로 던지시듯 멸하시리라고 설명한다. 이는 다윗이 돌과 물매로 골리앗을 죽인 사건을 연상케 하는 이미지이다. (6) 나발과 그의 무고한 가솔에게 보복을 하는 것은 다윗이 왕이 된 후 양심의 가책으로 남을 수 있다. 아비가일은 죄의 용서를 탄원하면서 마지막으로 한 가지 요청을 덧붙인다. **다만 여호와께서 내 주를 후대하실 때에**[즉, '당신이 왕이 되시면'] **원하건대 내 주의 여종을 생각하소서**(31절). '생각하다'는 '누군가를 위해 특별하게 행동하다'라는 의미이다.

25:32-35. 다윗은 하나님이 아비가일을 보내어 자신이 복수하지 않도록 막으셨다는 것을 깨닫는다. 그리고 그녀의 요청을 허락한다. 이는 다윗의 훌륭한 모습이다. 또한 아비가일의 중재는 그녀가 현명한 여인이라는 것을 보여주었다.

e. 하나님이 나발을 치시다(25:36-38)

25:36-38. 아비가일이 집에 돌아왔을 때, 나발은 술에 취해 인사불성이었다. 아비가일은 다음 날 아침까지 아무 말 하지 않고 기다렸다가, 나발이 정신이 들자 자초지종을 말한다. 그 소식은 너무나 큰 충격이었기에,

나발은 **낙담하여 몸이 돌과 같이** 된다. 아마도 심각한 심장마비 내지는 뇌졸중을 일으켰던 것 같다. 열흘 후 하나님이 나발을 치시자 그가 죽는다.

f. 다윗이 아비가일을 아내로 맞다(25:39-44)

25:39-42. 다윗은 자신의 처지를 돌아보고 스스로 복수하지 않도록 막아주신 하나님을 찬송한다. 그리고 아비가일에게 청혼한다. 일부다처제가 하나님이 생각하시는 이상적 결혼 제도는 아니지만(다윗은 아히노암도 아내로 맞았다, 43절; 일부다처제에 대해서는 1:1-2의 주석을 보라), 아비가일은 존경할 수 있는 남자를 남편으로 맞는다.

25:43-44. 사울은 다윗의 첫 아내였던 딸 미갈을 발디에게 준다. 미갈은 법적으로 여전히 다윗의 아내였기에, 수년이 흐른 후 다윗은 미갈을 되찾는다.

나발, 아비가일과의 만남을 통해 다윗은 왕권에 대한 또 다른 교훈을 얻는다. 왕은 사사로운 복수를 자행해서는 안 되며, 하나님이 지켜주실 것을 신뢰해야 한다. 다윗은 여호와의 싸움을 싸웠고(28절), 여호와께서 그분의 싸움을 싸우시도록 맡겨드렸다.

6. 다윗이 사울을 다시 살려주다(26:1-25)

다윗은 사울을 다시 살려준다. 그는 사울과의 다툼에서 이길 수밖에 없지만, 무력으로 승리를 쟁취하지 않는다. 흥미롭게도 이번에는 다윗이 사울의 뒤를 밟는다[Brueggemann, *First and Second Samuel*, 182. 《사무엘 상, 하: 목회자와 설교자를 위한 주석》(한국장로교출판사)].

a. 사울이 다윗을 다시 추격하다(26:1-5)

26:1-5. 십 사람이 다윗의 행방을 사울에게 다시 일러준다(참고. 23:19-20). 그들은 다윗이 **하길라 산**[헤브론 남동쪽 24킬로미터, 사해 주위 광야를 굽어봄]에 숨어 있다고 말한다. 모세와 여호수아처럼 노련한 지휘관인 다윗은 사울의 접근을 살피기 위해 정찰병을 내보낸다.

b. 다윗이 곤히 잠든 사울을 발견하다(26:6-12)

26:6-8. 헷 사람 아히멜렉과 스루야의 아들 요압의 아우 아비새 두 사람이 다윗과 함께 있었다. 구약성경에는 아히멜렉이 여럿 나온다. 셈족 이름이지만, 이 아히멜렉은 헷 사람이었다. 이방인 중에는 여호와와 그 말씀을 바라보고 하나님의 백성이 되려고 하는 자들이 있었다. 밤에 다윗과 조카 아비새가 여호와께서 깊이 잠들게 하신(12절) 사울의 군사들을 지나 진영 한복판에서 아브넬과 함께(7절) 잠들어 있는 사울에게 이른다. 이 이야기에서 사울의 창이 여섯 번 언급되는데(7-8, 11-12, 16, 22절), 이는 바로 사울이 다윗을 죽이려고 두 번이나 던졌던 바로 그 창이다(참고. 18:10-11; 19:10). 다윗은 사울의 창만 가져옴으로써, 왕을 죽여서 왕위에 오를 의사가 없음을 재천명한다(Laney, *First and Second Samuel*, 75).

사울은 다시 무방비 상태에 있었다. 아비새는 이를 하나님이 사울을 다윗의 손에 넘겨주신 것으로 해석한다(8절). 아비새는 단 한 방에 사울의 목숨을 취할 준비가 되어 있었다. 그는 "내가 창으로 그를 찔러서 단번에 땅에 꽂게 하소서 내가 그를 두 번 찌를 것이 없으리이다"라고 말한다.

26:9-11. 그러나 다윗은 아비새가 사울을 치지 못하도록 막는다. 왜냐하면 사울은 **여호와의 기름 부음 받은 자**였기 때문이다. 다윗은 하나님이 나발을 손보신 것처럼 사울도 직접 손보실 것으로 확신했다.

26:12. 다윗은 재차 사울의 생명을 보전한다. 아무도 다윗을 보지 못한 이유는 하나님이 그들을 **깊이 잠들게 하셨**기 때문이다.

c. 다윗이 사울의 수하를 부르다(26:13-16)

26:13-16. 안전거리를 확보한 뒤, 다윗은 아브넬과 백성을 부르면서 사울의 생명이 위기에 처하도록 보호하지 못했다고 조롱한다. 그리고 자신이 그들의 진영에 있었다는 증거, 즉 사울의 **창**과 그의 머리 곁에 있던 **물병**을 보여준다.

d. 다윗이 사울에게 외치다(26:17-20)

26:17-19. 다윗은 24장에서 했던 것과 의미상 같은 질문을 던지며 사울에게 간곡하게 호소한다. **내 주는 어찌하여 주의 종을 쫓으시나이까 내가 무엇을 하였으며 내 손에 무슨 악이 있나이까**(18절). 만약 다윗을 추격하게 하신 분이 하나님이면, 다윗은 하나님께 용서와 화해를 위한 제사를 드릴 준비가 되어 있었다. 그러나 사람이 한 짓이라면, **그들이 여호와 앞에 저주를 받으리니 이는 그들이 이르기를 너는 가서 다른 신들을 섬기라 하고 오늘 나를 쫓아내어 여호와의 기업에 참여하지 못하게** 했기 때문이다(19절). 우상숭배는 하나

님 앞에 큰 죄이다.

26:20. 다윗은 사울에게 이스라엘의 왕이 자신을 쫓는 것이 얼마나 모순인지 재차 상기시킨다. 그리고 자신을 **벼룩**으로 칭하면서, 사울이 자신을 추격하는 것은 왕이 **메추라기를 사냥**하는 것처럼 가당치 않다고 역설한다.

e. 다윗이 사울의 창을 내보이다(26:21-25)

26:21. 사울은 세 번째로 잘못을 고백한다. **내가 범죄하였도다**. 그러나 이는 진심이 아니었다. 이어지는 사울의 말은 놀랍다. **내 아들 다윗아 돌아오라 네가 오늘 내 생명을 귀하게 여겼은즉 내가 다시는 너를 해하려 하지 아니하리라 내가 어리석은 일을 하였으니 대단히 잘못되었도다**. 사울이 진심으로 뉘우치는 것처럼 보인다. 그러나 그는 너무도 변덕스러울 뿐 아니라 피해망상에 사로잡혀 있었기 때문에, 이내 다시 다윗을 죽이려고 증오를 불태운다.

26:22. 다윗이 대답한다. **왕은 창을 보소서**. 그리고 사람을 보내서 가져가게 하라고 한다. 물병은 돌려주지 않은 것이 분명하다. 사막 생활에서 물병은 매우 중요한 물품이었다.

26:23-25. 하나님이 사울을 자신의 손에 넘기셨지만, 다윗은 **여호와의 기름 부음을 받은 자**를 치지 않았다. 사울은 다윗이 큰일을 이루고 성공하리라고 고백한다. 이것이 사울과 다윗의 마지막 대화이다.

이것으로 복수 이야기 3부작이 끝을 맺는다. 다윗은 이를 통해 왕은 적에게 복수해서는 안 된다는 교훈을 배웠다. 다윗은 **여호와의 기름 부음 받은 자**에게 복수해서는 안 된다는 원칙을 늘 고수했다. 그리고 나발 같은 불량한 자에게 복수하는 것 역시 적절치 않다는 교훈을 새롭게 얻었다. 이후 왕이 된 다윗은 반대자들에게 너그러운 왕으로 명성을 얻는다.

7. 다윗이 블레셋으로 도피하다(27:1-12)

a. 다윗이 다시 아기스로 건너가다(27:1-4)

27:1. 하나님이 도우셨음에도 불구하고, 다윗은 여전히 두려웠다. 그는 처음 사울에게서 도망쳤을 때보다 더 큰 중압감을 느꼈다(20장). 아내들도 생각해야 했고, 부하들의 처자식도 생각해야 했다. 사막에서 죽음의 위협 아래 끊임없이 이리저리 도망칠 수는 없는 노릇이었다. 다윗이 유다에 있는 한 사울의 추격은 계속될 것이다.

27:2-4. 다윗은 **가드 왕…아기스**에게로 간다. 이번에는 혼자가 아니다(참고. 21:10). 600명이 그를 따랐고, 그들의 처자식을 고려하면 다윗의 무리는 족히 1,000명은 될 것이다. 다윗이 가드로 갔다는 말을 들은 사울은 수색을 중단한다. 블레셋이 그를 죽이리라 기대했는지도 모른다.

b. 다윗이 가드에서 16개월 동안 지내다(27:5-7)

27:5-6. 저자는 아기스가 왜 다윗과 그의 사람들을 받아들였는지 설명하지 않는다. 어쩌면 다윗이 블레셋에 합류할 것으로 생각했는지도 모른다. 아기스가 다윗의 망명을 허락했기 때문에 다윗과 그 수하는 블레셋의 전쟁에 동참해야 할 의무를 지게 됐다. 다윗은 아기스에게 성읍 한 곳을 달라고 요청한다. 도시국가의 왕이었던 아기스는 원하는 자에게 땅을 불하할 권리가 있었기에, 다윗에게 **시글락**을 준다. 시글락은 유다 지파에 속한 땅이었고(참고. 수 15:31), 가드에서 약 35킬로미터쯤 떨어져 있었던 듯하다(정확한 위치는 알 수 없다). 이곳은 이미 수 세기 전에 하나님이 유다에게 주신 기업이다(참고. 수 15:31). 저자는 이렇게 기록한다. **시글락이 오늘까지 유다 왕에게 속하니라**.

27:7. 다윗은 몰랐지만, 그의 망명 생활은 막바지에 다다르고 있었다. 블레셋 땅에 머문 지 **일 년 사 개월** 만에 다윗은 유다의 왕이 된다. 다윗은 블레셋 땅에 머무는 동안 왕권에 대한 소중한 교훈을 배운다.

c. 다윗이 비밀 작전을 벌이다(27:8-12)

27:8-10. 다윗과 그의 수하는 세 족속을 쳤는데, 이들은 모두 하나님과 그 백성의 원수였다. 다윗은 그들을 몰살했고 **양과 소와 나귀와 낙타와 의복**을 빼앗아 왔다(9절). 그는 아기스에게 보고하면서 **유다 네겝과 여라무엘 사람의 네겝과 겐 사람의 네겝** 등 이스라엘 지역을 습격한 것처럼 거짓말을 했다. 아기스는 이 지역 이스라엘 사람을 적으로 여겼기에, 다윗의 보고에 흡족해했다. 본문은 다윗의 거짓말에 대해 아무 말이 없다. 베르겐에 따르면, 거짓말은 잘못이지만, 다윗의 "의도적 기만전술"은 "더 큰 악을 막기 위한 필요악"이었다. 왜냐하면 이를 통해 이스라엘의 생명을 구했고, 모세 시대 이후로 해결되지 않은 이들에 대한 군사적 정복 과업을 수행했기 때문이다(Bergen, *1, 2 Samuel*,

262). 뿐만 아니라 다윗은 이스라엘의 적인 이방 나라들과 전쟁 중에 있었기 때문에 기만전술은 정당화될 수 있었을 것이다.

27:11-12. 생존자는 비밀 작전의 전모를 아기스에게 누설할 위험이 있었기에, 다윗은 공격 지역에 생존자를 남기지 않았다. 비밀 누설은 다윗과 그 수하에 치명적 결과를 초래했을 것이다. 이는 대량 학살에 대한 동기로는 자기중심적으로 보이지만, 가나안 족속의 말살은 하나님이 여호수아에게 내리신 명령이었고 다윗은 이 명령을 완수했다[자세한 논의는 여호수아 주석의 '가나안 족속의 몰살—무고해 보이는 생명의 말살'(수 6:21)을 보라]. 아기스는 다윗의 비밀공작을 눈치채지 못한다. 다윗은 블레셋에게 충성하는 척하면서 지혜롭게 여호와의 싸움을 싸웠다.

다윗은 가드에 있는 동안 왕으로서의 중요한 역할을 습득한다. 그리고 이로 인해 이스라엘 군사적 지도자로서의 면모를 갖춘다.

8. 사울과 엔돌의 신접한 여인(28:1-25)

28장과 31장은 사울의 이야기이다. 29장과 30장은 다윗의 이야기이다. 사울은 더욱 깊은 나락으로 떨어져 엔돌의 신접한 여인을 찾아간다. 그는 블레셋 군대에 맞서 싸우는 것이 두려웠다(28장). 다윗은 하나님의 섭리로 블레셋 군대에서 빠져나오게 되고(29장), 아말렉을 쳐부수고 잃은 것을 전부 되찾아온다(30장). 사울의 아들들은 길보아 산에서 전사하고, 사울은 자살한다(31장).

사무엘상은 이렇게 끝을 맺는다. 이를 통해 우리는 하나님께 불순종하면 패망하고, 하나님을 믿고 순종하면 복을 받는다는 교훈을 얻는다.

a. 궁지에 빠진 다윗(28:1-2)

28:1-2. 아기스는 다윗과 그의 수하에게 이스라엘과 싸우는 블레셋 군대에 참가하자고 명령한다. 다윗은 자신의 백성인 이스라엘을 상대로 싸울 수 없었기에, 이 명령은 그를 궁지에 빠뜨렸다. 저자는 후에 29절에서 이 문제에 대해 다시 언급한다.

b. 궁지에 빠진 사울(28:3)

28:3. 사울과 블레셋의 결전을 앞두고, 두 가지 의미심장한 사건이 진행된다. (1) 이스라엘이 사무엘의 죽음을 슬퍼한다. 사울은 더 이상 전투에 대해 사무엘의 조언을 들을 수 없게 됐다. (2) 하나님은 이스라엘에서 신접한 자와 박수를 말살하라고 하셨지만, 사울은 그들을 추방하는 데 그치고 만다. **신접한 자와 박수**는 죽은 자와 접선하여 산 자의 문제에 대해 조언을 구하는 자들을 가리킨다. 하나님은 이런 자들을 정죄하셨고, 이러한 주술적 행위에 참여하는 것을 엄하게 금하셨다(참고. 레 19:31; 20:6, 27; 신 18:10-11; 사 8:19).

c. 바닥까지 내려간 사울의 삶(28:4-25)

삼상

28:4-5. 블레셋 군대는 모레아산 남서쪽, 이스르엘 골짜기의 수넴(갈릴리 바다 남서쪽 약 24킬로미터)에 진을 친다. 사울의 군대는 모레아에서 남쪽으로 약 10킬로미터 떨어진 **길보아**['길보아산'이라 불리는 낮은 언덕]**에 진** 친다. 길보아산에서는 이스르엘 골짜기가 잘 보였기 때문에, 사울과 그 군대는 블레셋 군대의 진, 규모, 장비, 병거와 움직임을 잘 관찰할 수 있었다. 블레셋 군대의 위용을 보고 사울의 마음은 크게 떨렸다.

28:6. 공포에 사로잡힌 사울은 전투에 관한 하나님의 뜻을 찾는다. 사울은 **꿈**과 **우림**과 **선지자**라는 정당한 방법을 통해서 하나님을 찾지만 하나님은 아무런 방법으로도 사울에게 대답하지 않으신다.

28:7. 하늘의 침묵으로 고립된 사울은 겁에 질려 신접한 자를 찾는다. 그러나 신접한 자를 모두 추방했기에, 신하들에게 수소문해서 찾아내게 한다. 신하들이 대답한다. **보소서 엔돌에 신접한 여인이 있나이다**. 엔돌의 뜻은 '돌의 샘'이다. 엔돌은 블레셋 진영의 북쪽에 있었고, 사울은 신접한 자를 만나기 위해 적진을 수 킬로미터 통과해야 했다.

28:8. 변장한 채 어둠을 틈타 적진을 뚫고 신접한 자의 집에 다다른 사울은 여인에게 말한다. **청하노니 나를 위하여 신접한 술법으로 내가 네게 말하는 사람을 불러 올리라**.

28:9-14. 아이러니하게도 신접한 여인은 사울이 신접한 자를 추방한 사실을 상기시킨다. 이는 사울이 자기를 함정에 빠뜨리려는 것으로 생각했기 때문이다. 사울은 여인에게 결코 벌을 당하지 않게 하겠다고 맹세한다.

사울이 **사무엘을 불러 올리라**고 요구하자(11절), 예상치 못한 일이 벌어진다. 여인이 실제로 사무엘을 본다. 신접한 자와 박수는 실제로 죽은 자와 접선하지 않왔다. 그들이 하는 짓은 악마를 이용한 사기극이었고, 그들도 그 사실을 알았다. 그러나 이 사건은 특수한 경우로 하나님은 실제로 사무엘이 나타나게 허락하셨다. 신접한 여인은 이를 보고 부르짖었으며, 이는 그녀조차 예상치 못하게 사무엘이 실제로 나타났음을 말해준다(12절). 사무엘을 본 여인은 자기가 속았으며 찾아온 사람이 사울임을 알게 된다. 여인은 사울에게 본 것을 설명하고, 사울은 그가 사무엘임을 안다(14절).

28:15-18. 사무엘이 사울이게 이른다. **네가 어찌하여 나를 불러 올려서 나를 성가시게 하느냐**. 사울은 자신의 행동을 합리화한다. (1) 그는 **심히 다급**했다. (2) **블레셋 사람들**이 그를 향하여 군대를 일으켰다. (3) 하나님은 그를 **떠나셨**다. (4) 하나님은 그에게 대답하지 않으셨다. 사무엘이 사울에게 묻는다. **여호와께서 너를 떠나 네 대적이 되셨거늘 네가 어찌하여 내게 묻느냐**(16절). 하나님은 수년 전에 아말렉을 진멸하지 않은 불순종 때문에 사울에게 대답하지 않으셨다(참고. 삼상 15장).

28:19-23. 사무엘은 하나님이 사울과 그 아들들 그리고 이스라엘 군대를 블레셋의 손에 붙이시리라고 선언한다. 하나님은 그들을 보호하지 않으실 것이다. 두렵고 지친 사울은 **땅에 완전히 엎드러지**다(20절). 그러자 아이러니하게도 신접한 자가 사울을 위로하며 음식을 권한다(22절).

저자는 '듣다'라는 말을 강조한다(21-23절). 사울은 하나님의 목소리를 듣지 않았지만, 부하들과 신접한 자의 목소리는 들었다.

28:24-25. 신접한 자가 사울과 신하들을 위해 음식을 준비하는 모습 역시 아이러니하다. 사울은 왕권을 잃었다는 사실을 막 확인하자마자 왕의 만찬을 연상케 하는 접대를 받았기 때문이다(Klein, *1 Samuel*, 273).

9. 하나님이 다윗을 블레셋 군대에서 빠져나오게 하시다(29:1-11)

a. 블레셋이 다윗을 불신하다(29:1-5)

29:1-3. 이스라엘과의 결전을 앞두고 블레셋 **수령들**은 다윗과 그의 수하들의 참전을 거부한다. 이 지휘관들은 다윗의 용맹을 잘 알았고, 이전에 자신들에게 왔던 히브리인들이 전쟁이 시작되자 이스라엘을 위해 자신들과 싸웠던 사건을 기억했을 것이다(참고. 14:21). 블레셋 수령들은 다윗의 무리를 **이 히브리 사람들**이라 부른다(3절). 브루그만(Brueggemann)에 따르면, 블레셋이 언급한 단어는 쓰레기를 뒤지는 노숙자 같은 사회적 부류를 가리킨다(Brueggemann, *First and Second Samuel*, 197). 블레셋 수령들은 결전 직전에 아기스 왕에게 그와 동행한 히브리인에 대해서 따진다. 아기스는 다윗을 신뢰했지만, 실상 다윗은 아기스를 전혀 지지하지 않았다. 오히려 그는 블레셋에 동조하는 사람들을 습격하고 말살했다.

29:4-5. 블레셋 수령들은 다윗을 위협으로 간주했다. 이를 뒷받침하기 위해, 그들은 사울을 괴롭혔던 노래의 가사를 인용한다. 이 노랫말이 세 번째로 사무엘상에서 인용된다(참고. 18:7; 21:11). 블레셋 수령들은 이 가사를 인용하면서 다윗이 얼마나 블레셋을 살상하는 데 앞장섰는지 아기스에게 상기시킨다. 당시 이스라엘 여인들은 춤추며 다윗의 무용담을 노래했다(Bergen, *1, 2 Samuel*, 271). 또한 수령들은 다윗과 사울의 유대가 공고하기 때문에 다윗이 사울을 대항해서 싸우지 않을 것이라고 주장한다(Brueggemann, *Frist and Secon Samuel*, 198). 저자의 관점에서 보면, 이 노랫말이 세 번 반복된 것은 사울이 아니라 다윗이 왕위에 적합한 인물이며, 하나님이 다윗의 삶과 업적에 복을 내리셨다고 강조하기 위함이다.

b. 다윗이 블레셋 군대에서 빠져나오다(29:6-11)

29:6-7. 아기스는 이스라엘의 하나님에게 관심이 있었는지도 모른다. 그는 하나님의 이름으로 맹세한다. **여호와께서 살아 계심을 두고 맹세하노니**. 아기스의 맹세를 통해 다윗이 얼마나 아기스를 잘 속였는지 알 수 있다.

29:8. 다윗의 반응은 수수께끼이다. 아기스 몰래 아기스를 조롱하고 있는 것 같기도 하다. 그는 아기스에게 묻는다. **내가 무엇을 하였나이까**. 다윗은 그의 비밀 공작을 누설할 가능성이 있는 자를 모두 죽여 없앴기에, 아기스가 자기에 대해 의심할 만한 것이 전혀 없음을 잘 알았다. 아마도 다윗은 계속 '연기'를 했던 것 같다.

29:9-11. 하나님은 블레셋 수령들의 불신을 통해 다윗을 어려움에서 건져내셨다. 그는 하나님의 백성 이스라엘과 싸우지 않아도 되었다. 하나님은 섭리로 다윗

의 삶 속에 일어난 일련의 사건을 조율하셨으며, 다윗은 30장에서 발생하는 사건에 대처할 수 있게 되었다.

10. 다윗이 하나님 안에서 힘을 되찾다(30:1-31)

a. 아말렉이 시글락을 습격하다(30:1-10)

30:1-2. 다윗과 그의 사람들이 갈릴리 바다 근처 이스르엘 골짜기에서 남쪽으로 약 129킬로미터를 행군하여 가족과 소유물이 있는 시글락으로 간다. 행군에 3일이 소요됐는데, 그사이 아말렉이 이미 성읍을 습격하여 불사르고 모든 사람을 사로잡아 갔다. 시글락은 상대적으로 고립되어 있었기에 이런 습격에 취약했다. 집에 다다른 다윗과 수하들은 불타고 있는 성읍을 목격한다. 아말렉은 처자식까지 모두 사로잡아 갔다. 다행히 저자는 그들이 **한 사람도 죽이지 아니**했다고 기술한다(2절). 그러나 다윗과 그 부하들은 이 사실을 알지 못했다.

이를 통해 독자는 다윗이 하나님의 섭리로 이스라엘과의 싸움을 피했지만, 여전히 수많은 적에 둘러싸여 있음을 상기한다(Peterson, *First and Second Samuel*, 130). 피터슨(Peterson)에 따르면, 두 리더십은 대조를 이룬다. 다윗과 사울 모두 목숨이 경각에 달렸음을 알았다. 그러나 사울은 신접한 여인을 찾아갔고, 다윗은 하나님께 기도하면서 "성경이 보증하는 에봇"을 통해 하나님의 뜻을 물었다(Peterson, *First and Second Samuel*, 130).

30:3-6. 다윗과 수하들은 더 이상 울 기력이 없을 때까지 심하게 운다. 다윗의 두 아내도 끌려갔고, 그를 짓누르는 압박감은 최고조에 이른다. 부하들이 **다윗을 돌로 치려** 했기 때문이다(6절). 하지만 이어지는 다윗의 행동은 경건한 용기의 표본이다. 시글락에는 그를 위로할 만한 것이 하나도 없었지만 그는 **그의 하나님 여호와를 힘입고 용기를 얻었**다. 다윗은 자기가 하나님의 뜻을 이루고 있으며 하나님의 말씀에 순종하고 있다는 사실을 자각함으로써 힘을 얻었다.

30:7-8. 사울과 달리, 다윗은 에봇을 사용할 수 있었다(2:8-21과 23:6-12을 보라). 사울과 대조적으로, 하나님은 다윗에게 대답하신다. 하나님은 다윗에게 적을 추격하라고 하시며 그가 모든 이를 구출할 것이라고 약속하신다.

30:9-10. 다윗과 600명의 수하는 시글락에서 남쪽으로 약 26킬로미터를 내려가 **브솔 시내**에 이른다. '시내'로 번역된 히브리어는 '와디'인데, 이는 우기에만 물이 흐르는 건천을 가리킨다. 다윗의 부하 중 기진맥진한 **이백 명**은 계속 따르지 못하고 소유물과 함께 브솔 와디에 머문다.

b. 예기치 않게 정보를 얻다(30:11-15)

30:11-14. 다윗과 수하는 버려진 채로 죽어가는 **애굽 사람 하나**를 우연히 **들에서** 발견한다. 다윗은 일단 그를 먹인 후에 취조를 시작한다. 그 애굽 소년은 다윗에게 아말렉 습격대에 관한 귀중한 정보를 제공한다(13-14절).

30:15. 그는 다윗이 자기 목숨을 보증하고 **주인**에게 돌려주지 않는다는 조건하에 그를 아말렉 습격대로 인도하겠다고 하고, 다윗은 이를 허락한다. 하나님은 그분의 뜻을 이루기 위해 다윗과 버려진 병자의 만남을 주선하셨다.

c. 다윗이 빼앗긴 것을 모두 되찾다(30:16-20)

30:16-17. 아말렉은 여기 저기 흩어져서 승리를 즐기며 먹고 마시고 춤추고 있었다. 다윗은 낙타 타고 도망친 소년 400명을 제외한 모든 아말렉을 도륙한다.

30:18-20. 다윗은 하나님이 약속하신 대로 두 아내를 비롯한 모든 것을 되찾는다(참고. 8절). 다윗은 지도자로서 모든 것을 되찾으리라는 하나님의 약속을 신뢰했다. 그의 수하들은 전리품에 이름을 붙인다. **이는 다윗의 전리품이라**(20절).

d. 다윗이 전리품을 나누다(30:21-31)

30:21-25. 다윗의 사람들 중 **악한 자와 불량배들**이 소유물과 함께 뒤처졌던 200명과 전리품 나누기를 거부한다(22절). 다윗은 전리품을 200명과 똑같이 나누어야 한다고 대답한다. 이는 전투병이 아니라 하나님이 승리를 주셨기 때문이다. 이 사건을 통해 전리품에 관한 이스라엘의 규례가 확립된다(24-25절). 저자는 이 규례가 여전히 유효함을 서술한다. 이는 다윗이 왕위에 오른 지 한참 후에 이 사건이 기록되었음을 가리킨다. 중요한 점은 다윗이 아직 왕위에 오르지 않았음에도 불구하고, 왕으로서 사법적 기능을 수행하고 있다는 사실이다(Klein, *1 Samuel*, 284). 다윗은 공식적으로 왕위에 오르기 전부터 이미 강력하고 경건한 지도력을 발휘했다.

30:26-31. 다윗은 사울에게 쫓길 때 자기를 도왔던 이들을 기억한다. 그리고 자신을 도왔던 유다의 십여 성읍에 전리품의 일부를 선물로 보낸다.

다윗은 아무도 자기를 따르지 않을 때조차 어떻게 지도력을 발휘해야 하는가에 대한 중요한 교훈을 얻었다. 경건한 왕은 더 이상 아무도 자기를 지지하지 않을 때, 하나님 안에서 힘을 얻어야 한다. 또한 악한 자들의 이기심이 파급되지 않도록 차단하고, 모든 양 떼를 정성으로 돌보아야 한다.

11. 사울과 그 아들들이 죽임을 당하다(31:1-13)

a. 사울이 스스로 목숨을 끊다(31:1-7)

31:1-2. 31장에 기록된 전투는 30장의 사건과 같은 시간에 발생한다. 이스라엘의 군대는 이스르엘 골짜기에서 패전하고 진이 있던 **길보아산**[갈릴리 바다 남서쪽 약 32킬로미터]으로 도주하지만 이르지 못한다. 블레셋은 길보아산 동편에서 그들을 벤다. 또한 **사울과 그의 아들들을 추격하여**, 사울의 세 아들 **요나단**[다윗의 친한 친구]과 **아비나답**과 **말기수아**를 죽인다.

31:3-6. 화살촉이 사울에게 치명상을 입힌다. 블레셋의 모욕과 고문을 염려한 사울은 무기 든 자에게 자기를 죽이라고 부탁한다. 그러나 무기 든 자는 사울의 마지막 명령을 거부하고(4절), 사울은 스스로 목숨을 끊는다. 사울의 무기 든 자도 주인을 따라 스스로 목숨을 끊는다(6절). 이로써 이스라엘은 블레셋에게 지도자와 군사를 잃는 심대한 타격을 입는다.

31:7. 이 패배를 목격한 두 집단의 이스라엘 사람들이 공황에 빠진다. 전쟁터 근처와 요단강 건너편에 살던 이들은 성읍을 버리고 도주한다. 그리고 블레셋 사람들이 이 버려진 성읍에 들어와 눌러앉는다. 이는 이 전쟁이 얼마나 치열했는지를 보여준다(Youngblood, "1, 2 Samuel," 290).

b. 블레셋이 사울과 그 아들들의 시체를 발견하다(31:8-10)

31:8. 패퇴한 적의 시체에서 귀중품을 벗겨내는 것은 고대 전쟁에서 흔한 일이었다. 이 와중에 블레셋은 가장 큰 전리품을 수확한다. 사울과 그 아들들의 시체였다.

31:9-10. 블레셋은 사울의 목을 베고 무기를 가져간다. 그리고 이를 블레셋 각처로 보내 자신들의 신당에서 승리를 축하한다. 고대 세계에서 전쟁의 승리는 곧 전쟁 신(들)의 승리로 여겨졌다. 블레셋은 모욕당하고 훼손된 사울의 시체를 벧산 성벽에 못 박고 모든 이에게 전시한다. 이로써 사울에 대한 그들의 모욕이 완결된다.

c. 길르앗 야베스 주민이 용기를 내어 은혜에 보답하다(31:11-13)

31:11-13. 엄청난 위험을 무릅쓰고, 길르앗 야베스의 **모든 장사들이 일어나 밤새도록 달려가서 사울의 시체와 그의 아들들의 시체를 벧산 성벽에서 내려가지고 야베스에 돌아가서 거기서 불사른다**(12절). 블레셋이 사울 부자의 사체를 심하게 훼손했기에, 길르앗 야베스 사람들은 화장을 치른다. 그리고 남은 뼈를 거두어다가 **야베스 에셀 나무 아래에 장사하고 칠 일 동안 금식한다**(13절).

길르앗 야베스 주민은 사울이 왕이 된 후 자신들을 구원했던 은혜를 잊지 않고 보답하려 했다(참고. 11:1-11). 그들은 예를 갖추어 사울과 그 아들들의 장사를 지냈는데, 이는 이스라엘 사람에게 매우 중요한 의미를 지닌다. 사울의 비극적인 통치기에도 경건한 용기와 감사의 태도를 갖춘 주민들이 있었다.

참고 문헌

Anderson, A. A. *2 Samuel*. Word Biblical Commentary. Nashville: Thomas Nelson, 1989.《사무엘하》, WBC 성경주석(솔로몬).

Archer, G. L. "Ephod." In *The Zondervan Pictorial Encyclopedia of the Bible*. Vol. 2, edited by Merrill C. Tenney. Grand Rapids, MI: Zondervan, 1975.

Baldwin, Joyce G. *1 and 2 Samuel*. Tyndale Old Testament Commentaries. Edited by D. J. Wiseman. Downers Grove, IL: InterVarsity, 1988.

Bergen, Robert D. *1, 2 Samuel*. The New American Commentary. Nashville: Broadman & Holman, 1996.

Brueggemann, Walter. *First and Second Samuel*. Interpretation: A Bible Commentary for Teaching and Preaching.

Louisville, KY: John Knox Press, 1990. 《사무엘 상·하: 목회자와 설교자를 위한 주석》(한국장로교출판사).

Davis, Dale Ralph. *1 Samuel*. Focus on the bible. Ross-Shire, UK: Christian Focus Publications, 2000.

______. *2 Samuel*. Focus on the bible. Ross-Shire, UK: Christian Focus Publications, 2007.

Feinberg, C. L. "Belial." *The Zondervan Pictorial Encyclopedia of the Bible*. Vol. 1, edited by Merrill C. Tenney. Grand Rapids, MI: Zondervan, 1975.

Fokkelman, J. P. *Narrative Art and Poetry in the Books of Samuel*. Vol. 1. Assen, Netherlands: Van Gorcum, 1981.

Harris, R. Laird, Gleason L. Archer, Jr., and Bruce K. Waltke. *Theological Wordbook of the Old Testament*. Chicago: Moody, 1980. 《구약원어 신학사전》(요단출판사).

Howard, David M., Jr. *An Introduction to the Old Testament Historical Books*. Chicago: Moody, 1993. 《구약 역사서 개론》(크리스찬출판사).

Klein, Ralph W. *1 Samuel*. Word Biblical Commentary. Nashville: Thomas Nelson, 1983. 《사무엘상》, WBC 성경주석(솔로몬).

Lower, J. M. "Vision." *The Zondervan Pictorial Encyclopedia of the Bible*. Vol. 5, edited by Merrill C. Tenney. Grand Rapids, MI: Zondervan, 1975.

Merrill, Eugene H. "1 Samuel." In The Bible Knowledge Commentary, Old Testament. pp. 431-455. Edited by John F. Walvoord and Roy B. Zuck. Wheaton, IL: Victor Books, 1987.

______. "2 Samuel." In The Bible Knowledge Commentary, Old Testament. pp. 457-482. Edited by John F. Walvoord and Roy B. Zuck. Wheaton, IL: Victor Books, 1987.

Peterson, Eugene H. *First and Second Samuel*. Louisville, KY: Westminster John Knox Press, 1999. 《하나님의 마음에 합한 사람》(설만한물가).

Porter, Laurence E. "1 and 2 Samuel." *New International Bible Commentary*. Edited by F. F. Bruce. Grand Rapids, NI: Zondervan, 1979.

Tsumura, David Toshio. *The First Book of Samuel*. The New International Commentary on the Old Testament. Grand Rapids, MI: Eerdmans, 2007.

Unger, Merrill F. *The New Unger's Bible Dictionary*. Edited by R. K. Harrison. Chicago: Moody, 1988.

Woodhouse, John. *1 Samuel*. Preaching the Word. Wheaton, IL: Crossway, 2008.

Youngblood, Ronald F. "1, 2 Samuel." *The Expositor's Bible Commentary*. Vol. 3, edited by Tremper Longman, III and David E. Garland, 13-614. Grand Rapids, MI: Zondervan, 1992.

사무엘하

윈프리드 닐리(Winfred O. Neely)

서 론

사무엘상의 서론을 보라.

개 요

Ⅰ. 다윗 왕의 집권과 정복(1:1-10:19)
  A. 사울의 죽음에 대한 다윗의 반응(1:1-27)
    1. 다윗이 사울의 죽음을 알게 되다(1:1-10)
    2. 다윗이 사울과 요나단의 죽음을 슬퍼하다(1:11-16)
    3. 오호라 두 용사가 엎드러졌도다(1:17-27)
  B. 다윗 왕 대 사울의 집(2:1-32)
    1. 다윗이 유다의 왕으로 세워지다(2:1-4a)
    2. 하나님께 기름 부음 받은 왕이 길르앗 야베스에 손을 내밀다(2:4b-7)
    3. 아브넬이 이스보셋을 이스라엘의 왕으로 추대하다(2:8-11)
    4. 다윗의 집과 사울의 집 사이에 다툼이 일어나다(2:12-32)
  C. 다윗의 집이 흥하다(3:1-39)
    1. 다윗의 집은 강해지고 사울의 집은 약해지다(3:1)
    2. 다윗의 가족이 늘어나다(3:2-5)
    3. 아브넬이 사울의 집에서 점점 권세를 잡다(3:6-11)
    4. 아브넬이 다윗과 언약을 맺다(3:12-25)
    5. 요압이 아브넬을 살해하다(3:26-30)
    6. 다윗이 아브넬의 죽음을 슬퍼하다(3:31-39)
  D. 이스보셋이 살해되다(4:1-12)
    1. 이스보셋이 용기를 잃다(4:1-3)
    2. 므비보셋이 사고로 다리를 절게 되다(4:4)
    3. 다윗이 레갑과 바아나의 반역을 갚다(4:5-12)
  E. 이스라엘의 왕 다윗의 집권과 정복(5:1-25)
    1. 다윗이 온 이스라엘의 왕이 되다(5:1-5)

2. 왕이 예루살렘을 정복하다(5:6-10)
3. 히람이 다윗의 왕궁을 건설하다(5:11-12)
4. 다윗이 가족을 더욱 확대하다(5:13-16)
5. 다윗이 블레셋과 싸우다(5:17-25)

F. 언약궤를 예루살렘으로 옮기다(6:1-23)
1. 이스라엘이 잘못된 방법으로 언약궤를 옮기다(6:1-11)
2. 이스라엘이 성경대로 언약궤를 옮기다(6:12-15)
3. 미갈이 다윗을 업신여기다(6:16-23)

G. 하나님이 다윗을 위해 영원한 집을 세우실 것이다(7:1-29)
1. 다윗이 하나님을 위해 집을 짓기 원하다(7:1-3)
2. 하나님이 나단을 다윗에게 보내 메시지를 전하시다(7:4-17)
3. 다윗이 하나님의 약속에 반응하다(7:18-29)

H. 다윗의 승리와 의로운 통치(8:1-18)
1. 다윗이 많은 적들을 물리치다(8:1-14)
2. 다윗이 정의와 공의로 다스리다(8:15-18)

I. 왕의 친절(9:1-13)
1. 다윗이 므비보셋을 부르다(9:1-8)
2. 므비보셋이 왕의 상에서 떡을 먹다(9:9-13)

J. 하눈이 왕의 친절을 거절하다(10:1-19)
1. 다윗의 신하들이 수치를 당하다(10:1-5)
2. 암몬이 다윗에게 미움이 되다(10:6-8)
3. 두 형제가 전투를 이끌다(10:9-14)
4. 다윗이 아람 사람에게 승리를 거두다(10:15-19)

Ⅱ. 큰 죄, 위대한 은혜, 끔찍한 결과(11:1-12:31)

A. 전쟁과 큰 죄(11:1-27)
1. 왕이 밧세바와 은밀한 시간을 보내다(11:1-5)
2. 다윗이 우리아를 속이려 하다(11:6-13)
3. 다윗이 섬뜩한 편지를 쓰다(11:14-21)
4. 헷 사람 우리아가 전사하다(11:22-25)
5. 하나님이 다윗의 행위를 악하게 보시다(11:26-27)

B. 위대한 은혜, 끔찍한 결과 그리고 전쟁(12:1-31)
1. 하나님이 나단을 다윗에게 보내시다(12:1-15a)
2. 다윗의 아이가 죽다(12:15b-23)
3. 다윗과 밧세바가 솔로몬을 얻다(12:24-25)
4. 다윗의 군대가 더 많은 승리를 거두다(12:26-31)

Ⅲ. 다윗의 죄가 그의 가족에게 남긴 비극(13:1-20:26)

A. 가족 간의 강간, 복수 그리고 살인(13:1-39)
1. 암논이 누이를 탐하다(13:1-3)
2. 암논이 누이를 강간하다(13:4-19)

3. 압살롬이 누이를 위로하고 형을 미워하다(13:20-22)
4. 압살롬이 복수하다(13:23-26)
5. 압살롬이 조부의 집으로 피신하다(13:37-39)

B. 다윗이 압살롬을 다시 궁으로 불러들이다(14:1-33)
1. 요압이 압살롬을 위해 간계를 꾸미다(14:1-3)
2. 지혜로운 여인이 이야기를 꾸며내다(14:4-20)
3. 다윗이 압살롬을 예루살렘으로 불러들이다(14:21-33)

C. 다윗 왕의 도주와 귀환(15:1-20:26)
1. 압살롬이 다윗을 폐위하다(15:1-37)
   a. 압살롬이 이스라엘 백성의 마음을 훔치다(15:1-6)
   b. 압살롬이 왕에 대항해 음모를 꾸미다(15:7-12)
   c. 다윗 왕이 예루살렘에서 도망치다(15:13-18)
   d. 다윗이 예상 밖의 충신을 보다: 잇대와 후새(15:19-37)
2. 시바, 시므이 그리고 더 많은 성범죄(16:1-23)
   a. 기회주의자 시바(16:1-4)
   b. 시므이가 다윗을 저주하다(16:5-14)
   c. 압살롬이 다윗의 왕위와 후궁들을 취하다(16:15-23)
3. 후새, 아히도벨 그리고 세 사람(17:1-29)
   a. 아히도벨이 소규모 기습 공격을 제안하다(17:1-4)
   b. 후새가 다른 계획을 제안하다(17:5-14)
   c. 후새가 첩보망을 통해 다윗에게 말을 전하다(17:15-22)
   d. 아히도벨이 스스로 목숨을 끊다(17:23)
   e. 하나님이 세 사람을 통해 필요를 채우시다(17:24-29)
4. 패퇴, 승리 그리고 죄책감으로 인한 비통(18:1-33)
   a. 다윗이 전투 소집령을 내리다(18:1-5)
   b. 다윗의 종들이 이스라엘과 싸우다: 압살롬이 살해되다(18:6-18)
   c. 다윗이 승리와 죽음의 소식을 듣다(18:19-33)
5. 왕을 복위시키다(19:1-43)
   a. 다윗 왕의 슬픔과 회복(19:1-15)
   b. 다윗과 시므이(19:16-23)
   c. 다윗과 므비보셋의 대화(19:24-30)
   d. 길르앗 사람 바르실래(19:31-39)
   e. 다윗의 복위를 둘러싼 이스라엘과 유다 간의 긴장(19:40-43)
6. 세바의 반란(20:1-26)
   a. 세바의 출현(20:1-2)
   b. 강간당한 열 후궁에 대한 처우(20:3)
   c. 세바를 뒤쫓다(20:4-8)
   d. 요압이 아마사를 살해하다(20:9-13)
   e. 또 다른 지혜로운 여인(20:14-22)

f. 회복된 왕국에 대한 요약(20:23-26)

Ⅳ. 에필로그: 다윗에 관한 마지막 고찰(21:1-24:25)

A. 속죄 그리고 네 용사의 공훈(21:1-22)

1. 기브온 주민을 위한 성경적 공의(21:1-9)

2. 사울의 첩 리스바의 슬픔(21:10-14)

3. 블레셋과의 분쟁이 다시 시작되다(21:15-22)

a. 아비새의 공훈(21:15-17)

b. 후사 사람 십브개의 공훈(21:18)

c. 엘하난의 공훈(21:19)

d. 요나단의 공훈(21:20-22)

B. 여호와의 구원을 노래로 기념하다(22:1-51)

1. 다윗 삶의 중심이신 하나님(22:1-4)

2. 죽음의 위험에서 하나님이 구원하시다(22:5-20)

3. 다윗이 구원받은 도덕적 이유(22:21-25)

4. 각 사람의 성품대로 반응하시는 하나님(22:26-30)

5. 하나님의 도는 완전하며 할 수 있게 하신다(22:31-37)

6. 승리의 추격(22:38-43)

7. 하나님이 다윗을 높이시다(22:44-46)

8. 모든 민족 중에서 하나님께 감사하다(22:47-50)

9. 다윗의 후손에게 베푸시는 영원한 인자(22:51)

C. 다윗의 마지막 말과 그의 용사들(23:1-39)

1. 마지막 말(23:1-7)

2. 다윗의 용사들(23:8-39)

D. 다윗의 악한 인구조사와 그로 인한 재앙(24:1-25)

1. 다윗이 요압에게 인구조사를 지시하다(24:1-10)

2. 재앙이 닥치다(24:11-17)

3. 다윗이 여호와께 제사를 드리다(24:18-25)

주 석

Ⅰ. 다윗 왕의 집권과 정복(1:1-10:19)

A. 사울의 죽음에 대한 다윗의 반응(1:1-27)

1. 다윗이 사울의 죽음을 알게 되다(1:1-10)

1:1. 히브리어 성경에는 사무엘서의 상하 구분이 없다. 그러나 사무엘하의 시작 부분은 다윗 생애에서 새로운 국면이 시작됨을 가리킨다. **사울이 죽은 후에.** 이제 이야기는 다윗과 관련된 사건 중심으로 전개된다. 사무엘하 1장은 사울의 죽음과 다윗의 왕위 등극에 관한 세부적 이야기를 펼치면서 하나의 전환점을 이룬다. 이제 독자는 사울의 죽음과 다윗의 집권에 환호를 보낼 만하다. 그러나 이야기는 그렇게 진행되지 않는다. 숙적이 죽었지만 다윗은 기뻐하지 않는다[Peterson, *First and Second Samuel*, 39-41. 《하나님의 마음에 합한 사람》(쉴만한물가)]. 이스라엘의 왕이 죽었고 다윗은 깊은 슬픔에 빠진다.

1:2-3. 다윗은 아말렉 사람을 도륙한 후 시글락(위

치에 대해서는 삼상 27:5-6의 주석을 보라)으로 돌아온다. 3일 후에 한 사람이 길보아산의 사울 진영에서 찾아온다. 그는 남서쪽으로 약 137킬로미터를 달려 시글락에 이르렀으며, 찢어진 옷차림과 헝클어진 머리를 한 채로 땅에 엎드려 다윗에게 조아린다. 다윗은 이스라엘과 블레셋 간의 전투 결과를 아직 알지 못했다.

1:4-10. 청년은 다윗에게 사울과 요나단의 죽음을 알게 된 경위를 설명한다(4절). 아말렉 사람(이스라엘의 적, 8절)인 그는 전쟁터에서 우연히 자살을 시도하지만 성공하지 못한 사울을 만나게 된다. 그리고 사울의 명령에 따라 그를 죽인다. 청년은 그 증거로 사울의 왕관과 팔에 있는 고리를 다윗에게 내보인다(10절).

그런데 이 아말렉 사람의 진술은 사무엘상 31장의 기록과 상충한다. 본문을 보면, 아말렉 사람이 거짓말을 하는 것 같다. 그가 주장대로 사울의 왕관과 팔찌를 취한 것은 사실이다. 하지만 그는 다윗의 환심을 사기 위해 사울을 죽였다고 거짓말한다. 한편 사울과의 구체적 대화 및 직접 목격한 진술 등이 상당히 신빙성이 있어 보이며, 사울의 개인적 물품을 취득한 것으로 보아 아말렉 사람이 사실을 말했다고 보는 이도 있다(Bergen, *1, 2 Samuel*, 287). 베르겐(Bergen)에 따르면, "사울은 아말렉을 진멸하라는 명령을 받았고(참고. 삼상 15:3), 이제는 아말렉 사람에게 자기를 죽이라고 명령한다"(Bergen, *1, 2 Samuel*, 287). 그러나 전지적 저자가 사울의 죽음에 대한 세부 사항을 잘못 기록했다고 보기는 힘들다(삼상 31장). 오히려 다윗의 환심을 사려 했던 이 아말렉 사람은, 사울을 향한 다윗의 자비와 그가 여호와께 기름 부음을 받은 자에게 손대는 것을 결코 용납하지 않으리라는 사실을 전혀 예측하지 못했다고 보아야 한다. 그리하여 아말렉 사람은 거짓말을 했고 그 대가로 목숨을 잃었다.

2. 다윗이 사울과 요나단의 죽음을 슬퍼하다 (1:11-16)

1:11-12. 다윗과 그의 사람들은 사울의 죽음을 기뻐하지 않는다. 오히려 그 소식을 듣고는 옷을 잡아 찢었는데 이는 슬픔과 고통의 표시였다. **슬퍼하여 울며 금식하니라**. 다윗의 슬픔은 그의 경건한 인품을 보여 준다.

1:13-16. 다윗이 아말렉 사람에게 **너는 어디 사람이냐**라고 묻자, 그는 이스라엘에 거주하는 **외국인의 아들**이라고 대답한다. 따라서 그는 사울이 누구인지 잘 알고 있었다. 브루그만(Brueggemann)은 그가 사울의 "종교적 정통성"에 대해서는 알지 못했을 것으로 본다[Brueggemann, *First and Second Samuel*, 212. 《사무엘 상, 하: 목회자와 설교자를 위한 주석》(한국장로교출판사)]. 하지만 다윗의 입장에서 아말렉 사람의 행동은 결코 정당화될 수 없었다. 그는 다윗이 그랬던 것처럼, 여호와께 기름 부음을 받은 자는 결코 죽이지 말았어야 했다. 비록 그의 진술은 사실이 아니었지만, 그가 내뱉은 말이 자신을 정죄했고 다윗은 그를 처형한다(15-16절).

삼하

3. 오호라 두 용사가 엎드러졌도다(1:17-27)

1:17-18. 다윗은 사울과 요나단의 죽음 앞에 **슬픈 노래**[문자적으로 '이 애가로 애통함']를 부른다. 슬픈 노래는 애도 시로서, 비극적 사건(참고. 애 1-5장)이나 누군가의 기일(참고. 대하 35:25)에 대해 또는 장례식에서 조문하기 위해 슬픔과 비통함을 시적 구조로 표현한 것이다. **다윗이…명령하여 그것을 유다 족속에게 가르치라 하였으니 곧 활 노래라**. 다윗이 슬픈 노래에 이런 제목을 붙인 이유는 궁수가 길보아산에서 사울에게 치명상을 입혔기 때문인지도 모른다. **야살의 책**은 이스라엘의 삶에 관한 사건을 기록한 책/두루마리이다(참고. 수 10:13). '야살의 책'은 현존하지 않지만, 사무엘서가 기록될 당시에는 존재했으며, 사무엘서의 저자는 성령의 인도를 따라 이 자료를 원용했을 수도 있다. 다윗의 슬픈 노래는 사무엘서에 기록된 두 번째 시이다. 첫 번째 시는 한나의 기쁜 노래이고(참고. 삼상 2:1-10), 두 번째는 다윗의 슬픈 노래이다.

1:19. 19절에서 27절은 슬픈 노래의 가사이다. **오호라 두 용사가 엎드러졌도다**라는 문장은 이 노래의 주제문으로 시작과 끝 부분에 두 번 나온다(19, 27절). 다윗은 **용사**라는 단어를 다섯 번, 용사의 동사형을 한 번(**강하였도다**, 23절) 쓴다. 25절에서 후렴구는 요나단과 관련하여 더 확대된다. **오호라 두 용사가 전쟁 중에 엎드러졌도다**. 다윗은 **사울**과 **요나단**을 시에서 네 번 언급한다(21b, 22b, 23a, 24a절에서 사울을, 22b, 23a, 25b, 26a절에서 요나단을 언급). 19절은 서론이며 27절은 결론이다. 본론은 5연으로 이루어져 있다. 1연(20

절), 2연(21절), 3연(22-23절), 4연(24절), 5연(25-26연). 다윗은 사울과 요나단을 이스라엘의 **영광**[beauty/glory]으로 부르면서 노래를 시작한다.

1:20. **가드**와 **아스글론**은 블레셋의 성읍으로, 블레셋 땅 전체를 가리킨다. 사울과 요나단의 죽음에 대한 소식이 가드나 아스글론에 전해져서는 안 된다.

1:21. 이어서 다윗은 2연에서 **길보아산**을 언급한다. 사울과 요나단의 피가 그곳에 쏟아졌기에, 다윗은 시적 저주를 퍼붓는다. **너희 위에 이슬과 비가 내리지 아니하며**.

1:22-23. 3연은 중심 연이다. 다윗은 전투에서 빛난 사울과 요나단의 용기를 기리며, 죽음도 갈라놓지 못한 부자간의 헌신과 책임을 노래한다.

1:24. 4연에서 다윗은 **이스라엘 딸들**을 부르며, 사울을 위하여 **슬퍼하여 울** 것을 요구한다. 죽은 자를 위해서 우는 것은 지극히 당연하다.

1:25-26. 5연인 26절에서 다윗은 **요나단**을 언급하며 친구의 죽음을 깊이 슬퍼한다. 요나단에 대한 다윗의 고백을 오해하는 이도 있다. **그대가 나를 사랑함이 기이하여 여인의 사랑보다 더하였도다**. 이는 다윗과 요나단 사이의 동성애를 가리키지 않는다. 구약성경에서 동성애 행위는 엄하게 정죄되었다. 다윗은 하나님의 마음에 합한 자였다. 다윗과 요나단 같은 경건한 사람에게 동성애 행위는 가당치 않으며, 성경적으로도 전혀 맞지 않다. 이 구절에서 다윗이 언급한 사랑은 언약 우정의 사랑이다. 고대 세계에서 남자의 가장 가까운 벗은 다른 남자였고, 여기에는 그 어떤 동성애적 관계도 개입되지 않는다.

1:27. 다윗은 사울과 요나단에 대해 **싸우는 무기**라는 강력한 은유를 사용한다. 사울은 다윗을 죽이려고 무던히 애썼지만, 다윗은 그것에 대해 전혀 언급하지 않는다. 다윗의 슬픈 노래는, 적에 대해서라도, 생전의 원한을 품지 말아야 한다는 교훈을 준다. 비록 실패자일지언정, 하나님께 기름 부음을 받은 자의 죽음 앞에서는 진심으로 숙연하게 슬퍼해야 한다.

B. 다윗 왕 대 사울의 집(2:1-32)

1. 다윗이 유다의 왕으로 세워지다(2:1-4a)

2:1-2. 다윗은 다음 행보에 대해 하나님의 뜻을 구한다. 하나님은 다윗에게 **유다**로 가라고 하시지만, 구체적인 장소는 말씀하지 않으신다. 다윗은 하나님께 구체적인 장소를 묻는다. 이는 성도가 구체적으로 기도해야 함을 보여주는 예이다. 하나님은 다윗이 시글락을 떠나 북동쪽 **헤브론**으로 가도록 지시하신다. 헤브론은 유다 산지의 성읍으로, 예루살렘에서 남쪽으로 약 32킬로미터 떨어져 있으며 고도는 약 914미터이다. 이 도시는 이스라엘에서 매우 중요한 역사적 의미가 있다(참고. 창 23:19, 25:9-10; 49:29-33; 민 35:6; 수 21:7-9; 삿 1:20). 볼드윈(Baldwin)에 따르면, "헤브론은 아브라함 이야기에서 중요한 도시이며, 족장들의 매장지로서, 유다 성읍 중에서 가장 유명한 곳이다"(Baldwin, *1 and 2 Samuel*, 183). 따라서 다윗이 이스라엘의 왕으로서 두 번째 기름 부음을 받기에 적합한 곳이었다. 헤브론이라는 이름은 '공동체', '유대감'을 의미한다.

2:3-4a. 다윗의 수하와 그 가솔(즉, 처자식)의 수는 족히 1,000명은 넘었을 것이다. 그들은 헤브론 주위의 촌락에 정착했고, 헤브론은 유다 통치의 거점이 되었다. 신정정치의 왕인 다윗은 하나님의 대리인으로서 유다를 다스렸다.

2. 하나님께 기름 부음 받은 왕이 길르앗 야베스에 손을 내밀다(2:4b-7)

2:4b-5. 다윗이 **길르앗 야베스**[위치에 대해서는, 삼상 11:1-4을 보라] 사람들에게 전령을 보내 그들이 사울에게 베푼 친절을 치하한다. 길르앗 야베스 주민은 목숨을 걸고 사울의 시체를 회수했고, 예를 갖추어 장사를 지냈다. 이는 언약 준수와 충성의 표현이었고, 사울이 그들을 구원한 것에 대한 보은의 표시였다.

2:6-7. 6절에 나오는 **진리**는 언약 의무의 의미로서 '충성됨', '신뢰성', '믿을 만한 행동'을 뜻한다. 하나님은 성실하며 신실하시다. 따라서 다윗은 하나님이 사울을 장사한 길르앗 야베스 주민에게 은혜와 진리를 베푸시기를 원한다. **은혜**[*chesed*, 헤세드]와 **진리**[*emet*, 에메트]는 구약성경에 등장하는 대표적 미덕이며(참고, 시 40:11; 57:3; 61:7), 신약성경의 은혜(grace)와 진리(truth)에 해당한다. 다윗은 두 가지 이유를 들어 길르앗 야베스 주민에게 강하고 담대하라고 격려한다. 그들의 주인 사울은 죽었고, 유다는 다윗에게 기름을 부어 그들의 왕으로 삼았다. 사울의 죽음을 받아들이고, 하나님이 새롭게 유다의 왕으로 세우신 다윗의 통치에

적응하려면 담력이 필요했다.

3. 아브넬이 이스보셋을 이스라엘의 왕으로 추대하다(2:8-11)

2:8-9. **아브넬**은 사울의 군사령관으로 먼저 소개되었고(삼상 14:50), 8절에서도 마찬가지로 군사령관으로 나온다. 메릴(Merrill)에 따르면, 사울의 죽음으로 아브넬은 "막후 실세"가 되었고 다윗의 실질적 정적으로 떠오른다(Merrill, "2 Samuel," 458). 아브넬은 사울 정권의 잔여 세력을 규합한다. 사울의 아들 중 **이스보셋**은 길보아 전투에 참여하지 않은 것이 분명하다. 그는 전투에서 목숨을 잃지 않았고, 아브넬은 그를 왕으로 추대한다. 그러나 기도하지도 하나님의 뜻을 구하지도 않는다. '이스보셋'이라는 이름은 '수치스러운 자'를 뜻한다. 아브넬은 '수치스러운 자'를 왕으로 추대한다. 사악하고 패역한 결정은 비도덕적일 뿐 아니라 어리석다. 아브넬의 도모는 하나님이 허락하지 않는 권력을 쟁취하려는 시도였고, 이는 하나님께 대한 반역이었다.

2:10-11. 이스보셋의 치세 기간 2년은 다윗이 헤브론에서 유다를 다스린 7년 반 중 마지막 2년과 시기적으로 일치한다. 하나님은 다윗에게 즉시 이스라엘 왕국 전체를 주지 않으셨는데, 본문은 그 이유에 대해 침묵한다. 북쪽에서 사울에 충성하는 세력이 잔존했음은 분명하며, 다윗은 이러한 지체 시기 동안 이스라엘 전체의 왕이 될 때를 준비했을 것이다.

4. 다윗의 집과 사울의 집 사이에 다툼이 일어나다(2:12-32)

2:12-15. 다윗의 수하와 사울의 수하 간에 내전이 발발한다. **기브온 못**(13절)은 이 지역에서 유명한 연못이었다. 아브넬은 각 진영에서 12명의 **청년들을 겨루게** 하자고 제안한다(15절). 전투원의 숫자를 12명으로 제한한 것은 혈투로 인한 피해를 최소화하려는 의도였다. 한편 요압은 이러한 결정을 할 권한이 없었음에도 불구하고 아브넬의 도전을 받아들인다.

2:16-17. 겨루기로는 승부가 나지 않자 곧 전면전이 이어진다. 사건 발생지에는 **헬갓 핫수림**이라는 이름이 붙여지는데, 이는 '칼날의 들판'이라는 뜻이다. 24명의 겨루기는 치열한 전면전으로 바뀌었고, 그 결과 아브넬과 그 수하가 패한다.

2:18. 다윗의 누이 스루야(참고. 대상 2:16)에게는 **세 아들 요압과 아비새와 아사헬**이 있었는데, **아사헬의 발은 들노루**[gazelle] **같이** 빨랐다. 가젤(gazelle)은 특히 맹수를 피할 때 놀라운 속도를 내는 것으로 유명하다. 아사헬은 장거리 육상선수의 지구력과 단거리 선수의 순발력을 동시에 갖추었다.

2:19-22. 사울의 군사령관 **아브넬**이 요압과 다윗의 군대에 패한 후, 목숨을 구하기 위해 도주한다(19절). 그러나 **아사헬**은 아브넬을 끝까지 추격했는데, 이는 아브넬을 죽임으로써 사울과 다윗 집 사이의 갈등을 종식시키고, 다윗을 온 이스라엘의 왕으로 추대할 수 있으리라고 생각했기 때문이다. 아사헬은 달리기 선수였지만 근접 전투에 노련한 아브넬의 적수가 되지 못했다. 아사헬이 자기에게 상대가 되지 않는다는 것을 아는 아브넬은 만만한 상대를 찾으라고 설득하면서 4개의 명령어를 사용한다. **가서…붙잡아…빼앗으라…그치라**(21-22절). 아브넬은 요압의 면을 보아서라도 아사헬이 피를 흘리게 하고 싶지 않았다.

2:23. 그러나 아사헬은 듣지 않는다. 아브넬이 창 뒤 끝을 사용한 것으로 보아, 그는 아사헬로부터 도망치고 있었던 것 같다. 아브넬이 갑자기 멈추자, 속도를 줄일 시간이 없었던 아사헬은 바로 창 뒤 끝으로 달려들었다. 아사헬의 속력과 아브넬의 노련한 칼솜씨가 합쳐져 창은 아사헬의 등을 꿰뚫었다.

2:24. 아사헬만큼 빠르지는 않았지만, **요압과 아비새**도 아브넬을 뒤쫓았다. 해가 질 무렵 두 사람은 기브온 근처 **암마산**[예루살렘에서 북동쪽으로 약 8킬로미터]에 이른다.

2:25-26. **베냐민 족속은 함께 모여 아브넬을 따라 한 무리를 이루고 작은 산 꼭대기에 섰더라**. 유리한 고지에 선 아브넬은 추격을 멈추도록 요압에게 3개의 질문을 던진다.

2:27-29. 요압이 아브넬에게 대답한다. "네가 이 싸움을 시작했다. 너희가 기브온 못에서 도발하지 않았다면, 오늘의 불상사는 미연에 방지할 수 있었다." 잠시 후 요압이 **나팔을 불어** 싸움의 종료를 지시한다. **다시는 싸우지도 아니하니라**(28b절). 이 진술은 다윗과 사울 가문 사이의 적대감이 사라졌다는 의미가 아니다. 그들이 다만 이 전투를 멈추었다는 뜻으로, 이후에도 전쟁은 계속된다(참고. 3:1). 아브넬과 그의 수하는 **요**

단 동편으로 건너간다. 그들은 **밤새도록** 걸어서 요단을 건넜는데, 어둠을 틈타 걷는 것이 더 안전했다.

2:30-32. 다윗의 신복 중 19명이 죽었고, 아브넬에 속한 자는 360명이 죽었다. 아사헬은 **베들레헴**의 조상 묘에 장사된다.

C. 다윗의 집이 흥하다(3:1-39)

1. 다윗의 집은 강해지고 사울의 집은 약해지다(3:1)

3:1. 이스보셋의 2년 치세 기간과 오랜 전쟁이라는 기술은 어울리지 않는 것 같다. 아마도 두 집안 간의 전쟁은 아브넬이 이스보셋을 왕으로 추대하기 전부터 계속되었던 것 같다. 다윗의 집은 점점 강해지고, 사울의 집은 점점 약해졌다.

2. 다윗의 가족이 늘어나다(3:2-5)

3:2-5. 다윗의 첫 여섯 아들은 헤브론에서 태어난다. 그들은 출생 순서에 따라 기술되며, 어머니의 신원이 부연된다. 이 기록은 다윗이 시행한 외세와의 결혼정략을 보여준다(Laney, *First and Second Samuel*, 90). 또한 많은 자식은 가문의 강성함을 의미한다. 다윗의 둘째 아들 **길르압**은 여기에 유일하게 기술된다. 13-19장에 나오는 다윗 가문의 격동기에 전혀 이름이 등장하지 않는 것으로 보아 어린 나이에 사망한 것 같다. 다윗의 아내 중 압살롬의 모친은 **그술 왕 달매의 딸 마아가**였다. 이방인이었던 것으로 보아 이 결혼은 정치적이었던 것 같다. 마아가와 하나님의 관계에 대한 언급은 없지만, 다윗이 우상숭배자와 결혼하지는 않았을 것이다.

3. 아브넬이 사울의 집에서 점점 권세를 잡다 (3:6-11)

3:6. 다윗의 강성함은 하나님의 복이었지만, 아브넬의 강성함은 스스로 노력한 결과였다. 아브넬은 유다 밖 이스라엘에서 가장 힘 있는 자였다. 이어서 나오는 내용은 그가 저지른 일에 대한 기록이다.

3:7-8. **리스바**는 사울의 **첩**이었다. 첩은 정부인과 같은 지위와 권리를 누리지 못했지만 그 관계는 법적으로 구속되었다(리스바는 21장 8-11절에서 다시 언급된다). 이스보셋은 아브넬이 사울의 첩과 통간했다고 추궁하고, 본문은 이를 부정도 긍정도 하지 않는다(Bergen, *1, 2 Samuel*, 307). 왕의 첩과 통간한다는 것은 암묵적으로 왕위를 넘본다는 의미였기 때문에 이는 심각하고 강도 높은 비난이었다. 이스보셋이 아브넬의 반역을 추궁하자 아브넬은 성을 낸다. 그는 신랄한 은유를 써가며 이스보셋에게 따진다. **내가 유다의 개 머리냐.** 레니(Laney)는 이를 이렇게 해석한다. "내가 더러운 반역자냐?"(Laney, *First and Second Samuel*, 91). 당시는 북쪽의 이스라엘과 남쪽의 유다가 치열하게 대립하고 있었기 때문에 이는 일리가 있는 해석이다. 개는 이스라엘에서 불결하게 여겨지는 경멸의 대상이었다. 사람을 개의 머리에 비견하는 것은 치명적인 모욕이었다. 이스보셋은 아브넬을 책망함으로써 그를 유다의 패역한 개로 만들었다.

3:9-11. 이스보셋 책망에 화가 난 아브넬은 하나님이 다윗에게 하신 맹세를 자기가 이룰 것이라고 외친다. **이 나라를 사울의 집에서 다윗에게 옮겨서 그의 왕위를 단에서 브엘세바까지 이스라엘과 유다에 세우리라.**

4. 아브넬이 다윗과 언약을 맺다(3:12-25)

3:12-13. 아브넬은 다윗에게 전령을 보내 언약을 맺자고 한다. 다윗은 이에 동의하면서, 자신의 아내 **미갈**을 데려오라는 조건을 내건다. 이는 합법적 아내를 되찾아오고, 동시에 이스라엘을 다윗에게 돌리겠다는 아브넬의 진정성을 확인하기 위해서였다.

3:14. **다윗이 사울의 아들 이스보셋에게 전령들을 보내** 아내를 돌려달라고 하면서, 사울이 요구했던 지참금을 상기시킨다. 사울은 블레셋 사람의 포피 100개를 요구했고, 이에 다윗은 200개를 지급했다(참고. 삼상 18:25-27).

3:15-16. 미갈은 재혼한 상태였지만 **발디엘**과의 결혼은 비극으로 끝난다. 발디엘에게는 아브넬에 저항할 힘이 없었고, 미갈 역시 무력했다. 발디엘은 울면서 미갈과 찢어질 때까지 따라온다. 이 가슴 아픈 상황 역시 사울의 잘못된 결정이 초래한 결과였다.

3:17-19. 아브넬은 미갈과 헤브론으로 내려가기 전에 지혜롭게 장로들과 먼저 이야기한다. 아브넬의 연설은 다윗을 왕으로 삼고 싶어 하는 사람들이 있었음을 보여준다. 아마도 이는 사울의 죽음 이후였을 것이며, 다윗의 군사적 위업 때문이었을 것이다[A. A. Anderson, *2 Samuel*, WBC (Nashville: Thomas Nelson, 1989), 59-60.《사무엘하》(솔로몬)]. 아브넬은

자기의 주장이 단지 정치적 판단이 아니라 하나님의 뜻이라고 포장한다[Anderson, *2 Samuel*, 59-60.《사무엘하》(솔로몬)].

3:20-21. 고대 이스라엘에서는 언약식을 앞두고 귀한 손님을 위해 잔치를 베풀었다. 잔치에서 함께 음식을 나누는 것은 언약에 대한 충성과 다짐의 표현이었다. 화해 무드 속에서 다윗은 아브넬을 평안히 보낸다.

3:22-25. 습격에서 돌아온 요압은 아브넬의 방문이 정탐을 위한 것이었다며 불만을 표시한다. 다윗은 요압의 비난에 아무런 대답을 하지 않고, 요압은 단독으로 일을 꾸민다.

5. 요압이 아브넬을 살해하다(3:26-30)

3:26-27. **시라 우물**은 헤브론 근처에 있었다. 요압은 다윗 몰래 아브넬을 불러 헤브론으로 오게 한다. 아브넬과 다윗 사이에 평화와 화해 분위기가 조성된 상태였기 때문에 아브넬은 아무 위험도 눈치채지 못한다. 요압은 성문 안에서 아브넬이 동생 아사헬을 죽인 것과 비슷하게, 아브넬의 **배를 찔러** 죽인다(참고. 2:23). **이는 자기의 동생 아사헬의 피로 말미암음이더라.** 요압은 하나님의 말씀을 어기고 헤브론에서 아브넬을 살해한다. 헤브론은 여호수아 때에 도피성으로 지정된 곳이다(참고. 수 21:13). 도피성은 이스라엘 사람이 살해의도 없이 누군가를 죽게 했을 때 피해자 가족의 보복을 피해 몸을 숨길 수 있는 곳이었다. 요압은 이 법을 무시하고 자기 동생 아사헬의 죽음에 대해 복수했다. 하지만 아사헬은 전쟁에서 죽임을 당했으므로 복수는 애당초 가당치 않았다.

3:28. 요압이 아브넬을 살해했다는 소식을 들은 다윗은 즉시 **아브넬의 피에 대하여 나와 내 나라는 여호와 앞에 영원히 무죄**하다고 선언한다. '아브넬의 피'라는 표현은 아브넬이 무참히 살해되었음을 강조한다. 다윗의 허락은 물론 아무 보고도 없이, 요압은 아브넬을 살해했다.

3:29. 다윗은 요압과 그의 후손에게 핏값이 돌아가길 원한다. 개인적인 분노 때문이라 아니라 요압의 죄에 대한 하나님의 공의로운 심판의 대리자로서 선포한다. 이 사건으로 "피 흘린 죄의 값"이 다윗과도 가까워졌기 때문에 저자는 "몹시 괴로워"한다[Brueggemann, *First and Second Samuel*, 229.《사무엘 상, 하: 목회자와 설교자를 위한 주석》(한국장로교출판사)]. **요압의 집에서 백탁병자나 나병 환자나 지팡이를 의지하는 자나 칼에 죽는 자나 양식이 떨어진 자가 끊어지지 아니할지로다.**

3:30. 요압의 아우 **아비새**가 언급된 이유는 비록 요압이 주동자이지만 그 역시 아브넬의 살해에 동참했기 때문일 것이다.

6. 다윗이 아브넬의 죽음을 슬퍼하다(3:31-39)

3:31-39. 다윗은 요압과 수하들에게 아브넬의 죽음을 애도하라고 명한다. **너희는 옷을 찢고 굵은베를 띠고 아브넬 앞에서 애도하라**(31절). 다윗은 상여를 따라간다. 상여는 시신을 장지로 옮길 때 사용하는 손수레를 가리킨다. 고대 이스라엘에서는 사람이 죽으면 대개 바로 그날 장사를 지냈다. 자연적으로 형성된 바위 동굴이 무덤으로 사용되었다. 다윗 왕은 아브넬의 장례에 주도적으로 참여한다. 장례 행렬에서 상여를 따라갔고, 아브넬의 무덤에서 소리 높여 울었으며(32절), 그를 위해 애가를 지었다(33절). 또한 자기가 해 지기 전까지 음식을 먹으면 저주를 받으리라고 선언한다(35절). 다윗이 슬퍼하는 모습을 지켜본 백성들은 다윗이 아브넬의 살해와 관련이 없다고 결론지었다(36-37절).

D. 이스보셋이 살해되다(4:1-12)

1. 이스보셋이 용기를 잃다(4:1-3)

4:1-3. 아브넬의 피살 소식을 들은 이스보셋은 **손의 맥이 풀렸다**(문자적으로 '손이 떨어지다'). 이는 그가 용기를 완전히 잃었음을 보여준다. 온 이스라엘은 지도자를 잃고 위기를 느낀다. 이스보셋은 아브넬의 도움 없이는 자신의 위치를 고수할 수 없음을 알았다. 저자는 다윗의 적대 세력이 얼마나 급속히 와해되었는지를 보여준다(Baldwin, *1 and 2 Samuel*, 192). 어느 시점엔가 **브에롯 사람들이 깃다임으로 도망**했다(3절). 이는 과거의 사건일 수도 있고, 아니면 이스보셋의 피살에 대해 복수하려는 다윗의 결심 때문일 수도 있다(9-12절). 브에롯 사람에 대한 부연 설명은 암살의 패역함을 강조하기 위함일 것이다. 이들은 사울과 같은 베냐민 지파 출신으로서 사울의 집에 충성해야 했다(Youngblood, "1, 2 Samuel," 337).

2. 므비보셋이 사고로 다리를 절게 되다(4:4)

4:4. **유모**란 부모가 사망했거나 어떤 이유로 아이를

돌볼 수 없을 때 대신 어린아이를 돌봐주는 사람을 가리킨다. 부모가 있지만 유모가 양육을 돕는 경우도 있었다. 모든 유모는 여자였고 경우에 따라 젖을 먹이기도 했다. 사울과 요나단이 죽었다는 소식을 들은 유모가 서둘러 요나단의 아들을 안고 뛰다가 떨어뜨리는 바람에 아이는 이후로 양발을 절게 된다. 이 아이의 이름은 **므비보셋**으로, '수치를 제거하는 자'라는 뜻이다. 저자는 이런 사실을 삽입함으로써 나중에 필요하게 될 므비보셋에 대한 정보를 미리 제공한다[Peterson, *First and Second Samuel*, 154.《하나님의 마음에 합한 사람》(설만한물가)].

3. 다윗이 레갑과 바아나의 반역을 갚다(4:5-12)

4:5-6. **레갑과 바아나**가 밀을 가지러 온 체하면서 이스보셋의 집에 들어간다. 시간은 **볕이 쬘 때 즈음**으로, 태양이 머리 위에 뜬 가장 더운 때였다(5절). 당시의 문화적 배경을 고려할 때, 긴급한 상황이 아니라면 오침을 방해해서는 안 되는 시간이었다. 특히 왕 같은 경우에는 더욱 그러했다. 그들은 이스보셋의 **배**[아사헬과 아브넬도 같은 상해로 죽음]를 찌른 후(6절) 목을 벤다(7절). 이는 신속하고 확실한 살해를 위해서였다(Bergen, *1, 2 Samuel*, 316).

4:7. 암살의 세부 사항이 기록되어 있다. 이스보셋은 **침상 위에** 누워 있었는데, 이는 아무런 의심 없는 무방비 상태였음을 나타낸다. 암살범들은 1장에 나오는 아말렉 사람처럼 보상을 기대하며 이스보셋의 머리를 들고 다윗에게로 간다.

4:8-12. 암살범은 다윗에게 이스보셋의 머리를 보이면서 그를 격노케 하는 말을 내뱉는다. **여호와께서 오늘 우리 주되신 왕의 원수를 사울과 그의 자손에게 갚으셨나이다**(8절). 그러나 그들은 다윗의 말과 행동을 전혀 예측하지 못했다. 그들은 하나님을 향한 다윗의 마음을 몰랐다. 또한 다윗은 왕위에 오르더라도 사울의 후손을 끊지 않겠다고 사울과 언약을 맺었었다. 다윗은 맹세 공식을 사용하여 그들에게 대답한다. **여호와께서 살아 계심을 두고 맹세하노니**(9절).

다윗이 이들의 죽음을 명령한 것은 사사로운 복수가 아니라 기회주의적이고 냉혈한 살인범에게 내린 사형 선고였다. 사형 집행 후 다윗의 수하는 범죄를 저지른 이들의 **수족**을 베어낸다(12절). 죽은 자의 수족을 베어 전시하는 것은 매우 치욕적인 형벌이었으며, 유사한 범죄를 꾀하는 자들에 대한 엄중한 경고였다. 한편 다윗은 예를 갖추어 이스보셋의 머리를 아브넬의 묘에 장사 지낸다.

E. 이스라엘의 왕 다윗의 집권과 정복(5:1-25)

1. 다윗이 온 이스라엘의 왕이 되다(5:1-5)

5:1-2. 백성이 다윗을 왕으로 추대한 이유는 세 가지였다. (1) 다윗은 그들과 같은 이스라엘 사람이었고 (2) 유능한 지도자였으며 (3) 하나님은 다윗을 자기 백성의 지도자와 목자로 부르셨다.

5:3-4. **다윗 왕이 헤브론에서 여호와 앞에 그들과 언약을 맺으매**. 언약에 의해서 다윗은 이스라엘의 왕이 된다. 세 번째로 다윗은 만천하 앞에서 이스라엘의 왕으로서 기름 부음을 받는다. 이날은 다윗과 그의 가족 그리고 온 이스라엘에게 큰 기쁨과 평안의 날이었다! 다윗은 30세에 왕위에 올라 70세가 될 때까지 **사십 년 동안 다스렸다**.

5:5. 다윗의 등극과 더불어 예루살렘이 구약성경의 역사에서 중심지로 부상한다. 다윗은 헤브론에서 7년 6개월간 유다를 다스렸고, 예루살렘에서 온 이스라엘과 유다를 33년간 다스렸다.

2. 왕이 예루살렘을 정복하다(5:6-10)

5:6. 다윗은 온 이스라엘의 왕이 된 후 제일 먼저 **여부스 사람**이 사는 **예루살렘**을 친다. 여부스 사람은 가나안 족속의 일원이었다(참고. 창 10:16; 민 13:29; 수 11:1-3; 15:63). 여호수아가 정복을 지휘할 때, 베냐민 지파는 예루살렘의 여부스 사람을 쫓아내지 못했다(참고. 삿 1:21). 다윗이 이스라엘의 왕으로 추대되었을 당시 그들은 요새화된 예루살렘에 거주했다. 그들은 수 세기 동안 요새화된 시온산 남쪽 언덕에서 살고 있었다. 객관적으로 볼 때 이 요새는 난공불락이었다. 그리하여 여부스 사람들은 **맹인과 다리 저는 자**라도 다윗을 물리칠 수 있다고 조롱한다. 그들은 자신감에 차서 **다윗이 이리로 들어오지 못하리라**고 생각한다.

5:7-8. 다윗은 **시온산성**을 빼앗는 군사적 쾌거를 달성한다. 성벽 밖에 위치한 기혼 샘의 물은 수로(암반에 나 있는 개활 수직 갱도)를 따라 성안으로 흘러들어온다. 일부 고고학자는 찰스 워렌(Charles Warren)이 다윗 성에서 발굴한 '워렌의 수직 갱도'를 바로 다윗과

그 수하들이 성을 정복할 때 사용했던 수직 갱도로 본다. 그러나 그 견해에 격렬히 반대하는 이들도 있다. 결론을 내리기에는 증거가 불충분하므로, 터널에 대한 논쟁은 제쳐두고 성경의 기록을 그대로 받아들이는 것이 좋겠다. 지하 수로를 따라 기동하는 것은 힘든 일이지만 일단 성공하면 성을 접수하는 것은 그리 어렵지 않았다. 여부스 주민의 조롱을 되갚기라도 하듯, 다윗은 그들을 **다리 저는 사람과 맹인**으로 부른다. 이 사건으로 이스라엘에는 속담이 생겼다. **맹인과 다리 저는 사람은 집에 들어오지 못하리라**(8절). 이는 하나님의 백성을 조롱하고 대항한 이방인에 대한 신랄한 조소였다.

5:9-10. 다윗은 이 요새를 **다윗 성**으로 개명한다(9절). 이는 다윗의 왕위가 있는 수도로서, 역시 '다윗 성'으로 불린 다윗의 출생지 베들레헴과 혼동해서는 안 된다(눅 2:4, 11). 요새인 **밀로**는 히브리어의 음역이다. 다윗은 여기에 성을 쌓고 예루살렘을 확장하여 국가의 수도이자 행정 중심지로 삼는다.

3. 히람이 다윗의 왕궁을 건설하다(5:11-12)

5:11-12. **두로 왕 히람이 다윗에게 사절들과 백향목과 목수와 석수를 보내매 그들이 다윗을 위하여 집을 지으니**. 다윗은 이를 통해서 하나님이 **그의 백성 이스라엘**의 복과 안녕을 위해 자신을 **이스라엘의 왕으로** 세우신 것을 알았다.

4. 다윗이 가족을 더욱 확대하다(5:13-16)

5:13-16. 예루살렘에 정착한 다윗은 **처첩들**을 더 둔다. 이들은 솔로몬을 포함해서 아들 11명을 더 낳는다. 그러나 많은 처를 취하는 것은 율법에 어긋났다(참고. 신 17:17). 영블러드(Youngblood)에 따르면, 저자는 다윗의 첩을 먼저 기록하며(원어는 '첩과 처들'—옮긴이 주), "다윗이 전형적인 고대 근동 군주들의 행태를 답습하는 것에 우려를 표하고 있다"(Youngblood, "1, 2 Samuel," 355). 하나님은 이에 대해 다윗을 꾸짖지 않으시지만, 다윗의 이러한 행동은 이후 커다란 슬픔을 초래한다(Merrill, "2 Samuel", 461).

5. 다윗이 블레셋과 싸우다(5:17-25)

5:17-19. **블레셋 사람들**은 **다윗** 왕을 위협으로 간주하고 그를 찾으러 올라온다. 이에 맞서 다윗은 **요새**로 간다(17절). 시온 요새는 아니고, 사울을 피해 도망다닐 때 기거했던 요새 중 하나였다. 따라서 이 사건은 여부스를 정복하기 이전의 일로 보인다.

블레셋 사람들이 이미 이르러 르바임[거인들의] **골짜기에 가득한지라**(18절). 이 지명은 다윗에게 하나님이 수년 전에 거인 골리앗을 물리치게 해주셨던 일을 기억나게 했을 것이다. 이 골짜기는 베들레헴에서 그리 멀지 않았다(참고. 23:13-15).

늘 그렇듯이 다윗은 하나님의 인도를 구하고, 하나님은 다윗의 승리를 장담하신다. 승리는 다윗의 군사력 지략이 아니라 하나님의 힘 때문이었다.

5:20-21. 다윗은 직유법으로 하나님의 승리를 묘사한다. **여호와께서 물을 흩음 같이 내 앞에서 내 대적을 흩으셨다**. 그리고 그곳 이름을 **바알브라심**이라 부르는데, 그 뜻은 '돌파의 주인'이다. 하나님은 돌파의 명수였다. 블레셋은 **그들의 우상**이 무기력하다는 사실을 깨닫고는 버린다(참고. 사 2:20-21).

5:22-25. **블레셋**은 같은 장소에 **다시** 집결하여 싸움을 건다. 다윗은 다시 하나님의 지도를 간구하고, 하나님은 새로운 전투 계획을 하달하신다. 이번에는 전면 공격이 아니라 배후 기습이었다(23-24절). **뽕나무 꼭대기에서 걸음 걷는 소리**가 하나님이 다윗에게 주시는 공격 신호였다. 하나님은 다윗보다 먼저 블레셋의 군대를 공격하신다. **다윗이 여호와의 명령대로 행하여 블레셋 사람을 쳐서 게바에서 게셀까지 이르니라**. 두 지역의 거리는 약 40킬로미터로 꽤 멀었다. 이는 다윗의 승리가 얼마나 컸는지를 보여준다.

F. 언약궤를 예루살렘으로 옮기다(6:1-23)

1. 이스라엘이 잘못된 방법으로 언약궤를 옮기다 (6:1-11)

6:1. 레니에 따르면, 다윗은 사울과 달리 "언제나 야훼 예배에 관심이 많았다(Laney, *First and Second Samuel*, 95). 다윗은 하나님의 궤를 예루살렘으로 메어옴으로써 '하나님의 마음에 합한 자'(삼상 13:14)임을 다시 한 번 증명한다. 언약궤는 사울 시대에 방치되었는데, 이는 사울의 영적 무관심에 대한 또 다른 증거이다(Laney, *First and Second Samuel*, 95).

뽑은 무리는 잘 훈련되고 숙련된 전사였다. 이 용사들은 주로 주력 공격 부대로 운용되었다. 그러나 다윗은 이들을 소집하여 바알레유다에서 하나님의 궤를 예루살렘으로 메어 오려 한다. 바알레유다는 기브온 성읍으로(참고. 수 9:17), 먼저 유다에 배속되었다가 후에 베냐민에 배속되었다(참고. 수 18:28; Unger, *The New Unger's Bible Dictionary*, 743). 이 성읍은 기럇여아림으로도 알려져 있으며, 예루살렘에서 북동쪽으로 약 14킬로미터 떨어져 있다. 블레셋의 기습에 대비하여 다윗은 **삼만 명**의 정예 부대를 운용한다.

6:2. 하나님의 궤는 사무엘 시대부터 왕정이 탄생할 때까지 **바알레유다**에서 약 70년간 머문다. 언약궤는 하나님의 임재를 상징하며 하나님의 지상 보좌와 같았다. 다윗은 언약궤를 옮김으로써 하나님의 임재와 예배가 이스라엘과 통치의 중심임을 공표한다.

6:3. 블레셋이 그랬던 것처럼(참고. 삼상 6:7), 하나님의 백성도 언약궤를 새 수레에 싣는다. 하나님의 궤는 수레에 실을 수 없다. 반드시 레위인이 율례에 따라 메어 운반해야 했다(참고. 민 4:15; 신 10:8).

6:4-5. 각종 악기의 연주와 함께 행진이 시작된다. **다윗과 이스라엘 온 족속은 잣나무로 만든 여러 가지 악기와 수금과 비파와 소고와 양금과 제금으로 여호와 앞에서 연주하더라**.

6:6-7. 궤를 멘 소들이 뛰면서 궤가 엎어지려 하자 웃사가 손을 내밀어 궤를 붙든다. 그러자 하나님의 분노가 웃사를 친다. 그 이유는 **웃사의 잘못** 때문이었다. 언약궤에 손을 댄 것은 결코 도움이 되는 행동이 아니었다. 그것은 언약궤를 막대로 메는 대신 수레에 싣는 불순종에서 기인한 매우 불경한 행위였다.

6:8-9. 다윗이 분을 낸다. 어쩌면 자기들의 진정성을 몰라주고 하나님이 과잉반응을 하신다고 느꼈을지도 모른다. **여호와께서 웃사를 치시므로**라는 표현은 문자적으로 '여호와께서 돌파(breakthrough)하심으로 치셨다'를 뜻한다. 일찍이 블레셋을 돌파하신 하나님은 이제 징벌로서 돌파하신다.

이스라엘은 블레셋처럼 언약궤를 취급하다가 큰 재앙을 만났다. 다윗은 이곳을 **베레스웃사**라 칭하는데 이는 '웃사를 치심'이라는 뜻이다.

다윗의 감정은 분노에서 두려움으로 바뀐다. 그는 하나님이 얼마나 거룩하고 두려운 분이신지를 문득 깨닫고 두려움에 휩싸인다.

6:10-11. 정신이 번쩍 든 다윗은 언약궤를 옮기려는 시도를 멈춘다[Anderson, *2 Samuel*, 104.《사무엘하》(솔로몬)]. 그리고 언약궤를 예루살렘으로 옮기는 대신 **가드 사람 오벧에돔의 집**으로 옮긴다.

2. 이스라엘이 성경대로 언약궤를 옮기다 (6:12-15)

6:12. 여호와의 궤로 인해 하나님이 오벧에돔의 집에 복을 주신다. 이를 통해 다윗은 궤를 다시 예루살렘으로 모실 용기를 얻고 **기쁨으로** 궤를 멘다(12절).

6:13. 이번에는 소와 수레 대신 레위 사람이 모세의 율례대로 언약궤를 멘다. **여호와의 궤를 멘 사람들이 여섯 걸음을 가매 다윗이 소와 살진 송아지로 제사를 드리고**. 다윗이 제사를 드렸다는 표현은 다윗이 제사장 역할을 했다는 뜻이 아니라 레위 제사장을 통해 제물로 바칠 짐승을 드렸다는 뜻이다.

6:14. **다윗**이 여호와 앞에서 **힘을 다하여** 춤을 춘다. 그는 혼신의 힘을 기울여 춤을 춤으로써 이 예배에 자신의 존재 전체를 던진다. **여호와 앞**, 즉 하나님의 임재 앞에서 그렇게 했다. 다윗은 제사장의 의복인 **베 에봇**을 입었는데, 이는 제사장에 대한 월권이 아니라 하나님에 대한 진심에서 우러나온 경배의 표현이었다.

6:15. 축하는 요란했다! **다윗과 온 이스라엘 족속이 즐거이 환호하며 나팔을 불고 여호와의 궤를 메어오니라**. 다윗은 이를 배경으로 시편 24편을 썼는지도 모른다. 여부스 사람이 수 세기 동안 점유했던 난공불락의 요새, 이제는 다윗의 성인 예루살렘으로 여호와의 궤가 들어서고, 영광의 왕이신 하나님의 임재가 함께한다.

3. 미갈이 다윗을 업신여기다(6:16-23)

6:16. 하나님의 궤가 다윗 성에 들어설 때 **미갈**은 창문으로 그 광경을 지켜본다. 미갈은 여기에서 3장 이후 처음 언급된다. 언약궤가 다윗 성으로 들어오는 일은 이스라엘 역사에 남을 만한 사건이었지만, 미갈은 대단치 않게 여긴다. 대신 그녀는 남편 다윗 왕이 **뛰놀며**[다윗의 기쁨을 나타내는 신체적 표현] **춤추는 것**에 주목한다. 미갈은 다윗의 행동이 왕의 위엄을 손상시킨다고 생각하고 그를 업신여긴다. 거인 골리앗이 어린 다윗을 비웃었던 것처럼, 그녀는 다윗을 경멸한다(참고. 삼상 17:42). 미갈의 정서는 이 놀라운 사건과 전혀 어울리지 않았다.

6:17. 다윗은 여호와의 궤를 위해 장막을 치고, **번제**

[하나님께 대한 헌신과 충성을 상징]와 **화목제**[하나님과 성도들 간의 평화와 친교를 상징]를 드린다. 다윗의 제사에 대해서는 6장 13절의 주석을 보라.

6:18-19. 다윗은 여호와의 이름으로 백성을 축복한다(참고. 민 6:22-27). 그리고 각 사람에게 **떡 한 개와 고기 한 조각과 건포도 떡 한 덩이씩**을 나눠준다. 손에는 하나님의 복을 상징하는 떡을 들고, 왕의 축복을 받았으며, 하나님의 궤가 다윗 성에 들어온 것을 기뻐한 백성들은 즐거운 마음으로 집으로 돌아간다.

6:20-22. 백성을 축복한 후, 다윗은 **자기의 가족에게 축복하러** 돌아온다. 그러나 미처 축복의 말을 꺼내기도 전에, **미갈**이 그를 **방탕한 자**라 부르며 모욕한다(20절). 다윗은 **여호와 앞에서 한 것**이라고 대답한다(5, 14, 16, 17절을 보라). 또한 하나님이 그녀의 아버지 대신 자기를 이스라엘의 지도자로 선택하셨다고 말한다(21절). **내가 이보다 더 낮아져서 스스로 천하게 보일지라도 네가 말한 바 계집종에게는 내가 높임을 받으리라**. 이 장에서 미갈은 다윗의 아내가 아니라 **사울의 딸**(16, 20, 23절)로 언급된다.

6:23. 고대 세계에서 불임은 기혼 여성에게 심대한 재앙이었다. 미갈은 평생 불임의 비극을 겪어야 했다. 이는 하나님께 기름 부음을 받은 다윗에게 보인 경멸적 태도에 대한 하나님의 심판을 나타낸다.

G. 하나님이 다윗을 위해 영원한 집을 세우실 것이다(7:1-29)

1. 다윗이 하나님을 위해 집을 짓기 원하다(7:1-3)

7:1-3. 오랜 고난과 인내의 세월을 지나 마침내 다윗 왕은 안정된 삶을 누린다. **여호와께서 주위의 모든 원수를 무찌르사 왕으로 궁에 평안히 살게 하신 때에**. '궁'(house)은 7장의 주요 단어이다(1, 2, 5, 6-7, 13, 16, 18-19, 25-26, 29절). 다윗은 하나님을 위해 집/성전을 짓기 원했고, 하나님은 집의 이미지를 통해서 다윗에게 중요한 교훈과 약속을 주신다. 사무엘상하를 통틀어 선지자 **나단**(3절)이 처음 언급되는데, 그는 다윗의 생애에서 중요한 역할을 한다. 다윗은 자신의 편안한 거처와 하나님의 궤가 놓인 장막에 대해 생각한다. 나단은 다윗의 말 속에 담긴 성전 건축의 뜻을 읽고 그렇게 하라고 권면한다(3절).

2. 하나님이 나단을 다윗에게 보내 메시지를 전하시다(7:4-17)

7:4-5. 그날 밤 하나님이 나단에게 말씀하신다. **가서 내 종 다윗에게 말하기를**. 성경에서 처음으로 하나님이 직접 다윗을 그분의 종이라 칭하신다. 이는 다윗이 모세(참고. 민 12:2; 신 34:4), 여호수아(참고. 수 24:19), 욥(참고. 욥 1:8; 2:3; 42:7-8)과 같은 반열에 올랐음을 뜻한다. 다윗의 의도는 좋았지만, 성전 건축은 다윗의 후계자 솔로몬 왕의 몫이었다. 그 이유는 역대상 22장 8절에 나와 있듯이, 다윗이 너무 많은 피를 흘렸기 때문이다. 유진 피터슨(Eugene Peterson)은 하나님의 대답을 이렇게 표현한다. "내 집을 지어준다고? 잊어버려라. 네 집을 지어주마. 이 왕국은 네가 날 위해 세우는 것이 아니라 내가 널 위해 세우는 것이다"(Peterson, *First and Second Samuel*, 167. 《하나님의 마음에 합한 사람》(쉴만한물가)].

삼하

7:6-7. 이스라엘 역사 속에서 다윗의 시대에 이르기까지 하나님은 이동식 장막 안에 거하셨다. 그 누구에게도 다윗의 집과 같은 백향목 집을 지으라고 명하지 않으셨다.

7:8-9. 하나님은 계속 나단을 통해 말씀하신다. **그러므로 이제 내 종 다윗에게 이와 같이 말하라**. 하나님은 이름 없는 다윗을 들어서 이스라엘의 왕으로 삼으셨다. 그리고 그에게 위대한 이름을 약속하셨는데(9절), 이는 아브라함에게 하셨던 약속과 비슷하다. 다윗은 그 시대에 위대했을 뿐 아니라 이후 대대로 위대한 이름으로 남는다.

7:10-11. **여호와가 너를 위하여 집**[왕조]**을 짓고**. 이것이 다윗에 대한 하나님의 언약이다. 저자는 여기에서 하나님의 약속에 대해 '언약'이라는 단어를 사용하지 않지만, 다른 곳에서는 하나님이 하신 말씀의 본질에 대해 '언약'이라는 말이 쓰인다(참고. 삼하 23:5; 대하 13:5; 시 89:3). 여기에서 최초로 다윗 왕조에 대한 약속이 선포된다. 이는 성경 계시의 최고봉 중 하나이며, 이를 통해 다윗의 씨로 오시는 메시아에 대한 성경의 계시가 한층 진일보를 이룬다. 메시아는 여인의 후손이며(참고. 창 3:15), 아브라함의 후손이고(참고. 창 12:3), 다윗의 후손이다(참고. 롬 1:3, 문자적으로 '다윗이 씨에서 나셨고').

하나님의 언약은 먼저 이스라엘 백성에게 안전한 거

처를 제공하겠다는 약속으로 시작한다. 하나님은 그들을 이스라엘 땅에 심으실 것이며, **모든 원수에게서 벗어나 편히 쉬게** 하실 것이다(11절). 이는 다윗 또는 솔로몬 시대의 평화가 아니라 다윗의 자손으로 오실 메시아가 주시는 평안을 가리킨다.

7:12-17. 백성을 위한 안전한 거처 외에도 하나님은 다윗에게 특별한 **씨**, 즉 후손을 약속하신다(12절). 다윗의 씨에 관한 언약의 약속에는 네 가지 측면이 있다. 첫째, 하나님은 이 씨에게 견고한 나라를 주실 것이다(**그의 나라를 견고하게 하리라**, 12절). 씨의 나라는 견고하며 영원할 것이다. 둘째, 다윗의 후손/씨는 하나님을 위해 **집**을 건축할 것이다(13절). 다윗의 특별한 후손이 하나님을 위해 성전을 건축하게 될 것이다. 셋째, 그 후손은 하나님과 부자 관계를 누릴 것이다(14절). 넷째, 이 약속에는 조건이 없다. **내가 네 앞에서 물러나게 한 사울에게서 내 은총을 빼앗은 것처럼 그에게서 빼앗지는 아니하리라**(15절). 이 약속은 무조건적이며 영원하다.

마지막으로 하나님은 다윗과 맺은 이 영원하고 무조건적인 언약의 본질을 요약하신다. 하나님은 다윗에게 영원한 **집**[왕조], **나라**[국가], **왕위**[주권]를 주셨다. 이는 **영원히 견고**할 것이다(16절).

그렇다면 "언약에 나오는 다윗의 씨는 과연 누구인가?"라는 질문에 대한 답이 필요하다. 표면적으로 보면 솔로몬이 언뜻 떠오른다. 그는 여호와를 위해 성전을 짓는다. 또한 다윗의 다른 아들들은 집안의 분쟁과 음모 속에서 살아남지 못한다. 뿐만 아니라 솔로몬은 다윗의 언약이 자신을 통해서 성취되었다고 믿는다(참고. 왕상 8:20).

그러나 사무엘하의 저자는 솔로몬의 견해에 동의하는 것 같지 않다. 다윗의 이야기가 사무엘하에서 열왕기로 이어지면서 다윗의 후손에 대한 이야기가 펼쳐진다. 극적인 표현을 통해 솔로몬이 잠재적 언약 성취자로 그려지지만, 결국 그는 언약을 성실히 지키지 못하고, 이방 여인들과 결혼하며, 이방신을 좇는다(참고. 왕상 11:1-2). 따라서 언약은 솔로몬을 통해 성취되지 못한다(참고. 왕상 11:9-12). 그럼에도 불구하고 저자는 솔로몬의 실패로 다윗의 언약이 무효화된 것은 아님을 밝힌다. **내 종 다윗과 내가 택한 예루살렘을 위하여 한 지파를 네 아들에게 주리라**(왕상 11:13b). 이후 열왕기의 이야기 속에서 다윗의 후손들은 잠재적 언약의 성취자로 등장하지만 결국 모두 실패한다. 열왕기하는 이스라엘이 포로로 잡혀가고 언약이 성취되지 못하는 것으로 끝을 맺는다. 그러므로 저자는 독자가 다윗의 씨, 메시아를 계속해서 고대하기를 원한다. 결국 메시아가 영원한 집과 나라 그리고 왕위를 견고하게 하실 것이다.

열왕기의 저자만 다윗의 언약이 메시아를 통해 성취된다고 본 것은 아니다. 7:19에서 다윗은 언약에 관한 하나님의 말씀을 들으며 이 언약이 **먼 장래의 일**까지 약속한다고 놀라워한다. 사무엘서의 저자 역시 이 언약이 솔로몬에 의해서가 아니라 마지막 때에 성취될 것으로 본 것이다. 후기 구약성경의 저자들과 선지자들 모두 언약의 성취가 다윗의 후손, 메시아에 의해 이루어질 것으로 본다(참고. 시 89:51; 132:17-18; 사 9:6-7; 11:1, 10; 16:5; 42:1, 6; 55:3-4; 렘 23:5; 30:9; 33:15-17; 겔 34:23-24; 37:24-28; 호 3:4-5; 암 9:11-15). 히브리어 성경이 다윗 언약의 성취를 메시아로 보는 것처럼, 신약성경도 그러하다(참고. 눅 1:32-33; 행 2:30-36; 롬 1:3; 딤후 2:8).

사무엘하 7장을 메시아에 관한 말씀으로 해석하는 것에 대한 반대 의견은 대략 두 가지이다. (1) 다윗의 씨가 죄를 범할 것으로 예상한다(**그가 만일 죄를 범하면 내가 사람의 매와 인생의 채찍으로 징계하려니와**, 14b절). (2) 언약에 명시된 대로, 솔로몬이 실제 성전을 건축한다.

첫 번째 반대 의견에 대해서는, '할 때'(*asher*, 아셰르)에 해당하는 히브리어를 '만약'으로 번역하는 것이 낫다. 그렇게 하면 '만약 그가 죄를 범하면'이라는 뜻이 된다(기고자는 'when'으로 번역된 영역본을 기준으로 설명하고 있음. 'if'로 번역된 영역본도 많음—옮긴이 주). 같은 단어가 이렇게 번역된 사례는 여럿 있다(참고. 신 11:27; 수 4:21). 사실 주전 2세기의 헬라어 구약성경인 70인역은 사무엘하 7:14에서 '만약'(*ean*, 에안)이라는 단어를 사용한다. 따라서 씨에 대한 예언은 다윗의 자손 누구에게나 잠재적으로 사실이 될 수 있다. 누구나 잠재적으로 언약의 성취일 수 있지만, 만약 그가 죄를 범하면 자격을 상실한다. 그럼에도 불구하고 언약이 확실한 이유는 먼 후대의 자손, 즉 다윗의 자손 메시아에 의해 성취될 것이기 때문이다.

두 번째 반대에 대한 설명은 이렇다. 솔로몬이 첫 성전을 지은 것은 사실이나 그의 나라는 영원하지 못했다(**그는 내 이름을 위하여 집을 건축할 것이요 나는 그의 나라 왕위를 영원히 견고하게 하리라**, 13절). 둘째 성전을 지은 스룹바벨은 영원한 나라는커녕 왕도 되지 못했다. 이러한 이유 때문에 선지자들은 언제나 다윗의 자손 메시아가 오면 여호와를 위한 성전을 세우실 것이라고 예언했다(참고. 슥 6:11-15; 겔 40-48장). 솔로몬 성전이나 둘째 성전은 이 약속(13절)을 성취하지 못했다. 그러나 메시아가 영원한 나라를 세우기 위해 오면, 그분은 여호와의 성전을 건축하실 것이며 비로소 이 구절은 성취될 것이다. 그리하여 예수 그리스도가 조상 다윗의 왕위에 앉으실 때(사 9:7), 다윗의 왕조는 영원히 존재할 것이며(16절) 결코 끝나지 않을 것이다.

3. 다윗이 하나님의 약속에 반응하다(7:18-29)

7:18. **다윗 왕이 여호와 앞에 들어가 앉아서**. 앉는 자세는 겸손을 의미한다. 비록 왕이지만 다윗은 하나님 앞에서 자신을 낮춘다. 6장에 나온 "여호와 앞에서"(14, 16, 21절)라는 개념이 여기 7장에도 나온다. 다윗은 겸손하게 기도하며 하나님을 찬송한다. 그러면서 자신과 자신의 집은 하나님의 자비와 은혜를 받을 만한 자격이 없다고 고백한다.

7:19-20. 하나님이 다윗 평생에 하신 일은 그의 생애뿐 아니라 후대까지 포함한 하나님의 약속에 비하면 극히 일부이다. 사실 다윗은 하나님이 하신 약속의 성취가 **먼 장래**에 이루어질 것을 알았다(19절). 다윗은 하나님이 그의 집을 영원한 왕조로 세우신다는 사실에 감격했다! 그리고 이렇게 덧붙인다. **주 여호와여 이것이 사람의 법이니이다**(19절). 이는 의문스러운 구절이다. 특히 '규례'(custom, NASB)라고 번역된 단어(*torah*, 토라) 때문에 그러한데, 이 단어는 주로 '법'(law) 또는 '가르침'(instruction)으로 번역된다.

이 문제는 HCSB로 해결된다. 이 역본은 다윗이 하나님의 언약에 대해 이렇게 말하는 것으로 번역한다. "이것이 사람을 위한 (당신의) 계시입니다." '계시'가 *torah*(토라)의 훨씬 더 적절한 번역이다. 그러므로 다윗은 다윗의 언약에 대한 하나님의 계시가 먼 장래에 성취될 것이며, 언약의 효용이 그와 그 가족뿐 아니라 온 인류에게 계시되었다고 외치고 있는 것이다.

7:21-22. 사람의 기도가 기록된 것은 성경의 뛰어난 특징이다. 여기서 다윗은 하나님의 위대함과 유일함(**주와 같은 이가 없고**)을 찬양한다. 하나님은 인격과 영광에 있어서 누구와도 비견할 수 없다. 이 기도에서 다윗은 여섯 번이나 독특한 이름으로(**주 여호와**, Adonai Yahweh) 하나님을 부르는데(18-19, 20, 22, 28-29절), 바로 하나님이 아브라함에게 언약을 주실 때 쓰였던 이름이다(참고. 창 15:2, 8). 이는 우연한 것이 아니라 다윗의 언약과 아브라함의 언약을 연결하려는 의도적 시도이다.

7:23-29. 하나님의 백성 이스라엘도 특별하다. 다윗의 왕조도 영원할 것이며, 이스라엘도 영원히 하나님의 백성이 될 것이다(24절). 다윗은 엎드려 하나님을 부르며 자신의 집에 대해서 약속한 것을 확증하시기를 간구한다(25절). 또한 사람이 **주의 이름을 크게 높이**기를 기도한다(26절). 다윗은 기도에서 아홉 번이나 자기를 **주의 종**[19, 20, 25, 26, 27(두 번), 28, 29(두 번)]으로 부른다. '종'이라는 단어는 다윗의 겸손을 나타내지만, 그는 자신을 주의 종으로 부르는 것을 큰 영광으로 여겼다. 또한 다윗은 하나님의 **말씀들이 참되**다고 기술하며, 왕조에 대한 하나님의 약속을 **좋은 것**으로 지칭한다(28절). 다윗의 집을 향한 하나님의 축복은 다윗 왕조의 영속성에 대한 유일한 보증이다.

H. 다윗의 승리와 의로운 통치(8:1-18)

1. 다윗이 많은 적들을 물리치다(8:1-14)

8:1-14. 하나님의 은혜로 다윗의 삶은 상향일로에 놓인다. 8장은 다윗 통치 시기의 한 정점을 이룬다. 하나님은 다윗에게 엄청난 약속을 하셨고, 저자는 그 약속이 실제로 성취되는 모습을 보여준다(Bergen, *1, 2 Samuel*, 346). 이제 하나님은 다윗이 어느 방향으로 가든지 승리를 안겨주신다. 서쪽의 **블레셋**(1절), 동쪽의 **모압**(2절), 북쪽의 **하닷에셀**과 **다메섹의 아람**(3-8절) 그리고 남쪽의 **에돔**(14절). 하나님이 아브라함에게 하신 약속이 실현되고 있다(참고. 창 13:14). 또한 수 세기 전 여호수아의 영도하에 시작된 정복 전쟁이 이러한 승리로 결실을 맺고 있다(참고. 수 1:7, 9). 다윗이

이러한 업적을 이룰 수 있었던 결정적 요인은 이것이다. **다윗이 어디로 가든지 여호와께서 이기게 하셨더라**(14절, 참고. 6절).

2. 다윗이 정의와 공의로 다스리다(8:15-18)

8:15-18. 다윗의 통치에 대한 요약과 다윗 정부의 요직을 차지한 이들의 이름이 나와 있다. 메릴에 따르면, 이러한 목록을 통해 다윗 왕국이 팽창하면서 "관료 체제"를 갖추게 되었다는 사실을 짐작할 수 있다("2 Samuel," 465). 다윗은 또한 사법 기능도 담당했다. **다윗이 모든 백성에게 정의와 공의를 행할새**(15절). 그는 불편부당함 없이 공의를 시행했고, 백성이 압제와 착취당하는 것을 용납하지 않았다. 그러나 이러한 공의로운 다스림에도 불구하고, 나중에 압살롬은 사법 체제의 취약점을 파고들어 자신의 정치적 이익을 도모한다(참고. 15:1-6). **여호사밧**은 **사관**이었다(16절). 사관의 역할은 명확하지 않은데, 왕국의 주요한 사건의 기록을 보존하는 임무를 맡았던 듯하다. 특기할 만한 사건의 기록을 감독하고 왕에게 주요한 국정을 상기시키는 임무도 맡았던 것 같다. 사관이 다윗 행정부 고관 목록에서 두 번째로 등장하는 것으로 보아 중요한 역할임을 짐작할 수 있다.

스라야는 **서기관**이었는데(17절), 그 역할은 중요한 칙령 및 공문을 두루마리에 작성하는 것이었다. 또한 여타 행정 및 외교적 책무 역시 감당해야 했다(참고. 왕하 12:10-16; 사 22:15-23; 36:1-3). **브나야는 그렛 사람과 블렛 사람을 관할하고**(18절). 그렛 사람과 블렛 사람은 다윗의 호위를 맡은 정예 부대였다(참고. 15:18; 20:23; 왕상 1:38, 44). 이들은 블레셋 출신이었으나(참고. 겔 25:16; 습 2:5), 다윗의 휘하에서 여호와께 헌신했을 것이다.

I. 왕의 친절(9:1-13)

1. 다윗이 므비보셋을 부르다(9:1-8)

9:1. 9장과 10장은 다윗의 친절을 보여준다. 다윗은 왕권이 강화되어도 요나단과 사울의 집에 대한 언약을 잊지 않고 지키려 한다. 백성에게 정의와 공의를 행한(8:15) 왕에게 남은 일이 무엇일까? 저자는 다윗의 질문과 함께 이야기를 풀어간다. **사울의 집에 아직도 남은 사람이 있느냐 내가 요나단으로 말미암아 그 사람에게 은총을 베풀리라**. '은총'(*chesed*, 헤세드)이라는 단어는 언약 협정에 따라 서약한 사랑, 헌신, 충성을 의미한다. 다윗은 자신이 맺은 언약을 존중하여 지키려고 한다.

9:2-4. **시바**는 사회적 지위가 높았고, 15명의 아들과 20명의 종을 데리고 있었다(참고. 10절). 그는 사울의 재산을 관리하는 임무를 맡았다. 다윗은 그에게 1절과 같은 질문을 한다. **사울의 집에 아직도 남은 사람이 없느냐 내가 그 사람에게 하나님의 은총을 베풀고자 하노라**(3절). 시바는 요나단의 **아들** 하나가 남았다고 대답한다. 그는 **두 발**을 다 절었다. 또한 **마길**의 집에서 지냈는데, 마길은 사울의 집을 봉양하면서 므비보셋과 그 가족의 쓸 것을 공급했을 것이다. 마길은 아마도 부유했던 것 같다[Anderson, *2 Samuel*, 141.《사무엘하》(솔로몬)]. 후에 마길은 다윗에게 큰 도움이 된다(17:27-29).

9:5. 요나단의 아들에 대한 소식을 들은 다윗은 로드발(예루살렘 북서쪽 약 40킬로미터)에서 예루살렘으로 므비보셋을 데려온다. 의심의 여지없이, 이 장애인은 다윗이 자기를 처형할 것이라고 생각했다. 므비보셋은 비록 장애를 입었지만 사울의 남자 후손이었기에 다윗의 왕위에 대한 도전자가 될 수 있었다. 브루그만에 따르면, 므비보셋의 장애가 언급된 이유는 그가 다윗의 군사적, 정치적 위협이 될 수 없음을 보여주려는 의도였다[Brueggemann, *First and Second Samuel*, 267.《사무엘 상, 하: 목회자와 설교자를 위한 주석》(한국장로교출판사)].

9:6. 므비보셋은 6절에서 비로소 이름이 언급된다. 4장 4절의 비극적 사건이 있은 지 수년이 흘렀다. 므비보셋은 이제 성년이 되었다. 결혼을 했고 아들까지 둔 그는 다윗의 왕위에 대한 잠재적 위협이 될 수 있었다.

므비보셋은 극심한 공포감 속에서 다윗 앞에 엎드려 머리를 조아린다. 인간적으로 볼 때 그의 공포에는 충분한 이유가 있었다. 특히 이때쯤이면 사무엘하 21:1-14에 기록된 사건, 즉 사울의 일곱 후손이 기브온 주민에 의해 처형된 소식이 이미 널리 퍼졌을 것이다.

9:7. 다윗은 므비보셋의 두려움을 덜어주면서 사울의 모든 땅을 그에게 돌리겠다고 약속한다. 사울의 소유는 왕인 다윗의 소유가 되었다(참고. 12:8). 사울의 땅을 므비보셋에게 돌리는 것은 다윗 입장에서는 위험

부담을 안는 일이었다. 그러나 다윗은 여기서 멈추지 않는다. 그는 므비보셋에게 자기 아들과 고관대작에게만 주어진 특권을 허락한다. **너는 항상 내 상에서 떡을 먹을지니라.** '왕의 상에 앉다'(이 장에서 상이하게 세 번 언급됨: 7, 10, 13절)라는 표현은 관용구로서 왕으로부터 하사품을 받고, 풍부한 물품을 공급받으며, 왕의 식탁에 함께 앉는 특권을 누리는 것을 의미한다.

9:8. 왕의 친절에 감격한 므비보셋은 다시 부복하며 **죽은 개**라는 경멸적 은유로 자신을 지칭한다.

2. 므비보셋이 왕의 상에서 떡을 먹다(9:9-13)

9:9-11. 다윗은 사울의 종 **시바**에게 **땅을 갈고 거두어 그 양식**을 므비보셋에게 바치라고 지시한다. 므비보셋이 다윗의 상에서 먹는 것은 그가 왕의 아들 중 하나와 같음을 의미한다.

9:12-13. **므비보셋에게 어린 아들 하나가 있으니 이름은 미가더라.** 미가는 나중에 아들 넷을 본다(참고. 대상 8:34-35). 비록 왕조는 다윗의 집에 속했지만, 하나님의 자비로 사울의 가문은 증손자 미가를 통해 이어진다. 다윗이 므비보셋을 선대한 것은 구약성경의 은총이 잘 드러난 사례 중 하나이다.

J. 하눈이 왕의 친절을 거절하다(10:1-19)

1. 다윗의 신하들이 수치를 당하다(10:1-5)

10:1-2. 암몬 자손의 왕이 죽고 그의 아들 **하눈**이 뒤를 이어 왕이 된다. 다윗은 슬퍼하는 하눈에게 은총을 베풀려 한다. 다윗의 행동이 놀라운 이유는 하눈의 아버지가 나하스였기 때문이다. 나하스는 길르앗 야베스 주민을 위협했던 왕이다(참고. 삼상 11:1-11). 이런 나하스가 다윗에게 은총을 베풀었다. 저자는 나하스가 언제 그랬는지에 대해서 말이 없지만, 아마도 다윗이 도망자 신세였을 때일 것이다. 다윗과 나하스의 관계는 평화로웠다. 비록 이 시기에 암몬은 다윗에게 복속된 상태였지만(참고. 8:12), 다윗은 그들과의 외교적 우호관계를 존중하려 했다. 암몬은 요단 동편에서 살면서 오늘날 요르단 지역의 일부를 차지했다.

10:3-4. 하눈은 수하들의 잘못된 조언을 듣고, 다윗의 신하들을 간첩으로 생각하고 모욕한다. 자발적으로 수염을 미는 것은 슬픔과 애통의 표시이다(참고. 렘 41:4-8). 그러나 강제로 수염을 미는 것은 모욕이다. 또한 엉덩이가 드러나도록 의복을 자른 뒤 강제로 먼 길을 가도록 하는 것은 극심한 모욕이다(참고. 사 20:4). 다윗의 신하에 대한 하눈의 학대는 다윗과 이스라엘 전체에 대한 모욕이었으며, 이는 곧 선전포고였다.

10:5. 다윗의 사절단은 극심한 수치를 느꼈고, 다윗은 그들의 존엄성을 보호하기 위해 수염이 다시 자랄 때까지 **여리고**에 머물도록 허락한다.

2. 암몬이 다윗에게 미움이 되다(10:6-8)

10:6. 암몬이 다윗의 코에 배설물의 냄새와 같은 **미움**[문자적으로 '악취']이 된다. 암몬은 열세를 만회하기 위해 수천의 용병을 고용한다.

삼하

10:7-8. 직접 전쟁에 나서는 대신, 다윗은 **요압과 용사의 온 무리**를 보낸다. 적의 군대는 둘로 나뉘었고, 일부는 암몬 수도(참고. 12:26-29) 랍바(오늘날의 요르단 수도 암만) 앞에 진지를 갖추었다.

3. 두 형제가 전투를 이끌다(10:9-14)

10:9-12. 요압은 정예 부대를 선발하여 아람을 상대하게 하고, 나머지는 동생 아비새의 수하에 두어 암몬을 상대하게 한다(10절). 배반(참고. 삼하 3장)과 충성(12절)이 교묘하게 뒤섞인 인물인 요압은 예상 밖으로 전쟁의 결과를 여호와께 맡긴다. 아마도 다윗의 삶이 조카인 요압에게 경건한 영향을 미쳤을 것이다.

10:13-14. 요새화된 왕도를 정복하기 위해서는 포위 작전이 필요했다. 요압은 패퇴한 암몬 자손과의 싸움을 멈추고 귀환한다. 그리고 다음 해 봄, 출전할 때가 도래하자 요압은 임무를 완수한다(참고. 11:1).

4. 다윗이 아람 사람에게 승리를 거두다(10:15-19)

10:15-16. **하닷에셀이 강 건너쪽**, 즉 유프라테스강 동편(오늘날의 이라크 동쪽, 이란 서쪽)에서 아람 사람을 불러온다.

10:17-18. 이는 매우 중요한 전투였으므로 다윗이 직접 군대를 이끈다. 그들은 **헬람**[위치는 불명확함]에서 하닷에셀의 군대와 교전한다. 헬람은 요단과 유프라테스강 사이 어딘가로 추정된다. 다윗은 아람을 격퇴하고 군사령관 **소박**을 친다. 군사령관의 죽음은 막대한 심리적 타격을 의미했다.

10:19. 이스라엘에 패퇴한 하닷에셀의 속국은 다윗의 속국이 되고, 더 이상 암몬의 부름에 응하지 않는다.

Ⅱ. 큰 죄, 위대한 은혜, 끔찍한 결과(11:1-12:31)

11장과 12장은 다윗 생애의 어두운 사건을 기록한다. 다윗은 그 결과를 평생 지고 간다. 이 끔찍한 사건들이 기록된 데에는 몇 가지 이유가 있다. (1) 경건한 사람조차 죄에서 자유롭지 못하며, 따라서 모두 깨어 조심해야 한다고 경고한다(Laney, *First and Second Samuel*, 106). (2) 통치 권력으로 인해 자만해지면 어떤 결과를 초래하는지 보여준다(Chisholm, *1 & 2 Samuel*, 232). (3) 다윗 통치의 후반기를 이해하는 데 필수적인 일련의 사건을 보고한다. (4) 여호와의 이상적인 종으로 보였던 이가 잠시나마 하나님의 반역자로 떨어질 수 있다는 충격을 표현한다(Bergen, *1, 2 Samuel*, 361).

A. 전쟁과 큰 죄(11:1–27)

1. 왕이 밧세바와 은밀한 시간을 보내다(11:1–5)

11:1. 때는 봄이었으니 아마도 삼사월이었으리라. 다윗의 군대는 따뜻한 날씨를 기회로 포위 작전을 수행한다. **다윗이 요압과 그에게 있는 그의 부하들과 온 이스라엘 군대를 보내니…다윗은 예루살렘에 그대로 있더라**. 이 자체만으로도 다윗의 부족한 면이 보인다. 왜냐하면 봄은 **왕들이 출전할 때**였기 때문이다. 군대를 이끄는 것은 다윗의 소임이었다(삼상 8:20과 주석을 보라). 다윗의 무책임은 그를 잘못된 시간에 잘못된 장소에 있게 했고, 그 결과 일생 최대의 실수를 낳는다.

11:2. 밤에 다윗은 **옥상** 위를 거닌다. 왕궁은 예루살렘에서 높은 지역에 세워졌고 왕궁 아래로 가파른 언덕이 이어졌기에, 그는 도시를 잘 내려다볼 수 있었다. 많은 집과 건물들이 발아래로 내려다 보였다. 어느 날 밤 **한 여인**이 목욕을 하는데 **심히 아름다워** 보였다. 다윗은 그녀의 매력적인 몸에 이끌려 탐심을 품는다.

11:3. 그래서 다윗은 **사람을 보내** 여인의 정체를 알아내게 한다. '보내'(sent)는 11장의 주요 단어이며[1, 3, 4-5, 6(2회), 14, 22, 27절], 12장 1절에도 등장한다. 저자는 다윗이 명령을 내려 그의 모든 수하와 군대가 떠났지만, 그가 상황을 지배하는 자가 아님을 보여준다. 상황을 지배하는 분은 하나님이시며, 후에 나단을 보내 다윗을 꾸짖으신다(12:1). 여인은 다윗의 용사 중 하나인 엘리암의 딸이자 다윗이 가장 신뢰한 모사인 아히도벨(참고. 23:34)의 손녀였다. 그리고 다윗의 주요 지휘관 중 하나인(참고. 23:8, 39) **우리아의 아내**였다. 그는 비록 **헷 사람**이었지만 여호와를 믿었다. 그의 이름 '우리아'는 '여호와가 빛'이라는 뜻이다. 밧세바는 다윗에게 금지된 존재였고, 이 정보를 안 다윗은 계획을 중단해야 했다.

11:4. **다윗이 전령을 보내어 그 여자를 자기에게로 데려오게 하고**. 다윗은 권력을 남용한다. 마치 전쟁터에서 격퇴한 적의 전리품을 취하듯 그녀를 데려온다. 다윗은 간통보다 더한 죄를 저지른다. 비록 본문에는 밧세바의 심경에 대한 명확한 진술이 없지만, 다윗의 행동은 족히 성적 학대로 볼 수 있다. 남성 우월주의 사회에서 살아가는 밧세바가 왕국에서 아니 근동에서 가장 힘 있는 자를 거부하기란 사실상 불가능하다. 성적 학대와 간통이라는 상황 속에서 본문이 의례적 정결 의식을 거론하는 것은 참으로 아이러니하다. 부부가 성적 관계를 가진 후, 정액의 사출이 있을 경우에는 의례적 목욕이 필수였다(참고. 레 15:18, NASB는 다윗과 밧세바의 동침 후에 밧세바가 몸을 정결케 한 것으로 기술함. 기고자는 이를 기준으로 설명하고 있음—옮긴이 주). 명백하게 정액 사출이 있었고, 그러한 생물학적 사실로 인해 다음 사건이 이어진다.

11:5. 몇 주가 흘렀다. 밧세바는 상상조차 할 수 없는 일이 발생했음을 깨닫는다. 아이가 생긴 것이다. 전체 이야기 속에서 그녀가 한 말은 히브리어로 단 두 마디이다. **내가 임신하였나이다**. 그녀의 두 마디를 통해 스캔들과 불명예가 흘러넘친다.

2. 다윗이 우리아를 속이려 하다(11:6–13)

11:6–7. 상황을 수습하기 위해 다윗은 전쟁터의 **우리아**를 예루살렘으로 소환하여 전황을 묻는다.

11:8–9. 그리고 다윗은 우리아를 집으로 보내며 이렇게 말한다. **네 집으로 내려가서 발을 씻으라**. 이는 곧 "네 아내와 성관계를 가지라"를 점잖게 표현한 것이다. 다윗은 우리아가 아내와 성관계를 갖고 아이를 자기 아이로 생각하기를 원했다. 그러나 우리아는 집에서 아내와 자는 대신에 **왕궁 문에서 그의 주의 모든 부하들과 더불어** 잔다.

11:10–11. 다윗은 다시 시도한다. 다윗의 두 질문은 우리아의 남자다움을 자극하려는 의도였다. **네가 길 갔다가 돌아온 것이 아니냐 어찌하여 네 집으로 내려가지 아니하였느냐**. 우리아의 고결한 대답에는 아이러니

가 담겨 있다. **내 주 요압과 내 왕의 부하들이 바깥 들에 진 치고 있거늘 내가 어찌 내 집으로 가서 먹고 마시고 내 처와 같이 자리이까.** 그가 소신 때문에 거절한 바로 그것이 다윗이 그에게서 기대한 것이었다.

11:12-13. 다윗은 우리아를 다시 불러서 이번에는 자기와 함께 먹고 술에 취하게 만든다. 다윗은 술에 취한 우리아가 집에 가서 아내와 관계를 가지면, 밧세바의 임신 문제가 은폐되리라고 기대했다. 그러나 계획은 다시 실패로 돌아간다. 우리아가 **그의 집으로 내려가지 아니하니라.**

3. 다윗이 섬뜩한 편지를 쓰다(11:14-21)

11:14-15. 우리아에 대한 계획이 모두 물거품이 되자, 다윗은 우리아의 지휘관 **요압** 장군에게 편지를 쓴다. 다음날 아침 다윗은 우리아에게 편지를 주고 요압에게 전달하게 한다. 우리아는 가지고 가는 편지가 자기의 사형 집행 영장이라는 사실을 모른 채 충직하게 명령대로 복종한다.

11:16-17. 요압은 다윗이 명령한대로 하지만 정확히 그대로 따르지는 않는다. 요압은 영악한 장군이었다. 우리아가 전투 중에 죽은 것처럼 보이기 위해서, 수하 몇 명을 우리아와 함께 위험 지역에 배치한다. 암몬 사람은 우리아와 다윗의 부하 몇 명을 죽인다.

11:18-21. 고대 전쟁에서 군사들은 공격 대상인 성벽에 가까이 배치되지 않았다. 이는 숙련된 궁수들의 화살 공격에 취약하기 때문이다. 요압은 다윗이 그런 어리석은 병력 기동에 대해 화를 내리라는 것을 알았다(20절). 그러나 우리아의 사망 소식이 왕의 진노를 누그러뜨릴 것이라는 사실도 알았다(21절).

4. 헷 사람 우리아가 전사하다(11:22-25)

11:22-25. 요압이 보낸 전령이 전투 상황과 다윗이 원했던 소식을 보고한다(22-24절). 다윗은 처음에 화가 났을 수도 있지만, 급히 안색을 바꾸고 요압이 자기 명령 때문에 기가 꺾이지 않도록 걱정한다. 그리하여 이러한 메시지를 요압에게 전한다. **이 일로 걱정하지 말라**(25절). 이는 문자적으로 "이 일이 네 눈에 악이 되게 하지 말라"는 뜻이다. 다윗은 요압에게 미칠 이 사건의 여파를 최소화하려 한다. **칼은 이 사람이나 저 사람이나 삼키느니라.**

5. 하나님이 다윗의 행위를 악하게 보시다 (11:26-27)

11:26-27. 밧세바가 죽은 남편 우리아를 위해 곡하는 기간이 끝나자, 다윗은 그녀와 결혼한다. 물론 다윗의 간통 사실을 모르는 이들에게는 그의 행동이 또 다른 은총의 표현으로 보였을 수도 있다. 대략 아홉 달 후, 그해 섣달 즈음에 밧세바는 **아들**을 낳는다. 다윗의 은폐 공작은 성공을 거두었다. 이 불길한 기록만 제외하면 말이다. **다윗이 행한 그 일이 여호와 보시기에 악하였더라**(27절). 지상의 은폐는 천상의 공공연한 스캔들이다!

치즈홀름(Chisholm)은 다윗의 행동이 이야기 줄거리에서 "신학적 긴장"을 조성한다고 말한다. 다윗은 간음과 탐심에 관한 일곱 번째 계명과 열 번째 계명을 어겼으며, 사형을 받아야 했다. 그러나 하나님은 위반에 대한 엄중한 경고가 수반될지언정 돌이킬 수 없는 언약을 다윗에게 주셨다(참고. 삼하 7:11-16). 따라서 독자는 이 긴장이 어떻게 해소될 것인지 궁금해진다(Chisholm, *1 & 2 Samuel*, 236). 그 해결은 12장에서 이루어진다. 다윗의 죄는 극악무도했고 하나님의 마음에 합한 자라는 처음 진술과는 완전히 딴판이었다. 그러나 이어지는 그의 고백을 통해 그의 마음이 여전히 하나님을 향해 있다는 것이 밝혀진다.

B. 위대한 은혜, 끔찍한 결과 그리고 전쟁 (12:1-31)

1. 하나님이 나단을 다윗에게 보내시다(12:1-15a)

12:1a. 11장에서는 다윗이 사람들을 여기저기로 보냈지만, 12장에서는 하나님이 나단을 다윗에게 보내 특별한 메시지를 전하신다(Bergen, *1, 2 Samuel,* 369). 정확한 계시의 시기나 성격은 기록되어 있지 않다. 나단은 지혜롭게 다윗에게 한 이야기를 들려주는데, 이 이야기는 다윗이 미처 방어 자세를 취하기도 전에 그의 심장과 폐부를 찌른다.

12:1b-3. 나단은 다윗에게 두 사람에 관한 이야기를 들려준다. 한 사람은 부자였고, 한 사람은 몹시 가난했다. 가난한 사람이 가진 것이라고는 사서 기르는 **암양 새끼 한 마리**뿐이었다(3절). 새끼 양은 가난한 사람의 가족에게 식구와 마찬가지였다. 나단은 가난한 사람의 가족이 사는 모습을 완벽한 전원풍의 평온한 이미지로 그린다. 새끼 양은 그에게 딸과 같았다. 이러한 이

미지는 다윗의 목가적 상상력을 자극했다.

12:4-5. 나단은 이야기 속에 또 다른 인물을 등장시킨다. 한 **행인**이 부자를 찾아온다. 여행객은 먹을 것이 필요했고, 부자는 자기 가축을 잡기 싫었다. 그래서 대신 가난한 사람의 새끼 암양을 빼어서 여행객의 먹을 거리로 만들었다. 이 이야기를 듣고 몹시 화가 난 다윗은 그 부자가 반드시 죽어야 한다고 선언한다(5절).

12:6. 다윗은 그 양을 대신해서 **네 배**를 갚아야 한다고 말한다. 이는 곧 부자가 원래 양값의 4배를 변상해야 함을 뜻한다. 양을 훔친 자는 훔친 양 한 마리당 4마리의 양을 변상해야 했다(참고. 출 22:1).

12:7-8. 나단은 이 이야기를 다윗에게 바로 적용한다. **당신이 그 사람이라**. 그리고 예언 공식을 사용하여 계속해서 이야기한다. **하나님 여호와께서 이와 같이 이르시기를**. 나단은 하나님이 다윗에게 많은 복을 주었으며 부족하면 **더** 주실 수 있는 분임을 상기시킨다(8절).

12:9-10. 하나님이 다윗을 위해 하신 일을 상기시키면서 나단은 다윗에게 엄중한 질문을 던진다. **그러한데 어찌하여 네가 여호와의 말씀을 업신여기고 나 보기에 악을 행하였느냐**[대부분의 영역본은 '나'를 '그'로 번역함—옮긴이 주]. '여호와의 말씀을 업신여기는 것'은 그분의 말씀을 경멸하고 하찮게 여기는 것이다. 다윗이 밧세바와 우리아에게 저지른 경멸스러운 행위는 무분별했다. 우리아를 죽게 하라는 다윗의 명령을 집행한 것은 요압이었지만, 다윗이 명령자였기에 하나님은 다윗이 우리아를 쳤다고 말씀하신다. 전투 중에 우리아를 죽인 것은 암몬 사람이었지만, 하나님은 다윗이 암몬 사람의 칼로 우리아를 죽였다고 말씀하신다(9절). 다윗은 우리아의 아내를 빼앗아 자기 아내로 삼았다(10절). 다윗은 빼앗았고, 훔쳤으며, 권력을 남용했다. 흥미롭게도 하나님은 밧세바를 두 번이나 우리아의 아내로 지칭하신다(9, 10절; 참고. 마 1:6).

다윗이 우리아를 칼로 죽였기에, **칼**이 다윗의 집에서 **영원토록 떠나지** 않는다. 다윗이 지은 죄의 결과로, 그의 아들 셋이 끔찍한 죽임을 당한다. 암논(참고. 13:28-32), 압살롬(참고. 18:6-15) 그리고 아도니야(참고. 왕상 2:19-25). 밧세바와 간통으로 낳은 이름 없는 자식의 죽음은 다윗이 부지불식간에 말한 **네 배** 보상(6절)의 네 번째 죽음일 가능성도 있다 (Youngblood, "1, 2 Samuel," 445; Bergen, *1, 2 Samuel*, 372).

12:11-12. 하나님은 다윗의 집에서 **재앙**을 일으키실 것이다. 다윗이 권력을 남용하여 우리아의 아내를 취해서 자기 것으로 삼은 것처럼, 하나님은 다윗의 아내들을 빼앗아 그의 **이웃**에게 주실 것이다. 그 이웃은 다윗의 왕위를 노린다. 다윗의 아들 압살롬은 왕위를 노리며, **온 이스라엘 앞에서 백주에** 다윗의 첩들과 관계를 갖는다(참고. 16:20-22). 이는 다윗이 은밀하게 성적인 죄와 살인을 저지른 결과이다.

12:13-15a. 하나님은 주권적인 손을 들어 죄를 추궁하실 때 적당히 눈감아주지 않으신다. 1-12절에서 다윗은 자신의 범죄에 대한 기소와 판결을 들어야 했다. 또한 자기가 피고인지도 모른 채 피의자를 정죄하기도 했다. 이제 그는 하나님의 엄중한 심판 앞에서 범죄 사실을 시인한다. **내가 여호와께 죄를 범하였노라**(13절). 그 일이 있은 지 거의 1년이 지난 후에야 다윗은 죄를 고백한다. 그러자 나단은 구약성경에서 가장 자비로운 말을 내뱉는다. **여호와께서도 당신의 죄를 사하셨나니 당신이 죽지 아니하려니와**. 구약시대의 신정정치 아래에서 간음과 살인의 형벌은 죽음이었다(참고. 출 21:12, 14; 레 20:10). 다윗은 사형을 예상했을 것이다. 그러나 하나님은 이미 다윗의 죄를 사하셨다. 다윗은 시편 51편 16절에서 살인과 간음은 중죄로서 제사가 소용없음을 시인한다. 다윗이 할 수 있는 전부라고는 "상하고 통회하는 마음"을 드리는 것뿐이었다(시 51:17).

그러나 용서가 결과를 말소하지는 않는다. 다윗의 죄는 **여호와의 원수**에게 **크게 비방할 거리**를 제공했다(14절). 다윗의 은밀한 죄가 이방인에게 누설되고, 여호와의 원수는 여호와를 비방한다. 따라서 하나님의 명예와 영광 때문에 다윗의 갓 태어난 아들이 죽는다. 본문은 죄로 말미암은 결과의 심각성과 확실성을 분명하게 밝힌다.

2. 다윗의 아이가 죽다(12:15b-23)

12:15b-19. **우리아의 아내가 다윗에게 낳은 아이를 여호와께서 치시매**(15절). 저자는 밧세바가 다윗의 아내가 아님을 강조한다. 그녀는 우리아의 아내였다.

다윗은 비록 끔찍한 죄를 저질렀지만 하나님을 알았

다. 그리하여 아이의 목숨을 위해 일주일간 금식하며 기도한다. 그러나 다윗이 금식한 지 이레 만에 아이가 죽는다(16-19절).

12:20. 아이의 죽음 소식을 들은 다윗은 외려 의연하게 행동한다. **다윗이 땅에서 일어나 몸을 씻고 기름을 바르고 의복을 갈아입고 여호와의 전에 들어가서 경배하고.** '여호와의 전'은 다윗이 궤를 모신 천막을 가리킨다.

12:21-23. 다윗의 행동은 신하들에게 수수께끼였다. 아이가 살아 있을 때 다윗은 금식하고 기도했다. 혹시 하나님이 불쌍히 여겨 아이의 목숨을 살려주실까 해서였다. 그러나 아이가 이미 죽었으므로 더 이상 금식할 이유가 없어졌다. **나는 그에게로 가려니와.** 다윗은 죽음 이후의 삶에 대해 무언가 알았던 것 같다. 다윗의 이해 범위에 대해서는 논란이 많다. 어떤 이는 다윗이 죽음의 불가피성과 불가역성을 말하고 있을 뿐이라고 일축한다(Merrill, "2 Samuel," 468). 그러나 다윗이 특정 인물과의 만남을 기대한다는 점에서(단순히 자기도 죽을 것이라고 말하지 않고 '그를 만나러 간다'고 표현함) 사후의 재회를 기대한 것이 아닌가 싶다. 다윗은 결국 죽을 것이고 아들을 만나겠지만, 아들은 죽음 이편에 있는 다윗에게 돌아올 수 없다.

3. 다윗과 밧세바가 솔로몬을 얻다(12:24-25)

12:24-25. **다윗이 그의 아내 밧세바를 위로하고.** 1년 사이에 밧세바는 남편이 죽임을 당하고 아이도 죽었다. 이 장에서 처음으로 밧세바가 다윗의 아내로 불린다. 그녀는 임신하여 아들을 낳고, 다윗은 **그를 솔로몬이라 부른다.** 그 이름의 뜻은 '그가 평화를 이루었다'이며, *shalom*(샬롬: 평화, 온전함)이라는 단어와 히브리어 어근이 같다. 다윗과 밧세바에게 필요한 것은 하나님이 주시는 평화와 온전함이었다. 저자는 하나님이 아이를 **사랑하셨**다고 적는다. 이는 이 아이가 장차 하나님과 특별한 관계를 갖게 될 것을 의미한다.

이 아이의 출생에 대한 기록은 다윗의 '씨'를 추적해 가는 서술 전략의 하나이다(7:12-17에 나오는 다윗의 언약에 대한 주석을 보라). 솔로몬은 다윗의 후계자가 되고 왕위를 물려받는다. 하나님이 솔로몬을 사랑하신다는 것을 아는 다윗은(혹은 나단은) 솔로몬에게 **여디디야**['하나님의 사랑을 받은 자']라는 이름을 준다.

4. 다윗의 군대가 더 많은 승리를 거두다 (12:26-31)

12:26-29. 다윗이 예루살렘에서 스캔들에 빠져 있는 동안 요압은 암몬 사람과 싸웠다. 다윗의 흉악한 죄를 감안하면 하나님이 암몬과의 전쟁에서 다윗에게 승리를 주지 않으실 법도 하다. 그러나 요압은 암몬의 요새화된 왕성 **랍바**와 **물들의 성읍**[도시 근처의 요새화된 수원지, 27절]을 점령한다. 요압은 수원지를 장악함으로서 막대한 군사적 우위를 점할 수 있었다.

고대 세계에서 장군이 도시를 정복하면 그 도시에는 정복한 장군의 이름이 붙었다. 정복한 도시에 자신의 이름이 붙는 것을 꺼린 요압은 다윗에게 전갈을 보내 잔여 병력을 이끌고 도시를 정복하게 한다(28절). 그래서 다윗은 예루살렘의 병력을 이끌고 와서 랍바를 취한다(29절). 요압은 다윗에게 충성을 다했고, 자신이 아니라 다윗의 명예를 구했다.

12:30. 랍바를 접수한 다윗은 **왕의 머리에서 보석 박힌 왕관을 가져**온다. 이는 피정복 국가의 완전한 패배와 정복한 왕에게로의 권력 이양을 상징한다. 암몬의 지배권은 다윗에게 이양된다. 왕관의 무게는 금 한 달란트로, 대략 34킬로그램(현대인의 성경)이었다.

12:31. 다윗은 랍바의 거주민을 강제 노역자로 만들어 **톱질과 써레질과 철도끼질과 벽돌구이**를 하게 한다. 다윗은 **암몬 자손의 모든 성읍**을 이같이 한 후 예루살렘으로 돌아온다. 솔로몬의 출생과 암몬 정복 이야기가 포함된 이유는, 하나님이 진정으로 다윗을 용서하셨고 다윗과 맺은 언약을 여전히 존중하신다는 사실을 보여주기 위함이다.

Ⅲ. 다윗의 죄가 그의 가족에게 남긴 비극 (13:1-20:26)

A. 가족 간의 강간, 복수 그리고 살인(13:1-39)

1. 암논이 누이를 탐하다(13:1-3)

13:1-2. **압살롬**과 **다말**은 어머니가 같았다. 일부다처제 가족 내에서 어머니가 같은 형제들은 특별히 가까웠다. 저자가 다말을 다윗의 딸이 아니라 압살롬의 누이로 소개한 것은 특기할 만한데, 이는 장차 발생할 사건의 무대를 설정하기 위함이다[Anderson, *2 Samuel*, 173. 《사무엘하》(솔로몬)]. 13장과 14장에는

다윗의 간음과 살인죄에 대해 나단이 다윗과 그의 집에게 예언한 징벌('칼', 12:10)이 어떻게 성취되기 시작하는지가 기록되어 있다(Laney, *First and Second Samuel*, 110).

다윗의 첫 아들이자 이스라엘의 왕세자인 **암논**은 이복동생 다말을 사랑했다. 그의 감정은 형제간의 참다운 사랑이 아닌 정욕이었다. 왕의 **처녀** 딸인 다말을 호위 무사들이 지키고 있었기에 그녀에게 쉽게 접근할 수 없는 암논은 울화가 치밀었다(2절). 그녀를 범하고 싶었지만 모세의 율법 역시 이복형제간의 성관계를 엄격히 금했다(참고. 레 18:11).

13:3. **요나답**은 다윗의 조카로서 암논의 사촌이자 친구였다. 그는 심히 **간교**[부정적 의미의 '지혜']했다. 암논이 고민을 털어놓자, 요나답은 다말에 대한 그의 성욕을 해소할 계략을 제시한다.

2. 암논이 누이를 강간하다(13:4-19)

13:4-7. **요나답**은 암논에게 병든 체한 다음 다윗에게 부탁해서 다말로 **떡**을 먹여주게 하라고 조언한다(5절). 그리하여 다윗이 **암논**을 보러오자 그대로 부탁하고, 다윗은 **다말**을 불러서 말한다. **이제 네 오라버니 암논의 집으로 가서 그를 위하여 음식을 차리라**(7절). 성인인 암논 왕자에게는 자기 집이 있었다.

13:8-9. 탐욕스런 계획을 실행에 옮기기 위해서는 다말과 단둘이 있어야 한다고 생각한 암논은 이렇게 말한다. **모든 사람을 내게서 나가게 하라**. 그러자 모두 나간다.

13:10-11. 암논은 순진무구한 누이에게 말한다. **음식물을 가지고 침실로 들어오라 내가 네 손에서 먹으리라**. 다말은 순수하게 큰오빠가 시키는 대로 따른다. 암논은 침대 곁에 선 누이를 움켜쥐고 보디발의 아내가 요셉에게 했던 말을 답습한다(참고. 창 39:7). **나의 누이야 와서 나와 동침하자**(11절).

13:12-14. 다말이 저항한 데는 몇 가지 이유가 있다. (1) 남매간의 성관계는 **이스라엘에서** 있을 수 없다(12a절). (2) 그런 행동은 **어리석은** 짓이다(12b절). (3) 그녀는 오라비에게 당했다는 **수치**를 벗을 길이 없다(13a절). (4) 암논도 사무엘상 25장에서 어리석은 자로 불렸던 나발처럼, **이스라엘에서 어리석은 자 중의 하나**가 될 것이다(13b절).

그녀는 암논과 결혼하여 합법적으로 성관계를 가질 의향이 있음을 호소한다. 그러나 그녀는 남매간의 결혼이 법적으로 금지되어 있다는 것을 잊었던 듯하다. 암논은 **듣지** 아니하고 완력으로 누이동생을 강간한다. 암논의 행동은 전적으로 그 자신에게 책임이 있다. 하지만 이는 다윗이 불순종한 결과였다.

13:15-16. 다말을 강간한 후 암논은 급격한 감정의 변화를 보인다. 강간의 폭력은 그의 영혼에 증오를 드리웠고, 다말에 대한 사랑을 짓눌러버렸다. 아직 침대에 누운 채로 괴로워하는 다말에게 암논은 단 두 마디를 내뱉는다. **일어나 가라**(15절). 놀랍게도 다말은 이를 거부하며 쫓아 보내는 것은 강간보다 더 큰 악이라고 항변한다. 이런 상황이라면 암논은 그녀와 결혼해야 했다(참고. 출 22:16; 신 22:28-29). 그러나 암논은 다말의 말을 듣지 않는다.

13:17. 암논은 종을 불러 그녀를 끌어내고 **문빗장**을 지르게 한다. 그리고 더 이상 다말을 누이라 부르지 않고 **이 계집**이라 칭한다.

13:18-19. 다말은 요셉이 입었던 것과 비슷한 **채색옷**을 입었다. 이는 그가 처녀 공주임을 상징했다. 암논의 종 하나가 왕의 딸을 암논의 집 밖 길거리로 끌어낸다. **다말이 재를 자기의 머리에 덮어쓰고 그의 채색옷을 찢고**. 이런 행동은 개인적 비극에 대한 슬픔과 비통함을 상징한다.

3. 압살롬이 누이를 위로하고 형을 미워하다 (13:20-22)

13:20. 압살롬은 암논이 다말에게 몹쓸 짓을 했다고 의심한다. 압살롬은 다말에게 암논과 함께 있었는지 조심스럽게 물은 후 자기 **집**에 머물게 한다.

13:21-22. 암논이 한 짓을 들은 **다윗 왕**은 격노한다. 그는 암논을 다말과 결혼시켰어야 했다. 법에 의하면 이러한 혼인은 금지되어 있지만, 또한 법에 따르면 남자가 여자를 강간할 경우 그 여자와 결혼해야 했다(참고. 출 22:16). 결혼이 최선의 대안이었다. 그러나 이상하게도 다윗은 아무것도 하지 않는다. 그는 다말에 대해 아버지로서 책임을 다해야 했다. 그러나 압살롬만이 다말을 거두었고, 그녀는 압살롬의 집에서 처량하게 지냈다. 영블러드에 따르면, 저자가 21절에서 다윗을 왕으로 칭한 것은 아이러니하다. 그는 이러

한 범죄에 대해 정의를 추구해야 할 권력을 가졌지만 (Youngblood, "1, 2 Samuel," 476), 무기력했다. 아마도 그 자신의 도덕적 실패 때문이었을 것이다. 압살롬은 암논과 말을 섞는 것조차 거부했고, 그의 마음속에는 **누이**를 강간한 형에 대한 '미움'이 자리 잡았다.

4. 압살롬이 복수하다(13:23-36)

13:23-27. 압살롬은 암논에게 복수하기 위해 **만 이 년**을 기다린다(23절). 압살롬은 적기를 기다려야 했다 [Brueggemann, *First and Second Samuel*, 288-289. 《사무엘 상, 하: 목회자와 설교자를 위한 주석》(한국장로교출판사)]. 양털을 깎을 때(4월과 5월), 압살롬은 왕과 고관들을 집으로 초대한다(23-24절). 하지만 왕과 신하들을 위한 만찬 준비가 압살롬에게 부담이 된다고 생각한 왕은 이를 사양한다(25절). 압살롬의 초대가 암논을 치기 위한 전략이었는지 아니면 다윗의 사양으로 기회가 찾아온 것인지는 분명치 않지만, 다윗이 초대를 사양하자 압살롬은 대신 **암논**의 배석을 요청한다(26절). 다윗은 압살롬이 암논을 초대하는 것에 의구심을 품었지만, 마지못해 암논과 모든 왕자들의 참석을 허락한다. 압살롬에게는 목표가 있었고, 이를 시행하기 위해 그의 저의에 대한 경계심이 풀어질 때까지 2년을 기다렸다.

13:28-29. 왕의 아들인 **압살롬**에게는 **종들**이 있었다. 그들은 암논이 **술로 즐거워할 때** 죽이라는 주군의 명령을 수행한다. 그러나 **왕의 모든 아들들**은 노새를 타고 도망친다.

13:30-31. 왕의 아들들이 예루살렘에 당도하기 전에 암논의 피살 소식이 먼저 전해지는데, 초기 보고(압살롬이 다윗의 모든 아들을 죽였다는)는 정확하지 않았다. 압살롬이 아들들을 몰살했다는 소식에 다윗은 크나큰 슬픔에 빠진다.

13:32-33. 한편 다윗의 조카인 간교한 요나답은 즉각 사태를 파악하고 다윗에게 말한다. **오직 암논만 죽었으리이다**(33절).

13:34-36. 요나답의 추측은 정확했다. **파수하는 청년**은 다윗의 생존한 아들들이 황급히 귀환하는 모습을 목격한다.

5. 압살롬이 조부의 집으로 피신하다(13:37-39)

13:37-39. 압살롬의 모친은 마아가로, **그술 왕…달매의 딸**이었다. 압살롬은 외조부가 다스리는 땅에서 3년 동안 도망자로 지낸다(38절). 다윗은 이 아들에 대해서도 매우 슬퍼한다.

B. 다윗이 압살롬을 다시 궁으로 불러들이다 (14:1-33)

1. 요압이 압살롬을 위해 간계를 꾸미다(14:1-3)

14:1-3. 앤더슨(Anderson)에 따르면, 저자는 요압이 다윗과 압살롬을 화해시키려는 동기에 대해 독자 스스로 결론을 내리게 한다[Anderson, *2 Samuel*, 187. 《사무엘하》(솔로몬)]. 본문은 이렇게 말한다. 다윗의 지휘관 **요압이 왕의 마음이 압살롬에게로 향하는 줄 알고**. 레니에 의하면, 이 사건에는 다른 이유가 있다. 요압은 왕국의 안녕을 염려했다. 압살롬이 다윗을 승계할 가능성이 많았기에, 다윗과 압살롬 사이의 마찰은 이스라엘 백성의 사기를 떨어뜨릴 위험이 있었다(Laney, *First and Second Samuel*, 112). 그리하여 요압은 **드고아**[예루살렘 남쪽 약 16킬로미터]에서 **지혜로운 여인**을 예루살렘으로 불러들인다. 요압은 여인에게 해야 할 행동과 말을 일러준다. 당시 백성이 왕의 앞에 나아가 사법적 문제에 대해 호소하는 것은 드물지 않은 일이었기에 여인은 왕을 알현할 수 있었다.

2. 지혜로운 여인이 이야기를 꾸며내다(14:4-20)

14:4-7. 왕의 앞에 선 여인은 다윗 앞에 부복하고 외친다. **왕이여 도우소서**(4절). 다윗이 이유를 묻자 여인은 꾸며낸 이야기를 시작한다. 이야기의 줄거리는 간단했지만 더없이 슬프고 안타까웠다. 그녀는 극빈한 과부였다. 고대의 과부에게는 현대의 경제적 안전망이 전무했다. 여자는 경제적으로 남편 또는 성년 아들에게 전적으로 의존했기에, 이러한 지원이 없어지면 극빈자가 될 수밖에 없었다. 드고아 출신의 이 여인에게는 아들이 둘 있었다(6절). 그들은 서로 싸웠고, 결국 한 아들이 다른 아들을 죽였다. 친족은 살인자 아들을 처형하기 원했지만, 그는 여자의 유일한 상속자였다. 여인은 이렇게 말한다. **그들이 내게 남아 있는 숯불을 꺼서 내 남편의 이름과 씨를 세상에 남겨두지 아니하겠나이다**(7절). '숯불을 끈다'는 표현은 관용구로서 죽은 남편의 이름을 지면에 남기지 못한다는 뜻이다. 이는 곧 그녀의 궁핍을 의미했다.

14:8-11. 다윗은 여자에게 보호를 약속한다. **내가**

너를 위하여 명령을 내리리라. 이는 그가 여인의 아들을 피의 보복자로부터 보호하겠다는 의미이다(8절). 그러나 만약 그 아들이 진정 살인자라면, 다윗에게 이러한 권한이 있는 것일까? 그는 또 이렇게 말한다. **네 아들의 머리카락 하나도 땅에 떨어지지 아니하리라 하니라**(11절).

14:12-14. 이 여자는 자신의 말을 잘 수용하도록 정서적으로 다윗을 옭아맸다. 그녀는 다윗이 보복자로부터 아들을 꼭 보호해주겠다고 약속한 사실을 빗대어, 다윗이 압살롬을 데려오지 않는 것은 아들을 죽이려는 보복자와 같은 짓이라고 꼬집는다. 땅에 쏟아진 물은 다시 담지 못한다는 표현은 너무 늦기 전에 압살롬을 복권시키라는 의미였다.

하나님은 생명을 빼앗지 아니하시고라는 그녀의 주장은 정확하지 않다(14절). 그녀는 하나님의 공의는 간과한 채 은혜만 강조하고 있다. 때때로 하나님은 거룩한 심판으로 생명을 빼앗기도 하신다.

14:15-17. 여자는 다시 지어낸 이야기로 되돌아와서 다윗에게 아첨한다. **내 주 왕께서 하나님의 사자같이 선과 악을 분간하심이니이다**(17절).

14:18-20. 다윗은 요압이 이 여자와의 만남을 조율했다는 사실을 깨닫는다. 여자에게 요압에 관해 추궁하자 그녀는 사실을 인정한다. **그가 이 모든 말을 왕의 여종의 입에 넣어주었사오니**(19절).

3. 다윗이 압살롬을 예루살렘으로 불러들이다 (14:21-33)

14:21-24. 요압의 계획이 성공한다. 압살롬이 예루살렘으로 돌아오지만 다윗은 그를 왕궁으로 부르지 않는다. 여전히 화가 나서 보고 싶지 않았던 듯하다.

14:25-27. 사울처럼, 압살롬은 이스라엘에서 가장 '아름다운' 남자였다. 그에게는 신체적 결함이 없었다. 그는 무거운 머리털을 매년 깎았는데, 깎인 머리털의 무게가 **이백 세겔**, 약 2.3킬로그램(현대인의 성경)이었다. **왕의 저울**을 통해 다윗이 고유의 계량 시스템을 확립했음을 알 수 있다. 압살롬은 결혼한 몸이었고, **아들 셋과 딸 하나**를 두었다(27절). 그의 아리따운 딸의 이름은 **다말**이었는데, 이는 의심의 여지없이 누이 다말의 이름을 딴 것이었다. 그의 처 또는 처들의 이름은 나오지 않는다. 사무엘하 18:18에 나오는 압살롬의 말에 비추어 볼 때, 압살롬 아들들은 모두 그보다 일찍 세상을 떠났다.

14:28-29. 이태 동안 압살롬은 여전히 아버지를 보지 못한다. 압살롬은 요압에게 사람을 보내 왕궁으로의 복귀를 시도해보려 하지만 요압은 응하지 않는다.

14:30-33. 요압의 이목을 끌기 위해 압살롬은 종들에게 요압의 보리밭에 불을 지르게 한다. 예루살렘 밖에는 공동 경작지가 있었고, 각 부분의 소유자가 달랐다. 요압의 밭은 압살롬 밭 옆에 있었다. 요압은 압살롬을 찾아가서 왜 종들이 불을 질렀는지 따진다(31절). 압살롬은 종들의 행동을 설명한 후 왕을 보고 싶었노라고 얘기하면서 이렇게 덧붙인다. **내가 만일 죄가 있으면 왕이 나를 죽이시는 것이 옳으니라**(32절). 압살롬은 누이를 강간한 형을 살해한 것에는 죄가 없다고 생각했다. 압살롬은 아버지를 5년간 보지 못했다. 3년은 그술(13:38)에 있었고, 2년은 예루살렘에 있었다.

마침내 왕은 아들을 보기로 동의한다. 부자는 마침내 상봉하고, 화해의 표시로 **왕이 압살롬과 입을 맞춘다**(33절). 암논이 죽었기에, 다윗의 둘째 아들 길르압은 소싯적에 이미 세상을 떠났다고 가정하면(그의 이름은 출생 시 단 한 번만 언급된다, 삼하 3:3), 다윗의 셋째 아들 압살롬이 왕위의 유력한 계승자로 떠오른다.

C. 다윗 왕의 도주와 귀환(15:1-20:26)

이 부분에는 2개의 움직임이 특별한 주목을 받는다. 다윗은 압살롬의 반란 기간에 예루살렘을 떠나 도주했다가(15:13-37), 반란 진압 후 예루살렘으로 귀환한다(19:9-43). 이야기의 전환점은 압살롬이 아히도벨의 좋은 계략을 거부하는 대목이다(17:14). 만약 압살롬이 그의 조언을 따랐더라면, 인간적인 관점에서 보면, 그는 아버지 다윗을 폐위하고 왕위에 오를 수 있었을 것이다. 이 부분에는 2개의 커다란 주제가 있다. 첫째, 11장에서 발생한 다윗의 죄로 인한 결과가 여전히 진행되고 있다. 둘째, 그럼에도 불구하고 다윗은 여전히 하나님을 신뢰하기에, 다윗을 위한 하나님의 약속은 성취될 것이다(참고. 7:12-17).

1. 압살롬이 다윗을 폐위하다(15:1-37)

a. 압살롬이 이스라엘 백성의 마음을 훔치다 (15:1-6)

15:1. 압살롬은 왕의 행세를 하기 시작한다. 그는 **병**

거와 말들을 준비하고 **호위병 오십 명**을 거느린 채 마치 왕처럼 예루살렘 거리를 다닌다.

15:2-3. 압살롬은 성문 길 곁에 선다. 다윗 왕의 역할 중 하나는 모세처럼 민사 분쟁을 판결하는 것이었다. 다윗에게는 이런 분쟁을 판결하는 방이 따로 있었다. 이후 솔로몬은 명석한 판결로 명성을 얻는다(참고. 왕상 3:16-28). 저자는 이미 이렇게 기술했다. **다윗이 모든 백성에게 정의와 공의를 행할새**(8:15).

하지만 압살롬은 백성이 다윗에게 판결을 받고자 문제를 들고 오면, 다윗을 곡해하면서 왕이 부패하고 부당하다고 주장한다. **네 송사를 들을 사람을 왕께서 세우지 아니하셨다**.

15:4-5. 압살롬은 단어를 선별해서 이야기한다. **내가 이 땅에서 재판관이 되고**[NASB에는 "누군가 나를 이 땅의 재판관으로 세운다면", 히브리어 성경에는 "내가 만약 이 땅의 재판관이 된다면"으로 되어 있음—옮긴이 주]. 그는 '왕'이라는 단어를 사용하지 않는데, 너무 선동적으로 들릴 수 있었기 때문이다. 노련한 정치인처럼, 압살롬은 사람을 자기편으로 끌어들이는 데 필요한 정도로만 이야기한다.

15:6. 압살롬의 성문 홍보 전략은 엄청난 반향을 일으키고 결국 그는 **이스라엘 사람의 마음을 훔친다**. 압살롬은 살인자였고 도둑이었다. 그가 백성의 마음을 훔친 것은 정치 공작의 고전적 사례이다. 그는 아버지의 왕위를 원했고, 그의 사악한 계획이 결실을 맺을 때까지 끈기 있게 기다렸다.

b. 압살롬이 왕에 대항해 음모를 꾸미다(15:7-12)

15:7-8. 15장 6절과 7절 사이에 4년이 흐른다. 대부분의 학자는 '사십 년'이 아니라 **사 년**이 맞는 것으로 본다(히브리어 성경 및 일부 영역본에는 "사십 년"으로 되어 있음—옮긴이 주). 아마도 필사자의 실수였을 것으로 보인다. 압살롬은 예루살렘을 떠나 헤브론(예루살렘 남쪽 약 32킬로미터)으로 갈 핑계를 꾸며낸다. 헤브론은 다윗이 유다를 다스렸을 때의 왕도로, 그 당시에도 여전히 가장 이름 높은 도시였다. 압살롬은 그술에 있을 때 행한 서원을 지켜야 한다고 말한다. **여호와께서 반드시 나를 예루살렘으로 돌아가게 하시면 내가 여호와를 섬기리이다**(8절). 압살롬은 경건한 언어를 사용하여 사악한 속내를 감춘다.

15:9-10. 압살롬은 조용히 자신의 세력 기반을 확장하고, 정보원을 운용했다. 그는 정보원들을 전략적으로 이스라엘 전역에 배치한 뒤 다음과 같은 지침을 하달한다. **너희는 나팔 소리를 듣거든 곧 말하기를 압살롬이 헤브론에서 왕이 되었다 하라**(10절). 출생 순위에 따르면 압살롬이 왕세자이기는 했지만, 다윗의 후계자를 선택하는 것은 하나님의 결정 소관이었다.

15:11-12. **청함을 받은 이백 명이 압살롬과 함께 예루살렘에서부터 헤브론으로 내려갔으니 그들은 압살롬이 꾸민 그 모든 일을 알지 못하고**(11절). 압살롬은 다윗의 가장 충직하고 영민한 모사이자 밧세바의 조부인 **아히도벨**을 불러온다. 어쩌면 아히도벨은 다윗이 손녀에게 한 짓 때문에 화가 나서 모반에 동참했는지도 모른다. 압살롬을 따르는 백성이 늘어났고 그만큼 그의 지지 세력이 확장되었다.

c. 다윗 왕이 예루살렘에서 도망치다(15:13-18)

15:13-15. 하나님의 섭리 속에 한 무명인이 무르익는 음모에 대해 다윗의 주의를 환기시킨다. 다윗은 전령의 메시지에 담긴 심각성을 즉각 이해했다. **이스라엘의 인심이 다 압살롬에게로 돌아갔나이다**(13절). 다윗은 압살롬을 과소평가하지 않았다. 예루살렘에 있는 그의 추종 세력은 취약했다. 빨리 도망치지 않으면 압살롬이 그와 그의 수하들을 해칠 것이다. 만약 다윗과 수하들이 예루살렘에 머문다면 압살롬이 **칼날로 성읍을 칠** 것이다(14절). 그러면 결국 예루살렘에서 많은 사상자가 발생하게 된다.

15:16-18. 다윗은 수하를 모두 이끌고 도망치면서 **후궁 열 명**을 남겨 **왕궁**을 지키게 한다(16절). 이는 왕궁 관리의 임무를 맡긴 것일 수도 있지만, 베르겐에 따르면, 다윗이 이 여인들을 왕궁에 남겨 둔 이유는 적에게 예루살렘에서 살육전이 일어나기를 원하지 않는다는 메시지를 전하기 위해서였다(Bergen, *1, 2 Samuel*, 403). 브루그만에 의하면, 이는 나단이 사무엘하 12장 11절에서 다윗에게 선포한 심판의 성취를 위한 불가피한 일이었다[Brueggemann, *First and Second Samuel*, 302.《사무엘 상, 하: 목회자와 설교자를 위한 주석》(한국장로교출판사)]. 이유야 어떻든 결과는 나빴다(참고. 16:21-22). 다윗은 분명 언젠가 돌아오리라고 믿었다. 그는 **벧메르학**[마지막 집, 17절]에서 잠시 멈추는

데 이는 아마 예루살렘 동쪽 끝에 있는 집이었을 것이다(Youngblood, "1, 2 Samuel," 497). 왕은 감정이 북받쳐 올랐다. 현실은 전혀 예기치 못한 방향으로 흘러가고 있었다. 왕은 아들의 살해 위협 속에 예루살렘을 떠나 도망 길에 오른다. 다윗의 신하들과 **가드**[다윗의 오랜 은신처, 참고. 삼상 27장]에서 온 **육백 명**이 그를 수행했다.

d. 다윗이 예상 밖의 충신을 보다: 잇대와 후새 (15:19-37)

15:19-23. 다윗이 가드 사람의 지도자 **잇대**에게 말한다. 가드 사람은 블레셋 출신으로, 최근에 예루살렘으로 왔다. 다윗은 **왕**, 즉 압살롬과 함께 머물라고 말하면서 그들의 충성심을 시험한다(19절). 잇대는 다윗의 제안을 일언지하에 거절하고 여호와의 이름으로 충성을 맹세한다(21절). 그리하여 그들은 다윗과 함께 머문다. 600명의 가드 사람에게는 자녀가 있었고 따라서 아내도 있었을 것이다(22절). 이 블레셋 대표단의 숫자는 족히 1,000명은 넘었을 것으로 추정된다. 무리는 예루살렘 동편 올리브산 아래 **기드론 시내**를 건넌 다음 **광야 길**로 나아간다(23절). 이곳은 여리고 근처 사막으로 이어지는 척박한 땅이었다.

15:24-26. 제사장 **아비아달**은 다윗 곁에 서서 온 백성이 성을 빠져나오는 모습을 지켜보았다. 낙담한 백성은 하나님의 제사장이 다윗과 함께 선 모습을 보고 용기를 얻었다. 다윗은 **사독**에게 명령한다. **하나님의 궤를 성읍으로 도로 메어 가라**(25절). 다윗은 하나님의 주권을 이해했다. 만약 하나님이 다윗을 예루살렘으로 돌리기 원하시면 반드시 그렇게 하실 것이다.

15:27-29. 다윗은 하나님의 주권을 믿었고 자신의 책임을 게을리하지 않았다. 그는 **사독**과 그 두 아들을 성으로 돌려보내 정보원 역할을 맡긴다(28절). **나루턱**은 요단강에서 수심이 얕은 지점으로 걸어서 건널 수 있었다.

15:30. 다윗 왕이 머리를 가린 채 맨발로 감람산 길을 올라가는 모습은 그의 슬픔과 고통을 나타냈다. **그와 함께 가는 모든 백성들도 각각 자기의 머리를 가리고 울며 올라가니라**.

15:31. 하나님의 섭리 속에 또 다른 무명인이 다윗에게 전체 사건 속에서 가장 중요하고도 문제가 되는 정보를 보고한다. **압살롬과 함께 모반한 자들 가운데 아히도벨이 있나이다**. 다윗은 이 사태의 가장 중요한 사안에 대해 기도한다. **여호와여 원하옵건대 아히도벨의 모략을 어리석게 하옵소서**. 다윗은 만약 아히도벨이 압살롬에게 현명한 조언을 한다면, 그것은 곧 자기 통치의 종언을 의미함을 알았다.

15:32-34. **후새**가 슬픔을 나타내는 모습으로(**옷을 찢고 흙을 머리에 덮어쓰고**) 다윗을 맞으러 온다(32절). 다윗은 후새에게 돌아가서 압살롬에게 거짓 충성을 보이는 것이 오히려 자기를 돕는 길이라고 설득한다. 그러면서 압살롬에게 해야 할 말까지 알려준다. 압살롬의 궁정에서 후새는 **아히도벨의 모략을 패하게** 할 수 있을 것이다(34절). 다윗은 방금 하나님께 아히도벨의 모략을 어리석게 해달라고 기도했다. 그러나 그는 하나님이 때때로 사람을 통해서 주권적인 의지를 이루신다는 사실 또한 잘 알았다. 후새는 다윗의 기도에 대해 하나님이 주신 응답의 일부였다.

15:35-37. 다윗은 후새에게 어떤 정보라도 **사독과 아비아달** 두 제사장을 통해 곧바로 자기에게 보고할 수 있다고 말한다(35절). 후새는 목숨의 위험을 무릅쓰고 다윗 첩보 부대의 일원으로 성읍에 돌아감으로써 왕과의 우정 그리고 언약의 충성심을 증명했다.

2. 시바, 시므이 그리고 더 많은 성범죄(16:1-23)

이 장에서는 다윗의 죄에 대한 하나님의 심판이 계속해서 성취된다(참고. 삼하 12:10-11, 특히 다윗의 집에서 비롯되는 재앙). 다윗은 자신의 도주가 하나님의 역사에서 비롯된 것임을 인정하고(참고. 16:10-11), 미래를 하나님의 손에 내맡긴다[참고. 15:25-26; 16:12; Anderson, *2 Samuel*, 207.《사무엘하》(솔로몬)].

a. 기회주의자 시바(16:1-4)

16:1-2. **므비보셋의 종 시바**가 나타난다. 그의 출현은 전혀 예상 밖이었다. 그러므로 다윗은 그가 가져온 많은 양식에 대해서 따져 묻는다.

16:3-4. 다윗은 므비보셋을 기대했지만, 사울의 종이었던 시바는 므비보셋이 **예루살렘에** 머물러 있으며 아버지 사울의 왕국이 자기에게 회복될 것을 바란다고 설명한다(3절). 시바가 므비보셋의 반역을 주장하자, 다윗은 그를 믿고 므비보셋에게 했던 약속을 번복한다(참고. 9:9). 그리하여 다윗은 므비보셋에게 주었던 것

을 다 시바에게 주고, 시바는 그에 상응하는 말과 행동으로 화답한다(4절).

그러나 나중에 므비보셋은 다윗에게 정반대의 이야기를 한다(참고. 19:24-30). 시바가 자신을 모함했다는 것이다(Peterson, *First and Second Samuel*, 211). 다윗은 므비보셋의 말을 믿고 그를 살려준다(참고. 21:7). 이를 통해 므비보셋의 불충에 대한 시바의 이야기는 거짓이며, 그는 정치적 위기 상황을 이용해서 자기의 이익을 도모한 탐욕스런 기회주의자임을 알 수 있다.

b. 시므이가 다윗을 저주하다(16:5-14)

16:5-6. **바후림**은 올리브산 동편, 여리고 사막으로 가는 길목에 있었다. 사울의 친족 **시므이**가 말과 행동으로 다윗을 공격한다. 그는 다윗의 용사들이 좌우에 버티고 있음에도 불구하고 저주를 멈추지 않는다.

16:7-8. 시므이가 다윗을 저주한다. **가거라 가거라**. 이는 '예루살렘에서 나가라, 고국을 떠나라'는 뜻이었다. 시므이는 다윗을 살인자라고 부른다(**피를 흘린 자여**, 7절; 참고. 8절). 그리고 다윗의 인격을 모독하며 **사악한 자**라고 부른다. 연후에 시므이는 다윗의 정치적 위기가 사울의 집에 대해 다윗이 흘린 피의 대가라고 설명한다. 시므이의 비난은 사실이 아니었다. 그러나 일부 주석가는 시므이의 비난에 동조한다. 브루그만에 의하면, 이스라엘에는 다윗이 사울, 이스보셋 그리고 아브넬의 죽음과 연관이 있다는 여론이 적지 않았다[Brueggemann, *First and Second Samuel*, 307.《사무엘 상, 하: 목회자와 설교자를 위한 주석》(한국장로교출판사)]. '친 다윗' 성향의 저자는 조심스럽게 다윗이 이들의 죽음과 무관함을 서술하지만, 이러한 비난이 있었다는 사실은 다윗에 대한 부정적 여론이 사실무근은 아니었음을 보여준다. 그러나 우리가 정확한 사실 여부를 알 수는 없다[Brueggemann, *First and Second Samuel*, 307.《사무엘 상, 하: 목회자와 설교자를 위한 주석》(한국장로교출판사)].

그러나 사무엘하의 저자는 다윗을 위한 논객이 아니라 성경의 저자이다. 그의 서술은 참되다. 다윗이 기회가 왔을 때도 사울을 죽이지 않은 것은 확실하며(참고. 삼상 24, 26장), 그는 이스보셋과 아브넬의 죽음과도 무관하다(Merrill, "2 Samuel," 472, 다윗은 사울을 죽일 기회가 왔을 때 그에게 자비를 베풀었다). 결국 시므이의 비난은 사실이 아니라 자신의 원통함에서 비롯된 것이었다.

16:9-12. 다윗의 용사 중 하나인 **아비새**가 왕을 저주한 시므이의 머리를 베려 한다. 그러나 다윗은 논리정연하게 아비새를 만류한다(이 장의 서론 부분을 보라). 그는 나발과의 만남을 통해서 자신은 하나님의 싸움에 전념하고, 이 싸움을 하나님께 맡겨야 한다는 것을 배웠다(참고. 삼상 25장).

16:13-14. 나란히 뻗어 있는 높은 산비탈에서 시므이는 다윗과 그 수하를 따라가면서 저주하고, 돌을 던지며 **먼지**를 날린다. 다윗은 마침내 여리고 광야의 여울에 도착한다.

삼하

c. 압살롬이 다윗의 왕위와 후궁들을 취하다 (16:15-23)

16:15-19. 장면이 여울가의 다윗에서 예루살렘으로 입성하는 압살롬과 이스라엘 사람으로 바뀐다. 다윗의 모사이자 친구인 **후새**는 아버지 다윗에게 그랬던 것처럼 압살롬에게도 충성할 것이라고 그를 설득한다(16-19절).

16:20-22. 아히도벨이 압살롬에게 계략을 제안한다. **왕의 아버지가 남겨 두어 왕궁을 지키게 한 후궁들과 더불어 동침하소서**. 즉, 왕의 후궁들과 성관계를 가지라는 의미이다(21절). 왕의 후궁들과 관계를 갖는 것은 왕위를 요구하는 행위이다. 여기에는 도덕적 의미뿐 아니라 대단히 심각한 정치적 의미가 담겨 있다. 압살롬의 이런 행위를 통해 사람들은 압살롬과 다윗의 관계가 돌이킬 수 없는 선을 넘었음을 인지했고, 따라서 압살롬의 추종자들은 더욱 결심을 공고히 했다. 왕의 후궁들을 취함으로써 왕위를 요구하는 것도 충분히 나빴지만, 아버지의 후궁들을 취한 압살롬의 행동은 더욱 가증스러웠다.

사람들이 압살롬을 위해 다윗의 왕궁 **옥상**에 **장막**을 친다. 옥상은 다윗과 밧세바로 인해 모든 문제가 발생한 바로 그 장소였다(참고. 11:2). **온 이스라엘 무리의 눈앞에서** 수치도 모른 채, 압살롬은 아버지의 후궁 10명을 강제로 범한다. 압살롬의 사악한 행동에 대한 책임은 그에게 있지만, 이 후궁들의 비극은 다윗의 죄에 대해 하나님이 내리신 징벌의 결과였다(참고. 12:11).

16:23. **아히도벨**이 압살롬에게 다윗의 첩들과 관계

를 가지라고 조언했지만, 많은 사람이 그의 조언을 하나님의 뜻으로 여겼다.

3. 후새, 아히도벨 그리고 세 사람(17:1-29)

a. 아히도벨이 소규모 기습 공격을 제안하다 (17:1-4)

17:1-4. 아히도벨은 압살롬에게 또 다른 계략을 제시한다. 1만 2,000명의 정예 부대를 차출해서 그날 밤 바로 다윗을 추격하여 **그가 곤하고 힘이 빠졌을 때에** 들이닥치는 것이다. 다윗이 피곤한 틈을 타서 강력하게 무력시위를 하면, 나머지 무리가 겁에 질려 도망칠 것이고 쉽게 왕을 제압할 수 있다고 말한다(2절). 그러면서 다윗만 죽이면 왕국과 그를 따르던 무리는 압살롬의 차지가 될 것이라고 덧붙인다(3절).

b. 후새가 다른 계획을 제안하다(17:5-14)

17:5-13. 어떤 연유에서인지 압살롬은 다윗의 친구이자 간첩인 **아렉 사람 후새**에게도 조언을 구한다(5절). 후새가 압살롬을 알현하는 동안 아히도벨은 자리에 없었던 듯하다. 신하들과 함께 압살롬은 후새에게 아히도벨의 계략을 이야기한다(6절). 후새의 대답은 두 부분으로 이루어진다. 첫째, 왜 아히도벨의 계략이 좋지 않은지를 설명한다. 다윗과 그의 추종자들은 싸움에 익숙한 용사들이기 때문에 기습 공격을 따돌리고 승리를 쟁취할 것이다(7-10절). 둘째, 후새의 계획은 압살롬이 친히 군대를 이끌고 다윗과 전면전을 벌여서(11절), 완전한 승리를 쟁취하는 것이다(12-13절).

17:14. 압살롬과 이스라엘 사람은 후새의 계략이 아히도벨의 계략보다 낫다고 판단한다. 저자는 그들이 후새의 계략을 선택한 이유를 설명한다. **이는 여호와께서 압살롬에게 화를 내리려 하사 아히도벨의 좋은 계략을 물리치라고 명령하셨음이더라.** 하나님이 다윗의 기도에 응답하시고(참고. 15:31), 후새를 통해 아히도벨의 계략을 물리치셨다. 이제 하나님이 다윗을 반역한 압살롬에게 재앙을 내리려 하신다.

c. 후새가 첩보망을 통해 다윗에게 말을 전하다 (17:15-22)

17:15-17. **후새**가 다윗에게 충성하는 제사장 **사독**과 **아비아달**에게 아히도벨과 자신의 계략을 설명한다. 후새는 제사장에게 다윗에게 전할 메시지를 전달한다. **오늘밤에 광야 나루터에서 자지 말고 아무쪼록** [상대적으로 안전한 요단강 동편으로] **건너가소서 하라 혹시 왕과 그를 따르는 모든 백성이 몰사할까**[문자적으로 '삼켜질까'] **하노라**(16절). 제사장들은 첩보망의 일원인 무명의 **여종**에게 말을 전한다. 그녀는 다시 첩보를 사독과 아비아달의 아들인 **요나단**과 **아히마아스**에게 전달한다. 그들은 **에느로겔**[예루살렘의 남동쪽 구석] 가에 머물고 있었다. 요나단과 아히마아스는 예루살렘 밖에 머물고 있다가 **여종**을 통해 후새로부터 전달받은 첩보를 다윗에게 전달한다. 그들은 감히 예루살렘 안으로 **들어가지** 못했는데, 이때는 이미 그들이 다윗 편이라는 사실이 알려졌기 때문이다(17절).

17:18-20. 무명의 청년이 에느로겔의 요나단과 아히마아스를 보고 **압살롬**에게 보고한다. 그리하여 그들은 몸을 피해 **바후림**[여리고 밖 광야로 가는 길목, 18절]의 한 집에 들어간다. 하나님의 섭리로 마침 뜰에 우물이 있었고, 그들은 우물 안으로 내려간다. 우물 입구를 막을 것이 없었기에, 무명의 **여인**이 우물 아귀를 덮고 그 위에 **곡식**을 널어둔다. 여인의 계획은 성공한다(19-20절).

17:21-22. 추격하던 압살롬의 종들이 떠나자, 요나단과 아히마아스는 우물에서 기어 나와 다윗에게 가서 요단강을 빨리 건너라고 전한다. 왜냐하면 아히도벨이 계략을 세웠기 때문이다(후새는 압살롬이 자기의 계략을 선택한 사실을 아직 인지하지 못했다). 다윗과 백성은 밤새도록 요단강 동편으로 건너간다.

d. 아히도벨이 스스로 목숨을 끊다(17:23)

17:23. **아히도벨이 자기 계략이 시행되지 못함을 보고.** 압살롬과 그 수하들은 후새의 계략을 택했다. 아히도벨은 자기 계략대로 다윗을 치는 대신 다윗이 요단을 도하하도록 내버려두었으며 이로써 압살롬이 기회를 놓친 사실을 알게 된다(Baldwin, *1 and 2 Samuel*, 267). 사태가 그렇다면 압살롬의 쿠데타는 실패로 돌아갈 수밖에 없고, 자신도 처형을 면치 못할 것이다. 결국 그는 **집을 정리**한다. 이는 유산 문제와 기타 주요 사안을 처리했다는 뜻이다. 그리고 스스로 목을 매어 죽는다.

e. 하나님이 세 사람을 통해 필요를 채우시다 (17:24-29)

17:24-26. 후새의 계략대로 압살롬과 그 수하들은

요단강을 건너서(24절) 다윗과의 결전을 준비한다. 위대한 지휘관 요압은 다윗 편이었기에, 압살롬은 **아마사**에게 군대를 맡긴다. 아마사는 압살롬의 사촌이자 다윗의 조카였다.

17:27-29. 3명의 예상 밖 방문객이 마하나임(요단강 동편, 사해 북동쪽 약 48킬로미터)을 방문하여 다윗과 백성에게 음식과 생필품을 공급한다. 가장 뜻밖의 인물은 **암몬**의 수도인 **랍바 사람 나하스의 아들 소비**였다. 그간의 이스라엘과 암몬 사이의 전쟁을 생각하면(참고. 10:1; 11:1; 12:26-31), 나하스 왕의 아들이 찾아온 것은 놀라운 일이다. 소비가 다윗에게 베푼 친절의 이유는 나와 있지 않다. 그러나 사무엘하 10:1-4에서 그 단서를 찾을 수 있다. 소비는 나하스의 대를 이은 암몬 왕 하눈의 형제였다. 당시 다윗은 하눈에게 친절을 베풀려 했지만 일축 당했다. 아마도 소비는 그 사건을 잊지 않았고, 형제의 행동을 부끄러워했던 것 같다. 어쨌든 이들 방문객의 너그러움을 통해 하나님은 다윗과 백성들의 육체적 필요를 채워주셨다.

4. 패퇴, 승리 그리고 죄책감으로 인한 비통(18:1-33)

다윗과 압살롬 군대의 격전은 다윗 일생에서 가장 극적인 순간이다. 하나님은 다윗에게 영구한 왕위와 후계자를 약속하셨다. 이를 통해 이스라엘의 메시아가 도래할 것이다. 그러나 이제 다윗은 목숨을 구하기 위해 도망치는 신세로 전락했다. 마치 사울에게 쫓기던 시절의 재현인 듯하다. 이제 저자는 어떻게 다윗의 왕권이 유지되고, 하나님이 기름 부음 받은 자를 구해내실지 설명해야 한다. 18장에 그 해답이 나와 있다.

a. 다윗이 전투 소집령을 내리다(18:1-5)

18:1-5. 다윗은 **요압**, **아비새**, **잇대**를 지휘관으로 삼고 전투를 위해 군대를 소집한다. 수하들은 다윗에게 전투에 참여하지 말 것을 강권한다. 적들이 주요 표적으로 삼을 것이기 때문이다. 만약 그가 전사한다면 모든 것이 끝이다(2-4절).

다윗은 세 지휘관에게 특별 명령을 하달한다. **나를 위하여 젊은 압살롬을 너그러이 대우하라**. 명령은 모든 백성이 다 들을 수 있을 만큼 크고 분명했다(5, 12절). 다윗의 눈먼 부정(父情)은 이해할 만하다. 이 다섯 절에서 다윗은 반복적으로 **왕**으로 언급된다. 이는 누가 진정으로 합법적 이스라엘의 왕인지를 말해준다(Youngblood, "1, 2 Samuel," 522).

b. 다윗의 종들이 이스라엘과 싸우다: 압살롬이 살해되다(18:6-18)

18:6. **에브라임 수풀**에서 다윗과 압살롬의 군대가 맞붙는다. 에브라임 수풀은 요단강 동편의 나무가 우거지고 험준한 지역이었다.

18:7-8. 압살롬의 군사 **이만**이 쓰러졌다. 다윗 수하들의 칼에 쓰러진 자보다 삼림의 험준한 지형 때문에 죽은 자가 더 많았다.

삼하

18:9. 압살롬이 다윗의 종들과 수풀에서 조우한다. 노새를 타고 도망치던 압살롬의 많은 머리털이 **상수리나무** 가지에 걸린다. 왕이 타고 있던 **노새**는 그대로 달아나고, 압살롬은 허공에 대롱대롱 매달린다.

18:10-11. 한 사람이 나무에 매달린 압살롬을 발견한다. 요압은 그가 즉시 압살롬을 쳐 죽이지 않았다고 질책한다. 만약 그랬다면 **은 열 개와 띠 하나**를 하사했을 것이다. 이는 상당한 상이었다.

18:12-14. 이 사람은 원칙을 지키는 사람이었다. 압살롬을 죽이지 말라는 왕의 명령을 지키려 했으며 생각이 깊었다. 요압의 말대로 압살롬을 죽였다면 요압부터 그를 멀리했을 것이다. 지체할 수 없었던 요압은 **손에 작은 창 셋을 가지고 가서 상수리나무 가운데서 아직 살아 있는 압살롬의 심장을 찌르**다(14절).

18:15. 요압은 압살롬을 단번에 죽이지 못했다. 그리하여 요압의 무기 든 자 10명이 그 일을 마무리한다.

18:16-17. 압살롬은 제대로 예를 갖춰 묻히지 못한다. 그들은 시체를 거두어 **수풀 가운데 큰 구멍**에 던져 넣고 그 위에 매우 큰 **돌무더기**를 쌓는다. 시체 위에 쌓인 돌무더기는 불명예의 상징이었다(참고. 수 7:25-26; 8:28-29).

18:18. 압살롬은 생전에 자신을 위해 한 **비석**을 세웠으며 이는 **왕의 골짜기**에 있었다(참고. 창 14:17). 왕의 골짜기는 위치가 불명확한데 예루살렘 근처였던 것 같다. 압살롬은 아들 셋을 모두 앞세웠다(14:25-27의 주석을 보라). 대를 이을 아들이 없었기에, 그는 자신에 대한 기억을 남기기 위해 기념비를 세우고 **압살롬의 기념비**라 이름 붙였다.

c. 다윗이 승리와 죽음의 소식을 듣다(18:19-33)

18:19-20. 고대에는 전령이 뛰어와서 급보를 전했다. **사독의 아들 아히마아스**가 다윗에게 달려가 압살롬의 죽음을 전하고 싶어 했다. 그러나 요압이 비범한 통찰력을 보인다. 이유는 분명하지 않지만, 허락하지 않는다. 아히마아스가 다윗과 가깝고 그에게 도움이 되었기에, 이날의 사건과 압살롬의 죽음을 전하는 것은 마땅치 않다고 생각했는지도 모른다.

18:21-23. 요압은 다윗에게 나쁜 소식을 전하려는 아히마아스의 요청을 거부한다(19-20절). 대신 **구스 사람**을 보낸다(21절). 그는 외국인으로 요압의 노예였을 수도 있다(Bergen, *1, 2 Samuel*, 423). 요압의 결정에 대한 이유는 나와 있지 않다. 어쩌면 그는 사울의 죽음 소식을 들었을 때처럼, 다윗이 격하게 반응할 것을 두려워했는지도 모른다(참고. 1:15). 만약 그러하다면 요압은 충직하고 쓸모 있는 부하인 아히마아스를 잃고 싶지 않았을 것이다. 그러나 아히마아스는 한사코 가겠다고 고집을 부렸고, 지름길로 달려서 구스 사람을 앞지른다(23절).

18:24-27. 무대는 마하나임으로 바뀐다(참고. 17:27). 고대 이스라엘의 성문은 복합적 구조물로서 경우에 따라서는 지붕이 있을 만큼 널찍했다. **파수꾼이 성문 위층에 올라가서 눈을 들어 보니 어떤 사람이 홀로 달려오는지라**(24절). 이는 보통 희소식을 의미했다. 여러 명이 함께 달려오는 것은 나쁜 소식을 뜻했다. 전령이 한 명이었기에, 다윗은 그가 **좋은 소식**을 가져온다고 생각했다(참고. 25-27, 31절).

파수꾼은 또 다른 전령을 관측한다. 그 역시 혼자였기에, 다윗은 이도 희소식이라 해석한다(26절). 첫째 주자의 뛰는 모습을 유의 깊게 관찰한 파수꾼은 사독의 아들인 **아히마아스**로 판정한다. 다윗은 재차 이를 희소식으로 생각한다(27절). 어쩌면 그래서 요압이 아히마아스를 말렸던 것인지도 모른다. 다윗이 아히마아스를 보면 압살롬이 살아 있으리라는 희망을 품을 수도 있었기 때문이다.

18:28-30. 아히마아스가 먼저 당도하여 다윗 앞에 부복한 후 하나님의 구원을 알린다. 그러나 다윗은 압살롬의 안위부터 걱정한다. 아히마아스는 압살롬의 죽음을 요압을 통해 들었지만(참고. 20절), 사실을 말할 수 없어서 자세한 내용은 모른다고 얼버무린다(29절).

18:31-33. 구스 사람이 도착해서 아히마아스와 같은 기본적 내용을 보고한다. 다윗은 압살롬에 대해 먼저 묻는다. 구스 사람은 에둘러서 대답한다. "당신의 아들 압살롬이 죽었나이다"라고 대답하는 대신 이렇게 말한다. **내 주 왕의 원수와 일어나서 왕을 대적하는 자들은 다 그 청년과 같이 되기를 원하나이다**(32절). 그러나 이런 간접적 표현도 다윗의 고통을 줄이지는 못했다. 성문 위의 방은 다윗의 임시 거처였을 것이다. 왕은 그리로 올라가서 비통의 눈물을 흩뿌린다. 그리고 방으로 들어서면서 대성통곡한다. **내 아들 압살롬아 내 아들 내 아들 압살롬아 차라리 내가 너를 대신하여 죽었더면, 압살롬 내 아들아 내 아들아**(33절). 다윗은 압살롬의 죽음이 자신이 지은 죄의 결과라는 것을 분명히 알았다. 다윗의 집에 내려진 하나님의 심판의 칼(참고. 12:10-11)이 이번에는 다윗의 심장을 꿰뚫었다. 유진 피터슨은 말한다. "다윗이 통곡하며 쏟아낸 말들은 가장 슬프고 가슴이 미어지는 말들이다"(Peterson, *First and Second Samuel*, 226).

5. 왕을 복위시키다(19:1-43)

저자는 19-20장에서 다윗 왕국이 재통일되고, 다윗이 예루살렘에서 왕으로 재등극하는 모습을 그린다. 이는 다윗의 죄에도 불구하고 하나님이 성실하게 언약을 지키신다는 사실을 보여준다. 하지만, 비록 짧기는 했지만, 베냐민 사람 세바의 반란이라는 위협이 남아 있었다(Laney, *First and Second Samuel*, 118).

a. 다윗 왕의 슬픔과 회복(19:1-15)

19:1-2. 다윗의 슬픔은 당연했지만, 지금은 울 때가 아니었다. 그럼에도 승리의 기쁨이 슬픔으로 바뀌었다.

19:3-4. 승리를 자축하는 대신 백성은 패잔병처럼 가만히 **성읍으로** 들어간다. 브루그만에 따르면, 백성은 다윗이 슬퍼할 수 있도록 배려했으며 이는 다윗의 슬픔이 그들의 슬픔이 될 만큼 백성과 다윗의 유대가 끈끈했기 때문이다[Brueggemann, *First and Second Samuel*, 323.《사무엘 상, 하: 목회자와 설교자를 위한 주석》(한국장로교출판사)].

19:5-8. 그러나 요압은 목숨 걸고 싸운 백성은 아랑곳하지 않고 패역한 아들의 죽음만 슬퍼한다고 다윗을 나무란다. 지금 백성을 돌아보지 않으면 다윗의 정치적 상황은 소싯적 이래로 최악의 국면에 직면하리라고 경

고한다(7절). 그리하여 다윗은 왕으로서 **성문**에 앉는다. 이 소식이 전해지자 **모든 백성이 왕 앞으로 나아** 왔다(8절).

19:9-10. 이스라엘은 다윗이 젊어서 적을 물리칠 때는 좋아했지만, 아들에게 쫓겨 도망갈 때는 우려했고, 이제 압살롬이 죽자 다시 다윗 왕을 모셔오려고 변덕을 부린다.

19:11-15. 이스라엘은 왕을 모셔오려고 했으나 유다 **장로들**은 말이 없었다. 그들은 다윗의 친족이므로 다윗을 왕으로 모시는 일에 머뭇거려서는 안 되었다(11-12절). 다윗은 요압 대신 **아마사**를 군 지휘관으로 삼겠다고 공언한다(13절). 이는 유다와의 제휴를 공고히 하고, 동시에 압살롬을 죽인 요압을 견책하려는 의도였다. 다윗의 결정은 유다 장로들의 지지를 이끌어낸다(15절).

b. 다윗과 시므이(19:16-23)

19:16-23. 일전에 다윗을 저주했던 시므이가 **급히 유다 사람과 함께 다윗 왕을 맞으러** 내려온다(16절). 시므이는 **베냐민 사람 천 명**과 **사울 집안의 종 시바**를 대동한다. 그들은 왕을 맞이하기 위해 요단강으로 달려가고, 시므이는 다윗의 발 앞에 엎드려(17-18절) 용서를 구한다. 그리고 말한다. **왕의 종 내가 범죄한 줄 아옵기에 오늘 요셉의 온 족속 중 내가 먼저 내려와서 내 주 왕을 영접하나이다**(20절). 그러나 사울의 집 가운데서 제일 먼저 다윗을 저주한 것에 대해서는 말이 없다(참고. 16:5-8). 자비를 모르는 **아비새**는 **시므이**를 죽이기 원하지만, 이번에는 좀 더 외교적 자세를 견지한다(21절).

그러나 그날에 아무도 죽이기 싫었던 다윗은 시므이에게 이렇게 맹세한다. 적어도 당분간은(왕상 2:8-9, 36-46과 그 주석을 보라) **네가 죽지 아니하리라**(23절). 앤더슨에 따르면, 시므이의 저주에 담긴 "본원적 위험"은 여전히 다윗의 집에 유효하며, 나중에 솔로몬은 다윗의 명령을 따라 시므이를 죽임으로써 저주의 위험과 잠재적 원수를 동시에 제거한다[Anderson, *2 Samuel*, 237-238. 《사무엘하》(솔로몬)]. 다윗은 시므이를 결코 신뢰하지 않았고(Baldwin, *1 and 2 Samuel*, 276), 시므이가 처벌 조항을 알면서도 '보호 관찰' 조건을 위반하자 솔로몬은 지체 없이 그를 처형한다.

c. 다윗과 므비보셋의 대화(19:24-30)

19:24-30. **므비보셋**은 요단강에서 왕을 만난다. 15장에서 압살롬이 음모를 꾸민 이후로 상당한 시간이 흘렀다. 다윗은 한 가지를 묻는다. **네가 어찌하여 나와 함께 가지 아니하였더냐**(25절). 므비보셋은 종 시바가 그를 속이고 비방했다고 설명한다(26-28절, 참고. 16:1-4). 누구의 말을 믿어야 할지 확신할 수 없었던 다윗은 시바와 므비보셋이 사울의 밭을 나눠 갖게 한다(29절).

d. 길르앗 사람 바르실래(19:31-39)

삼하

19:31-32. 요단에서 다윗을 맞이한 이들 중에는 80세인 **바르실래**도 있었다. 그는 다윗이 **마하나임**에 있을 때 음식을 공급했다. 마하나임에서 다윗을 따르던 사람들의 숫자를 생각하면 바르실래가 공급한 음식량은 상당했다.

19:33-39. 다윗은 바르실래에게 예루살렘으로 가서 살자고 하지만 그는 자신이 너무 늙었으므로 짐이 되기 싫다고 대답한다(33-35절). 또한 자신의 사고력과 입맛 및 청력도 예전 같지 않다고 덧붙인다. 그는 단지 **고향**으로 돌아가 부모의 **묘** 곁에서 죽기를 원한다(37절). 이 고결한 늙은이는 고향으로 돌아가고, 다윗은 자신이 크게 곤궁할 때 친절을 베푼 바르실래를 결코 잊지 않는다(참고. 왕상 2:7).

e. 다윗의 복위를 둘러싼 이스라엘과 유다 간의 긴장 (19:40-43)

19:40-43. 유다와 이스라엘 사이에 분쟁이 발생한다. 유다가 왕을 호위했고, 이스라엘은 소외감을 느낀다(41-43절). 사소한 일을 놓고 심한 말이 오간다.

6. 세바의 반란(20:1-26)

a. 세바의 출현(20:1-2)

20:1-2. 유다와 이스라엘 열 지파 간의 분쟁 가운데 **불량배**[문자적으로 '벨리알의 사람', 천하고, 쓸모없고, 악한] 세바가 등장한다(1절; 참고. 19:41-43). 저자는 여기서 세바의 반역을 통해 다윗 왕국의 위기를 보여줄 뿐 아니라, 솔로몬 사후 왕국 분열의 먼 배경을 보여주려 한다(Youngblood, "1, 2 Samuel," 550). **온 이스라엘 사람들이 다윗 따르기를 그치고 올라가 비그리의 아들 세바를 따르나**(2절).

저자는 세바의 이름을 여덟 번 언급한다(1-2, 6-7,

10, 13, 21-22). 이는 그가 불량배였지만 상당히 영향력 있는 인물이었음을 말해준다(Unger, *The New Unger's Bible Dictionary*, 1171). 놀랍게도 이 장 외에는 그에 대한 이야기가 전혀 없다. 세바는 선동적인 언어로 나라를 분열시킨다. 이스라엘은 그를 따랐고, 유다는 충실하게 다윗과 함께한다.

b. 강간당한 열 후궁에 대한 처우(20:3)

20:3. 다윗이 압살롬에게 강간당한 10명의 후궁을 어떻게 처리했는지가 나와 있다. 그는 그들을 별실에 가두어 다시는 이용당하지 못하게 한다. 저자는 다윗이 그들과 관계하지 않았다고 덧붙인다. 이는 다윗이 이 여인들과 성관계를 갖지 않았다는 뜻이다. 그들은 마치 다윗이 죽은 사람인 양 **생과부**로 생을 마감한다. 21세기 관점에서는 이들에 대한 처우가 극단적으로 보일지 모르지만, 이 여자들은 다윗과 법적인 관계에 있었고 그는 그들에게 기본적인 것을 공급해주었다.

c. 세바를 뒤쫓다(20:4-8)

20:4-8. 군대를 소집하는 데에는 3일이 필요했다. 다윗은 **아마사**에게 임무를 맡기지만 아마사는 알 수 없는 이유로 지체한다(5절). 다윗은 더 이상 아마사를 기다리지 못하고 대신 아비새를 보내 세바를 추격하게 한다(6절). **기브온 큰 바위**는 그 지역의 주요 지형지물이었다(8절).

d. 요압이 아마사를 살해하다(20:9-13)

20:9-13. 요압은 잔인하게 아마사를 살해한다. 군의 수장 자리를 빼앗긴 것에 대한 앙갚음일 것이다. 그리고 요압과 아비새는 마치 아무 일 없었다는 듯이 세바를 추격한다.

요압의 청년 중 하나가 아마사의 죽음으로 다윗 군대에 균열이 생길까 염려한다. 그리하여 그는 이렇게 외친다. **요압을 좋아하는 자가 누구이며 요압을 따라 다윗을 위하는 자는 누구냐**. 요압의 성격을 감안하더라도, 아마사를 피투성이로 내버려둔 요압의 잔인성은 충격적이다. 대로변에 유기된 아마사의 시체는 군사들의 눈길을 끌었다. 그리하여 요압의 청년 중 하나가 시체를 밭으로 옮긴 후 옷으로 가린다.

e. 또 다른 지혜로운 여인(20:14-22)

20:14-15. 저자는 14절의 '그'(NASB, 개역개정에는 '세바', 개역한글에는 '요압'—옮긴이 주)가 누구인지 밝히지 않지만, 문맥을 보면 요압이다. 이 시점에서는 저자가 요압과 그의 행동에 초점을 맞추고 있기 때문이다(여러 영역본은 '그'를 '세바'로 번역함—옮긴이 주). 요압과 그의 수하들은 **벧마아가 아벨**[Abel Beth-maacah, 갈릴리 바다 북쪽 약 40킬로미터]에 이른다. 이곳은 요새화된 성읍으로 세바가 숨어 있었다. 그들은 성읍을 봉쇄한다. **요압과 함께한 모든 백성이 성벽을 쳐서 헐고자 하더니**(15절).

20:16-22. 사무엘하에서 **지혜로운 여인**으로 언급되는 두 번째 여인이 등장한다(참고. 14:2). 그녀는 요압에게 속담을 인용한다. **아벨에게 가서 물을 것이라**(18절). 속담에 따르면 이 성읍에는 예로부터 지혜로운 남녀가 많았다. 그녀는 이 성읍을 **이스라엘 가운데 어머니**로 의인화한다(19절). 요압은 이 성읍을 멸할 의도가 없다고 대답한다. 그는 죄인 **세바**를 원할 뿐이었다. 그리하여 여인은 성읍 사람들을 설득하여 세바를 붙잡은 뒤 머리를 잘라 요압에게 던진다. 이 지혜로운 여인은 성읍을 구했고 다윗의 원수도 제거했다.

f. 회복된 왕국에 대한 요약(20:23-26)

20:23-26. 저자는 회복된 다윗 왕국의 주요 인사 8명을 거론한다. 다윗의 정부에 대한 언급은 반란이 진압되었고 왕이 무사하며 그의 통치가 확고히 자리 잡았다는 사실을 보여주기 위함이다[Brueggemann, *First and Second Samuel*, 332. 《사무엘 상, 하: 목회자와 설교자를 위한 주석》(한국장로교출판사)]. 이리하여 다윗의 죄로 인한 결과를 기술한 부분이 일단락을 맺는다.

Ⅳ. 에필로그: 다윗에 관한 마지막 고찰 (21:1-24:25)

21-24장은 역사적 시간 순서에 따른 기록이 아니다. 다윗의 통치 시대 중 여러 시기의 이야기들이 책의 에필로그를 이룬다. 이 부분의 서두와 결론은 내러티브로, 중간 부분은 시가로 이루어져 있다. 21장은 속죄가 어떻게 사울이 초래한 죄 문제를 해결했는지를 다룬다. 24장은 속죄가 다윗이 초래한 죄 문제를 어떻게 해결했는지를 다룬다. 22장과 23장에 나오는 두 시가 이 부분의 핵심이며, 하나님이 다윗 삶의 중심임을 밝혀준다. 베르겐에 따르면, 이 장들에는 이전 이야기와 시간적 배경이 다른 6개의 사건과 목록이 배열되어

있다. 이는 다윗 삶의 시작과 끝 그리고 중심에 하나님과의 관계가 자리 잡고 있음을 보여준다(Bergen, *1, 2 Samuel*, 441-442).

A. 속죄 그리고 네 용사의 공훈(21:1-22)

1. 기브온 주민을 위한 성경적 공의(21:1-9)

21:1-2. **다윗의 시대에 해를 거듭하여 삼 년 기근이 있으므로.** 농경 사회에서 기근은 중차대한 문제이다. 신정 사회인 이스라엘에서 기근은 그 원인이 매우 중요했다. 다윗은 하나님께 기근의 원인을 물으며 기도하고, 이에 하나님이 답하신다. **이는 사울과 피를 흘린 그의 집으로 말미암음이니 그가 기브온 사람을 죽였음이니라.** 그리하여 다윗은 기브온 사람을 부른다. 이들은 이스라엘 사람이 아니라 여호수아 정복 시 이 땅에 살고 있던 가나안 족속의 일원이었다. 수 세기 전에 여호수아는 그들과 언약을 체결했다(참고. 수 9:3-27). 그러나 사울은 **이스라엘과 유다 족속을 위하여 열심이 있으므로**(2절) 그들 중 일부를 죽였고(성경에 이에 대한 기록은 없지만), 그로 인해 여호수아가 체결한 언약을 어겼다.

21:3. 다윗이 기브온 사람에게 묻는다. **내가 너희를 위하여 어떻게 하랴 내가 어떻게 속죄하여야 너희가 여호와의 기업을 위하여 복을 빌겠느냐.** 속죄는 구약 성경에 나오는 제사 체계의 실질적 핵심이었다. '속죄하다'라는 동사는 저지른 범죄에 대한 하나님의 요구를 충족시킨다는 의미이다(참고. 레 1:4; 4:20; 6:7; 16:6-13). 죄는 하나님을 격노케 하므로 용서받기 위해서는 속죄가 이루어져야 했다. 죄인이 용서받기 위해서는 흠 없는 희생 짐승의 피가 필요했다. 궁극적으로는 예수님이 십자가에서 희생제물로 죽으심으로 죄에 대한 하나님의 거룩한 공의의 요구를 영원히 완전하게 충족시키셨다. 이로써 예수님을 믿는 자는 누구나 죄를 용서받고 구원을 얻는다(참고. 롬 3:25; 히 10:1-14).

21:4-6. **기브온 사람**은 재정적 보상이나 **이스라엘 사람**의 처형을 원치 않았다. 범죄를 저지른 당사자(이 경우에는 사울)가 책임을 져야 했다. 그러나 사울은 이미 죽었다. 따라서 기브온 사람은 사울의 아들(손자까지도 포함) 중에서 7명을 대신 죽이겠다고 제안한다. **기브아**[예루살렘 북쪽 약 6킬로미터, 6절]**에서 우리가 그들을 여호와 앞에서 목 매어 달겠나이다**[문자적으로 '노출시키다']. 사울의 아들들을 노출시킨다는 것은 곧 공개 처형을 의미했다. 이는 시신의 훼손을 포함할 수도 있다. 이들의 주검은 묻히는 대신 모든 사람이 볼 수 있게 그대로 내버려진다.

21:7-9. 이 장에 기록된 사건은 아마도 다윗이 므비보셋의 목숨을 보전한 시기를 전후해서 발생했던 것 같다(참고. 9장).

또 다른 첩이 이 끔찍한 사건으로 고통을 당한다. 그녀는 사울의 첩 **미스바**로, 두 아들이 처형당한다. 아이러니하게도, 한 아들의 이름은 므비보셋이었다! 사울의 다른 딸 역시 고통을 당한다. 사울의 장녀 **메랍**으로, 원래 다윗의 아내가 되어야 했지만 **아드리엘**의 아내가 되었다. 이들은 아들 다섯을 두었는데(삼상 18:17-19의 주석을 보라), 모두 이때 한꺼번에 죽임을 당한다. KJV에는 여러 히브리어 사본을 근거로 메랍(8절) 대신 미갈이 기록되어 있다(히브리어 성경 및 여러 영역본도 그러함—옮긴이 주). 만약 이 기록이 옳다면, 미갈이 자식 없이 죽었다는 사무엘하 6:23의 기록과 모순된다. NASB는 여러 히브리어 사본과 주전 2세기 헬라어 번역본인 70인역을 따라 **메랍**으로 기록한다. 이것이 옳은 기록이다.

표면적으로 보면, 흠 없는 짐승의 희생이면 충분한 일로 사울의 손자들을 처형한 것은 부당해 보인다. 그러나 살인과 그로 인한 땅의 오염을 속죄하는 길은 그 범죄를 저지른 자를 죽이는 것밖에 없다(참고. 민 35:30-34). 사울과 그 아들들은 이미 죽었기에 그의 손자들이 대신할 수밖에 없다. 이스라엘에 대한 하나님의 노여움을 풀기 위해서는 범죄를 저지른 자들의 피를 통해 정의를 세울 수밖에 없다.

2. 사울의 첩 리스바의 슬픔(21:10-14)

21:10. **새나 들짐승**도 아들과 친족의 시신을 보호하려는 리스바의 정성을 가로막지 못했다. 그녀는 비가 내리기 시작할 때까지 몇 달 동안 바위를 지켰다(10절). 얼굴 위로 떨어지는 빗방울을 맞으며, 그녀는 비로소 하나님의 진노가 걷히고 기근이 끝났음을 깨달았다.

21:11-14. 그녀의 행동은 다윗을 감동시킨다. **다윗이 그 곳에서 사울의 뼈와 그의 아들 요나단의 뼈를 가지고 올라오매**[다윗은 이들의 뼈를 발굴해야 했다. 왜냐하면 길르앗 야베스 사람이 이들을 장사 지냈

기 때문이다. 참고. 삼상 31:11-13]. **사람들이 그 달려 죽은 자들의 뼈를 거두어다가 사울과 그의 아들 요나단의 뼈와 함께 베냐민 땅 셀라에서 그의 아버지 기스의 묘에 장사하되.** 저자는 의미심장한 진술을 덧붙인다. **그 후에야 하나님이 그 땅을 위한 기도를 들으시니라**(14절). 비로소 하나님은 이스라엘의 기도에 응답하신다. 비슷한 표현이 책의 끝부분에 다시 등장한다. **이에 여호와께서 그 땅을 위한 기도를 들으시매**(24:25).

3. 블레셋과의 분쟁이 다시 시작되다(21:15-22)

다윗은 위대했지만 여전히 도움이 필요했다. 따라서 하나님은 그에게 믿음과 용맹의 사람들을 붙여주신다. 그중 넷이 기록되어 있다. 여기에는 다윗이 4명의 거인족 원수를 물리친 내용이 자세히 기술되어 있고, 다음 22장에는 다윗이 부른 구원의 노래가 이어진다(Laney, *First and Second Samuel*, 125).

a. 아비새의 공훈(21:15-17)

21:15-17. 블레셋 사람과 다시 싸우던 다윗은 **피곤해진다**. 이때 골리앗의 후손인 거인 **이스비브놉**이 전쟁터에 등장한다. 그는 **새 칼을 찼는데**, 원래대로라면 골리앗의 칼을 물려받았겠으나 그 칼은 다윗이 이미 가져갔다(참고. 삼상 17:54). 이스비브놉은 **다윗을 죽이려** 했는데, 다윗이 피곤했으므로 그는 목적을 달성할 수도 있었다(16절).

그러나 **아비새가 다윗을 도와 그 블레셋 사람들을 쳐 죽였다**(17절). 이 시점에서 다윗의 수하는 다윗이 전투에 직접 참여하는 것을 극구 말린다. 그가 죽어버리면 **이스라엘의 등불**이 꺼져버릴 것이기 때문이다. 이 은유는 하나님 아래에서 이스라엘을 향한 다윗의 영적, 도덕적 지도를 가리킨다.

b. 후사 사람 십브개의 공훈(21:18)

21:18. '구덩이'라는 뜻의 **곱**의 위치는 불명확하다. 다윗의 용사 중 한 사람인 후사 사람 십브개가 **거인족의 아들 중의 삽**을 쳐 죽인다. 그는 또한 십배를 쳐 죽인다(대상 20:4).

c. 엘하난의 공훈(21:19)

21:19. 곱에서 다시 전쟁이 발발한다. **엘하난은 가드 골리앗의 아우 라흐미를 죽였는데 그 자의 창 자루는 베틀 채 같았더라.** 언뜻 보면 이 기록은 다윗이 골리앗을 죽였다는 사무엘상 17장의 기록과 상반된 것처럼 보인다(히브리어 성경 및 다수 영역본에는 '골리앗의 아우 라흐미' 대신 '골리앗'으로 기록되어 있으므로 기고자는 이를 기준으로 설명함—옮긴이 주). 그러나 동명이인의 경우는 그리 드물지 않다. 그리고 이 구절에 나오는 적들은 '거인의 후손'이었으므로, 다윗과 엘하난이 각기 **창 자루가 베틀 채** 같았던 **골리앗**이라는 이름의 두 거인을 죽였을 가능성이 있다.

d. 요나단의 공훈(21:20-22)

21:20-22. 또 다른 전쟁이 **가드**에서 발발한다. 이번에는 **손가락과 발가락이 각기 여섯 개씩 모두 스물네 개인** 거인이 등장한다(20절). 그가 골리앗이 그랬던 것처럼 **이스라엘 사람을 능욕**하자, **다윗의 형 삼마의 아들 요나단**이 그를 죽인다(21절). 그리하여 다윗과 그의 수하들이 골리앗의 후손 네 거인과 싸워서 그들을 죽인다(22절).

B. 여호와의 구원을 노래로 기념하다(22:1-51)

1. 다윗 삶의 중심이신 하나님(22:1-4)

22:1. 이 장이 시편 18편과 사실상 동일하다는 것은 널리 알려진 사실이다. 다윗이 **여호와께** 이 노래를 드린 **날**이 정확히 언제인지는 알 수 없다. 그의 생애 초반부였던 것은 확실해 보이며, 어쩌면 사울이 죽임을 당한 길보아 전투 직후였을지도 모른다(참고. 삼상 31:1-13, Baldwin, *1 and 2 Samuel*, 287). 따라서 이 장은 시간적 순서와는 많이 동떨어져 있다. 저자는 책 서두에 나오는 한나의 노래(참고. 삼상 2:1-10)에 상응하도록 이 노래를 여기에 배치했는지도 모른다[Brueggemann, *First and Second Samuel*, 339.《사무엘 상, 하: 목회자와 설교자를 위한 주석》(한국장로교출판사)]. 이는 또한 다윗과 이스라엘의 역사가 단순히 권력과 투쟁의 기록이 아니라 하나님의 주권과 구원에 대한 기록임을 보여주기 위함이다[Brueggemann, *First and Second Samuel*, 339.《사무엘 상, 하: 목회자와 설교자를 위한 주석》(한국장로교출판사)].

이 장과 23:1-7에는 산문 대신 시가 나온다. 이스라엘의 예배에 사용된 이 시는 이곳과 시편 18편에 기록되었다(위의 주석을 보라).

22:2-4. 다윗은 여러 이미지를 사용하여 자신의 삶을 주관하신 분이 하나님이심을 노래한다. **여호와는 나의 반석이시요 나의 요새시요 나를 위하여 나를 건지시**

는 자시요 내가 피할 나의 반석의 하나님이시요 나의 방패시요 나의 구원의 뿔이시요 나의 높은 망대시요 그에게 피할 나의 피난처시요 나의 구원자시라. 그는 도망자 시절 지냈던 물리적 환경에서 이러한 이미지를 차용했다. 노래의 주제는 이것이다. **내가 찬송 받으실 여호와께 아뢰리니 내 원수들에게서 구원을 받으리로다**(4절).

2. 죽음의 위험에서 하나님이 구원하시다(22:5-20)

22:5-7. 다윗은 도망자 시절과 죽을 뻔했던 경험을 **사망의 물결**과 **불의의 창수**로 표현한다. '불의'(히브리어로 *belial*, 벨리알)는 '불량한 자'를 뜻하며, 이는 다윗을 해하려 한 자들의 인품을 강조한다.

스올은 여기에서처럼 보통 무덤을 뜻한다. 스올의 줄이 뱀처럼 다윗을 휘감았고, 그는 죽을 것 같았다. 치명적 위험에 빠진 다윗은 스스로는 도저히 빠져나올 수 없었다.

환난에서, 즉 시련으로 옥죄인 곳에서 다윗은 하나님을 부르고, 그의 부르짖음이 하나님의 **귀**에 들린다. 물론 영이신 하나님에게는 물리적인 귀가 없다. 이 표현은 신인동형론으로, 인간의 신체적 용어를 사용하여 인간과 교류하시는 하나님을 설명하는 기법이다.

22:8-16. 다윗은 자신을 위한 하나님의 개입을 출애굽 사건이나 이스라엘의 다른 특기할 만한 사건에 빗대어 표현한다. 이 부분이 시의 핵심부이다. 여기에서 다윗 자신은 언급되지 않는다. 다윗을 위한 하나님의 분노가 온 우주에 가득 찬다.

그의 코에서 연기가 오르고 입에서 불이 나와 사름이여 그 불에 숯이 피었도다(9절). 이는 하나님의 공의로운 진노를 가리킨다. **그가 또 하늘을 드리우고**(10절). 하나님은 하늘을 가르신다. **그룹을 타고 날으심이여**(11절). 그룹은 하나님 보좌의 수종자이며, 하나님의 전차를 매는 자들이다. 하나님은 여기에 올라타고 달리며 구원과 심판을 행하신다(참고. 시 18:10; 겔 1:4-28). 화살(15절)은 하나님의 번쩍이는 번개이다.

22:17-20. 바로의 딸이 물에서 모세를 건진 것처럼(참고. 출 2:10), 하나님은 다윗을 시련의 물에서 건져내셨다. 다윗은 선언한다. **나를 또 넓은 곳으로 인도하시고**(20절). 이곳은 그를 더 이상 환란으로 옥죄지 않는 곳이다.

3. 다윗이 구원받은 도덕적 이유(22:21-25)

22:21-25. 하나님은 다윗이 변치 않고 진실하게 그분과 동행했기에 구원의 상을 주셨다. 다윗은 11장에 기록된 도덕적 실패를 저지르기 수년 전에 이 시를 썼다. 당시 다윗의 삶은 물론 밧세바와 죄를 범한 후의 삶도 여호와께 대한 헌신으로 대변된다.

4. 각 사람의 성품대로 반응하시는 하나님 (22:26-30)

22:26-30. 다윗은 하나님이 공의로우신 분이며, 언제나 공의로 사람을 상대하신다고 노래한다(26-28절). 하나님의 공의로운 복을 경험한 다윗은 또 다른 은유를 사용하여 자신이 읊조린 진리에 대해 증언한다. "여호와여 주는 나의 **등불**이시니 여호와께서 나의 **어둠**을 밝히시리이다"(29절). 또한 하나님으로 말미암아 다윗은 전쟁터에서 민첩하게 행할 수 있었다.

5. 하나님의 도는 완전하며 할 수 있게 하신다 (22:31-37)

22:31-33. 다윗은 하나님의 말씀을 시험해보고 참되다는 것을 깨달았다. 하나님은 그분에게로 피하는 자들에게 **방패**와 **반석**과 **요새**, 즉 보호자가 되신다. 32절의 질문은 하나님의 유일하심을 강조한다. 또한 하나님의 **도는** 온전하며 **완전**하다. 하나님과 동행하는 자 역시 이런 특성을 보인다(참고. 24, 26절). 다윗은 **나를 안전한 곳으로 인도하시며**[the LORD sets the blameless in His way, 33절]라고 노래한다. 이는 하나님이 그들을 자유의 몸이 되게 하신다는 뜻이다.

22:34-37. 다윗은 빼어난 직유를 사용해서 힘주시는 하나님을 찬양한다. **나의 발로 암사슴 발 같게 하시며 나를 나의 높은 곳에 세우시며.** 강하고 빠른 다리로 산등성이를 뛰어다니는 암사슴처럼, 다윗은 하나님의 은혜로 힘을 얻었다. 하나님이 그에게 전투 기술을 가르치시니 그의 **팔이 놋 활을 당기도다**(35절). 놋 활을 당긴다는 표현은 과장법으로, 하나님이 다윗의 힘으로 할 수 없는 것을 가능하게 하신다는 사실을 강조한다. 하나님은 다윗의 걸음을 넓게 하셨다. 하나님이 그의 발걸음을 붙들어주셨기에 다윗은 넘어지지 않았다(37절).

6. 승리의 추격(22:38-43)

22:38-43. 하나님이 그의 안에서(**능력으로 내게 띠 띠우사**, 40절) 그를 위해 일하셨기에, 다윗은 적을 추

격하여 정복할 수 있었다.

7. 하나님이 다윗을 높이시다(22:44-46)

22:44-46. 하나님은 또한 다윗을 **민족의 으뜸**으로 삼으셨다(44절). 왕은 이방 왕들과 백성의 복종이 진실하지 않을 수 있음을 알았다. 인간의 **견고한 곳**(46절)은 믿는 자에게 요새가 되시는 영원한 하나님에 비할 바가 못 된다.

8. 모든 민족 중에서 하나님께 감사하다 (22:47-50)

22:47-50. 다윗은 하나님의 인격과 일하심을 나타내기 위해 **반석**의 은유(참고. 2-3, 32절)를 계속 사용한다. 그리고 하나님이 적을 물리치고 승리를 주셨음을 깨닫는다(48-49절). 다윗은 하나님에 대한 찬양을 이스라엘로 한정하고 싶지 않았다. 그는 모든 민족 중에서 하나님을 찬양하기 원했다.

9. 다윗의 후손에게 베푸시는 영원한 인자(22:51)

22:51. 여호와께서 그의 왕에게 큰 구원을 주시며라는 구절을 NASB에서는 "그분은 왕에게 구원의 망대가 되시며"(He is a tower of deliverance to His king)라고 번역했다. 구원의 망대, 곧 승리의 망대는 하나님을 나타내는 또 다른 은유이다. 다윗은 하나님이 베푸시는 **인자**의 넓이와 깊이를 찬양한다. **다윗과 그 후손**에 대한 하나님의 인자하심은 영원토록 다함이 없다. 왜냐하면 메시아, 곧 주 예수 그리스도, 다윗의 자손이 야곱의 집을 영원히 다스리실 것이기 때문이다(참고. 눅 1:31-33).

C. 다윗의 마지막 말과 그의 용사들(23:1-39)

1. 마지막 말(23:1-7)

1-7절은 다윗이 말하고 기록한 마지막 시로서, 죽기 직전에 지어진 것으로 보인다. 하나님은 후대를 위해 이 시를 보존하셨으며, 이는 시편을 이해하기 위한 일종의 지침서 역할을 한다. 1절은 이 시가 문자 그대로 다윗의 마지막 말이라는 뜻은 아니다. 저자는 다윗의 통치에 대한 적절한 결론으로서 이러한 표현을 사용했다. 왜냐하면 열왕기상 1-2장은 이전 왕의 '그림자'를 기술할 뿐이기 때문이다[Anderson, *2 Samuel*, 268.《사무엘하》(솔로몬)].

23:1. ESV가 NASB보다 이 구절의 히브리어를 더 정확히 번역한다. "이새의 아들 다윗의 신탁, 높이 세워진 자의 신탁." '신탁'(神託, oracle)은 보통 예언적 소통을 가리키는 단어이다. 다윗의 마지막 말은 예언적이다. 그는 마치 하나님의 대변인처럼 말한다. 다윗이 한 마지막 말 속의 주체는 보통 다윗 자신으로 인식된다. (1) 다윗은 **이새의 아들**이었다. 사울은 이 표현을 경멸적 의미로 썼지만(삼상 20:27-31; 22:7-29을 보라), 다윗은 자신의 미천한 출신을 나타내려 한 것 같다. 하나님은 미천한 목동을 높이 들어 쓰셨다. (2) 다윗은 **높이 세워진 자**였다. 즉, 하나님이 다윗을 높이셨다. (3) 다윗은 **야곱의 하나님께로부터 기름 부음 받은 자**였다. 하나님이 다윗에게 기름을 부으셨고, 그를 성별하여 왕으로 세우셨다. (4) 다윗은 또한 **이스라엘의 노래 잘하는 자**였다. 이는 꽤 자유로운 히브리어의 해석이다. 보다 문자적인 해석에 따르면, 다윗은 '이스라엘 노래의 유쾌한 주제'였다. 이는 다윗이 자신을 자기 시의 주인공으로 즐겨 노래했음을 뜻한다. 다윗의 시는 지난 수천 년간 이스라엘과 교회의 예배에 영향을 미쳤으며, 수많은 백성의 힘과 희망의 원천이 되었다. 하나님의 영이 다윗을 통해 말씀하셨고, 하나님의 말을 다윗의 혀에 두셨다. 다윗 시의 원천은 하나님 자신이다.

대개는 다윗의 마지막 말을 위와 같이 이해하지만, 다윗 말 속의 주체를 다윗이 아니라 미래의 메시아로 해석하는 견해도 있다. 차이는 히브리어 단어 *'al*(알, 1절에서 **높이**로 해석된)에서 비롯된다. 70인역은 이 단어를 헬라어 *epi*(에피, ~에 관한)로 번역하는데, 이는 히브리어 본문에 나오는 히브리 단어의 모음에 약간의 변화를 준 것이다(원래 히브리어 사본의 히브리어에는 모음이 없으며 중세 초기에 모음이 첨가됨). 이러한 미세한 모음의 차이가 해석의 큰 차이를 초래한다. "이새의 아들 다윗의 신탁, 야곱의 하나님의 메시아(기름 부음 받은 자) 그리고 이스라엘 노래의 유쾌한 자에 관하여 세워진 자의 신탁." 요컨대 마소라 본문에서는 다윗이 자기 자신을 **야곱의 하나님께로부터 기름 부음 받은 자**로 노래하는 것처럼 보이고, 더 오래된 70인역에서는 다윗이 "야곱의 하나님의 메시아"(기름 부음 받은 자)에 관해 노래하고 있다.

내적 증거는 다윗이 자기 자신에 대해 서술하고 있다는 견해에 반하여 메시아 대한 70인역의 해석을 지지한다. 3-4절에서 다윗은 왕의 공의로운 통치에 대해 기술한다. 5절에는 선언적 진술이 나와 있다(문자적으로). "내 집이 하나님 앞에 이같지 아니하다." 대부분의 해석이 내적 모순을 인지하고 있다. 1절에서 다윗은 자기 자신에 대해 이야기하는 것처럼 보인다. 그런데 5절에서는 그렇지 않다고 말한다. 그래서 이런 어려움을 해소하기 위해 대부분(전부는 아님)의 영어 번역본은 5절을 의문문으로 해석한다. **내 집이 하나님 앞에 이같지 아니하냐**. 문제는 히브리어 문법이 이러한 해석을 지지하지 않는다는 점이다(의문문을 나타내는 접두어 *h*가 없음).

모음을 약간 다르게 이해하는 것이 본문의 의미를 상당히 바꿔놓을 수 있는 것처럼 보인다. 다윗이 이렇게 말하는 것으로 보일 수 있다. (1) 미래 메시아가 다윗 시의 주인공이다(1절). (2) 하나님의 영이 다윗에게 말씀하셨으므로, 다윗은 메시아에 대해 쓸 수 있었다(2절). (3) 메시아가 공의로 통치하는 의로운 왕이시다(3-4절). (4) 다윗은 그렇게 의로운 통치자는 아니었다(5절). (5) 다윗은 그의 언약을 이루기 위해 의로운 왕 메시아가 진정 오리라고 확신했다[5절, 이에 대한 자세한 논의는 다음을 참조하라. Michael Rydelnik, *The Messianic Hope: Is the Hebrew Bible Really Messianic?* (Nashville: Broadman & Holman, 2010), 39-41, 168].

23:2-5. 이 부분은 하나님이 다윗에게 하신 말씀으로, 시적 신탁의 핵심을 이룬다. 하나님은 직유를 사용하여 백성을 다스리는 의롭고 존경스러운 왕에 대해 기술하신다. 4절의 이미지는 구름 한 점 없는 신선하고 상쾌한 아침을 보여준다. 의로운 통치는 놀랍고 신선하며 상쾌하다. 약속된 다윗의 자손, 예수 그리스도가 의로 통치하실 것이다.

NASB는 5절에서 다윗이 질문하는 것으로 번역하지만, 그래서는 안 된다. **내 집이 하나님 앞에 이같지 아니하냐**. 이는 히브리어 문법의 정상적 의문문이 아니기 때문에 서술형으로 이해되어야 한다. "내 집이 하나님 앞에 이같지 아니하다"(문자적으로 NKJV 역시 유사하게 번역). 다윗은 자기가 4절에 기록된 의로운 왕이라고 주장하지 않는다. 대신 비록 자기가 죄를 지었지만, 하나님이 그에게 한 약속을 지키시리라고 확신한다고 기술한다(**하나님이 나와 더불어 영원한 언약을 세우사 만사에 구비하고 견고하게 하셨으니**, 5절). 5절의 마지막 구절도 의문문으로 번역되어서는 안 되며(**어찌 이루지 아니하시랴**), 서술형이어야 한다. "아직 싹 나게 하지 않으셨다." 달리 말해서 다윗은 자기의 실패에도 불구하고 다윗 언약을 이루기 위해 장래에 메시아가 오실 것을 확신했다. 비록 메시아는 아직 "싹이 나지"(메시아의 칭호인 '가지'의 동사형, 참고. 렘 23:5; 33:15; 슥 6:12) 않았지만, [그의] **모든 구원과** [그의] **모든 소원**(5절)을 위해 오실 것이다. 하나님은 다윗의 죄 때문에 그를 혹은 그와 한 약속을 버리지 않으셨다. 하나님은 다윗과의 영원한 언약을 지키실 것이며, 언젠가는 다윗의 자손 메시아를 보내실 것이다.

삼하

23:6-7. 사악한 자는 내버려질 가시나무와 같다. 가시는 너무나 날카롭고 뾰족하기에 이를 제거하기 위해서는 **철과 창자루를 가져야** 한다(7절). 가시는 특별히 고안된 장소에서 불살라져야 한다. 이 이미지가 바로 사악한 자의 운명이다(참고. 마 13:41).

2. 다윗의 용사들(23:8-39)

23:8. 다윗의 마지막 시적 신탁 후에, 저자는 다윗을 도운 자들을 거론한다. 그들은 **용사들**이었다. 히브리어 깁보르(*gibbor*)는 '힘세고 용감한 군사'를 뜻한다. 존 오스왈트(John N. Oswalt)는 말한다. "히브리어 어근은 대개 전쟁과 관련되며, 뛰어난 전사의 힘 및 활력과 연관이 있다"(John N. Oswalt, "mighty," in *TWOT*, 148). 이들은 여호와 때문에 용사가 되었는데 여호와 역시 '깁보르'로 묘사된다[참고. "능하신(깁보르) 하나님", 사 10:21, "팔에 능력(깁보르)이", 시 89:13]. 저자는 이 강력한 용사들을 기록함으로써, 힘센 승리의 군인으로서 하나님이 다윗과 함께 하셨음을 보여준다. 믿음에 근거한 영웅적 공훈과 함께 용사들의 이름이 기록된다.

목록 서두에 기록된 이름은 **군지휘관의**[문자적으로 '셋 중의'] **두목인 다그몬 사람 요셉밧세벳**이다. 다윗의 37인 용사 중에서 3명이 특출했다. 그들은 용사들의 두령이었다. 요셉은 이 세 두령의 두목이었다. 그는 **에센 사람 아디노**라고도 불렸는데 **팔백 명**을 단번에 쳐 죽였기 때문이다. 대단히 어려운 상황이었지만 그는 여호와의 이름을 위해 싸웠고 여호와가 그에게 승리를 안겨주셨다.

23:9-10. 요셉 다음은 **엘르아살**이다. 이스라엘은 모두 물러가고 그는 홀로 **블레셋 사람**들과 싸운다. 용사 중 2명이 함께 있었는데 이름은 나오지 않는다. 저자는 엘르아살에 초점을 맞추고, 그는 **손이 피곤하여 칼에 붙기까지** 블레셋을 죽인다. 여호와께서 그를 사용하여 큰 승리를 거두게 하신다(10절).

23:11-12. 세 번째의 영예는 **삼마**의 차지다. 녹두나무는 중동에서 널리 경작되는 작물이다. 백성들은 블레셋 군대가 집결한 녹두나무밭을 포기하고 도망친다. 홀로 남은 삼마가 블레셋과 맞서서 밭을 지켜낸다. 삼마를 사용하여 **여호와께서 큰 구원을** 이루셨다. 혼자였지만 삼마는 물러서지 않았다.

23:13-17. 기술한 것처럼, 이 장에는 37명의 용사가 기재되어 있다. 그중에서 30명은 두목으로 휘하에 부하를 거느렸다.

30명 중 세 사람이 블레셋과 싸우기 위해 다윗에게로 간다(13절). 전쟁 시기는 알 수 없지만, 다윗이 **아둘람 굴**에 머물 때였던 것 같다(참고. 삼상 22장). 동굴 근처에 수원이 없었기에, 다윗은 누군가 베들레헴의 우물에서 물을 가져다주기를 원했다(15절). 하지만 누구도 그럴 수 있으리라고 기대하지 않았다. 베들레헴에는 블레셋의 수비대가 있어서 매우 위험했기 때문이다. 그러나 **세 용사가 블레셋 사람의 진영을 돌파하고 지나가서** 우물에서 물을 길어가지고 다윗에게 준다(16절). 이들의 목숨을 건 충성을 알았던 다윗은 이 물을 그들의 정혈로 여겼다. 피는 여호와께 속했기에(참고. 레 17:8-13), 다윗은 이 물을 여호와께 드리는 제사로 부어드린다(16-17절).

23:18-19. 요압의 아우 아비새는 세 사람의 우두머리였다. 요압은 다윗의 용사 목록에 나오지 않지만, 다른 이들과 관련하여 세 번 거론된다(18, 24, 37절). 저자는 아비새가 **창으로 삼백 명**을 죽이는 장면을 생생하게 묘사한다. 그는 첫 세 사람과 같은 명성을 얻었고, "삼십 인 특별부대의 우두머리"(새번역)였지만, 첫 세 용사에 견줄 만하지는 못했다.

23:20-23. 또 다른 용사는 **브나야**이다. 브나야의 아버지는 위대한 무훈을 세운다. 아버지처럼 브나야도 용맹을 떨친다. 예를 들어 그는 **눈이 올 때에 구덩이에 내려가서 사자 한 마리를 쳐 죽였다**(20절). 눈이 내려서 미끄럽고 싸우기 힘든 환경이었다. 그러나 사자를 죽인 다윗처럼(참고. 삼상 17:34-35), 브나야도 어려운 조건에서 사자를 죽였다. 그는 또한 기골이 장대한 **애굽 사람**을 죽였다(21절). 애굽 사람은 **손에 창**을 들고 있어서 멀리서도 브나야를 공격할 수 있었다. 반면 브나야의 무기는 근접 전투에서나 쓸 수 있는 막대기였다. 하지만 속도와 기술을 이용하여 애굽 사람의 창을 빼앗아 그것으로 그를 죽였다(21절). 이는 마치 다윗이 골리앗의 칼로 그를 죽인 것과 비슷하다. 브나야는 30인 중에서 명성을 얻었으나, 첫 세 사람에게는 미치지 못했다. 브나야의 믿음과 용기를 높이 산 다윗은 그를 경호 책임자로 임명한다.

23:24-39. 요압의 다른 아우 아사헬도 30인의 용사에 든다(참고. 2:18-23). 24절 이하에는 다윗 용사의 명단이 나와 있다. 몇몇 흥미로운 이름이 눈에 띈다. **잇대**(29절)는 사울과 관련이 있지만 다윗 용사의 일원으로 나온다. 아히도벨의 아들 **엘리암**도 다윗의 용사인데, 그는 밧세바의 아버지이다(34절; 참고. 11:3). **헷 사람 우리아**가 마지막으로 나온다. 그도 다윗의 용사이다. 그의 이름은 다윗의 어두운 시기를 떠올리게 하지만, 하나님은 우리아의 인품과 용맹을 잊지 않으셨다(39절).

D. 다윗의 악한 인구조사와 그로 인한 재앙 (24:1-25)

1. 다윗이 요압에게 인구조사를 지시하다(24:1-10)

24:1. 언제 이 인구조사가 실시되었는지는 알 수 없다. 하나님이 이스라엘을 향하여 **진노**하신다. 진노의 이유는 나와 있지 않다. '그것(하나님의 진노를 가리키는 것이 분명한)이 다윗을 격동시켰다'(NASB, HCSB)는 히브리어 구절의 부정확한 번역이다. '그가(여호와를 가리킴) 다윗을 격동시켰다'(NIV, NET, ESV, KJV, RSV)로 번역해야 한다. 여호와의 진노를 **여호와**와 분리해서 어떤 비인격적인 힘으로 이해하는 것은 바람직하지 않다. 저자는 이 사건과 같은 다윗의 죄마저도 여전히 하나님의 주권 아래 있음을 이해했다. 하나님이 모든 행동을 주관하시지만, 다윗의 죄에 대한 책임을 하나님께 돌려서는 안 된다(참고. 24:10에서 다윗은 하나님이 아니라 자기에게 죄의 책임을 돌린다). 종종 하나님이 사람의 죄를 주관하시는 것으로 묘사되지만, 범

죄에 대한 도덕적 책임은 하나님이 아니라 사람에게 있다. 이는 성경에서 가장 이해하기 힘든 신비 중에 하나일 것이다. 욥기 1:21-22의 주석을 보라. 욥은 자신에게 발생한 사건의 궁극적 원인이 하나님의 섭리라고 주장한다(**주신 이도 여호와시요 거두신 이도 여호와시오니 여호와의 이름이 찬송을 받으실지니이다**, 욥 1:21). 그러나 자신의 소유와 가족에게 해를 끼친 자들의 도덕적 책임을 하나님께 전가하지 않았다(**욥이 범죄하지 아니하고 하나님을 향하여 원망하지 아니하니라**, 욥 1:22).

역대상 21:1에는 사탄이 일어나 이스라엘을 대적했다는 기록이 있다. 이는 이 사건의 해석을 복잡하게 만든다. 사무엘하의 원독자는 역대상을 몰랐을 것이므로(역대상은 나중에 기록된다), 사무엘하는 그 자체로 해석하는 것이 중요하다. 사무엘하에는 사탄이 등장하지 않는다. 사탄의 행동에 대한 하나님의 주권과 다윗의 악한 선택 사이의 관계에 대해서는 역대상 21:1-22:1의 주석을 보라.

이러한 상황에서 다윗이 이스라엘과 유다의 인구를 계수한 것은 하나님을 믿지 않는 교만한 행동이었다. 다윗은 숫자를 신뢰했다.

24:2-9. 20세 이상 전쟁에 참여할 수 있는 모든 남자를 계수한다(참고. 민 1:3; 대상 27:23). 여자와 아이는 계수되지 않았다. 요압과 지휘관들은 인구 계수에 대한 왕의 결정에 이견을 보였지만, 다윗은 주장을 관철했다. **요단을 건너 갓 골짜기 가운데 성읍 아로엘 오른쪽 곧 야셀 맞은쪽에 이르러 장막을 치고**(5절). 아로엘에서 계수원들이 각 지역으로 흩어져 나감으로써 큰 진척을 본다. 요압과 그 수하들이 인구 계수를 마치는 데는 거의 열 달이 소요되었는데, 각기 다른 지형의 방대한 지역을 감당해야 했기 때문이다. 그들이 계수한 인구수는 이스라엘에서 **칼을 빼는 담대한 자**가 80만 명, **유다**에서 50만 명이었다(9절).

24:10. 다윗이 백성을 조사한 후에 그의 마음에 자책하고. 다윗은 여호와 앞에서 죄책감을 느꼈다. 죄책감을 통해 다윗은 인구 계수가 죄임을 깨닫고 여호와께 죄를 자백한다. 그러나 죄의 자백과 용서가 죄로 인한 결과를 말소하는 것은 아니다.

2. 재앙이 닥치다(24:11-17)

24:11-14. 갓은 선지자이자 **선견자**였다(11절). '선견자'는 선지자가 하나님으로부터 어떻게 메시지를 받는지 강조하는 용어이다. 갓은 다윗의 선지자적 모사였다. 하나님은 갓을 통해 다윗에게 죄의 결과 세 가지 중 하나를 고르게 하신다. 다윗은 여호와의 손에 빠지기를 선택하는데, **여호와께서는 긍휼이 크시**기 때문이다. 하나님의 자비는 무한히 풍성하기에 다윗은 '긍휼'을 복수형으로 말한다. 사람은 타락한 존재이므로 사람의 손에 빠지는 것은 최악의 선택이었다. 다윗의 결정은 지혜롭고 신학적 지식에 따른 것이었다.

24:15-17. 어떤 전염병인지는 알 수 없으나, 그로 인해 7만 명이 죽었다. 하나님의 백성을 향한 불같은 진노로 땅을 두루 행하다가 마침내 **천사가 예루살렘을 향하여 그의 손을 들어 멸하려 하더니 여호와께서 이 재앙 내리심을 뉘우치셨다**(16절). 하나님은 천사가 더 이상 파괴하지 못하게 막으셨다. **여호와의 사자가 여부스 사람 아라우나의 타작마당 곁에 있는지라**. 이는 천사가 파괴를 멈추었을 때 어디에 있었는지를 말해준다. 이 천사는 하나님의 계시를 전하지 않았으므로, 신의 현현이나 성육신 이전의 메시아가 나타난 것으로 보기는 힘들다.

3. 다윗이 여호와께 제사를 드리다(24:18-25)

24:18-25. 진노는 잠시 멈췄지만 죄는 속죄를 통해 해결되어야 했다. 그리하여 갓은 다윗에게 이른다. **올라가서 여부스 사람 아라우나의 타작마당에서 여호와를 위하여 제단을 쌓으소서**. 왜냐하면 이곳이 바로 천사가 심판을 멈추고 선 곳이었기 때문이다(참고. 16절).

다윗이 부하들과 아라우나의 **타작마당**으로 간다. 이곳의 위치는 매우 중요하다. 나중에 여부스 사람 아라우나의 타작마당은 솔로몬 성전의 부지가 된다(참고. 대상 21:18).

아라우나는 다윗과 부하들을 만나 부복한다(20절). 그리고 엎드린 채 왕림 이유를 여쭙는다. 다윗이 이유를 설명하자 그는 타작마당과 제사에 필요한 모든 것을 무상으로 바치려 한다(22-23절).

그러나 다윗은 돈 한 푼 안 들이고 제사를 드림으로써 하나님을 모욕할 생각이 없었기에(참고. 사 61:6; 말 1:13-14), 타작마당의 구매 의사를 강하게 전달한다. **내가 값을 주고 네게서 사리라**(24절). 아라우나의 타작마당에서 다윗이 여호와를 위하여 제단을 쌓고 번제와 화목제를 드렸더니. 속죄가 이루어졌다. 이에 하나님은 땅을 위한 백성의 기도를 들으셨고, 재앙이 그친다.

그리하여 사무엘서는 대단원의 막을 내리고, 열왕기상에서 뒷이야기가 이어진다. 사무엘서는 사무엘이라는 이름이 붙었지만 실은 이새의 아들, 이스라엘의 왕 다윗의 이야기이다. 사무엘의 역할은 왕들에게 기름을 붓는 것이었다. 하나님의 마음에 합하지 못한 사울의 역할은 다윗과 대조를 이룬다. 주인공 다윗은 이상적인 왕이자 여호와께 온전히 헌신하는 선택된 사람으로 묘사된다.

사무엘서 전체 이야기의 핵심은 하나님이 다윗과 맺으신 언약이다. 하나님은 다윗에게 영원한 집과 왕국 그리고 왕위를 이을 후손을 약속하신다(참고. 7:12-17). 이어지는 열왕기에서는 후대 왕들이 다윗과 비교되는데, 결국 모두 실패한다. 따라서 열왕기가 끝나는 시점에서는 그 어떤 후손도 다윗의 언약을 성취하지 못한다. 그러나 언약은 여전히 유효하며, 다윗의 궁극적 자손 메시아가 반드시 오실 것이다. 다윗의 자손 예수 그리스도(딤후 2:8)가 언젠가 돌아와서 다윗의 왕위에 앉으실 것이며(사 9:7), 다윗에 대한 하나님의 영원한 언약을 온전히 성취하실 것이다.

참고 문헌

사무엘상의 참고 문헌을 보라.

●●●●

열왕기상

해리 실즈(Harry E. Shields)

서 론

열왕기는 이스라엘 왕국의 역사서로, 통일 왕국의 마지막 시기와 이후 이스라엘과 유다의 분열 왕국 시기를 다룬다. 열왕기상은 이스라엘의 위대한 왕 다윗의 통치 말년에서 시작하며, 열왕기하는 유다의 마지막 왕 여호야긴이 바벨론으로 잡혀가면서 끝을 맺는다. 열왕기 상하가 다루는 기간은 400년이 약간 넘는다(주전 971-586년).

이스라엘과 유다의 역사 서술에는 주위 민족들과의 상호작용, 거짓 선지자들로 인한 재앙, 비극적인 바벨론 포로 이야기 등이 포함된다. 이 책은 순종에는 복을(신 17:14-20), 불순종에는 심판을(신 28-29장) 내릴 것이라는 하나님의 언약이 성취되는 사건들에 대한 기록이다. 왕국 시대에는 선지자들, 특히 엘리야, 엘리사, 이사야가 하나님의 메시지를 선포했다. 열왕기는 그분의 말씀과 백성에 대한 신실하심을 보여준다. 열왕기에는 신학적 진리와 위대한 영적 주제들이 있다. 이를 통해 이스라엘은 궁극적으로 다윗의 언약을 상기한다(삼하 7:12-16을 보라). 모든 왕들은 다윗 언약을 성취하는 데 실패하고, 그 결과 이스라엘은 다윗의 자손, 즉 메시아의 오심을 고대한다.

저자. 열왕기에는 저자에 대한 언급이 없다. 그러나 형식, 단어 선택, 반복되는 주제, 문학적 유형 등을 고려할 때, 역사적으로 저자는 한 명이라고 추정된다. 유대교 전통은 에스라 또는 에스겔을 저자로 본다. 바벨론 탈무드는 예레미야를 저자로 보는데, 열왕기하 24:18-25:30이 예레미야 마지막 장(52장)과 일치하기 때문이다. 실제 저자는 불명확하지만, 본문으로부터 저자에 관한 몇 가지 사실을 확인할 수 있다.

열왕기 내용으로 볼 때 저자는 성경과 다른 유대교 저술에 정통하다. 저자는 "솔로몬의 실록"(왕상 11:41)을 언급하며, "이스라엘 왕 역대지략"(참고. 왕상 14:19; 15:31; 16:5, 14, 20, 27; 22:39; 왕하 1:18; 10:34; 13:8, 12; 14:15, 28; 15:11, 15, 21, 26, 31)과 "유다 왕 역대지략"(참고. 왕상 14:29; 15:7, 23; 22:45; 왕하 8:23; 12:19; 14:18; 15:6, 36; 16:19; 20:20; 21:17, 25; 23:28; 24:5)도 언급한다. 이들 연대기는 구약성경의 역대기가 아니라 왕국의 공식적 궁정 기록이었으며, 실존하지는 않는다. 그러므로 신원 미상의 저자는 다양한 세속 기록을 원용하여 하나님의 관점에서 본 영감의 역사를 기록했다고 볼 수 있다.

일부 비평학자들은 이스라엘 역사 속 각기 다른 시대의 저자/편집자들이 솔로몬에서 여호야긴에 이르는 400여 년의 역사를 기록했다고 주장한다. 그리고 후대의 편집자가 역사적 세부 사항을 첨언하고 다듬어서 최종 열왕기 상하를 완성했다고 본다. 다수 저작설의 가장 큰 문제점은 이 책이 일관되게 통일된 신학적 관점과 언어학적 구조를 보여주는 것을 제대로 설명하지 못한다는 점이다. 또한 서로 다른 편집자들이, 특히 수백 년에 걸쳐서, 어떻게 정보를 전달하여 최종본을 완성했는지도 설명하지 못한다.

따라서 본 주석은 단일 저자가 포로기에 오늘날 열왕기 상하로 알려진 이 책을 저술했다고 본다. 이 신원 미상의 저자는 다양한 세속 자료를 사용하여 이스라엘의 역사를 기록했다. 이스라엘 백성은 왜 그들이 포로로 잡혀가야 했는지에 대한 신학적 이해가 필요했다.

뿐만 아니라 이스라엘과 유다의 왕들이 모두 실패했기에 앞으로 올 다윗의 후손 메시아를 고대해야 했다.

연대. 저자와 마찬가지로 저술의 연대도 확실히 알기 어렵다. 열왕기 상하에는 저술의 정확한 연대에 대한 언급이 없다.

그러나 내적 증거에 따르면 이 책은 포로기에 쓰인 것으로 보인다. 여호야긴이 감옥에서 풀려나와 바벨론에서 살게 되는 열왕기하의 기록이 증거 중 하나이다. 이 사건은 포로기 37년째에 발생한다(참고. 왕하 25:27-30, 주전 560년). 그러나 바벨론에서 귀환한 내용이 없는 것으로 보아, 이 책은 유대인이 여전히 포로로 있을 때 기록된 것으로 보인다.

이 책의 기록 연대를 포로기로 보는 또 다른 증거는 책에 열세 번 언급되는 '오늘까지'라는 구절이다(참고. 왕상 8:8; 9:13, 21; 12:19; 왕하 2:22; 8:22; 10:27; 14:7; 16:6; 17:34, 41; 20:17; 21:15). 이 관용구가 중요한 이유는 이 책이 쓰인 시점까지 존속했거나 시행된 다양한 상황 및 역사적 표지를 알려주기 때문이다. 정확한 연대는 없지만, 내적 증거에 의하면 저술 시기는 이런 사건들이 발생한 이후이어야 하고 동시에 잊힐 정도로 너무 나중이어서도 안 된다. 따라서 포로기 중간에서 귀환 이전에 기록되었다고 보는 것이 책의 내용과 가장 잘 맞아떨어진다. 결과적으로 열왕기의 추정 기록 연대는 주전 560년에서 550년 사이이다.

본문에는 이스라엘 역사의 주요 연대가 들어 있다. 주전 971년에 다윗이 죽고 솔로몬이 왕이 된다. 주전 930년에 왕국이 분열된다. 주전 721년에 북 왕국이 앗수르로 인해 멸망한다. 주전 586년에 유다가 바벨론으로 인해 멸망한다. 그러나 이스라엘 왕과 유다 왕의 정확한 편성은, 예를 들어 다음 같은 연대 기록에도 불구하고 혼란스럽다. **셋째 해에 유다의 여호사밧 왕이 이스라엘의 왕에게 내려가매**(왕상 22:2). 일부 경우는 왕들의 공동 섭정이나 부섭정으로 설명될 수 있다. 또한 유다와 이스라엘은 통치 시작점을 결정함에 있어서 서로 다른 체계를 사용했으며, 이 또한 시대에 따라 달라졌다. 마지막으로 유다와 이스라엘은 역년이 서로 달랐기에, 신년의 시작도 일치하지 않았다[이에 대한 자세한 논의는 다음을 보라. Edwin R. Thiele, *The Mysterious Numbers of the Hebrew Kings,* rev. ed., Chicago: University of Chicago Press, 1983.《히브리 왕들의 연대기》(CLC)]. 유다와 이스라엘 왕들의 통치 기록은 열왕기 전반에 걸쳐 번갈아 등장하며, 일부는 매우 자세하게 일부는 매우 간략하게 서술된다. 왕들의 통치 연대와 기간, 역대기의 주요 병행 구절 등이 주석에 포함되었다.

수신자. 열왕기의 수신자는 특별히 명시되어 있지 않다. 그러나 책의 내용 및 메시지를 통해 볼 때 신실한 남은 자, 곧 포로로 잡혀간 유대인들이었을 것이다. 책의 메시지는 이스라엘이 어떻게 그리고 왜 포로로 잡혀가게 되었는지를 설명한다. 이는 그들이 여호와를 따르지 않았기 때문이다.

또한 다윗에게 주신 언약에 대한 하나님의 성실하심을 보여준다. 하나님은 다윗에게 신실한 남은 자들을 보존해주겠다고 약속하셨다(참고. 삼하 7:8-17). 그렇기 때문에 비록 유다의 모든 왕들이 종국에는 다윗의 언약을 성취하지 못하지만, 백성은 다윗의 위대한 자손, 메시아로 오시는 왕을 고대해야 했다.

목적과 주제. 열왕기의 역사 서술은 이스라엘의 열아홉 왕(모두 악함)과 유다의 스무 왕(8명만 선함-아사, 여호사밧, 요아스/여호아스, 아마샤, 요담, 아사랴/웃시야, 요담, 히스기야)에 대한 단순한 기록 그 이상이다. 첫째, 주전 560년경 바벨론에 있는 유대인과 이후 유대인 공동체는 열왕기를 통해 왜 바벨론이 쳐들어왔으며 자신들이 이러한 상황에 놓였는지를 이해했다. 이스라엘은 우상숭배의 악행 때문에 포로로 잡혀갔다. 북 왕국은 금송아지로 여호와를 섬기는 부패한 예배를 드렸고, 예루살렘과 산당에서 이방 나라의 신들을 섬겼으며, 심지어 자녀들을 몰렉에게 바쳤다. 포로에서 돌아온 후 이스라엘은 다시는 우상을 섬기지 않는다.

둘째, 이 책은 모든 왕이 실패했음을 보여준다. 심지어 유다의 선한 왕들조차 하나님이 다윗 언약으로 약속하신 다윗의 왕위를 잇지 못한다(참고. 삼하 7:8-17). 다윗의 자손 메시아는 아직 오시지 않았다. 열왕기를 이해함으로써 유대인과 오늘날의 모든 독자는 하나님을 새롭게 경외하며 그분께 헌신하고 메시아로 오실 왕을 고대하게 된다.

배경. 열왕기는 히브리어 성경에서 하나의 책으로 취급되며, '멜라킴'(*melakim*, 히브리어로 '왕들')으로 불린다. 70인역(주전 250년)은 사무엘과 열왕기를 각각 두 권으로 나누었는데, 본문의 분량을 조절하기 위함이었다. 70인역은 사무엘 상하를 "첫째 그리고 둘째 통치"로, 열왕기 상하를 "셋째 그리고 넷째 통치"로 칭했다. 히브리어 본문은 곧 70인역의 구분을 채택했고, 이후 다른 번역본들도 이를 따른다.

열왕기 상하는 많은 면에서 사무엘 상하와 비슷하다. 4권의 책 모두 기본적으로 역사의 서술이며, 또한 이스라엘에 대한 선지자의 메시지를 담고 있다. 히브리어 성경은 열왕기를 전기 선지서(여호수아서, 사무엘서, 열왕기)의 마지막에 배치함으로써 책의 예언적 성격을 강조한다. 영어 성경은 열왕기를 사무엘서와 역대기 사이에 배치하여 책의 역사적 성격을 강조한다.

후기 선지서(이사야서, 예레미야서, 에스겔서) 역시 열왕기와 밀접한 관계가 있다. 열왕기는 후기 선지서의 역사적 배경을 제공한다. 열왕기와 역대기 모두 이스라엘의 역사를 다루지만 강조점이 다르다. 열왕기는 통일 왕국과 분열 왕국의 모든 왕에 대한 세부적 내용을 다루는 반면 역대기는 다윗 왕조의 유다 왕국에 초점을 맞추며, 북 왕국은 유다와 관련해서만 언급한다.

열왕기의 왕들이 모두 균등한 분량으로 서술되는 것은 아니다. 저자는 역사적 사실을 기술할 뿐 아니라 각 왕의 영적인 상태를 살핀다. 왕들의 영적인 상태는 나라에 큰 영향을 미친다. 어떤 경우에는 특별히 더 큰 영향을 미치는데 이에 대한 자세한 내용이 기록된다. 솔로몬의 통치 이후, 다양한 왕들이 일관된 6중 공식으로 서술된다. (1) 이스라엘이나 유다 왕의 왕위 등극 시기 (2) 왕의 재위 기간과 수도 (3) 유다 왕의 경우, 왕의 모친 이름 (4) 하나님이 보시기에 왕이 선했는지 악했는지에 대한 진술, 종종 다윗 왕과 비교됨 (5) 특정 왕에 대한 추가 정보의 원천 (6) 왕을 승계한 자의 이름 [Gordon D. Fee and Douglas Stuart, *How to Read the Bible Book by Book* (Grand Rapids, MI: Zondervan, 2002), 93.《책별로 성경을 어떻게 읽을 것인가》(성서유니온)].

개요에 소개되는 '이스라엘 왕조'와 '유다 왕조' 도표는 이스라엘과 유다 왕들의 통치를 개관한다. 여기에는 통치 기간과 이들의 역사가 기록된 성경 본문도 기록되어 있다.

왕상

개 요

Ⅰ. 솔로몬 통치하의 통일 왕국(왕상 1:1-11:43)
  A. 솔로몬이 기름 부음을 받고 왕국을 확립하다(왕상 1:1-2:46)
  B. 솔로몬의 지혜, 건축 그리고 성공(왕상 3:1-10:29)
    1. 솔로몬이 하나님으로부터 지혜를 얻다(왕상 3:1-28)
    2. 솔로몬이 지혜롭게 왕국을 조직하다(왕상 4:1-34)
    3. 솔로몬의 건축 프로그램: 성전과 다른 건축물들(왕상 5:1-8:66)
      a. 솔로몬이 히람 왕과 제휴하고 일꾼들을 조직하다(왕상 5:1-18)
      b. 솔로몬이 성전과 왕궁을 건축하다(왕상 6:1-7:51)
      c. 솔로몬이 성전을 헌정하다(왕상 8:1-66)
    4. 솔로몬이 하나님으로부터 경고를 받다(왕상 9:1-9)
    5. 솔로몬의 찬란한 왕국(왕상 9:10-10:29)
  C. 솔로몬의 나뉜 마음과 영적인 쇠락(왕상 11:1-43)
Ⅱ. 분열 왕국: 북 이스라엘과 남 유다(왕상 12:1-왕하 17:41)

A. 유다의 르호보암과 이스라엘의 여로보암(왕상 12:1-14:31)
   1. 르호보암의 통치: 어리석은 선택과 그 결과들(왕상 12:1-19)
   2. 여로보암이 이스라엘의 왕으로 등극하다(왕상 12:20-24)
   3. 여로보암의 자기기만과 악한 선택(왕상 12:15-33)
   4. 여로보암, 하나님의 말씀 그리고 영적 반란(왕상 13:1-34)

이스라엘 왕조(북 왕국)

왕의 이름	통치 기간(년) 일부는 공동 섭정	전임자와의 관계	통치	열왕기, 역대기 참조 구절	선지자
여로보암 I	931-910(22)	종	악함	왕상 11:26-14:20 대하 9:29-13:22	
나답	910-909(2)	아들	악함	왕상 15:25-28	
바아사	909-886(24)	없음	악함	왕상 15:27-16:7 대하 16:1-6	
엘라	886-885(2)	아들	악함	왕상 16:6-14	
시므리	885(7일)	병거 지휘관	악함	왕상 16:9-20	
오므리	885-874(12)	군대 지휘관	악함	왕상 16:15-28	
아합	874-853(22)	아들	악함	왕상 16:28-22:40 대하 18:1-34	엘리야, 미가야
아하시야	853-852(2)	아들	악함	왕상 22:40-왕하 1:18 대하 20:35-37	엘리야
여호람/요람	852-841(12)	형제	악함	왕하 3:1-9:26 대하 22:5-7	엘리야
예후	841-814(28)	없음	악함	왕하 9:1-10:36 대하 22:7-12	엘리사
여호아하스	814-798(17)	아들	악함	왕하 13:1-9	엘리사
요아스/여호아스	798-782(16)	아들	악함	왕하 13:10-14:16 대하 25:17-24	엘리사
여로보암 II	793-753(41)	아들	악함	왕하 14:23-29	호세아, 아모스, 요나
스가랴	753-752(6개월)	아들	악함	왕하 14:29-15:12	
살룸	752(1개월)	없음	악함	왕하 15:10-15	
므나헴	752-742(10)	없음	악함	왕하 15:14-22	
브가히야	742-740(2)	아들	악함	왕하 15:22-26	
베가	752-731(20)	군대 지휘관	악함	왕하 15:27-31 대하 28:5-8	
호세아	731-722/21(9)	없음	악함	왕하 15:30-17:6	

5. 여로보암의 불순종이 초래한 결과들(왕상 14:1-20)
6. 르호보암이 유다에서 다스리다(왕상 14:21-31)

B. 이스라엘이 앗수르로 인해 멸망하기 전까지 유다와 이스라엘의 왕들(왕상 15:1-왕하 17:41)
1. 유다의 아비얌: 악한 왕(왕상 15:1-8)
2. 유다의 아사: 선한 왕(왕상 15:9-24)
3. 나답에서 오므리까지: 이스라엘의 영적 쇠락이 심해지다(왕상 15:25-16:34)
4. 아합과 선지자 엘리야: 자연을 다스리시는 하나님(왕상 17:1-22:40)
a. 엘리야와 바알 선지자들(왕상 17:1-18:46)
b. 엘리야가 죽을까 두려워하고 하나님의 위로를 받다(왕상 19:1-21)

유다 왕조(남 왕국)

왕의 이름	통치 기간(년) 일부는 공동 섭정	전임자와의 관계	통치	열왕기, 역대기 참조 구절	선지자
르호보암	931-913(17)	솔로몬의 아들	악함	왕상 11:43-14:31; 대하 9:31-12:16	
아비얌/아비야	913-911(3)	아들	악함	왕상 14:31-15:8; 대하 13:1-22	
아사	911-870(41)	아들	선함	왕상 15:8-24; 대하 14:1-16:14	
여호사밧	873-848(25)	아들	선함	왕상 22:41-50; 대하 17:1-20:37	
여호람/요람	848-841(8)	아들	악함	왕하 8:16-24; 대하 21:1-20	
아하시야	841(1)	아들	악함	왕하 8:24-9:29; 대하 22:1-9	
아달랴(여왕)	841-835(6)	모친	악함	왕하 11:1-20; 대하 22:1-23:21	
요아스/여호아스	835-796(40)	손자	선함	왕하 11:1-12:21; 대하 22:10-24:27	
아마샤	796-767(29)	아들	선함	왕하 14:1-20; 대하 25:1-28	
아사랴/웃시야	792-740(52)	아들	선함	왕하 15:1-7; 대하 26:1-23	이사야, 호세아, 아모스
요담	750-732(16)	아들	선함	왕하 15:32-38; 대하 27:1-9	이사야, 호세아, 미가
아하스	735-716(16)	아들	악함	왕하 16:1-20; 대하 28:1-27	이사야, 호세아, 미가
히스기야	716/715-687(29)	아들	선함	왕하 18:1-20:21; 대하 29:1-32:33	이사야, 호세아, 미가
므낫세	697-643(55)	아들	악함	왕하 21:1-18; 대하 33:1-20	
아몬	643-641(2)	아들	악함	왕하 21:19-26; 대하 33:21-25	
요시야	641-609(31)	아들	선함	왕하 22:1-23:30; 대하 34:1-35:27	예레미야, 스바냐
여호아하스	609(3개월)	아들	악함	왕하 23:31-34; 대하 36:1-4	예레미야
여호야김	609-598(11)	형제	악함	왕하 23:34-24:5; 대하 36:5-7	예레미야, 하박국
여호야긴	598-597(3개월)	아들	악함	왕하 24:6-17; 대하 36:8-10	예레미야
시드기야	597-586(11)	아들	악함	왕하 24:17-25:30; 대하 36:11-21	예레미야

c. 아합과 군사력을 압도하시는 하나님(왕상 20:1-43)

d. 아합이 나봇의 포도원을 탐내고 하나님의 공의를 배우다(왕상 21:1-29)

e. 아합이 선지자 미가야의 추궁을 받다: 계획을 압도하시는 하나님(왕상 22:1-40)

5. 유다의 여호사밧: 선한 왕(왕상 22:41-50)

6. 이스라엘의 아하시야: 악한 왕(왕상 22:51-왕하 1:18)

7. 엘리사, 북 왕국의 선지자(왕하 2:1-6:23)

a. 엘리사가 엘리야의 선지자 직분을 받다(왕하 2:1-25)

b. 엘리사가 자신의 권위를 확증하다(3:1-27)

c. 엘리사가 기적을 통해 하나님의 말씀을 입증하다(왕하 4:1-6:23)

(1) 과부의 기름 기적(왕하 4:1-7)

(2) 수넴 여인의 아들을 살린 기적(왕하 4:8-37)

(3) 독이 든 국을 고친 기적(왕하 4:38-41)

(4) 일백 명을 먹인 기적(왕하 4:42-44)

(5) 나병환자 나아만을 고친 기적(왕하 5:1-27)

(6) 쇠도끼를 되찾은 기적(왕하 6:1-7)

(7) 엘리사를 보호하시는 기적(왕하 6:8-23)

8. 엘리사가 사마리아 포위의 종식을 예언하다(왕하 6:24-7:20)

9. 엘리사가 엘리야의 예언을 수행하다(왕하 8:1-9:13)

10. 이스라엘의 예후: 예언 성취를 위해 행동한 악한 왕(왕하 9:14-10:36)

11. 유다의 아달랴와 요아스: 악한 여왕과 선한 왕(왕하 11:1-12:21)

12. 이스라엘의 여호아하스와 요아스: 엘리사 말년의 악한 왕들(왕하 13:1-25)

13. 유다의 아마샤: 선한 왕/이스라엘의 요아스: 악한 왕(왕하 14:1-22)

14. 이스라엘의 여로보암 2세: 악한 왕(왕하 14:23-29)

15. 유다의 아사랴(웃시야): 선한 왕(왕하 15:1-7)

16. 이스라엘의 스가랴, 살룸, 므나헴, 브가히야: 모두 악한 왕(왕하 15:8-26)

17. 이스라엘의 베가: 악한 왕(왕하 15:27-31)

18. 유다의 요담: 선한 왕(왕하 15:32-38)

19. 유다의 아하스: 악한 왕(16:1-20)

20. 이스라엘의 호세아: 악한 왕 그리고 북 왕국의 멸망(왕하 17:1-41)

Ⅲ. 이스라엘 멸망 후 유다 왕국(왕하 18:1-25:30)

A. 바벨론 침공 이전의 유다 왕들(왕하 18:1-23:30)

1. 유다의 히스기야: 선한 왕(왕하 18:1-20:21)

2. 유다의 므낫세와 아몬: 두 악한 왕(왕하 21:1-26)

3. 유다의 요시야: 선한 왕(왕하 22:1-23:30)

B. 바벨론 포로 전 유다의 마지막 왕들(왕하 23:31-25:7)

1. 유다의 여호아하스와 여호야김: 두 악한 왕(왕하 23:31-24:5)

2. 유다의 여호야긴: 악한 왕(24:6-16)

3. 유다의 시드기야: 악한 왕(24:17-25:7)

C. 유다와 예루살렘의 멸망(왕하 25:8-30)

주 석

I. 솔로몬 통치하의 통일 왕국(왕상 1:1-11:43)

다윗에서 솔로몬으로 왕위가 넘어가고, 솔로몬이 온 이스라엘에 대한 통치 기반을 확고히 하는 결정을 내리면서 열왕기가 시작된다. 솔로몬은 형 아도니야로부터 거센 도전을 받지만, 오직 하나님에게만 나라의 지도자를 세우는 권한이 있음을 곧 깨닫는다(참고. 출 19:5-6). 또한 지도자의 엄청난 과업을 감당하기 위해서는 인간적인 기술과 경험 이상의 것이 필요함을 깨닫는다. 하나님의 목적을 이루기 위해서는, 다른 이스라엘 지도자와 마찬가지로, 하나님의 초자연적 지혜가 필요했다. 아버지 다윗의 소원을 이루기 위해 솔로몬은 여호와의 지상 처소를 짓는 일에 착수한다. 그러나 종국에는 냉랭해진 신앙으로 인해 위대한 업적과 지혜가 퇴색되고, 많은 이방 아내들의 영향으로 이방 신을 섬긴다.

A. 솔로몬이 기름 부음을 받고 왕국을 확립하다 (왕상 1:1-2:46)

1:1-4. 전형적인 내러티브 방식으로 열왕기상의 도입부에 긴장이 조성된다. **다윗 왕이 나이가 많아 늙으니.** 다윗 왕은 칠순이 가까웠고, 이스라엘에 새로운 왕이 필요했다(참고. 삼하 5:4; 시 90:10). 그의 힘과 건강이 쇠락하면서 이스라엘 위대한 왕의 통치가 끝나가고 있었다. 다윗의 시종들이 최선을 다해 늙은 왕을 보필했으나, 노환으로 인해 **이불을 덮어도 따뜻하지 않**았다. 그리하여 그들은 처녀 한 명을 구한다. **우리 주 왕을 위하여 젊은 처녀 하나를 구하여 그로 왕을 받들어 모시게 하고**(2절). 아마 노인을 봉양할 수 있을 만큼 나이가 들었지만, 아직 결혼을 하지 않아 돌볼 가족은 없는 처녀였을 것이다. 그녀의 책무가 자세하게 명시되어 있지는 않은데, 다윗을 따뜻하게 하는 것과 옆에서 항시 지켜보는 임무를 맡았던 것 같다. '받들다'에 해당하는 히브리어 '아마드'(*'amad*)는 문자적으로 '앞에 서다'를 의미하며, 이 문맥에서는 왕을 위해 '봉사하다' 또는 '섬기다'를 뜻한다. **이 처녀는 심히 아름다워 그가 왕을 받들어 시중들었으나 왕이 잠자리는 같이 하지 아니하였더라**(4절).

1:5-7. 다윗의 임박한 임종이 왕궁의 많은 이에게 알려진다. 그러자 다윗이 다섯째 아내 **학깃**(참고. 삼하 3:2-5; 대상 3:2)이 낳은 넷째 아들 **아도니야가 스스로 왕이 되려 한다**(5절). 다윗이 먼저 낳았던 아들 암논, 길르압, 압살롬(참고. 삼하 3:2-3)은 이미 죽었다(참고. 삼하 13-18장). 그래서 **아도니야가 스스로 높여서 이르기를 내가 왕이 되리라**라고 한다. '높이다'의 히브리어 동사 형태를 보면 이 행위가 일시적이 아니라 지속적임을 알 수 있다('그는 지속적으로 스스로를 높였다'). 그런 뻔뻔한 행동이 가능했던 것은 아버지가 한 번도 그를 **섭섭하게** 하지 않았기 때문이다(6절). 압살롬 때처럼, 다윗은 무관심과 자기 죄에 대한 죄책감으로 아들을 제대로 훈육하지 않았다. 그 결과 아도니야는 자기가 이미 왕인 것처럼 행동한다. **자기를 위하여 병거와 기병과 호위병 오십 명을 준비하니**(5절). 또한 그는 오랜 세월 충직하게 다윗을 섬겼던 군대 지휘관 **요압** 그리고 사울이 도엑을 통해 제사장들을 도륙한 후(참고. 삼상 22:18-20) 다윗에게로 왔던 **제사장 아비아달**과 공모한다(7절). 아도니야는 그들의 힘을 빌려 이스라엘의 다음 왕이 되려 한다.

1:8-10. 그러나 **제사장 사독**(참고. 삼하 8:17)**과 여호야다의 아들 브나야**[다윗의 용사]**와 선지자 나단**(참고. 삼하 12:1-25)**과 시므이와 레이와 다윗의 용사들은 아도니야와 같이하지 아니하였다**(8절). 왕위를 찬탈하려 했던 다윗의 다른 아들 압살롬처럼(참고. 삼하 15:11-12), 아도니야는 자기가 왕이 될 것으로 생각하고 큰 잔치를 배설한다. 그는 제사를 드리고, 그의 승계를 지지하는 인사들을 잔치에 초대한다. 그러나 **선지자 나단과 브나야와 용사들과 자기 동생 솔로몬은 청하지 아니하였다**(10절). 그는 자신이 왕이 되는 것을 지지하지 않는 인사들은 배제했는데, 그들은 다윗을 지지했고 하나님이 다윗에게 솔로몬을 후계자로 삼게 하신 것을 알고 있었기 때문이다(참고. 대상 22:9-10).

1:11-14. 선지자이자 다윗의 충직한 모사인 **나단**(참고. 삼하 12:1-15; 대상 17:1-15)이 아도니야의 음모를 인지한다. 그는 자신과 다윗의 아내 밧세바의 영향력을 활용하여 하나님이 오래전에 다윗의 승계자에 대해 밝히신 뜻을 사수하려는 계획을 세운다. 나단이

왕상

밧세바에게 말한다. **이제 내게 당신의 생명과 당신의 아들 솔로몬의 생명을 구할 계책을 말하도록 허락하소서**(12절). 만약 아도니야가 왕위에 오르면 모든 정적을 제거할 수도 있었다. 나단은 상황의 긴박함을 밧세바에게 설명한다. **당신은 다윗 왕 앞에 들어가서 아뢰기를 내 주 왕이여 전에 왕이 여종에게 맹세하여 이르시기를 네 아들 솔로몬이 반드시 나를 이어 왕이 되어 내 왕위에 앉으리라 하지 아니하셨나이까…하소서**(13절). 이 맹세는 어느 곳에도 기록되어 있지 않지만, 하나님은 다윗에게 누가 후계자가 될 것인지 말씀하셨고, 다윗은 그 소식을 밧세바와 나누었을 것이다(참고. 대상 22:9-10).

1:15-21. **밧세바**는 나단의 계획을 실행에 옮긴다(11-14절에서 설명한 대로). 그녀는 다윗에게 예를 갖춘다. **밧세바가 몸을 굽혀 왕께 절하니**(16절). 그리고 다윗이 했던 약속을 상기시킨다. **내 주여 왕이 전에 왕의 하나님 여호와를 가리켜 여종에게 맹세하시기를 네 아들 솔로몬이 반드시 나를 이어 왕이 되어 내 왕위에 앉으리라 하셨거늘**(17절). 다윗은 그녀의 말을 반박하지 않는다. 밧세바는 아도니야가 왕위에 오르면 자신과 솔로몬은 **죄인**(21절)의 처지가 될 것을 알았다. 대역죄로 죽임을 당할 수도 있었다. 히브리어 하타(*chatta'*)는 종종 '죄인'으로 번역되며, 21절에서는 보다 세속적 의미로 쓰였다(NASB는 '범죄자'로 번역함—옮긴이 주). 즉, 이는 국법을 어긴 자를 가리킨다.

1:22-27. 계획의 두 번째 단계가 곧이어 실행된다. 밧세바와 나단의 진술에서 다른 점은 밧세바가 직설적으로 말한 반면 나단은 질문을 던진다는 점이다. 나단은 2개의 외교적 질문을 통해 다윗에게 상황의 심각성을 알리고 결단을 촉구한다. 첫째, **내 주 왕께서 이르시기를 아도니야가 나를 이어 왕이 되어 내 왕위에 앉으리라 하셨나이까**(24절). 둘째, 나단은 최측근 심복에게 무언가를 숨기고 있지 않느냐고 추궁한다. **이것이 내 주 왕께서 정하신 일이니이까 그런데 왕께서 내 주 왕을 이어 그 왕위에 앉을 자를 종에게 알게 하지 아니하셨나이다**(27절).

1:28-31. 나단의 질문을 들은 다윗은 즉시 행동한다. 그는 밧세바를 불러 가장 엄숙하게 맹세한다. **여호와께서 살아 계심을 두고 맹세하노라…네 아들 솔로몬이 반드시 나를 이어 왕이 되고**(29-30절). 다윗의 말을 들은 밧세바는 **얼굴을 땅에 대고 절**한다. 그리고 다윗이 올바른 결정을 내리리라 믿으며 이렇게 말한다. **내 주 다윗 왕은 만세수를 하옵소서**(31절).

1:32-40. 솔로몬이 다윗의 축복받은 왕임을 보여주기 위해, 다윗의 신하들은 솔로몬을 **왕의 노새**에 태워 **기혼**으로 데려간다. 기혼은 예루살렘 밖 기드론 골짜기에 있었다(33절). 거기에서 나단이 솔로몬에게 **기름을 부어 이스라엘 왕으로 삼는다**(34절). 이로 인해 다윗이 솔로몬을 선택했다는 사실이 만천하에 공표된다.

군중이 모여든다. **모든 백성이 그를 따라 올라와서 피리를 불며 크게 즐거워하므로 땅이 그들의 소리로 말미암아 갈라질 듯하니**(40절). 다윗이 침실에서 선언한 내용이 온 이스라엘에 알려진다. 백성은 솔로몬을 새 왕(주전 970-930년; 참고. 대하 1-9장)으로 세운 다윗의 선택을 지지한다.

1:41-48. 솔로몬의 대관식 소식은 **아도니야 및 그와 함께** 때 이른 잔치를 벌이던 자들의 귀에 들어간다(41절). **제사장 아비아달의 아들 요나단**이 소식을 전한다(42절). 그는 솔로몬이 확실하게 왕위에 올랐음을 강조한다. (1) 솔로몬이 **왕의 노새**를 탔는데, 이는 다윗의 직령에 의한 것이다(44절). (2) 솔로몬은 기혼에서 기름 부음을 받았는데, 이는 공적인 선언을 의미한다. (3) 다윗의 종들이 하나님께 복을 구했다. **왕의 하나님이 솔로몬의 이름을 왕의 이름보다 더 아름답게 하시고**(47절). (4) 다윗이 **침상에서 몸을 굽혔다**. 이는 그가 솔로몬을 새 왕으로 인정함을 의미한다(47절). 아도니야의 도모는 실패로 돌아갔고, 솔로몬이 합법적으로 왕위에 올랐다. 그는 이 명백한 상황을 받아들여야 했다.

1:49-53. 목숨을 부지하고자 **아도니야**는 성막으로 피신한다. 법에 의하면, 망명을 원하는 자는 **제단 뿔을 잡음**으로써 안전을 보장받을 수 있었다(참고. 출 21:12-14). 솔로몬은 자비를 베풀어 아도니야를 살려준다. 단 그가 **선한 사람**임을 증명해야 한다는 조건을 내건다(52절). 즉 그는 왕위에 대한 모든 권리를 완전히 포기하고, 솔로몬을 정당한 왕으로 인정해야 했다. 아도니야는 솔로몬 앞으로 끌려와 **절한다**(53절).

솔로몬이 왕으로 기름 부음을 받은 후, 연로한 다윗 왕은 새 왕에게 마지막 충고를 전한다. 2장 전체에 걸쳐 저자는 솔로몬이 왕국을 '확립'했고(12, 24, 45-46절), 이러한 견고한 확립은 하나님의 계획과 개입의 결과였음을 분명히 밝힌다.

2:1-4. 죽을 날이 임박함을 느낀 다윗은, 모세(참고. 신 31:1-8), 여호수아(참고. 수 23:1-16) 그리고 사무엘(참고. 삼상 12:1-2)이 임종을 앞두고 그랬던 것처럼, 후계자에게 **명령**, 즉 중요한 지침을 하달한다. 솔로몬은 먼저 하나님과 그분의 말씀을 의지함으로써(신 31:7, 23; 수 1:6-7, 9, 18) **힘써**야 하며 **대장부**가 되어야 한다(2절). '대장부가 되다'는 문자적으로 '남자가 되다'를 의미한다. 솔로몬은 율법에 순종함으로써 신명기 17:14-20의 조건을 모두 충족하는 왕이 되어야 했다. **네 하나님 여호와의 명령을 지켜 그 길로 행하여 그 법률과 계명과 율례와 증거를 모세의 율법에 기록된 대로 지키라**(3절). 하나님의 법에 관한 이 용어들은 언약 규범의 준수와 관련하여 자주 언급된다(참고. 6:12; 8:58; 신 8:11; 11:1; 26:17; 28:15, 45; 30:10, 16; 왕하 17:37). 다윗은 솔로몬이 율법에 순종하는 대장부가 되면 **여호와**께서 다윗의 언약에 대한 **말씀을 확실히 이루게** 하실 것이라고 말한다(4절; 참고. 삼하 7:8-17). 다윗이 명한 순종은 하나님이 다윗의 언약을 성취하기 위해 세우신 조건을 충족하는 것을 의미했다(참고. 시 132:12). 그러나 솔로몬은 결국 그 조건을 충족하지 못한다.

2:5-6. 다윗이 솔로몬에게 두 번째로 명한 것은 패역한 **요압**의 처리였다. 그는 비록 다윗의 군대를 위해 용맹을 떨쳤으나 아도니야와 손을 잡았다(참고. 1:7). 또한 다윗의 신하로 있는 동안에도 다윗의 뜻을 거스르고 독단적으로 행동했다. 예를 들어 다윗이 사울의 군대와 연합하려 했을 때, 요압은 다윗이 사울의 지휘관 아브넬과 체결한 평화 조약을 깨트리고 아브넬을 죽였다(참고. 삼하 3장). 또한 임무 수행에서 시간을 지체한다는 이유로 다윗의 지휘관 아마사를 살해했다(참고. 삼하 20장). 다윗은 솔로몬에게 **지혜대로 행하여 그의 백발이 평안히 스올에 내려가지 못하게 하라**고 명한다(참고. 2:28-35절).

2:7. 다윗은 솔로몬에게 **바르실래의 아들들**에게 은총을 베풀라고 한다. 그는 솔로몬의 형 **압살롬**이 반역을 도모했을 때, 피란길에 오른 다윗을 봉양했다(참고. 삼하 19:31-39). **그들이 네 상에서 먹는 자 중에 참여하게 하라.** 다윗은 위기에 처한 자신에게 베풀었던 그들의 호의를 잊지 않았다.

2:8-9. **시므이**는 솔로몬을 지지했지만, 다윗은 시므이의 과거를 알기에 솔로몬에게 그의 패역을 주의하라고 경고한다. 시므이는 **베냐민** 지파로 사울 가문 출신이었고, 다윗의 왕권에 반기를 들어 압살롬의 편에 섰었다. 또한 **악독한 말**로 **다윗**을 저주했다(참고. 삼하 16:5-13). 이는 통치자를 저주하지 말라는 모세 법을 명백히 위반하는 것이었다(참고. 삼하 19:21; 출 22:28). 다윗이 압살롬을 격퇴한 후에, 시므이는 다윗을 맞으러 나와 자비를 구하고 다윗은 그의 목숨을 살려준다(참고. 삼하 19:18-23). 이제 솔로몬이 왕위를 잇게 되자 다윗은 시므이를 잠재적 위협으로 간주하고 솔로몬 왕국의 안녕을 위해 경고한다. **그를 무죄한 자로 여기지 말지어다.** 이후 솔로몬은 시므이의 패역을 징벌함으로써 자신을 보호한다(참고. 36-46절).

2:10-12. 첫 번째 요약문이 나와 있다. 다윗의 죽음과 그의 통치 기간(주전 1010-970년)이 서술된다. **다윗이 그의 조상들과 함께 누워 다윗 성에 장사되니**(10절). **솔로몬이 그의 아버지 다윗의 왕위에 앉으니 그의 나라가 심히 견고하니라**(12절).

2:13-18. 솔로몬의 통치 아래 나라가 견고해졌지만, **밧세바**에게 접근한 **아도니야**는 수상쩍은 요청을 한다. 아도니야의 요구에는 상처와 회한이 배어 있었다. **온 이스라엘은 다 얼굴을 내게로 향하여 왕으로 삼으려 하였는데 그 왕권이 돌아가 내 아우의 것이 되었음은 여호와께로 말미암음이니이다**(15절). 그는 밧세바에게 다윗을 돌보았던 **수넴 여자 아비삭**을 **아내**로 달라고 **솔로몬**에게 부탁하게 한다(17절). 이 요청은 아히도벨이 압살롬에게 다윗의 첩들과 동침함으로써 왕위에 오를 권리를 주장하게 했던 일을 연상케 한다(참고. 삼하 16:21-23).

2:19-22. **밧세바**는 **아도니야**의 저의를 몰랐기에, 아도니야가 아비삭과 결혼하게 해달라고 **솔로몬**에게 **청**한다(20절). 그러나 솔로몬은 아도니야의 역심을 곧 알아차리고 그 속에 '악한 것'이 있음을 본다(1:52). 아비삭은 다윗과 성관계를 갖지는 않았지만 가까이서 늙은 왕을 모셨기에(참고. 1:1-4), 백성은 그녀를 다윗의

첩으로 생각할 수도 있었다. 그녀와의 결혼은 아도니야의 왕위 계승권을 강화하는 구실이 될 수 있었다(참고. 삼하 3:7; 12:8; 16:21). 그리하여 솔로몬은 어머니에게 말한다. **그는 나의 형이오니 그를 위하여 왕권도 구하옵소서**(22절). 이미 많은 이가 장자인 아도니야의 왕위 계승을 지지했기 때문이다(참고. 1:5-10). 솔로몬은 만약 아도니야의 요청을 허락하면, 그의 공모자인 **아비아달**과 **요압**(22절; 참고. 1:7)이 아도니야를 위한 왕위 찬탈 음모를 지속하리라는 사실을 알았다.

2:23-25. 솔로몬은 즉각 단호한 조처를 취한다. 그는 아도니야가 왕위를 찬탈하려 함으로써 스스로 사형 선고를 했다고(**아도니야가 이런 말을 하였은즉 그의 생명을 잃지 아니하면**) **여호와를 두고 맹세**한다. 솔로몬은 여호와가 자신을 **아버지 다윗의 왕위**에 앉히셨음을 알았기에(24절), 다윗의 군대 지휘관이었으며 자신의 충복이 된 **브나야**(참고. 1:8-10; 삼하 3:20)를 보내 아도니야를 처형한다.

2:26-27. 솔로몬은 아도니야의 왕위 찬탈에 동조한 다른 공모자들을 처리한다(참고. 1:7). 그는 **제사장 아비아달**을 그의 고향인 **아나돗**[예루살렘 동쪽 약 5킬로미터]으로 추방한다. 솔로몬은 아비아달에게 **그가 마땅히 죽을** 자임을 상기시키고, 하지만 오랜 세월 다윗에게 바친 충성을 고려하여 자비를 베푼다고 설명한다(예를 들어 삼상 22:20-23). **아비아달을 쫓아내어 여호와의 제사장 직분을 파면하니 여호와께서 실로에서 엘리의 집에 대하여 하신 말씀을 응하게 함이더라**(참고. 삼상 2:27-36).

2:28-35. 연이어 솔로몬은 아도니야의 세 번째 공모자를 처리한다(참고. 1:5-10). 아도니야의 운명과 아비아달의 추방 소식이 요압에게 전해지자, **그는 여호와의 장막으로 도망하여 제단 뿔을 잡**는다(28절). 이는 아도니야가 시도했던 것과 똑같은 방법이다(참고. 1:51). 그러나 반역자에게는 망명 권리가 보장되지 않았고, 솔로몬은 그에게 자비를 베풀지 않는다(참고. 출 21:14). 그는 즉시 **브나야**를 보내 요압을 처형하게 한다(29절). 브나야가 노쇠한 요압에게 제단에서 나와 항복할 것을 요구하지만, 그는 거절한다(30절). **아니라 내가 여기서 죽겠노라.** 결정을 내리지 못한 브나야는 솔로몬에게 기별하여 지시를 기다린다. 솔로몬은 브나야에게 **그의 말과 같이 하여** 그를 죽이라고 명한다(31절). 솔로몬은 요압에 대한 다윗의 경고에 순종했다. **네 지혜대로 행하여 그의 백발이 평안히 스올에 내려가지 못하게 하라**(6절). 요압은 까닭 없이 **아브넬**과 **아마사**의 목숨을 취했다(32절; 참고. 삼하 3:27; 20:9-10). 솔로몬은 지혜롭게 반역 음모를 처리한 후 나라를 정비한다. **왕이 이에 여호야다의 아들 브나야를 요압을 대신하여 군사령관으로 삼고 또 제사장 사독으로 아비아달을 대신하게 하니라**(35절).

2:36-38. 다윗이 솔로몬에게 경고한 마지막 인물은 **시므이**였다(참고. 2:8-9의 주석을 보라). 그는 다윗이 압살롬에게서 피신할 때는 다윗을 저주했고, 궁으로 복귀할 때는 마지못해 다시 지지했다. 솔로몬은 시므이를 불러 반드시 자신이 정한 경계 안에서만 살아야 한다고 경고한다. **너는 예루살렘에서 너를 위하여 집을 짓고 거기서 살고 어디든지 나가지 말라 너는 분명히 알라 네가 나가서 기드론 시내를 건너는 날에는 반드시 죽임을 당하리니**(36-37절). 기드론 시내는 예루살렘 동쪽 올리브산 앞에 있었으며, 이를 건너는 순간 적으로 간주할 것이라는 경고였다. 이는 시므이를 예루살렘 내에 구금함으로써 그를 감시하고 반역 음모를 사전에 차단하려는 의도였다.

2:39-46. **시므이**는 이 제안을 받아들이지만, **삼 년 후 시므이의 두 종**이 이스라엘의 적인 블레셋 지역의 **가드**로 도망치자(39절; 참고 삼상 17장), 시므이는 솔로몬의 경고를 무시하고 가드로 가서 도망간 종들을 예루살렘으로 데려온다. 그는 다른 사람을 보낼 수도 있었지만 가택 연금의 제한을 어기고 적의 지역에 다녀오는 모험을 감수한다. 이에 솔로몬은 시므이를 소환하여 **여호와를 두고 맹세**한 사실을 상기시킨다(42절). 또한 시므이가 과거에 다윗에게 저지른 죄를 상기시킨다. 그리고 **브나야**에게 시므이를 처형하라고 명령한다(46절).

솔로몬과 다윗 가문의 적들에 관한 진술은 좋은 결말로 끝을 맺는다. **다윗의 왕위는 영원히 여호와 앞에서 견고히 서리라.** 하나님은 언약을 성취하기 위해 일하시고, 약속대로 솔로몬의 통치에 복을 주신다(참고. 1:47-48; 대상 22:9-10).

B. 솔로몬의 지혜, 건축 그리고 성공

(왕상 3:1-10:29)

역사상 가장 위대한 군주의 통치가 그려진다. 1장과 2장은 솔로몬이 다윗의 계승자가 된 과정을 그리고, 3장과 4장은 왜 그가 합법적으로 왕위를 물려받을 수 있었는지를 설명한다. 5-9장에는 그의 건축 프로그램이 소개되는데, 특히 성전 건축이 자세히 설명된다. 솔로몬의 장엄한 치세는 시바 여왕의 방문으로 절정을 이룬다. 솔로몬 치세의 영화가 10장에서 서술된다.

1. 솔로몬이 하나님으로부터 지혜를 얻다
(왕상 3:1-28)

3:1. 솔로몬은 왕국을 든든히 세우고(참고. 2:46) 하나님으로부터 지혜를 얻는다(참고. 6-15절). 하지만 그는 어리석게도 치세 초기부터 이방 여인과 결혼하는 잘못을 범한다. 그는 이후 많은 이방 여인과 결혼하고, 그들은 결국 솔로몬을 이방 종교 숭배로 이끈다(참고. 11:1-8). **솔로몬이 애굽의 왕 바로와 더불어 혼인 관계를 맺어.** 이 구절의 문자적 의미는 '자신을 바로의 사위로 삼다'이다. 정략결혼은 고대에 군사적, 경제적 이익을 위해 흔히 이루어졌다. 그러나 하나님은 이를 금하셨다(참고. 신 17:17).

3:2-3. 솔로몬은 **여호와를 사랑**했지만, 그와 이스라엘 백성은 **산당에서 제사하며 분향**하는 죄를 지었다. 산당은 이방인들의 예배 처소였고, 이스라엘은 정해진 장소인 성막에서 제사를 드려야 했다(참고. 신 17:3-5).

3:4-5. 솔로몬이 **제사하러 기브온**으로 갔을 때, 하나님과의 만남이 이루어진다. 기브온은 예루살렘에서 약 8킬로미터 떨어진 레위 성읍이었다(수 18:25; 21:17). 이곳은 여호와의 성막이 있었기 때문에 큰 산당으로 불렸다(4절; 참고. 대상 16:39-40; 21:28-29; 대하 1:3, 5-6). 솔로몬의 꿈에 하나님이 처음으로 나타나(참고. 9:2) 일생일대의 제안을 하신다. **내가 네게 무엇을 줄꼬 너는 구하라.** 솔로몬의 대답은 그의 통치와 백성의 안녕을 완전히 바꾸어놓을 것이다.

3:6-7. 솔로몬은 먼저 하나님이 아버지 **다윗**에게 **큰 은혜**를 베푸셨음을 인정한다. 또한 다윗의 언약이 자신을 통해 이루어졌음을 언급한다. 그리고 곧 자신이 구하는 바를 아뢴다. **종은 작은 아이라 출입할 줄을 알지 못하고.** 이 표현[히브리어 *na'ar*(나아르)는 '미성숙한 사람'을 뜻한다]은 솔로몬의 나이보다는 그의 젊음과 경험 부족을 가리킨다. 그는 40년간 이스라엘을 다스렸고(주전 970-930년) 그리 많지 않은 나이에 죽었으므로, 아마도 스물에서 서른 살 사이에 왕위에 올랐을 것이다(참고. 11:42-43). 그는 나라를 다스리는 일에 엄청난 중압감을 느꼈다.

3:8-9. 솔로몬은 계속해서 자신이 원하는 것을 말하고, 하나님은 응답하신다. 먼저 솔로몬은 자신을 하나님의 **종**(7절)이자 **택하신 백성**의 하나로 인식한다. 이는 하나님이 이스라엘과 특별한 관계를 맺고 계셨음을 의미한다(참고. 창 12:1-3; 신 7:7-8). 그리고 요청한다. **듣는**[이해하는, NASB] **마음을 종에게 주사 주의 백성을 재판하여 선악을 분별하게 하옵소서.** '듣다'로 번역된 단어는 히브리어 *shome'*(쇼메)에서 나왔다(저자는 '듣는'을 '이해하는'으로 번역한 NASB를 기준으로 설명함—옮긴이 주). 구약성경 전반에 걸쳐서 '듣는'과 '순종하는'이라는 단어는 교차적으로 쓰인다. 따라서 솔로몬이 구한 것은 하나님이 율법에 말씀하신 것을 '순종하는' 능력과 하나님의 백성을 위해 **선악을 분별**하는 능력이었다.

3:10-15. 하나님은 솔로몬의 기도를 듣고 새 왕에게 복을 주겠다고 대답하신다. 솔로몬의 요청은 하나님을 기쁘게 했는데, 그가 자신을 위해 구하지 않고 백성의 필요에 초점을 맞추어 **송사를 듣고 분별하는 지혜**를 구했기 때문이다(11절). 하나님은 솔로몬에게 **지혜롭고 총명한 마음**을 약속하며, **네 앞에도 너와 같은 자가 없었거니와 네 뒤에도 너와 같은 자가 일어남이 없으리라**고 덧붙이신다(12절). 또한 그가 구하지 않은 **부귀와 영광**도 주리라고 약속하신다(13절).

그런데 솔로몬이 반드시 주의를 기울여야 할 한 가지 조건이 있었다. 그와 그의 후계자들이 기억해야 할 조건이었다. **네가 만일 네 아버지 다윗이 행함같이 내 길로 행하며 내 법도와 명령을 지키면**(14절). 하나님은 솔로몬에게 복 주기를 원하셨고, 왕은 신명기 17:14-20의 조항을 준수하여 하나님께 순종해야 할 의무를 졌다. 솔로몬은 하나님과의 만남에서 깨어난 후 꿈인 것을 알았지만, 곧 하나님이 그에게 말씀하셨음을 깨닫는다. 그래서 순종의 표시로 **예루살렘에 이르러 여호와의 언약궤 앞에 서서 번제와 감사의 제물을 드린**

다. 이는 하나님께 죄를 용서받고 큰 자비를 구하기 위함이었다(15절).

3:16-28. 하나님이 솔로몬에게 큰 지혜를 주시자마자, 두 창기와 한 아기의 이야기가 등장하여 솔로몬의 지혜가 진짜임을 보여준다(16절). 왕에게 찾아가서 송사를 아뢰고 분쟁을 해결하는 것은 고대의 관행이었다. 두 여자가 같은 날 아이를 해산했다. 그 이후 발생한 사건에 대해서는 증인이 없다. 한밤중에 한 아이가 죽었는데, 한 여인의 말에 따르면, 다른 여인이 아이 위에 누웠기 때문이다(19절). 아이가 죽자 이 여인은 다른 여인이 잠자는 사이에 산 아이를 훔치고 대신 죽은 아이를 놓아두었다(20-21절).

두 여자의 이야기를 들은 솔로몬은 **칼로 산 아이를 쪼개서** 나눠 주라는 충격적인 명령을 내린다(24-25절). 이를 통해 애끓는 모정과 잔인한 사악함이 극명하게 드러난다. 두 여인의 상이한 반응을 통해 솔로몬은 '선악을 분별'할 수 있었다(참고. 3:9). 솔로몬은 아이를 죽이는 대신 차라리 포기하려 한 여인에게 아이를 돌려준다. 솔로몬의 판결은 이들뿐 아니라 온 이스라엘을 감탄하게 했다. **온 이스라엘이 왕이 심리하여 판결함을 듣고 왕을 두려워하였으니 이는 하나님의 지혜가 그의 속에 있어 판결함을 봄이더라**(28절). 이는 하나님이 솔로몬을 선택하여 왕이 되게 하셨고, 지혜를 줌으로써 그의 삶을 통해 일하고 계심을 확증하는 사건이었다.

2. 솔로몬이 지혜롭게 왕국을 조직하다 (왕상 4:1-34)

솔로몬은 하나님이 주신 지혜로 정의를 구현했을 뿐 아니라 나라의 조직을 새롭게 정비했다. 다윗의 통치 전 사울이 왕일 때 이스라엘은 느슨한 부족 연합체를 겨우 면한 정도였다. 다윗의 통치 아래 이스라엘의 국경선은 하나님이 아브라함에게 약속하신 땅에 근접하게 된다. 정복한 나라들은 조공을 바쳤고, 이는 막대한 국가 재정의 기틀이 되었다. 솔로몬 치세하에 비로소 정부 조직이 확립된다.

4:1-6. 다윗의 성공적인 치세를 이어 **솔로몬 왕이 온 이스라엘의 왕이** 되고(참고. 삼하 8:15), 잘 조직된 정부를 통해 나라를 다스린다. 솔로몬의 궁정에는 젊은 왕을 보좌하기 위한 영적, 정치적, 군사적 전문가들이 배속된다. 사독(참고. 1:38)은 제사장직을 감독하기에는 너무 고령이었기에 **사독의 아들 아사리아가 제사장**이 된다(2절). 아사리아에게 정관사가 붙은 것으로 보아 그는 아마도 대제사장이었을 것이며, **사독**은 계속해서 제사장으로 섬긴다. **브나야**는 요압을 대신해서 **군사령관**이 된다(4절). **아비아달**은 솔로몬에 의해 제사장직을 면직당하지만(참고. 2:27), 모종의 명예직을 수행했던 것 같다. 여기에서 언급된 사람의 일부는 새 행정부에서 과도적 임무를 수행했을 가능성이 많다. 하나님이 주신 지혜로 솔로몬은 궁정의 일상적인 업무 수행을 조직화한다.

4:7-19. 솔로몬은 행정부에 필요한 재정을 조달한다. **솔로몬이 또 온 이스라엘에 열두 지방 관장을 두매 그 사람들이 왕과 왕실을 위하여 양식을 공급하되**(7절). 이는 이스라엘의 열두 지파가 아니라 행정구역이었으며, 아마도 농업 수확에 따른 구역인 것으로 보인다. 열두 지방 관장은 각각 **일 년에 한 달씩 양식을 공급해야** 했다(7절). 이는 왕궁의 필요 재정을 어느 한 지역에 부담지우지 않고 공평하게 분배하기 위해서였다.

4:20-21. 솔로몬의 통치는 아브라함의 언약과 밀접한 관계가 있다(참고. 창 12:1-9). 유다와 이스라엘은 인구가 **바닷가의 모래같이**(20절) 많아졌고, 솔로몬은 하나님이 약속하신 지역을 다스렸다.

4:22-28. 솔로몬의 부는 왕궁의 하루치 식량 규모만으로도 충분히 가늠이 되었다. 1고르는 약 220리터에 해당한다. 따라서 매일 약 7킬로리터의 고운 밀가루와 14킬로리터(현대인의 성경)의 굵은 밀가루, 고기로 쓸 수백 마리의 짐승을 양식으로 사용했다(23절). **유다와 이스라엘이…평안히** 살았으며, **단에서부터 브엘세바에 이르기까지**, 즉 북에서 남에 이르는 전 국토에서 개인적인 번영을 누렸다(25절; 참고. 삿 20:1; 삼상 3:20). 솔로몬의 군사력은 **병거의 말 외양간이 사만이요 마병이 만 이천 명**이었다(26절). 그러나 솔로몬이 군사력의 상징인 병마를 늘린 것은 안보를 전적으로 그분에게 맡기라는 하나님의 명령에 대한 직접적인 위반이었으며, 이는 솔로몬의 말년 통치에 큰 문제로 대두된다(참고. 신 17:16; 왕상 10:26-29).

4:29-34. 솔로몬이 나라를 다스리는 지혜는 동쪽과 애굽 그리고 주위 모든 나라 사람보다 뛰어났다(30-31절). 그는 문학적 소양 또한 특출했다. **그가 잠언 삼천**

가지를 말하였고 그의 노래는 천다섯 편이며(32절). 또한 식물학과 동물학에도 조예가 깊었다(33절). 그리하여 천하 **사람들이 솔로몬의 지혜를 들으러 왔다**(34절). 그들이 사실을 알았는지 알 수 없지만, 솔로몬의 지혜는 사실 하나님의 지혜였으며 공의로 다스리도록 젊은 왕에게 주어진 것이었다.

3. 솔로몬의 건축 프로그램: 성전과 다른 건축물들 (왕상 5:1–8:66)

a. 솔로몬이 히람 왕과 제휴하고 일꾼들을 조직하다 (왕상 5:1–18)

솔로몬의 지혜는 그의 정의 구현 방식(참고. 3:16-28)과 백성들의 기능적 사회 조직화에서 빛을 발한다. 5-7장에서는 솔로몬의 지혜가 그의 주요 건축 프로젝트, 특히 성전 건축을 통해서 찬란하게 빛을 발한다.

5:1–12. 솔로몬의 지혜로운 통치 소식이 이스라엘의 북쪽 이웃 나라에까지 미친다. **솔로몬이 기름 부음을 받고 그의 아버지를 이어 왕이 되었다 함을 두로 왕 히람이 듣고 그의 신하들을 솔로몬에게 보냈으니.** 히람은 늘 다윗을 친구로 여겼으며, 다윗의 궁전 건축에 필요한 목재를 공급했다(참고. 삼하 5:11). 다윗은 성전을 건축하도록 허락받지 못했지만(3절), 이제 솔로몬은 **내 하나님 여호와의 이름을 위하여 성전을 건축하려**(5절) 한다. 솔로몬은 이를 위해 최고의 목재인 **레바논**의 **백향목**을 원한다(6절). 이 첫 건축 프로젝트의 밑바탕은 다윗 언약에 대한 솔로몬의 순종이었다(참고. 삼하 7:12-13).

솔로몬의 계획을 접한 히람은 여호와께서 다윗에게 **지혜로운 아들**을 주셨다고 고백하고, 솔로몬의 요청에 동의한다. **내 백향목 재목과 잣나무 재목에 대하여는 당신이 바라시는 대로 할지라**(8절). 히람은 나무를 벤 다음 떼로 묶어서 해상으로 운송한 후, 지중해 연안의 지정된 장소에 보내기로 한다. 그러면 솔로몬의 일꾼들은 히람이 적소에 내려놓은 목재를 다음 장소로 운송한다. 히람은 목재와 운송에 대한 대가로 자신의 **궁정을 위하여 음식물**을 달라고 한다(9절). 이 위대한 건축 프로젝트를 위해 하나님은 **솔로몬에게 지혜**를 주어 성전 건축을 시작하게 하신다. **히람과 솔로몬이 친목하여 두 사람이 함께 약조를 맺었더라**(12절).

5:13–18. 성전 건축에 필요한 자원을 수집하는 일은 엄청난 사역이었다. 솔로몬은 3만 명의 **역군**을 조직하여 1만 명씩 조를 이루어 교대로 일하게 한다. 일꾼은 온 이스라엘에서 차출되었다(13-14절). 그들은 한 달은 **레바논**에서 두 달은 이스라엘에서 지냈다. 또한 **칠만 명**이 재료를 산지에서 운송했고, **팔만 명**이 산에서 **돌을 뜨는 자**로 일했다(15절). 일부 일꾼은 이스라엘이 가나안에서 쫓아내지 못한 족속의 후손 중에서 차출되었고, 일부는 이스라엘 중에서 징집되었다. "다만 이스라엘 자손은 솔로몬이 노예를 삼지 아니하였"다(9:22; 참고. 대하 8:9).

b. 솔로몬이 성전과 왕궁을 건축하다 (왕상 6:1–7:51)

6:1. 성전 건축이 시작된 날짜와 관련하여 연대와 시간을 알려주는 3개의 단서가 등장한다. **사백팔십 년**이 어림수인지 아니면 출애굽에서 성전 건축 때까지 세대수를 가리키는 상징적 표현인지에 대해서는 학자들의 의견이 분분하다. 이 짤막한 시간 표현은 이스라엘에게 가나안을 주겠다고 약속하신 하나님의 언약과, 솔로몬을 통해 이스라엘을 구원하시는 하나님의 구원 역사 사이의 연결 고리가 된다. 가장 중요한 정보는 성전 건축이 **솔로몬이 이스라엘 왕이 된 지 사 년**에 시작되었다는 사실이다. 대부분의 학자는 이 연도를 주전 967-966년으로 생각한다. 따라서 '사백팔십 년'을 문자 그대로 받아들인다면, 출애굽의 시기는 주전 1447-1446년이 된다. 이와 더불어 마지막 단서는 솔로몬이 성전 건축을 **시브월 곧 둘째 달**[4월/5월]에 시작했다는 사실이다. 솔로몬의 성전 건축에는 7년(7년 6개월)이 소요된다(참고. 38절).

6:2–10. 현대 기준으로 보면 성전은 비교적 작은 예배 장소이다. **길이가 육십 규빗**[약 27미터]**이요 너비가 이십 규빗**[약 9미터]**이요 높이가 삼십 규빗**[약 13.5미터]**이며**(2절). **성전의 벽 곧 성소와 지성소의 벽에 연접하여 돌아가며 다락들을 건축하되 다락마다 돌아가며 골방들을 만들었으니**(5절). 기본 구조물에 필요한 돌은 채석장에서 준비되었고, 따라서 성전에서는 연장 소리가 들리지 않았다(7절). 기본 구조를 외형적으로 볼 때, 성전은 경건과 기능성이 강조되었다. 성전은 **백향목 서까래와 널판**으로 덮임으로써 봉인된 건물로 완성된다(9절).

6:11-13. 성전 건축이 진행되는 동안 **여호와의 말씀이 솔로몬에게 임하여** 성전과 관련된 가장 중요한 사실을 상기시킨다. 솔로몬은 위대한 성전을 건축하는 중이고, 하나님은 솔로몬과 그 후손들 그리고 백성의 마음 상태에 관심을 기울이신다. 하나님이 솔로몬에게 말씀하신다. **네가 지금 이 성전을 건축하니 네가 만일 내 법도를 따르며 내 율례를 행하며 내 모든 계명을 지켜 그대로 행하면 내가 네 아버지 다윗에게 한 말을 네게 확실히 이룰 것이요**(12절). 모세와 다윗 언약에 대한 순종이 반드시 선행되어야만 하나님은 약속대로 **이스라엘 자손 가운데에 거하실 수 있다**(13절).

이 구절은 열왕기가 메시아의 메시지를 전개해가는 과정에서 매우 중요한 역할을 한다. 기본적으로 하나님은 솔로몬에게 율법에 완전히 순종하면 그를 통해 다윗 언약을 성취하겠노라고 제안하신다(참고. 삼하 7:12-16). 이 시점에서 솔로몬은 다윗의 자손이며, 성전을 건축할 약속된 자요, 영원한 집과 왕국 및 왕위를 이어갈 자인 것처럼 보인다(참고. 삼하 7:13). 그는 실제로 성전을 건축한다(그러나 선지자가 예언한 종말론적, 메시아적 성전은 아니다, 참고. 슥 6:11-15; 겔 40-48장). 저자는 솔로몬을 통해 언약이 성취될 것처럼 기대감을 높였다가 결국은 그가 실패한다는 것을 보여준다. 그는 많은 이방 아내를 취하고, 그 여자들은 솔로몬의 마음을 여호와로부터 멀어지게 하여 결국 이방 신을 따르게 만든다.

확실히 솔로몬은 다윗 언약의 성취자가 될 수 없었다. 이후 다윗의 후손으로 왕위에 오른 자들은 모두 이상적인 왕 다윗과 비교되지만, '선한' 왕으로 보이는 자들까지 결국에는 실패로 끝난다. 그리하여 열왕기하는 다윗의 언약이 성취되지 않은 것으로 결론을 맺는다. 그 결과 "하나님이 다윗에게 주신 메시아의 언약이 미래에 성취될 것으로 믿고 계속 고대하라"는 것이 열왕기의 메시지가 된다. 이런 식으로 열왕기 상하는 미래를 지향한다. 언젠가는 다윗의 자손 메시아가 그의 약속을 성취하고, 여호와의 성전을 건축하며(참고. 슥 6:11-15), 영원한 집과 왕국 및 왕위를 쟁취하실 것이다.

6:14-18. 순종의 중요성에 대한 교훈에 이어, 성전 내부 디자인과 지성소의 건축에 관한 지침이 하달된다. 솔로몬은 다윗을 통해 주어진 지침대로(참고. 대상 28:11-12) 하나님의 영광과 위엄을 기리는 내부 구조를 완성한다. **백향목 널판으로 성전의 안벽 곧 성전 마루에서 천장까지의 벽에 입히고 또 잣나무 널판으로 성전 마루를 놓고**(15절). 내부 백향목 벽에는 **박과 핀 꽃**의 문양을 새겼는데, 이는 하나님이 창조주이심을 가리킨다. **돌이 보이지 아니**할 만큼(18절) 내부를 백향목으로 완전히 감쌌다.

6:19-36. 성전의 가장 중요 부분은 **언약궤**(출 25:10-22)가 있는 **내소** 곧 지성소였다(19절). 내소는 길이, 너비, 높이가 각각 **이십 규빗**[약 9미터]이다. 내소 중앙에는 **감람나무**로 만들고 금을 입힌 **두 그룹**이 있었다. 각 그룹의 바깥쪽 날개 끝이 벽에 닿도록 배치되었다(23-28절). **내 외소 사방 벽에는 모두 그룹들과 종려와 핀 꽃 형상을 아로새겼고**(29절). 솔로몬 성전의 내부 및 마루는 **금**을 입혔다(30절). 이는 여호와가 다른 모든 신보다 높고 뛰어나심을 가리킨다. 내소는 하나님이 그분의 백성과 함께 거하시는 보좌였다.

6:37-38. 솔로몬은 **넷째 해 시브월**에 성전 건축을 시작했으며(참고. 1절), **열한째 해 불월 곧 여덟째 달**[주전 959년 10월/11월]에 완공한다. 왕은 7년 6개월 만에 하나님이 맡기신 일을 완수한다.

7:1-12. 솔로몬의 **왕궁** 건축에는 성전 건축 기간의 2배인 **십삼 년**이 걸렸다. 성전 건축과 솔로몬의 사저 및 행정 관청 건축에 소요된 시간의 차이는 솔로몬이 이미 자기를 앞세우는 유혹에 빠지기 시작했다는 사실을 나타낸다고 볼 수도 있다(참고. 신 17:19-20). 솔로몬의 다른 건축 프로젝트는 5개이다. 3개는 이스라엘 왕으로서 행정 책임을 다하기 위한 것이고(2-7절), 2개는 사저였다(8-12절). "레바논 나무 왕궁"(NASB)이라는 표현은 레바논의 백향목으로 지은 집이라는 뜻이다(참고. 5:1-8). 이 건물은 길이가 약 45미터, 너비가 약 22.5미터, 높이가 약 13.5미터(이상 현대인의 성경)였고, 무기고로 쓰였다(참고. 10:17, 21; 사 22:8).

또한 **기둥**을 세워 만든 **주랑**이 있는데, 이는 왕궁의 일부였을 것으로 추정된다(6절). 이 주랑은 솔로몬이 재판의 판결을 내리는 **보좌의 주랑 곧 재판하는 주랑**으로 이어지는 주랑 현관의 역할을 했던 것 같다(7절).

마지막 두 건물은 **솔로몬이 거처할 왕궁**과 그와 같은 양식으로 만든 **바로의 딸**을 위한 집이었다(8절). 자세한 내막은 없지만, 솔로몬은 다른 여자들(11:1)보다 이 여자를 위해 특별히 많은 돈을 들여 집을 지어준 것 같다. 다섯 건물은 모두 **귀하고 다듬은 돌과 백향목**으로 건축된다(9-12절). 이 건물들은 이스라엘 사람과 외국인 방문객이 보기에 장관이었을 것이다(참고. 10:11-13).

7:13-14. 성전, 내소 그리고 솔로몬 왕궁에 대한 설명 후, 저자는 성전 기물에 대해 자세히 기술한다. **솔로몬**은 최고 기술자를 원했기에 **두로의 히람**을 부른다. 히람 왕과 동명이인인(참고. 5장) 이 유대 기술자는 두로에서 살았고 "아버지 후람에게 속하였던 자"(Huram-abi, NASB)로도 불렸으며 "단의 여자들 중 한 여인의 아들"이었다(참고. 대하 2:13-14). 또한 그는 **납달리 지파 과부의 아들이요 그의 아버지는 두로 사람이니 놋쇠 대장장이**였다(14절). 그의 족보에 대한 기록이 상충하는 것은 아니다. 솔로몬 시대에는 단이 이미 중앙 이스라엘의 원래 영토(참고. 수 19:40-50; 삿 18장)를 떠나 북쪽으로 이주했으며, 납달리의 영토에 편입되었다(참고. 수 19:32-39). 따라서 히람의 모친이 속한 지파는 단이자 납달리였다. **이 히람은 모든 놋 일에 지혜와 총명과 재능을 구비한 자이더니.** 이 진술은 성막을 지은 브살렐에 대한 설명과 병행을 이룬다(참고. 출 31:1-5; 35:31). 한 묶음으로 표현된 **지혜와 총명**은 단순한 재주뿐 아니라 종종 영적인 특질을 가리킨다(예를 들어 잠 4:7; 9:10; 사 11:2). 하나님의 임재에 적합한 건물을 짓는 데는 그분의 능력을 힘입은 사람이 필요했다.

7:15-22. 히람은 약 8.1미터 높이(**십팔 규빗**)의 **놋 기둥 둘**을 만든다. 꼭대기에는 정교하게 만들어진 기둥머리가 있었는데 여기에 **백합화 형상**이 새겨져 있었다(22절). 이 기둥들의 가장 특기할 만한 점은 이름을 붙였다는 점이다. **야긴**은 히브리어로 '그가 세우실 것이다'이며, **보아스**는 히브리어로 '그에게 능력이 있다'이다. 이 이름들을 통해 왕과 백성/예배자는 하나님이 능력으로 자기 백성을 굳게 세우실 것을 기억한다. 그들은 순종하는 예배의 삶을 살기만 하면 된다.

7:23-26. 또한 히람은 큰 **바다** 또는 대야를 만든다. 이는 제사장이 정결 예식으로서 씻을 때 사용하는 놋 대야이다(참고. 출 30:18-21; 40:30-32; 대하 4:6). 직경은 **십 규빗**[약 4.5미터], 높이는 **다섯 규빗**[약 2.3미터]이며(23절), **소 열 두 마리**가 밑을 받쳤다(25절). 이 거대한 바다에는 **이천 밧**[약 44킬로리터]의 물을 담을 수 있었다(26절).

7:27-39. 히람은 또한 **네 놋바퀴**가 달린 **수레 열**을 만들었다. 수레의 길이와 너비는 약 1.8미터, 높이는 약 1.4미터였고(**길이가 네 규빗이요 너비가 네 규빗이요 높이가 세 규빗이라**), **사자와 소와 그룹**들이 장식되어 있었다(27-30절). **받침 수레** 위에는 약 880리터(현대인의 성경)의 물을 담을 수 있는 **물두멍**이 있었는데 이는 성전의 정결 예식에 쓰였다.

7:40-47. 히람이 또 물두멍과 부삽과 대접들을 만들었더라. 제사장들이 이를 사용했지만 자세한 용도는 기록되어 있지 않다. 히람의 작업 규모는 실로 엄청났다. **기구가 심히 많으므로 솔로몬이 다 달아보지 아니하고 두었으니 그 놋 무게를 능히 측량할 수 없었더라**(47절).

7:48-51. 솔로몬 왕이 세운 성전은 성막과 비슷한 모습으로 지어졌다. 성막이 일시적인 예배 처소였다면, 성전은 영구적인 건물로 세워졌다(참고. 출 40장). 이제 성전 건축을 완성하고 이스라엘의 참된 왕, 전능하신 하나님을 예배하기 위한 준비를 마쳤다.

c. 솔로몬이 성전을 헌정하다(왕상 8:1-66)

성전 건축이 완성된 후, 솔로몬은 성전을 하나님의 예배 처소로 헌정한다. 헌정의 초점은 하나님의 위대하심과, 다윗에게 주신 언약이 솔로몬의 통치하에서 성취된 사실에 맞춰졌다(참고. 20-21절). 솔로몬은 이렇게 소원했다. **세상 만민에게 여호와께서만 하나님이시고 그 외에는 없는 줄을 알게 하시기를 원하노라**(60절).

8:1-2. 성회를 위해 솔로몬은 **이스라엘 장로와 모든 지파의 우두머리 곧 이스라엘의 족장**들을 소집한다. 이스라엘의 모든 사람이 지도자에서 일개 가족에 이르기까지 다 참석해야 했다. 성회의 초점은 **여호와의 언약궤**를 성전으로 모시는 것이었다. 언약궤는 **다윗 성** 가드 사람 오벧에돔의 집에 있었다(삼하 6:10). 다윗 성은 성전 언덕 남쪽, 원래 여부스 족이 살았던 예루살렘의 일부이다. 이 이후로 언약궤는 성전의 지성소에 머문다(참고. 삼하 6:16-17). 봉헌은 **에다님월**[9월/10월] **곧 일곱째 달 절기**, 수장절에 이루어진다(참고. 레

23:33-36).

8:3-9. **여호와의 궤와 회막과 성막 안의 모든 거룩한 기구들**(참고. 출 40장)이 **레위 사람**에 의해 성전으로 옮겨진다(3-4절; 참고. 민 3, 4, 7장; 삼하 6:6-7). 헌당식에서 엄청난 제사가 드려지는데 **양과 소의 수를 셀 수가 없었다**(5절). 제사장들은 **채**로 언약궤를 옮겼고, 채는 **그룹들의 날개 아래** 머문다(6-8절; 참고. 출 25:10-22). 만약 열왕기가 포로기에 쓰였거나 완성되었다면, **그 채는 오늘까지 그곳에 있으며**(8절)라는 구절에서 '오늘'의 의미가 책이 완성된 시점을 가리킬 수는 없다. 왜냐하면 성전과 그 성물은 주전 586년에 파괴되었기 때문이다. 그러나 서론의 연대 부분에서 설명했듯이, 저자는 여러 원천 자료를 사용해서 열왕기 상하를 완성했다. 폴 하우스(Paul House)에 따르면, 저자는 원천 자료에서 "오늘까지 그곳에 있으며"와 같은 구절을 사용한 것으로 보인다. 그렇다면 이 구절은 원 자료에 대한 일종의 '각주'와 같은 의미로 볼 수 있을 것이다[Paul R. House, *1, 2 Kings*, NAC (Nashville: Broadman and Holman, 1995), 30].

8:10-21. 언약궤가 자리를 잡자 **구름이 여호와의 성전을 가득 채웠다**(10절). 이는 여호와의 임재를 나타내는 현상으로 종종 언급된다(예를 들어 출 13:21-22; 16:10; 40:33-35; 겔 10:3-5). 여호와의 영광이 너무나 강력하게 나타났으므로, **제사장이 그 구름으로 말미암아 능히 서서 섬기지 못했다**(11절). 이스라엘의 위대한 왕 하나님이 그분의 백성과 함께 거하려고 오셨다. 솔로몬은 이 자연현상을 하나님이 다윗 언약을 성취하시는 징조라고 설명한다. **이제 여호와께서 말씀하신 대로 이루시도다**(20절; 참고. 삼하 7:8-16; 대상 22장). 또한 솔로몬은 하나님의 영광이 드러난 것과 **조상들을 애굽 땅에서 인도하여 내실 때에 그들과 세우신** 언약을 연관 짓는다(21절; 참고. 출 15:1-18). 솔로몬의 목적은 백성에게 하나님이 이제껏 언약에 충실하셨음을 상기시키는 것이었다.

8:22-26. 솔로몬은 **여호와의 제단 앞에서** 하나님의 신실하심을 기리며 자신과 신하들을 위해 긴 기도를 올린다(22-53절). 그는 하나님의 유일성을 인정한다. **이스라엘의 하나님 여호와여 위로 하늘과 아래로 땅에 주와 같은 신이 없나이다.** 그리고 하나님의 신실하심을 되새긴다. **주께서는 온 마음으로 주의 앞에서 행하는 종들에게 언약을 지키시고 은혜를 베푸시나이다 주께서 주의 종 내 아버지 다윗에게 하신 말씀을 지키사**(23-24절).

8:27-30. 솔로몬은 또한 하나님의 위대한 능력을 강조한다. **하늘과 하늘들의 하늘이라도 주를 용납하지 못하겠거든**(27절). 성전을 향하여 기도하는 것은 적절하다. 왜냐하면 하나님이 이렇게 말씀하셨기 때문이다. **내 이름이 거기 있으리라**(29절; 참고 5:5). 하나님의 성품이 '내 이름'이라는 구절로 대변된다(참고. 출 33:19; 신 12:5; 삼하 6:2; 7:13; 시 61:8). 여기에서 솔로몬은 성전이 있는 예루살렘으로 향하는 유대 전통을 확립한다. **주의 종과 주의 백성 이스라엘이 이곳을 향하여 기도할 때에 주는 그 간구함을 들으시되 주께서 계신 곳 하늘에서 들으시고 들으시사 사하여 주옵소서**(30절; 참고. 38, 44, 48절; 단 6:10; 시 5:7).

8:31-40. 솔로몬은 이스라엘 백성들을 위해 기도하면서 그들은 하나님이 주신 **땅**에서 사는 하나님의 백성임을 강조한다(34, 36, 40절; 참고. 창 12:1-9). 백성은 법적인 분쟁에 대해서도 **성전에 있는 주의 제단 앞**에 나와 하나님께 의지해야 했다. **주는 하늘에서 들으시고 행하시되 주의 종들을 심판하사**(32절). 솔로몬은 또한 이스라엘이 죄를 짓고, 전쟁에서 패하며, 비가 내리지 않고 기근이 들 때도 자비를 내려달라고 간구한다(33-37절). 또한 하나님이 죄를 용서하고 **마땅히 행할 선한** 길을 가르쳐주시길 기도한다(36절). 백성이 하나님의 위대한 능력을 깨달으면 마땅히 그분을 경외하고 순종으로 섬길 것이다.

8:41-45. 그런 다음 솔로몬은 이스라엘과 이방인의 관계에 대해 기도한다. 먼저 **주의 크신 이름**을 들은 **이방인**에게 자비를 베푸시길 기도한다(42절). 이는 구약성경에서 이방 나라들이 하나님을 알기 원하시는 하나님의 마음을 보여주는 좋은 예이다. **땅의 만민이 주의 이름을 알고 주의 백성 이스라엘처럼 경외하게 하시오며**(43절). 그리고 전쟁의 승리를 위해서 기도한다. **주의 백성이 그들의 적국과 더불어 싸우고자 하여 주께서 보내신 길로 나갈 때에…주는 하늘에서 그들의 기도와 간구를 들으시고 그들의 일을 돌아보옵소서**(44-45절).

8:46-49. 이 부분의 기도는 장래에 있을 이스라엘의 포로기에 대한 경고와 지침이다. 그들이 죄를 짓고 적국으로 끌려가면, 그들은 이 땅을 향해 하나님께 기도하고 회개해야 한다(48절). 약 400년 후 이들은 바벨론에 포로로 끌려간다(주전 586년).

8:50-53. **주는 눈을 들어 종의 간구함과 주의 백성 이스라엘의 간구함을 보시고 주께 부르짖는 대로 들으시옵소서**(52절; 참고. 29절; 단 6:10; 시 137편). 이는 왕이나 백성의 본연적 가치 때문이 아니라 **주께서 세상 만민 가운데에서 그들을 구별하여 주의 기업으로 삼으셨**기 때문이다(53절).

8:54-61. 기도를 마친 후 솔로몬은 백성을 축복한다. **여호와를 찬송할지로다**(56절). 축도에는 두 요소가 있다. 첫째, 솔로몬은 기도가 성취되기를 바란다. **세상 만민에게 여호와께서만 하나님이시고 그 외에는 없는 줄을 알게 하시기를 원하노라**(60절). 이는 밖을 향한 복음적 성격의 기도라 할 수 있다. 둘째, 백성을 권면한다. **너희의 마음을 우리 하나님 여호와께 온전히 바쳐 완전하게 하여**(61절). 이는 안을 향한 영적인 성격의 기도이다.

8:62-66. 솔로몬의 기도 이후 일련의 제사가 드려진다. 하나님께 드린 제물의 수가 너무 많았기에, 장소와 관련하여 약간의 변경이 불가피했다. **그날에 왕이 여호와의 성전 앞뜰 가운데를 거룩히 구별하고 거기서 번제와 소제와 감사제물의 기름을 드렸으니 이는 여호와의 앞 놋제단이 작으므로 번제물과 소제물과 화목제의 기름을 다 용납할 수 없음이라**(64절). 거룩하신 하나님의 성품에 합당한 예를 갖추기 위해 세심한 주의가 기울여졌다. 수장절의 절기로 시작한 7일간의 축제는 **십사** 일간 계속된다(65절). 그러나 계속된 행사에도 불구하고 솔로몬과 그 종복들은 지치지 않는다. **솔로몬이 백성을 돌려보내매 백성이 왕을 위하여 축복하고.** 그들은 **기뻐하며 마음에 즐거워**했다. 왜냐하면 참된 왕이신 하나님이, 그들의 조상이 시내산에서 하나님을 만난 시절부터 성전을 완공할 때까지 신실하게 복을 주셨기 때문이다(66절).

4. 솔로몬이 하나님으로부터 경고를 받다 (왕상 9:1-9)

솔로몬의 통치는 여러 면에서 굉장했다. 하나님은 그에게 지혜를 주셨다(참고. 3:6-15). 그는 성전을 봉헌했고, 그의 건축 프로젝트는 세상에 널리 알려졌다(6-8장). 그러나 지혜로운 솔로몬조차 자기가 재앙을 초래하는 어리석은 결정을 내릴 수 있다는 위험성을 인지하지 못했다. 하나님이 먼저 앞에 드리운 위험에 대해 솔로몬에게 경고하신다.

9:1-5. 성전 건축을 마친 후에 하나님이 두 번째로 솔로몬에게 나타나신다(1-2절; 참고 3:4-15). 하나님은 성전 봉헌식에서 솔로몬이 했던 기도를 확실하게 들으셨다. **내 눈길과 내 마음이 항상 거기에 있으리니**(3절). 이는 하나님이 성전에서 그분의 백성과 늘 함께 하시겠다는 의미이다. 비록 아무리 높은 하늘일지라도 살아 계신 하나님을 모시기에 부족하지만, 하나님은 그 백성에게 언약의 사랑을 베풀어 성전에서 거하려 하신다. 그러나 하나님의 약속에는 경고를 담은 두 가지 조건이 있다.

왕상

첫 번째 경고는 긍정적으로 진술된다. 만약 솔로몬이 **마음을 온전히 하고 바르게** 행하면, 하나님이 그의 왕위를 굳건하게 세우셔서 **이스라엘의 왕위에 오를 사람**이 솔로몬에게서 끊어지지 않을 것이다(4-5절).

9:6-9. 두 번째 경고는 부정적으로 진술된다. 만약 솔로몬과 그 후손이 돌아서서 하나님을 따르지 않으면, 하나님은 그들을 땅과 성전에서 끊어버리실 것이다(7절). 성전에서 하나님을 예배하는 대신 우상을 섬기면 모든 것을 잃을 것이다. 결국 왕의 행동이 모든 백성이 본받아야 할 모범이었고(신 17:18-20), 그렇기에 모든 면에서 반듯해야 했다. 만약 이스라엘이 다른 신을 따라가면, **이스라엘은 모든 민족 가운데에서 속담거리와 이야기거리가 될 것이다**(7절). 즉, 이스라엘은 하나님을 버린 나라의 말로가 어떻게 될 것인지를 보여주는 전형이 될 것이다. 이 예언은 예루살렘이 바벨론에 함락되었을 때 그대로 성취된다(참고. 렘 52장).

5. 솔로몬의 찬란한 왕국(왕상 9:10-10:29)

솔로몬과 하나님의 두 번째 만남에 대한 기록 후에, 솔로몬이 20년 통치 후 완성한 업적에 대한 장황한 기록이 이어진다. 이는 주전 970년에서 930년에 이르는 40년 통치 기간의 중간 지점에 해당한다. 솔로몬의 왕국은 화려해 보였지만, 그가 이방 여인들과 우상숭배에 끌림으로서 재앙의 조짐이 보이기 시작한다.

9:10-14. 솔로몬과 히람은 오랜 교역 관계를 유지한다. **두로 왕 히람**은 솔로몬의 건축 프로젝트를 위해 **백향목과 잣나무와 금**을 제공했고(참고. 5:1-12), 솔로몬은 돈과 양식 대신 **갈릴리 땅의 성읍 스무 곳**[두로에서 멀지 않은 이스라엘의 북서쪽 지역]을 히람에게 준다(11절). 그러나 히람은 이 성읍들이 마음에 들지 않았기에 **가불**이라 부른다. 이는 히브리어로 '아무짝에도 쓸모없는'이다(13절). 비록 이 성읍들은 쓸모없었지만, 히람은 솔로몬에게 **금 일백이십 달란트**를 보낸다(14절). 솔로몬은 우월한 지위에 있었고, 그의 마음 상태는 11절에 나와 있다. 히람은 솔로몬의 **온갖 소원대로** 목재와 금을 제공했다. 물질적 욕망은 솔로몬의 행동에도 영향을 미치기 시작한다.

9:15-19. 이 부분(15-24절)에는 솔로몬의 건축 사역에 동원된 **역군**에 대해 자세한 설명이 나온다. 이들은 솔로몬의 왕궁과 여호와의 성전을 건축한다. 그의 다른 건축물로는 **밀로**[아마도 예루살렘의 성채들]와 병거성인 **하솔, 므깃도, 게셀** 등이 있다(15절). 이들 성읍에 대한 고고학적 발굴이 이루어진 결과, 광대한 마구간 지역과 솔로몬 시대의 성문 등이 발견되었다. 일부 건축은 솔로몬의 장인인 **애굽 왕 바로**로 인해 시작되었다. 그는 **게셀**[예루살렘 서쪽 약 32킬로미터]을 정복하여 딸의 결혼 예물로 주었다(16절). 솔로몬은 선물로 받은 게셀을 재건축했는데, 어쩌면 아내나 장인으로부터 약간의 부담감을 느꼈기 때문일 수도 있다(17절). 또한 솔로몬은 **국고성과 병거성들과 마병의 성들을 건축하고…다스리는 온 땅에 건축하고자 하던 것을 다 건축**했는데, 이는 솔로몬 건축 프로젝트의 자기중심적인 성격을 나타낸다.

9:20-24. 이러한 다양한 건축 사역을 수행한 역군은 **아모리 사람과 헷 사람과 브리스 사람과 히위 사람과 여부스 사람 중** [여호수아의 가나안 정복 이후로] **남아 있는 모든 사람**이었다(참고. 신 7:1-2). 솔로몬은 **이스라엘 자손**이 아닌 사람만 역군으로 삼았고(22절), 자기 백성은 **노예**로 삼지 않았다. 그의 건축 프로젝트는 대단했지만 신민들의 지지를 얻지는 못했다(참고. 12:4).

9:25. 율법에 따라 1년에 **세 번씩** 절기 때마다(무교절, 수장절, 초막절, 참고. 출 23:14-17; 레 23:34-43) 솔로몬은 **번제와 감사의 제물을 드리고 또 여호와 앞에 있는 제단에 분향**했다. 솔로몬은 제사장이 아니기 때문에 직접 제물을 드리지 않고 제사장들이 그를 대신했으며, 또한 성전에 제물을 가지고 온 모든 이를 위해 대신 제사를 드렸다.

9:26-28. 히람은 솔로몬의 건축을 위한 목재뿐 아니라 **금**도 제공한다(14절). 두로는 해상 무역 제국이었기에(참고. 사 23:1-8), 해운력이 필요했던 솔로몬은 히람에게 바다에 익숙한 **사공들**을 요청한다. **솔로몬 왕이 에돔 땅 홍해 물가의 엘롯**[현대 이스라엘의 항구도시 엘리앗] **근처 에시온게벨에서 배들을 지은지라.** 히람의 도움으로 배들은 **오빌**[정확한 위치는 알 수 없으며, 아라비아 연안, 아프리카 연안, 인도 등이 거론됨, 28절]로 보내졌고, 거기에서 **금 사백이십 달란트**[약 14톤]를 구해온다. 하나님은 솔로몬에게 부를 약속하셨지만(참고. 3:13), 솔로몬이 신명기 17장 17b절에 명시된 이스라엘 왕에 대한 경고를 어길 수 있는 위험성이 부각된다.

10:1-5. 솔로몬의 **명성**이 사방으로 퍼졌고 사람들은 그를 만나고 싶어 했다. 그중에 **스바의 여왕**이 있었다. 스바는 예루살렘에서 약 1,900킬로미터 떨어진, 현대의 예멘에 해당하는 아라비아 남서쪽에 위치했다(흔히 말하는 에티오피아가 아님). 그녀는 **여호와의 이름**으로 말미암은 솔로몬의 **명성**을 듣고 예루살렘으로 찾아온다(1절). 그리고 **어려운 문제로 그를 시험**하려 했다. 즉, 수수께끼로 시험한 것이다. '어려운 문제'란 일종의 고대 국가 수반들 사이의 대화를 일컫는다. 방문 기간 동안 스바의 여왕은 질문을 하고 솔로몬의 모든 역사를 관람한다. 이를 통해 그녀는 **크게 감동**하는데(5절), 이는 그녀가 솔로몬 왕국의 영화에 완전히 압도되었음을 가리킨다.

10:6-9. 스바의 여왕은 자기가 들었던 소문이 모두 진실이며, 솔로몬의 지혜를 직접 듣기 전까지는 소문을 믿지 않았다고 고백한다. 그녀는 솔로몬을 찬양할 뿐 아니라 하나님의 위대함을 선포한다. **당신의 하나님 여호와를 송축할지로다 여호와께서 당신을 기뻐하사 이스라엘 왕위에 올리셨고 여호와께서 영원히 이스라엘을 사랑하시므로 당신을 세워 왕으로 삼아 정의와 공의를 행하게 하셨도다**(9절). 솔로몬은 이 지혜로운 여

인의 말을 통해 자기가 성취한 모든 것이 실은 하나님이 이루신 것임을 기억한다.

10:10-13. 스바 여왕은 귀향 전에 솔로몬에게 예물을 준다. **스바의 여왕이 솔로몬 왕에게 드린 것처럼 많은 향품이 다시 오지 아니하였더라.** 솔로몬은 다시 히람과 함께 **오빌**에서 **금**을 실어왔으며, 다양한 경로를 통해 금을 축적했다(10-11, 14; 참고. 9:11). 그러나 하나님은 일찍이 이스라엘의 모든 왕에게 걷잡을 수 없는 방종의 힘을 주의하라고 경고하셨다(참고. 신 17:17).

10:14-25. 솔로몬의 **금** 축적이 이 부분의 주요 내용으로, 열 번 언급된다(14, 16-18, 21-22, 25절). 한 해에 솔로몬은 **금 육백육십육 달란트**[약 23톤]를 받았다. 또한 **상인들과 무역하는 객상과 아라비아의 모든 왕들과 나라의 고관들**에게서도 세금을 거뒀다(15절). 솔로몬은 축적한 부를 이용해서 **방패**(16-17절)와 **보좌**(18-20절)와 **마시는 그릇**들(21절)을 금으로 만들었다. 왕국 내에 금이 흔했기에, **솔로몬의 시대에 은을 귀히 여기지 아니**했다(21절). 예루살렘의 솔로몬 곁에 있는 이들은 그의 건축물과 **금과 은과 상아와 원숭이와 공작** 등에 감명받았다(22절). 솔로몬은 큰 지혜의 복을 받았을 뿐 아니라 **재산과 지혜가 세상의 그 어느 왕보다** 컸다(23절). 그러나 하나님 외에는 이런 물질적 부가 솔로몬의 마음에 어떤 영향을 미치는지 알지 못했다. 스바의 여왕처럼 이스라엘 왕을 알현하러 온 군주들 역시 막대한 부를 가지고 왔다(24-25절).

10:26-29. 10장의 마지막 부분은 솔로몬 통치의 절정기를 요약한다. 하나님이 솔로몬에게 하신 약속(3-5장)은 확실히 이루어졌다. 그러나 솔로몬의 마음은 영적인 충성보다는 물질적인 부의 축적으로 더 기울어진 것 같았다. **솔로몬은 말을 이집트와 구에로부터 수입**했다(새번역, 28절). 구에는 아마도 현대 터키의 실리시아로 보인다. 왕은 하나님의 율례를 매일 묵상해야 했지만(참고. 신 17:18-19), 솔로몬은 이 율법을 어기고 하나님이 **너희가 이후에는 그 길로 다시 돌아가지 말 것이라**(신 17:16)고 하신 애굽으로 상인들을 보낸다. 솔로몬의 마음은 하나님께 영적으로 다가가는 대신 사치와 명성으로 인해 다른 방향으로 기울어진다.

C. 솔로몬의 나뉜 마음과 영적인 쇠락 (왕상 11:1-43)

초기의 훌륭한 통치 이후, 솔로몬의 통치는 비극적인 결말을 맺는다. 왜냐하면 그가 우상숭배에 빠지기 때문이다. 하나님은 그를 통해 성전을 건축하고 백성을 통합하셨다. 사방 천지에서 이스라엘 왕의 지혜를 맛보고 그가 건축한 건물을 보기 위해 몰려들었다. 그러나 위대한 성취에도 불구하고, 솔로몬의 통치 이후에 왕국이 분열되면서 이스라엘의 영광은 영영 회복 불능에 빠진다. 솔로몬이 내린 바른 결정과 그른 결정은 (특히 그른 결정은) 그의 후손들에 의해 반복된다. 열왕기의 수신자인 포로기 유대인은 솔로몬의 업적 및 죄로 인한 결과에 대한 그의 비통을 읽는다. 그러나 이 기록의 궁극적인 목표는 포로기의 독자들이 죄의 참혹한 결과에 대해 생각하고, 성전 봉헌식 때 드려진 솔로몬의 기도에 따라 하나님께 돌아오며(참고. 8:46-53), 약속된 메시아 왕을 계속 고대하게 하는 데 있다.

11:1-5. 솔로몬의 정치적, 영적 몰락은 그의 마음이 여호와에게서 돌아섰기 때문이다. 그는 바로의 딸과 많은 이방 여인을 사랑했다. 그리하여 여호와께서 통혼을 금하신 족속의 여인들과 결혼했다. **너희는 그들과 서로 통혼하지 말며 그들도 너희와 서로 통혼하게 하지 말라 그들이 반드시 너희의 마음을 돌려 그들의 신들을 따르게 하리라**(2절; 참고. 신 7:3-4; 17:17). 솔로몬의 영적 타락의 실상은 그가 결혼한 여인들의 숫자를 통해서도 분명히 알 수 있다. **왕은 후궁이 칠백 명이요 첩이 삼백 명이라**(3절). 첩은 주인과 성관계를 갖지만 법적인 아내가 아니다. 반면에 후궁은 왕의 법적 아내이며 그 소생은 합법적 왕위 계승자가 된다. 하나님은 결혼을 한 남자와 한 여자의 결합으로 만드셨지만(참고. 창 1:27; 5:2; 막 10:5-9), 족장 시대에 이르러는 한 명 이상의 아내를 취하는 일이 흔해졌고 이는 때로 재앙을 초래했다. 그러나 솔로몬처럼 엄청난 숫자의 처첩을 거느린 일은 없었고, 그로 인한 폐해 역시 막심했다. 다음 구절에 문제의 심각성이 잘 강조되어 있다. **솔로몬이 그들을 사랑하였더라…그의 여인들이 그의 마음을 돌려 다른 신들을 따르게 하였으므로**(2, 4절).

11:6-13. 왕은 이방 여인을 사랑했고, 더욱 악랄한 행동을 자행했다. **모압의 가증한 그모스를 위하여 예루살렘 앞 산에 산당을 지었고 또 암몬 자손의 가증한 몰**

록을 위하여 그와 같이 하였으며(7절; 참고. 레 18:21). 이들 종교는 아이를 제물로 바치는 것과 같은 사악한 숭배 행위를 요구했다. **그가 또 그의 이방 여인들을 위하여 다 그와 같이 한지라 그들이 자기의 신들에게 분향하며 제사하였더라**(8절). 하나님은 우상숭배를 반드시 징벌하리라는 말씀을 지키셨다(참고. 9:6-9). 솔로몬의 죄에 대한 심판으로 그는 나라를 잃는다. **내가 반드시 이 나라를 네게서 빼앗아 네 신하에게 주리라**(11절). 유일한 위로는 솔로몬의 당대가 아니라 그의 아들 대에 이 일이 이루어지리라는 사실이었다(12절). 예상 밖의 집행유예는 하나님께 충실했던 하나님의 종 다윗과 하나님의 이름을 높이기 위해 선택하신 예루살렘을 위한 조치였다(13절; 참고. 9:3; 삼하 7:13; 왕하 19:34; 21:4-8; 시 132편).

이 부분 전체가 비록 솔로몬이 첫 성전을 지었음에도 불구하고 사무엘하 7:12-16의 메시아 언약을 성취하지 못했다는 사실의 증거이다. 따라서 이스라엘은 하나님의 법을 완전히 순종하고 다윗의 언약을 성취할 다윗의 자손을 고대해야 한다(참고. 삼하 7:12-16, 왕상 6:11-13).

11:14-22. 하나님은 솔로몬을 대적하도록 3개의 적을 일으키신다. 첫째, **에돔 사람 하닷**은 에돔의 왕족 출신이었다. 그는 다윗의 군사령관 **요압**이 죽은 자를 장사 지내러 에돔에 내려갔을 때부터 다윗 가문에 앙심을 품었다(삼하 8:13-18). 요압은 임무 외에 에돔의 모든 남자를 다 쳐서 죽였다(14-16절). 하닷은 **에돔과 바란** 사람을 이끌고 **애굽**으로 도망쳤다(17-18절). 애굽에서 바로의 눈에 든 그는 집과 토지와 아내를 얻었다(18-19절). 또한 '훔치다'라는 뜻의 **그누밧**이라는 아들을 얻는데, 이는 그가 다윗 가문이 자기가 사랑하는 백성의 삶과 땅을 훔쳤다고 생각했기 때문인 것 같다. 다윗과 요압의 사망 소식을 들은 그는 바로의 허락을 얻어 고향으로 돌아온다(21-22절). 그는 솔로몬 통치 말년의 세 적 중 하나이다.

11:23-25. 하나님이 일으키신 두 번째 적은 **르손**이다. 그는 **소바 왕 하닷에셀**에게서 도망한 자였다. 소바는 다메섹 남쪽의 도시국가이다(23절; 참고. 삼하 8:3-6; 10:8). 하닷에셀에게서 도망친 르손은 비적 떼를 조직하여 솔로몬이 사는 날 동안 그를 괴롭힌다(23-25절). 이는 솔로몬 통치 후기의 일이다. 솔로몬이 성전을 건축하던 초기에는 그 땅에 '평안'이 있었다(4:25). 예전에는 다른 나라 수반의 알현을 받던 솔로몬이 이제는 이스라엘을 미워한 르손 따위의 도전을 받게 된다. 르손은 수리아(현대 시리아)의 왕이 된다.

11:26-28. 세 번째 대적은 에브라임 족속 **느밧의 아들 여로보암**이다. 그는 결국 이스라엘의 왕이 된다. 여로보암이 왕에게 역심을 품게 된 경위가 자세히 서술된다(27절). 여로보암은 본디 **용사**였고 **부지런**했다(28a절). 그래서 솔로몬은 그에게 **요셉 족속의 일을 감독하게** 한다(28b절). 여로보암은 에브라임 족속이므로 요셉의 후손이었다(참고. 창 41:52; 요셉은 땅을 분배받지 않고, 대신 두 아들 므낫세와 에브라임이 영토를 분할받았다, 수 16-17장). 에브라임은 이스라엘 북쪽 지파의 하나였다. 따라서 솔로몬이 여로보암에게 요셉 족속의 일을 감독하게 한 것은 편의를 위한 것이었으나, 결국 이를 통해 솔로몬 왕국은 분열의 길로 치닫는다.

11:29-37. 여로보암의 삶과 이스라엘의 미래가 하나님이 조율하신 **선지자 아히야**와의 만남을 통해 드러난다(29절; 참고. 12:15). 아히야의 등장은 앞으로 두 왕국에서 부상할 선지자의 역할에 대한 서막의 의미가 있다. 선지자는 실물 교재를 이용하여 여로보암에게 메시지를 전달한다. 그는 여로보암 앞에서 **새 옷을 잡아 열두 조각으로 찢고** 그중 열 조각을 여로보암에게 준다. 그리고 그가 앞으로 이스라엘의 **열 지파**를 다스리게 되고, 솔로몬의 후계자가 **한 지파**를 다스릴 것을 밝힌다(31-32절). 열두 번째 지파에 해당하는 **베냐민**은 유다와 밀접한 관계였으므로 한 지파로 간주되었다(참고. 12:21).

아히야는 왕국 분열의 이유가 이스라엘이 하나님을 버리고 시돈, 모압, 암몬의 우상을 섬겼기 때문이라고 설명한다(33절). 그러나 유다는 왕국의 일부를 유지할 것이다. **내가 거기에 내 이름을 두고자 하여 택한 성읍 예루살렘에서 내 종 다윗이 항상 내 앞에 등불을 가지고 있게 하리라**(36절; 참고. 8:44, 48; 11:13, 32; 대하 6:34, 38; 슥 3:2). 왕국 분열의 선포 와중에도 하나님은 다윗 언약을 확증하신다. 여로보암에 대한 예언이 반복된 이유는 앞으로 발생할 사건을 강조하기 위함이다. 솔로몬의 왕국은 분열될 것이며, 여로보암은 **이스라엘 위에 왕**이 될 것이다(37절).

11:38-40. 아히야는 여로보암에게 만약 그가 하나님께 순종하면 하나님이 **견고한 집**, 즉 영원한 왕조를 주실 것이라고 말한다. 그러나 다윗에 대한 하나님의 약속은 여전히 유효하다. 유다가 괴롭힘을 당할 것이나 영원하지는 않을 것이다(39절). 여로보암이 왕국을 탈취할 것이라는 예언을 인지한 솔로몬은 그를 죽이려 한다. 이에 여로보암은 애굽으로 피신해 솔로몬이 죽을 때까지 머무른다(40절). 솔로몬의 장인이 아닌 새 바로 **시삭**이 애굽을 다스렸으므로, 솔로몬은 더 이상 애굽과 군사적 동맹 관계에 있지 않았다. 이 잠재적 정적에 대한 언급은 솔로몬의 정치적 긴장 상황을 강조한다. 모든 이방 나라와 평화를 누렸던 시절은 이제 옛일이 되었다(4:25).

11:41-43. 솔로몬의 통치에 대한 마무리 기록은 이후 열왕기 전반에 걸쳐 등장하는 왕들의 통치 기록의 전형이 된다. 이 기록에는 4개의 요소가 등장한다. 첫째, 더 자세한 내용의 참고를 위한 자료 출처가 언급된다. 이 경우에는 **솔로몬의 실록**이다(41절). 이는 저자가 역사적 사건을 통해 왜 나라가 포로로 끌려갔는지에 대한 신학적 고찰을 제공하려 함을 암시한다. 원 독자는 세 가지 사료를 통해 역사적 사실을 확인할 수 있었다. 그것은 "솔로몬의 실록", "이스라엘 왕 역대지략"(참고. 14:19) 그리고 "유다 왕 역대지략"(참고. 15:7)이다. 이 역대지략은 성경의 역대기와는 다른 책이며, 실존하지 않는다. 이들은 독립적인 자료로서 고대 왕들이 역사적 문서로 보관했다(참고. 14:19).

통치 기록의 두 번째 요소는 통치 장소와 기간이다. 솔로몬의 경우에는 **예루살렘**과 **사십 년**이 이에 해당한다(42절). 셋째 요소는 매장지이다. 솔로몬은 **조상들과 함께 자매 그의 아버지 다윗의 성읍에 장사**된다. 이는 다윗이 정복한 원 예루살렘으로, 다윗이 왕궁을 세운 곳이다(참고. 삼하 5:7-11). 마지막 요소는 왕의 후계자 이름이다. 이 경우에는 솔로몬의 아들 **르호보암**이 그의 뒤를 이어 왕위에 오른다. 그러나 르호보암의 통치는 솔로몬과 확연한 차이를 보인다. 이스라엘의 영광스러운 날은 지나갔고, 영적, 정치적, 경제적 쇠퇴기의 새 시대가 시작된다.

Ⅱ. 분열 왕국: 북 이스라엘과 남 유다 (왕상 12:1-왕하 17:41)

열왕기상 12:1부터 이스라엘 분열 왕국의 기록이 시작된다. 열 지파의 북 왕국은 다윗 후손이 아닌 왕의 지배를 받고, 유다와 베냐민의 남 왕국은 다윗 후손의 통치를 받는다. 그러나 이 기록에는 2개의 이야기 흐름이 있다. 하나는 명시적이며 또 하나는 암시적이다. 표면적 이야기는 인간 왕이 자기의 합법적 권리를 행사하고 책임을 완수하기 위해 내리는 결정에 관한 것이다. 그 이면에는 진정한 왕, 전능하신 하나님이 그분의 백성에게 완전한 권위를 행사하시는 이야기가 흐른다. 이스라엘은 나라와 자기들의 삶에 대한 하나님의 언약 통치에 점차 반기를 든다. 이 시점 이후로 열왕기 전반에 걸쳐서 이스라엘과 유다 왕국은 쇠락의 길을 걷게 되는데, 이는 하나님에 대한 그들의 불순종 때문이다. 열왕기의 원래 독자들, 즉 바벨론에 포로로 잡혀간 사람들은 이 기록을 통해 왜 나라가 망했고 다윗 혈통의 왕이 끊어졌는지, 왜 약속된 다윗의 자손 메시아를 계속해서 기다려야 하는지를 이해하게 된다.

A. 유다의 르호보암과 이스라엘의 여로보암 (왕상 12:1-14:31)

1. 르호보암의 통치: 어리석은 선택과 그 결과들 (왕상 12:1-19)

12:1-5. **르호보암**은 41세에(참고. 14:21) **세겜**으로 가서 **왕**이 된다(주전 931-913년, 대하 9:31-12:16). 세겜은 북쪽 에브라임 영토의 주요 도시였다(참고. 창 12:6; 33:18-20; 수 8:30-35). 여호수아는 여기에서 사역 말기에 하나님과 백성 사이의 언약을 갱신했다(수 24장). 르호보암이 이 장소를 선택한 이유는 여호수아와 자신을 동일시하려는 의도였는지도 모른다. 어쨌든 대다수의 이스라엘 지도자들과 **온 이스라엘**이 모여 그를 왕으로 삼았다(1절).

르호보암이 왕위에 오른 소식을 들은 **여로보암**은 솔로몬 왕을 피해 도망쳤던 **애굽**에서 돌아온다(2절). 여로보암은 **이스라엘의 온 회중**과 함께 르호보암에게 와서 솔로몬이 지게 한 **고역과 무거운 멍에**를 가볍게 해 달라고 간청한다(4절). 그러면서 자기들의 요청을 들어주면 섬기겠노라고 말한다. 솔로몬이 막대한 건축 사역을 위해 백성들에게 부과한 노역과 세금을 감안하면,

이는 무리한 요청이 아니었다. 르호보암은 **삼 일**간 숙고한 후 답을 주겠노라고 말한다(5절).

12:6-11. 3일의 유예 기간 동안 르호보암은 두 집단에게 자문을 구한다. 먼저 아버지 솔로몬을 섬겼고 그의 사치를 목격한 장로들의 의견을 묻는다(6절). 장로들은 젊은 르호보암에게 **좋은 말**로 대답할 것을 조언한다(7절). 그리하면 이들은 **영원히 왕의 종**이 될 것이다. 그러나 르호보암은 그들의 조언을 거부하고 자기와 **함께 자라난 어린 사람**들의 충고를 구한다(8절). 소년들은 솔로몬이 그들의 멍에를 무겁게 하였으나 르호보암은 그 멍에를 더 무겁게 하리라고 대답할 것을 조언한다. 이는 오래전 이스라엘이 애굽에서 종 되었을 때 짚 없이 벽돌을 만들며 고생하던 시절을 연상케 한다(10-11절; 참고. 출 5:7-18). 모세 법은 왕이 여호와를 경외하며 형제 위에 교만하지 말 것을 명령한다(참고. 신 17:20). 그러나 르호보암의 어린 모사들은 과장법을 사용하여 르호보암의 통치가 솔로몬 시대보다 더 가혹하리라고 주장한다.

12:12-15. 삼 일 만에 르호보암은 소년들의 충고에 따라 백성에게 **포학한 말**로 대답한다(13-14절). 백성의 말을 듣지 않은 것은 그의 결정이었지만, 사실 **이 일은 여호와께로 말미암아 난 것**이었다(참고. 11:11). 이는 하나님의 주권이 그분의 뜻을 이루고, 인간의 사악한 행동 이면에서 역사하는 것을 분명하게 보여준다. 하나님은 왕국에 일어날 일을 미리 말씀하셨다(참고. 11:29-38). 또한 르호보암에게 두 가지 중 하나를 스스로 선택하도록 하셨다. 하나는 백성의 지지를 얻는 길이었고, 다른 하나는 다윗과 솔로몬이 오랜 세월에 걸쳐 통합한 왕국에 치명상을 입히는 길이었다.

12:16-19. 르호보암 왕의 결정을 들은 **온 이스라엘**은 스스로 판결을 내린다. '온 이스라엘'은 이스라엘의 모든 지파, 즉 대다수의 백성을 가리킨다. **우리가 다윗과 무슨 관계가 있느냐**(16절). 그들은 더 이상 다윗의 후손인 르호보암 왕에게 충성을 맹세할 이유가 없었다. **이새의 아들에게서 받을 유산이 없도다**(참고. 삼상 16:18; 대상 29:26). 솔로몬은 압제적인 경제 상황을 만들었고, 르호보암은 이를 더 악화시킬 것이다. 그리하여 이스라엘은 르호보암에 대한 지지를 표명하는 대신에 각기 자기 **장막**으로 돌아간다. '장막'은 집을 가리키는 관용적 표현이다. 르호보암의 어리석은 결정으로, 한때 영광스러웠던 다윗 왕국이 여로보암에게 통치받는 열 지파의 이스라엘과 르호보암을 따르는 두 지파의 유다로 분열된다(17절).

선지자 아히야는 열 지파가 여로보암의 통치를 받고 한 지파가 여전히 르호보암에게 충성하리라고 말했다(참고. 11:31-32). 그러나 르호보암은 유다와 베냐민 두 지파를 다스린다. 이 시기에 베냐민은 **유다**의 일부분으로 간주되었다(참고. 21, 23절). 왜냐하면 지역적으로 근접했고, 규모가 작았으며, 다윗 가문에 충성했기 때문이다(11:29-37의 주석을 보라). 열왕기의 기록과 하나님의 계시 속에서 유다가 그분의 계획을 이루어나가는 역할은 매우 중요하다. 열 지파가 북 왕국을 이루고, 한 지파 유다가 남 왕국의 영적, 정치적 사건을 이끌어가는데, 이는 다윗 가문의 왕이 유다 지파 출신이기 때문이다. 유다 왕들의 중요성은 병행 본문인 역대기에서 두드러지게 드러난다.

르호보암 왕은 나라의 대다수가 자신을 떠나자 수하 **아도람**(참고. 4:6; 5:14; 삼하 20:24)을 반역자들에게 보내서 왕국을 재통합하려 한다. 그러나 **온 이스라엘이 그를 돌로 쳐 죽인다**(18절). 르호보암은 안전을 위해 **급히 예루살렘으로** 도망친다.

이에 이스라엘이 다윗의 집을 배반하여 오늘까지 이르렀더라(19절). '배반'이라는 단어는 종종 신학적, 정치적 의미로 쓰인다. 북쪽 열 지파는 르호보암의 통치와 지배에 반기를 들었다. 하지만 이 용어에 담긴 의미에는 영적인 반란이 포함되어 있다. 성전은 여전히 예루살렘에 있었고, 백성은 하나님의 명령에 따라 이곳에서 예배해야 했다(참고. 8:12-30; 신 12:13-14). 이에 대한 위반은 정치적 반역뿐 아니라 영적 반란을 의미했다.

2. 여로보암이 이스라엘의 왕으로 등극하다 (왕상 12:20-24)

12:20-24. 르호보암의 폭정에 대항하여 온 이스라엘(북쪽 열 지파)은 **여로보암이 돌아왔다 함을 듣고 사람을 보내 그를 공회로 청하여 온 이스라엘의 왕으로 삼는다**(주전 931-910년, 참고. 대하 9:29-13:22). 그러나 **유다 지파는 다윗의 집**을 따르며, 솔로몬의 아들 르호보암 왕이 그들을 다스린다(20절; 참고. 17절). 수

하 **아도람**을 통해 나라를 되돌리려는 시도가 실패하자(18절), 르호보암은 **유다**와 **베냐민** 지파에서 **용사 십팔만** 명을 모아 **이스라엘 족속과 싸워** 나라를 회복하려 한다(21절). 르호보암은 무력으로 왕국을 재통일하려 했지만 하나님의 계획은 달랐다. **하나님의 말씀이 하나님의 사람 스마야에게 임**한다(22절; 참고. 대하 12:15). **너희는 올라가지 말라 너희 형제 이스라엘 자손과 싸우지 말고 각기 집으로 돌아가라**(24절). 르호보암은 이미 지혜로운 조언을 거절함으로써 나라를 분열로 이끌었지만, 이번에는 여호와의 말씀을 들었고 내전은 잠정적으로 방지된다(참고. 14:30).

3. 여로보암의 자기기만과 악한 선택 (왕상 12:15–33)

12:25. 새 왕국을 지키기 위해 여로보암은 에브라임 산지에 **세겜**을 건축하고 수도로 삼는다(25절; 참고. 1절). 이 도시는 종교적 이유로도 중요했지만, 동서로 뻗은 교역로 상에 위치했기 때문에 전략적 가치도 매우 컸다. **브누엘**[브니엘, 25절: 참고. 창 32:30-31] 역시 길르앗에서 다메섹까지 남에서 북으로 뻗은 대상 교역로 상에 위치한 도시로서 다메섹으로부터의 공격을 방어하는 데 매우 중요했다.

12:26–27. 여로보암은 방어뿐 아니라 변절도 걱정했다. **만일 이 백성이 예루살렘에 있는 여호와의 성전에 제사를 드리고자 하여 올라가면 이 백성의 마음이 유다 왕 된 그들의 주 르호보암에게로 돌아가서 나를 죽이고.** 백성이 예루살렘에서 예배하고 르호보암에게 돌아가는 것을 막기 위해 여로보암은 마음속으로 새로운 종교적 책략을 계획한다(26-27, 33절). 나중에 예레미야는 부패하고 죄가 가득한 마음에서 선한 것이 나올 수 없음을 상기시킨다(참고. 렘 17:9). 여로보암은 왕국을 잃을지 모른다는 두려움 때문에 여호와에 대한 믿음을 버리고 새로운 종교 체계를 고안해냄으로써 예배를 더럽히고 자신의 계책을 점점 더 의지한다.

12:28–33. 여로보암이 창안한 새 종교 체계는 5개의 요소로 구성되어 있다. (1) 새로운 예배 대상은 두 **금송아지**였다(28절). (2) 새 예배 장소는 왕국 중앙의 **벧엘**과 북단의 **단**이었다(29절). (3) 새 예배의 처소는 **산당**이었다(31절). (4) 새롭게 확립된 예배는 레위인이 아닌 제사장이 인도했다(31절). (5) 초막절에 대항해서 새 **절기**를 만들었다(32절). 여로보암은 자기가 만든 새 종교를 소개한다. **이스라엘아 이는 너희를 애굽 땅에서 인도하여 올린 너희의 신들이라**(28절). 여로보암은 아람과 가나안 사람에게 익숙한 이방 송아지 상징과 여호와의 예배를 혼합했으며, 아론이 출애굽 때 시도했던 송아지 숭배를 도입했다(참고. 출 32:4-5). 병행 기록에 따르면 레위 제사장들은 일찍이 여로보암이 계획한 타락한 종교 체계를 인지했던 것으로 보인다. 왜냐하면 그들은 북 왕국을 떠나 르호보암에게 투항했기 때문이다(참고. 대하 11:13-17). **이 일이 죄가 되었으니 이는 백성들이 단까지 가서 그 하나에게 경배함이더라**(30절). 여로보암은 곧 이스라엘의 참된 왕을 믿지 않고 불순종한 결과에 직면한다.

왕상

4. 여로보암, 하나님의 말씀 그리고 영적 반란 (왕상 13:1–34)

하나님은 일찍이 여로보암에게 그분의 말씀에 순종하면 '견고한 집'을 주겠다고 약속하셨다. 이는 다윗에게 하셨던 약속과 비슷하다(참고. 11:38). 그러나 여로보암은 하나님보다 사람을 더 두려워했다. 이 장은 하나님의 말씀을 그대로 순종하지 않을 때 어떤 결과가 초래되는지를 잘 보여준다.

13:1–10. 보라라는 표현은 수사적 기교로서 주의를 환기시키는 역할을 한다. **여로보암**은 자기가 세운 **벧엘**의 제단 곁에 서 있었다(참고. 12:32). 13장에는 3명의 주요 인물이 등장한다. 그들은 유다에서 온 **하나님의 사람**(1절), 여로보암 왕(4절) 그리고 **벧엘**에 사는 **늙은 선지자**(11-34절)이다. '하나님의 사람'은 하나님의 특별한 부름을 받고 벧엘로 간다. **여호와의 말씀으로 말미암아** 또는 이를 전하기 위해 그가 왔다는 표현이 네 번이나 반복된다(1-2, 5, 9절). 이는 하나님이 그를 부르셨으며, 그에게 메시지를 주셨음을 가리킨다. 선지자는 자신의 말을 강력하게 증명하기 위해 2개의 **징조**를 보여준다. '징조'(히브리어로 모페트(*mopheth*), '경이' 또는 '징후')는 하나님의 메시지를 전달하시는 기적을 가리킨다. 이는 하나님이 애굽에서 모세와 아론을 통해 바로 앞에서 행하신 것과 같은 종류의 이적이다(출 4:21; 7:3에서도 같은 단어가 쓰임).

먼저 그는 제단을 향해 장기적인 징조를 외친다. **다윗의 집에 요시야라 이름하는 아들을 낳으리니 그가**

네 위에 분향하는 산당 제사장을 네 위에서 제물로 바칠 것이요 또 사람의 뼈를 네 위에서 사르리라(2절). 그는 미래의 이 왕이 '요시야'임을 밝히는데, 요시야 왕은 약 100년 후에 이 예언을 그대로 성취한다(참고. 왕하 23:15-20).

장기적인 예언의 성취를 증명하기 위해, 유다에서 온 선지자는 단기적인 징조를 예언한다. **제단이 갈라지며 그 위에 있는 재가 쏟아지리라**(3절). 여로보암이 손을 들어 이 선지자를 체포하라는 명령을 내리자 그의 손이 말라버린다(4절). **하나님의 사람이 여호와의 말씀으로 보인 징조대로** 즉시 제단이 여로보암과 분향하러 온 사람들의 눈앞에서 갈라진다(5절). 벧엘의 제단이 파괴된 것은 하나님이 이 혼합주의 예배를 거부하신다는 사실을 보여준다(참고. 레 6:10-11). 정치적·종교적 권력을 행사하려 했던 여로보암은 전능하신 하나님의 능력에 완전히 압도당한다. 공포와 절망감에 사로잡힌 여로보암은 선지자에게 도움을 청한다. **청하건대 너는 나를 위하여 네 하나님 여호와께 은혜를 구하여 내 손이 다시 성하게 기도하라**(6절). 하나님이 그 요청을 들어주셔서 왕의 손이 회복된다. 여기서 여로보암은 여호와를 자기의 하나님이 아닌 '네 하나님'으로 지칭한다.

손이 회복된 것을 보고 감명받은 여로보암 왕은 이 선지자를 자기편으로 끌어들이려 했는지도 모른다. 그래서 그는 선지자를 집으로 초대해 음식을 먹이고 **예물**을 주려 한다(7절). 그러나 선지자는 여호와의 말씀으로 말미암은 명령을 받았다. 하나님이 그에게 말씀하셨다. **떡도 먹지 말며 물도 마시지 말고 왔던 길로 되돌아가지 말라**(9절). 달리 말하면 일을 끝낸 뒤에 잠시도 지체하지 말라는 것이다. '되돌아가다'라는 단어는 이후 13장에서 중요한 역할을 한다(9-10, 16-17, 22, 33절). 그러나 그는 다른 선지자의 집으로 '돌아가고' 결국 하나님께 불순종한 대가를 치른다(18-19, 24절). 그리고 여로보암은 악한 길에서 떠나 '돌이키지' 아니하고, 독단적인 불순종으로 결국 왕국을 잃는다(33-34절).

13:11-19. 세 번째 주요 등장인물은 **벧엘**에 사는 **늙은 선지자**이다(11절). 그는 **아들들**을 통해 여로보암의 제단에서 있었던 일을 전해 듣는다. 이 선지자는 여호와의 선지자로 식별되지 않으며, 따라서 하나님의 사람이 아니었다. **하나님의 사람**이 간 방향을 파악한 뒤 늙은 선지자는 그를 뒤따라간다(13절). 두 사람이 만나자 늙은 선지자가 하나님의 사람에게 말한다. **나와 함께 집으로 가서 떡을 먹으라**(15절). 하나님의 사람은 여로보암에게 했던 말을 되풀이한다. **나는 그대와 함께 돌아가지도 못하겠고**(16절; 참고. 8-9절). 그러자 늙은 선지자는 **천사**를 통해 메시지를 받았으며, 하나님이 같이 가라고 하셨다고 속인다(18절). 놀랍게도 유다에서 온 선지자는 여호와께 묻지 않고 다른 질문도 하지 않은 채 초대를 받아들인다. 늙은 선지자는 그에게 거짓을 고했고, 유다에서 온 선지자는 하나님께 묻지도 않고 이 거짓을 믿었다(18-19절). 하나님은 왕과 유다에서 온 선지자에게 말씀하셨다. 그러나 둘 다 불순종으로 멸망의 길을 갔다.

13:20-25. 유다에서 온 하나님의 사람이 속은 후에, **여호와의 말씀**이 늙은 선지자에게 임한다(20절). 이는 하나님의 사람이 원래 받았던 여호와의 말씀과 놀라울 정도로 비슷하다(참고. 1-2, 5, 9절). 유다에서 온 선지자가 여로보암에게 그랬던 것처럼, 이제 늙은 선지자가 유다에서 온 선지자에게 하나님의 말씀을 외친다(21절). 이 두 번째 예언의 핵심 단어는 2개이다. **네가 여호와의 말씀을 어기며 네 하나님 여호와께서 네게 내리신 명령을 지키지 아니하고 돌아와서 여호와가 너더러 떡도 먹지 말고 물도 마시지 말라 하신 곳에서 떡을 먹고 물을 마셨으니 네 시체가 네 조상들의 묘실에 들어가지 못하리라**(21-22절).

'어기다'로 번역된 단어는 문자적으로 '반역하다'를 뜻한다. 그는 하나님의 말씀에 순종하지 않음으로써 반역을 저질렀다. 그의 죄는 여로보암의 죄만큼 사악했으며, 이는 이스라엘의 참된 왕에 대한 죄였다. 히브리어 케베르(*qeber*, '묘실')는 선조 대대의 묘를 가리킨다. 선조 대대의 묘에 장사되지 못하는 것은 대단한 불명예였으며, 이는 하나님의 엄중한 심판을 의미했다. 유다에서 온 선지자는 늙은 선지자의 집을 무사히 떠나지만, 결국 **사자가 길에서 그를 만나 물어 죽인다**(24절). 그러나 사자는 선지자를 먹거나 나귀를 죽이지 않고 본성을 거스른 채 **시체 곁에 서** 있었다. 지나던 사람들이 이 괴상한 장면을 보고 성읍에 있는 **늙은 선지자**에게 일러준다(25절).

13:26-32. 소식을 들은 늙은 선지자가 말한다. **이는 여호와의 말씀을 어긴 하나님의 사람이로다 여호와께서 그에게 하신 말씀과 같이 여호와께서 그를 사자에게 넘기시매 사자가 그를 찢어 죽였도다**(26절). 하나님은 북 왕국 백성에게 그분의 말씀이 거룩하며 그에 대한 불순종은 대단히 심각한 결과를 초래한다는 것을 시범적으로 보여주셨다. 늙은 선지자는 시체를 거두어 자기의 묘실에 둔다(30절). 유다에서 온 선지자는 부주의하게 불순종의 죄를 저질렀지만, 늙은 선지자는 그의 시체를 앞에 두고 다소간의 경의를 표한다. 그리고 이 모든 사건의 중대성을 절감한다. **그가 여호와의 말씀으로 벧엘에 있는 제단을 향하고 또 사마리아 성읍들에 있는 모든 산당을 향하여 외쳐 말한 것이 반드시 이룰 것임이니라**(32절). 세겜(참고. 12:1)에서 북서쪽으로 약 11킬로미터 떨어진 사마리아는 북쪽 열 지파의 수도가 되며(참고. 16:24), 종종 이스라엘의 중부 지역을 가리키기도 한다.

13:33-34. 그런 극적인 예언과 심판의 실례를 목격하고도 여로보암은 이스라엘에 다른 종교 체계를 도입한 죄를 회개하지 않는다. **여로보암이 이 일 후에도 그의 악한 길에서 떠나 돌이키지 아니하고**(33절). 그 결과 **이 일이 여로보암 집에 죄가 되어 그 집이 땅 위에서 끊어져 멸망하게 되었다**(34절). 열왕기상 11:38에서 조건적으로 주어진 약속은 성취되지 못한다. 하나님의 말씀은 반드시 지켜져야 한다! 불순종은 매우 심각한 결과를 초래했다.

5. 여로보암의 불순종이 초래한 결과들 (왕상 14:1-20)

14:1-5. 여로보암은 그의 악한 길로 돌아갔지만, 하나님은 북 왕국 첫 왕과의 관계를 아직 끝내지 않으셨다. 여로보암의 아들 **아비야**가 병들자 세 번째 예언이 그에게 임한다. 여로보암은 아내를 벧엘 북쪽의 **실로**로 보내(참고. 수 18장; 삿 21:19) 나이 든 선지자 **아히야**에게 묻게 한다(참고. 11:29-39). 왕은 스스로 운명을 다스리거나 혹은 하나님의 선지자를 이용할 수 있으리라 생각했다. 그래서 선지자가 자기의 **아내**를 알아보지 못하도록 **변장**시키고(2절) 선물도 보낸다(3절). 그러나 여로보암은 하나님이 모든 것을 보신다는 사실을 잊었거나 알지 못했다. **하나님**은 늙고 눈먼 선지자에게 왕의 아내가 물으러 온다는 사실을 일러주신다(5절). 그리고 **이러이러하게 대답하라**고 하신다. 이 표현은 극적 효과를 위한 수사적 기교로서, 6-16절에 나오는 메시지의 내용을 압축한다. 하나님은 또한 아히야에게 그녀가 **다른 사람인 체**할 것도 알려주신다(5절).

14:6-11. 여로보암의 아내는 아히야로부터 **흉한 일**의 소식을 전해 듣는다. 그 예언은 여로보암의 목숨부터 북 왕국의 운명까지를 다룬다. (1) 심판을 받는 이유는 7-9절에 기록되어 있다. (2) 여로보암의 집에 대한 심판은 10-11절에 기록되어 있다. (3) 북 왕국에 대한 심판은 12-16절에 기록되어 있다. 아히야는 여로보암이 금송아지의 종교를 도입함으로써 이전의 누구보다 더 큰 악을 행했다고 선포한다(9절; 참고. 12:25-33). 여로보암은 **다른 신을 만들며 우상을 부어 만들어** 하나님을 노엽게 했다. 그 심각성은 다음 표현에 압축되어 있다. **나를 네 등 뒤에 버렸도다**(9절). 일련의 비유를 통해 하나님의 엄중한 심판이 강조된다. 하나님은 아히야를 통해 이렇게 선언하신다. **여로보암에게 속한 사내는 이스라엘 가운데 매인 자나 놓인 자나 다 끊어 버리되 거름 더미를 쓸어버림 같이 여로보암의 집을 말갛게 쓸어버릴지라**(10절). 여로보암이 이스라엘을 우상숭배로 이끌었으므로, 하나님은 여로보암의 가문을 이스라엘 왕의 자리에서 완전히 끊어버리신다.

임박한 심판의 원인은 여로보암이 금송아지로 이방 종교를 확립했기 때문이다. 이는 하나님의 말씀에 대한 명백한 위반이다(참고. 출 34:17; 신 27:15). 여로보암의 죄 때문에, 성읍에서 죽은 그의 후손을 **개가 먹을** 것이다(11절; 참고. 16:4; 21:19, 24). 이는 역겹고 비극적인 결말이다. 고대 세계에서 개는 애완동물이 아니다. 개들은 야생으로 무리지어 몰려다니며 닥치는 대로 무엇이든 먹어치운다. 아히야의 예언에서 개의 이미지를 통해 여로보암이 도입한 배교 행위의 추악함이 강조된다. 배교에는 하나님의 심판이 마땅하다.

14:12-14. 여로보암의 아들 아비야만이 끔찍한 심판을 면한다(1절). 아비야는 선지자에게 물으러 갔던 어머니가 집으로 돌아올 때 숨을 거두고, **온 이스라엘이 그를 위하여 슬퍼하며 장사** 지낼 것이다(13절). 여로보암은 악했지만 아들 아비야는 달랐다. **여로보암의 집 가운데에서 그가 이스라엘의 하나님 여호와를 향하**

여 선한 뜻을 품었음이니라. 하나님은 심판을 내리는 가운데서도 아비야에게 은혜를 베푸셨다. 아이에 대한 장사를 끝낸 후에, **여호와께서 이스라엘 위에 한 왕을 일으키신즉 그가 그날에 여로보암의 집을 끊어버릴 것이다**(14절).

14:15-18. 여로보암의 집에 대한 하나님의 정죄 후에, 예언은 북 왕국 전체의 미래에 대한 것으로 확대된다. 여로보암이 시작한 사악한 행위가 모든 백성에게까지 퍼져나간다. 나라는 **갈대**가 물에서 흔들리듯이 약해질 것이다(15절). 그들은 유프라테스강 너머로 흩어질 것이다. 이 예언은 주전 721년에 북 왕국이 앗수르에 패망하면서 성취된다(참고. 왕하 17장). 하나님이 북 왕국을 정죄하신 이유는 우상숭배이며, 특히 **아세라 상** 때문에 진노하신다(15절; 참고. 23절; 15:13; 16:33). 아세라 상은 남근 모양의 나무 막대로, 수풀 근처와 가나안 신들의 신전에 위치했다. 아세라는 다산 신의 하나이며 북쪽의 지파가 산당에서 이를 숭배했다. 여로보암의 아내가 고향인 **디르사**로 돌아와(참고. 16:23) 왕궁 **문지방**에 이르자 아이가 숨을 거둔다. **여호와께서 그의 종 선지자 아히야를 통하여 하신 말씀과 같이 되었더라**(18절).

14:19-20. 여로보암의 그 남은 행적 곧 그가 어떻게 싸웠는지와 어떻게 다스렸는지는 이스라엘 왕 역대지략에 기록되니라. 이 책은 성경의 역대기가 아니다. 현존하지 않으며 열왕기에 자주 언급된다(예를 들어 15:31; 16:5, 14, 20, 27; 22:39; 왕하 1:18; 10:34; 13:8, 11). 이스라엘 첫 왕의 통치가 요약된다. **여로보암이 왕이 된 지 이십이 년이라**(20절). 그의 뒤를 이어 왕이 된 그의 아들 **나답**의 통치는 일시적이었으며, 불과 2년 동안 유지된다(참고. 15:25). 나답은 "여호와께서 그의 종 실로 사람 아히야를 통하여 하신 말씀"대로 죽임을 당한다(15:29).

6. 르호보암이 유다에서 다스리다(왕상 14:21-31)

이스라엘과 유다 왕들의 통치는 열왕기 상하에서 교차적으로 기록되며 종종 겹치기도 한다(참고. 서론의 '배경'). 다음 부분에서는 유다 르호보암의 통치에 대한 기록이 이어진다(참고. 12:1-24).

14:21. 왕위에 오른 후 어리석은 결정을 내렸던 르호보암 왕은 **여호와께서 자기 이름을 두시려고 이스라엘 모든 지파 가운데에서 택하신 성읍 예루살렘에서 십칠 년 동안** 다스린다(21절; 참고. 8:29; 11:13의 주석을 보라).

14:22-24. 열왕기 상하에 걸쳐 왕들에 대한 영적인 평가가 내려진다. 왕국이 분열된 후, 유다마저 **여호와 보시기에 악을 행한다**(22절). 이는 르호보암에 대한 평가처럼 보이지만, 실은 남 왕국 전체에 대한 평가이다. 왕의 영적인 선택이 나라 전체에 영향을 미쳤다. 그리고 나라의 선택은 여호와를 노엽게 했다. 하나님의 성품을 고려할 때, 노여움의 이유는 이스라엘 백성의 독점적인 사랑과 예배를 원하셨기 때문이다. 하나님의 분노가 백성의 영적인 간음에 대해 경고한다. 그들이 영적인 간음을 행하면 하나님은 질투하신다. 그분의 백성이 가짜 신들을 사랑하면 하나님은 그들의 영적인 간음을 심판하신다.

하나님의 의로운 분노를 촉발한 그들의 죄는 **산당과 우상과 아세라 상**을 세운 것이다(23절; 참고. 14:15의 주석을 보라). 이들 산당과 우상들은 수 세기 동안 이 땅에 존속되었는데, 이는 이스라엘이 열왕기상 9:20-21의 기록처럼 이들을 완전히 쫓아내지 못했기 때문이다. '우상'은 다양한 신들의 존재를 반영하며, '아세라 상'은 다양한 다산 신의 상징이다. 하나님은 이들을 금하셨다(참고. 출 23:24; 레 26:1; 신 16:21-22). **그 땅에 또 남색하는 자가 있었고 여호와께서 이스라엘 자손 앞에서 쫓아내신 국민의 모든 가증한 일을 무리가 본받아 행하였더라**(24절). 이 모든 악행은 여호와의 노를 격발했고, 하나님은 그분의 이름을 위해 행동하셨다(참고. 5:5; 11:36; 사 48:11).

14:25-28. 하나님은 르호보암의 대적 **애굽 왕 시삭**을 일으키신다. 시삭 이전에는 이스라엘과 애굽 사이가 평화로웠고, 솔로몬은 바로의 딸과 결혼했다(참고. 3:1). 폴 하우스에 따르면, 쇠락하던 애굽은 리비아 귀족 시삭이 애굽의 제21왕조를 전복하면서 잠시 정치적·군사적 중흥을 경험한다(House, *1, 2 Kings*, 195). 시삭이 유다를 왜 침공했는지는 알 수 없지만, 그는 르호보암을 치고 **여호와의 성전의 보물과 왕궁의 보물을 모두 빼앗는다**(25-26절). 시삭이 빼앗아 간 보물 중에는 **솔로몬이 만든 금 방패**도 있었기 때문에(참고. 10:17), 이를 대체하기 위해 르호보암은 **놋으로 방패**를 만든다.

금에서 훨씬 싼 금속인 놋으로의 변화는 르호보암 왕국의 경제적 쇠락을 보여준다. 다윗과 솔로몬 시대의 영광은 지나갔다.

14:29-31. 르호보암의 남은 사적과 그가 행한 모든 일은 유다 왕 역대지략에 기록된다(11:41-43; 14:19의 주석을 보라). 여기에는 두 가지 특기 사항이 기록된다. 첫째, **르호보암**과 **여로보암** 사이에 전쟁이 지속된다. 하나님은 내전을 금하셨지만(참고. 12:24), 이스라엘과 유다는 아합과 여호사밧의 동맹 때까지 전쟁을 계속한다(참고. 대하 18:1-19:3). 둘째, 르호보암의 어머니는 **암몬 사람 나아마**였다(31절; 참고. 21절; 대하 12:13). 그는 솔로몬의 아내 중 한 사람으로 암몬 출신이었다(참고. 11:1). 요단 동편의 암몬은 이스라엘과 자주 충돌했다(참고. 창 19:30-38; 삼상 11:1-15). 암몬 사람은 이스라엘의 총회에 들어올 수 없었다(참고. 신 23:3; 느 13:1-2). 르호보암이 여호와를 따르지 못한 데는 어머니가 이방 여인이라는 사실이 큰 영향을 미쳤고, 이는 백성의 영적인 상태로 이어졌다.

B. 이스라엘이 앗수르로 인해 멸망하기 전까지 유다와 이스라엘의 왕들(왕상 15:1-왕하 17:41)

르호보암과 여로보암의 뒤를 이은 왕들의 통치는 영적인 타협이 초래하는 결과를 여실히 보여준다. 하나님은 왕들을 통해 언약 백성에게 모든 일에 그분만을 의지할 것을 요구하신다. 결국 하나님만이 진정한 왕이며 보호자이시다.

1. 유다의 아비얌: 악한 왕(왕상 15:1-8)

15:1-2. 유다의 다음 왕은 **아비얌** 또는 아비야(일부 번역본)이다(주전 913-911년, 참고. 대하 13:1-22). 유다 왕의 어머니를 소개하는 전형적인 유형은 이렇다. **그의 어머니의 이름은 마아가요 아비살롬의 딸이더라**(2절). 마아가는 우리엘의 딸인 것으로 보이며(대하 13:2), 따라서 아비살롬(다윗의 아들 압살롬)의 손녀인 것 같다. 성경의 족보는 때로 한두 세대를 건너뛴다.

15:3-8. 아비얌은 **그의 아버지가 이미 행한 모든 죄를 행**한다. 르호보암의 우상숭배를 아들도 따랐다. 그 이유는 **그의 마음이 그의 조상 다윗의 마음과 같지 아니하여 그의 하나님 여호와 앞에 온전하지 못**했기 때문이다(3절). 다윗은 중죄를 지었지만(참고. 삼하 11장), 결코 우상을 섬기지 않았고 오직 여호와만 섬겼다. 그리하여 다윗은 열왕기와 역대기의 신앙 표본이 된다(참고. 11:4, 6; 15:3, 11; 왕하 14:3; 16:2; 18:3).

다윗에 대한 언급은 중요하다. 한편으로는 죄가 더해갔지만, 반면에 하나님은 **다윗** 때문에 유다에 은혜를 베푸셨다(4절). 이는 다윗의 언약을 떠올리게 한다(참고. 삼하 7:12-14). 하나님이 아비얌의 우상숭배에도 불구하고 그에게 은혜를 베푸신 것은 다윗에게 **예루살렘의 등불**, 즉 왕위를 이을 후손을 약속하셨기 때문이다(4절; 참고. 11:36). 그리고 하나님이 다윗에게 은혜를 베푸신 까닭은 그가 **평생 여호와 보시기에 정직**하게 행했기 때문이다(5절). 그는 간통을 저지르고 끔찍하게 **헷 사람 우리아**를 살해했지만, 결코 우상을 섬기지 않았다.

왕국 분열로 인한 결과 중 하나는 이스라엘과 유다 간의 끊임없는 전쟁이었다. 이 분쟁은 **르호보암과 여로보암** 사이의 전쟁(6절) 그리고 **아비얌과 여로보암** 사이의 전쟁(7절)으로 기술된다. 북 왕국과 남 왕국, 즉 이스라엘과 유다는 죄로 말미암은 전쟁에 휘말린다.

2. 유다의 아사: 선한 왕(왕상 15:9-24)

15:9-10. 아비얌이 3년간의 통치 후 죽자(2절), **아사**가 그를 이어 유다의 왕위에 오른다(주전 911-870년; 참고. 대하 14:1-16:14). 그는 예루살렘에서 **사십일 년**간 다스린다. 아사에 대한 놀라운 진술이 이어진다. **그의 어머니의 이름은 마아가라 아비살롬의 딸이더라**(10절). 이는 아마도, 아비얌의 경우처럼, 족보상의 세대 착오에 의한 진술로 보인다(참고. 15:1-2). 그러나 프로반(Provan)은 다른 견해를 피력한다. 그의 견해에 따르면, 아사는 열왕기상 15장에서 온갖 우상숭배의 죄와 싸워야 했고, 결국 마아가를 폐위한다(13절). 따라서 아사는 아비얌과 그의 모친 마아가의 근친상간으로 출생한 자식일 가능성이 크다[Iain W. Provan, *1 and 2 Kings*, NIBC (Peabody, MA: Hendrickson, 1995), 126].

15:11-15. 아사는 유다의 선한 여덟 왕 중 한 명이다. 그가 칭송을 받은 이유는 **그의 조상 다윗같이 여호와 보시기에 정직하게 행**했기 때문이다(11절; 참고. 15:3-8의 주석). 다윗은 위대한 신앙의 표본으로 제시된다. 다윗은 이스라엘의 이방 원수와 싸우고 이스라엘 지파를 위대한 나라로 통합했다. 아사는 우상숭배와 싸

웠다. **남색하는 자를 그 땅에서 쫓아내고 그의 조상들이 지은 모든 우상을 없애고**(12절). 또한 **어머니 마아가가 혐오스러운 아세라 상을 만들었으므로 태후의 위를 폐한다**(13절; 참고. 14:15, 23). 그는 어머니가 만든 더러운 우상을 찍어 예루살렘 밖 **기드론 시냇가**에서 불사른다.

아사는 분을 내어 우상숭배를 공격하고, 여호와에 대한 헌신의 표시로 **성별한 것**을 **여호와의 성전**으로 들인다(15절). 이들은 하나님께 바쳐진 예물과 헌물이었다. 아사의 유일한 결점은 **산당**을 없애지 않은 것이다(14절). 산당이 이미 사회의 일부분으로 확고히 자리를 잡았기 때문인지도 모른다. 이는 유다의 선한 왕조차 하나님을 온전히 따르지 못했다는 사실을 보여주는 좋은 예이다.

15:16-22. 아사는 왕국에 대한 중요한 정치적 결정도 내렸다. **아사와 이스라엘의 왕 바아사 사이에 일생 동안 전쟁이 있으니라**(16절). 유다에 대한 바아사의 위협은 상당했다. 바아사는 아무도 아사와 동맹을 맺지 못하도록 접촉을 차단하기 위해 **라마**를 건축하려 했다(17절). 라마는 베냐민 지역의 중요 성읍이다(참고. 수 18:25). 베냐민은 북쪽의 열 지파에 대항하여 유다와 동맹 관계에 있었다(참고. 12:21). 라마는 예루살렘에서 불과 6.4킬로미터 떨어져 있었기에, 바아사의 획책은 아사에게 매우 중대한 위협이었다. 왕국의 안녕을 위해 아사는 **여호와의 성전 곳간과 왕궁 곳간에 남은 은금을 모두 가져다가 그 신하의 손에 넘겨 다메섹에 거주하고 있는 아람의 왕 헤시온의 손자 다브림몬의 아들 벤하닷에게** 보낸다(18절). 아람은 이스라엘의 북쪽 국경에 있었다. 아사는 벤하닷과 조약을 맺기 원했고, 아람이 바아사와 맺었던 약조를 깨트리기를 청원한다(19절).

벤하닷은 이 요청을 받아들이고, **그의 군대 지휘관들을 보내 이스라엘 성읍들을 치되 이욘과 단과 아벨벧마아가와 긴네렛 온 땅과 납달리 온 땅**을 친다(20절). 그 결과 바아사가 라마 건축을 중단한다(21절). 여기에는 선지자가 나타나 아사가 여호와의 도움을 구하지 않고, 이스라엘에 위협이 될 인물에게 의지한 것을 꾸짖는 내용(참고. 대하 16:7-12)이 없다. 열왕기의 대의는 역사이고, 역대기의 목적은 다윗 가문의 영적 결정에 대한 고찰이다(서론을 보라). 선지자의 방문이 생략된 것은 열왕기가 정치적 사안에 중점을 두고 있음을 보여준다. 그러나 역대기의 정보를 통해서 볼 때, 아사의 삶은 대체로 여호와께 충실했지만, 그 역시 영적인 망각 증세에 시달렸으며, 약속된 하나님의 능력 대신 사람을 의지했다(참고. 대하 16:7-10; 신 28:7).

15:23-24. 아사는 선하고 충성된 왕이었지만 그의 말년은 힘들었다. 여호와께 도움을 청하지 않았기에 통치 내내 전쟁에 시달렸다. 41년 동안 유다를 다스린 아사는(10절), 39년째에 발에 병이 든다. 그는 아픔을 덜기 위해 여호와를 찾지 않고 의원을 찾는다(대하 16:12). 건강에 대한 기록과 모든 적에 대해 여호와의 도움을 구하지 않은 사실을 종합해 볼 때, 아사는 다양한 상황 속에서 여호와를 의지하지 못했음을 알 수 있다. 포로기의 독자는 아사가 신체적, 정치적, 영적으로 여호와의 도움을 구하는 데 게을렀으며(참고. 대하 16:9), 그 결과 심각한 결과를 초래했음을 배우게 된다.

3. 나답에서 오므리까지: 이스라엘의 영적 쇠락이 심해지다(왕상 15:25-16:34)

분열 왕국의 초기 역사가 마무리된다. 이들의 정치적, 영적 쇠락은 끝 모를 추락을 거듭한다. 56년 동안 일곱 왕이 권좌에 올랐다가 끔찍한 최후를 맞는다. 왜 이러한 역사적 결말이 불가피했는지를 설명해주는 어구가 있다. "여호와께서 하신 말씀과 같이"라는 구절이 세 번 나온다(15:29; 16:12, 34). 이는 우연히 발생한 사건이 아니었다. 이스라엘의 하나님 여호와가 그 결과를 작정하고 예언하셨으며, 모든 사건이 그분의 말씀대로 이루어졌다. 이 사건들의 배경은 선지자가 여로보암의 우상숭배를 꾸짖고, 왕의 아내에게 하나님의 심판을 선포한 것이다. **여로보암의 집을 말갛게 쓸어버릴지라**(14:10). 아히야는 여로보암의 가문 이외의 사건에 대해서도 예언했다. 하나님은 선지자를 통해 여로보암에게 악이 더할수록 정치적 안정이 와해될 것임을 끊임없이 경고하셨다. **여호와께서 이스라엘을 쳐서 물에서 흔들리는 갈대 같이 되게 하시고**(14:15).

15:25-26. 여로보암의 아들 **나답**이 다시 등장하여 여로보암 가문의 최후를 보여준다(참고. 14:19-20). 그는 **이 년** 동안 다스렸다(주전 910-909년). 북 왕국의 다른 통치자들과 마찬가지로 나답은 **여호와 보시기에**

악을 행하되 그의 아버지의 길로 행한다.

15:27-31. 아히야의 초기 예언의 성취로서 **바아사**[주전 909-886년, 참고. 대하 16:1-6]가 다시 소개된다. 그와 아사의 전쟁은 17-22절(참고. 32절)에 간략히 언급되어 있다. 바아사는 나답이 블레셋의 **깁브돈**을 공격하고 있을 때 **모반**을 일으켜 나답을 죽인다. 깁브돈은 예루살렘과 욥바 사이에 있었다(27절; 참고. 수 19:43-45). 바아사는 나답을 암살했고, **여로보암의 온 집을 쳐서** 한 사람의 생존자도 남기지 않는다(29절; 참고. 14:10).

하나님은 섭리 가운데 여로보암 왕국의 종말과 그 후손의 멸절을 작정하셨지만, 그분의 섭리가 사람의 선택을 배제하지는 않는다. 하나님은 주권자이시기에 사람의 악한 행동도 그분의 주권적 계획과 일치를 보인다. 하나님은 사람의 악한 행동을 이용해서 자신의 목적을 성취하신다. 그러나 그렇다고 해서 죄인이 죄에 대한 책임을 면제받지는 않는다. 인간이 저지른 악을 하나님의 탓으로 돌릴 수 없다(참고. 약 1:13). 이는 성경에서 가장 심오한 신비의 하나이다. 바아사의 결심은 그의 영적 결정 및 나답 집안의 멸절과 직접적으로 연결되어 있다(참고. 16:7, 하나님의 주권과 인간 책임 사이의 상호작용에 관한 짧은 논의로는 롬 9:18-23의 주석을 보라). **나답의 남은 사적과 행한 모든 일은 이스라엘 왕 역대지략에 기록되지 아니하였느냐**(31절; 참고. 11:41-43; 14:19).

15:32-34. 바아사가 권력을 잡은 이야기는 여로보암의 통치에서 오므리 왕조의 긴 통치로의 전환을 이룬다. 비록 바아사는 14장에 기록된 아히야의 예언을 성취했지만, 그 역시 우상을 섬기며 **여호와 보시기에 악을 행하되 여로보암의 길로 행**한다(34절; 참고. 16:2, 26; 22:52). 이 진술은 다윗의 길로 행하는 것과 극명한 대조를 이룬다(참고. 15:3).

16:1-5. 전임자 나답과 마찬가지로, 바아사도 여로보암의 우상숭배를 따른다. 하나님은 선지자 **예후**를 보내 바아사에 대한 심판을 선포하신다. 예후는 여로보암과 마찬가지로 하나님이 그의 집을 쓸어버리실 것이라고 말한다(3절). 하나님의 심판은 바아사가 우상을 섬겼기 때문이며, 또한 그가 여로보암의 집을 쳤기 때문이다(15:29; 16:7). 이는 단순히 나답을 권좌에서 끌어내리는 문제가 아니었다. 하나님은 바아사의 행동에 담긴 잔인성을 정죄하신다. 이를 통해 인간의 책임에 대한 하나님의 주권과 전지하심을 알 수 있다.

16:6-14. 오므리 왕조로의 전환이 계속된다. 바아사의 아들 **엘라**[주전 886-885년]가 **디르사**에서 이스라엘 왕이 된다(8절). 그는 2년간 통치하며, 그의 **지휘관 시므리**에 의해 암살된다(8-10절). 시므리(주전 885년)는 엘라를 대신해서 왕이 되고, **바아사의 온 집을 멸하였는데 선지자 예후를 통하여 바아사를 꾸짖어 하신 여호와의 말씀같이** 되었다(12절; 참고. 7절).

16:15-24. 그러나 시므리의 통치는 이스라엘 왕 중에서 가장 짧았다. 그는 **디르사에서 칠 일** 동안 왕이 된다(15절). 블레셋과 싸우던 백성은 이 소식을 듣게 되고, **이스라엘의 무리가 진에서 군대 지휘관 오므리**[주전 885-874년]를 **이스라엘의 왕으로 삼는**다(16절). 이스라엘이 "물에서 흔들리는 갈대"(14:15)같이 되리라는 아히야의 예언이 성취된다. 북 왕국은 여러 면에서 정치적 불안정을 겪는다.

첫째, 시므리는 자기의 권력 기반이 극히 취약하다는 것을 깨닫는다. 그는 **왕궁 요새에 들어가서 왕궁에 불을 지르고 그 가운데에서 죽**는다(자살한다, 18절). 단지 절망감에서 비롯된 결과가 아니었으니, **이는 그가 여호와 보시기에 악을 행하여 범죄하였기 때문**이다(19절). 시므리는 전임자들과 마찬가지로 **여로보암**의 우상숭배를 따랐다.

둘째, **이스라엘 백성이 둘로** 나뉜다(21절). 반은 **디브니**를 왕으로 삼기 원했고, 반은 **오므리**를 따랐다. 결국 오므리가 이기고, 여로보암의 가문을 대신해서 두 번째 주요 왕조를 연다. 기록은 간단하다. **디브니가 죽으매 오므리가 왕이 되니라**(22절). 오므리의 통치에 대해서는 기록된 역사적 사실이 거의 없다. **십이 년 동안 왕위에 있으며 디르사에서 육 년 동안 다스리니라**(23절). 디르사의 왕궁이 시므리에 의해 불탔으므로 새 왕궁 건설이 불가피했을 수도 있다. 그래서 오므리는 **세멜에게서 사마리아산을 사고 그 산 위에 성읍을 건축하고 그 건축한 성읍 이름을 사마리아라** 부른다(24절). 이후 사마리아는 주요 도시로 떠오르고 북 왕국의 왕성이 된다. 또한 여호와에 대한 격렬한 배교의 상징이 된다.

오므리 통치에 대해서 성경에 기록된 내용은 간략하지만, 성경 외의 역사에 의하면, 그는 국제적으로 중요 인물이었다. 그의 이름은 모압 석비(Moabite Stone)에 등장한다. 모압 석비는 검은 현무암 기념비로서 주전 840년경에 세워졌으며, 모압의 메사(Mesha) 왕의 업적을 기린다. 석비의 기록에 의하면, 오므리는 비옥한 토지이자 군사적 요충지인 모압 평원을 정복했다[R. D. Patterson and Hermann J. Austel, "1 & 2 Kings," in vol. 4 of EBC (Grand Rapids, MI: Zondervan, 1988), 135]. 이스라엘을 정복한 앗수르의 디글랏 빌레셀 2세는 그의 연대기에 이스라엘을 "오므리의 집"으로 지칭한다.

16:25-28. **오므리가 여호와 보시기에 악을 행하되 그 전의 모든 사람보다 더욱 악하게 행하여**(25절). 이 진술은 이스라엘 왕들의 급전직하를 보여준다(25절). 결국 그는 **여로보암**의 길로 행했고(26절), 그가 죽은 후 **그의 아들 아합**이 이스라엘의 왕이 된다(28절).

16:29-33. 오므리의 아들 **아합**(주전 874-853년, 참고. 대하 18:1-34)은 이스라엘의 가장 악한 왕이었으며, 사마리아에서 22년 동안 이스라엘을 다스린다. 그의 아버지가 그랬던 것처럼, 아합은 영적인 반역의 삶을 산다. 그는 이전 누구보다 더욱 악을 행했다(30절). 그의 죄는 특별히 네 가지로 대별된다. (1) 그는 시돈 사람의 왕 **엣바알의 딸 이세벨**과 결혼한다(31절). 솔로몬과 마찬가지로, 이세벨과의 결혼은 명백한 율법 위반이었다(참고. 신 7:1-5). 이세벨은 이스라엘에 바알 숭배를 들여온다. 아합은 이방 여인과 결혼하는 죄를 가볍게 여겼다(31절). '가볍게'에 해당하는 히브리어는 칼랄(*qalal*)이며, 그 의미는 '재빠른', '하찮은', '중요치 않은'이다. 아합은 아내를 선택하는 것이 하나님을 노엽게 하든지 말든지 신경 쓰지 않았다. (2) 아합은 **바알**을 숭배했다(31절). 그는 우상숭배에 이끌렸을 뿐 아니라 의도적으로 가나안의 다산 신을 섬겼고, 나라 전체를 우상숭배로 이끌었다(참고. 18:1-46; 22:53). (3) 그는 또한 사마리아에 바알을 위해 **신전**을 세우고 **제단**을 쌓았다(32절). (4) 또한 그는 **아세라 상**을 만들었다(33절, 참고. 14:15, 23). 그리하여 아합은 이스라엘의 최고 악한 왕으로 기억된다. **그는 그 이전의 이스라엘의 모든 왕보다 심히 이스라엘 하나님 여호와를 노하시게 하였더라**(33절).

16:34. **여리고**는 여호수아 때 이후로 성벽 없는 성읍으로 있었다(참고. 수 18:21; 삼하 10:5). **벧엘 사람 히엘이 여리고를 건축하였는데 그가 그 터를 쌓을 때에 맏아들 아비람을 잃었고 그 성문을 세울 때에 막내아들 스굽을 잃었다**. 요새화된 성읍을 세우려 했던 그의 계획은 여호와의 말씀대로 비극적인 결말을 맺는다. 하나님은 초자연적인 여리고의 멸망 이후, 여호수아를 통해 여리고의 재건축을 금하며 특별히 장자의 죽음을 경고하셨다(참고. 수 6:26). 하나님은 여호수아 시대에 분명히 말씀하셨으며, 아합의 시대에도 말씀하고 계신다. 하나님의 길을 거부하는 것은 절대 '가벼운 일'이 아니다(참고. 31절). 하나님은 여전히 이스라엘의 참된 왕이셨고, 이스라엘은 그분의 말씀을 경청하고 주의를 기울여야 했다. 왕들이 그분의 뜻과 길을 좇지 않을 때에 하나님은 선지자 엘리야와 엘리사를 보내셨고, 백성이 삶 속에서 하나님의 통치 속으로 돌아오도록 타이르셨다.

4. 아합과 선지자 엘리야: 자연을 다스리시는 하나님 (왕상 17:1-22:40)

솔로몬의 영적인 죽음 이후 열왕기에는 하나님과 그분의 언약을 충실히 따르는 왕이 거의 등장하지 않는다. 따라서 하나님은 선지자를 보내 왕과 백성이 하나님과 언약으로 돌아오도록 타이르신다. 북 왕국의 선지자 중 가장 주목할 만한 인물은 엘리야와 엘리사이다. 그들의 임무는 북 왕국에 대한 고발장을 전달하는 것이었다. 하나님은 그들을 통해 심판을 선포하시고, 하나님이 모든 것을 다스리심을 보여주신다.

a. 엘리야와 바알 선지자들(왕상 17:1-18:46)

17장과 18장은 서로 주제가 다른 것처럼 보일 수도 있지만, 두 장이 하나의 이야기를 이룬다. 17장에서는 선지자 엘리야를 통해 하나님이 주신 기근으로 긴장이 조성된다. 18장에서는 기근이 해소되고, 하나님이 자연을 다스리며, 아합과 이세벨이 섬겼던 바알을 완전히 압도하신다. 바알 숭배자는 바알이 비를 다스리며 땅의 소산을 풍요롭게 한다고 믿었다. 그리고 가뭄이 드는 이유가 바알이 죽은 자의 땅으로 내려갔기 때문이라고 여겼다. 따라서 바알을 다시 산 자의 땅으로 데려와야 했다. 그러나 엘리야는 바알이 죽었거나 무력한 상태에 빠진 것이 아니라는 사실을 보여준다. 바알은 단지 존재하지 않을 뿐이다.

17:1-7. 엘리야라는 이름은 '여호와는 나의 하나님'이라는 뜻이다. 그는 불현듯 성경 역사 속에 등장한다. 엘리야는 **길르앗**에 정착한 **디셉 사람**이었다. 길르앗은 이스르엘 골짜기 건너편, 요단강 동편에 있었다(참고. 신 34:1). 그러나 디셉의 정확한 위치는 알 길이 없다. 엘리야는 아합에게 자기의 말이 없으면 **비도 이슬도** 있지 않을 것이라고 말한다.

엘리야는 등장하자마자 아합의 눈앞에서 사라진다. 하나님은 그에게 요단 동편 **그릿 시냇가**에 숨으라고 말씀하신다(3절). 자연에 대한 하나님의 능력을 보여주는 첫 사례가 등장한다. 하나님이 까마귀에게 명령을 내려서 엘리야에게 먹을 것을 주게 하신다. 까마귀가 아침과 저녁마다 엘리야에게 **떡과 고기**를 물어다 준다(4-6절). 하나님은 선지자와 시돈의 한 가정에 더 극적인 방법으로 그분의 능력을 보여주신다. **땅에 비가 내리지 아니하므로 얼마 후에 그 시내가 마르니라**(7절). 하나님은 자연을 통해서 바알보다 그분이 우월하다는 것을 보여주신다.

17:8-16. 엘리야에게 먹을 것을 공급하는 두 번째 기적은 예기치 않게 가난한 과부를 통해서 이루어진다. 하나님은 다시 **과부**에게 명령을 내려서 엘리야에게 **음식을 주게** 하신다(9절). 하나님은 그녀가 그렇게 할 수 있도록 기적을 베푸신다. 이 일이 발생한 곳은 **사르밧**이다. 사르밧은 지중해 연안 시돈의 성읍으로, 갈릴리 바다에서 북서쪽으로 약 72킬로미터 떨어져 있다. 이곳은 이스라엘 밖 이방인의 지역이며 바알 숭배의 중심지였다.

엘리야는 도착하자마자 하나님이 그의 필요를 채워주기 위해 예비하신 여자를 만난다(10절). 여자가 그의 요구대로 물을 길러 가자, 엘리야는 또 다시 여자에게 요구한다. **청하건대 네 손의 떡 한 조각을 내게로 가져오라**(11절). 당시는 이스라엘과 시돈의 기근이 극심했기 때문에 그녀는 **떡이 없고 가루 한 움큼**밖에 없다고 대답한다(12절). 그리고 아들과 함께 마지막 음식을 먹고 죽으려 한다고 말한다. 그러나 엘리야는 두려워 말고 시키는 대로 하라고 격려한다. 그러면 그녀와 아들도 먹을 수 있을 것이다(13절). 엘리야는 시키는 대로 하면 가루와 기름이 떨어지지 않을 것이라고 알려준다(14절). 기적적으로, **통의 가루가 떨어지지 아니하고 병의 기름이 없어지지** 않는다(16절). 충분한 떡을 만들 만큼의 가루와 기름이 공급되었다. 그녀의 순종으로 하나님의 능력과 신실하심이 드러난다.

17:17-24. 세 번째 기적이 발생한다. 엘리야, 과부 그리고 과부의 아들에게 좋은 일이 있었다. 그런데 이제 과부의 아들이 **병들어…숨이 끊어**지는 더 큰 위기가 닥친다. 그녀는 아이의 죽음을 엘리야가 그녀의 죄를 기억하게 하기 위한 수단으로 이해한다(18절). 엘리야가 자신의 집에 머무름으로써 하나님이 자신의 죄를 기억하시게 되었고 그 벌로 아들이 죽었다고 생각한 것이다.

엘리야는 대답 대신 자신 있게 **아들을 달라**고 한 뒤 자기가 머물던 다락방으로 데려간다(19절). 그는 **재앙**에 대해 하나님께 부르짖고(20절), 마치 생명이 자기로부터 아이에게로 전해지기라도 하듯 범상치 않은 행동을 한다. **그 아이 위에 몸을 세 번 펴서 엎드리고 여호와께 부르짖어 이르되 내 하나님 여호와여 원하건대 이 아이의 혼으로 그의 몸에 돌아오게 하옵소서**(21절). 하나님이 엘리야의 기도를 들으신다. **여호와께서 엘리야의 소리를 들으시므로 그 아이의 혼이 몸으로 돌아오고 살아난지라**(22절). 하나님의 초자연적인 개입으로 과부는 두 가지 결론을 이끌어낸다. (1) 엘리야는 **하나님의 사람**이다. (2) **여호와의 말씀이 진실**하다(24절). 하나님은 점진적으로 자연과 생명을 주관하는 자가 바알이 아니라 자기임을 드러내고 계신다.

18:1-2. 언약을 지키는 하나님이 모든 것을 주관하신다는 것을 이스라엘 백성에게 보여주기 위한 네 번째 기적이 소개된다. 이 기적은 **제삼 년**, 즉 기근이 시작된 지 셋째 해에 일어난다(참고. 17:1). 하나님은 엘리야에게 **아합에게 가서 보이라 내가 비를 지면에 내리리라**고 말씀하신다. **사마리아**에 극심한 기근을 초래했던 가뭄이 이제 해소되려 한다. 엘리야는 하나님의 명령대로 **아합**에게 자신을 보이러 간다.

18:3-16. 북 왕국의 대부분은 여호와를 버리고 이방 신을 따랐지만, 이스라엘의 하나님을 따르는 소수가 있었다. **왕궁 맡은 자 오바댜**는 아합의 고위층 신하로서 **여호와를 지극히 경외**했다(3절). 그는 **이세벨**의 말

살 정책에 대항해서 목숨을 걸고 여호와의 **선지자 백 명**을 굴에 숨겼다(4, 13절). 아합은 **말과 노새**를 살리기 위해 오바댜를 보내서 **물 근원**을 찾게 했다(5절). 가는 길에 오바댜는 아합이 죽이려고 모든 **족속**과 **나라**를 뒤지던 **엘리야**와 조우한다(10절; 참고. 17:3-24). 선지자는 오바댜에게 **엘리야가 여기 있다**고 왕에게 알리게 한다(8절). 오바댜는 이 명령을 자기가 저지른 죄에 대한 기소로 이해했다. 엘리야는 한 곳에 나타났다가 딴 곳으로 홀연히 사라지는 사람으로 명성을 떨치고 있었기 때문이다(참고. 왕하 2:16).

오바댜는 엘리야가 아합에게 간다고 보고했다가 만약 안 나타나면 아합이 자기를 죽일 것임을 알았다(12, 14절). 엘리야는 오바댜에게 반드시 아합에게 보이리라고 **여호와께서 살아 계심을 두고 맹세**한다(15절). 오바댜는 선지자의 명령에 순종하고, 아합은 엘리야를 만나러 간다(16절).

18:17-19. 두 사람은 만나서 누가 진정한 기근의 원인인지에 대해 설전을 벌인다. 아합은 엘리야를 **이스라엘을 괴롭게 하는 자**로 부른다. 엘리야는 아합이 진정한 범인이라고 추궁한다. **당신과 당신의 아버지의 집이 괴롭게 하였으니 이는 여호와의 명령을 버렸고 당신이 바알들을 따랐음이라**(18절). '괴롭게 하는 자'에 해당하는 히브리어는 오케르(*'oker*)이다. 이는 구약성경에서, 나라에 영적인 고통과 비극을 초래한 자들을 가리킨다(참고. 수 6:18; 7:25). 아합이 괴롭게 하는 자임을 증명하기 위해, 엘리야는 **갈멜산**의 대결을 제안한다. 그는 아합에게 이스라엘의 타락한 영적 지도자인 **바알의 선지자 사백오십 명과 아세라의 선지자 사백 명**을 갈멜산으로 몰아오게 한다(19절). 실제 갈멜산에는 바알 선지자만 왔다(22, 25, 40절).

18:20-24. 아합은 **선지자들을 갈멜산으로** 모은다(20절). 갈멜산은 지금의 하이파(Haifa)에 가까운 언덕으로, 갈멜 산맥의 북서쪽 끝에 해당한다. 바알 선지자들이 도착하자 엘리야는 모든 백성에게 말한다. 선지자들과 엘리야의 대결을 보기 위해 많은 관중이 모였다. 엘리야는 즉시 백성들을 추궁한다. **너희가 어느 때까지 둘 사이에서 머뭇머뭇하려느냐**(21절). '머뭇거리다'[히브리어로 파사크(*pasach*)]의 문자적 의미는 '절뚝거리다' 또는 '춤추다'이다. 이는 바알 선지자들이 바알의 주의를 환기시키기 위해 춘 의례적 춤을 가리키는 말로도 쓰인다(26절). 이 단어는 백성의 마음속에 존재하는 영적인 망설임을 가리킨다.

극적 효과를 위해 엘리야는 두 가지를 한다. 첫째, 바알 선지자들과 맞서기 위해 나온 **여호와의 선지자**가 자기 하나뿐이라고 말한다(22절). 그 외의 선지자들은 다른 곳에 있었다(4, 13절). 둘째, 그는 바알 선지자들과 자기가 **나무**와 **송아지**로 제사를 드리되, **불은 붙이지 말** 것을 제안한다(23절). 그리고 각자 자기 신의 이름을 부를 것이며, **불로 응답하는 신 그가 하나님**이라고 주장한다(24절). 백성은 엘리야의 제안에 동의한다.

18:25-29. 대결은 종일 지속된다. 바알 선지자들이 그들의 신을 먼저 부른다. **아침부터 낮까지 바알의 이름을 불러 이르되 바알이여 우리에게 응답하소서**(26절). 정오가 되어도 응답이 없자, 엘리야가 그들을 조롱한다. **큰 소리로 부르라 그는 신인즉 묵상하고 있는지 혹은 그가 잠깐 나갔는지 혹은 그가 길을 행하는지 혹은 그가 잠이 들어서 깨워야 할 것인지**(27절). 그러자 그들은 **큰 소리로 부르고** 그들의 **규례를 따라 피가 흐르기까지 칼과 창으로 그들의 몸을 상하게** 한다(28절). 저녁까지 **미친 듯이 떠들어도** 바알은 아무 말이 없다(29절).

18:30-35. 엘리야가 여호와를 부를 차례가 왔다. **그가 무너진 여호와의 제단을 수축하되.** 이스라엘의 하나님을 저버린 이스라엘 사람들이 이방 신을 섬기기 위해 여호와의 제단을 무너뜨린 것인지도 모른다(30절; 참고. 19:14). 따라서 제단을 수축한 것은 일찍이 산당을 정죄한 것과 모순되지 않는다(참고. 12:31-32; 15:14). 이 제단은 **여호와의 제단**이지 바알 숭배를 위한 제단이 아니다. 엘리야는 야곱의 아들들, 이스라엘의 열두 지파를 상징하기 위해 열두 돌을 이용한다. 그리하여 하나님이 야곱에게 **네 이름을 이스라엘이라 하리라**고 하신 사실을 상기시킨다(31절). **여호와의 불**은 엘리야가 제단을 수축하기 위해 사용한 돌까지 사른다(참고. 38절).

실제로 여호와를 부르기 전에, 엘리야는 긴장감을 고조시키기 위해 불가능해 보이는 일을 감행한다. 나무와 제물을 준비한 다음, 나무와 제물 위에 세 번이나 물을 들이붓는다. **물이 제단으로 두루 흐르고 도랑에도**

물이 가득 찼더라(35절). 엘리야가 하나님에게 불로 응답받는 일을 스스로 막는 것처럼 보이기도 한다. 그러나 하나님은 이제 그분의 능력을 보여줄 준비가 되었고, 이를 통해 백성에게 바알과 여호와 중 하나를 선택하라고 요구하신다.

18:36-40. 모든 것이 준비되자 엘리야가 기도한다(참고. 약 5:18). 먼저 언약의 이름으로 여호와를 부른다. **아브라함과 이삭과 이스라엘의 하나님 여호와여**(36절). 그는 기적을 통해 네 가지를 성취하고자 했다. (1) 백성이 여호와가 **이스라엘의 하나님**임을 알게 된다. (2) 엘리야가 하나님의 **종**이다. (3) 모든 것은 여호와의 **말씀**대로 이루어진 것이다. (4) 백성이 여호와가 **그들의 마음을 되돌이키심**을 알게 된다(36-37절).

엘리야는 바알 선지자들처럼 까불댈 필요가 없었다. 즉시 하나님이 응답하신다. **여호와의 불이 내려서 번제물과 나무와 돌과 흙을 태우고 또 도랑의 물을 핥은지라**(38절). 엘리야가 시킬 필요도 없이, **모든 백성이 보고 엎드려 말하되 여호와 그는 하나님이시로다 여호와 그는 하나님이시로다**라며 엎드렸다(39절). 판결이 내려졌다. 바알이 졌다. 엘리야는 즉시 바알 선지자들을 잡으라고 명령하고, **기손 시내**에서 그들을 처형한다(40절). 선지자들의 말살은 잔인해 보일 수도 있지만, 이들은 오랜 시간 하나님의 언약 백성을 오도해왔기에 극단적 조처가 불가피했다(참고. 신 13:1-11). 거짓 선지자는 하나님의 백성과 공존할 수 없다.

18:41-46. 갈멜산의 극적 사건이 끝나자 엘리야는 먼저 기근이 끝났음을 선포한다. 아합은 분명 수치를 당했지만, 엘리야는 그에게 가뭄이 끝났음을 축하하게 한다. **올라가서 먹고 마시소서 큰 비 소리가 있나이다**(41절). 하나님의 은혜가 땅까지 미친다. **엘리야가 갈멜산 꼭대기로 올라가서 땅에 꿇어 엎드려 그의 얼굴을 무릎 사이에 넣고**(42절). 엘리야가 얼굴을 무릎 사이에 넣고 무엇을 했는지 본문에는 기록되지 않았지만, 야고보서 5:18은 이 사건을 기도와 연관 짓는다(약 5:15-18의 주석을 보라).

일곱 번 만에 작은 구름이 보인다. 엘리야는 아합에게 **비에 막히지 아니하도록 마차**를 타고 **이스르엘** 골짜기의 궁으로 가라고 한다(갈멜산과 사마리아 사이에 겨울 궁이 있었다, 44절; 참고. 21:1). 엘리야는 마침내 우상숭배를 패퇴시켰다고 생각했고, 같은 방향으로 달려간다. **하나님의 능력**이 임했기에, 그는 **아합 앞에서** 달려간다(46절). 바알 숭배는 심대한 타격을 입었지만, 엘리야는 이스르엘에 도착하여 곧 새로운 도전에 직면한다(참고. 19:1-2).

b. 엘리야가 죽을까 두려워하고 하나님의 위로를 받다(왕상 19:1-21)

19:1-8. 엘리야와 이스라엘 백성은 자연 및 아합과 이세벨의 신들에 대한 하나님의 능력을 방금 목격했다. 갈멜산에서 백성은 합창했다. "여호와 그는 하나님이시로다 여호와 그는 하나님이시로다"(18:39).

그러나 이스르엘에서 사태가 급변한다. 이세벨은 엘리야가 한 일, 특히 그가 바알 **선지자**들을 죽인 일을 인지한다(1절). 이세벨은 엘리야에게 **사신**을 보내 다음 날까지 그의 목숨을 거두겠다고 위협한다(2절). 금방 거짓 선지자들을 물리치고 하나님의 기적적인 능력을 목격했건만, 엘리야는 이세벨이 두려워 **생명을 위해 도망**친다(3절). 그는 **유다**의 최남단 도시인 **브엘세바**까지 약 193킬로미터를 달린다(참고. 삼상 3:20). 그는 자기가 **조상**들보다 낫지 못하다고 결론짓는다(4절). 이는 "내 생명을 거두소서. 나는 이미 죽은 것과 같습니다"라는 뜻이다.

그러나 여호와는 예전처럼(17장) 그를 대하신다. 엘리야에게 먹을 것을 주고 보호해주신다. 그의 신체적 필요를 채워주기 위해, 천사가 두 번 나타나서 **일어나서 먹으라**고 한다(5, 7절). 하나님은 엘리야의 정서적, 신체적 피로를 이해하셨다. 그는 바알 선지자들과 대결했고, 브엘세바까지 도망쳤다. 천사의 명령대로 엘리야는 **일어나 먹고 마시고 그 음식물의 힘을 의지하여 사십 주 사십 야를 가서 하나님의 산 호렙**에 이른다(8절). 호렙은 시내산의 다른 이름이며, 브엘세바로부터 남쪽 방향으로 약 402킬로미터 떨어진 광야에 있었다(참고. 출 3:1; 19:1-3). 엘리야는 시내산의 모세(참고. 출 24:18; 34:28) 그리고 광야의 예수님(참고. 마 4:2, 11)과 같은 기간만큼 영양분을 공급받았다.

19:9-10. 엘리야는 브엘세바를 떠나 호렙산 근처의 **굴**에 이른다. 이곳은 하나님이 모세에게 언약 조항을 보여주셨던 바로 그곳으로, 엘리야는 여기에서 삶에 대한 생각을 새롭게 해야 했다. **여호와의 말씀이 그에게**

임하여. 그의 주의를 환기시키고 그의 생각을 바꾸기 위해 질문하신다. **엘리야야 네가 어찌하여 여기 있느냐**(9, 13절). 절망 속에서 엘리야는 여호와를 위한 자신의 열심이 다 쓸데없다고 결론짓는다. 그가 생각할 수 있는 것은 오직 모든 선지자 중에 자신만 남았고, 목숨이 위태롭다는 사실뿐이었다(10, 14절).

19:11-14. 여전히 절망감에 빠져 있는 엘리야에게 하나님은 **여호와 앞에서 산에 서라고** 말씀하신다. 이 장면은 모세가 그분의 영광을 볼 수 있게 하나님이 모세 앞을 지나가신 장면과 유사하다(참고. 출 33:21-23). 여기서 엘리야는 언약을 지키는 하나님이 자신을 어떻게 드러내시는지를 배운다. 그것은 **크고 강한 바람, 지진, 불**이 아니었다(11-12절). 본문은 **세미한 소리** 속에 여호와가 계셨다고도 말하지 않는다. 엘리야는 산에서 다양한 자연의 힘을 경험했으며, 하나님은 다양한 방법으로 자신을 나타낼 수 있음을 그에게 보여주시는 것 같다. 엘리야는 하나님에게 자신의 우울증이 무엇 때문인지를 설명한다. **내가 만군의 하나님 여호와께 열심이 유별하오니 이는 이스라엘 자손이 주의 언약을 버리고 주의 제단을 헐며 칼로 주의 선지자들을 죽였음이오며 오직 나만 남았거늘 그들이 내 생명을 찾아 빼앗으려 하나이다**(14절).

호렙산에서 있었던 엘리야의 경험과 모세의 경험 사이에는 놀라운 병행이 있다. 첫째, 모세는 호렙산에서 40일을 지냈고(출 34:28), 엘리야는 그곳까지 가는 데 40일이 걸렸다(8절). 엘리야는 굴에 있었는데(9절), 이는 모세가 있었던 "반석 틈"(출 33:22)에 대한 암시일 것이다. 하나님은 모세(출 33:22)와 엘리야(11절)를 '지나가셨고', 둘 다 하나님의 **영상**을 받았다(모세, 출 34장; 엘리야, 11-13절). 모세처럼 엘리야도 하나님을 위해 배교자에 대항해서 싸웠고, 하나님을 따르는 결단을 내리라고 촉구했으며, 확신을 위해 호렙으로 갔다. 엘리야는 모세와 이스라엘이 경험한 신의 현현과 마찬가지로 바람, 지진, 불을 통한 신의 현현을 경험했다(모세, 출 19:9; 20:18-19; 신 4:9-10; 5:24-25).

이러한 병행에도 불구하고, 열왕기상의 저자는 두 인물 간의 연관성보다는 근본적인 차이점을 보여주려는 것 같다. 하나님을 만난 모세는 사역에 대한 격려를 받았다(참고. 출 6장; 19:1-25; 32:7-17; 33:12-23). 그러나 엘리야와 만난 하나님은 기본적으로 엘리야의 선지자 직분을 면직시키신다. 엘리야는 신의 현현을 통해 배운 것이 별로 없어 보이며, **세미한 소리** 속에서도 들은 것이 별로 없다(12절). 엘리야는 모세처럼 백성을 위해 중보하기보다는 동포에 대해 확실히 비관적이었다(14절은 이스라엘에 대한 엘리야의 은근한 정죄이다, 롬 11:2에서 바울은 엘리야가 "이스라엘을 하나님께 고발"했다고 말한다). 9절과 13절에서 하나님이 두 번 질문하신 사실을 볼 때, 하나님은 엘리야가 시내산으로 온 것을 승인하지 않으셨다. 이러한 차이점을 고려하면 엘리야는 새 모세가 아니며, 하나님이 그를 통해 전혀 새로운 운동을 시작하려는 것은 아니었음을 알 수 있다.

이 모든 것은 18절의 요점을 강조하려는 것으로 보인다. 하나님은 바알을 숭배하지 않는 신실한 자들을 남겨두실 것이며, 엘리야의 사역과 상관없이, 그분의 주권과 은혜에 따라 그리하실 것이다. 엘리야는 분명 영웅이었지만, 사역이 막바지에 이르자 지쳤고 선지자의 사역을 다른 사람에게 넘겨주어야 했다[이에 대한 논의는 다음을 보라, Michael G. Vanlaningham, "Paul's Use of Elijah's Mount Horeb Experience in Rom 11:2-6: An Exegetical Note," *The Master's Seminary Journal* 6 (Fall, 1995): 223-232].

19:15-18. 여호와의 말씀이 다시 엘리야에게 임하여 **다메섹**의 광야 길로 돌아가라고 한다(15절). 그는 북 왕국에 대한 하나님의 사자였고, 하나님의 일을 대행했다. 하나님은 3명에게 기름을 부으라고 명하신다. **하사엘에게 기름을 부어 아람의 왕이 되게 하고 너는 또 님시의 아들 예후에게 기름을 부어 이스라엘의 왕이 되게 하고 또 아벨므홀라 사밧의 아들 엘리사에게 기름을 부어 너를 대신하여 선지자가 되게 하라**(15-16절). 마지막만 엘리야가 직접 하고, 엘리사가 나머지 두 왕에게 기름을 붓는다. 이에 대해 일부 주석가는 엘리야가 지상 사역의 마지막을 불순종으로 마친 것이 아닌가 생각하기도 하고(Provan, *1, 2 Kings*, 147), 또는 하나님이 엘리야가 스스로 이스라엘의 "새 모세"가 되려 하였기에 엘리야의 사역을 단축하신 것이 아닌가 추측하기도 한다(19:11-14에 대한 주석을 보라, Vanlaningham, "Elijah's Mount Horeb Experience,"

229-230, n.17).

그러나 본문은 엘리야의 행동을 정죄하지 않는다. 그리고 성경의 예언은 엘리야가 직접 15-16절의 세 사람에게 기름 부어야 한다고 요구하지 않는다. 엘리사와 세례 요한은 "엘리야의 심령과 능력으로"(눅 1:17; 마 11:13-15의 주석을 보라) 사역한다. 그들은 모두 하나님의 특별한 기름 부음을 받고 엘리야와 비슷한 사역을 했다. 엘리사는 엘리야의 사역을 완성하는데, 그 혼자만 하나님을 따른 것은 아니었다. **내가 이스라엘 가운데에 칠천 명을 남기리니 다 바알에게 무릎을 꿇지 아니하고 다 바알에게 입맞추지 아니한 자니라**(18절). 그들은 바알을 숭배하지 않았다. 하나님은 그분의 길을 따르는 새로운 체제를 확립하려 하시며, 엘리야가 그 소식을 제일 먼저 듣는다.

19:19-21. 엘리야는 순종하고 **사밧의 아들 엘리사**를 찾는다. 엘리사는 북 왕국의 다음 선지자가 된다. 그는 농부였고 소가 많았다. **그가 열두 겨릿소를 앞세우고 밭을 가는데 자기는 열두째 겨릿소와 함께 있더라**(19절). 이는 그와 그의 가족이 경제적으로 부유했음을 뜻한다. 엘리야가 **겉옷**을 엘리사 위에 던진다(19절). 이는 선지자의 권능이 한 사람에게서 다른 사람에게로 건너가는 것을 상징한다. 또한 하나님이 자신의 길을 보여주기 위해 엘리야의 곁을 지나가신 것처럼(11절), 이제 엘리야가 하나님의 뜻을 전하기 위해 엘리사를 지나간다(19절).

엘리사는 **소를 버리고** 엘리야에게 달려간다. 이는 선지자 직분에 참여하려는 그의 열망을 보여준다. 그의 한 가지 요청은 부모에게 작별 입맞춤을 하는 것이다. 엘리사는 엘리야의 종이자 제자가 되기 위해 이전 삶을 버린다(20-21절). 엘리야는 갈멜산의 승리에도 불구하고 바알이 격퇴되지 않았음을 감지했는지도 모른다. 그러나 하나님은 여전히 함께 계셨고, 이제 북 왕국에서 강력한 일을 시작하려 하셨다.

c. 아합과 군사력을 압도하시는 하나님 (왕상 20:1-43)

열왕기상 19:15-16에서 엘리야가 받은 예언대로 하사엘이나 예후가 기름 부음을 받는 이야기가 이어질 것 같지만, 실제로는 전혀 다르게 전개된다. 하나님에게는 아직 아합에게 볼일이 남아 있었다. 70인역에는 20장과 21장의 순서가 바뀌어 있다. 엘리야와 아합의 관계를 확실히 하려는 의도로 보인다. 그러나 히브리어 본문을 보면 20:43에 나타난 아합의 태도와 21:4에 기록된 그의 모습 간에는 깊은 연관이 있다. 독자는 이 장의 주요 목적을 염두에 두어야 한다. 하나님은 아합에게 다시 한 번 그분의 능력의 보여주려 하신다. 아합은 여호와가 하나님이며 이스라엘의 참된 왕이심을 알게 된다(13, 28절).

20:1-6. 북 왕국은 북쪽 **아람**[수리아]의 계속된 공격에 시달려야 했다. **벤하닷**은 32명의 왕과 군대를 모아 **사마리아**를 포위하고 공격했다(1절). 성경 외의 고대 기록을 보면, 고대 근동에서 왕들의 연합은 흔한 일이었다(Patterson and Austel, "1 & 2 Kings," 153). 이 벤하닷은 먼저 나왔던 같은 이름의 아람 왕이 아니다(참고. 15:17-20). 아마도 벤하닷 2세(주전 860-843년경)인 것으로 추정되는데, 나중에 아합에게 그의 부친이 빼앗았던 성읍을 돌려주기로 약속한다(참고. 34절). 벤하닷의 군사 전술은 겁주기였다. 그는 사자들을 아합에게 보내 **네 은금은 내 것이요 네 아내들과 네 자녀들의 아름다운 자도 내 것이니라**라고 말한다(2-3절). 아합은 요구에 동의한다. **나와 내 것은 다 왕의 것이니이다**(4절). 벤하닷은 두 번째 사자들을 보내 **내일** 아합의 눈이 **기뻐하는** 모든 것을 가져가겠노라고 말한다. 이는 벤하닷이 아합을 봉신으로 삼겠다는 뜻이다(5-6절).

20:7-12. 이스라엘 왕 아합은 비로소 벤하닷의 위협을 깨닫고, **나라의 장로**를 불러 모아서 조언을 구한다(7절). 그들은 **듣지도 말고 허락하지도** 말 것을 조언한다(8절). 아합의 결정을 들은 아람 왕은 위협의 수위를 높인다. **사마리아의 부스러진 것이 나를 따르는 백성의 무리의 손에 채우기에 족할 것 같으면 신들이 내게 벌 위에 벌을 내림이 마땅하니라**(10절). 이는 사마리아의 완전한 멸망조차 그의 군대를 만족시키지 못하리라는 뜻이다. 아합은 벤하닷에게 이렇게 대답한다. **갑옷 입는 자가 갑옷 벗는 자같이 자랑하지 못할 것이라 하라**(11절). 전투는 아직 시작하지 않았고, 아람 왕은 때 이른 자만은 금물임을 기억해야 했다(12절).

20:13-21. 아합은 하나님의 뜻을 구하지 않았지만, 하나님은 은혜를 베풀어 이스라엘 왕에게 **선지자**를 보내 하나님이 그를 구원할 것임을 알려주신다. 그러면

아합은 **내가 여호와인 줄을** 알게 될 것이다(13절). 누가 전투에 앞장설 것인지를 묻자, 선지자는 **청년들과** 아합이라고 대답한다(14절). 열왕기에 나오는 '청년들'에 해당하는 히브리어(*na'are*, 나아르)는 군사 훈련을 받지 않은 젊은이를 가리키며, 훈련된 용사와 대조를 이룬다. 이는 본문의 드라마에 잘 들어맞는다. 이스라엘의 적은 엄청난 대군이고, 이스라엘 군대는 약하고 경험이 없다. **칠천**(15절)이라는 숫자는 19:18에 언급되는 신실한 남은 자의 숫자와 같다. 물론 이들이 같은 사람은 아니지만, 하나님에게는 신실한 '칠천' 명을 남길 능력이 있었고, 아합의 '칠천' 군사로 승리함으로써 그 사실을 증명하신다.

아합은 분명히 이 승리를 얻을 자격이 없었지만 하나님은 칠천 명의 신실한 사람을 보전하셨다. 아합이 칠천 군사로 승리를 얻은 것은 하나님의 심오한 은혜를 보여준다. 아합이 선지자와 이야기하고 있을 무렵(13-14절), 벤하닷은 동맹군 32명의 왕과 함께 술에 취해 있었다(16절). **사마리아에서 사람들이** 나온다는 보고를 받은 아람 왕은 이렇게 명령한다. **화친하러 나올지라도 사로잡고 싸우러 나올지라도 사로잡으라**(18절). 그러나 그의 명령은 하나님의 뜻과 이스라엘 군대에 의해 무참히 깨어진다. 벤하닷은 겨우 목숨만 구한 채 도망친다(20절). **이스라엘 왕이 나가서 말과 병거를 치고 또 아람 사람을 쳐서 크게 이겼더라**(21절).

20:22-25. 아합에게 첫 번째 전투 계획을 알려주었던 선지자가 **해가 바뀌면** 아람 왕이 다시 쳐들어올 것을 경고한다. 벤하닷은 이스라엘의 하나님이 **산의 신**이라는 잘못된 조언을 듣고 새로운 전략을 수립한다(23절). 그의 신하들은 평지에서 싸울 것과, 전에 동맹을 맺었던 왕들 대신 총독을 둘 것을 제안한다(24절). 엄밀하게 군사적 관점에서만 보면 그 전략은 일리가 있었다. 아람의 군대는 이스라엘에 비해 크고 강했으며, 말과 병거도 훨씬 더 많았기 때문이다.

20:26-30. 두 번째 전투는 갈릴리 바다에서 동편으로 수 킬로미터 떨어진 **아벡** 근처에서 발발한다. 두 군대는 충격적이리만치 대조적이다. **이스라엘 자손은 두 무리의 적은 염소 떼와 같고 아람 사람은 그 땅에 가득하였더라**(27절). 하나님의 사람이 다시 나타나 이스라엘의 왕 아합에게 말한다. **그러므로 내가 이 큰 군대를 다 네 손에 넘기리니 너희는 내가 여호와인 줄을 알리라 하셨나이다**(28절). 마침내 전투가 발발하고, 이스라엘은 **하루에 아람 보병 십만 명**을 죽인다(29절). 아람 군대의 남은 자는 성읍으로 도망하는데, 성벽이 남은 **자 이만 칠천 명** 위에 무너진다(30절). 이 장면은 여리고를 무너뜨린 여호수아의 전투를 연상케 한다. 어마어마한 강적을 맞아 하나님의 백성이 전투에 나선다. 그러나 실제로 싸워서 승리를 거둔 이는 하나님이시다.

20:31-34. 벤하닷도 아벡으로 숨어든다(30절). 목숨이 경각에 달렸음을 깨달은 아람 사람들은 벤하닷에게 화친을 주청한다. **우리가 들은즉 이스라엘 집의 왕들은 인자한 왕이라 하니**(31절). 그들은 항복의 표시로 **굵은베로 허리를 동이고 테두리를 머리에** 쓴 채(32절) 자비(*chesed*, 헤세드)를 구한다. 히브리어 '헤세드'는 주로 언약의 준수와 관련 있다. 그러나 하나님이 이스라엘과 맺으신 언약이 적들에게까지 적용되는 것은 아니다. 여호수아의 경우처럼(참고. 수 6:15-20), 이스라엘의 인근 이방 족속은 멸절되어야 했고, 특히 하나님이 싸우신 전투에서는 더욱 그래야 했다. 불행히도 하나님의 길을 잊었거나 아예 알지 못했던 아합은 자비를 구하는 벤하닷의 간청을 수락한다. **그는 내 형제이니라**(32절). 벤하닷은 아합에게 영토를 돌려주고 다메섹을 이용할 수 있게 해주겠다고 약조한다. 그리하여 아합은 벤하닷과 **조약**을 맺고, 그를 놓아준다(34절).

20:35-43. 아합은 다시 하나님의 사자에 의해 추궁을 당한다. 이번에는 **선지자 무리** 중 한 사람이 여호와의 말씀을 전한다(35절). 이들은 선지자 학교에서 공부하는 학생들이었고, 무명의 선지자는 그들 중 하나였다(참고. 왕하 9:1). 이 선지자는 벤하닷을 살려준 아합에게 메시지를 가져왔고, 드라마 형식으로 이 메시지를 전한다. 13:21-25의 장면과 비슷하게, **여호와의 말씀**을 받은 자가 동료 선지자에게 자기를 치라고 요청한다. 이는 아람과의 전쟁터에 나갔던 것처럼 보이기 위함이었다(35절). 다른 선지자가 치기를 거부하자 사자가 죽이리라고 말한다. **그 사람이 그의 곁을 떠나가더니 사자가 그를 만나 죽였더라**(36절). 그 선지자는 결국 다른 이의 도움을 받고, 이제 추궁이 시작된다.

수건으로 자기의 눈을 가리어 변장한 선지자는 아합을 만나 포로를 놓친 것에 대한 이야기를 한다(38절).

그리고 그에 대해 자신이 치러야 할 대가를 설명한다. 그는 대신 자기 **생명**을 내어놓거나, **은 한 달란트**를 변상해야 한다. 한 달란트는 약 34킬로그램으로, 이는 일개 병사가 도저히 감당할 수 없는 금액이었다(39절). 무자비한 이스라엘의 왕은 변장한 선지자에게 그대로 하라고 말한다. 그러자 선지자는 변장을 해제하고 아합에게 정체를 밝힌다(41절). 선지자 나단이 다윗에게 밧세바에 대해 이야기하기 위해 우화를 사용한 것처럼(참고. 삼하 12장), 이 선지자는 왕을 추궁하기 위해 도망친 포로의 이야기를 사용했다. 아합은 하나님이 **멸하기로 작정한** 벤하닷을 놓아주었기에, 자기 목숨으로 그의 목숨을 대신해야 했다(42절). 판결이 내려졌고, 아합은 다시 한 번 오직 하나님 한 분만이 왕이심을 깨닫는다! **이스라엘 왕이 근심하고 답답하여 그의 왕궁으로 돌아가려고 사마리아에 이르니라**(43절). 아합은 남은 일생을 하나님의 심판 아래 살아야 한다는 사실을 깨닫고 절망감에 사로잡힌다.

d. 아합이 나봇의 포도원을 탐내고 하나님의 공의를 배우다(왕상 21:1-29)

아합은 바알 숭배에 대한 하나님의 심판(참고. 18:30-40)을 목격했고, 하나님이 능력으로 아람으로부터 구원하시는 것(참고. 20:1-30)을 경험했으므로 마땅히 악한 길에서 회개해야 했다. 그러나 이스라엘의 왕은 하나님이 왕이신 것과 유다와 이스라엘의 왕들도 하나님의 종임을 꾸준히 인정하지 않았다. 따라서 열왕기의 수신자인 바벨론 포로들은 계속해서 아합의 삶을 통해 영적 교훈을 배운다.

21:1-4. 그 후에라는 전환어와 함께 아합의 삶을 보여주는 이야기가 계속된다(1절). 아합은 한 선지자에 의해 책망을 받은 후, 사마리아에서 칩거하며 이제 자기 삶에는 낙이 없다는 생각으로 침울해하고 있었다. 이때 그는 이스르엘 사람 나봇의 포도원을 탐냈다. 아합은 나봇에게 제 딴에는 좋은 조건을 내걸었다. **내가 그 대신에 그보다 더 아름다운 포도원을 네게 줄 것이요 만일 네가 좋게 여기면 그 값을 돈으로 네게 주리라**(2절). 나봇은 그 포도원이 **조상의 유산**이라는 이유로 모든 조건을 거절한다(3절). 물론 나봇은 땅이 하나님의 소유이며, 하나님이 그 백성에게만 땅을 맡기신다는 사실을 알고 있었다(참고. 레 25:23). 땅은 가처분 소유물처럼 팔려서는 안 되며, 분배받은 가문의 소유물로 남아 있어야만 했다(참고. 신 25:5-10). 원하는 것을 얻지 못한 아합은 또다시 **근심하고 답답하여** 침상에 누운 채 식음을 전폐한다(참고. 20:43).

21:5-14. 아합이 왜 부루퉁한지 알게 된 **이세벨**은 계책을 마련한다(5-6절). 여왕은 정치권력을 남용하도록 종용한다. **왕이 지금 이스라엘 나라를 다스리시나이까**(7a절). 그녀는 아합에 대한 예언을 알았을지도 모른다. 그러나 어쨌든 지금의 왕은 아합이기에, 그녀는 권력을 휘두르라고 부추긴다. 그리고 한 술 더 떠서 아합에게 이렇게 장담한다. **내가 이스르엘 사람 나봇의 포도원을 왕께 드리리이다**(7b절). 그녀는 왕의 **인장**으로 이스르엘 **장로들**에게 편지를 써서 **금식**을 선포하고 나봇을 부르게 한다(9절). 도시 전체에 대한 금식 선포는 중대한 범죄의 발생을 의미했다. 그리고 장로들에게 **불량자 두 사람**을 끌어들여 나봇이 **하나님과 왕**을 저주했다고 거짓 증언을 하게 한다(10절). 만약 유죄가 입증된다면, 나봇은 돌에 맞아 죽게 된다. 이세벨의 계책은 그대로 수행되고, 나봇이 죽었다는 소식이 전달된다(14절).

21:15-24. 이세벨이 아합에게 **나봇의 포도원을 차지**하라고 말한다(15절). 아합과 이세벨의 음모에도 불구하고 포도원은 여전히 나봇의 소유로 불린다. 모든 것이 순조로워 보였지만, **여호와의 말씀이 디셉 사람 엘리야에게 임**한다(17절). 하나님은 엘리야가 훔친 포도원을 취하러 가는 아합을 대면하게 하신다. 또한 아합에게 **개들이 나봇의 피를 핥은 곳에서 개들이 네 피 곧 네 몸의 피도 핥으리라**고 전하게 하신다(19절). 엘리야를 대면한 아합은 그를 **대적자**로 부른다. 엘리야는 하나님의 대변자였으므로, 이는 곧 하나님을 대적자로 부른 것과 같다. 엘리야는 메시지를 전한다. 아합은 열왕기에서 하나님의 법도를 거역한 자들에 대해 여덟 번이나 선포된 끔찍한 죽음을 당하게 될 것이다(참고. 14:11; 16:4; 21:19, 23-24; 22:38; 왕하 9:10, 36).

엘리야는 아합의 죽음이 그가 **자신을 팔아 여호와 보시기에 악을 행**하였기 때문임을 분명히 밝힌다(20절; 참고. 22절). 아합은 일말의 의로움조차 포기하고 자기 유익을 위해 악을 행했으며, 왕국에 손해를 끼쳤다. 따라서 하나님은 아합의 집을 **느밧의 아들 여로보**

암의 집처럼 되게 하실 것이다. 이는 그가 하나님을 **노하게 하고 이스라엘이 범죄하게 한 까닭**이다(22절). 또한 이세벨은 아합을 부추겨 온 나라가 바알을 섬기게 했기에, **개들이 이스르엘 성읍 곁에서 이세벨을 먹을 것이다.** 이 예언은 예후에 의해 그대로 성취된다(참고. 왕하 9:30-37).

21:25-29. 예기치 않게 아합의 삶에 대한 요약이 나온다. **예로부터 아합과 같이 그 자신을 팔아 여호와 앞에서 악을 행한 자가 없음은**(25절). 엘리야의 말을 들은 아합은 **옷을 찢고 굵은베로 몸을 동이고 금식하고 굵은베에 누우며 또 풀이 죽어 다닌다**(27절). 하나님은 왕의 겸비함을 인정하고, 아합에게 자비를 베풀기로 하신다. 하나님은 전에 선포했던 재앙(*ra'ah*, 라아)을 아합의 생전에는 내리지 않기로 하신다(29절). 엘리야를 통해 아합에게 선포되었던 예언은 결국 아합의 아들 요람/여호람이 경험하게 된다(참고. 왕하 9:1-37). 이 사건은 하나님의 자비와 계획에 대해 의문을 제기한다. 하나님은 아합에게 심판을 선포했지만, 자신의 계획 속에서 심판의 수정을 허락하셨다. 뿐만 아니라 이 모든 것을 이미 다 알고 계셨다.

e. 아합이 선지자 미가야의 추궁을 받다: 계획을 압도하시는 하나님(왕상 22:1-40)

엘리야와의 대면 후 아합에게 심경의 변화가 있었지만(21:27-29), 이어진 사건을 보면 그의 생각은 여전히 악한 세계관의 지배를 받고 있었다. 아합은 하나님이 자연(17장)과 바알 선지자들(18장) 그리고 자신의 은밀한 악한 길(21장)을 완전히 압도하시는 것을 지켜보았다. 이제 아합은 자기가 세운 선지자들의 기만적인 말보다 하나님의 예언이 우월하다는 것을 뼈저리게 경험한다.

22:1-4. 당시에는 이스라엘과 아람 사이에 잠시나마 평화가 유지되었는데, 이는 그들이 앗수르 왕 살만에셀 3세에 대항해서 동맹을 맺었기 때문이다. **아람과 이스라엘 사이에 전쟁이 없이 삼 년을 지냈더라**(1절). 이스라엘은 주전 853년에 수리아 북쪽 카르카르(Qarqar)에서 살만에셀에 대한 결정적 승리를 거둔다. 앗수르 전쟁이 끝나자, 아합은 벤하닷과 맺었던 조약을 실행에 옮기려 한다(참고. 20:34). 그는 특별히 **길르앗 라못**을 염두에 두고 있었다. 이는 가드에 있는 주요 도시로서 요단강에서 동쪽으로 약 48킬로미터, 갈릴리 바다에서 남쪽으로 약 24킬로미터 떨어져 있었다. 아합은 이 지역이 이스라엘의 소유임에도 불구하고 여전히 **아람의 왕의 손**에 있다고 단언한다(3절). 때마침 유다 왕 **여호사밧**이 아합을 방문했는데(4절), 이스라엘 왕의 딸이 유다 왕의 아들과 결혼을 함으로써 이스라엘과 유다가 결혼으로 인한 동맹 관계에 있었기 때문이다(참고. 대하 18:1). 군사적 위협과 왕실 간의 결혼이 두 사람을 동맹 관계로 이끌었다.

22:5-12. **여호사밧**은 기꺼이 전투에 인원과 말을 지원하려 했지만, 먼저 **여호와의 말씀**을 물어볼 것을 주장한다(5절). 이들의 대화를 살펴보면, 여호사밧이 아합보다 훨씬 여호와의 뜻에 영적으로 민감했음을 알 수 있다. 그리하여 아합은 **선지자 사백 명**을 모은다(6절). 이는 엘리야가 주도한 갈멜산 대결에 모습을 드러내지 않았던 아세라 선지자의 숫자와 같다. 그들은 바알 선지자 450명이 처형을 당할 때 화를 면했다(참고. 18:19, 40). 이 이방 선지자들은 아합이 듣고 싶어 하는 말을 분명하게 전달한다. **올라가소서 주께서 그 성읍을 왕의 손에 넘기시리이다**(6절).

여호사밧은 또 다른 여호와의 선지자를 원했다. 아합이 아는 유일한 여호와의 선지자는 **이믈라의 아들 미가야**뿐이었다(8절). 아합은 미가야에 대한 미움을 고백한다. **그는 내게 대하여 길한 일은 예언하지 아니하고 흉한 일**[라(*ra'*), '고통', '재앙']**만 예언하기로**. 그러나 여호사밧은 미가야를 고집했고, 결국 그를 왕들 앞으로 데려오기로 한다(9절). 선지자 시드기야와 여러 선지자들이 아합과 여호사밧에게 길르앗 라못을 치라고 부추김으로써 긴장이 고조된다. **여호와께서 그 성읍을 왕의 손에 넘기시리이다**(12절).

22:13-18. **미가야를 부르러 간 사신**이 미가야에게 다른 선지자들이 전투에 대해 왕들에게 **길하게** 조언한 사실을 알려준다. 그들의 자신감은 3년 전의 승리와 최근 살만에셀 3세에 대한 승리에서 기인한 것이었다. 사신이 아합에게 길하게 말하라고 경고하자, 선지자가 대답한다. **여호와께서 살아 계심을 두고 맹세하노니 여호와께서 내게 말씀하시는 것 곧 그것을 내가 말하리라**(14절). 마침내 왕들 앞에 등장한 미가야는 짐짓 다른 선지자들의 말을 흉내낸다. **올라가서 승리를 얻으소**

서(15절). 그러나 아합은 미가야의 목소리 또는 행동에서 뭔가 낌새를 느끼고 바른 말을 하라고 다그친다. **내가 몇 번이나 네게 맹세하게 하여야 네가 여호와의 이름으로 진실한 것으로만 내게 말하겠느냐**(16절). 그러자 미가야는 받은 환상에 대해 이야기를 시작한다. 이스라엘은 아람 사람의 손에 완전히 패망할 것이다. **내가 보니 온 이스라엘이 목자 없는 양같이 산에 흩어졌는데**(17절). 아합은 다시 이 선지자가 **흉한 것**만 말한다고 투덜댄다.

22:19-28. 미가야는 이 예언의 출처에 대해 설명한다. 그는 **여호와께서 그의 보좌에 앉**은 환상을 보았다. 이는 하나님이 왕권을 손에 쥐신 이미지로서(참고. 사 6:1; 겔 1:26-28), 각기 보좌에 앉은 두 왕들과 뚜렷한 대조를 이룬다(10절). 이 하늘의 환상 속에서 선지자는 하나님과 **하늘의 만군** 사이의 대화를 엿듣는다(19절). 하나님이 물으신다. **누가 아합을 꾀어 그를 길르앗 라못에 올라가서 죽게 할꼬**(20절). 여기서 '꾀다'는 '설득하다' 또는 '설득을 시도하다'를 의미한다. 하나님은 그분의 목적을 이루기 위해서 사람을 속이지 않으신다. 미가야의 환상은 고대 근동의 군주가 신하와 모사들을 거느리고 보좌에 앉아 있는 모습을 형상화한 것으로 이해해야 한다. 하나님이 문자적으로 **그의 보좌**에 앉으신 것은 아니다. 왜냐하면 하나님은 무형의 영이시기 때문이다(참고. 요 4:24). 전지한 분이므로, 다른 존재에게 무엇을 물으실 필요도 없다. 또한 전능한 하나님이기에, 무언가를 이루기 위해 **거짓말하는 영**을 필요로 하시지도 않는다.

대신 이 구절에서 **거짓말하는 영**(22절)은 하나님과 거짓 선지자들 사이에 신학적인 '막'을 제공한다. '거짓말하는 영' 때문에 하나님은 직접 기만을 시도하시는 것으로 묘사되지 않는다. 그러나 열왕기 저자는 분명하게 하나님이 이 상황을 관리하시는 것으로 기술한다(23절). 하나님은 이 사건을 신비한 방법으로 예정하고 주관하셨지만 직접적으로 일으키지는 않으셨다(왜냐하면 하나님은 "친히 아무도 시험하지 아니"하시기 때문이다, 약 1:13). 대신 그분은 '간접적이고', '궁극적인 원인'으로서 이 사건이 무르익게 하셨다. 따라서 도덕적 행동에 책임을 져야 하는 거짓 선지자들이 죄에 대한 비난을 받아야 한다.

거짓 선지자들이 하는 말은 아합이 듣고 싶어 하는 바로 그것이다. 그러나 아합은 환상에 대한 전말을 들었고(17-23절), 회개하고 바른 결정을 내릴 기회를 얻었다. 하지만 아합은 그렇게 하기를 거부하고, 대신 미가야를 감옥에 넣기로 결정한다. **이놈을 옥에 가두고 내가 평안히 돌아올 때까지 고생의 떡과 고생의 물을 먹이라**(27절). 미가야는 하나님을 위해 진실을 말했다. 하지만 그 대가로 아합의 손에 의해 고통을 당했으며, 아마도 감옥에서 생을 마감했을 것이다. 왜냐하면 그가 이렇게 말했기 때문이다. **왕이 참으로 평안히 돌아오시게 될진대 여호와께서 나를 통하여 말씀하지 아니하셨으리이다**(28절). 아합은 듣기를 거부하고 스스로 죽음의 길로 나아갔다.

22:29-40. 미가야의 예언이 아합의 마음속에 여운을 남겼던 것 같다. 아합은 자신은 변장하고 군중 속으로 들어가고, 여호사밧은 왕복을 입은 채로 전투에 나갈 것을 제안한다(30절). 그는 유다 왕이 적들의 목표물이 되고, 자기는 익명으로 전쟁터를 누비기 원했다. **아람 왕**은 **지휘관 삼십이 명**에게 이스라엘 왕 아합과만 싸우라고 특별 명령을 하달한다(31절). 아합을 찾아 죽이는 것이 그들의 임무였다. 전투가 개시되자, **한 사람이 무심코 활을 당겨 이스라엘 왕의 갑옷 솔기를 맞혔다**(34절). 이 일격은 무작위처럼 보일지 모르지만, 화살은 정확히 하나님이 의도하신 지점에 명중한다. 비록 변장으로 자신의 신분을 숨겼지만, 아합은 치명적인 부상을 입고 **병거 가운데에 붙들려 서서** 죽고(35절), **그 상처의 피가 흘러 병거 바닥에** 고인다. 그의 죽음과 **개들이 그의 피를 핥**으리라는 예언이 그대로 이루어진다(38절; 참고. 21:19). 그의 호화스러운 **상아궁**과 왕으로서 이룬 모든 업적이 빛을 잃는다. 아합이 모든 것을 주관하시는 하나님과 상관없는 삶을 살려 했기 때문이다. 아합이 죽고, **그의 아들 아하시야가 대신하여 왕**이 된다(40절). 아하시야의 통치는 열왕기하 1장에 자세히 나온다.

5. 유다의 여호사밧: 선한 왕(왕상 22:41-50)

22:41-50. 아사의 아들 여호사밧이 유다의 왕이 된다는 기록과 함께 열왕기상이 마무리된다(주전 873-848년, 참고. 대하 17:1-20:37). 북 왕국의 아합과 달리, 여호사밧은 **그의 아버지 아사의 모든 길로 행하며**

돌이키지 아니하고 여호와 앞에서 정직히 행한다(43절). 여호사밧은 부친 아사처럼 유다의 선한 왕이었으나, **산당**을 제거하지는 않았다(43절; 참고. 15:14). 그는 대체로 하나님의 뜻을 순종하려 한 왕이었다. 그는 **오빌**에 가서 금을 실어 오려 했지만, **에시온게벨**에서 파선하고 만다(48절; 참고. 대하 20장). 여호사밧은 아합의 아들 **아하시야**와의 동맹을 거부한다(49절).

6. 이스라엘의 아하시야: 악한 왕 (왕상 22:51-왕하 1:18)

22:51-53. 아합의 아들 **아하시야**[주전 853-852년, 참고. 대하 20:3-37]에 대한 평가는 여호사밧의 통치에서 드러난 의로움과는 대조적이다. **유다의 여호사밧 왕 제십칠 년에 아합의 아들 아하시야가 사마리아에서 이스라엘의 왕이 되어 이 년 동안 이스라엘을 다스리니라**(51절). 그는 아버지 아합과 마찬가지로, **여호와 앞에서 악을 행했고**(52절), 바알을 섬김으로써 **이스라엘의 하나님 여호와를 노하시게 했다**(53절). 그가 다스린 자세한 내용은 열왕기하 1장에 이어진다. 그의 악한 행동은 나머지 이스라엘 왕들의 악행과 함께 이스라엘을 멸망으로 이끌고(왕하 17장), 종국에는 남 유다도 바벨론으로 포로로 끌려간다. 열왕기의 마지막 구절들은 바벨론 포로의 운명이 마땅하다는 사실을 분명히 보여준다. 하나님 한 분만이 그들의 의로운 왕이시다(참고. 출 19:4-6; 삼상 8:7). **이스라엘의 하나님 여호와**만이 예배를 받으시기에 합당하며, 나라는 다윗의 자손 메시아 왕을 계속해서 고대해야 한다.

이스라엘과 유다 왕들의 역사적 기록과 신학적 고찰은 열왕기하에서 계속되며, 아하시야의 죽음에 대한 이야기로 시작된다.

참 고 문 헌

Archer, Gleason L. *A Survey of Old Testament Introduction*. Chicago: Moody, 1964.《구약총론》(CLC).

Arnold, Bill T., and Bryan E. Beyer. *Encountering the Old Testament*. Grand Rapids, MI: Baker, 1998.《구약의 역사적 신학적 개론》(크리스찬출판사).

Davis, John J. and Whitcomb, John C. *Israel: From Conquest to Exile*. Winona Lake, IN: BMH, 1989.

Devries, Simon J. *1 Kings*. Word Biblical Commentary, 2nd ed. Nashvilee: Thomas Nelson, 2004.《열왕기상》, WBC 성경주석(솔로몬).

Fee, Gordon and Douglous Stuart. *How to Read the Bible Book by Book*. Grand Rapids, MI: Zondervan, 2002.《책별로 성경을 어떻게 읽을 것인가》(성서유니온).

Harrison, R. K. *Introduction to the Old Testament*. Grand Rapids, MI: Eerdmans, 1969.《구약서론》(크리스천다이제스트).

Hindson, Ed and Gary Yates, eds. *The Essence of the Old Testament: A Survey*. B & H Academic: Nashville, 2012.

Hobbs, T. R. *2 Kings*. Word Biblical Commentary. Vol. 13. Nashville: Thomas Nelson, 1986.《열왕기하》, WBC 성경주석(솔로몬).

House, Paul R. *1, 2 Kings*. New American Commentary. Nashville: Broadman & Holman, 1995.

Howard, David M. *An Introduction to the Old Testament Historical Books*. Chicago: Moody, 1993.《구약 역사서 개론》(크리스찬출판사).

Hubbard, Robert L. Jr. *First and Second Kings*. Everyman's Bible Commentary. Chicago: Moody, 1991.

Keil, C. F. and F. Delitzsch. *The Books of the Kings*. In Commentary on the Old Testament, reprint. Grand Rapids, MI: Eerdmans, 1975.

Patterson, R. D. and Hermann J. Austel. "1 & 2 Kings." In vol. 4 of The Expositor's Bible Commentary. Grand Rspids, MI: Zondervan, 1988.

Provan, Iain W. *1 and 2 Kings*. New International Bible Commentary. Peabody, MA: Hendrickson, 1995.

______. *1 and 2 Kings*. Understanding the Bible Series. Grand Rapids, MI: Baker, 2012.

Thiele Edwin R. *The Mysterious Numbers of the Hebrew Kings*, rev. ed. Chicago: University of Chicago Press, 1983.《히브리 왕들의 연대기》(CLC).

Wiseman, Donald J. *1 and 2 Kings*. Tyndale Old Testament Commentaries. DownersGrove, IL: InterVarsity, 1993.

열왕기하

해리 실즈(Harry E. Shields)

서 론

열왕기상의 서론을 보라.

주 석

1:1-8. 열왕기 상하는 원래 한 책이므로, 열왕기하는 열왕기상이 끝나는 부분에서 시작한다. 아합의 아들로서 이스라엘의 왕위에 오른 **아하시야**[주전 853-852년]에 대한 이야기가 이어진다. 서론에서 언급한 것처럼, 이 책의 히브리어 제목 '멜라킴'(*melakim*, '왕들')은 열왕기가 원래 한 권의 책임을 보여준다. 그래서 열왕기상 22:51-53에 나오는 아하시야에 대한 진술은 열왕기하 1장의 이야기로 자연스럽게 이어진다. 아하시야의 통치는 단 2년으로(왕상 22:51) 짧았으며, 그는 악한 길로 행하여 여호와의 노를 격발했다(왕상 22:53).

짧은 통치 기간 동안 아하시야는 두 가지 큰 문제에 직면한다. 하나는 정치적 문제이고, 다른 하나는 신체적 문제이다(1-2절). 첫째, **아합이 죽은 후에 모압이 이스라엘을 배반하였더라.** 이 반역의 자세한 내용은 열왕기하 3장에 나온다. 둘째, 아하시야는 심각한 부상을 입는다. **아하시야가 사마리아에 있는 그의 다락 난간에서 떨어져 병들매**(2절). 중동의 일반적인 '다락'은 지붕 위에 있는 방으로서, 창문이 있는 난간 혹은 벽 대신 난간만 두른 공간이다. 이 난간은 쉽게 부서질 수 있었다. 이로 인한 사고 위험을 최소화하기 위해 실제적인 율법의 규제가 주어지기도 했다(참고. 신 22:8).

이 부상이 열왕기하 1장의 주요 사건이다. 아하시야는 **사자를 보내 에그론의 신 바알세붑에게 이 병이 낫겠나 물어보**게 한다(2절). 왜 왕이 자기 나라의 바알 선지자들에게 조언을 구하지 않았는지에 대한 설명은 없다. 에그론은 블레셋의 주요 성읍으로, 예루살렘과 가드 사이에 있었다(참고. 수 13:2-3; 삼상 5:10). 일부 주석가는 아하시야가 그렇게 한 이유는 병든 사실을 백성에게 감추고 싶었기 때문이라고 설명한다. 또는 신의 본거지로 가서 조언을 구하고 싶었을 수도 있다. 아니면 에그론이 지리적으로 근접했기 때문일 수도 있다(Patterson and Austel, "1 and 2 Kings," 172).

이유가 무엇이든 간에, 아하시야가 이방 신에게 병이 나을지 물어보는 것은 그가 실제로 어떤 사람인지를 보여준다. 길을 가던 사자들은 **디셉 사람 엘리야**를 만난다. 이들은 그가 누구인지 알지 못했다(참고. 7-8절). 엘리야는 왕의 영적 상태를 드러내기 위해 같은 질문을 세 번 반복한다. **이스라엘에 하나님이 없어서 너희가 에그론의 신 바알세붑에게 물으러 가느냐**(3절; 6, 16절, 자구가 약간 바뀜). 아하시야는 갈멜산의 사건(바알 선지자에 대한 하나님의 승리, 참고. 왕상 18장)과 길르앗 라못의 사건(아합이 예언대로 죽음, 참고. 왕상 22장)을 통해 오직 여호와가 하나님이며 건강을 포함한 모든 것을 주관하신다는 사실을 배우지 못했다.

많은 주석가는 '바알세붑'이 '바알/파리대왕'을 뜻하며, 이방 신을 경시하려는 히브리어 사본 필경사의 의도적인 변형으로 본다. 원래 이름은 아마도 '존귀한 바알'이라는 뜻의 '바알세불'이었을 것이다[Iain W. Provan, *1 and 2 Kings*, NIBC (Peabody, MA: Hendrickson, 1995), 170]. '바알세불'이라는 이름은 신약성경에서 '사탄'의 동의어로 여러 번 등장한다(참고. 마 10:25; 12:24, 27; 막 3:22; 눅 11:15, 18-19). 저자가 말하려는 것은 아하시야가 잘못된 신을 좇았다는 사실이다. 그 결과 엘리야는 왕이 **침상**에서 내려오지 못하고 **반드시 죽으리라**라고 선언한다(4절).

여호와의 사자가 엘리야에게 갈 곳을 일러준다(3, 15절). '사자'에 해당하는 히브리어 말라크(*malak*)는 '전달자'를 뜻한다. 이 사자를 성육신 이전의 메시아가 나타난 것으로 보면 안 된다. 구약성경에서 메시아가 특별한 사안에 대해 꾸짖고 격려하며 지침을 주기 위해 사람들에게 나타난 경우가 있다(참고. 창 16:7-13; 18:1-33; 출 3:2; 민 22:22; 삿 13:6, 19-22). '여호와의 사자'가 성육신 이전의 메시아를 가리키는 경우에는, 그를 본 자들이 그를 예배하거나 또는 나중에 하나님의 이름으로 불림으로써 그의 신성이 인정된다. 이 경우는 그렇지 않기에, 이 사자는 엘리야의 갈 길을 알려준 하나님의 전령일 뿐이다. 그는 아하시야가 에그론에 보낸 사자들과 대조를 이룬다(5-8절).

사자들이 중도에서 돌아오자 놀란 왕이 묻는다. **어찌하여 돌아왔느냐**(5절). 그들은 한 사람이 나타나서 왕에게 메시지를 전하라 했다고 대답한다. 사자들은 이스라엘에는 하나님이 없느냐는 엘리야의 질문과 왕의 죽음에 대한 예언을 반복한다. 그러자 왕이 다시 묻는다. **너희를 만나 이 말을 너희에게 한 그 사람은 어떤 사람이더냐**(7절). 외모에 대한 설명을 들은 왕은 그가 **디셉 사람 엘리야**임을 곧 알아차린다(8절).

1:9-16. 자신의 영적 상태에 대한 신랄한 비판과 죽음의 판결을 들은 아하시야는 회개하고 자비를 구해야 했다(참고. 6, 8절). 그러나 왕은 대신 엘리야 체포조로 **오십부장**과 **군사 오십 명**을 보낸다(9절). 엘리야의 정확한 위치는 나오지 않지만, 군사들은 그가 있던 **산꼭대기**를 알았던 듯하다. 첫 번째 오십부장은 엘리야를 **하나님의 사람**으로 부르며 왕의 명령을 따라 내려오라고 한다(9절). 열왕기 전체에서 '하나님의 사람'이라는 표현은 하나님이 주신 특별한 메시지 또는 선지자 직분을 받은 자를 가리킨다(참고. 왕상 12:22; 13:1; 17:18; 20:28; 왕하 1:9; 4:7; 5:8). 갈멜산 사건을 연상시키면서, **엘리야**는 오십부장에게 외친다. **내가 만일 하나님의 사람이면 불이 하늘에서 내려와 너와 너의 오십 명을 사를지로다**(10, 12절).

즉시 하늘에서 불이 내려와 첫 두 오십부장과 그 군사를 사른다. 하나님은 갈멜산에서 나타나셨고, 자연을 통제하셨으며, 불 가운데서 자신을 드러내셨다(참고. 왕상 17-18장). 여기에서 하나님은 다시 나타나 그분의 은혜와 능력을 저버리고 이방 신의 도움을 구한 자들을 심판하신다. 아하시야와 첫 두 오십부장은 그들 가운데 나타난 하나님을 보지 못했지만, 세 번째 오십부장은 사태의 영적 의미를 이해했다(13절). 그는 엘리야 앞에 **무릎을 꿇어 엎드려** 자기와 부하의 목숨에 대한 자비를 간청한다. 많은 이스라엘 사람이 바알과 아세라 상 앞에 무릎을 꿇었지만, 이 군사는 하늘에서 내려오는 불을 피하고 대신 여호와의 자비를 경험하고 싶었다(14절).

이 지휘관은 엘리야 앞에 무릎을 꿇었지만, 선지자는 단지 참 하나님의 대변자일 뿐임을 알았다. 이 오십부장의 말과 자세를 통해 그가 하나님으로부터 자비를 구하고 있음을 알 수 있다(15-16절). 엘리야는 하나님의 사자를 통해 이 오십부장과 함께 내려가 왕 앞에 보이라는 지시를 받는다. 그리고 **두려워하지 말라**는 명령(15절)에 따라 용기를 낸다. 일찍이 이 선지자는 이세벨의 위협에 겁을 집어먹고 사마리아에서 최대한 멀리 도망쳤었다(참고. 왕상 19:1-18). 그러나 이제 엘리야의 삶은 변했다. 이 선지자는 아하시야와 달리 하나님이 왕들과 자연의 힘을 다스리신다는 것을 알게 되었다. 따라서 사자의 말에 순종하는 것이 영적으로 지혜로운 일이었다.

1:17-18. 아하시야의 삶에 대한 요약으로 이 장이 끝을 맺는다. 짤막한 정보가 첨가된다. **왕이 엘리야가 전한 여호와의 말씀대로 죽고 그가 아들이 없으므로 여호람이 그를 대신하여 왕이 되니**(17절; 참고. 왕상 22:51-53). 여호람은 아하시야의 형제이며, 따라서 아합의 아들로 불린다(참고. 3:1). 여호람이 이스라엘의 왕위에 오른 시기는 유다의 여호람이 왕위에 오른 지 **둘째 해**였다. 유다 왕 여호람은 **여호사밧의 아들**이었

다(참고. 왕상 22:41-50; 왕하 3:1).

7. 엘리사, 북 왕국의 선지자(왕하 2:1-6:23)

이스라엘과 유다의 왕들이 계속 바뀌었듯이, 참된 선지자도 바뀐다. 엘리야는 결국 엘리사로 대체된다(참고. 왕상 19:16). 엘리야처럼, 엘리사도 하나님이 왕들과 백성에게 주신 메시지가 참이라는 것을 증명하기 위해 기적을 행한다.

a. 엘리사가 엘리야의 선지자 직분을 받다 (왕하 2:1-25)

2:1-6. 직접적인 기술은 없지만, 1-14절에 나타난 엘리야의 행동을 보면 그는 떠날 때가 가까웠음을 알았다. 느닷없이 기적적인 엘리야의 최후가 기술된다. **여호와께서 회오리바람으로 엘리야를 하늘로 올리고자 하실 때에**(1절). **선지자의 제자들**은 엘리야가 떠날 때임을 알았다(3, 5절). 엘리야와 엘리사 역시 이미 알고 있었을 것이다.

엘리야는 떠나지만, 하나님이 엘리사의 사역에 함께하시는 증거는 충분했다. 엘리사는 집요하게 엘리야를 따른다. 심지어 엘리야가 따라오지 말고 **여기 머물라** 해도 막무가내이다. 이 실랑이는 **벧엘**, **여리고** 그리고 **요단**에서 반복된다(2, 4, 6절). 그러나 엘리사는 전혀 말을 듣지 않는다. 엘리야가 다른 곳으로 가면서 따라오지 말라고 하면, 엘리사는 이렇게 대꾸한다. **내가 당신을 떠나지 아니하겠나이다**(2, 4, 6절).

2:7-14. 엘리야와 엘리사는 함께 여행하며 선지자의 제자들을 만나다가 종국에는 **요단**강에 이른다. **선지자의 제자 오십** 명이 멀리서 그들을 바라본다(7절). 하나님의 손이 함께하시는 것을 마지막으로 보여주려는 듯, 엘리야는 **겉옷을 가지고 말아 물을** 친다(8절). 그러자 즉시 물이 갈라진다. 지켜보던 이들은 하나님이 함께하셔서 여호수아와 백성이 처음으로 요단을 건너 약속의 땅에 들어서던 때를 떠올렸을 것이다(참고. 수 3:7-10). 지금은 두 선지자가 **마른 땅** 위로 건너간다(8절).

건너편에 다다르자 엘리야는 후계자가 될 엘리사에게 무엇을 원하는지 물어본다. 엘리사가 대답한다. **당신의 성령이 하시는 역사가 갑절이나 내게 있게 하소서**(9절). 신명기 21:17에 나오는 "두 몫"(갑절)이라는 단어는 장자가 아버지의 기업을 관리하기 위해 상속하는 분량을 가리킨다. 엘리사는 엘리야를 **아버지**(12절)로 부른다. 따라서 이를 신명기 21:17과 연관 짓는 것도 무리는 아니다. 비록 엘리사가 구하는 것이 **어려운 일**(10절)이었지만, 엘리야는 자기를 데려가시는 것을 보면 그 일이 이루어지리라고 말한다.

두 사람이 걷는 중에 **불수레와 불말들**이 나타나고, 엘리야가 **회오리바람**으로 하늘로 올라간다(11절). 수레와 말들은 **이스라엘의 병거**로 인식되는데, 이는 하나님의 임재를 나타낸다(12절; 참고. 겔 1:4-14, 합 3:11). 또한 하나님의 힘과 능력, 위험과 보호를 나타낸다. 이들이 엘리야와 엘리사를 **갈라놓고**, 곧이어 엘리야가 회오리바람을 타고 하늘로 **올라**간다. 하나님의 능력은 종종 바람, 불, 폭풍의 힘을 통해 드러난다(예를 들어 출 13:21; 욥 38장; 40:6-14; 시 29:3-9; 77:18; 83:15; 사 19:1; 겔 1:4). 에녹처럼, 엘리야는 죽음을 경험하지 않고 하나님의 존전으로 간다(참고. 창 5:24).

엘리야의 사역이 급작스럽게 끝나고, 하나님이 여전히 이스라엘과 함께하시는지에 대한 의문은 계속된다. 하나님이 이스라엘 및 엘리사의 사역에 함께 하시는 첫 증거가 엘리사의 외침 속에 드러난다. **내 아버지여 내 아버지여 이스라엘의 병거와 그 마병이여**(12절). 이 외침에는 하나님의 능력에 대한 놀라움과 스승을 잃어버린 슬픔이 담겨 있다. 또한 이는 엘리야를 데려가시는 것을 지켜본 사실(10절)의 확증이다. 따라서 엘리사는 자신의 요구대로 엘리야의 성령을 '갑절'로 받을 것이다.

하나님의 임재에 대한 또 다른 증거로, 엘리사는 **자기의 옷을 잡아 둘로 찢**는다(12절). 이는 슬픔의 표현이다(참고. 창 37:29, 34; 44:13; 수 7:6). 엘리사는 엘리야가 들려 올라가면서 땅에 떨어진 **겉옷**을 주워 들고 **요단 언덕**에 선다(13절). 그리고 엘리야의 겉옷으로 **물을 치며** 요단을 **건너**간다(14절). 하나님은 엘리사가 엘리야와 같은 능력으로 요단을 가르게 함으로써 그의 승계를 인정하신다(8, 14절). 엘리사가 능력과 영적 지도력을 승계받은 또 다른 증거는 여호수아처럼 사역 초기에 요단을 갈랐다는 사실이다. 이곳은 아마도 여리고 근처의 같은 지점이었을 것이다(4, 18절; 수 3:13-17). 심지어 그들의 이름 사이에도 연관이 있다. 엘리사는 '하나님이 구원하신다'를 의미하며, 여호수아는 '여호와가 구원하신다'를 뜻한다.

2:15-18. 요단 근처에서 이 극적인 장면을 지켜본 **선지자의 제자**들은 새로운 선지자의 출현을 증거한다. **엘리야의 성령이 하시는 역사가 엘리사 위에 머물렀다**(15절). 그러나 그들은 엘리야가 하늘로 완전히 들려 올라갔는지에 대해서는 의심을 품었다. 그래서 **여리고**에 머무는 엘리사에게, 가서 그의 주인을 찾아보게 해 달라고 요청한다(16절). 계속되는 요청에 엘리사가 할 수 없이 허락하고, 그들은 삼 일 동안 엘리야를 찾지만 실패한다(17절).

2:19-22. 하나님이 여전히 이스라엘에 계시며 엘리사를 통해 일하신다는 두 번째 증거는 여리고의 **성읍 사람들**이 물의 문제로 엘리사를 찾아오면서 주어진다. 오래전에 내려진 저주(참고. 수 6:26)가 여전히 여리고 주민에게 문제를 일으키고 있었다. 물 문제로 백성이 고통당하고 있었다. 성읍 사람들이 호소한다. **물이 나쁘므로 토산이 익지 못하고 떨어지나이다**(19절). 엘리사는 **새 그릇에 소금**을 담아 가져오라고 명한다(20절). 시키는 대로 하자, 엘리사는 물 근원으로 가서 소금을 뿌리며 선언한다. **여호와의 말씀이 내가 이 물을 고쳤으니 이로부터 다시는 죽음이나 열매 맺지 못함이 없을지니라 하셨느니라**(21절). 엘리사는 수 세기에 걸쳐 이 성읍을 괴롭혔던 저주를 완전히 뒤바꾼다. 모세 역시 물을 정화하고 백성들을 영적으로 새롭게 한 적이 있다(참고. 출 15:22-27). 엘리사는 하나님이 함께 하며 위대한 능력으로 일하심을 보여준다.

2:23-25. 엘리사가 엘리야의 합법적 승계자임을 확증하는 세 번째 증거는 놀리는 자들에 대한 선지자의 대응으로 드러난다. 이 사건을 짜증 많은 늙은이의 가혹한 행동으로 오해해서는 안 된다. 이 이야기에는 눈에 보이는 것 이상의 의미가 숨겨 있다. 엘리사가 벧엘로 올라가자 **작은 아이들이 성읍에서 나와 그를 조롱**하면서 **대머리여 올라가라 대머리여 올라가라**라고 외친다(23절). 엘리사는 **뒤로 돌이켜 그들을 보고 여호와의 이름으로 저주**한다(24절).

이 이야기를 읽을 때는 두 가지를 명심해야 한다. 첫째, 벧엘은 여전히 북 왕국 우상숭배의 중심지였다(참고. 왕상 12:29, 32-33; 암 7:13). '작은 아이'(*qatan nahar*, 카탄 나하르)라는 표현은 문맥에 비추어 볼 때 어린아이나 작은 소년이 아니라 '하찮고 미숙한 젊은 성인'으로 보는 게 좋다. 따라서 이 표현은 하나님과 그 분의 선지자에 대한 성읍 주민 전체의 영적인 경멸을 대표한다.

둘째, '올라가라'라는 표현은 "엘리야처럼 없어지라"는 모욕적 의미를 담고 있을 수도 있다(House, *1 and 2 Kings*, 260). 만약 그렇다면 이는 엘리사뿐 아니라 하나님에 대한 모욕이다. 왜냐하면 그들은 엘리사에게 '네 하나님과 함께 사라지라'고 말하는 것이기 때문이다. 엘리사는 이스라엘 하나님의 선지자에 대한 태도를 보고 그들에게 **저주**를 선포한다(참고. 레 26:21-22). **곧 수풀에서 암곰 둘이 나와서 아이들 중의 사십이 명을 찢었더라**. 그렇게 그들은 하나님의 초자연적 심판을 경험한다(24절). 엘리야가 떠난 후 엘리사는 이런 질문을 던졌다. **엘리야의 하나님 여호와는 어디 계시니이까**(14절). 이제 그 대답은 분명하다. 여호와는 그의 종 엘리사 안에서 그를 통해 일하고 계신다!

b. 엘리사가 자신의 권위를 확증하다(왕하 3:1-27)

이전 장에서 엘리사는 선지자의 제자들 앞에서 하나님이 정하신 엘리야의 계승자로 인정받았다. 본 장에서는 새 선지자의 영향력이 정계로 확대된다. 두 가지 중요한 개념을 깊이 생각해야 한다. (1) 하나님이 엘리사와 함께하며 그를 통해 일하신다는 사실이 이스라엘과 유다 왕에게 알려져야 한다. (2) 하나님은 백성이 전쟁에 나갈 때 그분에게 도움을 요청하기 원하신다. 사건들은 이 사실을 실증적으로 보여준다(참고. 왕상 8:44-49). 이스라엘 왕 여호람/요람과 유다 왕 여호사밧이 동맹을 맺고 공동의 적 모압 왕과 싸우려 한다. 전쟁에 나가기 전에 여호사밧이 여호람을 설득하여 여호와의 선지자에게 자문을 구한다.

3:1-3. 아하시야의 죽음으로(참고. 1:17), 그의 형제 **여호람**이 이스라엘의 왕이 된다. 그는 여호와 보시기에 악을 행하지만, **바알의 주상**을 없앤다(2절). 그러나 **여로보암의 죄를 따라 행하고** 떠나지 않는다. 여로보암은 단과 벧엘에 단을 쌓고 금송아지를 둠으로써 이스라엘의 예배를 변질시켰다. 뿐만 아니라 자기가 주창한 다양한 형태의 종교를 따르도록 북 왕국을 부추김으로써, 하나님만 섬기는 데서 멀어지게 했다(참고. 왕상 12:25-30).

3:4-8. 여호람 왕은 봉신의 하나인 **모압 왕 메사**에

의해 권력의 시험대에 오른다(4절). 모압 석비(참고. 왕상 16:15-24의 주석)는 바로 이 메사 왕이 자신의 군사적 업적을 기리기 위해 세운 것이다. 석비에 이 전투에 대한 기록이 나오는데, 메사와 그의 군대에 보다 우호적인 내용으로 기록되어 있다. 3장에서는 이스라엘이 바라보는 '신학적 역사'의 관점에서 이 사건이 서술된다. 아합이 죽자, **모압 왕이 이스라엘 왕을 배반**한다(5절). 여호람 왕은 행동을 취하기로 결정하고, 군대를 소집하여 남으로 향한다(6절).

가는 길에 이스라엘 왕 여호람은 **유다 왕 여호사밧**을 끌어들여 전투에 참여하게 한다. 여호사밧의 아들 여호람이 아합의 딸과 혼인했으므로 이러한 요청은 당연했다. 여호사밧은 기꺼이 전투에 나서기로 동의한다. 그는 다만 어느 길로 나가야 할지를 묻는다. 어느 왕도 선지자에게 조언을 구했다는 증거는 없다. 여호람은 **에돔 광야** 길로 나가리라고 대답한다(8절, 히브리어 성경에는 질문자와 응답자가 모두 대명사 '그'로 되어 있음. 일부 영역본은 질문자를 여호사밧, 응답자를 여호람으로 보며, 개역개정은 반대로 되어 있음—옮긴이 주). 이 역시 지혜로운 결정으로 보이는데, 당시 유다가 에돔을 통제했으며(참고. 왕상 22:47) 봉신 제후를 두어 나라를 다스리게 했기 때문이다.

3:9-12. 이스라엘, 유다, 에돔의 왕들이 합세하여 모압을 치는 최초의 전략은 훌륭해 보였다. 그런데 그들이 **길을 둘러 간 지 칠 일에 군사와 따라가는 가축을 먹일 물이** 떨어졌다(9절). 군사와 가축의 목숨이 경각에 달렸다. 여호람은 이 상황을 **여호와께서 이 세 왕을 불러 모아 모압의 손에 넘기려** 하시는 것으로 파악했다. 그러나 여전히 영적 감각이 살아 있는 여호사밧이 그들 중에 **여호와의 선지자**가 없는지 물어본다(참고. 왕상 22:7). 여호람의 신하 중 하나가 왕이 모르는 사실을 알고 있었는데, **엘리사**가 곁에 있다는 사실이었다. 여호사밧의 채근으로 세 왕, 즉 여호사밧, 여호람 그리고 에돔 왕이 엘리야의 후계자를 만나러 간다.

3:13-20. 세 왕이 나타나자마자, 선지자는 여호람에 대한 경멸을 드러낸다. **엘리사**는 냉소적으로 이스라엘 왕에게 말한다. **내가 당신과 무슨 상관이 있나이까 당신의 부친의 선지자들과 당신의 모친의 선지자들에게로 가소서**(13절). 말하자면 이런 뜻이다. "어쩐 일로 여호와 하나님의 선지자를 찾아오셨습니까? 당신은 당신의 아버지와 어머니가 섬기던 이방 신을 섬기지 않습니까? 그들에게 가서 자문을 구하시지 그랬습니까?" 여호람은 다시 여호와가 그들을 **모압** 사람에게 넘기려 한다는 자신의 판단을 피력한다. 그의 말 속에는 하나님과 그분의 길에 대한 이스라엘 왕의 무지가 그대로 담겨 있다.

따라서 엘리사는 그를 일깨워야 했으며, 세 왕에게 앞으로 무슨 일이 일어날 것인지 알려주어야 했다. 엘리사는 다시 한 번 여호람에 대한 경멸을 표시한다. **내가 만일 유다의 왕 여호사밧의 얼굴을 봄이 아니면 그 앞에서 당신을 향하지도 아니하고 보지도 아니하였으리이다**(14절). 하나님의 대변자로서, 엘리사는 북 왕국의 사악한 행위에 대한 하나님의 철저한 경멸을 선포했다. 그러나 엘리사가 **거문고 타는 자**를 요청하여 연주자가 거문고를 탈 때 **여호와의 손**이 엘리사 위에 임한다(15절). 예언의 말씀을 받을 때 연주자가 음악을 연주하는 것은 고대 이스라엘에서 흔한 일이었다. 그러나 엘리사의 방법이 모든 하나님의 백성에게 적용되는 것은 아니다. 이는 그가 하나님의 음성을 듣기 위해 사용한 하나의 방편일 뿐이다(House, *1 and 2 Kings*, 263). 예언을 받은 후, 엘리사는 **골짜기에 개천을 많이 파라**고 지시한다(16절). 이제 곧 골짜기에 물이 들어찰 것이다. 그리고 엘리사가 예언한 그대로 **물이 에돔 쪽에서부터 흘러와 그 땅에 가득**하게 된다(20절). 이 기적은 **아침이 되어 소제 드릴 때** 발생한다.

출애굽기 29:38-46에 의하면, 제사장은 아침과 하루가 끝날 무렵에 매일 제사를 드려야 했다. 제사를 통해 하나님이 백성과 함께 하시며 백성을 구원하심을 기억했다. 그러므로 아침 제사 때 물이 기적적으로 넘쳐흐르는 것을 보면서 왕들은 하나님이 여전히 그들 중에 계심을 알 수 있었다. 엘리사는 기적적인 물의 공급뿐 아니라 다른 두 가지 중요한 사실을 예언한다. (1) 기적적인 물의 공급은 **여호와께서 보시기에 작은 일이다**(18절). (2) 이스라엘은 모압과의 전투에서 **모든 견고한 성읍과 모든 아름다운 성읍을 치고 모든 좋은 나무를 베고 모든 샘을 메우고 돌로 모든 좋은 밭을 헐** 것이다(19절). 이러한 예언은 3장의 결말을 암시한다.

3:21-27. 모압 사람은 군대가 치러 온다는 소식을

듣고 전투를 대비한다. 가용한 인원은 모두 병장기를 들었고, 늙은이들은 경계에 섰다. 그들은 아침 일찍 골짜기를 보면서 물을 피로 오인하고는(22절) 세 **왕들이 싸워 서로 죽인 것**으로 판단한다(23절). 모압은 노략물을 취하러 달려들었다가 역공을 받는다. **이스라엘 사람이 일어나 모압 사람을 쳐서 그들 앞에서 도망하게 하고**(24절).

엘리사의 예언대로 그들은 **그 성읍들을 쳐서 헐고 각기 돌을 던져 모든 좋은 밭에 가득하게 하고 모든 샘을 메워서** 모압 사람의 보급원을 완전히 봉쇄한다. 모압의 수도 **길하레셋**까지 진격한 그들은 그곳의 **돌들은** 남기고 도시를 완전히 파괴하지 않는다. 패배에 직면한 **모압 왕**은 에돔 왕을 공격하려 하지만 실패한다(26절). 결국 모압 왕은 최후의 발악을 자행한다. **이에 자기 왕위를 이어 왕이 될 맏아들을 데려와 성 위에서 번제를 드린지라**(27절). 아이를 제물로 바치는 가증한 행위는 그모스 숭배의 일부분이었다(참고. 16:3; 민 21:29; 왕상 11:7; 렘 7:31; 48:46). 이 혐오스러운 행위를 보고 **이스라엘에게 크게 격노함이 임하매 그들이 떠나 각기 고국으로 돌아갔다**.

이 구절은 의미가 명료하지 않다. 일부 주석가는 '격노'를 하나님의 격노로 설명한다. 이스라엘이 모압을 다그쳐서 하나님이 끔찍하게 여기시는 인간 제사를 드리게 했기 때문에 하나님이 진노하셨다는 설명이다 [C. F. Keil and F. Delitzch, *The Books of the Kings* in COT reprint (Grand Rapids, MI: Eerdman's, 1975), 306]. 그러나 이런 천인공노할 행위의 당사자가 이스라엘이 아니라 모압 왕이라는 사실에 비추어 볼 때, 이런 설명은 가당치 않아 보인다. 다른 주석가는 격노를 초인간적인 힘으로 본다. 왕위를 이어받을 아들을 희생시키려는 왕의 모습을 목격한 모압 사람들이 왕 주위로 몰려들면서 격발된 힘이 이스라엘을 강타했다는 설명이다(House, *1, 2 Kings*, 264). 또 다른 이들은 인간 제사 행위가 너무도 끔찍한 목불인견이었기에 이스라엘이 전쟁터를 떠났다고 설명한다. 그러나 격노를 하나님의 격노로 보되, 이스라엘이 엘리사가 예언한 모든 것을 성취하지 못했기 때문에 하나님이 격노하신 것으로 보는 쪽이 더 나아 보인다(참고. 19절). 그들은 길하레셋에서 요새까지만 진격한 뒤 멈추었다. 그들은 하나님의 놀라운 구원에 불순종함으로써 승리를 놓치면 패배가 뒤따른다는 사실을 배워야 했다. 또한 세 왕은 그 땅에 하나님을 대변하는 새로운 선지자가 있음을 알게 된다.

c. 엘리사가 기적을 통해 하나님의 말씀을 입증하다 (왕하 4:1–6:23)

이 부분은 4, 5, 6장으로 나뉘어 있지만 공통의 목적으로 기술되었다. 엘리사가 이스라엘과 주변 국가들에게 대한 하나님의 대변인이라는 사실을 보여주는 것이다. 기적이 포함된 7개의 선별된 사건을 통해 저자는 바벨론에 포로로 끌려간 원래 독자에게 하나님이 왕이시며 그들과 함께 계시고, 그래서 그분의 계명을 지켜야 한다는 사실을 증명하고 있다. 이 기적들은 '긍휼 기적'으로 불릴 수 있다. 왜냐하면 매우 극심한 고난 중에 있는 자들에게 베풀어졌기 때문이다. 또한 이 기적들은 선지자의 사역을 입증하는 역할도 한다.

(1) 과부의 기름 기적(왕하 4:1–7)

4:1–7. 첫 기적은 **선지자의 제자들의 아내 중의 한 여인**으로 소개되는 한 과부를 위한 것이다(1절; 참고. 왕상 18:20; 왕하 2:3, 7; 9:1). 여인은 엘리사를 찾아갔는데, 왜냐하면 **남편**은 죽었고 **빚 준 사람이 두 아이들을 종**으로 잡아가려고 왔기 때문이다(1절). 정황을 볼 때 '선지자의 제자들'은 엘리야나 엘리사 같은 사람의 지도와 감독 아래 있었던 것 같다. 또한 이들은 가정생활과 일을 포함한 평범한 삶을 병행한 것으로 보인다. 이 과부의 경우 갚아야 할 돈이 점점 늘어갔고, 기본적인 생활을 영위할 수 없는 지경에 이르렀다.

여인의 요청을 들은 엘리사는 **집에** 무엇이 있는지를 묻는다. 그녀에게는 팔거나 물물교환으로 수입을 마련할 만한 것이 있었던 듯하다. 여인은 **기름 한 그릇**밖에 없다고 대답한다(2절). 선지자는 각종 그릇을 빌려와서 기름을 채우라고 명한다. 그의 명령에서 두 가지가 눈에 띈다. 첫째, **조금 빌리지 말라**고 명한다(3절). 둘째, **두 아들과 함께 들어가서 문을 닫으**라고 명한다(4절). 두 번째 명령의 요지는 기름을 공급하는 분이 하나님이며, 이 기적은 공개적 전시용이 아니라 개인적 공급이라는 사실이다. 여인은 명령대로 순종하고, 곧 빌려온 그릇이 기름으로 **다 찬다**(6절). 마지막 그릇이 차자 기름이 멈춘다. 엘리사는 과부에게 **기름을 팔아 빚을**

갚고 남는 것으로…생활하라고 말한다(7절). 하나님의 (그리고 선지자의) 긍휼을 통해 여자와 아들들은 비극을 피할 수 있었다.

(2) 수넴 여인의 아들을 살린 기적(왕하 4:8-37)

기적 시리즈의 두 번째 주인공은 수넴 여인이다. 수넴은 이스라엘의 바알 숭배자들이 많이 거주하는 이스르엘 골짜기에 있는 성읍이었다(참고. 수 19:18; 삼상 28:4; 왕상 1:3). 이 이야기는 엘리야와 사르밧 과부의 이야기와 비슷한 면이 있다(참고. 왕상 17장). 두 이야기 모두 여인들이 선지자에게 호의를 베풀었으며, 아들이 죽게 되고, 하나님이 선지자를 사용해서 여인들을 위해 죽은 자를 다시 일으키신다. 요단강이 갈라진 병행 기록과 마찬가지로(참고. 2:8, 14), 두 여인의 이야기도 엘리야의 뒤를 이은 엘리사의 직분을 확증한다. 이는 열왕기하 4장에서 가장 긴 이야기이며, 두 부분으로 이루어진다.

4:8-17. 첫 부분은 **엘리사**와 **수넴**의 **귀한 여인**과의 만남에 대한 이야기이다. '귀한 여인'이라는 표현은 그 여인의 사회, 경제적 지위가 높음을 가리킨다(8절). 그녀는 경제력이 있었기에 엘리사에게 **음식**을 공급한다. 또한 그가 **하나님의 거룩한 사람**임을 알아보고, **남편**에게 그가 머물 담장 있는 **작은 방**을 만들게 한다. 여인은 가구까지 구비해서 엘리사가 올 때마다 그곳에서 지낼 수 있게 한다(9-10절). 한번은 엘리사가 종 **게하시**를 통해 그녀에게 보답할 길이 없는지, 혹 **왕**이나 **사령관**에게 청탁할 일은 없는지 물어본다(12-13절). 여인과 말을 나눈 게하시는 여인에게 **아들이 없고 그 남편은 늙었**음을 고한다(11-14절). 고대 이스라엘에서 여인에게 자식이 없다는 것은 크나큰 비극이었으며, 구약성경에는 이에 대한 기록이 많다(참고. 창 11:30; 25:21; 29:31; 신 7:14; 삿 13:2; 삼상 1:1-11). 연민을 느낀 엘리사는 **한 해**가 지나면 여인이 아들을 안으리라고 선언한다(16절). 충격을 받은 여인은 엘리사에게 거짓말하지 말라고 한다. 만에 하나 예언이 틀리면, 그 실망은 감당하기 힘들 것이다. 그러나 '한 해'가 지나자 기적적으로 그녀는 아들을 낳는다(17절). 하나님과 엘리사는 자신의 말에 진실했다.

4:18-21. 두 번째는 수년 후에 발생한 비극에 대한 이야기이다. 아이가 어느 정도 자랐을 무렵, 하루는 추수꾼과 일하는 **아버지**에게 갔다가 갑자기 **내 머리야 내 머리야** 하고 울부짖는다(19절). **종**이 급히 아이를 **어머니**에게 데리고 가고, 아이는 **낮까지 어머니의 무릎에 앉아 있다가 죽**는다(20절). 여인은 아이를 엘리사 방의 침상에 눕히고, 문을 닫는다.

4:22-28. 이어지는 장면은 하나님과 엘리사에 대한 여인의 믿음을 잘 보여준다. 이런 믿음은 당시 이스라엘에 흔하지 않았다. 여인은 남편에게 종과 나귀를 부탁하며 **하나님의 사람에게 달려갔다 돌아오**겠다고 한다(22절). 아이의 죽음에 대한 언급은 없었지만, 그녀는 엘리사에게 도움을 받기 원했다. 무언가 수상한 낌새를 느낀 남편은 왜 엘리사를 찾는지 캐묻는다. 때는 **초하루도 안식일도 아니**었기 때문이다(23절). 이 날들은 성경적인 축제일로, 신실한 유대인들이 함께 모여 예배를 드렸다(참고. 출 16:23; 20:9-10; 민 29:6; 삼상 20:5; 느 10:32-33; 시 81:3; 겔 46:1). 이 여인은 이런 날에 종종 엘리사를 불렀던 것 같다. 따라서 남편은 아내가 평일에 선지자를 찾자 의아했던 것이다. 그는 아이에게 발생한 일을 인지하지 못했다. 여인은 남편에게 **평안을 비나이다**라고 대답한다. 이는 하나님의 능력에 대한 그녀의 믿음을 보여준다(23절).

여인은 **갈멜산**에서 엘리사를 만난다(25절; 참고. 왕상 18절). 엘리사는 미리 그녀가 오는 것을 알고 **게하시**를 보내 그녀와 가족에게 별 일이 없는지 묻는다. 여인은 **평안하다**고 대답한다(26절). 엘리사는 무언가 잘못되었음을 직감하지만, 하나님은 그 이유에 대해 침묵하신다. 여인은 엘리사에게 자신은 **아들을 구하**지도 않았고, 그에게 **속이지 말라고** 경고했다고 쏘아붙인다. 다시 말해 그녀는 만약 하나님이 이런 아름다운 아들을 주신 것이라면, 왜 이제 와서 그를 데려가시는 것인지를 따져 묻고 있다.

4:29-37. 엘리사는 게하시를 여인의 집으로 보내 자기의 **지팡이를 아이의 얼굴에 놓**게 한다(29절). 그러나 여인은 떠나려 하지 않는다. 그녀는 엘리사가 동행하기를 원했고, 다른 것은 아무 소용이 없었다. 그래서 게하시가 먼저 가고, 엘리사와 여인이 뒤**따라** 아이에게로 간다. 먼저 갔던 게하시가 돌아와서 **아이가 깨지 아니하였**다고 보고한다(31절). 엘리사가 당도하자 **아이가 죽어 있었**다(32절). 엘리사는 방에 들어가 문을 닫

고 **여호와께 기도**한다. 그리고 두 번 아이 위에 **올라** 엎드리자 아이가 재채기를 하며 깨어난다(34-35절). 선지자는 게하시에게 수넴 여인을 부르게 하고, 여인에게 **아들을 데리고 가**게 한다(36절). 하나님은 엘리야를 통해 사르밧 과부의 아들을 살렸던 것처럼, 엘리사의 사역을 통해 죽은 자를 살림으로써 자신의 능력을 확증하셨다(참고. 왕상 17:8-24).

(3) 독이 든 국을 고친 기적(왕하 4:38-41)

4:38-41. 세 번째 기적은 엘리사가 **길갈**로 돌아왔을 때 발생한다. 다시 그 땅에 **흉년**이 든다(38절). 엘리야 때처럼 하나님의 심판으로 인한 결과였을 것이다(참고. 왕상 17-18장).

선지자의 제자들을 맞은 엘리사는 **자기 사환**에게 국을 끓이게 한다(38절). 한 사람이 **채소를 캐러 들에 나**갔다가 **들호박**을 따와 국에 넣는다. 그러나 독이 있는지는 알지 못한다(39절). 무리가 국을 먹다가 소리친다. **하나님의 사람이여 솥에 죽음의 독이 있나이다**(40절). 엘리사는 가루를 가져오게 해서 국에 넣은 뒤, 다시 국을 퍼서 무리에게 주고 **먹게** 한다. **이에 솥 가운데 독이 없어**졌다(41절). 여리고에서 소금으로 물을 정화한 경우와 마찬가지로(참고. 2:21), 국을 해독한 것은 가루가 아니라 하나님의 기적이다. 하나님의 긍휼과 자비로 많은 사람들이 해를 받지 않았다.

(4) 일백 명을 먹인 기적(왕하 4:42-44)

4:42-44. 한 사람이 바알 살리사[길갈 근처에 있는 에브라임의 촌락]**에서부터 와서 처음 만든 떡 곧 보리떡 이십 개와 또 자루에 담은 채소를 하나님의 사람에게 드린지라**(42절). 초실절 때 백성은 첫 수확물을 성막으로 가져왔고, 이후에는 성전으로 가져왔다(참고. 레 23:17-21; 신 18:3-5; 민 28:26-31). 이는 제사장들의 필요를 위해 사용되었는데, 레위 지파는 다른 지파처럼 땅을 분배받지 않았기 때문이다.

여로보암의 통치 때 북 왕국에 있던 제사장의 대부분은 유다 왕국으로 도망쳤다(참고. 대하 11:14). 따라서 북 왕국 주민으로서 여호와를 사랑한 자는 **첫 열매**를 엘리사에게 가져오는 것이 당연했다. 엘리사는 북 왕국에서 마치 제사장처럼 사역하고 있었다. 엘리사는 즉시 음식을 **무리**에게 주어서 먹게 한다(42절). 그러나 사환은 이 음식이 **백 명**에게 충분할지 의심한다(43절). 엘리사가 대답한다. **무리에게 주어 먹게 하라 여호와의 말씀이 그들이 먹고 남으리라 하셨느니라**(참고. 마 14:15-21). 사환은 시키는 대로 하고, 과연 음식은 '여호와의 말씀'대로 먹고 남았다.

(5) 나병환자 나아만을 고친 기적(왕하 5:1-27)

아람 사람 나아만의 한센병을 고친 이야기는 성경에서 잊지 못할 이야기 중 하나이다. 이 이야기에는 일련의 대조가 있다. 나아만 대 어린 소녀, 이스라엘의 왕 대 아람/수리아의 왕, 엘리사 대 나아만 그리고 나아만 대 게하시가 대조를 이룬다. 이야기의 절정과 목적은, 모든 일은 하나님이 하셨기에 엘리사가 보상을 거절한 것이다(15-16절).

5:1-5. 나아만의 지위와 명성이 소개된다. 그는 이스라엘 북쪽 국경선 너머에 있는 **아람 왕의 군대 장관**이었으며, 주인 앞에서 **크고 존귀한 자**였다(1절). 나아만의 모든 성취는 하나님이 그를 통해 일하셨기 때문이다. 그의 모든 승리는 하나님의 손에서 나왔다. 그러나 그에게 문제가 있었으니, 바로 그는 **나병환자**였다(1절). 오늘날 나병(또는 한센병)으로 불리는 질병과 레위기 13:1-46에 기록된 다양한 피부 질환은 다르다. 나병은 그 증세가 아주 심하기 때문에, 만약 나아만에게 이런 증세가 있었다면 정상적인 군 지휘관의 임무를 수행할 수 없었을 것이다. 그런데 나아만은 그렇지 않았다. 따라서 그는 다른 종류의 피부 질환을 앓았을 것이다. 아마도 심한 습진이나 지루였을 것이다.

나아만은 이스라엘 땅에서 잡혀와 그의 **아내**에게 수종드는 **어린 소녀**와 대조를 이룬다(2절). 소녀에게는 아무런 힘이 없었고, 나아만에게는 사회적, 군사적 권력이 있었다. 그러나 하나님은 소녀를 통해서 그녀의 주인이 우주의 주권자를 만나도록 하신다(3절). 소녀를 통해 이스라엘에 나병을 고칠 방도가 있다는 소식을 전해들은 나아만은 **주인** 아람 왕에게 나아가 들은 이야기를 전한다(4절). **아람**[수리아] **왕은 이스라엘 왕**에게 **글**을 보내고, 나아만은 **은 십 달란트와 금 육천 개와 의복 열 벌**을 예물로 챙긴다(5절). 왕과 군대 장관은 값을 치르고 병을 고칠 수 있을 것으로 믿었다.

5:6-7. 이스라엘에 당도한 나아만은 가지고 온 글을 전한다. 글의 내용은 **이스라엘 왕이 그의 나병을 고쳐주**기 바란다는 것이었다(6절). 그러나 여호람 왕은

이를 이스라엘과 아람 사이에 전쟁을 일으킬 구실로 해석한다. 그는 좌절감과 절망감 속에서 **옷을 찢고**, 자신은 사람을 살리고 죽일 수 있는 **하나님**이 아니라고 절규한다(7절).

5:8-14. 이제 하나님이 자신을 드러내실 수 있는 무대가 마련되었다. 글에 대한 여호람의 반응을 전해들은 엘리사는 나아만을 자기에게 보내라고 한다. 엘리사의 목적은 **이스라엘 중에 선지자**가 있음을 알리는 것이었다(8절). 이는 곧 '그로 하여금 이스라엘에 하나님이 계신 줄을 알게 하려는 것'이었다.

다음으로 엘리사가 상황을 처리하는 모습과 나아만이 선지자의 명령에 반응하는 모습이 대조를 이룬다. 엘리사는 처음에 아람 군대 장관을 만나주지 않고, 대신 **사자**를 보내 말을 전한다. **너는 가서 요단강에 몸을 일곱 번 씻으라 네 살이 회복되어 깨끗하리라**(참고. 레 13:6, 17, 23, 28, 37, 39). 즉 "네가 고침을 받으리라"라는 뜻이다. 엘리사는 하나님에 대한 믿음을 근거로 반응했지만, 나아만은 엘리사가 자신을 존대하고 즉석에서 병을 고쳐줄 것으로 기대했다. 나아만은 모욕감을 느끼고 분노한다. 그는 엘리사의 명령을 자기의 지위에 대한 경멸이자 단순한 종교적 의례로 해석했다. 그리고 그 정도 종교 의례라면 아람의 **아바나**와 **바르발**로 충분할 것이라 생각했다(12절).

그러나 엘리사의 의도는 군대 장관이 생각의 초점을 이스라엘의 하나님과 그분의 능력에 맞추는 것이었다. 나아만은 분노 속에 돌아가서 여호람이 두려워했던 군사적 충돌을 야기할 수도 있었다. 그러나 그의 종들이 개입해서 선지자가 시키는 대로 하자고 격려한다(13절). 그들의 주장은 선지자가 **큰일**을 시켰어도 하지 않았겠냐는 것이었다. 그렇다면 씻어 깨끗하게 하라는 명령을 거부할 이유가 없었다. 나아만은 그들의 말을 들었고, 결국 지위가 낮은 사람의 말을 경청함으로써 큰 유익을 보았다(참고. 3-4, 13절). 나아만은 **하나님의 사람의 말대로**, 즉 하나님의 지시대로 했다. 그 결과, **그의 살이 어린아이의 살같이 회복되어 깨끗하게** 되었다(14절). 구약성경의 법적인 관점에서 보면, 나아만은 신체적 그리고 영적으로 회복되었다. 그러나 그의 영적인 상태는 마지막에 가서야 비로소 완전히 드러난다(15, 17절).

5:15-19. 병이 나았음을 깨달은 나아만은 수행원과 함께 **하나님의 사람**에게 돌아와 놀라운 고백을 한다. 엘리사에 대한 그의 태도 역시 괄목할 만한 변화를 보인다. 그가 말한다. **내가 이제 이스라엘 외에는 온 천하에 신이 없는 줄을 아나이다**(15절). 나아만 이야기는 이방인에 대한 하나님의 성실함을 보여준다. 누구든지 이스라엘의 하나님께 돌아서는 자는, 구약시대에조차, 은혜와 용서를 받고 하나님과 관계를 회복할 수 있었다. 이스라엘 시민조차 그런 믿음의 고백을 하지 못했다. 병 고침을 받은 나아만은 아람에서 가져온 값비싼 예물을 엘리사에게 바치고자 한다(15절). 놀랍게도 엘리사는 나아만의 예물을 거부한다(16절). 하나님의 기적적인 개입과 나아만의 신앙고백을 생각할 때, 지금은 하나님이 하신 일에 대한 보상으로 돈을 받을 때가 아니었다.

나아만은 하나님이 자신을 고치신 사실을 알았지만, **다메섹**으로 돌아가면 곤란한 상황에 놓일 수 있었다. 그곳에서는 이스라엘의 하나님을 섬기지 않았기 때문이다. 그리하여 그는 엘리사에게 두 가지를 요청한다. 첫째는, 자기에게 **노새 두 마리에 실을 흙**을 달라는 것이었다(17절). 본토에서만 신을 섬길 수 있다는 것이 고대의 통념이었다. 그래서 나아만은 이스라엘의 흙을 가져가기 원했다. 동기는 좋았지만, 여호와에 대한 그의 이해는 미성숙했다(Patterson and Austel, "1 and 2 Kings," 192). 나아만의 두 번째 요청은, 그의 지위에 따른 어쩔 수 없는 상황을 미리 용서해달라는 것이었다(18절). 그는 아람의 가짜 전쟁 신 **림몬**을 숭배하는 아람 왕을 수행해야 했다. 그는 이방 **신당**에 들어가 몸을 굽힐 수밖에 없었기에, 특별한 사면을 요청한 것이다. 엘리사는 사면을 허락한다. **너는 평안히 가라**(19절). 나아만과 있었던 일은 아브라함의 언약을 통해 모든 백성에게 복을 주시려는 하나님의 의도를 반영한다(참고. 창 12:3). 이는 또한 "땅의 만민이 주의 이름을 알"게 해달라는 솔로몬의 기도가 성취됨을 보여준다(왕상 8:41-43).

5:20-27. 마지막으로 게하시, 나아만 그리고 엘리사의 대조가 자세히 기록된다. **게하시**는 엘리사를 통해 하나님이 기적적으로 개입하시는 것을 여러 번 목격했다. 하지만 그는 주인이 나아만을 살려주고(20절), 나

아만이 이스라엘로 가져온 예물을 받지 않은 것이 못마땅했다. 그래서 스스로 무언가를 받아내겠다고 결심한다. 그는 아람으로 돌아가는 나아만을 쫓아가서 엘리사가 갑자기 찾아온 손님에게 줄 것이 필요하게 되었다고 이야기를 꾸며댄다. 나아만은 게하시의 요청을 받아들여 **은 한 달란트와 옷 두 벌**을 준다. 이는 애초에 그가 엘리사를 위해 가져왔던 예물이다(21-23절).

'보상'을 옮겨오던 게하시는 언덕에서 멈춰 자기 **집에 감춘다**(24절). 게하시는 자기 계획이 완벽하다고 생각했지만, 하나님이 보고 계셨다. 하나님에게는 아무것도 숨길 수 없다. 엘리사가 어디 갔었냐고 묻자, 게하시가 대답한다. **당신의 종이 아무 데도 가지 아니하였나이다**(25절). 게하시의 기만에 엘리사는 통탄한다. **한 사람이 수레에서 내려 너를 맞이할 때에 내 마음이 함께 가지 아니하였느냐**(26절). 하나님이 하신 모든 일과 그분이 자신을 보여주신 모든 일을 생각할 때, 게하시가 한 일은 적절하지 않았다. 지금은 **은을 받으며 옷을 받으며 감람원이나 포도원이나 양이나 소나 남종이나 여종을 받을 때**가 아니었다(26절). 지금은 한 이방인의 삶에 개입하여 자기 자신을 보여주신 하나님을 예배하고 섬길 때였다. 엘리사는 **나아만의 나병**이 게하시와 그 후손에게 미칠 것이라고 말한다. 나아만은 믿음으로 은혜를 받았고, 게하시는 욕심으로 벌을 받았다.

(6) 쇠도끼를 되찾은 기적(왕하 6:1-7)

6:1-7. 엘리사는 사역 초기에 긍휼을 베푸는 일에 많이 동참하는데, 이는 하나님의 인애를 보여주는 것이었다. 여기서 우리는 일상적인 생활에서 발생하는 문제에 대한 하나님의 관심과 선지자가 능력을 행하는 또 다른 면을 본다. 쇠도끼를 되찾은 기적을 통해 우리는 당시 연장이 일꾼에게 얼마나 소중했는지를 알 수 있다. 사건의 배경은 엘리사가 또 다른 **선지자의 제자들**과 조우했을 때이다(1절). 그들이 선지자에게 의견을 전한다. **보소서 우리가 당신과 함께 거주하는 이곳이 우리에게는 좁으니.** 히브리어의 문자적인 의미는 '우리가 당신 앞에 앉아 있는 곳'이다. 이는 일종의 교육 장소를 가리킨다. 엘리사에게 교육을 받는 학생들이 교실이 너무 협소하니 **요단으로 가서** 넓은 시설을 새로 짓자고 말한다(2절). 엘리사는 그들의 의견에 동의하고, 요청에 따라 그들과 함께 간다.

그런데 **나무**를 베는 도중에 **쇠도끼가 물에 떨어**진다(5절). 그는 쇠도끼가 **빌려온 것**이라고 절규한다(5절). 연장을 잃으면 빚을 지게 되고, 빚을 지면 4장의 과부처럼 결코 감당할 수 없는 재정적 짐을 안게 된다. 엘리사는 쇠도끼가 빠진 지점을 묻고, **나뭇가지를 베어 물에 던져 쇠도끼를 떠오르게** 한다. 일꾼은 쇠도끼를 건져내고 아마 계속 일을 했을 것이다. 회의론자는 그런 기적의 타당성에 의문을 표하겠지만, 그런 일은 무익하다. 결론은 하나님이 원하시면 무엇이든 할 수 있다는 것이다. 또한 하나님은 그분 백성의 삶 속에 벌어지는 크고 작은 모든 일에 관심을 갖고 계신다. 비록 되찾은 것은 쇠도끼이지만, 기적의 동기는 그것을 빌려왔다가 잃어버린 일꾼에 대한 연민이다.

(7) 엘리사를 보호하시는 기적(왕하 6:8-23)

6:8-12. '긍휼 기적'(4장의 서론을 보라)의 마지막 사건은 **아람 왕**이 이스라엘을 치려 할 때 발생한다(8절). 하나님은 이스라엘에게 놀라운 승리를 안기신다. 아람 군대의 전략은 매복했다가 이스라엘 군대를 기습하는 것이었다. 문제는 **하나님의 사람** 엘리사였다(9절). 그는 공격 계획을 미리 알아채고 이스라엘 왕에게 알려준다. **왕은 삼가 아무 곳으로 지나가지 마소서 아람 사람이 그곳으로 나오나이다.** 그리하여 이스라엘 군대는 공격을 미리 피할 수 있었다. 이러한 일이 반복되자 아람 왕은 부하 중에 적과 내통하는 반역자가 있다고 판단한다(11절). 그러자 신하 중 한 사람이 반역자가 있는 것이 아니라 **선지자 엘리사**가 왕이 **침실에서 하신 말씀**도 다 알아챈다고 고한다(12절). 엘리사는 하나님의 사자로서 하나님이 보여주시는 것을 알았고, 하나님은 모든 것을 아셨으니, 왕이 말하는 가장 은밀한 것도 예외가 아니었다.

6:13-17. 엘리사가 자신의 전략을 좌절시키는 범인이라는 사실을 인지한 아람 왕은 엘리사가 거주하는 **도단**으로 군대를 보낸다. 도단은 길보아산에서 가까운, 사마리아 북동쪽의 성읍이다. 아람 군대는 엘리사를 사로잡기 위해 **밤에** 성읍을 **에워싼다**(14절). 다음 날 아침, 잠에서 깬 엘리사의 사환은 공격 준비를 마친 아람 군대를 보고 기겁한다. 그는 엘리사에게 달려가 어찌할 바를 묻는다. 엘리사가 대답한다. **두려워하지 말라 우리와 함께한 자가 그들과 함께한 자보다 많으니라**(16

절). 그리고 사환의 눈을 열어달라고 기도한다. **여호와께서 그 청년의 눈을 여시매 그가 보니 불말과 불병거가 산에 가득하여 엘리사를 둘렀더라**(17절). 선생 엘리야가 하늘로 들려 올라갈 때 엘리사가 보았던 바로 그 현상이었다(참고. 2:11). 엘리야와 함께하신 하나님이 엘리사와 그 사환에게 지금도 그들과 여전히 함께 하신다는 사실을 확증해주셨다.

6:18-23. 아람 군사들이 자신을 사로잡으러 내려오자, 엘리사는 하나님께 그들의 눈을 어둡게 해달라고 기도한다. 하나님은 **엘리사의 말대로 그들의 눈을 어둡게 하신다**(18절). 엘리사는 눈먼 군대를 북 왕국의 수도인 **사마리아**로 이끈다. 엘리사의 속셈은 **이스라엘 왕**과 그 수하에게 하나님의 능력과 긍휼을 보여주려는 것이었다(19-21절). 아람 군사를 본 여호람 왕이 엘리사에게 묻는다. **내 아버지여 내가 치리이까 내가 치리이까**. 그러나 엘리사는 그들을 긍휼로 대하라고 명령한다. **칼과 활로 사로잡은 자인들 어찌 치리이까 떡과 물을 그들 앞에 두어 먹고 마시게 하고 그들의 주인에게로 돌려보내소서**(22절). 적의에 찬 왕은 악을 추구했지만, 하나님은 선지자를 통해 선을 이루셨다. 그리고 그분의 마음에는 숨긴 것이 하나도 없음을 보여주셨다.

8. 엘리사가 사마리아 포위의 종식을 예언하다 (왕하 6:24-7:20)

다양한 기적 사건을 통해 엘리사가 하나님이 뽑으신 엘리야의 후계자라는 사실이 분명해졌다. 이제 선지자의 사역은 여호람 왕과 북 왕국의 주민에게 집중된다. 당시에는 수도 사마리아가 공격을 받고 있었다.

6:24-25. 다시 전쟁이 발발하여 **아람 왕 벤하닷**이 **사마리아**를 공격한다. 이어질 이야기의 배경이 설명된다. 성이 완전히 포위되어 보통 때는 먹지 않는 것까지 먹어야 할 정도로 사람들은 극심한 굶주림에 처했다. 부정한 동물인 **나귀**(참고. 레 11:2-7; 신 14:4-8) **머리가 은 팔십 세겔**[912그램], 즉 일반 노동자의 6개월분 임금이었다. 또한 **비둘기 똥 사분의 일 갑**[0.3리터]에 은 **다섯 세겔**이었다.

6:26-33. 주림으로 인한 가장 암울한 이야기가 기록되어 있다. 여호람 왕이 상황을 파악하기 위해 **성 위로 지나갈 때 한 여인**이 도움을 청한다. 그러나 왕 역시 궁핍하기는 마찬가지였다. **여호와께서 너를 돕지 아니하시면 내가 무엇으로 너를 도우랴 타작마당으로 말미암아 하겠느냐 포도주 틀로 말미암아 하겠느냐**(27절). 그는 무엇이 문제인지를 묻는다. 솔로몬이 직면했던 두 여인 간의 분쟁과는 정반대의 상황이다(참고. 왕상 3:16-28).

여호람에게는 솔로몬의 지혜가 없었고, 아무런 희망도 보이지 않았다. 오직 하나님의 자비로운 개입만이 절망에 빠진 백성을 도울 수 있었다. **여인**이 왕에게 설명한다. 그는 다른 여인과 먼저 자기 **아들**을 잡아먹고 다음 날에는 그 여인의 아이를 먹기로 작당했다. 그러나 다른 여인이 약속을 어기고 아들을 숨겨서 그를 먹을 수 없었다(28-29절). 하나님은 백성의 반역으로 이러한 죄가 발생하리라고 이미 말씀하셨다(참고. 레 26:27-29). 이야기를 듣고 분노와 절망감에 휩싸인 여호람은 통분의 표시로 **자기 옷을 찢**는다(30절; 참고. 창 37:34). 그리고 **엘리사**에게 사형을 선고한다. 그는 엘리사가 포위와 주림 그리고 모든 사단의 원인이라고 생각했다(31절).

여호람은 선지자가 아람 기습 부대의 위치를 미리 알려주었던 사실을 벌써 잊었다(참고. 6:9). 성의 **장로들**과 **집에 앉아 있**던 엘리사는 여호람의 사자가 자기 **머리를 베려고** 오는 것을 인지한다(32절). 그는 장로들에게 말한다. **너희는 보다가 사자가 오거든 문을 닫고 문 안에 들이지 말라 그의 주인의 발소리가 그의 뒤에서 나지 아니하느냐**. 선지자는 누가 진정한 주림의 원인 제공자인지에 대해 미묘하게 말한다. 그러면서 여호람을 **살인한 자의 아들**이라고 부른다. 이는 이스라엘 왕들이 하나님의 선지자들을 살해한 사실을 가리킨다(32절; 참고. 왕상 18:4, 13-14; 21:10, 13). 여호람은 고통의 원인으로 엘리사를 비난했는데, 이는 아합이 가뭄에 대해서 엘리야를 비난했던 것과 같다(참고. 왕상 18:10, 16; 21:20).

마침내 도착한 사자는 엘리사의 처형 대신 여호와에 대한 비난을 쏟아낸다. **이 재앙이 여호와께로부터 나왔으니 어찌 더 여호와를 기다리리요**(33절). 이어지는 이야기를 보면, 하나님이 독단적으로 사마리아를 포위하게 해서 주림을 초래하신 것이 아니므로, 하나님에게 도덕적인 책임을 물을 수 없다. 오히려 여호람과 그 종복들의 우상숭배 때문에 하나님이 정당한 심판의 행위로서 이스라엘을 치신 것이다(참고. 3:2).

7:1-2. 엘리사가 장로들과 왕의 사자에게 **여호와의 말씀**을 선포한다. 여호람도 그 자리에 있었던 것 같다. 왜냐하면 **왕이 그의 손에 의지하는 자 곧 한 장관**, 즉 여호람의 '오른팔'도 엘리사의 예언을 들었기 때문이다(2절). 엘리사의 예언은 두 가지로 이루어졌다. 첫째, **내일**, 즉 다음 날이면 포위로 인해 유발된 극심한 인플레이션이 완전히 해소될 것이다. 좋은 일이 생길 것임을 암시한다. 둘째, 예언을 의심한 왕의 신하는 심판을 당할 것이다. 그는 엘리사의 말을 듣고 매우 냉소적으로 반응했다. **여호와께서 하늘에 창을 내신들 어찌 이런 일이 있으리요**(2절). 엘리사는 그가 의심했기에, 이 예언의 성취를 보기는 하되 **먹지는 못하리라**고 대답한다(2절). 아무도 이 예언이 그렇게 빠르고 정확하게 이루어지리라고 예상치 못한다.

7:3-11. 성문 어귀에 나병환자 네 사람이 있었다(3절). 그들은 신체적인 조건 때문에 쫓겨난 자들로, 살 수 있는 날이 오래지 않음을 잘 알았다. 성안으로 들어가도 포위로 인한 주림이 만연해 있을 것이므로, 이들은 **아람 군대에게 항복하**기로 결정한다. 이래 죽으나 저래 죽으나 매한가지라고 판단한 것이다(4절). 그들은 **해 질 무렵**에 아람 군대의 진영으로 들어가서는 진이 버려진 것을 발견한다(5절). **주께서 아람 군대로 병거 소리와 말 소리와 큰 군대의 소리를 듣게** 하신 것이다(6절). 아람 사람은 여호람이 **헷 사람**과 **애굽** 용병을 고용하여 공격한다고 생각하고 목숨을 건지기 위해 **도망쳤다**(7절). 이는 여호와가 직접 기적적으로 개입하신 결과였다.

아람 사람은 장막과 말과 나귀를 버리고 도망쳤고, 장막 안에는 **은과 금과 의복**이 그대로 있었다. 네 나병환자는 마음껏 노략물을 취한다(8절). 그러나 그들은 곧 자신들이 하는 것이 선하지 않다는 사실을 깨닫는다. **우리가 이렇게 해서는 아니되겠도다 오늘은 아름다운 소식이 있는 날이거늘 우리가 침묵하고 있도다**(9절). 그리하여 그들은 발견한 것을 다 버려두고 사마리아의 **성읍 문지기**에게 가서 그들이 발견한 사실을 선포한다. 아람 군대가 진을 완전히 버려두고 **도망**갔기 때문에, 성읍이 살아남기에 충분한 물품이 그대로 남아 있었다(10절).

7:12-15. 나병환자의 보고를 전해들은 왕은 적이 의도적으로 진을 버리고 매복했다가 성읍으로 쳐들어오기 위한 군사적 계략이 아닌지 의심한다(12절). 그가 엘리사의 예언(1절)을 기억했다는 기록은 없다. 그러나 사마리아의 상황이 너무나 끔찍했기에, 신하 중 한 명이 사람을 보내 그들의 말이 사실인지 알아보자고 제안한다(13절). 그래서 **병거 둘과 그 말들**을 보내 아람 군대를 정탐하게 한다(14절). 그들이 가보니, **아람 사람이 급히 도망하느라고 버린 의복과 병기가 길에 가득**했다(15절).

7:16-20. 소식이 성읍에 미치자, **백성들이 나가서 아람 사람의 진영을 노략**한다(16절). 아람 진영의 넉넉한 물품이 성안으로 공급되자, **하나님의 사람이 말한** 그대로 음식 가격이 뚝 떨어진다(1,18절). 왕은 하나님의 사람에게 냉소적으로 대답했던 그 부하에게 **성문을 지키게** 한다(17절). 그러나 광분한 주민들이 한꺼번에 몰려나오자 그는 밟혀 죽는다. **하나님의 사람의 말대로** 되었다(17, 20절). 그는 풍부한 음식을 보았지만 먹지는 못했다(2절). 하나님의 말씀은 전혀 예상치 못한 방법을 통해서 그대로 이루어졌다.

9. 엘리사가 엘리야의 예언을 수행하다 (왕하 8:1-9:13)

엘리사의 사역이 계속 진행되면서, 열왕기하의 사건은 속도감을 더해간다. 이 주석의 기본 논조는 하나님이 이스라엘과 온 세상의 참된 왕이시며, 인간 왕은 신명기 17:14-20에 기록된 대로 하나님의 뜻과 길을 대변해야 한다는 사실이다. 그런데 나라의 서민들은 살아가면서 하나님이 정말 자신들의 삶에 관심이 있는지, 정말 약속을 지키시는지 의문을 품을 수도 있다. 이어지는 장들에서는 하나님이 이들에게 관심이 있으며, 약속한 모든 것을 신실하게 지키신다는 사실을 확실하게 보여준다.

8:1-6. 엘리사가 **아들을 다시 살려준** 수넴 **여인**의 이야기가 이어진다(참고. 4:8-37). 그녀는 여호와께서 기근을 부르셨기에 이 땅에 **기근이 칠 년 동안** 있을 것이므로 다른 곳에서 지내라는 엘리사의 조언을 듣는다(1절). 그리하여 엘리사의 조언대로 **블레셋**의 땅에서 **칠 년** 동안 지낸다(2절). 마침내 돌아온 여인은 땅이 몰수된 사실을 깨닫고 **집과 전토를 위하여 호**

소하려 하여 왕에게 간다(3절). 회복에 관한 법에 비추어보면, 그녀의 행동은 정당하다(참고. 출 21:2-3; 신 15:1-6). 그녀가 여호람을 찾아갔을 때, 마침 왕은 **하나님의 사람의 사환 게하시**와 함께 엘리사가 한 여인의 아들을 살려낸 이야기를 나누고 있었다(4-5절). 하나님의 주권과 성실하심이 이어지는 장들에서 거듭 드러난다.

게하시와 왕이 이야기하는 동안 여인이 땅을 돌려달라고 호소하기 위해 들어오자, 게하시가 말한다. **내 주 왕이여 이는 그 여인이요 저는 그의 아들이니 곧 엘리사가 다시 살린 자니이다**(5절). 왕이 게하시의 말이 틀림없는지 묻자, 여인은 그렇다고 확인한다. 그러자 왕이 명령한다. **이 여인에게 속한 모든 것과 이 땅에서 떠날 때부터 이제까지 그의 밭의 소출을 다 돌려주라**(6절). 본문에는 게하시가 나병의 심판에서 회복되었다는 기록은 없다(참고. 5:27). 그러나 이 여인은 엘리사를 통한 하나님의 말씀에 성실히 순종했기에, 생명과 재산의 회복을 보았다. 하나님의 주권은 그분의 사자가 하는 말을 주의 깊게 듣는 자를 보살핀다.

8:7-10. 3명에게 기름 부을 것에 관한 예언이 엘리야에게 임한 지 몇 년이 흘렀다(참고. 왕상 19:15-17). 하나님은 엘리야에게 국내외 주요 인사 세 사람에게 기름을 부으라고 명하셨다. 하사엘은 아람 왕으로 기름 부음을 받고, 예후는 이스라엘 왕으로 기름 부음을 받으며, 엘리사는 엘리야의 후계자로 기름 부음을 받을 것이다. 그러나 엘리야는 하늘로 들림을 받기 전에 엘리사에게만 기름을 붓는다(참고. 왕하 2장). 엘리야는 하나님의 명령을 어겼을까? 전능한 분이 하려던 일을 잊으신 것일까? 이 부분(7장-15장)은 비록 엘리야는 일을 끝내지 못했지만, 하나님이 엘리야의 성령과 직분을 이어받은 엘리사를 통해 그분의 뜻을 이루시는 것을 보여준다.

이 시점에서 아무런 설명 없이, **엘리사**는 **다메섹**으로 가고, 마침 **아람 왕 벤하닷**은 **병**이 들었다(7절). 엘리사가 출현했다는 소식을 들은 벤하닷 왕은 **하사엘**을 보내 병이 낫겠는지 물어본다. 또한 엘리사에게 상당한 **예물**을 보내는데 이는 좋은 소식을 듣기 원해서였다(8-9절). 엘리사에게 왕의 요청을 전달하는 하사엘은 왕을 **당신의 아들 아람 왕 벤하닷**으로 지칭한다(9절). 이러한 명칭은 엘리사와 여호와에 대한 왕의 존경심을 보여준다.

왕의 회복 여부에 관한 질문에 대해 엘리사는 범상치 않은 대답을 한다. **왕이 반드시 나으리라 하라 그러나 여호와께서 그가 반드시 죽으리라고 내게 알게 하셨느니라**(10절). 벤하닷이 병에서는 나을 것이지만, 다른 이유로 죽으리라는 뜻이다.

8:11-15. 메시지를 전달한 **하나님의 사람**은 하사엘을 **쏘아보다가** 울기 시작한다(11절). 그가 우는 이유는 하사엘이 **이스라엘 자손에게 행할 모든 악**을 알기 때문이다(12절). 엘리사는 하사엘에게 그가 행할 끔찍한 일들을 자세하게 설명한다. 하사엘은 **그의 주인에게** 돌아가서 엘리사의 메시지를 전달하고, **그 이튿날에** 엘리사의 예언대로 벤하닷을 질식시켜 죽인다. 예언대로, **하사엘**은 그를 대신해 **왕**이 된다(13절; 참고. 왕상 19:15).

왕하

8:16-23. 초점이 남 유다 왕국의 정치로 옮겨진다. 영적인 배교는 북 왕국만의 문제가 아니었다. 왕위 승계 공식이 여기에도 나온다. **이스라엘의 왕 아합의 아들 요람 제오 년에 여호사밧이 유다의 왕이었을 때에 유다의 왕 여호사밧의 아들 여호람이 왕이 되니라**(16절). 여호람의 통치 기록에서는 두 가지가 중요하다. 첫째, 그는 **이스라엘 왕들의 길**을 갔다. 즉, 북 왕국의 우상숭배를 답습했다(18절). 그가 악을 좇게 된 이유는 **아합의 딸이 그의 아내**가 되었기 때문이다. 8-12장에서는 대략 15년에 걸쳐 유다가 영적으로 쇠퇴해가는 모습이 그려진다.

여호와께서 그의 종 다윗을 위하여 유다 멸하기를 즐겨하지 아니하셨으니 이는 그와 그의 자손에게 항상 등불을 주겠다고 말씀하셨음이더라(19절). 사무엘하 7:12-15에서 다윗에게 한 약속 때문에 하나님은 인내하며 유다에 대한 자비를 거두지 않으신다. 여호람(NASB 21절에서는 '요람'으로 불림)에게는 문제가 있었다. **에돔**이 다시 유다에 반란을 일으킨다(20절). 여호람/요람은 반란을 진압하기 위해 군대를 이끌고 **세일**로 간다. 그러나 그의 군대는 밤에 포위되고, 겨우 탈출한다(21절). 에돔은 이후 다시는 유다의 통제 안에 들어오지 않는다(22절).

8:24-29. **여호람**/요람의 통치를 이어 그의 아들

아하시야가 유다의 왕이 된다(주전 841년, 참고. 대하 22:1-9). 그는 **이스라엘의 왕 아합의 아들 요람 제십이 년**에 왕위에 오른다(25절). 승계와 정략결혼에 대한 기술은 유다가 영적으로 쇠락한 이유를 설명해준다. 아하시야의 **어머니의 이름은 아달랴**로 **이스라엘 왕 오므리의 손녀**였으니(26절), 곧 악한 아합의 딸이었다(참고. 왕상 16:1-22:40). 아달랴는 유다의 악한 여왕이 된다(참고. 왕하 11:1-16). 아하시야의 통치가 악한 이유는 그가 **아합 집의 사위**가 되었기 때문이다(27절). 그가 하나님의 법이 규정한 삶에서 멀어질수록 더 많은 악이 그 땅에 영향을 끼친다. 유다의 아하시야는 이스라엘과 함께 전쟁에 말려든다(28절). **아람 왕 하사엘**과의 전투에서 이스라엘 왕(요람/여호람)은 부상을 입는다. 처남의 부상 소식을 접한 아하시야는 이스라엘의 왕에게 병문안을 간다. 그는 이스르엘에 이르고, 결국 그곳에서 죽음을 맞는다.

9:1-3. 지금까지의 열왕기하 역사 서술 속에서 하나님은 엘리사와 하사엘에 대한 말씀을 성취하셨다(참고. 왕상 19:15-17). 세 예언 중에 두 가지가 성취되었다. 이제 예후에 관한 세 번째 예언이 성취된다.

1-13절에 기록된 사건에서 엘리사가 직접 나서지 않은 것이 좀 의아하게 생각될 수도 있다. 엘리사는 **선지자의 제자 중 하나를 불러** 중요한 임무를 맡긴다. '**허리를 동이다**'라는 표현 속에는 임무의 긴박성이 담겨 있다(1절). 이는 긴 겉옷을 추슬러 묶어서 즉각적인 행동을 취할 수 있는 자세를 갖추는 것을 뜻한다. 이 임무는 매우 위험했으므로, 임무를 마치자마자 지체 없이 **문을 열고 도망쳐야** 했다(3절). 그의 임무는 **예후를 찾아** 이스라엘의 왕으로 기름을 붓는 것이었다(참고. 2-3절). 예후와 그의 군사는 요단 동편의 주요 도시인 **길르앗 라못**에서(참고. 왕상 22장) 아람 군대와 싸우고 있었다. 여기에서 이스라엘 왕 요람이 부상을 입었다(참고. 8:28).

9:4-10. 보냄을 받은 **청년**은 **군대 장관**들과 앉아 있는 예후를 발견한다(5절). 그는 예후의 **머리에 기름을 부으며** 말한다. **이스라엘 하나님 여호와의 말씀이 내가 네게 기름을 부어 여호와의 백성 곧 이스라엘의 왕으로 삼노니**(6절). 예후의 임무는 두 가지였다. (1) **아합의 집**을 친다. (2) 여호와의 종들 곧 선지자들과 다른 종들의 **피**를 이세벨에게 갚아준다(7절). 아합 집의 심판에 대한 말씀이 예후를 위해 반복된다(참고. 왕상 21:21). **아합의 집은 여로보암의 집**처럼 될 것이다(9절). 두 집안은 백성을 영적 반란으로 이끌었고, 온 나라가 그 죄로 인해 고통당하고 있다. 예후에게 메시지를 전한 청년은 엘리사가 지시한대로 **문을 열고 도망**친다(3, 10절).

9:11-13. 예후가 면담을 끝내고 나오자 주인의 신복들이 묻는다. **평안하냐**. 달리 말하면, "무슨 일이냐?"이다. 어쩌면 그의 머리에 흐르는 기름을 보았을지도 모른다. 그들은 내막을 알고 싶었다. 그러면서 그들에게로 왔던 선지자의 제자를 **미친 자**로 지칭한다. 이는 요람/여호람 군사의 영적 상태를 보여준다. 처음에 예후는 그들의 질문에 대한 대답을 회피한다. **그대들이 그 사람과 그가 말한 것을 알리라**(11절). 그리고 결국 실토한다. **그가 이리 이리 내게 말하여 이르기를 여호와의 말씀이 내가 네게 기름을 부어 이스라엘 왕으로 삼는다 하셨다 하더라**. 예후와 함께 있던 자들은 급히 겉옷을 예후의 밑에 깔고 **나팔을 불며 예후는 왕**이라고 외친다(13절). 엘리야에게 이른 하나님의 말씀이 실현되었다. 전능자의 말씀은 언제나 신실하고 참되다.

10. 이스라엘의 예후: 예언 성취를 위해 행동한 악한 왕(왕하 9:14-10:36)

예후를 북 이스라엘의 왕으로 기름 붓는 예언이 성취되었다. 예후의 정화 작업이 다섯 단계로 진행된다. (1) 요람을 암살한다(9:15-26). (2) 아하시야를 암살한다(9:27-29). (3) 이세벨을 처형한다(9:30-37). (4) 아합의 칠십 아들을 처형한다(10:1-17). (5) 바알 숭배자들을 처형한다(10:18-28). 마지막으로 예후의 잘못과 북 왕국 패망의 서곡이 기록된다.

9:14-20. 예후는 엘리사가 보낸 자에 의해 방금 이스라엘의 왕으로 기름 부음을 받았다(주전 841-814년, 참고. 대하 22:7-12). 그리고 곧 이스라엘의 왕 **요람/여호람**에 대한 음모에 착수한다. 이때 요람 왕은 부상을 치료하기 위해 이스르엘에 돌아와 있었다(15절; 참고. 8:29). 한편 **유다 왕 아하시야**는 요람을 만나기 위해 **이스르엘**로 와서 아람의 공격에 대항하여 동맹을 모색하고 있었다(16절). 요람을 제거하기 위해 예후는 **길르앗 라못**을 봉쇄한다. 아무도 성읍을 떠나 예후의

군사적 위협을 알리지 못하게 하기 위해서였다(15절). 그리고 스스로 병거를 몰고 요람 체포에 나선다. 그가 이스르엘에 접근하자 이스르엘 **망대**의 **파수꾼**이 접근하는 일단의 무리를 포착한다.

군대의 접근에 혼란을 느낀 **요람**은 한 사람을 말에 태워 사태를 파악하게 한다. **평안하냐**. 말 탄 자가 왕의 말을 전한다(17-18절). 그 사람은 돌아오지 못한다. 아마도 예후 군대의 포로가 되었을 것이다. 병거가 더 접근하자 파수꾼이 보고한다. **그 병거 모는 것이 님시의 손자 예후가 모는 것같이 미치게 모나이다**(20절). '미치게'로 번역된 단어는 앞에서 선지자의 제자를 표현한 '미친'과 같은 단어이다(11절). 예후는 미친 듯이 병거를 몰았고, 그의 독특한 운전 스타일 때문에 식별이 용이했다. 파수꾼은 예후가 오는 목적을 알지 못했다.

9:21-26. 예후가 온다는 소식을 접한 이스라엘 왕 **요람**/여호람과 유다 왕 아히사야는 각기 **병거를 타고 예후를 맞**으러 나간다(21절). 공교롭게도 그들은 엘리야가 아합 가문의 종언을 예언했던 **이스르엘 사람 나봇의 토지**에서 조우한다(21절; 참고. 왕상 21:2-3, 13, 19). 요람은 재차 예후의 출현이 평안인지 묻는다. 예후가 대답한다. **네 어머니 이세벨의 음행과 술수가 이렇게 많으니 어찌 평안이 있으랴**(22절). 예후는 요람의 부모인 아합과 이세벨이 저지른 이스라엘의 하나님에 대한 주술('술수')의 죄와 불충('음행')이 여전히 자행되고 있음을 지적한다(참고. 왕상 16:31; 왕하 3:1).

요람은 즉시 **반역**을 깨닫고(23절) 도망치려 하지만, 예후는 **활을 당겨 요람의 두 팔 사이를 쏘니 화살이 그의 염통을 꿰뚫고** 나온다(24절). 요람이 그의 병거에서 죽자, 이스라엘의 새 왕 예후가 **그의 장관 빗갈**에게 요람의 시체를 아합이 **나봇**에게서 빼앗았던 밭에 던지게 한다(25절; 참고, 왕상 21:2-3, 13-24). 예후는 엘리야가 아합에 대해서 했던 예언을 기억했고, 요람의 죽음이 **여호와의 말씀**대로 이루어졌음을 깨닫는다(26절). 엘리야는 아합에게 예언했지만, 요람은 그의 아들이었기에(3:1) 그의 죽음은 엘리야가 한 예언의 성취였다(참고. 왕상 21:19).

9:27-29. 예후가 요람을 살해하는 장면을 목격한 **유다 왕 아하시야**는 도망치려 한다. 그러나 쫓아오는 예후에게 치명적 부상을 당하고 **므깃도까지 도망하여 거기서 죽**는다(27절). 그는 **예루살렘**으로 옮겨져 **다윗 성**에서 장사된다(28절). 아하시야 통치에 대한 요약을 보면, 그는 이스라엘 왕 **아합의 아들 요람의 제십일 년**에 왕위에 오른다(29절). 그런데 다른 곳에서는 "요람 제십이 년에" 왕위에 오른 것으로 나온다(참고. 8:25). 이러한 차이는 고대의 기록이 왕위 등극의 해를 서로 다르게 기술하기 때문으로 볼 수 있다(서론의 '배경'을 보라).

9:30-37. 엘리야의 예언 성취 및 하나님의 다음 정화 대상은 아합의 아내이자 요람/여호람 왕의 어머니인 **이세벨**이다. 예후가 이스르엘에 도착했다는 소식을 들은 이세벨은 이스라엘의 새 왕을 맞이하기 위해 **눈을 그리고 머리를 꾸**민다(30절). 그녀는 예후를 **주인을 죽인 너 시므리**로 지칭한다(31절). '시므리'는 암살로 이스라엘의 왕위에 올랐고, 7일이라는 짧은 시간 동안 이스라엘을 다스렸다(참고. 왕상 16:8-20). 이세벨은 실패한 시므리의 통치를 빗대어 예후를 조롱했지만, 예후는 달랐다. 예후가 이세벨의 내시들에게 묻는다. **내 편이 될 자가 누구냐**(32절). 그들은 예후의 명령대로 그녀를 내던진다(33절). 곧 말들이 그녀의 시체를 짓밟는다. 나중에 예후는 이세벨의 장사를 명하지만, 종들은 그녀의 **두골과 발과 그의 손**밖에 찾지 못한다(35절). 예후는 그녀에 대한 엘리야의 예언이 성취되었음을 깨닫는다. **이스르엘 토지에서 개들이 이세벨의 살을 먹을지라**(36절; 참고. 왕상 21:23).

10:1-11. 예후는 엘리사의 사자가 준 임무를 완수하지 못했다. 예후는 **아합**의 집을 쳐야 했는데, **사마리아**에는 그의 **아들 칠십 명**이 있었다(1절). 이제까지는 이스르엘이 아합의 집과 관련한 무대였지만, 사마리아가 이스라엘의 수도였기에 예후는 그곳에서 권력을 공고히 해야 했다. 왕위를 합법적으로 주장할 수 있는 아합의 소생은 잠재적 위협이었다. 위협을 제거하기 위해 예후는 이스르엘과 사마리아의 귀족들, 특히 **아합의 여러 아들을 교육하는 자들**에게 **편지**를 쓴다(1절). 그는 그들에게 아합의 **아들들 중에서 가장 어질고 정직한 자**를 왕위에 앉히고 그를 위해 싸우라고 도전한다(3절). 이는 이전 왕조의 신하들이 누구 편인지를 알아내려는 계략이었다. 공포감에 사로잡힌 그들은 스스로 예후의 **종**임을 자처하고 시키는 대로 하겠다고 충성을

맹세한다(5절).

예후는 그들의 말을 그대로 믿지 않고, **다시** 편지를 써서 말을 행동으로 증명하라고 요구한다. 그 행동은 아합 아들의 **머리**를 이스르엘로 가져오는 것이었다. 그들은 **왕자 칠십 명을 붙잡아 죽이고 그들의 머리를 광주리에 담아 이스르엘 예후에게로 보낸다**(7절). 예후는 머리를 **두 무더기로 쌓아** 다음 날 **아침까지 문 어귀에 두게** 한다(8절). 고대의 정복자가 피정복 시민을 겁주어 복종시키는 것은 관행이었다(House, *1, 2 Kings*, 292). 다음 날 아침, 시민들은 충격적인 광경을 목격한다(9절). 예후가 뭇 백성에게 말한다. **여호와께서 아합의 집에 대하여 하신 말씀은 하나도 땅에 떨어지지 아니하리라.** 하나님의 말씀은 하나도 실패하지 않는다. 그는 그들이 목격한 장면의 의미를 설명한다. **여호와께서 그의 종 엘리야를 통하여 하신 말씀을 이제 이루셨도다**(10절). 예후는 이 정권 교체가 자신이 주도한 것이 아니며, 하나님의 일임을 분명히 하고 싶었다. **예후가 아합의 집에 속한 이스르엘에 남아 있는 자를 다 죽이고 또 그의 귀족들과 신뢰 받는 자들과 제사장들을 죽이되 그에게 속한 자를 하나도 생존자를 남기지 아니하였더라**(11절; 참고. 왕상 21:20-24, 29).

10:12-17. 이제 예후가 이스르엘에서 **사마리아**로 이동한다. 가는 길에 **유다 왕 아하시야의 형제들**을 만난다. 그들은 자기 왕과 이스라엘 왕 요람의 죽음을 알지 못했다. 그들이 **왕자들과 태후의 아들들에게 문안하러** 간다고 말하자, 예후는 그들 역시 아합의 칠십 아들과 마찬가지로 잠재적 위협이라고 생각했을 수도 있다. 그래서 그는 그들 **사십이 명**을 붙들어 **양털 깎는 집 웅덩이**에서 죽인다(14절). 그곳에 있던 목동들은 죽임을 당했을 것이며, 시체는 쉽게 발견되지 않았을 것이다.

사마리아로 계속 가던 예후는 **레갑의 아들 여호나답**을 만난다(15절). 그는 예후를 맞이하러 오고 있었는데, 그에 대한 다른 배경이나 정치적 성향은 알려진 바 없다. 레갑 족속은 유대인 분파로 추종자들에게 금주를 요구했고, 예레미야는 그들의 영적인 헌신을 칭찬한다(참고. 렘 35:14-19). 그들은 모두 바알숭배의 위협을 말소하기 원했기에, 예후는 여호나답을 자기 **병거**에 태워서 여호와를 위한 자기의 열심을 보게 한다(16절). 사마리아에 도착한 예후는 아합의 집, 즉 **거기에 남아 있는 바 아합에게 속한 자들을 죽여 진멸**한다(17절). 예후가 행한 모든 것은 엘리야를 통한 하나님 말씀의 성취였다(참고. 왕상 21:21).

10:18-28. 아내 이세벨의 영향으로 아합은 이스라엘에 바알 숭배를 도입했다(참고. 왕상 16:31-32). 이제 예후는 자기편으로 끌어들인 여호나답과 함께 바알 선지자와 그 숭배자들을 바알을 위한 성대한 제사에 초대한다(19절). 그는 **아합은 바알을 조금 섬겼지만 예후는 많이 섬기리라**고 위장 전술을 편다(18절). 대체적으로는 엘리야가 갈멜산에서 바알 선지자들과 대결을 벌였던 것과 비슷한 양상이다. 다만 엘리야는 진정한 의도를 숨기지 않았지만, 예후는 철저히 감추고 있다.

바알 숭배자들이 도착하자 이스라엘의 새 왕은 바알을 섬기는 자들만 **바알의 신당**에 있게 하고 여호와의 종은 그곳에 있지 못하게 한다(23절). 예후는 80명을 신당 밖에 배치해서 명령만 내리면 모든 바알 숭배자를 죽이도록 준비한다(24절). 바알 숭배자들이 번제를 마치자 예후는 명령을 내리고 신당 안에 있는 자를 모두 죽인다. 또한 바알의 신당과 바알의 목상을 완전히 파괴하고 **변소**로 만들어버린다(26-27절). 엘리야가 시작한 일을 예후가 완성한다. **예후가 이와 같이 이스라엘 중에서 바알을 멸하였으나**(28절).

10:29-31. 그러나 예후는 다윗과 같지 않았다. **이스라엘에게 범죄하게 한 느밧의 아들 여로보암의 죄 곧 벧엘과 단에 있는 금송아지를 섬기는 죄에서는 떠나지 아니하였더라**(참고. 왕상 12:26-32; 13:33-34; 14:16). 아합과 이세벨의 우상숭배를 척결하는 데 앞장선 예후의 열심에 대해, 하나님은 하나님이 보기에 **정직한 일**을 행했다고 칭찬하신다. 그리고 그 보상으로 예후의 자손 4대가 이스라엘의 왕위에 앉게 해주겠다고 약속하신다(30절). 그러나 예후는 전심으로 하나님의 율법을 지켜 행하지 않고, 여로보암의 죄에서 떠나지 않았다(31절).

10:32-36. 예후와 그 후손이 완전히 여호와를 따르지 않았기에, 하나님은 이스라엘의 **땅을 잘라내기 시작하신다**(32절). 엘리사에 의해 아람 왕이 된 **하사엘**이 북 왕국으로 쳐들어오고, 이스라엘은 점차 국경 지대를 빼앗긴다. 예후는 위대한 약속과 함께 **스물여덟 해** 통치를 시작했다. 그러나 전후의 많은 왕들과 마찬가지

로, 개인적인 야심 때문에 백성을 의와 복의 길로 인도하지 못했다(36절).

11. 유다의 아달랴와 요아스: 악한 여왕과 선한 왕 (왕하 11:1-12:21)

북 왕국의 정치적 그리고 종교적 격변에 대한 상세한 기술 후에, 초점은 다시 남 유다 왕국으로 옮겨진다. 본문은 정치적, 국가적, 영적 상태는 결국 '마음의 문제'임을 분명히 보여준다.

11:1-3. 아달랴의 아들 아하시야가 이스르엘에서 죽임을 당했다는 소식이 예루살렘에 당도하자, **아달랴**는 즉각 행동을 취해 **왕의 자손을 모두 멸절**하고 스스로 왕위를 차지한다(1절). 아달랴는 오므리의 손녀이자 아합의 딸이었고(참고. 8:16-26), 유다 왕 여호람의 아내였다. 그녀는 유다 역사에서 유일한 여왕이 된다(주전 841-835년, 참고. 대하 22:1-23:21). 그러나 왕위를 독차지하려는 그녀의 사악한 계획은 실패로 끝난다. 다른 왕녀인 **요람 왕의 딸…여호세바**가 유일한 생존자 **요아스**를 구출한다(2절). 여호세바는 대제사장 여호야다의 아내였다(참고. 대하 22:11). 어린 요아스는 고모에 의해 **육 년** 동안 여왕 몰래 **여호와의 성전**에 숨어 지낸다(3절).

11:4-8. 아달랴의 통치 일곱째 해에 **여호야다**는 일단의 무리를 데리고 와서 곧 왕이 될 요아스의 호위 임무를 맡긴다. 이들은 **가리 사람의 백부장들과 호위병의 백부장들**이었다(4절). 가리 사람 또는 그렛 사람(참고. 삼상 30:14; 삼하 8:18; 15:18)은 페니키아 용병으로 왕의 호위대 역할을 하곤 했다. 여호야다는 소년 왕을 보호하기 위해 용기를 내고(참고. 대하 23:1), 가리 사람에게 항상 **왕을 호위하**라는 명확한 지침을 준다. 그리고 요아스를 해하려고 그들의 대열을 침범하는 자는 누구든지 즉결 처형하라는 명령을 내린다(8절).

11:9-12. 여호야다는 왕궁 호위대에게 일상적 호위 임무에 관한 지침을 하달한 뒤, 임무 수행에 필요한 물자를 공급한다. 그는 **여호와의 성전에 있는 다윗 왕의 창과 방패**를 그들에게 준다(10절). 이는 아마도 다윗이 아람 왕 하닷에셀을 무찌르고 가져온 금 방패일 것이다(참고. 삼하 8:7). 제사장 여호야다는 **왕자를 인도하여 내어 왕관을 씌우며 율법책을 주고 기름을 부어 왕으로 삼**는다(12절). '율법책'은 보통 모세가 시내산에서 하나님을 만난 후 받아온 돌판을 가리키며, 언약궤 안에 보관되었다. 그러나 여기서는 왕이 매일 읽어야 하는 율법의 사본을 가리킬 것이다(참고. 신 17:14-20). 대제사장이 요아스의 머리에 왕관을 씌우고 기름을 부어 왕으로 삼자 모였던 백성은 박수를 치며 **왕의 만세**를 외친다(12절).

11:13-16. 백성의 환호 소리에 이끌린 **아달랴는 여호와의 성전**에 이른다(참고. 왕상 3:1). 소년 왕과 즐거워하는 백성을 본 그녀는 즉시 통분의 의미로 **옷을 찢**고 반역을 외친다(14절). 일찍이 대제사장은 대열을 침범하는 자를 죽이라는 명령을 내렸다(8절). 이제 아달랴가 그 명령을 어겼기에, 임시로 정치적, 종교적 수장이 된 여호야다가 명령을 내린다. **그를 대열 밖으로 몰아내라 그를 따르는 자는 모두 칼로 죽이라**(15절). 도망치던 아달랴는 **왕궁의 말이 다니는 길**에서 붙들려 죽임을 당한다(16절).

11:17-21. 왕위의 위협인 아달랴가 제거되자, 대제사장 여호야다는 남 왕국의 영적 쇄신을 위해 중대한 발걸음을 내딛는다. **여호야다가 왕과 백성에게 여호와와 언약을 맺어 여호와의 백성이 되게 하고 왕과 백성 사이에도 언약을 세우게 하매**(17절). 언약의 세부 내용은 기록이 없다. 하지만 이스라엘이 여호와께 충성하기를 기도한 솔로몬의 기도와 비슷한 언약이었을 것이다(참고. 왕상 8장). 또한 이 언약은 사무엘하 7:1-17에서 하나님이 다윗과 맺으신 언약을 반영했을 것이다(House, *1, 2 Kings*, 299). 여호야다의 목적은 요아스의 대관식에 모인 자가 자기 이익을 추구하는 시민이 아니라 **여호와의 백성**이 되는 것이었다(17절).

유다 왕국의 역사적인 날에 두 가지 사건이 더 발생한다. 첫째, 백성은 **바알의 신당**으로 가서 그 신당을 허문다(18절). 예후가 주도한 북쪽의 정화 작업은 남 왕국까지 미치지 못하고 있었다. 둘째, 요아스를 보호하던 이들이 **왕을 인도하여 여호와의 성전에서 내려와 호위병의 문 길을 통하여 왕궁에 이르매 그가 왕의 왕좌에 앉**는다(19절). 요아스는 **칠 세**에 왕위에 오르고, 모든 백성은 즐거워한다(20-21절). 요아스의 즉위 후 **온 성이 평온**했다(*shaqat*, 샤카트는 '방해받지 않는' 또는 '평화로운'을 뜻한다). 이는 정치적 평온 그 이상을 의미한다. 점점 잠식해 들어오는 바알 숭배를 끝장냄으로써 오랜 영적 반란이 막을 내리고, 백성은 마침내 참된 왕인 하나님과 평화를 누린다.

12:1-3. 여기서는 요아스[다른 이름은 여호아스(Jehoash), 히브리어 성경 및 다수 영역본에는 '여호아스'로 되어 있음—옮긴이 주]가 등장한다. 그의 통치가 요약되어 있으며, 자세한 내용은 4-21절에서 기술된다. **요아스는 제사장 여호야다가 그를 교훈하는 모든 날 동안에는 여호와 보시기에 정직히 행하였으되.** 그러나 여호야다의 죽음 이후, 요아스/여호아스는 "여호와의 전을 버리고 아세라 목상과 우상을" 섬긴다(대하 24:18, 요아스의 통치와 몰락에 대한 자세한 내용은 대하 23-24장을 보라). 요아스는 통치 초기에 다윗의 언약을 지키려는 가상한 노력을 경주하지만, **산당**은 제거하지 않는다(3절).

12:4-16. 여호야다의 영향 때문에 요아스/여호아스는 성전을 돌보는 데 관심을 기울인다. 요아스의 통치 당시는 성전을 지은 지 한 세기가 지난 후였다. 제사장들이 돈을 거두어 성전을 관리했지만 점점 소홀해졌다. 그래서 여호야다는 각 사람의 몸값으로 드리는 은과 또한 백성이 자발적으로 내는 은을 모두 취합하게 한다(**자원하여 여호와의 성전에 드리는 모든 은**, 4절). **그러나 요아스 왕 제이십삼 년에 이르도록 제사장들이 성전의 파손한 데를 수리하지 아니하였**다(6절).

그러자 요아스는 여호야다에게 다른 방법을 사용하게 한다. **제사장 여호야다가 한 궤를 가져다가 그것의 뚜껑에 구멍을 뚫어 여호와의 전문 어귀 오른쪽 곧 제단 옆에 두매**(9절). 궤에 은이 차면, **왕의 서기**와 **대제사장**이 은을 꺼내 계수한 뒤 수리에 쓰도록 일꾼들에게 주었다(10-12절). 제사장들은 **은을 받아 일꾼에게 주는 사람들과 회계하지 아니하였으니 이는 그들이 성실히 일을 하였**기 때문이다(15절). **속건제의 은과 속죄제의 은은 여호와의 성전에 드리지 아니하고 제사장에게** 돌렸는데, 그들은 다른 이스라엘 사람처럼 기경할 땅이 없었기 때문이다(16절). 요아스가 성전 보수에 애를 쓴 것을 볼 때, 그는 제사장 여호야다의 영향을 받는 동안에는 여호와를 따랐음을 알 수 있다.

12:17-18. 사람의 영적인 상태는 급속히 변질될 수 있다. 특히 삶에 어려움과 풍파가 일 때 더욱 그러하다. 요아스도 마찬가지였다. 여호야다의 죽음 이후, 그의 통치 말년에 **아람 왕 하사엘**이 새 땅을 차지하기 위해 전쟁을 일으킨다. 일부 주석가는 하사엘이 유다를 관통하는 남부 무역로를 장악하기 원했다고 설명한다(예를 들어 House, *1, 2 Kings*, 303). 이유야 어떻든, 요아스는 성전의 **모든 성물**과 또한 성전과 왕궁의 모든 **금**을 아람 왕 하사엘에게 바친다. 그러자 **하사엘이 예루살렘에서 떠난다**(18절). 유다 왕이 성전 보수를 위해 기울였던 모든 노력은 급속히 헛수고로 돌아간다. 왕이 하사엘의 위협에 대해 하나님의 도움과 지혜를 구했다는 기록은 없다. 대신 요아스는 어리석은 결정을 내렸다. 그는 통치 말기에 제사장 여호야다의 아들 스가랴를 돌로 쳐서 죽인다. 그가 왕의 사악한 행위를 추궁했기 때문이다(대하 24:20-21).

12:19-21. **요아스**/여호아스의 통치는 극적이면서도 경건하게 시작되었지만, 그의 삶은 비극으로 끝맺는다. 요아스가 스가랴를 살해한 것에 대한 반응으로(참고. 대하 24:25), 그의 **신복들이 일어나 반역하여** 그를 죽인다(20절). 그는 **실라**로 내려가다가 예루살렘의 일부분으로서 솔로몬이 요새화했던 **밀로 궁**에서 죽는다(참고. 삼하 5:9; 왕상 9:15). 요아스를 여호와의 성전에서 보호하셨던 분도 하나님이고, 그를 심판에 넘기신 분도 하나님이다. 그의 통치와 함께 시작되었던 '평온'(11:20)은 하나님의 심판과 함께 막을 내린다. **그는 다윗 성에 그의 조상들과 함께 장사**되지만(21절), "왕들의 묘실에는" 들지 못한다(대하 24:25). 요아스는 간접 믿음이란 것은 존재하지 않음을 보여주는 좋은 예이다. 그는 스스로 하나님과 관계를 맺지 못했고, 멘토이자 영적 스승인 여호야다가 살아 있을 동안에만 하나님께 순종했다. 그리하여 여호야다가 죽자 하나님을 따르던 그의 발걸음은 길을 잃고 만다.

12. 이스라엘의 여호아하스와 요아스: 엘리사 말년의 악한 왕들(왕하 13:1-25)

13:1-9. 이야기의 초점은 다시 북 왕국으로 돌아가서, **십칠 년간** 다스리는 새 왕 **예후의 아들 여호아하스**가 소개된다(1절). 여호아하스는 하나님이 예후에게 약속하신, 왕위에 오를 4명의 자손 중 첫째이다. 그러나 그 역시 다른 이스라엘의 왕들처럼 **여로보암의 죄를 따라가고, 여호와 보시기에 악을 행**한다(2절). 그 결과 여호와의 노가 백성에게 임한다. 하나님은 그분의 백

성을 사랑하고 용서하시지만, 그분의 인내심이 영원히 계속되지는 않는다(3절). 하나님은 여호아하스와 백성의 죄에 대한 대가로 그들을 **아람 왕 하사엘의 손과 그의 아들 벤하닷의 손에 넘기**신다(3절). 하나님의 징벌은 변화를 이끌어낸다. **아람 왕이 이스라엘을 학대하므로 여호아하스가 여호와께 간구하매 여호와께서 들으셨으니 이는 그들이 학대받음을 보셨음이라**(4절).

열왕기의 주요 주제 중 하나는 백성의 부르짖음에 대한 하나님의 긍휼이다. **여호와께서 이에 구원자를 이스라엘에게 주시매 이스라엘 자손이 아람 사람의 손에서 벗어나**(5절). 그러나 이 '구원자'가 누구인지에 대한 기록은 없다. 게일(Keil)에 따르면, 여호아하스에게는 2명의 후계자가 있었다. **요아스**/여호아스(10절)와 **여로보암** 2세(참고. 14:23)는 앗수르가 빼앗았던 땅을 회복한다(Keil, *The Books of the Kings*, 375). 한편 정치적 위기에 이스라엘 왕들이 꾸준하게 도움을 구했던 자는 **엘리사**이다(참고. 14-21절). 폴 하우스에 따르면, "시리아가 꾸준하게 두려워했던 이스라엘의 유일한 인물 엘리사가 이스라엘 최후의 구원자였던 것 같다"(House, *1, 2 Kings*, 306). 여호와를 찾으려는 여호아하스의 가상한 노력에 곧 먹구름이 드리운다. 이스라엘의 구원자로 인해 평화가 찾아오지만, 백성은 **여로보암 집의 죄에서 떠나지 아니**한다(6절). 그 결과 여호아하스의 군대는 궤멸되고, 그는 하나님의 자비와 능력을 구하다가 만 왕으로서 죽음을 맞는다(8-9절).

13:10-13. 여호아하스의 뒤를 이어 **요아스**[여호아스로도 불림]가 이스라엘의 왕이 된다. 그 역시 여로보암의 죄에서 떠나지 않고, **여호와께서 보시기에 악을 행**한다(11절). 그가 죽고 난 후, 뒤를 이어 **여로보암**[2세]이 왕위에 오른다. 요아스/여호아스의 죽음에 대한 요약문 이후에, 요아스가 엘리사의 임종 직전에 그에게 도움을 구한 이야기가 회고된다.

13:14-19. 늙은 **엘리사**가 **죽을 병**이 들었을 때, 왕 요아스가 군사 문제를 논의하러 찾아온다. 요아스는 선지자를 부른다. **내 아버지여 내 아버지여 이스라엘의 병거와 마병이여**(14절). 이 인사에는 엘리사를 향한 왕의 존경과 경의가 담겨 있다. 그는 하나님의 능력이 엘리사를 통해 역사한 것을 인정한다(참고. 2:1-12; 6:17).

왕은 군사적 도움을 구하지만, 선지자는 결국 도움을 주시는 분이 하나님임을 깨닫는다. 그리고 요아스에게 하나님의 능력 있는 역사를 껴안을 기회를 준다. 엘리사는 요아스에게 **활**을 잡고 **동쪽으로** 난 창 밖으로 화살을 쏘게 한다(17절). 요아스가 그렇게 하자, 엘리사는 이 행동이 하나님이 **아벡**에서 아람을 물리치고 주실 승리에 대한 상징이라고 선언한다. 아벡은 예루살렘 북서쪽 약 64킬로미터에 있었다(17절). 그 다음 선지자는 왕에게 화살을 잡고 땅을 치게 한다. 엘리사는 요아스에게 어떻게 치라는 설명을 하지 않는다. 왕은 땅을 **세 번 치고** 멈춘다(18절). 하나님의 사람은 왕이 **대여섯 번**을 쳤어야 한다고 화를 낸다. 이제 이스라엘은 북쪽 원수 아람을 **진멸**할 수 있는 기회를 놓치고, 세 번의 승리만 경험하게 된다(19절). 하나님은 종인 왕에게 큰 복의 기회를 주셨지만, 그의 부족한 믿음 때문에 복이 제약을 받았다.

13:20-25. 죽음 후에도 계속되는 엘리사의 능력을 보여준다. 엘리사는 아합의 통치부터(주전 853년) 요아스의 통치까지(주전 798년에 시작) 약 56년간 선지자의 직분을 감당했다. 엘리사가 북 왕국 어딘가의 동굴이나 무덤에 묻힌 후, 다음 해 봄에 **모압 도적 떼들**이 그 땅에 들어온다(20절). 이스라엘이 모압을 속국으로 삼는 데 실패한 이후로(참고. 3:1-27), 모압은 마음대로 이스라엘에 쳐들어왔다. 한번은 어떤 이들이 죽은 자를 장사 지내려 할 때 모압이 쳐들어온다. 그들은 죽은 자를 **엘리사의 묘실**에 던져버리고 도망친다. **시체가 엘리사의 뼈에 닿자 곧 회생하여 일어**선다(21절). 엘리사는 생전에 수넴 여인의 아들을 되살렸던 것처럼, 죽음에서조차 영적으로 매일 죽어가는 나라에서 생명을 되살린다.

엘리사 사역의 주요 주제 중 하나는 하나님의 친절과 긍휼이다. 엘리사의 죽음 이후에도, 하나님은 **아브라함과 이삭과 야곱과 더불어 세우신 언약 때문에 이스라엘에게 은혜를 베풀며 그들을 불쌍히 여기시며 돌보**신다(23절; 참고. 창 12:1-3; 15:1-21; 17:1-27; 26:1-4). 또한 하나님은 **멸하기를 즐겨하지 아니하시고 이때까지 자기 앞에서 쫓아내지 아니하셨**다(23절). '이때까지'는 '오늘날까지'로 번역하는 게 나으며, '역사상 이 시점까지'라는 의미이다. 이는 하나님이 언제나 그분의 백성에게 성실하시다는 선포이다(참고. 렘 31:31-37). 엘리사는 거듭 백성을 하나님의 언약으로 인도했다. 그러므로 아람은 이스라엘을 계속 침공했지만, 하나님은 그분의 언약 백성에게 사랑을 베푸셨다. 벤하닷 2세가 권좌에 올랐을 때도, 하나님은 이스라엘 왕 요아스/여호아스에게 **세 번이나 이스라엘의 성읍들을 회복**할 기회를 주신다(25절; 참고. 19절).

이스라엘은 하나님을 저버려도, 하나님은 언제나 변함없이 그분의 백성에게 충실하시다.

13. 유다의 아마샤: 선한 왕/이스라엘의 요아스: 악한 왕(왕하 14:1-22)

14:1-7. 요아스/여호아스가 북 왕국을 다스릴 때, 유다 왕 요아스의 아들 **아마샤가 유다**의 왕이 된다(주전 796-767년, 대하 25:1-28). 그는 하나님이 보시기에 **정직히 행하였**지만, **다윗과는 같지** 않았다. **그는 그의 아버지 요아스가 행한 대로 다 행하였**지만(3절; 참고. 12:4-12), 아버지와 마찬가지로 **산당**은 없애지 않았다. 그래서 주민들은 우상숭배를 계속했다(4절). 또한 그는 모세의 율법에 기록된 대로 **부왕을 죽인 신복**들은 죽였지만, 그들의 **자녀**들은 죽이지 않았다(참고. 신 24:16). 연속적으로 살인을 자행했던 이스라엘의 예후와는 대조적으로, 아마샤는 하나님의 명령을 따라 삼가고 순종했다. 또한 **에돔**과 전쟁을 벌여서 성공을 거둔다(7절).

14:8-10. **아마샤**는 에돔과의 전투에서 승리를 거둔 후, **이스라엘 왕 요아스**에게 전투를 도발한다. 요아스는 우화로 대꾸한다. 강한 **백향목**은 요아스이고, 아마샤는 쉽게 짓밟히는 **가시나무**이다. 우화는 아마샤의 계획이 어리석음을 강조한다. 요아스는 아마샤가 **에돔**을 격퇴한 사실은 인정하지만, 북 왕국과의 전투에서는 **유다와 함께** 망할 것이라고 경고한다(10절).

14:11-14. 그러나 아마샤는 듣지 않고, 두 나라는 예루살렘 서쪽 약 24킬로미터에 있는 유다의 **벧세메스**에서 결전을 벌인다(11절). 그 결과 유다가 패한다(12절). 요아스는 **아마샤를 사로잡고, 예루살렘 성벽을 헐고, 여호와의 성전과 왕궁 곳간에 있는 금은과 모든 기명을 탈취**한다(13-14절). 아마샤는 유다의 선한 왕으로 기억되지만, 이 본문은 그의 패배를 직설적으로 기술한다. 역대하 25장 20절은 아마샤의 우상숭배가 그를 패배로 이끌었다고 설명한다.

14:15-22. 15-16절은 이스라엘 왕 요아스의 통치를 요약하고, 그다음에는 **아마샤**의 통치에 대한 짤막한 기술이 이어진다(17-20절). 비록 아마샤는 요아스에게 사로잡혔지만, 요아스보다 **십오 년** 더 생존한다(17절). 그러나 그 후 예루살렘에서 무리가 아마샤에게 반역을 일으킨다. 그는 **라기스**까지 도망치지만 붙들려서 죽임을 당한다(19절). 라기스는 예루살렘 남서쪽 약 48킬로미터에 위치한 요새이다. 웃시야(대하 26:2; 사 6:1)로도 알려진 그의 아들 **아사랴**가 뒤를 이어 왕위에 오른다. 그는 홍해의 항구인 **엘랏**을 건축하여 유다에 복귀시킴으로써(22절), 유다의 남단 경계를 확장하는 도구로 사용된다.

14. 이스라엘의 여로보암 2세: 악한 왕(왕하 14:23-29)

이 부분에는(14-17장) 북 왕국이 앗수르에 패망하기 전까지 이스라엘과 유다 왕들의 통치가 서술된다(참고. 대하 25장-28장, 아모스서, 호세아서). 이 시점에서 이스라엘의 북쪽 숙적인 아람(수리아)은 서서히 쇠퇴하고, 앗수르가 신흥 강국으로 부상하여 이스라엘을 위협한다.

14:23-29. 북 왕국의 이야기가 계속되면서 역사와 신학적 주해가 함께 나온다. **이스라엘의 왕 요아스의 아들 여로보암이 사마리아에서 왕**이 된다(23절). 일찍이 여호람도 사마리아에서 왕위에 올랐다(참고. 3:1). 사마리아는 북 왕국의 주요 도시였기에, 종종 이스라엘의 동의어로 사용된다(참고. 1:3). 여로보암 2세 대해서 신학적 함의를 담은 두 가지 사실이 언급된다. 첫째, 그는 **여로보암**으로 불린 두 번째 왕이었고, 이름대로 **여호와 보시기에 악을 행했**다(24절). 그는 **사십일 년**의 통치 기간 동안 악을 행했지만, 이스라엘의 영토를 거의 솔로몬 왕국까지 확장한다(25절). 사실 그의 영토 회복은 선지자 **요나**[하나님의 메시지를 니느웨에 전한 그 요나, 참고. 욘 1장]를 통한 여호와의 말씀에 따른 것이었다. 이는 요나가 니느웨로 떠나기 전에 이스라엘에서 행한 사역에 대한 유일한 기록이다. 이 사건은 영적인 반란 가운데서 꽃핀 하나님의 친절과 은혜를 보여준다.

두 번째 주목할 만한 신학적 함의는 언약을 반드시

지키시는 하나님의 성품에 관한 것이다. **이는 여호와께서 이스라엘의 고난이 심하여 매인 자도 없고 놓인 자도 없고 이스라엘을 도울 자도 없음을 보셨고 여호와께서 또 이스라엘의 이름을 천하에서 없이하겠다고도 아니하셨으므로 요아스의 아들 여로보암의 손으로 구원하심이었더라**(26-27절). 하나님은 은혜롭게도 악한 왕을 사용하여 그분의 백성을 보전하신다. 이스라엘은 잠시나마 번영과 영토 확장을 누린다. **여로보암이 그의 조상 이스라엘 왕들과 함께 자고 그의 아들 스가랴가 대신하여 왕**이 된다(29절).

15. 유다의 아사랴(웃시야): 선한 왕(왕하 15:1-7)

15:1-7. 열왕기하 15장은 역대하 26장과 함께 읽어야 한다. 여기에는 아사랴의 일생에서 중요한 두 가지 사실이 기록되어 있고, 역대하 26장에는 그에 대한 상세한 설명이 나온다. 첫째, **아사랴**[웃시야로도 불림, 13, 30, 32, 34; 참고. 사 6:1]는 **십육 세**에 유다 왕이 되고, **오십이 년** 동안 다스린다(주전 792-740년, 참고. 대하 26:1-23). 그는 **여호와 보시기에 정직히** 행한다(3절). 그의 결점은 **산당**을 제거하지 않은 것이다(4절). 이는 이스라엘과 유다 왕들의 공통적인 잘못이었다. 둘째, **여호와께서 왕을 치셨으므로 그가 죽는 날까지 나병환자가 되**었다는 사실이다(5절). 나병에 대한 이유가 역대하 26:16-21에 설명되어 있다. 웃시야는 교만하여 성전에 들어가 향을 피우려 했다. 이는 제사장의 역할을 침범한 것이다. 열왕기는 역사적 사실을 그대로 기록한 반면, 역대기는 신학적인 주석을 달았다. 아사랴가 죽고, 그의 아들 **요담**이 뒤를 이어 왕위에 오른다(7절).

16. 이스라엘의 스가랴, 살룸, 므나헴, 브가히야: 모두 악한 왕(왕하 15:8-26)

북 왕국 말기의 이 네 왕들은 다른 이스라엘 왕들처럼 악한 통치자였다. 이들에 대한 자세한 내용이 기록되어 있지는 않지만, 성경이 보여주는 이들 통치의 단면은 그들의 영적 상태를 잘 드러낸다.

15:8-12. 여로보암의 아들 스가랴가 사마리아에서 왕이 된다(주전 753-752년). 그는 불과 **여섯 달** 동안 다스린다. 북 왕국의 다른 왕들처럼, 그는 **여호와 보시기에 악을 행하여 이스라엘로 범죄하게 한 느밧의 아들 여로보암의 죄에서 떠나지 아니한**다(9절). 이 사건에서 중요한 요소는 스가랴의 6개월 통치 말미에 **살룸**이 반역을 일으켜 그를 죽인다는 사실이다(10절). 이것이 중요한 이유는 이를 통해 여호와께서 예후에게 하신 말씀의 성취되었기 때문이다(12절; 참고. 10:30). 하나님의 말씀은 분명히 이루어진다는 사실이 다시 증명된다.

15:13-15. 살룸은 **사마리아에서 왕이 되어 한 달 동안** 다스린다(주전 752년). 그의 통치는 워낙 짧았기에 장점이나 단점에 대한 언급조차 없다. 행정 수반의 잦은 교체로 북 왕국의 경제적, 정치적, 영적 혼란이 가중된다. **므나헴**이 살룸을 암살하고 **사마리아**에서 왕이 된다(14절).

15:16-18. 아사랴가 유다의 왕일 때, **므나헴**이 이스라엘의 왕이 되어 **십 년** 동안 다스린다(주전 752-742년). 두 가지 사건을 통해 므나헴의 잔인함이 폭로된다. 첫째, 그는 북 왕국 에브라임과 므낫세 접경 지역의 **딥사**[70인역은 '답부아', 참고. 수 16:8; 17:7-8]를 공격한다. 그곳 주민이 저항하자 그는 잔인하게 그들을 학살한다(16절). 둘째, 그는 **여호와 보시기에 악을 행**한다(18절).

15:19-22. 므나헴은 강국으로 떠오른 앗수르를 상대해야 했다. 당시 앗수르의 지도자는 **불**[Pul]이었다. 다른 역사적 기록에 의하면 이 앗수르 왕의 이름은 디글랏 빌레셀 3세이다(주전 745-724년, Patterson and Austel, "1 and 2 Kings," 236). 불이 쳐들어오자, 므나헴은 그에게 **은 천 달란트**를 준다(19절). 이 돈은 단순히 앗수르의 전쟁을 막기 위함이 아니라, **나라를 자기 손에 굳게 세우고자** 함이었다(19절). 이스라엘의 왕위를 확실히 차지하기 위해 앗수르의 지지를 얻으려 한 것이다(Patterson and Austel, "1 and 2 Kings"). 그는 앗수르에게 줄 돈을 마련하기 위해 이스라엘 부자들의 돈을 강탈했다(20절). 앗수르 군대는 이스라엘 땅에서 물러났지만, 므나헴은 백성의 지지를 얻지 못한다. 이로 인해 그의 뒤를 이어 왕위에 오른 아들 **브가히야**는 더욱 곤경에 처한다(22절).

15:23-26. 므나헴의 아들 **브가히야**는 **이 년** 동안 다스린다(23절). 이전의 왕들처럼, 그는 **여호와 보시기에 악을 행**한다(24절). **르말랴의 아들 베가**가 반역을 일으킨다(25절). 본문에는 설명이 없지만, 아마도 갈수

록 심해지는 경제적 압박 때문이었던 것 같다. **베가**는 **길르앗 사람 오십 명**과 함께 **왕궁 호위소**에서 브가히야와 다른 2명을 죽이고 왕이 된다(25절). 지도자들의 죄가 북 왕국의 삶을 힘들게 했고, 결국 안팎의 세력에 의해 나라가 망한다.

17. 이스라엘의 베가: 악한 왕(왕하 15:27-31)

15:27-31. 북 왕국은 여로보암의 죄를 따름으로써 영적으로 몰락하고, 과도한 세금으로 사회적 고통이 증가했으며, 앗수르의 위협으로 정치적 곤경에 빠진다. **이십 년**의 통치 기간 동안 **베가** 역시 익숙한 전철을 밟는다. **여호와께서 보시기에 악을 행하여 이스라엘로 범죄하게 한 느밧의 아들 여로보암의 죄에서 떠나지 아니하였더라**(28절). 앗수르 왕 **디글랏 빌레셀**(참고. 19절의 '불')이 제국을 확장하여 메소포타미아를 장악한다. 베가의 통치 때, 디글랏 빌레셀이 북 왕국의 여러 성읍을 점령한다(30절). 심지어 **납달리 온 땅**이 점령을 당하고, 백성이 포로로 잡혀간다(29절).

그래서 베가는 아람(수리아) 왕 **르신**과 동맹을 맺는다. 그들은 합세하여 **아하스**가 다스리는 유다를 친다(참고. 37절; 16:6). 그들의 목표는 유다를 군사 동맹에 끌어들여 아람과 이스라엘(에브라임으로도 불림)을 위협하는 앗수르에 대항하는 것이었다. 이는 이른바 시리아-에브라임 전쟁의 서막이었으며, 이사야 7-9장의 예언에 이에 대한 자세한 내용이 나온다. **엘라의 아들 호세아**는 이스라엘의 마지막 왕이 된다(참고. 17:1-5). 그는 만약 베가의 반앗수르 정책이 지속되면, 자극을 받은 앗수르가 더 많은 영토를 탈취하리라고 생각했다. 그래서 호세아는 반역을 일으켜 **르말랴의 아들 베가를 쳐서 죽이고 대신하여 왕**이 된다.

18. 유다의 요담: 선한 왕(왕하 15:32-38)

15:32-38. 북 왕국의 여러 왕들에 대한 이야기가 끝나고, 다시 유다의 이야기가 나온다. 이스라엘의 **베가 제이 년에 요담**이 아버지 웃시야를 이어 유다의 왕이 된다(주전 750-732년, 참고 대하 27:1-9). 요담의 생애는 두 가지 진술로 요약된다. 첫째, 그는 16년간 다스리면서 **여호와께서 보시기에 정직하게 행**한다(34절). 그의 유일한 결점은 이전의 왕들처럼 **산당**을 제거하지 않음으로써 백성이 우상숭배에 빠지고 함부로 제사를 드리게 한 것이다(35절). 요담의 통치에 관한 두 번째 중요한 진술은 **여호와께서 비로소 아람 왕 르신과 르말랴의 아들 베가를 보내어 유다를 치게 하셨다**는 것이다(37절; 참고. 15:27-31의 주석).

요담이 여호와 보시기에 정직히 행하였다면, 왜 하나님은 그의 삶에 분쟁을 주셨을까? 이 장에도 역대하 27장에도 정확한 이유가 나오지 않는다. 패터슨(Patterson)과 오스텔(Austel)에 따르면, 하나님은 이 문제를 통해 요담의 아들이자 후계자인 **아하스**를 시험하려 하셨다(Patterson and Austel, "1 and 2 Kings," 241). 만약 그렇다면, 아하스는 그의 조부 및 부친의 영적 특질을 보여주는 데 실패한다. 열왕기의 주제와 보다 부합하는 주장은 유다의 많은 왕들이 하나님께 미온적으로 헌신했으며, 요담의 경우도 그러했다는 것이다. 신명기 17:14-20은 인간 왕이 진정한 왕의 대리인임을 분명히 밝힌다. 미온적 헌신은 결국 전적 부패로 이어진다. 하나님은 어떻게 해서라도 그분의 백성이 하나님만 절대적으로 의지하도록 만드신다.

19. 유다의 아하스: 악한 왕(16:1-20)

16:1-4. **아하스**[주전 735-716년, 참고. 대하 28장; 사 7장]에 대한 소개와 그의 영적 상태에 대한 진술이 먼저 나온다. 그는 **예루살렘에서 십육 년간** 다스린다. 그의 통치 기간은 거의 이십 년에 이르는데, 이는 아버지와의 공동 통치 기간이 포함되었기 때문이다(House, *1, 2 Kings*, 335-336). 그는 유다의 왕이었지만, **이스라엘의 여러 왕의 길로 행**한다(3절). 북 왕국을 서서히 멸망으로 이끌었던 영적 타락이 이제 남 왕국에까지 만연한다. 구체적으로, 아하스는 **자기 아들을 불 가운데로 지나가게** 했다. 아이를 이방 신의 제물로 바친 것이다. 이는 하나님이 정죄하신 가증한 죄였다(3절; 참고. 레 18:21; 신 12:31; 왕하 16:3). 뿐만 아니라 아하스는 **산당들과 작은 산 위와 모든 푸른 나무 아래에서 제사를 드리며 분향**했다(4절).

16:5-9. 여기 기록된 전쟁의 발발 이유는 **아하스**가 아람과 이스라엘이 앗수르의 위협에 공동으로 대항하기 위해 요구한 동맹을 거절했기 때문이다(참고. 15:27-31의 주석; Patterson and Austel, "1 and 2 Kings," 243). 다른 나라들도 유다의 안정을 위협했다(참고. 대하 28:17-18). 이런 위협 속에서 유다의 배교는 점점 심화되고, 아하스는 하나님께 도움을 청하는

대신 스스로 군사 전략을 짜내어, 결국 영적으로나 지역적으로 바람직하지 않은 동맹을 맺고 만다(참고. 사 7:3-17). 그리하여 **아하스가 앗수르 왕 디글랏 빌레셀에게 사자를 보내** 르신과 베가로부터 구원해달라고 간청한다(7절).

북쪽으로부터의 침략이 워낙 강력했기에, 유다의 군사가 하루에 12만 명이나 죽임을 당한다(참고. 대하 28:5-6). 아하스가 **여호와의 성전과 왕궁 곳간에 있는 은금을 내어다가 앗수르 왕에게 예물로** 보낸 후에야 비로소 앗수르 왕 디글랏 빌레셀은 유다를 도와주기로 한다(8-9절). 앗수르가 아람을 침공하여 **다메섹**을 점령한다. 그러나 이 동맹은 생각만큼 좋은 결과를 맺지 못한다. 역대기 저자는 아하스가 은금을 디글랏 빌레셀에게 주었지만, "그에게 유익이 없었"다고 기술한다(대하 28:21). 이러한 단기적 승리는 곧 영적 타락을 불러온다.

16:10-18. **아하스**는 승리한 **앗수르의 왕**을 만나러 간다(10절). 거기서 제단을 본 왕은 **제단의 모든 구조와 제도의 양식을 그려 제사장 우리야에게 보내** 그대로 만들게 한다(10-11절). 돌아온 아하스는 **제단 앞에 나아가 그 위에 제사를 드린다**(12절). 그는 솔로몬이 매일 제사를 위해 만든 **놋 제단**을 옮기고, 하나님이 지시하신 것과 다른 방식으로 성전 예배를 시작한다. 세 가지 제사가 언급된다. **번제**[burnt offering]는 죄의 용서와 교감을 상징한다. **저녁 소제**[meal offering]는 헌신을 상징한다. **전제**[drink offering]는 삶의 기쁨을 하나님께 부어드리는 것을 상징한다(15절, Patterson and Austel, "1 and 2 Kings," 244).

아하스는 예배에 참석했지만, 그의 마음은 하나님으로부터 멀었다. 이는 하나님께 가증한 일이었다(참고. 신 18:10-13; 사 29:13). 설상가상으로, 아하스는 **물두멍 받침의 옆판을 떼내고 물두멍을 그 자리에서 옮기고 또 놋바다를 놋소 위에서 내려다가 돌판 위에 그것**을 둔다(17절). 심지어는 **안식일에 쓰기 위하여 성전에 건축한 낭실**을 제거하는데, 이는 왕궁에서 성전에 이르는 왕의 통로였다. 이 모든 일은 **앗수르의 왕**이 이스라엘을 속국으로 만든 탓이었다(18절).

16:19-20. 아하스 생애에 대한 네 번째이자 마지막 기록은 그의 죽음에 관한 것이다. 이는 늘 그러하듯 다른 사료에 대한 언급과 함께 이루어진다. **아하스가 행한 그 남은 사적은 유다 왕 역대지략에 기록되지 아니하였느냐**(19절). **아하스가 그의 조상들과 함께 자매 다윗 성에 그 열조와 함께 장사되고**, 다음으로 그의 후계자가 언급된다(20절). 아하스의 생애에 한 줄기 빛이 있다면, **히스기야**라는 아들을 두었다는 사실이다. 히스기야는 아하스를 이어 유다를 다스리며, 유다의 역사에 영적인 빛을 비춘다.

20. 이스라엘의 호세아: 악한 왕 그리고 북 왕국의 멸망(왕하 17:1-41)

17:1-6. 북 왕국의 마지막 왕은 **호세아**이며, **구 년간** 다스린다(주전 732-722년). 호세아에 대해서는 두 가지가 눈에 띈다. 첫째, 영적인 관점에서 그는 **여호와께서 보시기에 악을 행하였으나 다만 그전 이스라엘 여러 왕들과 같이 하지는 아니**했다(2절). 하나님은 언약 백성을 오래 참으셨지만, 그분의 말씀에 따라 심판이 불가피했다(참고. 신 28:47-50). 둘째, 호세아 시대에 북 왕국이 앗수르에 의해 포로로 잡혀가는 사건을 정치적/역사적 관점에서 고찰해볼 필요가 있다.

본래 호세아는 **앗수르의 왕 살만에셀**의 봉신이었지만(3절), **애굽의 왕 소**와 동맹을 시도함으로써 반역을 일으킨다(4절). 당시 애굽 왕이 누구였는지는 정확히 알기 힘든데, 기원전 722년까지 애굽은 피앙키, 테프나카트, 오소르콘 4세 등 지도자가 계속 바뀌기 때문이다(House, *1, 2 Kings*, 339). 분명한 점은 살만에셀이 쿠데타를 시도한 호세아를 **옥에 감금**한다는 사실이다(4절). **앗수르 왕이 올라와 그 온 땅에 두루 다니고 사마리아로 올라와 그곳을 삼 년간 에워쌌더라**(5절). 주전 721년, 북 왕국은 패망하고 그 시민은 앗수르로 끌려간다. 이는 앗수르가 피정복지에 펼치던 정책이었다(6절). 이스라엘이 포로로 잡혀간 것은 하나님이 수년 전에 선지자를 통해 하신 말씀의 성취였다(참고. 왕상 14:15-16, 앗수르의 강제 이주 정책에 대해서는 아래 17:24-41의 주석을 보라).

17:7-17. 열왕기 전체를 통틀어 가장 암울한 기록이 나온다. 이스라엘에 닥친 재앙과 유다에 닥칠 재앙의 원인에 대한 설명이 주어진다(19절). 멸망과 추방의 주된 원인은 이스라엘이 다른 신을 섬기고, 하나님과 세운 언약을 지키지 않은 것이다(참고. 36-37절). 호세

아의 죽음에 대한 서술 이후, 이 장은 세 부분으로 나뉜다. (1) 이스라엘의 악한 선택(7-17절) (2) 그 선택에 대한 하나님의 반응(18-23절) (3) 땅을 부패하게 하는 계속된 죄악(24-41절).

이스라엘 패망의 원인은 군사적 또는 정치적 실패가 아니라 영적 실패였다. **이스라엘 자손이 자기를 애굽 땅에서 인도하여 내사 애굽의 왕 바로의 손에서 벗어나게 하신 그 하나님 여호와께 죄를 범하고 또 다른 신들을 경외하며**(7절). 그들은 또한 **여호와께서 이스라엘 자손 앞에서 쫓아내신 이방 사람의 규례와 이스라엘 여러 왕이 세운 율례를** 받아들인다(8절). **이스라엘의 자손이 점차로 불의를 행하여**(9절). 이는 참되지 않은 것을 하나님의 법도인 것처럼 속이는 것을 뜻한다. 여로보암은 벧엘과 단에 세운 금송아지를 섬기는 것이 하나님께 합당한 일인 것처럼 이스라엘 백성을 유도했다(Patterson and Austel, "1 and 2 Kings," 249). 이는 하나님의 백성이 예배를 가장했지만, 실상은 금지된 종교 행위를 통해 하나님께 배역했음을 뜻한다. **또 우상을 섬겼으니 이는 여호와께서 그들에게 행하지 말라고 말씀하신 일이라**(12절). 하나님은 신명기 28-29장에 기록된 대로, 이스라엘과 유다에게 악한 길에서 돌이키지 않으면 엄중한 결과를 당하리라고 경고하셨다(13절). 그러나 그들은 거절하고, 조상들처럼 **그들의 목을 곧게** 했다(14-17절).

17:18-23. 처음에 하나님은 이스라엘의 영적 반란에 대해 은혜와 인내로 반응하셨다. 하나님은 그들에게 우상을 버리고 그분의 계명을 지키라고 끊임없이 경고하셨다(13절). 이 경고를 계속 거부하자, 하나님은 이스라엘에게 심히 노하신다(18절). 이 부분은 앞뒤를 괄호처럼 묶어주는 문학적 '장치'로 서술된다. 진노하신 **여호와께서 이스라엘을 그 앞에서 내쫓으신다**(23절; 18절, **여호와께서 그들을 그의 앞에서 제거하신다**). 이는 북 왕국뿐 아니라 남 왕국도 마찬가지였다. **유다도 그들의 하나님 여호와의 명령을 지키지 아니하고 이스라엘 사람들이 만든 관습을 행하였으므로**(19절). 나라의 계속된 죄는 끔찍한 결과를 초래한다. 이스라엘의 자손은 괴롭힘을 당하고, 하나님 앞에서 쫓겨난다(20, 23절). 하나님은 **그의 종 모든 선지자를 통하여** 회개할 기회를 주셨지만, 그들은 듣지 않는다(23절). 그러므로 그에 대한 심판은 정당하고 확실했다. 이는 곧 포로로 잡혀가는 삶이었다.

17:24-41. 이스라엘은 강제로 이주당했지만, 이 땅에는 여전히 영적 반란이 남는다. 앗수르의 정책은 정복한 나라의 주민을 다른 곳으로 보내서 반란의 가능성을 줄이고, 다른 지역의 주민을 정복지로 이주시키는 것이었다. 그리하여 앗수르 왕은 다른 나라 사람들을 끌어와서 **이스라엘 자손을 대신하여 사마리아 여러 성읍에** 정착시킨다(24절). 처음 정착 과정에서 이들은 **여호와를 경외하지** 않았다. 쫓겨난 이스라엘처럼 이들은 이스라엘의 하나님을 섬기지 않았다. 그러나 여기는 하나님의 땅이었고, 하나님은 그 사실을 밝히기 원하셨다. 그래서 그들 가운데에 사자들을 보내 몇 사람을 죽게 하신다(25절). 새 주민들은 여호와의 이름이나 법도를 몰랐지만, 이 고난이 그분으로부터 온 것을 알았다(26절). 그리하여 그들은 앗수르의 왕에게 탄원한다.

하나님의 섭리 아래 앗수르의 왕은 포로로 잡혀간 이스라엘 제사장들 중 하나를 돌려보내서 **백성에게 어떻게 여호와 경외할지를 가르치**게 한다(27-28절). 여호와를 경외하는 또는 다른 신들을 경외하고 섬기는 주제가 이 장 전체에서 계속 반복된다(7, 25, 33-34, 신 37-38절). 하나님은 언약 관계를 시작하면서부터 그분의 백성이 그분만 경외하게 하셨다(참고. 창 17:1-5; 신 31:12). 그러나 이스라엘, 유다 그리고 이 땅에 정착한 다른 나라 백성들의 신앙은 언제나 미온적이었다. 저자는 인간의 계속된 타락을 이렇게 요약한다. **이 여러 민족이 여호와를 경외하고 또 그 아로새긴 우상을 섬기니 그들의 자자 손손이 그들의 조상들이 행하던 대로 그들도 오늘까지 행하니라**(41절).

수 세기 후에 예수님은 이 땅의 또 다른 주민과 사마리아와 예루살렘의 종교 행위에 대해 대화를 나누신다(참고. 요 4:7-42). 종교적 혼합주의는 수 세기 동안 지속된다. 앞으로 오실 참된 왕만이 이 땅 주민의 마음을 변혁하실 것이다. 그때야 비로소 그들은 하나님이 의도하신대로 그분을 경외하게 될 것이다.

Ⅲ. 이스라엘 멸망 후 유다 왕국(왕하 18:1-25:30)

A. 바벨론 침공 이전의 유다 왕들 (왕하 18:1-23:30)

열왕기 전체의 여정이 18장에서 마지막 전환점에 이른다. 유다 왕들의 앞길은 북 왕국 형제들의 길과 별반 달라 보이지 않는다. 그러나 북 왕국의 모든 왕들이 여호와 보시기에 악을 행했던 것과는 달리, 유다 왕 중에는 여호와를 따랐던 몇몇 선한 왕이 있었다. 예를 들어 히스기야와 요시야는 작심하고 여호와의 법도를 지키며 그분을 섬겼다(참고. 18:6; 23:25). 그러나 결국에는 유다의 선한 왕들도 불순종하고 만다. 그 결과 하나님이 예언하신 재앙이 닥친다(참고. 신 28:15; 왕하 17:19-20). 이제 하나님의 심판이 분명해진다. 그러나 동시에 여전히 유다 백성에게는 은혜와 희망의 빛이 남아 있다. 그들은 언약을 신실하게 지키시는 하나님께 속한 백성이었기 때문이다(참고. 창 17:19; 삼하 7:16).

1. 유다의 히스기야: 선한 왕(왕하 18:1-20:21)

히스기야의 성공은 분명히 하나님의 작품이었다(7절). 영적인 성공은 역사적, 정치적 사건들을 통해서 이루어진다. 히스기야는 대략 주전 715년에서 687년까지 다스린다. 그 시기에는 앗수르가 지역의 실세였다. 앗수르의 왕 살만에셀 4세(주전 727-722년)가 사마리아를 점령한다(9-10절; 참고. 17:5-6). 그의 뒤를 이어 사르곤 2세(주전 722-705년)가 유다 왕 히스기야의 통치 초기에 앗수르의 왕이 된다.

사르곤 2세는 왕위에 오르자마자 바벨론의 강력한 도전을 받는다. 사실 바벨론과의 분쟁 때문에 앗수르는 유다 영토를 침공하지 못한다. 앗수르의 왕위에 오른 산헤립(주전 705-681년)은 앗수르 왕국 내 다른 곳의 반란을 진압한 후, 모든 역량을 유다에 집중한다. 아마도 앗수르가 바벨론 문제로 골치를 썩자 히스기야는 지금이 앗수르에 저항할 적기라고 판단한 듯하다(House, *1, 2 Kings*, 352). 히스기야가 그렇게 생각했든 안 했든, 그의 곁에는 하나님의 능력이 함께했다(7절).

18:1-3. 히스기야가 **이십구 년간**[주전 716/715-687년, 참고. 대하 29:1-32:33] 잘 다스릴 수 있었던 비결은 **여호와께서 보시기에 정직하게 행**했기 때문이다(3절). 전임자와는 달리 그는 긍정적으로 **다윗**에 견주어진다.

18:4-6. 히스기야는 **산당들을 제거하며 주상을 깨뜨리며 아세라 목상을 찍**는다(4절). 가장 눈길을 끄는 것은 '놋 조각'이라는 뜻의 **느후스단**을 파괴한 것이다. 이는 이스라엘 백성이 모세와 여호와께 불평하던 때에 **모세가 만들었던 놋뱀**이다(참고. 민 21:8-9). 하나님은 반역 도당에게 독뱀을 보내셨다. 백성이 모세에게 탄원하자, 하나님은 그에게 놋뱀을 만들게 하셨다. 고통 중에 있던 백성이 믿음으로 놋뱀을 쳐다보면 살았다. 이 놋뱀은 그때까지 성전 안에 보관되었고, 이스라엘 자손은 그것에게 **분향**했다. 히스기야는 그것을 부숴버리고 하나님만 예배하게 한 것이다. 히스기야는 **여호와께 연합하여 그에게서 떠나지 아니하고 여호와께서 모세에게 명령하신 계명을 지켰**다(6절).

18:7-12. 히스기야가 하나님께 충성했기에, **여호와께서 그와 함께하시매 그가 어디로 가든지 형통**했다. 하나님은 유다에게 승리를 주셨다. 히스기야는 **앗수르 왕을 배반**했고, 블레셋 사람을 쳐서 **망대에서부터 견고한 성까지 이**른다. 즉, 유다 서쪽의 나라들을 완벽하게 제압했다(7-8절). 당시 유다는 적들을 압도했지만, 북왕국은 앗수르에 멸망한다. **이스라엘 왕 호세아의 제구 년에 사마리아가 함락되매**(9-12절; 참고. 17:5-6). 반복이라는 문학적 기교를 통해 사마리아의 길과 히스기야의 의로운 길이 극적인 대조를 이룬다(참고. 6절, 12절). 여호와에 대한 순종은 복을 끌어오고 불순종은 재앙을 낳는다.

18:13-16. 재위 **십사 년**에 유다 왕 히스기야는 최대의 군사적 위기에 봉착한다. 앗수르 왕 **산헤립**이 침공한 것이다. 바벨론과의 오랜 전투 끝에, 산헤립이 올라와서 **유다 모든 견고한 성읍들을 쳐서 점령**한다(13절). 이때 히스기야는 산헤립을 달래기 위해 앗수르에 반기를 들었던 잘못을 뉘우치고, 임박한 위협을 해소하기 위해 평화 조약을 요청한다. 그는 북 왕국의 말로를 인지했으며, 똑같은 재앙이 유다에 임하는 것을 막고자 했다. 앗수르 왕은 **은 삼백 달란트와 금 삼십 달란트**를 요구한다(14절). 이 엄청난 금액을 지불하기 위해, 히스기야는 **여호와의 성전과 왕궁 곳간에 있는 은을 다** 준다(15절). 심지어는 **성전** 문에 입혔던 금까지 벗겨내어 산헤립에게 준다(16절).

18:17-25. 산헤립은 히스기야의 지불에 만족하지 않고, 유다 왕을 폐위시킴으로써 반역을 잠재우기 원했다. 그리하여 군대를 보내서 유다의 주권을 위협하게 한다. 앗수르의 전쟁 전술 중 하나는 침략한 나라의 수

원을 점령하고 보급로를 차단하는 것이었다. 앗수르 군대는 **윗못 수도 곁**에서 히스기야의 군대와 만나 심리전을 펼친다(17절). 히스기야는 없었지만, 그를 대신해서 **엘리아김**, **셉나**, **요아**가 나섰다(18절). **랍사게**라는 이름은 앗수르 군대의 야전 지휘관을 지칭하는 군사 용어이다. 그는 유다에 압력을 가하기 위해 세 가지 전술을 쓴다(19절).

첫째, 그는 히스기야의 군대에게 겁을 주기 위해, 먼저 어떻게 감히 앗수르 군대에 대항할 생각을 했는지 용기가 가상하다고 허세를 부린다. 그는 유다가 **애굽**을 의지하려 한다고 추측했다. 그래서 애굽을 **상한 갈대 지팡이**로 지칭하며, **사람이 그것을 의지하면 그의 손에 찔려 들어**가리라고 조롱한다(21절). 그의 요지는 유다가 애굽을 의지하더라도, 이 악한 동맹군이 마음을 바꿔 하나님의 백성을 해치는 것은 시간문제라는 것이었다. 유다의 선지자들도 비슷하게 보았다(참고. 사 36:6; 겔 6장-7장).

랍사게의 두 번째 겁주기 전술은 히스기야가 유다의 영적 힘을 빼앗아갔다고 선전하는 것이었다. 비록 하나님의 백성은 **우리는 우리 하나님 여호와를 의뢰하노라**라고 하더라도, 히스기야는 **산당들**과 **제단**을 제거하고, 예루살렘에서만 예배하게 했다는 것이다(22절). 랍사게는 이러한 행동이 하나님의 뜻을 거스르는 것이며, 그들을 약하게 만드는 것이라고 판단했다. 심지어 그는 **이 땅으로 올라와서 쳐서 멸**하는 것이 여호와의 뜻이라고 주장한다(25절).

그의 세 번째 겁주기 전술은 유다의 허약한 군사력과 전투 능력을 강조하는 것이었다. 랍사게는 항복을 종용한다. **이제 너는 내 주 앗수르 왕과 내기하라 네가 만일 말을 탈 사람을 낼 수 있다면 나는 네게 말 이천 마리를 주리라**(23절). 그는 유다를 조롱하면서, 말 탈 사람도 낼 수 없는 주제에 산헤립의 **신하 중 지극히 작은 지휘관 한 사람인들** 감당할 수 있겠느냐고 반문한다(24절). 랍사게는 이러한 심리전을 통해 유다 왕의 마음에 공포심을 불어넣을 수 있으리라고 생각했다. 그러나 히스기야는 항복할 마음이 없었다.

18:26-27. 랍사게의 위협에 맞서, 히스기야의 수하들이 요청한다. **우리가 알아듣겠사오니 청하건대 아람 말로 당신의 종들에게 말씀하시고 성 위에 있는 백성이 듣는 데서 유다 말로 우리에게 말씀하지 마옵소서**(26절). 그들은 백성이 두려움에 빠지지 않도록 하려 했지만, 이는 오히려 역효과를 낳는다. 랍사게는 외교적 수사를 버리고 유다 백성을 직접 위협한다.

18:28-35. 첫째, 그는 일반 시민들도 그의 목소리를 듣고 항복하도록 **크게 소리** 지른다. 그는 백성에게 하나님이 그들을 구원하리라는 히스기야의 말을 듣지 말라고 한다. 또한 **내게 항복하고 내게로 나아오라**는 산헤립의 말을 전한다(31절). 그리하면 유다 백성을 그들의 **본토와 같은 지방 곧 곡식과 포도주가 있는 지방이요 떡과 포도원이 있는 지방이요 기름 나는 감람과 꿀이 있는 지방**으로 이주시키겠다고 약속한다(32절). 이는 유다 백성을 항복시키기 위한 기만적인 제안이었다. 앗수르 전쟁사에서 그런 친절하고 융숭한 대접은 기록된 바 없다. 또한 랍사게는 압력을 가중하기 위해 역사를 들먹인다(33절). 그는 앗수르의 승리를 열거하며, 참되고 살아 계신 이스라엘의 하나님도 그들이 점령한 나라의 신들과 똑같은 운명을 맞을 것이라고 우긴다. **민족의 모든 신들 중에 누가 그의 땅을 내 손에서 건졌기에 여호와가 예루살렘을 내 손에서 건지겠느냐 하셨느니라**(35절).

18:36-37. 한편 히스기야는 백성에게 **대답하지 말라**고 명령한다. 유다 군대는 충격 속에 고민하며 왕에게 돌아간다. 그들은 **옷을 찢**은 채로 히스기야 앞에 선다(37절; 참고. 6:30).

19:1. 히스기야는 그들의 보고를 받고 압박감을 느낀다. 그래서 **옷을 찢고 굵은베를 두르고 여호와의 전에 들어**간다(1절). 이는 끔찍한 위협 앞에 놓인 나라의 수장으로서 당연한 반응이었다. 히스기야는 경건한 왕이었기에, 하나님을 바라보고 그분에게 예배하며 도움을 구한다.

19:2-7. 또한 히스기야는 **선지자 이사야**에게 기별을 넣어 도움을 요청한다(2절; 참고. 사 37-39장). 하나님은 엘리야와 엘리사 같은 선지자를 통해 북 왕국에게 말씀하셨던 것처럼, 여러 선지자를 통해 유다 왕들에게도 말씀하셨다(참고. 왕상 16:29-왕하 14:16). 이사야는 아사랴/웃시야 왕이 죽은 해부터(주전 739년, 참고. 왕하 14:17) 히스기야가 죽을 때까지(주전 686년; 참고. 사 6:1; 36-39장) 사역한다. 그는 유다가 앗

수르의 위협에 처했을 때 히스기야에 대한 사역을 시작한다(참고. 대하 32장).

이사야에 대한 왕의 메시지는 세 부분으로 되어 있다. 첫째, 그는 산헤립이 예루살렘을 포위한 사태의 심각성을 설명한다. **오늘은 환난과 징벌과 모욕의 날이라 아이를 낳을 때가 되었으나 해산할 힘이 없도다**(3절). 너무나 끔찍한 상황이기에 차라리 아이를 낳고 싶지 않은 심정이었다. 둘째, 히스기야는 이사야에게 하나님이 앗수르 왕의 망언을 들으실 수도 있다는 가능성을 제기하고 싶었다. **당신의 하나님 여호와께서 그 들으신 말 때문에 꾸짖으실 듯하니**(4절). 셋째, 히스기야는 선지자에게 **남아 있는 자들을 위하여 기도하**라고 요청한다. 히스기야가 말한 '남아 있는 자'는 예루살렘 주민을 뜻하는데, 다른 도시와 마을의 주민들은 이미 사로잡혔다(참고. 18:13).

19:8-13. 이 구절들은 예루살렘 포위 당시에 일어난 짧은 이야기를 다룬다. **랍사게**는 히스기야와의 전쟁을 보고하러 돌아갔다가 산헤립이 **립나**의 전쟁터로 떠났다는 소식을 접한다(참고. 8:22, 블레셋 국경 근처). 또한 **구스 왕 디르하가**가 싸우러 온다는 소식을 듣는다(9절). 애굽과 싸우는 동안 히스기야가 배후를 칠까 염려한 랍사게는 예루살렘에 편지를 보내 히스기야를 겁주려 한다. 산헤립은 히스기야에게 유다를 앗수르 왕으로부터 구원하리라는 하나님의 말에 속지 말라고 말한다(10절). 그러나 자신이 스스로 교만한 마음에 속고 있다는 사실을 깨닫지 못한다. 그는 자신이 공격한 나라들의 신이 자신의 힘과 능력 앞에 무력했음을 상기시키면서 위협을 늦추지 않는다.

19:14-19. 산헤립의 사자들은 앗수르 왕의 조롱이 담긴 편지를 전달한다(9절). 히스기야는 편지를 읽고, **여호와의 성전에 올라가서 그 편지를 여호와 앞에 펼쳐** 보인다. 이는 무력함과 간절함의 상징적 행동이었다(14절). 그의 말에는 하나님에 대한 호소와 확증이 담겨 있다. **그룹들 위에 계신 이스라엘의 하나님 여호와**란 전능하시며 언약 백성과 함께하시는 하나님이라는 뜻이다. 왕은 하나님이 멀리 계시지 않다는 사실에 위로를 얻는다(15절). 그는 이스라엘의 하나님이 유일하신 하나님이며 통치자임을 확증한다. **주는 천하 만국에 홀로 하나님이시라**(15절). 또한 하나님이 **천지**를 만드신 분임을 인정한다(15절). 따라서 여호와께서 함께하고 다스리며 모든 것을 만드셨다면, 논리적으로 생각했을 때 유다 왕이 취해야 할 당연한 반응은 하나님께 도움을 구하는 것이다.

이런 간단한 확증을 통해 히스기야는 하나님께 도움을 호소한다(16-19절). 그가 구하는 것은 단순한 구원과 도움 그 이상이었다. 그는 하나님의 명성을 더 염려했다. 앗수르가 **여러 민족과 그들의 땅을 황폐하게** 한 것은 사실이었다(17절). 그러나 그 나라들의 신들은 **신이 아니요 사람의 손으로 만든 것 곧 나무와 돌뿐**이었다(18절). 따라서 히스기야의 궁극적인 요청은 하나님의 구원을 통해 **천하 만국이 주 여호와가 홀로 하나님이신 줄** 아는 것이다(19절).

19:20-24. 히스기야는 곧 이사야를 통해 기도의 응답을 받는다. 이사야는 권위 있는 어조로 선언한다. **여호와께서 앗수르 왕에게 대하여 이같이 말씀하시기를**(21절). 하나님은 산헤립의 깊은 생각을 알고 그것을 폭로하신다. 앗수르 왕에 대한 고발이 선포된다. 그는 **딸 예루살렘**에 의해 **멸시**받고 조롱받게 될 것이다. 예루살렘은 여호와께서 자기 이름을 두기 위해 선택하신 성읍이다(참고. 왕상 8:44). 앗수르의 왕은 끊임없이 **이스라엘의 거룩한 자**를 비난하고 **비방**했다. 이 명칭은 이사야가 즐겨 사용한 여호와의 이름이었다(22절; 참고. 사 4:1).

19:25-28. 산헤립은 자신의 힘과 강력한 무기로 나라들을 정복했다고 생각했다. 하지만 이는 하나님이 **태초부터** 행하였고, **옛날부터** 정했으며, 이제 모든 것이 이루어지게 하신 것이다(25절). 전능하신 분은 하나님이지 산헤립이 아니다. 또한 하나님은 전지하신 분이다. **네 거처와 네 출입과 네가 내게 향한 분노를 내가 다 아노니**(27절). 앗수르 왕은 이 모든 것을 비밀스럽게 생각했지만, 하나님은 이미 다 아셨다. 그리고 이제 강력하게 움직이려 하신다.

예전에는 앗수르가 정복한 주민들을 짐승 취급하며 이 땅에서 저 땅으로 끌어다 옮겼다. 그러나 이제 하나님이 산헤립에게 선포하신다. **내가 갈고리를 네 코에 꿰고 재갈을 네 입에 물려 너를 오던 길로 끌어 돌이키리라**(28절). 앗수르의 도륙이 제자리로 돌아온다. 그들은 다른 사람을 괴롭혔던 그대로 당하게 될 것이다. 참되고 살아 계신 온 땅의 왕께서 이를 행하실 것이다.

19:29-34. 히스기야에 대한 하나님의 약속을 확증하는 징조가 따른다. 이를 통해 왕과 백성은 하나님이 이 모든 일을 행하심을 알게 된다. 히스기야의 부친 아하스도 같은 선지자에 의해 징조를 받지만(참고. 사 7:10-25), 그는 징조를 거부했다. 하지만 히스기야는 달랐고, 이를 믿었다. 당시 예루살렘은 앗수르의 포위로 농작물을 기를 수 없었기에 기근에 시달렸다(참고. 19:4). 따라서 징조는 농작물이었다. 앗수르가 철수한 후, 첫해에 유다 백성은 **스스로 자라난 것**을 먹고, 둘째 해에는 **그것에서 난 것**을 먹을 것이다. 새 농작물을 심기에는 너무 늦었지만, 밭에 나가서 먹을 것을 구할 수는 있을 것이다. 그리고 셋째 해에는 **심고 거두며 포도원을 심고 그 열매를 먹**을 것이다(29절).

달리 말해서, 3년 동안 음식을 먹을 때마다 하나님이 그들의 강한 구원자이심을 상기하게 될 것이다. 이 농작물이 자라는 것처럼, 이스라엘도 **다시 아래로 뿌리를 내리고 위로 열매를 맺**을 것이다(30절). 앗수르는 **예루살렘**으로 오지 못할 것이며, 이리로 **화살**을 쏘지도 못할 것이다(31-32절). 대신 고향으로 돌아가고 예루살렘으로 결코 돌아오지 못할 것이다(33절). 왜 그런가? **여호와의 열심**이 그의 **종 다윗**을 위해 이러한 강력한 구원을 이룰 것이기 때문이다(31, 34절). 인간의 충성과 하나님의 약속이 함께 일하기 시작하면, 온 세상이 그것을 목격하게 된다.

19:35-37. 선지자가 예언한 대로, 강력한 앗수르 군대가 여호와의 놀라운 능력으로 궤멸된다. 그날 밤, **여호와의 사자가 나와서 앗수르 진영에서 군사 십팔만 오천 명을 친**다(35절). 다음 날 아침 기상한 산헤립과 지휘관들은 사방에 널브러진 송장을 확인한다. 군대가 궤멸했기에, 그들은 니느웨로 돌아갈 수밖에 없었다(36절). 거기에서 산헤립은 니스록에게 경배하다가 아들 **아드람멜렉과 사레셀**에게 죽임을 당한다. 이 사건은 실제로 20년 후에 발생했다고 역사에 기록되어 있다(Patterson and Austel, "1 and 2 Kings," 268). 다른 **아들 에살핫돈이 대신하여 왕**이 된다(37절). 하나님의 백성이 구원을 받지만 이는 유다 왕의 군사력이나 외교력 때문이 아니었다. 하나님이 다윗에 대한 약속을 지키셨고, 그분과 그분의 명성을 향한 히스기야의 열정을 가상하게 여기셨기 때문이다. 하나님이 진정한 승리자이시다.

20:1-7. 히스기야의 병에 관한 기록은 연대 문제를 야기한다. **그때에**(1절)라는 표현은 예루살렘이 산헤립으로부터 구원받은 사건을 가리키는 것 같다. 하지만 6절을 보면, 히스기야의 발병은 산헤립의 패배 이전, 즉 그의 침공이 임박한 시점으로 보인다. 10년간 므낫세와의 공동 통치 기간(주전 697-643년)을 감안하면, 히스기야의 통치 기간은 주전 716-687년이 된다. 산헤립의 침공은 주전 701년이다. 바벨론 사절단의 방문은 주전 703년으로 추정된다.

그러므로 히스기야가 15년의 생명을 연장받은 시점은 바벨론 사절단이 그를 방문하기 직전인 것으로 추정된다. 히스기야의 발병은 앗수르로부터의 구원 이전, 산헤립의 포위 이후인 것으로 기록되어 있다. 이는 하나님에 대한 히스기야의 의로운 반응을 보여주며, 바벨론에 포로로 잡혀간 원래 독자들에게 하나님을 신뢰하는 모범을 보여준다. 역대하 32장 25-26절의 병행 기록에 따르면, 히스기야의 교만이 발병 원인이었다(열왕기 서론을 보라). 역대기의 기록에 의하면, 왕과 백성은 자기를 낮추었고 그리하여 하나님은 산헤립의 공격을 통한 진노를 거두셨다.

이야기는 세 부분으로 나뉜다. 첫째, 죽을 것이라는 소식을 들은 히스기야가 심한 통곡으로 호소한다. **여호와여 구하오니 내가 진실과 전심으로 주 앞에 행하며 주께서 보시기에 선하게 행한 것을 기억하옵소서**(3절). 히스기야의 교만에 대한 언급은 없지만(참고. 대하 32:25-26), 그가 **심히 통곡**한 사실로 미루어 볼 때 스스로의 잘못을 깨달았던 것 같다. 따라서 그는 여호와의 예배를 원래대로 회복하려 했던 자신의 진실을 보아달라고 호소한다. 둘째, 왕의 기도에 대한 하나님의 응답이다. 하나님은 이사야를 보내어 히스기야가 나을 것이며, **십오 년**의 생명을 연장받으리라고 전하신다. 그렇게 하신 이유는 언약을 지키시는 하나님의 성품 때문이다. 하나님이 선언하신다. **내가 나를 위하고 또 내 종 다윗을 위하므로 이 성을 보호하리라**(6절).

20:8-11. 셋째, 히스기야는 **이사야**를 통한 하나님의 말씀이 참임을 확증하는 **징표**를 구한다. 이는 히스기야의 부친 아하스와는 매우 다른 모습이다. 아하스는

징조 구하기를 거부했지만, 이사야를 통해 하나님이 앗수르로부터 유다를 구원하시리라는 약속을 확증받았다(참고. 사 7:11). 히스기야는 징표를 원했고, 하나님은 그의 요청을 들어주신다. 이사야는 그에게 **해 그림자가 십 도를 나아갈 것이니이까 혹 십 도를 물러갈 것이니이까**라고 묻는다. 그러자 히스기야는 십 도가 물러가기를 구한다(10절). 해는 어차피 자연적으로 나아가기 때문에, 이 편이 더 확실하다고 생각한 것이다. **아하스의 해시계** 위에 나아갔던 해 그림자가 10도 뒤로 물러간다(11절). 이는 아하스가 만든 계단 형식의 해시계였다(Patterson and Austel, "1 and 2 Kings," 274). 히스기야의 치료 이야기를 이곳에 기록한 까닭은, 히스기야가 통치 초기부터 하나님을 찾았고, 이 사건을 통해 더욱 단단해진 믿음으로 앗수르가 침공했을 때(18, 19장) 하나님께 도움을 구할 수 있었음을 보여주려는 것이다.

20:12-15. 히스기야가 바벨론의 사절단을 만난다. 이는 연대를 알려주는 중요한 사건의 하나이다. **그때에**라는 표현은 히스기야의 통치 시기를 가리키는 일반적인 표현으로 이해해야 한다. **발라단의 아들 바벨론의 왕 브로닥발라단**이 히스기야에게 편지와 예물을 보낸다. 북 왕국은 패망하고, 앗수르는 여전히 강력했으며, 바벨론은 새롭게 부상하고 있었다. 바벨론 왕이 **히스기야가 병 들었다 함을 듣고** 그에게 편지를 쓴다(12절). 바벨론 사절단을 맞은 히스기야는 **사자들의 말을 듣고 자기 보물고의 금은과 향품과 보배로운 기름과 그의 군기고와 창고의 모든 것을** 사자들에게 다 보여주었는데, 아마도 유다의 힘과 부를 과시하려 했던 것 같다(13절). 이 방문은 히스기야가 여호와의 손으로 '형통'했던 통치 초기에 이루어졌던 것으로 추정된다(18:7; 참고. 대하 32장). 이는 확실히 히스기야의 곳간이 털린, 산헤립의 예루살렘 포위 이전이다(주전 701년). 그때는 이미 보여줄 것이 하나도 없었다(참고. 왕하 18:13-16).

20:16-19. 이때가 히스기야 통치 시기 중 최악의 순간이다. 그는 어리석게도 바벨론 사절단에게 자신의 부를 자랑했다. 그런데 왜 저자는 히스기야가 병 고침을 받은 이야기 다음에 이처럼 경솔함을 보인 이야기를 기록했을까? 그리고 히스기야는 어떻게 이사야의 예언을 듣고도 아무렇지 않았을까? **왕궁의 모든 것과 왕의 조상들이 오늘까지 쌓아두었던 것이 바벨론으로 옮긴 바 되고 하나도 남지 아니할 것이요**(16-18절; 참고. 24:10-16). 저자는 히스기야의 행동에만 초점을 맞추지 않고, 하나님의 계획을 보여주려 한다. 히스기야는 전임자보다 의로웠지만(참고. 18:5-6), 그 역시 단점이 있었다. 그리고 하나님 또한 계획이 있었다. 유다의 영적 반란에는 그에 대한 결과가 따랐고, 하나님은 그들을 심판하겠다는 약속에 충실하셨다(17:13, 19-20). 불순종이 추방이라는 결과를 가져왔다. 유다 왕들 사이에서 의로움을 조금씩 찾을 수 있었지만, 그중 제일 나았던 히스기야마저 약속된 다윗의 자손이 되지 못했다. 이러한 역사를 통해 열왕기의 독자는 메시아로 오실 다윗의 자손인 의로운 왕을 계속 고대하게 된다. 이것이 이스라엘 참된 왕의 길이다.

왕하

20:20-21. **히스기야의 사적** 외에도 건설 사업 또한 그의 위대함을 증명한다. 예루살렘이 포위되었을 때 **물을 성안으로** 끌어들이기 위해 그가 예루살렘에 건설한 **수도**가 1880년에 발견되었다. 히스기야는 기혼 샘(참고. 왕상 1:33, 38)에서 성 내의 저수지, 즉 실로암 못까지 약 520미터에 이르는 터널을 팠다(참고. 대하 32:30). 일꾼들이 중간에서 만난 지점을 기록한 '실로암 비문'도 여기에 있다. 오늘날 관광객은 예루살렘 다윗 성을 거닐며 이러한 공학 기술의 경이를 감상할 수 있다.

2. 유다의 므낫세와 아몬: 두 악한 왕 (왕하 21:1-26)

히스기야는 바벨론 사람들에게 보물을 자랑하는 우를 범했지만, 여호와를 전심으로 섬기려 했던 그의 진심은 매우 인상적이다. 그와는 대조적으로 두 후계자 므낫세와 아몬은 악의 전형이었다. 그 둘은 모두 여호와 보시기에 악을 행했다(2, 20절). 향후 57년 동안 그들로 인해 유다는 여호와로부터 멀어졌고, 그 결과 바벨론에 포로로 끌려간다.

21:1-9. **므낫세**는 **십이 세**에 왕위에 오르고(1절), 55년간 유다를 다스린다(주전 698/697-642년). 이는 유다에서 가장 긴 통치 기간이며, 그 일부분은 아버지 히스기야와의 공동 통치였다(House, *1, 2 Kings*, 377). 그러나 본문은 그의 악을 강조한다. 악의 세부적 내용이 네 분야에 걸쳐 기록된다. 첫째, 그는 아버지가 헌 **산당을 다시 세운다**(3절). 이로 인해 백성은 다시 우상숭배에 빠져든다. 둘째, 그는 **여호와의 성전에 제단들**

을 쌓는다. 이는 중죄였는데, 왜냐하면 성전에 대해서 **여호와께서 전에 이르시기를 내가 내 이름을 예루살렘에 두리라** 하셨기 때문이다(4절). 므낫세의 행위는 하나님이 규정하신 예배와 상충했다(참고. 삼하 7:13; 왕상 8:29). 셋째, 그는 온갖 종류의 주술 행위를 자행했다. **자기의 아들을 불 가운데로 지나게**[아이 제사]했으며 **점치며 사술을 행했고 신접한 자와 박수를** 신임했다(6절). 넷째, 그는 성전에 **자기가 만든 아로새긴 아세라 목상**을 세웠다. 이 성전은 하나님이 **내 이름을 영원히 둘지라**고 하셨던 **예루살렘**의 집이었다(7절).

이 마지막 행위는 하나님이 이스라엘에 복 주리라고 하셨던 조건에 정면으로 충돌하는 것이었다. 하나님은 **명령한 모든 율법**을 지켜 행하면 그들에게 복을 주겠다고 약속하셨다(8절). 그러나 므낫세는 백성을 전혀 다른 길로 인도했다. 불행히도 **이 백성이 듣지 아니하였고 므낫세의 꾐을 받고 악을 행한 것이 여호와께서 이스라엘 자손 앞에서 멸하신 여러 민족보다 더 심하였다**(9절).

21:10-15. 므낫세가 악한 길로 행할 때도 하나님은 여전히 지켜보고 계셨다. 오히려 **종 모든 선지자들**을 통해 그분의 뜻을 보여주셨고, **예루살렘과 유다에 재앙을 내리리라**고 백성에게 경고하셨다(12절; 참고. 1-3절). 재앙이 너무나 극심하여, 그 소식을 듣는 자마다 **두 귀가 울릴 것이다**(12절). 이는 재앙의 소식이 듣는 이의 귀를 상하게 한다는 비유적 표현이다. 이 위대한 재앙을 묘사하기 위해 하나님의 의지가 담긴 3개의 진술문이 사용된다. 이는 주전 586년에 닥칠 재난을 마음속에 그려보게 하기 위함이다.

첫째, 하나님은 백성을 평가하실 것이다. **내가 사마리아를 잰 줄과 아합의 집을 다림 보던 추를 예루살렘에 베풀리라**(13절). 즉, 하나님은 다림줄을 사용하실 것이다. 이는 표준 측량줄로서, 하나님이 아합의 집을 심판할 때 사용하셨던 바로 그 잣대이다. 둘째, 하나님은 예루살렘을 정화하기 위해 강력한 조처를 취하실 것이다. **또 사람이 그릇을 씻어 엎음같이 예루살렘을 씻어버릴지라**(13절). 셋째, **내가 나의 기업**[참고. 왕상 8:51; 신 4:20)**에서 남은 자들을 버려 그들의 원수의 손에 넘기리라**(14절). 이러한 심판의 원인은 그들이 **악을 행하여**, 하나님의 **진노**를 불러일으켰기 때문이다(15절).

21:16-18. 진정한 왕은 므낫세의 죄를 눈감아주지 않으신다. 다가올 심판이 종교적 비행에 대한 심판으로서 지나쳐 보일 수도 있지만, 하나님의 심판이 정당함을 보여주는 또 다른 증거가 있다. 므낫세는 **또 무죄한 자의 피를 심히 많이 흘려 예루살렘 이 끝에서 저 끝까지 가득하게** 한다(16절). 이는 하나님의 선지자들을 죽인 아합에 대한 진술과 비슷하다(참고. 왕상 21:19; 22:35). 모든 면에서 임박한 심판은 불가피했다. 므낫세의 모든 악행에 대한 정보가 **유다 왕 역대지략에 기록되었다**는 진술로 그에 대한 평가가 마무리된다(17절; 참고. 왕상 11:41-43; 14:19의 주석을 보라). 긴 통치 기간에도 불구하고 므낫세는 **그의 궁궐 동산 곧 웃사의 동산**에 장사된다. 긴 악행의 역사로 인해 다른 유다 왕들과 함께 장사될 자격이 없다고 판단되었기 때문일 것이다(참고. 왕상 2:10; 왕하 8:24). 여기에서 언급된 웃사는 언약궤를 옮기다가 즉사한 웃사가 아니라 왕 웃시야의 축약형으로 보이며, 므낫세는 웃시야의 왕궁에서 살았다(참고. 삼하 6:1-8).

21:19-26. 므낫세의 아들이자 계승자인 **아몬**에 대해서는 알려진 바가 거의 없다. 그는 **이십이 세**에 왕위에 오른 후, 불과 **이 년간** 유다를 다스린다(19절). 그는 확실히 **아버지 므낫세의 행함같이 여호와 보시기에 악을 행했**다(20절). 아몬의 신복들이 반역하여 그를 **왕궁에서 죽인다**(23절). 그러나 국민은 **아몬 왕을 반역한 사람들을 다 죽이고 그의 아들 요시야를 대신하게 하여 왕을 삼는**다. 악한 아버지처럼, 아몬은 **웃사의 동산 자기 묘실에 장사**된다(26절; 참고. 18절). 저자는 요시야가 왕위에 오른 사실을 반복함으로써(24, 26절), 비록 악이 57년간 횡행했음에도 불구하고 요시야의 영적 부흥 운동으로 인해 여전히 의로움이 남아 있음을 보여주려 한다. 그러나 유다의 운명은 분명했다. 영적 정화 과정을 촉진하기 위해 하나님은 그분의 백성을 포로로 끌려가게 하실 수밖에 없었다.

3. 유다의 요시야: 선한 왕(왕하 22:1-23:30)

이스라엘 왕들은 지속적으로 하나님의 진노를 불러일으켰고(참고. 17:18-19; 23:26), 그로 인해 심판이 임박했다. 그러나 기쁜 소식도 있었다. 하나님의 명예를 위해 열심을 내는 의로운 왕이 통치를 시작한다. 하지만 짤막한 부흥에도 불구하고, 하나님은 약속한 심판을 철회하지 않으신다. 22장과 23장은 하나님의 의도를 분명히 보여준다. 요시야 왕의 이야기는 이스라엘 최고 개혁가의 마음과 하나님의 마음을 드러낸다.

22:1-13. 요시야는 **팔 세**에 왕위에 올라, **예루살렘**에서 **삼십일 년**간 다스린다(1절). 그의 통치는 악한 조부 므낫세 만큼 길지는 않았지만 그보다 훨씬 더 큰 영향을 끼친다. 그는 전임자들의 영향을 받지 않고, 대신 **조상 다윗의 모든 길로 행**한다(2절). 26세인 열여덟째 해에, 그는 **여호와의 성전에 부서진 것**을 수리하게 한다(5절). 역대하 34장 3절에 따르면, 하나님을 향한 그의 열심은 이미 열두째 해에 시작된다.

그러나 성전에서 중요한 발견이 일어남으로써 요시야의 모든 행적이 완전히 변한다. 대제사장 **힐기야가 여호와의 성전에서 율법책을 발견**한다(8절). 이 책(실제로 두루마기)이 왜 없어졌는지 그리고 어디에 감추어 있었는지에 대해서는 설명이 없다. 신명기 31:24-26은 분명하게 율법이 언약궤 옆에 놓여야 한다고 말한다. 또한 왕은 정기적으로 율법을 보면서 하나님의 뜻을 분별해야 했다(참고. 신 17:14-20).

므낫세와 아몬의 통치 기간 동안 율법은 의도적으로 치워지고, 이방 종교의 관습이 여호와의 예배와 율법을 대체했음이 분명하다. 어린 왕이 이러한 발견에 어떻게 반응할지 알 수 없었던 대제사장은 **서기관 사반**을 왕에게 보내 발견 사실을 보고하게 한다(9-10절). 사반이 요시야 앞에서 책을 읽자, 왕은 율법책의 말을 듣고 회개의 의미로 곧 **그의 옷을 찢**는다(11절). 왕은 즉각적으로 들은 말씀의 의미를 이해한다. 그리고 신하들을 보내 그 말씀의 의미를 더 묻게 한다. 결국 이제껏 이스라엘의 왕들과 백성은 **이 책의 말씀을 듣지 아니**했던 것이다(13절).

22:14-20. 요시야가 보낸 4명의 신하는 **여선지 훌다**에게 가서 이스라엘의 죄와 요시야의 회개에 대한 하나님의 심중을 묻는다(14절). 당시에 예레미야나 스바냐 같은 다른 선지자들도 있었지만, 이 여선지자가 요시야와 친했다. 훌다는 자기 생각을 주입하지 않고, 왕의 질문에 대한 분명한 대답을 준다. 먼저 이렇게 시작한다. **이스라엘 하나님 여호와의 말씀이**(15절). 유다를 향한 하나님의 불같은 진노는 여전하며, **꺼지지 아니할** 것이다(17절). 그러나 하나님의 마음이 요시야의 겸손과 하나님의 명예를 향한 열심에 감동했다. 하나님이 여선지자를 통해 말씀하신다. **내가 이곳과 그 주민에게 대하여 빈 터가 되고 저주가 되리라 한 말을 네가 듣고 마음이 부드러워져서 여호와 앞 곧 내 앞에서 겸비하여 옷을 찢고 통곡하였으므로 나도 네 말을 들었노라…그러므로 보라 내가 너로 너의 조상들에게 돌아가서 평안히 묘실로 들어가게 하리니 내가 이곳에 내리는 모든 재앙을 네 눈이 보지 못하리라**(19-20절). 요시야는 생전에 예루살렘이 멸망하고 유다가 바벨론으로 끌려가는 것을 보지 않는다. 요시야는 전투 중에 죽지만(참고. 23:29-30), 하나님과는 화목을 유지한다.

23:1-3. 훌다의 정보를 입수한 요시야는 곧바로 행동에 착수한다. 첫 번째로 언약의 갱신을 시행한다. 그는 **유다 모든 사람과 예루살렘 주민과 제사장들과 선지자들과 모든 백성**을 망라한 국민 총회를 소집한다(2절). 신분이나 지위에 상관없이 **노소를 막론**하고 누구나 나와야 했다(2절). 예전의 모세와 여호수아처럼(참고. 신 31:10-13; 수 8:34-35), 요시야는 **언약책의 모든 말씀**을 읽는다(2절). 이 예식에는 상당한 시간이 소요되었을 것이다. 마지막에 왕이 먼저 언약을 지키기로 서약하고, **백성이 다** 동의한다(3절).

23:4-10. 언약 갱신 예식 후에, 요시야는 성읍과 주변 지역 심지어 **벧엘**까지 정화 작업을 실시한다(4절). 벧엘은 앗수르에 의해 재정착이 시행되었던 곳이다(참고. 17:28). 앗수르 제국의 세력 약화를 틈타, 유다 왕은 이스라엘과 유다 두 나라를 통합할 수 있으리라 생각했는지도 모른다(Patterson and Austel, "1 and 2 Kings," 287-288). 그러나 개혁에는 긍정적인 면과 부정적인 면이 공존했다.

요시야는 먼저 **바알** 숭배를 위한 모든 **그릇**을 파괴하고(4절), **예루살렘 바깥**에서 불사른다. 그다음 왕의 우상숭배를 돕던 **제사장**들을 폐한다(5절). 모세가 금송아지를 파괴했던 것과 유사하게, 요시야는 **아세라 상을 불사르고 빻아서 가루를 만들어 그 가루를 평민의 묘지에 뿌**린다(6절). 정화 작업을 통해서 다양한 요소들이 불살라 무덤 위에 뿌려진다. 이러한 행위는 이스라엘에서 최대의 모독과 불명예로 여겨졌다(민 19:18). 또한 요시야는 백성에게 거짓 예배를 종용한 **제사장들**

그리고 **산당**들과 **남창의 집**을 파괴했다(7-8절). 그는 북쪽 경계인 **게바**에서 남쪽 경계인 **브엘세바**까지 온 유대를 정화했다. 후에 벧엘에 있는 거짓 제사장들을 죽이지만, 예루살렘의 제사장들은 죽이지 않는다. 대신 심판의 일환으로 여호와를 섬기기 위해 **여호와의 제단**에 올라가는 것을 금한다(9절). 그는 또 **몰록**에게 아이를 바치기 위한 **힌놈의 아들 골짜기의 도벳**을 더럽게 한다(10절).

23:11-14. 열왕기 어디에서도 언급되지 않으며, 특별한 관심을 끄는 물품은 **유다 여러 왕이 태양을 위하여 드린 말**들이다(11절). 성경 외적인 자료에 의하면 말들과 병거 그리고 태양 숭배 사이에는 강한 연관이 있다(Provan, *1 and 2 Kings*, 276). **제단**들, **산당**들 그리고 **석상**들을 비롯한 우상숭배와 관련 있는 모든 것이 파괴되었다(10-14절).

23:15-20. 열왕기상 13:26-32에 나오는 요시야에 대한 예언이 성취된다. 요시야는 **벧엘**에서 우상숭배와 관련된 모든 것을 파괴한다. 다만 벧엘의 제단에 대해 심판을 선포한, 유다에서 온 하나님의 사람의 **비석**은 제외한다(참고. 왕상 13:2).

23:21-23. 유다는 요시야의 개혁을 통해 **유월절**을 새롭게 지킨다(참고. 출 12장; 14-17절). 하나님이 애굽으로부터 구원하심을 기리는 이 축제는 줄곧 무시당해왔다. 그래서 **사사가 이스라엘을 다스리던 시대부터 이스라엘 여러 왕의 시대와 유다 여러 왕의 시대에 이렇게 유월절을 지킨 일이 없었다**(22절). 이는 사사 시대 이후로 유월절을 아예 지키지 않았다는 뜻이 아니라, 요시야 때의 유월절이 과거에 비해 가장 성대했다는 뜻이다(참고. 대하 35:1-19). 즉, 요시야의 유월절이 모든 면에서 웅장했다. 그는 백성이 다시 한 번 확실하게 하나님의 구속 역사를 생각할 수 있기를 원했다.

23:24-27. 요시야가 그 무엇보다 가장 하고 싶었던 것은 **대제사장 힐기야가 여호와의 성전에서 발견한 책에 기록된 율법의 말씀을 이루**는 것이었다(24절). 요시야의 삶에 대한 기록이 마무리되면서, 요시야와 하나님에 관해 두 가지가 특별히 강조된다. 첫째, 하나님께 대한 요시야의 충성이 인정을 받는다. **요시야와 같이 마음을 다하며 뜻을 다하며 힘을 다하여 모세의 모든 율법을 따라 여호와께로 돌이킨 왕은 요시야 전에도 없었고 후에도 그와 같은 자가 없었더라**(25절; 참고. 신 6:5). 하나님은 그분의 이름을 위한 요시야의 열심을 존중하셨다. 둘째, 하나님의 공의가 직설적으로 강조된다. 요시야의 성실과 개혁에도 불구하고 유다에 대한 그의 영향력은 제한적이었기에, **여호와께서 유다를 향하여 내리신 그 크게 타오르는 진노를 돌이키지 아니하셨으니 이는 므낫세가 여호와를 격노하게 한 그 모든 격노 때문**이었다(26절). 하나님은 그분과 그분의 말씀을 사랑한 사람에게 분명히 자신의 마음을 주셨지만, **이스라엘을 물리친 것 같이 유다도** 물리치실 것이다. 하나님의 거룩한 계획은 결코 무산될 수 없다.

23:28-30. 요시야의 행적은 **유다 왕 역대지략**에 기록된다(참고. 14:18). 그의 죽음에 대한 이야기가 간략히 소개된다. 주전 609년에 요시야는 **애굽의 왕 바로 느고**의 군대에 맞서기 위해 군대를 **므깃도** 골짜기로 이동시킨다. 당시에 애굽은 앗수르와 동맹 관계에 있었고, 앗수르 제국 서부 지역의 여러 반란을 진압하려 했다(29절에서 애굽이 앗수르를 도우려 했는지, 치려 했는지에 대해서는 학자들의 의견이 갈림, 번역본 역시 그러함—옮긴이 주). 요시야는 앗수르와 연합하려던 애굽을 저지하지만, 므깃도에서 전사한다. 그리고 하나님이 예언하신대로, 요시야의 시체는 **예루살렘**으로 옮겨져 **그의 무덤**에 장사된다(30절; 참고. 22:20).

B. 바벨론 포로 전 유다의 마지막 왕들 (왕하 23:31-25:7)

요시야의 죽음 이후, 유다에는 더 이상의 선한 왕이 없다. 다윗을 통한 하나님의 약속으로 시작된 나라가 비극적인 영적 쇠락에 빠져 이제 바벨론 추방을 목전에 두고 있다. 이 마지막 장들 구석구석에는 하나님의 거룩한 분노가 짙게 배어 있다. 유다 마지막 왕들의 삶과 영적 상태에 대한 더 자세한 이야기가 역대하 36장에 기록되어 있다.

1. 유다의 여호아하스와 여호야김: 두 악한 왕 (왕하 23:31-24:5)

23:31-33. 아버지 요시야의 죽음 이후, **여호아하스**가 예루살렘에서 왕위에 오른다(주전 609년). 그는 예루살렘에서 불과 석 달간 다스렸는데, 아버지의 의로운 모범을 따르기보다는 유다의 많은 악한 왕들을 따라 여

호와 보시기에 악을 **행**했다(32절). 그는 므깃도 전투에서 애굽의 **바로 느고**에게 사로잡히고, 유다는 잠시 애굽의 지배를 받는다(참고. 29-30절). 유다가 느고의 속국이 되자, 애굽 왕은 **은 백 달란트와 금 한 달란트**를 벌금으로 내게 한다(33절). 이는 백성에게 무거운 짐이 되어 백성의 삶은 더욱 곤궁해진다. 여호아하스는 **애굽으로** 잡혀가고 **거기서** 죽는다(34절). 이후 또 다른 하나님의 백성이 애굽으로 내려가게 된다. 아이러니하게도 그들은 출애굽과 언약 백성의 역사가 시작된 곳으로 되돌아간다(참고. 25:26).

23:34-37. **바로 느고**는 여호아하스의 형제 **엘리아김**을 유다의 왕으로 세우고 이름을 **여호야김**으로 바꾼다(주전 609-598년). 이는 그의 인격을 통제하고 복종시키기 위함이었다. 여호야김은 바로 느고에게 **돈을 주기 위하여** 나라에 세금을 부과했는데, 이는 큰 부담이 되었을 것이다(35절). 선지자 예레미야는 여호야김을 더욱 가혹하게 평가한다. 여호야김은 자신의 욕망을 위해 백성을 압박하고 갈취했으며, 무고한 피를 흘렸다(참고. 렘 22:11-17; 26:20-24).

24:1-5. 유프라테스강가의 갈그미스 전투에서 바벨론이 애굽과 앗수르 연합군을 격파함으로써 애굽은 쇠락하고 바벨론이 실세로 부상한다(주전 605년, 참고. 24:7). 여호야김은 애굽에서 바벨론으로 동맹국을 변경한다. **바벨론의 왕 느부갓네살이 올라오매 여호야김이 삼 년간 섬기다가**(1절). 애굽의 압제에서 잠시 벗어난 것처럼 보였겠지만, 3년 후에 여호야김은 느부갓네살을 **배반**한다. 이 때문에 바벨론은 처음으로 유다를 포위하고 파괴한다. 이 공격에는 바벨론/갈대아 군대뿐 아니라, 이스라엘의 오랜 숙적인 **아람**, **모압**, **암몬**의 군대가 합세한다(2절). 그러나 여호야김과 유다에 대한 공격을 실질적으로 조율한 분은 **여호와**였다. 모든 일은 **여호와께서 그의 종 선지자들을 통하여 하신 말씀과 같이** 이루어졌다(2절; 참고. 21:12-15; 23:37).

2. 유다의 여호야긴: 악한 왕(24:6-16)

24:6-16. 여호야김의 죽음 이후, 그의 아들 **여호야긴**이 왕이 된다(6절). **여호야긴이 왕이 될 때에 나이가 십팔 세라 예루살렘에서 석 달간 다스리니라**(주전 598-597년). 그의 통치 기간에 느부갓네살은 예루살렘에 대한 두 번째 포위를 시행한다. 왕도를 사수하는 대신에 **유다의 왕 여호야긴이…바벨론 왕에게 나아가매 왕이 잡으니 때는 바벨론의 왕 여덟째** 해였다(12절; 참고. 대하 36:10; 렘 52:28). 그는 가족 및 신하들과 함께 항복한다(12절). 여호야긴이 항복했지만, 느부갓네살은 **여호와의 성전의 모든 보물과 왕궁 보물을 집어낸다**(13절). 이 모든 일은 **여호와의 말씀과 같이 되었다**(13절; 22:14-16).

성전에서 보물을 집어낸 느부갓네살은 백성을 강제로 이주시킨다. **그가 또 예루살렘의 모든 백성과 모든 지도자와 모든 용사 만 명과 모든 장인과 대장장이를 사로잡아 가매**(14절). 이 두 번째 포위 때에 사로잡혀 끌려간 이들 중에 선지자 에스겔이 있었다(참고. 겔 1:1-2). 이제 바벨론이 예루살렘을 지배한다. 솔로몬이 확립했던 영광이 바벨론으로 쓸려간다.

3. 유다의 시드기야: 악한 왕(24:17-25:7)

24:17-20. 느부갓네살이 여호야긴 대신에 그의 **숙부 맛다니야**를 왕으로 삼고 이름을 **시드기야**로 고친다. 그는 **이십일 세**에 왕위에 올랐으며, 예루살렘에서 **십일 년**간 다스린다(18절, 주전 597-586년). 그 역시 **여호야김의 모든 행위를 따라 여호와 보시기에 악을 행**한다(19절). 예레미야의 예언은 시드기야를 영적으로 혼란스러운 인물로 묘사한다. 예레미야 21:1-2에서 시드기야는 하나님께 예루살렘의 구원을 구하지만, 여호와를 예배하지 않는다. 예레미야 34:1-22에서 그는 선지자의 메시지를 듣고 이해하지만, 순종하지 않는다(참고. 특히 17절). 시드기야는 백성을 인도할 수 있을 만큼 마음과 영혼이 한결같지 않았다. 시드기야는 어리석게 **바벨론 왕을 배반**하고(20절), 유다의 마지막 왕이 된다(예레미야 참고 구절의 주석을 보라).

25:1-7. 시드기야의 배반으로 느부갓네살의 세 번째 예루살렘 포위가 시작된다(주전 589-587년). 시드기야 **제구 년에** 느부갓네살이 왕도와 왕국을 완전히 끝장내기 위해 직접 출정한다(1절). 바벨론의 공격으로 예루살렘에 극심한 **기근**이 발생한다(3절). 성벽의 일부분이 파괴되자 유다 용사들은 공황 상태에 빠진다. 갈대아인들(바벨론인들)이 성읍을 에워싸자, 시드기야의 군사들은 **밤중에 두 성벽 사이 왕의 동산 곁문 길로 도망**한다(4절). 사태를 파악한 느부갓네살의 군대는 도주하는 군사들을 추격한다. 갈대아 군대는 **여리고 평지에**

서 시드기야를 따라잡고, **왕의 모든 군대가 그를 떠나 흩어진다**(5절). 가나안 정복 전쟁을 시작하면서 이스라엘이 첫 승리를 거두었던 바로 그곳에서, 그들은 추방 전 최후의 패배를 맞이한다. 시드기야는 바벨론 군대가 눈앞에서 자기 아들들을 죽이는 모습을 지켜보아야 했고, 이후 자신도 두 눈이 뽑힌다. 아들이 살해당하는 모습이 그가 마지막으로 본 장면이었다. 그는 **바벨론으로** 끌려간다(7절).

C. 유다와 예루살렘의 멸망(왕하 25:8-30)

25:8-21. 유다의 군대를 궤멸하고 왕도를 접수한 느부갓네살이 **시위대장 느부사라단**을 대리인으로 보내서 2년 전에 시작한 일을 마무리 짓게 한다(8절). 그는 **여호와의 성전과 왕궁을 불사르고 예루살렘의 모든 집을 귀인의 집까지 불사른다**(9절, 주전 586년). 더 많은 백성이 바벨론으로 끌려간다. 오직 **비천한 자**만 남아 **포도원을 다스리는 자와 농부**가 된다(12절). 솔로몬이 공들여 만든 **놋 기둥, 받침들, 놋 바다** 등이 모두 바벨론으로 옮겨진다(13절). 성전 기물들은 성전 건축 시에 묘사된 그대로 여기에서도 기술된다(참고. 왕상 7:15-22).

또한 느부사라단은 **대제사장, 왕의 시종** 그리고 여러 신복을 사로잡아 느부갓네살에게로 끌고 간다. 바벨론 왕은 그들을 **하맛 땅 리블라에서 다 쳐 죽인다**(21절). 성전을 파괴되었고 종교 지도자들은 죽임을 당했다. 여호와 집의 영광이 떠났다. 모세의 법대로 정한 제사를 통해 하나님을 예배하는 것은 영원히 불가능하게 되었다. 하나님께 불순종한 비극적인 결과가 마침내 닥쳤다. **이와 같이 유다가 사로잡혀 본토에서 떠났더라**(21절).

25:22-26. 유다 땅에 남은 자들에게는 지도자가 필요했다. 따라서 느부갓네살은 **그달리야**를 총독으로 세운다. 그는 선한 왕 요시야를 섬겼던 **아히감의 아들**이었다(참고. 22:11-20). 선지자 예레미야는 그달리야를 명예로운 인물로 묘사한다. 그는 바벨론을 섬기기 원했다(참고. 렘 40:7-16). 그는 총독으로서 유다에 남은 자들에게 그 땅에 살면서 **바벨론 왕**을 섬기자고 호소한다. 그리하면 그들이 **평안하리라**고 믿었다(23-24절). 그러나 모든 사람이 이에 동의하지는 않았으며, **느다니야의 아들 이스마엘**과 그 부하들이 와서 **그달리야를 쳐서 죽이고 또 그와 함께 미스바에 있는 유다 사람과 갈대아 사람을 죽인다**(25절; 참고. 렘 40:13-41:15). 그리고 이 암살범들은 **갈대아 사람**을 두려워하여 **애굽**으로 도망친다(26절).

25:27-30. 예루살렘은 파괴되고, 성전도 파괴되고, 백성은 포로로 잡혀가고, 이제 하나님의 백성에게는 아무런 희망이 없다. 그러나 옥에 갇힌 **유다 왕 여호야긴**의 마지막 처우 속에 일말의 희망이 엿보인다(27절; 참고. 24:6-12). **에윌므로닥이 바벨론의 왕**이 된다. 에윌므로닥은 '(바벨론 신) 마르둑의 사람'이라는 뜻이다. 그는 예상 밖의 자비를 베풀어 여호야긴이 잡혀간 지 **삼십칠 년**째에 그를 옥에서 꺼낸다(주전 561년). 뿐만 아니라 **그에게 좋게 말하고 그의 지위를 바벨론에 그와 함께 있는 모든 왕의 지위보다 높이고 그 죄수의 의복을 벗게 하고 그의 일평생에 항상 왕의 앞에서 양식을 먹게** 한다(28-29절).

포로로 잡혀가 일생을 마감하는 여호야긴이 은혜를 경험한 이야기는 일견 이상하게 보일 수도 있다. 그러나 이러한 왕들의 역사를 신학적인 관점에서 이해하는 것이 중요하다. 열왕기는 이스라엘의 법과 언약의 관점에서 기록되었다. 하나님은 반역에는 반드시 심판이 따르며, 회개는 하나님의 복을 가져오고 땅으로 돌아오게 할 것이라고 약속하셨다(참고. 신 30:1-10). 또한 하나님이 다윗과 맺으신 언약은 다윗의 후손을 위한 영원한 왕국의 희망을 끝내 보여줄 것이다(참고. 삼하 7:7-17). 그러므로 여호야긴이 포로로서 경험한 호의는 '다윗의 등불'이 완전히 꺼지지는 않을 것임을 보여주는 작은 증거이다(참고. 8:19).

이스라엘의 왕들은 백성의 지도자였지만, 성경은 이들 역시 하나님의 종이며 보다 큰 제사장 나라의 일부분임을 증거한다(참고. 출 19:6). 하나님이 언제나 참된 왕이시다! 따라서 왕들과 백성 모두 무엇을 하든지 하나님께 순종하는 것이 중요하다. 이스라엘의 포로 기간은 영원하지 않겠지만 회개를 이끌어내기에는 충분할 것이며, 마침내 그들은 이스라엘 땅으로 되돌아올 것이다. 바벨론에서 돌아온 후 다윗의 후손이 왕위에 오르지는 못하지만, 이 땅에 되돌아온 이스라엘 백성의 마음속에는 다시 오실 다른 왕에 대한 기대가 자리 잡는다. 그분은 다윗보다 위대한 왕, 곧 약속의 왕 메시아이시다.

참 고 문 헌

열왕기상의 참고 문헌을 보라.

●●●●

역대상

케빈 주버(Kevin D. Zuber)

서 론

역대상과 역대하는 원래 한 권의 책이다. '역대기'(Chronicles)라는 제목은 4세기에 제롬(Jerome)이 붙였는데, 이것이 헬라어 성경(70인역)의 제목인 파라레이포메나(*Paraleipomena*), 즉 '생략된 것들'보다 책의 내용을 잘 설명한다고 생각했기 때문이다. 헬라어 번역자들은 이 책을 주요 역사 서술서인 사무엘서와 열왕기의 부록쯤으로 생각했다. 불행히도 이런 의견이 오늘날까지 팽배해 있다(역대기가 히브리어 성경 제일 마지막에 있다는 사실도 그런 생각에 일조한다). 역대기가 성경 중에서 가장 무시되어왔고, 가장 덜 연구되었으며(특히 책의 핵심 부분인 1-9장의 족보 등), 가장 이해가 부족한 책이라는 사실은 상식에 가깝다. 사실 '역대기'라는 용어는 히브리어 제목 디브레 하이야밈[*dibre hayyamim*, 문자적으로 '날들의 말들'(the words of the days)]을 관용적으로 잘 표현한 것이다. 역대기는 이스라엘 국가의 '연대기', '기록', '역사서'로서 특별히 다윗의 가문 및 왕조에 초점을 맞춘다(참고. 대상 27:24). 이 책은 '신학적 역사서'이다. 따라서 이 책 역시 하나님의 영감으로 기록된 보배로운 말씀이며, 이를 간과해온 것은 중대한 과오이다.

저자. 구약학자들은 역사서를 크게 신명기 역사서(여호수아서, 사사기, 사무엘서, 열왕기)와 역대기 역사서(역대기, 에스라서, 느헤미야서)로 나눈다. 넓은 의미로 말해서, 신명기 역사서는 포로기 이전과 포로기의 역사적 관점을 반영한 이스라엘의 역사이며, 역대기 역사서는 포로기 이후의 관점을 반영한다. 예를 들어 신명기 역사서는 모세 언약에 대한 충성과 불충이라는 관점에서 이스라엘의 역사를 조망한다. 나라가 언약대로 살지 못했기 때문에 우상숭배에 대한 심판을 받아 포로로 잡혀갔다. 역대기 역사서는 이스라엘이 '여호와를 구하지' 않고 '여호와를 버림'으로써 포로로 잡혀가는 심판을 받았다고 본다('목적과 주제' 항목을 보라). 이는 배타적 개념이 아닌 관점의 문제이다. 이러한 대조는 서로 다른 주제와 강조점을 판별하는 데는 도움이 되지만(특히 두 역사서가 중첩할 때), 같은 '신명기 역사가'에 대한 주장이나 '역대기 저자'(Chronicler)의 정체에 대해서는 심각한 의문을 야기한다.

유대교 전통과 이후 많은 학자 및 주석가들은 역대기의 저자를 제사장이자 율법학자인 에스라로 본다(스 7:1-6). 에스라는 또한 에스라서와 느헤미야서의 저자로 추정된다. 이러한 주장의 가장 강력한 근거는 역대기의 마지막 부분(대하 36:22-23)에 에스라서의 도입부(스 1:1-3)와 똑같은 글귀가 등장한다는 사실이다. 또한 역대기 자체를 분석해보아도, 단일 저자가 기록했음이 분명해 보인다. 저자는 다양한 자료를 사용했으며, 성전 및 성전 봉사에 대해 잘 알고 있었다(참고. 대상 23, 24장; 대하 2장-5장). 뿐만 아니라 문체, 어휘 등이 통일되어 있으며, 일관된 신학적 시각을 견지하고 있다[참고. Payne, J. Barton, "1, 2 Chronicles," in vol. 4 EBC, ed. Frank E. Gaebelein. (Grand Rapids, MI: Zondervan, 1988), 305]. 저자는 역대기 같은 저술의 필요성을 절감할 만한 위치에 있었으며, 또한 실제로 저술할 수 있는 능력을 갖추고 있었다.

에스라가 이러한 조건에 들어맞는 인물로 보이지만, 여전히 그가 역대기의 저자인지에 대해서는 학자들(복음주의적 그리고 다른 입장 모두)의 의견이 갈린다. 역대기 저자는 에스라와 조금 다른 생각을 가지고 있는 것처럼 보이기 때문이다. 역대기 저자(Chronicler, 이 책의 저자에 대한 통칭)는 이종교 간의 결혼(유대인과 비유대인)에 대해 에스라보다 개방적인 태도를 보인다(느 13:26을 보라; 솔로몬의 아내들에 대한 어떤 비판도 보이지 않음; 대하 8:11). 에스라, 느헤미야 그리고 바벨론에서 돌아온 자들은 포로 기간 동안 그 땅에 남아 있던 자들과 별로 사이가 좋지 않았다(이후 사마리아인과 유대인의 갈등이 그 전형을 보임). 그러나 역대기 저자는 그러한 갈등에 대해 별반 말이 없다.

사실 역대기 저자는 의도적으로 통일 왕국 이스라엘에 유업이 있는 자는 누구나 이스라엘 공동체에 편입시키려 한다. 그의 초점은 다윗 왕조와 남 유다 왕국에 있었지만, 열왕기 저자와는 대조적으로, 북 왕국에 대해서도 대체로 긍정적인 태도를 견지한다. 그가 말하는 '모든 이스라엘'에는 대개 북 왕국의 지파들도 포함된다. 예를 들어 다윗 왕의 합법성을 인정하고(대하 11:3), 참된 예배의 중심으로 예루살렘 성전의 우월성을 인정한 것(대상 13:5; 28:1; 참고. 대하 30:11, 18-19)은 남북 지파를 아우른 온 이스라엘이었다.

결국 역대기 저자는 레위인이거나 또는 적어도 성전 봉사에 참여한 경험이 있는 자로 보이며, 방대하면서도 선별적인 역사 자료를 사용하여 포로기 이후 유대인 공동체를 격려하고 하나로 만들기 위해 역대기를 기록한 것으로 추정된다.

연대. 역대기의 내적 증거에 따르면, 이 책은 주전 450년에서 430년 사이에 기록되었다. 역대하 36:22에 나오는 바사 왕 고레스의 조서는 주전 538년에 반포되고 곧이어 시행되었다. 역대상 3장에서 다윗 가문의 족보가 스룹바벨을 통해 추적되는데, 스룹바벨은 주전 520년경에 처음으로 예루살렘에 돌아온 자들의 지도자였다. 역대기 저자는 스룹바벨 이후 몇 세대를 더 기록한다. 각 세대를 15년 내지 20년으로 계산하면, 연대는 대략 주전 5세기 후반이 된다. 또한 역대상 9장을 포로기 이후 '그들의 땅 안에 있는 성읍에 처음으로 거주한 이스라엘 사람들'의 족보로 보고 이 목록을 느헤미야 11, 12장의 목록과 비교하면, 역대기는 3차 귀환 세대 이후, 즉 주전 450년에서 400년 사이에 기록된 것으로 볼 수 있다. 더 정확한 연대를 추정하는 것은 힘들어 보이지만, 역대기는 예루살렘 안 또는 근처, 하나님이 아브라함에게 약속하신 땅(창 12:1-3; 15:18-21)에 거주하는 포로기 이후 유대인 공동체를 위해 쓰인 것으로 볼 수 있다.

이스라엘과 유다 왕들의 연대는 독자들에게 좌절감을 안겨주고, 학자들에게는 끊임없는 논란거리가 되어왔다. 그리고 그에 따라 복잡한 유대 왕들의 연대 문제를 풀어내려는 연구들이 많이 시도되었다[참고. 특히 Edwin R. Thiele, *The Mysterious Numbers of the Hebrew Kings*, new re. ed. (Grand Rapids, MI: Zondervan, 1983).《히브리 왕들의 연대기》(CLC)]. 본 주석은 왕들의 통치 연대를 직접 다루지 않으며, 다른 일반 역사의 연대와 비교하지도 않는다.

목적과 주제. 상기한 바와 같이, 역대기는 신명기 역사를 자료 및 참고로 삼아 이스라엘의 '순수한 역사'를 기록하기 위해 쓰였다. 즉, 역대기 저자는 역사를 다시 쓰려고 한 것이 아니라, 자기 세대에게 역사를 보는 눈을 열어줌으로써 어려운 시기에 그들을 격려하고 그들의 정체성을 유지하게 하려 한 것이다. 족보의 목적은 넓게는 그 세대가 언약의 약속(아브라함과 다윗에 대한)에 합법적으로 참여함을 확증하고, 좁게는 당시에 새로이 복원된 제사직의 합법성을 확증하려는 것이다. 족보를 통해 가계의 연속성을 확인함으로써 이러한 합법성을 증명한다. 쉽게 말해서 저자는 자기 세대에게 이렇게 말하고 있다. "우리는 그러한 약속과 직분의 합법적인 계승자이다." 저자가 설명하는 역사가 선택적인 이유도 마찬가지이다. 그는 독자가 이미 신명기 역사를 숙지하고 있을 것으로 예상하며, 과거와의 연속성 및 합법성을 지지하는 역사, 특히 다윗 언약에 기초한 다윗 왕조의 역사를 선별했다.

역대기 저자는 다윗 왕조에 대한 자신의 선호를 굳이 감추려 하지 않는다. 족보로 시작해서 유다의 마지막 왕 이야기에 이르는 책 전반에 걸쳐서 역대기 저자는 다윗 왕조에 대한 관심을 표명한다. 다윗과 그의 뒤를 이어 왕위에 오른 이들을 호의적인 시각으로 바라보며, 사무엘서나 열왕기에 나오는 그들에 대한 부정적인 기록은 생략한다(예를 들어 밧세바와 관련된 다윗의 죄, 솔로몬의 이방 아내들이 미친 부정적 영향). 그들의 죄나 배교를 인정하는 경우에도, 저자는 곧 사건을 긍정적으로 해석하거나(대상 21장에 나오는 다윗의 인구조사) 또는 사건의 완화를 기술한다(대하 33장에 나오는 므낫세의 회개).

역대기 저자는 하나님이 다윗을 선택하셨고, 그와 그의 후손에게 영원한 왕국에 대한 언약(대상 17:1-15)을 주셨음을 강조한다(대상 17:14). 이는 역대기 독자에게 특별한 의미로 다가왔을 것이다. 이 언약은 하나님이 아브라함에게 주신 언약의 연장이었다(창 17:6-8). 이 언약에서 하나님은 아브라함에게 약속하셨다. "왕들이 네게로부터 나오리라"(창 17:6). "내가 너와 네 후손에게 네가 거류하는 이 땅 곧 가나안 온 땅을 주어 영원한 기업이 되게 하고…"(창 17:8). 역대기 저자는 자기 세대의 유대인들, 즉 바벨론 포로에서 돌아온 이들의 증손자 세대에게 하나님이 여전히 그 언약에 충실하심을 보여주고 싶었다. 그의 메시지는 이것이다. "하나님은 조상들에게 약속하신대로, 다윗 왕조를 선택하고 언약을 주었으며 오랜 격변기에도 보전하셨다. 따라서 우리는 하나님이 오늘날에도 여전히 그 언약에 충실하시다는 것을 확실히 믿을 수 있다." 하나님은 다윗 왕조를 통해서 그 언약들을 지키고 보전했으며 성전과 예배를 유지하셨다. 성전과 예배는 이스라엘이 언약의 복을 누리는 장소와 수단이다.

역대기 저자는 성전과 성전의 예배 및 봉사에 특별한 관심을 기울인다. 성전은 하나님이 그분의 백성과 함께하시는 곳이었다. 바른 예배를 통해 하나님을 향한 참된 내적 신앙이 드러난다. 바른 예배는 "여호와를 구하는" 것이며, 바른 예배를 드리지 않는다는 것은 "여호와를 저버리는" 것이다. 이러한 강조를 통해 역대기 저자가 주장하는 것은 단순한 형식주의가 아니라 마음으로부터 우러나는 참된 예배이다. 역대기에는 '마음'이라는 단어가 30여 회 등장한다(Payne, "1 Chronicles," 318). 역대기 저자에게 성전은 다윗 왕조와 불가분의 관계였다. 왕은 성전을 확립하고 보전해야 했으며(다윗과 솔로몬의 경우처럼), 필요시 성전과 그 예배를 회복해야 했다(히스기야와 요시야가 그랬던 것처럼). 역대기 저자는 하나님이 다윗 가문을 선택하신 주요 이유가 성전을 짓고 돌보며 지키게 하기 위함이라고 생각했다. 이것에는, 예를 들어 레위인, 제사장, 음악인과 같은, 성전 봉사를 위해 적절한 직분을 세우는 것도 포함된다(대상 23-26장). 왕들은 성전에 관심을 가짐으로써 하나님이 다윗에게 주신 언약에 대한 믿음과 확신을 눈으로 볼 수 있도록 드러낸다(대상 17장).

역대기 저자는 포로기 이후 나라의 회복에 '온 이스라엘'을 포함시키려 한다. '여호와를 구하는' 모든 이와 성전을 유일한 합법적인 예배 장소로 인정하는 자는 누구나 하나님이 나라에 주시는 복에 참여할 수 있다. 또한 남북 왕국을 분열시킨 문제들은 경시하고, 대신 '온 이스라엘'이 하나 되게 한 제도(다윗의 통치, 대상 11:1; 솔로몬의 통치, 대하 1:2; 성전, 대하 6:3)나 사건(히스기야의 유월절 회복, 대하 30:1; 요시야의 유월절 회복, 대하 35:18-19)은 강조한다.

역대기 저자는 충성('여호와를 구하는 것')과 배교('여호와를 버리는 것') 문제에 관심을 기울인다. 이러한 표현은 이야기 전반에 걸쳐 꾸준히 등장한다. 이상적인 왕은 '여호와를 구하며', 배교자는 '여호와를 버린다'. 여호와를 구하지 않고 버린 자는 하나님의 징계를 받는다. 역대기 저자는 역사를 통해 이러한 교훈을 그의 세대에게 가르치고 싶었다. 이를 통해 그들은 왜 나라가 포로로 끌려갔는지를 이해하고, 어떻게 하면 다시 하나님의 복을 누릴 수 있는지를 배우게 된다. 저자는 인과응보 원칙을 분명히 밝힌다. "사람이 무엇으로 심든지 그대로 거두리라." 또한 회복에 대해서도 관심이 많다. 겸손하게 회개하고 새롭게 순종하면 죄인(그리고 나라)도 하나님과의 교제를 회복하고 복을 받을 수 있다(대하 7:12-18). 후기의 몇몇 왕들이 이러한 원칙을 몸소 경험하게 되는데, 이는 바로 역대기 저자의 세대에게 필요한 메시지였다.

역대기 저자는 기도의 능력을 믿었다. 야베스(대상 4:10)에서 다윗(대상 17:1)까지, 또한 솔로몬(대하 1:8; 6:12)에서 르호보암(대하 12:6)까지 그리고 아사(대하 14:11), 아비야(대하 13:14), 여호사밧(대하 18:31; 20:6-12), 히스기야(대하 32:20-21, 24), 심지어 므낫세(대하 33:12-13, 18)까지 기도한 자는 누구나 하나님이 기도를 듣고 복과 용서로 응답하심을 경험한다. 역대기 저자는 자기 세대에게 하나님의 복을 위해 기도하라고 강청한다. 기도에 대한 강조는 역대기의 주요 주제로서, '여호와를 구하는 것'을 통해 강조된다. 역대기 저자는 자기 세대에게 다윗과 그 후손이 그랬던 것처럼 '여호와를 구하라'고 강청한다. 바른 예배와 회개, 기도와 하나님 말씀에 대한 순종으로 여호와를 구해야 한다. '여호와를 버리는 것'의 위험 역시 생생하게 그려진다. 이는 임박한 재앙에 대해 경고하기 위해서라기보다는(신명기 역사의 관점), 그의 세대가 언약에 충실하신 '여호와를 구하도록' 격려하기 위함이다(대상 16:11; 22:19; 28:9; 대하 15:2; 17:4; 30:9; 18b-19; 33:12, 19; 34:3).

역대기 저자는 희망적이고 낙관적인 사람이었다. 이는 '진보', '번영' 같은 피상적인 인간 본성이나 역사에 근거한 것이 아니다. 그의 희망은 하나님의 약속 안에 있었고, 하나님이 아브라함 및 다윗과 맺으신 언약 안에 있었다. 그의 희망은 '메시아'였으며, 다윗의 위대한 자손 주 예수 그리스도가 그 언약을 완전히, 약속 그대로, 영원히 성취하심으로써 희망이 현실로 이루어진다.

배경. 역대기 저자는 다양한 자료를 사용했으며, 일부는 그 출처를 밝힌다. 그는 정경인 사무엘서와 열왕기를 사용했다(대상 9:1; 대하 16:11; 20:34; 25:26; 27:7; 28:26; 32:32; 35:27; 36:8). 또한 역대상 1장과 2장의 족보에서 창세기를, 역대상 16장에서 시편을 사용한다. 그리고 '역대지략'(대상 27:24), '예언'(대하 9:29), '묵시'(대하 9:29; 32:32), '글'(대하 12:15; 33:18) 등으로 표현되는 다수의 다른 자료들도 사용한다. 그는 단순히 다른 자료를 '자르거나 붙이지' 않고, 선별하고 다듬어서 자신만의 고유한 작품으로 만들어 냈다. 역대기는 사무엘서와 열왕기의 역사에 대한 보충물이 아니다. 역대기의 메시지는 특별하며, 독자는 이를 통해 역사에 대한 시각을 얻는다. 그는 독자가 이미 사무엘서와 열왕기의 역사를 잘 알고 있다고 보았고, 따라서 그 역사를 보다 잘 이해하고 감상할 수 있도록 필요한 관점을 제공하고자 했다.

역대기 저자의 자료 사용과 관련한 문제 중 하나는 역사적 정확성과 신뢰도에 관한 것이다. 특별히 숫자 인용이 문제시된다. 그는 숫자를 부풀리거나(대상 18:4와 삼하 8:4의 비교, 대상 19:18과 삼하 10:18의 비교) 줄였다는(대하 8:10과 왕상 9:23의 비교, 대하 9:25와 왕상 4:26의 비교) 비난을 받아왔다. 그러나 이러한 불일치를 면밀히 검토해보면, 사본 표기상의 실수 또는 계산 방법의 차이 등으로 설명될 수 있다(이에 대한 자세한 설명은 해당 구절의 주석을 보라). 역대기 저자는, 다소 부수적인 세부 사항에서 완벽하지는 않더라도, 역사가로서 대단히 신뢰할 만한 저자로 평가된다[J. B. Payne, "The Validity of the Numbers in Chronicles," *Bibsac* 136(1979), 109-128].

개 요

- I. 이스라엘의 족보(1:1-9:34)
  - A. 아담에서 에서까지(1:1-54)
    1. 족보의 시작(1:1-27)
    2. 아브라함의 자손들(1:28-54)
  - B. 다윗 지파와 가문(2:1-3:24)
    1. 목록의 시작(2:1-2)
    2. 유다의 족보(2:3-55)
    3. 다윗의 가문(3:1-24)
  - C. 이스라엘의 지파(4:1-9:1)
    1. 유다(4:1-23)
    2. 시므온(4:24-43)

3. 르우벤, 갓, 므낫세 반 지파(5:1-26)
4. 레위(6:1-81)
5. 다른 지파들(7:1-40)
6. 베냐민(8:1-40)
7. 요약(9:1)

D. 포로기 이후 땅의 거주자들(9:2-34)

Ⅱ. 다윗의 역사(9:35-29:30)

A. 다윗이 다음 왕으로 부상하다(9:35-10:14)
1. 사울의 족보(9:35-44)
2. 사울과 그 아들들의 패배 및 죽음(10:1-14)
a. 사울의 마지막 전투(10:1-3)
b. 사울의 죽음과 그 왕조의 몰락(10:4-14)

B. 다윗이 왕이 되다(11:1-12:40)
1. 다윗이 왕위에 오르다(11:1-3)
2. 예루살렘이 새로운 수도가 되다(11:4-9)
3. 다윗의 용사들(11:10-47)
4. 초기의 나날들(12:1-40)

C. 다윗과 언약궤(13:1-16:43)
1. 다윗이 언약궤를 옮기다: 1부(13:1-14)
a. 다윗이 언약궤를 되찾기 위해 백성에게 합의를 구하다(13:1-4)
b. 축하 속에 언약궤를 옮기기 시작하나 율법을 따르지 않다(13:5-8)
c. 웃사가 언약궤를 붙들자 비극이 닥치다(13:9-10)
d. 다윗이 분노하고 두려워하여 언약궤 옮기기가 보류되다(13:11-14)
2. 다윗이 이스라엘을 통치하다(14:1-17)
a. 나라들 중에서 다윗의 위치(14:1-2, 17)
b. 다윗의 가문이 확대되다(14:3-7)
c. 다윗이 블레셋에게 승리를 거두다(14:8-16)
3. 다윗이 언약궤를 옮기다: 2부(15:1-16:43)
a. 언약궤를 옮기기 위한 바른 준비(15:1-15)
b. 언약궤를 바르게 맞이하다(15:16-16:6)
c. 언약궤에 대한 바른 감사(16:7-36)
(1) 찬양으로의 부름(16:7-13)
(2) 찬양의 이유(16:14-22)
(3) 찬양으로의 부름(16:23-24)
(4) 찬양의 이유(16:25-27)
(5) 찬양으로의 부름(16:28-33)
(6) 찬양의 이유(16:34-36)
d. 언약궤 앞에서 바른 예배를 드리다(16:37-43)

D. 다윗 언약(17:1-27)

1. 다윗이 언약궤를 위한 집(성전) 짓기를 열망하다(17:1-2)
2. 하나님이 나단을 통해서 다윗에게 말씀하시다(17:3-15)
    a. 하나님이 그분의 '종' 다윗에게 마음을 드러내시다(17:3-4a)
    b. 다윗이 집(성전)을 짓지 않을 것이다(17:4b-6)
    c. 하나님이 다윗과 언약을 맺으시다(17:7-15)
        (1) 다윗을 향한 선택과 보호를 회상하시다((17:7-8a)
        (2) 다윗에 대한 하나님의 약속이 드러나다(17:8b-14)
        (3) 나단의 충성스러운 봉사(17:15)
3. 다윗의 기도(17:16-27)
    a. 다윗의 겸손(17:16-19)
    b. 다윗의 찬양(17:20-22)
    c. 다윗이 하나님께 약속대로 행하시기를 구하다(17:23-27)

E. 다윗의 왕국: 승리들(18:1-20:8)

1. 다윗의 승리들(18:1-13)
2. 다윗이 정의와 공의로 다스리다(18:14)
3. 다윗의 용사들(18:15-17)
4. 다윗이 암몬에게 평화를 구하지만 싸우게 되다(19:1-19)
    a. 평화 사절단이 치욕을 당하다(19:1-5)
    b. 암몬이 전쟁을 준비하고 아람과 손을 잡다(19:6-9)
    c. 요압의 전략과 믿음이 승리를 거두다(19:10-15)
    d. 아람이 지원군을 부르지만 다윗이 모두 무찌르다(19:16-19)
5. 암몬과 블레셋에 대한 승리들(20:1-8)

F. 다윗과 성전(21:1-29:25)

1. 성전 부지(21:1-22:1)
    a. 인구조사(21:1-6)
    b. 하나님의 진노, 다윗의 슬픔(21:7-8)
    c. 결과가 닥치다(21:9-15)
    d. 결과가 완화되다(21:16-17)
    e. 결과가 선하게 바뀌다(21:18-22:1)
2. 다윗이 성전 건축을 준비하다(22:2-27:34)
    a. 다윗의 첫 준비(22:2-5)
    b. 다윗이 솔로몬에게 임무를 맡기다(22:6-13)
    c. 아들에게 전하는 다윗의 마지막 당부(22:14-16)
    d. 다윗이 솔로몬을 돕도록 방백들을 독려하다(22:17-19)
    e. 다윗이 나라의 관리들을 조직하다(23:1-27:34)
        (1) 솔로몬이 왕이 되고 관리들이 열거되다(23:1-6)
        (2) 제사장 계열이 아닌 레위 사람(23:7-32)
        (3) 제사장 계열의 레위 사람(24:1-19)
        (4) 나머지 레위 사람(24:20-31)

(5) 음악가들(25:1-31)
(6) 문지기들(26:1-19)
(7) 곳간 맡은 자들(26:20-28)
(8) 기타 관리들(26:29-32)
(9) 군대 지휘관 및 행정 관원들(27:1-34)
3. 성전에 대한 다윗의 고별 연설(28:1-29:22a)
a. 첫 연설(28:1-10)
(1) 총회(28:1)
(2) 다윗 언약(28:2-8)
(3) 다윗이 백성 앞에서 솔로몬에게 명령하다(28:9-10)
b. 다윗이 솔로몬에게 성전 설계도를 주고 격려하다(28:11-21)
(1) 설계도(28:11-19)
(2) 솔로몬에 대한 격려(28:20-21)
c. 총회에 대한 다윗의 둘째 연설과 그들의 반응(29:1-9)
d. 다윗의 마지막 기도(29:10-20)
e. 총회를 마치다(29:21-22a)
G. 다윗의 죽음(29:26-30)

주 석

I. 이스라엘의 족보(1:1-9:34)

역대상 1-9장의 족보에는 몇 가지 목적이 있다. 첫째, 이 족보는 뒤이어 나오는 이스라엘 역사의 서문으로서 '유산의 배경'을 제공한다. 어떤 의미에서 이 족보는 이스라엘의 '압축된 역사'와 같다[R. K. Duke, "Chronicles: Books of," *Dictionary of the Old Testament Historical Books*, ed. Bill T. Arnold and H. G. M. Williamson (Downers Grove, IL: InterVarsity, 2005), 172]. 이러한 족보를 기록한 저자는 독자가 창세기 및 신명기 역사서를 숙지하기 원했다(서론의 '저자'를 보라). 예를 들어 노아, 아브라함, 이스라엘 그리고 나머지 인물들의 이름을 기록함으로써 독자가 그들의 이야기를 마음속으로 되새겨보기를 바랐다.

또한 족보는 역대기 저자의 우선순위에 대한 실마리를 제공한다. 즉, 그의 주요 관심사를 보여준다. 그것은 다윗 왕조, 예배 그리고 기도이다. 그러나 대체로 족보는 "이스라엘의 정체성을 확립하고, 이스라엘 열두 지파의 통합을 증진하기 위해서" 사용되었다 [Steven L. McKenzie, "Historiography, Old Testament," *Dictionary of the Old Testament Historical Books*, ed. Bill T. Arnold and H. G. M. Williamson (Downers Grove, IL: InterVarsity, 2005), 424].

A. 아담에서 에서까지(1:1-54)

1. 족보의 시작(1:1-27)

1:1-18. 저자는 아담에서 시작하여 노아의 가문을 거쳐 아브라함과 그 후손에 이르고, 다시 다윗의 가문으로 옮겨간다. 이를 통해 세계 역사를 구속 역사에 연결한다. 그는 하나님의 목적에 모든 민족이 포함된다는 것에 주목한다(창 12:3; 슥 8:22). "아담에서 에돔/에서에 이르는 창세기 '세대'의 요약을 통해 모든 민족이 하나님의 피조물이며, 따라서 이스라엘을 향한 하나님의 특별한 목적의 일부임을 보여준다"[Selman, Martin J., *1 Chronicles*. TOTC (Downers Grove, IL: Intervarsity, 1994), 86]. 특별히 역대기 저자는 다윗의 집과 가문을 아담 및 전 인류와 연결한다. 다윗의 가문과 다윗에 대한 언약을 통해 "하나님은 전 인류에

게 손을 내미신다"[Sailhamer, John, *First and Second Chronicles*, Everyman Bible Commentary (Chicago: Moody, 1983), 21]. 누가 역시 누가복음 3:23-38에서 예수님의 족보를 통해 같은 주장을 펼친다(해당 구절의 주석을 보라).

족보 첫 부분의 출처는 창세기 10장에 나오는 '민족들의 일람표'(Table of Nations)이다. **야벳**의 자손은 유럽 및 북아시아, 서아시아 일부 민족을 이룬다. **함**의 자손은 아프리카 및 남서아시아 일부 민족을 이룬다. **셈**의 자손은 서중앙아시아 및 중동 민족을 이룬다.

1:19-27. **벨렉** 때에 땅이 나뉘었다는 언급은 바벨탑 사건(창 11:1-9) 때의 분열을 가리킨다. 벨렉이라는 이름은 '분열'을 의미한다.

이 목록에서 가장 중요한 이름은 물론 **아브라함**이다(27절). 저자는 아브라함에 대한 언약(참고. 창 12:1-3; 15:1-21; 17:1-14)을 직접 언급하지는 않지만, 수많은 자손과 땅에 대한 언약을 염두에 두고 있음은 분명하다. 이 약속은 그가 전하려는 이야기의 전제를 이룬다.

2. 아브라함의 자손들(1:28-54)

1:28-54. 저자는 아브라함의 자손에 대해서 다룬다. 먼저 이스마엘의 가문(29-31절)과 아브라함의 **소실**[이 용어는 창 25장에 나오지 않음, 이는 아내와 같은 지위를 누리지 못하는 성적 파트너를 가리킴] **그두라**가 낳은 자손(32-33절)이 나온다. 창세기 25:1에서 그두라는 '후처'로 불린다. 이 책에서 '소실'이라는 명칭을 쓴 이유는 그녀와 아브라함의 자손은 약속의 자손(창 25:5-6, 이삭과의 대조를 보라)이 아님을 보여주기 위함으로 보인다. 다음으로 **이삭**의 자손이 나온다. 먼저 **에서**의 가문이 등장하며 이들은 에돔 족속이 된다(34-54절). 에돔은 이스라엘/유다의 남동쪽, 사해 건너편에 위치하며, 오늘날의 요르단에 해당한다. 에돔 족속은 그리스도 때까지 이스라엘 역사에서 중요한 위치를 차지한다.

저자는 족보를 기록할 때 문학적 기교(창세기 등에서 사용된)를 사용하여 부차적인 인물(여기서는 에서, 34절)의 가문을 어느 정도 분량으로 기술한 뒤 다시 주요 줄거리로 되돌아온다(1:34과 2:1을 비교하라). 이를 통해 족보의 중첩화 또는 분할화를 이룬다(Barun, *1 Chronicles*, 1-2).

저자는 창세기의 목록(창 5, 10, 25장)을 사용하여 역대상 족보의 시작 부분을 편찬한다. 이는 창세기의 역사성에 대한 신뢰를 나타내며, 또한 다윗의 이야기(11-29장) 및 하나님이 다윗과 맺으신 언약(17장; 참고. 삼하 7장)을 하나님이 아브라함, 이삭, 야곱(이스라엘)과 맺으신 언약(창 12:1-3; 15:1-21; 17:1-27; 28:13-15)과 연결하려는 시도이다. 이를 통해서 저자는 독자에게 하나님의 목적이 족장들로부터 다윗 왕조까지 그리고 그들 자신에게까지 계속해서 연결되고 있음을 보여주고자 했다.

B. 다윗 지파와 가문(2:1-3:24)

1. 목록의 시작(2:1-2)

2:1-2. 저자는 **이스라엘**[야곱]**의 아들**에 대한 목록을 시작한다. 이 부분의 목록은 아마도 창세기 35장 22b-26절(참고. 창 46:8-25)의 목록에서 나온 듯하다. 그러나 이후의 족보는 이 목록을 그대로 따르지 않는다. 이어지는 장에서 단과 스불론 지파는 나오지 않는다. 이를 설명하기 위한 여러 시도가 있지만, 이들 지파의 생략에 어떤 부정적인 의미도 없는 것만은 분명하다. 이 두 지파는 여기 시작 목록에도 나오고 또한 에스겔 48장(땅의 재분배)의 목록에도 등장하기 때문이다. 르우벤이 유다와 시므온 다음에 나오는 점은 특기할 만하다. 저자는 5:1-2에서 르우벤의 강등에 대해 설명한다(참고. 창 35:22; 49:3-4). 유다가 목록 앞에 나오는 점이 가장 중요한 차이이다. 이는 유다 지파를 통해 이스라엘의 왕이 나오기 때문인데(창 49:10), 유다는 곧 다윗의 지파(2:15)이다. 유다와 다윗 그리고 그 후손의 선택은 저자의 주요 주제이다. 그는 하나님의 주권적 은혜를 예시하는데, 다윗은 나중에 하나님의 약속대로 왕위에 오른다(17:16-17).

2. 유다의 족보(2:3-55)

2:3-55. 유다의 족보 역시 저자가 창세기를 사용한 사실을 보여준다(창 38장). 또한 룻기(대상 2:11-15와 룻 4:18-22를 비교하라)를 사용하며, 사무엘상 16장도 사용한 듯하다. 저자는 유다의 아들 **베레스**, 손자 **헤스론**(5, 9절), 증손자들 **람**(10-17절), **여라므엘**(9-42절), **갈렙**(9절의 **글루배**; 18-20절, 42-55절)을 통해서 유다 가문을 추적한다.

3. 다윗의 가문(3:1-24)

3:1-24. 다윗의 혈통에 대한 추적 다음에, 저자는 다윗이 **헤브론에서 낳은** 아들들(1절)과 **예루살렘에서 낳은** 아들들(5절)을 통해서 다윗의 직계 가족을 추적한다. 가계는 솔로몬(10절), 스룹바벨(19절)을 통해 기록되며, 저자와 동시대 세대까지 이어진다. 이 가계는 매우 중요하다. 다윗 가문에는 하나님의 복에 대한 약속이 있었다. 이는 곧 땅과 왕국 그리고 하나님의 임재에 대한 약속이다(17:1-15; 삼하 7:8-17). 궁극적으로는 이 혈통에 메시아, 즉 구세주에 대한 약속이 있었다.

C. 이스라엘의 지파(4:1-9:1)

1. 유다(4:1-23)

4:1-23. 다른 지파의 족보로 넘어가기 전에 저자는 유다 지파의 족보를 마무리한다. **야베스**의 기도(10절)는 하나님을 향한 믿음으로 하나님의 복을 받은 사례이다. 그의 어머니는 아들을 야베스라 불렀는데, 그를 **수고로이** 낳았기 때문이다(9절). 그러나 그의 기도는 하나님의 은혜를 불러왔고, 하나님이 그를 지켜 복을 주셨으므로(Payne, "I Chronicles," 341), 그는 그의 이름에 부응하지 않는 삶을 산 셈이다.

2. 시므온(4:24-43)

4:24-43. 시므온 지파는 유다와 가까이 살았고, 유다 다음으로 그 족보가 기록되었다. 저자는 여기와(28-31절, 39-43절) 다른 곳에서(2:22-23; 5:9-10, 16, 22, 23; 7:28-29) 시므온 지파의 성읍 또는 영토(땅)를 열거한다. 그는 독자에게 시므온 지파가 '이 땅에' 존재하는 사실이 고대로부터의 영토 분배에 의거한 것임을 보여주려 한다.

3. 르우벤, 갓, 므낫세 반 지파(5:1-26)

5:1-26. 다음으로 저자는 요단강 동편의 지파, 즉 르우벤, 갓, 므낫세 반 지파를 기록한다(민 32장). 르우벤은 장자였지만 부도덕한 죄로 인해 장자권을 잃었다(5:1; 창 35:22; 49:4). 이들은 **하나님께 의뢰하고 부르짖으므로**(20절) 응답을 받아 승리와 복을 얻었다(18-22절). 그러나 우상을 섬김으로써 **그들의 조상들의 하나님께 범죄**했을 때는 심판과 패배를 겪었다(25-26절). 저자는 이 교훈을 거듭 강조한다. 충성과 순종은 하나님의 복을 가져오고, 불순종 특히 우상숭배는 하나님의 징계와 포로로 잡혀가는 결과를 불러온다.

4. 레위(6:1-81)

6:1-53. 레위 지파의 목록은 **레위**(1절), **아론**(3절), 그리고 포로로 끌려간 **여호사닥**(15절)을 통해 추적된다. 저자는 다시 연속성을 강조하는데, 자격 있는 제사장들이 성전에서 봉사하는 것이 저자의 공동체에게는 매우 중요한 일이었다(느 7:63-65을 보라). "제사장 직분을 세우기 위해서는 진본 족보가 필수적이었기에, 이 장은 저자의 시대에 실질적으로 의미 있는 정보를 제공했다"(Payne, "1 Chronicles," 350).

레위 목록 중에 **사독**(8절)이라는 중요 인물이 등장한다. 사독의 유대인/레위 혈통을 의심하는 학자도 있지만, 이 족보에 따르면 그는 레위 지파였고 다윗 행정부의 주요 인사였다(참고. 삼하 8:17; 15:24). 그는 나중에 역대상 12:28에서 다윗 용사 중 한 명이자 "젊은 용사"로 등장한다. 압살롬의 반역 때에 사독은 다윗을 지지한다(삼하 15:24-29, 36; 17:17-20; 18:19, 22, 27). 다윗은 기브온의 성막에서 사독에게 제사장 직분을 맡기고(16:39; 참고. 29:22b), 그와 그의 후손은 포로로 잡혀갈 때까지 성전에서 제사장 직분을 수행한다. 사독은 선지자 나단과 함께 솔로몬을 왕으로 세워 기름을 붓는다(왕상 1장). 에스겔은 장차 새 성전에서 봉사할 제사장들이 "레위의 후손 중 사독의 자손"(겔 40:46; 참고. 겔 43:19; 44:15; 48:11) 중에서 나올 것이라고 예언했다.

6:54-81. 다음으로 각 가문별로 분배받을 **성읍과 땅**이 기록된다(수 21장). 역대기 저자는 실제 땅에 관심이 많으며, 이의 정확한 배분에 매우 신경을 썼다. 땅에 대한 약속은 언제나 이스라엘의 희망에서 중추적 위치를 차지한다.

5. 다른 지파들(7:1-40)

7:1-40. 잇사갈(1-5절), 베냐민(6-12절), 납달리(13절), 므낫세(14-19절), 에브라임(20-29절), 아셀(30-40절) 지파의 족보는 다소 피상적으로 기술된다. 서론에서 말한 바와 같이, 저자의 목적은 자신의 이야기 속에 '온 이스라엘'을 담아내는 것이었다.

6. 베냐민(8:1-40)

8:1-40. 저자는 7:6-12에서 소개한 베냐민 지파의 족보를 확대해서 다시 거론한다. 이 지파를 다시 거론한 이유는 유다와 가까운 관계이기 때문이거나 아니면 곧이어 잠깐 이야기의 초점이 되는 **사울**(33절)의 출신

지파이기 때문일 것이다.

7. 요약(9:1)

9:1. 이 구절은 저자가 방금 종결한 지파별 목록에 대한 요약이다. 다소 수수께끼 같은 구절이 뒤따른다. **유다가 범죄함으로 말미암아 바벨론으로 사로잡혀 갔더니**. 아마도 이는 다음에 이어지는 목록이 포로기 이후 돌아온 자들에 대한 것임을 말해주려는 의도로 보인다.

D. 포로기 이후 땅의 거주자들(9:2-34)

9:2-34. **그들의 땅 안에 있는 성읍에 처음으로 거주한 이스라엘 사람들**(2절)은 약속의 땅에서 다시 번성하기 위해 돌아온 유대인들을 가리킨다. 보통 사람들(3-9절), **제사장**(10-13절), **레위 사람**(14-16절), **문지기**(17-27절), 기타 봉사자(28-34절)의 목록이 기술된다. 포로 생활에서 돌아온 이들은 정부를 이끌고, 참된 예배를 세우며, 회복의 과업을 추진할 수 있는 자격을 갖춘 이들이었다. 저자는 독자가 이스라엘이 진정으로 포로기를 견뎌냈음을 확실히 알아주기 원했다. 그들은 현재 진행 중인 하나님의 목적에서 끊어지지 않은 중요한 참여자이다. 하나님의 목적인 하나님 나라의 일부분인 것이다.

Ⅱ. 다윗의 역사(9:35-29:30)

A. 다윗이 다음 왕으로 부상하다(9:35-10:14)

많은 주석가들이 이 부분의 초점은 사울의 종말이라고 주장한다. 이러한 견해에는 충분한 이유가 있다. 저자는 9:35-44에서 사울의 족보를 기술하며, 10:1-10에서 사울의 패배와 죽음을 기록한다. 그러나 다윗에 대한 역대기의 전반적인 강조를 고려하면 이 부분의 중심 구절은 10:14이며 주요 초점은 사울의 종말이 아니라 다윗의 등극으로 볼 수 있다.

1. 사울의 족보(9:35-44)

9:35-44. **기브온**이 언급된 것은 사울의 수도가 하나님의 선택이 아니라는 사실, 즉 기브온은 예루살렘이 아님을 상기시키려는 의도였을 수도 있다. 사울의 가계에 여러 세대의 목록이 포함된 것은 저자의 너그러운 배려로 볼 수 있다. 저자의 역사관이 다윗 가문의 중요성을 강조하는 데 무게가 있고 또한 사울이 다윗을 대적한 사실을 고려하면, 저자는 사울의 가문을 무시할 수도 있었다(사울 가문의 명성을 떨어트림). 그러나 비록 사울이 왕위에서 쫓겨났지만 그의 가문 역시 '온 이스라엘'의 일부였기에 다윗의 지지자들과 함께 목록에 포함되었다.

2. 사울과 그 아들들의 패배 및 죽음(10:1-14)

역대기 저자는 사울의 통치를 건너뛴다. 그는 독자가 그 이야기를 익히 알고 있으리라 가정한다. 그의 주 관심사는 다윗과 그(및 그 가문)의 통치이므로, 재빨리 사울을 거쳐 다윗 이야기를 시작하려 한다. 따라서 사울의 통치 중에 저자에게 의미 있는 부분은 그의 종말이다.

a. 사울의 마지막 전투(10:1-3)

10:1-3. 사울이 블레셋과 치른 마지막 전투, 사울 군대의 패배, 사울 아들들의 죽음이 가감 없이 간결하게 기록된다. 저자는 사울의 패배를 부각하지 않는다. 독자에게 필요한 것은 격려이며, 이스라엘 역사의 '나쁜 이야기들'을 굳이 상기시킬 이유는 없다(역대기 저자는 이스라엘 역사 중에서 부정적인 면은 최소화하고 긍정적인 면을 부각시키려 한다). 사울이 **활 쏘는 자**(3절)에 의해 부상을 입은 사건에는 하나님의 '섭리적' 요소가 있었는지도 모른다(10:13을 보라). 사울의 패배는 다른 그 누구에 의해서가 아니라 하나님으로부터 기인한 것이었다.

b. 사울의 죽음과 그 왕조의 몰락(10:4-14)

10:4-12. 사울의 죽음에 대한 저자의 견해를 확실히 파악하기란 쉽지 않다. 사울은 용맹무쌍한 영웅이었을까? 그는 할례 받지 못한 자들에게 치욕을 당하느니 차라리 종의 손 아니면 자기 손에 죽는 것이 낫겠다고 여겼다(4절). 그는 겁쟁이였을까? 패배한 나라를 지도자도 없이 적의 손에 내버려두고 자기만 쉬운 죽음을 택한 것일까?(7절) 저자는 이 점에 대해서 의도적으로 애증이 엇갈리는 평가를 내린다(이 사건의 자세한 내용은 삼상 31장을 보라). 사울은 왕이었기에 존경받아 마땅하다. 그의 절단된 사체는 예를 갖춰 장사되어야 한다(12절). 그러나 그는 결점이 있는 왕이었기에 패배했고 적의 조롱을 받았다(8-10절).

10:13-14. 저자는 특유의 요약으로 이 사건에 대한 결론을 내린다. 그는 사울이 왜 죽임을 당했는지를 신학적으로 설명한다. 이유는 세 가지이다. (1) 사울은 여

호와께 범죄했다(삼상 15:11). (2) 사울은 여호와의 말씀에 순종하지 않았다(삼상 13:8-14). (3) 사울은 여호와를 구하지 않고 대신 **신접한 자**의 가르침을 구했다(13절; 삼상 28:6-7). 또한 하나님의 계획은 **나라를 이새의 아들 다윗에게** 넘기는 것이었다(14절). 외적인 조건이 뛰어나고 타고난 능력이 출중하면 성공적으로 하나님을 섬길 수 있을 것 같지만, 성실과 순종 그리고 하나님에 대한 전적인 신뢰가 없으면 실패할 수밖에 없다(삼상 15:22-23). 사울은 블레셋 군대에게 당한 것이 아니었다. **여호와께서 그를 죽이**셨다(14절). 저자는 하나님이 주권적으로 역사를 움직이신다는 것을 잘 알았다(참고. 엡 1:11; 단 2:21).

B. 다윗이 왕이 되다(11:1-12:40)

갈등과 내전(삼하 1-4장)의 시기는 저자의 기록에서 빠져 있다. 저자가 그 사건을 역사의 기억 속에서 지워버리려 했거나 중요하게 생각하지 않아서가 아니다. 그는 독자가 그 사건을 이미 잘 알고 있다고 보았다. 따라서 그의 목적은 역사성을 추구하는 것뿐 아니라 신학적 관심을 견지함으로써 부정적 역사의 반복은 지양하고 되도록 '긍정적 역사를 부각'시키는 것이었다. 저자는 다윗의 헤브론 통치를 암묵적으로 시인하지만(11:1, 3), 분열 시기에 대해서는 그다지 관심이 없고 대신 나라의 통합에 관심을 기울인다.

저자는 두 장(11, 12장)에 걸친 단락의 서두에 요점을 밝힌다. 다윗이 왕위에 오름으로써 "온 이스라엘"이 하나가 된다(11:1). 다윗의 통치 아래 이스라엘이 하나가 된 사실은 포로기 이후의 이스라엘에게 중차대한 의미로 다가왔음에 틀림없다(Selman, *1 Chronicles*, 137-138). 포로로 잡혀간 이후 남북의 분열 및 '지파간 긴장'은 점점 더 그 의미와 중요성을 상실해갔다. 저자는 포로기 이후 이 땅에 돌아온 자들에게 필요한 것은 '민족 정체성'임을 알았다. 이는 나라를 재건하고 번성시키기 위해 필수적이었다. 저자는 이들을 통합하고자 했다. 그리하여 이 단락의 시작과 끝에는 나라의 통합이 서술된다.

1. 다윗이 왕위에 오르다(11:1-3)

11:1-3. '온 이스라엘'의 통합이라는 주제는 다양하게 표현된다. 첫째, **온 이스라엘**이 다윗 통치의 첫 수도였던 **헤브론**에 모인다. **우리는 왕의 가까운 혈족이니이다**라는 표현 속에 통합의 의미가 담겨 있다(1절). 사울이 왕이었을 때도 다윗이 실질적인 군대의 지휘자였다는 말 속에도 통합이 표현되어 있다. 또한 다윗의 통치가 **여호와께서 사무엘을 통하여 전하신 말씀대로** 된 것이라는 고백 속에도 통합의 뜻이 들어 있다(삼상 16장). 다윗의 통치가 2개의 주요 단어로 설명된다. 그는 이스라엘의 **목자**였고 **주권자**[문자적으로 '통치자']였다(2절). 목자의 임무는 양을 돌보고 보호하는 것이다. '주권자'(*nagid*, 나기드)는 군사 명칭으로, "왕국을 세우고" 나라를 방어하는 임무를 수행한다. 두 단어를 통해 다윗 혈통의 왕은 "양 떼의 주인"을 섬기는 종이며(참고. Selman, *1 Chronicles*, 139), 동시에 나라의 참된 왕, 즉 하나님의 종임을 가리킨다. 이는 성경의 풍성한 은유로서 궁극적으로는 위대한 목자이자 평화의 왕이신 메시야를 가리킨다(참고. 사 9:6).

역대기 저자는 다윗의 기름 부음이 **여호와께서 사무엘을 통하여 전하신 말씀대로** 된 것임을 강조한다(3절). 이는 이 역사적 사건이 우연의 산물이 아니며 사회경제적 또는 정치적 상황의 부산물도 아니고 다만 하나님의 주권적인 의지와 목적대로 계획대고 이루어진 것임을 말해준다. 다윗은 '온 이스라엘'의 합법적 왕이었고, 이는 사람의 선택이 아니라 하나님의 선택이었다. 사무엘의 언급이 중요하다. 역대기 서술에서는 선지자의 역할이 중요하다. 역대기 저자는 선지자의 주요 역할이 역사 속에서 하나님의 손길을 읽어내는 것이라고 이해했다(Duke, "Chronicle," 178).

2. 예루살렘이 새로운 수도가 되다(11:4-9)

11:4-9. 새로운 수도로 예루살렘이 선정되면서 통합은 한층 강화된다. 예루살렘의 위치 선정은 매우 지혜로운 결정이었다. 예루살렘은 나라 중앙에 위치했고, 사울과 다윗이 갈등상태에 있을 때 어느 편에도 속하지 않았으며(다른 성읍들이 시시비비를 따지기 힘든 중립적 도시였다), 따라서 새로 정복해야 했다. 또한 천연 요새였다.

3. 다윗의 용사들(11:10-47)

11:10-47. 다윗의 용사들에 의해 통합은 더욱 가속화된다. **우두머리**[heads, 10절], **우두머리**[chiefs, 20절; 12:3], **우두머리**[commanders, 11:21], **지휘관**[captains, 12:18]들과 용사들은 대체로 다윗에게 충성을 다했다.

예를 들어 다윗을 향한 이들의 치열한 충성심과 이들을 향한 다윗의 경의가 15-19절에서 잘 드러난다.

4. 초기의 나날들(12:1-40)

12:1-22. 이 장은 다윗이 **시글락**(1-22절)과 **헤브론**(23-40)에 있을 때를 회상하며(삼상 27장-삼하 5장을 보라), 다윗 용사들의 목록을 완결한다. 이들 중에는 손재주가 뛰어난 인물들이 있었는데, 이는 매우 유용한 자산이었다(2절). 이들이 **사울의 동족**인 베냐민 지파라는 사실 또한 중요하다. 이는 다윗 중심의 통합을 다시 한 번 강조한다(2b-7절). **갓 사람**도 있었다(8-14절). 이들은 홍수 때에 요단을 건너 승리를 쟁취하는 용맹을 보여준다(15절). 아마새는 성령에 감동하여 다윗을 향한 애정과 충성심의 전형이 된다(18절). **다윗이여 우리가 당신에게 속하겠고 이새의 아들이여 우리가 당신과 함께 있으리니 원하건대 평안하소서.** 다윗과 사울의 분쟁 막바지에, 므낫세 지파에서도 몇몇이 다윗 편으로 돌아온다(19절). 그들은 비록 블레셋과의 이 전투에서는 별다른 활약을 하지 못하지만(참고. 삼상 29장), 나중의 전투에서는 도움이 된다(21절). 22절에서 저자는 **사람이 날마다 다윗에게로 돌아**왔다고 기술한다. 이를 통해 다윗의 명성과 권위가 신장했다. 다윗의 군대는 시적으로 하늘의 군대와 견주어지며 마치 **하나님의 군대 같았다고** 표현된다(22절). 말하자면 그들은 '천군천사들과 같은 편'이었다.

12:23-40. 23-37절의 지파 목록은 요점을 재확인한다. 온 이스라엘이 다윗과 함께했으며, 심지어 **사울의 동족**인 베냐민에서 다윗에게로 나온 이들도 있었다(29절). 이는 이 장에서 베냐민 지파에 대한 세 번째 언급이다(참고. 2, 16-17절). 이들은 용사였으며, 이들이 휘두른 무기가 강조된다(24, 34절, **방패와 창**; 33, 37절, **모든 무기**). 또한 그들은 **시세**를 알았다(32절). 즉 다윗의 시대가 도래했음을 알았기에 사울 대신 다윗에게 미래를 걸었다(Payne, "1 Chronicles," 378). 그들은 전술에도 밝았으며 **전열**을 갖출 수 있었다(38절). 모두 한마음이었으며 **다 성심으로 헤브론에 이르러 다윗을 온 이스라엘 왕으로 삼고자** 했다. 뿐만 아니라 **또 이스라엘의 남은 자도 다 한마음으로 다윗을 왕으로 삼고자** 했다(38b절). 이 장 전체가 다윗의 왕권을 축하하며 끝을 맺는다(39-40절). 다윗의 통치로 인해 **이스라엘 가운데에 기쁨**이 있었다(40절).

C. 다윗과 언약궤(13:1-16:43)

통합이라는 주제가 다음 주요 내용으로 이어진다. 그 중심에 언약궤가 있다. 다윗은 하나님의 언약궤와 예배를 중심으로 나라의 통합을 도모했다(13:2-3). "이스라엘의 온 회중, 온 백성"이 다시 한 번 강조된다. 그러나 다윗은 예배가 가볍게 여겨져서는 안 되며, 목적을 위한 수단이 되어서도 안 된다는 것을 깨닫는다. 하나님이 받으실 만한 예배가 되려면 그분의 말씀에 순종해야 한다. 언약궤는 단순한 하나님 임재의 상징이 아니다. 하나님이 그분의 백성과 함께 거하기 위해 선택하신 장소이다(출 25:22, Sailhamer, *First and Second Chronicles*, 38).

1. 다윗이 언약궤를 옮기다: 1부(13:1-14)

a. 다윗이 언약궤를 되찾기 위해 백성에게 합의를 구하다(13:1-4)

13:1-4. 다윗은 언약궤의 상징을 통해 나라를 대통합하고자 했다. 그는 지도자들과 의논하고(1절), **이스라엘의 온 회중**을 결집시키며, 온 이스라엘을 불러 모아서(5절) 기럇여아림(예루살렘 서쪽 약 32킬로미터)으로부터 언약궤를 모셔오자고 제안한다. 언약궤는 블레셋 땅으로 옮겨지는 치욕을 겪은 후 사울의 통치 기간 내내 그곳에 방치된다(삼상 5-6장; 7:1-2). 다윗은 **우리 하나님의 궤**를 다시 옮겨오고자 했고(3절), **뭇 백성의 눈이 이 일을 좋게 여겼다**(4절).

b. 축하 속에 언약궤를 옮기기 시작하나 율법을 따르지 않다(13:5-8)

13:5-8. 축하 속에 언약궤가 옮겨지기 시작한다. 저자는 여호와 하나님의 궤라는 이름에 대해서 **여호와께서 두 그룹 사이에 계시므로 그러한 이름으로 일컬음을 받았다**고 설명한다(6절). 이러한 엄숙한 사실이 선언되자마자, 언약궤가 블레셋의 방식대로(참고. 삼상 6:7) **새 수레**(7절)에 실려 옮겨지는 사실이 서술된다. 지도자와 백성이 즐겁게 이 일에 동참했음에도 불구하고, 하나님의 말씀은 지켜지지 않았다. 비록 그들은 언약궤에 대해 큰 존경심을 보였지만('새' 수레에 실었다), 동시에 언약궤와 그 중요성에 대해 결코 묵과할 수 없는 무신경한 태도를 드러냈다. 백성의 기꺼운 합의만으로는 언약궤의 거룩과 위엄에 대한 진정한 경의를 표할

수 없었다. 그러기 위해서는 언약궤에 대한 말씀의 순종이 필수적이었다(13:9-10의 주석을 보라). 일견 사소해 보일지 모르지만, 하나님은 사소한 문제에 대해서도 매우 분명하고 세심하게 말씀하신다. 진정한 예배와 순종에 관한 문제라면, 하나님은 작은 문제에 대해서도 결코 양보하지 않으신다.

c. 웃사가 언약궤를 붙들자 비극이 닥치다 (13:9-10)

13:9-10. 독자는 무방비 상태에서 충격적 사건의 전개를 맞닥뜨린다. 웃사는 수레를 몬 사람 중 한 명이었다(7b절). 소들 때문에 궤가 엎어지려 하자, 그는 무심코 손을 내밀어 궤를 붙든다. 이는 언약궤를 위한 행동, 즉 언약궤를 무시한 것이 아니라 오히려 보호하려 한 행동처럼 보일지 모르지만, 실은 모세율법의 명백한 위반이었다. 율법은 언약궤의 운송 방법에 관해 분명한 규정을 둔다["조각목으로 채를 만들어 금으로 싸고 그 채를 궤 양쪽 고리에 꿰어서 궤를 메게 하며"(출 25:12-15); 민 4:5-14]. 또한 궤를 옮길 자격이 있는 사람도 명시되어 있다(레위 사람, 참고. 신 10:8). 하나님의 말씀, 하나님의 무한한 거룩, 하나님의 극한 위엄은 반드시 인정되고 존중되어야 한다. 좋은 의도가 순종을 대체할 수 없다. 다윗과 백성은 언약궤 자체에 초점을 맞추고 즐거워했다. 그러나 언약궤와 함께하시는 하나님은 잊었다.

d. 다윗이 분노하고 두려워하여 언약궤 옮기기가 보류되다(13:11-14)

13:11-14. 웃사의 죽음으로 축제는 돌연 중단된다. 다윗은 충격, 분노 그리고 두려움에 휩싸인다(11-12절). 율법 준수에 신경을 쓰지 못한 결과, 언약궤를 예루살렘으로 옮기는 일은 중단되고 궤는 대신 **가드 사람 오벧에돔의 집**으로 옮겨진다. 그는 가드 사람으로, 블레셋 성읍인 가드에 살았거나 산 적이 있는 사람이었다(Payne, "1 Chronicles," 381). 다윗은 언약궤를 두려워하고, 오벧에돔은 언약궤 덕분에 복을 받는다(14절). 언약궤에 대한 하나님의 뜻은 심판이 아니라 축복이다. 그럼에도 불구하고 하나님은 그분의 백성이 하나님의 거룩과 위엄을 망각하는 것을 용납하지 않으신다. 하나님은 능력의 하나님이시다. 순종에는 복을, 부주의에는 심판을 내리신다.

2. 다윗이 이스라엘을 통치하다(14:1-17)

이 장에 기록된 사건들은 13장에 기록된 사건 이전에 있었던 일들이다. 저자는 썩 유쾌하지 않은 역사적 사건들을 무시하지 않으면서(13장의 언약궤 실패와 같은), 하나님이 다윗과 그 집에 내리신 복과 호의가 돋보이도록 자료를 배열했다. '다윗을 향한 하나님의 복'이라는 주제에 부합하는 세 가지 사례가 기록되어 있다.

a. 나라들 중에서 다윗의 위치(14:1-2, 17)

14:1-2, 17. 이 장의 시작과 끝에는 다윗에 대한 주위 나라들의 존경(그리고 조공)이 기록되어 있다. 이는 **여호와께서** 다윗을 **왕으로** 삼으셨다는 사실에 대한 확증이다(2절).

b. 다윗의 가문이 확대되다(14:3-7)

14:3-7. 저자의 관점에서 볼 때, 다윗의 가족이 확대된 것은 하나님의 복에 대한 또 다른 증거였다(참고. 시 127:3-5). 다윗이 여러 아내를 둔 것은 원래 하나님이 허락하신 것과 달랐고, 결국 율법에 반하는 도덕적 실패로 이어진다(신 17:17). 이 죄는 이후의 여러 재앙을 불러온다(삼하 11:27, Payne, "I Chronicles," 382). 그럼에도 불구하고 역대기 저자는 당시 문화와 상황 속에서 왕이 큰 가족을 거느리는 것은 다산과 복의 상징이었음을 이해했다.

c. 다윗이 블레셋에게 승리를 거두다(14:8-16)

14:8-12. 이 장의 상당 부분이 블레셋에 대한 다윗의 승리에 할애되어 있다. 이 또한 하나님의 복에 대한 확실한 증거였다. 블레셋은 사울의 통치 기간 전반에 걸쳐 이스라엘을 위협했고, 다윗이 왕위에 오르자 그에게 도전한다(8절). 그러나 사울을 격퇴하고 그의 통치를 끝장냈던 세력이 하나님이 선택하신 사울의 후계자에 의해 궤멸된다. 블레셋이 급습한 두 사례가 기록된다. 먼저 블레셋은 **르바임 골짜기**로 쳐들어온다(9절). 르바임 골짜기는 예루살렘 남서쪽에 있었고, 유다와 베냐민의 경계를 이루었다(수 15:8, Payne, "1 Chronicles," 383).

14:13-16. 이후 그들은 같은 골짜기에 다시 쳐들어온다(13절). 이 두 전투의 기록을 통해 저자는 사울과 다윗을 더욱 뚜렷이 대비한다. 블레셋으로 인한 위협이 닥치자(8-9절), 다윗은 사울이 하지 않은 일(참고. 10:14a)을 한다. **다윗이 또 하나님께 묻자온대**(14절;

참고. 10a절). 첫 번째 전투에서 다윗은 하나님보다 앞서가지 않고, 하나님의 뜻을 구하고 약속을 받는다. **올라가라 내가 그들을 네 손에 넘기리라**(10b절). 결국 블레셋이 패하고 그 장소는 바알브라심이라는 이름으로 불린다('하나님이 돌파하시다'). 다윗은 하나님이 대적을 흩으심으로써 승리를 주셨음을 인정한다(11절). 두 번째 전투에서 다윗은 **뽕나무 수풀** 맞은편에서 바람 소리(**걸음 걷는 소리**)를 기다렸다가 적을 기습하라는 지시를 받는다(14-15a절). 블레셋은 다윗의 공격 방향을 파악하지 못한 채 혼란에 빠지고, 다윗은 완벽한 승리를 거둔다. 저자는 이 승리가 하나님이 다윗보다 **앞서** 나아가신 결과이며(15b절), 다윗은 **하나님의 명령대로** 행한 것뿐임을 밝힌다(16절). 다윗은 '여호와를 구해야 한다는 것'을 배웠고, '순종이 복을 불러온다'는 사실을 깨달았다.

3. 다윗이 언약궤를 옮기다: 2부(15:1-16:43)

다윗은 전투의 승리와 웃사의 죽음을 통해서 교훈을 얻었다. 하나님께 순종하고 그분의 말씀을 철저하게 따르는 것이 하나님이 주시는 복의 열쇠이다. 따라서 언약궤 수송 작전을 재개하면서 다윗은 적절한 직임자인 레위 사람(참고. 신 10:8)에게 하나님의 궤를 옮기게 한다(2절). 또한 규례에 따라(13절), **모세가 여호와의 말씀을 따라 명령한 대로** 준행하게 한다(15절; 참고. 출 25:12-15). 오벧에돔의 집에서 다윗이 준비한 장소까지 언약궤를 수송하는 작전은 3단계로 진행된다.

a. 언약궤를 옮기기 위한 바른 준비(15:1-15)

15:1-15. 다윗은 단순하고 분명하게 언약궤 수송 지침을 하달한다. **레위 사람 외에는 하나님의 궤를 멜 수 없나니**(2a절). 저자는 첫 번째 시도에서는 그런 준비가 전혀 없었음을 지적한다(13절). 여기에 기록된 레위 사람의 목록을 통해서 그들이 얼마나 세심하게 언약궤를 다루었는지를 엿볼 수 있다. 오직 자격이 있는 자(즉, 바른 지파와 혈통)만이 궤 수송에 참여할 수 있었다. 제사장의 자격 여부는 저자의 시대에 매우 중요한 사안이었다(스 2:59-63을 보라). 이번에는 모든 것이 **여호와의 말씀을 따라 명령한 대로** 준행된다(15절).

다윗과 온 이스라엘은 하나님 말씀에 전적으로 순종해야 한다는 교훈을 배웠다. 또 다른 요점이 제시된다. 다윗이 언약궤를 위한 장소를 준비하고, 언약궤를 제대로 모시는 책임을 맡는다. 또한 레위 사람과 음악가(다음 부분)를 조직하는 책임을 맡는다. 다윗은 "둘째 모세"의 역할을 맡으며(Selman, *1 Chronicles*, 161), 다윗 왕조는 성전 예배와 봉사의 수호자 역할을 맡는다. 이는 예배의 형식과 예식을 유지하는 것만을 뜻하지 않는다. 성전 예배는 하나님과 백성이 맺는 관계의 핵심이다. 바른 예배는 하나님 백성의 특권이자 복이다. 예배의 유기 혹은 실패는 곧 재앙과 징벌의 원인이다. 레위 제사장은 다윗 왕조와 함께 야훼를 올바르게 구하고, 하나님과 바른 관계를 유지하도록 노력했다(Duke, "Books of Chronicles," 177).

b. 언약궤를 바르게 맞이하다(15:16-16:6)

15:16-28. 모든 것이 하나님의 말씀대로 시행되도록 세심한 주의를 기울인 가운데 언약궤가 옮겨진다. 이제 그에 못지않은 각별한 주의 속에 언약궤를 맞이한다. 이번에는 온 이스라엘이 원하는 대로 악기를 골라(13:8b) 마음껏 축하했던 때와 달리(13:8a), 기술을 갖춘(22절) 엄선된 음악가(16절)가 배치된다. 또한 바르고 적절한 제사가 드려진다(26절; 16:2). **하나님이 여호와의 언약궤를 멘 레위 사람을 도우셨으므로**(26절). 언약궤가 율례대로 옮겨졌으므로 하나님이 레위 사람과 함께하셨고 그들은 웃사처럼(13:10) 찢기지 않았다(Payne, "1 Chronicles," 388). 그리고 열심과 전심의 예배가 드려졌다. "영과 진리로" 드리는 기쁘고도 조심스러운 예배였다(참고. 요 4:24). 다윗의 **세마포 겉옷과 베 에봇**은 제사장의 의복이다. 다윗 역시 이 봉사에 참여했다.

15:29. 사울의 딸 미갈이 잠시 언급된다. 그녀는 다윗의 행동을 업신여겼다(체면을 아랑곳 않는 다윗의 열광적 모습이 미갈의 성향과는 맞지 않았다). 미갈은 언약궤의 가치와 의미에 민감하지 않았으며(다른 이들도 그랬을 것이다), 이는 사울의 집이 하나님의 백성을 인도하기에 부적절하다는 또 다른 증거였다(Selman, *1 Chronicles*, 166).

c. 언약궤에 대한 바른 감사(16:7-36)

이 찬양 시는 시편 105편, 96편, 106편의 모음이다(자세한 설명은 해당 시편의 주석을 보라).

(1) 찬양으로의 부름(16:7-13)

16:7-13. 찬양으로의 부름에는 여러 명령문이 등장

한다. 감사하라, 알리라, 노래하라, 전하라, 자랑하라, 구하라, 기억하라(8-13절). 이 찬양의 기조는 11절의 명령문이다. **여호와와 그의 능력을 구할지어다 항상 그의 얼굴을 찾을지어다**[서론의 '목적과 주제'에서 여호와를 구하는 것의 중요성에 관한 부분을 보라].

(2) 찬양의 이유(16:14-22)

16:14-22. 아브라함, 이삭, 야곱에게 주어진 언약의 약속이 저자의 믿음과 소망의 핵심이다(14-17절). 족장들의 역사를 '기억'해야 한다. 조상들을 부르고 보전하신 하나님의 은혜가 약속의 증거이다. 역대기 저자 시대의 성도들도 같은 하나님의 은혜로 보전될 것이다. **영원한 언약**(17절)이라는 선언이 저자와 그 세대에게는 더없이 중요했다. 하나님의 선물인 **가나안 땅**(18절)과 그분의 부르심(**기름 부은 자**, 22절)은 결코 변개될 수 없다(참고. 롬 11:28-29의 주석). 아브라함과 이삭과 야곱은 나그네 길에서 아비멜렉(창 20장; 26장) 같은 왕들과 조우했다. 그러나 하나님은 '기름 부은 자'를 보호하고 왕들을 꾸짖으셨다(21-22절; 참고. 창 20:3, 7). 하나님의 약속은 영원하기에, 그분의 백성은 영원한 보호를 믿어도 된다.

(3) 찬양으로의 부름(16:23-24)

16:23-24. 더 많은 명령문이 추가된다. 노래하라, 선포하라(23-24절). 메시지의 폭이 **온 땅**과 **모든 민족**으로 확대된다. 이 역시 아브라함에게 주신 약속과 궤를 같이한다. 왜냐하면 그 언약의 약속을 통해 "땅의 모든 족속이…복을 얻을 것"이기 때문이다(창 12:3).

(4) 찬양의 이유(16:25-27)

16:25-27. 하나님은 우상보다 뛰어나고 그분의 위엄은 초월적이기에 우리는 하나님을 찬양하고 두려워해야 한다(25절). 우상은 무능하지만 하나님은 창조주이시다. 그분께만 **존귀와 위엄**이 있다(27절; 우상숭배의 어리석음에 대해서는 사 44:9-20을, 하나님의 위엄과 영광에 대해서는 사 6:1-5을 보라).

(5) 찬양으로의 부름(16:28-33)

16:28-33. 시편 저자는 지평을 넓혀서 지면의 백성과 모든 만물을 찬양의 자리로 부른다. **돌릴지어다**(문자적으로 '주다')가 세 번 반복되면서 경배가 강조된다(28-29절). 초점은 여호와이다. 참된 경배의 본질은 **경배할지어다**[문자적으로 '절하다']와 **떨지어다** 두 명령에 담겨 있다(29-30절). 모든 피조물은 겸손과 복종으로 나아가야 한다. 동시에 **기뻐하고 즐거워**해야 한다(31절). 또한 즐거워하고 축하해야 한다. 서로 반대인 **땅**과 **하늘** 그리고 **바다**와 **밭**(31, 32절)의 언급은 예배가 모든 피조물의 기본 책무임을 가리킨다. 왜냐하면 하나님의 통치(31절)는 우주적이기 때문이다.

(6) 찬양의 이유(16:34-36)

16:34-36. 감사와 함께 찬양이 끝을 맺는다. 하나님은 **선**하며 인자하시다. 그분은 건지고(구원하고) 언약을 지키신다. 다시 한 번 **영원**하신(34, 36절) 하나님의 **인자하심**[헤세드(*chesed*), 즉 '충성된 사랑' 또는 '언약에 근거한 헌신적 관계'를 뜻함]이 강조된다. 저자는 자기 세대를 격려한다. 그분은 **우리 구원의 하나님**이며, 우리를 구원하여 **만국 가운데에서 건져내시고 모으시는** 분이다(35절).

d. 언약궤 앞에서 바른 예배를 드리다(16:37-43)

16:37-43. 이야기는 다시 역사의 무대로 되돌아온다. 다윗은 언약궤를 위한 장소(39절, 기브온은 예루살렘 북서쪽 약 10킬로미터에 위치함)를 마련한 뒤, 언약궤를 중심으로 한 매일의 사역을 확립한다. 바른 제사가 드려지고, 제사장들이 임명된다(37-42절). 이제 "제사를 위한 기본 성소"(Payne, "1 Chronicles," 393)가 마련되었다. 언약궤가 세심한 주의와 배려로 다뤄지면서 (13장에서의 실패와는 대조적으로) 모든 봉사의 준비가 완료된다. 모든 것이 제자리를 찾았다. 언약궤는 더 이상 블레셋의 영토에 있지 않다. 이제 다윗과 그 나라의 앞길에는 번영이 기다리고 있다(43절).

D. 다윗 언약(17:1-27)

이 장에 나오는 내용은 매우 중요하다. 여기에서 저자는 나름대로 다윗 언약을 서술한다(삼하 7장; 시 89편을 보라). 이 언약은 역대기의 심장이며(Payne, "1 Chronicles," 395), 총 여덟 번 반복된다(17:7-27; 22:6-16; 28:6-7; 대하 6:8-9, 16-17; 7:17-18; 13:4-5; 21:7). 이러한 강조를 통해 역대기 저자는 사무엘서/열왕기 저자보다 다윗 언약에 더 큰 의미를 부여한다. 흥미롭게도 저자는 두 가지 사실을 강조한다. 먼저 언약의 성취가 예루살렘에서 이루어졌음을 강조한다. 또한 이 언약이 영원하다는 것(이 장에서 여러 번 언급된; 12, 14절)을 강조한다. 이 언약은 다윗과 그의 후손,

이스라엘 그리고 땅 위의 모든 나라에게 큰 의미가 있다. 이 약속에 따르면, 다윗의 가계를 통해 메시아가 오실 것이다(13-14절; 눅 1:32-33). 그분은 다윗의 왕위에 앉아 다윗 성 예루살렘에서 다스리실 것이며 그분의 통치는 영원할 것이다. 또한 "구원을 베풀어서 땅 끝까지 이르게" 하실 것이다(사 49:6; 마 3:1-4의 주석을 보라).

다윗과 그 후손에 대한 무조건적 약속은 형식과 표현 면에서도 아브라함의 언약을 연상케 한다(창 12:1-3). 하나님은 큰 민족을 이루게 하겠다는 아브라함의 언약(창 12:2)을 성취하셨다. 또한 아브라함에게 후손을 통해 왕들이 나게 하겠다고 약속하셨으며(창 17:6), 이제 다윗을 통해 그 언약을 성취하신다. 약속의 무조건적 성격이 하나님의 1인칭 서술을 통해 강조되고 있다. 하나님은 과거에도 주권적으로 다윗을 보호하셨고(**내가…있었나니…내가…삼고**, 5-7절), 미래에도 그 약속을 친히 이루실 것이다(**내가…만들어 주리라…내가…정하여…심고…내가…세울지라**, 8-10절). 사무엘하 저자는 다윗(또는 다윗 가문)의 후손(왕) 중에 이 약속의 복을 누리지 못하는 자가 있을 수도 있음을 기록한다(참고. 삼하 7:14). 역대기 저자는 하나님이 다윗에게 전적인 확신을 주신다고 서술한다. 다윗의 후손 중에 특별한 아들의 지위를 누릴 자가 있을 것이며(참고. 히 1:5; 사 9:6), 그는 이 언약의 영원한 복을 누릴 것이다(11-14절). 왕위(12, 14절)가 강조되고 있음을 주목하라. 이는 '통치의 장소와 권리'를 가리킨다. 이 약속은 영원할 것이다(짧은 구절에 두 번이나 언급됨). 이 구절에서는 '언약'(*berith*, 베리트)이라는 용어가 등장하지 않지만, 여기에 나오는 약속은 이후 본문에서 언약으로 언급된다(삼하 23:5을 보라; 대하 13:5; 21:7; 23:3; 시 89:3, 28, 34, 39; 사 55:3; 렘 33:16-26).

1. 다윗이 언약궤를 위한 집(성전) 짓기를 열망하다 (17:1-2)

17:1-2. 다윗이 그의 **궁전**에 거주할 때였다(1절, 이전 16:43에도 '집'이라는 용어가 나옴). 이는 별 뜻이 없어 보일 수도 있지만, 집(*bayit*, 바이트)이라는 단어의 여러 뉘앙스를 통해 이 이야기와 약속의 요지를 가늠할 수 있다. 집은 다윗의 왕궁, (미래의) 성전 그리고 다윗 왕조를 가리킨다. 다윗은 자기의 **백향목 궁**과 언약궤가 놓인 **휘장 아래**를 대비한다(1b절). 그는 성막('휘장')보다 백향목 궁이 언약궤의 거처로 더 적합하다고 생각했다. 하나님은 나단의 말을 통해 그의 생각을 고쳐주신다. 다윗이 선지자 나단에게 조언을 구하는 모습은 선한 왕과 하나님의 사람으로서의 자질을 보여준다. 그러나 나단의 격려(2절)는 시기상조였다. 재미있게도 나단은 이러한 무례함에 대해 힐책을 당하지 않는다. 대신 시의적절한 교정을 받는다.

2. 하나님이 나단을 통해서 다윗에게 말씀하시다 (17:3-15)

a. 하나님이 그분의 '종' 다윗에게 마음을 드러내시다 (17:3-4a)

17:3-4a. 그 밤에라는 표현 속에는 다윗이 자기 계획대로 진행하지 못하게 하려는 긴박감이 담겨 있다. 하나님은 다윗을 **내 종**이라 부르시는데, 이는 다윗의 마음과 의도를 싫어하지 않으신다는 것을 나타낸다.

b. 다윗이 집(성전)을 짓지 않을 것이다(17:4b-6)

17:4b-6. 너는 내가 거할 집을 건축하지 말라(4b절). 역대기의 표현은 사무엘하 7장의 병행 구절보다 훨씬 직선적이고 직설적이다. 하나님은 언약궤의 현 거처가 적절한지에 대한 다윗의 평가를 지적하신다. **내가 이스라엘을 애굽에서 올라오게 한 날부터 오늘까지 집에 있지 아니하고**(5a절). 달리 말하면, 이는 애초부터 하나님의 계획이었다. 하나님은 그분의 뜻대로 이동식 거주지를 선택하셨다. 이러한 방식을 통해 **이스라엘 무리와** 함께 걸으셨다(6절). 하나님은 **백향목 집**을 지으라고 요청하지도 명령하지도 않으셨다(백향목 집의 가치에 대한 다윗의 평가를 분명히 꾸짖음). 왜냐하면 하나님의 존재 자체가 백성의 영광이기 때문이다(솔로몬도 성전을 지은 후에 이러한 견해를 피력한다. 이 땅의 거처가 어떠하든지 상관없다. 중요한 것은 하나님의 임재 그 자체이다. 겸손하게 오신 메시아도 마찬가지이다, 눅 2:11-12을 보라). 하나님은 다윗에게 이렇게 말씀하신다. "내가 적절한 거처를 선택할 것이다. 내 의도를 위해, 내 목적대로, 내가 선택한 시기에 그리할 것이다"(신 12:5을 보라). 하나님은 의도적으로 성막을 선택해서 백성이 건물의 화려함이 아니라 그분의 임재 자체에 경외감을 느끼도록 하셨다(다윗이 성전을 짓지 못하게 하신 다른 이유에 대해서는 대상 22:8을 보라).

c. 하나님이 다윗과 언약을 맺으시다(17:7-15)

하나님은 분위기를 바꿔, 다윗과 다윗의 '집'을 위한 그분의 계획을 밝히신다.

(1) 다윗을 향한 선택과 보호를 회상하시다 (17:7-8a)

17:7-8a. 하나님은 다윗을 선택하고 높였던 일을 기억하신다(다윗도 이 시점에서 사무엘상의 사건들을 기억했을 것이다). 언약궤의 거처에 대한 하나님의 선택이 그랬던 것처럼, 하나님이 다윗을 선택하신 것 역시 '일반적인 기대에 반하는' 일이었다. 하나님의 선택은 사람의 선택과 달랐다. 하나님의 선택은 사울도, 다윗의 형들도 아니었다. 사람이라면 집안의 막내인 목동보다는(삼상 16:11) 당연히 그 형들 중에서 한 명을 선택했을 것이다(삼상 16:6, 8-10). **내가 보는 것은 사람과 같지 아니하니 사람은 외모를 보거니와 나 여호와는 중심을 보느니라**(삼상 16:7). 하나님은 다윗이 전투에서 승리한 비결(이는 다음 장에서 반복된다)이 하나님의 임재(**내가 너와 함께 있어**)와 능력(**네 모든 대적을 네 앞에서 멸하였은즉**)이었음을 상기시키신다(8a절). 하나님이 모든 것을 주관하신다는 요점이 반복된다.

(2) 다윗에 대한 하나님의 약속이 드러나다 (17:8b-14)

상기한 바와 같이 하나님이 다윗과 맺으신 언약은 하나님이 아브라함에게 주신 언약을 연상케 한다(창 12:1-3). 약속의 내용은 다윗에 대한 약속(8절), 나라에 대한 약속(9절), 다윗과 나라에 대한 약속(10절), 다윗의 아들 솔로몬에 대한 약속(11절), 다윗의 위대한 자손 메시아에 대한 약속(12-14절)으로 이루어진다. 그리고 **내가 할 것이다**라는 표현이 반복된다. 하나님이 아브라함에게 하셨던 약속이 그랬듯이, 이 약속 역시 일방적이다. 하나님이 주도적으로 약속하셨다. 이는 주권적 은혜에 기초한 약속이고 무조건적이다. 수혜자에게 아무런 의무도 부여되지 않았다. 다윗은 오직 하나님이 이 약속을 지키실 것을 믿으면 된다(아브라함의 언약처럼, 창 15:6을 보라). 역대기 저자는 솔로몬이나 그 어떤 다윗의 후손도 전적인 순종의 의무를 완수하지 못했음을 익히 알고 있다["네가 만일 내 법도를 따르며 내 율례를 행하며 내 모든 계명을 지켜 그대로 행하면 내가 네 아버지 다윗에게 한 말을 네게 확실히 이룰 것이요"(왕상 6:12), 참고. 대상 28:6-7]. 저자는 왕들에 대한 서술에서 모든 왕, 심지어 선한 왕들까지 결국에는 실패함을 보여준다. 따라서 독자는 다윗의 약속을 성취할 다윗의 자손 메시아를 계속해서 기대하게 된다.

다윗 이후의 선지자는 솔로몬이나 다윗 왕의 어떤 후손에게서도 다윗 언약(여기와 삼하 7:12-16에 나오는)의 성취를 보지 못한다. 대신 그들은 다윗의 언약을 근거로 오직 메시아만이 다윗의 약속을 성취할 수 있다고 이해했다(참고. 사 9:6-7; 11:1, 10; 16:5; 렘 23:5; 30:9; 33:15-17; 겔 34:23-24; 37:24-28; 호 3:4-5; 암 9:11-15). 신구약 중간기 유대교 역시 다윗의 언약이 다윗의 후손으로 오실 메시아를 기대하는 근거가 된다고 생각했다(PsSol 17:21-25, 33-34, 44-45; 18:8; TLev 18:2-3; TJud 24:5-6; SibOr 3:652-653).

역대기 저자는 다윗 이후, 전부는 아닐지라도, 많은 왕들이 하나님이 주신 약속의 복을 누리지 못한 사실을 뼈저리게 자각한다. 따라서 그는 다윗의 약속을 소개하면서 하나님의 무조건적 서약을 강조했고, 이로써 다윗 왕조가 망하지 않았으며 그 약속이 무효화되지 않았음을 역설한다. 사람은 실패했지만, 약속은 여전히 유효하며 다윗의 위대한 자손은 반드시 오실 것이다(참고. 시 89:24-29; 마 1:1; 눅 1:32).

17:8b. 다윗은 **세상에서 존귀한 자들의 이름 같은 이름**[이 역시 하나님이 아브라함에게 하신 약속을 닮았다, 창 12:2]을 약속받는다(8b절). 그는 군사 지도자로 명성을 날렸고(14:17), 이상적이고 경건한 왕의 모범이 되었으며(대하 28:1; 29:2; 34:2을 보라), 선지자로 인정을 받았다(행 2:30). 이 모두는 하나님의 약속이 문자적으로 성취되었음을 보여준다.

17:9-10a. 이스라엘은 살 곳을 약속받았다. 하나님은 단언하신다. **내가 또 내 백성 이스라엘을 위하여 한 곳을 정하여 그들을 심고 그들이 그 곳에 거주하면서 다시는 옮겨가지 아니하게 하며**(9절). 이 약속은 의심의 여지없이 아브라함에 대한 땅의 약속을 상기시킨다(창 12:7; 15:18-21; 17:8을 보라). 이 약속은 저자의 세대에게 즉각적인 반향을 불러일으켰을 것이다. 그들은 이 약속이 자기 세대나 어떤 특정 세대(또는 세대

들)가 결코 이 땅에서 옮겨지지 않으리라는 보증이 아님을 잘 알았다. 그들의 바로 전 세대는 이미 포로로 잡혀갔다가 돌아왔다. 이 약속은 그들이 현 시점에서 이 땅에 대한 권리가 있음을 의미했고, 미래의 세대들은 이 약속에 의거해서 영원히 땅을 소유할 날을 고대할 수 있음을 의미했다. 또한 이스라엘은 **모든 대적**으로부터의 안식을 약속받는다(10a절). 이스라엘이 천년왕국의 복을 누릴 때, 이 두 약속은 성취될 것이다(호 2:18; 미 4:3; 계 20장).

17:10b-11. 하나님은 다윗과 나라에게 **너를 위하여 한 왕조를 세우겠**다고 약속하신다(10b절). "다윗을 위한 '왕조를 세우겠다'는 하나님의 약속은 언어유희이다. 왕은 하나님을 위해 집, 즉 백향목 구조물을 지을 수 없지만(6절), 하나님은 그에게 집, 즉 후손이 딸린 왕조를 세우실 것이다(11절)"(Payne, "1 Chronicles," 396). 결국 이는 나라에 '종'이 계속 있을 것임을 의미한다. 그는 백성의 목자이자, (앞으로 있을) 성전의 수호자이며, 하나님을 구함으로써 그분의 은혜와 인자의 복을 끌어올 지도자이다. 또한 나라에는 레위의 직분이 계속 이어질 것이다.

17:12-14. 물론 다윗의 후손인 왕이 계속해서 '여호와를 구하고, 여호와를 버리지 않는다면' 이 약속은 이루어질 것이다. 그러나 이 약속은 가능성(그리고 삼하 7:14의 경고)을 말하지 않는다. 역대기 저자는 하나님의 은혜와 긍정적인 약속에 초점을 맞춘다. 하나님은 **나의 인자**[헤세드, '충성된 사랑', '언약의 사랑']**를 그에게서 빼앗지 아니하리라고**(13절) 약속하신다. 이는 왕이 어떻게 해서가 아니라 전적으로 하나님의 말씀 때문이다.

다윗의 아들 솔로몬에게는 **그는 나를 위하여 집을 건축할 것**(12절)이라는 약속이 주어진다. 이는 이후 역대기 전체에 걸쳐서 반복되고 적용되며 성취된다.

마지막으로, 하나님이 아버지가 되어주실 또 다른 사람에 대한 약속이 주어진다(13a절; 참고. 시 89:27). 역대기 저자는 이 사람을 솔로몬(또는 이후 역사에 등장하는 그 어떤 왕)으로 생각하지 않았다. 이 약속에는 특별한 성격이 있기에 이러한 이해는 정당하다. **내가 영원히 그를 내 집과 내 나라에 세우리니 그의 왕위가 영원히 견고하리라**(14절). 다윗의 왕조와 솔로몬의 왕국은 확립될 것이다. 그러나 이 사람은 통치할 것이며 그의 왕위는 '영원히' 지속될 것이다. "이러한 특징은 예수 그리스도만 가능하다. 하나님의 아들(다음 절)만이 끝없는 통치를 하실 수 있다"(Payne, "1 Chronicles," 396). "이 언약이 폐지되거나 폐지될 수도 있다는 가능성은 전혀 없다(13절). 저자는 다섯 번 이상 그것이 영원하리라고 반복한다"[Roddy Braun, *1 Chronicles*, WBC (Waco, TX: Word, 1986), 200.《역대상》, WBC 성경주석(솔로몬)].

역대기 저자는 그 어떤 왕도 이 약속을 성취하지 못했으며, 또한 성취할 수 없음을 잘 알았다. 이 약속은 천사가 마리아에게 아들이 있으리라고 이야기할 때까지 성취될 수 없었다. "그가 큰 자가 되고 지극히 높으신 이의 아들이라 일컬어질 것이요 주 하나님께서 그 조상 다윗의 왕위를 그에게 주시리니 영원히 야곱의 집을 왕으로 다스리실 것이며 그 나라가 무궁하리라"(눅 1:32-33). 세세토록 살아 계신 이(계 10:6)만이 영원한 왕위를 차지하실 수 있다. 결국 이는 예수님에게로 연결된다. 예수님 안에서 이 약속은 완벽하게 성취된다. "예수님의 부활과 승천을 지켜보면서, 초대교회는 본문의 이 약속을 하나님의 아들인 예수 그리스도에 대한 구약의 약속으로 이해했다(예를 들어 행 2:30; 13:22-23, 33-34; 롬 1:3-4; 히 1:5, 8-9; 5:5)"(Selman, *1 Chronicles*, 179-180).

(3) 나단의 충성스러운 봉사(17:15)

17:15. 저자는 나단이 하나님의 모든 말씀을 다윗에게 전했다고 기록한다(**이 모든 말씀과 이 모든 계시대로**, 15절). 이는 충성된 선지자에 대한 저자의 존경심을 보여준다.

3. 다윗의 기도(17:16-27)

다윗은 겸손(16-19절), 찬양(20-22절) 그리고 하나님의 약속에 대한 믿음(23-27절)이 담긴 범상치 않은 기도를 드린다.

a. 다윗의 겸손(17:16-19)

17:16-19. 다윗의 겸손은 놀랍다. **나는 누구이오며 내 집은 무엇이기에**(16절). 그는 자신이 결코 위대하지 않다는 것을 알았다. **하나님이여 주께서 이것을 오히려 작게 여기시고**. 다윗은 이 위대한 복이 하나님의 눈에 작은 것임을 깨달았다(17a절). 다윗 스스로는 상상

도 할 수 없는 일을 하나님은 전혀 힘들이지 않고 성취하셨다(기고자의 독특한 해석—옮긴이 주). 다윗은 '위대한 이름'을 얻었는데, 이는 하나님이 그를 **존귀한 자들 같이 여기셨**기 때문이다(17b절). 다윗은 전적으로 은혜로운 하나님의 약속에 대해 뭐라 감사의 말을 드려야 할지 모르겠다고 고백한다(18절). 이 약속은 오직 **주의 뜻대로**, 즉 전적 은혜로 된 것이다(19절). 이 약속은 "그 은혜의 지극히 풍성함"(엡 2:7)을 보여주며, "우리가 구하거나 생각하는 모든 것에 더 넘치도록"(엡 3:20) 이루어준다.

b. 다윗의 찬양(17:20-22)

17:20-22. 다윗의 찬양은 두 부분으로 이루어진다. 먼저 하나님의 절대적 유일성을 찬양한다. **여호와여 우리 귀로 들은 대로는 주와 같은 이가 없고**(20절). 이어서 하나님이 선택하신 이스라엘의 특별함을 노래한다(21절). 다윗은 '무익한 신학'에 매이지 않았고, 무한히 자비로운 주권의 하나님을 잘 이해했다. 하나님은 다윗에게 무한한 약속을 주셨고, 다윗은 그에 감격한다.

c. 다윗이 하나님께 약속대로 행하시기를 구하다 (17:23-27)

17:23-27. 하나님의 약속이 이루어지지 않을 수도 있다고 생각했기 때문에 이런 기도를 한 것은 결코 아니다. **말씀하신 것을 영원히 견고하게 하시며 말씀하신 대로 행하사**(23절)라는 기도에는 약속에 대한 감사와 기쁨, 약속의 성취에 대한 기대가 담겨 있다. 그는 하나님이 말씀을 성취하심으로써 **주의 이름**이 **견고**해지고, **높여**지기를 원했다(24절). 달리 말하면, "당신의 뜻대로 행하소서. 그리하면 온 땅이 당신을 인정하고 높일 것이외다"라는 뜻이다. 다윗은 **왕조를 세우실** 약속을 다시 한 번 상기하며 기도를 맺는다. 또한 특별히 이 약속이 **영원**할 것임을 선언한다(27절). 이 모범적인 기도에는 겸손, 전적 신뢰, 풍성한 신학적 고백 그리고 단순한 신뢰가 담겨 있다. 저자는 자기 백성을 위한 간절한 마음으로 이 기도를 기록했다.

E. 다윗의 왕국: 승리들(18:1-20:8)

다윗 왕국의 확장과 병합이 기록되어 있다. "여기에 기록된 사건은 연대적 순서를 따르지 않으며, 대체로 사무엘하의 순서를 따른다"(Payne, "1 Chronicles," 398). 역대기는 적에 대한 승리의 기록을 통해 다윗의 군사적 능력(하나님의 도움에 의한), 수하들의 충성과 용맹, '온 이스라엘'의 단결을 보여준다(참고. 19:17). 저자는 자기 세대에게 승리를 얻으려면 하나님이 뽑으신 경건한 지도자, 백성의 충성과 용기, 단합된 섬김과 사역이 필요함을 역설한다. 이는 시대를 초월한 하나님의 모든 백성을 위한 교훈이다. 따라서 이 기록은 저자의 메시지를 위한 예화로 쓰인 것이므로 연대적 순서에 따른 사건으로 이해되어서는 안 된다.

1. 다윗의 승리들(18:1-13)

18:1-13. 다윗은 블레셋(1절), 모압(2절), 하닷에셀(3-11절) 그리고 에돔 사람(12-13절)을 쳐서 승리를 거두었는데, 이는 **다윗이 어디로 가든지 여호와께서 이기게 하셨**기 때문이다(6b, 13b절). 이는 또한 17장 8절의 약속과도 부응한다. "전쟁 이야기에서 배우는 교훈은 시편 2편의 찬송과 같은 내용이다. 땅의 왕들이 여호와와 그의 기름 부음 받은 자를 대적하지만, 다 헛될 뿐이다(시 2:1-2)"(Sailhamer, *First and Second Chronicles*, 51).

2. 다윗이 정의와 공의로 다스리다(18:14)

18:14. 이 요약 절은 다윗이 **온 이스라엘**을 다스렸다는 사실을 다시 강조하며, 그 성공의 원인이 **정의와 공의** 때문임을 밝힌다(14절). 저자는 단순히 다윗의 통치가 공정하고 공평했다고 말하는 것이 아니다. 그는 실제로 공명정대했다. 하지만 진정으로 완벽한 통치는 다윗의 궁극적 자손 메시아의 손에 의해 이루어질 것이다(사 1:26-27; 11:1-5; 32:16; 33:5). 다윗의 후손이 그의 통치를 본받으면 번영과 복을 누리게 된다. 반대로 다윗의 통치를 저버리면 후회와 심판을 거두게 된다.

3. 다윗의 용사들(18:15-17)

18:15-17. 다윗의 심복 몇 사람에 대한 짤막한 목록이 기술된다. 이를 통해 독자는 요압의 역할(15절; 19:10)과 다음 장에 나오는 '뽑은 자들'의 이야기를 기대하게 된다. 역대기에서는 왕의 지도력이 많이 강조되지만, 저자는 독자에게 지도자 혼자서는 승리를 거둘 수 없음을 일깨우려 한다. 하나님은 다윗의 통치 초기부터 충성되고 용맹한 자들을 붙여주셨다(참고. 11:10-47).

4. 다윗이 암몬에게 평화를 구하지만 싸우게 되다 (19:1-19)

다윗은 용맹무쌍한 전사이면서도 동시에 친구들에게는 예의바르고 친절했다. 그러나 그의 우정 어린 호의가 거절당하자 불같은 진노가 뒤따른다.

a. 평화 사절단이 치욕을 당하다(19:1-5)

19:1-5. 다윗은 암몬 왕 나하스(2절; 참고. 삼상 11:1-2)의 서거 소식을 접하고 나하스의 **아들 하눈**에게 '조문단'을 보낸다. 암몬 사람은 사울의 적이었기에, 사울을 공동의 적으로 둔 나하스와 다윗 사이에 모종의 조약이 있었음에 틀림없다. 여기 나오는 **호의**는 헤세드 또는 '충성'으로, 언약이나 조약에 흔히 쓰이는 용어이며 특히 이스라엘에 대한 하나님의 끝없는 언약의 사랑을 가리킨다. 다윗은 단순한 선행을 베풀려는 것이 아니라 조약의 의무를 준수하려 한 것이다. 하지만 하눈의 참모는 사절단의 진의를 곡해하고, 사절들의 수염을 밀고(삼하 10:4에 의하면 절반만 밀고) 의복을 볼기 중간까지 자름으로써(수치를 드러내게 함, 4절) 다윗의 신하들에게 치욕을 안긴다. 사건의 경과가 다윗에게 보고됨으로써(5절) 결전의 무대가 만들어진다.

b. 암몬이 전쟁을 준비하고 아람과 손을 잡다 (19:6-9)

19:6-9. 이어지는 이야기의 각 단락은 '(누군가) …을 보고'라는 공식과 함께 시작된다. 암몬은 용병을 고용하여 전쟁을 준비한다. 다윗은 이에 맞서 **요압과 용사의 온 무리를** 보낸다(8절). 다윗은 이 전쟁을 원하지도 시작하지도 않았지만, 전쟁에 대한 준비는 되어 있었다. 그에게는 충성스러운 용사(전사)들이 있었고, 믿을 만한 지휘관들을 세워두었다(참고. 18:15-17). 이 전쟁은 돈으로 고용된 자들과 개인적인 충성심 및 대의를 위해 싸우는 자들 사이의 싸움이었다.

c. 요압의 전략과 믿음이 승리를 거두다(19:10-15)

19:10-15. 암몬 군대의 전열은 상당했다(참고. 9절). 이를 본 요압은 대담한 전략을 구상한다. **이스라엘에서 뽑은 자 중에서 또 뽑아**(10절) 아람(수리아) 용병을 상대하고, 남은 자는 형제 아비새에게 맡겨 암몬의 주력 부대를 상대하게 한다(11절). 각 부대는 상대방의 예비대 역할을 하기로 한다(12절). 전투 개시 전 요압의 연설은 전형적인 동기부여를 위한 것으로, 세 부분으로 이루어진다. 첫째, '개인적 용맹'에 호소한다. **너는 힘을 내라**. 둘째, 국가의 자부심에 호소한다. **우리가 우리 백성과 우리 하나님의 성읍들을 위하여 힘을 내자**. 셋째, 하나님에 대한 신뢰에 호소한다. **여호와께서 선히 여기시는 대로 행하시기를 원하노라**(13절). 이는 역대기 저자의 세대를 위한 메시지였고, 또한 모든 세대의 하나님 백성을 위한 메시지였다. 요압의 여실한 믿음과 탁월한 전략으로, 아람과 암몬 모두 그와 그의 형제 앞에서 **도망**한다(14-15절).

d. 아람이 지원군을 부르지만 다윗이 모두 무찌르다 (19:16-19)

19:16-19. 요압과 아비새의 승리로 전쟁이 끝난 것은 아니었다. 패한 아람 군대가 병력 증강을 요청하자 다윗이 친히 **온 이스라엘**을 모으고(17절) 요단강을 건너 진을 친 후 적을 궤멸한다. 이 패배는 결정적이었으며(18절, 숫자에 관해서는 서론을 보라), 이로 인해 아람 왕 **하닷에셀**은 화친을 청하고 다윗을 섬긴다(19절).

5. 암몬과 블레셋에 대한 승리들(20:1-8)

20:1-8. 다윗이 암몬 사람에게 거둔 최후의 승리와 이어 블레셋과 치른 세 차례의 전투에 대한 이야기가 기술된다. **요압이 그 군대를 거느리고**, **다윗은 예루살렘에 그대로 있었지만**(1절), 여전히 승리는 **그 신하의 손을 통한 다윗의 승리였다**(8절). 이는 사무엘하 11:1의 그림과는 약간 차이가 있다. 사무엘하의 기록에는 다윗의 태만에 대한 암시가 담겨 있다. 그는 수하와 함께 나가 싸웠어야 했는데 집에 머물다가 밧세바에게 유혹을 당했다(삼하 11:2). 그러나 역대기 저자의 메시지는 다르다. 여러 지도자가 하나님의 백성을 함께 이끈다는 것이 매우 중요하다. 다른 이의 부족함을 서로 보충해가야 한다(참고. 엡 4:11-13; 행 13:1-3; 빌 1:1, Selman, *1 Chronicles*, 197).

3절에 나오는 잔인함은 사실이 아닐 것이다(NASB, 히브리어 성경 등은 "백성을 끌어내어 톱과 쇠도끼와 돌써래로 잘랐다"라고 기록함 — 옮긴이 주). 원문은 그리 명확하지 않으며, 사무엘하 12:31의 병행 구절['~아래 두다'(set them under)는 '사용하게 만들다'를 뜻함]에 따르면, 이는 강제 노역을 의미한다(참고. Selman, *1 Chronicles*, 197). 다윗은 무자비했지만 잔혹하지는 않았다(참고. Payne, "1 Chronicles," 402-403). 블레셋의 **키 큰 자**들은 장대하고 특이한 신체 특징을 지녔으며(6절), 상당한 무기를 다루었다(5절). 그러나 이러한 장점도 별 소용이 없었으니, 그들은 **다윗의 손과 그 신하의 손에 다 죽었**다(8b절).

F. 다윗과 성전(21:1-29:25)

1. 성전 부지(21:1-22:1)

역대기 저자는 다윗이 밧세바와 저지른 죄 및 그 이후의 사건들을 생략한다. 우리아의 살해(삼하 11장), 나단의 책망과 아이의 죽음(삼하 12장), 다윗 집안의 파란(삼하 13장), 압살롬의 반역(삼하 14-18장), 세바의 반란(삼하 20장) 등이 생략된다. 역대상 20장 마지막과 21장의 인구조사 사이에는 약 20년에 걸친 격변기가 있다. 저자는 의도적인 생략을 통해 이런 사건을 은폐하거나 역사를 다시 쓰려는 것이 아니다. 그는 독자가 이미 사무엘상의 기록을 잘 알고 있다고 생각한다. "저자가 생략한 이유를 추정하기는 어렵지 않다. 20여 년간의 사건 중에는 포로기 이후 유대인에게 고무적인 내용이 거의 없기 때문이다"(Payne, "1 Chronicles," 406). 저자의 목적은 유다의 과거로부터 긍정적 내용을 강조함으로써 현재의 이스라엘 백성들을 격려하려는 것이었다.

그럼에도 불구하고 역대기 저자는 다윗의 악한 인구조사를 기록한다(이를 빼면 이야기 연결이 매끄럽지 못해서일 수도 있다). 저자는 사탄이 다윗의 행동을 부추겼다고 기록한다(1절). 사탄은 가끔 하나님이 그분의 목적을 성취하시는 데 사용된다(하나님의 주권 하에서, 그러나 사탄은 자기가 원하는 대로 함, 참고. 욥 1:8-2:10; 눅 22:31-32). 그러나 병행 구절인 사무엘하 24장 1절에 따르면, 다윗이 이런 행동을 하도록 격동한 것은 '여호와의 진노'였다(다윗이 하나님보다 군대 숫자를 의지한 것에 대한). 달리 말하면, 진노하신 하나님이(기술되지 않은 죄에 대해서, 삼하 24:1) '하나님 백성의 대적인' 사탄이라는 도구를 사용하여 다윗을 격동시켜서 죄를 짓게 하신 것이다(어떤 이는 이를 단순히 '대적'으로 이해한다. 즉, 사탄은 적들이 다윗을 공격하도록 부추기는 데 이용됐다는 것이다). 이는 '양립가능론적 결정론'(compatibilist determinism)의 사례처럼 보인다. 즉, 하나님은 '비강요적 원인'(nonconstraining causes)이 될 수 있다. 하나님은 거침없이 그분의 뜻을 성취하지만, 하나님이 제공한 원인으로 인한 사람의 자유 행동에 대해서는 책임을 지지 않으신다.

'비강요적 원인'은 사람이 자기 의지에 반대되는 행동을 하도록 강요하지는 않지만, 결정된 결과 즉 하나님이 결정하신 결과가 발생하게 하는 데는 충분한 영향력을 발휘한다. 여기에서 하나님은 원인(대적)을 보내시는데, 이는 다윗이 악한 행동으로 반응하도록 강요하지는 않는다. 그러나 다윗의 성향(모든 인간과 마찬가지로 자기중심적인 악한 성향)을 고려할 때, 하나님은 이 원인이면 충분히 다윗이 인구조사를 하게 하리라는 것, 즉 죄를 지으리라는 것을 아셨다. 이 경우에 다윗은 자기 의지로 죄를 지었으며(비록 자극, 즉 하나님이 보내신 대적이 그의 행동을 이끌어냈지만), 따라서 죄의 책임은 다윗에게 있다. "이러한 견해는 종종 연-결정론(soft-determinism) 또는 양립가능론(compatibilism)이라 불리는데, 진정한 자유 (그리고 책임 있는) 행동이 비강요적이며 충분한 조건들과 양립 가능하다는 것이다. 비강요적이며 충분한 조건들은 (자유)의지가 어느 한쪽으로 완전히 기울어지게 한다"[John S. Feinberg, "God Ordains All Things," in *Predestination and the Will of God: Four View on Divine Sovereignty and Human Freedom* (Downers Grove, IL: InterVarsity, 1986), 24-25]. 인구조사를 명령함으로써 다윗은 나라에 하나님의 심판을 초래한다(7, 14절). 그러므로 다윗이 인구조사를 명령하도록 '충동한' 사실이 그의 개인적 책임을 면해주지 않는다. 물론 이는 다윗이 그답지 않게 불순종한 배경을 설명해주기는 한다. 하지만 이것이 다윗에 대한 최종적 판결은 아니다. 다윗은 죄를 고백하고 회개하며, 하나님은 심판을 경감해줄 뿐 아니라 이 사건을 섭리적 축복의 기회로 바꾸신다. 심판의 장소는 성전의 장소가 된다.

a. 인구조사(21:1-6)

21:1. 이 시점에서 **사탄**의 등장은 사뭇 뜻밖이다. 성경에서 '사탄'이라는 단어가 정관사 없이 등장하기는 여기가 처음이다[욥 1-2장; 슥 3:1-2을 보라, 하사탄(*hasatan*), 하사탄, '대적자', 위의 주석을 보라]. 모종의 방식으로(아마도 이방 나라의 도발 같은 매개체를 통해) **사탄이 일어나 이스라엘을 대적**한다(1절). 하나님이 그분의 목적을 위해 사탄을 이용하신 동기가 무엇이든 간에(하나님의 비강요적 원인 사용과 자유의지에 대한 논의를 보라, 또는 사탄의 의미가 무엇이든 간에),

대상

사탄은 언제나 악의를 품고 있으며 그의 한결같은 의도는 하나님의 백성을 파괴하는 것이다(참고. 벧전 5:8, 하나님의 섭리적 감독 아래 사탄이 징계의 도구로 쓰이는 것에 대해서는 고후 12:7과 딤전 1:20을 보라).

21:2. 다윗은 **요압과 백성의 지도자들**에게 인구조사의 명령을 내린다(2절). 명령은 포괄적이다. 국토 남단의 **브엘세바**에서 북단의 **단**에 이르기까지 전 국토를 아우른다. **그 수효를 알게 하라**는 구절에서 다윗의 의도를 약간이나마 엿볼 수 있다. 그는 왕국의 확장을 자축하려 했을 수도 있다. 어쩌면 이 인구조사는 다윗의 인기투표였는지도 모른다. 혹은 군사력이나 경제력의 측정이었을 수도 있다. 동기야 어떻든 "다윗은 백성의 주인이 자기가 아니라 하나님이라는 사실을 망각한 것처럼 보인다"(Selman, *1 Chronicles*, 205). 하나님은 모세에게 백성을 계수하라고 명령하셨지만(민 1:2), 다윗에게는 그러지 않으셨다. 이 인구조사는 다윗의 자만이나 자긍심에서 비롯된 것으로 보인다.

21:3. 요압은 이 결정이 실수임을 깨닫고, 이는 이스라엘이 **범죄하게** 하는 것이라고 말한다(3절). 그래서 (이것이 해서는 안 될 일이라고 생각한) 그는 다윗을 설득하려 한다. 그는 요령 있으면서도(**내 주 왕이여**) 단호하게 호소한다. 요압은 다윗에게 많은 백성은 하나님의 복이며, 그 숫자가 많든 적든 모두 다윗의 종임을 상기시킨다. 어쩌면 그는 적은 수의 이스라엘 군대가 많은 암몬과 아람 군대를 격파한 사실을 생각했는지도 모른다. 그는 조심스럽게 자기 의견을 개진한다. "우리는 숫자를 알 필요가 없습니다. 그들이 모두 당신의 충직한 종이라는 사실이면 충분합니다." 그리고 직접적으로 다윗의 의중을 캐묻는다. **내 주께서 어찌하여 이 일을 명령하시나이까**. 다시 말해 "백성의 숫자는 하나님의 뜻이요 복인데, 이러는 것이 무슨 소용이란 말입니까?"라는 뜻이다. 결국 그는 이 인구조사의 본질을 파악했다. 이는 **이스라엘이 범죄하게** 하는 것이다. '범죄'라는 용어는 대개 하나님의 진노를 불러일으키는 행동을 가리킨다(대하 24:18; 28:10; 33:23).

21:4-6. 요압의 대담함이나 요령은 칭찬할 만했지만, 다윗의 마음을 바꾸지는 못한다. **왕의 명령이 요압을 재촉한지라**(4절). 인구조사가 진행된다. 그러나 요압은 이 임무를 탐탁찮게 여긴다. 그는 **왕의 명령을 마땅치 않게 여겼고**, 따라서 인구조사는 부분적으로만 수행되고 완수되지 못한다(6절; 참고. 27:24). 레위는 전투 병력이 아니었으므로 계수되지 않은 것이 당연했다(참고. 민 1:47-54). 베냐민이 계수되지 않은 것은 계수가 완결되기 전에 하나님이 이 일을 악하게 여기시자(7절) 다윗이 이를 중지시켰기 때문일 수 있다. 이는 다윗의 슬프고도 중대한 과오였으며, 오랜 세월 동고동락하며 쌓아온 다윗과 수하들 간의 단결심을 흔들었다. 지도자가 하나님의 과업을 뛰어나게 성취하는 가장 확실한 길은 같은 마음을 품은 충성스런 동역자들을 세우는 것이다(18-20장의 승리들을 보라). 한편, 지도자가 하나님의 일을 망치는 가장 확실한 길은 아랫사람들에게 복종을 강요하고 그들의 정당한 반대를 외면하는 것이다.

b. 하나님의 진노, 다윗의 슬픔(21:7-8)

21:7-8. 인구조사에 대한 하나님의 반응은 놀랍고도 극명했다(7절). **하나님이 이 일을 악하게 여기사 이스라엘을 치시매**. 이 행동의 이면에는 '왕이 나라를 대표한다'는 원리가 작용한다. 이 경우에는 부당해 보일지 모르지만(왕의 불순종으로 나라가 벌 받는 모든 경우에도), 사실 이 원리는 나라가 왕의 순종으로 복 받는 경우를 더 잘 대변한다. 하나님이 '치신' 내용은 알 수 없지만, 다윗은 즉각적이고 진정으로 죄를 고백한다(8절). 이는 모범적인 죄의 고백이다. 첫째, 다윗은 하나님의 시각으로 자신의 행위를 죄로 규정한다(**큰 죄를 범하였나이다**, 참고. 시 51:4). 둘째, 개인적 책임을 인정한다. **내가 이 일을 행함으로…내가 심히 미련하게 행하였나이다**(참고. 시 51:1-3, 인칭대명사를 주목하라). 셋째, 죄의 용서와 정결케 하심을 간구한다(참고. 시 51:9-10).

c. 결과가 닥치다(21:9-15)

21:9-12. 죄의 고백과 용서의 간구가 하나님의 자비를 불러올 수는 있지만(참고. 13절), 죄의 결과를 말소하지는 못한다. 선견자(선지자) 갓이 역대기에 처음으로 등장한다(9-10절). 하나님은 갓을 불러 다윗에게 나라에 임할 세 가지 벌 중 하나를 택하게 하신다. 첫째는 **삼 년 기근**이고, 둘째는 **석 달을 적군에게 패하여 적군의 칼에 쫓길** 일이었으며(12절, 즉 석 달간의 연속적인 군사적 패배), 셋째는 **여호와의 칼 곧 전염병이 사흘**

동안 이 땅에 유행하는 것이었다(역대기의 "삼 년"이 병행 구절인 삼하 24:13의 "칠 년"보다 옳은 것 같다. 칠 년은 아마도 본문의 변칙이거나 사본 필사자의 과실일 것이다) 세 가지 징벌은 상대적으로 약하지만 오랜 고난, 어렵지만 감수할 만한 손실, 강렬하지만 짧은 재앙으로 나뉜다. 요컨대 모두 똑같이 어려운 재앙이었다. 마지막 재앙은 **여호와의 천사**(12b절) 또는 **멸하는 천사**(15절)에 의한 것이었다. 이 천사는 하나님으로부터 계시의 말씀을 전하러 온 것이 아니므로(창 16:7-12; 22:11-18; 민 22:22-35; 삿 6:11-23; 13:2-5), 말씀을 전하러 온 여호와의 천사와는 다른 존재로 보인다. 갓은 다윗에게 주의 깊게 대답하라고 충고한다(12절). 선택은 하나뿐이다.

21:13. 다윗은 **곤경**에 빠졌으며 결정을 내릴 수 없었다. 그래서 **긍휼**이 크신 **여호와의 손**에 자신과 나라의 운명을 맡긴다. 필벌의 상황을 고려할 때 이 고백은 매우 놀랍다. 이는 하나님을 잘 아는 자만이 할 수 있는 고백이다. 다윗은 하나님의 심판이 공의로우며 반드시 자비가 따를 것임을 알았다.

21:14-15. 하나님은 천사를 통해 세 번째 재앙인 전염병을 보내신다. 이스라엘 백성 **칠만 명**이 죽고(14절), 천사는 예루살렘에 접근한다(15절). 역대기 저자는 이 부분에서 긴장을 고조시킨다. 천사가 와서 막 멸하려는 결정적 순간에 하나님의 자비가 등장한다. **여호와께서 보시고 이 재앙 내림을 뉘우치사 멸하는 천사에게 이르시되 족하다 이제는 네 손을 거두라 하시니**(15절). '여호와께서 보시고 이 재앙 내림을 뉘우치사'라는 구절을 하나님이 '자기 생각을 바꾸셨다'로 이해해서는 안 된다. 이는 하나님의 불변성 또는 전지성과 모순되지 않는다. 성경에 나오는 이런 식의 진술은 신인 동감동정설적인 표현으로서, 인간의 감정을 표현하는 용어로 하나님을 묘사하는 것이다. 하나님은 상황에 따라 그분의 도덕성을 바꾸지 않으신다. 하나님은 항상 거룩한 의로움과 긍휼한 자비를 유지하신다. '신인 동감동정설적 언어'를 사용하는 것은 하나님에 대한 이해할 수 없는 무언가를 숨기려는 것이 아니라 하나님에 대한 참된 무언가를 밝히려는 것이다. "하나님이 뉘우치신다는 것은 인간적 상황이 바뀌었음을 인지한다는 뜻이며, 이 변화된 상황에 맞게 행동하려 한다는 뜻이다. 또한 인간과의 관계 속에서 인간적 상황이 바뀜에 따라 하나님의 기질 또는 감정이 변화를 경험했음을 가리킨다"[Bruce A. Ware, *God's Lesser Glory: The Diminished God of Open Theism* (Wheaton, IL: Crossway, 2000), 90-91]. 예를 들어, 니느웨가 진정으로 회개한 상황(욘 3-4장을 보라)을 인간적인 관점에서 보면, 언제나 공의롭고 자비로운 하나님의 변함없는 목적이 마치 '바뀐' 것처럼 보일 수 있다. 죄의 참된 고백과 회개가 있으면, '언제나 성실하고 선하신 하나님'은 자비를 베푸실 것이다.

하나님이 천사에게 **손을 거두라**고 하실 때에, 천사는 **여부스 사람 오르난의 타작마당 곁에** 서 있었다(15절). '여부스'는 예루살렘의 옛 이름이며, '오르난의 타작마당'은 성전이 세워지는 장소가 된다(21:18-22:1을 보라).

대상

d. 결과가 완화되다(21:16-17)

21:16-17. 다윗의 진정한 회개로 하나님의 자비가 따른다. 멸하는 천사가 칼을 겨누는 극적 순간에 다윗은 자기에게로 징벌을 돌려달라고 하나님께 간구한다. 죄를 지은 자는 자신이며, **양 떼**가 자신의 죄악 때문에 고난을 받아서는 안 된다는 논리였다. 다음 구절에서 다윗의 진정성을 엿볼 수 있다. **나의 하나님 여호와여 주의 손으로 나와 내 아버지의 집을 치시고**(17절).

e. 결과가 선하게 바뀌다(21:18-22:1)

21:18-27. 이는 놀라운 섭리의 사례이다. 이스라엘의 멸망이 멈춘 장소가 이스라엘의 죄를 속하는 장소가 된다. 하나님은 다윗에게 바로 이곳에 **여호와를 위하여 제단을 쌓으라**고 명하신다(18절). 역대기 독자는 이 사건의 중요성을 기억한다. 다윗은 **상당한 값**을 주고 오르난의 타작마당을 구입한다(24절). 다윗의 왕조가 지속되는 한 이 땅은 이스라엘 차지이다. 여기에서 다윗은 제단을 쌓고 제사를 드린다(26절). 하나님이 이를 받으신 두 가지 증거가 나타난다. **여호와께서 하늘에서부터 번제단 위에 불을 내려 응답하셨**고, 또한 천사에게 **칼을 칼집에 꽂**으라고 명령하셨다(26-27절).

21:28-22:1. 셀만(Selman)은 이 부분을 "짧은 신학적 보충 설명"이라 부른다(Selman, *1 Chronicles*, 210). 역대기 저자는 먼저 당시 성막이 **기브온 산당**에 있었다고 말한다(19절). 동시에 다윗이 오르난의 타작마당에

제단을 쌓았다고 기술한다. 다윗은 두려워서 차마 산당에 가서 하나님께 묻지 못했다(30절). 그러나 다윗은 하나님께 물어야 했다("여호와를 구하라"). 해결책은 분명했다. 다윗이 제단을 쌓은 장소는 **여호와 하나님의 성전**이 되어야 했다(1절).

2. 다윗이 성전 건축을 준비하다(22:2-27:34)

역대상의 남은 장들과 역대하의 초반 장들은 성전에 초점을 맞춘다. 저자는 먼저 다윗의 건축 준비를, 다음으로 솔로몬의 실제 건축을 기록한다. 저자는 독자가 사무엘하와 열왕기의 기록을 통해 전체적인 역사의 흐름을 이해하고 있으리라 기대한다. 자신의 특별한 관심사를 위해 다윗에서 솔로몬으로의 정권 이양에 관한 열왕기의 세부적 이야기는 생략한다.

22장에서 27장까지의 주제는 '성전 준비'이다(참고. 22:3, 5, 14). 건축 자재가 수집되고, 레위 사람, 제사장, 성전 봉사자가 조직되며, 특히 건축자 솔로몬이 준비된다. 다윗이 이미 성전 부지를 마련했기에(21:24-26), 이제는 하나님의 집 건축을 준비할 때가 되었다(22:2, 5-8, 10-11, 19). 역대기 저자가 성전을 강조한 것은 자기 세대에 대한 적용을 염두에 두었기 때문이다. 저자 시대의 백성은 성전에 그다지 열정적이지 않았다. 포로기 이후 역대기 저자와 독자 시대에 제2 성전 건축은 지지부진했으며(참고. 스 3-6장), 성전 건축을 진행하기 위해 시시때때로 백성을 '일깨워야' 했다(학 1:14; 2:7, 20의 주석을 보라). 성전 예배의 중요성을 깨우쳐야 했으며(참고. 말 1:6-14), 성실한 율법 준수의 가치를 가르쳐야 했다(참고. 슥 7-8장; 말 3:8-18).

역대기 저자의 저술은 이러한 메시지를 강화하기 위함이다. 그는 다윗 언약의 성취가 성전과 긴밀한 관계가 있음을 독자가 깨닫기 원했다. 다윗 언약은 그들의 희망이었고, 땅의 소유에 대한 보증이었다. 성전은 백성과 함께하시는 하나님의 상징이자 그 이상이었다. 성전은 나라와 하나님의 영속적인 관계를 의미했다. "성전은 하나님의 자비와 구속의 장소였고, 하나님이 땅의 약속을 지키셨다는 영구적 상징이었다"(Selman, *1 Chronicles*, 215).

성전과 봉사와 예배를 진지하고 성심껏 대하는 것은 곧 하나님을 진지하게 대하고 하나님을 성심껏 섬기는 것이다. 성전을 무시하거나 성전 봉사를 '코웃음치는'(말 1:13, "가벼이 여기는") 것은 하나님을 무시하고 가볍게 여기는 것이다. 이는 그들의 수명을 줄이고 희망을 갉아먹을 뿐 아니라, 하나님의 징벌을 초래한다. 역대하의 기록에 따르면, 성전을 존중하고 여호와를 구한 왕들은 복을 받고, 성전을 더럽히고 여호와를 버린 왕들은 심판을 받는다. 역대기 저자는 자기 세대에게 말하고 싶었다. 다윗에게 성전은 곧 언약의 약속을 의미했다. 약속에 대한 확신은 곧 성전의 존재였다. 그리스도인에게 구원의 약속은 곧 또 다른 성전과 밀접한 관계가 있다. 이 성전은 곧 부활하신 주 예수 그리스도이시다(참고. 요 2:21-22). 성도에게 구원의 확신은 예수님의 부활이다!

역대상 22장에 나오는 성전 건축 준비와 실제 건축, 다윗으로부터 솔로몬에게 정권이 이양되는 이야기는 모세의 성막 준비와 건축 그리고 모세로부터 여호수아로의 이양 과정과 닮아 있는지도 모른다(아래 주석에서 병행에 관해 논할 것이다). "이 부분의 이야기는 다른 역사서에 병행이 없다. 역대기 저자는 고유의 자료를 원용하여 다윗이 건축 자재와 일꾼을 조달했으며(24장), 성전 설계도가 하나님의 약속에 부합하도록 만전을 기했음을 보여준다(22:5-13)"(Sailhamer, *First and Second Chronicles*, 55).

a. 다윗의 첫 준비(22:2-5)

22:2-5. 다윗은 성전 건축을 위한 기본적인 준비부터 시작한다. 첫째, 하나님의 성전을 건축할 숙련된 일꾼을 모은다. 이 이방 사람은 전쟁에서 잡혀온 포로일 수도 있고 또는 그 지역 출신의 장인일 수도 있다. 지역 장인들은 해당 지역의 자재에 대해 잘 알고 있었으므로 기술 및 예술적 측면에서 이 일의 적임자였다. 둘째, **철, 놋, 백향목** 등 건축을 위한 원자재를 모은다(3-4절). 많은 양의 철을 준비한 사실을 통해 다윗이 블레셋과의 철 제련 기술의 간극을 극복했음을 알 수 있다(참고. 삼상 13:19-21). 놋은 아람과의 전쟁에서 노략해왔다(18:8). 목재는 다윗의 동맹인 히람을 통해 레바논에서 들여왔다(14:1).

셋째, 아들 솔로몬을 준비시킨다(5절). 솔로몬은 당시 20대 중반이었을 것이다. 다윗은 그의 어린 나이보다 일천한 경험에 더 관심을 기울인다. 그는 솔로몬에게 이 건축 역사가 얼마나 막대한 사업이며 중요한 일인지를 일깨우려 한다. 이 성전은 사람을 기쁘게 하려 함이 아니라 오직 **여호와**를 위함이다. 이 성전은 **극히 웅장**해야 하며(5절), 만국에 하나님의 명성과 영광을 떨쳐야 한다. 건축자의 위대함이 아니라 건물의 주인인 하나님의 위엄이 강조된다. 이 성전은 **여호와의 이름**을 위한 것이다(참고. 7절).

b. 다윗이 솔로몬에게 임무를 맡기다(22:6-13)

22:6-10. 다윗은 솔로몬에게 성전 건축의 의도와 하나님이 막으신 일에 대해 설명한다(6-10절). 하나님이 다윗의 성전 건축을 막으신 흥미로운 이유가 설명된다. 다윗은 많은 전쟁을 치렀기에 많은 피를 흘렸다(8절). 전쟁의 사람이라고 해서 의례적으로 부정한 것은 아니다(하나님은 다윗에게 전쟁을 맡기셨고, 승리의 복을 주셨다). 하나님이 다윗을 막은 이유는 보다 적합한 자에게 소임을 맡기시려는 의도로 보인다. 전쟁의 사람인 다윗보다는 평화의 사람인 솔로몬이 더 적합했다(솔로몬이라는 이름은 '평화'라는 말과 연관이 있다, 9절). 성전은 하나님이 솔로몬의 생전에 **평안과 안일함을 이스라엘에게 줄 것**을 상징한다(9절).

10절에 나오는 다윗의 언약은 세 부분으로 이루어진다(참고. 17:11-14). 첫째, 하나님의 의도는 다윗의 아들이 하나님의 **이름을 위하여 성전을 건축**하는 것이다. 둘째, 이 아들은 하나님과 특별한 부자 관계를 누릴 것이다. 셋째, 하나님이 왕위와 왕국을 확립하고 **영원**하게 만드실 것이다. "솔로몬에 대한 직접적인 초점과 함께 나오는 '영원'이라는 말 속에는 솔로몬 세대를 훌쩍 뛰어넘는 종말론적 차원이 언약과 성전에 담겨 있음을 암시한다"(Selman, *1 Chronicles*, 215).

22:11-13. 아들을 위한 다윗의 기도('여호와를 구하는' 또 다른 사례)가 등장한다. 이는 하나님을 온전히 섬기기를 바라는 기도의 전형이다. 이 사업 전반에 걸쳐 하나님이 지속적으로 함께하시고 지도하시기를 간구한다. **여호와께서 너와 함께 계시기를 원하며…여호와께서 네게 지혜와 총명을 주사…네가 만일 여호와께서 모세를 통하여 이스라엘에게 명령하신 모든 규례와 법도를 삼가 행하면…강하고 담대하여 두려워하지 말고 놀라지 말지어다**. 하나님을 온전히 섬기는 원칙이 제시되어 있다. 하나님과의 교감, 하나님의 지혜, 하나님에 대한 순종, 하나님의 용기. 다윗의 명령은 모세가 여호수아에게 한 명령을 떠올리게 한다(참고. 신 31:1-7; 수 1:1-9). 모세와 다윗 모두 원래 의도한 대로 뜻을 이루지 못했음을 인정하고, 그 임무를 하나님이 뽑으신 후계자(여호수아와 솔로몬)에게 일임한다. 만약 이 병행이 의도적이라면, 솔로몬은 이 임무의 중요성을 확실히 인지하고 큰 격려를 받았을 것이다.

c. 아들에게 전하는 다윗의 마지막 당부(22:14-16)

22:14-16. 성전 건축의 실무적 사안에 대한 당부가 이어진다. 다윗은 솔로몬에게 건축을 위한 재정(14절)과 숙련된 일꾼(15절; 참고. 2절)이 준비되었으므로 **일어나 일하라**(16절)고 재촉한다. **여호와께서 너와 함께 계실지로다**(11, 16절). "이는 상투적인 기원이 아니라 구약 신학의 핵심이며, 솔로몬의 궁극적 성공에 대한 보장이다"(Selman, *1 Chronicles*, 216).

d. 다윗이 솔로몬을 돕도록 방백들을 독려하다 (22:17-19)

22:17-19. 다윗은 솔로몬 홀로 이 일을 감당할 수 없음을 익히 알았기에 방백들에게 시선을 돌려 솔로몬을 돕게 한다. 그는 하나님이 과거의 승리와 현재의 평안을 주셨음을 상기시킨다(17-18절). 그들에 대한 다윗의 훈계는 역대기 전체의 주제이다. **이제 너희는 마음과 뜻을 바쳐서 너희 하나님 여호와를 구하라**(19a절, 서론의 '목적과 주제'를 보라). 하나님과 마음을 합하지 않으면 하나님을 위한 어떤 일도 성공할 수 없다. **일어나서 여호와 하나님의 성전을 건축하고**(19b절). 하나님과 그분의 영광에 마음을 두었으면, 이제 손으로 일을 해야 한다! 마지막으로 이 성전은 **여호와의 이름**을 위하여 지어짐을 강조한다(19c절). 저자는 19절에 나오는 다윗의 말을 통해 여러 구절을 하나로 모은다. 그의 의도는 언약궤(13-16장)를 하나님이 그분의 집(23장)으로 선택하신 장소(21장)로 옮기는 것이다.

e. 다윗이 나라의 관리들을 조직하다(23:1-27:34)

종종 간과되어온 다윗의 특질이 강조된다. 다윗의 용맹과 군사적 능력 및 예배와 찬송의 천재성은 익히 알려져 있다. 그러나 여기에는 다윗의 비범한 행정 능력이 드러난다. 조직의 세부 내용은 현대 독자에게 큰 의미가 없을지 모르나, 역대기 저자의 세대에게는 실제적인 성전 봉사를 위해 매우 요긴한 정보가 되었다. 다윗이 확립한 기본적 조직 체계는 이후 수십 년 혹은 수백 년 동안 후계자들에게 전수되었다. 이는 히스기야 및 요시야의 부흥 운동(참고. 대하 35:3)과 느헤미야 시대의 레위 직분 회복(참고. 느 12장)의 기본적 토대와 계획이 되었다. "또한 신약시대에 이르기까지 하나님을 예배하는 백성에게 지침서 역할을 했다(참고. 24:10이 눅 1:5, 8에 반영됨)"(Payne, "1 Chronicle," 418).

다윗은 "예배하는 건물의 영화로움 못지않게 하나님을 섬기는 사람이 중요하다는 사실을 이해했다"(Selman, *1 Chronicles*, 222). 사실 예배를 이끄는 사람이 건물보다 더 중요하다. 이 모든 정보에 담긴 저자의 목적이 몇 가지 있다. 첫째, (모세의 지혜와 같은) 다윗의 지혜를 강조한다. 둘째, 다윗의 사례를 통해 성전 봉사의 중요성을 강조한다. 셋째, 자기 세대가 실제적으로 '조직화'되도록 격려한다. 이스라엘에서 하나님께 드리는 예배의 인도는 아무나 또는 '참여하기' 원하는 자는 누구나 할 수 있는 일이 아니었다. 오늘날에는 '비전문가'도 예배를 인도할 수도 있지만, 예배를 인도하는 이는 예배의 목적을 이해해야 하고, 이를 위해 영적으로 준비되어야 하며, 제대로 감당하기 위해 분투해야 한다.

(1) 솔로몬이 왕이 되고 관리들이 열거되다(23:1-6)

23:1-6. 다윗이 **아들 솔로몬을 이스라엘 왕으로 삼는다**(1절). 다윗은 나라의 체계를 정비하면서 먼저 왕을 세운다. 왕은 하나님이 세우신 성전과 성전 봉사자의 후원자이자 수호자이다.

저자는 23-26장에 나오는 내용을 2절에서 짤막하게 소개한다. **이스라엘 모든 방백**(27:1-34을 보라)**과 제사장**(24:1-19)**과 레위 사람**(23:3-32; 24:20-31)**을 모았더라**. 또한 음악가(25:1-31) 그리고 문지기(26:1-32)의 목록이 이어진다. 이후의 장들에서 저자는 성전의 지근거리 봉사자(레위 제사장)로부터 원거리 봉사자(군사 지휘관, 27:1-15)들을 순서대로 기술한다. 이 모든 조직 구성은 "다윗이 왕위에 있은 지 사십 년"(26:31), 즉 그의 생애 마지막 해에(주전 971-970년경) 이루어진다.

레위 사람의 총원은 **삼만 팔천 명**이었다(3절). **삼십 세 이상**이라는 나이는 민수기 4장 3절에 근거한다. '삼만 팔천 명'이 네 집단으로 나뉜다. **이만 사천 명은 여호와의 성전의 일을 보살피는 자**(4a절)로서, 제사장 역할을 감당했다(24:1-19). **육천 명은 관원과 재판관**(4b절)으로서, 성전 밖의 임무를 담당했다(26:29-32). **사천 명은 문지기**(5a절)로서, 곳간 맡은 자와 경계병 임무를 담당했다(26:1-28). **사천 명은 그가 여호와께 찬송을 드리기 위하여 만든 악기로 찬송하는 자들**(5b절)로서, 음악을 담당했다(25:1-31).

(2) 제사장 계열이 아닌 레위 사람(23:7-32)

23:7-32. 레위 사람의 호구조사가 먼저 나온다(24절). 게르손(7-11절), 그핫(12-20절) 그리고 므라리(21-23절) 세 가문이 언급된다. 레위 사람은 원래 광야에서 떠돌 때 **성막과 그 가운데에서 쓰는 모든 기구**를 메는 임무를 맡았다(26절). 이제 영구적 성전이 건립되면서 그들의 임무는 성전을 섬기는 일(28절)과 예배 준비(29절), 매일 기도를 드리고 정한 규례대로 절기를 지키는 일(참고. 민 28-29장) 등으로 수정된다. 요컨대 그들의 임무는 여러 **직무를 지켜 여호와의 성전에서 수종 드는 것**이었다(32절).

(3) 제사장 계열의 레위 사람(24:1-19)

24:1-19. 앞에서 말했듯이 이 목록은 다윗의 행정 능력을 보여주며, 저자와 동시대 사람에게 지침서 역할을 했다. 제사장 직무는 **아론 자손**에게만 국한되었다(1절). "제사장의 임무는 제단을 돌보고 '휘장 안', 즉 성전 안에서 봉사하는 것이었다(참고. 민 18:1-7)"(Sailhamer, *First and Second Chronicles*, 57). 제사장 직은 스물네 반열로 나뉘었는데, 열여섯은 엘르아살의 가문이었고 여덟은 이다말의 가문이었다(4절). 증인을 두고 **제비**(5a절)를 뽑아 차등 없게 나누었다(5b-6절). 세례 요한의 아버지 사가랴는 **여덟째** 반열인(10절) **아비야** 반열의 제사장이었다(참고. 눅 1:5). 19절의 요약문은 '오직' 이들 레위 사람만이 합법적인 제사장임을 재차 강조한다. 그들만이 성전에서 봉사할 수 있는 권리가 있었다. 이후 웃시야 왕은 이 제한 규정이 반드시 존중되어야 한다는 사실을 뼈저린 아픔을 통해 깨닫는다(대하 26:16-23을 보라).

(4) 나머지 레위 사람(24:20-31)

24:20-31. 레위 자손 중에 남은 자의 목록이 기록된다. 이는 다윗이 얼마나 철저하게 빠짐없이 성전 봉사자를 세웠는지를 보여준다. 아주 작은 세부 사항까지 낱낱이 기록된다. 주요 인물 **사독**에 대해서는 6:8의 주

석을 보라.

(5) 음악가들(25:1-31)

25:1-7. 다윗은 음악가의 직임을 매우 중요하게 생각했음에 틀림없다. 이들에게 **수금과 비파와 제금을 잡아 신령한 노래를 하게** 했다는 기록(1절)은 이들이 악기를 가지고 하나님을 찬양하게 했다는 뜻이다(NASB는 '예언'을 하게 했다고 번역—옮긴이 주). "많은 히브리 시는 종교적이며 '예언'으로 불릴 수 있다. 이는 하나님이 주시는 특별한 계시가 아니라, 예배 시에 이미 성경에 기록된 시편이나 예언을 반복하거나 찬양하는 것을 의미한다"(Payne, "1 Chronicles," 424). 음악가들은 모두 여호와 찬송하기를 배워 **익숙한 자**(7절)였다. 하나님을 예배하려면 "즐거운 소리"(joyful noise, 참고. 시 66:1)만 낼 줄 알면 된다고 주장하는 이들은 이 말씀을 숙고할 필요가 있다. 다윗은 분명히 익숙한 음악가와 노래하는 자를 선별했다.

25:8-31. 음악가 역시 **제비**(8절)를 통해 스물네 반열(9-31절)로 나뉜다. 이는 제사장의 유형을 따른 것으로 보인다. "노래하는 자들은 제비를 뽑아 아무런 편견 없이 직임을 얻게 했다"(Payne, "1 Chronicles," 425).

(6) 문지기들(26:1-19)

26:1-19. 레위 사람의 세 번째 부류는 문지기, 경비였다. 이들은 **용사**(6절)와 **능력이 있는 자**(9절)로 묘사된다. 이는 '전사'나 '전투원'의 의미이다. 이들의 다른 임무는 9장 17-32절에 기록되어 있다. 구체적인 경계 구역과 위치가 12-19절에 자세하게 기록된다. 또한 곳간, 문 등 경계가 필요한 기타 지역도 언급된다. '경계 지침'은 오늘날에만 필요한 부분이 아니었다.

(7) 곳간 맡은 자들(26:20-28)

26:20-28. 이들은 '재무 담당'이라기보다는 경계 임무를 맡은 자들과 함께 **하나님의 전 곳간** 경비 책임을 맡은 자들이었다(20절). 성물 중 상당량이 **싸울 때에 노략하여 얻은 물건**이었다(27절). 이전의 유대인 지도자들은 무엇이든지 구별하여 성물로 드렸다(28절).

(8) 기타 관리들(26:29-32)

26:29-32. 저자는 **성전 밖** 직임을 맡은 레위 사람의 마지막 부류에 대해 간략히 서술한다(29절). 이들의 구체적 임무가 무엇이었는지는 분명하지 않다. 아마 율법을 가르치는 일(참고. 신 33:10)이나 재판관 봉사(참고. 신 17:9-10) 같은 성전 밖 임무를 담당했던 것 같다.

(9) 군대 지휘관 및 행정 관원들(27:1-34)

27:1-34. 역대기 저자는 성전 봉사자에 대한 목록을 마친 다음, 자세한 공무원의 목록을 기록한다. 네 부류가 언급된다. 첫째, 군대 지휘관들(1-15절), 둘째, **이스라엘 지파**를 관할하는 자들(16-24절), 셋째, 왕의 재산을 맡은 자들(25-31절), 넷째, 다윗의 모사, 즉 그의 각료들(32-34절). 이 목록을 제시한 직접적 목적은 분명치 않지만, '성전 준비'라는 보다 큰 맥락에서 보면, 이는 성전을 건축하기 위한 나라의 총화 단결을 보여주는 듯하다(Selman, *1 Chronicles*, 244을 보라). 이 장들에는 다윗의 현란한 조직 능력이 잘 드러나 있으며, **여호와의 이름을 위하여** 성전을 건축하는 데 각각의 임무를 맡은 수백 명의 인재들이 기록되었다(22:19).

3. 성전에 대한 다윗의 고별 연설(28:1-29:22a)

이제까지의 성전 건축 준비는 대체로 물리적, 물적 준비였다. 이제 영적 준비에 대한 기록이 이어진다. 성전을 짓기 위해서는 원자재와 숙련된 노동력이 필요하다. 그러나 적절한 계획이 마련되지 않으면 아무 소용없다. 성전 건축의 동기 또한 중요하다. 하나님의 임재와 나라에 대한 그분의 약속을 갈망하는 것이 다윗에 대한 충성이나 성전에 대한 자부심보다 더 중요하다. 성전은 "여호와의 이름"(참고. 22:7, 19)을 위하여 건축되어야 한다. 28-29장에는 다윗의 마지막 연설과 기도가 기록되어 있다. 다윗은 백성(총회, 28:1, 2; 29:1, 9, 14)과 지도자(모든 고관들, 28:1)와 솔로몬의 마음과 생각을 모아 성전을 지으려 한다. 이는 하나님께 대한 순종과 헌신의 표현이다. **이 성전은 사람을 위한 것이 아니요 여호와 하나님을 위한 것이라**(29:1).

a. 첫 연설(28:1-10)

(1) 총회(28:1)

28:1. 여기에 나오는 목록은 나라의 주요 지도자들이 다윗과 그의 의도를 확고히 지지한다는 것을 보여준다. 지도자들만 이 연설에 초대된 것은 아니다. 다윗은 "나의 형제들, 나의 백성들아"(2절; 참고. 29:1)로 연설을 시작한다. 따라서 '백성'(29:9, 14)을 포함한 '온 회중'(29:1)이 모였다고 볼 수 있다.

(2) 다윗 언약(28:2-8)

28:2-5. 다윗은 성전을 건축하기까지 지나온 역사

를 회고한다. 첫째, 그는 자신의 의도를 먼저 밝힌다. 다윗은 **언약궤를 봉안할 성전**을 짓기 원했다. 역대기 저자에 따르면 통치권이 확립된 후 다윗의 최우선 관심사는 언약궤였다(참고. 13-16장). 언약궤를 **하나님의 발판**(2절; 참고. 시 132:7)으로 묘사함으로써 '안식'의 주제를 소개한다. 장막 안에서 떠돌던 시간을 마치고, 이제는 언약궤가 성전 안에서 쉴 것이다. 저자에게 '안식'이란 곧 '언약의 성취'를 의미한다(참고. 사 14:1-3; 66:1). 왜냐하면 포로에서 풀려나 고향으로 돌아온 이스라엘은 마침내 '안식'했기 때문이다. 최후의 '안식'은 솔로몬이나 헤롯 성전을 통해 오지 않고, 다윗의 위대한 자손이 지으신 성전을 통해 올 것이다(겔 40-43장; 슥 6:12-13). 그분은 다윗 언약의 궁극적 성취이다(17:12-14의 주석을 보라). 언약궤에 대한 다윗의 관심은 성전 건축 **준비**로 이어진다. 그러나 다윗은 **전쟁을 많이 한 사람**(3절, 이와 대조적으로 솔로몬은 22:9에서 "온순한 사람"으로 불림)이었기에 성전 건축을 허락받지 못한다.

여기서 역대기 저자는 두 번째로 다윗 언약의 기본 조항을 기록한다(17:12-14; 참고. 삼하 7:12-16; 시 89, 132편). 하나님의 주권적 선택 및 약속의 영원성이라는 두 가지 측면이 강조된다. '택하다'라는 말이 여기에서 다섯 번 반복된다(4-10절). 다윗은 짤막하게 하나님이 주권적으로 다윗을 선택하셨다는 역대기의 주요 주제를 회고한다. 이 주제는 책 서두의 족보와 함께 제시된다. 하나님은 유다를 택하셨다[4절, 유다는 족보에서 야곱(이스라엘)의 아들로 제일 먼저 등장한다, 2:1)]. 하나님은 다윗을 택하셨다(참고. 2:9-3:24; 11:3). 또한 하나님은 솔로몬을 택하셨다(참고. 17:11; 22:8-9). 이 약속의 **영원**함이 특별히 강조된다(4, 7절). 이 조항은 다윗의 위대한 자손에 의해서만 성취될 수 있다(17:12-14의 주석을 보라).

28:6-8. 연설의 초점은 다윗의 약속을 누리기 위한 기폭제인 순종으로 넘어간다. 순종에 대한 조건문(**그가 만일 나의 계명과 법도를 힘써 준행하기를 오늘과 같이 하면**, 7절)과 명령문(**너희 하나님 여호와의 모든 계명을 구하여 지키기로 하라 그리하면 너희가 이 아름다운 땅을 누리고 너희 후손에게 끼쳐**, 8절)이 나온다고 해서, 이스라엘의 순종이 약속의 성취를 위한 조건이라는 뜻은 아니다. 만약 그렇다면 이스라엘이 포로로 끌려감으로써 약속은 끝났고, 역대기 저자의 역사는 고려할 가치가 없을 것이다. 저자는 요점을 이해했다. 다윗의 위대한 자손에 대한 약속은 하나님의 말씀에 근거하며 무조건적이다. **나는 그의 아버지가 될 것임이라**(6절). **내가 그의 나라를 영원히 견고하게 하리라**(7절). 이스라엘의 특정 왕이나 세대는 약속의 효용을 누리지 못할 수도 있다. 여호와를 버리거나, **여호와의 모든 계명**(8절)에 불순종하는 자는 그러할 것이다. 또한 특정 세대가 약속의 복을 경험하고 **아름다운 땅**을(8절) 누리려면 순종해야만 한다. 결국 이는 역대하에서 이어지는 이스라엘의 역사에 대한 주석인 셈이다.

(3) 다윗이 백성 앞에서 솔로몬에게 명령하다 (28:9-10)

28:9-10. 연설의 마지막 부분은 솔로몬에 대한 명령이다. 하지만 그 내용은 모인 모든 사람에게 해당한다. 솔로몬에 대한 명령은 5개이다. 그는 **아버지의 하나님을 알아야** 하며, **온전한 마음과 기쁜 뜻으로 섬겨야** 하고, 하나님을 **찾아야** 하며(9절), **삼가야** 하고(10a절), **힘써 행해야** 한다(10b절).

솔로몬은 하나님을 알아야 한다. 즉, 하나님을 신학적으로 깊이 이해해야 하며(다윗의 기도를 보라, 29:10-12) 하나님과 개인적인 관계를 가져야 한다. 솔로몬은 다윗이 그랬던 것처럼 온전한 마음으로, 즉 생각, 몸, 감정, 의지를 다해(참고. 시 119:2, 10, 34, 58, 69, 145) 하나님을 섬겨야 한다. 하나님의 일만 생각해야 한다. 그리고 하나님을 찾아야 한다. '여호와를 버리는 것'이 '악한 왕'의 징표이듯, 이는 '선한 왕'의 징표이다(서론의 '목적과 주제'를 보라). 그는 삼가야 한다. 즉 하나님의 부르심과 선택을 기억해야 하며(참고. 벧후 1:10) 한눈을 팔아서는 안 된다. 그는 언제나 하나님의 일을 염두에 두고 우선순위를 지켜야 한다(참고. 학 1:5, 7). 마지막으로 솔로몬은 힘써 행해야 한다. 이 역시 모세가 여호수아에게 한 말을 연상케 한다(참고. 22:13; 수 1:6-9). 다윗의 훈계는 하나님을 섬기는 모든 이에게 해당한다. 다윗은 솔로몬에게 하나님을 섬기는 일은 기쁜 뜻으로 해야 함을 상기시킨다. 왜냐하면 **여호와께서는 모든 마음을 감찰하사 모든 의도를 아시기** 때문이다(9절).

역대기 저자는 동시대의 말라기와 마찬가지로 포로기를 전후로 한 이스라엘의 실패가 불성실한 예배 때문임을 잘 알았다(사 1:10-17; 말 1:6-14을 보라). 하나님은 그런 예배나 봉사를 거부하신다. 하나님은 진실하지 않은 '명목상의 예배'나 봉사에 관심이 없다. 하나님을 영화롭고 기쁘시게 하는 예배는 '여호와를 경외함으로' 드리는 예배이다. 하나님의 백성은 그분을 "온전함과 진실함으로" 섬겨야 한다(수 24:14). 이러한 원리의 사례가 다음 장에 기록되어 있다. 백성은 자원하는 마음으로 성전을 위해 즐거이 성심껏 드린다(29:5; 6, 9, 17).

b. 다윗이 솔로몬에게 성전 설계도를 주고 격려하다 (28:11-21)

(1) 설계도(28:11-19)

28:11-19. 이 부분은 **설계도**에 대한 내용이다[타브닛(*tabnit*), 11, 12절; 18절에서는 **설계도**(model), 19절에서는 **설계**(pattern)로 번역됨]. 이는 실제 건축 도면이라기보다는 지시 사항이었을 것이다. 이 '설계도'는 하나님이 다윗에게 주셨다. **여호와의 손이 내게 임하여 이 모든 일의 설계를 그려 나에게 알려 주셨느니라**(19절). 다윗이 이러한 지시 사항을 글로 받았다는 뜻이다. 즉 "하나님은 이를 그에게 서면으로 주셨다"(Payne, "1 Chronicles," 437). 하나님이 성막의 설계도를 모세에게 직접 주셨던 것처럼(출 25:9, 40; 27:8), 성전의 설계도 역시 하나님이 직접 다윗에게 주셨다. 다윗은 이를 **영감으로** 받았다(12절). 성막에 대한 모세의 위치와 성전에 대한 다윗의 위치가 병행을 이루는 것 같다. 요점은 이 설계도가 곧 하나님의 설계도라는 사실이다. 그러나 "역대기 저자는 설계도 자체를 기록하지는 않았다"(Sailhamer, *First and Second Chronicles*, 61). 복도, 집들, 방들(11-12절)과 같은 건축과 관련된 일부 세부 사항이 기록되었다. 또한 제사장, 레위 사람(13절) 등의 인원, 또 모든 섬기는 데 쓰는 기구들(14, 13b-18절)에 관한 내용이 기술된다. 특별히 여호와의 언약궤를 덮는 그룹들이 눈길을 끈다(18절). 이들은 언약궤의 뚜껑을 이루는(언약궤의 속죄소를 덮은) 그룹들(출 37:7-9)과는 다르다. 이들은 더 큰 두 그룹들로서 성전의 지성소에서 언약궤를 덮는 역할을 했다. 마치 하나님이 병거를 타시는 것처럼 그룹의 날개를 타는 모습이었다(참고. 시 18:10; 겔 1:15).

(2) 솔로몬에 대한 격려(28:20-21)

28:20-21. 다시 한 번 다윗은 모세가 여호수아를 격려했던 것처럼 솔로몬을 격려한다. **너는 강하고 담대하게 이 일을 행하라 두려워하지 말며 놀라지 말라**(20절). 다윗은 솔로몬이 의지할 만한 두 가지 근거를 제시한다. 첫째, 하나님이 특별히 솔로몬과 함께하리라고 약속하셨다. **여호와 하나님 나의 하나님이 너와 함께 계시사 네게서 떠나지 아니하시고 너를 버리지 아니하시리라.** 이 약속은 솔로몬에게 의미심장했으며, 역대기 저자의 세대에게 진정한 희망의 근거가 되었다. 둘째, **모든 공사에 유능한 기술자가 기쁜 마음으로 너와 함께할 것이요 또 모든 지휘관과 백성이 온전히 네 명령 아래에 있으리라.** 이는 특별히 역대기 독자와 하나님의 모든 백성에게 큰 격려가 되었다. 하나님이 명령하시고, 하나님의 약속이 있으며, 한마음으로 헌신하는 백성이 있으면, 하나님이 맡기신 임무와 부르심과 사역은 결코 흔들리지 않는다(참고. 학 2:4-5; 고전 16:13).

c. 총회에 대한 다윗의 둘째 연설과 그들의 반응 (29:1-9)

29:1-5. 다윗은 온 회중에게 다시 한 번 하나님이 솔로몬을 선택하셨음을 말하고, 그를 도와 성전 건축 준비에 매진할 것을 독려한다(1절). 또한 이제껏 강조한 적이 없는 내용, 즉 자기가 사재를 털어 성전 건축에 바친 사실을 말한다. 여기에 언급된 양은 엄청나긴 하지만, 다윗처럼 성공한 왕에게 전혀 불가능한 정도는 아니다(2-5절). 그의 독려는 간결하고 직설적이다. **오늘 누가 즐거이 손에 채워 여호와께 드리겠느냐**(5절). 여기서 '드리다'(성별하다, 서임하다, 바치다)는 말은 제사장직과 같은 직분(예를 들어, 출 28:41, '위임하고'; 출 29:1, '위임하여')과 관련이 있다. 다윗은 헌물을 종용하지 않고, 대신 마음을 작정하라고 독려한다. 마음의 작정은 눈에 보이는 자발적 봉헌으로 증명된다. 달리 말하면 이것은 '기금 후원'이 아니라 '영적 헌신'에 대한 독려이다.

29:6-9. 다윗의 독려에 지도자들이 기꺼이 화답한다. 백성 역시 기뻐한다. 상당한 봉헌이 자발적으로 이루어졌고(**즐거이**, 6절), 이는 모두 **여호와께 자원하여**(9절) 드린 것이었으며, **정성된 마음**(참고, 28:9;

29:19)으로 이루어진 헌신 및 하나님과의 친밀한 관계에 대한 증거였다. 이는 왕에게 기쁨을 주었고, 백성을 크게 고무시켰다.

d. 다윗의 마지막 기도(29:10-20)

29:10-13. 백성의 기꺼운 화답에 대하여 다윗은 감사의 기도를 올린다(13절). "이 장엄한 기도를 통해서 역대기 저자의 우선순위는 예배의 형식이 아니라 예배의 마음에 있음을 확실히 알 수 있다"(Selman, *1 Chronicles*, 259).

다윗은 먼저 온 회중 앞에서 여호와를 송축한다(10a절). 다윗은 **이스라엘의 하나님 여호와**를 부름으로써 엄위를 확립한다. **우리 조상**은 이스라엘을 가리킨다(18절을 보라).

하나님에 대한 선언이 이어진다. 이 선언에는 풍성한 신학적 함의가 담겨 있다. 주권자이신 하나님의 속성이 서술된다. **여호와여 주권도 주께 속하였사오니 주는 높으사 만물의 머리이심이니이다**(11절). 또한 하나님의 자애를 감사한다. 그가 누린 모든 삶의 복과 그의 왕국 자체가 하나님으로부터 왔다(12절). 따라서 이 모든 것으로 하나님을 감사하고 찬양한다(13절).

29:14-17. 다윗은 자신과 백성을 낮춘다. **나와 내 백성이 무엇이기에**(14a절). 이는 수사 의문문으로, '우리 자신은 아무것도 아닙니다'라는 뜻이다. 그는 성전을 위해 바친 모든 것이 **주의 손에서** 온 것임을 인정한다(14b, 16절). 이는 상투적 대사가 아니라 절절한 의존과 신뢰 및 희망의 감정이 담긴 표현이다.

"우리가 가진 '모든 것'이 '하나님께로부터 온다'는 진리는 청지기 직분 교리의 토대이다"(Payne, "1 Chronicles," 438). 다윗은 이러한 절대 의존에 인생무상을 덧붙인다. 하나님을 떠나서는 **세상에 있는 날이 그림자 같아서 희망이 없나이다**(15절). 이는 시편 90편에 나오는 모세의 고백과 같은 개념이다. 우리의 덧없는 삶(시 90:2-10)은 "우리 하나님의 은총을 우리에게 내리게 하사 우리의 손이 행한 일을 우리에게 견고하게 하"실 때만 의미가 있다(시 90:17). 역대기 저자의 세대는 비록 이 땅에 살지언정 **이방 나그네와 거류민들**일 뿐이다(15절; 참고 시 39:12). 땅에 대한 그들의 권리는 오직 조상에게 주신 하나님의 약속을 통해서만 유효하다(참고. 18절). 하나님의 주권적 자비와 언약의 성실함으로만 영속적으로 복을 누릴 수 있다.

29:18-20. 백성은 헌신을 지키고, 진실하게 순종해야 한다. 그래서 다윗은 **주께서 이것을 주의 백성의 심중에 영원히 두어 생각하게 하시고 그 마음을 준비하여 주께로 돌아오게 하시기**를 간구한다(18절). 마음에 대한 강조는 솔로몬을 위한 간구에도 이어진다(19절). **또 내 아들 솔로몬에게 정성된 마음을 주사 주의 계명과 권면과 율례를 지켜 이 모든 일을 행하게 하시고.** 다윗은 누구보다도 이에 대한 진리를 잘 알았다. "사람은 외모를 보거니와 나 여호와는 중심을 보느니라"(삼상 16:7).

이 기도는 단순한 환기가 아니라 동기를 유발하기 위함이다. 어떻게 하면 하나님의 백성이 주어진 임무에 대해 첫 마음을 유지할 수 있을까? 성실하게 기도해야 한다. 하나님의 주권을 인정하고, 그분에게 전적으로 의존하며, 자발적 순종의 마음을 지켜야 한다. 백성이 하나님을 송축하면서 기도가 끝을 맺는다(20절).

e. 총회를 마치다(29:21-22a)

29:21-22a. 큰 기쁨으로 제사와 제물을 드림으로써 총회가 마무리된다(21-22a절). 다윗은 총회를 소집한 목적을 달성했다. 백성은 단합되었고 성전 건축을 앞두고 영적으로 준비되었다.

22b-25절에 나오는 솔로몬의 즉위식에 대해서는 역대하 1장의 주석을 보라.

G. 다윗의 죽음(29:26-30)

29:26-30. 저자는 문학적 양식을 사용하여 다윗의 이야기를 끝맺는다. 이 양식은 역대하에서 왕들의 생애를 기술할 때도 사용된다. 이는 '끝맺음 공식'으로서, 서술의 원자료 및 왕의 생애에 대한 보충 정보의 출처가 나와 있다. 또한 왕의 통치 기간, 죽음 그리고 대개 후계자 등이 기술된다. 공식이 엄격하게 적용되지는 않으며, 기본 윤곽을 바탕으로 약간의 차이를 보인다.

다윗의 경우에는 표준적 내용이 대부분 기록된다. 다윗은 헤브론에서 7년간 다스렸는데(27절), 역대기에는 그 구체적 내용이 거의 등장하지 않는다. 또한 여러 선지자의 글에 대한 언급이 있다(29절, 선견자와 선지자는 같은 직분임). 이는 역대기 저자의 기록에 대한 신뢰도를 높이려는 의도이다.

상술한 바와 같이, 역대기 저자는 정경인 사무엘서

와 열왕기를 서술의 기본 자료로 사용했다. 비정경 자료는 영감의 기록은 아니지만 상당히 신뢰할 만하다. 다윗의 죽음으로 그의 영향력이 소멸된 것은 아니다. 오히려 다윗은 이스라엘의 이상적 왕으로 추앙되고, 다윗의 후손 왕들은 그의 위대한 자손 메시아가 오시기 전까지 항상 다윗과 비교된다.

참 고 문 헌

Braun, Roddy. *1 Chronicles*. Word Biblical Commentary. Waco, TX: Word, 1986.《역대상》, WBC 성경주석(솔로몬).

Dillard, Raymond B. *2 Chronicles*. Word Biblical Commentary. Waco, TX: Word, 1986.《역대하》, WBC 성경주석(솔로몬).

Hill, Andrew E. *1 & 2 Chronicles*. NIV Application Commentary. Grand Rapids, MI: Zondervan, 2003.

Payne, J. Barton. "1, 2 Chronicles," in vol. 4 of The Expositor's Bible Commentary, ed. Frank E. Gaebelein. Grand Rapids, MI: Zondervan, 1988.

Pratt, Richard L. *1 & 2 Chronicles*. A Mentor Commentary. Fearn, Ross-shire, UK: Christian Focus, 1998.

Sailhamer, John. *First and Second Chronicles*. Everyman Bible Commentary. Chicago: Moody, 1983.

Selman, Martin J. *2 Chronicles*. Tyndale Old Testament Commentaries. Downers Grove, IL: InterVarsity, 1994.

Tuell, Steven S. *First and Second Chronicles*. Interpretation: A Bible Commentary. Louisville: John Knox Press, 2001.《역대상·하: 목회자와 설교자를 위한 주석》(한국장로교출판사).

Wilcock, Michael. *The Message of Chronicles*. The Bible Speaks Today. Downers Grove, IL: InterVarsity, 1994.

역대하

케빈 주버(Kevin D. Zuber)

서 론

역대하의 서론은 역대상의 서론을 보라. 역대상하는 원래 한 권의 책이었기 때문에, 역대하의 개요와 주석은 역대상의 연장선상에 있다. 따라서 역대하의 개요는 로마숫자 Ⅲ으로 시작되며, 내용 역시 역대상 29장의 나머지 부분부터 시작된다.

개 요

Ⅲ. 솔로몬의 역사(대상 29:22b-25; 대하 1:1-9:31)
- A. 솔로몬이 왕이 되다(대상 29:22b-25)
- B. 솔로몬이 왕권을 강화하다(대하 1:1-17)
  1. 솔로몬이 왕권을 얻다: 하나님이 그와 함께하시다(1:1)
  2. 솔로몬이 온 이스라엘에게 연설하다(1:2-6)
  3. 솔로몬이 지혜를 구하다(1:7-13)
  4. 솔로몬의 부(1:14-17)
- C. 솔로몬이 성전 건축을 준비하다(2:1-18)
  1. 성전에 관심을 기울이다(2:1)
  2. 일꾼들(2:2, 17-18)
  3. 솔로몬이 두로 왕 후람과 연락을 취하다(2:3-16)
- D. 솔로몬이 성전을 건축하고 성물을 구비하다(3:1-4:22)
  1. 성전 설계도(3:1-17)
  2. 성전 성물들(4:1-22)
- E. 성전을 봉헌하다(5:1-7:22)
  1. 언약궤와 하나님의 영광(5:1b-14)
     - a. 언약궤를 성전에 모시다(5:1b-10)
     - b. 하나님의 영광이 성전에 임하다(5:11-14)
  2. 솔로몬의 봉헌 연설(6:1-11)
     - a. 봉헌사(6:1-2)
     - b. 봉헌 연설(6:3-11)

3. 솔로몬의 봉헌 기도(6:12-42)
    a. 인정의 기도(6:14-15, 18)
    b. 간구의 기도(6:16-17, 19-21)
    c. 여러 상황에 대한 기도(6:22-39)
    d. 마지막 호소(6:40-42)
4. 불과 하나님의 영광(7:1-3)
5. 제사와 절기(7:4-11)
6. 낙성식 후 하나님이 솔로몬에게 나타나시다(7:12-22)
    a. 하나님이 성전 선택을 확증하시다(7:12, 16)
    b. 하나님이 회복을 약속하시다(7:13-15)
    c. 하나님이 다윗의 집에 대한 약속을 반복하시다(7:17-18)
    d. 하나님의 율법을 '버리면' 포로로 잡혀갈 것을 경고하시다(7:19-22)

F. 솔로몬의 통치(8:1-9:31)
1. 솔로몬이 왕국의 안보를 강화하다(8:1-8)
    a. 솔로몬의 건축 프로젝트(8:1-11)
    b. 솔로몬의 성전 의식과 인원(8:12-15)
    c. 성전에 대한 요약(8:16)
    d. 솔로몬의 항구도시와 무역(8:17-18; 9:10-11, 21)
2. 솔로몬이 지혜로 왕국을 다스리고, 막대한 부를 쌓다(9:1-28)
    a. 솔로몬의 지혜와 스바 여왕(9:1-9, 12)
    b. 솔로몬의 부와 권력(9:13-20, 22-28)
3. 요약 및 솔로몬의 죽음(9:29-31)

Ⅳ. 다윗 가문의 왕들(10:1-36:23)

A. 르호보암(10:1-12:16)
1. 왕국이 나뉘다(10:1-19)
    a. 르호보암이 온 이스라엘과 만나다: 대관식이 지연되다(10:1-5)
    b. 르호보암이 모사들과 만나다(10:6-11)
    c. 르호보암이 여로보암 및 온 백성과 만나다(10:12-15)
    d. 왕국이 나뉘다(10:16-19)
2. 르호보암의 통치(11:1-23)
    a. 르호보암의 이스라엘 공격이 제지당하다(11:1-4)
    b. 르호보암이 왕국의 안보를 강화하다(11:5-13)
    c. 여로보암의 배교로 유다가 강성해지다(11:14-17)
    d. 르호보암의 가족(11:18-23)
3. 시삭이 침공하다(12:1-12)
    a. 애굽이 침공하다(12:1-4)
    b. 침공의 원인이 설명되다(12:5)
    c. 회개와 겸비로 대참사를 면하다(12:6-12)
4. 르호보암 통치의 요약(12:13-16)

B. 아비야(13:1-14:1)
  1. 아비야에 대한 소개 공식(13:1-2a)
  2. 아비야가 이스라엘과 전쟁을 벌이다(13:2b-19)
    a. 전쟁이 발발하다(13:2b-3)
    b. 아비야가 이스라엘에게 연설하다(13:4-12)
      (1) 이스라엘에 대한 첫 번째 비난: 다윗 왕조에 대한 반역(13:4-7)
      (2) 이스라엘에 대한 두 번째 비난: 참된 예배로부터의 배교(13:8-9)
      (3) 남 왕국에 대한 변호: 여호와를 버리지 않고 참된 예배를 지켰다(13:10-11)
      (4) 북 왕국에 대한 호소: 하나님이 우리와 함께하시니 그분을 거스르지 말라(13:12)
    c. 전투가 시작되다(13:13-19)
  3. 아비야에 대한 결론 공식(13:20-14:1)
C. 아사(14:2-16:14)
  1. 하나님이 경건한 왕 아사에게 위대한 승리를 주시다(14:2-15)
    a. 아사 왕이 하나님 앞에서 정직하게 행하다(14:2)
    b. 아사가 종교 개혁을 실시하다(14:3-5)
    c. 아사가 국방 정책을 실시하다(14:6-8)
    d. 아사가 구스 사람 세라와 싸우다(14:9-15)
  2. 아사랴의 예언에 대한 아사의 반응(15:1-19)
    a. 선지자가 왕과 백성에게 하나님의 말씀을 전하다(15:1-7)
    b. 아사가 하나님의 말씀에 반응하다: 개혁, 부흥(15:8-19)
  3. 아사가 적과의 동맹을 통해 안보를 추구하다(16:1-14)
    a. 아사가 일시적인 동맹을 맺다(16:1-6)
    b. 선견자(선지자) 하나니가 아사를 꾸짖다(16:7-9)
    c. 아사가 부적절하게 반응하다(16:10)
    d. 아사가 벌을 받다(16:12)
    e. 아사에 대한 결론 공식(16:11, 13-14)
D. 여호사밧(17:1-20:37)
  1. 여호사밧이 나라를 강하게 하다(17:1-6)
    a. 나라를 방어하다(17:1-2)
    b. 하나님께 헌신하다(17:3-6)
  2. 여호사밧이 나라를 관리하다(17:7-19)
    a. '영적' 관리(17:7-9)
    b. '세속적'(군사적) 관리(17:10-19)
  3. 여호사밧이 아합과 치명적 동맹을 맺다(18:1-19:3)
    a. 결혼으로 인한 동맹(18:1)
    b. 전쟁으로 인한 동맹(18:2-27)
    c. 전쟁에서 패하다(18:28-34)
    d. 왕이 책망을 받다(19:1-3)
  4. 여호사밧의 개혁(19:4-11)

a. 영적으로 쇄신하다(19:4)
b. 재판관을 세우다(19:5-7)
c. 레위 사람과 제사장을 세우다(19:8-11)

5. 여호사밧이 침공과 전쟁에 맞서 믿음으로 기도하다(20:1-30)
   a. 남쪽으로부터 기습 침공을 당하다(20:1-2)
   b. 왕이 영적으로 반응하다(20:3-19)
   c. 놀라운 승리와 개선(20:20-30)
6. 여호사밧의 비극적 종말(20:31-37)

E. '악한' 세 왕: 여호람, 아하시야, 아달랴(21:1-23:15)
1. 여호람이 여호사밧을 승계하다(21:1-3)
2. 여호람의 악과 하나님의 성실(21:4-7)
3. 여호람이 벌을 받다(21:8-19a)
   a. 에돔과 립나의 반란(21:8-11)
   b. 엘리야의 편지(21:12-15)
   c. 편지에 예언된 재앙이 임하다(21:16-19a)
4. 여호람의 최후(21:19b-20)
5. 아하시야의 통치(22:1-9)
   a. 아하시야가 왕이 되다(22:1-4)
   b. 아하시야가 이스라엘의 여호람과 동맹을 맺다(22:5-6)
   c. 아하시야의 멸망(22:7-9)
6. 아달랴의 통치(22:10-23:15)
   a. 아달랴가 권력을 탐하다(22:10-12)
   b. 아달랴의 전복과 요아스의 왕위 옹립 작전(23:1-11)
   c. 아달랴의 죽음(23:12-15)

F. '뒤섞인' 세 왕: 요아스, 아마샤, 웃시야(23:16-26:23)
1. 요아스의 통치(23:16-24:27)
   a. 여호야다에 의한 요아스의 초기 개혁(23:16-21)
   b. 여호야다의 영향력 아래 요아스가 다스리다(24:1-16)
   c. 여호야다의 죽음 이후 요아스의 통치(24:17-22)
   d. 요아스에 대한 하나님의 심판: 패배와 질병(24:23-27)
2. 아마샤의 통치(25:1-28)
   a. 아마샤가 보복으로 통치를 시작하다(25:1-4)
   b. 아마샤가 세일 자손(에돔)과 싸우다(25:5-13)
   c. 아마샤의 우상숭배(25:14-16)
   d. 아마샤가 이스라엘의 요아스에게 패하다(25:17-24)
   e. 아마샤의 최후(25:25-28)
3. 웃시야의 통치(26:1-23)
   a. 웃시야의 충성(26:1-5)
   b. 웃시야의 성공(26:6-15)

c. 웃시야의 교만과 몰락(26:16-21)
d. 웃시야의 최후(26:22-23)

G. 번갈아 나오는 6명의 '선한' 혹은 '악한' 왕(27:1-35:27)
1. 선한 왕: 요담(27:1-9)
2. 악한 왕: 아하스(28:1-27)
a. 아하스가 악을 행하다(28:1-4)
b. 아하스가 전쟁에서 패하다(28:5-7)
c. 포로들이 자비를 경험하다(28:8-15)
d. 아하스가 앗수르와 치명적 동맹을 맺다(28:16-21)
e. 아하스의 악이 심해지다(28:22-25)
f. 아하스의 최후(28:26-27)
3. 훌륭한 왕: 히스기야(29:1-32:33)
a. 히스기야의 부흥(29:1-31:21)
(1) 히스기야가 성전을 다시 열고, 성별하다(29:1-19)
(2) 히스기야가 성전 예배를 회복하다(29:20-36)
(3) 히스기야가 유월절 제사를 회복하다(30:1-27)
(4) 히스기야가 십일조와 예물을 재제정하다(31:1-21)
b. 히스기야가 앗수르에 승리하다(32:1-23)
(1) 히스기야가 산헤립의 침공에 반격하다(32:1-8)
(2) 히스기야가 산헤립에 승리하다(32:9-23)
c. 히스기야의 말년(32:24-33)
(1) 히스기야의 병과 교만(32:24-26)
(2) 히스기야의 부와 교만(32:27-31)
(3) 히스기야의 최후(32:32-33)
4. 악했지만 회개한 왕: 므낫세(33:1-20)
a. 므낫세의 엄청난 악(33:1-9)
b. 므낫세가 치욕적으로 사로잡히다(33:10-11)
c. 므낫세의 놀라운 회개(33:12-13a, 18-19)
d. 므낫세가 부흥을 시도하다(33:13b-17, 20)
5. 악한 왕: 아몬(33:21-25)
6. 꽤 선한 왕: 요시야(34:1-35:27)
a. 요시야의 통치: 하나님을 구하고 우상을 버리다(34:1-7)
b. 부흥 시대: 성전의 보수, 율법의 발견, 유월절의 회복(34:8-35:19)
(1) 성전을 보수하다(34:8-13)
(2) 율법을 재발견하다(34:14-33)
(3) 유월절을 회복하다(35:1-19)
c. 요시야의 비극적 죽음(35:20-27)
(1) 원정길에 나선 바로 느고가 요시야에게 개입하지 말 것을 경고하다(35:20-21)
(2) 요시야가 느고와 싸우다 치명상을 입다(35:22-24b)

(3) 유다가 요시야의 죽음을 슬퍼하다(35:24c-25)
(4) 요시야의 통치가 요약되다(35:26-27)

H. 요시야의 아들들: 여호아하스, 여호야김, 여호야긴, 시드기야(36:1-16)
1. 여호아하스(36:1-4)
2. 여호야김과 여호야긴(36:5-10)
3. 시드기야(36:11-14)
4. 요약: 선지자들이 거부당하다(36:15-16)

I. 포로로 잡혀가다(36:17-23)
1. 포로로 잡혀가다: 상황 설명과 이유(36:17-21)
a. 상황 설명(36:17-20)
b. 이유(36:21)
2. 고레스의 조서(36:22-23)

주 석

Ⅲ. 솔로몬의 역사
(대상 29:22b-25; 대하 1:1-9:31)

역대상하는 원래 한 권의 책이기에(역대상 '서론'을 보라), 역대하는 역대상 이야기에 이어진다. 역대상의 마지막 장은 다윗의 성전 건축 준비에 대한 이야기이다. 역대하의 처음 장들에는 솔로몬이 건축 준비를 마무리한 후 성전 건축을 마치고 봉헌한 이야기가 소개된다. "두 왕의 통치는 사실 하나의 이야기이다"(Selman, *2 Chronicles*, 285). 역대기에서 다윗과 솔로몬의 이야기는 성전 건축에 초점이 맞추어 있으며, 이는 다윗 언약(대상 17장; 삼하 7장; 시 89편)에 대한 그들의 반응을 나타낸다.

하나님은 다윗을 위해 집(왕조)을 세우리라 약속하셨고, 솔로몬은 '여호와의 이름을 위하여 성전을 건축'한다(대상 22:6-16; 28:6-7을 보라). 다윗과 솔로몬은 각각 준비와 실제 사역을 통해 성전 건축에 헌신함으로써 다윗을 위해 집(왕조)을 세우리라는 하나님의 약속(다윗 언약)에 대한 확신을 보여주었다. 역대기 저자에게는 포로 이후 제2 성전 역시 사실상 같은 의미였다. 만약 (포로 이후) 새 성전이 다윗과 솔로몬의 성전 부지에 세워진다면, 이는 곧 하나님이 다윗을 위해 집을 세우시리라는 무조건적이며 영원한 언약을 잊지 않았음을 의미한다. 또한 저자의 세대가 하나님의 약속과 임재를 다시 누릴 수 있음을 의미한다.

다윗의 집은 솔로몬 이후 왕들에게만 제한되지 않으며, 하나님의 '아들'로서 '영원히' 다윗의 왕위를 차지하실 분에게서 정점을 이룰 것이다. 그는 바로 예수 그리스도이시다. 성전은 다윗 언약의 구체적인 체현이다. 다윗과 솔로몬 시대 및 역대기 저자의 시대에 성전에 관심을 기울인다는 것은 다윗 약속의 메시아적 성격을 믿는다는 증거이다. 요컨대 성전은 다윗과 솔로몬의 주된 관심사였고, 저자는 이를 자신의 역사에서 강조한다. 그들은 모두 하나님의 약속을 믿었다. 그리고 다윗의 위대한 자손을 통해서 이 약속이 궁극적으로 성취될 것을 기대했다.

솔로몬 이후 왕들에 대한 평가에서 역대기 저자가 '선한 왕'을 구별하는 기준은 성전 및 성전 예배의 정결에 대한 관심이다. '악한 왕'은 성전에 관심이 없고 거짓 예배, 즉 우상숭배를 끌어들인다. 성전에 대한 왕의 관심은 하나님과 그분의 약속에 대한 믿음의 구체적 표현이다.

이러한 이유로, 다윗의 생애와 통치에 대해 그랬던 것처럼, 저자는 솔로몬의 통치에서 몇몇 이야기를 생략한다. 특별히 왕위 계승에 관한 갈등(왕상 1, 2장)을 생략하고 솔로몬의 권력, 부, 지혜도 간략히 서술한다(왕상 3:16-28; 4:1-34와 대하 1:14-17을 비교해보라). 또한 솔로몬의 왕궁 건설(왕상 7:1-12)과 많은 처첩이 그를 온전한 헌신으로부터 멀어지게 한 사실(왕상 11:1-40)도 누락한다. 역대기 저자의 관심은 "약점에도 불구하고, 솔로몬은 진정 위대했으며 성전에서 하나님을 예배하는 데 전심을 기울였다"는 사실이다(Sailhamer, *First and Second Chronicles*, 69). 포로기 이후 공동체의 "가장 큰 관심사는 솔로몬의 성전이었다"(Payne, "2 Chronicles," 443).

역대하에서 솔로몬에 대한 기술은 아홉 장에 걸쳐 이루어진다. 그중에서 세 장(1, 8, 9장)이 솔로몬의 통치에 관한 내용이고, 나머지 여섯 장은 성전 건축 준비(2장), 성전의 건축 및 기구 마련(3, 4장), 성전 봉헌(5, 6, 7장)을 다룬다.

A. 솔로몬이 왕이 되다(대상 29:22b-25)

대상 29:22b-25. 솔로몬을 **다시** 왕으로 삼았다는 기술은 사적인 예식(참고. 왕상 1:35-39) 이후 공적인 예식의 거행을 의미한다. 다윗의 즉위식 때처럼(참고. 대상 11:1-3), **온 이스라엘**(23, 25절)의 통합성이 강조된다. 모든 방백과 용사(24절; 참고. 대상 11:1-3, 10절)가 솔로몬을 확고하게 지지한다. 이러한 통합성은 하나님이 솔로몬을 **모든 이스라엘의 목전에서 심히 크게 하시고 또 왕의 위엄**(25절)을 그에게 주셨기 때문이다. 비록 다윗은 죽었지만, 하나님은 솔로몬을 후계자로 세워 그분의 약속을 성실하게 지키셨다.

B. 솔로몬이 왕권을 강화하다(대하 1:1-17)

1. 솔로몬이 왕권을 얻다: 하나님이 그와 함께하시다(1:1)

1:1. 하나님이 솔로몬을 다윗의 후계자로 승인하고 세우셨다는 주제로 역대하가 시작된다. **그의 하나님 여호와께서 그와 함께하사 심히 창대하게 하시니라**(1절). 이는 다윗의 왕위를 이어받은 솔로몬의 즉위를 찬양하기 위한 상투적 미사여구가 아니다. 이것이야말로 솔로몬이 성공할 수 있었던 실제적인 이유였다. 그의 통치가 견고해지고 안정을 찾을 수 있었던 것은 하나님이 함께하셨기 때문이다.

2. 솔로몬이 온 이스라엘에게 연설하다(1:2-6)

1:2-3. 역대기 저자는 성전을 중심으로 솔로몬의 이야기를 풀어낸다. 솔로몬은 나라의 관료(2절)들과 **온 이스라엘**을 기브온 산당(3절)으로 소집한다(**회막**의 이름 및 용어에 대해서는 출 25:1-5의 주석을 보라). 이는 예배 중심을 예루살렘으로 옮기는 과정에서 나타난 솔로몬의 섬세함과 용의주도함을 보여준다. 다윗은 그러한 준비 없이 언약궤를 옮기려 했다가 비극적인 웃사의 죽음을 초래했다(삼하 6:1-11; 대상 13:5-14). 반면 솔로몬은 주도면밀하게 이 일을 진행한다.

1:4-6. 요지는 솔로몬이 하나님을 찾았다는 사실이다. 하나님이 솔로몬을 인정하고 복 주셨지만, 솔로몬이 이때까지 나라를 이끌어온 회막 앞에 겸양과 경의를 표하는 것은 당연했다(3절). 그래서 그는 성령으로 감동한 장인(출 31:1-11; 38:1-2) **브살렐**이 만든 **놋 제단**을 찾아가 그 위에서 제사를 드린다(5-6절). 하나님을 찾지 않고 하나님이 세우신 기관(성전, 제사장직)을 무시한 왕들의 통치는 순탄치 않았고 결국 부끄러운 이름을 남겼다. 저자는 자신의 세대에게 하나님의 복을 받으려면 그분이 세우신 기관을 존중해야 함을 가르치고자 했다. 솔로몬은 기브온으로 가서 제사를 드리고 기도함으로써 "성전 건축의 적임자임을 보여주었다. 성전은 '제사하는 성전'(7:12; 참고. 2:6) 그리고 '기도하는 집'(사 56:7; 참고. 대하 6:40; 7:14 등)이 될 것이다"(Selman, *2 Chronicles*, 289).

3. 솔로몬이 지혜를 구하다(1:7-13)

1:7. 솔로몬은 사려 깊고 겸손하게 하나님을 구함으로써 상을 받는다. 하나님이 성경에서 가장 유명한 대화를 통해 소원을 들어주신다. 꿈(왕상 3:5)에 나타난 하나님은 주도적으로 놀라운 제안을 하신다. 이는 솔로몬의 마음을 시험하기 위한 것이었다. **내가 네게 무엇을 주랴 너는 구하라**(7절).

1:8-9. 솔로몬은 먼저 하나님이 약속을 성실하게 이행하셨음을 인정한다. 첫째, 하나님은 이미 큰 **은혜**[8절, 헤세드(*chesed*), 하나님이 언약 관계를 맺은 자에게 베푸시는 '충성된 사랑'을 강조하는 말(신 7:9, 12)]를 베푸셨다. 또한 하나님의 '충성된 사랑'은 다윗에게 용서와 자비(출 34:6-7; 시 103:4)를 베풀었다. 둘째, 하나님은 솔로몬에게 약속을 지켜서 그를 왕으로 삼으셨다(8b-9a절). 또한 다윗 언약뿐 아니라 아브라함 언약도 이행하셨다. **주께서 나를 땅의 티끌같이 많은 백성의 왕으로 삼으셨사오니**(9b절; 참고. 창 13:16; 28:14; 참고. 민 23:10). 하나님은 옛적 언약을 포함한

모든 약속을 성실하게 이행하셨다. 이는 역대기 저자의 세대에게 엄청난 격려가 되었을 것이다(시대를 막론하고 하나님의 백성에게 격려가 되어야 하리라).

1:10. 솔로몬은 **지혜와 지식**을 구한다(10절). 이는 다윗이 언급했던 그의 어리고 미숙함에 대한 겸허한 인정이었다(대상 22:5; 29:1). '지혜와 명철'은 함께 등장하는 경우가 많다(참고. 잠 2:2; 3:13, 19; 4:5). 히브리어로 '지혜'(*hokmah*, 호크마)는 '기술' 또는 예술적 능력(참고. 출 31:1-3)을 가리킨다. '지식'은 특정 상황이나 직업(예를 들어 성막에서 일한 장인, 출 12:1-3; 35:1)에 적용된 '상식'('분명하고 식별 가능한 사실'에서 파생)을 가리킨다. 솔로몬은 백성과 하나가 되기를 원했다. **이 백성 앞에서 출입하게 하옵소서**(10절). 이는 효과적으로 **이렇게 많은 주의 백성을 능히 재판**하기 위함이었다. 세일해머(Sailhamer)에 따르면, 역대기 저자와 이 부분의 병행 구절인 열왕기상 3:6-9의 저자는 "신명기 17:18-20에 나오는 왕의 임무를 염두에 두고 있다. 왕은 하나님의 율법(*Torah*, 토라)을 알아야 하고, 하나님을 두려워해야 하며, 율법에 드러난 그분의 뜻을 준수해야 한다"(Sailhamer, *First and Second Choronocles*, 70).

1:11-13. 하나님은 솔로몬의 겸허하고 적절한 요구에 반응하며, 솔로몬이 구할 수 있었던 것들을 열거하신다. 솔로몬이 이기심을 품었다면, **부나 재물이나 영광이나 원수의 생명 멸하기**나 **장수**를 구했을 것이다(11절). 하나님은 솔로몬이 지혜와 지식(하나님이 반복하심)을 구하는 것을 기뻐하신다. 따라서 그의 요청을 들어주실 뿐 아니라 그가 구하지 않은 부와 재물과 영광도 함께 주신다. 이는 부와 재물을 얻으려면 지혜나 영적인 이해와 같은 고상한 것을 구하라는 가르침이 아니다. 하나님은 지혜와 지식에 대한 솔로몬의 요청을 기뻐하셨는데, 이는 솔로몬이 선한 왕이 되기를 진심으로 열망했기 때문이다. 솔로몬은 먼저 하나님을 높이기 원했고, 하나님은 선하심과 은혜로 다른 모든 것을 그에게 더하셨다(참고. 6:33). 솔로몬의 요청 뒤에 있는 동기를 감찰한 하나님은 부와 재물이 이기적으로 사용되지 않고 선하게 사용되리라고 판단하셨다.

4. 솔로몬의 부(1:14-17)

1:14-17. 솔로몬의 부가 기술된다. 이는 솔로몬의 요청에 대한 하나님의 응답 및 솔로몬이 '심히 창대하게' 된(참고. 대상 29:25; 대하 1:1) 구체적 증거이다. **병거와 마병**에 대한 언급에는 별다른 설명이 따르지 않는다. 신명기 17:16은 이스라엘 왕이 말들을 많이 두지 말 것을 명령한다. 이는 왕이 세속적 힘을 의지하면 안 된다는 뜻이다(참고. 슥 4:6). 솔로몬은 통치를 시작하면서 병거와 말들을 의지하지 않는다. 이들은 사고팔기 위한 상품에 더 가까웠다. 말들을 **애굽**과 **구에**[터키에 속한 지역]에서 **사들였으며**, **헷 사람**과 아람에 **되팔았**다(16-17절).

C. 솔로몬이 성전 건축을 준비하다(2:1-18)

다윗은 성전 건축을 위해 광범위한 준비를 했고(참고. 대상 22:1-5), 이방 사람 지도자들과 일꾼들에게 일을 맡겼다(참고. 대상 22:2). 솔로몬은 굳은 의지와 공고한 국제 관계를 유지했기에 성전 건축에 집중할 수 있었고, 임무 완수에 필요한 숙련된 노동력과 전문 기술자를 확보할 수 있었다. 역대기 저자에게는 다른 사람과 좋은 관계를 유지하는 문제가 매우 중요한 의제였다. 하나님의 일을 성취하려면, "할 수 있거든 너희로서는 모든 사람과 더불어 화목하라"(롬 12:18).

1. 성전에 관심을 기울이다(2:1)

2:1. 저자의 관점에서 솔로몬 통치의 가장 중요한 특징은 성전 건축 프로그램이었다. 따라서 그는 성전이 **여호와의 이름**을 위한 집임을 반복한다(1절: 참고. 대상 22:6, 19). 사람의 이름은 그 인격 전체를 대변한다. 성전은 주의 이름을 부르는 곳이다(참고. 왕상 8:29; 신 12:11). 솔로몬의 왕궁이 잠깐 언급되지만(참고. 왕상 7장), 저자의 초점은 성전에 머문다.

2. 일꾼들(2:2, 17-18)

2:2, 17-18. 저자는 다윗이 숙련된 이방 일꾼을 소집했다고 기록한다(참고. 대상 22:2). 솔로몬 역시 **이스라엘 땅에 사는 이방 사람들**(17절)을 모집하여 **짐꾼**과 **돌을 떠낼 자**[2, 18절, 이 장은 이에 대한 정보로 시작하여 끝맺는다]와 같은 비숙련 노동력을 활용한다. 성전 건축 같은 큰 공사에는 대규모 노동력이 필수적이었으며, 이는 아마도 징집을 통해 충원되었을 것이다.

3. 솔로몬이 두로 왕 후람과 연락을 취하다(2:3-16)

솔로몬과 후람 사이의 교신이 기록된다. 이는 역대기 저자가 고유의 자료를 원용하여 세밀하게 기록한 하나의 예이다.

2:3-10. 성전 건축을 위한 솔로몬의 주 '공급자'는 두로 왕 후람(병행 기록 왕상 5장에는 '히람'으로 나옴)이다. 두로는 레바논 연안에 있는 지중해의 주요 항구 도시로서, 시돈 남방 약 32킬로미터, 아크레 북방 약 37킬로미터 지점에 위치한다. 상업 중심지로서 지중해 서부 지역 각처의 무역 기지이자 레바논의 상품(주로 목재와 향나무) 수출 기지였다. 후람은 활발한 해상 활동으로 유명한 페니키아인으로, 해상무역을 통해 왕국을 건설했다. 솔로몬과 후람의 교신은 다윗이 확립한 친선 관계에 근거를 두고 있었다(3절). 솔로몬은 후람에게 기존의 조약 내용을 상기시킴으로써 자신의 요청을 수락하도록 종용한다. 이 서신에 담긴 목적은 세 가지이다. 첫째는 협의 가격(10절, 레바논 백향목은 크기와 질에 있어서 세계적 명성을 떨쳤다)에 따라 원자재, 특히 목재(8-9절)를 공급해달라는 요청이다. 둘째는 **유다와 예루살렘에서 준비한 나의 재주 있는 사람들과 함께 일**할 재주 있는 사람들을 보내달라는 요청이다(7절). 셋째는 성전 건축에 대한 변증적, 신학적 정당화(4-6절)이다. 성전, 즉 **여호와의 이름**을 위한 집은 예배, 속죄 그리고 **우리 하나님 여호와의 절기** 준수를 위한 것이다(4절). 따라서 성전은 이런 위대한 목적을 위한 것이며, **우리 하나님은 모든 신들보다 크**시므로 이 성전 역시 클 것이다(5절). 그러나 솔로몬은 여기서 성전 완공 후에 다시 반복하게 될 진심을 고백한다. 이 성전이 아무리 위대하더라도 하나님을 용납할 수는 없다. **하늘과 하늘들의 하늘이라도 주를 용납하지 못**할 것이다(6절). 이는 단순히 하나님의 광대함이나 편재함에 대한 인정이 아니다. 솔로몬의 초점은 하나님의 초월성에 있다. 하나님은 모든 물리적, 시간적 제약과 인간의 지성을 초월한다. 지금 솔로몬은 후람에게 여호와만이 유일한 주권의 하나님이심을 증언하고 있는 것이다.

2:11-12. 솔로몬에 대한 후람의 답변은 열왕기상 5:7-9보다 역대하 2장에 더 자세히 나와 있다. 후람은 솔로몬의 편지에 조목조목 답변한다. 먼저 그는 **이스라엘의 하나님 여호와가 천지를 지으신** 분임을 인정한다(12절). 또한 **여호와께서 자기 백성을 사랑하시므로** 솔로몬을 세워 왕으로 삼으셨다고 고백한다(11절). 이는 후람이 성도라는 뜻은 아니다. 성경에는 믿지 않는 자들이 하나님에 대한 진리를 고백하는 경우가 종종 등장한다(36:23; 스 1:2; 5:11-12; 6:10; 렘 19:11-12; 행 4:24; 14:15; 17:24-26). 이는 하나님이 자신에 대한 증인을 세상에 남겨두셨음을 성도에게 일깨우기 위함이다(참고. 롬 1:20).

2:13-16. 후람은 솔로몬을 추켜세운 뒤(12절), 그의 요청에 답한다. 후람이 보낼 자는 **내 아버지 후람에게 속하였던 자**[Huram-abi]로서, 성전 건축을 돕기 위해 특별히 선발한 자였다. 그는 특별한 재주가 있을 뿐 아니라 이스라엘 혈통이었다. 열왕기상 7:14에 따르면 그의 어머니는 납달리 지파 출신이었으며, 여기 역대하 2:14a에는 **단의 여자**로 나온다. 그녀는 아마도 납달리 출신으로 단 지파 정착지에서 살았던 것 같다(참고. 삿 18장). 마지막으로 후람은 대금을 받는 대로(15절) 목재(16절)를 인도할 것을 약속한다. **욥바**에 대한 언급(16절)을 통해, 솔로몬이 이 작은 항구를 대량 선적이 가능할 만큼 크게 확충했음을 알 수 있다.

D. 솔로몬이 성전을 건축하고 성물을 구비하다 (3:1-4:22)

1. 성전 설계도(3:1-17)

역대기 저자는 성전을 강조하며, 성전 건축 준비를 자세히 기록한다. 따라서 "역대기의 성전 건축 기록이 열왕기보다 짧다는 사실은 일견 '의외'로 느껴진다. 열왕기상 6-7장의 일흔일곱 절이(왕궁 기록은 제외, 7:1-12) 역대하 3:1-5:1에는 사십 절로 압축되어 있다"(Selman, *2 Chronicles*, 303). 역대기 저자는 성전 건축보다 성전 봉헌(5-7장을 보라)에 더 많은 지면을 할애한다. 이는 저자가 성전의 엄청난 규모나 화려한 성물보다 성전의 목적을 더 중요하게 생각함을 보여준다. 이는 역대기 저자의 세대에게 제2 성전과 관련하여 위로가 되었을 것이다(스 3:8-13; 6:16). 이들의 성전은 솔로몬 성전에 비해 외형적으로 미약했다.

3:1. 솔로몬이 여호와의 전 **건축하기를 시작**했다는 구절(1절)은 절정을 이룬다. 계획과 준비가 완료되고 건축이 시작되었다. 저자는 성전 부지를 세 단계에 걸쳐 점차 구체적으로 기술한다. **예루살렘 모리아산… 오르난의 타작마당**(1절). 이를 통해 독자는 바로 이곳에서 발생했던 역사적 주요 사건들을 상기한다(참고. 대상 11:4-9; 창 22:2-이삭의 번제; 대상 21:18). 하나

님은 섭리로 이 장소를 친히 선택하셨다. 이곳은 대속적 희생의 장소였으며(참고. 창 22:13-14; 대상 21:26, 28), 하나님은 이곳에서 2명의 특별한 종에게 자신을 드러내어 언약의 약속을 주셨는데 그들은 곧 아브라함과 다윗이다. 건축은 주전 966년에 시작된다(Payne, "2 Chronicles," 450).

3:2-9. **솔로몬이 왕위에 오른 지 넷째 해 둘째 달 둘째 날**[어느 봄날(4월/5월); 참고. 왕상 6:1, 37]에 건축이 시작된다(2절). 완공은 "열한째 해 불월 곧 여덟째 달"[왕상 6:38; 참고. 대하 5:3, 즉 어느 가을날(10월/11월)]에 이루어진다. 따라서 성전 건축에는 7년 반이 소요되었다[정확한 날짜에 대해서는 다음을 보라, Thiele, *The Mysterious Numbers of the Hebrew Kings*, 51-52.《히브리 왕들의 연대기》(기독교문서선교회)]. 역대하 3장에 나오는 성전에 대한 기록은 '건축 도면'이 아니며, 성전에 대한 관광 안내서도 아니다. 저자는 **지대**(3절)부터 서술을 시작하며, 다음으로 성전 입구인 **낭실**(4절)과 성막의 성소에 해당하는 **대전**(5-7절) 그리고 **지성소**(8-9절)의 제원을 기록한다. 이 부분까지 소요된 금의 양은 약 20톤으로 추정된다(참고. Payne, "2 Chronicles," 451). **바르와임**(6절)의 위치는 확실하지 않다(이 지명은 성경에서 여기에만 등장한다. 또한 이 단어는 이 구절에 대한 주석서를 제외한 그 어떤 문헌에도 등장하지 않는다). '규빗'(*'ammah*, 아마흐)은 표준화된 길이의 단위가 아니었으며, 대개 팔꿈치에서 가운뎃손가락 끝까지의 길이를 가리킨다(참고. 신 3:11). 이집트 규빗, 바벨론 규빗, '로열' 규빗(겔 40:5) 등이 있으며, 그 길이는 약 44.5센티미터에서 53센티미터 혹은 그 이상으로 차이가 난다. 한 달란트는 약 34킬로그램이며, 한 세겔은 약 11.4그램이다.

3:10-17. 저자는 성전의 세 가지 고유한 특징을 서술한다. 첫째는 지성소에 안치된 **두 그룹**이다. 이는 언약궤를 덮었으며, 기본적으로 언약궤 위의 공간을 차지한다(10-13절; 대상 28:18의 주석을 보라). 그룹은 천사 모양의 생물로서 초월적 존재의 임재를 상징한다. 둘째 특징은 지성소와 성소를 분리하는 채색 **휘장문**[veil]이다(14절; 참고. 출 26:31-35). 이는 하나님의 거룩한 임재와, 동시에 하나님은 그들과 함께하시지만 속죄가 없이는 가까이할 수 없는 분임을 상기시킨다. 대제사장은 매년 속죄일에 지성소에 들어갔으며(레 16장의 주석을 보라), 그리스도의 희생적, 대속적 죽음만이 "휘장 가운데로" 궁극의 길을 연다(참고. 히 10:20).

성전의 셋째 특징은 **기둥 둘**(15절)이다. 이는 많은 장식으로 꾸며졌고 독립적으로 서 있으며(무언가를 지지하는 것이 아님) 성전 입구에 세워진, 놋으로 주조된 기둥이었다. 높이가 35규빗이라는 기록은 오류이며, 필사자의 실수로 보인다[왕상 7:15에는 높이가 12규빗으로 나온다. 그렇다고 해서 독자는 성경의 무오류성을 의심해서는 안 된다. 성경의 무오류성은 원본에 해당하며, 여러 사본에는 해당하지 않는다, 참고. Paul D. Feinberg, "Bible, Inerrancy and Infallibility of, " in *Evangelical Dictionary of the Bible*, ed. Walter A. Elwell (Grand Rapids, MI: Baker, 1984, 2001), 156-159]. 주된 목적은 예배자에게 건물의 웅장함을 느끼게 해주려는 것이다. **오른쪽 것은 야긴**[그가 확립한다]**이라 부르고 왼쪽 것은 보아스**[그에게 능력이 있다]**라 불렀더라**(17절). 이 이름의 의미에 대해서는 논란이 있으며, 찬양과 관련한 히브리 단어와 관련이 있는지도 모른다. 이 둘이 합쳐지면 문장을 이룬다. "그(하나님)가 능력으로 확립한다."

"이스라엘의 작은 성전은 하늘과 땅 전체의 축소판으로 이해되어야 한다"라는 견해가 있다[G. K Beale, *The Erosion of Inerrancy in Evangelicalism* (Wheaton, IL: Crossway, 2008), 164; 참고. Beale, *The Temple and the Church's Mission* (Downers Grove, IL: InterVarsity, 2004).《성전 신학: 하나님의 임재와 교회의 선교적 사명》(새물결플러스) and John H. Walton, *The Lost World of Genesis One* (Downers Grove, IL: InterVarsity, 2009).《창세기 1장의 잃어버린 세계: 고대 우주론과 기원에 관한 논쟁》(그리심)]. 이러한 견해는 자연과 성경 본문, 특히 창세기 1장의 해석에 대한 여러 전제를 기초로 한다. 성전과 성막은 하나님의 '우주적 임재'를 위한 적합한 구조물로 지어졌기에, 이 구조물의 일부 요소와 양상은 실제 우주의 장엄한 구조를 반영하는 면이 있다고 볼 수 있다. 그러나 그렇다고 해서 창세기 1장을 문자적으로 이해할 수 없다는 뜻은 아니며(창 1장의 주석을 보라), 역사적 이스라엘에 의한 성전의 물리적 사용 및 의미와 중요성이 반감되어서는 안 된다. 또한 이 구조물에 담긴 예언적 요소를 부정하거나(예수 그리스도의 십자가 대속을 가리키는), 미래에 이루어질 성전의 문자적 재건축을 부정해서도 안 된다(겔 40-48장을 보라).

2. 성전 성물들(4:1-22)

4:1-22. 성전 성물에 대한 서술을 통해 솔로몬이 아버지 다윗으로부터 받은 성전 설계도를 철저하게 따랐음을 알 수 있다(대상 28:11-19을 보라). 성전의 양식 또는 평면도는 성막을 따랐는데, 이는 옛 성막과 새 성전의 연속성을 의미한다. **놋**으로 만든 **제단**(1절)은 하나님께 가까이 나아가기 위해서는 속죄가 필요함을 의미한다. **놋**을 부어 만든 **바다**(2절)는 놋 물두멍(참고. 출 30:17-21)의 확장형으로, 죄를 씻어야 하는 필요를 나타낸다. 이는 새 성전에서 흐르는 물로 대체된다(겔 47:1-12). **물두멍 열 개**(6절)는 성막에는 없다. **금**으로 만든 **등잔대 열 개**(7절)는 성막의 한 등잔대를 대신하며, **상 열 개**(8절)는 **진설병**(19절)을 위한 것으로, 역시 성막의 한 개의 상을 대체한다. 이러한 특징은 솔로몬 시대의 큰 나라를 수용하기 위해 큰 규모의 성전이 필요했음을 가리킨다. 등잔대와 진설병은 하나님의 임재를 상징한다. 뜰(9절)은 제사장들이 봉사하는 장소였고, 기구와 도구들(11-22a절)은 그들의 연장이었다. 놋 기구는 11-18절에, 금 기구는 19-22a절에 기술된다. 제사장의 주 업무는 제사와 기도를 통한 중보였다. 그들은 성스러운 곳에서 고귀한 연장을 사용했으며, 이는 나라를 위한 그들의 직임이 중요했음을 가리킨다. 금을 입힌 성전 문의 서술과 함께 장엄한 성전에 대한 묘사가 마무리된다. 이는 예배자가 하나님의 위대함과 거룩함에 초점을 맞추게 하려는 의도이다.

E. 성전을 봉헌하다(5:1-7:22)

5:1a. 역대기 저자는 건축의 세부 사항보다 성전 봉헌에 더 관심이 많았다. 그래서 이 주목할 만한 사건에 세 장을 할애한다. 성전 건축은 주전 966년에 시작되었고, 7년여의 공사 끝에 주전 959년에 완공된다(왕상 6:1, 38을 보라). 전 과정이 한 절로 압축된다. **솔로몬이 여호와의 전을 위하여 만드는 모든 일을 마친지라**(1a절). 대조적으로 낙성식(7:8-9을 보라)에 대해서는 세 장이 할애된다. 실제 축하 행사는 "일곱째 달 절기"(3절, 9월/10월 주전 959년)까지 몇 달간 지연된다. 이는 낙성식 날짜를 나팔절, 속죄일(이에 대한 언급은 없지만), 초막절에 맞추기 위해서였다(Payne, "2 Chronicles," 4:459을 보라).

1. 언약궤와 하나님의 영광(5:1b-14)

성전의 성물을 완비하는 마지막 작업은 곧 성전 봉헌의 첫 단계였다. 이 구절들을 하나로 묶어주는 주제는 '하나님의 임재'이다. 언약궤와 영광은 여호와께서

솔로몬의 성전

큰 뜰 또는 바깥뜰

물두멍과 받침대들

위 뜰 또는 안뜰

방들

1 2 3 4 5 6 7 8 9 10 11 12 13 14 15

16 17 18 19 20 21 22 23 24 25 26 27 28 29 30

지성소

언약궤

휘장

분향단

성 소

진설병상들

금등대

야긴

낭실

보아스

놋 제단

놋 바다

8 계단

7 계단

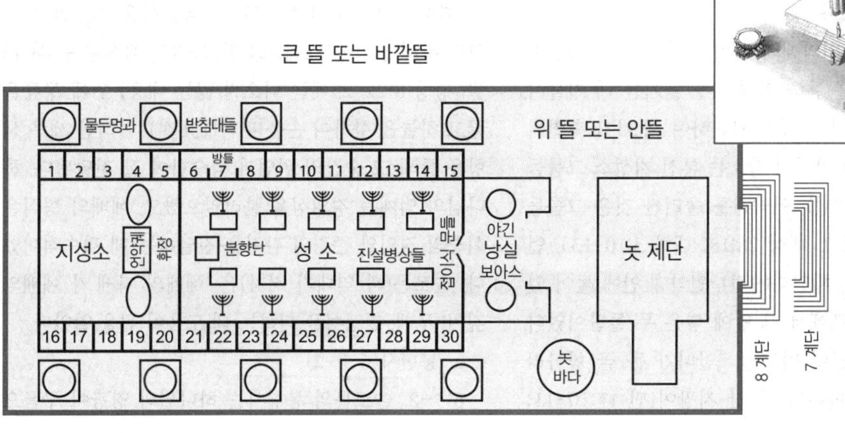

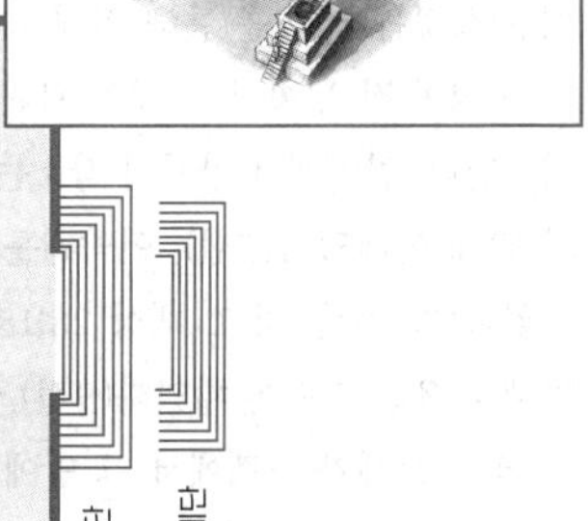

여호와의 이름을 위하여 지은 성전에 계심을 가리킨다.

a. 언약궤를 성전에 모시다(5:1b-10)

5:1b. 성전 봉헌을 위해 솔로몬은 제일 먼저 **그의 아버지 다윗이 드린 은과 금과 모든 기구를** 성전 곳간에 들이고, 언약궤를 성전에 모신다.

5:2-3, 6. 솔로몬은 이스라엘의 지도자들을 **예루살렘으로 소집**한다(2a절). 저자는 이를 통해 통합성의 주제를 다시 한 번 부각시킨다. 소집령은 효과적으로 **이스라엘 모든 사람**(3절)을 나라의 자랑과 일치의 상징 앞으로 불러 모은다. 이후 역대하에 나오는 이런 종류의 총회는 하나님께 대한 믿음과 충성의 회복을 가리킨다(참고. 20:5-19; 30:13-27; 34:29-33). **솔로몬 왕과 그 앞에 모인 모든 이스라엘 회중이**(6절) 많은 제사를 드리는데, 이 역시 이 모든 일이 통합성에 의해 이루어졌음을 나타낸다.

5:4-5. 다윗이 언약궤를 옮기려 했던 두 기록(비극으로 끝난 것, 대상 13:1-14; 성공으로 끝난 것, 대상 15:1-28)과 언약궤 수송에 관한 율법의 기록(참고. 민 4:15)은 여기 기록된 사건의 역사적, 규범적 배경이 된다. 언약궤를 성전으로 모시는 사건의 서술에서는 엄숙한 경의감과 숨 막히는 긴장감이 동시에 느껴진다. 제사장들을 특별히 선별하여 성결케 했다는 사실(11b절)에서 언약궤 수송 작전에 쏟은 정성을 짐작할 수 있다.

제사장들과 레위 사람들은 다윗이 언약궤를 두었던 장막으로 가서(참고. 대상 16:1), 궤와 **회막**(5a절; 참고. 1:3)과 장막 안의 **모든 거룩한 기구**를 성전으로 옮긴다. 저자는 자신의 세대에게 옛 성막이 유실되지 않고 보전되었으며, 자신들이 재건한 성전을 통해 회복될 수 있음을 보여주려 했다.

5:7-10. 저자는 언약궤의 안치에 대해 매우 세심하게 기록하는데, 이를 통해 실제 궤를 옮기는 데 기울여진 정성이 잘 느껴진다. 궤와 관련하여 네 가지 측면이 기록된다. 언약궤가 안치된 장소는 **본전 지성소 그룹들의 날개 아래**였다(7절). 언약궤를 둘러싼 것은 **그룹들**이었다(7b-8절; 참고. 대상 28:18; 대하 3:10-13). 언약궤를 옮긴 수단은 **채**였다(9절). 언약궤 안에 들어 있는 것은 **모세가 호렙에서 그 안에 넣은 두 돌판**이었다(10절). 페인(Payne)에 따르면, "만나가 든 금 항아리(출 16:32-34)와 아론의 싹 난 지팡이(민 17:10-11; 히 9:4)는 흘러간 세월 속에 유실된 것 같다"(Payne, "2 Chronicles," 460).

b. 하나님의 영광이 성전에 임하다(5:11-14)

5:11-14. 언약궤가 하나님의 임재를 상징한다는 것에 대한 보다 극적인 확증이 주어진다. 노래하는 자들은 노래하고 음악가들은 연주하며 축하 행사가 한창 무르익는 가운데, (특별히 선별되고 정결케 한) 제사장들이 성소를 나가려 할 때, 돌연 **여호와의 전에 구름이 가득** 찬다(13절). 이는 곧 쉐키나(*Shekinah*), 즉 하나님의 임재였다. 제사장들의 섬김이 일시에 멈추었는데, **여호와의 영광이 하나님의 전에 가득**했기 때문이다(14절). 이것은 확실한 징조였다. 하나님이 모세 때에 성막에 임하셨던 것처럼(참고. 출 40:34-38), 이제 솔로몬의 성전에 친히 임하여 영광을 드러내신다. 이 '구름'은 생생하며 흉내 낼 수 없는 하나님 임재의 현현이었다(참고. 출 13:21-22; 마 17:5; 행 1:9). 이는 하나님이 이 성전을 인정하고 기뻐하신다는 확증이었다(그리고 겔 43:1-5에 따르면, 하나님은 새 성전도 확증하실 것이다).

선하시도다 그의 자비하심[헤세드]**이 영원히 있도다**(13b절)라는 제사장들의 찬양은 솔로몬에 대한 하나님의 언약적 충성(헤세드, 참고. 1:7-13과 그 주석)을 연상케 하며(대상 17:13을 보라), 성전 완공의 영광을 모두 하나님께 돌린다.

2. 솔로몬의 봉헌 연설(6:1-11)

역대기 저자는 솔로몬의 연설과 기도를 기록하면서 왕과 회중의 자세 및 방향에 특별한 관심을 기울인다. 봉헌사(1-2절)는 성전을 향하여, 축복과 연설은 서 있는 회중을 바라보며 했다(3절). 솔로몬은 기도를 시작하면서 제단 앞에(12절) 선 뒤, 특별히 제작된 놋 대(13절; 왕상 8:22-23에는 나오지 않는 내용) 위에 무릎을 꿇고 하늘을 향하여 손을 편다(13b절). 이러한 세부 사항을 통해 그 순간의 위엄과 엄숙함이 잘 전달된다. 하나님의 임재는 경외심을 불러일으켰고, 예배의 형식은 회중의 경의와 존경의 감정을 전달하는 데 필수적이었다. 솔로몬(과 역대기 저자)은 '예배의 자세'가 예배의 깊이, 무게, 진정성을 더하는 데 도움이 됨을 알았다.

a. 봉헌사(6:1-2)

6:1-2. 솔로몬의 봉헌사는 하나님의 영광이 구름으

로 성전을 가득 채우는 극적 사건에 대한 반응이다(참고. 5:13b). 하나님의 임재를 가리키는 **캄캄한 데**[thick cloud]의 이미지는 모세가 시내산에서 경험한 사건에서 빌려온 것으로 보인다(출 20:21; 참고. 삼하 22:7-8; 시 97:2). 이제 하나님은 구름으로 자신의 임재를 보이고, 솔로몬이 지은 **성전**(2a절)에 임함으로써 성전을 승인하고 **영원히 계실 처소**로 삼으셨다(2절).

b. 봉헌 연설(6:3-11)

6:3-4a. 솔로몬은 예식의 엄숙함을 유지하면서 회중을 축복하고 **이스라엘 하나님 여호와를 송축**한다(4절). 이 축복은 단순히 '경건한 말들'이 아니라 회중의 기쁨과 행복을 위한 진심이 담긴 호소였고, 하나님께 대한 감사와 존경의 고백이었다.

6:4b-6. 하나님의 약속과 성취에 대한 회고로 연설이 시작된다. 하나님은 다윗에게 말씀하셨고(참고. 대상 17:3-14), **이제 그의 손으로 이루셨**다(4절). 아브라함과 모세에게 말씀하셨고(참고. 창 15:13-14; 출 3:7-10), 그분의 **백성을 애굽 땅에서 인도하여** 내셨다(5a절). 또한 하나님은 다윗에게 말씀하셨고, 예루살렘과(5b-6a절; 참고. 대상 11:4절 이하; 17:5; 참고. 대하 12:13; 슥 1:17; 8:3) 다윗을 선택하셨다(6b절; 대상 28:4; 참고. 대상 17:23, 27; 참고. 삼상 16:1-13). 이 회고를 통해 솔로몬의 회중과 역대기 독자는 하나님의 약속이 확실하다는 것을 명심하게 된다(참고. 시 105:1-8; 롬 11:29).

6:7-11. 이제 솔로몬은 성전 건축 및 후속 성취에 대한 하나님의 특별한 약속으로 연설의 주제를 옮긴다. 다윗은 **여호와의 이름을 위하여 성전을 건축할 마음이 있었**지만, 허락받지 못했다(7-9절; 참고. 대상 28:2-3). 대신 이 과업의 영예는 그의 아들에게 주어진다(9절). 이 역시 **여호와께서 말씀하신 대로 이루셨**다(10절). 솔로몬의 경험이 네 가지 측면으로 기술된다. 첫째, 그는 **아버지 다윗을 대신하여 일어**났다, 둘째, **이스라엘 왕위에** 앉았다. 셋째, **이스라엘의 하나님 여호와의 이름을 위하여 성전을 건축**했다. 넷째, 성공적으로 **언약을 넣은 궤**를 성전에 안치했다. 이는 전부 **여호와께서 말씀하신 대로**(10절) 성취된 것이다. 약속과 성취라는 주제 외에 다른 두 주제도 언급된다. 첫째, 하나님이 자신의 '입'과 '손'(4절; 참고. 15b절) 그리고 **말씀**(10절)을 통해 능동적으로 성취를 이루셨다. 둘째, 하나님이 하나님의 일을 성취하기 위해 사용하는 사람은 그분이 시키시는 대로 쓰임 받을 준비가 되어 있어야 한다. 다윗은 건축이 아니라 준비를 해야 했고, 솔로몬은 하나님의 말씀대로 성전을 건축해야 했다. 솔로몬은 자신이 다윗의 아들에 대한 약속의 성취라고 생각했다(10절, **내가 여호와께서 말씀하신 대로 내 아버지 다윗을 대신하여 일어나 이스라엘 왕위에 앉고 이스라엘의 하나님 여호와의 이름을 위하여 성전을 건축하고**). 그러나 역대기 독자는 이스라엘의 역사를 통해 솔로몬이 실패함으로써 다윗의 궁극적 자손 메시아가 되지 못했음을 알았다(참고. 왕상 11:1-13; 마 1:1의 주석을 보라).

3. 솔로몬의 봉헌 기도(6:12-42)

6:12-13. 솔로몬의 봉헌 기도는 성경에 기록된 위대한 기도이다. 솔로몬의 자세와 태도에는 엄숙함이 묻어난다. **무릎을 꿇고 하늘을 향하여 손을 펴고**(13절). 이는 하나님께 대한 솔로몬의 존경과 겸손을 나타낸다. 이 기도는 찬양과 간구의 모범이다.

a. 인정의 기도(6:14-15, 18)

6:14-15, 18. 솔로몬은 **이스라엘의 하나님 여호와**를 찬양한다(14a절). 그는 하나님의 초월적 유일성을 인정한다. **천지에 주와 같은 신이 없나이다**(14a절). 또한 하나님의 광대함을 인정한다. **하늘과 하늘들의 하늘이라도 주를 용납하지 못하겠거든**(18절). 그리고 하나님이 '충성된 사랑'('은혜', 헤세드, 1:7-13의 주석을 보라)을 통해 언약을 지키셨음을 인정한다. 다윗에 대한 하나님의 약속이 성취되었다.

b. 간구의 기도(6:16-17, 19-21)

6:16-17. 솔로몬은 세 가지를 간구한다. 첫째, **허락하신 말씀을 지키시**고(16절), **다윗에게 하신 말씀이 확실하게 하시기**를(17절) 간구한다. 이는 하나님이 과연 말씀을 지키실 것인지에 대한 의심의 표현이 아니다. 솔로몬은 하나님이 백성의 기도를 통해 작정한 것을 성취하시는 분임을 알았다. 솔로몬은 하나님의 약속을 근거로, 그분의 약속이 성취되기를 기도한다. 그는 지금 이 약속에 대한 확신을 표현하고 있다.

6:19-21. 둘째, 솔로몬은 하나님이 이 기도를 **돌아보시고**(19a절), **부르짖는 것과 비는 기도**와 **간구함**을 들으시며(19b, 21절), **주야로 보시고**(20a절; 참고. 40

절), **이곳을 향하여**[즉, 하나님의 임재 앞에] **비는 기도를 들으시길**(20절) 기도한다. 이 또한 하나님이 백성의 기도를 들으시도록 졸라야 한다는 뜻이 아니다. 요지는 21절의 마지막 표현에 있다. **들으시사 사하여 주옵소서**(21절). 솔로몬은 자신과 백성이 하나님 앞에 나아가 기도할 수 있음은 하나님의 전적인 은혜임을 알았다. 이 모든 기도는 하나님의 은혜에 대한 간구이다. 죄인은 하나님께 참회의 기도를 통해 용서를 구한다. 이 기도는 성전을 향해 드려진다. 성전은 속죄를 위한 곳이다. 성전에서 이루어지는 속죄를 통해 자격 없는 죄인이 하나님께 용서를 빈다. 이 간구에 담긴 신학적 함의는 성전에 임한 하나님의 임재가 단순한 '의례용'이 아니라는 사실이다. 하나님은 백성의 삶과 개개인의 일상에 능동적으로 개입하실 것이다.

c. 여러 상황에 대한 기도(6:22-39)

다음으로 솔로몬은 하나님의 자비로운 응답을 기대하는 다양한 상황을 아뢴다. 셀만(Selman)에 따르면, "각 단락은 동일한 유형을 따른다. (1) 도움이 필요한 상황, 대개 죄와 관련됨 (2) 성전에 근거한 기도와 고백 (3) 하나님의 경청에 대한 요청 (4) 회복과 용서"(Selman, *2 Chronicles*, 328).

6:22-39. 하나님의 능동적 임재가 절실한 상황은 다음과 같다. (1) 사람이 맹세를 할 때, 하나님은 **악한 자**의 죄를 정하여 벌하시고, **공의로운 자**를 의롭다 하소서(22-23절). (2) 나라가 적국에게 패배할 때, 죄를 회개하면 들으시고 나라를 **조상들에게 주신 땅**으로 돌아오게 하소서(24-25절). (3) 극심한 가뭄이 들 때(이는 패배와 마찬가지로 죄에 대한 하나님의 징벌을 뜻함), 죄를 인정하고 회개하면 **죄를 사하시고 그 마땅히 행할 선한 길을 가르쳐주시오며 주의 백성에게 기업으로 주신 주의 땅에 비를 내리**소서(26-27절). (4) 개인이나 나라에 **기근**, **전염병**, **질병**이 있을 때, 간구하고 기도하면 들으시고 용서하시되 각 마음의 진실성에 따라 **그의 모든 행위대로 갚으**소서(28-31절). (5) 이방인에 대해서도, 그들이 하나님과 그 능력에 대한 진리를 인정하면, 그 기도를 듣고 응답하셔서 **땅의 만민이 주의 이름을 알고 주의 백성 이스라엘처럼 경외하게 하시오며 또 내가 건축한 이 성전을 주의 이름으로 일컫는 줄을 알게** 하소서(33절). (6) 정복 전쟁을 위해 **주께서 보내신 길로 나갈 때에**, 기도와 간구를 들으시고 성공을 허락하소서(34-35절). (7) 죄로 인하여 적국으로 끌려갈 때에, 그들이 죄를 깨닫고 회개하며 **온 마음과 온 뜻으로 주께 돌아와서 주께서 그들의 조상들에게 주신 땅과 주께서 택하신 성과 내가 주의 이름을 위하여 건축한 성전 있는 쪽을 향하여 기도하거든** 들으시고 용서하사 회복하여주소서(36-39절).

d. 마지막 호소(6:40-42)

6:40-42. 하나님이 이 기도를 들으시리라는 솔로몬의 확신은 하나님이 **이곳**, 즉 성전에 계시다는 사실에 근거했다. 그는 마지막으로 하나님이 **평안한 처소**에 계시기를 기도하고, **얼굴을 돌리지 마시기를 호소한다**(41-42절).

4. 불과 하나님의 영광(7:1-3)

7:1-3. 하나님은 솔로몬의 기도에 극적으로 응답하신다. **불이 하늘에서부터 내려와서 그 번제물과 제물들을 사르고 여호와의 영광이 그 성전에 가득하니**(1절). 이는 하나님이 성전을 그분의 처소로 인정하고, 솔로몬이 간구한 대로 백성을 선처하시겠다는 틀림없는 확증이었다. 제사장들과 백성의 반응은 두려움이었다. 그들은 **땅에 엎드려** 경배하며 찬양한다(3절).

5. 제사와 절기(7:4-11)

7:4-11. 제사(4-5절)와 음악(6절)과 더 많은 제물(7절)과 초막절의 준수(8-9절)가 이어진다. "솔로몬은 성전 낙성식을 여러 달 연기했다(참고. 5:3). 온 이스라엘이 예루살렘에 모이는(출 23:16-17) 초막절과 시기를 맞추기 위해서였다"(Payne, "1 Chronicles," 464). 솔로몬은 백성을 각자 고향으로 돌려보내고, 백성들은 **기뻐하며 마음에 즐거워했다**(10절). 백성은 성전과 모든 복의 근거가 **그의 인자하심**['충성된 사랑', 헤세드, 1:7-13의 정의를 보라]**이 영원**하다는 진리(3b, 6b절)임을 이해했다. 이는 그들의 기쁨과 즐거움의 열쇠였다. 그들은, 스스로는 아무 자격이 없지만 하나님의 언약 때문에 하나님이 그들을 버리지 않으시리라는 사실을 깨달았다. 역대기 저자의 세대에게 (그리고 하나님의 모든 백성에게) 필요한 메시지도 바로 이것이다. 하나님은 약속을 지키실 것이다. 그리고 이러한 복을 누리려면 개인이나 나라 모두 순종해야만 한다(참고. 6:16). 이 교훈은 곧 솔로몬 자신에게 적용된다.

6. 낙성식 후 하나님이 솔로몬에게 나타나시다 (7:12-22)

밤에 하나님이 솔로몬에게 나타나신다(12절). 이는 역대하에 두 번째로 기록된다(참고. 1:7 이하). 솔로몬 개인과 다윗 왕조에게 매우 의미 있는 말씀이 주어진다. 열왕기상의 관련 본문(왕상 6:38-7:1; 9:10)과 하나님이 성전과 왕궁이 모두 완공된 다음에 솔로몬에게 말씀하셨다는 기록(11-12절)을 종합해보면, 이 만남은 방금 기록된 성전 낙성식이 있은 지 13년이 지난 시점의 사건임을 알 수 있다. 역대기 저자는 성전 낙성식의 기록 바로 다음에 이러한 하나님의 확증을 기록하는 것이 적절하다고 생각했던 것 같다.

a. 하나님이 성전 선택을 확증하시다(7:12, 16)

7:12, 16. 하나님은 솔로몬의 봉헌 기도에 대한 응답으로 나타난 것임을 분명히 밝히신다. **내가 이미 네 기도를 듣고.** 하나님은 성전이 중재, 즉 제사와 기도의 장소가 될 것임을 명시하신다. 이스라엘은 하나님이 성전을 선택하셨고 기도를 들으신다는 약속을 믿어도 된다. 왜냐하면 성전에는 하나님의 이름과 그분의 **눈**, 그분의 **마음**[즉, 그분의 관심과 사랑]이 **항상** 있을 것이기 때문이다(16b절).

b. 하나님이 회복을 약속하시다(7:13-15)

7:13-15. 이 놀라운 약속은 이스라엘에게 강력한 책임을 지운다. 하나님은 시련의 때에 대해 말씀하신다. 가뭄, 기근, 전염병(13절)과 같은 시련은 당시 어느 나라에게나 해당되었다. 이러한 사태가 반드시 죄의 결과라는 설명은 없다. 죄의 결과일 수도 있고, 하나님의 섭리에 따른 현상일 수도 있다. 하지만 어떤 경우든, 이스라엘은 그러한 재난을 벗어날 수 있는 도움에 대한 약속이 있다. 역대기에서 가장 유명한 구절을 통해 하나님은 복을 다시 받고 누릴 수 있는 올바른 태도와 행동을 소개하신다. 이 약속은 특별히 **내 백성**을 위한 것이지만, 그 원리는 하나님의 이름을 부르는 모두에게 적용될 수 있다(참고. 욜 2:32; 습 3:9; 행 2:21; 롬 10:13; 고전 1:2; 참고. Selman, *2 Chronicles*, 338).

14절에 기록된 네 가지 행동은 '단계적 과정'이 아니며, 능동적 태도가 여러 측면으로 표현된 것이다. 역대하에서 이어지는 모범적인 다윗 후손 왕들을 통해서 이러한 행동의 실제 사례가 기술되며, 이는 이 약속의 진리에 대한 증거가 된다. 회개하는 백성은 먼저 **스스로 낮추어**야 한다. 즉, 이스라엘 역사에 만연한 완고함과 교만을 거부해야 한다. 둘째, 그들은 **기도**하고, 성전을 통해 주어진 위대한 특권을 누려야 한다. 셋째, 그들은 **내 얼굴을 찾**아야 한다. 이는 역대기의 주요 주제이다. 하나님의 얼굴을 찾는 것은 자기 추구와 자기 의존의 거부를 의미한다. 넷째, 그들은 **그들의 악한 길에서 떠나**야 한다. 이는 회개를 가리킨다. 하나님은 그들이 자기 의존, 자기 신뢰, 자기 추구를 완전히 버리고, 하나님을 의도적으로 의지하고, 적극적으로 순종하며, 하나님을 위해 작심하고 변화된 삶을 살기를 바라신다.

이러한 '적극적 태도'에 대한 하나님의 약속은 세 가지이다. 첫째, 하나님은 **하늘에서** 들으실 것이다. 이는 실로 엄청난 약속이다. 둘째, **그들의 죄를 사하**실 것이다. 이는 하나님과의 관계를 회복하고 언약의 복을 누리기 위해 반드시 거쳐야 할 단계이다. 셋째, **그들의 땅을 고치**실 것이다. 이 마지막 약속은 아브라함 약속의 구체적 측면인 땅을 연상케 하며, 또한 바로 이 땅에서 분투하며 회복을 열망하는 역대기 저자의 세대에게는 특별한 격려가 된다. 이 약속은 하나님의 언약 백성 이스라엘에게 주어진 것이며, 율법에 약속된 신명기적 복과 저주를 반영한다(참고. 신 27-28장). 따라서 이 약속은 신정국가에 살고 있지 않은 성도에게 주어진 것은 아니다. 물론 하나님은 모든 나라의 백성이 자기를 낮추고 기도하며, 예수 그리스도의 믿음으로 돌아오기를 바라신다. 또한 하나님께 돌아오는 자들의 죄를 용서하실 것이다. 그러나 하나님이 그들의 나라를 회복하고 그들의 땅을 고치신다는 약속은 여기에 없다.

c. 하나님이 다윗의 집에 대한 약속을 반복하시다 (7:17-18)

7:17. 다음의 약속은 솔로몬 개인에게 주어진 것이지만, 실상은 나머지 다윗 왕조에게도 해당된다. 즉 하나님이 솔로몬에게 하신 말씀은 다윗의 후대 왕들에게도 똑같이 의미 있고 시급하다. 다윗에게 주신 약속은 번복될 수 없지만(18b절; 참고. 대상 17장), 그 약속을 실제로 누리려면 순종이 수반되어야 한다. 이 순종에는 세 가지 내용이 필수적이다. 왕은 행하고(walk), 행하며(do), 지켜야(keep) 한다(17절). 첫째, 하나님이 요구하시는 순종은 '행함', 즉 처신, 봉사, 통치이다. **네 아버지**

다윗이 행한 것과 같이 하여(17a절). 다윗은 언약 충성의 모범이다. 비록 완벽하지는 않았지만, 하나님의 "마음에 맞는 사람"이었다(참고. 삼상 13:14; 행 13:22). 둘째, 왕은 **내가 네게 명령한 모든 것을 행**해야 한다. 왕은 진정한 왕이신 주권적 하나님의 '대리인'으로 섬겨야 한다. 셋째, 왕은 **내 율례와 법규를 지켜**야 한다. 그는 하나님의 뜻을 찾기 위한 안내로서 율법에 순종해야 한다. '율법 지키기'는 단순히 법적 조항의 준수가 아니라 율법을 통해 왕과 나라에 대한 하나님의 복을 구하는 것을 의미한다(참고. 시 1:1-3; 119:1-8). 이 훈계는 창세기 26:5에 나오는 아브라함에 대한 기술과 놀라우리만치 흡사하다. "아브라함이 내 말을 순종하고 내 명령과 내 계명과 내 율례와 내 법도를 지켰음이라." 놀랍게도 아브라함은 수백 년 후에야 주어지는 율법이 아직 존재하기도 전에 이렇게 묘사되었다. 그 이유는 "아브라함이 여호와를 믿으니 여호와께서 이를 그의 의로 여기"셨기 때문이다(창 15:6). 아브라함은 믿음의 삶을 살았기에, 율법이 주어지기 전에도 율법을 이행할 수 있었다. 따라서 모세오경의 메시지는 믿음으로 믿음의 순종에 정진하는 것이다. 솔로몬은 믿음의 표현으로서 순종해야 했다.

7:18. 이스라엘을 다스릴 자가 네게서 끊어지지 아니하리라(18b절). 이 약속은 (당연히) 이스라엘을 다스리는 왕이 언제나 있으리라는 뜻은 아니다. 역대기 저자는 포로로 잡혀간 이후 (그리고 그의 시대에도 여전히) 나라에 왕이 없었음을 잘 알고 있다. 이 약속은 메시아에 대한 소망의 표현이다. 언약의 약속은 왕의 불순종으로 누릴 수 없었고, 역사의 어느 시점에서 다윗의 후손이 왕위에 앉는 복을 누리지 못하기도 했지만, 역대기 저자는 이 약속이 궁극적으로 다윗의 위대한 자손(참고. 대상 17:13-14) 메시아를 통해 성취될 것을 확신했다. 이 메시아는 "이스라엘을 다스릴 자"로 오실 것이다(참고. 미 5:2).

d. 하나님의 율법을 '버리면' 포로로 잡혀갈 것을 경고하시다(7:19-22)

7:19-22. 하나님의 말씀이 솔로몬에 대한 경고로 마무리된다. 이를 통해 '여호와 구하기'와 '여호와 버리기'의 주제가 분명히 드러난다(역대상 서론의 '목적과 주제'를 보라). 여로보암 1세(참고. 왕상 12:25-33)의 배교로부터 시드기야(왕하 24:17 이하)의 통치에 이르는 분열 왕국의 역사는 율법에 대한 불순종과 우상숭배로 점철되어 있다. 포로 및 국제적 조롱에 대한 경고는 역대기 저자의 세대에게 일어날 수도 있는 일이 아니라 이미 벌어진 쓰라린 역사였으며, 그들은 비교적 최근에 포로 생활에서 돌아왔다. 저자의 목적은 "오랜 상처에 소금을 뿌리려는 것이 아니라, 불순종의 대가를 피하는 법을 보여주려는 것이다." 그리고 막상 불순종의 대가가 닥치면 "백성의 적절한 피난처는 회개임"을 보여주려는 것이다(Sailhamer, *First and Second Chronicles*, 78).

F. 솔로몬의 통치(8:1-9:31)

왕위에 오른 지 20년 후(1절), 성전과 왕궁 건축을 마무리한 후에 솔로몬은 마침내 수고의 열매를 즐긴다. 그러나 왕의 자리란 새로운 과제가 끊이지 않는 법이다. 역대기 저자는 솔로몬 이야기를 마무리하면서 솔로몬이 왕국의 안보를 강화하고 지혜로 다스린 일을 강조한다. 또한 그의 부와 권력도 언급한다.

1. 솔로몬이 왕국의 안보를 강화하다(8:1-8)

a. 솔로몬의 건축 프로젝트(8:1-11)

8:1-6. 저자는 솔로몬의 다른 건축 프로젝트에 대해 기술한다. 솔로몬은 방어를 위해서 **견고한 성읍**(5절)을 건축하고, 재산들을 보관하고(4, 6절), **병거**와 **마병**의 숙영을 위해(6절) **국고성**을 건축한다. 언급된 지명을 통해 볼 때, 솔로몬이 왕국을 확장하고 방어를 강화했음을 알 수 있다.

8:7-10. 솔로몬은 성읍 건축을 통해 외세의 위협에 대비하고, 노동력 관리를 통해 내치에도 만전을 기한다. 모든 외국인들은 역군(8b절; 참고. 대상 22:2)으로 징집된다. 이들을 열악한 환경에서 거칠게 다룬 것은 아니다. 솔로몬은 이들을 예의 주시하면서 고위직으로 진출하는 것을 막았다. 고위 관리직은 **이스라엘 자손**의 몫이었다(9절). 나라에 충성할 수 있는 자들과 왕만이 책임과 권력이 따르는 지위를 차지할 수 있었다.

8:11. 솔로몬은 또한 애굽인 아내를 위해 별도의 궁을 건축한다. 외국인(아마도 이교도) 아내가 언약궤를 위해 성별된 거룩한 장소 근처에서 거주하는 것은 바람직하지 않다고 판단한 듯하다(구약시대에 여러 아내를 두는 문제에 대해서는 대상 14:3-7 및 창 29-30장

솔로몬의 국내 행정

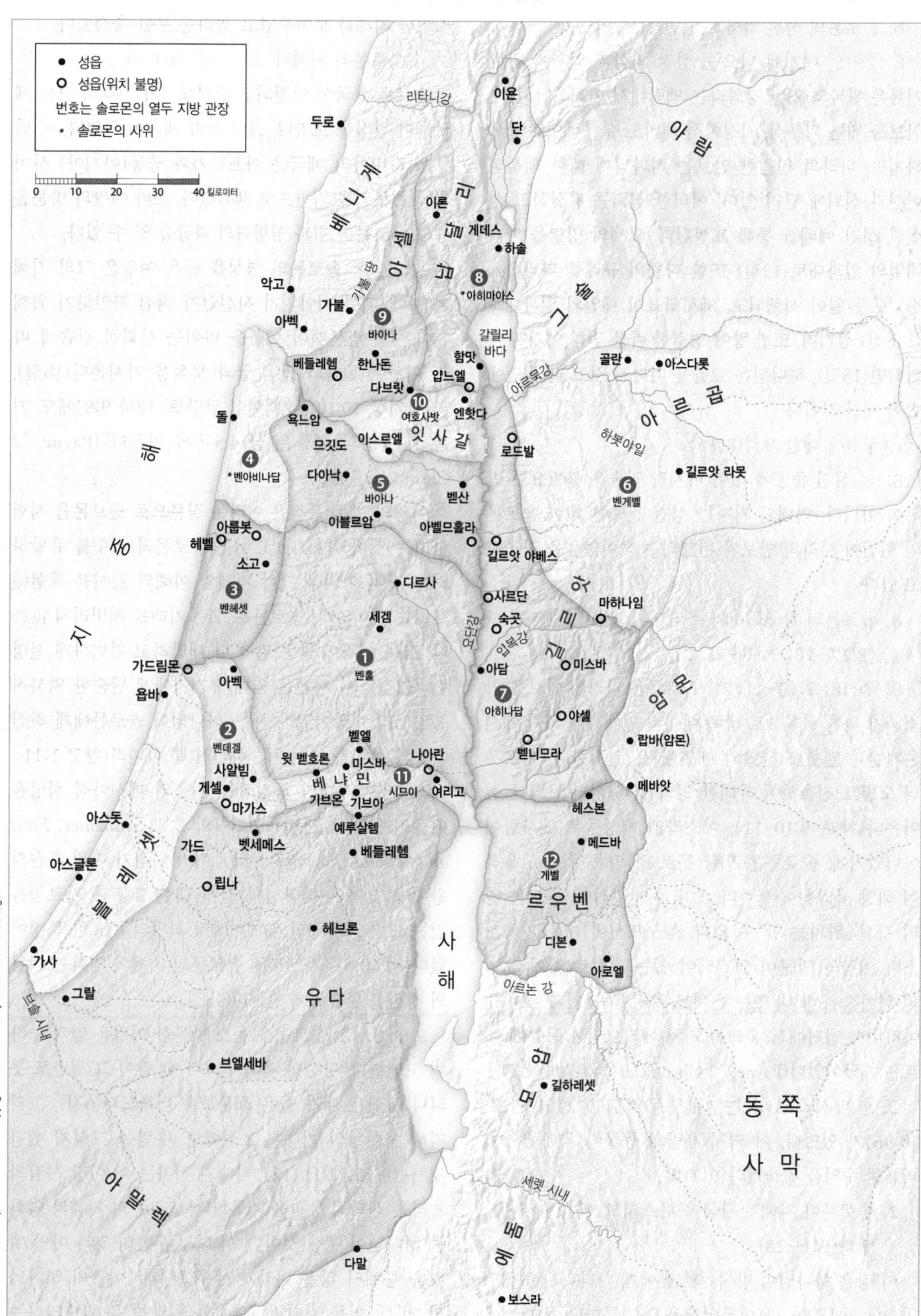

● 성읍
○ 성읍(위치 불명)
번호는 솔로몬의 열두 지방 관장
* 솔로몬의 사위
0 10 20 30 40 킬로미터
이욘
리타니강
단
두로
아람
베니게
이론
게데스
하솔
갈릴리
납달리
악고
8 *아히마아스
그술
가불
아벡
9 바아나
갈릴리 바다
골란
아스다롯
함맛
베들레헴
한나돈
얍느엘
다브랏
야르묵강
10 여호사밧
엔핫다
돌
욕느암
아르곱
므깃도
이스르엘
잇사갈
로드발
하봇야일
4 *벤아비나답
다아낙
길르앗 라못
5 바아나
벧산
6 벤게벨
이블르암
아벨므홀라
아룹봇
헤벨
길르앗 야베스
소고
디르사
3 벤헤셋
사르단
마하나임
세겜
숙곳
요단강
얍복강
1 벤훌
가드림몬
아벡
아담
미스바
욥바
7 아히나답
야셀
2 벤데겔
벧엘
벧니므라
랍바(암몬)
윗 벤호론
미스바
나아란
사알빔
베냐민
11 시므이
게셀
기브온
기브아
여리고
메바앗
마가스
헤스본
아스돗
예루살렘
벧세메스
메드바
가드
베들레헴
아스글론
12 게벨
립나
르우벤
헤브론
사해
디본
가사
아로엘
아르논 강
그랄
유다
브솔 시내
모압
브엘세바
길하레셋
동쪽 사막
아말렉
세렛 시내
다말
에돔
보스라
지중해
블레셋
암몬
길르앗

의 주석을 보라).

b. 솔로몬의 성전 의식과 인원(8:12-15)

8:12-15. 여기에 나오는 성전 의식과 인원에 관한 기록은 왕국의 기반 강화라는 맥락에서 이해해야 한다. 안보를 위한 외부적, 지정학적 대비도 실제적으로 중요하지만, 나라의 진정한 안보는 하나님께 대한 백성의 헌신과 신뢰에 달려 있다. 이러한 신뢰는 진실하고 성실한 성전 예배를 통해 표현된다. **모세의 명령을 따라 매일의 일과대로**(13절) 또한 **다윗의 규례를 따라**(14a절) 모든 일이 시행되고, 제사장들이 **매일의 일과대로**(14b절) 섬기며, 또한 **왕이 명령한 바를 전혀 어기지 아니하면**(15절), 하나님은 그들을 떠나지 않고 늘 성전에 함께 계실 것이다.

c. 성전에 대한 요약(8:16)

8:16. 성전 준공에 대한 마지막 진술은 불필요한 반복이 아니다. 역대기 저자는 성전 건축에 대한 솔로몬의 헌신이 나라의 안보와 번영의 초석이었음을 강조하고 있다.

d. 솔로몬의 항구도시와 무역
(8:17-18; 9:10-11, 21)

8:17-18; 9:10-11, 21. 솔로몬은 나라의 안보를 확립하기 위한 일환으로 남쪽 아카바 만에 항구도시 **에시온게벨**과 **엘롯**[오늘날의 에일랏]을 설립한다. 이로부터 **오빌**로 진출하여 막대한 양의 금과 여타 보화를 실어온다(참고. 9:10-11). 이스라엘 백성들은 뱃사람이 아니었기에, 솔로몬은 후람(두로 왕)의 종들을 고용하여 해양 사업을 진행한다. 오빌과 전설적인 '솔로몬 왕의 광산' 위치는 알 수 없다. 항구도시에 대한 기록과 스바 여왕의 방문이 연결되어 있는 것으로 보아 오빌의 위치를 스바 내 또는 근처로 추정할 수 있다. 스바는 아라비아 남단에서 홍해를 거쳐 에티오피아 동부에 이르는 제국이었다(Payne, "2 Chronicles," 4:470을 보라).

또한 **다시스로 가는** 다른 무역로(9:21a; 참고. 20:36)가 있었다. 이 역시 **후람의 종들**이 참여했으며, 막대한 수익을 창출했다(9:21b).

2. 솔로몬이 지혜로 왕국을 다스리고, 막대한 부를 쌓다(9:1-28)

이 장은 하나님이 밤에 솔로몬에게 나타나서 하셨던 약속(1:7-13)이 다 이루어졌음을 기록한다. 하나님은 솔로몬에게 지혜와 부를 약속하셨다. 실제로 솔로몬은 뛰어난 지혜를 보여주었고, 놀라운 부를 축적했다.

a. 솔로몬의 지혜와 스바 여왕(9:1-9, 12)

솔로몬 왕국이 안정되고 강력해지자 지역의 다른 제국들이 관심을 보였다. 그중 스바 제국이 있었다. 이 남부 아라비아의 제국은 아프리카와 중동(아시아) 사이의 국제무역을 기반으로 세워졌다. 스바 여왕의 방문을 통해 솔로몬의 힘과 영향력의 파급을 알 수 있다.

9:1-4, 9. 솔로몬의 명성을 들은 여왕은 그의 지혜와 부에 대한 이야기가 사실인지 직접 확인하기 위해 찾아온다. 방문객이 예물을 바치는 사회적 관습에 따라 여왕은 **향품과 많은 금과 보석**을 가져온다(1b절). "열왕기상 10:10(**금 백이십 달란트**, 대하 9:9)에도 기록된, 여왕의 예물은 금 4.5톤에 이른다"(Payne, "2 Chronicles," 470).

여왕의 방문 목적은 **어려운 질문으로 솔로몬을 시험**하려는 것이었다(1a절). 이는 솔로몬의 실수를 유발하려는 것이 아니라 그의 지혜와 이해의 깊이를 체험해 보려는 것이었다. 솔로몬은 그런 기대를 저버리지 않는다. 그는 여왕이 **묻는 말에 다 대답**하고 완벽하게 설명한다(2절). 이 사건은 역대기 저자에게 단순한 역사적 흥밋거리 이상이었다. 이는 하나님이 솔로몬에게 하신 약속의 성취를 보여주는 사건일 뿐 아니라(참고 1:11-12), "저자 시대의 특징적인, 일종의 메시아적 희망을 떠올리게 하는 사건이었다"(학 2:7; Sailhamer, *First and Second Chronicles*, 79). 이방 나라가 다윗 후손의 왕에게 찾아와 하나님의 길에 대한 교훈과 가르침을 받는 모습은 유대인의 메시아적 희망의 주요한 특징이었다(사 60:3-6을 보라). 솔로몬의 지혜와 영화는 여왕의 **정신**을 **황홀**하게 만든다(4b절).

9:5-8, 12. 솔로몬을 몸소 방문한 여왕은 깜짝 놀라며 고백한다. **당신의 지혜가 크다 한 말이 그 절반도 못되니 당신은 내가 들은 소문보다 더하도다**(6절). 그의 지혜는 여왕의 기대를 초월했다. 후람을 그렇게 했던 것처럼(참고. 2:11-12), 역대기 저자는 이 이방 사람의 놀라운 신학적 통찰을 기록한다. 솔로몬의 지혜와 영화는 하나님이 주신 것이다. 이 다윗 후손의 왕과 이방 여왕을 통해서 많은 나라가 예루살렘과 "야곱의 하나님의 전"에 이를 것이며, "여호와의 말씀"을 받으리라는

(사 2:2-3) 약속의 성취를 엿볼 수 있다. 12절의 기록을 통해 여왕은 솔로몬에게 가져온 것 이상으로 물적, 영적 답례를 받아 본국으로 돌아갔음을 알 수 있다.

b. 솔로몬의 부와 권력(9:13-20, 22-28)

9:13-28. 솔로몬의 엄청난 부에 대한 기록은 하나님의 약속(1:1-13)이 성취되었음을 보여준다. 금 **방패**(13-16절), **상아**로 만들어 순금을 입힌 큰 **보좌**(17-19절), 금으로 만든 **마시는 그릇**(20절) 등을 통해서 **솔로몬 왕의 재산과 지혜가 천하의 모든 왕들보다** 컸음을 알 수 있다(22절). 다른 왕들도 스바 여왕의 본을 따라 솔로몬의 지혜를 직접 보기 위해 예물을 가지고 왔다(23-24, 28절). 솔로몬의 군사력과 패권 역시 언급된다(25-26절). 저자는 이 모든 내용을 자신의 세대를 위한 희망의 메시지로 기록한다. 하나님은 다윗 언약의 성취로 솔로몬에게 이 모든 일을 행하셨고, 다윗의 위대한 자손 메시아를 위해서 더 크고 놀라우며 영원한 일을 이루실 것이다. 솔로몬의 권력과 권위는 구약 왕국으로서 절정에 이르렀지만(26절), 아브라함의 약속에는 미치지 못한다(여기 26절에서는 **애굽 지경**, 참고. 창 15:18-21에서는 '애굽강'). 후기 선지자들은 이 약속을 반복하면서(예를 들어 암 9:11-15; 사 57:13; 61:7, 그들은 이 약속이 성취되었거나 폐지된 것으로 보지 않는다), 이 약속이 결국 '영원한' 것임을 강조한다(창 12:1, 7; 13:15; 15:18; 사 60:21).

3. 요약 및 솔로몬의 죽음(9:29-31)

9:29-31. 솔로몬 삶의 마지막을 기록한 부분에서 가장 눈에 띄는 점은 그의 통치 말기 실패에 대한 언급이 없다는 사실이다(왕상 11:1-43을 보라). 솔로몬의 배교 또는 "솔로몬이 마음을 돌려 이스라엘의 하나님 여호와를 떠나므로 여호와께서 그에게 진노"(왕상 11:9)하셨다는 사실에 대한 언급이 전혀 없다. 다윗의 경우에도 그랬듯이, 저자는 솔로몬에 대한 부정적 기록을 포함시키지 않는다. 이는 어두운 역사를 부정하거나 다시 쓰려는 의도가 아니라, 독자가 이를 이미 알고 있다고 생각했기 때문이다. 그의 목적은 자신의 세대를 격려하는 것이었고, 부정적 역사는 그런 목적에 부합하지 않았을 뿐이다. 저자에게 중요한 점은 솔로몬의 성공이나 실패가 아니라 하나님의 약속이 성취되었다는 사실이다. "솔로몬은 기본적으로 '사례'였다. 솔로몬은 약속된 다윗 자손의 한 예였다. 약속된 그 자손은 역대기 저자 시대까지 아직 오지 않았다"(Sailhamer, *First and Second Chronicles*, 82). 그럼에도 불구하고 솔로몬의 이야기는 하나님의 약속이 성취되었음을 보여준다. 다윗의 위대한 자손은 반드시 오실 것이며, 솔로몬보다 더 위대한 지혜와 영화로 다스리실 것이다.

Ⅳ. 다윗 가문의 왕들(10:1-36:23)

역대기의 네 번째 주요 부문은 솔로몬의 죽음부터 포로기까지 다윗 왕조의 왕들을 다룬다. 초점은 유다 왕국에 있고, 북쪽 지파(이스라엘)의 왕국과 왕들에 대한 언급은 남 왕국과 의미 있는 상관이 있을 경우로 제한된다. 역대기 저자는 "과거에 대한 포괄적 이해보다는 현재와 미래에 대한 신학적 관점을 중시한다"(Sailhamer, *First and Second Chronicles*, 83). 저자는 이 부분에서 보다 자세하게 왕들의 과오와 죄에 대해 언급한다(그가 전하는 다윗 및 솔로몬의 삶과 비교해서). 다윗 가문 왕들의 심각한 죄를 언급하는 반면, '여호와 구하기'로 인한 혜택을 강조하며, 심각한 실패의 경우에도 그 가능성을 제시한다(므낫세의 경우처럼). 하나님이 '여호와를 구하지' 않는 왕을 징계하는 것은 사실이지만, 진정한 회개와 믿음에 대해서는 호의로 반응하신다.

A. 르호보암(10:1-12:16)

르호보암의 통치는 세 부분으로 기술되며, 각 부분은 역대하 10, 11, 12장에 대응한다. 역대하 10장의 기록은 병행하는 열왕기상 12장과 대응한다. 이는 역대기 저자가 역사를 다시 쓰려 한 것이 아니라, 역사의 어떤 면을 부각함으로써 신학적 의미를 도출하려 했음을 보여준다. 역대하 11-12장에는 저자의 고유한 내용이 많다.

왕국 분열은 국사의 주요 사건이었다. 따라서 설명이 필요했으며, 특히 다윗 언약에 비추어 이해할 필요가 있었다(대상 17장). 열왕기에서는 솔로몬(참고. 왕상 11:26-39, 하나님이 선지자 아히야를 통해 여로보암에게 주신 말씀), 르호보암, 여로보암이 각각 왕국의 분열에 책임이 있는 것으로 기술된다. 그러나 역대기 저자는 열왕기에서 한 기록을 강조함으로써 하나님이 왕국 분열을 예견하신 사실을 특별히 부각한다(15절; 참고. 왕상 12:15). 따라서 이는 '하나님으로부터 비롯된 사건'이었다. 하나님은 왕권을 사울에게서 다윗에게로 옮긴 것처럼(참고. 대상 10:14), 국사의 이 불행한 사건도 주관하셨다. 따라서 역대기 저자는 하나님이 국사의 위대한 '전환점' 역시 주관하고 계심을 보여준다.

1. 왕국이 나뉘다(10:1-19)

a. 르호보암이 온 이스라엘과 만나다: 대관식이 지연되다(10:1-5)

10:1-3. 르호보암이 **세겜**으로 가서 **온 이스라엘**과 만나 왕으로 인정된다. 왕국 분열로 귀결되는 지파 간의 분열이 이미 시작되었기에, 세겜이라는 접선 장소는 의미심장하다. 세겜은 에브라임 영토 내 예루살렘 북쪽 약 48킬로미터 지점에 있었다. 이미 북쪽 지파의 정치적 중심지로 인식된 이 지역은, 분열 이후 북 왕국의 첫 수도가 된다(참고. 왕상 12:25).

'온 이스라엘'이 모였기에, 르호보암은 조부 다윗이 그랬던 것처럼(참고. 대상 11:1) 자신의 즉위식이 거행될 것으로 기대했던 것 같다. 그러나 솔로몬에 의해 추방되었던 여로보암(참고. 왕상 11:26-40)이 소집되어 백성의 대변인으로 선임된다. 이 장면의 분위기는 진중하지만 긴장이 고조되었던 것은 아니다.

10:4-5. **왕의 아버지께서 우리의 멍에를 무겁게 하였다**는 진술과 **고역**(4a절)이라는 언급은 심각한 비난이다. 솔로몬이 '바로처럼' 백성을 취급함으로써(참고. 출 6:6-7과 비슷한 표현) 왕에 대한 하나님의 계명을 위반했다고 비난한다(신 17:20). 그러나 곧바로 짐을 가볍게 해주면 새 왕을 섬기겠노라고 서약함으로써 비난의 수위를 낮춘다(4b절). 르호보암은 신중하게 요구 조건을 검토할 시간을 구하면서 답변을 미룬다. 이 시점에서, 인간적으로 생각하면, 왕국의 분열은 불가피한 것이 아니었다. 역대기 저자는 독자에게 그러한 재앙은 피할 수 있으며, 균열이 작을수록 분열을 예방하기 쉽다는 메시지를 전하려 했는지도 모른다.

b. 르호보암이 모사들과 만나다(10:6-11)

만약 르호보암이 예전에 '온 이스라엘'이 모였던 총회(참고. 대상 11장)를 떠올렸다면, 아버지가 그랬던 것처럼 지혜를 간구할 필요를 느꼈을지도 모른다. 여기에서 국사 및 르호보암 통치의 결정적 순간에 기도가 없었다는 사실이 확연히 두드러진다. 그는 기도 대신 인간 모사를 찾았고, 그마저도 그른 모사의 말을 따른다.

10:6-7. 르호보암이 먼저 조언을 구한 **원로들은 아버지 솔로몬을 섬겼던** 자들이다(6절). 그들은 백성이 요청한 대로 들어줄 것을 조언한다. "병행 구절인 열왕기상 12:7에 나오는 원로의 조언은 더욱 강력하다. '후대'하거나 '선한 말'을 하는 정도가 아니라 '섬기는 자'가 되고 '섬기'라고 조언한다"(Payne, "2 Chronicles," 4:474). 백성은 성전과 왕궁 건축 같은 노역을 무한정 인내할 수 없었다. 나라의 대사를 위한 희생은 어쩔 수 없었다 해도, 왕의 개인적 권력 강화를 위한 예속은 견딜 수 없었다.

10:8-11. 르호보암이 **원로들이 가르치는 것을 버렸다**는 진술이 이 부분의 앞뒤를 괄호처럼 묶어준다(10:8a, 13). 이는 곧 그가 '여호와 구하기'에 실패했다는 사실을 강조한다. 르호보암은 대신 **자기와 함께 자라난 젊은 신하**들의 조언에 귀를 기울인다. 그들의 자의적 충성은 르호보암만을 위한 것이었고(8a절), 백성은 도외시했다. 르호보암은 백성의 비난(9b절)만 반복하고 그들의 충성 서약은 생략함으로써 사태를 왜곡하며, 젊은 신하들의 비이성적 조언에 정당성을 부여한다. 왕은 백성의 요구를 위협으로 묵살한다. 이는 나쁜 정책이었다! 왕국의 분열이라는 역사적 관점에서 볼 때, 젊은 신하들의 호전적 조언은 미성숙하고 근시안적이었다.

c. 르호보암이 여로보암 및 온 백성과 만나다 (10:12-15)

10:12-15. 만남이 재개되고 르호보암은 백성에게 **포학한 말로 대답**한다(13절). 반복적인 언사를 통해 상황이 급박해지고 적대감이 고조됨을 느낄 수 있다. 역대기 저자는 상황을 이렇게 요약한다. **왕이 이같이 백성의 말을 듣지 아니하였으니**(15a절). 르호보암은 백성의 불만을 과소평가했으며, 자신의 위협 능력을 과대평가했다. 저자는 **이 일**(15b절)이 여호와께로 말미암은 것임을 밝힌다. "독자는 왕국 분열 및 열 지파의 손실 같은 처참한 상황조차 하나님의 계획 속에 있음을 상기하게 된다"(Saihamer, *First and Second Chronicles*, 84).

d. 왕국이 나뉘다(10:16-19)

10:16-19. 르호보암의 흉포한 비난조 대답에 대한 백성의 반응은 신속하고 단호했다. **우리가 다윗과 무슨**

관계가 있느냐라는 시적 질문은 백성의 유행어가 된다. 다윗 가문과 온 이스라엘의 분열 장면은 역대기에서 나라의 통합성이 산산이 부서진 순간을 보여준다.

르호보암은 백성들을 위협하려 했지만, 그의 수하 **하도람**[왕상 12:18에는 '아도람']은 백성의 돌에 맞아 죽고 만다. 르호보암은 예루살렘으로 도망친 후 **유다 성읍들**을 다스린다(17절). 이스라엘이 다윗의 집을 **오늘날까지**(19절) 배반했다는 구절은 역대기 저자가 원용한 역사 자료의 표현을 빌려 쓴 것으로 보인다(참고. 왕상 12:19). 저자는 여로보암의 즉위식에 대한 서술을 생략한다(참고. 왕상 12:20). 이후로 북 왕국의 역사는 대부분 생략하고(초점은 다윗 왕조에 있으므로), 유다 왕들과 관련이 있을 때만 북 왕국의 사건이나 왕들을 언급한다(북 왕국의 반역, 불순종, 심판의 역사는 역대기 저자의 보다 낙관적 역사관과 부합하지 않는다. 그는 징계의 역사에 관심을 쏟기보다는, 자신의 세대가 '하나님의 약속을 고대하고' 나라에 복을 가져올 다윗의 위대한 자손을 바라길 원했다).

2. 르호보암의 통치(11:1-23)

르호보암의 통치에 대한 역대기의 기록은 열왕기의 기록과 사뭇 다르다. 분량도 길어지며, 열왕기에 없는 내용들이 나온다. 또한 르호보암에 대한 전체적인 평가는 두 기록이 동일하지만(참고. 12:14 그리고 왕상 14:22), 르호보암의 일시적 회개(12:6)에 대해 지면이 더 할애되며, 왕의 악함에도 불구하고 다윗의 약속이 유효함을 보여주는 사례들이 더 많이 등장한다. 르호보암은 어리석은 결정으로 북쪽 지파를 잃었지만, 다윗과 솔로몬이 그랬듯이, 왕국의 방비를 강화한다(5절 이하). 한편 온 이스라엘에서 제사장과 레위 사람을 모으는데, 이는 참 예배 장소인 예루살렘에 대한 '다윗의' 관심을 반영한다(참고. 16절). 재차 말하지만, 역대기 저자가 역사를 다시 쓰려 한 것은 아니며(그는 독자가 열왕기의 내용을 숙지하고 있으리라 예상한다), 하나님이 르호보암에 대해 다윗의 언약을 충실히 지키신 면을 보여주려 한 것이다.

a. 르호보암의 이스라엘 공격이 제지당하다(11:1-4)

11:1-3. 예루살렘에 돌아온 르호보암은 이스라엘의 반역과 자신의 수하를 살해한 죄를 징벌하기 위해 **유다와 베냐민 족속**을 모아 **이스라엘과 싸우**려 한다. 그의 목적은 나라의 통합성을 회복하여(되찾아) 자신에게로 돌리는 것이었다(1절). '유다와 베냐민'이라는 언급을 통해 이들 두 지파가 유다 왕국을 이루었음을 알 수 있다(참고. 3절). 르호보암은 자신의 어리석음으로부터 교훈을 얻지 못한 채 여전히 무력으로 북쪽 지파를 굴복시키려 한다.

하나님은 **하나님의 사람 스마야**를 보내 그러한 시도를 막으신다. 선지자 스마야는 르호보암의 통치기에 활동했으며, 이후 비정경인 자신의 글을 남긴다(2절; 참고. 12:5-7, 15). 메시지는 르호보암 왕과 **유다와 베냐민에 속한 모든 이스라엘 무리**에게 전달된다(3절). '모든 이스라엘'(왕상 12:23의 "온 족속"과 대조)이라는 표현이 의미심장하다. 역대기 저자는 통합 왕국 전체(16절)를 가리키는 이 표현을 다윗 왕조에 충성하는 자들, 특히 예루살렘에 헌신적인 자들을 가리키는 말로 살짝 바꾼다. 달리 말하면 '모든 이스라엘'의 일반적인 의미는 '족장들의 후손 전체'를 뜻하지만, 보다 신학적인 의미는 "마음을 굳게 하여 이스라엘의 하나님 여호와를 찾는 자들"(16절)을 뜻한다. 이들은 예루살렘을 찾아가 성전에서 예배를 드리는 자들이다. 포로 생활에서 돌아온 자들, 다윗의 약속을 바라는 자들, 성전에서 예배드리는 자들은 합법적으로 '온 이스라엘'로 불릴 수 있다. 이것이 역대기 저자의 세대에게 주는 교훈이다(12:1 이후로는 이 용어가 유다를 가리키는 말로 고정된다).

11:4. 스마야는 **여호와의 말씀**을 르호보암과 온 이스라엘에게 전달한다. **형제**와 더불어 싸우는 것은 하나님의 뜻이 아니다(4절). 하나님의 명령은 확실하고 분명했다. **너희는 올라가지 말라 너희 형제와 싸우지 말고 각기 집으로 돌아가라**(4a절). 그 이유가 놀랍다. **이 일이 내게로 말미암아 난 것이라**(4b절). 이 간단한 진술 속에는 하나님이 왕국 분열에 대해 갖고 계시는 목적의 복합성이 담겨 있다. 저자는 분열의 한 이유가 솔로몬의 배교에 대한 하나님의 징벌임을 분명히 밝힌다(참고. 왕상 11:29-33). 여기서 그는 분열이 르호보암의 완고함과 자만심 때문임을 보여준다. 그런데 미묘한 요지가 있다. 분열을 통해 "마음을 굳게 하여 이스라엘의 하나님 여호와를 찾는 자들"(16절)과 여호와를 버린 자들이 분명하게 나뉜다. 분열의 긍정적 효과는 유

다가 북쪽 지파의 배교로부터 보전되었다는 사실이다(참고. 14-15절). 페인은 이렇게 요약한다. "하나님의 목적은 유다의 경건한 자들을 이스라엘의 배교자들로부터 분리하는 것이었고(6-22절), 북쪽 지파에서 나와 하나님께 충성하는 자들에게 집중하는 것이었다. '유다 나라를 도와 솔로몬의 아들 르호보암을 강성하게 하였으니'(17절)"(Payne, "2 Chronicles," 4:474).

이 짧은 부분에 마지막으로 나오는 말은 왕과 백성의 체념이 아니라 순종과 복종이다. **그들이 여호와의 말씀을 듣고**(4b절).

b. 르호보암이 왕국의 안보를 강화하다(11:5-13)

11:5-13. 르호보암이 성읍을 건축하고(5-10절) 나라를 요새화한 것은(11-12절) 솔로몬의 사역을 떠올리게 하며(참고. 8:2-6), 그것이 의미하는 바도 동일하다. 나라의 안보가 최우선이며, 안보가 바탕이 되어야 예배와 하나님을 섬기는 일이 방해를 받지 않기 때문이다. 일단 국방이 확립되어야 참된 예배를 드릴 수 있었다(참고. 13, 16절).

c. 여로보암의 배교로 유다가 강성해지다(11:14-17)

11:14-17. 저자는 여로보암의 배교에 대해 기술한다(15절). 또한 하나님의 섭리로 긍정적 효과가 발생했음을 강조한다. 여로보암의 우상숭배로 인해(참고. 왕상 12:25-33) 레위 사람이 쫓겨나서 참된 예배의 중심지인 예루살렘 성전이 있는 남쪽으로 내몰렸다. 이로 인해 그들은 **유다 나라를 도와 솔로몬의 아들 르호보암을 강성하게** 한다(17a절). 슬프게도 이 효과는 단 3년간 지속된다(17b절). "이는 르호보암이 약속된 다윗의 자손 메시아가 아님을 상기시킨다"(Sailhamer, *First*

르호보암이 요새화한 성읍들

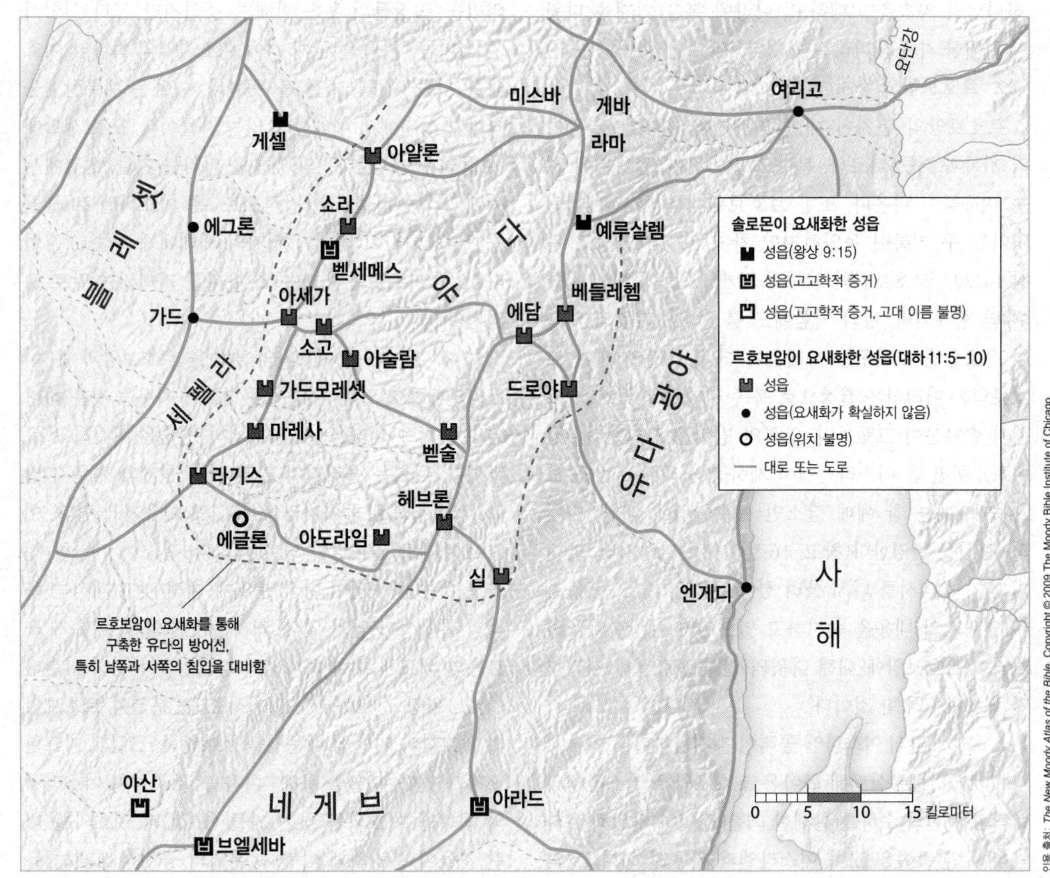

인용 출처: *The New Moody Atlas of the Bible*. Copyright © 2009 The Moody Bible Institute of Chicago.

and Second Chronicles, 85).

d. 르호보암의 가족(11:18-23)

11:18-23. 르호보암의 가족에 대한 자세한 기록이 나온다. 이는 아비야를 통한 승계(이는 통상적인 승계법을 따르지 않은 선택임)뿐 아니라 솔로몬의 불순종(참고. 신 17:19)과 많은 아내를 둔 치명적 실수가 어떻게 그의 아들을 통해 반복되었는지를 보여주려는 의도이다. 저자가 이 사실을 충실하게 기록하고 있다고 해서, 르호보암이 이복누이와 결혼한 것을 하나님이 승인하셨다고 추론하는 것은 바람직하지 않다.

3. 시삭이 침공하다(12:1-12)

이 장은 역대기 나머지 부분의 시작점이다(Payne, "2 Chronicles," 4:477 이하를 보라). 저자는 르호보암을 솔로몬의 후계자보다는 결국 포로로 끝나게 되는 유다 왕국 나머지 왕들의 첫 왕으로 서술한다. 이들은 (신정주의적) 다윗의 후손이라기보다는 반-주기적 (역사적) 유다 왕가라 할 수 있다. 이들은 느부갓네살에 의해 포로로 잡혀갈 때까지 '악'과 '선' 사이를 왔다 갔다 한다. 이 역사적 가계를 통해 다윗의 약속이 이어지지만, 이 왕들은 기껏해야 이상적 왕의 대표일 뿐이며, 많은 경우 약속된 다윗의 자손 메시아와 정반대의 인물로 대비된다.

a. 애굽이 침공하다(12:1-4)

12:1-4. 이 장의 시작 부분에 나오는 진술은 이후 많은 장에서 반복된다. 하나님의 복으로 안보와 번영을 누리던 왕이 하나님을 공경하지 않음으로써 국방이 약화되고 국력이 쇠퇴한다. 저자는 르호보암이 **여호와의 율법을 버리**고(1절), **여호와께 범죄하였**으며(2a절), 그 결과 **애굽 왕 시삭**(2b절)이 예루살렘을 침략했다고 분명히 기록한다. "하나님께 죄를 범하는 것은 역대기 저자가 말하는 주요 주제 중 하나이다. 이는 하나님께 마땅히 드려야 할 예배를 저버리는 것과 관련된다"(Selman, *2 Chronicles*, 373). 그 결과 유다 성읍들이 탈취되고, 예루살렘도 위협에 직면함으로써(11:4), 지도자들이 예루살렘에 모인다(참고. 5절). 기록된 애굽 역사는 이 침략에 대한 세부적 내용 및 역사성을 확증한다[Leo Depuydt, "Egypt, Egyptians," in Dictionary of the Old Testament, Historical Books, ed. Bill T. Arnold and H.G.M. Williamson (Downers Grove, IL and Leicester, England: InterVarsity), 243].

b. 침공의 원인이 설명되다(12:5)

12:5. 저자가 독자에게 이미 말한 사실을 스마야가 르호보암과 방백에게 반복한다. 그들은 여호와를 버렸으며(5b절; 참고. 1절), 이는 '여호와를 구하는 것'의 정반대인 중범죄였다(참고. 대상 28:9; 대하 15:2).

c. 회개와 겸비로 대참사를 면하다(12:6-12)

12:6-12. 저자는 열왕기상 14:25-28의 기록에 나오지 않는 사실을 첨언한다. 이를 통해 이 역사적 사실에 여운을 남긴다. 왕과 방백들이 스스로 겸비하고 회개한다(6절). 이는 역대기 저자의 세대에게 필요한 교훈이었다. '여호와를 버리는 것'은 징벌을 초래하지만, 하나님은 '고통'을 통해 회개를 이끌어내고 회개와 겸비를 근거로 징벌을 수위를 낮추신다. '여호와를 버림'으로써 징벌을 받고 나라를 잃었다고 해서 하나님의 은혜와 약속이 끝난 것은 아니다. 보물과 금을 빼앗기는 비싼 대가를 치러야 했지만, **르호보암이 스스로 겸비하였고 유다에 선한 일도 있으므로 여호와께서 노를 돌이키**셨고 그로 인해 파멸도 최소화된다(12절). 금 방패는 잃었지만 대신할 놋 방패가 있었고, 손실에도 불구하고 **유다에 선한 일**도 있었다(12절). 역대기 저자의 세대는 포로로 잡혀가는 수치가 하나님이 백성을 버리셨다는 의미가 아님을 알아야 했다. 그들에게는 '놋 방패'조차 없었지만, 유다에 다시 선한 일이 있으리라는 희망이 있었다.

4. 르호보암 통치의 요약(12:13-16)

12:13-16. 여기에 기록된 르호보암에 대한 맺음 공식은 이후 유다 왕들에게도 대체로 반복된다. 생애와 통치 기간, 업적, 승계 등의 세부 내용은 단순한 통계나 자료의 기록이 아니다. 이는 왕의 삶과 통치에 대한 짧은 개관으로서 도덕적 평가를 위한 것이다. 르호보암의 경우는 좋지 않았다. 그는 **악을 행하였**다. 능동적인 악행이라기보다는(유다의 일부 왕과 르호보암의 대적 여로보암의 경우처럼) 선을 행하지 못한 실패였다. **그가 여호와를 구하는 마음을 굳게 하지 아니함이었더라**(14절). 그는 비록 **예루살렘 곧 여호와께서 이스라엘의 모든 지파 중에서 택하여 그의 이름을 두신 성에서**(13절) 다스렸지만, 하나님을 전심으로 구하지 않았다. 저자는 그의 어머니가 **암몬 여인 나아마**였다고 기록한다. 이는

대하

하나님께 진실하지 못한 그의 실패가 이방인 어머니의 영향일 수도 있음을 암시한다. 그러나 왕의 어머니의 이름을 기록한 경우는(참고. 13:2; 25:1; 27:1; 29:1), 단순히 왕의 가계를 확실히 밝히려는 의도일 수도 있다. 바로 이 성읍에서 살았던 역대기 저자의 세대는 이 기록을 통해 르호보암의 실수를 피함으로써 그의 운명을 답습하지 말라는 교훈을 얻었을 것이다.

역사 자료(15절)에 대한 언급은 저자의 신뢰도와 서술의 신빙성을 높이기 위한 것으로 보인다.

B. 아비야(13:1–14:1)

1. 아비야에 대한 소개 공식(13:1–2a)

13:1–2a. 열왕기 저자는 아비야가 "모든 죄를 행"했다고 기록하지만(왕상 15:3), 역대기 저자는 아비야의 짧은 통치 기간에 대해 긍정적 측면을 부각한다. 그는 주전 913년에서 911년까지 **삼 년 동안**(2a절) 다스린다. 그의 어머니 이름은 **미가야**[마아가, 왕상 15:2]이다. "우리엘은 압살롬(아비살롬, 왕상 15:2)의 아들로 추정되며, 따라서 미가야는 압살롬의 손녀가 된다. 하지만 확실하지는 않다"(Selman, *2 Chronicles*, 379). 역대기 저자의 기록은 열왕기의 기록보다 길며, 열왕기 외의 다른 자료, 즉 "선지자 잇도의 주석 책"(대하 13:22b)을 원용한 것으로 보인다. 이는 대부분 아비야와 여로보암 사이의 전쟁 이야기이다(2b절). 이 기록은 아비야에 대한 것이라기보다는 하나님께 대한 겸비와 믿음이 승리와 복을 가져온다는 원칙에 대한 것이다. 승리를 주는 분은 이스라엘 하나님 여호와이시다(5절). 아비야의 통치는 대부분 북 왕국과의 전쟁에 집중되었기에, 역대기 저자는 아비야의 연대를 적 여로보암의 통치 연도에 비추어 기록한다(1절). 이러한 비교 연대는 열왕기에서는 흔히 발견되지만, "역대기에서는 오직 이곳에서 단 한 번 보인다"(Sailhamer, *First and Second Chronicles*, 86).

2. 아비야가 이스라엘과 전쟁을 벌이다(13:2b–19)

a. 전쟁이 발발하다(13:2b–3)

13:2b–3. 저자는 단순하고 직설적으로 두 왕들이 서로 싸웠다고 기술한다. 병력면에서 아비야와 남 왕국은 여로보암과 북 왕국에 1 대 2로 열세였다. 아비야는 용사 40만으로 싸움을 준비한다(3a절).

b. 아비야가 이스라엘에게 연설하다(13:4–12)

아비야의 연설에 대한 기록은 역대기 저자의 전형적 문학적 장치이다. 성경의 내러티브에서 주인공의 연설을 통해 교훈을 주는 경우는 흔하다.

(1) 이스라엘에 대한 첫 번째 비난: 다윗 왕조에 대한 반역(13:4–7)

13:4–7. 정확한 위치(**스마라임산**, 4a절; 참고. 수 18:22)와 시기는 불명확하지만, 두 군대가 진영을 갖추고 있을 때 아비야가 **이스라엘 무리들**에게 외친다(4b절). 그는 이스라엘을 비난하면서 이 전투의 정당성을 주장한다.

첫 번째 비난은 하나님이 선택하신 다윗 왕조에 대한 반역이었다. 아비야는 패역한 이스라엘에게 **여호와께서 소금 언약으로 이스라엘 나라를 영원히 다윗과 그의 자손에게 주신 것**을 상기시킨다(5절). '소금 언약'(5절)에 대한 언급은 "민수기 18:19에 근거한 항상성에 대한 비유로 이해할 수 있을 것이다"(참고. 레 2:13; Selman, *2 Chronicles*, 380). 고대사회에서 소금의 주 용도는 방부제였다. 따라서 소금 언약은 '지속될' 것이다. 아비야는 이스라엘이 솔로몬의 합법적 승계자를 따르지 않고, **난봉꾼**과 **잡배**에 휩싸인 반역자 여로보암을 따르는 것을 힐난한다(6–7a절). 르호보암에 대한 아비야의 서술은 편향적이지만 부정확한 것은 아니었다.

(2) 이스라엘에 대한 두 번째 비난: 참된 예배로부터의 배교(13:8–9)

13:8–9. 북 왕국의 반역은 정치적인 것뿐 아니라 신학적인 것이었다. 배교는 역대기 저자에게 더욱 심각한 문제였다. 그들이 반역을 일으킨 나라는 다윗이나 솔로몬 또는 르호보암의 왕국이 아니라 **다윗 자손의 손으로 다스리는 여호와의 나라**였다(8a절). 그들은 여로보암이 만든 금송아지로 배교를 저질렀다. 이는 스스로를 위해 만든 것이었기에(8b절) 그들의 우상숭배는 더욱 끔찍했다. 또한 북 왕국은 불법적으로 이방 **제사장**을 세웠고(9b절; 참고. 11:14–15), **아론 자손인 여호와의 제사장들과 레위 사람들**(9a절; 참고 11:16–17)을 쫓아냈다. 여로보암의 우상숭배는 **이방 백성들**의 우상숭배와 다름없었다(9a절). 역대기 저자의 눈길을 사로잡은 것은 다윗 왕조와 참된 성전 예배에 대한 아비야의 변호였다. 나라를 포로로 잡혀가게 한 우상숭배와 주위의 이교도에 대항해서 성전 예배의 고유성을 유지하는

것이 역대기 저자와 그 세대에게는 매우 중요했다. 성공과 안보의 복을 받으려면, 아비야처럼 담대하게 참된 예배를 옹호해야 한다.

(3) 남 왕국에 대한 변호: 여호와를 버리지 않고 참된 예배를 지켰다(13:10-11)

13:10-11. 아비야가 역대기 저자의 주요 주제를 언급한다. **우리가 그를 배반하지 아니하였고**(10절). "이는 매우 심각하고 중요한 문제이다. 왜냐하면 하나님은 그분을 버리는 자를 버리실 것이기 때문이다"(대상 28:9; 대하 15:2; 24:20; 참고. 대하 12:1, 5; Selman, *2 Chronicles*, 381). 아비야는 **여호와께서 우리 하나님이 되신다고 말할 수 있었다**(10a절). 왜냐하면 유다는 하나님이 명령하신 대로 성전 예배를 성실하게 지키고 있었기 때문이다(10b-11절).

(4) 북 왕국에 대한 호소: 하나님이 우리와 함께하시니 그분을 거스르지 말라(13:12)

13:12. 아비야는 반역과 배교 때문에 북 왕국이 승리하지 못하리라고 예견한다(**너희가 형통하지 못하리라**). 하나님을 성실하고 진실하게 섬기는 자는 그분의 도움을 받는다. 하지만 하나님을 버리는 자는 패배할 것이다. 이 사건뿐 아니라 북 왕국 멸망 이후의 긴 역사를 통해 역대기 저자의 세대는 이 교훈을 뼈저리게 느낀다. 이는 또한 그들의 예루살렘 및 성전 재건을 방해하려던 자들에게도 경고가 되었을 것이다.

c. 전투가 시작되다(13:13-19)

13:13-14. 아비야가 이스라엘에게 호소하는 동안, 여로보암은 기습 공격 준비에 여념이 없었고, 유다는 앞뒤로 포위된다. 그들은 공황에 빠지는 대신, **여호와께 부르짖고 제사장들은 나팔을 분다**(14절). 전선에 등장한 제사장을 통해 유다가 전투력에 의존하는 대신 하나님의 도움에 의지했음을 알 수 있다.

13:15-17. 전투는 빠르게 진행되고, 유다 사람은 소리를 지른다(15a절). 이는 자신감과 도전의 표시였다. 자세한 전투 내용은 나오지 않지만, 승리의 원천은 하나님이었다. 초자연적 사건이 기술되지는 않지만, **하나님이 여로보암과 온 이스라엘을 아비야와 유다 앞에서 치셨고**(15b절), **하나님이 그들의 손에 넘기셨다**(16절). 전투 결과 북 왕국 군대는 유다에 비해 크게 약화된다.

13:18-19. 아비야의 승리를 통해 주제가 다시 반복된다. 아비야와 유다가 승리를 얻은 것은 **그들이 그들의 조상들의 하나님 여호와를 의지하였**기 때문이다(18절). 이스라엘은 **항복**하고(문자적으로, '낮춰지고'), 아비야는 그 성읍들을 정복한다. **벧엘**[19절, 금송아지가 있었음, 참고. 왕상 12:28-33]이 눈에 띄는 이유는 가짜 신이 참 하나님을 대항해서 그들을 지키지 못했기 때문이다.

3. 아비야에 대한 결론 공식(13:20-14:1)

13:20. 여로보암의 쇠퇴와 죽음이 기록된다. 그는 **여호와의 치심을 입어 죽는다**(20절). 이를 통해 저자는 독자에게 배교에 대해 경고하며, 여호와를 버리지 말라고 격려한다.

13:21-14:1. 역대기 저자는 아비야의 강성함을 기록함으로써 북 왕국이 반격하지 못한 원인을 설명하고, 아들 아사 시대의 평안을 미리 엿보게 해준다(참고. 14:1b). 아비야에게 번영과 안보를 주신 분은 하나님이시다(참고. 대상 26:5; 대하 11:18-21).

C. 아사(14:2-16:14)

아비야의 경우처럼, 역대기 저자는 열왕기 저자에 비해 아사에 더 많은 관심을 기울인다(역대기의 세 장과 왕상 15:9-24을 비교해 보라). 아사의 사례는 좋은 것과 나쁜 것이 뒤섞여 있으며, 그의 통치는 저자의 주요 주제를 잘 드러낸다. 아사는 통치 초기에 '여호와를 구하지만'(예를 들어 14:2-3), 통치 말기에는 '여호와를 버린다'(16:7-10).

1. 하나님이 경건한 왕 아사에게 위대한 승리를 주시다(14:2-15)

a. 아사 왕이 하나님 앞에서 정직하게 행하다(14:2)

14:2. 저자는 희망찬 시작을 제시한다. **아사가 그의 하나님 여호와 보시기에 선과 정의를 행하여**(2절). 출발을 잘했으면 변함없는 순종을 경주해야 한다.

b. 아사가 종교 개혁을 실시하다(14:3-5)

14:3-5. 아사는 통치 초기에 우상숭배를 근절하고 참된 예배를 회복하기 위한 일련의 종교 개혁을 실시한다. 개혁의 핵심(3-5절)은 여호와를 찾게 하는 것이었다. 율법의 순종을 권장하고(4절), 우상숭배의 근절을 명령한다(3, 5절). 역대기 저자는 율법의 순종이 '율법주의'와는 거리가 멀다고 생각했다. "순종은 곧 하나님을 찾는 것이기에, 율법은 하나님과의 사귐을 유지하

는 수단이라고 생각했다"(참고. 6:16; 12:1, 5; Selman, *2 Chronicles*, 388).

c. 아사가 국방 정책을 실시하다(14:6-8)

14:6-8. 아사의 안보 정책은 요새화와 잘 무장된 상비군 유지가 기조를 이루었다. 그러나 그의 진정한 안보는 **평안**을 주시는 하나님께 근거를 두었다(6절; 참고. 7절). 왕은 지혜롭게 백성을 독려하고, 진정한 안보는 하나님을 찾는 것임을 강조한다(7절). 이 땅이 아직 그들 앞에 있을 때(7절) 이러한 안보 정책을 실시했다는 사실은 역대기 저자의 세대에게 경종을 울렸을 것이다. 즉 이 땅이 어떻게 유실되었고, 다시 회복될 수 있을지에 대한 교훈이 되었을 것이다.

d. 아사가 구스 사람 세라와 싸우다(14:9-15)

안보 태세의 확립은 예기치 않은 적에 의해 시험대에 오른다. 세라의 정체는 알려진 바가 없다. 그는 아마도 애굽 사람의 대리였던 것 같다. 애굽은 유다 및 북동쪽의 여러 나라와 지속적인 갈등 관계에 있었다.

14:9-10. 적들의 숫자는 엄청났지만 아사와 유다는 당당히 그들과 맞서 싸운다. 그들은 참전 전에 진지하고 단호하게 하나님을 찾는다. **마레사**는 예루살렘 남서쪽 약 40킬로미터 지점이다.

14:11. 아사는 먼저 하나님의 힘과 능력을 인정하고, 따라서 하나님의 능력이 절대적으로 필요하다고 말한다. 또한 하나님에 대한 신뢰를 고백하며 하나님이 자신들을 택하셨음을 상기한다. 하나님은 그들의 하나님이시므로 이 전쟁은 하나님의 **이름**을 위한 것이며, 따라서 하나님이 그들을 위해 싸우셔야 한다. 적은 유다의 왕이나 백성과 싸우러 온 것이 아니라 하나님을 대적하여 온 것이다. 아사는 **사람이 주를 이기지 못하게** 해달라고 기도한다(11b절).

14:12-15. 기도는 응답되었고 하나님은 승리를 주셨다. **여호와께서 구스 사람들을 아사와 유다 사람들 앞에서 치시니**(12a절). 유다는 엄청난 승리를 거두고 **많은 물건을 노략**한다. 하나님은 그들이 기도한 것 이상으로 응답하셨다.

2. 아사랴의 예언에 대한 아사의 반응(15:1-19)

위대한 승리 이후 하나님은 선지자 아사랴를 보내 아사와 백성의 헌신과 충성을 굳게 하신다. 아사랴의 예언과 뒤이은 언약식은 역대기에서 매우 특별하다.

a. 선지자가 왕과 백성에게 하나님의 말씀을 전하다(15:1-7)

15:1-2a. 아사랴는 성경에서 이곳에만 등장한다. **하나님의 영**이 그에게 임한다(1a절). 이는 하나님이 선택하신 선지자에 대한 표준 서술로, 사사와 열왕기 시대에 있었던 하나님의 개입을 생각하게 한다. 옷니엘(삿 3:10), 삼손(삿 14:6), 사울(삼상 10:10; 참고. 삼상 16:14) 등은 모두 성령을 힘입었다.

15:2b. 여호와를 찾고 버리지 않는 것은 역대기와 아사 이야기의 중심 주제이다. 이 구절은 아사 이야기의 중심 절이다(역대상 서론의 '목적과 주제'를 보라).

15:3-6. 아사랴는 먼저 이스라엘에 **참 신**도 없고 제사장과 율법도 없던 암울한 시절을 회상한다(3절). 이는 사사 시대에 가장 어울리는 진술이다. 당시는 불순종, 환난, 부르짖음, 구원이 반복되던 시기로, **요란**하고(5절) **여러 가지 고난**이 난무했다(6절).

15:7. 아사는 부흥과 악화의 악순환을 답습해서는 안 된다. **너희는 강하게 하라 너희의 손이 약하지 않게 하라**. 이 명령은 정복 전쟁의 영웅 여호수아에게 하신 하나님의 명령을 생각하게 한다(참고. 수 1:6; 참고. 대상 22:13b).

b. 아사가 하나님의 말씀에 반응하다: 개혁, 부흥(15:8-19)

15:8-19. 아사는 **마음을 강하게**(8a절) 한다. 그리고 아사랴의 말에 즉각적이고 역동적으로 반응한다. 그는 일련의 개혁을 야심차게 추진한다. 충성된 자를 불러 모으고, 언약에 대해 새롭게 헌신한다.

아사는 우상을 제거하고(8절), 제단을 회복하며(9절), 제사를 드린다(10-11절). 또한 북 왕국을 버리고 찾아온 자들을 불러 모은다(9절). 우상을 끌어들인 어머니를 폐위하고(16절), 성전에 성별한 물건을 바친다(18절). 개혁의 중심은 하나님과 온 **유다**(9a절) 및 **아사의 하나님 여호와께서 그와 함께하심을 보고** 돌아온 북 왕국 주민들(9b절) 사이에 맺은 언약이었다. **마음을 다하고 목숨을 다하여 조상들의 하나님 여호와를 찾기로** 언약한 일은 아사 통치의 절정이었다. 아사 시대에 평안과 성공을 누린 이유가 바로 이것이다.

이는 자신의 세대(이후 모든 세대)에 대한 역대기 저자의 메시지였다. 안보(15b, 19절)는 **마음을 다하여** 맹

세하고 뜻을 다하여 여호와를 찾음으로써 이루어진다(15절). 마음과 뜻을 다할 때 **여호와께서도 그들을 만나주셨다**(15b절). 하나님은 언약에 성실하시다. 그 약속의 성취를 누리려면 아사와 백성 못지않은 성실과 헌신을 경주해야 한다.

3. 아사가 적과의 동맹을 통해 안보를 추구하다 (16:1-14)

아사의 부흥 운동은 수년 동안 지속되었지만(참고. 15:19-16:1), 영원히 지속되지는 못했다. "아사의 마지막 5년은…그의 마지막 생애를 완전히 뒤바꾸어버렸다"(Selman, *2 Chronicles*, 396).

a. 아사가 일시적인 동맹을 맺다(16:1-6)

16:1. 이스라엘 왕 바아사가 국경 성읍 라마를 봉쇄한 사건은 아사와 유다의 안보에 대한 큰 위협으로 보이지 않는다. 물론 도발적 행위임에는 분명하지만, 유다에 대한 위협이라기보다는 자국민의 유출을 막기 위한 자구책으로 보인다.

16:2-3. 아사는 왕국의 부를 유출할 뿐 아니라 벤하닷과 동맹을 맺음으로써 하나님께 대한 불신을 드러내고, 이스라엘을 자극해서 불필요한 전쟁을 유발한다.

16:4. 이스라엘 공격의 실질적 배후는 아사처럼 보인다(4절, **벤하닷이 아사 왕의 말을 듣고**). 만약 그렇다면, (세라를 통한) 애굽의 대리전쟁을 치른 아사가 (벤하닷을 통해) 이스라엘과의 대리전쟁을 획책한 사실은 아이러니하다. 이는 주요 주제를 암시하는 역할을 한다. 아사는 안보를 위해 하나님을 의지하기보다는 동맹을 선택했다.

16:5-6. 이 전투와 관련된 아사의 모습은 바람직하지 않다. 그는 기회주의적이고 부정직하게 행동한다. 아사는 이스라엘에게 위협을 받은 것 이상으로 이스라엘을 위협한다. 하나님을 찾지 않았으며, 오직 '얄팍한 계산'에 의해 행동한다.

b. 선견자(선지자) 하나니가 아사를 꾸짖다(16:7-9)

16:7-9. 하나니는 아사를 찾아가 대놓고 말한다. 이 모든 행동은 하나님께 대한 믿음 부족으로 발생했고, 하나님을 찾겠다는 언약에 대한 위반이었다. 하나님은 유다가 벤하닷(아람)을 무찌르게 해주려고 하셨지만(7절), 그들이 동맹을 맺음으로써 이는 물거품이 되었다(아람의 위협은 이후 유다 왕들에게 계속 이어진다, 참고. 18장; 22:5). 하나니는 아사가 이전에 하나님을 전심으로 의지함으로써 **구스 사람**과 **룹 사람**의 군대(리비아 사람, 12:3; 나 3:9)를 궤멸한 사실을 상기시킨다. 이 경우에도 그랬어야 한다(8절). 하나님에 대한 하나니의 서술은 인상적이며 또한 보편적이다. 하나님은 그분을 찾는 이에게 관심을 기울이며(**여호와의 눈은 온 땅을 두루 감찰하사**), 또한 그들의 삶을 보살피신다(**전심으로 자기에게 향하는 자들을 위하여 능력을 베푸시나니**). 하나니는 아사를 심하게 꾸짖는다. **이 일은 왕이 망령되이 행하였은즉**. 역대기의 독자는 이에 대해 잊을 수 없는 강한 인상을 받는다.

c. 아사가 부적절하게 반응하다(16:10)

16:10. 아사는 하나님의 꾸짖음을 듣고 회개하는 대신 하나님의 사자에게 보복한다. 하나니를 옥에 가두고 백성 몇 명을 학대한다. 아마도 이들이 선지자에 대한 불의에 항거했기 때문일 것이다.

d. 아사가 벌을 받다(16:12)

16:12. 아사는 불순종으로 발에 병이 든다. 그래도 그는 하나님을 찾지 않고, 의원의 도움을 구한다. 의학적 도움을 구하는 것 자체가 잘못은 아니다. 하지만 아사는 의사만 의지함으로써 그의 마음이 하나님으로부터 멀어졌음을 드러냈다. "아사는 통치 초기에 하나님만 굳게 신뢰했다. 하지만 그의 통치는 병든 발로 막을 내린다. 저자는 이를 통해 아사가 굳게 서지 못했음을 보여주려 했다"(Sailhamer, *First and Second Chronicles*, 91).

e. 아사에 대한 결론 공식(16:11, 13-14)

16:11, 13-14. 비록 좋지 않게 막을 내렸지만, 그의 통치는 대체적으로 평화와 번영을 구가했기에 백성은 예를 갖추어 그를 장사 지낸다. 그의 영적 실패에도 불구하고 백성은 여전히 그에게 존경심을 표한다. "아사는 분열 이후 이 시점까지 여전히 가장 경건한 왕으로 인정된다"(Payne, "2 Chronicles," 4:485). 안타깝게도, 잘 시작했다가 불행하게 끝나는 왕은 그가 마지막이 아니었다.

D. 여호사밧(17:1-20:37)

여호사밧의 이름은 '하나님이 심판하실 것이다'를 의미한다. 다음 4장에 걸쳐 그의 이야기가 펼쳐진다. 열왕기는 그의 이야기를 아합(북 왕국의 왕) 이야기의 부록처럼 다루지만, 여기에서는 주인공으로 나오며 대체적으로 선한 왕으로 묘사된다. 역대기 저자는 다른 경건한 왕들과 마찬가지로, 여호사밧에 대해서 단점과 실패를 가감 없이 기록한다. 여호사밧은 기도의 사람이었고(20:5 이하), 하나님을 찾았으며(19:6b), **바알들에게 구하지 아니**했다(17:3b). 그러나 어리석게도 아합 및 아하시야와 동맹을 맺음으로써 하나님께 심각한 꾸지람을 듣는다(참고. 19:1-2; 20:35-37). 여러 면에서 그의 아버지 아사의 경험과 교훈(성공과 실패)이 여호사밧의 통치를 통해 반복된다.

1. 여호사밧이 나라를 강하게 하다(17:1-6)

a. 나라를 방어하다(17:1-2)

17:1-2. 여호사밧이 왕위에 오를 무렵, 선대부터 지속되어온 북 왕국과의 긴장 상태는 여전했다. 그는 아버지 아사가 정복한 국경 성읍들을 요새화함으로써 **스스로 강하게 하여 이스라엘을 방어**한다. 이는 북 왕국에 대한 공세적 도발 행위가 아니었다.

b. 하나님께 헌신하다(17:3-6)

17:3-6. 여호사밧은 하나님께 대한 헌신으로 통치를 시작한다. 그는 **조상 다윗의 처음 길로 행**한다(3b절, 다윗의 후기 삶은 그다지 모범적이 않다는 반증, 참고. 삼하 11, 12장). 여호사밧은 **바알들에게 구하지 아니**했다(3b절). 즉, 다른 왕들처럼 우상숭배에 빠지지 않았다. 또한 **오직 그의 아버지의 하나님께 구**했다(4a절). 이는 역대기의 주요 주제이다. 그는 하나님의 계명을 지켰으며, **이스라엘의 행위를 따르지 아니하였**다(4b절). 즉, 여로보암 1세의 우상숭배를 따르지 않았다. 그는 **전심으로 여호와의 길을 걸었**다(6a절). 공개적이며 신실하게 하나님을 섬기고 그분에게 순종했다. 마지막으로 **산당들과 아세라 목상들도 유다에서 제거하였**다(가나안의 다산 여신, 6b절). 그는 유다에서 이교도의 예배 장소를 파괴함으로써 아버지 아사의 개혁(참고. 15:16-17)을 지속하고 확대했다. 여호사밧의 헌신은 다윗 가문 최고의 모습을 보여준다.

2. 여호사밧이 나라를 관리하다(17:7-19)

여호사밧의 통치에 대한 본격적 서술 전에 저자는 여호사밧이 두 전략적 영역에서 보여준 지혜로운 행정을 서술한다.

a. '영적' 관리(17:7-9)

17:7-8. 여호사밧의 '영적' 행정에 대한 기록이 '군사적' 행정보다 먼저 나온다. 이는 저자 및 여호사밧의 우선순위를 반영한다. "여호사밧은 백성이 하나님의 율법을 제대로 배울 수 있도록 신경을 썼다"(Sailhamer, *First and Second Chronicles*, 92). 여호사밧은 국방도 중요하지만, 진정한 안보와 번영을 누리려면 하나님께 순종해야 한다는 것을 잘 알았다. 그래서 **방백**들, 레위 사람, 제사장들로 하여금 **유다 여러 성읍에 가서 가르치게** 한다(7절). 이는 5명의 방백과 9명의 레위 사람 그리고 2명의 제사장으로 이루어진 팀이었다(7-8절, 흔한 이름이기에 정확한 신상은 파악할 수 없다).

17:9. 이들의 임무는 정기적으로 성전을 방문할 수 없는 백성들에게 하나님의 말씀을 가르치는 것이었다. 그들은 자기 생각이나 사람의 지혜가 아니라 **여호와의 율법책**을 가르쳤다. 그들은 **모든 유다 성읍**들에서 가르쳤는데 이는 제외된 곳이 없다는 뜻이다. 또한 **백성들**을 가르쳤다는 것은 일반 백성도 율법을 알고 이해하며 순종해야 한다는 뜻이다. 이러한 공식은 역대기 저자의 세대에게 큰 격려가 되었다. 그들은 포로에서 돌아와 안정과 번영을 추구하고 있었다. 진정한 안보의 길은 하나님의 말씀을 알고 신뢰하는 것이다.

b. '세속적'(군사적) 관리(17:10-19)

17:10-19. 여호사밧은 계속해서 나라의 군사적 안보를 추구한다. 하나님이 그의 나라를 견고하게 해주셨기 때문에(5a절), 여호와가 주신 **두려움**이(10a절) 주변 국가를 엄습한다. 여호사밧의 경건은 유다를 부강하게 만들었고, 주변 국가는 군사적 충돌을 피하고자 유다에 조공을 바쳤다(10b절). 서쪽의 **블레셋 사람**들은 해상 무역으로 벌어들인 은을 바쳤다(11a절). 동쪽의 **아라비아 사람**들도 요단강 동편에서 대상 무역으로 벌어들인 가축 떼를 바쳤다(11b절). 이러한 부로 여호사밧은 더욱 강성해졌고, **견고한 요새와 국고성을 건축**했으며(12절), 강력한 군대를 양성했다(13-19절). 군사력에 대한 자세한 기록은 임박한 군사적 충돌을 예고한다.

3. 여호사밧이 아합과 치명적 동맹을 맺다 (18:1-19:3)

"여호사밧과 아합의 동맹에 대한 기록(18:1-34)은 열왕기상 22:1-53의 기록과 거의 동일하며, 여호사밧보다 아합에게 초점이 맞추어져 있다"(Sailhamer, *First and Second Chronicles*, 93).

a. 결혼으로 인한 동맹(18:1)

18:1. 여호사밧은 아들 여호람을 아합의 딸 아달랴와 결혼시킴으로써 북 왕국과 치명적 동맹을 맺는다(참고. 21:6; 왕하 8:18). 이러한 동맹은 당시 흔한 일이었으며, 여호사밧은 이를 통해 단지 두 나라 사이에 평화를 유지하려 했던 것으로 보인다. 그러나 이 결합은 여호사밧과 그의 나라 및 가족에게 일련의 재앙을 초래하는 원인이 된다. 이는 성도가 "믿지 않는 자와 멍에를 함께 메지 말"아야 하는 이유에 대한 좋은 사례이다(고후 6:14).

b. 전쟁으로 인한 동맹(18:2-27)

북 왕국과 아람(수리아) 사이의 전쟁에 대한 이야기가 이어진다. 무대는 영토 분쟁 지역인 **길르앗 라못**이다. 예루살렘 북동쪽 약 80킬로미터 지점에 위치한 이 도시는 요단 동편의 주요 거점으로, 주요한 무역로에 위치했기에 두 나라 간의 지속적 분쟁이 발생하는 원인이 되었다.

18:2-3. 처음에는 단순한 국빈 방문이었다(2a절). 그러나 아합에게는 저의가 있었다. 아합과의 대화 및 이어진 전투로 미루어 볼 때, 여호사밧은 다소 순진했던 것 같다. 술과 음식이 돌고 난 후에(2b절), 아합은 여호사밧에게 **함께 가서 길르앗 라못 치기를 권**한다. 그러자 여호사밧은 충동적으로 자신과 나라의 운명을 건다(3b절).

18:4-5. 비록 이 시점까지는 순진하고 충동적으로 행동했지만, 여호사밧은 영적인 감각을 발휘해서 전쟁에 나가기 전에 하나님의 뜻을 물을 만한 선지자를 구한다(4절). 아합은 마치 예상이라도 한 듯 400명의 **선지자**를 모으고, 그들은 입을 모아 전쟁에 나가기를 종용한다(5절).

18:6-7. 이 선지자들은 하나님의 뜻을 대변하지 않았음이 분명하다. 이들은 아합이 듣고 싶어 하는 말을 하도록 고용되었을 것이다. 여호사밧은 물을 만한 **여호와의 선지자**가 없는지 묻는다(6절). 아합은 여호사밧이 구하는 것이 무엇인지 알았기에 짜증을 낸다. 여호사밧은 하나님의 뜻을 가감 없이 발설할 선지자를 찾는다. 아합은 **이믈라의 아들 미가야**가 바로 그런 인물임을 알았다(7b절). 미가야는 아합의 계획을 지지하지 않을 것이다. 아합은 **그가 좋은 일로는 예언하지 아니하고 항상 나쁜 일로만 예언**한다고 불평한다(7절). 아합이 미가야에 대한 개인적 감정을 드러내자(**내가 그를 미워하나이다**), 여호사밧은 그를 나무란다(**왕은 그런 말씀을 마소서**, 즉 "여호와의 선지자에게 그런 식으로 말하지 마소서").

18:8-13. 미가야는 성경 역사에서 이 사건에만 등장한다. 그는 당당하게 선언한다. **여호와께서 살아 계심을 두고 맹세하노니 내 하나님께서 말씀하시는 것 곧 그것을 내가 말하리라**(13절). 그는 진정한 선지자였다.

왕들이 미가야를 기다리는 동안(8절), 거짓 선지자들은 아람에 대한 전쟁의 성공을 집요하게 예언한다. 거짓 선지자 시드기야는 인상적인 시각 도구를 활용한다. 그는 철로 뿔들을 만들어서(참고. 신 33:17) 전쟁의 승리를 왕들에게 호언장담한다(10절). 다른 선지자들도 계속해서 승리를 장담한다(11절).

미가야는 왕들에게 말하기 직전에 다른 선지자들처럼 좋게 말하라는 조언을 듣는다(12절). 많은 설교자가 동일한 도전에 직면한다. '다수'의 의견에 동조하든지, 아니면 진실과 용기로 하나님의 말씀을 선포하든지 양단간에 택일해야 한다. 미가야는 조언자에게 확실한 의사표시를 한다.

18:14-15. 전쟁에 나갈지 말지를 묻는 질문(14a절)에 대한 미가야의 예언적 대답은 많은 사람을 놀라게 했다. **올라가서 승리를 거두소서**(14b절). 그러나 비꼬는 것이 너무나 역력했기에, 아합은 미가야에게 진실을 말하라고 다그친다. **여호와의 이름으로 진실한 것 이외에는 아무것도 말하지 말라고 내가 몇 번이나 네게 맹세하게 하여야 하겠느냐**(15절). 아이러니하게도 아합이 여호와의 선지자에게 하나님의 진리를 선포하라고 종용한다. 아마도 미가야가 자신에게 결코 좋은 소리를 하지 않는다는 자신의 주장을 입증하고 싶었던 것 같다(7, 17절).

18:16-22. 미가야는 직설적으로 이 동맹의 패배를 예언한다. 그는 시적으로 온 **이스라엘**[두 나라를 아우르는 주요 용어]**이 목자 없는 양같이 산에 흩어**진 장면을 묘사한다(16a절). 이 왕들과 그 나라들이 패배하리라는 분명한 예언이었다. 그리고 매우 흥미로운 하늘 궁정의 모습을 묘사한다. 하나님은 거짓 선지자를 보내

아합을 꾀어서 이 전쟁을 일으키게 함으로써 **길르앗 라못에 올라가서 죽게** 하실 것이다(19절). 하나님이 그분의 목적을 이루기 위해 '무대 뒤에서 일하시는' 모습은 역대기 독자에게 무척 흥미로운 장면이었을 것이다. 인간적 관점에서 재앙처럼 보이는 사건이 사실은 하나님의 작업일 수도 있다.

18:23-27. 거짓 선지자 시드기야가 오만방자하게 미가야의 뺨을 치면서 하나님의 영이 자기를 떠나지 않았다고 외친다(23절). 이러한 폭력 행위는 "성령이 그와 함께 하지 않으심을"(약 3:17) 극명히 드러냈다(Payne, "2 Chronicles," 4:499). 미가야의 절제되고 확신에 찬 반응은 성령이 그와 함께 하심을 보여준다(갈 5:23; 참고. 롬 12:17-19). 미가야는 즉시 아합에 의해 투옥되고 가혹한 대가를 치른다(25-26절). 미가야는 (다니엘처럼) 시험을 당했지만, 분명히 확신했다. 그는 자기 말이 참이며, 시드기야도 그 사실을 알게 (또한 두려워하게, 24절) 될 것이고, 아합은 돌아오지 못할 것임을 알았다. 그는 담대하게 외친다. **너희 백성들아 다 들을지어다**(27b절). 이는 엘리야가 아합과 그 백성에게 외쳤던 모습을 연상케 한다(참고. 왕상 18:20-24).

c. 전쟁에서 패하다(18:28-34)

18:28-34. 길르앗 라못의 전투와 패배의 중심에는 두 왕, 아합과 여호사밧이 있다. 졸렬함이 가미된 이중성을 여실히 드러낸 아합은 자신은 변장을 하고 여호사밧은 왕복을 입은 채로 전투에 나갈 것을 제안한다(29절). 그 결과는 불 보듯 뻔했다. 적은 여호사밧을 **이스라엘 왕**으로 인지하고(30절) 그에게 공격을 집중했으며, 아합은 몰래 군중 속에 숨어들 수 있었다. 그러나 하나님이 이 악한 계획을 틀어버리신다. 역대기 저자는 자료(왕상 22장)를 약간 수정하여, 공격을 당한 여호사밧이 소리 지르자(왕상 22:32b) **하나님이 그들을 감동시키사 그를 떠나가게 하셨다**고 기록한다(31b절). 또한 사소한 사건에 대한 하나님의 섭리를 보여주는 가슴 저미는 사례가 등장한다. **한 사람**, 즉 불특정한 어떤 사람이 **무심코 활을 당겨** 변장한 이스라엘 왕 아합을 맞히는데, 그것도 하필이면 **이스라엘 왕의 갑옷 솔기**를 맞힌다(33a절). 아합은 즉시 이 부상이 치명적임을 깨닫는다(33b절). 하나님은 자신에게 부르짖는 자를 구원하고 자신을 거역하는 자를 심판하신다.

d. 왕이 책망을 받다(19:1-3)

19:1-3. 여호사밧은 아합과 불경건한 동맹을 맺는 어리석음에 대해 책망을 받는다. 하나님은 선지자 하나니(불경건한 동맹에 대해 아사를 꾸짖음, 참고. 16:7-10)의 아들 선지자 예후를 보내서 여호사밧을 꾸짖으신다. 도움, 사랑, 미움은 언약 관계와 관련된 개념이다. 예후의 말에 담긴 원칙은, 사람이 하나님을 사랑하면서 동시에 하나님을 미워하는 자와 동맹을 맺을 수는 없다는 것이다(2절). 사람은 두 주인을 섬길 수 없다(마 6:24의 주석을 보라). 그 결과는 하나님의 **진노**밖에 없다(2b절). 이는 무서운 말이었지만, 이후 왕들을 위해 불가피했다. 하나님께 대한 불성실은 선택 사항이 아니다. 예후의 책망은 여호사밧이 이전에 했던 개혁(3절)에 의해 완화된다. 그리고 뒤이은 개혁의 원동력이 된다.

4. 여호사밧의 개혁(19:4-11)

바른 태도(하나님을 찾는 마음, 3b절)를 가진 여호사밧은 예후의 책망을 듣고 개혁을 단행한다. 이는 왕국의 강화를 위한 것이었다.

a. 영적으로 쇄신하다(19:4)

19:4. 4절의 기록을 통해 여호사밧의 개혁이 왕도에서만이 아니라 지방에서도 이루어졌다는 사실을 알 수 있다. 그의 목적은 모든 백성이 **그들의 조상들의 하나님 여호와께로 돌아오게** 하는 것이었다. 반복되는 회개의 필요성은 역대기의 주요 주제이다(어느 시대나 마찬가지이다).

b. 재판관을 세우다(19:5-7)

19:5-7. 영적 쇄신을 위해 여호사밧은 **재판관**을 세운다(5절; 8-11절 주석을 보라). 재판관은 종합적으로(**유다 온 나라의 견고한 성읍에, 성읍마다**, 5절), 양심적으로(**여호와를 위하여**, 6절; **여호와를 두려워하는 마음으로**, 7절), 공평하게(7절) 일해야 했다.

c. 레위 사람과 제사장을 세우다(19:8-11)

19:8-11. 온 **나라의**(5절) 재판관의 임무는 '소액 심판' 또는 '지방 법원'이었고, 레위 사람, 제사장 및 이스라엘 족장들 중에서 선발한 재판관의 임무는 '고등 법원' 또는 '항소 법원'이었다. 재판관의 자세와 임무가 자세하게 서술된다(9-10절). 영적(**여호와께 속한 모든 일**), 세속적(**왕에게 속한 모든 일**) 문제 모두 법정에서 선으로 해결되어야 했다(11b절). 이들 법정의 외형적

조직과 선도적 가치는 역대기 저자의 세대에게 큰 관심사가 되었을 것이다. 그들은 포로 후기 시대에 공정하고 성공적인 사회를 구현하려 했다.

5. 여호사밧이 침공과 전쟁에 맞서 믿음으로 기도하다(20:1-30)

여호사밧 통치의 다음 주요 사건은 20:1에서 다소 느닷없이 등장한다. 모압, 암몬, 마온 사람(세일산 근처의 부족, 에돔의 페트라 근처, 사해 남동쪽, 참고. 10절)의 침공은 예상 밖이었으며 충격이었다. 위기에 봉착한 여호사밧은 모범적인 신앙을 보여줌으로써 유다의 이상적 왕으로 묘사된다. 그는 하나님을 구했으며, 유창한 기도와 신실한 믿음을 보여주었다.

a. 남쪽으로부터 기습 침공을 당하다(20:1-2)

20:1-2. 이 연합 세력은 사해 남단의 동편 지역으로부터 침공해왔다. 침공 소식이 여호사밧에게 전달될 무렵, 이들은 엔게디, 즉 사해 서편 중간 지점까지 다다랐다(2절). 이들은 막강한 군대였고, **큰 무리**였다. 기습적으로 이루어진 침공이라 미리 대처할 시간이 없었기에 여호사밧은 **두려워**한다(3a절).

b. 왕이 영적으로 반응하다(20:3-19)

여호사밧의 반응은 침공만큼이나 놀라웠다. 그는 이상적인 다윗 가문의 왕이었으며, 신실한 믿음의 사람이자 모범적인 지도자였다. 또한 여호와 하나님을 섬기는 나라의 왕이었다.

20:3-4. 여호사밧은 두려웠지만 공포에 압도되지 않았다. 그는 먼저 **온 유다 백성**에게 금식을 선포한다(3절). 이전에 유다 온 성읍에서 하나님의 말씀을 가르치고(17:9), 모든 성읍에 재판관을 세웠던 것(19:5)이 결실을 맺어 온 나라가 왕의 명령에 동참한다. 여기서는 '온 유다'라는 표현을 반복함으로써(3, 13, 15, 18절; 참고. 4, 17, 20, 27절) 나라 전체가 하나님의 말씀에 뿌리를 내리고 단결했음을 강조한다. 백성은 왕의 부름에 응답하여 모여서 **여호와께 간구**한다(역대상 서론의 '목적과 주제'를 보라). 이는 이상적인 다윗 후손 왕의 모습이었다(4절).

20:5-13. 금식을 선포한 여호사밧은 놀랍고도 모범적인 대중 기도를 드린다(5절). 모든 백성이 이 기도를 들었지만, 이는 기본적으로 하나님께 드리는 기도였다(6절). 먼저 여호사밧은 하나님의 주권을 인정한다. 하나님은 모든 나라를 다스리시며, 그분의 손에 **권세와 능력**이 있다(6절). 그리고 하나님과 이스라엘의 언약 관계를 인정한다. 여호와는 **우리 조상들의 하나님**이며(6a절), **아브라함**을 **사랑**했고(7절), 땅을 약속했으며, 가나안 족속을 쫓아내고, 땅을 **아브라함의 자손에게 영원히** 주셨다(7절). 또한 백성은 성실하게 이 땅에 살면서 **주의 이름을 위하여 한 성소를 주를 위해 건축**했다(8절). 여호사밧은 솔로몬의 기도(성전 봉헌식 기도, 참고. 6:20, 28-31)를 상기하며 **환난**에서 구해주시기를 간구한다(9절). 그는 결국 하나님께 이렇게 말하고 있다. "주께 능력이 있사오며, 주께서 약속하셨나이다. 주의 이름이 우리의 관심이나이다." **주의 이름이 이 성전에 있으니**(9절). 요컨대 여호사밧의 주 관심사는 하나님의 이름, 즉 하나님의 명성과 명예였다. 하나님의 약속이 지켜지고 하나님의 이름이 열방에서 드높여지기 위해 침략자는 격퇴되어야 했다.

따라서 여호사밧은 구체적으로 **암몬 자손과 모압 자손과 세일산 사람들**의 침략을 규탄한다(10a절). 하나님은 가나안 정복 때 이들의 생명을 보전하셨다(10b절; 참고. 민 20:14-21). 이제 그들은 이스라엘에게 이 땅을 **기업**으로 주시려는 하나님의 의도를 거스르려 한다(11절). 이런 배은망덕한 적들에 대해 여호사밧이 하나님께 간청한다. **우리 하나님이여 그들을 징벌하지 아니하시나이까**(12a절). 13절에서 남자, 여자, 아이들까지 **유다 모든 사람들이 여호와 앞에** 선다. 이 환난의 때에 온 나라가 일치단결하여 믿음과 소망을 견지한다. 요지는 분명하다. "우리에게는 힘이 없나이다. 주께서 우리를 위해 싸우소서." 이 기도는 역대기 저자의 세대에게도 믿음과 감격의 반향을 불러일으켰다.

20:14-17. 나라의 믿음과 소망이 보상을 받는다. 하나님이 레위 사람 **야하시엘**(14절)을 통해 말씀을 주신다. **여호와의 영**이 야하시엘에게 임하고(14절), 그는 실제 하나님의 말씀을 전한다(15절). 하나님은 믿음을 촉구하면서 백성에게 말씀하신다(15절). (1) 내 말을 **들을지어다**. (2) **너희는 이 큰 무리로 말미암아 두려워하거나 놀라지 말라**. 왜냐하면, (3) **이 전쟁은 너희에게 속한 것이 아니요 하나님께 속한 것이니라**. 그들은 약할지라도 강했다(참고. 고후 12:10). 왜냐하면 하나님이 그들을 위해 싸우시기 때문이다. 백성은 전열을 갖

추고 전투를 관측만 하라는 지시를 받는다(16, 17절). 그들은 싸울 필요가 없다는 말이 반복된다(17a절). 극상의 안보와 승리의 약속이 주어진다. **여호와가 너희와 함께하리라**(17b절). 이는 이스라엘을 보호하고 보전하리라는 하나님의 약속을 보여주는 또 다른 위대한 사례였으며(참고. 출 14:13-14; 신 20:4; 삼상 17:37), 저자는 이를 독자에게 보여주고 싶었다. 역대기 저자의 세대는 이 약속을 듣고 믿어야 했다.

20:18-19. 하나님의 말씀을 들은 백성은 겸손하게 예배하고(18절), 소리 높여 찬양한다(19절).

c. 놀라운 승리와 개선(20:20-30)

20:20-23. 왕과 백성은 단계적으로 전쟁을 준비한다. 첫째, 그들은 하나님의 말씀에 순종한다(그들은 정해진 장소로 나간다, 20a절). 둘째, 여호사밧은 **너희 하나님 여호와를 신뢰하라**고 격려한다(20b절). 마지막으로, 백성과 군대를 위해 **노래하는 자들**을 세운다(21절). 이들은 당연히 공식적으로 노래하는 자들이었으며(대상 25장), 거룩한 예복(21절; 참고. 대상 16:29)을 입어야 했다. 이 전투 전략은 형식적인 면은 아닐지라도 내용적인 면에서 기드온의 전투 전략(삿 7장)을 닮았다. 노래하는 자들이 하나님께 감사하는 노래를 부르며 군대를 선도했다(21절).

노래와 찬송이 시작되자(22a절), 적들은 혼란에 빠졌고 자기들끼리 싸우기 시작했다. 적들 중 일부가 이스라엘을 기습하기 위해 복병을 운용했다(적들이 의도했지만 이는 하나님의 섭리였다, 22b절). 그러나 이 복병은 다른 적들을 치도록 유도되었고, 서로 **일어나…서로 쳐죽였다**(23절; 하나님이 천사들을 복병으로 두셨다는 견해도 있음—옮긴이 주).

20:24-30. 여호사밧과 그 군대가 도착했을 때는 이미 적이 완전히 궤멸했기에(24절), 노략물을 탈취하기만 하면 되었다(25절). 얼마 후 파멸의 땅(**브라가 골짜기**로 불림, 26절, '축복')에서 하나님을 송축한 그들은 즐겁게 연주하며 예루살렘으로 돌아와 성전으로 나아간다(28절). 하나님이 승리를 주셨기 때문이다. 승리의 소식이 (이스라엘 역사의 다른 승리들과 마찬가지로) 주변 나라들에 퍼지고, 평강의 시대가 도래한다(30절). 저자는 **이방 모든 나라가 여호와께서 이스라엘의 적군을 치셨다 함**을 들었다는 사실을 강조한다(29절). **사방에서**(30절) 그들에게 평강을 주신 분은 하나님이시다. 아합과 동맹한 실패와는 대조적으로, 여호사밧은 하나님을 절대 신뢰하면 그분이 평강, 번영, 안보를 주신다는 사실을 배웠다. 이는 역대기 저자의 세대 및 모든 하나님의 백성을 위한 교훈이다.

6. 여호사밧의 비극적 종말(20:31-37)

20:31-37. 역대기 저자는 전형적 맺음 공식(31-33절)과 이례적인 부가적 내용(35-37절)으로 여호사밧의 통치에 대한 이야기를 마무리 짓는다. 부가적 내용에는 여호사밧이 이스라엘 왕 아하시야와 어리석은 동맹을 맺은 슬픈 사실이 기록된다. 여호사밧은 **다시스**(36절)로 무역선을 보내는 어리석은 경제 동맹을 획책하지만, 하나님은 선지자 **엘리에셀**을 보내 이 계획이 실패하리라고 말씀하신다. 그 결과 배들은 부서지고(37절), 동맹은 수포로 돌아간다. 하나님은 때때로 그분의 목적을 위해 사람의 계획을 좌절시키시며, 하나님의 목적은 궁극적으로 선하다.

여호사밧의 종말에 대한 기록은 복합적이다. 그는 **그의 아버지 아사의 길로 행했다**(물론 아사 통치의 긍정적 요소를 말한다, 32절). 그러나 개혁을 완수하지 못함으로써 백성의 마음이 **그들의 조상들의 하나님께로 돌아오**게 하지 못했다(33b절). 그의 25년 통치에는 하나님을 믿은 인생 최고의 시기와 하나님을 믿지 못한 최악의 시기가 병존했다.

E. '악한' 세 왕: 여호람, 아하시야, 아달랴 (21:1-23:15)

1. 여호람이 여호사밧을 승계하다(21:1-3)

21:1-3. 여호사밧이 죽고 그의 아들 여호람이 유다의 왕이 된다(1b, 3b절). 여호사밧은 죽기 전에 부와 권력을 지혜롭게 아들들에게 분배하여 첫아들의 왕권을 확립한다. 여호람의 아우들(2절)에게는 **견고한 성읍들**(3절)과 함께 이를 다스리는 데 필요한 재물(3a절)을 겸하여 준다. '견고한 성읍들'은 국경도시로서 왕국 방어의 최전방이었다. 아우들이 국경 수비를 담당함으로써 여호람은 국방을 튼튼하게 할 수 있었다.

2. 여호람의 악과 하나님의 성실(21:4-7)

21:4-6. 여호람은 경건한 아버지가 남겨준 안보 정책을 파기하고, 몇 가지 악행을 저지른다. 첫째, 아우들을 도살한다(4절). 이는 왕위에 대한 잠재적 정적을 제

거하려 한 어리석고 악한 행동이었다. 둘째, 8년간의 통치(5절) 동안 경건한 아버지 여호사밧을 본받는 대신 **이스라엘 왕들의 길**(6절), 특히 사악한 장인 아합의 길을 따른다. 여호사밧이 아합과 맺은 동맹(참고. 18:1)으로 인한 재앙이 강력하게 닥쳐온다. 여호사밧이 사라진 후, 수년에 걸친 악한 통치와 백성의 고통이 따른다. 역대기 저자의 세대도 이 교훈을 뼈저리게 느꼈을 것이다. 그들 역시 전임자들의 죄와 악으로 오랜 고통을 당했다. 북 왕국의 길을 따른 여호람은 유다 왕으로서는 처음으로 우상숭배를 위한 산당을 세운다(11절). 결국 여호람의 통치는 엄중한 판결을 받는다. **그가 여호와 보시기에 악을 행하였으나**(6b절).

21:7. 여호람의 악행에도 불구하고, 하나님은 다윗 언약에 충실하셨다(7절). 다윗 언약은 변경될 수 없었다. 왕이 죄를 짓는다 하더라도 하나님은 다윗에게 한 약속을 지키신다. 그러나 악한 왕과 그의 세대는 언약의 복과 특권을 누리지 못한다. 순종과 겸손한 경건에는 복이 따르고, 불순종과 교만한 악에는 징벌이 따른다. 여호람은 징벌을 받은 전형적인 사례가 되었다.

3. 여호람이 벌을 받다(21:8-19a)

a. 에돔과 립나의 반란(21:8-11)

21:8-11. 에돔과 립나의 배반[8, 10b절, 립나는 '가드 근처의 반-블레셋 도시'(Payne, "1 Chronicles," 506)]은 **여호람이 조상들의 하나님 여호와를 버린** 결과였다(10b절). 아우들에게 견고한 성읍들을 맡겼더라면, 이러한 반란을 억제할 수 있었을 것이다. 대신 여호람은 통치 내내 이러한 반란에 시달려야 했다(참고. 10a절). 이런 반란을 진압할 수는 있었지만(9절), 대신 하나님이 약속하신 안보와 번영은 누리지 못했다.

b. 엘리야의 편지(21:12-15)

21:12-15. 대개 하나님의 선지자가 보내는 서간은 기쁨의 원인이 된다. 그러나 여호람에게는 더 많은 징벌의 전주곡이었다. 엘리야는 역대기 다른 곳에서 언급되지 않는다. 그는 북 왕국을 위해 사역했으므로, 이는 놀라운 사실이 아니다. 일부 비평가의 주장과는 달리, 엘리야가 이러한 서신을 쓴 것 자체가 불가능하지는 않다. 왜냐하면 여호람 통치 당시에 그는 여전히 살아 있었기 때문이다(참고. 왕하 1:17; Payne, "2 Chronicles," 506). 또한 여호람은 이스라엘의 왕처럼 행동했기에, 이 왕들을 다그쳤던 위대한 선지자의 주목을 충분히 끌었을 법하다.

엘리야는 곧바로 여호람이 저지른 악의 핵심을 짚는다. 그는 경건한 유다 왕들의 모범을 따르지 못했다(여호사밧, 아사, 12b절). 반면에 **이스라엘 왕들의 길**(13a절)과 **아합의 집**(13b절)을 따랐다. 이 죄 때문에 그와 그의 왕국은 고통을 당했다. 나라는 **큰 재앙**을 만날 것이며(14b절), 그는 **창자에 중병**이 들 것이다(15절).

c. 편지에 예언된 재앙이 임하다(21:16-19a)

21:16-19a. 엘리야가 예언한 위대한 재앙이 임한다. 먼저 외세, 즉 **블레셋 사람들과 구스에서 가까운 아라비아 사람들**이 엄습한다(16절). 여호람이 아우들을 살해한 것이 근시안적이며 재앙적인 결정이었음이 다시 한 번 드러난다. 왜냐하면 견고한 성읍들이 무방비 상태로 노출되었기 때문이다. 적이 침입하여 여호람의 모든 재물과 가족을 끌어간다(17절). 또한 엘리야가 예언한 질병(일종의 이질이었을 것이다)이 여호람에게 임하여(역대기 저자는 그 증세를 생생하게 묘사한다) 결국 이로 인해 목숨을 잃는다(18-19a절).

4. 여호람의 최후(21:19b-20)

21:19b-20. 역대기 저자는 여호람의 종말을 의도적으로 간결하게 서술하는데, 이는 이 왕에 대한 그의 혐오를 드러낸다. 여호람은 서거한 왕에 대한 어떠한 예우도 받지 못한다. 그는 아무도 **아끼는 자 없이**(20절) 세상을 떠난다. 또한 예루살렘에 장사되지만 열왕의 묘실에는 들지 못한다(20절). 역대기 저자는 여호람이 (법적 후손이었음에도) 다윗 가문의 적법한 일원이 아니었다고 결론짓는다.

5. 아하시야의 통치(22:1-9)

여호람의 아들 중 유일한 생존자인 아하시야(1절; 참고. 21:17b; '여호아하스'는 아하시야의 다른 이름) 및 여호람의 아내인 아달랴[오므리의 손녀(2b절), 아합의 딸(21:6b), 아하시야의 어머니(10절)]의 통치는 여호람의 끔찍한 통치 결과를 보여준다. 이는 또한 여호사밧이 아합과 맺은 치명적 동맹의 결과였다(참고. 18:1). 저자는 이들이 일탈로 인해 다윗 가문으로서의 정통성을 잃었다고 보았다. 이 둘은 기본적으로 아합 가문 출신의 찬탈자였고(참고. 3-4, 7-8절), 그들의 통치는 아합처럼 사악했다(3-4절).

a. 아하시야가 왕이 되다(22:1-4)

22:1-4. 아하시야는 22세(2절; NASB 등 일부 역본은 22세, 히브리어 성경 및 일부 역본은 42세—옮긴이 주)라는 젊은 나이에 왕위에 올랐고, 부계 쪽으로는 그에게 조언을 해줄 만한 사람이 아무도 없었다(1절). 모친을 포함한 모계 쪽 인사들은 그가 **악을 행하**도록, 즉 아합의 악한 길을 따라 통치하도록 조언했다(3b절).

b. 아하시야가 이스라엘의 여호람과 동맹을 맺다(22:5-6)

22:5-6. 북쪽 가문의 조언대로 아하시야는 북 왕국의 왕 요람(여호람, 5, 7절)과 또 다른 재앙의 동맹을 체결한다. 이를 아하시야의 선친 유다 왕 여호람과 혼동하지 말라. 동맹을 맺은 왕들은 여호사밧 때도 그랬던 것처럼 길르앗 라못에서 아람과 대결한다(5절; 참고. 18:8). 예전에도 그랬듯이, 이스라엘의 왕(요람/여호람)은 치명적 부상을 입고 전투에서 패한다. 아하시야는 직접 전투에 나서지 않았지만, 부상을 입은 숙부 요람을 병문안한다(6절). 요람의 누이 아달랴가 아하시야의 모친이었다(참고. 21:6; 22:2-3). 아하시야는 유다의 병력으로 여호람을 지원했던 것 같다. **이스르엘**은 "아합의 왕궁이 있었던…에스드라엘론 골짜기 초입에 있었다"(왕상 21:1, Payne, "1 Chronicles," 508).

c. 아하시야의 멸망(22:7-9)

22:7-9. 역대기 저자의 기록은 짧지만(참고. 왕하 9장, 북 왕국의 왕 예후에 대한 기록은 왕상 19:16-17을 보라), 아하시야가 요람과 동맹을 맺거나 그에 도움을 주지 말아야 했다는 점은 분명히 밝힌다. 하나님은 요람을 멸망시키고 왕국을 예후에게 넘기기로 결심하셨다(7b절; 왕하 9:6-7). 아하시야는 자신과 자신의 궁정을 예후가 휘두르는 칼날의 제물로 만들었다(8절). 그는 첫 번째 칼날은 피했지만, 결국 예후에게 붙들려 죽임을 당한다(9a절). 저자가 아하시야와 여호사밧을 연결한 것이 놀라운데, 이는 유다 왕 중에서 여호사밧처럼 **전심으로 여호와를 구하**는 자가 없었음을 보여주기 위함이다(9절). 아하시야의 죽음으로 유다에는 더 이상 다스릴 자가 남지 않는다(9절). 이스라엘과 동맹을 맺은 여호사밧의 어리석음과 요람의 악행이 유다를 심각한 위기 상황으로 몰아넣었다.

6. 아달랴의 통치(22:10-23:15)

아하시야의 죽음으로 야기된 위기는 유다 역사상 최악의 암흑기를 초래하고, 유일한 섭정 여왕이 왕위를 찬탈한다. 아달랴의 통치는 다윗 가문 역사상 최악의 시기였다.

a. 아달랴가 권력을 탐하다(22:10-12)

22:10-12. 아들의 죽음에 대한 소식에 소름 돋을 정도로 냉담한 반응을 보였던 아달랴는 권력을 향한 충격적인 잔인함과 욕망을 드러낸다. 아하시야가 죽자 아달랴는 **체계적으로 다윗 가문의 씨를 진멸한다**(10절). 저자의 관점에서 이는 더할 나위 없이 심각한 문제였다. 다윗 가문에서 단 한 명의 어린아이, 즉 아하시야의 아들 요아스만 살아남았다(11a절). 마지막 **유다 집의 왕국의 씨**(10절)인 그마저 죽임을 당한다면, 다윗의 약속(대상 17:10-14)은 성취될 수 없다.

놀랍게도 아하시야의 누이 여호사브앗이 극적으로 조카 요아스를 구출한다(11절). 용감하고 경건한 한 여인이 한 사악한 여자의 악을 저지한다. 개인적 위험을 무릅쓰고 그는 어린 요아스를 **몰래 빼내어 침실**에 숨긴다(11절). 아마도 침구를 보관하는 방이었을 것이다. 저자는 세심하게 여걸 여호사브앗의 신원을 기술한다(**여호람 왕의 딸이요 아하시야의 누이요 제사장 여호야다의 아내이더라**, 11b절). 이 짧은 족보는 미묘하면서도 강렬하게 악이 군림하는 시절에도 여전히 하나님께 충성하고 그 약속을 신뢰하는 누군가가 남아 있음을 알려준다. 얼마간의 시간이 지난 후에 경건한 부부 여호사브앗과 여호야다는 요아스를 성전(**하나님의 전**)에 숨기고, 아달랴의 통치 기간 6년 동안 보살핀다(12절).

저자는 다시 한 번 다윗에게 주어진 약속과 그 가문의 운명을 성전과 연결한다. 사실 "성전은 다윗 왕조의 보전을 위한 결정적 고리였다"(Sailhamer, *First and Second Chronicles*, 99). 이러한 연결은 역대기 저자와 그 세대에게 중요했다. 나라의 회복은 다윗 가문의 후손과 성전의 회복에 달려 있었다. 그리하여 "다윗 약속의 성취에 대한 소망의 초점은 성전에 모아졌다"(Sailhamer, *First and Second Chronicles*, 99).

요컨대, 성전이 '존재'하는 한, 다윗에 대한 하나님의 약속은 '성취될 수' 있었다. 만약 어느 한쪽이 활성화되면(다윗 왕조 또는 성전), 나머지도 그렇게 될 수 있다. 이것이 역대기 저자 세대의 희망이었다. 즉, 성전 재건을 통해 다윗 약속의 부흥과 메시아 도래가 가시화되는 것이다.

b. 아달랴의 전복과 요아스의 왕위 옹립 작전 (23:1-11)

23:1-3. 요아스를 왕으로 옹립하는 작전은 극히 위험했고, 세심한 계획과 준비를 필요로 했다. 여호야다는 우선 유다의 군대를 소집하고(**언약을 세우매**, 1절), 다음으로 종교 지도자들을 모은다(**레위 사람들**, 2절). 마지막으로 **족장들**을 소집하고(2절), 이들을 세심하게 점고한다. 5명의 **백부장**(1절)은 "가리 사람"(왕하 11:4, 또는 그렛 사람, 블렛 사람과 관련이 있음, 삼하 20:23) 지휘관들이었고, 모두 "국왕의 경호대였다"(Payne, "1 Chronicles," 510). 여호야다가 이들 주요 인사들과 동맹을 맺은 사실로 미루어 볼 때, 아달랴는 백성의 지지를 받지 못했음을 알 수 있다. 온 회중이 소집되어 성전에서 요아스 **왕과 언약을** 세운다(3a절). 유다 역사의 극적 순간에 여호야다가 선포한다. **여호와께서 다윗의 자손에게 대하여 말씀하신 대로 왕자가 즉위하여야 할지니**(3b절; 참고. 대상 17:1-14).

23:4-11. 극적인 선포라 할지라도 실행이 뒷받침되어야 한다. 여호야다는 병력을 전략적으로 분산하여 성전으로 접근하지 못하게 하고 어린 왕을 보호한다(4-7절). 그는 왕의 보호자들에게 성전에 보관되어 있는 다윗 왕의 무기(9b절)를 주고, 왕에게 접근하는 길을 완전히 차단하도록 인간 방패를 이루게 한다(8-10절). 마지막으로, 무장한 레위 사람의 호위 속에서 요아스는 회중에게 몸을 드러내고 왕으로 옹립된다. 제사장은 그에게 **기름을 붓고**, 백성은 왕의 **만세수**를 외친다(11b절). 이러한 극적인 역사적 사건과 다윗 가문의 보전이 지니는 중요성은 역대기 저자에게 특별한 의미로 다가왔다. 그래서 그는 다른 어떤 사건보다 이 대관식 장면을 자세하게 묘사했던 것이다.

c. 아달랴의 죽음(23:12-15)

23:12-15. 백성의 환호 소리(13절)는 불가피하게 아달랴의 주목(12a절)을 끌었다. 그러나 여호야다의 준비는 물샐 틈이 없었기에, 그녀가 사태를 파악했을 때는 이미 요아스의 등극을 막을 도리가 없었다. 그녀는 헛되이(그리고 아이러니하게도 불법적인) **반역**(13b절)을 외쳤지만 자신의 죽음을 재촉할 뿐이었다(14절). 아달랴의 수치스러운 죽음은 그녀의 어머니의 죽음을 떠올리게 하고(참고. 왕하 9:33-37), 악인과 하나님의 뜻을 거스르는 자들의 말로를 잘 보여준다.

F. '뒤섞인' 세 왕: 요아스, 아마샤, 웃시야 (23:16-26:23)

슬프고도 침울한 여호람의 시대는 아달랴의 죽음으로 막을 내리고, 약속과 실패가 요동치는 새 시대가 도래한다. 다음 세 왕은 모두 잘 시작하였다가 비참하게 끝을 맺는다. 아마샤에 대한 평가는 이렇다. **아마샤가 여호와께서 보시기에 정직하게 행하기는 하였으나 온전한 마음으로 행하지 아니하였더라**(25:2). 이는 온전하지 못한 영적 헌신의 위험성을 잘 보여준다.

1. 요아스의 통치(23:16-24:27)

요아스의 통치는 유다 역사의 가장 극적이고 의미심장한 사건과 함께 시작된다. 그의 대관식과 기름 부음은 악한 시대의 종말과 충성 시대의 도래를 알렸다. 그러나 통치의 시작과 함께 주어졌던 약속은 통치가 끝나면서 사라져버렸다.

a. 여호야다에 의한 요아스의 초기 개혁(23:16-21)

23:16-21. 아달랴를 제거하고 난 뒤, 여호야다는 요아스의 이름을 업고 즉각적인 개혁을 단행한다. 여호야다는 언약을 세워 모든 백성이 **여호와의 백성**이 되게 한다(16b절). 이제 그들은 '그의 백성'으로 불릴 자격을 얻는다(참고. 대상 22:18b; 23:25; 대하 22:11; 31:10; 시 29:11 등). 또한 그들은 우상숭배를 버리고(17절), 바알의 제사장 **맛단**을 죽이며(참고. 신 13:5-10), **다윗**(18절, '다윗'은 특별히 두 번 언급됨, 히브리어 성경 및 영역본은 모두 18절에서 '자기들' 대신 '다윗'으로 기록함—옮긴이 주)이 정한 규례대로 성전 예배를 회복한다. 역대기 저술의 전형적인 양상대로, 성전 개혁과 다윗 왕권의 회복이 함께 진행된다. 그리하여 성전 개혁이 자리를 잡자(19절), 합법적인 다윗의 후손이 **나라 보좌**에 앉는다(20절). 여호야다와 백성의 언약으로 촉발된 격변이 마무리되고, 백성은 오랫동안 맛보지 못했던 즐거움과 미래에 대한 희망을 만끽한다(21a절).

b. 여호야다의 영향력 아래 요아스가 다스리다 (24:1-16)

24:1-3. 요아스의 40년 통치(1절)는 부푼 희망과 함께 시작했지만, 결국 크나큰 실망으로 막을 내린다. 여

호야다의 조언을 받던 요아스는 그가 죽은 후 유다 방백들의 조언을 들으면서(참고. 17절) 급전직하로 재앙의 길에 들어선다.

요아스의 시작은 좋았으며 **여호와 보시기에 정직하게 행하였다**(2b절). 그러나 이는 **제사장 여호야다가 세상에 사는 모든 날뿐이었다**(2a절). 이 경건한 모사는 요아스의 결혼까지 주선한다(3절).

24:4-7. 저자는 다시 한 번 좋아하는 주제를 거론한다. 왕이 성전에 특별한 관심을 보인다. 요아스는 자신을 보호했던 성전의 보수를 주도한다(4절). 악한 아달랴의 통치 기간 동안 성전은 방치되었을 뿐 아니라 약탈당했다(7절). 요아스는 먼저 기금을 조성했는데(5절), 이를 위해 수년이 소요된 것 같다(5절의 **해마다**가 이를 암시함, 참고. 왕하 12:6, "요아스 왕 제이십삼 년에 이르도록"). **레위 사람이 빨리 하지 아니한지라**(5b절). 이 문장에는 약간의 책망도 들어 있지만, 요점은 분명하다. 레위 사람들 때문에 모금이 지지부진했다. 요아스는 여호야다에게 **모세가 정한 세**(참고. 출 30:12-16)가 제대로 걷히지 않는 이유를 묻는다. 저자는 그 이유에 대해 설명하지 않지만, 정기적 세금이 제대로 걷히지 않은 것은 분명하다.

24:8-14. 요아스는 성전 보수에 필요한 재정을 마련하기 위한 특단의 조치를 취한다. 제사장과 레위 사람의 모금에 의존하는 대신, 뚜껑에 구멍을 뚫은(참고. 왕하 12:9) 한 궤를 만들어 성전 문 밖에 둔다(8절). 그리고 **모든 방백들과 백성들**에게 모세가 정한 세를 궤에 넣게 한다(9-10절). 궤가 차면 왕에게로 옮겨서 돈을 꺼낸 다음 다시 원위치로 돌린다(11절). 이 방식은 효과를 거두었으며, 왕은 곧 숙련된 일꾼과 장인을 고용하여 **여호와의 전을 수리하게** 한다(12-14절, '여호와/하나님의 전'이라는 표현이 이 세 절에서 여섯 번 반복된다).

이 장면은 저자의 관심을 끌었을 것이다. 그 역시 자신의 세대가 성전에 관심과 경의를 표하도록 격려했다. 일꾼들은 레위 사람의 비능률과는 대조적으로 효과적으로 일을 진척시켰으며(13a절), **하나님의 전을 이전 모양대로**(13b절), 즉 원래 설계와 목적대로(참고. 대상 28:11 이하) 보수한다. 요아스의 기금 조성은 성공을 거두었고, 성전 보수에 쓰고 남은 돈은 성물을 보수하는 데 사용된다(14a절). **번제**(14b절)에 대한 언급은 요아스 통치의 절정을 알리는 동시에, 역대기 저자의 세대에게는 경고의 의미를 준다. 성전 예배의 회복은 저절로 얻어지는 것이 아니다.

24:15-16. 성전 보수 후 얼마 만에 여호야다가 죽었는지는 알 수 없지만, 그의 죽음과 관련하여 두 가지 사실이 기술된다. 첫째, 그는 장수했다. **여호야다가 나이가 많고 늙어서 죽으니 죽을 때에 백삼십 세라**(15절). 그 당시에 그런 세수를 누리는 것은 매우 이례적이지만, 불가능한 일을 아니었다(참고. Payne, "2 Chronicles," 4:514-515). 이러한 기록은 중요한 인물에 대한 하나님의 특별한 돌보심을 강조하기 위함이다. 둘째, 그는 왕의 묘실에 장사된다. 이는 제사장에 대한 매우 이례적 특혜였으며, 마찬가지로 그에 대한 하나님의 특별한 돌보심을 보여준다. **이는 그가 이스라엘과 하나님과 그의 성전에 대하여 선을 행하였음이더라**(16절). 이는 요아스의 운명과 뚜렷한 대비를 이룬다.(참고. 25b절).

c. 여호야다의 죽음 이후 요아스의 통치(24:17-22)

여호야다의 죽음이 참사를 촉발하리라고 예측한 사람은 거의 없었다. 그의 오랜 지도를 받은 요아스가 앞으로도 경건하고 성공적인 통치를 이어나가리라 예상했을 것이다. 슬프게도 현실은 그렇지 못했다. 역대기 저자는 요아스 통치의 종말을 짤막하게 평하면서, 간접 신앙의 위험성에 대한 경고의 메시지를 전한다.

24:17-18. 르호보암의 어리석음(어리석은 충고를 따름, 참고. 10:6 이하)을 재현이라도 하듯, 요아스는 우상숭배의 권고에 귀를 기울인다(17절, 그들의 조언을 받아들임). 저자는 이 슬픈 사건의 세부적 내용을 서술하지 않는다. 그들은 **조상들의 하나님 여호와의 전을 버리고 아세라**[가나안 다산 여신] **목상과 우상을 섬겼다**(18a절). 이는 즉시 끔찍한 결과, 즉 하나님의 **진노**를 촉발한다(18b절).

24:19-22. 배교 다음에 하나님이 보내신 선지자의 호소가 이어지는 유형은 매우 익숙하며, 그 결과도 예측 가능하다. 선지자는 회개를 촉구하지만, 그들(왕과 모사들)은 **듣지 아니**한다(19b절). 이 이야기가 주는 교훈은 하나님의 말씀을 들어야 한다는 것이다.

왕에게 보내진 선지자 중에 제사장 여호야다의 아들

스가랴(20절)가 있었다. **하나님의 영**(20a절)이 그를 **감동시킨다**. 스가랴는 질책성 질문을 던진다. **너희가 어찌하여 여호와의 명령을 거역하여…하느냐**(20b절). 우상숭배의 부조리가 이 질문의 핵심이다. "우상숭배가 너희에게 무슨 유익이 있느냐?" 이 때문에 그들은 **형통**하지 못했고(20b절), 하나님을 버림으로써 하나님께 버림받았다(20b절, '하나님 버리기'에 대해서는 역대상 서론의 '목적과 주제'를 보라). 이들은 다른 스가랴(베레갸의 아들)의 훈계를 들었던 세대처럼, 훈계를 듣지 않았다(슥 7:11, 13). 대신 백성은 하나님의 선지자에 대해 음모를 꾸민다(21a절). 그리고 (이전 멘토였던 여호야다의 아들 선지자 스가랴에 대한) 요아스의 공모로 **그[스가랴]를 여호와의 전 뜰 안에서 돌로 쳐 죽**인다(21b절). 가증스럽게도 '여호와의 전 뜰 안에서' 이런 짓을 자행한다. 이로써 요아스는 배신에다 (보수를 위해 그토록 심혈을 기울였던 성전에 대한) 신성모독의 죄를 더한다. 여호야다에 대한 요아스의 가증스런 배신을 확실히 밝히기 위해 저자는 충격적인 결론을 덧붙인다. **여호야다가 베푼 은혜를 기억하지 아니하고 그의 아들을 죽이니**(22a절).

여호와는 감찰하시고 신원하여 주옵소서(22b절). 스가랴의 마지막 기도는 용서(참고. 스데반, 행 7:60; 참고. 눅 23:34)가 아니라 복수였다. 그러나 개인적 복수의 요청이 아니라, 하나님의 선지자를 위한 하나님의 정의를 촉구하는 기도였다(참고. 신 32:35; 시 94:1; 롬 12:19). 예수님이 언급하신 "아벨의 피로부터…사가랴의 피까지"(마 23:35)라는 구절은 사가랴의 피살을 의미하는 것으로 이해되곤 한다. 이는 성경의 시작(창세기, 아벨의 피살)부터 끝까지(역대하, 히브리어 정경의 마지막 성경, 스가랴의 피살) 점철된 죄를 가리킨다. 문제는 예수님이 스가랴를 "바라갸의 아들"로 지칭하신 반면, 역대하에서는 여호야다의 아들로 나온다는 점이다. 이러한 불일치에 대한 설명은 대략 세 가지이다. (1) 어쩌면 스가랴는 성경에 언급되지 않은 바라갸의 아들이며, 여호야다는 사실 그의 조부였을 수 있다. (2) 신약성경 필사자가 예수님이 언급하신 사가랴를 보다 잘 알려진 베레갸의 아들(슥 1:1을 보라)이었던 사가랴와 혼동하여 실수로 본문을 변경했다. 따라서 부정확하게 전수된 것이다. (3) 예수님은 역대하의 이 사건이 아니라 선지자 스가랴를 언급하셨으며, 그의 피살은 성경에 기록되지 않았다(Payne, "2 Chronicles," 515).

d. 요아스에 대한 하나님의 심판: 패배와 질병 (24:23–27)

24:23–24. 다시 한 번 하나님의 심판이 적의 침략으로 임한다. 이번에는 아람 군대였다(23절). 이 사건은 우연히 발생한 것이 아니라 하나님이 하신 일이며, 실상은 하나님의 진노(18b절)가 임한 것이다. 저자는 이 재앙이 우상숭배를 주도한 이들에게 임했음을 분명히 밝힌다. **백성 중에서 모든 방백들을 다 죽이고**(23절). 재앙은 엄청났다. 아람의 적은 군대는 이스라엘의 **심히 큰 군대**(24a절)와 대조를 이룬다. 이는 이 패배가 적의 군사력에 의한 것이 아니라 그들이 **여호와를 버렸**기에(24b절) 임한 심판임을 뜻한다. 다시 한 번 원칙이 강조된다. 여호와를 구하면 복을 받고, 여호와를 버리면 심판을 당한다.

24:25–27. 심판은 나라의 패배로 끝나지 않았다. 요아스 역시 비극적 최후를 맞는다. 요아스는 크게 부상을 당했으며(ESV '부상당하다', 전투에서 입은 상처로 인한 결과를 이름, 참고. 왕하 8:29), 패배 이후 침상 신세를 져야 했다. 이는 스가랴의 살해에 분개하여 복수를 노리던 자들에게 좋은 기회가 되었다(25절). 요아스가 스가랴에 반역했기에, 그의 **신하들**도 그에게 **반역하여**(25a절) 그를 쳐 죽인다. 이들의 이름이 언급된 것으로 보아, 이들은 범죄 사실을 감추려 하지 않았으며 자신들의 행동을 응징으로 생각했던 것 같다(26절). 요아스의 마지막 치욕은 왕들의 묘실에 장사되지 못한 사실이다(25b절). 이는 (아사와는 대조적으로, 참고. 16:13–14) 그의 통치 말기의 불경건이 여호야다 시대에 이루어진 그의 통치 초기의 선행(27절)을 압도했음을 가리킨다.

2. 아마샤의 통치(25:1–28)

25장에는 아마샤의 통치가 잘 요약되어 있다. **아마샤가 여호와께서 보시기에 정직하게 행하기는 하였으나 온전한 마음으로 행하지 아니하였더라**(2절). '온전'(*salem*, 살렘)은 '완전한', '완벽한', '철저한'을 뜻한다. 온전한 마음은 '확정'된 마음(참고. 시 57:7), '정직'한 마음(참고. 시 97:11), '행'하는 마음(참고. 시 119:112), '전심'(참고. 시 9:1; 119:10, 69, 145)이다. 아마샤의 통치는 하나님의 말씀(율법, 4a절, 또는 선지자의 말, 7절 이하)에 대한 경청과 순종 및 성급한 결정과 교만이 뒤섞였다.

"아마샤의 통치 연대는 난제이다"(Selman, *2 Chronicles*, 459). 요컨대 그의 29년 통치에 대한 언급(1절; 왕하 14:2)은 열왕기하 15:1에 나오는 숫자들과 맞지 않는다. 즉, 그의 29년 통치와 그의 아들 웃시야의 52년 통치를 합산하면, 북 왕국의 여로보암 2세(왕하 14:23) 및 그의 아들 스가랴(왕하 15:8)의 통치와 비교할 때 너무 큰 숫자가 된다. "여로보암은 41년간 다스렸다(왕하 14:23). 따라서 그는 아마샤가 죽은 지 14년 후에 죽은 셈이 된다. 그런데 스가랴가 여로보암 2세의 뒤를 이었을 때, 웃시야는 이미 31년째 왕위에 있었다"[Dillard, *2 Chronicles*, 198. 《역대하》, WBC 성경주석(솔로몬)]. 따라서 아마샤는 웃시야가 공동 섭정을 하기 전까지 불과 5년간 단독으로 다스렸던 것 같다[참고. Thiele, *The Mysterious Numbers of the Hebrew Kings*, 63-64. 《히브리 왕들의 연대기》(기독교문서선교회)]. 이런 오랜 공동 섭정 시대는 요아스가 아마샤를 사로잡은 탓이었을 것이다(23절). 따라서 아마샤가 치른 두 전쟁은 그의 통치 첫 5년 사이에 있었던 것으로 보인다.

a. 아마샤가 보복으로 통치를 시작하다(25:1-4)

25:1-4. 아마샤는 제일 먼저 부왕 요아스를 시해한 자들에게 복수(관점에 따라서는 공의)를 한다(3절). 저자는 아마샤가 범죄자들의 가족은 죽이지 않았음을 명시한다(당시에는 이런 경우 몰살이 관례였다). 이러한 관용은 아마샤가 **모세의 율법책**(4a절)을 준수한 까닭이었다. 아버지나 아들의 죄가 아니라, **오직 각 사람은 자기의 죄로 말미암아 죽을 것이다**(4b절; 신 24:16). "천 대까지 이르는 하나님의 자비는 삼사 대에 이르는 심판보다 훨씬 크다, 참고. 출 20:5-6."(Selman, *2 Chronicles*, 459).

b. 아마샤가 세일 자손(에돔)과 싸우다(25:5-13)

25:5-8. 다음으로 아마샤는 세일 자손(에돔)과의 싸움을 염두에 두고 군사를 준비한다(참고. 11절). 전장에 나갈 만한 자를 계수했는데, 여호사밧 시절(약 120만, 참고. 17:14-19)에 비해 병력이 현저히 감소했다(**삼십만**, 5절). 따라서 엄청난 비용을 지불하고 북 이스라엘 왕국에서 용병을 고용한다(6절). 이는 하나님께 용납될 수 없는 행위였기에(**여호와께서는 이스라엘 곧 온 에브라임 자손과 함께하지 아니하시나니**), **하나님의 사람**(7절), 곧 선지자가 용병과 함께 싸우지 말라는 메시지를 전한다. 8절은 혼란스러워 보인다(현대의 독자는 선지자의 비꼬는 투에 익숙하지 않은 탓이리라). 선지자는 아마샤에게 이들 용병과 전쟁에 나가려거든 **힘써 싸우**라고 말한다. 왜냐하면 하나님이 돕지 않으실 것이기 때문이다. **하나님이 왕을 적군 앞에 엎드러지게 하**실 것이다(8a절). 즉, 왕은 전쟁에서 질 것이다. **하나님은 능히 돕기도 하시고 능히 패하게도 하시나이다**(8b절). 이는 하나님이 승자에게는 승리를, 패자에게는 패배를 주신다는 뜻이다. 요컨대 이 전쟁에서 이기려면 아마샤는 용병을 돌려보내야 했다.

25:9-10. 아마샤는 이 조언을 기꺼이 받아들였지만, 용병을 고용하는 데 쓴 돈을 잃을까 염려했다(9a절). 하나님의 사람은 그런 염려를 지적하며, 하나님의 자원은 무한함을 상기시킨다(9b절). 그는 손실을 감수하고 용병을 돌려보내야 했다. 결국 아마샤는 용병을 돌려보내고, 그들은 몹시 불쾌해한다(10절). 여기에 대한 아마샤에 대한 평가는 복합적이다. 그는 성급한 결정으로 고용한 용병을 돌려보낸다. 그러나 이 사건으로 북 왕국의 군대에게 안겨준 불쾌감이 엄청난 파괴적 효과를 불러온다. 아마샤가 남쪽에서 에돔과 싸우는 동안, 이 군대가 유다 북쪽의 성읍들을 침략하여 약탈한다(13절). **벧호론**은 예루살렘에서 북서쪽으로 약 19킬로미터 떨어진 지점의 아얄론 골짜기에 위치했으며, 남북을 이어주는 산지의 길 위에 있었다. 이 성읍은 반드시 보호되어야 했다. 아마샤는 패배를 면하기는 했지만, 성급하게 용병을 고용했던 행동은 불행한 결과를 초래했다.

25:11-13. 하나님의 사람으로 인해 용기를 얻은 아마샤는 공세를 취해 사해 남단 근처의 **소금 골짜기**(11절)에서 적과 조우한다. 세일 자손 **만 명**이 전투에서 죽임을 당하고, 또 다른 **만 명**은 사로잡혀 죽임을 당한다(12절). 그런 끔찍한 장면을 연출한 의도는 에돔 사람에게 심리적 타격을 입힘으로써 보복을 꿈꾸지 못하게 하려 함이었다.

c. 아마샤의 우상숭배(25:14-16)

25:14. 에돔을 무찌른 후에, 아마샤는 또 성급하게 그들의 우상을 가져와서 **자기의 신으로 세우고 그것들 앞에 경배하며 분향**한다(14절). "이는 성경에서 에돔의 신을 숭배한 것에 대한 유일한 기록이다"(Selman, *2 Chronicles*, 461). 이는 비상식적인 행동으로 보이지만(패배한 적의 신을 섬기는 것은 비이성적으로 보인다), 이러한 행태는 고대 근동에서 유례가 없는 것은 아니었다. 당시 나라의 패배는 신을 잘 섬기지 못한 탓으로 여겨졌다. "아마샤의 행동은 에돔 신들의 분노를 달래기 위한 것이었는지도 모른다"(Selman, *2 Chronicles*, 461). 그러나 어쨌든 그런 우상숭배는 충격적이다. 패배한 적의 우상을 전리품으로 취하는 것은 흔한 일이었지만, 그 우상을 세워서 숭배하는 일은 성급하고 어리석은 짓이었다(우상숭배의 어리석음에 대해서는 사 44:9-20을 보라).

25:15-16. 하나님의 반응은 즉각적이고 엄중했다. **그러므로 여호와께서 아마샤에게 진노하사**(15a절). 즉시 한 선지자가 와서 어리석은 왕을 꾸짖는다(15b절). 무명 선지자의 말은 아이러니하면서도 논리 정연했다. 그는 왕에게 질문한다. "왜 무찌른 적의 신들을 섬기려 하나이까? 그 신들이 왕의 공격을 막지 못했거늘, 왕에게 무엇을 해줄 수 있겠나이까?" 선지자의 비꼬는 말은 아마샤의 폐부를 찔렀고, 아마샤는 선지자의 말이 채 끝나기도 전에 **그치라**고 외치며 선지자를 위협한다(16a절). 선지자에 대한 경멸은 아마샤의 마음 상태를 보여준다. 하지만 선지자는 서늘하게 왕의 멸망을 예언한다(16b절). 다시 한 번 역대기 저자의 주제가 분명히 드러난다. 하나님의 말씀에 주의를 기울이는 왕은 복을 받고, 그렇지 않는 자는 벌을 받는다. 왕은 하나님의 선지자를 저지할 수 있지만 하나님의 심판은 막지 못한다. 그는 하나님의 말씀을 듣지 않았다(16b절; 참고. 19절).

d. 아마샤가 이스라엘의 요아스에게 패하다 (25:17-24)

25:17-19. 유다 왕 아마샤가 이스라엘 왕 요아스에게 보낸 메시지의 정확한 의도는 불분명하다. 직접적인 선전포고였을 수도 있고, 호기 넘치는 외교적 수사였을 수도 있다(17절). 어떤 경우이든 요아스는 이를 도발로 받아들였고, 생생하고도 신랄한 '우화'로 응답한다(18절). 요아스는 이스라엘을 강력한 백향목에, 유다는 하찮은 가시나무에 비유한다. 가시나무의 요구는 백향목에 의해 무시되고, 지나가던 **들짐승**이 가시나무를 짓밟는다. 요아스는 아마샤를 꾸짖는다. "네가 에돔을 무찔렀다고 마음이 우쭐해서 스스로 패망의 길을 자처하지 말라. 정복이나 전투는 꿈도 꾸지 말고, **네 궁에나 있으라**"(19절).

25:20-24. 아마샤가 요아스의 신랄한 충고를 듣지 않은 것은 **하나님께로 말미암은 것**이었다(20a절). 왜냐하면 하나님이 요아스를 통해 우상을 숭배한 아마샤를 벌주려고 작정하셨기 때문이다(20b절). 전투는 짧지만 결정적이었다(21-22절). 아마샤는 벧세메스에서 사로잡힌다(23a절). "벧세메스는 베들레헴 서쪽 약 24킬로미터 지점에 위치한 곳으로, 아마샤가 선정한 장소였다"(Payne, "2 Chronicles," 519). 예루살렘은 무방비 상태에 놓이고(23b절), 성전 보물은 약탈당한다[24절, **오벧에돔**은 레위 가문으로(참고. 대상 13:13-14; 26:4) 문지기와 음악가 집안이었다]. "성전 약탈은 역대하 7:19-22에 나오는 원칙에 따른, 우상숭배에 대한 징벌이었다"(Selman, *2 Chronicles*, 464). 성전의 운명은 왕의 운명에 매였으며, 악한 왕은 곧 성전의 재앙을 의미했다.

e. 아마샤의 최후(25:25-28)

25:25-28. 요아스가 아마샤를 무찌름으로써 남 왕국은 크게 약화된다. 아마샤는 하나님께 불충했기에 백성의 신망을 잃었고 결국 음모자들에게 암살당한다(27절). 비록 그는 **조상들과 함께 유다 성읍에 장사**되지만(28절), 성급하고 교만했던 왕으로 기억된다(참고. 잠 16:18).

3. 웃시야의 통치(26:1-23)

역대기 저자는 웃시야 왕에 대한 역사적 사실을 많이 기록한다(참고. 왕하 15:1-7, '아사랴'로 불림). 교만은 집안 내력이었던 것 같다. 아마샤의 아들 웃시야는 아버지의 발자취를 따른다. 웃시야의 통치 초기는 희망적이었으며, 통치 전반에 대한 역대기 저자의 평가는 (열왕기의 기록에 비해) 우호적이다. 그러나 그는 여전히 선대의 유형을 벗어나지 못한다. 시작은 좋았지만 끝은 나빴다.

a. 웃시야의 충성(26:1-5)

26:1-5. 웃시야는 **십육 세**(1, 3a절)에 왕위에 올라 52년간 다스린다(3절). 그의 통치 초기는 무척 고무적이었다. 저자는 그의 건축 사업에 대해 짤막하게 언급한 뒤(2절, 엘롯 또는 엘랏, 유다 동편 국경도시), 그의 통치에 대한 강렬한 진술을 남긴다. 웃시야는 **그의 아버지 아마샤의 모든 행위대로** 따랐으며(4a절), **여호와 보시기에 정직하게 행했다**(4b절). 또한 **하나님의 묵시를 밝히 아는 스가랴를** 따랐으며(5a절, 이 스가랴의 신상에 대해서는 알려진 바가 없음), 모범적인 다윗의 후손 왕으로서 **하나님을 찾았다**(5b절, 역대상 서론의 '목적과 주제'를 보라). 여호야다가 요아스에게 그랬던 것처럼, 이 선지자는 웃시야에게 멘토 역할을 한다. 웃시야의 통치 초기는 역대기의 주제로 요약된다. **그가 여호와를 찾을 동안에는 하나님이 형통하게 하셨더라.**

b. 웃시야의 성공(26:6-15)

26:6-15. 하나님이 형통하게 하시는 증거는 웃시야의 통치 초기에 자주 드러난다. 웃시야가 무찌른 나라의 목록(6-7절, **블레셋 사람**, **아라비아 사람**, **마온 사람**, 참고. 20:1, **구르바알**의 위치는 불명확함, 에돔 남쪽으로 추정)을 통해 그가 누린 번영과 강성함을 엿볼 수 있다. 이들은 웃시야에게 조공을 바쳤고(8a절, **암몬 사람**), 그의 명성은 널리 퍼진다(8b절, **애굽**). 그는 또한 아마샤의 수치스러운 패배 이후(참고. 25:23, 요아스가 파괴한 **성 모퉁이 문**을 재건함) 예루살렘을 새롭게 요새화했으며(9-10a절), 군대를 강화함으로써(11-15b절) 나라의 국방을 공고히 했다. **무기**(15a절)에 대한 언급을 통해 웃시야가 당시 최첨단 무기 체계를 운용했음을 알 수 있다(참고. Payne, "2 Chronicles," 522). 아마도 현대의 '중포'에 해당하는 일종의 투석기였을 것이다. 그는 농업에도 많은 관심을 기울였는데(10절) **농사를 좋아했기 때문이다**(10b절). 그는 말 그대로 현실적인(down-to-earth) 인물이었다. 이 시기 웃시야의 통치에 대해 독특하고 인상적인 평가가 내려진다. **그의 이름이 멀리 퍼짐은 기이한 도우심을 얻어 강성하여짐이었더라**(15b절).

c. 웃시야의 교만과 몰락(26:16-21)

웃시야는 해를 거듭하며 성공을 거두었고, 하나님은 그에게 번영을 허락하셨다. 그러나 이러한 웃시야의 통치를 한순간에 끝장내는 사건이 발생한다. 수년에 걸친 복과 번영이 한순간의 허영과 교만으로 물거품이 된다. 이는 독자에게 크나큰 교훈으로 다가온다. 순종과 충성은 계속되어야 하며, 한순간의 불충이 평생의 업적을 와해시킬 수 있다.

26:16-18. 상황의 암울한 반전을 알리는 진술이 이어진다. **그가 강성하여지매 그의 마음이 교만하여**(16a절). 저자는 먼저 범죄의 유형을 알린다. **악을 행하여 그의 하나님 여호와께 범죄하되**(16b절). 다음 그에 대해 구체적으로 설명한다. **곧 여호와의 성전에 들어가서 향단에 분향하려 한지라**(16c절). 이는 제사장만이 할 수 있는 일이었으며(참고. 출 30:1-10; 민 18:1-7), 웃시야는 이 사실을 잘 알고 있었을 것이다. 하나님은 성막 또는 성전과 관련된 제사장 직무의 위반을 매우 심각하게 여기신다(참고. 레 10:1-3; 민 16:1-40; 대상 13:9-10). 왕이 성전을 범하는 것은 가장 큰 책임에 대한 배반이었다. 왕은 성전과 그 직임을 보호하고 지켜야 할 의무를 졌다. 웃시야는 큰 곤경에 빠진다. 제사장 **아사랴**와 **용맹한 제사장 팔십 명**[용사]이 성전을 수호하고, 또한 왕이 잘못에 빠지지 않도록 보호하려 했다(17-18a절). 아사랴는 책망을 통해 이 범죄가 무엇이 문제이며, 왜 심각한 죄인지를 밝힌다(18b절). 웃시야는 하나님께 **범죄**했으며, 따라서 **하나님 여호와에게서 영광을 얻지 못할 것이다**(18c절).

26:19-21. 역동적인 장면이 이어진다. 왕과 제사장들이 대치하면서 왕이 교만한 마음으로 분노를 내쏟는다(19a절). 곧이어 제사장들은 하나님의 심판이 웃시야에게 임하는 끔찍한 장면을 목격한다. **그의 이마에 나병이 생긴지라**(19b절). "이 나병은 현대에 알려진 동명의 질병은 아니며, 일반적인 피부 질환을 가리킨다"(Selman, *2 Chronicles*, 471). 충격 속에 왕은 황급히 성전에서 물러간다(20절). 아이러니하게도 제사장 역할을 넘보았던 왕은 영원히 **여호와의 전**에서 끊어지며, 다시는 예배조차 허락되지 않고, 나병환자로서 **별궁**에 격리된다(21a절; 레 13:46). 그는 여생을 격리된 채로 지내며, 나머지 통치는 아들을 통해 이루어진다(21b절).

d. 웃시야의 최후(26:22-23)

26:22-23. 저자는 **아모스의 아들 선지자 이사야**(22절)의 글을 주요 자료로 참고했다. 웃시야의 죽음은 이

사야 6장에서 자세히 묘사된다. 웃시야는 나병환자였기에, 왕들의 묘실 근처에 장사되며 다른 왕들과 함께 묻히지 못한다(23b절). 슬프게도 웃시야는 오랜 번영의 통치보다는 이 한 번의 교만한 행위로 후대에 기억된다. 그의 교만한 태도는 그의 삶을 기록하고 슬퍼한 이사야와 대조를 이룬다. 그는 하나님의 임재 앞에서 이렇게 부르짖었다. "화로다 나여 망하게 되었도다"(참고. 사 6:5).

G. 번갈아 나오는 6명의 '선한' 혹은 '악한' 왕 (27:1–35:27)

역대기의 주요 주제는 왕이 '하나님을 찾으면' 언약대로 복과 번영을 누리지만, '하나님을 버리면' 복을 잃고 나라와 왕 모두 징벌을 받는다는 사실이다. 다음 여섯 왕을 통해 이 주제가 다시 한 번 강조된다. '선한 왕'과 '악한 왕'의 반복은 단순한 역사적 사실일 뿐 아니라 주제의 각인이다. 충성과 순종은 하나님의 복을 가져오고, 불순종은 하나님의 진노와 복의 상실을 초래한다.

궁극적인 복의 상실은 땅을 잃게 되는 바벨론 포로이다. 일련의 사건을 통해 저자는 이 사건의 불가피성을 미리 보여준다(그의 세대는 이미 알고 있는 사실이다). 최고의 왕조차 다윗 언약을 성취하지 못한다면 어떻게 되는 것일까? 나라의 운명은 어떻게 될까? 역대기 저자의 세대는 그 답을 이미 알고 있다. 저자는 독자가 이 역사와 자신들의 경험을 통해, 다윗 자손을 통한 다윗 언약의 궁극적 성취를 바라보기 원했다. 유다 왕들이 오고 가는 동안 어떤 이는 희망적이었고(히스기야) 어떤 이는 실망스러웠다(므낫세). 그러나 이러한 역사적 격변의 과정을 통해 배우는 바가 있다. 선하든 악하든 이 왕들을 통해 다윗의 후손으로 오실 왕을 고대하게 된다. 그분이 오시면, 나라는 그를 알아볼 것이며 그 분의 성취를 감사할 것이다.

1. 선한 왕: 요담(27:1–9)

27:1–2. 요담의 통치는 비교적 짧았지만 대체적으로 좋았다. 요담은 **그의 아버지 웃시야의 모든 행위대로 여호와 보시기에 정직하게 행하였**다(2a절). 또한 그는 웃시야처럼 불순종하지 않고(참고. 26:16b), **여호와의 성전에는 들어가지 아니하였**다(2b절). 그러나 **백성은 여전히 부패하였**다(2c절). 우상숭배의 악영향은 요아스와 아마샤의 통치를 통해 지속되었으며, 웃시야의 오랜 통치를 통해서도 근절되지 않았다. 불경건과 악의 영향은 그리도 끈질기게 침투해 있었다. 저자는 자기 세대에게 경고한다. "우상숭배의 악이 다시는 뿌리내리지 못하게 하라."

27:3–5. 요담의 통치는 두 영역에서 특기할 만하다. 첫째, 그는 주요한 건축 프로젝트를 수행한다. 왕으로서 성전에 관심을 가져 **여호와의 전 윗문을 건축**(3a절)하고 또 다윗 성 근처 성전 남쪽의 **오벨 성벽을 많이 증축**(3b절)한다. 또한 **유다 산중에** [요새 또는 전초] **성읍들을 건축**(4a절)하며, **수풀 가운데에 견고한 진영들과 망대를 건축**(4b절)함으로써 국방을 튼튼히 한다. 둘째, 요담은 암몬 자손과 전쟁을 벌여서 **이겼**고(5a절), 상당량의 은과 곡식을 조공으로 받는다(5b절).

27:6–9. 요담의 생애가 짧게 요약된다. **요담이 그의 하나님 여호와 앞에서 바른 길을 걸었으므로 점점 강하여졌더라**(6절). 그러나 그의 통치에는 부흥이 없었다. 다윗 왕조의 번영이라는 관점에서 "역대기 저자의 관심은 부흥을 초래한 왕들이었다"(Sailhamer, *First and Second Chronicles*, 104). 요담은 선한 왕이었지만 영적 영향력은 한계가 있었기에, 그는 이상적인 다윗 후손 왕이 되지 못했다.

2. 악한 왕: 아하스(28:1–27)

선한 왕 요담을 이어 아하스가 왕위에 오른다. "그는 유다의 20명 통치자 중에서 가장 약하고 부패한 왕이었다"(Payne, "2 Chronicles," 4:525).

a. 아하스가 악을 행하다(28:1–4)

28:1–4. 요담이 이상적인 왕의 모습에 미치지 못했다면, 아하스는 다윗과 정반대의 인물이었다. 그래서 저자는 아하스를 이렇게 평가한다. **그의 조상 다윗과 같지 아니하여 여호와 보시기에 정직하게 행하지 아니하고**(1b절). 아하스는 선지자 이사야 시절의 왕이었다(참고. 사 1:1, 동정녀 출산의 예언이 전해진 왕이었음, 참고. 사 7:14). 아하스는 또한 호세아(호 1:1)와 미가(미 1:1)가 사역할 당시의 왕이었다. 저자는 단도직입적으로 이 왕의 악행을 지적한다. "역대기 저자는 열왕기(왕하 16장)의 서술에 비해 보다 직설적으로 아하스의 실패를 기술한다"(Selman, *2 Chronicles*, 476). 아하스는 유다 왕보다는 북 이스라엘의 왕에 더 가까웠다(2a절). 그는 공공연히 바알을 숭배했고(2b절, 바알

은 가나안 신들 중에 가장 잘 알려진 신임), 이에는 종종 다산 의식, 즉 성적인 행위가 수반되었다(렘 7:31; 19:4-6). 또한 아하스는 **힌놈의 아들 골짜기**에서 우상을 숭배했다(3a절). 이곳은 이교도의 예배 처소였고, 이후 예루살렘의 쓰레기 처리장이 된다(참고. 왕하 23:10, 따라서 영원히 불타는 곳이었으며, 결국 지옥의 모습을 보여주었다, 참고. 막 9:43). 그는 아이를 제사에 바치는 만행에도 동참하여 **그의 자녀들을 불사른다**(3b절; 왕하 16:3). 이런 끔찍한 행위는 오래 전에 축출된 가나안 족속의 전형적인 모습이었으며(3절), 율법에 의해 엄금되었다(참고. 레 20:1-5). 마지막으로 그는 우상숭배에 열심이었다. **또 산당과 작은 산 위와 모든 푸른 나무 아래에서 제사를 드리며 분향하니라**(4절).

b. 아하스가 전쟁에서 패하다(28:5-7)

28:5-7. 역대기 저자는 아하스가 **아람**[수리아] **왕**에게 패했으며(5a절), 이스라엘 왕 **베가**에게 패했다고 기록한다(6a절; 참고. 왕하 16:5). 그런데 유다와 이들 나라 간에 분쟁이 있었다는 언질은 없다. 이는 분명히 하나님의 징벌로서, 적의 **손에** 아하스를 **넘기신** 것이다(5a, 6b절). 나라는 **크게 살륙**을 당하고(5b절), 아하스는 아들과 궁내 대신들을 잃는다(7절). 이는 그들이 **조상들의 하나님 여호와를 버렸**기 때문이다(6a절, 역대상의 서론을 보라).

c. 포로들이 자비를 경험하다(28:8-15)

28:8-15. 이스라엘 군대는 많은 포로를 사로잡고, 많은 재물을 노략하여 끌어간다(8절). 그때 **오뎃**이라는 **여호와의 선지자**가 이스라엘 군대를 만나 메시지를 전달한다. "너희가 승리한 이유는 **여호와께서 유다에게 진노하셨**기 때문이다. 하나님은 너희의 행동에 담긴 **노기**를 보고 기뻐하지 않으셨다(9절; 참고. 사 10:15-16). 너희는 **유다와 예루살렘** 백성들을 노예로 삼으려 한다(10a절; 참고. 레 25:42-46). 너희는 잘 생각해야 한다. 너희도 하나님 앞에서 죄가 없지 않다(10b절). 이제 포로를 돌려보내라. **여호와의 진노가 너희에게 임박하였느니라**"(11절).

이 메시지를 신중하게 들은 **에브라임 자손의 우두머리 몇 사람**(12절)이 하나님 앞에서 자신의 죄를 깨닫고(13b절) 일어나 포로를 끌고 온 자들에게 포로를 돌려보내자고 설득한다. 이들의 호소는 대단히 설득력이 있었기에, **무기를 가진 사람들**은 포로를 방백에게 넘기고(14절), 방백은 즉시 포로를 돌보고 필요한 것을 준다(15절). '무고한 자들을 위한 자비'의 메시지가 역대기 저자의 세대, 즉 포로에서 돌아온 유다와 예루살렘 주민들에게 전달된다.

d. 아하스가 앗수르와 치명적 동맹을 맺다 (28:16-21)

28:16-18. 이전의 다른 왕들이 그랬듯이, 에돔과 블레셋의 위협에 직면한 아하스는 어리석게도 앗수르와의 동맹을 추진한다(16-18절, 이 성읍들은 예루살렘 남서쪽 산지의 성읍들이었음). 당시 앗수르는 국제적 위협 세력으로 부상하고 있었다. 이사야는 이런 행위를 극구 만류했는데(참고. 사 7:3-9), 이는 지정학적으로 어리석은 짓이었을 뿐 아니라 하나님을 신뢰하지 않는 행위였기 때문이다. 아하스는 "힘이 강한 자와 약한 자 사이에는 주밖에 도와줄 이가 없"(참고.14:11)다는 진리와 "하나님은 능히 돕기도 하시고 능히 패하게도 하"(참고. 25:8)신다는 진리를 알지 못했다.

28:19-21. 아하스의 악과 불충으로 유다는 크게 약화되고, 하나님은 그들을 낮추신다(19절). 또한 아하스가 **망령되이 행**함으로써 도덕적 타락이 가속화되고, 주변 나라들의 침입을 막아내지 못한다. 앗수르 왕에게 재물을 바쳤지만(타협을 통해 안보를 추구했지만) 아무런 소용이 없었다(20-21절). 아하스는 **여호와의 전**에서 재물을 가져다가 앗수르 왕에게 바침으로써 다윗 후손 왕으로서의 자격을 상실한다(21a절). 이 사건 이후 이사야의 예언대로(참고. 사 7:17-8:22), 앗수르는 북 왕국을 파괴하고 백성을 잡아가며, 히스기야 때의 유다를 괴롭힌다.

e. 아하스의 악이 심해지다(28:22-25)

28:22-25. 유다는 극도로 쇠락했지만, 아하스는 회개하지도 우상숭배를 재고하지도 않는다. 오히려 악행을 고수할 뿐 아니라 늘려간다(22절). 적의 신을 섬김으로써 적을 달래기라도 하려는 듯, **다메섹 신들**(23a절)에게 제사한다. 그는 패배를 하나님의 심판으로 여기지 않았고(참고. 5a절), 이방 신의 능력 때문인 것으로 간주했다(23b절). 이는 조상의 신앙과는 전혀 달랐다. "아하스는 '다메섹 신들'(23절)에게 특별한 경의를 표한다. 그는 그들의 양식대로 제단을 쌓아 제사를 드

렸다(왕하 16:10-13)"(Payne, *2 Chronicles*, 527). 이들은 앗수르의 신이었을 것이다. 그러나 아하스는 우상숭배가 '허망'하고 '무익'하며 이를 추구하는 자는 '수치'를 당할 뿐임을 알게 된다(참고. 사 44:9). 아하스는 다윗과 반대되는 왕의 전형을 보여준다. 성전의 성물을 파괴했으며, **여호와의 전 문들을 닫고**(24절) 성전을 폐쇄한다. 대신 힘을 다해 우상숭배를 널리 보급한다(24b-25a절).

f. 아하스의 최후(28:26-27)

28:26-27. 저자는 아하스에 대한 기록을 마무리하면서, 그를 유다의 왕이라기보다는 이스라엘 왕처럼 취급한다. 그는 어쩌면 다윗의 자손이라기보다는 여로보암의 아들이었다(참고. 왕하 17:22). 그는 왕들의 묘실에 장사되지 못했다(27절). 이는 그가 백성에게 인기가 없었을 뿐 아니라 하나님께 버림받았음을 의미한다(참고. 21:20; 24:25; 26:23).

3. 훌륭한 왕: 히스기야(29:1-32:33)

아하스의 통치는 사실상 유다 왕국 역사상 최악이었다(포로기를 제외하면). 그의 통치만 보면, 아들 히스기야를 통해 부흥이 일어나리라는 기대는 하기 힘들었다. 하지만 히스기야의 통치는 유다 역사의 절정기였으며, 저자는 이에 대해 네 장에 걸쳐 자세히 서술한다. 이는 다윗과 솔로몬을 제외하면 가장 길고 자세한 기록이다. 정직하게 행하지 않고 다윗의 길을 따르지 않은 아하스와는 대조적으로(참고. 28:1), 히스기야는 이상적인 왕의 모습을 견지하며 **그의 조상 다윗의 모든 행실과 같이 여호와 보시기에 정직하게 행**한다(29:2).

역대기에는 히스기야에 대한 고유한 내용이 많다. 열왕기하의 저자는 히스기야의 개혁에 대해 언급하지만(참고. 왕하 18:3-4), 성전 보수(29:3 이하)나 유월절 회복(30:1 이하)에 대해서는 말이 없다.

a. 히스기야의 부흥(29:1-31:21)

히스기야의 부흥을 설명하는 주요 개념은 '성별', '정화' 그리고 '준수'이다. 성별은 '거룩'하게 구별하여 떼어 놓음과 하나님께 대한 헌신을 의미한다. 이는 진정한 부흥의 핵심이다. 히스기야는 하나님과 예배를 위해 제사장, 성전 그리고 백성을 성별한다. 부흥은 아하스로 인해 훼손된 성전의 회복과 정화로부터 시작되고, 제사와 오래 방치된 유월절의 준수로 이어진다.

(1) 히스기야가 성전을 다시 열고, 성별하다 (29:1-19)

29:1-11. 히스기야는 이상적인 다윗의 후손 왕이었으며, 즉각적이며 적극적으로 성전에 관심을 보인다. 역대기 저자는 성전 회복이 히스기야 통치의 **첫째 해 첫째 달**(3a절)에 시작되었음을 강조한다. 히스기야는 즉시 아하스가 폐쇄했던(참고. 28:24b) **여호와의 전 문들을 열고 수리**한다(3b절). (전제 군주처럼) 칙령을 고집하는 대신, 히스기야는 (진정한 '섬김의 지도자'로서) 부흥과 회복에 참여할 수 있는 자들을 모은다. 그는 제사장과 레위 사람을 소집하고(4절), 성별과 부흥을 독려하는 감동적 연설을 한다. 그의 연설을 이렇게 구성된다. (1) 성별에 대한 촉구[5절, 이는 '봉헌'에 대한 촉구이다, 카다쉬(*qadash*), '속된 것과 거룩한 것을 구별하다']. (2) 죄의 고백(6-7절) (3) 죄의 결과에 대한 서술(8-9절). (4) 언약의 체결(10절). 그는 참석자들에게 언약을 상기시킨다. 역대기의 주제가 반복된다. 조상의 가장 큰 죄는 성전을 버린 것이다(6b절). 이로 인해 여호와의 **진노**가 임했고(8a절), 적의 **칼**에 패배했다(9a절). 하나님의 전에 헌신함으로써 언약을 새롭게 해야만 **이스라엘의 하나님 여호와의 맹렬한 노**를 떠나게 할 수 있다(10절). 역대기 저자의 세대는 이 기도의 적용을 몸소 체험한다. 그들은 여호와를 버림으로써 포로로 잡혀갔고(참고. 9절), 따라서 당면 과제는 하나님을 구하는 것이었다. **내 아들들아 이제는 게으르지 말라**(11절)는 히스기야의 말은 그의 수하들뿐 아니라 저자의 세대에게도 호소력이 있었다.

29:12-17. 12-14절에 나오는 이름의 목록을 통해서 히스기야의 말이 매우 효과적이었음을 알 수 있다. 왜냐하면 많은 제사장과 레위 사람이 뜨거운 반응을 보였기 때문이다. "그핫, 므라리 그리고 게르손은 레위 사람의 세 지파였다(대상 6:1)"(Payne, "2 Chronicles," 534). 아삽, 헤만 그리고 여두둔은 레위 음악가의 세 지파였다(대상 25:1). **엘리사반**은 "모세 시대 그핫 자손의 우두머리였다"(Payne, "2 Chronicles," 534). 그들은 즉시 성전 정화와 성별에 착수한다(17a절, **첫째 달 초하루에**, 3a절과 비교하라). **여호와의 전에 있는 모든 더러운 것을 끌어내어**(16절) **기드론 시내**[Kidron valley; 성전 언덕 동편, 올리브산 아래]에 버린다. '기드론'은

근방에서 가장 낮은 지역으로서, 이러한 행위에는 '높은 곳'(산당, high places)에 있는 우상을 '낮은 곳'으로 치워버린다는 상징적 의미가 담겨 있었던 것 같다(참고. 15:16; 30:14; 왕하 23:12). 성전 정화에는 16일이 소요되는데(17절), 이를 통해 아하스 치세하에서 성전이 얼마나 황폐화되었는지를 짐작할 수 있다.

29:18-19. 성전 정화를 마친 후, 제사장들이 히스기야에게 성전 정화를 마쳤으며, 아하스가 파괴한 성전 성물(참고. 28:24)의 복원까지 마쳤다고 보고한다(18b-19절). 모든 일이 **왕이 여호와의 말씀대로 명령한 것을 따라**(15b절) 이루어진다. 즉 모든 일은 왕의 지시대로 이루어졌으며, 이는 원래 다윗에게 주어진 성전의 설계와 예배를 따른 것이었다(참고. 대상 28:12, 19). 다시 한 번 저자는 다윗 후손 왕과 성전을 연결한다. 나라의 번영은 성전을 보호하고 보전하는 왕의 역할에 달렸다. 만약 이를 도외시하면, 하나님의 진노와 징벌이 닥칠 것이다. 포로에서 돌아온 역대기 저자의 세대는 이런 사실을 숙지했지만, 히스기야의 부흥 이야기를 통해 다시 한 번 각오를 새롭게 했다. 그들 역시 이와 같이 성전을 잘 돌보면 하나님이 주시는 번영을 누릴 수 있다.

(2) 히스기야가 성전 예배를 회복하다(29:20-36)

29:20-34. 성전을 청소하고 성물을 보수한 수하들과 마찬가지로, 히스기야도 지체 없이 성전 제사를 다시 시행한다. 그는 **일찍이 일어나 성읍의 귀인들을 모아**[행정 지도자들] **여호와의 전에 올라**간다(20절). 먼저 속죄제를 드린다(20-24절). 짐승을 도살하고(22a, 22d, 24a절), 피를 뿌리며(22b, 22c, 24b절), 안수한다(죄의 고백을 상징, 23b절). 이는 모두 **온 이스라엘을 위하여 속죄하**기 위해(24절) 레위 제사법의 규례를 따라 거행된다(예를 들어 참고. 레 1:1-7:38). 그리고 악기를 연주하는 자들과 노래하는 자들이(25-28절) **온 회중**(28a절)의 예배를 인도한다. 그들은 시편을 사용했고(즉, **다윗과 선견자 아삽의 시**, 30a절; 참고. 다윗: 시 3-9편; 11-32편; 34-41편; 51-65편; 68-70편; 86편; 101편; 103편; 108편; 110편; 122편; 124편; 131편; 133편; 138-145편; 아삽-시 50편, 73-83편), **즐거움으로 찬송하고 몸을 굽혀 예배**했다(30절). 마지막으로 감사의 번제(31-35a절)를 드렸는데, 그 수효가 워낙 많았기에 레위 사람들이 제사장들을 도왔다(34b절).

29:35-36. 저자는 이렇게 요약한다. **이와 같이 여호와의 전에서 섬기는 일이 순서대로 갖추어지니라**(35b절). 이는 의기양양한 선언이며 역대기 저자의 세대에게는 격려가 되었다. 그들 역시 에스라 때에 성전을 재건함으로써 이와 같은 선언을 한다(참고. 스 6:16-18). 더욱 놀라운 사실은 회복과 갱신이 순식간에 이루어졌다는 점이다(36절). 이러한 부흥은 하나님을 향한 진실한 성별(참고. 5, 15, 17, 19, 31, 33, 34절)과 함께 시작되어 지속되었으며, **하나님께서 백성을 위하여 예비하셨**기에(36a절) 가능했다. "결국 모든 영적 부흥의 기원은 하나님의 은혜였다"(Payne, "2 Chronicles," 536).

(3) 히스기야가 유월절 제사를 회복하다(30:1-27)

히스기야 세대와 저자의 세대 모두에게 유월절을 지키는 일은 매우 중요했다.

30:1-5. 성전 회복을 끝낸 왕은 **방백들과 예루살렘 온 회중**(2절)을 소집함으로써 유월절 회복을 시작한다. "역대기 저자의 히스기야에 대한 기록에서 '온 회중'은 매우 중요한 의미를 가지며(이 장에서 아홉 번 등장한다; 2, 4, 13, 17, 23, 24a, 24b, 25a, 25b절; 참고. 29:4, 20, 23, 28, 31, 32; 32:18), 백성의 통합에 대한 상징성을 갖는다"(Selman, *2 Chronicles*, 496). '온 회중'은 일반 백성과 관리(**방백**, 2절)를 포함한다. 이들은 **에브라임과 므낫세** 지파를 포함한 **온 이스라엘**에 편지를 보내기로 결정한다(1절). 여기에는 주전 722년의 앗수르 침공 및 포로에서 도망친 자들(6b절)이나 남겨진 자들이 포함되었다. 왕은 이 편지를 통해 **브엘세바**[남 왕국의 남단]**에서부터 단**[북 왕국의 북단]**까지** 온 이스라엘에 공포한다(5절). 그 목적은 온 나라를 성전과 성전 예배, 특히 유월절을 중심으로 통합하려는 것이었다(1, 5절). 그동안 유월절은 율법대로(즉, **규례대로**) 지켜지지 않았다(5b절). **둘째 달에 유월절을 지키려**는 결정은 (2b절, 4월/5월, 통상적으로는 첫째 달에 지켜졌음, 참고. 민 9:2-5, 3월/4월) 민수기 9:9-13의 규정에 의해 허용된 것이며, 당시 정황상 불가피했다. 충분한 숫자의 제사장이 성별되기에는 시간이 부족했고, 백성이 예루살렘에 모일 시간도 충분하지 않았다(3절).

30:6-9. 편지는 **보발꾼**에 의해 전달되었고, 그들은 **온 이스라엘과 유다에 두루** 다녔다. 그들은 왕과 방백

이 전하는 긴급한 메시지를 전달했다(6a절). 먼저는 통합의 메시지이다. 편지는 **이스라엘 자손들**을 수신자로 했고, 족장들을 언급한다(이는 그들의 공동 유산을 상기하기 위함이다, 6b절). 다음으로 회개에 대한 메시지이다. **여호와께로 돌아오라**(6b, 9a절) **그리고 여호와를 섬기라**(8b절), **너희 조상들과 너희 형제같이 하지 말라**(7a절), **너희 조상들같이 목을 곧게 하지 말라**(8a절). 메시지(그리고 저자)는 포로의 원인을 하나님께 대한 불충과 반역으로 규명한다. 불충은 **멸망**(7b절)을 초래했고, 하나님의 **진노**(8b절)를 낳았다. 마지막 메시지는 **자비**의 약속이다(9절). **너희 하나님 여호와는 은혜로우시고 자비하신지라**(9b절). 회개하면 자비로운 하나님이 **너희 형제들과 너희 자녀**(9절)의 포로 생활을 끝내실 것이다.

30:10-12. 불행하게도 북 지파에 메시지를 전달한 보발꾼은 조롱과 **비웃음**을 당한다(10절). 그러나 **몇 사람이 스스로 겸손한 마음으로 예루살렘에 이르렀다**(11절). 이와는 대조적으로 유월절 준수에 대한 호소가 유다에서는 기꺼이 받아들여졌는데(12b절), 이는 **하나님의 손이 또한 유다 사람들을 감동시켰**기 때문이다(12a절). 이를 통해 부흥은 하나님이 진심으로 회개하는 자들의 마음을 감동하셔서 이루어지는 것임을 알 수 있다.

30:13-15. 유월절 제사가 시작되자 온 이스라엘에 메시지를 보낸 효과가 나타났다. 많은 백성이 예루살렘에 모여 **매우 큰 모임**이 되었다(13절). 무교절은 엄밀히 말하면 유월절과 별개의 절기이지만, 둘은 밀접한 관계가 있다(참고. 출 12장; 마 26:17; 눅 22:1). 군중(일반 백성)의 열심이 제사장과 레위 사람을 부끄럽게 했다. 그래서 그들은 충분한 제물을 드리기 위해 다시 **성결하게** 한다(15절).

절기의 기념은 우상 파괴로부터 시작되었다. 먼저 예루살렘 인근(14절)에서 시작하여 유다와 베냐민으로 이어졌고(31:1a), 북 왕국 지역까지 확대되었다(31:1b). 북 왕국 지역은 여로보암 1세 이후로 배교와 우상숭배가 성행했다. 이를 통해 역대기 저자는 하나님께 진정으로 돌아오려면 우상숭배와 배교로부터 완전히 돌아서야 함을 강조한다. "어떻게 우상을 버리고 하나님께로 돌아와서 살아 계시고 참되신 하나님을 섬기는지"(살전 1:9b). 우상숭배와 배교를 뿌리 뽑지 않고는 진정한 부흥은 요원하다.

30:16-20. **모세의 율법**을 따르려는 왕의 선한 의도와 레위 사람의 성실한 의무 이행에도 불구하고(16절), 북쪽 지파의 예배자들이 문제를 일으켰다. **회중 가운데 많은 사람이 자신들을 성결하게 하지 못하였**는데(17a절), 이는 그들이 스스로 유월절 양을 잡을 수 없음을 뜻했다. **자기들을 깨끗하게 하지 아니**한 자들(18a절)이 유월절 양을 먹는 것은 규례를 어기는 일이었다(18b절). 첫 번째 문제의 해결을 위해서 레위 사람이 대신 양을 잡는다(17b절). 두 번째 문제를 위해서는 히스기야가 직접 하나님이 규례의 위반을 사하여주시길 기도한다(18c절). 히스기야는 율법의 규례를 엄격히 준수하지 못했을지라도 진심으로 예배하는 자들은 용서하고 받아들이시길 하나님께 기도한다(19절). 저자는 하나님의 반응을 이렇게 기록한다. **여호와께서 히스기야의 기도를 들으시고 백성을 고치셨더라**(20절). 율법을 엄격하게 지키는 것이 물론 중요하지만(이는 마음 상태를 드러낸다), 하나님은 철저한 형식주의보다 진심에서 우러나는 예배를 더욱 기쁘게 받으신다(참고. 요 7:22-23; 9:14-16).

30:21-22. 무리는 크게 즐거워하며 **날마다**(21절) 절기를 지켰다. 히스기야는 여호와를 섬기는 일에 **능숙한** 모든 레위 사람들을 위로한다(22절). 그들은 열정이나 형식주의 때문에 절기의 의미와 목적을 놓치지 않았다. 그들은 **여호와를 섬기**는 일에 집중한다.

30:23-27. 온 회중이 7일을 더 지키기로 결의하고 즐겁게 준수한다(23절). 이는 솔로몬 시절에 성전 헌당을 위해 계속되었던 7일간의 제사를 연상케 한다(26절; 참고. 7:8-9). 이 절기 준수의 주요 주제는 즐거움(23, 25, 26절)과 나라의 통합(**유다 온 회중과 제사장들과 레위 사람들과 이스라엘에서 온 모든 회중과 이스라엘 땅에서 나온 나그네들과 유다에 사는 나그네들이 다 즐거워하였으므로**, 25절), 부흥과 쇄신의 복, 즉 하나님과의 관계 회복이었다(27절).

(4) 히스기야가 십일조와 예물을 재제정하다 (31:1-21)

31:1-19. 히스기야의 개혁에는 성전 예배를 지속하기 위한 실제적 대책 마련이 포함되었다. 제사장을 돌

대하

보기 위한 실제적 대책이 준비되지 않으면, 영적 개혁은 동력을 잃기 쉽다. 다윗이 제정한 반열과 직임에 따라(2절; 대상 24장) 그리고 **여호와의 율법에 기록된 대로**(3, 4절), 히스기야는 제사장과 레위 사람이 **왕의 재산 중에서 얼마**와(3a절) 백성들의 십일조(4절)를 받도록 지시한다. 또한 십일조가 공평하게 분배되게 한다(11-19절). 히스기야는 자신의 명령을 직접 챙겼으며(8-9절), 레위 사람의 처우를 직접 확인한다(10절). 제사장들은 대소를 막론하고 반열대로 자기 몫을 받았으며(15b절), **족보에 기록된 남자**가 아니라도, 즉 가문에 따른 차별 없이, 직무에 수종 드는 자들은 자기 몫을 받았다(16a절). 충분한 지원이 이루어짐으로써, 제사장은 **성결하고 충실히 그 직분을 다**할 수 있었다(18b절).

각각의 직임과 이름에 대한 자세한 내용을 통해 히스기야 통치의 안정과 번영을 엿볼 수 있다. 히스기야는 경건한 왕이었고 동시에 훌륭한 행정력을 갖춘 지도자였다.

31:20-21. 히스기야의 통치에 대한 요약에는 그가 성공할 수 있었던 이유가 잘 설명되어 있다. 먼저 그는 **여호와 보시기에 선과 정의와 진실함으로 행하였다**. 또한 다윗의 후손 왕답게 **하나님의 전에 수종 드는 일**에 관심을 가졌고, 무엇보다도 모든 일에 **하나님을 찾고 한마음으로 행하였다**. 그는 하나님을 따르라는 다윗의 충고(참고. 대상 22:19a; 28:9b)를 지켰고, 그 결과 성공(참고. 대상 22:11)과 번영(참고. 신 29:9)의 복을 누렸다. 이는 바로 역대기 저자의 세대가 들어야 할 메시지였다.

b. 히스기야가 앗수르에 승리하다(32:1-23)

히스기야의 부흥(**이 모든 충성된 일**, 1a절) 이야기에서 앗수르의 침입 이야기로의 전환은 다소 느닷없다. 이는 '충성'과 '승리'의 연관성을 강조하기 위한 의도라 볼 수 있다. 저자는 이 점을 강조하고 싶었다. '하나님을 버림'으로써 군사적 패배를 당했듯이(예를 들어 아마샤, 25:20 이하; 아하스, 28:5 이하), '하나님을 구함'으로써 군사적 승리를 얻게 된다(예를 들어 여호사밧, 20:20 이하). 역대기의 기록은 열왕기(참고. 왕하 18-20장)에 병행 기록이 나올 뿐 아니라, 이사야의 예언에서도(참고. 사 36-39장) '역사적 막간'으로 등장한다. 역대기 저자는 독자가 히스기야와 앗수르 제국 사이의 복잡한 역사적 사건들을 잘 알고 있으리라 여긴다. 그래서 의도적으로 그중에서 "주전 701년에 발생한 앗수르의 공격에 대해 서술한다"(Selman, *2 Chronicles*, 508). 저자는 사건을 단순화하여, 하나님이 스스로 신을 자처한 앗수르 왕에게 승리를 거두신 사실에 집중한다.

(1) 히스기야가 산헤립의 침공에 반격하다(32:1-8)

32:1. 저자는 히스기야가 직면한 상황을 간단히 설명한다. **앗수르 왕 산헤립이 유다에 들어와서 견고한 성읍들을 향하여 진을 치고**(1a절). 산헤립은 주전 705년에서 681년까지 통치했다. 그는 유능한 행정가이자 뛰어난 군사 지도자였으며 잔인한 군주였다. 아버지 사르곤 2세를 이어 왕위에 오른 후 일련의 반란에 직면한 그는 왕권을 확립하고 유다를 포함한 봉신 국가를 제압하기 위해 수년간 노력해야 했다. 산헤립은 유다의 성읍들을 **쳐서 점령하고자** 했기에(1b절), 유다가 처한 위협은 심각했다. 이 침입에 대한 기록은 앗수르 왕에 대한 찬사와 함께 앗수르의 문서에도 남아 있다. 분명히 그는 하잘것없는 정복자가 아니었다. 사실 예루살렘 공격을 제외하면, 대부분의 경우 찬사를 받을 만큼 성공적인 성과를 거두었다(참고. 왕하 18:13; 사 36:1).

32:2-8. 히스기야는 이 침입의 위험성을 잘 인지했다(2절). 그래서 즉각적으로 두 가지 대비를 실시한다. 첫째, 앗수르의 공격을 저지하기 위해 실제적, 물리적, 병참 문제 등에 착수한다. 그는 물 근원을 막아 적이 사용하지 못하게 한다(3-4절). 다음으로 성벽을 보수하고 강화한다(5a절). 또한 무기 체계를 정비하고, 군대 지휘관들을 세워 **백성을 거느리게** 한다(5b-6a절). 그리고 백성의 사기를 진작시킨다. 그는 백성을 자기 앞에 모으고 위로하는 말로 연설하는데(6b절), 이는 여호수아에 대한 하나님의 훈계를 연상케 한다(참고. 수 1:6, 9). 다윗 역시 솔로몬에게 이와 같이 격려했다(참고. 대상 22:13). **너희는 마음을 강하게 하며 담대히 하라**(7a절). 히스기야는 앗수르의 수적 우세에 대해 언급하면서 하나님의 우월성을 상기시킨다. **우리와 함께하시는 이가 그와 함께하는 자보다 크니**(7b절). 그리하여 이 전쟁이 영적 전쟁임을 강조한다. 적은 육신의 팔로 싸우지만(8a절; 참고. 렘 17:5), 예루살렘은 **우리의 하나님 여호와가 우리를 대신하여** 싸우신다(8b절). 일련

의 조처를 통해 히스기야는 특별히 영적이며 지혜롭고 유능한 지도자임이 드러난다. 백성은 이러한 왕의 명령에 반응한다(8c절). 이 전투의 주요 주제에는 다음과 같은 질문에 담겨 있다. "산헤립과 여호와 중에 누가 더 강한가?" 저자는 주로 산헤립과 관련된 사건의 서술을 통해 이 질문에 대한 해답을 극적으로 묘사한다. 결국은 앗수르 왕이 패배한다.

(2) 히스기야가 산헤립에 승리하다(32:9-23)

32:9-19. 산헤립의 전술에는 적의 사기를 떨어뜨리는 '심리적 타격' 전술이 포함됐다. 그는 블레셋의 **라기스**[예루살렘 남서쪽 48킬로미터, 예루살렘과 가자 사이, 9절]를 치는 동안 신하들을 예루살렘으로 보내 심리전을 펼치게 한다. 산헤립의 메시지에는 몇 가지 관련 주제가 드러난다. (1) 히스기야는 자기 백성을 보호할 수 없다(10-11a, 15a절). 그는 다른 신을 배제하고 한 신만 섬기게 했다(12절). 이는 범신론자인 산헤립에게 명백한 오류로 보였다. (2) 여호와께 대한 헌신으로는 구원받지 못한다(11b; 15c절). 북 이스라엘이 (다소) 여호와를 의지했음에도 구원을 받지 못했기에 그렇게 생각한 듯하다. (3) 산헤립은 다른 나라의 모든 신을 무찔렀기에(13-14a절), 하나님도 격퇴할 것이다(14b, 15b, 17절). 그들의 가차 없는 비방(16절)에는 **편지**(17a절)와 대중 연설(18a절)이 포함되었는데, 이는 **백성을 놀라게 하고 괴롭게 하여** 그 성을 쉽게 점령하기 위함이었다(18b절).

32:20-23. 히스기야와 **선지자 이사야**(20a절)의 반응은 이 영적 전쟁에서 매우 적절했다. 그들은 **하늘을 향하여 부르짖었고**(20b절), 하나님은 하늘에서 들으셨다(참고. 6:21, 23, 25, 27, 30, 33, 35, 39). 당시는 이미 앗수르가 엄청난 군대를 동원하여 예루살렘을 포위하고 있었다(참고. 왕하 19:35, "십팔만 오천 명"). **여호와께서 한 천사**[전령이자 용사]**를 보내어** 앗수르 군대의 용사와 대장과 지휘관들을 궤멸하신다(21a절). 정확한 방법은 알 수 없지만 분명히 초자연적 궤멸이었으며, 이는 산헤립의 신성모독이 헛됨을 증명했다. 산헤립은 낯이 뜨거운 채로 귀향했고, 신들을 경배하다가 암살당한다. 아이러니하게도 그의 신들은 그를 구하지 못한다(21b절). 하나님은 다윗 계통의 왕과 자신의 왕성을 구하고, 앗수르 왕이 아니라 자신이 진정한 주권자임을 증명하셨다. 히스기야에게 흘러든 복은 하나님이 다윗의 왕에게 한 약속을 지키신다는 사실에 대한 풍부한 증거였다.

19세기에 니느웨에서 발견된 산헤립 프리즘에서 앗수르 왕은 히스기야를 예루살렘에 "새장 속의 새"처럼 가두어놓았다고 자랑한다. "유대인 히스기야는 나의 명에에 굴복하지 않았다. 나는 그의 요새 46개를 포위했다… 나는 그를 예루살렘의 왕궁에 연금했다. 마치 새장 속의 새처럼. 나는 그를 포위했다…"[cited in A. Leo Oppenheim, trans., "Babylonian and Assyrian Historical Texts," in *Ancient Near Eastern Texts Relating to the Old Testament*, 3rd ed. James B. Pritchard (Princeton: Princeton University Press, 1969), 288]. 비록 자랑을 늘어놓았지만, 산헤립은 히스기야를 완전히 정복하지 못했다. 따라서 이교도의 기록마저 하나님께 대해 마지못한 증언을 하고 있는 셈이다. "나는 처음이요 나는 마지막이라 나 외에 다른 신이 없느니라"(사 44:6b).

c. 히스기야의 말년(32:24-33)

히스기야의 발병과 회복은 앗수르 침공 이전에 있었던 일이지만(이는 이사야를 통해 히스기야에게 주어진 약속을 보면 분명해 보인다. 그는 고침을 받을 것이며 하나님은 "너와 이 성을 앗수르 왕의 손에서 구원하고", 왕하 20:6; 참고. 사 38:6), 역대기 저자는 열왕기(왕하 20장)와 이사야(사 38-39장)의 기록 순서에 따라 앗수르 격퇴 다음에 이 이야기를 기록한다. 역대기 저자의 기록은 훨씬 축약되어 있다. 저자는 독자가 열왕기의 서술을 잘 알고 있을 것으로 추정하고, 특정 부분을 선정, 강조함으로써 자신의 관심사인 다윗계 왕을 부각한다. 히스기야는 모범적인 다윗의 후손 왕이었다. 그러나 완벽하지는 않았다. 그의 불완전함은 분명했으며, 역대기 저자는 이를 자신의 세대에게 교훈과 본보기로 제시한다.

(1) 히스기야의 병과 교만(32:24-26)

32:24-26. 히스기야가 어떤 병에 걸렸는지는 모른다. 무화과 반죽(참고. 왕하 20:7)을 **종처**(참고. 사 38:21)에 발라 치료한 것으로 보아 모종의 감염이 아닌가 싶다. 이는 죽을병이었다(24절). 죽음의 공포(참고. 왕하 20:2-3; 사 38:2-3)나 치료의 기쁨(사 38:9-20, 히스기야의 비가가 기쁨으로 변함)을 막론하고 역

대기에는 히스기야의 감정이 전혀 드러나지 않는다. 그에게 주어진 징표(성전 계단의 해 그림자가 뒤로 물러간 것, 참고. 왕하 20:8-11; 사 38:7-8) 역시 기록되지 않는다. 역대기 저자에게는 오로지 히스기야의 병이 기도로 나았으며, 그가 **그 받은 은혜를 보답하지 아니하였다**는 사실이 중요했다(25b절). 이러한 실패는 히스기야의 **마음이 교만**했기 때문이다(25a절). 저자 세대의 독자는 이러한 위험성을 즉각적으로 이해했을 것이다. 왜냐하면 같은 표현이 웃시야에게 쓰였으며(참고. 26:16), 그로 인해 하나님의 진노(참고. 왕하 20:16-18; 사 39:6-7)가 온 나라에 임했기 때문이다. 그러나 웃시야와는 달리 히스기야는 회개한다. **히스기야가 마음의 교만함을 뉘우치고** 온 백성도 이에 동참한다. 그 결과 적어도 **히스기야의 생전에**는 하나님의 노가 임하지 않는다(26절).

(2) 히스기야의 부와 교만(32:27-31)

32:27-31. 신실한 다윗의 후손 왕답게 히스기야는 **모든 일에 형통**했다(30b절). 그는 부를 축적했고(27-29절), 이를 바탕으로 국방을 강화했다(30절). 예를 들어 유명한 '히스기야의 터널'을 건설하여, 포위를 당해도 물을 원활히 공급할 수 있게 했다. 이 터널은 예루살렘 지하의 암반을 520여 미터 뚫어서 만든 것으로서, 이를 통해 동편 기혼 샘의 물을 성내의 실로암 못으로 끌어들였다. 이러한 성경 기록의 정확성을 확증해주는 증거가 발견되었다. "고고학적 발굴은 이 건설 사업을 확증한다. 1880년에 실로암 터널에서 비문이 발견되었는데, 이는 공사에 직접 참여한 자들에 의해 고대 히브리어로 쓰인 것이었다"(Payne, "2 Chronicles," 542). 텍스트의 일부는 다음과 같다. "마침내 터널이 개통되자 석공들은 서로 돌을 쪼고 도끼를 부딪혔다…"[William F. Albright, trans., "Palestinian Inscriptions," in *Ancient Near Eastern Texts Relating to the Old Testament*, 3rd ed. James B. Pritchard (Princeton: Princeton University Press, 1969), 321]. 이 모두는 모범적인 다윗의 후손 왕이 보여주어야 할 모습이었다. 그러나 히스기야는 다시 교만에 빠진다. 이번에는 교만이 보다 미묘하게 드러나는데, 히스기야는 어리석게도 자신의 보물과 안보 체계를 **바벨론 방백들의 사신**에게 보여준다(31a절; 참고. 왕하 20:12-13; 사 39:1-4). 이들은 히스기야의 발병과 회복(그리고 징표)에 관한 **이적**을 물으러 왔다(31b절; 참고. 왕하 20:12b; 사 39:1b). 열왕기와 이사야의 병행 기록에는 이사야의 꾸짖음이 나오지만(참고. 왕하 20:16-19; 사 39:5-7), 역대기 저자는 하나님이 이를 통해 히스기야를 시험하기로 작정하셨음을 폭로한다(31c절). 하나님은 히스기야가 그분을 의뢰하는지 아니면 당시 급부상하는 바벨론과의 동맹을 획책하려는지 알고 싶으셨다. 이 문제와 관련하여 히스기야의 마음이 나뉘었음이 분명하다(참고. 사 39:7-8).

(3) 히스기야의 최후(32:32-33)

32:32-33. 저자는 히스기야의 생애를 **그의 모든 선한 일**이라는 표현으로 함축한다(32a절). 그의 이야기는 **열왕기**와 이사야의 묵시 책에 기록된다(32b절). 백성은 그에게 경의를 표하며 예를 갖추어 장사 지낸다. 히스기야는 이상적인 왕의 모범적 실례가 되었다. 비록 완벽하지는 않았지만, 역대기 저자는 그에 대한 열왕기 저자의 평가에 동의했을 것이다. "그의 전후 유다 여러 왕 중에 그러한 자가 없었으니"(왕하 18:5).

4. 악했지만 회개한 왕: 므낫세(33:1-20)

므낫세는 "유대인 왕들 중에서 가장 긴 통치를 했지만"(Payne, "2 Chronicles," 4:544), 역대기 저자는 의도적으로 므낫세의 통치를 간략하게 기록한다. 유다 왕 중에서 최고였던 아버지 히스기야와는 대조적으로 므낫세는 최악이었다. 그는 다른 어떤 왕보다 더욱 우상 숭배를 강화함으로써 백성이 바벨론 포로가 되는 일에 일조했으며(참고. 왕하 23:26; 렘 15:4), 하나님의 저주를 받고, 열왕기 저자의 비난을 들어야 했다. 그러나 역대기 저자는 열왕기에 나오지 않는 므낫세의 회개에 대해 기록한다.

a. 므낫세의 엄청난 악(33:1-9)

33:1-9. **악**(2a, 6b, 9절)이라는 단어는 므낫세 통치의 시작과 중간, 끝을 장식한다. 므낫세는 우상숭배를 통해 나라 전체에 이교도 신앙의 부흥을 도모했다(2b, 9절). 그는 **산당**에 바알의 제단을 새로 보수하여 바알을 섬겼고(3절), 성전 안에 이교도의 제단을 쌓고(4-5절), 우상을 세웠다(7a절, 바알 숭배에 대해서는 28:2의 주석을 보라, **아세라 목상**은 가나안의 다산 여신이다). 심지어 아들을 제물로 드리기까지 했으며 사악한 주술 행위를 일삼았다(6절). 역대기 저자는 말한다. (1) 성

전은 하나님이 자신의 **이름을 예루살렘에 영원히 두리라** 하신 곳이다(4b, 7c절). (2) 성전은 하나님이 나라와 다윗계 왕을 보전하시겠다는 약속의 초점이다(7b-8a절). (3) **모세를 통하여 전한 모든 율법과 율례와 규례를 지켜 행**해야 한다(8c절). 이를 통해 볼 때, 므낫세의 악행은 더욱 혐오스러우며 포로로 끌려가는 일은 불가피했다. 모든 백성 중에서 다윗계 왕이 하나님을 버리고 성전을 그토록 더럽혔다는 사실은 충격적이다. **내가 그들의 발로 다시는 그의 조상들에게 정하여준 땅에서 옮기지 않게 하리라**(8a절)는 하나님의 약속을 상기할 때, 이는 더욱 악랄한 짓이었다. 므낫세의 악행과 불순종의 정도를 보면 이 세대에 대한 안전 보장의 약속이 파기될 것은 불 보듯 뻔했다. 역대기 저자의 세대는 이러한 우상숭배, 성전 모독, 율법에 대한 불순종이 포로의 원인이며 또한 그 이후 모든 어려움의 근원이었음을 뼈저리게 느꼈다.

b. 므낫세가 치욕적으로 사로잡히다(33:10-11)

33:10-11. 이와 같은 끔찍한 배교 행위에도 불구하고 하나님은 여전히 은혜를 베풀어 왕과 백성에게 회개를 촉구하셨지만(10절), 아무 소용이 없었다. 그 결과 므낫세는 끔찍하고도 치욕스럽게 사로잡혀 끌려간다(11절).

c. 므낫세의 놀라운 회개(33:12-13a, 18-19)

33:12-13a, 18-19. 역대기 저자의 세대는 왜 그들의 조상이 포로로 잡혀갔는지 원망만 하고 있어서는 안 되었다. 그들은 어떻게 하면 회복할 수 있을지를 생각해야 했다. 그러므로 므낫세의 회개 이야기는 그들에게 진정한 격려가 되었다. 바벨론에 잡혀간 므낫세에게도(11절), **선견자가 이스라엘 하나님 여호와의 이름으로 권한 말씀**(18b절)을 들을 기회가 주어졌다. 포로기의 유다 백성에게도 선지자(다니엘과 에스겔)가 있었다. 선견자의 설교를 듣고, 므낫세는 놀랍게도 진정한 회개를 보여준다. 첫째, (1) 그는 곤경 가운데서 하나님의 말씀을 들으려고 간구했다(12a절). (2) 그는 기도를 통해 하나님을 찾았다(13a, 19a절). (3) 기도를 통해 죄를 고백했다(19절의 내용에 암시됨). (4) 그는 **그의 조상들의 하나님 앞에 크게 겸손**했다(12b절). 이는 마음, 생각, 의지의 완전한 변화를 가리킨다. 그러자 **하나님이 그의 기도를 받으시며 그의 간구를 들으셨**다(13a절). 이는 전적인 은혜와 자비이다. 이를 통해 역대기 저자의 세대는 최악의 죄인도 용서와 은혜를 받을 수 있다는 교훈을 얻었다. 불순종과 악이 하나님의 심판을 초래하듯, 회개와 신뢰는 하나님의 복을 불러온다.

d. 므낫세가 부흥을 시도하다(33:13b-17, 20)

33:13b-17, 20. 므낫세가 회개하자 하나님이 복을 주셨고 그로 인해 므낫세는 예루살렘으로 돌아온다(13b절). 이 역사적 사실은 저자의 세대에게 커다란 관심을 불러일으켰을 것이다. 그들이 포로 생활에서 돌아온 것은 하나님의 성실 때문이었고, 그들 역시 므낫세의 회개를 본받아야 했다. 다음의 사실을 통해, 므낫세가 보여준 회개의 진정성을 확인할 수 있다. (1) 그는 비로소 **여호와께서 하나님이신 줄을 알았**다(13b절). (2) 그는 하나님께 대한 참된 예배의 부흥을 시도했다(15-16절). (3) 그는 성을 요새화하려고 노력했다(14절). 이는 모두 참된 다윗의 후손 왕이 보여주어야 할 모습이었다. 하지만 이러한 노력의 효과는 아주 적었다. 백성은 여호와께만 제사를 드렸지만, 므낫세가 이전에 소개한대로 여전히 산당에서 제사를 드렸다(17절). 므낫세의 경험은 순수한 예배를 재도입하려는 시도보다 예배를 순수하게 지키는 것이 낫다는 교훈을 준다.

므낫세는 이전의 방탕한 삶의 오명을 안은 채 통치를 마감한다. 그는 왕들의 묘실에 장사되는 영예를 얻지 못한다(20절). 그럼에도 불구하고 그의 이야기는 전혀 가망 없어 보이는 사람도 회개할 수 있으며, 하나님의 은혜는 여전히 놀랍다는 사실을 가르쳐준다.

5. 악한 왕: 아몬(33:21-25)

33:21-25. 역대기 저자는 아주 짤막하게 아몬의 2년간의 통치를 서술한다(21절). 이는 이 악한 왕을 통해 특별히 배울 만한 교훈이 없었기 때문일 것이다. 아몬은 아버지 므낫세의 악행과 우상숭배를 따랐으며(22절), 아버지의 겸손한 회개는 따르지 않았다(23a절). 이는 왕족뿐 아니라 모든 부모에게 경고가 된다. 자녀는 어릴 적에 배운 대로 평생 살 가능성이 많기 때문에 부모는 자녀를 의로 교육해야 한다(참고. 잠 22:6). 사실 아몬의 행위는 므낫세보다 더 나빴다(23b절). 결국 그는 신복들에 의해 암살되고(24절), 이 반역 행위 역시 보복을 당한다(25절). 요시야의 탄생은 나은 시절의 조

짐이었지만, 왕국은 히스기야 시절 이후로 가파른 쇠락의 길을 걷는다.

6. 꽤 선한 왕: 요시야(34:1–35:27)

인간적인 관점에서 볼 때 암흑 시기는 하나님이 새로운 일을 시작하시기에 적기인 경우가 많다. 끔찍한 므낫세 시대와 더 가증스러운 아몬의 시대가 지난 후에, 하나님은 은혜를 베풀어 선한 왕 요시야를 보내면서 밝은 부흥의 시대를 허락하신다.

a. 요시야의 통치: 하나님을 구하고 우상을 버리다(34:1–7)

34:1–2. 요시야는 여덟 살의 어린 나이에 통치를 시작한다(1절). 그는 여호사밧(참고. 17:3)과 히스기야(참고. 29:2)가 그랬던 것처럼, **여호와 보시기에 정직하게 행했고 조상 다윗**의 본을 따랐으며 **좌우로 치우치지 아니**했다(2절). 즉, 다윗의 경건한 모범에서 벗어나지 않았다. 그는 어린 나이에 범상치 않은 영적 성숙을 보여주었다.

34:3–7. 그는 16세, 곧 **아직도 어렸을 때** 하나님을 찾았고(3a절, 역대상 서론을 보라), 20세에(3b절) 수년간 나라를 휩쓸었던 우상숭배의 근절을 시작한다. 우상에 대한 그의 처리는 매우 단호하다. 그들은 **바알의 제단들을 헐었으며**(4a, 7a절), 왕이 또 **그 제단 위에 높이 달린 태양상들을 찍고**(4b, 7c절), 또 **아세라 목상들과 아로새긴 우상들과 부어 만든 우상들을 빻아 가루를 만들어**(4c, 7b절), **제사하던 자들의 무덤에 뿌린다**(4d절). 이는 우상과 그 숭배자에 대한 요시야의 경멸을 보여준다. 그는 또한 (이교도 신전 근처에 묻힌) 이교도 **제사장들의 뼈를 제단 위에서 불살랐다**(5절). 이는 왕국 분열 시기에 하나님이 여로보암에게 하셨던 말씀, 즉 그가 세운 거짓 제단 위에 사람의 뼈가 불살라지리라는 말씀의 성취였다(참고. 왕상 13:2). 요시야의 정화 사업은 유다 국경에 제한되지 않고, (이 시기에 이미 포로로 잡혀간) 북 왕국의 영토까지 확대된다(6절). 이러한 행동은 당시로서는 매우 대담한 것이었고, 예레미야나 하박국 같은 이들에게도 큰 격려가 되었을 것이다. 요시야는 많은 하나님의 사람이 오랜 세월 동안 알지 못했던 사실을 알았다. 우상숭배와 불경건은 미온적 조처로 결코 척결되지 않으며, 담대하고 엄격하게 근절해야 한다.

b. 부흥 시대: 성전의 보수, 율법의 발견, 유월절의 회복(34:8–35:19)

요시야 통치 열여덟째 해(34:8a; 35:19)는 대성공의 해였으며, 역사에 길이 남을 만한 한 해였다. 요시야가 불과 26세에 이러한 성과를 이루었다는 사실이 더욱 놀랍다(참고. 34:1a, 8a).

(1) 성전을 보수하다(34:8–13)

진정한 다윗계 왕이 늘 그러하듯, 요시야는 즉각적으로 성전에 관심을 보인다. 하나님의 사람은 악을 '말소'하는 데서 멈추면 안 된다. 반드시 경건을 '촉진'해야 한다. 이는 참된 예배를 촉진함으로써 성취된다. 유다뿐 아니라 북 왕국 지역에서도 성전 보수를 위해 돈을 모았다(9b절). 이런 세부적 내용은 역대기 저자의 주요 주제와 관련이 있다. '온 이스라엘'이 이러한 사업에 동참한다. 포로 생활 이후 나라의 통합은 성공과 번영의 초석이었고, 저자는 통합의 기초가 성전과 참된 예배라고 생각했다. 저자는 자신의 세대에게 진정한 통합은 온 나라가 하나님이 몸소 자신의 이름을 위해 선택하신 성전에서 참되신 하나님을 참되게 예배할 때 이루어짐을 말하고 있다.

34:8–13. 성전 보수의 구체적 내용을 통해 성전이 그동안 상당히 쇠락했음을 엿볼 수 있다(참고. 11b절, **헐어버린 성전들**). 이는 여러 불경건한 왕들이 저지른 이교 신앙과 우상숭배의 결과였다. 성전 보수 사업의 성공에는 몇 가지 원칙이 있었다. 먼저 충분한 자원이 마련되었으며(9a, 11a절), 다양한 기술 팀이 동원되었고(참고. 10절, **일꾼들**; 11절, **목수들과 건축하는 자들**; 13a절, **목도꾼**), 특별한 건축 기술은 없지만 자원하는 마음을 갖춘 사람들(참고. 12b, 13b절, **레위 사람들**, 음악가들, 서기 등)이 지원했다. 레위 사람들은 자신의 근무처를 아름답게 만들기로 단단히 결심했다. **그 사람들이 성실하게 그 일을 하니라**(12a절). 또한 모든 공사(13절)를 질서정연하게 진행했다. 역대기 저자의 세대는 이런 세부 사항을 간과해서는 안 되었다. 왜냐하면 엄청난 '보수' 사업을 목전에 두고 있었기 때문이다.

(2) 율법을 재발견하다(34:14–33)

34:14–18a. 율법의 발견 사건에 대한 기록은 놀라우면서도 사실적이다. 율법이 분실되었다는 사실 자체가 놀랍다! 그러나 인쇄 기술의 미비로 율법의 복사

가 매우 어려웠다는 사실과, 나라 전체를 휩쓸었던 오랜 배교 시대를 감안해야 한다. 율법에 따른 예배와 삶이 무너짐으로써 실제 율법책의 유실도 불가피했다. 힐기야가 발견한 율법책은 **모세가 전한 여호와의 율법책**(14b절)이자 **언약책**(30c절)이었다. 모세오경 중 어떤 부분이었는지에 대한 많은 논의가 있지만 그 어떤 설명도 확실하지 않으며, 어쩌면 모세오경 전체였을 수도 있다. 또한 모세가 저자라는 사실이 아무런 의심 없이 기술되었음을 눈여겨보아야 한다(Payne, "2 Chronicles," 551).

위에서 말한 바와 같이, 율법책의 '물리적' 발견에 대한 짤막한 서술은 매우 '사실적'이다. 즉, 책을 처음 발견한 사람들은 이 책이 어떤 책인지 전혀 감이 없었다. 성전 보수 과정에서(아마도 창고에서 잡동사니를 치우는 중에) 공사를 감독하던 제사장 힐기야가 책을 발견했고, 나중에 서기관 사반에게 이를 넘긴다. 사반은 보수 사업의 진척 상황(16b절)과 돈의 분배(17절) 등을 왕에게 보고하면서 책의 발견 사실을 알린다(16a절). 책의 발견과 관련해서는 어떤 긴박감도 느껴지지 않는다(18a절). 여기에서 역대기 저자의 서술 능력을 주목해야 한다. 독자는 이 책의 중대성을 익히 알고 있지만 당시 이 책을 발견한 자들은 아무 생각이 없었으며, 그렇기 때문에 오히려 긴장감이 고조된다. 과연 누가 이 책의 정체를 깨닫게 될 것인가? 아니면 나중에 살펴보기로 하고 잠시 치워둘 것인가?

34:18b-21. 서기관 **사반이 왕 앞에서** 책을 읽자, 왕은 극적인 반응으로 화답한다. **왕이 율법의 말씀을 듣자 곧 자기 옷을 찢더라**(19절; 참고. 창 37:34; 욥 1:20). 이는 깊은 회개와 회한의 행위이다. 의미심장하게도, 책의 의미와 중요성을 깨달은 인물은 다윗계 왕이었다. "하나님의 말씀을 인정하는 것은 하나님의 역사를 보기 위한 첫걸음이다"(Selman, *2 Chronicles*, 532). 요시야는 즉각적으로 성전 보수보다 더 시급한 사안이 있음을 깨닫는다. 나라가 순종을 회복하는 것이다. 힐기야, 사반 등은 **여호와께** 묻고, 하나님의 **진노**를 돌이키기 위해서는 어찌해야 되는지를 보기 위해 율법을 연구하라는 지시를 받는다(21a절). 요시야는 율법에 대한 무지가 나라를 심각한 위기에 빠뜨린 오랜 불순종에 대한 변명이 될 수 없다고 생각했다. 율법은 분명했다. 나라가 **이 책에 기록된 모든 것을 준행**할 때에만(21b절), 복을 받을 수 있다. 독일 출신의 비평 성경학자 빌헬름 마르틴 레버레흐트 데 베테(Wilhelm Martin Leberecht de Wette; 1780-1849)는 이 책이 (현대의 책 제목으로 치면) 신명기이며, 이스라엘 역사의 후대에 개혁을 시도한 성전 제사장들에 의해 쓰였다고 주장했다. 그러나 이후의 연구에 의해 데 베테의 문헌학적 주장은 결함이 있는 것으로 판명되었다. 키친(Kitchen)은 요시야의 개혁이 순전히 '신명기적'이라는 주장이 잘못임을 보여주었다. 요시야의 개혁은 "다른 본(40년, 신명기)뿐 아니라 시내 언약(출애굽기-레위기)의 한 구절만으로도 손쉽게 촉발될 수 있었다." 그리하여 "이러한 1805년의 케케묵은 낭설은 조용히 사장되어야 한다." 키친은 또 말한다. "조약, 율법, 언약에 대한 현대의 자료를 종합해보면, 두 판본(시내 언약-출애굽기/레위기 및 신명기)은 모두 주전 2천 년기 후반부에 쓰인 것으로 보이며, 7세기 후반에 쓰였거나 경건한 위작으로 쓰인 것으로는 보이지 않는다"[Kemmeth A. Kitchen, *On the Reliability of the Old Testament* (Grand Rapids, MI: Eerdmans, 2003), 40001; 또한 JEDP 이론을 일축한 그의 요약을 보라. *Reliability of the Old Testament*, 492-496].

34:22-28. 하나님의 뜻을 찾는 과정에서 여선지자 **훌다**(22a절)를 찾아간다. 여선지자의 존재나 중요성에 대해서는 아무 설명이 없으며, 그녀가 잘 알려진 인물이라는 사실(그녀의 신상에 대한 자세한 내용을 주목하라, 22b절)을 통해서, 구약성경은 적어도 여선지자를 차별하지 않았다고 추정할 수 있다(Payne, "2 Chronicles," 4:551). 훌다는 두 부분으로 이루어진 예언의 말씀을 전한다. 첫째, 그녀는 왕이 두려워했던 것에 대해 이야기한다. 나라가 배교를 지속했으므로 포로 생활이 불가피했다. 하나님은 그분의 말씀에 충실하므로, 왕 앞에서 낭독된 **책에 기록된 모든 저주대로** 하실 것이다(24절; 레 26:14-45; 신 28:15-68). 우상숭배와 배교 때문에 하나님은 **노여움을 이곳에 쏟**으실 것이다(25절). 둘째, 요시야가 겸손과 진정한 회한, 마음에서 우러나는 회개를 보였기에(27절), 그의 생전에는 심판이 임하지 않을 것이다. 요시야는 하나님이 **이곳과 그 주민에게 내리는 모든 재앙을** 눈으로 보지 않을 것이다

(28절). 역대기 저자의 세대는 훌다 예언의 첫 번째 부분에 대한 진실을 알았다. 그들은 두 번째 부분의 교훈을 알아야 했다. 즉, 하나님의 저주와 진노를 피하는 것이 불가능하지 않다는 사실이다. 하나님의 말씀에 계속해서 불순종하면 징벌이 불가피하지만, 반대로 계속해서 순종하면 하나님의 복 역시 분명히 보장된다. 나라와 백성이 겸비하여 하나님을 찾고 기도하고 '그들의 악한 길에서 돌아오면' 하나님은 그들을 용서하고 고치실 것이다(참고. 7:14). 역대기 저자의 세대에게는 선택권이 주어졌다. 그들은 요시야 이전 악한 왕들을 따르든지, 아니면 요시야처럼 겸손, 회개, 순종의 길을 따르든지 양단간에 선택해야 했다.

34:29-30. 훌다 예언의 첫 부분만 듣고도 요시야는 백성 앞에서 율법을 낭독하게 한다. 이는 불가피한 쇠락에 따른 사후 조치가 아니라 상황에 관계없이 신실한 하나님의 백성이 보여준 올바른 믿음의 행동이었다.

34:31-33. 율법이 낭독된 후 거국적인 '언약 쇄신'이 단행된다. 왕의 헌신은 진실했으며 귀감이 되었다. 요시야의 헌신은 공식적이었으며(**왕이 자기 처소에 서서**, 31a절), 하나님께 초점을 맞추었고(**여호와 앞에서**, 31b절), 진심을 담았으며(**언약을 세우되 마음을 다하고 목숨을 다하여 여호와를 순종하고**, 31c절), 구체적이었고(**그의 계명과 법도와 율례를 지켜**, 31d절), 행동이 따랐다(**이 책에 기록된 언약의 말씀을 이루리라 하고**, 31e절). 그는 좋은 지도자로서 다른 이들도 헌신에 동참케 했으며(32a절), 언약을 잘 따르도록 독려했다(32b절). 재헌신은 또 다른 개혁(33a절)으로 이어졌고, 평생의 헌신과 순종으로 귀결되었다(33b절). 비록 많은 이들의 경우에는 외형적인 순종도 있었겠지만(참고. 렘 11:1-13), 요시야의 모범은 지도자의 온전한 헌신이 나라 전체의 방향에 미치는 영향력을 잘 보여주었다.

(3) 유월절을 회복하다(35:1-19)

요시야는 증조부 히스기야(참고. 30:1 이하)가 그랬던 것처럼, 회복과 개혁 사업을 유월절 제사로 마무리 짓는다. 첫째 달 열넷째 날(1b절)에 제사가 이루어지는데, 이는 요시야가 히스기야가 남긴 선례(참고. 30:2)를 따르는 대신 율법에 따라(참고. 출 12:6) 예식을 거행하려 했음을 보여준다.

35:1-10. 유월절 준비는 몇 단계에 걸쳐 이루어진다. 첫째, 요시야는 **제사장들에게 그들의 직분을 맡기고 격려**한다(2절). 이는 그들의 직임을 재성별한 것이다. 요시야는 이들이 직분을 수행함에 있어서 부족함이 없도록 전적인 지원을 보장한다. 둘째, 요시야는 언약궤가 성전에 안치되도록 한다(3a절). 언약궤는 성전에서 옮겨졌던 것 같다. 므낫세(참고. 33:7)와 아몬의 통치기에 언약궤를 보호하기 위해 신실한 제사장들이 옮겼을 수도 있고, 다른 신을 섬기는 자들이 다른 이유로 옮겼을 수도 있으며, 어쩌면 공사 기간 동안 안전한 곳으로 옮겼던 것일 수도 있다. 궤를 **다시는 너희 어깨에 메지 말라**는 언급(3b절)을 볼 때, 알 수 없는 이유 때문에 언약궤를 성전에서 넣었다 뺐다 했던 것 같다(율법에 따라, 참고. 출 25:14-15). 이제는 언약궤를 보수된 성전에 영구히 안치할 수 있게 되었다. 어쩌면 이것이 성전의 재성별을 상징하기 위한 행동이었을 수도 있다. 셋째, 요시야는 다윗과 솔로몬이 정한 반열을 따라 제사장에게 임무를 맡기고(4-5절, 10b절), **여호와께서 모세를 통하여 전하신 말씀을 따라**(6절) 준행할 것을 명령한다. "요시야의 의도는 103년 전에 증조부가 주도한 급격한 개혁과 유월절 제사에 따른 혼란을 방지하려는 것이었다(참고. 30:16-18)"(Payne, "2 Chronicles," 4:553). 넷째, 요시야와 방백들은 유월절 제사와 희생을 위해 짐승을 공급했다(7-9절). **이와 같이 섬길 일이 구비되매**(10a절, 16a절).

35:11-19. 저자는 유월절 제사를 두 부분으로 기록한다. 첫째, 유월절 양을 잡고 분배한다(11-15절). 자세한 내용이 기록되었으며, 이는 각자가 소임을 숙지하고 수행하였음을 가리킨다(12c절, 모세의 책에 기록된 대로, 13a절, 규례대로; 15a절, 다윗과 아삽과 헤만과 왕의 선견자 여두둔이 명령한 대로). 둘째, 이 유월절에는 특별한 의미가 있었다(16-19절). **선지자 사무엘 이후로**(18a절) 온 나라가(18절, 온 유다와 이스라엘 무리) 함께 유월절을 이같이 지킨 적이 없었다. 이는 나라의 역사에 길이 남을 사건이었다. 역대기 저자의 세대는 '온 이스라엘'의 대표로서 예루살렘으로 돌아왔으며, 그들 역시 이런 영광의 순간을 재현할 수 있었다. 성전을 어떻게 여기느냐에 달렸다. 그들 역시 성전을 회복하면, 이러한 역사적인 유월절에 참여할 수 있을 것이다.

c. 요시야의 비극적 죽음(35:20-27)

역대기 저자는 요시야의 죽음을 역사적 사실로서 성실하게 기록한다. 이 비극적인 사건으로 이야기가 전환되는 과정을 볼 때, 역대기 저자는 이 죽음이 요시야의 유산으로 기억되는 것을 원치 않았던 것 같다. 그는 먼저 **이 모든 일 후 곧 요시야가 성전을 정돈하기를 마친 후에**(20a절)라고 말한 후에, 요시야의 말년에 대해 서술하기 시작한다.

(1) 원정길에 나선 바로 느고가 요시야에게 개입하지 말 것을 경고하다(35:20-21)

주전 605년에 애굽의 느고(앗수르의 아수르우발릿과 동맹)와 바벨론의 느부갓네살이 갈그미스(다메섹 북동쪽 402킬로미터 유프라테스강가)에서 벌였던 전투는 세계사의 위대한 전환점을 이룬다. 이때 느고는 전투에서 패하고, 바벨론은 세계적 강국으로 부상하여 세계사와 성경 역사에 심대한 영향을 미친다. 요시야는 이 대사건에서 무명의 인물이었으며, 개입할 필요 자체가 없었다.

35:20-21. 느고의 계획을 인지한 요시야는 그와 교전하기로 결심한다. 어쩌면 그는 애굽과 앗수르의 동맹을 두려워했거나, 동방의 신흥 강국 바벨론을 도움으로써 국방 강화를 도모했던 것인지도 모른다. 느고는 요시야에 대해 감정이 없음을 강조하면서 그의 개입을 만류한다(**내가 오늘 그대를 치려는 것이 아니요**). 또한 그의 계획이 하나님의 섭리임을 호소한다(**하나님이 나에게 명령하사 속히 하라 하셨은즉 하나님이 나와 함께 계시니**, 21b절). 이 호소의 진정성에 대해서는 의문의 여지가 있지만, 역대기 저자의 기록을 통해 볼 때 요시야는 하나님의 섭리를 보았어야 했다(22b절). 이 사건에는 불경건한 아합의 운명과 비극적으로 병행하는 면이 있다(참고. 18:29-34).

(2) 요시야가 느고와 싸우다 치명상을 입다 (35:22-24b)

35:22-24b. 요시야는 느고와 싸우기 위해(**몸을 돌이켜 떠나기를 싫어하고…하나님의 입에서 나온 느고의 말을 듣지 아니하고**) **므깃도 골짜기**(22절)로 나아간다. 므깃도 골짜기는 이스라엘 산지를 북서쪽에서 남동쪽으로 가로지르는 거대한 평원이다(미래의 아마겟돈 전투가 여기에서 벌어진다, 계 16:16). 요시야는 헛되이 변장을 시도한다(22b절). 그럼에도 불구하고 **활 쏘는 자**가 요시야 왕을 쏜다(23a절; 참고. 아합의 운명, 18:33). 요시야는 죽기 전에 예루살렘으로 옮겨진다(24a절). 이는 경건한 다윗계 왕에 대한 하나님의 호의였다. 백성은 그의 경건한 충성심에 경의를 표하면서 그를 **그의 조상들의 묘실에 장사**한다(24b절).

(3) 유다가 요시야의 죽음을 슬퍼하다(35:24c-25)

35:24c-25. 요시야에 대한 애도의 자세한 내용이 기술된다. 슬픈 노래를 부른 자들의 목록(**온 유다와 예루살렘 사람들**, 24c절; **예레미야…노래하는 남자들과 여자들**, 25a절), 슬픈 노래를 표현하는 용어들(**애가를 지었으며**, 25a절; **슬피 노래하니**, 25b절), 슬픈 노래에 대한 **규례**(25c절) 등은 모두 요시야에 대한 나라의 높은 경의와 존경심을 보여준다. 여기에 나오는 **애가**(25d절)는 성경의 '예레미야애가'와는 다른 책이다.

(4) 요시야의 통치가 요약되다(35:26-27)

35:26-27. 요시야를 죽음으로 내몬 슬픈 사건이 그에 대한 마지막 기록이 아니다. 마지막 맺음은 그가 주도한 성전 예배의 부흥(20a절), 그리고 그가 **여호와의 율법에 기록된 대로 행한 모든 선한 일**에 대한 기록(26절)이다. 그러나 요시야의 경건, 율법에 대한 헌신, 부흥 등은 그의 죽음 이후 나라의 급격한 쇠락으로 빛을 잃고 만다.

H. 요시야의 아들들: 여호아하스, 여호야김, 여호야긴, 시드기야(36:1-16)

요시야의 부흥은 포로의 징벌(참고. 34:23-25)을 피할 수 있는 마지막 기회였다. 역대기 저자의 세대는 나라가 요시야의 부흥을 기반으로 서지 못하고, 급격히 쇠락했으며 선지자들(특히 예레미야, 참고. 렘 1:1-3)의 말을 듣지 않았다는 것을 잘 알고 있었다(참고. 15-16절). 이들은 포로가 역사적 우연의 산물이 아닌 공의로운 하나님의 징벌임을 알았다. 그러므로 역대기 저자는 마지막 왕들의 역사를 자세히 기록하지 않고 조속히 결론을 맺는다. 그러나 희망의 메시지가 눈에 띈다. 고레스의 조서는 저자의 세대에 대한 저자의 메시지를 완성한다. 다윗의 집을 세우리라 약속했던 하나님은 그 약속을 저버리지 않으신다. 그분은 나라를 다시 이 땅으로 되돌리실 것이다(역대기 저자의 세대가 이미 알고 있듯이). 하나님의 약속은 선택된 백성에게 여전히 유효하다.

1. 여호아하스(36:1-4)

36:1-4. 여호아하스는 백성의 추대로 왕위에 오르지만(1절), 그의 통치는 석 달 만에 종지부를 찍는다(2절). 그의 아버지와 같은 불행한 행동을 막기 위해, 바로 느고는 여호아하스의 **왕위를 폐하고**(3a절), 애굽으로 잡아간다(4b절). 그리고 후일의 전쟁(참고. 35:20) 비용을 충당하기 위해 나라에 벌금을 부과한다(3b절). 또한 여호아하스의 형제 **엘리아김**을 왕위에 앉히고, 그의 종속적 지위를 상기시키기 위해 이름을 여호야김으로 바꾼다(4a절).

2. 여호야김과 여호야긴(36:5-10)

36:5-10. 여호야김은 악하고(5b절, 8a절) 유약한 왕이었다. 그의 통치 때 바벨론의 느부갓네살이 유다를 침공해 다니엘과 그의 친구들을 포로로 잡아간다(6-7절; 참고. 단 1:1-2). 성전 보물과 성물의 유실은 특별히 큰 타격이었고, 다윗 가문에 대한 하나님의 진노를 나타냈다. 역대기 전반에 걸쳐서 성전의 운명은 다윗 가문의 운명과 깊은 관련이 있다. 성전의 영광이 유린당하는 것은 곧 하나님이 불충한 다윗계 왕을 징벌하심을 뜻했다. 느고의 꼭두각시 여호야김이 잡혀가고, 그의 아들 여호야긴이 왕위에 오른다(9a절). 여호야긴은 **석 달 열흘 동안** 다스리고(9b절), 악으로 인하여(9c절) 그의 부친과 똑같은 운명을 당한다(10a절).

3. 시드기야(36:11-14)

36:11-14. 유다의 마지막 왕은 요시야의 다른 아들(여호야긴의 숙부) 시드기야('맛다니야'로도 불림, 참고. 왕하 24:17)였으며, 느부갓네살의 꼭두각시 왕이었다(10b절). 그 역시 여호와 보시기에 악을 행했다(12a절). 역대기 저자는 구체적으로 **선지자 예레미야가 여호와의 말씀으로 일러도**(12b절) 그가 듣지 않았다고 기록한다(**그 앞에서 겸손하지 아니하였으며**, 12c절). 그는 하나님을 향해 마음을 완악하게 하고(13b절), 느부갓네살에게 반역을 저지른다(13a절). 또한 나라를 이교 숭배로 이끌고(14a절, **이방 모든 가증한 일**), 전형적인 불충을 저지른다. 뿐만 아니라 **여호와께서 예루살렘에 거룩하게 두신 그의 전을 더럽게 하였다**(14b절).

4. 요약: 선지자들이 거부당하다(36:15-16)

36:15-16. 전반적인 상황의 요약문이 기록되어 있다(15-16절). 포로 이전의 마지막 상황이 나와 있고, 이는 나라의 역사 전체를 반영한다. 하나님은 이스라엘을 불쌍히 여기셨고, 거듭해서 사신들을 백성, 즉 **그의 백성**에게 보내어 회개를 촉구하신다. 하지만 그들은 사신들을 **비웃고**, 하나님 말씀을 **멸시하며**, 선지자를 **욕**한다(15-16a절). 이러한 행태는 유대 역사 전반에 걸쳐 반복되었으며, 후에 예수님이 이에 대해 언급하신다(참고. 마 23:29-35). 그들은 하나님의 말씀에 귀를 기울이지 않았다. 따라서 하나님의 **진노**는 불가피했으며, 그들은 **회복** 불능의 상태에 빠진다(16b절).

I. 포로로 잡혀가다(36:17-23)

역대기 저자는 역사 서술을 마무리하면서 놀라우리만큼 사실적인 기록을 남기며, 그러면서도 자신의 세대를 위한 희망의 메시지를 빠트리지 않는다.

1. 포로로 잡혀가다: 상황 설명과 이유(36:17-21)

a. 상황 설명(36:17-20)

36:17-20. 갈대아(바벨론) 사람의 잔인함(17절, **칼로 청년들을 죽이며 청년 남녀와 노인과 병약한 사람을 긍휼히 여기지 아니하였으며**)과 성전과 도시의 완벽한 파멸(19절, **하나님의 전을 불사르며 예루살렘 성벽을 헐며 그들의 모든 궁실을 불사르며**)에 대한 설명이 소개된다. 성전 약탈(18절) 및 칼에서 살아남은 자의 포로됨(20절)에 대한 기록은 다니엘서 같은 다른 성경 기록과 잘 들어맞는다(참고. 단 1, 5장).

b. 이유(36:21)

36:21. 포로의 이유(역대기 전반에 걸쳐 유추되는 이유에 덧붙여서: 하나님을 찾지 않고 다른 신을 찾았으며, 성전을 도외시함)가 선지자 예레미야를 통해 밝혀진다(21b절). 나라가 땅의 **안식**을 규정한 율법을 순종하지 않았기에(참고. 레 26:34-35, 43), 땅이 **안식년**을 누릴 때까지 나라가 포로로 잡혀갈 것이며, 그 기간은 **칠십 년**이 될 것이다(21a절).

2. 고레스의 조서(36:22-23)

36:22-23. 70년 포로에 대한 예레미야의 예언은 포로로 잡혀가는 이에게 과중했지만, 포로 생활 끝 무렵의 사람들에게는 희망의 메시지였다(22절). 역대기 저자의 세대는 고레스 조서의 중요성을 익히 알았다. 이는 땅의 왕이 하는 일이 아니었으며, 하늘의 주권자께서 포로와 귀환을 명령하셨다(참고. 23a절). 역대기 저

자는 자신의 세대에게 마지막으로 호소한다. **너희 중에 그의 백성 된 자는 다 올라갈지어다 너희 하나님 여호와께서 함께하시기를 원하노라**(23b절).

히브리어 성경의 구성에 따르면, 역대하는 성경의 마지막 책이며 바사 왕 고레스의 조서는 그중 마지막 말에 해당한다. "그로 올라가게 하라"라는 구절의 주어는 그 전 구절 "하나님이 함께하는 자"에 나와 있다. 이러한 표현은 히브리어 성경에 근거한 것인데, 문자적으로는 "하나님이 함께하는 자는 올라가게 하라"를 뜻한다(NASB는 이를 기도처럼 번역한다, "그의 하나님 여호와께서 함께하시기를 원하노라"). 고레스의 조서는 바벨론에 의해 포로로 잡혀가서 이제 바사의 통치 아래 있는 하나님의 백성에 대한 것이었다. 이 조서로 인해 70년간의 포로 생활이 끝났으며, 예레미야의 예언이 성취되었고(렘 29:1-10), 백성은 예루살렘으로 돌아와 성전을 재건한다. 역대기 저자는 고레스의 조서로 역사 서술을 종결하면서 메시아적 이미지(참고. 왕상 17:12)를 원용하는 것처럼 보인다. 예루살렘으로 올라갈 모든 백성 중에서 한 명의 현저한 인물, 즉 하나님이 함께하시는 자(메시아)가 예루살렘으로 올라가 메시아의 성전을 지으실 것이다(시 110편; 슥 6:9-15). 이를 통해 구약성경의 끝을 접한 독자는 곧바로 신약성경으로 향하게 된다. 신약성경은 마태복음의 족보로 시작되며(이는 역대기 서두의 족보와 연결된다), 예수님을 하나님이 함께하시는 자, 곧 '하나님이 우리와 함께 계시다'(임마누엘)로 인식한다. 예수님이 바로 다윗에게 약속된 메시아의 성취이시다. 그리하여 히브리어 성경은 희망으로 결론을 맺는다. 하나님은 성실하게 이스라엘을 회복했을 뿐 아니라 앞으로 메시아를 보내실 것이다. 따라서 그분의 백성들은 다윗의 자손으로 오실 메시아, 즉 이스라엘 및 온 세상의 구세주를 계속해서 고대해야 한다.

참 고 문 헌

역대상의 참고 문헌을 보라.

에스라

J. 브라이언 터커(J. Brian Tucker)

서 론

저자와 연대. 이 책은 저자를 밝히지 않는다. 그러나 1인칭으로 쓰인 이른바 에스라 회고록인 에스라 7:28-9:15은 에스라가 쓴 것으로 추정된다. 에스라 정경의 상당 부분은 편집자의 작품으로 보이는 공식 문서와 서신들을 포함한다. 에스라가 이 문서들을 편집했다고 해도 지나치지 않다(참고. 1:2-4; 4:11-16, 17-22; 5:7-17; 6:2b-5; 6-12; 7:12-16). 그중 에스라 1:2-4을 제외한 나머지 모든 구절은 아람어로 쓰였다. 어떤 이들은 역대하 36:22-23과 에스라 1:1-3이 유사하고 두 책이 공히 제사장적 관점을 나타내므로 한 사람이 두 책을 쓰는 데 관여했다고 주장한다[참고. Joseph Blenkinsopp, *Judaism, the First Phase: The Place of Ezra and Nehemiah in the Origins of Judaism* (Grand Rapids, MI: Eerdmans, 2009), 166; H. G. M. Williamson, *Ezra, Nehemiah,* WBC, vol. 16(Waco, TX: Word Books, 1985), xxi-xxiii)]. 느헤미야서를 여는 1:1은 이 책이 별개의 문학 창작물임을 나타내지만 에스라서와 느헤미야서는 매우 이른 시기부터 하나로 합쳐졌다(참고. Josephus, *Contra Apion* 1.40; *Baba Bathra* 15a; Eusebius, *Hist. Eccl.* 4.26.14). 마카비2서 2:13은 에스라가 에스라-느헤미야서에서 볼 수 있는 유형의 문서를 열람할 수 있었을 것이라는 그럴듯한 시나리오를 제시한다(예를 들어 느 1:1-7:5의 느헤미야 회고록). 만일 이 틀을 받아들인다면 에스라서, 더 나아가 느헤미야서가 쓰인 시기를 주전 440년과 주전 430년 사이의 어느 때로 잡을 수 있다(참고. 느 1:1; 8:2; 12:2; 13:6; 스 7:8).

에스라서는 바벨론 포로에서 돌아온 유대인들의 이야기를 정경으로 다시 들려준다. 에스라서는 영어 성경에서 역대하 뒤에, 히브리어 성경에서는 역대기 앞에 나온다. 왜 에스라-느헤미야서는 정경인 히브리어 성경에서 역대기 앞에 나오는가? 역대기는 에스라서와 느헤미야서에서 이야기하는 사건들 이후에 쓰였을 것이다. 정황상 이 두 책은 재건보다는 바벨론 유수를 계속해서 반영한다(9:6-15; 느 9:32-36). 그렇기에 하나님의 계획에서 이스라엘의 위치와 그분이 다윗과 맺은 약속의 연속성이 공동체의 중대한 관심사였다. 따라서 역대기는 바벨론 포로 이후 이스라엘의 특정 관심사들에 대해 이야기하는 이스라엘의 역사를 해석한다. 그리하여 에스라-느헤미야서는 정경인 역대상과 역대하의 탁월한 입문서 역할을 한다. 앞서 언급했듯이, 히브리어 성경에서 에스라서는 느헤미야서와 함께 (에스라-느헤미야서라는) 한 권의 책을 이룬다. 헬라어 역본 70인역에서도 그러한데, 그것을 '에스드라스 베타'라고 부른다. 에스드라스 베타는 요세푸스가 《유대 고대사》(*Jewish Antiquities*)를 쓸 때 자료로 삼았던 묵시문학서 에스드라스1서와는 전혀 다른 책이다. 에스드라스는 히브리식 이름 에스라에 상응하는 헬라식 이름이다.

목적과 주제. 에스라서의 주제는 하나님의 섭리를 통한 이스라엘의 언약 정체성 회복이다. 에스라서의 다음 목적들은 이 주제에서 비롯된다. (1) 바벨론 포로 이후 언약 백성을 유다 땅으로 귀환시키겠다는 약속을 하나님이 어떻게 성취하셨는지 들려주고자 한다. (2) 하나님이 섭리 가운데 자기 자녀들을 돌보시고, 나아가 구속 사역을 이루기 위해 제국의 세력들을 어떻게 사용하시는지 분명히 보여주고자 한다. (3) 바사(페르시아) 시기 동안 유대인의 언약 정체성을 확고히 유지하기 위해 정치 및 종교 제도를 재정비하는 등의 회복 과정을 상기시키고자 한다. (4) 성전이 재건되고 모세율법을 따라 사는 하나님의 백성이 재탄생했음을 상세히 알리고자 한다. (5) 에스라(그리고 결합된 에스라-느헤미야서)는 포로 귀환을 훨씬 더 위대한 귀환에 대한 약속으로 이해했다. 말하자면, 에스라서는 포로 귀환을 예언의 성취로 소개하지만(1:1-4), 느헤미야서의 결론은 이스라엘이 그럼에도 불구하고 어떻게 모세 언약을 지키지 않았는지 보여준다. 따라서 포로 귀환은 하나님이 이스라엘에 베푸신 은혜의 일환이기는 해도 그것이 이야기의 전모가 아니라는 것이다. 오히려 그 귀환은 하나님이 자기 백성에게 하신 모든 약속을 메시아가 성취하실 종말의 때를 가리킨다.

영향. 에스라서는 네 가지 방식으로 성경의 내러티브를 형성한다. (1) 유대인의 바벨론 포로 귀환을 서사적으로 묘사하고, 역대상과 역대하에서 시작했던 이야기를 계속 이어간다. (2) 이스라엘 내 유대인의 등장과 그들이 약속의 땅에 재정착해 성전을 재건할 때 일어났던 종교적, 정치적 사건들을 설명한다. (3) 선지자 학개와 스가랴가 사역하던 당시의 역사적 상황을 알려준다. 에스라서가 없었다면 그들의 예언적 신탁에 배경이 되는 중요한 맥락을 알기 힘들었을 것이다. (4) 초기 유대교의 기원과 후기 성경신학적 정황에 중심이 되는 유대인의 정체성이 무엇인지 그 윤곽을 드러낸다.

에스라서는 역사적 서사 혹은 연대기로서 사건들을 신학적으로 해석한다. 그렇다고 역사적 사실을 다루지 않는다는 뜻은 아니다. 여기에 나오는 사건들은 비문 및 고고학적 기록과 상당히 유사하다(예를 들어 Elephantine papyri, *ANET*[3], 491-492; Cyrus Cylinder, *ANET*[3], 315-316). 사건들을 신학적으로 해석한다는 것은 독자에게 구속사에 대한 신학적 해석을 제공한다는 뜻이다. 에스라서에는 행정 문서와 서신, 계보 자료들이 들어 있다. 하지만 바벨론 포로 이후의 비슷한 정황을 담고 있는 두 책 학개서와 스가랴서에서 볼 수 있는 예언적 담화가 빠져 있다.

배경. 에스라서에서 이야기하는 사건들은 바사 제국 시기에 일어났고, 주전 550년부터 530년까지 통치한 고레스 2세와 더불어 시작되었다. 그는 주전 539년 신바벨론의 왕 나보니도스를 무너뜨린 후 메소포타미아 도처에서 권력을 굳혔고 (주전 705-675년에 바사를 지배하고, 고레스가 일원으로 있는 왕가를 세운 아케메네스에서 이름을 가져온) 아케메네스 왕조의 정치 지배를 강화했다. 고레스는 바벨론의 강제 이주 정책을 뒤집고 귀환 프로그램을 개시했다. 바벨론에 사는 유대인들은 바사 제국의 새 시민으로서 이런 정책의 혜택을 받았다. 주전 538년 고레스는 유대인들이 유다 지역으로 돌아가 성전을 재건하고 예루살렘에 다시 거주해도 좋다는 성명을 공포했다(1:1-4; 6:3-5).

주전 530년부터 522년까지 통치한 캄비세스는 이야기에 언급되지 않지만, 주전 522년부터 486년까지 통치했던 다리오 1세는 중요한 역할을 한다. 그는 지방 관리에게서 성전 재건에 대한 서신을 받고(5:6-17), 고레스의 원래 조서를 검토한 후 공사를 계속하라는 칙령을 내렸다(6:1-12). 이야기에는 또한 주전 496년부터 465년까지 통치했던 아하수에로에게 접수된 유대인 관련 불만들이 언급된다. 주전 465년부터 424년까지 황제였던 아닥사스다 1세는 에스라가 사명을 수행하는 동안 통치했는데, 이 기간 중에 일어난 반대는 성격상 다리오 1세 통치 중에 완공된 성전이 아닌 성곽과 관련이 있다. 르훔과 심새의 주장에 설득당한 아닥사스다 1세는 성곽 재건을 중단하라고 명령했다(4:8-23). 그러나 결국 결정을 번복하고 주전 458년 에스라가 이끄는 또 다른 포로 집단의 예루살렘 귀환을 허락했다. 에스라서에는 나오지 않지만, 느헤미야는 13년 후인 주전 445년에 예루살렘에 도착해 성곽을 점검하고(느 2:1) 주전 433년에 다시 돌아왔다(느 5:14; 13:6). 에스라-느헤미야서의 내러티브가 합쳐진 기간은 대략 105년이고, 이 기간 중에 바사 왕 5명이 통치했다[Edwin M. Yamaguchi, *Persia and the Bible* (Grand Rapids, MI: Baker, 1996), 395-396].

개 요

I. 포로 귀환과 성전 재건(1:1-6:22)
- A. 최초의 포로 귀환(1:1-11)
  - 1. 고레스의 공포(1:1-4)
  - 2. 세스바살의 리더십(1:5-11)
- B. 최초의 귀환자 명단(2:1-70)
- C. 의례와 예배 갱신(3:1-13)
  - 1. 제단과 제물 회복(3:1-7)
  - 2. 다시 놓은 성전의 기초(3:8-13)
- D. 반대에 부딪힌 하나님의 갱신 사역(4:1-24)
  - 1. 고레스 통치기에 일어난 반대(4:1-5)
  - 2. 제국의 반대(4:6-24)
- E. 예언적, 정치적 사건들과 성전(5:1-7)
- F. 제국의 보호와 성전 완공(6:1-22)
  - 1. 악메다에서 발견된 고레스 조서(6:1-7)
  - 2. 다리오 조서(6:8-12)
  - 3. 성전 완공과 봉헌(6:13-18)
  - 4. 유월절의 첫 준수(6:19-22)

II. 에스라의 귀환과 백성들의 개혁(7:1-10:44)
- A. 바사가 승인한 에스라의 예루살렘 여정(7:1-28)
  - 1. 바벨론에서 예루살렘으로 가는 여정(7:1-10)
  - 2. 에스라의 사명에 대한 제국의 승인(7:11-28)
- B. 에스라의 예루살렘 귀환(8:1-36)
- C. 언약 정체성을 위협하는 이방 민족과의 통혼(9:1-15)
  - 1. 공동체 내 이방 민족과의 통혼(9:1-5)
  - 2. 공동체의 죄를 고백하는 에스라(9:6-15)
- D. 공동체의 개혁과 갱신(10:1-44)
  - 1. 이방 민족과의 통혼을 끝내기로 합의한 공동체(10:1-17)
  - 2. 이방 민족과의 통혼에 연루된 자들의 명단(10:18-44)

주 석

I. 포로 귀환과 성전 재건(1:1-6:22)

에스라 1:1-6:22은 성전 재건뿐 아니라 바벨론 포로들의 최초 및 잇따른 귀환을 기술한다. 여기에서 들려주는 사건들은 에스라가 유다에 도착하기 80년 전쯤에 일어났다. 성전은 거의 60년 동안 회복된 상태로 있었다. 이 장들은 역사를 신학적으로 해석하며 하나님의 섭리와 주권을 강조한다.

A. 최초의 포로 귀환(1:1-11)

1장은 바벨론 포로 이후의 작은 유대인 공동체가 자신을 하나님의 언약 백성으로 이해하는 방식을 보여준다. 이사야와 예레미야가 선포했던 하나님의 약속이 성취되면서 바벨론 포로 이전의 공동체에 있던 중요한 연속성이 회복되었다. 예배 집기들은 이전의 성전에서 쓰던 것들이었고, 디아스포라 유대인 중 일부가 레위 사람이었다. 하나님이 제국의 힘과 한 이름 없는 바벨론 유대인을 사용하여 역사에서 자신의 구원 목표를 완수하시고 포로들을 약속의 땅으로 인도하셨을 때, 그분의 섭리와 주권이 분명히 드러났다.

1. 고레스의 공포(1:1-4)

1:1. 주전 538년 하나님은 **바사 왕 고레스**의 마음을 감동시켜 유대인 포로들이 유다 땅으로 돌아가는 것을 허락하게 하셨는데, 이는 이사야가 예언한 행동이었다(사 44:28; 45:1, 13). 이 **공포**로 바벨론 포로 기간에 관한 **예레미야**의 예언이 처음으로 일부가 실현된 셈이다(참고. 렘 25:11-12; 29:10; 51:11; 대하 36:20). 이 사건들이 일어난 시기는 학자들 사이에서 종종 논란이 되고 있다. 그러나 유대인들이 주전 605년에 바벨론으로 처음 끌려갔다면(참고. 단 1:1; 렘 25:1) 주전 536년은 70번째 해가 되었을 것이다(스 3:8). 그러므로 하나님은 자신의 언약 백성을 기억하셨고, 제국의 힘을 이용하면서까지 그들에게 한 약속을 성취하신 것이다[Mervin Breneman, *Ezra, Nehemiah, Esther* (Nashville, TN: Broadman & Holman, 1993), 67].

1:2-4. 고레스의 공포로 유대인들은 자유를 얻었고 **유다 예루살렘**으로 돌아가 성전 재건하는 것을 허락받았다. 이 공포의 아람어 버전이 6:2-5에 나온다. 이 후대의 공포문은 행정 '각서'의 성격이 짙고, 애굽(이집트)의 엘레판틴에 성전 재건을 허락해달라고 총독에게 요청하는, 주전 407년으로 추정되는 엘레판틴 파피루스(Elephantine papyrus)와 매우 흡사하다[Edwin M. Yamaguchi, "Ezra and Nehemiah," in John H. Walton, ed., *1 & 2 Kings, 1 & 2 Chronicles, Ezra, Nehemiah, Esther*, ZIBBC, vol. 3 (Grand Rapids, MI: Zondervan, 2009), 399].

고레스의 원래 공포는 보다 폭넓은 정치 전략의 일환으로서, 정복당한 민족이 자신들의 고향으로 돌아가 성읍을 재건하는 일을 허락했다. 이런 사실은 고레스가 바벨론을 함락할 즈음 주전 539년에 새긴 고레스 실린더(Cyrus Cylinder)의 비문에 잘 나타나 있다. 이 원통에는 고레스가 자신을 만물을 다스리는 위대하고 자비로운 왕, 백성들을 고국으로 돌려보내고 그들의 성전에서 약탈한 성물들을 반환한 인물로 선언했다는 내용이 아카드어로 새겨져 있다(*ANET*[3], 316). 이렇게 하나님은 고레스의 정치 성향을 이용하여 언약 백성과 관련된 자신의 목적을 이루셨다. 바벨론의 유대인들은 이제 거리낌 없이 돌아가 **이스라엘의 하나님 여호와의 성전을 건축**할 수 있게 되었다. 한편 메소포타미아에 남기로 한 유대인들은 **예루살렘에 세울 하나님의 성전을 위하여 예물을 기쁘게 드리**는 것으로 귀환하는 이들을 후원하라는 권고를 받았다.

2. 세스바살의 리더십(1:5-11)

1:5-8. 하나님은 이제 일부 유대인들의 마음을 감동시켜서 예루살렘으로 돌아가 성전을 다시 **건축하**게 하셨다. 이 설명은 왜 어떤 유대인들은 유다로 돌아가지 않기로 선택했는지 그 신학적 이유를 제공해준다. 즉 그런 선택을 하도록 하나님이 그들의 마음을 **감동**시키신 게 아니었다. 귀환은 사회적 통제와 응집을 위해 **족장들**에게 의존하는 기존의 친족 체계를 통해 준비되었다. 이들을 **제사장들**과 **레위 사람들**뿐 아니라 나아가 **유다**와 **베냐민** 지파의 족장으로 기술하는 대목에서 유대인의 정체성을 나타내는 이전의 표현들이 이어지고 있다. 유대인의 정체성은 바사 시기 내내 조금도 흔들리지 않은 것으로 드러났고, 언약 공동체의 의례 생활이 그 정체성을 구현해 냈다.

마치 출애굽의 주제가 반복되듯이 **그 사면 사람들이**, 즉 포로들의 바벨론 이웃들이 유대인들에게 약속의 땅으로 돌아가는 데 필요한 선물과 물품과 식량을 주었다(참고. 출 3:21-22; 12:35-36; 시 105:37). 게다가 **고레스 왕**은 **성전 그릇들**을 꺼냈는데, 이는 예전에 **느부갓네살**이 약탈한 물건들이었다(6:5; 대하 36:7, 10, 18). 패전국의 성전에서 종교 기물을 빼앗는 행위는 추정컨대 그 집단의 신이 더 이상 그들을 보호할 수 없음을 보여줌으로써 지배권이 넘어갔음을 뜻했다(삼상 5:2; 렘 27:16, 21-22; 단 5:23). 이제 유대인들은 공동체 의례 생활의 일부인 기물들을 돌려받아 예배를 이어갈 수 있게 되었다. **고레스**는 **창고지기 미드르닷**을 시켜 **유다 총독 세스바살**에게 기물 목록을 넘겨주었다. 세스바살은 유다 땅으로 가는 넉 달의 여정에서 귀환자들을 이끌었던 바벨론 유대인이었다(1:11; 7:8-9). **세스바살**은 사마리아에서, 바사 제국 태수들을 일컫는 이름인 총독 아래의 유다 부총독으로 일했다(5:14, 16). 요세푸스는 그를 스룹바벨로 착각했고(*Ant*. 11.13-14 혹은 11.1.3), 다른 이들도 이렇다 할 근거가 없음에도 그를 역대상 3:18의 세낫살로 여기려 했다(Williamson, *Ezra, Nehemiah*, 17-19).

1:9-11. 미드르닷은 성전 그릇들을 꺼내 그 수를 셌다. 목록에는 총 2,499개라고 되어 있었으나 철저히 재고 조사를 한 결과 5,400개였다. 대다수 영어 역본들은 이 그릇들을 **접시**[dishes]와 **대접**[bowls]으로 기술한다. 하지만 이 히브리 용어들은 그 뜻이 모호하거나 아니면 대야와 향로, 심지어 칼을 지칭할 수도 있는 외래어로 되어 있다[David John Alfred Clines, *Ezra, Nehemiah, Esther*, NCBC (Grand Rapids, MI: Eerdmans, 1984), 41-43]. 예배 용품에는 **금, 은** 그릇들이 포함되지만(5:14; 6:5), 녹여서 재사용했을지도 모르는(왕하 24:13; 25:13-17) 덜 귀한 놋그릇들은 포함되지 않았음을 본문은 분명히 밝힌다. 그 목록은 바벨론 포로 이전 및 이후의 의례 관행 사이에 중요한 연결고리가 있음을 가리킨다. 하지만 언약궤(대상 28:13-18; 대하 5:1)가 없다는 점이 현격히 눈에 띈다[Edwin M. Yamaguchi, *Africa and the Bible* (Grand Rapids, MI: Baker, 2004), 102]. 성전 기물의 수량을 센 후 **세스바살은 사로잡힌 자들을 데리고 갈 때 그 기물들을 다 가지고 갔다**. 그리고 이 작은 집단, 즉 "그 마음이 하나님께 감동을 받[은]"(1:5) 자들은 **예루살렘**을 향해 떠났다. 하나님은 역사에서 자신의 언약 백성을 회복시키시고, 제2성전 시대에 유대교의 기원이 될 기초를 놓으시면서, 그렇지 않았더라면 역사에서 자취를 찾아보기 힘들었을 무명의 **세스바살**을 사용하셨다(Blenkinsopp, *Judaism: The First Phase*, 9-11).

B. 최초의 귀환자 명단(2:1-70)

에스라서에서 계보는 모세율법에 따라 성전을 재건하고 예배를 재정립하는 수단이었다. 어쩌면 계보는 이런 일을 하기에 가장 효과적인 방식이 아닐지 모른다. 하지만 민족 정체성의 문제를 명확히 했고, 순수성에 대한 하나님의 기대와 약속의 땅에 이제 자리 잡은 언약 백성 가운데서 그분이 행하시는 회복 사역을 해석하는 틀을 제공했다. 계보는 어떻게 이런 일을 완수하는가? 첫째, 공동체 구성원들이 하나님의 백성들로 귀히 여김을 받고 세신 바 되었다는 확신을 준다. 둘째, 이스라엘 민족을 향한 하나님의 영원한 계획의 핵심은 언약 백성의 일원이라는 민족 정체성에 있다는 점을 상기시킨다. 셋째, 자신이 하나님이 세우신 순결의 기준을 지향하지 않는 문화권에 있음을 아는, 이스라엘 내 사람들에게 정당성을 부여한다(Breneman, *Ezra, Nehemiah, Esther*, 73-75).

2:1-2a. 학자들은 종종 2:1-70의 계보가 느헤미야 7:6-73의 계보와 매우 흡사하다는 데 주목하지만(에스드라스1서 5:4-46), 이 둘은 수사학적 목적이 각각 다르다. 많은 학자들은 느헤미야 7장 버전이 먼저라고 생각하지만 이에 대해서는 의견이 갈린다[F. Charles Fensham, *The Books of Ezra and Nehemiah*, NICOT (Grand Rapids, MI: Eerdmans, 1982), 49]. 에스라 2장의 복합 목록에는 아마 주전 537년과 주전 515년 사이의 여러 경우에 돌아온 저명인사들이 포함되어 있을 것이다. 그것은 약속의 땅에서 이스라엘 지파들이 재편성되었음을 보여준다(참고. 느 7:7). 2:2a의 목록은 **스룹바벨**과 **예수아**에 대해서만 추가 정보를 제공한다. 에스라 3:2, 8은 **스룹바벨**을 스알디엘의 아들로 기술하지만, 역대상 3:19은 그를 스알디엘의 동생인 브다야의 아들로 열거한다. 이 문제를 해결하는 방안은 두 가지이다. (1) 스알디엘이 일찍 죽으면서 브다야가 가장이 되었다고 보는 것이다. (2) 역연혼(逆緣婚, 죽은 이의 형이나 아우가 죽은 이의 부인과 결혼하는 관습—옮긴이 주)의 사례로 보는 것이다(신 25:5-6). "스알디엘이 아이가 없는 상태로 죽자 브다야가 스알디엘의 아내와 역연혼을 하면서 스룹바벨이 태어났을 것"[J. A. Thompson, *1, 2 Chronicles*, NAC (Nashville: Broadman & Holman, 2001), 70]이라는 톰슨의 설명에 따라 역대상 3:19을 고려할 때, 두 방안 중 어느 것이 더 그럴듯한지는 결정하기 어렵다. 다윗 왕의 후손인 **스룹바벨**은 세스바살의 뒤를 이어(5:14) 유다 총독의 자리에 올랐다(학 1:1). 그런 이동이 언제 일어났는지는 분명치 않다. 세스바살이 성전을 건축하기 시작한(5:16) 후 **스룹바벨이** 총독이 되었으며(3:2) 주전 516년에 성전을 완공했다(6:15). 학개 1:1에서 '여호수아'

라고 부르는 **예수아**는 대제사장이었고, 포로로 잡혀가기 전 마지막 대제사장이었던 스라야의 손자였다(왕하 25:18). **느헤미야**로 기술된 사람은 아마도 대략 80년 후인 주전 445년에 예루살렘에 도착한 지도자는 아니었을 것이다.

2:2b-35. 유명한 집안과 지역의 이름들로 이루어진 이 집단은 **이스라엘**이라는 언약의 이름 아래 조직되었다. 하나님이 언약에 신실하심을 일깨워주는 구절들이라 하겠다. 이스라엘의 민족 정체성에는 또한 지리적 요소가 있는데, 21-35절에서 특정 장소들이 집단들과 동일시되었다. 언급된 마을들은 베냐민 지파에게 할당된 지역에 있었고, **느도바**와 **베들레헴**을 제외하고 예루살렘 북쪽에 위치했다(Breneman, *Ezra, Nehemiah, Esther*, 78). 이 마을들은 아마도 돌아온 사람들과/혹은 그들의 조상들이 처음 떠난 곳이었을 것이다. 그들이 이 특정 지역으로 돌아왔을지는 의문이다. 신원을 확인하는 대안 수단으로 주전 537년과 515년 사이의 여러 경우에 돌아온 사람들을 등록시키는 다른 방식을 제시할 수 있기는 하지만, 유대인의 사회적 정체성 형성에 있어 땅의 중요성은 또 다르게 가능한 설명을 제공한다. 새로 도착한 이 **이스라엘 백성**들은 자신의 뿌리를 알고 싶었을 것이다. 그러자면 지파의 계보(3-20절)를 확인하면 될 터였다. 그리고 바벨론 포로 이전의 이 장소들은 그들에게 하나님의 언약이 신실함을 끊임없이 상기시켰다(21-35절).

2:36-58. 계보의 사회적 기능은 다음 목록, 곧 성전에서 섬기는 자들의 목록에서 확연히 드러난다. **여다야**, **임멜**, **바스훌** 및 **하림**의 제사장 가족들이 10:18-22에도 등장한다. **레위 사람**들은 레위 자손들로서 제사장 가문을 이루는 아론 자손들에게 종속되었다(8:15-20; 대상 24:26-28). **레위 사람**들, **노래하는 자**들 및 **문지기**들은 모두 성전 예배와 관련된 업무에 종사했다(겔 44:10-44; 대상 9:17; 15:16). **느디님 사람들**과 **솔로몬 신하의 자손**들은 레위 사람들을 도와 보다 일상적인 성전의 일들을 처리했다(대상 9:2; 스 7:24).

2:59-63. 공동체의 거룩함을 위해서는 의례와 공동체의 목적에 맞게 따로 구별된 집단의 재편성이 필요했다. 이로 인해 **계보에서 가문을 찾지 못한** 사람들 주위에 경계가 그어졌다. 이들 일반인 및 제사장 가족들은 **이스라엘** 공동체에서 분리되고 **부정하게 여겨졌**다. **방백**은 그들에게 **우림과 둠밈을 가진 제사장이 일어나기 전에는** 지성물을 먹지 말라고 명령했다. 대제사장은 이 작은 물건들, 즉 색깔이 다양했을 것이고 '예' 혹은 '아니요'라는 표시가 새겨진 조각돌을 옷 안에 지니고 다녔다. 이 돌들은 하나님의 뜻을 파악하는 데 도움이 되었다(출 28:30; 민 27:21). 우림과 둠밈은 초기 왕정 시대 이후 폐기되었다가 에스라 시대에 부활되었다(삼상 14:41; 느 7:65). 어떤 이들은 이것들이 예언적 계시 때문에 용도 폐기되었을 것이라고 말한다. 하지만 이것들이 도입된 모세 시대에도 예언적 계시는 활발히 일어났다. 에스라 시대에 와서 우림과 둠밈이 회복된 것은 이스라엘 과거와의 연속성을 강조하기 위한 것으로 보이며, 이로써 "하나님에게 다가갈 길이 열렸다"고 파이얼은 주장한다[Robert S. Fyall, *The Message of Ezra and Haggai: Building for God* (Downers Grove, IL: InterVarsity, 2010), 51]. 본문에는 이 여섯 가족에 대한 결의안을 확실히 밝히지 않는다. 분명한 것은, 순수성에 대한 관심이 바벨론 포로 이전의 공동체에서 그랬던 것과 똑같이 그 이후의 공동체에서도 그들의 정체성 형성에 지대한 영향을 미쳤을 것이라는 점이다. 계보 기록으로 어떤 이가 이스라엘의 일원인지 아닌지를 결정하는 지금을 제외하고 말이다(2:59).

2:64-70. **온 회중의 합계가 사만 이천삼백육십 명이요**. 앞서 목록에 나온 사람들의 수를 모두 합하면 29,818명이다. 이 차이는 목록의 인원을 집계할 때 생길 수 있는 오류와 무심코 몇몇의 이름을 누락했을 가능성으로 설명할 수 있다(Breneman, *Ezra, Nehemiah, Esther*, 85). 그렇더라도 42,360이라는 숫자는 정확하며, **종들**, 노래하는 자들 및 동물들의 수를 별도로 세면서 **회중**의 일원으로 간주되는 자들을 상세히 열거했다. 훗날 주전 520년에 학개가, 이스라엘 백성이 하나님의 집을 방치하여 공동체가 경제적 곤경에 처하게 되었다고 지적하지만, **종들**과 여러 짐승들이 있었다는 것은 이스라엘 백성들의 경제적 형편이 상이했음을 나타낸다(학 1:7-11). 어떤 족장들은 성전의 **기초**를 다시 세우는 데 필요한 예물을 넉넉히 **드렸다**. 돌아온 사람들의 상당수는 예루살렘 주변 마을에 정착한 반면에, 성

전과 관련 있는 사람들은 엄밀한 의미의 성읍 안에 자리를 잡았다. 최초의 귀환 집단은 이제 성전을 재건하고 모세가 율법에 기록한 대로 다시금 하나님께 제대로 된 예배를 드릴 준비가 되었다. 다음 장에서 이를 살펴보겠다.

C. 의례와 예배 갱신(3:1-13)

세스바살의 주도 아래 귀환한 사람들은 의례 및 예배 생활을 갱신하는 일에 착수했다. 그는 스룹바벨과 예수아에게 그 처음 단계를 감독하는 책임을 맡겼다. 그들은 유다에서 여섯 달 남짓 거주한 후, 재건된 제단에 제물을 드렸다. 일곱 달 후에는 성전 회복을 위한 기초를 놓았다. 다양한 예배 표현이 생겨났고, 이는 하나님이 자기 백성 가운데서 활동하심을 방해하는 일들을 변화시키는 촉매제가 되었다.

1. 제단과 제물 회복(3:1-7)

3:1-7. 여기에서 언급된 일들은 **일곱째 달에 이르렀을 때**, 아마도 주전 537년 거룩한 티슈리 월(Tishri, 9-10월) 중에 일어났을 것이다. 특별히 3:6은 일곱째 달 초하루에 제물을 다시 드렸다고 말하는데, 이날은 첫 가을 절기인 나팔절이다. 가을 절기들은 초막절에서 절정을 이루었다(4절). 그들이 지닌 사회적 정체성을 특징 짓는 말이 있다. **이스라엘 자손**과 **일제히**가 그것이다. 새로이 떠오르는 공동체 의식은 이스라엘을 택하신 하나님께 예배드릴 때 표출되는 그들의 공통된 정체성에 근원을 두고 있다(출 19:5; 레 11:44; 신 14:2, 21).

공동체의 의례 생활을 회복하는 데 주도적 역할을 한 두 인물은 **예수아**와 **스룹바벨**이었다(2:1-2a에 대한 논의를 보라). 그들은 다윗이 초창기에 보여준 본(삼하 24:25)을 좇아 첫 예배의 주안점을 **이스라엘 하나님의 제단**을 쌓는 데 두었다. 그들은 **모세의 율법**을 따라 제단을 쌓았다(출 20:25). 이는 바벨론 포로 시기에 예루살렘의 더럽혀진 제단에서 계속 제물을 드린 자들에게 가하는 암묵적 비판이었다(참고. 렘 41:5; 스 4:2). 돌아온 사람들은 **모세의 율법**에 따라 의례를 정결케 하고 예배 관행을 바로잡는 일에 혼신의 힘을 쏟았다. 이스라엘 백성은 바벨론 포로 이전의 공동체가 지녔던 정체성을 이어받으려는 열망으로 **제단을 그 터에**, 즉 바벨론 포로 이전에 제단이 있던 바로 그곳에 세웠다. 그들은 **아침저녁으로 여호와께 번제를 드렸**는데, 이 또한 **모세의 율법**을 따른 것이었다(민 28:2-4). 포로 귀환을 모두가 반기지는 않았다. **모든 나라 백성**, 즉 사마리아 사람들 및 이스라엘 백성이 귀환하기 전에 이 지역에서 살던 이방인들이 회복된 공동체에 점차 적대감을 드러냈다(Breneman, *Ezra, Nehemiah, Esther*, 92).

이스라엘 백성은 티슈리 월 15일부터 21일까지 **초막절을 지켰다**(레 23:34). 초막절은 순례 절기 셋 중 마지막 절기였다(출 23:14-16). **모세율법**은 초막절 준수에 대한 규정을 상세히 기술했고, 돌아온 사람들은 **기록된 규례대로** 절기를 지켰다(민 29:12-38). 초막절을 통해 예배드리는 자들은 하나님이 섭리 가운데 과거에 그들을 돌보셨음을, 앞으로도 계속 보호와 안전과 구원을 받기 위해 그분을 신뢰할 필요성을 떠올렸다. 그들은 과실과 푸성귀를 두른 나뭇가지 오두막에서 7일을 살면서 하나님께 의존함을 다시금 피부로 느꼈고, 이것은 공동체가 함께 체현하며 출애굽을 기념하는 일이 되었다(레 23:40). 훗날 이 절기를 지킬 때 에스라는 모세율법을 백성에게 낭독했다(느 8:13-18).

성전 재건의 첫 삽을 뜨기에 앞서 전에 제물을 바치는 일이 포괄적으로 회복되었다. **사람이 여호와께 기쁘게 예물을 드리는** 일에 공동체 전체가 참여했다. 이렇게 공동체가 계속 틀을 잡아갈 때, 예배는 그들이 지속적으로 바뀌어가고 있음을 보여주는 주된 방식이 되었을 것이다. 그런데 이 과정은 시작에 불과했다. **여호와의 성전 지대는 미처 놓지 못한지라**. 중요한 과제가 아직 남아 있었지만 하나님은 그들과 함께하셨다. 그들은 주변의 따가운 시선을 의식하면서 이 작업을 완수해야 했다. 하지만 **바사 왕 고레스**의 허락을 받아냈다(스 6:3-5). 더 중요한 것은, 그들이 성전을 재건하기도 전에 하나님의 임재를 체험했다는 사실이다.

2. 다시 놓은 성전의 기초(3:8-13)

3:8-13. 돌아온 사람들은 **이 년**, 즉 주전 536년 **둘째 달**(4-5월)에 성전을 재건하기 시작했다. 이는 솔로몬이 첫 성전을 짓기 시작한 달과 같다(왕상 6:1). 그들은 기초를 놓았지만 반대에 부딪혀(4:1-5) 이 기간 중에는 일을 완성하지 못했다. 제2성전 재건은 주전 520년에 시작되었고, 주전 516년에 완공되었다(5:2; 6:15; 학 1:14, 15). **스룹바벨**, **예수아** 및 **사로잡혔다가 돌아**

온 다른 사람들이 **공사를 시작했다**. 지도자들은 공사의 일부를 다른 사람들, 예컨대 **레위 사람들**에게 맡겼고 나이 제한을 **이십** 세로 낮추었다. 이는 일꾼이 부족했기 때문으로 보인다(참고. 스 2:40; 민 4:1-3; 대상 23:3, 24). 그다음에 그들은 **하나님의 성전 일꾼들**을 감독했다.

일꾼들이 일단 **기초를 놓자** 공동체가 한데 모여 그들로 하여금 공사를 완수할 수 있게 하신 하나님을 찬양했다. 바벨론 포로 이후의 공동체는 포로 이전의 공동체에서 행한 의례와 예배 생활을 거의 그대로 이어가고자 했다. 그리하여 모세율법에 따라 예배드릴 뿐 아니라 보다 구체적으로 **이스라엘 왕 다윗의 규례대로** 예배드릴 것을 요구했다(대상 25:1). 그들이 부른 찬양은 시편 100:5이었는데, 이는 이전에 누린 하나님의 영광과 임재에 대한 기대를 암시했다(대상 16:34; 대하 5:13). 그들은 **여호와 성전**을 재건한 게 아니라 **기초를 놓았을 뿐이**지만 소리 높여 찬양하고 이를 축하했다. 반면에 어떤 이들은 성전의 이전 규모와 현재 규모를 비교하며 **대성통곡했다**. 주전 520년에 겪은 이 일들은 성전 재건이 다시 시작되었을 때 그대로 되풀이되었다(참고. 학 2:3; 슥 4:8-10). 성전의 기초는 이스라엘 공동체가 하나님께 속했고, 그분의 부르심은 하나님이 택하신 백성이라는 그들의 정체성에 기초가 된다는 사실을 구체적으로 상기시켰다(신 7:6-8). 에스라 3:1-3은 두 가지 적용 사항을 보여준다. (1) 개인의 과거 상처를 다루는 한 가지 방법으로 그를, 영적 영향을 미치고 싶어 하는 다른 사람들과 맺어주는 것이다. (2) 천국을 위해 돈을 쓰고, 그런 다음 아낌없는 베풂을 통해 하나님이 하실 수 있는 일을 찬양하는 것이다. 돌아온 사람들은 하나님의 갱신을 탐탁지 않게 여기는 자들이 있음을 즉시 깨달았다. 이는 4장에서 분명해진다.

D. 반대에 부딪힌 하나님의 갱신 사역(4:1-24)

4장은 세스바살의 인도를 받아 유다에 도착한 때부터 거의 100년 후 느헤미야와 예루살렘 주위에 성곽을 세운 때에 이르기까지, 유다의 여러 공동체가 맞닥뜨린 반대를 주제별로 정리해서 나열한다. 이 장에서는 하나님의 갱신 사역을 반대하는 자들의 끊임없는 냉대와 세상에서 하나님의 목적을 이루기 위해 부르심을 받은 자들이 직면한 도전들을 살펴본다.

1. 고레스 통치기에 일어난 반대(4:1-5)

4:1-5. 1-5절의 반대는 고레스 통치 중에 일어났고, 그 시기는 주전 536-530년이었다. **대적들**은 자기들도 바벨론에서 돌아온 사람들과 함께 성전을 **건축하**게 해달라고 **스룹바벨**에게 요청한 사마리아 사람들이었다(Yamaguchi, "Ezra and Nehemiah," 405). 사마리아 사람들은 주전 671년 에살핫돈에 의한 애굽 사람들의 강제 이주와 더불어, 주전 722년 북 왕국 이스라엘의 몰락 후 사르곤 2세에게 추방당해 이스라엘에서 다시 살게 된 자들의 후손이었다. 그들의 예배는 야훼에 대한 예배를 고대 근동의 잡신들과 결합한 '제설혼합주의'(syncretism)였다(참고. 왕하 17:24-33; 렘 41:5). **스룹바벨**과 다른 지도자들은 의례의 정결함을 걱정했기에 이 외부인들이 하나님의 성전을 건축하는 일에 **상관이 없다**는 결론을 내렸다. 뿐만 아니라 **바사 왕 고레스**가 이 건축을 허락했다는 사실을 이른바 이 간절한 자원자들에게 상기시켰다. 그것은 곧 이 일을 방해하면 바사 제국의 방침을 어기는 것임을 암시했다. 그럼에도 방해는 계속되었다. **그 땅 백성**, 곧 에스라 3:3에 이미 소개되었던 자들은 건축자들의 **손을 약하게 하고** 그들을 **방해했다**. 그들은 **관리들에게 뇌물을 주어** 성전 재건을 지연시켰다. **대적들**은 **고레스**, 캄비세스 및 다리오 1세의 통치 기간 내내 이런 전략을 펼쳤다[Matthew Levering, *Ezra & Nehemiah*, BTCB (Grand Rapids, MI: Brazos Press, 2007), 64-66]. 성전의 실제 건축은 주전 530년에 중단되었다가(4:24) 주전 520년이 되어서야 재개되었다(5:2). 그러다가 주전 516년 다리오 1세 통치 중에 완공되었다(6:15).

2. 제국의 반대(4:6-24)

4:6-24. 바벨론 포로들은 유다로 돌아가는 것을 허락받았지만 여전히 제국의 위세에 눌려 살았다. 이스라엘을 대적하는 자들은 이것을 빌미로 공사의 진행을 막았다. 다음 부분에서는 주로 연대순으로 흐르던 내러티브에 변화를 주는 수사학적 일탈을 선보인다. 포로 귀환자들이 성전을 재건할 때뿐만 아니라 훗날 성곽을 쌓을 때에도 끈질긴 반대에 부딪혔다는 주제를 강화하기 위해서이다. 유대 지도자들은 도와주겠다는 그 땅 백성들의 제안을 거절했다. 6-23절은 그 땅 백성들이 순수한 마음으로 도와주려는 것이 아니라 오히려 방해

하려는 속셈이 있음을 보여주는 하나의 사례라 하겠다. 이런 폭로는 돕겠다는 그들의 제안을 거절한 지도자의 결정이 옳았음을 보여준다.

아하수에로, 즉 크세르크세스(주전 486-465년)는 재위 중에 **유다와 예루살렘**에 사는 사람들에 관한 불만 사항들을 접수했다. **고발**의 성격은 불분명하지만 애굽의 반란과 모종의 관계가 있지 않았을까 싶다. **아닥사스다** 1세 **때**[주전 465-424년]에는 바사 제국의 공통어 **아람어**로 쓰인 서신 형태로 고발장이 들어왔다(Yamaguchi, *Persia and the Bible*, 244). 이 **아람어** 본문은 4:8에서 6:18까지 이어진다. 12절에서 시작되는 서신은 사마리아 관리들이 보낸 것으로, 유대인의 예루살렘 성곽 재건은 곧 체제 전복 행위라고 비난했다. 서신을 쓴 자들은 **만일 이 성읍을 건축하고 그 성곽을 완공하면** 예루살렘 사람들이 더 이상 **조공과 관세와 통행세**를 바치지 않을 것이라고 주장했다. 효과적인 경제 논리를 든 것이다. 그런 다음 그들은 공적 생활에 막대한 영향을 미치는 명예와 수치 개념을 들먹이며 이 포로 귀환자들이 왕의 명예를 먹칠하려 한다고 주장했다. 효과적인 문화 논리를 든 것이다. 해결책은 단 하나였다. 체제 전복을 꾀하는 귀환자들에게 성전 재건을 허락한다고 최초로 선포한 바사 왕이 결자해지의 심정으로 공사 중단 명령을 내리면 되었다. 그렇지 않으면 유대인들이 성곽을 완공했을 때 자칫 유다를 잃게 될지도 모르기 때문이다. 애굽 및 헬라와의 갈등을 감안해서라도 그런 일은 일어나면 안 되었다. 서신 내용에 공감한 **아닥사스다** 1세는 성곽 공사를 즉시 중단하라는 칙령을 내렸다. **르훔, 심새** 및 그 밖의 사람들은 **예루살렘으로 급히 가서 권력으로 억제하여 그 공사를 그치게** 했다.

여기에서 주제를 이탈한 내용과 서신들이 나오는 수사학적 목적은 무엇인가? (1) 예루살렘 재건이 이루어진다면 이는 정치권력이 아닌 하나님의 능력에 의한 것임을 나타내기 위해서이다(시 127:1). (2) 재건축이 일정 기간 중단된 이유를 설명하기 위해서이다. (3) 이 세대의 통치자들이 하나님의 방식을 이해하지 못했음을 상기시키기 위해서이다(고전 2:6-9을 보라).

주제 이탈은 24절에서 끝나고, 내러티브는 주전 530년 고레스 통치 당시 세스바살 때 1-5절에 언급된 처음의 반대로 되돌아간다. 예루살렘 및 베냐민에 대적한 자들이 최초로 한 반대는 뚜렷한 성과를 거두었다. 즉 **예루살렘에서 하나님의 성전 공사가** 중단되었다. 공사는 비교적 평화와 안정을 누리게 된 주전 520년에 가서야 비로소 재개되었다. 다리오 1세가 2년간의 군사 정복을 통해 권력을 강화하고, 베히스툰 비문에 자기 이야기를 새겨 들려준 후이다. 베히스툰 비문은 3개 국어로 기록된 거대한 기념물로서 대적들을 왜소한 인물들로 나타내고 이를 지배하는 실물 크기의 다리오를 보여주고 있다(Yamaguchi, "Ezra and Nehemiah," 408-409). 하나님의 갱신 사역에 참여하는 사람들은 그분의 방식을 이해하지 못하는 자들의 반대에 부딪칠 것이다. 반대가 일어나는 게 당연하다. 하지만 결국 그 누구도 하나님의 계획을 꺾지 못할 것이다(출 14:13-14). 에스라 5장은 이 진리를 명확히 보여준다.

E. 예언적, 정치적 사건들과 성전(5:1-7)

이 부분은 학개와 스가랴의 예언 사역을 소개하며 시작한다. 그들은 계시 역할을 하면서 성전 완공에 박차를 가했다. 하나님은 성전 재건을 향한 열망을 구체화하기 위해 막강한 제국들과 그들의 지역 협력자들을 통해 계속 역사하셨다. 이런 일이 일어나도록 하기 위해 포로 귀환자들은 고레스가 처음에 그들의 귀환과 성전 재건을 허락한 과정을 들려주어야 했다.

5:1-2. 성전 공사가 중단된 지 10년이 되었을 때 선지자 **학개**와 **스가랴**가 등장해 유대인들에게 성전을 다시 건축하라고 촉구했다(학 1:1; 슥 1:1). **스룹바벨**과 **예수아**가 주도하자 **하나님의 두 선지자들이 함께하며** 이 과제 완수의 중요성에 관한 동기와 격려, 관점 등을 제시하며 **그들을 도왔다**(스 6:14). 학개의 메시지는 세 가지 방식으로 사람들의 용기를 북돋았다. (1) 성전이 재건되면 추락 직전에 있는 유다의 현 경제가 좋아질 것이라고 말했다(참고. 학 1:10; 2:18-19 주석). (2) 비록 이 성전이 솔로몬 성전과 비교해 규모는 작지만 하나님의 영광과 열방의 재물(혹은 아마도 열방이 갈망한 인물인 메시아)이 그 성전을 채울 것이라고 말했다(학 2:3, 7-9의 주석을 보라). (3) 미래의 안전과 보호에 관해 걱정하지 말라며 백성을 안심시켰다. 스알디엘의 아들 스룹바벨은 다윗 가문 출신이었고(대상 3:17), 하나님이 그를 택하여 이스라엘의 대적들을 물리칠 수

단으로 삼으셨다. 스가랴의 메시지는 이 동일한 세 가지 주제를 상기시키며(참고. 슥 1:16; 4:9; 8:3, 12-13), 나아가 세 가지 주제를 더 다루었다. (1) 하나님은 아브라함에게 하신 약속을 성취하실 것이다(슥 2:11). (2) 하나님은 더 이상 그들의 죄를 기억하지 않으실 것이다(슥 3:9). 역사는 결국 하나님의 메시아를 통해 변혁될 것이다(참고. 슥 3:8; 사 11:1-10; 막 8:29). **두 선지자** 모두, 포로 귀환자들에 대한 하나님의 구체적인 계획이 구원의 역사를 펼쳐가는 그분의 보다 광범위한 계획에 어떻게 부합하는지 볼 수 있었다(Levering, *Ezra & Nehemiah*, 69-73).

5:3-5. 유대인들은 성전 재건을 시작했다. 하지만 지방 통치자들과 그들의 지역 협력자들은 기다렸다는 듯이 그들의 행동에 제동을 걸었다. **닷드내**와 **스달보스내**는 고레스의 칙령을 알지 못했으므로 스룹바벨과 예수아의 성전 재건 문제로 골머리를 앓는 것이 당연했다. **닷드내**는 아마도 넓은 의미에서 바벨론 지역과 유브라데강 건너편을 다스린 우쉬탄누 태수 밑에서 총독으로 일했을 것이다. 반면 **스달보스내**는 닷드내의 학사였을지 모른다(참고. 심새, 4:8). 아니면 왕을 위해 지역들을 감시하는 책임을 맡은 바사 제국의 관리 중 한 명이었을 가능성이 더 크다(4:9; 6:6). **총독**에 대한 해석을 이처럼 넓게 하면 스룹바벨을 유다 총독으로 표현해도 괜찮을 것 같다(학 1:1, 14; 2:2, 21). 비록 제한된 권력을 사용했겠지만 말이다. 바사 관리들은 **성곽**에 대해, 그 재건에 관여하는 이들에 대해 물었다. 관리들은 **다리오** 1세의 답장이 올 때까지 공사를 계속해도 좋다고 허락했다. 이 일은 **하나님**이 섭리 가운데 그들을 보살피고 계셨음을, 즉 **유다 장로들을 돌보셨**음을 보여주었다.

5:6-17. 바사 관리들이 다리오 1세에게 올린 **글**의 내용을 보여준다. 다리오 1세 때로 거슬러 올라가는, 페르세폴리스(Persepolis)의 엘람어 문서에는 이와 같은 행정 보고서들이 들어 있었다(Williamson, *Ezra, Nehemiah*, 78). 이들 보고서는 제국의 관심사가 교차하는 지방의 일상들을 다루었다. (1) **큰 돌**과 **나무** 등 물리적 구조물에 대한 검토(참고. 6:4; 왕상 6:36). (2) 유다 지도자들, 곧 **장로**들에게 문의했다는 이야기. (3) 에스라 1:1-11의 내러티브를 반영하는, 장로들의 답변에 대한 광범위하면서도 상세한 열거. (4) **고레스 왕이 내린 칙령**에 대한 사실 확인 요청. 유다 지도자들이 자신들의 핵심적인 세계관을 주장할 때 그들의 종교적 정체성이 표면화된다. (1) 그들은 하늘과 땅을 지으신 하나님의 종이다. (2) 그들은 역사에 개입하시는 하나님의 집을 다시 짓고 있다. (3) 그들은 이전 세대의 실패로 인해 어떻게 유다 백성들이 포로로 잡혀가게 되었는지 알고 있다.

F. 제국의 보호와 성전 완공(6:1-22)

다리오 1세는 관리들을 시켜 유대인들의 예루살렘 귀환 및 성전 재건을 허락한 원래 조서를 찾게 했다. 그들은 악메다에서 조서를 찾았다. 조서를 읽은 다리오 1세는 추가 조서를 내려 유대인들의 작업 완료를 허락하고 지방 관리들이 공사를 방해하지 못하게 했다. 재개된 제국의 지원과 선지자들의 활기찬 격려에 힘입어 백성들은 공사를 완료하고 성전을 봉헌했다. 그러고 나서 공동체는 하나님의 언약 백성이라는 새로워진 정체성에 대한 최초의 표현으로 유월절과 무교절을 기념했다.

1. 악메다에서 발견된 고레스 조서(6:1-7)

6:1-7. 유대인들이 바벨론을 떠나 유다로 갔기 때문에 고레스 조서를 찾으려는 노력은 **바벨론**에서 시작되었다. 수색 작업은 바사 왕들의 여름 별장이 있는, **메대**의 수도 [카스피아해의 남서쪽으로 약 320킬로미터 떨어진] **악메다**에서 관련 비망록이 실린 **두루마리**가 발견되면서 끝났다. 이것은 필경사가 점토판에 기록했을 원래 조서가 아니라 행정과 관련된 추가 세부사항들이 실린 조서였을 것이다(참고. 1:2-4; Xanthos Charter, c. 358 BC; Yamaguchi, "Ezra and Nehemiah," 411-412). 그 조서는 재건되는 성전의 크기를 규정하고 있다. 만약 조서에 기록된 대로 진행했다면 원래보다 더 큰 성전이 지어졌을 것이다(왕상 6:2). 공사비는 **왕의 재산**으로 부담하고, 이전에 빼앗긴 **금, 은그릇**들은 **성전** 안 원래 자리에 놓일 것이다(단 5:2-4). 그러고 나서 다리오 1세는 더 이상 성전 공사에 간섭하지 말고 스룹바벨과 **유다 장로들이 하나님의 이 성전을 제자리에 건축하게 하라**고 지시했다. 그들은 원래 자리에 성전을 재건할 터였다. 나보니도스 비문은 주전 721년부터 705년까지 앗수르와 바벨론 왕이었던 사르곤 2세의 이전 성전의 토대 위에, 유브라데강에 면한 바벨론의 성읍인

시파르의 성전을 스룹바벨이 다시 지었음을 보여준다(*COS*, 2.123A).

2. 다리오 조서(6:8-12)

6:8-12. 바사 왕들은 자신들의 제국 도처에서 토착 종교의 성전을 복구하는 일에 관심을 가졌는데, 다리오 조서는 그런 정황에 들어맞는다(참고. *ANET*[6], 491-492). 이는 노련한 정치적 책략이었다. 외래 종교의식을 잠정적으로 지지하는 가운데 신하들의 충성을 확실히 이끌어냈기 때문이다. 또한 다리오가 유대인들에게 **왕과 왕자들의 생명을 위하여 기도하**라고 요구했다는 것에 주목하라. 고레스 실린더의 끝에는 그들의 거룩한 도시로 돌아가는 모든 사람들에게 했던 이 전략적 요청이 담겨 있다. 헤로도토스는 이 제국주의가 용인된 의례 생활에 침투했다고 증언했다. 제물을 드리는 가운데 인도자는 "왕과 모든 바사 사람들이 평안하기를 기도한다"(1.132). 성전 완공에 필요한 재정 및 의례 자원은 닷드내의 지방 금고에서 나올 터였다. 이것으로 **하늘의 하나님께 향기로운 제물**을 바치게 되었을 것이다. 조서에는 **이 명령을 변조하면** 누구나 사형에 처한다고 되어 있다. 다리오 1세가 자기 대적들 중 몇몇을 궤뚫기형에 처한 것으로 보아(참고. 헤로도토스 3.159, 베히스툰 비문) 이것은 허튼 협박이 아니었다. **예루살렘 하나님의 성전을 헐**려고 하는 자에 대한 다리오의 저주와 결부된 이 섬뜩한 경고는 바사 제국 도처에서 사회를 효과적으로 통제하는 수단이 되었다.

3. 성전 완공과 봉헌(6:13-18)

6:13-18. 지방 관리들과 그들의 지역 협력자들은 **조서를 신속히 준행하고** 반드시 필요했던 정치적, 경제적 지원을 아끼지 않았다. 선지자 **학개**와 **스가랴**는 영적 지원을 계속했다(학 1:12-15). 그 결과 **그들은 다리오 왕 제육 년** 주전 516년 3월 12일에 성전 **건축을 끝**냈는데, 이는 하나님의 **명령**과 여러 바사 왕들의 정치적 선언들을 통해 완료된 일이었다.

다음으로 공동체는 **즐거이 이 하나님의 성전**을 봉헌하기 위해 모였다(참고. 첫 성전 봉헌에 대한 왕상 8장). 제물로 드린 수백 마리의 동물은 이전 봉헌식 때와 비교하면 적은 숫자였다(왕상 8:5, 63; 대하 30:24; 35:7). **이스라엘 전체**를 위한 **속죄제**는 **이스라엘 지파들이** 사회적으로 하나 됨을 나타냈다. 지도자들은 바벨론 포로 이전의 공동체와 조화를 이루는 방식으로, **모세의 책**에 기록된 대로 의례 생활을 조직했다. 그리하여 포로 귀환자들은 하나님의 언약 백성이라는 정체성을 구체적으로 드러냈다.

4. 유월절의 첫 준수(6:19-22)

6:19-22. 성전 봉헌이 있고 한 달 후 공동체는 **유월절**을 지켰다. 재편성된 **이스라엘 자손**이 예루살렘에서 70년 만에 처음으로 지킬 수 있게 이 유월절은 그들이 애굽 종살이에서 해방되고 민족이 구원받은 것을 기념하는 절기였다(출 12:1-14). 뒤이어 예배 중심의 즐거운 **무교절**이 일주일 동안 지속되었다(레 23:5-6; 시 105:42-43; 느 8:10). 모세율법에 서술된 정결 의식의 개요에 따라 **제사장들과 레위 사람들이 일제히 몸을 정결하게** 했다(출 29:4; 민 8:7).

포로 귀환자들은 공동체 내 정결에 전념하기는 했지만, **자기 땅에 사는 이방 사람의 더러운 것으로부터 스스로를 구별한** 다른 사람들을 그들 가운데 포함시켰다. 유다에 사는 이 사람들은 두 가지 결정을 해야 했다. (1) 어떤 사회적 정체성을 가지고 있더라도 그것이 하나님 백성과의 동일시에 부합하지 않는다면 우선순위를 재조정해야 했다. (2) 종교적, 정치적 초점을 새로이 맞추고 **이스라엘의 하나님 여호와를** 찾아야 했다. 왜냐하면 **앗수르 왕의 마음을** 돌리신 분이 하나님이었기 때문이다(잠 21:1; 헤로도토스 1.178). 이 뜻밖의 칭호를 통해 바사 왕 다리오는 이스라엘 역사와 수사적으로 연결되고 있는데, 열왕기하 17장을 보면 사마리아가 멸망하면서 북쪽 지파들이 앗수르에 끌려간 일이 나온다. 키드너는 앗수르가 여기에서 압제자의 전형이 되고 있다고 지적한다[느 9:32을 보라; F. D. Kidner, *Ezra and Nehemiah*, TOTC (Downers Grove, IL: InterVarsity, 1979), 60]. 앗수르에 대한 언급은 하나님이 섭리 가운데 역사의 흐름을 살피신다는 것을 미묘하게 상기시켰다(Breneman, *Ezra, Nehemiah, Esther*, 122). 바사 통치 당시 이스라엘이 부흥한 것은 하나님이 자신의 약속에 신실하셨기 때문이다(렘 23:3).

Ⅱ. 에스라의 귀환과 백성들의 개혁(7:1-10:44)

에스라 7:1-10:44은 아닥사스다 1세 통치 중에 에스라의 지도 아래 유대인들이 바벨론에서 또 다시 귀환하게 된 이야기를 들려준다. 여기에서 들려주는 사건들은 세스바살이 주도한 첫 귀환 후 대략 80년 만에 일어났다. 이 부분에서는 대체로 에스라 개인의 회상을 들려주기 때문에 사적인 성격이 짙다. 이 장들은 하나님 백성이라는 정체성의 순수함과 하나님의 법에 순종하는 삶이 어떻게 개혁과 갱신으로 이어지는가를 강조한다.

A. 바사가 승인한 에스라의 예루살렘 여정(7:1-28)

이야기는 수십 년이 흘러 바사 왕 아닥사스다 1세의 후원 아래 에스라가 이끈 또 다른 이주 집단에 대해 기술한다. 에스라는 유다 총독 세스바살과는 다른 유형의 지도자였다. 그는 제사장이자 학자로서 하나님의 법을 알았고 정치적 수완이 뛰어났다. 그는 하나님의 백성들이 앞으로 닥칠 난관들을 헤쳐나가는 데 필요한 재정적, 사법적, 영적 자원들을 챙겨 귀환하는 것을 허락하는 방향으로 바사 제국의 정황들을 몰고 갔다.

1. 바벨론에서 예루살렘으로 가는 여정(7:1-10)

7:1-10. 이야기는 먼저 앞서 일어난 일에 초점을 맞춘다. 성전은 주전 516년에 완공되었지만(6:15) 에스라는 주전 458년에 예루살렘에 도착했다(7-9절). 성전 완공과 봉헌 이후 58년의 세월이 흐른 셈이다. 다리오 1세는 주전 522-486년에 통치했고, 4:6에서 아하수에로로 언급되는 크세르크세스(주전 486-465년)가 그 뒤를 이었다. 4:6은 성전의 기초를 놓는 일에 반대가 있었다고 기록한다(에 1:1-2; 헤로도토스 3.89; 7.138-239). 크세르크세스는, 하만의 계획을 좌절시켜 유대인의 안전을 확보한 에스더와 결혼했다(에 7:1-10). 에스더와 연관된 사건들은 에스라 6장과 7장 사이의 시간에 일어났다. 아닥사스다 1세는 주전 465년 왕위에 올라 주전 424년까지 통치했다. 그러므로 에스라 7장에서 이야기하는 사건들이 **아닥사스다** 1세 **왕 제칠 년**에 일어났다면 에스라가 예루살렘에 도착한 시기는 주전 458년이 될 것이다(7절). 본문은 대제사장 아론까지 혈통이 거슬러 올라가는 **스라야의 아들** 에스라의 계보를 소개한다(대상 6:7-10). 이로써 그의 사명은 영적 정당성을 얻고, 바벨론 포로 이전 이스라엘과의 연속성이 확립된다. 에스라는 고향이 **바벨론**이었고, **모세의 율법에 익숙한 학자**였다. 그는 훈련을 잘 받아 토라의 사회적 함의에 관해 이스라엘 사람들을 가르칠 수 있었다. 포로 귀환자들에게 불리한 칙령이 내려졌음에도 불구하고(4:19-22) 그는 아닥사스다 1세의 호의를 샀다. 자신을 비롯해 다른 사람들이 유다와 예루살렘으로 돌아갈 수 있게 해달라는 에스라의 요청을 왕은 승인했다. 유대인들에게 체제 전복 의도가 있는지 확인하기 위함이라는 명분에서였다(4:21). 짤막한 여행기는 11일 간의 지체를 포함한 118일 간의 여정을 들려주고, 에스라와 새로운 귀환자들이 **예루살렘**에 무사히 도착하는 것으로 끝난다(참고. 8:31). 예루살렘에 도착한 에스라는 **율법을 연구하고 준행하며** 예루살렘에 사는 사람들에게 율례와 규례를 **가르치**는 일에 전념했다. 하나님이 주신 사명에 헌신하는 다른 이들에 대한 묘사도 위와 다르지 않다(Breneman, *Ezra, Nehemiah, Esther*, 130-131).

2. 에스라의 사명에 대한 제국의 승인(7:11-28)

7:11-20. 아닥사스다는 조서를 내려 에스라의 예루살렘 여정을 허락했다. 이어지는 본문은 아람어로 기록되었다. 조서는 **이스라엘 백성과 제사장들, 레위 사람들이 예루살렘**으로 갈 수 있음을 공포했다. 목적지가 '유다'가 아니라 '이스라엘'이라는 점에 주목하라(참고. 1:2). 이는 새롭게 나타나는 국가 정체성에 대해 바사가 알고 있음을 보여주는지도 모른다. 에스라의 목적은 포로 귀환자들이 [그들의] **하나님의 율법**을 어느 정도 지키며 사는지 살펴보고 밝히는 것이었다. 이는 지역민들의 종교적 표현에 대한 지배권을 장악하려는 바사 제국의 방침을 따랐다(헤로도토스 1.132). 아닥사스다는 유대인들이 예루살렘에서 의례 생활을 지속할 수 있도록 경제적 수단을 제공함으로써 자기 제국의 정당성을 강화했다(Williamson, *Ezra, Nehemiah*, 100). 그는 유대인들의 후원자임을 자처했다. 그는 유다 지역의 이 바사 시민들이 예배 생활을 활발히 지속할 수 있도록 성전에서 쓸 제물을 구입할 **은과 금**을 주었다. 제공된 자원은 제물 구입에 필요한 비용을 충당하고도 남을 정도였다. 그리하여 아닥사스다는 유대인 지도자들이 하나님의 집을 위한 **그릇**을 사도 좋다고 허락했다. 마침내 왕은 자신이 은혜를 베풀고 있다는 마지막 표현으로, 성전에서 필요한 것은 무엇이든 **궁중 창고**에서 내다가 쓰라고 선포했다.

7:21-26. 아닥사스다 1세는 **유브라데강 건너편**의 자

원들을 달라는 에스라의 요청을 들어줌으로써 그의 사명에 정당성을 더 부여했다. 왕실 후원자의 중개인 역할을 한 에스라는 이 모든 일을 허락한 장본인이 바로 아닥사스다 1세였음을 미묘하게 상기시키며 선을 긋는다(참고. Josephus, *Ant*. 12.3.3). 바사 왕은 유대인의 하나님이 그에게 호의를 보이시고 평화롭게 그의 통치를 확대하시며 그의 아들들까지 번영하게 해주실 것을 소망하면서 유대인들의 후원자임을 자처했다. 게다가 **하늘의 하나님**이 자신에게 호의를 베푸실 것임을 확실히 하고자 **하나님의 성전에서 일하는 자들에게 조공과 관세와 통행세**를 받지 않기로 했다. 덕분에 성전에서 일하는 사람들은 아무 방해나 장애나 지체됨 없이 섬길 수 있었다. 왕의 중개인 역할을 하는 에스라의 임무에는 지역 도처에서 **법관과 재판관을** 임명하는 일도 있었다. 그리하여 하나님의 율법이나 바사 사람들의 법에 반대하는 자들은 합당한 처벌을 받게 될 것이 확실했다. 더욱이 에스라는 법을 모르는 자들을 가르쳐야 했다. 아닥사스다는 제국의 힘을 수사적으로 사용하여, 하나로 합친 하나님의 율법과 바사 사람들의 법을 지키지 않는 자들은 죽음, 귀양, 투옥 혹은 재산 몰수를 당하게 될 것이라고 선포했다(Fensham, *The Books of Ezra and Nehemiah*, 108). 황제에 대한 복종과 종교적 헌신, 윤리적 행동이 어우러지면서 아닥사스다의 중개인인 에스라의 사명은 정당성을 얻는다. 그러나 내러티브는 다른 설명을 내놓는데, 에스라의 사명이 정당성을 얻은 것은 "하나님의 선한 손의 도우심을 입었기 때문"(7:9)이라는 것이다.

7:27-28. 본문은 이 지점에서 히브리어로 돌아간다. 여기에서 에스라 9:15까지의 본문은 에스라 개인의 일기를 반영하고 있는지 모른다. 그 주된 근거로 에스라 7:28에 등장하는 1인칭 대명사를 들 수 있다(Breneman, *Ezra, Nehemiah, Esther*, 136). 에스라는 왕이 이 성전을 아름답게 하는 것(이사야 60:7, 13의 성취)을 허락할 만큼 자신이 **왕**의 은혜를 입은 것에 대해 먼저 하나님을 송축했다. 이로써 아닥사스다가 에스라 6:14의 내러티브에 갑자기 끼어든 이유가 설명되고, 하나님이 섭리 가운데 자기 백성을 돌보신다는 것을 에스라가 이해하고 있음이 드러난다. 에스라는 이 진리를 개인에게 적용하여 **힘을 얻고 우두머리들을 모아** 그들과 함께 새 이주자 집단을 바사령 유다로 인도했다.

B. 에스라의 예루살렘 귀환(8:1-36)

이 부분은 하나님의 섭리와 인간 행동 간의 상호작용을 포함해 에스라의 예루살렘 귀환을 더 기술한다. 그 목적은 정체성 지속, 예루살렘 귀환에 대한 장려책 결여 및 포로들이 귀환해야 했던 이유 등의 문제에 대해 말하기 위해서이다. 이는 신학적으로 중요한 두 가지 주제를 연결한다. (1) 우리 하나님의 손(7:6, 9, 28; 8:18, 22, 31). (2) 거룩함에 대한 하나님의 요구(2:58-63; 4:1-3; 6:20-22; 8:24-30; 9:1-10:44). 이 장은 이주 대열에 합류한 개인들과, 에스라가 성전에서 섬길 레위 사람들을 더 채용한 방식을 약술한다. 또한 여정을 위한 기도를 기록하고, 운반하는 성전 집기들을 다시 세고, 이스라엘의 언약 정체성을 재확인하며 끝을 맺는다.

8:1-14. 에스라는 먼저 자신과 함께 귀환한 사람들에 대해 기술했다. 그는 개인 15명의 후손들을 열거했는데, 이를 합하면 1,500명 남짓 된다. 레위 사람들(8:15-20)과 여자와 아이들을 포함하면 그 수는 얼추 5,000명으로 늘어날 것이다. 이는 처음 귀환한 42,360명보다 훨씬 더 적은 수이다(2:64). **게르솜**과 **다니엘**은 각각 **비느하스**와 **이다말**의 자손으로 아론의 혈통인 반면(출 6:23-25; 28:1) **핫두스**는 다윗의 자손이었다(대상 3:22). 비느하스의 가문에 속하는 에스라(스 7:5)는 제사장 가문을 왕족 앞에 배치함으로써 자신이 제사장 가문을 더 중시한다는 것을 나타냈다. 유다 지파 다윗 가문의 통치자에 대한 열망 또한 그들의 마음을 차지하고 있었지만, 이 회복된 공동체의 주된 관심사는 순수성이었다(민 25:7-8). 에스라는 그 다음으로 다른 나머지 열두 가문을 포함시켰다. 이는 이스라엘 집 전체를 대표하는 것일 수 있다. 즉 수사적으로 이스라엘의 열두 지파가 그 땅으로 돌아온 것이다(Williamson, *Ezra, Nehemiah*, 111). 80년 전에 작성된 목록인 에스라 2장에는 요압을 제외하고 이 계보의 모든 이름이 포함되었다(8:9). 그러므로 최초 귀환자 무리에는 바벨론에 가족을 두고 온 사람들이 있었는데, 그런 가족의 자손들 다수가 에스라와 함께 이제 돌아온 것이다.

8:15-20. 에스라는 돌아온 사람들을 **아하와로 흐르는 강가에** 모이게 했다. 정확한 위치는 모르지만 필

시 바벨론 성읍 근처였을 것이다. 그는 그들 가운데 **레위 자손**이 없음을 알아챘다(참고 2:36-42). 그래서 **모든 족장**과 **명철한 사람**들을 보내어 데려오라고 했고, **잇도와 그의 형제**들에게 할 말을 일러주며 **가시뱌**[정확한 위치는 모르지만 아하와 근처로 추정됨]로 가라고 지시했다. 그들은 순종했고, **한 명철한 사람 세레바**와 **하사뱌**를 포함한 37명의 다른 레위 사람들, 그리고 기꺼이 바벨론을 떠나 이스라엘로 돌아가고자 하는 **성전 일꾼 이백이십 명**을 찾아냈다(8:24). 이 레위 사람들은 성전에서 섬기는 일을 했지만(민 3:5-8), 백성들을 위해 하나님의 율법을 해석하는 일도 그에 못지않게 중요했다(예를 들어 세레뱌, 느 8:7-8; 9:4-5; 12:8, 24). 더욱이 그들은 그들의 레위 조상이 그랬듯이 이스라엘 백성이 온전한 형태의 예배를 드릴 수 있도록 지켜야 했다(출 32:26-29).

8:21-23. 에스라는 약속의 땅으로 돌아가는 여정을 위해 백성들을 영적, 육체적으로 준비시켰다. 이를 위해 에스라 1-3장에서 그랬듯이 출애굽 주제에 의존하는 내러티브가 나온다(Blenkinsopp, *Judaism: The First Phase*, 165). 에스라는 그들의 여정에서 하나님이 지켜주시고, 백성들이 스스로 겸비하도록 **금식을 선포했다**(참고. 10:6). 낮의 구름 기둥과 밤의 불기둥(출 13:21-22)은 없을 테지만 **하나님의 손**이 그들을 도우실 것이었다(참고. 사 40:3). 에스라는 하나님의 보호와 관련해 이전에 왕에게 했던 말이 있어 제국의 호위를 요청할 수 없음을 떠올렸다(참고. 느 2:9). 귀환자들은 계속 금식하며 기도했고 하나님은 그들에게 응답하셨다(참고. 스 9:31; 수 1:7-9). 지도자라면 여기에서 보여준 에스라의 본을 따라야 한다. 실제로 하나님의 인도와 보호를 겸손하게 신뢰하는 것은 지도자의 약점이 아니라 강점을 시사한다.

8:24-30. 아닥사스다 1세가 성전에 쓰라고 내준 **은과 금과 그릇**의 무게를 재면서 여행 물품을 준비하기 시작했다. 이로써 기준 금액이 얼마이고, 여행 중에 분실이나 도난이 얼마큼 발생했는지 알 수 있었다. 이 물품들은 **거룩**한 것이요 **여호와께 즐거이 드린 예물**이었다. 이 물품들은 어떻게 거룩해졌는가? 첫째, 사람과 물건 둘 다 거룩한 것으로 여기고 있음을 주목하라(28절). 둘째, 여기에서 이 생각은 단지 포괄적인 방식이 아닌, **여호와께** '성별된다' 혹은 '구별된다'(*qodes*, 코데스)는 것이다(24, 28절). 셋째, 이런 상황에서 거룩함은 하나님의 말씀에 의해 사람과 물건 둘 다에 귀속된다. 둘 다 불경함과 더러움에서 분리됨을 강조하는 것이다(참고. 레 20:26; 22:2-3; 합 1:13a). 그러므로 또한 **거룩**하라고 기술된 **제사장들과 레위 사람**들만이 이 '성별된' 물품들을 다루고 간수해야 했다. 에스라는 왕과 바벨론에 머물러 있는 사람들이 제공한 이 물품들을 **예루살렘 우리 하나님의 성전**에 안착시켜야 할 책임을 그들에게 부여했다. 에스라의 지도력은 영적, 행정적으로 도전받았지만 그는 결국 유능한 지도자임이 입증되었다. 이제 포로로 잡혀왔던 이 집단은 유다와 예루살렘으로 돌아갈 준비가 되었다(Breneman, *Ezra, Nehemiah, Esther*, 144).

8:31-34. 준비가 끝나자 에스라와 귀환하는 포로들은 니산월 **십이 일**, 즉 주전 458년 4월 19일에 그들의 야영지를 떠났다. **하나님의 손이** 도우셔서 그들은 넉 달에 걸쳐 약 1,400킬로미터를 무사히 이동했다. 하나님의 손에 대한 초점이 8:18, 22, 31에서 드러나며, 하나님의 섭리라는 개념이 전면에 나선다. 컬버는 이 섭리를, "하나님의 능력이 지속적으로 발휘되는 것. 그로 인하여 하나님이 세상의 모든 피조물들로 하여금 그들이 창조된 목적을 실현하게 하시는 것"이라고 정의했다[Robert Duncan Culver, *Systematic Theology: Biblical and Historical* (Fearn, Ross-shire, UK: Mentor, 2005), 194]. 하나님의 섭리는 그들의 귀환을 상세히 언급하는 시작과 끝 부분에서 두드러진다(8:18, 31; 참고. 느 9:6). 그 섭리는 '그분을 저버리는' 자들에게는 경고인 반면에 '그분을 찾는' 자들에게는 위로가 되었다(8:22). 그들은 8월 4일 **예루살렘**에 도착해(7:8) **삼 일간** 머물렀다(참고. 느 2:11). 그들은 성전 지도자들 앞에서 **은과 금과 그릇**들의 무게를 달았고 무게를 **기록했다**. 이제 그들의 여정은 끝났다. 에스라는 예상되는 바사 계산법을 따라 모든 것을 상세히 기록했다. 온전함에 대한 그의 헌신은 오늘날 이 이야기를 읽는 사람들에게 귀중한 본보기가 된다.

8:35-36. **포로 귀환자**들은 왕의 지시를 따라 예배에 전념했다(7:17). 그들은 **수송아지**, **숫양**, **어린 양** 및 **숫염소**들을 드렸는데, 이 모두는 57년 전 백성들이 성

전을 봉헌할 때 바친 제물이었다(6:17). 예배 후 그들은 주변의 **왕의 총독들**과 **지역 총독들**에게 왕의 조서를 **넘겨주었다**. 지방 관리들과 그들의 지역 협력자들은 왕의 지시를 따라 **백성들과 하나님의 성전을 도왔다**.

C. 언약 정체성을 위협하는 이방 민족과의 통혼(9:1–15)

하나님 백성의 언약 정체성이 재확인된 가운데(8장) 이 새로운 예루살렘 주민들은 거룩한 공동체로서의 정체성을 유지하기 위해 기존의 정체성 체계를 극복해야 했다. 이는 9장의 관심사이다.

에스라는 이스라엘의 언약 정체성에 위협이 되는 일을 식별해냈다. 유대인들이 우상을 숭배하는 비유대인들과 결혼했다는 사실을 알게 된 것이다. 에스라는 몸에 밴 습관처럼 기도한 후 행동에 나섰다. 그는 하나님 앞에서 유대인들을 위한 중보 기도를 하고 그들의 죄를 고백한 후 행동했다.

1. 공동체 내 이방 민족과의 통혼(9:1–5)

9:1–2. 예루살렘에 도착하고 나서 넉 달이 채 안 되었을 때(10:9) **방백들이** 에스라에게 **나아와** 언약 공동체의 정체성을 뒤흔드는 말을 했다. 유대인들이 **이 땅 백성들** 가운데서 **아내**를 맞이했다는 것이다(창 15:19-21; 출 3:8, 17). 에스라에게 이 사실을 알려준 사람들은 이처럼 언약 정체성을 부인하는 일에 연루된 **방백들과 고관들**은 아니었을 것이다. 말라기는 에스라가 도착하기 전부터 예언을 해왔는데, 그는 또한 유대인들이 자기 아내와 이혼하고 그들이 사는 곳의 이방 여인을 아내로 삼았음을 지적했다(말 2:10-16). 연관된 두 행동에 주목하라. (1) 그들은 스스로를 구별하지 않았다. (2) 그들은 이방 나라들의 **가증한 일**에 가담했다. 이것은 단지 통혼뿐 아니라 공동체의 순수성과 우상숭배가 걸린 문제였다(출 34:11-16; 신 7:3-4). **거룩한 자손**은 유다 백성을 가리킨다. '자손'(race)은 부정확한 번역이다. 문자적으로 이 단어는 '거룩한 씨앗'을 뜻하고, 아브라함의 언약에서 사용되듯이 유다 백성의 독특한 혈통을 나타내며(창 17:7에서 NASB는 그것을 '후손들'로 옮긴다) 이스라엘의 독특한 언약 정체성을 묘사했다. 문화적, 사회적 통합이 이 정도에 이르면 공동체 내 순수성이 훼손될 가능성, 즉 언약 정체성이 상실될 가능성이 현실적으로 높다(참고. 시 106:35; 출 19:6). 에스라에게 나아온 **방백들**은 범법자들을 구체적으로 **죄**를 지은 백성, 곧 그들의 언약 정체성을 깨뜨린 자들로 묘사했다(수 7:11; 22:16, 20-22).

9:3–5. 이 소식을 들은 에스라는 의례를 따라 자기 **옷**을 찢고(창 37:34; 왕하 19:1) **머리털**을 뜯으며(참고. 느 13:25; 사 22:12) **기가 막혀 앉아**서 슬픔과 분노를 드러냈다(참고. Josephus, *Ant*. 11.142). 하지만 언약 정체성을 올곧게 지켜온 한 집단이 있었다. 그들은 **이스라엘의 하나님의 말씀**에 몸을 떨었다. 즉 모세율법에 계속해서 순종했다(10:3; 사 66:2, 5). 그 집단이 오후 3시 **저녁 제사를 드릴 때까지 기가 막혀 앉아** 있었을 때, 에스라가 입을 열기로 결심했다(참고. 행 3:1). 에스라는 **무릎을 꿇고 나의 하나님 여호와를 향하여 손을** 들고 고백의 기도를 드렸다.

2. 공동체의 죄를 고백하는 에스라(9:6–15)

9:6–9. 에스라의 기도는 지극히 개인적이었다. 그는 공동체의 **죄악과 허물**로 인해 **부끄럽고 낯이 뜨거웠다**(렘 31:19). 그는 언약 백성이 불순종해온 역사를 들려주었고, 그들의 죄로 말미암아 **여러 나라 왕들의 손**, 즉 이스라엘을 예속시킨 막강한 제국들의 포로가 되었다고 결론지었다(참고. 신 28:15-68; 왕하 17:20; 렘 24:9-10). 에스라의 고백으로 개인의 죄와 공동체의 죄가 모두 다 표면화되었다. 개인의 죄는 반드시 짚고 넘어가지만 공동체의 죄는 무시되기 일쑤이다. 그러나 죄에는 집단적 성격이 또한 있고, 우리 개인이 범하는 죄는 공동체의 기풍이 죄악에 물드는 데 이바지한다. 에스라는 개인의 죄와 공동체의 죄가 본질상 서로 연결되어 있음을 간파한다. 파이얼은 한 걸음 더 나아가 "우리는 이전 세대가 지은 죄의 영향에서 벗어날 수 없을뿐더러 우리 죄가 미래 세대에 미칠 영향에서도 자유로울 수 없다"(Fyall, *Ezra and Haggai*, 125)라고 말했다. 하지만 에스라는 고레스 조서와 연관된 사건들을 **하나님이 잠시 동안** 베푸신 **은혜**로 해석했다. 그분의 자비로 언약 정체성을 체현했던 **남은 자**들이 있을 수 있었다(참고. 사 10:20-22; 렘 24:4-7). 이 은혜로 유대인들은 **바사 왕들** 앞에서 불쌍히 여김을 입었다. 그리고 이스라엘은 여전히 바사에 **종살이**하고 있었지만 **예루살렘**에 성전을 재건할 수 있었다. 하나님은 자신의 백성을 **버려두지 아니하셨다**(사 44:26).

9:10-15. 이방 민족과의 통혼은 공동체가 명백히 하나님의 **계명을 저버린** 것이라고 에스라는 고백했다. 그는 이스라엘이 얼마나, 어떻게 불순종했는지 묘사하기 위해 성경에서 근거를 찾았고, 일련의 계명을 끌어내 한데 모았다(예를 들어 레 18:25; 신 4:5; 7:1-5; 11:8; 18:9; 23:6; 왕하 16:3; 21:16; 사 1:19; 참고. 말 2:10-16). 에스라의 중재 역할을 보면 황금 송아지를 경배한 죄와 관련해 모세가 생각난다(출 32:10-13). 에스라는 하나님이 만약 유대인들을 멸하고 새로이 심판하신다면, 그게 옳은 일이라고 생각했다(Williamson, *Ezra, Nehemiah*, 137). 그는 남은 자들을 하나님의 자비하심을 보여주는 표시로 보았다(신 32:4). 에스라의 기도는 결과적으로 신의 관용을 청원했을 뿐 아니라 공동체 안에서 사회적 영향력을 발휘했고, 백성들이 하나님과 화해하도록 권고하는 역할을 했다.

D. 공동체의 개혁과 갱신(10:1-44)

스가냐는 이방인 아내들과 이혼할 것을 하나님과 언약하자고 에스라에게 제안했다. 공동체는 함께 모여 사건을 조사할 대표단을 선정했다. 두 달 후 제사장들과 레위 사람들은 27명의 아내와 헤어졌다. 한편 공동체의 나머지 사람들은 83명의 아내와 이혼했다. 이리하여 언약 공동체 안에 개혁과 갱신의 바람이 불었고, 하나님 백성이라는 그들 특유의 정체성이 재확인되었다.

1. 이방 민족과의 통혼을 끝내기로 합의한 공동체 (10:1-17)

10:1-4. 에스라는 이스라엘에서 그에게 몰려든 백성들을 위해 중보 기도를 계속했고, 그들은 **크게 통곡**했다. 이 죄악은 **자녀** 문제가 포함되어 있어서 상당 기간 지속된 게 분명했다(10:3, 44). 그러나 백성들은 자신들이 하나님의 율법을 따르지 않고 그분을 위해 구별된 백성이라는 정체성을 경시했으며 이방 나라처럼 살려고 했음을 깨닫기 시작했다. **스가냐**는 무리를 대신해 자신들이 **우리 하나님께 범죄**했다고 털어놓았다. 그는 **우리 하나님과 언약을 세우**는 것을 해결책으로 제시했다. 이 언약 갱신으로 유대인들은 **모든 이방인 아내와 그들의 소생을 다 내보내**야 할 터였다. 스가냐는 이렇게 하면 **이스라엘에** 새로운 **소망**이 생길 것이라고 확신했다. **이스라엘**이라는 집단 기술어(descriptor)의 사용으로 그들의 언약 정체성이 새롭게 등장했다. 공동체는 **율법**에 따라 자신들의 사회생활을 정리하기로 합의했다. 공동체 개혁은 언약 갱신과 더불어 일어났다. 이런 상황은 여호수아 24:2-27의 세겜에서 부흥이 일어날 때와 비슷했다. 스가냐는 에스라를 지지하면서 그에게 **힘써 행하**라고 권고했다(수 1:7).

이 사건이 고린도전서 7:12-14에 나오는 바울의 가르침과 해석상 조화를 이루는가 하는 문제가 왕왕 제기된다(Breneman, *Ezra, Nehemiah, Esther*, 165). (1) 여기에 나오는 내러티브는 규범적이 아니라 묘사적이다. 그러므로 이를 고린도전서 7장에 나오는 바울의 가르침에 함부로 적용해서는 안 된다(고전 7:10-16의 주석을 보라). (2) 둘의 상황이 너무 다르다. 본문에는 이방 여인을 아내로 삼아 하나님의 율법에 불순종한 사람들이 나오지만, 고린도 서신에서는 이미 결혼한 후 그리스도를 따르기 시작한 개인들을 다룬다. 그럼에도 불구하고 일부러 불신자와 결혼한 그리스도인들은 에스라의 방식이 사도 바울의 분명한 지시보다는 마땅치 않았을 것이다.

10:5-8. 에스라는 백성들에게 그들이 세운 언약을 이행하겠다는 **맹세를 하게** 했다. **에스라는 일어나** 백성들 앞에서 물러가서 **사로잡혔던 자들의 죄**로 말미암아 홀로 금식하며 울었다. 에스라의 금식과 기도가 계속되는 동안 이스라엘의 **방백**들과 **장로**들은 포로로 잡혀갔던 모든 자들에게 **예루살렘**에 모이라고 명령했다. 모임에 오지 않는 자는 누구든 **재산을 적몰하고 사로잡혔던 자의 모임에서 쫓아**낼 것이라고 했다. 즉, 언약 공동체의 일원이라는 신분을 잃을 것이라고 했다(레 7:21).

10:9-12. 유대인들은 성전 **광장**에 모였고, 이 일과 **비** 때문에 **떨고 있었**다. 에스라는 백성이 **이방 여자를 아내로 삼아**서 하나님에게 **범죄** 했음을 먼저 지적했다. 이 부분은 다만 이전에 소개한 자료를 다시 언급하고 있다(9:1-2, 4, 6-7; 10:2). 포로 귀환은 하나님이 **이스라엘의 죄**를 용서하셨다는 표지였지만(사 40:1-3), 그들의 행동은 **이스라엘의 죄**를 더하게 했다. 에스라는 포로로 잡혀갔던 자들의 회중에게 먼저 자신들의 죄를 **자복하고**, 그다음 (1) **그 지방 사람들**에게서 떠나고, (2) **이방 여인**과 이혼할 것을 촉구했다. 포로로 잡혀갔다가 돌아온 사람들은 에스라의 지시를 듣자마자

그대로 하겠다고 입을 모았다.

10:13-17. 새로워진 언약을 완전히 시행하는 데 석 달이 걸렸다(16-17절). 포로 귀환자의 **회중**은 **방백들**을 세워 실제로 누가 이방 여인과 결혼했는지 알아내고 변절 가능성이 있는지 파악하자고 제안했다. 공동체는 한마음으로 이방인 아내들을 내보내기로 결정했다. 일부가 반대했지만 그 이유는 분명치 않았다. 에스라는 족장을 세워 **그 일을 조사**하게 했다. 그 결과 이방인과 결혼한 사람들의 수가 100명이 조금 넘는 것으로 드러났다. 집산주의(collectivism) 사회에서는 사회적 정체성의 기초가 그 집단의 구성원이라는 사실과 사회적 범주화에 있다고 본다. 통혼과 관련된 사회적, 영적 갈등은 개인의 죄가 어떻게 공동체의 삶에 영향을 미칠 수 있는지 전형적으로 보여준다(참고. 수 7:1, 11). 에스라는 바사 시기에 형성된 유대인의 정체성에 관심을 두었다. 이는 에스라와 포로 귀환자의 회중이 극단적 조치를 취할 수밖에 없었던 이유를 설명해준다. 하나님의 언약 백성이라는 바로 그 정체성이 바람 앞의 등불이 되었지만 달리 해결책이 없었기 때문이다.

2. 이방 민족과의 통혼에 연루된 자들의 명단 (10:18-44)

10:18-43. 명단에는 **제사장**과 **레위 사람**, 유대의 엘리트 가문이 포함되었다. 이들은 비유대인과 결혼하고 싶은 유혹을 가장 강력하게 받았을 것이다. 예를 들어, 일단 유죄로 밝혀진 대제사장 예수아의 **아들**들(2:1; 학 1:1)이 그들의 아내와 이혼하고 **숫양** 한 마리를 속건제로 드렸다(레 5:17-19). 오직 제사장만이 죄를 지었을 때 맹세하고 제물을 바칠 수 있었는데 말이다. 그마저도 부지중에 지은 죄에 한한다고 레위기 구절들은 말한다. 어쩌면 그들은 모세의 율법 준수에 대한 사회적 함의를 완전히 이해하지 못했는지도 모른다. 그것이 사실이라면 이는 에스라의 가르치는 사역이 중요함을 시사하며(7:10), 오늘날 하나님의 말씀을 가르치는 선생들이 성경을 정확히 해설하고 적용하는 데 전념할 것을 요구한다.

10:44. 대략 110명을 망라하는, 이방 여인과의 통혼에 연루된 남자들의 명단은 **그중에는 자녀를 낳은 여인도 있었더라**라고 결론 내린다. 이 진술은 초기 유대교와 에스라가 주도한 개혁을 부정적으로 묘사하는 데 크게 기여했다. 하지만 이 해결책이 다루고자 했던 사안, 즉 통혼 문제를 그대로 두었더라면 유대인의 언약 정체성은 지워졌을 것이다. 앞서 헤로도토스 8.144에서 언급한 정체성의 틀에 기반을 둔다면, 이방 민족과의 통혼은 유대인의 친족 관계를 파괴하고 말하는 방식을 희석시키며 이방 신들과 뒤섞이는 결과를 낳는다. 또한 모세율법에 기초한 보편적 삶의 방식을 바꿔놓을 수도 있다. 에스라가 직면한 문제는 사라지지 않았고, 헤로도토스가 언급한 사회적 정체성의 특징들은 느헤미야 13:23-29에서 여전히 논쟁이 되고 있다. 이 뼈아픈 개혁으로, 연루된 가족들은 심리적으로 큰 혼란을 겪었지만 본문은 이 이방인 가족들에 대해 침묵한다. 많은 사람들이 그들의 원래 가정으로 돌아갔을 것이다. 다른 어떤 사람들은 변절을 뉘우치고 회중에 동화되었을 것이다. 마지막으로, 이스라엘 공동체의 기준에 따라 살며 그들 가운데서 이방인으로 사는 길을 선택한 사람도 있었을 것이다. 그 경우에 그들은 율법에 적시된 재정적, 물질적 지원을 받았을 것이다(신 10:18; 14:29; 24:19-21).

에스라는 통혼 문제를 처리하면서 포로 귀환자들이 언약에 충실할 필요가 있음을 부각시켰다. 이는 하나님의 섭리를 통한 이스라엘의 언약 정체성 회복이라는 에스라서의 전반적 주제와 맞아떨어진다. 에스라서는 주님이 어떻게 자기 백성을 고국으로 돌려보내셨는지, 백성들이 돌아오고 나서는 어떻게 그들로 하여금 주님과 주님의 말씀에 계속 충실하게 하셨는지 보여준다.

참 고 문 헌

Blenkinsopp, Joseph. *Judaism, the First Phase: The Place of Ezra and Nehemiah in the Origins of Judaism*. Grand Rapids, MI: Eerdmans, 2009.《유대교의 기원》(대한기독교서회).

Breneman, Mervin. *Ezra, Nehemiah, Esther*. Nashville, TN: Broadman & Holman, 1993.

Clines, David John Alfred. *Ezra, Nehemiah, Esther*. New Century Bible Commentary. Grand Rapids, MI: Eerdmans, 1984.

Culver, Robert Duncan. *Systematic Theology: Biblical and Historical*. Fearn, Ross-shire, UK: Mentor, 2005.

Fensham, F. Charles. *The Books of Ezra and Nehemiah*. New International Commentary on the Old Testament. Grand Rapids, MI: Eerdmans, 1982.

Fyall, Robert S. *The Message of Ezra and Haggai: Building for God*. Downers Grove, IL: InterVarsity, 2010.

Hallo, William W., and K. Lawson Younger. *The Context of Scripture, vol. 2*. Monumental Inscriptions from the Biblical World. Leiden: Brill, 2000.

Kidner, F. Derek. *Ezra and Nehemiah*. Tyndale Old Testament Commentaries. Downers Grove, IL: Inter-Varsity, 1979.

Levering, Matthew. *Ezra & Nehemiah*. Brazos Theological Commentary on the Bible. Grand Rapids, MI: Brazos Press, 2007.

Pritchard, James Bennett. *Ancient Near Eastern Texts Relating to the Old Testament*. Princeton, NJ: Princeton University Press, 1992.

Williamson, H. G. M. *Ezra, Nehemiah*. Word Biblical Commentary, vol. 16. Waco, TX: Word Books, 1985.

Yamauchi, Edwin M. "Ezra and Nehemiah," in John H. Walton, ed., *1 & 2 Kings, 1 & 2 Chronicles, Ezra, Nehemiah, Esther*. Zondervan Illustrated Bible Backgrounds Commentary, vol. 3. Grand Rapids, MI: Zondervan, 2009.

______. *Africa and the Bible*. Grand Rapids, MI: Baker, 2004.

______. *persia and the Bible*. Grand Rapids, MI: Baker, 1996.

● ● ● ●

느헤미야

브라이언 오닐(Bryan O' Neal)

서 론

느헤미야서는 주전 444년 바벨론 포로에서 세 번째로 귀환하는 유대 백성의 정황, 예루살렘 성벽의 재건, 성전 재봉헌 및 백성의 거룩함 회복을 들려주면서 히브리어 성경의 마지막 사건들을 다룬 이야기를 담고 있다. 이 책은 바사의 수산 성에서 시작한다. 느헤미야는 예루살렘 성벽과 성문이 계속 파괴된 상태로 있다는 말을 듣고 아닥사스다 왕에게 자신이 귀환하는 백성을 이끌고 예루살렘으로 가서 성읍 재건을 감독할 수 있게 해달라고 요청한다. 이 책은, 그 요청이 수락된 후 느헤미야가 총독으로서 성공리에 마친 성벽 건축과 백성이 부딪친 반대, 공사의 완공에 뒤이은 영적 갱신을 상세히 열거한다. 책은 영적 신실함에 대한 그 헌신을 지속하려는 느헤미야의 마지막 노력에 대한 이야기로 끝난다. 책의 말미에는 (역대하가 히브리어 정경에서 마지막 책의 역할을 담당하지만) 구약의 성경 역사에 대한 결론을 나타내는 내용이 있다. 느헤미야서에는 구약의 마지막 행위들에 대한 기록이 있는데, 이는 신약을 여는 첫 사건들, 즉 누가가 누가복음 1장에서 가브리엘 천사가 스가랴에게 나타났다고 기록할 때까지 지속되는 신적 계시의 침묵이 시작됨을 나타낸다.

저자. 히브리어 성경에서 에스라서와 느헤미야서는 거의 100년의 간극이 있지만 하나의 책('에스라-느헤미야')으로 간주된다. 영어 성경에서 별개의 책으로 구별되는 후자('느헤미야')에는 주전 5세기 유대 총독을 두 차례 역임한 느헤미야의 1인칭 글로 여겨지는 '느헤미야 회고록'이 들어 있다. 이 책에 들어 있는 일부 자료(특히 더 일찍 쓰인 에스라 2장을 거의 되풀이하다시피 하는 7장의 대부분)는 저자/편집자가 본문에 포함하기로 선택한 다른 원천에서 이끌어낸 것이 분명하다. 이 주석은 느헤미야가 그의 이름을 담고 있는 책의 저자/편집자라는 전통적 입장을 받아들인다.

연대. 느헤미야서에서 이야기하는 사건들은 주전 445년 느헤미야에게 전해진 예루살렘의 황폐화 소식에서부터 그가 유대의 초대 총독으로 재임하고(기간은 대략 12년) 뒤이어 바사로 돌아가 머물렀을 것으로 추정되는 미확정 기간 그리고 그가 총독 연임 중에 취한 것으로 확실시되는 여러 시정 조치에 대한 간략한 언급(13장)에 이르기까지 범위가 다양하다. 통틀어 이 책의 사건들은 거의 15-20년에 걸쳐 이어지고 대략 주전 425년에 끝나며, 책은 주전 5세기 말 전에 최종 형태가 완성된다.

수신자. 느헤미야는 사로잡혔다가 돌아온 유대 백성에 대한 하나님의 은혜로운 회복을 포로 생활 이후 이스라엘의 신실한 남은 자들에게 보여주기 위해 이 책을 썼다. 여호수아의 시대에서처럼 정복을 개괄하는 가운데 하나님의 축복을 드러냄으로써 그는 마지막 때의 회복이라는 궁극적 축복 또한 기대한다(13장 말미의 주석을 보라).

목적과 주제. 느헤미야서의 분명한 목적 하나는 유대인들이 사로잡혔다가 돌아와 자신들이 약속의 땅에서 회복되는 것을 보고 메시아의 오심을 기다리는 동안 전개된 역사를 연대순으로 기록하는 것이다. 이 책은 자주 단순한 역사, 혹은 인물 연구를 위해 느헤미야를 사용하는 리더십 설명서로 간주된다. 더욱이 화자가 여러 번(1:5-11; 2:4; 4:9) 기도하고, 수시로 본문의 괄호 안에 "내 하나님이여, 나를 기억하옵소서" 혹은 "그들을 기억하옵소서"(5:19; 6:14; 13:14, 22, 29, 31, NASB)를 넣기 때문에 기도는 느헤미야서의 공통 주제가 된다.

그러나 주석을 하는 내내 상세히 언급하겠지만, 이 책의 주된 내용은 여호수아의 주도 아래 이루어진 가나안 땅의 최초 정복에 대한 요약이다. 이처럼 느헤미야를 '제2의 여호수아'로 이해하는 것은 백성에게 율법을 회복시키는 에스라를 흔히 '제2의 모세'로 묘사하는 것과 유사하다. 율법을 백성에게 가져다준 이는 모세였지만 백성을 가나안 땅으로 이끌어야 할 사람이 여호수아였듯이, 에스라가 시작한 것을 완성하는 이는 느헤미야이다. 본문의 많은 증거들이 이 해석을 지지한다. 예를 들어, (1) 신명기 20:2-4에 호소하는 느헤미야서의 시작 부분(1:8-9) (2) 2:13-15의 예루살렘 성벽에 대한 느헤미야의 은밀한 정찰(수 13:16에 기록된 첩자들의 여리고 정탐과 비교하라) (3) 여호수아 13-19장의 땅 정복의 분할에 상응하는 느헤미야 3장의 성벽 공사 분할[느헤미야가 느 2:20에서 '기업'(portion)과 11:20에서 '기업'(inheritance)을 분명하지만 드물게 사용하는 것에 주목하라. 여호수아서에서 '기업'(portion)을 사용하는 것에 대해서는 수 14:4; 15:13; 17:14; 19:9; 22:25(NASB)을 보고, '기업'(inheritance)을 더러 사용하는 것에 대해서는 수 11:23; 13:6-8, 14-15, 23-24, 28-29, 32-33(NASB)을 보라] (4) 여호수아 시대의 비슷한 절기들을 명백히 떠올리고(8:17), 성곽 봉헌식에서 나팔을 부는 제사장들이 앞장서고 유대 백성들이 성읍 주위를 행진할 때 절정을 이루는 초막절의 회복(느 12장)[이 행진은 여리고 함락으로, 여호수아가 주도한 이전의 정복을 개시하는 비슷한 행렬을 확실히 상기시킨다(수 6장)] 등의 이유로 느헤미야서의 중심 주제는 '가나안 재정복'이다.

영향. 느헤미야서는 구약성경에서 유대 백성과 함께하시는 하나님의 위대한 이야기—아브라함의 부르심과 출애굽에서부터, 최초의 정복과 왕들의 통치를 거쳐, 바벨론 포로와 약속의 땅으로 유대 백성이 귀환한 일에 이르기까지—의 역사적 기록을 완성한다. 이 책이 끝날 무렵, 이스라엘 백성은 정결하게 되어 약속의 땅에 다시 들어가 새로 지은 성전에서 예배드린다. 이 모든 것은 메시아의 오심을 준비하는 데 필요한 것이다.

배경. 느헤미야서는 바벨론 포로 생활이 끝나는 시기에, 유대 백성이 바벨론 사람들을 정복한 바사 사람들 밑에서 이스라엘 땅으로 돌아가는 것을 허락받은 때에 일어난 사건들을 다룬다. 주로 유대 열 지파로 구성된 이스라엘 북 왕국은 주전 721년 앗수르의 침략으로 멸망하면서 곳곳으로 흩어졌다. 레위 사람들이 상당수를 차지하는, 주로 유다와 베냐민 지파로 구성된 유다 남 왕국은 주전 586년 느부갓네살이 주도한 바벨론 정복 때까지 견뎌냈다. 느부갓네살은 귀족과 왕족을 비롯해 많은 예루살렘 사람들을 사로잡아 바벨론으로 끌고 갔다. 훗날 메대와 바사 제국에 의한 바벨론 제국의 함락이 시작되자(주전 539년) 유대 백성은 예레미야가 예언한 70년간의 포로 생활(렘 29:10) 후 마침내 고국으로 돌아가는 것을 허락받았다. (다윗의 자손) 스룹바벨이 주도한 1차 귀환은 주전 538년에 이루어졌고, 뒤이어 주전 458년 제사장이자 학사인 에스라가 2차 귀환을 이끌었다. 그러니까 느헤미야서에 의하면 이 유대 백성 중 일부는 바벨론에 90년 넘게 있었다는 말이다(주전 445년). 이는 느헤미야가 예루살렘의 성벽과 성문이 파괴된 채로 있었다는 사실에 놀라고 한탄하는 이유를 설명하며 자신이 귀환 대열을 이끌고 가서 예루살렘을 재건하게 해달라고 아닥사스다에게 서둘러 요청하는 계기가 되었다. 유다에 강력한 정치 세력이 없었으므로 지방 권력은 몇몇 힘없는 귀족들에게 양도되었다. 그들 가운데는 (이스라엘의 많은 옛 대적들의 자손들인) 호론 사람 산발랏과 암몬 사람 도비야, 아랍 사람 게셈이 있었다. 이들은 느헤미야의 예루살렘 재건과 회복을 방해한 자들로 천벌을 받았다.

개 요

I. 예루살렘의 역경과 유대 백성(1:1-2:20)
   A. 느헤미야가 바벨론에서 예루살렘의 역경에 대해 듣다(1:1-2:8)
      1. 예루살렘의 역경(1:1-3)
      2. 느헤미야의 기도(1:4-11)
      3. 아닥사스다의 허락(2:1-8)
   B. 느헤미야가 예루살렘으로 가서 상황을 살피다(2:9-20)
      1. 예루살렘으로 가는 여정(2:9-10)
      2. 예루살렘 성벽을 살피다(2:11-16)
      3. 성벽 공사를 시작하다(2:17-20)
II. 성벽 재건(3:1-6:19)
   A. 느헤미야가 성벽 공사를 지휘하다(3:1-32)
   B. 반대: 군사적 도전(4:1-23)
      1. 반대자들의 비웃음(4:1-6)
      2. 으름장을 놓다(4:7-15)
      3. 다시 시작된 공사(4:16-23)
   C. 반대: 도덕적 도전(5:1-19)
      1. 고리대금업의 문제(5:1-13)
         a. 백성의 불평(5:1-5)
         b. 느헤미야의 반응(5:6-13)
      2. 느헤미야의 본보기(5:14-19)
   D. 성벽 완공(6:1-19)
      1. 물리적 위협(6:1-9)
      2. 정치적 위협(6:10-14)
      3. 성벽 완공(6:15-19)
III. 하나님 백성으로 회복(7:1-10:39)
   A. 계보(7:1-73)
      1. 보안 지침(7:1-4)
      2. 계보 기록(7:5-65)
         a. 계보 기록이 있는, 포로 생활에서 돌아온 자들(7:5-60)
         b. 계보 기록이 없는, 포로 생활에서 돌아온 자들(7:61-65)
      3. 요약(7:66-73)
   B. 율법의 공개 낭독(8:1-18)
      1. 율법 낭독(8:1-8)
      2. 거룩한 절기(8:9-12)
      3. 초막절(8:13-18)
   C. 이스라엘의 고백과 역사(9:1-37)
      1. 레위 사람들과 백성의 회중(9:1-5)

2. 창조와 아브라함의 부르심(9:6-8)
3. 출애굽과 떠돌이 생활(9:9-22)
4. 여호수아가 주도한 정복과 그 후의 불순종(9:23-31)
5. 고백과 회개(9:32-37)

D. 새 거룩한 언약을 세우다(9:38-10:39)
1. 언약 서명자들(9:38-10:27)
2. 언약의 내용(10:28-39)

Ⅳ. 백성과 성벽, 성전의 봉헌(11:1-13:31)

A. 예루살렘과 그 주변에 거주하다(11:1-36)

B. 예루살렘 성벽 봉헌(12:1-47)
1. 포로 생활에서 돌아온 제사장들과 레위 사람들(12:1-21)
2. 앞장서는 레위 사람들(12:22-26)
3. 레위 사람들과 백성, 성벽의 정화(12:27-30)
4. 감사 찬송하는 두 무리(12:31-43)
   a. 에스라가 주도하는, 감사 찬송하는 첫째 무리(12:31-37)
   b. 느헤미야가 주도하는, 감사 찬송하는 둘째 무리(12:38-43)
5. 예배와 기념(12:44-47)

C. 약속의 땅을 깨끗하게 하다(13:1-31)
1. 성전을 깨끗하게 하다(13:1-14)
2. 안식일을 깨끗하게 하다(13:15-22)
3. 백성을 깨끗하게 하다(13:23-29)
4. 제사장들을 깨끗하게 하다(13:30-31)

주 석

Ⅰ. 예루살렘의 역경과 유대 백성(1:1-2:20)

A. 느헤미야가 바벨론에서 예루살렘의 역경에 대해 듣다(1:1-2:8)

1. 예루살렘의 역경(1:1-3)

1:1-3. 이 책은 **하가랴의 아들 느헤미야**가 썼다고 한다. 본문에는 세 명의 느헤미야가 언급된다. 주전 538년 스룹바벨과 예수아가 주도한 1차 귀환 때 예루살렘으로 돌아온 한 유대인 포로(7:7), 지방 관리였던 아스북의 아들(3:16) 그리고 하가랴의 아들인 이 책의 화자이다. 저자에 대해 더 알고 싶다면 서론을 보라. 유대력의 **기슬르월**은 12월 5일에서 1월 3일까지의 기간에 해당된다. **제이십 년**은 아닥사스다 통치 이십 년째를 말하는 것으로, 느헤미야를 여는 구절들에 언급된 사건들은 주전 445년 12월에 일어났을 것이다. 느헤미야서 처음 두 장의 날짜가 정확한지에 대해서는 다소 논란이 있다. 자세한 내용은 2:1에 대한 주석을 보라. **수산 궁**에 대한 해석을 둘러싸고 의견이 분분했다. 바사 제국의 수도가 주전 538년 바사 사람들이 바벨론 제국을 정복하면서 빼앗은 바벨론 성읍이었음은 잘 알려진 사실이다. 하지만 수산은 바사 왕들의 겨울 궁전이자 요새 역할을 했고, 바사만 북쪽에서 약 240킬로미터 떨어진 바벨론 성읍 동쪽에 위치했다. 함께 사로잡혀 간 다니엘은 수산에서 자신에 대한 환상을 체험했다(단 8:2). 수산은 에스더서의 무대이기도 하다.

내 형제들 가운데 하나인 하나니는 느헤미야의 친형제 혹은 친척으로 보이며, 이 기간 중에 예루살렘에 그런 이름의 유대인 관리자가 있었다는 기록이 있다. 그 사람이 여기서 언급하는 인물인지는 알 수 없다. **그 사로잡힘을 면하고 남아 있는 유다**에 관해 말하면, 느헤미야는 사로잡혔다가 더 일찍 돌아온 자들에 대해 알아보던 중 그들이 예루살렘에서 고통스런 상황에 처해 있음을 알고 깜짝 놀란다. 예루살렘 멸망과 뒤이은 포로에 대해서는 예레미야 39장과 열왕기하 24장을 보라. 바사 왕들의 통치 당시 거룩한 땅은 네 곳의 행정구역으로 나뉘었고, **예루살렘**이 유다 지방의 수도가 되었다. 아브라함과 이삭, 야곱의 자손들이 '유대인'으로 알려지기 시작한 것은 포로 이후의 이 시기였다. 예루살렘의 고충은 **남아 있는 자**들[하나님이 포로 생활 내내 지켜주셨고 예루살렘으로 돌아오게 하신 백성]과 **성**과 **성문**으로 확대된다. 느헤미야서 대부분이 성벽 재건보다 남은 자들의 회복에 더 초점을 맞추는 것은 의미심장한 일이다. 이는 하나님이 자기 백성의 신실함과 순종을 더 바라셨음을 나타낸다.

2. 느헤미야의 기도(1:4–11)

1:4–5. 느헤미야는 보고서를 주전 538년 포로들의 첫 귀환 후 거의 한 세기 만에 받는 것이어서 놀란 듯했다. 느헤미야가 **주를 사랑하고 주의 계명을 지키는 자**들(5절)과 동일시할 때 그는 모세 언약에 나타난, 하나님이 자기 백성을 버리시지 않겠다는 약속을 떠올린다(특히 십계명을 보라. 출 20:6의 첫 계명은 5절의 '하나님 사랑'에 관한 느헤미야의 기도에 나타난다).

1:6. 느헤미야는 기도를 시작하면서 자신의 죄를 비롯해 **이스라엘 자손**이 주께 범한 **죄**를 자복한다. 이스라엘을 사로잡혀 가게 만든 죄 가운데 하나는 우상숭배였다(예를 들어 왕하 17:7–20). 사람들은 바벨론 포로 생활이 우상숭배와 수 세기 동안 씨름해왔던 이스라엘의 고민을 '해결해주었다'고 흔히들 말한다. 포로 이후의 유대 종교는 (예수님 당시의 율법주의와 같은) 그 나름의 문제가 있기는 했지만 실제로 우상숭배는 자취를 감춘 것으로 보인다(호 3:3–4).

1:7–10. 모세의 **계명과 율례와 규례**(7절)는 약속의 땅을 최초로 정복하기 전에 이스라엘에 분명히 전해진 십계명 뿐 아니라 또한 모세오경 전체를 가리킨다. 이스라엘이 우상을 숭배하고 율법을 지키지 않자 하나님은 포로로 잡혀가는 심판을 내리셨다(참고. 레 26장). 느헤미야는 고국으로 돌아가 안전하게 살려면 모세 언약을 새롭게 준수해야 한다는 것을 알고 있다. 이 갱신 및 그와 관련된 느헤미야 주도의 가나안 '재정복'이 책의 주요 주제이다. 8–9절에서 느헤미야는 여호수아의 정복에 앞서 모세가 이스라엘에게 마지막으로 당부하는 말인 신명기 30:1–4(또한 레 26:33)을 명백히 그리고 효과적으로 인용하고, 그렇게 함으로써 약속의 땅으로 회복시키겠다는 약속과 동일시하는데, 그 약속은 느헤미야 자신이 리더십을 발휘하는 가운데 일부 성취될 것이다. **주께서 일찍이 큰 권능과 강한 손으로 구속하신**(10절) 백성에 대한 잦은 언급은 유월절과 출애굽의 언어이다(출 12–14장).

1:11. **술 관원**(11절)은 시중만 드는 종업원이 아니라 크게 신뢰받는 종이었다. 오늘날 비밀경호국 요원들이 미국 대통령을 철통같이 지키듯 술 관원 또한 항시 대기 상태였다. 바사 궁궐의 암살 역사를 고려해 느헤미야에게 누가 포도주에 독을 타지 않았는지 확인하는 임무가 주어졌다. 게다가 그는 경호 그 이상의 업무를 수행했다. 그는 또한 왕의 동반자이자 친구 역할을 하였다. 이는 오늘날의 '대통령 보좌관'과 매우 흡사했다.

3. 아닥사스다의 허락(2:1–8)

2:1–4. **니산월**(1절, 3월/4월)은 유대력의 첫 달이다. 이는 아홉째 달인 기슬르월에 예루살렘에서 온 이전 보고서로 아직도 **제이십 년**에 있는 왕과 느헤미야서의 독자들을 화해시키는 데 다소 어려움이 있음을 나타낸다(1:1). 분명 느헤미야는 왕의 통치를, 아마도 그 통치가 시작된 정확한 달에서 계산했을 바사의 날짜 기입 체계를 사용하고 있다. 그 결과 그의 통치 1년은 보통 역년에서 2년에 걸쳐 이어진다. 따라서 1절의 사건들은 아직도 **아닥사스다 왕 제이십 년**에 일어나는 중이다. 비록 그 사건들이 그다음 유대교 역년에서 일어나기는 하지만 말이다. 본문은 주전 444년 3월/4월 예루살렘에서 보고서가 도착한 후 석 달이 지나 느헤미야가 아닥사스다에게 요청했다고 말한다.

느헤미야가 **두려워**한(2절) 이유는 두 가지였다. 첫째, 왕이 있는 곳에서 산다는 것은 더없는 특권이자 기쁨이므로 어떤 부정적 표현을 하든 그것은 왕을 욕되게 하는 것으로 생각된다(참고. 에 4:11; 5:2–3). 둘째, 느헤미야는 왕에게 예루살렘 재건을 허락해달라고 요청하려는 참인데, 이는 그런 공사를 중단하라는 왕의 이전 칙령에 정면으로 위배되는 것이다(스 4:21). 아닥사스다가 **만세수를 하기**(3절) 바란다는 것은 느헤미야의 진심이 아니다. 이는 바사 왕족에게 말할 때 으레 하는 인사치레일 뿐이다. 그는 자신의 슬픈 기색이 조국의 비참한 상황 때문이라고 말한다. 정치적으로 문제가 되지 않을 이유를 대는 것이다. 왕이 느헤미야에게 소원을 묻자 그는 **하늘의 하나님께** 묵도한다(4절). 이는 급작스럽고 놀라서 하는 기도가 아니다. 1:4-11의 한결같은 기도를 요약하는 것이다(말하자면, 2:4에서 그의 '재빠른' 기도는 '여호와여, 이제, 제발'이라고 하던 이전 기도에 기초한 것이다).

2:5-8. 느헤미야는 왕에게 자신의 요청을 아뢰기에 앞서 석 달간 기도를 했기 때문에 틀림없이 올바른 청원을 하고 아닥사스다의 예상 질문에 아주 적절히 답변할 준비가 되어 있었다. 그는 자신에게 필요한 안전(**나를 용납하여…통과하게 하시고**, 7절)과 건축자재(**성전에 속한 영문의 문과 성곽과…집을 위하여 들보로 쓸 재목**, 8절)를 왕이 지원해줄 것을 알고 있었다. 본문은 눈에 띄게 절제된 표현을 써서 **왕이 허락하고**라고 말한다. 그렇게 해서 왕은 예루살렘 재건에 필요한 재정적, 정치적, 군사적 지원을 약속했다. 이 칙령으로 메시아의 오심에 대한 가장 중요한 예언적 시각표들 중 하나가 가동된다는 것은 더욱 의미심장한 일로 보인다. 다니엘은 이전에 "예루살렘을 중건하라는 영이 날 때부터 기름 부음을 받은 자 곧 왕이 일어나기까지 일곱 이레와 예순두 이레가 지날 것이요"라고 예언했었다(단 9:25을 보라. 그리고 단 9:24-27에 대한 주석을 보라).

이 구절은 신학적으로나 실제적으로 중요한 몇 가지 요점을 전한다. 기도 시간이 연장되고 하나님이 더디 응답하시는 것은 우리로 하여금 적절한 때를 대비하게 하시려는 은혜의 징후일지 모른다. 만일 느헤미야가 예루살렘에서 온 보고서를 받자마자 앞뒤 안 가리고 득달같이 아닥사스다에게 달려갔더라면 왕이 그에게 소원을 물었을 때 신중하게 답하지 못했을 것이다. 마찬가지로 느헤미야가 술 관원이 되어 왕을 섬기면서 보낸 세월은 헛되지 않았다. 에스더가 '이때를 위해'(에 4:14) 준비했듯이 그 역시 남다른 사역을 위한 준비를 하고 있었던 셈이다. 더 중요한 것은, 어떤 직함을 지니고 있는지 혹은 어떤 의도로 하나님을 섬기려 하는지가 아니라 섬김의 기회가 주어졌을 때 무엇을 하느냐이다. 느헤미야는 궁정에서 시간을 보내면서 필요한 때에 왕에게 다가갔을 뿐 아니라 그가 곧 맞닥뜨리게 될 정치적 및 행정적 도전에 대해서도 대비할 수 있었다.

B. 느헤미야가 예루살렘으로 가서 상황을 살피다 (2:9-20)

1. 예루살렘으로 가는 여정(2:9-10)

2:9-10. 느헤미야가 수산 궁을 떠나 예루살렘으로 가는 길은 아브라함의 여정을 잘 보여준다. 그는 바벨론을 떠나 비옥한 초승달 지대(Fertile Crescent, 나일강과 티그리스강과 페르시아만을 연결하는 고대 농업지대—옮긴이 주)를 거쳐 하란을 향해 북서쪽으로 가다가 다시 서쪽과 남쪽으로 방향을 돌려 유다와 예루살렘으로 갔다. **강** 서쪽(9절)은 바벨론의 전통적 영역의 시야인 유브라데 서쪽 땅을 가리킨다. 왕의 **조서**는 왕이 보낸 **군대 장관과 마병**이 인증했다. **산발랏**(10절)은 아닥사스다의 신하로 예루살렘 북쪽 지방 혹은 사마리아 지역을 관할하는 총독이었다. **도비야**는 요단강 동쪽에 있는 (이 다수의 막강한 가문 중 하나인) 암몬의 총독이었다. 이 당시 유다는 홀대받았고 그 존재가 미미했다. 유다와 예루살렘, 유대 백성을 (**흥왕하게 하려는**) 총독 겸 대변자로 임명하는 것은 상대적으로 지역 내 다른 총독들의 힘을 약화시키는 것을 뜻했다. 따라서 느헤미야의 주도로 새로이 전개되는 이러한 국면에 그들이 거부반응을 보이는 것은 분명 적절치 않지만 이해할 만했다.

2. 예루살렘 성벽을 살피다(2:11-16)

2:11-12. 느헤미야는 **사흘**(11절)간 머물면서 고향에 자리 잡고 지역 관리들과 권력 구조를 파악했을지 모른다. 며칠 더 머물렀더라면 반대파를 설득해 자신이 당장 어떤 위협을 가할 인물이 아님을 믿게 했을 것이다. 12절과 16절은 그 사이의 구절들을 괄호로 묶는 역할을 하고, 느헤미야가 자신의 의도, 즉 하나님이 그의 마음에 주신 것을 아무에게도 말하지 않았음을 강조한다(12절). 백 년 가까이 그 땅과 성읍에 위치한 성벽의 황폐화와 그에 상응하는 백성들의 영적 빈곤은 비극적 일상이 되었다. 이 두 상황을 역전시키려는 느헤미야

바사 제국 지도

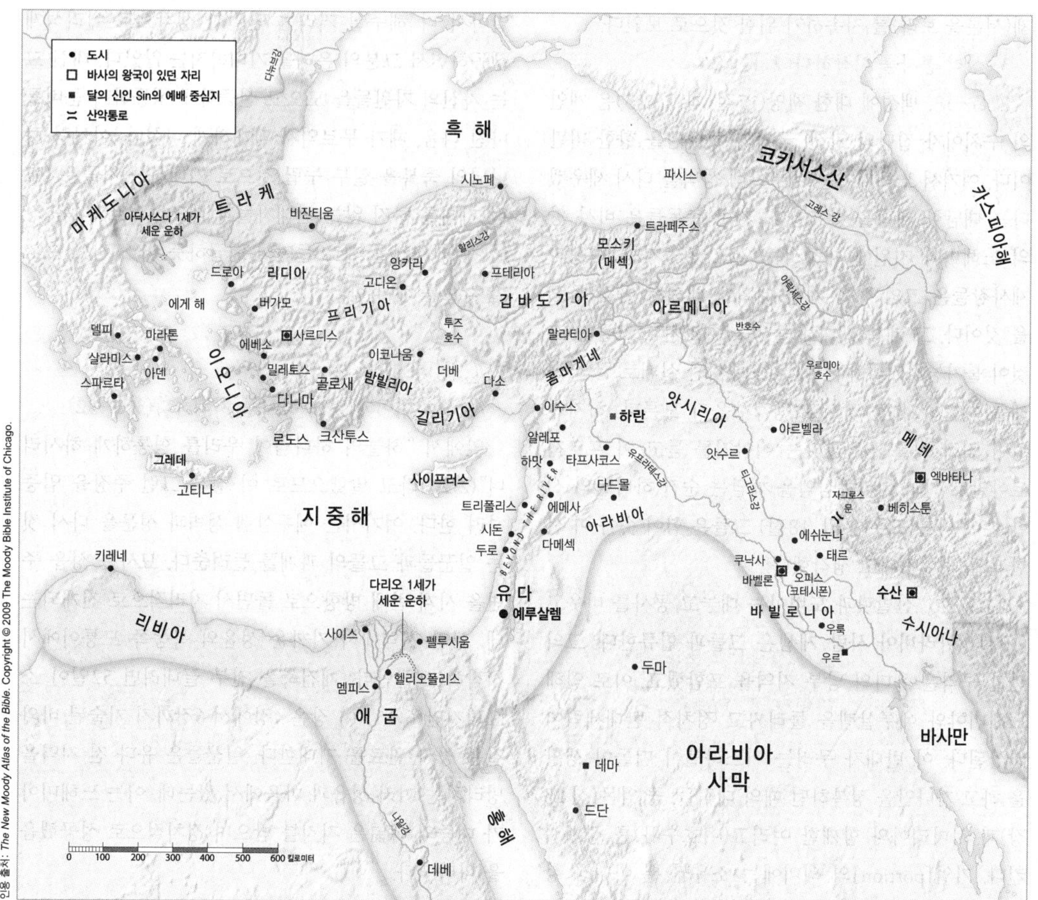

인용 출처: *The New Moody Atlas of the Bible*. Copyright © 2009 The Moody Bible Institute of Chicago.

의 야심찬 의도는 상황에 대한 명확한 이해와 그 상황을 다룰 구체적 계획을 요할 것이다. 성벽 정찰을 단독으로 은밀히 보냄으로써 그는 후속 계획을 짤 시간을 확보했다. 느헤미야가 **탄 짐승 외에 다른 짐승이 없다**(즉, 그가 눈에 띄지 않게 걸었다)는 것은 그가 왕의 마병들과 함께 길을 떠나는 9절과 대비된다.

2:13-16. 느헤미야는 예루살렘 전체를 일주하지 않고 남쪽 부분만 살펴본다. **골짜기 문**(13절)은 힌놈 골짜기 쪽으로 남동쪽을 향하고 있었다. **용정**은 예루살렘의 남동쪽 끝에 있는 힌놈과 기드론 골짜기의 합류점에 있는 샘을 가리키는 듯하다. **분문**[Dung Gate] 혹은 쓰레기 문(Refuse Gate, NASB)은 가능한 한 골짜기 안쪽으로 깊이 들어가고 성전 지역에서 북쪽으로 멀리 떨어진, 성의 최남단 끝에 있어 남쪽으로 향한 쓰레기 처리장에 가까이 있었을 것이다. 기드론 골짜기를 향해 남동쪽을 바라보고 있는 **샘문**(14절)과 **왕의 못**은 예루살렘 남쪽 끝의 실로암 못(참고. 요 9장)을 나타내는 듯하다. 성벽과 성문, 성읍 진입로의 상태는 너무도 열악해 말 한 마리조차 제대로 지나갈 수 없었다. 이곳 상황은 위험했으며 (적들이 몰래 잠입할 수 있고, 범죄자들이 성안으로 슬그머니 들어왔다 나갈 수 있다) 사람들은 자존심이나 소망 없이 살아가고 있었다. 이 상황을, 사람들이 비난에 시달리는 (1:3과 2:17의) 이전 및 이후 주석과 비교하라. 저자가 여호수아의 여리고 정복에 앞선 정찰대의 은밀한 파송(참고. 민 13장과 수 2장)과 유사한 느헤미야의 까닭 모를 성벽 야간 시찰에 대

한 기록을 포함한 것은 가나안 재정복이라는 책의 주제(서론을 보라)를 지속하기 위한 것으로 보인다.

3. 성벽 공사를 시작하다(2:17-20)

2:17-18. 백성에 대한 책망(17절, 참고. 1:3)은 개인의 수치이자 집단의 망신, 국가와 하나님을 향한 비판이다. 여기서 느헤미야는 예루살렘 성벽을 다시 세우겠다는 대담한 계획을 발표한다. 지방 총독들은 바사 왕의 느헤미야 지원에 대해서는 알고 있었지만, 백성과 제사장들은 그의 성읍 재건 계획에 대해서 아직 몰랐을 것이다. 그 계획에 대해 들었을 때조차도 그들은 그것이 불가능하거나, 이전에 시도했지만 실패로 끝난 사례를 재현하게 될 것으로 생각했을지 모른다. 하지만 왕이 직접 이를 후원한다는 이야기를 듣고 이 프로젝트야말로 신의 예비하심임을 깨닫는 순간(**하나님의 선한 손이 나를 도우신 일**, 18절) 그들은 힘이 솟아 이 선한 일을 해야겠다고 생각했다.

2:19-20. 산발랏과 도비야는 대놓고 공사를 비웃고(19절), **아라비아 사람 게셈**은 그들과 합류한다. 그의 관할 구역은 유다의 남부 지역을 포함했고, 이로 인해 느헤미야와 예루살렘을 둘러싸고 정치적 반대세력이 완성된다. 이 반대자 무리는 이스라엘이 떠돌이 생활을 하고 가나안을 정복하던 때의 대적들, 곧 암몬(신 23장)과 사마리아와 함께한 여리고(여호수아)를 상기시킨다. **기업**[portion]의 의미에는 소유권 뿐 아니라 상속의 개념도 포함된다. 기업, 즉 **분깃**이라는 단어는 구약의 다른 어떤 책보다 여호수아서에 더 자주 나오는데(수 14:4; 15:13; 17:14; 19:9; 22:25), 여기서는 느헤미야 주도의 이스라엘 상속에 대한 반환 요청을 암시하기 위해 사용된다. 더욱이 여기서 상속에 대한 이야기는 여러 가문에 성벽의 구역을 할당하는 내용 바로 직전에 나오는데, 이는 여호수아 주도 아래 가나안 땅을 여러 지파와 씨족에게 분배하는 것과 비슷하다. 느헤미야는 **예루살렘**이 당면한 현실(망가진 성읍) 너머 미래의 모습, 곧 이 반대자들이 관여하지 않을 위대한 성읍을 내다보았다.

이 부분은 역사적 사실이지만 오늘날 실제로 적용할 만한 교훈이 녹아 있다. 세속적 힘과 실용적 지혜를 적절히 사용해야 할 때가 있다는 사실이다. 느헤미야는 하나님의 함께하시는 손과 은혜로 자신의 노력이 열매를 거둘 것이라 굳게 확신했다. 하지만 그는 하나님이 알아서 다 해주실 거라는 안일한 생각으로 어리석게 행동하면서 그분의 은혜를 기대하지는 않았다. 대신 그는 자신의 자원들을 모으고 신중하게 행동하며 준비를 마친 다음, 때가 무르익자 담대하게 나섰다. 이처럼 하나님의 축복을 일부 누릴 것으로 기대하는 자들은 (그런 기대를 하지 않는 반대자들과 대조적으로) 다음 장이 성벽 재건을 예로 들면서 언급하듯 어느 정도 수고할 각오를 해야 한다.

Ⅱ. 성벽 재건(3:1-6:19)

A. 느헤미야가 성벽 공사를 지휘하다(3:1-32)

앞에서 "하늘의 하나님이 우리를 형통하게 하시리니"(2:20)라고 말했으므로 이 장은 그런 주장을 입증하려 한다. 여기서는 예루살렘 성벽과 성문을 다시 짓는 일꾼들과 그들의 과제를 들려준다. 묘사는 성읍 주변을 시계 반대 방향으로 돌면서 지리적으로 전개되는데, 성전 지역에서 가까운 성읍의 북동쪽 모퉁이에서 시작하고 끝난다. 재건축을 전부 끝내려면 52일이 소요되지만(6:15) 이 장은 4장에서 6장까지 기술된 바와 같은 공사 완료를 기대한다. 일꾼들은 유다 전 지역을 망라하는 여러 성읍과 마을에서 왔는데, 이는 느헤미야가 대중의 폭넓은 지지를 받으며 정치적으로 성공했음을 나타낸다.

3:1-2. 여기서 스룹바벨이 주도한 1차 귀환 때 대제사장이었던 예수아의 손자 **대제사장 엘리아십**이 처음 언급된다(참고. 스 3장과 느 12:10-12을 보라). 엘리아십과 그의 제사장들이 먼저 언급되고, 이야기가 성읍의 북쪽 성벽의 동쪽 가장자리에서 **양문**[羊門]을 다시 세우는 것으로 시작되는데 이는 적절하다. 이 중요한 문을 통해 제물로 바칠 양이 성전 뜰로 들어가고는 했다. **함메아 망대**와 [2:8의 "성전에 속한 영문"으로 추정되는] **하나넬 망대**는 성읍 북쪽의 방어 시설이었다. 이 지역이 가파른 오르막길이 아니라 천연 방어의 혜택을 누리지 못했기 때문에 방어 시설이 필요했다. 또한 **여리고 사람들**은 일찍 언급되는 바람에 유명세를 탔는데, 이는 아마도 여호수아의 정복이 여리고 격퇴로 시작되었고 이제 여리고 사람들은 이스라엘과 함께 숫자에 포함되는 것을 상기할 것이다.

느헤미야가 성벽을 재건할 당시의 예루살렘

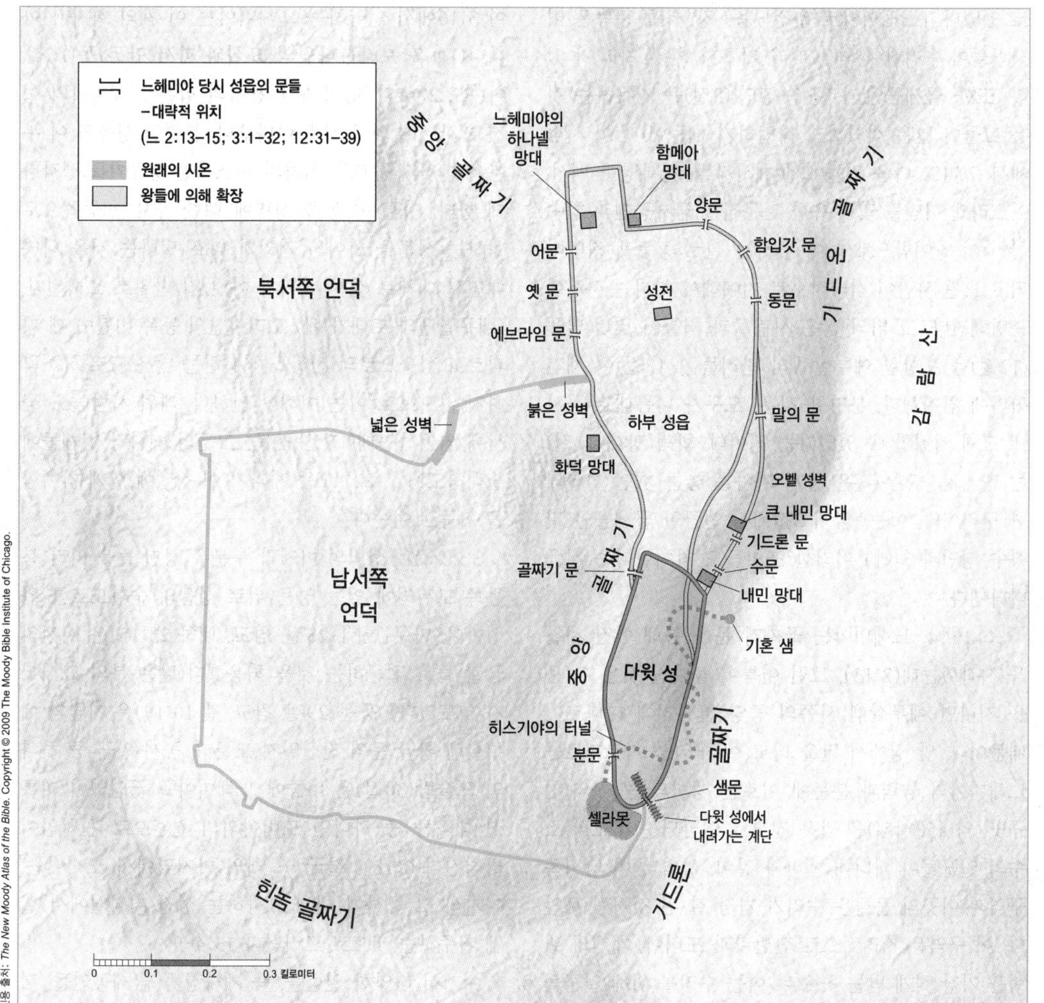

3:3-5. **어문**[魚門]은 성읍의 북서쪽에 있고 '큰 바다'(지중해)를 향해 있는데, 이 문을 통해 성읍의 어시장으로 쉽게 갈 수 있었다. 이 문은, 밖으로 나가면 에브라임 영토이기 때문에 에브라임 문으로 불리기도 한다(8:16; 12:39). 많은 일꾼이 여기에 그리고 이 장의 나머지 부분에 나열되는데, 그렇지 않다면 그들은 성경에서 언급되지도 않고 우리에게 별로 알려지지 않았을 것이다. 그들의 이름에 대한 어원 연구를 통해 신학적 의미를 이끌어내려는 시도는 헛다리를 짚는 일이 될 것이다. **드고아 사람들**[아모스의 고향인, 예루살렘의 남동쪽에서 약 8킬로미터 떨어진 드고아의 시민들]은 참여하지만 그들의 **귀족**들은 그러지 않았다. 아마도 이 귀족들은 아라비아 사람 게셈의 분노를 두려워했을 것이다(2:19).

3:6-12. 서문의 북쪽 끝을 향해 **옛 문**이 있다(6절). 문의 **들보**와 **문짝**과 **자물쇠**와 **빗장**을 언급하는 것은 이 문이 완전히 회복되었음을 나타낸다. **기브온 사람들**(7절)은 서쪽 성벽을 공사하기 때문에 분명히 언급된다. 여호수아서에서 그를 속이고 그로 인해 어쩔 수 없이 예속된 자들로 알려진(수 9:22-27) 그들은 느헤

미야 3:2에서 여리고 사람들이 그랬듯이 정복된 상태로 있었다. [느헤미야로 추정되는] **강 서쪽 총독**은 이 사람들이 수리한 성벽을 따라 거주지 혹은 '자리'가 있다. 또한 '금세공인'과 '향수 상인'(8절)을 지목하는 것은 그들이 **넓은 성벽**까지 작업하기 때문이다. 이 시점에서 그리고 다음 절들에서 제사장들, 정복당한 백성, 이스라엘 서민들 및 부유한 전문직들(금세공인과 향수 상인)이 참여함으로써 이 공사는 실로 공동체 작업이 되고 모든 사람이 적극적으로 기여해야 한다는 사실이 분명해진다. 그 밖의 많은 사람들과 더불어 몇몇 **딸들**(12절)을 포함한 **예루살렘**의 관리들(9, 12절)이 재건 작업에 참여했다. 분명한 것은, 모두가 나름대로 공사에 크게 기여할 수 있었다는 점이다. **화덕 망대**(11절)는 빵 굽는 오븐/혹은 옹기 가마를 놓곤 했던 성읍의 한 구역이다. 이는 (앞서 8절에서 언급한 금세공인 및 향수 상인과 함께) 이러한 조합들도 참여한다는 것을 나타낸다.

3:13-14. 느헤미야는 **골짜기 문**을 통해 야간 시찰을 시작했는데(2:13), 그런 이름이 붙여진 것은 그 문을 지나면 예루살렘 서쪽의 중앙 골짜기에 다다르기 때문이다. 앞 장에서 말을 타고 이 구역을 가로지르는 느헤미야의 능력과 **분문**에 이르는 성벽의 큰 구역(**천 규빗**, 약 450미터)을 맡은 것으로 언급되는 비교적 소수의 일꾼들이 나타내는 바와 같이, 성벽의 이 남서쪽 구역과 이곳의 문들은 수리가 가장 잘 된 것처럼 보인다. 이 구역은 지리적으로 산발랏과 도비야, 게셈의 위협을 가장 적게 받는 곳으로, 이는 수리를 위해 일꾼들과 자원들을 할당하기에 비교적 좋은 조건(혹은 비교적 낮은 우선순위)임을 설명해준다. 간혹 분문으로 불리기도 하는 쓰레기 문은 성읍의 최남단에 있고 성전 구내에서 가장 멀리 떨어져 있으며 성읍에서 비탈 아래로 내려가거나 하류 쪽으로 아주 쉽게 접근할 수 있게 해준다.

3:15-27. **샘문**(15절) 또한 성읍의 남쪽 끝에 있고, 북쪽으로 향하는 길이 시작되는 성벽의 동쪽을 따라 기드론 골짜기를 향하고 있다. 예루살렘의 공원 혹은 동산 지역(**왕의 동산**)의 일부임이 분명한 **셀라 못**은 히스기야의 터널에서 흐르는 물이 그 안으로 흘러 들어가는 신약의 실로암 못(요 9:7)과 동일시할 수 있을지 모른다. 이 지역은 원래 **다윗 성**의 일부였다. 느헤미야 3:16에서 언급하는 **느헤미야**는 이 책의 화자가 아니다(1:1을 보라). **다윗의 묘실**과 **파서 만든 못**(16절, 아마도 2:14의 '왕의 못'), **용사의 집**은 느헤미야의 이전 야간 시찰의 한계를 나타낸다. 분명히 성읍의 이 부분은 다윗과 솔로몬 치하의 이스라엘 황금기를 생각나게 한다. 지금 이 동쪽 성벽에 대한 공사는, 동쪽으로 향하는 성문들 사이의 거리가 다소 멀다는 것을 나타내면서 대체로 성문 단위가 아닌 집 단위로 묘사된다. (예루살렘의 토대가 된) 모리아산의 동쪽 비탈이 꽤 가파르고 성읍으로의 진입을 허용하는 많은 도로를 허락하지 않으므로 이는 이해할 만하다. **레위 사람**들도 공사에 참여하는데(17절), 이는 그들의 제사장 형제들에 필적하고(3:1, 22) 모든 지파가 이 작업에 함께 참여함을 거듭 보여준다.

3:28-32. 성벽의 마지막 부분은 성전 뜰을 따라 북동쪽 모서리에 있는 양문 뒤로 성읍의 순환도로를 완성한다. **마문**[馬門, 28절, 참고. 대하 23:15]은 이전의 궁궐 뜰로 접근하는 것을 허용했다(말은 부의 표시이자 척도였다). **동문**(29절, 참고. 겔 10:19)은 지금의 예루살렘 황금 문의 전신일지 모른다. 공사 일꾼 중 하나인 **므술람**(30절)은 나중에 느헤미야를 끊임없이 괴롭힌 대적들 중 하나인 도비야와의 결혼으로 친척임이 밝혀진다(6:18). 결국 이 책의 마지막에서 도비야는, 여기서 그 공사에 대해 묘사하는 성전 저장실에서 실제 거주하는 것으로 드러난다(13:4-9).

여기서 다양한 일꾼들, 즉 제사장들, 금세공인들, 저명한 정치 가문들은 공동체 전체의 공사 참여를 거듭 강조한다. 마지막으로, 성전에서 가깝다는 이유로 그런 이름이 붙여졌을 **함밉갓 문**(31절)이 목록에 오른다. 신실한 이들은 이 문을 통해 제물을 가져오고는 했는데, 짐승들은 율법의 명령에 따라 '검사를 통과'해야 했다(예를 들어 신 17:1). 어쩌면 이 지역은 (그 단어가 삼하 24:9에서 사용되는 바와 같이) 보초나 군대를 위한 '집결' 혹은 '점검' 장소였을지 모른다.

앞서 주목했듯이 느헤미야서는 이스라엘 역사를 대체적으로 개괄한다. 이 부분은 여호수아가 주도하는 가나안 정복을 연상시키고 유다 백성을 위해 비슷한 역할을 수행한다. 약속의 땅에서 각 지파가 자신에게 주어진 임무를 확실히 수행하지 않으면 정복이 완료되지 않고 이스라엘이 온전히 그 땅을 순조롭게 차지하지 못하듯이 각 가정이나 그룹이 성벽 재건에서 그들에게 할당된 구역을 완공하지 못하면 성벽 완공 또한 이루어지지 않고 예루살렘 시민들 어느 누구도 안전하지 못할 것이다.

게다가 이 프로젝트는 "사슬은 가장 느슨하게 연결되어 있을 때에만 튼튼하다"라는 속담을 떠올리게 한다. 이 속담은 예루살렘 성벽에 적용될 수 있다. 성벽들은 가장 취약한 부분이 있을 때에만 안전하다. 분명한 것은, 성읍의 일꾼이 자기가 맡은 일의 중요성을 지나치게 자부하기보다 각 부분이 얼마나 중요한지를 알아야 한다는 사실이다. 이는 교회 각 지체들의 상호 의존에 대한 신약의 태도를 기대한다. 이따금 교회는 건물에 대한 은유로 묘사된다. 여기서 모든 신자들은 하나님이 기쁘게 거하실 처소가 되기 위해 함께 지어져 가는 살아 있는 돌이다(엡 2:21-22). 교회는 또한 몸으로 묘사된다. 바울은 몸의 각 지체가 몸 전체의 적절한 기능에 중요하다고, 더없이 중요하다고 독자들에게 가르친다(고전 12:14-26).

B. 반대: 군사적 도전(4:1-23)

반대에 대한 다음 보고서는 하나님이 승인하시는 성공을 강조하기 위해 작성되었다. 2장 말미에서 느헤미야는 하나님이 "우리를 형통하게 하시리니"(2:20)라고 주장했다. 3장은 하나님이 승인하신 성공을 보여준다. 여기 4장의 요점은, 반대에 직면해서도 여호와는 기필코 성공하게 하셨음을 강조하는 것이다. 느헤미야와 백성이 거둔 승리의 중심에는 "우리가 우리 하나님께 기도하며"(4:9)라는 중차대한 사실이 놓여 있었다.

1. 반대자들의 비웃음(4:1-6)

4:1-3. 산발랏과 도비야(3절)에 대해서는 2:9-10과 2:19-20에 대한 주석을 보라. 산발랏의 분노(1절)는 문자적으로 그를 '열 받게' 했고, 그는 느헤미야의 계획에 대해 들었던 2:19에서 그랬듯이 다시 한 번 크게 분노했다. 하나님의 역사와 그분의 백성에 대한 공통적 반응은 앞뒤 가리지 않는 분노이다. 종종 비웃기만 해도 어떤 일에 마지못해 헌신하는 자들을 충분히 만류할 수 있다. 산발랏의 비웃음은 다섯 가지 질문 형태를 취하며, 인간의 나약함에 대한 예리한 이해를 나타낸다. 그가 조롱하는 형태는 오늘날에도 사람을 낙담시키는 데 효과적이다. 그는 먼저 이렇게 물었다. **이 미약한 유다 사람들이 하는 일이 무엇인가?** 유다 사람들이 미약하다는 말(2절)은 포로 생활에서 돌아왔지만 예전처럼 대적들에 둘러싸이고 경제적으로 어려운 형편에 처한 자들에 대해서는 객관적으로 맞는 말이다.

산발랏의 둘째 질문인 "스스로 견고하게 할 수 있는가(HCSB)?"는 공사의 규모가 엄청남을 나타낸다. 셋째 질문인 **제사를 드리려는가**는 이중 효과를 발휘한다. 이 질문은 성벽과 성전이 영적 사역과 무관함을 지적하고 유대 백성의 헌신을 비웃는다. 오늘날 일부 신자들은 교회가 영적인 일에만 관심을 두고 세상일은 무시해야 한다는 데 동의한다. 넷째 질문인 **하루에 일을 마치려는가**로 산발랏은 다시금 백성의 사기를 꺾으려 하면서 시간을 잘못 표현했다. 다수의 가치 있는 프로젝트를 하루에 끝내기는 어렵다. 하나님의 백성은 어려운 과제를 지속할 마음이 없게 만드는 조급함을 경계해야 한다. 마지막으로, 산발랏은 유대인들이 느부갓네살의 공격으로 인한 화재로 약해진 **불탄** 돌을 사용해 성벽을 세울 수 있을까 의아해한다. 여기서 그는 다시금 그들의 노력을 잘못 표현하는 실수를 범한다. 성벽 공사에 (재)사용할 더없이 좋은 돌들이 많이 있어 상황은 그리 나쁘지 않다.

이 질문들은 그 주민들이 '거인'이었다는 가나안에 대한, 혹은 골리앗의 조롱에 주눅이 들어 이스라엘 병사들이 날마다 풀이 죽었다는 정탐꾼의 최초 보고를 생각나게 한다. 산발랏은 돌아온 유대 백성의 숫자가 미미하다(2절)는 말로 시작했다. 그는 이제 그들의 과제가 너무 버겁다는 말로 결론 내린다.

3절의 도비야의 비웃음은 스스로 무덤을 파는 격이다. 성벽이 너무 연약해 작은 짐승조차 그것을 넘어뜨릴 수 있다면 예루살렘의 대적들은 걱정하지 않을 것이다. 산발랏과 도비야를 비롯한 다른 이들의 우려는 유대 일꾼들에게 그들의 공사가 중요하다고 격려했어야 했다.

4:4-6. 다시 한 번 느헤미야는 '기도하고 나서' 작업에 착수한다. 그의 기도는 하나님의 백성을 괴롭히는 대적들을 심판하고 처벌해달라고 하나님께 요청하는 '저주의' 기도이다. 특히 예레미야 11, 15, 17, 18장

의 (이와 같은 성읍에서 드리는) 예레미야의 기도뿐 아니라 시편 5, 28, 31, 35, 58, 59, 69, 79, 83, 109, 137, 139, 140편 또한 비교하라. 무엇보다 느헤미야 4:5과 예레미야 18:23이 매우 유사함에 주목하라. 백성, 곧 하나님의 백성이 **업신여김을 당한다**(4절)는 것은 실제로 하나님이 조롱당하시는 것과 다를 바 없다고 느헤미야는 생각한다. 그리하여 그는 하나님이 스스로 행동에 나서주시기를 기도한다. '대적들'에 관한 신자의 자세와 기도는 자기 개인의 명성이 아닌 하나님의 이름에 대한 관심이 그 바탕이 되어야 한다.

욕하는 것의 주제가 여기서 재현된다(4절). 그것은 스스로 복수하기를 꾀하지 않고 하나님의 대적들이 패하기를 진심으로 기대하는, 하나님이 많은 신비스런 수단을 사용하셔서 몸소 심판하실 것임을 신뢰하는 미묘한 형태의 기도이다. 하나님이 갈대아 사람들을 사용하셔서 이스라엘을 징계하실 것이라는 하박국의 혼란을 비교하라(합 1-2장). 왕의 마음을 돌리시고 그분 자신의 백성에 대한 심판으로 바벨론을 토하실 수 있는 하나님은 시대를 막론하고 그분의 백성을 대신해 언제든 개입하신다. 대적들이 비웃기는 했지만 유대 백성은 기도에 힘입어 성벽 공사를 절반 정도 마칠 수 있었다. 이로 인해 대적들의 걱정은 한층 더 커진 듯하다. 그들이 폭력을 음모하기 시작했기 때문이었다. 경건한 성공은 종종 거센 반대에 부딪친다. **백성이 마음 들여 일을 하였음이니라**(6절). 여기서 '마음'(mind)은 문자적으로 '가슴'(heart)이다.

2. 으름장을 놓다(4:7-15)

4:7-9. 산발랏과 도비야를 비롯한 다른 이들의 조소에도 불구하고 유대인 일꾼들이 공사를 계속하자 이에 발끈한 대적들은 으름장을 놓으면서 거센 반대를 하기에 이르렀다. **그 허물어진 틈이 메꾸어져**가자(7절) 반대에 성공할 수 있는 기회 또한 줄었다. 반대에 직면한 느헤미야는 **우리가 우리 하나님께 기도하며 파수꾼을 두어**(9절)라는 영적이며 군사적인 반응을 보인다. 이는 적절한 균형이었다. 성공을 위해 하나님을 신뢰하는 동시에 적절한 행동까지 취했으니까 말이다. 산발랏은 (에스라 4:19-22에서처럼) 아닥사스다의 마음을 움직여 혹 그가 프로젝트에 대한 지원을 철회하지 않을까 싶어 공사를 본격적으로 방해하고 (투쟁하며 지장을 초래하고) 싶었다.

4:10-15. 유다 일꾼들이 애쓰고 있음에도 상황이 너무 암울하자 그들은 체념하는 노래를 부르기 시작했다(10절). 이는 아이러니하게도 바로 이 성읍으로 돌아가고 싶어 얼마 전에 바벨론에서 부른 시편 137편의 한탄을 생각나게 한다. **그 원수들의 근처에 거주하는 유다 사람들**(12절)은 이스라엘 대적들의 집단과 지리적으로 가까운, 예루살렘 밖에 거주하는 유다 백성을 가리킨다. 그들은 음모자들이 계책을 꾸미고 있다는 말을 전했다. 말하자면, **열 번이나 우리에게 말하기를**은 문자적으로 열 번, 혹은 아마 여러 번 반복된 그 무엇일 것이다(참고. 창 31:7, 41; 민 14:22). 이 음모들은 비밀스러운 것이 아니었다. 보고서조차도 백성들의 좌절을 부추기는 일종의 선전운동이 된다.

다른 이들이 공사를 계속하는 동안 느헤미야는 일부 일꾼을 방어하는 일에 재배정하고 **성벽 뒤와 넓은 곳에 백성이 서 있게 하**였다(13절). 마침내 느헤미야는 우선 그들에게 **지극히 크시고 두려우신 주를 기억하**고 (이스라엘의 소망은 언제나 물리적 힘이 아닌 여호와에게 있었다) 그다음에 그들의 가족과 땅을 위해 싸울 준비를 하라고 촉구함으로써 백성에게 용기를 불어넣었다. 느헤미야의 **너희는 그들을 두려워하지 말라**는 말은 신명기 31:6 이하에서 가나안 정복을 앞둔 모세가 이스라엘과 여호수아에게 부여한 임무를 연상시킨다. **하나님이 그들의 꾀를 폐하셨**음(15절)을 느헤미야가 조심스럽게 인정하면서 마침내 이스라엘의 대적들은 낙담하게 된다.

3. 다시 시작된 공사(4:16-23)

4:16-18. 계속되는 성공에 고무된 유다 일꾼들은 새로운 활력으로 공사에 매진했다. "각각 일하였는데"(15절)는 개별 참여자들의 수고가 중요함을 상기시킨다. 남은 과제에 대해, 느헤미야 수하의 인력 중 절반은 (**갑옷**을 입고 **창**과 **방패**와 **활**을 들고) 철통같은 경계 태세에 들어간 반면 공사를 계속하는 나머지 절반마저도 다른 손에 **병기를 잡고**(17절) 경계를 늦추지 않았다. 이처럼 이스라엘 전체가 군대화되면서 석조 건축과 같은 따분한 일까지도 군사작전으로 바뀐다. **유다 온 족속의 뒤에** 있는 **민장**(16절)이 일꾼들을 지휘하는 이스라엘은 틀림없이 전쟁 중이다.

4:19-23. 이렇게 함에도 사람들은 드문드문 배치되었다. 그리하여 약점들이 노출돼 대적들이 일어나면 느헤미야는 수비대를 소환하도록 나팔수를 계속 자기 곁에 머물게 했다. 신의 섭리와 인간의 책임이 이렇게 밀접하게 병치된다. **너희는 어디서든지 나팔 소리를 듣거든 그리로 모여서 우리에게로 나아오라 우리 하나님이 우리를 위하여 싸우시리라**(20절). 이 경계는 (**동틀 때부터 별이 나기까지**, 21절) 온종일 갖추는 준비태세의 범위와 이스라엘의 완전한 사회계층(**사람마다 그 종자와 함께**, 22절), 하루 중 일어나는 온갖 세세한 일들(**물을 길으러 갈 때에도**, 23절)을 전형적으로 보여준다. 이 후자의 구절은 그들이 물을 마시던 바로 그 순간에 하나님이 무작위로 택하신, 기드온의 수적으로도 열세인 군대를 떠올린다(삿 7:1-8). 결국 공사가 진행되는 이 중요한 몇 주 동안 일꾼이자 전사들은 밤낮으로 예루살렘에 머무는 무장한 막사로 변신한다. **밤에는 우리를 위하여 파수하겠고 낮에는 일하리라**.

이 구절들은 산발랏의 최초 '공격들'이 심리적인 것이었으므로 모든 기회가 다 물리적인 것이 아님을, 싸움은 언제나 혈과 육이 아닌 영적 세력에 대한 것임을(참고. 엡 6:12) 우리에게 상기시킨다. 그리고 크게 엄포를 놓는 자들은 여호와의 넉넉하심을 그냥 신뢰하는 것만으로 웃음거리가 되곤 한다. 그러나 이러한 시련을 잘 이겨내면 더 큰 열매들을 맺는다(벧전 1:7이 가르치듯이 연단을 통한 인내는 믿음을 정화하고 든든히 세운다). 여호와에 대한 신뢰가 실제적으로 적용되는 지혜를 부정하는 것은 아니다. 느헤미야는 하나님을 신뢰하고 지혜롭게 행동하며 그에 따른 어떤 성공이든 그 공을 하나님께 돌리는 것이 무엇인지를 몸소 보여준다. 마지막으로, 충성하려면 적어도 잠시 동안이나마 여호와의 대의에 전적으로 헌신하고 자신의 모든 자원과 시간을 바쳐야 할지 모른다.

C. 반대: 도덕적 도전(5:1-19)

느헤미야서에는 실제적 경건함이 있다. 느헤미야와 백성은 특히 기도를 통해 하나님이 그들에게 성공을 허락하신다는 것을 믿으면서 하나님을 신뢰하는 바로 그 순간에도 방어를 위해 무기를 들었다. 하나님의 성벽 재건 사역을 계속 기술할 때, 백성들은 스스로 방어하지만(이전 장) 강력한 리더십 또한 필요하다. 느헤미야의 경건한 리더십에 대한 다음 두 짤막한 장면은 실제적 경건함의 중요성을 강화하면서 이 점을 잘 보여준다.

1. 고리대금업의 문제(5:1-13)

a. 백성의 불평(5:1-5)

5:1-4. 외부에서 산발랏과 그의 지지자들이 반대하는 가운데 유대인 공동체 내부에서 어떤 도전이 아주 은밀히 진행 중이다. 경제적으로 억압받는 자들이 아내와 함께 그들의 유대인 형제들에게 큰 소리로 외치고 있는 것이다(1절). 경제적 고통은 여러 형태를 띤다. 하나는 기본적인 식량의 결핍이다. "우리로 먹고 살 수 있도록 양식을 얻게 하라"(2절, NASB). 고통의 또 다른 징후는 **밭**과 **포도원**, **집**(3절)과 같은 재산을 저당 잡히는 것이다. 유대 백성 중 일부는 오래 전에 귀환해 경제적으로 자리를 잡았지만, 지금의 고통스런 상황에서 그들은 얼마 안 되는 소유마저 빼앗길 위기에 처했다. 인구 증가, 신체 안전에 대한 걱정, 성벽 공사에 대한 집중 그리고 밭의 황폐화가 결합되면서 기근을 낳았다. '왕에게 바치는 세금'(4절)과 같은 높은 세금은 경제적 고통을 초래하는 셋째 요인이었다. 고대 근동의 왕들이 터무니없이 높은 세금을 부과했다는 이야기는 여러 출처에서 확인된다. 예컨대, 바사 왕은 세금으로 1년에 2천만 다릭스(주전 500년경 다리우스 대제가 선보였고 주전 330년 알렉산더 대제가 정복할 때까지 줄곧 사용된 고급 금화)를 거두어들였다고 추정된다.

5:5. 경제적 압박이 너무 거센 나머지 가족 구성원들, 곧 **자녀**들은 채권자들의 요구를 맞추려 종으로 팔렸다. 유대교 율법에는 그런 '고용된 종들'이 7년째에 풀려나야 한다는 규정이 있었다(신 15:12-18). 백성들이 처음에는 그들의 재산인 밭과 포도원을, 마침내는 자유를 빼앗기고 빚을 갚거나 가족을 부양할 수단이 없어지면서 하강의 악순환이 대세를 이루었다. 어떤 이들에게, 회복된 이스라엘의 형편은 사로잡혀 갔던 이스라엘의 형편보다 더 안 좋았다. 적어도 바벨론에서는 가족들이 한데 모여 그럭저럭 살 수 있었다. 이는 광야에서 시련에 직면한 유대 백성이 출애굽의 후유증으로 불만을 토로하는 것을 상기시킨다(참고. 민 14장).

b. 느헤미야의 반응(5:6-13)

5:6-8. 자신은 성벽과 성읍의 필요에 주력하는데

누군가 자기 이익을 위해 어려운 경제 사정을 이용하곤 한다는 말에 충격 받은 느헤미야는 **크게 노하였**다(6절). 이는 산발랏과 도비야의 경우처럼 위협이 외부에서 올 때 예상되는 반응이다. 공동체에 대한 '위협'이 내부에서 올 때의 상황은 훨씬 더 심각해진다. 여기서 느헤미야는 **귀족**들과 **민장**들을 꾸짖는다(7절). 그는 먼저 **깊이 생각**한 후 자기 행동과 말이 올바르고 적절한지 살펴보았다. 그는 대회를 소집해 귀족들과 민장들을 치면서 그들을 공개 비난했다. 느헤미야는 백성을 보초와 일꾼으로 나누어 노동력의 규모를 줄인 바 있다(4:15-23). 이제 그는 백성들이 일을 잠시 멈추고 한 곳에 모이도록 하는 데 귀중한 시간을 소비해야 했다. 하지만 이 두 가지 행동이 작업의 효율성을 높였다. 이는 우선 신체에 위협을 느끼지 않게 되었고, 그다음으로는 경제적으로 안정된 가운데 마침내 홀가분하게 일할 수 있게 된 것이다. 느헤미야는 민장들이 아주 나쁜 죄를 지었다고 비난한다. 그들이 이자를 착취하는 '고리대금업'에 종사한 것이다. 고리대금업은 담보 대출과 다르다(참고. 신 24:10; 잠 22:26). 어떤 유대인이 다른 유대인을 종으로 고용한다는 점에서 어쩌면 그것은 자비로운 행위일지 모른다. 하지만 유대인 형제들이 빚을 갚기 위해 **이방인의 손에 팔릴**(8절) 때, 그것은 이 경우에서처럼 큰 비극이다. 느헤미야는 귀족들과 민장들이 이 비극에 무관심하다고 비난하는데, 그들은 이에 대해 **잠잠하여 말이 없었**다.

5:9-13. 성경의 증언(출 21:8; 신 23:20)과 '권력 앞에서 진실을 말하는' 용기는 귀족들과 민장들의 어떤 자기 합리화 시도든 막기에 충분했다. 신자들은 자신들의 이익이 암시하는 것보다 더 큰 무대에서 살고 있음을 상기하게 된다. 그들은 **우리의 대적 이방 사람**들(9절) 앞에서도 올바로 살아야 한다. 더 근본적으로, 신자들은 **우리 하나님**을 제대로 **경외하는** 가운데 살아야 한다. 이 지도자들은 이방인들 가운데서의 간증과 하나님의 은혜보다 자신들의 경제적 이익을 더 중시하고 있었다.

느헤미야는 **돈과 양식**을 꾸어주는 문제(이자를 받고 빌려주었으며, 이는 비난의 대상임을 주목하라)에서 본을 보인다(10절). 그는 동료 지도자들에게 고리대금을 놓지 말자고 호소한다. 그는 자신이 소유한 유형의 재화를 거저 준 게 아니었다. 그는 빌려준 액수 그대로 되받기를 기대했다(그리고 빌려간 자들도 그렇게 되갚을 것으로 생각해야 한다). 그는 배보다 배꼽이 더 큰 고리대금업이라는 사악한 관행을 반드시 없애고 싶었다.

인플레이션 상황에서 이자를 받는 것이 빌려준 물건의 현재 가격을 반영한다면 그렇게 해도 정당하다. 그러나 인플레이션이 아닌 상황에서 이자를 부과하는 것은 빌려준 물건의 가치보다 더 많이 갚으라고 요구하는 셈이다(고리대금업). 경제가 인플레이션이 되면 어떤 물건의 미래 현금 가치는 현재의 현금 가치보다 높다. 따라서 갚을 때에는 빌린 것보다 실제로 더 많은 액수를 지불해야 할 것이다. 예를 들면, 어떤 사람이 오늘 2달러를 빌려 빵을 사는데 그 빵 가격이 1년 후에 3달러가 된다면 1년 후에 3달러를 갚아야 '온당할' 것이다. 이 원리는 오늘날 (저축계좌, 양도성 예금증서 및 대부분의 주택저당과 같은) 적절한 이자 부과와 착취하는 고리대금업을 구별할 수 있게 한다. 당연한 일이지만, 신자들이 가진 것에서 거저 주되 갚지 않아도 된다고 하면 이보다 더 좋을 수는 없다(참고. 눅 6:35).

느헤미야는 경제적으로 고통스런 시기에 잃은 재산을 돌려보내라고 설득한다(11절). 특히 느헤미야의 요청은 요구나 명령이 아닌 애원(**그런즉**, 11절)으로 들린다. 이는 유대 백성 '내부의' 문제이다. 이는 심판과 의로움이 하나님의 집과 함께 시작되고, 신자들은 하나님의 백성 밖에 있는 자들에게 영적으로 의로운 행동을 요구할 수는 더더욱 없고 기대하더라도 조심스러워야 한다는 이중의 원리를 나타낸다.

백분의 일(11절)은 아마도 1퍼센트 (아마도 월) 이자일 것이며, 느헤미야는 원금과 이자 둘 다 돌려주라고 채권자들에게 말한다. 이 경제 문제의 해결이 **제사장**들(12절)의 개입으로 나타나듯이 이는 결국 영적 쟁점이다. 맹세는 결국 만물을 꿰뚫어보시고 만물을 들으시는 하나님 앞에서 하는 것이다. 거듭 말하지만 하나님은 이 성스런 맹세를 궁극적으로 보증하시는 분이시다. 느헤미야의 경고(13절)는 바지에서 부스러기나 먼지를 없앨 때 그러하듯 자기 옷자락을 터는 것으로 극대화된다. 이 행위의 상징성은 분명하다. 이 백성들이 그렇게 하기로 동의한 것을 이행하지 않으면 하나님은 그들을 '털어내실' 것이다. 이 같은 '털어내는 심판'은 훗날 예수님이 제자들에게 가르치실 때 되풀이된다(마 10:14).

백성들의 반응은 세 가지로 나타난다. 그들은 그 말을 받아들였고(**아멘**), 하나님을 **찬송**했으며 (13절, 도덕적 화해를 통해 그들은 거리낌 없이 참된 예배를 드렸다), 그들은 **그 말한 대로 행하였다**(말에 그친 것이 아니었다).

2. 느헤미야의 본보기(5:14-19)

5:14-18. 이 두 번째 장면은 하나님이 느헤미야의 희생적 리더십을 통해 백성에게 성공을 가져다주셨음을 보여준다. 느헤미야는 자신에게 법적 권리가 있었지만 12년 동안 총독으로 재직하면서 백성에게 아무것도 취하지 않았다("너희 아무에게도 폐를 끼치지 아니하려고 밤낮으로" 일했다는 바울의 말과 비교해보라, 살전 2:6, 9). 어떤 이들은 **먼저 있었던 총독들**(15절)을 사마리아인들과 다른 지역 관리들을 나타내는 것으로 이해해왔다. 하지만 더 최근의 증거들은 느헤미야 이전의 유다 총독들이 자신의 지위를 이용해 경제적 이득을 취했음을 보여준다. 그 총독들 중 일부가 유대인이었다면 이는 느헤미야가 자기 동족에게 분노했음을 더 강조한다. 느헤미야는 궁극적으로 하나님의 심판을 걱정했고(참고. 5:9, 19), 자기 지위를 이용해 개인적 이득을 얻을 수 있는 기회에 한눈을 팔거나 현혹되지 않고 그가 성취하라고 부르심을 받은 것에 대한 비전에 이끌렸다(16절). 느헤미야의 가정과 맡은 책임의 규모와 범위가 어떠한지는 그의 상에 **유다 사람들과 민장들 백오십 명**이 있는 것으로 분명해진다. 느헤미야는 유다를 이끌어갈 때 '내적으로' 섬겼을 뿐 아니라 '외적으로'는 **이방 족속들 중에서 우리에게 나아온 자들**에게 외교적인 증언을 하기도 했다. 유다 백성에 대한 하나님의 보호하심에 특별히 초점을 맞추는 바로 이 장면에서 하나님은 모든 나라들뿐 아니라 경건한 백성에 대해서도 관심을 보이심을 생각나게 한다. 유다의 어려운 경제사정에도 불구하고 유다 백성은 느헤미야를 통해 열방에 복의 근원이 되었다. 하나님이 선지자 말라기를 통해 이 동일한 이스라엘 사람들을 꾸짖으실 때 총독에게 바치는 공물(**총독의 녹**, 18절)이 언급된다(말 1:8).

5:19. 이 장 내내 느헤미야의 최대 관심사는 하나님의 시선을 의식하고 살면서 그분에게 인정받는 것이었다. '내 하나님이여, 나를 기억하옵소서.' 이 주제는 책이 끝날 무렵 되풀이될 것이다(13:14, 22, 31). 오늘날 신자들이 직면하는 심각하면서도 크게 낙담시키는 도전은 종종 공동체 내부에서 생긴다. 이런 이유로 하나님의 집에서 심판이 시작되고(벧전 4:17) 바울은 고린도 교회 밖의 부패보다 교회 안의 더러움이 더 걱정되었다(고전 5:11-13). 더욱이 하나님의 뜻을 추구하는 자들은 자기가 물질적 이득을 얻으려는 것이 동기가 되어서는 안 된다(딤전 3:3; 딛 1:7). 마지막으로, 우리는 다른 이들을 거룩함으로 인도하기 위해 자신의 '권리'를 포기하는 느헤미야에게서 의로움의 자발적 본보기를 본다. 참된 리더십은 유창한 언변이나 담대한 행동이 아닌 느헤미야와 같은 자기 비움에서 찾을 수 있다.

D. 성벽 완공(6:1-19)

하나님이 느헤미야의 섬기는 리더십 기술을 사용하셔서 건축 프로젝트를 성공적으로 완료하는 데 일조하셨음을 보여준 이후의 내용은 하나님이 유다 백성들에게 형통을 허락하실 것이라는 느헤미야의 주장(2:20)을 그분이 현실로 바꾸셨음을 나타내고자 한다. 따라서 이 장은 위협의 한가운데서도 성벽이 완공되는 것을 보여준다. 첫 절(6:1)은 6장의 개요 역할을 하며, 이어서 산발랏과 게셈의 반대(2-9절), 도비야의 배신(10-14절) 및 **우리 대적**들(16-19절)의 실망이 나온다.

1. 물리적 위협(6:1-9)

6:1-4. 성벽 완공을 눈앞에 두자(느헤미야가 아직 **성문에 문짝을 달지** 못했지만, **허물어진 틈**을 **남기지** 않았다, 1절) 효과적으로 반대할 시간이 촉박해졌다. **오노**(2절)의 촌과 평지는 필시 예루살렘의 북서쪽에서 조금 떨어진 곳에 위치했을 것이다(롯의 남동쪽에서 약 11킬로미터 떨어진, 지금의 욥바 근처). 산발랏과 게셈은 느헤미야를 해코지하거나 암살하기 위해 그를 (엄밀히 말하면 아직도 느헤미야가 관할하는 유다 영토 안의) 안전한 예루살렘에서 먼 곳으로 유인하려 한 게 틀림없다. 느헤미야는 거리가 멀고 가는 데 시간이 오래 걸린다는 이유로 그들의 초대에 응하지 않았다. 산발랏의 다섯 번에 걸친 끈질긴 초대로 느헤미야의 의심이 사실로 밝혀졌을 것이다. 이 당시의 서신들

은 그 사적 내용과 출처의 정확성을 보호하기 위해 봉인하는 게 관례였다.

6:5-9. **봉하지 않은 편지**(5절)는 느헤미야가 왕의 자리를 탐내 아닥사스다에 대한 반란을 일으키려 한다는, 그에 대한 비난을 널리 알렸다. 그 서신은 일종의 정치적 협박이었다. 바사 왕이 반란을 꿈꾸는 자를 그냥 두지 않을 것임은 분명했다. 산발랏은 아닥사스다를 두려워하는 유다 백성들이 독자적으로 일을 처리하려면 어쩔 수 없이 느헤미야의 활동을 제한할 수밖에 없을 것으로 확신하면서 이 서신을 그들에게 보냈을 것이다. 이스라엘의 이전 왕들은 거짓 선지자들을 고용해 자신들의 비위를 맞추는 증언을 하게 했다(왕상 11:29-31; 왕하 9:1-3). 이는 아모스가 사역 중에 한 비난의 일부였다(암 7:10-17). 8절에서 느헤미야는 자신에 대한 비난이 사실과 다르고 **이런 일은 없는 일**이라고 잘라 말했다. 심리적 공격의 의도(9절)는 건축자들의 사기와 의지를 약화시키는 것이었다. 9절을 닫는 말(오 하나님, **내 손을 힘 있게 하옵소서**)은 기도에 대한 기록처럼 보이지만 이는 가능성이 낮다. 많은 영어 번역본에 (대개 이탤릭체로) 나타나는 "오 하나님"은 원래 본문에 없다. 이를, 흔히 "나를 기억하소서" 혹은 "그들을 기억하소서"가 들어가는 느헤미야의 유명한 기도와 비교해보라. 더 나은 번역은 '나는 더없이 단호한 결단으로 계속했다'가 될 것이다. 느헤미야는 점점 거세지는 반대에 직면했다. 이제 대적들이 구체적인 행동을 취하기 전에 공사를 끝마쳐야 할 이유가 분명해졌다.

2. 정치적 위협(6:10-14)

6:10-12. 느헤미야에 대한 둘째 유형의 속임수는 **두문불출하는**(문자적으로, '갇혀 있는', 10절) 스마야를 통해 왔다. 이 난해한 구절에 대해 여러 설명이 제시되었다. 가장 설득력 있는 것은 스마야가 느헤미야와 가상의 동질감을 진전시키기 위해 개인적으로 위험에 빠진 척한 것인데, 이는 스마야가 자신과 느헤미야가 함께 성전으로 피신해야 한다고 그를 설득하기 위해서였다. 스마야는 제사장의 자격으로 성전을 출입한 것처럼 보인다. 그는 선지자로 알려졌을지도 모른다. 이는 느헤미야가 그를 기꺼이 방문하고자 했던 이유가 될 수 있었을 것이다. 하지만 이스라엘의 거짓 선지자들처럼 (왕상 22:5-6) 스마야는 정치적 및 개인적 목적을 이루고자 기꺼이 자신의 메시지를 조정했다. 이 말이 하나님에게서 온 것이 아니라고 느헤미야가 확신하게 된 것(그는 **하나님께서 보내신 바가 아니라**, 12절)은 여기서 스마야가 느헤미야에게 거짓된 정치적 위협을 신뢰하고 불법적으로 성전에 숨으라(민 18:7)고 조언했기 때문이었다. 느헤미야가 조언을 거부한 이유는 두 가지이다. 지도자(**나 같은 자**, 11절)는 위험에서 도망치면 안 되는 것과 제사장만이(즉, 제사장이 아닌 느헤미야와 **같은 몸이** 아닌) 성전 출입을 이처럼 자유롭게 해도 된다는 허락을 받았다는 것이다. 실로 느헤미야가 이 조언을 받아들여 성전에 불법으로 방어벽을 쳤더라면 이는 성소를 더럽혀 결과적으로 대적들의 음모가 성공하게 만든 것이므로 그는 목숨을 잃었을지 모른다.

6:13-14. 이 음모를 처음 꾸민 사람은 **도비야와 산발랏**이었다. 도비야는 예루살렘의 거물이었는데(2:10과 3:28-32에 대한 주석을 보라), 이는 6:17-19에서 재차 강조된다. 여기서 그는 자신의 자산을 이용해 총독을 함정에 빠뜨리거나 명성에 먹칠을 했다. 느헤미야는 연약하거나 혹은 존재하지 않는 대적들을 피해 성전으로 도망침으로써 자신이 죄를 범하거나 두려워한다는 인상을 주지 않으려 고심했다. 게다가 느헤미야는 제시된 행동 노선이 정치적으로 부당할 뿐 아니라 실제로도 **죄**(13절)임을 인식했다. 하지만 이는 느헤미야가 성경을 알고 있다는 또 다른 사례이다. 6:13-14의 말미에는 공사를 반대하는 여러 개인들에 저주를 적용하는 …**을 기억하옵소서**(14절)라는 친숙한 공식이 들어 있다. 느헤미야는 "내가 보복하리라"라고 여호와가 말씀하시는 신명기 32:35을 적용하고 있는 듯하다. 그에게 반대하는 다양한 대적들을 간추릴 때 **노아댜와 그 남은 선지자**들까지도 느헤미야에게 반기를 들었다는 사실을 알게 되어 놀랍다(14절).

3. 성벽 완공(6:15-19)

6:15-16. 마지막으로, 절제된 표현을 더러 쓰기는 하지만 성벽은 완공되었다. **엘룰**은 유대력의 여섯째 달이다. 엘룰 25일은 주전 445년 10월 27일이다. **오십이 일**(15절)은 그처럼 큰 공사를 끝내기에는 현저히 짧은 기간이다. 성벽 완공은 6:16에서 주목했듯이 백성의 근면과 하나님의 은혜 둘 다를 잘 반영한다. 아마도 **대적**

들(16절)은 산발랏을 비롯한 다른 지명된 적수들을, **이방 족속들**은 그들의 백성을 나타낼 것이다. 느헤미야와 일꾼들의 작업 속도가 너무도 빨라 여러 음모를 꾸몄음에도 불구하고 성벽은 완공되었다. 이방 족속들은 신속한 완공에 놀라 사기가 꺾였다. 이 완공을 경탄스럽게 만드는 요인 중 일부는 어떤 위대한 일이든 사심없는 협조가 필요하다는 사실이며, (위원회에서 일하는 사람이라면 누구나 증언할 수 있듯이) 그러한 협조는 드물다는 것이다.

이 두 절의 요점은 하나님이 형통하게 하실 것(2:20)이라는 느헤미야의 이전 주장이 실현됨을 보여주는 것이다. 이제 느헤미야의 대적들조차도 성벽 완공을 보면서 **우리 하나님께서 이 역사를 이루신 것을** 알게 되었다(16절).

6:17-19. 도비야의 서신에 대한 논란(17-19절)은 공사 기간 전체에 적용된다(**그때에**, 17절). 느헤미야는 끊임없는 음모와 배반으로 점철된 상황에서 자신의 과제를 완수했다. 그는 자신을 강하게 반대하는 자들로부터 적극적으로 지지하는 자들에 이르기까지 다양한 사람들을 접했다. 그 중간에 위치한 자들도 있었다. 예컨대 **므술람**(18절)은 도비야와 정치적 유대 관계를 유지하면서도 성벽 공사에도 열심이었다(3:4, 30). 도비야는 혼인 계약과 다른 개인적 친분을 통해 정치적 및 개인적 협력자들을 다수 확보했다. 이 중재인들은 도비야에 대해 좋게 말한 반면, (**내게 편지하여 나를 두렵게 하고자** 한, 19절) 도비야의 말은 아이러니하게도 느헤미야로 하여금 그를 더욱 불신하게 만들었다.

연사가 제아무리 카리스마가 있고 그의 메시지가 설득력 있다 하더라도 그의 말은 하나님의 말씀과 비교해 평가되어야 한다. 느헤미야는 스마야의 조언이 계시된 성경(성경의 계시)을 부인하기 때문에 그것을 거절한 초기 '베뢰아 사람'(행 17:10-13)이다. 느헤미야서는 종종 리더십에 대한 연구(서)로 읽힌다. 이 책은 인간의 보편적인(공통적인) 여러 유형의 반대 심리(개인적이고 육체적이고 심리적이고 정치적인)를 담은 목록으로도 읽힐 수 있다. 느헤미야는 고린도전서 10:13의 진리, 곧 누구나 이 유혹들을 받으며, 하나님의 사람은 유혹에 대한 반응으로 바르게 행동할 수 있는 길이 늘 있음을 보여준다.

Ⅲ. 하나님 백성으로 회복(7:1-10:39)

A. 계보(7:1-73)

느헤미야 7장의 많은 부분은 에스라 2장의 최초 귀환자들의 명단과 거의 정확히 일치한다(스 2장의 주석을 보라). 성벽이 완공되자 느헤미야는 이제 예루살렘에 거주할 백성들의 정신 개조로 시선을 돌린다. 자신의 현재 작업을 사로잡혔다가 처음으로 돌아온 자들과 연결하기 위해 그는 스룹바벨과 예수아가 주도한 1차 귀환에 대해서 에스라가 설명한 것과 동일한 명단으로 이 부분을 시작한다. 아브라함과 이삭, 야곱의 직계 후손인 진짜 유대 백성들이 예루살렘에 다시 거주하게 될 것임을 보여주기 위해서 느헤미야는 이 계보를 조심스럽게 포함시켰다.

1. 보안 지침(7:1-4)

7:1-3. **문지기**와 **노래하는 자**들과 **레위 사람들**(1절)에게 적절한 임무가 주어진 후 비로소 시민들의 역할 부여가 완료되었다. 2절에는 다소 모호한 부분이 있다. 느헤미야는 얼마나 많은 사람들에게 **예루살렘을 다스리**게 했는가? 대다수 영어 번역본에서는 두 사람을 제시한다. 느헤미야의 아우 **하나니**(참고. 1:2)와 영문(요새)의 관원인 **하나냐**이다. 이러한 이해를 선호하는 것은 하나냐를 **충성스러운 사람이요 하나님을 경외함이 무리 중에서 뛰어난** 자로 추가 서술했을 뿐 아니라 이름들 또한 경미한 차이를 보이기 때문이다. 하나니는 첫 장에서 소개한 터라 익히 알려져 있다. 하나냐가 이 직임의 적임자라는 설명이 추가된다. 그는 **영문** 지도자로서의 행정 경험과 도덕적 탁월함(진실성과 관계된 **충성스러운**, 문자적으로 하박국에서 말하는 '진실한')과 참된 영성을 지녔다(**하나님을 경외**했다).

이 구절에 대한 또 다른 견해는 딱 한 사람만 예루살렘의 '시장'이라고 제안한다. 이 해석에 의하면 이 구절은 '내 아우 하나니, 말하자면 영문의 관원 하나냐'로 읽힌다. 이런 주장을 펼치는 이유는 이름의 차이가 경미하며(아마 하나니는 '하나냐'로 널리 혹은 친숙하게 알려졌을 것이다), 그 직임은 특성상 여럿이 공유하기가 껄끄럽기 때문일 것이다. 3장에서, 예루살렘이 르바야와 살룸이 치리하는 여러 소구역으로 이미 분할되었음을 기억하라(3:9, 12). 모든 것을 고려할 때 전자의 해석이 더 나은 것 같다. 예를 들어, 느헤미야는 복수의 청중을 나타내는 그들(3절)에게 이야기한다.

3절도 다양한 독해가 가능하다. 문들은 처음으로 빛이 비추는 때가 아닌 한낮이 지난 후를 의미하는 **해가 높이 뜨기 전에** 열 수 없다. 보안 강화의 척도인 문들은 성읍이 온전히 깰 때까지 열면 안 된다. 그렇지 않고 문들은 **해가 높이** 떴을 '때', 즉 한낮에 열면 안 된다고 주장하는 사람들이 더러 있다. 정오는 취약해지기 쉬운 또 다른 때이므로 보초를 비롯한 다른 이들이 이글거리는 태양을 피해 그늘을 찾을 것이기 때문이다. 둘 중 어떤 식으로 해석하든, 느헤미야는 예루살렘 성의 인구가 매우 적을 뿐 아니라 사람들의 변덕 또한 죽 끓듯 하는 터라 남다른 보안 대책을 세우고 있다(이 문제는 곧 다룰 것이다).

7:4. 주민이 적은 것에 비해서만 그 **성읍은 광대하**였다. 성벽들로 둘러싸인 지역은 솔로몬과 히스기야 치하의 이전 성읍보다 훨씬 더 작았다. **그 주민은 적으며**는 느헤미야가 바로잡기 시작하는 상황을 나타낸다(주변 마을의 주민들이 추첨을 통해 '선발되어' 예루살렘으로 이주하는 11:1을 보라). 비록 가옥은 건축되지 않았지만(4절) 분명 몇몇 집에는 사람들이 살고 있었다. 다시 살게 된 성읍 치고는 숫자가 적당하지 않았지만 말이다. 처음 돌아온 자들의 명단을 다시 발견하고(**내가…계보를 얻었는데**, 5절) 다시 선포함으로써 느헤미야는 자신의 성벽 재건과 인구 재배치라는 현재 프로젝트를 최초 귀환의 과제와 연결하고 있다. 여기서 느헤미야는 자기 사역이 하나님의 회복 계획과 다른 것이 아니라 그 계획의 실제 완성임을 보여주고 있다.

2. 계보 기록(7:5-65)

대체로 7:5-73은 에스라 2장에서 발견되는 동일한 자료를 거의 똑같이 요약한 것이다. 에스라서에 대한 주석을 함께 보라.

a. 계보 기록이 있는, 포로 생활에서 돌아온 자들 (7:5-60)

7:5-60. 현학적 성격이 짙은 많은 자료들이 느헤미야 본문에 되풀이되는 까닭은 무엇인가? 앞서 주목했듯이 이 계보를 포함시킴으로써 (스룹바벨과 에스라가 주도한) 제1, 2차 귀환들은 느헤미야가 이끈 이 3차 귀환 및 프로젝트와 밀접하게 연관된다. 이따금 느헤미야(인물과 책)는 자료와 성벽 재건 및 성읍 관리와 같은 실제적 관심사에만 신경 쓴다는 오해를 받는 반면 에스라는 성전 및 율법과 같은 '영적' 문제들에 초점을 맞추는 것으로 간주된다. 이스라엘 역사를 꼼꼼히 읽어보면 백성(나라), 백성이 드리는 예배(장막과 성전), 율법 및 땅이 일관되게 연계되어 있음을 알게 된다. 유대 백성과 함께하는 하나님의 사역은 이 관심사들이 정기적으로 상호 연결되어 있음을 나타낸다. 실로 백성들이 얼마 전에 바벨론으로 사로잡혀 가게 된 것은 그들이 우상을 숭배하고 율법의 여러 조항을 지키지 않았기 때문이었다. 느헤미야서에서 (다시 한 번 '땅'을 확보하는) 최초의 초점, 곧 이 책의 절반에도 채 못 미치는 6장 말미에서 실제로 완료되는 초점은 예루살렘의 성벽 재건에 맞춘다. 이는 느헤미야서가 전반적으로 처음 여섯 장에서 다루는 성벽과 다른 중요한 문제들에 대해 그러하듯 율법의 쟁점들과 성전, 백성의 정화에 많은 관심을 두고 있음을 보여준다. 여기서 1차 귀환자들을 상기함으로써 율법과 성전, 정화로 관심사를 돌리는 것은 이 책 나머지에서 신학적 성격이 짙은 의제를 다룰 수 있는 정황과 정당성을 부여한다.

b. 계보 기록이 없는, 포로 생활에서 돌아온 자들 (7:61-65)

7:61-65. 가혹하다 싶을지 모르지만, 역사적이고 민족적인 이스라엘과 가족관계를 맺을 수 없는 저 현직 제사장들은 유다에서 **제사장 직분을 행하지 못하게 했다**(64절). 이는 특별한 섬김을 위해 거룩해지고 따로 구별된 '거룩한 제사장 직분'을 세우시겠다는 하나님의 의도와 일치한다(레 8-9장). 이는 뒤이어 나올, 이방 민족과의 결혼을 새롭게 금하는 것에 대한 배경을 제공하는데(13:23-29), 여기서 유대 백성은 이방 민족과의 결혼을 삼가라는 명령을 받는다.

3. 요약(7:66-73)

7:66-73. 이 구절들은 에스라 2:68-69에 기록된 예물들을 간추린다. 에스라의 기록과 차이가 나는 것은, 예를 들어, 대접 및 옷과 같은 것들의 가치를 현금 가치로 '환산하기' 때문일 것이다. 7:66-73은 **제사장들과 레위 사람들과 문지기들과 노래하는 자들과 느디님 사람들과 온 이스라엘 자손**(73절)을 비롯해 많은 사람들이 예루살렘을 둘러싼 성읍들에 거주했다는 것에 주목하면서 끝난다. 재건된 예루살렘 성읍에 다시

사람들을 거주하게 할 필요성은 11장의 초점이 되지만, 8-10장에서 느헤미야의 우선 관심사는 백성들의 영적 회복이다.

예루살렘 성벽이나 다른 방어 시설들이 튼튼하다 할지라도 성읍 혹은 공동체의 진정한 힘은 그 백성들이다. 성벽 완공은 느헤미야가 하는 작업의 시작에 불과했다. 그 작업은 성읍에 거주할 백성들을 세우는 것으로 완료될 것이다. 귀환자들의 명단을 다시 언급한 것은 자신들이 누구이고 왜 유다에 있는지를 백성에게 상기시키는 데 도움이 되었다. 그것은 성전과 성읍을 재건하고 하나님의 능력과 은혜를 간증하기 위해서였다.

B. 율법의 공개 낭독(8:1-18)

백성이 계보상의 자손임을 강조하고 그들이 참된 유대인이라는 정체성을 보여준 느헤미야는 백성의 영적인 삶에 초점을 맞추기 원했다. 육신적으로 이스라엘 백성의 혈통이라 하더라도 이스라엘 하나님과의 영적 관계가 없다면 그것으로는 불충분했다. 따라서 8-10장은 그들의 영적 부흥에 토대가 되는 하나님 말씀의 주입으로 시작하면서 돌아온 자들의 영적 삶에 초점을 맞춘다.

1. 율법 낭독(8:1-8)

8:1-4. 모든 백성이 남자들만 입장이 허락된 성전 뜰이 아닌 **수문 앞 광장에 모**였다(1절). 때는 **일곱째 달 초하루**(2절), 곧 이스라엘을 위해 참회하는 때가 시작되는 절기인 나팔절의 날(레 23:23-25; 민 29:1-6)이었다. 나팔 소리는 아흐레 후에 있을 속죄의 날에 대한 준비로 백성에게 회개를 촉구하는 역할을 했다. 에스라는 **모세의 율법책을 가져오**라는(1절) (그리고 낭독하라는) 요청을 받았다. 율법 낭독은 그 후에 곧 회당에서 발전된 독서 주기의 원천 가운데 일부였을지 모른다. 에스라가 이 행사에서 겨우 여섯 시간 남짓 낭독했는데(3절을 보라) 그 분량은 모세오경 전체가 아닌 일부에 불과했다. 느헤미야서의 문학적 및 신학적 의제에 여호수아의 정복을 개괄하려는 시도가 포함된다고 가정한다면(또한 17절을 보라) 가나안 정복에 앞서 모세가 백성에게 율법을 다시 선포한 신명기를 읽는 것은 적절할 것이다. **남자나 여자나 알아들을 만한 모든 사람**(3절)으로 이루어진 회중의 구조는 주목할 만하다. 이는 남자들 혹은 심지어 성인으로만 구성된 행사가 아니었다. 알아들을 수 있는 어린이들도 자리를 함께했다(이는 오늘날 교회 예배의 관행에 대한 도전으로 간주될지 모른다). **새벽부터 정오까지**는 대략 여섯 시간에 걸쳐 이어지는 것으로, 이는 백성들이 동틀 녘까지 함께 모여 말씀을 경청할 준비를 하고자 일찍 '자기들의 성읍에 있는'(7:73) 집을 떠나 예루살렘으로 왔음을 암시한다. 에스라가 선 **나무 강단**(4절, '연단'이 더 나은 번역이다)은 '망대'(JPS)로 번역되기도 한다. 그 강단은 에스라와 함께 서 있는 사람들을 위한 공간을 확보하고자 맨 위에 널찍하고 편평한 지면이 있는 것으로 생각된다. 본문은 에스라의 오른쪽에 여섯 사람, 왼쪽에 일곱 사람 합해서 열세 사람이 있다고 말한다. 이는 좌우가 비대칭이고 기대하는 숫자가 열둘일 것이므로 해석자들이 다소 우려하는 결과를 낳았다. 그리하여 에스라와 함께 있는 지도자 열세 명의 중요성에 대해서는 다소 이견이 있었다. 가장 그럴듯한 설명은 이것이 이 행사를 정복과 연계시키려는 시도라는 것이다. 이스라엘 역사에서 '열세' 지파의 가장 유명한 모임은 여호수아 2-4장에 기록된 대로 정복을 앞둔 소집에서 이루어졌는데, 거기서 열두 지파와 레위 사람들(합해서 열셋)이 자리를 함께했다(수 4:1-10). 현재 본문에서 에스라 뒤에 모인 열셋은 느헤미야 시대에 재편성된 이스라엘 백성 전체를 나타낸다. 정복 당시의 에피소드와 이 에피소드 사이의 유사점을 의도적으로 나타내려 한 것은 거의 틀림없다. 그렇게 함으로써 현재 회복된 땅을 과거에 선물로 받은 땅과 결부시킨다.

8:5-8. 이 특별한 축일을 위한 유다의 예배에는 구체적 전례가 있었던 것으로 보인다. **에스라가…책을 펼 때에 모든 백성이 일어**선(5절) 것은, 하나님의 말씀을 존중하기 때문일 것이다(오늘날 많은 교회에서 성경 말씀을 크게 낭독할 때 이 관례를 따른다). 에스라가 기도와 찬양으로 백성을 인도하자 그들은 두 번의 **아멘**(6절)으로 응답했다. 여기에 성전 뜰 밖에서 (그러나 가까이서) 일어나는 예배와 성경적 교훈이 있기 때문에 어떤 이들은 (뒤이을 7-8절을 포함한) 이 구절들에서, 신약에서 눈에 띄게 나타나는 회당 체제의 시작을 발견한다. (말씀이 봉독될 때 일어서는 관례를 따르는 많은 현대 교회들이 어떤 이유에서인지 주님께 경배드릴 때 몸을 굽히고 **얼굴을 땅에 대는**(6절) 관례는 받아들

느

이지 않는다.) 7-8절에서 [다시금 숫자가 열셋인] **레위 사람들인** 다른 그룹의 사람들은 백성 가운데 흩어져 **그들에게 율법을 깨닫게 하고 그 뜻을** 해석했다. 에스라의 낭독 후 이 사람들은 설명하고 질문에 답하며 적용의 문제를 다룬 것으로 보인다. 더욱이 백성들은 당시에 아람어를 사용했으므로 레위 사람들은 히브리어 본문의 의미를 옮기거나 다른 말로 바꾸어 표현해야 했을 것이다. 오늘날의 신자들을 위한 성경 공부와 주일학교 수업을 위해서뿐 아니라 율법 낭독과 토론을 위한 더 작은 집단의 이러한 모임은 훗날 이스라엘 회당 체제의 주춧돌이 되었다.

2. 거룩한 절기(8:9-12)

8:9-12. 율법에 대한 최초의 반응은 탄식이었다. 이는 아마도 뉘우치는 날들이 있었고 또한 율법의 상당 부분을 지키지 않았다는 깨달음 때문이었을 것이다. 율법에 대한 불순종의 도가 지나치자 에스라와 느헤미야는 개입하여 대신 오늘을 기리라고 권면하지 않을 수 없었다. **오늘은 너희 하나님 여호와의 성일이니 슬퍼하지 말며 울지 말라**(9절). 그것은 이 성일, 곧 나팔절이 또한 즐거운 절기임을 상기시켰다. 이는 '거룩한'이 '엄숙한'과 동의어가 될 필요가 없음을 암시한다. 사실상 백성들은 가서 **먹고 마시며** (그럴 형편이 안 되는 자들에게는, 즉 **준비하지 못한 자에게는**, 10절) **나누어 주라**는 지시를 받았다. 이 말들은 훗날 바울이 고린도에서 목격하게 되는 상황, 곧 기독교 애찬식을 거행할 때 부자들은 지나치게 후대하는 반면 가난한 자들은 배제하는 것과 대비된다(고전 11:17-22에 대한 주석을 보라). 하나님의 은혜를 기릴 때는 그럴 형편이 안 되는 자들도 포용해야 한다. 더욱이 **살진 것**[음식]과 단 음료들도 적당히 섭취했는데, 이는 경건해지려면 육체적 및 감각적 쾌락을 죄다 금해야 한다고 생각하는 자들의 비위를 거슬렀다. 백성은 율법의 말을 실제로 알게 되자 크게 즐거워했다(17절). 하나님의 율법과 그 안에 담긴 은혜를 올바로 알게 되면 기쁨이 따른다.

3. 초막절(8:13-18)

8:13-18. (일곱째) 달의 '이튿날', 백성은 율법에서 초막절(성막)에 관한 지침들을 발견하고(레 23:33-44; 신 16:13-16) 즉각 기념행사를 다시 시작했다. 여기서 그들이 며칠 너무 일찍 이 기념행사를 시작했다는 생각이 좀 든다. 원래 이 절기는 그달 열다섯째 날에 시작해 8일 동안 지속하기로 되어 있었다. 여기서 본문은 절기에 대한 지침을 때맞춰 발견한 것을 기록하고 있는 듯하며 백성들은 2주 후에 시작되는 절기를 무난히 기념할 수 있었다. 본문은 백성이 초막절을 지켰다는 사실에 주목하지만 백성이 이번에 수 세기 만에 처음으로 그렇게 한 것이라고 말하지는 않는다(17절). 실제로 이스라엘의 역사 내내 초막절을 다양하게 지켰다는 성경의 기록이 있다(삿 21:19; 삼상 1:3; 왕상 8:2; 스 3:4; 슥 14:16). 하지만 초막절은 **눈의 아들 여호수아 때**(17절)로부터 '이같이'(NIV) 지켜진 적은 없었다. 아마도 이 기념행사의 독특함은 '올바름' 혹은 이 행사에서 기뻐하는 정도와 관련 있을 것이다. 아무튼 저자는 다시 한 번 여호수아의 정복과 느헤미야의 재정복이 유사하다는 점에 독자들의 주의를 환기한다. 날마다 지속되는 이 행사에 율법 낭독(아마도 이 상황에서 에스라는 율법 전체를 통독할 수 있었을 것이다)이 포함되었다.

느헤미야서의 이 8장에는 역사적으로 중요한 전례가 꽤 많이 들어 있는데, 이는 신약 시기에 지리적으로 여러 곳에 흩어져 있는 이스라엘인들이 가르치고 예배드리는 토대가 되고(회당 체제), 궁극적으로 초대 및 현대 기독교 예배의 틀을 형성하다시피 한다. 이스라엘의 초창기부터 백성은 "이 율법책을 네 입에서 떠나지 말게 하며 주야로 그것을 묵상하라"(수 1:8)는 지시를 받았다. 포로에서 돌아왔을 때 이스라엘은 율법 자체를 재발견하고 재도입해야 할 정도로 이 고상한 기준에서 한참이나 멀어져 있었다. 메시아 예수가 오시기 전 그 사이의 세월 동안 유대 백성은 성경에 이러한 주의를 계속 기울였다. 이는 성경의 예언들이 예수님 안에서 성취되었음을 그분과 사도들이 선포하기 위해 성전에 적극 관여하고 성경으로부터 추론함으로써 그들 자신의 사역을 시작할 수 있도록 하기 위해서였다. 하지만, 히브리어 성경에 기울인 이 같은 주의는 종교 지도자들이 구전 전통에 집착함으로써 흐려지는 비극을 낳았다(마 15:1-20에 대한 주석을 보라). 이 '성경 중심의' 신앙은 지난 2,400년 동안 하나님의 참된 백성의 특징으로 자리 잡았다.

C. 이스라엘의 고백과 역사(9:1-37)

9장의 메시지는 돌아온 자들의 영적 삶에 계속 초점을 맞춘다(8-10장). 저자는 그들의 영적 부흥에 토대가 되는 하나님의 말씀이 주입되어야 할 백성들에게서 그들이 하나님과 새로이 동행하는 데 필요한 참된 회개로 화제를 돌린다(9장). 율법을 다시 선포하고 초막절(느 8장)과 같은 유대의 예식 및 절기에 대한 관행을 새로 제정하는 것에 기초해 유대 백성은 자신들이 하나님과 맺은 언약을 깨뜨렸음을 알고 이 거룩한 언약을 다시 세우려 한다(10장). 언약 갱신의 준비 단계는 백성을 소집해 여기 9장에서 유대 역사를 그들에게 들려주는 것이다. 이 9장은 하나님이 거듭 은혜를 베푸시는데 반해 유대 백성들은 걸핏하면 등을 돌린다는 (그들이 집단적으로 지은 민족의 죄를 자복하는 것에서 절정을 이루는) 이야기이다.

1. 레위 사람들과 백성의 회중(9:1-5)

9:1-3. 앞장이 끝날 무렵 초막절을 잠시 지키기는 했지만, 돌아온 민족이 언약에 대한 충성을 새로 다짐할 뿐 아니라 고백과 회개의 필요성 또한 그대로 남았다. 같은 **달 스무나흘 날**은 초막절이 끝난 후 이틀이었다. **베옷**은 염소 머리털로 만든 거친 천이었다. **티끌**은 이 경우, 백성의 죄로 인한 수치와 한탄의 표지이기도 했다. 고백은 공동체에만 해당되었다. 따라서 하나님의 언약은 아브라함 및 그의 자손과 맺었으므로(뒤이은 7-8절을 보라) 이스라엘은 **모든 이방 사람들과 절교하**였다(2절). 하나님의 말씀(**그들이** 세 시간 동안 **율법책을 낭독하고**)과 뒤이은 적용(그들은 세 시간 동안 **자복하며 경배하는데**) 사이에는 밀접한 연관이 있다. 성경을 이해하면 하나님에게서 소외되었음을 깨닫고 인정하며(자복) 또한 은혜로 그분에게 나아갈 수 있게 된다(경배).

9:4-5. 놀랍게도, 백성들이 집단적으로 죄를 자복하고 경배하는 것을 이처럼 기술할 때까지 민족의 영적 지도자들은 따로 세움을 받지 않았다(참고. 4-5장). 이는 하나님과의 관계가 영적 지도자들의 대리행위로 유지될 수 있는 것이 아닌 궁극적으로 개인적인 것임을 우리에게 상기시킨다. 여기서 지도자의 역할을 감당하는 것은 (레위 지파의 제사장 자손들인) **레위 사람**들이다. 다음 장에서, 갱신된 언약에 정치적 및 행정적 책무들이 포함되므로 느헤미야를 비롯한 다른 지도층도 인정받는다. 이 레위 사람들은 두 그룹으로 나뉘어 예배를 인도했는데, 그중 몇몇(다섯)은 양쪽에 참석했다.

2. 창조와 아브라함의 부르심(9:6-8)

9:6-8. 이스라엘의 언약은 우주의 유일하신 하나님과 맺은 것이다. **오직 주는 여호와시라**. 여기서 **여호와**는 하나님이 이스라엘과 언약을 맺으실 때의 이름으로, 백성은 그분과 맺은 특별하면서도 유일무이한 관계를 다시 언급할 때 그 이름을 적절히 사용한다. 하나님이 자신의 백성과 함께 사역하시는 장은 그분의 주권이라는 맥락이다. 하나님은 **하늘**과 **땅**, 땅에서나 바다에서 사는 만물뿐 아니라 별들이나 천사들(혹은 둘 다)을 가리키는 **모든 천군**을 지으셨다. 그처럼 방대한 범위의 창조 가운데서 하나님은 **아브람**[훗날 **아브라함**]을 유대 백성의 아버지로 택하시고(창 11:31 이하) 그를 갈대아 땅에서 불러내셨는데, 이 내러티브의 유대 백성은 그곳에서 떠나왔다. 포로 생활에서 돌아온 유대인들은 이를 통해 지금 서 있는 바로 이 땅을 그들에게 주시겠다고 하나님이 아브라함에게 하신 약속을 떠올렸다(창 12, 15, 17장).

3. 출애굽과 떠돌이 생활(9:9-22)

9:9-13. 다른 족장들, 요셉, 또는 창세기 말미에서 열두 지파가 애굽으로 이동하는 것은 언급하지 않은 채 기도는 이제 출애굽 사건과 약속의 땅을 향한 여정으로 화제를 돌린다. 사실상 기도 전체는 백성의 광야 생활에 계속 초점을 맞추는데 다른 모든 사건은 이 주된 관심사에 비해 부차적이다. 애굽에서의 탈출(출 12장)은 고대 이스라엘의 민족 정체성을 형성한 두드러진 사건으로 매년 유월절에서 이를 기념했다. 이 5세기 유대인 자손들이 계속 고난받고 울부짖었듯이, 하나님은 그들의 **조상들이 고난받는 것을 감찰하시고 그들의 부르짖음을 들으셨**다(9절). 하나님은 자신의 임재와 자기 백성에 대한 신실하심을 나타내셨고 그들이 **바다 가운데를 통과하게 하셨으며** 낮에는 **구름 기둥**으로 밤에는 **불기둥**(11-12절)으로 인도하셨다(출 13-14장). 하나님은, 처음에는 성막에서 나중에는 성전에서 눈에 보이게 구체적으로 임하셨다. 백성은 하나님에게 자신들 가운데 거하시고 예루살렘 성전으로 돌아오시기를 다시 한 번 간청했다. 하나님은 또한 시내산에서(예컨대, 출 20장) 그들에게 자신의 **규례**, **율법**, **율례** 및 **계명**

느

을 주셨는데(13절), 그들은 율법 낭독을 통해 얼마 전에 이를 상기했었다(느 8장).

9:14-22. 게다가 하나님은 매주 심지어 **안식일**에도 만나를 일용할 양식으로 주셨는데, 이는 지치고 억압받고 굶주림에 시달리자 애굽으로 돌아가기를 갈망하던 백성들에게 전해진 기쁜 소식이었다. 이런 것들은 약속의 땅을 주시는 것에서 절정을 이룰 터였다. **주께서 옛적에 손을 들어 맹세하시고 주겠다고 하신 땅을 들어가서 차지하라 말씀하셨사오나**(15절). 여기서 옛 이스라엘은 멈칫거렸는데, 이는 가나안 사람들의 위협에 주눅이 들고, 지시대로 가나안 땅을 정복하기보다 애굽으로 돌아가는 게 더 좋았기 때문이었다(17절). 하지만 백성이 반역하고 우상을 숭배하는 가운데서도(출 32장) 하나님은 '용서하시고 은혜로우시고 긍휼히 여기시고 더디 노하시고 인자가 풍부하신 하나님'으로 계속 계셨다(17절). 하나님과의 깨진 관계를 백성이 일방적으로 회복할 수는 없다. 그들이 드리는 그 무엇으로도 하나님의 은혜를 얻지 못한다. 하나님은 죄를 잊으시거나 외면하실 수 없으시기에 그분의 용서만이 유일한 소망이다. 이 소망은 근거가 충분하다. 그분이 은혜로우시고 분에 넘치는 복을 내리시고 긍휼히 여기시고 자비로우시고 마땅한 벌을 내리지 않으시기 때문이다. 특히 민수기 도처에서 보듯이, 하나님은 광야에서 떠돌던 40년 동안 이스라엘 민족에게 끝까지 신의를 지키심으로써 이를 나타내셨다(18-21절).

4. 여호수아가 주도한 정복과 그 후의 불순종 (9:23-31)

9:23-31. 하나님이 광야 생활을 통해 이스라엘을 지키신 것은 그들로 하여금 마침내 약속의 땅에 들어가게 하시려는 의도에서였다. 그리고 이는 여호수아의 주도 아래 실현되었다. **하늘의 별같이 많게**(23절)는 하나님이 아브라함에게 하신 약속을 생각나게 한다(창 15장). 여호수아의 정복(수 11장)은 여기서 사실적 용어로(24-25절) 기술된다(**그 땅 가나안 주민들이…복종하게 하고…견고한 성읍들과 기름진 땅을 점령하고…집을 차지하였다**). 마치 그 정복이 하나님이 성취하시기에 간단한 일인 것처럼 말이다. 사실이 그러했다. 이 현대판 유대 백성은 여호수아의 정복이 하나님의 역사임을, 그들이 직면한 도전들이 그 당시와 비슷함을 그리고 하나님이 다시금 그들에게 땅을 주실 수 있음을 알았다. 예전의 유대 백성은 **순종하지 아니하고 주를 거역하며…주를 심히 모독하였나이다**(26절). 이 말은 사사들과 왕들이 다스리던 내내 하나님을 저버리던 반복된 순환을 요약한다. 사실상 이스라엘 역사의 절정인 사사들의 큰 승리, 사울과 다윗, 솔로몬의 통치, 선지자 엘리야와 이사야의 사역이 누락되었음은 의미심장하다. 이스라엘 역사의 핵심은 이러한 정치적 승리 혹은 백성이 떠받드는 영웅들의 성취가 아닌 백성 전체가 충실했거나 불충실했던 기간으로 측정된다. 충실함은 땅에서의 평안(**평강**, 28절)으로 보상받지만 불충실함은 억압과 궁극적으로 땅에서 사로잡혀 가는 것으로 심판받는다. 일관되게 그런 모습을 보이는 이스라엘 역사는 변함없이 **크신 긍휼**(31절)을 베푸시는 하나님의 역사와 비슷하다. 매번 반역할 때마다 하나님은 분에 넘치는 긍휼을 더 부어주신다.

5. 고백과 회개(9:32-37)

9:32-34. 줄곧 암시적이기는 했지만 이제 기도의 중심 되는 탄원(**~이여**, 32절)이 나온다. 그것은 하나님이 자기 백성에게 다시 한 번 긍휼을 나타내시라는 것이다. 저자는 하나님의 말씀, 곧 그분이 자기 약속을 지키신다는 것(32절)과 하나님의 성품, 곧 그분이 다시금 긍휼(**인자하심**)을 베푸신다는 것 둘 다에 호소한다. 이스라엘 전체가 죄를 지었는데(**우리와 우리 왕들과 방백들과 제사장들과 선지자들과 조상들과 주의 모든 백성**), 이는 앗수르의 큰 심판들(32절)과 바벨론의 정복에서 절정을 이룬다. 하지만 하나님은 잘못이 없으시다(**주는 공의로우시니**, 33절). 탄원은 공평한 취급이 아닌 자비로운 취급에 대한 것이다. 자신들을 그분의 긍휼에 맡기는 것과 반대되는, 자신들이 당연히 받을만하다고 믿는 것을 위해 하나님께 부르짖을 때 신자들은 조심해야 한다.

9:35-37. **땅**(35절)은 느헤미야서에 열아홉 번 언급되는데, 그중 열세 번은 이 기도에 나온다. 실로 땅에서의 소유와 공급, 평강은 하나님이 이 백성에게 은혜를 베푸시는 주된 표지이며 용서 이후 이 기도의 중심 되는 탄원이다. 이 구절들은 (여호수아가 민족을 세워야 했던 것처럼) 그들이 땅에서 자유로이 그리고 풍족하게 살게 해달라는 요청으로 끝을 맺는다. 뒤이은 언약

(38절)은 그들이 이전 언약의 조건들을 다시 준수하겠다는 다짐의 표현이다.

이 구절들은 죄로 인해 종종 여러 세대에 걸쳐 지속되는 결과가 초래됨을 상기시킨다. 성경의 유대 백성은 모든 사람이 그러하듯 하나님의 선하심을 이용하고(그들은 땅에서 '살쪘다'), 그들의 죄에 대한 그분의 긍휼을 당연시했다. 어쩌면 그들은, 일이 아주 잘못되었을 때 건성으로 회개해도 하나님이 신속히 자신들을 회복시키실 것이라는 일종의 '값싼 은혜' 같은 태도가 몸에 배었을지 모른다. 그들은 죄를 범하면 '목이 굳어지고' 하나님과 회개를 향하는 마음이 싹 가시게 된다는 것을 알지 못했다. 이 경우에 요구되는 것은, 이스라엘의 우상숭배와 영적 간음을 궁극적으로 치유하기 위해 포로를 통한 하나님의 징벌이라는 지극히 '엄한 사랑'이었다. 이 구절들은 참으로 회개하는 가운데 하나님께 부르짖는 것이 무엇인지를 잘 보여주는 반면 죄가 개개인과 공동체를 파멸시키는 결과를 낳는다고 경고하기도 한다.

D. 새 거룩한 언약을 세우다(9:38-10:39)

백성의 부흥은 이 다음 부분에 계속된다. 그들의 새롭게 됨은 하나님의 말씀을 듣는 것에서 시작해(8장) 회개로 계속되고(9장) 이제 하나님과의 언약 갱신에서 절정을 이룬다(10장).

1. 언약 서명자들(9:38-10:27)

9:38. 이전 부분의 역사 낭독과 죄 고백에 뒤이어 여기서는 백성이 하나님에게 그리고 서로에게 헌신함으로써 응답한다. 문자적으로, 견고한 **언약을 세우는** 것은 '아멘을 끊는 것'을 뜻하는데, 여기서 '끊는 것'은 옛 언약 관행(참고. 하나님이 아브라함과 언약을 맺으시고 갈라지거나 절개된 짐승 사이로 지나가시는 창 15장)을 상기시키는 역할을 하고 '아멘'은 영속성과 불변성을 나타내는 '확실하고 믿을만한 진술'을 가리킨다. 이 봉인들(38절; 10:1)은 몇몇 번역본에서 암시하듯 폐쇄되고 **인봉**한 문서가 아닌 개인의 봉인을 서명으로 붙인 것을 나타낸다. 이 봉인들은 지도자의 언약 참여를 보장하는 역할을 했다. 봉인들에는 **방백들과 레위 사람들과 제사장들**의 이름이 들어있었다.

10:1-13. **총독 느헤미야**의 이름은 10장 초반의 거룩한 언약에서 첫 번째로 나온다. **시드기야**(10:1)는 다른 곳에서 언급되지 않는데, 주석가들은 그가 언약을 기록하는 학사임을 시사한다. 제사장들의 명단은 2절과 함께 시작된다(**이는 제사장들이요**, 8절). 이 부분의 다른 명단과 구별하여 이 지명은 제사장들의 명단 끝에 나오는데, 그들 중 대다수는 이 책의 다른 부분들에서 알 수 있다(예를 들어 12:1-7을 보라). 명단에는 제사장 21명의 이름이 있다. 역대상 24:7-18은 제사장들을 24그룹으로 나누어 차례로 성전을 섬기게 하는 체계를 기술한다. 이 순환은 400년 후 누가복음 1:8에서 자기 차례가 되어 성전을 섬기는 사가랴로 직결된다. 그다음에(9-13절) **레위 사람**들의 명단이 있는데, 이들 중 열일곱은 여기에 이름이 나온다.

10:14-27. 마지막으로, 14-27에 **백성의 우두머리들**(14절)이 있다. 이 명단은 에스라 2장과 느헤미야 7장에 나오는 백성의 우두머리들과 상당 부분 겹친다. 여기에 열거된 이름들의 어원 연구를 통해 영적 의미를 알아내려는 시도는 헛다리를 짚는 것이다. 중요한 것은 자신들과 공동체로 하여금 언약 규정에 헌신하게 한 실제 인물들이다(아래의 추가 주석을 보라).

2. 언약의 내용(10:28-39)

10:28-29. 이 부분을 시작하는 종합적 명단에 **그 남은 백성**(28절)이 포함되는 것은, 이것이 '대표적' 언약일 뿐 아니라 또한 공동체 전체, 곧 **지식과 총명이 있는 자들**이 스스로 이 언약에 참여했음을 뜻한다. 마찬가지로, 우리는 **하나님의 율법을 따라 우리 주 여호와의 모든 계명과 규례와 율례를 지켜 행하**겠다는(29절) 포괄적 헌신을 본다. 율법 낭독이 길어지면서 하나님의 백성은 율법의 세부 사항들을 떠올렸다(직접적으로 중요한 요소들은 이 구절들 다음에서 확인된다). 이스라엘이 일련의 저주와 축복에 비추어 하나님의 언약에 다시금 헌신하는 신명기 27-29장을 비교하라. 다시 한 번, 본문은 가나안에서 이스라엘을 개조할 때 정복의 언어를 개괄한다.

10:30-39. 몇 가지 구체적 요점이 강조된다. 첫째, 30절에서 이방 민족과의 결혼으로 민족 정체성이 상실될 위기에 처했으므로 이스라엘은 결혼할 때 혈통의 순수성을 고집해야 한다(또한 스 10장과 느 13:23-28을 보라). 둘째, 유대 민족이 집단 정체성을 명명백백하게 드러내는 방식 중 하나는 [여기 31절에서 확인되는]

안식일 준수였다. 이는 예수님 당시에 극단적 율법주의의 한 요소가 되고 말았다(참고. 요 5:1-9과 요 9:14-16). 마찬가지로, 안식일에 땅을 갈지 않겠다는 새로운 다짐(출 23:10-11; 레 25:2-7)은 이스라엘을 그의 동시대인들과 확연히 구별하는 데 일조했고 하나님의 공급하심에 대한 이스라엘의 믿음을 강화했다. 셋째, 율법은 성막 그리고 나중에 성전과 관련된 필요를 채우기 위해 반 세겔(출 30:13-14)을 바치라고 했다. 여기서(32-33절) 백성은 '세금'으로 **세겔의 삼분의 일**을 거둬 성전을 위해 쓰겠다고 약속했다. 이 차이는 혹독한 경제 사정, 혹은 세겔의 무게를 재고 가치를 매기는 방식의 변화로 설명되었다. 항상 드리는 제물로 인해 제단에서 사르기 위한 **나무**는 정기적으로 공급되어야 했는데, 이는 34절에서 보듯 분명한 헌신이었다. 더욱이 율법은 **첫 열매**를 바칠 것을 요구했는데(출 23:16; 34:19-20; 신 26:1-11), 이는 식물(37절)뿐 아니라 가축과 사람(36절)에게도 해당되었다. 성전을 섬기고 제사장들의 지속적 사역에 필요한 많은 물품들은 백성의 십일조 헌금으로 충당해야 했다. 첫 열매와 십분의 일, 즉 십일조 헌금의 이 우선권은 새롭게 된 공동체에서 성전과 성전을 섬기는 일이 이스라엘에 가장 중요한 것임을 나타낸다. 결론적으로 백성은 이렇게 선언한다. **우리 하나님의 전을 버려두지 아니하리라**(39절).

이 부분은 성전에 쓸 나무를 지속적으로 대는 것과 같은, 겉보기에 하찮은 집안일에 관심을 두어 김을 뺀다는 인상을 준다. 하지만 이 부분은 앞으로 13장이 맡을 결정적 역할을 강조한다. 왜냐하면 이스라엘이 여기에 나열된 언약 조항들을 지키지 않아 (이를테면, 이방 민족과 결혼하고 안식일을 더럽히고 십일조를 드리지 않고 심지어는 성전에 바칠 나무를 대지 않는) 느헤미야가 심란해하기 때문이다. 13장의 요점은 이스라엘이 포로에서 돌아오기는 했지만 이 민족의 최종 회복은 바벨론에서의 귀환에서 찾을 게 아니라 마지막 때에 기대해야 함을 보여주는 것이다(이는 13장에 대한 주석에서 더 자세히 논할 것이다).

현대 독자들은 (뒤를 이을 11:4-36과 12:1-26뿐 아니라) 10:2-27에 포함된 어려운 이름들이 적힌 긴 목록에 종교적 가치가 있을까 의아해할지 모른다. 디모데후서 3:16은 "모든 성경은…교훈과 책망과 바르게 함과 의로 교육하기에 유익하니"라고 확언하지 않는가? 이 같은 기록의 유익은 어디에 있는가? 신자들은 이를 성경의 지루하고 따분한 부분(혹은 더 나쁘게는, 시시한 성경 게임을 위한 사료)으로 볼 게 아니라 다음을 되돌아보아야 한다. (1) 자기 백성의 이름을 아시는 하나님의 본성 (2) 영적 리더십을 통해 자신의 가정과 공동체를 대표하는 개인의 능력과 책임감 (3) 궁극적으로 개개인이 신의 형상을 지니고 있는 본래부터 가치 있는 존재라는 유대-기독교적 단언. 게다가 그리스도에 대한 믿음과 성경에 대한 신뢰는 전설적 인물이 아닌 역사에 기반을 둔다. 그것은 실제 이름을 지녔고 구체적 상황에 처했던 진짜 사람들에 의해 자손 대대로 전수된 것이다. 현대인들은 이 사람들을 모르고 그들의 이름을 알아보지 못하지만 그들은 느헤미야서의 최초 독자 및 청중들에게는 더없이 중요한 인물이었을 것이다. 그들은 이 책의 독자들이 하나님과 맺은 특별한 언약의 역사를 상속받는 자임을 상기시켰을 것이다. 오늘날의 신자들은 성경에 대한 일회적 언급으로 불멸하게 되는 것이 아니라, 주님을 따르는 많은 헌신된 자들의 신실함을 통해 많은 세대가 지난 후 그와 정확히 동일한 영적 족보에 편입된다.

Ⅳ. 백성과 성벽, 성전의 봉헌(11:1-13:31)

느헤미야를 급히 예루살렘으로 돌아오게 한 첫째 문제는 예루살렘 성벽들이 허물어지고 성문들이 불타서 포로에서 돌아온 자들이 "큰 환난을 당하고 능욕을 받"았다는 것이었다(1:3). 따라서 느헤미야는 성벽을 물리적으로 재건하고(3-6장) 백성을 영적으로 부흥시키려(7-10장) 돌아온 것이다. 이 시점에서 저자는 이 노력들이 낳은 결과를 보여주고 싶어 한다. 당면한 몇몇 구체적 문제는 백성이 예루살렘에 거주함으로써 이전의 수정 사항들에 따라 행동하고 성읍의 재건된 성벽을 봉헌하며 약속의 땅을 정화하는 일이었다. 이는 이 책의 마지막 세 장(11-13장)에서 다룰 주제들이다.

A. 예루살렘과 그 주변에 거주하다(11:1-36)

백성에 대한 정화에 뒤이어 이제 그들의 정화를 실제적 방식으로 적용하면서 그들의 통합에 대한 기록이 나온다. 이는 언약 백성이 드리는 예배의 중심인 예루살렘에 다시 사람들을 살게 하고 이 성읍을 강화하는

데 도움을 주지도 않은 채 성벽을 공사하고 영적 신실함에 헌신하는 것으로는 충분치 않음을 보여줄 것이다.

11:1-2. 7장 끝에서, 여러 종교 지도자들(제사장들, 레위 사람들, 성전을 섬기는 자들)은 예루살렘 밖의 자기들 각자의 성읍에 살고 있었다(7:73). 이제 11장은 이 지도자들이 **예루살렘에 거주하였**지만(11:1), 백성은 흩어져 살았다고 말한다. 이는 예루살렘의 인구가 심히 적어 이 성읍이 유대 백성의 행정적 및 영적 중심으로서의 역할을 수행하지 못하는 결과를 낳았다. 사실상, **제비** 뽑아 결정된 백성의 '십분의 일'은 땅의 인구의 10퍼센트가 성읍에 살게끔 하는 데 기여했다. 여기에는 원래 살던 집과 농사짓는 땅에서 떠나는 일이 포함되었다. 결과적으로 그대로 남은 다수의 유대 백성은 (그들의 행동으로 인해 다른 이들이 자신들의 성읍에 남게 되었으므로) 예루살렘에 거주하기를 자원한 자들을 칭찬했다(**백성들이 복을 빌었느니라**, 2절). 이 당시 예루살렘의 인구는 4,800에서 8,000명 사이로 추산되는데, 이는 바벨론 정복 이전의 예상 인구 2만 명과 큰 차이를 보인다.

11:3-24. 다음 사항은 예루살렘과 그 주변 지역에 거주하는 매우 저명한 사람들의 숫자를 헤아린 것이다. 예상대로 제사장들(10-14절), 레위 사람들(15-18절), 문지기들과 성전에서 일하는 자들(19, 21절)을 비롯한 유다 자손(4-6절)과 베냐민 자손(7-9절)은 명백히 언급된다. 앞서 10장에 관해 논의했듯이, 동시대인들은 낯선 이름들이 줄줄이 열거되자 따분해하는 표정을 짓는다. 하지만 그것은, 이 이름들이 폭넓은 공동체의 유익을 위해 삶을 변화시키는 희생을 한 실제 인물과 가정들을 대표한다는 인상을 준다. 성경에서 그들을 이렇게 딱 한 번만 언급해도 되는지 모르지만, 예루살렘에서 어려운 일에 대한 책임을 기꺼이 떠맡은 것을 보면 그들은 동족의 진정한 영웅이었다. 이행해야 할 가장 영웅적 과제는 이따금 남들이 할 수 없는 일이라기보다 남들이 하기를 꺼려하는 일이다.

11:25-36. 다음으로, **브엘세바에서부터 힌놈의 골짜기까지**(30절), 말하자면 이스라엘의 기존의 남쪽 경계에서부터 북쪽으로 그 남쪽 면의 예루살렘에 인접한 힌놈 골짜기까지의 성읍들을 포함해, 유다와 베냐민 지파의 영토에서 발견되는 성읍들에 거주하는 유다 사람들의 폭넓은 집단에 대한 기록이 있다(25-35절). 베냐민의 넓게 트인 지역은 예루살렘의 북쪽에서 서쪽 사이이다(31-35절). 베냐민 성읍들의 인구를 셈하면 이 지파 사람들이 레위 지파의 거주자들에게 홀대를 받았으므로 유다에 있는 레위 사람의 일부가 그 지역으로 이주할 필요가 있음이 드러난다(36절).

인구조사 형태로 이스라엘의 인구를 계산하고 필요에 따라 인구를 재분배하는 것과는 별개로 11장은 평범한 일상에 안주하는 유다에서의 삶을 전한다. **그 나머지 이스라엘 백성과 제사장과 레위 사람은 유다 모든 성읍에 흩어져 각각 자기 기업에** 살았다(20절)는 단언은 여호수아가 주도한 가나안 정복에 대한 암시로만 이해할 수 있다. 기업을 뜻하는 히브리 단어(*nachalah*, 나할라)는 구약에서 192회나 사용되는데, 그중 97회는 민수기와 신명기, 여호수아에 등장하고 5회만 포로기 이후에 사용된다. 3회는 역대상·하에 나오고(대상 16:18; 대하 6:27; 대하 10:16), 1회는 말라기(말 1:3)와 여기 느헤미야서에 나온다. 그들이 예전에 지파에 따라 분배받은 땅에 걸맞게 백성을 이처럼 다시 나누는 것은 모든 게 다시 한 번 이스라엘에서 응당 그래야 하는 것처럼 되는 느낌을 주고, 12장에서 하나님의 신실하심을 결정적으로 기리는 것에 대한 선행사건 역할을 한다.

B. 예루살렘 성벽 봉헌(12:1-47)

1. 포로 생활에서 돌아온 제사장들과 레위 사람들 (12:1-21)

12:1-9. 이 구절들은 스룹바벨의 때로부터 느헤미야의 때까지 대제사장들과 그 사이의 기간 동안 이루어진 제사장 가문의 우두머리들의 잇따른 귀환뿐 아니라 주전 538년 스룹바벨 귀환의 일환으로, 포로에서 돌아온 영적 지도자들(제사장들과 레위 사람들)을 열거한다. 여기에 열거된 에스라(1절)는 주전 458년 스룹바벨의 1차 귀환 80년 후에 이루어진 2차 귀환을 이끈 학사와 동일 인물이 아니다. 제사장 계열의 지도자들은 22명이다(1-7절). 직임에 따라 제사장들을 24집단으로 나누는 것은 아마도 다윗의 시대로 거슬러 올라갈 것이다(참고. 대상 24장). 마찬가지로 8-9절은 레위 사람들 또한 어떻게 각각 다른 일을 맡게 되었는지를 기록한다. 1-9은, 자기 형제들과 함께 **찬송하는 일**을 맡은

맛다냐의 이름이 거론되듯이(8절) 예배를 인도하는 여러 책임의 공식 배분과 관련된 역사적 배경을 어느 정도 이해할 수 있게 한다. 갈망과 애통의 세월이 지난 후 이스라엘 역사의 지금 이 시점에서 찬송에 주의를 기울이는 것은 매우 적절하다(참고. 시 137편).

12:10-21. **예수아**로부터 **얏두아**에 이르는 대제사장의 계열 또한 나열된다(10-11절). **예수아**는 스룹바벨이 성전을 건설할 당시 대제사장이었다(주전 518년, 참고. 학 1:1, 12; 2:2; 슥 3:1-10; 6:11-15). **엘리아십**(10절)은 느헤미야와 동시대인이었다. 대제사장 **요야김**이 섬기던 당시의 제사장 가정에 특별한 주의를 기울이기 때문에 아마도 그는 에스라가 귀환해 초기에 사역할 때 대제사장이었을 것이다. 스물둘이라는 많은 제사장 가정(참고. 1-7절)이 되풀이된다(12-21절). 1-21절의 일반적 의도는 스룹바벨이 이끈 귀환자들을 느헤미야 당시 레위 사람들의 리더십과 연관시켜, 곧 이야기할 사건들이 최초의 귀환과 연속성을 지니며 그것을 완성하는 것임을 나타내는 것이다. 그것은 예루살렘이 '환란과 능욕'에서 벗어났음을 보여주는 한 방식이다.

2. 앞장서는 레위 사람들(12:22-26)

12:22-26. 22절에 언급된 **다리오**는 이름이 비슷한 두 명의 바사 통치자 중 한 명으로 추정되는데, 그들의 통치는 몇몇 외경 기록에 나타나는 상이한 대제사장들의 이름의 철자를 어떻게 쓰느냐에 따라 달라지면서 스룹바벨과 느헤미야의 귀환으로 구속되는 기간 내로 한정된다. **그들은 그들의 형제의 맞은편에 있어**(24절)는 번갈아 부르는 노래를 나타내는 듯하다. **다윗의 명령대로**는 아마도 다윗이 조직한 제사장의 전례에서 유래할 것이다(대상 16:4; 23:27-31; 대하 8:14). 예배드리는 자들의 출입을 기본적으로 담당하는 성전 **문지기들**(25절)은 레위 지파의 서열에서 낮은 편에 속한다. 하지만 시편 저자는 악인의 화려한 장막에서 사느니 차라리 주님의 성전 문지기로 섬기겠다고 말한 바 있다(시 84:10). 성전 일을 하는 사람들의 이 명단은(26절) **요야김과 총독 느헤미야와 제사장 겸 학사 에스라 때에 있었던**(26절) 자들로 요약된다.

3. 레위 사람들과 백성, 성벽의 정화(12:27-30)

12:27-30. 이스라엘의 회복된 제사장들과 백성에 의한 예루살렘 성벽 봉헌은 다시 축성된 성전과 함께 절정을 이루면서 느헤미야서의 영적 절정으로 자리매김한다. **봉헌**(27절)이라는 단어는 아람어로 하누카(*chanukah*)이다. 유대인의 하누카 축일은 유대 백성이 훗날 셀레우코스(주전 165년)에게서 성전을 되찾고 봉헌한 것을 기념하는 날이다. 그 기념은 솔로몬 성전의 봉헌(왕상 8장), 곧 스룹바벨이 주도한 제2성전의 첫 봉헌(스 6:13-18) 및 이와 비슷한 성읍과 백성 전체의 봉헌 전통에 서 있다. 레위 지파 사람 몇몇은 예루살렘에 거주하기를 자원했고 다른 이들은 유대 땅 도처에 재배정되어 일을 맡았지만(예컨대 11:1-2, 36을 상기하라), 레위 지파의 노래하는 자들은 곳곳에서 소환되어 이 의식에 참여했다. **제금**과 현악기(27절, **비파**는 줄의 길이가 다르고, **수금**은 줄의 길이는 같지만 지름과 장력이 달랐다)는 예배에 흔히 사용되었다. 정결(30절)은 사람이나 물건이 더럽히거나 부정하게 된 후 거룩한 의식을 치를 수 있도록 그것을 원래 상태로 회복했다. 이 의식은 정결케 하는 순서가 중요하다. 레위 사람들이 먼저 몸을 정결하게 한 후에야 **백성과 성문과 성벽**(30절)을 정결하게 할 수 있었다. 이 원리는 현대 목회자들에게도 교훈을 준다. 이 정화와 봉헌을 통해 '거룩한 곳'의 개념이 성전과 백성을 넘어서 거룩한 성읍인 예루살렘 전체로 확대된다.

4. 감사 찬송하는 두 무리(12:31-43)

a. 에스라가 주도하는, 감사 찬송하는 첫째 무리 (12:31-37)

12:31-37. **감사 찬송하는 자의 큰 무리** 둘은 골짜기 문 근처로 추정되는 성읍의 남서쪽 부분에 모였다. 느헤미야는 골짜기 문에서 떠남으로써 성읍의 성벽들에 대한 야간 순시를 시작했었다(2:13). 이 순시는 수미 쌍관 기법으로 느헤미야의 작업이 완료되었음을 보여준다. 먼저 그는 예루살렘이 당한 수치와 능욕을 살펴보았고, 이제 그것들이 끝났음을 보여준다.

감사 찬송하는 자들의 한 무리는 에스라와 함께(36절) 시계 반대 방향으로 성벽을 따라 행진하다가 **분문**을 지나 **샘문**에 다다랐다(31, 37절). 그다음에 곧바로 계단을 올라 성전 주변 지역으로 이어지는 **수문**으로 향했다. 감사 찬송하는 자들의 다른 무리는 느헤미야와 함께(38절) 시계 방향으로 **화덕 망대** 위의 성벽을 따라 **에브라임 문** 위의 **넓은 성벽**에 이르고 계속해서 **옛문**과 **어문**과 **하나넬 망대**와 **함메아 망대**를 지나 **양문**까지 가서 **감옥 문**에 멈추었다(38-39절). 이 문들과 주요 경계표지들의 열거는 고생해서 확보한 일련의 전쟁터를 기억한다는 느낌을 준다. 즉, 백성은 3-6장에 묘사된 바로 이 성벽들을 재건할 때 거둔 이전 승리를 기념하고 있다. 감사 찬송하는 무리의 이 움직임과 같은 그 어느 것도 전에 언급된 다른 두 봉헌식에 기록되어 있지 않다(왕상 8:22-66; 스 6:16-18). 성읍 주위를 이처럼 도는 것은 여호수아가 주도한 여리고 정복을 연상케 한다. 아마도 이스라엘 역사에서 이 중요한 사건은 **나팔을 잡은 제사장들**이 동행하는 가운데 군대가 성읍 주위를 행진할 때 백성의 마음속에 각인되었을 것이다(35절; 수 6:4, 6, 8, 13, 16, 20을 보라).

3장의 묘사에서 일탈한 두 가지는 언급할 가치가 있다. 느헤미야 12:39에서 함밉갓 문(Inspection Gate)은 그 북서쪽 문의 군사적 기능에 신빙성을 부여하면서 **감옥 문**이라 불린다. 둘째, **에브라임 문**은 3장에 언급되지 않는다. 이유는 이 문이 그 당시 수리할 필요가 없었거나 옛문으로 추정되는, 다른 문들 중 하나를 일컫는 또 다른 이름이었기 때문이다(3:6). 이 같이 자리 잡은 문은 에브라임 지파의 전통적 유산, 그러니까 그 이름을 지향할 것이다. 느헤미야서의 주요 테마가 최초 정복의 노선을 따르는 가나안 재정복을 기술하는 것이라면 여호수아가 에브라임 사람임을 상기할 가치가 있다(대상 7:20-27). 여기서 이 이름의 대체는 그 연관성을 절묘하게 떠올린다. 이 신학적 논지는, 만일 느헤미야 또한 에브라임 지파의 일원임을 증명할 수 있다면 합리적 의심을 넘어 사실로 드러날 것이다.

b. 느헤미야가 주도하는, 감사 찬송하는 둘째 무리 (12:38-43)

12:38-43. 감사 찬송하는 두 무리는 **하나님의 전**에 함께 섰다(40절). 민장들과 제사장들, 무리가 **큰 제사를 드리고 심히 즐거워하**면서(43절) 그곳의 의식은 절정에 이르렀다. 사실상 이 결론 구절들의 반복되는 주제는 크게 즐거워함이다. 이 즐거워함은 **부녀와 어린 아이**, 예루살렘에서 멀리 떨어져 있는 자들까지도 포함하는 '모든 사람'을 위한 것이다.

5. 예배와 기념(12:44-47)

12:44-47. 이 장의 결론을 내리는 이 구절들에서 이스라엘은 회복되고 다시 정결케 된 성전을 지원하는 의무를 완수하기 위한 첫걸음을 무난히 내딛는다. 이전 단락의 즐거워함과 보조를 맞추기 위해 유다 백성은 성전에서 **섬기는 제사장들과 레위 사람들로 말미암아 즐거워하**고(44절), **처음 익은 것**과 **십일조**로 곳간을 채움으로써 그 즐거움을 나타냈다(이는 10:28-39의 거룩한 언약의 규정들을 생각나게 한다). 슬프게도, 세월이 얼마간 흐른 후 이 십일조들은 어쩌다 드리게 되었고 이 동일한 곳간은 유다의 이전 대적인 도비야의 거처로 전락했다고 다음 장은 기록할 것이다(13:8-9). 하지만 당분간 이 장은 이스라엘을, 자기의 참된 영광 안으로 들어간 것, 즉 **다윗**과 **아삽** 치하의 이스라엘 황금기의 정신으로 율법에 따라 예배하고 땅에 거주하는 것으로 선보인다(46절. 다윗은 성전의 역사 내내 섬긴 음악가 집단의 아버지가 된 아삽을 성전 음악가로 임명했다. 아삽의 노래에 대해서는 시 50, 73-83편을 보라).

이 책의 대다수 독자들은 느헤미야의 주요 업적이 예루살렘 성벽을 재건하고 그에 따라 백성이 즐기게 된 상대적 안전이라고 생각할 것이다. 하지만 그 건축이 분초를 다투는 시급한 과제이기는 했지만 본문은 느헤미야가 이스라엘 백성을 영적으로 다시 세우는 일이 사실상 더 중요하고 지속적인 과제임을 믿었다고 분명히 강조한다. 만일 성벽이 다시 세워지기만 하고 이스라엘의 영적 건강에 보탬이 되지(헌신하지) 않았더라면 그것은 오히려 이스라엘과 하나님의 관계 회복이라는 더 절실한 과제에 오히려 걸림돌과 장애가 되었을 것이다. 신자들은 물질적 성공도 중요하게 여겨야겠지만, 그것이 결코 영적 갈망을 대신하지 않도록 영적 우선순위를 잘 유지해야 한다. 또한 이 본문은, 이스라엘 전체가 성전에서 전임으로 사역하는 레위 사람들을 물질로 후원하는 한편으로 하나님의 전에서 사역하는 자들의 공동체적 가치를 단언한다. 이 본문은 오늘날 신자들에게 두 가지로 적용되는데, 그 차이는 정도의 문제이다. 하나님의 전에서 가르치고 돌보는 일에 열심을 다하는 자들은 말로만이 아니라 물질로도 보상받을 자격이 있다(고전 9:4-14; 갈 6:6; 딤전 5:17-18). 하지만 사도 베드로의 설명대로, 모든 기독교 신자들은 집합적으로 왕 같은 제사장이자 하나님의 전이 되었으므로(벧전 2:9) 이스라엘의 레위 지파 사람들처럼 하나님을 예배하고 공동체를 섬기는 책임을 지속적으로 져야 한다.

C. 약속의 땅을 깨끗하게 하다(13:1-31)

이 마지막 장의 개요는 분명하다. 각 단락은 "내 하나님이여…나를 기억하옵소서, 그들을 기억하옵소서"(14, 22, 29, 31절)라는 느헤미야의 후렴으로 끝난다. 느헤미야는 하나님이 잊지 않으실까 걱정하는 대신에 그가 애쓴다는 사실을 아시는 것에 기초하셔서 축복이나 저주를 내려달라고 하나님께 요청한다. 12장에서 성벽을 봉헌할 때 정서적으로나 영적으로 고양되기는 했지만 신실하고 거룩한 사역을 날마다 지속하려면 늘 깨어 있어야 한다. 기념과 성취의 큰 날이라는 승리는 사소한 타협 행위로 빛이 바랜다. 더욱이 10:28-39의 거룩한 언약의 세부 사항들에 대한 단언과 느헤미야가 유다로 돌아와 총독으로 연임하는 사이의 세월 동안 이스라엘은 언약의 모든 명백한 조항을 위반했다. 십일조를 소홀히 하고 걸핏하면 안식일의 쉼을 무시하고 여전히 이방 민족과 결혼하고 성전에 나무를 바치겠다는 약속마저도 어겼다. 느헤미야는 하나님의 저주가 곧 이스라엘에 임하지 않도록 즉각 이 위반들을 바로잡기 위한 행동에 나섰다.

1. 성전을 깨끗하게 하다(13:1-14)

13:1-3. **모세의 책**(1절; 신 23:3-6을 보라)이 낭독되자, 백성은 암몬 사람 및 모압 사람과의 통혼으로 태어난 자식은 "십 대뿐 아니라 영원히"(열 세대가 지난다 하더라도, NASB) 총회에 들어올 수 없다는 하나님의 선언을 떠올린다(이는 세 세대가 지난 후 에돔 사람 및 애굽 사람의 자녀가 총회에 참석한 것과 대비된다). 암몬과 모압이 이스라엘을 지원하지 않은 이후 열 세대를 지나오면서 상황은 순조로웠지만(민 22-24장) 암몬 사람 도비야의 최근 반대는 옛 금기 사항에 다시 불을 지폈다. 이 율법의 재발견으로 이방 혈통의 거주자들은 완전히는 아니지만 대체로 배제되었다.

13:4-9. 곳간을 관리하는 일이 대제사장의 임무는 아니므로 **제사장 엘리아십**(4절)이 대제사장이었을 가능성은 적다. 이스라엘의 대적들(특히 암몬 자손들)을 배제하려는 의도와 정반대로 여기서 **도비야**는 성전 구내에 실제 거주하는 것으로 밝혀졌다(5절). 게다가 본문은 **원래** 십일조와 제물을 쌓아두는 커다란 (그리고 비어 있는) 곳간을 이용할 수 있었다고 말한다. 이전 장(12:47)에서 아낌없이 베풀던 미덕은 이때쯤 거의 자취를 감추었다. 이런 퇴보는 느헤미야가 없을 때 일어났다. 왜냐하면 **그가 아닥사스다 삼십이 년에**(6절) (예정대로, 참고. 2:6) 바벨론으로 돌아가 자신의 첫 임기인 12년을 마쳤기 때문이었다(참고. 1:1; 2:1). 그 사이의 기간이 얼마나 길었는지, 느헤미야의 두 번째 재임 기간이 얼마였는지는 미지수이다. 외경 자료는 바고히(Bagohi)가 주전 407년까지 유다 총독이었다고 전한다. 느헤미야가 도비야의 모든 세간을 내어 '던'진 것은(8절) 400년 후 예수님이 바로 그 성전을 정화하시는 것의 예표였다(마 21:12-13).

13:10-14. 십일조를 소홀히 하자 레위 사람들과 노래하는 자들은 자신들의 생계를 위해 어쩔 수 없이 밭으로 돌아가야 했다(10절). 그 결과 **하나님의 전은 버린 바**(11절, 즉, 방치된) 되었다. 느헤미야는 성전에서 일하는 자들을 소환하여 십일조를 회복하며 그 관리를 재조정했다(11-13절). 여기서 두 가지 중요한 문제가 거론된다. 첫째는 경건한 예배의 지속에 대한 집단적 책임이고, 둘째는 공동체 자산에 대한 믿을 만한 관리의 필요성이었다(참고. 행 6:1-5. 동일한 원리가 교회 최초의 집사 선출에 적용된다). 느헤미야는 담대했고, 자신이 하나님을 의식하면서 그분의 은혜를 구하는 행동을 하고 있다고 확신했다. 14절은 이 마지막 장에서 네 개의 짤막한 축복기도 중 첫 번째 기도이다(14, 22, 29, 31절).

2. 안식일을 깨끗하게 하다(13:15-22)

13:15-18. 노동(**술틀을 밟**는 것, 15절)과 장사(음식을 파는 것, 15-16절) 둘 다 안식일의 쉼을 깨뜨렸다. 느헤미야는 이런 식으로 안식일을 직접 범한 자들뿐 아니라 그것을 허용한 자들, 곧 **유다의 귀인들**(17절)에게도 책임을 물었다. 느헤미야는 이스라엘의 이전 안식일 위반을 최근의 포로 및 징계와 결부시키면서 하나님의 반복되는 징벌을 피하고 싶어 했다. 소수의 행동을 계속 눈감아주면 다수, 곧 모든 **이스라엘**(18절)이 다시금 고통당할 것이다.

13:19-22. 유대인의 하루는 해가 질 때부터 그다음

날 해가 질 때까지이다(참고. 창 1장의 저녁이 되고 아침이 되니). 안식일은 금요일 해 질 녘에 시작해 토요일 어스름까지 지속된다. 안식일에는 무언가를 사고팔거나 통상적으로 하는 일이 금지되었다. 느헤미야는 장사를 금하는 이 규칙을 시행하고자 성문을 닫았고 규칙을 어기는 자는 가만두지 않겠다고 으름장을 놓았다(21절). 얼마 안 있어 장사꾼들은 느헤미야의 이 경고가 장난이 아님을 알았다. 다시 한 번 느헤미야는 자신의 이번 행동, 곧 안식일 정화(22절)에 대해 하나님의 평가와 인정을 구했다.

3. 백성을 깨끗하게 하다(13:23-29)

13:23-27. 타협과 통혼은 비단 도비야만의 문제가 아니었다. 많은 유다 사람이 **아스돗과 암몬과 모압** 여인을 아내로 삼았다(23절). 에스라는 30년 전쯤 이방 민족과의 결혼으로 인한 이스라엘의 민족적·영적 정체성 약화로 골머리를 앓았었다(스 10장). 그리하여 느헤미야는 다시 한 번 이 다음 세대가 이스라엘의 순수성을 잃지 않도록 각별히 주의를 기울여야 했다. 그가 단지 혈통에만 관심을 두었던 것이 아님은 **그들의 자녀가 유다 방언은 못하니**(24절)라는 자녀에 대한 걱정에서 잘 나타난다. 그들은 이스라엘 율법과 유산에서 단절되고 있었다. 에스라가 이방인 아내와의 강제 이혼을 명한 반면(스 10:10-12) 느헤미야는 더 이상의 통혼을 금하는 선까지만 개입한다.

13:28-29. 대제사장 **엘리아십**의 손자 하나가 느헤미야의 큰 대적 중 하나인 호론 사람 산발랏(2:10)의 딸과 결혼한 것(28절)은 지극히 통탄스러웠다. 그래서 느헤미야는 **그를 쫓아내**었다. 그의 특권과 유산을 감안할 때 그에게 더 높은 기준을 적용하는 것은 합당했다. 느헤미야가 이를 놓고 세 번 기도한 것은 제사장직을 깨끗하게 하려는 자신의 노력을 고려했기 때문이었다(29절). 자신의 신실함에 대해 하나님의 복을 비는 그의 다른 기도들과 대조적으로 여기서 그는 제사장직을 더럽히는 자들에게 심판을 내려달라는 저주의 기도를 드린다.

4. 제사장들을 깨끗하게 하다(13:30-31)

13:30-31. 이 마지막 구절들은 이스라엘의 경건한 관행을 깨끗하게 하고 회복하며 12장의 결론 구절들을 상기시키려는 느헤미야의 염원과 노력을 간추린다. 성전에 바치기 위해 **나무**를 모으는(31절) 것과 같은 명백히 사소한 일까지도 느헤미야의 주의를 끌지 못할 만큼 아주 하찮은 일은 아니었다. 왜냐하면 그것은 10장의 거룩한 언약의 한 구성 요소이기 때문이었다. 그러한 문제를 떠나서 나무는 주후 70년 성전이 무너질 때까지 이스라엘 역사에서 매우 중심적 역할을 담당했던 번제에 무척 중요한 요소였다. 느헤미야는 말을 마치면서, 자기가 하나님의 임재와 뜻을 자각하는 가운데 줄곧 행동해왔음에도 자신을 **기억**해달라고 하나님께 요청한다.

느헤미야 12장에 기록된 대로 예루살렘 성벽 봉헌은 문학적으로나 신학적으로 사실상 이 책의 절정을 이룬다. 문학적 관점에서 보면, 마지막 장의 후반부는 결말치고는 다소 실망스럽다. 13장의 1-31절은 성전을 점유한 이방인 축출, 십일조 회복, 안식일 그리고 통혼 금지를 비롯한 여러 행정적 조치들만 다룬다는 인상을 준다. 이 문제들을 다룬 후 본문은 공식적 결론을 통한 짤막한 기도 외에는 이렇다 할 내용 없이 돌연 막을 내린다. 그러나 느헤미야서를 여호수아 정복의 개요로 읽는 사람에게 이 결론은 그렇게 생뚱맞지 않다. 처음에 최초의 정복으로 감정이 고양된 것은 여리고가 몰락했기 때문이었다. 여호수아서의 나머지 부분을 읽다보면 정복의 각 부분이 완료되었기 때문에 군사작전의 나머지가 기본적으로 소탕 작전이라는 인상을 받는다. 하지만 주목할 만한 예외가 있다. 여리고 함락 직후 이스라엘은 진중(陣中)에서의 불순과 불충으로 아이 성에서 뜻밖의 패배를 당했다. 아간의 죄가 들통나 처벌을 받은 후에야 이스라엘은 승리를 되찾았다. 역사에 해박한 느헤미야는 진영에서 불순물으로 인해 고통당할 때까지 기다리지 않는다. 예루살렘 성벽의 위대한 승리를 기록한 직후 느헤미야는 하나님의 율법이 조금이라도 위반되면 진영을 샅샅이 뒤졌고 성전의 거룩함, 십일조, 안식일 및 결혼을 위반하는 일은 적극 제거하고 예방했다. 이는 아이 성의 패배를 되풀이하지 않기 위해서였다. 느헤미야가 그것을 막을 수 있다면 이 정복은 전자와 같지 않을 것이다.

총독 느헤미야가 이스라엘의 언약 파기를 다루려는 충분한 이유가 있었다. 하지만 그가 저자로서 13장을 이 본문에 포함시키는 것은 독자들을 위해 문학적으로 뚜렷한 목적, 즉 약속된 이스라엘의 회복이 바벨론에서의 귀환으로 성취된 것이 아님을 보여주기 위해서이다. 이스라엘이 불순종으로 인해 흩어지는 것은 '끝 날에'(신 4:30) 있을 그들의 회개 및 회복과 더불어 모세 율법에 예언된 것이었다(신 4:27). 이스라엘이 회복되는 순간 하나님은 그들의 마음에 할례를 베푸셔서 그들이 마음을 다하고 뜻을 다하여 생명을 얻게 하실 거라고 약속하셨다(신 30:6).

느헤미야서가 12장으로 막을 내렸다면 끝 날이 왔고 이스라엘의 회복이 마침내 성취되었다고 생각했을지 모른다. 그러나 10장의 갱신된 언약을 구체적으로 깨는 13장을 포함함으로써 느헤미야는 바벨론에서의 귀환이 신명기에서 기대한 회복이 아님을, 말하자면 회복은 끝 날, 곧 미래에 이루어질 것임을 입증하고 있었다. 하나님이 자기 백성을 그들의 땅으로 돌아가게 하심으로써 그들에게 실제로 복을 내리시기는 하셨지만 이는 그들이 소망했던 최종적이며 완전한 회복이 아니었다. 그렇기에 느헤미야는 의미심장한 종말론적(끝 날) 관점을 포함한다. 하나님은 이스라엘에게 하신 자신의 약속을 실제로 성취하시고 유대 백성은 실제로 믿음과 순종으로 응답할 터였지만, 이는 느헤미야 당시에 실현되지 않았다. 오히려 그것은 메시아가 재림하실 먼 미래에 일어날 것이다. 그러므로 느헤미야서의 궁극적인 문학적 메시지는 과거가 아닌 미래의 메시아 시대에 초점을 맞춘다.

마지막으로, 이 책은 히브리어 성경에서 이스라엘에 대한 하나님의 특별 계시가 연대순으로 끝날 때 일어나는 사건들에 대한 기록을 담고 있다. 히브리어 성경 전체가 그 안에 약속된 다윗의 언약의 성취와 메시아를 기다리므로 미완성 혹은 미결정 상태라는 느낌은 적절하다. 이런 의미에서 느헤미야서조차도 메시아의 오심을 준비하는 셈이다. 느헤미야의 남다른 사역은 그런 목적에 명백히 기여하고, 그 안에 이스라엘 백성의 재형성, 약속의 땅의 재정복, 율법에 순종하는 삶 그리고 재건된 성전에서의 예배를 포함한다. 하나님이 천사 가브리엘을 보내셔서 제사장 사가랴에게 말씀하시고(눅 1:5-20), 약속된 메시아의 오심이 가까웠음을 알리시면서 그에게 세례자 요한의 탄생을 선포하게 하심으로 인간사에 침투하시는 것은 구약 내러티브가 끝나는 바로 그 성전이 위치한 곳에서이다.

참 고 문 헌

Boice, James Montgomery. *Nehemiah: Learning to Lead*. Grand Rapids, MI: Baker, 1990.《느헤미야의 지도력 연구》(생명의말씀사).

Breneman, Mervin. *Ezra, Nehemiah, Esther*. The New American Commentary. Nashville: Broadman & Holman, 1993.

Clines, D. J. *Ezra, Nehemiah, Esther*. The New Century Bible Commentary. Grand Rapids, MI: erdmans, 1984.

Fensham, F. Charles. *The Books of Ezra and Nehemiah*. New International Commentary on the Old Testament. Grand Rapids, MI: Eerdmans, 1982.

Kidner, Derek. *Ezra & Nehemiah*. Tyndale Old Testament Commentaries. Downers Grove, IL: InterVarsity, 1979.

Levering, Matthew. *Ezra & Nehemiah*. Brazos Theological Commentary on the Bible. Grand Rapids, MI: Brazos, 2007.

McConville, J. G. *Ezra, Nehemiah, and Esther*. The Daily Study Bible Series, Old Testament. Philadelphia: Westminster, 1985.《에스라 · 느헤미야, 에스더》, 바클레이 패턴 구약 주석 시리즈(기독교문사).

Myers, Jacob M. *Ezra, Nehemiah: Introduction, Translation, and Notes*. The Anchor Bible. New York: Doubleday, 1965.《에스라 · 느헤미야》, 국제성서주석(한국신학연구소).

Williamson, H. G. M. *Ezra, Nehemiah*. Word Biblical Commentaries. Waco, TX: Word, 1985.《에스라 · 느헤미야》, WBC 성경주석(솔로몬).

Yamauchi, Edwin. "Ezra, Nehemiah." In The Expositor's Bible Commentary, edited by Frank E.Gaebelein, vol. 4, 563-771. Grand Rapids, MI: Zondervan, 1988.

에스더

여러 명의 기고자

서 론

저자와 연대. 에스더서는 분명 여러 출처에서 자료를 따와 편집되었다. 이는 이 책이 전적으로 인간 활동의 산물이라기보다 오히려 저자 겸 편집자(들)가 성령의 감독 아래 하나님이 의도하신 '정확한 의미'를 나타냈다는 말이다. (비록 편찬과 저술이 한 사람에 의해 착수되기는 했지만) 에스더에 이처럼 편집된 흔적이 있다는 것은 다음 사실들로 입증된다. (1) 구체적 내용과 절차를 밟은 칙령 제정(3:12-15; 8:9-13). (2) 왕실 연대기에 기록되는 책의 다양한 사건들에 대한 언급(2:23; 6:1-2; 10:2). (3) 사건들에 대한 최초 기록 후 얼마간의 시간이 지났음을 암시하면서 (에스더서의 구속 사건을 기념하는 축일인) 부림절을 매년 되풀이되는 정착된 '관습'(9:19; 27-28)으로 거론하는 것.

그럼에도 불구하고, 몇몇 사실들은 이 책이 바사의 통치 시기(주전 559-330년)에 편집되었거나 쓰였음을 보여준다. 다수의 학자들은 이 책이 헬라가 유다를 지배하던 시기(주전 330-63년)에 쓰인 허구적 설화의 성격이 짙다고 말하지만 다음과 같은 이유로 바사 시대의 저작설이 설득력을 얻는다. (1) 저자 겸 편집자(들)는 분명 바사 왕궁의 행정 관례와 삶에 대해 잘 알고 있었다. (2) 에스더서의 히브리어는 (원래는 한 책인) 에스라-느헤미야와 역대상하에 나타나는 바사 시대의 다른 설화들에 쓰인 히브리어와 유사하다. (3) 바사에서 차용한 단어는 성경의 다른 어느 책보다 에스더서에 더 많다(이 책의 165절 중 바사의 차용어가 60개쯤 된다). (4) 몇몇 바사의 구문론적 용법이 나온다. 이를테면 5:12의 왕후의 "청함을 받았느니라"(*qaru'lah*, 카루라흐)라는 표현에서처럼 히브리어 구절이 고대 바사어 구문론 혹은 바사 아람어 구문론을 반영하는 방식으로 형성되는 사례들, 3:7의 '부르'(제비뽑기의 제비를 뜻한다—옮긴이 주)에서 정관사가 생략된 것 그리고 6:8의 하만의 요청(자세한 것은 6:8에 대한 주석을 보라)에서 이중적 의미를 갖는 어구 등이다. 초기 유대교 전승에 따르면 (에스겔서와 소선지서들, 다니엘서와 함께) 에스더서는 전통적으로 에스라의 것으로 하는(즉, 그에 의해 설립된) 바사 시대의 기관인 '큰 회당의 사람들'(바벨론 탈무드, *Bava' Batra'* 15a)에 의해 기록되었다.

목적. 매우 보수적인 학자들은 에스더서가 하나님의 섭리, 즉 자기 백성의 필요를 채우시는 하나님의 주권적 능력을 강조하기 위해 쓰였다고 결론짓는다. 하지만 성경의 나머지 책들을 고려한다면 이 책의 목적은, 그분의 신실하심을 드러내는 이스라엘이 자신들의 죄로 말미암아 타국에 사로잡혀 갔으므로 더욱더 그분의 '신실하심'을 나타내는 것임이 분명해진다. 하나님은 아브라함과 조건 없이 맺으신 언약을 충실하게 지키시고 자기 백성 이스라엘에 변함없이 복을 내리시며(창 12:1-3; 렘 31:36; 슥 3:9; 12:10) "땅의 모든 족속"(창 12:3; 갈 3:8)에게 신실하시다. 이방 민족에 대한 신실하심은 에스더 8:17의 다양한 혈통을 지닌 이방인들의 집단 회심에서 볼 수 있다. "본토 백성이 유다인을 두려워하여 유다인 되는 자가 많더라"(이는 의심할 여지없이 '종교적' 회심을 나타낸다). 물론 하나님의 섭리가 이 책에 나타나지만, 그분의 섭리 또한 언약에 대한 충실함을 표현하는 것을 기초로 하고 그것을 지향한다.

배경. 에스더서는 정경의 자격 및 영감과 관련해 지나치게 폄하된 책이다. 주된 원인은 에스더서가 성경에서 하나님을 분명히 언급하지 않는 유일한 책이기 때문이다. 초대 교부들의 저작에서 에스더서는 무시되기 일쑤였다. 하지만 후세 작가들 사이에서 이 책이 언급되었다. 마르틴 루터(주후 1483-1546)는 자신의 저서《노예의지론》(*De Servo Arbitrio*)에서 "그들(즉, 유대인들)은 에스더서를 정경으로 인정하지만 내가 보기에 이 책은 정경에서 우선적으로 제외시켜야 마땅하다"라고 말했다. 프란츠 델리츠는 "에스더서에서 우리는 신약을 지향하는 백성에게 포로 생활이 줄 수 있는 자극이 하나도 없고, 선지자의 영감도 전혀 없음을 감지한다"[*Old Testament History of Redemption*(Edinburgh: Clark, 1881), 158-159]라고 말했다.

에스더서가 1세기에 아직 정경으로 인정받지 못했다는 첫 증거는 고대 랍비들의 율법 토론 내용을 수집해 주후 500년경 문서로 만든 바벨론 탈무드에서 찾을 수 있다. 증거는 두 진술로 구성되어 있는데, 여기서 에스더서의 정경 자격 (B. Tal. *Megilla* 7a에서, 그럼에도 불구하고 에스더서가 영감 받았다고 단언하는 랍비 사무엘이)과 그것의 신성함에 대해서 (B. Tal. *Sanhedrin* 100a에서, 이것은 또한 영감이 아닌 한낱 정경 자격의 문제일지 모르지만, 랍비 레비 바르 사무엘과 랍비 후나 바르 히야가) 이의를 제기한다. 하지만 두 경우에서 고대 랍비들의 이 반대 의견들은 '받아들일 수 없는' 것으로 명백히 제시된다. 정경 자격의 경우 반대 의견이 연배가 더 높은 대다수 랍비들의 확립된 견해와 모순되기 때문이고, 신성함의 경우 반대 의견이 영향력 있는 랍비(즉, 랍비 유다 바르 에스겔)에 의해 즉각 이단으로 묵살되기 때문이다. 게다가 주후 3세기에서 비롯되는 이 반대 의견 둘 다 B. Tal. *Bava'Batra'* 14b[와 함축적으로 요세푸스가 자신의《아피온 반박문》(*Against Apion*) i.37-43과 외경인 에스드라 2서 14:45-46에서 나타내는 1세기 자료들]에서 에스더를 정경으로 용인된 책들 가운데 하나로 명백히 열거하는, 보다 오래된 (즉, 늦어도 2세기까지는) 탈무드의 진술에 어긋난다.

그리스도 당시에 에스더서의 정경 자격이 확립되지 않았다고 말하는 두 번째 주된 증거는 사해문서의 성경 파편에 그것이 없다는 점이다. 사해문서 가운데 (유대 전통에서는 24권의 책으로 열거하는) 구약의 39권의 책이 하나 걸러 나타난다. 하지만 그런 '증거'의 명백한 약점 외에도 '준(準)성경' 문서들(즉, 정경의 책들에 포함된 숫자나 사건들에 기초한 외경 및 외경과 비슷한 책들)을 꼼꼼히 살펴보면 에스더서는 사해문서 공동체가 정경으로 여겼을 가능성이 큰 것으로 드러난다. 그런 준성경 문서들 가운데 분명히 에스더서에 기초해 이 책의 (가상적) '속편'으로 읽히도록 계획된 책이 있다. 그런 외경 형태의 책들은 대체로 정경으로 용인된 책들에 기초하고 있으므로 그런 속편에 함축된 의미는 에스더서가 사실상 정경으로 간주된다는 점이다. 이 요소들은 에스더서가 하나님의 영감을 받았으므로 히브리 정경에 포함되어야 마땅함을 나타낸다.

에스더서에서 하나님 찾기

A. 숨어 계신 하나님 찾기

모자이크 토대. 잘 알다시피 에스더서는 이름이나 칭호/보통명사로 하나님을 명백히 언급하지 않는 성경의 유일한 책이다. 하지만 이는 아마도 결점이라기보다 책의 중심 요점을 나타내려는 의도일 것이다. 이 누락은 이스라엘이 포로로 잡혀 있는 곳에서 자신의 임재[파님(*panim*), '얼굴']를 숨기시겠다는 약속(곧, 위협)을 하나님이 반드시 성취하신다는 것을 강조하려는 의도를 지닌 장치로 이해해야 한다(참고. 신 31:17; 사 59:2). 더욱이 하나님 이름의 제외는, 이스라엘이 그들의 하나님을 잊었을 때조차도(그래서 그분의 이름이 제외된다) 하나님은 이스라엘을 잊지 않으셨고 자신의 언약에 대한 충실함을 보여주시기 위해 섭리를 통해 은밀히 활동하셨음을 드러내는 데 사용되는 문학적 전략이다.

용어상의 암시. 자신의 '임재'를 숨기시는 하나님이라는 이 주제는 용어상의 수준에서, 책의 중심되는 주인공의 이름인 '에스더'(*ester*, 에스테르)와 하나님이 자신의 위협을 나타내시는 구절인 '아스티르'(*astir*, 나는 숨을 것이다, 신 31:18, 참고. 겔 39:23-24) 사이의 확실한 유사점에서 유래한다. 게다가 이 두 용어의 히브리어 '자음들'을 보면 두 단어는 동의어에 가깝다. '에스더'(Esther)라는 이름 중 자음은 *'str*이고, '나는 숨을 것이다'에서 자음은 *'styr*이기 때문이다. 이 책에서 하나님을 (이름과 행위 둘 다에서) 숨기려는 '의도'가 있음을 상기시키는 이 유사성은 바벨론 탈무드 출린(*Chullin*) 139b에서 입증되었듯이 일찍이 유대교의 해석적 역사에서 인식되고 확인되었다.

B. 이스라엘의 구출에서 하나님 찾기

아브라함의 토대. 하만의 칙령(3:13)으로 유대 백성이 완전히 멸절될 위기에서 구출된 것에 대한 책의 중심적 사건 그 자체는 기술된 사건들에 하나님이 능동적으로 개입하신다는 하나의 간증이다. 에스더서에서 이스라엘을 구출하기 위한 신의 개입은, 출애굽기에 기록된 대로 하나님의 최초 언약에 따른 민족의 구출을 둘러싼 다양한 요소들 사이의 분명하고도 설득력 있으며 또한 의심할 나위 없이 역사적인 다양한 요소들과 의도적인 병행을 통해서 생겨난다.

출애굽기와의 연관성. 에스더서에는 출애굽기의 구출 서사와 유사한 것으로 해석하도록 의도된 분명한 표지가 있다.

에스더서와 출애굽기 서사의 밀접한 유사점으로 인해 이 둘은 원래 나란히 놓고 보아야 한다. 유사점은 (어법을 포함한) 내용에서, 서사 사건들을 절기로 기념하는 것에서 볼 수 있다. 내용의 유사점에는 다음 내용들이 포함된다.

- 두 서사는 약속의 땅 바깥에서 일어나는 유대 백성 전체의 포괄적 구출에 관심을 두고 일어난다.
- 두 서사에서 구출은 전략적으로 이방인 왕의 가정에 살게 된 어떤 특정한 유대인 개인(모세와 에스더)이 직계 가족(아론과 모르드개)의 지원을 받아 이루어진다.
- 두 서사에서 핵심 주인공은 처음에 구출의 중재자로 나서기를 꺼려한다(출 3:11; 4:13; 에 4:11-14).
- 두 서사에서 핵심 주인공 혹은 이스라엘 전체가 왕이나 핵심 관리들, 혹은 이방인 전체의 '총애'(*hen*, 헨)나 '은혜'(*chesed*, 헤세드)를 받는다. 출애굽기에서는 하나님이 그런 총애를 '베푸시는'(*natan*, 나탄) 분으로 명백히 드러나고(출 3:21; 11:3; 12:36) 에스더서에서는 그것이 언제나 후원자에 의해 '발견된다'(*naśa'*, 나사 혹은 *masa'*, 마사)는 일관된 차이를 보이는 내용이 많이 들어 있다.
- 두 서사에서 고통에서 구출에 이르는 '전환점'은 같은 달에, 명백히 그달의 '같은 날'(즉, 니산월 14일)에 개시되면서 독특하게 공유되는 이 두 사건들의 유형학을 또한 강조한다.
- 두 서사에서 유대 백성의 구출은 대규모 복음 전도/혹은 참되신 하나님을 믿는 이방인들의 개종으로 이어진다(출 12:38; 에 8:17).

절기의 유사점들에는 다음이 포함된다.

- 두 서사가 상세히 설명하는 축제들, 즉 유월절(무교병)과 부림절은 (히브리어 성경의 여덟 번의 축제 중) 매년 실시하는 '유일한' 것으로 유대 백성이 과거에 구출된 사건을 기념한다.
- 유월절(무교병)과 부림절은 매년 니산월과 아달월에 기념하는 '유일한' 축제로, 이 둘은 각각 첫째 달과 마지막(열두째) 달에 기념한다는 이유로 나란히 놓인다.
- 유월절과 부림절은 니산월이든 아달월이든 14일에 기념하는 '유일한' 연례 축제이다(출 12:18; 에 9:19을 보라).

이와 같이 연결된 두 절기는 '거울이 달린 책 지지대'(세워 놓은 여러 권의 책이 쓰러지지 않도록 양쪽 끝에 설치한 거울로 된 지지대—옮긴이 주)로 볼 수 있는데, 그 이유는 이스라엘의 성경 역사(와 전통적 유대교 계율)의 양쪽 끝에서 유대력의 첫 달과 마지막 달의 같은 날에 기념하기 때문이다. 이리하여 그 절기들은 하나님이 영원히 지켜주시겠다고 맹세하신 백성에 대해서 연중 계속되는 (따라서 순환적이거나 영원한) 그분의 신실하심에 주의를 환기한다.

C. 에스더 왕후에게서 하나님 찾기

모형론적 출발점. 에스더서에는 메시아에 대한 직접 예언이 없다. 이는 선지자 혹은 초자연적 현상을 통해 자신의 임재를 '숨기겠다'는 하나님의 약속/위협과 일관된다. 그렇다고 해서 에스더서가 히브리어 성경에서 메시아를 선보이는 데 기여하지 않는다는 뜻은 아니다. 누가복음 24:27에 "모든 성경에 쓴 바 자기에 관한 것을 자세히 설명하시니라"라고 분명히 나타나듯이 에스더서는 메시아에 관해 '틀림없이' 무엇인가 할 말이 있다. 예수님 당시의 성경에는 에스더서가 포함되었으므로 이 사실로부터 에스더서에 '자기에 관한' 무엇인가가 있다는 논리적 결론이 따른다. 만일 에스더서가 직접적 혹은 언어적 예언의 형식으로 되어 있지 않다면 그것은 간접적 혹은 비언어적 예언의 형식, 즉 '그림자'(히 10:1) 혹은 '비유'(히 11:19)로 표시되어 있음에 틀림없다. 에스더서에 그림자 혹은 비유가 구체적으로 들어 있음은 이스라엘의 '모든' 절기에 관한 골로새서 2:16-17의 바울의 진술로 더 잘 나타난다. "그러므로 절기(*heortes*, 헤오르테스)나 초하루나 안식일을 이유로 누구든지 너희를 비판하지 못하게 하라. 이것들은 장래 일의 그림자(*skia*, 스키아)이나 실체[소마(*soma*), 문자적으로, '몸']는 그리스도의 것이니라"(NASB). 부림절은 이스라엘의 여덟 번의 연례 '절기들'[70인역에서 헬라어 단어인 헤오르테(*heorte*)가 이 절기들에 분명히 적용된다, 참고. 레 23장] 중 하나이므로 에스더서에 기술된 부림절의 기저를 이루는 사건들은 메시아에게 속하는 '실체'의 개요를 나타내는 예언적 '그림자들'을 담고 있다.

모형론. 주인공 자신에게 초점을 맞추는 에스더서의 '그림자' 혹은 '비유'는 다음 일곱 쌍의 '그림자'와 '실체'로 요약해서 나타낼 수 있을 것이다[첫째 쌍을 제외한 나머지 모두에 대해서는 기고자가 *Bibliotheca Sacra* 154(1997), 275-284에서 상세히 논한다].

그림자	실체
에스더는 구출의 필요성 이전에(즉, 하만의 승진과 뒤이은 칙령 이전에) 구출의 중재자로 준비되었다(에 2:17-18).	예수님은 구원의 필요성 이전에(즉, 인간의 창조와 뒤이은 범죄 이전에) 구원의 중재자로 준비되셨다(계 13:8).
에스더의 사흘 금식은 유월절 첫째 날인 니산월 14일의 낮 시간에 시작되었다(에 3:12).	십자가에서 개시된, 예수님이 육체적으로 죽으신 사흘은 성경에서 그분의 '굴욕'과 '고통'의 기간으로 밝혀진다(빌 2:8).
일반적으로 금식(따라서 에스더의 금식도)은 성경에서 '굴욕' 혹은 '고통'과 동일시된다. 애도가 수반되므로 금식은 일시적 '사망 상태'를 나타내는 것으로 볼 수도 있다(레 23:27-29).	십자가에서 개시된, 예수님이 육체적으로 죽으신 사흘은 성경에서 그분의 '굴욕'과 '고통'의 기간으로 밝혀진다(빌 2:8).
에스더의 '굴욕' 기간은 셋째 날인 니산월 16일에 끝났다(에 5:1).	예수님의 '굴욕' 기간은 셋째 날인 니산월 16일에 끝났다(행 10:40; 고전 15:4).
금식이 끝나고(즉, 그녀가 상징적 사망 상태에서 '깨어난' 후) 그녀가 왕 앞에 나타나기 전에 에스더는 '왕후의 예복'(에 5:1, 70인역: '영광')을 입었다.	그분이 사흘 동안 죽음에 머무신 후 하늘에 계신 아버지 하나님 앞에 나타나시기 전에 예수님은 왕 같은 '영광'으로 부활하셨다(고전 15:20, 43).

그림자	실체
자신의 금식에 기초해 에스더는 "왕궁의 안뜰"에 있는 왕 앞에게 나아갔고 왕은 그녀를 어여삐 여겼다(에 4:16; 5:2).	자신을 구속하시는 자기희생에 기초해 예수님은 하늘의 참된 지성소에 계시는 아버지의 임재 안으로 들어가셔서 '하나님의 보좌 오른편'에 앉으셨다(히 2:9–10, 14; 9:12, 24; 10:12; 12:2).
왕이 에스더를 받아들이면서 그녀의 백성인 이스라엘이 구원받았고, 이방인들 중 다수가 참되신 하나님을 믿었으며 하나님의 백성과 하나가 되었다(에 8:17).	하나님이 예수님을 받아들이시면서 그분의 백성 이스라엘("이스라엘 집의 잃어버린 양", 마 15:24)이 구원받았고, 이방인들 중 다수가 참되신 하나님을 믿었으며(또한 믿고 있으며) 하나님의 백성과 하나가 되었다(롬 2:28–29; 엡 2:14–15; 골 2:11; 행 2:10–11; 11:18; 갈 3:8).

개 요

Ⅰ. 유대 백성의 준비(1:1-2:23)
 A. 와스디의 폐위(1:1-22)
 B. 에스더가 높은 자리에 오르다(2:1-20)
 C. 왕이 모르드개에게 빚을 지다(2:21-23)
Ⅱ. 유대 백성의 위기(3:1-5:14)
 A. 하만이 높은 자리에 오르다(3:1)
 B. 유대인을 겨냥한 하만의 음모(3:2-4:17)
 C. 모르드개를 겨냥한 하만의 음모(5:1-14)
Ⅲ. 유대 백성의 구출(6:1-10:3)
 A. 위협을 상쇄시키다(6:1-8:14)
 B. 백성을 튼튼하게 하다(8:15-9:18)
 C. 절기 기념을 확립하다(9:19-10:3)

주 석

Ⅰ. 유대 백성의 준비(1:1–2:23)

이 첫 부분은 이야기의 기초를 놓는다. 자신의 언약에 충실하기 위해 하나님은 유대 백성이 공격을 받자 그들을 지키고 보존하기 위해서 섭리 가운데 여건을 조성하신다. 유대 백성을 지키고자 행동에 나서신 하나님의 손은 와스디를 왕후에서 폐위시키고 에스더가 그 뒤를 잇게 하신다. 또한 왕이 모르드개에게 신세를 지게 하신다.

A. 와스디의 폐위(1:1–22)

1:1–8. 에스더서의 사건들은 [아마도 스 4:6 때와 같을] **아하수에로 왕 때**로 거슬러 올라간다. 이 이름은, 옛 바사의 크샤야르샤(*Khshayarsha*)의 히브리어 표기를 영어식으로 한 것이다. 그렇지 않았더라면 헬라어 표기에 의해 주전 485년에서 465년까지 바사 제국을 통치한 크세르크세스(Xerxes) 대제로 알려졌을 것이다. **아하수에로는…백이십칠 지방을 다스리는 왕이라**(1절). 이를 통해 그는 주전 605년에서 562년까지 바벨론을 다스린 메대 족속 다리오(단 9:1)의 아버지이자, 자신의 제국이 겨우 120지방을 관할할 정도로 에스더서의 아하수에로의 제국보다 규모가 다소 작

에

은, 이름이 같은 (바사가 아닌) 메대 사람과 구별된다 (단 6:1). **왕위에 있은 지 제삼 년에** 아하수에로가 **잔치**[*mishteh*, 문자적으로, '술자리']를 베푼(1:3) 이유는 언급되지 않는다. 이 잔치는 (1) 그가 다스리는 지역이 통합된 것을 축하하거나, 혹은 (2) 그의 재위 4년 차에 헬라를 상대로 한 군사작전의 서막으로 사기를 높이기 위한 것이었을지 모른다(헤로도토스, vii.20). 이유야 어쨌든 이 잔치는 와스디가 폐위된 후 하나님이 에스더(와 이스라엘의 구출)를 위한 길을 예비하시려 여신 것이었다. 솔로몬의 기록대로, "왕의 마음이 여호와의 손에 있음이 마치 봇물과 같아서 그가 임의로 인도하시느니라"(잠 21:1).

1:9-22. 고대 및 중세 동양의 풍습대로 **왕후 와스디**와 나머지 **여인**들은 별도 장소에서 각각 **잔치**를 베풀었다(9절). 이처럼 성을 분리하는 관습은 사회 전 계층에서 지속되었다. 와스디의 **아리따움**을 남자들에게 **보이게 하라는** 왕의 명령이 잔치 일곱째 날, 그가 **주홍이 일어났을** 때, 즉 술의 영향으로 **기분이 좋아졌을 때** 내려졌다는 점에서 그런 관습은 더 두드러진다(10-11절). 그러므로 **왕후 와스디**가 **왕명을 따르기를 싫어**했다는 것은 이 관습을 어느 정도 따른 것으로 봐야 한다(12절). 이 항명에 대한 적절한 대응을 고민하던 왕은 진노해 **규례와 법률**[즉, 성문법/제정법, 에 1:13-15] 뿐 아니라 **사례**[관습법에 기초해 과거에 일어난 일, 즉 판례법]를 **아는** 자신의 최측근 일곱 고문에게 의견을 구했다. 왕의 명령이 격에 맞지 않아 거부한 와스디가 아무리 정당하다 할지라도 그녀의 행동이 왕국 도처에서 아내들이 그들의 남편들의 말을 듣지 않는 일이 보다 일반화되고 (그리고 덜 정당화되는) 선례를 남길 수 있다는 우려 때문에 고문들은 와스디가 다시는 왕 **앞**에 얼씬도 못 하게 하고 **그 왕후의 자리를 그보다 나은 사람에게** 주라는 권고를 서둘러 했다(19절). 이 칙령의 효과가 백성에게 알려지자 **모든 남편이 자기의 집을** 계속 **주관하게** 되었다(22절).

B. 에스더가 높은 자리에 오르다(2:1-20)

2:1-4. 시간이 얼마 지나 왕의 **노가 그치자** 와스디에 대한 그의 생각은 보다 긍정적이고 애정 어린 쪽으로 바뀌었고, 이전에 **내린 조서**에 대해 비통한 생각이 들었다. **왕의 측근 신하들**은 왕을 위로하고 그가 이 일에 신경 쓰지 않도록 1:19에 기록된 왕의 고문들이 한 제안, 즉 왕국의 **아리따운 처녀들을 다** 도성 **수산으로** 오게 하여 왕의 **눈에 아름다운** 처녀를 **와스디 대신 왕후**로 삼으라는 제안을 속히 시행하라고 아뢰었다.

2:5-7. **모르드개**는 **유다인**[예후디(*yehudi*), 문자적으로 '유대인'을 뜻하는]으로 묘사된다. 이 용어는 히브리어 성경에서 뒤에 나오는 책들에서만 사용된다(렘 32:12에서 처음으로). 그 당시 북 왕국과 왕국의 다수를 이루는 이스라엘 민족은 와해되었고, 아브라함 언약의 선상에 있던 하나님의 백성에 속한 자들은 홀로 남 유다 왕국에서 명맥을 이었다. 이는 물론 성경의 이른바 모든 '유다인'이 유다 지파의 후손이라는 말은 아니다. 그러니까 **유다인**[즉, 유대인]으로 묘사되기는 하지만 모르드개는 인종적으로 [베냐민 지파 출신의] **베냐민 자손**이었다. 실제로 그는 바벨론 혹은 바사 어딘가에서 포로 생활 중에 태어났다. 세 가지 사실이 이를 보여준다. 첫째, 모르드개는 에스더의 사촌으로, 에스더는 2:7에서 '처녀'(*na'ara*, 나아라)로 묘사된다. 일반적으로 처녀는 청소년기와 (높게 잡더라도) 20대 초반 사이의 여성을 뜻한다. 때문에 모르드개가 훨씬 더 연상일 수는 없었을 것이다. 둘째, 6절 초반에 나오는 관계대명사(who)는 모르드개가 아닌 **기스**를 느부갓네살에 의해 **유다 왕 여고냐와 함께 사로잡**혀 간 자로 언급하는 듯하다. 이는 주전 605년 여고냐가 사로잡혀 간 때로 사실임이 확인되는 반면 에스더서의 사건들은 주전 485년과 465년 사이에 일어났다. 셋째, (바벨론의 신 마르둑과 관련되는 것으로 보이는 바벨론의 이름인) 모르드개는 분명 정해진 히브리 이름이 없었다. 왜냐하면 7절에서 에스더가 그러하듯 어느 누구도 거론되지 않기 때문이다. 만일 모르드개가 포로 생활 중에 태어나지 않았더라면 그는 틀림없이 히브리 이름을 가졌을 것이다. 에스더의 경우, 그녀의 히브리 이름은 **하닷사**였다. 저자는 **곧 에스더는**이라는 말을 덧붙이고, 나중에 ('별'을 뜻하는) 이 바사 이름으로만 그녀를 언급했다. 바로 이 이름으로 그녀가 이 책의 독자들에게 가장 잘 알려졌을 것이기 때문이었다.

2:8-18. 처녀들이 모인 것은 왕의 재위 3년 차 중반 직후 어느 때였다(1:3-4과 2:1-4을 보라). 왕과 같은 성읍에 살던 에스더는 그의 재위 6년 차가 끝날 무렵

(즉, '3년'이 지난 후)에 비로소 **왕궁으로 이끌려**갔다. 에스더의 독자들은 이 시점을, 그녀가 몸을 정결케 하느라 열두 달을 보낸 후(12절), 곧 왕이 재위한 지 '칠 년 차의 열 달째에' 있었을 때로 추정한다. 이 시간표는 에스더가 이제 막 청소년기에 다다랐거나(7절에서 그녀를 '처녀'로 묘사한 것을 고려하면 이는 가능성이 없다. 7절에 대한 논평을 보라), 많은 중세 주석가들의 추정대로 그녀가 이방인의 하렘(harem, 전통적인 이슬람 가옥에서 여자들이 생활하는 영역—옮긴이 주)으로 이끌려가는 것을 원치 않은 모르드개가 가능한 한 오랫동안 그녀를 '숨기'고자 최선을 다했음을 시사한다. 하지만 에스더는 결국 다른 '처녀들'과 함께 이끌려(문자적으로, '잡혀') 갔다. 그럼에도 불구하고 자신의 이스라엘 구출 계획을 변함없이 추진하시는 하나님은 에스더가 그녀를 담당하는 헤개(8-9절)와 결국에는 **왕**을 포함해(17절) '그녀를 보는 모든 자의 사랑을 받게 하셨다'(15절). 그래서 **왕이 그의 머리에 관을 씌우고 와스디를 대신하여 왕후로 삼았다.**

2:19-20. 이 두 구절은 하나의 복문을 이룬다. 19절에는 두 개의 종속절이 들어 있다[문자적으로, "처녀들을 다시 모을 때에는(During the period when the virgins were being gathered)", (그리고) 반면에 **모르드개가 대궐 문에 앉았더라**(while Mordecai was sitting at the king's gate)]. 20절에는 주절이 들어 있다[적절히: "에스더는…그 종족과 민족을 말하지 아니하니(properly: Esther would not make known her kindred or her people…)"].

이는 세 가지 목적에 도움이 되는 서사의 회상 장면의 기능을 한다. (1) 그것은 에스더에 초점을 맞추는 이전 부분에서 모드르개에 초점을 맞추는 다음 부분으로 순조롭게 옮겨간다[21-23절에서 첫 절의 단어 선택은 19b절(반면에 **모르드개가 대궐 문에 앉았더라**)에 정확히 상응한다]. (2) 그것은 모르드개가 어떻게 왕의 개인 시종들이 꾸민 음모를 알아냈는지를 명확히 한다. 모르드개 자신은 왕궁의 인정받는 관리였다(그는 **대궐 문에 앉았더라**). (3) 그것은 에스더가 자신의 가족 정보를 어느 정도 숨겼는지를 명확히 한다. 그리고 이는 차례로 그녀가 이 정보를 계속 숨겼을 것이라는 자연스런 추론으로 이어진다. (7장에서) 나중에 이 정보가 밝혀진 것은 하만의 몰락과 그 결과에 따른 유다인의 구출에 결정적이고 가장 중요한 역할을 했다. 모르드개는 장차 자기 동족들에게 어느 정도 도움이 되겠다 싶어 에스더에게 숨기라고 했을지도 모른다(이는 10:3의 그의 인물 됨됨이와 일관된다). 그러나 전통적인 유대인 주석가들이 종종 말했듯이, 그러한 은폐로 모르드개는 에스더가 더불어 살고 있는 이방인들에게서 어떤 해코지나 방해를 받지 않고 자신의 믿음에 대한 의례적 및 법적 계율을 따를 수 있게 하려 했다는 해석이 더 그럴듯하다.

C. 왕이 모르드개에게 빚을 지다(2:21-23)

2:21-22. 모르드개가 **대궐 문에 앉**아 있다는 언급은, 그 상응하는 표현이 아람어로 적용되는 다니엘처럼 그가 왕궁에서 관리자의 역할을 수행했음을 나타내는 준(準)기술적 진술을 구성한다[단 2:49, 크세노폰(Xenophon)이 자신의 저서 《키루스의 교육》(*Cyropaedia*) viii.1.6, 16, 33, 34; viii.3.2; viii.6.10; viii.8.13 및 《아나바시스》(*Anabasis*, 페르시아 왕 소(小)키루스(Cyrus the Younger)의 소아시아 원정기—옮긴이 주) i.9.3에서 옛 바사의 왕실 역사의 맥락에서 '궁'에 대한 기술적 의미로 '문'(헬라어로 티라스, *thyras*)을 사용하는 것을 또한 보라]. 왕궁에서의 특권적 지위는 그가 몇 년(2:19에서 암시하는 대로 적어도 4년) 동안 그곳에 정기적으로 모습을 드러냈음에도 비교적 '눈에 띄지 않음'으로 인해 악화되었을 것으로 추정되기에 모르드개는 **문을 지키던 왕의 내시**[즉, 그의 시종 혹은 개인 수행원] **빅단과 데레스 두 사람**의 음모를 적발할 수 있었다.

2:23. 그러고 나서 모르드개는 이 소식을 직접 왕에게 전하거나(아마도 그가 이렇게 하는 게 허용되지 않았을 것이다) 다른 왕궁 관리를 통해 전하기보다 에스더의 중재를 통해 그의 경각심을 불러일으켰다. 이렇게 행동함으로써 모르드개는 지혜롭고 의로우며 아버지처럼 배려하는 사람으로 드러났다. 왜냐하면 그로 인해 다음과 같은 사실이 확실해졌을 것이기 때문이었다. (1) 그 음모는 정확히 왕에게 전달되었다. 왜냐하면 왕궁의 다른 이들도 연루되었을지도 모르기 때문이었다(이와 비슷한 모의는 바사 사람들 사이에서 흔했다. 그리고 실제로 훗날 공모자들은 아하수에로/크세르크세

스를 살해하는 데 성공했다. 이에 대해서는 헤로도토스, iii.118을 보라). (2) 왕은 에스더를 굳게 믿고 사랑할 것이므로 그녀가 장차 그에게 어떤 불길한 소식, 이를테면 하만이 직접 모의를 꾸민다는 정보를 전하더라도 그대로 믿을 터였다. 실로 이 사건 처리에 관여하면서 기회가 올 때까지 숨어 있었던 모르드개와 '잊혀진' 구약의 요셉이 처했던 상황과의 유사점이, 다가올 위험에서 자기 백성의 구출을 준비하는 신의 손길을 뒷받침한다. 결과적으로 요셉은 과거에 자신에게 숨겨진 것을 회고하면서 이렇게 단언할 수 있었다. "하나님이 생명을 구원하시려고 나를 당신들보다 먼저 보내셨나이다"(창 45:5 및 50:20을 보라).

Ⅱ. 유대 백성의 위기(3:1-5:14)

A. 하만이 높은 자리에 오르다(3:1)

3:1. 여기서 이스라엘의 위험이 **함므다다의 아들 하만**의 승진과 함께 소개되는데, 그의 승진은 이전 두 장의 '사건들 후' 대략 5년이 지나서 이루어졌다. 저 이전의 사건들이 적어도 왕의 재위 7년 째에 일어났다는 점에서 연대를 그렇게 추정할 수 있다(2:16). 왕의 재위 12년 째가 시작되자 하만은, 모르드개가 '왕의 명령'대로 자신에게 꿇어 절하기를 거부했다고 해서 유다 사람을 멸하라는 조서를 친히 내렸다. 이 조서의 공표는 하만의 지위가 다른 **모든 대신 위**[즉, 하만의 몰락 후 모르드개가 나중에 채운 것과 같은 왕궁 서열 2위의 자리, 10:3]로 올라간 것과 조화를 이루었다. 하만이 **아각 사람**이라는 추가 언급은 많은 학자들이 사울 당시 아말렉 사람들의 왕이었던 아각과 관련해 설명해왔다(삼상 15:8). 이 연관성은 하만이 아각의 자손임을 시사한다. 따라서 하만과 모르드개 사이의 갈등은 아각과 사울 사이의 옛 갈등이 마침내 '행동으로 나타난 것'을 의미한다. 하만이 아각의 자손이 아닌 경우, 성경에 나오는 이스라엘의 철천지원수들 중 하나로 확인된다. 이 경우, **아각 사람**이라는 용어는 연상에 의해(즉, 대체 가능한 이름으로) 하만에 적용된다. 하지만 아각 사람이라는 용어는 십중팔구 하만이 출생한 바사 혹은 메대의 특정 지역, 즉 그 실체가 앗수르 왕 사르곤(주전 725년)의 시대에서 나온 고고학적 명문(銘文)으로 확인되는 아각 지역을 말한다. 이는 차례로 하만/이스라엘의 대적들에 맞서 모르드개/이스라엘이 거둔 승리의 '신학적' 중요도를 더욱더 높인다. 그 승리는 이스라엘의 하나님이 가나안의 소수 지파인 아말렉 사람들의 잡신들뿐 아니라 그 당시 땅에서 가장 막강한 바사와 메대 제국의 잡신들을 쥐락펴락하심을 보여준다. 승리의 신학적 의미는 '본토 백성 가운데 많은 사람'(8:17)이 '시키지도 않았는데' 이스라엘의 신앙으로 개종한 것을 설명하는 데 일조한다.

B. 유대인을 겨냥한 하만의 음모(3:2-4:17)

3:2-4. **왕이 대궐 문에 있는** 그의 모든 **신하들**[그러니까 모르드개도 포함해]에게 **명령**하여 하만에게 꿇어 절하라고 했지만 모르드개가 **꿇지도 아니하고 절하지도 아니한** 이유는 누군가의 주장처럼 개인적 혹은 유다인으로서의 자부심 때문이 아니라 이 행위가 한갓 존경이 아닌 '예배'의 의도를 담은 표현이기 때문이었다. 다음 다섯 가지 사실이 이를 뒷받침한다. (1) 모르드개 자신은 **자기**[모르드개]가 **유다인**이기 때문에 하만에게 꿇어 절하지 않는다고 해명했다. 물론 유다인들은 단순한 존경심에서 다른 사람에게 절하는 것은 허용되었지만(창 23:7; 33:3; 삼상 24:8) 한 분 하나님 외에 다른 대상을 예배하는 것은 금지되었다(신 6:13-14). (2) 여기서 '꿇다'와 '절하다'로 번역된 히브리어 동사가 함께 사용되면 예배의 의미로만 해석된다(대하 7:3; 29:29; 시 95:6). (3) 모르드개가 죄를 범할 것이라는 암시는 에스더 3:4a(**날마다 권하되 모르드개가 듣지 아니하고**)와 창세기 39:10("여인이 날마다 요셉에게 청하였으나 요셉이 듣지 아니하여") 사이의 문자적으로 거의 정확한 표현상의 유사점에서 드러난다. 요셉이 자기 말대로 하자는 보디발 아내의 유혹을 뿌리쳤듯이 모르드개는 꿇으라는 유혹을 물리쳤다. (4) 헤로도토스는 "어떤 사람이 다른 사람보다 지위가 훨씬 낮으면 낮은 사람이 높은 사람 앞에 무릎을 꿇고 그를 숭상하는(*proskyneei*, 프로스키네에이)" 게 고대 바사 사람들의 관례라고 말했다(Herodorus, i.134). 그런 숭상은 조로아스터(마즈다)교에 전적으로 부합된다. 창조와 빛, 선함의 신인 오르마즈드[Ormazd, 혹은 아후라 마즈다(Ahura Mazda)]와 그의 숙적이자 악과 어둠의 영인 아흐리만(Ahriman) 사이의 끊임없는 투쟁이라는 개념에 기초한 이 이중적 종교는 주전 7세기 말

혹은 6세기 초 바사의 선지자 조로아스터에 의해 창시되었고 아하수에로/크세르크세스 때에 확고히 자리 잡았다. 주후 10세기 바사 출신의 유대인 주석가의 말을 빌리면, 하만처럼 기량이 뛰어난 사람에 대해서는 "무언가 신적인 빛이 그 사람 안에 존재하기에 사람들은 그를 특별한 방식으로 숭배해도 좋을 것"이라는 믿음이 있었다.

3:5-15. 모르드개가 무릎 '꿇고 하만에게 절하기'를 계속 거부하자 하만은 '모르드개를 죽일' (즉, 2:21에 사용된 것과 같은 관용구인 '살해하다') 뿐 아니라 사실상 **온 나라에 있는 유대인**들을 다 멸하기로 작정했다. 겉보기에 균형이 맞지 않은 이 대응(한 사람의 불순종으로 인한 민족 전체의 몰살)에 대한 가장 합리적 설명은 유대인의 신앙에 대해 어느 정도 알고 있음이 분명한 하만이 모르드개의 거부가 유대인의 전반적 사고방식을 드러내는 징후임을 올바로 인식했다는 점이다. 모르드개가 자신의 신앙을 내세워 하만에게 절하기를 거부했기 때문에 모든 유대인이 그를 따라 할 것이고, 이는 곧 모양새와 의전을 매우 중시하는 문화에서 하만의 권위와 지위에 잠재적으로 심각한 도전이 될 수도 있을 것이다(참고. 1:11-12; 5:1-2; 6:7-12).

뒤이은 갈등, 특히 하만이 한 대응의 이 신학적 및 종교적 기층은 **제비**를 뜻하는 옛 바사 용어인 **부르**[pur]에 대한 그의 직접적 호소로 훨씬 더 지지를 받는다. 바사의 용어를 사용하는 이유는 '던져지는 그 무엇'이라는 그 단순한 물리적 본성이 아닌 **부르**의 어떤 특성 때문임이 틀림없다. 성경의 제비[히브리어로 고랄(*goral*)]와 제비뽑기(*happalat goralot*, 하팔랏 고라롯)의 용도를 살펴볼 때 이 둘 사이의 구분은 신학적 성격을 지녔을 것이라는 점이 분명해진다. 왜냐하면 이스라엘 문화에서 '제비는 사람이 뽑는다. 그리고 (일부 번역본에서처럼 '그러나'가 아니다) 모든 일을 작정하기는 여호와께 있다'(잠 16:33; 참고. 레 16:8; 수 18:6; 느 11:1, NASB). 그러나 하만은 제비뽑기를 통해 이스라엘의 하나님이신 '주님'('야훼')에게 호소하기보다 바사의 부르를 그것의 히브리 상대인 고랄(*goral*)과 은연중에 병치함으로써 자신의 신(들)에게 분명히 호소하고 있었다. 이는 한 해의 모든 날을 유리하고 좋거나 불리하고 나쁘거나 둘 중의 하나로 여기는 고대 바사의 조로아스터교와 완벽히 일치한다. 따라서 조로아스터교의 유일한 창조주이자 신인 아후라 마즈다의 뜻을 알아내 유대인을 멸하기에 가장 상서로운 날을 택하려는 의도를 지닌 '종교적' 행위로서 (아마도 조로아스터교의 사제 계급 중 하나일 점성술사가) **하만 앞에서 제비를 뽑**았다. 조로아스터교에 대해서는 에스더 3:2-4에 대한 주석을 보라.

일단 그날이 결정되자(아달월 13일, 참고. 12절) 하만은 자신의 음모를 즉시 실행에 옮겼다. 그는 특히 유대 백성이 왕의 **나라 각 지방**에 흩어져 거하므로 폭동을 일으킬 소지가 다분하다고 역설하면서 왕의 승인을 받아냈다. 그와 동시에 하만은 자신을 왕과 왕국의 평안을 위해 매우 헌신하는 자로 묘사하고자 했다. 그는 사재를 털어서라도 기꺼이 **은 일만 달란트를 왕의 금고에 드릴** 작정이었다. 하만은 집단 학살로 인한 나라의 세수 손실을 벌충하고자 이 거액 기부를 제안했을 것이다. 일단 왕의 승인이 떨어지자 하만은 **왕의 서기관**들을 소집해 공식 조서를 쓰게 한 후, 나라의 **역졸**들을 시켜 전국에 이 조서를 즉시 공표하게 했다(13절). 이 조서가 처음 전달된 곳은 왕실 구내 혹은 '수산 요새'(1:2; 2:8을 보라)를 둘러싼 수산 성이었다. 수산 성의 반응은 '어지러움'(혹은 '동요', '갈피를 잡을 수 없는 상태'. 이는 수산 성의 유대인들과 그들이 정기적으로 사회 및 경제 교류를 해온 이방인들 둘 다의 상태를 묘사하는 듯하다) 그 자체였다. 훗날 그와 대조적으로, 모르드개의 조서를 처음 듣게 된 곳도 수산 성이었다. 유대인들은 그 조서로 인해 즐거이 부르며 기뻐했다(8:15).

4:1-17. 1절을 여는 구문론은 사건 순서보다는 상황에 관심을 둔다. 그렇기에 **모르드개가 이 모든 일을 알고 자기의 옷을 찢고**(NASB, ESV, HCSB)보다는 오히려 "이제 모르드개가 이 모든 일을 알아차렸다. 그래서 그는 옷을 찢었다"(NET)가 적절한 번역이다. 바꿔 말하면, 모르드개는 왕궁에서 잔뼈가 굵은 관리로서 그 조서가 하만과 왕의 사적 조언에 그치지 않는, 유대인을 멸하려는 음모라는 낌새를 챘을 것이다. 따라서 이 장은 조서가 내려진 그 날 모르드개가 즉각 반응을 나타냈음을 보여준다. 그것은 차례로 에스더의 금식과 그 연대를 둘러싼 메시아의 유형 분류 체계를 더 명확

히 한다(서론의 '에스더서에서 하나님 찾기' 중 C 부분을 보라). 흥미롭게도, 모르드개가 한 [그리고 (결국 그들이 칙령에 대해 들었을 때 **각 지방**에 있는 자들처럼) 수산 성의 무수한 다른 유대인들도 거기에 동참한] 첫 행동은 **굵은베 옷을 입고 재를 뒤집어쓰고 대성통곡하며** 울부짖는 것이었다. 이 행동은 잠재적 위험과 임박한 재앙에 대한 반응으로 하나님께 호소할 때 나타나는 특징이다(참고. 삿 20:26; 스 8:21).

에스더의 개입을 청하려면 모르드개는 먼저 **에스더에게** 하만의 조서를 **알게** 해야 했다(3:8). 그녀는 궁궐 여성들의 거처에 은둔하고 있어 하만의 조서를 알지 못했기 때문에 그는 에스더에게 **가까이 있는** 내시 **하닥**을 통해 조서를 알렸다. 그와 동시에 모르드개는 에스더로 하여금 왕에게 **부탁하여 그 앞에서 자기 민족을 위하여 간절히 구하라**고 촉구했다(8절). 에스더는 처음에 손사래를 치더니 (이는 출애굽기 3:11과 4:13에서 모세가 보인 것과 비슷한 반응을 떠올린다) 이어서 자신이 지난 **삼십 일** 동안 왕의 부르심을 받지 못했다면서 양해를 구했다(11절). 그녀가 이 숫자를 들먹이는 것은 자신에 대한 왕의 애정이 분명히 식었음을 넌지시 비치려는 것이었지만 그것은 이 책의 역사적 진실성을 보여주는 또 다른 포착하기 어려운 증거로서의 역할도 했다. 왜냐하면 (니산월 13일에 이루어진) 이 대화 이전의 30일이라면 에스더가 그 당시 아달월(*viyahna*, 옛 바사의 비야흐나) 11-15일(태양력으로 4월 중순)에 기념하는 조로아스터교의 중요한 (죽은 자들의 영혼을 환영하는) 파르바르디간(*Farvardigan*) 절기를 왕실이 지키느라 실제로 왕 가까이 있었을 것이기 때문이었다.

하지만 이에 단념할 모르드개가 아니었다. 그는 왕에게 탄원하라고 질책과 격려가 담긴 말로 다시금 그녀에게 호소했다. 질책의 내용은, 에스더가 왕후이기는 하지만 **모든 유다인 중에 홀로 목숨을 건지리라 생각하지 말고**(13절), 더욱이 그녀가 **잠잠하여 말이 없으면** 유다인은 그래도 구원을 얻겠지만 그녀와 그녀의 **아버지의 집은 멸망하리라**(14절)는 것이었다. 격려의 내용은, 한갓 소망이나 바람이 아닌 **유다인이 다른 데로 말미암아 놓임과 구원을 얻으**리라는 모르드개의 확신에 찬 기대가 확실히 암시하는 바와 같이 여호와가 자기 백성을 파멸에서 보호하시기 위해 모든 상황을 통제하신다는 것이다. 그의 확신은 이스라엘에 복을 주시고 그들을 그분 앞에 선 백성으로 영원히 지키시겠다는 하나님의 약속에 대한 그의 믿음으로 설명된다(창 12:1-3; 렘 31:35-37). 또한 그는 에스더가 **왕후의 자리를 얻은 것이 이때를 위함**이라는 것을 확실히 함으로써 하나님이 이미 역사하고 계셨음을 확신했다. 그리하여 에스더는 자기를 위해 [다시금 하나님에 대한 구체적 호소로서] **수산에 있는** 모든 **유다인**들이 **밤낮 삼 일** 동안 시행해야 할 예비 금식을 명령했다. 상황의 급박함을 감안하고 이 금식을 위해 수산의 유다인들을 모으는 데 필요한 최소한의 시간을 모르드개에게 허용하였으므로 이 금식은 아달월 14일에 시작된 것으로 보는 게 타당하다(참고. 3:12). 이는 하루가 해 질 녘에 시작하는 성경적 및 유대인의 셈법에 따라 그날 밤 늦게 혹은 다음 날 아침 아주 이른 시각에 시작되었다[바벨론 탈무드 페사힘(*Pesahim*) 2b에 따르면 새벽은 사실상 공적 금식이 시작되는 흔한 때였다]. 어느 경우든 아달월 14일에 시작되었을 것이다. 따라서 에스더의 금식은 '유월절의 처음 3일 동안' 시행되었는데, 이는 이 책의 유형 분류 체계를 이해하는 데 중심이 되는 의견이다.

C. 모르드개를 겨냥한 하만의 음모(5:1-14)

5:1-8. 에스더가 **왕후의 예복을 입**었다는 진술에는 모르드개와 다른 유다인들이 입은 옷(4:1-3)과 비슷한, 금식할 때 흔히 입는 옷을 그녀가 그때까지 입고 있었다는 의미가 함축되어 있다. 이는 차례로 에스더의 금식에 하나의 유형으로서 보다 분명히 초점을 맞춘다. 금식과 이에 외적으로 수반되는 (굵은베 옷 및 재와 같은) 치욕스러운 복장은 성경 도처에서 '자기 부정'과 '자기 고통'을 의도적으로 나타낸다. 예를 들어, 이는 속죄의 날에 '너희는 너희의 심령을 겸손하게(문자적으로, '괴롭게') 하며'(레 16:29, 31; 23:27, 32; 민 29:7)라는 하나님의 명령에서 나타난다. 이 점에서 에스더의 금식은, '그는 근본 하나님의 본체시나 자기를 낮추시고 죽기까지 복종하셨으니 곧 십자가에 죽으신'(빌 2:6, 8) 유일하신 분이신 그리스도 그분의 자기 부정과 고통을 예표하고 그것에 필적했다. 에스더 금식의 이 모형론적 측면은 1세기 교부인 로마의 클레멘트 또한 포착

한 것으로 보이는데, 그는 에스더에 대해 "금식과 자기 고통을 통해 그녀는 자기 영혼의 고통을 보시는 주님에게 간청했고 위험을 자초하면서까지 동족을 구출했다"라고 썼다(*1 Clement*, 55:6). 게다가 그리스도의 고통과 마찬가지로 에스더의 고통 역시 사흘째가 지나서가 아닌 '사흘 만에' 끝났다(행 10:40).

에스더가 자신의 요청을 다음 날로 미룬 이유(5:8)에 대해서는 7:1-10에 대한 주석을 보라.

5:9-14. 하만은 에스더가 베푼 잔치에서 나와 길을 가다가 **모르드개가 대궐 문에 있는 것**을 보았다. 이를 통해 모르드개가 에스더처럼 더 이상 굵은베 옷을 입고 재를 뒤집어쓰지 않았다는 추론이 가능하다. 어느 누구도 그런 옷차림으로 대궐 문(즉, 문 앞, 참고. 4:2)에 있는 것이 허용되지 않았기 때문이었다. 이는 모르드개의 굳건한 믿음과 영적 성숙을 한층 강조한다. 하나님에게 호소한 그는 그분의 절대적 주권과 언약에 충실하심을 확고히 믿으면서 그 문제를 하나님의 손에 맡기고 앞으로 나아갔다. 모르드개의 확신은, 하만의 내로라하는 권력과 유다인들을 멸하려는 봉인된 '계획'에도 불구하고 그가 하만 '앞에서' 조금도 **몸을 움직이지** 않았다는 사실로 뒷받침된다. '움직이다'(*za*, 자)라는 동사는 성경 어디에선가 '두려움' 때문에 생기는 움직임을 나타내기 위해 사용된다(전 12:3; 단 5:19; 6:26을 보라).

이 구절에서 하만의 역할 및 행동은 (1) 서사가 드러내는 높은 수준의 문학적 세련미 (2) 탁월한 전령으로서의 하만의 지위와 형편에 대한 근원적 사실들 (3) 경쟁을 통해 궁극적으로 왕의 자리에 오르겠다는 하만의 암묵적 갈망을 증언하는 데 기여하면서 1장에서의 왕의 역할 및 행동과 분명한 대칭을 이룬다. 왕과의 이러한 유사점을 구성하는 개별 요소들은 다음과 같다. (1) 아하수에로와 하만 두 사람의 엄청난 재산이 명백히 강조된다(1:4; 5:11). (2) 처음에 둘 다 술을 마셔서 '기분이 좋다'는 특징을 보였다(1:10; 5:9). (3) 둘 다 자기 아내를 자신들에게 '청하는'(혹은 청할 의도가 있는) 것으로 묘사되었다(1:11; 5:10). (4) 궁중의 다른 사람이 두 사람에게 순종하기를 거부했다(1:12; 5:9). (5) 둘 다 즉각 '분노'를 표출했다(1:12; 5:9). (6) 둘 다 그 즉시 자기 최측근들의 조언을 구했다(1:13-14; 5:10). (7) 두 사례에서 측근들은 범법자들을 절대 살려두면 안 된다고 조언했다(1:19; 5:14). (8) 두 사람 다 '조언을 좋게 여겨' 그 말대로 행했다(1:21; 5:14).

Ⅲ. 유대 백성의 구출(6:1-10:3)

A. 위협을 상쇄시키다(6:1-8:14)

6:1-14. 하만의 조서로 인한 위협에 대해 하나님이 예비하신 구원은 이스라엘을 '저주하는'(문자적으로, 우습게 여기는) 자를 저주하시겠다는 창세기 12:3의 하나님의 약속/위협을 돌아보게 하는 일련의 역전들("그의 머리에 돌려보내어", 9:25) 중 첫째로 이제 펼쳐지기 시작했다. 이 첫 역전을 위한 추동력은 잠을 주시는(시 127:2을 보라) 하나님이 암암리에 일으키신 왕의 불면증이었다. 그래서 왕은 [무료함도 달래고 잠도 청할 겸 해서] **역대 일기**를 가져와 자기 **앞에서 읽으라고** 명령했다. 모르드개가 **빅단과 데레스**(2:21-23을 보라)의 암살 음모를 고발하는 착한 일을 했지만 (3a에서 왕의 질문이 암시하는 대로) 보상을 받지 못했다고 낭독자가 말하자 왕은 즉시 자신의 실수를 바로잡아야겠다는 생각이 굴뚝같이 들었다. 정확히 바로 그 순간, 하만은 모르드개를 처형해도 좋다는 승인을 받고자 왕궁 **바깥뜰**에 이르렀다. 이는 신의 예비하심이었다. 승진에 대한 하만의 주체할 수 없는 욕구는 6a절의 왕의 질문(**왕이 존귀하게 하기를 원하는 사람에게 어떻게 하여야 하겠느냐**)이 자신을 두고 하는 말이라는 그의 착각과 그 질문에 대해 하만으로서는 도저히 손에 넣을 수 없었던 왕실의 의복과 장신구 등을 공개 석상에서 하사하시는 게 좋겠다는 그의 응답에서 여실히 드러났다. 그러자 왕은 하만에게 이것들을 모르드개에 주라고 지시했다. 이제 하만은 모르드개를 말에 태운 채 앞에 가면서 그의 존엄을 선포해야 할 터였다(10-11절).

모르드개가 하만보다 더 큰 영향력을 행사할 수 있는 위치에 오른 게 아주 확실해지자 그의 아내와 친구들은 그가 모르드개 앞에서 **굴욕을 당하기 시작하였다**고 나중에 그에게 말했다(13절). 하만의 실제 몰락 혹은 강등은 그(즉, 하만)가 **분명히** 그(모르드개) **앞에 엎드러질** 것이라는 그들의 뒤이은 선언에서 언급된다. 모르드개의 '유다 혈통'을 의식한 이 같은 선언이 이방인들, 특히 얼마 전까지만 해도 그를 처형해야 한다고 조언했던 자들(5:14)에게서 나온 것은 얼핏 보면 전혀 어울리지 않는 듯하다. 하지만 그들의 추론은, 징후와 조짐에 대한 조로아스터교의 집착 그리고 어떤 사건의 시작은 종종 그 결말의 믿을 만한 전조라는, 그 징후와 조짐에 수반되는 믿음으로 설명될지 모른다(조로아스터교에 대한 상세한 설명은 3:2-4에 대한 주석을 보라). 따라서 하만을 제친 모르드개의 잠정적 승진은 최종적(영구적) 승진을 뜻했다. 높은 자리에 오른 모르드개는 '유대인의 대적'(3:10)을 권좌에서 몰아내기 위해 힘이 닿는 한 뭐든 하고야 말 것이다.

7:1-10. 이전 장에서 그의 아내와 '현자들'이 예상한 대로 하만의 몰락은 신속하고도 빈틈없이 이루어졌다. 동시에 그의 몰락은, 하나님이 사악한 자들은 평범하게, 이스라엘의 대적들은 철저하게 응징하신다는 것을 종종 특징으로 하는 '역전'의 원리에 대한 성경의 생생한 사례를 보여주었다. 둘째 날 **잔치에서** 왕이 에스더가 원하는 것은 뭐든, **나라의 절반이라 할지라도** 들어주겠다고 거듭 의사를 밝히자 그녀는 자기 **민족**의 생명과 더불어 자기 **생명을** 자기에게 '달라고'(즉, 보존해 달라고) 왕에게 간청했다. 그녀는 자신이 그렇게 간청하는 이유를 즉시 밝혔다. '자신과 자신의 민족이 팔려서…죽임을 당하게 되었다'는 것이다. 이로써 에스더는 5절(**그가 누구냐**)에서 왕이 응답할 수 있는 길을 마련했다. 그녀는 또한 왕 자신의 과실에 대해 어떤 조치가 필요하다는 암시를 교묘하면서도 대담하게 주었다. 왜냐하면 판다는 것은 3:9의 거래에 대한 분명한 언급이기 때문이다. 말하자면, 하만은 (유다 백성을 진멸하면 "은 일만 달란트"를 주겠다는 제안으로) 구매자의 소임을 다하고 왕은 판매자의 소임을 다한다. 나중에 왕은 자신의 과오가 어느 정도인지 깨닫고 그에 따른 배상을 해주겠다고 결심했을 것이다. 왕이 범인이 **누구**며 **어디** 있느냐고 묻자 에스더는 **하만을 대적**과 **원수**로 지목했다. 4:3에서 하만의 조서가 공표되면서 각 지방의 유다인들이 '애통한' 바 있는데, 이제는 하만이 유다인 **왕후**와 그녀의 **왕 앞에서 두려워**하는 역전극이 연출된 것이다. 이 반전은 왕이 하만의 미수에 그친 호소를 **왕후를 강간**하려는 시도로 오해한 후 **하만이 모르드개를 달고자 준비**한 바로 그 '교수대'(실제로는 '화형대')에 그를 매달라(즉, 바사의 관습대로 '찌르라'. 스 6:11)고 명령하는 극적인 결말로 이어졌다.

에스더는 왜 자신의 청원을 둘째 잔칫날로 미뤘을까? 그녀는 에스더 4:16의 "죽으면 죽으리이다"에 표현된 대로 동족을 위해서라면 자신이 어떤 희생을 당하든 개의치 않고 왕에게 탄원하겠다는 약속을 했으므로 이는 그녀의 공포나 우유부단, 혹은 두려움 때문이 아니었다. 그녀가 미룬 것은 오히려 하나님이 대단원에 개입하신다는 징후를 기다리고 있었기 때문일 것이다. 이 징후는 두 잔치 사이에 일어난 사건, 곧 하만을 제친 모르드개의 공개 승진에서 나타났다. 이 분명한 역전과 이로 인한 하만의 처형에서 그 역전이 절정에 달하고 모르드개가 그의 자리를 차지하게 된 것(8:2)을 유다인들은 하나님이 예전처럼 그들에게 변함없이 관심을 두고 계시다는 격려의 징후로 여겼다. (특히 바사의) 이방인들은 그 역전을 통해 이스라엘의 하나님을 실로 참된 하나님으로 간주할 터였다. 그분은 막강한 바사 제국의 여러 신들까지도 쥐락펴락하시기 때문이다. 그리고 6장에서 모르드개가 하만을 제치고 공개 승진한 것은 "본토 백성 가운데 많은 사람"(8:17, NASB)이 뒤이어 이스라엘의 하나님에 대한 신앙으로 돌아섰을 뿐 아니라 또한 "자기들을 미워하는 자들을 제거하게"(9:1) 되었다는 유다인들의 뒤이은 확신에 의해 논리적으로 확인되었다.

8:1-14. 이 장에서 반전의 주제는 다섯 곳에 나타난다. (1) **왕이 하만에게서 거둔 반지를 빼어 모르드개에게 준지라**(2a절). 이는 요셉 이야기에 대한 또 다른 유사점을 나타낸다(창 41-42장과 에 8:15을 보라). (2) 모르드개에게 **하만의 집**[즉, 재산]을 **관리하게** 하니라(2b절). (3) 에스더는 **하만이 꾀하고 쓴 조서를 철회**[*le-hashib*, 레-하쉬브]하라고 왕에게 더 탄원했다(5절). (4) 모르드개는 **스스로 생명을 보호하고 그들을 치려 하는** 어떤 자들도 **죽이고 도륙하고 진멸**할 권리를 유다인들에게 부여하는 둘째 조서를 내렸다(11절). 이는 '모든 유다인을 죽이고 도륙하고 진멸할'(3:13) 권리를 유다인의 적들에게 부여한 하만의 첫째 조서를 뒤집는 효과를 낳았다. 비록 바사의 법은 철회할 수 없었지만(8절; 1:19; 단 6:8) 왕은 모르드개의 조서가 아주 마음에 들었다. (5) 하만의 조서에서처럼(3:15) 모

르드개의 조서도 역졸을 시켜 **급하**게 보냈다(14절). 빠르고 효율적이라고 소문난 바사의 우편제도에 대해서는 헤로도토스, viii.98을 보라.

B. 백성을 튼튼하게 하다(8:15-9:18)

8:15-17a. 이스라엘이 받는 고통의 중심에 있던 가시(즉, 하만)가 제거되면서 유다 백성은 정신적 행복과 수적 증가, 신체적 안전이라는 세 가지 핵심 영역에서 힘을 얻게 되었고 이와 더불어 자기 백성을 위한 하나님의 유익한 계획들이 속속 밝혀졌다. 이 셋 중 첫째인 이스라엘의 정신적 행복은 모르드개의 조서에 대한 이스라엘의 흥겨운 반응뿐 아니라 그 반응이 하만의 조서에 대한 그들의 반대되는 심리적 반응과 뚜렷한 대비를 이루는 것으로 강하게 표현되었다(15-17a절). 그리하여 하만의 조서에 대한 '즉각적' 반응이 "수산 성은 어지럽더라"(3:15)인 반면 모르드개의 승진에 대한 즉각적 반응은 **수산 성이 즐거이 부르며 기뻐하고**(15절)였다. 하만의 조서가 내려졌을 때 '유다인이 크게 애통하여 금식하며 울며 부르짖었다'(4:3). 하지만 모르드개의 조서에 대한 반응은 **왕의 어명이 이르는 각 지방, 각 읍에서 유다인들이 즐기고 기뻐하여 잔치를 베풀고 그날을 명절로 삼으니**(17a절)였다.

8:17b. 이 반 절은 이스라엘의 수적 증가를 깊이 있게 묘사한다. 성경에서 **본토 백성이 유다인 되는 자가 많더라**라는 역사적 사건을 언급하는 것은 이곳이 유일하기 때문이다. 그들의 전향은 이스라엘의 인구뿐 아니라, 특히 이스라엘의 '믿는' 인구 또한 상당히 증가한 것으로 완성되었다. 이방인이 '유대인이 되는' 것은 그들이 민족 공동체는 물론이려니와 '영적' 공동체에 합류하는 것이기도 하다. 현실적으로 말해, 여기에는 남자들의 할례가 수반되었다(창 17:10; 출 12:48). 이러한 이해는 이 구절의 '유대인이 되었다'라는 표현을 '할례 받았다'로 옮긴 70인역에 나타난다. 이 사건의 모형론적 의미에 대해서는 서론의 '에스더서에서 하나님 찾기' 중 C 부분을 보라.

9:1-18. 이스라엘의 '신체적 안전'의 강화는 이 구절들에서 적대적인 사람들의 제거와 그로 인해 유다인들의 거주 지역에 대한 더 이상의 잠재 위협들이 사라진 것으로 나타난다. 어떤 이들은 유다인들이 이른바 '앙갚음' 살인으로 7만 5천 명 이상을 도륙한 것에 대해 그들을 비판하고 싶어 할지 모른다(16절). 하지만 그들은 바사 제국 전역에서 최고 악질들만을 죽였는데, 이는 **자기들을 미워하는 자들**(1절)에게서뿐 아니라 하만의 조서가 허락한 것을 이용하겠다고 아직도 유다인들을 **해하고자** 단단히 '벼르는'(2절) 자들에게서도 자신들을 지키려는 행위였다. 수산의 유다인들도 아달월 14일에 그들의 대적에 맞서 무기를 쓸 수 있도록 허락해달라는 에스더의 청원이 지혜로웠다(13절)는 것은 수산이 유다인들과 관계된 문제들에 영향을 미치고 방침을 세우는 원천이었다는 점에서 분명히 드러난다. 그녀는 또한 [아달월 13일에 이미 죽임을 당한, 6-10절] **하만의 열 아들의 시체**를 나무에(즉, 하만이 찔려 꼼짝 못하게 된 바로 그 말뚝에) 매달게 해달라고 요청했다. 정경의 입장에서 볼 때 이 행동이 지나친 응징을 나타내지 않는 것과 마찬가지로 소돔과 고모라 역시 "후세에 경건하지 아니할 자들에게 본"(벧후 2:6)이 되도록 그 성들을 멸하시겠다는 하나님의 결정 또한 지나친 응징을 나타내지 않는다. 또한 모르드개의 조서(8:11)가 '그 재산을 탈취할' 뿐 아니라 또한 '처자를 포함하여 유다 백성을 치려는' 자들 가운데 있는 '모든 사람'을 죽여도 좋다고 허락한 반면(이는 3:13의 하만의 조서와 비슷하다) 본문은 '사람들'[히브리어로 이쉬, *'ish*(6, 12, 15절)]을 죽이는 유다인들만 분명히 언급하고 유다인들이 **그들의 재산에는 손을 대지 아니하였**다고 거듭 말한다(10, 15-16절). 의심할 여지없이 모르드개는 자신의 조서가 하만이 의도하고 유다인들의 대적들이 했을 법한 일(3:13)과 대비됨을 강조했다. 유다인들을 '미워한' 800명가량이 수산에서 살해되었고(500명은 아달월 13일에, 300명은 아달월 14일에, 6, 15절을 보라), 약 **칠만 오천 명**은 **왕의 각 지방**에서 도륙되었다(16절).

C. 절기 기념을 확립하다(9:19-10:3)

9:19-32. 유월절 절기가 출애굽기에 기록된 이스라엘의 구출을 '기념하는'(출 12:14) 것으로 제정되었듯이 에스더에 기록된 절기도 이스라엘의 구출을 기념하고자 제정된 것이다. 약속의 땅 밖에서 일어난 이 두 구출 사건은 유대인의 포괄적 구출이라는 성경의 '유일한' 사건이라는 점에서 연결된다(이 연관성/정경상의 병치의 신학적 의미에 대해서는 서론의 '에스더서에서 하나님 찾기' 중 B 부분에서의 추가적 논의를 보라). 하

나님이 직접 말씀하시지 않은(이 점에 대해서는 서론의 '에스더서에서 하나님 찾기' 중 B 부분과 A 부분에서의 논의를 보라) 이 절기는 에스더의 추가 지원을 받은(9:29) 모르드개가 명한 것으로, 그 수단은 그가 **왕의 각 지방에 있는 모든 유다인에게** 보낸 글이었다. 신이 이 절기를 '지원한다'는 사실은 당연히 이 기록이 성경의 정경에 포함된다는 점을 암시한다. 왜냐하면 그것이 비실증적인 것, 즉 정경이 영감을 받아 기록되었음을 믿음에 기반을 두고 용인하는 것에 기초하기 때문이다. 초기 유대교 전승은 85명의 장로들로 구성된 최초의 산헤드린(유대인의 최고 의결 기구—옮긴이 주)이 에스더 당시 하나님 자신의 깨우침으로 모르드개와 에스더가 (절기를) 제정하라고 보낸 편지들을 기꺼이 받아들였다는 예루살렘 탈무드(*Megilla* i.5)에 기록된 전승을 또한 지지한다.

절기에 붙인 이름은 이른바 **부르의 이름을 따라** 지은 **부림**이다(26절). 즉, 하만 앞에서 뽑은 바사의 제비였다(3:7과 그에 대한 주석을 보라). 근대 초기(18세기) 유대교 주석가[빌나 가온(Vilna Gaon)으로 알려진]인 랍비 엘리야 벤 쉴로모 잘만 크래머는 이름 선택에 대해 논평하면서 이렇게 말한다. "부르는 하나님이 (하만의) 달력으로 점치는 것을 뒤집은 수단으로서 기적의 중심축이었다." 게다가 이 절기는 **아달월 십사 일**에 지킬 뿐 아니라(19절) 자신들이 추가로 '대적을 없앤'(9:15, 18을 보라) 날을 기념하기 위해 수산의 유다인들도 아달월 15일에 지켰다. 초기 성경 이후의 전통에서 (그리고 현재까지 지속되는) 이 추가적인 날은 '여호수아 시대 이후 성벽으로 둘러싸인' 어느 성읍이건 (현실적으로 말하면, 오늘날에는 예루살렘에서만) 거기에 사는 유대인들이 보다 폭넓게 기념하라는 명령이 내려졌다[미시나 , 메길라(*Megilla*)].

유대인들은 하나님이 하만의 집단 학살 계획을 무산시키고 자신들을 구출해주신 것을 지금까지 기념한다. 기념식에는 회당에서 두루마리로 된 에스더서를 낭독하는 일이 포함되는데, 하만의 이름이 불려질 때마다 소리를 내는 사람들이 하만의 이름을 떠내려 보내는 것으로 식이 끝난다. 음식과 사탕이 담긴 바구니를 이웃에게 전하고(22절) 하만의 모자(혹은 어떤 이들이 말하는 그의 귀)를 연상시키는 세 개의 뿔이 있는 페이스트리를 먹고 하만의 격퇴를 재연하는 연극을 펼치는 것이 또한 관례가 되었다. 히틀러의 홀로코스트(유대인 대학살)에 비추어, 유대인들은 이 기념식들의 의미를 확대해 하나님이 다른 때에도 자기 백성을 지키시려 애쓰시는 것을 기억했다. 왜냐하면 유대교의 유월절 전례가 말하듯이, '세대를 막론하고 대적들은 우리를 파멸시키려 일어나지만 거룩하신 분(그분이 복 받으시기를)은 언제나 그들의 손에서 우리를 구출하신다'.

10:1-3. 책의 에필로그를 효과적으로 구성하는 이 마지막 세 절은 부림절과 이 절기의 서곡이 되는 구체적 사건들이 아닌, **메대와 바사 왕들의 일기**[저자가 영감을 받아 이용했을 가능성이 있는 자료들 중 하나로, 이에 대해서는 서론의 '저자와 연대'를 보라]**에** 충분히 **기록된** 바와 같이 대체로 **모르드개**의 **존귀**함을 마지막으로 언급하면서 기념하는 내용이 담겨 있다. **아하수에로 왕의 다음** 자리에 오른 모르드개는 바로 왕 아래의 같은 자리에 오른 요셉이 먼저 본을 보인 그대로 자신의 권위를 사용했다. 여기서 '다음'(*mishneh*, 미쉬네)이라는 동일한 단어는 창세기 41:43에서 자기 **백성의 이익**[혹은 '이득']을 구하고 그들을 **안위**[문자적으로, '평강']하는 요셉에 관해 또한 사용된다. 게다가 이 활동 둘 다 여호와에 대한[참고. 시 34:11-14(히브리어 성경. 12-15); 85:8-9(히브리어 성경. 9-10); 122:8-9] '두려움'(즉, 노예적인/맹종하는 사랑)으로 동기가 부여되는 사람을 정경에 따라 묘사한다. 따라서 이 책은 자기 백성 이스라엘에 대한 하나님의 '지속적인' 관심을 의식하고, 하나님이 자신의 한결같은 사랑을 계속 드러내시면서 크든 작든 사건들과 개인들을 주권적으로 계속 다스리실 것이라는 기대감으로 끝난다. 그 결과 언젠가 그분의 백성은 그것을 보고 말라기(말 1:5)의 말을 빌려 이렇게 말할 것이다. "여호와께서는 이스라엘 지역 밖에서도 크시다 하리라."

참고 문헌

Anderson, Bernhard W. "The Place of the Book of Esther in the Christian Canon." *Journal of Religion* 30 (1950): 32-43. Reprinted in Carey A. Moore, ed. *Studies in the Book of Esther*. New York: KTAV, 1982.

Beckwith, R. *The Old Testament Canon of the New Testament Church and Its Background in Early Judaism*. Grand Rapids, MI: Eerdmans, 1985. Esp. chap. 7, "The Identity of the Canonical Books."

Conti, M. *et al*, eds. *1-2 Kings, 1-2 Chronicles, Ezra, Nehemiah, Esther. Vol. 5 in Ancient Christian Commentary on Scripture: Old Testament*. Downers Grove, IL: InterVarsity, 2008.

Huey, F. B., Jr., "[Commentary on] Esther." Vol. 4 in *The Expositor's Bible Commentary*. Ed. F.E. Gaebelein *et al*. Grand Rapids, MI: Zondervan, 1988.

Keil, F. C. "The Book of Esther." In *Biblical Commentary on the Old Testament*. Trans. S. Taylor. Grand Rapids, MI: Eerdmans, 1966.

McClure, W. J. *The Book of Esther: Prophetic Foreshadowings from the Book with No Divine Name in It*. Kilmarnock: John Ritchie, 1990.

Walfish, B. D. *Esther in Medieval Garb: Jewish Interpretation of the Book of Esther in the Middle Ages.* Albany, NY: SUNY Press, 1993.

Wechsler, M. G. "Shadow and Fulfillment in the Book of Esther." *Bibliotheca Sacra* 154, no. 615 (1997): 275-284.

욥기

유진 메이휴(Eugene J. Mayhew)

서 론

저자. 욥기는 누가 썼을까? 이에 대해 유대교와 기독교 학자들은 수 세기 동안 논쟁을 벌여왔다. 욥기가 모세에게서 유래했다는 유대교의 전통적 견해는 바벨론 탈무드인 '트락타테 바바 바트라'(*Tractate Baba Bathra*) 15a-b에 등장하는 옛 전통이다. 이 견해는 저자에 대한 그런 주장이 욥기에 나타나지 않는다는 문제점을 드러낸다. 욥기는 책의 저자를 밝히지 않는다. 하지만 이 책의 방식과 관점을 살펴볼 때 저자는 욥이 아닌 듯하다.

매우 오랜 논쟁과 구약의 정경 목록에서 보면 욥기는 정경의 하나로 인정받았고 정경으로서의 자격이 유지되어 왔다. 시간이 흘러 히브리어 성경이 활자화되면서 욥기는 (두루마리의) 분량이 줄어드는 순서에 따라 시편과 잠언 사이에 놓였다(*Babylonian Talmud*, Ber. 57b). 고린도전서 3:19에서 바울의 욥기 5:13 인용은 "욥기가 주후 1세기에 정경으로 인정받은 성경이었음을 나타내는 공식으로 소개된다"[Robert L. Alden, *Job*, NAC(Nashville: Broadman & Holman, 1993), 25]. 유대교나 기독교에서 욥기의 정경 자격을 의심하거나 반박했다는 증거는 없다.

연대. 욥기의 사건들은 나라들의 발전이라는 역사적 정황에서 일어났다(창 10-11장). 이 기간은 족장들의 시대였을 뿐 아니라 홍수 이후와 바벨탑 이후이기도 했다(창 11:32-12:1-3). 에스겔 선지자는 욥이 허구가 아닌 실제 인물임을 확증했다. 욥기 안의 많은 역사적 지표들(뒤에 나오는 '욥기의 역사적 지표들'을 보라) 또한 주인공과 사건들이 사실(史實)임을 보여준다(Alden, *Job*, 31).

이 내적 증거와 성경의 다른 증거에 기초해 욥의 생애를 족장 시대 이전 혹은 족장 시대로 보는 것은 타당하다. 하지만 욥이 살았던 시기와 욥기가 쓰인 시기는 구별되어야 한다. 모세가 대략 주전 1527년에서 1407년까지 살았고 (하나님의 영감에 의해) 자신보다 수 세기 혹은 수천 년 앞서 살았던 아담이나 아브라함에 대해 정확히 기술할 수 있었듯이 욥기의 상황도 그러하다. 욥기 이야기의 몇몇 대목은 본문과 사건들 둘 다 매우 오래되었음을 보여준다. (1) 욥의 수명으로 볼 때, 그는 아브라함의 어린 시절 친척들과 동시대 인물임이 분명하다(창 22:20-24). (2) 욥은 아브라함 이전 혹은 그와 동시대를 살았으므로 욥기에는 이스라엘이라는 나라와 이스라엘과 관련된 어떤 내용도 언급되지 않는다(창 11:32). (3) 욥기의 많은 관습은 고대 이스라엘 족장들이 실천한 관습과 동일하다. (4) 새로운 발견들은 욥기에 사용된 아람어가 시기상 오래되었음을 보여준다(Alden, *Job*, 26). 증거를 토대로 욥은 대략 주전 2400-2100년에 우스 땅에서 살았을 것으로 추정된다. 하지만 욥기는 (창세기 및 모세의 저작들과 마찬가지로) 훨씬 나중에 쓰였을 가능성이 있다.

욥기는 다음 요소들보다 선행했다. (1) 주후 10년 아람어로 쓰인 '욥의 타르굼'(*Targum of Job*) 사본이 랍비 가말리엘에게 보고되었다. (2) 적어도 네 개의 욥기 사본이 쿰란 공동체(주전 177년-주후 100년)의 사해 두루마리들 사이에서 발견되었다. (3) 예수 벤-시락(주전 132년경)은 에스겔 14:14-20에 대한 자신의 글에서 욥을 언급했다. (4) 주전 200년경에 쓰인, 구약성경의 헬라어 번역인 70인역에 욥기가 들어 있었다. (5)

에스겔은 욥을, 과거에 의로움을 나타낸 본보기로 언급했다(겔 14:14). (6) 예레미야는 주전 600년 당시에도 잘 알려진 우스 땅에서 왕들이 다스리는 특정한 나라에 대해 썼는데, 이 나라는 아마도 시리아일 것이다(렘 25:20).

목적. 욥기가 징벌에 대해 도매금으로 접근하는 방식, 즉 한 개인이 살아가면서 짓는 모든 죄는 원인이 있고 결과가 따른다는 주장에 반론을 제기하면서 저자의 목적이 확연히 드러난다. 욥기는 또한 참되신 하나님에 관해 잘 모를 때조차도 신자가 어떻게 비극을 이겨낼 수 있는지를 보여준다. 독자의 눈앞에는 하나님이 다스리고 일하시는 눈에 보이지 않는 세계가 몇 장의 스냅 사진으로 펼쳐진다(Alden, *Job*, 38-39).

주제. 욥기는 타락한 인간존재의 주된 문제 영역, 즉 고난을 다룬다. 하나님이 공의롭고 선하시다면 인간(특히 의인들)은 왜 고난을 당하는가? 이 책은 신정론(세상의 악이라는 관점에서 보는 하나님의 정의)에 대해 더 큰 시각을 제공하며 고난이 하나님과 사탄 사이의 초자연적 충돌에서 비롯될 때가 더러 있음을 보여준다. 이 계속되는 충돌에서 종종 인간은 하나님의 나라와 어둠의 나라가 힘과 권세, 에너지로 초자연적 경기를 펼치는 운동장 역할을 한다. 결국 이 책은 하나님이 만물을 주관하신다고 가르친다.

하나님은 우주와 신자의 삶에서 일어나는 온갖 문제, 곧 승리와 비극, 풍요와 가난, 역경과 형통을 비롯해 정상과 비정상 둘 다를 지혜롭게 다스리신다(욥 28장). 고난당하는 자의 절친한 친구들이 잘못된 조언을 하고 불행의 이유에 대해 따질 때조차도 의로운 신자는 하나님이 창조 안에서 일하고 계심을 이해함으로써 자신이 하나님의 수중에 있다고 확신할 수 있다. 따라서 하나님을 의심하고 그분과 말다툼하는 것은 온당치 않다. 그분을 찬양하고 그분 앞에서 회개하는 것이 순리이다.

1-2장과 42장이 산문(이야기) 형식으로 쓰인 반면, "욥의 친구들이 발언하기 직전의 그들에 대한 간략한 소개를 제외한"(Alden, *Job*, 35) 3-41장은 운문 형식으로 되어 있다. 시의 색채가 농후한 욥기에는 인상적인 숫자의 '하팍스 레고메나'(*hapax legomena*, 욥기 혹은 구약에서 딱 한 차례 사용되는 용어들)가 있는데, 그 용어들의 의미 파악은 녹록치 않다.

비평적 학자들은 욥기가 새로운 부분들이 추가되면서 점차 모양을 갖춘 모자이크라고 주장한다. 그들은 1-2장과 42장을 원래 이야기로, 모든 운문 형식 부분은 나중에 덧붙여진 것으로 본다. 하지만 C. 하셀 불록(C. Hassell Bullock)은 이렇게 말한다. "욥기는 자신의 문학적 장르를 구축하려는 온갖 노력을 거부한다. 욥기를 서사시와 비극, 우화로 보는 시각들도 있었지만 면밀히 분석해보면 욥기가 각 장르에 속하는 특징을 나타내기는 해도 욥기를 어떤 특정한 장르로 규정할 수 없다"[C. Hassell Bullock, *An Introduction to the Old Testament Poetic Books*(Chicago: Moody, 1979), 69. 《구약 선지서 개론》(크리스찬출판사)].

영향. 욥기의 막이 열리면 독자는 하나님의 보좌 및 하나님과 사탄 사이의 상호작용을 흥미진진하게 엿볼 수 있다. 하나님은 욥의 고난을 다스릴뿐더러 모든 것을 다 알고 문제를 지혜롭게 처리하시는 것처럼 보인다. 그리고 삶의 여러 국면이 꼬일 대로 꼬인 상황에서도 지혜는 그분의 것이다. 욥의 말대로 "지혜와 권능이 하나님께 있고"(12:13), 욥의 이야기는 참되신 하나님이 인간의 딜레마에 대해 뒷짐 지고 방관하신다는 잘못된 생각을 무너뜨린다. 오히려 그분은 우리가 어떤 엉뚱한 상상을 하든 개의치 않고 인간의 삶에 깊숙이 발을 들여놓으신다.

죄와 고난의 양상들이 이 오래된 영감 받은 책에서 크게 확대된다. 논객들은 욥의 딜레마를 처리하려는 헛된 시도를 하면서 고난의 층이 다양함을 깨닫지 못했다. 욥기 2장은 적이 신자를 어느 정도까지 공격할 수 있는지를 실증하는데, 그것은 죽음에 이르기까지이다(계 1:18-19; 20:11-14). 그리고 욥기 2장은 신자가 비극과 삶의 불확실성에 직면했을 때 하나님을 어느 정도까지 신뢰해야 하는지를 보여준다. 이 장은 독자에게 하나님과 적 사이의 초자연적 충돌이 일어나는 영역에 대해 알려준다. 욥기의 프롤로그는 하나님이 욥에게 경쟁에 대해 설명하셨고 그분이 도전과 경쟁이 시작되게 한 장본인이시라는 엄청난 사실을 전한다. 하나님은 이

욥기의 역사적 지표들

장소들	사람들	고유 명사/종족	관습들	사회학적 기반시설
우스(욥 1:1)	동방 사람(1:3)	욥(1:1)	차례대로 집에서 잔치 베풀기(1:4)	노인 공경(15:10)
데마(6:19)	스바 사람(1:15)	아들 일곱과 딸 셋(1:2)	잔치 후의 죄에 대한 성결(1:5)	유지들(29:9)
스바(6:19)	갈대아 사람(1:17)	연령 계층(1:13, 18)	대상들의 여행(6:19)	지도자들(29:10)
동방(1:3)	데만 사람(2:11)	아내(2:9)	제비뽑기(6:27)	부족들(30:12, NIV, 새번역에는 '무리들'—옮긴이 주)
요단[강](40:23)	수아 사람(2:11)	엘리바스(2:11)	허리(12:18)	거래(41:6)
	나아마 사람(2:11)	빌닷(2:11)	남창(36:14)	상인들(41:6)
	서쪽과 동쪽에서 오는 자(18:20)	소발(2:11)	애도 관습: 겉옷을 찢고 머리털을 밀고(1:20), 재 가운데 앉고(2:8), 티끌을 날려 머리에 뿌리기(2:12–13)	종/상전(3:19)
	부스 사람(32:2)	람 종족 바라겔의 아들 엘리후(32:2)	숭배와 신당(36:14)	세상 임금들(3:14)
	조롱하는 자들(17:2)	형제와 자매(42:11)		성읍(15:28)
	종들(1:3)	여미마, 긋시아, 게렌합북(42:14)		
	옛 시대 사람(8:8)			

렇게 하시면서도 욥의 삶에서 관심과 사랑을 거두지 않으셨다. 하나님은 개인의 삶이 장밋빛이든 잿빛이든 그리고 어떤 일들이 일어나든 지혜롭게 주권을 행사하며 선을 베푸시는 것처럼 보인다.

욥의 이야기는 하나님이 노아의 홍수에서 아브라함이 역사의 무대에 등장할 때까지 인간사에 적극 개입하셨음을 다음 사실들로 보여준다. (1) 참되신 하나님은 많은 사람들에게 잘 알려졌고, 그들의 신학 지식은 난해하여 그들 사이에 토론이 이루어졌다. (2) 욥은 멜기세덱과 이드로 같은 이방인 신자처럼 보인다. 아브라함과 이스라엘뿐만 아니라 이 두 사람도 참되신 하나님을 알고 있었다. (3) 하나님과 사탄 사이의 상호작용은 알기 쉽게 기술되었고, 고난의 양상들은 더 분명한 시각에서 볼 수 있게 되었다. (4) 의로운 신자라 해도 하나님이 하시는 일을 오해하고 그분을 근거 없이 비난할 수 있다.

욥기 저자는 이스라엘 이전의 혹은 이스라엘과 무관한 정보를 어디에서 얻었을까? 아주 단순하게 말하자면, 아담과 하와의 때로부터 모세의 때까지 대를 이어 구전으로 전승된 일련의 사실들이 있었을 것이다.

욥기는 아름답고 균형 잡힌 일곱 부분의 교차 배열로 볼 수 있다. 고난에 대한 하나님의 주권과 통제 너머에 고난이 신자에게 의미와 목적을 부여한다는 확약이 있다. 지혜에 대한 시편인 욥기 28장은 욥기의 중심부에 있다[Elmer B. Smick, "Job," in EBC(Grand Rapids, MI: Zondervan, 1988), 4:848].

많은 학자들은 교차 배열 구조를 이 책의 전략을 이해하는 열쇠로 본다. 이 구조는 하나님의 지혜(욥 28

장)와 그분에 대한 전적인 의지와 신뢰가 필요함을 보여준다. 욥기의 교차 배열 구조는 다음과 같다.

욥기의 교차 배열 구조 윤곽

A. 프롤로그: 자신의 삶이 대단한 승리에서 끔찍한 비극으로 바뀌는 것을 목격하는 의로운 욥(1:1-2:13)
  B. 자신의 엄청난 고난에 관해 친구들 앞에서 한탄하는 욥(3:1-26)
    C. 친구인 엘리바스와 빌닷, 소발이 여러 차례 조언하다(4:1-27:23)
      D. 욥기의 핵심 메시지: 지혜의 보루는 참되신 하나님만이 아신다(28:1-28)
    C'. 욥보다 나이가 적은 친구인 엘리후가 여러 차례 조언하다(29:1-37:24)
  B'. 만물에 대한 자신의 복잡한 보살핌에 관해 욥에게 수사적 질문을 하시는 하나님(38:1-42:6)
A'. 에필로그: 자신의 삶이 끔찍한 비극에서 대단한 승리로 바뀌는 것을 목격한 의로운 욥(42:7-17)

개 요

Ⅰ. 욥의 상황과 재앙(1:1-2:13)
  A. 재앙 이전의 욥의 상태(1:1-5)
  B. 욥을 놓고 하나님께 도전하는 사탄(1:6-11)
  C. 사탄이 욥의 소유물에 피해 입히는 것을 허락하시는 하나님(1:12-22)
  D. 사탄이 욥의 신체에 손상을 가하는 것을 허락하시는 하나님(2:1-6)
  E. 자신의 상실에 대한 욥의 반응(2:7-10)
  F. 욥을 위로하기 위해 찾아온 세 친구(2:11-13)
Ⅱ. 욥이 자신의 세 친구와 나누는 첫 번째 담화(3:1-14:22)
  A. 욥이 자신의 신세를 한탄하다(3:1-26)
  B. 엘리바스의 첫 번째 말(4:1-5:27)
  C. 욥이 엘리바스의 비난에 대답하다(6:1-7:21)
  D. 빌닷의 첫 번째 말(8:1-22)
  E. 욥이 빌닷의 비난에 대답하다(9:1-10:22)
  F. 소발의 첫 번째 말(11:1-20)
  G. 욥이 소발의 비난에 대답하다(12:1-14:22)
Ⅲ. 욥이 자신의 친구들과 나누는 두 번째 담화(15:1-21:34)
  A. 엘리바스의 두 번째 말(15:1-35)
  B. 욥이 엘리바스의 비난에 대답하다(16:1-17:16)
  C. 빌닷의 두 번째 말(18:1-21)
  D. 욥이 빌닷의 비난에 대답하다(19:1-29)
  E. 소발의 두 번째 말(20:1-29)
  F. 욥이 소발의 비난에 대답하다(21:1-34)
Ⅳ. 욥이 자신의 친구들과 나누는 세 번째 담화(22:1-26:14)
  A. 엘리바스의 세 번째 말(22:1-30)
  B. 욥이 엘리바스의 비난에 대답하다(23:1-24:25)
  C. 빌닷의 세 번째 말(25:1-6)

D. 욥이 빌닷의 비난에 대답하다(26:1-14)

V. 욥이 계속 말하다(27:1-31:40)

A. 욥이 자기 친구들에게 마지막으로 하는 말(27:1-23)

B. 하나님의 지혜에 관한 욥의 메시지(28:1-28)

C. 욥이 자신의 삶을 되돌아보다(29:1-31:40)

Ⅵ. 엘리후의 말(32:1-37:24)

A. 욥과 그의 친구들, 하나님의 일하심에 대한 엘리후의 첫 번째 말(32:1-33:33)

B. 엘리후의 두 번째 말(34:1-37)

C. 엘리후의 세 번째 말(35:1-16)

D. 엘리후의 네 번째 말(36:1-37:24)

Ⅶ. 하나님이 욥에게 말씀하시다(38:1-42:17)

A. 자신의 지식에 대한 하나님의 첫 번째 말씀(38:1-40:2)

B. 하나님의 첫 번째 말씀에 대한 욥의 대답(40:3-5)

C. 자신의 권능에 대한 하나님의 두 번째 말씀(40:6-41:34)

D. 하나님 앞에서 회개하는 욥(42:1-6)

E. 욥을 회복시키시는 하나님(42:7-17)

주 석

I. 욥의 상황과 재앙(1:1-2:13)

1장과 2장은 욥기의 산문 부문 중 일부로서 쟁점들과 인물들을 잇달아 신속히 선보인다. 영적으로 훌륭한 욥의 성품, 그의 가족과 소유물, 욥에 대한 사탄의 고발과 공격, 욥의 반응 그리고 그의 친구들의 방문이 마치 잘 편집된 영화처럼 속도감 있게 펼쳐진다. 모든 일이 빨리 일어나지만 뒤를 잇는 대화는 심사숙고를 거듭한 뒤에 전개된다. 속도는 느리고 플롯은 단순하다. 필요한 배경인 프롤로그는 독자를 고뇌에 찬 욥과 그의 친구들 및 하나님과의 대면으로 신속히 안내하고자 재빠르게 전개된다.

A. 재앙 이전의 욥의 상태(1:1-5)

1:1. 욥은 우스 땅에서 살았다. 우스의 위치에 대해서 논란이 있다. 창세기에 우스라 불리는 사람이 셋이나 되기 때문이다(창 10:23; 22:21; 36:28). 하지만 욥이 죽기 전까지, 살아서 이름을 떨치고 그의 이름을 딴 땅을 소유했을 법한 유일한 사람은 아람의 아들 우스였을 것이다(창 10:23). 아람은 지금의 시리아로 알려진 지역에 정착했고, 증거에 비추어 아람의 아들 우스는 그의 이름을 딴, 고대 시리아의 상당 부분을 소유한 것처럼 보인다.

서론에서 주목했듯이, 시리아가 앗수르 사람들에게 정복당한 후 글을 쓴 예레미야는 시리아를 "우스 땅"(렘 25:20)으로 일컬었다. 그러므로 예레미야 당시 우스는 앗수르 사람들에게 멸망당하기 전에 공식적으로 시리아로 알려진 지역을 가리키는 옛 이름이었다. 성경은 우스가 에돔의 소유물 혹은 이웃이라고 두 번째로 언급한다(애 4:21).

우스의 위치가 북서 아라비아와 에돔이라는 다른 설도 있다. 그러나 예레미야는 우스를 많은 왕이 있는 나라로 언급했다(렘 25:20). 그러니까 우스는 에돔이나 블레셋이나 모압이나 암몬의 다른 이름이 아니었다. 이 지명들은 우스 땅과 별개로 나열되기 때문이다(21절). 글리슨 L. 아처(Gleason L. Archer)는 이렇게 언급한다. "'베를린 저주 문서'에서…욥['*Iyyob*, 이요브]은 다마스쿠스 근처에 사는 시리아 왕자의 이름처럼 보인다"[*Encyclopedia of Bible Difficulties*(Grand Rapids, MI: Zondervan, 1982), 236. 《성경 난제 백과사전》(생명의말씀사)]. 이 사람이 성경의 욥을 가리킨다고 확증할 증거는 미약하지만, 이 발견에서 정확한 개인의 이름이 아람에게 우스라는 아들이 있었던 고대 아람(시리아) 지역에서 사용된다는 것을 알 수 있다(창 10:23). 엉거(Unger)는 이렇게 덧붙인다. "우스의 가장 그럴듯한 위치는 에돔이나 이두메 혹은 다른 지역보다는 시리아(아람)이다. 창세기 10:23의 우스는 분명히 아브라함 시대 혹은 아브라함 이전 시대에 욥이 살아 있는 동안 그의 이름을 지니는 지역을 설정했을 법한, 성경에 나오는 유일한 인물임이 틀림없다"[*Unger's Commentary on the Old Testament*(Chicago: Moody, 1981), 1:679].

욥이 살았던 때는 족장들의 시대였다(서론의 논의사항을 보라). 이 책은 욥의 시대에 대해 적어도 일곱 가지 사실을 제시한다.

1. 욥에게는 성장한 자녀가 열 명 있었고 그들의 아들들은 자기 집을 소유했다.

2. 그는 고난이 시작되기 전 동방 사람 중에 가장 훌륭한 자라는 평판을 얻었다(1:2-4).

3. 그는 자신의 성읍 문에서 노인들과 함께 앉아 있었다(29:1-12).

4. 욥은 노인이었고, 나이가 적은 엘리후는 그의 고난에 대해 대놓고 말하기를 꺼렸다.

5. 욥은 자신의 고난 후 열 명의 자녀를 더 얻었다(42:13).

6. 우가리트(Ugarit)와 마리(Mari)에서 그리고 '아마르나 서신들'과 '이집트 저주 문서' 가운데서 발견되는 본문들에 나타나듯이, 그의 이름 '이요브'(*'iyyob*)는 족장 시대에 그리고 그 이전 시대에서도 흔한 이름이었다.

7. 욥은 고난 후에 140년을 살면서 후손들이 태어나는 것을 보았다(42:16-17).

이 내적 증거에 기초해 욥의 수명을 낮춰 잡더라도 그는 아브라함보다 훨씬 더 오래 살았을 것으로 짐작된다. 욥이 고난 후에 살았던 140년이 아브라함의 총 수명인 175년(창 25:7)과 별 차이가 없음을 욥기 42:16-17에서 확인할 수 있기 때문이다. 그렇다면 욥은 노아 홍수 이후와 족장 아브라함 시대 이전 사이에 살았다고 볼 수 있다. 로이 B. 주크(Roy B. Zuck)는 다음 이유들을 덧붙여 그가 족장 시대에 살았다고 말한다[Roy B. Zuck, *Job*(Chicago: Moody, 1978), 10. 《욥기》, 두란노 강해주석 시리즈(두란노)].

1. 욥의 재산은 가축으로 셈했는데(1:3; 42:12), 이는 아브라함(창 12:16; 13:2)과 야곱(창 30:43; 32:5)에게도 해당되었다.

2. 스바 사람과 갈대아 사람(1:15, 17)은 아브라함 당시 유목 생활을 했지만 그 후에는 하지 않았다.

3. "얼마간의 돈"을 뜻하는 히브리어 '케쉬타'(*qesitah*, 42:11)는 성경의 다른 곳에서 딱 두 번 사용되었고(창 33:19; 수 24:32) 모두 야곱과 관련되었다.

4. 욥의 딸들은 남자 형제들과 공동으로 아버지 유산을 물려받았다(42:15). 하지만 나중에 모세율법의 규정에 따라 남자 형제(들)가 살아 있는 한 여자 형제들은 유산을 상속받을 수 없었다(민 27:8).

5. 하나님에 대해 사용하는 '샤다이'(*Shaddai*)라는 이름은 욥기에 31회 등장하고(이는 구약성경의 다른 곳에서 사용되는 17회와 비교된다) 족장들에게 친숙한 이름이었다(창 17:1; 또한 출 6:3과 비교하라). 에더스하임(Edersheim)은 아브라함 이전의 세월에 대해 이렇게 썼다. "'만삭되지 못하여 난', 말하자면 이방인들 가운데서 난 자들은, 우리가 시간의 흐름을 거슬러 더 높이 올라가면 갈수록 틀림없이 그 수가 더 많았을 것임은 쉽게 이해될 것이다. 이에 대한 가장 완벽한 사례는 욥기에 분명히 나오는데, 이 책은 옛날 사람들을 아주 흥미롭게 그려낸다"[Alfred Edersheim, *The Bible History*(Grand Rapids, MI: Eerdmans, 1969), 1:5-6].

1:2-3. 참되신 하나님은 욥의 삶과 하는 일을 축복하셨다. 욥의 자녀는 열 명이었다. 게다가 그는 양 7,000마리와 낙타 3,000마리와 소 500겨리와 암나귀 500마리 그리고 다수의 종들을 포함해 많은 재산을 소유했다. 그는 부자인 데다가 경건하기까지 했다. 보기 드문 경우이다. 그는 실로 주목할 만한 인물이었다.

아마도 욥은 큰 대상(隊商)들이 수백 마리의 짐승을 이용하듯이, 고대 족장들처럼 소나 말 따위를 부려 물건을 운반함으로써 이윤을 남기는 사업에 종사했을 것이다. 낙타와 소, 나귀는 그 당시 고대 근동에서 짐을 실어 나르는 대표적 짐승이었다. 이런 사업을 하면 어딜 가든 사람들에게 잘 알려질 터였다. 그의 재산은 아브라함과 다른 사람들의 재산처럼 소유한 동물로 언급되었다(창 13:2, 6; 24:28-35; 삼상 25:2; 왕하 3:4과 비교하라).

욥은 **동방 사람 중에 가장 훌륭한 자라**(3절)고 성경은 말한다. 다른 성경 저자들에 의하면 동방(*qedem*, 케뎀)은 구약성경 당시 특정한 지역이나 지방을 가리킨다. 나중에 동방은 이스라엘 백성에게 불길한 것을 연상시켰다. 하나님이 바벨론의 위대한 왕 느부갓네살에게, 와서 예루살렘을 파괴하고 백성들을 포로로 잡아가라고 지시하신 곳이 바로 동방이었기 때문이다. 하지만 이 사건은 욥의 때로부터 수 세기 후에 일어날 터였다.

'동방'에 대한 다른 언급에는 다음 구절들이 포함된다. (1) 노아의 아들 셈이 홍수 후에 정착한 곳을 언급하는 창세기 10:30, (2) 미디안 사람들의 지역을 언급하는 사사기 6:3, 33; 7:12-8:10, (3) 게달 근처의 지방을 언급하는 예레미야 49:28 그리고 (4) 암몬 사람들의 지역을 언급하는 에스겔 25:2, 4. 따라서 **동방**은 다마스쿠스에서 아라비아까지 그리고 나중에 아시리아가 된 지역 너머를 망라했다. 그런 고대사회에서 욥의 위상이 높아진 것은 그가 재물과 짐승들을 많이 가졌을 뿐 아니라 참되신 하나님께 순종하고 온전함을 간직했기 때문이었다(1:1).

1:4-5. 욥이 구약성경의 전형적인 족장 시대에 혹은 훨씬 그 이전에 살았다는 강력한 증거는 그가 자기 자녀들을 대신해 영적 활동에 참여한 것에서 나타난다. 그는 아브라함처럼 가정의 제사장 역할을 했다(1:4-5; 42:8)(Alden, *Job*, 26, 31, 52). 엉거(Unger)는 이렇게 언급한다. "자기 자녀들이 범했을지 모를 죄를 속하기 위해 그가 드린 번제는 메시아의 대속을 상징한다"(*Unger's Commentary on the Old Testament*, 1:680, cf. *Deuteronomy Rabba*, Ⅱ). 욥이 하나님께 제사를 드리는 것과 관련해 본문은 이렇게 말한다. **욥의 행위가 항상 이러하였더라**. 올브라이트(Albright)의 결론처럼, 이는 "욥이 모세 이전 시대의 족장들과 동시대인이었을지 모른다"는 사실을 보여준다[William Albright, "The Old Testament and Archaeology," in *Old Testament: A general Introduction to Commentary of the Books of the Old Testament*, ed. Herbert C. Alleman and Elmer E. Flack(Philadelphia: Muhlenberg Press, 1948), 155; 또한 William F. Albright, *Yahweh and the Gods of Canaan*, (London: Athlone Press, 1968), 67-71을 보라].

아처(Archer)는 이렇게 결론짓는다. "욥이 가상의 인물이라는 설을 뒷받침하는 근거는 희박하다. 그러므로 사도 야고보가 시련을 당한 기독교 신자들에게 계속 인내하라고 권면하면서 족장 욥의 사례에 호소한(약 5:11) 것은 지극히 당연했다. 지적할 필요도 없지만, 결코 존재하지 않는 허구적인 인물에게 주님이 자비와 동정을 베풀었을 리 만무하다"[Archer, *Encyclopedia of Bible Difficulties*, 236-237. 《성경 난제 백과사전》(생명의말씀사)].

B. 욥을 놓고 하나님께 도전하는 사탄(1:6-11)

1:6-8. 사탄은 하나님 앞에 서는 것을 허락받은 **하나님의 아들들** 중 한 명으로 하늘 법정에 들어섰다. 다른 성경들을 보면 타락하지 않은 천사들과 타락한 천사들(욥기 2장의 사탄) 둘 다 하늘의 야훼 앞에 나타나는 것이 허락되었음을 알 수 있다. 스가랴 6:5에서 선지자는, 네 대의 전차에 대한 자신의 환상이 "온 세상의 주 앞에 서 있다가 나가는 하늘의 네 바람"을 나타낸다는 말을 듣는다. 이 언급이 천사들의 이름을 밝히지는 않지만 이는 타당한 해석이다. 하지만 가브리엘이 사가랴에게 "나는 하나님 앞에 서 있는 가브리엘이라"라고 말하는 누가복음 1:19에는 의문의 여지가 없다.

욥

"하나님의 아들들"이라는 표현은 경건한 사람들과 참되신 하나님을 따르는 경건한 천사들에 대해 공히 사용된다. 여기서는 천사들에 대해 사용되는데 근거는 욥기 38:7이다. 이 특별한 하늘의 접견에서 **사탄** 역시 참석을 허락받았다(엡 2:2; 벧후 2:4; 유 9장; 계 12:7-9). '사탄'이라는 히브리어 단어의 원형 동사는 "반대하다, 방해하다", "적개심을 품고 대하다"라는 잠재적 의미를 지닌다. 욥기에서 이 반대자 혹은 적수가 나타날 때는 언제나 정관사가 붙는다. 그러니까 '하사탄'(*hassatan*), 즉 "'그' 반대자" 혹은 "'그' 적수"이다. 요한계시록 12:7-9; 20:2에서 사탄은 타락한 천사의 또 다른 이름으로 그 기원은 창세기 3장으로 거슬러 올라간다. 사탄은 바벨론 포로 이후 늦게 생긴 개념이나 교리가 아니다. 구약성경에서 사탄이라는 칭호가 나타나는 다른 구절은 역대상 21:1과 스가랴 3:1-2이다. 델리츠(Delitzsch)는 이렇게 언급한다. "그러나 사탄이라는 개념은 실로 솔로몬의 때보다 훨씬 더 오래전에 존재했다. 그리고 낙원의 뱀은 악령으로 위장해 캐묻기 좋아하는 성향을 지닌 이스라엘에게 틀림없이 나타났을 것이다"[Franz Delitzsch, *Biblical Commentary on the Book of Job*, 3 vols., trans. F. Bolton(Grand Rapids, MI: Eerdmans, 1949), 1:28]. 하나님이 사탄에게 어디 있다 왔느냐고 물으시자 그는 **땅을 두루 돌아**(1:7)다녔다고 대답했다. 사탄은 "삼킬 자를 찾아 우는 사자같이 두루"(벧전 5:8) 다녔을지 모른다. 그리고 이것은 사탄의 한결같은 목표이다.

사탄에게 욥을 소개한 분이 다름 아닌 하나님이심은 분명하다(8절). 여호와는 욥을 **내 종**으로 언급하셨는데, 주크는 이를 "명예로운 칭호"로 부른다(*Job*, 15). 하나님은 욥의 헌신을 칭찬하셨고, 욥의 경건이 피상적인 헌신을 훨씬 뛰어넘는 것임을 사탄 역시 알게 될 것으로 확신하셨다.

1:9-11. 하나님에 대한 욥의 헌신을 부인할 수 없었던 사탄은 이렇게 물었다. **욥이 어찌 까닭 없이 하나님을 경외하리이까**? 이 질문은 인간이 대대로 씨름해온 쟁점이다. 욥의 시대부터 오늘날의 이른바 건강과 재물 전도자들의 메시지에 이르기까지, 하나님을 섬기면 천국의 영생뿐 아니라 현세에서도 물질의 복을 받게 될 것이라고 다들 그렇게 주장해왔다.

어떤 부자가 예수께 와서 영생을 얻으려면 어떻게 해야 하는지 물은 후 슬퍼하며 돌아가는 것(막 10:17-22)을 목격한 그분의 제자들은 자신들이 모든 것을 버리고 주님을 따른 것에 대한 보상이 무엇일까 궁금해했다. 구세주께서 이렇게 대답하셨다. "내가 진실로 너희에게 이르노니 나와 복음을 위하여 집이나 형제나 자매나 어머니나 아버지나 자식이나 전토를 버린 자는 현세에 있어 집과 형제와 자매와 어머니와 자식과 전토를 백배나 받되 박해를 겸하여 받고"(막 10:29-30). 자신의 신실한 추종자들이 박해를 각오해야 한다는 예수님의 말씀은 하나님이 물질의 형통을 보장하신다고 말하는, "이름을 부르면 자신의 소유가 된다"(name it and claim it)라고 주장하는 교사들의 신학과 배치된다.

욥의 증명된 경건을 비난할 수 없다고 판단한 사탄은 대신 욥의 동기를 트집 잡았다. 대적은 욥의 신실함에 대해 세 가지 측면에서 하나님께 불평했다. (1) 하나님은 욥과 그의 모든 소유물을 **울타리로 두르셨다**. (2) 욥은 하나님에게서 뭔가 받았기 때문에 그분을 경배했다. (3) 만일 하나님이 욥에게 주신 복을 거두신다면 그는 **주를 향하여 욕**을 할 것이다(11절).

아주 오래전부터 사탄은 온갖 수단과 방법을 써서 하나님의 종들을 참소해왔다(계 12:10). 그러나 먼저 도전장을 내밀고 우스의 욥을 시험하는 것에 대해 울타리를 친 것은 사탄이 아닌 하나님이셨다. 많은 성경 교사들이 이 기본 진리를 놓치고 결국 욥의 시련에 대해 잘못된 결론을 내리기도 하는데, 욥을 놓고 사탄에게 도전장을 내민 것은 다름 아닌 하나님이셨다.

하늘에서의 협상 후 재가를 받은 첫 공격에서 하나님은 사탄에게 욥의 시험을 허락하셨지만, 그의 소유물과 가족에 대한 시험은 제한하셨다. 델리츠(Delitzsch)는 이렇게 말한다. "자연에는 반대되는 세력들이 얽혀 있는데, 사탄은 이를 어떻게 풀어야 할지 알고 있다. 그것은 그가 특별히 다스리는 영역이기 때문이다. 그리고 자연현상이 변화할 때 자연의 전 과정은 추상적인 법칙뿐 아니라 또한 구체적인 초자연적 세력—선한 세력과 악한 세력 둘 다—에 좌우된다"(*Biblical Commentary on the Book of Job*, 1:28).

욥기의 이 초기 구절들은 몇몇 핵심 질문을 던진다. 주크는 그 질문들을 잘 요약한다. "아무런 보상을 받지 못하는데도 욥이 하나님을 섬길까? 개인적 이득이 없는데도 하나님을 섬길 사람이 '과연 있을까?' 예배는 우리가 하늘의 보상을 살 수 있는 돈인가? 경배하지 않으면 벌 받을까 두려워 복 받고자 하나님을 섬기는가? 경건은 재물을 얻고 걱정거리를 떨쳐버리는 수단인 계약의 일부인가?"(*Job*, 15).

C. 사탄이 욥의 소유물에 피해 입히는 것을 허락하시는 하나님(1:12-22)

1:12-19. 욥은 자신이 땅에서 쌓은 많은 재물이 잇달아 신속하게 사라지는 것을 목격했다. 그리고 결국에는 자신의 열 자녀 모두가 한순간에 목숨을 잃었다. **스바 사람**은 아라비아 남서부의 스바 지역 혹은 상부 아라비아(Upper Arabia)의 드단 근처 셰바라는 마을에서

온 것으로 추정된다(창 10:7; 25:3). 메소포타미아에 거주하는 **갈대아 사람**은 사나운 데다 약탈을 일삼았다.

네 명의 사환이 욥에게 와서 발생한 손실을 보고했다. 델리츠(Delitzsch)는 이렇게 요약한다. "사탄은 악천후(자연)와 사람들을 부려 잇따른 타격을 가함으로써 욥의 소유물에 엄청난 손상을 입혔다. 사탄이 인간과 나라들을 들쑤셔 적대적인 일을 하게 만드는 것은 하나도 놀랍지 않다(참고. Apoc.xx.8). 하지만 여기서 하나님의 불과 큰 바람은 그분이 일으키신 것이다(*Biblical Commentary on the Book of Job*, 1:63).

1:20-22. 고난이 신자의 삶 속에 찾아올 때 확고한 신앙관은 더없이 중요하다. 이들 비극이 욥과 욥의 아내를 덮쳤을 때 그는 하나님을 **예배**했다. 그는 참되신 하나님이 주실 수도 거두실 수도 있음을, 신자는 어떤 불행이 닥쳐도 하나님을 탓해서는 안 됨을 인정했다. 윌리엄 더니스(William Dyrness)는 이렇게 덧붙인다. "욥기는 무고한 자의 고난이라는 해묵은 문제를 다룬다. 욥기는 악과 인간 고난의 현실에 정면으로 맞서지만 하나님께 책임을 묻는 것이 부질없음을 보여준다(40:6-14)…고난 받는 자의 태도는 그의 질문에 대한 대답보다 더 중요하다"[*Themes in Old Testament Theology*(Downers Grove, IL: InterVarsity, 1979), 192-193.《주제별로 본 구약 신학》(생명의말씀사)]. 욥이 **겉옷을 찢고 머리털을 밀고 땅에 엎드려 예배**했을(20절) 때 그는 자신의 비통과 하나님께 대한 복종 둘 다를 나타냈다.

주신 이도 여호와시요 거두신 이도 여호와시오니(21절)는 욥의 신뢰 선언이었다. 이 진술은 욥이 하나님을 (즉각적이고 직접적인 원인은 아니라 해도, 다른 요인들에서 비롯된) 불행의 궁극적 원인으로 보았음을 나타낸다. 이는 욥기를 읽을 때 숙고해야 할 중요한 사항이다. 즉, 하나님은 욥의 상황을 명령하셨고 그 뒤에서 주권을 행하며 서 계신 분으로 묘사된다.

이에 못지않게 중요한 것은 22절의 진술, 곧 욥이… **하나님을 향하여 원망하지** 않았다는 사실이다. '원망하다'로 번역된 히브리어 단어는 '불쾌함, 어리석음'을 함축한다. 여기서 이 단어는 비유적으로 사용되어 "도덕적 혐오감" 혹은 "비난받을 만함"을 뜻하는 것 같다. 게다가 이 단어는 이따금 '역겨움', 즉 혐오감과 증오심을 유발하는 상태나 상황이라는 의미를 전한다(렘 23:13).

욥은 자신의 상실을 초래한 궁극적 원인으로 하나님을 지목하기는 했지만(**거두신 이도 여호와시오니**) 그분에게 이에 대한 도덕적 책임(유죄)을 묻지 않았다. 성경에서 하나님이 세상의 죄와 악, 고난의 '직접적'이 아닌 궁극적인 원인으로 나타나는 것은 당연하다(다시 말해서, 그분은 그것들을 주관하고 그것들을 명하고 자신의 섭리의 일환으로 사람이나 악마의 자유로운 행위를 통해 그것들을 간접적으로 야기하신다. 창 50:20; 행 2:22-23; 4:27-28을 보라). 그러나 누구도 하나님을, 악을 초래한 도덕적 책임이 있다고 비난할 수 없다. 욥도 예외가 아니다. 그리고 그분은 결코 사람을 꼬드겨 죄를 짓게 하시지 않는다(약 1:13). 도덕적 유죄는 언제나 인간과 악마 같은 존재들 때문에 발생한다. 이는 신비로운 하나님 주권의 일부이며, 인간이든 악마든 도덕적 행위자가 지는 도덕적 책임과의 상호작용이다.

적의 1차 공격으로 욥은 자기 자녀와 짐승의 무리들, 많은 종들을 잃는 엄청난 아픔을 겪었다(1:16-22). 2장에서 적은 재가를 요청했고 욥에게 2차 공격을 할 수 있는 허락을 받았다. 1차 공격을 받고도 욥이 하나님을 **욕하**지 않았기 때문이다(1:11, 22; 2:5). 주크의 지적대로, "욥은 두 가지 시험을 받았다. 하나는 자신의 소유물과 자녀들에 대해서였고(1:6-22), 다른 하나는 자신의 건강과 평판에 대해서였다(2:1-10). 각각의 시험에서 두 장면이 연출된다. 하나는 하늘이고 나머지 하나는 땅이다. 하늘의 각 장면에는 욥에 대한 사탄의 고발이, 땅의 각 장면에는 욥에 대한 사탄의 공격이 포함되었다"(*Job*, 15).

욥의 믿음에 먹칠을 하고, 그를 오로지 하나님이 주시는 보호와 소유물 때문에 그분을 예배하는 사람으로 까발리려는 사탄의 첫 시도는 실패로 끝났다. 재앙이 닥치면 욥이 하나님을 욕할 것이라는 사탄의 호언장담은 완전히 빗나갔음을 그의 반응이 증명했다. 극도의 슬픔과 절망의 순간에 욥이 겸허히 자신을 낮추고 하나님을 예배함으로써 그가 실로 땅의 어느 누구와도 같지 않다는 그분의 말씀이 입증되었다. 하지만 여기서 공격을 멈출 사탄이 아니었다.

D. 사탄이 욥의 신체에 손상을 가하는 것을 허락하시는 하나님(2:1-6)

적의 공격: 이전과 이후

공격 이전의 초자연적 시험과 욥의 형통		공격 이후의 초자연적 시험과 욥의 형통		
축복	묘사	상실	묘사	축복의 증가
욥 1:2	아들 일곱과 딸 셋	1:13, 18-19	아들 일곱과 딸 셋	42:13
1:3	양 7,000마리	1:16	양 14,000마리	42:12
1:3	낙타 3,000마리	1:17	낙타 6,000마리	42:12
1:3	소 500겨리	1:14-15	소 1,000겨리	42:12
1:3	나귀 500마리	1:14-15	나귀 1,000마리	42:12

이 시점에서 욥에게 남은 것이라곤 목숨 하나뿐이었는데도 사탄은 다시금 하나님의 말씀에 의문을 제기하며 욥이 그분을 예배하는 동기를 문제 삼았다. 이는 사탄이 욥을, 오로지 개인적 이득 때문에 하나님을 섬긴다고 두 번째로 비난할 좋은 구실이었다.

욥기 본문은 욥기 1장과 2장 사이에 시간차를 두지 않는다. 따라서 1장의 첫 번째 공격과 2장의 두 번째 주된 공격 사이의 경과 시간은 모른다. 하지만 두 공격 사이의 시간 차는 근소할 것이다(11절). 근거는 다음과 같다. (1) 재앙을 받아들이는 것에 대해 욥이 아내에게 한 말(10절), (2) 1:6-22과 2:7에 기록된 나쁜 일들을 포함하는 것처럼 보이는 언급 그리고 (3) 2:11의 "이 모든 재앙"에 대한 언급. 하지만 로버트 고디스(Robert Gordis)의 말대로, "소식이 여러 나라의 친구들에게 전해지고 그들이 모임을 준비한다는 것은 욥의 고난이 꽤 오랜 시간 지속되었음을 시사한다"[*The Book of God and Man: A Study of Job*(Chicago: University of Chicago Press, 1965), 22]. 정황상 그 기간은 적어도 일곱 달에서 일 년 이상이 되어야 한다. 2장이 시작되면서 욥에게 육체적 고통(두 번째 공격)이 엄습한다. 이제 그는 이 엄청난 상실과 비애를 다뤄야 하는 절박한 처지에 놓인다.

2:1-6. 2장의 정황은 1장에 기술된 욥의 끔찍한 상실로 인한 여파이다. 그 사이에 장면은 다시 하늘로 바뀐다. 사탄은 두 번째로 나타났고 하나님은 다시 그에게 도전하셨다. 이 도전에 대한 무대를 마련하면서 사탄은 **가죽으로 가죽을 바꾸오니**(4절)라고 으르렁거렸다. 욥의 몸을 재앙으로 건드린다면 그는 **주를 향하여 욕**할 것이다(5절). 여기에 하나님은 또 다른 제한을 두셨다. 즉, 적이 욥의 몸을 칠 수는 있어도 그를 죽일 수는 없었다. **다만 그의 생명은 해하지 말지니라**(6절).

E. 자신의 상실에 대한 욥의 반응(2:7-10)

2:7-10. 그러고 나서 사탄은 하늘에서 땅으로 내려와 욥을 일종의 종기 질환으로 쳤다. 욥은 처음에 고대 근동의 관습대로 자신의 고통을 덜고, 자신에게 임한 재앙에 대해 애도하려 했다. 저자는 이렇게 언급했다. **욥이 재 가운데 앉아서 질그릇 조각**[도자기 조각] **을 가져다가 몸을 긁고 있더니**(8절). 욥의 **아내**마저 남편에게 포기하고 하나님을 **욕하고 죽으라**(9절)고 말해 상황을 악화시켰다. 그러자 욥은, 불행을 당하는 신자들이 하나님에게서 **복**과 **화** 둘 다를 기대할 수 있다고 아내의 말을 맞받아쳤다(10절). 이는 시편 저자의 강력한 진술에 들어맞는다. "그의 찬양 소리를 들리게 할지어다. 그는 우리 영혼을 살려 두시고 우리의 실족함을 허락하지 아니하시는 주시로다. 하나님이여 주께서 우리를 시험하시되 우리를 단련하시기를 은을 단련함 같이 하셨으며, 우리를 끌어 그물에 걸리게 하시며 어려운 짐을 우리 허리에 매어 두셨으며, 사람들이 우리 머리를 타고 가게 하셨나이다. 우리가 불과 물을 통과하였더니 주께서 우리를 끌어 내사 풍부한 곳에 들이셨나이다"(시 66:8b-12, NIV).

유대교 전설에 의하면 "사탄은 오십 가지 질병으로 욥을 괴롭혔다"(*Targum Yerushalmi; Exodus R., xxii, 10*). 또 다른 전설은 그의 고난이 일 년간 지속되었다고 말한다[*Testament of Job, v. 9*; Isadore Singer, "Job," in *The Jewish Encyclopedia*(1904), 7:194]. 다른 전설들에 따르면 욥의 고난은 역사상 그 유례를 찾기 힘들다. 하지만 욥의 증상들을 살펴볼 때 알려진 일곱 가지 질병 중 하나는 사탄이 끔찍한 고통과 고난을 일으키고자 사용한 장본인일 수도 있겠다. 아래 표는 욥기 본문에 나타난 욥의 증상들을 열거한다.

천사 같은 적은 '쉐킨'(*shechin*)으로 확인된 육체적 질병으로 욥을 강타했다(7절). 이 용어는 종기 혹은 부스럼을 뜻하고[Francis Brown, S. R. Driver, and Charles A. Briggs, *Hebrew and English Lexicon of the Old Testament*(Oxford: Clarendon Press, 1906), 1006, 이후로 *BDB*], 아카드어, 아시리아어, 우가리트어 및 아람어와 같은 셈족의 다른 언어들에 나타나는데, "열, 열병, 염증 그리고 그밖에 유사한 것"을 의미하며 "염증이 생기다"라는 동사에서 유래했다. 저자는 사탄이 **욥을 쳐서 그의 발바닥에서 정수리까지 종기**[sore boils] **가 나게 한지라**(7절)라고 기록한다. '따가운'(sore)에 대한 히브리어는 라(*ra'*)이고 '나쁜, 유해한, 섬뜩한'(신 28:7; 대하 21:6; 전 6:1)을 뜻한다. 70인역 번역자들은 '엘코스'(*elkos*)라는 단어를 택했는데, 이는 신약성경에서 헌데를 가리킬 때 쓰인다(눅 16:20; 계 16:2). 구약성경에서 이 용어는 피부 질환에 해당된다[Marvin H. Pope, *Job*(Garden City, NY: Doubleday, 1973), 2]. '쉐킨'의 범위와 정확한 명칭에 관해 여러 성경학자들과 의사들 사이에 의견이 갈리는 것은 이 단어가 구약성경 및 다른 고대 근동 문헌에서 상이한 피부 질환과 관련해 사용되기 때문이다.

욥의 질환에 관해 많은 이론들이 제기되었다. 이를테면 나병, 상피병, 급성 피부염, 동양 궤양, 이집트 종기, 천연두, 낙엽성천포창(落葉性天疱瘡), 심상성농창(고름궤양증), 홍반, 다중 질환, 정신신체증, 독특한 대적 이론 그리고 무질환 이론이다. 주크는 이 가운데 피부가 비늘로 뒤덮이는 특징적 병변을 지니는, 피부와

욥이 겪은 증상과 해석

구절	세부 내용	병리
2:1-6	상실과 슬픔을 다루다	우울증
2:7	'쉐킨'이 덮치다	일종의 종기 질환
2:8	긁음	피부
7:4-6	불면증, 상처 부위에 생긴 벌레, 상처의 딱지, 절망	불면증, 피부, 우울증
7:14-16	악몽, 질식, 죽기를 바람, 약함	악몽, 체중 감소, 악화되는 우울증
16:8	지속되는 체중 감소	체중 감소
18:13	질병으로 푸석푸석해진 피부	진행되는 질병
19:17	호흡곤란	구취
19:20	지속되는 체중 감소	진행되는 질병
19:26	피부 질환에서 기인한 문제	표피
30:17	불면증, 고질적 통증	무생물의/유기체의
30:18	고름으로 범벅이 된 옷	백혈구의 응고
30:27	설사(공동번역)	예민한 창자
30:30	검게 변하는 피부	피부 변색

점막에 큰 물집이 생기는 자가 면역 질환과 더껑이가 생기는 짓무름을 옹호한다(*Job*, 19). "이집트 종기"는 신명기 28:27의 "애굽의 종기"를 참고한 것이다. 나중에 동일한 단어들이 욥기 2:7에서처럼 신명기 28:35에서도 사용되어 불순종으로 말미암아 이스라엘에게 닥칠 고난을 묘사한다. "여호와께서 네 무릎과 다리를 쳐서 고치지 못할 심한 종기를 생기게 하여 발바닥에서부터 정수리까지 이르게 하시리라."

'쉐킨'은 종기와 비슷한 다수의 피부 질환을 묘사하는 일반적 용어로 이해하는 것이 상책이다(책의 정황은 쉐킨이 심각한 피부 질환임을 나타낸다). 욥기 18:13에서 빌닷은 욥에 대해 "질병이 그의 피부를 삼키리니 곧 사망의 장자가 그의 지체를 먹을 것이며"라고 말했다. 아무도 이 질병이 정확히 어떤 것인지 말할 수 없다. 여러 질병이 온몸에 종기가 생기게 하고 욥기에 나열된 증상들을 드러낼 수 있다.

발바닥에서부터 정수리까지라는 표현은 종기가 욥의 몸에 쫙 퍼졌다는 뜻으로 이해해왔다. 이와 정반대되는 표현은 "그의 율법을 주야로 묵상하는도다"(시 1:2)와 "단에서 브엘세바까지"(삼하 3:10)와 비슷한 것으로, 종기가 생긴 신체 부위를 다 나열하지 않은 채 욥의 피부에 종기가 어느 정도 생겼는지를 묘사하는 데 사용된다. 종기는 다수였고 욥의 피부는 전체적으로 종기의 영향을 입었다. 그러니까 적은 이 두 번째 공격에서 끔찍한 질병으로 욥의 몸을 친 것이다.

자신이 종기 유형의 심각한 질병에 걸렸음을 알게 되자 욥은 **재** 가운데 앉아 **질그릇 조각**으로 몸을 긁었다. 욥의 반응은 질병과 그의 감정 상태가 예사롭지 않음을 보여준다. 욥은 피부 질환 때문에 긁지 않고는 도저히 견딜 수 없을 정도로 가려웠다. 이 '긁다'라는 단어 혹은 '할퀴다'는 아람어와 페니키아어에서 '살을 긁어내는 도구'를 나타낼 때 쓰인다. 이 소름끼치는 장면에서 욥이, 끝이 우둘투둘한 질그릇 조각으로 몸을 긁는 것은 고통과 가려움을 덜기 위해서였다. 깨진 도자기 조각은 긁어내거나 할퀼 때 임시변통으로 사용되는 도구였다.

70인역 번역자들은 8절에 "성읍 없이"(without the city)라는 마지막 세 단어를 덧붙였다. 나병환자들은 장막이나 성읍 바깥에서 살아야 했으므로 이 세 단어는 욥이 나병을 앓고 있었다는 견해에 힘을 보탰다. 그런 해석을 인정하는 고디스는 이렇게 덧붙인다. "욥이 성읍 바깥의 잿더미 위에 앉아 있는 것은 애도의 표지라기보다 그의 질병이 전염성을 지니고 그의 몰골이 역겨웠기 때문이다"[*The Book of Job*(New York: Jewish Theological Seminary of America of 1978), 21]. 하지만 에드워드 J. 키세인(Edward J. Kissane)은 70인역의 덧붙임에 제대로 반박한다. "헬라어 본문이 '성읍 없이'를 덧붙이면서 흔히들 욥이 성읍 밖으로 물러났다고 생각하게 되었다. 그러나 본문 자체는 이렇게 말하지 않으며, 욥의 아내가 살아 있으므로 욥은 아직 자기 집에 있다고 봐야 할 것이다"[*The Book of Job*(Dublin: Browne and Nolan, 1939), 10]. 욥이 재 '가운데' 앉았다는 것은 애도를 나타내는 고대 근동의 관습이었다. 당시의 근동 사람은 애곡할 때 그냥 모닥불이나 벽난로에서 재를 가져다가 편리한 장소에 놓고는 애곡 과정을 시작했다. 이런 점으로 미루어 볼 때 욥은 자기 집에서 애곡을 했을 법하다.

만일 욥이 똥 더미나 성읍의 쓰레기 더미 위에 있었다면 다음 내용은 사실일 것이다. (1) 욥의 친구들은 꼬박 일주일을 똥 더미 위나 쓰레기장 혹은 쓰레기장 근처에서 보냈다. (2) 또한 욥과 그의 친구들은 줄곧 거기에서 대화를 나눴다. 왜냐하면 2:12은 친구들이 욥의 이 같은 애곡 관습에 동참했으며, (3) 재는 똥 더미를 전제로 하기 때문이다. 하지만 욥이 자기 집 밖으로 나가 애곡하거나 고난당한 자의 내적 혼란을 묘사하는 정착된 관습에 참여했다는 것이 더 그럴듯한 해석이다. 욥의 친구들이 그의 집 근처에 왔을 때 그들은 그의 거주지 근처에서 그의 애곡에 참여했다. 그때 욥의 고난은 또 다른 각도에서 더 강화되었다.

극심한 종기 유형의 질병으로 욥의 고난에 고통을 더한 적은 그의 아내도 공격에 이용했고, 가까운 장래에 그의 친구들과 친척들도 이용할 참이었다. 욥의 아내가 물었다. **당신이 그래도 자기의 온전함을 굳게 지키느냐?** 그러더니 그녀는 하늘에서 벌어지는 적과 하나님 사이의 경쟁에 동조하는 자신의 유명한 명령을 발설했다. 그녀는 하나님 다음으로 욥의 가장 강력한 원군이 되었어야 했지만 욥에게 **하나님을 욕하고 죽으라**는 악담을 퍼부었다. 하나님을 욕한다는 것은 상상도

할 수 없었기에 히브리어 본문은 '욕하다'에 대한 완곡어법으로 '축복하다'를 뜻하는 바라크(*barakh*)라는 단어를 사용한다.

하나님을 욕하다라는 표현의 사용과 이해에 관해 E. 돔(E. Dhorme)은 이렇게 언급한다.

> 10절에서 욥의 아내가 듣는 신랄한 대답은 '욕하다'를 '엘로힘을 축복하라'로 번역하는 것을 배제한다[타르굼(Targum)과 불가타(Vulgata)]. 시리아와 몇몇 그리스 해석자들의 이해에 따르면 이 단어('욕하다')는 이야기 전체(5절과 1:5, 11)에서 나타나는 신학적 완곡어법이다. 따라서 우리는 계속해서 '욕하다'를 전처럼 "엘로힘을 욕하고 죽으라!"로 이해할 것이다. 욕했다고 해서 죽는 것은 아니다. 죽음이란 한낱 시간 경과의 문제일 뿐이다[*Commentary on the Book of Job*(Nashville: Thomas Nelson, 1967), 20].

스믹(Smick)은 '죽다'라는 단어에 대해 이렇게 쓴다.

> '죽다'는 '죽는 것'과 '죽음'에 대해 보편적으로 사용되는 셈어의 어근이다…죽음에서 대체로 염두에 두는 것은 글자 그대로 몸의 소멸이다…가나안 사람들은 죽음을 모트(Mot)라는 죽음의 신과 내세의 이름으로 채택했다(참고. *ANET*, 138-142)…우가리트어에서 모트 신은 윤곽이 분명한 인물로 내세, 곧 진흙과 오물의 땅을 다스렸다("Job").

70인역은 욥의 아내가 내린 이 명령 외에 그녀가 구구절절 쏟아낸 말을 기록하고 있다. 그녀가 내뱉은 말의 기원에 대해 H. H. 로울리(H. H. Rowley)는 이렇게 진술한다. "볼(Ball)은 그 기원이 히브리어의 원형으로 거슬러 올라갈지 모른다고 말하지만, 그것이 믿을 만한 본문에 속했다고 추정할 이유는 없다"[*Job*, The Century Bible(New York: Thomas Nelson, 1970), 39].

몇몇 주석가들은 욥의 아내가 한 조언을 경멸보다는 연민, 즉 기약 없는 고난 대신 빨리 죽기를 바라는 마음으로 이해했다. 하지만 이 해석은 맥락을 제대로 파악하지 못한 것이다. 왜냐하면 그녀의 말은 욥에게 그의 온전함과 하나님에 대한 신뢰를 포기하라는 것인데, 이는 사탄 역시 만들어내고자 했던 바로 그 결과이기 때문이다. 욥의 아내의 말은 하나님에 대한 괴로움을 표출한 것으로 보는 편이 더 낫다.

욥은 자기 아내가 **한 어리석은 여자의 말같이**, 곧 영적 분별력이 없는 사람처럼 말한다고 응답했다. 델리츠(Delitzsch)는 이렇게 언급한다. "욥의 대답은 강력하지만 가혹하지는 않다. 영적 무감각이 다소 진정되기 때문이다. '한 어리석은 여자처럼'이라는 번역은 히브리어에 들어맞지 않는다. 히브리어 나발(*nabal*)은 미친 듯이 생각하고 불경스럽게 행동하는 사람이다"(*Biblical Commentary on the Book of Job*, 1:72). '어리석은 혹은 분별없는'을 뜻하는 네발라흐(*nebalaah*)라는 단어는 도덕적으로나 영적으로 지각이 없는 사람에 대해 사용된다.

그러고 나서 욥은 아내에게 **우리가 하나님께 복을 받았은즉 화도 받지 아니하겠느냐**라고 말했다. 신자는 하나님으로부터 '선한' 복을 받을 뿐 아니라 **화도 받아**야 함을 깨달았다. 라(*ra'*)는 '괴로움, 악, 잘못, 상처, 재앙'을 뜻하며, 이 절은 세상의 악과 고난이 하나님의 섭리 아래 있음을 다시 한 번 나타낸다(1:21-22에 대한 주석을 보라). 욥의 자세는 시련과 문제 한가운데서 인내해야 함을 가리킨다. 두 번째 공격이 강화되었음에도 하나님과의 관계에 대한 욥의 신뢰는 조금도 흔들리지 않았다. 하지만 재앙들, 곧 자신이 당한 두 차례의 공격으로 욥은 한계점에 다다랐다.

그럼에도 **이 모든 일에 욥이 입술로 범죄하지 아니하니라.** '범죄하다'는 히브리어로 차타(*chata'*)인데, 이는 '놓치다, 잘못되다, 죄 짓다, 잘못을 저지르다, 과녁을 벗어나다'를 뜻한다(*BDB*, 306).

아카드어에서 동사 하투(*hatu*)는 '죄를 짓다, 소홀히 하다'를 뜻하며, 우가리트어에서는 이 동사가 세 번이나 '죄'를 가리킨다[Cyrus H. Gordon, *Ugaritic Textbook*(Rome: Pontifical Biblical Institute, 1967), no. 19/952]. 욥과 관련된 **입술로**라는 구절에 대해 고디스(Gordis)는 "말의 순수성은 영의 온전함을 나타낸다"라고 말한다(*The Book of Job*, 22).

F. 욥을 위로하기 위해 찾아온 세 친구(2:11-13)

2:11-13. 욥의 친구들이 등장하는 이 구절에서 하나의 에피소드가 끝나고 새로운 에피소드가 시작된다.

찾아온 사람들은 **친구**, 즉 벗으로 언급된다. 욥의 친구인 엘리바스, 빌닷, 소발 그리고 엘리후는 문제와 소동이 언제나 심각성을 띠는 죄의 결과라는 생각을 드러냈다. 하지만 고난에 대한 이러한 접근은 신학적으로 깊이가 없는 데다 종종 잘못되었음을 욥기 이야기는 보여준다.

고디스는 이렇게 말한다. “여러 나라에 있는 친구들에게 소식이 전해지고 그들이 만날 준비를 한다는 것은 욥의 고난이 꽤 오래 지속되었음을 암시한다”(*The Book of Job*, 22). 서로 **약속하고**, 즉 세 친구는 팀을 구성해 욥을 도우려는 방문 계획을 세웠다. 그들이 찾아가려는 이유는 욥을 **위문하고 위로하**는 것이었다. 분명히 그들은 선한 동기로 왔다. 욥의 상태를 목격한 친구들은 그의 처지가 남의 일 같지 않아 울컥했다. 그리고 익숙한 애도 관습을 실천했다.

욥의 끔찍한 상태가 눈에 들어오자 친구들은 **소리 질렀다**(12절). 동시에 그들은 **울며** 자신들의 옷을 찢었다. 레너드 콥스(Leonard Coppes)는 이 행위가 “천 혹은 그와 유사한 물질을 찢는 것과 관계있다…그것은 매우 빈번하게 진심 어리고 극심한 고통의 행위를 나타낸다”라고 언급한다[상의와 속옷을 찢는 것, ‘카라’(*qara*), in *Theological Wordbook of the Old Testament*, ed. R. Laird Harris. Gleason J. Archer, Jr., and Bruce K. Waltke(Chicago: Moody, 1980): 2:816. 《한글어휘 · 성구색인》(요단출판사)].

욥의 상태를 목격한 친구들은 감정을 추스르지 못해 그와 함께 일주일간 말없이 애곡하다가 마침내 입을 열었다(13절). 그들은 친구인 욥이 그렇게 되자 설움이 복받쳐 눈물을 흘렸다.

욥의 육체적 고통과 내면의 절망을 목격한 친구들은 일주일 동안 조용히 애곡하면서 그로 하여금 재앙을 당하게 만든 원인을 놓고 틀림없이 심사숙고했을 것이다. 1:20-21에서 욥은 자기 옷을 찢고 머리털을 밀며 땅에 엎드리는 외적 행동으로 자신의 슬픔을 나타냈었다. 하지만 이 세 친구와 달리 욥은 자기 머리에 **티끌**이나 재를 날리지 않았다. 대신 그는 하나님을 탓하지 않고 예배했다.

Ⅱ. 욥이 자신의 세 친구와 나누는 첫 번째 담화 (3:1–14:22)

A. 욥이 자신의 신세를 한탄하다(3:1–26)

3:1–4. 자신의 처지로 말미암아 심란해질 대로 심란해진 욥은 자신의 존재를 맹렬히 비난하기 시작했다. 이 시점에서 그의 육체적, 정서적 및 영적 활력에 생긴 균열은 점점 커지기 시작했다. 처음에 욥은 개인의 재앙을 탁월하게 다룬 본보기였다. 하지만 시련의 강도가 점점 커지면서 의심이 들고 하나님을 과녁으로 삼기 시작했다. 그는 애통하면서 다음을 한탄했다. (1) 자신의 수태와 자신이 자궁에서 수태되던 밤(2-10절), (2) 자신의 생일 그리고 자신이 태어나는 순간에 왜 죽지 않았는지(11-15절) 그리고 (3) 어머니의 임신 기간 중 어느 때에 자신이 유산되지 않은 것(16-19절).

욥의 신세 한탄은 **자기의 생일**, 말 그대로 ‘그날’(1절)을 **저주하**는 것으로 시작되었다. 그는 사탄의 바람과 그렇게 하라는 아내의 조언과 달리 하나님을 욕하지 않았다. 그는 자신의 생일이 달력에서 삭제될 수 있었더라면 좋았을 거라고 생각했다. 그는 시간을 한참이나 더 거슬러 올라가 자신이 수태된 밤을, 수태된 아기의 성별을 알리는 것으로 의인화하면서 그 밤을 슬퍼했다(3절). **하나님이 위에서 돌아보지 않으셨**더라면 좋았을 거라고 하면서(4절), 만일 하나님이 그가 태어난 날을 주목하지 않았다면 아마도 그분은 지금 고난당한 욥을 후대하지 않으실 거라고 말하는 것이다.

3:5–10. 이 절들은 욥이 다섯 번 언급한 어둠의 이미지에 크게 의존한다. ‘흑암’이라는 단어는 하팍스 레고메논(*hapax legomenon*)으로 월식/일식 혹은 토네이도 같은, 하늘을 어둡게 하는 자연현상에서 비롯되는 어둠을 뜻한다. 7절에서 욥은 어머니가 그를 배던 밤에 불임이 되었더라면 좋았을 거라면서 계속해서 크게 한탄했다. **리워야단**(8절)은 고대 근동 신화에 나오는 머리가 일곱인 바다 괴물이었다. (그러나 몇몇 주석가들은 리워야단이 나일강에 사는 악어를 가리킨다고 믿었다) 사람들은 리워야단이 태양이나 달을 삼킴으로써 월식이나 일식에서 일어나는 어둠을 초래하는 것으로 믿었기 때문에 신화적 이해가 맥락에 더 잘 들어맞는다. 그러나 욥은 신화에 대한 자신의 믿음을 나타낸 것이 아니라, 자기 생일이 삼키운 바 되고 사라졌으면 하는 바람을 예증하고자 그 당시의 보편적 생각을 이용

했을 뿐이다. 욥이 수태되면서 어머니의 자궁이 열렸기 때문에 그는 환난을 숨기지 못하고 어쩔 수 없이 봐야 했다(10절).

3:11-19. 욥은 자신이 왜 사산되지 않았는지 의아해하면서 계속 불만을 쏟아냈다. 이 외에 그는 자기가 신생아로 환영받은 것에 대해서도 한탄했다. **어찌하여 무릎이 나를 받았던가**(12절)라는 질문은 욥의 어머니가 그를 무릎에 앉혔거나, 족장들의 관습에 따라 아기를 받아들인다는 상징으로 신생아를 아버지 무릎에 앉힌 것을 나타낼 것이다(참고. 창 48:12. Zuck, *Job*, 25). 욥은 어머니가 그에게 젖을 물리지만 않았어도 죽음이라는 동일한 목표를 달성할 수 있었을 거라면서 계속 푸념했다(12절). 욥은 너무도 심란해 자기 어머니가 임신 중 어느 시점에서 '유산'을 했더라면 훨씬 더 좋았을 거라고 생각했다(16-19절). 어느 경우든 욥은 무덤에서 **쉼**을 얻을 수 있었을 것이다.

3:20-26. 욥의 한탄은 그가 동방에서 조언을 잘한다고 알려진 것과 사뭇 달랐다. **어찌하여 고난당하는 자에게 빛을 주셨으며 마음이 아픈 자에게 생명을 주셨는고**(20절)라는 질문은 죽기를 바라는 그의 확실한 의지 표명이었다. 이는 욥의 한탄에서 '어찌하여'로 시작되는 세 번째 질문이었다(처음 둘은 11-12절에 나타난다). 욥은 **내가 두려워하는 그것이 내게 임하고**(25절)라고 자책했다. "내가 크게 두려워한 것"(KJV)이라는 번역은 아마도 욥에게 닥친 시련의 시작을 회상하는 듯하다. 하나를 상실했다는 소식이 다음 상실에 대한 욥의 두려움을 자극했기 때문이다. 여기서는 욥의 현재 고난을 암시하는 데 사용되는 번역인 "내가 두려워하는 그것이 내게 임하고"(NASB)가 맥락에 더 잘 들어맞는 것처럼 보인다.

B. 엘리바스의 첫 번째 말(4:1-5:27)

4:1-2. **엘리바스**는 **데만 사람**으로 확인된다(4:1). 데만은 지혜 연구의 중심으로 알려진 에돔의 주요 성읍이었다(렘 49:7; 참고. 욥 6:18-20; 사 21:14; 렘 25:23 및 욥 1:8-10). 그는 욥의 혼란에 대해 말하기가 무섭게 그의 결론에 맞섰다. 그는 상황을 개선하고 욥의 생각에 반박하려 했다. 실제로 그는, **누가 참고 말하지 아니하겠느냐**(4:2b)라고 말했다. 일주일 동안 잠자코 지켜본 엘리바스는, 욥이 그가 침묵하기를 그렇게 바랐어도 자신은 입을 다물 수 없노라고 말했다. 그는 욥에게 제시할 자기 나름의 어떤 결론에 다다른 것이다. 불록은 이렇게 말한다. "(엘리바스가) 대화에 기본적으로 기여한 부분은 아마도 우주가 인과법칙에 따라 운행된다는 보편적 원리를 그가 내세웠다는 점이었을 것이다(4:7-11)…엘리바스가 제기한 두 번째 원리는 고난이 잘못을 바로잡고 치유하시려는 하나님의 징벌일지 모른다는 것이었다(5:17-18)"[*An Introduction to the Old Testament Poetic Books*, 90-91.《시가서 개론》(은성)].

4:3-11. 엘리바스는 먼저 말을 꺼냈기 때문에 필시 세 친구 중 나이가 제일 많았을 것이다. 실제로 그렇게 하는 게 당시 관례이기도 했다. 엘리바스는 욥에게 그가 과거에 아주 많은 사람들을 도와주는 한편 지혜와 탁월한 조언으로 이름을 떨쳤음을 상기시켰다(3-4절). 하지만 막상 엄청난 고통이 밀려오자 욥은 자신이 다른 이들에게 해주었던 조언을 받아들이지 않았다. 그는 **힘들어하고 놀랐다**(5절). 쓸모 있는 조언을 하기는 쉬워도 그 조언을 개인의 쟁점과 문제들에 적용하기란 어려운 법이다. 엘리바스는 욥에게 '하나님을 경외함'이 그의 **자랑**이 되어야 한다고 일깨웠다(6절; 잠 9:10을 보라).

엘리바스는 어디에서 자신의 신학 지식을 얻었을까? 욥기는 신학적 진리 혹은 신학 전반이 대대로 전해졌다는 증거를 제시한다. 욥, 욥의 아내, 엘리바스, 빌닷, 소발, 엘리후, 욥의 일가친척에 관한 한 그들은 오늘날 우리가 이해하는 그런 훈련된 신학자들이 아니었음을 기억하자. 하지만 족장 욥은 인간의 죄를 덮고 처리하기 위해 짐승을 제물로 바치는 가정의 제사장이었다. 이 또한 아브라함과 이삭, 야곱의 삶에서 그리고 훗날 이스라엘이라는 나라에서 볼 수 있다(Alden, *Job*, 89).

그런 후에 엘리바스는 **죄 없이** 망한 자는 없으며 **정직한 자**는 **끊어지**지 않는다고 단언했다(7절). 이 말에는 욥의 고난이 극심한 것으로 보아 그가 죄를 지은 게 분명하며 하나님이 그에게 분노하셨다는 내용이 함축되어 있다(9절). 사람은 심은 대로 거둔다. 고로 욥은 어떤 범법 행위에 대한 대가를 톡톡히 치르고 있는 것이다(7-11절). 고디스는 이렇게 말한다. "확실히 세 친구 중 가장 당당하면서도 세련된 엘리바스는 그들 가운데 정신이 가장 심오하다. 그는 종교적 확신이 강했지만 심란하고 고통 받는 욥에 대한 연민을 거두지 못했다"(*The Book of God and Man*, 77). 죄와 벌에 대한 엘리바스의 견해는 기계적이었다. 따라서 죄의 무거움은 벌의 무거움으로 균형 잡히기 때문에 욥의 상황에 대한 해답은, 하나님만이 아시거나 고대 근동의 징벌에 대한 견해에 기초한 어떤 진리 외에는 없다(Alden, *Job*, 85-86). 엘리바스는 수사적 질문으로 문제를 제기했다. "네가 무죄할진대 **자랑**과 **소망**을 갖지 않겠는가?"(6절). 엘리바스는 욥이 먹을 게 없어 죽어가는 사자와 같다고 말했다(10-11절).

4:12-21. 엘리바스는 욥과의 만남이 예사롭지 않다고 주장하면서 자신에게 어떤 **영**이 접근해, **사람이 어찌 하나님보다 의롭겠느냐 사람이 어찌 그 창조하신 이보다 깨끗하겠느냐**(17절)라고 말한 어느 밤의 환상 가운데 자신의 대답이 **가느다란 소리**로 왔다는 으스스한 환상 경험에 빠져들었다. 올든은 이렇게 언급한다. "데만 출신의 꿈꾸는 자는 자신이 본 섬뜩한 환상에 대해 계속 세세하게 묘사했다. 엘리바스는 '소름'(goose pimples)이라는 단어 대신, 욥기를 제외하고 시편 119:20에서만 나타나는 용어인 '쭈뼛 서다'(stand on end, 16절)라는 희귀한 말로 동일한 현상을 묘사했다"(*Job*, 87). 인간은 하나님의 **천사**보다 덜 미덥다(18절). 19절에서 엘리바스가 티끌을 언급했을 때, 아마도 그는 창조주가 인간을 지을 때 사용하신 물질은 말할 나위 없고 티끌을, 인간을 지으신 분 그리고 인간의 거주지와 잇는 정보를 창세기(창 2:7)에서 얻었을 것이다. 천사들, 곧 하나님의 종들(아마도 타락한 천사들과 사탄일 것이다)조차도 완전하지 않다. 고로 인간은 틀림없이 소멸되고 **지혜가 없이** 죽는다(21절).

주크는 엘리바스의 꿈에 대해 이렇게 평한다. "엘리바스의 꿈에서 나온 말은 사실인가? 어떤 의미에서는 그렇다. 인간 홀로 하나님보다 의로울 수도 깨끗할 수도 없다. 하나님이 인간을 천사보다 더 많은 죄로 기소하시고, 인간은 반드시 죽고 쉽게 소멸되기 때문이다. 하지만 엘리바스는 욥이 고의적으로 죄를 범한 것처럼 그런 말들을 그에게 적용하는 잘못을 저지르는 듯하다. '욥, 자네가 소멸되는 이유는 자네가 죽을 운명인 데다 불결하기 때문이야. 자네는 희망이 없어'라는 말은 욥의 성품에 대한 하나님의 평가를 거스른다"[1:1, 8-2:3 (*Job*, 33-34)].

5:1-16. 엘리바스는 욥이 천사의 개입을 믿지 못하는 미련한 자임을 암시하면서(2-3절) 그에 대한 공격을 계속했다. 그러더니 4-5절에서 "욥이 아들을 잃고 재산을 약탈당했다고 말하면서 그에게 자신이 당한 재앙을 가차 없이 일깨웠다"(Zuck, *Job*, 34). 욥은 **재난**을 위해 태어났다(6절). 따라서 그는 하나님이 무력한 자(11절의 **낮은 자**, **애곡하**는 자 그리고 15절의 **가난한 자**)를 돕고 그들에게 응답하시기 때문에 자신의 비극에 대해 **하나님을 찾아야**(8절) 했다. 하지만 하나님은 **교활한 자**와 **지혜로운 자**(12-13절)를 다루면서 그들의 계획과 영리함을 당혹케 하신다.

7절의 **사람은 고생을 위하여 났으니 불꽃이 위로 날아가는 것 같으니라**는 주석가들 사이에 논쟁을 일으켰다. 이 절이 불완전한 세상에서 불완전한 존재로 태어난 인간의 조건을 진술한 것에 불과하다면, 그것은 인간은 자신이 처한 환경의 결과가 아닌 자기 자신의 행위로 말미암아 화를 입게 된다는 엘리바스의 견해와 일치하지 않는다(Bullock, *An Introduction to the Old Testament Poetic Books*, 91). 불록(Bullock)은 엘리바스가 자기 자신은 믿지 않지만, 그 당시 널리 퍼져 있던 비관적 인생관을 인용하고 있었다는 견해를 선호한다. 그러니까 7절의 의미는 "어떤 사람들이 말하기를, '사람은…났으니'"이다[Bullock, *An Introduction to the Old Testament Poetic Books*, 91. 이상 《시가서 개론》(은성)]. 주크는 인간이 자신의 죄로 말미암아 화를 불러들인다는 것이 이 절의 가르침이라는 데 동의한다. 하지만 그는 누가복음 13:4에서 망대가 무너져 치어 죽은 사람들이 "살아남은 사람들보다 죄가 더 있는 것은 아니다"라는 예수님의 말씀을 인용하면서 그것은 "부분적인 진실"일 뿐이라고 덧붙인다(*Job*, 34).

욥기 5:13에 관해 올든은 이렇게 암시한다. "이 절은 (로마서 11:35에서의 욥기 41:11 인용을 혹 제외할 수 있다면) 신약성경의 고린도전서 3:19에서 인용하는 욥기의 유일한 말씀이다(*Job*, 94). 사도 바울은 욥기 5:13을 언급하면서 세상 지혜로는 구원의 문을 열지 못할 거라고 결론지었다. 실제로 세상 지혜는 인간을 하나님이 아닌 오만한 자긍심으로 향하게 할 것이다.

5:17-27. 엘리바스는 욥에게 **전능자의 징계를 업신여기**지 말라고 경고했다(17절). '전능자'를 뜻하는 히브리어 단어는 샤다이(*Shaddai*)이다. 월터 C. 카이저 2세(Walter C. Kaiser Jr.)는 이렇게 쓴다. "욥기에서 엘 샤다이(*El Shaddai*)는 5:17을 시작으로 대략 30회 정도 사용되는데, 창세기에서는 족장들의 하나님을 묘사할 때 자주 사용되었다(창 28:3; 41:16; 48:3; 49:25). 이는 예상치 못한 것이 아니다. 프롤로그와 에피소드에는…욥기의 사건들이 족장 시대에 일어났다고 볼 수 있는 명백한 근거들이 있기 때문이다"[*Toward an Old Testament Theology*(Grand Rapids, MI: Zondervan, 1978), 97. 《구약성경신학》(대한기독교출판사)]. 엘리바스는 욥의 시련이 그가 죄를 지어서 하나님이 징계하셨기 때문일 거라는 잘못된 가정에 기초해 그에게 그분의 징벌을 얕보지 말고 견뎌내라는 조언을 했다(17절). 따라서 하나님이 욥을 **싸매시**고 **고치시**도록 그가 자신의 죄를 시인해야 한다는 18절의 엘리바스의 충고 또한 잘못되었다.

엘리바스에 의하면, 욥이 자신의 죄를 시인하면 그는 평안을 누리고 하나님이 그의 **상하게 하신 것**을 고치고, 그를 **기근**, **전쟁**, **멸망** 그리고 사나운 **들짐승**의 공격에서 구원하실 것임을 의심하지 말고 믿어야 했다(18-23절). 욥은 또한 평안을 맛보고 많은 **자손**을 얻으며 **장수**를 누리게 될 것이다(24-27절). 엘리바스는 풍작의 이미지를 사용해 욥이 자신의 죄를 시인하기만 하면 그가 어떻게 "늙어 나이가 차서"(42:17), **장수**하다가 **무덤**에 이르게(26절) 될지를 설명했다.

27절에서 엘리바스는 자신의 첫 번째 담론을 다음과 같이 간추렸다. "친구 욥아, 우리가 상황을 살펴봤는데, 우리가 하는 말이 맞아"(Alden, *Job*, 97). 당연히 이 모든 축복과 치유에는 욥이 하나님을 찾을 것이라는 전제가 따랐다(8절).

C. 욥이 엘리바스의 비난에 대답하다(6:1-7:21)

6:1-13. 욥은 엘리바스의 비난에 대답하면서 자신이 괴로워 죽기 전에 하나님이 용서해주시기를 기도했다(7:7-21). 실제로 욥은 자신의 불평을 다시 언급하고 자신의 입장이 정당하다고 변호하면서 대답을 시작했다. 그는 엘리바스와 의견이 달랐고, 자신의 삶이 가련하게도 종말에 이르는 것을 목격했다.

욥의 **괴로움**은 너무 커서 바다의 **모래**와 같았다(2-3절). 그는 자신의 **경솔**한 말(3장의 불평)을 자신이 감당하기 어려운 괴로움과 비교하면 아무것도 아니라고 하면서 그 말을 옹호했다. 그는 전능자의 테러가 자신에게 박힌 **독화살** 같다고 생각했다(4절). 욥은 자신에게 문제가 없다면 불평하지 않을 거라고 말했다. 나귀나 소는 먹을 게 있으면 울지 않는다(5절). 따라서 그들과 달리 욥의 불평은 이유가 있다. 그는 괴로운 나머지 살맛을 잃었고(6-7절), 그것은 이제 **닭의 알 흰자위**와 같은, 양념하지 않거나 특별한 맛이 나지 않는 음식처럼 만족감을 주지 못한다. "비유적으로 말하자면, 욥은 하나님이 차려주신 음식이 너무 입에 안 맞아 대변에 상을 물렸다. 4절에서 시작된 음식 주제는 여기서 욥의 철저한 거부로 끝난다. 그 때문에 욥은 탈이 났다"[6:7; 시 41:1-4. (Alden, *Job*, 99)].

8-9절에서 욥은 자신의 기도에 대한 응답으로 하나님이 죽여주셨으면 하는 바람을 나타냈다(**나를 멸하시고…나를 끊어버리실**). 욥은 자신이 **거룩하신 이의 말씀을 거역하지 아니하였**다고 믿기는 해도 과연 그럴까 의심했다. 주크는 이렇게 말한다. "하나님이 욥으로 하여금 삶의 굴레에서 벗어나 죽게 내버려두신다면 그는 자신이 하나님의 말씀을 부인하지 않았다는 일말의 위로를 얻을 것이다"(*Job*, 37). 욥은 또한 자신의 문제와 관련해 **도움**이나 **능력**을 받기는 요원하다고 느꼈다(13절). 엘리바스는 욥이 **돌**과 **놋쇠**로 만들어져 고통을 느끼지 못한다고 생각했을지 모른다. 하지만 이는 사실이 아니었다. 정반대로, 올든이 9절과 관련해 덧붙이듯이, "모세(민 11:15)와 엘리야(왕상 19:4)처럼, 욥은 죽었으면 했다"(*Job*, 100). '멸하다'와 '끊어버리다'(6:9)라는 히브리어 표현은 종종 죽음에 대한 은유로 기능했다.

6:14-30. 욥은 **동정**, 즉 충실한 사랑(하나님이 그분의 백성에게 보여주시는 일종의 충실한 사랑과 신실하심)으로 번역된 중요한 히브리어 단어를 사용해 자신이 **그의 친구로부터** 기대하는 반응 따위를 묘사했다. 불록은 이렇게 말한다. "우리 주님이 그분의 수난 중에 느낀 처절한 고독 외에 자신의 친구에게 버림받았다는 느낌이 더 강하게 표현된 곳은 성경에서 이곳이 유일하다"[*An Introduction to the Old Testament Poetic*

Books, 91.《시가서 개론》(은성)].

욥은 자기 친구들을 민물 강 대신 사막의 **개울**[물이 절실히 필요한 여름에 말라버린 강바닥]에 비유했다. 그들은 고난에 처한 욥에게 실질적인 도움을 주거나 충실함을 보이지 않은 가운데 그를 돕는 척함으로써 '미덥지 않게 행동했다'(15절). 여행자들이 자신들도 목을 축이고 동행하는 짐승들에게 물을 먹일 수 있을 것으로 기대했지만 개울이 바닥을 드러냈음을 알고 크게 **낙심하**듯이(17-20절) 욥은 지금 자신의 친구들에게 실망하고 있었다. 욥은 친구들에게 자신의 **허물된** 것이 무엇인지 보이라고 따졌고(24절), 그들이 그에게 **옳은 말**을 해주기만 하면 그에 따른 고통을 참아낼 수 있다고까지 말했다(25절). 그러나 그들은 욥의 말이 **바람**에 날려 보낼 만한 가치밖에 없다고 판단해 그의 말을 꾸짖으려 했다(26절).

문제는 오로지 죄를 범하기 때문에 생긴다는 엘리바스의 주장에도 불구하고 욥은 친구들에게 강력히 촉구했다. **원하건대 너희는 내게로 얼굴을 돌리라 내가 너희를 대면하여 결코 거짓말하지 아니하리라**(28절). 자기 친구들에게 그런 말을 하려면 철면피 같은 거짓말쟁이가 되어야 할 것이다. 욥은 자신의 얼굴을 살펴 거짓말의 흔적이 털끝만치라도 있는지 찾아보라고 친구들에게 제안했다.

친구들이 그런 증거를 찾을 수 없을 거라고 생각한 욥은 그들에게 비난에서 **돌이켜**(29절), 즉 마음을 바꿔 그가 범법 행위를 했다고 비난하는 자세를 버리기를 촉구했다. **내 혀에 어찌 불의한 것이 있으랴 내 미각이 어찌 속임을 분간하지 못하랴**(30절)는 자신의 고난이 정당화되는지를 어느 누구보다도 자신이 먼저 알 거라는 욥의 화법이었다. 욥이 보기에 친구들의 비난은 당연히 정당하지 않기에 그는 친구들의 대답을 기대하지 않았다.

7:1-19. 희망이 빛을 잃자, 자신의 고통스런 종기 유형의 질병을 다루던 욥은 이전처럼 격한 불평을 쏟아냈다. 그는 스스로를 **여러 달째 고통** 받은(3절) **품꾼**이자 **종**(1-2절)으로 언급하면서 자신의 존재를 무익하고 무가치한 차원으로 깎아내렸다. 그는 극심한 고통에 시달렸고(5절), 자신의 짧은 생을 **베틀의 북보다 빠르니**(6절)라고 묘사했다. 고통에 휩싸인 욥은 이전처럼 좋은 세월 보기는 글렀다고 생각했다(7절). 이 땅에서의 시간이 한낱 **바람**(7절)과 **구름**(9절) 같이 휙 지나갈 것처럼 보이자, 욥은 하나님이 어찌하여 그를 **바다 괴물**(12절)인 양 끊임없이 지켜주시는지 물었다. 이 바다 괴물은 가나안 사람들과 가나안 북쪽의 레바논에 사는 사람들이 갖고 있던 고대 근동의 신화에 대한 보편적 믿음을 나타낸다. 올든은 이렇게 언급한다.

3:8에서처럼 욥은 다시금 통속 신화에 나오는 인물들을 넌지시 언급했다. '바다'를 뜻하는 얌(*yam*)은 주전 2000년 우가리트에 있는 가나안 사람들에 의해 개인화되고 신격화되었다. '깊음의 괴물'[히브리어로 타닌(*tannin*)], 리워야단[우가리트어로 로탄(*Lotan*). 참고. 3:8; 시 74:13-14; 사 27:1] 및 라합[여리고의 기생이 아님. (9:13; 26:12; 사 51:9)]과 같은 용어들도 신화에 나오는 바다 신들이었다. 우가리트 신화에 의하면, '얌'은 바알에게 사로잡힌 활기 넘치는 대적이었다. 욥은 자신이 지속적인 보호가 필요할 만큼 제멋대로 구는 적이 아니라고 항의했다(*Job*, 111).

욥은 소름끼치는 악몽에 시달렸지만 잠자코 있으려 하지 않았다. 그래서 하나님께 이렇게 아뢰었다. **주께서 꿈으로 나를 놀라게 하시고 환상으로 나를 두렵게 하시나이다**(14절). 그는 자신의 죽음이 가까웠다고 생각했다. 강한 바람이나 태양으로 인해 구름이 하늘에서 사라지는 것처럼 보일 수 있듯이 욥은 그런 관찰을 시시각각 다가오는 자신의 죽음과 관련지었다(참고 7:9, 10:21, 16:22). 그는 계속 고통을 겪느니 차라리 죽겠다고 한다(7:15). 하나님은 욥이 침을 **삼킬** 동안, 즉 겨우 1초라도 그를 홀로 내버려두시지 않을 것이다(19절). 욥은 자신이 죽으면 하나님이 찾으시겠지만 자신은 '남아 있지 않을' 거라고(21절) 말한다.

7:20-21. 자신의 육체가 쇠잔해지고 있음을 안 욥은 자신이 죄를 지은 것은 아닌지, 하나님이 어찌하여 그를 그분의 **과녁**으로 삼으셨는지 곰곰이 생각했다. 욥은 범법 행위의 세 가지 고전적 유형, 즉 범죄와 **허물**, **죄악**을 언급했다. 2:10에 대한 주석에서 주목했듯이 "범죄하다"를 일컫는 히브리어 단어는 차타(*chata'*)이

다. 이 단어는 '놓치다, 잘못되다, 죄 짓다, 잘못을 저지르다, 과녁을 벗어나다'를 뜻한다(*BDB*, 306). "사사기 20:16에서 베냐민의 군인 중 왼손으로 돌 던지는 사람들은 솜씨가 뛰어나 과녁을 향해 돌을 던지면 '조금도 틀림이 없다'고 한다. 맥락을 달리해, 잠언 19:2에서 말하는 발이 급한 사람은 '잘못 간다'. 목표를 놓치는 것과 유사한 생각은 잠언 8:36에 나타나는데, 여기에는 실패의 개념이 함축되어 있다"(Herbert G. Livingston, "*chata',*" in R. Laird Harris, Gleason L. Archer, and Bruce K. Waltke, TWOT, 277). 이 단어를 사용해 욥은 자신에 대한 그분의 바람이라는 과녁을 그가 어디에서 놓쳤는지 하나님께 묻고 있었다. "당신께서 제가 가기를 바라시는 길에서 제가 어떻게 벗어났습니까?"라는 질문은 욥의 당혹감을 나타내는 하나의 방식일지 모른다.

허물이라는 단어는 히브리어로 페샤(*pesha'*), 즉 '반항'을 뜻한다. 근본 개념은 두 당사자 사이의 관계 단절이다. 이 명사는 하나님의 권위에 대항함으로써 그 권위를 거부하는 사람을 가리킨다. 이 단어는 반항을 바로잡는 데 화해가 필요하다는 암시를 준다. "하나님으로서는 두 가지 방식으로 반항을 끝내시려 할 것이다. 징벌 아니면 관계 갱신이다"(Livingston, "*chata',*" 743). 욥은 질문하면서 **허물**이라는 단어를 사용하지 않았다(7:21). 대신 그는 이렇게 말했다. "하나님, 제가 하나님께 반항했다 하더라도 왜 저를 용서하시지 않았습니까?" 주크는 쟁점에 대해 이렇게 말한다. "내가 죄를 좀 저질렀기로서니, 이 사소한 범죄를 두고 왜들 이렇게 호들갑인가?"(*Job*, 42).

욥이 범죄에 대해 사용하는 세 번째 단어는 아원('*awon*), 즉 '죄악'이다. 여기서는 명사 형태로 사용되어 "위반, 부정직한 행동, 왜곡, 죄악 등등…을 나타낸다. 아원은 결코 하나님 성품의 특징도, 그분이 인간을 다루시는 방식의 특징도 아니다…그것은 인간의 성품과 행동들이 보여주는 너무도 강력한 특징과 그 행동들이 낳는 결과이다"(Carl Schultz, "'*awon,*" TWOT, 650). 욥은 자신이 과녁에서 벗어나거나 하나님께 대항한다는 것을 알지 못하듯이 죄악을 범하고 있음을 알지 못했다. 하지만 욥은 하나님이 왜 자신의 **죄악**과 그에 따른 죄책감을 용서하고 제하여주시지 않았는지 물었다.

욥은 자신이 세 범주의 범죄를 한꺼번에 저지른 게 아닐까 생각했다. 혹은 그가 눈에 보이지 않는 선을 넘어 알 수 없는 범주의 범죄에 빠졌을까? 그는 자신의 삶, 자신의 가족, 자신의 명성, 자신의 일 그리고 자신의 신학에 악의 그림자가 짙게 드리우는 것에서 환멸을 느꼈다. '내가 범죄하였나이까?'(20절)라는 물음은 욥이 범죄라는 거대한 문제와 씨름하고 있었음을 보여준다. 범죄란 무엇인가? 그것은 부정적 행동, 부정적 생각, 선의 결핍, 교육의 부재, 이해의 부족인가? 그것은 한낱 인간의 문제인가? 범죄는 순전히 인간적인 차원에서 다룰 수 있는 문제인가? 아주 단순하게 말하자면, 범죄는 하나님의 성품과 그분이 설정하신 경계에 반대되는 일체의 생각이나 행동이다.

D. 빌닷의 첫 번째 말(8:1-22)

8:1-14. 7장에서의 욥의 한탄은 "내가 이제 흙에 누우리니 주께서 나를 애써 찾으실지라도 내가 남아 있지 아니하리이다(21절)"라는 자조 섞인 말로 끝났다. 욥이 하나님께 불평하고 그분을 의심하자 그를 찾아온 친구들 중 하나이며 **수아 사람**(1절)으로 확인된 **빌닷**이 그를 엄히 꾸짖었다. 설형문자로 쓰인 평판에 유프라테스강 근처 지역이 수후(Suhu)로 기록되어 있다. 어떤 이들은 빌닷을, 아브라함과 그두라의 아들인 수아(Shuah, 창 25:2)의 이름을 따서 붙인 부족의 일원으로 본다. 빌닷은 욥의 고난을 다루면서 엘리바스보다 훨씬 더 냉혹한 어조와 태도로 대답했다.

엘리바스가 그랬듯이, 빌닷은 개인의 재앙이 그 사람이 저지른 범죄에서 비롯된다고 믿었다. 욥이 자신의 범죄를 시인하기만 하면 괴로움에서 벗어날 수도 있을 것이라는 빌닷의 말 역시 엘리바스를 연상시켰다. 하지만 엘리바스가 개인적 체험(4:8의 "내가 보건대")과 자신의 꿈(4:12-21)에 호소한 것과는 대조적으로 빌닷은 이 담화에서 이전 세대의 체험에 호소했다. 그리고 엘리바스가 "부드럽고 공손한 질문으로 자신의 첫 번째 말을 시작한 반면 빌닷의 첫 질문은 직설적이고 무례했다"(Zuck, *Job*, 43).

빌닷은 하나님의 정의에 대한 욥의 생각이 왜곡되었다고 대놓고 말했다. 누가 보더라도 욥의 자녀들은 마땅히 받아야 할 것을 받았기 때문이다(1-4절). 빌닷은 욥이 자신의 결백을 주장하고, 세 친구에 대한 불만을 토로하며, 범법 행위를 하지 않았는데도 하나님이 그를 못살게 구신다고 말하는 것에 분노했다. 빌닷은 욥이 엘리바스의 부드러운 질책을 거부한 것에 대해서도 분명히 역정을 냈다. 빌닷은 6-7장에서의 엘리바스의 비난에 대한 욥의 방어가 쓸모 있는 것은 하나도 만들어내지 못하는 **거센 바람**(2절)이라고 비꼬았다. 3절에서 빌닷은 하나님에 대한 욥의 비난이 옳다면 그분은 무고한 사람을 괴롭게 하시는 것이므로 불공평하다는 낙인이 찍힐 거라고 강력히 주장했다(참고. 40:8). 욥의 자녀들의 죽음에 대한 유일한 설명은 하나님이 **그들을 그 죄에 버려두셨**다(4절)는 것인데, 이는 틀림없이 욥의 마음에 깊은 상처를 입혔을 것이다. 하지만 빌닷으로서는 하나님이 이 신학 토론에서 욥과 그의 친구들이 선보이는 하나님이시라면 욥이 잘못을 저질렀음에 틀림없다는 결론을 내릴 수밖에 없었다.

그런 후에 빌닷은 욥과 대면하면서 그의 자녀들이 죽게 된 것은 '그의' 범죄 때문이라고 주장했다. 올든의 언급처럼, "욥과의 대면에서 가장 잔인하고 요령과는 거리가 먼 부분은 세 친구가 그처럼 집요하게 고수하는 근본적인 응보 신학을 빌닷이 그대로 다시 진술했다는 점이다"(*Job*, 116). 빌닷은 욥에게 **하나님을 찾으라**고 했다. 그가 그렇게 한다면 하나님은 그의 **처소**를 회복시키실 것이다(5-7절). 빌닷은 욥에게 **옛 시대 사람**(8절)의 건전한 지혜를 찾고 인간의 삶이 한낱 **그림자**(9절) 같으므로 그 지혜를 잊지 말라는 당부도 했다. 빌닷은 욥에게 이전 세대로부터 전해 내려온 다수의 진리를 숙고하라고 말했다. 분명히 빌닷은 진리와 지혜가 당대에 국한되지 않는다고 믿었다. 욥이 **그 마음에서 나오는 말**을 연구함으로써 지난 세대로부터 배워야 할 것이라는 빌닷의 진술은 "욥의 말이 그의 마음이 아닌, 입에서만[2절] 나오는 것임을 비꼬는 투로 암시하는"(Zuck, *Job*, 44) 빌닷의 방식이었을지 모른다.

빌닷의 이 진술들은 이 사건들이 역사에 자리 잡게 하는 데도 기여한다. 그 진술들은 올든이 일컫는 "확고부동하고 오랫동안 간직해온 지혜"를 반영하고, "이전 세대들은 세상을 떠났지만 그들이 쌓아온 지혜는 남아 있어 빌닷은 그 해묵은 지혜에 호소했다"(*Job*, 118-119)라고 덧붙인다. 빌닷은 **하나님을 잊어버리고 저속한** 모든 이들을 언급할 때 욥을 염두에 둔 것으로 보인다. 그들은 **물이 없어** 시드는 **왕골**나무 같다(11-13절). 그런 사람들이 믿는 것은 **거미줄**처럼 **끊어**진다(14절).

8:15-22. 욥은 빌닷의 비난에 한숨 돌리지 못했다. 빌닷은 악인이 **그 집을 의지할지라도 집이 서지 못**한다고 했는데, 이는 욥이 자기 처소를 자신감의 원천으로 신뢰하고 있음을 암시하는 듯하다. 빌닷은 욥이 잘 자라다가 어느 순간 뿌리째 뽑혀(16-18절) 다른 가지로 대체되는(19절) 가지와도 같다고 말했다. 하지만 하나님은 **순전한**(20절) 사람을 존귀하게 여기신다. 욥이 회개한다면 하나님은 그에게 웃음을 선사하시고 악인은 없어질 것이다(21-22절).

E. 욥이 빌닷의 비난에 대답하다(9:1-10:22)

9:1-12. 이제 빌닷의 기를 죽이는 공격에 욥이 대답할 차례이다. 빌닷이 혹독하게 비난했음에도 욥은 **내가 이 일이 그런 줄을 알거니와**, 즉 악인이 하나님 앞에서 끊어진다고 대답했다(2절). "세상이나 사람들에게 일어나는 나쁜 일은 죄다 하나님의 분노 표출로 여겨졌다"(Alden, *Job*, 127). 처음에 욥과 그의 친구들은 하나님이 언제나 악을 벌주신다고 생각했다. 하지만 욥은 이를 깨달으면서 **인생이 어찌 하나님 앞에 의로우랴**라고 물었다. 엘리바스는 자신의 첫 번째 말에서 사실상 이와 동일한 질문을 던졌었다. "사람이 어찌 하나님보다 의롭겠느냐? 사람이 어찌 그 창조하신 이보다 깨끗하겠느냐?"(4:17). 욥의 딜레마는, 자신이 하나님 앞의 '궁전에서 하루'를 보냈다 하더라도 **산**을 **무너뜨리고**, **땅**을 움직이며, **해**를 명령하여 **뜨지 못하게**(3-7절) 하실 수 있는 분에게 어떤 대답도 할 수 없다는 것이었다.

더욱이 욥은, 하나님이 별자리를 만들었기에 그분이 그를 지나치시는지 그가 어떻게 알겠으며, 그분이 너무도 막강해 **북두성과 삼성과 묘성**(9절; 참고. 38:31-33)을 지으셨으므로 그것이 하나님의 목소리인지 그가 어떻게 알 수 있겠느냐고 물었다. 성경의 후대 역사에서 선지자 아모스는 묘성과 삼성을 만든 분이 바로 하나님이시라고 단언했다(암 5:8). S. C. 헌터(S. C. Hunter)의 말처럼, "욥기 저자는 천체 문제에 대해 빠삭하게 알고 있는 듯했다"["Bible Astronomy," *Popular Astronomy* 2(1912): 288]. 올든은 이렇게 지적한다. "해, 별, 바다, 하늘 및 땅과 같은 주변 세계에 대한 이 모든 언급은 욥이 일신교도임을 증명한다. 이들 각각의 영역을 별도의 신이 관할한다고 생각한 고대 이스라엘의 이웃 국가들과 달리 욥과 성경의 모든 저자들은 하나님 홀로 그것들을 창조했고 통제하신다고 믿었다"(*Job*, 125). 9장과 10장에서 욥은 하나님이 창조하신 세계가 엄청나다는 사실에 주목하면서 빌닷에 대한 자신의 결론을 옹호했다[W. D. Reyburn, *A Handbook on the Book of Job*(New York; United Bible Society, 1992), 781-783].

10절에서 욥은 하나님에 관한 빌닷의 진술, 곧 '하나님은 헤아릴 수 없이 큰일을 행하시며 기이한 일을 셀 수 없이 행하신다'(6:9, HCSB)를 거의 글자 그대로 인용하면서 그의 말을 상기했다. 욥은 이렇게 물었다. "그 권능을 헤아릴 수 없고 무슨 일이든 자신의 뜻대로 하시는, 이 같은 하나님 앞에서 어떻게 내가 그분에게 승소할 것으로 기대할 수 있겠는가?"

9:13-24. 욥은 하나님의 권능을, 그분이 **라합을 돕는 자들**(13절; 참고. 시 89:10; 사 51:9)을 물리치실 만큼 매우 큰 것으로 묘사했다. 이는 바벨론 신화에서 마르둑에게 패배한 바다 괴물을 가리킨다. 마르둑은 라합을 돕는 자들을 생포했다(Zuck, *Job*, 48). **라합**은 욥기 7:12의 바다 괴물인 리워야단의 다른 이름이다. 하나님의 권능은 너무 커서 그분은 현실이든 가상이든 모든 악의 세력을 물리치실 수 있다.

그렇다면 욥은 정당함을 입증받기는커녕, 어떻게 그처럼 전능하고 (겉보기에 초연하신) 하나님 앞에서 자기주장의 정당함을 입증하고 나아가 그분이 그의 말을 들으실 것으로 기대할 수 있었을까? 욥은 어쨌든 무죄를 주장할 때 자신이 '의롭다'는 항변의 훌륭함과 무관하게 자신을 **심판**하실 분에게 자비를 청하는 것이 유일한 소망임을 깨달았다(14-16절). 설령 하나님이 욥에게 입을 열라고 했을지라도 그는 그분이 그에게 귀를 기울이실 것으로 확신하지 않았다. 주크는 이렇게 말한다. "하나님은 너무도 엄청난 분이시기에 욥은 자신이 혼란에 빠져 스스로 불리한 증언을 하지 않을까 두려워했다고 토로했다(9:20)!"(Zuck, *Job*, 49). 욥이 '의롭다'는 입장 따위는 하늘 법정에서 중요하지 않다.

욥의 관점에서 이해할 수 있는 결론은 딱 하나였다. 즉, 하나님이 **악한** 자를 들어 **온전한** 자를 치신다는 사실이다. 하지만 그것은 신학적으로 엄청난 모순처럼 보인다(22절). 올든은 이렇게 언급한다. "'결백한/떳떳한'과 '사악한'은 욥이 계속 불평을 쏟아내는 이 부분에 가미된 단어들이다(20-24절). 이 둘은 하나님이 아닌, 안달이 난 욥에게 반의어들이다(참고. 마 5:45). 그 둘은 동일하다…욥의 친구들이라면 하나님이 악인을 멸하신다고 단언할 것이다. 하지만 그분이 경건하지 않은 자와 경건한 자를 똑같이 대하신다는 점에서 욥의 입장과 친구들의 입장이 갈렸다(참고. 말 3:18)"(*Job*, 130).

9:25-35. 죽을 때가 가까웠음을 직감한(25-26절) 욥은 자신의 힘든 상황을 잊어야겠다고 다짐했다. 하지만 그는 자신의 고통으로 인해 다시금 슬퍼할 것이므로 이렇게 해봐야 소용없다는 것을 알았다. 그리고 하나님이 그를 **죄 없다고 여기**시지 않을 줄 알았다(27-28절). 욥은 **판결자**가 하나님과 그 사이에서 중재해주기를 갈구했다(33절). 월터 C. 카이저 2세는 이 대목이 욥기에서 메시아에 대한 기대를 처음으로 암시한다고 주장한다. 한낱 죽을 수밖에 없는 존재가 아닌 신적인 존재라야 하나님과 인간 사이에서 중재할 수 있을 것이다. "만일 어떤 사람이 이 상황에 의해 생긴 간극을 메우려면 다름 아닌 하나님의 아들이 될 그 사람을 위한 논리가 구축됨을 우리는 알 수 있다"[Walter C. Kaiser, *The Messiah in the Old Testament*(Grand Rapids, MI: Zondervan, 1995), 62. 《구약에 나타난 메시아》(크리스찬출판사)]. 그리고 올든은 이렇게 덧붙인다.

> 욥은 또한 다른 용어들을 사용해 누군가 자기를 도우러 와야 한다고 기술했다. 그 누군가는 '판결자'(9:33), '증인, 중보자'(16:19), '중재자, 친구'(16:20) 및 '대속자'(19:25)이다. 이들 구절을 읽는 그리스도인 독자들은 욥이 찾은 사람이 예수 그리스도 안에서 우리에게 왔다고 생각하지 않을 수 없다(눅 1:74; 롬 7:24; 갈 1:4; 딤후 4:18; 벧후 2:9과 비교하라)(Alden, *Job*, 136-137).

25-35절은 자신이 고난당하는 이유를 이해하려는 욥의 투쟁을 강조한다. 스믹의 말대로, "본문은 욥의 고

난에 대해 프롤로그에 기술된 욥의 동기에 대한 논쟁 외에 어떤 알 수 없는 이유가 있음을 암시한다…욥의 친구들도 욥의 독자들도 사실상 그가 고난당하는 이유를 완전히 알 수는 없다"("Job," 263). 예나 지금이나 여호와를 믿는 사람들은 고난이 영적 목적에 기여한다는 것을 기억해야 한다. 이따금 하나님은 고난을 통해 신자들을 영적 성숙으로 이끌고 그들이 하나님에 대한 온전함을 강화하도록 도우신다. 바울이 이를 증명한 것은 그가 자신의 '육체의 가시'를 제거해달라고 하나님께 세 번이나 간구한 후에 "그러므로 도리어 크게 기뻐함으로 나의 여러 약한 것들에 대하여 자랑하리니 이는 그리스도의 능력이 내게 머물게 하려 함이라"(고후 12:7, 9)라고 고백했을 때였다.

하지만 하나님이 자신을 영화롭게 하기 위해 고난을 허락하실 때도 더러 있다. 요한복음 9장의 맹인 된 사람은 이 진리를 예증한다. 제자들이 욥처럼 "이 사람이 맹인으로 난 것이 누구의 죄로 인함이니이까?"(2절)라고 묻자 예수님은 "이 사람이나 그 부모의 죄로 인한 것이 아니라 그에게서 하나님이 하시는 일을 나타내고자 하심이라"(3절)라고 대답하셨다. 고난에 대한 궁극적 설명은 하나님의 고유 영역이다.

10:1-7. 욥은 무슨 까닭으로 하나님이 그와 더불어 이처럼 가혹하게 변론하시는지 알려달라고 간청했다. 욥은 참되신 하나님을 알았기에 자신이 크게 형통한 때로부터 삶의 방식과 그분과의 관계가 달라지지 않았고 하나님도 이를 알고 계셨기 때문이다(7절).

그리하여 욥은 왜 하나님이 그를 괴롭히시는지 알고자 그분에게 일련의 질문을 퍼부었다. 욥의 첫 번째 질문은 하나님이 악인의 꾀에 빛을 비추기를 선히 여기는 반면 그분이 욥을 벌주시는 것은 부당한 행위임을 내비쳤다(3절). 아마도 하나님이 유한한 인간처럼, 수명과 지식이 제한돼 있기에 **육신의 눈**과 **사람의 날**(4-6절) 외에 더 이상 계속할 것이 없는 누군가처럼 행동하고 계시는 듯했다. 욥은 자신이 그런 재앙을 초래할 만큼 조금도 **악하지 않은** 줄 하나님이 알고 계신다고 비난했다. 그렇다 해도 그는 **주의 손에서 벗어나**는 것을 체험하지 **못**했다(7절).

10:8-17. 욥은 하나님이 자궁에서 그를 빚으시고 **흙**과 **티끌**로 **만드**신 경이로운 방식을 곰곰이 생각했다(참고. 창 2-3장). 하지만 하나님은 자기 손으로 만든 이 놀라운 작품을 파괴하는 일에도 몰두하시는 듯했다. 어찌하여 하나님은 아주 공들여 빚은 욥을 멸하시려 하는가?(8절) 욥은 하나님이 그를 티끌에서 **흙** 항아리로 만드셨음을 그분에게 상기시켰다. 하나님은 욥을 박살 내 **다시 티끌로** 돌려보낼 생각이셨는가?(9절) 자신은 하나님이 손으로 지으셨다고 욥이 기술하는 10-11절에서 질문이 계속된다. 욥은 하나님이 어떻게 그에게 **은혜**[문자적으로, '충실한 사랑', 12절]를 보여주셨는지도 기억했다.

하지만 욥을 지은 바로 그 순간부터 하나님은 줄곧 재앙이 그에게 임하도록 꾀하신 듯했다. 따라서 욥은 자신의 고난에 대한 책임을 하나님께 묻더라도 부당하지 않다고 보았다. 욥은 자신이 **악하**든 **의롭**든 하나님은 그러려니 하실 거라고 생각했다(15절). 욥은 하나님이 그에게 **사자처럼** 대적해 자신의 **놀라움**과 **진노**를 보이셨다고 느꼈다. 그뿐이 아니었다. 설령 욥에게 변론 기회가 주어졌다 하더라도 하나님은 **증거하는 자**를 더 많이 세워 그를 치고 그에 대한 진노를 더하실 것이다. **군대가 번갈아서** 자신을 치는 것 같다고 욥이 느끼는 것은 당연했다(16-17절).

10:18-22. "어찌하여 내가 태에서 죽어 나오지 아니하였던가?"(3:11)라는 그의 원래 한탄이 불평으로 바뀔 만큼 욥의 절망은 깊어졌다. 그가 **태에서 바로 무덤으로**(19b절) 옮겨졌더라면 더 좋았을 것이다. 자신의 날이 얼마 남지 않고 너무도 비참해 욥은 하나님이 그를 홀로 내버려두어 **어둡고 죽음의 그늘진 땅**[죽음, 21-22절]으로 돌아가기 전에 그로 하여금 잠시나마 **평안**을 누리게 하시지 않는 까닭이 궁금했다. 자신의 나약함에 좌절한 욥은 재앙을 형편없이 다루는 인간으로 서서히 바뀌었다. 욥은 일련의 단어들을 사용해 "자신이 비참한 삶보다 낫다고 상상하는, 죽음에 대한 끔찍한 가능성을 묘사했다…지금까지 욥이 한 말은 하나같이 죽음과 관련된 음울한 어조로 끝났다(3:21-22; 7:21; 10:21-22)"(Zuck, *Job*, 52).

F. 소발의 첫 번째 말(11:1-20)

일주일 동안 욥의 곁에 있었던 세 번째 친구 소발에게 발언 기회가 주어졌다. 소발은 빌닷보다 훨씬 더 직설적이어서 욥의 무죄 주장을, 소발이 생각하는 상식에 어긋난다고 무시하고 욥이 하나님의 방식을 이해하려는 허망한 사람임을 은근히 내비쳤다(11:12). 올든은 일련의 형용사를 사용해 소발의 독설을 이렇게 묘사했다. "소발은 충동적이고, 눈치 없고, 단도직입적이고, 매정했다." 하지만 그는 소발의 첫 번째 말이 "친구들의 주장에 조금이라도 기여했음"에 또한 주목한다(*Job*, 141).

11:1-12. **소발**은 그 정체를 알 수 없지만 동방에 있는 것으로 추측되는 부족 출신의 **나아마 사람**으로 확인된다. 그는 욥의 고난에 대해 고심하더니, 위에서 주목한 대로 매우 신랄하게 대답했다. 그는 욥에게 몇몇 경고를 덧붙이기도 했었다.

소발은 자신의 말이 직설적이고 날카로워서 처음에는 잠자코 있으려 했는데 욥이 어리석은 말을 쏟아내기에 어쩔 수 없이 목소리를 높이게 되었다고 주장했다. 소발이 분노한 것은, 욥이 엘리바스와 빌닷의 꾸짖음에 콧방귀를 뀌고 자신은 떳떳하므로 하나님 앞에서 **의롭다 함을 얻**을 자격이 있다고 주장했기 때문이다(3절). 누군가가 욥에게 대답하고 자신의 친구들 그리고 아마도 하나님까지 변호해야 했다.

소발은 욥에게 맞서 그가 범죄했고 그의 주장과 달리 **깨끗하**지 않다고 비난했다(4절). 소발이 보기에, 문제는 욥이 자신의 상황을 인간의 지혜로만 평가함으로써 스스로를 정당화하려 한다는 점이었다. 소발은 하나님이 실제로 욥에게 말씀하시기를 바랐다. 그분의 말씀이 욥의 정당성을 입증하기보다는 오히려 그를 비난해(5절) 그가 어떤 범죄를 저질렀다는 친구들의 주장이 옳다는 것을 증명하실 것이기 때문이다. 소발은 하나님이 욥에게 **지혜의 오묘함**을 드러내신다면 그는 자신이 얼마나 어리석고 잘못했는지 깨닫게 될 것으로 확신했다. 소발은 **하나님의 지식이 광대하심**을 언급했는데, 욥은 지혜의 인간적 측면, 곧 유한한 존재가 보고 알 수 있는 것을 알았을 뿐이다. 그러나 하나님만이 아시는 지혜의 또 다른 측면이 있는데, 이는 인간의 눈에 감추어져 있다. 하나님의 지혜는 너무도 오묘해 그것을 헤아리려는 인간의 노력은 언제나 물거품이 된다. 하나님의 지혜는 알려진 모든 한계에 가닿고, 그것을 한참이나 뛰어넘는다(7-9절). 하나님은 너무도 광대하셔서 그 무한하신 분을 파악하려는 욥의 시도는 좌절로 끝날 것이다. 실제로 그분의 전지하심에서, **하나님은 허망한 사람을 아시**고 그들의 **악한 일**을 보시는데, 소발은 욥이 그들 중의 하나임을 넌지시 내비친다(10-11절). 그러더니 소발은 욥이 **허망한 사람**임을 암시하는 자신의 빈정대는 속담으로 상처에 모욕을 더했다.

11:13-19. 가시 돋친 말을 잠시 중단한 소발은 다른 두 친구와 아주 똑같은 방식으로 욥에게 조언했다(13-19절). "너, 죄를 지었으면 회개해. 그러면 하나님이 너를 다시금 미쁘게 보실 거야." 그의 시련은 끝나고, 그의 삶은 **어둠**[환난]이 사라져 밝아질(명랑해질) 것이다. 사람들은 욥에게 **은혜를 구하**기까지 할 것인데, 욥이 고난을 당하기 전에도 틀림없이 그랬을 것이다. 불록은 이렇게 말한다. "소발의 눈에 욥은 희망이 없어 보였지만…그는 우호적인 삼총사의 나머지 두 사람이 그랬듯이 욥에게 희망을 주면서 조건부 언어로 표현된 적절한 조언을 건넸다"[*An Introduction to the Old Testament Poetic Books*, 95.《시가서 개론》(은성)].

11:20. 하지만 "악인의 장막은 없어지리라"(8:22)라는 경고로 첫 번째 말을 끝낸 빌닷처럼, 소발 역시 그가 계속 죄를 범하면 곧 죽게 될 것이라면서 욥에 대한 준엄한 경고로 말을 끝냈다.

홍수 및 바벨탑 이후 시대에 죄와 심판 사이의 엄격한 인과관계는 한 개인의 삶에서 일어나는 엄청난 비극을 설명하는 통상적 방식으로 자리 잡은 듯하다. 욥의 친구들은 욥의 고난이 그의 죄에 대한 하나님의 징벌임을 이 인과관계가 설명한다고 확신했다. 엘머 스믹(Elmer Smick)은 간결하게 언급한다. "욥기의 담화들을 피상적으로 알게 되면 그 누구라도 욥과 그의 친구들이 특히 신정론의 문제에서 신학적으로 다소 혼란을 겪고 있다고 확신할 것이다"["Mythology in the Book of Job," JETS 13(1970): 101]. 이전에 욥이 하나님 앞에서 온전히 행했음을 고려할 때, 당면한 주요 쟁점은 욥의 친구들의 말처럼 하나님이 진정 인과관계 방식으로 그에게 벌을 주시고 있다면, 그가 대체 무슨 죄를 지었기에 삶이 그처럼 완전히 망가졌는지 그로서는 알 수 없었다는 사실이다.

욥의 세 친구는 저마다 한마디씩 했고 모두 동일한 결론에 다다랐다. 즉, 욥이 분명히 어떤 무거운 죄를 저질렀으므로 범법자만 벌하시는 하나님이 그런 징벌을 내리셨다는 것이다. 욥이 자신의 무죄를 헛되이 항변하고 하나님을 부당하시다고 비난하는 대신 자신의 죄를 단순히 시인하기만 하면 그의 고난은 끝나고 재산은 예전처럼 회복될 터였다. 엘리바스는 자신이 꾼 꿈에 호소했고, 빌닷은 지난 세대의 자기 조상들의 지혜를 들먹였으며, 소발은 하나님의 무한하신 지혜를 토대로 주장을 펼쳤다. 이들은 반박하기 어려웠다. 주크의 말처럼, "누가 어떤 다른 사람이 꾼 꿈을 반박할 수 있을까? 누가 세상을 떠난 조상들과 더불어 주장할 수 있을까? 누가 하나님 자신의 무한하신 지혜로 논쟁할 수 있을까?"(*Job*, 55).

G. 욥이 소발의 비난에 대답하다(12:1-14:22)

하지만 12-14장에서 드러나듯이 욥은 잠자코 있으려 하지 않았다. 대신에 그는 대답을 시작하면서 친구들의 생각을 맹비난했다. 이 대목은 두 부분으로 나뉜다. 12:1-13:19은 세 친구에게 하는 말이고, 13:20-14:22은 하나님께 아뢰는 말이다. 후자가 더 길다. 하지만 올든의 지적처럼, "욥이 제기한 문제들은 근본적으로 동일하다. 큰 대목들은 응보 신학의 일반화된 규칙에 대한 예외들, 하나님의 세상 통치 그리고 욥이 대답을 듣지 못한 채로 사느니 차라리 죽는 편이 낫기 때문에 하나님을 향해 쏟아낸 불평들을 다룬다"(*Job*, 148).

12:1-6. 욥은 자신이 무슨 죄를 지었는지 알려달라고 하나님께 여러 번 요청했다(6:24; 10:2; 13:23). 이제 12:2에서 욥은 자기 나름대로 빈정댈 수 있음을 보여주었다. 그는 사실상 이런 말로 친구들의 조언을 무시했다. "분명히 세상 모든 지혜가 너희 세 사람에게만 있구나. 그대들이 죽으면 지혜가 땅에서 소멸될 것이니 참으로 애석하구나!" 3절은 욥이 심하게 비꼬는 이유를 보여준다. 욥은, 자신의 **생각**이 친구들만 **못하다**(어리석기까지 하다. 참고. 11:12)는 암시를 그들이 쉽게 주지 못하게끔 했다. 욥이 **그 같은 일**(3절)을 이미 알고 있었기에, 그들은 우주 혹은 하나님이 인간을 다루시는 방식에 대해 그에게 아무것도 이해시키지 않았다. 욥은 **의롭고 온전**하기는 했어도(4절) 그들의 조롱거리였다. 욥은 **평안한** 자가 **재앙** 당한 자를 **멸시**하기란 누워서 떡 먹기라고 말하면서 자신의 조언자들을 꾸짖었다(5절). 이는 죄를 범한 자들에게만 악이 임한다는 그들의 비판을 빗댄 것이다. 하지만 욥은 자신의 악행에도 불구하고 형통하는 **강도**, 곧 '약탈자'가 있기 때문에 그런 가정은 사실과 맞지 않는다고 말했다.

12:7-12. 7-8절은 소발에게 하는 말인 듯하다. 주크에 의하면, 짐승과 땅, 물고기에게서 배우라는 욥의 언급은 그가 "들나귀보다 더 지각이 없다"(11:12)는 소발의 모욕적인 언사에 대한 대답이다(*Job*, 56). 욥은 심지어 이 '증인들'이 소발보다 더 똑똑하다고 넌지시 말했다. 짐승과 땅조차도 하나님이 욥에게 시련을 안기셨고 지혜가 하나님 안에 있음을 알았기 때문이다(9절). 하지만 그분의 행동은 이따금 역설적으로 보인다. 12절은 욥의 이전 주장과 모순되는 것처럼 보인다. 그가 자신의 **늙은** 세 친구들을 **지혜**가 부족하다고 비난했기 때문이다. 욥은 어쩌면 빈정대거나 자신의 친구들이 내뱉은 말을 그대로 따라했을지 모른다.

12:13-25. 땅과 그곳의 모든 사람에 대한 하나님의 통치는 그분의 행동이 언제나 예측 가능하다는 욥의 친구들의 주장을 반박한다. 하나님의 **지혜…권능…계략과 명철**은 논란의 여지가 없다(13절). 속은 자와 속이는 자 둘 다 그분의 통제 아래 있다(16절). 하지만 하나님은 종종 놀라운 방식으로 행동하신다. 욥의 친구들이 옳다면 지혜로운 지도자들은 언제나 보상받을 것이다. 하지만 "하나님은 인간이 하는 일을 원상태로 돌리는 것에서 즐거움을 누리시는 듯하다"(Alden, *Job*, 153). 예를 들면, 그분은 (**모사…재판장…왕들…제사장들…귀인들…우두머리들**을 포함해, 17-25절) 땅의 지도자들의 역할을 종종 뒤바꾸신다. 하나님은 나라들을 세우기도 하고 멸망시키기도 하셨는데, 이는 그분의 주권적 선택 외에 딱히 다른 이유가 없어 보인다. 하나님이 나라들과 그 지도자들을 거꾸러뜨려 **캄캄한 데**로 넣으시면 그들은 탈출구가 없다.

13:1-12. 욥은 자신이 끔찍한 고난을 당해 딜레마에 빠져 있는데 친구들이 새로운 통찰을 제공하지 못했다고 말했다. 2절의 **너희 아는 것을 나도 아노니 너희만 못하지 않으니라**는 욥이 12:3에서 했던 주장의 반복이다. 욥의 지식은 친구들 못지않았다. 게다가 그는 그들의 조언을 완전히 무시하고 자신의 사정을 하나님께 직접 아뢰고 그분과 **변론하고** 싶었다(3절). 욥의 친구들이 한 일은 오로지 **거짓말을 지어내**는 것이었다. 그들은 노골적인 거짓말로 욥의 고통을 가중시키

기만 하는 **쓸모없는 의원들**(16:2에서 욥은 그들을 "재난을 주는 위로자들"로 부를 것이다)이었다(4절). 그는 친구들에게 **잠잠하**라고 강력히 권고했는데(5절), 침묵하면 그들의 **지혜**가 가장 잘 드러날 터였다. 욥의 훈계는 잠언 17:28 "미련한 자라도 잠잠하면 지혜로운 자로 여겨지고 그의 입술을 닫으면 슬기로운 자로 여겨지느니라"를 생각나게 한다.

욥은 자신이 **변론**할 수 있도록 친구들이 잠잠하기를 바랐다. 욥은 그들에게 그와 대면해 **하나님의 낯을 따르**지 말라고 촉구했다. 친구들이 주제넘게 하나님을 대변한다는 것은 욥에게 정말 고통스러운 일이었다. 하지만 **불의**하고 **속임수**를 쓰는 말을 사용해서, 즉 하나님이 그런 말씀을 사용하셔야 한다고 말해서 그렇게 하는 것은, 말하자면 부도덕한 일이었다(6-8절). 욥이 보기에 친구들이 속임수를 쓴다는 증거는 그들의 조언이 한낱 **재 같은 속담**(12절)이라서 하나님이 그들을 책망하고 무섭게 하신다는 점이었다. 욥이 재 가운데 앉아 있으므로 이는 역설적인 진술이었다. "진리를 위한 일이라 해도 거짓말하고 그릇된 추론을 하는 것은 잘못이라는 욥의 신념은 옳았다"(Alden, *Job*, 157).

13:13-19. 이 장에서 두 번째로 욥은 친구들에게 **잠잠하**고 그로 하여금 논거를 제시할 수 있게 하라고 부탁했다(13절). 그는 하나님 앞에서 생각을 말씀드리고 그분이 사형을 포함해 어떤 평결을 내리시더라도 그것을 받아들임으로써 자기 목숨을 기꺼이 내걸 생각이었다(14-15절). 15절의 전반부, **하나님이 나를 죽이실지라도 나는 그를 신뢰할 것이다**(현대인의 성경)는 욥기를 통틀어 너무도 잘 알려진 진술이다. 이 고백은 적어도 대다수 영어 번역본에서, 설령 하나님이 욥을 죽이신다 해도 그가 그분을 신뢰한다는 강력한 주장이다.

그러나 히브리어 마소라 본문은 불확실하며, 이 절을 이해하는 두 가지 주된 가능성이 있다. 첫 번째 선택은 히브리어 본문의 단어들을 글자 그대로 번역하는 것이다. "보라, 그분이 나를 죽이시리니 나는 기다리지 '않으'리라." 두 번째 다른 번역은 히브리어 본문의 옛 난외주에 나오는데, 여기서는 'not'이라는 단어를 '그분을'(for Him)으로 해석해야 한다고 주장한다. 게다가 '보라'(behold)라는 단어는 그 대신에 '비록'(although)이라는 단어로 번역될 수 있을 것이다. 이 두 가지 요인으로 인해 "그분이 나를 죽이신다 해도 나는 그분을 기다릴 것이다"라는 두 번째 선택이 탄생한다.

첫 번째 선택을 옹호하는 주크는 "보라, 그분이 나를 죽이실 것이니 내게는 희망이 없다"가 앞 절에 비추어 의미가 더 잘 통한다고 주장한다(*Job*, 61). 게다가 [John E. Hartley, *The Book of Job*, NICOT(Grand Rapids, MI: Eerdmans, 1988), 221에서 주목하듯이] 번갈아 나오는 해석은 문제가 있는 본문을 무효화했으면 하는 경건한 필경사의 작업에 불과하다고 주장할 수 있다. 결과적으로 주크는 이 절이 "욥은 자기 자신을 변호하면 하나님께 죽임을 당할 것으로 충분히 예상했다. 하지만 그는 자기 목숨을 유지하는 것보다 정의를 지키는 일에 더 관심이 많았다"를 뜻하는 것으로 설명한다(*Job*, 61).

그렇기는 해도, 두 번째 가능성이 다음 이유로 더 그럴듯해 보인다. 첫째, "그분이 나를 죽이신다 해도, 그러나 나는 그분을 기다릴 것이다"가 문맥상 제일 쉽게 이해된다고 주장할 수 있다. 둘째, 15절의 동사 '기다리다'는 목적어가 필요하다. 즉, 욥이 무엇을 기다리고 있는지 아니면 기다리고 있지 않는지의 문제는 마소라의 다른 읽기, 곧 나는 '그분을 기다릴 것이다.'를 받아들이면 해결된다. 나아가 이와 동일한 마소라의 대안적 읽기는 이사야 63:9에서 사실상 논란 없이 받아들여진다. 이 읽기는 고대 타르굼과 시리아어 번역본, 불가타 성경에서도 수용된다. 따라서 이 절에서 욥은 고난에 처했음에도 불구하고 자기 자신의 의로움과 하나님의 정의에 대한 신뢰를 나타내고 있다[Francis I. Andersen, *Job: An Introduction and Commentary*, TOTC(Downers Grove, IL: InterVarsity, 1980), 166-167]. 그리하여 올든(Alden)은 이 진술이 "그렇지 않으면 우울한 분위기를 자아낼 이 장들[12-14장]에 마침표를 찍는, 희망의 희미한 기미들과 믿음의 반짝임들" 가운데 하나라고 주장한다(*Job*, 160).

욥은 어떤 위험에도 개의치 않고 하나님 앞에서 자신의 결백을 주장하겠다고 다짐했다(13:15b). 그는 목숨을 잃기보다 정당성이 입증되기를 기대했다. **경건하지 않은 자**가 하나님 **앞**에 설 수 없음을 알고 있기 때문이다. 그리하여 욥은 자신의 주장을 **들으**라고 친구들에게 두 번째로 간청했다(17절). 그는 법정에 계신 하나님 앞에서 자신의 사정을 말씀드릴 준비를 철저히 했다. 욥은 어느 누구도 그가 범법 행위를 했다고 정당하게 비난할 수 없으므로 자신의 무죄 선고를 확신했다. 하나님이 욥에게 죄를 물으신다면, 그는 오직 그때만 사형 평결을 기꺼이 받아들일 셈이었다(18-19절).

13:20-28. 20절에서 욥의 대답은, 특히 마지막 연사인 그의 친구 소발에게서 하나님으로 그 대상이 바뀐다. 욥은 하나님 앞에 나타나 자신의 사정을 진술할 준비가 되었지만, 하나님이 벌을 내리는 **손**을 그에게서 거두고 그분의 놀라운 현존으로 그를 **두렵게 하**지 마시기를 먼저 요청했다(21-22절). 욥은 자신이 죄를 범했다면 하나님이 그의 **죄악**과 **허물**과 **죄**를 드러내실 것으로 추론했다(23절; 7:20-21 주석에서 이 용어들에 대한 논의를 보라). 욥은 하나님이 그를 그분의 원수로 여기신다는 생각이 들지만, 그 이유를 몰라 계속 어리둥절했다(24절). 하나님의 침묵은, 특히 그분이 욥을 괴롭히고 계시는 방식에 비추어볼 때 그에게 매우 당혹스러운 것이었다. 그가 **날리는 낙엽**과 **마른 검불**(25절)에 불과했기 때문이다. 욥은 너무 좌절한 나머지 하나님이 부당하게 그의 잘못에 대한 **괴로운** 기록을 남기고 수십 년 전에 행한 범죄에 대해 그를 벌하신다고 비난하기까지 했다. 욥은 여기서 자신의 무죄를 항변하지 않았다. 지금까지 살아오면서 죄를 짓지 않은 적이 없음을 알았기 때문이다. 그는 자신이 하나님의 구치소에 감금되어 철저히 감시당하는 죄수처럼 느껴졌다. 그리하여 욥은 절망의 구렁텅이에 빠졌다(28절).

14:1-6. **사람은 생애가 짧고 걱정이 가득하며 꽃이나 그림자처럼** 찰나의 삶을 산다고 욥이 한탄했다(1-2절). 그보다 더, 욥은 하나님의 따가운 시선을 느꼈다. 이 상황에서 욥은 자신이 무죄선고 받기는 글렀다고 말했다(4절). 인생은 휙 지나간다. 게다가 **그의 날** 또한 하나님이 사전에 **정하셨**기에 그 날들이 채워지면 인간은 또 다른 날을 살아갈 수 없다(5절). 인생이 짧고 연약함을 고려할 때, 욥의 간절한 소원은 하나님이 자신의 눈을 돌리거나 심판의 손길을 거두셔서 그가 살아있는 자들의 땅에서 쫓겨나기 전에 얼마간 안식을 누리는 것이었다(6절).

14:7-17. 14절이 무덤 너머의 삶에 대해 희망을 주는 듯하지만, 이 절들의 주제는 돌이킬 수 없는 최후로서의 죽음이다. 욥은 사색에 잠겼다. **나무**는 죽더라도 **다시 움이 나서 물**을 공급받으면 자랄 수 있지만, **인생이 숨을 거두면 그가 어디 있느냐**(7-10절). 이 절들은 11-12절이 그러하듯이 죽음의 영속성을 암시한다. **하늘이 없어**진다는 욥의 언급은 사람이 결코 무덤에서 **깨지 않을** 거라고 그가 믿었다는 뜻일지 모른다. 하늘이 영원하다고 생각되었기 때문이다(Zuck, *Job*, 65).

하지만 13절에서 욥은 돌연한 착상—사후 세계가 있다면 어찌 될까?—으로 힘을 얻은 듯하다. 그 세계가 존재한다면 욥은 자신이 **스올**[무덤]**에서** 보내는 시간을 영구적인 상태가 아니라, 하나님이 그가 땅에서 보내는 날들을 정하셨듯이 하나님이 **진노를 돌이키시**거나 그에게서 진노를 거두시고, 그의 날들이 차서 죽음에 이르게 될 때까지의 안식처로 여길 것이다(5절).

욥이 **장정이라도 죽으면 어찌 다시 살리이까**(14절)라는 널리 알려진 질문을 한 것은 이 맥락에서다. 이 질문은 지금도 인간이 던지는 철학적이며 신학적인 질문들 중 하나이다. 무덤은 영적으로 그리고/혹은 육체적으로 인간 존재의 끝인가? 현대인들은 종종 이렇게 말한다. "내가 죽으면 땅에 구멍을 파서 내 시신을 넣고 흙으로 덮는다. 그러고는 자리를 떠나 나를 잊는다." 사후 세계는 있는가? 재앙의 와중에서 욥은 똑같은 질문과 씨름했다. 14:14이 부활 신앙을 단언하는지(Alden, *Job*, 168), 아니면 욥이 질문하는데 욥기가 딱 부러지게 대답하지 못하거나 부정적인 답변을 제시하는지에 대해서는 주석가들의 의견이 나뉜다. 후자의 견해를 지지하는 논거는, 부활이 가능할까 궁금하게 여긴 후 18-22절에서 욥이 어떻게 하나님이 인간의 삶을 망가뜨리는지[Bullock, *An Introduction to the Old Testament Poetic Books*, 96.《시가서 개론》(은성)] 그리고 그 과정에서 또한 **사람의 희망**(19절)을 끊으시는지를 계속 묘사했다는 것이다.

그러나 자신의 삶이 현세 이후에도 지속될 것으로 욥이 진짜 믿었다는 주장이 더 그럴듯하다. 이는, 욥이 평생 동안 고난[고난(struggle)에 대한 히브리어는 '전쟁'(warfare)이다]을 겪기는 했어도 그가 하나님에게서 **풀려나기**를 **기다릴**(14절), 즉 부활하기를 기다릴 것이기에 희망을 품고 무덤에 갈 수 있다는, 그의 소망으로 가득한 진술에 나타난다. 15-17절에서 이 소망은, 하나님이 재앙이 아닌 선을 위해 욥을 보살피고 그분이 볼 수 없도록 그의 **허물**과 **죄악**을 싸매면서 그와의 사귐을 **기다리**실 때를 고대하는 욥을 주크가 일컫는 "하나님과의 사귐을 기대하는 짧은 광시곡"(*Job*, 66) 안으로 이끌었다.

14:18-22. 하지만 욥이 보기에, 지금 당장은 하나님이 그를 쇠잔하게 하고 그의 **희망**을 **끊**고 싶어 하셨다. 그의 살은 여전히 **아프**고, **그의 영혼**은 (무너지는 **산**이나 **물**에 의해 닳아 없어지는 **돌**처럼) 그를 위로하는 자가 없는 가운데 애곡할 뿐이었다.

Ⅲ. 욥이 자신의 친구들과 나누는 두 번째 담화 (15:1-21:34)

A. 엘리바스의 두 번째 말(15:1-35)

15-21장의 내용은 욥의 세 친구가 하는 두 번째 말과 이들 각자에 대한 욥의 대답이다. 세 사람은 욥이 고난당한 이유가 죄 때문이라는 이전 주장을 되풀이하다시피 했다. 자신의 두 번째 말(15장)을 할 때 엘리바스의 어조는 눈에 띄게 달라졌다. 그는 욥에게 아량을 베풀려는 어떤 노력도 포기한 채 비난의 화살을 잇달아 쏘아댔다. 세 친구의 말은 더 거칠어졌고, 그들은 '자신은 결백하므로 회개를 거부한다'는 욥을 더 쌀쌀맞게 대했다. 욥의 친구들은 욥이 자신에 대한 그분의 반박을 입증해보시라고 하나님께 대담한 도전을 한 것에 불안을 느끼기도 했다. 그들은 더 모욕적인 말을 사용했고, 흥미롭게도 이 두 번째 담화에서는 욥에게 회개함으로써 그의 삶을 응징하는 하나님의 가혹한 손길을 거두게 하라고 요구하지 않았다.

15:1-6. **엘리바스**는 욥의 기를 죽이는 정면 공격으로 두 번째 말을 시작하면서, 그가 사막에서 불어오는 **동풍**과 같은 뜨거운 바람으로 가득 찬 수다쟁이에 불과하다고 비난했다. 지혜로운 사람처럼 말하는 대신 욥은 **도움이 되지 아니하는 이야기**와 **무익한 말**에 의존했다(2-3절). 더 나쁜 것은, 욥이 하나님에 대한 적절한 존경(**경외**)이 생략된 불경스런 말을 했다는 점이다. 욥은 **죄악** 된 마음으로 말을 했고, 말의 진정성 대신 말재주에 의존했다(4-5절). 엘리바스는 자신의 이런 비난이 정당화된다고 생각했다. 그가 보기에 욥이 자기 입에서 나오는 말로 스스로를 비난했기 때문이다. 의기양양한 검사인 양, 엘리바스는 자신의 비난이 정당함을 입증하기 위해 할 수 있는 일은 피고석에 앉은 욥을 가리키며 "거기, 피고는 지금 피고 자신의 입에서 나온 말을 들었습니다"라고 말하는 것뿐이라고 생각했다.

15:7-16. 엘리바스는 자신만이 하나님의 오묘하심과 지혜에 특별히 접근할 수 있다는 욥의 생각에 심사가 뒤틀렸다(7-9절). 엘리바스는 하나님이 자신의 무죄를 알고 계시며, 그가 마땅히 하나님께 아뢰어야 함에도 친구들과 얘기하느라 시간을 낭비하고 있다는 욥의 추정을 공격했다(참고. 13:3). 엘리바스는 **또한 네가 아는 것을 우리가 알지 못하는 것이 무엇이냐 네가 깨달은 것을 우리가 소유하지 못한 것이 무엇이냐**(9절)라고 물음으로써 욥이 제시하는 논거의 토대 중 하나를 공격했다. 욥은 세 친구가 아는 것은 자신도 다 알고 있으므로 지혜에 관한 한 자신은 그들에게 꿀릴 게 없다고 거듭 말했다(참고. 12:3; 13:2). 하지만 엘리바스는 욥이 자신보다 연로한 사람들의 조언을 무시한다고 비난하면서 그렇게 주장한 그를 책망했다. 엘리바스는 적어도 자신의 첫 번째 말에서 욥에게 **은밀하게** 했던 말을 **하나님의 위로**(11절)로 묘사하기까지 했다.

하지만 엘리바스는 욥의 책망을 하나님의 메시지로 받아들이지 않았다. 엘리바스는 욥이 자신의 감정에 휘둘려 자기 **눈**이 분노 가운데 **번뜩거리**게 하고, 자기 **영이 하나님께** 분노를 터뜨리게 하며, 입이 악한 **말**(현대인의 성경)을 쏟아내게 했다고 말했다(12-13절). 그러고 나서 엘리바스는 욥이 동의했을 법한 수사적인 질문을 했다. 하나님 앞에서 **사람이 어찌 깨끗하겠느냐…의롭겠느냐**(14절). 실제로 욥은 7:17과 14:4에서 이와 동일한 견해를 밝힌 바 있다. 15-16절에서 엘리바스는 자문자답했다. 자신의 천사들도 **믿지** 않고, 그분 앞에서 **하늘**이라도 하나님이 보시기에 **부정하**므로 아무도 깨끗할 수 없다는 것이다. 엘리바스가 자기 논거의 주된 사례로 틀림없이 염두에 두었을 욥과 같은, **가증하**고 **부패한** 인간을 하나님은 얼마나 덜 무고하다고 하실 것인가? 그는 단도직입적이고 직설적으로 욥을 비난했다.

15:17-35. 욥이 자신의 요점을 놓치지 않도록 엘리바스는 **악인**(20절)이 끔찍한 운명에 처할 거라는 말을 지루할 정도로 상기시키면서 자신의 두 번째 말을 끝

냈다. 하나님이 변함없이 의인에게 당근을 주고 악인에게 채찍을 휘두르신다는 세 친구의 끈덕진 주장을 반박하고자 욥은 악인이 형통하는 게 현실이라고 주장한 바 있다(12:6). 하지만 엘리바스는 **악인**이 형통하지만 끊임없이 **고통**(20절)에 처하고 그들에게서 **평안**(21절)을 앗아가는 걱정에 시달리고 배를 곯고 섬뜩한 **환난과 역경**을 겪는다고 단언함으로써 욥의 이러한 방어 토대에 직격탄을 날렸다. 25-26절은 악인이 이 모든 재난을 당하는 이유를 설명한다. 그것은 악인이 우쭐하고 교만하여 자신의 **손을 들어 하나님을 대적하며 목을 세우고 하나님께** 달려들어 맹렬하고도 단호한 공격을 가했기 때문이다. 분명히 엘리바스는 하나님과 치르는 이 전투에서 욥을 공격자로 간주했는데, 이는 하나님이 욥과 교전 중이라는 그의 주장과 정반대되는 생각이다(참고. 7:20; 13:24).

악인들이 방종에 푹 빠지고 하나님이 저주를 내리신 **황폐한 성읍**에서 살기를 주저하지 않을지라도[참고. 수 6:26; 왕상 16:34(Zuck, *Job*, 74)] 그들은 흉작(29절), **어두운 곳**(30절), **허무한 것**(31절) 및 불임(34절)을 겪을 것이다. 이 모두는 그들이 경건하지 않고(34절), 해를 끼치며 속이기(35절) 때문이다. 이제 엘리바스와 그의 친구들이, 죄를 범하면 하나님이 벌하고 범하지 않으면 벌하시지 않는다는 응보 신학에 철저히 기울어져 있음이 다시 한번 명백해진다.

B. 욥이 엘리바스의 비난에 대답하다(16:1-17:16)

엘리바스에 대한 욥의 대답은 그와 세 친구/적의 악화되는 관계에서 긴장을 고조시켰다. 욥이 엘리바스의 말을, 그가 이전에 들었던 미사여구와 같은 것으로 일축하면서 그의 말을 거부한 것은 놀랍지 않다. 16장을 여는 절들에서 욥은 엘리바스에게 대답한다. 이어서 그는 자신이 결백하다는 기록에도 불구하고 하나님이 그를 무덤까지 따라다니면서 괴롭히신다고 그분을 날카롭고 부당하게 비난하는 또 다른 한탄으로 곤두박질쳤다. 욥은 자신의 사정을 아뢰고 자신에 대한 하나님의 근거 없는 박해를 끝내기 위해 해명할 기회를 달라고 하나님께 요청했다.

16:1-17. 욥은 엘리바스와 그의 친구들이 기존의 태도와 주장을 지루하게 반복한다고 비난하면서 지체 없이 그들의 말을 묵살했다. 그들의 말은 도움이 되지 않았다. 실로 엘리바스와 그의 친구들은 **재난을 주는 위로자들**(2절)이었다. 욥은 '세 친구'가 늘어놓는 흰소리에 끝이 없을 것 같다고 한탄하면서, 그가 자신에게 도움이 안 되는 세 친구 주변을 맴도는 수다쟁이(참고. 15:2)라는 엘리바스의 비난을 일축했다. 3절에서 욥은 그들에게 **네가 무엇에 자극을 받아 이같이 대답하는가**라고 물었다. 욥은 세 방문객이 왜 그에게 그렇게 짜증을 내는지, 자신이 왜 하나님 앞에서 해명할 기회를 얻고 싶어 하는지 알고 싶었다. 욥에게 이것은 자신이 당한 고난의 원인을 밝혀내고, 그가 죄를 범했다는 친구들의 비난에도 불구하고 자신의 무죄를 최종적으로 입증할 단 하나의 올바른 방법인 듯했다. 욥은 상황이 역전되면 자신이 재판관의 자리에 앉아 비난하기가 쉬워질 것임을 상기시키면서 친구들을 책망했다. 욥은 입장이 바뀐다면 비난 대신 엘리바스가 자신이 과거에 했다고 말하듯이(참고. 4:4) 친구들의 **근심을 풀어줄 위로**의 말을 하겠다고 말했다(4-5절). 이제 욥은, 입을 열든 잠자코 있든 자기 자신의 고통을 덜 수조차 없었다(6절).

욥의 세 조언자들이 퍼부은 비난과 모욕은 견디기 어려웠다. 하지만 7-9절(또한 아래 11-14절을 보라)은 욥이 느끼는 극도의 괴로움은 하나님이 가차 없는 공격을 통해 그를 **피로하게 하시고**, 그의 삶을 **패망하게 하셨**으며, 그를 **시들게 하신** 것의 결과였음을 보여준다. 욥은 자신의 괴로움을 자신에게 불리한 증거, 곧 그가 시인하기를 거부한 죄에 대해 하나님이 그를 심판하신 증거라고 그의 친구들이 간주한 증거로 보았다. 욥은 겉으로 완벽해 보이는 이 증거에 대응하기 위해 자신이 할 수 있는 일이 별로 없다고 생각했다. 자신의 **파리한 모습**, 쪼글쪼글하고 상처투성이인 몸은 누가 봐도 알 수 있었고 자신에게 불리했기 때문이다. 여기서 그는 사나운 포식자로 묘사된 하나님이 그분의 이빨로 갈기갈기 찢은 무력한 먹잇감 같았다.

욥의 조언자들은, 도움을 주기는커녕 하나님이 그와 대응해 사용하신 비난자들이 되고 말았다(9b-11절). 그들의 질책은 욥의 얼굴을 치는 것과 같았는데, 이는 여러 문화권에서 궁극적인 **모욕** 행위였다. 하나님이 욥을 던지신 소굴에 있던 엘리바스와 빌닷, **악인**이자 **행악자**였을까? 올든은 그렇게 믿는다. 그는 세 친구가 욥의 소유물을 유린한 스바 사람과 갈대아 사람(참고. 1:14-17)이었을지 모른다고 넌지시 내비치기도 한다(*Job*, 184). 하지만 친구들의 모욕이나 공격보다 더 견디기 힘든 것은 욥이 **평안**할 때, 겉으로는 느닷없고 까닭을 알 수 없지만 하나님이 그를 겨냥해 가하셨다고 욥이 말하는 공격이었다(12절). 욥은 그림을 보는 듯한 생생한 서술을 통해, 공격을 가하고자 그의 **목을** 잡아 흔들고, 적을 꺾기 위해 **용사같이** 그 안으로 돌진하시고, 욥의 삶을 **치고 다시 치**신 그분에게서 자신이 체험한 것을 기술했다(12-14절). 욥의 반응은 베옷을 입고 자신의 뿔(그의 힘에 대한 상징)을 티끌에 묻고(패배의 표시) 자신의 얼굴이 '붉어지'고 자신의 **눈꺼풀**에 **죽음의 그늘**이 있을(애곡의 상징) 때까지 우는 것이었다(15-16절). 욥이 **포학**이나 나쁜 행동을 하지 않고 기도가 **정결**했으므로 그의 시련은 견디기가 훨씬 더 어려워졌다(17절).

하나님이 욥의 적이 되어 그를 까닭 없이 공격하셨을 거라는 그의 가정은 잘못되었다. 이 절들은 자신의 세계가 돌연 산산조각이 난 어떤 사람을 위로하고자 할 때 각별히 조심해야 한다는 것을 일깨운다. 위로를 건네는 사람은 자기 친구가 겪고 있는 시련을 확실히 이해할 수도 있고 못할 수도 있다. 종종 어떤 사람이 시련의 한가운데 있을 때 왜 그런 시련이 일어났는지 설명하려고 하는 것은 적절치 않다. 고난당한 자는 대답을 원치 않는다. 자신의 고통이 사라지기를 바란다. 그리고 훌륭한 대답 못지않게 중요한 것은 그런 대답이 종종 고통을 덜어주지 못한다는 사실이다.

16:18-22. 욥의 말대로, 하나님은 그의 **증인**(19절)이셨지만 그의 **친구**는 적대자들이었다(20절). 자신의 죽음이 임박했음을 직감한 욥은 그가 죽어 없어진 후에라도(21-22절) 그의 온전함을 증언해줄 하늘의 **증인**이 그의 사정을 하나님 사이에서 **중재하시**기를 바랐다. **높은 데 계시**는 **중보자**에 대해 물으면서 욥은 신적인 중재자를 찾고 있다. 그처럼 "욥이 바라는 것은 성부가 함께 하시는 옹호자인데, 이 갈망은 요한일서 2:1에 나타난다"[Kaiser, *Messiah in the Old Testament*, 63.《구약에 나타난 메시아》(크리스찬출판사)].

17:1-5. 죽는다는 생각에 욥은 자신이 '오래 못 살 것 같은' 느낌이 진즉 들었음을 상기했다. 울어서 눈이 침침해지기는 했지만 욥은 자신을 괴롭히는 세 친구의 비난과 모욕을 바라봐야 했다. 그들은 바로 눈앞에 있었다. 욥은 자신의 친구들을 이른바 **조롱하는 자들이**라고 비난하고 나서(2절), 하나님이 **손을 잡아줄 자**로서 그의 안전을 **담보**해주시기를 바랐다(3절). 욥이 자신의 친구들이 이 역할을 완수할 것으로 기대하지 않았음은, 하나님이 **그들의 마음을 가리어** 그의 상황을 **깨닫지 못하게 하셨**다는 4절의 진술에서 분명히 드러난다(4절). 설상가상으로 욥은 세 친구를, 그의 재산 일부를 가로채고 싶은 이기적 동기에서 그에게 등을 돌렸다고 비난했는데, 그들의 행위는 자기 **자손들**의 머리에 손상을 끼칠 비열한 행동이었다(5절).

17:6-9. 욥은 자신이 **백성의 속담거리**(6절)가 되었다고, 말하자면 그들이 그를 조롱하고 얼굴에 침을 뱉었다고 말했는데, 그들의 행위는 고대 근동에서 또 다른 비열한 행동이었다. 그는 비탄에 젖었고, 살이 빠졌다(그의 몸은 마치 **그림자** 같았다, 7절). 그 결과 **정직한** 사람들은 놀랐다(8절). 이에 욥은, 경건한 사람들이 그가 이유 없이 학대받고 있음을 보고 단결하여 그의 편을 들어줄 것이라는 실낱같은 희망을 잠시 품었다. 8절에서 욥이 빈정대고 있다고도 볼 수 있다. 욥의 친구들은 의로운 사람이 학대받는 것에 **놀라**야 했지만 그를 떼어놓고 맹렬히 비난함으로써 **경건하지 못한** 자처럼 행동했다(Alden, *Job*, 190). **그러나**(공동번역) 욥은 자신이 약해질 대로 약해졌다고 느낀 바로 그 순간에 강해진다는 느낌을 받는 듯했다.

17:10-16. 욥의 영적 회복은 그가 자신의 비판자들에게 다시 한 번 그를 비난하라고 청한 다음에 이루어지는 듯하다(10절). 욥은 친구들의 비난에 진실이 없다고 확신했기에 그들의 다음 공격에 대비가 된 모양이다. 그들 **중에 지혜자**가 없었다. 하지만 그 누구도 욥이 자신의 고통을 이겨냈다고 생각하지 않도록 그는 즉각 '장송곡'을 부르며 자신의 절망적인 상태(11-16절)로 돌아왔다(Zuck, *Job*, 80). 그가 자신의 삶에 대해 품었던 **계획**과 **소원**은 사라졌다. **밤으로 낮을** 삼는다는 것은 욥에게 "어둠이 있다 할지라도 아침과 같이 될 것이요"라고 소발이 말했던 11:17을 다시 언급하는 듯하다. 또다시 욥은 죽음(여기서 **스올**의 의미)이 자신의 대답이 되지 않을까 생각했다(13-14절). 죽음이 코앞에 닥

쳤다고 느낀 그는 **무덤**[혹은 묘] 그리고 구더기를 자기 가족으로 여겼다['무덤'(Pit)은 '부패'(참고. 시 16:10)를 뜻하는 또 다른 히브리어 어근에서 유래했다고 할 수 있고, '구더기'와의 병행에 기초하면 이것이 더 그럴듯하다]. 죽으면 그의 육신은 구더기가 먹을 것이고, 그가 품었던 어떤 **희망**도 그와 함께 무덤으로 갈 것이다.

여기서 죽음이 돌이킬 수 없는 최후이자 절망적 상태라는 욥의 진술은 그의 부활 신앙과 어떻게 화해할 수 있을까(14:14에 대한 주석을 보라)? 시련을 겪는 내내 그의 감정은 조수처럼 밀려왔다 밀려갔다. 희망을 맛보기도 하다가 절망의 구렁텅이로 떨어지기도 했다. 그러므로 그때그때의 욥의 마음 상태에 따라 욥기 전체에서 부활을 비롯해 여러 주제에 대한 그의 신앙과 관찰이 광범위하게 나타난다고 해서 놀랄 필요는 없다. 몸의 부활과 관련해, 자신이 죽은 후에 다시 살 것이라는 믿음에 대한 욥의 확고한 단언은 몇 장 뒤에 나온다.

C. 빌닷의 두 번째 말(18:1-21)

빌닷은 엘리바스에 뒤이어, "자네는 얼마나 오랫동안 계속 지껄일 텐가?"(2절)라는 질문으로 욥의 말이 끝나기가 무섭게 곧바로 대답했다. 하지만 빌닷은 자신의 두 번째 말에서 이렇다 할 새로운 생각을 제시하지 않고, 엘리바스가 자신의 두 번째 말에서 악인의 운명에 관해 언급한 주제를 되풀이하다시피 했다. 한 가지 차이점은, 엘리바스가 악한 사람은 하나님이 치신다고 말한 반면 빌닷은 그들이 몰락을 자초한다고 말했다는 사실이다[참고. 18:7b-8(Zuck, *Job*, 81)]. 빌닷의 두 번째 말에서 드러난 또 다른 변화는 욥에게 건네는 말이 그의 첫 대답에서보다 훨씬 더 거칠어졌다는 점이다.

18:1-4. **수아 사람 빌닷**은 욥의 방어에 심사가 뒤틀린 게 분명했다. 빌닷은 자기 생각을 말하고 싶어 욥의 말이 끝나기를 애타게 기다렸었다(**어느 때에**…는 빌닷이 자신의 첫 번째 말을 시작한 질문이기도 했다. 2절; 참고. 8:2). 빌닷은 욥이 자신을 비롯한 세 친구를, 생각 없이 사냥하고 먹이를 갈기갈기 찢는 동물보다 더 **부정하다**는 암시를 주면서 육식을 하는 **짐승**(참고. 12:7-9)에 비유한 것에 또한 기분이 상했다(3절). 욥은 하나님을 포식자에 비유하면서 그분이 그를 추적해서 잡아 뜯었다고 말했다(16:9). 하지만 빌닷은 욥이 하나님과 자기 친구들을 향해 울분을 터뜨리면서 스스로를 찢고 있다고 주장했다. 빌닷은 땅이 오로지 그를 위해 가만히 있어야 한다고 생각하는지 욥에게 경멸하듯이 물었다.

18:5-21. 그러고 나서 빌닷은 악인이 심판받는 여러 방식을 예로 들었는데, 이는 은근슬쩍 욥을 가리키는 것이었다[18장의 나머지 부분에서 2인칭(2-4절)이 3인칭으로 바뀌는 것에 주목하라]. 하나님은 빌닷의 말이 끝날 때까지(21절) 언급되지 않지만, 이 심판들은 그분의 활동으로 볼 수 있다. 여기에는 악인의 **빛이 꺼지는** 것이 포함되는데(5-6절), 이는 한 개인이 갑자기 어둠 속으로 빠져드는 것을 묘사한다. 악한 사람의 삶에서 이처럼 빛, 즉 형통이 소멸되는 것은 그가 타인에 대해 악한 계획을 꾸미고 있음을 감안할 때 지극히 마땅하다. 악인은 그가 다른 이들을 겨냥해 치는 **그물…올가미…덫…올무**에 빠진다(8-10절).

결과적으로 그들은 **무서운 것**을 겪고(11절), 그들의 **힘**은 쇠해지며, 그들의 **피부**는 병이 드는데(12-13절), 이는 틀림없이 잿더미 가운데 앉아 있는 욥을 나타낸다. 욥의 소유물이 죄다 흔적도 없이 사라지면서 그가 **의지하던 것들이 장막에서 뽑혔다**(14-15절). 빌닷이 보기에 욥은 그가 말하는 악인들 중 하나였다. 따라서 욥은 자신이 잊히기를 기대하고(17절) **후손**을 갖지 않을 수 있었다(이는 욥이 자신의 열 자녀를 잃은 것을 통렬하게 상기시킨다, 19절). 악인의 종말은 너무도 끔찍해 그 종말에 대해 이야기를 들은 사람들은 **그의 운명에 깜짝 놀랄** 것이다(20절).

D. 욥이 빌닷의 비난에 대답하다(19:1-29)

빌닷에게 한 욥의 대답은, 빌닷의 끈질긴 비난에 대한 욥의 거부라는 친숙한 방식으로 시작되었다. 욥은 "어느 때까지…"(19:2)라는 빌닷이 선호하는 질문을 사용해 스스로 조급함을 드러냈다. 빌닷은 욥이 슬픔을 자초했다고 비난했지만, 욥은 사실상 "이 모든 일을 하나님이 하신 것"이라고 말하면서 그의 비난을 단호히 거부했다. 그러더니 욥은 철저히 거부당한 사람에 대한 정서적으로 강력한 그림 같은 서술로 다시금 신세타령을 하기 시작했다. 하지만 이 장에는 희망의 짙은 기색도 엿보인다(19:25-27).

19:1-12. 욥은 빌닷에게 대답하면서 과장법을 썼다. 친구들이 인정사정없이 쓸데없는 말로 그를 **열 번이나** 짓부수고 학대했다는 것이다(2-3절). 욥은 **비록 내게**

허물이 있다 할지라도라는 가상적인 질문을 하면서 자신의 죄로 말미암아 옆의 세 친구가 해를 입지 않았다고 했다(4절). 하지만 욥은, 잘못을 범한 것은 다름 아닌 하나님이시라고 (어리석게) 말하면서 자신의 어떤 범법 행위도 즉각 부인했다(6절). 욥은 **정의**와 자신의 **영광** 회복을 요구하기는 했지만(7-9절) 뜻을 이루지 못했다. 하나님은 욥을, 포위해서 물리쳐야 할 적으로 여기면서 그를 망가뜨리셨다(10-12절).

19:13-22. 하나님이 그를 내치고 공격까지 하신다고 생각한 욥은 아내를 비롯한 자기 가족(17절), 자신의 친구들 그리고 자기 집의 하인들에게까지 냉대 받은 이야기를 털어놓았다. 욥의 간절한 애원, 곧 **나의 친구야 너희는 나를 불쌍히 여겨다오 나를 불쌍히 여겨다오**(21절)는 **하나님의 손**이 자신을 대적하신다고 믿으며 인간적인 애정을 갈구하는 어떤 고통 받는 자의 입과 가슴에서 나왔다(21-22절).

19:23-26. 완전히 외톨이가 되었다고 느낀 욥은 자신을 방어하는 **말**이 "미래 세대로 하여금 그의 논거가 타당한지를 판단하게끔 해줄"(Zuck, *Job*, 89) 방식으로 영원히 새겨지기를 바랐다. 하지만 끔찍한 상황에 처한 가운데서도 욥은 자신의 **대속자**가 살아 계시고, 자신이 죽으면 그분을 **육체 밖에서** 뵙게 될 것으로 확신했다(25-26절). 이 구절, 특히 26절의 두 진술은 논란의 여지가 많다. 욥의 대속자가 누구인지 그리고 그가 육신의 부활에 대한 신앙을 명확히 진술하느냐에 관해 주석가들의 의견은 크게 엇갈린다. 한 가지 점에 대해서는 모두가 동의한다. 즉, 이 절들이 "욥이 다다르는 믿음의 최고조"(Gordis, *The Book of Job*, 204)라는 사실이다.

첫 번째 의견 차이는 **대속자**(25절)의 정체와 관련된다. 지난 수 세기 동안 여러 의견들이 제시되었다. (1) 하늘의 증인(Reyburn, *Handbook on the Book of Job*, 363; Hartley, *Book of Job*, 293), (2) 친척이자 친구이신 하나님(Harris, et al., "ga'al," in TWOT 1:144-145), (3) 의인화된 욥의 결백[David J. A. Clines, *Job* 21-37. WBC(Dallas, TX: Word, 2006) 1:445. 《욥기》, WBC 성경주석(솔로몬)], (4) 중재자 혹은 (혈족 관계로 보아) 원수 갚을 의무가 있는 사람, (5) 하나님(Andersen, 194; Dhorme, *Commentary on the Book of Job*, 283; Pope, *Job*, 146; Elmer Smick, "Job," 4:786-787), 혹은 (6) 메시아(Alden, *Job*, 207; Kaiser, *Job*, 63). 몇몇 이유로 대속자가 메시아를 나타낸다는 주장이 지지를 받는다. 첫째, **대속자**라는 단어의 의미는 메시아사상을 시사한다. 그것은 역연혼(逆緣婚, 죽은 자의 형이나 아우가 그 미망인과 결혼하는 관습—옮긴이 주)의 책임이 떨어져 가족에게 빼앗길 위험에 처한 재산을 원상태로 되돌리거나 친척 살해범에게 복수해야 하는 가까운 친척을 가리킨다. 이런 이유로 욥은 인간 대속자를 찾고 있다. 게다가 이 대속자는 살아 있는 사람으로 묘사된다(**내가 알기에는 나의 대속자가 '살아 계시니'**). 둘째, 대속자는 **'땅' 위에 서실** 것이다. 이는 인간 옹호자를 나타낸다. 셋째, 대속자는 **'결국'**에는(현대인의 성경) 나타날 종말론적 인물이다. 마지막으로, "자신이 대속자를 볼 때 **'하나님을' 보리라**"라고 욥이 말했다는 점에서 대속자는 신적인 존재처럼 보인다. 카이저의 말처럼, "이 '대속자'는 하나님이 '마지막에' 일으켜 세우실, 즉 만물의 마지막에 땅 위에 나타날 살아 있는 사람이 될 것이다. 그때 그는 두들겨 맞은 욥의 마지막 변호자로 땅에 서서 그를 변호할 것이다"[Kaiser, *The Messiah in the Old Testament*, 63. 《구약에 나타난 메시아》(크리스찬출판사)]. 이 사람은 아마도 욥이 전에 갈망했던 옹호자일 것이다(참고. 9:33; 16:19-21).

두 번째 논쟁 영역인 욥의 부활 소망에 관해 말하자면, 그는 자기가 죽는다 해도 자신의 몸'으로' 자신의 대속자를 보게 될 것으로 또한 확신한 듯하다(26절). 이는 굳센 믿음과 "부활에서 모든 구속받은 신자들이 기다리는 몸의 부활에 대한 인식"(Archer, *Encyclopedia of Bible Difficulties*, 240-241)을 시사한다. 아처의 진술은 26절의 주요 쟁점, 즉 **육체 밖에서**라는 구절에서 **밖에서**의 의미를 언급한다. '밖에서'로 번역된 단어는 "욥의 **육체**라는 관점에서", 즉 "그의 현세적 삶이라는 시점에서"를 뜻할지 모른다. 혹은 그 단어는 몸의 부활과 상관없이 자신이 죽은 후에 영원하신 하나님과 의식적으로 사귐을 갖기를 욥이 기대했음을 뜻하는, 그의 육체와 "떨어져 있는"을 암시할 수도 있다[Bullock, *An Introduction to the Old Testament Poetic Books*, 99. 《시가서 개론》(은성)]. 하지만 '밖에서'는 욥이 '부활한 몸으로' 하나님을 뵙게 될 것임을 시사하는 '으로'로 옮길 수도 있을 것이다. 이렇게 번역하면, 그 단어는 사실상 욥이 하나님을 뵙게 될 때 부활한 몸을 가져야 한다고 요구하는 셈이다. 26절 전반부에서 욥이 자신의 육체적 죽음 후에 하나님을 뵈올 수 있을 거라고 이미 말했기 때문이다. 미래 부활에 대한 이 초기 신앙은, 이 책이 쓰인 족장 시대 혹은 족장 이전 시대(창 12-35장)에 존재한 욥의 신앙 체계에 나타나 있다.

욥은 자신의 삶이 어느 방향으로 전개됐든, 종말에 메시아가 그의 무죄 주장이 정당함을 입증해주시기를 소망했다(참고. 9:21, "나에게 아무 죄도 없다"). 그는 생전에 자신의 무죄가 입증되기를 소망했지만 그렇게 되지 않았다 해도 하나님이 깨끗하고 의로우신 분임을 알았다. 13:18에서 욥은 이렇게 선언했다. "보라 내가 내 사정을 진술하였거니와 내가 정의롭다 함을 얻을 줄 아노라." 자신의 삶(**가죽**과 **육체**)이 망가지고 있기는 했지만, 욥은 자신의 **대속자**(25절)가 자신이 열망하는 정당성을 입증(19:23-24)해줄 것으로 믿었다. 욥이 기대하는 정당성 입증이 생전에 이루어지지 않는다면, 기본적으로 욥의 부활이 일어나야 할 것이다. 하나님의 거룩하신 우주 통치는 무고한 자가 부당한 비난을 받게 내버려두지 않을 것이기 때문이다.

19:27-29. 욥은 하나님을 몸소 뵙는다는 생각에 어찌할 바를 몰랐다(27절). 욥은 친구들을 향해 자신에 대한 그들의 부당한 고발이 부메랑처럼 그들에게 되돌아 가서 자신이 받아 마땅했다고 믿는 엄중한 심판을 겪을 그들이 것이라고 경고했다.

E. 소발의 두 번째 말(20:1-29)

그런 후에 두 번째로 입을 연 소발은 욥에 대한 분노로 끓어올랐다(20:1-9). 그의 두 번째 말은 악한 사람들에 대한 또 다른 통렬한 공격이었다. 이번에 그가, 부자가 되려고 타인에게서 훔치거나 그들을 사취하는 것에 대해 하나님이 악인을 엄중하게 심판하시므로 그들은 재산을 잃고 수명이 단축되는 것을 보게 될 것이라는 생각을 전개시키는 것을 제외하고 말이다. 소발은 악인의 재물을, 먹는 사람의 위에서 뒤틀려 게워낼 수밖에 없을 만큼 큰 탈을 일으키는 음식으로 묘사했다. 방향이 약간 달라지기는 했지만 소발의 메시지가 다다른 결론은 자신의 첫 번째 말과 엘리바스 및 빌닷의 말이 내린 결론과 같았다. 즉, 하나님은 언제나 의로운 자에게 상을 주고 악한 자에게 채찍을 휘두르신다는 것이다. 갑작스런 재물 상실로 욥이 소발이 묘사하는 악인이 된 것은 분명해보였다.

20:1-3. 욥의 모욕으로 소발은 초조하고 조급하며 책망 받는다는 느낌이 들었다(3절). 이는 누가 보더라도 욥의 모욕이 19:28-29에서 하나님의 심판의 칼을 피하려면 그를 비난하기 전에 깊이 잘 생각하라고 세 친구에게 한 경고였다.

20:4-11. 소발은 **잠시…잠깐**(5절), **꿈같이**(8절) 휙 지나가는 인생과 같은 말로 악인이 잠시 즐기는 인생을 묘사한다. 욥은 쓰레기 더미 위에 앉아 있었다. 이는 소발이 보기에 명명백백하게 악한 사람이거나 그의 친구들이 생각한 욥의 종말에 대한 적절한 묘사가 아닐 수 없었다. 악인의 아들들은 **가난한 자**를 너그럽게 대함으로써 자신들의 탐욕을 부인하겠지만, 그 악인은 **가난한 자**를 억압해서 얻은 **재물**을 돌려줘야 할 것이다(10절; 참고. 19절). 악인의 삶의 **강장**은 또한 그가 아직 젊을 때에 사라진다(11절).

20:12-19. 악인에게 **악은 달게** 여기는 것, 음미할 그 무엇이라고 소발은 말했다(12절). 이 사람은 자기가 부정하게 얻은 **재물**을 잠시 누리겠지만 결국에는 잃는다(그는 **토할** 것이다, 15절). 이유는 분명하다. 악인이 **가난한 자를 학대하고 버렸**으며(19절) 악한 방법으로 재산을 모았기 때문에 그분은 그를 심판하신다.

20:20-29. 그런 후에 소발은 악인의 형통이 잠깐이라는 자신의 주장을 되풀이했다. 악인이 **기뻐하**는 모든 것은 빼앗길 것이다(20절). 진노하신 하나님은 자신의 심판의 **놋화살**을 쏘아 그를 **꿰뚫**으실 것이다(24절). 25절 후반부인 **번쩍번쩍하는 촉이 그의 쓸개에서 나오고**는 히브리어에서 난해한 표현이다. 이 표현은 '놋활'에서 발사된 화살의 번쩍번쩍하는 촉이 악인의 배를 관통한 후 그것을 빼내야 하는 상황을 묘사하는 듯하다. "이는 하나님의 진노를 사는 사람의 종말에 대한 섬뜩한 묘사이다"(Zuck, *Job*, 96). 이 표현이 성에 차지 않는지, 소발은 하나님이 악을 행하는 자들에게 **두려움**과 **어둠** 또한 임하게 하시고(25-26절), 그들의 죄악이 **하늘…그리고 땅**(27절)에 의해 입증될 것이라고 말했다. 이는 악인에게 임할 하나님의 심판이라는 슬픈 **기업**이

다(29절).

이 두 번째 토론에서 세 친구 모두 욥의 미래를 악인들의 운명이 맞이할 미래와 나란히 했다(엘리바스: 15:17-35, 빌닷: 18:5-21, 소발: 20:12-21). 실제로 엘리바스는 자신의 첫 번째 말에서 무고하거나 올곧은 자는 결코 고난을 겪지 않는다고 말한 바 있다(4:7).

F. 욥이 소발의 비난에 대답하다(21:1-34)

21장에서 욥은 하나님이 언제나 인생에서 선을 행하면 상을 주고 악을 행하면 벌을 내리시기에 심판과 고난은 악인의 피할 수 없는 운명이라는 소발과 나머지 두 친구의 계속된 주장에 대답했다. 따라서 그들이 보기에 욥은 지금과 같은 고난을 당할 수밖에 없는 큰 죄인임에 틀림없었다. 소발은 자신의 두 번째 말에서 화를 내며 대답했지만(20장), 욥은 보다 차분하면서 신중하게 대답했다. 욥은 악인이 실제로 형통한 삶을 살고 죄에 대한 징벌이라는 관점에서 별로 고난 받지 않는 것처럼 보일 때가 종종 있다는 탄탄한 논거를 세웠다. 욥은 이전의 두 차례 방어에서 하나님이 정당한 이유 없이 그를 적대시하셨다고 비판했다. 하지만 이 장에서 욥은 악의 문제를 더 면밀히 살폈다.

악인이 종종 잘나간다는 욥의 불평은 수 세기 후 시편 73:1-14에서 제기된 것과 유사한 불평을 생각나게 한다. 여기서 시편 저자는 악인의 형통을 한탄하고 자신은 헛되이 순결을 지켰다고 투덜댔다. 그런데 이러한 비판은 시편 저자가 하나님의 관점에서 진리를 보게 되었을 때 역전된다(시 73:15-28). 욥과 시편 저자의 경험은 태곳적부터 사람들이 겉으로 악이 승리하는 것처럼 보이는 현실과 씨름해왔음을 보여준다.

21:1-6. 욥은 조언하는 친구들에게 말하면서 "이런 친구들과 함께한다면 적이 무슨 필요가 있으랴?" 라는 암시를 주었다. 그는 무언가 가치 있는 것을 말하고자 친구들에게 경청을 당부했다. 단지 자신의 무죄를 더 방어하거나 하나님이 까닭 없이 그를 공격하신다고 비난하려는 게 아니었다. 욥은 이렇게 말했다. "내 말 잘 들어봐. 그러고 나서 여전히 내 말이 쓸모없다고 생각되면 나를 예전처럼 다시 조롱해도 좋아"(1-3절). 욥은 자신의 **원망**이 친구들이 아닌 하나님을 향하고 있다고 말했기에, 그들은 그의 말에 화를 낼 이유가 없었다. 친구들은 욥의 섬뜩한 몰골에 충격 받아 잠잠해야 했었다. 욥은 자신의 모습에 크게 놀랐다(4-6절).

21:7-16. 욥은 악한 사람들이 누리는 편안함, 안락, 재정적 성공 그리고 풍족한 생활의 다른 모습들을 조목조목 나열했다(7-13절). 욥은 악인이 재물을 잃고 죽거나 오래 못 산다는 소발의 말에 조금도 동의하지 않았다. 욥이 보기에 **악인**은…**장수**한다(7절). 악인은 하나님과의 어떤 관계도 줄곧 부인하지만 그들의 가축은 점점 더 많아지고 그들은 삶을 만끽하고 형통한다. 이보다 훨씬 더 당혹스러운 것은, 악인이 노골적으로 하나님을 거부하고 그분 앞에서 대드는데도 이처럼 잘나간다는 사실이다(14-15절). 하지만 욥은 자신이 악인을 부러워하고 그들을 귀감으로 삼았다고 자기 친구들이 생각하지 않기를 바랐다.

21:17-26. 악인이 종종 오래 살고 죄를 지어도 심판받지 않는 것 같다는 욥의 주장(17-18절)은 죄에 대한 심판이 언제나 신속하면서도 확실하게 이루어진다는 친구들의 응보 신학에 대한 또 다른 반박이다(참고. 20:5, 8, 11). 그리고 그들이 악인에 대한 심판이 종종 그의 자녀에게 떨어진다고 항변하지 못하도록 욥은 그가 **자기 집에 대하여 무슨 관계가 있겠느냐**(21절)라고 물었다. 사악한 사람이 죽으면 그는 자기 자손들이 혹 무엇을 견뎌내야 할지 모르거나 신경 쓰지 않는다. 하나님 섭리의 신비는 욥의 친구들이 주제넘게 그분에게 무엇을 하시라고 말씀드릴 수 없음을 뜻한다(22절). 어떤 사람은 **죽도록 기운이 충실하**고(23절), **어떤 사람은 마음에 고통을 품고 죽**지만 둘 다 죽는다(26절)는 사실은 같다. 당연히 욥의 관점은 악인에 대한 하나님의 최종 심판을 고려하지 않는다.

오늘날 신자들은 하나님을 따르지 않고 부정한 방법으로 물질의 풍요를 이룬 사람들의 삶의 방식을 부러워하지 않도록 조심해야 한다.

21:27-34. 욥은 자기 친구들이 무슨 생각을 하는지, 그의 온전함을 계속 흠잡기 위해 어떤 계략을 꾸미고 있는지 안다고 말했다(27절). 욥의 친구들은 악인이 형통한다고 생각하기보다 **악인**이 **재난의** 날에 직면하게 될 것임을 알아야 했다(30절). 하지만 욥은, 이에 불구하고 악한 사람들이 죽을 때 그리고 죽고 나서도 종종 귀한 대접을 받는다고 말했다. 이 사실들에 비추어 욥은 자기 친구들의 온갖 조언이 쓸모없고 **거짓일 뿐**이

었다는 결론을 내렸다(34절).

Ⅳ. 욥이 자신의 친구들과 나누는 세 번째 담화 (22:1-26:14)

A. 엘리바스의 세 번째 말(22:1-30)

주석가들은 22장에서 시작되는 엘리바스와 빌닷의 세 번째 말이 논의를 진전시키는 데 별로 기여하지 않는다고 생각하는 듯하다. 올든은 "엘리바스의 세 번째 말에는 이렇다 할 새로운 내용이 없다"(*Job*, 229)라고 딱 잘라 말한다. 불록은 이렇게 언급한다. "엘리바스는 자신의 첫 번째 말에서 욥의 자애로운 행동을 인정했었다(4:3-4). 하지만 지금, 그 사이에 진행된 논쟁과 감정들이 엘리바스의 객관성을 크게 지배한 나머지 그는 욥이 불법적 맹세를 요구했고(참고. 출 22:26; 신 24:10-13) 가난한 자들을 대체로 부당하게 이용했다고 완전히 확신했다[*An Introduction to the Old Testament Poetic Books*, 100.《시가서 개론》(은성)]. 이러한 주장들은 엘리바스가 욥이 범했다고 비난한 특정한 죄들, 즉 욥이 강력히 부인한 혐의들 가운데 있다.

22:1-11. **엘리바스**가 보기에 욥의 의로움과 **경건함**은 하나님께 별로 영향을 끼치지 않았다. 그리고 그분은 인간의 행동에 털끝만치도 영향을 받지 않으신다(1-4절). 엘리바스는 욥이 경건해서가 아니라 무력하고 짓밟힌 자들을 학대하여(6-7, 9절) 재물을 쌓은 큰 죄인이라서(5절) 하나님이 그를 괴롭히셨다고 믿었다. 실로 욥의 **악**과 **죄악**은 끝이 없었고, 엘리바스는 기를 죽이는 방식으로 그 악과 죄악을 자세히 열거했다. 욥은 온갖 범주의 사람들을 학대한 듯하다. 즉, 그의 **형제…목마른 자…주린 자…과부…고아**. 욥이 이 마지막 두 집단을 학대했다고 비난하는 것은 특히 엘리바스에게는 잔인한 일이었다. 주크의 말대로 "과부와 고아를 거부하는 것은 끔찍한 중죄였다. 과부와 그 자녀(고아는 대체로 아버지가 없는 아이로 어머니와 함께 살았다)가 남성의 보호를 받지 못하는 가운데 사회적 및 경제적 손실을 입기 쉬웠기 때문이다"(*Job*, 104). 이들 범죄에 대해 엘리바스는, 욥이 자신에게 닥친 대재앙과도 같은 심판으로 고통 받고 있다고 주장했다(10-11절). 나중에 욥은 이 특별한 비난을 반박했다(참고. 31:16-22).

22:12-20. 엘리바스는 욥이 끔찍한 죄를 범했을 뿐 아니라 하늘에 계신 하나님을 무시하고 그런 죄를 지었다는 사실에도 분개했다(12-14절). 죄인들은 하나님을 인간이 하는 일에 초연하고 무관심하신 분으로 여기기 때문에(13-14절) 신의 징벌을 두려워하지 않고 뒷거래를 할 수 있다. 욥이 하나님의 권능과 정의를 악의적으로 경멸한다고 엘리바스가 생각한다는 점을 고려할 때, 그는 **둥근 하늘을 거니**시는 분, 즉 하나님(14절)이 욥이 뜻하는, 결국에는 **망**할(20절) 악한 자에 의해 조롱당하신다고 그에게 경고했다. 엘리바스의 요점은 욥이 그들 가운데 있게 될 것이라는 사실이다.

22:21-30. 올든이 주목하듯이, 욥에게 하나님께로 돌아가라는 엘리바스의 촉구(21-24절)는 "현대인을 위한 설교로 쉽게 바뀔 수 있을 것이다. 이 명령법 동사들('화목하라, 받으라, 돌아가라, 여기라')이 낳는 결과는 모두 바람직한 것들이다['평안, 형통, 지음 받음, (영적) 금과 은']. 여호와를 이미 알고 있는 사람에게 이처럼 멋진 설교를 한다는 것은 엘리바스의 실수이고, 우리도 그런 실수를 할 수 있다. 욥이 하나님을 필요로 했다는 메시지는 38-41장에서 전해질 것이다"(*Job*, 235-236). 욥은 분명히 그 순간 '하나님과의 평안'을 누리고 있지 않았지만(21절), 그 이유는 엘리바스의 추정대로 그의 죄악 됨 때문이 아니었다. 욥이 회복하는 길은 하나님'에게서 교훈을 받'고, 그분이 욥의 '마음'에 '하나님의 말씀을 두시'도록 하는 것이다(22절). 엘리바스는 욥의 문제를 **불의**로 이름 지었고, 사실이라면 욥은 **장막**, 곧 그의 삶에서 불의를 멀리해야 할 것이다. 욥은 물질적 풍요에 대한 신뢰도 저버려야 했는데(24절), 이는 엘리바스의 또 다른 잘못된 비난으로서 욥은 나중에 이에 대답했다(참고. 31:24-28). 이 회개가 주는 이득에 대해서는 25-30절에서 자세히 설명하고 있으며(또한 21절의 **복**), 그 이득은 인상적이다. 욥은 **전능자**와 화해하면서 새로운 사귐을 즐기게 되고 그분은 그의 기도를 들으실 것이다(26-27절). 그리고 세 친구가 추정하기에 하나님은 욥이 잿더미 위에 앉아 있을 때 그의 기도를 듣지 않으셨다. 욥은 일이 이루어지는 체험도 하게 되고(28절), **겸손한 자**는 욥의 의로움으로 말미암아 복을 받을 터이다(29절). **죄 없는** 자가 아니라도 욥의 올곧음을 통해 건지심을 받을 것이다(30절).

B. 욥이 엘리바스의 비난에 대답하다(23:1-24:25)

엘리바스에 대한 자신의 세 번째 대답에서, "욥은 직접적인 부정으로 그의 비난을 고상하게 보이도록 하지 않았다. 대신 그는 이 대면을 통해 자신의 정당성이 입증되기를 소망하면서 하나님을 발견하려는 자신의 노력에 대해 이야기한다. 궁지에 몰린 가운데서도 욥은 자신의 신적인 적수, 곧 하나님을 만날 수 있다면 그분이 그의 근본적인 올곧음을 인정하실 것으로 여전히 믿고 있다"(Gordis, *The Book of Job*, 253). 문제는 욥의 말대로, 그가 하나님을 뵙고 자신의 사정을 아뢰고 싶었지만 어디에서도 그분을 찾을 수 없었다는 것이다. 분명히 욥은 자기 친구들에게 자신의 무죄를 납득시키려는 접근법을 포기한 적이 있다. 그는 하나님의 법정에서 자신의 사정을 밝혔으면 했다. 엘리바스는 욥에게 "전능자에게로 돌아가라"라고 말했었다. "하지만 욥에게 그 조언은 무의미했다"(Zuck, *Job*, 107). 24장에서 욥은 세 친구의 경직된 응보 사상이 삶의 현실과 동떨어졌다는 자신의 주장을 재차 강조했다. 그보다 더, 욥은 "하나님이 불평등에 너무 무관심하고…[자신의] 왕권을 사용해 세상의 잘못을 바로잡으시지 않는 것은 명백한 직무 유기라고 호되게 비난했다"(Zuck, *Job*, 109).

23:1-7. 욥은 자신의 사정을 하나님께 아뢰고 그분이 그를 대하시는 방식에 대한 **근심**을 말씀드리는 것이 그분에 대한 **반항**으로 간주된다고 하더라도, 그렇게 하고 싶었다. 욥은 자신이 육체적 고통과 정신적 고뇌로 크게 **탄식**하고 있음에도 하나님의 **손**이 그를 심판하면서 '무겁게' 억누른다고 한탄했다(2절, 새번역). 욥은 하나님 앞에서 해명할 기회를 너무도 바랐기에 진즉에 자신의 **입**을 변론할 말로 가득 채웠다. 하지만 그는 하나님이 그에게 하시는 말씀을 또한 주의 깊게 경청할 것이다(4-5절). 자신의 결백과 하나님의 무죄 선고에 대한 욥의 자신감은 **큰 권능**을 가지고 그를 완전히 주눅 들게 하는 하나님에 대해 걱정하는 대신 하나님이 그의 말을 들으시고 그가 하나님, 곧 그의 **심판자**에게서 **벗어날** 것으로 확신하는 정도까지 커졌다(6-7절).

23:8-17. 그러나 해명할 기회가 오리라는 욥의 희망은 물거품이 되었다. 그가 어느 길로 가든 하나님을 찾을 수 없었기 때문이다(8-9절). 하지만 욥은 하나님이 그를 만나주실 것임을 알았다(**내가 가는 길을 그가 아시나니**, 10절). 10절 후반부에서 욥이 한 선언, **그가 나를 단련하신 후에는 내가 순금같이 되어 나오리라**는, 올든의 말처럼 "불같은 시련과 시험을 통과하는 신자들에게 대를 이어 용기를 주었다"(*Job*, 241). 하지만 다른 주석가들은 욥의 선언을, 시험을 당해도 흔들리지 않겠다는 선언이라기보다 그의 무죄 확신으로 해석한다. 주크는 이 견해를 대표한다. "하나님이 법정에 나타나 욥의 사건을 심리하실 때, 욥의 주장대로 그는 금이고 금처럼 빛날 것임은 분명해 보인다…시험이 신자의 믿음을 정화하는 데 도움이 될지 모르지만…여기서 욥이 말하는 것은 그게 아닌 듯하다"(*Job*, 108). 이 견해는 11-12절에 의해 확인되는 것처럼 보이는데, 여기서 욥은 자신이 하나님의 요구에 충실했다고 재차 주장한다.

하지만 욥이 자신의 무죄 입증을 위해 어떤 증거를 제시하든, 하나님은 자신이 **하고자 하시는 것**에 따라 행하시는 주권자라고 한탄하면서 확신이 시들해졌다(13절). 그리하여 욥은 하나님 앞에 나타날 생각에 **떨며 두려워**했다(15절). 욥의 **마음을 약하**게 하고, 욥이 자신에 대한 하나님의 부당한 벌로 여긴 것을 통해 그를 **두렵게** 한 것은 그분이 다름 아닌 하나님이시기 때문이다. 그런데도 욥은 자신의 삶에 드리워진 **어둠**과 **흑암** 때문에 **두려워하**지 않을 것이라고 주장했다(17절).

24:1-12. 이 장은 하나님이 세상의 끔찍한 악을 용인하시는 게 아니냐는 욥의 불평을 선보인다. 그는 하나님이 신의 정의를 베풀면서, 경건치 않은 자들을 심판하기 위한 특정한 때를 정해 그분을 아는 자들로 하여금 그분이 일하고 있음을 볼 수 있게 하시지 않은 까닭을 물었다(1절). 예를 들어, 욥은 어떤 사람이 자기 재산을 불법적으로 늘리고자 모세율법에서 금하는 이웃의 **경계표를 옮기**는 죄를 범하는데도 하나님이 잠자코 계시는 것 같다고 걱정했다(2절; 참고. 신 19:14; 27:17에서 이렇게 하는 사람은 저주받는다). 농경 사회에서 이에 못지않은 악질 범죄는 다른 사람의 **양 떼**를 훔치고 **가난한 자**를 학대하는 것이었다(3-4절). 이렇게 학대받은 가난한 자들은 식량을 긁어모으고 구걸하며, 그들을 억압했던 자, 곧 **악인이 남겨둔 포도**를 따는 신세로 전락했다(5-6절). 밤이 되면 가난한 자들은 추

워도 덮을 것이 없고, 소나기에 몸이 흠뻑 젖으며 필사적으로 피할 곳을 찾다가 **바위를 안는다**(5-8절).

욥은 억압에 대한 이야기를 지루할 정도로 계속 늘어놓았다. 그는, 아빠 없는 아이를 어떻게 엄마에게서 잡아챘는지, **가난한 자들**이 일했는데도 어떻게 일한 대가로 먹거나 마실 수 없게 되었는지를 기술했다. 이처럼 끔찍한 부당함을 목격한 욥은 하나님이 **그들의 참상을 보지 아니하신다**고 비난했다(12절).

24:13-17. 이처럼 눈에 보이는 악과 대비되는 것은 은밀하게 죄를 짓는 자들, 곧 **사람을 죽이는 자…도둑…간음하는 자**이다(14-15절). 그들은 땅거미가 지기를 기다렸다가 악을 행할지 모른다. 하지만 그들의 죄가 다른 사람들 눈에서 감춰진다 해도 하나님은 무슨 일이 일어나고 있는지 다 아신다. "그런즉 하나님이 어떻게 벌을 거두실 수 있을까?"(Zuck, *Job*, 111).

24:18-25. 이 절들이 겉보기에 1-17절과 반대되는 견해를 나타내서, 몇몇 주석가들은 이 부분을 욥의 친구 중 하나인 소발이나 빌닷에게 맡기거나, 21-25절에서 욥이 반박하는 가운데 그가 "너희들의 말처럼"이라는 도입부의 말과 인용 부호가 달린 18-20절로서 자기 친구들이 하는 말을 욥이 전달하는 것으로 본다. 하지만 관점이 갑자기 바뀐다고 해서 본문이 욥의 대답에서 포함하는 이 절들의 출처가 다르다는 암시로 볼 필요는 없다. 비슷한 변화가 훗날 시편 73:16-20에 나타나는데, 여기서 시편 저자는 악인의 성공과 안락을 한탄하는 것에서 그들이 하나님의 손에서 급작스레 파멸되는 것으로 화제를 돌렸다. 욥은 악인이 결코 심판을 받지 않을 거라고 말하지 않았다. **그들은 잠깐 동안 높아졌다**가 잊힌 후 곡식 이삭처럼 **잘려**진다고 말했을 뿐이다(24절). 욥의 요점은 하나님이 악한 자와 가난한 자를 대단히 공평하게 대한다는 인상을 주신다는 것이다. 그분은 초연하고 무관심한 것처럼 보이시고, 모든 사람은 마침내 사라져버린다. 욥의 친구들은 악인이 즉각 심판을 받는다고 주장한 바 있다. 하지만 욥은 세상 돌아가는 사정을 보면 그들의 응보 신학이 틀렸다는 게 증명된다고 반박했다. 그게 사실이 아니라 해도, 욥은 세 친구 중 아무나 그의 말이 **거짓됨**을 **지적하**라고 촉구했다(25절).

C. 빌닷의 세 번째 말(25:1-6)

빌닷의 마지막 말(25:1-6)은 욥을 비난하는 자들이 내는 일종의 한숨 소리이다. 즉, 잠자코 있기보다는 세 친구의 '편협한' 응보 신학(Zuck, *Job*, 113)을 방어하는 형태로 빌닷이 무언가 말하려는 시도이다. 소발이 세 번째 말을 하지 않았다는 것은 세 사람의 생각이 바닥났고 이들이 삶의 부당함에 대한 욥의 실감나는 묘사에 대해 할 말이 없었다는 방증이기도 하다. 빌닷의 마지막 말에서 드러나는 차이점 하나는 그가 악인의 운명에 대해 말하는 대신 하나님의 위대하심을 찬양했다는 사실이다.

25:1-6. 빌닷의 말대로, 하나님은 **주권**과 **위엄**을 가진 위대한 주권자이시다(2절). 천사들 혹은 별들을 나타내는 **그의 군대**는 우주의 통치자에 걸맞게 무수히 많고, 그분의 **광명**은 그분이 다스리시는 모든 피조물 위에 빛난다(3절). 하나님의 놀라우신 위엄을 고려할 때, "그런즉 하나님 앞에서 사람이 어찌 의롭다 할 수 있으랴?"라고 묻게 된다(4절). 빌닷의 수사적 질문은 긍정적 대답을 암시하지 않는다. 4절과 6절의 후반부는 욥을 비롯한 인류 전체가 하나님 앞에 죄인이고 부정하다는 그의 주장을 강화한다. 그리고 욥이 요점을 놓치지 않도록 빌닷은 그가 **구더기**요 **벌레**라고 에둘러 말했는데, 이는 육체적으로 가련한 상태에 있는 욥으로서는 도저히 참을 수 없는 발언이었을 터이다.

D. 욥이 빌닷의 비난에 대답하다(26:1-14)

26장은 욥이 빌닷에게 한 세 번째 대답이다. 빌닷의 극히 짧은 말로 세 친구의 말은 끝났다. 소발이 감히 세 번째로 말할 엄두가 나지 않았기 때문이다(아래를 보라). 그들의 논거는 기본적인 삼단논법에 줄곧 머무르고 있었다. 즉, '악인만이 하나님의 손에 고통 받는다. 욥은 하나님의 손에 고통 받고 있다. 고로 욥은 악인임에 틀림없다.' 욥은 논거의 맨 마지막 부분에 다다른 그들의 결론을 문제 삼았다. 그는 신랄한 풍자로 빌닷의 마지막 말을 일축했는데, 올든은 이를 "아이러니한 모욕"(*Job*, 257)이라 일컫는다. 빌닷은 욥의 주장에 대해 새로운 통찰을 제시하지 못했다. 그리고 그의 짧은 말은 욥을 비난하는 자들이 그에게 의미 있는 대답을 하지 못함을 시사했다.

26:1-4. 욥은 빌닷이 쓸모없는 말을 하자 비꼬는 투로 꾸짖었다. 1-3절은 반어법으로 넘친다. "자네들의

놀라운 조언과 지혜를 얻지 못하는, 이처럼 가련한 영혼이 대체 세상에 어디 있을까!" 욥은 짐짓 놀란 척하며 이렇게 외쳤다. 4절은 급소를 찌르는 말을 전한다. 욥은 빌닷에게 그의 말이 결코 그에게서 나오지 않았다고 꼬집었다. 빌닷은 앵무새처럼 남의 말을 흉내 낼 뿐이었다. 욥은 빌닷에게 그의 위로가 쓸모없었다고 계속 이야기했다.

26:5-14. 욥은 하나님의 위대하심에 대해 자신이 빌닷이나 나머지 두 친구보다 더 많이 안다고 계속 주장했다. 5-14절은 하나님의 장엄에 대한 선언으로 그분의 권능과 전지(全知)를 화려하게 묘사한다. "빌닷은 하나님이 장엄하시다고 진술했다(25:1-6). 반면에 욥은 빌닷의 진술보다 훨씬 더 차원 높은 하나님의 장엄에 대한 진술로 대답했다"(Zuck, *Job*, 115). 욥은 그분 앞에서 아무것도 감출 수 없다고 주장했다. 즉, **하나님 앞에서는 스올도 벗은 몸으로 드러나며 멸망도 가림이 없음이라**(6절).

욥은 다음 사실들을 알았다. 하나님이 (1) **북쪽을 허공에 펴시며 땅을 아무것도 없는 곳에** 매다셨다(7절). 첫 번째 진술은 ('북쪽'을 뜻하는 단어인) 사폰(Zaphon)산을 나타낼 수도 있는 바, 욥이 살던 당시의 가나안 신화에 나오는 신들이 이 산에 거주했다(Gordis, *The Book of Job*, 278-279; Zuck, *Job*, 117). 그렇다면 신화에 나오는 신들의 산이 "신의 우주론에 등장하는 장엄한 하늘"(Zuck, *Job*, 117)임을 보여주는 욥의 진술은 이방 종교 신화에 대한 논박이 될 것이다. 그리고 7절 후반부(7b절)는 우주에 매달려 있는 지구에 대한 놀랄 만큼 정확한 진술로, 이는 욥의 사후 수천 년이 지나서야 과학적으로 알려진 사실이다. (2) **수면에 경계를 그으셨다.** 즉, 바다에 경계를 표시했다(10a절). (3) 바벨론 신화에 나오는 바다의 신으로 험난한 바다를 상징하는 **라합을 깨뜨리셨다**(12절; 참고. 9:13). 이사야 51:9에서 하나님은 "라합을 저미"신 분인데, 이는 그분의 권능이 이방신들을 능가한다는 뜻이다. 그리고 (4) **날렵한 뱀을 무찌르셨**는데, 이는 라합이 산산조각 났다는 욥의 언급과 비슷해 보인다. 하지만 이 모든 사실에도 불구하고 사람들은 하나님에 대해 잘 모른다(14절). 욥의 요점은 모든 창조, 땅의 모든 피조물은 하나님에게서 비롯되었고 그분의 주권적 명령을 따라야 한다는 것이다.

고난에 처한 욥과 위로를 건네지 못하는 엘리바스와 빌닷, 소발 사이의 논쟁 후, 세 친구는 그가 끔찍한 죄를 범해서 삶이 완전히 망가진 게 틀림없다고 결론지었다. 또한 그들은 부분적인 증거와 일반화에 기초해 논리적으로 뒷받침되지 않는 결론을 성급히 내린 까닭에 친구인 욥을 위로하러 온 목적을 달성하지 못했다. 불록은 이렇게 말한다.

> 그들의 하나님 변호는 친구인 욥을 희생시키면서 그들 자신의 신학을 옹호하는 것으로 바뀌었다…욥은 자신이 당한 고난의 신비를 헤아릴 수 없었지만 여호와 경외하는 일은 반드시 지속되어야 한다고, 그분을 경외한 자들은 세 친구가 사용한 인과 원리가 아닌 다른 원리에 의해 심판받아야 한다고 가르쳤다[*An Introduction to the Old Testament Poetic Books*, 73, 75.《시가서 개론》(은성)].

욥

V. 욥이 계속 말하다(27:1-31:40)

A. 욥이 자기 친구들에게 마지막으로 하는 말 (27:1-23)

27:1-6. 욥은 자신의 무죄를 다시금 주장하고자 **전능자의 사심을 두고**(2절) 굳게 맹세했다. 그는 하나님의 이름과 존재를 들먹일 만큼 자신의 순결을 크게 확신했지만 자신의 삶을 괴롭게 만든 장본인이 **전능자**시라고 말했다. 그런데도 욥은 살아 있는 한 자신의 무죄를 고수하겠다고 다짐했고(3절), 어떤 거짓말도 하지 않겠노라고 선언했다(4절). 그런 까닭에 욥은, 그가 죄를 범했다고 비난하면서 그에 대해 불리하게 말한 친구들이 **옳다**고 말하지 않을 것이다(5절). 그에 반해 욥은 자신이 양심에 거리낄 게 없다고 주장했다(6절).

27:7-10. 몇몇 주석가들은 8-23절을 소발의 세 번째 말로 간주한다. 하지만 본문에는 이에 대한 증거가 없다. 대신 7-10절은 자신의 적들에 대한 욥의 저주이고, 그 적들을 그는 **악인**에 비유하면서 그들이 악인과 똑같은 운명에 처하기를 바란다. 빌닷은 욥이 '악하다'고 비난했었다(18:5, 21). 그러나 지금은 욥이 그 비난을 돌려 "빌닷(혹은 세 친구 모두)이 악인에게 마땅한 벌을 받기를"(Alden, *Job*, 263) 기도했다. **불경건**

한 자는 하나님께 부르짖어도 희망이 없고(8-9절), **전능자**를 조금도 기뻐하지 않을 것이다. 올든은 이 부분에 대해 더 언급한다. "8-10절은 나쁜 사람들에게 일어나는 나쁜 일들을 묘사하므로 욥에게 다소 어울리지 않는다. 이는 욥이 아닌, 친구들이 통상적으로 한 말이다"(Alden, *Job*, 263).

27:11-23. 엘리바스는 욥에게 하나님의 교훈을 받으라고 강력히 권고했었다. 하지만 전세가 역전되었다. 이제 욥이 그를 비난하는 세 친구에게 하나님의 권능에 대해 알려주고 **전능자**(11절)에 대해 가르칠 것이라고 말하게 된 것이다. 세 친구는 욥이 그들에게 무슨 말을 할지 이미 알고 있었기에 그들이 그를 잘못 고소하는 것은 어리석은 일이었다(12절).

그러고 나서 욥은 **악인**의 운명에 대해 이야기했다(13절). **그의 자손이 번성하고**(14절) **그가 부자로** 눕는(19절) 것에도 불구하고 그의 가족(14-15절)과 그의 재물(16-23절)은 없어질 것이다. 악인 자체는 마치 그가 피할 수 없는 **동풍**에 휩쓸리듯 흔적도 없이 홀연히 사라질 것이다. 악인이 심판을 받아 자취도 없이 사라지는 것을 목격하는 자들은 그가 가버렸다는 사실에 코웃음 치며 기뻐하면서 박수칠 것이다.

B. 하나님의 지혜에 관한 욥의 메시지(28:1-28)

많은 학자들이 28장을 욥기 전체의 신학적이며 문학적인 핵심으로 간주하는 것은 당연하다[예를 들어, Elmer Smick, "Job," 4:848; Dorsey, *The Literary Structure of the Old Testament*(Grand Rapids, MI: Baker 1999), 72; Alan Cooper, "Narrative Theory and the Book of Job," *Studies in Religion* 11(1982): 42]. 28장을 책에 무작정 삽입된 것으로 보는 시각도 있다. 이 장은 욥기의 다른 어느 곳에서보다 하나님의 섭리와 솜씨가 더 고귀하다고 여기며, 하나님이 욥과 대면해 그의 지식이 실제로 얼마나 빈약한지를 폭로하시는 38-42장의 내용을 일부 예고한다. 하지만 카이저는 이렇게 지적한다. "28장은 욥과 그의 친구들이 벌이는 논쟁의 흐름을 방해하는 삽입 내용이라기보다 수없이 많은 담화를 나누면서도 신의 지혜는 언급조차 하지 않는 가운데 저자가 자기 독자들에게 계시적 관점을 제시하려는 시도였다고 보는 편이 적절하다"[*Toward an Old Testament Theology*, 169.《구약성경신학》(대한기독교출판사)].

28장이 크게 찬양하는 하나님의 지혜는 그분이 인간사를 비롯해 우주를 창조하고 관리하시는 자신의 주권적 솜씨 및 지식과 관련된 그분의 속성이다. 지혜문학과 히브리 시에서 지혜는 종종 하나님의 동역자 혹은 대리인으로 의인화된다. 욥의 지적대로, 인간의 기술이 경탄을 자아낼 수는 있지만(예를 들어 1-11절의 채굴), 하나님이 세상에서 하는 일을 그분이 어떻게 혹은 왜 하시는지는 아무도 헤아리지 못한다. 욥이 하나님의 지혜에 대한 이 진리들을 언급하게 된 계기는 부분적으로 세 친구의 추정과 관계가 있다. 그들은 자신들이 실제로 그렇게 하지 못했음에도 '그 모든 것을 이해했다' 고 생각했다. 인간의 고난은 그들의 죄 때문이라는 응보에 대한 그들의 신념은 지나치게 환원주의적이었고 하나님을 궁지로 몰았다.

죄는 인간 고난의 형태로 하나님의 징벌을 가져올 수 있고 가져온다. 하지만 고난은 징계와 교정을 위한 하나님의 뜻일 때도 있고(히 12:1-11을 보라) 절대적으로 그분의 영광을 위한 것일 때도 더러 있다(요 9:3). 고난은 인간의 죄에 대한 신의 한결같은 그리고 유일한 반응이 아니다. 세 친구와 대조적으로 욥은 하나님이 결코 그렇게 얄팍한 분이 아니시고 자신의 고유한 상황이 그들의 잘못된 신학과 들어맞지 않음을 보여주었다. 어째서 욥의 삶이 엉망이 되었는지 그리고 어떤 목적으로 그렇게 되었는지 아는 것은 오로지 참되신 하나님과 그분의 지혜로우신 우주 통치이다. 하지만 그분의 목적은 욥뿐 아니라, 그의 친구들은 부인했지만 그들에게도 여전히 수수께끼였다.

28:1-14. 인간은 그 과정에서 종종 위험에 처하기도 했지만 땅을 깊이 파서 귀중한 광석을 캐내왔다. 그들은 땅속으로 탄갱을 파고 밧줄에 의지해 내려가 채광하는 동안 그 밧줄에 **매달린다**(4절). 그들은 산의 갈라진 금과 틈 안에서 땀을 흘리며 인간에게 가치 있는 광석을 찾는다. 그들은 돈이 될 만한 것을 찾아서 **솔개나 사나운 사자**가 단 한 번도 간 적이 없는 곳으로 갈 것이다(7-8절). 인간은 그동안 귀중한 광석을 캐내는 데는 성공했지만(**감추어져 있던 것을 밝은 데로 끌어내느니라**, 11절) 경건한 지혜를 발견하는 데는 실패했다.

지혜(12절)는 어디에서 오는가? 지혜는 숨겨져 있어

깊은 물이나 **바다**(14절)에서 찾을 수 없는 듯하다. 궁극적 가치를 지닌 지혜는 산이나 바위 밑에서 발견되지 않는다. 메러디스 클라인(Meredith Kline)은 이렇게 주장한다. "자신과 자신의 세계가 창조주의 지배를 받는다는 인간의 겸허한 인정은 인간 지혜의 생명선 그 자체여서 지혜와 동일한 것으로 간주될 수 있다. 인간은 하나님과 관계없이 자기 자신의 힘으로 지혜를 찾으려는 노력을 멈출 때 지혜의 길로 들어선다"["Job," in *The Wycliffe Bible Commentary*, ed. Charles F. Pfeiffer and Everett F. Harrison(Chicago: Moody, 1990), 480.《욥기》, 위클리프 주석성경(선교횃불)]. 파슨즈(Parsons)는 이렇게 덧붙인다.

> 욥은 하나님이 자연에서 행하시는 경이로운 일이 자신에게 수수께끼라고 말했다. 이처럼 주권적으로 일하시는 하나님의 성품을 그는 인지할 수 없었다(9:10-12; 26:14을 보라. 그리고 욥기 28장도 봐야 할 것 같다). 더 정확히 말하면, 하나님의 주권적인 자연(우주 만물) 통치는 독단적이고 폭력적인 힘과 지혜를 나타내는 것처럼 보인다(9:12, 14-24; 12:13-25; 또한 30:18-23). 동시에 욥은 자연에 호소해 자신(12:7-10; 16:18-19)과 자신의 도덕적 순결(31:8, 12, 38-40을 보라)에 대한 하나님의 명백한 불공평(이라고 그가 생각한 것)에 대해 스스로 증인이 된다[Gregory W. Parsons, "The Structure and Purpose of the Book of Job," *BibSac* 138(1981): 146].

28:15-22. 지혜의 가치는 인간에게 가치 있는 **귀한 돌**들(16절)보다 훨씬 더 크고, **금…은…청옥수…남보석…진주…벽옥…산호…황옥…**혹은 **순금**으로도 살 수 없다. 지혜의 출처는 하나님만이 아신다.

28:23-27. 하나님은 주권을 행사하고 욥의 혼란과 재앙을 통제하되 '지혜롭게' 하신다. 하나님이 세우는 계획은 하나님만이 아신다. 즉, **하나님이 그**[지혜의] **길을 아시며 있는 곳을 아**신다(23절). 욥은 자신에게 고난이 임했을 때 그럴 만한 이유가 있을 거라고 생각하기 시작했다. 그리고 23-27절은 하나님이 우주를 경영하는 그분의 솜씨와 지혜에 대해 38-41장에서 명백히 밝히시는 것을 피상적이고 최초의 의미에서 나타낸다. 하지만 욥은 자세한 내용이 아직 기억나지 않았다.

28:28. 참된 지혜는 인생의 흥망성쇠와 그 사이에 일어나는 온갖 일과 관련해 하나님 앞에서 요령 있게 살아갈 방법을 사람에게 가르친다(28:28; 시 111:10; 잠 1:7; 9:10). 하나님은 지혜를 세웠고 **주를 경외함**이 지혜라고 말씀하셨다. 하나님의 지혜는 우주 만물의 일을 경영하시는 법에 관한 그분의 신적 기술과 지식이다. 인간의 지혜는 자신의 삶을 영위하고 경영하기 위한 기술이다. 이 기술은 궁극적으로 **주를 경외함**, 곧 **악을 떠**날 만큼 그분을 더없이 존경하는 자세에서 생겨난다.

C. 욥이 자신의 삶을 되돌아보다(29:1-31:40)

자신은 양심에 조금도 거리낌이 없기에 자신이 견디는 고난은 부당하다는 욥의 강경한 주장이 이 세 장에서 되풀이되는 주제이다. 욥은 하나님이 그에게 내리신 복으로 행복했던 지난날을 회상하고(29:1-25), 지금의 고난이 가슴 아프다는 이야기를 들려주며(30:1-31), 자기로서는 어떤 범법 행위도 한 적이 없다고 거듭 주장했다(31:1-40).

29:1-7. **욥**은 자신에게 재앙이 닥치기 전의 순탄하고 행복했던 시절로 돌아가고 싶어 했다. 그 시절은 **하나님이** 그를 **보호하시던 때**였고(2절), 욥은 하나님의 은혜라는 **빛** 안에서 걸었다(3절). 하나님은 그의 친구였고 **전능자**는 그와 함께 계셨다(4-5절 전반부). 욥은 또한 자신의 열 **젊은이**들에게 둘러싸였는데, 이는 아버지(그리고 아마도 할아버지)가 자기 아들딸들로 즐거워하는 것을 묘사한다. 욥은 자신이 아주 잘나가던 때를 떠올렸는데, 그때는 **바위**조차도 **나를 위하여 기름 시내를 쏟아냈**다(6절).

29:8-16. 자신이 동년배들 사이에서 리더 역할을 하던 지난날, 욥은 지혜로운 사람으로 소문났다. 그가 성읍 문에 오면 젊은이들과 노인들 모두 자리에서 일어났고 대화가 중단되었다. **지도자**들까지도 욥이 하는 말을 듣고자 입을 다물었다(8-11절). 그는 어려움에 처한 사람들(**빈민**, **고아**, **과부**, **맹인**, **다리 저는 사람**, **빈궁한 자**, 12-16절)을 공평하게 대하고 자비를 베푼 것으로도 이름을 떨쳤다. 욥은 어떤 곤경에 처한 사람이든 자기 집에서 그냥 돌려보내지 않았다. 그리고 '그

욥

는' 그 사정을 **모르는** 사람들, 낯선 이들까지도 공평히 다루고자 온 정성을 쏟았다(16b).

29:17-25. 욥은 자신이 범법자의 **턱뼈**와 **잇새**에서 **노획한 물건**을 빼내는 자라고 하면서 가난한 자와 궁핍한 자를 학대하는 **불의한 자**(17절)에게 맞섰다. 욥은 자신이 약자들을 방어했으므로 강건하고 복된 삶을 쭉 살아갈(자신의 날이 **많으리**라고, 18절) 거라고 생각했다. 그의 **뿌리**는 언제나 **물**로 뻗어나가고 **이슬**이 영원히 그의 **가지**에 머무를 것이다(19절). "힘과 복원력을 나타내는"(Alden, *Job*, 285) 그의 **활**(공동번역)은 그의 손에서 계속 힘을 얻을 것이다. "욥은 세상을 떠나기 직전까지 하나님이 계속 그의 삶을 축복해주시면 좋겠다고 말했다"(Zuck, *Job*, 128). 그는 사람들에게 자신의 **말**로 용기를 북돋우면서 그들의 존경을 듬뿍 받았다(21-25절).

30:1-10. 29장은 하나님이 욥에게 주신 것을, 30장은 하나님이 욥에게서 빼앗으신 것을 묘사한다(참고. 1:21). **그러나 이제는 나보다 젊은 자들이 나를 비웃는구나**라고 욥은 푸념했다(1절). 젊은 자들에게 망신당하는 것보다 훨씬 더 모욕적인 것은 욥을 비웃는 자들이 그가 형통하고 복을 받던 때였다면 그가 '무시했'을 법한, 경멸 받아 마땅한 자들의 아들들이라는 사실이었다. 2-8절은 생생한 언어로 이들 오합지졸을 기술하며, 그들을 짐승처럼 행동하고 말썽 부려서 **사람들 가운데에서 쫓겨나**는 것으로 묘사한다(5절). 별 볼 일 없는 데다 한때 욥의 도움까지 받았을지 모를 작자들이 지금은 그를 자신들보다 훨씬 더 낮다고 여기면서 비웃으니 욥으로서는 기가 찰 노릇이었다(8-9절). 한때는 그가 '그들을' 심판했지만, 지금은 그들이 지나면서 그의 **얼굴**에 침을 뱉기까지 했으니 이보다 더 큰 모욕은 없었다(10절).

30:11-15. 욥은 하나님이 그의 **활시위**(11절)를 늘어지게 하여 그를 완전히 무방비 상태로 내버려둠으로써 그의 상대들에게 속수무책이 되게 하셨다고 생각했다. 욥의 약점을 파악한 적의 **무리**는 길길이 날뛰며 달려들어 그의 발을 밀쳐내고 그를 향해 포위망을 좁혔다(12절). 그들은 어떤 외부 도움 없이 그를 파멸에 이르게 했다(Zuck, *Job*, 130-131). 적들은 욥의 삶이라는 벽의 **파괴한 가운데**로 침입해 마치 습격하는 군대처럼 그에게 몰려들었다(14절). 이런 가차 없는 공격을 받은 욥이 **공포**(15절)에 사로잡히는 것은 당연하다.

30:16-23. 그러자 욥은 하나님의 손에서 겪는 육체적, 정서적 고통으로 신음하기 시작했다(16-18절). 욥의 육체적 고통은 그가 밤새 몸부림치다가 **옷**이 휘감겨질 정도로 지속되었다. 욥은 하나님이 그를 **진흙 가운데**(19절) 던지셨다고 생각했다. 욥은 살려달라고 하나님께 울부짖었지만 그분은 침묵하셨다. 욥은 하나님이 그를 죽기 직전까지 못살게 굴 정도로 그에게 **잔혹하게 하신다**고 비난했다(20-23절).

30:24-31. 하나님께 버림받고 학대까지 당한 욥은 자신이 사람들에게도 버림받았다고 한탄했다. 욥은 다른 이들의 필요에 깊은 관심을 보였었기에 이 상황은 그에게 엄청난 고통을 안겼다(25절). 하지만 도움이 필요했을 때 그에게 돌아온 것은 **화**…**흑암**…및 **환난**이었다(26-27절). 욥은 **도움**을 부르짖었지만 '위로'를 얻지 못했다(28-29절). 욥의 육체적 고통에는 그를 슬픔에 잠기게 한 **통곡**이 따랐다(30-31절).

31:1-8. 욥은 삶의 여러 영역에서 자신이 결백하다는 지루한 변호로 **말**을 끝냈다(40절). 욥은 자신이 이 장에서 이름 붙인 죄들 가운데 어느 하나라도 범한다면 저주를 자초하겠다는 극단적 표현으로 자신을 옹호했다. "욥은 자신의 온전함과 죄에서 해방되었음을 너무도 확신했기에 여기서 대략 일곱 가지 범주의 죄를 나열했다. 그리고 그 죄의 결과들을 그는 기꺼이 감수할 것이다"(Alden, *Job*, 297). 먼저 그는 자신이 성적인 죄에서 벗어났다고 주장했다. 그는 성욕에 관해 자신의 눈과 **약속**하고 지켰으므로 자신이 음탕한 눈으로 보는 죄를 범한 적이 없다고 주장했다(1절). 욥은 악을 행하는 자에게 **환난**을 내리는 하나님이 그의 일거수일투족을 감시하신다는 생각에 죄를 지을 엄두가 나지 않았다(2-4절). 5절에서 욥은 일련의 자기 저주를 시작한다(**만일**이라는 단어는 31장에 적어도 14회 나온다). **만일** 욥이 자신의 행동이나 대인 관계에서 **허위**나 **속임수**의 죄를 범했다면 하나님이 그를 **저울에 달아보**고 그의 행동을 판단하며 어떤 결과가 임하든 그가 감당하게 하시리라(5-6절). 그러나 욥은 자기 손에 **더러운 것**이 조금도 묻지 않았다고 확신하면서 스스로 올곧다고 주장했다(7절). 만에 하나 자신이 유죄로 밝혀

지면 자기 **소출이 뿌리째 뽑**혀도(농부인 그의 소득이 완전히 없어지는 것) 기꺼이 감수할 것이라고 욥은 말했다.

31:9-15. 이어서 욥은 자신이 다른 **여인**에게 **유혹되어** 부적절한 관계를 맺은 적이 없다고 말했다. 그것은 **음란한 일**이며 그가 하나님에게서 받고 있는 것과 유사한 대접을 받아 마땅한 **죄악**일 것이다(9-11절). 하지만 욥의 요점은 이랬다. 욥의 친구들은 그가 31장에서 서술한 범죄들을 저질렀다고 비난했지만, 그는 이와 달리 결백했다. 그렇기에 욥은 자신이 하나님에게서 받고 있는 대접이 부당하다고 마음속으로 굳게 믿었다. 욥은 자신의 하인들도 그와 마찬가지로 하나님이 손으로 지으셨음을 인정하면서 그들을 공평하게 대했다는 주장도 했다.

31:16-23. 가난한 자와 빈궁한 자 역시 욥의 배려로 복을 받았다. 29:12-17에서 욥은 자신이 고아, 과부, 주린 자 및 결핍으로 고통 받는 이들에게 관심을 쏟는 것은 하나님이 그에게 물질의 복을 넉넉히 주셨기 때문이라고 주장한 바 있다. 그는 **가난한 자…과부…** 그리고 **고아**에게 먹을 것을 주고 양털로 옷을 지어주었다고 말하면서 여기서 그 주장을 되풀이했다(16-20절). 욥은 자신이 성읍의 문에서 영향력을 행사해 자기 이익을 취하거나 짓밟힌 자들을 이용해 먹은 적이 결코 없다고도 말했다(21절). 빈궁한 자들의 문제와 관련해 욥은 자신이 그들을 돕지 않았다면 육체적 고통을 기꺼이 받겠노라고 거듭 말했다(22절). 하지만 그는 주님을 경외했기에 악을 행할 수 없었다(23절).

31:24-28. 게다가 욥은 자신의 신뢰를 **금에다** 두지 않았을뿐더러, 하나님이 그에게 물질의 복을 주셨음에도 **기뻐하**지 않았다고 말했다(24-25절). 욥은 자신이 우상숭배나 점성술에 발을 들여놓은 적이 단 한 번도 없다는 말도 했는데(26-27절), 이 죄 역시 하나님의 심판을 초래할 만한 것이다.

31:29-40. 욥은 자신이 범하지 않은 죄의 목록에 자기 적들에 대한 앙갚음을 추가했고(29-30절), 그의 부인(否認)에 대해 세 친구는 나중에 하나님께 감사를 드릴지 모른다! 욥은 자신의 재물에 인색하지 않았고(31-32절), **아담**이 하나님을 피해 숨음으로써 그랬듯이(창 3:9-10) 자기 죄를 은폐하려고 하지 않았다고 주장했다. 욥은 자신이 잘못된 일을 한 적이 없어 사람들의 시선을 피해 숨을 이유가 없다고 말했다(33-34절). 그리하여 욥은 자신이 **왕족처럼** 하나님을 가까이할 수 있도록 그분이 그에게 대답해주시기를 바랐다(35-37). 욥은 자신이 겪은 고난에 걸맞은 어떤 중대한 범법 행위도 한 적이 없다고 주장하면서 자신의 간증을 마쳤다(38-40절).

죄와 심판, 고난에 관해 욥의 친구들이 경직된 인과관계의 사고방식을 드러내면서, 하나님은 졸지에 그들이 보기에 한낱 상을 주거나 벌을 내리시는 존재로 축소되었다. 하지만 그런 사고방식으로는 타락한 세상에서의 인간 존재를 설명하지 못한다. 요셉(창 37-38장), 예수님(복음서들), 나사로(눅 16:20-25) 혹은 의로운 가난한 과부(막 12:41-44)의 삶을 어떻게 설명할 것인가? 욥의 삶은 알게 모르게 이루어진 공격으로 압박받고 있었다. '욥에 대한 공격의 전개'라는 표는 욥이 접촉했던 다수의 개인과 집단을 묘사하고, 그가 직면한 다방면의 공격과 비난을 실지로 보여준다. 욥에 대항해 이 '적들'이 뭉쳤음을 고려할 때 우리는 그가 자기 방어와 자기 합리화라는 요새 안으로 도피한 까닭을 어렵지 않게 이해할 수 있다.

욥

Ⅵ. 엘리후의 말(32:1-37:24)

A. 욥과 그의 친구들, 하나님의 일하심에 관한 엘리후의 첫 번째 말(32:1-33:33)

32:1-5. 욥의 이른바 세 친구는 그의 말을 충분히 듣고 나서, 욥이 오만하고 **자신을 의인으로 여겼**다는 것이 주된 문제라는 데 동의했다. 특히 그가 죄를 범한 것에 그치지 않고 그것을 부인하려 했다는 그들의 확신을 고려할 때, 이는 그들이 보기에 심각한 성격상의 결함이었다. 세 친구 외에 **엘리후**라는 다른 친구가 있었는데 그는 욥과 그들 사이의 토론을 경청해왔다. 그는 **부스 사람 바라겔**의 후손으로 확인되었다. 아브라함의 형제인 나홀과 그의 아내 밀가는 우스와 부스를 비롯해 여러 아들을 두었다. 엘리후의 조상인 부스 사람 바라겔은 이 부스의 후손으로 추정되지만 확신할 수는 없다. 이전에 욥의 이 나이 어린 친구는 조용히 토론을 지켜보다가 분노가 점점 차올랐다. 첫째는 욥에 대해서였는데, 이는 **욥이 하나님보다 자기가 의롭다**(2절)라고

말했기 때문이다. 다른 세 친구도 같은 이유로 욥을 비난했다(1절). 엘리후는 욥의 자신이 의롭다는 어쭙잖은 주장과 하나님에 대한 불손한 태도에 몹시 화가 났다. 하지만 엘리후는 엘리바스와 빌닷, 소발에게도 격분했다. 자신들의 설득력 없는 주장과 잘못된 추론에도 불구하고 그들이 욥을 침묵시키거나 자신들의 비난이 타당하다는 어떤 증거도 제시하지 못한 채 따분한 말을 장황하게 계속 웅얼거렸기 때문이다(4-5절).

몇몇 학자들은 엘리후가 욥기의 가장 논리적인 저자임을 시사했다. 쉬몬 베이컨(Shimon Bakon)의 말처럼, "욥기의 불가사의한 저자가…다름 아닌 엘리후일 거라는 추측은 매우 기분 좋은 일이 될 것이다…엘리후는 모든 주인공들 중 성명으로 불리는 유일한 인물이다. 그의 말은 책의 상이한 부분들을 묶어 욥기의 중심 테마 중 하나, 곧 고난을 통한 정화를 부각시키는 유기적 실재로 변모시킨다"["The Enigma of Ellihu," *Dor le Dor* 12(1984): 228].

32:6-14. 분노가 끓어오르기는 했어도 엘리후는 나이가 많은 세 사람 앞에서 자신의 '연소함'을 인정하는 것으로 말을 시작했다. 엘리후는 지혜가 세 연장자에게서 올 것으로 생각해 자신은 감히 의견을 **내놓지 못하였다**는 말까지 했다(6-7절). 하지만 그는 나이 좀 들었다고 지혜를 더 잘 이해하거나 사용할 수 있는 것이 아님을 상기시키면서 욥과 세 친구에게 맞섰다. 지혜는 **전능자의 숨결**(8-9절)에서 오기 때문이다. 그래서 엘리후는 **내 말을 들으라**(10절)고 말했다. "자기 선배들이 무지하다는 엘리후의 대담한 주장을 고려할 때 그는 청문회를 요청해야겠다고 판단한 모양이다"(Zuck, *Job*, 143). 엘리후는 세 친구가 욥의 주장을 반박하지 못했다고 재차 말하면서(참고. 3절) 그들에게는 하나님이 주시는 지혜가 없다고 결론지었다. 하지만 자신은 하나님의 지혜가 있으므로 그 지혜를 사용해 욥의 주장을 반박할 것이라고 말했다(11-14절).

32:15-22. 엘리후는 더 이상 침묵하면 안 되겠다고 생각했다. 욥이 지금과 같은 운명에 처해 마땅한 죄를 범했음을 세 친구가 입증하려 했으나 할 말이 바닥났기 때문이다(15-16절). 하지만 엘리후는 함께 나눌 자기 나름의 몇 가지 생각과 의견이 있었다. 그리고 그는 **말이 가득**해서 말할 준비가 되었고 열의도 있었다(17-18절). 실로 그는 너무 답답해 계속 침묵한다면 자신의 내면은 발효되는 포도주가 새 부대를 터뜨리듯이 그렇게 터져버릴 것 같은 느낌이 들었다. 그가 **시원**해지려면 말을 해야 했다(19-20절). 또한 엘리후는 자신이 이제 막 하려는 말은, 그것에 소질이 없다고 자신이 주장하는 편견이나 아부와는 거리가 먼, 더없이 공평하고 공정한 말이라고 경건하게 주장했다(21-22절). 주크의 말대로, "(엘리후의) 분노는 그의 자존감 상실로 이어지지 않았다"(*Job*, 144).

33:1-7. 자신의 첫 번째 말에서 엘리후는 자기가 이제 막 하려는 말은 **정직함**이라는 동기와 **아는 것을 진실하게 말하**(1-3절, 현대인의 성경)려는 입에서 오는 것임을 욥에게 확인시키려 했다. 이는 나머지 세 사람의 말에 진정성이 없었음을 넌지시 내비친다. 엘리후는 자신 또한 하나님이 지으셨음을 인정하면서 스스로 욥과 같은 반열에 올랐다. 엘리후가 욥에게 할 수 있거든 그에게 **대답하**고 토론에서 **진술하**라고 요구하기는 했어도, 엘리후는 욥이 그의 주장에 벌벌 떨거나(자신도 욥처럼 하나님의 지으심을 받았으므로, 6절) 압박감을 느끼지 않기를 바랐다(7절).

33:8-18. 그런 후에 엘리후는 자신이 욥의 무죄 선언을 다 들었다고 말했다. 엘리후는 하나님이 욥의 범법 행위를 비난할 기회를 얻고자 그를 철저히 감시하면서 그에 대한 비난을 만들어냈고 그를 **원수**와 죄수처럼 대하셨다는 욥의 비난을 비롯해 그가 한 말을 그대로 그에게 전하기까지 했다(8-11절). 하지만 엘리후는 하나님이 욥을 대적하신다는 그의 말이 틀렸다고 선언했다(12절). 그러면서 욥에 대한 강한 반박을 시작했다. 엘리후의 주장대로, 하나님은 전적으로 **사람의 교만을 막으**시고자 꿈을 사용하면서까지 말씀하신다. 교만은 그를 파멸에 이르게 할 것이다(14-18절). 엘리바스는 욥과 맞설 권위 있는 내용이 꿈에 들어 있다고 주장했다. 욥은 자신이 하나님에게서 비롯된 악몽으로 두려워 떨었다고 말했다. 엘리후는 하나님이 꿈을 사용해 사람들에게 말씀하셨지만, 욥이 그분의 메시지를 듣지 못했다고 넌지시 강조한다. 하나님에게서 오는 꿈의 주된 내용에는 죄를 피해야 할 필요성이 포함되었다(17-18절).

33:19-22. 꿈 외에 질병 역시 하나님이 메시지를 전

욥에 대한 공격의 전개

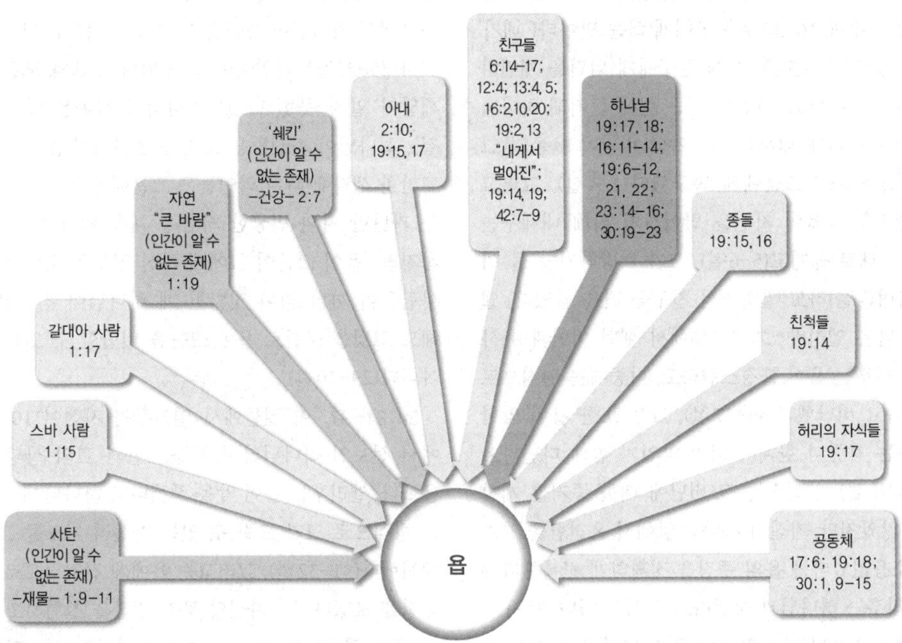

하시는 수단이다. 여기서 엘리후는 "욥의 급소를 찌르다시피 하는"(Alden, *Job*, 328) 예를 사용했다. 욥은 먹는 일에 흥미를 잃었을 뿐 아니라 자신의 몸이 **별미**(20절; 참고. 3:24; 6:7)를 보기만 해도 거부할 정도까지 계속되는 **병상의 고통**과 **뼈가 늘 쑤심**(19절)을 경험했었다. 21절 역시 욥을 괴롭히는 소모성 질환을 묘사하는데, 이 질환으로 그는 여러 번이나 죽음 직전까지 가는 체험을 했다.

33:23-28. 여기서 엘리후는, "아픈 사람의 회개든 은혜로운 대속이든 간에"(Zuck, *Job*, 147) 괴로워하는 사람을 위해 중재하고 대속물을 바쳐 죽음에서 **그를 건져**내기도 하는 **천사**의 모습으로 희망의 말을 건넸다(23-24절). 고난당한 사람을 위한 대속이 이런 식으로 이루어지면 그는 자신의 **젊음**, 곧 육체의 건강을 되찾고 영적 회복을 체험한다. 그리하여 그는 하나님이 그의 삶을 죽음의 구덩이에 내려가지 않게 **건지셨으므로**(28절) 다시금 **기도하고 노래**할 수 있다(25-27절).

33:29-33. 하나님이 이렇게 회복시키는 것은 고난당한 자가 다시금 그분과 사귐을 갖게 하시기 위함이다. 엘리후는 욥에게 그의 말을 **귀담아들으**라고 간청하면서 자신의 첫 번째 말을 끝냈다. 자신이 욥을 **의롭다** 하기를 바랐고 욥에게 줄 **지혜**가 있었기 때문이다.

엘리후의 신학은 욥의 세 친구와 조금 달랐다. 그들은 고난을 한 인간의 죄에 대해 하나님이 내리시는 징벌의 결과로 보았다. 그러나 엘리후는 고난이 자신의 죄에 주의를 환기하는 교훈을 주고, 경고를 통해 죽음을 피하게 하는 예방책 역할을 할 수 있다고 주장했다. 엘리후의 말대로, 하나님이 계획하신 고난은 그분에게 돌아오라고 인간에게 보내는 러브콜이다(**그는 하나님께 기도하므로 하나님이 은혜를 베푸사**, 26절). 엘리후가 생각하기에, 이 러브콜을 보내는 것은 천사들을 통해 중재될 수 있다(23절). 욥의 세 친구가 그랬듯이 엘리후 역시 고난을 죄와 결부시켰다. 하지만 그들과 달리 엘리후는 고난에 더 따뜻하면서도 회복시키는 목적이 있다고 보았다. 욥의 친구들이 그랬듯이 엘리후도 욥과 관련된 상황을 오해했다. 그러나 욥은 그런 고난을 당해도 싸다고 할 만한 죄를 짓지 않았다.

B. 엘리후의 두 번째 말(34:1-37)

34:1-9. 자신의 두 번째 말에서 엘리후는 하나님이 불공평하시다는 욥의 비난에 대답했다. 1-15절은 욥의 세 친구에게, 16-37절은 욥에게 하는 말이다('네가'는 단수형이다). 엘리후는 세 친구에게 의견을 개진하라고 거듭 요청했고, 자신이 하는 말에 근거해 하나님이 욥을 부당하게 대하신다는 욥의 비난이 옳은지 그른지 결정하라고 그들에게 촉구했다(1-4절). 그러고 나서 엘리후는 욥이 자신을 방어하기 위해 내세우는 논지를 그대로 옮기고(5-6절), 그가 **비방하기를 물 마시듯 하며**(7절)라고 말하면서 친구들 편을 들었다. 엘리후의 말은 엘리바스가 15:16에서 했던 비난과 유사했다. 엘리후는 욥이 불경스럽다고, 나중에는 영적으로 무지하다고 비난했다(34-37절). 그는 또한 욥이 **악한 일을 하는 자들**과 한패가 되며 **악인**과 함께 다닌다고 비난했다(8절). 엘리후는 그 비난에 대한 증거를 제시하지는 않았지만, 자신이 하나님 앞에서 온전함을 지키는 게 소용없었다는 욥의 주장을 정확하게 반복했다(9절). 엘리후는 하나님과 사귄다고 해서 이렇다 할 유익이 생기지 않는다는 욥의 주장을 비난했고(21:15에서 욥의 이전 논평을 보라), 35장에서 그 주장에 대해 장황하게 대답했다(35장에서의 논평을 보라).

34:10-15. 하나님의 정의를 옹호하는 엘리후를 보면 빌닷이 떠오른다. **하나님…전능자**가 **악을 행하시**거나 **불의를 행하**신다는 것은 상상도 할 수 없었다(10절). 그분은 공의를 왜곡하시지 않는다. 엘리후는 이렇게 주장했다. 하나님은 인간을 공평하게 대하고(11절), 자신의 주권적 권위로 땅을 다스리기에 아무에게도 설명할 필요가 없고(12-13절), 그분이 결정하는 대로 목숨을 유지하거나 거두실 권리가 있다(14-15절).

34:16-30. 하나님은 **의롭**고 공정해서 **왕**이나 **고관** 혹은 **부자**를 편애하시지 않는다. **그의 손으로** 지음 받은 그들 모두를 그분은 **순식간에** 제거하실 수 있기 때문이다. 하나님은 심판을 수행하실 때 사람의 손이 주는 도움이 필요 없다(16-20절). 전지하신 그분은 인간이 하는 모든 일을 다 보신다(21절). **행악자**가 모든 것을 보시는 하나님의 눈을 피해 숨을 만큼 대단한 **흑암**이나 짙은 **사망의 그늘**은 없다. 그분은 문제를 더 조사하거나 개인을 그분의 법정에 세울 필요도 없이 그 즉시 올바른 판단을 내리실 수 있다(23-24절). 악인들은 경계해야 할 것이다. 다른 사람들이 그들을 보지 않는 **밤 사이에**, 혹은 그들의 처벌이 드러날 수 있는 **사람의 눈앞에서** 하나님이 그들을 뒤집어엎으실 수 있기 때문이다(25-26절). 악인들이 **그를 떠나**고 **그의 모든 길을 깨달아 알지 못**했으므로 하나님의 심판을 받는다(27절). 하나님이 자신들을 보거나 벌하시지 않을 거라는 교만한 생각에 빠져 악인들은 그분에게 공의를 부르짖는 **가난한 자**와 **빈궁한 사람**을 계속 억압했다(28절). 하지만 (욥이 그분이 그에게 하신 일들을 비난했듯이) 사람들이 까닭 없이 짓밟힐 때 하나님이 침묵하신다 해도 그것을 구실로 욥이 그분을 비난할 수 있는 것은 아니다(29-30절).

34:31-37. 이 절들에서 엘리후는 자신이 10-30절에서 선보인 하나님의 속성들을 욥과 그의 상황에 적용했다. 엘리후는 욥이 악을 행했다고 하나님께 시인하는 방식으로 그가 드릴 수 있는 가설적 기도를 그에게 제시했다(31-32절). 그러고는 욥에게 간접적으로 최후통첩을 보냈다. 즉, 자신의 무죄 주장을 철회하고 자신에 대한 하나님의 평가를 순순히 받아들이는 것은 다른 사람이 아닌 욥의 몫이라는 것이었다(33절). 엘리후는 욥이 **무식하게** 그리고 **지혜롭지 못**하게 말하며(35절) 전능하고 주권적이신 하나님께 반항한다고 주장했다. 지혜롭기는커녕 욥은 **끝까지** 심판받아야 했다. 이는 "욥이 벌이란 벌은 다 받아야 마땅함에도 하나님이 그렇게 하지 않으셨다는 소발의 신랄한 말을 떠올리는 잔인한 진술"(Zuck, *Job*, 151)이다. 욥의 신학적 사고는 방향 전환을 잘못했고, 엘리후가 생각하기에 그는 그것을 시인해야 했다. 자신의 세 연로한 친구들처럼 엘리후는 욥이 자신의 죄의 유무에 대해 거짓말을 했다고 생각했다. 그는 욥의 상황을 제대로 알지 못하면서 하나님을 옹호하려 했는데, 이는 그 자신의 중대한 죄가 아닌, 하늘에서의 토론으로 시작되었다.

C. 엘리후의 세 번째 말(35:1-16)

35:1-8. 이 단락에서 엘리후는 하나님과 사귀더라도 이득이 없다는 욥의 주장(참고. 21:15)에 대해 계속 대답했다(참고. 34:9). 엘리후의 대답은 이랬다. "(1) 하나님은 지고해서 인간의 무죄 혹은 유죄에 영향을 받거나 의존하시지 않는다. 그리고 (2) 욥의 부르짖음에 하나님이 대답하시지 않은 것은 그의 교만 때문이었

다"(Zuck, *Job*, 152-153). 엘리후는 욥이 이랬다저랬다 한다고 비난했다. 욥은 자신이 의롭다고 주장했다(2절). 하지만 정말 의로운 사람은 하나님 앞에서 의롭게 살고자 할 때 **유익**이 없다는 말은 하지 않을 것이다. 엘리후는 자신이 이전에 사용했던 것과 동일한 접근법을 사용해 욥의 말을 인용한(2-3절) 후 그의 논리를 반박했다(4-8절). 자신이 하나님 앞에서 의롭다고 주장하더니 돌아서서, 하나님이 보시기에 의롭다 한들 그게 무슨 소용이 있느냐는 욥의 주장은 이해가 되지 않았다. 하지만 위에서 주목한 대로, 인간의 행동이 선하든 악하든 하나님은 본질적으로 영향을 받지 않으신다. 그분은 모든 것을 공정하게 판단하신다. 악인은 하나님을 겁주어 그를 선대하라고 할 수 없고(6절), 어느 누구도 하나님을 돈으로 구워삶아 그에게 친절을 베푸시라고 할 수도 없다(7절). 악인이 악한 대접을 받든(욥을 암시) 의인이 의로운 대접을 받든(8절) 사람이 '심은 대로 거두는 것'은 하나님의 공정하고도 객관적인 결단이었다. 인간이 하나님께 으름장을 놓거나 매수하려는 시도는 그분에게 털끝만치도 영향을 끼치지 못한다.

35:9-13. 엘리후에 의하면, 사람들은 고난 받을 때 하나님께 '도와달라고 부르짖는' 경향이 있다. 그는 이렇게 덧붙인다. 하지만 그분이 그들의 부르짖음에 매번 응답하시는 것은 아니다. 그 부르짖음이 겸손히 하나님께 올리는 참된 기도라기보다 곤경에서 구해달라는 탄원에 불과했기 때문이다. 그런 후에 엘리후는 하나님을 신뢰하는 자에게 그분이 주시는 세 가지 이득을 열거했다(10b-11절). 첫째, 그분은 **밤에 노래를 주시**는데, 이는 신자가 어떻게 고난의 와중에서도 참된 위로를 발견할 수 있는지를 암시한다. 둘째, 그분은 짐승들**보다도** 사람들에게 **더욱 가르치시**다. 셋째, 그분은 **새들보다** 사람들을 **더욱 지혜롭**게 하신다. 올든의 지적대로, "(11절의) 이 두 문장은 그렇게 심오하지 않지만 하나님의 계시가 임박했다는 또 하나의 암시이며, 그분은 '땅의 짐승들'과 '공중의 새들'에 대해 욥을 추궁하실 것이다(38:39-39:27)"(*Job*, 345).

엘리후는 응답받지 못하는 기도라는 주제를 계속 다루면서 이렇게 말했다. 하나님이 억압받는 자들의 기도에 응답하시지 않는 것은, 어쩌면 그들이 하나님께 위로해달라고 요구하면서 **악인의 교만**(12절)으로 기도했을지 모르기 때문이다. 이는 분명히 욥을 에둘러 언급하는 말이었다. 그리고 욥의 친구들은 그를 겸손과 회개가 아닌, 전능자에게 심리와 무죄 선고를 요구하고 매우 오만한 태도로 부르짖으면서 거칠게 항의하는 사람으로 보았다.

35:14-16. 하물며 하나님이 자신을 부당하게 대하셨다고 말하는 자의 그런 기도가 응답받을 수 있겠는가. 엘리후는 욥에게 하나님이 그의 사건을 해결하실 때까지 기다리라고 조언했다. 엘리후는 욥 자신이 무슨 말을 하는지도 모르면서 주절거린다고 확신했다(참고. 34:35. 그러므로 이제 그가 입을 다물고 하나님이 무슨 말씀을 하실지 지켜볼 때가 되었다). 15절에서 엘리후는 21:14-21에서의 욥의 주장에 대답했는데, 여기서 욥은 악인의 느긋한 삶으로 입증되듯이 하나님이 그들을 벌하시지 않는다고 말했었다. 엘리후가 35:1-8에서 말했듯이, 하나님이 의롭지 않은 자들을 심판하시는 것은 그분의 공평함이 그것을 요구하기 때문이다. 16절에서 엘리후는 일종의 여담으로 욥의 친구들에게 시선을 돌려 그의 말에 대한 자신의 생각(공허하고 무지하다)을 밝혔을지 모른다. 이 비난은 "욥을 겨냥해 이 구절을 돌릴 수 있는 엘리후의 기회였다. 하지만 엘리후가 전에 일백 절을 말하기 시작한 이후로 욥은 아무 말도 하지 않았었다. 그리하여 엘리후는 자신의 성향이 나머지 세 사람과 같음을 보여주었다"(Alden, *Job*, 347).

D. 엘리후의 네 번째 말(36:1-37:24)

36:1-4. 엘리후는 하나님의 권위로 마지막 말을 하면서 의로운 삶에는 유익이 따른다고 주장했다. 올든은 이를 "새 방침"으로 부르면서 이렇게 말한다.

> (엘리후의) 말투에서는 교만, 곧 그가 35:12에서 욥이 범했다고 간접적으로 비난한 죄의 냄새가 풍긴다. 그가 하나님의 위대하심에 대해 계속 말하는 한, 그의 진실성은 의심할 수 없다. 하지만 그의 말을 듣다 보면 욥의 문제에 대한 그의 평가가 달라지지 않았음을 내비치는 빈정거림이 여기저기서 묻어난다(*Job*, 347).

엘리후의 교만은 **온전한 지식을 가진 이가 그대와 함께 있느니라**(4절)라는 그의 선언에서 드러난다.

36:5-11. 엘리후는 하나님의 능하심과 자비, 정의를 강조했는데, 욥은 악인에 대한 심판에서 볼 수 있는 정의(6절)를 문제 삼은 적이 있다. 하나님은 **그의 눈을 의인**에게서 떼지 않을뿐더러 그들을 왕처럼 높이신다(7절). 의인이 고난에 직면하는 것은 그가 죄를 지었기 때문이다. 하지만 이 고난을 통해 하나님은 그에게 영적 교훈을 주어서 그가 회개하고 완전히 회복하게 하신다(8-11절). 거듭 말하지만, 고난에 대한 엘리후의 시각은 세 연로한 친구들의 시각보다 훨씬 더 긍정적이다. 고난은 죄에 대한 징벌에 그치지 않고 치유하고 구속하기도 한다. 하나님께 돌아와 그분을 섬기면 그로 말미암아 유익을 얻을 것이다(또한 15-16절을 보라). 의인이 자신의 **악행**(9절)과 **죄악**(10절)을 회개하고 하나님이 새롭게 하신 복을 누림으로써 그분의 깨닫게 하심에 응답할 수 있다는 엘리후의 말은 분명히 욥을 겨냥한 것이었다. 다른 세 친구도 틀림없이 고개를 끄덕였을 것이다. 그들이 욥에게 가혹하게 말한 것은 그로 하여금 죄를 자백하고 하나님의 은혜를 되찾게 하기 위해서였다.

36:12-16. 엘리후는 죄를 범한 자들이 회개하지 않고 하나님의 축복을 회복하지 못할 때 일어나는 결과에 대해서도 이야기했다. 그것은 **칼에** 죽고, 젊어서 죽고, 또한 **지식 없이**(12절), 즉 고난을 통해 하나님이 주시는 교훈을 조금도 배우지 못한 채 죽는 것이다. 이는 욥을 겨냥한 또 다른 경고였고, 그로 하여금 아직 시간이 있을 때 회개하라는, 감지하기가 그렇게 어렵지 않은 촉구였다. 엘리후는 욥에게 그의 시련에 대해 하나님께 화를 내지만 울부짖으면서 **도움**을 청하지 않고 수치스러운 상황 가운데 **젊어서** 죽는 **경건하지 아니한** 자들처럼 반응하지 말라고 주의를 주었다(13-14절). 하지만 그분은 **곤고한 자**를 안도하게 하고 학대받는 자들이 순종할 수 있게(**그의 귀를 여시나니**) 하신다. 그리고 엘리후는 하나님이 욥에게 **넉넉한 곳**[즉, 복 받은 삶]과 먹을 것을 풍족히 주셨다고 말했다(15-16절).

36:17-25. 이 시점에서 엘리후는 1-16절을 욥에게 적용하기 시작했다. 17절은 난해하기로 유명하다. NET의 번역은 이렇다. "하지만 그대는 악인이 받아 마땅한 심판에 정신이 팔려 있어 심판과 정의가 그대를 붙들고 있소"(또한 HCSB를 보라). "그대는 악한 사람에 대한 심판에 몰두하고 있소"라는 히브리어 해석도 가능하다. 즉, 종종 그대는, 그대가 매우 중요한 과제를 수행할 때 의롭지 않은 사람이 다른 이들을 판단하듯이 그렇게 그들을 판단해왔다는 것이다. 그 결과 하나님의 심판은 공정하게 합쳐져 욥에게 임했다. 18절의 '몸값'(ransom, NASB)은 종종 '뇌물'(삼상 12:3; 암 5:12; 잠 6:35을 보라)로 번역된다. 그리고 엘리후는 아마도 욥에게 두둑한 뇌물로 말미암아 그가 철저히 회개를 못하거나 하나님과의 관계 회복이 방해받아서는 안 된다고 경고하는 듯하다. 이유인즉, **능력**은 **곤고**함에 대한 완충제가 아니라는 것이다(19절). 엘리후는 마지막으로 욥에게 **악으로 치우치지 말라**고 경고했다. 그가 믿기로, 욥은 자신의 고난에 대해 회개하고 하나님과의 관계 회복에 힘쓰기보다 불평함으로써 악으로 치우치는 편을 **택하였**다. 욥은 허구한 날 자신의 결백을 주장할 게 아니라, 하나님께 의지하고 그분이 그를 대하시는 방식에 문제가 있다고 비난하기보다 그분에게서 배워야 할 것이다(23절). 엘리후는 욥이 하나님을 찬양해야 한다는 말도 빠뜨리지 않았다. 그분이 하신 일에 대해 경건한 사람들은 찬양하고 **모든 사람**은 **먼 데서**라도 그 모습을 보았다(24-25절).

36:26-33. 36:26에서 시작해 37:24에서 말을 끝낼 때까지 엘리후의 관심사는 욥의 역경에서 하나님의 장엄으로 바뀌었다. **하나님은 높으시**고 무한하시다. 그분은 **빗물**의 증발, **구름**, 우렛소리 및 **번갯불**을 비롯해 자연의 구석구석을 다스리고 인간에게 양식을 주신다. 몇몇 주석가들은 이 장을 끝내는 구절들에서 하나님의 권능에 대해 이야기하고 그 가운데서 그분이 곧 욥에게 말씀하실 폭풍우에 대한 서막을 본다(참고. 38:1). 올든의 말처럼, "폭풍우는 신적 권능을 입증한다. 그 힘이 어마어마한 폭풍우는 비바람을 다스리시는 하나님과 비바람이 거세질 때 우왕좌왕하는 인간의 다름에 대해 이야기 한다"(*Job*, 357). 하나님의 위대하심은 욥을 비롯한 인간으로 하여금 그분을 거부하지 않고 숭배하게 만들 것이다. 이 절들에서 엘리후가 하는 말은 38-41장에서 하나님이 그분 자신과 그분의 세상 통치에 대해 하실 말씀의 주요 예고편이다.

37:1-13. 엘리후는 폭풍우라는 생생한 이미지를 사용해 서술을 계속했다. 폭풍우는 **천둥**, **번개**, **눈**, **비**,

비바람, 추위 그리고 **얼음**과 같은 자연현상을 하나님이 주권적으로 다스린다고 웅변적으로 말한다. 하나님의 장엄과 권능이 엄청나다고 생각하니 엘리후의 가슴은 두려움과 경외감으로 두근거리고 **그 자리에서** 흔들렸다(1절). 하나님이 그분의 천둥과 번갯불을 일으키면 사람들은 그분이 하신 일임을 알기에 일을 멈추고(7절) 피할 곳을 찾아야 하고, 짐승들은 굴로 들어가 숨는다(8절). 하나님이 이러한 자연현상을 일으키는 것은 그분이 적합하다고 보시는 **징계**와 **긍휼** 두 가지를 위해서이다(13절). 엘리후의 신학에 의하면, 사람들이 피조 세계에 분명히 드러나는 하나님의 권능에 초점을 맞출 때 그들은 그분을 경외하고 순종을 나타내는 올바른 자세를 보일 것이다.

37:14-20. 1-13절에서 엘리후는 하나님이 겨울에 자연을 통해 하시는 일에 대해 이야기했다. 이제 그는 그분이 여름에 하시는 주권적 일에 대해 말한다. **번개**, **구름**, **남풍**, **거울**처럼 빛나는 **하늘**이 그것이다. 다시 한 번, 엘리후는 하던 일을 멈추고 자신의 말을 고난당한 욥에게 적용하고자 그의 주의를 촉구했다. 이번에도 엘리후의 말은 길고 지루했다. 14절 후반부의 그의 충고, **가만히 서서 하나님의 오묘한 일을 깨달으라**는 욥이 언젠가 실천해야 할 일이었다. 엘리후의 조언은 시대와 나이를 불문하고 하나님의 백성이 귀담아들어야 할 말이다. 신자라면 누구나 자신들이, 은혜 가운데 그들에게 자신의 사랑과 호의를 베풀기로 작정한 위대하신 하나님의 작품임을 상기해야 한다. 여기서 하나님에 대한 합법적인 반박을 헛수고로 만드는 **아둔함**(19절)은 아마도 인간을 괴롭히는 도덕적이고 지적인 무지몽매함을 나타내는 듯하다. 20절의 표현은 이렇게 바꿀 수 있을 것이다. "누군가 하나님께 '잘 듣고 계시지요?'라고 말한다면, 하나님 옆에 있는 누구라도 그를 잡아먹고 말 것이다."

37:21-24. 이 절들은 엘리후의 마지막 말이고, 그의 말과 더불어 욥을 찾아온 네 친구의 논쟁은 막을 내린다. 하나님의 **두려운 위엄**은 **하늘**과 **북쪽**에 보인다. 하나님은 하늘의 구름을 펼치지만(18절), 해와 달, 별들을 볼 수 있도록 바람을 일으켜 하늘을 말끔하게 하시기도 한다(21절). 하지만 하나님은 보이시지 않아서 아무도 '그분을' **찾**을 수 없다. 그분은 강한 데다 공의롭기까지 하시다. 때문에 사람들은 **그를 경외하**고 자만심을 버려야 한다. 이는 욥에게, 자백하고 회개하는 가운데 여호와 앞에서 자신의 범죄 사실을 순순히 시인하고 겸손히 무릎 꿇으라는 마지막 촉구이다.

엘리후의 말은 욥에 대한 반박에 진전을 가져오고 하나님과 그분의 방식에 대한 욥의 이해를 깊게 했을까? 다른 세 친구와 엘리후 모두 욥에게 그의 입장을 철회하라고 설득하지 못했다. 그러나 엘리후가 고난이 한낱 행한 대로 갚는 대신 치유와 회복으로 이어지는 유익한 도구가 될 수 있음을 지적함으로써 세 연로한 사람들보다 하나님의 성품과 방식에 대한 이해가 더 깊어졌다는 데는 대다수 주석가들이 동의한다. 주크는 이렇게 말한다.

> 그리하여 엘리후는 하나님이 말씀하시도록 길을 예비했다. 그는 (다른 사람들이) 언급한 측면들 너머로 고난과 하나님 성품의 측면들을 강조하기는 했지만 욥의 상황은 철저히 간파하지 못했다. 실로… 아무도 그렇게 할 수 없을 것이다. 그렇기에 하나님은 말씀하시지 않을 수 없었다(*Job*, 162).

Ⅶ. 하나님이 욥에게 말씀하시다(38:1-42:17)

성경에서 일반계시에 관한 가장 매력적인 부분은 욥기 38-41장이 아닐까 싶다. 하나님이 일반계시를 사용해 욥의 주장과 비난, 질문을 다루셨기 때문이다.

고든 R. 루이스(Gordon R. Lewis)와 브루스 A. 디마레스트(Bruce A. Demarest)는 이렇게 쓴다.

> 일반계시는 하나님이 자연에, 섭리의 역사에 그리고 마음속의 도덕률에 드러나신 것을 나타낸다. 그것에 의해 모든 사람이 시대와 장소를 초월해 창조주와 그분의 도덕적 요구에 대한 가장 기본적인 이해를 갖는다[*Integrative Theology*(Grand Rapids, MI: Zondervan, 1987), 1:61. 《통합신학》(부흥과개혁사)].

욥기 38-41장에서 욥은 자신이 하나님의 우주 '취조실'에 있음을 알았다. 하나님은 일반계시의 많은 측면에 대해 욥에게 60개가 넘는 수사적 질문을 한 후 마침내 그를 침묵하게 하셨다. 하나님이 성경의 이 특정 구절에서 일반계시를 사용하신 방식에 대해 정확히 무슨 말을 할 수 있을까? 이처럼 심문하는 듯한 진술을 광범위하게 퍼붓는 이유를 파악할 수 있을까? 우리는 일반계시의 적절한 사용과 영역에 관해 실속 있는 무언가를 배우는가? 하나님은 욥에게 대답할 때 일반계시를 어떻게 사용하시는가? 욥은 무엇을 이해했고, 하나님은 어떤 대답을 하셨나? 로널드 E. 머피(Ronald E. Murphy)는 이렇게 말한다. "여호와께서 욥에게 '대답할' 때 그분은 자연이 대변하게 하신다는 말은 전적으로 옳았다(38-41장)" [*Tree of Life*(New York: Doubleday, 1990), 3-4].

욥기의 이 부분에 대한 입장들을 살피다보면 독자들은 억수같이 쏟아지는 자료에 즉각 입을 다물게 된다. 독자는 체코슬로바키아의 학자 밀로스 비치(Milos Bic)가 대략 45년 전에 진술하면서 내린 결론이 생각날 것이다. "욥기에 관한 문헌은 주체할 수 없을 정도로 많다" [*Review of Alfred Jepsen: Das Buch Hiob und seine Deutung*(Berlin: Evangelische Verlogsantalt, 1963), 46-47]. '야훼의 말씀'에 관한 견해들을 검토할 때 비치의 결론은 타당한 것으로 간주되었다. 레오 G. 퍼듀(Leo G. Perdue)는 설득력 있게 말한다. "폭풍우 가운데서 하시는 말씀(38장-42:6)이 시문학의 절정을 이루는 반면 그 말씀에 대한 해석은 제각각이다" [*Wisdom in Revolt*(Sheffield: Almond Press, 1991), 196]. 제임스 G. 윌리엄스(James G. Williams)의 언급은 쓸모 있다. "현대 서구 사회에서 욥기에 대한 해석은 폭발적인 증가를 보였다. 대다수 해석자들은 한 가지에 동의할 것이다. 그것은 욥기 38-41장에서의 신의 출현 혹은 하나님의 말씀이 이 책의 비밀을 열 수 있게 한다는 사실이다" ["The Theophany of Job," in *Sitting with Job: Selected Studies on the Book of Job*, ed. Roy B. Zuck(Grand Rapids, MI: Baker Book House, 1992), 359]. 욥기의 구조, 지혜라는 테마를 지닌 욥기 28장이 이 책의 정점이라는 사실에 기초한 윌리엄스의 주장이 전적으로 옳지는 않다. 하지만 욥기 38-41장은 욥기 28장의 중심 되는 정점을 지지하므로 이야기를 이해하는 데 있어 중요한 요소이다.

야훼의 질문에는 모든 경쟁 신들과 개인들의 무기력을 폭로하려는 의도가 깔려 있다. 그분의 말씀은 욥의 비난에 대한 방어였다. 이전 장들에서 욥은 하나님께 대답을 강요했는데 그가 자신의 고통을 하나님에 의한 졸렬한 모방으로 여기기 시작하면서 그의 태도는 악해졌다. 그리하여 야훼는 욥으로 하여금 자연과 인간의 모든 일에 드러나는 하나님의 지혜로우신 전지와 전능을 깨닫게 하려고 질문을 던지셨다. 이미 드러난 사실들에 근거해 욥은 하나님 앞에서 회개해야 했다.

파슨즈(Parsons)는 이렇게 언급한다.

> 여호와가 하신 말씀의 주된 기능은 욥과 하나님의 관계가 법률적인 관계라고 상정하는 '소송'에 의해 그분을 조종하려는 욥의 시도가 터무니없음을 보여주는 것이다…40:8-14에서 하나님은 자신의 정당성을 입증하려고 그분의 정의에 의문을 제기하는 욥이 잘못되었음을 실증하셨다(Parsons, "Structure and Purpose," 149).

처음에 자신의 여러 상실에 반응할 때 욥은 영적으로 위대한 본을 보였다. 그러나 세월이 더디 흘러가면서(7:2; 29:3) 환난과 재앙이 그에게 타격을 주기 시작했다. 욥은 육체적으로, 정신적으로, 정서적으로, 나아가 영적으로까지 녹초가 되었다. 욥은 처음에 영적으로 큰 귀감이 되었다. 하지만 시간이 흐르면서 하나님을 의심하고 그분에게 도전하며 그분을 부당하고 무정하며 악의적이라고 잘못 비난하면서 그의 신학적 사고방식에 금이 가기 시작했다.

야훼 말씀(Yahweh Speeches, 이후로 줄여서 *YS*라고 표기)은 수사적인 질문들로 가득하다. 마이클 폭스(Michael Fox)는 이렇게 설명한다. 하나님은 욥을 심문하시지 않는다…오히려 그분은 욥에게 이렇게 말씀하신다. "너도 잘 알다시피, 오직 나만이 질서를 만들었고 세상에서 그 질서를 유지한다. 그리고 네가 알고 있음을 나는 알고, 네가 안다고 내가 알고 있음을 네가 알고 있다" ("Job 38 and God's Rhetoric," *Semeia* 19[1981]: 58-59).

지난 세월 동안 *YS*는 주석가들의 포화를 맞고 어떻게 되었을까? 과거 이천 년 동안 유대교와 기독교에서는 욥기의 이 흥미롭지만 까다로운 부분을 해석해왔는데 그 의미에 대해서는 논의가 계속되는 중이다. 다음은 욥기 38-41장의 *YS*에 대해 주석가들이 나타낸 주된 견해들 중 일부이다. 어느 한 견해가 모든 특징을 담아내지는 않고, 어떤 견해들은 다른 견해들보다 더 강력하다. 하지만 아래에 열거된 다섯 가지 견해는 저마다 한계를 드러내기도 하지만 칭찬받을 부분도 있다.

1. 웅대한 역설 견해. 야훼의 행동은 역설적인 데다 인간이 이해할 수 없다. 따라서 이 딜레마에서 벗어나는 길은 오로지 야훼에 맞춰 조정하고 최선을 희망하는 것이다. *YS*는 단순에서 복잡에 이르기까지 하나님을 이해하려는 욥을 막다른 길로 이끄는 많은 역설을 실지로 보여준다. 퍼듀는 이렇게 언급한다.

> 하나님은 세상에서 역설적으로 행동하신다. 그분은 얌(바다)을 보살피지만 제한하고, 되풀이되는 탄생으로 죽음의 힘을 억누르며, 다른 피조물들의 사체로 독수리 새끼를 먹이신다. 역설의 세계에서 응보사상에 뿌리 내린 욥의 말은 이치에 닿지 않아 묵살되고 만다(*Wisdom in Revolt*, 197).

야훼의 행동을 판단하거나 그분을 이해하려는 시도는 불가능하고 어리석다. 욥기 곳곳에서 하나님의 길을 헤아릴 수 없다고 누차 언급하는데, 이는 그분의 길이 발견하는 순간 사라진다는 명제를 증명한다. 욥의 체험 그리고 그가 옹호될 수 없음을 증명한 하나님의 응보에 대해 그의 세 친구가 밝힌 경직된 입장은 하나님의 주권적 의지가 인위적인 공식으로 축소될 수 없음을 입증한다.

2. 유지 방식 견해. 혼돈과 결함이 있기는 해도 야훼는 피조 세계와 역사에서 정의를 유지하신다. *YS*는 우주의 도덕적 질서에 관해 야훼를 유지 방식을 취하시는 분으로 묘사하기에 욥의 질문에 간접적으로 대답하신다.

로버트 고디스(Robert Gordis)는 이렇게 말한다. "자연에 대한 생생하고 유쾌한 묘사는 그 자체가 목적이 아니다. 그것은 자연의 신비일 뿐 아니라 기적, 우주, 아름다운 것이기도 하다는 통찰을 강조한다. 여기에서 시인이 다다른 기본적인 결론이 나온다. 즉, 인간은 완전히 이해할 수 없지만 자연계에는 질서와 조화가 있다. 마찬가지로 도덕의 영역에도 질서와 의미가 있다. 그것이 종종 인간에게 불가해하기는 해도…"(*The Book of Job*, 133).

의심할 여지없이 하나님은 자신이 지은 우주에서 도덕적 질서를 유지하신다. 하지만 이 견해는 피조 세계와 역사에 계시된 하나님의 목적에 인간이 어떻게 응답해야 하는지의 문제를 거론하는 것처럼 보이지 않는다.

3. 소송 견해. 하나님이 욥의 삶과 우주를 경영하시는 것에 대해 그가 공개적으로 비난했기 때문에 야훼는 법정 분위기의 맥락에서 그에게 대답하셨다. 욥이 제기한 소송에서 *YS*는 피고이신 야훼의 증언 역할을 한다. 실비아 H. 숄닉(Sylvia H. Scholnick)은 이렇게 말한다.

> 많은 학자들이 인정했듯이 시인은 사법재판소를 욥과 그의 친구들이 나누는 대화의 장으로 택한다. 시인은 우스에서 온 사람이 하나님에 대해 개시하는 소송을 둘러싼 작업을 구조화함으로써, 신의 정의가 뜻하는 바에 대해 납득할 만한 정의를 찾으려는 영웅의 노력을 극적으로 표현한다. 소송 사건은 여러 뒤섞인 불평들로 구성되어 있다. 하지만 하나님이 폭풍우 가운데서 말씀하실 때 드라마의 무대는 올터(Alter)가 일컫는 "창조의 경기장"으로 이동하는 것처럼 보인다["Poetry in the Courtroom: Job 38-41," in *Directions in Hebrew Poetry*, ed. Elaine Follis(Sheffield: JSOT Press, 1987), 185-186].

이는 *YS*에 대한 흔하디흔하면서도 본문에서 강력히 입증되는 견해이다. 소송 견해는 38:3과 40:7에서 야훼가 "허리를 묶어라"라는 도전적인 은유를 두 번 사용하신 것으로 뒷받침된다. 욥은 하나님 앞에서 발언할 기회를 달라고 누차 호소했고, 전능자에게서 '무죄' 평결을 받기 위해 자신의 논거들을 모았다고 말했다. 따라서 이 견해는 욥의 사건에 어울리는 결론을 제시한다는 장점이 있다. 그러나 하나님이 대답하신 방식은 욥이나 그의 친구들이 예측한 것과 달랐다. 욥은 증언하라는 요구를 받지 않았다!

4. 합법적 도전 견해. 욥기는, 야훼든 열방의 신들이든 누가 '신'이냐에 관한 도전 주제와 유사하다. *YS*에

서 질문의 의도는 모든 경쟁 신들의 무기력을 폭로하는 것이다. 욥기에서 야훼와 욥은 경쟁 당사자들이다. 그러므로 *YS*는 욥의 비난에 대한 방어이다. 헨리 L. 로월드(Henry L. Rowold)는 이렇게 주목했다. "욥기 38-41장의 질문들은 이사야 40-66장에서처럼 정보를 찾지 않는다. 그 대신 상대에게 도전한다"["Leviathan and Job in Job 41:2-3," *Journal of Biblical Literature* 105(March 1986); 104-109]. 이 소송의 구성 방식은 야훼가 그분의 백성을 계약 위반으로 기소하는 계약법정 재판(*rib*, 립)이 아니라 상대에 대한 도전이다. 이 견해는 욥의 상황이 쟁점이 아니라는 점에서 욥기 38-41장의 합법적 주장에 대해 다른 접근법을 취한다.

5. 소송/애도 견해. 욥기는 애도와 소송의 확대라는 형태를 띤다. YS는 도움이나 구출이 필요한 개인에게 '구원 신탁'이다. 클라우스 베스터만(Claus Westermann)은 이렇게 진술한다.

> 하나님이 욥에게 하시는 대답의 완전한 의미는 이 책의 배경에 비추어볼 때 비로소 명백해진다. 우리는 소송에 대한 소환장의 요소들이 하나님이 욥에게 대답하셨으면 하는 바람에 어떻게 들어 있는지 보았다. 여기서 지금까지 책을 쭉 관통해온 두 노선, 즉 소송절차와 애도가 만난다. 욥은 친구들에 의해 범법자라는 비난을 받자 소송절차에 따라 그 상급법원에 항고한다. 그러나 이 법원은 동시에 그가 소송에 소환하는 바로 그 상대이다. 애도에 발맞추어 애도 시편의 장르에서 하나님의 대답이 기대되는 그 시점에 이제 다다른다…[*The Structure of the Book of Job*, trans. Charles A. Muenchow(Minneapolis: Fortress, 1981), 105-106].

J. E. 하틀리(J. E. Hartley)는 이렇게 덧붙인다. "따라서 야훼 말씀은 욥의 말에서 두 지배적 요소인 애도 및 소송과 관련된다…그 결과 야훼는 욥을 잠잠케 함으로써 소송에서 이기신다. 애도에 관해 말하자면, 야훼는 욥에게 구원 신탁과 비슷한 희망의 말을 건네신다"(*The Book of Job*, 489). 이 견해의 지지자들은 욥이 구원이 아닌 소송을 부르짖었음에 주목한다. 기고자는 이 작업을 하는 내내 욥의 말에 나타난 애도와 소송 요소들에 주목했고, 이들 요소는 명백히 두 핵심 주제이다. *YS*가 '구원 신탁'을 구성하느냐의 여부는 논의가 필요하다.

6. 전통적 견해. 야훼는 주권을 지닌 창조주이자 우주의 주인이시다. 그러므로 그분을 의심하거나 그분과 논쟁하는 것은 어리석은 반면 회개하고 찬양하는 것은 합당하다. *YS*는 두 가지 본질적 생각, 즉 야훼가 창조주이자 우주의 주인이심을 실지로 보여준다. 이 두 생각이 맞는다면 욥은 자신의 태도를 바로잡아야 한다. 전능자와 관련된 자신의 상황에서 어떤 일이 진행되고 있는지를 정말로 옳게 파악하고 싶다면 말이다. 이러한 바로잡음에는 하나님에 대한 그의 태도를 고칠 뿐 아니라 '그분이 그의 삶에 대해 예정하신 것을 끌어안고 받아들이는' 일도 포함된다. 루이스(Lewis)와 데마레스트(Demarest)는 이렇게 요약한다. "어마어마한 공간은…무한한 지성이 이 모든 현상을 일으켰고 지시하심을 명백히 나타낸다…장엄한 우주를 매개로 하여 관찰자는 만들었고 존재하는 모든 것을 유지하시는 하나님의 실재를 분명히 인식한다"[*Integrative Theology*, 1:67. 《통합신학》(부흥과개혁사)]. 이 견해는 *YS*의 여러 요소들을 묶는다는 측면에서 크게 칭찬받을 만하다. 불록은 *YS*에 관해 이렇게 언급한다.

> "왜 무고한 자가 고난당하는가?" 이 질문에 대한 답은 의미심장하리만큼 하나님 말씀 그 어디에서도 자세히 설명되지 않는다. 여호와는 심오하기 이를 데 없는 신비를 지나치게 단순화한 공식화에 그분 자신을 맞추시지 않았다. 욥은 처음에 자신의 개인적 딜레마를 설명해보시라고 하나님께 당돌하게 요청했었다…(하지만) 여호와는 거의 대체적으로 보편적인 용어로 대답하셨다[*An Introduction to the Old Testament Poetic Books*, 107. 《시가서 개론》(은성)].

A. 자신의 지식에 대한 하나님의 첫 번째 말씀 (38:1-40:2)

38:1-3. 마침내 하나님이 욥에게 대답했을 때 그분은 **폭풍우 가운데에서 말씀하셨다**. 이에 욥은 흠칫 놀랐을 것이다. **어둡게 하다**라는 단어는 '무언가를 왜곡하다, 무언가를 틀리게 혹은 나쁘게 보이게 하다'를 뜻

한다. **생각**은 '계획, 의도, 목적의식이 있는 기획'을 의미한다. **무지한**은 욥이 하나님과 사탄의 대면에 대한 자초지종을 알 턱이 없었음을 시사한다. 그러니까 욥은 하나님의 계획과 행동에 대해 잘 모르면서 그분에 대해 이러쿵저러쿵한 것이다. 그렇기는 해도 그의 말은 하나님과 그분의 섭리에 의한 우주 통치를 나쁘게 보이도록 만들었다. 하나님은 병사처럼 **허리를 묶**으라고, 영적인 전투에 대해 준비하라고 욥을 압박하셨다. 하나님은 전투태세를 갖추었고(9:34; 10:2-9; 23:3-9; 31:35) 인간 경쟁자인 욥의 도전을 알아채셨다. 하나님은 자신이 욥에게 물을 것이라고 말씀하셨다. 그리고 비꼬듯이 욥더러 그분에게 **대답**하라고 다그치셨다. "원고 욥은 순식간에 피고가 되었다!"

38:4-39:30. 하나님은 욥더러 그분에게 대답할 준비를 하라고 말하면서도 그가 도무지 대답할 수 없는 일련의 엄청난 질문들을 느닷없이 퍼붓기 시작하셨다. 하나님은 욥과 물리적 우주(여기서는 무생물 피조 세계)의 관계에 대해 질문하셨다. 질문 내용은 이랬다. **땅**의 창조(4-7절), **바다**의 기원과 한계(8-11절), 태양이 매일 **아침** 떠오르게 할 수 있는 능력(12-15절), 인간에게 보이지 않는 창조의 숨겨진 영역들(16-18절), 태양의 위치와 속성들(19-20절), 도무지 종잡을 수 없는 날씨(22-30절), 별들의 운행 방식(31-33절) 그리고 가뭄과 관계된 세부 사항들(34-38절).

하나님은 또한 욥이 피조 세계의 기계적 기능에 대해 '알고 있는지' 물으셨다(4, 18, 20-21 및 33절). 욥이 이 질문들에 대답할 수 없다면 그는 하나님의 우주 설계를 의심할 권리가 없다. 게다가 10-11, 12-15, 26-27 및 37-38절은 피조 세계에 알려진 하나님의 선하심을 강조한다. 욥은 특히 자신의 고난이 부당하다고 생각해 하나님이 과연 어떤 지혜와 지식으로 세상을 운영하시는지 크게 의심했다. 욥은 또한 하나님의 선하심에 의구심을 가졌다. 여기 38장에서 하나님은 무생물 피조 세계의 수많은 특질들을 사용해 그분이 욥이 거주하는 자연계의 다양한 요소들을 만들어내거나 결정했을 때 그가 어디 있었는지 설명하라고 요구함으로써 그의 근거 없는 주장을 반박하셨다. 그래서 하나님은 욥을 시험하셨다. "욥아, 너는 이 수사적 시험을 통과할 수 있느냐? 할 수 있거든 대답하여라." 이 시험에 나오는 18개의 질문은 39장이 끝날 때까지 계속되는데, 매우 인상적이며 아무도 대답할 수 없는 것들이다.

1. 내가 땅을 설계하고 지을 때 너는 어디 있었느냐?(38:4-6)
2. 하나님의 아들들이 그것에 대해 노래할 때 너는 어디 있었느냐?(38:7)
3. 내가 바다를 놓고 그 한계를 정할 때 너는 어디 있었느냐?(38:8-11)
4. 너는 새벽에게 명령하여…나타나게 한 적이 있느냐?(38:12-15)
5. 너는 바다의 깊이를 탐색한 적이 있느냐?(38:16-18)
6. 너는 땅의 너비를 측량한 적이 있느냐?(38:18)
7. 너는 광명과 흑암이 어디에 있는지 아느냐?(38:19-21)
8. 너는 눈과 우박이 어디에 저장되는지 아느냐?(38:22-24)
9. 너는 우레와 번개, 비…얼음…서리에 대해 아느냐?(38:25-30)
10. 너는 각 별자리와 그 궤도를 통제하느냐?(38:31-33)
11. 너는 비와 번개를 일으키고 사람들에게 지혜를 주느냐?(38:34-38)
12. 너는 사자와 그 새끼들 혹은 까마귀와 그 새끼들을 먹이느냐?(38:39-41)
13. 너는 산 염소와 암사슴이 언제 태어나는지 아느냐?(39:1-4)
14. 너는 들나귀를 풀어주고 하나하나 돌보았느냐?(39:5-8)
15. 너는 들소를 통제하느냐, 혹은 들소가 너에게 순종하느냐?(39:9-12)
16. 너는 암타조에게 낮은 지능을 주었느냐?(39:13-18)
17. 너는 군마에게 싸울 능력을 주었느냐?(39:19-25)
18. 너는 매와 독수리에게 대단한 시력을 주었느냐?(39:26-30)

욥에 대한 시험의 두 번째 부분에서 하나님은 그와

'무생물 피조 세계'(질문 12-18)의 관계 및 지식에 대해 그를 심문하셨다. 위에서 주목했듯이 하나님은 사자(38:39-40), 까마귀(38:41), 산 염소(39:1-4), 들나귀(39:5-8), 들소(39:9-12), 타조(39:13-18), 말(39:19-25) 그리고 육식조(39:26-30)에 대해 욥에게 물으셨다. '무엇 때문에 이 짐승들이 째깍거리는지', 그들의 솜씨, 행동, 본능에 대해 욥이 잘 안다는 것은 불가능할 것이다. 하지만 하나님은 이 피조물들에 대해 아신다. 더욱이 각 짐승에 대한 묘사에는 하나님이 짐승에게 베푸시는 선함에 대한 묘사도 포함되어 있다. 그분의 선하심은 이 짐승들이 생존하는 데 필요한 것을 제공하거나(예를 들어, 38:39-41의 사자와 까마귀; 39:26-30의 매와 독수리) 이 짐승들이 살아가는 데 필요한, 몸을 쓰는 재주를 주시는 것으로 나타난다(39:1-4의 산 염소의 타고난 강인함; 39:19-25의 말의 힘과 속도).

40:1-2. 이 절들은 욥의 첫 번째 대답이다. 하나님은 욥에게 **트집 잡는 자가 전능자와 다투겠느냐**(1-2절), 즉 "너는 나를 부당하다고 계속 기소할 것이냐?"(Zuck, *Job*, 175)라고 물으셨다. **트집 잡는 자**는 '다른 사람을 책망하거나 멸시하는 검열하는 자'를 뜻한다. 이 단어는 '꾸짖다' 혹은 '바로잡다'를 뜻하는 동사와 관련된 명사이다.

B. 하나님의 첫 번째 말씀에 대한 욥의 대답(40:3-5)

40:3-5. 10:2과 23:6에서 욥은 하나님을 그와 부당하게 다투신다고 고발하며 그분을 비난했다. 그러나 하나님과의 첫 만남에서 욥은 자연에 계시된 그분의 솜씨, 지식, 권능 및 '선하심'을 보았다. 그런 그가 어떻게 하나님의 흠을 찾을 수 있었을까? 욥은 하나님의 방식에 대해 잘 알지 못했고 우주를 통제할 능력도 없었다. 그런데 욥이 어떻게 주제넘게도 하나님이 자신의 행동을 그에게 설명해주시기를 기대할 수 있었을까? '탓하다'는 상대방을 '유죄인 것처럼 보이게 하다, 비판하다, 비난하다'를 뜻하는 법률 용어이다. 욥은 하나님보다 열등하므로 그분을 탓할 권리가 없었다.

하나님의 질문에 대답을 못하게 되자 욥은 약삭빠르게 침묵을 택했다(3-5절). 욥은 하나님이 그를 부당하게 대하신다고 자신이 예전에 입만 열면 툴툴거렸음을 깨닫고는 얼굴을 들 수 없었다. 자신이 하나님을 가르칠 수 없음을 인정하면서(참고. 38:3) 욥은 **나는 비천하오니**라고 고백했다. '비천하다'라는 단어는 '가볍다' 혹은 '하찮다'를 의미한다. 요컨대 그의 고백은 "하나님, 당신과 비교하면 저는 보잘것없는 인간입니다!"라는 말이다. 욥의 이전 자신감과 자부심(13:22을 보라)은 이제 겸손으로 오그라들었다. 그가 '무엇이라 주께 대답하리이까?'라고 말했기 때문이다. 31:37에서 욥은 자신이 왕족처럼 행동했고 하나님을 가까이할 때마다 고개 숙일 생각이 없었노라고 말했다(31:37). 하지만 여기서 그는 자기 분수를 알게 된다. **손으로 내 입을 가릴 뿐이로소이다**는 자신이 하나님 앞에서 잠자코 있어야 함을 욥이 깨달았다는 암시이다. 그가 하나님에 대해 비판적으로 말한 것은 이번 경우만이 아니다(**내가 한 번 말하였사온즉 다시는 더**…). 하지만 이제 그는 자신이 더 이상 입도 뻥끗하면 안 된다고 생각했다. 그렇기는 하지만, 욥이 이 시점에서 제아무리 낮아졌다 해도 그는 아직 회개하지 않았다. 그를 회개의 자리로 데려오려면 하나님이 그를 심문하셔야 했다.

C. 자신의 권능에 대한 하나님의 두 번째 말씀 (40:6-41:34)

하나님은 이번에도 폭풍우 가운데서 욥에게 두 번째로 말씀하셨다(40:6). 첫 번째 말씀과 비슷한 양식으로 하나님은 욥에게 이의를 제기하고 질문하셨다. 그리고 욥은 대답했다.

40:6-9. 하나님은 욥에게 그분의 심문, 즉 38:3에서 하나님이 하신 도전의 반복을 받아들이도록 폭풍우 가운데서 **너는 대장부처럼 허리를 묶고**(40:6-7)라고 외치셨다. 욥이 전에 의심했던 하나님의 정의(예를 들어 9:24을 보라)에 대해 그분은 짧게 언급하신다. '부인하다'는 '깨뜨리다, 끝내다, 파괴하다'를 뜻한다. 욥은 자신의 불행이 하나님의 부당하심 때문이라며 그분을 탓했었다. 하지만 누구든 자신이 가지고 있다고 추정되는 우월성에 힘입어 하나님을 명백히 정의가 결여되어 있다고 비난할 수 있으려면 이와 유사한 권력의 우월성이 수반되어야 한다(9절). 하나님은 욥에게 신의 역할을 맡아보라고 제안하셨다. 하지만 그 누가 하나님의 능력에 필적할 것인가. 욥은 결코 그분의 상대가 될 수 없다(9절). 그는 하나님과 겨루는 데 필요한 힘(**능력**)이나 목소리(**천둥**)가 없다. 욥은 하나님의 **천둥소리**가 그에게 쏟아질 때 멍하니 있을 수밖에 없었다.

40:10-14. 9절에 언급된 욥의 열등함을 계속 상기시키면서 하나님은 그에게 그분보다 우주를 더 잘 운영해보라고 도전하셨다. 하나님은 욥의 분노를 일으키고, **악인**과 **교만한 자**를 쳐다보는 것만으로 그들에게 굴욕감을 안기고, 그들을 쓰러뜨리고, 그들을 매장함으로써 그들의 콧대를 꺾으라는 과제를 그에게 주셨다. 만일 욥이 하나님이 방치했다고 그가 비난했던 이 일을 해낼 수 있다면(21:7-26을 보라), 그분은 그를 자신보다 낫다고 칭찬하시고 욥은 스스로를 정당화할 수 있을 것이다. 하지만 인간은 그렇게 할 수 없다. 그러므로 주크의 말대로, 인간은 하나님의 방식을 이해할 수 없다 하더라도 단순히 그분을 신뢰해야 한다.

> 악인들에 대한 하나님의 관리 책임을 욥이 떠맡을 수 없기에 분명해진 사실은 그가 스스로를 구원할 수 없다는 것이다. 이런 이유로 하나님을 의지하는 인간이 그분을 의심하면 안 된다는 결론이 나온다. 그가 그분의 방식을 완전히 이해할 수 없다 하더라도 말이다(*Job*, 177).

40:15-24. 욥은 흔쾌히 하나님과 함께 법정에 출두해 그분에 대해 논박하면 이길 수 있다고 말함으로써 그분의 정의를 의심했고(위에서 주목한 9:24; 참고. 10:3; 12:6; 16:11) 그분의 주권에 도전했다(13:3; 참고. 23:1-7, 10). 여기서 하나님은 그분의 본성들을 말하면서 욥에게 그분의 정의에 대해 어떤 흠이든 잡으라고 그리고 암묵적으로 만일 그가 그분과 싸워 이길 수 있는 방법이 혹 있다고 생각한다면 도전장을 내밀라고 촉구하셨다.

고대인들은 가나안과 갈대아의 창조 신화들, 곧 우주의 안정을 위협하는 적들과 그들이 일으키는 혼돈의 서사시와 상징들을 잘 알고 있었다. 더니스(Dyrness)의 설명대로 "구약성경 저자들은 가나안과 바벨론 신화의 여러 요소들을 빌려서 세계를 묘사할 때 그 요소들을 사용했다"[*Themes in the Old Testament Theology*, 69. 《주제별로 본 구약 신학》(생명의말씀사)]. 하나님은 사납게 날뛰는 바다가 의인화된 라합을 자르거나 분할하고(26:12; 38:8-11) 신화 속의 용을 갈기갈기 찢으실 수 있었다(사 51:9; 참고. 계 12:7-9). 그렇기는 해도 주크는 이 부분에 묘사된 **베헤못**과 **리워야단**이 신화에 나올 뿐 아니라 또한 실제 짐승이었음이 더 그럴듯하다고 암시하면서 다음 이유들을 제시한다(*Job*, 177-178). (1) 하나님은 말씀하면서 자신이 베헤못(40:15)과 리워야단(41:1)을 지었다고 선언하셨다. (2) 이들 짐승의 몸에 대한 세부 묘사는 너무도 꼼꼼해 진짜처럼 보인다. (3) 그 특징들이 부풀려지거나 덧붙여지기는 했어도 신화 속의 짐승들은 실제 짐승들에 기초했다. (4) 하나님이 자신의 첫 번째 말씀에서 나열하신 짐승들은 모두 진짜였다. (5) 성경은 다른 책들에서 베헤못과 리워야단 둘 다에 대해 이야기하지만 신화적 의미는 함축하지 않는다(시 104:26; 욜 1:20)

하나님이 이들 짐승을 인용하는 것의 중요성에 관해 주크는 이렇게 말한다. "베헤못(40:15-24)과 리워야단(41장)을 이처럼 줌렌즈로 부각하는 목적(40:15-24)은 첫 번째 말과 똑같다. 즉, 욥의 갈대와 같은 연약함을 하나님의 웅대하신 능력과 대비시켜 그에게 깊은 인상을 주는 것이다"(Zuck, *Job*, 177).

베헤못의 정체를 밝히려는 노력들은 전 영역에 걸쳐 이루어졌다. 이 피조물은 코끼리(아퀴나스), 물소(쿠로에), 혹은 하마(아처, 주크)로 밝혀졌지만, 이들 중 어느 것도 이 피조물에 대한 온갖 묘사에 들어맞지 않는다. 어떤 이들은 이 짐승이 멸종 상태이거나 위의 언급대로 신화에 등장한다고 믿는다(Alden, *Job*, 395-396). 이 짐승의 정체가 무엇이든 간에 인상적이라는 점은 분명하다. 하나님은 이 짐승을 일컬어 그분이 **만드신 것** 중에 **으뜸**이라고 하셨는데, 이는 아마도 그것의 크기 및 힘 때문일 것이다. 19절 후반부는 베헤못을 너무 크고 막강하다고 언급해서 그것을 **지으신 이**만이 그에게 다가가 그를 전투에 참여시키거나 꼼짝 못하게 만들겠다고 생각하실 수 있었다.

41:1-34. 어떤 이들은 **리워야단**이 신화 속 괴물로, 가나안 사람들의 우가리트 문서에 언급된 로탄(Lotan, 바알에 의해 죽임을 당한 머리가 일곱인 바다 괴물—옮긴이 주)과 비슷하다고 믿는다. 가나안 사람들의 폭풍우 신 바알은 머리가 일곱인 구부러진 뱀을 죽였다고 알려진다(참고. 시 74:13-14; 사 27:1-3). 아마도 가나안 사람들이 어떤 부류의 실제 짐승을 참고해 그들의 신화에 나오는 리워야단을 만들어냈을 것이다. 베헤

못처럼 **리워야단**의 정체를 파악하는 일은 해석자들에게 난공불락이다. 그것은 고래(아퀴나스), 공룡(윔콤), 혹은 악어(아처, 주크)로 불려왔다. 하지만 아래 두 짐승이 나타내는 특징들의 목록에서 그 어느 것도 이들 짐승에 대한 묘사에 부합되지 않는다. 두 짐승이 공룡이라는 주장은 많은 지지를 받지만 가능성은 낮다.

10b-11절에서 하나님은 리워야단을 묘사하는 가운데 욥에 대한 질문을 삽입하셨다. 그분은 욥에게 그분의 위대함을 고려하여 그분에게 **대항**하라고 도전하셨고 욥은 당연히 할 수 없었다. 욥은 자신과 자신의 상황을 비롯해 **온 천하에 있는 것이 다 내 것이니라**라는 하나님의 선언이 사실임을 깨닫게 되었다. 욥은 하나님이 그에게 기회를 주신다면 자신의 입장을 변호할 준비를 하겠다고 다시 한 번 선언했다. 하지만 그런 기회가 왔음에도 정작 그는 할 말이 없었다.

리워야단에 대한 묘사는 12절에 계속된다. 공룡이라는 견해를 선호하는 자들은 그것들이 묘사되는 특징들을 보는 방식에 있어 의견이 다소 엇갈린다. 그들은 몇몇 특징을 글자 그대로 여기지만(리워야단의 입은 사나운 '이빨' 투성이다, 41:14) 다른 특징들은 비유적인 것으로 본다(그의 **입김은 숯불**을 지필 수 있다, 41:21). 이들을 하나님보다 한참이나 열등하다고 밝혀질 피조물로 보는 편이 나을 것이다. 하지만 리워야단은 너무도 무서워 인간을 비롯한 다른 모든 피조물이 그 앞에서 벌벌 떨었다(22절).

38-41장에서 하나님이 욥에게 기술하신 짐승들은 "욥이 그 짐승들을 만들고 유지하고 혹은 다스리는 것과는 무관하기에 그가 그 짐승들의 창조주를 의심한다는 것은 생각조차 할 수 없음을 그로 하여금 깨닫도록 도와주는 큰 동물 전시회였다"(Zuck, *Job*, 183). 욥은 하나님의 마지막 도전에 직면해 자신이 지금도 그렇지만 예전에 말을 너무 많이 했음을 자책하고 후회하는 태도를 보였다(Alden, *Job*, 392). 40:15-41:34에서 욥은 하나님만이 창조하고 다스리실 수 있는 두 흉포한 짐승과 맞닥뜨렸다. 이 피조물들 앞에서 두려워 떨었던 욥은 약삭빠르게 하나님 앞에서도 두려워 떨면서 굴복했다.

D. 하나님 앞에서 회개하는 욥(42:1-6)

42:1-6. 욥은 하나님께 두 번째로 대답하면서 그분이 주권자이심을 인정했고, 자신이 무지해서 그분과 다투었다고 털어놓았다(1-3절). 그는 (자신이 하나님께 무언가 가르치는 게 아니라) 그분의 가르침을 받아야 함을 알아챘다. 그러고 나서 욥은, 자신이 전에 하나님에 대해 알았던 것을 지금 아는 것과 비교하면 그것은 마치 누군가의 말을 듣기만 하는 것과 듣고 나서 그 사람을 직접 보는 것과의 차이에 견줄 수 있음을 인정했다(5절). 그래서 그는 **티끌과 재 가운데에서** 회개했다(6절).

"하나님은 왜 욥의 질문에 직접 대답하지 않고 그에게 말씀하실까?" 이 질문은 당연할 것이다. 그 어디에서도 하나님은 사탄이 가한 우주적 도전에 대해 설명하시지 않는다. 왜 그럴까? 데이비드 맥키나(David McKenna)의 대답을 들어보자.

> 답은, 인간의 정신으로는 깨닫거나 이해할 수 없는 자신의 고난에 대해 욥이 '왜'라는 윤리적 질문으로 자신의 마음과 하나님의 마음 사이에 그림자를 짙게 드리우고 있다는 것이다. 우리는 머리를 짜내도 하나님이 무슨 생각으로 우주를 '만들'고 우주의 힘을 '통제'하고 우주의 피조물들을 '보살피'시는지 모른다. 논란이 되는 것은 윤리적 문제가 아님을, 물어야 할 것은 '왜'가 아님을, 필요한 것은 이해가 아님을 욥은 알아야 한다. 논란이 되는 것은 영적 문제이고, 물어야 할 것은 '누구'이며, 필요한 것은 신뢰이다[*Job*, CCSOT, vol. 12(Waco, TX: Word, 1986), 293].

욥과 같은 고난에 처한 신자들에게 절실하게 필요한 것은 지적 질문에 대한 대답이 아니다. 흔히들 이렇게 묻는다. "왜 이 비극이 나한테 일어났을까?" 하지만 '대답'은 찾는다고 찾아지는 게 아니다. 신자들은 자신의 자녀나 배우자가 돌아오기를, 자신의 결혼 생활이 회복되기를, 자신의 재정적 손실이 만회되기를, 혹은 자신의 몸이 치료되기를 바란다. 질문에 대한 대답은 탐탁지 않을 것이다. 그러나 하나님의 사랑, 지속되는 자비, 선하신 주권 그리고 즐거운 현존에 대한 깊은 이해가 우리를 진정시킨다. 존 파이퍼(John Piper)는 이렇게 쓴다.

고통과 상실은 불청객 같은 섭리이다. 이 슬픔 많은 세상에 오래 살면서 울지 않은 사람이 있을까? 때로 머리가 지끈거리고 우리의 사랑이 잘려나가면서 일으키는 경련에 기름칠할 눈물이 더 이상 남아있지 않을 때까지 말이다. 하지만 오, 하나님의 다스림을 배 밖으로 던져 고난의 배를 가볍게 하려는 어처구니없는 시도라니. 폭풍우 가운데서 흔들리는 배에 절실한 것은 하나님의 선하신 주권이라는 바닥짐이지…[이] 심오하고 소중한 진리를 [던져버리는 것]이 아니다. 으스러뜨리는 재앙을 견딜 수 있게 하는 힘은 하나님이 우리의 충격을 함께 나누는 게 아니라 그분의 불청객 같은 섭리를 넉넉한 사랑으로 가득 채우는 것이다[*Misery of Job and the Mercy of God*(Wheaton: Crossway, 2002), 8-9].

E. 욥을 회복시키시는 하나님(42:7-17)

42:7-17. 발터 아이히로트(Walter Eichrodt)는 욥의 친구들이 그가 말하는 "기계적 응보론"을 믿는다고 비난한다[*Theology of the Old Testament*(Philadelphia: Westminster Press, 1967), 2:88]. 그렇다. 어떤 고난은 개인이 지은 죄의 결과지만 신자나 불신자의 삶에서 고난이 일어나는 다른 이유들이 있다. 예수께서 날 때부터 맹인 된 사람에 관해 말씀하셨듯이(요 9:3; 위의 욥 9:25-35에 대한 주석과 비교하라) 고난의 한 가지 목적은 하나님의 영광이 고난 받는 사람의 삶에서 그리고 다른 이들에게 드러나게 하는 것이다. 이 경우 그 사람의 시각 상실 또한 그를 그리스도에 대한 믿음으로 인도하는 수단이 되었음은 교훈적이다. 엘리후 역시 하나님이 이따금 신자의 고난 받는 삶을 사용해 회개와 회복을 일으키신다고 말했다.

하나님은 **데만 사람 엘리바스**에게 그와 그의 두 친구가 그분을 욥에게 잘못 전해서 그들에게 화가 났다고 말씀하셨다. 아마도 엘리바스는 나이가 가장 많은데다 먼저 말했기 때문에 지목되었을 것이다. 세 사람은 하나님에 대해 많은 진리를 이야기했다. 하지만 그들은 하나님의 주권을 제한하고 그분을 언제나 예측 가능한 방식으로 행동하시는 신으로 축소하면서 고난은 죄에 대한 그분의 한결같은 응징이라는 잘못된 주장을 하기도 했다. 이렇게 그들은 하나님에 대해 욥처럼 **옳게 말하지 못했**다(7절, 새번역). 이 절들에서 하나님은 두 번이나 욥이 그분에 대해 '옳게 말했다'고 단언하셨다. 하나님이 자신을 부당하게 대하셨다고 비난했던 욥이 어떻게 이런 칭찬을 받을 수 있었을까? 답은 욥의 결백함을 아신 하나님이 "그의 마음속 생각과 의도"(Alden, *Job*, 412)를 꿰뚫어보셨기 때문일 것이다. 자신이 하나님의 선하심을 의심했다고 말한 모든 것에 대해 욥이 회개했다는 점도 주목하자. 세 친구는 하나님이 그들이 지은 죄에 대해 욥에게 가서 **수소 일곱과 숫양 일곱**을 **번제**로 드리고 욥에게 그들을 위한 기도 요청을 하라고 명령하신 후에야 확실히 회개했다.

하나님은 **욥을 기쁘게 받으셨**고 그의 친구들의 **우매한** 것을 탓하시지 않았다. 그들은 주님이 시키신 대로 했다. 욥은 하나님과 화해했고, 시련을 겪기 이전보다 훨씬 더 많은 복을 받았다.

욥의 형제자매들이 와서 **그를 위로하**고 **그에게…케쉬타**와 **금 고리** 하나씩을 주었다. 분명히 그들은 전에 욥에게 어떤 위로도 건네지 않았지만 적어도 그의 일가친척들은 함께 슬퍼하며 위로를 전했다.

여호와께서 **양 만 사천, 낙타 육천, 소 천 겨리와 암나귀 천**으로 그 이전의 삶보다 욥의 **말년에** 복을 더 주셨는데, 이는 그의 이전 소유(1:3)의 딱 두 배였다. 욥과 그의 아내는 또한 **아들 일곱과 딸 셋**을 더 두었다. 그는 생전에 후손을 사 대까지 보았다.

욥이 재앙 후 **백사십 년**을 살았고 재앙이 임했을 때 나이가 40세 혹은 50세로 추산되므로 그는 200세 가까이 살았을 것이다. 그는 **나이가 차서 죽었**다. 욥이 모든 것을 잃을 당시의 나이를 70세쯤으로 추정할 수도 있다. 그렇다면 그의 남은 140년은 그가 전에 살았던 햇수의 두 배가 되고, 이는 하나님이 **갑절**로 복을 내리신 것에 부합한다(참고. 10절). 흥미롭게도 엘리바스는 욥의 장수를 예언했었고 예언은 그대로 이루어졌다. 하지만 이는 엘리바스가 말했기 때문이 아니다. 그는 욥이 자신의 죄를 인정하고 회개할 것으로 규정하면서 그에게 "네가 장수하다가 무덤에 이르리니 마치 곡식 단을 제 때에 들어 올림 같으니라"(5:26)라고 말했었다. 욥은 오래 살다가 또한 "나이가 높고 늙어서 기운이 다하여"(창 25:8) 죽은 위대한 족장 아브라함의 무리에 합류했다.

욥기의 어떤 독자들은 하나님이 욥에게 선을 베푸신 것이 그의 올곧은 행동에 대한 보상이라고 결론 내릴지 모른다. 하지만 우리가 알아야 할 게 있다. "하나님은 욥의 경건에 대해 마지못해 보상하신 게 아니라 그렇게 하고 싶어서 선을 베푸셨다"(Zuck, *Job*, 188). 욥이 말년에 복을 받은 것은 하나님이 그에게 진 빚을 갚으시려는 게 아니었다. 그런 생각은 하나님의 행동에 대해 욥의 세 친구가 내세운 기계적 견해, 즉 그분은 달리 행동할 수 없기에 매번 경건에는 복을, 죄에는 재앙을 내리신다는 것에 가깝다.

하지만 그런 생각은 욥기 곳곳에 드러나는 하나님의 무한하고, 비길 데 없고, 종종 (인간에게) 불가해한 지혜에 한참이나 못 미친다. 딜리츠(Delitzsch)는 이렇게 말한다.

> 이는 욥의 고난을 바라보는 이중적 견해이다. 무엇보다도 욥이 사탄을 꺾으려면 그에 맞서 자신의 능력을 증명해야 할 것으로 계획되었다. 그리고 욥이 죄를 짓지 않고는 그 시험을 완전히 통과하지 못하므로 그것은 동시에 그를 정화하고 온전케 하는 효과를 지닌다. 두 가지 점에서 욥의 역사는 하나님 자신이 악한 세력과 벌이는 싸움의 역사에서 나오는 흐름이다. 그리고 그것은 구속 역사의 실체이며 하나님의 사랑이 승리하는 것으로 끝난다(*Biblical Commentary on the Book of Job*, 1:32).

아래에 소개하는 몇몇 진리는 욥기에 기초한 것으로 오늘날의 신자들에게 적용된다.

1. 신자들은 하나님을 섬기되 결코 그분에게서 무언가를 기대하면 안 된다. 풍족한 서구 사회의 많은 신자들은 자신이 인생을 즐기는 것을 하나님이 보장하신다고 믿는다. 하지만 욥기는 21세기의 건강과 재물의 복음에 '반대하는' 큰 현수막이다.

2. '견디기 힘든 고난'에 직면하면 신자들이 절친한 친구 그리고 배우자의 조언마저도 신뢰할 수 없을 때가 있다. 이는 그들이 제대로 사고할 수 없기 때문일 것이다. 욥의 아내도 대부분 욥과 똑같은 상실을 겪었지만 그녀의 충고는 부적절했다.

3. 신자들은 조언이나 도움을 얻으려 여기저기 엉뚱한 곳을 자주 기웃거린다. 텔레비전 토크쇼, 영화, 소설, 까다로운 친구들 그리고 세속 사회가 건네는 충고는 하나님의 지혜와 그분의 말씀을 멀리하게 만든다. 신자들이 고난을 겪을 때는 욥기 28장에 초점을 맞추는 게 상책이다.

4. 고난을 겪는 신자들은 그들의 친구나 친척, 혹은 배우자가 어리석은 조언을 할 때 그들과 당당히 맞서야 한다. 욥의 몇몇 주장은 후세 사람들에게 믿음직한 조언이 되었다(1:21; 2:9; 14:14; 19:23-27; 31:6; 42:1-6). 마거릿 클락슨(Magaret Clarkson)의 말은 핵심을 찌른다.

> 새로운 오류는 많은 복음주의교회 신도들을 호리고 파멸의 흔적을 남긴다. 진리로 널리 알려지기는 해도 그것은 성경의 가르침을 왜곡한다. 구원받으면 건강이 즉시 회복된다는 말은 속설에 불과하다. 그다지 중요하지 않은 것을 체험하는 그리스도인들은 믿음이 없거나 하나님의 뜻에서 떠나 있거나 그도 아니면 짝퉁 신자일지 모른다(Clarkson, "It's No Sin to Be Sick," *Moody Monthly*, November 1978, 52).

이 견해를 장려하는 자들은 그들의 청중에게 예수님이 모두의 행복을 원하신다고, 믿음이 크면 고통은 즉각적인 기적으로 없앨 수 있다고 말한다는 점에 클락슨은 주목한다.

5. 성경은 신자들이 현세에서 고난당하는 이유를 30가지 넘게 언급한다. 욥의 친구들이 건넨 조언의 심각한 문제는 그들이 극히 소수의 범주에 초점을 맞췄다는 것이다.

6. 사탄은 전지(全知)하지 않지만 모든 사람의 이름과 각자 어디에 사는지 알고 있다. 그는 사람들이 실수하게 만드는 데 도사지만, 하나님은 자신이 신자들에게 할 수 있는 일에 경계를 그으신다. 사탄이 하는 일은 하나님의 주권 아래 있고, 욥에 대한 전략의 실패에서 보듯이 그는 영적 패배자이다.

7. 저마다 신경계가 있으므로 육체적 고난과 고통은 이 타락한 세상에서 살아가는 인간의 일부이다. 예수님조차도 고통과 고난, 육체적 죽음에 참여하셨다.

8. 의롭고 온전함을 지닌다는 것은 완전하거나 아무

런 흠이 없다는 뜻이 아니다. 욥기는 욥이 죄를 지었지만 사탄의 예언대로 면전에서 하나님을 저주하지 않았음을 명백히 한다. 실제로 이야기가 끝날 무렵 그는 자신이 이러저러하게 죄를 지었노라고 하나님께 고백했다(42:2-3). 오늘날 신자들은 하나님을 범법자로 비난하지 않도록 유의해야 한다.

9. 신자들의 영적 건강은 재산의 있고 없음과 무관하다. 욥기는 부와 가난이 하나님의 거룩하신 주권의 산물임을 명백히 한다.

10. 신자들은 죄를 범하지 않고 하나님께 대답을 요청할 수 있다. 하나님이 왜 이 모든 악이 욥에게 닥치게끔 하셨느냐는 그의 질문은 전적으로 정당했다. 욥의 죄라면 그가 하나님께 대답을 요구하기 시작했다는 점이다. 마치 하나님이 그에게 설명하셔야 할 의무라도 있는 것처럼 말이다.

11. 고난은 신자들이 더 깊은 차원의 영적 성숙을 기하고 하나님 앞에서 그들의 온전함을 강화하는 계기가 될 수 있다. 욥은 원래 의로웠지만 고난을 견뎌내면서 영적으로 더욱 성장했다. 그는 훨씬 더 경건해졌다.

12. 상황이 어떠하든 신자들은 고난을 통해 주님께 계속 신실하겠다는 결의를 굳게 다질 수 있다. 욥은 완전히 코너에 몰렸지만 하나님을 저주하고 죽기를 거부했다. 그리하여 그의 결심은 굳어져 그에게 영적 유익을 안겼다.

욥기는 현세에서의 고난을 설명하는 메시지라고 흔히들 이해한다. 하지만 이 책은 결코 고난을 설명하지 않는다. 대신 하나님의 주권과 고난당한 사람들 모두가 그분의 주권에 굴복해야 함을 강조한다. 게다가 하나님의 주권은 무자비하거나 변덕스러운 것으로 묘사되지 않는다. 그분은 사랑하고 돌보며 자신이 무엇을 하는지 알고 계신다. 다만 자신의 목적을 고난당하는 신자들에게 드러내시지 않을 뿐이다. 정말 의롭지만 고난당하는 사람은 마침내 영원하고 공평하신 분을 신뢰하여 그분이 하시는 일을 알게 될 것이다. 그리고 욥과 함께 이렇게 선언할 것이다. "그분이 나를 죽이신다 해도 나는 그분을 소망하리니."

욥

참 고 문 헌

Alden, Robert L. *Job*. New American Commentary. Nashville: Broadman & Holman, 1993.

Andersen, Francis. *Job: An Introduction and Commentary*. Tyndale Old Testament Commentary. Downers Grove, IL: InterVarsity, 1976.

Bullock, C. Hassell. *An Introduction to the Old Testament Poetic Books*. Chicago: Moody, 1979. 《시가서 개론》(은성).

Clines, David J. A. *Job 21-37*. Word Biblical Commentary. Dallas: Word, 2006. 《욥기》, WBC 성경주석(솔로몬).

______. *Job 38-42*. Word Biblical Commentary. Dallas: Word, 2006. 《욥기》, WBC 성경주석(솔로몬).

Delitzsch, Franz. *Biblical Commentary on the Book of Job*, 3 vols. Translated by F. Bolton. Grand Rapids, MI: Eerdmans, 1949.

Gordis, Robert. *The Book of Job: Commentary, New Translation, and Special Studies*. New York: Jewish Theological Seminary of America, 1978.

Hartley, J. E. *The Book of Job*. New International Commentary on the Old Testament. Grand Rapids, MI: Eerdmans, 1988.

McKenna, David. *Job*. The Communicator's Commentary Series: Old Testament, vol. 12. Waco, TX: Word, 1986.

Rowley, H. H. *Job*. The Century Bible. New York: Thomas Nelson, 1970.

Smick, Elmer B. "Job," In *The Expositor's Bible Commentary*, vol. 4, rev. ed. Edited by Tremper Longman III and David. E. Garland. Grand Rapids, MI: Zondervan, 2010.

Zuck, Roy B. *Job*. Chicago: Moody, 1978.

______. ed. *Sitting with Job: Selected Studies on the Book of Job*. Grand Rapids, MI: Baker, 1992.

시편

여러 명의 기고자

서 론

시편(Psalms)의 히브리어 명칭은 '찬양들'을 뜻하는 테힐림(*Tehillim*)이다. 하지만 Psalms라는 명칭은 신구약 중간기에 나온 헬라어 역 구약성경인 70인역을 따른 것이다. 70인역에서 이 책은 프살모이(*Psalmoi*)라는 제목을 달고 있다. '프살모이'는 '현악기 반주에 맞추어 부르는 노래들' 내지 단순히 '찬양의 노래들'을 의미한다. 70인역의 이 헬라어 단어는 '노래'를 뜻하는 히브리 단어 미즈모르(*mizmor*)를 번역한 것이다. '미즈모르'는 쉰일곱 편의 찬양시에서 제목으로 등장한다. 영어권 역자들이 헬라어 단어 프살모이를 음역했고, 그 결과 영어 성경에서 Psalms라는 명칭이 되었다.

저자. 본문에 담긴 사상과 의도의 원저자는 하나님이고(딤후 3:16-17), 기록자는 개개의 시편 저자들이다(벧후 1:21). 이는 시편과 관련하여 신약성경의 사도행전 1:16에 설명되어 있는 내용이다. 이 구절에서 베드로는 "성령이 다윗의 입을 통하여…미리 말씀하신 성경"으로 시편 69:25과 109:8을 예시한다(행 4:24-25도 보라, 참고. 시 1-2편; 히 4:7, 참고. 시 95:7-8).

몇몇 시편은 표제와 함께 시작된다. 표제는 본문의 일부로서 저자를 가리킨다. 시 일흔세 편의 표제에서 다윗 왕이 분명하게 거명되고, 신약성경에서는 그 밖의 세 편도 그가 썼다고 밝힌다(행 4:25에서는 1-2편, 히 4:7에서는 95편). 아삽은 주로 포로기 이후의 내용을 담고 있는 시 열두 편의 저자이다(50, 73-83편). 그는 다윗 시대에 찬송을 맡은 세 레위 가문의 세 수장 가운데 한 사람이자(대상 25장을 보라) 선견자/예언자였다(대하 29:30).

찬송을 맡아 성전 예배를 인도하던 레위 사람들 중에서 고라 자손(대하 20:19)은 시편 42, 44-49, 84-85, 87-88편의 저자로 확인되었다. 솔로몬 왕은 두 편의 시를 썼다(72, 127편). 지혜로운 사람이자 노래하는 레위 사람이며 여두둔과 동일인으로 추정되는 에단(왕상 4:31; 대상 2:6; 15:19; 25:1)은 한 편을 썼다(89편). 고라 자손의 일원으로 솔로몬 궁정에서 노래를 부르던 현자 헤만(왕상 4:31; 대상 15:19)도 한 편을 썼고(88편), 모세도 한 편을 썼다(90편).

표제가 없는 나머지 마흔여섯 편의 시 가운데 세 편(96, 105, 106편)의 저자는 역대상 16:7-36의 증언대로 다윗인 듯하다. 역대상 16:7-36은 이 세 편에서 선별적으로 끌어낸 감사 찬양(96편; 105:1-15; 106:1, 47-48)을 다윗의 작품으로 돌린다. 나머지 마흔세 편의 시는 저자가 불분명하고 표제도 없다. 하지만 이 가운데 몇 편은 전통적으로 다윗의 작품으로 여겨진다.

연대. 역사적으로 개별적 찬양시는 모세 시대로부터(주전 1400년경) 이스라엘 자손이 포로 생활을 마치고 귀환할 때까지(주전 450년경) 대략 1천 년에 걸쳐 쓰였다.

찬양시를 수집하여 책 형태로 정리하는 책임을 누가 맡았는지 결정적으로 암시하는 대목은 존재하지 않는다. 아마도 바벨론 유수에서 돌아온 뒤에 한 편집자가 작업의 대부분을 맡았을 것이다.

이러한 구분의 중요한 함의는 다음과 같다. 말하자면 시편들, 특히 제왕 시편들을 다윗 가문의 왕이 더 이상 존재하지 않던 포로기 이후의 관점으로 읽어야 한다는 것이다. 따라서 찬양시를 읽을 때에는 과거의 이스라엘 왕들을 되돌아보며 읽을 것이 아니라 예견된 다윗의 자손, 곧 메시아 왕의 도래를 고대하면서 읽어야 한다.

구조. 히브리 사본들과 대다수 역본들에 반영된 대로 시편은 다섯 권의 '책'으로 다시 나뉜다. 각기 다른 시대에(위의 '연대'를 보라) 각각의 사람들이 쓴 것이기는 하지만, 각 찬양시는 포로기 이후에 하나님의 인도를 받아 마침내 이 다섯 권을 뼈대로 수집되고 정리되었다. 각 권은 송영으로 끝난다(참고. 제1권, 41:13; 제2권, 72:18-19; 제3권, 89:52; 제4권, 106:48; 제5권, 시편 전체의 결론 역할을 하는 150편).

이러한 구성은 토라를 다섯 권으로 나눈 것에 부합하려는 의도일 것이다. 이는 다음 도표에서 설명한 대로 초기 유대 전통이 지지하는 관점일 뿐만 아니라 토라와 이에 대응하는 시편의 책들에서 드러나는 주제의 유사성이 지지하는 관점이기도 하다.

히브리 원문에는 시편의 각 권에 '제1권', '제2권' 등의 표제가 분명하게 표시되어 있다. 이외에도 각 권의 말미에 명료한 어투로 송영이 표시되어 있다. 마지막 송영을 제외한 네 개의 송영은 "여호와를(그의 이름을) 영원히 찬송할지어다"라는 표현의 변형을 취하고 있다 (41:13; 72:18-19; 89:52; 106:48). 마지막 송영은 총괄적인 송영, 곧 "호흡이 있는 자마다 여호와를 찬양할지어다"(150:6)라는 총괄적인 권고로 적절히 표현되어 있다. 다섯 권 각각의 개별적 통일성도 유사한 표현법과 언어 사용으로 (가끔은 상당히 난해하고 복잡하게) 뒷받침되고 있다.

시편과 토라의 구조적 유사성은 두 편집물이 시작되고 끝나는 방식에서도 분명하게 드러난다. 창세기의 첫 두 장이 하나님이 인간을 놓고 개인에게 그리고 집단에게 의도하신 숭고한 목적('예배와 복종', 창 2:15의 주석을 보라)에 초점을 맞추듯이, 시편의 첫 두 편도 하나님이 인간 개인에게 그리고 집단에게 의도하신 숭고한 목적, 곧 '율법을 즐거워함'(1:2, 복종을 암시한다)과 '경외함'(2:11, 예배를 암시한다)에 초점을 맞춘다. 신명기의 마지막 두 장이 이스라엘에 대한 하나님의 전반적인 관심(신 33:3, "여호와께서 백성을 사랑하시나니"), 이스라엘 원수들에 대한 하나님의 심판(신 33:29, 주는 "네 영광의 칼이시로다 네 대적이 네게 복종하리니"), 미래에 이루어질 그분의 메시아적 구속(신 34:10, "그 후에는 이스라엘에 모세와 같은 선지자가 일어나지 못하였나니")을 찬양하듯이, 시편의 마지막 두 편도 이스라엘에 대한 하나님의 전반적인 관심(시 149:4, "여호와께서는 자기 백성을 기뻐하시며"),

토라(오경)	시편
창세기: 하나님의 인간 창조와 이스라엘 선택.	제1권(1-41편): 하나님의 탁월한 선택에 초점을 맞춘 예배 표현들.
출애굽기: 하나님이 갓 태어난 아들 같은 이스라엘 민족을 보호하고, 그들을 육체적 · 영적으로 양육하려고 기본법/일반법을 예비하심.	제2권(42-72편): 하나님의 보호와 양육에 초점을 맞춘 예배 표현들.
레위기: 하나님이 백성에게 거룩함의 중요성과 그 의무들을 가르치려고 특별법을 수여하심.	제3권(73-89편): 거룩에 관한 하나님의 가르침에 초점을 맞춘 예배 표현들.
민수기: 아들 같은 이스라엘 민족이 사막에서 40년간 체류하는 내내 하나님이 그들에게 자애로운 징벌을 내리심.	제4권(90-106편): 하나님의 자애로운 징벌에 초점을 맞춘 예배 표현들.
신명기: 하나님이 이스라엘 땅에 대한 약속 성취의 서막을 알리고, 믿음으로 그 땅에 들어가도록 백성을 마지막으로 준비시키심.	제5권(107-150편): 하나님의 약속이 궁극적으로 성취됨을 내다보는 예배 표현들.

이스라엘 원수들에 대한 하나님의 심판(149:6-7a, "그들의 입에는 하나님에 대한 찬양이 있고 그들의 손에는 두 날 가진 칼이 있도다 이것으로 뭇 나라에 보수하며"), 미래에 최종적으로 이루어질 그분의 구속(149:4, "겸손한 자를 구원으로 아름답게 하심이로다")을 찬양한다.

정경에서의 위치. 현대 기독교 성경에서 시편은 (욥기를 포함한) 시가서의 두 번째 책이다. 율법서(창세기-신명기), 역사서(여호수아-에스더), 시가서(욥기-아가), 선지서(이사야-말라기)의 편제는 유대인 사회가 헬레니즘의 영향을 받아 채택한 성경 분류 전통에서 비롯되었고, (약간 차이가 있기는 하지만) 최초의 헬라어역 구약성경인 70인역에 반영되었다.

히브리어 성경의 여러 사본에서 시편은 성문서로 알려진 구간에 위치해 있다. 성문서는 히브리어 성경의 제3부이자 마지막 부분이다. 히브리어 성경은 다음과 같이 3부로 나뉘어 있다. 토라(창세기-신명기), 선지서(이사야-말라기), 성문서(시편, 잠언, 욥기, 아가, 룻기, 애가, 전도서, 에스더, 다니엘, 에스라, 느헤미야, 역대기). 전통적으로 제3부에 자리하던 시편의 위치가 바뀌어 제1부(현대 유대교의 합의)와 제2부 사이에(룻기나 역대기 뒤에) 자리하는 경우도 있지만, 일반적으로는 기독교 전통에서 그러하듯 연접한 잠언 및 욥기와 함께 별개의 하위 집단으로 취급된다.

히브리어 정경의 편제에서 시편이 차지하는 두드러진 권위는 누가복음 24:44에서도 분명하게 드러난다. 이 구절에서 '시편'을 언급한 것은 그 분량 때문이기도 하겠지만, 아마도 제3부인 성문서 전체를 가리키려는 의도였을 것이다(일부분으로 전체를 나타내는 제유법). 앞서 인용한 누가의 언급이 있기 100여 년 전에 작성된 사해 두루마리 필사본들 중 하나에서도 유사한 언급이 눈에 띈다. 이 언급은 구약성경을 일찍부터(다수의 현대 학자들이 믿는 것보다 훨씬 이른 시기에) 정경으로 인정했음을 보여주는 증거로서 대단히 중요하다. 이 필사본에서는 성경을 "모세의 책과 예언자들의 책들과 다윗(의 시편)"으로 언급하고 있다(4QMMT, C10).

목적과 주제. 성경의 거의 모든 주제와 신학적으로 중요한 사상을 시편에서 찾아볼 수 있다. 하지만 시편의 가장 중요한 목적을 진술하는 곳은 시편 1편과 2편이다. 두 편 모두 시편 전체의 서론으로 함께 읽는 데 그 목적이 있다. 이 두 편은 히브리어 성경에서 수미 쌍관법이라는 문학 장치로 결합되어 있다. 수미 쌍관법은 동일한 용어나 표현을 사용하여 '형식이 일정한' 단위의 주요 주제를 강조하는 기법이다. 시편 1편과 2편의 경우에는 "복 있는"이라는 말이 사용되었는데, 이는 주로 영적인 복의 상태를 의미하며, 육체적인 복의 상태는 부차적으로만 의미한다. 영적인 복이 반드시 감정적인 행복은 아니다. 이 영적인 복은 예수님이 팔복에서 말씀하신 복과 같다(마 5:3-11).

시편 전체의 서론으로서 시편 1편은 개인 수준의 예배에 초점을 맞추어 하나님의 말씀을 가르치는 반면, 2편은 집단의 수준으로 표현된 예배에 초점을 맞추어 하나님의 아들, 메시아 왕에 복종할 것을 가르친다.

총괄적인 서론으로서 이 두 편의 시는 신자들에게 하나님의 말씀 연구에 입각하고 기름 부음 받은 메시아에게 주의를 기울이는 가운데, 공동 예배뿐만 아니라 개인 예배의 표현법을 가르치는 것이 시편 전체의 가장 중요한 목적임을 밝힌다. 시편 전체의 중심 주제는 다윗의 마지막 말이 암시하는 대로 메시아이다(삼하 23:1). 미래의 메시아는 "이스라엘의 노래 잘하는 자"였으며, 다윗이 시편에서 특히 좋아하는 주제였다(참고. 삼하 23:1의 주석).

장르. 시편은 히브리 시이다. 히브리 시는 영시와 달리 압운에 매이지 않는 대신에 다른 몇 가지 특징이 있다.

1. 시적 언어. 시편의 아름다움과 힘은 간결한 단어 선택, 시적 언어, 생생한 묘사에서 분명하게 드러난다. 예를 들면 다음과 같다. "악인들은…겨와 같도다"(1:4), "주께서…악인의 이를 꺾으셨나이다"(3:7), "여호와는 나의 목자시니"(23:1), "하나님이여 사슴이 시냇물을 찾기에 갈급함같이 내 영혼이 주를 찾기에 갈급하니이다"(42:1), "산들이 예루살렘을 두름과 같이 여호와께서 그의 백성을…두르시리로다"(125:2), "눈을 양털같이 내리시며 서리를 재같이 흩으시며"(147:16).

2. 수미 쌍관법. 이 문학 장치는 동일한 어구 내지 유

시

사한 어구와 견해를 '처음과 끝에 배치하여' 하나의 시적 사고 단위를 만들어낸다. 예를 들면 다음과 같다. "복 있는 사람은 ~하는도다"(1:1) / "~하는 사람은 다 복이 있도다"(2:12), "너는 하나님께 소망을 두라 그가 나타나 도우심으로 말미암아 내가 여전히 찬송하리로다"(42:5) / "너는 하나님께 소망을 두라 나는 그가 나타나 도우심으로 말미암아 내 하나님을 여전히 찬송하리로다"(42:11).

3. 평행법. 성경의 모든 히브리 시가 그러하듯 시편의 또 다른 중요한 특징은 평행법이다. 이는 유사한 사고를 통해 한 견해를 다른 견해와 비교하여 제시하는 방법이고, 일반적으로 세 유형으로 분류된다.

(a) 동의평행법. 연속되는 시구, 보통은 반구(半句)를 사용하여 동일하거나 유사한 견해를 다른 단어들로 제시한다. "가난한 자를 먼지 더미에서 일으키시며 궁핍한 자를 거름 더미에서 들어 세워"(113:7).

(b) 반의평행법. 연속되는 시구로 대조되는 견해를 제시하여 그 견해들이 하나의 접점을 향하도록 한다. "여호와께서 자기를 사랑하는 자들은 보호하시고 악인들은 다 멸하시리로다"(145:20).

(c) 종합평행법. 연속되는 시구로 다르면서도 보완되는 견해를 제시하여 좀 더 강렬하고 독특한 견해를 제공한다. "내 손을 가르쳐 싸우게 하시니 내 팔이 놋활을 당기도다"(18:34).

4. 아크로스틱(acrostic, 이합체, 답관체) 시 구조. 시편의 아크로스틱 시에서 각각의 행은 연속되는 히브리 알파벳으로 시작된다(예를 들어 9편과 10편이 아크로스틱 시이고, 25, 34, 37, 111-112, 145편이 그러하다). 시편 119편은 가장 긴 시로서 주님과 그분의 말씀을 찬양하는 아크로스틱 시이다. 이 시는 22연으로 구성되어 있고, 각 연마다 8행을 거느리고 있다. 각 연의 각 행은 같은 문자로 시작된다. 아크로스틱 시 구조는 유용한 기억 장치로서 알파벳 처음부터 끝에 이르기까지 하나님의 진리를 숙고한다.

5. 음악 지시. 시들은 노래로 부르기 위해 지어졌고, 서른 편의 시는 '노래'와 동일한 것으로 간주된다(예를 들어 45, 48, 92편). 음악을 내포하면서 종종 표제에서 '시'로 번역되는 '미즈모르'는 57회 나오는데 표제에만 등장한다. 이는 레위 사람들이 성전에서 악기 반주에 맞추어 시를 노래로 불렀음을 암시한다(예를 들어 3, 48편). 쉰다섯 편의 시는 표제에 음악 지시를 달고 있다. 예를 들면 다음과 같다. "인도자를 따라"(5편), "현악에 맞추어"(67편), "성전에 올라가는 노래"(120-134편). 성전에 올라가는 노래들은 예배자들이 예루살렘 성전에 다가가면서 부를 수 있게 시적 단위들로 배열되어 있다.

시편의 유형. 시편은 주제와 내용이 다양한 까닭에 그 유형이나 범주도 다양하다. 시편 연구법들을 얼추 살피려면 Allen Ross, *A Commentary on the Psalms, Volume 1: Psalm 1-41*, Kregel Exegetical Library (Grand Rapids, MI: Kregel Academic, 2012), 65-80을 보라. 시편은 내용이 복잡한 까닭에 일부는 하나 이상의 유형으로 분류되기도 한다. 유용한 시편 분류법은 다음과 같다.

1. 찬양과 감사의 시편. 이 시들은 종종 전형적인 시로 간주된다. 가장 익숙한 시이기 때문이다. 예를 들면 시편 21, 30, 32, 34, 40, 146, 148편이 그러하다.

이 시들은 대개 개인이 구원받은 구체적인 일들과 연결되어 있다. 하나님에 대한 찬양을 선포함, 구원을 알림, 찬양하겠다는 새로운 결심, 함께 찬양하라는 지시가 여기에 포함된다.

2. 찬송 시편. 몇몇 찬양 시편은 구조상 개인의 구원과 관련된 찬양시라기보다는 찬송가에 더 가깝다. 이 시들은 다음의 공통된 요소들을 갖추고 있다. (1) 찬양하라는 외침, (2) 찬양할 이유, (3) 찬양하라는 최종 권고. 이 시들은 찬양대나 음악 부호에 관한 표제를 간혹 달고 있기도 하다. 찬송 시편의 예로 시편 33, 36, 105, 111, 113, 117, 135편이 있다.

3. 노래. '노래'라는 표제를 달고 있는 시편은 열다섯 편이다(18, 45-46, 48, 65-68, 75-76, 83, 87-88, 92, 108편). 이 시들은 노래로 불려야 했고, 일부는 특별히 음악 지시도 달고 있다. 83편과 88편을 제외하면 모두 찬양시들이다. 성전에 올라가는 노래는 특수한 노래군에 속한다(120-134편).

4. 탄원 시편. 탄원시는 그 수가 가장 많고 흔하여 시편 전체의 3분의 1을 차지한다. 고난의 시기에 도움을 구하는 탄원 또는 기도들이다. 탄원시는 (1) 주님께 드

리는 서두의 청원, (2) 문제를 구체적으로 설명하는 탄원, (3) 상황에 굴하지 않고 주님을 신뢰하겠다는 고백, (4) 도움 요청, (5) 상황에 굴하지 않고 구원과 상관없이 주님을 찬양하겠다는 맹세를 담고 있다. 개인 탄원시로 시편 3, 4, 12, 22편이 있다.

민족 탄원시도 다수이다. 이 시들은 특히 이스라엘 민족 전체가 맞닥뜨린 상황에 초점을 맞추고 개인 탄원시의 방식을 따른다. 민족 탄원시로 시편 44, 60, 83편이 있다.

5. 저주 시편. 탄원시 가운데 일부는 원수에게 천벌을 내려달라고 부르짖는 저주를 담고 있다. 동사 '저주하다'는 '~에게 재앙이 내리기를 빌다', '~에게 재해가 일어나기를 빌다'를 의미한다. 이 기도문들은 주님의 대적이 하나님의 백성에게 개인적으로 혹은 민족적으로 잔학한 행위를 저지를 때 처벌해달라는 탄원이다. 저주시로는 시편 5, 10, 17, 35, 58, 59, 69, 70, 79, 83, 109, 129, 137, 140편이 있다. 이 시들은 비정하고 성경의 관점에 위배되는 것으로 보일 수 있으나, 의인들이 하나님께 그분의 백성과 그분의 이름을 위하여 행동하실 것을 요청하는 정직하고 솔직한 표현들이다. 이는 왕과 그의 백성이 생존하기 위해서는 반드시 대적을 파멸해야 하는 전쟁 때 특히 해당된다. 더욱이 이 시의 저자들은 자신들이 직접 복수하지 않고 하나님께 공정한 판결을 내려달라고 기도한다. 저주시는 하나님께 율법과 언약에 들어 있는 그분 말씀의 의로운 요구에 따라 행동해주실 것을 비는 기도문이다.

이 기도문들이 신약성경의 윤리에 위배된다고 생각하는 사람이 더러 있다. 하지만 저주는 죽임을 당해 하늘에 있는 신자들도 하는 일이다. 그들은 얼마나 더 있어야 하나님이 그들을 살해한 자들에게 천벌을 내리실 것인지 묻는다(참고. 계 6:10-11). 구약성경과 신약성경의 신자들은 악인의 죽음을 기뻐하지 않았으나, 하나님의 심판을 고대하며 하나님이 그분의 말씀에 맞게 악인들에게 천벌을 내리고 세상을 바로잡으시기를 바랐다(살후 1:6-10).

배경. 가장 오래된 사본들의 시편들에는 번호가 매겨져 있지 않고 절 구분도 없었다(이는 성경 전체에 해당하는 사실이다). 유용한 절 구분은 훨씬 나중에 이루어졌다. 다른 역본의 성경들을 읽거나 비교해보면 (내용이 그런 것은 아니지만) 시편의 번호 붙이기에 약간씩 차이가 난다. 70인역(헬레니즘의 영향을 받은 유대인 사회가 신구약 중간기에 자신들을 위해 헬라어로 번역한 구약성경)은 절 구분이 히브리어 성경과 약간 다르게 되어 있다. 초대교회는 구약성경의 절 구분을 할 때 70인역을 따랐고, 로마가톨릭교 전통도 이를 따랐다. 그러고 나서 종교개혁이 진행될 때 히브리어 성경의 시편 계수법으로 돌아가는 일이 일어났다(제네바 성경, 루터의 독일어 성경, 킹 제임스 성경). 오늘날 개신교 성경들은 이 계수법을 따라 절을 구분하고 있다.

게다가 기독교의 영어 성경들은 시편의 표제를 첫 절로 세지 않는 반면, 히브리/유대 성경의 영어 역본들은 표제를 첫 절로 센다. 그로 인해 각각의 시편들에서 한 절씩 차이가 난다(예를 들어 시편 3편은 히브리어 성경에서는 아홉 절이고, 기독교 성경들에서는 여덟 절로 되어 있다).

시편이 통일성 있는 작품 수집물이며 포로기 이후에 편찬된 것임을 인정할 때 비로소 시편 전체의 메시지가 좀 더 명백해진다. 확실히 나중에 편찬된 덕분에 각 시들의 원래 의미를 변경하지 않고, 장차 다가올 이스라엘의 메시아 왕에게 분명히 초점을 맞출 수 있었다. 시편이 최종 편집될 무렵에는 다윗 가문의 왕은 더 이상 존재하지 않았다. 따라서 여러 편의 시, 특히 왕(King, K가 대문자이다)에 관해 이야기하는 시는 모두 미래의 메시아 왕을 고대하는 시라고 할 수 있다. 데이비드 C. 미첼은 시편이 포로기 이후에 편찬된 것을 근거로 다음과 같이 결론짓는다. "메시아라는 주제가 시편을 수집한 주목적이다"[David C. Mitchell, *The Message of the Psalter: An Eschatological Programme in the Book of Psalms* (Sheffield, England: Sheffield Academic Press, 1997), 87]. 이는 어떻게 신약성경 저자들이 메시아 예수를 시편의 성취로 여기게 되었는지 설명해준다. 그들은 예수님이 시편에서 예견한 다윗 가문의 종말론적 왕이심을 깨닫고 있었다.

개 요

I. 제1권: 하나님의 탁월하신 선택에 응답하는 예배(1-41편)

시편 1-2편: 시편 서론, 적절한 예배와 그로 인한 복

시편 1편: 개인 예배의 본보기

A. 말씀 가운데 주님과 동행하는 습관(1:1-2)

B. 말씀 가운데 주님과 동행함의 열매(1:3)

C. 말씀 가운데 주님과 동행함의 보상(1:4-6)

시편 2편: 공동 예배의 본보기

A. 민족들에게 우리가 받은 공동의 박해(2:1-3)

B. 아들의 승리에 대한 우리 공동의 신뢰(2:4-9)

C. 아들을 예배해야 하는 우리 공동의 사명(2:10-12)

시편 3편: 개인적 탄원의 패러다임

A. 주님께 걱정을 아뢰다(3:1-2)

B. 주님에 대한 신뢰를 표현하다(3:3-6)

C. 주님께 간청하다(3:7-8)

시편 4편: 주님에 대한 신뢰의 패러다임

A. 주님을 신뢰하는 근거(4:1)

B. 주님을 신뢰하라는 권고(4:2-5)

C. 주님을 신뢰한 결과(4:6-8)

시편 5편: 아침 기도의 패러다임

A. 하나님께 복종하겠다는 다짐(5:1-3)

B. 하나님에 대한 찬양 선포(5:4-7)

C. 하나님 앞에 드리는 간청(5:8-12)

시편 6편: 하나님께 자비를 간청하는 패러다임

A. 자신의 영적 처지를 충분히 인정하다(6:1-5)

B. 상황에 따른 근심을 충분히 털어놓다(6:6-7)

C. 언약을 충분히 기대하다(6:8-10)

시편 7편: 저주의 패러다임

A. 기대하는 바를 알다(7:1-5)

B. 주님께 변호를 호소하다(7:6-16)

C. 응답에 상관없이 주님께 감사하다(7:17)

시편 8편: 찬양의 패러다임

A. 하나님이 인간을 어떻게 쓰시는지 숙고하다(8:1-2)

B. 하나님이 인간을 어떻게 돌보시는지 숙고하다(8:3-5)

C. 하나님이 인간에게 무엇을 주셨는지 숙고하다(8:6-9)

시편 9편: 하나님의 정의에 대한 묵상-의인들의 변호자이신 하나님

A. 변호자에 대한 신뢰 표명(9:1-2)

B. 변호자의 이력 인정(9:3-12)

C. 변호자에게 하는 호소(9:13-20)

시편 10편: 하나님의 정의에 대한 묵상-악인들의 심판관이신 하나님

A. 심판관의 필요성(10:1-11)

B. 심판관에게 하는 호소(10:12-15)

C. 심판관에 대한 신뢰(10:16-18)

시편 11편: 신뢰 분석

A. 하나님을 신뢰하지 못하게 하는 유혹: 악인들의 힘(11:1-3)

B. 하나님에 대한 신뢰의 근거: 하나님은 누구이시고, 무슨 일을 하셨는가(11:4-7a)

C. 하나님에 대한 신뢰의 궁극적 기대: 하나님의 얼굴을 뵙는 것(11:7b)

시편 12편: 하나님의 구원에 대한 숙고

A. 구원의 필요에 대해 숙고하다(12:1-2)

B. 구원의 과정을 숙고하다(12:3-5)

C. 구원을 베푸시는 분을 숙고하다(12:6-8)

시편 13편: 개인의 구원을 바라는 기도

A. 하나님의 구원이 필요함을 아뢰다(13:1-2)

B. 하나님의 구원을 간청하다(13:3-4)

C. 하나님의 구원을 신뢰하다(13:5-6)

시편 14편: 인간의 어리석음에 대한 분석

A. 어리석음의 본질(14:1)

B. 만연한 인간의 어리석음(14:2-6)

C. 인간의 어리석음에 반대되는 것(14:7)

시편 15편: 참 신자에 대한 분석

A. 참 신자의 바람(15:1)

B. 참 신자의 특징(15:2-5a)

C. 참 신자의 최종 상태(15:5b)

시편 16편: 삶과 죽음에 대한 신뢰

A. 시편 저자의 신뢰(16:1)

B. 메시아의 기도(16:2-11)

1. 주님은 삶의 기쁨이시다(16:2-8)

2. 주님은 죽음에서 구원해주는 분이시다(16:9-11)

시편 17편: 보호를 구하는 기도

A. 하나님께 듣는 이가 되어달라는 요청(17:1-6)

B. 하나님께 보호해달라는 간청(17:7-14)

C. 하나님의 약속에 대한 단언(17:15)

시편 18편: 하나님의 개인 구원에 대한 찬양시

A. 다윗이 자신과 주님의 관계를 긍정하다(18:1-29)

1. 구원자 하나님께 헌신하겠다는 다짐(18:1-3)

2. 하나님의 구원이 지닌 개인적 속성(18:4-19)

3. 구원받은 자에 대한 하나님의 깊은 관심(18:20-29)

B. 다윗이 주님에 의한 구원을 긍정하다(18:30-50)

1. 구원받은 자에 대한 하나님의 깊은 관심(18:30-36)
2. 하나님의 구원이 지닌 개인적 속성(18:37-45)
3. 구원자 하나님께 헌신하겠다는 다짐(18:46-50)

시편 19편: 신적 계시에 대한 묵상

A. 우주 만물에 나타난 하나님의 계시(19:1-6)
B. 말씀에 나타난 하나님의 계시(19:7-11)
C. 인간에 나타난 하나님의 계시(19:12-14)

시편 20편: 하나님 안에서 승리를 확신하다

A. 승리에 대한 백성들의 확신(20:1-5)
B. 승리에 대한 왕의 확신(20:6-8)
C. 승리에 대한 공동의 확신(20:9)

시편 21편: 주님을 신뢰하는 왕에 대한 묵상

A. 주님을 신뢰하는 왕의 복(21:1-6)
B. 주님을 신뢰하는 왕의 힘(21:7-12)
C. 주님을 신뢰하는 왕의 찬양(21:13)

시편 22편: 십자가에 달리신 메시아에 대한 예언

A. 고난당하는 메시아의 기도(22:1-21)

1. 하나님께 드리는 질문(22:1-10)
2. 하나님께 드리는 청원(22:11-21)

a. 돕는 이가 없어 하나님의 임재를 구하다(22:11-18)
b. 하나님만이 도우실 수 있어 하나님의 임재를 구하다(22:19-21)

B. 높임 받은 메시아의 찬양(22:22-31)

1. 이스라엘 앞에서 부르는 찬양: 하나님은 귀머거리가 아니요 듣는 분이시다!(22:22-26)
2. 민족들 앞에서 부르는 찬양: 하나님은 죽지 않으셨고 살아 계신다!(22:27-31)

시편 23편: 백성의 목자가 되신 주님

A. 목자가 주시는 안식(23:1-3)
B. 목자가 주시는 위로(23:4-5)
C. 목자가 주시는 신뢰와 돌봄(23:6)

시편 24편: 영광스러운 왕의 귀환

A. 왕이 다스리는 영토의 범위(24:1-2)
B. 왕이 다스리는 백성의 특성(24:3-6)
C. 영광스러운 왕의 통치(24:7-10)

시편 25편: 하나님의 돌보심을 구하는 기도

A. 관계에 근거한 청원(25:1)
B. 구체적인 청원 내용(25:2-21)
C. 청원의 폭넓은 적용(25:22)

시편 26편: 사람의 완전함에 대한 묵상

A. 사람의 완전함을 판단하시는 하나님(26:1-2)

B. 완전함의 목표는 하나님(26:3-10)
C. 완전함을 가능케 하시는 하나님(26:11-12)

시편 27편: 사람의 신뢰에 대한 묵상
A. 신뢰의 근거가 되시는 하나님(27:1-3)
B. 신뢰의 목표가 되시는 하나님(27:4-6)
C. 신뢰를 키워주시는 하나님(27:7-14)

시편 28편: 하나님의 사랑을 보여달라는 간구의 패러다임
A. 사랑하는 자의 부르짖음에 과분하게 신경 쓰심으로(28:1-3)
B. 사랑하는 자의 원수들을 심판하심으로(28:4-5)
C. 사랑하는 자의 백성을 구원하심으로(28:6-9)

시편 29편: 하나님의 경이로운 능력에 대한 묵상
A. 절대적으로 찬미 받는 하나님의 능력(29:1-2)
B. 만물이 입증하는 하나님의 능력(29:3-9)
C. 영원한 하나님의 능력(29:10-11)

시편 30편: 징계 받은 후 드리는 감사와 봉헌
A. 하나님의 일시적인 징계(30:1-5)
B. 하나님의 고통스러운 징계(30:6-9)
C. 하나님이 징계하시는 목적(30:10-12)

시편 31편: 압제에서 구해달라고 하나님께 간구하다
A. 불가항력적인 하나님의 구원(31:1-5)
B. 현재 필요한 하나님의 구원(31:6-22)
C. 하나님의 구원에 대한 가상한 소망(31:23-24)

시편 32편: 용서의 패러다임
A. 하나님이 베푸시는 용서의 성격(32:1-5)
B. 하나님이 베푸시는 용서의 유효성(32:6-7)
C. 하나님이 베푸시는 용서의 매력(32:8-11)

시편 33편: 공동 찬양의 패러다임
A. 공동 찬양의 의무(33:1-3)
B. 공동 찬양의 이유(33:4-19)
C. 공동 찬양의 적용(33:20-22)

시편 34편: 하나님의 섭리 패러다임
A. 하나님의 섭리를 찬양하다(34:1-7)
B. 하나님의 섭리로 초대하다(34:8-14)
C. 하나님이 섭리하시는 대상(34:15-22)

시편 35편: 자신을 변호해달라는 탄원
A. 변호받기 바라는 마음을 아뢰다(35:1-8)
B. 자신이 변호받을 만한지 돌아보다(35:9-26)
C. 자신이 변호받는 목적을 말하다(35:27-28)

시편 36편: 하나님의 언약적 사랑(헤세드)에 대한 묵상

A. 인자하심의 부재(36:1-4)
B. 인자하심의 구현(36:5-9)
C. 인자하심의 여전한 필요성(36:10-12)

시편 37편: 만족스러운 하나님의 보상을 기리다
A. 하나님의 확실한 보상(37:1-15)
B. 하나님의 가장 좋은 보상(37:16-26)
C. 하나님의 영원한 보상(37:27-40)

시편 38편: 하나님의 징계에 대한 반응
A. 하나님의 자비를 간청하다(38:1-8)
B. 자신의 약함을 인정하다(38:9-12)
C. 하나님께 계속 의지할 것을 맹세하다(38:13-22)

시편 39편: 인생의 덧없음과 침묵의 죄
A. 침묵의 죄를 깨닫다(39:1-3)
B. 기회와 인생의 덧없음을 깨닫다(39:4-6)
C. 침묵의 죄를 회개하다(39:7-13)

시편 40편: 구원과 곤경
A. 구원을 기리는 찬양(40:1-10)
B. 구원을 바라는 기도(40:11-17)

시편 41편: 하나님의 은혜에 대한 묵상
A. 하나님의 은혜로 각 사람이 받는 복(41:1-3)
B. 각 사람에게 필요한 하나님의 은혜(41:4-9)
C. 하나님의 은혜로 각 사람이 받는 격려(41:10-13)

Ⅱ. 제2권: 하나님의 돌보심에 응답하는 예배(42-72편)

시편 42편: 하나님의 돌보심에 대한 갈망
A. 주님을 깊이 갈망하다(42:1-5)
B. 주님이 간절히 필요하다(42:6-11)

시편 43편: 하나님의 양육 목적

시편 44편: 이스라엘의 역사를 회고하며 하나님의 구원을 구하는 기도
A. 하나님의 업적을 인정하다(44:1-8)
B. 현재 필요한 것을 아뢰다(44:9-22)
C. 하나님의 인자하심을 간구하다(44:23-26)

시편 45편: 성자 하나님의 뛰어나심
A. 신랑의 역할로 확인되다(45:1-9)
B. 신부의 반응으로 확인되다(45:10-15)
C. 자녀들의 지위로 확인되다(45:16-17)

시편 46편: 하나님의 피난처에 대한 묵상
A. 피난처의 영속성(46:1-3)
B. 피난처의 접근성(46:4-7)

C. 피난처의 평안함(46:8-11)

시편 47편: 왕이신 하나님에 대한 만민의 찬양

A. 왕이신 하나님의 도전(47:1-4)

B. 왕이신 하나님에 대한 찬양(47:5-7)

C. 왕이신 하나님의 뛰어남(47:8-9)

시편 48편: 왕이신 하나님의 도성 시온을 기리는 찬양

A. 시온의 뛰어남(48:1-8)

B. 시온의 찬양(48:9-11)

C. 시온의 도전(48:12-14)

시편 49편: 구세주 하나님의 은혜

A. 인간은 영적으로 스스로를 구원하지 못한다(49:1-9)

B. 인간은 육적으로 스스로를 구원하지 못한다(49:10-14)

C. 하나님은 인간을 온전히 구원하신다(49:15-20)

시편 50편: 인류의 심판관이신 하나님

A. 심판관이신 하나님 소개(50:1-6)

B. 심판관이신 하나님의 통치(50:7-21)

C. 심판관이신 하나님의 최종 경고(50:22-23)

시편 51편: 하나님의 용서를 역설하는 다윗

A. 자신의 죄를 알다(51:1-6)

B. 하나님의 자비를 구하다(51:7-13)

C. 감사로 화답하다(51:14-19)

시편 52편: 악에 대한 전망과 인간이 영원히 거할 곳

A. 악인의 정체(52:1-4)

B. 악인의 종착지(52:5-7)

C. 의인의 종착지(52:8-9)

시편 53편: 인간의 어리석음에 대한 변치 않는 분석

A. 어리석음의 본질(53:1a)

B. 만연한 인간의 어리석음(53:1b-5)

C. 인간의 어리석음에 반대되는 것(53:6)

시편 54편: 하나님께 도움을 호소하다

A. 동기를 생각해보다(54:1-3)

B. 신뢰를 드러내다(54:4-5)

C. 감사를 표현하다(54:6-7)

시편 55편: '친구들'의 박해를 피하여 위안을 찾다

A. 하나님께 감정을 토로하다(55:1-8)

B. 하나님께 변호를 간청하다(55:9-15)

C. 하나님에 대한 신뢰를 표명하다(55:16-23)

시편 56편: 나에 대한 하나님의 친밀한 관심

A. 환경을 살피시다(56:1-7)

B. 나의 슬픔을 헤아리시다(56:8-12)

C. 나의 미래를 헤아리시다(56:13)

시편 57편: 뛰어나신 하나님 안에서 찾는 피난처

A. 능력이 뛰어나신 하나님께로 피하다(57:1-3)

B. 영광이 뛰어나신 하나님께로 피하다(57:4-6)

C. 뛰어난 찬양을 받으시는 하나님께로 피하다(57:7-11)

시편 58편: 하나님의 정의에 대한 묵상

A. 하나님의 정의가 필요하다(58:1-5)

B. 하나님의 정의를 설명하다(58:6-9)

C. 하나님의 정의에 반응하다(58:10-11)

시편 59편: 하나님의 구원을 바라는 개인의 청원

A. 구원의 필요성을 솔직하게 아뢰다(59:1-8)

B. 구원의 목적을 겸손히 숙고하다(59:9-15)

C. 구원의 하나님을 무조건 찬양하다(59:16-17)

시편 60편: 하나님에 대한 전적인 신뢰

A. 하나님의 징계를 확인하다(60:1-5)

B. 하나님의 언약을 확인하다(60:6-8)

C. 하나님의 역사하심을 확인하다(60:9-12)

시편 61편: 마음이 약해질 때 하나님께 부르짖다

A. 견고한 보호를 위하여(61:1-4)

B. 생명을 주는 사랑을 위하여(61:5-7)

C. 영속적인 목적을 위하여(61:8)

시편 62편: 참된 구원에 대한 묵상

A. 참된 구원은 하나님께만 있다(62:1-4)

B. 참된 구원은 늘 하나님에게서 온다(62:5-8)

C. 참된 구원은 하나님만 베푸신다(62:9-12)

시편 63편: 하나님을 갈망하다

A. 하나님의 임재를 위하여(63:1-5)

B. 하나님의 보호를 위하여(63:6-8)

C. 하나님을 찬양하기 위하여(63:9-11)

시편 64편: 괴롭히는 자들을 피하여 위안을 찾다

A. 하나님께 괴로운 마음을 내려놓다(64:1-6)

B. 괴롭히는 자들에게 내리시는 하나님의 심판을 단언하다(64:7-8)

C. 하나님이 함께하시는 미래의 영광을 고대하다(64:9-10)

시편 65편: 인간을 향한 하나님의 은혜

A. 주권적인 용서로 나타나다(65:1-4)

B. 기적의 역사들로 나타나다(65:5-8)

C. 지속적인 공급으로 나타나다(65:9-13)

시편 66편: 관심을 기울이시는 하나님을 찬양하라는 권고

A. 백성을 구원하시는 일로(66:1-7)
B. 백성을 단련하시는 일로(66:8-15)
C. 백성의 기도를 들으시는 일로(66:16-20)
시편 67편: 모든 민족이 부르는 찬양
A. 이스라엘을 위한 하나님의 영적 관심에 근거하여(67:1-2)
B. 모든 민족을 위한 하나님의 경영적 관심에 근거하여(67:3-5)
C. 이스라엘을 위한 하나님의 물질적 관심에 근거하여(67:6-7)
시편 68편: 승리의 하나님을 기리는 찬양 행렬
A. 육체적 고난을 이겨낸 이스라엘의 수장으로서(68:1-14)
B. 영적 고난을 이겨낸 이스라엘의 수장으로서(68:15-23)
C. 모든 고난을 이겨낸 모든 민족의 수장으로서(68:24-35)
시편 69편: 하나님의 종이 겪는 고통
A. 고통에서 구해달라고 간청하다(69:1-21)
B. 고통을 유발한 자를 저주하다(69:22-28)
C. 고통에서 구해주시는 이에게 감사하다(69:29-36)
시편 70편: 하나님의 구원에 의지하는 패러다임
A. 하나님께 구원을 간청하다(70:1-3)
B. 하나님 안에서 기뻐할 것을 격려하다(70:4-5)
시편 71편: 노년에 하나님을 의지하는 패러다임
A. 하나님을 신뢰한다고 단언하다(71:1-16)
B. 하나님께 감사한다고 선포하다(71:17-24)
시편 72편: 왕을 위한 기도의 패러다임
A. 메시아의 의로운 통치(72:1-7)
B. 메시아의 세계적 통치(72:8-14)
C. 메시아의 풍성한 통치(72:15-17)
D. 제2권의 결론(72:18-20)

Ⅲ. 제3권: 정결에 관한 하나님의 가르침에 응답하는 예배(73-89편)
시편 73편: 정결의 가치에 대하여
A. 무익해 보이는 정결(73:1-14)
B. 정말로 무익한 불의(73:15-20)
C. 정결의 참된 가치(73:21-28)
시편 74편: 고통을 덜어달라고 하나님께 드리는 간구
A. 하나님의 징계를 깨닫다(74:1-11)
B. 하나님의 주권을 확언하다(74:12-17)
C. 하나님의 구원을 요청하다(74:18-23)
시편 75편: 하나님의 확실한 심판을 기리는 찬양
A. 하나님의 확실한 심판을 감사히 확언하다(75:1-3)
B. 하나님의 확실한 심판을 담대히 나누다(75:4-8)

C. 하나님의 확실한 심판을 계속해서 선포하다(75:9-10)

시편 76편: 이스라엘을 지키시는 하나님

A. 나라 안의 자기 백성들 가운데서(76:1-3)

B. 나라 밖의 자기 백성들 가운데서(76:4-10)

C. 자기 백성들을 넘어 모든 나라 가운데서(76:11-12)

시편 77편: 하나님 안에서 찾는 위로

A. 필요를 아뢰다(77:1-10)

B. 근본 원리를 확인하다(77:11-15)

C. 예를 들다(77:16-20)

시편 78편: 역사의 주님을 기리다

A. 목적: 후세에게 하나님의 신실하심을 가르치기 위하여(78:1-8)

B. 기록: 이스라엘에게 신실하신 하나님의 역사(78:9-64)

1. 왕국 분열의 역사/출애굽의 역사(78:9-16)
2. 광야 방랑의 역사(78:17-33)
3. 사사 시대의 역사(78:34-39)
4. 출애굽의 역사(78:40-53)
5. 정복의 역사(78:54-64)

C. 승리의 절정인 메시아 혈통의 선택(78:65-72)

시편 79편: 구원을 바라는 공동의 간구

A. 하나님의 심판을 인정하다(79:1-7)

B. 하나님의 자비를 구하다(79:8)

C. 하나님의 영광에 초점을 맞추다(79:9-12)

시편 80편: 자기 백성 이스라엘을 돌보시는 하나님

A. 징계의 실체(80:1-7)

B. 징계의 이유(80:8-13)

C. 징계의 목적(80:14-19)

시편 81편: 하나님이 요구하시는 공동체적 갱신의 특징들

A. 관례 행사(81:1-4)

B. 기념 행사(81:5-7)

C. 참회 행사(81:8-16)

시편 82편: 민족들에 대한 하나님의 주권

A. 하나님의 지위(82:1)

B. 하나님의 요구(82:2-4)

C. 하나님의 심판(82:5-8)

시편 83편: 하나님의 은혜로운 약속들을 단언하는 저주

A. 이스라엘을 영원한 민족으로 삼으시겠다는 약속(83:1-8)

B. 이스라엘에게 영원한 땅을 주시겠다는 약속(83:9-15)

C. 모든 민족에게 영원한 생명을 주시겠다는 약속(83:16-18)

시편 84편: 참된 세 가지 복

A. 하나님 앞에서 사는 복(84:1-4)
B. 하나님의 힘으로 살아가는 복(84:5-7)
C. 하나님의 은혜를 신뢰하는 복(84:9-12)

시편 85편: 하나님의 사랑, 그 과거와 현재와 미래
A. 과거의 사랑(85:1-3)
B. 현재의 사랑(85:4-7)
C. 미래의 사랑(85:8-13)

시편 86편: 주권자 주님께 드리는 종의 기도
A. 주님은 주권자이시다(86:1-5)
B. 주님은 유일한 주권자이시다(86:6-13)
C. 주님은 완전한 주권자이시다(86:14-17)

시편 87편: 뛰어난 시온
A. 하나님이 택하신 곳 시온(87:1-3)
B. 하나님의 백성이 태어난 곳 시온(87:4-6)
C. 하나님의 구원이 있는 곳 시온(87:7)

시편 88편: 하나님의 징계에서 위안을 찾는 이유
A. 생명력 회복을 위한 탄원(88:1-9)
B. 예배 회복을 위한 탄원(88:10-12)
C. 관계 회복을 위한 탄원(88:13-18)

시편 89편: 다윗 왕조에 대한 하나님의 성실하심
A. 하나님의 성실하신 성품(89:1-18)
B. 다윗을 왕으로 택하신 하나님(89:19-29)
C. 다윗과 조건 없이 언약을 맺으신 하나님(89:30-37)
D. 다윗 왕위에 징계를 내리신 하나님(89:38-52)

Ⅳ. 제4권: 하나님의 자애로운 징계에 응답하는 예배(90-106편)

시편 90편: 덧없는 생 앞에서 영원하신 하나님께 드리는 기도
A. 하나님의 영원하심을 선언하다(90:1-2)
B. 인간의 죽을 운명과 지혜의 필요성을 인정하다(90:3-12)
C. 하나님의 은혜와 복을 구하다(90:13-17)

시편 91편: 개인의 안전에 대하여
A. 신자가 누리는 안전의 근원(91:1-4)
B. 주님 안에서 누리는 안전의 범위(91:5-13)
C. 주님 안에서 누리는 친밀한 안전(91:14-16)

시편 92편: 주간 찬송
A. 찬양하는 특권을 노래하다(92:1-4)
B. 주님의 정의를 노래하다(92:5-9)
C. 주님의 크신 사랑을 노래하다(92:10-15)

시편 93편: 피조물의 왕이신 하나님의 통치

A. 창조 작업으로(93:1-2)

B. 피조물보다 뛰어나심으로(93:3-4)

C. 피조물 안에 드러난 특별 계시로(93:5)

시편 94편: 하나님께 심판을 청하는 기도

A. 하나님의 영광을 위하여(94:1-7)

B. 하나님의 자비를 알고서(94:8-16)

C. 하나님의 계획을 생각하면서(94:17-23)

시편 95편: 인류에 이로운 주님의 역사를 즐거워하다

A. 창조주이신 주님(95:1-5)

B. 선한 목자이신 주님(95:6-7a)

C. 안식을 주시는 주님(95:7b-11)

시편 96편: 전에도 앞으로도 세계의 왕이신 분을 찬양하라는 권고

A. 이스라엘아, 왕이신 주님을 찬양하라(96:1-6)

B. 민족들아, 왕이신 주님을 찬양하라(96:7-10)

C. 천지 만물아, 왕이신 주님을 찬양하라(96:11-13)

시편 97편: 우주의 통치자이신 하나님

A. 천지 만물을 다스리시다(97:1-6)

B. 초자연적인 세계를 다스리시다(97:7-9)

C. 자기 백성을 다스리시다(97:10-12)

시편 98편: 왕이신 메시아를 찬양하라는 권고

A. 권고의 근거(98:1-3)

B. 권고의 범위(98:4-8)

C. 권고의 완결(98:9)

시편 99편: 하나님의 왕다운 거룩하심을 높이다

A. 시온에서 다스리시는 주님(99:1-5)

B. 제사장과 예언자를 주신 주님(99:6-9)

시편 100편: 하나님께 드리는 감사의 노래

A. 하나님의 지고한 유일성에 대한 감사(100:1-3a)

B. 하나님의 은혜로운 선택에 대한 감사(100:3b-3c)

C. 하나님의 성실하신 사랑에 대한 감사(100:4-5)

시편 101편: 의롭게 다스리겠다는 다윗 왕의 결심

A. 왕 자신이 의로워지는 일에 헌신하다(101:1-4)

B. 왕이 나라 안에 의를 세우는 일에 헌신하다(101:5-8)

시편 102편: 징계 받은 신자의 기도

A. 하나님의 징계를 확인하다(102:1-11)

B. 하나님의 긍휼과 은혜를 드러내다(102:12-17)

C. 하나님의 목적을 밝히다(102:18-28)

시편 103편: 인간에게 은택을 베푸시는 하나님을 찬양하다

A. 은택의 범위(103:1-14)

B. 은택의 영원성(103:15-18)
C. 은택의 목적(103:19-22)
시편 104편: 창조주요 생명의 지속자이신 하나님을 찬양하다
A. 창조주로서 하신 일을 찬양하다(104:1-23)
B. 만물의 생명을 지속시켜주심을 찬양하다(104:24-35)
시편 105편: 아브라함과 언약을 맺으신 하나님을 찬양하다
A. 이스라엘을 택하시고 그들에게 땅을 주신 하나님(105:1-15)
B. 자기 백성을 그들의 땅 밖에서 지켜주신 하나님(105:16-41)
C. 자기 백성을 그들의 땅에 정착시키신 하나님(105:42-45)
시편 106편: 불성실한 백성에게도 성실하신 하나님을 찬양하다
A. 성실하심의 근거(106:1-5)
B. 성실하심의 표현(106:6-46)
C. 성실하심의 목적(106:47-48)

V. 제5권: 하나님의 궁극적인 성실하심에 응답하는 예배(107-150편)
시편 107편: 구원받은 자들에게 주님께 찬양할 것을 요청하다
A. 백성들을 그들의 땅에 돌아오게 하신 주님을 찬양하라(107:1-3)
B. 백성들의 죄를 징계하시는 주님을 찬양하라(107:4-22)
C. 백성들을 곤경에서 벗어나게 해주신 주님을 찬양하라(107:23-43)
시편 108편: 하나님에 대한 전적 신뢰를 재차 단언하다
A. 하나님 찬양을 재차 단언하다(108:1-6)
B. 하나님의 약속을 재차 단언하다(108:7-9)
C. 하나님의 활동을 재차 단언하다(108:10-13)
시편 109편: 잘못된 송사에 맞서 정의를 구하는 기도
A. 하나님의 정의에 호소하다(109:1-20)
B. 하나님의 인자하심에 호소하다(109:21-29)
C. 하나님을 찬양하다(109:30-31)
시편 110편: 메시아 왕을 통한 구원
A. 신적 왕 메시아(110:1-3)
B. 제사장을 겸한 왕 메시아(110:4)
C. 승리의 전사 메시아(110:5-7)
시편 111편: 영원히 의로우신 하나님을 예배하라는 권고
A. 예배의 반응(111:1)
B. 예배의 동기(111:2-9)
C. 예배의 자세(111:10)
시편 112편: 주님을 경외하여 받는 혜택
A. 주님을 경외하라는 부름(112:1)
B. 주님을 경외하는 복(112:2-9)
C. 주님을 경외하는 자와 악인의 대조(112:10)

시편 113-118편: 할렐 시편들

A. 시편 113편: 인간에게 주권적 관심을 가지신 주님을 찬양하라

B. 시편 114편: 출애굽 시 백성들을 구해주신 주님을 찬양하라

C. 시편 115편: 이스라엘과 민족들을 다스리시는 주님을 찬양하라

D. 시편 116편: 우리를 살아가게 하시는 주님을 찬양하라

E. 시편 117편: 모든 나라들아, 주님을 찬양하라

F. 시편 118편: 인자하심이 영원한 주님을 찬양하라

1. 감사 요청(118:1-4)
2. 구원 설명(118:5-21)
3. 구원자의 정체(118:22-29)

시편 119편: 하나님의 말씀을 찬양하는 시

A. 알레프(*Aleph*): 하나님의 말씀을 따라 걷는 자의 복(119:1-8)

B. 베트(*Beth*): 죄를 막아주는 하나님의 말씀(119:9-16)

C. 기멜(*Gimel*): 위로의 근원인 하나님의 말씀(119:17-24)

D. 달레트(*Daleth*): 힘의 근원인 하나님의 말씀(119:25-32)

E. 헤(*He*): 존중받아 마땅한 하나님의 말씀(119:33-40)

F. 바브(*Vav*): 악인들에게 대답할 말의 근원인 하나님의 말씀(119:41-48)

G. 자인(*Zayin*): 소망의 근원인 하나님의 말씀(119:49-56)

H. 헤트(*Heth*): 풍부한 하나님의 말씀(119:57-64)

I. 테트(*Teth*): 선한 하나님의 말씀(119:65-72)

J. 요드(*Yodh*): 명백한 증거를 제시하는 하나님의 말씀(119:73-80)

K. 카프(*Kaph*): 신실한 하나님의 말씀(119:81-88)

L. 라메드(*Lamedh*): 하늘에 굳건히 자리 잡은 하나님의 말씀(119:89-96)

M. 멤(*Mem*): 달콤한 하나님의 말씀(119:97-104)

N. 눈(*Nun*): 지침을 주는 하나님의 말씀(119:105-112)

O. 사멕(*Samekh*): 피난처인 하나님의 말씀(119:113-120)

P. 아인(*Ayin*): 변호를 구하는 기도(119:121-128)

Q. 페(*Pe*): 놀라운 하나님의 말씀(119:129-136)

R. 차데(*Tsadhe*): 의로운 하나님의 말씀(119:137-144)

S. 코프(*Qoph*): 진리인 하나님의 말씀(119:145-152)

T. 레쉬(*Resh*): 구원을 바라는 부르짖음(119:153-160)

U. 쉰(*Shin*): 평안의 근원인 하나님의 말씀(119:161-168)

V. 타브(*Tav*): 도움을 주는 하나님의 말씀(119:169-176)

시편 120-134편: 성전에 올라가는 노래들

A. 시편 120편: 구원과 평화를 구하는 기도

1. 구원해주실 주님을 신뢰하다(120:1-4)
2. 대립 속에서 평화를 갈망하다(120:5-7)

B. 시편 121편: 주님은 이스라엘을 지키시는 분이다

1. 이스라엘 안전의 근원이신 주님(121:1-2)

2. 이스라엘의 안전을 보증하시는 주님(121:3-4)
3. 이스라엘이 안전한 범위(121:5-8)

C. 시편 122편: 예루살렘의 평화를 구하는 찬미
1. 예배를 위한 평화(122:1-4)
2. 다윗 자손의 통치에 의한 평화(122:5)
3. 백성의 기도를 통한 평화(122:6-9)

D. 시편 123편: 주님께 도움을 구하다
1. 바라보는 대상(123:1)
2. 바라보는 방법(123:2)
3. 바라보는 동기(123:3-4)

E. 시편 124편: 하나님의 도우심에 감사하는 노래
1. 하나님이 과거에 베푸신 구원을 상기하다(124:1-5)
2. 현재에도 구원을 베푸시는 하나님께 감사하다(124:6-8)

F. 시편 125편: 자기 백성을 보호하시는 주님
1. 주님의 보호는 시온산처럼 영원하다(125:1-2)
2. 주님이 악인들로부터 그분의 땅을 지키실 것이다(125:3)
3. 주님이 자기 백성을 지키실 것이다(125:4-5)

G. 시편 126편: 하나님이 시온을 회복시켜주심을 기뻐하다
1. 과거 시온의 회복을 감사하며 회고하다(126:1-3)
2. 미래의 (그리고 최종적인) 회복을 소망하며 기다리다(126:4-6)

H. 시편 127편: 날마다 돌봐주신 주님께 드리는 감사의 노래
1. 주님은 보호와 목적의 근원이시다(127:1-2)
2. 주님은 가정에 임하는 복의 근원이시다(127:3-5)

I. 시편 128편: 주님과 동행하는 복
1. 주님과 동행하는 개인의 복(128:1-4)
2. 주님과 동행하는 민족의 복(128:5-6)

J. 시편 129편: 이스라엘의 적에 맞선 저주의 시
1. 이스라엘의 멸망을 막아주신 하나님을 찬양하다(129:1-4)
2. 이스라엘의 박해자들을 벌해달라고 기도하다(129:5-8)

K. 시편 130편: 주님께 자비를 구하는 외침
1. 자비가 필요한 인간(130:1-3)
2. 자비를 선물로 주시는 하나님(130:4-6)
3. 하나님의 자비와 용서에 대한 응답(130:7-8)

L. 시편 131편: 주님에 대한 다윗 개인의 신앙
1. 주님 앞에서 겸손한 다윗(131:1)
2. 주님을 의지하는 다윗(131:2)
3. 다윗이 이스라엘에게 주는 충고(131:3)

M. 시편 132편: 다윗의 언약을 확인하다
1. 다윗의 열심을 기억해달라는 요청(132:1-10)

2. 다윗의 언약을 기억해달라는 요청(132:10-18)

N. 시편 133편: 완성된 예루살렘 주민들의 아름다운 연합

1. 연합의 아름다움(133:1)

2. 연합의 복(133:2-3a)

3. 영생의 복(133:3b)

O. 시편 134편: 성전에 올라가는 마지막 노래-더없는 복을 주신 주님을 찬양하라

1. 송축(134:1)

2. 복의 근원(134:2)

3. 복의 전파(134:3)

시편 135편: 이스라엘에 친절을 베푸신 하나님께 드리는 찬양

A. 이스라엘을 택하신 하나님을 찬양하다(135:1-7)

B. 이스라엘을 지키신 하나님을 찬양하다(135:8-14)

C. 이스라엘과 관계를 맺으신 하나님을 찬양하다(135:15-21)

시편 136편: 하나님의 인자하심을 기리는 최고의 찬양

A. 모든 인자하심의 근원이신 하나님을 찬양하다(136:1-3)

B. 창조 세계에 인자하심을 드러내신 하나님을 찬양하다(136:4-9)

C. 이스라엘에 인자하심을 베푸시는 하나님을 찬양하다(136:10-24)

D. 인자함의 근원이신 하나님을 궁극적으로 찬양하다(136:25-26)

시편 137편: 시온에서 하나님의 원수가 승리함을 탄식하다

A. 예루살렘 정복을 슬퍼하다(137:1-3)

B. 예루살렘이 여전히 중심임을 단언하다(137:4-6)

C. 시온의 적들에게 내릴 공정한 심판을 상상하다(137:7-9)

시편 138편: 하나님의 성실하심을 기리는 감사 찬송

A. 하나님의 성실하심과 능력을 찬양하다(138:1-3)

B. 땅의 모든 민족들아, 하나님을 찬양하라(138:4-6)

C. 장래에도 성실하실 하나님을 찬양하다(138:7-8)

시편 139편: 주님의 임재를 구하는 다윗의 찬양

A. 하나님은 일상의 경험 속에 계신다(139:1-12)

B. 하나님은 주권적으로 개인의 존재를 계획하신다(139:13-16)

C. 하나님은 영원한 길로 인도하실 수 있는 분이다(139:17-24)

시편 140편: 악인들에게 탄압 당할 때 드린 기도

A. 주님의 도우심을 청하다(140:1-8)

B. 악인들에게 복수해주실 것을 청하다(140:9-11)

C. 주님의 정의를 신뢰하다(140:12-13)

시편 141편: 하나님의 보호하시는 인도를 간청하다

A. 악행을 멀리하도록(141:1-4)

B. 악행을 꾸짖도록(141:5-7)

C. 행악자들에게서 벗어나도록(141:8-10)

시편 142편: 구원을 바라는 기도

A. 주님께 담대히 원통함을 토로하다(142:1-6)
B. 구원의 동기가 되는 하나님의 영광을 단언하다(142:7)

시편 143편: 인도와 구원을 바라는 기도
A. 현재에 도움을 간청하다(143:1-4)
B. 과거의 도움을 기억하다(143:5-6)
C. 즉시의 도움을 간청하다(143:7-12)

시편 144편: 하나님의 포괄적인 공급하심
A. 개인을 돌보시는 하나님(144:1-4)
B. 보호해주시는 하나님(144:5-11)
C. 생명을 지속시켜주시는 하나님(144:12-15)

시편 145편: 하나님의 이름을 송축하는 세 가지 이유
A. 하나님의 능력(145:1-7)
B. 하나님의 친절하심(145:8-14)
C. 하나님의 성실하심(145:15-21)

시편 146-150편: 시편의 결론
A. 시편 146편: 영원히 주님을 찬양하라
1. 하나님 찬양(146:1-2)
2. 하나님의 능력(146:3-6)
3. 하나님의 공급하심(146:7-10)
B. 시편 147편: 예루살렘을 돌보시는 주님을 찬양하라
1. 예루살렘을 세우신 주님을 찬양하라(147:1-6)
2. 날마다 돌보시는 주님을 찬양하라(147:7-11)
3. 예루살렘아, 주님을 찬양하라(147:12-20)
C. 시편 148편: 온 땅아, 주님을 찬양하라
1. 하늘에 있는 것들아, 주님을 찬양하라(148:1-6)
2. 땅들아, 주님을 찬양하라(148:7-12)
3. 이스라엘 백성아, 주님을 찬양하라(148:13-14)
D. 시편 149편: 온 이스라엘아, 주님을 찬양하라
1. 왕을 뵙고 즐거워하는 이스라엘(149:1-5)
2. 이스라엘의 원수들을 심판하실 주님(149:6-9)
E. 시편 150편: 대 할렐루야
1. 성소에서 주님을 찬양하라(150:1-2)
2. 음악과 춤으로 주님을 찬양하라(150:3-5)
3. 무엇이든 다 주님을 찬양하라(150:6)

주 석

Ⅰ. 제1권: 하나님의 탁월하신 선택에 응답하는 예배 (1-41편)

시편 1-2편: 시편 서론, 적절한 예배와 그로 인한 복

이 두 편의 시는 첫째 편 서두(1:1)와 둘째 편 말미(2:12)에 "복이 있는"이라는 동일한 어구를 씀으로써 하나로 묶여 있다. 이 두 편은 시편 전체의 서론 역할을 하면서 성경 묵상의 중요성을 제시한다. 독자의 관심을 대체로 시편 전체의 의도, 즉 개인 예배와 공동 예배의 다양한 표현법을 제시하는 것과 의인이 하나님의 말씀을 연구하면서 받는 복에 맞춘다.

시편 1편: 개인 예배의 본보기

표제가 달려 있지는 않지만, 이 시는 사도행전 4:25-26에서 다윗의 작품이라고 명시한 시편 2편과 주제 면에서 하나로 결합되어 있어 다윗의 발언으로 간주된다.

A. 말씀 가운데 주님과 동행하는 습관(1:1-2)

1:1-2. 이 시(와 시편 전체)는 하나님의 말씀, 성경, **여호와의 율법**을 따라 걸으며(즉 살며. 이는 일상생활의 습관을 암시한다) **주야로 묵상**하는(어떤 처지에서도 숙고하는) 이들과 하나님의 복을 관련지으며 시작한다. **복 있는**[문자적으로 "오오, ~의 행복이여", 히브리어로 아쉬레(*ashre*)]이라는 어구는 팔복에서 쓰인 표현과 같다(마 5:3-11). 두 표현 모두 물질적인 복이나 재산, 지위, 행복 등 부수적인 복이 아니라 좀 더 심오하고 영속적인 복, 즉 매일 하나님과 맺는 역동적인 관계를 의미한다. 시편 저자는 **악인**과 어울리지 않는 의로운 **사람**을 제시한다. 동사 '따르다, 서다, 앉다'의 순서는 활동을 의미하는 것에서 존재의 상태를 의미하는 것으로 옮겨가면서 온전한 생활양식을 암시한다. **죄인들**이라는 단어는 창세기 13:13에서 소돔 사람들을 지칭할 때 사용된 것과 동일한 단어로서 상습적으로 악행에 몰두하는 것을 암시한다.

하나님을 공경하는 사람은 악인들과는 현저히 다르게 처음부터 끝까지 **여호와의 율법을 즐거워하여**… **묵상하는** 것을 인생의 행로나 습관으로 삼는다. **율법**[*torah*, 토라]이라는 단어는 유연한 용어로서 대체로 '법'이나 '교훈'으로 번역된다. 그것은 개별적인 법규, 시내산 율법, 오경, 히브리어 성경, 영적 교훈을 이르기도 한다. 여기에서는 오경뿐만 아니라 하나님의 말씀 전부를 의미한다. 하나님을 공경하는 사람이 살면서 맛보는 가장 큰 기쁨은 그분의 말씀에 대해 생각하고, 말씀을 마음에 채우며, 말씀에 순종하는 것이다. '묵상하다'라는 동사는 '무언가를 작은 소리로 읊조린다'는 뜻으로 자신에게 조용히 성경을 암송해주는 것을 가리킨다. 성경 구절을 마음에 채우고, 그 구절의 의미와 적용법을 면밀히 숙고하는 것이다. 성경에서 '묵상'은 종종 '연구하다'라는 말과 같은 뜻으로 쓰인다. 이는 여호수아가 이스라엘의 지도자 직을 맡을 때 명령받은 일이기도 하다(수 1:6-9).

B. 말씀 가운데 주님과 동행함의 열매(1:3)

1:3. 서론 격인 이 첫째 시에 포함되었다는 이유로 하나님의 말씀을 묵상함은 예배 행위의 기초, 좀 더 엄밀히 말하면 모든 예배 표현의 토대로 제시되고, 복종의 복은 **열매** 맺는 **나무**라는 은유로 제시된다. 하나님의 말씀을 습관적으로 묵상하고 즐거워하는 사람은 **하는 일마다 잘될 것이다**(새번역). 여기에서 '잘되다'라는 단어는 주로 물질적 번영이 아니라 성취, 즉 "여호와의 율법"(2절)을 적용하고 고수하여 삶에서 거두는 영적 성취를 가리킨다. 이사야 53:10("또 그의 손으로 여호와께서 기뻐하시는 뜻을 성취하리로다")은 동일한 단어를 사용하여 메시아가 백성과 하나님을 화해시켜서 거두는 성취, 곧 '속건제물로서 상함을 받고 질고를 당해서' 이루는 성취를 가리킨다(이는 당장의 물질적 번영이나 안락함을 묘사한 것이라고 할 수 없다).

C. 말씀 가운데 주님과 동행함의 보상(1:4-6)

1:4-6. 열매 맺는 의인들의 삶이 무익한 악인들의 삶과 대조된다. 악인들의 삶은 **바람**에 날리는 **겨**, 곧 난알의 겉껍질과 같다. 하나님의 말씀을 연구하고 그 말씀대로 살면서 내다보는 것은 영원한 번영이지 당장의 물질적 번영이 아니다. **악인들**[문자적으로 '악한 자들'. 이들은 다음 행에 나오는 **죄인**들과 유사하다]과 관련된 다윗의 언급이 이를 뒷받침한다. 악인들은 **심판**을 견디지 못한다. 심판은 최후 심판의 날에 모인 회개치 않은 모든 사람에 대한 하나님의 심판을 가리킨다(참고. 마 12:41-42; 눅 10:14; 11:31-32; 계 20:11-15).

반면에 의인들이 받는 상과 복은 그들이 최후 심판의 날을 견딘다는 것 말고도(그들은 믿음 덕분에 정죄받지 않는다, 롬 8:1) **의인들의 길은 여호와께서 인정**하신다는 데 있다. 의인들이 하늘 아버지와 맺는 친밀하고 충실한 관계란 이런 것이다. '인정하다'를 뜻하는 히브리 동사는 알려진 것을 완벽하게 또는 깊이 아는 것, 즉 속속들이 경험하여 안다는 의미를 함축한다. 이것은 남편과 아내 사이의 관계를 기술하는 데 전형적으로 쓰는 동사이다(예를 들어 창 4:1). 하나님이 의인들의 길을 **인정**하신다는 말은 그들에게 애정 어린 관심을 가지고 계심을 암시한다.

시편 2편: 공동 예배의 본보기

이 시는 다윗의 시로 간주된다(참고. 행 4:25). 해석상의 부주의나 특정한 변증적 관심 때문에 다윗만 직접 지칭하고 예수님은 적어도 간접적으로만(예표적으로만) 지칭한다고 여기는 경우가 종종 있지만, 이 시는 '메시아'를 직접 언급한 몇 편의 시 가운데 하나이다(행 13:33; 히 1:5; 5:5에 적용된 것과 같다, 참고. 삼하 23:1의 주석). 확실히 다윗이 왕의 신분일 때 경험한 것과 유사한 내용이 더러 있기는 하지만, 이 시의 내용은 이제껏 들은 바와 달리 다윗의 경험을 훨씬 넘어선다. 이는 초기 랍비 해석자들이 이미 오래전에 인정한 사실이다. 그들 역시 이 시를 메시아 왕에게 어울리는 내용으로 이해했다. 하지만 나중에는 이런 관점을 거부하고 다윗 관련설을 지지했다. 이 시에 대한 라시[Rashi, 랍비 솔로몬 벤 이삭(Rabbi Solomon ben Isaac): 11세기 후반에 활동하면서 이후의 유대교 성경 해석 과정에 지대한 영향을 미친 인물]의 다음과 같은 주석이 좋은 예라고 할 수 있다. "우리 옛 현자들은 이 시의 주제를 메시아 왕 관련설로 설명했지만, 그리스도인들에게 반박하기 위해서는 이 시를 다윗 관련설로 설명하는 것이 타당하다."

시편 110편을 메시아와 관련된 시로 이해하기 위한 해석상의 중요한 전제는, 다윗이 자신의 마지막 말에서 메시아를 가장 좋아하는 주제로 여겼다는 사실이다(삼하 23:1-5). 거기에서 다윗은 저자인 자신의 의도를 담아 자신의 시들이 메시아와 관련되었음을 밝힌다. 마소라 사본의 사무엘하 23:1에서는 다윗의 마지막 말에 대한 이 해석이 70인역에서만큼 뚜렷하게 드러나지 않는다. 70인역의 독법은 상이한 모음의 결과로서 다음과 같은 번역을 야기한다(참고. 삼하 23:1-7의 주석).

"이는 다윗의 마지막 말이라
이새의 아들 다윗이 말함이여
높이 세워진 자,
야곱의 하나님께로부터 기름 부음 받은 자[메시아],
이스라엘의 노래 잘하는 자가 말하노라"(삼하 23:1).

다윗이 마지막 구절에서 언급한 바와 같이 그가 시편에서 가장 좋아한 주제는 메시아였다. 이는 대체로 다윗의 여러 시와 특히 시편 2편을 읽는 데 결정적인 실마리를 제공한다. 다윗이 주장한 대로 그는 시편을 쓸 때 메시아에 초점을 맞추었다. 이것을 시편 2편을 이해하는 지표로 삼아야 한다. 게다가 시편 전체가 다윗 왕가의 왕이 더 이상 존재하지 않던 포로기 이후에 편집되었다는 점으로 볼 때, 시편은 다윗을 되돌아보는 게 아니라 메시아 왕을 고대한다고 결론을 내릴 수 있다(서론의 '배경'을 보라).

시편 1편과 2편의 주제가 연결되어 있음을 보여주는 예 가운데 하나로 "복 있는"이라는 단어가 1:1과 2:12에서 반복되고있음을 꼽을 수 있다. 주님의 율법을 묵상하는 행위(1:1-2)는 복의 원인이 되어 가장 큰 복의 근원인 메시아를 이해할 수 있게 해준다(특히 2:12을 보라).

A. 민족들에게 우리가 받은 공동의 박해(2:1-3)

2:1-3. 히브리어 성경에서 **민족들**[문자적으로 '이방 민족들']은 하나님과 그분의 백성을 전형적으로 적대한다. 이 민족들은 이교도를 뜻하는데, 이들을 지휘하는 **군왕들**과 **관원들**은 시종일관 **나서서 여호와와 그의 기름 부음 받은 자를 대적**한다. 사도행전 4:25-26에서 초대교회가 이 구절을 인용한 것은 의미심장하다. 이 구절에 들어 있는 **기름 부음 받은 자**[히브리어로 마시아흐(*mashiach*), 이 단어에서 영어의 '메시아'가 유래했다]라는 표현이 특별히 예수님을 가리키려는 의도로 언급되었음을 밝힐 뿐만 아니라(구약성경에서 '마시아흐'는 좀 더 일반적이고 비예언적인 의미로 왕들과 제사장들에게 적용되기도 한다, 참고. 레 4:3; 삼상 24:10) 하나님에 대한 적대와 메시아 예수에 대한 적대가 밀접하게 연결되어 있음도 암시하기 때문이다. 초기 유대-그리스도인 공동체는 이 구절을 유대인들의

'대제사장들과 장로들'에게 적용한다(행 4:23). 물론 이들은 자신들이 하늘 아버지로 모시는 이스라엘의 하나님을 거부한다고 공언하지는 않았을 것이다. 하지만 하나님의 관점에서 보면, 하나님을 영접하여 모시는 것은 그분의 아들, 메시아인 나사렛 예수를 영접하여 모시는 것과 밀접한 관계가 있다(시 2:11-12a의 주석을 보라). "아들을 부인하는 자에게는 또한 아버지가 없으되 아들을 시인하는 자에게는 아버지도 있느니라"(요일 2:23; 눅 10:16; 요 5:23도 보라).

'나서다'라는 동사는(2절) 사무엘상 17:16에서 유대 군사들에 맞서는 골리앗의 거만한 자세를 가리키는 데 쓰이기도 했다. 블레셋 거인이 다윗의 백성을 적대했듯이 하나님을 공경하지 않는 민족들이 다윗의 뛰어난 자손 메시아를 적대할 것이다.

B. 아들의 승리에 대한 우리 공동의 신뢰(2:4-9)

2:4-5. 주님은 민족들의 반항에도 불구하고 그들을 능란하게 다스리신다. **하늘 보좌에 앉으**시어(새번역, 즉위하시어) 그들의 어리석은 행동을 보고 **그들을 비웃으**신다(참고. 59:8). 주님은 그들의 사악함과 반항을 재판하는 자리에서 그들의 소동에 **분을 발하며 진노**하신다. 이는 하나님의 의로우심을 나타내는 표현이다(참고. 7:11).

2:6. 아들, 곧 메시아 왕이 예루살렘에서 온 땅을 다스릴 것이므로 주님의 승리는 확실하다. **내가 나의 왕을 내 거룩한 산 시온에 세웠다. 거룩한 산**은 예루살렘의 성전산에 위치한다(참고. 대하 33:15; 시 15:1; 43:3; 99:9; 사 52:1; 56:7). 그것은 왕의 제사장적 직무를 강하게 암시하며, 그 직무를 성전산에 연결한다(더 나아가 두 직무를 한 몸에 아우르는 유일한 분, 곧 예수님에게 적용한다). '세웠다'라는 동사[히브리어로 나사크티(*nasakhti*), 문자적으로 '부었다'를 의미하며, 특히 출 30:9과 호 9:4에서 그러하듯 레위적 의미를 내포하는 '기름 부었다'라는 말과 뜻이 같다]는 주님이 메시아 왕을 세우셨음을 암시한다.

2:7. 성부 하나님이 성자 하나님에게 말씀하신 **내가 너를 낳았도다**라는 문장은, 아들이라는 신분의 창출보다는(하나님의 세 위격은 창조된 것이 아니라 영원한 것이므로) 메시아가 지닌 아들 신분을 성부가 공언하셨음을 의미한다. 이는 가브리엘 천사가 고지했고(눅 1:32), 예수님이 세례를 받으실 때 반복되었으며(눅 3:22), 예수님의 부활로 확증되었다(행 13:33; 롬 1:4). 고대 근동에서는 왕이 즉위할 때 '태어난' 것으로 간주했다. 하나님의 백성이 주님의 승리를 믿는 이유는 신의 아들이라는 이 전무후무한 위격에 있다.

2:8-9. 왕의 승리(6절)가 확실한 이유는 **나라**들과 온 **땅**이 그의 **소유**이기 때문이다. 이는 다윗 가문에 속한 여느 왕의 소유가 아니라 신적 메시아만의 소유로 여겨진다(참고. 시 110:6; 슥 14:9; 계 21:22-24). 그는 악인들을 재판하고 **철장으로 그들을 깨뜨리고 그들을 부술** 것이다(참고. 창 3:15; 민 24:17; 시 110:2, 5-6; 계 2:27; 19:15).

C. 아들을 예배해야 하는 우리 공동의 사명 (2:10-12)

함께 박해를 받고(1-3절) 함께 신뢰를 품었다(4-9절)는 집단적인 표현은, 여기에서 하나님이 사람에게 하신 자기 계시의 핵심에 늘 자리하고 있는 것, 곧 유대인과 이방인 모두가 하나님을 유일하고 참된 하나님으로 알고 예배하기를 바라시는 그분의 다감하고 애정 어린 뜻을 표현함으로써 보완되고 완성된다(참고. 창 12:3; 신 4:6-8; 시 22:27; 사 45:22-23; 49:6; 56:7; 슥 14:16). 앞의 두 표현에서 그랬듯이 다윗은 여기에서도 집단적 표현의 초점을 아들 안에 계신 하나님의 인격에 맞춘다.

2:10. 이 절은 이방의 **군왕**들에 대한 권고로 시작된다. 이를테면 하나님의 진실하심을 알고, 하나님께 복종하는 분별력을 보이라는 것이다. 이는 **세상의** 모든 **재판관**[지도자]에게 보내는 **교훈**이자 주님을 거슬러 협의하는 자들(참고. 2:1-3)과 주님의 통치권에 반항하는 모든 사람(2:3)에게 보내는 메시지이다.

2:11. 이 절에서 다윗은 '주님'(성부 하나님)과 '그의 기름 부음 받은 자'(성자 하나님)의 불가분성을 복음전도자가 권유하듯이 반복한다. 이를테면 주님의 마음에 들도록 **여호와를** 진실로 **경외**하라는 것이다.

2:12. 요구 사항은 다음과 같다. "아들에게 경의를 표하라"(문자적으로 '아들에게 입 맞추라'). 혹자는 '입 맞추다'를 앞 절에 나오는 동사 '경외하다'보다 더 다정한 동의어로 이해해야 한다고 말한다. 동사 '입 맞추다'는 동사 '경외하다'와 확실히 평행을 이룬다(이는 이 시

에 등장하는 아들이 오로지 신적 메시아 왕에게만 연관될 수 있음을 보여주는 또 다른 이유이다). 동사 '경외하다'의 완곡어법으로 동사 '입 맞추다'를 사용하는 것은 이미 검증된 용법이다. 이는 '아들에게 경의를 표하라'로 이해하는 편을 지지한다(참고. 왕상 19:18; 욥 31:27; 호 13:2). 어떤 학자들은 '(그) 아들'로 번역된 단어 바르(*bar*)는 아람어인 반면, '아들'을 의미하는 올바른 히브리 단어는 벤(*ben*)임을 지적하며 그런 이해에 이의를 제기한다. 이 시가 (다른 모든 시와 마찬가지로) 히브리어로 쓰여 있으니, 여기에서 '바르'는 히브리어 부사 '순결하게'로 이해해야 하며, 따라서 '순결하게 입 맞추라'는 의미로 새겨야 한다는 것이다. 하지만 다음 두 가지 결함으로 이런 관점에 이의를 제기한다. (1) 다윗 시대의 히브리어는 아람어에서 다수의 단어를 차용했으며(아브라함은 아람 사람이었다, 신 26:5), 솔로몬이 잠언 31:2에서 세 차례 사용했듯이 '아들'을 뜻하는 '바르'도 그중 하나였다. (2) '입 맞추다'를 뜻하는 히브리어 동사는 이 절 말고도 구약성경에서 31회나 등장하는데, 그때마다 각각의 동사는 직접적이든 간접적이든 그 대상을 분명히 명기한다. '바르'를 히브리어의 부사적 표현인 '순결하게'로 간주하더라도, 현재 절에서 그 대상이 보이지 않는 것은 이상한 일이 아닐 수 없다. 따라서 어구를 '순결하게 입 맞추라'로 새기기보다는 '아들에게 입 맞추라'로, 즉 아들에게 '경의를 표하라'로 새기는 편이 더 낫다.

시편 3편: 개인적 탄원의 패러다임

시편 2편은 하나님이 다윗에게 하신 약속을 다룬다. 이 약속은 미래에 나타날 다윗의 뛰어난 자손, 곧 메시아와 관련하여 다윗에게 하신 언약이라 부른다(삼하 7:12-17의 주석을 보라). 시편 3편에서 다윗은 아들 압살롬의 죄악 된 반역을 떠올리면서 그 언약이 성취되려면 어찌해야 하는지를 두고 고심한다[이에 관해서는 John H. Sailhamer, *NIV Compact Bible Commentary* (Grand Rapids, MI: Zondervan, 1994), 315을 보라].

표제는 이 시가 **다윗의 시**라고 밝힌다. 제1권에 수록된 마흔한 편의 시 가운데 서른일곱 편이 **다윗의 시**로 간주되고, 시편 1-2, 10, 33편만이 예외이다. 시편 전체에서 표제에 다윗의 작품이라고 직접 밝히고 있는 것은 일흔세 편이다. 게다가 신약성경은 시편 2편과 95편의 저자가 다윗이라고 밝힌다. 표제에 쓰인 '시'를 뜻하는 히브리 단어는 '미즈모르'이다. 이 단어는 시편들의 표제에서만 57회 눈에 띈다. 이 단어는 레위 사람들이 그 시를 악기 반주에 맞추어 노래로 불렀음을 암시한다. 더욱이 시편 3편은 다윗의 일생에서 일어난 특정 사건을 표제에 밝힌 열네 편의 시 가운데 하나이다(3, 7, 18, 30, 34, 51, 52, 54, 56, 57, 59, 60, 63, 142편). 이것은 **다윗이 그의 아들 압살롬을 피할 때에 지은 시**이다(참고. 삼하 15-19장).

A. 주님께 걱정을 아뢰다(3:1-2)

3:1-2. 다윗이 언급한 **대적**은 가나안 사람들이나 여타의 적대적 이방인들(예를 들어 아람 사람들, 삼하 10장을 보라)이 아니라 그의 동포 이스라엘 사람들이었다. 그들 가운데 **많은 사람**이 그의 아들 압살롬의 지휘 아래 그를 치려고 들고일어난 것이다. 압살롬의 조언자 후새가 생생히 기술한 대로 이들 다수는 "단부터 브엘세바까지…바닷가의 많은 모래같이" 불러 모은 온 이스라엘'이었다(삼하 17:11). 다윗을 대적하는 자들이 **그는 하나님께 구원을 받지 못한다**고 한 말은 하나님의 구원하시는 능력을 부정한 것이 아니라 다윗을 그가 처한 환경에서 구해내시려는 하나님의 의지를 부정한 것이다(삼하 16:8을 보라).

B. 주님에 대한 신뢰를 표현하다(3:3-6)

3:3-4. 그럼에도 다윗은 하나님이 그의 **방패**이고, 그를 지켜주실 분이며, 그의 **머리를 드시는** 분, 즉 그에게 승리를 안겨주실 분이라고 단언한다('머리를 드는 것'의 의미에 관해서는 시 27:6과 110:7도 보라). 다윗은 자신의 부르짖음에 하나님이 응답하시기를 구하며 시온을 가리키는 **그의 성산**, 특히 성전산을 바라본다(시 2:6의 주석을 보라). 이 산은 주님이 그분의 거처로 택하신 곳이다. 다윗에게는 주님만이 위로의 근원이었다(출 40:34; 삼하 24:24-25; 왕상 8:11).

3:5-6. 다윗은 자신을 **붙드**시는 분이 **여호와**라고 단언하며 자신의 재간과 능력에 이의를 제기한다. 그럼으로써 대적 **천만** 명에게 **에워싸**여도 마음 편하게 푹 잠들 수 있었다(참고. 삼상 18:7).

C. 주님께 간청하다(3:7-8)

3:7. **여호와여 일어나소서**라는 다윗의 탄원은 "주님, 일어서소서"라고 읽어도 된다. 이 탄원은 서두에 등

장하는 그의 부르짖음, 곧 "다수가 들고일어나"에 대한 재치 있는 대답이다. 이 탄원으로 다윗의 대적이 가한 위협이 앞으로 어떻게 될지 내다볼 수 있다. 어떤 사람이 하나님의 의지에 맞게 처신하는데 다른 사람이 '들고일어나' 그를 칠 경우, 하나님이 직접 '일어나시어' 그 다른 사람에게 맞서고 패배를 안겨주시리라는 것이다. 다음과 같은 다윗의 언급이 그 패배를 뒷받침한다. **주께서 나의 모든 원수의 뺨을 치셨다**. 뺨을 친다는 것은 성경에서 창피를 주거나 정복하는 것과 밀접하게 관련된 행위이다(참고. 왕상 22:24).

3:8. 다윗은 **구원**[2절과 더불어 문자적으로 '구출']은 궁극적으로 **여호와께 있**다고 선언하면서 시를 자기 중심이 아닌 하나님 중심의 어조로 마무리한다. 이를테면 구원을 베풀지 말지, 언제, 어떻게 베풀지 결정하시는 분은 하나님이라는 것이다(다윗은 하나님께 이런 의지가 있다고 해서 자신의 고통이 곧바로 완벽하게 해결되리라고는 생각지 않는다). 다윗의 관심은 그의 백성(그를 대적하는 자들)에게 가 있다. 말하자면 하나님의 **복**이 그들에게 내리고, 그 결과로 하나님이 영광을 받으셨으면 좋겠다는 것이다. 압살롬의 반역에도 불구하고 다윗은 하나님의 성실하심에 의지한다. 또한 압살롬 때문에 성취되지 않을 것처럼 보이는데도, 하나님이 그와 맺은 언약에 따라 백성에게 구원을 베푸시고 그들을 구하시겠다는 약속들에도 의지한다(Sailhamer, *NIV Compact Bible Commentary*, 315).

시편 4편: 주님에 대한 신뢰의 패러다임

시편 4편은 3편의 주제를 유지하면서 다윗이 주님을 신뢰하는 데 초점을 맞춘다. 다윗은 압살롬을 포함한 대적을 피하면서(3편) 자신이 받은 언약이 성취되기를 계속해서 바란다(Sailhamer, *NIV Compact Bible Commentary*, 315).

표제에서 밝히고 있듯이 이 시는 **다윗의 시**[히브리어로 '미즈모르', 시 3편의 서론을 보라]로서 찬양대 **인도자**를 염두에 두고 쓰였다. 이 칭호는 시편의 표제들에 55회, 하박국 말미에 한 차례 등장하는데, 제사장 계열의 악사들과 노래하는 이들로 이루어진 동아리 전체의 지도자를 의미하는 것 같다. 유대 백성을 위해 예배의 질을 높이는 것이 악사들과 노래하는 이들이 하는 일이었다.

A. 주님을 신뢰하는 근거(4:1)

4:1. 다윗은 자신이 하나님께 영적으로 의지하고 있음을 강조하려고 **내 의의 하나님**[NIV에 나오는 "내 의로우신 하나님"이 아니다]이라는 칭호를 동원하며 시작한다. 이 칭호를 사용한 목적은 다음 두 가지를 암시하기 위해서이다. (1) 하나님은 (사람과 달리) 의의 유일하고 참된 근원이시다(참고. 시 71:16; 전 7:20; 렘 23:6; 롬 3:10). (2) 참된 의는 하나님 안에만 있기에 하나님은 몸소 택하신 사람(다윗이나 여타의 사람)에게 그것을 선물로 '주신다'(합법적으로 베푸신다, 참고. 창 15:6; 롬 3:22; 4:3-6, 24). 다윗은 하나님의 정체(하나님의 속성인 의와 은혜)를 신뢰할 뿐만 아니라 하나님이 하시는 일, 특히 다윗이 **곤란에** 처했을 때 그를 구하면서 하신 일도 신뢰한다. 여기에서 중요한 것은 '곤란'이라는 독특한 용어이다. 이 용어는 다윗이 자신의 과거 경험을 토대로 하나님이 **곤란**을 완전히 제거해 주시기보다는 **곤란에** 처한 그에게 안도감을 주시리라고 기대했음을 암시한다(참고. 고전 10:13; 살전 1:6; 딤후 1:8; 벧전 4:19; 5:10). 자신의 기도를 들어달라는 다윗의 청은 하나님의 청취 행위와 관계있는 것이 아니라(하나님은 사람들이 말하기 전에 무엇이 필요한지 아신다, 마 6:8) 청원자에게 절실히 필요한 것을 공급하시는 행위와 관계가 있다.

B. 주님을 신뢰하라는 권고(4:2-5)

4:2-5. 다윗은 사람의 아들들(개역개정에서는 **인생**들)에게 말을 건다. 이들은 사회적 지위와 부를 거머쥔 채 하나님을 믿기는커녕 **헛된 일**을 좋아하고, **거짓**[가짜 신]을 구하는 자들을 가리키는 듯하다. 정확한 정체성이 어떠하든 이들은 의심할 바 없이 이스라엘의 자손들이다. 다윗이 그들에게 **의의 제사**를 드리라고 권하기 때문이다(5절). 여기에서 의의 제사란 적절한 물질적 요소들은 물론이고 적절한 마음자세를 갖추어 드리는 제사이다. 이런 마음자세가 없으면 제사는 무의미해진다(참고. 시 51:16-19; 사 29:13). 다윗은 그들에게 **떨며**[문자적으로 '분내어'] **범죄하지 말라**고 경고한다(4절). 압도적 감정이 될 수 있는 분(憤)은 사람을 죄로 끌어들이는 잠재력이 있다. 하나님은 화내는 가인에게 주의를 주며 이렇게 이르셨다. "죄가 문에 엎드려 있느니라 죄가 너를 [지배하려고] 원하나 너는 죄를 다스

릴지니라"(창 4:7). 화난 사람이 걸어야 할 현명한 길은 **자리에 누워 심중에 말하고 잠잠히** 있되(4절) 바울이 말한 대로 "해가 지도록 분을 품지" 않는 것이다(엡 4:26).

C. 주님을 신뢰한 결과(4:6-8)

4:6-7. 이 대목에서 다윗은 다시 주님께 말을 걸어 자신과 **여러 사람**, 곧 3절에서 말하는 "경건한 자"를 위하여 자신의 바람을 토로한다. 6절을 문자적으로 옮기면 이렇다. "오! 누군가 우리에게 선한 것을 주리라." 이는 히브리어 성경의 해당 구절을 소원의 뜻으로 해석한다(삼하 23:15에 나오는 동일한 표현을 보라). 따라서 이 번역이 NASB의 더 염세적이고 미심쩍은 번역, **우리에게 선을 보일 자 누구뇨**보다 낫다. 다윗처럼 경건한 이들은 하나님만이 모든 선의 근원이심(약 1:17)을 충분히 잘 아는 사람들이다. 그들은 청원하는 바를 희망차게 말로 표현하되 하나님께 경의를 표하고, 최선의 것을 언제 어떻게 생각하실지 하나님이 응답하실 수 있도록 여지를 남겨놓는다. 이 시는 아론과 모세의 축복문에 담긴 표현을 차용하여 주님에 대한 신뢰의 근원과 복을 강조한다[1절, "내게 은혜를 베푸사"(참고. 민 6:25b); 5절, "의의 제사를 드리고"(참고. 신 33:19); 6절, **주의 얼굴을 들어 우리에게 비추소서**(참고. 민 6:25a); 7절, **그들의 곡식과 새 포도주가 풍성할 때**(참고. 신 33:28)].

4:8. 다윗은 자신에게 필요한 모든 것을 충분히 공급해주시는 이는 하나님, **오직** 하나님이라고 확신하고, 그 결과 곤란 속에서도 **눕고** 잠들 수 있었다. 이는 하나님이 다윗의 목숨을 구하기 위해 개입하여 사울과 그의 군대를 깊은 잠에 빠뜨리실 때의 경험을 암시하는 듯하다(삼상 26:12). 구약성경의 다른 두 절에서는 하나님이 누군가에게 깊은 잠을 주시어 중요한 필요를 주권적으로 채우신다(참고. 창 2:21; 15:12).

시편 5편: 아침 기도의 패러다임

시편 5편은 3편의 주제를 계속 유지한다. 이 주제는 7편에서도 유지된다. 시편 5편의 일부가 겨냥하는 대상은 압살롬을 포함한 반역의 무리이다. 하지만 시편 2:12에서 말한 대로, 다윗과 같은 의인들은 하나님을 계속 신뢰함으로써 복을 받게 될 것이다. 이 신뢰는 그들이 기름 부음 받은 분을 피난처로 삼을 때(5:11; 2:2, 12을 보라) 하나님이 다윗에게 했던 언약을 이행하시리라는 확신이다(Sailhamder, *NIV Compact Bible Commentary*, 315). 표제에서 밝히고 있듯이 이 시(히브리어로 '미즈모르')는 찬양대 **인도자**의 지휘를 받는 시로서 **다윗**의 작품으로 추정된다. 이 시는 성전에서 아침마다 드리는 제사와 관련하여 노래로 불렸다. 3절에서 이 기도를 '아침에' 바쳤다고 거듭 언급하고 있음을 미루어 보아 이를 짐작할 수 있다. 실제로 시에 나오는 표현을 유대교의 전통적인 아침 기도문들에서 사용하고 있다. 시의 주제를 배열한 순서도 의미심장하다. 이 시는 확실히 찬미를 탄원 앞에 배치하고 있다(초점을 먼저 하나님께, 그런 다음 자신의 필요에 맞춘다). 이 원리는 주기도문뿐만 아니라(마 6:9-13) 초기 유대교의 기도 입문서에도 반영되어 있다. "언제나 거룩하신 분을 먼저 찬양하고, 그런 뒤에야 자신이 청원할 내용을 아뢰라"[바벨론 탈무드 베라콧(*Berakhot*) *39a*].

A. 하나님께 복종하겠다는 다짐(5:1-3)

5:1-3. 다윗은 하나님께 자신의 **말에 귀를 기울여** 달라고(즉, 탄원자에게 응답하겠다는 의지를 품고 '누군가나 무언가에 주의를 기울여달라고'), 자기가 묵상한 것(NASB에 언급된 '신음'이 아니다)을 **헤아려**달라고 탄원하며 시작한다. 뒤이어 다윗은 하나님을 그의 **왕**으로 언급한다. 이는 하나님만 이스라엘의 진정한 왕이시고, 그는 그의 아들 솔로몬과 그를 따라 "주님의 왕위에 앉은"(대상 29:23; 28:5도 보라) 모든 인간 왕과 마찬가지로 하나님의 왕권을 수호하는 자에 불과함을 강조한 것이다. 이 서언은 주기도문의 서두에서 하나님의 왕권을 단언한 것과 유사하다(마 6:9-10).

B. 하나님에 대한 찬양 선포(5:4-7)

5:4-6. 이 대목에서 다윗은 하나님의 두 속성, 곧 거룩함과 자애로운 긍휼에 초점을 맞춘다. 그는 하나님이 거룩하지 않은 모든 것에 정반대되심을 강조함으로써 그분의 거룩함을 알린다. 하나님은 **죄악을 기뻐하는 신이 아니**므로 악은 **주와 함께 머물지**[존재하지, 살지] **못**한다. 주님은 **죄악**과 **거짓말**과 **속이는** 것을 몹시 싫어하신다.

5:7. 다윗은 자신이 주님의 **집에 들어가** 그의 **성전**[문자적으로 '거룩함의 성전', 시 2:6의 주석을 보라]에서 예배할 수 있는 유일한 이유는 자신을 향한 그분의

풍성한 사랑에 있다고 역설한다. 여기에서 '사랑'을 뜻하는 히브리 단어는 헤세드(*chesed*)이다. '헤세드'는 언약에 기초한 하나님의 사랑, 아브라함에게 주신 언약을 따라(참고. 창 12:1-3, 룻기의 '서론'에서 이 용어를 놓고 논하는 대목도 보라) 자신의 소유가 된 이들에게 최선의 것을 줄기차게 베푸시는 하나님의 성실하심을 가리킨다. 이 단어는 하나님이 다윗을 언약의 매개자로 택하심에 대한 그의 이해를 반영하는 듯하다. 이 언약에는 압살롬의 반역에도 불구하고(시 3편 표제에 대한 주석을 보라) 하나님의 성실하심을 통해 이루어질 메시아의 도래(삼하 7:16을 보라), 곧 다윗의 뛰어난 자손의 도래가 포함되어 있다.

C. 하나님 앞에 드리는 간청(5:8-12)

5:8-10. 다윗은 탄원 속에서 **의**는 자기 안에 있거나 스스로의 힘으로 도달할 수 있는 것이 아니라 오직 하나님 안에만 있으며 오직 그분이 인도하셔야 도달할 수 있는 것임을 지적한다(시 4:1의 주석도 보라). 이것은 그의 원수들과 강한 대조를 이룬다. 그의 원수들은 신실하지 못하고, **목구멍**이 **열린 무덤 같다**. 이것은 원수들의 기만성(**그들의 입에 신실함이 없**다는 표현과 유사함에 유의하라)을 가리킨다. 고대 유대교의 몇몇 자료에 따르면, 그의 원수들은 유대 사람들 사이에 있지만 그들과는 다른 죄인들이다[시편 미드라시에서. 시 49:5에서는 시 5:9을 인용하면서 이들을 가리켜 유대 사람들과 섞여 살지만 '성도'와 다르고 '민족들'과도 다른 '악인들'이라고 말한다; William G. Braude, *The Midrash on Psalms* (New Haven: Yale University Press, 1959), 383-384을 보라]. 따라서 다윗의 청원은 (그가 전투 시 블레셋 사람들에 맞설 때 그랬듯이) 육체적 상해로부터 자신을 지킬 뿐만 아니라 **의로 나를 인도**해달라는 뜻이기도 하다. 이 **의**에는 그를 대적하는 이스라엘 자손들(나발과 같은 자들, 삼상 25:26)에게 무자비한 보복을 가하지 않도록 주님이 그를 막아주시고, 사악한 무리와 조언자들(요압과 같은 자들, 삼하 3:24-30, 39)의 조언(욥 29:21; 잠 1:31에 나오는 같은 단어 '꾀'를 보라)을 피하도록 그에게 분별력을 주시는 것도 포함된다. 또한 다윗은 원수들의 **허물**과 하나님에 대한 그들의 **배역** 행위를 이유로 들어 그들을 심판해달라고 기도한다(10절). 원수들이 **자기 꾀에 빠지고**, 다른 이들을 해치려고 꾸민 음모에 걸려 오히려 자신들이 멸망할 때, 하나님의 정의가 특히 뚜렷하게 드러날 것이다(성경에서는 나중에 하만이 이와 같은 정의를 경험한다. 그는 모르드개를 매달아 죽이려고 세운 교수대에 자신이 달리고 만다, 참고. 에 7:9-10). 서론 '시편의 유형'에서 저주시를 논하는 대목을 보라.

5:11-12. 다윗은 주님을 따랐을 때 돌아올 선한 결과를 확신한다. 그분께 **피하는 모든 사람은 다 기뻐하며… 기뻐 외칠** 것이다. 주님은 **의인에게 복을 주시고, 은혜로 그를 호위하**실 것이다.

시편 6편: 하나님께 자비를 간청하는 패러다임

표제가 밝히듯이 이 시는 찬양대 **인도자**의 지휘를 받는 시로서(시 4편의 서론을 보라) **다윗의** 작품으로 추정된다. 이 시는 다윗의 인내를 계속 주제로 유지한다. 그는 하나님이 자신을 대적에게서 건져주시기를 끈질기게 기다린다. 대적 중에는 압살롬도 끼어 있었을 것이다. 다윗은 언약에 기초한 하나님의 무한하신 사랑(6:4), 곧 하나님이 그에게 주신 언약에서 표현된 사랑을 확신한다(삼하 7:8-17; Sailhamer, *NIV Compact Bible Commentary*, 316).

A. 자신의 영적 처지를 충분히 인정하다(6:1-5)

6:1-3. 다윗은 먼저 자신의 죄를 충분히 진실하게 인정하며 하나님께 자비를 구한다. 그는 자비를 베풀어달라고, 자신을 **책망하지** 말아달라고, 주의 **분노**나 **진노**로 자신을 **징계하지** 말아달라고 **여호와**께 청한다(참고. 잠 3:11). 다윗은 자신이 멀리 계신 하나님, 진노하시는 하나님께 죄를 자백하는 것이 아니라 아버지가 자식을 바라보듯이 그를 바라보시는 하나님께 자백하고 있다고 진심으로 확신한다. 이것은 **책망**과 **징계**도 내포하고 있다. 성경에서 책망과 징계는 자식을 돌보는 아버지의 책임이다(예를 들어 잠 3:12을 보라). 다윗의 영적 상태가 육체에 영향을 미쳐 그의 **뼈가 떨린다**. 곤경 때문에 그의 **영혼** 혹은 마음도 **매우 떨린다**. **어느 때까지니이까**[혹은 '언제' 혹은 '어째서']라는 물음은 구원을 청하는 고뇌에 찬 표현이다. 그것은 시편 저자와 주님의 친분 관계를 드러내고, 의인들은 주님께 자비와 도움과 이해를 구할 수 있다는 확신을 보여준다. (**어느 때까지니이까**는 시편 저자가 흔히 하는 질문이다, 참

고. 시 13:1-2; 35:17; 74:10; 79:5; 80:4; 89:46; '어찌 하여'도 시편 저자의 흔한 질문이다. 참고. 10:1; 22:1; 42:9; 43:5)

6:4-5. **여호와여 돌아와 나의 영혼을 건져달라는** 다윗의 호소, 곧 하나님의 **사랑**(5:7에 나오는 이 단어의 주석을 보라)에 의거한 호소는 그와 하나님의 친분 관계를 암시한다. 다윗은 서론 부분(1-5편)에서 하나님이 언약을 맺으면서 쓰신 **주**라는 칭호를 다섯 차례나 사용한다. 그는 살아 있는 상태에서 자비를 간청한다. **사망 중에서는** 주를 언급할 기회가 없기 때문이다. **스올**에 관해서는 시편 49:10-15의 주석을 보라.

B. 상황에 따른 근심을 충분히 털어놓다(6:6-7)

6:6-7. 다윗의 비참한 상황은 그의 죄에 대한 하나님의 자애로운 징계의 표현이었지만 근심과 의기소침의 원인이 되기도 했다. 그것은 바람직하지 못한 현재 상황에 대한 인간의 자연스러운 반응으로서 몸과 마음에 큰 상처를 입힌다. **내가 피곤하여 눈물로 내 침상을 띄우며…내 모든 대적으로 말미암아 어두워졌나이다**. 이러한 반응은 죄악 된 것이 아니라, 여기에서 다윗이 본을 보여주듯이, 자애롭고 자비로운 아버지로서(참고. 히 4:15) 자녀들의 말에 진심으로 귀기울이기를 원하시는(시 142편의 주석을 보라) 하나님께 자신의 혼란과 곤경을 털어놓는 일이다. 이것은 예배에서 용납 가능할 뿐만 아니라 필수 불가결한 부분이다. 자신의 마음을 하나님께 털어놓는 행위는 다윗에게 고통을 덜어주는 진정제 역할을 한다. 하나님이 부정적인 상황을 해결해주시거나 **대적**들을 제거해주시지 않았는데도 다윗은 주님의 위로를 경험하기 시작한다.

C. 언약을 충분히 기대하다(6:8-10)

6:8-9. 다윗은 **악을 행하는** 자들을 **다** 멀리하고, 자신과 언약을 맺은 친분 관계 때문에 하나님이 자신의 **울음소리**와 **간구**[이 특별한 간구]를 **들으셨**으며, 대체로 (현재/미완료 시제가 가리키듯이) 자신의 **기도를 받으시리**라고 확신한다.

6:10. 탄식하고 불평하고 청원하는 다윗 시의 전형답게 이 구절은 긍정적인 어조로 끝을 맺는다. 이 어조는 하나님이 다윗의 상황을 해결하기 위해 이제까지 해주신 일을 회고하기보다는 앞으로 해주실 일을 기대하는 성격을 띤다. 이생에서가 아니라면 내세에서 **모든 원수들이 부끄러움을 당하리**라는 것이다. 그들은 결국 심판을 받을 것이고, 다윗은 하나님을 사랑하는 사람들 앞에서 하나님의 임재가 충만한 빛 가운데 서게 될 것이다(참고. 시 16:11; 142:7).

시편 7편: 저주의 패러다임

표제는 이 시가 **다윗의 식가욘**이라고 밝힌다. '식가욘'이라는 용어는 성경에서 이 시에만 등장하며 그 의미는 불명확하다. 아마도 '들떠 있다'를 의미하는 것 같다. 잠언 5:19-20과 하박국 3:1에 이와 유사한 히브리 단어가 등장한다. '식가욘'은 감정적으로 대단히 들뜬 형태의 시를 가리키는 듯하다. 이 시는 다윗이 압살롬의 사망 소식을 듣고 나서 보인 감정적 반응을 드러낸다. 이 시의 내용은 **베냐민** 사람 **구시**와 관련이 있다. 구시는 성경의 다른 곳에서는 언급되지 않는다. 하지만 그는 사울 아래 있던 병사들 중 한 사람으로서 사울 왕과 힘을 합해 다윗을 죽이려고 했던 인물임이 거의 확실하다. 그렇게 보는 이유는 다음과 같다. (1) 이 시는 다윗의 대적들을 개별적으로(2-5, 12-16절) 다룸은 물론이고 집단적으로도(1, 6-9절) 다루고 있다. (2) 사무엘상 24장과 26장에는 다윗이 사울과 그 수하들에게 쫓겨 궁지에 빠지게 된 두 정황에 대응하는 몇몇 어구가 자리하고 있다. 예컨대 시편 7:1의 "나를 쫓아오는 모든 자들에게서 나를 구원하여내소서"에 대응하는 어구에 대해서는 사무엘상 24:14; 26:24을 보라. 7:3의 "내 손에 죄악이 있거나"에 대응하는 어구에 대해서는 사무엘상 24:11; 26:18을 보라. 7:8의 "여호와께서 만민에게 심판을 행하시오니"에 대응하는 어구에 대해서는 사무엘상 26:12, 15을 보라. 같은 절의 "여호와여…나를 심판하소서"에 대응하는 어구에 대해서는 사무엘상 26:23을 보라.

사무엘하 18:21-33에서 압살롬의 죽음을 다윗에게 알린 구시 사람을 **베냐민** 사람 **구시**와 동일인으로 볼 수도 있다. 이는 시편 3편과 한 조를 이루고, 이 시에서는 아들의 죽음에 대한 다윗의 반응을 나타낸다 (Sailhamer, *NIV Compact Bible Commentary*, 316).

A. 기대하는 바를 알다(7:1-5)

7:1-4. 다윗은 위험한 시기에 자신이 주님을 신뢰하고 있음을 표명한다. **여호와 내 하나님이여 내가 주께 피하오니**. 다윗은 먼저 하나님께 최상의 보호를 간청하

고 나서(**나를 구원하여내소서**), 자신의 비참한 상황은 자신이 저지르고도 눈치채지 못하거나 회개하지 않은 어떤 부정이나 **죄악**에 대해(**내가 이런 일을 행하였거든**) 하나님이 내리신 당연한 징계일지 모른다고 단언한다.

7:5. 실상이 그러할 경우, 다윗은 하나님의 징계를 기꺼이 받음은 물론이고 그렇게 해달라고 진지하게 청하기까지 한다. **원수가 나의 영혼을 쫓아 잡아 내 생명을 짓밟게 하소서.** 다윗이 가장 중시한 것은 자신의 상황으로 하나님의 의를 증명하는 것이지(그는 17절에서 이 기조를 바탕으로 시를 마친다) 자신이 위로받고 정치적 · 군사적으로 성공하는 것이 아니었다. 이 기조는 사무엘상 26:19에 나오는 그의 말에서도 분명하게 드러난다. 거기에서 그는 사울 "왕을 충동시켜 나를 해하려 하는 이가 여호와시면 여호와께서는 제물(속죄제물)을 받으시기를 원하나이다"라고 말한다.

B. 주님께 변호를 호소하다(7:6-16)

7:6-8. 압살롬을 포함한 **대적들**이 악에 부추김 받았음을 알게 된 다윗은 하나님께 **진노로 일어나시어** 그들을 막아달라고 간청한다. 오경에서는 이스라엘이 하나님의 힘에 의지하여 거둔 군사적 승리를 기술할 때 이런 표현을 사용한다(참고. 민 23:24; 24:9). 다윗은 하나님께 자신을 변호해주시되 오직 자신의 **의와 성실함을 따라서**만 그렇게 해달라고 요청한다.

7:9-11. 다윗은 하나님이 사람의 행실뿐만 아니라 **마음과 양심**, 곧 선하든 악하든 행실의 기초가 되는 생각과 동기까지 심판하신다고 단언한다. 그는 **의로우신 재판장** 주님께 간청한다. 주님의 심판은 미래에만 예약되어 있는 게 아니다. 주님은 **매일 분노하신다.**

7:12-16. 하나님은 **회개하지 아니하는 사람**을 거슬러 행동하시는 분이다. 그분은 **칼을 갈고 활을 이미 당기어** 악인의 심판을 예비하실 것이다. 주님이 심판하실 때 악인의 악(**죄악, 거짓**, 14절)과 **재앙은 자기 머리로 돌아갈** 것이다.

C. 응답에 상관없이 주님께 감사하다(7:17)

7:17. 다윗은 다시 **여호와께 감사**드리며 청원을 마무리한다. 그는 감사의 뜻을 표하고, 하나님이 하시려는 모든 일을 찬양한다. 그것이 무엇이든 그 일은 하나님의 완전한 **의**와 일치할 것이다. 하나님은 사울이 다윗에게 가한 박해를 수년 동안 해결해주지 않으셨다. 그렇지만 하나님은 다윗에게 한 약속을 지키시고, 적들 앞에서 그를 변호해주시며, 그가 이스라엘의 왕이 되게 하셨다.

시편 8편: 찬양의 패러다임

시편 7편은 다윗을 옹호하고, 사울이든 압살롬이든 다윗을 대적하는 자들을 파멸하심으로 드러난 하나님의 의를 찬양하며 끝난다. 시편 8편은 하나님 찬양을 이어간다. 이 찬양에는 '인자'(the son of man, 4절)라는 표현이 들어 있다. 이 표현은 시편 2:12에서 의인이 피난처로 삼는 '아들'과 관련된 개념이다. 시편 8편은 메시아 시로 추정된다(Sailhamer, *NIV Compact Bible Commentary*, 316).

시편 8편은 신약성경에 네 차례나 인용되며, 메시아를 예언한 것으로 인정받는다. 세 차례는 메시아와 직접 연결시켜 인용된다(고전 15:27; 엡 1:22; 히 2:6-10; 마 21:16도 이 시를 인용한다). 시편 저자는 메시아가 이 노래를 직접 성취했다고 이해한다. '인자'는 시편 2:7, 12의 '아들'(Son)과 직접적인 관련이 있으며, 다니엘 7:10-14의 '인자'(Son of Man)와도 관련이 있는 것으로 보인다. 왕 같은 인물인 그는 "영화와 존귀로" 관을 쓰고 만물을 다스린다(5-6절). 사람인 그는 하나님의 본질이 아닌 속성에 있어 "하나님보다 조금 못한"(5절) 자이다. [여기에서 '하나님'이라는 단어는 시 82:6과 삼상 28:13에서 그러하듯 덜 일반적인 의미를 지녀 '천사들'(70인역) 또는 '그 천사들'(NIV)을 뜻하는 것 같다. 따라서 육신을 입은 인자는 본질에서는 하나님만큼 위대하지만 능력에서는 천사들보다 못하다고 할 수 있다.] 인자로서 주 예수는 인류의 이상(인류가 마땅히 그렇게 되어야 하고 해야 하는 모든 것)을 실현하고 이 시편의 내용을 직접 성취하신다. 신자들은 믿음을 통해 그리고 "그리스도 안에서"(이 말은 바울이 가장 좋아하는 표현 중 하나이다, 참고. 고전 1:30; 3:1; 4:10, 15, 17; 15:18-19 등) "그와 연합"할 때에만(롬 6:5) "그리스도와 함께한 상속자"(롬 8:17)로서 이 이상이 적용되는 것을 경험할 수 있다.

이 시의 표제에 대해서는 시편 3편 서두의 주석을 보라. 이 시와 시편 81편과 84편의 표제에서 언급하는 깃딧은 현악기의 일종이었다.

A. 하나님이 인간을 어떻게 쓰시는지 숙고하다 (8:1-2)

8:1-2. 여는 절 **여호와 우리 주여 주의 이름이 온 땅에**(개역개정) **어찌 그리 위엄이 넘치는지요**(새번역)가 시의 말미(8:9)에서 반복되는데, 이는 시의 중심 주제를 강조하는 하나의 문학 장치이다(수미 쌍관법, 서론의 '장르'를 보라). 여는 절을 말미에서 반복하는 까닭은 인간 창조와 인간과의 상호작용에서 드러난 하나님의 위엄을 찬미하기 위함이다. 여는 절에서 다윗은 하나님의 위엄 넘치는 이름을 언급한다. 그 이름은 **온 땅에** 분명히 나타난 그분의 권능과 영광을 드러낸다. 또한 다윗은 이스라엘이 유일하신 참 하나님께 복종한다고 확언한다. 참 하나님이 언약 체결 시 사용한 유일한 이름 여호와[히브리어로 야훼(*Yahweh*)가 이를 암시하는데, 뒤이어 나오는 '주', 히브리어로 아도네누(*adonenu*)]는 '주인'이라는 뜻의 히브리식 표현이다(시의 화자는 이 '주'에게 복종하고 있다). 2a절은 예수님이 마태복음 21:16에서 인용하신 절이기도 하다(마 21:16의 주석을 보라).

B. 하나님이 인간을 어떻게 돌보시는지 숙고하다 (8:3-5)

8:3-5. 다윗은 **달**과 **별**을 포함해 **하늘**과 그 안에 있는 모든 것이 하나님이 **손가락으로 만드신** 것이라고 기술한다. 하나님을 창조주로 선언하고 인정한 것이다. 히브리서 2장에서 이 시의 4-6절을 메시아에 접목한 것에 대해서는 앞의 설명과 히브리서 2:6-10의 주석을 보라.

C. 하나님이 인간에게 무엇을 주셨는지 숙고하다 (8:6-9)

8:6-9. 하나님은 인자에게 그분이 **손으로 만드신 것**들을 다스리는 권한을 주셨다. 이는 그것들을 사용과 향유의 용도로 만드셨음을 의미한다(참고. 창 1:28). 6b절은 신약성경에서 두 차례 인용되는데(고전 15:27; 엡 1:22), 두 경우 모두 그리스도를 언급하고, (구원받은) 인류가 '만물'을 다스리려는 자신들의 이상을 그리스도 안에서 실현하게 되었다고 말한다[특히 엡 1:22-23을 보라. "(하나님은) 그를 만물 위에 교회의 머리로 삼으셨느니라 교회는 그의 몸이니 만물 안에서 만물을 충만하게 하시는 이의 충만함이니라"]. 하나님이 **손으로 만드신 것**을 인간이 **다스림**을 강조하는 것은 인간이 피조계의 다른 모든 요소보다 우위에 있음을 암시한다. 말하자면 인간은 하나님의 창조 작업에서 정점과 절정이자 움직이는 모든 것이 지향하는 대상으로 지어졌다는 뜻이다(창 1:26-27의 주석을 보라).

시편 9편: 하나님의 정의에 대한 묵상—의인들의 변호자이신 하나님

이 시의 표제에 관해서는 시편 4편의 서론을 보라. 이 표제에서만 **뭇랍벤**이라는 말이 눈에 띈다. 히브리 표현을 문자적으로 읽으면 '아들의 죽음에'를 의미한다(이 아들은 압살롬일 것이다, 삼하 18:33). 혹은 악기를 뜻하는 단어일 수도 있는데, 그 의미는 명확하지 않다. 시편 8:5에 등장하는 인자의 높임과 연관시켜 읽으면 '아들의 죽음'을 의미하는 것으로 이해하는 것이 유용하다. 실제로 히브리서 저자는 아들이 죽어서 영광과 존귀로 관을 쓰고 자기 백성에게 구원을 베풀었다고 말한다(히 2:8-9). 시편 9편의 주제는 시온에서 이루어지는 하나님의 통치이다. 시온은 메시아인 아들의 왕국이 자리한 곳이다. 따라서 시편 8편과 9편을 함께 읽고 이해하는 것이 가장 유용하다(Sailhamer, *NIV Compact Bible Commentary*, 316-317).

시편 9편과 10편은 수정된 아크로스틱 시로 쓰였다. 아크로스틱 시에서 각각의 연은 연속되는 히브리 알파벳으로 시작된다. 이 두 편의 시는 구조와 어법, 주제 면에서 일정한 유사성을 지니고 있다. 이는 두 시가 하나의 단일체로 구성되었음을 암시한다. 구조상 시편 9편의 서두는 10편의 말미와 닮아 있다(수미 쌍관법). 두 곳 모두에서 하나님에 대한 신뢰를 표명한다. 두 시가 사용하는 몇몇 표현도 같거나 대단히 유사하다.

A. 변호자에 대한 신뢰 표명(9:1-2)

9:1-2. 다윗은 **여호와께 감사하고**, 그분의 **기이한 일들을 전하고**, 그분을 **기뻐하고 즐거워하며**, 그분의 **이름을 찬송하리라**는 결심을 표명하며 시작한다. 하나님의 **기이한 일**들은 표현 형식이 다양한 용어로서 하나님의 강력한 활동들(기적들, 예를 들어 출 34:10도 보라)을 나타낸다. 하나님의 놀라운 일들(과 놀라우심) 때문에 다윗은 하나님이 **지존하신**[현존하는 여타의 권위를 능가하시는] 분이라고 단언한다. 그는 이를

시

토대로 탁월한 사법 권위자이자 압제당하는 이들의 궁극적 변호자이신 하나님께 계속 호소할 수 있었다.

B. 변호자의 이력 인정(9:3-12)

9:3-4. 다윗은 **원수들이 물러가는** 것을 보면서 하나님에 대한 신뢰를 표명한다. 주님은 **나의 송사를 변호하신** 탁월한 변호자이시라는 것이다. 그는 의의 재판장(NASB에서는 '의롭게 심판하시는'으로 표현되어 있다. 다른 곳에서는 이 표현이 렘 11:20에만 등장하며 하나님을 가리킨다)이신 주님의 과거 이력과 현재 이력을 언급한다. 이 이력은 다음 세 가지 관점에서 일관되게 포괄적으로 생겨났다. 첫째, 하나님은 다윗을 변호하셨다(3-4절). **주께서** '의의 재판장으로서' **나의 의와 송사를 변호하셨으며**라는 다윗의 말은 특히 사무엘상 24:15에 기록된 그의 말과 조응한다("그런즉 여호와께서 재판장이 되어 나와 왕 사이에 심판하사 나의 사정을 살펴 억울함을 풀어주시고 나를 왕의 손에서 건지시기를 원하나이다").

9:5-10. 둘째, 하나님은 압제당하는 자들을 변호하신다. 그분은 **이방 나라들을 책망하시고**(참고. 2:1-6) **악인들의 이름을 지우셨다**. 이는 하나님이 홍수 시기에 인간 가운데 있는 모든 악인을 심판하고 전멸케 하신 일을 상기시킨다(참고. 창 6:7; 7:4, 23). 하나님의 변호는 그분의 영원하심에 근거한다. **여호와께서 영원히 앉으시고 공의와 정직으로 세계를 심판하실** 것이다.

셋째, 주님은 **환난 때의 요새이어서** 주님의 **이름을 알고** 주님을 **의지하고 찾는 자들을** 결단코 버리지 않으신다. 주님의 **이름을** 신뢰한다는 것은 그분의 온전한 성품과 정체를 신뢰한다는 뜻이다. **주의 이름을 아는 자**라는 표현에는 하나님이 자기 백성을 변호하신다는 의미가 내포되어 있다. 다른 곳에서는 이 표현이 이스라엘 민족, 곧 하나님이 자기 이름을 '알리신' 자들에게 해당된다(참고. 출 3:13-15; 6:2-6; 대상 28:9; 겔 20:5). **주를 찾는 자**라는 표현은 구약성경에서 이스라엘 자손과 유대교로 개종한 자들에게 해당한다(참고. 출 18:15; 스 4:2).

9:11-12. 다윗은 하나님의 의로운 심판에 대한 반응으로 **시온에 계신 여호와를 찬송하**라고 권고한다. 하나님의 하늘 보좌(7절)는 그분이 자신의 지상 거처로 택하신 곳, 즉 예루살렘에 자리한다(시 2:6; 3:4; 20:2; 132:13-14). **그의 행사를 백성 중에** 선포하라는 메시지가 뒤를 잇는다. 이는 구약성경에서 이스라엘이 맡은 특별한 임무이다(참고. 대상 16:8; 시 105:1, 6; 사 12:4).

C. 변호자에게 하는 호소(9:13-20)

9:13-16. 다윗은 하나님과 탁월하고 더없이 의로운 재판장이신 그분의 이력에 대한 신뢰를 기초 삼아 하나님께 호소한다. **내게 은혜를 베푸시고 나의 고통을 보소서**[다윗의 필요를 보시고 응답해 달라는 의미, 시 4:6과 창 1:4-5의 주석을 보라]. 늘 그랬듯이 다윗의 요구는 자신의 안락함이나 위로가 아니라 하나님의 영광을 나타내달라는 것이었다. 그에게는 하나님의 **찬송을 다 전하면서** 하나님이 그에게 베푸신 **구원**과 **악인에게 행하신 심판**에 관해 이야기하는 것보다 더 나은 게 없었을 것이다.

9:17-20. **악인들**과 **하나님을 잊어버린** 자들의 운명은 **스올로 돌아가**는 것이다. 다윗이 말한 스올(17절)을 신약성경의 '지옥'이나 '음부'와 혼동해서는 안 된다. 스올에 관해서는 시편 49:14-15의 주석을 보라. 반면에 **궁핍한 자**와 **억눌린 자**(새번역)는 악인을 심판하실 주님께 희망을 건다.

시편 10편: 하나님의 정의에 대한 묵상—악인들의 심판관이신 하나님

시편 10편에 표제가 없는 것은 이 시가 앞의 시와 구조적으로 연결되어 있기 때문이다. 시편 9편과 10편은 구조와 어구, 주제 면에서 뚜렷한 유사성을 띠고 있다(시 9편의 서론을 보라). 이 시도 다윗이 썼을 것이다.

A. 심판관의 필요성(10:1-11)

10:1-4. 시편 저자는 고뇌와 낙담을 절절히 표현하며 시를 연다. **여호와여 어찌하여 멀리 서시나이까**. **악인**이 활개를 치는데도 하나님이 숨어 계신 것으로 생각된다. 하지만 정작 시편 저자의 불평을 유발한 것은 악인이 처벌을 받거나 **가련한 자**가 곤경에서 벗어나기를 바라는 마음이 아니라 주님의 영광과 명예였다. 악인이 하나님을 **모독하고 멸시**(3절, 새번역)하는데도, 하나님이 처벌을 주저하시는 것은 **하나님이 없다**(4절) 하는 악인의 **사상**을 부추기는 것으로 보이기 때문이다.

10:5-11. 악인은 자기가 **언제나 잘되고**(새번역) 하나님의 **심판**이 자기에게 **미치지 못**한다고 생각한다(5

절). 그는 **무죄한 자**를 죽이고 **가련한 자**를 함정에 빠뜨리고 붙잡는 등 갖은 악행을 저지른다(8-10절). 그러면서도 하나님께 심판 받지 않을 것이라고 생각한다. 하나님이 **잊으셨**거나 **보지 아니하**신다고 생각하기 때문이다(11절; 시 142편의 주석을 보라). 여기에서 말하는 악인에는 유대 사람과 이방 사람이 모두 포함된다(죄는 롬 3:14에서 7절을 인용하여 적용한 대로 인간의 문제이지 민족의 문제가 아니다).

B. 심판관에게 하는 호소(10:12-15)

10:12-15. 시편 저자는 앞의 시와 동일한 표현(**여호와여 일어나옵소서**, 참고. 9:19)을 사용하여 하나님께 조치를 취해달라고 애원하며 심판을 호소한다. '그들이 인생에 불과하기' 때문이다(9:20). 그는 또한 ('하나님이 보지 못하신다'는 악인들의 단언에 맞서) 하나님은 악인들의 악행을 **보셨으며**, **가난한 자들**[문자적으로 '낙담한 자들']과 **고아**(14절)를 **도우시는 이**가 되셨다고 단언하며 간청을 이어간다('도우시는 이'라는 히브리 표현은 창 2:18에 등장하는 '돕는 배필'과 어근이 같다). 문제는 하나님이 과연 그리하실 것이냐가 아니라 언제 **악인의 팔을 꺾으**시고(힘과 명예를 짓밟는 것을 의미하는 관용구, 참고. 욥 22:8-9), (13절의 **주는 감찰하지 아니하리라**는 단언에 맞서) **악한 자의 악을 찾아** 내실(문자적으로 '벌하실') 것이냐이다.

C. 심판관에 대한 신뢰(10:16-18)

10:16-18. 이 시는 **여호와께서는 영원무궁하도록 왕이시니**라고 찬양을 선포하며 결론에 이른다. 시편 저자는 **여호와**가 어떤 분(온 땅의 진정한 왕, 참고. 시 47:7)이신지 모든 사람이 알고, **나라들**[문자적으로 '이방인들', 즉 참 하나님과 그분의 백성을 적대하는 자들]이 **주의 땅에서**[구원받고 재창조된 '새 땅'에서, 참고. 슥 14:9; 계 21:1] **멸망하**게 되는 미래를 자신만만하게 내다본다. **멸망하였나이다**라는 과거(완료)시제 동사의 사용은 구약성경에 나오는 예언 진술의 공통된 특징이며, 미래에 일어날 사건의 절대적 확실성을 강조한다. 말하자면 그러한 사건들이 이미 일어난 것처럼 하나님의 영원한 시각에서 기술하는 것이다. 주님은 **겸손한 자**의 청을 **들으시고**, **고아와 압제당하는 자를 변호하여**(새번역)주셨다. **세상에 속한 자**, 곧 하나님을 따르지 않는 자는 더 이상 **위협하지 못**할 것이다. 그들에게는 의인과 무죄한 자를 지배할 힘이 더 이상 없기 때문이다(참고. 49:12, 29; 56:4, 11; 62:9; 118:6-9).

시편 11편: 신뢰 분석

이 시의 표제에 대해서는 시편 4편의 서론을 보라. 표제에 역사적 사건이 언급되어 있지는 않지만, 1절에 등장하는 다윗의 비유적 표현("새같이 네 산으로 도망하라")은 사무엘상 26:20에 등장하는 그의 말과 상당한 유사성을 띠며("산에서 메추라기를 사냥하는 자와 같이 이스라엘 왕이…나오셨음이니이다") 후자가 전자의 출처임을 암시한다. 시편 10편에서 그랬듯이 이 시에서도 악인이 활개칠 때에도 하나님을 신뢰함이 주제로 이어진다. 시편 2:12에서 복은 기름 부음 받은 자를 피난처로 삼는 사람의 차지가 된다. 시편 11편에서 주님이 주시는 미래의 구원(4-7절)도 피난처(11:1)를 수반한다. 그 피난처는 기름 부음 받은 자를 통해 주님에게서 온다(Sailhamer, *NIV Compact Bible Commentary*, 317).

A. 하나님을 신뢰하지 못하게 하는 유혹: 악인들의 힘(11:1-3)

11:1-3. 시는 다음과 같은 의지를 표명하며 시작된다. **내가 여호와께 피하였거늘**. 하지만 하나님을 신뢰하지 못하게 유혹하는 목소리가 들려온다. 이 유혹의 목소리를 상징하는 것은 **악인**의 압도적인 힘이다. **새**와 같은 다윗과 그를 부추기는 다수의 **악인**을 대비하면서 악인의 힘을 강조한다. 악인들은 그를 옴짝달싹 못하게 한다. 활시위를 당겨 **쏘려**고 하는 모습이 이를 암시한다. 상황이 그러한데도 **터**[사회 질서와 당국을 의미하는 비유적 표현, 참고. 시 75:3; 82:5; 겔 30:4; 갈 2:9]까지 **무너져 의인**이 참된 정의를 위해 할 수 있는 일이 전혀 없는 것으로 생각된다.

B. 하나님에 대한 신뢰의 근거: 하나님은 누구이시고, 무슨 일을 하셨는가(11:4-7a)

11:4-7a. 상황이 아무리 암담해 보여도 다윗은 **여호와께서 그의 성전**, 즉 하늘에 **계심**을 분명히 알고서(지상의 성전은 '모형과 그림자'에 불과했다, 히 8:5) 자신감을 얻고 근심을 던다. 이와 유사한 진술, **여호와의 보좌는 하늘에 있음이여**가 이 요점을 뒷받침한다. 이는 기름 부음 받은 자, 곧 하나님의 아들 안에서 구현되고 영원히 성취된 하나님의 이중 역할을 암시한다.

그것은 왕(그의 **보좌**)과 제사장(**성전**에 계심)의 역할로서 이스라엘 자손 가운데서 금지된 직무들을 결합한 것이다(시 2:6의 주석을 보라). 다윗은 곤경에서 구출된다. 달리 말하면, 하나님의 거룩한 보좌가 인간의 영역 너머에 영속적으로 자리하고 있어서 누구도 그것을 건드릴 수 없듯이 하나님의 의지(그리고 다윗에게 주신 그분의 약속들)도 인간의 능력 밖에 있어서 누구도 그것을 무효화할 수 없음을 알게 된다. 하나님의 보좌와 그분의 의지는 대적자들이 건드릴 수 있는 것이 아니다.

하나님은 **의인**과 **악인을 감찰하시다**가(금속을 제련하여 그 성분을 측정하는 데 쓰이는 동사) 이생이나 내세에서 **악인과 폭력**[창 6:11과 사 53:9에 나오듯이 언제나 거친 폭력을 의미하는 단어]을 **좋아하는 자를** 틀림없이 벌하실 것이다. 그분은 그들에게 **그물**[새그물]**을 던지실** 것이다. 심마쿠스(*Symmachus*, 구약성경을 고대 헬라어로 번역한 인물) 번역에는 그물이 아니라 '불타는 숯'이라는 독법이 등장하는데 문맥상 이것이 뜻이 더 잘 통한다. 하지만 이러한 독법은 이 단어를 이어지는 표현들과 조화시키려는 시도인 것 같다. 따라서 주님이 악인을 잡기 위해 **그물**을 던지시는 것으로 묘사하는 마소라 독법을 고수하는 편이 가장 낫다. 악인은 (다윗에게 새처럼 도망하라고 말하던 것과 대조되게, 1절) 새처럼 잡히고 말 것이다. 하나님이 그들을 심판하여 **불과 유황과 태우는 바람**을 내리실 것이다(6절).

C. 하나님에 대한 신뢰의 궁극적 기대: 하나님의 얼굴을 뵙는 것(11:7b)

11:7b. 반면에 **정직한 자**의 궁극적 바람은 **그의 얼굴을 뵙는** 것이다. 이것은 신자들의 유일하고도 가장 큰 바람이다. 이를테면 영원히 초월해 계신 하나님을 예배하며 그분과 친교를 누릴 때를 고대하는 것이다(창 1:26; 2:7; 3:8의 주석을 보라). 하나님의 인격과 존재는 그분의 **얼굴**을 뵐 때 드러난다. 예수님은 팔복 중 여섯째 복에서 이와 동일한 사상을 언급하신다. "마음이 청결한(이 시에서 **정직한**으로 번역된 히브리 단어와 동의어) 자는 복이 있나니 그들이 하나님을 볼 것임이요"(마 5:8).

시편 12편: 하나님의 구원에 대한 숙고

이 시의 표제에 관해서는 시편 4편의 서론을 보라. 이 시는 하나님의 백성이 겪는 곤경과 압제 시기를 부연한다(1-4절). 여기에서 하나님의 도우심은 현재의 것이자 11:4-7에서 말한 대로 그 나라가 지상에 수립되는 때에 도래하는 미래의 것이기도 하다(Sailhamer, *NIV Compact Bible Commentary*, 317).

A. 구원의 필요에 대해 숙고하다(12:1-2)

12:1-2. **경건한 자**와 **충실한 자들이 인생 중에서** 차츰 없어지고 필연적으로 그 자리를 불경건한 자들이 서서히 채우자 구원을 바라는 다윗의 외침이 고조된다. 이 두 절에 내포된 차이를 볼 때, 경건한/충실한 자는 하나님의 요구를 수행할 뿐만 아니라 온 마음으로(한 마음으로 '충실하게') 그리하려고 애쓰는 사람이다. 구약성경에서 기술하는 것처럼 사람의 생각과 말은 마음에서 나온다(구약성경에서 '마음'과 '정신'은 동의어이다). 그러므로 한 가지를 생각하거나 말하면서 동시에 다른 일을 하는 사람은 '두 마음' 혹은 **두 마음**을 품은 자로 간주된다. 여기에서 다윗이 언급하는 자들은 하나님의 요구대로 말하고 행동하면서도 마음에는 그만큼의 성실과 헌신이 없는 자들이다. 하나님은 그런 자들을 조금도 원하지 않으신다(참고. 51:16-17; 사 29:13; 64:6; 창 4:3-5의 주석). 2절의 진술이 거짓과 두 마음이라는 개념을 강조한다. **사람들이 서로서로**[문자적으로 '사람이 자기 이웃에게'] **거짓말을 해대며**(새번역). 이는 신명기 5:20에 등장하는 제9계명을 상기시킨다. "네 이웃에 대하여 거짓 증거(문자적으로 '위증')하지 말지니라."

B. 구원의 과정을 숙고하다(12:3-5)

12:3-5. **여호와께서 ~하시리니라**는 다윗의 간청은 하나님이 구원을 베푸실 것인가의 여부가 아니라 언제 구원을 베푸실 것인가를 말한다. 다윗은 이 구원이 하나님 나라가 수립될 때 임하는 궁극적 구원이기를 바란다. (1) **모든 아첨하는 입술**이라는 표현과 (2) **여호와의 말씀에…'내가 이제 일어나'**라는 표현(사 33:10의 종말론적인 문맥에서 반복된 표현)이 이를 암시한다. 이는 **내가 그를 그가 원하는 안전한 지대에 두리라**(문자적으로 "내가 그를 구원 속에 자리 잡게 하리라")는 하나님의 선언에서도 드러나며, 장차 도래할 그분의 나라를 묘사하는 이사야 26:1에서도 드러난다. "그날

에…여호와께서 구원을 성벽과 외벽으로 삼으시리로다."

C. 구원을 베푸시는 분을 숙고하다(12:6-8)

12:6-8. 다윗의 종말론적인 전망은 종결부에서도 계속된다. 하지만 이 절들에는 가련한 의인들에게 지금 당장 위로를 주시겠다는 약속도 들어 있다(7절을 보라). 여기에서 다윗은 **여호와의 말씀**의 순결함에 초점을 맞춘다. 그는 주님의 말씀을 **일곱 번 단련한 은**에 비유하여 말씀의 질이 최상(순도가 최상)임을 강조한다. 그런 다음 이 **순결한 말씀**에 기초한 약속(삼하 7:12-17에서 다윗과 언약을 맺으면서 하신 약속)을 충실히 지키시는 주님께도 초점을 맞춘다. 말하자면 주님이 다윗처럼 그분을 좋아하는 이들을 **이 악한 세대로부터 영원까지 지키고 보존하시리**라는 것이다. 이 약속은 이생에서 악인들이 가하는 고통과 압제로부터 경건한 자를 보존하시겠다는 보증이 아니라, 악인들이 멸망할 때 경건한 자를 지켜주시겠다는 보증이다(참고. 시 37:28; 97:10).

시편 13편: 개인의 구원을 바라는 기도

이 시의 표제 설명에 관해서는 시편 3편과 4편의 서론을 보라. 시는 구조상 3부로 나뉜다. 각 부에는 다음 세 요소가 들어 있다. 첫째, 다윗은 하나님이 자신을 잊으셨다고 생각한다(1절). 그런 다음 하나님이 자신의 사정을 헤아려주지 않다가 이제야 헤아려주고 계심을 깨닫고(3a절) 마침내 다시 하나님을 신뢰한다(5a절). 둘째, 다윗이 자신과 의인의 처지(2a절)를 비관하자 하나님이 그의 눈을 밝혀주셔서(3b절) 그의 마음을 기쁘게 해주신다(5b절). 셋째, 다윗의 원수가 다윗보다 더 의기양양한 것처럼 보인다(2b절). 다윗은 원수가 자신을 '이기지' 못하게 해달라고 하나님께 간청한다(4절). 끝으로, 다윗은 주님이 자기에게 구원을 베푸셨음을 알고 주님을 찬송한다(6절).

A. 하나님의 구원이 필요함을 아뢰다(13:1-2)

13:1-2. 다윗은 또다시 하나님께 절절한 애가를 표현한다. **여호와여 어느 때까지니이까 나를 영원히 잊으시나이까**. 아버지와 정서적 · 심리적으로 깊은 유대를 맺고 있는 아들이 아버지에게 하는 말 같다. 다윗이 **종일토록 마음에 근심하며** 고뇌하는 까닭은 하나님이 그를 잊으셨다는 느낌 때문이다['하나님이 그를 잊으셨다'는 말은 인간의 속성이나 성격이 하나님께도 있다고 생각하는 '신인동형동성론'(神人同形同性論)의 한 표현이다]. 다윗은 이 혼란이 하나님의 무관심이나 변심 때문이 아니라 (다윗 자신의) 죄에 대한 그분의 징계에서 비롯된 것으로 기술한다. 하나님이 자신의 **얼굴**[현존]을 (없애지 않고) 숨기셨다는 언급이 이를 암시한다. 신명기 31:17-18에서 하나님은 민족적 아들 이스라엘의 죄에 대한 최고의 징계로 자신의 얼굴을 숨기신다. 이는 하나님의 개인적 아들(혹은 딸)에게도 해당된다(참고. 고전 10:11). 하나님은 자신의 얼굴을 숨기심으로써 죄를 범한 백성과의 소통, 직접적 또는 간접적인 꿈, 제비뽑기, 예언자를 통한 소통(에스더서의 '서론'을 보라)을 끊으셨다. 하나님은 다윗과도 그런 식으로 소통을 끊으신다. 그래서 다윗은 자신의 **영혼이 번민**한다고 말한다.

B. 하나님의 구원을 간청하다(13:3-4)

13:3-4. 다윗은 하나님께 자신의 사정을 **생각하사 응답**해달라고 간청한다. 동사 '생각하다'는 구약성경에서 무언가에 세심한 주의를 기울이거나(창 19:26; 시 119:6; 암 5:22, 이들 모두는 대개 동사 '보다'로 번역된다) 주목하는 대상에 끌리고 그것을 받아들여 즐기는 것을 가리키는 데 일반적으로 사용하는 단어이다. 다윗은 하나님의 도우심이 없으면 아무런 희망도 없음을 잘 알고 있다.

C. 하나님의 구원을 신뢰하다(13:5-6)

13:5-6. 종결부는 과연 다윗의 찬양시답게 하나님에 대한 신뢰와 감사, 찬양의 어조로 끝난다. **나는 오직 주의 사랑을 의지하였사오니**. 하나님이 아직 다윗의 간청에 응답하지 않으셨는데도 다윗은 다음과 같은 이유로 하나님께 찬양과 감사를 드린다. (1) 하나님의 정체성(**사랑**으로 특징지어진 하나님, 참고. 5:7의 주석), (2) 하나님이 궁극적으로 수행하겠다고(시 12:5에 기록된 것처럼 온전하고 궁극적인 **구원**을 베풀겠다고) 하신 약속, (3) 하나님이 이미 행하신 일(다윗에게 **은덕을 베푸심**, 문자적으로 '다윗에게 구원을 베푸심'). 은덕을 베푸심에 대해서는 시편 116:7의 주석을 보라.

시편 14편: 인간의 어리석음에 대한 분석

이 시는 시편 53편에서 약간의 변형을 거쳐 반복된다. 반복하는 이유는 어리석음의 변함없는 본성을 강조하기 위해서이다. 이 시의 표제에 관해서는 시편 4편의 서론을 보라. 이 시는 가나안 안팎에 거주하는 이방 민족의 믿음 없음과 이스라엘의 하나님 및 그분의 백성에 대한 그들의 적대감에 초점을 맞추고 있기는 하지만(특히 4-7절을 보라), 1-3절에 쓰인 어구들과 여타의 구약성경 구절들에 쓰인 어구들이 유사할 뿐 아니라 이 절들이 로마서 3:10-12에 인용된 사실은, 믿음 없음(어리석음)에 대한 비난이 원칙적으로 "유대인과 헬라인"(롬 3:9), 곧 모든 사람에게 적용됨을 암시한다.

A. 어리석음의 본질(14:1)

14:1. 이 시는 다음과 같은 기본적 인생관으로 시작한다. **어리석은 자는 그의 마음에 이르기를 하나님이 없다 하는도다. 어리석은 자**[히브리어로 나발(*nabal*)]라는 단어는 도덕적으로 결함이 있는 사람과 관계있다. 그는 **하나님이 없다**고 생각하면서 살아간다. 이런 생각은 핑계를 댈 수 없을 만큼 분명한(참고. 19:1; 롬 1:19-20) 하나님의 존재를 부정하거나(무신론) 하나님의 정의를 부정하는 것(참고. 10:4)과 관계가 있다. 성경은 **어리석은 자**의 예로 다윗이 도움을 청했던 나발이라는 사람을 제시한다. 이 이름은 이 절에서 사용된 것과 동일한 단어로서 '어리석은 자'를 뜻한다(참고. 삼상 25장). 나발은 (이 시에서 묘사된 어리석은 자와 똑같이) 주님과 그의 기름 부음 받은 이의 주권을 무시하여 하나님에게 벌을 받는다. "여호와께서 나발을 치시매 그가 죽으니라"(삼상 25:38). 이런 마음가짐을 지닌 자들은 **부패하여 선을 행하는 자가 없다**.

B. 만연한 인간의 어리석음(14:2-6)

14:2-3. 어리석은 자들이 아무리 부정해도 하나님은 확실히 존재하신다. 하나님이 **하늘에서 굽어 살피사…보려 하신다**는 다윗의 시적 묘사는, 하나님이 물리적으로 위에서 내려다보신다기보다는 인간의 마음을 평가하고 계심을 말한다. 평가의 변함없는 결론은 **하나님을 찾는 자가 없다**는 것이다(참고. 렘 17:9-10). 이는 죄에 물든 인간의 보편적인 상태이다. **다 치우쳐 더러운 자가 되고**(참고. 롬 3:23). "아버지께서 이끌지 아니하시면"(요 6:44) 누구도 하나님 말씀의 충만한 진실과 복음을 이해하거나 받아들이지 못한다.

14:4-6. 이 대목에서 **여호와를 부르지 아니하고 죄악을 행하는 자**와 **여호와를 피난처**로 삼는 의인이 대조된다.

C. 인간의 어리석음에 반대되는 것(14:7)

14:7. 여기에서는 **이스라엘의 구원이 시온에서 나오기를** 바란다(참고. 2:6; 9:11의 주석). 다윗은 "믿음은 바라는 것들의 실상이요"(히 11:1)라는 진술을 지지하면서 자기 백성 가운데 있는 의인들(4-5절)을 위해 믿음의 목적, 즉 하나님이 **그의 백성을 포로 된 곳에서 돌이키실**[문자적으로 '그의 백성의 행복을 되찾아주실', 참고. 126:1-3] 미래에 궁극적으로 이루어질 **이스라엘의 구원**에 초점을 맞춘다. '그의 백성을 포로 된 곳에서 돌이키실 때'를 이 시가 기록되고 몇 백 년이 지났을 때, 곧 바벨론 포로 생활을 끝내고 귀환한 때로 잘못 해석하는 이도 간혹 있다. 이스라엘의 행복을 되찾아 주실 때는 주님이 친히 이스라엘의 남은 찌꺼기를 녹여(참고. 사 1:25) 그들을 마땅히 되어야 할 것, 곧 '제사장 나라와 거룩한 백성'(출 19:6)으로 구원받고 의롭게 되어 안식에(시 95:11의 주석을 보라) 들어갈 사람들로 만드시는 때를 가리킨다. 그때에 **야곱이 즐거워하고, 이스라엘이 기뻐하리로다**(참고. 53:6). 야곱과 이스라엘은 족장의 이름에서 따온 이스라엘 민족의 두 이름으로서 이스라엘 사람 전체를 가리킨다(창 32:28; 예를 들어 시 20:1; 46:7, 11; 146:5; 사 46:13).

시편 15편: 참 신자에 대한 분석

이 시의 표제에 관해서는 시편 3편의 주석을 보라. 주제 면에서 이 시는 앞의 시와 뒤의 시를 잇는 연결고리 역할을 하면서, 시편 14편에서 기술하는 어리석은 자(불의한 자)에 반대되는 것을 제시하는 동시에 시편 16편에서 기술하는 믿음의 구체적인 내용을 예측한다. 시편 14:5에서는 하나님이 건져주시는 의인을 언급하고, 시편 15편에서는 의인의 특징을 제시한다(Sailhamer, *NIV Compact Bible Commentary*, 318).

A. 참 신자의 바람(15:1)

15:1. 다윗은 자신이 시편 14편에서 소개한 어조와 관련된 질문, 곧 하나님과 악인의 관계, 하나님과 의인의 관계를 묻는 질문으로 이 시를 시작한다. **주의 장막에 머무를 자…주의 성산에 사는 자 누구오니이까.** 이는 하나님의 성막(**장막**)에 들어갈 자 누구이며, 성전산(**성산**, 시 2:6의 주석을 보라)에 출입할 자가 누구인지

묻는 질문이다. 요컨대 주님의 거처에서 주님을 예배할 자가 누구인가를 묻고 있는 것이다.

B. 참 신자의 특징(15:2-5a)

15:2-3. 하나님께 나아가는 사람은 **정직하게 행하며**(참고. 시 1편) **공의를 실천하며 그의 마음에 진실을 말한다**(참고. 1:2). 즉, 그의 생각과 동기는 공의와 사랑으로 규정된다. 하나님을 삶의 우선순위로 삼고, 온 마음을 다해 그분을 사랑하는 것은 성경을 관통하는 중심 주제로서 구약성경과 신약성경에서 강조하고(예를 들어 창 6:5; 신 6:4-9; 30:6, 10; 시 51:17; 잠 23:7; 사 29:13) 신구약 전체에서 하나님 사랑과 이웃 사랑이라는 두 개의 큰 계명으로 요약된다(레 19:18; 신 6:5; 마 22:36-40). 의인은 **그의 이웃에게 악을 행하지 아니하며**라는 진술은 이 계명들 중 둘째 계명을 암시한다.

15:4-5a. 이 부분은 어느 정도 시편 1편의 예증이라고 할 수 있다. 의인은 **망령된 자를 멸시하며 여호와를 두려워하는 자들을 존대**한다(참고. 111:10). 게다가 힘들어도(**그의 마음에 서원한 것은 해로울지라도**) 자기가 한 말을 늘 지키고, **돈** 문제에서도 늘 윤리적이며, **무죄한 자**에게 한결같이 관심을 기울인다.

C. 참 신자의 최종 상태(15:5b)

15:5b. 성실한 자는 자신이 이생에서 어떤 일을 겪든 **영원히 흔들리지 아니하**기를 바란다. 이를테면 상속자로서 받은 약속, 곧 새롭게 창조된 생명을 하나님 앞에서 잃거나 놓치지 않겠다는 것이다(참고. 롬 8:38-39). 이 단언은 동일한 표현을 사용하는 뒤의 시에서 두드러진다. 이 단언에는 성실한 자가 **영원히 흔들리지 아니하**는 까닭은 주님이 친히 그의 오른쪽에 계시기 때문이라는 암시가 들어 있다(16:8). 이는 부패하고 허망한 세상에서 흔들리지 않는 유일한 터전이신 하나님(하나님의 말씀과 그분의 성품)에 대한 신자의 신뢰를 가리킨다(21:8; 112:6; 125:1; 잠 10:30; 12:3에서도 동일한 표현을 사용한다).

시편 16편: 삶과 죽음에 대한 신뢰

의인의 특징 중 하나는 부활시키시는 하나님의 능력을 신뢰하는 것이다. 이는 하나님이 다윗 혹은 다윗의 뛰어난 자손 메시아를 죽을 때까지 버리지 않으실 것이라고 그가 확신하는 데서 드러난다(Sailhamer, *NIV Compact Bible Commentary*, 318). 다윗도 예언자여서 그리스도(메시아)를 미리 보고 그에 대해 말했다(행 2:31). 이 메시아 찬양시의 강조점은 메시아의 부활에 있다(서론의 '배경'을 보라).

표제가 밝히고 있듯이 **다윗**의 작품으로 추정되는 이 시는 **믹담**으로 간주된다. 믹담은 시편 56-60편(모두 다윗의 시)에도 붙어 있는 명칭이다. 이 용어의 의미는 확연하지 않지만 고대의 몇몇 번역(70인역, 타르굼, 불가타)은 돌에 조각하거나 새기는 것을 가리키는 명칭으로 추정한다. 이것은 이 시가 고대 이스라엘의 전례나 제의 문화에서 특히 두드러진 역할을 했음을 암시한다. 실제로 이 시는 나중에 랍비 유대주의에서 그런 역할을 하며, 여러 행사의 낭송시로 지정되거나 걸출한 랍비 권위자들(예를 들어 마이모니데스, 모세스 이세를레스)의 작품들 속에서 제의 원리 및 신학 원리와 결부되어 인용된다.

A. 시편 저자의 신뢰(16:1)

16:1. 서두에서 다윗은 주님께 드리는 기도를 요약하여 제시한다. **하나님이여 나를 지켜주소서**. 그는 피난처 되시는 하나님[히브리어로 엘(*el*)]의 정체뿐만 아니라 그분의 독점적인 주권도 인정하고 있다. 이어지는 절들에서 드러나듯이 다윗이 주님을 신뢰함은 메시아 약속을 이해하는 데 기초를 둔다.

B. 메시아의 기도(16:2-11)

영어 역본들은 2절을 "내가 여호와께 아뢰되"로 읽지만, 히브리어 성경은 "당신이 주님께 아뢰되"로 읽는다. 다윗이 언급한 '당신'은 다름 아닌 메시아이다(메시아가 어떻게 시편에서 다윗이 좋아하는 주제가 되었는지 설명하는 삼하 23:1의 주석과 시 2편의 주석을 보라). 이는 이 시의 나머지가 주님께 드리는 메시아의 기도임을 암시한다. 메시아의 기도는 그분이 살았던 생의 두 국면을 다룬다. 먼저 메시아는 자신이 이생을 사는 동안 주님 안에서 누리는 즐거움을 표현한다(16:2-8). 그런 다음 죽음에 직면하여 자신이 주님을 신뢰하고 있음을 알린다(16:9-11).

1. 주님은 삶의 기쁨이시다(16:2-8)

16:2. 다윗은 이 시의 저자이면서도 메시아의 기도를 기록한다(앞의 주석을 보라). 메시아는 이생을 사는 동안 자신이 주님을 기뻐하는 이유를 몇 가지 제시한다. 첫째, 메시아는 주님의 선하심을 기뻐한다(**주밖에**

는 나의 복이 없다). 이는 메시아에게나 여느 사람에게나 하나님만이 참으로 복된(또는 '유익한') 것의 근원이심을 암시한다.

16:3-4. 둘째, 메시아는 자신의 백성들 속에서 누리는 즐거움을 표현한다. 메시아는 신자들을 가리켜 자신의 **즐거움**이라고 말한다. 신자들은 하나님의 주권 속에서 믿음을 공유하고, 하나님의 말씀에 복종함으로써 믿음을 증명해 보이는 이들로 여겨진다(참고. 민 15:40; 시 34:9; 89:5, 7). 그들은 **땅에 있는 성도들**, 즉 주님께 일상생활의 초점을 맞추는 사람들, 남다른 마음자세와 행실로 주님을 모시는 사람들이라고 불리기도 한다(참고. 레 20:7-8; 시 1편). 그들은 시성(諡聖)된 개인들을 의미하지 않는다. 이 경건한 사람들은 **존귀한 자들** 내지 고귀한 자들로 불린다. 주님을 따르는 이들과 달리 **다른 신**을 따르기 위해 **예물을 드리는**[더 정확히 읽으면 '서두르는'] **자**에게는 **괴로움**이 **따른다**. 메시아적 왕은 그들의 이교 예배를 거부하기 때문에 사악한 우상숭배를 받아들이지 않는다.

16:5-6. 셋째, 메시아는 주님의 **구역**에서 누리는 즐거움을 표현한다. 이는 레위 지파를 암시한다. 레위 지파는 토지를 **분깃**으로 받지 못한 대신에 주님이 그들의 분깃이 되어주셨다(신 10:9). 그런 까닭에 메시아는 **내게 줄로 재어준 구역은 아름다운 곳에 있음이여**라며 기뻐한다. 이는 메시아가 레위 사람들처럼 영적 유산과 **기업**을 상속받았음을 의미한다.

16:7-8. 넷째, 메시아는 주님의 면전에서 누리는 즐거움을 발견한다. 성부가 안내자가 되어 그와 함께하신다. 주님이 그를 **훈계**하고 **교훈**하신다. 또한 성부는 보호자가 되어 그와 함께하신다. 주님은 그의 **오른쪽에** 계시면서 그를 지키고 보호해주신다.

2. 주님은 죽음에서 구원해주는 분이시다 (16:9-11)

16:9-10. 메시아는 이생을 살면서 주님 안에서 누리는 즐거움 말고도, 죽음에 직면하여 자신이 가지고 있는 신뢰도 표명한다. 첫째, 메시아는 하나님이 그를 보호해주시고, 그의 **육체**를 **안전히** 살게 해주시고, 죽을 때까지 그에게 안전을 베푸실 것이라고 선언한다(9절). 둘째, 메시아는 자신이 죽을 때 주님이 자신을 죽음에서 건지실 것이라고 확언한다. 메시아는 하나님이 **주의 거룩한 자를 멸망시키지 않으실 것**이라며 그분의 주권적 권능을 신뢰한다. 어떤 해석자들은 이 진술이 다윗에게만 해당되며(다윗 자신의 부활을 기대한다는 것이다), 나중에 가서야 신약성경에서 상징적 혹은 예표적으로 예수님에게 적용되었다고 말한다. 하지만 메시아의 전망을 반영하는 이 기도문 전체의 관점에서 보면, 그 진술은 메시아에게 직접 적용된다고 볼 수 있다. 게다가 월터 C. 카이저는 구약성경에서 **주의 거룩한 자**[문자적으로 '총애 받는 사람']라는 자기 묘사는 "메시아와 관련된 용어이며, 이 용어를 능가하는 것은 '주님의 종'과 '메시아'밖에 없다"고 말한다[Walter C. Kaiser, Jr., *The Old Testament in the New* (Chicago: Moody, 1985), 330]. 더욱이 그 거룩한 자가 멸망하지 않으리라는 기대는 다윗에게 해당되지 않는다. 그러므로 이 진술은 다윗이 메시아의 부활에만 적용하려고 일부러 했다고 볼 수 있다. 신약성경은 이 관점이 옳음을 확인해준다. 이 관점은 베드로가 사도행전 2:30-31에서 이 구절과 관련하여 한 말과 정확히 일치하기 때문이다. "그(다윗)는 선지자라…미리 본 고로 그리스도의 부활을 말하되"(행 13:35-37도 보라). 또한 베드로는 이 시에 사용된 용어가 암시하듯이 그 용어가 다윗에게 적용될 수 없다고 말한다. 다윗은 죽어 장사되고 그의 육신은 당연히 사실상 부패되었기 때문이다. 하지만 다윗은 하나님의 **거룩한 자**가 **멸망**하지 **않**으리라고 선언한다. 그는 메시아가 "잠자는 자들의 첫 열매"(고전 15:20)로서 죽은 자 가운데서 먼저 살아나 믿는 자들의 모범과 보증인 역할을 하는 것이 가장 중요하다고 생각한다. 신약성경이 시편 16:10의 이해에 덧붙여 하는 말에 대해서는 사도행전 2:24-32의 주석을 보라. **스올**에 관해서는 시편 49:14-15의 주석을 보라.

16:11. 하나님은 메시아를 죽을 때까지 지켜주시고, 죽음에서 부활시켜주실 뿐만 아니라 이후의 영생도 보증하신다. 메시아는 (자신이 바라는 것을 하나님이 이루어주실 것이라고 내다보는 것이 아니라) 자신이 알고 있는 것을 하나님이 이루어주실 것이라고 자신 있게 내다본다. 메시아는 명확하고 힘차게 주장한다. **주께서 생명의 길을 내게 보이시리니**. 또한 메시아는 반드시 하나님 앞에서 충만한 기쁨(문자적으로 '만족스러운 기쁨')을 경험하게 되어 있다. 이 희열은 하나님의

오른쪽에 있으면서 **영원**히 이어질 것이다.

시편 17편: 보호를 구하는 기도

다윗이 지은 이 시는(참고. 시 3편의 서론) **기도문**으로 작성되었다. 기도문으로 작성된 또 다른 네 편의 시는 86편(다윗의 시), 90편(모세의 시), 102편(다윗의 찬양시를 본뜨고 있지만 저자 불명), 142편(다윗의 시로 추정됨)이다. 이 다섯 편의 시는 어느 정도 유사성을 띤다. 그 유사성은 각 편의 내용을 하나하나 보강하고 명료하게 해준다. 각 시에서는 다음 세 가지 주제가 두드러지게 결합하고 있다. (1) "들으소서"라거나 "주의하소서"라는 간청(1절). 혹은 시편 90편의 경우에는 시편 저자의 외침/탄원에 자비로운 응답을 가지고 "돌아오소서"라는 간청[17:1; 86:6; 90:13(이 절의 "~을 불쌍히 여기소서"는 "~에게 자비를 베푸소서"로 읽어도 된다); 102:1; 142:6], (2) 시편 저자나 이스라엘 백성이 처한 역경, 곤경, 불행의 서술(17:9; 86:1; 90:15; 102:2; 142:2), (3) 하나님의 자애, 자비, 은혜를 구하는 간청[17:7; 86:5; 90:14; 102:13; 142:1(이 절의 "간구하는도다"는 문자적으로 "자신을 위해 은혜를 구하는도다"를 의미한다)]. 다윗은 자신의 부활이 "거룩한 자"(16:10)의 부활에 달려 있음을 알고, 자신이 부활할 때 깨어나 하나님을 뵈올 것이라는 확신을 표현한다(17:15b; Sailhamer, *NIV Compact Bible Commentary*, 318).

A. 하나님께 듣는 이가 되어달라는 요청(17:1-6)

17:1-2. 다윗은 겸손하게 요청하며 시작한다. **여호와여 의의 호소를 들으소서 나의 울부짖음에 주의하소서.** 즉 "나의 기도에 호의적으로 응답해주소서"(그는 하나님이 그렇게 해주실 것이라고 생각지 않는다. 청원자가 자신의 죄를 고백하지 않거나 시인하지 않을 경우, 하나님이 그의 청원을 '들어주지' 않으실 것이기 때문이다, 사 59:2; 렘 14:12을 보라). 다윗이 자신의 기도가 **거짓되지 아니한 입술에서 나**온다고 한 것은 자신이 죄인이 아님을(죄를 짓지 않았음을) 주장하는 게 아니라 "두 마음을 품지 않고"(12:2의 주석을 보라) 진정으로 죄를 고백하고, 그 죄에 대한 하늘 아버지의 징계를 겸손하게 받아들여 응답한 것임을 주장하는 말이다.

17:3-6. 다음과 같이 평행을 이루는 세 표현이 그의 논점을 가리킨다. **주께서 시험하시고…오시어서 나를 감찰하셨으나.** 이들 각각의 표현은 다른 곳에서 하나님의 징계를 나타내는 데 사용되었다(참고. 출 32:34; 슥 13:9). 그 결과 다윗은 하나님이 그에게서 **흠**, 곧 그가 고백하지 않고 남겨놓은 죄를 찾지 못하셨다고 단언한다. 따라서 하나님이 그의 기도에 호의적으로 **응답**하여 더 이상의 징계에서 그를 지켜주지 않으실 이유가 없다.

B. 하나님께 보호해달라는 간청(17:7-14)

17:7-12. 다윗은 주님의 인격과 권능을 인정하면서 **주의 기이한 사랑을 나타내소서**라고 요청한다(7절; 참고. 9:1; 5:7의 주석). 그는 주님이 그분께 **피하는 자들을 구원하시는** 분이라고 밝힌다(7절). **나를 눈동자 같이**[눈동자를 보호하듯이] **지키시고 주의 날개 그늘 아래에**[암탉이 자기 새끼를 보호하듯이] **감춰달라는** 다윗의 요청은(8절) 성경에서 보호를 상징하는 친숙한 은유들이다(참고. 신 32:10; 룻 2:12; 3:9; 시 36:7; 57:1; 61:4; 63:7; 91:1; 잠 7:2). 다윗은 **원수들**이 자기를 **둘러싸고**(9절, 새번역) 있는 위험한 상황에서도 주님의 보호를 구한다.

17:13-14. 다윗은 그들을 '악인, 주의 칼'이라고 칭한다[NASB에서 말하는 **주의 칼로**(with Your sword)가 아니다. 히브리 원문에는 전치사가 없다]. 말하자면 이 원수들이 곧 하나님이 드신 징계의 **칼**이라는 것이다. 다윗은 심지어 이 괴로운 상황이 주님의 손안에 있는 것으로 본다.

C. 하나님의 약속에 대한 단언(17:15)

17:15. 다윗은 어떤 상황에서든 굴하지 않고 주님을 신뢰한다. **나는 주의 얼굴을 뵈오리니.** 다윗은 이 시의 말미에서 특유의 방식으로 현재의 삶을 넘어 자신이 보증 받은 영원한 미래의 상태, 곧 완전한 **의**[*tsedeq*, 체데크]로 특징지어진 상태를 내다본다. NASB는 '정당한 근거'(just cause)로 읽고 있기는 하지만, '체데크'는 1절에 등장하는 것과 동일한 용어이다. 그런 다음 다윗은 하나님의 **얼굴**[혹은 '현존']을 **뵈**려고 한다(16:11; 142:7을 보라). 종결부에는 하나님이 다윗을 악인들의 괴롭힘에서 구해주시기보다는 오히려 욥의 경우처럼 단련하기 위해(꼭 징계하시는 것은 아니다), 결국에는 하나님의 더 큰 영광을 위해 그것을 허락하신다는 인식이 함축되어 있다.

시편 18편: 하나님의 개인 구원에 대한 찬양시

이 시는 사무엘하 22장에 등장하는 다윗의 시를 약간 변형하여 되풀이한다. 이 시의 표제 **다윗의 시**에 관해서는 시편 3편의 표제에 대한 주석을 보라. 이 시의 표제에서 다윗은 **여호와의 종**으로 기술되고 있다. 다른 곳에서는 시편 36편의 표제에만 그렇게 기술되어 있다. 이 기술은 다윗을 이와 유사하게 기술된 성경의 다른 선택된 인물들과 동일시하는 데 도움이 된다. 그 인물들 중에는 동일한 표현이 붙은 모세와 여호수아(신 34:5; 수 24:29을 보라), 갈렙, 스룹바벨, 요나(왕하 14:25)가 포함되어 있다. 메시아 또한 "나의 종"이라고 불린다(민 14:24; 학 2:23; 슥 3:8을 보라). 표제에서 진술하는 대로, 이 시는 **여호와께서 다윗을 그 모든 원수들의 손에서와 사울의 손에서 건져주신 날에** 다윗이 아뢰어 이른 것이다. 이 시는 사울이 죽던 날(삼상 31:6)과도 무관하고, 다윗이 마침내 온 이스라엘의 왕으로 즉위하던 날(삼하 5:3)과도 무관하다. 이 시는 사울이 죽고 다윗이 다스리던 시기에, 즉 다윗이 블레셋 사람들 및 여타의 민족들과 싸워 수많은 승전을 거두고 압살롬의 반역(삼하 18장)과 세바의 반역(삼하 20장)을 겪은 뒤에 쓰였다.

A. 다윗이 자신과 주님의 관계를 긍정하다 (18:1-29)

1. 구원자 하나님께 헌신하겠다는 다짐(18:1-3)

18:1-3. 다윗은 자신이 하나님께 헌신함을 아뢰며 이 시를 시작한다. **나의 힘이신 여호와여 내가 주를 사랑하나이다**(1절). 그런 다음 그는 하나님을 자신의 **반석, 요새, 건지시는 이**로 인정한다(2절).

나의 반석(참고. 18:46의 주석)이란 하나님을 상징하는 말로서 성경에서 자주 눈에 띄는 시적 표현이다. 이 표현은 피난처와 요새이신 하나님의 무한한 힘을 암시한다(참고. 삼하 23:3; 시 19:14; 28:1; 31:2-3; 사 26:4; 30:29). 다윗의 헌신은 존경스러우면서도 서먹한 윗사람에게 보이는 것과 같은 형식적인 공경심이 아니라 **내가 주를 사랑하나이다**[*erhamekha*, 에르하멕하]라는 첫마디가 암시하듯이 사랑으로 특징지어진다. '에르하멕하'는 '자궁'을 뜻하는 히브리 단어(*rehem*, 레헴)와 어근이 같으며 개인의 깊고 열정적인 애착심과 헌신을 의미한다[이 사실에서 레헴의 복수형인 라하밈(*rahamim*)의 번역어 '긍휼'이 유래했다(참고. 145:9)]. 이 표현은 신명기 6:5을 상기시킨다. "너는 마음을 다하고 뜻을 다하고 힘을 다하여 네 하나님 여호와를 사랑하라"(참고. 마 22:36-38). **나의 구원의 뿔**(2절)이라는 표현에서 **뿔**이라는 용어는 힘과 승전 능력을 상징한다(신 33:17; 왕상 22:11을 보라).

2. 하나님의 구원이 지닌 개인적 속성(18:4-19)

18:4-6. 이 부분에서는 1인칭 형태가 우위를 차지하며(**나를, 나의**) 하나님이 다윗에게 친히 베푸신 구원과 사랑을 강조한다. **내가 나의 하나님께 부르짖었더니 그가 내 소리를 들으심이여**라는 진술문은 하나님이 다윗의 청원에 호의적으로 응답하셨음을 기술한 것이다(참고. 17:1-6의 주석).

18:7-15. 이 부분에서는 하나님이 베푸시는 구원의 장엄한 힘을 강조하는 표현들이 등장한다. 예컨대 **땅이 진동하고**(7절), **여호와께서 우렛소리를 내시고**(13절; 참고. 암 1:2의 동일한 표현), **많은 번개**(14절)가 그러하다. 하나님의 속도를 강조하는 표현들도 있다. **그룹을 타고 다니심이여 바람 날개를 타고 높이 솟아오르셨도다**(10절). 그룹을 타고 다니는 모습은 법궤 꼭대기에 그룹이 있고 그 위에 하나님의 영광의 구름이 머무는 모습을 상기시킨다(참고. 99:1). 하나님의 철저하심을 강조하는 표현들도 있다. **산들의 터도 요동하였으니**(7절, 이 표현은 15절에서도 유사하게 예시된다), **세상의 터가 나타났도다**(15절; 참고. 출 15:8; 욥 4:9; 시 106:9; 나 1:4).

18:16-19. 다윗은 주님이 힘 있게 구해주심을 이렇게 묘사한다. **나를 강한 원수…에게서 건지셨음이여**(17절). **나를 기뻐하시므로 나를 구원하셨도다**(19절)는 다윗을 지켜주신 하나님의 활동을 설명한다.

3. 구원받은 자에 대한 하나님의 깊은 관심 (18:20-29)

18:20-24. 다윗은 주님의 활동과 자신의 행동을 연결한다. **여호와께서 내 의를 따라 상 주시며**. 다윗은 무죄나 완벽한 의를 주장하지 않고, 주님에 대한 자신의 헌신과 구약성경의 다른 인물들처럼(예를 들어 삼상 12:3; 왕하 20:3; 욥 13:23; 시 17:3-5; 19:14) 흠 없이 살고자 하는 자신의 마음을 피력한다. 그는 하나님이 그의 육체적·물질적인 외적 생활(정치적·군사적 곤경에서 다윗을 건져주심으로써 성취된 생활)은

물론이고 그의 내적(영적) 생활에도 관심을 기울이신다고 단언한다. 다음과 같이 되풀이하는 다윗의 주장이 이를 암시한다. **여호와께서 내 의를 따라 상 주시며… 그의 목전에서 내 손이 깨끗한 만큼 내게 갚으셨도다**(20, 24절). 이는 하나님이 의 안에서 성장하려는 다윗의 욕구에 응하여 그를 건지셨음을 의미한다. 다윗의 욕구는 하나님만이 충분히 감지하여 채워주실 수 있는 것이었다. 구원은 다윗이 좋아하는 시간에 혹은 다윗이 선호하는 방식으로 오지 않을 수도 있었다. 하지만 다윗이 단언한 대로, 구원은 제때에 와서 하나님의 영광을 증진하는 것과 맞물린 그의 욕구를 채워주었다.

18:25-29. 다윗은 주님과 사람의 호혜적 반응을 소개한다. **자비로운 자에게는 주의 자비로우심을 나타내시며**. 하나님의 자비는 인간의 의에 대한 보상으로 제한되지 않는다. 그런데도 다윗은 복종과 은총의 상관관계를 다음과 같이 지적한다. **주께서 곤고한**[겸손한] **백성은 구원하시고 교만한 눈은 낮추시리이다**.

B. 다윗이 주님에 의한 구원을 긍정하다 (18:30-50)

1. 구원받은 자에 대한 하나님의 깊은 관심 (18:30-36)

18:30-36. 이 부분은 앞부분을 반영하고 있다. 다윗은 하나님의 특성을 가리켜 **하나님의 도는 완전하다**고 단언한다. 또한 하나님이 그에게 기울이시는 관심의 깊이를 가리켜 **그는 자기에게 피하는 모든 자의 방패시로다**라고 단언한다. 주님은 **힘으로** 그에게 **띠 띠우실** 뿐만 아니라, 즉 그에게 정치적 · 군사적 구원을 베푸실 뿐만 아니라(참고. 욥 38:3; 40:7) 그의 **길도 완전하게 하신다**. 즉, 개입하여 그가 경솔히 혹은 복수심에 불타서(따라서 **완전**한 방식보다 못하게) 원수에게 달려들지 않게 하신다(삼상 25:26, 32-34을 보라). 게다가 다윗은 하나님이 그의 영적 안녕에 관심을 기울이신다고 말하면서 다음과 같이 선언한다. **주께서 주의 구원하는 방패를 내게 주시며**. 이 어법은 이사야 59:17의 군사적 · 영적 표현과 유사하다(참고. 엡 6:16-17). **구원**을 뜻하는 히브리 단어 예샤(*yeshah*)는 종종 포괄적 구원을 의미한다(예를 들어 내적 · 영적 구원과 외적 · 육체적 구원 모두를 아우른다, 참고. 삼하 23:5; 대상 16:35; 시 24:5; 25:5에서 다윗이 사용하는 단어). 따라서 이 단어가 다윗의 자손이자 구원자이신 예수님의 이름으로 사용된 것은 당연하다[예수님의 히브리식 이름은 예슈아(*Yeshuah*)이다. '예슈아'는 '그가 구원하신다/구원하실 것이다'라는 뜻이다, 참고. 마 1:21).

2. 하나님의 구원이 지닌 개인적 속성(18:37-45)

18:37-42. 여기에서 다윗은 원수들에게 이긴 일을 하나하나 열거한다. 이 부분은 위의 '1악장' 둘째 부분(4-19절)을 반영하고 있다. 다윗은 하나님이 그에게 구원을 베풀면서, 즉 그에게 승전을 베풀면서 하신 역할을 인정한다. 그는 **주께서 능력으로 내게 띠 띠우사… 내게 굴복하게 하셨나이다**라며 승전의 힘을 강조하고, **내가 내 원수를 뒤쫓아가리니**라며 승전의 빠르기를 강조하며, **그들이 망하기 전까지 내가 그들을 쳐서 능히 일어나지 못하게 하리니 내가 그들을 바람 앞에 티끌같이 부서뜨리고**라며 승전의 철저함을 강조한다.

18:43-45. 다윗은 자기가 거둔 승전의 근원이 바로 하나님이심을 인정한다. **주께서 나를 건지시고 여러 민족의 으뜸으로 삼으셨으니**.

3. 구원자 하나님께 헌신하겠다는 다짐(18:46-50)

18:46-50. 이 시의 서두에서 그랬듯이(1-3절) 다윗은 여기에서도 하나님께 드리는 자신의 사랑과 헌신을 말하면서 끝을 맺는다. **여호와는 살아 계시니 나의 반석을 찬송하며 내 구원의 하나님을 높일지로다**. 그를 육체적 · 영적으로 **구조하시**는 이는 하나님 한 분뿐이다(48절; 참고. 2절). 다윗은 구조자를 자신의 **반석**[46절; 2절에서와 마찬가지로 히브리어로 수르(*sur*), 참고. 18:2]으로 기술함으로써 구조의 영속성을 강조한다. 성경에서 하나님을 가리킬 때 일반적으로 쓰이는 이 명칭은 절벽이나 채석장 혹은 산비탈처럼 사람이 옮길 수 없을 정도로 부피가 큰 바위 층을 의미한다(참고. 출 33:22; 대상 11:15; 욥 18:4; 시 31:3; 71:3; 사 2:10; 51:1). 다윗은 하나님의 구조 활동에 애정 어린 반응을 보이고, 하나님이 이스라엘을 선택하신 주요 동기(참고. 창 12:3; 왕상 8:43)를 말하면서 이렇게 선언한다. **내가 이방 나라들**[문자적으로 '이방인들'] **중에서 주께 감사하며**(49절). 로마서 15:9에 인용된 것으로 볼 때, 이 진술은 다윗이 이방 민족들 사이에서 다음 두 가지를 선포하겠다는 뜻이다. (1) 선조들, 곧 아브라함과 이삭과 야곱에게 하신 약속(창 12:1-3; 15:8;

17:7-8을 보라)과 다윗에게 하신 약속(삼하 7:8-17을 보라)을 지키시는 하나님의 성실함, (2) 하나님의 자비. 이 두 가지는 메시아, 곧 약속된 분의 인격과 사역 속에서 최대한 발현된다.

시편 19편: 신적 계시에 대한 묵상

이 시의 표제 **다윗의 시**에 관해서는 시편 3편의 서론을 보라. 시편 1편에서 그랬듯이 하나님의 말씀은 강력하여(19:7-14을 보라) 구원에 이르는 길을 가리킨다. 또한 사람을 이끌어 그 구원을 베푸시는 성자에게로 피하게 한다(2:12, 시 2편의 서론에 대한 주석을 보라). 시편 19편과 20편에서 이와 유사한 연결을 볼 수 있다. 하나님의 말씀은 강력해서 사람을 구원하여(19:7-14) 기름 부음 받은 자에게로 인도한다(20:6; Sailhamer, *NIV Compact Bible Commentary*, 319).

A. 우주 만물에 나타난 하나님의 계시(19:1-6)

19:1-6. 이 시는 하나님이 하신 일과 그분의 말씀에 초점을 맞춘다. **하늘**과 **궁창**이라는 용어는 동의어이다. 다윗은 두 용어를 함께 써서 그것들이 처음 생겨났을 때를 상기시킨다. 창세기 1:7-8에서 하나님은 **궁창**을 만들고 그것을 '하늘'이라 부르셨다. 이 구절과 이어지는 구절들의 요지는 하늘과, 하나님이 거기에 채우신 모든 것이 **하나님의 영광**(1절)을 계속 증거하고(2절, **날은 날에게, 밤은 밤에게**), 창조주의 존재도 증거하고(참고. 8:3) 있다는 것이다. 창조된 질서는 하나님의 존재와 그분의 영원한 능력(전능)을 증언한다. 우주 만물의 증거가 보이지 않는 곳이 없다. 눈에 보이는 모든 것의 영광은 하나님의 가시적 속성을 알린다(롬 1:18-23의 주석을 보라).

B. 말씀에 나타난 하나님의 계시(19:7-11)

19:7-11. 창조 증언에 이어 하나님의 **완전**한 말씀이 그분의 특성, 그분이 하신 일, 인간을 위한 그분의 의지를 열거한다. 하나님의 말씀에서 으뜸가는 기초 요소는 **율법**이다(1:3-4의 주석을 보라). 여기에서 율법은 **증거**, **교훈**, **계명**, **법**(출 21:1에 등장하는 '법규') 같은 다른 동의어들로 기술된다. 사람은 구두 계시나 기록된 계시를 통해 **여호와를 경외하는**[예배하는] **도**를 배우게 된다(참고. 111:10; 왕하 17:28). 토라의 서두에 제시된 예배와 복종(준수하기/따르기)이라는 성경의 핵심 개념이 여기에서 되풀이되고 있다(창 2:15의 주석을 보라, 참고. 전 12:13). 하나님의 말씀은 사는 법을 일러주는 지침이자 경고이다. **그것을 지키면 푸짐한 상을 받는다**(새번역, 참고. 시 1편).

C. 인간에 나타난 하나님의 계시(19:12-14)

19:12-14. 사람의 **허물**이 **숨겨진** 것이든 오만하게 저지른 것(**고의로** 지은 **죄**)이든 하나님은 그에게 양심의 가책을 주신다. 하나님 앞에는 숨겨진 것이 없기 때문이다(신 29:29; 전 12:14). 다윗은 하나님께 죄에서 벗어나게 해주시고, **죄가 나를 주장하지 못하게 하소서**라고 요청한다. 그러고는 **내 입의 말과 마음의 묵상이 주님 앞에 열납되**게 해달라고 요청한다. **묵상**(19:14)의 의미에 관해서는 시편 1:2의 주석을 보라. 하나님의 별칭인 **반석**에 관해서는 시편 18:46의 주석을 보라.

시편 20편: 하나님 안에서 승리를 확신하다

이 시의 표제 **다윗의 시**에 관해서는 시편 3편의 표제를 보라. 하나님의 말씀에서 구원을 발견할 수 있듯이(19:7-14), 기름 부음 받은 자, 곧 하나님이 은총을 내리시고 지켜주시는 메시아에게서도 구원을 발견할 수 있다(20:6; Sailhamer, *NIV Compact Bible Commentary*, 319).

A. 승리에 대한 백성들의 확신(20:1-5)

20:1-5. 이 시의 주제는 하나님 안에서 거두는 승리, **네게**/우리에게 **응답**해달라고 **주님**께/왕께 드리는 부탁(수미 쌍관법으로 알려진 이 구성법에 관해서는 서론의 '목적과 주제'를 보라)에 초점을 맞춘다. **야곱의 하나님의 이름**(1절)이라는 표현은 특히 하나님이 스스로 드러내신 이름[하나님을 가리키는 히브리어 네 글자. 통상 야훼(*Yahweh*)로 음역되며, 보통 '주'라고 번역된다]과 그분이 베푸시는 구원 및 승리와 관계가 있다(구원과 승리는 육체적, 영적 구원과 승리를 의미한다, 참고. 출 3:13-17). 또한 그 이름은 하나님의 은혜로우신 개입으로 그분에게 붙은 여러 이름들(칭호들)과도 관계가 있다(참고. 창 16:13; 22:14; 시 18:2; 사 9:6 등).

B. 승리에 대한 왕의 확신(20:6-8)

20:6-8. 다윗은 **여호와께서 자기에게 기름 부음 받은 자를 구원하시는 줄 이제 내가 아노니**라며 자신의 확신을 표명한다. 여기에서 **기름 부음 받은 자**란

하나님께 **기름 부음 받은** 왕을 가리킨다(참고. 삼상 16:13). 다윗은 하나님의 구원에 대한 자신의 개인적 체험과 확신을 강조한다. **내가 아노니**라는 표현에서 동사 '알다'는 체험에 기초한 앎을 의미하기 때문이다(시 1:6의 주석을 보라, 이와 유사한 표현과 의미에 관해서는 창 22:12; 출 18:11; 삿 17:13을 보라). 다윗은 자신이 하나님께 구원받았던 경험을 통해, 앞으로 다윗 가문에서 나올 메시아가 주님께 구원받을 것을 예상한다. 주님의 영광의 구름이 성막에 머무르기는 하지만, 다윗은 하나님의 거처가 **그의 거룩한 하늘**이라고 단언한다(문자적으로 '그의 거룩하심의 하늘'. 이것은 창 1:6-8의 창조된 '하늘'과는 다른 하늘이다, 참고. 신 26:15; 왕상 8:39; 히 8:5; 9:24). 다윗은 군사적 문제에 있어 자기와 자기 백성이 하나님을 온전히 의지하는 것과 **어떤 사람**[이방 민족들, 특히 블레셋 사람, 아말렉 사람, 모압 사람, 암몬 사람처럼 이스라엘을 에워싼 민족들]이 **병거**와 **말**[이방 민족들의 군세]을 의지하는 것을 대조시킨다. 이 어법은 하나님이 이스라엘 왕에게 내리신 명령, 곧 "병마를 많이 두지 말라"라는 명령을 상기시킨다(참고. 신 17:16).

C. 승리에 대한 공동의 확신(20:9)

20:9. 다윗은 맺는말에서 하나님의 백성은 인간의 왕 다윗을 의지하지 않고 진정한 왕 하나님을 의지한다고 단언하며 다음과 같이 외친다. **여호와여 구원하소서 우리가 부를 때에** [왕께서] **우리에게 응답하소서**. 여기에서 왕은 하나님을 가리킨다. 다음의 사실이 이를 암시한다. (1) 이 진술과 1절에 있는 모두 진술의 명백한 유사성. 1절에서 주어는 '주님'이시다. (2) 친히 이스라엘의 왕이 되고 싶어 하시는 하나님의 바람(삼상 8:7을 보라). 다윗은 하나님의 이런 바람을 공유한다(참고. 삼상 21:2, 이 절에서 '왕'은 사울이 아니라 하나님을 암시한다. 삼상 13:14에서 볼 수 있듯이 다윗을 '세우신' 분은 하나님 한 분밖에 없기 때문이다). (3) 다윗이 사용한 **우리**라는 표현. 이는 다윗이 그와 그의 백성을 위해 발언하고 있음을 암시한다. (4) 구약성경에서 '우리가 부르다'라는 표현은 대체로 사람이 아니라 하나님과 관련하여 쓰는 표현이다.

시편 21편: 주님을 신뢰하는 왕에 대한 묵상

이 시의 표제 **다윗의 시**에 관해서는 시편 3편과 4편의 표제에 대한 주석을 보라. 이 시(1절)는 시편 20:7이 끝나는 곳에서 다시 시작하여 주님에 대한 왕의 신뢰를 기술한다. 시편 21편과 20편을 잇는 연결 고리는 하나님이 '네 마음의 소원대로 허락하시기를 원한다'(20:4)라는 기도와 하나님이 '그의 마음의 소원을 들어주셨다'(21:2)라는 찬양이다. 다윗은 고결한 왕, 즉 하나님의 존재와 영원한 복을 즐거워하는 왕을 생생히 묘사한다(21:6). 왕에게 직접 건네는 치사(9절 이하)는 장차 그분이 와서 내리실 불 심판을 묘사한다. 그러므로 이것은 일반적인 왕이 아니라 다윗에게 약속한 메시아를 소개한 것이라고 할 수 있다(참고. 삼하 7:12-17; Sailhamer, *NIV Compact Bible Commentary*, 319). 메시아 왕에 대한 묘사는 이어지는 시(22편)에서 고난당하는 메시아 소개로 이어진다.

A. 주님을 신뢰하는 왕의 복(21:1-6)

21:1-6. 서두에서 다윗은 왕이 하나님의 **힘으로** 말미암아서만 **기뻐**할 것이라고, 이를테면 왕의 직무에서 참된 만족을 얻을 것이라고 말한다. 그리고 **왕**은 하나님의 **구원으로** 말미암아서만 이생과 내세에서 **즐거워**할 수 있다. 하나님이 베푸시는 **구원**의 이 영원한 영적 면모를 단호하게 뒷받침해주는 언급은 다음과 같다. (1) **복**에 대한 언급(3, 6절). 성경의 개념상 **복**은 삶의 모든 감각을 질적으로 높게 향상시킨다(창 1:22의 주석을 보라). (2) 왕에게 **생명**, 곧 **영원한 장수**를 주신(4절, 과거시제는 선물이 주어져 돌이킬 수 없음을 의미한다) 하나님에 대한 언급. (3) 하나님 **앞에서 영원토록** 받는 **복**에 대한 언급(6절). 이는 영원한 왕에 대한 대망과 그분을 따르는 이들도 장차 복을 경험하게 되리라는 희망의 요약이다(시 11:7b과 15:5b의 주석을 보라). 하나님의 작품인 **존귀**와 **위엄**은 성경의 다른 곳에서 하나님의 구원 사역 및 제사장 직무와 관련된 용어들이다(참고. 시 21:5; 45:3; 96:6; 104:1; 145:5).

B. 주님을 신뢰하는 왕의 힘(21:7-12)

21:7. **왕이 여호와를 의지하오니 지존하신 이의 인자함**이 그에게 입혀지면 **그가 흔들리지 아니하리이다**. 이는 하나님 앞에서 누리는 영원한 상태를 가리킨다(15:5b).

21:8-12. 시편 저자는 왕에게 직접 말을 건네면서(**왕의 손이…왕의 오른손이**, 8절) 장차 메시아적 왕이

와서 심판하실 것을 예상한다. 자신의 성실한 이들에게 관심('헤세드')을 기울이시는 하나님의 주권은 왕이 원수들을 심판하는 모습에서도 드러난다. **여호와께서 진노하사 그들을 삼키시리니.** 악인들은 **음모를 꾸**며도 이루지 못할 것이다(참고. 사 54:17).

C. 주님을 신뢰하는 왕의 찬양(21:13)

21:13. 시는 하나님께 찬양을 드리며 끝난다. **여호와여 주의 능력으로 높임을 받으소서.** (사 12:2에서 하나님께 적용된) **주의 능력으로**라는 표현은 이 시의 서두에 등장하는 동일한 표현과 함께 북엔드(수미 쌍관법, 서론의 '장르'를 보라) 역할을 하면서 신성한 메시아적 왕에게 힘을 주시는 근원, 참되고 유일하며 영원하신 근원을 강조한다(참고. 삼상 2:10).

시편 22편: 십자가에 달리신 메시아에 대한 예언

이 시의 표제 **다윗의 시**에 관해서는 시편 3편과 4편의 표제에 대한 주석을 보라. **아얠렛샤할**[문자적으로 '새벽 암사슴']**에 맞춘**이라는 지시는, 뜻이 명확하지 않지만 찬양시의 가락을 가리키는 듯하다. 악기 이름이거나 찬양시의 주제를 비유적으로 암시하는 것일 수도 있다.

어떤 주석가들은 다윗이 이 시의 저자라는 이유로 그가 자신이나 일반적인 의인이 경험한 고난에 관해 썼다는 의견을 제시하지만, 이 시는 다윗이나 그의 동시대인들의 경험을 넘어선다. 다윗은 죽음의 진토에 놓인 적도 없고(15절), 손과 발이 찔린 적도 없다(16절). 그의 옷이 나뉘고, 그 옷을 놓고 제비를 뽑았다는 기록도 없다(18절). 게다가 그의 고난은 보편적인 의를 초래하지도 않았다(27-31절). 그러므로 시편 22편은 메시아와 관련된 시, 곧 예수님의 경험 속에서 성취된 메시아의 고난을 소개하는 시로 이해하는 것이 더 낫다. 신약성경에서는 이 시의 여러 부분을 예수님에게 곧바로 적용한다(히 2:11-12에서는 메시아가 이 시의 22절을 직접 발언한 것으로 소개한다). 이 같은 메시아 적용은 얄커트(*Yalkut*)로 알려진 중세 랍비의 주석 편찬물에서도 찾아볼 수 있다. 얄커트는 7절의 비웃음("나를 보는 자는 다 나를 비웃으며 입술을 비쭉거리고 머리를 흔들며")을 메시아가 당한 고난 및 조롱과 동일시한다(이사야 60장에 관한 *Yalkut Shimoni*, 499항).

다윗은 마지막 말에서(삼하 23:1-5) 자신이 예언자이고, 자신이 시편에서 가장 좋아하는 주제는 메시아라고 밝힌다(삼하 23:1-5의 주석과 시 2편의 서론을 보라). 아마도 다윗은 자기가 겪은 의미심장한 고난을 전망하며 그 말을 쓰되, 그것을 넘어 메시아가 겪은 훨씬 심한 고난을 언급했을 것이다. 그는 시를 1인칭으로 쓰면서 극심한 고난을 겪는 메시아의 말을 전한다. 시편 22편의 전반적인 구조는 이중적이다. 고난당하는 메시아의 기도가 앞자리를 차지하고(1-21절), 높임 받은 메시아에 대한 찬양이 그 뒤를 잇는다(22-31절).

A. 고난당하는 메시아의 기도(22:1-21)

이 시의 1부는 애가 또는 기도문이다. 고난당하는 메시아가 하나님께 드리는 질문이 서두에 오고(1-10절), 청원이 그 뒤를 잇는다(11-21절).

1. 하나님께 드리는 질문(22:1-10)

이 부분에는 두 개의 연이 있다(1-5절, 6-10절). 각 연은 같은 형식을 취한다. 먼저 불평이 등장하고 신뢰의 진술이 뒤따르는 형식이다.

22:1-5. 이 시는 불평으로 시작된다(1-2절). 다윗은 메시아의 관점에서, 더 정확히 말하면 "다윗의 입으로"(행 1:16; 4:25) 예언하는 메시아의 영(성령, 롬 8:9을 보라)과 함께 자신의 마지막 말을 기록한다. 그 마지막 말은 메시아가 십자가 위에서 하신 말씀이다. **내 하나님이여 내 하나님이여 어찌 나를 버리셨나이까**(마 27:46; 막 15:34). 신약성경에서는 이 말씀을 두 차례 인용하며 원어인 아람어와 역어인 헬라어로 제시한다(신약성경에 기록된 예수님의 다른 모든 말씀처럼 헬라어로만 제시하지 않는다). 그 이유는 예수님이 초림 때 속죄제물이 되어(고후 5:21) 마지막으로 하신 말씀으로서 이 문장이 갖는 특별한 의미를 강조하기 위해서일 것이다.

어찌하여 메시아를 버렸느냐는 질문(1절)은 사실에 충실한 질문이 아니라 수사적 질문이다. 메시아는 자신이 고난당하는 이유를 확실히 알고 있었기 때문이다. 게다가 이 질문은 감정 표현에 지나지 않는다. 하나님이 메시아를 정말로 버리신 게 아니기 때문이다. 혹자는 하나님이 '너무 정결하시므로 악을 차마 보지 못하여'(합 1:13) 온 세상의 악이 십자가에 달린 메시아에게 엄습하여 성부와 성자의 영원한 친교가 끊어지자 메시아를 실제로 버리셨다고 말하지만, 이는 미심쩍은 해석이다. 하박국의 이 말씀은 하나님이 악을 보지 못하심이 아니라 '눈앞에 두지' 않으심을 의미하기 때문이다. 하나님이 악을 차마 보지 못하신다면 세상이나 사람도 보지 못하실 것이다. 게다가 메시아는 십자가에서 죄인이 되신 것이 아니다. 고린도후서 5:21의 에두른 표현은 하나님이 실제로 죄인을 '속죄제물'로 삼으신 것이 아니라 죄 없는 분을 '속죄제물'로 삼으셨음을 의미한다. 성부와 성자의 영원한 친교는 절대로 끊어지지 않았다.

고난당하는 메시아는 불평을 토로한 뒤에 자신이 품은 신뢰를 진술한다(3-5절). 그는 **조상들**[선조들]을 돌아보며, 그들이 **이스라엘의 찬송 중에 계시는 거룩하**신 하나님을 신뢰하여(3절) **구원을** 받았다고(4-5절) 말한다. 여기에서 언급된 **조상**들은 족장들뿐만 아니라 믿음의 길을 걸었다고 성경에 기록된 이스라엘의 선조들(히브리 원문의 정확한 역어)도 가리킨다[이와 유사한 관점에서 제시된 '선진들'(히 11:2)에 관해서는 히 11:3-40을 보라].

22:6-10. 고난당하는 메시아는 불평을 이어가며 자신이 사람들에게 버림받았다고 말한다(6-8절, 반면에 1-2절에서는 하나님께 버림받았다고 말한다). 이를테면 인간의 **비방**, **비웃**음, 조롱을 경험했다는 것이다(참고. 마 27:38-44).

고난당하는 메시아는 불평한 뒤에 다시 한 번 자신이 품은 신뢰를 표명한다. 앞에서 이스라엘 조상들의 과거 경험을 떠올렸다면(3-5절), 이제는 주님과 함께했던 경험을 근거로 자신이 가지고 있는 신뢰를 진술한다(9-10절). 출생 때부터 줄곧 하나님의 돌보심을 받아온 그는 앞으로도 하나님이 자신을 돌보실 것을 자신 있게 기대한다.

2. 하나님께 드리는 청원(22:11-21)

이 청원에는 두 개의 연이 자리하고 있다. 두 연 모두 하나님의 임재를 구하는 것과 관계있다. 첫째 연은 11-18절이고, 둘째 연은 19-21절이다.

a. 돕는 이가 없어 하나님의 임재를 구하다 (22:11-18)

22:11. 이 절은 요약하는 기능을 하면서 **환난이 가까**운데도 도움이 아득함을 지적한다. 고난당하는 메시아는 하나님께 **나를 멀리하지 마옵소서**라고 청원한다. 그러고는 자신을 에워싼 환난을 묘사한다.

22:12-13. 고난당하는 메시아는 자신을 에워싼 환난을 기술하면서 먼저 원수들을 묘사하고(12-13절), 그런 다음 자신이 겪는 고난을 묘사한다(14-18절). 메시아는 원수들을 묘사할 때 동물형태관(zoomorphism)이라는 표현법을 사용한다. 이것은 동물의 속성을 사람에게 덮어씌우는 기법이다. 메시아는 자기를 압제하는 자들을 가리켜 상대를 치받거나 찌르는 **황소**라 부르고(12절), 그들의 위협과 구두 공격을 **찢으며 부르짖는 사자**, 상대를 죽이려고 둘레를 도는 사자에 빗댄다.

22:14-18. 메시아는 원수들을 기술한 뒤에 자신의 고난을 묘사한다. 메시아의 육체적 고통이 심하고(**내 모든 뼈는 어그러졌으며**) 두려움도 심하다(**내 마음은 밀랍 같아서 내 속에서 녹았으며**, 14절). 그의 **힘**은 **질그릇 조각**처럼 말라버린다. 사실상 메시아는 자신이 죽어가고 있음을 깨닫는다(**주께서 나를 죽음의 진토 속에 두셨나이다**, 15절).

고난의 진술이 최고조에 이른다. **악한 무리가 내 수족을 찔렀나이다**(16절). 이는 메시아의 십자가형을 가리키는 가장 구체적인 예언 중 하나이다(이와 유사하게 표현한 곳은 슥 12:10이 유일하다). 하지만 이는 논쟁을 가장 많이 불러일으키는 성경 구절 중 하나이기도 하다. 논쟁은 핵심 히브리 단어 카-아루(*ka-aru*)를 중심으로 이루어진다. 이 단어는 '그들이 찔렀다'로 번역된다. 하지만 대부분의(전부가 아니다) 중세 히브리 사본들에는 이 단어가 '사자처럼'을 뜻하는 카-아리(*ka-ariy*)로 쓰여 있다. 그러나 즐겨 쓰이는 독법은 첫 번째인데, 이유는 다음과 같다. 첫째, 고대 역본 네 개 중에서(70인역, 페시타, 불가타, 타르굼 시편. 타르굼 시편은 주후 2세기에 비기독교도 유대인들이 번역한 것이다) 세 개가 첫 번째 독법을 지지한다. 둘째, 히브리 원문 시에서도 '사자처럼'은 어구를 지나치게 생략한 표현이어서 동사가 없으면 뜻이 통하지 않는다. 즉 '사자처럼'이라는 표현을 지지하려면 동사를 대지 않으면 안 된다(예를 들어 "'사자처럼' 그들이 내 수족을 '물어뜯는다'"). 셋째, 사자라는 상징을 염두에 두었다면 그것을 (렘 50:17과 습 3:3에서처럼) 단수형이 아닌 복수형으로 써서 그 절의 복수형 주어(악한 무리)와 일치시켰을 것이다. 넷째,

중세 유대교의 권위 있는 율법학자 중 한 사람인 벤 카임(Jacob ben Chayyim)이 단언하듯이, 더 오래되고 양호한 사본들에는 '카-아리이'(사자처럼)가 아니라 '카-아루'(그들이 찔렀다)로 쓰여 있다. 다섯째, 사해 두루마리에 들어 있는 이 시의 최초 필사본(5/6 HevPs)에서는 '카-아루' 독법이 인정을 받는다. 사해 두루마리는 중세기 필사본들보다 대략 1,000년이나 앞서 작성되었다. 따라서 고난당하는 메시아의 말씀은 십자가형이 알려지지 않았던 때에 메시아의 십자가 죽음을 예언한 것이라고 할 수 있다.

여기에는 다른 구체적인 예언들도 있다. 동사 **주목하다**[이르우(*yir'u*): '생각에 잠겨 보는 것'을 의미한다', 17절]의 용법이 주목할 만하다. 여기에서는 사람들이 메시아를 일부러 거절하는 모습을 기술하기 위해 사용되었다. 이 동사는 스가랴 12:10(구약성경에서 십자가형을 구체적으로 예언한 또 다른 구절로는 이 절이 유일하다)에서 사람들이 찔린 메시아를 일부러 받아들이는 모습을 가리키는 데 동일하게 사용되었다. 게다가 고난당하는 메시아는 그를 괴롭히는 자들이 그의 **겉옷을 나누며 속옷을 제비 뽑**아 가질 것이라고 예언되었다(18절). 이 구체적 예언은 로마 군인들이 예수님의 옷을 얻으려고 제비를 뽑으면서 성취되었다(참고. 요 19:23-24).

b. 하나님만이 도우실 수 있어 하나님의 임재를 구하다(22:19-21)

22:19-21. 위에서와 마찬가지로(참고. 11절) 고난당하는 메시아는 하나님께 가까이하소서(**멀리하지 마옵소서**, 19절)라고 청원한다. 메시아는 위와 유사한 청원 형식을 따라 자신의 고난을 기술하고(20절), 그런 다음 원수들을 묘사한다(21절). 오직 하나님만이 그를 죽음(**칼**과 **개의 세력**)에서 **구하**실 수 있다. 메시아는 다시 동물형태관에 의거하여(참고. 12-13절) 원수들을 묘사한다. 그들은 이빨로 꿰찌르는 **사자**와 뿔로 들이받는 **들소**가 된다(21절). 메시아는 21절에서 과거(완료) 시제 동사를 사용하여 자신이 품고 있는 구원의 확신을 강조한다. "주께서 내게 응답하시고"(NET에도 똑같이 표현되어 있다. 예언의 완료시제에 관해서는 시 10:16의 주석을 보라).

B. 높임 받은 메시아의 찬양(22:22-31)

앞 절들의 애처로운 부르짖음에서 환희에 찬 찬송으로 어조가 극적으로 변화한다. 앞 절들에서 죽음을 언급한 것에 비추어 짐작해보면("죽음의 진토", 15절; "내 수족을 찔렀나이다", 16절), 여기에서는 부활을 구체적으로 언급하지는 않지만 이는 기적적인 부활을 암시하는 듯하다.

1. 이스라엘 앞에서 부르는 찬양: 하나님은 귀머거리가 아니요 듣는 분이시다!(22:22-26)

22:22-24. 높임 받은 메시아는 **형제에게**, 곧 이스라엘 백성에게 하나님을 찬양하겠다고 약속한다. 하나님이 메시아를 죽음에서 구해주시자 메시아는 이에 대한 응답으로 **회중 가운데에서** 하나님을 찬양한다(22절). 높임 받은 메시아는 이스라엘에게 하나님께 찬양드릴 뿐만 아니라 **영광을** 돌리라고 말한다(23절). 하나님이 **멸시하**시지도, **싫어하**시지도, **얼굴을 숨기시**지도 않고 메시아의 청원에 응답해주셨기 때문이다. 메시아가 도움을 구하며 **울부짖을 때** 하나님이 들으신 것이다(24절).

22:25-26. 높임 받은 메시아는 높임이 하나님에게서 온다는 것을 알고서 모든 **곤고한 자**들에게 자기가 했던 그대로 하나님을 신뢰하라고 명한다. 그럴 때 그들도 구원을 경험하고 **주님을 찬양할 것**이다(26절, 새번역).

2. 민족들 앞에서 부르는 찬양: 하나님은 죽지 않으셨고 살아 계신다!(22:27-31)

22:27-31. 여기에서는 메시아의 때를 대망한다. **땅의 모든 끝이 여호와**께로 **돌아오**는(27절) 때, 곧 주님이 **모든 나라**를(28절) 다스리시게 되는 때가 메시아의 때이다. 그때가 되면 모든 사람이 주님을 예배하게 될 것이다. 풍성한 자(29a절), (되살아나게 될) 죽은 자(29b절), 살아 계신 하나님을 알아보고 섬기는 모든 **후손**(30-31절)까지 주님을 예배하게 될 것이다. 이 말씀들은 하나님이 아브라함에게 하신 약속, 곧 "네 씨로 말미암아 천하 만민이 복을 받으리니"(창 22:18)의 성취이다.

시편 23편: 백성의 목자가 되신 주님

이 시의 표제 **다윗의 시**에 관해서는 시편 3편의 표제에 대한 주석을 보라. 이 시에서 다윗은 하나님을 자신에게 친숙한 직업인 목자에 은유한다(삼상 16:11,

19; 17:20을 보라). 목자라는 은유는 구약성경 도처에서 자주 하나님께 적용되고, 신약성경에서는 메시아 예수에게 적용된다(예를 들어 창 48:15; 49:24; 시 28:9; 80:1; 전 12:11; 사 40:11; 겔 34:12, 23; 37:24; 마 2:6; 26:31; 요 10:1-16; 히 13:20; 벧전 2:25; 5:4; 계 7:17). 구약의 하나님과 신약의 예수님 모두 이와 같은 이름으로 정체를 밝히는 것은 메시아의 신성을 보여주는 또 다른 암시이다.

시편 22편의 곤고한 자는 그럼에도 불구하고 하나님의 지속적인 돌봄과 사랑을 받고, 시편 23편에 암시된 그 고난 속에서 궁극적으로 옹호를 받을 것이다. 옹호 받는 이는 장차 주님의 집으로 영원히 돌아갈(6절에서 말하듯 '사는' 것이 아니다) 기름 부음 받은 분이다(5절). 시편 22편의 문맥으로 볼 때, 23편 또한 메시아의 찬양시이다(Sailhamer, *NIV Compact Bible Commentary*, 319).

A. 목자가 주시는 안식(23:1-3)

23:1-3. 이 시는 **여호와는 나의 목자**라는 주제로 시작하여 곳곳에서 주님의 성품과 주님 및 그분의 돌보심을 받는 사람들의 관계를 기술한다. 양과 관련된 용어들이 나오지만, 이 시의 실제 주어는 이스라엘 백성(과 주님을 사랑하는 모든 사람)이다. 이 문학적 표현은 시편 95:7과 시편 100편에서도 사용된다.

다윗은 어떻게 하나님이 그분의 양에게 필요한 것을 풍족히 공급하시는지 기술하며 시작한다. (1) **내게 부족함이 없으리로다**. 하나님이 돌봄 받는 이들의 필요를 채워주시기 때문이다(참고. 34:9; 마 6:25-34). (2) **나를 푸른 풀밭에 누이시며**. 쉬고 먹을 수 있는 안전한 곳을 제공하신다(참고. 사 14:30; 렘 33:12-13; 습 3:12-13). (3) **쉴 만한**['조용한' 또는 '잔잔한'] **물가로 인도하시는도다**. '쉼'을 뜻하는 히브리 단어는 다른 곳에서 영적 안식(예를 들어 구원, 하나님과의 관계)을 지칭하는 데 사용된다(95:11; 히 4:1-10). (4) **내 영혼을 소생시키시고 의의 길로 인도하시는도다**. 말하자면 나의 영적 상태가 그분의 영광을 위한 가르침을 따름으로(참고. 시 1편; 마 6:33) 끊임없이 새로워졌고, 그분의 계획과 조화를 이루게 되었다는 것이다(참고. 왕상 8:41-42; 겔 20:9, 14, 22; 사 48:9; 렘 14:21). 여기에서 다윗은 하나님이 신자들에게 필요한 육체적인 것들을 (적어도 그들이 살아 있는 동안에) 끊임없이 공급하신다고 말하는 게 아니다. 그보다는 신자들의 영적 행복에 필요한 것을 늘 채워주심에 대해 말하고 있다.

다윗은 주님이 **자기 이름을 위하여** 조치를 취하실 것이라고 확신한다. 주님의 **이름**은 주님과 다른 그 무엇이거나 단순한 명칭 혹은 묘사가 아니다. 그 이름은 주님 자신과 주님의 성품을 실제로 드러낸다(참고. 출 3:14-15; 34:6-7). 주님의 이름이 곧 주님이라는 말이다. 성경이 주님의 이름을 찬양하고(7:17; 18:49) 사랑하며(69:36) 신뢰하는(20:7) 것에 대해 말하는 이유가 이것이다. 주님은 종종 이스라엘과의 관계 속에서 또는 민족들 사이에서 "자기 이름을 위하여"(25:11; 31:3; 참고. 왕상 8:41-42; 렘 14:21; 겔 20:9, 14, 22) 일하시고 자신의 영광과 권능과 명성을 떨치시는 분으로 기술된다.

B. 목자가 주시는 위로(23:4-5)

23:4-5. 다윗은 **내가 사망의 음침한 골짜기로 다닐**다고 말함으로써 하나님이 그분의 양을 모든 역경과 곤경에서 반드시 구하시는 것은 아니라고 이야기한다(참고. 107:14). **사망의 음침한 골짜기**는 앞의 시에서도 기술되었다. 앞의 시에서 고난당하는 메시아는 자신이 "죽음의 진토" 속에 놓여 있다고 말한다(22:15). 그러한 삶의 역경 속에 있을지라도 주님의 보호를 받는 이들은 **해를 두려워하지 않**는다. **주께서 나와 함께 하시기** 때문이다(참고. 27:1; 118:6). 다윗은 목자가 사용하는 도구들의 이미지를 활용하여 하나님의 돌보심을 묘사한다. **막대기**는 권위의 도구로서 양을 세고 보호하는 데 쓰이는 굵은 나무 작대기이고(참고. 2:9; 45:6), **지팡이**는 뻗쳐 지탱하는 데 쓰이는 도보용 장대로서 막대기보다 좀 더 길고 한쪽 끝이 구부러져 있다(참고. 출 21:19; 슥 8:4). 이 도구들은 하나님이 언제든지 손을 뻗어 **나를 안위하시**고 돌보시는 분임을 암시한다(참고. 71:21; 86:17; 사 12:1; 40:1; 49:13). **내 원수의 목전에서 내게 상을 차려주시**는(식사를 내놓으시는) 주님이기에 그분 앞에서라면 안전하다. **기름을 내 머리에** 붓는 것은 정화와 원기 회복, 환희를 상징한다(참고. 45:7; 104:15; 133:2; 참고. 출 30:30; 삼상 16:3). 이는 여기에서 언급된 개인이 앞의 시에서 고난과 죽음을 겪으신 분, 즉 기름 부음 받으신 분임을

확인해준다.

C. 목자가 주시는 신뢰와 돌봄(23:6)

23:6. 다윗은 하나님의 확고한 **선하심**과 **인자하심**(참고. 5:7의 주석)이 보증하는 미래의 유산을 신뢰한다. 덕분에 상황과 상관없이 위로를 얻는다. 동사 '따르다'는 신적인 목자와 그분의 양이 맺는 자애로운 관계를 강조한다(이 동사는 때때로 '뒤쫓다'로 번역된다. 다른 곳에서는 한 군대가 다른 군대를 적극적으로 쫓는 것을 기술하는 데 사용되었다, 예를 들어 삼상 17:52). 하나님의 **선하심**과 **인자하심**은 그분의 돌보심을 받는 이들, 곧 그분을 따르는 이들을 끊임없이 뒤쫓거나 성실하게 따라다닌다.

6b절에는 흥미로운 단어 두 개가 번역되어 있다. 주석가들은 이 하반부의 의미가 천국에서 영원한 세월을 보내는 것과 관계있다는 견해를 제시한다. 그러나 이러한 견해는 이 본문에서 비롯된 것이 아니다. '살다'로 번역된 히브리 동사 야샤브(*yashav*)는 '돌아가다'라는 뜻의 슈브(*shuv*)로 읽어야 한다. 그러면 이 하반부는 **여호와의 집**으로 돌아가 평생(**영원히**, 문자적으로 '긴 세월에 걸쳐') 하나님을 예배하며 그분과 사귀기를 대망하는 내용이 될 것이다. **여호와의 집**은 성소(장막이나 성전)를 통상적으로 가리키는 명칭이다(15:1; 26:8; 27:4; 134:1; 135:2). 이 하반부는 기름 부음 받은 이가 예루살렘 성전으로 돌아가는 때를 고대한다(공통된 메시아 테마, 참고. 슥 9:9). 이어지는 시가 이 주제를 이어받아 "영광의 왕"의 예루살렘 성전 귀환을 경축하는 것은 당연하다(참고. 24:9-10).

시편 24편: 영광스러운 왕의 귀환

이 시의 표제 **다윗의 시**에 관해서는 시편 3편의 표제에 대한 주석을 보라. 이 시는 왕이 주님의 집으로 귀환하고 백성들이 그를 환영하는 모습을 기술한다. 따라서 앞의 시와 연결된다(Sailhamer, *NIV Compact Bible Commentary*, 320).

A. 왕이 다스리는 영토의 범위(24:1-2)

24:1-2. 서두에서 다윗은 찬양하며 이렇게 단언한다. **땅과 거기에 충만한 것…은 다 여호와의 것이로다.** 이는 하나님이 민수기 14:21에서 모세에게 하신 말씀을 상기시킨다. "온 땅에 그의 영광이 충만할지어다"(72:19; 사 6:3; 고전 10:26도 보라). 이 유사한 어구는 다음과 같은 뜻을 함축하고 있다. 즉, 이 시의 첫 진술문이 주님의 영토 범위를 나타냄은 물론이고, 그 영토에 있는 모든 것이 하나님의 영광을 입증하고 있음을 암시한다는 것이다(참고. 시 19편). 나아가 **여호와께서 그 터를 바다 위에 세우심이여**라는 말은 하나님을 창조주로 강조하고 있다.

B. 왕이 다스리는 백성의 특성(24:3-6)

24:3-5. 이 부분은 시편 15편 전체와 매우 유사하여 상호본문 해석의 훌륭한 예가 되고 있다(상호본문 해석이란, 홀로는 뜻이 불명확하지만 서로 대응하는 절들을 나란히 놓고 거기에서 좀 더 충분한 이해를 끌어내는 것을 의미한다). **여호와의 산**[성산]**에 오를 자가 누구인가**라는 물음은 15:1에 상응한다. 마찬가지로 **손이 깨끗한 자**라는 대답은 15:2-5에 상응한다. 이 표현은 영광의 왕 메시아를 예루살렘으로 맞아들이는 사람들을 가리킨다. 좀 더 구체적인 해석에 관해서는 시편 15편의 주석을 보라.

24:6. 여기에서 언급된 **야곱**은 **하나님의 얼굴을 구하는 사람들**, 즉 이스라엘(백성)의 남은 자들을 상징한다. **야곱**은 그들을 나타내는 시적 표현이다(시 14:7을 보라). 이것은 매우 적절한 표현인데, 족장 야곱이 하나님과 겨루고 하나님을 '대면하여' 본 후에야 그의 이름이 '이스라엘'로 바뀌었기 때문이다(창 32:28-30과 그 주석을 보라).

C. 영광스러운 왕의 통치(24:7-10)

24:7-9. **문들**과 **영원한 문들**은 성전산을 향해 예루살렘으로 들어가는 왕의 상징이다. 다윗은 앞의 시(23:5)에 등장하는 기름 부음 받은 이가 **영광의 왕**이라고 역설한다(이 칭호는 7, 8, 9절에서 반복된다). 다윗은 특히 그분의 군사적 승리에 초점을 맞추고, 이를 암시하기 위해 히브리 단어 깁보르(*gibbor*)를 반복적으로 사용한다. 이 단어는 보통 '강한'으로 번역되지만, 실은 무용이 대단히 출중한 용사[예를 들어 다윗 자신(삼상 16:18)과 골리앗(삼상 17:51), 사울과 요나단(삼하 1:19, 25, 27), 30명으로 이루어진 다윗의 측근(대상 11:10)]를 가리킬 때 특별히 사용하는 명사이다. 영광의 왕은 평범한 용사가 아니다. 그분은 마지막 날에 군사적 승리를 거둔 후 성전 안에 앉는 신적인 메시아 왕이다.

24:10. 요점은 **만군의 여호와**[하늘 군대의 주] 하나님이 전쟁에서 이기고 돌아오는 힘센 용사 왕으로 표현되고 있다는 것이다(예를 들어 삼상 17:54). 하나님은 모든 용사 중에서 가장 뛰어난 용사이다. 그분이 이미 [이스라엘 민족의 출애굽 때부터(출 15:3을 보라) 다윗 시대에 이르기까지(삼하 5:24을 보라)] 이스라엘을 위해 거둔 기적 같은 군사적 승리가 이를 암시한다. '만국을 치고 하나님의 맹렬한 진노의 포도주 틀을 밟으실'(계 19:15) 예수님의 인격 속에서 그분이 하시게 될 일도 그것을 암시한다.

시편 25편: 하나님의 돌보심을 구하는 기도

다윗의 작품인 이 **시는**(시 3편의 표제에 대한 주석을 보라) 역시 다윗의 작품인 시편 34편과 주제가 유사하고(둘 다 하나님의 섭리에 초점을 맞춘다), 표현도 유사하며[여호와 경외(25:12, 14; 34:7, 9, 11), 여호와께 피하기(25:20; 34:8), 여호와의 선하심(25:7-8; 34:8), 자기 백성을 구원하시는 하나님(25:20; 34:4, 17, 19), 온유한 자(25:9; 34:2), ~을 향해 있는 눈(25:15; 34:15), 종결부에서 자기 백성을 '구원하시는' 하나님을 언급하기 위해 같은 히브리 동사를 사용한 것], 구조도 유사하다(둘 다 히브리 알파벳의 순서를 따르는 아크로스틱 시이다).

다윗은 분명히 이 시의 저자이다. 하지만 이 시는 포로기 이후에 시편 전체를 최종 편찬한 이의 관점을 반영하고 있다. 그 당시에는 이스라엘과 민족들이 예루살렘으로 와서 하나님께 가르침을 받게 되리라는 것이 주요 주제였다(슥 8:20-23; 사 2:2-4). 이 시가 영광의 왕을 계속 묘사하면서 "나를 지도하시고 교훈하소서"(25:5)라는 기도문을 담고 있는 것은 그 때문이다. 이 시의 마지막 절은 시편 저자의 바람을 피력하면서 하나님이 메시아의 도래를 통해 이스라엘을 속량해주실 것이라고 예견한다(22절; Sailhamer, *NIV Compact Bible Commentary*, 320). 그렇지만 이 시는 하나의 모범적인 기도문으로서 신자들이 자신들에게 필요한 것을 어떻게 하나님께 청해야 하는지 가르치기도 한다.

A. 관계에 근거한 청원(25:1)

25:1. **여호와여 나의 영혼이 주를 우러러보나이다**라는 다윗의 단순한 진술은 성경의 다른 곳에서 간절한 동경, 갈망, 필요를 드러낼 때 사용하는 관용적 표현이다(참고. 신 24:15; 렘 22:27). 다윗은 자신에게 필요한 것을 대뜸 표현하거나 하나님의 관심을 자신에게만 (이기적으로) 집중시키는 말로 시작하지 않는다. 오히려 그는 하나님의 자비로운 성품에 기대어 간청한다.

B. 구체적인 청원 내용(25:2-21)

25:2-3. 다윗은 자신이 하나님을 **의지**했다고 진술하면서 자신을 원수들에게서 구해달라고 요청한다(2, 19절). 다윗은 **주를 바라는 자들은 수치나** 망신을 **당하지 않을** 것이라고 확신한다(이 표현은 20절에서도 반복된다).

25:4-7. 여기에서 다윗은 **주의 도를 내게 보이시고 주의 길을 내게 가르치소서**라며 인도하심을 구한다. 그가 이렇게 요청할 수 있는 것은 그와 주님의 관계에 기인한다. **주는 내 구원의 하나님이시니**. 다윗은 주님의 **긍휼하심**과 **인자하심**('헤세드', 6, 7, 10절; 참고. 5:7의 주석)에 의지하면서 동시에 죄와 허물의 용서를 구한다. 그가 **나를 기억하소서**라고 청할 수 있는 것은 하나님의 속성 때문이다. **주의 선하심**, 곧 하나님의 속성과 영광이 그가 주님께 간청하는 동기가 된다.

25:8-9. 이 절들은 **여호와는 선하시고 정직하시다**라는 핵심적 견해를 밝히면서 **죄인들에게 도**[주님의 가르침을 따르는 도]를 가르치시는 성실하신 하나님에 대한 신뢰를 표현한다.

25:10-11. 주님은 당신을 신뢰하는 이들을 인도하신다(9절). 특히 **여호와의 모든 길은 인자와 진리**이다. 주님께 복종하고 주님의 말씀을 따라 살면서 **그의 언약과 증거를 지키는 자에게**는 "사망의 음침한 골짜기"(23:4) 같은 경험조차 주님의 선하신 계획의 일부가 된다.

25:12-15. 여기에서는 **여호와를 경외하는 자**가 받는 상을 소개하고 있다(참고. 111:10). **그가 택할 길을 그에게 가르치시리로다**. 가르침은 성경을 통해서 온다(32:8; 잠 9:10). 가르침의 초점은 인간에게 본질적으로 선한 것, 곧 하나님과 그분을 아는 지식에 있지(창 2:9과 시 16:2을 보라) 물질적 번영에 있지 않다. 마찬가지로 의인의 자손은 **땅을 상속하**게 될 것이다. 즉, 지파/가문의 유산을 보유하게 될 것이다(참고. 37:9, 11, 18, 22, 29, 34; 69:36; 사 60:21). 이 약속은 메시아가 시편 37:11을 직접 인용하여 말씀하신 대로(마 5:5과 그 구

절의 주석을 보라) 장차 재림 때 지상에 세워질 천년왕국에서 한 자리를 받게 되리라는 약속을 예견한다.

25:16-21. 이 대목에서는 정서적 위안을 구하고 있다. **나는 외롭고 괴로우니, 마음의 근심이 많사오니, 나에게 은혜를 베푸소서.** 그는 하나님께 자신의 **모든 죄를 사하시고**(참고. 7, 11, 18절) **원수**들에게서 지켜달라고 간청한다. 그러면서도 자기가 **주께 피하여**(참고. 86:2) 하나님 앞에서 의롭게 처신했으니 주님이 (**성실과 정직으로**) 자기 **영혼을 지켜주**시기를 바란다.

C. 청원의 폭넓은 적용(25:22)

25:22. 다윗이 하나님에 대한 신뢰를 선포하며 시를 시작했다면, 이제는 **이스라엘** 민족을 위한 기도로 끝을 맺는다. 이를테면 이스라엘 민족을 그들의 **모든 환난에서** 속량하여(건지고 지켜주어) 하나님의 영광을 알리시라는 것이다. 다윗은 체납된 부채 상환을 의미하는 동사를 사용하여 **이스라엘을 속량하소서**라고 간청한다. 이 단어는 성경의 다른 곳에서 오직 하나님만 은혜로 베푸실 수 있는 영적 · 육적 구속 사역을 의미한다(시 49:7-8; 사 1:27; 렘 31:11을 보라). 이는 메시아를 통한 이스라엘의 궁극적 구속을 내다본 것이다.

시편 26편: 사람의 완전함에 대한 묵상

다윗의 작품인 이 시에는 세 가지 접근법이 있으며, 이는 시편 27편과 여러 면에서 유사하다(시 27편의 서론을 보라). 두 시 모두 각 시의 중심 개념(26편에서는 완전함, 27편에서는 신뢰)의 토대(제정하는 분, 판단하는 분 둘 다)가 되시는 하나님께 초점을 맞추는 것으로 시작하고, 그런 다음 하나님을 그 개념의 목표로 제시하며, 하나님이 그 개념에 힘을 주어 발전시키시는 분임을 표명하는 것으로 끝을 맺는다. 이 평행법은 이 시와 다음 시의 중심 주제 간의 관계를 강조하는 데 이바지한다. 게다가 시편 저자는 하나님이 자기를 속량해 주실 것을 신뢰한다(26:11).

A. 사람의 완전함을 판단하시는 하나님(26:1-2)

26:1-2. 다윗은 하나님의 완벽한 정의에 자신을 온전히 맡기는 것으로 시작한다. 그는 하나님께 자신의 혐의를 풀어달라고, 자신의 도덕적 완전함을 참작하여 자신을 **판단**해달라고 간청한다. 다윗은 **나의 완전함**이라는 표현을 사용하여 자신의 완전함이 결코 완벽한 것이 아님을 인정한다. 소유대명사 **나의**는 그가 자신이 이해하는 완전함을 고수하고 있음을 암시한다. 그의 완전함은 완벽하지는 않지만 여전히 죄가 섞이지 않은 완전함이다. 다윗이 주장하는 것은 완벽함이 아니라 **흔들리지 아니하고** 최선을 다해 주님을 따르려는 의지이다. 그는 하나님께 자신의 행실은 물론이고 자신의 **뜻**[지식/이해의 자리]과 **양심**[감정/정서와 속사람의 자리]까지도 [법정에서 하는 것처럼] **시험하사** [값나가는 금속을 단련하여 양질의 금을 얻듯이] **단련하소서**라고 청한다.

B. 완전함의 목표는 하나님(26:3-10)

26:3-7. 다윗은 주님의 인자하심으로(하나님의 충실한 사랑으로) 자신의 삶에 질서를 찾으려고 하면서 자신이 하나님의 **진리** 가운데 **행**했다('살았다', 참고. 11절)고 아뢴다. 게다가 그는 **허망한**[문자적으로 '영적 가치가 없는', 5b절도 보라] **사람과 같이 앉지**도 않는다. 그는 절대로 그들과 '동석하는', 즉 전심으로 하나가 되는 자리로 내려가지 않는다(이 개념들/동사들에 관해서는 시 1:1의 주석을 보라). 다윗이 평생토록 완전함과 진리 가운데 행하려고 노력한 까닭은 자신의 장점이나 가치를 끌어올리기 위해서가 아니라 하나님이 행하신 일, 곧 다윗 개인과 역사 속 그분의 백성에게 구원을 베푸신 **기이한 일**에 **감사**를 표하기 위해서였다(7절; 참고. 9:1).

26:8-10. 다윗은 **내가 주께서 계신 집**, 곧 하나님의 성전과 **주의 영광이 머무는 곳**(출 24:16; 33:22; 40:35; 왕상 8:11)**을 사랑하오니**라고 선언한다. 그는 하나님께 **살인자**들과 **사악**한 음모자들로부터 자기를 건져주시어 끊임없이 "무리 가운데에서 여호와를 송축"할 수 있게 해달라고 청한다(12절).

C. 완전함을 가능케 하시는 하나님(26:11-12)

26:11-12. 다윗은 자신의 결함과 결점을 인정하되 절망에 빠지기보다는 **나의 완전함에** 계속 **행하오리니**라고 결심하고, **나를 속량하시고**라며 하나님의 자비에 호소한다. **나를 속량하시고**는 다윗의 죄가 받을 최대한의 벌이 아니라 용서를 의미한다(참고. 스 9:13). 그런 다음 다윗은 하나님께 **내게 은혜를 베푸소서**[받을 자격이 없지만 내게 도움을 베푸소서]라고 청한다. 자신이 **완전함에 행하**려는 시도를 계속 이어가려면 하나님이 그렇게 해주셔야 한다는 것이다. 이런 점에서

("행악자의 집회"가 아닌, 5절) 신자들의 **무리 가운데에서** 시간을 보내고, 자신과 같은 마음으로 하나님의 자비와 은총이 필요함을 아뢰며, 자신의 걸음을 격려해 주는 사람들과 함께 하나님을 찬양할 수 있게 해달라는 요청도 중요하다. 이들은 종종 장막에서 만나 그리 했을 것이다(참고. 8절).

시편 27편: 사람의 신뢰에 대한 묵상

다윗의 작품인 이 **시**는 시편 26편의 구조를 반영하고 있다(시 26편의 서론을 보라). 다윗은 자신이 시편 23:6에서 떠올린 주제, 곧 기름 부음 받은 이와 함께 주님의 집에서 살 수 있게 되리라는 주제를 다시 한 번 언급한다(27:4을 보라; Sailhamer, *NIV Compact Bible Commentary*, 320-321).

A. 신뢰의 근거가 되시는 하나님(27:1-3)

27:1-3. 다윗은 (인간이나 인간의 집단보다는) 그의 **빛**이요 **구원**이신 주님을 신뢰한다. 여기에서 **빛**은 구약성경의 다른 곳에서 그렇듯이 영적인 구원과 육적인 구원, 현재의 구원과 영원한 구원 등 포괄적 구원을 상징하는 은유이다. 하나님을 은유하는 이 빛은 하나님이 다윗의 어둠을 밝히시고(참고. 삼하 22:29) 그가 주님께 복종하여 살도록 이끄신다는 생각도 포함하고 있다(예를 들어 시 18:28; 119:105). 게다가 **구원**은 원수들로부터의 구원뿐만 아니라 영적인 구속도 상당히 포함하고 있다(예를 들어 시 3:8; 9:14; 13:5; 18:2; 46; 27:9). 다윗은 동사 '두려워하다'와 '무서워하다'를 사용하여 자기가 **생명의 피난처이신**(새번역) 하나님께 의지함을 역설한다(1절). 이는 하나님이 이스라엘 자손에게 담대하라고 격려하면서 사용하신 두 단어를 상기시킨다. 하나님은 이스라엘 자손이 그들의 능력으로 땅을 차지하는 것이 아니라, 하나님이 친히 '천하 만민이 그들을 무서워하고 두려워하게' 하여 그들이 땅을 차지하게 될 것이라고 말씀하신다(참고. 신 2:25; 에 8:17). 다윗은 무슨 일(**원수들**, **군대**, **전쟁**)이 일어나도 **태연하리라**고 말한다.

B. 신뢰의 목표가 되시는 하나님(27:4-6)

27:4-6. 다윗은 단 한 가지 일을 바란다. **내가 내 평생에 여호와의 집에 살면서**. 그가 이렇게 청하는 이유는 **성전**에서 예배를 드리며 주님과 영원토록 교제하기 위해서이다. 이것은 시편 23:6을 떠올리게 한다. 기름 부음 받은 분이 하나님의 집으로 돌아갈 날을 고대하듯이 시편 저자도 그때를 고대한다. 다윗은 주님과 더 친해져서 **여호와의 아름다움을 바라보며**, **제사를 드리고**, **여호와를 찬송하**고 싶어 한다. 동사 '사모하다'(4절)는 어떤 일에, 이 경우에는 주님과 그분의 말씀에 세심하게 주의를 기울여 숙고하는 것을 의미한다(참고. 77:12; 119:15, 48).

C. 신뢰를 키워주시는 하나님(27:7-14)

27:7-10. 다윗은 **너희는 내 얼굴을 찾으라**는 하나님의 명령대로 했다고 말하면서 하나님의 응답을 구한다(**여호와여 들으시고**). 이 부분에서 세 차례나 등장하는 핵심 단어는 하나님의 얼굴이다(8-9절). 하나님의 얼굴을 찾는다는 것은 주님과 친밀한 교제를 쌓아가겠다는 결심을 암시한다. 다윗은 그렇게 결심하는 이유가 **내 구원의 하나님** 때문이라고 말한다(참고. 27:1). 그는 버림받은 상태에서 구조되는 경험을 말하기 위해 극단적인 예를 들기도 한다. **내 부모는 나를 버렸으나 여호와는 나를 영접하시리이다**.

27:11-14. 주님의 **도**를 배우면 그 도가 **나를 평탄한 길로 인도**할 것이다. 평탄한 길은 의롭게 행하는 것과 관련된 표현이다(참고. 26:12; 143:10; 사 26:7). 하나님이 그를 가르치셨듯이 그도 다른 이들을 가르치며 **강하고 담대하**라고 격려한다(14절; 참고. 신 31:7; 수 1:7). **여호와를 기다**리라는 것은 그분을 의지하라는 뜻이다. 그것은 수동성이나 무위가 아니라 그분이 조치를 취하시리라는 신뢰와 확신에 찬 기대를 암시한다(예를 들어 시 25:3, 5, 21; 37:7, 9, 34; 59:9; 62:5).

시편 28편: 하나님의 사랑을 보여달라는 간구의 패러다임

이 시의 표제 **다윗의 시**에 관해서는 시편 3편의 표제에 대한 주석을 보라. 이 시를 겉핥기식으로 읽으면, 다윗이 자신의 공로에 근거하여 도움을 청하고 있다고 생각할 수 있다. 하지만 핵심 표현들이 구약성경의 다른 곳에서 어떻게 사용되는지 꼼꼼히 살펴서 읽으면, 그가 하나님의 자비와 은혜, 성실한 언약, 요컨대 언약으로 표현된 하나님의 사랑(삼하 7장을 보라)에 근거하여 도움을 청하고 있음이 드러난다. 이 시는 구조상 처음부터 끝까지 말라기 1:2-5에 등장하는 하나님의 자기 묘사와 유사하다. 하나님은 다음 세 가지 방식으

로 자신을 기술하신다. 말하자면 하나님의 이스라엘 사랑은 (1) 그분이 완성하신 분에 넘치는 친밀함이라는 선물로(28:1-2; 말 1:2), (2) 원수들을 지속적으로 심판하심으로(28:3-5; 말 1:3-4), (3) 그분이 장차 민족을 회복시키고 복을 내리심으로 드러난다(28:6-9; 말 1:5).

A. 사랑하는 자의 부르짖음에 과분하게 신경 쓰심으로(28:1-3)

28:1-3. 다윗은 고통과 고뇌를 억누르기보다는 오히려 충분히 토로한다. **여호와여 내가** 다른 누구에게 부르짖지 않고 **주께 부르짖으오니**(시 142:1-6의 주석을 보라). 그는 하나님을 **반석**으로 여긴다(참고. 18:2의 주석). 다윗은 자신의 의 때문에 그럴 자격이 있다는 듯이 하나님께 **부르짖음을** 들어달라고(필요한 것을 채워달라고) 요구하지 않는다. 오히려 그는 하나님의 긍정적인 응답을 받을 자격이 없지만 그분의 자비와 은혜에 기대어 자신의 **간구하는 소리를 들으소서**라고 청한다. 이는 다음과 같은 일로 나타나고 있다. 즉, 하나님이 **귀를 막으**시고 그의 간구에 **잠잠하**실 수도 있고(1절), **악인과 함께** 그를 **끌어내**실 수도 있음을(이는 징계가 아니라 심판을 의미한다) 인정하는 것이다.

이것은 논리상 다윗도 악인임을 의미한다. 주님은 '의인을 악인과 함께 멸하지 않으시기' 때문이다(창 18:23, 다윗이 자신의 죄악을 인정한 것에 대해서는 시 7:1-5과 13:1-2의 주석을 보라). 2절에서 **간구하는 소리**로 번역된 히브리 단어 타하누님(*tahanunim*)은 히브리 단어 헨(*hen*)에서 유래한 '은혜의 청원'을 의미한다. 이는 다윗이 받을 자격이 없는데도 하나님이 그에게 베풀어주심을 암시한다. 받을 자격이 없는데도 다윗이 하나님께 간구하며 은혜가 나타나기를 소망하는 것은, 이전부터 존재해온 관계를 암시한다(시 6:1-5; 23:6; 51의 주석을 보라).

B. 사랑하는 자의 원수들을 심판하심으로(28:4-5)

28:4-5. 다윗은 원수들을 심판해달라고 청한다. **그들이 하는 일과 그들의 행위가 악한 대로 갚으시며**. 부모가 자녀에게 상처를 입히는 자들에게 맞서 싸움으로 자녀에 대한 사랑을 드러내듯이, 다윗도 하나님께 자신의 원수들에게 '갚아주심'으로(군사적 · 영적으로 심판하심으로) 그분의 사랑을 드러내달라고 간청한다. 그 원수들은 이스라엘을 에워싼 이방 민족들이다. 다음의 사실이 이것을 암시한다. (1) 다윗은 그들을 **여호와께서 행하신 일과 손으로 지으신 것을 생각하지 아니하**는 자들로 여긴다(5a절). 그는 신명기 32:27에서 이 민족들을 기술하는 데 쓴 것과 동일한 표현들을 사용한다. (2) **여호와께서 그들을 파괴하고 건설하지 아니하**시기를 바란다(5b절). 이는 하나님이 말라기 1:4에서 에돔과 관련하여 선언하며 사용하신 표현과 유사하다. 다윗이 자기의 원수들과 이스라엘의 원수들에게 갚아달라고 하나님께 간청하는 까닭은 그들이 그의 원수들이자 이스라엘의 원수들이어서가 아니라 (즉, 그들이 이스라엘 자손보다 더 타락해서가 아니라), 이스라엘에 대한 그들의 적대 행위에서 드러나듯이 그들이 하나님의 인격과 기준과 일을 거스르기 때문이다(참고. 시 83편).

C. 사랑하는 자의 백성을 구원하심으로(28:6-9)

28:6-9. 하나님의 사랑을 드러내는 최종 증거로서, 다윗은 하나님께 **주의 백성**, 곧 **주의 산업**으로 간주되는 이스라엘 백성을 **구원하**소서라고 탄원한다. 이 세상의 모든 민족과 인간 집단 중에서 이스라엘 백성만이 주님의 유산으로 간주된다. 이는 주님과 이스라엘 백성의 특별한 관계를 암시한다. 이스라엘 백성은 종종 하나님의 소유(기업)로 여겨진다(신 9:29; 32:9; 시 33:12; 74:2; 사 63:17; 렘 10:16; 51:19). 주님의 산업(9절)은 완전한(물질적이고 영적인) 복을 가리키는 말로 사용되었다. 이것은 하나님이 **그들의 목자**가 되어 **영원토록 그들을 인도하**신다는 언급에서 확인된다(참고. 시 23편; 말 1:5의 주석).

시편 29편: 하나님의 경이로운 능력에 대한 묵상

이 시의 표제 **다윗의 시**에 관해서는 시편 3편의 표제에 대한 주석을 보라. 초기 유대교 전승에 따르면, 하나님의 초월적인 능력과 이 능력을 그분 백성의 완전한 회복에 적용하는 데 관심을 갖는 이 시는 초막절에 레위 사람들이 암송한 시라고 한다[참고. 레 23:33-44; 바벨론 탈무드 수카(*Sukka*) 55a]. 초막절은 광야 방랑 시기에 백성들에게 필요한 것을 채워주신 하나님의 능력과 힘을 기념함은 물론이고, 하나님이 그 능력을 행사하여 이스라엘을 완전히 회복시켜주시고 그분의 장막을 온 피조물 위에 세우실 것을 기념하는 절기이기도 하다(슥 14:16-18; 골 2:16-17; 계 21:3을 보라. 그리고 시 15:1의 주석을 보라). 28:7과 29:1, 11에는 하나님의 힘이 주제로 등장한다. 이는 시편 29편이 다윗이 그 힘에 감응하여 짓고 노래한 것임을 암시한다(Sailhamer, *NIV Compact Bible Commentary*, 321).

A. 절대적으로 찬미 받는 하나님의 능력(29:1-2)

29:1-2. 이 시는 하나님을 찬양하라고 호소한다. **영광과 능력을 여호와께 돌리고 돌릴지어다 그의 이름에 합당한 영광을 돌리며**[강조하기 위해 '돌리라'는 말을 세 차례 반복한다]. 다윗은 **영광**과 **능력**으로 모든 인간을 다스릴 뿐만 아니라 다른 모든 신들도 다스리시는 하나님의 절대적 주권과 탁월함을 인정한다. **권능 있는 자들아**(1a절), 더 낫게 번역하면 "신들의 아들들아"라는 표현이 이를 암시한다. **권능 있는**[*elim,* 엘림]이라는 말은 다른 곳에서 단 세 차례 등장하며(출 15:11; 시 89:6; 단 11:36) 이방 신들을 가리킨다(출 15:11을 보라). 성경은 그러한 신적 존재들의 실재를 부정하지만('다곤'이나 '바알' 같은 초자연적 존재는 없다고 보지만) 이교 의식들에 대해 논하는 가운데 이따금 그들을 가정하기도 한다(예를 들어 창 31:19; 35:2; 출 23:32; 민 33:4; 신 6:14; 수 24:16; 룻 1:15). 이 표현에 들어 있는 '아들들'이라는 단어는 자손이라기보다는 관련성이나 성격을 의미하는데(참고. 삼상 25:17; 잠 31:5; 막 3:17), 여기에서는 이교 신들과 관련되거나 그들의 성격을 지닌 것(우상들이나 개념들)을 가리킨다. 다윗은 이교를 신봉하는 자들에게까지 주님을 알고 **거룩한 옷을 입고 여호와께** 예의 바르게 **예배**할 것을 호소한다.

B. 만물이 입증하는 하나님의 능력(29:3-9)

29:3-9. 이 절들은 피조물 속에 나타난 하나님의 **영광**과 능력을 (시 19:1-6과 유사하게) 칭송하는 한편, 하나님의 어린 이스라엘 백성이 애굽을 탈출할 때 하나님이 그들을 구출하시며, 그들에게 필요한 것을 공급하시고, 그들을 인도하셨음을 암시한다. **물 위에**(3절) "우렛소리를 내는" 하나님의 **소리**[종종 '음성'으로 번역된다]는 하나님이 바로 군대로부터 이스라엘을 구해내신 일을 암시한다. 애굽을 탈출할 때 그분이 '홍해를 꾸짖으시니 물이 곧 말라버렸다'(106:9; 참고. 출 15:8-10; 시 114:3-5; 나 1:4). 하나님의 소리는 **레바논**[레바논산맥]과 **시룐**[시돈 사람이 부르던 헤르몬산의 이름, 신 3:9]을 **들송아지같이 뛰게 하시**는 것으로 묘사된다(6절). 이는 시편 114:4-6에서 출애굽 때 드러난 하나님의 능력에 대한 피조물의 반응을 시적으로 묘사한 것과 유사하다. 하나님의 소리가 **화염을 가르시도다**라는 표현은 시편 105:32에서 일곱 번째 재앙(화염)을 다음과 같이 기술한 것과 유사하다. "그들의 땅에 화염을 내리셨도다"(참고. 출 9:23). 하나님이 **가데스 광야**를 '진동시키신다'는 표현은(8절) 가데스에서 출애굽 세대를 벌하신 것을 암시한다(민 14:1-45; 20:1-13). **그의 성전에서 그의 모든 것들이 말하기를 영광이라 하도다**라는 표현에 관해서는 이사야 6:1-4을 보라(여기에서는 "문지방의 터"조차 하나님의 장엄한 임재에 반응한다고 말한다).

C. 영원한 하나님의 능력(29:10-11)

29:10-11. 다윗은 하나님의 영광과 주권적인 능력을 인정하며 말을 맺는다. **여호와께서…왕으로 좌정하시도다.** 그분은 신의 구원과 심판을 보여주는 첫 역사적 사건인 **홍수** 앞에서도 통치하셨다. 주님이 세계적인 사건(창 6:13-20을 보라)이 일어나던 그때에 좌정하셨다(성경 시대의 사사들처럼 최고의 권능과 지배력을 행사하셨다)는 것은 그분이 그 후로 줄곧 모든 인류의 역사 위에 왕으로 좌정하셨고, 만유 위에 **영원하도록 왕으로** 계속 좌정하시리라는 사실도 보장한다. 주님은 **자기 백성**의 행복과 관련된 모든 일을 다스리시고, 자기 **백성**, 즉 이스라엘의 남은 자와 믿음으로 그들과 연합한 이들(참고. 28:6-9)에게 **평강**[샬롬(*shalom*): 모든 면에서 영적 · 육적으로 '완전함'과 평안한 안녕 상태를 의미한다, 참고. 삼하 7:11; 시 28:9; 95:11]의 복을 주심으로써 친히 그들에게 했던 모든 약속을 궁극적으로 이행하신다.

시편 30편: 징계 받은 후 드리는 감사와 봉헌

이 시의 표제 **다윗의 시**에 관해서는 시편 3편의 표제에 대한 주석을 보라.

시편 30편은 **성전**[the House] 봉헌을 기념하는 노래(서론의 '장르'를 보라)로 간주된다. 몇몇 찬양시는 하나님 앞에서, 즉 성전에서 즐거워하는 장면을 언급한다(참고. 23:6; 27:4). 게다가 다윗이 이 시(1-5절)에서 기술하는 경험, 곧 그의 구조받은 경험은 포로기 이후의 시편 편집자가 유배 중인 공동체에게 다음의 사실을 확신시키기 위해 선택한 것으로 보인다. 말하자면 하나님이 그들에게 신실하시니 언젠가는 그들을 되찾으시고 예루살렘 성전을 재건하시리라는 것이다(이에 관해서는 Sailhamer, *NIV Compact Bible Commentary*, 321을 보라). 이 시가 다윗의 왕궁 봉헌(삼하 7:1)과 관련된 시인지 주님의 성전 봉헌과 관련된 시인지는 의견이 엇갈린다. "하나님의 전"(the house of God, 스 2:68), "여호와의 성전"(the house of the Lord, 왕하 25:16) 혹은 여기에서처럼 'the House'(참고. 왕상 8:13; 렘 26:18)로 표현되어 있기는 하지만, 구약성경에서 특정한 '집'에 관한 대다수(수백 개)의 언급이 성전과 관련된 까닭에 아마도 후자가 더 그럴듯하게 보인다. 초기 유대교 전승도 이것이 성전 봉헌과 관련된 언급임을 지지한다. 그 전승에 따르면 이 시는 하누카(*Hanukkah*) 제8일에 성전에서 낭송되었다고 한다. 하누카는 성전 (재)봉헌을 기념하는 축제일이다. 이 성전 (재)봉헌은 신구약 중간기에 이스라엘의 유대교 관습을 일소하려는 헬라 사람들을 상대로 마카비가 승리를 거두고 나서 거행되었다.

다윗이 미래의 성전 봉헌을 예상하고 이 시를 썼다고 해도, 이 시에서 성전과 관련된 구체적 언급이 눈에 띄지 않는 것으로 보아 포로기 이후의 시편 편집자가 표제를 삽입한 것으로 여겨진다. 시편 편집자는 다윗이 징계 받고 회복된 것을, 이스라엘이 유수라는 징계를 받고 귀환하여 성전을 재건한 것과 관련짓고 싶었던 것 같다.

A. 하나님의 일시적인 징계(30:1–5)

30:1–3. 다윗은 자신이 구원받았음을 기리는 찬양으로 시작한다. **여호와여 내가 주를 높일 것은 주께서 나를 끌어내주셨**기 때문입니다. 다윗은 하나님이 **원수**와 스올[죽은 자의 장소를 가리키는 구약성경의 일반적인 표현, 시 49:10-15의 주석을 보라]에서 자신을 건져주신 구원의 근원이시라고 아뢴다. 그가 하나님을 찬양하는 까닭은 하나님이 그를 살리어 **무덤으로 내려가지 아니하게 하셨**기 때문이다. 어느 시점에서 다윗은 원수들 때문에 죽음 직전까지 갔는데 주님이 그를 구해주신 것이다.

30:4–5. 다윗은 구원에 대한 응답으로 **주의 모든 성도들**[이스라엘의 성실한 자들]에게 자기와 함께 **여호와를 찬송하고**, 특별히 **그 거룩한 이름을 찬양**(새번역)하자고 권한다(참고. 4:3). (바르게 함과 징계를 위해) **잠깐** 존재하는 하나님의 **노염**과 **평생**토록 존재하는 그분의 **은총**[회복 이후의 복]이 선명하게 대조된다.

B. 하나님의 고통스러운 징계(30:6–9)

30:6–7. 다윗은 **형통할 때** 하나님을 잊다시피 하고 자신을 불굴의 존재로 여긴다(**나는 영원히 흔들리지 아니하리라**, 6절). 종종 있는 일이지만 하나님의 복은 신자의 관심을 하나님이 아닌 다른 데로 돌려 그분에 대한 신뢰를 떨어뜨리고, 결국에는 신자 자신을 신뢰하는 죄로 이끌어 주님을 신뢰하지 못하게 한다.

실제로 다윗은 자기 신뢰에 빠져 이스라엘에 있는 싸울아비의 수를 조사하게 하다가 하나님께 징계를 받는다(삼하 24장을 보라). 다윗은 그 징계를 다음과 같이 묘사한다. **주의 얼굴을 가리시매**(7절, 이 표현은 하나님의 심판이 아니라 징계를 가리킨다. 이 표현에 관해서는 에스더서의 '서론'을 보라). 그 결과 그는 **근심**하거나 자신의 죄를 충분히 깨닫는다.

30:8–9. 다윗은 역경에 떠밀려 초점을 자신의 물질적 환경에서 하나님 찬양으로 옮긴다. **여호와여 내가 주께 부르짖고**. 다윗은 **무덤**에서는 주님을 찬양할 수 없는, 자신의 죽을 운명을 깨닫는다.

C. 하나님이 징계하시는 목적(30:10–12)

30:10–12. 자기 죄를 충분히 깨닫게 된 다윗은 **여호와여 들으시고 내게 은혜를 베푸소서**라고 간청하고, 하나님께 **나를 돕는 자가 되소서**라고 빈다. 이 절은 하나님이 출애굽기 3:12에서 모세에게 하신 약속과 자신의 이름을 밝히신 일을 암시한다("내가…너와 함께 있으리라"). 그리고 다윗이 모세처럼 자신의 철저한 무능함을 인정하고 있음을 내포한다. 이를테면 하나님이 이스라엘을 다스리라며 그에게 맡겨주신 책무를 감당할 수 없다는 것이다(참고. 출 3:11, "내가 누구이기에…이스라엘 자손을 애굽에서 인도하여 내리이까"). 또한 이것은 그가 책무를 감당할 수 있도록 도우시는 하나님을 의지하고 있음을 인정한 것이기도 하다. 다윗은 자신이 하나님을 전적으로 의지하고 있음을 인정하고 **주님을 찬양**한다(새번역, 12절의 문자적 의미는 '영광이 당신께 노래하리이다'이다. 즉 다윗이 부르는 영광

의 노래가 하나님께 들려 올라갈 것이라는 뜻이다. 이것은 29:9b에 쓰인 것과 같은 개념 및 용어를 반영하고 있다. "그의 성전에서 그의 모든 것들이 말하기를 영광이라 하도다"). 이로써 하나님이 다윗을 징계하신 목적이 실현된다.

시편 31편: 압제에서 구해달라고 하나님께 간구하다

이 시의 표제 **다윗의 시**에 관해서는 시편 3편과 4편의 표제에 대한 주석을 보라.

A. 불가항력적인 하나님의 구원(31:1-5)

31:1-5. 다윗은 **여호와여 내가 주께 피하오니**(1절)라고 선언함으로써 자신이 이스라엘의 하나님만 온전히 전적으로 신뢰한다고 단언한다(삼상 26:19). **견고한 바위**(2절, 시 18:46의 주석을 보라), **산성**[방어시설], **요새**(3절, 새번역, 절벽이나 산 위에 있는 요새. 이와 유사한 용어들에 관해서는 시 71:1-3을 참고하라)라는 표현이 강조하듯이 하나님은 누구도 발을 들여놓을 수 없는 피난처이시다. 다윗이 하나님을 신뢰하는 또 다른 이유는 그분이 **공의로** 최선을 다해 다윗을 **건지실**(1절) 것이기 때문이다. 다윗은 주님의 성실하고 공정한 성품을 이해하고, 하나님이 그에게 하신 언약을 떠올린다(삼하 7:16). 다윗은 주님이 **주의 이름을 생각하셔서**(참고. 시 23:3의 주석) 그를 위해 조치를 취해 주시기를 바란다. 다윗은 시편 23:3에 쓰인 것과 동일한 표현을 사용하여 아뢴다. **나를 인도하시고 지도하소서.** 예수님이 십자가 위에서 하신 말씀, 즉 "내 영혼을 아버지 손에 부탁하나이다"(눅 23:46)라는 말씀에서 드러나듯이 하나님의 최선이 반드시 육체적 고통에서 즉시 벗어남을 뜻하지는 않는다.

B. 현재 필요한 하나님의 구원(31:6-22)

31:6-8. **허탄한**[헛된, 무력한] **거짓을 숭상하는 자들**을 미워한다는 말은 이교 신앙을 배격한다는 뜻이다. 다윗은 **여호와를 의지하**겠다고 결심한다. 하나님의 인자하심을 **기뻐하며 즐거워**하는 자세로 살겠다는 것이다(참고. 5:7). 주님이 그의 **고난**을 **아셨**고(참고. 1:6의 주석) 그를 **원수**로부터 구해내셨기 때문이다.

31:9-13. **은혜를 베푸소서**라는 표현은 다윗의 고통이 그의 죄를 징계하거나(참고. 28:2의 주석) 아니면 그가 구원을 바라게 하려는 의도로 마련된 것임을 암시한다. 다윗은 **근심**, **슬픔**, **탄식**, **깨진 그릇**으로 묘사된 **고통**에서 즉시 벗어나기를 자연스럽게 바란다. 고통의 근원은 그의 **생명을 빼앗으려고 꾀하는** 그의 **대적들**이다.

31:14-22. 다윗은 비참한 처지에 있음에도 불구하고 하나님에 대한 믿음과 신뢰를 표명한다. **여호와여 그러하여도 나는 주께 의지하고 말하기를 주는 내 하나님이시라 하였나이다.** 그는 자신의 **앞날이 주의 손에 있으며**, 주님이 그의 삶의 모든 국면을 지배하고 계심을 인정한다. **주의 얼굴을 주의 종에게 비추시고라**는 요청은 아론의 축복을 상기시킨다(참고. 민 6:25). 그는 다음과 같이 말하면서 구원을 고대한다. **견고한 성에서 그의 놀라운 사랑을 내게 보이셨음이로다 내가 주께 부르짖을 때에 주께서 나의 간구하는 소리를 들으셨나이다.**

C. 하나님의 구원에 대한 가상한 소망(31:23-24)

31:23-24. 다윗은 과연 그답게 기도, 찬양, 예배 권고로 말을 맺는다. **너희 모든 성도들아 여호와를 사랑하라.** 그는 이 시를 시작할 때 품고 있던 개념, 즉 이스라엘 백성에게 항구적인 힘이요 구원의 근원이 되시는 하나님의 신실한 언약을 마지막 절에서 되풀이한다. **강하고 담대하라**(참고. 27:14; 수 1:9).

시편 32편: 용서의 패러다임

다윗의 작품(시 3편의 표제에 대한 주석에서 다윗이 저자라고 밝힌 대목을 보라)인 이 시는 **마스길**[*maskil*, 문자적으로 '교화' 또는 '지혜 전달']이다. 마스길은 실용적인 지혜가 담긴 가르침 또는 명상에 초점을 맞춘 일종의 찬양시이다. 이 용어는 다른 찬양시 열두 편의 표제들에서 고유 명칭으로 등장하고(42, 44, 45, 52-55, 74, 78, 88, 89, 142편), 시편 47:7에서는 이런 유형의 찬양시를 가리키는 일반 명칭으로 등장한다["지혜의 시(*maskil*)로 찬양할지어다"]. 시편 32편과 33편, 시편 1편과 2편의 유사성에 관해서는 시편 33편의 서론에 해당하는 주석을 보라.

A. 하나님이 베푸시는 용서의 성격(32:1-5)

32:1-2. 다윗은 **허물의 사함을 받은 사람은 복이 있도다**(시 1:1의 주석을 보라)라고 단언한다. 죄를 의미하는 단어들(**허물**: 하나님에 대한 반역, **죄**: 하나님의 표준 목표에서 벗어난 것, **간사함**: 구부러지거나 뒤틀린 행위)과 함께 사용된 '사함 받은'이라는 표현은 성

경에서 일반적으로 용서의 개념을 표현하는 관용어 가운데 하나이다. 마찬가지로 **죄가 가려진**이라는 표현도 죄 사함에 대한 신뢰를 표현한다. 이는 비유적 표현으로서 히브리 시의 특징인 까닭에, 구약시대에 죄가 가려지기만 했을 뿐 정말로 사함 받은 것은 아님을 의미하기 위해서라도 제거해서는 안 된다. 구약성경에서 용서는 믿음으로 제사를 드린 사람들을 위한 완전한 속죄와 죄의 말소에 기초를 두고 표현된다(예를 들어 삼하 12:13; 사 6:7). 로마서 4:4-8은 죄 용서와 관련하여 이 구절을 인용한다(그 구절의 주석을 보라).

32:3-5. 다윗은 용서받는 행복은 물론이고 죄를 고백하지 않았을 때 초래되는 결과도 배운다. 그는 죄를 고백하지 않다가 육체적 곤란(**내 뼈가 쇠하였도다**, 3절)과 심리적 피로(**내 진액이 빠져서**, 4절)를 겪는다. 이런 곤란은 그가 자기 죄를 **자복하고 아뢰어**(5절) 하나님이 그 **죄악을 사하**실 때까지 지속된다.

B. 하나님이 베푸시는 용서의 유효성(32:6-7)

32:6-7. 다윗은 자신의 경험을 이유로 들어 **모든 경건한 자**에게 **기도**하라고 외친다. **홍수** 이미지는 극한 곤경을 표현한다(18:16; 사 8:7-8). 다음과 같은 주변의 문장들도 홍수를 더 특별하게 암시한다. 모두 **주를 만날 기회를 얻어서 주께 기도할지라**. 이는 특정한 시기, 곧 노아가 방주를 건조하던 시기에 이루어진 '전도활동' 및 그 당시에 살던 사람들의 잠재적 회개와 평행을 이룬다(참고. 히 11:7과 창 7:1-10의 주석). **주는 나의 은신처이오니 환난에서 나를 보호하시고**. 이는 노아와 그의 가족을 홍수로부터, 정확히 말하자면 홍수를 통해 보호해주신 것과 평행을 이룬다(참고. 벧전 3:20과 그 구절의 주석).

C. 하나님이 베푸시는 용서의 매력(32:8-11)

32:8-11. **내가 네 갈 길을 가르쳐 보이고 훈계하리로다**라는 표현이 암시하듯이, 하나님의 용서는 그분이 말씀 속에서 드러내신 영적 지각과 도덕적 명료함을 촉진한다. **너를 주목하여 훈계하리로다**라는 표현은 여호수아가 하나님의 율법과 관련하여 표현한 대로(수 1:8) 지혜의 전달을 의미한다. 하지만 하나님의 훈계에 **무지한 말이나 노새같이** 응해서는 안 된다. 다시 말해, 회개하지 않으려고 반항하거나 고백을 주저해서는 안 된다. 주님께 배우고 지혜롭게 되는 것은 해볼 만한 일이다. **악인은 많은 슬픔이 있지**만, 신자는 하나님의 자애로운 **인자하심**['헤세드', 참고 시 5:7의 주석]이 그를 에워싸기 때문이다. **여호와를 신뢰하는 자**는 하나님의 은혜(**인자하심**)를 경험하게 될 것이다. 그런 사람은 **여호와를 기뻐하고 즐거워**하며 **즐거이 외치**게 될 것이다.

시편 33편: 공동 찬양의 패러다임

이 시에 표제가 없는 까닭은, 시편 2편이 1편과 '한 쌍으로' 읽도록 의도되었듯이(시 1편의 주석을 보라) 이 시가 앞의 시와 '한 쌍으로' 읽도록 의도되었기 때문일 것이다. 다음의 사실이 이런 가능성을 뒷받침한다. 이 시와 앞의 시는 시편 1편 및 2편과 주제와 표현 면에서 대단히 유사하다. 주제 면에서는 시편 32편이 시편 1편처럼 개인 예배에 초점을 맞춘다면, 시편 33편은 시편 2편처럼 공동 예배에 초점을 맞춘다. 표현의 유사성은 다음과 같다. "복이 있는"(1:1; 32:1), '주야로'(1:2; 32:4), '시내'/'홍수'(1:3; 32:6), '악인'과 '의인'의 처지 비교(1:5-6; 32:10-11), "나라들이…민족들이…서로 꾀하여 여호와를 대적하며"/"여호와께서 나라들의 계획을…민족들의 사상을 무효하게 하시도다"(2:1-2; 33:10), "하늘에 계신 이가 웃으심이여"/"여호와께서 하늘에서…그가 거하시는 곳에서…굽어살피시는도다"(2:4; 33:13-14), '땅 끝'/'온 땅'(2:8; 33:5, 8, 14), "다 복이 있도다"/"백성은 복이 있도다"(2:12; 33:12).

A. 공동 찬양의 의무(33:1-3)

33:1-3. 여는 노래, **너희 의인들아 여호와를 즐거워하라**는 앞의 시 마지막 절(32:11)과 밀접하게 연결된 사상이다. **새 노래**[신자의 지속적인 하나님 경험을 새롭게 표현하는 찬송]의 형식으로 함께 **찬송**하고 함께 **감사**[시 33편의 주제]하라는 촉구가 반복된다. 이 구절들은 하나님의 속성과 구원을 기리는 노래이자(참고. 40:3; 96:1; 98:1; 144:9; 149:1; 사 42:10; 계 5:9; 14:3) 개인에게 용서(시 32편의 주제)라는 은혜의 선물을 베푸시는 하나님께 **의인들**이 바치는 노래이다.

B. 공동 찬양의 이유(33:4-19)

33:4-5. 이 부분은 창조주 **여호와**께 바치는 찬양의 노래이다. 하나님을 공동으로 찬양해야 하는 이유는 다음 일곱 가지이다. (1) 하나님의 속성, 특히 모방이 가능한 그분의 속성 때문이다. 이 속성들에는 **정직하심**, **진실하심**, **공의**, **정의**, **인자하심**(참고. 5:7의 주

석)이 있다. **공의**와 **정의**라는 두 용어는 성경에서 하나님의 속성 및 말씀에 순종함과 관련하여 종종 서로 연결된다(예를 들어 창 18:19; 삼하 8:15; 왕상 10:9; 대상 18:14; 시 89:14; 97:2; 99:4; 잠 1:3; 2:9; 21:3; 사 1:27).

33:6-19. (2) 하나님의 능력이 그분의 세상 창조에서 드러났기 때문이다. **그가 말씀하시매 이루어졌으며**, 그분의 **말씀**으로(6-9절). (3) 하나님의 **계획**[하나님의 뜻, 10-11절]은 영원하기 때문이다. (4) 하나님이 이스라엘을 그분의 **기업으로** 선택하셨기 때문이다(12절; 시 28:9을 보라). (5) 하나님은 모든 거민의 **마음**을 잘 아시기 때문이다(13-15절). (6) 하나님이 그 어떤 소망과 구원의 근거보다 더 뛰어나시기 때문이다(16-17절). (7) 하나님이 **그를 경외하는**[예배하는, 참고. 111:10] 이들에게 특별한 관심을 기울이시기 때문이다(18-19절; 시 40편을 보라).

C. 공동 찬양의 적용(33:20-22)

33:20-22. 그 결과 하나님에 대한 공동의 신뢰가 싹튼다. 다음과 같은 복수형 대명사들이 이를 강조한다. **우리의 영혼이 주님을 바람이여 그는 우리의 도움과 방패시로다**(참고. 삿 5:8; 왕하 19:32; 시 35:2). 하나님의 **성호**[새번역은 '거룩한 이름', 참고. 시 23:3의 주석]에 대한 공동의 신뢰가 강화되고, 하나님의 백성 가운데 상황에 굴하지 않는 공동의 기쁨이 조성된다(**우리의 마음이 그를 즐거워함이여**).

시편 34편: 하나님의 섭리 패러다임

다윗의 시(시 3편의 표제에 대한 주석에서 다윗이 저자라고 밝힌 대목을 보라)인 이 시의 주제와 표현과 구조는 시편 25편과 유사하다(상세한 특성에 관해서는 시 25편의 서론을 보라). 표제가 암시하듯이 이 시는 다윗이 **아비멜렉 앞에서 미친 체하다가** 지었다(삼상 21:10-15에 기록된 일화와 관련이 있다. 이 구절의 주석을 보라). 따라서 이 시를 하나님의 섭리와 성실하신 관심에 대한 다윗의 감사와 찬양으로 이해함은 물론이고, 그가 주님을 경외하기보다는(주님에 대한 '경외'야말로 이 시의 주요 모티프이다, 7, 9, 11절; 111:10을 보라) 아기스를 더 두려워한 죄를 은연중에 고백한 것으로도 이해해야 한다(삼상 21:12을 보라). 22절을 제외하면 이 시는 아크로스틱 시이다(각 행마다 연속되는 히브리 알파벳으로 시작한다). 22절은 신실한 사람의 소망을 시 2:12에서 조성된 메시아 대망과 연결한다("아들에게 입 맞추라…여호와께 피하는 모든 사람은 다 복이 있도다". 시 34:22에 있는 유사한 구절 "그에게 피하는 자는 다 벌을 받지 아니하리로다"를 보라; Sailhamer, *NIV Compact Bible Commentary*, 322).

A. 하나님의 섭리를 찬양하다(34:1-7)

34:1-3. **내가 여호와를 항상 송축함이여**라는 다윗의 선언은, 그가 아비멜렉 앞에서 하나님을 신뢰하지 않은 것에 대한 응답으로 읽을 때 특히 의미심장해진다. 다음 표현에서 다윗이 부르는 찬양의 깊이를 엿볼 수 있다. **내 입술로 항상 주를 찬양하리이다**(1절). 이는 매일 입을 열 때마다 하나님의 속성과 활동을 증언하기 위해 의식적으로 노력하겠다는 뜻이다. 다윗은 자기가 이룬 것을 자랑하지 않고 **여호와를 자랑하**려고 한다(참고. 44:8; 렘 9:23-24; 고전 1:31). 결국에는 다른 이들도 그것을 **듣고** 기뻐하며 **여호와를 광대하시다 하며** 다윗과 함께 주님의 **이름을 높이**게 될 것이다.

34:4-7. 다윗이 하나님을 찬양하는 까닭은 하나님이 그를 **모든 두려움에서 건지셨**기 때문이다. **곤고한**(6절, '괴로워하는' 또는 '괴롭힘을 당하는'으로 읽는 게 더 낫다. 이 단어는 재정 상태가 아니라 고통을 암시하기 때문이다) **자**라는 표현은 다윗의 영적 상태가 궁핍하고 고통스러움을 암시한다. 그가 **부르짖으매**[큰 소리로 부르매] **여호와께서 들으시고**[그의 기도에 응답하시고] **그의 모든 환난에서** 그를 **구원하셨**다. 다윗이 **여호와의 천사**를 언급한 것은 하나님이 그를 구하면서 담당하신 인간 역할을 강조한 것이다. 구약성경에서 천사는 종종 하나님이 개인이나 집단의 욕구를 충족시켜주시려고 인간의 형상으로, 즉 육신을 입기 전 성자의 형상으로 잠시 나타나신 것을 가리킨다(신의 현현, 창 16:7-12의 주석을 보라). 이는 할리우드 영화에 나오는 통속적 의미의 수호천사를 말하지는 않는다. **둘러진 치고**라는 표현은 주님이 백성들에게 공동으로 베푸시는 안전을 의미한다.

B. 하나님의 섭리로 초대하다(34:8-14)

34:8-14. 시적 표현으로 이루어진 이 구절은 주님의 선하심을 경험하라는 초대이다. **여호와의 선하심을 맛보아 알지어다**. **맛보아**로 번역된 표현은 (시 119:66

과 삼상 25:33에서처럼) '깨달으라/인식하라'는 뜻으로 이해해야 한다. 이 절은 주님의 일과 말씀에서 깨달음을 얻어 주님이 선한 분이심을, 더없이 참되고 선한 분이심을, 사람이 모실 수 있는 분 가운데 최선이심을 알라는(인식하거나 판단하라는) 뜻이다(시 16:2의 주석을 보라). 최선의 삶, 가장 **복이 있는** 삶(참고. 시 1편)은 **그에게 피하는 사람**만이 영위할 수 있다. **여호와를 찾는 자들은 모든 좋은 것에 부족함이 없**을 것이다. 이는 번영을 약속한 것이 아니라 **생명을 사모하고 연수를 사랑하는 사람**에게 하나님이 더 지속적으로 베푸시는 원리를 말한다. '생명'과 '연수'는 하나님과 함께하는 삶의 질과 양을 의미한다. 잠언에 나오는 것과 유사한 지혜로운 삶의 원리들은 다음과 같은 일반적인 진술로 끝을 맺는다. **악을 버리고 선을 행하며 화평을 찾아 따를지어다**.

C. 하나님이 섭리하시는 대상(34:15-22)

34:15-18. 의인과 악인 둘 다 **환난**을 겪지만, 그들이 주님과 맺는 관계가 각자 다른 까닭에 그들이 처하게 되는 상황도 각자 다르다. 하나님은 모든 것을 아시고 보시며 그분을 사랑하는 사람들의 유익에 관심을 기울이신다. **여호와의 눈은 의인을 향하시고 그의 귀는 그들의 부르짖음에 기울이시는도다. 그들의 모든 환난에서 그들을 건지셨도다**. 반면에 **여호와의 얼굴은 악을 행하는 자들을 향하신**다. 신자들을 **마음이 상한 자**와 **충심으로 통회하는 자**로 언급한 것은 이 문맥에서 의기소침이나 자포자기를 암시하기보다는 그들이 하나님 앞에서 지속적으로 회개하고 겸손한 자세를 취함을 기술하기 위해서이다(참고. 51:17).

34:19-22. 여기에서 **뼈**는 온전한 사람을 상징한다(참고. 6:2). **그중에서 하나도 꺾이지 아니하도다**라는 어구를 십자가에 달리신 예수님께 적용한 것(요 19:36)은 그분이 유월절 어린 양이실 뿐만 아니라(참고. 출 12:46; 요 1:36) **여호와께서 속량**해주시는 의로운 수난자이기도 하다는 것을 강조한다.

시편 35편: 자신을 변호해달라는 탄원

다윗의 시[시 3편의 표제에 대한 주석에서 다윗이 저자라고 밝힌 대목을 보라]인 이 시는 시편 34편과 유사한 동사 및 개념을 다수 담고 있다(34:1=35:28; 34:2=35:9; 34:7=35:5-6; 34:20=35:10).

A. 변호받기 바라는 마음을 아뢰다(35:1-8)

35:1-8. 여호와여 나와 다투는 자와 다투시고라는 다윗의 간청은 특수한 법률적 함의를 지니고 있다(참고. 43:1; 74:22; 잠 22:23; 사 3:13). 다윗은 오로지 하나님께만 청을 드린다. 그 이유는 (1) 만민에 대한 심판이 인간의 기준이 아니라 하나님의 기준에 따라 이루어지기 때문이다. (2) 하나님만이 궁극적으로 모든 사람 위에 좌정하실 것이기 때문이다(참고. 24절; 7:8; 9:8; 75:7; 96:10, 13; 110:6; 전 3:17; 12:14; 행 17:31; 계 20:13). **나는 네 구원**이라고 신원을 밝히시는 주님은 의인을 위해 싸우시는 용사로 묘사된다. 용사가 갖춘 병장기의 이미지는 **방패**와 **손 방패**, **창**과 **단창**(새번역)이다.

35:4-8. 나를 상해하려 하는 자들은 좌절하고 **부끄러워 수치를 당하고 낭패를 당하게** 될 것이다. 그들은 바람 앞의 겨처럼 될 것이다(참고. 1:5-6). **여호와의 천사**(참고. 34:4-7의 주석)가 심판의 앞잡이가 되어 **그들을 몰아낸다**.

B. 자신이 변호받을 만한지 돌아보다(35:9-26)

35:9-12. 다윗은 정의를 확신한다. **내 영혼이 여호와를 즐거워함이여…그는 가난한 자…궁핍한 자를…건지시는 이라**. 다윗은 자신을 무죄한 자로 여기지 않지만(삼상 25:32-33; 삼하 12:1 이하) **불의한 증인들**[법률적 용어] 앞에서, 그에게 **선을 악으로 갚는** 자들 앞에서는 자신이 무죄함을 선언한다. 그는 원수들이 곤경에 처했을 때 그들에게 베푼 친절을 보기로 든다(13-14절). 반면에 원수들은 비슷한 상황에서 그에게 악행을 저지른다(15-16절).

35:13-14. 원수들이 **병들었을 때** 그는 그들에게 관심을 기울이고, 깊은 관심을 표시하기 위해 **베옷을 입고 금식하**며 기도를 거듭해서 드린다(**기도가 내 품으로 돌아왔도다**라는 표현이 이를 암시한다). 그는 사랑하는 사람들에게 하듯이, 원수들이 **친구**나 **형제**라도 되는 것처럼, **어머니를 곡함같이** 그들에게 마음을 쓴다.

35:15-16. 반면에 시편 저자의 원수들은 그가 넘어짐을 기뻐한다. 그가 넘어짐은 도덕적 실패가 아니다. 도덕적 실패는 악인들의 관심사가 아니기 때문이다. 그는 다만 환경 때문에 넘어졌을 뿐이다(예를 들어 9:3; 27:2; 37:34).

35:17-18. 이 상황에서 다윗은 **주여 어느 때까지니이까**(6:3의 주석을 보라)라는 물음을 던진다. 그는 자신의 영광을 위해서가 아니라 **큰 회중 가운데서**(새번역), **많은 백성 중에서**, 장막/성전에서 이스라엘 백성과 함께 드리는 예배 중에 감사할 수 있도록 자신을 건져달라고 주님께 청한다.

35:19-26. 다윗은 원수들의 악을 강조하기 위해 그들을 **까닭 없이 나를 미워하는 자**로 부른다(참고. 69:4). 이것은 또 다른 심판을 간구하는 것이다. **여호와여 주께서 이를 보셨사오니 잠잠하지 마옵소서**(22절). 주님은 항상 우리 가까이에 계시지만(어디에나 계시며 편재하시므로) 하나님의 백성은 곤경에 처할 때마다 그분이 **멀리** 계신 것처럼 느낀다.

C. 자신이 변호받는 목적을 말하다(35:27-28)

35:27-28. 다윗이 자신을 변호해달라고 구하는 까닭은, 자신의 옳음을 입증하려는 것이 아니라 사람들로 하여금 **여호와는 위대하시다**라고 말하게 하려는 것이다.

시편 36편: 하나님의 언약적 사랑(헤세드)에 대한 묵상

이 시의 표제 **다윗의 시**에 관해서는 시편 3편과 4편의 표제에 대한 주석을 보라. **다윗**은 여기에서 **여호와의 종**[이 칭호는 시 18편의 표제에서도 다윗에게 붙는다]으로 언급된다. 이 시의 중심 주제는 하나님의 '헤세드'이다. 이 단어는 통상 '인자하심', 즉 언약에 기초한 하나님의 흔들리지 않는 사랑(참고. 5:7의 주석)으로 번역된다.

A. 인자하심의 부재(36:1-4)

36:1-4. **악인**의 **마음**은 주님을 거부한다. **그의 눈에는 하나님을 두려워하는 빛이 없다.** 악인에게 **죄악**은 삶의 모든 국면에서 고압적인 안내자 역할을 한다. 악인은 하나님을 두려워하기는커녕 스스로 **자랑하**면서 자기 양심을 달래고 자신의 모든 **죄악**과 **속임**에 찬성한다. 그는 하나님을 두려워하지 않는 까닭에 **악을 거절하지 아니**한다(참고. 잠 8:13).

B. 인자하심의 구현(36:5-9)

36:5-9. 하나님은 **인자하심**['헤세드', 충실한 사랑]을 가장 충만히 드러내고 영속적인 본보기로 세워 우리가 본받을 수 있게 하신다. 다윗은 다음의 사실을 힘주어 말한다. (1) 하나님의 **인자하심**은 끊임없이 공급된다. 하나님의 **인자하심은 하늘에, 공중에 사무친다.** 그것은 무궁하다(참고. 애 3:22-23). (2) 하나님의 **인자하심**은 깊이를 헤아릴 수 없다. 그것은 하나님의 **심판**에까지 영향을 미쳐 심판을 **큰 바다**[대양, 창 1:2; 7:11]처럼 측량할 수 없는 것이 되게 한다. 게다가 하나님의 **의는 하나님의 산들**, 예루살렘을 두르고 보호하는 **산들과 같다**(참고. 125:2). (3) 하나님의 **인자하심**은 일관되게 적용된다. 일반적으로는 (창 9:9-11에서 노아에게 세우신 언약과 마 5:45을 통해) 사람과 동물의 육체적 생명을 보전하는 데 적용되고, 특수하게는 (창 12:3에서 아브라함에게 언약을 세우시고 그것을 새 언약으로 구체화하심을 통해) 영적 생명을 제공하는 데 적용된다. **주의 날개 그늘 아래에 피하나이다**(시 17:8의 주석을 보라)라는 언급이 이를 암시한다. 인간에게 하나님은 **빛**의 유일한 근원이시다. **빛**은 성경에서 육적 · 영적 생명과 구원의 상징으로 사용되는 단어이다(참고. 49:19; 사 9:2; 요 1:4-9; 엡 5:8; 계 21:22-23).

C. 인자하심의 여전한 필요성(36:10-12)

36:10-12. **주를 아는 자들**에게는 주님의 **인자하심**이 계속 필요하다. 주님의 친절을 계속 경험하고 싶어하기 때문이다. 동사 '알다'는 친밀한 관계를 의미한다(시 1:6의 주석을 보라). 다윗은 자신을 괴롭히는 자들이 교만한 발(**교만한 자의 발**: 이 은유는 고대의 군 지휘관이 자기 발로 피정복자의 목을 밟은 데서 유래한 듯하다. 참고. 수 10:24)로 혹은 악한 손(**악인들의 손**)으로 자신을 해치지 않게 해달라고 하나님께 탄원한다. 다윗은 자신의 기도에 하나님이 응답하여 **악을 행하는 자들이 넘어지고 엎드러져 다시 일어날 수 없는** 곳, 즉 승리의 장소를 가리켜주시기를 고대한다.

시편 37편: 만족스러운 하나님의 보상을 기리다

다윗의 시(시 3편의 표제에 대한 주석에서 다윗이 저자라고 밝힌 대목을 보라)인 이 시는 아크로스틱 시이다. 중심 주제는 하나님의 보상으로서 (1) 이스라엘 땅의 영원한 상속으로 요약되는 보상의 성격과 (2) 보상받는 사람들, 즉 이스라엘 백성 가운데 일부(남은 자들)의 특성에 특별히 초점을 맞춘다.

보상의 모티프가 되는 이 두 측면은 보상받는 사람들에 대한 동일한 묘사로 시편 곳곳에 등장한다. 이를테면 "주님을 소망하는 자들"(9절), "온유한 자들"(11절), "주의 복을 받은 자들"(22절), "의인"(25절), "그의 도를 지키는" 자들(34절)이 "땅을 차지하게" 되리라는 표현이 반복해서 나온다(9, 11, 22, 29, 34절). 이 주제들은 시편 1편과 2편의 주제들을 되풀이한다. 예수님이 팔복을 말씀하시면서 미래의 보상에 대한 이 약속을 인용하신 것은 당연한 일이다(마 5:5; 마 5:1-6의 주석을 보라). 이 시는 암기를 돕기 위해 아크로스틱 시 구조로 배열되어 있다.

A. 하나님의 확실한 보상(37:1-15)

37:1-15. **불평하지 말라**(1, 7, 8절에서 반복)와 **불의를 행하는 자들을 시기하지 말지어다**라는 다윗의 권고는 하나님의 정의 문제를 제기한 것이다. 이를테면 어떻게 선하신 하나님이 악인에게 좋은 일이 일어나게 하시고, 착한 사람에게는 나쁜 일이 일어나게 하시겠느냐는 것이다. 다윗은 악인들의 번영 때문에 괴로워하지 말라고 권고하는 이유를 이 시의 다음 세 부분에서 제시한다.

첫째, 악인들이 이 세상에서 좋은 일(예를 들어 부, 지위, 권력)을 누리는 것은 잠시에 불과하다고 확신하기 때문이다. **그들은 풀과 같이 속히 베임을 당할 것이며**(2절; 9, 10, 20절도 보라). 한편 **여호와를 기뻐**하는(4절) 사람들은 자신들의 **길을 여호와께 맡기고**, **그를 의지하고**(5절), **여호와 앞에 잠잠하고**(7절), **땅을 차지하고**(9절; 참고. 3, 22절; 25:15의 주석을 보라), 번영(개역개정은 **화평**)으로 **즐거워하**게 되리라(4-5, 7, 9, 11절)고 확신하기 때문이다. 번영[히브리어로 샬롬(*shalom*)]은 '화평'으로 읽는 것이 더 낫다. 샬롬이 물질적 · 육체적(외적) 완전함뿐만 아니라 영적(내적) 완전함도 의미하기 때문이다(시 29:11의 주석을 보라). 예수님은 이 본문을 산상수훈에 포함시키셨다(마 5:5의 주석을 보라).

B. 하나님의 가장 좋은 보상(37:16-26)

37:16-26. 다윗은 의인이 풍성한 화평을 얻고 악인은 결국 박탈을 겪는다고 단언한 뒤 하나님의 보상이 지닌 두 번째 양상을 소개한다. 이를테면 하나님의 보상이 악인들의 일시적 번영보다 **낫다**는 것이다(**의인의 적은 소유가 악인의 풍부함보다 낫도다**, 16절. 비교급 '더 낫다'를 의미하는 히브리어 구문은 의미상 최상급 '최고이다'가 될 수 있다). 의인들과 주님 사이의 친교보다 더 나은 것은 없다. 주님은 의인들을 **붙드시고**(17절), **그들의 기업이 영원하리**라는 것도(18절) 아신다. 이 미래의 기업이 가장 좋은 것이다. 의인의 모든 물질적 필요는 물론이고(19, 25절) 의인의 모든 영적 필요도 온전히 충족시켜주기 때문이다(이 충족은 **복을 받은**이라는 용어와 **복**이라는 용어로 요약된다. 22, 26절). 하나님의 복은 의인의 관계적 욕구와 정서적 욕구도 온전히 충족시켜준다. 24절에 있는 이미지가 이를 암시한다. 이 절에서 하나님은 신자가 **넘어**질 때 부드러우면서도 단단한 손아귀로 **우리의 손을 잡아주시**는(24절, 새번역) 아버지로 묘사된다.

C. 하나님의 영원한 보상(37:27-40)

37:27-40. 하나님의 정의와 관련하여 그분의 보상이 지닌 세 번째 양상은 영원함이다. **악에서 떠나 선을 행하라 그리하면 영원히 살리니**(27절). 우리가 이생에서 하는 모든 경험은 이후에 맞이하게 될 경험, 영원히 계속될 경험에 비하면 아무것도 아니다. **악인들은 끊어질 것이나**(28, 38절) 의인들은 **영원히 살** 것이다(27절). '끊어진다'는 것은 성경에서 죽음을 의미하는 관용적 표현으로서 여기에서는 둘째 사망을 말하는 것 같다(계 20:14). 의인들은 이스라엘과 이방인들 가운데 남은 자들, 즉 아브라함의 하나님, 이삭의 하나님, 야곱의 하나님을 믿고 궁극적으로는 메시아 예수를 믿는 사람들을 말한다. 이 모든 상황에 주어지는 권고와 격려는 **여호와를 바라고 그의 도를 지키라**는 것이다(34절). **의인들의 구원은 여호와로부터 오나니 그는 환난 때에 그들의 요새이시**기 때문이다(39절).

시편 38편: 하나님의 징계에 대한 반응

이 시의 표제 **다윗의 시**에 관해서는 시편 3편의 표제에 대한 주석을 보라. 이 시는 **기념하는**[문자적으로 '기억하기 위한'] 시로 여겨진다. 이는 이 시를 나팔절[오늘날에는 유대교의 신년절 로시 하샤나(*Rosh Hashanah*)로 알려져 있다]과 관련하여 낭송했음을 암시한다. 나팔절은 특별히 '기념하는 날'로 여겨진다(레 23:24, KJV, ESV). 이 시는 어떻게 하나님이 의인들을 '도우시고' 그분의 활동이 그들을 '구원하시는지' 강조하면서 다윗이 시편 37:40에서 경고했던 악인들로 인한 근심을 기술하는 것 같다. 시편 38:22에는 하나님의

'도움'과 '구원'을 바라는 진지한 청이 담겨 있다(37:40; Sailhamer, *NIV Compact Bible Commentary*, 322-323).

A. 하나님의 자비를 간청하다(38:1-8)

38:1-8. **주의 노하심으로 나를 책망하지 마시고 주의 분노하심으로 나를 징계하지 마소서**라는 탄원은 시편 6편의 탄원과 거의 일치한다. 동사 '책망하다'와 '징계하다'가 암시하듯이 시편 6편에는 하나님의 자비를 구하는 탄원과 죄의 정직한 고백이 결합되어 있다(시 6:1의 주석을 보라). 다윗은 자신이 죄를 지었음을 인정한다. **내 죄악이 무거운 짐 같으니 내가 감당할 수 없나이다**(4절). **마음이 불안하여**(8절) 그리고 하나님의 징계를 받아서 **내가 신음하나이다**. 그러고는 자신의 범죄가 초래한 결과를 육체적 · 심리적으로 묘사한다. **내 뼈에 평안함이 없**고(3절; 참고. 욥 33:19), **내 살에 성한 곳이 없**으며(7절), 심리적 고통을 따라 **내가 종일토록 슬픔 중에 다니나이다**(6절; 참고. 시 32:3-4).

B. 자신의 약함을 인정하다(38:9-12)

38:9-12. 다윗은 죄를 솔직하게 털어놓고(**주여 나의 모든 소원이 주 앞에 있사오며**, 9절) 그 죄가 일으킨 광범위한 여파를 자기 힘으로는 해결할 수 없음을 인정한다. 그는 (1) 피로감과 죄책감(**내 심장이 뛰고 내 기력이 쇠하여**, 10절), (2) 죄로 인해 그와 친구들 사이에 생긴 거리감(**내가 사랑하는 자와 내 친구들이 멀리 섰나이다**, 11절)을 언급하고, (3) 그의 죄가 적들에게 공격의 빌미를 주었다고(**내 생명을 찾는 자가 종일토록 음모를 꾸미오나**, 12절) 말한다.

C. 하나님께 계속 의지할 것을 맹세하다 (38:13-22)

38:13-22. 다윗은 자신이 **못 듣는 자**, **말 못하는 자 같이** 되었다고 말하면서 원수들의 비난을 듣지 않고 그 비난에 응대하지도 않으며(13절) 오히려 주님을 바라겠다고 말한다. 다윗은 하나님께 의지하겠다는 맹세를 자신이 자주 쓰는 말로 요약한다. **여호와여 내가 주를 바랐사오니**(15절; 참고. 31:24; 33:18, 22; 69:3; 131:3; 또한 42:5, 11; 43:5; 71:14; 130:5, 7; 147:11도 보라). 다윗이 말미에서 주님을 **나의 구원**이라고 말한 것에 관해서는 시편 3:8의 주석을 보라.

시편 39편: 인생의 덧없음과 침묵의 죄

이 시의 표제 **다윗의 시**에 관해서는 시편 3편과 4편의 표제에 대한 주석을 보라.

여두둔은 찬양대 인도자이다. 그는 노래하는 세 레위 가문 중에서 한 가문의 시조이다(대상 16:41; 25:1을 보라). 이 시, 특히 11절은 다윗의 역경을 영원의 관점에서 고찰한다(Sailhamer, *NIV Compact Bible Commentary*, 323). 이 시의 주제와 동사 표현은 앞 시의 것들과 유사하고(예를 들어 38:13=39:2, 9; 38:11=39:10; 38:1=39:11) 욥의 말과도 유사하다(예를 들어 39:4=욥 6:11; 39:13=욥 10:20-21).

A. 침묵의 죄를 깨닫다(39:1-3)

39:1-3. 다윗은 과거를 회고하며 이렇게 말한다. **나의 행위를 조심하여 내 혀로 범죄하지 아니하리니**. 그런 다음 그는 **악인이** 그의 **앞에 있을 때에** 그의 **입에 재갈을 먹이리라**고 다짐한다(1절). 다윗은 불의에 좀 더 사려 깊고 분별 있게 대응하기보다는 급히 화를 내며 대처하는 자신의 성향을 아는 까닭에 나중에 과도하고 죄스럽게 여기게 될 경솔한 선언을 삼가겠다고 결심한다(삼상 25:21-22, 33을 보라). 이 결심은 바람직하고 성경적인 지혜에 부합하지만, 다윗은 도가 지나쳐서 말해야 할 때에 **잠잠하**고, 급기야 **선한 말도 하지 않는다**(그래서 **근심이 더 심해진다**, 2절; 참고. 레 19:17).

B. 기회와 인생의 덧없음을 깨닫다(39:4-6)

39:4-6. 그는 **여호와여 나의 종말과 연한이 언제까지인지 알게 하사**라고 기도한다(4절). 그는 시간을 활용하는 방법과 말할 때와 침묵할 때를 알고 싶어 한다. 그는 모든 사람이 **인생의 전성기조차도 한낱 입김에 지나지 않**음을 깨닫는다(새번역, 참고. 49:10-12; 62:9; 89:47; 90:3-6; 전 1:2-4; 6:12; 사 40:6-8). 그렇다고 해서 다윗이 꼭 말해야 할 때 침묵한 죄를 면제받는 것은 아니다.

C. 침묵의 죄를 회개하다(39:7-13)

39:7-13. 다윗은 하나님의 자비에 기대어 죄 용서를 구한다. **주여 이제 내가 무엇을 바라리요 나의 소망은 주께 있나이다**(7절). 다윗은 자기의 **죄**, 즉 꼭 말해야 할 때 침묵하던 습관을 인정하고(8절), 하나님이 내리시는 징계가 옳고 필요함을 인정한다(11절, **주께서 책망하사 사람을 징계하실 때에**; 시 6:1의 주석을 보

라). 다윗은 회개의 일부로서 자신과 하나님의 관계, 하나님을 바라는 자신의 마음을 아뢴다. **나는 주와 함께 있는 나그네이며**(12절)라는 진술이 이를 암시한다. 다윗은 이 시를 절망의 어조로 끝맺는다. **나에게서 눈길을 단 한 번만이라도 돌려주십시오**(13절, 새번역). 이는 그가 부끄러워서 하나님 앞에 있을 마음이 나지 않았기 때문이다. 하지만 시편 40편에는 다윗의 기도에 대한 하나님의 응답, 즉 그에게 구원자를 보내주시겠다는 약속이 기록되어 있다(Sailhamer, *NIV Compact Bible Commentary*, 323).

시편 40편: 구원과 곤경

이 시의 표제 **다윗의 시**에 관해서는 시편 3편과 4편의 표제에 대한 주석을 보라.

이 시는 두 부분으로 나뉜다. 첫째 부분에는 구원에 대한 시편 저자의 감사가 담겨 있고(1-10절), 둘째 부분에는 구원을 바라는 시편 저자의 기도가 담겨 있다(11-17절). 구원을 바라는 기도의 대부분(13-17절)은 시편 70편에서 반복된다. 시의 구조가 거꾸로 되어 있는 것처럼 보이는데, 혹자는 다윗이 구원을 바라는 기도를 먼저 드린 다음 구원을 베푸신 하나님을 찬양한 것이라고 주장한다. 그러나 이 시가 다윗이 과거에 경험한 구원(1-10절)을 떠올리며 시작되었다고 보는 편이 더 그럴듯하다. 뒷부분은 과거의 경험을 근거로 하나님의 도움이 필요한 현재의 어려움 속에서 같은 구원을 바라며 드리는 기도라고 할 수 있다(11-17절).

A. 구원을 기리는 찬양(40:1-10)

40:1-5. 이 시는 다윗이 시편 39편의 상황에서 구조받은 것을 기쁘게 기술하고 있다. 주께서 **나의 부르짖음을 들으셨도다**(1절)라는 표현은, 하나님이 '귀여겨들으신다'(혹은 '보신다')는 성경의 표현이 그러하듯 인간의 필요에 응하는 하나님의 자비로운 배려를 의미한다(시 34:15-18의 주석을 보라). **멸망의 구덩이**(2절, 새번역)라는 표현은, 현대의 신자들이 노래에서 이 표현을 사용하는 것처럼 다윗이 직면한 문제를 비유하는 표현인 것 같다. 하나님의 구원이 다윗에게 **새 노래 곧 찬송**을 제공한다(시 33:1-3의 새 노래에 관한 주석을 보라). 이 찬송은 **많은 사람**에게 **여호와를 의지하**도록 동기를 부여한다(참고. 33:3; 96:1; 98:1; 144:9; 149:1).

이 찬송에는 **여호와를 의지**하는 **자는 복이 있도다**(4절)라는 일반적 원리가 드러나고 있다. 다윗은 자기가 경험한 구원을 하나님이 과거에 그분의 백성에게 행하셨고 장래에도 행하실 **기적**들과 동일시한다(5절).

40:6-8. 다윗은 하나님이 베풀어주시는 구원의 기적을 언급한 뒤 미래의 구원자에 관한 내용이 두루마리 책에 기록되어 있음을 떠올린다(6-8절). 다윗은 구원자의 말을 인용하면서 1인칭을 사용하여 구원자의 음성으로 **율법**책(토라)을 언급한다. 토라의 메시지는 많은 제사를 강조하지 않고, 하나님은 사실 종이 자신의 귀를 뚫어 주인을 기꺼이 섬긴 것처럼(출 21:6) 이스라엘이 그렇게 하나님을 섬기기를 원하신다고 역설한다. 히브리 원문에는 "당신이 나를 위해 '파주신' 귀"라고 되어 있다[시 40:6에 대한 번역자의 주(註)가 문자적으로 '파주셨다' 내지 '뚫어주셨다'를 암시하기는 하지만, NASB의 '열어주셨다'(opened)는 제대로 된 번역이 아니다].

70인역의 6-8절은 히브리서 10:5-10에서 메시아가 직접 하신 발언으로 인용되는데("그러므로 주께서 세상에 임하실 때에 이르시되", 5절), 이는 메시아가 강림하여 '죄를 사하기 위한 영원한 제사'로 스스로를 드리심으로써(히 10:12) 정점에 이른 사역에 적용한 것이라고 할 수 있다. 하나님은 제사를 원하지 않고 **번제와 속죄제를 요구하지 아니하신다**(6절)는 메시아의 발언은 (생명을 주고 생명을 사는) 신적 대속의 필요성을 부인한 것이 아니다. 오히려 (1) 제사를 드릴 때에는 바른 마음 자세(성실한 회개, 기쁨, 감사)가 따라야 하며, 그렇지 않으면 아무 소용이 없고(시 51:16-19을 보라), (2) "황소와 염소의 피가 능히 죄를 없이 하지 못"하는 까닭에(히 10:4) 동물 제사는 사실상 죄를 사하시려는 하나님의 요구를 한 번도 만족시킨 적이 없다고 말씀하신 것이다. 영적 순결(죄와 악행에 오염되지 않은 영혼)로 그 자격을 부여받은 단 한 번의 제사, 곧 메시아 예수 자신의 제사만이 하나님이 받으시는 제사였다. 이 제사가 거행되고 예수님의 부활을 통해 정당성이 입증되자(롬 1:4) 하나님은 인간에게 다른 어떤 제사가 아니라 성자를 믿는 믿음과 영적 예배를 요구하셨다(롬 12:1). 게다가 히브리서 10:5은 "당신이 나를 위해 예비하신 몸"이라는 70인역의 표현도 인용한다.

이는 히브리 원문의 "당신이 나를 위해 파주신 귀"(6절)를 의역한 것이다. 70인역의 표현은 70인역과 히브리어 성경이 메시아가 하나님을 예배하는 일에 온전히 헌신하셨다고 말한다는 점에서 무난한 번역이라고 할 수 있다.

40:9–10. 구원자의 도래를 예상한 시편 저자는 이제 하나님의 구원이라는 **기쁜 소식**을 전하는 데로 돌아간다(9절; 참고. 35:17-18). 그가 전한 메시지는 하나님의 **인자**와 **진리**였다.

B. 구원을 바라는 기도(40:11–17)

40:11–12. 여기에서 찬양이 절박한 탄원으로 전환된다. **여호와여 주의 긍휼을 내게서 거두지 마시고**(11절). 다윗은 자신의 **죄** 때문에 근심이 많다(12절; 참고. 25:17-18; 38:2-14).

40:13–17. 다윗은 하나님께 개입을 간청한다. **여호와여 은총을 베푸사 나를 구원하소서 속히 나를 도우소서**(13절; 참고. 시 38:22). 그런 다음 그는 주님이 원수들에게 해주시기를 바라는 점들을 일일이 열거한다. 그들이 **수치와 낭패를 당하게 하시며, 물러가 욕을 당하게 하소서, 수치로 말미암아 놀라게 하소서**(14-15절). 끝으로 그는 어떤 상황에서든 늘 품고 있던 목적을 말한다. **여호와는 위대하시다 하게 하소서**(16절; 참고. 35:27; 70:4).

시편 41편: 하나님의 은혜에 대한 묵상

이 시의 표제 **다윗의 시**에 관해서는 시편 3편과 4편의 표제에 대한 주석을 보라. 시편 40편은 구원과 도움을 바라는 다윗의 탄원을 담고 있다. 시편 41편에서 시편 전체의 편집자는 구원을 베푸시는 하나님을 다윗이 무한히 신뢰함을 강조하는 시로 제1권(시편 전체의 첫 부분인 시 1-41편)을 마무리한다. 다윗이 하나님을 의지하는 까닭은 하나님이 스스로 하신 말씀을 잘 지키시기 때문이다(Sailhamer, *NIV Compact Bible Commentary*, 323).

A. 하나님의 은혜로 각 사람이 받는 복(41:1–3)

41:1–3. 1절의 여는 말, 곧 "~하는 자는 복이 있다"는 말로 개인이 받는 복을 명시적으로 말함으로써 시편 제1권은 시작할 때와 동일한 방법으로 끝을 맺는다(시 1:1의 주석을 보라). 시편 1편의 복은 시편 2:12과 성자 안에서 피난처를 찾는다는 주제와도 연결되어 있다. 이 핵심 표현을 시편 1편과 41편의 '북엔드'로 삼는 것은 개인이 받는 복의 동기를 강조할 뿐만 아니라, 시편 1편에서 소개한 대로 개인의 복으로 이어지는 예배의 개념이 무엇보다도 긍휼과 은혜를 구체적으로 드러내는 일(41:1에 의하면, **가난한 자를 보살피는 자**)을 포함하고 있음을 분명히 하는 데에도 도움이 된다. 바꾸어 말하면, 개인에게 복을 가져다주는 예배(1편)에는 긍휼과 은혜의 행위(41편)가 포함되어야 한다는 것이다. 예배는 첫 번째 큰 계명 "네 마음을 다하고 목숨을 다하고 뜻을 다하여 주 너의 하나님을 사랑하라"(마 22:37; 참고. 신 6:4-5) 다음에 나오는 두 번째 큰 계명, 즉 "네 이웃을 네 자신같이 사랑하라"(마 22:39; 참고. 레 19:18)에 순종하는 모습으로 표현되어야 한다.

B. 각 사람에게 필요한 하나님의 은혜(41:4–9)

41:4–9. 다윗은 은혜를 보여달라고 하나님께 청한다. **내가 말하기를 여호와여 내게 은혜를 베푸소서 내가 주께 범죄하였사오니 나를 고치소서.** 신자들이 긍휼과 은혜를 베푸는 것으로 예배드리기(와 복 체험하기)를 지속하려면, 자신들에게 베풀어주시는 하나님의 긍휼과 은혜를 지속적으로 표현해야 한다. 여기에서는 개개의 신자에게 하나님의 긍휼과 은혜가 끊임없이 필요하다는 데 초점을 맞춘다. 특별히 신자가 **범죄**했을 때 그를 고치시는(4절) 하나님의 은혜를 이야기한다. 말하자면 하나님은 죄에 자애로운 징계로 반응하여 신자를 회개와 건강하고 힘차며 경건한 걸음(삶)의 회복으로 이끄신다는 것이다(잠 3:11-12; 히 4:14-16과 그 주석을 보라). 하나님의 긍휼과 은혜는 신자가 경건하게 산다는 이유로 핍박을 받을 때 그의 심적 고통을 덜어주는 모습으로 나타나기도 한다. 신자를 핍박하는 자들은 그를 **미워하는 자**들이거나(7절) 그를 **신뢰하던 가까운 친구**들이다(9절). 주 예수님은 마지막 유월절(최후의 만찬) 자리에서 이 구절을 자신에게 적용하며 가룟 유다의 배반에 대해 말씀하셨다(요 13:18).

C. 하나님의 은혜로 각 사람이 받는 격려 (41:10–13)

41:10–13. 다윗은 다시 은혜를 구한다. **여호와여 내게 은혜를 베푸시고 나를 일으키사**(예를 들어 4:1; 6:2; 25:16; 57:1). 하나님의 은혜를 체험하면 당연히 격려도 받게 된다. **원수**에게서 구조된 것은 하나님이

시

그를 **온전한 중에** 붙드셨다는 증거이다(11-12절). 주님은 그를 **영원히 주 앞에 세우신다**(12b절, 과거시제로 쓰인 히브리 동사에 따라 번역하면 '세우셨다'가 된다. 이것이 더 나은 번역이다). 의인은 장차 하나님을 대면하여 보고 그분을 영원히 기뻐하게 될 것이다. 하지만 그때까지는 성경을 알고 순종하는 가운데 주님과 동행함으로써 그분과의 친교를 날마다 이어가야 한다. 다윗은 주님이 내리신 은혜로운 복에 초점을 맞추는 데서 시작하여, 하나님을 끊임없이 송축하는 생활 방식의 중요성을 강조하며 다음과 같은 영광의 노래로 끝을 맺는다. **이스라엘의 하나님 여호와를 영원부터 영원까지 송축할지로다**(13절; 참고. 106:48). 마지막 단어인 **아멘 아멘**('그리 되기를', '진실로')은 시편 제1권, 제2권, 제3권, 제4권을 마무리하는 단어이다(참고. 72:18-19; 89:52; 106:48).

Ⅱ. 제2권: 하나님의 돌보심에 응답하는 예배 (42-72편)

시편 42편: 하나님의 돌보심에 대한 갈망

시편 42편과 43편은 하나의 결합된 사상을 구성한다. 다음의 사실이 이를 암시한다. (1) 같은 후렴을 사용함(42:5, 11; 43:5). (2) 같은 주제에 초점을 맞춤(하나님의 자애로우신 보호와 양육을 갈망함). (3) 합쳤을 때 구조상 세 부분으로 나뉨(42:1-5; 42:6-11; 43:1-5). 이는 일반적으로 검증된 시편의 구조와 일치한다. (4) 두 편이 초기 랍비 자료에서 하나의 단위로 간주되고, 대다수 히브리 사본에서 그렇게 제시되며, 히브리어 시편 판본들에 그렇게 인쇄되어 있다는 점. (5) 오랫동안 존속해온 세파르딕(Sephardic, 이베리아반도의 세파르드 지역에 거주하는 유대인들의 문화를 지칭하는 용어—옮긴이 주) 유대인 전통에서 두 편이 초막절(하나님이 이스라엘을 돌보아주신 것을 기념하는 절기)에 한 단위로 낭송되고 있다는 점. 이 시는 다섯 '권'의 시편 가운데 제2권의 서두에 배치된 것에 부응하여 제2권의 주요 주제, 곧 하나님이 자애롭게 베푸시는 물질적 · 영적 돌보심에 초점을 맞추며 시작한다. 이것은 오경의 둘째 권 출애굽기와 주제 면에서 유사하다.

이 시는 **마스길**[시 32편의 서론과 시편 주석 서론의 '장르'를 보라]로 간주되며, **고라 자손**이 지은 것으로 여겨진다(서론의 '저자'를 보라). 고라 자손은 주님께 성실하여, 그 아버지와 250명의 사람이 모세에게 대들다가 땅에 "삼킴을 당할 때" 살아남은 레위 사람들이다(민 26:10-11; 민 16:1-40도 보라). 그들은 다윗 시대부터 성전에서 찬송하는 레위 사람들에 속해 있었다(대상 6:22-28, 31; 대하 20:19을 보라).

A. 주님을 깊이 갈망하다(42:1-5)

42:1-5. 이 시는 주님을 갈망하는 데 초점을 맞춘다. **하나님이여 사슴이 시냇물을 찾기에 갈급함같이** [문자적으로 '갈망하듯이'] **내 영혼이 주를 찾기에 갈급하니이다.** 목마른 사슴의 이미지는 시편 저자가 하나님을 절절히 갈망하고 있음을 예증한다. 사슴에게 물이 없어서는 안 되듯이 우리 생명에도 하나님이 필수적이다. 시편 저자는 [더 일반적인 '나'보다는] **내 영혼**을 구체적으로 **사슴**에 비유하는데, 이는 하나님의 돌보심이 육체적 욕구뿐만 아니라 영적 욕구에도 중요하게 미치고 있음을 암시한다(참고. 2a, 4a, 5a, 6a, 11a절에 등장하는 **내 영혼**). **살아 계시는 하나님**이라는 표현은 하나님이 불타는 산에서 강력하고 인간적인 방식으로 자기를 알리실 때 이스라엘이 주님을 뵌 것과 관계있다(출 19:16, 18; 20:18-21; 참고. 신 5:5, 25-26). 위급한 때에 다윗은 자신의 고투를 떠올리며 이렇게 말한다. **내가 끊임없이 기도할 때 내 눈물이 주야로 내 음식이 되었도다.** 4절에 등장하는 표현(**동행, 감사, 성일을 지키는**)은 초막절을 암시한다. 초막절은 이스라엘의 3대 순례 절기 중 하나로서(다른 두 절기는 유월절과 수장절이다) 이스라엘 자손의 40년 광야 여정에서 그들을 지키고 돌보아주신 하나님께 감사하는 절기이다(레 23:34-43).

B. 주님이 간절히 필요하다(42:6-11)

42:6-7. 시편 저자는 "네가 어찌하여" 주님을 신뢰하지 않고 "낙심하"느냐(5절)고 물으며 자신이 하나님의 돌보심을 간절히 바라고 신뢰하고 있음을 표사한다. 그는 "하나님께 소망을 두라…내가 여전히 찬송하리로다"(5절)라고 스스로에게 말한다. 그는 이스라엘 어느 곳에 있든, 즉 이스라엘 동쪽 경계인 **요단 땅**에 있든, 북쪽 구역인 **헤르몬** 봉우리들 사이에 있든(헤르몬산의 봉우리는 3개인데, 그중 하나가 **미살산**이다) 간에 주님을 **기억**한다('생각해낸다', '불러낸다', 6절). 시편 저

자는 하나님의 **폭포 소리에 깊은 바다가 서로 부르며 주의 모든 파도와 물결이** 그를 **휩쓸었다**고 말한다(7절). 이러한 표현들은 주님이 풍부한 물을 공급하여 시편 저자의 영적 갈망을 풀어주신다는 주제를 일관되게 전달하고 있으며, 헤르몬산맥의 **폭포**와 요단강의 **물결** 이미지를 포착하고 있다.

42:8. 시편 저자는 하나님의 자애로운 보호와 돌보심을 확신한다. 주님이 그분의 **인자하심**에 명하여(전령처럼 그분의 뜻을 수행하라고 그분의 사랑을 보내어) 그를 보살피게 하실 것이라는 진술이 그의 확신을 암시한다(시 5:7의 주석을 보라). 게다가 주님의 돌보심은 **낮에**도, **밤에**도 계속된다.

42:9-11. 다윗은 하나님에 대한 신뢰를 표현하면서도 자신의 고투를 인정하며 이렇게 묻는다. **어찌하여 나를 잊으셨나이까 내가 어찌하여 원수의 압제로 말미암아 슬프게 다니나이까.** 다윗은 자신의 처지 때문에 원수들(주님을 알지 못하는 자들)이 다음과 같이 조롱하고 있음을 깨닫는다. **네 하나님이 어디 있느냐**(시 6편의 주석을 보라). 다윗은 자신에게 권고와 격려를 보내며 시를 마친다. 상황에 굴하지 말고 **하나님께 소망을 두라 나는 내 하나님을 여전히 찬송하리로다.** 그는 주님을 **나타나 도우**시는 분으로, 자신의 **하나님**으로 여긴다.

시편 43편: 하나님의 양육 목적

시편 43편을 42편과 연결된 하나의 단위 중 한 부분으로 읽었다는 증거에 관해서는 시편 42편의 서론을 보라. 이 시는 다윗이 개인적으로 지은 죄 때문에 하나님이 그를 내치신 것처럼 보이지만 실제로는 그렇지 않음을 암시한다(43:2).

43:1-2. 시편 저자는 주님께 소망을 두라고 말한 뒤에(42:11) 자기를 **판단**해주시고 자기의 **송사를 변호**해달라며(시 35:1에서처럼, 이 구절의 주석을 보라) 하나님의 돌보심을 간청하는 것으로 이 시를 시작한다. **경건하지 아니한 나라**에서, **간사하고 불의한 자에게서 건져**달라는 간청이다(1절). 여기에서 다윗의 **원수**는 그를 **억압**하는 이방 나라들과 그 민족들이다(2절).

43:3-5. 하나님의 **빛**과 **진리**를 **보내**달라는 간청은 그분의 돌보심이 지닌 포괄적인 생명력을 강조한다(3절). **빛**은 하나님이 인류를 위해 가장 먼저 창조하신 것으로서 그분이 베푸신 전반적인 구속을 상징한다(시 27:1; 36:9; 창 1:3-4을 보라. 그 구절들의 주석도 보라). 반면에 **진리**는 하나님이 공급하시는 도덕과 절대적 성결(경건한 삶에 꼭 필요한 계시)을 상징한다. 하나님은 자신의 **빛**과 **진리**를 공급하시고 그것들을 따르게 하심으로써 시편 저자 및 그와 같은 사람들을 자신의 **거룩한 산**[성전산, 시 2:6의 주석을 보라]**에 이르게** 하신다. 거룩한 산은 하나님의 영광이 머무는 곳이다(3절; 참고. 왕상 8:27-30; 겔 43:7). 하나님이 이러한 것들을 공급하시는 목적은 신자들을 그분 앞으로 영원히 인도하여 **하나님**을 **찬양**하게 하려는 것이다(4절). 마지막 구절은 시편 42:11과 동일한 후렴이다(시 42:11의 주석을 보라).

시편 44편: 이스라엘의 역사를 회고하며 하나님의 구원을 구하는 기도

이 시의 표제 **고라 자손의 마스길**에 관해서는 시편 3, 32, 42편의 표제에 대한 주석을 보라.

앞의 시는 다윗이 개인적으로 지은 죄 때문에 하나님이 그를 내치신 것처럼 보이지만 실제로는 그렇지 않음을 암시한다(43:2). 시편 44편은 죄가 명확히 눈에 보이지 않을 때에조차, 죄와 그것이 가져온 결과를 다룬다(특히 9-19절을 보라; Sailhamer, *NIV Compact Bible Commentary*, 324).

A. 하나님의 업적을 인정하다(44:1-8)

44:1-3. 시편 저자는 주님께 초점을 맞추어 말하되 이스라엘의 역사를 읽는 이들에게 다음의 사실을 상기시킨다. **하나님이여 주께서 우리 조상들의 날 곧 옛날에 행하신 일을 그들이 우리에게 일러주매 우리가 우리 귀로 들었나이다**(1절). 시편 저자는 하나님이 이스라엘 민족의 역사 내내 행하신 **일**을 자기 세대의 조상들이 그들(그들의 자녀들)에게 **일러주**었다고 말한다(예를 들어 출 10:2; 12:14-27, 42; 신 32:7; 에 9:23-32). 이어지는 절들은 하나님이 과거에 이스라엘에 승리를 안겨주셨고, 기적을 일으키어 그들을 구원하셨고, 필요한 것을 공급하셨으며, 그들을 가나안 땅에 정착시키신 일을 회고한다. 하나님은 **뭇 백성을 내쫓으시고** 그분의 백성을 그곳에 **뿌리박게 하**셨다. 그분은 그 백성을 언약의 땅 도처에 **번성하게 하셨**다(2절). 이것은 이스라엘 백성의 힘으로 이룬 일이 아니고, 그들의 칼

로 이룬 일도 아니며, 오직 하나님의 **오른손**과 **팔**과 **얼굴의 빛**으로 이루신 일이다. 이 구절은 이스라엘의 출애굽과 밀접한 관련이 있다(3절; 참고. 출 6:6; 3:20; 7:5; 수 24:13). 하나님은 다음과 같은 것들로 이스라엘을 구하셨다. (1) 그분의 **오른손과 팔**[하나님의 당당한 구속 능력을 암시하는 별칭들, 참고. 시 77:15; 출 15:6, 17; 사 53:1], (2) 그분의 **얼굴의 빛**[하나님의 구원과 사랑을 받는 자로서 특권을 부여받은 지위 내지 관계를 의미함, 참고. 요 1:4-13; 3:19-21; 요일 2:8; 그리고 시 11:7b; 13:1; 41:12의 주석], (3) 하나님의 은혜(그분의 무조건적인 사랑에서 우러나온 자비로운 은총, 예를 들어 시 85:1; 참고. 신 7:8; 33:12a, 23-24).

44:4-8. 시편 저자는 하나님을 **왕**으로 선언한 뒤 **야곱**[이스라엘 백성, 4절; 참고. 14:7과 그 구절의 주석] **에게** 승리를 안겨달라고 청한다. 시편 저자는 이스라엘이 그들 안에서 그들을 통해 일하시는 하나님을 통해서만 승리할 것이라고(**우리 대적을 누르**게 될 것이라고) 선언한다(5절). 따라서 그는 이렇게 말한다. 하나님만이 승리를 안겨주실 것이기에 **나는 내 활을 의지하지 아니할 것이라 내 칼이 나를 구원하지 못하리이다**(6절; 참고. 20:7). 그는 하나님이 이스라엘을 **구원하시고**, 주님이 그의 청을 들어주시어, 그들이 **종일 하나님을 자랑하였나이다**라고 말한다(7-8절; 참고. 5:11).

B. 현재 필요한 것을 아뢰다(44:9-22)

44:9-10. **주께서 우리를 버려**라는 진술은(9절; 60:1) 사실을 말한 게 아니라 시편 저자가 당시 이스라엘의 괴로운 상황 한가운데서 느낀 소회를 표현한 것이다(사실 진술로 볼 경우 이는 다수의 다른 성경 구절과 모순된다. 참고. 레 26:44; 사 49:15; 렘 31:35-37).

44:11-16. 하나님은 그분의 백성을 **여러 민족 중에 흩으셨**다(11절). 이것은 모세오경에 나오는 표현과 같다(레 26:33). 거기에서 하나님은 이스라엘 자손이 불순종하여 그들에게 징계를 내리겠다고 경고하신다(참고. 레 26:22; 신 28:36-37). 이 진술은 이스라엘이 포로로 끌려가기 시작한 상황을 암시한다(여전히 적들을 밀어내려고 애쓰고 있었으므로 모두 다 끌려간 것은 아니었다, 시 44:5). 북 왕국 이스라엘이 정복당하고 그 백성들이 국외로 이송되는 일이 앗수르 왕 사르곤 2세 치하에서 일어났고, 이러한 일은 사르곤의 후계자 산헤립의 치하에 있는 남 왕국 유다에게 위협이 되었다. 이것이 시편 저자가 이 시에서 탄식한 상황이다. 16a절에 있는 유사한 표현(**나를 비방하고 욕하는 소리 때문이요**)과 하나님이 산헤립에 대해 하신 말씀(참고. 사 37:23)이 이를 암시한다.

44:17-19. 시편 저자는 **우리가 잊지 아니하**였으며, 백성이 하나님의 **언약**[모세와 세우신 언약, 17절]을 어기지 않았다고 아뢴다. 그런 다음 하나님의 백성에게 닥친 괴로운 상황이 징계가 아니라 욥의 경우처럼 시험하는 기회, 단련하는 기회일지 모른다고 생각한다. **우리 걸음도 주의 길을 떠나지 아니하였으나**(18절)라는 말은 욥이 자신의 온전함을 변론하면서 한 말과 매우 유사하다(참고. 욥 31:5-7).

44:20-22. 다음의 탄식이 징계가 아닌 단련으로 보는 관점을 뒷받침한다. **우리가 종일 주를 위하여 죽임을 당하게 되며**(22절). 이스라엘 백성은 **하나님의 이름을 잊**지 않았는데도 고난을 당했다(20절; 참고. 23:3과 그 구절의 주석을 보라). 이 탄식은 성경 다른 곳에서 신자들의 일시적인(현세의) "환난이나 곤고나 박해나 기근이나 적신이나 위험이나 칼"(롬 8:35-36)의 경험에 적용되고, "이 모든 일에 우리를 사랑하시는 이로 말미암아 우리가 넉넉히 이기느니라"(롬 8:37)라는 견고한 확신으로 상쇄된다.

C. 하나님의 인자하심을 간구하다(44:23-26)

44:23-26. 하나님이 자기 백성을 '버리신다'는 생각(9절)이 감정의 고문이듯, 여기에서는 **주여 어찌하여 주무시나이까**라는 비유적 표현(23절)이 그러하다. 이스라엘을 지키시는 주님은 "졸지도 아니하시고 주무시지도 아니하"시기 때문이다(121:4; 참고. 사 27:3). 시편 저자와 그의 백성이 겪는 고통이 징계이든 단련이든, 혹은 둘의 혼합이든 아니든 그들과 하나님의 관계는 이스라엘의 복종이 아니라 주님의 성실하신 사랑이나 **인자하심**에 기초를 둔(참고. 시 5:7의 주석) 하나의 현실이다. 시편 저자가 자기 또는 자기 백성의 위로나 평판을 위해서가 아니라 주님의 인자하심을 위해(주님의 인자하심이 온전함을 주장하기 위해) 구원을 간구하는 것은 바로 그 때문이다(26절; 참고. 3:7; 6:4; 25:22). 이 간구는 시편 45편에서 신적 왕이 오시어 이 구원을 일으키실 것이라는 약속으로 응답받는다

(Sailhamer, *NIV Compact Bible Commentary*, 324).

시편 45편: 성자 하나님의 뛰어나심

이 시의 표제 **고라 자손의 마스길**에 관해서는 시편 3, 4, 32, 42편의 표제에 대한 주석을 보라. **소산님**[백합화]**에 맞춘 것**이라는 간결한 지시는 이 시의 곡조를 가리키는 것 같다(시 60편의 서론을 보라, 참고. 시 69편과 80편의 표제). 이 시는 왕의 혼인을 경축하는 **사랑의 노래**이다. '노래'라고 표시된 이 시와 여타의 시편들은 노래로 불렸고, 그중 일부는 특별한 음악적 지시를 달고 있다(서론의 '시편의 유형'에 나오는 노래에 대한 주석을 보라). 어떤 사람은 이 시가 다윗과 미갈의 혼인, 혹은 다윗과 그술 왕의 딸 마아가의 혼인, 혹은 다윗과 밧세바의 혼인을 기술하고 있다고 주장한다. 하지만 다윗은 미갈과 혼인할 때 왕이 아니었고, 마아가와 혼인할 때에도 이스라엘을 다스리지 않았으며, 밧세바는 (9절이 요구하는 것과 달리) 왕가 출신이 아니었다. 다른 이들은 애굽 공주와 혼인한 솔로몬이 신랑일 것이라고 추정한다. 하지만 이런 추정은 다음 세 가지 이유로 가능성이 없어 보인다. (1) 이 시에 등장하는 왕은 용사이지만(3, 5절) 솔로몬은 용사가 아니다. (2) 솔로몬의 아들 중 누구도 온 세계의 군왕이 되지 못했다(16절). (3) 솔로몬과 이방 공주들의 혼인은 이 시에 등장하는 혼인과 같은 인정을 받지 못했다(참고. 왕상 11:1-3).

이 시에 기술된 혼인은 상징으로 여기는 편이 더 낫다. 다윗 왕가의 혼인이 아니라 하나님의 아들('신랑')과 그분의 백성('신부')의 혼인이라고 보는 것이다. 월터 C. 카이저에 따르면, 이 시는 다음 네 가지 이유에서 메시아를 가리키고 있다. (1) 이 왕은 '하나님이여'(6절)라고 직접 호칭된 신적 통치자이다. (2) 이 왕에게는 영원한 나라가 있다(6절). (3) 이 왕은 성스럽게 기름 부음 받은 통치자이다(7절). (4) 이 왕은 공정한 통치자이다[6절; Walter C. Kaiser Jr., *The Messiah in the Old Testament* (Grand Rapids, MI: Zondervan, 1995), 128-129].

A. 신랑의 역할로 확인되다(45:1-9)

45:1-2. 이 시는 다음과 같이 주제를 암시한다. **내 마음이 좋은 말로 왕을 위하여 지은 것을 말하리니**(1절). 어떤 사람은 이 시를 다윗이나 솔로몬에게 바친 것이라고 주장하지만, 위에 제시된 왕의 신원은 이 시의 내용에서 보듯이 오직 하나님의 아들, 신적 왕을 가리킨다.

45:3-5. 왕은 **용사**이며 **영화**와 **위엄**을 입으시고(3절; 참고. 21:5의 주석) **진리와 온유와 공의를 위하여 놀라운 일**을 행하신다(4절)는 모두 주님을 기술할 때 종종 쓰는 표현들이다. 시편 저자는 신적 왕이 누구보다도 '아름다우시다'고 단언한다(2절, 시 27:4과 그 주석을 보라). 때가 되면 그분은 초기에 자신의 백성들에게 받은 평가(사 53:2)와는 달리 모든 이에게 그런 인정을 받으실 것이다(사 33:17). "은혜를 입술에 머금으니"(2절)라는 표현은 그분의 말씀에 은혜와 정결이 속속들이 배어 있다는 뜻이다(잠 22:11의 이와 유사한 표현과 눅 4:22에서 이 개념을 예수님과 그분의 말씀에 적용한 것을 보라).

시편 저자는 왕을 **용사**[문자적으로 '영웅', '용감한 전사']라고 부름으로써 시편 24:8(그 구절의 주석을 보라)과 이사야 9:6에서도 사용된 유력한 신적 메시아의 칭호를 그분에게 돌린다. 그분은 **영화**와 **위엄**을 입으신다(시 110:3과 그 구절의 주석을 보라). 또한 그분은 메시아에게 걸맞은 개념인 **진리**(참고. 요 1:14), 온유(겸손, 참고. 슥 9:9), 공의(4절; 참고. 사 9:7)의 적임자이시다. **만민**(5절, 창 49:10에 기록된 대로 모든 백성'. 6b절에서 왕의 규를 언급함으로써 이를 강하게 암시한다)의 복종을 받고 영원히 다스리는 것(6a절; 삼하 7:13; 눅 1:33을 보라, 참고. 계 5:9-10)도 메시아에게만 해당되는 특성이다.

45:6-7. 앞부분에서는 신적 왕이 다른 모든 존재, 이를테면 사람이나 천사보다 뛰어나다는 사실에 초점을 맞추었는데, 이는 히브리서 1:8-9에서 의도한 바이기도 하다. 히브리서 1:8-9에는 이 부분의 궁극적 사상이 고스란히 인용되어 있다. **하나님이여 주의 보좌는**이라는 표현이 열쇠 역할을 하면서 찬사받고 있는 왕이 하나님이심을 암시한다. 6절을 "당신의 보좌는 신성합니다" 또는 "하나님이 당신의 보좌입니다"라고 새길 수도 있지만, 몇 가지 이유에서 전통적인 독법(**하나님이여, 주의 보좌는**)이 가장 좋다. 6절의 앞뒤 절들에서 2인칭 '당신'이 두드러지는데, 이 모두가 왕을 가리킨다(1절을 보라). 시편 저자는 6절에서 그 왕을 보좌에 앉

시

은 이로 언급하고, 그런 다음 '하나님'이라고 부른다. 이는 그 왕이 신성함을 암시한다. 7절에서는 하나님을 분명히 언급하면서 3인칭[**왕의 하나님이**(그분이) **즐거움의 기름을 왕에게 부어**]을 사용하여 하나님과 (신적) 왕을 구별한다. 6절의 **하나님** 용법에 이은 7절의 **하나님 곧 왕의**[당신의] **하나님**이라는 표현은 교훈적이다. 왕이 아무리 신성해도 하나님이 여전히 그의 하나님이심을 잊어선 안 된다는 것이다. 여기에는 신적 왕 메시아와 신성한 성부의 구별이 함축되어 있다.

혹자는 유일신교 신자인 유대 시인이 온전한 의미의 '하나님'이라는 단어를 이스라엘 왕에게 적용했을 리 없다며 이의를 제기할지도 모르겠다. 하지만 시편 저자는 하나님의 존귀와 위엄(96:6)을 말할 줄 아는 것은 물론이고 이 왕의 '영화'와 '위엄'(45:3; 96:6에서 사용된 것과 같은 단어들이다)도 말할 줄 안다. 또한 '진리'와 '공의'를 지지하는 왕의 성향(45:4, 6)과 하나님의 동일한 활동(33:5; 99:4; 사 61:8), 공평하게 재판하는 왕의 능력(45:6b)과 똑같이 행하시는 하나님의 능력(67:4; 99:4), 왕의 영원한 보좌(45:6)와 하나님의 영원한 보좌(10:16; 93:2; 145:13)에 대해서도 말할 줄 안다. 시편 45편에서 칭송받는 왕은 다윗의 자손으로서 여기에서 신적인 분으로 제시하는 다윗 가문의 바로 그 왕일 것이라는 추론이 타당해 보인다.

45:8-9. 왕은 영광스러운 혼인날을 경험한다. **왕들의 딸**이 참석하고, 왕의 오른쪽에는 **왕후가 금으로 꾸미고 서** 있다. 이는 솔로몬의 혼인이 아니라 다윗의 위대한 자손 메시아가 장차 있을 메시아 연회에서 신랑 자격으로 신부인 신실한 백성과 결합하는 것을 상징하는 그림이다(참고. 사 25:6-8; 54:4-5).

B. 신부의 반응으로 확인되다(45:10-15)

45:10-15. 이 시에 등장하는 왕이 하나님의 아들 메시아라면, 여기에서 기술하는 신부는 그분의 백성, 구속받은 이스라엘일 것이다. 이는 구약성경의 다른 곳에서 이스라엘 민족을 주님의 아내로 기술한 것과 유사하다(호 2:19-20; 사 54:5을 보라). 이스라엘은 제사장 나라로서 금으로 꾸민 고귀한 신부이다(출 19:5-6). 신부는 자신의 과거와 단절하고(10절) 왕이신 **주님께 경배해야** 한다. 그런 다음에야 **왕궁에 들어갈** 특권을 얻게 될 것이다(15절, 왕궁은 일반적으로 성소, 즉 하나님의 영원한 보좌가 있는 곳을 가리키는 단어이다. 겔 43:7과 시 11:4-7a의 주석을 보라).

C. 자녀들의 지위로 확인되다(45:16-17)

45:16-17. 시편 저자는 은유를 계속 사용하여(약간 섞어) 하나님이 베푸시는 영광스러운 구속에 대한 증거, 말하자면 **아들들**, 메시아 왕의 '자녀들'(그분의 백성, 신자들)에 초점을 맞추며 말을 맺는다. 왕의 희생적인 속죄 사역의 결과로 그들이 그분과 친교를 맺으며(참고. 사 53:10; 롬 8:16), **군왕**이신(그리고 제사장이신, 벧전 2:9과 시 110:4의 주석을 보라) 그분의 지위를 공유하게 되리라는 것이다. 그런 다음 시편 저자는 **만민이 왕을 영원히 찬송하리로다**라고 단언한다(17절; '왕에게 감사드리로다'). 이는 야곱이 메시아를 고대하며 유다와 그의 자손을 축복하면서 사용한 표현과 같다(창 49:8-12). "너는 네 형제의 찬송이 될지라…그에게 모든 백성이 복종하리로다"(창 49:8, 10). 이스라엘이 신적 왕을 알게 될 때 민족들도 메시아가 베푸시는 복을 함께 나누게 될 것이다(창 12:3b; 22:18).

시편 46편: 하나님의 피난처에 대한 묵상

이 시의 표제 **고라 자손의 시…노래**에 관해서는 시편 3, 4, 42편의 표제에 대한 주석을 보라. '노래'라고 표시된 이 시와 여타의 시편들은 노래로 불렸고, 그중 일부는 특별한 음악적 지시를 달고 있다(서론의 '시편의 유형'에 있는 노래에 대한 주석을 보라). **알라못**[문자적으로 '소녀들']**에 맞춘**이라는 음악 지시는 시의 곡조를 가리키는 것 같다(참고. 대상 15:20). 이스라엘을 구할 신적 왕에 대한 기술(시 45편)에 이어, 이 시는 그 왕의 도성 예루살렘에 대해 기술한다(Sailhamer, *NIV Compact Bible Commentary*, 325).

A. 피난처의 영속성(46:1-3)

46:1-3. 하나님을 **환난 중에 만날**[언제라도 이용 가능한] **큰 도움**으로 기술한 것은 이스라엘의 **피난처**이자 **힘**이신 하나님이 얼마나 깊은 관심을 갖고 계신지 강조한다. 이스라엘의 **도움**이신 하나님의 영속성과 불가침성은 확실하다(1절). 지진, 눈사태, 사납게 뛰노는 **바닷물**, 흔들리는 **산**, 혹은 다른 자연재해로 인해 **땅이 변**한다 해도, 그러한 재해들이 대혼란을 야기하고 심리적 혼란을 일으켜 주님이 이스라엘의 피난처가 되시는 것을 방해하려고 해도 아무 일도 일어나지 않는

다(2-3절).

B. 피난처의 접근성(46:4-7)

46:4-7. 이 부분의 심상은 메시아가 장차 **하나님의 성** 예루살렘에서 다스리시고, 시온에 자기 보좌를 두어(겔 43:7) 만물을 다시 깨끗하게 만드시고 그분 안에서 안식하게 하시는 때에(계 21:1-5) 하나님 앞에 가까이 나아갈 수 있다는 희망으로 바뀐다. **한 시내가 있어 나뉘어 흘러 지존하신 이의 성소**[시 43:3에서 말하는 대로 성전과 그 모든 구역]를 **기쁘게 하도다**(4절)라는 문장은 첫째, 에덴동산을 둘러싼 표현 및 특정한 개념들과 유사하다. 에덴에는 '흘러' '갈라지는' 강이 있으며, 그곳에서 인간이 하나님과 '대면하는' 친교가 이루어졌다고 한다(창 2:10; 3:8). 둘째, 신적 왕을 통해 지성소에서 하나님의 임재가 회복된다는 것도(5절) 에덴과 유사하다. 하나님이 이 지성소에서 이스라엘 자손들 가운데 거하실 텐데, 그때에 제단 바로 밑에서 강이 열려 그 물길을 끼고 있는 모든 이에게 생명의 기쁨과 치유의 기쁨을 주고, 심지어 사해까지 살아나게 할 것이다(겔 43:1-12; 참고. 사 35:1). 셋째, 세상이 새로워지면 그곳은 하나님의 거룩한 장막이 되고, 인간들이 거기에서 **야곱의 하나님**과 친하게 교제하게 될 것이다(7절; 참고. 계 21:3, 22; 22:1-2).

C. 피난처의 평안함(46:8-11)

46:8-11. 시편 저자는 **와서 여호와의 행적을 볼지어다**(8절)라는 권고로 시를 마무리한다. 주님의 행적은 특히 이스라엘을 위한 그분의 구속 사역을 가리킨다(66:5-6). 하나님은 마무리하는 이들 위로의 말에 다음과 같은 도전의 말도 덧붙이신다. **너희는 가만히 있어**[문자적으로 '멈추어', '긴장을 풀어'] **내가 하나님 됨을 알지어다**(10절). 여기에서 동사 '알다'는 경험으로 아는 것을 의미한다(시 1:6의 주석을 보라). 신자는 문제나 박해, 역경에 부딪혔을 때 근심하지 말라는 명령을 받는다. 말하자면 **만군의 여호와께서 우리와 함께하시니 야곱의 하나님은 우리의 피난처**(11절; 7절도 보라)이시라는 사실을 잊지 말라는 것이다.

시편 47편: 왕이신 하나님에 대한 만민의 찬양

이 시의 표제 **고라 자손의 시**에 관해서는 시편 3, 4, 42편의 표제에 대한 주석을 보라. 시편 47편과 48편의 주제와 구조는 밀접하게 연결되어 있다. 두 시 모두 45편과 46편에서 소개된 하나님의 왕권과 관련이 있다. 시편 47편은 왕이신 하나님의 인격에, 48편은 왕이신 하나님의 도성에 초점을 맞춘다. 이 두 시는 인격(47편)과 도성(48편)의 동일한 세 각도를 고찰하면서 다음과 같은 교차 구조로 서로를 보강한다. 권고 - 찬양 - 뛰어나심, 뛰어나심 - 찬양 - 권고.

A. 왕이신 하나님의 도전(47:1-4)

47:1-4. 시편 저자는 세상의 모든 민족이 **즐거운** 예배로 부르심을 받았다며 **만민**에게 말을 건네면서 시작한다(1절, 복수형 **만민**은 각각의 종교·민족 집단을 의미한다. 시 45:17의 주석을 보라). 그런 다음 '아브라함의' 참 '하나님'(참고. 9절)의 탁월한 통치를 인정하라고 권고한다. **외칠지어다**로 번역된 동사와 **손바닥**을 치는 행위는 성경의 다른 곳에서 왕의 대관식 및 왕의 승인과 관련하여 사용되는 표현이다(삼상 10:24; 왕하 11:12). **지존하신**이라는 표현은 성경에서 하나님께 붙이는 여러 칭호 중 하나로서 그분의 더없는 위대하심과 만물 위에 뛰어나심을 강조한다(2절; 참고. 신 28:1; 시 83:18). 따라서 이 표현은 다음과 같은 그분의 특권을 인정한다. (1) 가나안 원주민의 주장에 개의치 않고 이스라엘의 **기업**, 즉 가나안이라는 약속의 땅(창 13:15; 17:8; 시 105:11; 135:12을 보라)을 선정하시는 특권, (2) 최상의 은혜로 **야곱**(이스라엘, 유대 민족, 4절; 참고. 시 105:8-10; 롬 9:11-13; 11:30)에게 불변의 사랑을 쏟으시는 특권.

B. 왕이신 하나님에 대한 찬양(47:5-7)

47:5-7. 시편 저자는 넘치는 찬양으로 하나님이 **함성**[1절의 '소리'와 어근이 같다. 이는 하나님의 왕권을 인정하는 표현이다, 참고. 왕상 10:19; 대상 28:5] **중에 올라가**신다고 기술한다(5절). **지혜의 시**[마스길]라는 표현에 대해서는 시편 32편의 서론을 보라.

C. 왕이신 하나님의 뛰어남(47:8-9)

47:8-9. 시편 저자는 이 종결부에서 **하나님이 뭇 백성을 다스리**고 계심(8절; 참고. 10:16의 주석)을 온 세상이 인정하는 미래를 고대한다. **뭇 나라의 고관들**이라는 표현은 온 인류가 하나님의 뛰어난 왕권에 기꺼이 복종함을 강조한다. 고관들로 번역된 히브리 단어는 문자적으로 '자발적인 사람들' 내지 '지원자들'을 의미하며, 시편 110:3에서 메시아의 백성(이 시에서 말하는

것과 같은 집단)을 기술하기 위해 사용한 '즐거운 헌신' 이라는 용어와 어근이 같다. 모든 이가 **아브라함의 하나님**을 예배하게 될 것이다(9절; 참고. 창 12:2-3; 출 3:6; 마 22:32).

시편 48편: 왕이신 하나님의 도성 시온을 기리는 찬양

이 시의 표제 **고라 자손의 시 곧 노래**에 관해서는 시편 3, 42, 46편의 표제에 대한 주석을 보라. 이 시의 주제와 구조는 시편 47편과 밀접히 연결되어 있다(시 47편의 서론을 보라). 이 시는 제2성전 시기(주전 530년-주후 70년경)에 레위 사람들이 안식일 낮 시간에 낭송한 것이다(*m. Tamid* 7.4).

A. 시온의 뛰어남(48:1-8)

48:1-8. 세상 모든 장소들 중에서 **시온**[예루살렘의 별칭]이 뛰어난 까닭은 그곳이 뛰어나신 왕 우리 하나님의 성이기 때문이다. 더 간단히 말해, 시온의 뛰어남은 하나님의 성, **거룩한 산**에서 비롯된다(1-2절). 이 산은 성전산인 모리아산이다(대하 3:1을 보라). 그곳은 역사적으로 하나님이 확실히 계신 곳이자 그분의 물리적 보좌가 다시 한 번 영원히 놓일 곳이기도 하다(시 2:6; 46:4-7의 주석을 보라). 하나님은 자신의 은혜로운 공급이 지상에서 가장 분명하게 드러났던 모리아산에서 **자기를 알리셨다**(3절; 1:6과 46:10의 주석을 보라). 앞 시의 종결부에서 그랬던 것처럼, 시편 저자는 **하나님이** 시온을 **영원히 견고하게 하시**는 때를 고대하면서 이 시의 종결부를 마감한다(8절). 시온은 보편적으로 인정된 왕좌, 이를테면 그분이 만물을 다스리시는 자리이다.

B. 시온의 찬양(48:9-11)

48:9-11. 하나님을 예배하는 이들은 시온산에 있는 [그분의] **전 가운데에서** [그분의] **인자하심**[히브리어로 '헤세드', 시 5:7의 주석을 보라]을 **생각**한다(혹은 '깊이 생각한다', '묵상한다', 9절). **하나님**의 **이름**을 언급한 것은 그분의 명성과 관계있다. 그분의 명성이 온 땅에 자자해지면 그분을 **찬양**하는 소리가 **땅 끝까지** 미칠 것이다(10절). **시온산이 기뻐**한다는 표현은 왕이신 하나님을 향한 시온 주민들의 찬양을 가리킨다. 이것은 특히 시편 저자가 기술한 대로 만민이 드리는 찬양이다(11절).

C. 시온의 도전(48:12-14)

48:12-14. **시온을 돌면서 그 망대들을 세어보고 그의 성벽을 자세히 보라**는 명령으로 시는 끝난다. 이는 하나님이 택하고 아끼시는 예루살렘 성의 실제 구조를 반영한 예배 행렬과 관련 있는 것 같다(2절; 시 14:7; 87:2-3; 102:12-21; 왕상 11:13, 32-36; 사 24:23). 예루살렘 주민들은 갓 생겨난 민족이 어떻게 이 도시를 (여호수아의 인도 아래, 나중에는 다윗의 인도 아래) 갓 생겨난 나라의 수도로 세우게 되었는지, 어떻게 이 도시가 훨씬 크고 강력한 세력(아람 사람들과 앗수르 사람들, 참고. 사 7:1-2; 37:36) 앞에서 온전하게 유지되었는지, 하나님의 징계로 주민들이 극적으로 끌려간 뒤에 그 도시가 어떻게 이스라엘의 수도로 재건되어 훨씬 더 크고 강력한 대적들에 맞서게 되었는지 숙고하지 않으면 안 된다(느 6:15-16). 이러한 예루살렘 관찰은 개인 예배와 성찰에 국한되어서는 안 되고, 예루살렘 주민은 그 내용을 **후대에** 전해야만 한다(13절). 각 세대가 이 일을 수행하여 주님에 대한 자신들의 지식을 후대에 전해야 한다. **이 하나님은 영원히 우리 하나님이시**기 때문이다. 그분은 성실하신 사랑으로 **우리를 죽을 때까지**[문자적으로 '죽음 너머로'] **인도하실** 것이다(14절).

시편 49편: 구세주 하나님의 은혜

이 시의 표제 **고라 자손의 시**에 관해서는 시편 3, 4, 42, 48편의 표제에 대한 주석을 보라. 시편 48편은 하나님이 그분의 백성을 죽을 때까지 돌보신다는 표현으로 끝난다(Sailhamer, *NIV Compact Bible Commentary*, 325).

A. 인간은 영적으로 스스로를 구원하지 못한다(49:1-9)

49:1-4. **이를 들으라**는 서두의 권고는 이어지는 내용에 주의를 기울이는 것이 매우 중요함을 강조한다. 그 내용은 부분적으로 겹치는 용어들, 곧 **지혜**, **명철**, **비유**, **오묘한 말**로 기술된다(3-4절; 참고. 잠 1:6).

49:5-9. 이 부분은 인간의 딜레마에 대한 성경의 가장 간결한 선언 가운데 하나이다. **환난의 날을 내가 어찌 두려워하랴**. 하나님만이 영원하고 반면, 사람은 자신의 **부유함**을 아무리 **자랑**해도 **영원히 살지** 못한다(5-6, 9절). 모든 인간은 영원한 죽음과 영적 죽음에서 구원받아야 하지만(참고. 전 7:20; 겔 18:4; 단 12:2; 롬

3:23; 6:23), 누구도 자기 영혼을 **속량하는 값**(8절, 혹은 '속죄금'. 이는 출 21:30에서만 사용되었으며 '몸값'과 유사하다)을 치를 수 없고, 다른 사람이 대신 치러줄 수도 없다(7절). 이 딜레마는 보편적인 것이기 때문에 오직 신만이 해결할 수 있다.

B. 인간은 육적으로 스스로를 구원하지 못한다 (49:10-14)

49:10-14. 재산만 부질없는 게 아니다. **지혜 있는 자도 죽고 어리석고 무지한 자도 함께 망**한다(10절). 여기에서는 **어리석은 자들의 길**(13절), 즉 이 세상에서 그러모은 **집, 거처, 토지** 등 모든 물적 재산이 **자기 이름**(명성)을 **영원히** 지속시켜줄 것이라고(11절; 참고. 창 11:1-9, 특히 4절) 생각하는 자들의 길에 초점을 맞추며 인간의 딜레마가 냉혹함을 강조한다. 결국 **그들의 아름다움**[그들의 영혼/영적 본질]과 그들이 얻은 명성은 **스올에 두기로 작정**된다(스올은 구약성경에서 의인이든 악인이든 모든 사람이 죽어서 가는 곳을 상징한다, 14절; 참고. 창 37:35; 44:29; 민 16:30-31; 시 9:17; 16:10; 55:15; 잠 23:14; 겔 31:16).

C. 하나님은 인간을 온전히 구원하신다(49:15-20)

49:15. 다른 한편 시편 저자는 이 시의 종결부를 다음과 같은 단언으로 시작한다. **하나님은 내 영혼을 스올의 권세에서 건져내시리로다**(15절). 구약성경에서 스올(*she'ol*)이라는 용어가 전하는 의미는 복잡하다. 그 이유는 앞서 언급한 대로 의인(창 37:35의 야곱을 보라)과 의롭지 못한 사람(민 16:30-31의 고라와 다단)이 그곳으로 가기 때문이다. 이 때문에 초대교회 교부들은 스올이 '두 구역'으로 나뉘어 있다는 희한한 설(說)을 만들어내기도 했다. 이를테면 악인들은 그곳에서 고통을 당하고, 의인들은 그리스도가 부활하여 하늘로 인도하실 때까지 아브라함의 품에서 산다는 것이다. 누가복음 16:19-31, 에베소서 4:9-10, 베드로전서 3:19에 대한 오해도 이 수상쩍은 설을 부추겼다(해당 본문들의 주석을 보라). '스올'이 의인이든 악인이든 모든 이의 육신(영혼이 아니다)이 죽어서 가는 곳, 즉 무덤을 가리키는 것은 분명하다. '스올'은 다른 히브리 단어 케베르(*qeber*)와 동의어인 듯하다. '케베르'는 '무덤'을 가리키는 말로 71회나 쓰였다(겔 32:21-27에 있는 '스올'과 '케베르'의 유사성을 보라). 욥기 17:13-16에서는 '스올'이 먼지가 많고 벌레가 우글거리며 부패의 전형이 되는 곳을 의미하는데, 이는 무덤을 묘사할 때 능히 예상할 수 있는 현상이다(하지만 육체에서 이탈된 영혼은 벌레들에게 먹히지도, 썩어 없어지지도 않는다). 욥기 21:13도 보라. 이러한 '스올'과 관련하여 R. 레어드 해리스의 유용한 논문, "*she'ol*," in vol. 2, TWOT, ed. R. Laird Harris, Gleason L. Archer Jr., and Bruce K. Waltke (Chicago: Moody, 1980), 2:892-893을 보라.

'스올'을 이해하기 까다로운 이유는 **하나님은 내 영혼을 스올의 권세에서 건져내**실 것이라는 시편 저자의 확신 때문이다(15절). (이 절에서 '영혼'으로 잘못 번역된 단어) 네페쉬(*nephesh*)를 동사의 목적어로 쓰면, 그것은 한 개인의 비물질적인 본성(영혼)이 아니라 영혼과 육신을 아울러 가지고 있는 한 개인의 전체를 가리킨다(수 2:13; 삼상 19:11; 삼하 19:6; 시 6:4; 72:13을 보라). 브루스 K. 월키(Bruce K. Waltke)는 이에 대해 다음과 같이 말한다. "여기에는 레위기 17:11도 해당된다. 이 절은 대단히 신학적이고 의미심장한 절들, 즉 '네페쉬'라는 단어가 대단히 중요한 의미를 지니는 절들 중 하나이며, '육체(*basar*, 바사르)의 생명[네페쉬]은 피에 있음이라'며 '네페쉬'를 생명으로 뜻매김한다"("*nephesh*," in TWOT, 2:589-590). 게다가 15a절과 15b절의 평행 속에서 **나는 내 영혼**[네페쉬]에 대응된다. 이는 **영혼**이라는 표현이 시편 저자의 육신과 영혼 모두에 깃들어 있는 개인적 특질과 생명 전체를 가리키고 있음을 암시한다. 15절은 다음과 같이 읽는 것이 더 낫다. "하나님은 내 생명[혹은 '나'(네페쉬)]을 무덤(스올)의 권세에서 건져내시리로다." 의로운 사람은 의인이 부활할 때 무덤에서 건짐을 받는 반면(고전 15:50-57의 주석을 보라), 악인은 "영원히 빛을 보지 못"할 것이다(19절).

49:16-20. 이 부분은 다른 누군가의 환경이 더 나아 보이더라도 절대로 안달하지 말라고 조언한다. **사람이 치부하여 그의 집의 영광이 더할 때에 너는 두려워하지 말지어다.** 말하자면 그 사람이 너를 위협하거나 네 이해에 관계되는 일이 없을 테니 주님을 신뢰하라는 것이다(참고. 시 37, 73편의 주석을 보라).

시편 50편: 인류의 심판관이신 하나님

이 시의 표제 **아삽의 시**에 관해서는 시편 3편의 표제에 대한 주석을 보라. 이 시는 **아삽**의 작품으로 간주된다(서론의 '저자'를 보라). 이 시에 등장하는 주님의 발언 다수가 1인칭으로 되어 있는 것에서(예를 들어 5-23절) 알 수 있듯이 아삽은 선견자였다(대하 29:30).

A. 심판관이신 하나님 소개(50:1-6)

50:1-6. 이 시는 신탁, 곧 예언자의 발언처럼 시작된다. **전능하신 이 여호와 하나님께서 말씀하사**(참고. 수 22:22). 하나님의 자격은 몇 가지로 제시된다. 그분은 창조주이시다. 그분은 **해 돋는 데서부터 지는 데까지 세상을 부르시고, 위 하늘을 부르신다**(1, 4절). 또한 시온에서 거대한 힘으로 다스리신다(2절; 참고. 48:2). 그분은 힘이 막강하여 **삼키는 불길을 앞세우**신다(3절, 새번역). 이는 하나님의 명백한 능력과 심판을 기술할 때 자주 쓰는 표현이다(예를 들어 18:12-13; 97:3; 사 6:6-7, 13; 66:24; 슥 3:2).

B. 심판관이신 하나님의 통치(50:7-21)

50:7-15. 이 부분은 또 다른 예언자의 외침이다. **내 백성아 들을지어다 내가 말하리라**(7절; 참고. 신 6:4). **내 백성, 네 하나님**에 쓰인 대명사들은 하나님과 그분의 백성 사이의 관계를 반영한다(참고. 출 19:3-6; 레 19:2-4; 10, 25, 31, 34; 23:22). 하지만 하나님은 자신의 백성 이스라엘에게 불리한 **증언**을 하신다('경고하신다'가 더 나은 독법이다, 7절). 이를테면 **제물과 번제**로 요약되는 외적 복종에만 신경 쓰지 말고 내적 동기에도 신경을 쓰라는 것이다. 즉, **감사로 하나님께 제사를 드리며**(14a절) 감사한 마음을 표하고 다양한 삶의 영역에서 (서원을 이행하여, 14b절) 의로움을 보이라는 것이다. 여기에서는 특히 하나님의 백성이 하나님을 의지하고(**환난 날에 나를 부르라**) 전적인 신뢰 자세로 예배할 필요성이 두드러진다(**네가 나를 영화롭게 하리로다**, 15절). 시편 51:13-19에서 이 요점들을 다시 다룬다.

50:16-17. **악인에게는 하나님이 이르시되 네가 어찌하여**(16절)라는 심판의 말씀은 이방 민족들이 아니라 이스라엘 자손을 겨냥한다. 이방 민족들이 이스라엘의 하나님을 예배할 리 없었을 것이기 때문이다. 이 악인들은 하나님의 **율례**[성경의 다른 곳에서 모세의 율법 대신 쓰이는 용어, 참고. 레 10:11; 신 4:6]를 **전하**거나 하나님의 **언약을** 자신들의 **입에 두는**(자신들은 주님과 특별한 관계에 있다며 아브라함과 세우신 언약에 호소하는, 창 12:1-3; 참고. 마 8:10-12; 눅 3:8) 것으로 추정되지만 그들에게는 그럴 권한이 없다.

악인들은 하나님의 훈계를 좋아하기보다는 **교훈을 미워하고**, 하나님의 **말씀을 뒤로 던진다**. 말로는 동의하고 기계적으로 복종하지만, 실제로는 그분의 말씀과 규례를 거부한다(17절; 시 1:2을 보라, 참고. 잠 5:12).

50:18-21. 제멋대로인 하나님의 백성이 서로에게 저지르는 악행은 그들이 도덕적으로 타락했음을 보여준다. 그들은 (1) **도둑**질을 용인하고, (2) **간음하는 자들과 동료가 되며**, (3) **악**과 **거짓**을 말하고, (4) 자기 **형제를 공박**한다. 이와 동시에 주님이 자신들과 똑같다고 착각하여 하나님을 자신들의 형상으로 만드는 흔한 잘못을 저지른다(참고. 10:3-6, 11). 이에 주님은 그들을 **책망**하시고 법적 기소 형식으로 그들의 **죄**를 그들의 **눈앞에 낱낱이 드러내**신다.

C. 심판관이신 하나님의 최종 경고(50:22-23)

50:22-23. 하나님은 '판결'을 마무리하는 가운데 두 집단에게 말을 건네면서 그분의 메시지를 **생각하라**고 당부하신다. 그것은 경고와 훈계 및 약속을 겸한 메시지이다. 첫째, **하나님을 잊어버린**[하나님의 율례를 무시하고 참된 예배를 드리지 않는] 자들에게 경고한다. 경고를 귀담아듣지 **아니하면** 그들을 **찢으**시겠다는 것이다. 이는 심판의 이미지이다(참고. 시 7:1-2, 영원한 정죄를 의미하는 것 같다. 참고. 단 12:2). **그렇지 아니하면**[문자적으로 '~하지 않도록']이라는 접속사는 그들에게 회개와 예배를 통해 그런 운명을 피할 기회를 주시는 은혜로우신 하나님의 신호이다. 둘째, **감사로 제사를 드리는 자가 나를 영화롭게 하나니**라고 훈계한다. 말하자면 하나님에 대한 신뢰(시 50:15에서처럼)와 하나님의 구원에 대한 인식에 고무되어 진실로 **감사를 표현하며** 주님께 제사를 드리는 것이 올바른 동기라는 것이다. 결국 **그의 행위를 옳게 하는 자**, 경건한 생활을 하는 자가 순결한 마음으로 주님을 예배하게 될 것이다. 마지막으로, 주님을 진정으로 예배하고 그분의 말씀대로 살아가는 자에게 하나님께서 약속하신다. 이를테면 **하나님의 구원을 보여주**신다는 것이다(참고. 1:1-3). 동사 '**보여주다**'(문자적으로 '보게 하다')

에는 '공급하다'라는 뜻이 있다. 성경의 다른 곳에서는 종종 이렇게 번역된다. 이 동사는 하나님께 적용할 경우, 하나님이 자신의 백성과 적극적으로 영향을 주고받으면서 그들에게 최선의 것을 베푸심을 가리킨다(같은 동사가 사용된 시 4:6의 주석을 보라).

시편 51편: 하나님의 용서를 역설하는 다윗

이 시의 표제 **다윗의 시**에 관해서는 시편 3편과 4편의 표제에 대한 주석을 보라. 이 시는 **다윗이 밧세바와 동침한 후 선지자 나단이 다윗을 찾아와** 그를 책망하고 회개를 촉구했을 때 지은 시이다. 이 시는 사무엘하 12장과 관련이 있다.

A. 자신의 죄를 알다(51:1-6)

51:1. 내게 은혜를 베푸시며라는 다윗의 탄원은 다음과 같은 주님의 성품에 기초한다. **주의 인자를 따라, 주의 많은 긍휼을 따라**(참고. 6:4). 다윗을 '하나님의 마음에 맞는 사람'(삼상 13:14)이라고 부르는 것은 그에게 죄가 없어서가 아니라, 그가 자신의 죄 앞에서 변명하거나 죄를 축소하거나 모른 척하지 않고 오히려 진정으로 고백하고 회개했기 때문이다. 나단이 다윗을 불러내어 살인죄와 간음죄를 따졌을 때 그의 반응이 꼭 그러했다. **내 죄악을 지워주소서**라는 청원은 파피루스 두루마리에 쓰인 것이 말끔히 제거되는 이미지로서 용서를 묘사한다(참고. 9절; 9:5; 사 43:25; 렘 18:23).

51:2-3. 용서를 구하는 다윗의 청은 오염 제거의 관점에서 **나의 죄를 말갛게 씻으소서**의 이미지와, 성전 예배에 참여하기 위해 치르는 정결 예식의 관점에서 **나의 죄를 깨끗이 제하소서**의 이미지로도 그려진다(2절). 다윗은 나단 앞에서 사실을 인정한다. **내 죄과를 아노니 내 죄가 항상 내 앞에 있나이다**(3절).

51:4. 다윗의 깊은 영적 감수성은 의심할 여지가 없다. **주님께만, 오직 주님께만, 나는 죄를 지었습니다**(새번역). 즉 "주께만, 홀로(따로 떨어져, 비할 데 없이) 영원하시고 거룩하신 하나님께만, 나는 죄를 지었습니다". 그는 우리아와 밧세바에게 죄를 지었다는 것을 부인하지 않는다. 자신이 살인죄와 간음죄를 저질렀음을 잘 안다. 오히려 그는 주님을 거스르는 죄의 고통스러운 본성을 요셉처럼 단언한다. 요셉은 성적인 죄를 짓자는 보디발 아내의 제안을 물리치며 이렇게 묻는다. "내가 어찌 이 큰 악을 행하여 하나님께 죄를 지으리이까"(창 39:9). 다윗은 사람들에게 죄를 지었음은 물론이고, 무엇보다 홀로 공의(참고. 71:16; 전 7:20; 렘 23:6; 롬 3:10)의 근원과 기준이 되시고, 홀로 모든 죄의 심판관(시 50편과 그 구절들의 주석을 보라)이 되시는 주님께 죄를 지었음을 인정한다.

51:5-6. 내가 죄악 중에서 출생하였음이여 어머니가 죄 중에서 나를 잉태하였나이다(5절; 창 8:21; 시 58:3; 사 48:8)라는 말은 다윗의 어머니가 죄를 짓는 중에 다윗을 잉태했다는 뜻이 아니다. 그보다는 다윗이 잉태되던 순간에 죄성이 자연히 생성되어 그에게 들어왔고, 그것을 소유하게 된 것을 슬퍼하는 구절이라고 해석하는 것이 더 낫다. 다윗은 자신의 죄성을 **중심이 진실함**을 원하시는 주님과 대조한다. 그러고는 하나님이 그에게 **지혜를 은밀히** 가르쳐주시기를 바란다(6절; 참고. 37:30-31; 139:13-16).

B. 하나님의 자비를 구하다(51:7-13)

51:7-9. 다윗은 자기 죄를 고백한 뒤 다시 용서를 청한다. 그는 하나님의 자비를 간청한다. 이는 살인과 간음으로 마땅히 받아야 할 사형을 선고하지 말아달라는 뜻이다(참고. 창 9:6; 출 21:12; 레 20:10). 다윗은 하나님의 정의가 죄를 그냥 보아 넘기지 않으며, 그것이 요구하는 벌금(생명)을 어떻게든 변상해야 한다는 것을 잘 안다(레 17:11; 시 49:7-8). 그래서 그는 하나님께 자신을 용서해주시고 **우슬초로 나를 정결하게 하소서**라고 간청한다(7절). 우슬초는 성경에서 언급하는 중요한 풀이다. 히브리 노예들은 유월절 전에 우슬초 다발을 도살된 양의 피에 적시어 그 피의 일부를 집의 문 인방과 설주에 뿌렸다(출 12:22). 우슬초는 피부병을 정결케 하는 의식에 사용되었고(레 14:4-7), 암송아지를 제물로 바칠 때 사용되기도 했다(민 19:6). 그 결과 우슬초는 영적 정화의 상징이 되었다. **나의 죄를 씻어주소서 내가 눈보다 희리이다**라는 청원은 완전한 정결을 구하고 있다(7절; 참고. 사 1:18). **주의 얼굴을 내 죄에서 돌이키시고**라는 청원은 **내 모든 죄악을 지워주소서**(9절; 참고. 1절), 바꾸어 말해, 내 죄를 주님 앞에서 제거해주소서라는 청원과 평행을 이룬다.

51:10-11. 다윗은 용서와 죄의 제거를 구하고 나서 **내 안에 정직한**[문자적으로 '바르게 생각하는'] **영을**

새롭게 하소서라고 하나님께 청한다(10절; 참고. 6절). **주의 성령을 내게서 거두지 마소서**(11절)라는 다윗의 청은 구원을 철회하지 말아달라는 뜻으로 종종 해석되어 왔다. 이는 구약성경에서 성령이 하시는 일을 오해한 것이다. 구약에서는 성령이 개인들을 찾아가 놀라운 일을 하게도 하시지만(예를 들어 출 31:3; 35:31; 삼상 11:6을 보라) 그들을 떠나기도 하신다(삼상 16:14에서 사울에게 그런 일이 일어났다. 그 후로 사울이 왕으로서 내린 결정들은 시종일관 어리석었지만, 그럼에도 그는 여전히 '구원받는다', 참고. 삼상 28:19). 구약성경에서 성령이 일반 신자 안에 영원한 거처를 정하겠다고 약속하시는 대목은 어디에도 없다. 다윗의 경우, 성령이 그에게 임한 것은 그가 이스라엘 왕의 역할을 슬기롭게 수행할 수 있도록 하기 위해서였다(삼상 16:13-14). 성령이 임하시기 전에 다윗이 구약의 의미에서 구원받았다고 믿을 만한 이유는 충분하다. 따라서 그의 청은 성령을 통해 부어주신 특별한 능력을 거두지 마시고 이스라엘 왕의 역할을 지혜롭게 수행할 수 있게 해달라는 뜻이다. 신약에서는 오순절 이후에 성령이 신자들에게 임하여 그들 안에 거처를 정하시고 결코 사라지지 않으신다(요 14:16-17에서 예수님이 제자들에게 하신 약속, 롬 8:9, 37-39을 보라).

51:12-13. 다윗은 용서 받고 주님과의 교제를 회복하고 나서 [하나님의] **구원의 즐거움을 내게 회복시켜 주시고**라고 청한다(12절). 범죄자와 죄인으로 판정된 자들은 더 이상 주님을 따르지 않게 된 이스라엘 자손들이다. 다윗은 그들에게 하나님의 **도를 가르치고** 싶어 한다(참고. 25:4). **죄인들이 주께 돌아오리이다**['회심하다'(convert)는 구약성경에서 주님께 돌아서는 것을 가리키는 데 가장 많이 사용된 용어이다]라는 표현은 민족의 정체성이 변화되는 게 아니라 그들이 죄에서 돌이켜 주님께로 향하는 것을 뜻한다. 마음을 바꾸어 행동을 고치고 주님을 따르는 것이다.

C. 감사로 화답하다(51:14-19)

51:14-17. 다윗은 하나님이 그를 **피 흘린 죄에서 건져주시**면 하나님의 **의를 높이 노래하**고(14절), 하나님을 **찬송하**겠다고(15절) 화답 삼아 약속한다. 하나님께 **의로운 제사**를 드리겠다고 약속하기도 한다(19절). **주께서는 제사를 기뻐하지 아니하시나니**(16절)라는 단언은 제사 제도를 부정하는 것이 아니라 진정한 마음 자세와 성실한 믿음의 토대 없이 드린 제사는 주님이 받지 않으심을 암시한다(참고. 40:6). 바른 마음으로 드리는 **제사**라야 하나님이 받으신다. 반면에 **상한 심령**과 **상하고 통회하는 마음**(17절) 없이 드린 제사는 역겨워하신다(사 1:13-15을 보라).

51:18-19. **예루살렘 성을 쌓으소서 그때에 그들이 수소를 주의 제단에 드리리이다**라며 시온을 위해 드리는 이 기도는 포로기 이후, 즉 느헤미야 시대에 추가된 것 같다.

시편 52편: 악에 대한 전망과 인간이 영원히 거할 곳

이 시의 표제 **다윗의 마스길**에 관해서는 시편 3, 4, 32편의 표제에 대한 주석을 보라. 이 시의 시점은 **에돔인 도엑이 사울에게 이르러 다윗이 아히멜렉의 집에 왔다고 그에게 말하던 때이다**(삼상 22:9, 22을 보라; 삼상 21:7도 보라).

하나님이 승인한 것으로 보이는 사건과 심지어 불의한 법 제정 앞에서 하나님의 정의를 변론하는 것과 관련된 신정론(神正論)에 관해서는 시편 37편의 주석을 보라(이 주제를 특별히 언급하고 있는 롬 9:14-29도 보라). 이 경우에는 (1) 하나님의 명으로 도엑이 다윗의 소재를 알리는 바람에 다윗이 극도의 위험과 곤경에 처하고, 뒤이어 (2) 도엑이 놉에서 제사장들을 대량 학살하면서 겉보기에 불의해 보이는 일이 일어났다. 그의 행동은 어리석은 것 같지만 하나님이 사울에게서 지도력을 효과적으로 회수하심을 강조한다.

존 세일해머는 이 시를 다음과 같이 주석한다. "다윗의 말을 통해 좀 더 큰 메시아 그림을 그리기 위해, 즉 다윗 가문의 손에 에돔 가문이 망하는 그림(참고. 민 24:18)을 그리기 위해 도엑을 언급한 것 같다. 메시아의 도래는 이스라엘의 원수들, 주로 에돔인들의 멸망으로 특징지어지는데, 이는 이스라엘이 오랫동안 품어온 메시아 대망에서 중요한 요소였다(예를 들어 암 9:12; 옵 1:8). 에돔이 특별히 선정된 것은 그들이 지나치게 악해서가 아니라 문학적인 이유에서였다. 인류를 뜻하는 히브리 단어 '아담'(Adam)과 비슷한 '에돔'(Edom)이 언어의 유희를 위해 사용되었다. 따라서 시편 저자가 에돔의 패배를 말한 것은(5절) 자연스레 모든 인류에 대한 하나님의 심판을 떠올린 것이라고 할 수 있다”(Sailhamer, *NIV Compact Bible Commentary*, 326). 이 시에서 언급된 에돔인 도엑은 다윗의 뛰어난 자손의 치하에서 온 인류에게 일어날 사건의 표본이 된다.

A. 악인의 정체(52:1–4)

52:1–4. 이 부분에서 눈에 띄는 **포악한 자**는 다름 아닌 에돔인 도엑이다. 다윗은 그의 성격과 행적을 다 짜고짜로 하나님의 성격과 행적에 대조한다. 도엑이 **악한 계획을 자랑하는** 반면, **하나님의 인자하심은 항상** 이어진다(사람이 잠잘 때에도 하나님은 결코 주무시지 않으므로, 1절; 참고. 시 121:4; 사 27:3, **인자하심**에 관해서는 5:7의 주석을 보라). 다윗은 말과 관련된 이미지(2절, **네 혀**; 3절, **말함**; 4절, **간사한 혀**, **해치는 말**)에 초점을 맞추어 도엑을 평하는데, 이는 도엑이 저지른 불의가 다윗에 관한 그의 보고에서 비롯되었기 때문이다(삼상 22:9-10). 그런 이유로 다윗은 **선**을 행하는 데에는 때때로 아무 말도 필요하지 않음을 들어 도엑의 말을 **악**이라고 비난한다(3절).

B. 악인의 종착지(52:5–7)

52:5–7. 하나님의 정의는 하나님이 장차 반드시 악인들을 **멸하**시고, 그들을 **사람 사는 땅에서 뿌리 뽑아 버리**시며(새번역), 이것이 **영원히** 그들의 상태가 되리라는 사실(5절), 즉 그들이 하나님의 임재에서 영원히 분리되고 정죄 받는다는 사실로 입증된다(신 12:2; 마 25:46을 보라). 하나님이 **너를 붙잡아 네 장막에서 뽑아내실** 것(5절)이라는 다윗의 단언은 그들이 하나님에게서 영원히 분리됨을 시사한다. 이것이 악인들이 최종적으로 받게 될 고통의 핵심이다. NASB를 비롯한 몇몇 역본이 **장막**이라는 단어 앞에 (히브리 원문에는 없는) ‘너의’라는 대명사를 삽입하고 있지만, 다윗은 여기에서 하나님의 **장막**을 말하는 것으로 보인다. 하나님이 늘 악인들을 그들의 ‘장막’에서 ‘떼어내시는’ 것은 아니다. 하지만 최후에는 (잠 15:5에서 말한 대로) 그들의 ‘집’, 곧 그들의 왕조를 부수실 것이다. 이 문맥에 쓰인 ‘장막’의 용도는 다윗이 시편 27:5에서 적용한 것과 유사하다. 시편 27:5에서 장막은 하나님의 ‘장막’을 가리키며, 이 시에서 그러하듯 하나님의 ‘집’(성전, 8절과 시 27:4을 보라)에 대한 언급과 평행을 이룬다.

C. 의인의 종착지(52:8–9)

52:8–9. 악인들이 하나님에게서 영원히 분리됨으로 하나님의 정의가 최종적으로 입증되듯이, 의인이 하나님 앞에 섰을 때에도 그분의 정의가 입증된다. 여기에서 의인은 **하나님의 집**[새로운 피조물의 ‘장막’, 시 15:1의 주석을 보라]**에 있는 푸른 감람나무 같다**고 묘사된다. 다윗은 그 집에서 **하나님의 인자하심을 영원히 의지하**고(8절), 그분의 **성도**[다윗과 같은 의인들, 참고. 시 142:7과 그 주석]와 함께 **영원히** 그분께 **감사**할 것이다.

시편 53편: 인간의 어리석음에 대한 변치 않는 분석

다윗의 마스길인 이 시는 약간의 변형을 거쳐 시편 14편을 되풀이하면서 어리석음(의 본질과 만연함)에 대한 분석을 강조한다. 이 시의 표제 **다윗의 마스길**에 관해서는 시편 3, 4, 32편의 표제에 대한 주석을 보라. **마할랏에 맞춘**이라는 간결한 지시는 곡조를 나타내는 것 같다. 이 시는 그 곡조에 맞추어 노래로 불렸을 것이다. 하지만 **마할랏**이라는 용어의 의미는 불명확하다(‘병’, ‘애원’이나 ‘용서’를 암시한다). 시편 52편에서 에돔인 도엑이 하나님에게서 멀어져 그분을 거스르다가 그분의 심판을 맞이하는 모든 인간을 대표한다면, 이 시는 인류에 대한 하나님의 보편적 심판을 주제로 다룬다(Sailhamer, *NIV Compact Bible Commentary*, 326).

A. 어리석음의 본질(53:1a)

53:1a. 시편 14:1a의 주석을 보라.

B. 만연한 인간의 어리석음(53:1b–5)

53:1b–4. 시편 14:1b-6a의 주석을 보라.

53:5. 이 절은 시편 14편의 주요 변주로서 구조상 유사한 절인 시편 14:5-6에서 의인을 헤아리고 가까이하시는 하나님에 대한 강조를 보완한다. 14:5-6과 53:4-5에서 시편 저자는 하나님이 다윗의 백성에 **대항하여 진 친** 자들(5절, 구약성경에서 일반적으로 참되신 하나님의 적들과 동일시되는 이방 민족들. 시 2:1의 주석을 보라)을 심판하고 멸리하신다고 역설한다.

C. 인간의 어리석음에 반대되는 것(53:6)

53:6. 시편 14:7의 주석을 보라.

시편 54편: 하나님께 도움을 호소하다

이 시의 표제 **다윗의 마스길**에 관해서는 시편 3, 4, 32편의 표제에 대한 주석을 보라. 이 시는 **현**악기의 반주에 맞추어 노래로 불렸다. 이 시의 시점은 **십 사람**

시

이 사울에게 이르러 말하기를 다윗이 우리가 있는 곳에 숨지 아니하였나이까 하던 때이다. 이는 사무엘상 23:19에 소개된 상황과 관련이 있다. 사무엘상 23:19의 어투는 이 시의 표제에 쓰인 어투와 일치한다(따라서 삼상 26:1에 소개된 상황이 아니다). 십 사람들은 십(오늘날 지명은 텔 지프)에 거주하는 이스라엘 사람들이다. 십은 유다 지파의 지역에 위치한 도시로서 예루살렘에서 남쪽으로 대략 40킬로미터 정도 떨어져 있다(수 15:55). 따라서 십 사람들은 시편 53편에서 언급한 어리석은 자들에 속한 것으로 보인다(Sailhamer, *NIV Compact Bible Commentary*, 326).

A. 동기를 생각해보다(54:1-3)

54:1-3. 다윗은 하나님께 간청한다. **주의 이름으로 나를 구원하시고.** 여기에서 이름이라는 단어는 하나님을 알리는 칭호를 의미함은 물론이고, 하나님의 신원과 그분이 하시는 일에서 드러난 명성을 의미하기도 한다(창 11:4; 12:2; 출 3:13-16을 보라. 시 20:5; 23:3의 주석도 보라). 여기에서 다윗은 언약에 기초한 사랑(히브리어로 '헤세드', 시 5:7을 보라)을 좇아 행동해달라고 하나님께 청한다. 이 사랑은 하나님이 그에게 미리 말씀하시고 드러내신 사랑이다. 다윗은 자기 명성이 아니라 하나님의 명성에 기대어("주의 이름으로", 즉 '주의 이름을 위하여', 참고. 시 23:3; 25:11; 143:11) 간청한다. 다윗의 원수들은(3절, **포악한 자들이 하나님을 자기 앞에 두지 아니하였음이니이다**) 하나님을 경외하는 삶을 살려고 하지 않은 반면에(참고. 111:10), 의인들은 '하나님을 항상 자기 앞에 모신다'(16:8). 결국 하나님은 다윗을 변호하면서(1절) 자신도 스스로 변호하실 것이다.

B. 신뢰를 드러내다(54:4-5)

54:4-5. 다윗은 그의 시 전체에서 자주 표명한 대로 자신과 하나님의 관계를 신뢰한다. 다윗은 하나님이 그에게 주신 말씀과 약속에 기초하여 이스라엘 왕이라는 자신의 역할이 어떻게 달라지든 간에, **하나님은 나를 돕는 이**임을 확신한다. 다윗은 아담의 아내 하와에게 적용된 단어('돕는 배필', 창 2:18, 20)의 다른 형태를 동원하고, **내 생명을 붙들어주시는 이**(4절; 참고. 시 37:17, 24; 145:14)라는 표현을 추가하여 이 관계가 인격적으로 친밀함을 암시한다. 다윗은 원수들에게 **악으로 갚으시고 그들을 멸하시는** 하나님의 **성실하심**을 신뢰한다(5절).

C. 감사를 표현하다(54:6-7)

54:6-7. 종결부에서 다윗은 자신이 견지해온 하나님 중심의 관점을 되풀이한다. 그는 (여타의 많은 시에서 그랬듯이, 예를 들어 시 7:17; 13:6; 26:11-12; 41:13) 자신이 앞으로 하려는 일을 하나님께 말씀드리며 시를 마무리한다. 하나님이 나의 당면한 고통을 언제 어떻게 해결해주시든지 간에 **내가 제사하리이다 내가 주께 감사하오리니**(6절). 어떤 상황에서든 하나님은 다윗을 구하실 것이고, 다윗은 하나님의 이름이 영원히 입증되었음을 알고 그의 **원수**들을 돌아보게 될 것이다(7절).

시편 55편: '친구들'의 박해를 피하여 위안을 찾다

이 시의 표제 **다윗의 마스길**에 관해서는 시편 3, 4, 32편의 표제에 대한 주석을 보라. 이 시는 **현악**기의 반주에 맞추어 노래로 불렸다. 시편 54편이 다윗의 확신, 즉 하나님이 그를 변호해주시리라는 확신을 표현하고 있다면, 시편 55편은 다윗이 하나님의 행동을 기다리는 동안 그의 원수들이 가하는 압제에 맞선 구명(救命) 기도를 담고 있다(특히 55:1-3을 보라).

A. 하나님께 감정을 토로하다(55:1-8)

55:1-5. 다윗은 1-2절에서 네 가지 유사한 표현을 동원하여(같은 생각을 반복하여) 자신이 처한 가혹한 상황과 하나님이 그 상황을 해결해주시기를 간절히 바라는 마음을 분명하게 드러낸다. 그 표현들은 다음과 같다. (1) **귀를 기울이시고**, (2) **숨지 마소서**, (3) **굽히사**, (4) **응답하소서**. 그런 다음 이어지는 절들에서 자신이 겪고 있는 정서적, 심리적 고통을 상세히 묘사한다(이는 그의 하늘 아버지이며 전능하신 분인 하나님이 그를 도우실 수 있음을, 즉 과연 하나님은 자녀가 자신의 필요를 아뢸 때 그 소리를 듣고 싶어 하시는 분임을 알고서 한 일이다). 그 정도로 그는 '심히 마음 아파'하고 있다(4절, 문자적으로는 시 114:7의 표현처럼 '떨고 있다'. 여기에서는 불안에 떠는 것을 의미한다).

55:6-8. 시의 저변에 깔린 상황이 명시되지는 않았지만 이를 추정할 수 있는 단서를 다윗의 바람에서 찾아볼 수 있다. **내게 비둘기같이 날개가 있다면 날아가서 편히 쉬리로다**(6절, 비둘기는 날아서 사냥꾼이 접

근할 수 없는 곳에 둥지를 튼다). 탈출하겠다는 이 생각은 사무엘상 26:20에서 다윗이 한 말, 즉 그가 사울에게 쫓겨 십 광야에서 궁지에 몰렸을 때 한 말을 떠오르게 한다(다음에 이어지는 주석을 보라).

B. 하나님께 변호를 간청하다(55:9-15)

55:9-11. 이 시는 사무엘상 26장에서 서술하는 상황, 곧 사울과 그의 부하 3천 명이 다윗과 그의 부하 600명에게 몰려들 때의 상황을 반영하고 있다. **주여 그들을 멸하소서, 그들의 혀**[다윗에 맞서 능률적으로 의사를 전달하고 행동하는 그들의 능력]를 **잘라버리소서**(9절). 오직 하나님의 직접적인 개입만이 사울과 그의 군대를 막을 수 있을 것이다(참고. 삼상 26:12).

55:12-15. 다윗을 **책망한** 사람은 그의 원수가 아니었다(12절). 원수가 아니라 **동료, 가까운 친우**가 그를 공격했다(13절). 이 용어들은 때때로 사울이 다윗을 대했던 태도를 설명해준다(참고. 삼상 16:21; 18:27). **스올**(15절)에 관해서는 시편 49:14-15의 주석을 보라.

C. 하나님에 대한 신뢰를 표명하다(55:16-23)

55:16-23. 다윗이 주님을 신뢰하고 있음을 표명하는 전형적인 탄식시이다. **나는 하나님께 부르짖으리니 여호와께서 나를 구원하시리로다**. 그는 비록 **탄식**할 수밖에 없었지만 주님을 신뢰하며 자신의 상황을 **저녁**에도, **아침**에도, **정오에**도 끊임없이 아뢴다. 그는 하나님이 해주실 것이라고 생각하는 바를 단언함으로써 상황에 아랑곳하지 않고 위로를 얻는다. 다윗은 자신이 원하는 대로 하나님이 해주시는 것이 아니라, 그분이 친히 말씀하신 대로 해주실 것을 믿는다. **여호와께서 내 소리를 들으시리로다**. 하나님은 하신 말씀을 지키시는 분이므로 그분의 자녀는 하나님이 말씀하신 그대로 해주시기를 바랄 권리가 있다. 하나님은 이전에는 그리하지 않았지만 이후에는 그분의 자녀를 모든 곤경과 세상 사람들의 박해에서 구해주겠다고 약속하셨다(사 25:8; 계 21:4). 하나님의 자녀는 하나님이 그리해주실 때까지 자신들을 시종일관 **붙드시고**, 그들의 **요동함을 영원히 허락하지 아니하**실 것을 알기에 다윗처럼 자신들의 짐을 주님께 **맡**길 수 있다(15:5b의 주석을 보라. 참고. 벧전 5:7).

시편 56편: 나에 대한 하나님의 친밀한 관심

이 시의 표제 **다윗의 믹담**에 관해서는 시편 3, 4, 16편의 표제에 대한 주석을 보라. 이 시는 악기 반주에 맞춘 노래, 즉 **요낫 엘렘 르호김**[문자적으로 '멀리 있는 비둘기 다수(혹은 '말 없는 다수', 참고. 시 38:11) 중 한 마리']에 맞춘 노래이다. 요낫 엘렘 르호김은 곡조를 나타내는 것 같다. 이 시는 그 곡조에 맞추어 노래로 불렸을 것이다. 시의 시점은 **다윗이 가드에서 블레셋인에게 잡힌 때**이다(참고. 삼상 21:11-15). 다른 이들에게 자기를 본받아 주님을 신뢰하라고 촉구하며 시편 55편을 마무리한 다윗은 56편에서 자신이 직접 촉구한 대로 하면서 겪은 일을 자세히 이야기한다(Sailhamer, *NIV Compact Bible Commentary*, 326).

A. 환경을 살피시다(56:1-7)

56:1-2. 다윗은 **내게 은혜를 베푸소서**라고 하나님께 간청한다. 이것은 탄원시에서 자주 볼 수 있는 표현이다(예를 들어 시 4:1; 6:2; 9:13; 26:11; 30:10; 31:9; 41:4; 51:1). 이 간청은 그의 모든 탄원에 기초가 되는 근본적인 확신들을 구체적으로 드러내고 있다. 그 확신들은 다음과 같다. (1) 그와 하나님 사이의 관계에 대한 확신, (2) 그는 하나님의 은총을 받을 자격이 없다는 확신, (3) (자격이 없음에도 불구하고) 그와 하나님 사이의 관계 때문에 하나님이 그분의 자녀 다윗에게 은혜를 베풀고 싶어 하신다는 확신. 이 시는 시적 반복을 활용하여 다윗의 상황이 심각함을 강조한다. **사람이 나를 삼키려고 종일 치며 압제하나이다**(1절). **내 원수가 종일 나를 삼키려 하며**(2절).

56:3-7. 다윗은 상황에 굴하지 않고 이렇게 말한다. **내가 두려워하는 날에는 내가 주를 의지하리이다**(3절, '두려워하다'라는 단어는 강조를 위해 4, 11절에서도 되풀이된다). 다윗이 하나님을 신뢰함은 그분의 말씀에 기초한다(4a절). 주님이 그의 편이시니 원수가 무슨 짓을 해도(그의 말을 **곡해하**고, **악**을 생각하고, 그를 **치**고, **숨어** 기다리고, 그의 **생명**을 **엿보**더라도, 5-6절) 다윗은 여전히 이렇게 물을 수 있다. **사람이 내게 어찌하리이까**(4b절).

B. 나의 슬픔을 헤아리시다(56:8-12)

56:8-12. 하나님은 다윗의 주위에서 일어나는 일뿐만 아니라 그의 내면에서 일어나는 일에도 관심을 기울이신다. 그래서 다윗은 하나님이 그의 **유리함을**, 즉 그가 '사울에게서 도망쳐 가드로 가서'(삼상 21:10) 이

스라엘을 떠돌아다닌 일을 **계수하셨사오니**라고 말한다. 그는 하나님의 친밀한 관심과 공감에 호소하는데, 이는 성경에 나오는 가장 통렬하고 생생한 표현 중 하나이다. **나의 눈물을 주의 병에 담으소서 이것이 주의 책에 기록되지 아니하였나이까**(8절). 이것은 다윗의 눈물을 포도주용 가죽 부대에 모으시는 하나님의 모습을 그리면서 하나님이 그의 괴로움을 기억하고 계심을 암시한다. 하나님의 자녀가 흘리는 눈물은 하나님의 가장 진정 어린 공감과 긍휼 없이 그냥 떨어지는 법이 없다. 마찬가지로 예수님도 고난과 눈물을 겪으시어(눅 19:41; 요 11:35) 모든 면에서 인간에게 공감하시고, 우리의 길을 '은혜의 보좌로 이끌어 우리가 긍휼하심을 받고 때를 따라 돕는 은혜를 얻을 수 있게' 하신다(히 4:1-16).

C. 나의 미래를 헤아리시다(56:13)

56:13. 다윗은 탄식시의 말미에 드러나는 특징답게 자신에게 닥친 상황의 해결, 그토록 바라던 문제 해결을 내다보지 않는다. 오히려 그 차원을 지나 자기 마음이 진실로 간절히 바라는 때, 이를테면 그와 하나님의 모든 자녀가 에덴에서 하도록 계획된 일, 즉 **하나님 앞, 생명의 빛에 다니게** 되는(참고. 116:9, 문자적으로 '걸어 다니는', '산책하는'. 창 3:8에 쓰인 것과 동일한 동사이며, 그 구절의 주석을 보라) 때를 내다본다. 이것은 격조 높고 이상적인 삶을 의미한다. 이 삶을 상징하는 생명나무는 인간을 영원히 차단하지 않으면 안 되었고(창 3:22의 주석을 보라) 앞으로도 그럴 것이다(계 22:2). 빛이라는 상징에 관해서는 시편 27:1의 주석을 보라.

시편 57편: 뛰어나신 하나님 안에서 찾는 피난처

이 시의 표제 **다윗의 믹담**에 관해서는 시편 3, 4, 16편의 표제에 대한 주석을 보라. 이 시는 **알다스헷**[문자적으로 '파괴하지 말라'. 시 58, 59, 75편도 마찬가지이다]에 맞춘 것이다. 알다스헷은 지금은 알려지지 않은 곡조를 가리키는 것 같다. 이 시는 그 곡조에 맞추어 노래로 불렸을 것이다. 이 시는 **다윗이 사울을 피하여 동굴에 있던 때** 지었다. 이는 사무엘상 22:1과 24:3에 기록된 두 사건 혹은 그중 한 사건이 일어났을 때를 가리킨다(참고. 시 142편). 앞의 시에서 그랬듯이 다윗은 이 경우에도 사울의 손아귀에서 벗어난 후 노래로 자신이 구원받았음을 기린다(Sailhamer, *NIV Compact Bible Commentary*, 327).

A. 능력이 뛰어나신 하나님께로 피하다(57:1-3)

57:1-3. 다른 많은 시처럼 여기에서도 **내게 은혜를 베푸소서**라는 다윗의 탄원이 강조용으로 되풀이된다(참고. 56:1의 주석). 이 탄원은 이어지는 확언, 즉 (당장 해결되든 해결되지 않든) 자기 **영혼**은 현재 상황에 굴하지 않고 하나님께로 **피하**겠다고 단언함으로써 균형을 잡는다. 다윗은 이 말을 강조하기 위해 자신이 즐겨 쓰는 표현을 동원한다. **내가 주의 날개 그늘 아래로 피하리이다**(1절; 참고. 시 17:8; 36:7; 61:4; 63:7; 91:4). 감동적인 이 시적 이미지는 모세가 가장 먼저 사용했고(신 32:11), 다음으로 다윗의 위대한 조부모 보아스와 룻이 사용했다(룻 2:12; 3:9). 이 이미지는 순전한 복종, 신뢰, 따스한 관계에 기초한 사심 없는 헌신을 암시한다. 또한 다윗은 **하나님이 그의 인자**(참고. 시 5:7의 주석)**와 진리**(3절; 참고. 시 43:3의 주석)를 **보내실** 것이라고 단언한다. 이는 다윗이 하나님의 인자와 진리를 그의 앞에 파송되어 그의 길을 예비하는 천사처럼 예우한 것이다.

B. 영광이 뛰어나신 하나님께로 피하다(57:4-6)

57:4-6. 사울의 진노를 피해 도망치는 비참한 상황임에도, 다윗은 **하나님의 영광**에 마음을 집중한다. 그러고 나서 그 영광이 **하늘 위에 높이 들리기**를 원한다고 선언한다(5절). 다윗을 격려하는 근원이기도 한 이 선언에는, 하늘에 계시며 모든 민족 위에 뛰어나신 하나님이 인간의 의지와 반대를 무릅쓰고 그분의 뜻을 행하시리라는 생각이 함축되어 있다(참고. 113:4; 115:3). 말하자면 하나님이 다윗의 상황을 해결해 주시든 안 하시든 간에, 일어나는 모든 일은 하나님의 **영광이 온 세계 위에** 드러나는 데 이바지하리라는 것이다.

C. 뛰어난 찬양을 받으시는 하나님께로 피하다 (57:7-11)

57:7-11. 약간 변형된 형태로 이 다섯 절을 되풀이하는 시편 108:1-5의 주석을 보라.

시편 58편: 하나님의 정의에 대한 묵상

이 시의 표제 **다윗의 믹담**에 관해서는 시편 3, 4, 16편의 표제에 대한 주석을 보라. 이 시는 **알다스헷**에 맞춘 노래이다(시 57편의 표제에 대한 주석을 보라).

A. 하나님의 정의가 필요하다(58:1-5)

58:1-5. 이 시는 '주'(야훼) 하나님을 부르며 시작되지 않는다. **통치자들아**라는 말은 하나님께 중개자 역할을 하는 권력자들(재판관과 지도자들)에게 가끔씩 적용되는 표현이다(출 22:8-9; 시 82:6을 보라). 그러나 여기에서 사용된 그 단어는 '집단/군중'[히브리어로 엘렘(*'elem*), 창 37:7에서는 대개 '다발', 곧 '짚단'으로 번역된다]을 의미한다. 그러므로 다윗의 서언은 다음과 같은 의미라고 할 수 있다. 군중아, **너희가 정의를 말해야 하거늘**[군중은 다음 행의 '인자들'에 대응한다, 1절]. 그런 이유로 신적 정의의 필요성이 곧바로 제기된다. 다윗은 이어서 **폭력**(2절, '포악함'을 의미한다. 창 6:11의 주석을 보라)을 언급하고, **악인은 모태에서부터 멀어졌음이여 나면서부터 곁길로** 나갔다(3절, 시 51:5에 기록된 대로 '나면서부터 타락했다'. 시 51:5의 주석을 보라)고 말함으로써 정의의 필요성을 강조한다. 이 구절은 시적 표현으로서 젖먹이들이 죄를 짓는다는 뜻이 아니라 인간이 타락하여 일찍부터 악행을 저지른다는 뜻이다.

B. 하나님의 정의를 설명하다(58:6-9)

58:6-8. 다윗은 원수의 멸망을 가리키는 다수의 표현들을 동원하여 **하나님**께 (그분의 영광을 위하여) 정의를 나타내 보이시라고 재촉한다. 다윗은 이렇게 기도한다. (1) **그들의 이를 꺾으**시고 **젊은 사자의 어금니를 꺾어내소서**. 이는 (4절에 언급된) 뱀과 공격하는 사자를 무력하게 하는 행위이다(6절). (2) **그들이 급히 흐르는 물같이 사라**져 땅속에 스며들게 하소서. (3) 그들의 공격이 **화살이 꺾임 같게** 과녁을 벗어나게 하소서(7절). (4) 그들을 **달팽이**처럼 무력하게 하소서. (5) 그들을 **만삭되지 못하여 출생한 아이**처럼 무익하게 하소서(8절). 서론의 '시편의 유형'에 나오는 저주시에 관한 주석을 보라.

58:9. 하나님의 심판은 신속하게 이루어질 것이다. **가시나무 불이 가마를 뜨겁게 하기 전에** 그분의 정의를 급히 드러내 보이시고, 모든 것을 휩쓰는 **강한 바람으로** 그들을 **휩쓸**어버리실 것이다.

C. 하나님의 정의에 반응하다(58:10-11)

58:10-11. **의인이 기뻐함이여**(10절)라며 하나님의 정의에 반응하는 까닭은 악인들이 멸망해서가 아니라(하나님은 악인의 죽음을 기뻐하지 않으시며 자신의 백성에 대해서도 그러하시다, 겔 18:23, 32; 33:11), 하나님 그분이 입증되고(시 52:8; 54:7의 주석을 보라), 더 나아가 온 **땅**을 **심판하시는 하나님**의 주권이 입증되었기 때문이다(11절; 창 12:3; 18:14; 삼상 17:46; 참고. 시 2:10-12; 18:46-50; 22:27; 36:5-9; 45:16-17; 48:9-11의 주석을 보라).

시편 59편: 하나님의 구원을 바라는 개인의 청원

이 시의 표제 **다윗의 믹담**에 관해서는 시편 3, 4, 16편의 표제에 대한 주석을 보라. 이 시는 **알다스헷**에 맞춘 노래이다(시 57편의 표제에 대한 주석을 보라). 이 시의 시점은 **사울이 사람을 보내어** 다윗이 첫째 아내 미갈과 함께 살던 **집을 지키며 그를 죽이려고 하던 때**이다. 이는 사무엘상 19:11-17에 자세히 기술되어 있다.

A. 구원의 필요성을 솔직하게 아뢰다(59:1-8)

59:1-8. 다윗은 **원수에게서** 자기를 **건지시**라고 하나님께 열심히 간청한다(1절). 여기에서 원수는 사울의 병사들이 아니라 사울의 부하들 중에서 의를 갈망하기보다는 왕을 지지하여 사회적·정치적 호의를 입으려고 하는 자들을 가리킨다. 그래서 다윗은 그들을 가리켜 **악을 행하는 자**(2절), **악한 꾀를 꾸미는 자**(5절, 새번역)라고 부른다. 그는 시편 2:4에 나오는 것과 동일한 단어들(8절, '비웃다'와 '조롱하다)을 사용하여 그들의 계획이 얼마나 무익한지 강조한다. 이는 그들이 하나님이 새로 기름 부으신 왕 다윗을 적대하다가 하나님까지 적대하게 되었음을 암시한다.

B. 구원의 목적을 겸손히 숙고하다(59:9-15)

59:9-15. 다윗은 사울에게 부당한 추적을 당하고 수적으로 크게 열세에 처해서도 주님을 신뢰한다. **그의 힘으로 말미암아 내가 주를 바라리이다**(9절, 고대하리이다/기다리이다). 다윗이 이렇게 적극적인 이유는 자신의 영광을 위해서가 아니라(사람들이 그의 현재 모습을 인정하고 존경하도록 하기 위해서가 아니라) 하나님의 영광을 높여 사람들이 그분의 다음과 같은 모습을 인정하고 존경하도록 하기 위해서이다. (1) **인자하심**[히브리어로 '헤세드', 언약에 기초한 충실한 사랑]이 특징인 하나님. 하나님은 이 인자하심으로 그를 그분의 언약 아래 있는 사람으로 **영접하실**(문자적으로 '그보다 앞서 나아가다'. 삼하 5:24에 생생히 묘

사되어 있다) 것이다(10절). (2) **우리의 방패**이신 주님(11절). (3) 정의로 특징지어지는 하나님. 하나님은 악인들(회개하지 않는 자들)을 벌하지 않은 채 그냥 넘어가지 않으시고(출 34:7; 잠 11:21) **진노하심으로 소멸하시**는(13절, 다시 시 2편의 어법을 상기시킨다. 이번에는 2:12) 분이다. 그 결과 신자들은 그분을 경외하고, 불신자들은 두려워하게 될 것이다. 다윗은 불신자들이 유일하고 참되신 하나님께 복종함으로써 그분께로 돌아서서(참고. 에 8:17) 그분이 야곱, 즉 이스라엘 백성 **중에서 땅 끝까지 다스리시**는 분임을 알게 되기를 바란다(13절).

C. 구원의 하나님을 무조건 찬양하다(59:16-17)

59:16-17. 다윗은 전형적인 방식으로 무조건 찬양하며 말을 맺는다. 하나님이 언제 어떻게 응답하시든 그는 **아침에**(16절, 아침마다 '새롭기' 때문에. 애 3:22-23을 보라. 시 36:5-9의 주석도 보라) 하나님의 **인자하심**['헤세드', 참고. 위의 10절]을 **높이 부르고 주의 힘을 노래하**겠다는 것이다(17절).

시편 60편: 하나님에 대한 전적인 신뢰

이 시의 표제 **다윗의 믹담**에 관해서는 시편 3, 4, 16편의 표제에 대한 주석을 보라. 찬양대 **인도자**는 이 시를 **수산에둣**[문자적으로 '증언의 백합화']**에 맞추라**는 지시를 받는다. 수산에둣은 시편 80편의 표제에도 (복수형으로) 등장하는 표현이다(참고. 시 45편과 69편의 표제). 두 경우 모두 곡조를 가리키는 것 같다. 이 시는 그 곡조에 맞추어 노래로 불렸을 것이다. 표제가 이례적으로 긴 것은, 여러 시의 표제들 중에서 유독 이 표제에만 모든 성경을 참되게 가르치려는(딤후 3:16-17) 목적이 적혀 있기 때문이다. 다윗이 사울과 요나단을 위해 지은 조가(弔歌)의 서두에 동일한 표현이 쓰인 것으로 보아(삼하 1:18) 이 시는 다수의 이스라엘 자손이 **아람 나하라임** 및 **아람 소바**와 힘겹게 싸우다가 죽은 것(삼하 8장과 대상 18장의 사건들을 가리킨다)을 기리며 유다 자손을 가르치고자 지은 시라고 할 수 있다. 다윗은 그 시기에 에돔을 상대로 결정적인 승리를 거두었고(삼하 8:12-13을 보라), 에돔의 패배는 메시아와 관련하여 중요한 의미를 지니게 된다(시 52편의 서론을 보라).

A. 하나님의 징계를 확인하다(60:1-5)

60:1-4. 표제의 자연스런 독법에 따르면, 이 시는 이스라엘이 아람 사람들과 끊임없이 전투를 벌이면서 고전을 겪는 중에 지은 것으로 보인다. 따라서 다윗은 애끓는 절망의 소리를 터뜨린다. **하나님이여 주께서 우리를 버려 흩으셨나이다**(1절). 이것은 다윗이 무서운 상황을 마주하여 내지르는 깊은 절망의 표현이다. 하지만 신학적 진리를 부정하는 것은 아니다. 주님은 자기 백성을 버리시거나 그들과 맺은 언약을 깨뜨리시는 분이 아니기 때문이다(참고. 44:23의 주석). 하나님은 자기 백성 이스라엘과 독특한 관계에 있기 때문에 그들을 징계하시되 버리지는 않으신다. 그 차이는 결정적이다. 버림이라는 개념은 성경에서 정죄와 동의어로서(참고. 37:33; 롬 8:1, 38-39) 하나님과 관계없을 경우에만 일어나는 반면에, 징계는 관계가 존재하는 경우에만 일어난다(징계 받는 사람이 그 관계를 느끼지 못해도 징계는 일어난다, 참고. 히 12:5-11; 시 23:6과 시 30편의 주석).

60:5. "주의 백성"(3절)과 **주께서 사랑하시는 자**(5절, 다윗이라는 이름은 '사랑하는 자'를 의미한다. 이 시에 쓰인 표현은 복수형으로서 다윗이라는 이름과 어긋이 같다)라는 표현은 이스라엘과 하나님 사이에 실제로 그런 관계가 존재하고 있음을 암시한다. 이 절의 주석은 108:6을 보라.

B. 하나님의 언약을 확인하다(60:6-8)

60:6-8. 이 절들은 시 108:7-9과 유사하므로 그 구절들의 주석을 보라.

C. 하나님의 역사하심을 확인하다(60:9-12)

60:9-12. 누가 나를 이끌어라는 말은(9절) 수사적 질문이다. 내포된 답은 **우리 군대와 함께 나아가**실 주님이시다(10절). 주님은 **구원**을 베푸시고(11절), 그분의 능력으로 **우리의 대적을 밟으시며**, 자기 백성을 구원하실 분이다(12절; 참고. 시 20:7; 민 24:18; 사 14:19, 25; 렘 12:10; 슥 10:5).

시편 61편: 마음이 약해질 때 하나님께 부르짖다

이 시의 표제 **다윗의 시**에 관해서는 시편 3편과 4편의 표제에 대한 주석을 보라. 이 시는 **현악**기의 반주에 맞추어 노래로 불렸다. 다윗은 시편 60편에서 하나님이 원수들에게 최후의 승리를 거두시리라는 신뢰를 표현한다(60:12). 여기에서는 이런 최후의 승리를 가져오고, 다윗과 의인들이 찾는 피난처를 제공하실 신적 왕이 장수하기를 하나님께 기도한다(Sailhamer, *NIV Compact Bible Commentary*, 327; 참고. 61:4과 2:12).

A. 견고한 보호를 위하여(61:1-4)

61:1-3. 이 부분은 진지한 기도문이다. **하나님이여 나의 부르짖음을 들으시며 내 기도에 유의하소서**(1절). 이 표현들은 다윗의 연약함을 강조한다. 그는 **마음이 약해**져서 먼 땅에서, **땅 끝에서** 부르듯이 하나님을 큰 소리로 부른다(2a절). 그는 하나님께 가장 친밀한 사귐(내적·심리적으로 필요한 것)과 가장 견고한 안전(외적·육체적으로 필요한 것)을 구한다. 그는 하나님께 안전을 간청하며 이렇게 말한다. **나보다 높은 바위에**, 즉 하나님께로 **나를 인도하소서**(2b절). 바위는 성경에서 흔히 사용되는 주님의 이미지이자 안전한 곳의 이미지이다(참고. 18:2; 31:2; 62:2, 6-7; 71:3; 94:22). 주님은 특히 "이스라엘의 반석"으로 불리신다(삼하 23:3; 사 30:29). 다윗은 하나님이 **피난처요 견고한 망대**이심을 알고 있었다(3절; 참고. 18:1-3).

61:4. 그는 하나님께 **영원히** 그분의 **장막에 머물**게 해달라고(4a절), 즉 장막에서 하나님과 친밀한 사귐을 갖게 해달라고 간청한다(참고. 15:1; 23:6; 27:4). 그런 다음 하나님의 **날개 아래로 피하**게 해달라고 청한다(4b절; 57:1의 주석을 보라). 이 두 청원은 하나님의 임재 가운데 드리는 예배와 즐거운 친교를 생각나게 한다.

B. 생명을 주는 사랑을 위하여(61:5-7)

61:5-7. 서두에서 하나님께 자신의 부르짖음을 들어달라고 간청한 다윗은 하나님이 이미 **들으셨**음을, 즉 자신에게 최선의 것을 베풀어주셨음을 단언한다(시 34:15의 주석을 보라. 참고. 창 16:11). 다윗이 말한 대로 이 '최선의 것'은 **주의 이름을 경외하는 자가 얻을 기업**을 수반한다(5절; 참고. 111:10). 기업은 보통 땅을 가리키지만, 여기에서는 하나님의 명성을 **경외하는** [하나님의 명성에 걸맞은 경외심을 품는] **자**들에게 돌아가는 영적 보상을 은유적으로 가리킨다. 또한 다윗은 하나님이 그에게 하신 약속, 즉 사무엘하 7:11-17에 기술된 영원한 왕과 왕국을 주시겠다는 약속에 기초하여 하나님의 영원한 왕이 나와서 즉위하시기를 기도한다. 다윗은 하나님이 그 후손의 통치를 '길게 해주시고' 그 왕의 연수가 **여러 대에** 미치게 해주시기를 기대한다(6절). '여러 대'는 시적 관용 표현으로서 7a절에 등장하는 '영원히'를 의미한다. 그 왕이 **영원히 하나님 앞에서 거주하리니**(참고. 신 32:7). 이 영원한 왕을 전망하기에 다윗은 하나님과 함께하는 영원한 삶("영원히 주의 장막에 머물며", 4a절)을 예견하고, 하나님의 날개 아래로 피할 수 있었다(4b절).

C. 영속적인 목적을 위하여(61:8)

61:8. 다윗은 이 청원의 본질적인 동기는 물론이고 자신이 그것을 간절히 바라는 목적도 밝힌다. 그 목적은 [하나님의] **이름을 영원히 찬양하**는 것이다(하나님 이름의 중요성에 관해서는 시 20:5의 주석을 보라, 창 11:4; 12:2도 보라).

시편 62편: 참된 구원에 대한 묵상

이 시의 표제 **다윗의 시**에 관해서는 시편 3편과 4편의 표제에 대한 주석을 보라. 이 시의 표제도 **여두둔에 맞춘**이라는 문구를 담고 있다. 이는 특정한 곡조 또는 악기를 가리키거나 이 시가 노래하는 세 레위 가문 중 한 가문의 지휘를 받았음을 암시한다(시 39편의 서론을 보라). 이 시는 메시아를 분명하게 언급하고 있지는 않지만, 미래에 구원이 이루어지리라는 소망과 하나님을 피난처로 삼는 내용을 담고 있다. 시편 2:12에 따르면, 피난처는 오직 '성자'에게서만 찾을 수 있다. 이것은 또한 메시아와 관련 있는 시편 60편 및 61편의 맥락과 연관되어 이 시가 메시아를 대망하고 있음을 암시한다(Sailhamer, *NIV Compact Bible Commentary*, 328).

A. 참된 구원은 하나님께만 있다(62:1-4)

62:1-4. 다윗은 자신의 생각을 하나님께로 향하게 하자 **영혼**이 '평온을 찾는다'(NASB의 **잠잠히 하나님만 바람이여**보다 나은 독법)고 자신 있게 단언한다. 그의 **구원**(시 13:5에서 밝히듯이 온전하고 궁극적인 구원을 의미함)은 하나님에게서 올 뿐만 아니라(1절), 실은 하나님 **그분만**이 그의 구원이시다(2절). 다윗은 하나님이 **반석**이 되어주시므로(61:2의 주석을 보라) 자신이 **크게 흔들리지** 않을 것이라고 자신 있게 선언한다. 이생에서 무슨 일이 일어나든 하나님이 그에게 약속해주신 미래의 영광, 특히 뛰어난 자손에 관한 약속을 거두는 일만큼 가혹하지는 않으리라는 것이다(시 15:5b에 등장하는 동일한 표현에 관한 주석을 보라). 서두의 단언으로 다윗은 **거짓을 즐겨 하는**(4절) 자들

의 압제를 바르게 보게 되어 감정적으로 동요하지 않을 수 있었다. 그렇지 않았으면 그는 계속해서 동요했을 것이다.

B. 참된 구원은 늘 하나님에게서 온다(62:5-8)

62:5-8. 다윗은 서두에 보였던 자신감을 다시 보여주며(5-6절) 이 구절을 시작한다. 차이가 있다면 여기에서는 '구원' 대신에 **소망**이라는 단어를 쓰고 있다. 이는 2절에서 말한 '구원'이 아직 실현되지 않은 것이듯(그래서 미래에 최종적으로 이루어질 구원을 언급한 것이듯) **소망**도 당연히 아직 실현되지 않은 것, 보이지 않는 것(참고. 히 11:1, 이 절에 등장하는 '바라는 것들'은 '보이지 않는 것들'과 유사하다. 롬 8:24-25도 참고하라)과 관계있음을 말한다. 그럼에도 다윗은 흔들리지 않는 소망의 근원이신 하나님에 대한 신뢰를 토대로, 하나님은 누구도 부술 수 없는 **힘의 반석**이실 뿐만 아니라(7절) 자비롭고 늘 경청하는 귀를 갖고 계셔서 자녀들이 그분 앞에서 마음을 토하기를 간절히 바라시는 분이니 **피난처**인 **그를 시시로 의지하라**고 **백성들**에게 권고한다(8a절). **피난처**를 뜻하는 히브리 단어 마흐세(*machseh*)는 시편 17:7-8; 36:7; 52:1; 61:4; 91:4에서 그러하듯 '피하다'를 뜻하는 히브리 단어 하사(*chasah*)와 어근이 같으며, 새끼 새가 안전한 어미새의 날개 그늘 아래로 피하는 이미지를 취한다(참고. 63:7).

C. 참된 구원은 하나님만 베푸신다(62:9-12)

62:9-12. 다윗은 자기 백성들(8절에서 그가 말을 건넨 사람들)에게 겉만 번드르르한 악인들[9절, **신분이 낮은 사람들**(새번역)]의 성공 너머를 보라고 권고한다. **권능**(11절)과 **인자함**(12절, 히브리어로 '헤세드')은 **하나님께** 속한 것이고(끝 간 데까지 그분의 것이고), 하나님은 각 **사람이 행한 대로 갚으실** 것이기 때문이다(이는 예수님이 영광과 진노로 다시 오시는 때에 절정에 달할 것이다, 마 16:27과 롬 2:6을 보라).

시편 63편: 하나님을 갈망하다

이 시의 표제 **다윗의 시**에 관해서는 시편 3편의 표제에 대한 주석을 보라. 이 시의 시점은 다윗이 **유다 광야에 있을 때**이다. 이는 다윗이 사울에게 쫓기던 시기이거나(삼상 23:14, 24; 24:1; 25:1) 그의 아들 압살롬에게 쫓기던 시기(삼하 15:28을 보라) 혹은 둘 중 어느 한 시기와 관련이 있다. 다윗이 지금 있는 광야는 그로 하여금 하나님을 갈망하도록(1절) 하는 무대 장치이자, 이스라엘이 가나안에 들어가 정복하려는 소망을 품고 광야에서 방랑하던 것과 유사한 모습을 그려내는 무대 장치이다. 이 시의 말미는 토라(모세오경)가 예견한 구원의 맥락에서, 말하자면 장차 위대한 왕이 유다에서 나타나 하나님의 백성을 구하실 것(창 49:8-12; 민 24:7, 17을 보라)이라는 맥락에서 왕을 언급한다(Sailhamer, *NIV Compact Bible Commentary*, 328).

A. 하나님의 임재를 위하여(63:1-5)

63:1. **주는 나의 하나님**이라는 말은 히브리 원문에서 문법적으로 '나의 하나님 주는'으로 배열되어 있다. 이는 다윗이 주님의 신성을 강조함은 물론이고 유일하고 참된 신이신 주님이 그의 하나님이라는 사실, 즉 위안이 되고 기쁨이 되는 사실도 강조한 것이다. 그는 간절히 하나님을 갈망한다. **내 영혼이 주를 갈망하며 내 육체가 주를 앙모하나이다**[문자적으로 '기진하나이다']. 묘사는 **물이 없어 마르고 황폐한 땅에서**라는 절망적인 목마름의 이미지로 고조된다(참고. 42:1).

63:2-5. 다윗은 지금 하나님의 임재(그분의 영광의 구름, 참고. 출 40:34)에서 쫓겨나 광야 신세이지만, 전에는 **성소에서** 그분을 **바라보**고 하나님의 **권능과 영광**을 경험하던 몸이었다(2절). **주의 인자하심이 생명보다 나으므로**(3절)라는 진술은 그를 내세의 영광과 완전한 기쁨으로 데려다줄 하나님의 '헤세드'(참고. 5:7의 주석)가 이생이 제공하는 그 무엇보다 낫다는 뜻이다(참고. 84:10). 이런 소망 속에서 그의 **영혼은 골수와 기름진 것**, 즉 대단히 귀하고 영양가 높은 음식을 **먹음과 같이 만족**해한다(5절; 창 4:4; 시 36:8을 보라).

B. 하나님의 보호를 위하여(63:6-8)

63:6-8. 다윗은 **잠자리에 들어서도 주님만을 기억하고 밤을 새우면서도 주님만을 생각합니다**라고 아뢴다(6절, 새번역). **밤을 새우면서도**란 밤을 꼬박 새워가며 하는 묵상, 즉 자기의 마음을 하나님의 말씀으로 가득 채우는 일의 중요성(과 유익)을 강조하는 표현이다(시 1:2; 신 6:5-9; 수 1:8의 주석을 보라). **주의 날개 그늘에서**(7절; 참고. 17:8의 주석)란 다윗이 애용하는 표현 가운데 하나이다. 그가 느끼는 주님과의 관계, 주님 안에서 누리는 안전, 주님께 복종함을 아름답고 간

결하게 표현하기 때문이다. **이 몸이 주님께 매달리니**(8절, 새번역)라는 진술은 이 인격적인 친밀감을 감동적으로 강조한다. '매달리다'는 남편과 아내의 결합을 표현할 때 사용하는 것과 같은 동사이다(창 2:24과 그 구절의 주석을 보라).

C. 하나님을 찬양하기 위하여(63:9-11)

63:9-11. 마침내 다윗은 그의 생명을 **찾아 멸하려 하는** 자들이 주님께 패할 것이라고 확신한다(9절). 갑자기 왕을 언급하는 데서 그의 소망이 분명하게 드러난다. 이는 한 왕이 유다에서 나타나 민족들을 다스릴 것이라는 토라의 언급을 상기시킨다(창 49:8-12; 민 24:7, 17). 이 미래의 왕께 **맹세하는**[왕을 신뢰하는] **사람들은 모두 왕을 칭송할 것이다**(새번역, 시 105:3에서처럼 문자적으로 '자랑할 것이다'. 참고. 왕상 20:11). 그분이 친히 하신 모든 약속을 이행하실 것이기 때문이다. 따라서 **거짓말하는 자**[하나님이 말씀하신 바를 거스르는 자]**의 입은 막힐 것이다**(11절).

시편 64편: 괴롭히는 자들을 피하여 위안을 찾다

이 시의 표제 **다윗의 시**에 관해서는 시편 3편과 4편의 표제에 대한 주석을 보라. 앞의 시들에서 그랬던 것처럼 다윗은 시편 64편에서 미래에 이루어질 구원을 고대한다. 하지만 여기에서 말하는 구원은 모든 민족 집단으로 이루어진 사람들, 그러면서도 여전히 그분, 즉 신적 메시아 왕에게 피하는 사람들을 아우른다(Sailhamer, *NIV Compact Bible Commentary*, 328).

A. 하나님께 괴로운 마음을 내려놓다(64:1-6)

64:1-6. 성경의 본보기를 따르자면, 하나님께 **근심**을 토로하는 것은 예배에서 수용 가능한 요소일 뿐 아니라(시 10:1-11; 28:1-2; 142의 주석을 보라) 본질적인 요소도 된다. 그리함으로써 하나님의 자녀는 죄 많은 세상살이에 필연적으로 따르는 근심을 건강하게 해결할 수 있다(참고. 막 4:19; 요 16:33; 행 14:22; 딤후 3:12). 그로 인해 하늘 아버지와 유대 관계가 돈독해지고 더욱 그분에게 의지하게 된다. 다윗은 **각 사람의 속뜻과 마음이 깊도다**(6절)라고 말한다. 사람의 속뜻과 마음은 다윗이 알기에는 너무나 깊지만(그래서 경계를 늦출 수 없지만), 모든 사람의 마음속 비밀들을 아시는 하나님께는 결코 깊지 않다(시 17:3; 44:21; 139:1-4; 행 15:8을 보라).

B. 괴롭히는 자들에게 내리시는 하나님의 심판을 단언하다(64:7-8)

64:7-8. 하나님은 마음을 알고 올바르며 전능하시기 때문에 다윗은 확신에 차서 말한다. **하나님이 그들**[다윗의 원수들]**을 쏘시리니 그들이 갑자기 화살에 상하리로다**[문자적으로 '맞아 쓰러지리라', 7절]. 이 표현들은 다윗이 골리앗에게 한 말을 상기시킨다. "오늘 여호와께서 너를 내 손에 넘기시리니 내가 너를 쳐서(문자적으로 '세게 때려') 제 목을 베고…"(삼상 17:46). 그 싸움은 확실히 주님의 싸움이었고, 주님은 곧바로 그 거인을 이스라엘의 손에 넘기셨다(삼상 17:47-51).

C. 하나님이 함께하시는 미래의 영광을 고대하다(64:9-10)

64:9-10. 하나님만이 지존하시다는 사실을 "온 땅으로…이 무리에게 알게" 하기 위해 골리앗이 패할 것이라고(삼상 17:46-47) 그에게 말했던 다윗은, 여기 시편 64편에서도 하나님의 영광이 연이어 나타나 불신자들에게는 두려움의 원인이 되었고(9절, **모든 사람이 두려워하여**), 신자들에게는 기쁨과 안도감의 원인이 되었다고(10절, **의인은 즐거워하며 그에게 피하리니**) 말한다. 물론 그 안도감은 궁극적으로 "아들에게 경의를 표하고", "그분께 피하는"(2:12) 사람들의 차지이다(Sailhamer, *NIV Compact Bible Commentary*, 328-329).

시편 65편: 인간을 향한 하나님의 은혜

이 시의 표제 **다윗의 시…노래**에 관해서는 시편 3, 4, 46편의 표제에 대한 주석을 보라. 이 시는 시편 64편에서(특히 64:9에서) 표현된 하나님의 보편적 통치라는 주제를 되풀이한다(Sailhamer, *NIV Compact Bible Commentary*, 329). "모든 사람이 두려워하여" 하나님의 일을 선포하고 그분께 영광을 돌리는(64:9-10) 이유 중 하나는, 하나님이 땅 끝에 이르기까지 죄 사함을 받을 수 있게 해주실 것이기 때문이다(65:3-5).

A. 주권적인 용서로 나타나다(65:1-4)

65:1-4. 이 찬송이 자리한 곳은 **시온**, 곧 성전이다(1절). 찬송은 세 부분으로 나뉘며, 각 부분은 인간을 향한 하나님의 은혜를 나타낸다. 첫째, 하나님의 가장 큰 은혜는 죄 용서이다. 말하자면 하나님이 **기도를 들으시고**, **우리의 허물**, 즉 그분께 나아오는 모든 사람(2절,

문자적으로 '모든 육체', 유대인이든 이방인이든 모든 사람을 의미한다. 참고. 창 6:19; 사 49:26; 렘 32:27; 욜 2:28)의 죄를 **사하**신다는 것이다. 이 어법은 솔로몬이 (아버지의 예를 따라!) 성전을 봉헌하며 드린 기도와 유사하다(왕상 8:41-43을 보라). 하나님이 **사하**려고(3절) **택하시는**(4절) **사람은 복이 있다**(시 1:1의 주석을 보라). 그러한 용서는 하나님의 택하심으로 이루어지지 인간의 노력이나 공로로 이루어지지 않는다. 용서는 확실하고도 엄연한 하나님의 선물이다(엡 2:8-9).

B. 기적의 역사들로 나타나다(65:5-8)

65:5-8. 둘째, 하나님의 은혜는 그분의 **엄위하신 일**(5절), 즉 자기 백성 이스라엘을 구하기 위해 행하신 장엄한 기적들로 나타난다(8절). 시편 106:22에서 상기하는 이 기적들은 하나님이 '홍해에서' 행하신 모든 일들, 즉 불기둥으로 바로의 군대를 멈춰 세우시고, 바다를 갈라 이스라엘이 바다에서 마른 땅으로 지나가게 하시고(출 14:10, 19-20, 22; 15:19; 시 66:6), 바로 군대를 수장시키신 일들을 가리킨다. 이스라엘이 응답의 노래에서 하나님이 "우리의 구원이 되셨다"(출 15:2) 라고 단언했듯이, 다윗도 이 노래(표제에서 이 시를 그렇게 부르고 있다)에서 주님이 **우리 구원의 하나님**이심을 단언한다(65:5; 참고. 27:1; 85:4; 사 12:2).

C. 지속적인 공급으로 나타나다(65:9-13)

65:9-13. 끝으로, 하나님의 은혜는 그분의 섭리에 따른 돌보심으로 나타난다. 다윗은 하나님이 **땅을 돌보셨**다고 말한다(9절). 이는 룻기 1:6의 표현을 생각나게 한다. "여호와께서 자기 백성을 돌보시사 그들에게 양식을 주셨다." 하나님은 그들이 씨앗을 구해 키울 수 있도록 **곡식**을 주시고(9절) **밭고랑에 물을**[비를] 주신다(10절). 그분의 은혜는 의로운 사람과 의롭지 않은 사람 모두에게 그리하시고(마 5:45), 그 응답으로 땅과 거기에 있는 만물은 **즐거이 외**친다(13절). 여기에서 다윗은 자연의 법칙을 유지하여 자기 백성(그리고 일반 인류)에게 쉼 없이 공급하심으로 표현되는 하나님의 은혜에 초점을 맞춘다(참고. 골 1:17).

시편 66편: 관심을 기울이시는 하나님을 찬양하라는 권고

이 시의 표제 **시…노래**에 관해서는 시편 3, 4, 46편의 표제에 대한 주석을 보라. 모든 육체가 받을 수 있도록 하나님이 베푸시는 광범위한 구원(65:4-6)은 그 구원을 받는 모든 이에게 그분을 찬송할 것을 요구한다(66:1-4; Sailhamer, *NIV Compact Bible Commentary*, 329).

A. 백성을 구원하시는 일로(66:1-7)

66:1-7. 시편 저자는 **온 땅**에게 하나님의 **엄위하신 일**(3절)을 보고 **하나님께 즐거운 소리를**[찬양의 소리를] 내라고 권고한다(1절). 엄위하신 일은 하나님의 구속 사역을 가리킨다(시 65:5의 주석을 보라). 특히 시편 저자는 경외심을 불러일으키는 하나님의 기적, 즉 **바다를 변하여 육지가 되게 하셨**던 일을 자세히 말한다(6절). 이는 모든 민족의 마음에 공포와 전율을 안겨주고(출 15:14; 참고. 수 5:1), 성경 도처에서 하나님이 베푸시는 구원의 상징으로 기능할 만큼(예를 들어 고전 1:1-10) 광대한 규모로 행하신 기적이다. 그러나 시편 저자는 하나님과 이스라엘의 **원수**인 이 민족들이 하나님의 **큰 권능**을 두려워하여 그분께 **복종**하는 체했지만(3절), 미래에는 **온 땅이** 진실로 **주께 경배**할 것이라고 단언한다(4절). 온 땅이 경배하는 것은 역사상 어떤 세력도 선취하지 못한 목표이다(참고. 사 11:10; 슥 14:9, 16; 계 22:3-4).

B. 백성을 단련하시는 일로(66:8-15)

66:8-15. 시편 저자는 하나님이 그분의 백성을 **시험하고 단련하신** 일을 찬양한다(10절). **어려운 짐을 우리의 허리에 매어두시**는 것과 같은 과정이었지만(11절), 그 과정을 거친 사람들은 **풍부한 곳에** 이르렀다(12절). '풍부함'이란 더 정확히 말하면 '만족'과 '안식'(주님을 기다리며 그분 안에서 힘을 얻는 것)을 의미한다. 이 모든 요점이 히브리서 12:4-13에서 개진되는데, 이는 하나님의 징계가 그분의 자애로운 사랑의 증거인 까닭에 기쁨의 원인이 된다는 잠언 3:11-12의 내용을 인용한 것이다.

C. 백성의 기도를 들으시는 일로(66:16-20)

66:16-20. 시편 저자는 그럴 이유가 없는데도 자신의 기도에 귀기울여 주시는 하나님을 찬양한다. 그는 **마음에 죄악을 품었더라면 주님이** 그의 기도를 **들어주지 않으실 것**이라고 말한다(18절; 참고. 사 59:2). 하지만 회개하여 믿음으로 하나님의 말씀에 복종하는 이들의 **기도 소리에**는 **귀를 기울이**시고(19절), **인자하심**

(히브리어로 '헤세드')을 그들에게서 **거두지도 아니하실 것이다**(20절).

시편 67편: 모든 민족이 부르는 찬양

이 시의 표제 **시…노래**에 관해서는 시편 3편과 4편의 표제에 대한 주석을 보라. 이 시는 **현악**기 반주에 **맞추어** 노래로 불렀다. 이 시의 구조와 주제는 교차 대구법으로 아름답게 구성되어 있다.

A 하나님이 이스라엘을 돌보심으로 온 세상에 찬양이 일어난다(1-2절)
 B 찬양은 백성들이 마땅히 보이는 반응이다(3절)
  C 모든 민족들에 대한 하나님의 주권(4절)
 B' 찬양은 백성들이 마땅히 보이는 반응이다(5절)
A' 하나님이 이스라엘을 돌보심으로 온 세상에 찬양이 일어난다(6-7절)

교차 대구법 구조에서 눈에 띄는 중심 요소는 세상에 대한 하나님의 주권이다. 이 주권은 그들을 심판하시는 하나님의 권리로 표현된다. 이 구조는 모든 민족이 해야 할 이상적인 일(시 2:1-6, 10-12에서 모든 민족이 행하고 말하는 것으로 기술한 바와 정반대되는 일)뿐만 아니라, 장차 하나님이 그분의 나라를 지상에 세우실 때 그들이 실제로 하게 될 일을 그린 것이기도 하다.

A. 이스라엘을 위한 하나님의 영적 관심에 근거하여 (67:1-2)

67:1-2. 시편 저자는 제사장(혹은 '아론')의 축복에 등장하는 표현을 채택한다(민 6:24-26). 이 축복에 등장하는 핵심 표현들, 곧 **은혜를 베푸사 복을 주시고 그의 얼굴빛을 비추사**(1절) 등은 모두 외부 환경과 상관없이 이루어지는 육체적 · 영적 공급, 즉 구원을 의미하는 안식(창 2:15과 그 구절의 주석을 보라)과 하나님과의 친교(시 1:1; 2:12; 36:9; 44:3; 56:1, 13의 주석을 보라)를 의미한다. 하나님이 언약을 지키며 이스라엘을 영적으로 구속하시는 것은 (창 22장에서) 아브라함에게 하신 위대한 약속, 즉 아브라함의 자손인 메시아를 통해 세상에 복을 주시겠다(창 22:18의 주석을 보라)는 약속을 이행하심으로써 그분의 **도를 땅 위에**, 그분의 **구원을 모든 나라에 알리**시기 위함이다(2절). 하나님이 장차 민족 전체를 구원하시기 위한 일환으로 유대인의 구원을 개별적으로 계속 수행하고 계시다는 사실은 "하나님의 말씀이 실패로 돌아가지 않았음"(롬 9:6; 11:1-32과 그 구절의 주석을 보라)을 보여주는 가장 강력한 증거 중 하나이다.

B. 모든 민족을 위한 하나님의 경영적 관심에 근거하여(67:3-5)

67:3-5. 주님의 구원이 '모든 나라에 알려지면'(2절) 그 결과가 필연적으로 이 세상 모든 **민족**들 안에서 완결될 것이고, **민족**들은 하나님을 **찬송하게** 될 것이다(3, 5절; 복수형으로 쓰인 **민족**들에 관해서는 시 45:17의 주석을 보라). 이런 일은 하나님이 자기 아들의 위격이 되어 땅 위에 그분의 나라를 영원히 물리적으로 세우시고, **민족들을 공평히 심판하시**며(사 11:3-4의 메시아 이미지를 상기시킨다, 참고. 요 7:24), 목자가 양을 인도하고 아버지가 자녀들을 인도하듯이(**인도하다**의 구체적 의미에 관해서는 출 15:13; 시 27:11; 43:3; 77:20; 107:30; 139:24을 보라) **땅 위의 나라**들을 긍휼과 관심으로 **인도하실**(새번역) 때 일어날 것이다. **땅 위의 나라**들을 인도하심은 온 인류에 대한 하나님의 사랑을 암시한다(67:4; 참고. 사 9:6; 56:7; 눅 2:32).

C. 이스라엘을 위한 하나님의 물질적 관심에 근거하여(67:6-7)

67:6-7. 시편 저자는 하나님이 이스라엘에게 물질적으로 관심을 기울이셨음을 언급한다. 물질적 관심에는 다음과 같은 것들이 포함된다. (1) 식량 공급. **땅이 그의 소산을 내어주**는 것은 하나님의 뜻에 의한 것이다(6a절; 참고. 시 85:12). (2) 보호하심. 하나님은 시편 저자와 자신의 백성 이스라엘에게 주시는 **복**(6b절)의 필수 요건으로서 식량을 주심은 물론이고(시 132:15을 보라), 하나님 앞에서 이스라엘을 어엿한 민족으로 삼겠다는 보증도 하신다(렘 31:36을 보라. 창 12:2-3에서 아브라함에게 주신 영원한 약속을 되풀이하는 구절이다. 창 17:7-8; 시 105:8-10도 보라). 하나님이 이스라엘을 보호하고 보전하심으로 그분의 주권적 권능이 온 세상에 입증되어 **땅의 모든 끝**에 있는 사람들이 **하나님을 경외하**게(7절) 될 것이다. 애굽 사람들이 바로에게서 벗어난 이스라엘을 보며 그러했고(출 12:33), 수많은 사람들이 하만의 음모에서 빠져나온 이스라엘

을 보며 그러했다(에 8:17). 우리도 지금까지 기적적으로 (한 나라와 민족으로) 살아남은 이스라엘을 보며 그러하고 있다. 이것은 하나님이 이스라엘 민족과 백성들에게 하신 약속들이다. 이 약속들은 지켜져야 하는데, 여기에는 유대인들이 하나의 국가로 존재하는 일도 포함된다. 이와 같은 약속들은 '새 이스라엘'이나 '영적 이스라엘', 즉 다민족으로 이루어진 교회로는 지켜질 수 없다. 이스라엘이 다른 나라들 사이에서 회복된 하나의 나라로 하나님의 주권과 은혜를 나타낼 때, 비로소 시편 67편에 기록된 것과 같은 약속들이 지켜질 수 있다. 그때 이스라엘은 하나의 국가로서 하나님의 복을 세상의 다른 나라들에게 전할 것이고, 그 결과 세상 나라들로 이루어진 가족들이 같은 구원을 받게 될 것이다(참고. 창 12:3; 22:18; 26:4; 사 42:6; 49:6; 갈 3:8; 행 26:23).

시편 68편: 승리의 하나님을 기리는 찬양 행렬

이 시의 표제 **다윗의 시…노래**에 관해서는 시편 3, 4, 46편의 표제에 대한 주석을 보라. 이 시는 [하나님의 백성 이스라엘(7-8절)과 모든 땅의 왕국들(32절)이 부르는] 범세계적인 하나님 찬양을 주제로 이어감으로써 앞의 시와 연결된다. 또한 이 시에는 앞의 시와 유사한 표현이 몇 개 나온다. 이 시는 그 찬양의 행렬에 초점을 맞추면서 이어지는 시(69편)의 초점도 소개한다. 이 시는 이어지는 시와 함께 메시아를 구체적이고 직접적으로 적용한다(18절이 엡 4:8에 인용된 것도 보라).

A. 육체적 고난을 이겨낸 이스라엘의 수장으로서 (68:1-14)

68:1-6. 이 시의 서두인 **하나님이 일어나시니 원수들은 흩어지며**(1절)는 모세가 이스라엘에게 '주님의 구름'을 따라 시내산에서 떠나지 말라는 권고의 말(민 10:35; 참고. 9:16)을 간접적으로 인용/각색했다. 이는 시편 67편이 아론이 이스라엘을 축복하는 말(민 6:24-26)로 시작되는 것과 유사하다. 이것은 상호본문 해석의 훌륭한 예로서 후대의 성경 저자들이 초기의 성경 본문들을 어떻게 사용했는지 보여준다.

68:7-14. 이 시는 앞 시의 주제를 이어가며, 하나님이 이스라엘 백성의 선조들을 **광야에서** 인도하셨듯이(7절) 자기 **백성**을 인도하여 그들이 현재의 역경을 당당하게 헤쳐나가게 하실 것이라고 말한다. 먼 선조들만 복을 받은 것이 아니었다. 이어지는 세대도 복을 받았는데, 하나님은 그분의 기업을 '견고하게 하셨다'('주셨다'). 유대 백성에게 영원한 유산으로 주신 가나안 땅이 바로 그것이다(창 17:8; 시 105:10-11). 그 땅에서 하나님은 그들에게 **흡족한 비**를 보내셨으며(9절), 원수들의 **군대**를 도망하게 하셨다(12절). **은을 입힌 비둘기의 날개, 황금을 입힌 깃** 아래에서 쉰다는 것은 이스라엘이 하나님의 충분하고도 뛰어난 보호 아래 있음을 가리키는 시적 이미지이다(참고. 17:8; 57:1; 91:4).

B. 영적 고난을 이겨낸 이스라엘의 수장으로서 (68:15-23)

68:15-18. 하나님이 공급해주시는 현세의 복들을 간청하고(1-3절) 확언한(4-14절) 다윗은 이제 하나님이 이스라엘에게 베푸시는 영적 승리를 확언하는 쪽으로 옮겨간다. 다윗은 18절에서 하나님이 가나안 땅 정복 기간에 이스라엘의 원수들을 괴멸시키셨다는 사실을 소개한 다음, 그분이 또한 자기 백성을 구원하는 능력을 갖고 계시다는 사실을 지지한다(19-20절). 15-18절에서 시편 저자는 하나님이 정복 기간에 가나안에서 유대인들의 적들을 누르고 주신 승리에 대해 기술한다. 하나님이 그때에 그들을 위해 승리를 이루셨던 것과 같이, 그분의 때에 다윗을 위해 시온에 맞서 승리를 거두셨다는 것이다(삼하 5:6-10을 보라). 시내산에 계시던 하나님(17절)은 시온(**하나님이 계시려 하는 산**)을 점령하셨고 그곳에 **영원히** 거하실 것이다(16절). 하지만 그러자면 이스라엘에게 정복당한 원수들 중에서 **사로잡은 자들을** 많이 거느리셔야 했다(18절). **선물들을 사람들에게서 받으신**다는 것은, 하나님과 그분의 백성들이 이스라엘이라고 불리게 된 그 땅에서 항복한 가나안 왕들에게 전리품이나 조공을 받는 것으로 이해해야 한다(이와 유사한 내용의 29절을 보라). 에베소서 4:8에서 사도 바울은 이 구절을 '그가 사람들에게 선물을 주셨다'로 수정한다. 해럴드 W. 회너는 이런 수정을 두고 다음과 같이 말한다. "두 표현은 서로 대립하는 것 같지만 양립할 수 없는 것도 아니다. 시편 68편에서 하나님이 적들에게 전리품을 받으셨다면, 에베소서 4:8에 기술된 대로, 그것을 그분 편을 드는 사람들에게 선물로 주시려는 것이라는 해석이 가능하다. 게다가 에베소서 4:8이 시편 68편 전체를 요약하여 간접적으로 인

용했을 뿐임을 고려하면, 그 특정한 절을 완전히 일치시키려 하기보다는 그 절이 시 전체의 내용과 맥을 같이한다는 점을 보여줄 필요가 있다. 따라서 핵심은 하나님이 그분의 자녀들에게 선물을 주시는 분이라는 것이다"[Harold W. Hoehner, *Ephesians: An Exegetical Commentary* (Grand Rapids, MI: Baker, 2002), 529].

68:19-23. 이 모든 것은 하나님이 자기 백성에게 주겠다고 약속하신 영적 구원과 육적 구원을 구체화하는 데 도움이 된다. 19-23절은 그 약속을 다음과 같이 예고한다. **날마다 우리 짐을 지시는 주**(참고. 55:22; 벧전 5:7) **곧 우리의 구원이신 하나님**(19절; 참고. 시 27:1)을 **찬송할지로다**. 그분은 **우리에게 구원의 하나님이시라**(20절; 참고. 18:50; 32:7).

C. 모든 고난을 이겨낸 모든 민족의 수장으로서 (68:24-35)

68:24-35. 하나님은 모든 육적·영적 고난을 이기고 그분의 **성소로 행차하**신다(24절). **베냐민** 지파, **유다** 지파, **스불론** 지파, **납달리** 지파의 예가 암시하듯(24-28절) 온 이스라엘에서 온 사람들과 이방의 **왕들**(29-35절)이 하나님의 승리를 알린다. 이방인들과 관련하여 다윗은 자신이 시편 2:10에서 권고한 대로 뭇 민족이 자신들의 **왕들**(29절)을 본받아 **주께 찬송**하고(32절), 예루살렘 **성소에서**(35절) 다스리시는 **하나님께 능력을 돌림으로써**(34절) 그 찬양 행렬이 절정에 이르기를 고대한다(계 21:24-26을 보라, 참고. 겔 43:7; 슥 14:9-21).

시편 69편: 하나님의 종이 겪는 고통

이 시의 표제 **다윗의 시**에 관해서는 시편 3편과 4편의 표제에 대한 주석을 보라. 이 시는 **소산님**['백합들']**에 맞춘**이라는 지시를 동반한다(시 45편의 서론을 보라, 참고. 시 60편과 80편의 표제).

시편 69편은 메시아와 그분의 상황에 대한 적용으로 신약성경에서 좀 더 자주 언급되는 시편들 가운데 하나이다(직접적으로는 5회, 간접적으로는 적어도 7회 이상 언급된다. 구체적 인용에 관해서는 다음에 제시한 주석을 보라). 다윗이 선지자가 되어 명확하게 '내다보고' 상세히 말한 내용과 관계있다(행 2:30-31을 보라. 서론의 '배경'도 보라). 다윗은 아마도 메시아에 관해 썼음에도 불구하고 자신이 살면서 겪은 특정한 상황을 이용하여 메시아를 묘사하고 암시하는 것 같다. 이것을 '상징적 사실주의'라고 부른다. 여기에서 실존하는 다윗은 메시아를 상징하게 된다. 그러므로 다윗은 자신의 흠 있는 경험을 메시아의 상징으로 삼았고, 따라서 여기에서 자신의 죄를 고백한다(69:5). 그럼에도 불구하고 다윗이 시를 쓴 후에, 이 내용은 그의 후손들에게 다윗 언약의 가능성 있는 성취로서 적용되었던 것 같다(참고. 삼하 7:11-17의 주석). 그러나 그들은 결국 하나같이 실패했고, 다윗의 메시아 후손이 왕권을 잇지 못한 채 이스라엘은 포로 신세가 되었다.

다윗 가문의 왕이 없던 포로기 이후에야 메시아 도래에 대한 대망과 기대가 부상하며 자라기 시작했다. (포로기 이후에) 여러 시가 한 권의 책으로 편집되면서 (시편 69편과 같은) 다윗의 시들이 미래에 출현할 다윗의 자손 메시아를 언급하는 것으로 여겨졌다. 신약성경은 더 나아가 시편 69편을 다양하게 명시적으로 언급하면서, 그때마다 메시아 예수가 이 약속들을 문자적으로 성취한 장본인이라고 밝힌다[Bruce K. Waltke, "A Canonical Process Approach to the Psalms" in *Tradition and Testament: Essays in Honor of Charles Lee Feinberg*, ed. John S. and Paul D. Feinberg (Chicago: Moody, 1981), 3-18을 보라]. 이 논문은 신약성경의 시편 69편 인용을 예수님에 관한 언급으로 해석한다.

시편 68편에서 그랬듯이 시편 저자는 69편에서 하나님이 시온을 구원하시고 하나님 나라를 세우실 것을 고대한다(34-36절). 이 두 사항은 하나님이 다윗에게 하신 언약(참고. 삼하 7장)의 이행에 달려 있다. 그러나 이 시는 백성들이 하나님 나라를 대망하면서 겪는, 영적으로 비참한 상황에 집중한다(Sailhamer, *NIV Compact Bible Commentray*, 330).

A. 고통에서 구해달라고 간청하다(69:1-21)

69:1-3. 이 시는 **하나님이여 나를 구원하소서**(1a절)라고 부르짖으며 시작한 다음, 다윗이 처한 상황을 시적으로 묘사한다. **물들, 깊은 수렁, 깊은 물**(1b-2절) 같은 표현들은 모두 심한 곤경을 암시한다. 다윗은 **부르짖음으로 피곤해**한다. 슬픔과 고통 속에서도 그는 여전히 **하나님**이 행동에 나서시기를 바라고 있다(3절).

69:4. 다윗은 결백한데도 그의 **머리털보다 많은** 원

수들에게 **까닭 없이 미**움을 받는다(참고. 35:19). 주 예수님이 배반당하던 밤에 제자들을 가르치면서 자신에게 적용하신 부분이 바로 이 4절 첫 부분이다(참고. 요 15:25).

69:5-7. 다윗은 원수들에게 핍박받을 일을 하지 않았으면서도 자신의 죄를 인정한다. **나의 죄가 주 앞에서 숨김이 없나이다**(5절). 그는 자기로 **인하여**, 즉 자기의 상황과 원수들의 조롱 때문에 **주님이 욕을 당하지** 않으시기를 바란다(6-7절; 참고. 22:6-8; 42:3; 79:10; 115:2).

69:8-12. 다윗은 자신의 결백한 행동 때문에 원수들에게 비방을 받았는데, 이제는 **형제에게**도 **객이** 된다. 가족마저 그를 피하는 것이다(8절; 참고. 막 3:21; 참고. 31-35절). **주의 집을 위하는 열성이** 그를 삼켰기 때문에(69:9) 더욱 이런 거부 반응이 일어났다. 이 열성은 문자 그대로의 성전에 국한되지 않고, 하나님이 임재하시는 성전에서 그 전형을 찾아볼 수 있는 주님에 대한 복종에까지 이른다. 예컨대 다윗은 주님이 세우신 왕 사울에게 경의를 표하겠다는 약속을 지키고자 그를 배반하지 않음으로써 자기 가족과 부하들에게 놀라움을 살 정도였다(예를 들어 삼상 24, 26장; 삼하 1장). 주님을 향한 이 **열성**은 예수님이 더욱 품으셨던 열성이었고, 이 본문은 예수님께 적용되었다(참고. 요 2:17). 예수님은 하나님을 향한 열성으로 이해하지 않으면 동시대인들에게 불화와 적대감을 불러일으킬 만한 일들을 행하셨다. 예컨대 성전을 정화하시고(요 2:13-22), 종교 지도자들을 독사의 자식이라고 부르셨다(마 3:7).

또한 **주를 비방하는 비방이 내게 미쳤나이다**(9절)라는 진술도 예수님께 적용되었다(참고. 롬 15:3과 그 구절의 주석을 보라). 이 진술은 (겉으로는 복종하는 체하면서) 속으로는 하나님의 말씀과 그분의 아들에게 마음을 내주지 않은 채 하나님께 기계적인 예배만 드림으로 은연중에 하나님 아버지를 거부하는 자들과 관계있다(사 29:13; 마 5:20; 요 8:18-19; 히 1:1-2).

69:13-19. 이 **기도**문은 기도문 첫머리(1-3절)에 등장하는 수많은 고통의 이미지를 되풀이한다. 다윗은 자기를 구원해주시는 하나님의 **많은 인자**(13, 16절)에 의지한다(참고. 5:7; 6:4; 5:7의 주석을 보라).

69:20-21. 까닭 없이 그를 미워하는 자들의 비방(1-4절)이 그의 **마음을 상하게** 하고, 그를 **불쌍히 여길 자**도 없고, **긍휼히 여길 자**도 없다(20절). 그가 배고프고 목마를 때 **쓸개**['쓴 것'이나 '독한 것']를 **음식물로** 주고, **초**[신 도포주]를 **마시게 하기**(21절)보다는 차라리 아무것도 주지 않는 게 더 나았을 것이다. 이 표현들은 그가 당한 멸시와 적대를 은유적으로 가리킨다. 사복음서는 이러한 고난과 학대의 경험을 들어 메시아가 십자가에서 거절당하심을 설명한다(마 27:34, 48; 막 15:23, 36; 눅 23:36; 요 19:29).

B. 고통을 유발한 자를 저주하다(69:22-28)

서론의 '시편의 유형'에 수록된 저주시에 관한 주석을 보라.

69:22-23. **그들의 밥상**은 식사를 가리키는 표현일 것이다. 어쨌든 다윗의 원수들은 예배를 조롱하는 악행을 저질렀다. 다윗은 그들의 **평안**이 죄 가운데 있는 그들에게 **덫이 되게 하소서**라고 기도한다(22절). **그들의 눈이 어두워 보지 못하게 하시며**라는 행은 사도 바울이 동료 유대인들 다수가 메시아 예수를 거부한 이유를 설명하려고 (70인역에서 가져와) 신약성경에 인용한 절이다(23절; 참고. 롬 11:9-10의 주석). 하지만 바울은 눈이 어두운 자는 일부에 불과하고, 유대인들 중에는 예수님을 메시아로 믿는 남은 자들이 있었으며, 앞으로도 늘 있을 것이라고 설명한다(참고. 롬 11:5, 23-25).

69:24-28. 여기에서 언급하는 하나님의 **분노**와 그분의 **맹렬하신 노**라는 표현은 종종 심판과 연결된다(24절; 참고. 79:6; 렘 10:25; 겔 20:8). 다윗은 하나님이 악인들을 없애어 그들의 집들/공동체들, **거처**(들), **장막**들이 **황폐하게** 해달라고 저주를 청한다(25절). 이 신적 심판의 이미지는 가룟 유다에게 적용된다(참고. 행 1:16-20). 그러나 **그들을 생명책에서 지우사**라는 표현은(28a절; 참고. 계 3:5) 그들에게서 구원을 박탈하라는 뜻이 아님을 이해하는 것이 중요하다. 이어지는 행의 대구(對句)가 암시하듯이 그들이 **의인들과 함께 기록되지 말게 하소서**라는 청원은, 그러한 개인들이 애초부터 **의인들과 함께** 생명책에 **기록되지** 않았음을 강조하려는 것이다(28b절).

C. 고통에서 구해주시는 이에게 감사하다

(69:29-36)

69:29-33. 하나님이 자기 종을 구원하심(17, 36절을 보라)은 종이신 메시아 자신이 성부께 **찬송과 감사**를 드리는(30절) 또 다른 계기가 됨은 물론이고, **곤고한 자가 이를 보고**[이를 받아들이고] **기뻐하**는 계기도 된다(32절). 이 **곤고한 자들**[**하나님을 찾는** 자들]의 **마음**은 종의 구원에 근거하여 **소생하게**[문자적으로 '살아나게'] 될 것이다(32절). 이는 새 언약의 약속과 복들을 예견하는 표현이다(렘 31:33; 겔 11:19; 36:26-27).

69:34-36. **천지가 그를 찬송할 것이요 하나님이 시온을 구원하시고 유다 성읍들을 건설하시리니**라는 표현은 하나님 나라가 마침내 세워지고 신적 왕 메시아 예수가 영원토록 다스리시는 때를 고대한다(시 9:11; 20:5; 사 56:6; 계 21:1-8; 22:1-5을 보라. 그리고 이 구절들의 주석도 보라).

시편 70편: 하나님의 구원에 의지하는 패러다임

이 시의 표제 **다윗의 시**에 관해서는 시편 3편의 표제에 대한 주석을 보라. 이 시는 **기념식에서** 낭송하는 시이다(이 지시가 붙는 또 하나의 유일한 시 38편의 서론을 보라). 시편 70편은 서론인 것 같고, 71편과 72편은 (시 42편과 43편처럼) 하나로 결합된 사고 단위를 구성하는 것으로 보인다. 시편 70편은 시편 40:13-17을 약간 변형하여 되풀이한다.

시편 70편은 이스라엘을 구원하여 하나님의 나라를 세워달라고 간구하는 다윗 기도문의 속편으로 제격이다. 이 시에서 다윗은 하나님께 시편 69편의 기도에 속히 응답해달라고 청한다. 시편 69편 및 71-72편과의 관계 속에서 시편 70편은 하나님이 신속히 돌아와 그분의 세계적 왕권을 확립하시고, 신적 왕과 그의 왕좌를 세워주시기를 다시 청원한다(Sailhamer, *NIV Compact Bible Commentary*, 330).

A. 하나님께 구원을 간청하다(70:1-3)

70:1-3. 유사 구절인 시편 40:13-15의 주석을 보라.

B. 하나님 안에서 기뻐할 것을 격려하다(70:4-5)

70:4-5. 시편 40:16-17의 주석을 보라.

시편 71편: 노년에 하나님을 의지하는 패러다임

시편 71편은 표제가 없지만 시편 편집자들은 이를 다윗의 작품으로 여겼을 것이다. 내용이 확실히 다윗의 것이기 때문이다. 시편 71편은 시편 제2권에 나오는 다윗의 마지막 기도이다. 여기에서 그는 노인이지만(참고. 9, 18절) 여전히 하나님의 약속들을 신뢰한다. 다윗은 그 약속들 가운데 상당수가 이루어지는 것을 목격했지만, 하나님이 수십 년 전에 그에게 하신 약속들(참고. 삼하 7장)을 지켜 구원을 베푸시기를 여전히 고대한다(Sailhamer, *NIV Compact Bible Commentary*, 330).

A. 하나님을 신뢰한다고 단언하다(71:1-16)

71:1-5. 다윗은 자신이 하나님을 신뢰함을 무조건 단언하며 시작한다. **여호와여 내가 주께 피하오니**. 이 부분에 관해서는 시편 31:1-5의 주석을 보라.

71:6-16. 다윗은 **태어날 때부터**(새번역), 심지어 **모태에서부터**(6절, 생명이 자궁에서 시작됨을 암시한다) 하나님이 그를 택하여 생명과 힘을 주셨듯이 그가 **늙은**(9절; 그리고 '늙어 백발이 된', 18절) 지금도 여전히 그를 택해 주시기를 바란다. 다윗의 **원수들**(10절)은 그의 육체적 약함을 이용하려고 노린다. 노년은 유년(7, 17절)과 마찬가지로 인생에서 하나님께 의지하기 더 쉬운 복된 시기이다(참고. 92:14; 잠 16:31). 무슨 일이 있어도 다윗은 자기의 생각과 말 가운데서 주님을 최고로 모신다. **나는 항상 소망을 품고 주를 더욱더욱 찬송하리이다 내가 주의 공의만 전하겠나이다**(14, 16절; 참고. 2, 5, 8절).

B. 하나님께 감사한다고 선포하다(71:17-24)

71:17-24. 다윗의 인생 목표는 **주의 힘을 후대**와 **장래의 모든 사람에게 전하**는 것이었다(18절). 이 시에서 다윗은 과연 그답게 하나님의 정체(완전한 **공의**가 특징이다. 15-16, 19, 24절)와 과거에 자신을 구해주신 것과 장차 **다시 살리실** 것(20절; 참고. 9:1의 주석)에 대해 무조건 감사와 **찬송**(14절; **찬양**, 22, 23절)을 드리겠다고 선언하며 말을 맺는다. 다윗은 **주를, 주의 성실을, 이스라엘의 거룩하신 주**[22절; 이사야에서 25회 사용되고(예를 들어 사 1:4; 5:19; 41:14, 16, 20; 60:9, 14) 다른 곳에서는 예레미야(렘 50:29; 51:5)와 왕하 19:22과 시 78:41; 89:18에서만 사용되는 하나님의 강력한 이름]를 찬양하겠다고 다짐한다. 다윗은 하나님이 **속량**해주신 **영혼으로 기뻐 외치며** 하나님을 찬양한다(23절, 시 25:22과 26:11의 주석을 보라).

시편 72편: 왕을 위한 기도의 패러다임

이것은 솔로몬의 첫 번째 시이다(솔로몬이 쓴 시 중에서 나머지 하나는 시 127편이다). 이 시는 솔로몬이 즉위할 때 지었거나 하나님이 꿈결에 그에게 나타나셨을 때 드린 기도와 연관이 있을 것이다(참고. 왕상 3:6-9의 주석). 시편 72편에는 열왕기상 3장과 유사한 대목이 몇 군데 있다(시 72:1a/왕상 3:9a; 시 72:1b/왕상 3:6; 시 72:2a/왕상 3:9). 시편 2편이 메시아 약속들이 성취되기를 고대하듯이 시편 72편도 같은 주제를 상당수 되풀이한다. 게다가 이 시의 원저자가 다윗의 아들 솔로몬이라는 사실은 이 시를 읽는 사람들에게 메시아 대망을 환기시켰을 것이다(Sailhamer, *NIV Compact Bible Commentary*, 330-331). 제2권에 마지막으로 실린 이 시는 제왕시이지만 솔로몬이나 다윗에 관한 내용이 주가 아니다. 두 왕을 훨씬 더 넘어 메시아에 관해 각별히 기술한다. 이 시는 초기 유대교 전승에서 메시아 관련 시로 여겨졌지만 신약성경에서는 인용되지 않는다.

A. 메시아의 의로운 통치(72:1-7)

72:1-4. 솔로몬은 **하나님이여 주의 판단력**[정의]을 **왕에게 주시고**라고 청한다(1절). 이는 그가 자신을 위해 드린 청을 상기시킨다(참고. 왕상 3:9). 기도 내용은 의로운 왕으로 하여금 백성을 **공의**와 **정의로 재판하**고, 백성의 **억울함을 풀어주**고, 백성을 **구원하며**, **압박하는 자를 꺾**게 해달라는 것이다(2-4절). 이 표현들은 모두 메시아의 통치를 기술한 것으로서 이사야 11:1-16에 묘사된 왕을 상기시킨다.

72:5-7. 메시아 왕을 위한 기도는 계속되는데, 마소라 사본에 기초한 NASB의 5절 독법(**그들이 해가 있을 동안에도 주를 두려워하며**)은 부정확한 것 같다. HCSB처럼 70인역을 따르는 편이 더 낫다. "해가 닳도록, 달이 닳도록, 영원무궁하도록(새번역) 왕이 계속되게 하소서." 70인역의 독법을 따라야 하는 이유는 다음과 같다. (1) 이어지는 절들에서 마소라 사본처럼 대명사를 고칠 이유가 전혀 없고, 왕의 언급이 일관되게 이루어지고 있는데도("그가 ~ 하게 하소서"), 유독 이 절에서만 인칭대명사가 갑자기 바뀌기 때문이다("그들이 주를 두려워하며"). (2) 마소라 사본의 '그들'이라는 표현 앞에 선행사가 없기 때문이다. (3) 5-7절에 암시된 시제로 볼 때, 70인역에 등장하는 동사 '계속되다'가 마소라 사본에 등장하는 동사 '두려워하다'보다 더 일리 있기 때문이다. 어떤 사람들은 마소라 사본이 더 난해한 독법이므로 그것을 선호해야 한다고 주장할지도 모른다. 그러나 마소라 사본의 독법을 지지하려면 그럴 만한 문학적 근거를 제시해야 하는데 아무런 근거가 없다. 따라서 5절은 해와 달이 닳도록 통치를 지속할 영원한 왕을 세워달라는 요청이다. 그러면 그가 그의 통치로 **평강의 풍성함을 달이 다할 때까지** 가져올 것이다(7절).

B. 메시아의 세계적 통치(72:8-14)

72:8-11. 여기에서는 이 왕이 온 이스라엘만 다스리는 것이 아니라 **바다에서부터 바다까지**와 **강에서부터 땅 끝까지 다스리**게 해달라는 청원이 이루어진다(8절). 이 왕의 원수들은 **티끌을 핥**게 될 것이다(9절). 이는 창세기 3:15에 기록된 메시아 왕의 약속을 암시한다(창 3:15의 주석을 보라). **왕들**과 **민족들이** 그를 경배하게 될 것이다(10-11절).

72:12-14. 메시아의 세계적 통치는 **궁핍한 자**와 **가난한 자**를 위한 정의가 그 특징이 될 것이다(12절). 약자와 무방비 상태의 사람을 괴롭히는 자들은 **압박과 강포**(14절)로 유린된 사람들을 구원하시는 의로운 왕을 마주 대해야 할 것이다.

C. 메시아의 풍성한 통치(72:15-17)

72:15-17. 이 부분은 메시아 왕이 부유함(**스바의 금**과 **풍성한 곡식**)을 갖출 수 있도록 해달라는 또 다른 기도로 시작한다. 메시아 왕국은 의로운 나라일 뿐만 아니라 특별히 주민이 **땅의 풀같이 왕성하**게(16절) 되는 나라이기도 하다. 이 왕은 영화롭게 될 것이고, 그의 **이름**은 **해와 같이 장구하**게 될 것이다. 온 인류가 다 그를 복되다 할 것이다. 이는 창세기 12:3과 22:18과 26:4에 기록된 메시아 약속을 암시한다. 그 왕은 땅의 모든 민족이 복을 받도록 하시는 이다.

D. 제2권의 결론(72:18-20)

72:18-20. 이 부분은 시편 72편의 마지막 절로 치지만, 제2권(시 42-72편)을 마무리하는 말이기도 하다. **여호와 하나님 곧 이스라엘의 하나님을 찬송하며**(18절)는 제1권의 마지막(참고. 시 41:13)과 유사한 영광송이다. 이 마무리 말은 **온 땅에 그의 영광이 충만**하게 되는(참고. 85:9; 사 11:9; 합 2:14) 마지막 때에 대

한 기대도 담고 있다. 몇 편의 시를 다른 저자들이 쓰기는 했지만, 제1권과 제2권에 수록된 시들은 다윗이 대부분을 썼다는 이유로 **다윗의 기도**로 간주된다.

Ⅲ. 제3권: 정결에 관한 하나님의 가르침에 응답하는 예배(73-89편)

시편 73편: 정결의 가치에 대하여

이 시의 표제 **아삽의 시**에 관해서는 시편 3편과 50편을 보라. 이 시는 다섯 권으로 구성된 시편 전체 중 제3권의 서두에 자리한 시답게 제3권의 주요 주제, 곧 정결의 중요성과 그 의무들을 중점적으로 소개한다. 이는 모세오경의 세 번째 책(레위기)과 유사하다(서론의 '구조'를 보라).

A. 무익해 보이는 정결(73:1-14)

73:1-2. 시편 저자는 자신이 참이라고 알고 있는 바를 말하며 시작한다. **하나님은 이스라엘 중 마음이 정결한 자에게 선을 행하**신다! 하지만 그는 동시에 **그의 걸음이 거의 넘어질 뻔**했던(주님을 따르지 못할 뻔했던) 신학적 딜레마(2-14절)를 고백한다.

73:3-12. 그 딜레마는 **오만한 자**와 **악인**이 번영하는 것처럼 보인다는 것이었다(3절). 그들은 노년에 이르기까지 건강을 누리고(**죽을 때에도 고통이 없고**, 4절), **고난도 없고**(5절), 주님을 무시하며 **하나님이 어찌 알랴**라며 묻는데도(11절) **재물은 더욱 불어난다**(12절; 참고. 7절).

73:13-14. 시편 저자는 악인이 편안하게 사는 모습을 보다가 문득 자신이 **마음을 깨끗하게**[거룩하게, 죄에 물들지 않게: 참고. 잠 20:9] 한 것이 헛수고였다는 생각을 한다(13절; 하나님의 정의와 악의 존재를 묻는 고전적인 질문, 시 37편과 52편의 주석을 보라). 악인은 부유하고 안락한 삶을 영위하는 반면에 시편 저자는 **종일 재난을 당**한다.

B. 정말로 무익한 불의(73:15-20)

73:15-20. **하나님의 성소**(17절, 문자적으로 '거룩한 곳', 성전을 가리키는 말. 참고. 68:35)**에 들어**가 그분의 거룩한 임재를 마주하면서 시편 저자의 관점이 바뀐다. 그는 악인의 **종말을 깨**닫고, 결국에는 주님이 그들의 악을 심판하시며, **그들의 형상을 멸시하시**어(20절) 그들이 주님으로부터 끊어지리라는 것을 깨닫는다. 시편 저자의 영적 관점을 어둡게 만들던 요소들이 하나님의 눈부신 거룩함에 곧바로 불타버린다. 프란츠 델리츠는 이를 다음과 같이 적절히 요약한다. "하나님의 거룩한 계획과 방법들에 눈을 뜨자 악인의 슬픈 종말이 그의 앞에 드러났다"[Franz Delitzsch, *Commentary on Psalms*, in *Commentary on the Old Testament in Ten Volumes* by C. F. Keil and F. Delitzsch, Trans. James Martin (Grand Rapids, MI: Eerdmans, 1980), 318].

C. 정결의 참된 가치(73:21-28)

73:21-28. 하나님의 거룩하심은 역경 가운데 있는 시편 저자에게 감동을 준다. 그는 자기가 **항상 하나님과 함께**했으니(23절) **후에는**[자기가 죽은 뒤에는] 하나님이 자기를 **영광으로 영접하시리라**는 것(24절)을 깨닫는다. 이것은 악인의 운명이 **갑자기 황폐**해진 것(19절)과 극명한 대조를 이룬다. 시편 저자는 지위와 소유와 (14절과 26절이 암시하듯이) 건강을 잃는 역경을 감수한다. 그가 하나님 안에서 이미 품고 있는 것(즉, 현재의 관계와 영광의 소망)에 비하면 아무것도 가치 있지 않기 때문이다. 따라서 그는 한층 더 사모하는 마음을 품고 **땅에서는 주밖에 내가 사모할 이 없나이다**(25절; 참고. 16:2)라고 단언한다. 그는 무슨 일이 일어나든, 주위에서 무엇을 보든 다음과 같이 하겠다고 말한다. **하나님께 가까이함이 내게 복이라 내가 주 하나님을 나의 피난처로 삼아 주의 모든 행적을 전파하리이다**(28절; 참고. 14:6; 46:1; 61:3; 62:7-8; 71:7; 91:2, 9).

시편 74편: 고통을 덜어달라고 하나님께 드리는 간구

이 시의 표제 **아삽의 마스길**에 관해서는 시편 32편과 50편의 주석을 보라. 이 시는 예루살렘의 영구적 파멸과 성소 훼손을 다루고 있다(3-11절). 이것은 이 시가 바벨론이 예루살렘을 파괴한 (주전 586년) 이후 어느 때에 지어졌음을 암시한다.

A. 하나님의 징계를 깨닫다(74:1-11)

74:1-2. 시편 저자는 서두에서 **어찌하여 우리를 버리시나이까**(참고. 11절)라고 표현한다. 이는 하나님이 그분의 백성을 버리셨다는 뜻이 아니라 원수들의 손아귀에서 이스라엘이 역경을 겪는 중에 시편 저자가 느낀 바를 기술한 것이다(참고. 44:9과 60:1의 주석을 보라). 시편 저자는 자신의 모든 감정에도 불구하고 이스

라엘, 곧 **주께서 기르시는 양**(참고. 23:1; 100:3)이 언제나 하나님의 백성이었다는 확신을 품는다. 아삽은 이렇게 기도한다. **옛적부터 얻으시고 속량하신 주의 회중을 기억하소서**(2절). 이는 모세가 출애굽 시기에 하나님과 그분의 **기업**(참고. 시 28:9의 주석)인 이스라엘의 관계를 기술하기 위해 사용한 표현과 동일하다(참고. 출 15:13-18). 또한 그는 **주께서 계시던 시온산도** 기억해달라고 청한다(참고. 2:6; 9:11).

74:3-11. 주님의 **발걸음**(새번역)이라는 표현은 하나님이 예루살렘으로 **옮겨**와 도와주시기를 바라는 시적 의인법이다. 그 도시는 폐허가 되고 말았다. **원수가 성소에서 모든 악을 행하고 주의 성소를 불사르며 주의 이름이 계신 곳을 더럽혔**기 때문이다(3, 7절). 바벨론이 예루살렘을 파괴한 일은 열왕기하 25:1-21과 예레미야 52장에 자세히 기록되어 있다. 원수들은 이스라엘 백성을 압제하며 이렇게 말한다. **우리가 그들을 진멸하자**(8절). 더구나 이 끔찍한 일이 얼마나 오래 지속될는지 아는 선지자도 더 이상 없다(9-10절).

B. 하나님의 주권을 확언하다(74:12-17)

74:12-17. 예루살렘과 성전 파괴라는 모든 최악의 사건에도 불구하고, **하나님은 예로부터 나의 왕이시라 사람에게 구원을 베푸셨나이다**(12절)라고 아삽은 말한다. 이 부분은 출애굽 때 이스라엘을 위하시고(**주께서 주의 능력으로 바다를 나누시고**, 12-15절; 참고. 출 14-15장), 세상 사람들을 위하시는[**낮도 주의 것이요 밤도 주의 것이라 주께서 땅의 경계를 정하시며 여름과 겨울을 만드셨나이다**(16-17절; 참고. 창 1:1-31)] 하나님의 절대적 주권에 초점을 맞춘다. 14절에서 **리워야단의 머리**를 언급한 것은 출애굽 때 이스라엘을 치러 온 여러 세력(바로와 그의 군대)을 비유한 것이다. 리워야단은 장차 하나님의 최후 심판 전에 이스라엘에 맞서 도열하게 될 세상의 모든 세력을 상징하는 꼬리표로 사용되기도 한다(참고. 사 27:1).

C. 하나님의 구원을 요청하다(74:18-23)

74:18-23. **원수가 비방한** 것은 이스라엘이 아니다. 그들이 **능욕한 이름**은 이스라엘의 하나님이다(18절; 참고. 83:2-3; 삼상 17:45). 시편 저자는 하나님의 백성을 구원해달라고 간청하는 자신의 동기가 하나님의 영광과 존귀하심에 있다고 아뢴다(참고. 시 23:3의 주석). 하나님의 원수는 **우매한** 자로 불린다. 이는 그들이 하나님 믿기를 거부하기 때문이다(18, 22절; 참고. 14:1의 주석). 시편 저자는 **하나님이여 일어나 주의 원통함을 푸소서**라고 기도한다(22절). 이는 **일어나 주께 항거하는 자**에 맞서 주님의 명성을 지키시고(23절; 참고. 2:1-3) 아브라함과의 언약, 즉 이스라엘의 생존과 복이 수반되는 언약을 이행하시라는 뜻이다. 이 기도에 대한 응답이 이어지는 시에 등장한다.

시편 75편: 하나님의 확실한 심판을 기리는 찬양

이 시의 표제 **아삽의 시**에 관해서는 시편 3-4편과 50편의 표제에 대한 주석을 보라. **노래**라는 표현에 관해서는 시편 46편을 참고하라. 이 시에는 **알다스헷에 맞춘**이라는 지시도 붙어 있다(참고. 시 57편). 시편 74편에서 아삽은 얼마나 더 오래 있어야 하나님이 그분의 백성을 변호해주실지 묻는다. 시편 75편에서는(특히 2-5절에서) 하나님이 그분의 시간표에 따라 행동하겠다고 분명히 응답하신다(Sailhamer, *NIV Compact Bible Commentary*, 332).

A. 하나님의 확실한 심판을 감사히 확언하다 (75:1-3)

75:1-3. 시편 저자는 하나님의 가까우심과 심판을 서두에서 표명한다. **하나님이여 우리가 주께 감사하고 감사함은 주의 이름이 가까움이라**(참고. 5:11; 23:3; 25:11; 31:3). 하나님의 **기이한 일들**[문자적으로 '이적들']이란 하나님이 계시해주신 규범과 권한을 어기는 자들이 그분의 백성을 괴롭힌 것에 대한 법률적 대응으로서 하나님이 수행하신 구원 사역을 가리킨다(참고. 9:1-2; 40:5의 주석). 하나님의 심판이 역사 속에서 이미 실행되었듯이 하나님은 그분만이 아는 장래에, 곧 **정한** 때에(2절) 자기 백성을 구원하고, **땅과 그 모든 주민**에게(3절; 참고. 46:4-7의 주석) 피할 수 없는 최후 심판을 실행하겠다고 친히 약속하신다.

B. 하나님의 확실한 심판을 담대히 나누다(75:4-8)

75:4-5. 아삽은 **오만한 자들과 악인들**, 즉 하나님의 백성 이스라엘뿐만 아니라 이방인들 중에도 있는 그들 모두에게 말을 건다. 이미 입증되고 피할 수 없는 하나님의 최후 심판을 고려하여 그들에게 **뿔을 들지 말라**고, 즉 힘과 능력(**뿔**로 상징된다, 참고. 신 33:17; 왕상 22:11; 시 18:2)을 과시하지 말라고 권고한다.

75:6-8. 하나님보다 더 위대한 심판관은 없기 때문에 악인들은 **교만한 목으로 말**해서는 안 된다(5절). **높이는 일이 동쪽에서나 서쪽에서**[지리적으로 먼 거리에 있는 일체의 장소를 포함한다] **말미암지 아니하며, 사막에서도**[공동번역, 문자적으로 '산들의 광야에서도'] **말미암지 아니하**기 때문이다. 이 광범위한 지리적 표현은 **하나님**이 만유의 **재판장**이시며, 그분만이 최종적으로 **낮추시고 높이시**는 분임을 소개한다(7절). **잔**은 **여호와**의 심판을 가리키는 은유이다(참고. 60:3; 사 51:17; 렘 25:15; 합 2:16). 모든 악인은 '그 찌꺼기까지도 기울여 마셔야' 할 것이다(8절). 이는 하나님의 심판을 속속들이 경험하는 것을 의미한다.

C. 하나님의 확실한 심판을 계속해서 선포하다 (75:9-10)

75:9-10. 아삽은 하나님의 심판 목적을 말한다. 그것은 이스라엘이 출애굽 할 때 하나님이 그들의 원수들을 심판하시고(1-3절), 땅의 모든 악인들을 최종 심판하심으로써(4-8절) 이스라엘을 구원하신 기이한 일들에서 드러난다. 이 시는 감사로 시작하여(1절) 다음과 같은 선언으로 끝난다. **야곱의 하나님을 영원히… 찬양하리로다**(9절; 참고. 14:7; 20:1).

시편 76편: 이스라엘을 지키시는 하나님

이 시의 표제 **아삽의 시**에 관해서는 시편 3-4편의 표제에 대한 주석을 보라. 이 시는 **현악**기의 반주에 맞춘 **노래**이다(시 46편의 서론을 보라). 세일해머는 이 시와 그 주위를 에워싼 시들의 주제 관련성을 놓고 다음과 같이 말한다. "하나님은 시편 73편에서 성전이 자리한 시온을 거처로 삼으시는 하나님이고, 시편 74편에서는 경건한 이들을 압제하는 자들에게 심판을 수행하시는 하나님이며, 시편 75편에서는 친히 정하신 때에 행동하시는 하나님이다. 따라서 하나님은 경외 받기에 합당하신 분이다(76:11; Sailhamer, *NIV Compact Bible Commentary*, 332).

A. 나라 안의 자기 백성들 가운데서(76:1-3)

76:1-3. 시편 저자는 **하나님이** 특별한 감각으로 **유다에 알려지셨**다고 말한다. 하나님은 편재하시는 감각으로 그들 사이에 계시고, 어디에나 계시며, "만물이 그 안에 함께[서는]"(골 1:17) 분이실 뿐만 아니라 그들에게 **알려지**신 분이기도 하다. 이는 하나님이 이스라엘과 집단적으로 그리고 이스라엘 안에 있는 의인들과 개별적으로 맺으시는 관계를 암시한다(참고. 시 1:5의 주석을 보라). 이 특별한 관계는 **살렘**[예루살렘, 참고. 창 14:18]에 있는 **그의 장막**[성전]과 **시온**에 있는 **그의 처소**가 생생히 강조한다. 이는 하나님이 그분의 영광의 구름이 머무는 곳(출 40:34-38), 즉 세상 속에 역사적으로 현존하셨을 뿐 아니라 그분의 나라를 지상에 세우실 때 영원히 현존하실 것에 대해 말한다(참고. 겔 43:7; 계 21:22-27).

B. 나라 밖의 자기 백성들 가운데서(76:4-10)

76:4-8. 아삽은 하나님을 '찬란하신' 분, '산들보다 더 크신' 분으로 소개한다(새번역, 참고. 출 15:6, 14; 시 8:1, 9; 29:4; 사 63:1). 그는 하나님이 크게 승리를 거두며 자기 백성을 지켜주셨음을 말하기 위해 출애굽 시 애굽 군대를 궤멸시키셨음을 예로 든다. **주께서 꾸짖으시매 병거와 말이 다 깊이 잠들었나이다**(6절, '말 탄 자와 말을 심해에 던지셨나이다'. 참고. 출 15:1; 시 74:12-15). **주께서 하늘에서 판결을 선포하시매 땅이 두려워 잠잠하였나니**(8절, 참고. 에스더서의 서론과 에 8:17의 주석).

76:9-10. 상황이 아무리 힘들어도 **사람의 노여움**은, 사악한 애굽 사람들이 보여주듯이, **주를 찬송하게 될 것**이다. 하나님은 악인들을 심판하신 결과 궁극적으로 찬양을 받게 되실 것이다(참고. 2:6-8).

C. 자기 백성들을 넘어 모든 나라 가운데서 (76:11-12)

76:11-12. 시는 하나님이 유다에 알려지심은 물론이고(1절), 야곱의 하나님이 주권적으로 통치하심을 알아본 **세상의**[이방 나라들의] **왕들에게 두려움이** 되실('경외 받을 이'로 인정받으실) 것이라고 단언하면서 절정에 이른다(12절; 참고. 7절; 2:4-12; 사 45:23; 롬 14:11; 빌 2:10).

시편 77편: 하나님 안에서 찾는 위로

이 시의 표제 **아삽의 시**에 관해서는 시편 3-4편의 표제를 보라. **여두둔에 맞춘**이라는 지시에 관해서는 시편 62편의 서론을 보라. 자기 시대에 하나님이 기적적으로 개입하셨다는 증거가 부족해서였겠지만, 아삽은 과거에 이루어진 하나님의 위대한 업적을 묵상한다(Sailhamer, *NIV Compact Bible Commentary*, 332).

A. 필요를 아뢰다(77:1-10)

77:1-2. 시편 저자는 자신이 위로를 간절히 바라고 있음을 아뢴다. **내가 내 음성으로 하나님께 부르짖으리니 내 음성으로 하나님께 부르짖으면 내게 귀를 기울이시리로다.** 그는 자기 **영혼**에 위로를 주실 수 있는 유일한 분인 주님께 주의를 기울인다. 그는 **환난 날과 밤에** 자기 손을 들고서 피곤을 모른 채 주님과 변론하며 도움을 구한다.

77:3-8. 아삽은 거침없이 기도하지만 **하나님을 기억하다가**(하나님께 주의를 기울이다가) **불안해한다**(3절, '근심한다'가 더 나은 독법이다). **한숨을 짓습니다**(새번역)의 더 나은 번역은 시편 102편의 표제와 142:2에 기록된 대로 '근심을 토로하다'가 될 것이다(시 102편의 표제에 대한 주석과 142:2의 주석을 보라). 그는 **밤에 노래**를 부르던 **옛날**, 곧 **지나간 세월을 생각하면서** 위로를 얻기는커녕 [응답받지 못한 기도와 문제 한가운데서] **그의 인자하심은 영원히 끝났는가, 그의 약속하심도 영구히 폐하였는가** 하고 의심한다(8절).

77:9-10. 또한 아삽은 **하나님이 잊으셨는가, 지존자의 오른손**이 바뀌었는가 하고 의심하기도 한다. **오른손**은 하나님의 능력을 상징하는 이미지이다. 하나님은 그 손을 자기 백성을 위해 사용하신다(참고. 출 15:6, 12). 이 의문들은 역경에서 비롯된 감정적 질문들이다(참고. 시 44:9; 60:1; 74:1의 주석).

B. 근본 원리를 확인하다(77:11-15)

77:11-15. 아삽은 마음을 다잡고 힘겨운 시대에 주님의 위로를 얻는 근본 원리로서 주님께 초점 맞추기를 다시 활용한다. 아삽은 주님이 **옛적에 행하신 기이한 일들**[여기에서는 집합적인 의미를 지닌다. 14절에서 재등장한다]을 **기억**해낸다. 그는 현재의 역경이나 응답받지 못한 기도로 인해 (1) 하나님을 기억할 때 근심이 일어나거나(3-6절), (2) 하나님의 성품에 의문을 갖는 일(7-10절)을 용납하지 않고, 다음의 사실을 생각해낸다. **하나님이여 주의 도는 극히 거룩하시오니 주의 팔로 주의 백성을 속량하셨나이다**(13, 15절; 참고. 9:1; 40:5; 75:1의 주석을 보라). 여기에서 '기억'은 묵상을 수반한다(12절, **낮은 소리로 되뇌이리이다**. 참고. 1:2의 주석). 하나님의 인자하심은 아브라함, 이삭, 야곱(여기에서는 **야곱과 요셉의 자손**)과 세우신 무조건적 언약에 근거한다(참고. 74:1-11의 주석을 보라).

C. 예를 들다(77:16-20)

77:16-20. 하나님의 관심과 구원을 보여주는 두 가지 구체적인 예가 나온다. 첫째 예는 홍해를 가르신 하나님의 능력이다. **하나님이여 물들이 주를 보았나이다 땅이 흔들리고 움직였나이다**(16-18절, 아삽의 이 언급은 74:13-15; 76:5-7; 78:13; 80:8a; 81:6, 10a에도 등장한다). 출애굽 때 하나님이 자기 백성 이스라엘을 위해 행동을 취하실 때의 일이다. 둘째 예는 이스라엘의 목자이신 하나님의 성품이다. 하나님은 자기 **백성**을 **양떼같이 인도하여 모세**와 **아론**의 지도를 받게 하신 분이다(20절; 참고. 출 4-6장).

시편 78편: 역사의 주님을 기리다

시편 77편의 뒤를 잇기에는 이 시 **아삽**[참고. 시 50편의 서론]의 **마스길**[참고. 시 32편의 서론]이 제격이다. 아삽은 시편 77편에서 하나님의 위대한 과거 행적을 묵상했다. 이 시에서는 주님이 자기 백성 이스라엘의 역사 내내 그들을 위하여 행하신 일들을 젊은 세대에게 가르치고자(2, 4절) 명시적으로 그 일을 한다(Sailhamer, *NIV Compact Bible Commentary*, 332). 이 시는 히브리 원문에서 77행, 대칭적인 일곱 개의 연(11행의 서론/8행/16행/9행/16행/9행/8행)으로 구성된 아크로스틱 시이다.

A. 목적: 후세에게 하나님의 신실하심을 가르치기 위하여(78:1-8)

78:1-2. 시편 저자는 자신의 **교훈**(새번역)을 **비유**['교육적인 이야기/삽화']와 **예로부터 감추어졌던 것**[문자적으로 '수수께끼/수수께끼 같은 것']으로 묘사한다. **예로부터 감추어졌던 것**이란 불길하거나 부정적인 것이라기보다는 교육에 이용되는 수수께끼 같은 옛말을 뜻한다. 이는 아삽의 말이 의미가 불명확하다는 뜻이 아니라 그것을 이해할 수 있는 영적 능력을 갖춘 사람들만, 즉 주님 앞에서 마음이 바른 사람들만 그 의미를 명확히 알 수 있다는 뜻이다. 마음이 바르지 않은 사람들(마음이 할례 받지 않은 부정한 사람들, 참고. 신 10:16; 30:6; 렘 4:4)에게는, 하나님과 그분이 택하신 사람들의 근본적 관계를 중시하는 이 시의 진리가 알기 어렵고 '미련한 것'(고전 1:18)처럼 여겨질 것이다. 예수님이 그때그때 비유로 가르치신 것을 기술하기 위

해 이 시의 2절이 마태복음 13:35에 (전형적인 의역을 거쳐) 인용된 것은 그 때문일 것이다(참고. 비슷한 관점을 지닌 마 13:10-17에는 사 6:9-10이 인용되어 있다).

78:3-4. 이 시의 목적은 이스라엘 역사 내내 변함없었던 하나님의 성실하심을 자세히 이야기하는 것이다. **여호와의 영예와 그의 능력과 그가 행하신 기이한 사적을 후대에 전하리로다.** 그 역사는 어느 정도 연대순으로 제시되지만 역사적 시기와 사건들이 의미심장하게 겹치기도 한다.

78:5-8. 하나님이 **증거를 야곱에게 세우시며 법도를 이스라엘에게 정하**셨다는 사실이야말로(5절) 이 역사의 근간이다. 뜻밖에도 시편 저자는 세계 창조나 하나님이 아브라함과 이삭 및 야곱과 세우신 언약으로 시작하지 않고, 하나님이 모세에게 수여하신 율법이라는 선물로 시작한다. 율법의 용도는 다음 세대에게 주님을 알리고, 그 세대가 그다음 세대에게 같은 내용을 가르치는 것이다(6절). 그 결과 각 세대마다 자신들의 **소망을 하나님께 두는** 법을 배우게 된다(7절). 이 시의 요점은 이스라엘의 역사에서 **그들의 조상들 곧 완고하고 패역하여 하나님께 충성하지 아니하는 세대와 같이 되지** 않는 법을 후세대에게 가르치는 것이다(8절). 후세대는 하나님의 신실하심과 이스라엘의 반역을 전하는 역사를 통해 주님을 따르는 법을 배우게 된다.

B. 기록: 이스라엘에게 신실하신 하나님의 역사 (78:9-64)

방대한 분량의 이 부분은 사도행전 7:2-53에서 스데반이 수행한 변론과 유사하며 아마도 그 변론의 견본이 되었을 것이다. 두 경우의 요점은 하나님이 친히 택하신 백성, 끊임없이 반역하는 백성에게 보이신 신실함에 대한 기록을 회고하는 것이었다. 아삽이 이 시에서 그러하듯이 스데반도 이스라엘의 초기 세대(특히 광야 세대)를 회고하는 데 초점을 맞추고, 죄의 표출이 정점에 달한 그들과 하나님의 일관된 징계를 강조하며(참고. 17, 40-43, 58절; 참고. 행 7:39-43), 하나님의 다윗 왕조 설립과 예루살렘 성전 건축(69-70절; 참고. 행 7:46-50)으로 말을 맺는다.

1. 왕국 분열의 역사/출애굽의 역사(78:9-16)

78:9-16. **에브라임 자손**은 북이스라엘의 열 개 지파였다. 그들이 **전쟁의 날에 물러갔**다는 것(9절)은 하나님이 예루살렘 성전에서 명하신 대로 하나님을 예배하겠다는 **언약**을 이스라엘이 저버렸음을 가리키는 은유이다. 그들은 왕국이 분열되고 여로보암이 다스리던 시기에 **그의 율법 준행을 거절하며**(10절) 사마리아와 벧엘에서 거짓 신을 숭배했다(참고. 왕상 12장; 대하 10장). 아삽은 출애굽의 기적과 같은 여러 사건들, 이스라엘이 꼭 기억했어야 하는 사건들을 하나하나 열거한다(참고. 출 7-17; 민 20:8-11).

2. 광야 방랑의 역사(78:17-33)

78:17-33. 하나님의 신실하신 구원과 돌보심에도 불구하고 이스라엘 자손은 **계속해서 하나님께 범죄**했다(17절). 이 부분은 이스라엘 자손이 광야를 방랑하던 40년 동안 **메마른 땅에서 지존자를 배반**한 일을 개관한다(참고. 민 11장). 애굽에서 나온 세대는 죄를 짓고 **하나님을 믿지 아니하며 그의 구원을 의지하지 아니**하여(22절) 광야에서 모두 죽었고, **그들의 날들은 헛된** 날들이 되고 말았다(33절; 참고. 민 14:22-23, 28-35).

3. 사사 시대의 역사(78:34-39)

78:34-39. 약속의 땅 가나안에 들어간 이스라엘은 사사들의 통치를 받았다. 이 시기는 죄와 심판의 순환으로 특징지어진다. 그들이 죄를 지어 하나님이 **그들을 죽이**시면, 그들은 잠시 하나님께로 돌이키지만 이내 **그의 언약에 성실하지** 않았다(37절; 참고. 삿 3:7-8; 17:6; 21:25).

4. 출애굽의 역사(78:40-53)

78:40-53. 이 부분은 하나님이 애굽에 내리신 재앙들을 전반적으로 돌아보는 가운데, 이스라엘이 **광야에서** 반항한 일을 요약 개관한다(40절). 유월절은 이스라엘 역사에서 중심이 되는 기적적인 사건이었다(참고. 출 12:1-23). 주님은 이스라엘에게 해마다 유월절을 지키고, 그 의미를 각 세대에게 가르치라고 명하셨다(참고. 출 12:24-27). 하나님은 **애굽에서 모든 장자**를 치신 반면에 **자기 백성은 양같이 인도**하셨다(51-52절).

5. 정복의 역사(78:54-64)

78:54-64. 이스라엘의 출애굽과 40년 광야 방랑 이후에 하나님은 **그들을 그의 성소의 영역으로 인도하**셨다(54절). 이스라엘 땅 혹은 가나안은 명백히 하나님의

거룩한 땅으로 인정받았고(참고. 레 25:23; 슥 9:16), 하나님은 그분의 언약에 의거하여 그곳을 유대인들에게 영원히 주셨다(참고. 창 12:1-3; 렘 7:7; 25:5). 주님이 **나라를 그들의 앞에서 쫓아내**셨지만(55절; 참고. 수 11:16-23), **그들은 지존하신 하나님을 시험하고 반항했다**(56절). 이 부분은 34-39절과 유사하게 슬픈 기사를 전한다.

C. 승리의 절정인 메시아 혈통의 선택(78:65-72)

78:65-66. 이 부분은 이스라엘을 방어하시는 주님을 시적으로 묘사하며 시작된다. **주께서 잠에서 깨어난 것처럼 일어나사**. 물론 주님은 주무시지 않는 분이다(참고. 121:4). **잠에서 깨어난 것처럼**이라는 표현은 마치 주님이 활동하지 않으셨다/잠드셨다는 느낌을 주는 것 같지만, 활동하지 않는 것처럼 보이는 시기가 지나자 마침내 주님은 이스라엘을 방어하신다. 그분은 **그의 대적들을 쳐 물리치**는 것으로 시작하셨다. 이스라엘의 원수는 곧 주님의 원수였기에(참고. 83:2-5) 그분은 **길이길이 그들을 욕되게 하셨다**(66절, 새번역). 메시아 왕이 세상을 다스리는 때가 되면 하나님의 결정적인 승리가 이루어질 것이다(참고. 시 2편; 146:10; 눅 1:32-33).

78:67-69. 이 부분은 하나님이 메시아 혈통인 유다 지파와 메시아 왕의 궁극적 도성인 시온의 위치, 미래에 오실 메시아의 가문인 다윗의 혈통을 선택하셨다고 이야기한다. 하나님은 요셉과 함께하셨으면서도 그의 **장막을 버리셨던**(67절; 참고. 창 39:2-3, 19, 23) 것처럼, **에브라임 지파를** 메시아의 혈통으로 **택하지 아니하셨다**(참고. 창 48:5, 20; 사 7:17).

하나님이 **유다 지파를 택하신** 것은 유다가 먼저 태어났거나(그는 맏아들이 아니라 넷째 아들이었다, 참고. 창 29:35) 의로워서가 아니었다. 그것은 오로지 하나님의 주권적인 선택이었다. 하나님은 유다 지파의 영토 안에서 **시온산을 택하셨다**. 시온산은 아브라함이 이삭을 제물로 바치려고 했던 곳이다(참고. 창 22:2; 대하 3:1; 시 132:13-14). 그런 다음 하나님은 다윗에게 성전 부지를 매입하라고 지시하셨고(참고. 삼하 24:18-25), 솔로몬에게는 그곳에 성전을 건축하라고 지시하셨다(참고. 대하 3:1-2). 하나님은 **시온산을 그가 사랑하시**는 곳으로 택하시고(68절; 참고. 87:2), 그곳에 **그의 성소**를 역사 속에서 실제로(참고. 왕상 6장; 스 3장) 그리고 영원히(참고. 겔 43:7; 계 21:22-27) **지으셨다**.

78:70-72. 또한 하나님은 **다윗**을 메시아 혈통의 시조(참고. 룻 4:18-22; 삼하 7:8-16; 마 1:1,6; 9:27)로 **택하신다**(참고. 삼상 13:14; 16:1, 3, 7; 행 7:46; 13:22). 목동이었던 다윗은 주님께 **그의 백성인 야곱을 기르도록** 부르심을 받았다(71절). 다윗은 선한 목자 메시아 예수의 원형이었다(참고. 요 10:11; 계 7:17).

시편 79편: 구원을 바라는 공동의 간구

이 시의 표제 **아삽의 시**에 관해서는 시편 3편과 50편의 표제에 대한 주석을 보라. 이 시는 시편 78편에 이어 계속해서 역사를 말한다. 예루살렘을 친 재앙, 즉 주전 586년에 일어난 바벨론의 예루살렘 성 파괴 및 솔로몬 성전의 파괴, 바벨론 유수에 대한 민족적 애가라고 할 수 있다. 시편 79편은 연이은 배반과 유다에 대한 심판(특히 1-7절)을 기술하여 나라 전체, 곧 북쪽 지파들과 남쪽 지파들이 모두 영적으로 말이 아니게 되었음을 암시한다. 시편 저자는 당면한 재앙 한가운데서 그런 진술을 하면서 하나님의 한결같은 은혜와 언약적 성실함이 필요하며, 자신이 그것에 의지하고 있음을 강조한다(Sailhamer, *NIV Compact Bible Commentary*, 333).

A. 하나님의 심판을 인정하다(79:1-7)

79:1-4. 묘사되고 있는 예루살렘의 모습이 참혹하다. **하나님이여 이방 나라들이 주의 기업의 땅에 들어와서**(1절; 참고. 시 47:4; 68:9의 주석을 보라). 이스라엘 주위의 이방 나라들이 **주의 성전을 더럽히고 예루살렘이 돌무더기가 되었다**(바벨론에 의한 파괴, 참고. 왕하 25장). 시체들이 길바닥에 널브러져 **새에게 밥이 되었고**, **그들의 피는 예루살렘 사방에 물같이 흘러나왔다**(2-3절). 재앙에서 살아남은 자들은 **이웃** 이방인들에게 **비방거리**가 되었다.

79:5-7. **여호와여 어느 때까지니이까 영원히 노하시리이까**라는 물음은 이 비극적 사건들이 하나님이 심판하신 결과였음을 암시한다. 주님이 그분의 백성에게 **노하셨**음을 아는 것은, 그들의 죄에 대한 하나님의 심판을 인식하는 것과 같다. 게다가 5절에 기록된 **질투**라는 표현은 불안한 마음에서 우러난 옹졸한 감정이 아

니라 자기 백성의 온전한 헌신과 예배를 바라시는 하나님의 질투를 말한다(참고. 신 4:24-31). 예루살렘의 상황이 너무 끔찍해서 시편 저자는 하나님께 간청한다. **주를 알지 아니하는 민족들과** 이스라엘 백성 **야곱을 삼킨** 나라들에게 **주의 노를 쏟으소서**(6절). 서론의 '시편의 유형'에 나오는 저주시에 관한 주석을 보라.

B. 하나님의 자비를 구하다(79:8)

79:8. 하나님의 징계와 심판을 초래한 이스라엘의 죄를 인정한 시편 저자는 이제 하나님께 다음과 같이 청원하라고 백성들을 인도한다. **주의 긍휼**[사랑에서 나오는 자비, 참고. 25:6]**로 우리를 속히 영접하소서.**

C. 하나님의 영광에 초점을 맞추다(79:9-12)

79:9-12. 이렇게 청원하는 동기와 이스라엘(신자)이 징계를 받는 궁극적인 목적은 물론 하나님의 **이름의 영광**에 있다(하나님의 이름은 하나님 자체를 가리키는 환유로 종종 사용된다, 20:5의 주석을 보라). 원수들이 이스라엘을 비방한 것은 다름 아닌 하나님을 비방한 것과 같았다. 예루살렘이 이스라엘의 **이웃에게 비방거리**가 되었지만(4절), 이스라엘의 이웃이 **비방한 그 비방은 주**님을 향한 것이었다(12절). 하나님이 자기 백성을 구원하고 보전하시겠다는 약속들을 지키시는 것(약속들의 이행을 증명하시는 것)은 바로 그 때문이다(참고. 시 76편과 83편의 주석).

79:13. 시는 주님과 그분 백성의 관계에 집중한다. 서두에서는 이스라엘을 하나님의 기업으로 간주하고(1절), 말미에서도 이스라엘을 **주의 백성**과 **주의 목장의 양**으로 간주한다(참고. 74:1; 100:3). 하나님의 구원은 그분의 **영예를 대대에 전하**는 또 다른 기회가 된다(참고. 78:4).

시편 80편: 자기 백성 이스라엘을 돌보시는 하나님

이 시의 표제 **아삽의 시**에 관해서는 시편 4편과 50편의 서론적 주석을 보라. 이 시는 소산님에듯('백합화들, 참고. 시 60편의 서론적 주석; 참고. 시 45편과 69편의 표제)에 맞춘 노래이다. **에듯**은 '증언'을 의미하는 법률 용어이다. 아마도 하나님이 자기 백성을 징계하신 역사적 이유를 법률적으로 증언하기 때문에 쓰였을 것이다. 시편 78편과 79편은 신앙을 버린 북쪽 지파들과 남쪽 지파들에 대한 하나님의 심판을 기술하면서, 다윗에게 세우신 언약의 실현 가능성과 미래에 이루어질 나라의 회복에 대해 몇 가지 의문을 던진다. 하지만 아삽은 다윗의 뛰어난 자손(17절에서 '인자'라고 부른다) 아래에서 그러한 회복이 이루어질 것이라고 독자들을 안심시킨다.

시편 80편은 미래에 회복될 것이라는 이 소망이 다윗의 이전 자손들에게 달려 있지 않음을 암시한다. 시편 전체가 포로기 이후에 최종판으로 편집된 까닭에, 이 시점에서 이스라엘은 그런 소망을 성취할 왕이 없었다. 그래서 이 시에 예언적이고 메시아적인 특질을 부여하고 있다(Sailhamer, *NIV Compact Bible Commentary*, 333; 서론의 '배경'과 시 69편의 서론적 주석도 보라).

A. 징계의 실체(80:1-7)

80:1-3. 아삽은 하나님을 **요셉을 양 떼같이 인도하시는 이스라엘의 목자**로 묘사하며(1절; 참고. 23:6; 77:20; 78:52) 이스라엘과 주님의 관계를 암시한다. 그는 하나님을 **그룹 사이에 좌정하신 이**로 그린다(참고. 삼상 4:4; 겔 1:22-28). **우리를 구원하러 오소서**라는 요청은 하나님이 자기 백성을 징계하셨음을 암시한다(참고. 28:1-2; 50:7, 21). **주의 얼굴빛을 비추사**(3절; 참고. 7, 19절)라는 표현은 그들에게 복을 내려달라는 청원으로서 아론의 축복에서 가져온 것이다(참고. 민 6:22-27; 시 4:6; 31:16; 67:1).

80:4-7. 하나님을 **만군의 하나님 여호와**로 칭한 것은 그분의 위엄을 암시한다(참고. 1절; 삼상 17:45; 대상 17:24; 시 46:7; 69:6). 이스라엘의 고난은 다음과 같은 단어들로 묘사된다. **눈물의 양식**, **눈물을 마심**, **다툼거리**(5-6절; 참고. 79:4). **어느 때까지 노하시리이까**라는 물음(4절)은 이 시를 앞의 시(시 79:5의 주석을 보라)와 연결시키는 요소 중 하나이다. 징계의 목적은 하나님이 그들의 영적 건강을 회복시켜주시는 데 있다(7절은 3절과 대응한다).

B. 징계의 이유(80:8-13)

80:8-13. 이 부분은 비유 형식으로 되어 있다. **포도나무**란 이스라엘을 가리킬 때 자주 사용되는 은유이다(참고. 사 3:14; 5:1-7; 27:2; 렘 2:21; 12:10; 겔 15:1-8; 19:10-14; 호 10:1; 14:7). 여기에서 포도나무는 **애굽**에서 탈출하여 가나안에 정착한 이스라엘을 가리킨다. 하나님이 징계하시는 이유는 그분이 아브라함과

이삭, 야곱과 맺으신 언약 및 약속에 기초하여 이스라엘을 조건 없이 택하셨기 때문이다(참고. 창 12:2-3; 17:7-8; 시 105:8-10; 롬 9:7-8; 갈 3:18-19). 이런 점은 다음과 같이 생생하게 묘사된다. 이를테면 이스라엘은 하나님이 애굽에서 그분의 거룩한 땅 가나안으로 옮겨 **심으신**/이식하신 **포도나무**라는 것이다(8절; 참고. 78:54-55). 가나안에서 하나님은 이방 민족들의 **땅을 가꾸**시어(9절) 이스라엘이라는 포도나무가 자랄 수 있는 공간을 마련하셨고, 이스라엘은 **뿌리가 깊이 박혀서 땅에 가득하**게 되었다(참고. 74:1-11의 주석). 포도나무 이스라엘이 단번에 번성하여 **그 그늘이 산들을 가릴** 정도가 되었지만(10절), 하나님은 포도원을 지키는 담을 헐어 **길을 지나가는 모든 이들이 그것을 따게 하셨**다(12절). 이는 이스라엘이 뭇 나라들에게 압제를 받게 되었음을 암시한다.

C. 징계의 목적(80:14-19)

80:14-15. 아삽은 다시 **만군의 하나님**께 **주의 오른손으로 심으신** 이 포도나무를 돌보아달라고 기도한다(14-15절; 참고. 8절). 이스라엘은 주께서 **주를 위하여 힘 있게 하신 가지**[아들]**로 불린다**.

80:16-18. 포도나무가 **불타고 베임을 당**한 것은 **주의 면책으로 말미암**은 것이다. 하나님이 징계를 내리신 것은 이스라엘을 하나님 자신에게로 돌이켜 세우기 위함이다. **그리하시면 우리가 주에게서 물러가지 아니하오리니 우리를 소생하게 하소서**[문자적으로 '생명을 주소서'] **우리가 주의 이름을 부르리이다**.

80:19. 아삽은 하나님이 수행하시는 회복의 이미지로서, 이 시를 하나로 연결하는 다음과 같은 표현들을 사용하며 끝을 맺는다. **주의 얼굴의 광채를 우리에게 비추소서**(3, 7, 19절과 3절의 주석을 보라; 11:7b; 15:5b; 44:3; 56:13) **우리가 구원을 얻으리이다**(3, 7, 19절). 주님은 구원의 유일한 소망이시다.

시편 81편: 하나님이 요구하시는 공동체적 갱신의 특징들

이 시의 표제 **아삽의 시**에 관해서는 시편 50편의 표제에 대한 주석을 보라. 이 시는 **인도자를 따라 깃딧에 맞춘** 노래이다. **깃딧**에 관해서는 시편 8편의 주석을 보라. 포로 생활에서 돌아와 쓴 시편 80편이 이스라엘 백성과 그들의 나라를 회복해달라는 청원을 담고 있다면(특히 1-7절과 14-19절을 보라), 시편 81편과 82편은 주님의 응답이라고 할 수 있다. (개인의 구원이 아닌) 이스라엘 민족의 회복은 그분에게 복종하는가의 여부에 달려 있었다(81:12-14). 복종하면 하나님이 그들에게 복을 내리실 것이다(16절; Sailhamer, *NIV Compact Bible Commentary*, 333).

고대 유대교 전승에 따르면 나팔 불기(3절)에 기초한 이 시는 나팔절(유대교의 신년절 로시 하샤나라고 부르기도 한다, 참고. 레 23:24-25; 민 29:1)에 낭송되었다고 한다. 어떤 점에서는 이스라엘 백성에게 언약에 성실할 것을 요구하는 찬미이기도 하다. 이 시는 토라/모세오경을 활용하여 언약의 역사를 개관한다.

A. 관례 행사(81:1-4)

81:1-2. 이 시는 **우리의 능력이 되시는 하나님을 향하여 기쁘게 노래하며 야곱의 하나님을 향하여 즐거이 소리 칠지어다**라고 예배를 촉구하며 시작한다. 또 다양한 악기로 예배하라고 권고한다.

81:3-4. 나팔[히브리어로 쇼파르(*shofar*)], 즉 양 뿔 나팔(참고. 출 19:13)은 특정한 시기인 **초하루**(참고. 민 10:10; 28:11-15), **보름날**(참고. 레 23:34) 그리고 하나님이 정해 주신 명절(참고. 레 23:34)에 불게 되어 있었다. 하나님은 의로운 발걸음을 끊임없이 '새롭게 해야 하는'(활기를 유지해야 하는) 개인의 의무를 보완하기 위해 **명절**을 집단적으로 준수할 것을 명하셨다. **이는 이스라엘의 율례요 야곱의 하나님의 규례로다**(4절). 이 명절은 앞에서 언급한 로시 하샤나이다. 로시 하샤나는 일곱째 달 **초하루**를 말한다. 명절의 초점은 이 시에서 말하는 것처럼 회개(참고. 8-9, 11-13절)와 찬양(참고. 1-2절)을 통한 민족의 영적 갱신에 있다.

B. 기념 행사(81:5-7)

81:5-7. 하나님은 영적 갱신을 자극하기 위해 백성들에게 다음의 사실을 상기시키신다. 그들이 한 민족으로 형성되던 초기에 하나님이 그들에게 관심을 기울여 **애굽 땅을 치러 나**가시고(5절, 열 번째 재앙으로 애굽 사람들을 심판하신 일을 암시한다. 참고. 출 11:4), 그들의 **어깨에서** 종살이의 **짐을 벗기고**, 그들의 **손에서** 벽돌 제작에 쓰이는 짚 **광주리를 놓게 하셨**다는 것이다(6절; 참고. 출 5:7). 게다가 하나님은 그들을 시험하신 일, 즉 (징계를 통해) 그들을 연단하신 일(슥 3:19에

등장하는 동사를 보라. NASB는 이 동사를 '시험하시다'와 '시험하셨다'로 읽는다)에서 본 바와 같이, 그들이 이 모든 일을 받을 자격이 없음에도 불구하고 그렇게 하셨다. 이스라엘 백성이 **고난 중에 부르짖으매** 주님이 그들을 **건지셨다**(7절).

C. 참회 행사(81:8-16)

81:8-10. 주님이 자기 백성을 부르신다. **이스라엘이여 내게 듣기를 원하노라**. 이는 이스라엘의 표어 쉐마(*Sh'ma*)를 상기시킨다(참고. 신 6:4). 신명기 6:4에서 하나님은 이스라엘에게 하나님 자신에게 성실해야 한다고 말씀하신다. **너희 중에 다른 신을 두지 말며…나는 여호와 네 하나님이니**(9-10절). 하나님은 **애굽** 광야에서 그들에게 만나를 먹이셨듯이(참고. 출 16:14-21) 이렇게 명령하신다. **네 입을 크게 열라 내가 채우리라**(10절). 이번에는 만나가 아니라 그분의 선하심으로 채우신다.

81:11-16. 하나님의 돌보심에도 불구하고 **이스라엘**은 주님의 말씀을 **듣지** 않는다. 여기에서 핵심 생각은 이스라엘이 하나님의 말씀을 듣기를 하나님이 바라신다는 것이다(11, 13절). 이스라엘이 하나님의 **도를 따르면**, 하나님이 **그들의 원수를 누르고** 그들에게 풍성한 복을 내리신다는 것이다. 여기에서 **반석에서 나오는 꿀로** 그들을 **만족하게 하시겠**다는 시적 이미지를 동원한다(14, 16절; 참고. 신 32:13). 반석에서 나오는 꿀은 하나님의 섭리를 의미한다.

시편 82편: 민족들에 대한 하나님의 주권

이 시의 표제 **아삽의 시**에 관해서는 시편 3편과 50편의 표제에 대한 주석을 보라. 시편 82편에서 하나님은 시편 80편과 81편에 기록된 백성들의 청원에 계속 응답하면서 자신에게 복종하라고 말씀하신다(Sailhamer, *NIV Compact Bible Commentary*, 333).

A. 하나님의 지위(82:1)

82:1. 하나님이 서시는[재판하시는(하나님의 '서심'은 재판하기 위해서이다), 참고. 사 3:13] **모임**은 이스라엘의 회중(백성)을 가리킨다. 이와 동일한 '(주님의) 회중'이라는 표현이 다른 곳에서도 사용된다(참고. 민 27:17; 수 22:16-17). 하나님께 **재판**받는 **신들**[히브리어로 엘로힘(*elohim*)]은 이스라엘의 지도자들, 곧 하나님의 말씀을 가르치고 본을 보이며 지키게 하는 직무를 맡은 자들이다. 구약성경에서는 사사들과 제사장들이, 신약성경에서는 서기관들과 바리새인들이 이에 해당한다. 여기에서 신들(6a절)은 예수님이 인용하여 말씀하신 것과 같은 사람들이다(참고. 요 10:34). 게다가 예수님은 '하나님의 말씀을 받은 사람들'을 '신들'로 정의하기까지 하셨다(요 10:35과 그 구절의 주석을 보라). 예수님과 이 시에서 언급하는 그 단어는 모세(출 4:16에서 '엘로힘'이라고 부른다)와 그를 돕는 재판장(출 21:6; 22:7-8, 27에서 '엘로힘'이라고 부른다), 그 이후의 사사들과 이스라엘 지도자들(참고. 삿 5:8; 시 138:1)과 같은 사람들을 가리킨다. 사람들에게 '신들'(엘로힘)이라는 별명을 붙인 이 모든 사례는 '하나님의 대리인 또는 대행자'를 의미하는 것으로 이해해야 한다. 요점은 하나님의 지위, 곧 하나님이 다른 모든 재판관을 재판하는 최종 재판장이심을 강조하는 데 있다.

B. 하나님의 요구(82:2-4)

82:2-4. 여기에 등장하는 하나님의 요구는 레위기 19:15-16에 기록된 훈령을 되풀이한다. 하나님은 민족으로 형성되기 시작하던 자신의 백성에게 그러한 훈령을 내리셨고, 이후에는 예언자들을 통해 그들을 끊임없이 가르치셨다(참고. 사 1:17; 미 6:8). 그 메시지는 다음과 같다. **불공평한 판단을 하지** 말고, **악인의 편을 들지** 말며(2절, 새번역), **가난한 자와 고아**['아버지 없는 자', 청소년기 이전에 아버지를 여읜 사람을 가리킨다], **곤란한 자와 빈궁한 자**(3절), 즉 도와주거나 변호해줄 이가 없는 자들(욥 29:12을 보라. 여기에서도 '고아'라는 단어가 사용된다)을 **위하여 판단하**라는 것이다.

C. 하나님의 심판(82:5-8)

82:5-8. 시편 저자는 **신들**이라고 불리면서도(1절) 불공평하게 재판하여(2절) 땅의 **모든 터가 흔들리**게 하는(5절) 재판관들과 지도자들을 주님이 반드시 심판하실 것을 알린다. 주님은 땅의 모든 터를 놓으신 분이기 때문이다(참고. 75:3; 104:5). 이 이미지는 요한계시록 20:11-15에 기록된 대로 하나님이 하늘과 땅을 새롭게 하시기 직전에 이루어지는 최후 심판을 가리킨다. 아삽은 시의 말미에서 **모든 나라가 주의 소유이기 때문이니이다**(참고. 2:8)라고 단언하는데, 이는 최후 심판을 실행하실 권리가 하나님께 있으며, 하나님의 아들이 이 심판을 실행하실 것임을 강조한다.

시편 83편: 하나님의 은혜로운 약속들을 단언하는 저주

이 시의 표제 **아삽의 시**에 관해서는 시편 3편과 50편의 표제에 대한 주석을 보라. 이 시는 **노래**로 기술된다(시 46편의 서론을 보라). 이 시의 세 부분은 주제 면에서 아브라함에게 주신 언약의 세 가지 필수 항목, 또는 더 엄밀히 말해 약속들(참고. 갈 3:17-18)과 유사하다. 그 약속들이란 영원한 땅, 영원한 백성, (이스라엘과 모든 민족에게 내리시는) 영원한 복이다. 시편 저자가 이 시에서 저주하는 까닭은 이 약속들을 성취하기 위해서이지 원수들을 파멸하기 위해서가 아니다. 아삽 시들(73-83편)의 중심 주제 중 하나가 여기 83편에 나오는데, 바로 하나님의 백성, 하나님의 도성, 하나님의 성전을 구원해달라고 하나님께 간청하는 것이다. 저자는 이 모든 것이 황폐해져서 이방 민족들에게 하나님을 비방할 거리를 주고 있으니, 그 민족들을 심판하여 그들이 하나님의 지존하심을 알게 해달라고 간청한다(Sailhamer, *NIV Compact Bible Commentary*, 333-334).

A. 이스라엘을 영원한 민족으로 삼으시겠다는 약속 (83:1-8)

83:1-5. 이 시는 다음과 같은 탄원으로 시작된다. **하나님이여 침묵하지 마소서 잠잠하지 마시고 조용하지 마소서 주의 원수들**에게 조치를 취하소서. **머리를 들었다**(2절)는 표현은 원수들이 하나님의 백성과 싸우기 위해 군사들을 모집하고 그 수를 세며 준비했음을 가리킨다. 그들은 주님에 맞서 소란을 피운다(참고. 시 2편). 이스라엘의 여러 원수들이 이스라엘 백성을 치려고 공동으로 **간계를 꾀하며 그들을 멸하여 이스라엘의 이름으로 다시는 기억되지 못하게 하**겠다고 으르댄다(3-4절).

그런데 그 간계는 주님의 원수들이 세운 것인 까닭에 그들의 말은 궁극적으로 하나님을 향한 것이기도 하다. 하나님이 이스라엘을 특별한 민족으로 세우고(참고. 창 12:2), 그들을 영원히 존속시키겠다고 약속하셨기 때문이다(참고. 렘 31:35-37). 하나님이 그들에게 이름을 주셨는데(참고. 창 12:12; 32:28), 그 이름은 하나님의 성품을 증언한다. '이스라엘'은 문자적으로 '하나님이 싸우신다', 즉 '이스라엘을 위하여 싸우신다'(창 32:28의 주석을 보라)는 뜻이다. **주를 미워하는**(2절) 그들은 **떠들며**(2절; **한마음으로 의논하며**, 5절), **주를 대적하여 서로 동맹**한다(5절). 이 표현들은 그들이 이스라엘 백성에게 보인 증오가 실제로는 이스라엘의 하나님에 대한 증오였음을 암시한다.

83:6-8. 원수들은 이스라엘을 침략한 적이 있는 이방 민족들이었다. **에돔**(참고. 암 1:11), **이스마엘**(참고. 창 25:12-18), **모압**(참고. 사 16장), **하갈**(참고. 대상 5:10), **그발**(참고. 겔 27:9), **암몬**(참고. 암 1:13-15), **아말렉**(참고. 신 25:17-18), **블레셋**(참고. 삼상 17), **두로**(참고. 겔 26:1-28:19), **앗수르**(참고. 왕하 17:1-6) 사람들이 그들이다. **롯의 자손**, 곧 모압 사람과 암몬 사람(참고. 창 19:36-38)의 **도움이 되었나이다**라는 표현은 원수들이 반(反)이스라엘 동맹을 결성했다는 뜻이다. 그들 모두 과거에 이스라엘을 대적한 적이 있지만, 이번 공격은 뭇 민족이 이스라엘을 치려고 모이는 마지막 때를 가리키는 것 같다(참고. 2:1-2; 슥 14:2).

B. 이스라엘에게 영원한 땅을 주시겠다는 약속 (83:9-15)

83:9-15. 이 부분은 주님이 사사 시대에 **미디안에게**, 시스라와 야빈에게 행하신 것과 같이(참고. 삿 4, 7장), **그들에게도**[6-8절에 기록된 민족들에게도] **행하**시기를 바라는 탄원이다. **엔돌**(참고. 수 17:11), **오렙**, **스엡**, **세바**, **살문나**(참고. 삿 7-8장)에서 패망한 자들은 주님께 패한 또 다른 원수들의 명단이다.

원수들은 이스라엘 백성을 멸하려고 공모한 바에 부합하여 **하나님의 목장**, 즉 이스라엘 땅을 그들의 **소유로 취하**려고 했다(12절). 이는 궁극적으로 하나님께 맞서는 의도였다. 그 땅은 하나님이 이스라엘에게 영원한 소유로 주신 것이기 때문이다(참고. 창 13:15; 17:8; 시 105:10-11). 이 같은 의도가 오늘날까지 이스라엘의 수많은 원수들 사이에서 전혀 줄지 않고 계속되고 있다.

C. 모든 민족에게 영원한 생명을 주시겠다는 약속 (83:16-18)

83:16-18. 하나님이 아브라함, 이삭, 야곱에게 하신 최종적이고 가장 위대한 약속, 즉 이들을 통해 땅의 모든 민족이 복을 받게 하시겠다는(참고. 창 12:3; 22:18; 26:4; 28:14) 약속이 이 시에 담긴 저주(암묵적이긴 하지만 성경의 다른 저주시나 저주 문장에 담긴 저주도)

를 상쇄한다. 여기에서 아삽은 이 약속을 분명하게 확언한다. 그는 이스라엘 원수들의 **얼굴에 수치가 가득하게 하사 그들이 주의 이름을 찾게 하**시고(16절), **여호와라 이름하신 주만 온 세계의 지존자**(참고. 창 14:19)로 **알게 하소서**라고 탄원했던 사람이다(18절; 참고. 창 11:4; 12:2; 시 20:5; 23:3; 말 1:11).

시편 84편: 참된 세 가지 복

이 시의 표제 **고라 자손의 시**에 관해서는 시편 3-4편과 42-43편의 표제에 대한 주석 그리고 서론의 '저자'를 보라. 3부로 이루어진 이 시는 신자가 주님과 동행할 때, 즉 시온에서 예배드릴 때 동시에 일어나는 세 가지 양상을 담고 있다(이 양상은 점진적 '단계'는 아니다). 아삽의 시들이 민족의 패망과 성전 파괴를 슬퍼하고 있다면, 이 시는 성전 재건과 그곳에서 드릴 영광스러운 예배를 고대한다(Sailhamer, *NIV Compact Bible Commentary*, 334).

A. 하나님 앞에서 사는 복(84:1-4)

84:1-4. 참된 복의 첫 번째 양상은 **만군의 여호와**를 가까이한다는 것이다. 이 땅에서 주님의 임재는 주로 그분의 '처소들'(개역개정은 **장막**. 여기에서 복수형은 성전 구내와 그 각각의 구역들을 가리킨다, 참고. 43:3; 46:4)에서 이루어진다. 시편 저자의 **영혼은 주님의 궁정을 사모하여 쇠약**해지기까지 한다(2절; 참고. 42:1). 이는 시편 저자가 하나님의 임재 안에 머무는 데 주력하고 있음을 감동적으로 암시한다. 하나님을 사랑하는 자들은 모두 하나님의 **집에서 사는** 것을 사모해야 한다. 단순히 그곳에서 섬겼던 제사장이어서가 아니라 주님의 집에 살면서 그분의 임재를 누리는 사람으로서 그래야 한다(4절; 참고. 15:1; 23:6의 주석).

B. 하나님의 힘으로 살아가는 복(84:5-7)

84:5-7. 참된 복은 오로지 하나님**께 힘을 얻**는 사람에게 임한다(5절; 참고. 삼상 30:6). 여기에서 사람은 히브리어로 아담(*adam*)이다. 아담은 대개 **사람**으로 번역되지만, 정확히는 개개의 인간을 가리킨다. 주님을 신뢰하는 이들은 무슨 일이 일어나더라도, 설령 바카(**눈물**) **골짜기를 지나**더라도(6절), 즉 가장 슬픈 시기에도 자신들의 눈물을 바꾸어 눈물 골짜기를 **샘**으로 만들 수 있다. 이러한 사람들은 **힘을 얻고 더 얻어 나아**간다(7a절). 그들이 어디로 가든, 상황이 어떠하든 간에 하나님의 힘은 언제나 그들의 차지이다. 그들은 이 힘을 다시 충전하기 위해 **시온에** 계신 **하나님 앞에** 정기적으로 나아간다(7b절). 이것은 3대 순례 절기(무교절, 칠칠절, 초막절)를 가리킨다. 이 절기에 이스라엘의 모든 남자들은 하나님이 명하신 대로 '하나님이 택하신 곳에서 하나님을 뵙는다'(신 16:16). 마찬가지로 오늘을 살아가는 우리도 우리의 친교와 재충전과 힘의 근원이신 하나님의 말씀을 공부함으로써 그분의 임재를 구해야 한다.

C. 하나님의 은혜를 신뢰하는 복(84:9-12)

84:9-12. 하나님을 찬양한 뒤(1-7절), 시는 기도로 바뀌어 하나님의 임재 속에서 그분과 사귀는 즐거움에 초점을 맞춘다. **주의 궁정에서의 한 날이** 주님에게서 벗어난 **다른 곳에서의 천 날보다 나은즉**(10절).

84:11-12. '여호와께서 ~을 주신다'는 히브리 원문 표현은 지속적인/끊임없는 행동을 의미한다. **은혜**는 하나님이 자기 백성에게 변함없이 항구적으로 공급해 주심을 가리킨다. 하나님은 구약성경 도처에서 자기 백성을 보호하시고 그들에게 필요한 것을 공급해 주심은 물론이고, 그들이 다른 이들에게서 **은혜**[호의]도 입게 하신다(참고. 창 39:21; 출 3:21; 11:3; 12:36; 단 1:9). 시편 저자는 하나님을 **해**로 기술함으로써 생명의 수여자이신 그분의 은혜라는 개념을 강화하고, 하나님을 **방패**로 기술함으로써 하나님이 생명을 지키시는 분임을 암시한다(11절).

시편 85편: 하나님의 사랑, 그 과거와 현재와 미래

이 시의 표제 **고라 자손의 시**에 관해서는 시편 3-4편과 42-43편의 표제에 대한 주석을 보라. 이 시는 하나님이 장차 이스라엘을 회복하실 것이라는 소망을 되풀이해서 말하지만, 의인은 지속적인 복종과 성실함으로 장차 다가올 구원에 대비해야 한다(Sailhamer, *NIV Compact Bible Commentary*, 334).

A. 과거의 사랑(85:1-3)

85:1-3. 과거에 **주**님은 이스라엘 **땅에 은혜를 베푸**셨다. 하나님이 베푸시는 은혜는 성경에서 구체적으로 그분의 '긍휼' 또는 '자애로움'과 관련이 있다(참고. 사 60:10). 이 자애로움은 과거에 주님이 **야곱의 포로 된 자들이 돌아오게 하**심으로써(야곱의 '축복'을 회복시켜주심으로써) 이스라엘에게 베푸신 사랑이다. 이

는 하나님이 바벨론 유수 동안 진행된 징계 혹은 시험이 지난 뒤 그 백성에게 외적인 번영을 되돌려 주셨음을 의미한다(참고. 욥 42:10에 있는 동일한 표현; 겔 16:53). 하지만 이보다 더 중요한 사실은, 하나님이 **주의 백성의 죄악을 사하시고 주의 모든 분노를 거두셨**다는 것이다(3절). 바벨론 유수는 그들이 주님께 복종하지 않은 것에 대한 심판이었고(참고. 렘 25:1-11), 이스라엘 땅으로 귀환함은 주님이 용서해주셨음을 알리는 증거였다.

B. 현재의 사랑(85:4-7)

85:4-7. 하나님이 과거에 언약 당사자인 백성에게 사랑을 베푸셨음을 예로 든 시편 저자는 한껏 기대하면서 현재에도 동일한 사랑을 베풀어달라고 간청한다. 그는 현재 곤경을 겪는 가운데 하나님께 청한다. **우리를 다시 살리사 주의 백성이 주를 기뻐하도록 하소서.** 하나님은 그들에게 **인자하심**['헤세드', 1절에서 은혜로 번역된 단어의 동의어]**을 보이**신다. 이는 하나님이 말라기를 통해 선언하신 말씀에서 명백히 드러난다. "내가 너희를 사랑하였노라"(말 1:2, 이는 과거에 시작된 활동이 현재에도 그대로 계속되고 있음을 의미한다).

C. 미래의 사랑(85:8-13)

85:8-13. 시편 저자는 주님의 애정 어린 명령을 받고 미래를 신뢰한다. **하나님 여호와께서 그의 백성, 그의 성도들에게 화평을 말씀하실 것이라.** 주님의 말씀에 순종하는 이들을 그의 성도들이라고 부른다(8절). 다음은 하나님이 장차 이스라엘에게 긍휼과 사랑을 베푸실 것임을 강조하는 구절이다. **인애와 진리가 같이 만나고 의와 화평이 서로 입 맞추었으며.** 하나님이 장차 이스라엘에게 긍휼과 사랑을 베푸실 것임을 강조하는 이 구절은 특히 감동적이고 기억할 만한데, 그 이상적인 특성들과 속성이 메시아 안에서 궁극적으로 성취되고 영원히 예증되었기 때문이다(참고. 사 11:1-5; 슥 6:13).

시편 86편: 주권자 주님께 드리는 종의 기도

표제로 보아 이 시는 **다윗의** 작품(제3권에 유일하게 수록된 다윗의 시)으로서 **기도**로 간주된다(시 17편의 서론을 보라). 이 시의 주제는 하나님의 주권과 이에 상응하는 시편 저자의 종 됨이다. '주'[히브리어로 아도나이(*adonai*), 문자적으로 '나의 주/주인/주권자'를 의미하며 여호와=야훼에 대비되는 개념이다]라는 단어가 일곱(완전과 완결을 의미함) 차례 반복되고(3a, 4a, 5a, 8a, 9a, 12a, 15a절), '주의 종'이라는 표현이 세 차례 반복되면서(새번역에서 2b, 4b, 16b절; 이 반복법에 관해서는 시 110편의 서론을 보라) 이 주제를 강조한다. 다윗의 작품인 이 시가 '고라 시편'에 삽입된 것은 하나님이 구원과 용서를 구하는 의인의 기도를 들어주신다는 사실을 예증하기 위해서이다(Sailhamer, *NIV Compact Bible Commentary*, 334).

A. 주님은 주권자이시다(86:1-5)

86:1-5. 이 시는 다음과 같은 솔직한 요청으로 시작된다. **주의 귀를 기울여 내게 응답하소서**(참고. 17:6; 31:2). 기도에 응답해달라는 요청은 주님의 성품에 근거한다. 이 시 전체를 통틀어(시 85편에서처럼, 시 86편의 서론을 보라) **주**[아도나이]라는 단어가 일곱 차례 반복되고 있다는 사실이 암시하듯이 하나님의 주권은 완전하다. 이러한 생각의 단서는 하나님의 주권이 유일하고, 그분은 만물의 주권자이시며, 그분보다 뛰어난 권위나 능력을 지닌 이는 없다는 데 있다. 서론부에서 주라는 단어가 세 차례 반복되고 있다는 사실이 이를 암시한다. 다윗은 서론부에서 주님의 다른 두 별칭, 곧 **여호와**[야훼, 1a절]와 **하나님**[엘로힘, 2b절]이라는 칭호도 사용하고, 5절에서는 다음과 같이 하나님의 속성을 풀이하는, 좀 더 상관관계를 나타내는 술어들도 사용한다. **용서하시는 분**(5절, 새번역; 참고. 출 34:7), **인자함이 후하신 분**(5절; 참고. 출 34:6). **내게 은혜를 베푸소서**(3절)라는 표현에 관해서는 56:1의 주석을 보라.

B. 주님은 유일한 주권자이시다(86:6-13)

86:6-10. 다시 요청이 나온다. **나의 기도에 귀를 기울이시고 내가 간구하는 소리를 들으소서.** 이 부분에서 다윗은 주권자의 유일성을 강조한다. 그분보다 뛰어난 이도 없고, 그분**과 같은 자도 없**으며(8절; 참고. 출 15:11), **모든 민족을 지은** 주권자는 그분밖에 없다는 것이다(9절, 바벨에서 인류를 언어적·정치적 독립체들로 흩으신 일뿐 아니라 인간을 창조하신 일 둘 다를 가리킨다. 참고. 창 11:9). 언젠가 **모든 민족이 와서 경배할** 주권자도 그분밖에 없다(9절, 하나님만이 경배를 받으셔야 하기 때문이다. 참고. 출 34:14; 눅 4:8). 이는 특히 뭇 민족의 메시아 경배를 말하는데, 이 구절은 요

한계시록 15:4에서 메시아에게 적용된다.

86:11-13. 주님의 주권을 이해하려면 날마다 그분을 더 많이 알고 가르침을 따라야 한다. **여호와여 주의 도를 내게 가르치소서 내가 주의 진리에 행하오리니 일심으로 주의 이름을 경외하게 하소서**(11절; 참고. 시 1편; 111:10). 다윗은 하나님이 자신의 **영혼을 스올에서 건져주셨다**고 말하면서(13절) 죽을 때까지 이어지는 주님과의 관계에 신뢰를 표한다. 이는 다윗이 장차 오실 메시아의 부활을 신뢰했음을 예시하는 것이기도 하다. 그는 그 진리를 '미리 보고' 이해한 사람이었다(참고. 행 2:31 그리고 시 16:10; 49:14-15의 주석).

C. 주님은 완전한 주권자이시다(86:14-17)

86:14-17. 이 지점에서 시는 방향을 틀어 다윗의 원수들에게 경고를 보낸다. 그들은 **일어나** 그를 **치고**, 자신들 **앞에** 하나님을 **두지 아니하는 교만한 자들**로 불린다. 다윗은 주권자의 완전하심을 선언한다. 이것은 전지(全知)나 편재(遍在)와 같이 사람들이 소유하지 못한 속성들의 완전함이자 공의와 거룩함, 성실처럼 사람들도 갖출 수 있는 속성들의 완전함이다. 또한 다윗은 유대인들이 가장 중시하는 하나님의 속성들도 언급한다. 즉 하나님의 충실한 사랑(**주여 주는 인자가 풍성하신 하나님이시오니**, 15절), **진실**(15절), 긍휼(**주여 주는 긍휼히 여기시며**, 15절), 은혜(**내게 은혜를 베푸소서**, 16절; **은혜를 베푸시며**, 15절), 도움과 위로를 주심(**여호와여 주는 나를 돕고 위로하시는 이시니이다**, 17절)에 대해 말한다.

시편 87편: 뛰어난 시온

이 시의 표제 **고라 자손의 시**에 관해서는 시편 3, 42-43, 46편의 주석을 보라. 이 시는 하나님의 성 시온(예루살렘)을 기리는 예찬으로서 하나님이 장차 이스라엘을 회복하실 것이라고 선언한다. 하나님이 그리하시는 날, 하나님이 다윗 및 아브라함과 맺으신 언약에 성실하심으로 이방 민족들도 이스라엘과 함께 큰 복을 받고, 이스라엘은 더없이 복 받는 민족이 되어, 하나님의 위엄을 가장 힘차게 드러내게 될 것이다(Sailhamer, *NIV Compact Bible Commentary*, 335).

A. 하나님이 택하신 곳 시온(87:1-3)

87:1. 첫째 절 **그의 터전이 성산에 있음이여**(참고. 2:6; 사 56:7)는 주님이 시온을 세우셨음을 나타낸다(참고. 사 14:32). 주님이 성전의 위치를 정하셨고, 성전이 모리아 산 위에 건축되자(참고. 대하 3:1) 주님의 영광이 그 성전을 가득 채웠다(참고. 대하 7:1-3). **산**이라는 단어가 복수형(mountains)인 것은 위엄을 나타내거나 그 위치가 감람산과 스코푸스산에 둘러싸여 있음을 암시하는 듯하다. 게다가 그 산은 **거룩**하기까지 하다. 주님이 영광과 거룩함 가운데 성전으로 되돌아오실 것이기 때문이다(참고. 겔 43장). 그 영광은 과거에 성막에 나타났고(참고. 출 40:34 그리고 시 2:6의 주석) 미래에는 다시 성전에 임할 것이다.

87:2-3. 주님은 **야곱**[이스라엘 땅]의 다른 거처보다 **시온의 문들을 사랑하**신다. 주님은 **시온**을 택하여(참고. 2:6; 3:3-4; 9:11-12; 48:2의 주석) 가시적으로 임재하시는 중심 거처로 삼으셨다. 시온은 역사상 두 차례의 성전 시기에 그 중심이 되었을 뿐만 아니라 주님이 돌아와 그분의 나라를 지상에 세우실 때부터도 줄곧 그 중심이 될 것이다(참고. 렘 3:17; 겔 43:7; 계 21:22-27). **사랑하시는도다**의 의미에 관해서는 시편 78:65-72의 주석을 보라. 성경에서 **시온**산은 모리아 산과 동의어이다. 모리아 산은 이삭이 결박당한 곳이자(참고. 창 22장) 다윗이 주님의 지시를 받아 매입한 성전 부지가 있는 곳이다. 오늘날 예루살렘에서 시온산으로 불리는 곳, 옛 성벽 밖에 있는 지역은 성경이 말하는 장소는 아니다.

B. 하나님의 백성이 태어난 곳 시온(87:4-6)

87:4-6. 메시아가 돌아와 지상의 예루살렘에서 다스리시는 때에 시온은 하나님의 통치가 이루어지는 중심지가 될 것이고, 이방 나라의 민족들은 주님의 성산에서 주님께 경배하게 될 것이다(참고. 사 56:7). 그 명단이 짧아서 어쩔 수 없이 그 범위가 넓지는 않지만, 이스라엘의 최대 적들 중 일부가 **나를 아는**[하나님과 교제하는, 시 1:6의 주석을 보라] **자 중에** 열거되리라는 약속에 주의를 촉구함으로써 하나님의 긍휼 및 은혜의 확장성과 그 능력이(창 12:3b에서 하신 약속의 성취가) 감동적으로 강조된다. 그 민족들에는 **라합**[애굽을 가리키는 시적 별칭, 시 89:9-10; 사 51:9-10을 보라], **바벨론**[예루살렘 파괴자, 참고. 시 137:1-9], **블레셋**(참고. 사 19:19-25)이 포함된다.

C. 하나님의 구원이 있는 곳 시온(87:7)

87:7. 시는 하나님이 시온에서 다스리실 미래의 특징인 찬양과 기쁨을 간략하게 일별하며 끝을 맺는다. 그때가 되면 **노래하는 이들과 춤을 추는 이들**(새번역, 혹은 '피리 부는 이들')이[이들의 행동은 성경에서 기쁨 및 찬양과 관계있다(참고. 삼상 18:6; 대상 13:8)]. **나의 모든 기쁨의 근원이 네게 있다** 말하게 될 것이다. 이것은 메시아 때 성전에서 흘러나와 사해를 담수로 만드는 생명수(참고. 겔 47:1-12; 시 46:4; 계 22:1-3)나 구원의 우물들(사 12:3)을 고대하는 표현 같다. 어느 쪽이든 이 **근원**은 시온에 좌정하시는 하나님 그분과 어린 양 메시아(참고. 계 22:3)로부터 흘러나오는 생명의 근원이다.

시편 88편: 하나님의 징계에서 위안을 찾는 이유

이 시의 긴 표제 **고라 자손의 시…노래**에 관해서는 시편 3-4, 42-43, 46편의 표제에 대한 주석을 보라. **마할랏르안놋에 맞춘**에 관해서는 시편 53편을 보라. 르안놋은 '큰 소리로 노래하며'를 뜻한다(출 15:21; 삼상 21:11; 시 147:7; 참고. "내가 부르짖었사오니", 88:1, 13). **에스라인 헤만**[서론의 '저자'를 보라]**의 마스길** [시 32편의 서론을 보라]은 헤만이 자신의 고통이 하나님의 주권적인 개입에서 온 것이라 여기며 슬퍼한 일을 가리킨다. 헤만은 하나님이 고통을 주관하시는 분이므로 자신의 고통을 없애실 수 있다고 생각하며 고통을 덜어달라고 부르짖는다. 의인은 역경 중에도 하나님과 가까이 지내는 법을 배우지 않으면 안 된다. 헤만의 탄원은 하나님의 약속들이 성취되기를 바라는 모든 이들의 감정과 기도를 반영하고 있다(Sailhamer, *NIV Compact Bible Commentary*, 335).

A. 생명력 회복을 위한 탄원(88:1-9)

88:1-5. **여호와 내 구원의 하나님**께 드리는 이 기도는 시편 저자가 **주야로 부르짖**을 만큼 절박하다. 시편 저자는 자신의 **재난**(3절)을 **죽은 자 중에 던져진**(5절) 것 같은 느낌으로 묘사한다. 따라서 이 시는 하나님의 징계에 대한 반응이라고 할 수 있다. **스올**(3절)에 관해서는 49:14-15의 주석을 보라.

88:6-9. **주께서 나를 깊은 웅덩이**에 **두셨사오며 주의 모든 파도가 나를 괴롭게 하셨나이다**(6-7절). 여기에서 물에 빠지는 이미지는 요나의 경험과 유사하다(참고. 욘 2:3). 하지만 더 심하게 시편 저자는 주님이 이 일을 벌이셨다고 생각한다. '주께서 ~하셨나이다'(6-8절). 그는 자신이 하나님의 진노 아래 있음을 깨달으면서도(7절) **매일 주를 부른다**(9절; 참고. 22:2; 86:3).

B. 예배 회복을 위한 탄원(88:10-12)

88:10-12. 이 부분에서 시편 저자는 네 가지 수사적 질문들, 곧 전형적인 쟁점들을 동원하여 자신이 죽기 전에 도와달라고 하나님께 간청한다. 그 질문들은 '아니다'라는 대답을 함축하고 있지만, 구약성경에 계시된 부활이나 내세의 소망을 부정하지는 않는다(참고. 16:11; 23:6; 사 26:19; 단 12:1-3). 이것은 자신을 계속 살게 해주시고, 자신에게 복을 주시어 자신이 땅에서 하나님을 경배하게 해달라는 간청이다. '아바돈'(NASB 11절, 문자적으로 '멸망의 장소')은 지옥의 동의어이다.

C. 관계 회복을 위한 탄원(88:13-18)

88:13-18. 이 부분은 앞서 시편 저자가 드린 기도의 일부를 되풀이하지만 부르짖는 시점이 **아침**으로 바뀐다. 13-18절의 주제는 1-9절의 주제와 유사하다. **나의 영혼을 버리시며**(14절/6절), **주의 진노가 내게 넘치고**(16절/7절), **이런 일이 물 같이 종일 나를 에우며**(17절/7절), **사랑하는 자와 친구를 멀리 떠나게 하시며**(18절/8절).

시편 저자는 하나님의 징계 중에서 가장 괴로운 것, 이를테면 하나님과의 관계가 단절된 느낌이 닥친 것을 탄식한다(7, 14절). 이는 그가 자기 죄 때문에 징계를 받아서 하나님과의 관계가 끊어지거나 취소된 것이라고 생각했다는 말이 아니다. 그가 탄식한 이유는 그러한 관계의 적절한(건강한, 방해받지 않는) 경험이 줄어들거나 방해를 받았기 때문이다. 따라서 하나님이 그를 버리셨다는 언급(14절)은 신학적 사실을 말한 것이 아니라 당시에 그가 느낀 고통의 깊이를 가리킨다고 할 수 있다(44:9; 60:1의 주석을 보라). 하나님이 얼굴을 숨기셨다는 언급은 하나님이 신출내기 나라에 징계(버림이나 폐기가 아니다)를 내리겠다고 위협하신 말씀에서 직접 가져온 것이다(참고. 신 31:17-18, 에스더서의 서론에 있는 '에스더서에서 하나님 찾기').

시편 89편: 다윗 왕조에 대한 하나님의 성실하심

에스라인 에단의 마스길의 배경에 관해서는 시편

32편과 서론의 '저자'를 보라. 에스라인 에단은 솔로몬 왕궁 출신의 시인이거나 현자였던 것 같다(참고. 왕상 4:31). 그는 송시 한 편을 써서 다윗이 받은 영광스러운 언약의 본질을 기린 것으로 보인다. 그는 그 언약이 솔로몬을 통해 성취되기를 바랐을 것이다. 그러나 솔로몬(참고. 왕상 11장)과 다윗 가문의 나머지 왕들의 실패로 그 언약은 훨씬 나중에, 다윗의 후손인 메시아에 와서야 성취되었다.

이 시의 핵심 사상은 다윗이 받은 언약이 하나님의 인자하심('헤세드')과 성실하심에 기초하여 무조건 꼭 성취되리라는 것이다. 이를 뒷받침하기 위해 인자와 성실이라는 단어가 각각 일곱 차례 등장한다(인자하심은 1, 2, 14, 24, 28, 33, 49절; 성실하심은 1, 2, 5, 8, 24, 33, 49절).

시편 88편이 분명히 밝힌 대로, 하나님의 백성이 모두 그분의 구원을 대망하는 것은 아니다. 시편 89편은 이 구원이 언젠가는 이루어질 것이며, 그때가 되면 의인이 구원의 확실성과 영광으로 위안을 얻게 될 것이라고 역설한다. 구원의 도래는 다윗이 받은 언약이 다윗의 씨 혹은 다윗의 자손들 가운데서 성취될 때 이루어질 것이다(89:3-4, 29, 36; Sailhamer, *NIV Compact Bible Commentary*, 335).

A. 하나님의 성실하신 성품(89:1-18)

89:1-4. 시편 저자는 하나님의 인자하심과 성실하심이라는 주제를 소개하고, 그것들을 주님이 다윗과 세우신 언약에 연결한다(삼하 7:11-17의 주석을 보라). 다윗과 세우신 세 가지 언약은 영원한 집(왕조), 영원한 나라, 영원한 왕위이고, 이 모두가 다윗의 자손 메시아 예수 안에서 성취된다(참고. 눅 1:32-33). 다음은 언약의 절대적 성격(그리고 반드시 성취됨)을 암시하고 있다. (1) 반복적으로 언급된 하나님의 **인자하심**(참고. 5:7의 주석)과 **성실하심**[성실하심의 절대적 성격에 관해서는 88:11의 주석을 보라]. (2) 3절에서 **나는 ~하기를**로 번역된 동사가 단수형으로 되어 있고(이는 다윗과 세우신 세 가지 언약의 성취가 오직 하나님께 달려 있음을 암시한다), 독창성을 띤다는 점. 창세기 3:15에 소개된 **자손**은 구약성경 전체에서 찾아볼 수 있으며, 궁극적으로는 다윗의 뛰어난 자손 메시아를 가리킨다. **네 왕위를 세우리라**(4절)는 표현은 다윗이 받은 언약 중 하나이다.

89:5-10. 이 부분은 주님의 **기이한 일들**과 그분의 **성실**을 찬양하고, 주님이 **모든 자 위에 더욱 두려워할 이**로서 **바다**[피조물]를 **다스리시**고, **주의 원수를 흩으신** 것을 찬양한다. 요컨대 이 부분은 비길 데 없는 **여호와 만군의 하나님**을 묘사한다(8절, **만군의 하나님이여 주와 같이 능력 있는 이가 누구리이까**. 참고. 35:10; 71:19; 77:13; 89:6; 113:4; 출 15:11; 미 7:18).

89:11-14. 이 부분은 하나님의 위대하심을 개관하며 시작된다. 주님은 모든 것을 **창조하셨**다(11-12절). 주님은 세상을 **능력의 팔**, **의**, **공의**, **인자함**과 **진실함**으로 다스리신다.

89:15-18. 주님과 그분의 백성 이스라엘의 관계에 초점을 모은다. **주의 얼굴 빛 안에서 다니**고(참고. 86:11), **이스라엘의 거룩한 이**(18절; 참고. 71:22)를 아는 '사람들은 복이 있다'(참고. 시 1편; 44:3).

B. 다윗을 왕으로 택하신 하나님(89:19-29)

89:19-29. 주님이 **다윗**을 택하여 이스라엘의 왕으로 삼으셨고(20-21절; 참고. 삼상 13:14), 사무엘은 하나님의 지시에 따라 **기름을 그에게 부었다**(참고. 삼상 16:1-3). 다윗과 세우신 하나님의 언약이 절대적인 까닭에, 그분이 **그를 위하여** 그것을 **영원히 지키시**고('보전하시고', '유지하시고'), **그의 후손**[문자적으로 '씨,' 메시아적 왕 개인을 가리킨다]을 **영구하게** 하시며, **그의 왕위를 하늘의 날**['영원히'를 의미하는 시적 표현]**과 같게** 하시리라는 것은 틀림없는 사실이다. 이것들이 모두 다윗이 받은 언약의 세 가지 양상이다(28-29절; 참고. 삼하 7:12-13).

C. 다윗과 조건 없이 언약을 맺으신 하나님 (89:30-37)

89:30-32. 다윗 가문의 왕들(솔로몬과 20명의 유다 왕들, 참고. 왕상 11:42-25:30; 대하 9:31-36:21)이 주님을 따르지 않는 경우가 자주 생기자 **주님은 회초리로 그들의 죄를 다스리**시고, 결국에는 그들을 바벨론 포로로 끌려가게 하셨다.

89:33-37. 그러나 주님은 늘 성실하셔서 다윗과 세우고 자신의 **거룩함으로** 맹세한 언약을 **깨뜨리지** 않으실 것이다(34-35절). 주님이 **다윗에게 거짓말을** 하실 리 없기 때문에 이보다 더 강력한 보증은 없다. 그 언약

시

은 그의 후손(문자적으로 '씨', 참고. 29절의 주석), 곧 메시아에 이르러 성취된다(참고. 마 1:1, 17; 눅 1:32; 20:42-44). 다윗이 받은 언약은 **달같이 영원히 견고**할 것이다(참고. 렘 31:35-37).

D. 다윗 왕위에 징계를 내리신 하나님(89:38-52)

시편 89편은 주님을 찬양함으로 시작하여 다윗과 그가 받은 언약을 즐거이 예찬하다가 종결부(38-52절)에 이르러 여러 질문과 슬픔으로 급격히 전환된다. 이 부분은 시편들이 한 권의 책으로 묶이고, 예루살렘이 돌무더기가 되고, 민족이 바벨론 포로 생활을 하며, 다윗 왕위에 오르는 왕이 더 이상 없던 포로기 이후에 추가된 것으로 보인다[38-45절은 에스라인 헤만의 시대보다 더 나중에 일어난 상황을 기술하고 있다. 다윗의 왕관은 땅에 던져졌고(39절), 그의 왕위는 땅에 엎어졌으며(44절), 예루살렘 성벽과 성채는 파괴되었다(40절). 이 모든 것은 이 시가 포로기 이후에 편집된 사실을 암시한다]. 하지만 종결부는 메시아가 오시고, 주의 기름 부음 받은 자(51절)의 발자국 소리를 고대함으로 끝을 맺는다. '주의 기름 부음 받은 자의 발자국 소리'란 메시아의 도래를 가리키는 랍비의 전통적 표현이다.

89:38-45. 이 시점에는 하나님이 이스라엘 민족을 **버리**시고, 자기 백성을 **물리치시며, 주의 기름 부음 받은 자에게 노하**신 것처럼 보인다(38절). 이 부분에서 41절을 제외한 각각의 절은 '주께서 ~하셨나이다'라는 후렴을 달고 있다. 이는 예루살렘에 닥친 모든 역경이 하나님의 심판이 초래한 결과임을 암시한다. 열왕기와 역대기는 물론이고 선지서도 심판을 초래한 이스라엘의 행위를 자세히 제시한다. (있을 수 없는 일이지만) 하나님이 자신의 종 다윗과 맺은 **언약을 미워하**시는 것처럼 보인다. 하나님이 **그의 관을 땅에 던지**시고, 예루살렘 **울타리를 파괴하**시고, **그의 모든 원수들을 기쁘게 하**시며, **그의 왕위를 땅에 엎으셨**기 때문이다.

89:46-50. 시편 저자는 이 무시무시한 상황을 **언제까지**(참고. 6:3) 지속하실 것이냐고 묻는다. **스스로 영원히 숨기시리이까**(참고. 10:1; 13:1; 27:9). 그런 다음에 하나님이 다윗에게 베풀어주신 **그전의 인자하심**과 **성실하심**을 떠올린다(49절). 시편 저자는 자신이 영원히 살 수 없는 몸인 까닭에 하나님께 메시아를 보내어 다윗의 언약을 성취해달라고 청하는 것 같다.

89:51-52. 하나님이 자기 백성을 심판하심을 빌미로, 하나님의 **원수들**은 특히 약속된 메시아의 도래를 두고 주님의 명성을 비방했다. 그들은 자신들이 조만간 **주의 기름 부음 받은 자**[히브리어로 메시아(*Messiah*)]의 발자국 소리를 듣게 되리라고 생각지 않았다. 따라서 포로기 이후 시에 추가된 이 부분은 주님이 다윗 혈통의 회복이 아니라 메시아적 왕의 파송으로 다윗과 맺은 언약을 성취해주시기를 바라는 호소로 보인다.

제3권을 종결하는 이 시는 짤막한 영광송으로 끝을 맺는다. **여호와를 영원히 찬송할지어다 아멘 아멘**(참고. 41:13; 72:18-19; 106:48; 150:6).

Ⅳ. 제4권: 하나님의 자애로운 징계에 응답하는 예배 (90-106편)

시편 90편: 덧없는 생 앞에서 영원하신 하나님께 드리는 기도

이 시는 다섯 권 가운데 제4권 서두에 자리한 시답게 제4권의 주요 주제에 초점을 맞추고 이를 소개한다. 제4권은 모세오경의 네 번째 책 민수기와 유사하게 하나님이 아들로 삼은 민족 이스라엘에게 내리신 자애로운 징계에 관심을 기울인다. 이 시는 **하나님의 사람 모세의 기도**이다(시 17편의 서론을 보라). 이 시가 모세의 작품으로 추정된다는 사실은, 시편 제4권과 광야 방랑 시기에 하나님이 이스라엘에게 내리신 징계의 유사성을 강화한다. 이 시 외에도 모세는 적어도 세 편의 시 작품을 썼다. 두 편은 '노래들'이고(출 15:1-18; 신 31:30-32:43), 다른 한 편은 '축복'이다(신 33:1-29).

A. 하나님의 영원하심을 선언하다(90:1-2)

90:1-2. 기도는 이스라엘과 하나님의 관계를 인정하며 시작된다. **주여 주는 대대에 우리의 거처가 되셨나이다.** (3-12절에 상세히 기록된) 하나님의 징계권은 그분의 속성 및 그분과 이스라엘의 관계에 근거한다. 하나님이 **대대에** 이스라엘의 **거처**[그들의 피난과 보호의 확고한 근원, 참고. 시 71:3a; 91:9b]**가 되셨**다는 사실은 과거에 입증되고 미래에 약속된 사실이다. 모세는 신명기 32:7에 기록된 것과 동일한 표현을 사용한다('대대에'라는 말은 '영원'과 유사하다). 모세는 하나님을 **땅과 세계를 조성**하신 창조주라고 비유적으로 부

른다. 여기에서 세계는 무생물계뿐만 아니라 모든 피조물, 특히 인류를 가리킨다(참고. 96:13; 98:9). 그는 하나님의 영원하심을 다음과 같이 강조한다. **영원부터 영원까지 주는 하나님이시니이다.**

B. 인간의 죽을 운명과 지혜의 필요성을 인정하다 (90:3-12)

90:3-6. 이 부분에서 모세는 하나님의 첫 번째 징계 행위를 암시하면서 그분에게 이스라엘 징계권이 있음을 인정한다. **주께서 사람을 티끌로 돌아가게 하시고**(3절; 참고. 창 3:19). 또한 하나님의 영원하심을 다음과 같이 설명한다. **주의 목전에는 천 년이 지나간 어제 같으며 밤의 한 순간 같을 뿐임이니이다**(4절; 참고. 삿 7:19).

90:7-12. 모세는 죄를 분명히 인정하고 다음과 같이 고백한다. **주께서 우리의 죄악을 주의 앞에 놓으시며 우리의 은밀한 죄를 주의 얼굴 빛 가운데에 두셨사오니**(8절). 주님의 영원하심(1-2절)이 덧없는 인생의 서술어들과 역동적으로 대조를 이룬다. 그 서술어들은 다음과 같다. (1) **한숨**(새번역, 9절. 문자적으로 '속삭임')처럼 짧은, (2) 평균 수명이 **칠십이요 강건하면 팔십이라도**(10절), (3) **신속히 가니 우리가 날아가나이다**(혹은 '죽나이다', 10절). 모세는 덧없는 인생을 생각하며 주님께 **우리에게 우리 날 계수함을 가르치사 지혜로운 마음을 얻게 하소서**(12절)라고 청원한다. 주님을 사랑하는 이들이 덧없는 인생을 최대한 선용하려면 시간 보내는 법을 알아야 한다. 이 본문은 신자들에게 하루하루를 최대한 선용하여 주님께 순종하고, 주님의 말씀에 담긴 지혜에 맞게 살라고 촉구한다(참고. 1:1-3; 86:11; 잠 9:10; 19:23).

C. 하나님의 은혜와 복을 구하다(90:13-17)

90:13. 이스라엘을 위하여 그들의 죄를 고백한 모세는 하나님께 이스라엘의 죄 고백이 진심에서 우러난 것이고 심판이 상당히 오래 지속되었으니 **돌아오시어** 백성을 위로해주시고, **주의 종들을 불쌍히 여겨**달라고 간청한다(참고. 6:3-4).

90:14-16. 주님과의 교제가 회복되면 주님의 사랑에 만족할 수 있게 된다(**아침에 주의 인자하심이 우리를 만족하게 하사**, 14절). 주님은 자기 백성을 사랑하지 않으신 적이 전혀 없다. 죄 때문에 그들이 주님의 선하심을 경험하지 못했을 뿐이다. 청원의 동기는 단순히 이스라엘의 상황을 호전시켜서 이스라엘을 **즐겁고 기쁘게** 해달라는(14절) 것이 아니라, 그들이 예배를 통해 하나님의 영광을 선포하게 해달라는 데 있다(참고. 32:11; 렘 31:7; 슥 2:10).

90:17. 주 우리 하나님의 은총을 우리에게 내리게 하사라는 청원에는 모세의 형 아론이 이스라엘을 위해 행한 유명한 축복이 반영되어 있다(참고. 민 6:22-26). **우리의 손이 행한 일을 견고하게 하소서**라는 청원에는 이스라엘이 주님을 섬기려고 애쓴 일들을 인정해 주사 그들에게 복을 내려달라는 모세의 간곡한 청이 담겨 있다(참고. 신 14:29; 16:15; 24:19).

시편 91편: 개인의 안전에 대하여

이 시의 히브리 원문에는 표제가 달려 있지 않지만, 초기 유대교 전승은 이 시를 다음 몇 사람의 작품으로 추정했다. 다윗(70인역), 솔로몬(미드라시 시편), 모세(미드라시 시편), 혹은 다윗(3-8, 10-16절)과 솔로몬(1-2, 9절)의 합작(타르굼). 시편 90편의 주제가 이스라엘의 피난처이신 하나님(90:1)과 덧없는 인생(90:7-12)이라면, 시편 91편은 하나님이 하신 모든 약속의 성취를 아직 경험하지 못한 독자들을 격려하여 하나님께로 피하게 한다(Sailhamer, *NIV Compact Bible Commentary*, 336).

A. 신자가 누리는 안전의 근원(91:1-4)

91:1-2. 우리가 누리는 안전의 근원은 주님이시다. **지존자의 은밀한 곳에 거주하며 전능자의 그늘 아래에 사는 자여.** 안전은 우리의 환경이나 개인의 능력이 아니라 하나님께 있다. 신자들은 곤경이나 궁핍의 시기에는 물론이고, 서두에서 **거주하는 자**라는 표현이 암시하듯 언제나 주님을 의지해야 한다(**거주하는 자**는 깨어 있든 잠들어 있든 주님 안에 있으면서 자기를 살피고, 그리하여 영적으로나 육적으로 지속되는 피해로부터 주님의 보호를 받는 사람이다).

하나님의 **그늘 아래에** 산다는 것(참고. 4절)은 그분이 자신의 백성을 가까이하여 뜨거운 열기를 막아주실 뿐만 아니라 보호하고 안전을 지켜주심을 암시한다(참고. 121:5; 사 30:2-3; 49:2; 51:16). 주님은 그러한 사람의 **피난처**(참고. 시 46:1)와 **요새**(참고. 31:3)가 되어 주신다.

91:3-4. 여기에서 하나님의 보호는 어미 새가 새끼 새를 품어 보호하는 것처럼 부드럽고 따스하다. **그가 너를 그의 깃으로 덮으시리니 네가 그의 날개 아래에 피하리로다**(4절; 참고. 17:8; 36:7; 57:1; 68:13). 주님이 보호를 베푸시는 것은 그분의 **진실함**에 기인한다(참고. 신 7:9; 시 36:5; 89:2; 98:3). 이는 메시아 예수가 유대인들과 관련지어 사용하신 보호의 이미지이다(참고. 마 23:37).

B. 주님 안에서 누리는 안전의 범위(91:5-13)

91:5-6. 여기에서 시편 저자는 (밤과 낮의) 위협적인 상황을 예로 들면서 주님이 그러한 상황에서 신자들을 안전하게 지켜주실 것이라고 말한다. **너는 밤에 찾아오는 공포와 낮에 날아드는 화살과 어두울 때 퍼지는 전염병과 밝을 때에 닥쳐오는 재앙을 두려워하지 아니하리로다**(5-6절).

91:7-8. 시편 저자는 **천**과 **만**이라는 숫자를 시적으로 나란히 배치하여 자신이 어마어마한 재앙으로부터 보호받음을 표현한다. **재앙이 네게 가까이하지 못하리로다**.

91:9-10. 사람이 광범위한 안전을 제공받는 것은 그가 **지존자를 거처로 삼았**기 때문이다. **화가 네게 미치지 못하며 재앙이 네 장막**[문자적으로 '처소']**에 가까이 오지 못하리니**의 이미지는 유월절에 애굽 사람들에게 전염병이 창궐할 때 주님이 이스라엘을 지켜주셨음을 상기시킨다(참고. 출 11:6-10). 이것은 모든 신자에게 주는 보편적인 안전의 약속이 아니다. 이 구절은 다음과 같이 의역해도 될 것이다. "하나님의 애정 어린 계획의 일부가 아니면 재앙이나 고통이 신자에게 미치지 못할 것이다."

91:11-13. 이 실례는 주님의 돌보심을 그리고 있다. 사탄은 광야에서 예수님을 시험하며 이 예를 인용한다(참고. 마 4:6과 눅 4:10-11 그리고 이 구절들의 주석을 보라). 이것이 모든 신자에게 해당되는 원리라면 하나님의 아들인 메시아에게는 더욱 그러할 것이다. **그가 너를 위하여 그의 천사들을 명령하사 너를 지키게 하심이라**는 구약성경에서 수호천사 개념을 강하게 지지하는 표현이다(신약성경에서는 히 1:14을 참고하라).

C. 주님 안에서 누리는 친밀한 안전(91:14-16)

91:14-16. 이 마지막 부분은 주님과의 관계가 중요함을 강조한다. **그가 나를 사랑한즉 내가 그를 건지리라. 내 이름을 안다**(14절)는 표현은 주님을 안다는 뜻이다(참고. 5:11; 23:3; 25:11; 31:3). 하나님은 그가(신자 개인이) **환난**(참고. 5-8절)을 **당할 때에 그와 함께하**겠다(15절)고 말씀하심으로써 그분과의 관계 속에서 이루어지는 친밀함을 강조하신다. 하나님은 충만하고 궁극적인 **구원**을 확언하시면서(16절; 참고. 62:1) 하나님을 믿는 자를 난공불락의 장소, 즉 신자의 거처(1, 9절)인 지존자 그분 안에서 **높이**겠다(14절)고 말씀하신다.

시편 92편: 주간 찬송

이 시의 표제 **찬송 시**에 관해서는 시편 3편과 46편의 표제에 대한 주석을 보라. 이 시는 **안식일**에 노래로 불렸다. 고대 유대교 전승에 따르면, 이 시는 제2성전 시기에 안식일 제사를 드릴 때 레위 사람들이 노래했다(*m. Tamid* vii.4). 이 시와 안식일(이렛날)의 특수 관계는 다음의 사실이 뒷받침한다. 이 시는 하나님의 이름을 나타내는 네 문자[4자음 문자로 불리며, 일반적으로 주님(Lord) 혹은 야훼(Yahweh)로 번역된다]를 일곱 차례 반복하는(1, 4-5, 8-9, 13, 15절) 유일한 시이다. 일곱은 완전이나 완결을 상징한다. 시편 90편은 권능과 위엄이라는 하나님의 속성에 주의를 기울이고, 그 속성들이 하나님에 대한 인간의 의무, 특히 이스라엘의 의무와 관계있음을 알린다. 시편 91편은 하나님의 권능과 위엄을 강조하되 그것이 하나님이 이스라엘을 친절히 돌보심과 관계있음을 알린다. 한편 시편 92편은 하나님의 사랑과 한결같으심, 의인에게 내리시는 복과 악인에게 내리시는 심판을 강조한다고 볼 수 있다. 시편 92편에서 고양된 하나님 묘사는 그분의 주권적인 권능과 위엄을 묘사하는 찬미들, 곧 시편 93-99편의 길을 닦는다(Sailhamer, *NIV Compact Bible Commentary*, 336).

A. 찬양하는 특권을 노래하다(92:1-4)

92:1-4. 시편 저자가 하나님을 찬양하는 이유는, **여호와께 감사하며 주의 이름을 찬양함이 좋**아서이다. 그는 하나님께 **감사**할 수 있어서 하나님을 찬양한다(1절). 이것이 단순한 권리가 아니라 특권임을 그는 알고 있다. 그가 이 특권을 얻은 것은 개인의 공로가 아니라 하나님의 **인자하심**['헤세드', 2절; 시 5:7을 보라]과 **성실하심**[시 88:11을 보라] 덕분이다. 이 용어들은 다른

곳에서 하나님의 무조건적인 긍휼과 은혜를 강조하기 위해 짝을 이루어 혹은 나란히 사용된다(참고. 89:1-2, 24, 33, 49; 98:3). 시편 저자는 하나님의 인자하심과 성실하심을 **알리**고 싶어 한다. 주님이 친히 **행하신 일로**, 특히 그 **손이 행하신 일로** 그를 **기쁘게 하셨**기 때문이다(4절).

B. 주님의 정의를 노래하다(92:5-9)

92:5-9. 사악한 자들의 핍박이 "경건하게 살고자 하는 자"(딤후 3:12)의 삶에 빠지는 법이 없기에, 신자의 영적 · 심리적 재충전에 이바지하는 이 주간 기도는 예배자에게, 인생은 영원의 대양에 떨어진 물 한 방울에 지나지 않으며, 악인들의 **자람**(번영)이 **풀과 같음**을 상기시킨다(7절). 하나님은 영원하시다(**여호와여 주는 영원토록 지존하시니이다**, 8절; 참고. 92:2). 하나님은 참을성이 많아 **죄악을 행하는 자들**(9절; 참고. 7절; 문자적으로 '행악자들', 즉 회개 없는 생활 방식을 고집하는 자들) 중 일부에게 회개하여 번성할 시간을 약간 허락하시지만, 그들이 회개하지 않으면 반드시 그들에게 **영원**한 **멸망**, 즉 영원한 정죄로 갚으실 것이다(7절; 참고. 83:17; 단 12:2).

C. 주님의 크신 사랑을 노래하다(92:10-15)

92:10-15. 이 부분에서는 하나님이 시편 저자를 위해 행하신 일, 곧 그의 **뿔**을 높이시고(하나님의 구원에 근거한 능력 부여를 상징한다, 18:2; 75:5을 보라), 그에게 **신선한 기름을 부으신**(기쁨 수여를 상징한다, 23:5을 보라) 일에 초점을 맞추어 앞에서 암시한 악인들에 대한 하나님의 불가피한 정죄와 균형을 맞춘다. 악인들을 정죄함은 하나님이 의인을 위해 하시는 일, 곧 의인을 **여호와의 집에 심**으시고(문자적으로 '이식하시고', 겔 17:8, 23을 보라) 그분의 **뜰 안에서 번성하**게 해주시는 일과 균형을 이룬다(13절, 이것의 종말론적 의미에 관해서는 23:6과 84:1-4의 주석을 보라).

시편 93편: 피조물의 왕이신 하나님의 통치

이 시의 히브리 원문에는 표제가 없지만, 초기 유대교 전승(70인역)은 이 시를 다윗의 작품으로 추정하고, 제2성전 시기에 레위 사람들이 한 주의 엿샛날(금요일)에 낭송한 시로 간주한다(70인역과 바벨론 탈무드 로시 하샤나 31a). 이 시를 엿샛날에 낭송한 까닭은 그날에 '그분이 (창조) 일을 마치시고, 그들(그분의 피조물들) 모두를 다스리기 시작하셨기' 때문이다. 하나님의 우주적 통치는 이 시의 주요 주제이기도 하다. 시편 93편은 91-92편에서 예고한 주제들, 곧 하나님의 강력한 창조와 세계 통치를 강조한다(Sailhamer, *NIV Compact Bible Commentary*, 336-337).

A. 창조 작업으로(93:1-2)

93:1-2. 서두의 선언 **여호와께서 다스리시니**(1절)는 하나님의 통치가 현재에 국한된 것이 아니라 진행형임을 단언한다. **다스리다**의 현재시제는 '진행되는/끝이 없는'과 같은 뜻이다. 게다가 하나님의 영원한 통치는 **세계도 견고히 서서 흔들리지 아니하는도다**(참고. 24:2; 104:5)라는 명시적 언급으로 볼 때 창조주 하나님과 관계있다. 더욱이 하나님이 세계를 **세우셨다**는 사상 속에는 하나님의 선재[**주는 영원부터 계셨나이다**, 2절, NASB의 '영세부터'(from everlasting)는 문자적으로 '영원부터'(from eternity)를 의미한다] 사상이 함축되어 있다. '영세'라는 단어는 끝이 없음을 의미하는 반면, '영원'은 끝도 없고 시작도 없는 것, 영원한 과거로부터 영원한 미래로 이어짐을 의미한다.

B. 피조물보다 뛰어나심으로(93:3-4)

93:3-4. 시편 저자는 **큰물**(3절에서 강조를 위해 세 차례 등장한다), **물결**, **많은 물**, **큰 파도**를 언급하며 창조주 하나님의 위대한 권능을 생생히 묘사한다. 이 표현들은 인간이 인식할 수 있는 불가항력적이고 압도적인 자연의 힘을 상징한다(참고. 삼하 22:5; 욘 2:3-5). 그러나 이 으르대는 물이라 할지라도 **높이 계신 여호와**만큼 강력하지 않다. 그분의 능력은 **많은 물소리와 바다의 큰 파도보다 크다**(4절; 참고. 18:15-16; 29:3-4; 77:19; 88:7; 사 8:7-8).

C. 피조물 안에 드러난 특별 계시로(93:5)

93:5. 하나님은 **증거들**, 즉 말씀이라는 구체적인 계시와 상세한 율법으로 자신의 통치를 드러내신다(참고. 신 4:45; 6:20; 느 9:34; 시 78:56; 119:22, 24, 59, 79). 확실히 율법은 하늘과 땅의 창조주이신(출 20:11; 31:17) 하나님의 우주적 통치와 그분 안에만 자리하는 **거룩함**(참고. 레 10:3)을 증거하고, 그분이 지으신 어떤 피조물들과도 그분을 구별한다. 이사야 6:3과 요한계시록 4:8에서 '거룩하다'라는 말이 세 차례나 반복되는 것은 그 때문이다. 하나님의 다른 속성 중에서 이처

럼 세 차례씩 언급되는 것은 없다.

시편 94편: 하나님께 심판을 청하는 기도

앞의 시와 마찬가지로 이 시의 히브리 원문에도 표제가 없다. 초기 유대교 전승(70인역)은 이 시를 시편 93편처럼 다윗의 작품으로 추정한다. 70인역과 바벨론 탈무드(로시 하샤나 31a)는 시편 94편을 제2성전 시기에 레위 사람들이 한 주의 넷째 날(수요일)에 낭송한 것으로 본다. 이 시를 넷째 날에 낭송한 까닭은 하나님이 그날에 해와 달을 지으셨고, 장차 그것들을 숭배한 자들에게 (이 시가 **여호와여 복수하시는 하나님이여**로 시작하는 것에 맞게) 복수하실 것이기 때문이다. 하나님이 최고의 왕이시므로 최고 재판장이신 그분의 역할에 관심을 기울이는 것이 타당하다(Sailhamer, *NIV Compact Bible Commentary*, 337).

A. 하나님의 영광을 위하여(94:1-7)

94:1-3. 시편 저자는 **여호와를 복수하시는 하나님**으로 소개한다(강조하기 위해 1절에서 두 차례나 반복한다). **복수**라는 단어는 종종 잔인함, 무감각, 불의해 보이는 누군가에게 까닭 없이 혹은 지나치게 가하는 폭력을 연상시킨다. 하지만 히브리 단어에서는 그런 뜻이 아니다. 복수를 뜻하는 히브리 단어는 악행에 맞서 정의나 공의를 엄격하고 타당하게 지지하거나 실행하는 것을 암시한다. 따라서 '변론'이 더 적절한 번역어이다. 시편 저자는 **세계를 심판하시는**(2절; 참고. 창 18:25) 하나님께, **죄악을 행하는 자들**(4절)에게 조치를 취해달라고 청한다. 시편 저자는 '언제까지 ~하리이까'라고 물으며 변론 행위 및 그 시기와 수단을 하나님께 맡긴다(참고. 신 32:35; 롬 12:19; 히 10:30).

94:4-7. 시편 저자는 악인들이 **주의 백성을 짓밟으며 주의 소유를 곤고하게** 한다(5절, 참고. 28:9; 33:12; 79:1)고 말하면서 그들이 하나님을 공격하고 있음을 강조한다. 악인들은 하나님이 아브라함, 이삭, 야곱과 세우신 언약, 곧 이스라엘을 선택하여 자기 백성에게 성실을 다하시겠다는 언약을 아랑곳하지 않고 제멋대로 행동한다(74:1-11; 77:11-15; 88:10-12의 주석을 보라). 그들은 **여호와가 보지 못하며 야곱의 하나님이** 그들의 악행, 특히 이스라엘 백성에게 가한 핍박을 **알아차리지 못하리라**라고 말한다(7절; 참고. 3:2; 10:11).

B. 하나님의 자비를 알고서(94:8-16)

94:8-11. 이 경고는 이스라엘 백성 중에서 하나님이 자신들을 악인에게 넘기셨다고 생각하는 자들을 향한 것이다. **백성 중의 어리석은 자들**이란 그분의 백성 이스라엘 가운데 있는 자들이다(**백성**을 뜻하는 단수 명사가 이를 암시한다. **백성**은 일반적으로 이스라엘 민족을 지칭하는 반면에, 복수형 명사 '민족들'은 이방인들을 지칭하는 데 사용된다). 이 **어리석은 자들**은 시편 14편에 등장하는 어리석은 자와 마찬가지로 하나님의 정의가 실재하는지 의심한다. 그 이유는 하나님이 인간의 불의를 느끼지도 반응하지도 않으신다고 생각하거나 하나님이 계시지 않는다고(무신론) 생각하기 때문이다. 시편 저자는 이 **무지한 자들**(8절; 참고. 14:2)에게, 하나님은 모든 말을 **듣기**도 하시고, 모든 행위를 **보기**도 하시며(9절), **사람의 생각**[가장 깊은 속생각도] **이 허무함**도 아신다(11절, '그 생각이 입김에 불과함도 아신다'. 이 구절이 인용되어 있는 고전 3:20과 그 구절의 주석을 보라)고 말한다.

94:12-13. 시편 저자는 하나님의 정의와 행하시는 능력을 부정하는 어리석은 이스라엘 사람들과, 주님은 반드시 이스라엘의 죄를 다루신다고 생각하는 경건한 사람들을 대조한다. **여호와여 주로부터 징벌을 받으며 주의 법으로 교훈하심을 받는 자가 복이 있나니.** 이스라엘 민족이 현재 겪고 있는 고통은, 하나님이 원수들의 악행에 맞서 그들을 보호하시지 않기 때문에 생긴 것이 아니라 그들을 징계하시는 하나의 표현이었다.

94:14-16. 결국에는 하나님이 이스라엘의 사악한 압제자들을 처리하시고 자기 백성들을 하나님에게로 돌이키실 것이다. 무슨 일이 있어도 **여호와께서는 자기 백성을 버리지 아니하시며 자기의 소유를 외면하지 아니하신다**(14절). 주님의 심판으로 **정직한 자들**은 그분을 따르고(15절), **악행하는 자들을 치도록** 부름 받게 될 것이다(16절).

C. 하나님의 계획을 생각하면서(94:17-23)

94:17-23. 악인들로 인해 고통 받고 하나님의 정의가 지체되어 **속에 근심이 많**아지자(19절), 시편 저자는 다음 두 가지 근원을 **영혼의 위안**으로 삼는다. (1) 그를 향하신 하나님의 **인자하심**['헤세드', 18절; 참고. 5:7의 주석], (2) 하나님이 악행하는 자들(참고. 4, 16

절)을 **그들의 악으로 말미암아 끊으시리라**는 확신(23절). 시는 주님의 백성에게 가해진 악행에 복수해달라는 호소로 시작하여 **여호와 우리 하나님이 그들을 끊으시리로다**라는 단언으로 끝난다.

시편 95편: 인류에 이로운 주님의 역사를 즐거워하다

이 시의 히브리 원문에는 표제가 없지만, 초기 유대교 전승(70인역)은 이 시를 다윗의 작품으로 추정한다(참고. 시 93-94, 96, 99편). 히브리서 4:7에서 이 시가 다윗을 통해 계시되었다고 명시적으로 언급하는 것으로 보아 이 시의 저자는 다윗임이 분명하다. 이 시는 앞의 시들에 등장한 몇몇 주제들(창조주 하나님, 재판장 하나님, 구원자 하나님, 예배의 대상이신 하나님)을 엮는다. 하지만 하나님이 소유하신 이 속성들에 비추어 그분의 백성에게 보내는 좀 더 분명한 경고도 담고 있다(7b절에서 시작된다). 말하자면 하나님은 위대하고 이스라엘에 성실한 분이시니 그분을 업신여기지 말라는 것이다(Sailhamer, *NIV Compact Bible Commentary*, 337).

A. 창조주이신 주님(95:1-5)

95:1-5. 다윗은 **오라 우리가 여호와께 노래하**자고(참고. 6절; 66:1) 자기 백성 이스라엘에게 권고하며 시작한다. 하나님은 찬양받기에 합당한 분이신데, 그 이유는 다음과 같다. (1) 그분은 **우리의 구원의 반석**(1절, 구원을 가져다주시는 안전하고 든든한 하나님. 참고. 18:2)이기 때문이다. (2) 그분은 **크신 하나님**(3절; 유일하게 참되신 하나님. 참고. 48:1)이기 때문이다. (3) 그분은 **모든 신들보다 크신 왕**(3절; 참고. 10:16)이기 때문이다. (4) 그분은 자신의 **손으로 땅**, **산들**, **바다**, **육지**를 지으신 분이기 때문이다(4-5절; 참고. 창 1장; 시 124:8; 134:3). **즐거이 그를 노래하자**는 것은 예배에 참석하여 기쁘게 노래하자는 말이다(참고. 20:5; 63:7; 92:4; 132:16; 사 35:2; 52:8).

B. 선한 목자이신 주님(95:6-7a)

95:6-7a. 여기에서 다윗은 이스라엘 백성을 초대하여 예배하는 마음 자세와 태도로 주님께 복종을 나타내라고 말한다. **오라 우리가 굽혀 경배하며** 그분 **앞에 무릎을 꿇자**. '굽힘'과 '무릎 꿇음'은 하나님의 주권에 경의를 표하고 그것을 인정하는 것이다. 다윗은 다시 주님을 **우리를 지으신** 창조주(참고. 4-5절)요 위대한 목자로 소개하고, **우리를 그가 기르시는 백성**, **그의 손이 돌보시는 양**으로 소개한다(참고. 시 23편; 28:9; 80:1). 이는 만물을 다스리시는 하나님의 능력보다는 언약 상대인 **백성**, 곧 이스라엘을 돌보시는 하나님의 구체적이고 친밀하며 일관된 역할을 강조한 것이다. 시편 저자는 이 관계를 강조하기 위해 이스라엘을 하나님의 '목장'에 있는 백성으로 언급한다.

이 용어는 다른 곳에서 다음 두 가지 방식으로 사용된다. (1) '양'을 대신하는 환유법으로 사용된다. 그 이유는 이 둘이 밀접하게 연결되어 목자의 주된 관심(렘 10:21에서처럼 목장에 있는 양 떼)을 가리키기 때문이다. (2) 목자의 활동(목양) 그 자체로 사용된다. 목자의 활동에는 양 떼의 안녕에 필요한 모든 것(땅, 넉넉한 식량, 원수들로부터의 보호)의 공급이 수반된다. 구약성경에서 즐겨 사용하는 하나님의 이미지인 이스라엘의 목자는, 예수님이 자신과 성부 하나님의 동등함을 밝힌 몇 안 되는 신약성경 구절 중 하나에서 스스로에게 적용하신 이미지이다(요 10:11-17, 26-30). 요한복음 10장의 주석을 보라.

C. 안식을 주시는 주님(95:7b-11)

95:7b-11. 시들은 대개 주님께 백성의 청을 들어달라고 간청한다(참고. 4:1; 27:7). 하지만 이 종결부는 오늘 주님의 말씀을 듣고 그대로 따르라고, **그의 음성을** 들으라고 촉구한다(참고. 신 6:4; 시 50:7). 듣는다는 말은 단지 정보를 받아들이는 과정이 아니라 복종을 암시한다. 시편 저자는 **너희는 므리바에서와 같이 또 광야의 맛사에서 지냈던 날과 같이 너희 마음을 완악하게 하지 말지어다**라고 경고한다(8절; 참고. 출 17:2-7; 민 20:13). 이것은 출애굽 후 이스라엘 백성이 약속의 땅에 들어가라는 주님의 말씀을 듣지도, 따르지도 않았던 일을 말하고 있다(참고. 민 13:1-33, 땅의 약속에 관해서는 창 12:1-3; 50:24을 참고하라). 그 결과, 주님은 **사십 년** 세월의 광야 방랑으로 그들을 징계하셨고, 의심했던 세대의 사람들은 모두 죽어 약속의 땅에 **들어**가지 **못**했다(10-11절; 참고. 민 14:20-35). 약속의 땅은 하나님이 자기 백성에게 안식을 주려고 하신 곳이었다(참고. 출 33:14; 신 3:20; 12:10; 25:19; 수 1:13). 이 종결부는 메시아를 따르는 이들에게 불신앙과 불순종을 경계할 것을 가르치는 글로서 신약성경에

인용된다(참고. 히 3:7-11; 4:1-7의 주석). 종결부에서 눈에 띄는 **안식**은 육체적 안식(안녕과 평안)일 뿐 아니라 주님과 바른 관계를 맺어 누리는 안식이다. 이는 메시아 왕이 이 땅에서 다스리실 때 이루어지는 메시아 왕국의 안식을 의미하기도 한다(참고. 사 11:1-16).

시편 96편: 전에도 앞으로도 세계의 왕이신 분을 찬양하라는 권고

히브리 원문에는 표제가 없지만, 이 시는 다음과 같은 이유에서 다윗의 시로 추정된다. (1) 시 전체가 약간의 변형을 거쳐 다윗의 감사시 일부로 역대상 16:23-33에 자리하고 있기 때문이다(참고. 대상 16:8-36). (2) 초기 유대교 전승(70인역)이 다윗의 시로 추정하기 때문이다. 시편 95편처럼, 이 시도 하나님의 주권적인 세계 통치를 분명히 밝히고[참고. 95:1-7a; 96:1-9], 하나님의 세계 심판권도 그리한다(10-13절; 참고. 95:7b-11; Sailhamer, *NIV Compact Bible Commentary*, 337). 시편 96편의 세 연은 각각 주님께 찬양을 드리라는 부름으로 시작한다.

A. 이스라엘아, 왕이신 주님을 찬양하라(96:1-6)

96:1-6. 이 부분은 시편 93편과 유사하게 온 우주를 다스리시는 하나님의 왕권을 기리는 찬미로서(첫 두 절에서 노래라는 말이 세 차례 사용된다) 다음과 같은 예배의 부름으로 시작한다. **새 노래로**(참고. 33:3의 주석) **여호와께 노래하라 온 땅이여 여호와께 노래할지어다. 땅**[히브리어로 에레츠(*eretz*), 뭍]이라는 단어는 특히 이스라엘 땅을 가리키는 말로 종종 사용되며, 이 시가 특별히 이스라엘 백성을 향한 것임을 암시한다. 그들의 의무는 **그의 영광을 백성들 가운데에**(3절), 즉 **하늘을 지으신 여호와**(5절; 참고. 창 1-2장; 시 89:11-12) 대신 우상들을 경외하는 **만민 가운데에**(3절) **선포**하는 것이다. **존귀**와 **위엄**에 관해서는 21:5의 주석을 보라.

B. 민족들아, 왕이신 주님을 찬양하라(96:7-10)

96:7-10. 여기에서는 이방 민족들, 즉 **만국의 족속**들이 주님을 예배하라는, **여호와의 이름**[8절; 참고. 5:11의 주석]**에 합당한 영광을 그에게 돌리라**는 부름을 받는다. 일단 하나님을 인정하고 나면 그들은 **거룩한 것**[9절; 문자적으로 '거룩함의 광채'. 다른 곳에서는 하나님의 백성에게 적용하는 표현이다. 참고. 대상 16:29; 시 29:2; 110:3]**으로 여호와께 예배하라**는 초대를 받는다. **여호와께서 다스리신다**(시 93:1에서처럼 이 동사의 시제는 창조가 시작되었던 이래로 지금까지 줄곧 '다스려 오고 계신다'로 읽는 게 더 낫다)고 말하라(단언하라)는 전 세계적인 도전이 이 초대를 한층 더 강조한다.

C. 천지 만물아, 왕이신 주님을 찬양하라(96:11-13)

96:11-13. 하나님은 이스라엘과 민족들을 다스리는 왕이시기 때문에 천지 만물도 하나님을 찬양하라는 부름을 받는다. 시편 저자는 생명 없는 피조물을 의인화하여 묘사한다. **하늘은 기뻐하고 땅은 즐거워하며 바다와 거기 충만한 것이 외치고 나무들이 즐거이 노래하리니**(11-12절; 참고. 사 55:12). 이들은 **여호와 앞에** 선 수행단이다. **그가 땅을 심판하러 임하실 것**이기 때문이다. 그때에 의로우신 재판장 앞에 모두가 무릎 꿇을 것이다(참고. 7:11; 9:8; 50:4; 67:4; 75:7; 사 11:4-5; 45:23; 롬 14:11; 빌 2:10; 계 19:11). 미래에 주님이 자신의 의로운 통치권을 이 땅에 확립하시면, 메시아 예수가 시온에서 다스리시고, 물이 바다를 덮음같이 주님을 아는 지식이 세상을 덮을 것이다(참고. 시 2편; 사 11:9).

시편 97편: 우주의 통치자이신 하나님

히브리 원문에는 표제가 없지만, 초기 유대교 전승(70인역)은 이 시를 다윗의 작품으로 추정한다(시 93-94, 95-96, 99편도 그러하다). 시편 95편과 96편처럼, 이 시도 하나님의 선하신 우주적 통치(97:1)를 다룬 다음, 하나님의 우주 심판권(그리고 우주 속에 있는 백성 심판권)을 다룬다(97:2-12; Sailhamer, *NIV Compact Bible Commentary*, 337).

A. 천지 만물을 다스리시다(97:1-6)

97:1. 주제 면에서 시편 96편과 연결되어 있는 이 시의 첫째 절은 다음과 같은 어조를 띤다. **여호와께서 다스리시나니 땅**[히브리어로 '에레츠', 뭍]**은 즐거워하며 허다한 섬은 기뻐할지어다. 땅**은 이스라엘 땅/백성을 가리키고(참고. 96:1과 그 구절의 주석), **섬들**[문자적으로 '해안 지역들']은 지중해 주위에 포진한 민족들의 동의어이다. 이 민족들은 모든 이방 민족들을 대표한다(참고. 사 42:4).

97:2-6. 하나님의 현현에 따르는 특징들에 대한 설

명은 하나님의 권능을 보여주는 구절들과 유사하다. **구름과 흑암**(2절; 참고. 신 4:11; 5:22; 겔 1:4-28), **불**(3절; 참고. 출 13:21; 레 9:24), **불사름**(3절; 참고. 말 4:1), **번개**(4절; 참고. 출 19:16; 겔 1:13-14), **녹아버림**(5절; 참고. 암 9:5). **의와 공평**(2절; 참고. 시편 33:5과 그 구절의 주석)을 중시하시는 하나님은 **온 땅의 주님**이시다(5절; 참고. 사 6:3).

B. 초자연적인 세계를 다스리시다(97:7-9)

97:7-9. 시편 저자는 하나님이 '조각한 신상과 우상들'(7절, **허무한 것**)로 표현되는 이방인들의 **신들**도 지배하신다고 단언한다. 여기에서 논의를 위해 이 신들의 존재를 인정하는데, 이교도들이 그들을 신으로 여기기 때문이다(참고. 출 12:12; 18:11).

C. 자기 백성을 다스리시다(97:10-12)

97:10-12. 하나님은 자신의 **성도**['헤세드', 곧 '인자하심'을 받는 자들]를 다스리신다. 다음의 사실이 이를 뒷받침한다. 하나님이 그들의 **영혼을 보전하**시고, 그들을 **악인의 손에서 건지**시며(10절), 그분의 백성은 **기뻐하며 감사하**고(예배의 한 요소) 하나님께 복종하는 것이다(12절). 그들은 **악을 미워**한다. 악을 미워한다는 말은 하나님의 말씀을 행하고 지키는 것과 관계있다(참고. 잠 8:13; 암 5:15).

시편 98편: 왕이신 메시아를 찬양하라는 권고

이 시의 표제에 관해서는 시편 3편의 표제에 대한 주석을 보라. 초기 유대교 전승(70인역)은 이 시를 다윗의 작품으로 추정한다(이는 시 93-94, 95-96, 97, 99편에도 해당된다). 시편 97편은 하나님이 오시어 심판하실 것을 내다보며 기뻐하는 의인의 어조로 끝을 맺는데, 98편이 그 주제를 계속 이어서 말한다. 세일해머는 이렇게 말한다. "하나님의 악인 심판은 의인의 구원을 의미한다"(1-3절; Sailhamer, *NIV Compact Bible Commentary*, 337).

A. 권고의 근거(98:1-3)

98:1-3. 시편 저자는 **새 노래로 여호와께 찬송하라**고 권고한다(참고. 33:3; 사 42:10의 주석). 시편 96편의 서두에서 그러했듯이 이는 이스라엘 회중뿐 아니라 이 땅의 모두를 향한 권고이다. 이렇게 권고하는 근거는 다음 두 가지이다. (1) 하나님이 **기이한 일**을 행하셨기 때문이다(1절; 9:1; 40:5; 96:3의 주석을 보라). 이 기이한 일은 모든 면에서 인간보다 뛰어나신 하나님의 능력을 보여준다(하나님의 **오른손**과 **거룩한 팔**이 그 능력을 상징하고 강조한다, 1절; 참고. 44:3; 77:15; 출 15:6, 16; 사 53:1). (2) 하나님이 은혜롭고 성실하게 인간과의 친교 추구를 나타내 보이셨기 때문이다. 이는 **이스라엘 집에 베푸신 인자와 성실**로 표현되는데(3a), 이 일을 하신 하나님이 자신의 **구원을 뭇 나라**에 알리셨다(2-3절; 참고. 시 96편).

B. 권고의 범위(98:4-8)

98:4-8. 시편 저자는 하나님을 찬양할 일들을 생생하게 꼽아가며 권고의 범위를 넓힌다. 그 범위는 **온 땅**[히브리어로 '에레츠', 4절]에서 시작하여 그 속의 동물들(7a절, 바다에 **충만한 것**들), 그 속의 사람들(7b절, 세계에 **거주하는 자**)에 미치고, 생명 없는 요소들(7a절, **바다**; 8a절, **큰물**; 8b절, **산악**)에까지 미친다. 또한 그는 하나님을 찬양하는 다양한 방법, 즉 **즐겁게** 소리치기(4a, 6b절), 노래하기(4b, 8b절), **수금** 연주(5절), **나팔** 불기와 **호각 소리**(6a절), 파도 소리(7a절), 박수(8a절)를 제시한다.

C. 권고의 완결(98:9)

98:9. 하나님을 찬양하라는 우주적 권고를 늘 따를 수 있는 것은 아니다. 하나님이 오시어 **의로 세계를 판단하시**는 때에 그 일은 종료될 것이다(물론 의인들이 부르는 찬양은 계속된다). 이것은 (시 96:10에서 이와 유사한 어법을 사용한 대로) 메시아 왕이 강림하여 그분을 거부한 자들을 모두 심판하실 것임을 암시한다(참고. 2:9, 12; 히 9:27; 계 20:12).

시편 99편: 하나님의 왕다운 거룩하심을 높이다

히브리 원문에는 표제가 없지만, 초기 유대교 전승(70인역)은 이 시를 다윗의 작품으로 추정한다(이는 시 93-98편에도 해당된다). 시편 93-98편의 주제가 하나님의 세계 통치였다면, 이 시는 이스라엘에 대한 하나님의 특별한 사랑과 용서에 초점을 맞춘다. 이는 이스라엘에 숙련된 지도자를 준비시켜주기 위해 모세와 아론을 택하여 쓰시는 모습으로 나타난다(Sailhamer, *NIV Compact Bible Commentary*, 337).

A. 시온에서 다스리시는 주님(99:1-5)

99:1-3. 시편 저자는 제4권에 수록된 앞 시들의 중심 주제 중 하나를 이어받는다. 그 주제는 **여호와께서**

다스리심이다(1절; 참고. 93:1; 96:10; 97:1). 시편 99편에서 시편 저자는 하나님의 통치라는 주제를 숙고하고, 그분의 거룩하심을 표현하는 다양한 방법이 어떻게 그분의 우주적 통치를 반영하는지 숙고한다(3b, 5b절에서는 **그는 거룩하심이로다[하시도다]**가 후렴으로 반복되고, 9b절에서는 **여호와 우리 하나님은 거룩하심이로다**가 등장한다). 서론부에서 시편 저자는 하나님이 수행하시는 통치의 우주적인 측면을 창조 세계에 드러나는 그분의 거룩하심과 관련짓는다. 이 거룩하심은 우선 하나님이 **그룹 사이에 좌정하시**는 것으로 특징지어진다(1절; 참고. 97:1-6과 그 구절의 주석을 보라).

이러한 주님 묘사는 언약궤 꼭대기에 **그룹**이 있고 그 위에 영광의 구름이 머무르며 그 영광의 구름 속에 주님이 현현하심을 가리킨다(출 25:22; 삼상 4:4; 겔 1장). 뿐만 아니라 주님이 (모든 피조물 위의) 하늘 보좌에 앉아 계시고, 그 아래를 그룹이 둘러싼 채 주님의 뜻을 창조 세계에서 수행하려고 서 있음을 가리키기도 한다(참고. 겔 10:1-15; 사 6:1-13). **만민이 떨 것이요**와 **땅이 흔들릴 것이로다**라는 표현도 하나님의 우주적 거룩하심을 암시한다. 땅의 흔들림은 이사야 6:4에서 하늘 성전이 하나님의 거룩하심을 마주하고 화답하는 것과 같다(사 6:4의 '요동하며'는 '흔들리며'로 번역되기도 한다). **시온에 계시는 여호와는 위대하시고**(2절; 참고. 2:6; 9:11과 그 구절의 주석) **그는 거룩하시도다**(3, 5절).

99:4-5. 능력 있는 왕, 곧 주님은 **정의**와 **공평**(새번역)과 **공의**를 사랑하시는 분으로 특징지어진다. 이 모든 것은 그분의 백성 **야곱**과 관계있다(참고. 14:7과 그 구절의 주석). 시편 저자는 그룹 위에 좌정하심으로 상징되는 하나님의 거룩하신 만물 통치를 곰곰이 생각한 다음, 언약궤 속 법전으로 상징되는 그분의 거룩하신 통치를 숙고한다. 이 법전은 두 개의 증거판으로 집약된 율법이다(참고. 출 25:16; 신 10:5; 왕상 8:9). **정의**와 **공평**과 **공의**는 종종 율법과 연결되며 주님과 주님의 말씀이 지닌 특징들이다(참고. 시편 33:5과 그 구절의 주석). **그의 발등상 앞에서 경배**하기(참고. 132:7)는 그분의 발치에서 경배하기의 은유이다. **그는 거룩하시도다**(3, 5절).

B. 제사장과 예언자를 주신 주님(99:6-9)

99:6-7. 레위 사람인 **모세**와 **아론**(참고. 출 2:1)의 언급은 주님이 **제사장**들과 장막과 속죄 제사 제도를 마련하신 것과 관계있다(참고. 17:11). 사무엘은 **그의 이름을 부르는 자들 중에** 포함된다. 그는 마지막 사사로서 예언자의 직무를 가장 먼저 맡은 제사장이었다(참고. 삼상 7:15-17; 12:19-25). 하나님이 이스라엘을 돌보신 간략한 역사를 보면, 출애굽 중에 나타난 **구름 기둥으로부터**(출 33:3; 민 12:5) 그분의 **증거**를 성실히 지킨 이름 없는 개인들까지 포함하고 있다.

99:8-9. 하나님과 이스라엘의 신실한 사람들과의 관계는 확실하다. 주님이 그들에게 응답하셨기 때문이다. **여호와 우리 하나님이여 주께서는 그들에게 응답하셨고**, **용서하신 하나님**이라는 언급은 제사장의 직무를 강조한다. 제사장의 일에서 죄를 속한 이스라엘 민족이 가장 자주 접하고 확인하는 것은 하나님의 거룩하심이었다. 성전이 자리한 **성산**, 곧 시온산(참고. 2:6; 9:11과 그 구절의 주석)의 언급은 그곳이 제사가 거행되고 속죄가 이루어지는 유일한 장소임을 강조한다.

시편 100편: 하나님께 드리는 감사의 노래

이 시의 표제 **감사**[좀 더 문자적으로 읽으면 '감사 제사']**의 시**에 관해서는 시편 3편의 표제에 대한 주석을 보라. 시편이 최초로 편집될 무렵(서론의 '연대'를 보라)의 레위 사람들의 처지와 성전의 사정 그리고 이 시에서 '감사 제물'(참고. 레 7:12; 22:29; 렘 17:26; 암 4:5)을 가리키기 위해 **감사**로 번역된 히브리 단어가 빈번히 사용된 것으로 보아, 이 시는 성전 제사와 관련하여 노래로 불렸을 것이다. 시편 93-99편이 하나님을 온 우주 만물의 절대적 통치자로 찬양했다면, 이 시는 하나님을 언약에 기초한 복의 수령자 이스라엘을 택하신 분으로 찬양한다(3-5절; Sailhamer, *NIV Compact Bible Commentary*, 338).

A. 하나님의 지고한 유일성에 대한 감사(100:1-3a)

100:1-3a. 이 시는 **여호와께 즐거운 찬송을 부를지어다**(참고. 32:11; 33:3)라고 찬양을 요청하며 시작된다. 이 시는 이스라엘 백성을 향한다. **온 땅**[히브리어로 '에레츠']은 이스라엘 땅을 부르는 별칭이고, 이스라엘 땅은 이스라엘 백성을 가리키는 환유법이다. 이스라엘 백성은 (예배에서) 특정 속성(들)에 대립하는 하나

님의 일반적인 신성에 초점을 맞추어 **여호와를 섬겨야** 한다. 그 이유는 그분의 정체 때문이다. 바꾸어 말해 그분은 **여호와**[*Yahweh*, 그분이 알려주신 유일한 이름] **우리 하나님**[Lord Himself is God]이시기 때문이다. 강조용이 아니면 일반적으로 붙지 않는 대명사 Himself는 **여호와**만이 하나님이심을 강조한다. 개념과 어법으로 볼 때, 이 예배의 근본적 기초는 성경의 핵심적인 신앙 고백을 상기시킨다. "이스라엘아 들으라 우리 하나님 여호와는 오직 유일한 여호와이시니"(견줄 이가 없는 하나님 혹은 하나밖에 없는 하나님, 신 6:4).

B. 하나님의 은혜로운 선택에 대한 감사(100:3b-3c)

100:3b-3c. 시편 저자는 이스라엘을 대표하여 다음과 같이 선언하면서 찬양과 감사를 계속 권고한다. **그는 우리를 지으신 이요**[3a절에서 단언한 대로 하나밖에 없는 유일하신 하나님]. 이 선언은 하나님이 인간을 일반적으로 창조하신 일 말고 이스라엘을 그분의 유일한 백성으로 택하신 일을 가리킨다(참고. 신 32:6, 15; 왕상 8:51; 시 28:9; 74:2). 또한 시편 저자는 하나님이 이스라엘을 **지으**시어 이스라엘이 **그의 백성**이 되고, **그의 기르시는 양**이 되었다고 선포한다(참고. 시 23편과 95:6-7의 주석).

C. 하나님의 성실하신 사랑에 대한 감사(100:4-5)

100:4-5. 이스라엘이 하나님의 '기르시는 양'임을 암시한 시편 저자는 이스라엘을 향한 하나님의 **인자하심**과 **성실하심**(5:7; 88:11의 주석을 보라)을 이유로 그분께 **감사**와 **찬송**을 드리라고 백성에게 권고한다. 결론은 이스라엘을 향한 하나님의 성실하심이 영원하리라는 것이다. **여호와는 선하시니 그의 인자하심이 영원하고 그의 성실하심이 대대에 이르리로다**(5절; 참고. 36:5-7; 렘 31:34-37).

시편 101편: 의롭게 다스리겠다는 다윗 왕의 결심

이 시의 표제 **다윗의 시**에 관해서는 시편 3편의 표제에 대한 주석을 보라. 이 시는 다윗 왕이 의롭게 다스리고, 미래의 이스라엘 왕을 위해 모범을 보이겠다며 서약한 내용이다. 시는 일곱 차례나 반복되는 '내가 ~하리이다'라는 진술을 중심으로 구성된다. 첫째 연(1-4절)은 완전한 길을 주목하여 의롭게 다스리겠다, 둘째 연(5-8절)은 악인을 멸하고 자신의 치하에서 흠 없이 사는 이에게는 상을 주겠다는 왕의 서약이다. 결국에는 다윗의 위대한 자손 메시아 예수만이 시편 101편의 서약과 이상을 성취하실 수 있을 것이다.

시편 93-99편에서는 하나님의 우주적 통치권과 의로운 심판권을 강조했다. 다윗의 이 경건 시에서 우리는 이스라엘 왕은 물론이고 의로우신 하나님을 사랑하고 그분께 사랑받는 사람답게 공의 안에서 성실하게 살아가는 하나님의 자녀도 볼 수 있다(Sailhamer, *NIV Compact Bible Commentary*, 338).

A. 왕 자신이 의로워지는 일에 헌신하다(101:1-4)

101:1-2. 앞의 시들(참고. 98:9; 99:1-4; 100:5)에서 칭송한 하나님의 영원한 **인자**[히브리어로 '헤세드', 충실한 사랑]와 **정의**를 생각하면서, 시편 101편은 다윗 왕의 서약이라는 새롭고 상호보완적인 주제를 전개한다. 다윗 왕은 의롭게 살며 다스리겠다는 뜻으로 다음과 같이 서약한다. **내가 완전한 길을 주목하오리니**[혹은 '깨끗하게 행동하오리니', 참고. 18:32; 119:1; 잠 11:20; 13:6], **내가 완전한 마음으로 내 집 안에서 행하리이다**(2절). 다윗이 주님을 추구함은 날마다 **마음**과 의식과 내적 자아를 **완전**[혹은 '정결', 말씀 속에 계시된 하나님의 속성을 모방하는 것에 기초한 도덕적 완전을 의미한다]하게 하면서 살겠다('행하겠다', 참고. 1:1; 86:11; 89:15)는 결심과 함께 시작된다.

101:3-4. **비천한**[히브리어로 벨리알(*Belial*), 종종 '불량한'으로 번역된다. 참고. 삼상 10:27; 30:22; 왕상 21:10, 13] **것을 내 눈앞에 두지 아니**하겠다는 다윗의 결심은 자신이 악에 끌리지 않을 것임을 암시한다. 주님께 복종하는 의인은 **배교자들의 행위를 미워**할 것이다(참고. 26:5; 97:10). **사악한 마음**은 흠 없는 마음/경건한 마음의 반대이다. 다윗은 이 죄악 된 버릇을 멀리하고 **악한 일을 알려**고(악한 일에 참여하려고/악한 일을 가까이하려고) 하지 않는다(참고. 잠 11:20).

B. 왕이 나라 안에 의를 세우는 일에 헌신하다 (101:5-8)

101:5. 다윗은 백성의 특성을 꼼꼼히 살핌은 물론이고(5, 7절), 자신이 친구로 삼은 이들과 자신의 통치에 영향을 미치도록 허락한 자들의 특징도 꼼꼼히 살피겠다고 맹세한다. 순전한 말은 순전한 마음을 증거하지만, **자기의 이웃을 은근히 헐뜯는 자**는 결백한 이를 돌이킬 수 없게 해치는 중죄를 짓는 것이다(참고. 출

20:16; 시 15:3; 사 32:7). 따라서 의로운 왕은 그 악인을 **멸**하려고(문자적으로 '침묵시키려고') 한다. 마찬가지로 그 의인은 **눈이 높고 마음이 교만한 자**들(첫 행의 부연 설명이다)을 정죄하려고 한다. 그들이 하나님이 기름 부으신 왕의 지도력에 복종하려 하지 않기 때문이다. 다윗은 그런 태도들을 **용납하지** 않고 오히려 악인들을 **멸**하려고 한다. 그들은 심각한 골칫거리들인데, "네 이웃 사랑하기를 네 자신과 같이 사랑하라 나는 여호와이니라"(레 19:18; 참고. 마 22:34-40)라는 주님의 계명을 어기는 자들이기 때문이다.

101:6-8. 왕은 중상과 교만을 탄압하는 동시에 **충성된 자를 살펴 나와 함께 살게 하**겠다고 다짐한다. 그 충성된 자의 삶은 성실한 **행**함 또는 생활, 곧 주님께 복종함이 특징이다(시 1:1의 주석을 보라, 참고. 창 5:22; 6:9; 시 26:11; 81:13; 86:11). **완전한 길에 행**한다는 말(6절)은 죄 없는 생활을 한다는 것이 아니라 주님께 끊임없이 복종하겠다는 다짐을 의미한다. 그러한 자가 **나를 따**를 사람, 즉 이스라엘 왕의 수행원 혹은 고문 역할을 할 사람이다. 반면에 **거짓을 행하**고, **거짓말하는 자**는 다윗의 궁정에 혹은 그의 교우 관계 안에 **서지** 못한다. 다윗은 **아침마다 모든 악인**과 **악을 행하는 자**들을 **멸**할(침묵시킬) 중대한 계획을 세운다(8절). 그는 그들이 [이스라엘] **땅**에 서지 못하게 하고, 그들을 **여호와의 성** 예루살렘에서 내쫓으려고 한다(참고. 시 46, 48, 87편).

시편 102편: 징계 받은 신자의 기도

이 시의 표제 **고난당한 자**[NASB의 '고난당한 자'보다 '고난당한 한 사람'이라는 표현이 더 낫다]의 **기도**에 관해서는 시편 17편의 서론을 보라. 이 기도는 어떤 식으로든 고난을 당해(징계를 받아, 10절을 보라) 쇠약해져(육체적 쇠약뿐만 아니라 61:2과 77:3에서 보듯이 심리적 쇠약, 절망, 우울도 의미한다) 원통함을(142:2을 보라) 주님 앞에 토로하는 신자에게 하나의 본이 되고자 지은 시이다. 돌무더기가 된 시온에 긍휼을 베풀어달라는 내용(13-14절)은 이 시가 바벨론의 예루살렘 파괴 이후에 지어지거나 편집되었음을 암시한다. 시온의 회복을 갈망하는 이 시는 다윗의 두 시 사이에 자리하고 있는데, 이는 적절한 위치 선정이라고 할 수 있다. 예루살렘 성과 나라를 최종적으로 회복해주실 분은 결국 다윗의 자손이기 때문이다(Sailhamer, *NIV Compact Bible Commentary*, 338).

A. 하나님의 징계를 확인하다(102:1-11)

102:1-7. 표제에 등장하는 동사와 일치하게 시편 저자는 서론부에서 대단히 개인적이고 진실한 탄원의 예를 보여준다. **여호와여 내 기도를 들으시고 나의 괴로운 날에 주의 얼굴을 내게서 숨기지 마소서**(1-2절). 이것은 신자의 탄식이나 넋두리를 시의 타당한 요소로 삼는다. 이 넋두리는 하나님께만 향하는데, 결국에는 하나님만이 모든 이의 걸음을 지시하시기 때문에(참고. 잠 20:24) 개인의 사정도 그분의 손안에서 그분의 뜻에 따라 해결되어야 한다. 시편 저자는 자신의 사정을 아뢰면서 고난을 시적으로 묘사한다. **날이 연기같이 소멸하며 뼈가 숯같이 탔음이니이다 마음이 풀같이 시들고 말라버렸사오며 나의 살이 뼈에 붙었나이다**(3-6절). **광야의 올빼미**와 **황폐한 곳의 부엉이** 이미지는 고독한 상황을 짐작케 한다.

102:8-11. 시편 저자는 **원수들이** 자기를 **비방하**여 자기가 **재**[슬픔의 표시로 머리에 얹었다, 참고. 사 44:20]를 **양식같이 먹으며**[슬픔의 재가 양식과 섞이게 되었다] **눈물 섞인 물을 마시**게 된 것이[참고. 시 42:3; 80:5] 당연하다고 아뢴다. 그것은 **주의 분노와 진노로 말미암음**이었다(10절; 시 30:5의 주석을 보라. 참고. 사 60:10). 시편 저자의 고통은 **주께서 그를 던지셨**다고 느끼기에 겪는 슬픔이었다.

B. 하나님의 긍휼과 은혜를 드러내다(102:12-17)

102:12-17. 시편 저자는 자신이 처한 역경과 예루살렘에 닥친 재앙 한가운데서도 소망을 품는다. **여호와여 주는 영원히 계시고 주께서 일어나사 시온을 긍휼히 여기시리니**(12-13절). **여호와**는 정직하시고 의로우실 뿐만 아니라 긍휼이 많으시고(26:11의 주석을 보라) 은혜로우시기도 하다. 주님이 이스라엘과 세우신 언약의 절대성 때문에(참고. 창 12:1-3; 시 100:3), 시편 저자는 어느 때가 되든, 무슨 일이 일어나든 주님이 **일어나사 시온을 긍휼히 여기**실 것이라는(2:6; 9:11의 주석을 보라) 절대적 확신을 품고 단언한다. **지금은 그에게**[시온에] **은혜를 베푸실** 때이기 때문이다(13절; 참고. 18:1; 30:5).

시온의 언급은 이 시가 개인의 고통뿐만 아니라 바

벨론 유수 때문에 생긴 민족의 고통도 표현하고 있음을 암시한다. 예루살렘은 파괴되어 돌무더기가 되었지만 **주의 종들은 시온의 돌들만 보아도 즐거워하며, 그 티끌에도 정을 느낀다**(14절, 새번역; 참고. 48:2, 12; 87:2; 137:5). 주님이 **시온을 건설하시고 그의 영광 중에 나타나셨**으매(16절, 히브리 예언은 이미 일어난 것처럼 완료시제로 쓰인다), **뭇 나라가 여호와의 이름을 경외하며 이 땅의 모든 왕들이 주의 영광을 경외**할 것이다(15절; 참고. 시 2편). 시편 저자는 하나님과 자신의 개인적 관계의 표본인 하나님과 이스라엘의 집단적 관계를 보면서 자신이 처한 상황에 대해 격려를 받는다. 이 둘은 모두 하나님이 보여주시는 긍휼, 은혜, 무조건적 선택에 기초한 관계들이다.

C. 하나님의 목적을 밝히다(102:18–28)

102:18–22. 18절은 시편 전체에서 **장래 세대를 위하여 기록**한 것임을 밝히는 유일한 절이다. 무슨 일이 있어도 주님은 모든 미래 세대에게 성실을 다하여 **창조함을 받을 백성이 여호와를 찬양하**고, **여호와의 이름을 시온에서 선포하게 하**실 것이다(18, 21절). 이 시가 지어지던 시기의 예루살렘은 돌무더기가 되고, 유대인들은 포로 생활을 하고 있었지만, 미래에는 이 **찬양**제가 **예루살렘**에서 거행될 것이고, 그러면 이방 **나라들이 여호와를 섬기**게 될 것이다(22절). 이는 천년왕국의 종말론적 전망인 듯하다. 그때가 되면 뭇 민족들이 시온에서 주님께 경배하게 될 것이다(참고. 2:4-8; 사 56:7; 슥 8:23).

102:23–28. 이 지점에서 시편 저자는 자신의 개인적 상황으로 초점을 옮긴다. **그가 내 힘을 중도에 쇠약하게 하시며 내 날을 짧게 하셨도다**(23절). 그러고는 동시에 창조주 주님을 찬양한다. **주께서 땅의 기초를 놓으셨사오며**(25절), 영원한 하나님이신 **주는 한결같으시고 주의 연대는 무궁하리이다**(27절, 주 예수님께 적용된 표현들. 참고. 히 1:10-12과 그 구절의 주석을 보라). 시는 유대인의 생존을 확신하며 다음과 같이 끝을 맺는다. **주의 종들의 자손은 항상 안전히 거주하고 그의 후손**[문자적으로 '씨']은 **주 앞에 굳게 서리이다**(28절; 참고. 창 12:1-3; 삼하 7:24; 사 49:15-16; 렘 31:35-37).

시편 103편: 인간에게 은택을 베푸시는 하나님을 찬양하다

이 시의 표제 **다윗의 시**에 관해서는 시편 3편을 보라. 주님의 선하심을 기리는 이 찬양시는 시온의 회복(참고. 시 102편) 및 이스라엘 백성의 영적 회복과 관련이 있다. 이 영적 회복은 하나님의 용서, 은혜, 긍휼을 통해서만 이루어진다(Sailhamer, *NIV Compact Bible Commentary*, 338).

A. 은택의 범위(103:1–14)

103:1–5. 여는 절, **내 영혼아 여호와를 송축하라**가 시의 말미에서 반복되며 시의 중심 사상을 강조한다(참고. 서론의 '장르' 중 수미 쌍관법, 참고. 104:1). 여러 **은택**을 베푸신 **여호와를 송축하고**[주님께 찬양과 감사를 드리고] 이 복들을 잊지 않도록 주의하는 것은 인류의 의무이자 특권이다. 하나님이 베푸신 은택의 범위는 영적인 것과 육체적인 것을 아우른다. 다윗은 사람의 **모든 죄악을 사하시**고(3절), 그의 **생명을 파멸에서 속량하시**는(4절, 죽음 그리고 하나님과 분리됨. 참고 30:1), 한 분이신(유일한 분이신, 참고. 시 49:7-9; 사 43:25) 주님의 핵심적인 은택을 가리키며 시작한다. 또한 그는 (최후에) **네 모든 병을 고치시**는(3절; 참고. 사 33:24; 35:5-10; 계 21:4) 분인 하나님을 찬양한다. 이 복들은 개인적이고 관계적이다. 주님이 **인자와 긍휼로 관을 씌우시며**(4절) **좋은 것으로 네 소원을 만족하게 하사**(5절). **청춘**이 **독수리같이 새롭게** 되리라는 것은 적절한 표현이다. 독수리는 힘, 생명력, 지구력의 상징이기 때문이다(참고. 사 40:31).

103:6–10. 하나님의 **공의로운 일**은 유월절을 암시한다. 유월절은 하나님이 출애굽 중에 **모세에게** 베푸신 계시(참고. 출 34:6)와 **이스라엘 자손에게** 베푸신 **행사**를 암시한다. 하나님의 특징은 다음과 같이 요약된다. **여호와는 긍휼이 많으시고 은혜로우시며 노하기를 더디 하시고 인자하심이 풍부하시도다**(8절; 참고. 86:5, 15; 출 34:6-7). **자주 경책하지 아니하시며**라는 경고는, 또 다른 관점의 주님, 곧 의로워서 죄를 묵과하지 않으시지만 우리 죄를 용서해주시리라고 믿기만 하면 자비로우심으로 **우리의 죄를 따라 우리를 처벌하지는 아니하시**는 주님을 제시한다(9-10절).

103:11–14. 하나님의 **인자하심**은 그분을 **경외하는 자에게** 향하고(참고. 111:10), 하나님은 **동이 서에서**

시

먼 것같이 우리의 죄과를 우리에게서 멀리 옮기신다(12절). 구약성경에서는 이 일이 성실한 마음으로 제물을 드림으로 이루어지고, 신약성경에서는 최후의 제물이신 메시아 예수를 믿는 믿음으로 이루어진다(참고. 히 10:1-18). 시편 저자는 동정 많으신 하나님을 **자식을 긍휼히 여기**는 **아버지**로 묘사한다(13절).

B. 은택의 영원성(103:15-18)

103:15-18. 다윗은 하나님이 **그의 언약을 지키**는 **자**에게 은택을 무한히 지속적으로 베푸심을 강조하기 위해 인간의 육체가 덧없음을 지적한다. **그날이 풀과 같으며**(15절; 참고. 102:11; 사 40:6-8). 그러고는 유한한 인간을 **영원부터 영원까지 이르**는(17절; 참고. 90:2) 하나님의 **인자하심**[히브리어로 '헤세드', 참고. 5:7]과 대조한다. **그의 언약을 지키**는 **자**라는 표현은(18절) 아브라함처럼 하나님 말씀의 진리를 믿고 불완전하게나마 그것을 지키려고 애쓰는 사람들을 가리킨다(창 15:6; 26:5의 주석을 보라).

C. 은택의 목적(103:19-22)

103:19-22. 다윗은 주님을 **그의 보좌를 하늘에 세우**신 창조주(참고. 9:7; 11:4; 겔 1장), **왕권으로 만유**[좀 더 정확하게 말하면 '모든 것'은 생명이 있든 없든, 물질적이든 비물질적이든 모두를 포함한 피조물을 의미한다]를 **다스리시**는 왕으로 소개한다. 그분의 은택, 긍휼, 용서, 영원하심, 인자하심을 강조하는 데 필요한 것은 **여호와를 송축하라**는 세 차례의 구호뿐이다(20-22절). 이 구호는 **내 영혼아 여호와를 송축하라**(22절)는 선언에서 절정에 이른다.

시편 104편: 창조주요 생명의 지속자이신 하나님을 찬양하다

히브리 원문에는 표제가 없지만, 이 시는 다음과 같은 이유에서 다윗의 작품으로 추정된다. (1) 주제와 동사의 표현이 다윗의 작품임에 틀림없는 시편 103편과 유사하다. (2) 초기 유대교 전승이 이 시를 다윗의 것으로 여기고 있다[70인역과 미드라시 시편 v. 1 (§ 2)]. 이 시는 창조주요 지속자이신 하나님께 드리는 찬양시이다. 이 시의 마지막 행은 땅이 아직 완전하지는 않지만 메시아 왕이 통치하여 악인들을 없애고 궁극적인 속량을 베풀어주시기를 고대하고 있음을 상기시킨다(참고. 롬 8:22-24).

A. 창조주로서 하신 일을 찬양하다(104:1-23)

104:1-2a. 앞의 시에서 그랬듯이 이 시에서도 시편 저자는 다음과 같은 권고로 시작하고 끝을 맺는다. **내 영혼아 여호와를 송축하라**(103:1의 주석을 보라). 그러면서 이 시의 주제가 앞 시의 주제를 보완하고 있음을 처음부터 밝힌다. 시편 103편이 인류에게 은택을 베푸신 하나님을 찬양하라고 말한다면, 시편 104편은 이 세계를 창조하신 하나님을 찬양하라고 말한다. 시편 저자는 주님이 **심히 위대하시며 존귀와 권위로 옷 입으셨**다고 기술한다(참고. 21:5의 주석). 이처럼 시적으로 표현된 주님의 영광(참고. 8:1, 3; 104:1, 31; 사 2:10, 19, 21; 욥 38-41편)은 다음과 같이 표현된 주님의 영원하심과 연결된다. **옷을 입음같이 빛을 입으시며**. 하나님만이 세계의 창조자이시다.

104:2b-3. 이 절들은 다음과 같이 시적 용어로 창조를 개관한다. **하늘을 휘장같이 치시며 물에 자기 누각의 들보를 얹으시며 구름으로 자기 수레를 삼으시고 바람 날개로 다니시며**.

104:4. 하나님은 **바람**과 **불꽃**을 지어 복종하게 하신다(참고. 102:21). 히브리서 1:7은 70인역에 나오는 4a절을 인용하여 예수님이 천사들보다 더 높은 영예를 얻으신다고 말한다.

104:5-9. 창조 개관은 하나님의 위대하신 능력을 알리는 일반적인 진술로 끝난다. 주께서 **땅에 기초를 놓으사**(5절), **깊은 바다**(6절)의 **경계를 정하여**놓으셨다(9절).

104:10-13. 이 부분의 강조점은 주님이 피조물의 아름다움을 위해 필요한 것을 공급하신다는 것이다. 주님은 **샘**을 공급하시어 **각종 들짐승에게 마시게 하시**고, 친히 **하시는 일의 결실로 땅을 만족시켜주**신다.

104:14-23. 하나님은 땅을 돌보는 데 필요한 모든 것을 인류에게 공급하신다. **가축**[인간이 이용할 수 있게 지음 받은 동물의 범주를 가리킨다, 참고. 창 1:24]에게는 먹이를 주시고, 노동하는 사람에게 **채소를 주시**며(창 3:23), **사람의 마음을 기쁘게 하는 포도주**도 주시고(참고. 잠 3:20, 포도주는 주님이 주신 선물이지만, 술 취하는 것은 금지 사항이다. 참고. 잠 20:1), **달로 절기를 정하**시고(19절, 이스라엘이 하나님이 '정하신 때'에 따라 정기적으로 지킨 절기들을 가리킨다. 참고. 레

23:2, 4, 37, 44; 느 10:33. 모호한 절기들에 관해서는 창 1:14의 주석을 보라), 인류와 동물들에게 생의 주기와 일과 쉼을 주신다(20-23절).

B. 만물의 생명을 지속시켜주심을 찬양하다 (104:24-35)

104:24-30. **여호와여 주께서 하신 일이 어찌 그리 많은지요 주께서 지혜로 그들을 다 지으셨으니**라는 요약 진술은 하나님이 **땅**, **바다**, **동물**들을 지으셨음을 가리킨다(24-25절). 주님은 그들 모두에게 **먹을 것을 주시고**, 생명을 주시거나 영(**호흡**, '호흡'이 적절한 번역이다. '영'은 동물들에게는 없는 영혼을 의미하기도 하기 때문이다. 참고. 창 2:7의 주석)을 거둬가기도 하시며, 그들을 **먼지로** 돌아가게도 하신다(29절; 참고. 창 3:19).

104:31-35. 시편 저자는 그에 대한 반응으로 창조주 하나님께 영광을 돌린다. **여호와의 영광이 영원히 계속할지며 내가 평생토록 여호와께 노래하며**(31, 33절). 이 영광의 기림은 하나님을 사랑하고 진실로 그분을 아는 이들의 **찬양**과 경배를 통해 이루어질 뿐만 아니라(참고. 1:6, 물론 이것은 33-34절과 35b절에서 표현된 시편 저자의 개인적 관점이다), 그분의 의로우신 **죄인** 심판과 **악인** 제거를 통해서도 이루어진다(35a절; 69:22-28의 주석을 보라). 시는 찬양을 권고하는 할렐루야(여호와를 찬양하라)로 끝을 맺는다. 할렐루야는 시편에만 나오며 이 시에 처음 등장한다.

시편 105편: 아브라함과 언약을 맺으신 하나님을 찬양하다

히브리 원문에는 이 시의 표제가 없지만, 이 시의 전부가 아닌 일부가 다음과 같은 이유에서 다윗의 작품으로 추정된다. (1) 역대상 16:8-22에 1-15절이 다윗이 지은 감사시의 일부로 소개되고 있다. (2) 유대교 전승[미드라시 시편 v. 38 (§ 11)]에서 38절을 다윗의 것으로 추정한다(그리고 시의 나머지 부분이 이를 암시한다).

A. 이스라엘을 택하시고 그들에게 땅을 주신 하나님 (105:1-15)

105:1-11. 시편 저자는 여는 절들에서 다음과 같이 촉구한다. **여호와께 감사하고 그의 이름을 불러 아뢰며 여호와를 구하는 자들은 마음이 즐거울지로다 그의 이적을 기억할지어다**(1, 3, 5절). 이 시는 **아브라함의 후손 곧 택하신 야곱의 자손**에게 하는 말이다(6절). 유대인들은 주님이 아브라함과 세우셨고(참고. 창 12:1-3), 이삭에게 확증하셨으며(참고. 창 26:23-25), 야곱에게도 그리하셨던(참고. 창 35:9-12; 신 7:6-7) 언약을 통해 택하신 백성이다. 이 시는 아브라함과의 언약에서 약속하신 세 가지 사항을 성실히 지키시는 하나님께 초점을 맞춘다. 그 세 가지란 거룩한 땅, 큰 민족, 다양한 복이다(참고. 창 12:1-3의 주석).

시편 저자는 청중(이스라엘)에게 다음과 같이 권고하며 시작한다. **그가 하는 일**[구원과 심판의 일로 알려진 그분의 주권과 속성]**을 만민 중에 알게 할지어다**. 이것은 하나님이 아브라함과 언약을 맺으시면서, 즉 그를 통해, 궁극적으로는 그의 후손인 하나님의 아들을 통해 모든 민족에게 복을 주겠다고 약속하신 1차적 동기를 반영하고 있다. 하나님은 이 복된 열매의 발생지로 (1) **아브라함**, **이삭**, **야곱**의 혈통을 택하시고(9-10절), 그 족장들로부터 "자기 기업의 백성"(신 7:6; 오직 하나님의 은혜에 기초한 선택. 롬 9:6-8의 주석을 보라)을 지으셨으며, (2) 그들에게 **가나안 땅**을 영원한 소유로 주셨다(11절). 그 땅이 이스라엘 민족의 땅이 된 것은 논리적으로 그 땅을 약속한 아브라함과의 언약, 곧 **영원한 언약**(10절; 참고. 창 17:7-8)에 기인한다.

105:12-15. 이스라엘을 특별한 민족으로 삼으신 것 외에 하나님이 아브라함에게 세우신 언약은 이스라엘 백성이 그분의 백성(24, 43절)답게 행동하든 그렇지 않든 그들을 한 백성으로 보전하시는 것과 관계있다. 이 부분은 하나님이 백성의 **수가 적을** 때에도 그들을 돌보시고, 아브라함이 잘못된 결정을 내릴 때에도(참고. 창 12:11-20; 20:2-7) 그들을 지켜주셨음을(**그는 사람이 그들을 억압하는 것을 용납하지 아니하시고**, 14절) 빠르게 개관한다.

B. 자기 백성을 그들의 땅 밖에서 지켜주신 하나님 (105:16-41).

105:16-24. 이 부분은 이스라엘 **땅에 기근이** 들었을 때를 개관한다. 이 개관은 **요셉**이 종살이하던 시절, **그의**[바로의] **모든 소유를 관리하는** 자로 지내던 시절, **이스라엘**[야곱]**이 애굽**[함의 땅, 참고. 27절; 78:51; 106:21-22; 창 10:6]**에 들어**간 시절로 이어진다. 시편

저자는 특히 하나님이 이스라엘 백성에게 어떻게 필요한 것을 공급하시고, 그들을 지켜주셔서, 그들이 **번성하게**(24절) 되었는지 탐구한다. 이 이야기는 창세기 39-41장에 나온다.

105:25-36. 이 부분은 이스라엘 백성이 애굽에서 400년 동안 종살이한 뒤에 하나님이 모세를 부르시고, 애굽에 전염병을 내리시며, 애굽의 **모든 장자를 치**시던(36절) 유월절에 유대인들을 구원하신 일을 다른 형식으로 말한다. 이 이야기는 출애굽기 1-13장에 나온다.

105:37-41. 이 부분은 출애굽을 간략하게 서술한다. **마침내 그들을 인도하여.** 주님은 약속의 땅에 이를 때까지 그들을 **구름** 기둥으로 인도하시고, 그들에게 **메추라기**와 **하늘의 양식**[만나]을 공급하시고, **반석**에서 **물**이 흘러나오게 하셨다(참고. 출 14-17장). 하나님은 자기 백성이 대략 400년 동안 고국처럼 지내던 땅 밖에 있을 때에도 그들을 돌봐주셨다(참고. 창 15:13).

C. 자기 백성을 그들의 땅에 정착시키신 하나님(105:42-45)

105:42-45. 시편 저자는 자기 백성을 그들의 땅으로 되돌려놓으신 하나님의 성실하심을 회고한다. 그분은 **그의 거룩한 말씀과 그의 종 아브라함을 기억하셔서 그의 백성이 즐겁게 나오게 하시며 그의 택한 자는**(참고. 6절) 가나안 **여러 나라의 땅**, 곧 아브라함, 이삭, 야곱에게 하신 언약에 따라 영원한 소유로(참고. 8-11절) **그들에게 주**신(44절) **땅**으로 나오게 하셨다. 하나님의 축복은 그분이 이스라엘에게 땅을 주셨을 뿐만 아니라 가나안 **민족들이 수고한 것**으로 살 수 있도록 이미 준비된 땅을 그들에게 주심으로써 표현된다(44절; 참고. 신 6:10-11). 이것은 하나님이 처음 창조 때 인간을 지으시기 전에 인간의 안식처를 먼저 창조하시고, 인간을 위해 그 속에 모든 것을 예비해놓으신 방식의 재현이자, 장차 하나님의 백성을 위해 궁극적 안식처를 마련하실 때에도 이와 동일하게 하실 것임을 내다보게 한다(참고. 요 14:2-3). 여호와를 찬양하라(**할렐루야**)는 말미의 권고에 관해서는 시편 104편 말미의 주석을 보라.

시편 106편: 불성실한 백성에게도 성실하신 하나님을 찬양하다

이 시의 히브리 원문에는 표제가 없다. 40-47절은 포로기 관점의 특징들을 담고 있으며, 바벨론 유수나 그 후에 추가된 단어들을 제시하여 자기 백성을 향한 하나님의 부단한 징계와 인자하심을 강조하는 것 같다. 시편 105편과 마찬가지로 이 시도 모세오경에서 아브라함의 언약으로 드러난 하나님의 성실하심에 대한 시편 저자의 이해를 반영하는 서사시로서, 하나님이 그 언약을 지키어 그분의 백성에게 구원을 베풀어주시기를 간청한다(Sailhamer, *NIV Compact Bible Commentary*, 339).

A. 성실하심의 근거(106:1-5)

106:1-5. 시편 저자는 여호와를 찬양하라(**할렐루야**)는 부름으로 시작하면서 이스라엘을 향한 성실함을 뒷받침하는 그분의 여러 속성을 기린다. 그분의 선하심(**그는 선하시며**)은 창조 진술에 가장 먼저 나타나 인간에게 최고의 것이 무엇인지 설명하는 용어이다(창 1:4의 주석을 보라). **그 인자하심**에 관해서는 시편 5:7의 주석을 보라. 하나님은 이 두 신적 속성을 토대로 이스라엘을 "자기 기업의 백성"(신 7:6)으로 택하셨다. 4-5절에서 이스라엘에 적용된 다음 네 가지 칭호가 이를 강조한다. **주의 백성**, **주의 택하신 자**, **주의 나라**, **주의 유산**(참고. 105:6과 그 구절의 주석; 신 9:27-29; 왕상 8:53).

B. 성실하심의 표현(106:6-46)

106:6-12. 확실히 주님은 성실하시다(참고. 23:6; 85편과 88편의 주석을 보라). 하지만 주님의 백성은 종종 그분에게 복종하지 않는다. 이 시의 대부분은 출애굽 세대와 함께 시작된 이스라엘의 죄에 대한 하나님의 징계에 초점을 맞춘다. **우리가 우리의 조상들처럼 범죄하여 우리의 조상들이 애굽에 있을 때 주의 기이한 일들을 깨닫지 못하며 바다 곧 홍해에서 거역하였나이다**(6-7절). 하나님은 그들이 죄를 지었음에도 불구하고 **자기의 이름을 위하여 그들을 구원하**시고, **그 미워하는 자의 손에서 구원하**셨다(8, 10절; 참고. 23:3과 그 구절의 주석).

106:13-27. 이어서 시편 저자는 약속의 땅으로 가는 여정을 개관한다. **그들은 그가 행하신 일을 곧 잊어버리며 사막에서 하나님을 시험하**고(13-14절), **호렙에서** [금]**송아지를 만들고**(19절; 참고. 출 32:4), 자신들의 **구원자 하나님을 잊었**다(21절). 여호수아와 갈렙

만 주님을 신뢰하고, 나머지 정탐꾼 열 명은 **여호와의 음성을 듣지 아니하였**다(25절; 참고. 민 13:32-33).

106:28-31. 많은 사람이 광야에서 방랑하는 기간 동안 주 하나님을 성실히 따르기는커녕 이교 신 **브올의 바알**을 숭배했다(참고. 민 25장). 하지만 비느하스가 주님을 성실히 따르는 나머지를 인도했고, **이 일이 그의 의로 인정되었**다(30-31절). 이는 아브라함의 믿음을 기술할 때 쓰인 것과 동일한 표현이다(참고. 창 15:6). 의는 **대대로 영원**토록 주님을 믿음으로써 얻는다(31절).

106:32-33. 이스라엘은 **므리바 물에서**도 하나님을 **노하시게** 했다(참고. 출 17:1-7; 민 20:2-13). 이스라엘 백성은 광야에서 물이 없다고 두 차례나 불평했다. 이는 광야 방랑이 끝날 무렵에 일어난 사건인 듯하다(참고. 민 20장). 모세가 반석을 침으로써 믿음이 부족함을 보였지만(참고. 민 20:11) 그에게 책임을 물었다는 암시는 보이지 않는다. 하나님의 영(**뜻**)을 거역한 쪽은 백성이었다.

106:34-43. 이스라엘 자손은 마침내 약속의 땅에 들어가서도 거기에 살고 있던 이방 민족들, 하나님이 **멸하라고 말씀하신 그 이방 민족들을 멸하지 아니**했다(34절; 참고. 수 16:10; 17:13; 삿 1:21과 그다음 장들). 그 결과 이스라엘 백성은 이방 민족들의 **행위를 배우**고, **그들의 우상들을 섬기**며, 심지어 자신들의 **자녀를 악귀**, 곧 몰록 신**에게 희생제물로 바**치는 가증한 죄까지 범했다(37절; 참고. 대하 28:3; 33:6; 렘 7:31; 19:2-6). 시편 저자는 주님에 대한 이스라엘의 불충함을 다음과 같이 기술한다. **그들의 행동이 음탕하도다**(39절; 참고. 삿 2:17; 겔 23:3-8; 호 5:3; 6:10).

106:40-46. 심판하시는 하나님의 의로운 **노**가 포로시기로 이어졌다. 하나님은 **그들을 이방 나라의 손에 넘기**셨다(41절). 이는 바벨론 유수를 가리킨다(참고. 레 26:25-26, 33-39, 42-44; 느 9:30). 이스라엘이 포로 생활을 하는 중에도 주님은 **그들의 고통을 돌보**시고, **그들의 부르짖음을 들으**시고, [아브라함과 맺은] **그의 언약을 기억하시고**, **그들을 사로잡은 모든 자에게서 긍휼히 여김을 받게 하셨**다(44-46절, 참고. 왕상 8:50에서 솔로몬이 미래에 이루어질 포로 생활을 내다보며 한 말이다).

C. 성실하심의 목적(106:47-48)

106:47-48. 시는 이스라엘을 바벨론 유수에서 구해달라고 탄원하며 끝난다. **여호와 우리 하나님이여 우리를 구원하사 여러 나라로부터 모으소서**. 이 시는 시편 90편처럼 하나님이 내리시는 징계와 구원의 궁극적인 목적에 초점을 맞춘다. 이스라엘 자손은 그분의 **거룩하신 이름을 감사하며** 그분의 **영예를 찬양하**지 않으면 안 되었다(47절). 48절은 복합 송영이다. 이 송영으로 이 시와 시편 제4권(시 90-106편)은 여호와를 찬양하라(**할렐루야**)는 권고로 끝난다(참고. 104:35).

V. 제5권: 하나님의 궁극적인 성실하심에 응답하는 예배(107-150편)

시편 107편: 구원받은 자들에게 주님께 찬양할 것을 요청하다

이 시에는 표제가 없다. 이 시는 시편 제5권의 서두에 자리한 시답게 제5권의 주요 주제에 초점을 맞추며 이를 소개한다. 그 주제는 이스라엘 백성을 이스라엘 땅으로 모이게 하심이다. 시편 전체의 구성은 모세오경과 유사하다(서론의 '명칭, 구조, 정경에서의 위치'를 보라). 따라서 제5권은 모세오경의 다섯째 책 신명기와 유사하며, 하나님의 백성이 약속의 땅에 이르러 신적 왕의 완전하고 친밀한 통치 아래 살아가는 데 관심을 기울인다. 이 진리들은 하나님이 애굽에서 나온 이들에게 계시하신 것으로서 광야에서 태어난 후세대, 즉 출애굽을 직접 목격하지 못한 세대를 위해 신명기에서 되풀이된다. '신명기'는 70인역에 있는 책명으로서 '반복된 율법 혹은 되풀이된 율법'을 의미한다.

시편 제5권은 포로기 이후에 하나님 나라의 지상 강림을 언급하며 하나님의 백성을 끌어 모으는 데 자주 초점을 맞춘다. 이 주제는 핵심 표현인 '할렐루야'로 강조된다. 이 표현은 성경에 24회 등장하는데, 그 가운데 20회가 제5권에 나오고, 나머지 4회는 시편 104:35; 105:45, 106:1; 106:8에 나온다.

시편 106편이 하나님이 뭇 나라들로부터 자기 백성을 다시 모으시기를 바라는 기도로 끝난다면, 시편 107편은 포로기 이후에 그 백성을 다시 모으신 하나님께 감사하는 표현을 담고 있다(107:1-3).

A. 백성들을 그들의 땅에 돌아오게 하신 주님을 찬양

하라(107:1-3)

107:1-3. 이 시는 다음과 같은 요청으로 시작한다. **여호와께 감사하라 그는 선하시며**. 감사하라는 요청은 이 시 전체에 걸쳐 반복된다(참고. 8, 15, 21, 31절, 개역개정에서는 '찬송할지로다'). 이 시는 하나님의 **인자하심이 영원함**을 강조한다(이 표현도 1, 8, 15, 21, 31절에서 되풀이된다). 이 표현은 시편 전체에서 가장 많이 반복되는 찬양 조건이자 제5권에서 가장 많이 등장하는 표현이다(118:1-4, 29; 136편을 보라). 하나님의 **인자하심**['헤세드', 참고. 5:7의 주석]은 무엇보다 이스라엘 백성을 그들의 땅에 다시 모으신 데서 많이 드러나고, 궁극적으로는 메시아적 왕의 통치 아래 그들을 위해 해주겠다고 약속하신 모든 것을 이행하시는 데서 드러난다.

이 시는 하나님이 (아브라함과의 언약에 따라) 이스라엘을 위해 그리고 이스라엘을 통해 하신 모든 약속의 최종 이행을 내다본다. 이는 다음의 사실로 분명해진다. (1) **속량하셨다**(2절)와 **모으셨다**(3절)는 표현에서 보듯이 동사의 형태가 과거시제나 완료시제인 점. 이는 이 행위들이 (바벨론 유수 때부터 지금까지 여전히 계속되고 있지만) 이미 완료된 것으로 간주됨을 암시한다. (2) 사방에서 이스라엘을 다시 모으심을 기술하는 구체적인 표현인 동/서/남/북을 사용하고, 바벨론 귀환뿐만 아니라 이스라엘의 최종 재소집과 구원을 기술하는 예언적 표현을 사용하고 있다는 점(참고. 사 43:5-6; 56:12; 겔 11:17; 20:33 이하). (3) **속량하셨다**는 용어를 구체적으로 사용하고 있다는 점. 이는 영적인 구속과 육적인 구속을 아울러 의미한다(사 35:9; 62:12).

B. 백성들의 죄를 징계하시는 주님을 찬양하라 (107:4-22)

107:4-9. 이 부분은 이스라엘의 출애굽 역사를 개관한다. **그들이 광야 사막 길에서 방황하며 여호와께 부르짖으매 그들의 고통에서 건지셨도다**(4, 6절; 참고. 13, 28절). 그러니 **주님의 인자하심을 감사하여라**(8절, 새번역).

107:10-16. **흑암과 사망의 그늘에 앉으며**(참고. 14절)라는 표현은 고통을 생생하게 그려내는 이미지이다(참고. 18:28; 욥 36:8; 사 5:30; 8:22; 59:9; 렘 13:16; 애 3:6). **곤고와 쇠사슬에 매임**이라는 표현은 이스라엘이 바벨론으로 끌려간 것과 관계있다(참고. 대하 36:6; 렘 52:12-30). 그들은 심판을 받았다. **하나님의 말씀을 거역**했기 때문이다(11절). 하지만 **그들이 그 환난 중에 여호와께 부르짖자**(13절; 참고. 6, 28절), 하나님이 그들을 **흑암과 사망의 그늘에서 인도하여내셨다**(14절; 참고. 10절). 그런 이유로 시편 저자는 백성들에게 주님의 인자하심을 감사하라고(15절; 참고. 19, 21절) 권고한다. 즉, 그들을 징계의 고통에서 건져내심은 물론이고 그들에게 먼저 징계를 내리신 일에 대해서도 감사하라는 것이다(참고. 잠 3:11-12; 히 12:4-11).

107:17-22. **미련한 자들**, 즉 주님을 믿고 따르려 하지 않는 자들(참고. 14:1; 53:1)이 육체적으로 고난을 받은 것은 그들의 **악** 때문이다. 그들은 식욕을 잃어 **그들의 모든 음식물을 싫어하고**, 거의 **사망** 직전까지 갔다(18절). 하지만 **그들이 그들의 고통 때문에 여호와께 부르짖자**(19절; 참고. 6, 28절) 그분이 **그들을 고치셨다**(20절). 따라서 시편 저자는 그들에게 **주님의 인자하심을 감사하여라**(새번역)라고 권고하며, 백성이 이스라엘 땅으로 돌아가 성전을 재건하고, 그곳에서 경외심에 가득 차서 **감사의 제물을 드리**게 될 것임을 암시한다(21-22절, 새번역; 참고. 레 7:12-15; 22:29-30; 시 50:7-15; 116:17).

C. 백성들을 곤경에서 벗어나게 해주신 주님을 찬양하라(107:23-43)

107:23-38. 시편 저자는 제5권 전체 주제에 계속 관심을 유지하면서, 이스라엘 역사 내내 징계로 표현된 하나님의 인자하심에서 절대적 자연 지배로 표현된 하나님의 인자하심으로 초점을 옮겨간다. 하나님은 대양에서 일어나는 **기이한 일**들과 **광풍**과 **바다 물결**을 다스리시고(24-25절), **강**과 **샘**과 **옥토**도 다스리시어, **그들이 거주할 성읍을 준비하게 하시고**, **밭에 파종하게** 하시며, 그들에게 복을 주신다(33-34절; 36-38절). 따라서 그들은 **주님의 인자하심을 감사하**지 않을 수 없다(31-32절, 새번역; 참고. 8, 15, 21절).

107:39-43. **하나님은** 다스리시는 분인 까닭에 자기 백성을 그들의 땅으로 돌아오게 하실 때 자연현상이나 (정치적 또는 사회적인) 인간의 힘에 방해를 받지 않으신다. 그분은 **궁핍한 자는 그의 고통으로부터 건져주**

시고 그의 가족을 양 떼같이 지켜주신다(41절; 참고. 시 23편과 그 구절의 주석). 이 시는 잠언 형식으로 끝을 맺는다. **지혜 있는 자**들은 이 시의 가르침에 유의하고(지켜보고/묵상하고) **여호와의 인자하심을 깨달으리로다**(43절).

시편 108편: 하나님에 대한 전적 신뢰를 재차 단언하다

이 시의 표제 **다윗의 찬송 시**에 관해서는 시편 3편과 46편의 표제에 대한 주석을 보라. 이 시는 앞서 살펴본 시들 가운데 두 편의 일부를 조합한 것이다. 1-5절은 시편 57:7-11과 유사하고, 6-13절은 시편 60:5-12과 유사하다. 이 반복과 재조합은 약간의 변형을 거쳐 시편 제5권과 신명기의 유사성을 한층 효과적으로 보여준다. 시편 108-110편은 다윗의 시로서 원수들의 손에 압제당하는 하나님의 백성과, 그들을 구해주시겠다는 하나님의 약속이라는 이중의 주제를 전개한다. 압제로부터 궁극적으로 구해주심은 메시아 왕국의 개시를 통해 이루어질 것이다. 시편 108편에서 다윗은 패배 한 가운데서(6절) 하나님의 도우심을 청하고, 하나님은 이스라엘을 구출하겠다는 약속으로 응답하신다(7-9절: Sailhamer, *NIV Compact Bible Commentary*, 340).

A. 하나님 찬양을 재차 단언하다(108:1-6)

108:1-6. 다윗은 상황에 개의치 않고 주님께 감사와 찬양을 올리겠다고 다짐한다. **하나님이여 내 마음을 정하였사오니 내가 노래하며 나의 마음을 다하여 찬양하리로다**. 이 연의 마지막 행, **주께서 사랑하시는 자들을 건지시기 위하여**는 불특정한 고통을 암시한다. 하나님의 **인자하심**(4절)은 물질적으로 가장 좋은 것뿐만 아니라 영적으로도 가장 좋은 것을 보증한다. 영적으로 가장 좋은 것에는 앞의 시에서 말한 징계도 포함된다. 하나님은 다윗과 같은 신자들을 자신의 **사랑하시는 자들**로 여기시기 때문이다(**사랑하시는 자**라는 표현은 하나님과 최상의 친분을 갖고 있는 사람을 기술하는 데 쓰인다, 참고. 신 33:12; 시 127:2; 사 5:1).

B. 하나님의 약속을 재차 단언하다(108:7-9)

108:7-9. 여기에서 다윗은 **성소에서 말씀하시**는 이스라엘의 하나님이 이스라엘 백성에게 이스라엘 땅을 영원히 주셨다고 단언한다. 주님이 온 땅을 소유하고 계심은 땅과 관련된 그분의 약속들을 뒷받침한다. 소유격 대명사 **나의 것**, **나의**가 이를 암시한다. **세겜**(참고. 창 33:18-19; 왕상 12:1, 25), **숙곳**(참고. 창 33:17), **길르앗**(참고. 신 34:1; 수 17:6)의 임자는 이스라엘이다. 분열 왕국 시대에 **에브라임**은 북 왕국으로서 주님의 **머리의 투구**였다. 다윗 가문의 왕들은 남 왕국 유다를 다스렸다(**유다는 나의 규이며**, 참고. 창 49:10). 시편 저자는 그 땅에 있던 이스라엘의 철천지원수들, 곧 **모압**과 **에돔**과 **블레셋**을 언급한다(참고. 60:6-9과 그 구절의 주석). 이 지역들도 주님이 다스리실 것이다. 에돔에는 **내 신발을 벗어 던질지며**(소유권을 암시하는 상징적 행위로 보인다, 참고. 신 11:24), **블레셋 위에서 내가** 통치권을 **외치리라**(9절).

C. 하나님의 활동을 재차 단언하다(108:10-13)

108:10-13. 이 절들은 시편 60편의 마지막 연에 등장하는 후렴을 되풀이한다. 이 절들과 유사한 본문 60:9-12의 주석을 보라. **누가 나를 이끌어 인도할꼬**라는 물음은 수사적 질문이다. **우리의 군대들과 함께 나아가실** 분은 당연히 **주 하나님**이시다(10절).

시편 109편: 잘못된 송사에 맞서 정의를 구하는 기도

이 시의 표제 **다윗의 시**에 관해서는 시편 3편과 4편의 주석을 보라. 자신과 자신의 백성이 구원받을 것이라는 다윗의 소망(108:10-13을 보라)은 하나님이 이 일을 일으키실 때에만 이루어질 것이다(시 109편).

A. 하나님의 정의에 호소하다(109:1-20)

109:1-5. 다윗은 역경에 처해서도 주님께 초점을 맞추기 시작한다. **내가 찬양하는 하나님이여 잠잠하지 마옵소서**(참고. 신 10:21; 28:1-2). 주님을 따르는 이들에게도 악은 이생에서 불가분의 요소이다(참고. 딤후 3:12). 부당한 핍박이라는 검은 석탄을 예배라는 반짝이는 다이아몬드로 변모시킬 수 있는 모범적인 방법이 있다. 그것은 **기도**로 하나님께 청원하는 것이다(4절). 이를테면 하나님의 정의를 드러내시어 **악한** 자들과 **거짓된** 자들, 곧 **악으로 선을 갚고 미워함으로 사랑을 갚**으면서 의인을 괴롭히는 자들에게 앙갚음해달라고 청하는 것이다(2, 5절).

언뜻 이것은 예수님이 강조하신 원수 사랑(마 5:44)에 위배되는 것처럼 보이지만, 다음 몇 가지를 숙고해 보면 그것이 신약성경의 가르침과 일치함을 알 수 있다. 첫째, 여느 저주시에서 전형적으로 드러나는 바와 같이, 시편 저자는 이 시 전체에 걸쳐 자기 손으로 복수하겠다는 의향을 표시하기보다는 하나님께 자신의 압제자들에게 정당한 앙갚음을 해달라고 간청한다("원수 갚는 것이 내게 있으니", 롬 12:19). 둘째, 시편 저자는 이 시 어디에서도 혹은 그밖에 다른 저주시에서도 압제자들에게 언제 앙갚음해주실 것이냐며 하나님께 그 시간표를 요구하지 않고, '시간'과 '방법'을 하나님께 맡긴다. 셋째, 하나님의 정의의 기준은 신자들을 압제하는 악인들에게는 물론이고 신자들에게도 똑같이 적용된다. 이 완전한 기준에 따라 모든 사람이 공정하게 하나님의 엄격한 보응을 받는다. 이 점이 6절에서 여실히 드러난다. 6절의 이미지와 표현은 스가랴 3:1과 유사하다. 서론의 저주시에 관한 주석을 보라.

109:6-13. 이 저주시는 악한 원수들을 엄히 심판하시어 그들 각자가 마땅히 받아야 할 벌을 받게 해달라고 청한다. 이 요청에는 다음과 같은 것들이 담겨 있다. 악인이 **유죄 판결**(새번역)을 받게 하시고, **그의 기도가** 그의 죄악 된 행위 때문에 **죄로 변하게 하시**고, **그의 직분을 타인이 빼앗게 하시**고, 그의 죄에 대한 처벌이 이루어지게 하시고, **그의 자녀는 고아가 되**게 하시고, **그의 아내는 과부가 되**게 하소서. 다윗은 자신의 원수가 전 재산을 약탈당해 **그 자녀가 그들의 황폐한 집을 떠나 빌어먹게 하**시고, **빚쟁이**(새번역)와 **낯선 사람**이 그 원수의 **소유를 빼앗게 하시**고, **그의 고아에게 은혜를 베풀 자도 없게 하**시어(11-12절), **후대에** 그 가문의 **이름이 지워지게 하소서**(13절; 참고. 9:5)라고 청한다. **그의 직분을 타인이 빼앗게 하시며**(8절)라는 표현은 사도행전 1:20에서 가룟 유다에게 적용되었다. 이것은 직접적인 예언과 그것의 성취는 아니다. 하지만 악인은 다른 누군가로 대체되어야 한다는 이 시의 원리가 유다에게 적용된다. 따라서 유다가 악인이었음을 입증하기 위해, 유다 대신 또 다른 이가 사도로 임명되어야 했다.

109:14-20. 이 부분도 주님께 다음과 같이 간청하면서 저주를 이어간다. **그들의 기억을 땅에서 끊으소서 그가**[악인이] **인자를 베풀 일을 생각하지 아니하고 가난하고 궁핍한 자를 핍박하여 죽이려 하였기 때문이니이다**(15-16절).

B. 하나님의 인자하심에 호소하다(109:21-29)

109:21-29. 신자들이 악인들의 압제를 예배로 바꿀 수 있는 또 다른 방법은, 하나님께 다음과 같이 호소하는 것이다. **나를 도우시며 주의 인자하심을 따라 나를 구원하소서**. 주의 친절을 보이시어 **이것이 주의 손이 하신 일인 줄을 그들이**[악인들이] **알게 하소서**(26-27절). 시편 저자는 자기를 비난하는 자들이 수치를 당하여 그것이 그들에게 주님께 회개할 유일한 소망이 되게 해달라고 청한다.

C. 하나님을 찬양하다(109:30-31)

109:30-31. 신자들이 악인들의 압제를 예배로 바꿀 수 있는 세 번째 방법은, 하나님께 어떤 조치를 취해달라고(압제자들에게 정당한 앙갚음을 해주시고, 신자들에게 인자하심을 보여 그들의 고통을 덜어달라고) 간청할 뿐 아니라, 하나님이 이미 해주신 일로 인해 그분께 **감사하**고 **찬송하**는 것이다. 시는 주님의 응답을 확신하고 고대하며 다음과 같이 끝난다. **그가 궁핍한 자의 오른쪽에 서사 그의 영혼을 심판하려 하는 자들에게서 구원하실 것임이로다.**

시편 110편: 메시아 왕을 통한 구원

이 시의 표제 **다윗의 시**에 관해서는 시편 3편의 주석을 보라. 시편 2편 및 22편과 마찬가지로 이 시도 메시아만 직접적으로 언급한다('서론'을 보라). 이는 이 시를 주의 깊게 읽거나 신약이 이 시를 어떻게 다루는지 보면 알 수 있는 사실이다. 신약성경에서 이 시는 메시아 언급만으로 아홉 차례나 직접 인용된다(참고. 마 22:43-45; 막 12:36-37; 눅 20:42-44; 행 2:34-36; 히 1:13; 5:6-10; 7:11-28). 시편 118편만이 이 인용 횟수를 능가한다. 시편 118편은 신약성경에서 11회나 직접 인용된다. 다른 언급들을 고려해 봐도, 시편 110편은 분명 모든 시 중에서 가장 뛰어난 시이다. 히브리서 7장에서 담당하는 역할로 볼 때(히 7장의 주석을 보라) 이 시의 중심 신학도 분명하다. 거기에서 히브리서 저자는 메시아의 제사장 사역을 통해 이루어진 속량이 더없이 유효할 뿐 아니라 영원하기도 하다는 구원론적 관점을 강조한다.

이 시의 구조도 중심 신학을 가리킨다. 이 시는 세 개의 사고 단위를 가지고 있으며, 각 단위는 메시아 왕을 기술한다. 첫 세 절(1-3절)은 그분을 신적 왕으로 기술하고, 중앙에 위치한 절(4절)은 그분을 영원한 제사장으로 제시하며, 마지막 세 절(5-7절)은 그분을 승리의 전사로 여긴다. 영원한 제사장에 관해 말하는 절, 곧 중앙에 위치한 이 간략한 절(4절)은 시의 문학적 초점을 제공한다. 시편 110편의 중심 사상은 "주님이 메시아적 제사장-왕에게 우주 통치권을 주셨다"는 것이다[Michael Rydelnik, *The Messianic Hope: Is the Hebrew Bible Really Messianic?* (Nashville: B&H Publishers, 2010), 171].

시편 제5권(시 107-150편)은 일곱 편의 시, 곧 시편 107-113편으로 시작되고, 이 시들은 분명한 사고 단위를 가지고 있다. 이 시들은 서로 연결되고, 110편은 주제와 중심 사상을 통합한다. 시편 107-109편이 하나님께 이스라엘을 구원해달라고 간청한다면, 111-113편은 이스라엘을 구원해주신 하나님을 찬양한다. 시편 110편은 이 시들 사이에 자리하면서, 구원 간청에 대한 응답으로(107-109편) 그리고 구원을 찬양하는 이유로(111-113편) 메시아를 계시한다.

A. 신적 왕 메시아(110:1-3)

시편 110편의 첫째 연은 메시아의 왕권을 강조하면서 그분을 다양한 왕 역할을 하시는 분으로 묘사한다.

110:1. 신약성경에서 일관되게 설명하듯이(마 22:44; 막 12:36; 눅 20:42-43; 행 2:34-35; 히 1:13), 이 첫 절은 성자 하나님(**내 주**, '다윗의 주')의 궁극적 승리와 통치에 관련된 성부 하나님[**주님**(새번역)]의 결정을 기술하여, 시의 나머지 부분을 이해할 수 있게 해주는 매개 변수를 확립한다. 몇몇 비평가는 신약성경 저자들(과 예수님 자신)이 이 절을 그리고 대체로 이 시를 히브리 원문의 의미와 일치하지 않게 해석하고, 신약성경 전후의 유대교 전승 속에서 자연스럽게 이해되던 것과 다르게 해석했다고 주장하지만, 그것은 잘못된 주장이다.

첫째, **주님**(새번역, 개역개정에서는 '여호와')이 하나님을 가리킨다는 사실에는 의문의 여지가 없다. 여기에 사용된 히브리 단어는 여호와(*Yahweh*)이기 때문이다. 그러나 이어지는 **내 주**[히브리어로 '아도나이']라는 표현은 그 의미가 덜 분명하다. 사전적으로 그 표현은 한 사람의 사회문화적 윗사람('내 주인')을 가리키기 때문이다. 다윗은 다른 곳에서 사울을 그렇게 불렀다(삼상 26:17). 이 단어가 신성을 가리킨다고 해석하는 데 찬성하는 이유는 다음 세 가지이다. (1) 일반적으로 이 단어는 인간의 권위를 가리키지만 신성을 가리키는 데도 사용될 수 있다. 이 단어는 주 하나님이 천사의 모습으로 두 곳에 나타나실 때 사용되었다(수 5:14; 삿 6:13). (2) 이 단어는 하나님을 가리키는 통상적인 단어로 해석되어 왔다. 로버트 올든이 말한 대로, "이 시는 원래 자음으로만 쓰였다(모음은 주후 8세기와 10세기 사이에 추가되었다). 그러나 자음으로 기록된 원문에 하나님을 가리키는 통상적인 단어 '아도나이'의 모음이 붙은 것으로 이해할 수도 있다"[Robert L. Alden, *Psalms: Songs of Discipleship*, vol. 3 of Everyman's Bible Commentary (Chicago: Moody, 1976), 331-332]. (3) 5절에서 오른쪽에 계신 주는 '아도나이'(주님을 가리키는 단어로서 신성을 암시한다)라고 불린다. 이는 1절에서 주님이 하나님의 오른쪽에 계신다고 말한 것과 같다. 따라서 5절은 하나님의 오른쪽에 계신 분을 신으로 여긴다.

몇몇 해석자는 이 시가 히브리어의 '본래' 의미상 메시아를 가리키는 것으로 이해된 적이 없다고 이의를 제기한다. 랍비 전통은 **내 주**라는 표현이 아브라함이나 다윗을 가리킨다는 데 의견이 일치한다. 그러나 이 관점들은 유일하지도 않고, 최초로 제기된 관점도 아니다. 사해사본 중에는(이 사본 대다수는 유대인들이 히브리어로 썼다) 이 시의 중심인물인 멜기세덱을 메시아 역할을 담당하는 인물(창 14:17-24의 주석을 보라)로 묘사하는(히 7장과 상당히 유사하게 묘사하는) 사본도 있다(11Q13). 중세의 몇몇 유대인 해석자도 이 시가 아브라함이나 다윗에게 적용되는 내용을 훨씬 넘어서고 있음을 인정하면서, 다윗이 "메시아에 관해 말하는 이 시를 지었다"고 결론짓는다[Obadiah ben Jacob Sforno(1550년)]. 그러나 랍비 해석자들은 랍비 유대교의 기본 교의 중 하나에 위배된다는 이유로 메시아를 신적인 존재로 인정하지 않는다.

다윗의 주님을 자기 **오른쪽**, 곧 가장 은혜롭고 강력하고 뛰어난 자리에 앉게 하시겠다는 성부 하나님의 선언은 신약성경에서 중심을 이루는 중요한 사항이다. 다수의 직접적인 인용과 언급이 이를 뒷받침한다(마 26:64; 막 14:62; 16:19; 눅 22:69; 롬 8:34; 엡 1:20; 골 3:1; 히 1:3; 8:1; 10:12을 보라). 그 선언은 메시아가 지상의 모든 반대 세력을 필히 누르고 최후 승리를 거둘 것이라고 분명히 밝힌다. 신적 메시아 왕은 장차 자신의 **원수**들을 다스리실 것이다(1-2절). **원수**들이라는 단어는 대개 시편에서 하나님의 원수들을 가리키는 데 사용되며(8:2; 21:8; 66:3; 74:23; 89:10, 51; 92:9), 메시아 왕이 신으로 간주되고 있음을 지지한다. 이 원수들은 장차 메시아 왕의 **발판**이 될 것이다(참고. 47:3; 수 10:24; 사 49:23). **발판**이라는 단어도 하나님과 관련하여 자주 사용되는데(대상 28:2; 시 99:5; 132:7; 사 66:1; 애 2:1) 이 원수들이 장차 신의 발판이 될 것임을 암시한다. 이러한 묘사는 고귀하고 종말론적이며 신적인 메시아 왕 말고는 아무에게도 해당되지 않는다.

110:2-3. 첫 절이 메시아 왕을 하나님의 하늘 보좌에 계신 이로 그렸다면, 2절은 그분을 지상(시온)에 내려오신 이로 그린다. 그분은 원수들을 다스리는 권한을 받으시고, 부하들을 전쟁터로 이끄신다. 그분의 규는 **시온에서부터** 퍼지는데, 이는 지상 예루살렘에서 통치하심을 암시한다. 더욱이 메시아 왕은 **즐거이 헌신하**는 자신의 **백성**을 인도하여 전투의 날에 싸우게 하신다. 이 백성은 **거룩한 옷**[문자적으로 '거룩함의 광채', 하드레 코데시(*hadre qodesh*)]을 입은 종말론적 군대이다. **거룩한 옷**은 역대상 16:29과 역대하 20:21에 등장하는 유사한 표현(*hadrat qodesh*, 하드랏 코데시)처럼 주님을 찬양하는 레위 제사장들이 입던 '거룩한 예복'을 가리킨다. **권능의 날에**(3절)라는 표현은 가까운 장래에 구체적으로 예정된 계획을 암시한다. 여기에서 **권능**[*hayil*, 하일]이라는 단어는 문자적으로 '군사력'을 의미한다. 따라서 이 표현은 스가랴 14:3-5과 요한계시록 19:11-16에서 묘사한 대로 메시아가 권능 가운데 오시는 것(5절에 등장하는 "그의 노하시는 날")과 관계있다. 그러므로 이 시는 메시아 예수의 초림이 아니라 재림을 묘사한 것이라고 할 수 있다.

아침 동이 틀 때에 **새벽이슬 같은 주의 청년들이 주께 나오는도다**(3절)는 사실 마소라 본문에 나오는 난해한 표현이다. "아침 동이 틀 때에 내가 너를 낳았다"라는 70인역의 독법이 훨씬 더 선호된다. 더 까다로운 독법을 취하는 본문 비평 원리에 따라 마소라 본문의 독법에 찬성하는 이들이 더러 있지만, 이것은 받아들일 수 없는 의견이다. 더 까다로운 독법과 난해한 독법은 엄연히 다르기 때문이다. 시리아 사본과 마소라 사본 다수도 다른 독법(70인역)을 지지한다. 게다가 "내가 너를 낳았다"라는 표현은 또 다른 메시아 관련 시인 시편 2:7에서 분명히 언급되고 있다. 메시아 왕은 **아침 동이 틀 때에** 태어나시는 것으로 쓰여 있다. 이것은 신적 왕이 아침빛이 창조되기 전에, 곧 영원 전부터 하늘 왕국에서 오신다는 것을 암시한다.

B. 제사장을 겸한 왕 메시아(110:4)

110:4. 이 가운데 절은 이 시의 초점이기도 하다(4절). 이 절은 성부가 성자를 레위 계통이 아닌 **멜기세덱의 제사장 서열을 따라** 성직에 임명하셨음을 확증한다(참고. 히 5:6, 10; 6:20; 7:11, 17, 21). 이 특별한 제사장 서열의 의미(와 멜기세덱이라는 이름의 의미)에 대한 상세한 논의에 관해서는 창세기 14:17-24과 히브리서 7장의 주석을 보라. 하나님의 약속으로 시작한 시편 저자는 하나님이 신적 왕에게 하신 확실한 맹세에 초점을 맞춘다. 주님은 자신이 친히 **맹세하신** 까닭에 그 일이 이루어질 것이고, 따라서 후회하지 않을 것이라고 말씀하신다. 이것은 하나님이 신적 왕을 제사장으로 세우고 변경치 않으실 것을 말한다.

맹세가 필요한 이유는 그 약속, 즉 왕의 직무와 제사장의 직무를 신적 왕이 겸비하도록 하시겠다는 약속이 특이하기 때문이다. 이 약속이 특이한 또 하나의 이유는, 이 직무들이 이스라엘에서 줄곧 분리되어 있었기 때문이다. 그 왕이 레위 계통의 제사장이 아니라 **멜기세덱**의 서열을 따라 제사장이 되는 것도 놀라운 특징이다. 이 신비한 인물(멜기세덱)은 창세기 14장에서 지존자 하나님의 제사장을 겸한 왕으로 있었다. 따라서 메시아 왕도 같은 방식으로 제사장을 겸한 왕이 될 것이다.

이 제사장직에서 가장 중요한 측면은, 이 제사장-왕이 레위 계통의 한시적 제사장들과 달리 **영원한 제사장**이라는 것이다. 이는 그분의 영원한 본성과 그분이 하시는 일의 영원한 영향력을 가리킨다. 시편 110편의 초점인 이 절은 메시아 왕의 영원한 제사장직을 강조한다. 4절 전후의 절들은 교전 중인 왕을 묘사한다. 따라서 그 제사장-왕은 큰 희생 잔치에 등장하는(겔 39:17-20) 하나님의 원수들을 마지막 날에 주님께 바치는 분이시다.

C. 승리의 전사 메시아(110:5-7)

마지막 연은 메시아가 위대한 최후 전쟁의 날에 뭇 나라들에게 승리를 거두시는 모습을 묘사한다. 5-6절은 그분에게 패하게 될 자들의 신원을 밝히고, 7절은 그분이 전쟁 후 기운을 차리는 모습을 묘사한다.

110:5-6. 5절은 **주의 오른쪽에 계신 주**[Lord]**께서**라고 말한다. 히브리 원문에서 '주'를 뜻하는 단어에는 1절과 달리 모음이 붙어 있다. 이는 신적인 주를 기술하고 있음을 암시한다. 하지만 이 주는 여호와가 아니다. 여호와가 왕의 오른쪽에 계신 것이 아니라 왕이 여호와의 오른쪽에 계신다. 이는 잇따르는 단수 3인칭 대명사가 모두 '주'라는 단어를 가리킨다는 사실에서 분명해진다. 쉽게 말하면, **왕들을 쳐서 깨뜨리**고, **뭇 나라를 심판하**고, **여러 나라의 머리를 쳐서 깨뜨**릴 이는 신적 왕이시라는 것이다. 신적 왕이 이 모든 절의 주어라면, 그분을 마땅히 **주님**으로 불러야 한다. 이는 1절과 딱 맞아떨어지는데, 1절에서 그분은 하나님의 오른쪽에 계신 것으로 서술된다. 마찬가지로 여기 5절에서도 그분은 하나님의 오른쪽에 계신 것으로 한 번 더 그려진다. 그 결과 전사인 왕이 하나님만 받으셔야 할 칭호, 곧 **주**[아도나이]로 불린다.

이 두 절에서는 승리한 신적 왕을 하나님을 거역한 모든 이들을 쳐부수시는 분으로 그린다. 그분은 왕들과 통치자들을 짓밟으시고, 사람들을 심판하시며, **시체로 가득하게** 하신다. 이 난폭한 이미지는 이사야 63:1-6을 상기시킨다. 거기에서 메시아 왕은 민족들을 포도즙 틀처럼 밟고, 자신의 옷을 선혈로 물들이며, 노하심으로 민족들을 짓밟으신다. 시편 저자는 이 모든 일이 **그의 노하시는 날에**(5절) 일어날 것이라고 말한다. "노하시는 날"이라는 표현은 성경에서 여섯 절에만 등장하는데(욥 20:28; 애 2:1, 21-22; 습 2:2-3), 각 절마다 하나님의 분노를 가리킨다. 따라서 그 표현은 시편 110편에 나오는 승리의 왕이 진정한 신적 왕이심을 암시한다.

110:7. 마지막 절은 왕이 결전을 치른 후 **시냇물을 마시며** 기운을 차리는 모습을 은유적으로 묘사한다. 1절에서는 왕이 앉아서 원수들이 패하여 발판이 되는 때를 기다렸다면, 7절에서는 원수들을 쳐부수고 나서 시냇물을 마시고 기운을 차린다. 그런 다음 **머리를 드**시고 전장에서 거둔 승리를 점검하실 것이다.

시편 110편 전체는 이스라엘의 신적이고 영원한 제사장-왕이 시온에서 모든 나라를 다스리시고, 모든 반역을 진압하여 세상에 평화를 가져오실 것이라고 묘사한다. 이 의기양양한 묘사는 아브라함, 다윗, 솔로몬, 그 밖에 인간 왕은 이 시의 주인공이 아니라고 배제하며, 신적 메시아 주 예수님의 재림, 곧 그분이 권능과 영광 속에서 다시 오시는 때를 가리킨다.

시편 111편: 영원히 의로우신 하나님을 예배하라는 권고

시편 111편과 112편은 유사한 주제들로 밀접하게 연결되어 있으며, 둘 다 구원을 베풀어주신 하나님을 찬양한다(시 110편에 대한 서론적 주석을 보라). 111편은 예배의 대상에 초점을 맞추고, 112편은 예배에 초점을 맞춘다. 두 편 모두 히브리 알파벳 순서를 따르는 아크로스틱 시이다. 아크로스틱 시의 목적은 알파벳의 각 글자로 단일 주제를 다루어 도합 22회 반복하는 데 있다. 시편 110편만 다윗을 저자로 밝히지만, 이어지는 시들(시 111, 112편)도 내용 면에서 110편과 밀접하게 연결되어 있다. 전승에 의하면 다윗이 이 세 편의 저자이다.

A. 예배의 반응(111:1)

111:1. 이 시의 목적은 다음과 같이 단도직입적이다. 여호와를 찬양하라(**할렐루야**)! 시편 저자는 하나님의 피조물은 하나님께 예배를, 특히 찬양과 감사를 드리지 않으면 안 된다고 단언한다. 그는 특정한 방법이나 표현을 사용하기보다는 **전심으로** 드려야 한다며 예배의 질을 강조한다. 하나님을 예배하는 것은 개인적으로, 사적으로만 이루어질 일이 아니다. 그것은 또한 공적이어야 하고, 다른 신자들과 더불어 집단적으로 표현되어야 한다. **정직한 자들의 모임 가운데에서** 드려져야 한다.

B. 예배의 동기(111:2-9)

111:2-6. 모든 예배의 가장 중요한 동기 또는 기본은 **여호와께서 행하시는 일들이 크시**다는 데 있다. 하나님은 **영원히 서 있는** 그분의 **의**에 합당한 예배를 받으셔야 한다. 게다가 그분은 **은혜로우시고 자비로우시다**. 이 표현은 성경에서 주님을 묘사하는 데 열 차례나 사용되어 그분의 긍휼과 친절하심을 강조한다(참고. 출

34:6; 대하 30:9; 느 9:17, 31; 시 112:4; 116:5; 욜 2:13; 욘 4:2). 이스라엘에게 **뭇 나라의 기업을 주신** 데서 나타난 주님의 성실하심은 그분이 가나안 땅을 일곱 이방 민족에게서 빼앗아 이스라엘에게 주신 일을 가리킨다(참고. 신 7:1).

111:7-9. 그의 손이 하는 모든 **일은 진실과 정의이며, 그의 법도**(참고. 19:8)는 **확실하다**(신뢰할 수 있고 틀림없다, 19:7). 그분은 찬양받아 마땅하시다. **여호와께서 그의 백성을 속량하시고**, 아브라함에게 언약을 세우실 때(참고. 창 12:1-3; 출 2:24) 구속자를 약속하심으로 시작된 **언약을 영원히** 세우셨기 때문이다(9절). **그의 이름은 거룩하시고 지존하시**다(참고. 시 5:11; 23:3의 주석).

C. 예배의 자세(111:10)

111:10. 시는 예배로 인도하는 자세를 다음과 같이 밝히며 끝난다. **여호와를 경외함이 지혜의 근본이라**. 여호와 경외는 잠언에서 더 친숙한 개념이지만, 시편에서는 예배의 중심 개념이 되기도 한다(참고. 잠 1:7; 9:10). 여호와를 경외함은 그분의 의(3절), 기적(4절), 정의(7절), 거룩하심(9절), 지존하심(9절)에 대한 이해를 바탕으로 그분을 두려워하는 것이다. 우리가 이런 식으로 예배할 때 하나님은 영광을 받으신다. 그분을 경외하고 예배하는 이들은 **지혜**와 **지각**이 자라 더 지혜로운 사람이 되고, **그의 계명**을 더 잘 **지킬**/따를 수 있게 된다(10절).

시편 112편: 주님을 경외하여 받는 혜택

이 시는 시편 111편의 내용 및 구조와 밀접하게 연결되어 있다(시 111편의 서론을 보라). 이 시도 아크로스틱 시로서 의인을 향한 하나님의 성실하심을 칭송한다.

A. 주님을 경외하라는 부름(112:1)

112:1. 여호와를 찬양하라(**할렐루야**)는 부름과 **여호와를 경외하**는 자가 되라는 부름으로 시작하는 이 시는 앞 시의 말미에 등장한 사상을 이어서 말한다(참고. 시 1편과 111:10과 그 구절들의 주석). 주님을 경외하는 자는 그분의 **계명을 크게 즐거워**하게 된다. 날마다 주님을 더 많이 알고 더 복종하는 것이 바로 삶의 가장 큰 기쁨이기 때문이다(참고. 1:2; 19, 119편). **경외하다**와 **계명**이라는 단어는 창세기 2:15에 등장하는 '예배하다'(개역개정은 '경작하다') 및 '복종하다'(개역개정은 '지키다')라는 단어와 밀접한 관련이 있다. 이 두 단어는 인간의 원래 목적과 주님과의 관계를 함축적으로 나타내고 있다(창 2:15의 주석을 보라).

B. 주님을 경외하는 복(112:2-9)

112:2-3. 의인의 **후손**은 땅에서 **강성**하게 되고, **정직한 자들의 후손**으로서 영구히 영향을 미치고, 주님을 따르고, 경건한 유산을 자기 자녀에게 전하여 **그의 공의가 영구히 서 있**게 할 것이다(참고. 37:36; 127:3-5; 128:3-4; 잠 13:22; 14:26; 31:28).

112:4. 시편 저자는 **정직한 자들에게는 흑암 중에 빛이 일어나나니**라고 말하면서 빛의 이미지를 사용하여 **흑암** 속에서도 하나님이 분명한 길로 안내하신다고 말한다(참고. 4:6; 18:28; 27:1; 43:3; 44:3; 89:15; 97:11; 119:105, 130; 잠 4:18). **흑암**은 혼란, 불확실성, 고통, 악을 가리키는 은유이다(참고. 107:10과 그 구절의 주석). 그러나 주님은 **자비롭고 긍휼이 많으며 의로운** 분이시기 때문에(참고. 111:4과 그 구절의 주석) 아무것도 두려워할 필요가 없다.

112:5-6. 주님을 경외하는(참고. 111:10) **자**의 특징은 관대함과 연민이다. 그는 가난한 이들과 궁핍한 이들에게 **은혜를 베풀며 꾸어주**고(참고. 9절), **재판**에서 정의에 관심을 기울인다(참고. 33:5; 잠 1:3; 8:20; 21:3, 15). 그는 삶의 역경 속에서도 결코 **흔들리지** 않는다(참고. 7절; 15:5; 16:8; 21:7; 46:1-3; 55:22). 그러므로 **의인**은 미래 세대들에게 좋은 평판을 얻고 **영원히 기억**될 것이다(참고. 2절).

112:7-9. 주님을 경외하는 자들은 주님께 복을 받게 될 것이다. 그들은 **여호와를 의뢰하고**(참고. 1절; 9:10; 31:14), **흉한 소문을 두려워하지** 않는다(참고. 5절; 56:3-4). 주님의 선하신 보호와 계획을 신뢰하기 때문이다. 그러므로 그들은 나쁜 소식이나 현재 또는 미래와 관련된 불확실성을 **두려워하지** 않을 것이다(참고. 4절과 그 구절의 주석; 25:10; 잠 3:5-6). 주님이 모든 상황을 처리하시고 그의 **대적들**을 심판하실 것이다. 의로운 사람은 뛰어난 평판을 얻고, **그의 뿔은 영광 중에 들리**게 될 것이다(9절; 참고. 89:17).

C. 주님을 경외하는 자와 악인의 대조(112:10)

112:10. 시는 주님을 경외하는 자(1-9절)와 **악인**을 대조하며 끝난다. 이것은 시편 1편에 도입된 대조

이다. **악인은 이를 보고**, 즉 의인에게 내리시는 하나님의 복을 보고 **한탄하며 이를** 간다(참고. 35:16; 37:12). 그러나 악인의 분노는 **소멸되**어 효과가 없고, **악인의 욕망은 사라지**고 말 것이다(참고. 1:4-6; 9:3; 37:20; 68:2).

시편 113-118편: 할렐 시편들

초기 유대교 전승에서 이 여섯 편의 시는 전체적으로 할렐(*Hallel*, 찬양) 시편들이라고 알려져 있다. 그 이유는 각 시의 말미에 등장하는 할렐루야(Hallelujah, 여호와를 찬양하라) 때문이다(113:9; 115:18; 116:19; 117:2). 할렐을 읽는 전통은 이미 신약성경 시기에 유월절, 칠칠절, 초막절 행사의 일부로 고정되었다(레 23장; 민 10:10). 이 시들은 메시아 예수와 그 제자들이 유월절 밤 축제 뒤에 불렀던 찬미들이었을 것이다(참고. 마 26:30; 막 14:26). 시편 113-114편은 유월절 식사 전에, 115-118편은 그 후에 불렀다.

저자는 알려져 있지 않지만 주제로 보아 이 시들은 제5권에서 하나의 사고 단위를 형성하고 있다. 이 시들은 출애굽/유월절 사건과 주님이 이스라엘과 맺으신 언약을 주제로 공유하면서, 하나님의 인자하심과 주권을 기리기 위해 그분께 찬양과 감사를 드려야 할 의무와 그리하려는 욕구를 강조한다. 하나님의 인자하심과 주권이라는 한 쌍의 속성은 하나님이 이스라엘을 지켜주시고, 그들을 그들의 땅에 돌아가게 하시고(시 113-115편), 그들에게 가장 절실한 것들을 공급하시며(시 116편), 아브라함과의 언약에서 이스라엘을 통해 세계 다른 모든 민족에게 복을 주겠다고 하신 약속을 상기시키심으로 증명된다(시 117-118편; 창 12:1-3).

A. 시편 113편: 인간에게 주권적 관심을 가지신 주님을 찬양하라

113:1-4. 서두에 등장하는 여호와를 찬양하라(**할렐루야**)는 표현은 이 첫 부분뿐만 아니라 할렐 시편들 전체(위의 '시편 113-118: 할렐 시편들'을 보라)의 서론 역할을 하면서, 주님의 주권적 관심을 기리는 뜻으로 주님에 대한 찬양을 강조한다. 시편 저자는 세 차례의 찬양/할렐루(*hallelu*, 찬양하라) 권고로 하나님을 찬양하는 의무를 강조한다. 그 범위는 **이제부터 영원까지**, **해 돋는 데에서부터 해 지는 데에까지**이다(2-3절). **여호와의 이름을 찬양하**는 것은 주님과 관련된 모든 것을 찬양한다는 뜻과 같다(참고. 5:11; 7:17; 18:49; 20:5; 23:3; 31:3의 주석). 시편 저자는 만물에 대한 하나님의 절대적 주권에 초점을 맞춘다. **모든 나라보다 높으시며 하늘보다 높으시도다**(4절).

113:5-9. 주님은 **높은 곳에 앉으셨으나**(참고. 출 15:11; 시 11:4; 103:19), **스스로 낮추사 살피시고** 사람들의 필요에 주의와 관심을 기울이신다(참고. 창 16:13-14의 주석). **가난한 자를 먼지 더미에서, 궁핍한 자를 거름 더미에서** 일으키심은 가장 심한 역경에서 구해주심을 의미한다(참고. 삼상 2:8; 왕상 16:2; 욥 30:19; 사 47:1; 렘 25:34). 하나님은 그들을 **그의 백성의 지도자들과 함께 세우시**기로 작정하신다(7-8절). 이보다 더 눈에 띄고 놀라운 사실은 하나님이 **임신하지 못하던 여자를 자녀들을 즐겁게 하는 어머니가 되게 하**실 만큼 친절하시다는 것이다(9절). 성경의 문화에서 불임은 여인이 겪을 수 있는 큰 비극으로 여겨졌다(참고. 창 21:2; 25:21; 30:1, 23; 삼상 1:6-7, 10). 아이 없이 노년에 이르러 돌봐줄 이가 전혀 없는 과부의 궁핍한 상태만이 불임의 비극을 능가한다(참고. 룻 1:11-13; 왕하 4:14). 하나님의 속성과 돌보심을 보여주는 이러한 예들을 들면서 시는 다음과 같이 끝을 맺는다. 여호와를 찬양하라(**할렐루야**).

B. 시편 114편: 출애굽 시 백성들을 구해주신 주님을 찬양하라

이 시의 서론에 관해서는 위의 '시편 113-118편: 할렐 시편들'을 보라.

114:1-2. 이 시는 하나님이 **야곱의 집안**에 기울이신 관심을 구체적으로 표현하는 데 초점을 맞춘다. **야곱**은 시편에서 이스라엘과 유대인들의 동의어로 자주 쓰이는 표현이다(예를 들어 14:7; 22:23; 46:11; 114:1). 이 시는 하나님이 그들을 **애굽**에서 구해내시어 가나안 땅으로 인도하실 때까지의 이스라엘 역사를 강조한다. 이어서는 **유다**와 **이스라엘**로 이루어진 분열 왕국을 언급한다(왕상 12장). 유다는 남쪽의 두 지파로 형성된 남 왕국으로서 **여호와의** 예루살렘 **성소**가 자리하고 다윗 가문의 왕들이 다스리는 나라였고, **이스라엘**은 북쪽의 열 지파로 형성된 왕국으로서 분열 왕국 시기에 하나님의 다스림을 받는 그분의 **영토**였다.

114:3-8. 이 부분은 출애굽 사건으로 되돌아가, 어

떻게 하나님이 주권적 권능을 행사하여 이스라엘을 애굽에서 구해내셨는지 시적으로 표현한다. **바다가 보고 도망하며**는 홍해가 갈라진 일을 가리키고(3절; 출 14:21; 참고. 시 77:16), **요단은 물러갔으니**는 여호수아의 지휘 아래 마른 땅을 밟고 요단을 건너 약속의 땅에 들어간 일을 가리킨다(3, 5절; 수 3:13, 16). **산들은 뛰놀며**는 주님이 모세에게 계명들을 주실 때 시내산이 진동한 일을 가리키며(6절; 출 19:18; 삿 5:5; 시 29:8; 사 64:1), 물은 하나님이 사막에서 백성을 먹이고 기르시기 위해 필요한 것을 공급하셨음을 가리킨다(8절; 출 17:6; 민 20:11; 참고. 신 8:15).

C. 시편 115편: 이스라엘과 민족들을 다스리시는 주님을 찬양하라

이 시의 서론에 관해서는 위의 '시편 113-118편: 할렐 시편들'을 보라.

115:1. 주님이 (시 113편에 제시된 대로 궁핍한 자들에게 그리고 시 114편에 제시된 대로 이스라엘을 애굽에서 구해 내시며) 하신 모든 일로 인한, 이 모든 은택에 대한 **영광**[감사, 찬양, 칭송]은 **우리에게가 아니라** 하나님의 **이름**에 돌려야 한다(참고. 113:1-2; 20:5의 주석을 보라). 이 모든 은택은 결국 하나님의 **인자하심**(참고. 5:7과 그 구절의 주석)과 **진실하심**(참고. 92:2)의 표현이다.

115:2-3. **뭇 나라가** 이스라엘더러 보지 못하는 하나님을 모신다며 **그들의 하나님이 이제 어디 있느냐**고 놀려댄다(참고. 2편; 79:10). 하지만 그 나라들은 **우리 하나님**이 완전한 주권의 자리인 **하늘에 계심**을 알지 못한다(참고. 113:3-4). 전능하신 주님은 **원하시는 모든 것을 행하신다.**

115:4-8. 주님을 **우상** 같은 분으로 오해해서는 안 된다. **은과 금**을 가지고 **사람 손으로 만든 것이 우상**이다. 우상은 힘이 없고, **말하지도**, **듣지도**, **냄새 맡지도**, **만지지도**, **걷지도**, **소리 내지도** 못한다(5-7절). **그것을 의지하는 자들은 다 그와 같이** 되어(8절) 쓸모없고 생명도 없다.

115:9-14. 생명 없는 우상을 의지하여 우상처럼 되기보다는 우리의 **도움**이요 **방패**이신 **여호와를 의지하**는 것이 더 낫다(9, 10, 11절; 참고. 33:20의 주석). 시편 저자는 나라 전체(이스라엘, 9, 12절)에 말을 걸다가 하나님이 **아론의 집**(10, 12절)**에 복을 주실** 것(12, 13, 15절)임을 상기시키는 쪽으로 옮겨 간다. **아론의 집**에 복을 주시는 까닭은 백성을 가르치는 책임이 제사장들에게 있기 때문이다(참고. 신 33:10). **여호와를 경외하는 자들**(11절; **높은 사람이나 낮은 사람을 막론하고**, 13절)은 **여호와를 의지하라**는 요청을 받는다(참고. 111:10의 주석).

115:15. **여호와**는 인간의 손으로 만든 존재가 아니라 **천지를 지으신 분**이며 만복의 근원이시다.

115:16-18. 시는 생명의 창조자요 지속자이신 주님께 영광을 돌리며 끝을 맺는다. **죽은 자들은 여호와를 찬양하지 못하나니**(17절)는 성경에서 분명히 가르치는 내세를 부정한 것이 아니다. 시의 구조상 이 표현은 죽은 자가 더 이상 **땅**에서 활동할 수 없음을, 그래서 여호와를 찬양하지 못하고 **적막한 데로 내려**갈 수밖에 없음을 의미한다. 반면에 살아 있는 **우리는 이제부터 영원까지 여호와를 송축**할 것이다. 여호와를 찬양하라(**할렐루야**).

D. 시편 116편: 우리를 살아가게 하시는 주님을 찬양하라

이 시의 서론에 관해서는 위의 '시편 113-118편: 할렐 시편들'을 보라.

116:1-4. **여호와께서 내 음성과 간구를 들으시므로 내가 그를 사랑하는도다**라는 고백은 다소 이기적으로 들리지만 실은 적절한 고백이다. 우리는 주님이 우리와의 관계를 시작하셔야 그에 대한 응답으로 주님을 사랑할 수 있을 따름이다("우리가 하나님을 사랑한 것이 아니요 하나님이 우리를 사랑하사", 요일 4:10). 주님은 인간 안에 있는 그 무엇 때문이 아니라 주님 자신의 주권적 의지와 선택으로 인간을 사랑하신다. 그 사랑으로 자녀들의 말에 귀 기울이시고, 그들이 사랑으로 응답하도록 격려하신다. 시편 저자는 하나님이 자신에게 **귀를 기울이셨으므로 평생에 기도하**겠다고 다짐한다(2절). 극한 상황에 처한(3절) 시편 저자는 하나님께 **목숨을 건져달라고 간청한다**(4절).

116:5-11. 주님이 4절의 도움 요청에 응답하시자 시편 저자는 하나님이 **은혜로우시고 의로우시며 긍휼이 많으시도다**라고 찬양한다. 하나님을 **우리 하나님**으로 칭하는 것은 회중 앞에서 낭독하기 위해 이 시를 지

었음을 암시한다(참고. 14, 18절). 시편 저자는 자신의 상황 때문에 **어려움**에 처했지만, 하나님은 그를 일련의 문제들에서(7-11절) **구원**해주신다(6절; 참고. 4절).

116:12-14. 시편 저자는 주님이 그를 위해 해주신 모든 것을 인정하면서 **내게 주신 모든 은혜를 내가 여호와께 무엇으로 보답할까**라고 생각한다. 그는 모든 은혜에 화답하여 다음과 같은 방법으로 주님을 경배한다. (1) **구원의 잔을 들고**. 이것은 감사제/유월절 식사와 관련된 표현이다(17-18절; 22:26, 29; 출 29:40-41; 민 15:5, 7; 레 7:11-21; 마 26:26-29; 고전 10:16). (2) 찬양과 감사 속에서 **여호와의 이름을 부르며**(참고. 9:2; 18:49; 44:8; 56:12-13). (3) **나의 서원을 여호와께 갚**음으로, 즉 복종하겠다는 모든 약속을 지키고 알맞은 제물을 모두 드림으로(참고. 7:17; 50:14; 66:13-15; 116:18). (4) **모든 백성 앞에서** 경배함으로. 그곳에서 사람들이 힘을 얻는다(참고. 22:25).

116:15. **귀중한 것**이란 '가치'와 '지킬 만한 것'을 암시한다. **그의 경건한 자들의 죽음은 여호와께서 보시기에 귀중한 것이로다**라는 위로의 구절은 주님을 의지하는 사람들에게 주님이 베풀어주시는 사랑과 돌봄을 암시한다. 주님은 현세에서 그들의 생명을 보전하여 자신을 예배하게 하시고, 그들이 죽은 뒤에는 자신의 품에 맞아들이신다. **경건한 자들**이라는 표현은 독보적인 경지의 거룩함, 고결함, 덕을 지닌 사람들로 종종 오해되지만, 성경에서 그렇게 호칭되는 이들은 하나님을 믿는 믿음으로 말미암아 그분의 은혜로 성별된(구별된, 의롭다고 선언된) 사람들을 의미한다.

116:16-19. 시는 예배하겠다는 서원으로 끝을 맺는다. **나는 진실로 주의 종이요**, 곧 주께 헌신하는 사람이요(참고. 19:11, 13; 86:4). 17-18절은 2-14절을 요약하여 다시 진술한 것이다. **예루살렘아 네 한가운데에서 곧 여호와의 성전 뜰에서**(19절) 찬양을 바치리로다. 이 표현은 이 시를 절기 중에 성전에서 낭송하기 위해 지었음을 암시한다(참고. '시편 113-118편: 할렐 시편들').

E. 시편 117편: 모든 나라들아, 주님을 찬양하라

이 시의 서론에 관해서는 위의 '시편 113-118편: 할렐 시편들'을 보라.

117:1-2. 모든 찬양시 가운데 가장 짧은 이 시는 **모든 나라들**(이방인들)에게 **여호와를 찬양하**라고 외친다. 이방인들의 하나님 찬양은 하나님의 **인자하심**에 따른 결과이다. **우리**, 곧 이스라엘 백성**에게 향하신 그 인자하심**은 **크**다. 이 시는 메시아 예수를 따르는 유대인들과 이방인들이 함께 예배드림을 보여주는 증거로 신약성경에 인용되었다(참고. 롬 15:11과 그 구절의 주석). 하나님이 아브라함에게 세우신 언약 중의 하나가, 아브라함으로 말미암아 '땅의 모든 족속이 복을 얻을 것이라'는 약속이었다(창 12:3). 이방인들을 위한 이 복은 '다윗의 자손이자 아브라함의 후손'(마 1:1)인 구속자 메시아 예수가 오심으로써 성취되었다. **우리에게 향하신 인자하심이 크시고**라는 표현은 문자적으로 '인자하심이 우리 위에 넘치시고'라는 뜻이다(참고. 5:7; 103:11). 야곱의 하나님을 예배하고, 다윗의 자손 메시아 예수께 무릎을 꿇고(참고. 사 45:23; 롬 14:11; 빌 2:10; 사 56:7), 주님의 인자하심이 얼마나 크고 넓은지 알라는 요청을 모든 나라가 받는다.

117:2. 이 짤막한 절은 모든 나라의 운명이 이스라엘 백성 가운데서 이루어지고, 메시아 왕 예수님의 세계 통치에서 절정에 이르는 하나님의 성실하심 및 활동과 연결되어 있다는 위대한 진리를 함축하고 있다(참고. 2:8-12; 47:9; 67:2; 72:17; 102:15; 110; 신 32:43; 왕상 8:41-43; 사 2:2-4; 11:10; 14:2; 25:6-7; 52:15; 56:7; 60:3; 66:18-24; 렘 3:17; 33:9; 암 9:11-12; 습 3:8-9; 슥 2:10-11; 8:20-23; 9:9-10; 14:2-3, 9; 말 3:12; 계 5:9; 7:9).

F. 시편 118편: 인자하심이 영원한 주님을 찬양하라

이 시의 서론에 관해서는 위의 '시편 113-118편: 할렐 시편들'을 보라. 시편 118편은 할렐 시편들의 종결시로서 초막절을 기리거나, 유대인들이 바벨론 유수에서 이스라엘로 돌아와 성전을 재건하고 봉헌한 것을 기리기 위해 지었을 것이다(참고. 스 3:3; 6:16-21).

시편 118편은 신약성경에 11회 인용되었다(롬 8:31과 히 13:6에는 6절; 눅 1:51에는 15절; 고후 6:9에는 17절; 행 22:14에는 19절; 요 10:9에는 20절; 마 21:42, 막 8:31, 12:10, 눅 20:17, 행 4:11, 벧전 2:4, 7에는 22절; 행 19:7에는 24절; 마 21:9, 막 11:9, 요 12:13에는 25절; 마 23:39, 눅 13:35, 19:38에는 26절이 인용되었다). 이 시는 신학적 원리와 메시아를 언급한 다른 어떤 단일

시보다 많이 인용되었다(시 110편의 서론을 보라).

1. 감사 요청(118:1-4)

118:1-4. 여호와께 감사하라는 요청이 시의 시작과 끝을 장식한다(1, 29절). 이렇게 요청하는 이유는 하나님의 선하심과 영원한 **인자하심**['헤세드', 충실한 사랑. 참고. 5:7] 때문이다. **이스라엘**(2절), 제사장(3절), **여호와를 경외하는**(4절) 모든 이들, 즉 이스라엘과 뭇 나라들 가운데서 그분을 아는 사람들에게 요청하는 것이다.

2. 구원 설명(118:5-21)

118:5-9. 시편 저자는 찬양 요청을 설명하면서 하나님이 그를 **고통**에서 건져주셨다고 선언한다. 주님의 도움으로(7절) 그는 하나님의 도우심을 의지하는 것이 사람의 도움을 의지하는 것보다 낫고, 하나님의 도우심이 유력자들, 곧 **고관들**의 원조보다 낫다는 교훈을 배운다(9절).

118:10-14. 시편 저자는 주님이 자신을 어떤 고통에서 구해주셨는지 자세히 열거한다. 그는 원수들에 둘러싸여 있었지만 능히 그들을 처부술 수 있었다. 그는 자신이 그들을 **끊으리로다**라고 세 차례나 선언한다. 이 동사는 거의 모든 곳에서 '할례를 행했다'로 번역되지만, 이곳과 58:7과 90:6에서만 '끊었다'로 번역된다. 이곳에서 눈에 띄는 그 동사는 할례를 의미하기보다는 원수들을 잘라 밖에 던진 것을 표현하는 시적 이미지이다. 그가 승리를 거둘 수 있었던 것은 **여호와의 이름으로** 행했기 때문이다. 시편 저자는 원수들에게 직접 이렇게 말한다. **너는 나를 밀쳐 넘어뜨리려 하였으나 여호와께서는 나를 도우셨도다**(13절). 이 일로 하나님은 그의 **능력**[전투력의 근원]과 **찬송**[그가 노래하는 이유, 그가 노래하는 대상]과 **구원**[전쟁에서 그를 구해주시는 분]이 되셨다.

118:15-21. 시편 저자는 하나님의 **오른손**에 세 차례의 찬사를 바친다(오른손은 하나님의 권능을 상징한다, 참고. 20:6). 따라서 그가 목숨을 건진 것은 하나님의 권능 덕분이다. 그는 어떤 역경에 처하든 그것이 하나님이 징계하신 결과임을 인정한다(18절). 그럼에도 주님은 그를 인도하여 **의의 문**으로 들어가게 하신다(19절). **의의 문**이란 하나님의 구원을 나타내고, 돌아가 성전에서 예배하겠다는 그의 다짐을 가리키는 것으로 보인다. 하나님은 진실로 그의 **구원**이시다(21절).

3. 구원자의 정체(118:22-29)

118:22-27. 시편 저자는 구원을 베푸시는 주님의 정체를 확인하려고 한다. 그는 **건축자가 버린 돌**이지만, **집 모퉁이의 머릿돌**이 되실 분이다(22절). 이 표현은 주님이 이스라엘 지도자들에게 (고관들을 의지하지 않는다는 이유로, 참고. 9절) 버림받는 구원자이지만, 장차 이스라엘의 온 집을 세우실 분임을 암시한다. 그는 **여호와의 이름으로 오는 복 있는** 분이시다(26절). 이스라엘이 그분에게 자신들을 구원해달라고 간청하고, 그분이 여호와의 이름으로 오심을 인정하기만 하면 그 나라는 구원을 얻게 될 것이다(25-26절).

세일해머는 이렇게 말한다. "이 시 자체는 그가 누구인지 밝히지 않지만, 시편 전체에 깔린 폭넓은 맥락은 그가 다윗 가문의 약속된 후손, 곧 메시아임을 분명히 밝히고 있다. 이 시가 신약성경에 자주 언급되는 이유가 바로 이것이다"(Sailhamer, *NIV Compact Bible Commentary*, 342). 게다가 주 예수님도 이스라엘에게 다음의 사실을 상기시키셨다. 이를테면 이스라엘 국가의 지도부가 그분에 대한 거부를 철회하고 그분을 인정하여 "찬송하리로다, 주의 이름으로 오시는 이여"라고 말할 때에만 돌아와 그들을 구원하시겠다는 것이다(마 23:37-39과 그 구절의 주석을 보라).

118:28-29. 시는 시작했던 곳으로 돌아가 감사로 끝을 맺는다. 시편 저자는 감사를 표하며 이렇게 말한다. **주는 나의 하나님이시라 내가 주께 감사하리이다**(28절). 그런 다음 다른 이들에게 청한다. **여호와께 감사하라 그는 선하시며**(29절). 이것은 그가 이 감사 찬송을 시작할 때 등장한 표현과 동일하다.

시편 119편: 하나님의 말씀을 찬양하는 시

찬양시들 중에서 가장 긴 이 시는 히브리 알파벳의 순서를 따라 구성된 아크로스틱 시이다. 이 시는 8절로 이루어진 연을 22개 거느리고 있으며, 각 연은 히브리 알파벳의 순서를 따른다(22자음 × 8절 = 176절). 예컨대 1-8절의 각 행 첫 단어는 히브리 알파벳의 첫 번째 글자로 시작하고, 9-16절의 각 행 첫 단어는 히브리 알파벳의 두 번째 글자로 시작한다.

시편 전체가 처음부터 끝까지 창조주이고 구속자이며 지속자이신 주님의 강력한 활동을 찬양한다면, 시편 119편은 주님을 말씀과 관련지어 칭송하고 인생의 안내자인 말씀도 칭송한다. 시편 119편은 하나님의 선물인 성경을 예찬하는 시로서 말씀의 동의어를 10개나 사용한다. '율법'[토라(*torah*), 25회], '증거들'[에돗('*edot*), 22회], '도'[데라크힘(*derakhim*), 5회], '법도'[픽쿠딤(*piqqudim*), 21회], '율례'[훅킴(*chuqqim*), 21회], '계명'[미츠봇(*misvot*), 21회], '판결'[미쉬팟(*mishpat*), 재판관이 내린 판결, 19회], '말씀'[데바르(*debar*), 25회], '약속'[임라(*imrah*), 19회], '길'[오라흐('*orah*), 5회]. 자주 사용되는 '율법'이라는 단어(토라)는 모세오경뿐만 아니라 히브리어 성경 전체를 의미하는 것으로 이해해야 한다(참고. 요 10:34).

시편 저자는 스스로를 하나님의 종으로 칭한다(17, 23, 38, 49, 65, 76, 84, 124-125, 135, 140, 176절). 그는 다음과 같이 성경에 반응한다. 주의 말씀을 지킨다/준행한다(4, 5, 8, 17, 34, 44, 56-57, 60, 67, 88, 100-101, 129, 134, 145, 158, 167-168절), 주의 말씀을 읊조린다(15, 23, 27, 48, 78, 97, 99, 148절), 하나님의 말씀을 즐거워한다(16, 24, 35, 47, 70, 77, 92, 143, 174절), 하나님의 말씀을 사랑한다(47-48, 97, 113, 119, 127, 159, 163, 165, 167절). 말씀을 지키거나 준행할 때 자신을 살아나게 해달라고 주님께 자주 청한다(25, 40, 88, 107, 149, 154, 156, 159절).

세일해머가 말한 대로, 성경을 하나님 앞에서 의롭게 사는 데 필요한 수단으로 여겨 거기에 초점을 맞춘 시는 세 편으로 1, 19, 119편이다. 이 시들 각각의 뒤에는 메시아의 도래에 초점을 맞춘 시들이 이어진다. 1편 뒤에는 메시아 개념들을 담은 2편이 이어지고, 19편 뒤에는 메시아 사상들을 담은 20-24편이 이어지며, 119편 뒤에는 메시아를 강조하는 "성전에 올라가는 노래"(120-134편)가 이어진다. 이처럼 시편 편집자는 독자들이 성경을 탐색할 경우 메시아를 발견할 수 있도록 시들을 의도적으로 배치하고 있다. 이 시의 마지막 절에서 "잃은 양"이라는 표현을 사용한 것도 그러한 전략의 일환이다(119:176). 이를테면 "잃은 양"을 "성전에 올라가는 노래"의 도입부에 이어지게 하면서 다윗을 향한 주님의 성실하심과 메시아 약속의 성취에 초점을 맞추는 것이다(Sailhamer, *NIV Compact Bible Commentary*, 342-343).

A. 알레프(*Aleph*): 하나님의 말씀을 따라 걷는 자의 복(119:1-8)

119:1-8. 이 도입 연은 **여호와의 율법을 따라 행하는 자**(참고. 1:1)의 복을 요약하고 강조하며 시작된다. **전심으로 여호와를 구하**고 **주의 도를 행하는** 자들에게 주어지는 시편 1편의 긍정적인 면들과 의도적인 유사성을 띤다.

B. 베트(*Beth*): 죄를 막아주는 하나님의 말씀(119:9-16)

119:9-16. 이 절들은 이른바 하나님의 말씀으로 준비된 자가 받는 은혜에 초점을 맞춘다. **청년**은 **그의 행실을 깨끗하게 하**고, 신학적 회의에 부딪혔을 때나 부딪힌 후보다는 부딪히기 전에 유혹에 맞서는 것이 가장 중요하다. 그러므로 시편 저자는 이 연을 열면서 **청년**은 젊었을 때부터 하나님과 동행하기 시작하여 그것을 평생 삶의 방식으로 확립해야 한다고 말한다. 그러자면 하나님의 **말씀**을 **마음**에 새기고(11절) **읊조려야** 한다(15절, 말씀을 내면화하고, 암기하고, 곰곰이 생각하며, 자신의 상황에 적용하는 법을 숙고함). 그리해야 주께 **범죄하지 아니하려**고 하나님의 말씀을 **마음**에 두는 평생의 습관을 들일 수 있다(11절).

C. 기멜(*Gimel*): 위로의 근원인 하나님의 말씀(119:17-24)

119:17-24. 시편 저자는 하나님의 복을 청한다(**주의 종을 후대하여**). 그는 하나님이 그의 **눈을 열어** 그분의 **율법에서 놀라운 것을 보게** 해주시는 것(18절)이 그러한 복의 근원임을 알고 있다. 그는 역경에 아랑곳하지 않고 하나님의 **교훈들을 지**키며 그것들을 자신의 **즐거움**이자 **충고자**로 삼겠다고 다짐한다(22, 24절).

D. 달레트(*Daleth*): 힘의 근원인 하나님의 말씀(119:25-32)

119:25-32. 시편 저자는 주님께 슬픈 심정을 토로하고(25절) 자신이 **걸어온 길**(새번역)을 아뢴다(26절). 그는 하나님께 이렇게 청한다. **주의 법도들의 길을 깨닫게 하여 주소서 그리하시면 내가 주의 기이한 일들을 작은 소리로 읊조리이다**(27절). 그는 **깊은 슬픔**(새번역)에 빠져 있지만, **주의 말씀대로**[말씀의 능력으로] 자신에게 **힘을 달라**(새번역)고 청한다(28절). 유혹에 직면하여 그 **그릇된 길**(새번역, 그를 유혹하는 죄의 길)을 자신에**게서** 치워달라고 하나님께 간청한다(29절).

E. 헤(*He*): 존중받아 마땅한 하나님의 말씀 (119:33-40)

119:33-40. 이 연에 등장하는 요청들은 의미 있는 삶에 꼭 필요한 것들이다. **여호와여 도를 내게 가르치소서 나로 하여금 주의 계명들의 길로 행하게 하소서**(33, 35절). 하나님의 말씀을 존중하려면 **탐욕**(36절)과 **허탄한 것**[실질적 혹은 도덕적으로 무가치한 것, 37절]을 피하거나 제거해야 한다. **주를 경외하게 하는 주의 말씀을 주의 종에게 세우소서**(38절). 삶의 많은 것들이 무가치하지만 하나님의 **규례들은 선하다**(39절).

F. 바브(*Vav*): 악인들에게 대답할 말의 근원인 하나님의 말씀(119:41-48)

119:41-48. 의로운 사람은 하나님의 **인자하심**(참고. 64, 76, 88, 124, 149, 159절; 5:7; 6:4의 주석을 보라)을 경험해야 자신을 **비방하는 자에게 대답할 말**을 갖출 수 있다. 의인들은 회의론자나 악인들에게 지기는커녕 오히려 하나님의 **말씀을 의지하여**(42절) **수치를 당하지 않게** 될 것이다(46절). 그들이 하나님의 **율례들**[시 119편의 서론을 보라]을 **사랑하고 작은 소리로 읊조리기** 때문이다.

G. 자인(*Zayin*): 소망의 근원인 하나님의 말씀 (119:49-56)

119:49-56. 이 연은 **고난 중의 위로**가 필요하다는 주제를 이어간다(참고. 19-23, 42절). 위로의 근원은 하나님의 말씀이다. 하나님은 말씀을 통해 **소망**을 주신다. 시편 저자는 하나님의 **옛 규례들을 기억하고, 밤에는**(참고. 42:8; 92:2) 그분의 **이름**[하나님의 명망과 명성을 가리킨다, 참고. 23:3의 주석]을 떠올린다.

H. 헤트(*Heth*): 풍부한 하나님의 말씀 (119:57-64)

119:57-64. 여기에서 시편 저자는 **여호와**를 자신의 **분깃**으로 여긴다(참고. 16:5; 73:26). **분깃**은 이스라엘의 각 지파에게 할당된 땅을 가리키는 단어이자(민 18:20) 우리의 삶에서 하나님이 우리에게 필요한 전부이심을 의미하는 단어이다. 의인은 습관적으로나 의무적으로 주님께 복종하는 것이 아니라 **지체하지 않고 주의 계명들을 지킨다**(60절). 경건한 사람은 **악인들**에게 둘러싸일 때에도 **주를 경외하는 모든 자들과 주의 법도를 지키는 자들의 친구**가 되려고 한다(63절; 참고. 111:10; 52:9; 잠 13:20; 히 10:25). 시편 저자는 하나님의 풍부하심을 다시 단언한다. **여호와여 주의 인자하심이 땅에 충만하였사오니 주의 율례들로 나를 가르치소서.**

I. 테트(*Teth*): 선한 하나님의 말씀(119:65-72)

119:65-72. 주님의 속성과 그분의 말씀은 떼려야 뗄 수 없게 연결되어 있다. 시편 저자는 자신이 **그릇 행**하여 하나님의 심판으로 **고난당**하기는 했지만 하나님이 **주의 종을 선대하셨**음을 깨닫는다(65, 67절). 그러한 경험을 통해 그는 하나님이 **선하여 선을 행하시는** 분임을 새삼스레 깨닫게 된다(68절; 참고. 16:2; 25:8; 73:28; 86:5; 100:5; 106:1; 118:1, 29; 135:3; 145:9). 그 결과 그는 다음과 같이 아뢴다. **주의 입의 법이 내게는 천천 금은보다 좋으니이다**(72절; 참고. 37:16; 잠 15:16).

J. 요드(*Yodh*): 명백한 증거를 제시하는 하나님의 말씀(119:73-80)

119:73-80. 이 연은 하나님을 생명의 근원으로 인정하면서 시작한다. **주의 손이 나를 만들고 세우셨사오니**(참고. 100:3; 138:8; 139:15-16). 하나님은 사람들이 그분의 **계명들을 배우기**를 바라신다. 경건 생활의 결과는 증거가 뚜렷하다. 주님을 아는 자들은 의인의 삶을 보고 **기뻐하**지만(74절), 주님을 모르는 자들은 **거짓으로** 의인을 **엎드러뜨리려다 수치를 당**한다(78절). 의인은 다른 사람들의 반응이 어떠하든 **주님의 율례들을 완전히 지켜서**(새번역) 자신의 행동으로 인해 **수치를 당하지 않**겠다고 다짐한다(80절).

K. 카프(*Kaph*): 신실한 하나님의 말씀(119:81-88)

119:81-88. 시편 저자는 자신의 영혼이 하나님의 안위를 기다리다 **피곤해**졌다고 고백한다. 그는 자신이 **연기 속의 가죽 부대같이** 바싹 말라 쓸모없게 된 것 같다고 기술하고, 자신을 **핍박하는 자들을 심판**해달라고 청한 뒤 다음과 같이 믿음으로 결론 내린다. **주의 모든 계명들은 신실하니이다**(86절). 주님의 계명들은 참되고 한결같다는 것이다.

L. 라메드(*Lamedh*): 하늘에 굳건히 자리 잡은 하나님의 말씀(119:89-96)

119:89-96. 외부 환경이 바뀌어 고난이 찾아와도 **주님의 말씀은 영원히 하늘에**[하나님의 왕국 안에 있

는 모든 것을 가리키는 시적 표현] **굳건히 자리 잡고 있습니다**(새번역, 문자적으로 '굳게/변함없이 서 있습니다'). 하나님의 **성실하심**은 끝이 없다.

M. 멤(*Mem*): 달콤한 하나님의 말씀(119:97-104)

119:97-104. **내가 주의 법을 어찌 그리 사랑하는지요**(97절; 시 119편의 서론적 주석을 보라)라는 선언은 **주의 증거들**(99절)/성경을 **종일 작은 소리로 읊조린** 행위의 결과이다. 하나님의 말씀을 아는 일은 몇 가지 결과를 낳는다. 그 일은 **나의 스승들보다 나은 명철**을 주고, **노인보다 나은** 이해력을 주며, **나의 발을 악한 길**에서 돌리게 한다(99-101절). 하나님의 말씀을 사랑하는 것이 의인의 자세가 되어야 한다. 말씀이신 주님이 자신을 따르는 이들을 말씀으로 가르치시기 때문이다(**주께서 나를 가르치셨으므로**). 하나님의 말씀은 **꿀보다** 더 달다(102-103절; 참고. 시 19편).

N. 눈(*Nun*): 지침을 주는 하나님의 말씀 (119:105-112)

119:105-112. **주의 말씀은 내 발에 등이요 내 길에 빛이니이다**는 성경이 인생의 모든 환경 속에서 우리에게 방향과 지침을 제공한다는 뜻이다. 이어서 시편 저자는 **고난이 매우 심하**지만(107절), 하나님의 말씀이 자기 **마음의 즐거움**(111절)이라고 말한다. 그는 **주의 율례들을 영원히 행하**겠다고 마음먹는다(112절).

O. 사멕(*Samekh*): 피난처인 하나님의 말씀 (119:113-120)

119:113-120. 시편 저자는 주님을 자신의 **은신처와 방패**로 삼는다(114절, 참고. 3:3; 7:10; 31:20). 의인은 **두 마음을 품는 자들**(113절)이나 **행악자들**(115절)처럼 되지 않고 **계명들을 지키**려고 한다(115절). **주께서 세상의 모든 악인들을 찌꺼기같이 버리시니**(119절)라는 표현은 장차 악인에게 내릴 하나님의 최후 심판을 가리킨다. 이 사건은 이미 이루어진 사실로 제시된 만큼 반드시 일어날 사건이다(참고. 사 1:24-25; 렘 9:7; 슥 13:9; 말 3:2-3). 의인이 하나님의 말씀을 **바라는**(114절; 하나님의 말씀이 성취될 것을 자신 있게 바라는) 이유 중 하나는, 악인을 피할 은신처요 악인의 심판자이신 하나님을 두려운(무서운) 분으로 알아 모시기 때문이다. **내 육체가 주를 두려워함으로 떨며 내가 또 주의 심판을 두려워하나이다**(120절).

P. 아인(*Ayin*): 변호를 구하는 기도(119:121-128)

119:121-128. 시편 저자는 자신이 **정의와 공의를 행했**는데도 **교만한 자들**[하나님을 무시하고 제멋대로 구는 자들을 가리키기 위해 종종 사용하는 단어, 참고. 10:2-11]이 자신을 **박해**한다며 이렇게 말한다. **그들이 주의 법을 폐하였사오니 지금은 여호와께서 일하실 때니이다**(126절). 이것은 하나님이 재판을 열어 그분의 말씀을 변호해주시기를 바라는 기도이다.

Q. 페(*Pe*): 놀라운 하나님의 말씀(119:129-136)

119:129-136. 놀라운(기이한)을 뜻하는 히브리 단어는 대개 하나님의 속성이나 구원 활동을 가리킨다(참고. 출 15:11; 사 9:6; 25:1; 시 9:1; 77:11, 14; 78:12; 89:5). 하나님의 **증거들이 놀라운** 까닭은 그 증거들이 그분의 속성과 말씀이 연결되어 있음을 드러내기 때문이다(18, 27절). **주의 말씀을 열면**[성경을 드러내고 해석하면] **빛이 비친다**. 즉, 삶의 지침을 얻는다(참고. 10절). **주의 얼굴을 주의 종에게 비추시고**(135절)라는 요청은 아론의 축복을 언급한 것이다(참고. 민 6:22-26; 참고. 시 13:1).

R. 차데(*Tsadhe*): 의로운 하나님의 말씀 (119:137-144)

119:137-144. 이 연은 **여호와는 의로우시고**(137절) 그분의 **의는 영원한 의**(142절)라고 기술한다. 그분의 **증거들도 의롭다**(138절). 하나님의 속성, 참 본성은 그분의 말씀과 연결되어 있다. 주님을 사랑하는 사람이 주님을 알고자 한다면 성경을 사랑하는 사람이 되어야 한다.

S. 코프(*Qoph*): 진리인 하나님의 말씀 (119:145-152)

119:145-152. 주님의 **계명들은 진리**이다(151절; 참고. 160절). 시편 저자는 **날이 밝기 전에, 밤 동안**에 주님께 **부르짖**고, 기도하고, **읊조리**는 습관이 있다(147-148절). 악인들이 **가까이** 있음을 느낄 때면 그는 주님의 돌보심을 확신한다. 하나님의 **증거들**을 알고, 그 증거들이 주님의 한결같은 도덕적 의 가운데 **영원히** 세워져 있음을 알기 때문이다(152절; 참고. 119:89, 144, 152, 160).

T. 레쉬(*Resh*): 구원을 바라는 부르짖음 (119:153-160)

119:153-160. 여기에서 시편 저자는 **핍박하는 자들**과 **대적들**에게서 **구**해달라고 주님께 청한다. 이것은 시가 종결로 치달으면서 두드러지는 주제이다. 이 연의 내용은 145-152절과 유사하다. 시편 저자는 다음과 같이 강조한다. **여호와여 주의 긍휼이 많으오니**.

U. 쉰(*Shin*): 평안의 근원인 하나님의 말씀 (119:161-168)

119:161-168. 이 연은 145-152절 및 153-160절과 유사하다(그 연들의 주석을 보라). 비록 핍박을 받는 처지이지만 시편 저자는 하나님의 **말씀**을 **경외**한다(참고. 22:23; 65:8). 의인이라면 상황에 아랑곳하지 않고 **주의 말씀을 즐거워하**게 마련이다(162절). 게다가 **주의 법을 사랑하는 자에게는 큰 평안이 있**다(165절; 참고. 시 23; 29:11; 46:1-7).

V. 타브(*Tav*): 도움을 주는 하나님의 말씀 (119:169-176)

119:169-176. 마지막 연은 시 전체의 결론이다. 시편 저자는 하나님의 **말씀**을 **깨**달아야 한다고 말하면서 **율례를 내게 가르**쳐달라고 주님께 청하고, 그리하시면 자신이 **주의 말씀을 노래하**겠다고 말한다. 그는 **잃은 양같이 내가 방황하오니**(참고. 시 23편; 사 53:6) **주의 말씀대로 나를 건지**시고, **주의 규례들이 나를 돕게 하소서**라고 하나님께 요청하면서 시를 마친다. 이 요청은 시편 저자가 하나님의 의로운 말씀대로 살겠다고 다짐했음에도 불구하고 그렇게 살지 못했으니, 선하신 목자가 그를 찾으실 필요가 있음을 인정하는 표현이다.

시편 120-134편: 성전에 올라가는 노래들

시편 120-134편은 **성전에 올라가는 노래**라는 표제가 있는 열다섯 편의 시이다. **노래**에 관해서는 시편 46편의 표제에 대한 주석을 보라. 네 편이 다윗의 작품이고(122, 124, 131, 133편), 한 편은 솔로몬의 작품이며(127편), 나머지는 저자 미상이다. 이 시들은 주님이 다윗에게 하신 메시아 약속(참고. 삼하 7:11-17)을 중심으로 신중히 선정되고 배열되었다. 중심 역할을 하는 시는 다윗의 언약을 자세히 얘기하는 시편 132편이다.

"성전에 올라가는"이라는 말에는 몇 가지 의미가 내포되어 있다. (1) 성전의 제단으로 이어진 계단을 오르는 것. 그렇다면 이 시들은 희생제물을 드릴 때 레위 제사장들이 노래로 불렀을 것이다. (2) 해마다 찾아오는 세 차례의 순례 절기(참고. 유월절, 칠칠절, 장막절, 신 16:5-17; 레 23장; 시 122:1을 보라) 중 한 절기에 예배자들이 예루살렘에 올라가는 것. 그렇다면 이 시들은 이 특정한 절기들의 한 부분으로서 노래로 불렸을 것이다. (3) 유대인들이 바벨론 유수 중에 이스라엘 땅을 찾거나 유수를 끝내고 이스라엘 땅으로 다시 올라가는 것. 그렇다면 이 시들은 귀국할 수 있다는 희망 속에서 노래로 불렸거나 귀국 후 절기 때 다시 노래로 불렸을 것이다(126:1).

이 시들의 선택은 시편 전체의 전후 관계에 모순되지 않는다. 포로기 이후에 시편이 최종 편집될 때 이 선집이 하나의 단위로 편성되었기 때문이다. 바벨론 포로의 귀환은 성경 도처에서 메시아 시대의 전조로 여겨진다(참고. 사 40장). 따라서 성전에 올라가는 노래들을 읽는다는 것은 하나님이 다윗에게 세우신 언약을 다윗의 자손 메시아 왕의 통치로 성취해주시기를 바라는 소망의 표현이라 할 수 있다.

A. 시편 120편: 구원과 평화를 구하는 기도

1. 구원해주실 주님을 신뢰하다(120:1-4)

120:1-4. 내가 환난 중에 여호와께 부르짖었더니라는 표현은 시편 119편 말미의 "잃은 양같이…방황하오니"라는 표현과 연결된다. 이 첫 시에서 시편 저자는 주님이 그에게 **응답하셨**고, 그를 대적들로부터 구해주셨다는 확신과 함께 시작한다. 그의 원수들은 **속이는 혀**[비방과 그릇된 송사]로 그에게 **거짓**을 말한다. 이 시는 포로기 이후의 것으로 여겨지므로, 여기에서 언급된 반대 세력은 느헤미야가 포로 생활에서 돌아와 예루살렘 성을 재건하는 것을 반대한 산발랏과 도비야를 가리키는 듯하다(참고. 느 4:6-7). **무엇을 네게 더할꼬**라는 표현은 흔한 저주 공식으로서(예를 들어 삼상 3:17; 14:44; 삼하 3:9; 룻 1:17) 여기에서는 하나님이 반드시 원수를 심판하시리라는 것을 암시한다. **혀**는 **화살**처럼 위험한 것으로 기술된다(참고. 64:7; 잠 25:18; 렘 9:8). 하나님의 심판도 **장사의 화살**처럼 **날카**롭고, **로뎀 나무 숯불**, 곧 아주 빨리 타는 사막 관목의 숯불처럼 다 태워버릴 것이다.

2. 대립 속에서 평화를 갈망하다(120:5-7)

120:5-7. 시편 저자가 **내게 화로다**라고 탄식하는 이유는 그가 **메섹**과 **게달**에 머물기(외인 신세로 잠시

살기) 때문이다. **메섹**은 소아시아의 한 지역이고(참고. 창 10:2), **게달**은 아라비아에 있는 지역이다(참고. 창 25:13; 사 21:16). 이 지역들은 이스라엘의 야만스러운 적을 상징한다. 시편 저자가 **화평을 미워하는 자들과 함께** 너무 **오래 거주**했다며 그 지역들을 거명하면서 괴로움을 토로하는 것은 그 때문이다. 이것은 이스라엘 땅에 돌아와 예루살렘을 재건하려고 애쓰는 동안 부단하게 공격받았음을 가리키거나(참고. 1-4절), 이 시가 포로기에 쓰였다면 바벨론에서 살 때의 상황을 진술한 것 같다. 시편 저자는 **나는 화평을 원할지라도**(참고. 29:11) **그들은 싸우려** 한다며 말을 맺는다. 시편 저자가 섞여 살던 이교도들은 평화의 하나님을 모르고, 주님이 그분의 백성을 위해 세우신 계획을 이해하지 못한다. 그래서 **싸우려 하는** 것이다(참고. 렘 27:9, 11).

B. 시편 121편: 주님은 이스라엘을 지키시는 분이다

"성전에 올라가는 노래"에 대한 서론적 언급을 보라. 시편 121편은 120편의 주제를 이어받아 시편 저자가 하나님께 품은 소망과 신뢰를 이야기한다. 그는 힘든 상황에 있음에도 불구하고 하나님의 구원을 신뢰한다(Sailhamer, *NIV Compact Bible Commentary*, 343).

1. 이스라엘 안전의 근원이신 주님(121:1–2)

121:1–2. 시편 저자는 **내가 산을 향하여 눈을 들리라** 말한 다음, **나의 도움이 어디서 올까**라고 묻다가 그 도움이 **여호와에게서** 온다는 것을 알게 된다. 그는 예루살렘을 둘러싼 산들(125:2), 특히 성전 부지(참고. 대하 3:1)이자 하나님의 임재와 현현(예를 들어 영광의 구름, 참고. 출 40:34-38)의 중심인 모리아산을 보면서 하나님을 도움의 근원지로 삼는다. 이는 귀환하는 포로들이 이 산을 보고 자신들의 도움이 **천지를 지으신 여호와에게서** 온다는 사실을 알게 되리라는 뜻이다.

주님의 도우시는 능력은 종종 창조주의 능력으로 묘사된다. 그분이 세상을 창조하셨다면 마땅히 자신의 백성을 지키는 능력도 갖고 계시리라는 것이다(참고. 33:6; 89:11-13; 96:4-5; 104:2-9; 124:8; 134:3; 136:1-9). 따라서 다윗은 다니엘처럼(단 6:10) 문자 그대로 혹은 심정적으로 예루살렘 쪽을 바라보다가(왕상 8:27-30) 하나님의 처소가 어느 한곳에 한정되어 있지 않음을 깨닫는다. 하나님은 **천지를 지으신** 분이어서 그곳을 초월해 계시기 때문이다(참고. 57:4-5; 83:18; 93:3-4; 115:3). 게다가 하나님이 **산**들, **하늘**[천체와 우주], **땅**을 창조하는 능력을 갖고 계시다면, 또한 이스라엘의 원수들을 무릅쓰고 거룩한 땅에 이스라엘을 세우는 능력도 갖고 계실 것이다.

2. 이스라엘의 안전을 보증하시는 주님(121:3–4)

121:3–4. 하나님은 그분을 의지하는 개인이 **실족하지**[혹은 '흔들리지', 시 17:5; 30:6; 62:6; 112:6; 125:1에 나오는 동일한 단어를 보라. 15:5b의 주석을 보라] **아니하게** 하시듯이, 이스라엘도 그분의 눈 밖에 두지 않으신다. 주님은 **졸지도 아니하시고** 늘 깨어 **이스라엘을 지**켜보신다. 이것은 경계병이 불침번을 서는 모습을 그린 군사적 이미지이다. '지키다'(3절; 4, 5, 7절에서 되풀이되는 동사)는 누군가를 또는 무언가를 '방심하지 않고 부지런히 돌보는 것'이나 '호위하는 것'을 의미한다. 이 동사를 반복함으로써 하나님이 자신의 백성을 어떻게 인식하시는지, 그 백성이 어떤 위협에 직면해 있는지 강조할 뿐만 아니라 그들을 끝까지 돌보시겠다는 하나님의 약속을 강조한다.

3. 이스라엘이 안전한 범위(121:5–8)

121:5–8. 하나님이 이스라엘을 지키고 보호하시는 범위는 이중적이다. 우선 그 범위는 육체적이다. 하나님은 이스라엘 자손 개인의 **오른쪽에서 그늘**이 되어(참고. 16:8; 73:23; 109:31) **낮의 해가** 그를 **상하게 하지** 않게 하시고(참고. 사 49:10; 욘 4:6-8), **밤의 달도** 그를 **해치지** 않게 하신다. 이 표현은 하나님의 돌보심이 주야로 이루어짐을 암시한다. **여호와께서 너를 지켜 모든 환난을 면하게 하시며**(7절)는 주님의 전폭적인 돌보심을 나타낸다. 둘째 범위는 하나님의 영적 돌보심이다. 영적 돌보심을 뚜렷하게 보여주는 표현은 다음과 같다. **여호와께서 네 영혼을 지키시리로다**(7절, 여기에서 영혼은 사람의 물질적 요소인 육체와 비물질적인 요소인 영혼을 모두 아우른다. 참고. 49:15의 주석).

시편 저자는 하나님이 수행하시는 '지키심'(전폭적 관심)의 두 측면을 마지막 절에서 요약한다. **출입**은 일상생활을 가리키고(참고. 신 28:6; 삼상 29:6), **지금부터 영원까지** 사는 것은 하나님이 구속받은 자를 평생토록 영원히 돌보심을 암시한다.

C. 시편 122편: 예루살렘의 평화를 구하는 찬미

"성전에 올라가는 노래"에 대한 서론적 언급을 보라

(시 120편 바로 앞부분에 있다). 시편 121편에서 시편 저자는 자기 백성의 구원을 하나님께 갈망했다. 그 구원에는 예루살렘 복구와 다윗의 자손을 통해 궁극적으로 성취될 다윗 왕조의 복원도 포함된다(122:5). 예루살렘의 평화를 희구하는 것은 다윗의 자손, 즉 평화를 가져오실 평화의 왕 메시아의 도래를 희구하는 것이다. 그분은 이스라엘을 굳게 지켜주시고 그 민족으로 하여금 영구적 평화와 번영을 경험하게 하실 것이다(삼하 7:10-16; 대상 17:9-14에 기록된 다윗 언약의 약속들을 보라; Sailhamer, *NIV Compact Bible Commentary*, 343).

1. 예배를 위한 평화(122:1-4)

122:1-3. **사람이 내게 말하기를 여호와의 집**[성전]**에 올라가자 할 때에 내가 기뻐하였도다**라는 첫머리의 진술은, 다윗이 예루살렘 안에서 시작한 것이든 밖에서 시작한 것이든 성전에서 주님을 예배하면서 느낀 기쁨을 표현한다(참고. 84:10; 95편). **여호와의 집**이라는 표현은 이 시의 구조적 틀을 제공한다(1, 9절). 예루살렘의 평화를 구하는 이 찬미는 다윗이 예루살렘을 보며 느끼는 기쁨과 예루살렘의 안녕에 대한 갈망을 표현한다. 이것은 시편에 자주 등장하는 주제이다(참고. 42-43, 46, 48, 84, 87, 137편).

122:4. **여호와의 지파들**은 이스라엘의 열두 지파를 가리킨다(참고. 창 49:1-28). **이스라엘의 전례대로**라는 표현은 하나님의 명령대로 그분이 정하신 절기들을 거행했음을 가리킨다(신 16:1-17; 레 23장, 시 120편 바로 앞부분에 있는 "성전에 올라가는 노래"에 관한 서론적 언급을 보라).

2. 다윗 자손의 통치에 의한 평화(122:5)

122:5. **심판의 보좌, 다윗의 집의 보좌**란 주님의 성이자 이스라엘의 왕도인 예루살렘을 가리킨다. 다윗 가문의 왕들이 거기에서 나라를 다스렸고, 메시아 왕도 장차 거기에서 다스리실 것이다(2:2, 6-7; 89:3-4, 18-37; 110편; 삼하 7:8-16; 겔 43:7). 그 완전하고 의로운 심판은 메시아 왕이신 주 예수님의 영원한 통치 시기에 이행될 것이다(렘 23:6; 사 9:7; 11:4; 16:5; 행 10:42; 딤후 4:1을 보라).

3. 백성의 기도를 통한 평화(122:6-9)

122:6-9. **예루살렘을 위하여 평안을 구하라**(6a절)는 권고에는 그 도시 자체는 물론이고 유대인들, 즉 하나님이 영원한 기업으로 주신(참고. 창 13:15; 17:8; 시 105:10-11; 롬 11:26) 나라의 정치적 · 종교적 수도인 그 도시에 정기적으로 올라가는 이스라엘 지파들도 포함된다(4절). 예루살렘과 유대인의 연결은 밀접하다. 예루살렘은 종종 유대 주민이나 유대인 일반의 대용어(환유법)로 의인화하여 사용된다(참고. 48:11; 97:8; 126:1; 사 40:2; 51:16; 52:9; 렘 4:14). 시편 저자는 **예루살렘을 사랑하는 자**들에게 기도하라고 촉구한다. 그들이 헌신하는 주님이 예루살렘과 그 주민을 사랑하시기 때문이다(참고. 87:2과 그 구절의 주석). 평화를 구하는 기도는 **네 성 안에 네 궁중에** 있는 모든 것, **내 형제와 친구를 위하여** 드리는 기도이다. 이 시에는 평안이라는 단어가 세 차례나 등장하는데(6, 7, 8절), 이는 시편 저자가 **평화**라는 중심 개념, 즉 항구적이고 완전하며 포괄적인 평화의 개념을 강조하고 있음을 강조한다. **예루살렘을 사랑하는 자**[이방 민족들과 개인들]**는 형통하리로다**(6절)라는 진술은 하나님이 아브라함에게 하신 약속과 관계가 있다. "너를 축복하는 자에게는 내가 복을 내리고"(창 12:3).

122:9. 다윗이 기도하는 궁극적인 이유는 **하나님의 집을 위해서**이다. 이것은 '그의 이름을 위하여'(참고. 5:11; 23:3; 25:11; 31:3), 즉 '주님 자신을 위하여'와 유사한 표현이다. 이것이 시편 저자의 결론이자 **너를 위하여** 기도하라고, 즉 예루살렘에 안녕과 하나님의 복이 깃들기를 빌라고 권고하는 이 시의 결론이다(참고. 느 2:10; 출 10:3).

D. 시편 123편: 주님께 도움을 구하다

"성전에 올라가는 노래"에 대한 서론적 언급을 보라(시 120편 바로 앞부분에 있다). 시편 123편의 저자는 하나님께 온 신경을 집중하며, 하나님이 자신의 백성을 구원하기 위해 행동하실 것이라는 신호를 고대한다(2절). 시편 123편은 121편과 122편이 갈망하는 구원을 하나님만이 베푸실 수 있다고 고백한다(Sailhamer, *NIV Compact Bible Commentary*, 343).

1. 바라보는 대상(123:1)

123:1. **내가 눈을 들어 주께 향하나이다**는 시편 121편의 첫머리 진술과 유사하지만, 여기에서는 전능하신 왕 주님이 **하늘에 계시는** 것으로 기술된다(참고. 2:4;

11:4과 그 구절의 주석). 우리의 소망은 주님께 있다.

2. 바라보는 방법(123:2)

123:2. 시편 저자는 자신과 자신 같은 사람들이 신적 왕을 바라보는 방식을 종들이 **상전의 손을**, 여종이 **여주인의 손을** 바라보는 방식에 빗댄다. 여기에서 손은 필요한 모든 것의 공급을 의미한다(참고. 빌 4:19). 궁핍한 이들이 자신들에게 **은혜 베풀어주시기를 기다리며** 바라보아야/의지해야 할 자비로우신 주권자는 **여호와 우리 하나님**이시다. 강조를 위해 세 차례(2, 3절) 나 등장하는 **은혜**[ESV에서는 '자비']는 필요한 힘이나 물질을 채우고자 하는 사람의 욕구에 진심으로 자비롭게 응하는 것을 의미한다. 엄밀히 말해 그것은 그럴 가치가 없는 사람에게 과분할 만큼 긍정적으로 대하는 것을 의미한다. 시편에서 주님은 은혜를 베풀어달라는 요청을 30차례나 받으신다(예를 들어 6:2; 9:13; 27:7; 30:10).

3. 바라보는 동기(123:3-4)

123:3-4. 시편 저자는 자신의 소망이 주님께 있음을 깨닫고서 **여호와여 우리에게 은혜를 베푸**소서라고 간청한다(참고. 2절의 주석). 비웃는 자들의 **멸시**(참고. 119:22)와 **안일한 자의 조소**가(73:6-9; 94:2) **넘치**는 것 때문에 시편 저자는 괴로워한다. 결국에는 악인들을 정죄하고 자기 종들에게 상을 주심으로 드러나는 하나님의 정의만이 그를 영예롭게 해줄 것이다.

E. 시편 124편: 하나님의 도우심에 감사하는 노래

"성전에 올라가는 노래"에 대한 서론적 언급을 보라(시 120편 바로 앞부분에 있다). 시편 123편과 마찬가지로 이 시의 주제도 하나님의 이스라엘 구원이다. 하나님의 백성 이스라엘이 홍해에서 애굽 사람들에게 섬멸당하기 전에 하나님이 그들을 구해 주셨듯이(4-5절), 그분은 앞으로도 이스라엘이 멸망하기 전에 그들을 구원하실 것이다(Sailhamer, *NIV Compact Bible Commentary*, 343).

1. 하나님이 과거에 베푸신 구원을 상기하다 (124:1-5)

124:1-2. 이 시는 이스라엘 공동체에게 유대인들을 보전하시는 하나님의 성실하심을 신뢰하라고 권고한다. 그들은 **여호와께서** 그들의 **편에 계시지 아니하셨더라면**(1, 2절, 강조를 위해 반복된다) 어떤 일이 벌어졌을지 깊이 생각해야 한다. 이것은 비관적으로 생각하라는 뜻이 아니라 긍정적인 촉구이다. **이스라엘아, 대답해보아라**(새번역). **사람들**[이스라엘의 원수들]**이** 이스라엘을 **치러 일어날 때**, 주님의 다정한 돌보심이 없었더라면 어떤 일이 벌어졌을지 생각해 보라는 것이다.

124:3-5. 시편 저자는 홍해에서 애굽 사람들에게서 벗어난 일(참고. 출 14장)을 주님이 그들을 보호해주신 예로 든다. "사람들이 우리를 치러 일어날 때"(2절)라는 표현은 모세가 바로의 군대에서 벗어난 후에 부른 노래의 표현과 유사하다(참고. 출 15:1-18). 주님이 이스라엘 편에 계시지 않았더라면, 그들의 원수[출애굽 때는 애굽 사람들, 여러 세대를 거친 뒤에는 앗수르(참고. 사 8:6-8)나 바벨론 같은 원수들, 오늘날에는 현대의 원수들]가 **우리를 산 채로 삼켰을 것이며 물이 우리를 휩쓸며 시내가 우리 영혼을 삼켰을 것이며 넘치는 물이**[강조하기 위해 반복한다] **우리 영혼을 삼켰을 것이다**(참고. 18:16-18; 32:6; 69:1-2). 사실 하나님은 아브라함을 통해 이스라엘에게 하신 무조건적인 약속(창 12:2-3; 렘 31:35-37)을 성실히 지키셨고, 강력한 원수들은 그런 하나님의 성실하심을 드러내는 역할을 했다. 이것은 이스라엘로 하여금 그때는 물론이고 앞으로도 동일한 하나님의 성실하심을, 특히 그들이 멸망치 않고 보전될 것임을 기대할 수 있게 해주는 선례였다.

2. 현재에도 구원을 베푸시는 하나님께 감사하다 (124:6-8)

124:6-7. 다윗은 하나님이 행하신 일을 개관하고 찬양과 감사를 표하면서 이렇게 말한다. 이스라엘을 **내주어 원수들의 이에 씹히지 아니하게 하신 여호와를 찬송할지로다**(참고. 103:1의 주석). 하나님은 그들이 **사냥꾼의 올무에서 벗어난 새같이** 온전히 탈출할 수 있게 해주셨다. 다윗은 사무엘상 26:20에서 이 새의 이미지를 자신에게 적용한다. 이는 그가 하나님의 성실하심을 개인적으로 경험한 일에 기초하여 민족 전체의 경험을 추론하고 있음을 암시한다.

124:8. 다윗은 하나님이 행하신 일을 회고한 뒤, 앞으로도 그리해주실 것이라고 확신한다. 시는 하나님의 성실하심을 선언하면서 끝난다. **우리의 도움은 천지를 지으신 여호와께 있도다**(참고. 121:2과 그 구절의 주석; 창 1:1).

F. 시편 125편: 자기 백성을 보호하시는 주님

"성전에 올라가는 노래"에 대한 서론적 언급을 보라(시 120편 바로 앞부분에 있다). 시편 125편의 저자는 성전에 올라가는 노래의 주요 주제인 이스라엘 구원과 예루살렘 복구를 다윗의 언약 성취 및 다윗의 신적 자손의 출현과 한 번 더 연결시켜 다룬다(Sailhamer, *NIV Compact Bible Commentary*, 343).

1. 주님의 보호는 시온산처럼 영원하다(125:1-2)

125:1-2. 시편 저자는 독자들에게 친숙한 표지물을 활용하여 중요한 영적 진리를 설명한다. **여호와를 의지하는 자는 시온산이 흔들리지 아니하고 영원히 있음 같도다**. 하나님 백성의 영속성을(그들이 흔들리지 않음을, 15:5의 주석을 보라) 예증하는 가장 적절한 상징은 시온산이다(참고. 2:6과 그 구절의 주석). 하나님이 하늘과 땅을 다시 지으실 때 어떤 지리적 변화가 일어나든, 시온은 예전의 구속사에서 자리하던 그 시온으로 **영원히** 있을 것이다. 시온의 영속성은 궁극적으로 시온의 왕, 즉 신적 메시아의 영속성에 근거한다. 신적 메시아는 창조를 새롭게 하시기 전에 시온(성전산)에 자신의 보좌를 세우고 영원히 유지하실 것이다(참고. 겔 43:7; 계 22:3-5).

2. 주님이 악인들로부터 그분의 땅을 지키실 것이다 (125:3)

125:3. 주님은 **악인의 규**로부터 그 **땅**을 지키실 것이다. **규**는 권세의 상징이다(참고. 창 49:10; 에 5:2). 악인의 규는 사악한 권세의 통치를 의미한다. **의인들로 하여금 죄악에 손을 대지 아니하게 함**이라는 표현은 주님이 의로운 규로 다스리시는 때를 고대하는 것이다(참고. 2:6; 45:6; 60:7; 110:2).

3. 주님이 자기 백성을 지키실 것이다(125:4-5)

125:4-5. 시편 저자는 **선한 자들**[잠 2:20에서 그랬듯이 3절의 '의인들'과 유사한 표현]에게 **선대**해달라고 하나님께 기도한다. 그들은 의롭다고 평가받는 까닭에 선을 행할 수밖에 없다. 다른 한편, 주님은 **자기의 굽은 길로 치우치는 자들**과 **죄를 범하는 자들**을 심판하실 것이다.

G. 시편 126편: 하나님이 시온을 회복시켜주심을 기뻐하다

"성전에 올라가는 노래"에 대한 서론적 언급을 보라(시 120편 바로 앞부분에 있다). 이 시는 앞의 시들과 마찬가지로 하나님이 이스라엘을 구원하시는 때를 고대한다. 시편 126편은 미래에 일어날 종말론적 구조를, 유대인들이 바벨론 유수 말미에 경험했던 기쁨, 곧 포로 생활을 시작하면서 흘렸던 눈물을 보상해준 그 기쁨에 빗댄다. "바벨론 포로들의 귀환을 직접적으로 암시함에도 불구하고, 이 시는 이스라엘의 고통이 여전함을 보여준다. 하나님은 다윗에게 하신 약속을 이행하셔야만 한다. 메시아는 아직 오지 않으셨다. 그럼에도 의인은 하나님의 약속들을 성실히 신뢰한다"(Sailhamer, *NIV Compact Bible Commentary*, 344).

1. 과거 시온의 회복을 감사하며 회고하다 (126:1-3)

126:1-3. 시편 저자는 과거에 하나님이 **시온의 포로**[문자적으로 '귀환자']**를 돌려보내**신(문자적으로 '귀환시키신') 일을 회고한다. 시온의 포로는 70년 동안의 바벨론 유수/포로 생활을 마치고(대하 36:22-23; 렘 25:11; 29:10; 단 9:2. 그 구절들의 주석을 보라) **시온**/예루살렘(참고. 2:6; 9:11과 그 구절의 주석)으로 귀환한 사람들을 가리킨다. 그들이 이스라엘로 돌아온 것은 **꿈**이 실현된 것 같았다. 백성의 입에 기쁨과 **웃음**, **찬양**이 가득했다. 주변 나라들은 유대인들이 고국에 돌아온 것을 보고 **여호와께서 그들을 위하여 큰일을 행하셨다**고 인정했다. 유대인 공동체도 이와 동일한 찬양으로 화답했다. **여호와께서 우리를 위하여 큰일을 행하셨으니 우리는 기쁘도다**.

2. 미래의 (그리고 최종적인) 회복을 소망하며 기다리다(126:4-6)

126:4. 여호와여 우리의 포로를 돌려보내소서라며 시편 저자가 희구하는 귀환은 주님이 유대인 모두를 고국으로 돌려보내실 미래의 어느 한때를 고대한다. 이 요청은 헷갈리게 보일 수 있는데, 시편 저자가 말하는 포로는 이미 70년간의 포로 생활을 끝내고 돌아오는 사람들이기 때문이다(1-3절). 그러나 그가 이렇게 간청하는 이유는 유대인 포로 다수가 바벨론에서 약속의 땅으로 돌아오지 못하고, 이스라엘 밖에서 디아스포라로 살고 있었음을 감안할 때 분명해진다. 로마제국이 유대인들을 이스라엘에서 쫓아낸 이래로(주후 70년) 유대인 공동체의 다수가 이스라엘 땅 밖에서 살아오고

있다. 불과 현대에 이르러 그리고 이스라엘이 현대 국가로 재탄생한 뒤에 대폭적인 귀국이 이루어지기 시작했지만, 유대인 다수는 여전히 디아스포라로 살면서 귀국하지 않고 있다(참고. 겔 37장과 그 구절의 주석). **남방 시내**는 이 절이 최후의 종말론적 귀환을 바라고 있음을 암시하는 이미지로서 메시아가 세계의 왕으로 재림하면서 성전에서 흘러나온 물이 그 나라를 비옥하게 변화시키는 것을 가리킨다(겔 47:1-12을 보라).

126:5-6. 시는 최종적 귀국의 기쁨을 농업과 관계가 있는 시적 이미지로 서술하면서 끝난다. 메시아가 최종적으로 수행하시는 귀환의 **기쁨**(예를 들어 사 25:8-9; 35:10; 51:11; 계 21:4)이 있기 전에 먼저 **눈물을 흘리**는 시기를 지나게 될 것이다(참고. 슥 12:10). 하지만 그것은 확실한 기쁨이다. 하나님이 다윗의 뛰어난 자손 메시아를 통해 "다윗의 무너진 장막"을 일으키실 때(참고. 암 9:11-15; 슥 9:16-17; 14) 그 기쁨은 **반드시** 올 것이다.

H. 시편 127편: 날마다 돌봐주신 주님께 드리는 감사의 노래

"성전에 올라가는 노래"에 대한 서론적 언급을 보라(시 120편 바로 앞부분에 있다). 솔로몬이 지은 이 시는 하나님이 자기 백성을 돌보신다는 주제를 계속 이어간다(참고. 시 121편). 이스라엘과 그 수도 예루살렘의 회복(시 126편의 주제)은 하나님이 그 일을 결심하고 행동에 옮기실 때에만 일어날 것이다. 1절에 등장하는 '집'은 누군가의 가정과 그 가정의 '자녀들'(3-4절)에 적용될 수도 있지만, 성전에 올라가는 노래들의 문맥에서는 '다윗의 집', 곧 다윗의 후손, 다윗의 뛰어난 자손 메시아를 통해 완전히 성취되는 다윗 왕조를 가리킨다(Sailhamer, *NIV Compact Bible Commentary*, 344).

1. 주님은 보호와 목적의 근원이시다(127:1-2)

127:1-2. 이 시는 인생의 모든 국면의 목적과 의미를 위해 주님께 의지하는 것이 얼마나 중요한지 강조한다. 인생에서 열심히 일하는 것도, 개인의 목표도 중요하지만, 목적과 성공을 위해 주님께 의지하지 않고 무언가나 누군가에게 의지하는 것은 헛된 일이다(2절). 개인의 욕구를 채우려고 아무리 부지런히 수고해도 방법과 목적이 하나님의 말씀에 맞지 않으면 만족하기는커녕 하려던 일도 잘 되지 않을 것이다.

솔로몬은 다음과 같은 세 가지 예증으로 자신의 결론을 뒷받침한다. (1) 주님을 벗어나서 **수고**하고 **집**을 **세우**는 것은 헛되다. (2) 주님이 **성을 지키**심을 인정하지 않으면(참고. 121편), **파수꾼의 깨어 있음이 헛되**다. (3) 주님이 계시지 않으면 밤낮으로 일해서 **수고의 떡을 먹**는 것도 헛되다. 성취한 것이 없어도 **사랑하시는 자에게 잠을 주시는** 이는 주님이시다. 솔로몬은 1-2절에서 '헛되다'라는 핵심어를 세 차례 반복함으로써 하나님을 등진 생활이 철저히 헛됨을 강조한다(성경에서 동일한 단어나 표현을 세 차례 반복 사용하는 것에 관해서는 시 86편과 110편의 주석을 보라). 솔로몬은 전도서에서 주님께 의지하지 않는 삶이 얼마나 헛된지 상세히 다룬다.

첫째 절은 **집**[건물과 그 안을 채우는 가족]을 언제, 어디서, 어떻게 세울지 결정할 때 하나님(기도, 기록된 말씀, 경건한 신자들의 충고)을 포함시켜야 한다는 일반 원칙을 분명히 밝힌다. 하지만 그 절은 미래에 성전을 건축하고 예루살렘을 건설할 때 하나님을 포함시켜야 한다는 말로 이해할 수도 있다. 다음 세 가지 사실이 이를 암시한다. 첫째, 이 시는 성전을 건축하고, 예루살렘을 지상 왕국의 수도 중 가장 위대한 수도로 건설한 솔로몬의 작품이다("온 세상 사람들"이 그의 얼굴을 보기 위해 예루살렘으로 왔다; 참고. 왕상 10:23). 둘째, 이 시는 배경이 포로기와 순례 절기인 까닭에(시 120편 바로 앞부분의 서론을 보라) 자연스레 예루살렘과 성전에 초점을 맞추고 있다. 셋째, 하나님이 건축과 건설에 직접 관여하시는 **집**과 **성**은 성전과 예루살렘뿐이다.

2. 주님은 가정에 임하는 복의 근원이시다 (127:3-5)

127:3-5. 이스라엘의 농경문화에서 자녀는 다복한 가정의 핵심 요소이다. 가정에 자녀가 없음은 재앙이었다. 요점은 하나님이 자녀를 주시면 그 자녀를 **주님의 선물**(새번역, 문자적으로 '기업이나 재산')로 여겨야 한다는 것이다. 자녀는 하나님이 육체적으로나 영적으로 잘 돌보고 양육하라고 부모에게 맡기신 기업이다. **태의 열매**인 자녀가 **상급**인 까닭은 주님만이 생명을 창조하실 수 있기 때문이다. 성경에 등장하는 경건한 이들은

주님이 명하신 대로 자녀를 소중히 여기고 보호하며 가르쳤다(참고. 신 6:4-9). 그렇다고 자녀가 하나님이 주시는 유일한 선물 내지 최고의 선물이라는 뜻은 아니다. 자녀가 없거나 자녀를 갖지 못한 사람은 하나님의 중요한 선물을 받지 못한 것이고, 따라서 하나님의 은혜를 어느 정도 덜 받은 것과 같다는 뜻도 아니다. 하지만 고대에 자녀는 복이었고(5절), **장사의 수중의 화살**에 비유되기도 했다(4절). 장성한 자녀가 위험한 때에 가족을 지키고, **성문**에서 가족에게 영예도 안겨주었기 때문이다(참고. 신 17:5; 21:19; 룻 4:1; 사 29:21; 암 5:12). 어떤 모양으로 만들고, 얼마나 잡아당기고, 어디로 겨냥했느냐에 따라 이 화살들(자녀들)은 과녁을 빗맞힐 수도, 정통으로 맞힐 수도 있다(참고. 잠 22:6에 나오는 원리).

이 시의 메시아 맥락으로 볼 때(시 127편의 서론을 보라), 솔로몬은 주님이 다윗 언약의 성취를 친히 작정하신 때에 자기 백성의 공로와 무관하게 "그의 사랑하시는 자"(2절, 이스라엘)에게 **선물**(3절, 새번역)로 주신다고 말하는 것 같다.

I. 시편 128편: 주님과 동행하는 복

"성전에 올라가는 노래"에 대한 서론적 언급을 보라(시 120편 바로 앞부분에 있다). 이 시는 결실과 번영을 기원하는 시이지만 '~하는 자마다 복이 있다'는 표현은 시편 2:12과 유사하며, "아들(다윗의 아들, 메시아)에게 입 맞추는" 사람들에게 주는 복의 약속이라고 할 수 있다. 따라서 시편 128편이 말하는 복의 궁극적 성취는 하나님이 다윗에게 주신 약속들이 성취될 때에만 '시온'에서 주어질 것이다(삼하 7:10-16; 대하 17:10-14).

1. 주님과 동행하는 개인의 복(128:1-4)

128:1. 경건한 이들은 하나님이 주시는 최고의 선물, 곧 그분의 복을 무엇보다도 자신들의 집에서 경험하게 될 것이다(참고. 127:3). **복이 있도다**라는 표현은 시편 1:1과 1:6에서 말하는 성공적인 삶의 기초와 유사하다. 거기에서 사용된 **복 있는**(1:1)과 **길**(1:6)이라는 표현이 이 시의 1절에서 사용되고 있다. 한 사람이 주님의 길을 걷는 것은 그가 주님에 대한 적절한 태도와 이해를 가지고 있기 때문이다. 그래서 그는 **여호와를 경외**한다(참고. 36:1; 111:10의 주석). 시편 저자는 복을 주님을 경외함과 연결 짓는다(1, 4절). 이는 시편 112:1에서도 찾아볼 수 있다.

128:2. 주님의 복은 시편 저자의 일에 내리시는 복으로 설명된다. **네가 네 손이 수고한 대로 먹을 것이라**(참고. 신 28:1-6). 이것을 강조하는 서술이 이어진다. **네가 복되고 형통하리로다.**

128:3-4. 게다가 주님의 복은 아내와 자식들이라는 단어들로 설명된다. 참으로 주님을 경외하는 사람은 (1) 자기 **아내**에게서 만족과 기쁨을 얻을 것이다. 아내는 확실히 남편의 경건에 영향을 받고, 남편에게 **결실한 포도나무 같**을 것이다. 이것은 출산을 포함하든 안 하든 그녀에게 허락된 모든 위치에서 그녀가 맺는 '결실'을 가리킨다(시 127:3-5의 주석을 보라. 잠 31:31; 사 11:1; 신 29:18 같은 구절들에서 '결실'을 출산 이상의 의미로 적용한 것도 보라). 주님을 경외하는 사람은 (2) 자기 **자식**에게서도 만족과 기쁨을 얻을 것이다. 그 자녀는 어려서부터 주님을 경외하는 법을 배우고, 부모가 보기에 **감람나무 같**을 것이다. 감람나무는 복의 상징이다(참고. 52:8; 144:12; 신 8:8; 렘 11:15-16).

이 은유는 어린 감람나무들이 많은 수확을 약속받으며 자라듯이 그런 아이들도 커다란 기대를 받고 있음을 암시한다.

2. 주님과 동행하는 민족의 복(128:5-6)

128:5-6. 이 축복문은 다음과 같이 복들을 요약한다. **여호와께서 시온에서 네게 복을 주실지어다**(참고. 2:6; 9:11; 20:2; 24:3; 50:2; 사 2:3). 이 종결부에서 시편 저자는 주님을 경외하는 이들이 이생에서 계속 복받기를 바라는 마음을 표현하되, 주로 하나님의 복이 이스라엘의 외부 환경으로 연장됨을 표현한다. 요컨대 시편 저자는 그들이 오래 살아서 메시아의 강림과 이 땅에 세워진 하나님 나라를 보기를 바란다. 그제야 그들은 예루살렘의 충만하고 안전한 **번영**[이 집합명사는 선한 모든 것을 의미하고, 하나님이 온 세상을 더없이 선한 것으로 가득 채우심을 암시한다]과 **평강**['샬롬', 시 29:11; 35:27의 주석을 보라]을 보게 될 것이다. **이스라엘에게 평강이 있을지로다**(참고. 125:5; 민 6:22-26).

J. 시편 129편: 이스라엘의 적에 맞선 저주의 시

"성전에 올라가는 노래"에 대한 서론적 언급을 보라(시 120편 바로 앞부분에 있다). 시편 129편은 124편과 유사하게 하나님이 이스라엘의 원수들에 맞서 이스라엘을 지켜주실 것을 신뢰하는 노래이다. 시편 124편의 저자는 이스라엘에게, 그들이 원수들에게 멸망당하지 않도록 지켜주시는 분은 오직 주님뿐임을 깨달으라고 권고한다. 시편 129편의 저자는 하나님의 보호를 찬양할 뿐만 아니라 시온의 원수들에 맞서 기도로 저주하기도 한다.

1. 이스라엘의 멸망을 막아주신 하나님을 찬양하다 (129:1-4)

129:1-3. 역사상 이스라엘의 원수들이 **여러 번 나**[이스라엘]**를 괴롭혔다**. 이 시는 비참한 역사적 사실(성경 시대와 성경 이후 시대 그리고 현대에 빚어진 사실), 곧 다양한 집단과 개인들이 **내가 어릴 때부터 여러 번 나를 괴롭힌** 사실(이스라엘이 애굽에서 겪은 고통을 가리킨다, 출 1:11-14; 호 2:15을 보라)을 강조하며 시작된다. 여기에서 '나'는 이스라엘 민족을 하나님의 '민족적' 아들로 의인화한 것이다. 그러나 대적들은 **그를 이기지 못하였고**(이스라엘 민족을 없애지 못했고) 앞으로도 이기지 못할 것이다. 하나님이 아브라함과 이삭, 야곱과 맺으신 영원하고 절대적인 약속이 이스라엘의 지속적인 생존을 보장하기 때문이다(창 12:1-3; 렘 31:35-37; 롬 11:26). 그들이 **내 등을 갈아 그 고랑을 길게 지었도다**라는 표현은 박해를 가리킨다.

129:4. 이스라엘을 멸하려는 악인들의 시도에도 불구하고 **여호와께서는 의로우사**(74:1-11; 77:11-15; 88:11-12; 96:13) 그들의 계획을 망쳐놓으셨다. 하나님은 의롭고 성실하여 **악인들의 줄을 끊으셨**고 앞으로도 계속 그리하실 것이다. 이것은 주님과 그분의 기름부음 받은 자에 대한 온 세계의 적대 행위와 증오(참고. 2:3)에 하나님이 어찌 대응하시는지 서술하려고 사용한 표현이나 다름없다.

2. 이스라엘의 박해자들을 벌해달라고 기도하다 (129:5-8)

129:5-8. 시편 저자는 **시온**[예루살렘과 그 주민, 참고. 2:6; 9:11]**을 미워하는 자들은 수치를 당**할 것이라고 말한다. 그 이유는 이스라엘의 적들은 이스라엘 하나님의 적들로서 그 책임을 져야 하기 때문이다(참고. 5:10; 83편과 그 구절들의 주석). 시편 저자는 적들에 대한 심판을 요청하며, 그들이 **자라기 전에 마르는 풀과 같**게 해달라고 말한다(참고. 서론의 '시편의 유형'). 결어는 이스라엘의 박해자들에게 **여호와의 복**이 주어지지 않을 것임을 강조한다. 이것은 특히 아브라함과의 언약을 반영하고 있다(창 12:3; 27:29; 민 24:9). 이 언약에서 하나님은 이스라엘을 축복하는 자에게는 복을 내리고, 저주하는 자에게는 저주를 내리겠다고 약속하신다(참고. 창 12:3과 그 구절의 주석). 저주라는 개념은 선대하지 않거나 덜 생각하겠다는 뜻이지 하나님에게서 영원히 분리됨을 암시하지는 않는다. 그것은 불경한 언사도 아니고 무슨 술법도 아니다(술법은 성경, 곧 레 19:26, 31; 20:6, 27; 신 18:9-14에서 금지하는 사항이다).

K. 시편 130편: 주님께 자비를 구하는 외침

"성전에 올라가는 노래"에 대한 서론적 언급을 보라(시 120편 바로 앞부분에 있다).

1. 자비가 필요한 인간(130:1-3)

130:1-3. 이 참회시는 **깊은 곳에서** 큰 소리로 자비를 구한다(참고. 다른 참회시들 6:25; 32, 38, 51, 69편). 시편 저자가 주님께 큰 소리로 부르짖는 **깊은 곳**은 물리적인 밑바닥이 아니라 그의 감정이 최악의 상태임을 나타낸다(참고. 69:2, 14). 그는 자신의 **죄악**이 하나님의 공의와 현저히 다름을 인정하고, 하나님의 자비가 없으면 아무도 거룩하신 그분 앞에 서지 못함을 인정한다. 이것은 모든 인간에게 보편적으로 적용되는 죄의 문제이다(참고. 49:7-8; 전 7:20; 행 3:23). **여호와여 주께서 죄악을 지켜보실진대**, 즉 죄인들 앞에서 그들의 모든 죄를 세실진대 **누가 서리이까**, 즉 누가 주님의 의로우신 심판을 견디리이까? 이 수사적 질문에 대한 대답은 다음과 같다. "누구도 하나님 앞에 설 수 없다."

2. 자비를 선물로 주시는 하나님(130:4-6)

130:4-6. 주님은 거룩하시다. 하지만 **사유하심도 주께 있다**(참고. 느 9:17; 단 9:9). 그 이유는 **주를 경외하게 하**시려는 것이다(참고. 19:9; 34:9, 11; 111:10; 128:1; 출 34:6-7). 주님이 여타의 많은 속성과 더불어 자비라는 속성으로 용서를 베푸시는 목적은 경외를 받으시려는 데 있다. 즉, 경건함과 두려움으로 섬김을 받으시려는 것이다. 시편 저자는 자신이 경험한 신적 용서를 바탕으로 **나는 여호와를 기다리며 주의 말씀을 바라는도다**라고 말한다. 그는 주님의 지속적인 선하심

을 간절히 바라면서 자신의 마음가짐을 밤새도록 깨어 일하고 **아침**을 간절히 기다리는 **파수꾼**에 비유한다.

3. 하나님의 자비와 용서에 대한 응답(130:7-8)

130:7-8. 시편 저자는 이스라엘에게 하나님의 용서에 대한 응답으로 **여호와를 바라**라고 권고한다(참고. 5절). 이 바람은 인자하심과 연결된다(참고. 5:7의 주석). 시편 저자는 이 마지막 단락에서 자신의 백성이 연령과 세대를 불문하고 영적으로 복 받는(신약성경, 즉 롬 10:9이 말하는 의미에서 '구원받는') 모습을 보고 싶어 하면서, 하나님이 **이스라엘을 그의 모든 죄악에서 속량하시**는 그날, 곧 스가랴와 바울이 말한 그날을 가리킨다(슥 12:10-13:1; 롬 11:25-27; 이 본문들의 주석을 보라).

L. 시편 131편: 주님에 대한 다윗 개인의 신앙

"성전에 올라가는 노래"에 대한 서론적 언급을 보라(시 120편 바로 앞부분에 있다). 이 짧은 시는 다윗이 "하나님의 마음에 맞는 사람"으로서 자격이 있음을 간결하게 강조한다(삼상 13:14과 그 구절의 주석을 보라). 다윗은 자신이 죄를 지었음에도 불구하고 하나님과 관계있으며(그리고 그분과 현저히 다르며), 따라서 하나님과 관계를 맺으려면 어찌해야 하는지 정확하고 분명하게 알고 있다.

1. 주님 앞에서 겸손한 다윗(131:1)

131:1. 다윗은 자신의 상태를 주님께 고백하며 다음과 같이 아뢴다. **여호와여 내 마음이 교만하지 아니하고**. 주님께 택함 받아 이스라엘의 왕이 되었고(참고. 삼상 16장), 이스라엘 백성에게 명성도 얻었지만(참고. 삼상 18:7) 다윗은 하나님 앞에서 겸손하다. 교만은 주님을 거스르는 일임을 아는 까닭이다(참고. 신 8:14; 대하 26:16; 사 9:9-10; 10:12-14; 호 13:6). 다윗은 자신이 겸손하다는 증거를 다음과 같이 제시한다. **내가 큰일**[불가해한 일, 덜 중요한 일]**과 감당하지 못할**[창 18:14에서처럼 '얻기 어려운'] **놀라운 일을 하려고 힘쓰지 아니하나이다**. 그는 자신에게 신적 능력이나 지식이 있다고 주장하지 않는다.

2. 주님을 의지하는 다윗(131:2)

131:2. 다윗은 주님만 의지하고 신뢰하겠다고 다짐한다. **내가 내 영혼으로 고요하고 평온하게 하기를 젖뗀 아이**, 곧 서너 살배기 아이가 **그의 어머니** 곁에 있는 것으로 만족하듯이 주님 앞에 있는 것으로 만족하겠다는 것이다(참고. 23편; 84:10).

3. 다윗이 이스라엘에게 주는 충고(131:3)

131:3. 마지막으로 다윗은 자신이 주님을 의지하고 있음을 얘기하다가 민족에게 충고하는 쪽으로 옮겨간다. **이스라엘아 지금부터 영원까지 여호와를 바랄지어다**(참고. 130:5, 7-8의 주석).

M. 시편 132편: 다윗의 언약을 확인하다

"성전에 올라가는 노래"에 대한 서론적 언급을 보라(시 120편 바로 앞부분에 있다). 이 시는 성전에 올라가는 노래들의 절정이라고 할 수 있다. 이 시를 쓴 이는 이스라엘의 미래에 대한 소망이 모두 다윗의 언약 성취에 달려 있다고 역설한다(1, 11-12, 17-18절; 삼하 7:8-17; 대상 17:7-15과 그 구절들의 주석을 보라). 다윗의 아들들은 영적 자격이 없어서 그 약속들을 성취하지 못했고(12절), 따라서 그 약속들은 그대로 남아 장차 오실 다윗의 뛰어난 자손, 즉 하나님의 언약을 성공적으로 수행할 메시아를 고대한다(Sailhamer, *NIV Compact Bible Commentary*, 344-345).

이 시의 내용은 다윗 언약의 세 가지 측면인 집/왕위/왕국을 중심으로 짜여 있다(삼하 7:2-16). 이 시는 "주님, 다윗을 기억하소서"라고 탄원하며 다음과 같은 일들을 이야기한다. (1) 하나님이 거하실 집을 짓고자 하는 다윗의 바람(2-10절). 하지만 주님은 다윗을 위해 집을 세우겠다고 말씀하신다. (2) 다윗의 왕위에 오를 왕을 주시겠다는 약속(11-12절). (3) 시온에 영원한 나라를 세우시겠다는 약속(13-18절).

이 시에는 솔로몬이 성전을 봉헌하면서 드린 기도에 나오는 것과 유사한 표현이 더러 있다(참고. 대하 6장). 따라서 이 시는 다윗 성에 있던 장막에서 솔로몬 성전의 내부 성소에 마련된 곳으로 언약궤를 "메고 올라가는"(시의 표제에 있는 '올라가는'과 어근이 같다) 중에 지어져 노래로 불렸을 것이다(왕상 8:4-6).

1. 다윗의 열심을 기억해달라는 요청(132:1-10)

132:1-2. 이 절들에서 시편 저자는 주님께 **다윗을 위하여**(참고. 10절) **그가 여호와께 맹세하며 야곱의 전능자에게 서원**한 것을 기억해달라고 탄원한다. 이것은 주님이 다윗과 세우신 언약을 기억해달라는 시적 외침이다(참고. 삼하 7:12-17의 주석). 주님이 다윗과

세우신 언약에는 다음 세 가지 측면이 있다. (1) 영원한 집/왕조, (2) 영원한 왕위/통치권, (3) 영원한 왕국/민족.

132:3-5. 이 부분을 보면 **여호와의 처소**를 **발견**하려는 다윗의 바람이 생각난다. 주님을 예배할 항구적인 **처소**인 성전을 지어, 더 이상 이동용 장막을 두지 않는 것이 그의 바람이었다.

132:6-9. 언약궤는 **에브라다** 지역의 기랏여아림 마을 **야알**(새번역)의 밭에 있었다(참고. 삼상 7:2). 그곳은 주님이 택하신 곳이었다(참고. 13-14절; 창 22장; 신 12:14; 삼하 24:18-25). 하지만 그곳에 성전을 건축하는 일은 다윗의 아들 솔로몬이 즉위할 때까지 연기된 상태였다(참고. 삼하 7:1-7; 대상 22:7-9). 다윗은 여호와께서 일어나 **주의 권능의 궤와 함께 평안한 곳으로 들어가**시기를 바랐다(8절; 참고. 대하 6:41). 그러면 **제사장들은 의를 옷 입고**[제사장들의 예복뿐만 아니라 그들의 영적 상태를 반영한 표현] **성도들은 즐거이 외칠** 것이다(참고. 16절). 주님은 다윗과의 언약에서 다윗의 집을 세우겠다고 약속하셨다.

2. 다윗의 언약을 기억해달라는 요청(132:10-18)

132:10-12. 시편 저자는 주님을 향한 다윗의 열심을 기억해달라고 간청한 뒤, 주님이 다윗에게 주신 응답, 곧 다윗과 하신 언약을 기억해달라고 청한다. 그는 주님께 **주의 기름 부음 받은 자의 얼굴**을 **외면하지 마옵소서**라고 간청한다. 그 이유는 다윗 혈통의 자손이 다스리게 될 것이라고 주님이 **다윗에게 맹세하셨기** 때문이다. 그래서 다윗은 자신이 받은 언약에 기초하여 또 하나의 청을 드린다. **주의 종 다윗을 위하여**(참고. 1절) 그의 **후손도 영원히 네 왕위에 앉으리라** 하신 말씀을 기억하소서. 다윗 가문 왕들의 승계는 다윗 때부터 바벨론 유수 때까지 계속 이어졌다. 그러나 바벨론에서 돌아온 뒤에는 메시아 예수가 오시어 예루살렘에서 다스리실 때까지 다윗의 자손이 왕위에 앉지 못했다(참고. 눅 1:68-79; 겔 37:24).

132:13-16. 주님은 다윗의 집을 택하신 동시에 시온도 예배와 통치의 중심지로 택하셨다[**여호와께서 시온을 택하시고**(참고. 2:6; 9:11)…**이는 내가 영원히 쉴 곳이라 내가 여기 거주할 것은**(13-14절; 참고. 신 12:4-14)]. 여기에서 시편 저자는 시온과 제사장직의 회복을 갈망한다(16절; 참고. 9절).

132:17. 다윗의 자손 메시아를 통해 영원한 나라를 세우시겠다는 주님의 약속에서 이 시의 종말론적인 면이 드러난다. 주님은 **내가 다윗에게 뿔이 나게 할 것이라**고 약속하신다. **뿔**은 일반적으로 힘과 위엄을 상징하지만(18:2; 89:17, 24; 92:10) 다니엘 7:7, 8, 24에서는 왕을 상징한다. 따라서 다윗의 뿔은 다윗의 집에서 나올 위엄을 갖춘 강력한 왕 혹은 메시아 왕을 상징한다. 이를 뒷받침하기 위해 동사 '나다'(문자적으로 '돋아나다')가 사용되었다. 이것은 다윗의 '가지'와 관련된 메시아 예언들을 암시한다(참고. 사 4:2; 렘 23:5; 33:15; 슥 3:8; 6:12의 주석). 주님은 **내 기름 부음 받은 자를 위하여 등**도 **준비하**신다. **등**은 상속인을 가리키는 은유이다(참고. 왕상 11:36, 어떤 사람에게 상속인이 없는 것을 가리켜 등이 꺼졌다고 한다). 이 절은 주님이 장차 다윗의 자손 메시아를 보내어 기름 부음 받은 왕 다윗의 궁극적 계승자가 되게 하시겠다는 약속이다.

132:18. 하나님은 메시아 왕을 대적하는 자들, 곧 주님의 **원수에게 수치**[심판을 암시한다, 참고. 2:4-12; 35:26; 109:29]**를 옷 입히**시는 반면에, **그에게는**, 즉 다윗의 뿔인 메시아 왕에게는 **왕관이 빛나게 하**실 것이다. 바벨론 유수에서 돌아온 후 다윗 가문의 왕이 없을 때 이 시를 노래로 부른 것은, 하나님이 다윗과의 언약을 지키시어 다윗의 자손 메시아 왕을 보내어 다윗의 왕위에 앉히실 것이라는 믿음의 선언이었다. 그것은 확실히 세례 요한의 아버지 사가랴가 고대하고 이해한 바였다. 그는 이렇게 예언했다. "주 이스라엘의 하나님이…우리를 위하여 구원의 뿔을 그 종 다윗의 집에 일으키셨으니"(참고. 눅 1:68-70).

N. 시편 133편: 완성된 예루살렘 주민들의 아름다운 연합

"성전에 올라가는 노래"에 대한 서론적 언급을 보라(시 120편 바로 앞부분에 있다). 시편 133편은 132편과의 관계 속에서 메시아가 출현하여 다윗의 언약을 성취하신 결과를 서술한다[연합함(1-3b절). 이 연합에는 남쪽 지파들과 북쪽 지파들의 재통일뿐만 아니라 시온(예루살렘)에서 흘러나오는 구원의 복(3c절)과 영생의 기쁨도 포함된다; Sailhamer, *NIV Compact Bible Commentary*, 345].

1. 연합의 아름다움(133:1)

133:1. 다윗은 서두에 등장하는 **보라**라는 표현을 사용하여 이어지는 중요한 사건에 주의를 환기시키고, 두 개의 형용사로 그 사건을 설명한다. 짝을 이루고 있는 **선한**이라는 말과 **아름다운**이라는 말은 성경의 다른 곳에서 하나님의 정체, 하나님이 주시는 것, 하나님이 백성에게 받으시는 예배를 기술할 때 사용되는 단어들이다(참고. 135:3; 147:1; 창 13:6; 36:7; 49:15; 욥 36:11). 성전에 올라가는 노래들이 메시아에게 초점을 맞추고 있음을 고려할 때(성전에 올라가는 노래들에 대한 서론적 언급을 보라. 시 120편 바로 앞부분에 있다), 형제의 연합은 몇 개의 암시를 지니고 있는 듯하다. 이를테면 미래에 그 땅은 지파로 나뉜 백성 전체를 부양하기에 충분한 결실을 맺어 거기에서는 영토 다툼이 없게 되리라는 것이다(참고. 겔 48:1-8). 이것은 메시아 때에 북 왕국과 남 왕국이 다시 통일되는 것을 가리킨다(참고. 겔 37:15-22). 좀 더 직접적으로는, 절기들을 기념하기 위해 예배하러 모여든 많은 이스라엘 사람들의 영적인 연합을 가리킨다. 이들은 예루살렘 성전에서 한 주님과 아버지께 함께 예배드려 왔던 사람들이다. 끝으로, 개인에게 적용할 경우 이 연합은 단지 유대인 내부만의 연합이 아니라 메시아 예수를 믿는 믿음으로 하나 된 유대인들과 이방인들의 영적 연합이기도 하다(참고. 사 19:23-25; 슥 14:16; 엡 3:11-16).

2. 연합의 복(133:2-3a)

133:2. 연합의 선함과 즐거움이 다음 두 가지 방식으로 그려지고 있다. 첫째, 이 연합은 성별하는 효과를 낸다. 그것은 **보배로운 기름이 아론의 수염에 흘러내리는** 것에 비유된다. 이는 연합의 거룩함, 또는 더 엄밀히 말해 연합하여 사는 사람들의 제사장적인 거룩함을 강조한다. 여기에서 **보배로운 기름**이란 특별한 종류의 기름을 가리킨다. 다른 용도에 쓰려고 바르는 보통의 기름이 아니라(참고. 전 9:8) 레위기 8:10-13에 기술된 대로 사용되는 값진 관유이다. 장막과 그 안에 있는 모든 것에 바른 다음, 아론의 머리에 부어 그를 성별하고, 대제사장으로 구별해 주는 기름이었다. 이 연합이 **아론의 수염에 흘러내리는** 기름과 같다는 것이다. 따라서 이 연합의 복은 민족에 미치는 성별 효과를 가리키고 있다.

133:3a. 둘째, 이 연합은 하나님의 백성에게 기운을 북돋아준다. 형제의 연합은 **헐몬산의 이슬**에 비유된다. 헐몬산(헤르몬산)은 이스라엘에서 가장 높은 산이다. 그 산의 정상은 늘 눈으로 덮여 있고, 그 아랫부분은 언제나 **이슬**이 풍부하다. 이슬은 기운차고 활기찬 생명을 상징한다(참고. 110:3; 호 14:5). 따지고 보면 이 물들은 **시온의 산**(참고. 2:6)에서 내려오는 물이다. 헐몬산을 타고 흘러내린 눈이 석회암층에 스며들어 요단강의 상류가 된다. 요단강은 이스라엘에 생명을 주는 동맥이나 다름없다. 이 이슬은 건기에도 이스라엘에 시원한 물과 원기를 공급한다. 마찬가지로 백성의 연합도 하나님의 백성에게 원기를 더해 줄 것이다. 시온을 이 영원한 복의 근원으로 언급한 것은, 특별히 하나님이 영원한 왕이요 그분의 백성에게 가장 좋은 것의 근원으로서 그곳에 계심을 암시한다(참고. 겔 43:7; 계 21:6, 23-24; 22:1-5, 17).

3. 영생의 복(133:3b)

133:3b. 이 시는 성경적인 복의 핵심을 언급하며 끝을 맺는다. 이 복에는 하나님이 에덴동산에서 함께 거닐기 위해 인간에게 복을 주셨을 때(참고. 창 1:28) 원래 의도하셨던 충만한 복의 경험이 함축되어 있다. 그 복은 다름 아닌 **영생**[온갖 선한 것을 구비한 영원한 생명]이다.

O. 시편 134편: 성전에 올라가는 마지막 노래—더 없는 복을 주신 주님을 찬양하라

"성전에 올라가는 노래"에 대한 서론적 언급을 보라(시 120편 바로 앞부분에 있다). 이 시는 성전에 올라가는 노래를 마무리하는 시로서 주님이 자기 백성에게 주시는 복을 강조하기 위해 같은 동사 '송축하라'(복을 주실지어다)를 (각 절에 한 차례씩) 세 차례 반복한다(같은 단어를 세 차례 반복 사용하는 것에 관해서는 시 86편과 110편에 대한 서론적 주석을 보라). 이 시는 천지를 지으신 주님을 시온에서 경배하는 모든 사람들에게 시온에서 오는 그분의 복을 바라라고 촉구한다. 성전에 올라가는 노래의 종결부에 등장하는 이 찬양 요청에 두 편의 시, 곧 시편 135편과 136편이 응답한다(Sailhamer, *NIV Compact Bible Commentary*, 345).

1. 송축(134:1)

134:1. 성전에 올라가는 노래 중에 마지막 노래인

이 시는 다음과 같은 경배 요청으로 시작된다. **보라**(참고. 133:1) **여호와의 종들아 여호와를 송축하라**. 주님에게서 '영생'의 보증(133:3b)과 함께 복을 받은 모든 사람은 마땅히 경배로 응답해야 한다. **여호와의 성전에 서 있는** 자들 가운데에는 성전에서 섬기는 레위 사람들이 반드시 포함된다. '서다'라는 단어는 그들의 성전 섬김을 기술하는 데 쓰는 전형적인 동사이기 때문이다(참고. 신 10:8; 18:5; 대하 29:11). 시의 문맥을 고려하고 이 시가 대단원임을 감안하면, 감사와 찬양으로 하나님을 예배하려고 성전을 찾은 모든 이스라엘의 예배자들과 순례자들도 **여호와의 성전에 서 있는** 자들에 포함된다. 예배가 **밤에** 거행된다는 언급은 이 예배가 부단히 이어짐을 강조한다. 이 예배는 성전에서 섬기는 레위 사람들만 드리는 것이 아니라(참고. 대상 9:33) 모든 이스라엘 사람들(예를 들어 눅 2:36-37에 등장하는 안나)이 드리는 예배이기도 했다. 경건한 이들이라면 너나없이 지상에 계신 하나님 앞으로 나아갈 의무가 있었다. 특히 순례 절기(유월절, 칠칠절, 초막절)에 그러했다. 초기 유대교 전승에 따르면, 포로기 이후에 건축된 제2성전 시기의 "순례 절기에는 동트기 전인데도 이스라엘 사람들이 성전 뜰(제사장이 아닌 유대인 남성 전용 '이스라엘의 뜰')을 가득 메우고 있었다"(Mishnah, *Yomah* i. 8).

2. 복의 근원(134:2)

134:2. 성전에서 섬기는 행위 중 가장 중요한 것은 예배였다. **성소**[문자적으로 '거룩함', '지성소'를 줄여서 이르는 말, 출 26:34]를 **향하여 너희 손을 들고 여호와를 송축하라** 혹은 여호와께 존귀와 찬양을 드려라. 특히 순례 절기에 사람들이 성전을 향해 예배드리든(참고. 왕상 8:30), 실제로 참석하여 예배드리든 그들이 성전에 초점을 맞추는 것은 성전 건물 자체 때문이 아니라 그 안에 계신 하나님 때문이었다. 하나님의 임재가 역사 속에서는 영광의 구름 가운데서 이루어졌지만(출 40:34-35), 미래에는 하나님의 아들 안에서 이루어질 것이다(참고. 겔 43:7; 계 21:22-27). 더욱이 하나님을 **향해** 두 손을 드는 것은 예배가 지닌 중요한 관계적인 측면을 강조한다. 이 예배는 그분의 자녀에게 가장 절박한 필요를 채워주실 수 있고, 기꺼이 그리하시는 하나님께 예배자들이 전적으로 복종하고 의지하는 것이 특징이다(참고. 시 28:2에 등장하는 "내가…나의 손을 들고"와 "내가 주께 부르짖을 때에 나의 간구하는 소리를 들으소서"의 대구법, 이것도 딤전 2:8에서 말하는 의미일 것이다).

3. 복의 전파(134:3)

134:3. 이 시는 주님을 사랑하는 이들에게 주님을 송축하라는 촉구로 시작하고, 다음과 같은 유사한 청으로 끝을 맺는다. **여호와께서 시온에서 네게 복을 주실지어다**(참고. 민 6:24). 이 시, 곧 성전에 올라가는 노래는 만복의 근원이신 **여호와**에게서 오는 복이라는 음표에 가장 잘 어울리게 끝을 맺는다. 말하자면 그분의 거처인 **시온**에서 복이 주어지리라는 것이다. 이것은 제1성전기와 제2성전기에 이루어진 일을 언급할 뿐 아니라 제3성전기에 강림하실 메시아의 시기와 그 후에도 계속 이루어질 일을 언급한 것이기도 하다. 앞서 다룬 성전에 올라가는 노래의 축약 보고인 이 절의 두 부분에 관해서는 시편 128:5a(134:3b)과 121:2b과 124:8b(134:3a)의 주석을 보라. 주님은 **천지를 지으신** 분으로 여겨진다. 이는 세계 창조주이자 지속자이신 그분의 주권을 암시하는 표현이다(참고. 121:1; 124:8; 146:6).

시편 135편: 이스라엘에 친절을 베푸신 하나님께 드리는 찬양

시편 135-136편은 찬양시로서 134편에 등장하는 경배 요청에 대한 응답으로 이 자리에 배치되었다. 시편 135편의 시인은 세계 창조와 그 속에 있는 모든 것의 통치(5-7절), 이스라엘을 애굽에서 구하여 이스라엘 땅에 정착시키신 일에서 드러난 하나님의 능력을 보며 하나님을 찬양하라고 촉구한다(8-21절; Sailhamer, *NIV Compact Bible Commentary*, 345).

A. 이스라엘을 택하신 하나님을 찬양하다 (135:1-7)

135:1-3. **할렐루야 여호와의 이름을 찬송하라**는 선포는 이 시의 중심이자 시편 134편에 어울리는 응답이다. 성전에 올라가는 노래(시 120-134편)에는 끼지 못했지만, 이 시는 **여호와의 집에 서 있는 여호와의 종들**(참고. 134:1)에게 건네는 권고로 앞의 시와 밀접하게 연결된다. **선하시며**와 **아름다우니라**는 형용사를 하나님께 붙인 것도 시편 133:1에서 하나님의 사람들에

게 붙인 두 형용사를 상기시킨다. 이것은 하나님의 백성이 '선하고 아름다운' 연합을 이룸은 하나님의 '선하고 아름다운' 본성에서 오는 것임을 암시한다.

135:4. 하나님을 찬양해야 하는 주요 이유는, 그분이 이스라엘을 자기 백성으로 택하셨다는 근본적 사실 때문이다. **여호와께서 자기를 위하여 야곱 곧 이스라엘을 자기의 특별한 소유로 택하셨음이로다**(참고. 신 7:6; 9:29; 시 105:6; 롬 9:4-5; 11:28). 이 단락의 나머지 부분은 하나님의 절대적이고 과분한 선택 덕분에 하나님의 백성이라는 정체성을 확립하게 된 이스라엘에 대한 하나님의 관심에 초점을 맞춘다.

135:5-7. 시편 저자는 하나님을 찬양해야 하는 또 다른 이유들을 다음과 같이 제시한다. (1) 하나님의 뛰어나심(**여호와께서는 모든 신들보다 위대하시도다**), (2) 하나님의 전능하심(**여호와께서 그가 기뻐하시는 모든 일을 행하셨도다**), (3) 생명의 창조자요 지속자이신 하나님의 주권(**안개를 일으키시며 번개를 만드시며 바람을 내시는도다**, 참고. 렘 10:13; 욥 28:25-26; 38:34-35; 슥 10:1).

B. 이스라엘을 지키신 하나님을 찬양하다 (135:8-14)

135:8-14. 하나님이 이스라엘을 지켜주셨다는 서술은 출애굽 강조로 시작하여 이스라엘이 약속의 땅을 정복하는 기간 내내 그분이 자기 백성을 돌봐주셨다는 서술로 이어진다. 하나님은 이스라엘에 대한 관심을 다음과 같이 표현하셨다. (1) **애굽** 사람들로부터(8-9절; 참고. 출 1-14장) **아모리인**과 **바산** 사람과(11a절; 참고. 민 21:21-35) **가나안의 모든 국왕**에(11b절) 이르는 이스라엘의 원수들을 치셨다. (2) 이스라엘에게 가나안 **땅**을(그리고 그 땅이 품은 모든 것을 그들의 생존을 위해) 영원한 **기업으로**[혹은 '소유'로] 주셨다(12절; 참고. 창 17:8; 시 105:8-11; 참고. 신 9:6). (3) **자기 백성을 판단하시**겠다(ESV, NIV, TNIV, HCSB, RSV의 '변호하시겠다'가 더 나은 번역이다)고 약속하시고, 자기 백성에게 **위로**를 베푸셨다. 즉, 깊은 관심과 주의를 기울이셨다(신 32:36에 나오는 '판단하다'와 '불쌍히 여기다'를 보라, 참고. 시 102:13; 106:46; 출 33:19; 34:6).

C. 이스라엘과 관계를 맺으신 하나님을 찬양하다 (135:15-21)

135:15-18. 주님은 진실로 하나님이시며, **사람의 손으로 만든 것**에 불과한 **열국의 우상**과 같지 않으시다. 이 부분은 시편 115:4-8과 유사하다(115:4-8의 주석을 보라).

135:19-20. 시편 저자는 일반 백성을 가리키는 **이스라엘**, 제사장인 **아론**과 **레위**, **여호와를 경외하는 너희** 모든 이들에게 주님을 **송축하라**고 권고한다(참고. 115:9-11과 그 구절의 주석).

135:21. 시는 **예루살렘에 계시는 여호와는 시온에서 찬송을 받으실지어다**라는 요청과 함께 끝난다(참고. 128:5; 132:13-14과 그 구절의 주석).

시편 136편: 하나님의 인자하심을 기리는 최고의 찬양

이 시도 시편 134:1의 찬양 요청에 대한 응답이다. 시편 136편에서 찬양의 중심은 스물여섯 절 각각에서 언급되는 주님의 인자하심이다. 성경의 어느 절 가운데 이 시만큼 이 표현이 반복되는 곳도 없다. 인자하심은 하나님이 이제까지 인류를 위해 행하신 온갖 선을 함축하고 있는 신적 속성이다(참고. 5:7과 그 구절의 주석). 이 시의 구성은 다음과 같다. 창조주 하나님의 위대하심(4-9절), 하나님이 이스라엘을 애굽에서 구해내심(10-16절), 하나님이 이스라엘 백성에게 이스라엘 땅을 공급하심(17-22절; 시 135편의 구조와 유사하다). 이 시는 다음과 같이 되풀이되는 표현을 중심으로 구성된 전례 시이다. "그 인자하심이 영원함이로다."

A. 모든 인자하심의 근원이신 하나님을 찬양하다 (136:1-3)

136:1-3. **여호와께 감사하라 그는 선하시며**라는 서두의 요청과 시의 나머지 부분은 창조주요(4-9절) 이스라엘의 구속자이신(10-25절) 주님께 바치는 찬양의 예문(禮文)이다. 찬양의 중심은 주님의 **영원**한 **인자하심**에 있다(참고. 5:7과 그 구절의 주석; 대상 16:41; 시 100:5; 107:1). 주님은 유일신, **신들 중에 뛰어난 하나님**, **주들 중에 뛰어난 주**이시다(참고. 신 10:17).

B. 창조 세계에 인자하심을 드러내신 하나님을 찬양하다 (136:4-9)

136:4-9. **큰 기이한 일들을 행하시는** 하나님이라는 표현은 그분의 분명한 구원 활동을 암시한다(9:1; 40:5의 주석을 보라). 하나님은 창조주이시다. 시편 저자

는 하나님이 창조 주간의 둘째 날부터 넷째 날까지 지으신 장엄한 작품들을 강조한다. **하늘**, **땅**, **큰 빛들**[**해**, **달**], **별들**. 이것들이 인간에게 주는 명백한 유익에 더하여, 4절에서는 **큰 기이한 일들**[*nifla'ot*, 니플라오트]을 행하시는 하나님을 언급함으로써 이것들의 창조에서 드러난 하나님의 인자하심이 얼마나 '선한'지 암시한다. **큰 기이한 일들**은 특히 이 천체들의 창조(참고. 창 1:14의 주석)와 관련하여 하나님의 분명한 구원 활동을 가리키는 용어이다(9:1; 40:5의 주석을 보라).

C. 이스라엘에 인자하심을 베푸시는 하나님을 찬양하다(136:10-24)

136:10-15. 하나님은 이스라엘 백성을 원수들로부터 구원하시어 그들에게 자신의 **인자하심**을 입증하셨다. 구원의 역사적인 회고는 그들을 **애굽** 사람들에게서 구해내신 일, 특히 유월절 밤에 **애굽의 장자**를 치신 일과 **홍해**에서 **바로**를 엎드러뜨리신 일과 함께 시작된다(10, 13-15절; 참고. 출 1-14장).

136:16-22. 시편 저자는 계속해서 역사를 회고한다. 주님은 자기 **백성을 인도하여 광야를 통과하게 하셨다**(참고. 출 3:18; 15:22). 주님은 그들이 여러 **큰 왕들**로부터 승리를 거두게 하시고(17-18절), **아모리인의 왕 시혼**과 **바산의 왕 옥**에게서도 승리를 거두게 하시며(19-20절; 참고. 민 21:21-35), 가나안 사람들로부터도 승리를 거두게 하셨다. 주님은 가나안 사람들의 **땅**을 이스라엘에게 영원한 **기업**[혹은 '유산']**으로 주셨다**(21-22절; 참고. 창 13:14-15; 17:8; 신 6:22-23; 시 105:8-11).

136:23-24. 이 두 절은 **우리를 기억해주신 이**(참고. 출 2:24)라는 표현이 암시하듯, 이스라엘을 애굽에서 구해내신 일에서 드러난 인자하심의 전체 범위를 요약 반복한다. 역사를 회고하는 일은 포로기 이후로 이어져 그분이 **우리를 건지셨**다고 표현한다. 이것은 출애굽을 표현하는 말이 아니다. **건지셨다**를 의미하는 이 동사형은 성경의 다른 곳에서, 민족이 아직 포로 생활에서 건짐 받지 못했음을 언급하는 예레미야애가 5:8에서만 '구출/구조'의 의미로 사용되기 때문이다. 따라서 그것은 다음의 사실을 말한다. "하나님이 **우리를** 포로 생활에서 **건지셨다**."

D. 인자함의 근원이신 하나님을 궁극적으로 찬양하다(136:25-26)

136:25. 시편 저자는 창조주요 **모든 육체에게 먹을 것을 주시**는 지속자 하나님을 한 번 더 찬양하며 끝을 맺는다(4-9절과 유사하다). 하나님이 먹을 것을 주시는(여기에 쓰인 동사는 지속적인 활동을 암시한다) 모든 육체란 인간과 동물을 의미한다(참고. 동물에게 주신 예는 창 6:17; 7:21; 시 147:9, 인간에게 주신 예는 시 145:15).

136:26. 시는 시작할 때와 마찬가지로 마칠 때에도 **감사하라**고 권고한다. 하지만 여기에서는 주님을 **하늘의 하나님**으로 기술한다. 상당히 보기 드문 이 신적 칭호는 구약성경의 이스라엘 역사 내내 나타난 하나님의 초월적 **인자하심**을 상기시킨다. 이 **인자하심**은 이삭에게 영적 · 지리적 장애를 극복하고 경건한 신부를 마련해주시는 모습으로(창 24:3, 7), 경멸받는 이방 사람들에게는 자연적 · 민족적 장애를 넘어 구원을 베푸시는 모습으로(욘 1:9), 그분의 백성들에게는 정치적 · 영적 장애를 극복하고 그들의 땅으로 귀환시키시는 모습으로(스 1:2; 5:11-12; 6:9-10; 7:12, 21; 느 1:4-5; 2:4, 20; 대하 36:23) 나타났다. 이 시에서 그 칭호를 사용한 것은 저작 시기가 포로기 이후임을 암시한다. **하늘의 하나님**이라는 칭호의 대다수는 포로기 이후에 사용되었다.

시편 137편: 시온에서 하나님의 원수가 승리함을 탄식하다

포로들의 이 슬픈 노래는 바벨론에서 포로 생활을 하는 유대인들이 시온을 떠올리던 상황을 회고하고(1-6절), 마지막 연은 저주로 마친다(7-9절). 시편 137편은 바벨론 유수와 관련하여 시편 120편과 함께 '북엔드' 역할을 한다. 이는 시편 137편이 성전에 올라가는 노래에 속하지는 않지만, 성전에 올라가는 노래에 속한 시들, 곧 이스라엘의 궁극적 회복과 구원이 주제인 시들(사실상 시 121-134편)을 바벨론 유수(시 120, 137편)를 배경으로 이해해야 한다는 것을 암시한다. 바벨론 포로 귀환은 이스라엘을 궁극적으로 구원하시겠다는 모든 약속의 최종 성취는 아니었다. 하지만 그것은 하나님이 아브라함과 다윗에게 하신 약속들을 장차 모두 지키실 것이라는 소망을 안겨주었다(Sailhamer, *NIV Compact Bible Commentary*, 345).

A. 예루살렘 정복을 슬퍼하다(137:1-3)

137:1-3. 이 음울한 시는 포로 생활의 비애를 상기시키며 시작된다. **우리가 바벨론의 여러 강변 거기에 앉아서 시온을 기억하며 울었도다**. 이 비애는 (1) 그들이 **시온**을 기억할 때 일어났다. 예를 들어, 바벨론에 정복되기 전의 예루살렘과 이스라엘이 물질적으로 찬란했을 뿐만 아니라 하나님의 현현 장소로서 더욱 그랬던 것이 이제는 파괴되었음을 기억한 것이다(참고. 2:6; 9:11의 주석). (2) 또한 유대인 포로들이 자신들을 **사로잡은** 이교도들, 자신들을 **황폐하게 한 자**들의 조롱과 요청을 받고서 본의 아니게 **기쁨**을 표현하고 **시온의 노래 중 하나를 노래**할 때(3절) 비애가 솟구쳤다(시온의 노래들에는 시 48편과 87편과 같은 것이 있다. 이 시들 각각의 표제에는 '노래'라는 표현이 붙어 있다).

B. 예루살렘이 여전히 중심임을 단언하다(137:4-6)

137:4. 포로들은 자신들을 사로잡은 자들의 노래 요청, 곧 "시온의 노래 중 하나"(3절)를 부르라는 요청에 어떻게 반응했는가? 그들은 다음의 수사적인 질문으로 응대했다. **우리가 이방 땅에서 어찌 여호와의 노래를 부를까**. 그들은 당연히 이교도들을 즐겁게 하기 위해 주님을 예배하는 신성한 노래를 부를 수는 없었을 것이다.

137:5-6. 이 부분은 시의 핵심이다. **예루살렘아 내가 너를 잊는다면, 내가 예루살렘을 기억하지 아니하거나 내가 가장 즐거워하는 것보다 더** [예루살렘을] **즐거워하지 아니**한다면, 심판이 나에게 떨어져 **내 오른손은** 불구가 되고 나는 말 못하는 자가 될 것이다. 예루살렘을 기억하겠다는 결심은 이스라엘의 참된 왕이신 하나님, 시온을 자신의 권좌로 택하신 하나님을 예배하는 것으로 표현되었다(참고. 2:6; 9:11). 이 주장은 이스라엘이 포로 생활을 할 수밖에 없었던 이유를 보여준다. 비록 하나님을 섬기지 않는 민족에 의해 포로로 끌려가기는 했지만, 그것은 그들이 하나님을 궁극적 권위자로 인정하지 않은 것, 즉 우상숭배(겔 20:27-32)와 땅의 안식과 관련해 하나님의 명령을 준수하지 않은 것(대하 36:21)으로 요약되는 잘못에 대한 하나님의 징계 조치였다.

C. 시온의 적들에게 내릴 공정한 심판을 상상하다 (137:7-9)

137:7-8. 이 마지막 연에 등장하는 저주는 이스라엘의 원수들을 향한 것이다. **에돔**은 이스라엘에 대한 오랜 증오의 역사를 가지고 있었고, 예언자들은 에돔을 이스라엘 원수들의 전형, 주님께 심판받을 후보로 묘사한다(참고. 사 63:1-4; 렘 49:7-22; 겔 25:8, 12-14; 35; 옵 1장). 바벨론 사람들이 **예루살렘**을 칠 때, 그들을 지원한 이가 이스라엘의 이웃 에돔이었다. 그때 에돔은 이렇게 말했다. **헐어버리라 헐어버리라 그 기초까지 헐어버리라**. 예루살렘에 대한 에돔의 냉혹함은 전례가 없는 것이었다(옵 1:11-14). 이 시는 **딸 바벨론**의 멸망도 요청한다. 이 표현은 예루살렘을 멸망시키고 그 잔인함으로 심판받게 될 제국을 의인화한 것이다(참고. 렘 51-52장과 그 구절의 주석).

137:9. 이런 행위와 태도 때문에 이스라엘의 이 원수들은 하나님의 필연적이고 공정한 진노 아래 놓였다(참고. 렘 30:11; 50장). 시편 저자는 7-8절에서 신적 심판의 실행을 간청한다. 그러면서 충격적인 진술로 끝을 맺는다. **네 어린 것들을 바위에 메어치는 자는 복이 있으리로다**. 그러나 이 진술은 소돔과 고모라와 그 모든 주민들의 멸망처럼 충격을 주려는 의도로 한 말이다(창 19:25). 하나님이 야만스럽고 호전적인 성품을 지니셨을 것이라고 추정하여 한 말이 아니라 그분의 완전한 거룩함과 정의를 드러내기 위해 그렇게 말한 것이다(참고. 계 18:1-19:4, 서론에 있는 저주시에 관한 주석을 보라). 하나님이 야만스러운 성품을 지니셨을 것이라고 추정한다 해도 바벨론 자녀들의 가차 없는 멸망을 바라는 것은 특히 가혹한 처사인 듯하다. 아마도 시편 저자는 문자적 의미에서 **어린 것들**을 말한 것이 아니라 바벨론의 후손 전체, 즉 "악한 어미 바벨론"(Alden, *Psalms: Songs of Discipleship*, 3:85)의 모든 시민을 말했을 것이다.

시편 138편: 하나님의 성실하심을 기리는 감사 찬송

시편 138편은 시편의 말미 언저리에 배치된 다윗의 시(참고. 시 2-3편의 표제) 여덟 편 가운데 첫째 편이다. 이 시들의 주제는 언약을 꼭 지키시겠다는 하나님의 약속에 대한 다윗의 신뢰를 재차 단언한다. 이 시들은 유대인들이 악인들의 치하에서 괴로움을 겪고 있을 때 쓰인 것 같다. 다윗 자신과 유대인 집단의 바람을 강조하면서, 하나님이 특히 다윗의 언약과 관련해 친히 하신 약속을 모두 이루실 것을 계속 믿으라고 격려한다. 따라서 메시아 대망을 말하는 시라고 할 수 있다(Sailhamer, *NIV Compact Bible Commentary*, 346).

시편 138편에는 이사야(참고. 사 40-60장)에 등장하는 복의 예언과 유사한 내용이 다수 들어 있다. 70인역 사본들 중 일부는 이 시를 학개 및 스가랴의 시대와 연관 짓는다.

A. 하나님의 성실하심과 능력을 찬양하다(138:1-3)

138:1-3. 다윗은 **내가 전심으로 신들 앞에서 주께 찬송하리이다**라고 단언한다. **신들**이라는 표현은 다음 세 가지를 의미할 수 있다. (1) 천사들, 즉 70인역이 읽는 것처럼 하나님 앞에 있는 초자연적 존재들을 가리킬 수 있다(참고. 8:5). (2) 인간 통치자들을 가리킬 수도 있다(참고. 82:1). (3) 거짓 신들일 수도 있다. 성전에서 드리는 예배가 배경임을 감안하면 첫 번째 의미가 가장 그럴듯하다. 하나님의 **성전을 향하여 예배하**는 것에 관해서는 134:2의 주석을 보라. 하나님의 **이름**을 언급한 것은 그분의 속성과, 그분이 자기를 알리려고 과거에 행하신 모든 일을 요약한 것이라고 할 수 있다(참고. 5:11; 20:5; 23:3; 31:3). 다윗은 하나님이 자신을 사울에게서 구출하면서(참고. 57:3; 삼상 22:1; 24:3) 보이신 **인자하심**(참고. 5:7의 주석)과 **성실하심**(2절; 참고. 43:3의 주석)을 찬양한다. 진리인 하나님의 **말씀**(참고. 시 119:160)과 그분의 속성을 요약하는 그분의 **이름**은 밀접한 관련이 있다.

B. 땅의 모든 민족들아, 하나님을 찬양하라(138:4-6)

138:4-6. 이 부분은 **세상의 모든 왕들**, 그들이 대표하는 이방 민족들이 **주께 감사**하게 되는 때를 고대한다. 이방인들이 찬양해야 하는 이유는 그들이 **주의 입의 말씀을** 듣고, 이스라엘과 함께 주님을 알고 예배하게 되었기 때문이다(참고. 사 19:24-25; 56:7; 엡 2:13-18). 이방 민족들 가운데 구속받은 이들과 이스라엘 백성은 **여호와의 도를** 함께 **노래**하게 될 것이다(참고. 계 5:9-10; 시 2:10-12; 22:27-31; 68:32). 다윗은 하나님이 영적인 것도 공급하신다는 생각을 다음과 같이 표현한다. **여호와께서는 낮은 자를 굽어 살피시며**(6절). '굽어 살피시며'로 번역된 동사는 하나님을 주어로 할 때 사용되는데, 가장 필요한 것을 헤아려 공급하심을 의미한다(4:6의 주석을 보라).

C. 장래에도 성실하실 하나님을 찬양하다(138:7-8)

138:7-8. 다윗은 시편 23편에서 그랬듯이 주님에 대한 신뢰를 표현한다. **내가 환난 중에 다닐지라도**(참고. 시 23편과 그 구절의 주석). **주의 손을 펴사**라는 표현은 **내**[다윗의, 확대해서 말하면 이스라엘의] **원수들의 분노**에 대한 하나님의 심판을 가리킬 때 자주 쓰는 표현이다(참고. 출 7:5; 15:12; 사 5:25; 렘 51:25). 다윗은 다음과 같이 신뢰에 찬 단언으로 끝을 맺는다. **주의 오른손이 나를 구원하시리이다**(참고. 20:6; 60:5; 118:25), **여호와께서 나를 위하여 보상해 주시리이다**(참고. 57:2). **주의 손으로 지으신 것**(참고. 100:3), 곧 하나님의 백성을 **버리지 말아달라**는 다윗의 간청은 신명기 31:6의 약속을 암시한다.

시편 139편: 주님의 임재를 구하는 다윗의 찬양

이 시의 표제 **다윗의 시**에 관해서는 시편 138편의 서론을 보라. 시편 139편은 다윗이 138편에서 분명하게 표시한 믿음을 좀 더 충분히 탐색하면서, 다윗에게 믿음을 불러일으킨 하나님의 구체적인 속성들을 제시한다(Sailhamer, *NIV Compact Bible Commentary*, 346).

A. 하나님은 일상의 경험 속에 계신다(139:1-12)

139:1-6. 다윗은 하나님의 전지하심(모든 것을 아심)과 편재하심(언제나 어디에서나 항상 계심)을 찬양하면서 매우 개인적인 시를 시작한다. **여호와여 주께서 나를 살펴보셨으므로 나를 아시나이다**(개인적 친분을 표현한다). 그런 다음 하나님이 **내가 앉고 일어섬을**(참고. 신 6:7, 매 순간 이루어지는 그의 삶을 의미한다), 즉 그의 실생활을 추상적으로가 아니라 친밀하게 아신다고 단언한다. 그는 주님이 **나의 앞뒤를 둘러싸시고 내게 안수하셨**다고 말한다(5절). 안수는 복의 부드러운 접촉을 의미한다(참고. 48:14).

139:7-12. 다윗은 하나님이 징계의 순간에도 여전히 함께하신다고 확신하며 위로를 얻는다. **내가 주의 영을 떠나 어디로 가며 주의 앞에서 어디로 피하리이까. 스올과 바다**라는 표현이 요나의 경험과 유사하다(참고. 욘 2:2-3; 시 49:14-15).

B. 하나님은 주권적으로 개인의 존재를 계획하신다 (139:13-16)

139:13-16. 다윗이 주님을 의지하는 까닭은 주님이

그를 수태에서부터 출산 때까지 지으셨기 때문이다. **주께서 내 내장을 지으시며 나의 모태에서 나를 만드셨나이다.** 다윗은 자신이 **기묘하**게(혹은 '신에 의해') 지어졌음을 알아차린다. '기묘하게'라는 표현은 성경에서 하나님의 정체와 그분이 하시는 일을 가리킬 때 쓰는 표현이다(참고. 119:121-128). **땅의 깊은 곳에서**(15절)란 어떤 장소가 아니라 자궁을 가리키는 시적 표현이다. 다윗은 주님이 자신의 생을 모태에서부터 설계하셨을 뿐만 아니라 그가 살아갈 날의 수도 정확하게 알고 계신다고 말한다. **나를 위하여 정한 날이 하루도 되기 전에 주의 책에 다 기록이 되었나이다**(16절). 이 절은 사람의 실제 생명이 자궁에 있으므로 마땅히 보호해야 한다는 점을 강하게 지지한다.

C. 하나님은 영원한 길로 인도하실 수 있는 분이다 (139:17-24)

139:17-18. 다윗은 주님이 자신에 관해 알고 계신 모든 것을 개관하면서 외친다. **하나님이여 주의 생각이 내게 어찌 그리 보배로우신지요**(참고. 36:7; 40:5). 다윗은 하나님이 자신을 돌봐주신다고 믿고 위로와 격려를 받는다. **내가** [나를 향한 주의 생각들을] **세려고 할지라도 그 수가 모래보다 많도소이다.** 주님의 생각은 헤아릴 수 없다. **내가** 잠잘 때에도 **깰 때에도 여전히 주와 함께 있나이다.**

139:19-22. 다윗은 주님을 깊이 사랑한 나머지 하나님을 거역하는 일체의 것을 싫어한다. 그리하여 주님을 거스르는 모든 자에게 저주를 내려달라고 요구한다. **하나님이여 주께서 반드시 악인을 죽이시리이다 주의 원수들이 주의 이름으로 헛되이 맹세하나이다**(참고. 출 20:7). 이 시에서 다윗은 골리앗과 싸울 때 그랬던 것처럼 **주를 치러 일어나는 자들을 싫어하고 미워**한다(21절; 참고. 삼상 17:26, 45-47). 서론의 '시편의 유형'에 있는 저주시에 관한 주석을 보라.

139:23-24. 이 시는 처음과 마찬가지로 다윗을 살피고 아시는 하나님을 인정하며 끝난다. 다윗은 하나님의 거룩한 기준을 지키겠다고 다짐하는 동시에 자신의 동기와 복종이 미흡하다는 것도 안다. 그래서 하나님께 다음과 같이 청한다. **내게 무슨 악한 행위가 있나 보시고**(참고. 17:3-5), **나를 영원한 길**[하나님의 '곧은' 길(참고. 27:11)]**로 인도하소서.**

시편 140편: 악인들에게 탄압 당할 때 드린 기도

이 시의 표제 **다윗의 시**에 관해서는 시편 138편의 서론을 보라. 이 시는 악하고 난폭한 사람들(참고. 139:19-22)에게 핍박 받는 의인 다윗의 성품을 계속 이야기한다. 이 시는 다음과 같이 세 부분으로 구성되어 있다. (1) 주님의 도우심을 청한다(1-8절). (2) 악인들에게 복수해주실 것을 청한다(9-11절). (3) 주님의 정의를 신뢰한다(12-13절).

A. 주님의 도우심을 청하다(140:1-8)

140:1-3. 악인들을 죽여 하나님의 영광을 지키려는 열심의 속편이라도 되듯이(참고. 139:19-22) 다윗은 주님께 간청한다. **악인에게서 나를 건지시며 포악한 자에게서 나를 보전하소서.** 여기에서 **포악한**[문자적으로 '폭력', 하마스(*hamas*)라는 단어의 복수형]으로 번역된 단어는 악이 특징인 폭력을 의미한다(참고. 11:5의 주석). 이 악인들은 **마음속으로 악을 꾀하고, 싸우기 위하여 모이는** 자들이다. 그들의 혀는 **뱀같이** 날카롭다(독한 거짓을 말한다, 참고. 57:4; 64:3). **그 입술 아래에는 독사의 독이 있나이다**(3절)라는 표현은 악담을 가리키는 것으로서, 유대인들과 헬라인들이 모두 죄 아래 있음을 강조하기 위해 로마서 3:13에 인용되기도 했다. 다윗은 이방인들뿐만 아니라 유대인들도 여기에 포함됨을 내다보았을 것이다.

140:4-5. 다윗은 **여호와여 나를 지키사 악인의 손에 빠지지 않게 하시며**라고 기도하면서, 악인들이 그를 잡으려고 쳐놓은 **올무, 그물, 함정**에 빠지지 않게 해달라고 청한다.

140:6-8. 다윗은 자신의 믿음을 진술한다. **주는 나의 하나님이시니, 내 구원의 능력이신 주 여호와여**(참고. 3:2; 18:1-3). 그는 과거에 하나님이 **전쟁의 날에 그의 머리를 가려주신** 것을 떠올린다. 그러고는 하나님에 대한 믿음을 근거로 그분의 보호를 간청한다. **여호와여 귀를 기울이소서 악인의 소원을 허락하지 마소서**(6, 8절).

B. 악인들에게 복수해주실 것을 청하다(140:9-11)

140:9-11. 다윗은 하나님께 악인들의 계획이 **그들을 덮게** 해달라고, 즉 그들의 악한 **머리**를 떨어뜨려달라고 간청한다(9절). 모르드개를 매달려고 악한 꾀를 내던 하만이 그렇게 되었다. 모르드개를 매달려고 설치

한 교수대에 하만 자신이 매달린 것이다(참고. 에 6-7장). **악담**이라는 단어는 '악한 음모'로 번역하는 것이 더 낫다. 그는 주님께 "악인들의 소원"을 허락하지 마시어 그들이 '스스로를 높이지'(혹은 사 52:13에서처럼 '높이 들리거나 존귀하게 되지') 않게 해달라고 청한다. 이것은 각 사람이 스스로를 높이지 않게 해달라는 청이자 악이 일반적으로 조장되어 사회가 타락하지 않게 해달라는 청이기도 하다. 악인에 대한 심판에는 **숯불이 그들 위에 떨어지며**, 그들이 **불 가운데 빠**지고, **깊은 웅덩이에 빠**지는 것도 포함된다. 이것은 주님의 심판을 가리킬 때 이따금 사용되는 이미지들이다(참고. 21:9; 97:3; 사 1:31; 26:11; 36:12). 서론의 '시편의 유형'에 있는 저주시에 관한 주석을 보라.

C. 주님의 정의를 신뢰하다(140:12-13)

140:12-13. 탄식하고, 한탄하고, 저주하며, 청원하는 다윗 시의 전형답게 이 시는 말미에서 긍정적이고 확신에 찬 어조를 띤다. **내가 알거니와 여호와는 고난 당하는 자를 변호해 주시며**. 이것은 하나님이 이생에서가 아니라면 내세에서라도 확실히 그리해 주시기를 고대하는 표현이다. 그때가 되면 **정직한 자들이** 하나님 **앞에서 살**게 될 것이다(참고. 시 1:5-6과 11:7b의 주석).

시편 141편: 하나님의 보호하시는 인도를 간청하다

이 시의 표제 **다윗의 시**에 관해서는 시편 138편의 서론을 보라. 시편 141편은 140편과 유사하게 악인들에게서 지켜달라는 청을 주제로 담고 있다. 그러나 이 탄식시는 외부의 적들보다는 내적인 고투에 대해 다룬다. 다윗은 다시 한 번 (시 140편에서처럼) 스스로를 악인들의 손아귀에서 고통을 겪거나 자신의 의를 이루기 위해 씨름하면서 하나님을 성실하게 의지하는 사람의 전형으로 제시한다.

A. 악행을 멀리하도록(141:1-4)

141:1-2. 다윗은 절박하게 간청하며 시작한다. **속히 내게 오시옵소서 내가 주께 부르짖을 때에 내 음성에 귀를 기울이소서**(내게 필요한 것을 가능한 가장 좋은 방법으로 채워주소서. 2절에 있는 같은 뜻의 표현, 곧 "나의 기도가…분향함과 같이 되며"라는 표현이 이를 암시한다). 그는 예배 시간에 **분향**하는 것처럼 기도를 바치고(참고. 출 30:8; 눅 1:10; 계 5:8), **저녁 제사같이** (참고. 출 29:41) **손을 든다**(참고. 28:2; 63:4; 119:48; 134:2).

141:3-4. 여기에서는 다음과 같이 청하는 기도가 이어진다. (1) **여호와여 내 입에**[내 입술의 문에] **파수꾼을 세우소서**. 이것은 순수한 말을 하게 해달라는 기도이다(참고. 19:14). (2) **내 마음이 악한 일**을 바라지 않게 하소서. 이것은 유혹으로부터 지켜달라는 기도이다(참고. 119:36). (3) **죄악을 행하는 자들과 함께 악을 행하지 말게 하소서**. 이것은 악한 영향에서 지켜달라는 기도이다(참고. 1:1; 잠 1:8-19; 13:20).

B. 악행을 꾸짖도록(141:5-7)

141:5-7. 다윗은 경건한 친구들, 곧 **사랑**['헤세드', 5:7의 주석을 보라]**의 매로**(새번역) 그를 치는 **의인**들의 훈계와 질책을 받는다. 관계를 통한 하나님의 인도하심이 확대되는 대목이다. 그의 의로운 동료들은 참된 우정의 징표로 그를 위해 그를 **책망**한다(참고. 잠 3:11-12; 27:6). 그 결과는 **머리의 기름** 같은 재충전일 것이다(참고. 23:5; 133:2). 그는 의인들의 우정과 제재를 달게 받는 한편, 악인에 맞서기 위해 **항상 기도**한다(참고. 140:9-11). 그는 불의한 **재판관들이 바위**에 **내려 던져져** 죽게 해달라고 악인들을 저주한다(참고. 대하 25:12). 서론의 '시편의 유형'에 있는 저주시에 관한 주석을 보라.

C. 행악자들에게서 벗어나도록(141:8-10)

141:8-10. 다윗은 **주 여호와여 내 눈이 주께 향하며**(참고. 25:15; 123:2)라고 선언하면서 자신이 하나님께 절대적으로 의지하고 있음을 강조한다. 하나님께로 **피하**기와 원수의 **올무**와 **함정**에서 벗어나기라는 이 시의 결론은 시편 140:4-5과 유사하다(이 구절의 주석을 보라).

시편 142편: 구원을 바라는 기도

이 시의 표제 **다윗의 마스길**에 관해서는 시편 138편의 서론과 시편 17편 및 32편의 표제에 대한 주석을 보라. 이 시는 **다윗이 굴에 있을 때**를 배경으로 한다. 이 굴은 아둘람 굴(삼상 22:1-5) 또는 엔게디 광야의 야생 염소 바위 사이에 있는 굴을 가리킨다(삼상 24:1-7). 두 사건 모두 다윗이 사울의 지독한 질투심을 피해 달아났던 초기에 일어난 일들이다. 이 시는 주위의 다른 시들(특히 시 140편과 141편)과 마찬가지로 악인의 손아귀에서 고통을 겪을 때 흔들림 없이 하나님께 의지함을 주제로 한다(Sailhamer, *NIV Compact Bible Commentary*, 347).

A. 주님께 담대히 원통함을 토로하다(142:1–6)

142:1–2. 다윗은 일종의 예배 행위로서 **소리 내어 여호와께 부르짖으며** 자신의 **원통함을** 하나님 **앞에 토로한다**(참고. 77:3; 102편). 그리할 때 하나님이 기꺼이 귀기울이시고 조치하셨음을 확인했기 때문이다. 그는 하나님께만 자신의 **원통함**[자신의 상황을 탄식함]을 털어놓고 있다(참고. 합 1:1-17).

142:3–4. 원통함의 구체적인 내용은 다음과 같다. 그의 **영이 상함**, 원수들이 **그를 잡으려고 올무를 숨김**, **피난처**가 없음, 그의 **영혼을 돌보는 이도 없음**. 이러한 상황 속에서 다윗은 위험과 절망, 외로움을 느낀다(참고. 38:11; 140:4-5).

142:5–6. 다윗은 계속 청원하면서 다음과 같이 선언한다. **주는 나의 피난처시요**(참고. 17:7; 27:13; 73:26; 91:2, 9의 주석) **살아 있는 사람들의 땅에서 나의 분깃이시라**(참고. 16:5; 73:26과 그 구절들의 주석).

B. 구원의 동기가 되는 하나님의 영광을 단언하다(142:7)

142:7. 다윗은 주님께 **내 영혼을 옥에서 이끌어내**소서라고 청한다. **옥**이라는 표현은 문자 그대로 감옥이라는 뜻이 아니라 그의 상황, 곧 굴에 갇혀 있음을 서술하는 시적 표현이다. 그가 모든 고통에서 구해달라고 청하는 이유는 개인의 위로와 평안을 얻기 위해서가 아니라 하나님의 **이름**에 **감사하기** 위해서이다. 말하자면 하나님이 상황을 해결해주셔야 다윗이 (1) 하나님이 정하신 대로 장막에서 제물을 드려 예배를 할 수 있다는 것이다(사울에게 쫓기는 몸으로는 그리할 수 없기 때문이다). (2) 하나님께 또 다시 확실한 구원을 받음으로 그분을 찬양할 이유가 늘어난다는 것이다. 그뿐 아니라 자기를 두른 **의인들**과 함께하는 은혜를 경험할 수 있다는 것이다(참고. 140:13).

시편 143편: 인도와 구원을 바라는 기도

이 시의 표제 **다윗의 시**에 관해서는 시편 138편의 서론을 보라. 표제에 명기되어 있지는 않지만, 70인역은 이 시의 시점이 다윗이 아들 압살롬을 피해 예루살렘에서 도망칠 때라고 밝힌다(삼하 15-18장). 이 고백 시는 참회시들 중 하나이다(참고. 6, 32, 38, 51, 102, 130편). 악인들에게 고통당하고 있어도(140-142편) 의인들은 이 시의 본을 따라 하나님의 말씀을 묵상하고(5절), 성령 하나님의 인도하심을 구하면서(10절) 그분의 뜻대로 행하려고 노력하는 것이 중요하다(Sailhamer, *NIV Compact Bible Commentary*, 347).

A. 현재에 도움을 간청하다(143:1–4)

143:1–4. 다윗은 **기도**를 시작하면서 하나님께 자신의 말이 들을 만해서가 아니라 하나님의 **진실**과 **의**에 기초하여 자신의 말을 들어달라고 간청한다. 이처럼 영적으로 정직하고 신중한 자기 성찰의 자세는 "(하나님의) 마음에 맞는 사람"(삼상 13:14의 주석을 보라) 다윗의 특징 중 하나로서 2절에서도 계속된다. 말하자면 자신이 현재 **원수**들에게 받는 핍박(3절)은 **심판**(사 9:7에서처럼 정의를 의미하는 일반 용어) 또는 징계의 표현일 수 있다는 것이다. **살아 있는 어느 누구도**(새번역, 다윗의 원수도, 다윗 자신도) 하나님의 **눈앞에서는**[문자적으로 '주 앞에서는', 즉 하나님과 비교하면] **의롭지 못하다**(2절, 새번역). 하나님만이 참된 의의 척도이시며, 그분 앞에서는 이사야 같은 선지자도 즉시 자신이 부정하다고 고백할 수밖에 없었다(사 6:3-5; 참고. 전 7:20; 롬 3:23).

B. 과거의 도움을 기억하다(143:5–6)

143:5–6. 다윗은 하나님의 성실하심을 떠올린다. **내가 기억하고**라는 표현은 과거에 경험한 하나님의 성실하심을 막연히 아는 것 그 이상의 의미이다. 그것은 하나님이 출애굽을 기억하거나 기념하게 하신 것처럼(참고. 출 12:14) 특정한 사건과 관계있다. **옛날 주의 모든 행하신 것, 주의 손이 행하는 일**과 하나님이 언약에 성실하심을 보여주는 가장 생생한 예 가운데 하나인 출애굽 사이에는 상당한 유사성이 있다(참고. 44:1-2과 그 구절의 주석). 다윗이 이러한 일들을 회상하는 이유는, 그가 주님이 행하신 모든 일을 **읊조리고**, 토라에 기록된 그분의 말씀까지 읊조리기 때문이다(참고. 77:12; 119:27). 다윗은 주님이 그의 **영혼으로** 하여금 **마른 땅 같이 주**를 사모하게 하심을 아는 까닭에(참고. 42:1-4) 자신이 하나님의 성실하심을 의지한다고 말한다. 주님은 족장들을 통해 이스라엘에게 하신 약속을 지키셨듯이 다윗에게 하신 약속을 지키신다(삼하 7:8-16). 하

나님을 **향해 손을 펴는** 행위의 의미에 관해서는 시편 134:2의 주석을 보라.

C. 즉시의 도움을 간청하다(143:7-12)

143:7-9. 다윗은 구원이 **속히** 이루어지기를 바란다. 그는 바라는 바를 다급하게 줄줄이 청하면서 도움이 필요하다고 외친다. **주의 얼굴을 내게서 숨기지 마소서 나로 하여금 주의 인자한 말씀을 듣게 하소서 내가 다닐 길을 알게 하소서 나를 건지소서.**

143:10-12. 이 모든 것을 통해 다윗은 자신이 하나님을 의뢰하고 있음을 밝히면서(8절) 하나님께 다음과 같이 청한다. **주는 나의 하나님이시니 나를 가르쳐 주의 뜻을 행하게 하소서.** 다윗이 가장 중시하는 것은 자신이 당하고 있는 핍박이 사라지거나 원수들이 전멸하는 것이 아니라, 하나님의 영광이 **주의 이름을 위하여** 그의 생에 나타나는 것이다. 이런 이유로 그는 (2절에서 보듯이) 하나님의 징계가 필요함을 인정하면서도 이제 그만 징계를 끝내달라고 청하고("주의 얼굴을 내게서 숨기지 마소서", 7절), 동시에 **나는 주의 종이니이다**라고 대담하게 말한다(12절; 참고. 116:16).

시편 144편: 하나님의 포괄적인 공급하심

이 시의 표제인 **다윗의 시**에 관해서는 시편 138편의 서론을 보라. 다윗은 시편 140-143편(이 시들의 서론을 보라)에 나오는 것과 유사한 주제를 계속 제시하다가, 하나님이 그분의 백성을 구하러 오셔야 한다는 절박함과 종말론적 의식을 표출한다(5-8절). 이 시는 주님이 그분의 원수들로부터 승리를 거두시고, 메시아가 오시어 세상을 통치하실 것이라는 소망을 반영하고 있다(참고. 단 7:14과 합 3:3-6과 그 구절들의 주석을 보라; Sailhamer, *NIV Compact Bible Commentary*, 347).

A. 개인을 돌보시는 하나님(144:1-4)

144:1-4. 다윗은 **여호와를 찬송하리로다**(103:1의 주석을 보라)라고 운을 뗀 뒤, 자신과 하나님의 친분이 깊고 포괄적임을 강조하면서 소유격 대명사가 두드러진 다음과 같은 표현들로 하나님을 묘사한다. **나의 반석**(18:46의 주석을 보라), **나의 사랑**(5:7의 주석을 보라), **나의 요새**(31:3의 주석을 보라). 3-4절에서 다윗은 하나님의 친밀한 사랑과 관심을 숙고하면서 기도의 초점을 자신뿐만 아니라 일반 사람들에게 확대하여 맞춘다. 그는 하나님이 한낱 인간과 친밀한 관계(**알아주시고**의 의미, 시 1:6의 주석을 보라)를 맺으시는 이유를 궁금해한다. 물론 이 궁금증에 대한 암묵적 대답은 다음과 같다. 하나님은 거룩하고 의롭고 공평한 분인 동시에 자비롭고 은혜로우며 사랑이 많으신 분이기 때문이다.

B. 보호해주시는 하나님(144:5-11)

144:5-11. 주님이 최종 통제권을 갖고 계신 까닭에 시편 저자는 다음과 같이 말한다. **여호와여 주의 하늘을 드리우시고 주의 손을 펴사 나를 구하여 건지소서**(5, 7절). 이 단락에서 다윗은 하나님의 역할을 인정하면서 그분이 이스라엘을 지키고 이스라엘의 군사적 성공을 결정하신다고 말한다. 다윗은 평생토록, 즉 즉위하기 전 사울에게 쫓기던 시절(삼상 23:2, 10-12; 30:8)뿐만 아니라 즉위한 뒤 이스라엘을 이끌며 원수들과 맞서 싸우던 시절(특히 삼하 5:19, 23-24을 보라)에도 하나님의 절대적 주권을 아로새긴 사람이었다. 이스라엘의 원수들은 이사야 8:7에서처럼 **큰물**의 이미지로 표현된다(7절). 이것은 원수들의 수적 우위와 군사적 용맹을 강조하는 표현이자, 다윗이 자신과 자신의 백성을 **건지**시는 하나님을 의뢰할 수밖에 없음을 강조하는 표현이기도 하다(124:4-5의 주석을 보라). 초기 유대교 전승(타르굼 시편)의 증언에 따르면, **해하려는 칼**(10절)이라는 표현도 성경에서 하나님과 그분의 백성에 적대하는 이방 세력을 가리킬 때 사용하는 상징이다.

C. 생명을 지속시켜주시는 하나님(144:12-15)

144:12-15. 이 단락에서 다윗은 자기 백성의 육체적·물질적 필요를 공급하시는 하나님의 지속적인 관심을 간청하며 다음과 같이 다양한 시적 이미지를 동원한다. (1) **우리의 젊은 아들들이 장성한 나무들**처럼 굳세게 하소서. (2) **우리 딸들이 궁전의 모퉁잇돌들**처럼 강하고 아름답게 하소서. (3) **우리의 곳간**(창고)이 **가득**하게 하소서. (4) **우리의 양** 떼가 다산하여 **천천과 만만으로 번성하**게 하소서. (5) **우리의 수소**가 무사히 송아지를 배게 하소서. (6) **우리 거리에는 슬피 부르짖음이 없**게 하소서. 즉 이 나라에 평화가 자리하게 하소서. 시는 **백성은 복이 있나니**(참고. 2:12; 33:12과 그 구절들의 주석)라는 선언을 두 차례 반복하면서 끝난다.

시편 145편: 하나님의 이름을 송축하는 세 가지 이유

이 시의 표제 **다윗의 찬송 시**에 관해서는 시편 138편의 서론을 보라. 이 시는 아크로스틱 시 구조이다. 각 절은 히브리 알파벳의 연속되는 자음으로 시작한다. 하지만 열네 번째 자음(*nun*, 눈)이 빠져 있다. 이는 시를 세 연으로, 각 연을 일곱 절로 구성하기 위함이다.

시편에 실린 다윗의 시들 중에서 마지막인 이 시에서 다윗은 하나님을 찬양하고, 백성에게도 주님을 찬양하라고 호소한다. 그는 하나님의 능력(1-7절), 친절하심(8-13절), 성실하심(14-21절)에 초점을 맞추어 하나님을 찬양한다. 시편 145편의 중요한 요소는 다윗이 마음속에 그리는 나라의 범위이다(11-13절). 그 나라를 다윗과 그의 아들들이 다스리는 나라와 동일시해선 안 된다. 그 나라는 주님이 세우고 다스리실 메시아 왕국이다. 그 나라는 다윗의 뛰어난 자손이 이스라엘과 뭇 나라들을 다스리실 때 영원히 지속될, 문자 그대로 물리적이고 지정학적인 나라이다(Sailhamer, *NIV Compact Bible Commentary*, 348). 이것이야말로 하나님을 찬양하기에 가치 있는 주제이다!

A. 하나님의 능력(145:1-7)

145:1-7. **왕이신 나의 하나님이여 내가 주를 높이**고라는 표현이 이 시의 분위기를 잡는다. 다윗이 서두에서 표명한 **영원히 주의 이름을 송축하리이다**가 시의 말미에서 되풀이되면서 시 자체의 주제를 강조한다. 다윗은 1절에서 **주의 이름**을 언급함으로써 자신이 하나님의 구원 행위와 승리(영적 승리와 육적 승리, 20:5; 창 11:4; 12:2의 주석을 보라)에 기초한 그분의 명성에 특별히 초점을 맞추고 있음을 암시한다. 하나님은 이스라엘뿐만 아니라 일반 세계의 진정한 왕이시라는 다윗의 단언에 관해서는 137:4-6의 주석을 보라.

이 연에서는 '하나님은 위대하시다'는 생각이 특별히 두드러진다. 다윗은 '위대한'이라는 단어를 세 차례 사용하여 이를 지지한다(3절, **여호와는 위대하시니 그의 위대하심을 측량하지 못하리로다**; 6절, **나도 주의 위대하심을 선포하리이다**). 다윗이 언급하는 **주의 존귀하고 영광스러운 위엄**과 하나님의 **기이한 일**들(5절)에 관해서는 시편 9:1과 40:5의 주석을 보라.

B. 하나님의 친절하심(145:8-14)

145:8-14. 이 연은 주님의 **은혜로우시**고 **긍휼이 많으**신 속성과 장엄한 통치를 강조한다. 하나님의 이름(명성)의 영광이 그분의 나라에 임하는데, 특별히 다음과 같은 모습으로 나타난다. (1) 그분이 다스리시는 전역에 미치는 **영광**(11-12절)과 **영원**함(13절). (2) **업적**[문자적으로 '군주의 능력', 11b, 12a절]과 **통치**['주권', 13b절]를 의미하는 지배 자체. 이 통치는 통치자이신 하나님과 마찬가지로 **은혜**롭고 **긍휼이 많으**며(8절, 참고. 9절에 등장하는 '긍휼') **노하기를 더디 하고 인자함이 크다**(8절, **인자하심**에 관해서는 5:7의 주석을 보라). (3) 하나님 나라의 '시민'인 성도들(문자적으로 '헤세드를 받는 사람들'). 시편에서 이 하나님 나라의 주안점은 다윗 자신을 넘어선다. 그래서 **주님이 하시는 말씀은 모두 다 진실하다**(새번역)고 말했을 때, 그는 하나님의 영원한 나라가 세워져 다윗의 자손 메시아의 다스림을 받으며 **대대에 이르기**를 고대하고 있다(참고. 사 9:6-7; 눅 1:33; 계 11:15).

C. 하나님의 성실하심(145:15-21)

145:15-21. 다윗은 마지막 연에서 하나님이 지금 그리고 장차 그분 나라의 백성에게 인자하심을 베푸시는 특별한 방법들에 초점을 맞춘다. 그때가 되면 **모든 사람의 눈이 주를 앙망**할 것이다. 하나님은 그들이 생명을 유지하는 데 필요한 것을 **때를 따라**(즉 그분의 영광에 어울리게) 공급하시고(15절), 그들의 **소원을 만족하게 하시**고(16, 19절, 특히 그분 자신의 소원과 일치할 때), 그들에게 **가까이 하시**고(18절), 그들을 **구원하**신다(19절).

끝으로, 하나님은 그들을 **보호하**신다('보전하신다', '지키신다', 20절). 이것은 그들이 하나님 나라 시민권을 인정받고 자신들의 믿음을 통해 그것을 행사하고 표현하는 순간부터 하나님이 그 권리를 영원히 옹호하신다는 뜻이다(참고. 요 10:28-29; 롬 8:38-39).

시편 146-150편: 시편의 결론

이 마지막 다섯 편은 한 벌로서 하나님의 영광을 기리는 장대한 찬양의 행렬이다. 이 시들은 하나의 독특한 단위가 되도록 구성되었는데, 이를 암시하기 위해 다섯 편 모두 "할렐루야"(여호와를 찬양하라)로 시작하고 끝맺는다. "여호와를 찬양하라"는 동일한 권고는 각 시가 하나님 찬양에 초점을 맞추고 있음을 암시한다. 이 다섯 편의 시를 시편 145편과 함께 매일 아침 전례의 일부로 음창하는 관습이 초기 유대교 전통 안에서 확립되어 지금까지 계속되고 있다(바벨론 탈무드 샤바트 118b; 마세케트 소페림 xviii. 1). 다섯 편 모두 표제를 달고 있지 않아 한 벌이라는 점을 더 잘 보여주지만, 70인역은 처음 세 편을 포로기 이후의 선지자 학개와 스가랴의 작품으로 추정하고, 마지막 두 편은 저자 미상으로 남겨둔다.

시편의 마지막 부분에 위치한 이 시들은 주제 면에서 연결되어 있다. 시편 146편은 창조에서 드러난 하나님의 능력(6절), 자기 백성을 향한 하나님의 인자하심(7-9절), 하나님이 시온에 세우겠다고 다윗에게 약속하신 나라(10절) 등 시편 전체를 관통하는 다수의 주제를 담고 있다. 특히 시편 147편은 바벨론 유수 이후에 이스라엘을 그들의 땅으로 돌려보내시고(2-6절), 그들에게 말씀을 전하신 데서(19-20절) 드러나는 하나님의 지속적인 돌보심에 주목한다. 시편 148편의 저자는 피조물에게 하나님을 찬양하라고 시적으로 요구한다. "그가 그의 백성의 뿔을 높이셨으니"(14절; 시 132:17의 주석을 보라). 시편 전체의 문맥에서 보자면, 이 구절은 이스라엘을 구하고 지켜줄 다윗의 후손을 가리키는 표현이다(시 110:7을 보라). 시편 149편은 하나님을 찬양할 필요성을 강조한다. 그분이 장차 은혜로운 손길로 이스라엘을 회복시켜주시고(1-4절), 이스라엘의 원수들을 정복하실 것이기 때문이다(5-9절).

시편 150편은 시편의 결론이 되기에 적합하다. 이 시에서 하나님은 성소에 계시면서(1절) 자기 백성이 부르는 찬양을 받으신다(3-6절). 그 분위기는 종말론적 설정으로 이해하면 가장 좋을 분위기로서 다니엘 7:27 및 요한계시록 4장과 유사함을 보인다(Sailhamer, *NIV Compact Bible Commentary*, 348). 영원토록 하나님을 따라다닐 찬양을 일별하면서 시편을 마무리하는 것이 참으로 적절하지 않을 수 없다.

A. 시편 146편: 영원히 주님을 찬양하라

1. 하나님 찬양(146:1–2)

146:1–2. 이 시의 정점은 하나님 찬양에 있다. 이것을 암시하려고 **여호와를 찬양하라**[최상급 강조 표현, 17:3의 주석을 보라]는 권고가 처음 두 절에서 세 번이나 반복된다. 주님을 찬양하는 행위는 **나의 생전에, 나의 평생에** 내내 지속된다.

2. 하나님의 능력(146:3–6)

146:3–6. 시편 저자는 찬양을 요구하고 나서 이스라엘에게 다음과 같이 권고한다. 죽을 수밖에 없는 **귀인들을 의지하지 말며 도울 힘이 없는 인생도 의지하지 말지니**(참고. 118:8의 주석). **야곱의 하나님을 자기의 도움으로 삼는 자는 복이 있도다**라는 표현은 시편 1:3과 2:12의 주제, 즉 **여호와 자기 하나님에게 소망을** 둠으로써 얻는 복을 반영하고 있다. 이 복은 하나님의 말씀과 다윗의 미래의 자손 안에 계시된 복이다. 5절에 등장하는 **복이 있도다**라는 표현은 문자적으로 '행복하다'이며 고유한 영적 행복이나 기쁨을 가리킨다. 그러한 사람은 신뢰와 소망을 인간 지도자에게 두기보다는 하나님께 두는 것을 원칙으로 삼는다. 주님은 인간과 달리 그분의 무한한 능력(**여호와는 천지를 지으시며**)과 성실하심(**영원히 진실함을 지키시며**)으로 신뢰를 받으신다(참고. 115:15; 계 14:7).

3. 하나님의 공급하심(146:7–10)

146:7–9. 시편 저자는 하나님이 관심을 기울여 자기 백성에게 공급하시는 것들을 곰곰이 생각한다. 그분은 정의(**억눌린 사람들을 위해 정의로 심판하시며**), 양식(**주린 자들에게 먹을 것을 주시는**), 자유(**갇힌 자들에게 자유를 주시는도다**), 치유(**맹인들의 눈을 여시며**), 회복(**비굴한 자들을 일으키시며**), 보호(**나그네들을 보호하시며**), 돌봄(**고아와 과부를 붙드시고**), 도덕적 정의(**악인들의 길은 굽게 하시는도다**)를 공급하신다.

146:10. 시는 다음과 같은 말로 절정에 이른다. **시온아 여호와는 영원히 다스리시고 대대로 통치하시리로다**. 이 표현은 메시아 왕국의 도래를 암시한다. 이 왕국은 메시아가 시온에서 **영원히 다스리**실 때에 나타날 것이다(참고. 겔 43:7-8; 슥 14:9-11; 계 21:2-4).

B. 시편 147편: 예루살렘을 돌보시는 주님을 찬양하라

서론에 관해서는 '시편 146-150편: 시편의 결론'을 보라. 시편 147편의 초점은 이스라엘을 향한 하나님의 성실하심이다. 이 성실하심은 예루살렘을 돌보심 및 친히 택하신 성의 미래와 관계있다. 이 시는 탄식이 단 한 줄도 없는 찬미이다.

1. 예루살렘을 세우신 주님을 찬양하라(147:1–6)

147:1–2. 주님을 찬양하는 것은 **선하고 아름다운** 일이다(유사한 시적 표현인 이 두 단어의 용법에 관해

시

서는 133:1의 주석을 보라). 시편 147편은 146:6-10의 주제를 연장하여 하나님이 이스라엘에 다양하게 표현하시는 관심을 개관한다. 이스라엘은 그러한 관심에 찬양으로 응답해야 한다. 연이은 개관 속에서 시편 저자는 **여호와께서 예루살렘을 세우**신다고 단언한다. 이것은 그분이 실제로 도시를 세우신다는 뜻이 아니라 마지막 날에 그 도시를 세워서 평화롭게 하신다는 뜻이다(참고. 89:4; 사 62:10-12). **이스라엘의 흩어진 자들을 모으시며**라는 표현이 이를 암시한다. 이 표현은 마지막 때에 이루어질 메시아 왕국 약속들과 관련이 있다(참고. 사 11:12; 56:8; 겔 39:27-28). 바벨론 귀환은 이스라엘 백성이 뭇 나라에서 이스라엘 땅으로 다시 모이는 것의 시연이었을 뿐이다(참고. 사 11:12; 겔 36:22-28).

147:3. 주님은 예루살렘을 자비롭게 돌보시는 일로 마땅히 찬양받으셔야 한다. **상심한 자들을 고치시며**라는 표현은 주님이 자기 백성을 압제와 곤경에서 구하여 위로하시는 행위를 가리킨다. 주님은 메시아 시대에 그리하실 것이다(참고. 사 61:1). **그들의 상처**[문자적으로 '슬픔']**를 싸매시는도다**라는 표현은 메시아 시대에서 나온 또 다른 이미지이다(참고. 사 30:26; 53:4; 렘 30:17).

147:4-6. 주님은 그분의 주권으로 마땅히 찬양받으셔야 한다. **그가 별들의 수효를 세시고 그것들을 다 이름대로 부르시는도다**(참고. 창 15:5; 사 40:26). **우리 주는 위대하시며 능력이 많으시며**(참고. 47:2; 48:1; 95:3; 96:4), **그의 지혜가 무궁하시도다**. 주님은 그분의 능력과 힘에 근거하여 찬양받으실 만하다. 또한 주님은 약속을 지키시고, **겸손한 자들을** 돌보시며, **악인들을** 멸하시는 까닭에 우리가 의지할 수 있는 분이시다.

2. 날마다 돌보시는 주님을 찬양하라(147:7-11)

147:7-9. 감사함으로 여호와께 노래하는 것은 좋은 일이다. 주님은 **땅**을 다스리신다. **구름**과 **비**와 **산**의 언급이 이를 암시한다. 그분은 모든 필요를 채워주시고, 모든 **들짐승**[육지 동물 일반을 가리킨다]과 **까마귀**[새의 한 예]에게까지 먹을 것을 주신다.

147:10-11. 주님은 **말의 힘이 세다 하여 기뻐하지 아니하시며**(참고. 20:7; 33:16), **사람의 다리가 억세다 하여 기뻐하지 아니하**신다(참고. 18:33; 암 2:14-15). 이것은 군마와 군인을 가리키는 표현인데, 다음의 문장이 이를 암시한다. **여호와는 자기를 경외하는 자들과**(참고. 시 34:8-14) **그의 인자하심을 바라는 자들을**(참고. 5:7의 주석) **기뻐하시는도다**. 하나님은 스스로를 의지하는 자들을 기뻐하지 않으시고, 하나님을 예배하고 신뢰하는 이들을 기뻐하신다.

3. 예루살렘아, 주님을 찬양하라(147:12-20)

147:12. 예루살렘 시온은 명령을 받는다. **예루살렘아…시온아 네 하나님을 찬양할지어다**. 유대인들의 상징인 예루살렘은 주님과 유일무이하고 특권적인 관계를 맺고 있다(참고. 20절; 9:11과 그 구절들의 주석을 보라).

147:13-14. 이 부분은 하나님이 예루살렘을 돌보심을 강조한다. 그분은 **네 문빗장을 견고히 하시고**(참고. 87:2), 안전을 제공하시고, **너의 자녀들에게 복을 주시**고, **평안하게 하**시고(참고. 29:11), 번영을 주시어, 그 땅에서 **아름다운 밀**을 나게 하신다.

147:15-18. 하나님은 예루살렘을 돌보고 전체 기후를 감독하시며(참고. 33:14; 104:4-5), **명령을 땅**['에레츠', 종종 이스라엘을 가리키는 표현으로 사용된다]**에 보내시고**, **눈**과 **서리**와 **우박**과 **추위**를 주시며, **추위를 녹이는 온기**와 **바람**과 **물**을 주신다.

147:19-20. 주님이 백성들에게 주신 이 선물들 가운데 가장 중요한 것은 그분의 말씀이다(참고. 119; 138:2). **그가 그의 말씀을 야곱에게 보이시며**(참고. 14:7의 주석), **그의 율례와 규례를 이스라엘에게 보이시는도다**(참고. 신 6:4-9; 31:9-14; 33:3-4; 롬 3:1-2; 9:4-5). 유대인들은 주님이 택하신 민족으로서 주님과 특별한 관계를 맺고, 그들을 향한 주님의 성실하심은 한이 없다(참고. 렘 31:35-37). **그는 어느 민족에게도 이와 같이 행하지 아니하셨나니 할렐루야**.

C. 시편 148편: 온 땅아, 주님을 찬양하라

서론에 관해서는 '시편 146-150편: 시편의 결론'을 보라. 시편 148편에서 저자는 하나님이 그분의 모든 피조물에게 마땅히 찬양받으셔야 함을 강조한다. 이 시는 하늘(1-6절), 땅(7-12절), 그분의 백성, 곧 이스라엘(13-14절)이라는 독특한 세 관할지로 구성되어 있다.

1. 하늘에 있는 것들아, 주님을 찬양하라(148:1-6)

148:1-6. 핵심어는 **찬양**이다. 이 용어가 이 단락에

서만 아홉 번이나 사용되고 있다. 이 단락은 하늘에서 여호와를 찬양하는 것에 관심을 기울인다. 저자는 하나님이 활동하시는 **하늘**(1a절, 첫 번째 관할지)과 관련해 다음과 같이 가장 높은 곳에서 가장 낮은 곳으로 이동하되, 먼저 **높은 데**(1절)서부터 시작한다. **높은 데**는 하나님이 거주하시는 "셋째 하늘"(고후 12:2)이자 **그의 모든 천사들**[2절에서 그의 **군대**로 설명된다]이 거주하는 곳이다. 그런 다음 **하늘의 하늘**[4절, 지구 대기권 밖의 우주로서(4a절) **해**와 **달**과 모든 **별들**을 포함하는 곳이다]을 언급하고 마지막으로 하늘(여기에서는 **위에 있는 물들**, 곧 구름으로 묘사된다)을 언급한다. 이 세 하늘을 채우는 것들은 모두 하나님을 찬양하지 않으면 안 된다. 하나님이 **그것들을 세우셨**기 때문이다.

2. 땅들아, 주님을 찬양하라(148:7-12)

148:7-10. **땅에서 여호와를 찬양하라**에 이 단락의 핵심 사상이 담겨 있다. 사람이 아닌 **땅**의 요소들에게 주님을 찬양하라고 명령한 것은 의인법으로서 그것들에 인간의 감정적 특성을 부여한다. 주님이 자신이 지은 만물로부터 마땅히 찬양받으셔야 함을 주장하려는 것이다(참고. 150:6). 시편 저자는 육지의 가장자리에 있는 물(**용들**, 곧 '피조물들'이 사는 곳. 창 1:21의 주석을 보라)에서 시작하여 **심연**(새번역)으로 이동한다. 심연에는 대양뿐만 아니라 호수와 강도 포함된다(참고. 출 15:5). 그런 다음 시편 저자는 땅에 영향을 미치는 생명 없는 것들 곧 **불**, **우박**, **눈**, **안개**, **광풍**을 열거하고, 땅을 덮는 지형과 식물들, 곧 **산들**, **작은 산**, 나무를 열거한 다음(참고. 사 55:12), 동물들 곧 **짐승**, **가축**, **기는 것**, **나는 새**를 열거한다(참고. 89:11; 90:1-2; 96:11-12; 113:6; 136:5-6).

148:11-12. 이 부분은 모든 백성, 인간 권력자들 곧 **왕들**, **고관들**, **재판관들**, 모든 연령의 사람들, 곧 **노인**, **아이들**에게 주님을 찬양하라고 호소한다.

3. 이스라엘 백성아, 주님을 찬양하라(148:13-14)

148:13-14. 시는 **그의 이름**, 곧 주님의 이름이 **홀로 높으시**다고 말하며 절정에 이른다(참고. 출 15:1, 21; 삼하 22:47; 시 18:46; 108:5; 슥 14:9, 16). 그러고는 주님과 **그의 백성**의 관계에 초점을 맞춘다(참고. 147:19-20). 하나님이 **그의 백성** 이스라엘 가운데서 행하신 일과 관련하여, 시편 저자는 하나님이 자기 백성에게 기울이신 지속적 관심과 그에 따른 이스라엘의 찬양 의무를 다음과 같은 방식으로 강조한다. (1) 하나님이 **백성의 뿔을 높이셨**다고 단언한다(14절, 즉 그들에게 힘을 주셨다. 17:3; 74:5의 주석을 보라). 이 뿔은 "다윗의 뿔"(132:17; 눅 1:69), 곧 메시아에게서 드러난 힘을 가리킨다. (2) 그들을 **성도**[문자적으로 '헤세드를 받는 자들', 시 97:10을 보라]로 언급한다. (3) 그들을 **그를 가까이하는 백성**이라고 묘사한다. 이 표현은 신명기 4:7의 암시로서 하나님과의 관계에 기초하여 그분께 다가가는 것을 의미한다. 하나님은 이스라엘과 맺은 약속의 성취로 메시아 예수를 보내셨고, 각 유대인과 이방인들은 그분을 통해 죄 사함과 영생에 다가가게 되었다.

D. 시편 149편: 온 이스라엘아, 주님을 찬양하라

서론에 관해서는 '시편 146-150편: 시편의 결론'을 보라. 이 찬양시는 이스라엘이 메시아 왕국의 설립을 경축하는 것에 초점을 맞춘다. 그때가 되면 시온은 복구되고, 이스라엘의 원수들은 정복될 것이다. 시편 149편은 2편의 내용을 반영하고 있다.

1. 왕을 뵙고 즐거워하는 이스라엘(149:1-5)

149:1-3. 시편 148편에서 만물에 맞추어졌던 주 찬양의 초점이 이 시의 서두에서는 이스라엘과 시온으로 한정된다. 시편 저자는 이스라엘과 시온을 **지으신 이로 말미암아 즐거워하며**(참고. 95:6), **그들의 왕으로 말미암아 즐거워**하라고 촉구한다(2:6; 145:1). **그의 이름을 찬양하**는 것은 그분의 탁월한 명성을 찬양하는 것이다(참고. 23:3; 31:3과 그 구절들의 주석). 그들은 **춤추며 소고와 수금으로 그를 찬양**해야 한다(참고. 150:1-5). **성도**라는 표현이 이 시에서 세 차례 등장한다(1, 5, 9절). 이스라엘에는 언제나 성도 가운데 남은 자가 있었다(예를 들어 왕상 19:18). 하지만 이 시와 이어지는 시의 초점은 궁극적으로 미래를 향하고 있다. 그때가 되면 **시온의 주민**[온 이스라엘]이 **그들의 왕**[메시아 예수, 슥 12:10과 롬 11:26의 주석을 보라]으로 **말미암아 즐거워**하게 될 것이고, 그때 비로소 메시아 예수의 나라가 세워질 것이다.

149:4-5. 주님은 인간을 지으시고(참고. 창 1:27) 이스라엘을 사랑하여 그들을 자기 기업으로 택하셨다

(참고. 신 7:7-8; 시 100:3). 따라서 **여호와께서는 자기 백성을 기뻐하시**는 것이 당연한 일이다(참고. 22:3; 147:11). 주님은 애정을 기울여 돌보시는 까닭에 **겸손한**['비천한', 참고. 시 147:6] **자**들, 곧 그분을 전적으로 의뢰하는 이들을 **구원으로**(참고. 3:8; 18:46; 24:5) **아름답게 하실**('꾸며주실', 참고. 사 61:3) 것이다. 물론 **성도**(1절)는 주님의 태도와 활동(4절)을 생각하여 **영광 중에 즐거워하고 침상에서 기쁨으로 노래**해야 할 것이다.

2. 이스라엘의 원수들을 심판하실 주님(149:6-9)

149:6-9. 백성은 자신들의 **입에는 하나님에 대한 찬양**을 담는 동시에 신적 보복을 수행하여, **두 날 가진 칼**로 주님의 원수들이자 그분의 백성 이스라엘의 원수들인 이교 **뭇 나라에 보수하**지 않으면 안 된다. 마지막 날에 이 일이 일어나고(참고. 사 34장; 렘 46:10-12; 미 5:7-15), **기록한 판결**, 곧 성경에 기록된 대로 최후 심판이 일어날 것이다(사 45:14-17; 슥 12:6-9; 시 110:3, 5-7). 다윗이 주님의 명성에 영광 돌리기 위해 골리앗을 죽였듯이(삼상 17:1-47) 이 심판은 **그의 모든 성도에게 영광**이 될 것이다.

E. 시편 150편: 대 할렐루야

서론에 관해서는 '시편 146-150편: 시편의 결론'을 보라. 이 마지막 시는 대 할렐루야로서 제5권의 결론이자(참고. 41:13; 72:18-19; 89:52; 106:48) 시편 전체의 정점을 이룬다.

1. 성소에서 주님을 찬양하라(150:1-2)

150:1-2. 시편 저자는 하나님께 찬양을 드리라는 최종적이고 단호한 권고로 시편을 마무리한다. 하나님 찬양이 이루어지는 곳은 **그의 성소**[문자적으로 지성소를 의미하는 '거룩한 곳', 혹은 그의 "높은 성소"(시 102:19, 즉 '셋째 하늘'). **그의 권능의 궁창**(하늘, 창 1:7-8)과 나란히 쓰여 이를 암시한다]이다. 따라서 찬양을 드리는 장소는 지상의 성전일 뿐만 아니라 하나님의 천상 성소이기도 하다.

2. 음악과 춤으로 주님을 찬양하라(150:3-5)

150:3-5. 3-5절에서 이 찬양에 수반된 악기, 즉 소고와 수금을 열거한 것은 구약 전체에 걸쳐 다음의 악기들을 포괄하는 찬양이 하나님께 드려졌음을 암시한다. 창세기 4:21에 가장 먼저 언급된 "수금과 퉁소", 시편 149:3에 언급된 "춤…소고와 수금"(참고. 미리암과 이스라엘의 여인들, 출 15:20), 귀환한 포로들의 찬양을 반주한 "자바라(새번역), 제금, 수금"(스 3:10; 느 12:27)이 그것이다. 즐거운 찬양에 쓰이는 이 악기들은 메시아 왕국에서 기뻐하는 가운데 마음껏 연주될 것이다(참고. 사 35:10; 51:11).

3. 무엇이든 다 주님을 찬양하라(150:6)

150:6. 시편 저자는 미래의 하나님 나라 시민들에게 초점을 맞춘 것에 발맞추어, 이스라엘 성도들뿐만 아니라 **호흡이 있는 모든 자**[속량 받은 유대인들과 이방인들을 포함한 인류 전체, 참고. 사 56:7; 엡 2:15; 계 5:6-10, 12-13]에게 마지막으로 권고하면서 결론을 맺는다. 이들은 장차 하나님의 보좌 앞에서 일제히 목소리를 높여 **여호와를 찬양하라**[할렐루야, *Hallelu-Yah*]고 외치게 될 것이다.

참고 문헌

Alden, Robert L. *Psalms*. 3 vols. Everyman's Bible Commentary. Chicago: Moody, 1976.

Anderson, A. A. *Psalms*. 2 Vols. The New Century Bible Commentary. Grand Rapids, MI: Eerdmans, 1981.

Goldingay, John. *Psalms*. 3 vols. Baker Commentary on the Old Testament. Grand Rapids, MI: Baker, 2008.

Kidner, Derek. *Psalms 1-72* and *Psalms 73-150*. Tyndale Old Testament Commentaries. Downers Grove, IL: InterVarsity, 2009.

Ross, Allen. *A Commentary on the Psalms, Volume 1: Psalms 1-41* and *Psalms 42-89*. Kregel Exegetical Library. Grand Rapids, MI: Kregel, 2012, 2013 respectively.《예배와 영성》(디모데).

Sailhamer, John H. *NIV Compact Bible Commentary*. Grand Rapids, MI: Zondervan, 1994.

VanGemeren, William. *Psalms*. The Expositor's Bible Commentary, revised edition, Grand Rapids, MI: Zondervan, 2008.

Waltke, Bruce K., and James M. Houston. *The Psalms as Christian Worship: An Historical Commentary*. Grand Rapids, MI: Eerdmans, 2010.

Wilson, Gerald H. *Psalms Volume 1*. New International Version Application Commentary. Grand Rapids, MI: Zondervan, 2002.

잠언

데이비드 핑크바이너(David Finkbeiner)

서 론

구약성경의 지혜문학(욥기, 전도서, 시편의 일부를 포함하는 지혜문학)을 꼽을 때, 대개 잠언을 먼저 꼽는데 거기에는 합당한 이유가 있다. 잠언은 실로 그 명성에 걸맞게 성경적 지혜의 보고라고 할 수 있다.

저자. 잠언은 솔로몬(1:1; 10:1; 25:1), "지혜 있는 자"(22:17; 24:23), 아굴(30:1), 르무엘(31:1)의 음성이 들어 있는 지혜 선집이자 "히스기야의 신하들"(25:1)과 한 명의 최종 편집자 또는 다수의 편집자가 수집물 전체를 완성된 형태로 편집한 것이기도 하다. 서로 다른 사람들이 속담이나 격언을 국제적으로 차용하고 있음을 감안하면, 잠언이 한 저자의 사상을 전달하고 있지 않다는 점을 쉽게 수긍할 수 있다.

그렇지만 이 책에서 가장 중요한 저자는 솔로몬이라고 할 수 있다. 다음의 몇 가지 요소가 이 주장을 지지한다. 첫째, 고대 근동의 다른 지혜 작품들의 구조와 비교할 때, 잠언 1:1-22:16은 솔로몬의 작품으로서 통일성을 보인다. "잠언의 구조는 고대 근동의 '교훈' 문서 다수와 정확히 일치한다. 그 구조는 표제와 발언의 취지(1:1-7), 서론(제1모음집: 1:8-9:18), 제2모음집의 부제(10:1), 본론(10:2-22:16)으로 이루어진다"[Bruce Waltke, with Charles Yu, *An Old Testament Theology: An Exegetical, Canonical, and Thematic Approach* (Grand Rapids, MI: Zondervan, 2007), 905]. 둘째, 지혜 있는 자의 말씀(22:17-24:34)은 솔로몬이 다른 자료에서 지혜를 가져와 직접 각색하고 편집하여 1:1-22:16 뒤에 첨부한 것 같다. 그 저자의 이름이 없기 때문이다(이것은 고대 근동의 지혜/교훈 작품의 전형이 아니다). 이 부분을 소개하는 화자 '나'(22:19)는 1-9장에 등장하는 솔로몬의 '나'와 가장 자연스럽게 어울린다(Waltke, *OT Theology*, 905). 셋째, 25-29장은 솔로몬 잠언의 또 다른 부분이다. 이번에는 히스기야 왕 시대의 학자들이 수집한 것이다(25:1). 넷째, 솔로몬이 잠언에 실린 지혜를 수집하여 유포한 것은 성경이 그를 유명한 현인이요 지혜 작품의 저자로 묘사한 바와 잘 어울린다(왕상 4:29-34; 참고. 왕상 3장).

그러므로 이 책의 30-31장을 제외한 앞부분 전체는 솔로몬과 직접 관련이 있다고 할 수 있다. 이로써 "솔로몬의 잠언"이라는 1:1의 표제는 책 전체의 적절한 서술이 된다.

연대. 저자를 통해 이 책의 연대를 가늠해볼 수 있다. 1-24장과 관련된 위의 결론으로 볼 때, 이 부분의 연대는 솔로몬이 재위하던 시기일 것이다(주전 950년경). 25-29장의 편집 연대는 본문 자체에서 암시하는 것처럼 히스기야의 재위 시기일 것이다(주전 716-687년). 그러면 30-31장의 연대는 어떠한가? 이 자료는 연대를 추정할 만한 흔적이 안팎으로 전혀 없다. 따라서 잠언의 최종 편집 연대는 확정할 수 없다. 하지만 히스기야의 재위 시기만큼 이른 시기에 편집되었을 것이라고 추정할 수는 있다.

수신자. 저자를 통해 이 책의 배경과 청중도 가늠해 볼 수 있다. 솔로몬의 걸출함뿐 아니라 히스기야의 신하들 및 르무엘 왕의 영향력도 잠언 다수의 편집 무대가 궁정임을 밝힌다. 그러나 잠언은 궁정 생활만 다루지는 않는다. 오히려 지혜를 전달하면서 가정에 좀 더 초점을 맞추는 것 같다. 아버지가 아들에게(31장에서는 어머니가 아들에게) 말을 건넨다. "솔로몬은 자신의 지혜를 이스라엘 젊은이들에게 전하기 위해 경건한 부모들의 입에 자신의 잠언을 담고자 했다(1:8-9). 이는 모세가 가정에 율법을 유포한 것과 같다[참고. 신 6:7-9; Bruce K. Waltke, *The Book of Proverbs, Chapters 1-15*, NICOT (Grand Rapids, MI: Eerdmans, 2004), 63].

구성과 장르. 잠언의 원문은 잠언이 상이한 지혜 작품들의 모음집임을 암시한다. 각각의 작품에는 보통 소제목이 표제로 달려 있어 잠언의 기본 편제를 이룬다.

책 전체의 성격을 밝히는 짤막한 서문 뒤에 이어지는 아홉 장(1:8-9:18)은 지혜에 관한 긴 담화 모음집이다. 흔히들 잠언 하면 2행 경구를 떠올리지만, 이 담화들은 그것과는 전혀 다르다. 이 담화들은 아버지가 아들에게 말을 건네거나 지혜 자체가 사람들에게 지혜의 길을 따르라고 호소하는 형식의 장시 모음으로서 보통 세 부분으로 이루어진다. (1) 수신자에게 교훈을 귀여겨들으라고 권고하고 그 이유 제시하기(예를 들어 2:1-11), (2) 지혜의 길을 권하고 미련한 자의 길을 경고하는 교훈(예를 들어 2:12-19), (3) 가르침을 요약하는 결론[예를 들어 2:20-22; Tremper Longman Ⅲ, *Proverbs*, BCOT (Grand Rapids, MI: Baker, 2006), 30]. 이 구간은 주로 독자에게 미련한 자의 길보다는 지혜의 길을 받아들이라고 권함으로써 잠언 전체의 서두에 걸맞은 역할을 한다.

다음 구간 10:1-22:16은 "솔로몬의 잠언"이라고 부른다. 이 구간의 대부분은 다수의 독자에게 익숙한 2행 경구로 이루어져 있다. 이 문학 형식과 관련해 다음 네 질문에 대해 숙고할 필요가 있다.

첫째, 잠언이란 정확히 무엇인가? 잠언[히브리어로 마샬(*mashal*), '비교', '비유', '잠언']은 짤막한 지혜 진술, 즉 '간결한 지혜'이다[M. 솔즈베리(M. Salisbury), Michael V. Fox, *Proverbs 1-9: A New Translation with Introduction and Commentary*, AB (New Haven: Yale University Press, 2000), 15에서 인용]. 이 히브리 단어 자체는 비교 개념을 이해하고, 잠언 속의 은유와 직유를 가리키거나 잠언의 행들을 서로 연결하는 방법을 가리키는 듯 보인다. 하지만 실은 지혜로운 독자가 잠언의 메시지를 자기 상황에 연관 짓는 방법을 더 가리키는 것 같다(Waltke, *Book of Proverbs 1-15*, 56).

둘째, 잠언의 특징들은 무엇인가? 잠언은 모든 히브리 시의 특징들을 지니고 있다. 잠언은 꽤 간결하지만 그 의미와 동기부여는 중후하다. 게다가 상당수의 좋은 시와 마찬가지로 비유적 표현들을 풍부하게 거느리고, 말로 그림을 그리는 비유적 묘사도 갖추고 있다. 덕분에 독자들은 읽은 말을 기억할 뿐 아니라 곰곰이 생각하게 된다.

잠언은 히브리 시의 다른 특징, 곧 평행법도 갖추고 있다. 이 표현법은 영시에서 익숙하게 볼 수 있는 압운법과 다르다. 히브리 시는 두 행 내지 그 이상의 행을 거느린 연들이 배열되어 이루어진다. 그렇다고 그 행들이 그저 같은 것을 말하지는 않는다. 그것들은 "단어들과 이미지들이 서로 다투면서 의미망을 제시하는 방식으로 나란히 배열된다"(Fox, *Proverbs 1-9*, 15). 이 구간의 잠언들 대다수는 2행 평행법으로 이루어져 있다. 2행 평행법에서 둘째 행은 첫째 행을 강화하고 구체화하며 보강하고 부연하거나 첫째 행과 대조를 이룬다[William W. Klein, Craig L. Blomberg, and Robert L. Hubbard, *Introduction to Biblical Interpretation* (Dallas: Word, 1993), 225]. 이 특별한 구간에 있는 잠언들 대다수는 반의적 평행법(두 행을 대치시키는 표현법)을 구사한다. 어쨌든 해석자의 핵심 과제는 그 행들이 어떻게 상호 작용하는지 이해하려고 노력하는 것이다.

잠언은 히브리 시와 공유하는 이 특징들 외에도 또 하나의 특징이 있다. 잠언은 일반 원리, 곧 경험에 의거한 규칙을 제시한다. 이 대목에서 세 번째 질문을 하게 된다. 잠언은 어떻게 해석해야 하는가? 그리스도인들은 종종 잠언을 엄격한 명령 또는 불변의 약속이라 여기며 곡해한다. 이러한 관점에서 보면, 잠언에는 어떤 예외도 없어 보인다. 하지만 이것은 근본적으로 장르를 오해한 것이다. "잠언 형식은 문화적 배경과 상관없이 적용하기에 적절한 상황을 전제한다"[Tremper Longman Ⅲ, *How to Read Proverbs* (Downers Grove, IL: InterVarsity, 2002), 48]. 이를테면 적용의 범위가 있다는 것이다. 잠언을 어디에 적용할지 알기 위해서는 지혜로워져야 한다. 예컨대 26:4-5의 관점에서 말하자면, 자기가 미련한 자의 어리석은 것을 따라서 대답하는지 아닌지를 아는 사람이 필요하다. "지혜로운 사람은 해당 잠언에 어울리는 때와 상황을 안다"(Longman, *How to Read Proverbs*, 49). 이것은 욥의 친구들이 지닌 문제들 중 하나였다. 그들이 똑똑히 말한 원리들의 다수는 잠언을 따른 것들이었지만, 그들은 그 원리들을 욥의 상황에 부적당하게 적용했다.

끝으로, 이 구간(10:1-22:16)의 잠언들은 어떻게 서로 연결되는가? 다수의 학자는 이 구간의 잠언들이 특별히 정돈되지 않고 임의로 조합되었다고 주장한다. 피상적으로 읽으면 이 주장이 옳은 것처럼 보인다. 그러나 최근의 몇몇 학자는 이 구간 속에 문학적 구성단위들이 자리하고 있다고 주장한다. 하지만 그 구성단위들이 어떻게 기술되는지에 대해서는 의견이 일치되지 않고 있다. 건성으로 읽어서는 구성단위가 전혀 눈에 띄지 않기 때문이다. 문학적 구성단위가 자리하고 있다고 주장하는 이들은 문학적 장치들, 예컨대 교차 대구법이나 수미 쌍관법, 소리의 반복(예를 들어 두운, 모음운) 혹은 문학적 구성단위의 기초인 단어나 개념들의 반복처럼 다양한 특징들에 호소한다.

이 잠언들의 일부는 수집 당시에 작은 문학적 구성단위들로 조합되었을 수 있다. 그러나 일반적으로는 이 구간을 잠언들의 임의 수집으로 여기는 편이 좀 더 신중한 접근법일 듯하다. 어쨌든 이 잠언들은 원래대로 구술 형태의 문맥으로 쓰일 때 독립된 형태를 띤다(결국 이 구간은 잠언 '모음집'이다). 게다가 잠언들은 실제 내용에 따라 조합된 것 같지도 않다. 대부분이 임의로 배열되어 실생활을 반영하기만 한다. 적절히 분류하기 어려운 이유가 여기에 있다(Longman, *How to Read Proverbs*, 40). 이러한 점에서 이 "잠언들은 우리가" 실생활에서 "마주하여 대처하는 쟁점들과 똑같이 임의로 제시되는 것 같다"[Duane Garrett, *Proverbs, Ecclesiastes, Song of Songs*, NAC (Nashville: Broadman & Holman, 1993), 46].

다음의 질문은 잠언들을 해석하는 방법에 직접 영향을 미치기 때문에 매우 중요하다. 요컨대 이 잠언들의 문맥은 정확히 무엇인가? 앞에서 암시한 대로 우리 주석은 대개 좀 더 넓은 문맥에 상관없이 개개의 잠언을 다루되, 가끔은 다음과 같이 두 유형의 문맥을 고려하여 특정한 잠언들의 해석에 미묘한 차이를 부여할 것이다. 하나의 잠언이 하나의 문학적 구성단위 안에서 다른 잠언들과 조화를 이루는 것으로 보일 때에는 문학적 문맥을 고려하고, 특정 화제를 다룰 때에는 이따금씩 화제의 문맥, 즉 같은 화제를 다루는 다른 잠언들을 고려할 것이다.

다음 구간 22:17-24:34은 "지혜 있는 자의 교훈"이다. 이 구간에서는 다음 네 가지 특징을 눈여겨볼 만하다. 첫째, 이 구간은 앞 구간과 문체가 다르다. 교훈들 대부분은 앞 구간을 지배하는 2행 잠언들보다 행이 더 많다. 그리고 1-9장에서 두드러졌듯이 아버지가 아들에게 말을 건네는 형식을 반영하고 있다. 둘째, 이 구간은 2부작, 곧 "지혜 있는 자의 서른 가지 교훈"(22:17-24:22)과 "지혜 있는 자의 추가 교훈"(24:23-34)으로 이루어져 있다. 셋째, 첫 부분에 수록된 "서른 가지 교훈"의 정확한 윤곽에 대해서는 어느 정도 의견이 불일치한다(이 쟁점은 주석에서 다룰 것이다). 넷째, 이 구간의 두 부분은 이집트 현자 아멘엠오페(Amenemope)의 말들과 현저하게 유사하다. 어느 작품이 더 먼저 기록되었든 이 특징은 앞에서 언급한 대로 고대 세계의 지혜가 국제성을 띠고 있었음을 암시한다.

"지혜 있는 자의 교훈" 뒤에 또 하나의 솔로몬 잠언 모음집(25:1-29:27)이 이어진다. 이 말씀들은 히스기야의 재위 시기에 수집되었다(25:1). 그것들은 첫 번째 솔로몬 잠언 모음집(10:1-22:16)과 문체가 비슷하다.

잠언의 마지막 두 장은 세 개의 독립된 부분으로 구성되어 있다. 첫째 부분은 아굴의 잠언이다(30:1-33). 아굴의 신원은 분명치 않다. 그는 알려지지 않은 이스라엘 자손이거나 이방인 현자였을 것이다. 이 부분의 흥미로운 특징은 잠언에 숫자가 반복적으로 사용되고 있다는 점이다(예를 들어 30:18-19). 둘째 부분은 르무엘 왕의 잠언이다(31:1-9). 아굴처럼 르무엘의 신원도 분명치 않다. 그의 왕국도 분명치 않다. 그도 이방인이었을 것이다. 이 부분에 등장하는 잠언들은 사실상 르무엘 어머니의 가르침을 담고 있으며 이상적인 왕의 특징에 초점을 맞추고 있다. 셋째 부분은 또 하나의 이상, 곧 더할 나위 없는 아내의 이상을 다루고 있다. 이 부분은 현숙한 아내를 기술하는 아크로스틱 시이다(각 행은 히브리 알파벳의 연속되는 자음으로 시작된다). 주석에서 논하겠지만, 이 시는 르무엘 왕 잠언의 속편으로 여겨진다.

주제. 신학을 염두에 두고 잠언에서 말하는 다수의 특정한 화제(예를 들어 부, 게으름, 말)를 연구하는 것도 유익하지만, 아쉽게도 우리 주석은 지면 관계로 그러한 연구[Longman, *Proverbs, 549-578* and Derek Kidner, *Proverbs: An Tntroduction and Commentary*, TOTC (Downers Grove, IL: Tyndale, 1964), 31-56을 보라]를 수행할 수 없다. 그러나 책 전체를 이해하는 데 매우 중요한 까닭에 개론에서나마 신학적 주제를 몇 가지 언급하고자 한다.

지혜의 본질. 현대 미국인들은 지혜를 존중하지만(서점에 가면 꼭 자기계발서 분야에 들른다) 미국은 잠언을 잘 인용하는 사회가 아니다. 오히려 진부하게 여겨 거의 사용하지 않는다. 그러나 다른 문화권에서는 정반대이다. 특히 고대 이스라엘에서 잠언은 사회 각계각층을 막론하고 일상생활의 일부였다.

이스라엘만 잠언의 지혜를 존중한 것은 아니었다. 더 넓은 문화권, 곧 이스라엘이 속해 있던 고대 근동의 세계도 잠언을 매우 존중했으며, 그 세계의 여러 문화들이 상당량의 잠언을 주거니 받거니 했다. 이스라엘의 지혜가 중요한 면에서 독특하기는 했지만, 또한 국제적인 대화 상대들을 의도적으로 포함시키기도 했다. 예컨대 몇몇 잠언들(특히 22:17-24:22)은 이집트 현자 아멘엠오페의 교훈들과 직접적인 유사성을 보인다(아멘엠오페는 주전 1000년 전에 활동한 이집트 정부 관료로 추정된다). 솔로몬의 뛰어난 지혜가 고대 세계 전체에 알려졌음을 감안할 때(왕상 4:29-31) 이것은 그다지 놀라운 일이 아니다. "구약성경은 이 사상의 질을 떨어뜨리는 주술과 미신(사 47:12-13) 및 이 사상을 부풀리는 자만심을 경멸하면서도(욥 5:13), 이방인들의 제사장들에게는 결코 보인 적 없는 존경심을 가지고 그들의 현자들이 한 말을 전한다. 솔로몬이 그들보다 뛰어났지만, 우리는 그 사실에 깊은 인상을 받게 될 것이다" (Kidner, *Proverbs*, 17).

이스라엘과 이웃 국가들의 교류는 지혜의 본질과 관련해 무엇을 암시하는가? 지혜는 세상살이에 초점을 맞추고, 그런 점에서 일반 계시에 토대를 둔다. 이 때문에 이스라엘 사람이 아닌 현자도 이 세상을 주시하고 지혜로운 발언을 할 수 있었다. 현자는 이 세상을 오랫동안 곰곰이 살펴보고 나서 일반적인 결론을 내리고 그런 다음 인생에서 일어나는 일을 (욥기나 전도서에서처럼) 폭넓게 해석하거나, 좀 더 구체적인 결론을 내린 다음 (잠언 상당수에서처럼) 인생살이의 지침들을 능숙하게 제공하려 했다. 그렇지만 이 세상은 하나님의 세상이며, 성경의 지혜는 하나님이 중심임을 인정하기에 다른 지혜보다 뛰어나다. 이방의 지혜가 자기 이익을 위해 세상의 질서를 통제하고 조작하려는 반면, 성경의 지혜는 살아 계신 하나님을 경외하고 경배하는 일에 뿌리박고 있다(1:7; 9:10).

지혜는 신학이다. 앞서 고대 근동의 지혜가 지닌 국제적인 면모와 관련해 지적한 대로, 지혜는 이 세상살이를 관찰해서 얻은 진리에 특별히 관심을 기울인다. 그렇다고 이 점을 과장해서는 안 된다. 명화를 또 하나의 그저 그런 그림으로 볼 수 없듯이, 잠언도 또 하나의 그저 그런 고대의 지혜 작품으로 봐서는 안 된다. 잠언은 실제적이고 세속적인 조언에 주님과 관련된 몇 마디 말을 여기저기에 덧붙여서 꾸민, 그저 그런 모음집 중 하나가 아니다. 성경의 지혜는 다름 아닌 주님께 근거하고 있기에 본질상 신학적이다. 다음의 두 가지 요점을 숙고할 필요가 있다.

첫째, 성경의 지혜는 하나님이 친히 계시하신 것이다. 성경의 지혜는 다만 인간이 이 세계를 통찰하여 얻은 것이 아니다. 솔로몬은 하나님에게서 지혜를 받았고(왕상 4:29) 그 사실을 인정한다(2:6). 이 신적 지혜는 태초부터 하나님의 항구적인 동반자였다(8:22-31). 게다가 아굴은 하나님의 말씀에 계시된 지혜가 인간의 수용 능력을 훨씬 넘어선다고 밝힌다(30:2-6). 아굴과 르무엘이 자신들의 잠언을 하나님께 받은 '신탁'(예를 들어 예언적 계시)으로 여기는 것은 전혀 놀랄 일이 아니다(30:1; 31:1, 다음에 이어지는 주석을 보라; Waltke, *OT Theology*, 915-921).

둘째, 성경의 지혜는 하나님 경배를 반영하고 있다. 주님 경외가 지혜의 관문인 것은 그 때문이다(참고. 1:7). 롱맨이 지적한 대로, 잠언 1-9장은 잠언의 나머지 부분을 이해하는 데 도움이 되는 해석학적 지침이다. 잠언 1-9장은 지혜를 어리석음과 대조하여 지혜의 장점을 칭송하는 데 초점을 맞춘다. 지혜로운 여인과 미련한 여인을 비교하는 대목에서 대조가 가장 잘 이루어지고 있다(9장). 두 여인 모두 행인(독자)을 불러 자기와 함께 우정의 식사를 나누자고 초대한다. 두 여인의 집들도 성읍의 가장 높은 곳에 위치하고 있다. 그곳은 고대 세계에서 성전이 자리한 곳이다. 두 여인 모두 주님을 경배하자고(지혜의 경우), 혹은 우상을 숭배하자고(어리석음의 경우) 독자를 부른다(Longman, *Proverbs*, 58-61). 지혜와 어리석음 사이에서 생사의 문제가 결정된다. 지혜를 택한 사람들은 반드시 주님을 경외하고(1:7; 9:10) 그분을 의뢰하게 마련이다(3:5-6; 14:26; 16:3, 20; 18:10; 19:23; 22:19; 28:25). 결국 효력을 발휘하는 것은 지혜의 말씀이다. 주님이 그분의 현자들에게 그 말씀을 계시하셨고, 그들을 지지하시기 때문이다(Waltke, *OT Theology*, 921).

지혜 있는 자. 지혜와 지혜 있는 자에 관한 잠언의 가르침을 이 자리에서 충분히 살펴볼 수는 없지만, 다음 세 가지 개괄적인 요점을 감안하라. 첫째, 잠언은 용어들을 광범위하게 배열하여 지혜와 지혜 있는 자를 서술한다. 그 용어들의 배열은 이하의 주석에서 보게 되겠지만(예를 들어 1:2-6), 키드너의 연구가 유용한 견본을 제공하고 있다. 지혜 있는 자는 지혜로운 '훈계'[무사르(*musar*), 1:2-3]를 받는 가운데 훈련되고, '징계'[토카하트(*tokachat*), 1:23; 3:11]를 받아들인다. 또한 지혜 있는 자는 '명철'[비나(*binah*), 테부나(*tebunah*), 1:2; 2:2]을 갖추고 있어서 분별력이 있다. 게다가 지혜 있는 자는 실용적인 상식['지혜로운 행동', 세켈(*sekel*), 1:3; 12:8]을 드러낸다. 이 용어는 주님이 회막 건축 '기술'을 주신 장인 브살렐을 가리킬 때 사용되었다(출 31장). 따라서 잠언에서 쓰인 그 용법은 '생활에 필요한 기술'로 이해해야 한다. 잠언은 풍부한 지략을 언급할 필요가 있을 때마다 '건전한 지혜'[투쉬야(*tushiyyah*), 새번역, 2:7; 8:14]를 언급한다. 이와 유사하게, 지혜 있는 자는 슬기로움['빈틈없음', 오르마('*ormah*), 1:4]과 '근신'[메짐마(*mezimmah*), 1:4]을 갖추고 있다. 그래서 상황과 계획을 적절히 이해한다. 끝으로, 지혜 있는 자는 하나님과 그분의 진리를 아는 '지식'[다아트(*da'at*), 2:5; 3:6]과 '학식'[레카흐(*leqach*), 1:5]도 갖추고 있다(Kidner, *Proverbs*, 36-37).

둘째, 지혜 있는 자를 정의 내리면 주님을 경외하고 신뢰하는 사람이기 때문에 잠언은 지혜와 경건을 밀접하게 연결 짓는다. 지혜는 본질적으로 영적이기도 하고 윤리적이기도 하다. 따라서 지혜 있는 자는 공의롭고[체데크(*tsedeq*), 1:3], 정의로우며[미쉬팟(*mishpat*), 1:3], 정직하다['정당함', 메샤림(*mesharim*), 1:3]. 지혜 있는 자는 흠이 없고['완전함', 톰(*tom*), 2:7] '선하며'[토브(*tob*), 2:20] 정직한[야샤르(*yashar*), 2:7] 것이 특징이기도 하다. 또한 그들은 인자['한결같은 사랑', 헤세드(*chesed*), 3:3]와 성실['진리', 에메트('*emet*), 3:3]의 예가 되기도 한다(Waltke, *Book of Proverbs 1-15*, 97-100).

셋째, 지혜는 설득력이 있고 이해하기가 쉽다. 지혜는 무수한 유익과 보상을 지닌 것으로 보일 뿐만 아니라(또한 어리석음은 위험을 지닌 것으로 보인다) 비길 데 없이 빼어나면서도 찾는 이는 누구나 만날 수 있는 왕녀로 묘사되기도 한다. 어리석음을 뒤로하고 지혜와 지혜를 주시는 주님을 찾는 사람은 지혜를 얻게 마련이다.

미련한 자. 지혜 있는 자와 마찬가지로 미련한 자를 가리키는 표현들도 다양하다. 가장 온건한 표현은 '어수룩한' 자[페티(*peti*), 새번역, 14:15]이다. 그는 잘 속고 이렇다 할 주견도 없으며 길도 쉽게 잃는다. 그러나 구제할 수 없는 상태는 아니어서 귀담아들으려고만 하면 지혜를 배울 수 있다. 좀 더 완고한 표현은 잠언에서 전형적으로 쓰이는 '미련한 자'이다. 미련한 자는 케실(*kesil*, 17:16)이나 에윌('*ewil*, 24:7)이라고 부른다. 이 유형에는 "도덕적인 성품이 부족하여 분별없게 행동하는 자들도 포함된다. 그들은 얼간이들이다. 지혜에 귀를 기울이지 않고, 뒤틀린 도덕적 시각을 고수하며, 공동체에 이로운 가치들을 왜곡하는 것에서 즐거움을 얻기 때문이다"(Waltke, *Book of Proverbs 1-15*, 112). 더 심한 표현으로 '거만한 자'[레츠(*lets*), 9:7-8]가 있다. 그는 대단히 오만하고 지혜와 징계에 무감각하다. 남을 깔보는 듯한 태도는 쌀쌀맞기 이를 데 없고 사회에 해로운 영향을 끼친다. 특별히 언급할 만한 다른 유형의 미련한 자로는 '게으른 자'[아첼('*atsel*), 26:13-

16]가 있다. 그의 게으름은 자신은 물론이고 다른 이들까지 위협한다. 이 표현들은 지혜와 마찬가지로 어리석음이 본질적으로 영적이고 도덕적인 것임을 분명히 밝힌다. '악인'[레샤임(*resha'im*), 10:3], '패역한 자'[타흡푸코트(*tahppukot*), 6:14], '역겨운 일을 하는 자'[루즈(*luz*), 새번역, 3:32], '사악한 자'[보게딤(*bogedim*), 11:3, 6]도 모두 미련한 자이다.

생명과 죽음. 잠언의 주요 주제는 지혜의 길과 어리석음의 길이다. 지혜의 길은 곧고 평탄하여 생명으로 이어지는 반면, 어리석음의 길은 굽고 험해서 죽음으로 이어진다. 그런데 잠언이 말하는 '생명'과 '죽음'은 정확히 무슨 뜻인가? 이 두 개념은 영원한 생명과 죽음을 포함하는가?

잠언에서 '생명'은 이따금 육체의 생명을 가리키기도 하지만(예를 들어 31:12), 일반적으로는 그것을 넘어 물질적, 사회적, 심리적, 도덕적, 영적 행복과 관련된 양질의 삶을 포함한다(3:21-22; 8:35; 10:16; 15:27; 16:15; 19:23; 21:21; 22:4). 본질적으로 생명은 주님과의 교제와 밀접하게 연결되어 있다(예를 들어 2:5-8; 8:35). 잠언은 육체의 죽음 이후의 삶에 대해 자세히 탐구하지는 않지만, 주님과 교제하는 풍성한 삶이 육체의 죽음 이후에도 계속됨을 암시한다(12:28; 14:32; 15:24; 23:17-18). 이처럼 영원하고 질적인 생명의 본성 때문에, 잠언은 악인이 육체적으로 살아 있어도 죽음에 참여할 뿐 생명에는 참여하지 못한다고 기술한다(Waltke, *Book of Proverbs 1-15*, 104-107; Kidner, *Proverbs*, 53-55).

그렇다면 잠언에서 말하는 '죽음'이란 무엇인가? 잠언을 포함한 구약성경 전체의 관점에서 말하면, "죽음은 단지 육체에 일어나는 사건일 뿐만 아니라 생명과 갈등 관계에 있는 영역 전체이다"(Kidner, *Proverbs*, 55). 확실히 어리석음과 악이 초래하는 죽음은 육체의 죽음이라고 해도 무방하다(예를 들어 간음에 대한 중벌의 결과, 레 20:10; 신 22:22). 하지만 죽음은 무덤(스올과 아바돈) 속에서도 계속 겪어야 한다. 또한 그것은 육체적으로 살아 있는 자들에게 "고통(시 116:3), 화(신 30:15), 특히 죄(창 2:17)의 형태로 다가올 수도 있다"(Kidner, *Proverbs*, 56). 가장 중요하게는, 죽음은 하나님과의 영원한 친교에 어울리는 풍성한 생명과 그에 따르는 복에 참여하지 못하는 것이다(Waltke, *Book of Proverbs 1-15*, 105). 이와 유사한 신약성경의 죽음 이해에 관해서는 로마서 6:15-20; 7:14-25; 8:12-13의 주석을 보라.

보응. 생명과 죽음, 곧 다양한 보상과 처벌은 주로 지혜/의와 어리석음/악을 따르느냐로 결정된다(예를 들어 3:2, 9-10; 10:3; 21:7). 잠언에 자주 등장하는 이 보응 신학은 다음 네 가지 중요한 사항을 고려하며 보아야 한다. 첫째, 이 보응적 진술들은 잠언에 걸맞은 것들이라는 점이다. 앞서 논했듯, 잠언들은 기계적으로 적용되는 약속이 아니라 적용에 한계가 있는 표현들이다. 그러한 적용은 완화된 요소들을 제시하는 다른 잠언들과 성경의 가르침에 의해 제한될 필요가 있다. "하나의 잠언이 어떤 상황에 대한 모든 미묘한 차이를 말하지는 않는다. 다만 적절한 행동을 하도록 동기부여를 하기 위해 삶의 한 단편을 제시할 뿐이다"(Longman, *Proverbs*, 85). 예를 들어, 하나님이 의인에게 복을 주시고 악인을 심판하심에도 불구하고, 잠언(뿐만 아니라 욥기, 전도서, 시편)은 악인이 잘되고(참고. 10:2; 11:4) 의인이 고난당하는 것처럼 보일 때가 있음을 암시한다(24:16).

이것은 두 번째 고려 사항으로 이어진다. 보응적 진술들을 장기적 전망에서 이해해야 한다는 것이다. 어리석은 악인들이 일시적으로 이익을 얻는가 하면 지혜로운 의인들이 일시적으로 좌절을 겪기도 한다(참고. 24:15-16). 하지만 영원의 관점에서 보면, 지혜/의가 복을 받고 어리석음/악은 저주를 받게 마련이다. 그러한 복/저주가 당장 눈에 보이지 않아도 언젠가는 반드시 드러나게 될 것이다. 이렇듯 멀리 바라볼 때 주님을 더욱 전폭적으로 신뢰할 수 있게 된다(Waltke, *Book of Proverbs 1-15*, 109; 참고. 3:5-6).

그러나 셋째, 보응의 원리가 작동하는 것을 보기 위해 영원까지 기다릴 필요는 없다. 예를 들면, 일반적으로 우리는 이 타락한 세상에서도 자제심 있고 근면하며 지혜롭게 말하는 자들이 그렇지 않은 자들보다 더 성공한다는 사실을 경험으로 알고 있다. 설령 보응의 원리를 누그러뜨리는 요소들이 있다고 해도, 그것들은 규칙에 일반적으로 따라다니는 예외들에 지나지 않는다.

마지막으로, 다름 아닌 하나님이 보응의 정의를 뒷받

침하신다는 점을 고려해야 한다. 일반 원리들이 존재하는 것은 주님이 세상을 그런 식으로 지으셨기 때문이다(Longman, *Proverbs*, 84). 어쨌든 결국에는 하나님이 모든 것을 심판하실 것이다(참고. 전 12:14). 지혜 있는 자가 주님을 경외하고 신뢰하는 것은 그 때문이다.

개 요

Ⅰ. 솔로몬의 잠언 모음집(1:1-24:34)
- A. 머리말(1:1-7)
  - 1. 명칭(1:1)
  - 2. 목적(1:2-6)
  - 3. 주제(1:7)
- B. 확대된 지혜 담화(1:8-9:18)
  - 1. 교훈 1: 포악한 친구들을 조심하라(1:8-19)
  - 2. 지혜의 첫 번째 부름(1:20-33)
  - 3. 교훈 2: 지혜가 제공하는 보호(2:1-22)
    - a. 지혜가 내건 조건: 지혜를 받아들이고 구하라(2:1-4)
    - b. 지혜가 주는 유익: 보호(2:5-11)
    - c. 지혜는 무엇으로부터 지켜주는가(2:12-19)
    - d. 요약(2:20-22)
  - 4. 교훈 3: 지혜는 곧 예배이다(3:1-12)
  - 5. 시: 지혜 여인의 가치(3:13-20)
  - 6. 교훈 4: 지혜로운 관계의 유익(3:21-35)
    - a. 지혜가 주는 안전(3:21-26)
    - b. 다른 이들을 대하는 지혜(3:27-31)
    - c. 지혜로운 관계를 위한 동기부여(3:32-35)
  - 7. 교훈 5: 지혜 여인의 가치에 대한 할아버지의 교훈(4:1-9)
  - 8. 교훈 6: 옳은 길로 계속 행하라(4:10-19)
  - 9. 교훈 7: 네 마음을 지켜라(4:20-27)
    - a. 받아들이는 감각기관들을 지켜라(4:20-22)
    - b. 마음을 지켜라(4:23)
    - c. 활동하는 신체 기관들을 지켜라(4:24-27)
  - 10. 교훈 8: 열정의 적절한 대상(5:1-23)
    - a. 서론적 권고(5:1-2)
    - b. 음녀: 열정의 부적절한 대상(5:3-14)
      - (1) 음녀의 위험성(5:3-6)
      - (2) 주요 권고(5:7-8)
      - (3) 권고에 유의하지 않은 결과들(5:9-14)
    - c. 아내: 열정의 적절한 대상(5:15-20)

잠

d. 결론(5:21-23)

11. 어리석은 자들을 멀리하라는 경고(6:1-19)

a. 보증 서는 것에 관한 경고(6:1-5)

b. 게으른 자에 관한 경고(6:6-11)

c. 불량한 자들에 관한 경고(6:12-19)

(1) 불량한 자들에 관한 묘사(6:12-15)

(2) 불량한 자를 보시는 주님의 관점(6:16-19)

12. 교훈 9: 음녀를 멀리하라는 경고(6:20-35)

a. 서론(6:20-24)

b. 주요 권고(6:25)

c. 권고를 뒷받침하는 논거(6:25-35)

13. 교훈 10: 음녀를 멀리하라는 추가 경고(7:1-27)

a. 서론적 권고(7:1-5)

b. 유혹하는 여인과 얼간이의 이야기(7:6-23)

(1) 배경(7:6-9)

(2) 유혹하는 여인(7:10-12)

(3) 유혹(7:13-20)

(4) 굴복(7:21-23)

c. 맺음말: 마무리 권고(7:24-27)

14. 지혜의 두 번째 부름(8:1-36)

a. 지혜의 발언에 대한 서문(8:1-3)

b. 지혜의 첫 권고(8:4-11)

c. 지혜 자신의 이야기(8:12-31)

(1) 역사 속의 지혜(8:12-21)

(2) 역사 이전의 지혜(8:22-31)

(a) 지혜는 창세 이전부터 있었다(8:22-26)

(b) 창조에 참여한 지혜(8:27-31)

(3) 지혜 여인과 그리스도

d. 마지막 권고(8:32-36)

15. 결론: 두 가지 초대(9:1-18)

a. 지혜 여인의 잔치 초대(9:1-6)

b. 막간(9:7-12)

c. 미련한 여인의 잔치 초대(9:13-18)

C. 솔로몬의 잠언(10:1-22:16)

D. 지혜 있는 자의 서른 가지 교훈(22:17-24:22)

E. 지혜 있는 자의 추가 교훈(24:23-34)

Ⅱ. 히스기야의 신하들이 편집한 솔로몬의 잠언 모음집(25:1-29:27)

Ⅲ. 아굴의 잠언 모음집(30:1-33)

A. 머리말(30:1-9)

B. 아굴의 잠언들(30:10-33)

Ⅳ. 르무엘 왕의 잠언 모음집(31:1-31)

A. 제목(31:1)

B. 왕에게 주는 훈계(31:2-9)

C. 현숙한 아내(31:10-31)

주 석

Ⅰ. 솔로몬의 잠언 모음집(1:1-24:34)

A. 머리말(1:1-7)

1. 명칭(1:1)

1:1. 이 절은 구조상 솔로몬 잠언 모음집의 표제 역할을 하지만 **다윗의 아들 이스라엘 왕 솔로몬**이 잠언에 현저한 영향을 미쳤음을 감안할 때, 책 전체에 어울리는 제목이라고 할 수도 있다. 잠언의 본질과 저자에 관한 더 자세한 논의에 대해서는 서론을 보라.

2. 목적(1:2-6)

이 절들은 책의 목적을 제시하면서 책의 가르침에 유의할 때 얻을 수 있는 이익들을 설명한다. 다음의 세 청중, 즉 일반 독자(2-3절), 단순한 사람(4절, 개역개정은 '어리석은 자', 새번역은 '어수룩한 사람'), 지혜 있는 자(5-6절; Longman, *Proverbs*, 95)를 향한 설명이라고 보는 것이 가장 좋겠다. 일반적으로 이 부분은 잠언이 지혜가 결여된 자들과 지혜 속에서 계속 자라려고 하는 이들에게 다양한 면모의 지혜를 나누어 주려고 기록되었음을 보여준다. 더 나아가 잠언은 독자들을 격려하여 심오한 지혜의 말씀을 깊이 생각하고 이해하고 적용하면서 성장하도록 하려고 기록되었다. 그래야 지혜가 생기기 때문이다.

1:2-3. 잠언은 일반 독자를 위해 다음 세 가지 목적으로 기록되었다. 첫째, 잠언은 독자에게 **지혜와 훈계를 알게 하**려고 기록되었다(2a절). 여기에서 말하는 '앎'은 정보 습득 그 이상이다. 그것은 개인이 지혜를 소유하고 훈계에 유념하며 자기 것으로 삼은 개인적이고도 내면화된 지식이다. **지혜**[*hokmah*, 호크마]라는 용어는 광범위한 의미로 사용되며, 이후에 논의되는 지혜의 여러 국면을 우산처럼 포괄하는 역할을 한다(Kidner, *Proverbs*, 36). 반면에 **훈계**[*musar*, 무사르]는 좀 더 구체적인 '질책'을 의미하며, 인격에 호소하고 마음을 교정하는 데 필요한 징계를 행사한다(Waltke, *Book of Proverbs 1-15*, 175).

둘째, 잠언은 독자들이 **명철의 말씀을 깨닫게** 하기 위해 기록되었다(2b절). 동사 '깨닫다'(*habin,* 하빈)는 피상적인 수준 너머의 것을 정확히 이해하고, 그런 점에서 진정한 통찰력을 얻는 능력과 관계있다. 여기에서는 강조하기 위해 용어를 반복했다(문자적으로 "깨달음의 말씀을 깨닫게 하려고"). 따라서 잠언은 독자들을 격려하여 인생에 관한 통찰력 있는 말씀을 통찰하게 하고, 지혜 있는 자의 지각력 있는 말씀을 지각하게 한다. 그 결과 독자들은 인생 자체를 통찰하게 된다.

셋째, 잠언은 일반 독자들이 **훈계를 받게 하**려고, 곧 징계를 마음속에 받아들여 **지혜**로운 행동을 하게 하려고 기록되었다(3b절). 지혜는 단순히 지식이 축적된 것이 아니라 행동의 변화를 일으킨다. 참으로 지혜로운 행동은 자기본위이거나 파렴치하지 않다. 따라서 잠언은 독자들에게 **공의, 정의, 정직**을 가르친다(3a절). 이 용어들이 상기시키듯, 참된 지혜는 개인의 도덕성과 사회적 의식을 수반한다.

종합하면, 이 세 목적이 밝히듯 잠언은 일반 독자의 사고, 마음가짐, 도덕성, 행동을 구체화할 것이다.

1:4. 일반 독자 외에도 잠언은 특히 **어수룩한 자**(새번역)를 위해 기록되었다. 그들의 어수룩함은 특히 젊음과 관련이 있으며, 그들은 "세상 물정을 모르고 쉽게 속지만, 훈계를 원하며 배움을 마다하지 않는다"[Ludwig Koehler, Walter Baumgartner, Johann Stamm, *The Hebrew & Aramaic Lexicon of the Old Testament*, CD-ROM-Edition, trans. M. Richardson (Leiden: Brill, 2000), 989]. 적어도 그러한 이들은 미

련한 자나 거만한 자와는 달리 가르침을 잘 듣는 편이다. 잠언은 어수룩한 자들에게 **슬기**[즉, 현명한 판단], **지식**, **분별력**(새번역)을 줄 수 있다. 잠언은 그들이 알지 못했던 진리와 처세술도 알려주어 삶의 도전과 유혹 앞에서 지혜롭게 숙고하고 통찰하며 행동할 수 있게 해준다.

1:5-6. 또한 잠언은 **지혜 있는 자**를 위해서도 기록되었다. 어수룩한 자와 달리 지혜 있는 자는 자기가 이미 닦은 지혜를 기초로 일을 추진할 수 있다. 그렇기에 잠언은 지혜 있는 자에게 자신의 지혜를 들을 뿐만 아니라 **학식**을 **더**하고 더 많은 지략을 **얻**으라고 권고한다(5절). 그가 자라서 점점 더 지혜로워지면서 **잠언**과 **비유**와 **오묘한 말**과 **지혜 있는 자의 말** 등 온갖 지혜로운 말을 깨닫는 능력도 커질 것이다(6절). 결과적으로 누구보다 지혜 있는 자가 잠언이 말하는 바와 그 적용법을 제대로 이해하는 데 가장 적합하다.

따라서 4-6절은 지혜의 말씀과 지혜 있는 자가 되는 것의 관계가 닭과 달걀의 관계임을 암시한다. 우리는 지혜의 말씀을 깨달아 지혜롭게 행동해야 하지만(4절), 지혜롭게 행동하면서 지혜의 말씀을 깨닫는 능력도 키워야 한다(5-6절). 이제껏 잠언이라는 학교를 졸업한 사람은 아무도 없다!

3. 주제(1:7)

1:7. 참으로 지혜로운 사람은 지혜를 추구하면서 하나님을 버리지 않는다. **여호와를 경외하는 것이 지식의 근본**이기 때문이다(7a절). 여기에서 **지식**은 지혜와 밀접한 관련이 있다(참고. 1:4). **여호와를 경외하는 것**은 그분께 공손히 두려움을 표하는 것이다. 그것은 그분을 진지하게 모시고, 그분의 공정한 심판을 두려워하며, 최고의 존경과 사랑으로 그분을 꼭 붙잡는 것이다. 경외라는 용어에는 이성적인 면과 관계적인 면이 둘 다 있는 것 같다. 경외의 이성적인 면은 주님의 특별 계시를 아는 것과 관계있다(참고. 시 34:11 이하; 19:7-9). 경외의 관계적인 면은 지혜 있는 자가 주님께 드리는 예배를 필연적으로 수반하는데, 이는 공손한 외경과 사랑과 신뢰로 드리는 예배이다(참고. 신 5:29과 신 6:2; 신 6:5과 수 24:14; Waltke, *Book of Proverbs 1-15*, 100-101). **근본**[*re'shit*, 레쉬트]은 주님을 경외함이 모든 지혜의 기초, 제일 원리, 전제임을 암시한다. 여기에서 솔로몬이 지적하는 바는, 지혜가 궁극적으로 주님에게서 오는 것임을 인정하고 주님을 예배하면서 지혜를 구하는 사람만이 진실로 지혜로울 수 있다는 것이다. "알파벳이 읽기와 관계있고, 음표가 악보 보기와 관계있으며, 숫자가 수학과 관계있듯, 주님을 경외함은 이 책의 계시된 지식을 얻는 것과 관계있다"(Waltke, *Book of Proverbs 1-15*, 181). 지독하게 **미련한 자**가 **지혜와 훈계를 멸시**한다는 사실은 그다지 놀라운 일이 아니다(7b절). 미련한 자들이 성경의 지혜를 경멸하는 것은 곧 주님을 거부하는 것이기 때문이다. 주님을 거부하는 것은 오만하게도 현실 자체를 거부하는 것과 같다. 그야말로 헛수고인 셈이다.

이 절은 참된 지혜의 본질에 관해 결정적인 진술을 한다. 이로써 잠언 전체의 표어 역할을 하는데, 거기에는 정당한 이유가 있다. "그것은 잠언 이해에 기초가 되는 영적 문법의 전형적 표현으로서 나머지 모음집의 맨 앞에 온다"(Waltke, *Book of Proverbs 1-15*, 180).

B. 확대된 지혜 담화(1:8-9:18)

이 구간은 일련의 시 열다섯 편으로 구성되어 있다. 대다수는 아버지가 아들에게 건네는 훈계 형식을 띤다. 이 훈계들의 전형적인 요소에는 교훈 제시, 교훈을 귀담아들으라는 권고, 교훈을 마음에 두게 하는 동기 부여가 포함된다. 이 구간의 다른 시들은 지혜의 가치에 갈채를 보내며, 지혜를 여인, 곧 어수룩한 젊은이들을 불러 자신의 길을 따르게 하는 여인에 빗댄다. 이 구간 전체는 나머지 잠언을 해석하는 관문 역할을 한다.

1. 교훈 1: 포악한 친구들을 조심하라(1:8-19)

1:8-9. 이 교훈은 다음과 같이 절박한 경청 호소로 시작한다. **내 아들아 네 아비의 훈계를 들으며.** 잠언의 전형적인 양식을 따라 지혜를 결여한 이에게 훈계에 복종하라고 권고하는 것이다. 부모의 이미지도 '어리고 어수룩한 아들에게 말을 건네는 아버지'와 같이 전형적이다. 아들은 부모가 가르친 것을 무시하지 말고 마음에 두라는 권고를 받는다(8절). 그리해야 하는 이유는, 부모의 가르침이 순종하는 아들에게 아름다운 화관(**네 머리의 아름다운 관**) 같은 영광과 값비싼 목걸이(**네 목의 금 사슬**) 같은 번영을 가져다주기 때문이다(9절).

1:10. 이 절의 교훈은 다음과 같이 요약된다. **악한 자가 너를 꾈지라도 따르지 말라.** '악한 자'는 하나님

께 악을 행하고, 나아가 공동체에도 악을 행하는 자이다(Waltke, *Book of Proverbs 1-15*, 189). 여기에서 그 용어는 특히 포악한 범죄자들을 가리킨다. 이는 이어지는 절들에서 그들이 던지는 유혹들을 보면 분명해진다. 우리 시대에만 젊은이들이 폭력단의 꾐에 빠지는 것이 아니다. 따라서 아들은 부모의 지혜로운 충고를 귀담아들을 것인지, 아니면 폭력단의 해로운 유혹에 넘어갈 것인지 선택을 앞두고 있다.

1:11-14. 아버지는 폭력단 모집책으로 분하여 그들이 던지는 유혹들을 간추려 말한다. 첫째, 모집책은 손쉬운 이득을 제안한다. 강도를 의심하지 않는 무방비 상태인 **죄 없는 자를 숨어 기다리다** 보면(11절) **온갖 보화**와 **빼앗은 것**을 풍성히 얻게 된다는 유혹이다(13절). 둘째, 폭력단은 힘을 과시하는데, 12절에 쓰인 어법이 과장되어 있다. 그들은 죽음 자체(**스올**은 무덤을 의미한다)의 힘을 가지고 있어 피해자를 **산 채로** 그리고 **통으로 삼킬** 수 있다고 주장한다(12절). 그들은 피해자를 **무덤에 내려가는 자**들로 묘사한다. 그러나 이 문장은 반어적으로, 그들이 무심코 피해자가 아니라 자신들을 묘사한 것이라고 할 수 있다. 다른 이들의 목숨을 빼앗는 것은 결국 자신들의 목숨을 빼앗는 일이기 때문이다(Garrett, *Proverbs*, 70; 참고. 18절). 셋째, 모집책은 소속감을 제안한다. 자신들과 **함께 제비를 뽑**으면, 즉 그들에게 합류하면 **전대 하나만** 두겠다는 것이다(14절). 말하자면 폭력단원 모두에게 동등한 몫을 주겠다는 것이다. 얄궂게도 모집책은 모든 단원이 폭력단의 죄를 똑같이 뒤집어쓰게 된다는 말은 하지 않는다(Longman, *Proverbs*, 107; 참고. 18절).

1:15. 아버지는 폭력단의 유혹을 서술한 다음, 아들에게 **그들과 함께 길에 다니지** 말고, **발을 금하여 그 길을 밟지 말라**고 권한다. 잠언 도처에 등장하는 **길**의 이미지는 한 사람의 생활양식과 그 양식의 운명을 가리킨다(참고. 4:10-19). 여기에는 그런 생활양식의 본질, 환경, 선택, 행동 그리고 결과들도 포함된다(Waltke, *Book of Proverbs 1-15*, 193-194). 이어지는 몇 개의 절이 보여주듯, 폭력단이 제안한 생활양식의 운명은 다른 길, 더 나은 길을 걷게 하는 동기를 제공한다.

1:16-18. **~때문이다**(새번역)라는 표현은 앞 절에서 그렇게 권고했던 이유를 제시한다. 아버지가 이 절들에서 제공하는 근본적인 동기부여는 폭력단의 생활양식이 그 단원을 파멸로 몰아간다는 것이다. 바로 이것이 16절의 모호한 어법이 내포하고 있는 의미이다. 폭력단이 열심히 추구하는 것은 **악**이지만, 그 용어는 다른 이들을 해치는 도덕적인 악을 가리키기도 하고 그들 스스로에게 초래하는 화를 가리키기도 한다. 게다가 이 폭력배들은 **피 흘리는 데 빠**르다고는 하지만 그 피가 누구의 것인지 분명치 않다. 아마도 다른 사람들의 피거나 자신들의 피일 것이다. 그렇다면 그들이 악을 추구하고 다른 사람들을 살해하는 것은 사실 자신들의 비참한 종말을 추구하는 것이라고 할 수 있다. 다음 두 절에서 이 점이 분명해진다. 새조차 금방 눈에 띄는 덫을 피할 줄 알건만(17절), 미련한 폭력단원은 그렇지 못하다. 다른 사람들을 잡으려고 설치한 덫이 자신을 잡는 덫이 되고, 다른 사람들을 잡으려고 **숨어 기다린** 것이 자신을 잡으려고 숨어 기다린 꼴이 되고 만다(18절). 끔찍한 악을 추구하다가 결국 자신이 끔찍한 최후를 맞게 되는 것이다.

1:19. 이 요약문에서 아버지는 일반적인 원리를 제시한다. 18절의 자기 파괴는 폭력으로 **이익을 탐하는 모든 자**의 종착지이다. NASB에서 '폭력으로 이익을 얻는'으로 읽는 이 표현은, ESV에서처럼 '부당한 이득을 탐하는'(새번역)으로 읽는 편이 낫다. 그래야 폭력배들의 사악한 강도 행위보다 원리가 넓게 적용될 수 있다. 폭력배들의 사악한 탐욕은 그 원리의 예시일 뿐이다. 다른 사람들을 희생시켜 부당 이득을 취하려고 하는 자는 너나없이 그 부당 이득으로 결국 자신들이 파멸되고 만다는(**자기의 생명을 잃게** 되고 만다는) 사실을 깨닫게 될 것이다.

2. 지혜의 첫 번째 부름(1:20-33)

이 구간은 다음과 같이 세 부분으로 이루어진다. 지혜가 말을 건네는 배경(20-21절), 지혜가 2인칭 화법으로 어리석은 자에게 건네는 말(22-27절), 그 말에 대한 지혜의 1인칭 숙고(28-33절)가 그것이다(Waltke, *Book of Proverbs 1-15*, 201-213).

1:20-21. 이 절들은 잠언 제1부의 주된 특징인 의인화된 지혜를 소개한다. 여기에서 지혜는 '그녀'(NASB, 개역개정과 새번역은 '지혜'라고 표기한다—옮긴이 주)로 제시되고, 주석가들은 종종 그녀를 지혜 여인이

라고 칭한다. 지혜로운 아버지와 동일한 세계관을 지닌 그녀는 '주님의 지혜를 의인화한 것'이다. 그녀는 지혜와의 참된 관계, 궁극적으로 하나님과의 참된 관계를 떠나서는 누구도 지혜 있는 자가 될 수 없음을 상기시킨다(Longman, *Proverbs*, 111; 참고. 1:7). 그녀는 성읍의 생활 소음을 뚫고 자신의 목소리가 들릴 수 있도록 길거리 설교자처럼 사람들 앞에서 소리 높여 메시지를 전한다. 성중에서도 가장 두드러진 곳, 곧 모든 사람들이 들을 수 있는 **길거리**, **광장**, **성문 어귀**에서 그리 한다. 그래서 청중의 상당수가 **시끄러운 길목에** 있어서 원래는 잘 들을 수 없었던 그녀의 메시지를 누구나 들을 수 있게 된다. 사람들이 인식하든 인식하지 못하든 간에 그들에게는 누구나 쉽게 얻을 수 있는 주님의 지혜가 필요하다.

1:22-25. 지혜가 어리석은 자들에게 직접 전한 메시지에는 세 요소가 담겨 있다. 첫째, 그녀는 자신의 메시지가 가장 많이 필요한 세 부류의 사람들을 책망하는 것으로 시작한다(22절). 그들은 정도의 차이는 있지만 다들 무지를 만족스럽게 여긴다. 그들 중 최악의 부류는 **비웃는 사람들**[레침(*letsim*), 새번역]이다. 그들은 지혜를 조롱할 정도로 거만하고 닳고 닳았기 때문에 **비웃기를** 즐긴다(새번역). 가장 광범위하게 쓰이는 **미련한 자들**[*kesilim*, 케실림]은 **지식을 미워**한다. 그들이 지혜를 거부하는 것은 냉소주의보다는 우쭐거림과 우둔함에 기인하지만, 그들이라고 해서 거만한 자들보다 크게 나을 것도 없다(Fox, *Proverbs 1-9*, 98). **어수룩한 자들**[페타임(*petayim*), 새번역]은 젊은이들처럼 **어수룩한 것을**(새번역) 좋아한다. 그들은 무지해서 잘 속지만 비웃는 자들이나 미련한 자들과는 달리 가르침을 잘 듣는 편이다. 그들이야말로 지혜가 말을 건네는 구체적 대상이다. 다른 두 부류보다 어리석은 일에 덜 전념하기 때문이다. 하지만 그들이 무지를 고집할 경우, 그 위험성은 다른 두 부류만큼 커진다.

둘째, 지혜는 그들에게 메시지의 핵심을 밝힌다. 그것은 다름 아닌 회개의 촉구이다(23절). 그들이 **책망을 듣고 돌이키**거나 방향을 전환하면, **나의 영**[*ruach*, 루아흐]을 **너희에게 부어주며 내 말을 너희에게 보이리라**라고 말한다. 그들이 그녀의 지혜로운 메시지를 이해하고 마음에 새기도록 도와주겠다는 것이다. 그들의 진정한 변화는 가능한 일이다. 주목할 만한 사실은, 성경의 광범위한 문맥에서 보면 그러한 지혜가 하나님의 영과 연결되어 있다는 것이다(출 31:3; 사 11:2-3). 그 영은 '마지막 날에' 하나님의 백성에게 부어질 것이다(사 32:15; 욜 2:28; 참고. 행 2:16-21). (하나님의 영이 내면에 거주하시는) 그리스도인들이 그 영과 동행할 때 지혜의 길을 걷게 된다.

셋째, 지혜는 회개할 기회가 제한되어 있다고 경고한다(1:24-27). 이 경고는 미련한 자들의 지혜 거부(24-25절)와 그 결과들(26-27절)을 서술하며 이루어진다. 지혜 여인이 거듭해서 부르고 그들에게 **손을 내밀며**(24절, 새번역) 회개를 권했지만, 미련한 자들은 그녀를 거부한다. 그들은 그녀를 완강히 **싫어**한다(24a절). 그녀가 경고해도 **돌아보는 자가 없고**(24b절), **모든 교훈을 멸시하며**(25a절), **책망을 받지 아니**한다(25b절). 거절에 대한 이 네 가지 서술은 그녀의 메시지에 맞서는 그들의 마음이 점점 더 굳어짐을 반영한다(Waltke, *Book of Proverbs 1-15*, 205).

1:26-27. 지혜 여인은 그들이 완강히 거절하여 당하게 될 심판을 서술한다. 그들의 어리석은 생활양식은 **재앙**, **두려움**, **근심**, **슬픔**을 초래한다. 이것들이 끔찍한 **광풍**과 **폭풍**같이 그들을 쓸어버릴 것이다. 이것들은 하나님의 심판과 자주 연관되는 이미지들이다(예를 들어 시 83:15; 렘 23:19; 슥 9:14). 이 표현들은 미련한 자들이 맞닥뜨리는 재앙들을 강조할 뿐만 아니라 그로 인해 그들 속에 일어나는 공포라는 감정도 강조한다. 그들이 이 끔찍한 결과들에 직면할 때, 그들에게 거절당했던 지혜 여인은 그 모습을 보고 **웃**기도 하고 **비웃**기도 할 것이다(참고. 시 2:4; 59:8). 여기에는 그럴 만한 이유가 있다. 그녀의 반응은 "강력한 정복자가" 원수들을 물리친 데서 "느끼는 내적 기쁨과 경멸의 태도"를 반영한다. 그것은 "너무나 일방적인 승리여서 운명의 역전에는 원수에 대한 조롱을 유발하는 희극적인 면이 있다. 진리에는 시퍼런 날이 있고, 지혜는 그 날을 무디게 하지 않는다. 그녀의 충격 전략은 젊은이들을 설득하여 그녀에게로 돌이키게 하려는 목적을 갖는다"(Waltke, *Book of Proverbs 1-15*, 207).

1:28. 지혜 여인은 계속 말을 잇되 이제는 더 이상 미련한 자들에게 직접 말하지 않는다. 대신에 자신이

한 말을 숙고하고, 미련한 자들이 반응을 보이지 않는 이유를 곱씹는다. 그렇게 숙고한 결과, 그녀는 그들의 어리석음이 가져온 결과들을 참다못해 더 이상 그들을 돕지 않기로 한다(28절). 그들이 그녀를 **부르**고 근심하며 **부지런히 찾**아도 그녀는 **대답하**지 않을 것이라고 한다. 그들은 재앙에 직면하여 거기에서 벗어나고 싶어 죽을 지경이 된 뒤에야 "충고를 귀담아들으려 하지만, 그러기에는 때가 너무 늦었다"(Garrett, *Proverbs*, 73).

1:29–31. 주님께 대답을 구하기에는 때가 너무 늦었다. 그들이 **지식을 미워**했기 때문이다. 그들은 지혜가 효력을 발휘할 수 있었을 때에 지혜를 거절했다. 하지만 지혜의 **지식**과 **교훈**과 **책망**을 거절한 것보다(29a-30절) 더 나쁜 것은 그들이 지혜의 근원이신 주님을 거절했다는 사실이다. 말하자면 **여호와 경외하기를 즐거워하지 아니**했다는 것이다(29b절). 그들이 선택한 어리석은 생활양식이 당연한 결과를 초래했다. 그들은 **자기 행위의 열매**, 불경한 음모(**꾀**)의 열매를 먹고, 그 열매로 가득 차게(**배부르**게) 될 것이고(31절), 분명 병들게 될 것이다.

1:32–33. 지혜 여인은 자신이 숙고한 바를 일반화하여 지혜 있는 자와 미련한 자를 비교한다. 두 종류의 돌아섬과 두 종류의 평안이 있다. 모든 유형의 미련한 자들은 하나님의 지혜를 등지고 **퇴보**하여 **안일**주의에 빠지지만, 그 길이 자신들을 **죽이**고 **멸망시**킨다는 것을 조금도 깨닫지 못한다(32절). 반면에 경건하고 지혜로운 자들은 어리석음을 멀리하고 지혜에 귀를 기울인다. 그 결과 **평안히 살고**, **재앙의 두려움이 없이 안전**하게 지낸다. 어리석음이 필연적으로 가져오는 결과를 맞이할 일이 없기 때문이다. 결국 지혜 여인은 독자들에게 지혜/생명과 어리석음/죽음 중에서 어느 한쪽을 선택하라고 다그친다. 이는 너무나 시급해서 미룰 수 없는 선택이다.

3. 교훈 2: 지혜가 제공하는 보호(2:1–22)

이 장은 지혜가 주는 유익한 보호를 밝힌다. 아버지는 아들에게 지혜를 구하라고 권고한 뒤에(1-4절) 지혜가 보호를 제공한다고 선언하고(5-11절), 무엇으로부터 아들을 지켜주는지 논한다(12-19절). 그러고는 지혜의 길이 얼마나 뛰어난지 밝히며 말을 맺는다(20-22절).

a. 지혜가 내건 조건: 지혜를 받아들이고 구하라 (2:1–4)

2:1–4. '만일 ~하면'이라는 말로 시작하고(1, 3, 4절) '~하게 된다'라는 말이 뒤를 잇는(5, 9절) 이 부분은 지혜가 주는 유익을 얻는 데 필요한 조건들을 내건다. 지혜가 주는 유익을 얻으려면, 첫째, 지혜의 가르침들을 잘 알고 충분히 받아들여야 한다(1-2절). 아버지의 **말**과 **계명**, 곧 1-9장에 이어지는 교훈은 **지식** 및 **명철**과 같다. 둘째, 도움이 절실한 탄원자처럼, 혹은 보화를 찾아다니는 수집가처럼(4절) 지혜를 적극적으로 구하고 열심히 추구해야 한다(3절). 만일 그리하면 그 결과로 삶이 변화되는 상을 주님께 받게 될 것이다.

b. 지혜가 주는 유익: 보호(2:5–11)

이 구간의 교훈은 두 부분으로 이루어진다(5-8절과 9-11절). '그렇게 하면'이라는 말로 시작되는 이 부분은 지혜를 추구할 때 얻는 유익을 소개하면서 지혜 있는 자에게 보호를 약속한다. 첫째 부분은 좀 더 수직적인 관계, 곧 주님과의 관계에 초점을 맞추고, 둘째 부분은 좀 더 수평적인 관계, 곧 사람들과의 관계에 초점을 맞추는 듯하다(Garrett, *Proverbs*, 75).

2:5–8. 삶의 우선순위는 지혜이다. 지혜 추구는 **하나님**을 아는 지식과 **여호와 경외**에 대한 진정한 이해로 이어지기 때문이다(5절). 지혜는 주님과의 관계와 떼려야 뗄 수 없게 연결되어 있다. 하나를 추구하다 보면 다른 하나도 추구하게 된다(참고. 1:7; Longman, *Proverbs*, 120). 그 이유는 **지혜**[와 그 단짝들인 **지식**과 **명철**]가 주님으로부터 오기 때문이다. 주님은 찾는 사람들에게 지혜를 주신다(6절). 여기에서 아버지는 잠언에 있는 자신의 교훈들을 주님의 영감 넘치는 말씀, **그 입에서** 나오는 말씀과 동등하게 취급한다.

하나님과 바른 관계를 맺는 이들은 그 결과, 어리석음으로부터 보호를 받는다(7-8절). 그들은 **정직한 자**, **행실이 온전한 자**, **그의 성도**[신자]로 기술된다. 이것은 성경의 지혜가 도덕적 차원과 언약적 차원을 둘다 지니고 있음을 상기시킨다. 주님은 그들에게 **완전한 지혜**를 풍부하게 주시고, "곤경을 피할 수 있도록" 지략도 주신다(Fox, *Proverbs 1-9*, 114). 그리하여 그들에게 보호용 **방패**가 되어주시며, 그들의 생명 길을 **보호하시**고 보전해주신다.

2:9-11. 앞부분에서 주님과의 관계 속에서 지혜가 주는 유익의 수직적 차원에 초점을 맞추었다면, 이 부분에서는 타자와의 관계 속에서 지혜가 주는 유익의 수평적 차원에 초점을 맞춘다. 지혜를 얻고 하나님을 알면, 결국 **공의와 정의와 정직**[또는 공평함] 속에서 행동하는 법을 **깨달을 수** 있다(9절; 참고. 13절). 이 용어들은 특히 타자와의 관계 속에서 드러나는 지혜의 윤리적 측면을 서술한다. 그것들은 **모든 선한 길**의 구성 요소가 된다. 또한 그것들은 "생명, 평화, 번영으로 이어지는 윤리적 행동의 전 영역을 포괄하는" 바람직한 삶의 길을 요약한 것이기도 하다(Waltke, *Book of Proverbs 1-15*, 227).

지혜 있는 자는 하나님이 주신 이 도덕의식을 발달시켜 자기 **마음**과 감정의 변화를 꾀한다(10절). **지혜**와 지식은 그의 됨됨이를 이루는 일부가 되고, 그래서 그를 **즐겁게** 한다. 마음이 변화된 그는 **근신**과 **명철**을 계발하여 악으로부터 자신을 지키는 데 도움을 받는다(11절). **명철**과 쌍을 이루어 사용된 **근신**은 슬기를 가리킨다. 슬기는 "행동이 가져올 결과들을 두루 생각하고 정직한 길을 택하는 것"과 관계있다(Longman, *Proverbs*, 122; 참고. Fox, *Proverbs 1-9*, 117). 이 두 용어는 유혹에 직면할 때 절대적으로 필요한 지각을 가리킨다.

c. 지혜는 무엇으로부터 지켜주는가(2:12-19)

이 부분은 지혜가 제공하는 보호를 자세히 설명한다. 지혜는 악한 자와 음녀의 유혹에 굴복하지 않게 해준다. 이 유혹들은 젊은이가 받는 유혹의 주요 원천이다. 두 경우에, 지혜는 지혜로운 아들을 이 두 부류의 사람들에게서 '건지거나' 구원해줄 수 있다(12, 16절). 이 구원은 유혹을 제거하는 것이 아니라 그들의 제의를 거절할 수 있는 통찰과 능력으로 이루어진다.

2:12-15. 지혜는 지혜 있는 자를 **악한 자의 길**(12a절)에서 건져낸다. **패역을 말하는 자**(12b절)와 짝으로 쓰인 '악'이라는 용어는 추상적인 악이 아니라 구체적으로 악한 자들을 가리키는 것 같다. 악한 자는 다음 몇 가지 방식으로 묘사된다. 첫째, 그는 **패역을 말한다**(12b절). 특히 그가 자신의 생활 방식을 따르라고 다른 사람들을 꾀면서 하는 말은 지혜를 뒤집는 가치들에 뿌리박고 있어 뒤틀리고 왜곡되기 그지없다. 둘째, 악한 자는 악한 생활양식을 좋아하여 **정직**을 버리고 도덕적 **어두움**을 추구한다(13절). 셋째, 악한 자는 **행악하기를 기뻐하며 패역을 즐거워**한다(14절). 그들은 "보수를 바라며 악을 행할 뿐 아니라 적극적으로 즐기기까지 한다"(Fox, *Proverbs 1-9*, 117). 끝으로, 악한 자의 생활방식은 **구부러져 있고…비뚤어져 있다**(15절, 새번역). 곧고 평탄한 지혜의 길과 달리 그들의 길은 굽잇길이다. 그들은 진리를 왜곡한다(참고. 12b절). 얄궂게도 남들을 속여 자신들의 악한 **길**로 유도할 뿐만 아니라 자신들이 택한 거친 길에 스스로 속기까지 한다.

2:16-19. 지혜는 지혜 있는 자를 음녀에게서 구해주기도 한다. 이 부분도 음녀를 다음 몇 가지 방식으로 묘사한다. 첫째, 그녀는 낯선 여자, 이방 여자이다(16절). NASB에서 **음녀**로 읽는 히브리 단어는 문자적으로 '이방 여자'를 의미한다(Koehler et al., *HALOT*, 700). 그녀가 낯선 자, 이방인인 까닭은 주님이 이스라엘에게 주신 율법의 "도덕적, 법적, 관습적 속박을 받지 않고 움직이려 하기" 때문이다(Longman, *Proverbs*, 124). 둘째, 그녀는 **말로 호린다**(16b절). 그녀는 희생자의 자아에 호소함으로써 자신의 목적과 그의 파멸을 위해 그를 유혹하고 속인다. 셋째, 그녀는 조신하지 못한데, 이는 그녀가 남편과 주님에게 불성실하다는 사실에서 여실히 드러난다(17절). 그리하여 그녀는 **젊은 시절의 짝**인 남편을 버리고, **하나님의 언약**을 잊어버린 채 간통으로 하나님에 대한 배신을 드러낸다(참고. 말 2:13-16). 넷째, 그녀는 그녀의 유혹을 마음에 두는 모든 자에게 치명적이다(2:18-19). 그녀의 약속이 아무리 달콤해도 **그에게로** 가거나 **그의 집**으로 가는 어리석은 자는 **사망으로** 내려가 벗어날 길이 없게 될 것이다. 이는 마치 그녀가 무덤의 입구에, 즉 그녀를 **사망으**로 이끌어 **생명 길**을 등지게 하는 길목에 거주하는 것과 같다(생명과 죽음에 관해 더 자세히 알아보려면 '서론의 '주제'를 보라).

d. 요약(2:20-22)

2:20-22. 이 결론부에서 교훈 2는 끝난다. 지혜는 어리석음과 악의 파괴적인 길에서 우리를 보호할 뿐 아니라 전혀 다른 방향으로 돌려세운다. 어리석은 악인과 달리 지혜의 **길로 행하**고 지혜의 **길을 지키**는 자들은 **선한 자**와 **의인**으로 기술된다(20절). 그러한 자들은

칭찬받을 만하다(**선하다**). 그들은 하나님의 언약에 성실을 다하고(이 점에서 그들은 **의롭다**), "그들의 성품과 행동이 하나님과의 언약 관계 속에서 타인을 위해 옳은 일을 하는 데 도움이 되는" 방식으로 살아가기 때문이다(Waltke, *Book of Proverbs 1-15*, 234).

그 결과 이 **정직**하고 **완전한** 이들은 **땅에 거하고 땅에 남아 있**게 될 것이다(21절). 반면에 **악인**과 **간사한 자는 땅에서 끊어지**고 **땅에서 뽑히**고 말 것이다(22절). 여기에서 **땅**[*erets*, 에레츠]은 세계, 곧 산 자들의 땅과 거기에 따라붙는 복들을 가리키는 것 같다(Fox, *Proverbs 1-9*, 123; Waltke, *Book of Proverbs 1-15*, 234-235). 그러나 지혜는 주님과의 관계에 밀접하게 연결되어 있기 때문에, 땅에 대한 언급은 모세의 율법에 담긴 언약에 기초한 약속들과 저주들(신 27-28장을 보라)을 암시한다. 이 약속들과 저주들은 이스라엘이 언약에 기초하여 주님께 성실했느냐 그렇지 않았느냐 하는 것으로 판가름 났다. 이스라엘 자손에게 약속의 땅, 곧 이스라엘 땅은 주님과의 관계 속에서 하나님의 복을 경험하는 곳이었다. 저주를 받는다는 것은 그 땅에서 끊어진다는 뜻이었다. 모세의 율법에 복종하면 이스라엘 민족은 그 땅에서 물질적·영적으로 복을 받았다. 불복종은 그 땅에 징계를 가져왔고, 궁극적으로 이스라엘은 그 땅을 떠나 뿔뿔이 흩어지는 징계를 받았다. 잠언 도처에서 드러나듯, 인생에는 두 종류의 길이 있을 뿐이다. 그래서 아들은 어리석음, 악, 저주, 죽음(살아 있는 동안에도)의 길들과, 지혜, 공의, 복, 풍성한 생명의 길들 중에서 어느 한쪽을 택하지 않으면 안 된다. 어느 길을 택해야 할지는 너무도 분명하다.

4. 교훈 3: 지혜는 곧 예배이다(3:1-12)

열두 절로 이루어진 이 교훈은 한 연에 두 행씩 여섯 연으로 나눌 수 있다. 각 연은 권고를 앞에 배치하고, 그 권고를 마음에 새긴 결과를 뒤에 배치한다. 권고들의 핵심은 주님을 예배하여 지혜로운 자가 되라고 아들을 격려하는 데 있다.

3:1-2. 서두의 권고는 잠언 제1부에 실린 여러 교훈의 전형답게 **아들**에게 아버지의 **가르침**(새번역)을 마음에 새기라고 권한다. 아들은 아버지의 가르침을 무시하거나 거절하지 않고(**잊어버리지 말고**) 아버지의 **명령**을 건성이 아닌 온 **마음**으로 따라야(지켜야) 한다. 그리하면 **장수**하게 되고(참고. 출 20:12), **평강**[샬롬]내지 행복이 더해져 삶의 질이 향상될 것이다. 이것은 충만하고 풍성한 삶으로서 하나님과 친교를 나누는 데서 오는 복들과 연결되는 반면, 사망의 길은 어리석음과 연결된다(참고. 잠 2:16-19의 주석).

3:3-4. 여기에서 아들은 **인자**와 **진리**가 그를 **떠나지 말게 하**라는 권고를 받는다. 실제로 그는 이 덕목들을 **목에** 목걸이처럼 **매고**, **마음판에 새기라**는, 즉 쉐마(*Shema*, '들으라'를 뜻하는 히브리 단어. 참고. 신 6:4)의 가르침을 곰곰이 새기라는 말을 듣는다. 쉐마의 가르침은 주님이 모세에게 하나님의 말씀을 '마음에 새기고 네 손목에 매라'며 주신 것이다(참고. 신 6:4-9). 그리함으로써 아들은 이 덕목들을 변치 않는 자신의 내적 성품으로 삼게 될 것이다. 그런데 이 덕목들은 정확히 무엇인가? **인자**[헤세드]는 언약에 기초한 한결같은 사랑을 가리키고, **진리**[에메트]는 성실과 관계있다. 둘 다 충실한 사랑을 말한다.

이것은 누구의 충실한 사랑인가? 어떤 학자들은 이 한 쌍의 덕목이 하나님의 한결같은 사랑을 가리킨다고 주장한다(Fox, *Proverbs 1-9*, 144-145). 그러나 권고의 대상이 아들인 까닭에, 이 덕목들은 아들의 것일 가능성이 더 높다. 그런 까닭에 아들은 다른 사람들과의 관계에 충실하고 성실함은 물론이고, 더 근본적으로는 하나님과의 관계에 충실하고 성실하지 않으면 안 된다. 하지만 이 한 쌍의 덕목이 자주 하나님의 것으로 쓰이기에(참고. 창 24:7; 출 34:6; 시 86:15; 115:1; 138:2) 본문이 의도적으로 모호함을 띠는 듯하다(Longman, *Proverbs*, 132). 말하자면 아들은 하나님과 다른 사람들을 성실히 사랑하는 것이 특징인 생활을 함으로써 충실한 사랑의 진정한 모범이신 하나님을 가까이하게 된다는 것이다. 이러한 생활양식은 **하나님과 사람 앞에서 은총과 귀중히 여김을 받**게 마련이다(3:4). 하나님과 사람을 성실히 사랑하는 이들은 하나님과 사람에게 존중받게 되어 있다.

3:5-6. 이 절들은 권고의 핵심이다. 아들은 **마음을 다하여 여호와를 신뢰하**라는 권고를 받는다(5a절). 그러한 신뢰는 하나님이 말씀하신 바를 철석같이 믿는 것이다. 여기에는 어리석은 길을 거절하는 가운데 그분의 지혜의 말씀을 받아들이고, 그분의 계명에 복종하

며, 그분의 약속들을 끌어안는 일이 포함된다. 신뢰는 하나님의 애정 어린 돌보심 속에서 평안히 쉬고, 그분의 자원들을 온전히 의지하는 것과도 관계있다. 따라서 신뢰하는 자라면 자신의 **명철을 의지하지** 않을 것이다(5b절). "자기 자원이 부족함을 인정하는 사람만이 하나님의 능력과 지혜를 이용할 수 있다. 그분의 능력과 지혜는 더 나은 삶의 지침이다"(Longman, *Proverbs*, 133).

자기 지혜를 믿지 않고 하나님을 신뢰하는 자라면 **범사에** 하나님을 **인정**할 것이다(6a절). 하나님을 **인정**한다는 것은 그분을 직접 알고 그분과 친교를 나눈다는 뜻이다(Kidner, *Proverbs*, 63-64). 따라서 신뢰하는 자는 무슨 일을 하든 주님과의 친교를 추구하게 마련이다(참고. 고전 10:31).

주님을 신뢰하고 추구한 결과는 다음과 같다. **그가 네 길을 지도하시리라**(3:6b). 악인들의 생활양식은 도덕적으로(타락한 생활을 한다), 실제적으로(자립의 어려움에 직면한다) 구부러져 있는 반면(2:15을 보라), 의인들의 생활양식은 두 경우 모두에서 평탄하다. 의인의 생활양식은 도덕적으로 곧고(하나님을 경외하며 살고), 실제적으로 순탄하다(성공적인 삶, 즐거운 삶에 장애가 되는 것들을 덜 만난다).

3:7-8. 이 연의 절들은 앞 연의 보완이라고 할 수 있다. 지혜 있는 자라면 **스스로 지혜롭게 여기지** 않을 것이다(7a절). 자신의 슬기로운 능력에 감동하지 않고(참고. 사 5:21), 자기 자원을 의지하지도 않을 것이다. 오히려 **여호와를 경외**할 것이다(잠 3:7b; 1:7의 주석을 보라). 그는 주님을 예배하고, 주님의 자원을 의지하며, 주님의 말씀에 공손히 복종할 것이다. 따라서 **악을 떠날** 것이다. 이것은 예배하는 마음의 확실한 표지이다.

흥미롭게도 그러한 영적 건강은 육체의 안녕으로 귀결된다(8절). 게다가 몸[문자적으로 '배꼽'] 및 **골수**와 연결된 **양약**과 **윤택**은 그러한 안녕이 외적('배꼽') 안녕이자 내적('골수') 안녕으로서 한 개인의 육체적 상태에서 정신적이고 심리적인 상태로 확장됨을 암시한다(Waltke, *Book of Proverbs 1-15*, 26-27; 참고. Garrett, *Proverbs*, 81, n. 51). 일반적으로 말해, 주님을 가까이하는 이들은 자신들의 전 존재에 대단히 이로운 영적 윤택함을 경험한다.

3:9-10. 예배는 재력에도 영향을 미친다. 아들은 봉헌으로 하나님을 공경하라는 권고를 받는다(9절). **여호와를 공경**한다는 것은 주님을 마땅히 존귀하게 여기고 그분께 경의를 표한다는 뜻이지만, 여기에서는 더 구체적으로 그분께 예물들을 드림으로써 그리한다는 뜻이다(참고. 민 22:37; 24:11; 삿 9:9, Fox, *Proverbs 1-9*, 151). 이 예물들에는 우리의 소유(네 **재물**)는 물론이고, 우리의 모든 소산물 중에서 **처음 익은 열매**와 최상의 열매도 포함된다(Koehler et al., *HALOT*, 1170). 한 사람의 재정적 관대함은 그가 누구를 혹은 무엇을 소중히 여기는지 보여준다. 그러한 후대로 주님을 공경하면 주님의 후대와 풍성한 대접을 받는다. 여기에서는 후대가 농업 용어로 표현되었다(3:10). 주님께 드리는 것은 재정 파탄을 초래하지 않고 오히려 재정을 더 풍성하게 만든다. 키드너의 말대로 "소득을 바치면(9절) 소득이 증가한다"(10절; Kidner, *Proverbs*, 64). 이것은 모세가 받은 언약의 복들을 담고 있다(신 28:8). 부자가 되기 위해 주님을 조종하는 수단으로 봉헌한 게 아니라 주님을 공경하는 가운데 그리했다는 사실에 유의하라.

3:11-12. 의외로, 주님을 따라가는 길에서는 주님의 **징계**와 **꾸지람**도 예상해야 한다. 주님은 때로는 (지혜 있는 자를 통해) 말로 징계하시고, 때로는 고난으로 백성을 적극적으로 연단하신다. 따라서 아들은 이 고통스러운 연단을 **경히 여기지**도, **싫어하지**도 말라는 명령을 받는다(11절). 그러한 징계는 하나님이 자기 백성을 사랑하신다는 증거이기 때문이다. 이는 마치 자애로운 **아비가 그 기뻐하는 아들**을 징계하는 것과 같다(12절). 이 절들은 역경이 인생의 일부이며, 하나님이 우리에게 주시는 복 중 하나가 삶을 형성해가는 고통임을 강력히 상기시킨다(참고. 이 절들을 인용하는 히 12:4-11). 하나님은 당신을 경외하는 이들에게 완전한 번영이나 위안이 아니라 무한한 사랑을 약속하신다(참고. 욥 5:7; 요 16:33). 그러므로 주님을 예배하는 이는 그분을 신뢰하고, "고난을 신적 사랑의 행위로 받아들이고, 그것을 거부하지 않으며, 자신의 상태에 반감을 품지도 않을 것이다"(Fox, *Proverbs 1-9*, 153).

5. 시: 지혜 여인의 가치(3:13-20)

이 대목에서 지혜 여인이 한 번 더 출현한다. 이 시

는 일련의 교훈을 중단시키고, 지혜의 가치를 사람에게 가르침은 물론이고(13-18절) 하나님께도 아뢴다(19-20절).

3:13. 시는 젊은이에게 지혜를 추구하게 하려고 다음과 같은 지복(至福)을 선언하며 시작한다. ~하는 **자는 복이 있나니**. **지혜**와 **명철**을 얻은 이들은 실로 **복이 있다**. 마찬가지로 복된 삶을 살려고 하는 젊은이는 지혜 있는 자를 본받지 않으면 안 된다(참고. 전 12:1). 시의 나머지 부분은 그 이유를 지혜가 매우 귀중하기 때문이라고 설명한다.

3:14-15. 지혜 여인의 가치는 엄청난 부를 연상시키는 품목들, 곧 **은**과 **정금**과 **진주**에 견줄 때 분명해진다. 그녀는 이것들 내지 사람들이 **사모하는** 여느 값나가는 것보다 비교가 안 될 정도로 더 귀중하다. 욥기 28:12-22은 어째서 지혜가 재산보다 귀중한지 설명한다. 부는 인간이 스스로의 힘으로 크게 애써서 얻을 수 있지만, 지혜는 인간의 노력만으로는 얻을 수 없다. 하나님만이 지혜를 소유하시고, 그 지혜를 당신을 경외하는 이들에게 주실 수 있다(Longman, *Proverbs*, 137; Waltke, *Book of Proverbs 1-15*, 258).

3:16-18. 지혜 여인의 가치는 그녀가 **손에** 들고 있는 선물들을 고려할 때에도 분명해진다(참고. 3:2). 첫째, 그녀는 지혜 있는 자를 어리석은 자의 파괴적인 길에서 지켜줌으로써 생명을 연장시켜준다(**장수**, 16절; **생명나무**, 18절). 둘째, 그녀는 더 질 높은 삶을 선사한다(**부귀**, 16절; **즐거운 길**과 **평강**, 17절). 이를테면 번영과 좋은 평판과 즐거운 행복을 증진하는 생활양식을 촉진한다. 그녀를 단단히 **붙드는 사람이 복이 있는**(새번역) 것은 그다지 놀라운 일이 아니다.

3:19-20. 지혜 여인은 사람에게는 물론이고 하나님 자신에게도 귀중하다. 19절은 8:22-31을 내다보면서 하나님이 **지혜로 땅**과 **하늘**을 지으셨음을 지적한다. 하나님은 창조 작업 외에도 자신의 지혜로운 **지식**을 활용하여 섭리를 펼치신다(20절). 하나님은 자신의 우주를 다스리신다. 그분은 **깊은 바다**를 가르시고, 심판이나(창 7:11) 복의 형태로(삿 15:19; 출 17:5-7; 참고. 사 35:6) 물들을 솟구치게도 하신다. 또한 생명을 주는 **이슬**로 땅을 부양하기도 하신다. 요컨대, 지혜로 창조와 섭리의 기적을 수행하실 수 있는 주님이 지혜로 자기 백성의 삶에 무엇을 해주실 수 있을지 생각해보라[David A. Hubbard, *The Preacher's Commentary: Proverbs* (Nelson: Nashville, 1989), 75]. 지혜와 하나님 그리고 창조 안에서 둘의 관계에 관해 좀 더 자세히 알아보려면 잠언 8:22-31의 주석을 보라.

6. 교훈 4: 지혜로운 관계의 유익(3:21-35)

이 부분은 아들에게 다른 이들을 지혜롭게 대하라고 권하면서 지혜가 주는 안전에 대해 일러주고(21-26절), 다른 이들을 지혜롭게 대하면 어떤 일이 일어나는지 기술하며(27-31절), 다른 이들을 그렇게 대하도록 동기를 부여한다(32-35절).

a. 지혜가 주는 안전(3:21-26)

3:21-22. 서두에 등장하는 이 교훈은 **아들**에게 지혜를 부지런히 구하라고 권한다(21절). 경계병이 부단히 경계를 서며 자기 임무를 다하듯 아들도 지혜의 말씀을 끊임없이 **지키고**, 그 말씀을 **눈앞에서 떠나지 말게** 해야 한다. 여기에서 강조된 지혜는 **완전한 지혜**와 **근신**이다. **완전한 지혜**는 역경에 대처하는 지략이고, **근신**은 애초부터 고통을 겪지 않게 해주는 빈틈없는 신중함이다. 그러한 실제 능력들이 주님이 주시는 최고의 **생명**으로 귀결된다는 것은 그리 놀라운 일이 아니다(22절).

3:23-26. 앞의 권고를 마음에 새긴 아들은 밤낮으로 안전을 기대할 수 있다. 낮에 **행하**다가 넘어질 일이 없고(23절), 밤에는 안전하고 평안하게 **잠잘 수 있다**(24절). 따라서 그는 **두려워**할 필요가 전혀 없다. 그는 악인이 겪는 충격(**갑작스러운 두려움**)도 받지 않고, 악인의 길에 필연적으로 닥치는 비참한 파멸(**멸망**)도 겪지 않게 될 것이다(25절). 그가 **여호와**를 **의지**하고, 주님은 그를 지켜주기 위해 계시는 분이기 때문이다(26절). "아들이 주님의 지혜를 지키려고 하면, 주님이 그를 '지켜주신다'"(26절; Waltke, *Book of Proverbs 1-15*, 263).

b. 다른 이들을 대하는 지혜(3:27-31)

이 부분에는 다섯 가지 명령이 등장한다. 각각의 명령은 다른 이들과의 지혜로운 관계를 담고 있으며, 지혜로운 처신이 건강하고 안전한 공동체를 형성한다고 역설한다.

3:27-28. 처음 두 명령은 다른 이들을 소홀히 대하

는 죄와 관련이 있다. 첫째, 다른 이들에게 **선을 베풀기를 아끼지 말라**(27절). 여기에서 선은 포괄적이며 다른 사람을 이롭게 하는 것도 포함된다. 하지만 두 가지 조건이 붙는다. (1) **마땅히 받을 자에게** 선을 베풀어야 한다(즉, 그를 도울 도덕적 의무가 있다). (2) **베풀 힘이 있거든** 베풀어야 한다(베풀 수 없는 것을 베풀 필요는 없다). 둘째 명령(28절)은 첫째 명령을 보강한다. 말하자면 지체할 정당한 이유가 없을 때, 주위 사람들, 곧 마땅히 받을 자들(**이웃**)에게 주저하지 말고 선을 베풀어야 한다는 것이다.

3:29-30. 여기에 등장하는 두 명령은 다른 이들에게 저지르는 죄들과 관계있다. 셋째, **해**를 입을 이유가 전혀 없는 이웃을 해하려고 꾀하지 말라(29절). 넷째, 정당한 이유 없이 다른 이들과 **다투지 말라**(싸우지 말라, 30절). 이러한 다툼이 꼭 법적 배경과 관련된 것은 아니지만(Koehler et al., *HALOT*, 1224) 경솔한 소송도 여기에 포함된다(Garrett, *Proverbs*, 84). 다른 이들을 이기적으로 이용하거나 다투기를 좋아하는 것은 공동체의 평화와 조화, 안전을 해치는 데 쓰일 뿐이다.

3:31. 마지막 명령은 태도의 죄와 관련이 있다. 말하자면 잘못된 역할 모델을 택하는 것이다. **포학한 자**가 악행으로 다른 이들을 희생시켜 이득을 얻는 것으로 보이지만, 이것은 죽음으로 이어진 길을 만드는 '겉 인상'에 지나지 않는다(Longman, *Proverbs*, 143; 참고. 2:18-19). 어리석은 자만 그런 자를 **부러워하고 그의 행위를 따른다.**

c. 지혜로운 관계를 위한 동기부여(3:32-35)

3:32-35. 이 절들은 왜 다른 이들을 지혜롭게 대하고 공동체 안에서 조화를 도모해야 하는지 그 이유를 설명한다. 요컨대, 그리해야 주님을 거스르지 않고 주님 편에 서기 때문이다. 위에서 말한 대로 **여호와**는 다른 이들을 부당하게 이용하는 **패역한 자를 미워하시**는 반면, 다른 이들을 거짓 없이 대하는 **정직한 자**와는 친분을 유지하신다(32절). "주님은 음모를 미워하시고, 솔직하고 정직한 사람들, 개방성과 단순성이라는 덕을 아는 사람들의 말에는 귀를 기울이신다. 이런 식의 협의여야 교활한 적수를 누를 수 있다"(Waltke, *Book of Proverbs 1-15*, 271). **악인**들이 기대할 것은 자신들과 자신들이 귀하게 여기는 모든 것에 내리는 주님의 **저주**이지, 다른 이들과 **의로운**(새번역) 관계를 맺는 이들에게 내리는 주님의 복이 아니다(33절). 주님은 스스로 강한 체하며 다른 이들의 불행을 즐기는 **거만한 자**를 비웃으시는 반면(참고. 시 2:4), **겸손한 자**, 즉 스스로를 주님 앞에서 부족한 자로 여기는 자에게는(Koehler et al., *HALOT*, 856), 그가 주님께로 돌이킬 때 은혜를 베푸신다(3:34). 요컨대, 다른 이들과 **지혜로운** 관계를 맺는 이들은 주님으로부터 **영광을 기업으로** 받는 반면, 다른 이들과 **미련한** 관계를 맺는 자들이 기대할 것은 **수치**뿐이다(35절). NASB에서 '드러내다'로 읽는 동사는 '**받다**'로 읽는 편이 더 나은 것 같다(Waltke, *Book of Proverbs 1-15*, 254, n. 43; Fox, *Proverbs 1-9*, 169). 따라서 미련한 자들이 공동체와 주님에게 기대할 것은 치욕뿐이다.

7. 교훈 5: 지혜 여인의 가치에 대한 할아버지의 교훈(4:1-9)

잠언 제1부의 다른 훈계들과 마찬가지로, 아버지는 교훈 5에서 아들에게 지혜를 추구하라고 계속 권한다. 그러나 다른 교훈들과 달리 이 교훈은 3대에 걸쳐 이루어진다. 할아버지가 아버지에게 준 가르침, 곧 지혜의 유산을 아버지가 아들에게 말한다.

4:1-2. 서두에서 **아들들**은 **아비의 훈계를 들으라**는 권고를 받는다. 이 서두는 좀 더 포괄적이어서 인칭 대명사도 사용하지 않는다(1a절). 이것은 아래로 내려가면서 점점 뜻이 분명해짐을 암시하는 듯하다. 말하자면 세대 사이에서 충고가 이루어지고 있는 것이다. 아들들이 자기 아버지의 **선한 도리**와 **법**을 끊임없이 마음에 새기면 명철을 얻게 될 것이다(1b-2절).

4:3-4a. 여기에서 아버지는 자전적 서술로 넘어가 그가 부모 밑에서 배우던 때에—**나도 내 아버지에게 아들이었으며**—받은 권고를 소개한다. 그는 아버지가 자신에게 **가르쳐**주어, 자신에게 꼭 맞았던 지혜를 아들에게도 적합한 것으로 여긴다. 이 교훈의 나머지 부분에서 그는 아들(손자)이 이익을 얻을 수 있도록 아버지(할아버지)의 말씀을 전하기만 한다.

4:4b. 할아버지의 권고는 1-2절에 등장하는 아버지의 권고와 유사하다. 그는 생명을 주는 지혜의 **말**을 **마음에 두고 지키라**고 아들에게 권고한다. 교훈 자체는 두 부분으로 이루어져 있다(5-6절; 7-9절). 각 부분은

지혜를 얻으라는 명령과 동기부여로 구성되어 있다. 지혜 여인이 훌륭한 신부요 관대한 보호자로 묘사되면서 두드러지게 나타나고 있다(Waltke, *Book of Proverbs 1-15*, 278-279).

4:5-6. **지혜를 얻으라**(5a절)는 명령은, 지혜 여인은 지참금을 지불하고 얻어야 할 만큼 귀한 신부라는 생각과 연결되어 있다. 할아버지의 지혜로운 **말**과 밀접한 관련이 있는 지혜는 단번에 얻는 것이 아니다(Longman, *Proverbs*, 150). 아들이 지혜를 **잊**거나 **어기**는 일이 있을 수 있다. 그래서 젊은이는 그녀를 자신의 귀한 신부로 여기고, **그녀를 사랑**하기만 할 뿐 **버려**선 안 된다. 젊은이가 지혜를 그렇게 사랑하면, 그녀는 자신의 연인을 보호해줄 것이다(6절).

4:7-9. 할아버지는 **지혜를 얻으라**는 권고를 반복하면서 지혜와 **명철** 획득이 근본적으로 중요함을 강조한다. 지혜 추구의 첫 단계는 지혜의 엄청난 가치를 이해하는 것이다. 지혜는 사람들이 얻으려고 애쓰는 다른 모든 것보다 가치가 뛰어나다. 그러나 잠언의 다른 곳에서는 여호와를 경외하는 것이 지혜의 근본이라고 하지 않았는가?(예를 들어 1:7; 9:10) 확실히 주님 경외와 지혜 추구는 밀접하게 얽혀 있다. 주님만이 지혜를 주실 수 있기 때문이다. "모두들 지혜를 추구해야 한다. 그러나 지혜를 얻으면, 그것이 자신의 노력 때문이 아니라 하나님의 선물로 얻은 것임을 알아야 한다"(Longman, *Proverbs*, 150).

바라고 바라던 연인을 아내로 얻은 남자라면 당연히 그녀를 소중히 여기고(**높이고**) 친밀하게 **품**을 것이다. 아들은 지혜 여인에게 이와 같이 해야 한다(8절). 그러면 그녀가 그를 **영화롭게** 할 것이다. 지혜와 지혜가 주는 유익이 **아름다운 화관**이나 **영광스러운 왕관**과 같을 것이다(9절, 새번역; 참고. 사 61:3, 10).

8. 교훈 6: 옳은 길로 계속 행하라(4:10-19)

이 부분은 잠언 전체에서 두드러진 두 길을 제시한다(서론의 '주제'에 있는 '생명과 죽음'을 보라). 이 교훈은 서두의 권고에 이어 옳은 길의 유익(10b-13절)과 악한 길의 공포(14-17절)를 논하고, 두 길을 최종적으로 비교하면서(18-19절) 마감한다.

4:10. 아버지는 또 한 번 **아들**에게 자신의 지혜로운 **말을** 듣고 **받으라**고 권고한다. 이는 아들이 "생명을 증진하는 생활양식을 택하여 이른 죽음으로 이어질 수도 있는 상황들을 피하게 하려는 것"이다(Longman, *Proverbs*, 151).

4:11-13. **지혜로운 길**은 **아들**에게 새로운 길이 아니다. 아버지가 이미 아들을 그 정직한 길로 인도한 상태이기 때문이다(11b절). 이 길은 도덕적으로나 실제적으로 견고하고 곧은길이다(Kidner, *Proverbs*, 67). 그 길을 걷는 이는 자신을 방해하거나 넘어뜨릴 수 있는 굽이와 우회와 장애에 대한 두려움 없이 마음 놓고 다니거나 달릴 수도 있다(12절). 그 길은 안전하다. 따라서 아들은 지혜로운 사람이 되어 계속 그 길을 걷기만 하면 된다. 그 길이 그를 **생명**으로 이끌기 때문이다(13절). 그는 **훈계**[교훈]를 계속 **굳게 잡**고 놓치지 말아야 한다. 지혜를 지켜야 한다. 그렇지 않으면 이 길에서 벗어나고 말 것이다.

4:14-17. 아버지는 가장 강력한 어조로 아들에게 **사악한 자의 길에 들어가지 말**라고 경고한다(14-15절). 참으로 아들은 적극적으로 악한 길을 피해야 한다. 이따금 그 굽잇길이 방향을 틀어 생명의 길에 바싹 붙거나 가로지르기도 하기 때문이다(Fox, *Proverbs 1-9*, 180-181). 지혜로운 자들도 악으로 기울 기회가 많은 까닭에 그 기회들을 과감히 피해야 한다. 악한 길을 따르면 그 결과가 개운치 않다. 그 길을 걷는 악인들은 악에게 삼킴을 당하기 때문이다(16-17절). 그들은 **악을 행하지 못하**거나 악으로 다른 사람을 **넘어뜨리지** 못하면 밤에 잠을 이루지 못한다(참고. 1:10-11). 그들이 가장 잘하는 일은 남모르게 나쁜 일을 꾸미는 것이다(참고. 시 36:4; 미 2:1). 낮 동안 그들은 자신들의 **악**과 다른 이들에 대한 **강포**로 지탱된다. 악은 그들의 음식이자 음료이다. 이 "악행 중독자들"의 그림을 제시함으로써 "아버지는 자기 아들이, 악행을 갈망하는 그들의 섬뜩한 모습에 기겁하여 물러서고 도덕적 행위를 갈망할 것이라고 가정한다"(Waltke, *Book of Proverbs 1-15*, 286).

4:18-19. 이 교훈은 두 길을 최종적으로 비교하며 끝을 맺는다. 두 길의 차이는 **햇살**과 **어둠**만큼이나 크다. **의인의 길**은 구름 없는 새벽에 **돋아나 한낮의 광명에 이르는 햇살** 같다(18절). 햇살은 도덕성, 안전, 명료함을 상징하는 듯하다(Waltke, *Book of Proverbs*

1-15, 292; 참고. 욥 29:2-3; 시 43:3; 사 42:16). 의인들은 생명의 길을 걸으면서 하나님이 자신들에게 걷게 하신 길이 어떤 길인지 점점 더 명확히 보게 된다. 이를테면 그 길이 그들의 안전과 안녕을 강화하기만 한다는 것을 명확히 알게 된다. 반면에 **악인의 길은 어둠 같다**(4:19). 악인들은 자욱한 어둠 속에서 앞 못 보고 **넘어져**, 길 위에 놓인 장애를 넘어가지 못하고 자신이 왜 넘어졌는지도 알지 못한다. 그들은 부도덕, 무지, 재앙 속에서 길을 잃는다.

9. 교훈 7: 네 마음을 지켜라(4:20-27)

이 교훈은 앞의 교훈과 연계하여 생명의 곧은길에 머무는 것이 얼마나 중요한지 강조하되 제자도의 중심 요소인 마음을 주로 강조한다. 이 교훈은 "제자도의 해부학"이자(Hubbard, *Proverbs*, 87) 개인의 다양한 요소들을 검사하는 일종의 "건강 검진"이다(Kidner, *Proverbs*, 68). 이 검사는 먼저 몸의 수동적 혹은 수용적 요소들을 숙고하고(20-22절), 그런 다음 능동적인 요소들로 옮겨간다(24-27절). 23절은 이 두 부분을 잇는 전환 지점으로서 교훈의 중심 역할을 한다(Waltke, *Book of Proverbs 1-15*, 296-301). 적절하게도 그것은 사람의 중심인 마음에 초점을 맞춘다.

a. 받아들이는 감각기관들을 지켜라(4:20-22)

4:20-21. 아버지는 아들에게 자신의 **말에 주의하**라고 권유하면서 인간의 받아들이는 감각 기능의 관점에서 말을 잇는다. 아들은 아버지의 지혜로운 말에 **귀를 기울이고**, **그것을 눈에서 떠나게 하지 말고**, **마음속에** 단단히 담아두고 지켜야 한다.

4:22. 아버지의 지혜를 마음에 두면 이익이 생긴다. 그 이익은 이미 몇몇 교훈에서 강조된 바 있다. 그것은 다름 아닌 **생명**과 전반적인 **건강**이다. 지혜는 실로 최고의 양약이다. 그것은 생명을 위협하는 악으로부터 우리를 보호한다.

b. 마음을 지켜라(4:23)

4:23. 마음의 스트레스 테스트가 검사의 핵심이다. "이따금 '마음'은 핵심적인 성격의 한 면, 특히 정신을 강조하되 감정이나 의지도 강조한다. 그러나 그것은 보통은 내적 자아 전체를 가리킨다"(Longman, *Proverbs*, 131, n. 4). 따라서 마음은 수용적(21b절)일 뿐만 아니라 능동적이기도 하다. **생명의 근원이 이에서** 나기 때문이다. 이 표현은 생명 활동 전체가 마음에서 비롯되고 생겨남을 암시한다(Waltke, *Book of Proverbs 1-15*, 298). 이 때문에 아들은 **마음을 지키**는 것을 최고의 우선순위로 삼지 않으면 안 된다(**모든 지킬 만한 것 중에**라는 표현은 HCSB에서처럼 '그 무엇보다도'로 읽는 것이 더 낫다, 참고. Koehler et al., *HALOT*, 649). 특히 그는 악을 꾀하지 않도록 마음을 부지런히 지켜야 한다(참고. 6:14, 18; 막 7:20-23).

c. 활동하는 신체 기관들을 지켜라(4:24-27)

4:24. 아들은 아버지의 지혜를 받아들이고, 그것을 악한 의도에서 지킴으로써 자신의 활동 능력을 감시할 채비를 끝낸다. 아버지는 **입**부터 거론하기 시작한다. 입의 말이 마음속에 있는 것을 가장 분명하게 가리키기 때문일 것이다(눅 6:45; 롬 10:10; 참고. Fox, *Proverbs 1-9*, 186). 아들은 **구부러진 말**, **비뚤어진 말**을 피해야 한다. 그런 말은 마음을 반영할 뿐만 아니라 역으로 마음에 영향을 미치기도 한다. "천박한 언어 습관은 정신에 악영향을 미친다. 예컨대 냉소적인 수다, 유행을 따르는 불평, 경솔한 언행, 반쪽짜리 진리는 확고한 사고 습관으로 굳어진다"(Kidner, *Proverbs*, 68).

4:25-27. 아들은 자신의 **눈**[주의력]도 지켜서 바른 길에 고정시켜야 한다. 그는 터널 시야를 유지하고, 자기 **앞을 곧게 살펴** 악에 의해 초점이 분산되지 않게 해야 한다(25절). 그는 자기 **발**이 생명의 길에 있도록 지키고, 그 길을 **떠나** 악의 길에 들어서지 않게 해야 한다. 종합해서 말하면, 이 교훈들은 지혜 가운데 걷는 것이 "단 한 번의 결심으로 되는 것이 아니라 평생의 과제임"을 암시한다(Longman, *Proverbs*, 155).

10. 교훈 8: 열정의 적절한 대상(5:1-23)

잠언에서는, 특히 1-9장에서는 음행에 대한 경고가 두드러진다. 이 주제는 지혜를 현숙한 아내에 빗대고, 어리석음을 음녀에 빗대는 부분들(예를 들어 1:20-33; 3:13-20; 9:1-18)에서 간접적으로 등장한다. 또한 그것은 직접적으로 등장하기도 한다(예를 들어 2:16-19). 이 부분은 그러한 주제를 다룬 세 담화(참고. 6:20-35; 7:1-27) 중 첫 번째이다. 담화 전체가 아버지가 아들에게 여자에 관해 말하는 남성 중심의 담화라면, 교훈들은 젊은 여자들에게도 똑같이 적용된다.

a. 서론적 권고(5:1-2)

5:1-2. 아버지는 또 한 번 전형적인 권고로 시작한다. **아들**은 아버지가 나누어 주려고 하는 **지혜**에 주의를 기울여야 한다. 언뜻 보면 이 지혜는 아버지의 것이지만(**내 지혜, 내 명철**, 참고. 1:8; 2:1) 궁극적으로는 하나님에게서 온 것이다(참고. 1:7). 아들이 그 지혜를 마음에 두고 자기 것으로 삼으면, 그가 무엇을 하든(**근신을 지키며**), 무엇을 말하든 간에(**입술로 지식을 지키도록 하라**) 지혜가 그에게 방책을 제시하여 음녀에게 대처할 수 있게 해줄 것이다. 요셉이 보디발의 아내에게 그랬듯이(창 39:8-9) 아들도 음녀에게 진리의 말로 대응하며 그녀의 유혹에 저항할 수 있어야 한다.

b. 음녀: 열정의 부적절한 대상(5:3-14)

(1) 음녀의 위험성(5:3-6)

5:3. 음녀가 위험한 까닭은 그녀가 호리는 여자이기 때문이다. 여기에서 그녀의 매력은 특히 말에서 나온다. 그녀의 **입술**과 **입**을 언급한 것이 이를 암시한다. 그녀의 발림소리는 **꿀**같이 달콤하고, 올리브**기름**같이 미끄러워 친구를 즐겁게 하고 기분 좋게 한다. 그밖에도 이 절에 등장하는 표현은 이중적 의미를 지니며 관능적 본성을 암시하기도 한다. 여기에서 입술은 아가 4:11에서처럼 입맞춤도 암시하는 것 같다(Longman, *Proverbs*, 159). 어떤 학자들은 이 구절 속에 다른 성애의 이미지도 있는 것 같다고 주장한다(Waltke, *Book of Proverbs 1-15*, 308-309을 보라).

5:4-6. 외모는 기만적일 수 있다. 그래서 잠언은 "그 무엇도 첫눈에 판단해서는 안 된다"(Kidner, *Proverbs*, 69)는 사실을 끊임없이 일깨운다. 이것은 음녀를 맞닥뜨렸을 때 특히 해당된다. 그녀가 약속하는 달콤함은 많이 복용하면 독해지는 **쑥**처럼 뒷맛이 쓰다(4a절). 그녀의 유혹이 아무리 부드러워도 그녀는 **두 날 가진 칼같이 날카**롭고 위험하다(4b절). 그녀에게 빠져드는 것은 그녀를 따라 **사지로 내려가**는 것이다(5절). 결국 그녀의 생활양식은 그녀가 **생명의 길**을 외면했음을 증명한다(6a절). 그녀는 죄 속에서 정처 없이 방황하며 파멸로 치닫고 있으면서도 그것을 알아차리지 못한다(6b절; 참고. 4:17). "그녀는 자멸하는 바보이다. 그녀를 따르는 자도 그러하다"(Fox, *Proverbs 1-9*, 194).

(2) 주요 권고(5:7-8)

5:7-8. 아버지는 자신이 하는 말이 중요함을 강조하기 위해 한 번 더 **아들**에게 자신의 **말을** 듣고 그것을 **버리지 말**라고 권고한다(7절). 아버지가 아들에게 말하는 것은 후대를 염두에 두고 하는 말 같다. 이 충고를 대대로 전해야 한다는 것이다(참고. 4:1-9). 그의 충고는 단도직입적이다. 음녀를 **멀리**하라(8절). 이것이 그녀의 유혹을 피하는 지름길이다. 미련한 자만이 **그의 집 문에**, 곧 대단히 위험한 곳 **가까이**에서 어슬렁거린다(참고. 2:18-19; 7:6-23).

(3) 권고에 유의하지 않은 결과들(5:9-14)

5:9-10. 이 충고를 마음에 두지 않는 어리석은 아들은 세 가지 결과를 맞이한다(Kidner, *Proverbs*, 70). 첫째, 이용당한다. 하지만 그것은 자진하여 당하는 이용으로서 무엇이든 **남에게** 기꺼이 **잃**는 것이다. 그는 자신의 젊음과 노동력을 들여 **수고한 것**까지 그들에게 내어준다. 그들은 **타인**과 **외인**들이다. 그들은 **잔인**하다. 그들은 그 아들을 조금도 걱정하지 않는다. 그 아들과 참된 관계를 유지하지 않기 때문이다. 그런데 그들은 음녀와 어느 정도 관련이 있다. 그들은 남자에게서 배상을 받아내려고 하는 그녀의 화난 남편이거나 가족일 수 있고, 그녀의 음행으로 남자를 희생시켜 금전적 이익을 도모하는 그녀의 친구들이거나 포주일 수도 있다. 각각의 시나리오가 모두 가능하지만 일반적인 요점은 분명하다. 말하자면 성적 방탕은 "개인의 퇴보와 재정 파탄을 초래한다"는 것이다(Garrett, *Proverbs*, 92).

5:11-13. 둘째, 어리석은 아들은 결국 후회와 죄책감에 휩싸이게 될 것이다. 생의 마지막에 이르러 성병에 걸리거나 죄에 물든 선택으로 인한 고된 삶으로 몸이 쇠약해졌을 때 그는 **한탄하**며 절망할 것이다. 음행에 연루되지 않도록 조심하라는 **선생**들의 지혜로운 충고를 마음에 두지 않겠다고 했던 어리석은 결심을 그제야 후회해 보지만 때는 이미 너무 늦었다.

5:14. 셋째, 어리석은 아들은 사람들 앞에서 수치를 당하게 될 것이다(I was almost in all evil in the midst of the congregation and assembly, NASB). **거의**(개역한글)로 번역된 단어는 '속히'를 의미하는 것 같다(Fox, *Proverbs 1-9*, 199). 그의 은밀한 사랑 놀음은 속히 그의 공동체 앞에서 공개적으로 수치를 당할 것이다. 이는 고대 세계는 물론이고 우리 시대에서도 파멸이 아닐 수 없다. "음행은 당사자에게는 수치를, 사랑하는 이

들에게는 치욕을, 더 넓은 공동체에서는 존경을 잃는 일을 초래한다"(Hubbard, *Proverbs*, 93).

c. 아내: 열정의 적절한 대상(5:15-20)

지혜로운 아들에게는 훨씬 더 나은 길이 있다. 그는 성적인 열정 자체를 부인하지 않고, 적절한 장소에서 아내와 더불어 그 열정을 충족시킬 필요가 있다. 이 절들의 이미지는 성애의 이미지로서 아가를 떠올리게 하는 방식으로 남편과 아내의 성적 관계를 언급한다. "사랑의 언어가 담긴 이 시에서 아내는 하나밖에 없는 이, 누구와도 같지 않은 이, 소중히 여김 받을 이, 누구와도 공유할 수 없는 이로 묘사된다…남편이 아내와의 친밀한 사귐을 감사할 줄 알면 외간 여인의 매력은 보이지 않게 될 것이다"[Richard J. Clifford, *Proverbs: A Commentary*, OTL (Louisville, KY: Westminster John Knox, 1999), 71-72].

5:15-17. 이 절들 전체에 걸쳐 성애는 물을 마시는 것에 비유된다(참고. 9:17). 한 남자의 아내는 그만의 사적인 **우물**이요 **샘**과 같다(15절). 그의 극심한 성적 목마름을 채우기에 가장 좋은 길은 아내만이 그를 위해 제공할 수 있는 시원하고도 만족스러운 **물을 마시**는 것이다(참고. 슥 4:10-15). 16절은 모호하여 여러 해석을 유발한다(예를 들어 Garrett, *Proverbs*, 93을 보라). 하지만 이 절들 전체에서 은유가 일관되게 유지되고 있는 것으로 보아 아들의 **샘물**과 **도랑물**은 그가 지닌 성적 기쁨의 원천을 가리키는 것 같다(Waltke, *Book of Proverbs 1-15*, 319). 말하자면 굳이 다른 이들과 함께 마시는 공공의 수원으로 자신의 성적 목마름을 채울 이유가 어디 있느냐는 것이다. 아내와 더 만족스럽고 독점적인 성애를 즐길 수 있는데도(**그 물이 네게만 있게 하고**) 애인이 여럿인 외간 여자와 동침한다면, 그는 어리석은 자일 것이다.

5:18-20. 아버지는 아들과 그 아내의 관계가 중요함을 염두에 두고서 아들과 그녀, 즉 그의 **샘**의 성적 관계가 **복되게** 해달라고 기도한다(18a절). 혹자는 이것을 많은 자녀를 얻게 해달라는 기도라고 생각하지만(예를 들어 Fox, *Proverbs 1-9*, 202), 해당 문맥은 그것이 만족스러운 성적 관계를 구하는 기도임을 암시한다. 아버지가 아들에게 **네가 젊어서 취한 아내를 즐거워하며** 기뻐하라고 권고하는 것은 그 때문이다(18b절). 그녀는 아들의 유일한 애정 상대이다(19절). 그는 그녀를 **사랑스러운 암사슴과 아름다운 암노루**로 여겨야 한다. 이 이미지들은 그 문화권에서 그녀가 그에게 "아름답고, 사랑스럽고, 성적으로 매력 있음"을 암시한다(Fox, *Proverbs 1-9*, 202; 참고. 아 2:9, 17; 4:5). 그녀와의 성애는 그의 정욕을 **항상** 완벽하게 채워줄 것임에 틀림없다. 실로 그는 그녀와 함께 있을 때 **항상 족**함을 얻을 것이다. '족하다'로 번역된 동사(*shagah*, 샤가)는 취한 것처럼 '비틀거리다'를 의미한다(Koehler et al., *HALOT*, 1413). "사랑과 성애는 포도주를 마실 때 나타나는 효과와 비슷하게 사람을 몽롱하게 한다"(Longman, *Proverbs*, 162). 부부의 동침에 그러한 기쁨이 있는데, **어찌하여** 아들이 **음녀를 안겠는가?**(5:20) 그것은 어리석은 짓, 즉 훨씬 덜 만족스러운 다른 것으로 대신 채우는 일에 지나지 않는다. 우리 시대에 외설적인 형태로 이루어지는 음행과 부도덕의 추구는 하나님이 정해 주신 결혼의 복들에 비하면 세상의 대체물들이 주는 공허함을 강화할 뿐이다.

d. 결론(5:21-23)

5:21-23. 아버지는 아들이 음녀를 피할 또 다른 이유가 필요하다고 여겨, 결론 삼아 가장 강력한 이유를 제시한다. **여호와**는 전지하시다는 것이다. **대저 사람의 길은 여호와의 눈앞에 있나니**(21절). 닫힌 문 뒤에서 행해지는 성적인 죄도 그러한 **길**에 포함된다. 이것은 그러한 죄들에 대한 심판이 필연적임을 의미한다. 그 심판은 죄인이 자초한 심판이다. 그는 **자기의 악에 걸**린다(22절). 그는 자신의 **심한 미련함** 때문에 **길을 잃**어(새번역) 결국에는 죽음에 이른다(23절). (NASB에서 '길을 잃다'로 번역된) 동사 '샤가'는 19-20절에서 사용된 것과 같은 의미로 읽어도 될 듯하다. 그 구절에서는 그것을 술에 많이 취함이라는 의미를 담아 '비틀거리다'로 읽는다(19-20절의 주석을 보라). 말하자면 남편이 "자기 아내의 사랑에 취하지 않고 간통한 자가 되면, 자신의 어리석음에 취해 결국에는 죽음에 이르게 된다"는 것이다(Longman, *Proverbs*, 163).

11. 어리석은 자들을 멀리하라는 경고(6:1-19)

1:20-33 및 3:13-20에 등장하는 시처럼, 이 부분도 잠언의 첫 아홉 장에 전형적으로 등장하는 표준 교훈과 다르다. 이 부분은 세 유형의 어리석은 자를 기술한

다. 그들은 교훈 8(5장)과 교훈 9(6:20-35)에 등장하는 성적 탕자들처럼 자신도 파괴하고 남도 파괴하는 자들이다.

a. 보증 서는 것에 관한 경고(6:1-5)

이 절들은 아버지가 아들에게 말을 건네는 교훈의 표준적 요소를 다 담고 있지는 않지만, '만일 ~하면'이라는 전형적인 형식을 계속 유지한다. 만일 아들이 어리석은 상황에 처하면, 그 아들은 다음과 같이 해야 한다는 것이다(3-5절).

6:1-2. 첫 번째 어리석은 상황은 대부(貸付)와 관계가 있다. 아들이 누군가를 위해 **담보**를 선다(1절). 이것은 다른 이의 대출에 보증을 서거나 보증인이 되는 것을 말한다. **이웃**과 **타인**을 구분한 것 때문에, 주석가들은 여기에서 기술된 정확한 시나리오를 놓고(예를 들어 돈을 빌려주는 사람은 누구이고, 빌리는 사람은 누구인가를 놓고) 의견이 분분하다. 1절의 두 행을 유사한 내용으로 보고, 이웃과 타인이 그 사이에 있는 모든 것을 포함하는 두 극단의 역할을 하고 있다고 보는 것이 가장 좋을 듯하다(Longman, *Proverbs*, 170). 말하자면 친구를 위해서든, 타인을 위해서든, 그 사이에 있는 누구를 위해서든 보증인이 되지 말며, 보증인이 되면 자신의 **말**이나 구두 서약에 **잡히**고 만다는 것이다(2절).

성경은 확실히 궁핍한 이들에게 베푸는 것을 막지 않고, 담보를 잡혀 대부를 받거나(참고. 신 24:10-13), 과거에 진 빚을 갚는 것(참고. 몬 1:18-10)을 금하지 않는다. 성경이 여기에서 막는 것은 도박과 유사한 어떤 것이다(Kidner, *Proverbs*, 71-72). 어떤 사람이 다른 이의 부채를 갚겠다고 보증을 서면, 이는 자기와 자기 자산을 자신의 직접적인 통제에서 완전히 벗어난 미래의 상황에 내맡기는 셈이 되기 때문이다. 이것은 실로 법적인 일에 연루되는 어리석은 짓이다(Garrett, *Proverbs*, 96; 참고. 27:1).

6:3-5. 자초해서 그러한 함정에 빠졌을 때, 지혜로운 아들은 무슨 수를 써서라도 그 상황에서 **스스로를 구원**해야 한다(3a절). 그가 어리석게도 "채무자에게 자신을 맡기면, 그 채무자는 그를 무자비하게 채권자의 손에 내던지고 말 것이다"(3b절; Waltke, *Book of Proverbs 1-15*, 333). 따라서 아들은 **겸손히** 자기 **이웃에게 간구하여** 이 의무를 벗어야 한다. 이웃 앞에 엎드리기도 하고 조르기도 해야 한다(3c절). 문제는 너무나 급박하므로 곧바로 행동에 돌입하고, 잠도 자지 말고, 갖은 노력을 다 기울여 그 상황에서 벗어나야 한다는 것이다(4절). 그는 사냥꾼의 덫에서 벗어나려는 **노루**나 **새**처럼 보증 관계에서 벗어나기 위해 애쓰지 않으면 안 된다(5절).

b. 게으른 자에 관한 경고(6:6-11)

이 부분은 잠언에서 처음으로 게으름을 다룬 대목이다(참고. 24:30-34; 26:13-16). 게으름은 또 하나의 자기 파괴 행위이다.

6:6-8. 잠언은 종종 자연 세계에 있는 것들을 활용하여 지혜의 원리들을 가르친다. 여기에서 저자는 **게으른 자**에게 **개미를 보고 지혜**를 배우라고 촉구한다(6절). 개미는 계속 다그치며 일을 시키는 감독자가 없는데도(7절) **먹을 것을 여름 동안에** 부지런히 비축하며 월동 준비를 한다(8절).

6:9-11. 자그마한 개미의 근면한 선견지명이 게으른 자와 날카롭게 대비를 이룬다(참고. 10:5). 수사적 질문을 던지는 이유는 **게으른 자**를 자극하여 추수 때에 일하게 하고, 침대와 **잠**을 좋아하는 그의 버릇을 조롱하려는 것이다. 하지만 게으른 자는 일어나 일하기보다는 **좀 더 자**는 것을 좋아한다(10절). 일할 마음이 아예 없는 것은 아니고 다만 아직은 일을 시작하고 싶지 않다는 것이다. "그가 아는 것은 달콤한 졸음뿐이고, 청하는 것은 조금 미루어달라는 것뿐이다"(Kidner, *Proverbs*, 42). 하지만 이것은 스스로를 속이고 화를 자초하는 짓이다. 극심한 가난이 필연적인 운명이 될 텐데도(참고. 19:15; 20:13) 그는 그런 일을 내다보지도 않고 그런 일에 대비하지도 않는다. 그가 일을 맡아서 하지 않는 까닭에 **빈궁이** 그를 찾아올 것이다. 그것은 두 가지 예시 그림으로 제시된다. 그것은 살금살금 다가와 훔치는 **강도같이** 혹은 조용히 닥칠 것이고, **곤핍**을 강제로 부과하는 군사같이 소리 없이 닥칠 것이다(11절). 게으름은 가난과 궁핍으로 귀결되게 마련이다.

c. 불량한 자들에 관한 경고(6:12-19)

앞에서 말한 두 유형의 어리석은 자와 달리 이번 유형이 더 질이 좋지 않다. 그는 다른 이들을 자기의 위험한 계획에 끌어들여 재앙으로 인도한다.

(1) 불량한 자들에 관한 묘사(6:12-15)

6:12a. 이 부분에서 다루는 어리석은 자는 **불량한 자**['*adam beliyya'al*, 아담 벨리이야알]로 간주된다. 이 용어는 "온갖 선한 것에" 반대하는 "온갖 종류의 말썽꾼을 가리킬 때 사용되는" 표현이다(Waltke, *Book of Proverbs 1-15*, 342). 벨리알(*belial*, 12a절에 등장하는 둘째 단어의 구성 요소)은 항상 악과 불량함을 암시하고(삼상 2:12; 왕상 21:10), 때로는 단순한 파괴성을 암시하기도 한다(나 1:11, 15; 시 18:4). 결국 그것은 그러한 성질을 지닌 모든 자의 아비인 악마의 이름이 된다(고후 6:15; Kidner, *Proverbs*, 72-73). 그가 **악한 자**로 불리는 것은 당연하다.

6:12b-14. 여기에서는 불량한 자를 좀 더 자세히 묘사한다. 첫째, 생활 방식을 보면 그의 입이 구부러져 있음을 알 수 있다. 그의 입은 거짓말과 험담을 퍼뜨려 관계를 파괴하고 사회를 서서히 쇠퇴시킨다(12b절; Longman, *Proverbs*, 174). 둘째, 그의 몸짓들을 보면 못된 의도가 드러난다(13절). 눈짓, 발짓, 손가락질 등 그의 몸짓은 그가 검은 마법과 저주에 몰두하고 있음을 가리키며, 부분적으로는 그가 속으로 품은 꾀와 불온한 정신을 반영한다(Fox, *Proverbs 1-9*, 220-221). 하지만 무엇보다 그 몸짓들은 누군가를 등 뒤에서 놀리거나 사악한 음모를 지시하기 위해 공모자들에게 은밀하게 보내는 신호들을 암시하는 듯하다. 셋째, 겉으로 드러난 행동들은 그의 **패역한 마음**에 뿌리를 두고 있다(14절). 그가 끊임없이 **악을 꾀하고 다툼을 일으키**는 것은 그의 성격에 도사린 이 파괴성 때문이다(참고. 창 6:5).

6:15. 불량한 자들은 화를 자초한다. 그가 벌이는 소동은 필연적으로(**그러므로**) **그의 재앙**으로 귀결된다. 그 재앙은 갑작스럽고(**갑자기**), 느닷없으며(**당장에**), 뒤집을 수 없다(**살릴 길이 없으리라**). 그는 바람을 심고 광풍을 거두다가(호 8:7) **멸망**한다.

(2) 불량한 자를 보시는 주님의 관점(6:16-19)

이 부분은 잠언에서 숫자를 밝히며 항목을 제시하는 목록 중 첫 번째이다. 이 방법은 잠언 30장에서 특히 두드러진다. 숫자를 제시하는 잠언들은 예컨대 '서넛, 예닐곱' 공식을 따른다. 그것들은 2행 잠언으로 시작하면서, 첫 행에서 특정한 항목을 언급하고(예를 들어 "여호와께서 미워하시는 것"), 그다음 행에서 그 항목의 숫자를 제시한다(예를 들어 "그의 마음에 싫어하시는 것 예닐곱 가지"). 이 공식은 간혹 목록상의 마지막 항목을 강조하는 역할을 한다(참고. 30:18-19; Longman, *Proverbs*, 173). 어떤 주석가들은 이 목록을 별개의 부분으로 간주한다. 하지만 그것이 독립적으로 생겨난 것처럼 보여도 6:12-15 뒤에 배치된 것은 결코 우연이 아니다. 주님이 싫어하시는 것 예닐곱 가지의 목록은 불량한 자들에게도 적용된다. "다른 유형의 사람은 그 서술에 해당되지 않기 때문이다"(Waltke, *Book of Proverbs 1-15*, 345).

6:16. 이 절은 목록의 성격을 소개한다. 모든 항목의 공통점은 **여호와께서 미워하**신다는 것이다. 주님의 **마음에 싫어하시는 것**은 주님에게 극도로 불쾌감을 주고, 주님의 의례적, 법적, 또는 도덕적 질서를 위반하여 그분의 극심한 심판을 유발한다. 여기에 사용된 언어는 대단히 격하다. 이 항목들이 실로 하나님께 역겨움을 주기 때문이다. 가레트는 이것들을 가리켜 '이스라엘의 7대 죄악'이라고 부른다(Garrett, *Proverbs*, 97).

6:17-18. 처음 다섯 항목은 몸의 지체들과 관련된 것으로서 신체의 위에서부터 아래로 내려가며 열거된다. **교만한 눈**은 남을 업신여기는 오만을 드러낸다(17a절). **거짓된 혀**는 거짓말을 퍼뜨려 다른 이들을 조종하고 불쾌하게 만든다(17b절). **무죄한 자의 피를 흘리는 손**은 무고한 자들에게 가하는 폭력을 드러낸다(17c절). 이 악인의 중심에는 다른 이들을 해치려고 **악한 계교를 꾀하는 마음**이 도사리고 있다(18a절). **빨리 악으로 달려가는 발**은 그가 악한 음모를 실행하려는 것을 암시한다(18b절).

6:19. 마지막 두 항목은 두 유형의 사람과 관계있다. **망령된 증인**은 위증으로 정의를 더럽히는 자이다(19a절). **형제 사이를 이간하는 자**(19b절)는 "한 사회(혹은 한 가정)를 결속시키는 유대를 깨뜨리려고 꾀하는 자이다"(Garrett, *Proverbs*, 98). 이 일곱 가지 특색을 지닌 자들(16-19절)은 더할 수 없이 불량한 자들이다. 다른 이들을 괴롭히는데도 불구하고 그들의 상태는 점점 더 악화된다. 그들이 스스로 하나님의 진노의 대상이 되었고, '그의 마음에 싫어하시는' 자들이기 때문이다(16절).

12. 교훈 9: 음녀를 멀리하라는 경고(6:20-35)

이 교훈은 아들에게 음녀를 조심하라고 권고하는 데 할애된 담화의 연장이라고 할 수 있다(참고. 5장). 그것은 전형적인 서론(20-24절), 주요 권고(25절), 이 권고를 뒷받침하는 논거들(26-35절)로 이루어져 있다.

a. 서론(6:20-24)

6:20-21. 교훈은 부모의 가르침을 **지키며 떠나지 말라**는 권고로 시작한다(20절). 아들은 이 가르침을 **목**에 걸고 다니거나 가슴 위에 늘어뜨리는 목걸이처럼 **항상** 품고 다니지 않으면 안 된다(Fox, *Proverbs 1-9*, 228-229; 참고. 신 6:4-8). 아들은 이 가르침을 자신의 일부처럼 여겨야 한다.

6:22-23. 부모는 지혜를 아들의 충실한 동무로 의인화하여 전한다. 그 지혜는 아들을 인도하고 보호하며 조언도 한다(22절). NASB는 여기에서 복수 3인칭[they, 대개 부모의 '명령들'과 '가르침들'은 선조들로 생각된다]을 쓰고 있지만, 히브리 원문은 단수 여성 3인칭('그녀')을 쓰고 있다. 이내 분명히 드러나겠지만, 지혜는 음녀보다 훨씬 나은 배우자이다. 주님의 계명은 **등불**이요 **빛**이니 주님의 **훈계**와 말씀을 마음에 두는 것을 습관으로 삼아야 한다(참고. 시 19:8; 119:105). 따라서 지혜는 훌륭한 동반자이다. 그것이 **생명의 길**을 비추고(4:10-19의 주석을 보라), 아들을 징계하여 위험에 빠지지 않게 만들기 때문이다(23절).

6:24. 이 교훈에서 아버지가 염두에 두는 특별한 위험은 **음행하는 여자**(새번역)이다. 부드럽게 호리는 말을 하지만 그녀는 악하며 치명적인 함정이다. 지혜는 바로 그 함정에서 아들을 지켜줄 것이다.

b. 주요 권고(6:25)

6:25. 아버지는 음녀가 상징하는 위험이 임박했다고 가정하고 다음과 같이 분명히 경고한다. 네 마음에 그의 아름다움을 탐하지 말며 **그 눈꺼풀에 홀리지 말라.** 그 당시에 사람들은 여인의 눈을 가장 아름답고 매혹적인 부위 중 하나로 여겼다(예를 들어 아 1:15; 6:5). 음녀는 말이나 비언어적 수단으로 유혹할 수 있다. **마음에 그의 아름다움을** 갈망하거나 **탐하**는 것은 이웃의 아내를 탐하지 말라는 제10계명을 직접적으로 위반하는 것이었다(출 20:17; 참고. 마 5:28). 죄와 사망은 마음의 지나친 욕망에서 시작된다(참고. 약 1:13-15).

c. 권고를 뒷받침하는 논거(6:25-35)

6:26. 여기에서 아버지는 부도덕한 여인을 두 유형, 곧 창녀와 음란한 여인으로 분류한다. 아들에게 미치는 위험한 영향으로 보면 후자가 전자보다 훨씬 악하다. NASB, NET, KJV는 **창녀가** 아들에게 **빵 한 덩이만 남게 만든다**(새번역)고 말한다. 하지만 이 절은 그런 뜻이 아니라 빵 한 덩이나 그 정도의 값어치로 창녀를 살 수 있음을 말한다(Koehler et al., *HALOT*, 141; ESV, RSV, HCSB도 이 견해를 지지한다). 반면에 음란한 여인은 **훨씬 귀한** 것, 정부(情夫)의 **생명**을 **사냥**한다. 이 절은 분명 매춘의 위험성을 간과하지 않는다. 매춘은 금지되었으며 유해한 행위이다(참고. 23:27; 29:3). 그러나 창녀와의 신속한 거래와 달리 유부녀와의 정사는 남자를 '혼란스러운 동맹 관계'에 빠뜨린다. 이러한 관계가 치러야 할 대가가 훨씬 크고 그 위해성도 심하다(Hubbard, *Proverbs*, 107).

6:27-29. 유부녀와의 간통은 반드시 대가를 치르게 된다. 남의 아내와 동침하는 남자는 **불**장난을 하는 것이므로 그 불길에 **타지** 않을 리 없다(27-28절). 29절은 이 이미지들의 요점을 아주 명료하게 밝힌다. **남의 아내와** (내통하여 **만지는** 것으로 완곡하게 묘사된) 성적 관계를 가지면 반드시 벌을 받는다는 것이다. 이어지는 절들이 이를 예증한다.

6:30-32. 유부녀와의 간통은 변명의 여지가 없는 일이기도 하다. 도둑이 주린 **배를 채우려고 도둑질하면, 사람**들이 **그를 멸시하지는** 않는다(30절). 물론 그는 잡히면 사람들의 동정에도 불구하고 자신이 훔친 것을 갚아야 한다. 모세의 율법은 다섯 배 이상의 배상을 요구하지 않지만, 여기에 기록된 **칠 배**는 손해액의 완전한 보상을 암시한다(참고. 출 22:1-9; Waltke, *Book of Proverbs 1-15*, 358). 도둑은 자신이 소유하고 있는 모든 것, 곧 **자기 집에 있는 것**[문자적으로 '재산']을 다 내주어서라도 훔친 것을 갚아야 한다(6:31). 굶주리던 도둑의 결심은 그런대로 이해라도 받지만, 간통한 자는 그렇지 않다. 도둑은 생존하려고 훔친 것에 상응하는 계산이라도 할 수 있지만, 간통한 자는 어리석은 결정을 내려서(그는 **무지한 자라**) **자기의 영혼을 망하게** 한다(32절).

6:33-35. 이 절들은 그가 자신을 어떻게 망하게 하는지 설명한다. 첫째, 그는 사람들에게 경멸을 받을 수

있다. 이것은 육체의 고통으로 나타난다. **상함**은 "다른 사람들이나 하나님에게 받는, 혹은 질병으로 인한" 고통스럽고 "격렬한 공격"을 가리킨다(Waltke, *Book of Proverbs 1-15*, 359). 그것은 법적 판결 또는 질투에 휩싸인 남편이 일으킨 결과일 것이다(34-35절을 보라). 그는 육체적 고통 외에 **능욕**과 **부끄러움**도 당할 것이다. 그가 속한 공동체는 도둑을 대할 때와는 달리 간통한 자에게 경멸만을 보내며 "그의 중요도와 가치, 잠재적 영향력을 깎아내릴 것이다". 그가 가정과 사회적 유대를 훼손했기 때문이다(Waltke, *Book of Proverbs 1-15*, 359). 더욱이 그는 이 낙인을 영원히 **씻을 수 없게** 될 것이다.

둘째, 그는 이제 무자비한 원수를 두게 되었다고 생각해도 된다. 음란한 여인의 화난 **남편**이 **투기**에 휩싸여 **원수 갚는 날에** 그를 **용서하지** 않을 것이다(34절). 여기에서 **남편**으로 읽은 단어(*geber*, 게베르)는 힘을 암시한다. 부당한 대접을 받은 남자는 유력한 적이 되게 마련이다. 그는 복수할 날이 오면 동정심을 보이지 않을 것이다. 아마도 직접 행동에 나서거나 아니면 적어도 법률 체계를 이용할 것이다(35절). 모세의 율법에 따르면, 간통에 대한 벌은 사형이다(신 22:22). 하지만 율법은 그러한 경우에 적절한 대가를 치르면 사형을 면할 수 있음을 암시하는 듯하다(참고. 출 21:30; 민 35:31-32; Longman, *Proverbs*, 181). 그래도 부당한 대접을 받은 남편은 **보상**이 아무리 크더라도 회유되지 않고 상대에게 가장 가혹한 처벌, 곧 사형을 바랄 것이다. 어느 경우이든 간통한 자는 단명을 각오해야 한다.

13. 교훈 10: 음녀를 멀리하라는 추가 경고 (7:1-27)

아버지가 아들에게 건네는 이 마지막 교훈은 앞의 교훈(6:20-35; 참고. 2:16-19; 5:1-23)과 유사하면서도 한 편의 이야기 형태로 구성되어, 아들에게 음란한 여인을 멀리하라고 또 한 번 엄히 훈계한다. 이 교훈은 음녀의 유혹 전략에 초점을 맞추어 연극 형태로 제시된다. 남자를 유혹하는 여인과 여인에게 빠진 얼간이가 펼치는 이 연극 앞에는 머리말이, 뒤에는 맺음말이 자리하고 있다(Kidner, *Proverbs*, 75).

a. 서론적 권고(7:1-5)

7:1-2. 아버지는 다시 한 번 아들에게 자신의 **계명**을 **지키고 간직하라**고 권고한다(1절). 아들은 자신의 예민한 **눈동자**를 보호하듯 그 계명을 최대의 관심사로 삼아 호위하지(**지키지**) 않으면 안 된다(2절).

7:3-4. 아들은 아버지의 가르침에 부지런히 주의를 기울여야 한다. 그는 **이것을 자기 손가락에 매며 마음판에 새겨야** 한다(3절; 3:3-4의 주석을 보라). 말하자면 그 가르침으로 겉으로 드러나는 자신의 행위(**손가락**)와 내면의 성격(**마음**)을 변화시켜야 한다(Longman, *Proverbs*, 186). 게다가 그는 **지혜**, 즉 또 한 번 의인화된 지혜를 자기 **누이**와 **친구**(새번역)로 대하지 않으면 안 된다(4절). 후자는 친족을 가리키고(Koehler et al., *HALOT*, 550), 전자는 친밀한 '애인이나 아내의 애칭'일 것이다(Garrett, *Proverbs*, 102; 참고. 아 4:9). 어쨌든 그는 지혜를 친밀한 동반자로 대해야 한다.

7:5. 이 절은 그 이유를 알린다. 그가 아버지의 지혜로운 말을 지켜야 하는 이유는, 그것이 그를 **지켜서 음녀에게 빠지지 않게** 하기 때문이다. 아래의 연극에서 분명해지겠지만, 음녀는 호리는 **말**로 그를 유혹한다.

b. 유혹하는 여인과 얼간이의 이야기(7:6-23)

유혹하는 여인을 놓고 아버지가 실감나게 펼치는 연극은 "아들에게 그녀의 유혹을 느끼되 그녀에게 무언가 불쾌한 감정이 들게 하는" 효과를 발휘한다(Waltke, *Book of Proverbs 1-15*, 367). 주목할 점은 (행실 나쁜 여인을 멀리하라는 다른 교훈들뿐 아니라) 이 교훈도 아들이 미숙하게나마 바른길에 있다고 전제하고, 계속 그 길에 머물도록 권고하고 있다는 것이다. 이 교훈은 여성을 비하하는 것처럼 모든 여자를 불여우로, 모든 남자를 가련한 희생양으로 그리려는 의도는 아니다. 대개는 둘의 역할이 뒤바뀐 경우가 많으므로, 지혜로운 '딸들'도 이와 유사한 경고를 마음에 새겨야 한다. 만일 이 교훈이 (다수의 남자들처럼) 아들이 이미 나쁜 길에 들어섰음을 전제한다면, 아들은 당연히 그 포악한 행위에 대해 질책을 받았어야 했을 것이다(Longman, *Proverbs*, 181).

(1) 배경(7:6-9)

7:6-9. 아버지는 자신의 집 **들창**과 **살창**으로 거리를 내다보다가 목격한 장면으로 이야기를 시작한다(6절). 그는 **어수룩한** 젊은이들(새번역, 서론의 '주제' 중

에서 '미련한 자'에 대한 서술을 보라) 중 **한 지혜 없는** 젊은이를 주목한다(7절). 그를 가리켜 지혜가 없다고 하는 까닭은, 그가 주위 환경에 적절한 주의를 기울이지 않고 있기 때문이다. 이 젊은이는 **음녀**가 살고 있는 길**모퉁이**로 **가까이** 다가가 어슬렁거린다(8절). 설상가상으로 때는 **밤의 흑암**, 곧 악인과 그의 악행을 숨겨주는 어둠(참고. 욥 24:15)이 빠르게 내려앉는 **황혼** 때이다(9절). 일부러 음녀를 찾아 나선 것은 아니었지만 그는 분명 자기 발로 잘못된 시간, 잘못된 장소에 있게 된 것이다. 결국 음녀는 갖은 수를 써서 그를 유혹한다.

(2) 유혹하는 여인(7:10-12)

7:10-12. "그에게 어떤 의도가 없었다고 해도 그를 유혹하는 여자는 그렇지 않았다"(Kidner, *Proverbs*, 75). 이 대목에서 이야기는 더 생생해진다. **간교한 여인**이 갑자기 나타나 **그를 맞으**면서(10c절) 곧 의도를 분명히 드러낸다. 그녀는 다음 몇 가지로 서술된다. 첫째, 그녀는 매춘부로 보이지 않는데도 **기생의 옷을 입**고, 자신의 성을 누구나 매수할 수 있음을 행인들에게 알린다(10a절). 둘째, 그녀의 도발적인 차림새는 **교활한 마음**(새번역)을 감추고 있다(10b절). 그녀는 자신의 궁극적 동기들을 철저히 감추지만, 당연히 어수룩한 젊은이의 사랑도 그 동기들 중 하나여서 발림소리로 그의 비위를 맞춘다. 셋째, 그녀는 조심성이 전혀 없다(11a절). 그녀는 '우아함과 품위'가 아예 없는 까닭에(Hubbard, *Proverbs*, 113) 마구 **떠들며 완악하며** 권위와 사회규범을 거리낌 없이 거스른다. 넷째, 그녀는 자기 이익을 위해 남을 이용한다(11b-12절). 그녀는 **집에 머물러** 하지 않고, 밤거리를 어슬렁거리며 **모퉁이마다 서서** 전리품을 노린다. 어수룩한 젊은이를 붙잡는 것이 그녀의 목표이다. '그녀의 발'을 언급한 것은 이 목표를 강조하려는 것이다. 집에 머물기보다는 밤거리를 어슬렁거리는 그녀의 발은 성적 의미를 함축하고 있다(참고. 6:28).

(3) 유혹(7:13-20)

7:13. 그녀의 유혹은 과감한 행위, 곧 일종의 '충격요법'과 함께 시작된다(Kidner, *Proverbs*, 75). 그녀는 **그를 붙잡고 그에게 입 맞춘다**. 그녀는 도무지 부끄러움을 모르고 **뻔뻔스러운 얼굴로**(새번역) 그를 유혹하기 시작한다. 14-20절은 그녀가 유혹하면서 한 말이다.

7:14. 묘하게도 그녀는 종교를 구실로 유혹을 시작하면서 자기가 **화목제를 드려** 종교적 **서원**을 **갚았다**고 알린다. 혹자는 그녀가 이교도여서 그를 이교의 다산 제의(이 제의에는 성교도 포함되었다)에 참여시키려 했거나, 그녀가 서원한 것을 갚을 돈을 벌기 위해 몸을 팔지 않으면 안 된다고 거짓 주장을 한 것이라고 말한다(Garrett, *Proverbs*, 103-104이 그러하다). 하지만 그녀는 레위기 제도를 악용하고 있는 것 같다. 레위기 7:16-18에 의하면, 서원한 예배자는 화목제를 주님께 드리고 나서 그날 혹은 이튿날에 그 드린 것을 먹을 수 있었다. 요컨대 그 부도덕한 여인은 그를 축하연에 초대하고 있는 것이다. 그녀의 태도는 오늘날 크리스마스가 세속화된 것과 아주 흡사하게 "그녀의 종교가 세속화되었음"을 보여주고(Kidner, *Proverbs*, 75), 음행하려는 그녀의 의도는 "그녀가 하나님의 거룩한 것까지 모독하고 있음"을 암시한다(Longman, *Proverbs*, 190).

7:15. 그녀는 그 축하연의 식사가 둘만을 위한 낭만적인 만찬이 될 것이라고 제안한다. 그녀의 입에 발린 소리는 황당하기 그지없다. 그녀는 자기가 그에게만 관심이 있음을 넌지시 말한다. **내가 너를 맞으려고 나와**. 자신이 기다린 사람은 오직 '너'뿐이라는 것이다. 사실은 몇 번이고 거리를 배회하며 새 애인을 찾던 중이었고, 누구에게라도 그럴 작정이었으면서도 그리 말한 것이다.

7:16-18. 그러나 음식 이상의 것을 염두에 둔 그녀는 최후의 일격을 가하려고 만반의 준비를 하고 기다린다. 그녀는 그의 시각과 후각과 촉각을 자극하면서 자신의 **침상**이 폭신하고 더없이 좋으며, 거기에 **몰약**과 **침향**과 **계피** 같은 값비싸고 매혹적인 향료를 뿌렸다고 말한다(17절; 참고. 아 4:14). 그러고는 곧바로 '질탕한 성애의 밤'을 보내자고 그를 꼬드긴다(7:18; Garrett, *Proverbs*, 104). 그러나 그녀가 약속하는 **사랑**과 **희락**은 함정이요 성경적인 사랑을 대신하는 빈약한 대용물일 뿐이다(참고. 5:15-19). "요부는 질탕한 성애를 약속하지만, 참사랑이 필요한 그에게 헌신하지는 않는다"(Waltke, *Book of Proverbs 1-15*, 380).

7:19-20. 그녀는 그에게 힘들 게 하나도 없으며, 자신들이 잘 알아서 할 테니 걱정하지 말라고 한다. 그녀의 남편은 **집을 떠나 먼 길을** 가 있는 상황이다(19절).

남편은 상거래 때문에 **보름날**(20절), 즉 대략 두 주 뒤에나 돌아올 것이고(Fox, *Proverbs 1-9*, 248), 이 일을 꿈에도 모를 것이라고 말한다. 당연히 그녀는 목격자가 있을 수 있다거나 자신이 들키면 보디발의 아내처럼(창 39장) 성폭행을 당했다고 주장할 수도 있음은 언급하지 않는다(Waltke, *Book of Proverbs 1-15*, 382).

(4) 굴복(7:21-23)

7:21-23. 그러나 그는 너무 우둔해서 그녀의 주장과 입에 발린 소리에 담긴 속셈을 꿰뚫어 보지 못한다(21절). 그가 얼마나 우둔한가는 그녀의 유혹이 여실히 증명한다. 그는 충동적으로(새번역은 **선뜻**) 그녀를 따라 재앙을 향해 나아간다(22a절). 그는 아무 의심 없이 잠자코 도살장으로 가는 **소**에 비유된다(22b절). 또한 수사슴이 알지 못하는 사이에 올가미/**쇠사슬**에 들어가는 것에 비유되기도 한다(22c절, 70인역과 ESV의 이 독법이 NASB의 "미련한 자가 벌을 받으려고"라는 독법보다 낫다. 참고. Fox, *Proverbs 1-9*, 249-250; Waltke, *Book of Proverbs 1-15*, 365, 383). 올가미에 걸린 수사슴은 **화살이 그 간을 뚫**게 되어 죽고 말 것이다(23a절). 또한 그는 **빨리 그물로 들어가** 죽음을 맞이하는 어리석은 **새**에 비유되기도 한다(23b절). 비참한 최후가 기다리고 있는데도 그것을 알아차리지 못하는 이 세 짐승처럼 어수룩한 사람도 간통의 결과를 알아차리지 못한다(간통으로 말미암아 **그의 생명을 잃어버릴 줄을 알지 못함과 같으니라**, 23c절).

c. 맺음말: 마무리 권고(7:24-27)

7:24-25. 아버지는 아들에게(아들의 **아들들**에게도) 이야기 속의 어수룩한 자가 가는 길을 따르지 말라고 권고하면서 교훈을 마무리한다. 아들은 아버지의 지혜로운 말을 마음에 새기고(24절), 요부의 유혹하는 말에 걸려들어 도살당하는 일이 없도록 해야 한다. 그는 자기 마음을 지켜 그녀의 **길로 치우치지 말며** 그 길에 **미혹되지 말**아야 한다(25절). "그대의 생각이 이 치명적인 쪽으로 방향을 틀어 헤매는 즉시 당신은 위험에 처하고 말 것이다"(Kidner, *Proverbs*, 76).

7:26-27. 이렇게 권고하는 이유는 간단한다. 음녀와의 간통 행위가 치명적이기 때문이다. 음녀는 매혹적인 치장으로 유혹하는 괴물, 피에 굶주린 괴물이다(Garrett, *Proverbs*, 104). 그녀는 수가 아무리 많아도 그들을 남김없이 **상하**게 하여 **엎드러지게** 한다(26절). 그녀의 집은 기쁨의 장소가 아니라 무덤(**스올**)과 **사망의 방으로 내려가**는 연결 통로이다(27절). 어수룩한 자가 음녀를 만났을 때 빚어지는 결과들을 이처럼 생생히 묘사하는 것은, 성적인 죄가 실제로 가져오는 결과를 좀 더 자세히 제시하려는 것이다(참고. 5:9-14; 6:32-35; Waltke, *Book of Proverbs 1-15*, 366). 현대의 서양 문화는 성을 거리낌 없이 미화하면서 잠언의 이 지혜를 거절하고, 음란 행위가 사람들의 삶에 미치는 악영향을 무시하고 있다.

14. 지혜의 두 번째 부름(8:1-36)

여기에서 지혜 여인은 독자에게 직접 말을 건넨다. 이 긴 시는 7장에서 음녀가 어수룩한 자에게 건네는 말과 사뭇 다르다. 또한 이 시는 지혜 여인이 독자를 상대로 한 두 번째 연설이기도 하다. 두 연설 모두 닮은 점이 있지만, 첫째 연설(1:20-33)은 소극적이어서 지혜 여인을 거부하는 어리석은 행위를 주로 설명하는 반면, 둘째 연설은 적극적이어서 지혜 여인이 주는 엄청난 유익을 주로 설명한다.

a. 지혜의 발언에 대한 서문(8:1-3)

8:1-3. 이 부분은 **지혜**와 **명철**을 대중에게 말을 건네는 여인으로 기술한다. 그녀는 자기가 하는 말이 들리도록 큰 소리로 똑똑히 말한다. **길가의 높은 곳**에 서서 누구나 그녀를 쉽게 볼 수 있도록 한다(2a절). 그녀는 길들이 교차하는 **네거리**에 서서 다수가 그녀의 말을 듣고, 어느 길이 걸을 만한 길인지 결정하게 한다(2b절). 그러고는 **성문 곁**에서 외친다(3절). 성문은 고대 성읍에서 법적, 정치적, 상업적 거래의 중심지로서 오늘날로 말하면 도시 중심부나 시청이라고 할 수 있다. 그리하여 지혜는 지지자들을 간절히 찾는 것으로, 그녀를 영접하는 모든 이가 폭넓게 받아들일 수 있는 것으로, 사람의 생활 방식에 대단히 중요한 것으로 비친다.

b. 지혜의 첫 권고(8:4-11)

8:4-5. 아버지가 아들에게 교훈하며 그랬듯이, 지혜 여인도 청중에게 자기 말을 마음에 두라며 말을 시작한다. 지혜의 말은 모든 **사람**을 향하지만(4절), 특히 젊고 잘 속으며 세상 물정을 모르는 **어수룩한 자들**(새번역)과 어리석기 그지없는 **미련한 자들**에게 어울린다(Fox, *Proverbs 1-9*, 268). 누구나 지혜가 가르치는 **명**

철이 필요하다(참고. 1:4).

8:6-9. 여기에서 지혜 여인은 자기가 하는 말의 특징들을 언급하면서 잘 **들을지어다**라고 충고한다. 그녀의 말은 **선**하고 **정직**하다(6절). 그녀가 **진리**를 말하며, **악을 미워하**기 때문이다(7절). 그녀의 **말은 굽은 것과 패역한 것 없**이 모두 **의롭**다(8절). 그녀의 말은 총명 있는 자와 지식 얻은 자에게 공감을 불러일으킨다(Fox, *Proverbs 1-9*, 270). 그들은 그녀의 말을 **밝히** 알고 **정직하게** 여긴다(9절). 결국 지혜를 대하는 방식에 따라 그 사람이 지혜로운지 그렇지 않은지 드러난다.

8:10-11. 지혜 여인은 자신의 **훈계**가 얼마나 귀중한 것인지 청중에게 알린다. 그녀는 누구나 쉽게 수중에 넣을 수 있지만 결코 값싸지 않다(Garrett, *Proverbs*, 107). 그녀는 **은**과 **정금**과 **진주**보다 귀하다(10-11a절). 실로 그녀의 가치는 비길 데 없고, 사람들이 **원하는 모든** 물질적인 **것보다 뛰어나**다(11b절).

c. 지혜 자신의 이야기(8:12-31)

이 부분은 지혜 여인이 한 연설의 핵심이다. 본질적으로 이 부분은 그녀의 자서전으로서 지혜에 찬사를 보내는 구실을 하면서 독자를 자극하여 지혜를 추구하도록 한다. 이 부분은 지혜를 역사 속의 지혜와 역사 이전의 지혜로 나누어 설명한다(Waltke, *Book of Proverbs 1-15*, 393).

(1) 역사 속의 지혜(8:12-21)

8:12-16. 지혜 여인은 자신의 특징들을 서술한다. 그녀는 먼저 자신에 관해 언급한 다음, 자신의 동료 셋, 곧 **명철**과 **지식**과 **근신**을 언급한다(12절). 그녀를 찾아볼 수 있는 곳 어디에서든 그것들을 찾을 수 있다(Longman, *Proverbs*, 201). 그러나 그녀 안에서 이 속성들은 **여호와를 경외하는 것**과 결코 분리되지 않는다. 여호와를 경외함은 다양한 형태의 악, 즉 **교만**과 **거만**과 **악한** 행실과 **패역한** 말을 항상 미워한다(13절; 참고. 1:7; 3:7; 16:6). 참된 지혜와 단순한 영리함을 혼동해서는 안 된다. 지혜 여인은 "똑똑하고 영리한 사람이 특히 보이기 쉬운" 건방진 교만을 싫어한다(Hubbard, *Proverbs*, 122). 또한 지혜 여인은 유익한 **지략**과 **건전한 지혜**와 **명철**과 **능력**(새번역)을 찾아볼 수 있는 곳에도 자리한다(14절). 이러한 속성들은 최선의 행동 방식을 찾아내는 능력을 암시할 뿐 아니라 그것을 실행에 옮기려는 강력한 의지력도 가지고 있다. 지혜 여인의 특성들은 특히 나라를 다스리는 데 적합하다. **왕들**, **방백들**, **재상**, **존귀한 자** 등 모든 권력자가 효과적이고도 바르게 나라를 다스리려면 지혜 여인이 필요하다(15-16절).

8:17-21. 지혜 여인은 지혜를 추구하는 이들에게 큰 상을 약속한다. 그녀는 지혜를 **사랑하는 자들을 사랑하**겠다고 약속하고, 지혜를 **간절히 찾는 자를 만나**주겠다고 약속한다(17절). 게다가 지혜를 한결같이 추구하는 이들에게 까다롭게 굴지도 않는다(참고. 약 1:5-8). 또한 그녀는 지혜를 사랑하는 이에게 상도 준다. 그녀는 자신의 '연인들'에게 물질적 번영(**부귀**와 **재물**)과 (수치가 아닌) **영화**(새번역)와 **공의**를 **장구**히 베푼다(8:18). 공의는 단순히 '번영'으로 이해될 수도 있지만, 문맥은 그 이상을 암시한다. 즉, 번영은 "35절에서 생명과 신적 은총으로 명기되는 훨씬 더 큰 전체의 일부"일 뿐이다(Kidner, *Proverbs*, 78). 따라서 지혜가 맺는 것(**열매**와 **소득**)은 **정금**과 **순은**보다 귀하다(19절). 그녀의 연인들은 물질적으로 성공해도 아둔한 유물론자처럼 부정 이득을 얻으려고 하지 않는다. 결국 그들은 그녀와 동행하면서 **정의로운 길**과 **공의로운 길 가운데로 다니**려고 한다(20절). 그러면 그녀는 그들에게 **재물**과 풍부한 보화를 주는데, 이 보화에는 물질적 번영 그 이상이 포함되어 있는 듯하다. 사람이 물질적 번영만으로는 결코 만족할 수 없기 때문이다(Hubbard, *Proverbs*, 124). 그런 까닭에 지혜 여인은 여기에서 "가장 존경받는 그룹 안에서, 즉 부자들과 유력자들"과 의로운 이들 "사이에서 활약하는 당당한 보호자요 은인"으로 제시된다. 사실상 그녀는 "하나님의 막역한 벗"으로서 "사랑스러운" 딸에 비견된다(Fox, *Proverbs 1-9*, 278-279).

(2) 역사 이전의 지혜(8:22-31)

(a) 지혜는 창세 이전부터 있었다(8:22-26)

이 부분은 잠언 전체에서 논쟁의 여지가 가장 많은 대목이라고 해도 무방하다. 이 부분을 둘러싼 논쟁은 적어도 초기 기독교까지 멀리 거슬러 올라간다. 이 장 전체가 지혜를 의인화하고 있음은 분명한 사실이다. 하지만 몇몇 학자들이 주장한 대로, 이 부분은 지혜를 의인화하는 데서 그치지 않는다. 그들은 이 부분에 등장하는 지혜는 실제 인물, 즉 더 나중에 기록된 성경의 계시에서 판명되듯이 예수 그리스도라고 주장한다. 이 신학적 문제는 본문 자체의 해석에 직접적인 영향을 미친다. 그런 까닭에 우리는 본문을 자세히 조사하고 나서 그 문제를 논하고자 한다.

어쨌든 본문의 기본 메시지를 놓쳐서는 안 된다. 첫째, 지혜 여인은 창조 자체보다 더 오래전부터 있으면서(22-26절) 보다 큰 위엄을 거리낌 없이 나타냈다. 둘째, 지혜 여인은 하나님의 창조 작업을 목격하고 그 일에 참여했다(27-31절). 이 모든 것은 우리가 하나님의 세계에서 삶을 이해하고 성공적으로 길을 찾으며 누리기 위해서는 지혜가 꼭 필요함을 의미한다. 이 절들의 요점은 다음과 같이 분명하다. 즉, 지혜는 우주보다 먼저 있었고, 피조물과는 완전히 다르게 주님과 밀접히 연결되어 있다는 것이다.

8:22. 논의의 여지가 있는 이 구절은 해석상 두 가지 핵심 질문을 제기한다. 첫째, **가지셨으며**[*qanah*, 카나]는 무슨 뜻인가? 그 단어의 기본적인 의미가 '얻다' 또는 '손에 넣다'이기에(예를 들어 1:5) 주석가들은 그 단어가 '소유하다'('무언가를 이미 손에 넣은 상태이다')를 의미하는지, 아니면 '창조하다'('만들어서 손에 넣다')를 의미하는지를 두고 의견이 분분하다. 문맥상 그 단어는 아이를 낳을 때처럼 '낳다'의 의미로 이해하는 것이 가장 좋다.

이 단락 전체(22-26절)에 어울리는 질문은 사실 다음과 같은 두 번째 질문이다. 지혜는 주님 자신처럼 영원한 것으로 그려지는가, 아니면 여타의 피조물처럼 시작이 있는가? 여기에서 우리는 조심스레 행보를 취해야 한다. 한편으로, 지혜는 태어난 것이므로 본문은 주님이 지혜를 낳으신 것은 "그분이 하신 일 가운데 첫 번째 일"(22a절, NIV)이자, "옛적에 이루어진 그분의 행위 가운데 첫 행위"(22b절, ESV)임을 암시한다. 다른 한편으로, 이 절들에서 때를 나타내는 용어의 의미들을 오해해선 안 된다. 그 용어는 하나님이 애초에 "지혜가 없어서 지혜를 창조하시거나 배우셔야 했음"을 의미하지 않는다. 이런 생각은 "그 구절에 적합하지도 않고 터무니없다"(Kidner, *Proverbs*, 80). 그 용어가 여타의 피조물과 구별되는 지혜의 특성을 훼손한다고 생각해서도 안 된다. 때를 나타내는 그 용어는 지혜의 선재를 강조하는 것이지 지혜가 언제 발생했는지를 강조하지 않는다[참고. Daniel J. Treier, *Proverbs and Ecclesiastes*, BTCB (Grand Rapids, MI: Baker, 2011), 48-49]. 지혜는 하나님의 세상에서 유일무이한 것으로서 세상이 창조되기 이전부터 있었다.

이 절들에서 지혜 여인이 세상이 창조되기 전에 태어났지만 피조물 안에 있는 유일무이한 하나님의 '딸'로 그려지는 것은 그 때문이다. 그러므로 그녀를 하나님이 계시하신 지혜의 화신으로 여기는 것이 이치에 가장 잘 맞는다. "지혜는 하나님의 본질적 존재에서 온다. 그것은 여타의 피조물이 하나님 밖에서 생겨나 그분의 존재와는 별개로 독립해서 있는 것과 달리 하나님의 참된 본성 및 존재와 유기적으로 연결되어 있는 계시이다. 게다가 이 지혜는 창세 이전부터 존재했고, 그 기원은 창조와 다르다. 그런 까닭에 지혜는 인간이 알 수 있거나 정복할 수 있는 것이 아니다. 오히려 지혜는 계시되는 것이고, 인간은 그것을 받지 않으면 안 된다"(Waltke, *Book of Proverbs 1-15*, 409; 참고. 시 86-87, 127-130편).

8:23. 이 절은 본질적으로 앞 절을 다시 진술한 것이다. 이 절에 쓰인 동사('세우다', **내가 세움을 받았나니**)도 논쟁을 불러일으키는 동사이다. (동사의 어근에 기대어) 선택할 수 있는 두 가지는 (NASB와 유사하게) '임명하다'와 '짜맞추다'이다. 전자가 지혜의 위엄을 적당히 암시하고 시편 2:6-7과 유사한 반면에(시 2:6-7에는 왕의 임명과 태어남이 함께 배열되어 있다), 문맥은 후자를 강하게 지지한다. 시편 139:13에서 다윗이 모태에서 형성된 것을 가리키기 위해 사용된 짜맞춘다는 이미지는 잠언 8:22, 24, 25에서 사용된 지혜의 탄생 이미지와 직접 대응한다. 지혜는 처음부터, 즉 **만세 전부터** 짜맞추어져 있었다.

8:24-26. 이 절들은 지혜의 선재, 곧 지혜가 모든 창조물보다 앞섬을 강조한다. 이 절들에서 지혜는 분만의 이미지를 불러일으키는 동사를 사용하여 자신이 **태어났다**고(새번역) 두 차례나 선언한다. 하나님은 세상을 짓기 **전에** 지혜를 낳으셨다. **샘들**(24절), **산**(25절), **들**(26절)의 언급은 창세기 1-2장에 나오는 창조 진술을 떠오르게 한다(Longman, *Proverbs*, 205-206을 보라).

(b) 창조에 참여한 지혜(8:27-31)

8:27-29. 지혜는 창조보다 앞설 뿐만 아니라 창세 이전부터 하나님과 함께 있었다. 이 절들의 요점은 하나님이 우주를 지으실 **때에** 지혜가 거기에 **있었고** 그것을 목격했다는 것이다. 하나님의 창조 작업이 또 한 번 기술되면서 창세기 1장에 등장하는 천지 창조를 떠오르게 한다. 지혜는 하나님이 **하늘을 지으**실 때(27a절), 수평선을 지어 하늘을 바다에서 분리시키실 때(27b절), 구름 하늘과 **바다의 샘**들을 힘 있게 하실 때(28절), **바다의 한계**를 정하여 땅을 지으실 때(29절) 거기에 있었다. 지혜는 그 모든 일을 목격하고 "그 신비로운 시작들의 방법, 대상, 주체에 내밀히 관여했다. 지혜는 일급 교사 자격증을 받았음에 틀림없다"(Hubbard, *Proverbs*, 126).

8:30-31. 이 절들은 지혜의 역할을 부연한다. 그녀는 창조를 목격했을 뿐만 아니라 하나님의 창조 작업의 동반자로서 **그 곁에** 함께 있기까지 했다(30a절). 그런데 이 동반자는 어떤 동반자인가? 우리는 또 한 차례 논쟁을 맞닥뜨리게 된다. 이번에는 아몬(*'amon*, NASB에서는 '명장'으로 읽는다)이라는 용어를 둘러싼 논쟁이다. 어떤 이들은 그 용어가 하나님의 창조물 속에서 즐겁게 뛰노는 '아이'를 의미한다고 생각한다. 다른 이들은 그 용어를 '항구적으로'를 뜻하는 말로 이해해야 한다고 주장한다. 말하자면 지혜는 하나님의 항구적 동반자라는 것이다. 일반적으로는 그 용어를 '장인'(匠人)을 뜻하는 말로 이해한다(NASB). 이 가운데 어느 하나를 택하기란 어려운 일이지만, 마지막 것이 더 선호되는 것 같다. 지혜가 하나님의 창조 작업에 참여하고(참고. 3:19), "지혜의 원리들이 짜맞추어져 창조 질서라는 직물이 되었기" 때문이다(Garrett, *Proverbs*, 110). 그녀가 하나님의 선한 창조를 하나님과 함께 축하한 것은 당연한 일이다(30b-31절). 그녀는 창조가 이루어지던 그날 함께 축하면서 하나님께 기쁨을 드렸을 것이다(30b절). 그것이 하나님의 기쁨이었는지 그녀의 기쁨이었는지는 알 수 없다(양쪽 모두의 기쁨이었을 것이다). 그녀의 축하 행위는 쾌활하고 변함없으며 존경을 가득 담은 것이었다(30c절). 기뻐한다는 말은 춤과 놀이를 떠올리게 한다(Koehler et al., *HALOT*, 1315). 주님 **앞에서** 그리하는 것은 예배를 암시하는 것 같다(Waltke, *Book of Proverbs 1-15*, 421; 참고. 삼하 6:5, 21). 그녀의 축하 행위는 하나님이 지으신 세상, 특히 그 안에 거주하는 **인자들**에 초점을 맞춘다(31절). 이렇게 지혜는 "그분(하나님) 앞에서 흥겨워하고, 인간과 함께 웃으며 뛰논다". 이것은 그녀가 "인간과 하나님의 중개자"임을 암시한다(Longman, *Proverbs*, 207).

(3) 지혜 여인과 그리스도

위에서 제시한 주석은 이 부분에 등장하는 지혜를 예수 그리스도로 보는 관점을 지지하지 않는다. 여기에 등장하는 지혜 여인은 현자들이 받은 지혜, 하나님이 계시하신 지혜, 그분의 참된 속성에 뿌리를 둔 지혜를 의인화한 것에 지나지 않는다. 문맥은 지혜의 의인화를 넘어서는 해석을 용인하지 않는다. 본문은 지혜 여인이 유일무이하고 선재함을 암시하지만, 거기에 쓰인 표현은 예수 그리스도가 하나님으로서 영원하다는 의미에서 그녀가 영원하다는 생각을 지지하지 않는다. 고대의 이단 아리우스는 지혜를 예수님과 동일시하고, 이 부분을 동원하여 예수님은 영원하지 않으며 따라서 하나님이 아니라고 주장했다. 정통파 그리스도인들은 지혜 여인을 그리스도로 보는 관점에 동의하면서도 아리우스에 연루되는 것을 피하기 위해 이 부분을 지혜/그리스도의 영원성에 부합하게 해석하려고 시도했다(Treier, *Proverbs*, 44-57을 보라). 그러나 위에서 살펴본 대로 이런 시도는 성공하기 어렵다.

그럼에도 기독교의 전통이 일반적으로 그리스도를 여기에 등장하는 지혜와 동일시하고, 거기에는 타당한 이유가 있는 것이 사실이다. 어쨌든 본문은 지혜를 선재하는 것으로, 고귀한 것으로, 여타의 피조물과는 다른 것으로 그린다. 게다가 신약성경은 그리스도와 잠언 8장에 등장하는 지혜를 연관 짓는 것 같다(참고. 마 11:18-19; 골 1:15-17; 2:3; 고전 1:24, 30; 요 1장과 계 3:14도 그런 것 같다. 더 진전된 논의에 관해서는 Longman, *Proverbs*, 210-212; Treier, *Proverbs*, 49-57을 보라). 그러므로 지혜 여인은 그리스도와 유사한 면들을 지니고 있지만, 그리스도가 그녀보다 훨씬 뛰어나다고 말하는 것이 최선이다. 요컨대 현자의 지혜는 그리스도의 예표일 뿐이다. "모형론의 관점에서 말하면, 원형(그리스도)은 예표와 유사한 면들을 보여줌은 물론이고, 예표(현자의 지혜)보다 뛰어난 면도 보여준다"(Waltke, *Book of Proverbs 1-15*, 131; 원형과 예표의 유사한 면들과 뛰어난 면들의 광범위한 목록에 관해서는 130-132을 보라). 의인화된 지혜를 고귀하게, 곧 "글자 그대로의 사실과 다르게" 그린 것은 "그것(지혜)을" 예수 그리스도의 인품 속에서 "충분히 진술하기 위한 준비 단계였다고 할 수 있다"(Kidner, *Proverbs*, 79).

d. 마지막 권고(8:32-36)

지혜 여인은 자신의 이야기를 서술하고 나서 마지막 충고로 말을 마친다.

8:32. 그녀는 자서전의 결론으로서[**그러므로**(새번역)] 청중에게 **내게 들으라**, 즉 **내 도를 지키**라고 권고한다. 이렇게 권고하는 이유는 지복(至福) 때문이다. 즉, 그렇게 하는 이들은 복을 받거나 행복하게 될 것이다. 그들은 그녀처럼 살면서 하나님의 세상을 그녀만큼이나 즐거워하게 될 것이다(참고. 30-31절).

8:33-34. 권고하고 그 이유로 복을 제시하는 유형이 되풀이된다. 청중은 그녀의 훈계를 무시하기보다는 귀담아**들어서 지혜**롭게 성장해야 한다(33절). 그녀의 말을 열심히 듣으면 복을 받게/행복하게 될 것이다(34절). 본문은 열심이라는 개념을 그녀의 집 문 곁에서 불침번을 서는 사람에 비유한다. 이는 연인을 만나려고 기다리는 사람을 의식한 비유 같다(Fox, *Proverbs 1-9*, 290).

8:35-36. 지혜를 마음에 새기는 사람은 왜 복이 있는가? 긍정적으로 말하면, 그녀를 **얻는** 것이 곧 풍성한 삶과 하나님의 **은총**을 얻는 길이기 때문이다(35절). 이는 좋은 아내를 얻는 것(참고. 18:22)과 매우 흡사하다. 부정적으로 말하면, 그녀를 얻지 못하는 자는 **자기**를 **해**할 뿐이기 때문이다(36a절). '범죄하는'으로 번역된 동사는 '잃는'을 의미한다. 그녀를 잃는 자는 결국 그녀를 **미워하**게 되고, 얄궂게도 **사망을 사랑**하게 된다(36b절). 지혜를 사랑하거나 미워하거나 둘 중 하나가 있을 뿐 중간 지대는 존재하지 않는다. 여기에 생명과 사망이 달려 있다(Garrett, *Proverbs*, 110). 독자는 극적인 선택 앞에 서게 되고, 9장은 그 선택의 결과를 뚜렷이 보여줄 것이다.

15. 결론: 두 가지 초대(9:1-18)

이 장은 잠언 제1부의 적절한 맺음말이자 지혜 여인의 부름이다. 이 장은 지혜와 어리석음 사이에서 최종적으로 선택할 것을 초대 형식으로 제의한다. 이 장은 단락마다 여섯 절씩 세 단락으로 이루어져 있다. 지혜 여인(1-6절)과 미련한 여인(13-18절)은 비슷한 초대장을 발송하여 자신의 잔치에 사람들을 부른다. 그러고는 각자 앞에서 언급한 주제들을 되풀이한다. 그 사이에 있는 단락(7-12절)은 머리말(1:1-7)에서 언급한 주제들에 유의하며 직접적인 교훈을 통해 두 길을 대비시킨다.

a. 지혜 여인의 잔치 초대(9:1-6)

9:1-3. 이 절들은 지혜 여인의 잔치 준비를 서술한다. 그녀는 **기둥**이 **일곱** 개인 자기 **집**을 **짓는다**(1절). 그녀의 집은 주님을 경배하는 장소인 성전의 이미지를 암시할 수도 있지만(Hubbard, *Proverbs*, 133) 크고 견고한 집, 부유하고 고귀한 여인의 대저택을 암시할 수도 있다. 이 대저택은 다수의 손님이 묵을 수 있도록 방도 충분히 갖추고 있다. 게다가 그녀는 화려하고 즐거운 잔치가 되도록 잔치를 직접 세심하게 준비한다(2절). 그녀는 음식을 장만한다. 더 정확하게 말하면 "도살을 주선한다"(Koehler et al., *HALOT*, 368). 여기에는 고기를 손질하고 요리하는 일도 포함된다. 이것은 고대 세계에서 잔치에 어울리는 사치 행위였다. 그녀는 **포도주**에 꿀과 향신료를 **혼합하여** 맛을 좋게 한다. 그러고는 손님들이 즐길 수 있도록 **상을 갖춘다**(Longman, *Proverbs*, 216-217). 게다가 적극적이고 공개적으로 사람들을 잔치에 초대한다(3절). **여종을 보내어** 초대하고, 자신도 직접 그리하면서 성벽 **높은 곳에서** 큰소리로 부른다(Waltke, *Book of Proverbs 1-15*, 436). 이것은 누구나 지혜를 가까이할 수 있음을 상기시킨다.

9:4-6. 그녀는 **어수룩한 자**, **지각이 모자라는 자**(새번역)를 직접 초대한다(4절). 그들은 아직 지혜를 택한 것도 아니고 어리석음에 빠져버린 것도 아니기에, 그녀는 그들을 자기편으로 끌어들이고 싶어 그들의 길에서 **돌이키라**고 재촉한다. 그런 다음 그들에게 자신이 차린 잔치 음식을 **먹고 마시**라고 권유한다(5절). 이것은 자신과 친밀한 관계를 유지하자고 권유하는 것이기도 하다(Longman, *Proverbs*, 217; 참고. 3:18; 7:4). 어쨌든 그녀의 요리 솜씨는 악인들과(4:17) 어리석은 자들의 그것과는(9:17-18) 사뭇 다르다. 그녀에게 음식은 생명을 주는 것이다(6절). 그것은 음식을 먹는 자들

이 어리석음을 **버리고**, **명철의 길을** 계속 **행하**는 데 헌신해야 하기 때문에 값비싸다. 하나님의 잔치들은 언제나 그러하다(사 55:1; 눅 14:15-24; 요 6:41-59).

b. 막간(9:7-12)

지혜의 초대와 어리석음의 초대 사이에 자리한 이 지혜 담화 모음은 언뜻 보면 문체와 내용이 부적절해 보인다. 그러나 이 막간은 사실 문맥에 딱 맞게 지혜를 택한 자들과 어리석음을 택한 자들의 현저한 차이를 제시한다. 지혜와 어리석음 사이에서 어느 하나를 택하는 것은 "단발적이고 충동적인 결정"이 아니다. 그것은 "무르익어 성격이 되고 그래서 운명이 되는 것으로 보인다"(Kidner, *Proverbs*, 82).

9:7-9. 표면상 이 절들은 지혜로운 교사들에게 초점을 맞추어 그들이 가르치는 학생들과 관련해 말하는 것으로 보이지만, 실은 교사들보다는 학생들에 관해 더 많이 말한다. **거만한 자**는 참으로 한층 더 나쁜 부류의 어리석은 자이다. "그는 자만으로 가득 차 있고, 다른 이들을 얕보는 까닭에 어떤 권위에도, 심지어 주님의 권위에도 복종하려 하지 않는다"(Waltke, *Book of Proverbs 1-15*, 140). 그가 제일 싫어하는 것은 건설적인 비판이다. 그래서 그 거만한 자를 **징계하는** 이는 그에게서 **능욕** 받는 것과 모욕당하는 것을 각오하지 않으면 안 된다(7절). 따라서 지혜로운 교사는 자신의 학생들을 주의 깊게 골라야 한다(8절; Hubbard, *Proverbs*, 135). 한편, **거만한 자를 책망하**는 것은 시간 낭비이다. 그를 징계하려고 할수록 그가 당신(너)을 더욱 **미워할** 것이기 때문이다. 그는 가르침이 통하지 않는 자이다. 다른 한편, **지혜 있는 자를 책망하**면 그가 정말로 당신(너)을 **사랑**할 것이다. 당신이 **그의 학식을 더하**게 해주고, 그를 **더욱 지혜로워**지게 하기 때문에 당신에게 감사를 표할 것이다(9절). 이는 참으로 지혜로운 사람은 자신이 항상 길 위에 있음을 아는 까닭에 겸손하고 가르침을 잘 따른다는 사실을 상기시킨다. 그는 또한 다음 절이 분명히 밝히고 있듯이 의롭기까지 하다.

9:10. 이 절은 잠언의 주제라고 할 수 있는 구절을 되풀이하면서 지혜와 경배의 밀접한 관계를 설명한다(1:7을 보라). **여호와를 경외하는 것은 거룩하신 자를 아는 것**과 같다. 주님을 경외하고 아는 이들은 그분의 권위에 복종하고, 그 결과 지혜롭고 의롭게 성장한다.

9:11-12. 지혜를 마음에 새기느냐 그러지 않느냐에 따라 결과가 달라진다. "의로운 길은 사실상 명철의 길이다"(Kidner, *Proverbs*, 83). 본질상 지혜는 **생명**을 가져다준다(11절; 참고. 3:2; 4:10, 생명과 사망에 대해 더 자세히 알려면 서론의 '주제'를 보라). **나 지혜로 말미암아**라는 표현이 이 점을 분명히 해준다. 이 표현은 의인화된 지혜가 내내(5절부터 12절까지) 말하고 있었음을 암시하기도 한다. 지혜를 선택했을 때 가장 큰 수혜자는 그것을 선택한 사람 자신이다(12a절). 그러나 이 모든 것은 이어지는 내용에서 분명해질 사실, 즉 어리석음이 사망을 초래함을 암시하기도 한다. 따라서 뻔뻔스럽게 지혜를 무시하는 거만한 자는 남을 탓할 게 아니라 자신을 탓해야 한다. 자기 **홀로** 어리석음의 열매를 맺을 것이기 때문이다(12b절). 한 사람의 선택이 다른 이들에게 영향을 미쳐도(예를 들어 10:1) "최후의 승자나 패자는 선택한 그 사람 자신이다"(Kidner, *Proverbs*, 83).

c. 미련한 여인의 잔치 초대(9:13-18)

9:13-15. 이 절들은 지혜 여인의 경쟁자를 소개한다. **미련한 여인**은 지혜 여인에 비해 잘 지내지 못한다. 하지만 미련한 여인은 7장에 등장하는 음녀와 똑같다. 그녀는 **수다스럽**고(새번역), 잘 속는 무식쟁이이다(13절). 그녀는 어수룩한 자들에게 말을 많이 하지만, 그 말들은 그녀가 그들만큼이나 무식하다는 것을 고스란히 드러낸다. 지혜 여인이 잔치를 열심히 준비하는 것과 달리 미련한 여인은 일어서려 하지도 않고 그냥 **자기 집 문에 앉**아 있기만 한다(14a절). 그러나 게으르다고 해서 허세를 부리지 못하는 것은 아니다. **성읍 높은 곳에 있는 자리**, 즉 그녀가 앉은 자리는 일종의 공개된 옥좌인 것 같다(14b절). "우쭐하는 그 사기꾼은 성읍을 다스리는 여왕이라도 되는 양 으스대고, 잘 속는 자들은 그녀의 권위에 머리를 숙인다"(Waltke, *Book of Proverbs 1-15*, 444). 아니면 그녀는 사원 밖에서 어슬렁거리는 이교 여제사장으로 그려지고 있는지도 모르겠다(Hubbard, *Proverbs*, 173이 그러하다). 어쨌든 그녀는 공공연히 몸을 파는 음녀와 다를 바 없다. 그녀는 헤매지 않고 자기 일에 신경 쓰며 지나는 행인들을 **불러** 세워 그들 중에 잘 속는 자를 급습하고 싶어 한다(15절).

9:16–17. 그녀는 **어수룩한 사람, 지각이 모자라는 사람**(새번역), 더 나은 길을 알지 못하는 사람을 초대한다(16절). 그녀는 지혜 여인과 같이 청중의 주의를 끌려고 한다. 그러나 그녀의 호소는 상스럽고 천박하다. **물**과 **떡**은 지혜 여인이 베푸는 호화로운 연회와는 비교도 안 된다. 그런데도 미련한 여인은 자신이 제공하는 식사가 **달고 맛이 있다**고 주장한다(17절). 그녀가 제안하는 **도둑질한 물**이란 성적 밀통을 가리키는 것 같다(참고. 5:15-18; 7:18). 그녀가 제안하는 **몰래 먹는 떡**은 간통을 의미하거나(참고. 30:20) 다른 이를 희생시켜 이익을 보려고 꾸미는 불의한 꾀를 가리키는 듯하다(Garrett, *Proverbs*, 116; 참고. 1:11-14; 4:14-17). 그러나 미련한 여인의 유혹은 "온갖 종류의 부정한 욕구 충족에 적용된다"(Fox, *Proverbs 1-9*, 303). 엄밀히 말하자면, 금지된 것이기에 마음이 끌리는 것이다.

9:18. 아담과 하와가 부정하게 욕구를 충족한 결과 사망을 깨닫게 되었듯이, 미련한 여인에게 넘어가는 어수룩한 자도 그러하다. 그녀가 제공하는 식사는 무덤(스올)의 전당에서 베푸는 **죽은 자**들의 식사이다. 그러나 어수룩한 자의 무지가 복될 리 없다. 그는 그녀의 죽은 **객**들과 함께 잔치에 참여하게 될 것이기 때문이다.

잠언의 이 부분은 특히 젊은이들과 어수룩한 자들에게 분명한 선택을 제안하며 끝난다. 그들은 주님과 지혜 여인 및 그녀가 가져다주는 복들과 생명을 택할 수도 있고, 어리석음과 악과 죽음을 택할 수도 있다. 이것이나 저것 중 반드시 하나를 택해야 한다. 잠언의 나머지 부분은 잘 선택한 사람들을 위한 조언이다.

C. 솔로몬의 잠언(10:1–22:16)

10:1a. 잠언에서 주요한 이 구간(10:1-22:16)은 **솔로몬의 잠언**으로 소개된다. 어떤 사람들은 히브리 알파벳의 자음들이 수치(數値)를 갖고 있으며, '솔로몬'이라는 이름은 이 구간(10:1-22:16)에 있는 잠언들의 수와 같은 375의 수치를 갖고 있다고 말한다. 이는 의도적인 구성을 암시한다. 이 구간은 다양한 잠언들의 모음집으로서 이렇다 할 편성이 거의 되어 있지 않다(서론의 '구성과 장르'를 보라).

10:1b–1c. 이 구간에 등장하는 첫 번째 잠언은 앞 구간과 적절히 이어진다. 이 잠언은 (9장에서처럼) 지혜와 어리석음의 대조를 되풀이하고, 앞 구간에서 두드러진 부모-아들 관계를 재연한다. 서두의 진술문은 **아들**이 **아비**와 **어미**를 사랑하는 마음으로 지혜를 택하도록 동기를 부여하고자 한다. 자녀를 향한 부모의 애정, 명예, 노부모 공양을 조금이라도 헤아리는 아들이라면 지혜를 택할 것이다. 그가 어느 쪽을 택하는가는 부모에게 기쁨을 주기도 하고 근심을 주기도 할 것이다. "선택은 홀로 하는 것일지 몰라도, 그 선택이 일신상의 일이 될 수는 없다"(Kidner, *Proverbs*, 84).

10:2–3. 돈에는 한계가 있다. 궁극적으로 **불의의 재물은 무익하다**(2a절). **공의**는 여기에서 불의의 재물과 달리 특히 다른 이들에게 후히 베푸는 것을 가리키는 듯하다(Waltke, *Book of Proverbs 1-15*, 453, 99). 그러한 베풂은 당장 혹은 장래에 **죽음에서 건져**주기 때문에 더 나은 투자이다(2b절). 돈은 죽음을 눈앞에 둔 악인에게 아무 소용이 없다. 이어지는 잠언이 이런 사실을 분명히 해주고 있다(3절). **의인**은 지혜롭게 주님의 편에 서고, 악인은 주님을 대적한다. 모든 조건이 그대로일 경우, 하나님은 전자를 돌보시지만, 후자의 소욕은 채워주지 않으신다. 이 두 잠언은 하나님의 진노에 대한 인식을 바탕에 깔고 있다(참고. 11:4). 하나님이 그러한 악에 진노하시는 때가 현재이든 장래이든 간에, 지혜로운 자는 어느 쪽을 택해야 할지 잘 안다.

10:4–5. 게으름의 문제가 다시 언급되면서(참고. 6:6-11), 이 구간에서는 여기에 처음 등장한다(참고. 26절; 12:24, 27; 13:4; 15:19; 18:9; 19:15, 24; 20:4, 13; 21:25; 22:13). **부지런한** 것이 이익이 되는데도 **손을 게으르게 놀리는 자**는 자신의 몫으로 극빈밖에 기대할 것이 없다(4절). 부지런한 자는 선견지명이 있어서 게으름뱅이처럼 **여름**철과 **추수**철에 푹 자지 않고, 그 시기에 양식을 거두고 저장한다(5절). 반면에 게으른 자는 어리석어서 스스로에게 악영향을 초래함은 물론이고, 그의 부모에게 실망과 부끄러움을 안긴다. 부지런한 자는 지혜로운 **아들**로 인정받고, 그에 따른 모든 것, 즉 굶주림을 겪지 않음으로 부모뿐만 아니라(참고. 10:1) 주님도 기쁘게 해드린다(참고. 3절).

10:6–7. **의인**은 다른 이들을 공정하고 자비롭게 대한다. 그리하여 자신의 공동체를 부유하게 하고, 그 공동체는 같은 방법으로 이에 응대한다(Waltke, *Book of Proverbs 1-15*, 457). 이처럼 의인은 **복**을 관으로 쓰

게 된다(6a절). 이 복은 하나님에게서 직접 오는 것이지만(참고. 22절), 여기에서는 친절한 이웃들과의 관계 및 그들의 기도를 통해 실현되는 것 같다(Waltke, *Book of Proverbs 1-15*, 457; Kidner, *Proverbs*, 85; 참고. 11:26; 룻 2:4; 3:10). 반면에 **악인**은 자기 이익을 취하려고 다른 이들을 학대하거나 그들에게 '폭행'까지 가한다. 그러면서도 사람들 앞에서는 자신의 행위를 말로 은폐하려고 한다(10:6b). 그러나 그러한 공적 관계의 효과는 잠시 나타났다 사라지고, 결과가 전말을 이야기해 준다. 사람들이 **의인**을 기억할 때에는 **칭찬**하겠지만, **악인의 이름은 썩게** 될 것이다(7절). 악인에 대한 기억도 **썩게** 될 것이다. 완전히 썩어서 아예 기억에서 사라지거나, 아니면 그 불쾌한 냄새가 썩은 시체처럼 좀처럼 가시지 않을 것이다. 사람들은 의인과 악인의 이름을 끊임없이 입에 올리며 각각 칭송과 저주를 할 것이다[Michael V. Fox, *Proverbs 10-31: A New Translation with Introduction and Commentary*, AYB (New Haven: Yale University Press, 2009), 515].

10:8. 실로 **마음이 지혜로운 자**들은 지혜의 **계명**을 간절히 **받**고 싶어 하기 때문에 점점 더 지혜로워진다. 그들은 겸손하고 잘 받아들이고 가르침을 잘 따르며 순종적이다. **입이 미련한 자**는 자기 생각만 떠들기에 바쁜 나머지 지혜에 순종하기는커녕 귀담아듣지도 않는다. 그러다 결국 멸망하고 말 것이다.

10:9-10. 한 사람의 **걸음**은 그가 택한 길과 관련이 있고(참고. 4:10-19), 따라서 그의 생활 방식과도 관계있다(참고. 갈 5:16-26). **바른길로** 걷는 것은 떳떳하고 깨끗하게 사는 것과 같다(Koehler et al., *HALOT*, 1744). 그러한 사람들은 "감출 게 없는" 까닭에 "두려워할 일도 없다"(Kidner, *Proverbs*, 86). **굽은 길로 행하는** 악인은 그럴 자신이 없다. 아무리 자신의 실상을 감추려고 해도 언젠가 실제 성격이 **드러나**고 말 것이다. 언젠가 성격이 드러나고 말 악인은 다음 두 가지 방식으로 설명된다. 즉 **눈짓하는**(참고. 6:13) 악한 공모자는 자신이 **끼친 근심**으로 드러날 것이고, **입이 미련한 자**는 자초한 **멸망**으로 드러날 것이다(참고. 10:8).

10:11-12. **의인**은 다른 이들을 도우려는 마음으로 마른 땅에서 솟는 생수의 **샘**처럼 **생명**을 주는 말만 한다(11a절). 꾸지람이든 격려든 의인의 말은 다른 이들 속에 있는 지혜와 경건을 북돋우고 따라서 그들의 삶을 고양시킨다. 반면에 **악인**의 말은 다른 이들을 돕기는커녕 자신이 그들에게 저지른 폭행을 '가리기'에 급급할 뿐이다(11b절; 6b절의 주석을 보라). 그러나 자기과시와 악행이 아닌 사랑에 뿌리내린 바람직한 종류의 '가리어줌'도 있다(12절). 누군가가 내게 해를 끼쳤을 때, 그 가해자를 미워하면 사태만 더 악화될 뿐이다. **미움은 다툼을 일으**키기 때문이다. 그러나 사랑은 모든 종류의 **허물**을 **가리**어줌으로써 화해를 도모한다(참고. 고전 13:4-7). 사랑은 "가해자를 앙갚음할 원수가 아니라 얻어야 할 친구로 여기는" 까닭에, 가해자의 잘못을 모든 사람들이 볼 수 있도록 폭로하는 등의 보복을 요구하지 않는다. 오히려 "그의 과실을 참아주고, 중재하여 그를 사망에서 구원하며(참고. 잠 25:21-22; 고전 13:4-7; 약 5:20), 평화를 지켜나간다"(Waltke, *Book of Proverbs 1-15*, 461; 참고. 잠 19:11).

10:13-14. **명철한** 자들은 말로 자신의 **지혜**를 드러낸다(13a절). 안타깝게도 어리석은 바보는 자기를 이해시키기 위해 지혜로운 말보다 더 극적인 것을 필요로 한다. 이를테면 자기 **등**에 **채찍**을 가하는 것이다(13b절). 이어지는 잠언은 이러한 생각을 부연한다. **지혜로운 자**는 다른 현자들에게 배운 **지식**의 창고여서 지혜를 잘 전한다(14a절). 반면에 미련한 자의 **입**은 그동안 자신이 쌓아온 어리석음을 드러내고, 그 결과 맞이하는 **멸망**은 그가 얼마나 어리석은가를 극적으로 증명한다(14b절).

10:15. 재물에는 확실히 나름의 장점이 있다. 재물은 **견고한 성**과 같아서 재물을 소유한 자가 어려운 시기를 극복하도록 그를 보호하고 그에게 물자를 공급한다. 저축을 해본 사람이라면 이 사실을 알 것이다. 그런 점에서 **부자**는 **가난한 자**보다 형편이 더 낫다. **가난한 자의 궁핍**은 그를 성이 없는 곳에 노출되도록 내버려두어 결국 **멸망**에 이르게 한다. 그런데 이 잠언은 "게으름이나 낭만주의에 기인한 궁핍에 싸이지"(Kidner, *Proverbs*, 87) 말라고 경고하지만, 부자에게는 재물이라는 그의 성을 과신하지 말고(참고. 11:28) 그보다는 주님을 믿으라고 은연중에 경고하기도 한다(참고. 18:10-11). 재물은 부자에게 끊임없는 유혹거리이기 때문이다(참고. 30:7-9; 딤전 6:17-19도 보라).

10:16. 또 다른 종류의 부와 가난이 있다. 지혜로운 자는 재물을 어디에 투자할지 알고 있다. "의인은 지혜로운 자이고, 악인은 어리석은 자라는 것이 그들의 윤리에서 드러난다"(Longman, *Proverbs*, 236). **의인**은 정말이지 부유한데, 그의 **수고**가 풍성한 **생명**이 되기 때문이다. 악인의 **소득**은 빈약하기 그지없다. 그것은 사망에 이르게 하는 **죄**[NASB는 '벌'로 읽지만 하타트(*chatta't*)의 더 나은 독법은 '죄'이다]이다(참고. 롬 6:23; 5:12; 약 1:15).

10:17. **생명**을 주는 지혜는 또한 **징계**를 무시하지 않고 **훈계**를 마음에 새기는 것으로 나타난다. 주님의 지혜를 따르는 것은 **생명 길**을 걷는 것과 다름없다(참고. 6:23). 자신의 실수를 통해 배우지 않는 자들은 어리석음 속에서 헤매고 다닐 것이다. 동사 '그릇 간다'는 여기에서 '다른 이들을 미혹시킨다'로 읽는 게 더 나을 것이다(예를 들어 ESV가 그렇게 읽는다). 그렇다면 어리석은 자의 탈선이 훨씬 나쁘다고 할 수 있다. 자기 자신은 물론이고 다른 사람들까지 타락시키기 때문이다.

10:18-21. 이어지는 몇 개의 잠언은 말을 둘러싸고 전개된다. NASB보다는 KJV가 문법적 구조를 더 잘 파악하고 있는 것 같다. KJV는 **미련한 자**를, 두 사람이 함께 있을 때는 거짓말로 상대방에 대한 **미움**을 **감추**다가 상대방의 등 뒤에서 **중상하는** 자로 간주한다. 미련한 자들은 **말이 많**아서 쉴 새 없이 떠드는 반면, **지혜** 있는 자는 말이 많으면 많을수록 그로 인해 짓는 죄가 더욱 커짐을 알기에 말을 제어한다(19절; 참고. 13:3; 17:28). 대체로 한 사람의 중심 성격(**마음**)은 그의 말에서 드러난다(20절; 참고. 마 12:33-37). 사람의 말은 "그가 가치 있는 만큼 가치를 지닌다"(Kidner, *Proverbs*, 88). 이처럼 **의인**의 말/마음은 **순은**처럼 귀중한 반면, **악인**의 말/마음은 하잘것없다. 의인의 말/마음이 귀중한 까닭은 그것이 다른 이들에게 영향을 미치기 때문이다(10:21a). 의인의 말은 자양분과 생명을 주는 까닭에 **많은 사람을 먹여 살리고**(새번역), 가르치고, 꾸짖는가 하면 격려하고 교화한다. 반면에 **미련한 자**는 **지식이 없어** 굶어 죽는다. 그는 지혜가 없어 다른 이들을 먹여 살리기는커녕 자기 자신도 먹여 살리지 못한다. 게다가 분별력이 없어서 의인에게 찾아가 음식을 얻지도 못한다.

10:22. 이 절은 지혜로운 자가 결국에는 **사람을 부하게** 함을 일깨운다. 부는 **여호와께서 주시는 복**에서 온다(22a절; 참고. 신 8:18). 이 절의 후반에 나오는 **근심**은 '수고함'으로 읽는 것이 더 낫고(Koehler et al., *HALOT*, 865), 동사에 상응하는 주어로 읽어야 한다(즉, "수고함은 여호와께서 주시는 복을 더하지 못한다"). 말하자면 사람의 수고는 "그에게 하나님의 복이 주는 것보다 더 많은 것을 주지 않는다"(Fox, *Proverbs 10-31*, 523; 참고. 신 8:17)는 것이다. 하나님의 복은 게으름을 권장하는 일이 거의 없다. 잠언은 하나님이 사람의 '의로운 근면'을 복 주시는 수단으로 삼으신다고 분명히 밝힌다(Waltke, *Book of Proverbs 1-15*, 473). 지혜로운 자들은 그러한 복들을 누가 주시고, 그러한 복들로 누가 찬양받을지 잘 안다.

10:23-25. 어리석은 자와 지혜로운 자는 취향도 다르다(23절). **미련한 자**는 **행악**을 낙으로 삼는다(행악은 그에게 스포츠나 다름없다). 그는 "사람들과 공동체를 심히 불쾌하게 하는 일"을 즐긴다(Waltke, *Book of Proverbs 1-15*, 474; 참고. 2:14; 15:21; 26:19). 반면에 지혜로운 자는 **지혜**에서 기쁨을 느낀다(23절). 기쁨은 그 사람의 마음을 드러낸다(마 6:21). 그 기쁨들의 운명도 달라진다(10:24). 어리석은 **악인**은 겉웃음을 치면서 자신의 더 깊은 공포, 곧 죄의식을 가리지만 속으로는 응분의 벌 받기를 두려워한다. 확실히 그는 현세에서든 내세에서든 응분의 벌을 받게 될 것이다. 하나님은 공정하시기 때문이다(참고. 전 12:14). 반면에 **의인**에게는 **그**가 지혜롭게 **원하는 것**, 즉 지혜와 복, 생명, 주님이 주어질 것이다. **악인**이 두려워하는 까닭은 그에게 **의인**과 달리 약점이 있기 때문이다(10:25). 삶을 황폐하게 하는 재앙이 **회오리바람**처럼 닥칠 때, 악인은 날려 가지만 의인은 든든한 터전이 있어 생애 최악의 어려움을 견뎌낸다(참고. 시 1편; 마 7:24-27).

10:26. **게으른 사람**은 화를 잘 낸다. 게으름뱅이는 **이**에 자극을 주는 지독하게 신 포도주(**식초**) **같고**(특히 부실한 이; Waltke, *Book of Proverbs 1-15*, 476), **눈**을 따끔따끔하게 하는 **연기** 같아서, 임무를 띠고 파견을 받아도 도무지 신뢰를 얻지 못한다. 그래서 자주 분통을 터뜨린다.

10:27-30. 이 잠언들은 의인 및 악인의 미래와 관

련이 있다. 첫째, 의인 곧 지혜롭게 **여호와를 경외하**는 자들은 **장수**를 기대할 수 있지만, 악인의 수명은 **짧아** 질 것이다(27절). 일반적으로 이 시대에 하나님을 거역하고, 하나님이 세상에 명령하신 길을 거스르며 사는 자는 죄와 어리석음에 악영향을 받기 쉽다. 둘째, 의인과 악인은 예상되는 일도 다르다(28절). **의인**은 하나님만이 주실 수 있는 **즐거움**을 기대해도 된다. 하나님은 복으로 즐거움을 주시기도 하고, 더 특별하게는 그분의 임재로도 즐거움을 주신다(시 16:11). 악인이 기대할 것은 실망뿐이다. 그들의 소망은 좌절되고 만다. 셋째, 의인과 악인은 하나님의 의로운 다스리심을 다르게 경험한다(10:29). 일반적으로 **여호와의 도**는 인간을 위한 그분의 도덕과 지혜의 기준을 포함하지만, 여기에서는 이 세상에서 그러한 기준들을 유지하시겠다는 그분의 방침, 즉 '그분의 세상 통치'에 초점을 맞추고 있는 것 같다(Waltke, *Book of Proverbs 1-15*, 479). 이것은 왜 여호와의 도가 정직한 자에게 안전(**산성**)이 되고, **행악하는 자**에게는 끔찍한 **멸망**이 되는지 설명해 준다. 외부 환경이 어떠하든 간에 의인은 **영원히 흔들리지 않**는다(새번역, 참고. 시 46, 125편). 반대로 **악인**은 안전하게 살지(**땅에 거하지**) 못하게 된다. 주님이 불복종의 결과들 중 하나로 이스라엘 땅에서 끊어짐을 규정하셨기 때문이다(참고. 신 28:63; 시 37:9, 28; Longman, *Proverbs*, 244).

10:31-32. 이 잠언들은 의인과 악인의 말에 초점을 맞춘다. **의인**은 열매 맺는 초목처럼 말할 때마다 지혜를 '내는'(NASB의 '~으로 넘치는'보다 나은 독법이다) 반면(31a절), 악인의 **패역한 혀**는 하나님의 진리를 왜곡하는 까닭에 심판을 받아 잠잠해지는(**베임을 당**하는) 것밖에 기대할 일이 없다(31b절). 맥락이 유사한 32절은 의인과 악인이 각기 하는 말의 특징을 비교한다. NASB의 '내거늘'(bring forth)은 경험을 통해 무언가를 안다는 의미에서 '알거늘'(*yada'*, 야다)로 읽는 것이 가장 좋다. 경험을 해보아야 잘 알 수 있기 때문이다(Longman, *Proverbs*, 245). 따라서 **의인의 입술**은 **남을 기쁘게 하는 말이 무엇인지**(새번역) 알지만, **악인의 입**은 패역을 잘 알 뿐이다. 악인의 왜곡된 말과 달리 의인은 상황에 알맞게 말하고, 그리하여 "하나님과 여느 지혜로운 자들의 인정"을 받는다(Longman, *Proverbs*, 245).

11:1. 잠언은 일상생활을 안내하는 영원한 지침서이다. 이 절의 잠언은 하나님이 상도덕에 깊은 관심을 기울이고 계심을 증명한다. **속이는 저울**은 상품의 치수를 재거나 무게를 잴 때 부정을 저지른다. 이와 같이 부정한 상업 관행은 **여호와께서 미워하**신다. 부정은 중죄로서 성적 음란, 우상 숭배, 요술, 아이를 제물로 바치는 인신 제사, 거짓말 등 다른 가증한 일의 범주에 들기 때문이다(참고. 레 18:22; 신 7:25; 18:9-14; 잠 3:32; 12:22; 렘 32:35). 상거래에서 속이는 것은 쉬운 일이고 중죄로 보이지 않아도 하나님은 부정한 상거래를 몹시 싫어하신다. 반면에 정직한 상거래, 곧 **공평한 추**는 **기뻐하**신다. 지혜로운 자는 쉽게 번 돈보다 주님의 은총이 더 중요함을 잘 안다.

11:2. 잠언은 지혜로운 자가 가르침을 잘 듣는다고 거듭 단언한다(참고. 13:1,10; 15:5). 어리석은 자의 **교만**은 그에게 **욕**을 안겨준다. 너무 거만해서 (그리고 자기기만에 빠져서) 자기보다 지혜로운 자의 가르침을 잘 듣지 않기 때문이다. 지혜로운 자는 **겸손**하다. 지혜로운 자는 자기를 잘 아는 까닭에 가르침을 잘 듣고, 그래서 **지혜** 가운데서 성장한다.

잠

11:3. 이 절은 의인과 악인의 운명을 중요하게 다루는 몇몇 잠언(3-9절) 중 첫 번째 잠언이다. **정직한**/흠없는 **자**는 인생의 결정들을 지혜의 길로 **인도하는 성실**을 갖추고 있다. 하지만 **사악한 자**의 **패역**은 진리를 뒤틀고 곡해하여 **자기를 망하게 하**는 삶을 택하게 한다.

11:4. 여기에서 **재물**과 **공의**의 대조가 인상적으로 이루어진다. 공의는 돈보다 귀중하다(참고. 16:8; 겔 7:19). 이 잠언은 그 원리를 특히 부정 소득에 적용하는 것 같다(참고. 10:2). 남을 희생시켜 부를 얻는 자는 뇌물을 써도 **진노의 날**을 피할 길이 없다. 이 **진노의 날**은 하나님이 현세와 내세에서 수행하시는 심판을 모두 아우르는 표현이다. 의인은 그런 운명을 면한다(2:20-23의 주석을 보라). **공의는** 의인을 생명의 길로 이끌어 **죽음에서 건지느니라**.

11:5. 이 절에서는 1-9장(특히 4:10-19을 보라)에서 두드러진 두 길을 개관한다. 두 길은 완전히 다르다. 의롭고 **완전한 자**의 길은 평탄하나, **악한 자**의 길은 여러 장애물로 위험하고 어수선하여 그를 곱드러지게 하

고 **넘어지**게 한다. 지혜 여인을 사랑하는 솔로몬과 여타의 사람들은 이 세상이 타락했으며 의인이 핍박받을 때가 많다는 사실을 인정하면서도, 일반적으로는 의인이 악인보다 더 평온하고 만족스러운 삶, 더 나은 운명을 영위한다고 말한다(서론의 '주제'에서 다룬 '보응'을 보라).

11:6. **정직한 자**는 자신의 **공의**로 어디에서 건짐을 받게 되는가? 사악한 자들을 함정에 빠뜨리는 것, 즉 그들의 '악한 욕망'(NIV)에서 건짐을 받는다. 베하브바트(*behawwat*)를 협소하게 **욕심**(새번역)으로 읽는 NASB의 독법보다는 '악한 욕망'으로 읽는 NIV의 독법이 더 강하게 와닿는다(물론 욕심도 악한 욕망의 일종이기는 하다). 그러한 욕망들은 결국에는 치명적이다(참고. 약 1:14-15).

11:7. 욕망으로 빚어진 **악인**의 열망은 죽음을 면치 못한다. 그가 기대하고 바라는 바 쾌락과 안전은 **그가 죽을 때에** 실현되지 않은 채로 남는다. 둘째 행이 그 이유를 설명하지만 그 번역이 확실히 쉽지 않다. NIV가 요점을 가장 잘 파악하고 있는 것 같다. "그가 제 힘으로 바라는 모든 것이 물거품이 되고 만다." 그가 자기 마음대로 할 수 있다고 믿는 자원은 무엇이든 부족한 것으로 밝혀질 것이다.

11:8. **의인**에게는 훨씬 좋은 자원, 즉 주님이 계신다. 이생에서 겪는 **환난**은 일시적인 것에 지나지 않는다. 주님이 현세에서든 내세에서든 그를 환난에서 **구원**하시기 때문이다. 그가 일시적으로 겪는 환난을 **악인**은 더 영구적으로 겪게 될 것이다. 악인의 운명은 환난이다. 악인을 향한 하나님의 심판이 이생에서 그리고 반드시 내세에서 이루어질 것이기 때문이다.

11:9. **하나님을 경외하지 않는 사람은**(새번역) 자기만 파멸시키는 것이 아니라 **이웃**마저 그의 말로 **망하게** 한다. 악인은 자신이 기대어 살고 있는 유해한 어리석음을 경솔한 동료에게 전함으로써 그리하는 것 같다. 어리석음은 질병처럼 퍼진다. 반면에 **의인**은 지혜롭고 더 나은 것을 알고 있어 악인의 해로운 조언에 속지 않으며, 그래서 **구원**을 얻는다.

11:10-11. **성읍**/공동체를 기뻐하게 하는 것에는 두 가지가 있다. 하나는 **의인**의 번성이고, 다른 하나는 **악인**의 멸망이다(10절). 11절은 그 이유를 설명한다. **정직한 자의 축복**은 의인(이웃에 긍정적인 영향을 미치는 의인)에게 내리시는 하나님의 복을 가리키거나, 이웃에게 복을 내려달라는 의인의 효과적인 기도를 가리키는 것 같다(Waltke, *Book of Proverbs 1-15*, 492). 어느 쪽이든 의인의 **성읍**은 의로운 시민들을 통해 흥하게 될 것이다. 반면에 악인의 말은 그의 공동체를 파괴하는 수단이 된다. "악인은 다른 이들을 중상하고 속이고 학대하는데, 이는 갈등과 불신, 억압을 야기한다"(Fox, *Proverbs 10-31*, 535).

11:12. 이 잠언은 판단주의에 통렬한 일격을 가한다. 어리석은 자는 **이웃을 멸시하**고 모욕하는 반면, **명철한 자는 잠잠하**다. 지혜로운 자들이 잠잠히 있는 까닭은 거만하지 않아서이다. "자신이 남보다 낫다고 느끼는 것이야말로 자신이 지혜롭다고 오해하는 지름길이다…하나님만이 인간의 가치를 판단하는 유일한 분이심을 부정하기 때문에 그렇게 느끼는 것이다"(Kidner, *Proverbs*, 91). 게다가 지혜로운 자가 이웃을 존중하고 사랑하는 까닭은, 모든 사람이 만물의 창조자 주님의 형상을 지니고 있기 때문이다(Waltke, *Book of Proverbs 1-15*, 493). 설령 이웃이 비난받아 마땅한 어리석은 자라고 해도 지혜로운 자는 마음에 있는 말을 더디 할 것이다.

11:13. 절친한 친구를 신중하게 선택하라. **두루 다니며 한담하는 자**는 남을 비방하는 자이다. 그는 "경솔하기보다는 악의를 품은 자이다. 그는 돌아다니며 정보를 흘려 남에게 상처를 준다"(Kidner, *Proverbs*, 91; 참고. 레 19:16; 겔 22:9). 그는 남몰래 전해 들은 **비밀**을 **누설하여** 이기적인 목적을 이루고, 그 때문에 다른 사람이 다쳐도 조금도 개의치 않는다. 진정한 친구, 곧 **마음이 신실한 자는** 그러한 비밀을 **숨긴다**.

11:14. 이 잠언은 특히 정치적, 군사적 맥락과 관계있다. 개인들보다는 백성에 관해 이야기하고, 민족을 언급하기(정치적 또는 군사적 사안을 포함하고 있기) 때문이다. 이는 의인이 성읍에 미치는 영향을 짐작케 한다(10-11절). **백성**이 망하지 않고 승리('구원')를 얻으려면 '많은 참모'(새번역)가 제공하는 최상의 **지략**이 필요하다. "할 수 있는 한 모든 조언을 얻는 것"이 가장 좋다. 그래야 "불안한 목소리들을 잠재우기 쉽기" 때문이다(Kidner, *Proverbs*, 91-92). 백성을 위한 일은 또

한 개인을 위한 일이기도 하다.

11:15. 이 절은 친하지 않은 지인을 위해 보증을 서는 것과 관련된 지혜로운 조언을 제시한다. **타인**이 빚을 갚지 않으면 **보증**인이 그 빚을 떠안아 재정적 손해를 **당하**게 됨을 암시한다. 그런 종류의 보증을 **싫어하**여 재정적 **평안**을 누리는 것이 더 낫다(6:1-5을 보라).

11:16-17. **유덕한 여자**는 현숙한 아내(참고. 30:10-31)와 지혜 여인(8장)을 생각나게 한다. 놀랍게도 그녀는 **잔인한 자**들로 이루어진 폭력단과 비교된다. 둘 다 그들이 바라는 바를 거머쥘(얻을) 수 있기 때문이다. 폭력단은 야만적 행위로 부를 거머쥘 수 있지만, 그렇게 얻은 부는 유한하고(11:4, 28), 일시적이며(13:11), 결국에는 자신에게 해를 끼친다(2:8-19). 유덕한 여자가 얻는 것은 부귀보다 값지고 항구적인 **존영**이지만(22:1) 종종 부귀도 얻는다(3:16; 8:18; 22:4). 그녀의 길이 더 낫다는 것은 17절에서 더 분명해진다. 그녀처럼 **인자**하고 다른 이들에게 친절한 자는 스스로를 이롭게 하는 반면, 다른 이들에게 **잔인**하게 구는 **자는 자기의 몸을 해롭게 하**고 만다.

11:18-19. **악인**에게는 돌아갈 이익이 없다. 그러한 자의 **삯은 허무하**여 "만족을 주지 못할 뿐만 아니라 덧없기까지 하다"(Fox, *Proverbs 10-31*, 538). 반면에 **공의를 뿌린 자**는 훨씬 바람직하고 **확실**한 **상**을 받는다. 19절의 서두는 "실로 그렇다!"[히브리어로 켄(ken)]로 읽는 것이 가장 좋다(Waltke, *Book of Proverbs 1-15*, 502). 그것은 이 구절이 18절의 풀이임을 암시한다. 의인은 **생명** 자체를 거둔다. 반면에 악인은 실로 기만적인 삯으로 **사망**을 거둔다.

11:20-21. 하나님은 **마음이 굽은 자**를 미워하시지만, **행위가 온전한 자**는 기뻐하신다. 마음이 굽은 자는 "하나님과 공동체를 대적하고 자신을 섬긴다"(Waltke, *Book of Proverbs 1-15*, 502). 사람의 성격(**마음**)은 행동(**행위**)으로 드러나게 마련이다. 흔히들 하나님이 죄는 미워해도 죄인은 사랑하신다고 말하지만, 이 잠언(21절)은 그렇게 산뜻한 구별 짓기를 하지 않는다. 죄인들을 대하시는 하나님의 경향에는 정신이 번쩍 나는 의미가 내포되어 있다. **악인**은 분명 **벌을 면하지 못할** 것이라는 확신이 있다. 결국 악인은 하나님의 진노를 피할 수 없다(참고. 롬 1:18-2:16). 그러나 **의인**은 그러한 운명으로부터 **구원을 얻**을 것이다. **자손**은 의인의 자손이 아니라 이 지혜의 원리를 따라 살아가는 개인들을 가리킨다.

11:22. 육체의 아름다움이 과대평가되는 시대이다. 암퇘지의 코에 **금 고리**를 걸어도 돼지는 여전히 돼지에 지나지 않는다. 고대 이스라엘에서 돼지는 가장 혐오스러운 동물이었다. 율법에 맞지 않는 음식의 전형이었기 때문이다(레 11:1-8). **아름다운 여인이 삼가지 아니하는 것**도 그러하다. 삼감은 "훌륭한 판단(삼상 25:22; 욥 12:20; 시 119:66)을 가능케 하는 분별력으로서 하나님이 주시는 선물"이다(Waltke, *Book of Proverbs 1-15*, 504). 저속한 행실로 그녀의 아름다움이 퇴색된다. 여인이 아무리 아름다워도 성격과 행실이 역겨우면 주위 사람들이 싫어하게 마련이다. 외모에 관심이 있는 자들은 이에 지혜롭게 주의를 기울이고 우선순위를 두어야 한다.

11:23. **의인**과 **악인**을 비교하는 이 잠언은 의미가 분명치 않다. 의인과 악인이 열망하는 것들의 속성 내지 결과가 비교의 쟁점이다. 어느 쪽이든 무방하겠지만(동시에 양쪽 다 가능하겠지만, 참고. Waltke, *Book of Proverbs 1-15*, 505-506) 둘째 행이 결과를 나타내는 것 같다. NIV가 요점을 잘 파악하고 있다. "의인의 바람은 오직 좋게 끝나지만, 악인의 소망은 진노로만 끝난다." 이처럼 이 잠언은 하나님의 의로우신 심판을 상기시킨다.

11:24-27. 지혜로운 자는 후히 베푼다. **흩어 구제하는 자**는 특히 궁핍한 자들에게 아낌없이 베푼다(참고. 시 112:9; 잠 19:17). 그는 마땅히 줄 것을 주지 않는 구두쇠와 대조를 이룬다(참고. 신 15:7-11; 딤전 6:17-19). 역설적이게도 후히 베푸는 자의 재산은 **부하게 되는** 반면, 구두쇠의 재산은 점점 줄어서 **가난하게 될 뿐**이다(11:24). 이타주의자가 후히 베푸는 것은 더욱 더 그에게 되돌아오게 마련이다(25절). 26절은 이 원리를 구체적으로 설명한다. 궁핍한 시기에 가격을 올리려고 **곡식을 내놓지 아니하는** 상인과, 그것을 필요로 하는 이들에게 내다 **파는** 상인을 비교한다. **백성**은 전자를 **저주**하고, 같은 것으로 갚아주시는 주님께 기도하면서 후자를 **축복**할 것이다. 27절은 이와 유사한 의미로 이해된다. 말하자면 "다른 이들을 위해 힘쓰는 그대로 받

게 되리라"는 것이다(Kidner, *Proverbs*, 94). 다른 이들에게 **선을 행하려고 간절히** 애쓰는 자는 주님의 **은총**과 복을 받고, 다른 이들을 해치려고 **악을 더듬어 찾는** 자는 그와 비슷한 해를 입게 될 것이다. 구하라. 그러면 얻을 것이다. 그러니 삼가서 구하라.

11:28. 사람이 **자기의 재물을 의지하는** 것은 어리석은 일이 아닐 수 없다. 그리하다가 **망**할 것이기 때문이다. 돈은 의지할 게 못 된다는 것은 주지의 사실이다(23:5; 10:2; 딤전 6:17). 반면에 **의인은** 무성한 잎처럼 **번성**할 텐데, 이는 모든 면에서 믿을 만한 분이신 주님을 의지하기 때문이다(3:5; 16:3, 20; 22:19; 28:25; 29:25).

11:29. 이 잠언은 어리석은 아들의 모습을 기술하는 것 같다. 그는 그릇된 결정과 재산 낭비, 소원한 관계, 주님을 외면함, 기타 등등으로 자기 가정, **자기 집을 해롭게** 한다. 그 결과 그는 **바람만 물려받**게(새번역) 될 것이다. 즉, 아무것도 물려받지 못하게 될 것이다. 그는 그렇게 가난하게 살다가 **마음이 지혜로운 자의 종이 되**고 말 것이다. 마음이 지혜로운 자는 매우 지혜로워서 그런 지경에 처하는 법이 없다.

11:30. 의인과 **지혜로운 자**는 다른 이들에게 큰 복이 된다. 그의 언행이 가져온 유익한 결과인 **열매**는 참된 **생명나무**여서(참고. 3:18) 공동체에 "치유와 풍성하고 영원한 생명"을 안겨준다(Waltke, *Book of Proverbs 1-15*, 513). 게다가 그는 영혼들을(**사람을**) 얻는다. 논의가 분분한 이 표현은 글자 뜻 그대로 '영혼들을 취하는' 것을 의미한다. 말하자면 자기 언행을 통해 다른 이들을 지혜의 길, 공의의 길, 주님께 복종하는 길, 생명의 길로 끌어들이는 것이다.

11:31. 이 잠언은 **이 세상에서** 이루어지는 하나님의 보응을 다룬다. 두 행은 '점강법'에 의거한 주장을 펼친다. 이를테면 첫째 행이 사실이라면, 둘째 행은 말해 무엇 하겠느냐는 것이다. **의인이라도 보응을 받겠거든**이라는 표현은 그들의 행위대로 "보답을 받겠거든"(ESV)이나 "그들의 몫을 받겠거든"(NIV)으로 읽는 것이 더 좋다. 베드로는 이 잠언을 (70인역을 따라) 그런 식으로 이해했다(벧전 4:15-19과 그 구절의 주석을 보라). 말하자면 의인조차도 이 세상에서 죄에 대한 심판을 피할 수 없다는 것이다. 그렇다면 **악인과 죄인은** 더더욱 처벌을 각오할 수밖에 없을 것이다. "바꾸어 말해, 누구도 죄를 짓고 무사할 수 없다는 것이다. 모세나 다윗 같은 사람도 무사하지 못했는데 하물며 고질적인 반역자는 더더욱 그러하지 않겠느냐는 것이다"(참고. 렘 25:29; 겔 18:24; Kidner, *Proverbs*, 95).

12:1. 이 잠언은 우리 모두가 실수들을 저지른다고 가정한다. 그렇다면 그 실수들을 어떻게 처리할 것인가? 겸손해서 **훈계**와 징계를 달게 받는 사람은 자신의 지혜를 드러내고, 교만해서 그러한 **책망받기를 싫어하는 사람은 짐승같이 우둔하다**(새번역).

12:2-3. 지혜에는 도덕적인 면이 있어 지혜로운 자는 바른 것을 택할 줄 안다. 그는 재판관이신 **여호와께서 선인**에게는 **은총**을 내리시고, **악을 꾀하는 자**는 **정죄하**신다는 것을 잘 안다. 뿐만 아니라 공의가 악보다 더 안정적이고 안전하다는 것도 잘 안다.

12:4. 이 잠언은 미혼 남자에게 주는 바람직한 조언이다. 말하자면 **어진 여인**, 좀 더 문자적으로 말하면 '현숙한(*chayil*, 하일) 여인', 하나님을 경외하는 여인을 아내로 얻으라는 것이다. 31:10-31에서 더 자세히 서술하는 그녀의 실제 예는 룻이다. 룻도 현숙한 여인이라 불렸다(룻 3:11). 이처럼 고결한 여인은 그 남편에게 귀중한 **면류관** 같아서 그에게 영예를 안겨주지만, 남편에게 **욕을 끼치는 여인**은 정반대이다. 그녀는 암 덩어리처럼 **남편의 뼛속을 썩게 한다**(새번역). "그녀는 불성실하고(2:17) 다투기 좋아하며(19:13; 21:9, 19) 불경스럽고 무능해서(참고. 31:10-31) 남편의 명성을 훼손한다"(Waltke, *Book of Proverbs 1-15*, 522). 남편은 다른 이들 앞에서 그녀를 자랑하기는커녕 그녀 때문에 남몰래 *끙끙* 앓는다(Fox, *Proverbs 10-31*, 548).

12:5-6. 의인은 의도(**생각**)가 **정직하**다. 남을 **속이**는 **악인**의 조언에는 이기적인 의도가 도사리고 있다. 6절은 그들 각각의 조언이 초래하는 결과에 대해 말하면서 악인이 목적하는 것(다른 이들을 해쳐서 출세를 도모하는 것)과 정직한 자가 목적하는 것(공동체를 섬기고 튼튼하게 하는 것)의 차이를 뚜렷하게 드러내는 듯하다. **악인**의 속이는 **말**은 피에 물든 매복과 같아서 그 말을 마음에 두는 자들을 멸망시키는 반면, **정직한** 자의 말은 귀담아듣는 이들을 **구원**한다. 하지만 이 잠

언의 어법은 명료하지 않다. 어찌 보면 그들 각각의 말이 스스로에게 초래하는 결과, 곧 자기 파괴나 자기 보전에 관해 말하는 것 같기도 하다. 전자가 더 그럴 듯해 보이지만 명료하지 않음은 전자와 후자를 아울러 말하려는 의도 같기도 하다.

12:7. 이 잠언은 다시 **악인**의 불안정성과 **의인**의 안정성을 비교한다(참고. 10:25; 12:3). 전자는 직접적으로든 간접적으로든 하나님이 치셔서 **엎드러져** 멸망한다. 후자의 안정성은 그 **집**[거처 혹은 자손의 가계 혹은 둘 다. 14:11의 주석을 보라]에까지 미친다.

12:8-9. 지혜는 주목할 만하다. 통찰력, 즉 "어떤 상황이나 환경의 진짜 속성을 알고 적절히 대처하는 능력"(Longman, *Proverbs*, 273)을 갖춘 **사람은** 그 모습을 주목하는 이들의 **칭찬을 받**는데, 거기에는 그만한 이유가 있다. 반면에 **마음이 굽은 자**는 명료하게 생각하고 적절히 대처하는 능력이 없어서 다른 이들에게서 멸시를 받는다. 그러나 사회적 평판에는 한계가 있다(9절). 9절은 "이것이 저것보다 더 낫다"며 우선순위를 매기는 잠언이다. 평판보다 더 중요한 것이 있다는 것이다. 요컨대 동료들 사이에서 인상적인 평판을 받지 못해도 음식이 있음이 거만하게 자기과시에 몰두하면서 음식이 없음보다 더 낫다는 것이다. 고대 이스라엘에서 **종**을 부리는 사람은 꼭 부자는 아니었어도 먹고살 만은 했다(참고. Waltke, *Book of Proverbs 1-15*, 525-526). 그는 사회에서 **비천히 여김을 받을지라도** 스스로 높은 척하면서, 즉 "위인인 척하려고"(ESV) 애쓰면서 굶주리는 극빈자보다 낫다.

12:10. 이 잠언은 **의인**과 **악인**의 감성을 비교한다. 의인은 다른 이들의 필요를 살피는 성향이 있어 자신이 기르는 **가축**의 필요도 헤아리고 돌본다. 반면에 자기도취에 빠진 악인은 자비를 베푸는 순간에도 인색하고 **잔인**하기 그지없다. 의인은 아무리 천한 사람에게도 자비를 베푸는 반면, 악인은 기껏해야 잔인할 뿐이다.

12:11. 몽상가들은 조심하라! "쓸데없는 일로는 찬장을 채우지 못한다"(Kidner, *Proverbs*, 96). 열심히 일하며 풍요를 추구하는 사람, 곧 **자기의 토지를 경작하는 자는 먹을 것이 많**지만, **헛된 것을 꿈꾸는 사람은 지각이 없다**(새번역). 헛된 것을 추구하거나 공상만 해서는 식탁 위에 빵을 올릴 수 없다.

12:12. 이 잠언에는 본문상의 난점과 해석상의 난점이 몇 개 있다. 따라서 해석도 몇 가지가 있을 수 있다. 하지만 대체로 말해, 이 잠언은 악인과 의인을 그들이 생산하는 것과 관련하여, 혹은 그들의 안정성과 연결지어 비교하고 있는 것 같다(Waltke, *Book of Proverbs 1-15*, 529). '노획물'(개역개정은 '불의의 이익'—옮긴이 주)이라는 명사는 '그물'(KJV)로 읽거나 '덫'으로 읽는 편이 더 낫다. 하지만 두 번역어 노획물과 그물은 서로 관련이 있다(노획물은 덫으로 잡은 것이다). 이 잠언이 악인과 의인이 생산하는 것에 초점을 맞추고 있다면, 악인은 다른 이들에게 폭력을 행사하여 무언가를 축적하는 것이 되고, **의인**은 주님이 주시는 풍성한 생명을 얻는 것이 된다. 안정성이 요점이라면, 악인은 자신에게 치명적인 함정을 추구하는 셈이 되고, 의인은 자신의 건강한 **뿌리로 말미암아** 열매를 맺는 것이 된다. 흥미롭게도 말과 관련된 다음의 두 잠언이 이 두 견해를 이어받는다.

12:13-14. **악인**은 불쾌한 말(**입술의 허물**)로 **환난**을 초래한다. 그런데 누구에게 초래하는가? 히브리 원문은 NASB보다 모호하다. 아마도 악인은 숙맥을 함정에 빠뜨리지만, 의인은 그 함정에서 **벗어**난다는 뜻일 것이다. 아니면 NASB가 암시하듯 악인은 불쾌한 말(중상이든, 험담이든, 거짓말이든 간에)로 환난을 자초하는 반면, 의인은 자신의 말로 그러한 **환난**에서 자신을 지킨다는 뜻일 것이다. 후자가 더 그럴듯하다. 특히 14절에서 제시한 보응 원리와 관련하여 그렇다. 말이든 행동이든 뿌린 대로 거두는 법이다. 이 원리는 특히 의인에게 적용된다. 의인은 자신의 말과 행동으로 맺은 선한 **열매**에 만족한다.

12:15. **미련한 자**는 자신만만해한다. 그는 자신이 하는 일(자신의 **행위**)은 무엇이든 **바르**다고 확신한다. 이미 모든 것에 통달했는데 다른 이의 조언이 필요하겠는가? **지혜로운 자**는 자신이 모든 것에 통달하지 못했음을 알기에 가르침을 잘 듣고, 다른 이들에게 지혜로운 권고를 구하고 그것을 마음에 새긴다.

12:16. 미련한 자는 거만하고 자제심이 모자라 **분노를 당장** 표출하는 반면, **슬기로운 자**는 자제심을 보이며 **수욕을 참**고 모욕을 너그럽게 보아 넘긴다(참고. 10:12; 17:9; 19:11).

12:17. 진실한 증인은 **진리를 말하고, 거짓 증인**은 속이는 말을 한다는 진술은 판에 박힌 말처럼 들린다. 하지만 요점은 훨씬 심원하다. 말하자면 한 사람의 말은 그의 성격을 반영하고, 다른 이들에게 영향을 미친다는 것이다. 법적인 무대에서는 정직한 성격의 지혜로운 자가 특히 중요하다. 정의에는 믿음직한 증인들이 필요한데, 거짓 증인들이 그것을 뒤엎기 때문이다.

12:18. (시 106:33에 언급된 모세의 말처럼) 경솔한 말은 **칼로 찌름같이** 다른 이들에게 해로운 반면, 마음을 달래며 하는 **지혜로운 사람의 말은 아픈 곳을 낫게** 한다(새번역). **지혜로운 자**는 중재자여서 화해를 주선할지언정 갈등을 부추기지 않는다.

12:19. 진실은 인내하며 안전한 토대를 제공하는 까닭에 **영원히 보존**된다. 거짓말은 언젠가는 탄로나고, 그것으로 얻은 소득은 일시적이어서 **잠시 동안만 있을 뿐이다**. 이 잠언은 각각의 행위에 관계하는 이들의 운명에 관해 말하면서 지혜로운 자/의인의 안정성과 어리석은 자/악인의 불안정성을 주제로 되풀이하는 듯하다.

12:20. 이 잠언의 두 행은 **악을 꾀하는 자**와 **화평을 의논하는 자**를 대조한다. 악을 도모하는 자의 마음은 기만적이다. 그는 공동체 안에서 다툼을 조장하다가 결국에는 자기마저 불행하게 한다(그가 도모하는 악이 부메랑이 되어 그에게로 돌아가기 때문이다; Waltke, *Book of Proverbs 1-15*, 538). 반면에 **화평**을 의논하는 자의 마음은 정직하다. 그는 공동체 안에서 화합을 증진하고, 그 결과 **희락**이라는 만족감을 경험한다.

12:21. 이 잠언은 다음과 같은 보응의 진술일 수 있다. 이를테면 하나님은 **의인**을 모든 **해**[harm, 새번역, 심판 때 악인을 괴롭게 하는 것과 같은 재앙]로부터 지켜주시지만, **악인**은 많은 어려움(심판 때의 처벌)을 겪게 된다는 것이다. 그렇다면 이 보응은 일반적인 원리이지 욥의 친구들이 잘못 해석했듯 철석같은 계약은 아닐 것이다. 하지만 이 잠언은 그보다 더 특수한 원리로서 앞의 잠언과 밀접한 관련이 있는 것 같다. **해**라는 용어(*'awen*, 아웬)는 "언제나 악이나(예를 들어 6:12; 10:29; 17:4) 그 결과와 관련이 있다"(예를 들어 22:8; 욥 21:19; 시 41:7; Fox, *Proverbs 10-31*, 557). 여기에서는 악을 꾀하는 행동의 결과와 관련이 있는 것 같다. 그렇다면 악을 떠난 의인은 악인에게 돌아가는 것과 같은 해를 입지 않을 것이다.

12:22. 이 잠언은 정직해야 하는 이유를 제시한다. **여호와**께서는 거짓말쟁이와 그의 **거짓**말을 유감스러워하시지만 정직하게 행하는 자는 **기뻐**하신다(참고. 17절).

12:23. **슬기로운 자**는 자신을 과시하지 않는다. 그는 말을 삼가서 하는 까닭에 자기 **지식**을 자랑하지 않고 준비해두고 있다가 알맞은 때에 이용한다. 반면에 **미련한 자**는 그러한 조심성이 없다. 그는 경솔히 말하는 까닭에 자신의 **미련한 것을 전파하고**, 그리하여 본성(**마음**)을 드러내고 만다.

12:24. 부지런함은 보람 있는 일이다. **부지런한 자**는 수고함으로 권위와 자립을 이루어 사람을 **다스리**게 된다. 그러나 게으른 자는 **부림을 받**는다. 고대 이스라엘에서 노역은 일종의 세금이었다(예를 들어 왕상 5:13). 특정 지역의 지도자들은 자신에게 할당된 노무자 수를 채우기 위해 생산에 종사할 최소의 일꾼을 선발했던 것 같다(Fox, *Proverbs 10-31*, 558). 어쨌든 게으른 자는 일을 회피하려 하지만 가장 천하고 고되기 이를 데 없는 일을 하지 않으면 안 되었다. 그래서 "부지런한 자는 정상에 오르고, 게으른 자는 바닥으로 떨어진다"[Allen Ross, *Proverbs*, EBC 5 (Grand Rapids, MI: Zondervan, 1991), 973].

12:25. 격려하는 말은 힘이 있어 **마음**[사람의 중심]을 **번뇌하게** 하는 **근심**의 즐거운 해독제가 된다. 격려하는 **선한 말**은 더 멀리 내다볼 수 있게 해줄 뿐만 아니라(Longman, *Proverbs*, 279) 근심의 원인을 직시할 수 있도록 힘을 북돋워주는(Kidner, *Proverbs*, 99) 등 상황에 따라 다양한 형식을 취한다.

12:26. 이 잠언은, 특히 첫째 행의 번역과 해석을 놓고 의견이 분분하다. NIV는 다음과 같이 의역하는 방법을 취한다. "의인은 우정을 신중히 맺는다." NASB는 다른 방법을 제시하여 '의인은 그 이웃의 인도자가 된다'고 읽는다. 둘 다 가능하지만 NASB가 둘째 행과 더 잘 어울리므로 더 나은 독법이라 하겠다. 그렇다면 **의인**과 **악인**은 방향감각이 크게 다른 것이다. 의인은 바른길을 잘 알고 있어서 다른 이들을 인도할 수 있지만, 악인은 바른길을 모르고 헤매다가 자멸에 이르고 만다.

12:27. 이 잠언은 게으른 자와 부지런한 자를 대조하면서(참고. 24절) 해석상의 난제를 제기한다(참고.

26절). 첫째 행에서 떠오르는 이미지는, **게으른 자**는 너무나 나태하여 사냥한 것도 요리하지 않거나 잡을 것도 사냥하지 않는다는 것이다. 동사 '굽다'(NASB)는 '잡다'로 읽을 수도 있다. 따라서 이 잠언은 먹을 것을 요리하거나 사냥하는 것과 관계있다고 할 수 있다. 어쨌거나 어느 쪽이든 게으른 자는 먹을 것이 없게 된다. 둘째 행의 히브리 원문은 문법이 난해하지만, ESV가 특히 첫째 행과 대비하여 그 의미를 가장 잘 포착하고 있다. "부지런한 자는 귀한 재물을 얻게 될 것이다." 그러므로 이 잠언은 게으른 자의 굶주림과 부지런한 자의 부유함을 대조한 것이라고 할 수 있다.

12:28. 첫째 행의 의미는 충분히 분명하다. 그 행은 잠언의 첫 번째 구간에 등장하는 주요 주제를 되풀이한다. **공의로운** 길은 **생명**의 길이라는 것이다(참고. 3:1-20; 4:10-19). 둘째 행의 히브리 원문은 해석하기 어렵다. 그 원문을 **사망이 없다**로 이해하느냐, 아니면 '사망에 이른다'로 이해하느냐에 달린 것 같다. 후자의 의미로 이해하면, 그 행은 또 하나의 대조를 제시하며 이렇게 읽을 수 있다. "그러나 또 하나의 길은 사망에 이른다"(HCSB). 하지만 NASB가 더한 느낌의 해석을 제시하는 것 같다. **그 길에는 사망이 없느니라**. 그렇다면 이 잠언이 암시하는 바는, 공의로운 길은 불멸을 포함한다는 것이다. 그야말로 강력한 동기부여가 아닐 수 없다!

13:1-3. 지혜롭게 귀담아듣고 지혜롭게 말하는 것이 중요하다. **지혜로운 아들**은 미련한 고집불통, 곧 **거만한 자**와 다르다. 지혜로운 아들은 가르침을 잘 듣고, 아버지의 징계를 받아들인다. 구제 불능의 거만한 자는 자신의 미련함에 함몰되어 그러한 징계를 비웃는다. 2절은 일부러 모호하게 말하는 것 같다. 첫째 행의 주어가 막연한 것은[**사람**(그가 아니라 막연한 한 사람)은 **입의 열매로 인하여 복록을 누리거니와**] 이 잠언이 1절에 나오는 듣기에서 3절에 나오는 말하기로 이행되는 지점에 있으면서 듣기와 말하기를 모두 다루고 있기 때문이다(Waltke, *Book of Proverbs 1-15*, 552-553). 지혜로운 자는 지혜로운 말을 하고, 지혜로운 말은 그 자신과, (1절에 등장하는 지혜로운 아들처럼) 그의 말을 마음에 새기는 이들을 위해 **복록**[**열매**를 의미한다]을 맺는다. 반면에 (1절에 등장하는 거만한 자처럼) **마음이 궤사한 자**는 **강포**를 좋아하는 까닭에, 그의 말로 다른 이들을 해치려고 하며, 그러다가 급기야 자신까지 해치고 만다. 이 때문에 지혜로운 자는 말을 삼가는 반면, 미련한 자는 말이 많다(3절). 말의 문제는 사실 생사가 걸린 문제이다. 경솔한 "약속과 주장, 폭로"와 같은 무분별한 말은 "재정적, 사회적, 육체적, 영적" 멸망을 초래하기 때문이다(Kidner, *Proverbs*, 101).

13:4. 이 절은 또 한 번 게으름과 부지런함을 대조하고 있다(참고. 12:24, 27). **게으른 자가 원하**는 것은 소원에 그칠 뿐 결코 이루어지지 않는다. 너무 게을러서 그것을 성취하지 못하기 때문이다. 그러나 **부지런한 자**는 자신의 '소원'(NASB의 **마음**보다 나은 독법)이 성취되도록 할(**풍족함을 얻**게 될) 것이다. 고된 수고는 보람을 가져온다(참고. 13:25).

13:5. **의인은 거짓말을 미워**한다. 이는 적어도 그가 수치를 당하지 않고 정직함으로 존경까지 받게 될 것임을 암시한다. 반면에 악인은 진실을 고수하지 않는 까닭에 수치를 당하게 될 것이다. 그는 **행위가 흉악하여**[악취를 풍겨] 부끄러움을 당한다. 예컨대 약속을 지킬 줄 모르는 자를 떠올려보라.

13:6. 여기에서는 **공의**와 **악**을 인간의 속성으로 제시한다. 의인화된 공의는 **행실이 정직한 자**를 보호하는 반면, 의인화된 악은 **죄인**을 자멸로 이끈다. 지각이 있는 사람이라면 어느 쪽이 인생길에서 더 나은 동반자인지 알 것이다.

13:7-8. 진짜 부자가 반드시 눈에 잘 띄는 것은 아니다. 때로는 정말 가난한 자가 **부한 체하**고, 아주 부유한 자가 **가난한 체하**기도 한다. 여기에 쓰인 동사들은 모호하다. 둘 다 자신의 정체를 속이고 있는지 모른다. 역설적으로 말해, 그들은 실제로 재정상으로 부자(혹은 가난한 자)이면서도 가난을 더 중시한다(혹은 부를 더 중시한다, 참고. 눅 12:21; 고후 6:10). 적어도 이 잠언은 그들의 겉모습이 기만적일 수 있음을 보여준다. 8절은 그 점을 되풀이한다. 흔히들 부자가 안전을 더 많이 누린다고 생각하겠지만 꼭 그런 것은 아니다. '비난'(rebuke)라는 단어는 아마도 **협박**의 의미를 함축하고 있는 듯하다(개역개정은 '협박'이라고 표기하고 있다 — 옮긴이 주). 부자는 유괴범이나 등치는 자에게

몸값으로 지불할 재산을 가지고 있는 반면, 가난한 자는 애초에 그런 위협을 받을 일이 없다는 것이다. 재산이 없으니 "표적이 될 일 거의 없다"(Kidner, *Proverbs*, 102).

13:9. **빛**과 **등불**은 생명 내지 삶의 질을 가리키는 은유이다(참고. 욥 18:5-6; 21:17; 잠 24:20). **의인의 빛은 환하게 빛난다**. 동사 이스마흐(*yismach*)는 '기뻐하다'를 의미하지만, 여기에서는 '밝게 빛나다'를 뜻하는 것 같다(Koehler et al., *HALOT*, 1335). 그렇지만 둘은 서로 연결되어 있다. 의인은 생명을 얻고 기뻐한다. 한편 악인의 전망은 어두워서 꺼지는 **등불**이다. 그런 이유로 악인은 재앙과 죽음에 직면한다.

13:10. **교만**이 있는 곳에는 항상 **다툼**이 일어난다. 교만은 불화를 재촉한다. 지혜로운 자들은 마음이 겸손해서 먼저 귀여겨듣고 선한 **권면**을 기꺼이 받아들여 다툼을 면한다. 키드너는 다툼은 견해 차이가 아니라 "경쟁하며 굽히지 않는 개성들의 충돌"이라고 말한다(Kidner, *Proverbs*, 102).

13:11-12. 인내는 미덕이다. 부를 축적하는 일에서 인내의 장점이 드러난다(11절). 때때로 게으른 자가 부를 창출하기도 하지만 그것은 오래가지 못한다. '사기 행위로 얻은 재물'로 읽는 NASB의 독법은 지나치게 구체적이다. '불건전한 수단으로 얻은 재물'이나 '쉽게 얻은 재산'(새번역)으로 읽는 편이 더 낫다(Waltke, *Book of Proverbs 1-15*, 561). 도박처럼 일확천금의 꿈으로 얻은 것, 부정행위로 약탈한 것도 그런 재물에 속한다. 그런 재물은 **줄어**든다. 노동으로(문자적으로 **손으로**) **모으는 자**가 열심히 끈기 있게 일하는 자이다. 미련한 자의 '쉽게 얻은 것은 쉽게 잃지만', 지혜로운 자의 재물은 점점 더 **늘어**난다. 인내는 보다 더 넓은 의미에서도 유익하다(12절). 소망하고 기대하는 것이 이루어지지 않으면 **마음이 상하**지만, 즉 낙심하고 좌절하며 풀이 죽지만, 소망하고 기대하는 것이 **이루어지**면 영혼이 **생명나무** 같은 유쾌한 활력을 얻는다. 이 일반적인 전망은 (끝까지 낙담하지 않는) 의롭고 지혜로운 자에게 인내를 권하고, 악하고 미련한 자에게는 그의 소망이 성취되지 않을 것이라고 경고한다.

13:13-15. 지혜로운 자는 가르침을 잘 듣기만 할 뿐 아니라 순종도 잘한다(13절). 가르침은 **말씀**과 **계명**으로 언급되는데, 일반적으로는 하나님의 말씀과 관계있고, 특별하게는 지혜의 가르침과 관계있다(Longman, *Proverbs*, 287-288). 가르침을 **두려워하는** 것은 가르침을 존중하여 거기에 순종하는 것이지 **멸시하**고 무시하는 것이 아니다. 가르침을 **멸시하는 자**는 심판 때에 "그 대가를 치르게 될 것이다"(이것은 NASB가 문자적으로 읽은 "빚을 지게 될 것이다"를 NIV가 유용하게 의역한 것이다). 반면에 가르침을 **두려워하는 자**는 상을 받게 될 것이다. 14절이 그 이유를 설명한다. **지혜 있는 자의 교훈**은 솟구치는 샘처럼 생명과 활력을 준다. 그 교훈은 귀여겨듣는 이들로 하여금 악하고 미련한 자가 설치한 **사망의 그물**에서 벗어나게 해준다. 15절은 앞 절과 문맥이 같다. 양식이 있는 사람은 하나님의 **은혜**와 사람의 호의를 입지만, **사악한 자의 길** 내지 불성실한 자의 길은 자멸로 끝난다. 둘째 행에서 NASB가 **험하니라**로 읽은 것은 타당하다고 보기 어려우므로 70인역을 따라 '멸망한다'로 읽는 것이 가장 좋겠다.

13:16. 예수님은 좋은 나무와 나쁜 나무는 그 열매로 안다고 하셨다(참고. 마 7:20). 지혜로운 자와 미련한 자에게도 동일한 말씀을 적용할 수 있다. **슬기로운 자**는 자기과시를 하지 않지만(참고. 12:23) 행동 방식을 보면 그의 지식이 분명히 드러난다. 마찬가지로 미련한 자도 반드시 그의 미련함이 언행에 나타난다. 이와 같이 "한 사람의 행위에는" 그의 성격이 "전부 기록되어 있다"(Kidner, *Proverbs*, 104).

13:17. 고대 세계에서 사신은 정부와 무역, 개인 관계에서 매우 중요한 역할을 했다. 그런 까닭에 많은 것이 믿음직하고 **충성된** 사신에게 달려 있었다. 악한 사신은 자기 임무를 완수하려고 애쓰는 중에 또는 임무를 그르친 후에 **재앙**/고통에 처한다. 그는 믿음직하지 못하여 전언을 왜곡하거나 전하려고 애쓰지 않는 까닭에, 자기는 물론이고 자기를 고용한 이들에게까지 해를 끼친다. 반면에 **충성된 사신은 양약이** 된다. 그는 임무를 잘 수행하여 공동체와 자신의 안녕을 증진시킨다.

13:18. 훈계(징계)를 잘 받아들일 만큼 충분히 훈련된 이들에게는 엄청난 이점이 있다(참고. 12:1; 13:1). 그들에게는 부귀와 영화가 따르는 반면(참고. 3:16의 주석), 바로잡는 충고를 무시하는 미련한 자들에게는 **궁핍**과 **수욕**이 따른다.

13:19. 이 잠언은 의인의 **소원**과 **미련한 자**의 악한 소원을 대조하는 것 같다. 의인의 소원은 반드시 **성취**되어 그에게 **달**지만, 미련한 자의 소원은 의로운 자가 느끼는 기쁨을 경험하지 못하게 막는다. 그러나 첫째 행은 일반 원칙처럼 여겨진다. 이를테면 본질이 어떠하든 간에 정당한 **소원을 성취하**는 것이 기쁨이라는 뜻이다. 그렇지만 **미련한 자**는 **악**이 실현되는 데서 기쁨을 얻는다. 요점은 한 사람의 소원이 그의 성격을 드러낸다는 것이다.

13:20. 사람은 친구들이 만든다. **지혜로운 자**와 함께 시간을 보내는 이는 지혜롭게 될 것이다. **미련한 자**와 어울리면 그 결과 역시 예측이 가능하다. 스스로 미련한 자가 되는 사람은 미련한 자들에게 마땅히 돌아갈 **해를 받**게 될 것이다. 이 잠언은 어떤 친구를 선택하는가를 보면 그의 성격도 알 수 있음을 보여준다.

13:21-22. 이어지는 두 잠언은 죄인과 의인에게 돌아갈 보응에 대해 말한다. 첫 번째 잠언은 악(**재앙**)과 선(번영, 개역개정은 **선한 보응**)을 의인화한다. "이 의인화 속에서, 죄인이 다른 이들에게 가하는 악은 도리어 그 죄인을 멸망시키고, 의인이 다른 이들에게 베푸는 선은 당연히 그 의인에게 상을 준다"(Waltke, *Book of Proverbs 1-15*, 572). 이렇게 **재앙**은 무자비한 추적자처럼 **죄인을 따르고** 반드시 그를 찾아낸다. 둘째 행에서는 NASB와 달리 '번영'이 주어인 것 같고, 동사('상으로 주어질 것이다')는 수동태가 아니라 능동태로 쓰인 것 같다. 말하자면 번영이 **의인**에게 상을 준다는 것이다. 이어지는 잠언은 자자손손 이어지는 그 번영의 힘에 대해 이야기한다(22절). **선인**은 복을 계속 누리다가 그것을 후손들에게 **유산**(새번역)으로 물려준다. 반면에 죄인이 **쌓**은 **재물**은 잠시 그의 차지가 되었다가 결국에는 의인에게 넘어가고 만다.

13:23. 사람들이 항상 게으름이나 미련함 때문에 가난하게 되는 것은 아니다. 때로는 **불의**에 희생당해 가난하게 되기도 한다. 대개는 밭을 부지런히 경작하면 **양식**을 많이 거둘 수 있지만, 그 땅에 **불의**가 도사리고 있으면 아무리 열심히 경작해도 가난을 면하기가 어렵다. 부자와 힘 있는 자가 그 땅의 소산을 빼앗아 경작자를 빈곤하게 하기 때문이다.

13:24. 자녀를 사랑하는 부모는 자녀를 훈계하게 마련이다. 자녀의 마음속에 미련함이 얽혀 있고(22:15) 그 정도가 심한데도, 부모가 **매**를 자제하면(**아끼**면) **자식**을 망치는 것은 물론이고 죽음으로 떠밀게 된다(23:14; 19:18). 이것은 자녀를 미워하는 것이나 다름없다. 자녀를 사랑한다면 부지런히 징계하고, 자녀의 마음속에 도사린 미련함을 뿌리째 뽑아야 한다. 때때로 "미련함을 제거하기 위해서는 말보다 더한 것이 필요하다"(Kidner, *Proverbs*, 51). **매**는 여러 종류의 훈계를 가리키는 환유인 것 같지만, 확실히 체벌도 포함하고 강조한다. 이 본문은 자녀의 육체적 학대를 지지하지 않고, 체벌 포기도 지지하지 않는다. 양극단은 사랑이 아니다. 둘 다 자녀에게 가장 좋은 것을 구하고 있지 않기 때문이다(19:18-19; 20:30; 22:15; 23:13-14을 보고 그 구절들의 주석을 보라).

13:25. 이 잠언은 공의를 풍성함과 연결하고, 악을 결핍과 연결한다. 10:3에서처럼 여기에서도 하나님의 보응 원리가 바탕에 깔려 있다. 하나님은 **의인**에게는 그가 **포식**할 만큼 충분히 주시지만, 악인은 허기를 채우지 못하고 굶주린다. 이것은 문자 그대로 적용되지만 심리적, 영적으로도 적용된다. 예수님도 이와 비슷한 생각을 밝히셨다(마 6:25-34, 특히 33절).

14:1. 남자는 아내를 신중히 고르는 것이 중요하다. 아내가 그의 삶에 직접적인 영향을 미칠 뿐만 아니라(참고. 12:4) 그의 집안 전체의 미래도 직접 결정하기 때문이다. **지혜로운 여인**은 가정의 행복을 다양한 방법으로 키우고(참고. 31:10-31) **자기 집을 세**운다. 미련한 여인은 갖가지 방법으로 집을 헐면서 미련함, 즉 교만, 어리석은 말, 성마름, 자제심 부족, 불성실을 드러낸다(Waltke, *Book of Proverbs 1-15*, 584). 이 각각의 잠재적 아내는 지혜 여인 혹은 어리석은 여인을 상기시킨다(참고. 9장).

14:2. 사람의 행보는 경배에 관한 문제이다. 주님을 경외함과 지혜와 윤리는 서로 연결되어 있다(참고. 1:7; 9:10). 생활방식이 정직한(윤리적 경계를 지키는) 사람은 자신이 **여호와를 경외하**고 있음을 드러내고, 생활방식이 패역한 자는 자신이 **여호와를 경멸하**고 있음을 드러내게 마련이다.

14:3. 첫째 행은 모호하다. NASB와 여타의 번역들은 히브리 원문을 수정하여 **등에 매를 맞고**(공동번역)

라고 읽는다. 그러나 히브리 원문은 "교만의 매를 맞는다"로 읽는다. 굳이 수정할 이유가 없을 것 같다. 그 이미지는 미련한 자의 말이 교만에서 움튼 싹(참고. 사 11:1)과 같음을 암시하고, 비유의 관점에서 **매**는 벌이라는 의미를 내포하기 때문이다. 따라서 미련한 자의 말은 그의 교만을 드러낼 뿐만 아니라 그가 받을 처벌, 곧 지혜로운 자가 면하는 운명도 초래한다. 반면에 **지혜로운 자**의 말은 고통으로부터 그를 **보전**해 준다.

14:4. 생산성을 올리려면 투자가 필요하다. 이 잠언은 농업을 예로 든다. 곡물을 증산하려면 소가 필요한데, 그러자면 소에 여물도 주고 청소도 해야 한다. 소가 없으면 투자할 필요도 없고 구유는 텅 비고 **깨끗**할 것이다. 그러나 **소의 힘으로 얻는 것**을 원한다면 소를 소유하는 데 드는 노동과 자원을 들여야 한다.

14:5-6. 사람의 성격은 그에게서 나오는 것에 차이를 만든다(5절). 정직한 사람은 거짓말을 하지 않고, 정직하지 않은 자는 **거짓말을 뱉**는다. 더 낫게 표현하자면 "거짓말을 내뿜는다"(ESV, 참고. 12:17). 게다가 사람의 성격은 그의 안으로 들어가는 것에도 영향을 미친다. **거만한 자**는 말로는 **지혜**를 **구**한다고 하지만 너무나 교만하고 완고해서 **지혜**를 마음에 새기지 않는다. 그러나 **명철한 사람은 쉽게** [지혜로운] **지식을** [더 많이] **얻는다**(새번역).

14:7. 이 잠언은 지혜로워지고자 하는 자들에게 **미련한 자의 앞을 떠나라**고 권고한다. 미련한 자의 동료는 그에게서 **지식**의 말을 결코 얻지 못할 것이다. 미련한 자의 어리석음이 동료에게 전염될 수 있다(참고. 13:20; 고전 15:33).

14:8. 자기 인식이 매우 중요하다. **슬기로운 자의 지혜**는 그에게 통찰력을 주어 자신의 인생길을 볼 수 있게 해준다. 그는 자기가 무엇을 하고 있는지, 어디로 가야 하는지, 그 결과 무슨 복을 받는지 잘 안다. 반면에 **미련한 자의 어리석음**은 자기 자신마저 속여 자신이 얼마나 미련한지 알지 못하게 하고, 그의 앞길에서 기다리는 것이 재앙이라는 점도 알지 못하게 한다.

14:9. 여기에 등장하는 **죄**라는 단어는 '죄책감' 내지 '속건제'로 읽는 것이 더 좋다. 어떤 학자들은 '죄책감'이 주어라고 주장하지만(예를 들어 죄책감은 미련한 자를 우습게 여긴다) 목적어일 가능성이 더 크다 (NASB가 이렇게 읽는다). **미련한 자**는 죄책감을 우습게 여기는 까닭에 배상은커녕 하나님과 사람 앞에서 죄책감을 갖는 것에 전혀 관심이 없다. 정직한 자는 분명 그렇지 않으며, 따라서 하나님과 정직한 자들 **중에서 영접**(**은혜**)을 받는다.

14:10-13. 이 네 개의 잠언 각각은, 겉모습은 기만적일 수 있다는 생각과 관련이 있다.

14:10. 다른 사람의 내적 경험을 실제로 아는 이는 없다. **고통**에서 **즐거움**에 이르기까지 한 사람의 감정 전체는 다른 사람과 온전히 공유할 수 있는 것이 아니다. 우리가 서로를 대하는 방식은, 그 사이가 아무리 가까워도 저마다 다른 사람에게 어느 정도는 **타인**이라는 인식을 반영하지 않으면 안 된다. 오직 주님만이 인간의 마음, 즉 개개인의 특질과 복잡성을 충분히 아신다 (15:11).

14:11. 이 잠언은 **악한 자**와 의인의 운명을 역설적으로 비교한다. 악인의 **집**이 **정직한 자의 장막**보다 더 오래가고 번창하는 것처럼 보여도 전자는 **망하**는 반면, 후자는 오래가는 것은 물론이고 **흥하**기까지 한다. 여기에 등장하는 집이나 장막은 사람에게 속한 모든 것, 곧 그의 생명, 가족, 소유물과 같은 말이다.

14:12. 사람은 특정한 길을 '바른'('야샤르') 길로 판단하기 쉽다. 이 용어는 또한 '곧은' 내지 '평탄한'을 의미할 수 있기 때문에, 일부러 모호함을 취하면서 윤리적으로 그리고/또는 분별력 있게 보이는 **길**을 가리키는 것 같다. 말하자면, 사람이 선택하는 길이 가장 쉬운 길, 성공의 지름길, 도덕적으로 용인된 길처럼 보일 수 있다는 것이다. 하지만 그 길은 **필경은 사망**에 이르는 길이다. 어리석고 부도덕한 길이 어리석거나 부도덕하게 보이지 않을 수도 있기에, 지혜로운 자는 자신의 이해력에 기댈 것이 아니라 주님을 의지하고 그분의 통찰력과 지혜를 구해야 한다(참고. 3:5-6).

14:13. "겉으로 보이는 즐거움으로 마음의 슬픔을 숨기더라도, 그 슬픔은 결국 드러날 것이다"(Waltke, *Book of Proverbs 1-15*, 592). 영광과 행복의 이면에는 한계가 있고(13a절), 어떠한 경우에도 영원하지 않다(13b절). 사람을 진지하게 하는 이 잠언은 사람들의 웃음을 액면 그대로 받아들이지 말고 좀 더 영속적인 **즐거움**을 구하라고 지혜로운 자를 일깨운다(참고. 요

16:20-24; 17:13; 계 21:3-4).

14:14. 이 절은 **선한 사람과 마음이 굽은 자**, 곧 주님과 주님의 길을 배신한 자를 비교한다. 두 사람 모두 같은 결과를 맞이한다. 각자 **자기 행위로** 보응을 가득 받게 되리라는 것이다(둘째 행의 주동사는 첫째 행의 의미를 담고 있다). 이 잠언은 보응의 심판을 말하는 것 같다. 각각의 유형마다 자기가 뿌린 대로 거두게 될 것이다(참고. 갈 6:7). 혹은 각기 자기가 행한 대로 만족을 얻게 될 것이다. 배반의 경우, 그 만족은 근시안적이고 어리석으며 결국에는 치명적일 것이다[Peter A. Steveson, *A Commentary on Proverbs* (Greenville, SC: BJU Press, 2001), 189-190; Longman, *Proverbs*, 301].

14:15-17. 이어지는 세 잠언은 지혜로운 자는 주님 앞에서 조심한다는 생각을 여러 방식으로 강조한다.

14:15. **어수룩한 사람**(새번역)은 잘 속는다. 그는 무엇이든 액면 그대로 받아들이고, 사안을 심사숙고하지 않은 채 행동을 앞세우다가 급기야 고통에 처하고 만다. 이와 달리, **슬기로운 자**는 행동하기 전에 사안을 심사숙고하는 까닭에 그러한 고통을 면한다. 돌다리도 두드려보고 건너라!

14:16. NKJV가 이 잠언의 히브리 원문을 더 잘 파악하고 있다. "지혜로운 자는 두려워하여 악을 떠나나 어리석은 자는 방자하여 스스로를 믿느니라." **지혜로운 자**는 미련하고 악한 결정들이 초래할 결과를 **두려워하여** 삼가 악을 피한다. 반면에 **어리석은 자**는 자신만만하여 자신의 성질을 조금도 자제하지 않는다. 이 잠언에서 **지혜로운 자**는 주님을 두려워할 줄 알아서(참고. 1:7) 악을 **떠나**는 반면(참고. 3:7), **어리석은 자**는 주님께 화를 낸다. 실로 건방진 자만심이 아닐 수 없다!

14:17. **노하기를 속히 하는 자는** 성급하고 경솔해서 **어리석은 일을 행**한다. 그러나 이보다 더 심한 일이라 해도 그 정도는 아무것도 아니다. **훨씬** 악한 자, 일부러 악을 꾀하는 **자**가 있기 때문이다. 실제로 그는 성미 급한 사람보다 훨씬 침착하지만, 그것이 다 악한 목적을 이루기 위해서이다. 그러한 자는 그의 계교를 간파하는 다른 이들에게 **미움을 받고**, 그를 심판하실 주님께는 더더욱 **미움을 받**는다.

14:18-19. 지혜는 명망이 높다. 지혜는 영예를 가져다준다(즉, 지혜로운 자는 **지식으로 면류관을** 얻는다). **어수룩한 사람은 어수룩함을 유산으로 삼는다**(새번역). 그가 기대할 것은 어리석은 자의 몫인 수치뿐이니 대단한 유산이 아닐 수 없다! 반면에 **슬기로운 자의 지식**은 면류관과 같다. 그것은 그의 삶 속에서 명백히 드러날 뿐만 아니라 그에게 영예도 안겨준다. (공의로 나타난) 지혜는 승리도 안겨준다. **의인**은 악인을 다스리게 될 것이다(19절). **의인의 문**이란 의인이 악인에게 정의를 시행하는 곳, 즉 성문을 가리키는 것 같다(Fox, *Proverbs 10-31*, 580). 보편적인 선례가 그러하다(예를 들어, 요셉과 모르드개). 이 원칙은 타락한 우리 세계에서는 예외나 다름없지만 긴 안목으로 보면 분명 참이다(Longman, *Proverbs*, 303; 참고. 눅 16:19-31; 계 5:10; 20:4; 22:5).

14:20-21. 20절은 인생에 관한 일반적인 소견을 말한다. "빈자의 무리보다는 부자의 무리에 들려고 하는 것이 인간의 본성이다. 빈자들은 대체적으로 궁핍하며 보살핌을 받아야 하지만, 부자들은 다른 이들에게 이득이 될 재산을 가지고 있다"(Kidner, *Proverbs*, 303). 그렇다면 **가난한** 것을 유리하다고 할 수 없을 것이다. 부요하다고 해서 좋을 것도 없다. **부요한 자**는 "정작 필요할 때 도움이 되지 않는 친구들" 다수에게 둘러싸이고(Kidner, *Proverbs*, 109), 이 친구들은 그에게 달라붙어 뭔가를 뜯어낼 궁리만 하기 때문이다(참고. 전 5:11). 의인은 이러한 현실의 물결을 거스른다(잠 14:21). 그는 이웃, 특히 **빈곤한 자를 업신여기는 것이 죄**라는 것을 알기 때문에 그들에게 **은혜를 베푸는 사람**이다(새번역). 그는 "이웃을 은혜 받을 만한 자로 존중하여 적극적으로 받아들이고, 그에게 친절을 베푼다"(Waltke, *Book of Proverbs 1-15*, 599). 그러한 사람은 실로 **복이 있어서**(행복해서) 주님의 은혜를 누린다.

14:22. **선**을 도모하는 자와 **악**을 도모하는 자는 "각기 자신의 화폐로 보응을 받게" 될 것이다(Kidner, *Proverbs*, 110). 악을 꾀하는 자는 생명의 길에서 벗어나 자멸에 이르지만, **선을 도모하는 자**는 다른 이들과 주님의 **인자**['헤세드']와 성실(**진리**, '에메트')을 만나게 될 것이다.

14:23-24. 어리석음은 가치가 없다. 모든 수고는 유익하지만, 어리석은 자의 **말**은 쓸데없어 **궁핍을 이룰**

뿐이다(23절). 이는 게으른 자가 명심해야 할 말이다. 더욱이 지혜가 있으면 영예(**면류관**, 18절)와 **재물**(참고. 3:16)이 찾아오지만, **미련한 자**에게 유일하게 돌아올 상은 자신의 미련함뿐이다(24절).

14:25. 14:5의 잠언이 정직한 자와 그렇지 않은 자의 증언을 기술하고 있다면, 이 잠언은 생사가 걸린 문제, 즉 법률적인 맥락에서 사람들의 목숨이 오가는 문제를 이야기한다. 진실을 말하는 자는 **생명을 구원하**지만, 위증하는 자는 이기적 속임수로 생명을 위협한다.

14:26-27. 지혜로운 자는 **여호와를 경외**한다. 그리함으로써 어리석음과 악에서 보호를 받고, 자신의 영향력을 통해 가정도 지킨다(26절). 이와 같이 **여호와를 경외하는 것은 생명의 샘**과 같아서 그를 (그리고 그의 영향을 받는 사람들을) **사망**에서 구원한다(27절).

14:28. 지혜로운 **왕**은 **백성**의 이익을 증진시킨다. 부유하고 생기 넘치는 백성의 수가 불어날수록 왕의 광휘도 커진다. 그러나 백성이 쇠약해지거나 떠나도록 정책을 구사하는 왕은 멸망한다. "국민을 그리 대단하게 여기지 않는 왕은 그리 대단한 왕이 아니다"(Longman, *Proverbs*, 306). 지혜로운 지도자는 신하에게 이로운 정책이 자기에게도 이로움을 잘 안다.

14:29-30. 자제심은 돌아오는 유익이 막대하다. 인내하는 형태를 띤 자제심은 **명철을 크게** 늘려주는 반면, 조급증은 **어리석음**만 늘릴 뿐이다(29절). 인내는 신중하게 행동할 여지가 있는 자제심을 나타내고, 주님을 신뢰하는 데 의지하며, 주님 그분의 인내를 반영한다(Waltke, *Book of Proverbs 1-15*, 605-606). **평온한 마음**, 곧 심리적으로 안정된 형태를 띠는 자제심은 육신의 건강을 증진시킨다(30절). 격렬한 감정의 소유자(불타는 질투에 사로잡힌 자)는 말 그대로 자기 육신의 안녕을 해친다.

14:31. 가난은 이따금 어리석음과 악에서 비롯되기도 하지만 항상 그런 것은 아니며(참고. 13:23), **가난한 사람**을 학대하는 일은 어떠한 경우에도 정당화될 수 없다. 부유하든 가난하든 간에 모든 사람은 하나님의 형상을 지닌 존재로 지음 받았다. **가난한 사람을 학대하는** 자는 궁극적으로 하나님을 경멸하는 자요, 그들에게 **은혜를 베푸는**(새번역) 자는 **주를 공경하는 자**이다. 따라서 가난한 사람을 학대하는 자는 악할 뿐만 아니라 어리석어서 하나님의 질책을 받는다. 지혜로운 의인은 가난한 사람을 주님을 대하듯 품위 있게 관대한 사랑으로 대한다(참고. 마 25:31-46).

14:32. 이 잠언은 **악인**과 **의인**의 최후를 내다본다. 악인은 최후에 **엎드러져** 멸망하는 반면, **의인은 죽음이 닥쳐도**(새번역) 전혀 다른 경험을 하게 된다. 그는 주님께로 피한다. 의인은 죽을 때에도 주님을 의지한다. 자신이 멸망에 던져지지 않으리라는 것을 아는 까닭이다.

14:33. 이 난해한 잠언은 (70인역을 따라서) 둘째 행에 부정어 not을 추가할 것이냐 말 것이냐를 놓고 몇 개의 해석을 야기했다. 그러나 이 잠언은 **지혜**에 대한 두 가지 다른 반응으로 이해하는 편이 가장 좋을 것 같다(Waltke, *Book of Proverbs 1-15*, 610). NIV가 의미를 잘 포착하고 있다. "지혜는 명철한 자의 마음에 머물고, 미련한 자들 사이에서도 자신을 알린다." 의인화된 지혜는 자신을 모두에게(9:1-6), 심지어 **미련한 자**들에게까지 알린다는 것이다. 명철한 사람만 지혜를 **마음**에 두는 것이 아니다. 지혜 여인이 명철한 자의 마음에 머무는 것은 그녀와 같은 사람들과 관계가 있기 때문이다.

14:34-35. 국가에는 공의와 지혜가 필요하다. 참으로 위대한 **나라**는 타인에게 관심을 기울이고 그들을 공정하게 대하는 **공의**가 특징이다(34절). 반면에 죄를 짓는 나라는 수치를 당한다. "결국 한 나라의 명성은 그 나라의 경건과 윤리에 달려 있지 정치적, 군사적, 경제적 위대함에 달려 있지 않다"(Waltke, *Book of Proverbs 1-15*, 612). 나라에는 지혜로운 관리들이 필요하고, 나라를 발전시키려고 하는 왕이라면 이를 잘 알 것이다. 통찰력 있는 **신하**는 왕의 **은총**을 입지만, **욕을 끼치는** 어리석은 관리는 왕의 **진노**를 당한다(35절).

15:1-2. 지혜로운 말은 차분하고 유익하다. 지혜로운 말은 대치 상황에서 부드럽게 응답(**대답**)하되 건설적으로 그리한다(1절). 지혜로운 말은 **분노를 쉬게 하**는 반면, 분노는 효과적인 대화를 막고 관계를 어렵게 만들며 다른 이들에게 손해를 입힌다. 다른 이들에게 상처를 주려고 **과격한** 대답으로 노를 **격동하**는 것은 분노보다 훨씬 더 나쁘다. 지혜롭고 사려 깊은 말은 또한 유익한데, **지식**을 베풀되 매력 있는 방식으로 그리하기 때문이다(2절). 반면에 "어리석은 자는" 제멋대로

여서 "허튼소리를 마구 지껄여"(Fox, *Proverbs 10-31*, 589) 자신은 물론이고 남에게까지 상처를 준다.

15:3. **여호와**께서는 모든 곳에서 모든 것을 보신다. 그분의 편재하심과 전지하심은 **악인**에게 경고가 되고 **선인**에게는 격려가 된다.

15:4. 말은 **생명나무**처럼(참고. 겔 47:7, 12; 계 22:2) **온순한** 것이 될 수 있고, 낫게 하는 것이 될 수 있다. 생명을 촉진하는 말은 왜곡하지도, 속이지도 않는다. 그러나 **패역한** 말은 **마음을 상하게 하**여 누군가의 심리적, 영적 안녕을 손상시킨다. 지혜로운 자는 세심하게 말하되 진실을 말한다.

15:5. **아비의 훈계를 업신여기는** 젊은이는 스스로를 지나치게 똑똑한 자로 여겨 아비의 훈계가 필요하지 않다고 생각한다. 하지만 그는 **미련한 자**에 지나지 않는다. 참으로 명철한(**슬기**로운) 자는 **징계**를 마음에 새기고, "자기의 길을 평생토록 갈고 닦아 최대의 이익을 낸다"(Fox, *Proverbs 10-31*, 590).

15:6. **의인**은 **많은 재물**(새번역)을 모아 그의 **집**은 여러 종류의 값나가는 재물이 쌓인 거대한 금고와 같다. **악인**은 그저 **고통**이나 잔해만 쌓을 뿐이다. 의인의 재물은 자신뿐만 아니라 다른 이들에게도 복이 된다. 그가 다른 이들에게 관심을 기울이기 때문이다. 악인은 다른 이들에게 고통을 안겨주지만, 결국에는 그 고통이 자기 자신에게로 돌아간다(Waltke, *Book of Proverbs 1-15*, 619).

15:7. **입술**과 **마음**을 나란히 배치한 것은 사람의 말이 그 사람의 됨됨이에서 흘러나옴을 암시한다. **지혜로운 자**는 **지식**을 마음에 새기고, 그의 말은 그것을 **전파**한다. **미련한 자**는 전파할 지식이 없어서 어리석음만 전파한다.

15:8-9. 주님은 의인을 기뻐하시지만 악인은 싫어하신다. 종교적이기만 해서는 충분하지 않다(8절). **악인**이 **제사**를 드려도 **주님**은 그것을 **미워하**신다(참고. 삼상 15:22). 그러나 **정직한 자의 기도는 기뻐하**신다. "중요한 것은 제사 드리는 사람이지 제사가 아니다"[Roland Murphy, *Proverbs*, WBC (Nashville: Nelson, 1998), 112]. 종교의식을 치르는 사람은 생활 방식이 그 의식에 걸맞아야 한다. 생활 방식에서 성격이 드러나게 마련이다(15:9). 주님의 은혜를 입은 사람이 어떻게 실제로 **공의를 따라가는**지, 즉 참으로 충실한 마음을 따라가는지 주목하라!

15:10. 주님은 악인의 길을 미워하신다(9절). 그런데도 악한 배교자, 즉 주님의 **도를 배반하는 자**는 은혜를 저버린다. 그는 하나님의 지혜에 근거한 **징계**[처벌]를 달갑지 않게 여긴다. NASB와 여타의 번역들이 악인이 기대할 것은 **엄한 징계**[가혹한 처벌]뿐임을 암시하지만, 롱맨의 번역(*Proverbs*, 315)이 더 나은 것 같다. "도를 저버리는 자에게 징계는 불쾌하다"(참고. KJV). 즉, 그는 그러한 **견책**을 불쾌하게 여기고(참고. 5, 12절) **싫어한다**(참고. Clifford, *Proverbs*, 152). 그런 자의 최후는 분명하다. **견책을 싫어하는 자는 죽을 것이니라**.

15:11. **스올**은 무덤이고, **아바돈**은 멸망의 장소이다. 둘 다 죽음의 영역을 가리킨다. 이 어둡고, 멀고, 발을 들여놓을 수 없는 곳(참고. 시 88:11-12)도 **여호와 앞에 드러난**다. 주님의 편재, 더 나아가 주님의 주권은 스올과 아바돈에도 미친다. 그러니 주님은 **사람의 마음**을 얼마나 더 잘 알고 다스리시겠는가?(참고. 15:3) "감찰하시고, 꿰뚫어 보시고, 모든 것을 살피시는 도덕적 통치자의 시선은 그들의 행위를 지배하는 동기를 시험하시고(16:2; 17:3; 21:2; 24:12), 아무도 그분의 대답 요구를 피할 수 없다"(Waltke, *Book of Proverbs 1-15*, 623).

15:12. 거만한 자는 자기를 **견책**하는 이를 싫어하여 **지혜 있는 자** 근처에는 얼씬도 하지 않는다. 그는 가장 교만한 부류의 어리석은 자여서 지혜의 훈계에는 관심이 전혀 없고 변화될 용기도 없다.

15:13-15. 이 세 잠언 모두 사람의 마음을 다룬다. 첫째, 마음은 사람의 외적인 삶과 내적인 삶에 영향을 미친다(13절). **마음의 즐거움**은 (늘 그런 것은 아니지만) **빛나**는 용모로 나타나는 반면(참고. 전 7:3), **마음의 근심**은 사람의 기를 꺾어 "찌부러지고 억눌린 태도"를 유발하여(Murphy, *Proverbs*, 112-113) 사람의 활력을 서서히 빼앗는다. 둘째, 마음의 특성을 보면 그 사람이 어디에서 만족을 얻는지 짐작할 수 있다(15:14). NIV가 첫째 행의 의미를 더 잘 포착하고 있다. "명철한 마음은 지식을 찾는다." 반면에 마음이 **미련한 자**는 제 얼굴에 **미련한** 것을 드러낸다. 셋째, 마음에 따라

환경을 대하는 사람의 태도가 달라진다(15절). 가난으로 혹은 여타의 것으로 **고난 받는 자**는 일상을 매우 힘겹게 살아가지만, **마음이 즐거운 자**는 삶을 축제의 연속인 양 영위한다(참고. 빌 4:4-13; 고후 12:7-10; 히 10:34). 따라서 이 잠언은 환경이 마음의 태도를 결정한다는 일반적인 전제를 뒤집는다.

15:16-17. 재산보다 귀중한 것이 몇 있다. **여호와를 경외하는 것**은 분명 재산보다 귀중하다(16절). 그것은 재산이 없는 것을 메우고도 남는다(Fox, *Proverbs 10-31*, 595). **크게 부**해도 여호와를 경외하지 않으면 **번뇌**만 일어날 뿐이다. 결국 주님께 의지하는 자는 재산에 의지하는 자들이 하는 근심에 직면할 일이 없다(참고. 전 5:10-19). 사랑 또한 재산보다 귀중하다(잠 15:17; 참고. 17:1). 미움이 있는 화려한 잔치보다는 **사랑**으로 섬기며 **채소**를 먹는 소박한 식사가 더 즐겁다. 이는 다툼으로 가정이 찢어진 사람에게 물어보면 금방 알 수 있는 사실이다.

15:18. "다툼을 일으키는 것은 사람이지 어떤 사안이 아니다." **분을 쉽게 내는 자**야말로 다툼의 '진원지'이다(Kidner, *Proverbs*, 115). 참을성 있고 자신을 잘 다스리는 사람은 정반대의 효과를 낸다. 그는 **시비를 그치게** 하고, 논쟁이 분분한 상황을 가라앉힌다.

15:19. 이 잠언은 **게으른 자**와 **정직한 자**를 비교하면서, 게으름은 지혜와 관련된 문제일 뿐 아니라 도덕적 문제이기도 하다는 점을 일깨운다. 게으른 자의 길은 그의 행로를 막아선 **가시 울타리** 같다. 이것은 그가 아무데도 나가지 않는 것에 대한 어처구니없는 변명이 될 수 있다(Clifford, *Proverbs*, 153; 참고. 22:13; 26:13). 하지만 이것은 게으름뱅이가 안락한 삶을 갈망하지만 정작 기대할 것은 힘겹고 고통스러운 삶밖에 없음을 암시한다고 보는 편이 더 낫다. 그것은 **정직한 자의 길**과 대조를 이룬다. 정직한 자의 길은 **대로**처럼 자유롭고 평탄하다.

15:20. 이 잠언은 **지혜로운 아들**은 **아비**와 어미를 **즐겁게** 한다는 10:1의 견해를 되풀이한다. 그러나 그 견해를 더 확장하여 다음과 같이 말한다. **미련한 자는 어미**[와 아비]를 **업신여**긴다. 그의 행위는 부모를 슬프게 할 뿐만 아니라 경시하기까지 한다. 그는 부모의 지혜로운 훈계를 무시하고(참고. 5절) 자신의 어리석음이 부모에게 어떤 악영향을 미치는지 조금도 신경 쓰지 않는다.

15:21. 미련한 자는 몰지각해서 **미련한 것을 즐겨 하**고, 그것을 제 운명으로 삼는다(참고. 10:23). 그가 얻을 즐거움은 그것뿐이다. "지혜로운 자는 위험을 깨닫고, '바르고' 좁은 길을 '걸으며'(Clifford, *Proverbs*, 153, 작은따옴표는 강조 구문), 함축적으로 말해 그 길에 놓인 훨씬 더 큰 복들을 누린다.

15:22. 선하고 성공적인 계획에는 **조언자들이 많이**(새번역) 필요하다(참고. 11:14). 물론 그들은 르호보암의 경우에서 알 수 있듯이 아무리 연소할지라도 지혜로워야 한다(왕상 12장; Longman, *Proverbs*, 320). "개인의 약점, 무지, 한계들을 상쇄하려면" 조언자가 많은 것이 낫다(Waltke, *Book of Proverbs 1-15*, 633).

15:23. 상황에 적절하게 **대답**하고, **때에** 맞게 그리하는 것은 큰 **기쁨**이다. **알맞은 말**(새번역)이 제때에 나오려면 당연히 지혜가 필요하다. 그러나 또한 지혜의 말씀에 접근하는 바른 방법도 필요하다. 지혜의 말씀은 상황과 때에 맞게 적용되어야 한다('서론: 구성과 장르'를 보라, 참고. Longman, *Proverbs*, 320).

15:24. 여기에서는 잠언의 두 길이 눈에 띈다. 하나는 **위로 향한 생명 길**이고, 다른 하나는 **아래에 있는 스올**로 내려가는 사망 길이다. **지혜로운 자**는 생명 길을 택하고, 사망 길을 벗어날 줄 안다. 위로 향한 생명 길은 성공 그 이상의 것을 의미한다. 그 길의 최종 목적지는 하나님이 거주하시고 영생이 자리하는 하늘이다. 이는 성경이 도처에서 가르치는 사실이다(예를 들어 빌 3:20; 골 3:1-2; 요일 5:11-12, 20; 참고. Longman, *Proverbs*, 321).

15:25-27. 성경 시대에 과부들은 사회에서 가장 취약한 계층에 속했다. 여기에서 탐욕스럽게 그려진 **교만한** 부자는 의지할 데 없는 가난한 **과부**의 소유지를 빼앗아(**지계**를 제거하여) 자신의 토지에 더한다(참고. 23:10-11; 신 19:14; 왕상 21장; 사 5:8-9). 그러나 그의 성공은 잠시에 불과하다. 주님이 그의 **집**을 **허**시고, 그녀의 **지계**를 지켜주실 것이기 때문이다. "교만한 자에게서 그의 가족과 명성과 재산을 빼앗고, 과부의 삶을 회복시켜주시는 이는 주님이지 변덕스러운 운도, 불확실한 사회 안전망도 아니다"(Waltke, *Book of*

Proverbs 1-15, 636). 잠언 15:26에 등장하는 더 일반적인 원리가 그 이유를 설명해 준다. 악인의 **악한 꾀**는 다른 이들을 해치려는 바람을 담고 있지만, **여호와께서**는 그것을 미워하신다. 반면에 다른 사람들을 친절하게 대하는 이들의 **선**하고 다정한(Koehler et al., *HALOT*, 706) **말**과 행위는 **정결하여** 주님을 기쁘게 해드린다. 27절도 유사한 견해를 제시한다. **뇌물** 수수와 같은 부정한 **이익**을 탐하는 자는 대개 다른 이들을 희생시켜 그리한다. 하나님의 진노 아래 놓인 그가 기대할 것은, 그러한 행위를 **싫어하는 자**와는 달리 자기와 **자기 집**의 멸망뿐이다(참고. 1:10-19).

15:28. 슬기로운 말은 그 사람의 성격을 반영하는 도덕의 문제이다. **의인**은 말하기 전에 무엇을, 언제, 어떻게 말할 것인지 숙고한다. 그는 자제력을 발휘하고, 자신의 말이 다른 이들에게 미칠 영향에 신경을 쓴다. **악인**은 어떤 것에도 신경 쓰지 않는다. 그가 쏟아내는 **악한 말**(새번역)이 그 점을 여실히 보여준다.

15:29. **악인**은 혼자 힘으로 살아간다. **여호와께서** 그를 **멀리하**신다. "여기에서 멀고 가까움은 공간의 문제가 아니라 말하고 듣는 소통 능력의 문제이다"(Clifford, *Proverbs*, 154; 참고. 시 145:18). 주님이 **의인의 기도를 들으시**고 응답하시는 것은 그 때문이다. 악인은 비상시에 그분이 임재하시는 복과 도우심을 놓치고 만다.

15:30. 기쁨은 전염성이 강하다. **좋은 기별**을 받고 행복한 표정을 지으며 **밝은 눈**으로 그 기별을 전하는 사람은 다른 사람도 기쁘게 한다. 말로 전하든 그렇지 않든 심부름꾼의 행복한 소식 전달은 다른 사람을 기쁘게 하고(**마음을 기쁘게 하고**), 그의 온몸에 새 힘을 준다(**뼈를 윤택하게** 한다).

15:31-33. 지혜로우려면 가르침을 잘 들어야 한다. 지혜로운 **경계**를 잘 듣는 자는 자신의 생명을 증진시키고, 자신이 선한 무리, 곧 **지혜로운 자**들의 공동체에 속해 있음을 드러내 보인다(31절). 이 때문에 잘 듣지 않는(**훈계 받기를 싫어하는**) 자는 **자기를 경히 여**기는 것이나 다름없다(32a절). 자멸적인 그의 행위는 그가 지각(**지식**)이 없음을 드러내는 반면, **견책을 달게 받는 자는** 지각을 얻는다(32b절). 결국 지혜로워지려면 겸손해야 한다(33절). **여호와를 경외하는 것**, 즉 삼가 여호와를 경배하고 그분께 복종하는 것은 **지혜**로 인도하는 **훈계**를 가능하게 한다. 이러한 경향은 **겸손**과 밀접히 관련되어 있다(참고. 22:4). 지혜로움에서 오는 영예를 바란다면, 주님과 그분의 현자들에게서 겸손히 훈계를 받아야 한다.

16:1-9. 이 잠언들은 모두 인간사에 대한 하나님의 주권을 주제로 전한다. 1절과 9절은 유사하다. 이 두 절은 이 단락을 담는 문학적 봉투 역할을 한다.

16:1. **사람**은 자신이 무슨 말을 할지 **마음**으로 계획하지만, 그가 하는 말의 응답은 **여호와께로부터 나온**다. 행동에도 같은 원리를 적용할 수 있다(9절). 사람이 계획하는 어떤 것도 하나님의 주권적 의지를 벗어나서는 실현되지 않는다.

16:2. 사람은 자기 행위를 정당화하고 합리화하는 데 거의 무제한의 능력을 지니고 있다지만, 그러한 평가는 허울에 지나지 않는다. "심령이 제아무리 깊은 곳에 있어도 하나님은 그것을 들여다보시지만(15:11), 사람은 스스로의 힘으로 그럴 수 없고 그럴 엄두도 내지 못한다"(삼상 16:7b; Fox, *Proverbs 10-31*, 608). **여호와**께서는 사람의 동기, 혹은 더 문자적으로 말해 사람의 '심령'을 **감찰**하신다. 사람의 심령은 동기를 포함하지만 동기에 국한되지는 않는다. 감찰의 이미지는 "사람이 죽은 뒤에 그의 마음이 진실에 비추어 평가된다는 고대 이집트의 확신"을 반영하고 있는 것 같다[Bruce K. Waltke, *The Book of Proverbs, Chapters 15-31*, NICOT (Grand Rapids, MI: Eerdmans, 2005), 10]. 하나님만이 사람의 행동을, 지혜로운 자가 인식하는 실체를 진정으로 평가하시는 분이다(참고. 고전 4:4).

16:3. 하나님의 주권(1절)과 인간의 한계(2절)를 생각할 때, 지혜로운 자는 자신이 하는 모든 일을 **여호와께 맡긴**다(위탁한다). 여기에는 **계획하는 일**(새번역)을 맡기는 것도 포함된다. 그러한 계획이 주님의 뜻에 맞으면 이루어질 것이다. 이것은 그리스도인들이 "만일 하나님의 뜻이면"이라고 기도할 때마다 명심하는 원리이다(참고. 마 6:10; 눅 22:42; 행 18:21; 약 4:15).

16:4. 하나님의 주권적인 계획 안에서 **온갖 것**에는 **그 쓰임**이 있다. 여기에는 **악한 날**을 위해 지어진 **악인**도 포함된다. 어떤 이들은 이 잠언이 보응하시는 하나

님의 정의(악인과 의인이 각각 보응을 받게 되리라)를 증언한다고 주장하는 한편, 다른 이들은 하나님이 (악을 포함한) 모든 것을 이용하여 그분의 선한 목적을 이루신다고 주장한다(전 3:1-8; 창 50:18-20; 롬 8:28). 이 잠언은 두 주장을 모두 포함할 만큼 광범위한 듯하다. 이를테면 악을 포함한 모든 것은 "특정 용도에 맞게 그리고 그 적절한 운명에 맞게 쓰임을 받는다"는 것이다(Kidner, *Proverbs*, 118).

16:5. 이 잠언은 악인, 곧 **마음이 교만한 자**의 '적절한 운명'을 제시한다. 주님은 교만한 성향을 **미워하시**는 까닭에 그러한 사람들 모두가 **벌을 면하지 못**하리라고 보장하신다. 주님은 주권자이시므로 그들의 심판이 확실시된다.

16:6-7. 주권자이신 주님과의 바른 관계는 심오한 의미를 지닌다. 첫째, 그 관계는 죄의 문제를 다룬다(6절). 어떤 이들은 언약에 기초한 사랑(**인자**)과 성실(**진리**)이 주님에 속한 것이라고(Fox, *Proverbs 10-31*, 612), 또는 그것이 인간에게 속한 것이지만 다른 이들을 향하여 화해의 효과를 낸다고 주장한다(Murphy, *Proverbs*, 121). 그것들은 특히 **여호와 경외**와 병행되어 기록되었다는 점에서 하나님에 대한 인간의 반응일 가능성이 더 높다. 단순한 제사 의식만으로는 충분하지 않다(참고. 삼상 15:22; 호 6:6; 미 6:6-8). 하나님에 대한 신뢰를 그분에 대한 사랑과 성실로 표현하는 자들은 살아가면서 **죄를 용서받**는다(새번역). 마찬가지로 신자는 계속해서 **여호와를 경외함으로** 말미암아 앞으로도 **악에서 떠나게** 될 것이다. 둘째, 하나님과의 바른 관계는 하나님 및 사람과의 사랑을 일으킨다(16:7). 하나님을 경외하는 자의 **행위가 여호와를 기쁘시게 하면**, 하나님도 그를 다른 이들과 화목하게 지내게 하신다. **그 사람의 원수라도 그와 더불어 화목하게** 하신다. 어떤 이는 이 화목이 실제로 강요된 항복에 더 가깝거나(Waltke, *Book of Proverbs 15-31*, 14-15), 적어도 원수가 더 이상 그에게 걱정거리가 되지 않는 것이라고 주장한다(Kidner, *Proverbs*, 119; 참고. 29:25; 롬 8:31).

16:8. **공의**, 즉 다른 이들과 공정하게 거래하는 것이 부귀보다 낫다. 부정한 이익은 무익하므로 아예 취하지 않는 것이 낫다. 언급하지는 않았지만 이 원리를 뒷받침하는 이는 확실히 주님이시다. 그분의 경제 질서에서 부정한 이익은 일시적이고 위험한 것에 지나지 않는다(참고. 10:2; 11:4).

16:9. 사람의 대책이 참되면 그의 행위도 참되다(참고. 1절). 주님은 사람의 **걸음을 인도하신다**. "사람이 계획을 세워도, 여호와께서 명하지 않으시면 그 계획은 시행되지도, 성공하지도 못한다"(Longman, *Proverbs*, 331).

16:10-15. 이 잠언들은 왕의 통치를 받는 삶을 에워싸고 있다.

16:10. 왕의 사법적 판결은 실제로 **하나님**의 계시와 맞먹는 힘을 가지고 있다. 공정한 왕은 하나님의 권위를 가지고 하나님을 대신하여 말한다(참고. 왕상 3:28). 시민은 그 말을 유념하지 않으면 안 된다(롬 13:1-7). 그런데 왕도 마찬가지로 그리하지 않으면 안 된다. 그는 "정의를 배반해서는 안 된다"(NIV의 잠 16:10b). 그도 "권위 아래 있는 한 사람에 지나지 않기" 때문이다(Kidner, *Proverbs*, 119; 신 17:18-19).

16:11. 공정한 거래는 정확한 **저울추**와 도량형법에 달려 있다. 주님은 이 문제에 큰 관심을 가지고 계신다(참고. 11:1). "하나님은 기준들의 궁극적 원천이시며, 정확성을 떨어뜨리는 것은 그분을 정면으로 거스르는 일이다"(20:10, 23; Fox, *Proverbs 10-31*, 615). 주님을 경외하는 지혜로운 왕이라면 자신의 영토 안에서 동일한 관심을 보일 것이다.

16:12. **악을 행하는 것은** 여느 사람과 마찬가지로 **왕들이 미워할 바니**로 되어 있지만, 악을 행하는 것은 "왕들에게 역겨운 것이니"로 읽는 편이 더 나은 것 같다. 왕은 자기 왕국 안에서 일어나는 악행을 미워해야 한다(참고. 20:26). 의롭고 공정한 왕국이 그의 최대 관심사이고, 그의 **보좌**를 굳게 세워주기 때문이다. 자기 영토 안에서 일어난 불의를 묵인하거나 직접 조장하는 왕은 반역을 불러일으키거나, 자신의 불의한 정부에 하나님의 공의로운 심판을 불러들이게 될 것이다.

16:13. 지혜로운 **왕**은 특정한 것, 예컨대 올바르게 말하는 **의로운 입술**도 **기뻐**한다. 그런 식으로 말하는 것은 정직하게 말하는 것이기도 하다. 슬기로운 왕은 그렇게 지혜롭고 정직한 조언자들을 좋아한다. 그들은 현실을 잘못 전하지 않고, 왕이 성공적인 정책을

정교하게 만들도록 도움을 주기 때문이다(Longman, *Proverbs*, 332).

16:14. **왕**은 강력하다. 그래서 그의 **진노**는 위험하고 **죽음**을 전하는 **사자들**과 같다. 바로 여기에 **지혜로**운 조언자의 또 다른 이점이 있다. 그는 다른 이들을 향한 것이든 자신을 향한 것이든 왕의 진노를 **쉬게** 한다. 이것은 진노의 대상이 될 수 있는 지혜로운 자나 여타의 사람들에게 분명 유리한 일이 아닐 수 없다. 긴 안목으로 보면, 그것은 왕 자신에게도 유리한 일이 될 것이다(참고. 삼상 25장; 단 2장).

16:15. 왕의 진노가 치명적이듯 왕의 **은택**은 **생명**을 증진시킨다. **왕의 희색**은 그의 선의와 은택을 나타낸다. 이것은 그의 은택을 입는 자가 누리는 풍성한 번영의 전조가 된다. 또한 이것은 풍성한 수확을 예견하는 구름, **봄비를 몰고 오는 구름**(새번역)과 같다. 이스라엘의 기후에서 풍성한 수확은 늦은 비에 달려 있었다.

16:16. **지혜**는 **금**이나 **은**보다 귀중하다. 지혜가 없으면 부귀는 도덕적으로 얼룩지고 덧없는 것이 되고 만다. 이와 달리 지혜는 부귀뿐만 아니라 하나님의 은혜와 생명과 영예도 가져다준다. 이 절은 잠언에서 중간 지점 역할을 하며, 책의 주요 목적들 중 하나, 곧 **지혜를 얻으라**는 권고를 되풀이한다(Longman, *Proverbs*, 334).

16:17. **정직한 사람**의 길은 생명으로 곧장 이어지는 뚜렷하고 평탄한 **대로**이다. 지혜로운 자라면 정신을 바짝 차리고 그 길에 머무르려고(그 **길을 지키려고**) 할 것이다. 그리하여 그는 악과 그로 인한 결과를 피하고, 결국에는 **자기의 생명을**(새번역) **보전**할 것이다.

16:18-19. 건방진 **교만**은 자기를 파멸로 이끈다(18절). **거만한** 자는 "엎드러져 멸망하고 말" 것이다(Waltke, *Book of Proverbs 15-31*, 26). 그는 어리석게도 자만심이 강하여 지혜의 복을 받는 데 필요한 교훈과 훈계를 겸손히 받지 않는다. 겸손이 귀중한 것은 그 때문이다(19절). **탈취물을 나누는** 자들은 승리를 거둔 뒤에 전리품을 나누는 자들이다. 그들은 전쟁에서 패하여 **낮**아지고 궁핍해진 자들과 대조를 이룬다(Clifford, *Proverbs*, 160). 하지만 비참한 가난 속에서도 겸손한 것이 교만을 수반하는 이로운 승리보다 낫다. 교만은 승리하여 거둔 이익을 잠깐의 것으로 만든다. 특히 그 이익이 교만한 자가 가난한 자에게서 억지로 빼앗은 부정한 이익일 경우에 그러하다(Waltke, *Book of Proverbs 15-31*, 27).

16:20. 삼가 말씀에 주의하는 자는 좋은 것을 얻나니라는 진술문은 모호하여 적어도 두 가지 독법으로 읽을 수 있다. 첫째, "문제를 이해하는 자가 좋은 결과를 얻는다"(HCSB). 이것은 지혜로운 자가 상황을 통찰하여 성공을 거둠을 암시한다. 둘째, "교훈에 주의를 기울이는 자는 누구나 성공한다"(NIV). 그 교훈은, 좀 더 문자적으로 옮기면, 현자들을 통해 계시된 하나님의 **말씀**이다. 첫째 관점은 잠언에서 가르치는 바이지만, 둘째 관점이 더 낫다. 둘째 행과 더 직접적으로 어울리기 때문이다. **여호와**를 경외하고 **의지하는** 사람은 그분의 교훈을 마음에 새기고 점점 지혜로워져 크게 성공할 것이다.

16:21-24. 지혜로운 자들은 다른 이들에게 긍정적인 영향을 미친다. 그들은 확실히 주목을 받는다(21절). **마음이 지혜로운** 그들은 분별력(**명철**)으로 명성을 떨치고, 그들의 지혜는 유쾌하고 쾌활한 (**꿀송이 같은**) **말**로 공동체에 영향을 미친다. 그들의 영향력은 **생명의 샘** 같아서 **명철한 자**의 풍성하고 충만한 삶을 증진한다(22절). 반면에 미련한 자들은 지혜로운 자들의 양식(**명철**)이 없다. 미련한 자들이 다른 이들에게 제공하는 훈련(**징계**)은 **미련한 것**뿐이다(참고. 13:13-16). 지혜로운 자들의 영향력은 그들의 참된 인격에서 비롯된다(23절). 그들의 지혜로운 **마음**은 그들에게 슬기롭게, 설득력 있게 말하는 법을 **가르친다**(21절, 새번역). 그들의 말은 귀를 솔깃하게 만든다(24절). 그 지혜로운 말은 **꿀송이** 같아서 **마음에 달고** 육신(**뼈**)에 **양약이** 된다.

16:25. 내용이 동일한 14:12(과 그 주석)을 보라. 그 절을 여기에서 되풀이하는 이유는 24절에 등장하는 지혜의 유익한 단맛과 어리석음의 위험한 단맛을 비교하기 위함인 것 같다(Fox, *Proverbs 10-31*, 621).

16:26. 일꾼의 **식욕**과 허기(문자적으로 **입**)는 그에게 이롭다. 그것이 그를 **독촉**하여 일하게 만들기 때문이다. 그러한 식욕에는 한계도 있다. 게으른 자를 움직이게 하기에는 역부족인 것이다(참고. 13:4). 좀 더 넓게 보면, 그 식욕을 채울 길은 없다(전 6:7). 성경이 우

리에게 열심히 일하게 하려고 다른 동기들을 제시하는 것은 그 때문이다(엡 4:28; 6:5-9을 보라).

16:27-30. 말썽꾼에는 몇몇 부류가 있다. 첫째 부류는 **불량한 자**이다(27절). 그는 열심히 일해서 악을 캐낸다. 이 은유는 광업을 암시하는 것 같다. 말하자면 악을 채굴하여 다른 이들을 해치는 데 쓰는 것이다(Fox, *Proverbs 10-31*, 622). 또한 그것은 다른 이들을 빠뜨리기 위해 구덩이 파는 것을 암시하는 것 같다. 다른 이들을 해치려고 음모를 꾸미는 것이다(Clifford, *Proverbs*, 161-162; 참고. NIV, ESV). 어느 경우이든 그의 해로운 말은 **맹렬한 불**처럼 다른 이들을 황폐하게 만든다. 둘째 부류는 **패역한 자**이다(28절). 그는 "도덕 질서를 뒤집는" 까닭에(Waltke, *Book of Proverbs 15-31*, 33) **다툼**을 조장하여 공동체를 와해시킨다. **말쟁이**는 그러한 패역의 예증으로서 중상으로 **친한 벗**들까지 **이간**한다. 셋째 부류는 **강포한** 사람이다(29절). 이 경우에 그가 꾀하는 악은 그가 휘두르는 폭력의 희생자가 아니라 그 **이웃**을 향한다. 이를테면 이웃을 유혹하여 범죄 행위에 끌어들이는 것이다(참고. 1:10-19). 그러나 그의 **길**은 악하고 스스로를 파멸시키는 것이어서 **좋지** 않다. 30절은 두 가지 독법으로 읽을 수 있다. 그 절은 (적어도 당시 문화권에서) **눈짓**을 하거나 **입술**을 오므리는 것과 같은 미묘한 몸짓으로 말썽꾼을 알아볼 수 있음을 말하는 것 같다. 이 행위들은 공모자들끼리 음모를 꾸미고 악을 실행에 옮기기 위해 주고받는 비언어적 신호인 것 같다. 그렇다면 그것은 29절에 등장하는 폭력단 단원들이 공유하는 신호를 가리키거나(Waltke, *Book of Proverbs 15-31*, 34) 또 한 부류의 말썽꾼, 즉 공모자를 가리킬 것이다.

16:31. 노년의 표시인 **백발**은 영광스러운 **면류관**이다. 그것은 **공의로운 길**을 따르는 데에서 비롯된 장수의 복을 나타낸다(참고. 3:1-2, 16). 그런 점에서 오랫동안 공의와 지혜의 삶을 살아온 원로들은 마땅히 존경과 존중을 받아야 한다.

16:32. 참을성 있는 사람, 곧 **노하기를 더디 하는 자**는 실로 자제심이 있는 자(**자기의 마음을 다스리는 자**)이다. 그는 **성을 빼앗는 용사**보다 낫다. 그가 나은 이유는 무엇보다 자제심 있는 사람이 정복자보다 큰 힘을 드러내기 때문이다. 용사라고 할지라도 자제심이 없을 수 있다. 이것이야말로 진짜 약점이다(25:28). 자제심이 있는 사람은 지혜만이 줄 수 있는 것을 드러내는 반면, 용사는 어리석어서 제 힘을 믿고(시 33:16) 하나님을 대적하거나(시 52편), (사사기 9장에 나오는 아비멜렉처럼) 자신의 미련함을 드러낸다.

16:33. **제비**의 정확한 성격은 불분명하지만, 그것은 의사결정을 놓고 하나님의 뜻을 물을 때 사용하는 주사위 같은 것이었다(예를 들어 레 16:8; 민 26:55; 에 3:7; 대상 25:8; 삼상 14:40-42; 잠 18:18; 행 1:26). 이 잠언이 그 이유를 설명해 준다. **모든 일을 작정하기는 여호와께 있느니라**. "그 기저에 깔린 믿음은 모든 것을 결정하시는 주께서 제비가 어찌될 것인지도 결정하심을 믿는 것이다"(Murphy, *Proverbs*, 124). 지혜로운 자는 하나님의 주권적 섭리를 인식하고 믿는다.

17:1. 화목한 가정은 대단히 귀중하다. 화목한 가정은 맛없는 **마른 떡 한 조각**도 맛난 것으로 만든다. **진수성찬을**(새번역) 먹으며 다투는 가정과는 영판 다르다. 진수성찬을 먹으며 다툰다는 표현을 문자적으로 읽으면 '다툼의 제사 음식'이 된다. 이것은 얄궂게도 화목제를 암시하는 것 같다. 이러한 제사에서는 참배자에게 고기를 남겨주어서 축연을 벌일 수 있도록 해주었다. 하지만 화목제 식사가 '다툼의 제물'을 먹는 일이 될 바에야 마른 빵 한 조각으로 때우는, 조용하고 가벼운 식사가 더 낫다.

17:2. **종**이 한 가정에 입양되는 것은 드문 일이었고, 그가 **아들** 역할을 하는 것은 더더욱 그랬다. 그러나 지혜는 너무나 강력해서 "당연시 되는 한계와 기대들까지 넘어설 수 있게" 해준다(Clifford, *Proverbs*, 164). 어리석음도 강력한 영향력을 가지고 있다. 따라서 **부끄러운 짓을 하는 아들**은 종의 다스림을 받지 않도록 조심하지 않으면 안 된다.

17:3. **여호와는** 사람의 **마음을 연단하**신다. 귀금속 세공사는 **은**이나 **금**에 열을 가해 정련하거나 그것들의 순도를 증명한다. 마찬가지로 주님도 인생의 시련들을 활용하여 동일한 목적을 이루신다. 주님은 사람의 마음을 아시는 까닭에(참고. 15:11) "사람을 간파하기 위해서가 아니라 사람의 행동을 바로잡기 위해서" 그러한 시련들을 활용하신다(Kidner, *Proverbs*, 123). 더 나아가 시련들은 하나님의 정련 작업이 필요한 사람에게

계시의 성격을 지니는 것 같다. 하나님은 그들의 기만적인 마음(렘 17:9)을 연단하면서 죄를 들추어내신다(시 139:23-24).

17:4. **악을 행하는 자**와 **거짓말을 하는 자**는 **사악한 말**과 **중상하는 말**(새번역; 거짓말, 험담, 중상 등)을 퍼뜨릴 뿐만 아니라, 그것들에 **귀를 기울이**기도 하면서 자신의 악한 성격을 드러낸다. "악한 말은 환대를 받지 못하면 사그라지고 만다. 악한 말을 환대하면 우리를 내주는 것이다"(Kidner, *Proverbs*, 123).

17:5. 흔히들 공공연하게 (**조롱**하거나) 혹은 남몰래 (**재앙을 기뻐하**면서) 다른 이들을 멸시하는 것 같다. 그러나 다른 이들이 가난이든 다른 **재앙**이든 어떤 경우이든 불행을 겪을 때, 그들을 멸시하는 것은 악하고 어리석다. 하나님의 형상을 지닌 이들을 조롱한다는 것은 그들을 **지으신** 분을 **멸시하는** 것이고, 그렇게 멸시한 자는 하나님의 공정한 형벌을 면할 길이 없기 때문이다.

17:6. 지혜가 한 가정에 스며들면 대대로 복이 샘솟는다. 의롭고 지혜로운 **노인**(참고. 16:31)은 자신의 지혜로운 **손자**를 영화로운 **면류관**처럼 자랑한다(참고. 10:1). 마찬가지로 후세는 선조(**아비**)의 지혜로운 유산을 자랑하는 것으로 은혜에 보답한다. 실로 서로 칭송하는 공동체가 아닐 수 없다.

17:7. 여기에서 **미련한 자**[*nabal*, 나발]는 "시편 14:1이나 사무엘상 25:25에 등장하는 것처럼 거만하고 버릇없고 불경한 사람"이다(Kidner, *Proverbs*, 123). 그러한 사람이 웅변으로 소통하려는 것은 "돼지 코에 걸린 금 고리처럼(11:22) 우스꽝스러운 일이다"(Waltke, *Book of Proverbs 15-31*, 47). 그런데 이보다 더 무도한 것은 귀족(**존귀한 자**)이 거짓말을 하는 것이다. 두 유형 모두 자신의 본성과 일치하지 않게 말하거나, 적어도 (존귀한 자의 경우) 자신이 의도한 바를 말한다. 더욱 심각한 문제는, 거짓말하는 존귀한 자가 (그가 지닌 더 큰 힘으로 볼 때) 더 위험할 수 있기는 하지만, 두 유형 모두 다른 이들에게 위험하다는 것이다.

17:8. 뇌물을 주는 자의 관점이 여기에서 드러난다. 그의 눈에는 **뇌물이 요술방망이**(새번역)처럼 말 그대로, 이익을 가져다주는 마법의 돌로 보인다(Koehler et al., *HALOT*, 332). 뇌물을 **어디에 쓰든**(새번역) 안 되는 일이 없을 것이라고 생각한다. 그는 "돈이면 다 된다"라고 생각한다(Kidner, *Proverbs*, 123). 잠언은 이러한 관점에 부정적인 판결을 내린다. 뇌물은 정의를 더럽히고(23절), 당사자로 하여금 하나님의 심판을 받게 한다는 것이다(15절). 따라서 뇌물로 거둔 '성공'은 오래가지 않는다.

17:9. 사랑은 "모든 것을 참는" 까닭에(고전 13:7) 타인의 허물을 눈감아줄(**덮어줄**) 것을 요구한다. **친한** 우정을 유지하려는 사람이라면 결코 그런 허물을 **거듭 말하**지 않을 것이다. 친한 사람의 허물을 다른 이들에게 퍼뜨리거나 당사자 앞에서 같은 소리를 되풀이 하지 않는 것이다. 두 경우 모두 우정을 소원하게 한다.

17:10. 지혜로운 자는 꾸지람을 잘 받아들이지만 미련한 자는 그리하지 않는다. **총명한 자**는 한 번의 지혜로운 **징계**(새번역)를 마음 깊이 받아들여 자신의 잘못을 고친다. **미련한 자**는 아둔하기 그지없어 백 번의 매질(율법이 한정하는 매의 두 배 이상, 신 25:1-3)을 해도 그에게 아무 변화도 일어나지 않는다. 다윗은 말 한마디에 회개했고(삼하 12:1-7; 24:13-14), 베드로는 주님이 한 번 보시기만 했는데도 그리했다(눅 22:61-62). 그러나 바로(출 9:34-35)나 아하스(대하 28:22), 이스라엘(사 1:5; 9:13; 렘 5:3)에게는 이보다 더 극적인 조치도 소용이 없었다[Charles Bridges, *An Exposition of Proverbs* (1846; repr., Marshallton, DE: National Foundation for Christian Education, n.d.), 261-262].

17:11. 마음이 악한 자는 하나님께 반역하는 자이다. 그가 기대할 것은 **잔인한 사신의 방문을 받는**(새번역) 것뿐이다. 이 사신은 천사일 수도 있고(참고. 시 78:49) 사람일 수도 있다(참고. 16:14). 하나님께 반역하는 자는 처벌을 면하지 못한다.

17:12. **새끼 빼앗긴 암곰**은 확실히 위험하다(삼하 17:8). 그러나 더 위험한 것은 **미련한 일을 행하는 미련한 자**이다. 이 익살스러운 잠언은 사람들에게 미련한 자들은 성난 짐승과 같으니 그들을 피하라고 권한다.

17:13. 잠언은 악을 악으로 갚지 말라고 경고한다(참고. 20:22). 그러나 악하기 그지없는 어떤 이들은 한술 더 떠서 '배은'을 실행에 옮긴다. **악으로 선을 갚**는 것이다. 여기에서 말하듯이, 그러한 사람은 악한 것

을 뿌려 더 악한 것을 거두게 될 것이다. **악이** 불청객처럼 그를 덮쳐 떠나지 않을 것이다(Waltke, *Book of Proverbs 15-31*, 53-54). "그는 끊임없이 해를 입을 것이고, 그와 함께하는 그의 가족도 그럴 것이다"(Fox, *Proverbs 10-31*, 631). 그리스도의 길보다 나은 길은 없다(마 5:43-45; 참고. 롬 12:14, 17, 21).

17:14. 다투는 시작은 **물이 새는 것**, 즉 수문을 열거나 댐을 터뜨리는 것과 같다. "그러한 수문을 연다는 것은 예측하고 통제하고 수습할 수 있는 수준 그 이상을 풀어놓는 것이다"(Kidner, *Proverbs*, 125). 따라서 **싸움이 일어나기 전에 시비를** 그치는 것이 지혜롭다. 지혜는 격한 다툼을 일으키기보다는 잠재적으로 진정시킨다(참고. 15:1; 20:3).

17:15. 주님은 불의를 미워하신다. 다른 이들을 불공정하게 재판하는 자들은 주님께 **미움을 받는다**. 불의는 법을 근본적으로 뒤엎는다(참고. 레 19:15; 신 16:18-20; 25:1; 사 5:20; 합 1:4). 법정에서 죄 있는 자를 무죄로 선고하고(**악인을 의롭다 하고**), 죄 없는 자를 유죄로 선고하는(**의인을 악하다 하는**) 등의 일이 일어난다. 그러한 불의는 법정 밖에서도 일어날 수 있다. 사람들이 다른 어떤 이의 성격을 부당하게 판단할 때마다 그런 일이 일어난다(참고. 28:5; 시 11:3).

17:16. 지혜는 돈으로 살 수 있는 것이 아니지만 **미련한 자**는 그럴 수 있다고 생각한다. 그는 **무지**해서 지혜를 얻을 만한 자격도, 인품도 없다. 괜스레 돈만 낭비할 뿐이다. 지혜를 돈으로 살 수 있다는 것은 현대 교육에서 너무나 자주 되풀이되는 잘못된 개념이다.

17:17. 어떤 이들은 이 잠언의 두 행이 정반대로 대비되고 있다고 생각한다. 말하자면 진짜 **위급한 때**에는 친구보다는 형제를 두는 것이 더 낫다는 것이다. 그러나 친구이든 가족이든 간에 우리를 정말로 **사랑**하는 이라면 어려운 시기를 포함해 **언제나**(새번역) 도움이 된다. "이 잠언은 참사랑을 가족 관계 자체와 동일시하지 않고, 더 보편화시켜 어려운 때에도 변치 않는 사랑과 동일시한다"(Clifford, *Proverbs*, 166).

17:18. 참된 친구는 자신이 사랑하는 이를 돕지만 미련스러울 정도로 그러지는 않는다. 다른 사람의 대출에 담보를 제공하며 보증을 서는 것은 몰지각한 일이다(참고. 6:1-5). "대출금을 갚아야 하는 이웃의 성실성과 불확실한 미래에 자신의 안전을 거는 행위는 어리석은 자의 표지이다"(Waltke, *Book of Proverbs 15-31*, 58). 그냥 후하게 베푸는 것과 같이 곤경에 처한 이들을 돕는 더 나은 방법들이 있다.

17:19. 죄과를 좋아하는 자는 남의 기분을 상하게 해놓고서는 즐거워하고 다른 이들의 지난 허물을 거듭해서 말하기를 즐긴다. 본문은 일부러 모호함을 취하는데, 어느 경우이든 그런 사람은 **다툼**도 **좋아하는** 것 같다. 자신의 행동으로 인해 생긴 소란과 충돌 가운데 있는 것을 즐기기 때문이다. 둘째 행에서 말하듯이, **자기 문을 높이는** 것은 과시하는 듯한 대문과 주택을 가리키고, 나아가 교만을 가리키는 것 같다. 통틀어서 말하면, 두 행 모두 교만 때문에 다투고 싶어 안달하는 모습을 암시한다. 그러한 자들은 다른 이들을 멸망시키려고 하다가 결국 자신의 멸망을 노리는 셈이 되고 만다.

17:20. 마음이 굽은 자는 **패역한** 혀로 자신을 나타낸다. 악인은 자신의 성격과 말로 진실을 왜곡한다. 그 결과로 번영(**복**)을 얻지 못하고 **재앙**(악)에 빠진다.

17:21. 미련한 자는 자기 아버지(혹은 어머니)를 실망시킬 것이 뻔하다(참고. 10:1; 13:1; 15:20). 실로 그의 부모는 그 때문에 괴로움을 겪을 것이다(25절의 주석; 10:1b-1c을 보라).

17:22. 육신과 마음은 밀접하게 연결되어 있다. **양약**과 **뼈**가 **마르**는 것은 각기 건강과 쇠약을 가리킨다. **마음의 즐거움**과 **심령의 근심**은 "사람의 환경보다는 그의 영적 자원에 달려 있다"(Waltke, *Book of Proverbs 15-31*, 61; 참고. 15:15; 행 16:25).

17:23. 뇌물을 받고라는 표현의 히브리 원문은 모호하다. "품에서 뇌물을 받고"라는 표현은 히브리 원문의 모호함을 정확히 나타낸다. 말하자면 어떤 사람이 자기 호주머니에서 뇌물을 은밀히 꺼내어 다른 사람에게 주는 것일 수도 있고, 그가 다른 사람의 호주머니에서 뇌물을 받는 것일 수도 있다는 것이다. 일부러 모호한 표현을 쓴 것 같다. **재판을 굽게 하**려고 뇌물을 주거나 받는 자는 실로 악하다. 그는 자신이 악하다는 것을 알고 있다. 그의 은밀한 행동이 그 사실을 여실히 증명한다.

17:24. 이 잠언은 지혜로운 자는 지혜를 얻는 일에 집중하는 반면에, 미련한 자는 주의가 산만해 그러한 값진 추구를 하지 못한다는 말을 하는 것으로 볼 수 있

다(참고. NIV). 그러나 집중력보다는 근접성의 문제를 좀 더 다루는 듯하다. **지혜**는 지각 있는 사람(**명철한 자**) 바로 가까이에(그의 **앞에**) 있다. 그는 잘 받아들이는 사람이어서 지혜의 교훈들을 경청하고, 그것들을 일상생활에 활용한다. 반면에 **미련한 자**에게는 지혜가 멀리 떨어져 있다. 그는 "온 세상을 뒤지며 지혜를 찾아도 발견하지 못할 것이다. 지혜가 가까이 있음을 모르고"(Fox, *Proverbs 10-31*, 636) 설령 안다 해도 그것을 받아들일 준비가 되어 있지 않기 때문이다(참고. 16절).

17:25. **미련한 아들**은 그 부모에게 **근심**과 **고통**을 안겨준다(21절의 주석; 10:1b-1c을 보라).

17:26. 이 잠언은 불의를 다루고 있지만, 해석상 주요한 쟁점 세 가지를 제기한다. 첫째, **~도**[also, 새번역, 히브리어로 감(*gam*)]는 '정말이지'로 번역하고, 부정사에 바로 붙여 "~를 벌하는 것은 정말이지"로 읽는 것이 더 낫다(참고. Waltke, *Book of Proverbs 15-31*, 46, n.66). 둘째, 둘째 행의 **~하다고**는 '~를 거스르는'으로 읽는 편이 더 낫다. 이를테면 **귀인을 때리는 것은** "정직함을 거스르는 것이다"로 읽는 것이다(Longman, *Proverbs*, 351). 셋째, 히브리 원문에서 **귀인**은 **의인**과 나란히 등장하여 귀족 계급의 일원보다는 성격이 고결한 사람을 의미한다. 따라서 이 잠언은 의로운 이들을 벌하는 것은 정말이지 옳지 않으며, 그들을 **때리**거나 매질하는 것은 더더욱 옳지 않음을 암시한다. 그런 식으로 행동하는 정부 관리들은 주님께 미움을 받는다(참고. 15절).

17:27-28. 지혜로운 자는 자제력이 있다(27절). 그는 **말**과 화를 '아낀다'(그는 성미가 급하지 않고 **냉철하**다). 그러한 자제력은 **미련한 자**에게도 도움이 된다(28절). 그는 입을 다물고만 있으면, 마침내 말문이 터져 자기 정체를 드러내기 전까지 잠시 동안은 그런대로 **지혜로운 자로** 보일 수 있다(참고. 10:8; 18:2). 어떠한 경우이든 요점은 분명하다. 말을 자제하는 것이 미련한 자에게 이롭다면 지혜로운 자에게는 더더욱 그렇지 않겠느냐는 것이다(Waltke, *Book of Proverbs 15-31*, 65).

18:1-2. 사람은 지혜로워지기 위해 다른 사람들이 필요하다. 자기 일밖에 모르는 철저한 개인주의는 어리석은 일이다(1절). 무리에게서 **스스로 갈라**져 나와 자기 의제(**소욕**)만 추구하는 자는 온갖 건전한 판단력(**온갖 참 지혜**)을 배척하거나 '무시한다'(NIV). 여러 조언자들의 지혜가 없는 까닭에(참고. 15:22) 그의 유일한 조언자는 미련한 자, 자기 자신뿐이다. 이 잠언은 지혜로운 자에게 "완고하고 자기중심적인 결정을 내리지 말라"는 경고이다(Steveson, *Commentary on Proverbs*, 241). 이와 비슷하게, **미련한 자**에게는 "닫힌 마음, 열린 입"(Kidner, *Proverbs*, 127)이 있다(2절). 그는 지혜로운 자에게 **명철**을 배우는 데 취미가 없다(참고. 2:2; 5:1). 그는 자기 의견을 말하는 데에만 관심이 있어 자신이 미련한 자라는 사실을 **드러내**고야 만다.

18:3. 이 잠언에서 **악한 자**는 **부끄러운 것**[수치]과 짝을 이루고, **멸시**는 **능욕**과 짝을 이룬다. 그러므로 이 잠언은 악인이 부끄럽게 굴다가 공동체의 멸시와 치욕을 받게 됨을 암시한다.

18:4. 이 잠언의 해석은 **깊은 물**의 이미지가 부정적인가 긍정적인가에 달려 있다. 부정적이라면 이 잠언은, **사람의 말**은 내면의 **깊은** 것을 감추는 반면에(참고. 20:5) 생명을 주는 지혜는 입수하기 쉬움을 암시할 것이다. 하지만 그 이미지는 긍정적이고, 두 행은 대조적이라기보다는 종합적인 듯하다. 그렇다면 이 잠언 전체는 지혜로운 자의 **말**을 언급하고 있다고 볼 수 있다. 따라서 **깊은 물**의 이미지는 지혜로운 자의 말이 심신을 상쾌하게 함을 암시하거나(Fox, *Proverbs 10-31*, 639) 지혜로운 자의 말이 "오묘하고 때로는 신비로워서 숙고와 해석을 요함"을 암시할 것이다(Longman, *Proverbs*, 354; 참고. 1:6). 게다가 지혜로운 자의 말은 다른 이들을 위한 지혜의 원천(**지혜의 샘**)이자 **솟구쳐** 흘러 생명을 주는 **내**이기도 하다.

18:5. 이 잠언은 다시 불의를 거론한다(참고. 17:15, 26). **악인을 두둔하는 것**은 그를 용서하는 것과 다름없고, **재판할 때에 의인을 억울하게 하는 것**은 그들을 정죄하는 것과 다름없다(Clifford, *Proverbs*, 170). 두 재판 행위 모두 **선하지** 않다. 이것은 확실히 도덕적 판단이지만(17:15이 이 점을 분명히 한다) 실제적 의미도 지니고 있다. 이를테면 불의는 "무익할 뿐만 아니라 심히 해롭다"는 것이다(Fox, *Proverbs 10-31*, 639).

18:6-7. 미련한 자는 말로 스스로를 곤경에 빠뜨린다(Kidner, *Proverbs*, 128). 그의 말은 **다툼을 일으켜** 자기 자신뿐만 아니라 다른 이들에게도 상처를 준다(6

잠

절). 마치 매질을 청하는 것 같다. **그의 입은 매를 자청하느니라**. 설상가상으로 그의 말은 그를 해치기까지 한다(7절). 그의 말은 **그의 멸망**을 초래하고, 치명적인 **그물**이 되어 **그의 영혼**을 옴짝달싹 못하게 한다.

18:8. **남의 말하기를 좋아하는 자**는 헐뜯는 자이다. 그가 퍼뜨리는 험담은 **별식**과 같아서 마다하기가 불가능하다. 험담이 퍼져나가고 사람들이 그것을 즐기는 것은 그 때문이다. 실로 그들은 험담을 게걸스레 삼켜 **뱃속 깊은 데로 내려가**게 한다. 이렇게 삼킨 험담은 듣는 자의 사고와 그보다 더 악한 자의 성격을 형성한다. 험담이 위험한 이유는 "그것이 사람의 성격에 흠집을 내면서까지 누군가가 그것을 게걸스럽게 듣고 기억할 것임을 보증하기" 때문이다[R. N. Whybray, *The Book of Proverbs*, CBC (Cambridge: Cambridge University Press, 1972), 104-105]. 지혜로운 자는 험담을 전파하지도, 가까이하지도 않을 것이고, 예레미야의 더 나은 본을 따라 험담가의 별식이 아니라 주님의 말씀을 받아서 먹을 것이다(렘 15:16).

18:9. 주님은 열심히, 부지런히 일하는 것을 높이 평가하신다(참고. 10:4; 13:4). **자기의 일을 게을리하는 자**는 다른 이들의 일을 **망치는**(새번역) 자와 유사하다. 게을러서 일을 완수하지 못하거나 일을 잘하지 못하는 자는 일을 **망치는**(새번역) 악인보다 나을 게 없다. 결국 두 사람 모두 상당히 동일한 결과를 거두게 된다. 그것은 부러움을 살 만한 가계도가 아니다.

18:10-11. 지혜로운 자는 주님을 의지하며, 거기에는 정당한 이유가 있다(10절; 참고. 3:5-6). 주님은 **견고한 망대**여서 자기 백성을 **안전**하게 지키신다. 하나님의 **이름**은 그분의 정체를 설명하며, 따라서 **여호와** 자신을 가리킨다(참고. 출 3:14-15; 6:3; 시 135:13). **의인**은 지혜롭게도 어려운 때에 그분께로 달려가서 보호를 받는다. 반면에 부자는 자신의 **재물**을 의지한다(11절; 참고. 10:15). 그의 눈에는 재산이 어려운 때에 자신을 고생에서 건져줄 **견고한 성**, 요새 같은 성으로 보인다. 그러나 재물은 어려운 때에 믿을 것이 못 된다(11:28과 그 주석을 보라). 어쨌거나 재물로 할 수 있는 일은 제한되어 있다(참고. 시 52:5-7). 그의 안전은 '공중누각'으로서 실제보다는 상상에 가깝다. "세상 사람들은 보이지 않는 것은 실재하지 않는다고 생각한다. 그러나 안전함을 느끼기 위해…자신의 상상에 의지해야 하는 사람은 하나님의 사람이 아니라 바로 재산가이다"(Kidner, *Proverbs*, 128-129).

18:12. **교만**은 **멸망의** 앞잡이지만(참고. 16:18), **겸손은 존귀의 길잡이다**(참고. 15:33). 짝을 이루는 이 요소들 사이에는 인과 관계가 성립한다. 이 잠언은 앞의 두 절, 곧 겸손하게 주님을 의지하는 자와 교만하게 자기 재산을 의지하는 자를 비교하는 절들과 관계있다(Waltke, *Book of Proverbs 15-31*, 77-78). 또는 너무 교만하여 지혜를 귀담아듣지 않는 자와 아주 겸손하여 지혜로운 훈계를 잘 받아들이는 자를 비교하고 있는 것 같다(Longman, *Proverbs*, 357). 또는 더 일반적으로 적용할 수도 있다.

18:13. 이 잠언이 상기시키듯이, 지혜로운 자는 미련한 자와 달라서 말하기를 더디 한다. 이 경우에 지혜로운 자는 다른 이들의 말을 귀여겨듣고 그들의 말을 끝까지 듣는다. 미련한 자는 제 소견을 늘어놓는 데에만 관심이 있고(참고. 2절), 다른 이들의 말을 귀여겨듣는 데에는 전혀 관심이 없어 섣불리 말하거나 무례하게 다른 이들의 말을 가로막는다. 그러한 까닭에 그가 하는 말은 그의 미련함을 드러내고 그에게 치욕만 안길 뿐이다.

18:14. 이 잠언은 한 개인의 속사람과 겉사람의 밀접한 연결을 또 한 번 거론한다(참고. 17:22). 이 잠언은 속사람을 강조한다. 육신의 **병**보다 심각한 것은 **심령의 상**함이다. **사람의 심령**은 그의 정서적, 심리적, 영적 내면생활을 가리킨다. 그것은 육신이 병들었을 때에도 그를 떠받칠 수 있다. 하지만 불안하고 억눌리고 산란한 심령은 견디지 못한다. 그런데도 그리스도인의 기도 제목은 너무나 자주 정반대에 우선순위를 둔다(참고. Kidner, *Proverbs*, 129).

18:15. 지혜로운 자는 언제나 주님께 배우고 싶어 한다(참고. 1:5; 9:9-10; 16:20). 그는 지식을 얻고 구하는 일을 우선순위에 둔다(참고. 15:14). "자신의 지식이 보잘것없음을 잘 아는 자가 가장 많이 아는 자이다"(Kidner, *Proverbs*, 129).

18:16. 이 잠언은 뻔뻔하게도 현실적이다. **선물**은 **존귀한 자**에게 다가갈 수 있는 기회를 보증한다는 것이다. 언제나 그랬다. 주석가들은 이 선물이 뇌물과 구

별되는지, 구별된다면 이 잠언이 이러한 관습을 장려하는 것인지 아닌지를 두고 논쟁을 벌인다. 그러나 그러한 선물은 수완 있는 자들이 이익을 취하려고 주는 것이지 수완 없는 자들이 주는 것이 아니다. 게다가 편애까지 조장한다. 그러므로 그러한 체계는 뇌물 공여와 매한가지이고, 잠언이 말하는 정의의 원리들에도 위배된다(Waltke, *Book of Proverbs 15-31*, 81-82). 따라서 이 잠언은 현실이 그렇다고 말하는 것이지(14:21과 달리) 꼭 그래야 한다고 말하는 것은 아니다. 물론 현실은 지혜로운 자들에게 때때로 불공평한 체제 안에서 활동하며 이익을 취하라고 강요하는 듯 보인다. 하지만 지혜로운 자들은 그러한 편의 도모를 삼가며 불의가 더 악화되지 않도록 한다.

18:17-19. 이 세 잠언은 모두 분쟁에 대해 언급하고 있다.

18:17. 이 잠언은 즉시 판단을 해서는 안 되는 이유를 제시한다. 한쪽의 주장(**먼저 온 사람의 말**)만 귀여겨들으면 판단을 그르치기 쉽다. 한쪽의 주장이 **바른 것 같**아도 사실들과 주장들을 모두 듣고 나서 판단하는 것이 더 낫다.

18:18. 16:33에서 말한 대로, **제비**는 어떤 사안에 대한 주님의 결정을 나타낸다. 진정시키기 어려운 **다툼**에 연루된 까다로운 분쟁에서는, 특히 분쟁하는 자들이 **강한 자**들일 때에는, 제비를 이용하여 그들 **사이**의 분쟁을 주님이 판가름하시도록 하는 것이 가장 좋다. "유력자들 사이의 충돌을 해결하는 것이 특히 중요하다. 그들의 의견 충돌은 그들 자신은 물론이고 사회 전체에 가장 광범위한 손해를 끼칠 수 있기 때문이다"(Longman, *Proverbs*, 358). 여기에서 중요한 원리는 (강자들을 포함한) 모든 이가 주님의 뜻이 어떻게 나타나든 간에 그 뜻에 복종하는 것이다. 오늘날에는 성령께서 특히 주님의 말씀을 통해 우리를 인도하신다.

18:19. **형제**처럼 친한 이와의 **다툼**은 특히 곤란하다. 그를 **노엽게** 하는 것은 "혈연에 의해서든 선택에 의해서든 다른 이와 가장 친밀한 관계를 맺고 있는 당사자를, 개인적인 모욕감 때문에 다른 이들로부터 끊어지게 하는 것"과 다름없다(Waltke, *Book of Proverbs 15-31*, 84). 그와 화해하기가 어려운 이유는, 악감정이 그를 **견고한 성**이나 **산성 문빗장**처럼 완고하게 만들기 때문이다. 그러한 충돌은 미연에 방지하는 것이 좋다(참고. 17:14). "가정불화는 가장 괴로운 충돌이고, 내전은 가장 잔인한 전쟁이다"(Clifford, *Proverbs*, 172).

18:20-21. **사람**의 말은 그 자신에게로 되돌아온다. 그는 자기 **입**과 **입술**의 소산, 곧 자기 말과 그 결과들을 먹고 산다(20절). 실제로 그는 그것들을 실컷 맛보게 될 것이다. 이 잠언은 긍정적인 듯하다. 말하자면 지혜로운 말은 듣는 사람뿐만 아니라 말하는 사람에게도 만족을 준다는 것이다. 그러나 **만족하게 되느니라**로 번역된 동사는 영어 동사 'to be filled'(채워지다)와 마찬가지로 모호하다. 그래서 이 잠언은 미련한 자가 자기의 미련한 말과 그 결과들을 실컷 맛보게 될 것이라는 사실도 암시하는 것 같다. 21절은 두 유형의 결과들을 명확히 제시한다. 요컨대, **혀**는 말하는 자에게 '죽음'과 '삶'을 초래하는 **힘**을 가지고 있다. 선을 위해서든 악을 위해서든 그것, 즉 혀를 **쓰기 좋아하는 자는 혀의 열매를 먹**게 될 것이다. 즉, 그들은 자신들이 하는 말의 결과로 살기도 하고 죽기도('충만한 삶'을 몰수당하기도) 할 것이다.

18:22. **아내를 얻는** 사람은 복('선한 것')을 얻는 자이기도 하다. 물론 여기에서 말하는 아내는 어진 아내이다(참고. 19:13-14; 21:9; 31:10-31). 이 잠언은 8:35과 어법이 유사하다. 이것은 어진 아내를 얻는 것이 지혜 여인 자체를 얻는 복과 유사함을 암시한다. 남자가 지혜롭다면 그런 아내를 찾을 것이다. 그런 아내를 얻게 된다면, 그 **은총**[호의, 기쁨]이 **여호와**에게서 오는 것임을 잊어선 안 된다.

18:23. **가난한 자**는 궁핍해서 **간절한 말**로 **부자**의 도움을 청하지만, 부자는 그 가난한 자에게 **엄한 말**로, 혹은 귀에 거슬리는 말로 **대답**한다. 그는 무정한 사람이어서 가난한 자의 궁핍에도 흔들리지 않고 앞으로도 (이 가난한 자나 다른 이들의) 간청을 묵살할 것 같다. 또는 그가 거만하고 인색한 사람이어서 어떤 경우에도 도와주지 않을 것 같다. 여기에서 얻는 교훈은, 미련해서 가난하게 된 자들은 지혜를 추구하고 극도의 빈궁을 피해야 한다는 것이다. 부자에게 도움을 얻을 가망이 없기 때문이다. 하지만 부자는 가난한 이들을 자비롭게 대하시는 주님을 당연히 모방하고, 가난한 이들을 돌보라는 그분의 명령에 복종해야 한다(시 28:2, 6; 잠

14:21, 31; 19:17).

18:24. 어떤 친구를 선택하느냐가 그 사람의 인생을 결정한다(참고. 12:26; 13:20). 피상적인 우정만 맺는 자는 그 때문에 **해**를 입게 될 것이다. 잘나갈 때의 **친구**들이 정작 그가 어려울 때에는 그를 실망시킬 것이기 때문이다. 흐릴 때나 맑을 때나 변함없이 **형제보다 친밀한** 친구가 진정한 **친구**이다(참고. 17:17). 지혜로운 자는 후자의 우정을 맺는다.

19:1. "이것이 저것보다 낫다"는 형식으로 말하는 이 잠언은 "수준 높은 윤리성이 물질의 소유보다 중요하다"고 단언한다(Longman, *Proverbs*, 364). 가난해서 불리하기는 하지만, 그럼에도 정직한(**성실하게 행하는**) 사람은 말로 진실을 왜곡하며 거짓을 말하는 **미련한** 부자보다 낫다(참고. 28:6). 장기적 관점과 영원의 관점에서 보면 정직이 최선의 방책이다(참고. 17:20; 22:5).

19:2. 문맥상 '사람'(*nephesh*, 네페쉬)은 **소원**으로 읽는 것이 더 낫고(ESV가 그렇게 읽는다), **~도**[감(*gam*), '~조차', 새번역]는 덜한 데서 더한 주장으로 나아감을 가리키는 듯하다(Waltke, *Book of Proverbs 15-31*, 88, 98). 미련한(지혜로운 **지식 없는**) 소원은 나쁘다(**선하지 못하다**). 그러한 소원을 성취하겠다고 서두르는 것은 더 나쁘다. 계획 없이 행동하는 사람은 자신이 바라는 것을 얻지 못할 것이다(**잘못 가거나** 목표를 빗맞힐 것이다). 이처럼 미련한 자는 미련한 소원을 추구할 뿐만 아니라 바라던 것을 얻겠다고 지나치게 서두르기까지 한다.

19:3. 미련한 자는 자신의 미련함 때문에 **스스로 길을 잘못 들고도**(새번역) 여호와께 화를 낸다(**여호와를 원망**한다). 그는 자기 문제를 하나님의 책임으로 돌린다. 이러한 책임 전가는 그의 미련함을 더할 따름이다. 미련함이 회개와 지혜로운 변화를 막기 때문이다.

19:4. 이 잠언은 18:24a에서 소개한 잘나갈 때의 '친구들'을 설명한다. 재물이 있을 때에는 친구가 많이 따른다. 무언가를 얻어내려고 달라붙는 것이다. 하지만 가난할 때에는 정반대의 결과가 나타난다. 그러한 친구 중 누구도 **가난한** 자와 어울리려 하지 않는 것이다. 그러므로 지혜로운 자라면 역경의 때에도 형제보다 가까이 붙어 있는 친구를 구할 것이다(17:17).

19:5. 잠언은 거짓말쟁이를 가리켜 미련한 자라고 말한다(1절). 이 잠언은 그 이유 중 하나를 설명한다. 거짓말쟁이, 특히 법정에서 위증하는 자는 천벌을 **면하지 못할 것**이다. 이 세상에서 거짓말을 벌 받지 않고 무난히 해내더라도, 하나님의 심판대 앞에서는 **벌을 면하지 못할 것이다**(참고. 9절).

19:6-7. 이 잠언들은 또 한 번 부자의 '친구들'과 가난한 자의 '친구들'을 비교한다(참고. 4절). 한 편으로, 부자는 인기가 있다(6절). **너그러운 사람**[*nadyib*, 나디브]은 '지배자', '귀인'으로 읽을 수도 있는데, 여기에서는 유력하면서 너그러운 부자를 암시한다. 그에게는 은혜를 구하는 **친구**가 많다. 그가 그들에게 **선물**을 주기 때문이다. 그러나 이 '친구들'은 자기만 아는 알랑쇠들이다. 부자는 그들을 조심하지 않으면 안 된다. 다른 한 편으로, **가난한 자**는 너무 궁핍해서 인기가 없다(7절). 다들 그에게서 무언가를 얻어낼 생각을 하지 않고 그의 궁핍에 시달리고 싶어 하지도 않는다. 그의 **형제들**[친족들]도 그를 미워하여 피하려고만 한다. 가족의 의무를 분담할 줄 모르는 **친구**들도 그를 더더욱 **멀리**할 뿐이다. 가난한 자가 친구들과 가족을 **따라가며 말하려** 해도, 누구도 곁에서 도와달라는 그의 부탁을 들어주지 않는다. 부자와 가난한 자 모두 이들보다 진실한 친구들이 필요하다.

19:8. 지혜를 얻고 **명철**을 지키는 것은 가장 중요한 일에 속한다. 그리하는 사람은 자기를 **사랑하고**, 선한 것, 곧 주님의 지혜에서 오는 **복을 얻게** 된다.

19:9. 이 잠언은 둘째 행의 동사만 빼면 19:5과 동일하다. 그 동사는 거짓말쟁이가 직면할 심판을 명시한다. 마침내 그는 **망할 것이다**.

19:10. 미련한 자가 부의 **사치**를 부리는 것은 부적절하고, 실로 불합리하다. 사치는 미련한 자의 미련함을 부추길 뿐이다. **종이 방백을 다스림**은 더욱 불합리하다. 이것이 더 광범한 영향을 미치기 때문이다. 이 문장은 (14:35과 17:2보다는 12:24처럼) 종은 다스릴 능력이 없음을 암시한다. 그러한 자는 견딜 수 없는 폭군이 되어 "무능력과 실수와 권력 남용과 부패와 불의, 요컨대 사회 혼란"을 초래한다(참고. 전 10:5-7; Waltke, *Book of Proverbs 15-31*, 105). 두 상황 모두 하나님이 질서를 회복하실 때까지 세상을 엉망으로 만든다(참

고. 삼상 25:2, 25, 27; Waltke, *Book of Proverbs 15-31*, 104).

19:11. **노하기를 더디 하는**[자제하는] **것은** 사람을 영예롭게 한다. 그것은 그에게 **허물을 용서하는** 능력을 준다. 이 습성은 그의 **슬기**[통찰력]를 드러낼 뿐만 아니라 그를 칭찬할 만한 사람(그의 **영광**)으로 만들어준다. 그가 하나님의 인내를 반영하기 때문이다(출 34:6; 미 7:18). 역설적이게도 "사람은 흔한 방어수단인 다툼을 포기함으로써 영예를 얻고"(Clifford, *Proverbs*, 177), 그리하여 "실제로는 칙칙하고 조심스러워 보이는 덕의 선명한 빛깔"을 드러낸다(Kidner, *Proverbs*, 133).

19:12. 왕의 **은택**을 입는 것이 그의 **분노**(새번역)를 유발하는 것보다 낫다. 왕의 진노는 **사자의 부르짖음**처럼 사람의 온몸에 위험 신호를 보내는 반면, 그의 은택은 **풀 위의 이슬**처럼 복을 암시한다. 풀 위의 이슬은 이스라엘의 건조한 환경에서 생활하는 데 결정적으로 중요하다(참고. 창 27:28; 시 133:3). 이 잠언은 왕의 신하들에게 왕 앞에서는 슬기롭게 처신하라고 권하고, 왕에게는 11절의 관점에서 잘 참으라고 권한다(Fox, *Proverbs 10-31*, 654).

19:13-14. 가정생활은 중요하다. 역기능 가정은 가정이 불행한 원인을 두 가지로 제시한다(13절). 첫째, 미련한 아들은 정서 생활과 관련된 것이든(예를 들어 10:1), 가족의 유산과 관련된 것이든(참고. 14a절), 혹은 다른 종류의 재앙과 관련된 것이든 아버지에게 **재앙**을 가져다준다. 둘째, 쉴 새 없이 잔소리하며 **다투는 아내**는 새는 지붕에서 **떨어지는 물** 같아서 남편의 기를 꺾어 절망하게 한다. 다른 한편으로, 건강한 가정생활은 큰 복의 원천이다(14절). 미련한 아들이 없는 **아비**는 가족에게 **유산**(새번역)을 물려주어 가족의 **집**과 **재물**을 보전할 수 있다. 그 집의 중심에 **슬기로운 아내**가 있으면 금상첨화이다(참고. 14:1; 31:10-31). "남자의 행복은 살림살이의 문제들과 그 해결책을 파악하고 활용하는 데 온 힘을 기울이는 그녀의 도덕적 능력에 달려 있다"(1:2; 12:4; 14:1; 18:22을 보라; Waltke, *Book of Proverbs 15-31*, 108). 지혜로운 아버지와 그 아들이 가족 재산의 보전을 보장할 것 같지만, 오직 **여호와**만이 남자에게 슬기로운 아내를 보물로 주실 수 있다(참고. 18:22). 물론 이 두 잠언은 남자의 관점에서 진술한 것이지만 여자의 경험에도 똑같이 적용할 수 있다.

19:15. **게으름은 태만한** 게으름뱅이를 **깊은 잠**에 빠뜨린다. 그는 혼수상태여서 아무짝에도 쓸모없고(Fox, *Proverbs 10-31*, 655), 자신의 굶주림을 해결하는 것과 같은 기본적인 욕구조차 채우지 못한다. 실로 그는 먹는 것보다 자는 것을 더 좋아한다(참고. 24절).

19:16. 하나님의 현자들이 제시하는 하나님의 말씀에 복종하면 생명을 얻는다. 동사 '지키다'(*shomer*, 쇼메르)는 두 가지 의미로 사용된다. 하나님의 지혜로운 **계명을 지키는**[마음에 새기는] 자는 자신의 목숨을 **지킨다**(보전한다). 그는 **자기의 행실을 삼가지 아니하는**[문자적으로 '개의치 않는'] 자와 대조를 이룬다. 자기의 행실을 주의하지 않는 자는 존경할 가치가 없고, 자신의 생활양식과 그 결과들에 개의치 않는 까닭에 미련하고 악한 행동에만 골몰하다가 사망에 이른다(그는 **죽으리라**).

19:17. 다른 이들은 그리하지 않을지라도 주님은 가난한 자를 돌보신다. **가난한 자를 불쌍히 여겨** 무언가를 베푸는 것은 **여호와께 꾸어드리는 것**과 같다. 하나님은 이 빚을 중히 여기시고, **그의 선행**을 후히 갚아주신다. 이 잠언은 현세에서든 내세에서든 "반드시 돈으로 돌려받지는 않는, 충실한 보상"이 이루어질 것이라고 예견한다(Kidner, *Proverbs*, 134).

19:18-19. 어리석게도 '자비'를 잘못 베풀 때가 간혹 있다. 부모는 **아들을 징계**하지 않고(18절) '치명적인 너그러움'을 보일 수 있지만(Kidner, *Proverbs*, 134), 이는 그 자녀를 자연스럽게 미련함으로 기울어지게 하여(참고. 22:5과 그 구절의 주석) **죽음**에 이르게 하는 것이나 다름없다. 기회의 창이 존재할 때, **희망이 있을** 때, 자녀에게 선한 영향을 미쳐야 한다. 그래야 자녀가 미련한 길로 빠지지 않는다. 때에 맞게 징계하지 않는다면 사랑하는 것이 아니다(13:24; 20:30; 23:13-14과 그 구절들의 주석을 보라). 그것은 살인미수나 다름없다(**그를 죽일 마음은 두지 말지니라**). **성격이 불같은 사람**(새번역)을 **맹렬**한 **분노**의 결과로부터 **건져주**는 것은 호의를 베푸는 것이 아니다(19절). 분노 때문에 습관적으로 곤경에 빠질 때마다 그를 건져주면, 그런 일이 **다시** 빚어질 뿐이다. 그가 자기 행동

에 상응하는 벌을 받게 내버려두는 편이 더 낫다. 그래야 배우고 고칠 것이다.

19:20. **지혜롭게** 되는 것은 하루아침에 이루어지는 일이 아니다. 그리 되려면 지혜로운 자의 **권고를** 겸손히 **들으며 훈계를 받**아야 한다. 그러다보면 언젠가는 **지혜롭게** 될 것이다. 둘째 행에 등장하는 '네 남은 날에는'은 '네 미래에는'으로 읽는 것이 낫다(개역개정은 **필경은**으로 번역—옮긴이 주). 그 행은 젊은이든 노장이든 지혜의 말씀을 꾸준히 들으면 차츰차츰 지혜로워짐을 암시한다(참고. 1:5; Longman, *Proverbs*, 370).

19:21. 사람들은 **많은 계획**을 세우는 것 같다. 그 계획들은 바뀔 수도 있고 열매를 맺을 수도, 맺지 못할 수도 있다. 반면에 **여호와의** 계획은 견고히 **서서** 반드시 이루어질 것이다(참고. 시 33:10-11). 지혜로운 자라면 자신의 계획을 하나님의 뜻에 맡길 것이다(16:1-9과 그 구절들의 주석을 보라).

19:22. 여기에서 **인자함**[헤세드]은 단순히 인간의 친절함보다는 주님의 특징인 성실한 사랑을 내포하는 것 같다(예를 들어 출 15:13; 34:6-7; 시 103:17; 사 54:10). 사람들은 성실함을 올바로 욕망하거나 존중한다. 실로 그것은 부귀보다 **사모함** 직하고 존중함 직하다. **가난한 자가 거짓말하는 자보다 나**은 것은 그 때문이다. 거짓말하는 자는 불성실해서 자신이 한 약속도 지키지 않는다.

19:23. **여호와를 경외하는 것**은 커다란 복을 가져다준다(참고. 9:10). 그것은 **생명에 이르게** 한다. 이 생명에는 만족감도 포함된다(**족하게 지내고**). 주님이 그 사람에게 필요한 것을 채워주시기 때문이다. 또한 거기에는 안전도 포함된다. 주님이 그 사람을 불행에서 건져주시기 때문이다(**재앙을 당하지 아니하느니라**).

19:24. 이 익살스러운 잠언은 **게으른 자**를 너무 게을러서 스스로 먹고살지 못하는 자로 묘사한다. 그는 밥그릇을 앞에 놓고도 **자기의 손**을 거기에 **넣을** 힘조차 내지 않고, 밥을 자기 **입**에 떠 넣으려 하지 않는다. 그는 자신이 너무 지쳐서 그럴 수 없다고 생각하거나 그럴 기분이 아니거나 잠든 것인지도 모른다(Steveson, *Commentary on Proverbs*, 263). 어느 경우이든 그는 게으름 때문에 굶주리게 될 것이다. 이 잠언은 게으른 자가 너무 게을러서 좋은 기회들을 이용하지 못함을 암시한다(Fox, *Proverbs 10-31*, 660).

19:25. **거만한 자**는 소견이 좁아서 매질도 통하지 않는다. 반면에 매질은 **어리석은 자**를 가르쳐 지혜롭게 하거나, 그러한 매질을 피할 정도의 지혜를 갖추게 한다(Fox, *Proverbs 10-31*, 660). 그러나 **명철**하고 지혜로운 자는 감수성이 예민해서 매질 같은 충격 요법이 필요 없다. 꾸짖음(**견책**)을 한마디만 들어도 그는 더 많은 **지식을 얻**는다. 지혜로운 자는 겸손해서 가르침을 잘 듣는다.

19:26-27. 부모에게 슬픔을 안겨주는 미련한 자들 중 하나는 **아비를 구박하고 어미를 쫓아내는 자**이다(26절). 그는 "수동적으로는 태만함으로(10:5), 능동적으로는 방탕하게 살면서 집안의 재산을 탕진하고 (29:3), 어머니를 내쫓고 유산을 빼앗는 것으로"(20:20; 28:24; 30:11, 17) 그리하는 것 같다(Waltke, *Proverbs 15-31*, 123). 그런 **자식**은 부모에게는 물론이고 자신에게도 부끄러움과 수치를 끼치게 마련이다. 27절은 **아들**이 어떻게 망가지는지 설명한다. 그는 부모의 **교훈**을 **듣**는 것을 멈추고, **지식의 말씀에서 떠**난다. 이 아들이 그러하듯 누구든 그럴 수 있다. 그러나 지혜로운 자는 결코 그러지 않는다. 그 위험을 잘 아는 까닭이다. 그는 항상 훈계 받을 준비를 하고 지혜에서 떠나는 법이 없다.

19:28-29. **망령된**[무익한] **증인**은 거짓 증언으로 **정의**를 업신여긴다(28절; 참고. 왕상 21:10, 13). 그가 그리하는 것은 속속들이 악하기 때문이다. 그는 **죄악**을 삼키고, 그의 **입**은 삼킨 것을 내뱉는다. 그러나 그렇게 악하고 **거만한 자**들은 너무 거들먹거릴 일이 아니다 (19:29). 그들이 정의를 무시해도 정의는 보존되고, 하나님은 조롱받지 않으시기 때문이다. 그들이 기대할 것은 하나님의 **심판**과 인간의 정의(**어리석은 자들의 등을 위하여 예비된 채찍**)뿐이다. 그들은 그런 처우를 받아 마땅하다.

20:1. 성경은 술 마시는 것을 무조건 비난하지는 않지만(참고. 3:10; 9:5; 시 104:15; 딤전 5:23) 술에 취하는 것은 여지없이 비난한다. 여기에서 포도주와 독주는 **거만하게 하는 것**과 **떠들게 하는 것**으로 구체화된다. 그것에 취하는(문자적으로 '비틀거리는') 자는 **지혜가 없다**. 사람이 술에 취하면 자제력을 잃고 경솔하고 소란스러우며 미련한 행동을 하게 되기 때문이다.

20:2-3. **사자의 부르짖음**이 먹잇감을 덥석 물려는 것이듯, **왕**의 격노는 **그를 노하게 하는** 신하의 마음에 공포를 안긴다. 신하가 공포에 떠는 데에는 나름의 이유가 있다. **자기의 생명**이 위험에 처했기 때문이다(2절; 참고. 19:12). 그러니 애초에 그를 노하게 하지 않는 것이 지혜로운 처신이다. 왕과 교제하기보다는 **다툼**을 피하는 것이 더 지혜로운 일이다(3절). 미련한 자는 **다툼**에 급급하지만, 지혜로운 **사람**은 조정자인 까닭에 **영광**을 얻는다. 미련한 자는 자신의 영광을 지키기에 급급하다가 오히려 잃어버리지만, 지혜로운 자는 그러한 싸움을 겸손히 억눌러 영광을 얻는다(Clifford, *Proverbs*, 182).

20:4. **게으른 자**는 선견지명이 없다. 그는 알맞은 철에 밭을 열심히 갈려고 하지 않는다. **가을에**라는 표현은 이스라엘에서 밭 **갈기**에 알맞은 때를 가리킨다. 그는 뿌린 것이 없기에 **추수 때에 거둘 것이 없다**(새번역). 그는 어쩔 수 없이 음식을 **구걸**하지 않으면 안 된다. 그의 굶주림은 무한정 계속될 것이다. 곡물이 없어서 이듬해에 파종할 종자조차 없기 때문이다(Waltke, *Book of Proverbs 15-31*, 130-131).

20:5. 이 난해한 잠언 해석은 다음 세 요소에 달려 있다. 첫째, **깊은 물**은 (18:4에서처럼) 감추어진 것(Clifford, *Proverbs*, 182), 신비롭고 오묘한 것(Longman, *Proverbs*, 377) 또는 새 힘을 더해주는 것을 나타낸다(Fox, *Proverbs 10-31*, 664). 둘째, 명사 **모략**[*'etzah*, 에차]은 사람의 계획이나 충고를 가리킨다. 셋째, 모략을 지닌 **사람**의 성격이 명시되어 있지 않다. 따라서 그는 악한 음모가일 수도, 혼란에 빠진 내담자일 수도, 지혜로운 자일 수도, 현자 자신일 수도 있다. 그렇다면 **명철한 사람**은 **모략**을 **길어**낼 때 어떻게 하는가? 그는 (1) 자신의 은밀한 통찰력(Murphy, *Proverbs*, 150), (2) 그러한 통찰력이 없는 다른 이의 의도(Kidner, *Proverbs*, 137), (3) 악한 음모가의 간계(Waltke, *Book of Proverbs 15-31*, 131), (4) 동료 현자의 참신하고 지혜로운 충고(Fox, *Proverbs 10-31*, 664-665) 또는 동료 현자의 심오하고 도전적인 충고(Longman, *Proverbs*, 377)를 분간할 것이다. 네 번째 경우가 가장 그럴듯해 보인다(참고. 18:4 주석). 하지만 이 "지혜로운 자의 오묘한 말"(1:6)은 일부러 모호함을 띠는 것 같다.

20:6. 말하기는 쉽다. **많은 사람**이 저마다 자기가 충성스럽고 성실하다고 주장하지만, **참으로 믿을 만한 사람**(새번역)은 드물다. 역경이라는 시험을 거친 우정과 그렇지 않은 우정은 차이가 나고(Clifford, *Proverbs*, 182), 잘나갈 때의 친구와 참된 친구 간에도 차이가 있다(참고. 17:17; 18:24).

20:7. 의인은 주님을 경외하고 사랑하고 **온전하게**(흠 없이) 살며 그분을 기쁘게 해드리려고 애쓴다. 그는 자기 후손에게 좋은 역할 모델이 되고, 그들은 그의 본을 받고 그 결과 **복**을 얻는다.

20:8. 이 절은 의롭고 지혜로운 **왕**이 **심판 자리**에 앉아 다스린다고 서술한다. **흩어지게 하다**라는 동사는 왕이 그의 형형한 **눈**으로 골라내고 체질한다는 의미를 내포하고 있다. 그는 (**심판 자리에 앉**아) 재판을 집행하는 권력과 악을 알아보는 통찰력을 가지고 있어서 악을 송두리째 뽑아 물리친다(참고. 25:5). 이 이상은 메시아 왕이 다스리시는 메시아 왕국에서 완전히 실현될 것이다(사 11:1-5).

20:9. 이 잠언은 인간의 도덕적 부패와 주님 앞에서의 도덕적 무능을 똑똑히 증명한다. 이 절에 등장하는 수사적 질문은 대답을 요구하지만 누구도 대답하지 못한다. 주님 앞에서는 **마음을 정하게** 한 사람도 없고, **죄를 깨끗하게** 한 사람도 없다(참고. 왕상 8:46; 전 7:20; 렘 17:9; 사 53:6; 롬 3:9-20). 참으로 잠언은 악인과 도덕적 순수성, 결백, 정의를 추구하는 의인의 차이를 거듭해서 단언한다(예를 들어 20:7-8). 하지만 이 잠언은 의인에게 완전은 불가능하고, 그의 결백은 상대적이며, 의인조차 스스로를 깨끗하게 할 수 없음을 상기시킨다. 요컨대 그는 자신이 하나님의 자비로운 용서가 필요한 죄인에 불과함을 인정한다(참고. 28:13).

20:10. 이 절은 거래상의 정직이 얼마나 중요한지 다시 강조한다(참고. 11:1; 16:11). **여호와**께서는 **한결같지 않은 저울추와 한결같지 않은 되**를 몹시 싫어하신다. 이 표현은 구입할 때에는 불공정하게 큰 추와 되를 쓰고(그래서 판매자로부터 마땅히 받을 것보다 더 많은 것을 받아내고), 팔 때에는 불공정하게 작은 추를 사용하는(그래서 소비자에게 마땅히 주어야 할 것보다 더 적은 것을 주는) 부정행위를 반영하고 있다. 개인 차

원에서 이루어지든 정부 차원에서 이루어지든 그러한 부정행위는 주님의 분노를 사게 마련이다.

20:11. **나타내느니라**[*yitnakker*, 이트낙케르]라는 표현은 '알아보다' 또는 '~인 체하다'를 의미할 수 있다. 따라서 **아이**의 **동작**, 곧 젊은이의 행위라도 그의 성격이 **깨끗**하고 **올바른지**를 드러낸다는 것이다. ESV는 그 단어의 두 가지 미묘한 차이를 다음과 같이 포착한다. "아이라도 행위로 자신의 품행이 깨끗하고 올바른지 알린다." 만일 그 동사가 '알아보다'를 의미한다면, 이 잠언은 젊은이(**아이**)의 **동작**을 보고, 그의 품행이 **청결**하고 **올바른지**(새번역) 그렇지 않은지 알아볼 수 있다고 말하는 것이 된다. 말하자면 품행이 그의 성격을 드러낸다는 것이다. ESV는 난외주에서 이렇게 말한다. "아이라도 행위로 자신의 품행이 깨끗하고 올바른 체할 수 있다." 그 동사가 '~인 체하다'를 의미한다면, 이 잠언은 젊은이가 자신의 행위로 그러한 행위가 깨끗하고 정직한 것처럼 보이게 가장할 수 있다고 말하는 것이다. 다시 말해, 위선자가 될 수 있다는 것이다. 두 가지 해석 모두 가능하고, 둘 다 동일한 설득력을 지닌다. 아이들조차 이 진리에 해당한다면 어른들도 분명 이에 해당한다.

20:12. **듣는 귀**와 **보는 눈**은 참된 지각력, 곧 "실제로 듣는 귀와 실제로 보는 눈"을 암시한다(Fox, *Proverbs 10-31*, 668). 이 지각력은 지혜에 꼭 필요하다. "사람은 바른 가르침을 들으려는 준비를 통해 그리고 관찰력이 예리한 눈을 통해 지혜롭게 된다"(Murphy, *Proverbs*, 151). 이 지각력은 11절에 등장하는 것과 같은 상황들에서도 유용하다. 그러나 이 잠언은 그러한 통찰력이 자연 발생하는 게 아니라 그것들(귀와 눈)을 **지으신 여호와**에게서 온다고 역설한다(참고. 사 6:9-10; 마 13:14-15).

20:13. 게으른 자는 일보다는 **잠자기**를 좋아하는 까닭에 **빈궁하게** 된다(참고. 6:10; 24:33). 반면에 부지런한 자는 일할 때가 되면 깨어 있어서(자기 **눈을** 떠서) **양식**을 풍족히 얻는다. 이 잠언은 지혜로운 자에게 전자를 본받지 말고 후자를 본받으라고 권한다.

20:14. 이 잠언은 의뭉스러운 판매원보다는 의뭉스러운 '구매자'를 조심하라고 권한다(Longman, *Proverbs*, 381). 그는 상품의 질이 떨어진다(**좋지 못하다 좋지 못하다**)며 그 가격을 시가 아래로 떨어뜨린다. 그러고는 거래를 마치고 **돌아간 후에는** 자신의 똑똑함을 **자랑**한다. 그는 "사기꾼처럼 속이는 자이자 사악한 자랑꾼"이다(Waltke, *Book of Proverbs 15-31*, 143). 지혜로운 상인이라면 거래할 때 구매자가 자기 상품에 대해 불평하는 내용을 액면 그대로 받아들이지 않을 것이다.

20:15. 지혜는 **금**과 많은 **진주**보다 **더욱 귀**하다(참고. 3:14-15; 8:10-11). 이 비유는 지혜의 가치가 더 큰 것은 물론이고, 지혜의 매력이 더 크다고 주장한다. '것'(thing)이라는 단어는 진주의 이미지에 맞게 '보배'로 읽는 것이 더 낫다(Fox, *Proverbs 10-31*, 669). **지혜로운 입술**로 꾸미는 것(지혜롭게 말하는 것)이 보석으로 꾸미는 것보다 낫다.

20:16. **타인**을 위해 보증을 서는 것은 어리석은 일이다(참고. 6:1-5; 11:15; 17:18; 22:26; 27:13). 그리하는 자는 모든 것을 잃고, 입고 있던 **옷**까지 벗어주어야 하게 될 수 있다. 이 잠언은 재판관이나 채권자가 보증인을 응시하며 하는 말일 수 있다(Fox, *Proverbs 10-31*, 669).

20:17. **속여서 얻은 빵**(새번역)은 문자적으로 읽으면 '사기의 빵'이 된다. 이 음식물은 두 가지 의미에서 실망을 안겨준다. 첫째, 그것은 부정한 방법으로 얻은 빵이다. 둘째, 그것은 속이는 자를 속인다. 처음에는 **맛이 좋고** 만족스러운 것 같지만, **후에는 모래**를 먹는 것처럼 불쾌하고 해로울 것이다(참고. 9:17-18, 미련한 자의 '단물'은 실제로 그를 죽음에 이르게 한다). "사기 행위로 얻은 음식물은 기만적인 양분만 제공한다"(Clifford, *Proverbs*, 184). 음식물에 해당되는 것은 사람의 소유물에 적용될 수도 있고(Longman, *Proverbs*, 381), 사람의 욕망을 충족시켜주는 것에 적용될 수도 있다(Waltke, *Book of Proverbs 15-31*, 146).

20:18. 지혜로운 자의 **계획**(새번역)은 성공하게 마련이다. 그가 지혜로운 **의논**을 구하기 때문이다(참고. 11:14). 이 일반 원리는 전쟁 준비에 적용된다. 지혜로운 왕이나 지휘관은 참모들의 **지략**을 구한 뒤에 비로소 **전쟁할** 것이다. 민족이든 개인이든 조언을 구하지 않으면 비참한 결과를 맞이할 수 있다.

20:19-20. 미련한 자들은 자신들의 말로 다른 이를

해친다. 그중 한 부류, 곧 **험담하며 돌아다니는 사람은 남의 비밀을 새게 하는 사람**이다(19절, 새번역). 그 때문에 사람들이 그와 어울리고 싶어 하지만, 그리하는 것은 어리석기 그지없다. 험담하는 자는 큰 입을 가지고 있다(문자적으로 읽으면, 그는 '자기 입술을 벌리는' 자이다, Koehler et al., *HALOT*, 985). 따라서 그와 어울리기보다는 그를 멀리하는 것이 낫다. 그렇지 않으면 그가 당신의 비밀도 퍼뜨릴 것이다! 또 다른 부류의 미련한 자는 부모를 **저주하는 자**이다(20절). 이 저주에는 자기 부모를 공공연히 비방하고 모욕하는 일도 포함된다(Fox, *Proverbs 10-31*, 672). 그 결과, "그의 등불은 칠흑 어둠 속에 빠져 꺼지고 말 것이다"(NIV, 참고. 출 20:12). 이것은 그가 이른 시기에 죽거나(Clifford, *Proverbs*, 185), 자손을 보지 못할 것임을 암시하는 듯하다(Fox, *Proverbs 10-31*, 672). 어떤 경우이든 그는 심판을 받게 될 것이다. "그가 자기 부모를 저주했기 때문에 주님이 그를 저주하시는 것이다"(Waltke, *Book of Proverbs 15-31*, 151; 참고. 신 27:16).

20:21. **처음에 속히 잡은 산업**이라는 표현은 너무 일찍 물려받은 유산을 암시한다. 원문은 유산을 일찍 물려받은 이유를 밝히지 않는다. 부모를 저주하는 것(20절)과 관련지으면, 그 표현은 부정한 이익, 곧 악한 아들이 부정하게 일찍 획득한 유산을 암시한다(19:26-27의 주석을 보라). 그 표현은 그 아들이 탕자의 경우처럼(참고. 눅 15:11-32) 너무 어리거나 부모가 일찍 죽어서 감당할 수 없을 때 물려받은 유산을 암시할 수도 있다(Longman, *Proverbs*, 383). 어느 경우이든 그 유산은 결국 **복이 되지** 않을 것이다.

20:22. 이 짧은 경고는 직접 복수하는 것을 말린다. "**내가 악을 갚겠다" 말하지 말라**. "제자는 아무리 오랫동안 하나님의 개입을 기다려야 할지라도 하나님이 악을 바로잡아 주시기를 바란다"(Waltke, *Book of Proverbs 15-31*, 153; 참고. 시 37:34; 롬 12:19-21). 직접 복수하기보다는 주님을 의지하는(**여호와를 기다리는**) 것이 훨씬 낫다. 주님이 개입하여 그분의 제자를 **구원하**실 것이다. 이 구원에는 피해자를 돌보시고 가해자를 심판하시는 일도 포함되는 것 같다. 주목할 것은 **내가**(NASB)라는 1인칭 주어가 암시하듯 이 잠언이 직접적인 복수만 거론하고 있다는 사실이다(Longman, *Proverbs*, 383). 하나님의 대행자로서 정부가 합법적인 역할을 하며 정의를 위해 조치하는 것을 말리지는 않는 것이다(참고. 롬 13:1-7).

20:23. 이 잠언은 하나님이 부정직한 **저울추**를 싫어하신다는 견해를 되풀이하면서(참고. 10절), **속이는 저울은 좋지 못한 것**이라는 생각을 덧붙인다. 여기에서 '좋은'이라는 표현은 실용적인 의미를 지니고 있는 듯하다(Fox, *Proverbs 10-31*, 674). 말하자면 속임수가 궁극적으로는 이로울 게 없다는 것이다. 하나님이 속이는 자들에게 복수하실 것이기 때문이다(참고. 22절).

20:24. 잠언은 지혜로운 자에게 계획을 세우라고 자주 권하지만(참고. 11:14; 14:22; 15:22; 20:18; 21:5; 24:6, 27), 그렇다고 인생 전반에 걸친 하나님의 주권이 약화되는 것은 아니다. **사람의 걸음은 여호와로 말미암는다**. 누구도 **자기의 길을 알 수** 없다. "인간은 계획을 온전히 세우거나 인생의 행로를 관장할 수 없다. 궁극적으로 관장하시는 분은 하나님이고, 그분의 계획은 누구도 알 수 없기 때문이다"(Fox, *Proverbs 10-31*, 674). 인간의 행동(참고. 16:1, 9)과 지혜에는 한계가 있다(참고. 전 3:11; 8:17; 11:5). 지혜로운 자들이 계획을 세우고 행동하면서도 하나님의 뜻에 겸손히 복종하는 것은 그 때문이다(참고. 16:3).

20:25. 이 잠언은 하나님께 경솔히 서원하는 것 또는 영적 생활 전반에서 일어나는 경솔한 행위와 관계있다(참고. 신 23:21; 전 5:1-7). 지혜로운 자는 먼저 삼가 숙고하고 **살핀** 뒤에야, (**이 물건은 거룩하다** 말하며) 주님께 선물을 봉헌하겠다고 **서원**한다. 앞뒤 가리지 않고 **함부로** 서원했다가 어리석게도 그것을 무르는 자들은 스스로 **덫**에 걸려드는 것이다. 하나님은 그들이 서원을 그대로 이행하기를 바라시기 때문이다(신 23:21-23). 이는 입다(삿 11:29-40)와 사울(삼상 14)의 예에서 알 수 있는 사실이다. 그것은 미련할 뿐 아니라 주제넘는 행동이다.

20:26. 고대의 농부들은 **타작하는 바퀴**를 알곡 줄기들 위에 굴려 알곡과 쭉정이를 구별하고 골라냈다. 그러면 쭉정이는 바람에 흩어졌다. **지혜로운 왕은 악인들을 키질하**여 자기 왕국에서 흩어버리고 쫓아냈다(참고. 8절). 이 이미지는 처벌/파멸을 암시하기도 한다(Fox, *Proverbs 10-31*, 676). 어느 경우이든 지혜로운

왕은 자기 왕국에 도사리고 있는 악을 묵인하지 않을 것이다.

20:27. 이 잠언의 기본 요점은 하나님이 사람을 속속들이 아신다는 것이다(참고. 15:11). **여호와의 등불은 사람의 깊은 속**을 비춘다. 이 등불은 사람의 숨(*nishemat*, 니셰마트)으로 간주되고, 그 숨은 그의 생명(예를 들어 창 2:7), 사람의 **영혼**(참고. 욥 32:8), (사람이 내뱉는) 말을 가리키는 것으로 보인다. 사람의 영이 사람의 양심을 가리킬 경우에 문맥상 뜻이 가장 잘 통한다. 주님은 사람의 양심을 이용하여 우리 깊은 속으로 뚫고 들어와 우리가 그분처럼 그 깊은 속을 보도록 하신다. 우리 삶 속의 죄를 폭로하여 우리가 그것을 알도록 하시는 것이야말로 하나님의 선물이다(Steveson, *Commentary on Proverbs*, 279).

20:28. 왕은 헤세드[첫째 행에서는 **인자**로 읽고, 둘째 행에서는 **정의**(새번역)로 읽는다]와 에메트(첫째 행에서 **진리**로 읽는다)로 **그의 왕위**를 보전한다. 이 단어들은 한결같은 사랑과 성실함을 가리킨다. 그런데 이 한결같은 사랑과 성실함은 하나님이 왕에게 베푸시는 것인가, 아니면 왕이 하나님께 드리는 것인가, 아니면 왕이 백성에게 기울이는 것인가? 본문은 하나님을 경외하는 왕국 안의 당사자를 모두 아우르기 위해 일부러 모호함을 띠는 것 같다. "모든 당사자 사이의 한결같은 성실함을 통해서만 생산적인 통치가 이루어지고, 왕은 찬탈이나 암살을 피할 수 있다"(Longman, *Proverbs*, 385).

20:29. 이 잠언은 **젊은 자**에게 **영화**를 주는 것과 **늙은 자**에게 **영광**(새번역)을 주는 것을 비교한다. 젊은이는 **힘**을 자랑하고(참고. 애 3:27), 노인은 **백발**을 자랑한다. 노인의 백발은 지혜와 정의와 성공한 삶을 가리키는 증거이다(참고. 16:31; 레 19:32). 젊은이는 노인에게 지혜로워지는 법을 구해야 하고, 노인은 젊은이의 힘을 시새워해서는 안 된다(참고. 딤후 2:2; 딤전 4:12). 결국 둘 다 좋은 것이지만 힘보다는 지혜가 훨씬 낫다(참고. 24:5-6). 잠언의 문맥으로 볼 때, 노인이 젊은이보다 더 나은 대우를 받는 것 같다(Longman, *Proverbs*, 386).

20:30. 체벌(**상하게 때리는 것, 매**)은 표면적인 순종을 끌어내는 것 그 이상의 일을 할 수 있다. 그것은 **사람 속에**까지 깊이 들어가 **악을 없**앨 수 있다. 문맥상 체벌은 형벌을 가리킬 수 있지만(Garrett, *Proverbs*, 179) 부모가 가하는 징계에 적용될 수도 있다(참고. 13:24; 22:15). 물론 자녀 학대를 옹호하지는 않는다! 적절한 체벌은 다른 형식의 가르침과 함께 훌륭한 교육 수단으로 여겨진다. 부모에게 체벌은 사랑의 행위이며, 그 효과는 해롭지 않고 유익하다(13:24; 19:18-19; 22:15; 23:13-14과 그 구절들의 주석을 보라).

21:1. 이것은 "왕들의 왕이신 분"에 대한 증언이다(Kidner, *Proverbs*, 141). 하나님의 주권은 왕과 그가 인도하는 민족에게까지 미친다. 농부가 **봇물**을 자기가 원하는 대로 자기 소유지로 돌릴 수 있듯 **여호와께서 왕의 마음을 임의로 인도하신다**. 구약성경에서 물은 종종 강력하고 무질서한 힘을 상징한다. 물을 다루려면 통제하는 힘과 기술이 필요하다(Waltke, *Book of Proverbs 15-31*, 168). 그러나 물은 생명을 주는 복이기도 하다. 마찬가지로 주님은 강력한 왕까지 다스리고 지도하여 그의 민족에게 여러 방법으로 복을 베푸신다. 또는 복을 떠나게 하신다.

21:2-4. 지혜로운 자는 주권자이신 주님의 평가에 가장 먼저 관심을 기울인다. 2절은 16:2과 거의 같다(16:2의 주석을 보라). 사람들은 스스로를 기만하거나 하나님의 도덕 질서를 뒤집으면서도 자신의 **행위가 정직하**다고 잘못 판단한다(참고. 창 3:1-7). 중요한 것은 주님이 인간의 **마음**을 정확히 판단하신다는 것이다. 잠언 21:3은 하나님의 평가 기준을 중요한 보기로 제시한다. **여호와께서는 공의와 정의를 제사**보다 귀하게 여기신다. 그분은 윤리를 종교의식보다 소중하게 여기신다. 실제로 윤리가 빠진 제사를 달가워하지 않으신다(참고. 15:8-9; 사 1:11-17; 호 6:6; 미 6:6-8; 삼상 15:22; Longman, *Proverbs*, 390). 신약성경은 구약성경의 제사법은 무시하지만(참고. 마 12:7; 행 10:34-35) 도덕률은 무시하지 않는다(마 22:27-29; Waltke, *Book of Proverbs 15-31*, 170). 잠언 21:4은 하나님의 평가 기준을 보여주는 또 다른 보기이다. 하나님은 **눈이 높은 것과 마음이 교만한 것과** "악인의 등불"(개역개정은 **악인이 형통한 것**)을 다 **죄**로 여기신다. 여기에서 해석상의 핵심 문제는 마지막 이미지와 관계가 있다. 명사 니르(*nir*)는 '등불'로 번역할 수도 있고,

'경작지/쟁기질'로 번역할 수도 있다. 주석가들의 견해는 갈리지만 어느 이미지이든 동일한 요점에 도달하는 것 같다. 등불은 사람의 생명을 가리키고(Kidner, Proverbs, 141; 참고. 20:20), 경작지는 일반 활동의 한 예로 사용되어 사람의 모든 일을 가리키는 것 같다. 말하자면 주님은 **악인**의 모든 활동, 즉 악인의 삶을 죄로 여기신다는 것이다. 2절의 관점에서 읽으면, 악인은 철두철미하게(겉은 눈이, 속은 마음이) **교만**하기까지 하다. 하나님의 기준을 거스르면서도 자기 행위를 옳다고 판단하기 때문이다.

21:5-7. 앞의 잠언들이 하나님의 판단 기준들을 다루었다면, 이 잠언들은 여러 유형의 악인에 대해 하나님이 판단하신 결과들을 다룬다.

21:5. 다소 놀랍게도, 여기에서는 부지런함이 게으름이 아니라 성급함과 대조를 이룬다. 아무래도 경솔함을 게으름의 한 유형으로 여겨야 할 것 같다. 성급하게 행동하는 자는 너무 게을러서 계획을 세우지 못하기 때문이다. 어쨌든 시간을 들여 계획을 세우는 **부지런한 자**는 번영을 누리는 반면, **조급한 자는 궁핍함에** 이를 것이다. 서두르면 일을 그르치게 마련이다.

21:6. 거짓말쟁이들이 재물을 축적하는 경우가 간혹 있지만, 그 재물은 바보들의 금이나 다름없다. 부정한 이득은 바람에 날리는 **안개**처럼 덧없다. 설상가상으로 부정한 이득을 추구하는 자들은 속임수의 기만적 보상인 **죽음**을 구하는 것이다.

21:7. 악인들이 부당한 이유로 다른 이들에게 **폭력**(새번역)을 휘두르면, 그 폭력은 그들에게 되돌아갈 것이다. 폭력은 그물에 걸린 물고기라도 되는 양 그들을 끌어당길 것이다(참고. 합 1:15). 그들은 "자신의 사형을 집행하는 자"가 된다(Kidner, *Proverbs*, 142; 참고. 삿 9장). 더 일반적이기는 하지만, 예수님도 이와 비슷한 생각을 밝히셨다(참고. 마 26:52).

21:8. 죄인(새번역)과 **깨끗한 자**의 차이는 생활과 행동 방식에서 분명하게 드러난다. 전자의 길은 **구부러지고**, 후자의 길은 **곧**거나 평탄하다. 그들이 각자 따르는 길은 특히 5-7절의 관점에서 볼 때 하나님의 심판 내지 복을 암시하는 것 같다(구부러진 길은 곧은길보다 훨씬 험하다). 어떤 주석가들은 일반적으로 난해하다고 인정되는 첫째 행을 다르게 이해하고, 이 잠언 전체를 그에 따라 해석한다. 클리포드의 번역(*Proverbs*, 187)은 덜 그럴듯하지만 다음과 같은 대체 해석을 담고 있다. "사람의 길이 지그재그로 나아가고 이상하더라도 그의 행실은 흠 없고 바르다."

21:9. 어진 아내를 얻는 것이 복이라면(18:22) **다투기를 좋아하는**(새번역) 아내를 얻는 것은 복이 아니다. 다투기를 좋아하는 자는 늘 다투기에 급급하기 때문이다. 그럴 바에야 **지붕 한 모퉁이에서**(개역개정의 난외주) 혼자 **사는 것이** 더 낫다. 지붕이 편평해서 혼자 살 수 있다고 해도 그런 삶은 외롭고 답답하고 불편하며 노출된 삶이 될 테지만, **다투기를 좋아하는** 아내와 **함께 한 집에서 사는 것**이 더 나쁘다. 한 아내와 다투기 좋아하는 남편의 경우에도 동일한 적용을 할 수 있다. 결혼하고 싶어 하는 독신들이 지혜롭다면, 어진 배우자를 얻는 복을 내려달라고 주님께 기도하면서 그런 사람을 참을성 있게 기다려야 할 것이다. 어쨌든 다툼으로 찢긴 결혼 생활보다는 혼자 사는 것이 낫다. 다투기를 좋아하는 배우자와 함께 사는 사람에게 물어보라.

21:10. **악인**은 이웃을 불행하게 한다. 그는 **악한 것만을** 바란다(새번역). 그는 악한 생각에 푹 빠져 이웃을 무시하고, 심한 경우에는 학대하기까지 한다. 어떠한 경우에도 이웃을 사랑하지 않는다. 악인의 **이웃**은 그에게 아무 **은혜**도 기대할 수 없다.

21:11. 무자비하고 **거만한 자**는 마땅한 벌을 받으면서도 배우는 게 거의 없지만, **어수룩한**(새번역) 구경꾼은 조금이라도 배워 **지혜**롭게 된다(참고. 19:25). 둘째 행은 더 모호하다. **지혜로운 자가 교훈을 받으면** 누가 **지식을 더하**게 되는가? 계속 지혜롭게 성장하여 충격요법이 필요하지 않은 **지혜로운 자**일 수도 있고(19:25과 유사하다), 부정적인 예와 긍정적인 예를 보면서 지혜롭게 성장하는 **어수룩한**(새번역) 자일 수도 있다. 아무래도 후자일 것이다. 지혜의 여러 목적 중 하나가 어수룩한 자를 지혜 쪽으로 끌어들이는 것이기 때문이다(Murphy, *Proverbs*, 159; 참고. 1:4).

21:12. 이 잠언에 등장하는 **의로우신 자**는 누구인가? 혹자는 그를 가리켜 의로운 '사람'이라고 주장한다. 하지만 '사람'이 **악인을 환난에 던**질 수 있다고 보기는 어렵다. 악인을 몰락시키는 분은 주님이시기 때문이다(참고. 13:6; 20:22). 따라서 **의로우신 자**란 하나님 자

잠

신을 가리키는 표현이다(사 24:16). 악인의 집안에 있는 그 무엇도 하나님의 눈길을 피하지 못한다. 하나님이 그들을 공정하게 심판하실 것이다.

21:13-15. 이어지는 잠언들은 정의와 불의에 대한 여러 태도를 제시한다.

21:13. 뿌린 대로 거둔다는 말은 적어도 마음을 완고하게 하고(**귀를 막고**) **가난한 자의 부르짖는 소리**에 응답하지 않는 자에게 해당한다. 그에게도 궁핍한 시기가 반드시 닥칠 텐데, 그때 그는 아무리 도움을 청해도 응답받지 못할 것이다. 불쌍히 여기지 않는 자를 불쌍히 여길 사람은 없다. 그래야 할 이유가 없다. 그런 자를 어떻게 불쌍히 여기겠는가? 설상가상으로 하나님도 응답하지 않으실 것이다. 하나님은 가난한 자들을 돌보시고(19:17; 22:22-23), 사람들도 그렇게 하기를 바라신다(14:31). 그러지 않는 것은 악한 일이며 도움은커녕 하나님의 심판을 부를 뿐이다.

21:14. 13절의 현실에도 불구하고, 불쌍히 여기지 않는 자는 정의를 부르짖는 가난한 자들의 소리에 자신이 응답하지 않는 나름의 이유가 있다고 생각할지 모른다. **은밀한 선물**, 즉 **뇌물**을 받고 잠시 정의를 우회해서 갈 수 있다고 생각하는 것이다. 어떤 주석가들은 이 잠언이 단지 뇌물은 노를 진정시키고, 노를 가라앉히는 것은 좋은 일이니(15:1, 18) 뇌물도 적절할 때가 있다는 하나의 소견을 밝히는 것이라고 주장한다. 그러나 잠언은 뇌물에 반대한다(15:27; 17:8, 23; 19:6; 참고. 18:16의 주석). 그리고 이 문맥에서 쉬게 하는 노는 의인의 분노인 것 같다(Waltke, *Book of Proverbs 15-31*, 179). 말하자면 의롭게 화를 내는 사람은 불의에 대해 분노를 표출함으로써 사회악을 바로잡아야지 범죄자에게 뇌물을 받고 불의를 외면해서는 안 된다는 것이다. 따라서 이 잠언은, 뇌물은 정의를 굽게 하고(17:23), 의로운 자는 뇌물을 싫어한다(15:27)는 의견을 되풀이한 것이라고 할 수 있다.

21:15. **의인**이 뇌물을 싫어하는 이유는 정의를 사랑하기 때문이다. **정의를 행하는 것은 의인에게 즐거움**을 주는 반면에 **죄인에게는** 공포를 안긴다. 결국 정의의 실현은 악인 자신의 파멸을 의미한다(공포는 '패망'으로 읽을 수도 있다). 악인은 다른 악인들에게 정의가 실현되는 모습을 보는 것만으로도 자신에게 닥칠 일들을 떠올리게 될 것이다.

21:16. 이 잠언은 처음 아홉 장에 등장하는 두 길 신학을 되풀이한다. **명철의 길을 떠난** 자는 죽게 될 것이다. 반역자의 '도덕적 방랑벽'(Kidner, *Proverbs*, 144)이 죽음으로 끝을 맺고 마는 것이다. 그는 **사망의 회중에 거하**게 될 것이다!(참고. 9:18)

21:17. **연락**[宴樂]은 15절에 등장하는 즐거움과 동일한 단어이다. 하지만 본문은 **술**과 **기름**을 나란히 배치함으로써 이 잠언이 말하는 즐거움의 성격을 명시한다. 술을 마시고, 몸에 향기로운 **기름**을 바르는 것은 축제, 곧 오늘날의 '파티'를 떠올리게 한다(Longman, *Proverbs*, 395). 그러한 향락을 목적 자체로 **좋아하**고 추구하는 자는 어리석기 그지없다. 향락은 돈이 많이 드는 일이기 때문에 그러한 것에 마음을 빼앗기면 검소와 근면에 방해가 된다. 그 결과는 가난이다. 향락을 추구하는 자는 이 점을 명심해야 한다.

21:18. **속전**은 억류된 사람을 자유롭게 하려고 대신 지불하는 벌금이다. 여기에서 **악인**과 **사악한 자**는 **의인**과 **정직한 자** 대신 치르는 몸값이 된다. 이것은 하나님이 집단을 처벌하실 때 의인들을 대신하여 **악인**들이 그 처벌을 정면으로 받게 될 것이고, 의인들은 그 처벌을 통해 보전될 것이라고 말하는 것 같다(Fox, *Proverbs 10-31*, 687). 또한 그것은 악인이 의인을 해치려고 부당하게 처벌을 공모하거나 벌을 가하더라도 결국에는 형세가 역전될 것이라고 말하는 것 같다(Waltke, *Book of Proverbs 15-31*, 181-182; 참고. 에스더서에서 유대인들이 구원받은 이야기). 어느 경우이든 이 잠언은 11:8과 유사하다.

21:19. 이 잠언은 9절과 유사하지만 은유가 다르다(21:9의 주석을 보라). 이 경우 **다투며 성내는 여인**과 함께 사는 것보다는 **광야**에서 사는 것이 더 낫다.

21:20. **귀한 보배**는, 특히 올리브**기름**과 관련지어 말하면, 소장하고 있는 좋은 술을 암시하는 것 같다(Clifford, *Proverbs*, 192; 참고. 고전 27:27). 이 모든 요소는 이 잠언이 21:17의 후속 주석임을 암시한다. **지혜 있는 자**는 자신의 재산을 슬기롭게 다루어 늘려가는 반면, 향락을 추구하는 **미련한 자**는 그것들을 곧바로 삼켜버린다. 미련한 자는 절약하기보다는 소비하기를 좋아한다. 그가 가난하게 되는 것은 당연하다.

21:21. **공의와 인자**[헤세드]를 따라 구하는 자는 그것뿐 아니라 그 이상의 것도 얻게 될 것이다(참고. 왕상 3:10-13; 마 6:33). **공의**라는 단어를 반복해서 쓴 것은 그가 구하는 것을 찾게 될 것임을 암시한다. 다른 이들을 공정하게, 친절하게, 성실하게 대함으로써 다른 이들도 그를 똑같이 대하게 되리라는 것이다. **생명**이라는 단어와 **영광**이라는 단어를 추가한 것은 그가 구한 것보다 더한 복을 얻게 될 것임을 암시한다.

21:22. 이 잠언은 지혜의 힘을 생생한 언어로 진술하고(참고. 24:5-6; 전 9:13-16), **용사**들이 지키는 **성**을 묘사한다. 성의 주민들은 난공불락 같은 성의 방어시설을 자신만만하게 **의지**한다. 그러나 **지혜로운 자**는 지혜로운 전략으로 성의 방벽에 **올라가서** 성의 용맹스러운 방어자들을 정복하고 성을 헐어 패배시킨다. "완력이 실패하는 곳에서 지혜가 승리한다"(Kidner, *Proverbs*, 144).

21:23. 이 잠언은 '지키다'('쇼메르')라는 표현으로 언어유희를 한다. 자신의 말을 **지키는**['쇼메르'] **자**는 자신이 한 말을 아주 꼼꼼히 지켜본다. 그렇게 하는 가운데 스스로를 '보호함으로써' **자기의 영혼을 환난에서 보전**['쇼메르']한다,

21:24. 잠언 전체는 **교만한 자**/조롱하는 자에 관한 언급을 많이 하지만, 이 잠언은 그를 실제로 뜻매김한다. HCSB가 그 의미를 가장 잘 포착하고 있다. "오만하고 교만한 자, 곧 '조롱하는 자'는 대단히 교만하게 행동한다." 그는 **교만**이 지나쳐 다른 이들을 놀려대기만 할 뿐 훈계는 전혀 받지 않는다.

21:25-26. **게으른 자의 욕망**이 그를 죽인다. 그가 **일하기를 싫어**하기 때문이다. 웬일인지 생필품을 바라는 욕구조차 그에게 일하고자 하는(먹고자 하는) 충분한 동기가 되지 못하는 것 같다. 아니면 다른 어떤 것에 대한 욕구, 즉 공상을 추구한다든지 일을 회피하려는 마음이 일하고자 하는(먹고자 하는) 동기를 압도하는 것 같다! 26절의 첫 행도 누군가의 욕망(**탐하기만 하나**)을 말하고 있지만 누구의 갈망인지는 모호하다. 일반적인 악인의 욕망일 것이다. 그들의 이기적이고 탐욕스러운 갈망은 끝날 줄 모른다. 그 행은 아무것도 없으면서 끊임없이(**종일토록**) 탐하기만 하는 게으른 자의 욕망을 앞 절에 이어 기술한 것일 수도 있다. 어쨌든 두 부류 모두 다른 이들에게 베풀 능력이 없다. 따라서 그들은 의인이 아니다. 의인은 궁핍한 자들에게 **베풀**되 후하게 그리한다(**아끼지 아니**한다).

21:27. 헌신하는 마음 없이 드리는 종교의식으로는 주님을 감동시키지 못한다(참고. 사 1:11; 욜 2:13; 암 5:21; 마 15:8). 주님은 **악인의 제물**을 **가증**하게 여기신다(참고. 15:8). 악인들은 시늉만 하거나 부주의하게 드리거나 위선적인 겉치장을 유지하려고 애쓰는 것 같다. 하나님은 그러한 것을 역겨워하시지만 **악한 뜻으로 드리는** 제물은 더더욱 역겨워하신다. 여기에는 악한 음모를 꾸미며 하나님의 도움을 청하려고 하는 악인들도 포함된다(Fox, *Proverbs 10-31*, 691). 그러한 거래를 시도하는 것은 "일을 더 꼬이게 만들" 뿐이다(Kidner, *Proverbs*, 145).

21:28-29. 이 두 잠언은 거짓말하는 자를 논한다. **거짓 증인은 패망하여** 내쳐질 것이다(28절). 첫째 행은 의미가 명료한 반면에, 둘째 행은 난해하여 몇 가지 해석을 유발한다. 둘째 행은 듣는 **사람**에 대해 언급하는데 그는 무엇을 듣는가? NASB는 '진실을'이라는 표현을 추가하여 그가 참된 것을 듣는다고 말한다. 그러나 그는 거짓 증인의 주장을 주의 깊게 듣는 것 같다. 그런 다음 분별력 있게 듣는 그 자는 라네차흐(*lanetzach*) '말할 것'이다. 여기서 라네차흐는 '영원히'라기보다는 '의기양양하게'를 의미하는 것 같다(Waltke, *Book of Proverbs 15-31*, 163-164, n.44). 따라서 둘째 행은 주의 깊게 듣는 자라야 거짓 증언하는 자들의 거짓말들을 분별하고, 마침내 자신이 증언할 차례가 되었을 때 그 거짓말들을 폭로하여 소송에서 이길 수 있음을 말하려는 것 같다(참고. Fox, *Proverbs 10-31*, 691). 29절은 28절과 유사하다. 여기에서는 거짓말하는 자를 **악인**으로 서술한다. 이 악인은 **자기의 얼굴을 굳게 하**는 자이다. 말하자면 악하고 뻔뻔스러운 거짓말쟁이라는 것이다(Garrett, *Proverbs*, 185). ESV가 둘째 행의 의미를 정확하게 파악하고 있다. "그러나 정직한 자는 자기의 행실을 숙고한다." 그는 거짓말쟁이의 행실을 알고 그의 속임수를 정확하게 꿰뚫어 본다(Garrett, *Proverbs*, 185). 가능성이 덜하지만 (NASB를 따르는) 다른 해석은 일반적으로 이 잠언을 악인들에게 적용한다. 이를테면 악인들은 의인들의 안

전한 길보다는 자신들만의 악한 길을 따르다가 멸망에 이른다는 것이다(Longman, *Proverbs*, 399-400을 보라).

21:30-31. **지혜**도, **명철**도, **모략**도 **여호와**께서 계시지 않으면 있을 수 없고(참고. 1:7), 지혜를 얻고자 하는 연약한 인간의 어떤 시도도 **여호와를 당하지 못**한다(30절). 주님이 그것들을 가능하게 하시기 때문이다. 31절은 그 원리를 전쟁에 적용한다. (전차뿐만 아니라) **마병**은 당시의 군사 기술에서 최고를 상징했다(Clifford, *Proverbs*, 194). 하지만 인간이 어떤 재원을 가지고 있느냐에 따라 전쟁의 결과가 달라지는 것은 아니다. 하나님의 뜻을 벗어나서는 좋은 결과를 거둘 수 없다. **이김은 여호와께 있느니라**(참고. 시 33:16-17). "지혜와 병력이 하나님의 계획에 역행하면 그 목적을 이룰 수 없다"(Fox, *Proverbs 10-31*, 693).

22:1-2. 평판보다 부를 높이 평가해서는 안 된다(1절). 좋은 평판(**명예**, **은총**)이 더 가치가 있다. 부만으로는 그것을 얻을 수 없다. 좋은 평판은 지혜로만 얻을 수 있다(참고. 3:1-4). 지혜는 부를 덤으로 줄 수도 있다(참고. 3:14; Waltke, *Book of Proverbs 15-31*, 199). 부유하다고 해서 거만해서는 안 된다(2절). **가난한 자와 부한 자가 함께** 산다. 이 둘을 지은 이는 여호와이시고, 이 둘은 하나님의 형상을 지닌 자들이다. 둘 다 이 사실을 '미덕의 학교'로 여겨야 한다. "가난한 자는 부한 자를 시새우지 말고(3:31), 부한 자는 가난한 자를 멸시하지 말아야 한다"[C. F. Keil and F. Delitzsch, *Proverbs, Ecclesiastes, Song of Songs*, trans. M. G. Easton, COT 6 (1874-1875; Peabody, MA: Hendrickson, 1996), 322].

22:3. '악'(evil, 개역개정은 **재앙**—옮긴이 주)이라는 단어는 도덕적인 악이나 해악/위험을 가리키는 것 같다. 어느 것이든 의미가 너무 협소하다. 여기에서 그 단어는 ('문제'와 같은 단어처럼) 의도적으로 넓게 쓰이고 있다. **슬기로운 자**는 선견지명이 있어서 문제(악/불필요한 곤란)를 피한다. 그러한 통찰력이 없는 어수룩한 자는 문제를 향해 나아가다가 기어이 문제에 이른다. 그가 그런 벌을 받는 것은 도덕적인 악과 그 결과에 빠졌기 때문이거나 피할 수도 있었던 불필요한 곤란에 말려들었기 때문이다.

22:4. 지혜의 결과(**보상**)는 **재물과 영광과 생명**이다(참고. 8:18, 35). 그리고 지혜는 **겸손**에 달려 있고, **겸손은 여호와를 경외함**과 관련이 있다. 주님을 공경하는 겸손한 자는 자만을 포기하고(Waltke, *Book of Proverbs 15-31*, 202) 주님의 현자들이 주는 지혜로운 교훈과 훈계를 겸손히 받는다.

22:5. **패역한 자**, 마음이 비뚤어진 자의 **길**은 험하다. 그 길에는 **가시**와 치명적인 **올무**가 넘쳐나서 그의 생을 비참하게 하고 단축시킨다(Fox, *Proverbs 10-31*, 697). 자신, 즉 자신의 생명을 보호하는(**지키는**) 길은 마음이 비뚤어진 자의 생활양식을 애초에 피하여 그러한 **가시**와 **올무**를 **멀리하**는 것이다.

22:6. 이 유명한 잠언은 몇 가지 고려해 볼 문제를 제기한다. 첫째, 아이를 **가르치라**[혹은 '헌신하게 하라']는 말은 "젊은이로 하여금 애초부터 확실한 행로를 힘차고 경건하게 걷게 하라는 뜻이다"(Waltke, *Book of Proverbs 15-31*, 204). 둘째, 주석가들은 아이의 **길**[문자적으로 '그의 길']이 지닌 의미를 놓고 의견이 분분하다. 어떤 이들은 그 길이 아이의 능력과 역량에 맞게 가르치는 것을 가리킨다고 주장한다. 다른 이들은 그 길이 아이가 바라는 길을 의미하므로 아이가 원하는 대로 하게 하고, 아이를 고치려 하지 말라고 주장한다(Clifford, *Proverbs*, 197). 그러나 그것은 확실히 지혜의 길(**마땅히 행할 길**)을 가리킨다. 어쨌거나 잠언에는 단 하나의 바른길이 있을 뿐이다. 둘째 행은 아이가 늙어서도 그 바른길을 걷는 것이 보상임을 암시한다(참고. 20:29; Waltke, *Book of Proverbs 15-31*, 205). 셋째, 여느 잠언들과 마찬가지로 이 잠언도 완전한 약속이 아니라 경험에 의한 법칙일 뿐이다. 이것은 하나의 잠언이고, 잠언들은 하나님의 백성이 오랜 세월에 걸쳐 일반적으로 경험한 바들을 기술한 것이다. 일반적으로 부모가 아이를 바른길에 헌신하게 하면, 그 아이는 늙어서도 그 길을 계속 걸을 것이다. 이 잠언은 아이가 신앙의 길을 떠나는 선택을 할 수 없다는 듯(예를 들어 2:13) 아이를 기계적으로 취급하지 않는다. 또한 사람들이 하나님의 도우심을 강제할 수 있다고 전제하지도 않는다(16:1-9). 부모의 통제 외에 다른 요소들도 결과에 영향을 미친다. 하지만 이 잠언은 "부모의 기회와 의무"(Kidner, *Proverbs*, 147)를 강조하며 부모가 자기

본분을 다하여 자녀를 잘 기를 것을 권한다. 그리하는 부모는 설령 아이가 방탕하게 되더라도 **늙어**서는 어릴 때 배운 것을 **떠나지 아니**할 것이라는 실질적 소망을 품을 수 있다.

22:7. 이 잠언은 **채주의 종**이 되지 않으려면 부채를 극도로 조심하라고 촉구한다. 첫째 행은 솔직한 발언이다. "물질적 수단들을 지닌 자들이 대체로 사회에서 지배력을 행사한다"(Longman, *Proverbs*, 405). 동일한 역학 관계가 **빚진 자**에게 적용된다. 채무 관계에서 힘을 가진 쪽은 채주이다. 어쨌든 빚진 자는 채주에게 돈을 갚을 의무가 있고, 돈을 갚지 않으면 그 사회에서 말 그대로 빚진 자로서 종이 될 수도 있다. 성경은 대부와 대출을 금하지 않는다(레 25:35-36; 마 5:42; 눅 6:35). 그러나 그 결과는 재정적, 사회적 예속이 될 수 있다. 빚을 질 때에는 극도로 조심하는 것이 지혜롭다.

22:8-9. 압제는 형편없는 투자이다(8절). 여기에서 **악**은 특히 **분노의 기세**[난외주에는 '지팡이'—옮긴이 주]와 연결되어 불의의 의미를 함축하고 있다(Koehler et al., *HALOT*, 798). 분노의 지팡이는 압제를 가리키기 위해 사용한 표현이다. **쇠하리라**는 '실패하리라'로 읽는 것이 더 낫다. 따라서 불의를 **뿌리는 자**는 실패(**재앙**)만 **거두**게 될 것이다. 후하게 베푸는 것이 훨씬 나은 투자이다(9절). 양식을 가난한 자에게 주는 너그러운(문자적으로 '선한 눈을 가진') 자는 **복을 받**게 될 것이다. 그 복은 가난한 자를 돌보시는 주님에게서 오고(참고. 19:17), 아마도 가난한 자에게서도 오는 것 같다. 가난한 자가 그에게 감사함을 표하고 하나님과 사람 앞에서 그를 좋게 말하기 때문이다.

22:10. 거만한 자는 공동체에 끔찍한 영향을 미친다. 그는 말썽꾼이다. 스스로 옳다 여기고 자기 방어가 지나치며 다른 이들에게 **수욕**을 안겨주고 소란 피우기를 좋아하기 때문이다. 따라서 공동체가 그를 쫓아내면, 이는 그의 뒤를 따라다니는 **다툼**, **싸움**, **수욕**을 쫓아내는 것이다. "환경이 아니라 환경 속에 있는 사람이 문제를 일으킬 때가 많다"(Longman, *Proverbs*, 407). 교회 생활에도 이와 유사한 원리를 작동시켜야 한다(참고. 마 18:17; 딛 3:10과 구절의 주석).

22:11. 이 잠언은 어떻게 친구를 얻고, 사람들, 특히 **왕**과 같은 주요 인사들에게 영향을 미치는지 일러주는 조언을 담고 있다. 즉, **마음의 정결을 사모하**고 동시에 정중하게 말하는 사람이 되라는 것이다. 말을 유능하게 해도 진실성이 없는 사람은 사람의 마음을 조정하려는 위선자가 되기 쉽고, 진실성은 있으나 유능하게 말하지 못하는 사람은 아무 영향력을 발휘하지 못한다. "진실성과 매력 중 어느 하나가 다른 하나를 약화시키지 않고 동등한 관계를 유지하는 것은 아주 드문 일이다"(Kidner, *Proverbs*, 148). 둘의 동등한 관계야말로 강력한 조합이다. 과거에는 그것으로 왕의 총애를 얻었고, 오늘날에는 사람의 마음을 사로잡는다.

22:12. 여호와의 눈은 **지식**을 지킨다. 지킨다는 것은 망본다는 뜻이고, 확대해서 말하면 보전한다는 뜻이다. **지식**은 **사악한 사람의 말**과 대조되는 현자의 말을 가리키는 것 같다. 그러므로 하나님은 지혜는 반드시 성공하도록 하시는 반면에, 신뢰를 저버리고 지혜를 배반하는 자들의 가르침은 실패로 이끄신다(Fox, *Proverbs 10-31*, 701).

22:13. 게으른 자는 뻔뻔하게도 터무니없는 변명을 늘어놓으며 일을 피한다(참고. 6:6-11). 그는 **사자**가 **거리**에서 활보하고 있다고 주장한다. 고대 이스라엘에는 사자들이 있었지만 그것들이 거리를 어슬렁거리는 일은 거의 없었다!

22:14. 사람을 잡아먹는 또 다른 유형이 실제로 거리를 활보한다. 다름 아닌 음녀이다(Waltke, *Book of Proverbs 15-31*, 215; 참고. 7:12). 음녀의 **입**은 유혹하는 입맞춤과 말을 가리킨다(참고. 7:13-21). 음녀의 유혹에 지는 자들은 그녀가 파놓은 **깊고** 치명적인 **함정**에 **빠지**게 마련이다. 설상가상으로 그들은 **주님의 저주**(새번역)까지 받는다. 둘째 행은 주님이 그들을 저주하시어 그들이 음녀에게 넘어가는 것이라고 말하는 것 같지 않다. 오히려 하나님을 무시하고 음녀의 유혹을 마음에 두는 자들을 심판하는 하나님의 도구가 바로 음녀임을 강조하는 것 같다.

22:15. 인간의 사악함은 아이들의 타고난 성향에서 분명하게 드러난다(참고. 시 51:5). **아이의 성격(마음)에는 미련한 것이** 본래부터 **얽혔**다. 이 "'원초적 미련함'의 교리"(Whybray, *Book of Proverbs*, 125)는 결코 작은 문제가 아니다. 미련함은 제거하기 어려운 데다가 치명적이기 때문이다. 그러나 아이를 사랑하는 부

모에게는 다음과 같은 희망이 있다. 이를테면 **징계하는 채찍이 이를 멀리 쫓아내리라**는 것이다. 미련함을 극복하려면 조기 조치, 극적이고 선제적인 조치가 필요하다. 체벌은 그 조치의 중요한 일부이다(참고. 13:24; 19:18-19; 20:30; 23:13-14과 그 구절들의 주석).

22:16. 이 잠언은 결국에는 가난에 이르게 하는 부정 이득의 두 가지 보기를 제시한다. 첫째 보기는 **가난한 자**를 학대하여 재산을 모으는 것이다(참고. 14:31; 17:5; 19:17). 둘째 보기는 출세하기 위해 **부자**와 유력자에게 뇌물을 바치는 것이다. 두 경우 모두 "비용이 많이 드는 책략"이다(Kidner, *Proverbs*, 149).

D. 지혜 있는 자의 서른 가지 교훈(22:17-24:22)

이 구간은 앞 구간과는 문체가 다르며 처음 아홉 장의 축약판과 거의 다름없다. 이 구간은 지혜 있는 자의 서른 가지 교훈으로 구성되어 있다. 이 교훈들은 다양한 지혜 교사들에게서 수집한 것 같다(22:17-24:22). 23:22-34의 17-19번 교훈에 현저한 영향을 미친 이는 이집트인 현자 아멘엠오페이지만, 이 교훈에는 아람인 및 아카드인의 교훈과 유사한 점들도 있다(Waltke, *Book of Proverbs 15-31*, 217; 참고. Fox, *Proverbs 10-31*, 705). 물론 국제적인 지혜의 말씀들을 주님 경외와 일치하도록 개작한 이는 솔로몬이다. 학자들은 이 구간이 구성된 방법을 두고 어느 정도 의견을 달리한다. 하지만 다음에 제시된 구조는 상당히 모범적이다. (서른 가지 교훈을 각 구절에 따라 대괄호 안에 숫자를 넣어 표시하겠다.)

그 외에 24:23-34에는 간략한 부록이 형성된다. 이것은 24:23a의 '~도'라는 표현 때문에 지혜로운 자의 '교훈'으로 간주되지만, 이에 대해서는 다음 구간에서 논하겠다.

22:17-21. [1] 첫 번째 교훈은 이 구간 전체의 머리말 역할을 한다. 잠언의 첫 번째 구간에 나오는 교훈들처럼 이 구간도 **너는 귀를 기울여** 이 가르침들을 들으라(부지런히 마음에 두라)는 권고로 시작한다(17절). 그 가르침들은 **지혜 있는 자**의 명언 내지 **말씀**으로 불리지만, **내 지식**으로 언급되기도 한다. 이는 솔로몬이 다른 현자들의 지혜를 활용하여 개작했음을 암시한다(Waltke, *Book of Proverbs 15-31*, 222). 배우는 이가 이 가르침들을 마음에 두어야 하는 이유는 충분하다. 그 가르침들이 그의 삶에 **아름다**운 결과들을 낼 것이기 때문이다(18절). 그러나 이 일은 그가 그것들을 **속에 보존하여 입술 위에 함께 있게** 할 때에만, 다시 말해 내면화하여 즉시 말로 표현할 때에만 일어날 것이다(참고. 2:10).

이 가르침의 목적은 두 가지이다(19-21절). 가장 중요한 첫째 목적은 배우는 이로 하여금 **여호와를 의뢰하게 하려**는 것이다(19절). 여기에는 그분에 대한 직접적이고 지속적인 헌신과 신뢰가 포함되며(Waltke, *Book of Proverbs 15-31*, 223; 참고. 3:5-6) 이보다 더 즐거운 일은 없다! 여호와 경외가 가르침의 중심에 자리하고 있다는 사실이야말로 성경의 지혜와 고대 근동의 지혜를 가르는 결정적인 차이점이다. 현자가 자신의 **모략**과 **지식**을 기록하는(20절) 또 하나의 목적은, 배우는 이로 하여금 **진리**를 알게 하고, 그것을 정직하고 확실하게 말하게 하려는 것이다(21절). 정직하고 지혜롭고 믿음직한 사람들은 그들에게 일을 맡긴 사람 누구에게나 소중하며 사회에도 유익하다. 20절의 **아름다운 것**은 "서른 가지 교훈"(새번역)으로 읽는 것이 더 낫다(참고. Waltke, *Book of Proverbs 15-31*, 219-220, n. 113; Fox, *Proverbs 10-31*, 710-712). '서른 가지 교훈'을 이 구간의 제목으로 삼은 것은 그 때문이다.

22:22-23. [2] 이 말씀은 부정 이득을 금한다(22절). 하나님이 가난한 자들과 압제받는 자들의 편을 드시기 때문이다(23절). 이 절들은 교차 대구법 구조를 이루고 있다. 악한 유력자들은 **가난한 사람**(새번역)이 돈도 없고 스스로를 지킬 힘도 없다고 하여 그의 것을 **탈취**하지만(22a절), 이번에는 **여호와께서** 가난한 자를 **노략하는 자**들의 **생명을 빼앗**으실 것이다(23b절). 유력자들은 기소가 이루어지는 성문에서 **곤고한 자를 압제하지**만(22b절), 이번에는 **여호와께서** 그 압제자들에 맞서 곤고한 자의 **송사를 맡아**주실 것이다(23a절, 새번역). 그분은 항상 승소하신다!(23b절) 가난한 자와 압제받는 자를 이용하는 것은 현명한 일이 아니다.

22:24-25. [3] 지혜로운 자라면 화를 내고 **노를 품는 자와 사귀지**도, **동행하지**도 않을 것이다(24절). 그럴 이유가 전혀 없기 때문이다. 노는 전염성이 강하고, 그 비참한 결과도 마찬가지이다(25절). 성미 급한 자의 패거리는 **그의 행위를 본받아** 그와 똑같이 되어 그와

똑같이 치명적인 **올무**에 빠지고 말 것이다.

22:26-27. [4] 잠언의 도처에서 그러하듯이 여기에서도 **남의 빚에 보증을 서려고 서약**(새번역)하는 것(문자적으로 읽으면, 계약상의 협정에서 '악수하는 것')에 찬성하지 않는다(26절). 결국에는 대출금을 갚을 때가 이를 것이고, **갚을 것이 없으면** 채권자가 당신이 누운 침상까지 **빼앗**아갈 것이다. 그때에 당신은 무일푼이 되고 말 것이다.

22:28. [5] 가족 소유지의 **지계석을 옮기**는 것은 사기(서서히 이루어지는 사기)나 야만적인 몰수(압제자들이 힘없는 자에게서 빼앗는 것, 예를 들어 15:25)로 그 소유지를 빼앗는 것을 가리킨다. 이 **옛** 경계선들은 이스라엘의 **선조**들이 제비뽑기로 정한 것이었다(수 14-19장의 주석을 보라). 아브라함이 받은 언약의 성취로 이스라엘이 땅을 받을 때, 여호수아가 각 지파에게 그 땅을 할당한 것이다(창 12:1-3; 15:18; 수 11:23 이하). 주님은 이 할당된 토지의 보전을 중요하게 여기셨고(신 19:14; 27:17; 레 25:24-34) 지혜 있는 자도 그러했다(참고. 23:10-12).

22:29. [6] **자기의 일에 능숙한 사람**은 주목을 받게 마련이다. 그는 출세를 거듭한다. 그는 **왕 앞에 설 것이요 천한 자 앞에 서지 아니**할 것이다. 그의 능숙한 일솜씨를 찾는 사람이 있고, 그는 사회의 상류층을 위해서만 일할 수 있다. 그 상류층만이 그의 일솜씨를 구매할 여력이 있기 때문이다! 이러한 점은 열심히 일하고 자기 솜씨를 계속 연마하고 탁월하게 발휘하게 하는 좋은 자극제가 된다.

23:1-3. [7] 이 말씀은 통치자, 왕 혹은 여타의 관원과 함께하는 잔치가 배경이 되고 있다(1a절; Fox, *Proverbs 10-31*, 720). 지혜로운 자라면 자기 앞에 있는 것이 무엇인지 혹은 자기 **앞에 있는 자가 누구인지를**[히브리 원문은 그의 신원을 밝히지 않는다] 면밀히 **생각**할 것이다(1b절). 이를테면 상황에 세심하게 주의를 기울이고 그에 맞게 처신하는 것이다. 특히 식탐을 부리지 않을 것이다(2-3a절). 자기 **목에 칼을** 두는 것은 위협에 그치지 않고 자기 목을 치는 것에 가까운 행동이다. 폭식하는 성향을 지닌(**음식을 탐하는**) 사람은 그러한 상황에서 폭식을 그치고, 통치자가 그의 앞에 차려놓은 **맛있는 음식을** 탐하지 않는 것이 좋다. 거기에는 나름의 이유가 있다. **그것은 속이는 음식이**기 때문이다(3b절). 왜 그것은 속이는 음식인가? 과식으로 식사 뒤에 불쾌한 부작용이 생기거나 그 음식이 부대조건을 수반하기 때문이다(Garrett, *Proverbs*, 195). 그러나 그 음식은 겉으로 보이는 그 이상의 의미를 가지고 있는 듯하다. "그것은 손님의 성격을 시험하려는 주인의 교묘한 성격을 드러낸다"(Murphy, *Proverbs*, 174). 폭식하는 자는 자제력이 없는 까닭에 통치자에게 별다른 인상을 주지 못하고 승진할 수 있는 토대를 허물고 말지만, 지혜로운 자는 절호의 기회를 놓치지 않고 통치자에게 좋은 인상을 준다.

23:4-5. [8] 월키는 이렇게 말한다. "부지런함(10:4) 및 조심성(21:17)과 같은 지혜로운 노력으로 주님께 재물을 얻는다면 이것이야말로 긍정적인 복이다"(Waltke, *Book of Proverbs 15-31*, 240; 참고. 3:16; 10:22; 12:27). 그러한 경우에 재물은 주님을 경외한 결과가 된다. 하지만 재물을 목적 자체로 여겨 추구하는 것은 미련한 자의 목표에 지나지 않는다. 4절에서 **부자 되기에 애쓰지 말**라고 충고하는 것은 그 때문이다. **그런 생각을 끊어버리라**(새번역)는 말은 문자적으로 "네 지식을 버리라"는 뜻이다. 이것은 재물을 얻으려는 사사로운 생각이나 그런 계획에 의지하지 말라는 권고이다(Waltke, *Book of Proverbs 15-31*, 240; 참고. 3:5-6). 말하자면 자기만족과 안전을 위해 부를 추구하는 사람들이 많다는 것이다(참고. 18:11). 그러나 재물은 의지할 것이 못 된다(5절). 재물은 주목해보았자 **날개를 내어 하늘을 나는 독수리처럼 날아**가고 말 것이다.

23:6-8. [9] **맛있는 음식**이 차려져 있어도 **인색한 사람**(새번역, 참고. 29:22)의 집에서 식사하는 것은 불쾌한 일이다. 인색한 자의 잔치에 참여할 기회를 **탐하**기는커녕(그의 음식을 **먹지 말라**) 아예 피하는 것이 최선이다. 인색한 위선자는 "늘 비용을 생각하는 자"여서(7절, NIV) 사실은 당신이 그 자리에 있는 것을 바라지 않기 때문이다. 그는 **먹고 마시라**고 재촉하지만 [그의 진짜 정체를 드러내는] **마음**은 만찬에 온 손님을 원망한다. 그 결과 식사는 매우 불쾌한 경험이 되고, 그 자리에 있던 손님은 자신이 먹은 것을 **토하**고 싶은 심정이 된다. 손님은 당연히 잔치 주인과 유쾌하게 대화하겠지만(**아름다운 말**은 문자적으로 '발림소리'이다)

그 대화는 헛된 데로 돌아가고 말 것이다. 초대받았다고 해서 모두 수락할 일은 아니다.

23:9. [10] **미련한 자**에게는 **지혜로운 말**이 소용없다. 현자가 아무리 선한 의도를 품고 가르쳐도 미련한 자는 그의 **지혜**를 경멸함으로 감사를 표시할 것이다(참고. 이는 마 7:6에 등장하는 예수님의 가르침과 유사하다). 그럼에도 잠언 26:5은 미련한 자에게 어떤 식으로든 말할 때가 있음을 암시한다.

23:10-11. [11] 이 말씀은 22:28을 떠오르게 하는 어법으로 특히 **고아들**[뿐만 아니라 과부들, 15:25; 참고. 22:28]과 같은 약자들의 토지를 빼앗는 것을 금한다. 그들은 약자라고 해서 무력하지 않다. 주님이 친히 그들의 강력한 **구속자**이자 옹호자가 되어주시기 때문이다(참고. 22:22-23). 가난한 자의 구속자(*go'el*, 고엘)는 친족이었다. 친족은 그를 변호하고 그의 재산을 보호하고, 그가 종이 되는 것을 막아주며, 그가 살해당했을 때에는 복수까지 해주었다(레 25:25-28, 47-54; 민 35:19-27; 룻 3-4장; Waltke, *Book of Proverbs 15-31*, 245). 따라서 이번에는 놀랍게도 압제자가 위험하고 약한 처지에 놓인다.

23:12. [12] 이 말씀은 듣는 이에게 **훈계**와 **지식**을 받아들이라고 권고한다. 그는 듣고 잊을 게 아니라 **귀**로 받아들인 지혜를 **마음**(새번역)에 간직해야 한다.

23:13-14. [13] 부모의 **훈계**는 어렵지만 반드시 필요하다. 부모는 특히 훈계에 **매질**(새번역)이 포함될 경우 **아이를 훈계하**고 싶지 않다는 마음이 들 것이다. 그러나 부모가 아이를 그런 식으로 훈계해도 아이는 **죽지 아니**한다(13절). 이 말은 이중의 의미를 갖고 있는 듯하다. "아이는 매질을 당해도 살아남을 뿐 아니라 매질 때문에 살아남을 것이다"(Kidner, *Proverbs*, 152). 그는 지혜로운 부모가 자녀를 사랑하여 적당히 매질하되 학대하지는 않기 때문에 죽지 않을 것이다. 또한 매질이 그의 마음에서 미련함을 쫓아낼 것이기 때문에(22:15) 그는 죽지 않을 것이다(즉, **그의 영혼을 스올에서 구원**할 것이다). 만약 마음이 바뀌지 않는다면 그는 필경 죽음에 이를 것이다(14절; 참고. 13:24; 19:18-19; 20:30; 22:15과 그 구절들의 주석).

23:15-16. [14] **아들이나 딸이 지혜**롭고 말까지 지혜롭게 하면 이는 부모의 즐거움이 된다. 앞의 말씀이 소극적이라면, 이 말씀은 적극적인 뒷받침이라고 할 수 있다. "자식이 부모나 교사에게 자부심과 만족감을 주는 것은 기쁜 일이다. 이 기쁨이야말로 바른길을 추구하도록 자녀를 자극하는 역할을 한다"(Garrett, *Proverbs*, 196).

23:17-18. [15] 지혜로운 자는, 죄인이 잠시 형통하는 것처럼 보여도(참고. 시 73편, 특히 3절 그리고 시 37편) **마음으로 죄인**을 **부러워하지** 않을 것이다(17a절). 오히려 "우러러보고(17b절) 앞을 볼 것이다"(18절, Kidner, *Proverbs*, 152). 지혜로운 자는 우러러보면서 **항상 여호와를 경외하**기를 열망할 것이다(17b절). NASB는 17b절에 함축된 동사가 '살다'임을 암시한다. 그러나 첫째 행에 등장하는 동사 **부러워하다**는 둘째 행에도 이어져 여기에서만 **항상 여호와를 경외하**기를 '열망하다'라는 의미를 지니는 것 같다(민 25:11, 13; 겔 39:25). 또한 지혜로운 자는 앞을 보면서 자신이 그런 열망을 품는 데에는 나름의 이유가 있음을 깨닫는다. 멸망에 직면하는 악인들과 달리 주님을 경외하는 이들에게는 **장래**와 **소망**이 있다. 이 장래와 소망은 **끊어지지** 않을 것이다(18절). 결국 그것은 영생이나 다름없다.

23:19-21. [16] 아버지는 아들에게 지혜에 주의를 기울이고 **마음**을 지혜의 **길로 인도**하라고 권한다(19절). 이 말씀은 당연히 독립된 말씀일 수 있지만, **아들**에게 들으라고 권하는 형식은 1-9장을 생각나게 하고, 이어지는 절들에서 아들이 듣기를 바라면서 아버지가 메시지를 건넬 것임을 예고한다(Waltke, *Book of Proverbs 15-31*, 256). 이 경우에는 **술을 즐겨하는 자들** 내지 **고기를 탐하는 자들**과 함께 어울리지 않는 것이 지혜의 길이다(20절). 거기에는 정당한 이유가 있다. 방탕은 **가난**에 이르게 하기 때문이다(21절). 폭음폭식은 재산을 지혜롭게 이용하기보다는 낭비한다(참고. 21:17, 20). 게다가 나태한 무기력(**잠**)을 조장하여 일을 방해한다(참고. 6:10; 23:33-34). 이 말씀은 폭식을 폭음과 매한가지로 여긴다. 이것은 오늘날 그리스도인들에게 정신이 번쩍 드는 말씀이 아닐 수 없다.

23:22-25. [17] 이 말씀은 아들에게 지혜를 품어(22-23절) 부모를 기쁘게 하라고 권한다(24-25절). 아들은 지혜로운 부모의 가르침에 **청종**해야 한다(22

절). 부모의 **늙음**은 부모가 의롭고 지혜로움을 암시한다. 부모에게 청종하지 않는 것은 부모와 지혜를 멸시하고, 나아가 주님의 명령을 멸시하는 것이나 다름없다(참고. 출 20:12; 엡 6:2). 장사 용어로 말하자면, 아들은 **진리**를 **사야** 한다. 아들이 사야 할 품목에는 **지혜와 훈계와 명철도** 포함된다(참고. 1:2). 이것들은 너무나 귀한 까닭에 **팔지 말**아야 한다(23절). '팔아넘기는' 행위에는 지혜를 거부하고 미련한 세계관을 편드는 일도 포함된다(Waltke, *Book of Proverbs 15-31*, 259). 아들이 부모의 가르침을 잘 받아 **의인**이 되고 **지혜로운 자식**이 되면, 이는 아버지와 어머니를 **즐겁게 하고 기쁘게 하**는 일이 될 것이다(24절). 따라서 지혜로운 아들이라면 이런 식으로 부모에게 기쁨을 안겨주려고 할 것이다(25절). 이 말씀은 아들이 부모를 기쁘게 하는 것을 당연하게 여긴다(Longman, *Proverbs*, 429). 모든 여건이 같다면 그렇게 생각하는 것이 당연하다.

23:26-28. [18] 여기에서 아버지는 아들에게, **네 마음을 내게 주며 네 눈으로 내** 지혜로운 **길을 즐거워할지어다**라고 부드럽게 타이른다(26절). 그는 아들이 지혜에서 기쁨을 느끼고, **음녀**나 누군가의 **부정한**(새번역) 아내에게는 끌리지 않기를 바란다. 이 여자들은 **깊은 구덩이**와 **좁은 함정**과 같기 때문이다(27절). 둘 중 어느 여자에게 빠지든 그 결과는 확실한 죽음이었다(참고. 5:5; 7:27; 9:18). 이 이미지들에는 성적 의미도 내포되어 있는 것 같다. 그러나 그녀는 수동적인 차원을 넘어 능동적인 위험 요소가 되기도 한다. 그녀는 **강도처럼 매복**한다(28a절). "그녀는 미끼인 동시에 함정이다"(Fox, *Proverbs 10-31*, 739). 그녀는 **사람들 중에 사악한 자가 많아지게** 한다(28b절). 유혹하는 그녀의 말에 기꺼이 주의를 기울이는 미련한 자가 많기 때문이다. 그녀는 사회의 도덕성을 해치는 데에만 소용될 뿐이다(Garrett, *Proverbs*, 197). 물론 바람둥이도 그녀와 매한가지이다.

23:29-35. [19] 폭음에 대한, 결국에는 알코올중독에 대한 이 교훈은 여섯 개의 수수께끼를 던지며 시작한다(29절). 자초한 고통 때문에 **재앙**을 당하는 자 누구이며, 슬퍼하는(**근심**하는) 자 누구인가? 분쟁에 빠지는 자 누구이며, 원망하는 자 누구이며, 까닭 없이 **상처**를 입는 자 누구이며, **눈**에 핏발이 서는 자 누구인가? 답은 다름 아닌 주정뱅이이다!(30절) 그는 **술에 잠긴 자, 혼합한 술을 구하러 다니**거나 시음하러 다니는 자로 묘사된다. 어조가 비꼬는 투이다. "주정뱅이는 이를테면 술을 '시음하러' 다니거나 '조사하러' 다닌다. 그가 잔 위로 등을 구부린 채 자신의 '연구' 대상을 뚫어지게 주시하는 모습을 그려볼 수 있다"(Fox, *Proverbs 10-31*, 741). 문제는 음주 자체가 아니라 술의 매력에 흠뻑 빠져 지나치게 많이 마시는 데 있다. 이것은 지혜로운 자가 하는 일이 아니다(31절). 앞에서 언급한 음녀처럼 술도 미련한 자의 마음을 사로잡아 술고래로 만든다. 그는 **잔**에서 **붉**게 **번쩍이**는 **포도주**를 간절히 바라보고, 그것이 자기 목구멍으로 **순하게 내려가**는 것을 꿈꾼다. 여기에서 언어유희가 이루어진다. 포도주의 '번쩍임'을 가리키는 단어는 대개 '눈'을 의미한다. 그렇게 유혹하는 포도주의 붉은 '눈'의 시선에 주정뱅이의 충혈된 눈이 고정되며 응수할 것이다(Fox, *Proverbs 10-31*, 741).

결국 술은 주정뱅이에게 공격적인 **뱀**이나 **독사**만큼 유해하다. 술 취함의 폐해에는 일그러진 시각(33a절)과 타당한 금기의 파기가 포함된다(33b절). 그밖에도 술은 주정뱅이에게 속이 울렁거리는 균형 감각의 결여를 일으킨다. 이리저리 흔들리는 공해상의 배 위에서 갑판을 부여잡거나 밧줄에 매달린 상태처럼 된다(34절; Waltke, *Book of Proverbs 15-31*, 266). 또한 술은 심한 매질을 당해도 모를 만큼 적어도 잠시 동안 그의 감각을 마비시킨다(35a절). 그는 술로 인사불성이 되었다가도 깨어나자마자 **다시 술을 찾**으며 악순환을 되풀이한다. 이 음울한 희극 전체는 비극으로 바뀐다. 이는 실로 정신이 번쩍 드는 그림이 아닐 수 없다.

24:1-2. [20] **악인을 부러워하지 말며** 그의 무리에 들어가려고 **하지도 말라**는 권고는 잠언 도처에 등장한다(참고. 3:31; 13:20; 23:17-18; 24:19-20). 여기에서는 그러지 말아야 할 이유로 악인들의 성격을 제시한다. 그들이 가슴(**마음**)에 품은 난폭한 계략은 그들의 악의적인 말에 반영되게 마련이다. 그러한 성격은 혐오감을 불러일으킨다. 지각 있는 사람이라면 그들처럼 되고 싶지도, 그들의 최종 운명을 함께하고 싶지도 않을 것이다. 하지만 이 잠언은 악인과 친한 동무들이 악인과 똑같은 운명에 처하게 될 것임을 암시한다(참고.

3:31; 23:17-18; 24:19-20; 시 37, 73편). 이어지는 두 말씀은 지혜의 길이 더 나음을 제시한다.

24:3-4. [21] 집을 건축하고 견고하게 하는 것도 **지혜**이고, **귀하고 아름다운 보배**로 채우는 것도 지혜이다. 물론 이것은 문자 그대로 사실이다. 그렇게 비용이 많이 드는 노력에 필요한 부를 창출하려면 지혜가 필요하기 때문이다(참고. 3:13-20; 8:18). 그러나 훨씬 더 중요하게, 지혜는 다정하고 화목하며 안정된 가정생활이라는 헤아릴 수 없는 복에도 적용된다. 그러한 복은 오직 지혜를 통해서만 온다(참고. 14:1; 31:10-31).

24:5-6. [22] **지혜 있는 자는** 완력을 능가한다는 점에서 **강하다**. 그러므로 지혜와 힘은 강력한 한 팀이다. 둘이 협력하는 까닭에(8:14) 지혜로운 **지식은 힘을 더한다**. 6절이 그 점을 설명하고 있다. **왕이 전쟁을 할 수 있는**(새번역) 힘이 있다고 하더라도 **전략**을 세우고 **참모**(새번역)를 많이 두어야 비로소 승리의 친구가 될 수 있다(참고. 11:14; 15:22; 20:18). 명철과 힘은 강력한 조합이다.

24:7. [23] 지혜는 **너무 높아서 미련한 자**[*ewil*, 에윌]가 미치지 못한다. 그에게는 "그러한 고지로 날아오르는 데 필요한 경건과 겸손의 두 날개가 없다"(Waltke, *Book of Proverbs 15-31*, 273). 그래서 **그는** 공공 정책, 정의, 상거래가 집행되는 **성문**, 곧 광장에서 **입을 열지 못**한다. 이는 그가 말하고 싶지 않아서가 아니다. 미련한 자는 자신의 미련함을 언제나 분출한다(참고. 15:2). 그가 입을 열지 못하는 것은 그러한 무거운 주제에 대해 딱히 할 말이 없고, 공동체 지도자들도 그가 발언할 수 있도록 연단을 제공하지 않기 때문이다. 그는 지혜가 없는 까닭에 "말을 잘할 줄도, 권위 있게 할 줄도, 건설적으로 할 줄도" 모른다(Waltke, *Book of Proverbs 15-31*, 273). 이는 누구나 아는 사실이다. 그러한 무대에 서는 것은 그의 능력을 넘어서는 일이다.

24:8-9. [24] 공동체가 쉽사리 미련한 자 몇 명을 간과하면, 그들은 다른 이들을 철저히 멸시할 것이다. 자신의 이익을 위해 **악행하기를 꾀하**여 남을 희생시키는 사람은 **사악한 자**라는 평판을 얻을 것이다(8절). 이것은 결코 작은 문제가 아니다. 그의 공동체는 그의 미련한 음모를 **죄**로 인식한다(9a절). **거만한 자**는 하나님의 규범과 사회규범 위반을 조롱하지만, 자신의 공동체로부터 멸시당하고 버림받는 자로서 **사람에게 미움 받**는 아픔을 겪게 될 것이다(9b절).

24:10-12. [25] **환난**의 때에 사람의 성품은 시험을 받을 것이다(10절). 어려운 때에 소심함, 게으름, 무관심을 이유로 **낙담하**는 자는 자기 성품의 **힘이 미약함**을 드러내는 것이다(Waltke, *Book of Proverbs 15-31*, 275). 그러한 난국에는 **사망으로 끌려가는 자**를 위해 개입하는 일도 포함된다(11절). 이 시나리오의 자세한 내용은 분명치 않다. 미련한 자들이 자신들의 어리석은 행동으로 인해 죽음에 이르게 되었을 때 개입하는 일과 관계있을지도 모른다(예를 들어 7:22-23; Longman, *Proverbs*, 438). 더 그럴듯한 것은, 생명을 위협하는 불의로부터 사람들, 곧 난폭한 범죄자의 피해자들, 악인의 피해자들, 부패한 정부의 피해자들을 구하는 일과 관계있을지 모른다는 것이다(Fox, *Proverbs 10-31*, 747). 어느 경우이든 빤히 들여다보이는 변명을 늘어놓으며 개입을 회피하면 주님의 심판을 받게 될 것이다(12절). 낙담하는 자는 몰라서 그랬노라(**나는 그것을 알지 못하였노라**)고 말하겠지만 **마음을 저울질하시는** 하나님은 진실을 아실 것이다. 게다가 사람의 생명(**영혼**)을 **지키시는** 하나님은 **각 사람의 행위대로 보응하**실 것이다. "피해자를 보고도 못 본 체하고 아무 도움도 주지 않은 자는, 그가 위기에 처했을 때 생명의 수호자이신 분께서 그를 보고도 못 본 체하실 것이다"(Waltke, *Book of Proverbs 15-31*, 278).

24:13-14. [26] 이 말씀은 **꿀**을 먹는 것과 **지혜**를 아는 것이 유사하다고 말한다. **꿀을 먹**는 것은 맛좋은 약과 같이 몸에 **좋**다. 사람의 몸에 의약적 가치가 있을 뿐만 아니라 **달콤**하고(새번역) 기분 좋은 맛도 지닌 것으로 생각되기 때문이다(13절). 이와 유사하게 지혜도 사람의 영혼에 유쾌하고 유익하다(14절; 참고. 16:24). **지혜를 알고** 사용하는 사람은 **장래**가 보장되고 **소망**이 끊어지지 않는다. 지혜가 생명 자체를 촉진시키고 즐거운 삶을 덤으로 주기 때문이다. 주님 경외 및 성경의 폭넓은 증언과 관련지어 볼 때, 지혜란 바로 주님과 함께하는 영생의 지복이기도 하다(참고. 23:18).

24:15-16. [27] 의인을 공격해보았자 헛수고이다. 이 훈계는 악인들을 향하고 있는 듯하다. 말하자면 범죄자들은 **의인의** 가정과 재산을 노려서는 안 된다는

것이다(15절). 이것은 **의인**이 무적이라는 뜻이 아니다. **의인**도 **넘어져** 어려움을 겪을 수 있다. 그러나 그 어려움은 항구적이지 않다. "의인은 아무리 많이(**일곱 번**) 넘어져도 다시 일어나지만, 악인은 걸려 넘어지고 말 것이다"(Murphy, *Proverbs*, 181-182). **악인은 재앙으로 말미암아** 끊임없이 **엎드러**진다. 의인과 악인의 차이는 분명하다. 의인에게는 지혜가 있고, 더 중요하게는, 주님이 그들로 하여금 위기를 헤쳐나가게 하신다. 악인은 그러한 재산을 모두 잃고 만다.

24:17-18. [28] 앞의 말씀이 악인의 몰락을 예언한 것이라면, 이 말씀은 그러한 일이 일어날 때 만족하며 기뻐하기를 금한다. 지혜로운 자는 **원수가 넘어질 때에 즐거워하지** 않을 것이다(17절). 그러나 의롭고 지혜로운 자라도 그리할 때가 가끔 있는데(참고. 1:26; 11:10; 출 15장; 삿 5장; 시 52:5-7), 그렇다면 여기에서는 무엇이 다른가? 이유를 제시하는 18절에서 그 실마리를 얻을 수 있다. **여호와께서** 그것을 보시고 **기뻐하지 아니하**시기 때문이다. 문자적으로 읽으면, 그것이 '그분의 눈에 악하기' 때문이다. 아들은 압제에서 벗어나는 것이나 하나님의 정의가 드러나는 것을 즐거워해도 되지만, 원수의 고통일지라도 인간의 고통 자체를 즐거워해서는 안 된다. 실로 그의 악한 원수는 하나님의 의로우신 **진노**를 싫어도 받아들여야 하지만, 아들이 원수의 고통을 보고 복수라도 하듯 즐거워하는 것은 원수의 죄보다 나을 게 없다(Kidner, *Proverbs*, 155). 자신의 원수처럼 되고 만다.

따라서 그러한 경우에 하나님은 적어도 당분간은 당신의 **진노를** 그 원수에게서 **옮기**실 수 있다. 남의 불행을 기뻐하는 아들의 태도를 부추기는 상황이 계속되지 않도록 하기 위해서이다(Waltke, *Book of Proverbs 15-31*, 285). 더욱이 이 말씀은 하나님이 당신의 진노를 아들에게 돌리실 수도 있음을 암시한다. 그렇다면 "심판을 하나님의 손에 맡기고, 하나님의 능력을 말없이 두려워하며 뒤로 물러나 있는 것"이 훨씬 낫다(Garrett, *Proverbs*, 199; 참고. 20:22; 25:21-22; 욥 31:29-30).

24:19-20. [29] 앞의 말씀이 하나님이 정의를 실행하실 때 사람이 가져야 할 적절한 태도를 권하는 것이라면, 이 말씀은 그러한 정의가 지체될 때 가져야 할 적절한 태도를 권한다. **행악자**가 형통한 것처럼 보일 때에라도 지혜로운 의인은 초조해 해서는 안 된다. 즉, 흥분하거나 노발대발하거나 **분을 품지** 말아야 한다. **악인을 부러워해**서도 안 된다(19절; 참고. 3:31-33; 23:17-18; 24:1-2; 시 73편). 악인의 번영이 잠시에 지나지 않아 의인의 번영과 현저한 대조를 이루기 때문이다(20절; 참고. 23:18). 악인에게 **장래**가 **없**는 것은 그의 **등불**[그의 생명]이 **꺼**질 것이기 때문이다. 따라서 장기적으로 보면 악인은 이른 죽음을 맞이할 것이고, 영원의 관점에서는 더 나쁜 상황에 처할 것이다. 그렇다면 악인이 형통할 때 의인은 분노와 부러움에 굴복하지 않고 주님을 의지해야 할 것이다. 분노와 부러움은 "악인의 일시적인 운을 영원한 보상으로 혼동하는 바보짓"에 지나지 않는다(Hubbard, *Proverbs*, 386).

24:21-22. [30] **여호와**와 **왕**을 거역하는 것은 위험한 일이다. 지혜로운 자는 **반역자와 사귀**지 않고 여호와와 왕을 **경외**할 것이다(21절; 참고. 16:14; 19:12; 20:2; 벧전 2:17). "변하기 쉬운 자들"[쇼니임(*shonyim*), '변화', '변경된']이라는 표현은 난해하지만, 문맥상 그들이 반역자임을 암시한다. 22절은 하나님과 왕에게 복종하는 것이 왜 지혜로운 행로인지 설명한다. 하나님과 왕 모두 반역자에게 확실하고 갑작스러운 **재앙**, 너무 엄청나서 이루 다 헤아릴 수 없는 **멸망**을 안겨줄 수 있기 때문이다. 물론 이 잠언은 왕이 자신의 왕이신 주님을 거역하지 않고, 주님이 주신 합법적인 권한을 행사한다는 것을 전제한다(참고. 롬 13:1-7).

E. 지혜 있는 자의 추가 교훈(24:23-34)

24:23a. 이 절은 앞의 구간과 문체가 유사한 또 하나의 구간을 소개한다. 이 구간**도 지혜로운 자들의 말씀**으로 불린다. 이 구간은 앞 구간(22:17-24:22)에 첨부된 부록인 셈이다.

24:23b-25. 이 "지혜로운 자들의 말씀" 중 첫 번째 말씀은 법정과 관계가 있다. 23b절에서 기본 원리가 먼저 진술되고 있다. 재판관석에 앉은 사람이 편파성을 보이는 것은 옳지 않다(참고. 17:15, 23, 26; 18:5; 28:21). 공정하게 재판해야 하는 이유는 두 가지인데, 하나는 부정적이고 다른 하나는 긍정적인 이유이다. 부정적으로 말하면, 죄가 있는(**악한**) 누군가를 두둔하여 무죄로(**옳다**고) 선고하는 재판관은 욕을 먹게 될 것

잠

이다. **백성**과 **국민**이 그를 **저주**하고 **미워**할 것이다(24절). 노골적인 불법 행위는 불쾌감을 일으킬 뿐만 아니라 사회에도 유해하기 때문이다. 긍정적으로 말하면, **악인을 꾸짖**고(새번역) 그의 유죄를 선고하는 재판관은 **좋은 복을 받**을 것이다(25절). 백성은 그를 저주하지 않고 오히려 존경할 것이다. 하지만 백성들의 칭송 이후에, 본문은 복과 저주가 주님에게서 오는 것임을 암시한다.

24:26. 이 말씀은 **바른말**(새번역)로 대답하는 것을 **입맞춤**에 빗댄다. 바른말로 하는 대답이란 질문에 솔직하고 정직하게 답하는 것이다(Koehler et al., *HALOT*, 699). 그러한 대답은 질문자에 대한 사랑과 존중, 친밀함을 담고 있어서 입맞춤과 아주 비슷하다. "다른 이에 대한 애정과 존중의 가장 큰 표시는 그에게 진실을 말하는 것이다"(Clifford, *Proverbs*, 217).

24:27. 이 말씀은 "중요한 일부터 먼저 하라"는 현대의 속담과 유사하다(Fox, *Proverbs 10-31*, 772). 지혜로운 아들이라면 먼저 **밖**의 일에 주의를 기울이고 그런 다음 자기 집을 **세울** 것이다. 농업과 관련지어 말하면, 이것은 자기 **밭**을 마련하여 그 농작물로 가족을 부양하는 것을 의미한다(참고. 27:23-27). 더 넓게 말하면, 지혜로운 자는 적절한 준비 없이 사업에 착수하지 않는다는 것이다.

24:28-29. 따로따로 보았을 때, 이 두 절은 거짓 증언을 하지 않도록 조심하고(28절), 복수하지 않도록 조심하라고(29절) 말하는 것 같다. 하지만 이 구절들을 하나의 구성단위로 간주하는 편이 더 그럴듯하다. 말하자면 **이웃**에게 복수하려고 거짓으로 증언하는 자를 묘사하고 있다는 것이다. 그는 법적으로 타당한 **까닭 없이** (레 5:1에서처럼) 이웃에게 불리한 증언을 하기 때문에 위증을 하고 있다(28절). 그런데도 그는 자신의 위증을 이전에 부당하게 대우받은 것(**그가 내게 행한** 것)에 대한 보복이라고 정당화한다(29절). 불행하게도 그러한 행위는 한 개인의 진실성을 파괴하고, 정직한 증언에 의존하는 사법제도를 훼손한다. 더 심각하게는, 그분의 때에 공정하게 심판하시는 주님에 대한 신뢰가 결여되어 있음을 드러낸다(참고. 20:22; 24:12).

24:30-34. 이 마지막 말씀은 한 편의 이야기로 이루어져 있고(참고. 7:6-23), 그 가르침은 6:6-11을 되풀이한다. 지혜로운 아버지는 **밭**, 더 정확히 말하면 **포도원**을 떠올린다. 이 포도원의 주인은 **게으르고 지각이 없는 사람**이다(30절, 새번역). 잡초가 포도원을 뒤덮고 있고(**가시덤불이 그 전부에 퍼졌으며**) 포도원 보호용 **돌담**이 엉망이 되어 있는 것을 보면(**무너져 있기로**), 그가 게으른 나머지 포도원에 무관심한 것이 분명하다(31절). 이것은 더 이상 소출이 없고 게으른 포도원 주인이 가난한 상태에 있음을 암시한다. 지혜로운 자는 이 사례를 관찰하면서 교훈을 마음에 새긴다. **내가 보고 생각이 깊었고 내가 보고 훈계를 받았노라**(32절). 어떤 교훈인지는 분명하다. 즉, 게으른 자의 나태한 무관심('잠'과 '졸음'을 일보다 더 좋아한 것) 때문에 **빈궁**이 반드시 **강도**와 **군사**같이 그에게 이른다는 것이다(33-34절; 참고. 6:9-11, 이 절들은 거의 동일하다. 그 구절들의 주석을 보라).

Ⅱ. 히스기야의 신하들이 편집한 솔로몬의 잠언 모음집(25:1-29:27)

25:1. 이 제목은 **유다 왕 히스기야의 신하들이 편집한** 솔로몬의 두 번째 잠언 모음집을 소개한다. 히스기야는 대략 주전 715년부터 주전 687년까지 유다를 다스린 왕이다. 그는 앗수르의 북 왕국 파괴(주전 721년)와 유다에서 일어난 배교를 계기로 주님께 헌신하며 부흥을 주도했다(왕하 18:1-12). 히스기야에게 임명받은 지혜로운 학자들 중 일부가 솔로몬의 잠언 3,000가지(왕상 4:32) 중에서 이 잠언들을 필사하고 수집하며 편집한 것 같다. 잠언 25:2-7은 왕과의 교류를 중심으로 편성되어 있다.

25:2-3. 권력과 지혜에 관한 한, 하나님에게 왕과 신하에 이르기까지 일종의 서열이 있다(Waltke, *Book of Proverbs 15-31*, 310). 하나님의 영광이 왕의 영광을 확실히 능가하기는 하지만(2절), **하나님**과 **왕**이 **영광**(새번역)을 받는 것이 맞다. 하나님의 영광은 그분이 지으신 창조 세계의 신비들 속에서 드러난다. 그 속에서 그분의 불가해성과 초월성이 강조되고(참고. 신 29:29), 모든 인간은 그분 앞에서 마땅히 겸손한 자세를 취하지 않을 수 없다(Fox, *Proverbs 10-31*, 778). 그럼에도 지혜로운 통치란 왕이 이 신비들 중 일부(**일**)를 **살피**기 위해 힘쓰는 것을 의미한다. 따라서 왕의 영

광은 하나님이 주신 지혜를 사용하여 그분이 지으신 창조 세계의 신비로운 일들 중 일부, 특히 국정 및 사법 관리와 관련된 일들을 헤아리는 능력으로 나타난다(Waltke, *Book of Proverbs 15-31*, 311-312; 참고. 왕상 3:9과 3:16-28에 등장하는 솔로몬). 마찬가지로 **왕의 마음**도 높은 **하늘**과 깊은 **땅**의 신비들처럼 신하들이 헤아리기가 어렵다(25:3). 왕이 하는 일 배후의 동기들과 사고 과정, 감정들을 헤아리기란 어렵다. 따라서 신하는 왕에게 마땅히 경의를 표해야 한다. "무거운 결정을 내릴 책임도 지지 않고, 결정에 필요한 정보도 쥐고 있지 않은 이들은 그렇지 않은 이들을 볼 때마다 머리가 아플 것이다. 그러니 지혜로운 지도자들이 수행하는 중대한 임무들에 겸손히 감사하는 것"이 가장 좋다(Hubbard, *Proverbs*, 400).

25:4-5. 은세공업자가 양질의 은그릇을 만들 수 있을 정도의 순은을 얻으려면 **은에서 찌꺼기**를 제거해야 한다. 마찬가지로 왕이 왕위를 **의** 가운데 견고히 세우려면 **악한 자**를 궁정에서 내쫓아야 한다(참고. 20:8, 26; 시 101:6-8). 이 잠언이 또한 왕의 조언자들에게 건네는 것이라면, 그들은 왕의 국정에 의를 장려하여 왕과 나라가 번영하도록 해야 한다.

25:6-7. 이 잠언은 자기과시를 조심하라고 왕의 신하들에게 직접 건네는 충고이다. 왕 앞에서 신하가 자신의 고삐 풀린 야심 때문에 **스스로 높은 체하**거나 자신을 고위층 **대인들**과 동급으로 여길 수 있는데, 이것은 미련한 일이다(삼하 1:1-16). 그러다가 지위가 강등되고 수치를 당하는 것보다 다른 사람들의 추대를 받아 좀 더 높은 지위로 승진하는 편이 훨씬 더 낫다(25:7; 참고. 22:29). 예수님도 같은 점을 강조하신다(눅 14:7-11).

25:8-10. 이웃과 다툼이 벌어졌을 때, 지혜로운 자라면 그 다툼을 성급하게 확대시키지 않을 것이다. 한편으로 그는 자신이 사실 관계를 제대로 이해하고 있다고 확신할 것이다(8절). 8절의 첫 행 **네가 눈으로 보았다 해서**(공동번역, 개역개정과 새번역에는 이 구문이 없다—옮긴이 주)라는 구문은 소송 제기와 관련짓는 것이 더 낫다. ESV는 이를 다음과 같이 표현한다. "네가 눈으로 보았다고 해서 성급히 법정에 가져가지 말라." 면밀히 조사하지 않고 엉성한 관찰에 기초하여 경솔히 소송하는 것은 미련하기 그지없는 일이다. 법정에서 그 경솔함을 밝혀 소송을 제기한 자에게 '욕'(8절, ESV)을 안겨줄 것이다. 법정에 해당되는 것은 인생 일반에도 해당된다. 성급하게 도출한 결론에 근거하여 성급하게 다른 사람과 언쟁을 벌이지 말라. 그렇지 않으면 스스로 미련한 자가 되고 말 것이다.

나아가 지혜로운 자는 자신과 다투는 이웃을 허심탄회하게 직접 상대할 것이다(9-10절). 이웃과 다툴 때, 상대방에 대한 불만을 당사자에게 직접 가서 말하지 않고 다른 이들에게 말하는 것(**남의 은밀한 일을 누설하는 것**)은 미련한 일이다(9절). 10절이 그 이유를 설명한다. 당신의 불만을 들은 자들이 당신을 불평분자나 떠버리라는 오명을 씌울 것이고, 그 오명은 계속될 것이기 때문이다. 배경을 법정이라고 보았을 때, 이 구절들은 개인사를 법정에서 공적으로 떠벌리면서 연루된 모든 이들에게 망신을 주기보다는 차라리 타협으로 문제를 해결하라고 권하는 것 같다.

25:11-12. 지혜로운 자는 알맞은 때에 알맞은 말을 한다(참고. 15:23). 오직 **은쟁반**만이 **금 사과**[보석이나 어떤 예술 작품을 가리키는 것 같다]의 고유한 가치를 높여준다. 마찬가지로 지혜로운 **말**은 **경우에 합당한 말**이 될 때 비로소 그 고유한 가치가 높아진다(11절, Longman, *Proverbs*, 453). 이 원리는 누군가를 **슬기**롭게 책망할 때에 분명해진다(12절). 책망을 받아들이지 않으려는 사람에게는 책망을 해봐야 아무 소용이 없다. 하지만 **청종하는 귀**로 훈계를 기꺼이 받고자 하는 이를 책망하면 사정이 전혀 달라진다. 그는 **슬기로운 자의 책망**에서 **정금** 장신구처럼 값진 보배를 찾아낼 것이다.

25:13-14. 신뢰할 수 있다는 것은 큰 복이다(13절). 5-6월에 밀을 **추수**한다는 것은 더위와 씨름하는 노동이었다. 그렇게 더위와 씨름하며 땀 흘리는 일꾼은 분명 시원한 **얼음냉수**를 반길 것이다. 마찬가지로 **충성된 사자**도 그를 보낸 이의 **마음을 시원하게** 한다(참고. 13:17). "상거래, 정치적 결정, 사적인 대화를 발설하지 않는 것 등 모든 일이 사자의 신뢰성에 달려 있었다"(Longman, *Proverbs*, 454). 그토록 많은 것이 걸려 있는 까닭에, 보내는 이가 믿음직한 사자에게서 시원한 위로를 얻는 것은 당연하다. 반면에 신뢰하지 못함은

큰 재앙이다(14절). 어떤 이들은 호언장담하지만 자신들이 약속한 것을 뒷받침하지 못한다. **구름과 바람**은 이스라엘의 건조지대에서 살고 있는 농민들에게 비를 약속하는 커다란 복이다. 마찬가지로 어떤 사람이 주겠다고 약속한 **선물**을 **자랑하**면서도 약속을 이행하지 않으면 여간 실망스럽지 않을 것이다. 지혜로운 자라면 자기가 한 약속을 이행하고, 호언장담하는 자들을 경계의 눈으로 바라볼 것이다.

25:15. 이 잠언은 직관에 반대된다. 다들 강경한 사람들, 즉 **뼈**처럼 딱딱하고 완고한 **관원**들을 상대하려면 그들과 똑같이 강경하게 나가는 것이 최선의 방법이라고 생각하기 때문이다. 그러나 가장 좋은 접근법은 **오래 참음**, 곧 인내이다. 지혜롭고, 끈기 있고, **부드러운** 말은 강경한 자들에게 파고들어 그들을 **설득한다**(참고. 15:1, 4, 18; 16:14). 지혜로운 자는 "끈기 있고 개방적이며, 따스한 성격을 통해 그리고 민감하고 재치 있는 말을 통해 자신의 사고방식을 다른 이에게 전할 수 있다"(Waltke, *Book of Proverbs 15-31*, 325).

25:16-17. 과유불급이다. **꿀**은 먹기 좋고 유익하다. 그러나 지나치게 많이 먹어보라. 즉, **과식**해보라[사바(*saba*), '넘치도록 차서 물리다']. 그러면 **토하게** 될 것이다(병들게 될 것이다, 16절). 마찬가지로 이웃집 방문은 방문하는 사람과 맞이하는 사람 양쪽 모두에게 즐거운 일이다. 하지만 친구를 성가시게 하거나 환대받는 시기를 넘겨 너무 오래 머물면서 폐를 끼쳐보라. 그러면 우정이 깨지고 말 것이다. **그가 싫어**할('사바', '넘치도록 차서 물릴') 것이기 때문이다. 친한 친구 사이에도 사적인 공간은 필요하다. 절제는 좋은 것의 즐거움을 유지하지만, 탐닉은 오히려 즐거움을 해친다(참고. 27절; 27:7).

25:18. 방망이와 칼과 **뾰족한 화살**은 다른 이들을 살상하기 위한 전쟁 무기였다. **자기의 이웃을 쳐서 거짓 증거하는 사람**은 그러한 무기와 같다. 위증은 결코 작은 문제가 아니다. "거짓 증인은 위험한 무기이다"(Garrett, *Proverbs*, 208). 그는 다른 이들에게 유해하거나 치명적이다(참고. 14:25; 19:28; 왕상 21).

25:19. 사람은 이에 의지하여 씹고 발에 의지하여 걷는다. **썩은 이**(새번역) 또는 부러진 이(Koehler et al., *HALOT*, 1271)와 **위골된 발**은, 정작 그것들이 필요할 때 사람의 기대를 저버리고 실망시키며 고통을 일으킬 것이다(Longman, *Proverbs*, 456). 마찬가지로 **환난 날에 진실하지 못한 자를 의뢰하는** 사람은 궁핍한 시기에 친구의 배반으로 실망하거나 상처를 입게 될 것이다. 지혜로운 자라면 친구들을 좀 더 신중히 고를 것이다(참고. 17:17; 18:24; 20:6).

25:20. 이 잠언에는 두 가지 은유가 들어 있다. 첫째 은유는 **추운 날에 옷을 벗음**이다. 이 행위는 부적절하여 사람을 더 춥게 할 따름이다. 둘째 은유는 **소다 위에 식초를 부음**이다. 이 이미지를 해석하는 데 두 가지 쟁점이 있다. 첫째, 나테르(*nater*)는 보통 **소다**로 읽지만 '상처'로 읽을 수도 있다(예를 들어 NLT). 둘째, **소다**가 적절한 번역어라면 소다(염기)에 식초(산)를 섞는 것은 어떤 효과를 강조하기 위함인가? 둘이 잘 섞이지 않으면서 서로 반발한다는 뜻인가? 아니면 둘이 서로의 약효를 중화시킨다는 뜻인가? 첫째 은유의 관점에서 보면 전자가 의도에 부합하는 것 같다. 이를테면 소다에 식초를 붓는 행위는 부적절하여 소동을 일으킬 따름이라는 것이다. 이와 유사한 문맥에서 **마음이 상한 자에게** 즐거운 **노래**를 부르는 것은 몰지각하고 부적절한 일이다. 그런 일은 낙담한 사람에게 괴로움을 가중시키는 무정하고도 온당치 않은 처사이다. "때에 알맞은 노래는 치료에 도움이 될 수 있지만(참고. 삼상 16:15-23; 19:9; 욥 30:31; 잠 12:25), 때에 맞지 않는 노래는 마음을 괴롭게 하고 해친다(참고. 시 137:1-4; 집회서 22:6a). 지각 있는 사람이라면 언제 어떻게 슬퍼하고, 언제 어떻게 기뻐할지 알게 마련이다"(전 3:4; 롬 12:15; 고전 12:26; 히 13:3; Waltke, *Book of Proverbs 15-31*, 329).

25:21-22. 원수에게 복수하는 것은 인간의 본성이다. 특히 그 원수가 약할 경우에는 더더욱 그러하다. 그러나 여기에 등장하는 권고는 전혀 다른 방식, 곧 약한 원수에게 친절을 베풀라고 요구한다(21절). **네 원수가 배고파하거든** 음식을 먹이고 **목말라하거든 물을 마시게 하라**. 이렇게 하는 이유는 두 가지이다(22절). 첫째, 그렇게 하는 것은 **핀 숯을 그의 머리에 놓는 것**과 같기 때문이다. 이 이미지는 모호하다. 그 의미를 두고 주석가들 사이에 의견이 분분하다. 그것은 반대되는 형식의 복수, 즉 실제로는 원수를 성나게 하려고 친절을 베

푸는 행위 같지는 않다. 어쨌든 잠언은 복수에 찬성하지 않으며(참고. 17:13; 19:11; 20:22; 24:17-18, 29), 둘째 행은 이것이 주님이 선하게 여기시는 일임을 암시한다(Waltke, *Book of Proverbs 15-31*, 331). 혹자의 주장대로, 이 이미지가 이집트의 참회 의식을 따르는 것이든 아니든 그것은 원수를 참회시킬 목적으로 그에게 창피를 주는 일을 수반하는 것 같다. 그것이 원수를 위한 일일지라도 원수에게는 괴로울 테니 말이다(참고. 6:27-28). 분명한 사실은 그러한 행위를 주님이 기뻐하시고 **상**(새번역)까지 주신다는 것이다. 바울은 로마서 12:20에서 이 절들을 인용하면서 복수보다는 선으로 악을 이기는 것을 지지한다.

25:23. 이 잠언은 난해하다. 그 이유는 **북풍이 비를 일으킨다**는 의견 때문이다. 고대 이스라엘에서 비는 북풍이 아닌 서풍과 관련이 있었다(예를 들어 왕상 18:41-46). 어떤 이는 그것이 단순히 북서풍을 가리킨다고 주장한다. 그러나 히브리 원문이 차폰(*tsaphon*, **북풍**)과 사테르(*sater*, **참소**)를 가지고 언어유희를 한 것일 수 있다는 사실이 더 나은 해법을 제시한다. 두 단어 모두 숨김을 암시한다(Waltke, *Book of Proverbs 15-31*, 332-333). 그 이미지는 북풍이 일으킨 비가 예기치 않은 비, 달갑지 않은 비임을 암시한다(26:1; 28:3). 마찬가지로 은밀한(**참소하는**) **혀**가 일으킨 험담도 예기치 않은 것, 달갑지 않은 것이어서 사람들의 얼굴에 **분을 일으킨다**.

25:24. 사실상 같은 잠언인 21:9의 주석을 보라. 월키는 이 문맥에서 그 구절을 되풀이한 것은 그러한 다툼도 "예기치 않은 것, 달갑지 않은 것"이라는 생각을 강조하기 위함일 수 있다고 주장한다(Waltke, *Book of Proverbs 15-31*, 334).

25:25. **냉수**를 마시는 것은 고된 노동으로 지친 사람의 갈증을 풀어준다[**목마른 사람**은 **타는 목**(공동번역)으로 번역할 수도 있다]. 마찬가지로 **먼 땅에서 오는 좋은 기별**은 아무 소식이라도 간절히 기다리는 이에게 괴로우리만치 더디 도착해도, 그것을 듣는 이에게 특별히 만족을 주었다. 이 잠언은 먼 땅을 여행하는 사람들로 하여금 그들의 사랑하는 이들에게 반가운 소식을 보내게 하는 효과를 발휘했을 것이다(Longman, *Proverbs*, 459).

25:26. 고대 이스라엘에서 **우물이 흐려**지는 것과 **샘이 더러워**지는 것은 재앙이나 다름없었다(참고. 창 26:15; 겔 34:17-18). 의인은 '생명의 샘'에 비유된다. 그의 말이 지혜와 공의를 증진하여 다른 이들에게 생명을 주기 때문이다(참고. 10:11). 그러나 **의인이 악인 앞에 굴복**하면 어떻게 되겠는가? 생명을 주는 **우물**이 짓밟혀 **흐려**지고 맑은 물을 내는 **샘이 더러워**짐과 같을 것이다. 이것은 악인이 잠시이기는 하지만(참고. 24:16) 의인을 누르고 승리하여 생명을 주는 의인의 영향력을 제거하는 것을 언급하는 듯하다. 하지만 의인이 도덕적으로 타락하여 악인의 압력에 굴복하는 것을 언급하고 있다고 보는 편이 더 그럴 듯하다. "의인의 비열한 타협은 영적 생활에서 그에게 의지해온 수많은 이들을 실망시키고 유린하며 위태롭게 한다"(Waltke, *Book of Proverbs 15-31*, 336). 이는 영적 지도자들이 주의를 기울여야 할 사실이다!

25:27. **꿀을 많이 먹는 것**처럼 좋은 것이라도 지나치면 **좋지** 않다(참고. 14절). 같은 원리가 둘째 행에 등장하는 자기 홍보에도 적용된다. ESV가 그 의미를 잘 포착하고 있다. "자신의 영예를 구하는 것은 영예롭지 못하다." 말하자면 영예를 얻는 것은 좋은 일이지만 스스로 칭찬/**영예를 구하는** 데 열중하는 것은 옳지 않다는 것이다.

25:28. 이 잠언은 자신을 **제어하지 아니하는** 사람을 **성읍이 무너지고 성벽이 없는 것**에 비유한다. 성경 시대에 성읍의 안전을 보장하는 열쇠는 튼튼한 성벽이었다. **성벽**이 **무너진** 성읍은 확실히 패하고 치욕을 당하며 더 심한 공격에 무방비 상태로 노출되었다. **마음**의 격정이 **자기**를 정복하는데도 제어하지 않는 미련한 자는 똑같이 곤란한 처지에 놓인다. 마음의 격정이 그를 덮쳐 명예를 더럽히고 그를 더 수치스러운 겨발 상태에 놓이게 할 것이다. 성령의 지배를 받는 이에게는 훨씬 더 좋은 것들이 예상된다(갈 5:22-23).

26:1-12. 이 구간은 미련한 자를 서술한다(서론의 '주제' 중 '미련한 자'를 보라).

26:1-3. 2절은 이 구간에서 미련한 자를 특별히 언급하지 않는 유일한 잠언이지만 1절 및 3절과 한 조로 분류된다. 각 절이 적절하고 당연한 것을 주제로 다루고 있기 때문이다. 1절은 미련한 자와 관계있다. 이스라

잠

엘에서 1차 **추수**기는 덥고 건조한 **여름**철이었다. 따라서 **여름에 눈**이 내리거나 **추수 때에 비**가 오는 것은 부적절했고, 더 나쁘게는, 농작물에 상당한 피해를 주었다(삼상 12:17-25). 마찬가지로 **미련한 자**에게 **영예**를 수여하는 것은 **적당하지** 않고 심각한 해를 입힐 수 있다. 이는 그러한 자에게 경의를 표하는 사람들 사이에서 가치가 심각하게 왜곡됨을 암시한다. 이것은 오늘날 대중문화에 건네는 적절한 경고이기도 하다. 잠언 26:2이 이 구간에서 미련한 자를 특별히 언급하지 않지만, 이 절들(1절 및 3절)과 한 조로 분류되는 것은 각 절이 적절하고 바람직한 주제를 다루기 때문이다.

2절은 죄 없는 사람에게 임하지 않는 것과 관계있다. **떠도는 참새**와 **날아가는 제비**는 내려앉지 않는다. **까닭 없는 저주**도 그러하다. 어떤 이들이 다른 이들에게 저주를 퍼붓고 심판을 내려달라고 빌어도 의로우신 주님이 지지하지 않으시면 그 저주는 미신이 되고 만다. 주님은 죄 없는 자를 저주하지 않으신다. 따라서 죄 없는 자를 저주하는 것은 부적절하며 바보짓이다. "발람은 모든 미신에 대해 마지못해 나선 증인이다"(Kidner, *Proverbs*, 162; 민 23:8; 시 109:28).

잠언 26:3은 미련한 자에게 잘 어울리는 것과 관계있다. **말**이나 **나귀** 같은 가축을 제어하는 수단은 **채찍**과 **재갈** 같이 가혹한 힘이다. **미련한 자**가 훈계에 대해 반응하는 것도 가축이나 진배없어 말로는 그의 미련한 짓을 제지할 수 없다. 그가 이해하는 유일한 언어는 그의 등을 때리는 **막대기**처럼 가혹한 힘뿐이다(참고. 10:13; 18:6; 19:25, 29). 그마저도 통하지 않을 때가 간혹 있다(17:10; 27:22). 지혜로운 자는 더 나은 배움의 길을 알고 있다(참고. 시 32:8-9).

26:4-5. 4절에 등장하는 부정어 ~**말라**를 빼면, 4절 첫째 행과 5절 첫째 행의 히브리 원문은 동일하다. **미련한 자의 어리석은 것을 따라 대답**한다는 말은 미련한 자의 허튼소리나 허튼짓에 지혜로 대답하라는 뜻이다. 그래야 하는지 아닌지를 놓고 이 잠언들이 경합을 벌이며 모순된 조언을 제시하는데도 그것들을 나란히 배치한 것은, 지혜롭다는 것은 잠언들 자체를 알 뿐만 아니라 언제 어떻게 적용할지도 아는 것이라는 사실을 일깨운다. 두 잠언을 따로따로 읽으면, 의인이 **미련한 자의 어리석은 것을 따라 대답**할 것인지 말 것인지는 상황에 달려 있다. 때로는 대답하지 않는 것이 지혜롭다. 그래야 논쟁에 말려들지 않고 야비하게 말다툼하는 미련한 자의 수준으로 떨어지지 않을 수 있다(4절). 대답할 경우 지혜로운 자는 미련한 자와 똑같이 되고, 구경꾼들은 그의 지혜를 미련한 자의 허튼소리와 별다를 바 없이 여길 것이다. 미련한 자를 아예 피하거나 무시하는 것이 더 나을 때가 있다.

미련한 자에게 대답해야 할 때도 있다(5절). "미련한 자에게 이의를 제기하지 않고 내버려두면, 그는 자신이 상대방을 감동시키고 겁먹게 했거나 논파했다고 생각할 것이다. 그는 평소보다 훨씬 더 밉살스러워질 것이다"(Fox, *Proverbs 10-31*, 793). 더욱 자신만만해진 그는 자기보다는 자기가 영향을 미치는 다른 이들에게 더 위험한 존재가 된다. 지혜로운 자는 그러한 상황에서 침묵해서는 안 된다. 종합하면, 두 잠언은 지혜로운 자에게 "미련한 자의 미련한 것을 있는 그대로 드러내 보이고", "말다툼에 휘말려 미련한 자의 수준으로 떨어지지 말라"고 권하는 것 같다(Waltke, *Book of Proverbs 15-31*, 349).

26:6. 이 잠언은 과장법을 사용하여 미련한 자는 끔찍한 심부름꾼이 될 수 있다고 말한다. 심부름꾼이 맡은 중요한 역할로 볼 때, 미련한 자를 그러한 용도로 활용하는 이는 스스로를 미련한 자로 만드는 것이다. 미련한 자가 전할 경우 보내는 이의 **기별**은 확실히 닿지 못할 것이고, 이는 보내는 사람 자신의 **발**을 자르는 셈이 되고 말 것이다. 기별이 제대로 닿지 못하면 이는 보내는 사람 자신을 해치고 독[**폭력**(새번역)]을 마시는 것과 같을 것이다.

26:7. 저는 사람의 **다리**는 걷기에 편치 않다. 이처럼 **잠언**도 **미련한 자**에게는 소용이 없다. 미련한 자가 잠언을 입 밖에 내더라도 그에게 아무 유익이 되지 않는다. 결국 그는 그것을 이해할 줄 모르고, 알맞은 때에 알맞은 방식으로 자신에게 적용할 줄도 모른다. 설령 안다고 해도 그럴 마음을 품지 않는다. 그가 다른 이들에게 그대로 되뇌는 잠언도 그들에게 유익이 되지 않는다. 그것을 다른 이들에게 제때에 능숙하게 전달하지 못하기 때문이다(참고. 15:23; 25:11-12).

26:8. 미련한 자에게 경의를 표하는 것은 대단히 부적절한 일이다(참고. 1절). 고대 세계에서 조약돌을 던

지는 데 쓰던 물매, 곧 가죽띠는 전쟁뿐만 아니라 사냥에도 유용했다(삿 20:16; 삼상 17:37-49; 대상 12:2). **돌을 물매에 매는 것**이라는 표현은 확실치 않다. '매다'라는 단어는 단순히 물매에 돌을 놓는 것을 가리킬 수도 있다. 영예를 얻은 미련한 자는 그가 행사하려고 하는 영향력 때문에 물매에서 던져진 돌멩이처럼 다른 이들에게 위험함을 의미할 것이다(Fox, *Proverbs 10-31*, 795). 아니면 더 그럴듯하게, 그 단어는 돌을 던지지 못하도록 물매의 가죽 조각에 매어두는 것을 말하는 것일 수 있다. 물매를 소용없게 만드는 것이다. 그렇게 하는 것은 무기의 용도를 거스르는 우스운 행위이다. 마찬가지로 **미련한 자에게 영예**를 주는 것은 불합리하여 사회의 이익을 거스르는 일을 조장할 따름이다. 사회에서 그에게 영예를 주기보다는 그를 추방하는 편이 더 좋다(Kidner, *Proverbs*, 162).

26:9. 이 절은 **미련한 자의 입의 잠언**을 다시 다룬다. 그 잠언은 미련한 자와 그의 말을 듣는 자들에게 쓸모없는 것이 되고 만다(참고. 7절). 이 절에서 미련한 자의 입의 잠언은 그 자신에게는 물론이고 다른 이들에게도 위험하다(참고. 12:18; 13:16; 14:3; 25:20; 욥 16:1-4). **술 취한 자가 손에 든 가시나무**는 술 취한 자의 손이 **가시나무**에 찔리는 것이 아니라, 술 취한 자가 '가시 달린 곤봉'에 손을 대는 것을 말하는 것 같다(참고. HCSB). 그는 그것을 이리저리 휘두르며 자신과 다른 사람들을 칠 것이다. 미련한 자도 잠언을 부적절하게 전하고 적용하며 자신과 다른 사람들을 다치게 할 것이다(Longman, *Proverbs*, 466).

26:10. 이 절은 **미련한 자나 지나가는 행인**, 곧 문외한을 **고용하는** 자를 **닥치는 대로 사람을 쏘아대는 궁수**(새번역)에 비유한다. 이 궁수는 식별력이 없어 친구와 적에게 화살을 마구 쏘아대며 혼란을 일으킨다. 마찬가지로 **미련한 자나 행인을 고용**하는 자도 식별력이 없다. 미련한 자와 행인 모두 그에게 도움이 되지 못하고, 그와 그의 영리 사업에 혼란을 안겨줄 것이다. 지혜로운 고용주는 누구를 고용할지 알고 미련한 자나 검증되지 않은 문외한의 고용을 피할 것이다.

26:11. 이 잠언은 일부러 불쾌한 이미지를 사용하여 미련한 자가 얼마나 구제 불능인지 드러내 보인다. 고대 세계 사람들은 **개**를 종종 혐오의 대상으로 여겼다(참고. 삼상 17:43). 개는 자기가 **토한 것**을 도로 먹는 습성 때문에 더욱 역겨운 동물이 되었다. 개는 자기가 먹은 것이 자기를 메스껍게 했는데도, 다시 돌아가 그것을 또 한 번 먹으려고 한다. 배울 생각은 전혀 없고 자신의 **미련한 것**을 되풀이하는 미련한 자의 성향도 역겹기는 매한가지이다. 지각없는 것도 매한가지이다. 베드로는 이와 유사한 표현을 거짓 선생들에게 적용한다(벧후 2:22).

26:12. **미련한 자**보다 더 치료하기 힘든 이들이 있는데, 바로 **스스로 지혜롭게 여기는 자**이다. 그는 자신이 지혜에 도달한 것을 자랑스럽게 여기며 더 이상의 교훈이 필요 없다고 생각한다. 그는 자신의 명철을 의지한다(참고. 3:5). **미련한 자**에게 **희망**이 있는 까닭은 그가 적어도 모종의 징계에 응답할 줄 알기 때문이다(예를 들어 26:3). "자신의 미련함을 속이는 자는 미련한 자보다 상태가 더 심각하다"(Waltke, *Book of Proverbs 15-31*, 355). 이 잠언은 스스로 지혜롭게 여기는 자들에게 다음과 같은 암묵적 경고를 건네는 듯하다. "지혜로운 자는 '나는 지혜롭다'라고 말하자마자 미련한 자보다 더 미련하게 되고 말 것이다"(Murphy, *Proverbs*, 201).

26:13-16. 앞부분이 "미련한 자들을 비추는 거울"이었다면, 이 절들은 "게으른 자들을 비추는 거울"이다. 거울에 비친 그 모습은 익살스럽기는 해도 실물보다 더 낫지는 않다(Waltke, *Book of Proverbs 15-31*, 355).

26:13. **게으른 자**가 일하지 않으려고 늘어놓는 변명은 빈약하기 그지없다. 22:13의 주석을 보라.

26:14. **게으른 자는 문짝이 돌쩌귀를 따라서 도는 것같이** 자신의 침상에서 떨어질 줄 모른다. 침상에서 뒹구는 것밖에 하는 일이 없다. 문짝이 돌쩌귀를 벗어나지 않듯 그도 침상에서 일어나 일하러 가지 않는다.

26:15. 19:24에서 그랬듯이, 여기에서도 **게으른 자**는 너무 게을러서 스스로를 먹여 살리지 못하고 굶주림에 직면한다. 그는 먹는 것조차 **귀찮아한다**(새번역).

26:16. 이 구간에서 앞의 잠언들은 **게으른 자**를 익살꾼으로 보여주는 반면에, 이 잠언은 그들 중 일부가 독선적이고 자기기만에 빠져 있으며 구제 불능임을 보여준다. 그는 **자기**를 지혜롭게 여기는 자이다(참고. 12

절). 실제로 그는 일하지 않기 위해 늘어놓는 자기변명이 자신을, **사리에 맞게 대답하는 사람 일곱보다 더 지혜롭게** 만들어준다고 생각한다(참고. 12절). 여기에서 일곱이라는 숫자는 바른 대답에만 만장일치를 이루는 지혜로운 자들 다수의 협의회를 암시하는 것 같다. 게으른 자는 착각이 심해서 자신이 그들의 지혜를 다 합한 것보다 지혜롭다고 여긴다. 그런 자에게는 희망이 없다(참고. 12절).

26:17-28. 이 잠언들은 주로 자신들이 하는 말을 통해 문제를 일으키는 자들을 폭넓게 제시한다.

26:17. 지나가는 개(당시의 문화적 맥락에서 말하면 들개)의 예민한 귀를 잡는 자는 당연히 물릴 것이다. 마찬가지로 자신과 무관한 싸움에 쓸데없이 **간섭하는** 자는 그 일을 후회하게 될 것이다. 정당한 이유 없이 남의 싸움에 말려들기보다는 자기 일에 신경 쓰는 편이 더 낫다.

26:18-19. 치명적인 **불화살**을 무차별적으로 쏘아대는 **미친 사람**은 다른 사람들을 혼란스럽게 할 뿐 아니라 끔찍하고 무분별한 해를 끼친다(18절). 이웃을 속이고 나서 재미로 그랬노라 말하는 자도 이와 다를게 없다(19절). "속임수는 결코 웃어넘길 문제가 아니다"(Fox, *Proverbs 10-31*, 799). 그것 역시 다른 이들에게 까닭 없이 혼란과 해를 끼친다. 태연히 거짓말하는 자는 재미로 그랬노라 말하지만, 그가 생각한 재미는 그의 마음이 미련하리만치 사악하다는 사실을 드러낼 뿐이다(참고. 10:23). 더 광범위하게 말하면, 말이나 행위로 다른 이들에게 해를 입히는 것은 농담으로 받아넘길 일이 아니다.

26:20-21. 다툼은 불과 같아서 그것을 불러일으키기 위해서는 특정한 종류의 사람들이 필요하다. 첫째, 헐뜯는 자들이 필요하다(20절). **나무가 다하면 불이 꺼지**게 마련이다. 마찬가지로 헐뜯는 **말쟁이**는 **다툼**을 지피는 연료와 같아 그가 없어지면 **다툼도 그친다**(새번역). "그의 거래 도구는 빈정거림, 반쪽짜리 진리, 지나치게 왜곡되고 과장된 사실이다"(참고. 10:18; 11:13, 28; 16:28; 18:8; 20:19; Waltke, *Book of Proverbs 15-31*, 360). 둘째, **다툼을 좋아하는 자**들이 필요하다(21절). 숯이 **숯불**의 연료가 되고, 땔나무가 꺼져가는 **불**의 연료가 되는 방식으로 그들은 **시비를 일으킨다**. 그러한 자들은 싸우고 싶어 안달이 났고, 평소 누군가를 만나면 긴장된 상황을 악화시킨다. 두 유형의 말썽꾼은 모두 피하는 게 상책이다.

26:22. 이 잠언은 18:8의 반복이다(18:8의 주석을 보라). 여기에서는 험담하는 자들을 피하는 게 최선임을 강조하고 있는 것 같다. 그들은 다툼을 일으킬 뿐만 아니라 듣는 이를 부정적으로 만들기 때문이다.

26:23-28. 이 잠언들은 교활하거나 속이는 말을 조심하라고 경고한다. 그런 말은 **낮은 은을 입힌 토기**와 같다(23절). 그 그릇은 멋지고 값비싸게 보이지만 겉보기와 달라서 실은 하찮은 광택을 입힌 질그릇에 지나지 않는다. 여기에서 속이는 말은 '불타는 입술'로 기술된다. 유사성의 관점에서, 그것은 열변을 토하는 것으로 볼 수 있다(참고. ESV). 그러나 어떤 번역은 70인역을 따라서 이것을 '매끄러운 입술'(HCSB), 즉 속이는 말로 읽는다. 어느 쪽이든 요점은 같다. 이를테면 우정을 가장한 말은 좋게 들리지만 불량하고 **악한 마음**을 숨기고 있다는 것이다. 지혜로운 자라면 그렇게 매끄러운 말을 액면 그대로 받아들이지 않을 것이다. 원수가 꼭 그러한 전술을 쓰기 때문이다(24절). 원수는 속으로는 만만한 사람을 해칠 기만적인 전략을 짜면서도 말로는 자신의 증오심을 감춘다. 지혜로운 자라면 은근하고 매끄러운 말을 좀처럼 **믿지** 않을 것이다. 그것은 원수가 **일곱 가지 가증한 것**을 **마음**에 감추고 하는 말이기 때문이다(25절). "원수의 마음은 '가증한 것'(3:32), 가장 혐오스러운 행위와 태도로 꽉('일곱'은 완전을 의미한다) 차 있다"(Hubbard, *Proverbs*, 420).

그러한 **미움은 속임**으로 덮더라도 영원히 감춘 채로 놔둘 수는 없다(26절). 결국에는 **그의 악이** 사람들 앞에 **드러나**게 될 것이다. 이 잠언은 공공연한 드러남이 속이는 자에게 해를 입힐지, 속는 자에게 해를 입힐지 밝히지 않는다. 하지만 이어지는 두 잠언을 보면 이러한 모호함이 의도적이며, 전자에 더 비중을 두고 있음을 암시한다. 한편 거짓말하는 자가 다른 사람들에게 끼치려고 했던 곤란함은 그에게 돌아갈 것이다(27절). 다른 사람을 빠뜨리려고 파놓은 구덩이에 자신이 **빠질** 것이다. 다른 사람을 치려고 언덕 꼭대기에 굴려 올린 큰 돌에 자신이 **치이**어 으스러질 것이다. 물론 이 인과응보 또는 "'권선징악'은 주권자의 소관이다"(예를 들어 10:3, 29; 16:4; 참고. 욥 5:13; Waltke, *Book of Proverbs 15-31*, 366). 다른 한편, 거짓말하는 자가 그의 피해자를 **미워하고 해한**다는 것은 사실이다(28a절). 이 점에서 **아첨하는** 거짓말쟁이는 피해자에게 **패망을 일으**킨다(28b절). 그러나 둘째 행의 모호함은 실제로 인과응보의 정의를 암시하기도 한다. 27절의 관점에서 보면, 피해자의 패망을 꾀하는 거짓말쟁이는 결국 자신에게 패망을 일으킬 뿐이다(Waltke, *Book of Proverbs 15-31*, 366).

27:1-2. 지혜로운 자는 자랑하지 않는다. 그는 아직 이루어지지 않은 일을 자랑하지 않는다. 미련한 자만이 **내일 일을 자랑**한다(참고. 왕상 20:11; 렘 9:23). 내일 **무슨 일이 일어날는지**는 누구도 확실히 **알 수 없**다. 지식도 없고 코앞의 미래도 통제할 능력이 없는 인간이 어떻게 나중 일을 알겠는가? 현재와 미래는 하나님의 손 안에 있는 까닭에 지혜로운 자는 주님을 경외하면서 계획을 세우고 그분의 처분을 겸손히 신뢰한다(참고. 16:1, 3, 9, 33; 시 37편; 눅 12:16-21; 약 4:13-16). 더욱이 지혜로운 자는 결코 자기를 자랑하지 않는다(27:2). 자기 자랑에는 교만뿐 아니라 자기기만도 포함된다. **타인**, 특히 사욕이 없고 아첨할 이유가 전혀 없는 **타인**의 **칭찬**이 더 신뢰할 만하고(Waltke, *Book of Proverbs 15-31*, 374), "잘하였다"라고 말씀하시는 주님의 칭찬이 더 좋다(요 12:42-43). 자기 자랑은 또한 그 방향을 잘못 잡은 것이다. 사람 안에 칭찬할 만한 것이 있다면 이는 주님이 은총을 주신 결과일 뿐이다. 오직 주님만이 실로 칭송받을 분이시다(렘 9:23-24; 고전 1:26-31). 종합하면, 이 두 잠언은 "하나님의 주권과 공동체의 평가 앞에 선 자의 겸손한 태도를 지지한다"(Garrett, *Proverbs*, 216).

27:3-4. 이 잠언들은 두 부류의 '참을 수 없는 사람'을 기술한다(Garrett, *Proverbs*, 216). 첫째 부류는 쉽게 노하거나 화내는 **미련한 자**이다(3절). **미련한 자의 분노**라는 표현은 그가 다른 이들에게 불러일으키는 분노를 가리킬 수 있지만, 툭하면 분노를 느끼는 그의 성향을 가리킬 가능성이 더 높다(참고. 12:16; 29:9, 11). **무거운 돌**이나 **모래**주머니 같은 물리적 짐을 지기보다 더 견디기 힘든 존재가 바로 미련한 자이다. 툭하면 발끈하고 지혜로운 자의 친절한 마음을 도무지 알지 못하는 성마르고 미련한 자 주위에 누가 있고 싶어 하겠는가? 둘째 부류는 질투하는 자이다(4절). **잔인한 분**과 **창수** 같은 **노**도 저항하기 어렵지만, **투기**로 인한 분노는 분노하는 자와 그 대상을 모두 궤멸시킨다(Fox, *Proverbs 10-31*, 804). "평범한 분노를 처리하기도 어렵지만 질투에서 비롯된 분노에는 분별력도, 절제도 없다"(Garrett, *Proverbs*, 216). 지혜로운 자라면 질투에 쉽게 사로잡히는 자들을 피하고, 다른 사람들이 질투하도록 처신하지도 않을 것이다(참고. 6:32-35).

27:5-6. 참된 친구는 자신의 친구를 기꺼이 책망한다. 따라서 **면책은 숨은 사랑보다** 낫다(5절). 결국 징계는 지혜와 생명에 이르게 하는 길이다. 주님과 부모가 사랑하는 자녀를 징계하는 것은 그 때문이다(3:11-12; 13:24). 숨은 사랑은 꾸짖는 것을 꺼리고, 징계가 필요한 때에도 입을 다문다. 이렇게 입을 다무는 이유가 무엇이든, 즉 두려움 때문이든, 이기심 때문이든, 태만 때문이든 그것은 친구에게 도움이 되지 않으므로 사랑이라고 할 수 없다. 소심함에서 비롯된 이러한 침묵은 원수의 거짓 애정 표시보다 나을 게 없다(6절). 이 잠언은 '우호적인 상처'와 '상처 입히는 입맞춤'을 대조한다(Waltke, *Book of Proverbs 15-31*, 376). 전자는 고통스럽기는 해도 바로잡음을 목적으로 참되고 **충직한** 우정을 드러내는 반면에, 후자는 우정을 거스른다. 히브리 원어로 보면 입맞춤이 **거짓에서** 난 것인지(NASB) '과도한' 입맞춤인지(HCSB) 모호하다. 어쨌거나 요점은 대체로 같다. 친구를 책망할 때에도 그에게 외적인 애정 표시만 남발하는 자는 믿을 수 없는 **원수**와 다를 바 없다는 것이다.

27:7. 이 잠언은 사람이 무언가에 끌리는 것이 그의 욕구에 달려 있다는 의견을 내놓으면서 두 사람을 대조한다. 한 사람은 물리도록 먹어서 **배부른** 자이고, 다른 한 사람은 **주린** 자이다. 그런데 어떤 욕구가 비교되고 있는가? 이 잠언은 배부른 자와 가난한 자의 식욕을 대조한다. 식욕을 완전히 채운 자는 **꿀**같이 좋고 유익한 것을 보아도 그리 끌리지 않을 테지만, 주린 자는 **쓴 것도** 달게 여긴다. "시장이 최고의 반찬이다"(Clifford, *Proverbs*, 238). 이 경우에 지혜의 길은 중용이다. 좋은 것에 탐닉하지도 않고(참고. 25:16-17), 싫지만 꼭 필요한 것을 항상 피하지도(예를 들어 5-6절) 않는 것

이다(Fox, *Proverbs 10-31*, 806). 이 잠언은 두 종류의 병든 식욕을 기술하는 것일 수도 있다. "나쁜 것에 빠져 좋은 것을 싫어하는 자와 너무 배고파서 쓴 것과 해로운 것을 가리지 않고 다 달게 느끼는 자 모두 병든 상태이다"(Waltke, *Book of Proverbs 15-31*, 377). 이 경우에 건강한 식욕을 가지고 있다면, 좋은 것을 갈망하고 나쁜 것을 물리칠 것이다. 어느 쪽을 의미하든 이 잠언은 적용 범위가 넓다.

27:8. **보금자리**를 떠난 **새**는 사는 곳이 일정치 않고 고립되며 공격당하기 쉽다. **고향을 떠난 사람**도 그러하다. 결국 그가 속한 곳은 고향이다. 동사 나다드(*nadad*, **유리하는**)가 고통스러운 곳으로부터 달아나는 것을 의미하는지, 아니면 그저 자기가 속한 곳에서 벗어나는 것을 의미하는지는 분명치 않다. 어느 쪽이든 메시지는 변함없다. 고향을 소중히 여기고 지켜야 거기에서 안심하고 안전하게 지낼 수 있다는 것이다.

27:9. 첫째 행은 기름이나 향 같은 값비싼 용품이 사람의 마음을 즐겁게 해준다고 말한다. 둘째 행도 역시 사람의 마음을 즐겁게 해주는 것에 대해 언급하지만 히브리 원문은 그것이 무엇인지 명시하지 않는다. HCSB는 그 원문을 읽는 하나의 방법으로 다음과 같이 제시한다. "친구의 다정함이 자기 권고보다 낫다." 이것은 권고해줄 친구를 두는 것이 스스로에게 권고하면서 혼자 남겨지는 것보다 즐거운 일임을 암시한다. ESV(와 덜 명료하기는 하지만 NASB)가 담아낸 제3의 독법이 더 그럴듯하다. "그리고 한 친구의 다정함은 그의 성실한 권고에서 나온다." 진심으로 절절한 권고를 잘 베푸는 친구가 있다는 것은 복이 아닐 수 없다.

27:10. 이 잠언은 친구에 관한 교훈을 이어가고 있다. (잠언에서 보기 드물게) 3행으로 이루어져 있고, 셋째 행이 앞의 두 행을 설명한다. 이 잠언은 **가까운 이웃**인 친구가 **먼 형제**보다 낫다고 말하는데(10c절), 이는 **환난**의 때에 친구가 더 도움이 되기 때문이다. 친구에게 느끼는 친밀함과 친척에게 느끼는 소원함은 떨어져 있는 거리나 정서 때문에 일어날 수 있다(Garrett, *Proverbs*, 218). 그러한 경우에 지혜로운 자는 어려운 때에 먼 친척에게 도움을 구하기보다는(10b절) 자신의 친구 및 가족의 친구와 가까운 관계를 **버리지** 않고 오히려 그 관계를 돈독히 할 것이다(10a절). "형제는 위급한 때를 위하여 났느니라"(17:17)는 말이 옳기는 하지만 '형제보다 친밀한'(18:24) 친구들이 있다면, 친척에게만 의지하기보다는 친구에게 의지하는 것이 더 슬기로울 때가 더러 있다.

27:11. 아버지는 **아들**의 성격에 영향을 받는다(참고. 10:1). 아들이 **지혜**롭다면 그 아들은 아버지를 **기쁘게** 할 것이다. 아버지를 모욕하려는 원수의 시도를 아들이 무산시킬 것이기 때문이다. 아들은 아버지의 지혜에 대한 가장 좋은 증거이다(참고. 고후 3:1-3; 살전 2:19-20; 3:8).

27:12. **슬기로운 자**에게는 **어수룩한**(새번역) **자**에게 없는 선견지명이 있다. 이 잠언은 22:3을 거의 토씨 하나 틀리지 않고 되풀이한다(이 구절의 주석을 보라). 하지만 여기에서는 11절을 뒷받침하는 데 소용되어(Waltke, *Book of Proverbs 15-31*, 381) 지혜로운 자에게 자녀를 잘 가르치라고 권하거나, 아들에게 자신이 택한 생활 방식이 부모에게 어떤 영향을 미칠지 먼저 생각하라고 권하는 것 같다.

27:13. 이 잠언은 20:16과 매우 유사하다(20:16의 주석을 보라). 주목할 만한 차이는 20:16에서는 '외인'으로 표현된 것이 여기에서는 "음란한 여자"(NASB, 개역개정에는 '외인'으로 표기되어 있다—옮긴이 주)로 표현되어 있다는 것이다. 지혜로운 자는 그녀의 말이 아무리 매혹적이어도 그녀와 같은 자들의 일에 얽혀들지 않을 것이다(참고. 7장).

27:14. 참된 친구는 밉살스러운 짓을 하지 않는다. 아무리 선한 의도라 해도 잠에 취해 비틀거리는 사람에게 시끄러운 인사를 하는 것은 그를 귀찮게 하는 일이 아닐 수 없다. 둘째 행은 역설적이다. 말하자면 꾸벅꾸벅 조는 사람은 시끄러운 친구의 **축복**을 자신에 대한 **저주**로 여길 뿐만 아니라 몰지각한 친구의 축복을 저주로 갚고 싶어 할 수도 있다는 것이다.

27:15-16. **다투는 여자**도 성가시다. 19:13b에서처럼(이 구절의 주석을 보라), 그녀는 **비 오는 날**에 새는 지붕으로 **이어 떨어지는 물방울**에 비유된다(15절; 참고. 21:9, 19; 25:24). 그녀는 새는 물처럼 넌더리나게 하고 무례하며 남편을 낙담시킨다. 16절은 번역이 난해하기는 해도, 그녀가 남편에게 끼치는 악영향이 점점 더 심해짐을 강조한다. 첫째 행에서 NASB가 '제어

하다'로 읽는 동사는 '비호하다'로 읽는 것이 더 낫다(Koehler et al., *HALOT*, 1049). 그렇다면 그런 아내를 둔 남자는 자기 집 지붕 아래 폭풍을 들이지 않아야 하는데도 들여놓은 셈이 될 것이다. 요컨대 그녀는 그의 집에 파괴적인 혼란을 일으킨다(Waltke, *Book of Proverbs 15-31*, 383). 다투는 여자를 남편이 제어하거나 통제하는 것은 **오른손**으로 **기름**을 **움키**려는 것처럼 불가능한 일이다. 좀 더 화목한 가정을 꾸리려는 소망은 환상이 되고 만다.

27:17. 지혜로운 자는 외톨이 방랑자가 아니다. **철**은 다른 **철**기구의 날을 날카롭게 하여 좀 더 쓸모 있게 하는 데 소용되었다. 마찬가지로 사람도 다른 사람을 날카롭게 할 수 있다. 사람은 다른 사람들과 생산적인 상호작용을 함으로써 쓸모 있고 지혜롭게 된다. 특히 그 상호작용에 건설적인 비판과 공의를 향한 상호 격려가 포함될 때에 더욱 그러하다(참고. 13:20; 27:6). "지혜는 한 공동체의 수고를 요한다"(Longman, *Proverbs*, 481).

27:18. 이 잠언은 **무화과나무**를 성실히 **지키는 자**를 **자기 주인에게 시중드는 자**에 비유한다. 농부가 무화과나무의 **열매**(새번역)를 맛보듯이 종도 자기 주인이 주는 영예를 맛본다. 둘 다 자신이 수고한 대가를 받는다.

27:19. 잔잔한 물웅덩이를 들여다보면 자기 얼굴이 비치는 것을 볼 수 있다. 마찬가지로 사람의 **마음**도 그 **사람**을 비춘다. 이 잠언을 놓고 다양한 해석이 제시되지만(Fox, *Proverbs 10-31*, 812) 다음 두 가지 해석이 다른 해석들보다 더 그럴듯하다. 이 잠언은 사람이 다른 사람들에게 비친 자신의 모습을 보고 자기 **마음**의 관점으로 그들을 보는 것을 의미할 수 있다. 예를 들면, 냉소적인 사람이 다른 이들에게 자신의 냉소를 투사하는 것이다. 하지만 더 그럴듯한 해석은, 사람의 마음이 그 사람 전체를 비춘다고 말하고 있다는 것이다. 사람의 마음은 그의 진짜 정체를 규정한다.

27:20. 죽음(**스올과 아바돈**, 참고. 15:11의 주석)은 **만족함이 없**다. 모든 이가 죽는데도 죽음은 여전히 더 많은 것을 원한다(참고. 30:15-16). 사람의 **눈**도 만족을 모른다. 여기에서 눈은 사람의 욕망과 식욕을 가리킨다(참고. 전 2:10; 4:8; 요일 2:16). 그러한 욕망들과 죽음이 동시에 일어나는 것은 아니다(Clifford, *Proverbs*, 240; 참고. 창 3:6; 요일 2:16-17). 전도서는 해 아래 있는 것들에 대한 욕구는 만족을 모르며, 그것들도 만족을 주지 않는다는 사실을 독자에게 일깨운다. 해 아래 있는 것들은 우리를 좀 더 바람직한 길에서, 즉 주님을 향한 경외와 그분이 주시는 생명에서 벗어나게 할 뿐이다.

27:21. **도가니로 은을, 풀무로 금을** 단련하듯이 주님은 시험을 통해 사람의 성격을 단련하신다(참고. 17:3). 이 잠언은 그렇게 단련하는 시험 방법으로 **칭찬**을 제시한다. 히브리 원문에서 이 표현은 다소 모호하다(문자적으로 '칭찬으로 사람됨을 시험해볼 수 있다'로 읽는다). 어떤 이들은 이 모호함을 근거로 사람의 성격은 그가 칭찬하는 것을 통해 혹은 그를 칭찬하는 사람들이 어떤 자들인가를 통해 드러난다고 주장한다. 그러나 여기에서 말하는 시험은 사람들을 품위 있게 만드는 데 쓰이는 시험이다(Kidner, *Proverbs*, 168). 따라서 이 속담은 사람이 자신이 받는 칭찬에 어떤 반응을 보이느냐로 그의 됨됨이를 알 수 있음을 암시한다. 그 과정에서 단련된 사람들은 겸손한 자세를 유지하며 주님께 감사하는 이들, 그 이상의 것을 갈망하지 않는 이들이다(참고. 삼상 18:7; 요 12:42-43).

27:22. **절구**와 **공이**를 사용하여 곡물의 껍질을 벗기는 것은 전형적인 방식은 아니지만 극단적인 도구를 암시한다(Clifford, *Proverbs*, 240). 그러나 체벌처럼 더 심한 수단도 완고하리만치 **미련한 자**['에윌']에게서 **미련**함을 충분히 벗겨내지 못한다(참고. 9:7-10; 12:15; 17:10; 26:11).

27:23-27. 이 부분은 농업을 예로 들어 부지런함에 관해 논하지만 그 원리는 폭넓게 적용된다. 이 부분은 농부/목자에게 **양 떼**와 **소 떼**를 방치하지 말고 꼼꼼히 **살피라**는 권고로 시작한다(23절). 그리하려면 훈련과 노고와 자비 그리고 지혜만이 줄 수 있는 분별력이 필요하다(Waltke, *Book of Proverbs 15-31*, 391). 이어지는 네 절은 두 가지 이유를 제시하며 이 권고를 뒷받침한다. 첫째, **재물**은 오래가지 못하기 때문이다(24절). 설령 재물이 (**면류관**으로 예시된) 고위직에서 오는 것이라고 해도 마찬가지이다. 비상금은 **영원히 있지 못하**고 쉬이 사라질 수 있다(참고. 23:5). 둘째, 비상금과 달

리 양 떼와 소 떼는 잘 보살피기만 하면 오래갈 수 있는 재산이기 때문이다(25-27절). "짐승과 목초지의 생태계는 인간에게 먹을 것을 제공한다. 해가 갈수록 가축과 들판은 의복을 공급하고, 돈을 벌게 해주어 더 넓은 목초지를 매입할 수 있게 하고, 온 가족에게 먹을 것을 제공한다"(Garrett, *Proverbs*, 241). 이 시 전체의 요점은 지혜로운 자에게 어리석게도 급히 빠져나가는 재산을 의지하지 말고 "네 사업에 마음을 써서 그 사업이 너를 보살피게 하라"(Garrett, *Proverbs*, 221)고 권하는 데 있다.

28:1. 이 잠언은 레위기 26:17과 26:36의 언약에 기초한 저주를 떠올리게 한다. **악인**에게는 평안함이 없다. 악인의 과거 행위는 원수들(하나님 및 인간)과 죄의식을 양산할 뿐이다. 그래서 그는 **쫓아오는 자가 없어도 도망**한다. 그는 과거가 청산되기를 바라지만 그것은 그에게 편집증과 두려움을 안겨줄 따름이다. 그러나 **의인**은 그렇지 않다. 그는 포식 동물을 전혀 두려워하지 않는 **사자**처럼 **담대하**다. 더 낫게 표현하면 자신만만하다. 의인은 주님을 경외하고(1:7), 게다가 하나님의 선하신 장중에 있는 까닭에 아무것도 두려워하지 않는다. 그는 원수들에게 쫓기지 않고 오히려 선과 자비를 뒷배로 둔다(Kidner, *Proverbs*, 168; 참고. 시 23:6).

28:2. 여기에 묘사된 상황은 경쟁하는 **주관자**들이 권력을 잡으려고 획책하며 일으키는 사회적, 정치적 혼란이다. 그것은 나라에 죄가 있기 때문이다. 이 죄는 일반적으로는 반역하는 마음을, 궁극적으로는 주님을 거역하는 마음을 나타내는 것 같다. 반역은 또 다른 반역과 혼란을 조장한다. 안정은 안정된 지도력을 통해, 곧 **명철과 지식 있는 사람**인 지도자를 통해 이루어진다. 지혜롭고 경건한 왕은 실로 나라에 복이 아닐 수 없다.

28:3. 사람들은 대개 곡식을 생산하기 위해 비가 오기를 바라지만, **곡식을 남기지** 않는 **폭우**는 그런 바람에 어깃장을 놓는다. 폭우가 곡식을 남기지 않는 것은 곡식을 손상시키기 때문이다. **가난한 자를 학대하는 가난한 자**도 어깃장을 놓는 자이다. 가난한 자를 학대하는 가난한 자를 떠올리는 것이 너무 해괴해서, 어떤 번역본은 학대자에 대한 제3의 이해를 택하기도 한다(예를 들어 NIV는 "가난한 자를 학대하는 통치자"라고 해석하는데, 이것은 교훈을 놓친 독법이다). 하지만 가난한 자를 학대하는 가난한 자로 읽는 것이 정확한 독법이다. 그런 자는 "해괴하기 그지없는 압제자"이다(Kidner, *Proverbs*, 169). 동료 피해자들을 딱하게 여겨야 할 사람이 약간의 이익이라도 얻겠답시고 그들을 쥐어짜서 상황을 더 악화시키기 때문이다.

28:4. **악인**을 어찌 대하는지 보면 그의 가치관을 알 수 있고, **율법**을 어찌 평가하는지 보면 그의 가치관을 평가할 수 있다. 여기에서 말하는 율법은 적어도 지혜로운 자의 훈계를 포함하지만, 더 구체적으로는 모세의 율법을 가리키는 것 같다(예를 들어 출 13:9; 시 1:2; 19:7; 119:1; Longman, *Proverbs*, 488). 어느 쪽이든 지혜 훈계/율법을 어찌 대하는지 보면 그가 하나님을 어찌 인식하는지 알 수 있다. 그러므로 **율법을 버린 자**는 **악인을 칭찬하**게 마련이다. 악인 역시 하나님을 멸시하기 때문이다. 그러나 주님을 경외하고 그분의 훈계/율법을 지키는 의인은 악인을 대적할 것이다. 한 사람의 친구들과 원수들을 보면 그의 됨됨이와 그가 하나님을 어찌 보는지 알 수 있다(참고. 롬 1:18-22).

28:5. 여기에서 말하는 **정의**는 특히 다른 이들을 대하는 태도와 관련해 옳은 것을 가리키는 것 같다(Waltke, *Book of Proverbs 15-31*, 410). **악인**은 그것을 **깨닫지 못**한다. 그는 다른 이들을 공평하게 대할 필요성을 인정하지 않고, 결국에는 자신이 하나님의 심판 대상이 되리라는 것도 깨닫지 못한다. 반면에 **여호와를 찾는 자**는 그분을 경외하고 지혜를 얻는다(참고. 1:7). 따라서 그는 **모든 것**, 즉 문맥상으로는 정의와 관련된 모든 것을 **깨닫**는다. "경건한 자는 주님의 계시를 통해 주님을 찾음으로써 선과 악을 분별하고, 옳음과 그름을 구별하며, 공평하게 처리하는 능력을 얻는다"(Waltke, *Book of Proverbs 15-31*, 410).

28:6. 이 잠언은 19:1과 유사하다(그 구절의 주석을 보라). **가난하여도** 정직한 자는 **부유하면서** 행실이 굽은 자보다 낫다. 굽은 행실은 부하면서도 부정직하고 괴로운 생활양식을 암시한다(Fox, *Proverbs 10-31*, 822). 따라서 **흠 없이 사는**(새번역) 것이 부유한 것보다 더 값지다. 후자는 한계가 분명한 반면에 전자는 주님께 동조하기 때문이다.

28:7. 이 잠언의 배경은 신명기 21:18-21이다. 그

본문에서 "아버지의 말이나 그 어머니의 말을 순종하지 아니하는" 패역한 아들은 "방탕하며 술에 잠긴 자"와 동일시되어 돌로 쳐서 죽이는 형을 받는다. 문맥상 여기에서 말하는 **율법**은 아버지의 지혜로운 훈계를 가리킨다. 아버지의 훈계를 마음에 새기는 아들은 **지혜로**워서 부모를 기쁘게 하는 반면에(10:1; 27:11), 암암리에 **음식을 탐하는 자와 사귀는** 아들은 아버지의 훈계를 무시하고 동료의 미련함을 지지한다(참고. 13:20; 23:20-21). 그것이 미련한 까닭은 그러한 방탕아가 "가치 있는 모든 것, 즉 생명, 음식, 훈계를 탕진하기" 때문이다(Waltke, *Book of Proverbs 15-31*, 412). 그가 자기 **아비를 욕되게 하는** 것은 당연하다(이와 유사한 주제가 23:19-25에서 전개되고 있다).

28:8. 모세의 율법은 이스라엘 자손이 동료 이스라엘 자손에게 이자 물리는 것을 금하고(출 22:25; 신 23:19-20), 특히 이들 중 가난한 자들에게 이자 물리는 것을 금한다(신 15:1-8). 이 잠언은 가난한 자들에게 생필품을 주며 터무니없는 고리를 물리고 그들을 희생시켜 재산을 모으는 자를 묘사하는 것 같다(참고. 22:16). 그러나 이것은 잘못된 장기 투자이다. 부유한 압제자는 **가난한 사람을 불쌍히 여기는 자를 위해 그 재산을 저축하는** 셈이 되기 때문이다. 이러한 보응의 정의 뒤에는 주님이 계신다. 주님은 너그러운 자들에게 복을 내리시고, 그들을 통해 빈궁한 자들에게 필요한 것을 공급하신다(참고. 13:22; 14:31; 19:17).

28:9. 하나님은 그분의 말씀을 귀담아듣지 않는 자들의 청에 주의를 기울이지 않으신다. 4절에서처럼 **율법**은 지혜로운 자의 가르침이든 모세의 율법이든 간에 주님이 주시는 훈계를 가리킨다. 하나님의 훈계를 마음에 두지 않는 것은 반역이나 다름없다. 하나님은 미련한 반역자의 **기도**를 몹시 싫어하신다(참고. 15:8, 29).

28:10. 악인들은 자기들만 악한 것으로 만족하지 않고 다른 사람들까지 자기들과 한패가 되기를 바란다(예를 들어 1:10-19). 그들은 종종 속임수를 통해 **정직한 자를 악한 길로** 끌어들이기를 좋아한다. 그러나 결국 자기가 꾸민 음모에 자기가 걸려들고 만다. "우리는 비열한 자가 길에 덫을 설치하고, 다른 사람을 그리로 유인하는 모습을 그려볼 수 있다. 하지만 그 사기꾼도 길을 걷다가 그 덫에 걸리고 만다"(Fox, *Proverbs 10-31*, 824). 그런 자의 철천지원수는 바로 자기 자신이다. 그는 스스로 하나님의 원수가 되어 그분이 보응하시는 심판의 대상이 되고 말기 때문이다(참고. 26:27; 마 5:19; 18:6; 눅 17:1-2). **흠 없이**(새번역) 살아서 **복을 받**는 자는 더 나은 길을 택한 자이다. 그러나 그는 악인의 기만적인 계략에 넘어가 길을 잃는 일이 없도록 부단히 깨어 있어야 한다.

28:11. **부자**는 부를 성공적으로 축적함으로써 스스로를 **지혜롭게** 여긴다. 아마도 아첨꾼들이 그의 자기 인식을 강화해주는 것 같다. 그러나 부는 지혜 있음을 확실히 보여주는 표지가 아니다. **자기를 지혜롭게 여기**는 자는 분명 지혜가 없는 자이다(26:12; 참고. 3:7; 12:15; 26:5). **가난해도 명철한 자**는 부요해도 미련한 자의 지혜로운 체하는 모습을 제대로 간파한다. 그런 점에서 그의 명민한 지혜는 미련한 자의 실망스러운 부보다 낫다.

28:12. 공동체 안에서 이루어지는 **의인**의 **득의**는 그 공동체에 복이 아닐 수 없다(참고. 11:10-11; 28:28; 29:2, 16). 의인은 경건하고 지혜로운 까닭에 집권하면 공동체에 유익한 정책을 실행에 옮겨 하나님의 복을 가져온다. 그 결과 공동체는 번성하여 **큰 영화**를 누린다. **악인이 일어나** 권력을 잡으면 정반대의 경우가 일어난다. 사람들이 "위험, 압제, 부패를 피하려고" 스스로 **숨는다**(Fox, *Proverbs 10-31*, 825). 그처럼 악한 지도자들의 치하에서는 위험과 압제와 부패가 반드시 따르기 때문이다.

28:13. 이 구절은 자기의 죄를 자복하는 것에 관한 설득력 있는 잠언이다. 자기의 죄를 숨기는 것은 미련한 일이다. 사람은 **자기의 죄**를 숨기는 경향이 있다. 하지만 그런 길에서는 **형통하지 못**할 것이다. 더 나은 길이 있는데, 그것은 진실로 뉘우치는 자가 걷는 전형적인 길이다(참고. 시 32편). 첫째, 그는 자기의 죄를 **자복하고** 자기가 행한 일을 인정하면서 용서를 구한다. 그러한 자복에는 하나님을 찬미하고 "하나님의 위대하심(예컨대 누구도 그분 앞에서 죄를 숨길 수 없다), 하나님의 정의(예를 들어 그분에게는 범죄자를 처벌할 권한이 있다), 하나님의 은혜(예를 들어 그분은 용서하시고 구원하신다, 참고. 수 1:9)"를 인정하는 일이 수반된다(Waltke, *Book of Proverbs 15-31*, 417). 둘째, 그는

자기의 죄를 버린다. 이것은 그가 실로 자기의 죄를 악하게 여기고 있음을 알리는 강력한 증거이다. 진정으로 회개한 결과 받게 될 복은 아무리 강조해도 지나치지 않다. 그는 **불쌍히 여김**과 자비와 용서를 받게 될 것이다. 하나님 자신이 그러한 자비를 가장 먼저 베푸는 분이시기는 하지만, 이 잠언은 회개에 긍휼한 마음으로 반응하는 다른 사람들에 대해서도 이야기하는 것 같다.

28:14. 이 잠언은 **늘 두려워하는 마음으로 사는 사람**(새번역)은 복을 받는다고 말한다. 그런데 그가 끊임없이 두려워하는 것은 무엇인가? 이것은 주님을 경외함을 가리킬 수도 있지만 정말 그런지는 분명치 않다. 여기에서 '두려워하다'로 읽은 단어는 히브리 원문에서 '주님 경외'에 쓰이는 것과는 다르고, 주님이 특별히 언급되지도 않기 때문이다. 정반대의 의미를 지닌 둘째 행이 설명에 도움을 준다. **마음을 완악하게 하**여 자기의 미련한 죄를 고집하는 자는 **재앙에 빠**질 것이다. 그는 너무나 오만한 나머지 죄 많은 행실을 고집하여 뉘우치거나(참고. 13절) 지혜로운 책망을 귀여겨들으려 하지 않는다. 그는 지각과 통찰력이 없어 죄 많은 행실이 가져올 치명적인 결과들을 두려워하지도 않을 것이다. 반면에 지혜로운 자는 그 죄 많은 생활양식이 가져올 결과들을 두려워할 것이다. 물론 그러한 두려움은 실제로 주님 경외와도 떼려야 뗄 수 없게 맞물려 있다. 잠언 14:16은 이 잠언과 유사하지만, 주님 경외에 더 큰 강조점을 두고 있는 것 같다(거기에서 사용된 '두려움'은 히브리 원문에서 '주님 경외'와 동일한 단어이기 때문이다).

28:15-16. 이 두 잠언은 압제자를 다음과 같이 서술한다. 첫째, **악한 관원**은 **부르짖는 사자와 주린 곰 같이 위험하다**(15절). 그는 **백성**을 위하여 일하기는커녕 그들을 먹이로 삼고 탐욕스러운 식욕으로 그들을 가난하게 한다. 둘째, 압제자는 미련한 자이다(16절). 그는 양식[良識, **슬기**(새번역)]이 모자란 까닭에 자기 이익을 위하여 백성을 학대한다. 그러나 정작 그가 갉아먹는 것은 자기 자신이다. 반면에 **부정한 이득을 미워하는**(새번역) 정직한 통치자는 **장수하**게 될 것이다. 그의 통치는 백성의 분노를 사지도, 주님의 심판을 부르지도 않는다.

28:17. 이 잠언은 정신이 번쩍 나도록 정의를 묘사한다. **사람의 피를 흘린 자**는 죄책감을 느끼는 살인자를 가리키는 것 같다. 그는 죄책감 때문에 죽을 때까지 도망자 신세가 되거나, 좀 더 문자적으로 말해 '함정으로 달려가게' 마련이다(함정은 무덤/죽음을 가리킨다). 그가 절망적인 죄책감에 휩싸여 서둘러 죽음으로 달려가든 남은 생애 내내 도망자 신세가 되어 실제 또는 가상의 복수자를 피해 달아나든 간에 충고는 똑같다. 말하자면 그는 그에게 어울리는 황무지에 직면할 테니 **그를 막지**도 말고 돕지도 말라는 것이다. 이러한 충고는 무죄한 자에게 자비를 베풀라는 충고(24:11-12)와 대조를 이룬다.

28:18. 잠언에서 너무나 유명한 두 길이 한 번 더 등장한다(참고. 4:10-19). 사람은 **흠 없이**(새번역) 걷는 자도 있고 **굽은 길**을 따라가는 자도 있다. 전자는 함정에서 **구원을 받을 것이**지만, 마음이 구부러진 자는 결국 갑자기 **넘어져** 그 함정에 빠지고 말 것이다(참고. 14절).

28:19. 이 잠언은 12:11과 유사하지만(그 구절의 주석을 보라) 더 나아가 어째서 방탕을 따르는 자가 '몰지각한지'를 설명한다. **먹을 것을 많이** 생산해내는 근면함과 달리 경박한 행위는 **궁핍함**만 양산할 뿐이다.

28:20-25. 이 잠언들은 돈을 지나치게 사랑하는 자들을 중점적으로 다룬다.

28:20. 여기에서 말하는 **충성된 자**는 풍성한 **복**을 주시는 주님을 전적으로 신뢰하기에 자신이 맡은 책무들을 믿음직하게, 부지런하게, 신뢰성 있게 감당하는 사람을 가리킨다(Fox, *Proverbs 10-31*, 829; 참고. 25절). 그는 **속히 부하고자 하는 자**와 뚜렷한 대조를 이룬다. 빨리 부자가 되려고 하는 마음은 성급함을 드러내고, 이 성급함은 필연적으로 미련한 행위를 조장하게 마련이다(참고. 19:2; 20:21; 29:20). 설상가상으로 그 마음은 돈에 대한 열망과 신뢰를 드러내어 하나님과 이웃에 대한 사랑을 압도하고 만다. 그러한 자는 그로 말미암아 주님께 반항하는 위치에 자리하여 **형벌을 면하지 못하**게 될 것이다.

28:21. 속히 부자가 되는 한 가지 방법은 뇌물을 받는 것이다. 그러나 편파성을 보이는 것은 좋지 못하다(참고. 24:23b-25). 특히 재판관처럼 남을 다스리는 자리에 있을 때 그러하다. 그는 사익을 위하여 기꺼이 **범**

법하는 것일 테지만, 그로 인해 자신의 품위만 떨어질 뿐이다. **빵 한 조각 때문에**(새번역) 자신의 청렴성을 파는 자는 종종 자신의 직무까지 값싸게 팔아넘길 것이다.

28:22. **악한 눈이 있는 자**란 탐욕스럽고 인색한 자를 가리키는 것 같다(참고. 23:6; 22:9에서는 너그러운 사람을 "선한 눈을 가진 자"로 기술한다). 그는 주님을 생각하거나 그분의 지혜를 찾지 않고 돈에만 초점을 맞춘다. 그는 탐욕에 휩싸여 늘 미련하게, 종종 남을 희생시켜가면서 **재물을 얻기에만** 급급하다. 그 결과 심판을 받는다. **빈궁**이 갑자기 그에게 임할 것이기 때문이다(참고. 20절). 그는 실로 눈도 좋지 않아 가난이 자기에게 닥치는 것을 보지 못한다(Clifford, *Proverbs*, 247).

28:23. 주위에 있는 다른 잠언들의 문맥으로 볼 때, 이 잠언은 아첨을 통해 권력과 부를 거머쥘 수 있다고 생각하는 자들에 대해 말하는 것 같다(Garrett, *Proverbs*, 227). 그러나 그런 일은 헛수고에 지나지 않는다. 정직한 꾸짖음은 처음에는 고통스럽고 저항에 부딪힐 수 있다. 하지만 다른 이를 **경책하는** 지혜로운 자는 결국(**나중에**) 아첨하는 자보다 **더욱 사랑을 받**게 될 것이다(참고. 17:10; 19:25; 25:12; 27:5-6). 이 사랑은 분명 하나님에게서 오고, 경책 받은 자가 미련한 자가 아니라면(13:1; 15:12; 참고. Waltke, *Book of Proverbs 15-31*, 425-426) 그에게서도 올 것이다(참고. 3:4). 여하튼 아첨으로 얻는 어떤 이익이든 얼마 가지 못한다.

28:24. 어떤 자들은 돈을 너무 사랑한 나머지 **부모**의 물건을 훔치고도 양심의 가책을 느끼지 않는다(**죄가 아니라** 한다). 이 도둑질은 적극적일 수도 있고(부모의 재산을 빼앗는 것), 소극적일 수도 있다(도움이 필요한 부모에게 도움을 주지 않는 것; Waltke, *Book of Proverbs 15-31*, 426). "그런 자녀는 가족 구성원이라는 이유로 부모의 것을 가져가도 된다고 생각하겠지만, 사실 그들은 집 밖에서 들어온 범죄자나 다름없다"(Longman, *Proverbs*, 496).

28:25. 여기에서 말하는 '거만한 자'는 **욕심이 많은 자**(문자적으로 '목구멍이 넓은 자')로 읽는 것이 더 낫다. 그런 자는 물릴 줄 모르는 식욕을 지녔다. 그는 원하는 것을 얻기 위해서라면 **다툼을 일으키**는 것도 마다하지 않지만, 그런 대립으로 인해 그가 갈망하는 성공이 좌절될 것이다. 그는 **여호와를 의지하는 자**와 대조를 이룬다. "탐욕은 하나님께 의지하기를 거부하는 것이다. 하나님을 의지하는 자는 그분이 주시는 것을 받아들이고 그 이상의 것을 요구하지 않기 때문이다"(Fox, *Proverbs 10-31*, 831). 실제로 이러한 사람은 하나님 안에서 만족을 찾고, 그래서 성공도 얻는다(참고. 마 6:19-34).

28:26. 현대 사조는 종종 "네 마음을 믿으라"라는 말을 지지한다. 이보다 더 성경의 진리와 동떨어진 말도 없다. 이 잠언은 **자기의 마음을 믿는 자**, 자기 명철과 재산에 의지하는 자를 **미련한 자**라고 말한다. 인간의 마음과 계획만큼 부패하고 미련하고 편협한 것도 없기 때문이다(참고. 렘 17:9). 반면에 **지혜롭게 행하는 자**는 모든 지혜의 근원이신 주님을 절대적으로 신뢰한다(참고. 3:5-6). 이처럼 지혜로운 자는 미련한 자의 필연적이고 비참한 파멸에서 **구원을 얻**게 될 것이다.

28:27. 25절에 나온 욕심 많은 자가 다시 등장한다. 하나님은 **가난한 자를 구제하는** 너그러운 자가 쓸 것을 공급하신다. 반면에 주위의 궁핍한 자를 **못 본 체하는** 인색한 자에게는 **저주**가 클 것이다. 무시당하는 가난한 자들이 그를 저주하지 않더라도 공정하게 심판하시는 하나님이 그를 분명 저주하실 것이다. 너그러운 자와 인색한 자의 행위 모두 신뢰를 바탕에 깔고 있다. 구두쇠는 자신의 재산을 신뢰하지만, 너그러운 자는 자신이 쓸 것을 주님이 공급해주실 것이라고 믿기에 자기 재산을 기꺼이 내놓는다.

28:28. 이 잠언은 12절과 아주 흡사하다(참고. 29:2). **악인이 일어나** 권력을 잡으면 사람들이 욕을 본다(숨는다). 악인의 통치가 공동체에 커다란 해를 끼치기 때문이다. 그러나 그가 몰락하면 **의인**이 번성한다. 이것은 공동체에 큰 이익이 아닐 수 없다.

29:1. 잠언은 지혜로운 자는 책망을 마음에 새기고 미련한 자는 그리하지 않는다고 되풀이해서 말한다(예를 들어 12:1; 13:1,18; 19:25, 27). 이 잠언은 이 주제를 말하면서 완고하고 미련한 자는 거듭 책망을 받으면서도 귀여겨듣지 않는다(자기 목을 곧게 한다)고 기술한다. **갑자기** 예기치 않게 닥친 어느 순간, 변화할 기

회가 사라지면 그는 파멸이나 다름없는 결과를 맞이한다. 그때가 되면 **회복**(새번역)할 가망은 아예 사라지고 만다.

29:2. 이 잠언은 본질적으로 28:12과 28:28의 견해를 다시 개진하면서, 두 개의 다른 사회에 속한 사람들의 정서 상태를 강조한다. **의인이 많아지**는 사회는 복을 받아 공동체에 큰 기쁨을 가져다준다(**백성이 즐거워**한다). 반면에 **악한 통치자가 다스리는 백성은** 그의 포악하고 미련한 정책들 때문에 **탄식**한다. 이는 오늘날의 유권자들이 귀담아들어야 할 말이다.

29:3. 지혜를 사모하는 자는 분명 매춘부와 더불어 흥청거리는 것을 좋아하지 않을 것이다. 매춘부와 **사귀는 자**는 자신과 가족의 **재산을 탕진**하고(새번역) 미련함을 드러내어 부모를 슬프게 할 뿐이다. 반면에 지혜 여인은 부귀는 물론이고 그 이상의 것도 제공한다(참고. 3:16). 지혜를 소중히 여기는 자가 자기 **아버지를 즐겁게 하**는 것은 당연하다.

29:4. 법을 공평하고 공정하게 집행하는 정부의 의로운 **왕**은 자기 나라/민족을 오래도록 **견고하게** 한다. 그는 '기부금을 좋아하는 자'와 대조를 이룬다. 이 사람이 불공정 과세를 일삼는 정부 관료이든(Longman, *Proverbs*, 502), 단순히 **뇌물을 억지로 내게 하는** 사람이든(NASB), 둘 다 자기의 이익에만 혈안이 된 부패한 정부 관료들을 나타낸다. 이처럼 부패한 체제는 나라를 위해 일하기는커녕 오히려 무너뜨리고 만다(**멸망시킨다**).

29:5. 진실에 입각하여 권고하지 않고 **아첨하는** 자는 속이는 자요 파괴하는 자이다(참고. 5:3-4; 6:24; 7:5, 21; 26:28; 28:23). 사냥감을 함정에 빠뜨리려는 사냥꾼처럼 아첨하는 자는 **이웃의 발**을 낚아채려고 '그물을 친다'. 그는 지혜롭고 정직한 훈계 또는 책망을 베풀기보다는(참고. 1절) 사람들이 듣고 싶어 하는 말만 하면서 자기 이익을 꾀한다. 얄궂게도 **그의 발**이라는 표현이 모호하다. 피해자는 분명 아첨하는 자의 속임수에 걸려들 것이다. 하지만 이어지는 잠언이 암시하듯 그 속임수의 그물은 아첨하는 자 자신도 위험에 빠뜨리는 것 같다.

29:6. 이 잠언은 폭넓게 적용되지만 앞의 잠언과 밀접하게 연결된 것으로 읽을 수 있다. 더 구체적으로 말하면, [아첨하는 자와 같은] **악인**은 자기 속임수에 걸려드는 반면, 미련한 아첨을 거부하는 **의인은 노래하고 기뻐**한다. 아첨하는 자의 속임수를 피하기 때문이다. 더 폭넓게 말하면, "죄는 삶을 복잡하게 하고, 죄인을 잡으려고 올가미를 놓는다"(Longman, *Proverbs*, 503). 의인은 그러한 올가미를 피하고 공의가 주는 장기적인 복을 받는다.

29:7. 의인은 **가난**하고 힘없는 자들의 권리에 관심을 기울인다. 그러한 관심에는 "시간 투자, 끈기 있는 조사, 위험을 무릅쓰고 불의에 맞서는 일(참고. 욥 29:12-17)"이 포함된다(Waltke, *Book of Proverbs 15-31*, 435). **악인**은 너무나 비정하고 자기중심적이어서 가난한 자의 사정에 관심이 없고, 그러한 관심을 이해하지도 못한다. 하지만 무지는 그에게 복되지 않다. 그 비정함으로 그는 모든 이의 궁극적인 심판자 앞에서 괘씸한 자가 되기 때문이다.

29:8. 이 잠언은 특히 정치 영역과 관계가 있는 것 같다. 여기에서 말하는 **거만한 자**는 거만한 냉소주의자, 즉 어느 정도 사회적 영향력을 가지고 화려한 말로 **성읍**에 사회적 불안을 조성하는 자를 가리키는 것 같다(Murphy, *Proverbs*, 221; 참고. 사 28:14). 그들의 영향력은 공동체에 재앙이나 다름없다. 사회에 훨씬 이로운 자는 **슬기로운 자**이다. 그는 긴박한 정치 상황에서 **노**를 누그러뜨려 침착함과 평화가 통할 수 있는 여지를 둔다. "일하고 기다릴 줄 아는 '평화로운 지혜'"에 비하면(약 3:13-18을 보라), "파벌 싸움을 부채질 하는 것은 섣부른 권력 의식만 야기할 뿐이다"(Kidner, *Proverbs*, 174).

29:9. 이 잠언은 **지혜로운 자**와 **미련한 자** 사이에서 빚어진 **말다툼**의 결과와 관계있다. 어떤 번역들(예를 들어 NIV, HCSB)은 이 말다툼이 법정에서 일어난 것이라고 주장하지만, 여기에 쓰인 동사는 더 포괄적이어서 여하한 종류의 말다툼을 가리키는 것 같다. 때로는 **지혜로운 자**가 미련한 자를 논쟁에 끌어들이지 않는 것이 가장 좋다. 미련한 자는 배울 마음이 없기 때문이다. 그는 배우기는커녕 **노하**기만 할 뿐이다. '노하다'라는 뜻의 히브리 단어는 성난 곰이나(참고. 17:12) 폭풍우 치는 바다를 가리키기(참고. 사 57:20-21) 위해 사용되기도 한다. 또한 미련한 자는 지혜로운 자의 지혜

를 비웃고 조롱하기도 한다. 어느 경우이든 미련한 자는 지혜로운 논거에 반항할 뿐 마음을 차분히 가라앉히고 그 논거를 받아들이는 법이 없다.

29:10. 이 잠언의 첫째 행은 대단히 직설적이다. **남을 피 흘리게 하기를 좋아하는 사람은 흠 없는 사람을 미워**한다(새번역). 흠 없는 사람의 결백이 살인자들은 결백하지 않다는 것을 분명하게 드러내기 때문이다(Fox, *Proverbs 10-31*, 837). 둘째 행은 더 난해하다. 주어도 분명하지 않고, 동사(문자적으로 "그의 생명을 찾는다")의 의미도 불분명하기 때문이다. NASB에 반영된 하나의 관점은 정직한 자를 주어로 간주하고, "그의 생명을 찾는다"를 흠 없는 자의 생명에 "관심을 기울인다"로 해석한다. 그러나 "그의 생명을 찾는다"는 표현은 누군가를 죽이려 한다는 의미의 관용적 표현이지 누군가의 생명을 지키려 한다는 의미가 아니다(누군가의 생명을 지키려 한다는 의미라면 관용적 표현에서 벗어난 것이다). 두 번째 관점도 정직한 자를 주어로 간주하지만, 그가 죽이려 하는 대상은 흠 없는 자가 아니라 살인자라고 주장한다(예를 들어 정직한 자는 정의가 실현되는 것을 보고 싶어 한다는 것이다; Longman, *Proverbs*, 504). 세 번째 관점은 피에 굶주린 자를 문장의 주어로 간주하고, 그가 흠 없는 자뿐만 아니라 정직한 자도 죽이려 한다고 주장한다. ESV는 이 해석을 반영하여 다음과 같이 읽는다. "피에 굶주린 자들은 흠 없는 자를 미워하고, 정직한 자의 생명을 노린다." 세 가지 관점 모두 가능하지만 마지막 관점이 가장 그럴듯하다. 이 관점에 따르면 이 잠언은 포악한 자들의 사악한 성격을 강력하게 묘사하고 있다.

29:11. **어리석은 자**는 자제력이 부족하여 **자기의 노를 다 드러**낸다. 그는 그것을(자기의 노를) 억누르는 자로 기술된 **지혜로운 자**와 너무나 다르다. 하지만 둘째 행의 의미를 놓고는 의견이 분분하다. [NASB의 '억제하다'(holds it back)에서 back으로 번역된] 베아호르(*be'achor*)라는 단어가 '결국은'이나 '그 후'를 의미한다면(Koehler et al., *HALOT*, 31; Waltke, *Book of Proverbs 15-31*, 439), 이는 지혜로운 자가 결국에는 미련한 자의 노가 일으킨 소동을 진정시킬 수 있음을 암시할 것이다(참고. 8절). 그러나 '베아호르'는 단순히 **지혜로운 자**가 자기의 노를 **억누르거나** 억제하는 것을 암시하는 back의 의미를 지녔을 가능성이 더 높다.

29:12. 내각 전체의 분위기를 결정하는 이는 **통치자**(새번역)이다. 통치자가 **거짓말**의 영향을 받으면 그의 내각이 악해진다. 결국에는 그의 **신하들**(새번역)도 **다 악하게** 된다. 이는 통치자가 자신의 내각 안에서 정직함과 정의에 관심을 기울이지 않기 때문이다. 다윗의 태도는 이와 생생한 대조를 이룬다(시 101:6-8).

29:13. 상반되는 결과의 사회적 파장에도 불구하고 **가난한 자**와 **포학한 자**는 무언가를 공유한다(참고. 22:2). 그들 **모두 여호와**께 생명을(**눈에 빛을**) 받는다. 이 잠언은 그들의 생명이 하나님의 의롭고 지혜로우신 장중에 있다며 가난한 자를 격려하고 압제자에게 경고하는 기능을 하는 것 같다.

29:14. 이 잠언은 앞의 두 잠언에서 개진된 견해를 이어서 말한다. **왕**이 지혜로워 왕위가 안정되고 왕조가 지속되기를 바란다면 **가난한 사람을 정직하게**[진리로] **재판**(새번역)할 것이다. 그는 부패한 조언자들을 묵인하지 않고(12절), 재판할 때 사람들을 차별하지도 않을 것이다(13절). 그는 자신의 힘이 부유한 유력자들의 비위를 맞추는 데에서 오는 게 아니라, "자기에게 그다지 압력을 가하지 않는 이들"(Kidner, *Proverbs*, 175)을 포함한 모든 이를 공평하게 대하는 데에서 오는 것임을 깨닫는다. 그러한 왕은 존경을 일으킬 뿐만 아니라 공정하게 재판하시는 궁극적인 왕을 반영하기도 한다(예를 들어 창 18:25).

29:15. **자식이 임의로 행하게 버려둔** 부모는 지혜롭지 않고 자녀를 사랑하는 것도 아니다. 그런 자녀는 미련한 자가 되어 부모를 **욕되게** 할 것이다(참고. 13:24). 이 잠언은 인간의 타고난 사악함과 미련함을 전제한다. 자녀는 사악하고 미련한 자가 되도록 교육받아서는 안 된다. 그러므로 자녀에게는 말이든 체벌이든 징계(**채찍과 꾸지람**)가 필요하다(Waltke, *Book of Proverbs 15-31*, 442). 물론 지혜를 가르치고 싶은 부모라면 징계를 학대가 아닌 사랑의 도구로 사용할 것이다.

29:16. **악인이 많아지**고 그 영향력이 커지면 그들의 지배도 광범위해진다. 하지만 그것은 잠시뿐이다. 그들이 늘어나면 하나님과 사람을 대적하는 **죄도** 늘어나 공공질서를 저해할 뿐만 아니라 하나님의 진노를 불러

일으키기 때문이다(참고. 2절과 그 구절의 주석). 이 상황은 본질적으로 불안정하다. 반면에 의인은 참고 견디다가 악인들이 **망하는** 것을 본다. 이 잠언은 악인들이 지배하는 것처럼 보일 때 악인들에게 보내는 경고이자 의인에게 보내는 격려라고 할 수 있다(Longman, *Proverbs*, 506).

29:17. 15절과 마찬가지로 이 잠언도 자녀를 징계함이 중요하다고 강조하지만, 여기에서는 그 동기가 대단히 긍정적이다. 자녀를 징계하는 부모는 자녀를 지혜롭게 키울 것이고, 그렇게 자란 자녀는 부모에게 **평안**과 **기쁨**을 가져다준다는 것이다. 이 용어들은 "자녀가 잘 되는 것을 보고 숨을 깊이 들이쉬고 안도와 기쁨의 한숨을 내쉬는 부모의 이미지를 암시한다"(Fox, *Proverbs 10-31*, 840).

29:18. **묵시**[*chazon*, 하존]란 예언자의 환상을 가리키는 데 쓰는 전형적인 용어이다. 잠언의 문맥에서 이 용어는 비슷한 말인 토라(*torah*, **율법**이나 가르침)처럼 "영감을 받은 현자가 전하는 지혜의 계시를 가리킨다"(Waltke, *Book of Proverbs 15-31*, 446). 주님의 메시지가 없으면 **백성**은 **방자히 행하거나** 난폭해져 나라 전체에 비참한 결과들을 가져올 것이다(출 32:25; 삿 17:6). 반면에 지혜로운 훈계를 잘 듣는(**율법을 지키는**) 자는 누구나 지혜가 주는 복의 결과로 행복하게 될 것이다.

29:19-20. 말에는 한계가 있지만, 그렇다고 말의 효과를 얕보아서는 안 된다. 한편 **말만으로는 종**에게 지혜를 **가르칠** 수 없다(19절, 새번역). 문제는 지능이 아니라 의지에 있다. 훈계를 알아듣고도 **따르지** 않기 때문이다. 종에게 지혜를 가르쳐 변화를 일으키려면 말을 넘어선 다각적인 접근 방식이 필요하다. 벌 받는 자녀를 변화시키는 것이든, 성적이 떨어진 학생을 변화시키는 것이든, 임금 삭감이나 실직 앞에 선 종업원을 변화시키는 것이든 말만으로는 부족하고 다른 자극들이 필요하다(Steveson, *Commentary on Proverbs*, 411).

다른 한편, 말의 힘을 얕보아서는 안 된다(20절). **말이 조급한** 미련한 자는 무모할 정도로 거만하여 말의 힘을 알지 못하고, 말을 오용하는 자신의 버릇도 알아채지 못한다(참고. 10:19; 17:27-28; 26:12; 약 1:19). 더 지혜로운 자는 스스로 조심하고 말도 더 조심스럽게 한다. 말을 조급하게 하는 것은 스스로를 지혜롭게 여기는 것이나 다름없다. 그것은 사람을 **미련한 자**보다 더 나쁘게 만든다. 미련한 자는 적어도 특정 형식의 징계에 반응할 줄 알기 때문이다.

29:21. 이 잠언은 다시 종의 교육을 주제로 다룬다(참고. 19절). 주인이 **종을 어렸을 때부터** 제멋대로 하도록 내버려두다가 은혜를 베풀지 않으면 **나중에는** 문제가 발생할 것이다. 응석받이로 자란 종은 마논[*manon*(**자식**), NASB]이 되려고 할 것이다. 이 단어는 구약성경에서 딱 한 차례 등장하며 그 의미는 정확하지 않다. 이 불확실성은 영어 번역들에도 그대로 반영되어 있다(여러 번역본이 채택한 바를 일별하려면 Fox, *Proverbs 10-31*, 844을 보라). 문맥으로 판단했을 때, 그 단어는 "거만한, 무례한, 반항적인"으로 읽는 것이 가장 나은 것 같다(Koehler et al., *HALOT*, 600). 종을 조기에 교육하지 않으면 결국에는 종도 주인도 실망하게 될 것이다. 종을 조기에 교육하지 않는 것은 비현실적인 기대를 조장하는 것이나 다름없다.

29:22. **화를 잘 내고, 성내기를 잘하는 사람은**(새번역) 싸움을 자초한다(참고. 15:18; 28:25). 그래서 다툼을 일으키고, 다른 이들의 감정을 해치며 **죄를 많이 짓는다**(새번역). 그는 사회에 해로운 자이므로 피하는 게 상책이다(참고. 6:14; 15:18; 22:24-25).

29:23. 얄궂게도 높아지기를 바라는 교만한 자는 **낮아지게 되는** 반면, 자기를 낮추거나 **마음이 겸손한** 자는 높아지고 **영예**도 얻게 될 것이다(참고. 욥 5:11; 약 4:10). 여기에는 여러 이유가 있다. 이를테면 교만한 자는 스스로를 의지하며 제멋대로 하는 반면, 겸손한 자는 하나님을 의지하며 그분의 도덕 질서에 복종하기 때문이다(Waltke, *Book of Proverbs 15-31*, 450). 또는 겸손한 자는 가르침을 잘 듣는 반면, 교만한 자는 자기 실수로부터도 배우지 않기 때문이거나(Longman, *Proverbs*, 509), 사회가 교만한 자를 불쾌한 존재로 여기고, 겸손한 자를 매력적인 존재로 여기기 때문이거나(Clifford, *Proverbs*, 255), 주님이 교만한 자를 심판하시고, 겸손한 자에게 복을 주시기 때문이다. 그러나 이유가 무엇이든 일반 원리는 변하지 않는다.

29:24. **도둑과 짝하는 사람은 자기의 목숨을 하찮게 여기는 사람이다**(새번역). 그는 범죄에 연루되었

기에 **도둑**에게 불리한 증언을 하지 못한다. 증언을 하면 자기도 유죄임이 드러나기 때문이다. 다른 한편, 그가 **저주를 들어도** 증언하지 않으면, 이는 다음과 같은 레위기 5:1에 저촉되는 행위가 된다. "자기가 본 것이나 알고 있는 것을 증언하도록 부름 받았는데도 증언하지 않으면, 죄가 되어 처벌을 받는다"(NLT). 악인을 보호하겠답시고 증언하지 않는 것은 스스로를 신의 심판 아래 두는 것이며 자기 목숨을 위험에 빠뜨리는 짓이다. 그것은 "자멸을 낳는 공범 행위"이다(Kidner, *Proverbs*, 177).

29:25-26. 지혜로운 자는 하나님을 의지하고 **사람을 두려워하**지 말아야 한다. 사람을 두려워하는 것은 다른 이들의 생각과 일을 염려하는 것이며, 하나님을 의지하는 것과 대립하는 행위이다(Fox, *Proverbs 10-31*, 846-847; 참고. 렘 15:5-8; 시 56:5; 사 51:12-13). 거기에는 **올무**가 도사리고 있다. 사람을 두려워하면 섭사리 주님을 경외함이 위축되어 죄와 미련함이 조장되기 때문이다(Clifford, *Proverbs*, 255). 해결책은 **여호와**를 신뢰하고, 인간의 힘과 견해는 주님께 견주어 아무것도 아님을 인정하는 데 있다. 주님을 의지하는 자는 높임을 받는다. 이 표현은 영예를 입는다는 뜻이 아니라 "인간의 힘이 미치지 못하는 곳으로" 높이 들려 보호를 받는다는 뜻이다(Kidner, *Proverbs*, 177). 따라서 하나님을 의지하는 자는 인간의 힘으로부터, 인간의 소견을 두려워하는 데서 비롯된 죄와 미련함으로부터 보호를 받는다(참고. 시 37:3-5; 잠 3:5-6; 18:10).

26절은 요점을 설명한다. **많은 사람이** 앞다투어 **통치자**(새번역) 앞으로 나아가 그의 **은혜를 구하**며 자신들의 송사에 대한 **판결**(새번역)을 얻으려고 한다. 물론 적정선에서 다른 사람들에게 도움을 구하는 것은 부적절한 처사가 아니다. 하지만 지혜로운 자는 **사람의 일을 판결하시는 분**(새번역), 왕의 마음까지 제어하시는(참고. 21:1) 분은 주님임을 잊지 않는다. 주님만이 정의를 보장하실 수 있기에 "사람은 여호와 앞으로 나아가" 그분의 도우심을 구해야 한다(Longman, *Proverbs*, 510).

29:27. 의인과 악인은 서로의 생활 방식을 **미워한**다. 전자는 **바르게 행하**며 하나님과 타인들을 섬기고, 후자는 **불의**하게 타인과 거래하며 자기만을 섬긴다 (Waltke, *Book of Proverbs 15-31*, 453-454). 그들의 생활양식에는 공통점이 없다. 잠언의 이 구간을 이쯤에서 마무리하는 것이 적절할 것 같다. 길은 두 가지뿐이고, 그 길들은 전혀 다르다. 지혜로운 자라면 공의의 길을 택하고 악인과는 정반대로 살기를 바랄 것이다(Fox, *Proverbs 10-31*, 848).

Ⅲ. 아굴의 잠언 모음집(30:1-33)

학자들은 이 구간의 범위를 놓고 논쟁 중이다. 어떤 학자는 이 구간의 끝이 9절이라고 말하고, 14절이라고 말하기도 하며, 이 장의 끝이라고 말하는 학자도 있다. 그러나 1절을 제외하면 이 장의 어디에도 새로운 구간의 시작이나 끝을 알리는 (표제와 같은) 지시문이 없다. 따라서 이 주석에서는 이 장 전체를 아굴의 잠언 모음집으로 간주하겠다.

A. 머리말(30:1-9)

30:1. 이 절은 이 구간의 표제 역할을 한다. **이 말씀은 야게의 아들 아굴의 잠언이니**. 아굴의 신원은 알 수 없다. 전통적으로 유대인 주석가들과 비유대인 주석가들은 이 이름이 솔로몬의 필명일 것이라고 추측했다. 그러나 현대 주석가 대다수는 이 견해를 거부하고, 그가 이제까지 알려지지 않은 이스라엘 현자였거나 이방인 개종자였을 것이라고 주장한다. 히브리 원문에 등장하는 마싸(*massa'*, 신탁, 개역개정에는 '잠언'으로 번역되어 있다—옮긴이 주)를 조금 수정하여 '마싸 사람'(the Massaite, 이스마엘이 시조인 한 부족의 자손)으로 본다면 후자의 견해가 옳다고 할 수 있다. 이는 그가 이스라엘 민족 밖에서 주님을 따르는 이였음을 암시한다. 그러나 그가 이방인 개종자이든 아니든 원문을 수정할 타당한 이유는 없다. '마싸'와 네움(*ne'um*, "그 사람의 발언", HCSB의 이 독법이 "그 사람이 발언하다"로 읽는 NASB의 독법보다 정확하다)의 조합은 이 말씀들이 예언자의 신적 계시임을 암시한다(참고. Waltke, *Book of Proverbs 15-31*, 454-455, 464-467; Fox, *Proverbs 10-31*, 852-853; 참고. 슥 12:1; 삼하 23:1; 민 24장).

둘째 행을 어떻게 읽을 것인지 논쟁이 광범위하게 이루어지고 있다. 둘째 행에 등장하는 히브리 단어들은 NASB가 **이디엘 곧 이디엘과 우갈에게**로 읽는 것처럼 고유명사인가? 그렇다면 아굴은 특정한 사람들, 아마도 그의 아들들이나 제자들에게 말하는 셈이다. 그것이 아니면 ESV가 "오 하나님, 저는 지쳤습니다. 오 하나님, 저는 지치고 녹초가 되었습니다"로 읽듯이, 이 단어들은 문장들인가? 그 문장들은 이어지는 말씀들과 잘 어울린다. 확답이 불가능하지만, (첫 번째로 등장하는 이디엘을 고유명사로 간주하고, 남은 두 용어를 문장으로 간주하는) 월키의 해법이 흥미롭다(Waltke, *Book of Proverbs 15-31*, 454-455; 467-468, 특히 n. 100-101; 다른 견해에 관해서는 Murphy, *Proverbs*, 225를 보라).

30:2-3. 2-3절에서 아굴은 겸손히 자기를 낮춘다. 그는 자신이 여느 사람보다 우둔해서 사람의 **총명**과 **지혜**가 없고 하나님을 아는 **지식**도 없다고 주장한다. 이 주장이 그의 지친 상태를 말하는 문장들(1절) 뒤에 이어지는 것이라면, 이는 아굴이 전도서의 코헬렛을 떠오르게 하는 정신으로(전도서의 서론을 보라) 인간의 지혜를 지치도록 탐구하다가 끝에 이르렀음을 암시할 것이다. 이 절들이 과장법의 어조를 띠는 것은 다음의 두 가지 요점을 강조하기 위해서이다. 첫째, 참된 지혜는 인간의 노력이 아니라 하나님에게서만 올 수 있다. 하나님은 그 점을 받아들일 만큼 겸손한 이들에게 지혜를 주신다. 둘째, 그렇게 받은 신적 지혜는 인간의 '지혜', 곧 인간이 과장된 노력을 들여 얻은 지혜보다 위대하다(Fox, *Proverbs 10-31*, 854).

30:4. (욥기 38-39장과 유사하게) 네 가지 수사적 질문을 던지는 것은 하나님과 인간 사이의 간격을 강조하려는 것이다(4절). 각 질문들은 "인간이 아니라 하나님이시다"라는 대답을 요구한다. **하늘**에서 사람에게 신적 지식과 지혜를 줄 수 있는 이는 인간이 아니라 하나님이시다. **바람**과 비를 다스리는 이는 인간이 아니라 하나님이시다. **땅의 모든 끝을 정한** 이는 인간이 아니라 하나님이시다. 아굴은 독자에게 지식을 계시하고 우주를 지배하는 이의 이름을 대보라고 말한다(**너는 아느냐**). 이것은 하나님의 언약에 기초한 하나님의 이름, 즉 여호와와 그분의 백성을 따라다니는 관계를 떠오르게 한다. 지혜는 오직 그분과의 관계 속에서만 얻을 수 있다(Waltke, *Book of Proverbs 15-31*, 474-475). "하나님의 이름, 특히 언약에 기초한 이름인 '여호와'를 아는 것은 하나님의 위격을 창조주와 구속자(출 3:13-14)로 아는 것이고"(Hubbard, *Proverbs*, 471) 지혜의 계시자로 아는 것이다.

이것은 **그의 아들의 이름**이라는 당혹스러운 표현을 설명하는 데 도움이 되는 것 같다. 잠언에서 아들은 자기 아버지에게서 지혜를 배우는 자이다. 이것은 신적 지혜를 받고자 하는 이들이라면 아버지이신 하나님과 관계를 유지해야 함을 암시하는 것 같다. 잠언 외에 구약성경에서는 아들의 이미지가 이스라엘, 곧 주님과 언약 관계를 맺은 사람들에게 적용된다(예를 들어 출 4:22; 신 14:1; 렘 3:19; 호 11:1).

어떤 이들은 이 성자 언급을 메시아 언급으로 여긴다. 그들은 앞의 질문들이 잠언 8:27-30을 암시한다고 주장하며 자신들의 생각을 뒷받침한다. 잠언 8:27-30은 지혜를 창조 세계의 건축자로 언급한다. 아굴은 성자가 하나님과 함께 있으면서(시편 2:7,12) 인간에게 하나님의 말씀을 전한다는(참고. 30:5) 견해를 제시하는 것 같다. 이 접근법은 독자의 시선을 이스라엘의 메시아 대망으로 돌리려는 의도적인 시도로 여겨진다. 잠언 전체의 지혜와 솔로몬의 잠언에서 발견되는 지혜는 하나님의 신적인 아들의 지혜를 상징한다. 이처럼 잠언의 실용적 지혜는 일상생활의 기술을 제공하는 것 이상의 중요한 목적에 이바지한다. 더 정확히 말하면, 그것은 성자, 곧 메시아 자신을 가리킨다. 메시아 안에는 지혜와 지식의 온갖 보화가 감추어져 있다(골 2:2-3).

아들에 관한 아굴의 질문을 메시아, 따라서 예수 그리스도에 대한 언급으로 해석하는 것은 솔깃하지 않을 수 없다. 결국 그분은 하나님의 뛰어난 아들이시며, 세상을 창조하고 유지하시는 분, 성부를 계시하시는 분, 참된 지혜의 화신이시다. 구약성경에서 다루는 아들 신분이라는 주제도 여러 곳에서 메시아의 의미를 담고 있다(예를 들어 시 2편). 하지만 여기에 쓰인 아굴의 말을 그토록 풍부한 관련을 지닌 것으로 읽어서는 안 될 것 같다. 그 대신 아굴의 말은 아들 신분을 받아들이는 신학에 이바지하는 것으로 읽어야 한다. 이 아들 신분은 나중에 예수 그리스도에 관한 신약성경의 계시에서 가장 풍성하고 충만하게 표현된다.

30:5-6. 아굴은 2-4절에서 두 가지 핵심 개념을 골라, 독자들에게 하나님과 그분의 말씀에 의지하라고 권

한다. 하나님의 무한한 위대하심은 **하나님의 말씀**이 모두 시험을 거쳤음을 의미한다(5a절; 참고. 시 18:30). '시험을 거쳤다'는 표현은 야금술의 정련 과정, 곧 금속에서 불순물을 모두 제거하는 과정이 끝났음을 가리킨다. 그래서 **말씀**은 순전하고 참되다. 진정한 보호(**방패**)는 자신의 명철을 의지하기보다는 주님을 온전히 신뢰하고(그분께로 피하고), 그분의 말씀을 마음에 새기는 이들에게만 찾아온다(5b절; 참고. 3:5-6; 18:10). 하나님과 그 말씀의 순전함과 신빙성으로 볼 때, **그분의 말씀에 더하**는 것은 미련한 짓이 되고 말 것이다(6a절; 참고. 신 4:2; 12:32; 계 22:18-19). 그러한 변경은 순전한 말씀을 인간의 불순하고 거짓된 지혜로 더럽히는 일이자 하나님에 대한 신뢰가 부족함을 드러낼 뿐이다. 그리하는 자는 누구나 심판을 받고(**책망하시겠고**) **거짓말하는 자**가 될 것이다.

30:7-9. 아굴은 하나님께로 방향을 돌려 **두 가지** 부탁을 드린다(7절). 이 부탁들에는 앞 절들에 등장하는 하나님의 참된 지혜와 그분에 대한 신뢰를 주제로 담고 있다. **내가 죽기 전에**라는 표현은 '내가 사는 동안'이라는 의미를 지니고, 지속적인 도우심을 바라고 있음을 암시하는 것 같다(Hubbard, *Proverbs*, 473). 첫째, 그는 하나님께 **헛된 것과 거짓말을 내게서 멀리하옵소서**라고 청한다(8a절). 아굴은 믿고 말하고 생활하는 길에서 거짓말과는 일절 관계하고 싶어 하지 않는다. 오히려 그는 그 길들에서 하나님 말씀의 사람이 되고 싶어 한다. 둘째, 그는 **가난**도 **부**도 바라지 않고, 일상의 필요를 채울 수 있을 만큼의 **양식**을 하나님이 주시기를 바란다(8b-8c절; 참고. 마 6:11; 딤전 6:8). 잠언 30:9은 그의 두 번째 부탁에 대해 설명한다. 궁핍한 때이든 풍족한 때이든 두 극단은 영적 위험, 특히 주님에 대한 신뢰를 저버리는 일을 야기한다. 필요 이상으로 채워지면 자만이 고개를 들어 주님을 의지할 필요가 없다고 생각하도록 부추긴다. 하나님이 정해주신 일용할 것이 부족하면 자기 스스로 일을 추진하고 **도둑질**하려는 마음이 생긴다. 도둑질은 **하나님의 이름**을 더럽히는 일이다. 그것은 하나님의 명령을 어기고, 그분에 대한 신뢰가 부족함을 드러내기 때문이다(참고. 출 20:15; 마 6:9-11).

B. 아굴의 잠언들(30:10-33)

아굴은 이 구간에서 몇 가지 특이한 잠언들을 제시한다. 그 잠언들 중 가장 두드러지고 일반적으로 알려진 것은 이른바 '숫자를 제시하는 잠언들'이다(6:16-19의 주석을 보라).

30:10. 이 잠언은 부당한 간섭보다는 힘없는 자를 학대하는 것과 관계있다. **비방**은 진위 여부를 떠나 건설적인 목적보다는 악의적인 목적으로 누군가를 은밀히 비난하는 것과 관계있다. 누군가를 비방하는 것도 나쁜 일이지만 **종**을 그의 **상전** 앞에서 비방하는 것은 힘없는 자를 학대하는 한 형태이다. 종이 유일하게 할 수 있는 일은 그 비방자를 **저주하**는 것뿐이다. 하지만 이것을 가볍게 여겨서는 안 된다. 그 비방자는 주님께 **죄책을 당**하고, 그에 따른 벌을 받게 될 것이기 때문이다.

30:11-14. 이 절들은 최악으로 미련한 네 부류의 사람을 기술한다. 첫째 부류는 자기 부모를 축복하지 않고 **저주하**는 사람이다(11절; 참고. 20:20). 그러한 행동은 하나님과 사람에 대한 배반의 증거로서 십계명을 위반하는 일이자 율법에 명시된 사형을 초래하는 일이다(출 20:12; 21:17). 둘째 부류는 **스스로 깨끗한 자로 여기면서도** 자신의 도덕적 더러움을 씻지 않는 독선적인 사람이다(12절). "그들은 자신들의 악한 본성을 기준으로 삼은 까닭에(참고. 4:16-17) 그릇된 것을 옳게 여긴다"(Waltke, *Book of Proverbs 15-31*, 485). 셋째 부류는 교만한 **눈**으로 자신의 거만함을 뻔뻔스럽게 드러내는 사람이다(13절; 참고. 6:17; 21:4). 그는 다른 이들을 깔보고 주님을 겸손히 경외하지 않는다. 넷째 부류는 무자비한 압제자이다. 그처럼 포악한 자들은 먹잇감을 게걸스레 **삼키는** 짐승으로 그려진다. 그들은 **장검 같고 군도** 같은 이빨로 자신들의 사적인 이익을 위해 압제하는 **가난한 자**와 **궁핍한 자**를 삼켜버린다.

30:15a. 한 문장으로 된 이 잠언은 앞의 잠언과 다음 잠언을 잇는 다리 역할을 한다. **거머리**의 몸통 양쪽 끝에는 두 빨판, 곧 두 딸이 달려 있다. 두 딸의 이름은 **다오**여서 끊임없이 **다오**라고 소리친다(Fox, *Proverbs 10-31*, 867). 거머리는 숙주의 피를 물릴 줄 모르고 게걸스레 빨아먹는다. (14절에 등장하는 자들과 같은) 악한 압제자들도 이 혐오스러운 흡혈 동물만큼이나 탐욕스럽다. 만족할 줄 모르는 다음의 서넛과 같다(15b-17절).

30:15b-16. 이 절들은 이 장에서 숫자를 제시하는

잠언들(6:16-19의 주석을 보라) 중 첫째 잠언으로서 만족할 줄 모르는 다른 서넛을 기술한다. **스올**[무덤]은 더 많은 시신을 끊임없이 요구하고(참고. 27:20), **아기 못 낳는 태**는 끊임없이 아기를 갈망하며(예를 들어 창 30:1), (농업용) **땅**은 늘 더 많은 **물**을 필요로 하고, **불**은 연료를 아무리 많이 공급해도 **족하다**고 하지 않는다. 이 잠언은 이 세상이 만족을 모르는 욕망으로 가득 차 있다고 말하는 것 같다. 어쩌면 이 잠언은 억제되지 않은 탐욕과 갈망을 조심하라는 암묵적 경고인지도 모른다(Hubbard, *Proverbs*, 477; 참고. 출 20:17; 빌 4:11).

30:17. 부모 공경은 성경이 강조하는 중대한 책무이다(참고. 출 20:12; 잠 15:20; 20:20; 30:11). **부모를 조롱하고 멸시하는**(새번역) 거만한 자는 무시무시한 심판에 직면한다. 그는 영예롭지 못하게 죽어 제대로 묻히지 못하고 **까마귀**와 **독수리 새끼**의 먹이가 되고 만다(이는 악인의 심판과 관련된 운명이다, 예를 들어 사 18:6; 렘 16:4; 겔 32:4). 그의 거만한 눈은 특히 썩은 고기를 먹는 동물들의 진미가 된다. 그의 부모 경시가 "어찌나 극악무도한지 자연까지 나서서 처벌을 수행한다"(Clifford, *Proverbs*, 266).

30:18-20. 아굴은 이 세상에서 기이하고 신비한 것 서넛을 발견한다(18절). 처음 세 가지가 넷째 것에서 절정에 달한다(19절). **공중에 날아다니는 독수리의 자취와 반석 위로 기어 다니는 뱀의 자취와 바다로 지나다니는 배의 자취**는 모두 공통점이 있는데, 그것이 무엇인지는 확실하지 않다. 이 세 가지는 그 작동 원리는 언뜻 알 수 없으나 모두 자신들의 환경 속에서 편하고 적합한, 심지어 아름다운 방식으로 움직이는 것 같다(Kidner, *Proverbs*, 180). 구애와 부부간의 사랑을 가리키는 듯한 표현인 **남자가 여자**[처녀]**와 함께한 자취**도 그러하다. 결혼 역시 불가사의한 부분이 있지만, 그럼에도 남편이 신부와 한 몸이 되는 것에 관한 놀랍도록 적절하고 사랑스러운 무언가가 있다.

결론은 당혹스러울 정도로 대조적이다(20절). **음녀**도 똑같이 집에 있지만 간음이라는 환경 속에 있다. 그녀는 식사를 즐기듯이 자신의 색욕을 채운다. 죄 된 행동을 하고 나서 **입을 씻**는 것이다. 먹는 행위는 성적인 의미를 함축하고 있는 것 같다(참고. 9:17). 앞에 등장하는 아름다운 보기들과 달리 여기에는 기쁨도, 놀라움도, 아름다움도 없다. 그러나 그녀가 자신이 **악을 행하지 않았다**고 생각할 정도로 몰지각하고 태연하며 잘난 체하니 불가사의한 일이 아닐 수 없다.

30:21-23. 숫자를 제시하는 이 잠언은 (**세상이 진동할** 때처럼) 사회질서를 혼란스럽게 하여 참을 수 없는 상황을 야기하는 것 서넛을 열거한다(21절). 첫째, 임금이 될 능력이 없고 왕국의 격변을 통해서만 집권할 수 있는 **종**이 **임금**이 되면 왕국에 혼란을 일으킨다. 둘째, 촌스럽고 **미련한 자**가 **음식으로 배부**르면(성공하면) 참을 수 없으리만치 밉살스럽고 거만하게 된다. 셋째, 사랑받지 못하는(더 문자적으로 읽으면 '미움 받는') **여자**가 **시집**을 가면 더 참을 수 없는 존재가 된다. 그녀는 결혼 생활의 압박 때문에 남편에게 지독하게 굴고 자신이 속한 공동체에도 불손하게 굴 것이다(참고. 15:17; 17:1; 19:13; 21:9; 25:24). 넷째, 안주인을 밀어내고 대신 들어앉은 **여종**은 일반적으로 가족에게, 특별히 자기가 밀어낸 여자에게도 참을 수 없는 존재가 된다(참고. 창 16:4).

30:24-28. 여기에서 아굴은 이스라엘에서 흔한 네 생물, 곧 크기가 작아도 **가장 지혜로운 것 넷**을 거명한다(24절). 그들은 지혜가 물리적 힘보다 나음을 보여준다. **개미**는 힘이 없어도 가지런한 계획을 실행에 옮겨 열심히 일한다. 그들은 **먹을 것을 여름에 준비하**여 미래에 스스로 먹고산다(25절; 참고. 6:6-8). '바위 오소리'(ESV) 또는 **사반**[히락스 시라쿠스(*hyrax syracus*), 이스라엘이 원산지인 토끼 크기의 설치류]은 **약하고** 무방비 상태이지만 지혜롭게도 포식 동물로부터 안전하게 피할 수 있는 **바위 사이** 높은 곳에 **집을 짓는다**(26절). **메뚜기** 떼는 **임금이 없**어도 슬기롭게 일치단결하고, 크기가 작아도 스스로를 만만찮은 존재로 만든다. 이는 메뚜기 떼의 파괴력에서 여실히 드러난다(27절; 참고. 욜 2:1-11). **도마뱀**[도마뱀붙이]은 벽과 천장에 쉽게 오를 수 있다. 그들은 **손에** 잡힐 듯 작고 약해도(28절) 그들의 신체 기술과 집요함은 **왕궁**에도 드나들 수 있는 데서 빛을 발한다(28절).

30:29-31. 숫자를 제시하는 이 잠언은 **위풍당당하게 걸어 다니는 것** 서넛을 열거한다(29절, 새번역). 각각의 존재는 자기 영토 안에서 힘과 대담무쌍한 자신

감을 드러낸다. 목록은 넷째 보기에서 절정에 이른다. 첫째, **사자는 짐승 중에 가장 강하여 아무** 적 앞에서도 **물러**설 필요가 없다(30절). 둘째와 셋째, 꼬리를 세우고 걷는 수탉(개역개정에는 **사냥개**로 나와 있으며, 히브리 단어의 정확한 의미는 불분명하다)과 **숫염소**는 농가의 안마당을 돌아다닐 때 똑같이 자신만만하다. 이들 세 동물은 모두 자기 군대를 이끄는 강한 **왕**의 예시이다. 그가 자신만만한 까닭은 누구도 그에게 맞서지 못하고 미련한 자들만 그런 시도를 하기 때문이다. 여기에서 말하는 교훈은 불분명하고 (지혜로운 독자로 하여금 다양한 적용을 하게 하려는 의도에서) 일부러 모호함을 띠는 것 같다. 따라서 교훈은 지도자들에게 자신감을 드러내라고 권하는 것일 수도 있고(Hubbard, *Proverbs*, 481), 지혜로운 자들에게 주님을 의지하라고 권하는 것일 수도 있으며(Waltke, *Book of Proverbs 15-31*, 499), 반역을 꾀하는 자들에게 한 번 더 생각해 보라고 권하는 것일 수도 있다!

30:32-33. 자신감은 좋은 자질인 반면, **미련**한 오만(**스스로 높은 체하**는 것)은 우둔한 것이다. 스스로 높아지려고 음모를 꾸며 다른 사람들을 희생시키는 자는 입을 다물고 **손으로 입을 막**고 자기과시를 그만두는 게 좋다(32절). 그렇지 않으면 반드시 다른 이들의 분노만 사게 될 것이다(33절). **젖을 저으면**[*miytz*, 미이츠] 버터가 되고, **코를 비틀면**['미이츠'] **피가 나는 것 같이 노를 격동하면 다툼이** 난다. 스스로 높아지려고 음모를 꾀하면 반드시 역효과를 내고 코를 얻어맞아 코피가 터지거나 더 심각한 상태가 될 것이다.

Ⅳ. 르무엘 왕의 잠언 모음집(31:1-31)

잠언의 이 결론부에서 절을 분할하는 문제를 놓고 논쟁이 다소 이루어지고 있다. 어떤 이들은 1-9절이 신원이 알려진 바가 거의 없는 르무엘 왕의 잠언이고, 현숙한 아내에 관한 시(10-31절)는 익명의 저자가 쓴 별도의 잠언이라고 주장한다. 그러나 이 모음집이 장 전체를 포함한다고 보는 편이 유력하다. 현숙한 아내에 관한 시가 새로운 제목으로 소개되지 않았고, 그 주제도 "태후의 관심과 경험에 어울리기" 때문이다(Hubbard, *Proverbs*, 485).

A. 제목(31:1)

31:1. 이 구간은 **르무엘 왕이 말씀한** 것으로 기술된다. 그의 이름은 "하나님을 위해/하나님께 속한"을 의미하지만, 그의 신원에 관해서는 알려진 바가 전혀 없다. 기록상 역대 히브리 왕 중에 이 이름을 지닌 왕은 존재하지 않는다. 하지만 몇몇 전통적인 해석자들은 르무엘이 솔로몬의 별명이라고 주장한다. 르무엘은 어딘가 다른 곳에서 다스린 이방인 개종자일 수도 있다(30:1의 주석에서 다룬 아굴의 신원을 보라). '마싸'가 지명을 가리킨다면, 그는 마싸의 왕이었을 것이다. 그러나 여기에서는 그 단어를 **잠언**으로 읽는 것이 더 낫다. 아굴의 말씀이 그렇듯 르무엘의 말씀도 계시의 말씀이다. 그것들은 **그의 어머니가 그를 훈계한** 것으로도 기술된다. 잠언에서는 어머니가 자기 아들을 훈계하기도 하는데, 아들이 그런 훈계를 아버지와 관계없이 받는 것은 드문 일이다. "그녀의 대화 주제는 지혜로운 어머니, 특히 한 지도자의 어머니가 자식에게 다음의 내용을 알아듣게 하려는 것이다. 말하자면 여자들과 술은 힘 있고 돈 있는 남자의 마음을 크게 유혹한다는 것이다"(Longman, *Proverbs*, 538).

B. 왕에게 주는 훈계(31:2-9)

31:2. 서두의 영탄법은 어머니만이 자기 아들을 위해 품을 수 있는 마음을 송두리째 드러낸다. 그녀는 르무엘 왕에게 **내가 무엇을 말하랴**라고 세 차례나 묻는다. 그를 넌지시 꾸짖기 위한 것이든(예를 들어 ESV의 "네가 무엇을 하고 있느냐?"), 그냥 자신이 할 말을 꺼내기 위한 것이든(예를 들어 HCSB의 "내가 무엇을 말할꼬?") 그녀는 확실하게 그의 주의를 끈다. 그녀는 그를 **아들**, **내 태에서 난 아들**, **서원대로 얻은 아들**로 표현한다. 이 표현들은 모자간의 친밀함과 아들이 왕이라고 해도 그에게 직언할 수 있는 그녀의 권리를 드러낸다(Longman, *Proverbs*, 538-539). 실로 그녀는 그를 낳은 장본인이었다. 게다가 (한나처럼) 힘겹게 임신한 까닭에(참고. 삼상 1:11), 그녀는 그를 하나님께 바치겠다는 서원을 반복했을 것이다. 르무엘이라는 이름이 "하나님께 속한"을 의미하는 것은 그 때문일 것이다(Koehler et al., *HALOT*, 532).

31:3. 그녀는 먼저 아들과 **여자들**과의 관계를 화제로 삼는다. 물론 그녀가 르무엘에게 모든 여자를 조심하라고 경고하는 것은 아니다. 종결부에 등장하는 시가

보여주듯이 남편에게 큰 선물이 되는 여자도 있다. 그녀는 르무엘에게 특정 부류의 여자, **왕들을 멸망시키는** 부류의 여자를 조심하라고 경고한다. 여기에서 그녀는 그가 불법적인 성관계를 맺거나(예를 들어 7:24-27) 많은 후궁을 거느리는 것(예를 들어 삼하 12:9-10의 다윗, 왕상 11:1-11의 솔로몬이 그랬다)을 염두에 두고 말하는 것 같다. 그가 그런 식으로 성욕을 채우다가는 원기와 재원(새번역은 **힘**과 **길**)을 소모하고 국사를 멀리하게 될 터였다.

31:4-5. 이와 유사한 이유로 **왕들이 포도주**와 **독주**를 마시고 싶어 하는 것도 적절한 일이 아니다(4절). 술 취한 왕들은 법을 지키는 데(법을 잊어버리지 않는 데) 필요한 건전한 판단력을 유지하기 어렵고, 특히 **모든 곤고한 자들**을 위해 공정한 판결을 내리기 어렵다(5절). 왕들의 음주는 통치자들을 가난하게 만들고 불의의 번성을 허용하여 그들로 하여금 하나님의 심판을 면하지 못하게 한다(참고. 20:1; 23:29-35).

31:6-9. 그렇다면 비슷한 이유로 왕이 독주를 갈망하는 것은 적절치 못하다(6-7절). 여기에 제시된 조언은 술(이나 아편제)이 사람들(특히 죽어가거나 **죽게 된** 사람들)의 절망적인 고통을 경감시키는 데 적합하다고 말하는 것 같지만 실은 비꼬는 말이다(Waltke, *Book of Proverbs 15-31*, 508). 실로 왕은 그렇게 비참한 상황을 마주해서는 안 된다. 왕이 **독주**를 누군가에게 주고 싶다면 자기 자신에게 주기보다는 불행에 처해 매우 비참하게 살면서 기아에 직면해 있는(**죽게 된**) 가난한 사람들에게 주어야 마땅하다. 그러면 적어도 그들은 잊을 만한 것, 곧 **빈궁한 것**과 **고통**을 **잊어버리**게 될 것이다. 물론 술 취함은 가난한 자의 절망적인 가난을 해결해주지 못한다(참고. 20:1; 23:29-35). 왕이 행동에 옮겨야 할 더 건설적인 방침이 있다(8-9절). 왕은 자기의 **입을 열어** 술을 마실 게 아니라 너무 **고독하고 곤고**하고 **궁핍**해서 스스로 변호하지 못하는(**말 못하는**) 자들을 변호해줄 수 있다(참고. 24:11-12). 오직 왕만이 **공의로 재판하**고 그들을 **변호하여**(새번역) 학대로 인한 그들의 고통을 덜어줄 수 있다.

C. 현숙한 아내(31:10-31)

이 유명한 시의 히브리 원문은 아크로스틱 시로 되어 있다. 각 절은 연속되는 히브리 알파벳으로 시작하여 독자에게 이 경건한 여인이 "머리부터 발끝까지" 완전하다는 인상을 준다(Waltke, *Book of Proverbs 15-31*, 514). 이 시는 한 편의 영웅 서사시 같다. 영웅 서사시는 군사적 영웅을 기리며 전형적으로 노래하는 장르이다(Longman, *Proverbs*, 539-540). 그녀는 영웅이나 다름없고 지혜 여인을 쏙 빼닮았다. 그녀는 젊은 남자들이 배우자를 찾을 때 떠올릴 만한 여인이자 모든 연령대의 여자들이 따를 만한 본보기 역할을 한다.

31:10. 현숙한 여인은 문자적으로 '힘/용기를 지닌 여인/아내'('*eshet chayil*, 에셰트 하일)로 불린다. 그녀는 능력이 출중하고 성격도 좋다(Fox, *Proverbs 10-31*, 891; 참고. 룻 3:11; 잠 19:14). 수사적 질문(**누가** 그런 여자를 **찾아 얻겠느냐**)은 그녀의 존재를 부정하는 것이 아니라 그녀가 아주 드물어 **진주보다 더 귀중**함을(참고. 8:11) 강조하는 표현이다. 그런 아내를 얻는 남자는 실로 희귀한 보배를 얻는 것이나 다름없다(참고. 12:4).

31:11-12. 남편은 그녀의 진가를 즉시 알아보고, 그녀를 철저히 믿고 온전히 신뢰한다(11a절). 그에게는 그럴 만한 이유가 있는데, 그녀를 통해 벌어들일 소득이 적지 않을 것이기 때문이다(he will have no lack of gain, 11b절). '소득'(개역개정은 '산업')이라는 말은 '전리품' 내지 '노획물'을 뜻하는 군사적 용어이다. 이것은 그녀가 자기 가족을 위해, 그들의 이익을 위해 전리품을 쟁취하는 사람, 곧 "삶의 전장에 뛰어든 전사"와 같음을 암시한다(Longman, *Proverbs*, 543). 실로 그녀는 **살아 있는 동안에** 그의 큰 자산이 되어 끊임없이 **그에게 선을 행하고 악을 행하지 아니**한다(12절).

31:13. 양털과 **삼**은 그녀가 가족을 위해 옷을 짓는 데 필요한 것들이었다. 그녀는 그러한 재료들을 확보하기 위해 직접 생산을 감독함은 물론이고(Clifford, *Proverbs*, 275), 기꺼이 **즐거워하며**(새번역) 그러한 옷들을 짓기도 한다. 그녀는 자신의 가족과 일에서 기쁨을 누린다.

31:14. 그녀는 부지런하고 자산도 풍부하다. 그녀는 **상인의 배와 같아서** 자신이 집에서 생산한 물품으로 집에서 생산하지 못하는 **양식**을 구입한다. 그래서 그녀는 "외국산 진미"도 먼 데서 가져와 풍성한 식탁을 차려 "전설적인 솔로몬 왕의 식탁을 축소판으로 재현한

다"(Waltke, *Book of Proverbs 15-31*, 524; 참고. 왕상 4:21-23).

31:15. 침대에서 일어나 밥을 제 입에 떠 넣지도 못하는 게으름뱅이와 달리(26:14-15) 현숙한 아내는 새벽이 오기 전에(**밤이 새기 전에**) 일찍 일어나 **여종들**을 비롯한 **집안사람들** 전체를 확인하고 그들에게 필요한 **음식**을 장만한다. 이것은 그녀가 자비롭고 희생적이며 열심히 일하는 사람임을 보여준다. **음식**으로 읽는 단어 테레프(*terep*)는 종종 '먹이'를 의미한다. 이것은 그녀가 암사자, 즉 힘세고 노련하고 능숙한 암사자처럼 자기 가족에게 먹을 것을 내놓는 것을 암시한다.

31:16. 그녀는 사업가와 다름없다. 그녀는 경작하기에 적합한 **밭**을 고를 때 건전한 판단을 내린다(**꼼꼼히 살펴본다**). 그런 다음 가사 노동을 해서 **번 것으로** 토지를 사서 거기에다 **포도원을 일군다**. 그러면 그 포도원은 그녀의 가족을 위해 포도와 포도주와 건포도를 낼 뿐만 아니라 수익 높은 농업 관련 산업도 창출해낸다.

31:17. 이 절은 그녀의 힘과 원기를 강조하는 용어를 반복해서 사용한다. 마지못해 하는 수고는 그녀에게 어울리지 않는다. 히브리 원문을 문자적으로 읽으면 이렇게 된다. "그녀는 힘 있게 허리를 묶는다." 허리를 묶는다는 것은 싸움이나 고된 일을 위해 바닥에 끌리는 치마 밑자락을 허리띠에 찔러 넣는 것과 관계있다. 마찬가지로 **자기의 팔을 강하게 하며**라는 표현은 "그녀가 팔소매를 걷어 올려 일하는 데 거치적거리지 않게 하는 것"을 의미할 것이다(Fox, *Proverbs 10-31*, 895). 이것은 그녀가 무슨 일을 맡든 힘차게 수행할 준비가 되어 있음을 암시한다(참고. 10:4).

31:18-20. 그녀는 자신이 수고한 결과 모험적으로 벌인 사업이 **잘되는 줄**을 감지한다. **밤에 등불을 끄지 아니하며**라는 표현은 그녀의 일이 잘되어 밤중까지 이어지는 것(사업 성공에 힘입어 그녀가 더 열심히 일함), 또는 그녀가 성공해서 등불을 계속 켜둘 수 있게 되는 것(성공적인 수고로 인해 가족의 행복이 보장되고)을 암시할 수도 있다. 어느 쪽이든 그녀는 성공했음에도 불구하고 자만하지 않는다(19-20절). **솜뭉치와 가락**[천을 짤 때 쓰는 도구들]을 **손으로 잡으며** 일하는 것은 그녀가 계속해서 직접 천을 짜고 있음을 암시한다. 말하자면 그녀는 고수익 사업을 활발히 벌이고 있음에도 불구하고 자신이 맡은 가사 책임을 소홀히 하지 않는다는 것이다(참고. 13절; Garrett, *Proverbs*, 250; 참고. Fox, *Proverbs 10-31*, 895). 그녀는 **곤고한 자**를 지혜롭게 돌보고 **궁핍한 자를 위하여 손을 내밀며** 자비를 베푼다(참고. 14:21; 19:17; 28:27; 29:7).

31:21-22. 그녀는 선견지명이 있어 **자기 집 사람들**에게 옷을 지어 입힌다. 따뜻한 옷을 지어준 까닭에 그녀는 추운 날씨에도(**눈이 와도**) **염려하지** 않는다. 옷들이 **홍색**인 것은 그 옷감이 값비싼 최고급품임을 암시한다. 홍색 염료는 대단히 비쌌고 모직물에 자주 사용되었다(삼하 1:24). 그녀는 다른 사람들을 꼼꼼히 돌보았지만, 위엄 있는 여인으로서 자신도 적절히 가꿀 줄 알았다(Fox, *Proverbs 10-31*, 896). 그녀의 침대 **이불**과 **세마포와 자색** 옷감으로 만든 **옷**도 지체 있는 여인에 걸맞게 값비싸고 최상의 품질을 자랑하며 호사스럽기까지 하다. 모든 여자들이 그녀의 재정 상태를 열망하지는 않더라도, 자신의 재력 범위 안에서 가족에게 최고의 돌봄을 제공하기 위해 기울이는 그녀의 근면함과 헌신은 본받을 수 있다. 그녀는 자기 집을 세우는 지혜로운 여인의 본보기이다. 따라서 주님을 경외하고 가족과의 관계를 유지하며 살기를 바라는 여자라면 그녀를 본받는 것이 좋다(참고. 14:1).

31:23. 현숙한 아내는 **남편**의 자랑거리이다. 그녀만이 남편을 더 낫게 만들어 공동체 안에서 더 많이 존경받고(참고. 12:4) 바람직한 것을 추구하도록 할 수 있다. 그 결과 그는 사회에서 크게 존경받는 지도자가 되어 **그 땅의 장로들**과 함께 성읍의 정치 중심지이자 사업 중심지인 **성문**에 앉아 공동체를 위한 결정을 내리게 된다. 이 위대한 남자 뒤에는 한 위대한 여인이 자리하고 있다. 따라서 고결한 열망을 품은 젊은이라면 그를 주목하고, 그녀와 같은 아내를 달라고 기도하고 찾아야 할 것이다(참고. 12:4; 18:22).

31:24. 그녀의 사업적 노력에는 **베로 옷**과 **띠**를 만들어 상인들에게 파는 일도 포함된다. 실로 진취적인 여인이 아닐 수 없다!

31:25. 그녀가 짓는 고운 옷보다 더 뛰어난 것은 고운 **옷**처럼 그녀에게 광채를 더해주는 훌륭한 성품이다. 그녀는 **능력**과 **존귀**를 지닌 여인이다. 20:29에 따르면, 이것들은 "청년층과 노년층 모두의 장점"이다(Waltke,

잠

Book of Proverbs 15-31, 531). 이런 자질들을 지녔기에 그녀는 미래를 내다보며 웃고 자신의 모든 내일을 자신 있게 마주한다. 이것은 건방진 자기 과신도 아니고 몽상적인 희망도 아니다. 그것에는 그녀가 공경하는 주님에 대한 신뢰가 자리하고 있다(참고. 30절).

31:26. 그녀는 지혜롭게 살 뿐만 아니라 다른 이들에게 **지혜**를 가르치기도 한다. 그녀의 지혜로운 가르침은 **인애**[헤세드]**의 법**이라 불린다. 이 표현은 그녀가 "자기의 직원, 가족, 친구에게 베푸는" 가르침들이 "언약에 기초한 사랑으로" 촉발된 것임을 암시하는 듯하다. "그것은 하나님이 자기 백성을 대할 때 품으시는 것과 똑같은 성실한 존경으로 다른 이들을 대하는 사랑이다"(Hubbard, *Proverbs*, 496).

31:27. 그녀는 **자기의 집안**에서 이루어지는 모든 일을 부지런히 살펴보고(**보살피고**), 게으름으로 인해 마음이 흐트러져 관리 책임을 **게을리**하는 일이 없도록 한다. 이것은 그녀의 경영 기술, 주의력, 지속성, 근면을 강조한다.

31:28-29. 그녀의 가족은 그녀가 보배임을 정확히 알아본다. **그의 자식들**과 **남편은 일어나** 존경을 표하거나(Waltke, *Book of Proverbs 15-31*, 543) 사람들 앞에서 그녀를 칭찬한다(28절). 남편은 그녀를 다음과 같이 칭찬한다. **덕행 있는 여자**[딸]**가 많으나 그대는 모든 여자보다 뛰어나다**(29절). **덕행** 있는이라는 단어는 10절에서 '현숙한'으로 읽는 것과 동일한 단어('하일')이다. 그는 그녀가 모든 현숙한 아내들 중에서 가장 현숙한 아내, 모든 귀한 보석 중에서 가장 귀한 보석이라고 말한다. 오늘날 다수의 독실한 유대인 가정에서는 금요일 저녁(안식일이 시작되는 시간)에 남편이 일어나 이 축복의 말을 아내에게 암송해주는(노래해주는) 것이 관례이다. 이는 그녀가 남편과 가족과 공동체에 가치 있는 존재임을 인정하는 참으로 바람직한 관습이다.

31:30. 이 아내는 외적인 매력과 아름다움뿐만 아니라 내적인 면에서도 칭찬을 받는다. 매력적인 외모는 사람을 속인다. 한 사람의 참된 성품을 전혀 드러내지 않고 성격 결함을 실제로 가리기 때문이다. 게다가 그것은 어떠한 경우에도 헛된 데다가 빨리 지나가기 때문이다. 물론 아름다운 것이 부정적인 것은 아니며 남편은 자기 아내가 매력적이라는 것을 알아야 한다(참고. 5:19-20). 그러나 현숙한 아내를 칭찬받는 사람으로 만들어주는 결정적 요소에 비하면 매력은 시시한 것에 지나지 않는다. 그녀가 **여호와를 경외**한다는 것이 가장 중요하다(참고. 1:7; 9:10). 그녀는 주님과의 관계를 유지함으로써 지혜와 공의의 모범이 된다.

31:31. 이러한 여성은 보상을 받고(**그 손의 열매가 그에게로 돌아갈 것이요**) 사람들 앞에서 칭찬받을 자격이 있다(**그 행한 일로 말미암아 성문에서 칭찬을 받으리라**). 사회가 그러한 여성들과 그들이 대변하는 가치들을 장려하는 것은 지혜로운 일이다.

요컨대 현숙한 아내는 주님을 경외하고 신뢰한다. 더 구체적으로 말하면 그녀는 믿을 만하고 근면하고, 자원이 풍부하고, 진취적이고, 활력이 넘치고, 판단이 건전하고, 좋은 결과를 내고, 책임을 다하고, 너그럽고, 위엄 있고, 강인하고, 친절하고, 남편과 가족을 지원한다. 지혜로운 아들이라면 그러한 아내를 구하는 것이 현명한 일이다. 그리하는 것은 지혜 여인을 품는 것이기 때문이다. 결국 현숙한 아내는 지혜 여인의 좋은 예라고 할 수 있다. 이 점에서 보면 현숙한 아내를 서술하며 잠언을 마감하는 것이 바람직하다 하겠다. 오직 미련한 자만이 그녀와 같은 반려자를 원하지 않을 것이다.

참 고 문 헌

Bridges, Charles. *An Exposition of Proverbs*. Marshallton, DE: National Foundation for Christian Education, n.d. First Published in 1846.

Clifford, Richard J. *Proverbs: A Commentary*. Old Testament Library. Louisville, KY: Westminster John Knox, 1999.

Fox, Michael V. *Proverbs 1-9: A New Translation with Introduction and Commentary*. Anchor Yale Bible. New Haven: Yale University Press, 2000.

____. *Proverbs 10-31: A New Translation with Introduction and Commentary*. Anchor Yale Bible. New Haven: Yale

University Press, 2009.

Garrett, Duane. *Proverbs, Ecclesiastes, Song of Songs*. New American Commentary. Nashville: Broadman & Holman, 1993.

Hubbard, David A. *The Preacher's Commentary: Proverbs*. Thomas Nelson: Nashville, 1989.

Keil, C. F. and F. Delitzsch. *Proverbs, Ecclesiastes, Song of Songs*. Commentary on the Old Testament, vol. 6. Translated by M. G. Easton. Peabody, MA: Hendrickson, 1996. English translation originally published in 2 vols. in 1874-1875.

Kidner, Derek. *Proverbs: An Introduction and Commentary*. Tyndale Old Testament Commentaries. Downers Grove, IL: Tyndale, 1964. 《잠언 주석》(CLC).

Klein, William W., Craig L. Blomberg, and Robert L. Hubbard. *Introduction to Biblical Interpretation*. Dallas: Word, 1993. 《성경 해석학 총론》(생명의말씀사).

Koehler, Ludwig, Walter Baumgartner, Johann Stamm. *The Hebrew and Aramaic Lexicon of the Old Testament*. CD-ROM-Edition. Trans. M. Richardson. Leiden: Brill, 2000.

Longman, Tremper, Ⅲ. *How to Read Proverbs*. Downers Grove, IL: InterVarsity, 2002. 《어떻게 잠언을 읽을 것인가》(IVP).

____. *Proverbs*. Baker Commentary on the Old Testament. Grand Rapids, MI: Baker, 2006.

Murphy, Roland. *Proverbs*. Word Biblical Commentary. Nashville: Thomas Nelson, 1998. 《잠언》, WBC 성경주석 (솔로몬).

Ross, Allen. *Proverbs*. The Expositor's Bible Commentary, vol. 5. Frank E. Gabelein, ed. Grand Rapids, MI: Zondervan, 1991.

Steveson, Peter A. *A Commentary on Proverbs*. Greenville, SC: BJU Press, 2001.

Treier, Daniel J. *Brazos Theological Commentary on the Bible: Proverbs and Ecclesiastes*. Grand Rapids, MI: Baker, 2011.

Waltke, Bruce K. *The Book of Proverbs, Chapters 1-15*. New International Commentary on the Old Testament. Grand Rapids, MI: Eerdmans, 2004.

____. *The Book of Proverbs, Chapters 15-31*. New International Commentary on the Old Testament. Grand Rapids, MI: Eerdmans, 2005.

____, with Charles Yu. *An Old Testament Theology: An Exegetical, Canonical, and Thematic Approach*. Grand Rapids, MI: Zondervan, 2007.

Whybray, R. N. *The Book of Proverbs*. The Cambridge Bible Commentary on the New English Bible. Cambridge: Cambridge University Press, 1972.

전도서

데이비드 핑크바이너(David Finkbeiner)

서 론

성경을 읽는 이들은 전도서의 내용을 접하고 종종 놀란다. 전도서는 학자와 평신도 모두에게 논쟁을 불러일으킨다. 그러나 그 유익한 가르침들을 면밀히 연구하다 보면 그 이상의 것으로 보답한다.

저자. 전도서의 원작자는 연대를 추정하고, 메시지를 이해하며, 책 전체를 해석하는 데 가장 중요한 숙고 대상이다. 안타깝게도 저자의 신원은 다음의 몇 가지 요소 때문에 밝히기가 쉽지 않다.

첫째, 전도서의 대부분은 코헬렛(Qohelet), 곧 '전도자'의 견해를 대변한다. 전승은 코헬렛이 솔로몬이라고 주장한다. 이 주장은 다음 몇 가지 이유로 타당해 보인다. (1) 코헬렛은 다윗의 아들, 예루살렘 왕 그리고 이스라엘 왕으로 불린다(1:1, 12). 이 호칭들은 솔로몬에게 가장 자연스럽게 들어맞는다. (2) 코헬렛이 1:12-2:26에서 인생의 의미를 탐구하면서 대상으로 삼은 많은 지혜와 부와 능력은 솔로몬의 그것들과 가장 잘 어울린다. 그의 재산은 이스라엘 역사상 비길 데가 없었다(참고. 1:16; 2:7-8). (3) 냉소적이고 염세적으로 보이는 코헬렛의 말들은 솔로몬이 나중에 주님을 떠나고 나서(왕상 11장) 했던 말들을 가장 잘 설명하는 듯 보인다. (4) 초기 유대교 해석자들과 기독교 해석자들은 코헬렛이 솔로몬이라고 생각했다.

이런 주장들에도 불구하고 오늘날 다수의 해석자들은 코헬렛이 솔로몬이 아니라고 생각한다. 그 이유는 무엇인가? (1) 어떤 학자들은 전도서의 비범한 문법과 어휘가 솔로몬의 시대보다 훨씬 나중 시대의 히브리어를 담고 있다고 주장한다. 하지만 더 최근의 연구는 이러한 주장을 대단히 약화시키고 있다. (2) 전도서에서 코헬렛은 솔로몬으로 불리지 않고, 솔로몬이 저자가 아닐까 기대하게 하는 그 어떤 것도 언급되지 않는다(참고. 잠 1:1; 10:1; 아 1:1). (3) 전도서 곳곳에서 이루어지는 코헬렛의 자기 묘사는 솔로몬의 모습과 그리 어울리지 않는다. 예컨대, 솔로몬 이전에 예루살렘에서 다스린 왕은 다윗뿐인데도 코헬렛은 자기 이전에 여러 왕들이 있었음을 암시한다(예를 들어 전 2:9, 이는 다윗 이전에 예루살렘을 다스린 가나안 왕들을 가리키지는 않는다). 게다가 솔로몬은 왕으로 재위하다가 죽은 반면에, 코헬렛은 자신이 과거에 왕이었음을 암시하고 (1:12을 어떻게 읽느냐에 달려 있다) 2장부터는 왕으로 드러나는 모습과 거리를 둔다. (4) 코헬렛은 권력자들의 부정과 권력 남용을 자기 시대의 특징으로 기술하는데(3:16-17; 4:1-3; 8:2-11; 10:5-6, 20), 이러한 특징들은 솔로몬의 황금시대와 상반되어 보인다.

이 자리에서 해결책을 제시하기란 쉽지 않다. 양쪽 다 주장을 굽히지 않는 데다가 전도서는 익명의 작품이기 때문이다. 코헬렛은 솔로몬 시대 이후의 현자로서 1-2장에서 솔로몬을 생각나게 하는 가면을 썼는지도 모른다. 모든 점을 고려해보면, 그래도 코헬렛의 말은 솔로몬의 말을 보다 더 반영하고 있는 것 같다. 코헬렛을 솔로몬과 동일시하는 주장은 단호한 반면, 반대하는 주장들은 단호하지는 않다. 대부분의 주장들은 코헬렛이 문학 장치를 활용하여 왕으로서의 자기 역할과 거리를 두고 지혜로운 교사로서의 역할을 부각시키고 있음을 인정한다. 이 역할 속에서 그는 자신의 치세와 그 결점까지 숙고한다[Duane Garrett, *Proverbs,*

Ecclesiastes, Song of Songs, NAC (Nashville: Broadman & Holman, 1993), 264].

전도서 저자의 신원을 밝히는 데 있어 두 번째 난관은, 전도서에 코헬렛의 발언만 담겨 있는 것이 아니라는 점이다. 코헬렛의 말은 1:2부터 12:8까지 이어진다. 그러나 전도서에는 이따금 자신의 말을 삽입하면서(1:2; 7:27; 12:8) 코헬렛의 견해에 뼈대를 제공하는 해설자도 등장한다(1:1; 12:9-14). 해설자는 맺음말에서 코헬렛의 말들을 평가하며 책을 마무리하는데, 이 맺음말은 해설자의 발언이 전도서 전체의 신학적 메시지를 이해하는 데 중요하다는 점을 분명히 한다. 독자는 해설자의 관점을 받아들일 것으로 생각된다.

바로 여기에서 세 번째 난관을 만나게 된다. 해설자는 코헬렛과 의견이 일치하는가? 아니면 코헬렛을 비판하는가? 해석자들이 이 질문에 어떻게 대답하느냐는 책의 대부분을 차지하는 코헬렛의 말들을 해석하는 방법에 엄청난 영향을 미칠 것이다. 해설자를 코헬렛의 비평가로 여기는 이들은 코헬렛을 냉소적인 사람, 심지어는 이단자로 보기도 할 것이다. 그렇다면 맺음말은 해설자가 등장하여 기록을 바로잡으면서 하나님을 경외하고 그분의 명령들을 지키는 것이 지혜로운 일이라고 주장하는 셈이 된다.

다른 기본적인 해석은 코헬렛의 견해와 해설자의 견해가 근본적으로 일치한다고 본다. 이 접근법을 따르는 이들은 전도서가 통일된 메시지를 제시하며, 코헬렛의 진술들도 해설자의 정통적 관점과 일치한다고 생각한다. 실제로 어떤 이들은 본문 자체에 분명하게 암시되어 있지는 않지만, 코헬렛과 해설자가 각기 다른 가면을 쓴 동일인이라고 생각하기도 한다.

결국 원작자에 대한 답은 맺음말을 어떻게 해석할 것인가에 달려 있다. 이후에 살펴보겠지만, 해설자는 코헬렛의 말들을 지혜롭고 유익하며 하나님께 뿌리를 둔 것으로 여기고 권하는 것 같다. 따라서 이 주석은 전도서가 통합된 메시지를 제시한다고 보고, 코헬렛의 염세적이고 냉소적인 말들보다는 그의 모든 가르침에 주의를 기울일 필요가 있음을 주장한다.

연대와 수신자. 전도서의 저작 연대와 독자는 전도서의 원작자와 밀접하게 연결되어 있다. 코헬렛과 솔로몬을 동일시하는 이들은 전도서의 저작 연대를 주전 10세기로 잡는 반면, 솔로몬을 원작자로 여기지 않는 이들은 포로기 이후로 잡는다. 엄밀히 말하면, 코헬렛을 솔로몬과 동일인으로 여기더라도, 전도서 자체의 저작 연대는 그의 치세 때보다 후대인 듯하다. 책의 저자(해설자)가 코헬렛과 구별되고 있기 때문이다. 그러므로 이 자리에서 저작 연대를 확정하기란 불가능하다.

그러나 코헬렛을 솔로몬과 동일시하는 입장은 적어도 더 이른 연대를 제안하며, 전도서를 솔로몬의 궁정과 관련된 고대 근동 지역의 지혜에 연결한다. 실제로 학자들은 전도서의 몇몇 부분과 길가메시 서사시(*Epic of Gilgamesh*)와 같은 고대 근동 문헌 사이에 유사성이 있음을 확인했다. 이렇게 연대를 더 이르게 잡으면, 솔로몬 조정의 신하들, 곧 '고대 예루살렘의 지적인 엘리트층'이 전도서의 주요 청중이었다는 가레트의 주장이 옳을지도 모른다(Garrett, *Proverbs, Ecclesiastes, Song of Songs*, 266).

목적. 전도서가 통일된 메시지를 담고 있다고 해도 그 메시지는 복잡하다. 그것은 코헬렛의 접근 방식에서 드러나는 다음 두 가지 특징 때문이다. 첫째, 코헬렛은 하나님이 세상의 창조주이자 주권자이시지만 세상이 타락했음을 전제한다. 세상의 타락은 코헬렛이 살면서 목격한 좌절, 불확실성, 불가사의, 역설을 설명해준다. 그는 이 세상이 여전히 하나님의 세상, 즉 그분이 창조하고 다스리시는 세상임을 인정한다. 따라서 하나님을 간과할 수 없다. 오히려 세상에 대한 그분의 주 되심이 세상의 신비들을 만들어낸다.

둘째, 코헬렛은 '주로' "해 아래에서" 살아가는 인생의 관점으로 세상에 접근한다. 그의 관심사는 여기 이 세상에서 이루어지는 삶이다. 그는 1:13에서 이 접근법에 대해 설명하길 자신이 지혜를 써서 하늘 아래에서 행해지는 일을 연구하려 했다고 한다. 코헬렛은 재빨리 진부한 신학적 표현으로 돌아가지 않고 대단히 불온한 질문을 제기한다. 따라서 그의 접근법은 '본질상 경험에 의거한 접근법'으로 분류하는 것이 가장 좋겠다[Michael V. Fox, *Qohelet and His Contradictions* (Sheffield: Almond, 1989), 85]. 그렇다고 코헬렛이 '전적으로' 경험에 의지했다는 뜻은 아니다. 때때로 그는 하나님의 시점을 제시하고 있기 때문이다. 그러나 그는 이 타락한 세상에서 꽁무니를 빼지 않고 인생을 정직하게 고찰했고, 독자들도 자신과 똑같이 하기를 바란다. 그래야 그가 제공하는 충고의 타당성과 특성을 알아챌 수 있을 것이다.

그럴 때에만 책의 말미에서 해설자가 요약한 맺음말을 이해할 수 있게 될 것이다. 결국 전도서는 하나님이 세상을 바로잡으시리라는 인식에 의지한다. 그때까지 사람들은 해 아래의 타락한 세상에서 인생의 난관들에 부닥치게 될 것이다. 그리고 그들이 최후 심판을 예감할 때, 지혜는 모든 이에게 하나님을 경외하고 그분의 명령들을 지키라고 요구한다(12:13-14).

전도서에서 드러나는 여타의 많은 문제와 마찬가지로 그 구조도 난해하다. 다수의 사람이 개요를 제시하지만, 그중 어느 것도 폭넓은 합의에 이르지 못하고 있다. 이는 얼마간은 전도서의 구조가 직선적이지 않고, 단편적이고 반복되며 개발 중이기 때문이다. 이를테면 논의가 과도기나 연결 없이 하나의 화제에서 다른 화제로 갑자기 옮겨간다(단편성). 게다가 책의 한 부분에서 제시된 화제가 뒷부분에서 다시 등장한다(반복성). 더군다나 같은 화제가 다른 곳에 등장할 때마다 다른 관점이 제시된다(개발성). 아래에 제시된 개요에 이러한 특징들이 반영되어 있다.

개 요

Ⅰ. 머리말(1:1-2)

Ⅱ. 무익한 인생 주기(1:3-11)

Ⅲ. 의미 추구(1:12-2:26)

A. 연구자와 그의 연구(1:12-13a)

B. 의견 요약(1:13b-18)

C. 탐색 내용(2:1-11)

D. 죽음이 탐색에 미친 영향(2:12-23)

E. 인생의 작은 즐거움들(2:24-26)

Ⅳ. 해 아래 있는 무익한 것들의 예(3:1-6:12)

A. 시간의 견지에서 드러나는 무익함과 영원(3:1-15)

1. 인생의 주기(3:1-8)

2. 인생의 주기들에 대한 평가(3:9-15)

B. 불의/학대에서 드러나는 무익함(3:16-4:3)

C. 해 아래에서 하는 수고의 무익함(4:4-12)

D. 출세의 무익함(4:13-16)

E. 부적절한 예배의 무익함(5:1-7)

F. 정부가 하는 일의 무익함(5:8-9)

G. 부 축적의 무익함(5:10-6:9)

H. 해 아래의 무익한 일에 대한 결론적인 숙고(6:10-12)

Ⅴ. 지혜: 잠언의 맛(7:1-8:1)

A. 인생에서 가치 있는 것들, 그러나 넘치지 않도록(7:1-14)

B. 지혜와 의로움에 관한 숙고(7:15-8:1)

Ⅵ. 인생에서 겪는 좌절들(8:2-17)

A. 왕을 상대하면서 겪는 좌절들(8:2-9)

B. 불의 앞에서 겪는 좌절들(8:10-15)

C. 하나님의 계획을 알지 못하여 겪는 좌절들(8:16-17)

Ⅶ. 인생의 공통된 운명(9:1-12)

Ⅷ. 더 많은 지혜: 그 한계, 유익, 관찰 그리고 조언(9:13-11:6)

Ⅸ. 젊은이에게 주는 조언: 젊음, 노년, 임박한 죽음에 대하여(11:7-12:7)

A. 젊음에 대하여(11:7-10)

B. 노년과 임박한 죽음에 대하여(12:1-7)

Ⅹ. 맺음말(12:8-14)

주 석

Ⅰ. 머리말(1:1-2)

1:1. 해설자는 전도서의 뛰어난 발언자 코헬렛(**전도자** 또는 교사)을 소개하는 것으로 책을 시작한다. 코헬렛은 집회를 소집하여 회중에게 말하는 사람을 가리킨다. 책의 영어 제목은 코헬렛의 헬라어 번역 에클레시아스테스(*Ekklesiastes*)에서 왔다. 이 명칭은 직함인 것 같다. 코헬렛은 다윗의 아들이자 예루살렘의 왕으로서 솔로몬인 듯하지만(서론을 보라) 이 책에서는 교사 역할을 하면서 청중에게 지혜를 말한다(참고. Garrett, *Proverbs, Ecclesiastes, Song of Songs*, 264).

1:2. 이 절은 코헬렛이 행한 설교 전체의 주제를 제시한다. 이 구절이 중요한 이유는 이 책의 도처에서 반복될 뿐만 아니라, 코헬렛의 설교 처음(1:2)과 끝(12:8)에 등장하여 수미 쌍관(문학적 봉투)을 이루며 그의 말을 둘러싸기 때문이다.

'헛됨'을 뜻하는 히브리 단어는 헤벨(*hebel*)이다. 이것은 전도서에서 가장 중요한 단어로서 문자적으로 '숨'이나 '김'을 의미하지만, 전도서에서는 은유적 의미를 지니고 있다. 그것은 문맥에 따라서 일시적인, 무가치한, 공허한, 불가해한, 불합리한으로 읽을 수도 있다[Michael Fox, *A Time to Tear Down and a Time to Build Up: A Rereading of Ecclesiastes* (Grand Rapids, MI: Eerdmans, 1999), 28]. '헛됨'(vanity), 무의미한(meaningless, NIV), 무익한(futile) 등 영어의 어떤 단어도 전도서 도처에 등장하는 단어 '헤벨'의 각기 다른 의미를 제대로 포착하지 못한다. 코헬렛은 **헛되고 헛되며**[vanity of vanities]라는 최상급을 사용하여 '헤벨'이라는 단어를 두 차례나 강조한다. **헛되고 헛되며**는 "철저히 혹은 완전히 헛되거나 무의미한"을 의미한다. 코헬렛은 자신의 준거 안에 있는 **모든 것**에 이러한 평결을 내린다. 코헬렛은 전도서 도처에서 "해 아래에서"와 같은 표현을 거듭 사용하여(예를 들어 1:3, 14), 자신이 관찰한 바가 타락한 세상에서의 인생살이와 관계있음을 암시한다(서론을 보라).

코헬렛의 논제는 타락한 세상의 모든 인생살이가 철저히 헛되다는 것이다. 설교의 도입부라고 하기에는 귀에 거슬리는 방식이지만, 그것은 전도서의 메시지에서 매우 중요한 문구이다. '헤벨'이라는 용어는 구약성경의 다른 곳에서 헛되고 무가치하고 불합리한 우상에게 적용된다(예를 들어 렘 14:22). 그러나 타락한 이 세상에서 살아가는 사람들은 자연스레 해 아래 있는 것 중에서 의미를 찾으려고 한다. 그 때문에 그러한 헛된 것들도 똑같이 우상이라고 할 수 있다. 코헬렛은 무가치한 우상을 추구하는 것은 헛수고에 지나지 않음을 보여주려고 한다. 그렇다면 결론은 당연히 "참 하나님을 경배하라"(12:13)가 될 것이다.

Ⅱ. 무익한 인생 주기(1:3-11)

1:3. 이 절의 수사적 질문은 전도서의 두드러진 주제를 소개한다. 이 주제는 **해 아래에서** 영위하는 인생이 헛되다('헤벨')는 논제와 밀접히 연결되어 있다. 코헬렛은 사람이 살면서 하는 **모든 수고**에 순이익(유익)

이 전혀 없다고 주장한다. 이 구간의 나머지는 이러한 주장을 풀어놓고 있다.

1:4. 해 아래에서 하는 수고가 무익한 까닭에 인간의 노력은 당연히 이 세상에서 항구적인 차이를 만들어내지 못한다. 많은 일이 일어나지만 실제로 바뀌는 것은 전혀 없다. 이 구간에서 개진하는 것처럼, **세대**는 인간의 세대와 자연계에서 일어나는 일련의 작용들을 모두 가리킨다. 이 세상에서 일어나는 그 어떤 획기적인 사건도, 이 세상에서 살아가는 그 어떤 획기적인 세대도 해 아래에서 항구적인 변화를 남기지 못한다.

1:5-7. 코헬렛은 세 가지 예를 들어 자연계의 '부단한 순환'을 설명한다[Derek Kidner, *The Wisdom of Proverbs, Job, and Ecclesiastes: An Introduction to Wisdom Literature* (Downers Grove, IL: InterVarsity, 1985), 97]. 날마다 **해는 뜨고 지**는 과정을 되풀이할 뿐이다. **바람**은 변화가 심해 예측할 수 없는 것처럼 보이지만 실제로는 순환을 되풀이할 뿐이다. **강물은 바다로** 흘러가지만 바다는 절대로 넘치지 않는다.

1:8. 정직한 관찰자가 보기에, 이 부단한 순환은 힘만 들 뿐 의미는 없는 과제처럼 형언할 수 없을 만큼 (**사람이 말로 다 말할 수는 없나니**) **피곤**한 일이다. 설상가상으로 답답함만 야기한다. 해 아래 있는 어떤 것도 충분히 만족시킬 수 없음을 일깨우기 때문이다. 충분히 볼 수도 없고, 충분히 들을 수도 없는 우리는 답답하여 피로만 더할 뿐이다.

1:9-11. 지구상의 따분한 순환은 인간의 역사에서도 일어난다. 인생에는 갖은 일이 일어나지만 **해 아래에는 새것이 없**다(9절). 어떤 사람은 인생에는 새것도 상당수 들어 있다며 이의를 제기할 것이다(10a절). 그러나 코헬렛은 그렇지 않다고 말한다. 새로 생긴 것들은 사실상 오랜 족보를 가지고 있다는 것이다(10b절). 그것들이 새로워 보이는 까닭은 사람들이 과거에 살았던 사람들과 그들의 활동을 망각하는 경향이 있기 때문이다. 미래에 색다른 것이 있을 것이라고 기대해서도 안 된다. 이 세대 사람들은 미래 세대들에게 잊히고 말 것이기 때문이다(11절). "바위 위를 기어 다니는 개미처럼 우리가 이곳에 살았다는 흔적도 남지 않을 것이다"(Garrett, *Proverbs, Ecclesiastes, Song of Songs*, 285).

여기에서 코헬렛은 해 아래의 인생 너머를 보라고 촉구한다. 코헬렛은 인간이 지닌 창조력의 가능성을 부정하는 게 아니라 "많이 바뀔수록 더 똑같다"는 유명한 속담과 아주 흡사하게 인간의 근본적인 환경을 분석한다[Derek Kidner, *A Time to Mourn, and a Time to Dance* (Downers Grove, IL: InterVarsity, 1976), 26]. 그러므로 해 아래에서 새롭고 만족스러운 것, 즉 인간의 조건을 근본적으로 바꾸는 것을 찾고자 소망하는 사람은 헛수고를 하는 것이다. 세상을 얻으려 하다가 그 영혼을 잃고 말 것이다(막 8:36).

Ⅲ. 의미 추구(1:12-2:26)

A. 연구자와 그의 연구(1:12-13a)

1:12-13a. 여기에서 코헬렛은 자신이 해 아래에서 의미를 탐색하며 작성한 일지를 제시하는 것처럼 1인칭으로 전환한다. 그의 연구는 **하늘 아래에서 행하는 모든 일**을 포함할 만큼 광범위하다. 그리고 그는 그 연구의 적임자이다. 코헬렛이 솔로몬이라면 이 연구에 그보다 나은 적임자를 상상할 수 없다. **예루살렘에서 이스라엘 왕이** 된 그는 그 연구를 수행하는 데 필요한 자원을 모두 갖추고 있었다(16절). 그리고 자신의 **지혜**를 동원하여 연구를 면밀히, 철저히, 정확하게 수행할 수 있었다.

B. 의견 요약(1:13b-18)

코헬렛은 자신이 탐색한 의미를 말하기 전에 연구에 기초한 두 가지 의견을 요약하여 제시한다.

1:13b-15. 첫 번째 의견은 **하나님이** 인간에게 **괴로운 것**을 주시어 **수고하게** 하셨다는 것이다(13b절).

인간이 **해 아래에서 행하는 모든 일은 헛되어**['헤벨'] **바람을 잡으려는 것**과 같다(14절). 바람을 잡으려는 행위의 이미지는 좌절(바람은 잡을 수 없다)과 무익함(바람을 잡아도 얻는 것이 없다)을 의미한다. 이를 뒷받침하는 잠언(15절)은 다음의 두 가지 요점을 강조한다. (1) 이 세상에는 근본적으로 잘못된 것이 존재한다(그것은 **구부러**지고 **모자**라기까지 하다). (2) 인간은 그것을 바꾸기 위해 아무 일도 할 수 없다(그 배후에 하나님이 계시기 때문이다, 참고. 7:13).

1:16-18. 코헬렛은 자신이 인생의 의미를 연구하는 데 적임자이며(16절), 그 연구에 최대한 참여했음을

(17a절) 자세히 이야기한 뒤에 두 번째 의견을 요약하여 제시한다. **지혜**와 **지식**을 추구하는 것도 **번뇌**와 **근심**을 일으킬 뿐이어서 실망스럽고 무익하다는 주장이다(17b-18절). 어쨌든 코헬렛의 의미 탐색은 언제나 무의미로 이어지고, 해 아래에서 인생을 정확히 이해하는 것은 불가능하며 고통과 슬픔만 일으킨다는 견해로 이어진다(다음 내용을 보라).

C. 탐색 내용(2:1-11)

2:1-3. 코헬렛의 의미 탐색은 먼저 기본적인 **즐거움**에서 시작한다(즐거움은 **웃음**과 대체로 같은 말이다). 그는 특히 **술**로 육신을 자극하여 자신을 **즐겁게 하**기를 원했다(3절). 술을 이용하여 즐거움을 얻는 일에는 와인 전문가의 고상한 즐거움과 만취하여 흥청거림 모두가 포함된다. 설령 그렇다고 해도 실험을 수행하는 중이기 때문에 그는 그 과정에 참여하면서 자신의 **마음**을 지혜로 **다스린**다(3절). 그는 여기에서 이미 연구 막바지에서나 발견할 것을 찾았다. 말하자면 이러한 일들이 **헛되**다는 것이다(1절).

2:4-8. 그런 다음 코헬렛은 자신이 탐색한 다른 요소들도 기술한다. 그는 위대한 왕들이 으레 벌이는 대형 토목공사에 착수했다(4-6절). 재산도 축적했다. 이것은 그가 타의 추종을 불허할 정도로 **종들**, **양 떼**, **소 떼**, **은**, **금**을 **쌓**은 데서 알 수 있는 사실이다(7-8a절). 그는 위대한 왕으로서 자기 능력을 과시하며 **왕들의 보배와 여러 지방의 보배**도 쌓았다(8a절). 예술 평론가처럼 **노래하는 남녀들**의 노래를 즐겨 듣고(8b절), 처첩들이 주는 성적인 기쁨도 맛보았다(8c절).

2:9-10. 그런 다음 코헬렛은 자신이 수행한 의미 탐색을 요약한다. 그는 당대의 가장 위대한 왕이어서(9a절) 이러한 탐색을 수행하는 데 필요한 자원을 모두 갖추고 있었다. 그의 연구는 광범위했다. 자신의 **마음이 즐거워하는 것을 막지 아니하였**기 때문이다(10a절). 실로 그는 지혜를 활용하여 자신이 행한 모든 일을 끊임없이 평가하면서도(9b절) 그러한 탐색을 크게 기뻐한다(10b절).

2:11. 코헬렛은 자신의 탐색에 평결을 내리면서 그가 추구한 즐거움들 중 어떤 것도 인생에 의미를 주지 못했다고 말한다. 말하자면 그것들은 **다 헛되어 바람을 잡는 것이며**, 궁극적으로 **무익하**다는 것이다. 오늘날 대부분의 사람들이 그러한 즐거움들 중 하나 또는 그 이상을 추구하느라 생을 낭비하기 때문에 코헬렛의 결론은 현대에도 여전히 의의가 있다.

D. 죽음이 탐색에 미친 영향(2:12-23)

2:12. 코헬렛은 탐색을 수행하는 내내 자신의 지혜를 활용한다. 이제 그는 지혜 자체를 연구의 주제로 삼는다. 12b절의 수사적 질문은, NASB가 어구에 충실하게 읽고 있기는 하지만 번역하기가 대단히 까다롭다. 이 절은 왕조차 인생의 의미를 찾지 못할진대 누가 그리할 수 있겠느냐는 의견을 개진하는 것 같다. 코헬렛은 왕으로서 유일하게 자격을 갖춘 상태로 1-11절에서 연구를 수행하여 최종적인 결론을 제시한다. 그런 다음 지혜 자체와 같은 여타의 주제들을 연구한다.

2:13-17. **지혜**는 **우매**보다 유익하다. 적어도 지혜로운 자는 우매한 자처럼 난관에 봉착하여 무턱대고 걸려 넘어지지 않는다(12-13a절). 그러나 지혜를 얻는 일에도 어느 정도 덧없음은 있다. 지혜로운 자나 우매한 자나 모두 육체적으로는 동일한 운명, 곧 죽음을 맞이한다(14b-15절). 세월이 지나고 나면 지혜로운 자나 우매한 자나 다 잊히게 마련이다(16절; 참고. 1:11). 이 역시 삶의 무익함을 보여준다.

2:18-23. 죽음의 실재는 코헬렛의 지혜에 대한 열망뿐만 아니라 인생의 목표들에 대한 열망마저 누그러뜨린다(17-18a절). 코헬렛은 위대한 일을 이루기 위해 사는 야심가들에게 다음 세 가지를 경고한다. 첫째, 성공한 사람은 죽을 때에 자신이 **수고한 모든 결과를 관리하**도록 누군가에게 넘겨주지만, 우매한 자가 그것을 맡아 탕진할 수도 있다(18-19절). 둘째, 성공한 사람이 수고하여 열매를 맺어도 그 열매에서 이익을 얻는 자는 그가 아니라 그의 뒤를 잇는 자들이다(20-21절). 셋째, 성공한 사람은 자신이 이룬 일을 이 세상에서 누릴 기회가 거의 없고, 대개는 수고와 근심만 할 뿐이다(22-23절). 이것은 일중독자들에게 주는 경고가 아닐 수 없다!

E. 인생의 작은 즐거움들(2:24-26)

2:24a. 이 문장은 코헬렛이 해 아래의 인생을 너무 솔직하게 관찰하다가 맛보는 잠깐의 휴식이라고 할 수 있다. 코헬렛은 사람들에게 인생의 단순한 즐거움(예를 들어 **먹고 마시**는 즐거움)을 맛보고, 수고의 열매도

즐기라고 권한다. 이것은 죽기 전에 덧없는 세상에서 가능한 많은 즐거움을 짜내라는 냉소적 권고가 아니다. 실제로 인생의 단순한 즐거움을 누릴 타당한 기회가 있다. 따라서 이것은 신앙으로의 초대이자 해 아래의 삶 너머를 바라보는 관점을 가지라는 촉구이다. 그러지 않고 어찌 덧없는 세상을 마주하여 인생의 작은 즐거움들을 맛볼 수 있겠는가?

2:24b-25. 이 절들은 그러한 관점을 풀이한 것이다. 인생의 작은 즐거움들과 그것을 즐기는 능력은 **하나님이 주시는 선물**이다. **그분께서 주시지 않고서야**(새번역) 어찌 그러한 것들을 즐길 수 있겠는가? 코헬렛의 말에는 하나님의 주권과 그분의 은혜에 대한 강한 인식이 담겨 있다.

2:26. 코헬렛은 신명기와 잠언을 반영한 더 넓은 관점을 취한다(신 28:1-14에서 하나님은 순종하는 자에게 복을 주시고, 신 28:15-68에서는 불순종하는 자에게 저주를 내리시며, 잠 3:1-12에서는 하나님을 경외하는 지혜로운 자에게 성공과 행복을 주신다). 하나님을 기쁘게 해드리는 자(즉, **그가 기뻐하시는 자**)는 **지혜**와 **지식**을 복으로 받고, 인생을 즐길 줄 아는 능력도 받는다. 이 사람이야말로 하나님과 바른 관계를 맺는 자이다. 그는 나중에 전도서 12:13에서 하나님을 경외하고 그분의 명령들을 지키는 자로 묘사된다. 반면에 **죄인**은 인생의 무익함을 충분히 경험한다. 이는 그가 해 아래 있는 것에서 인생의 의미를 찾기 때문이다.

Ⅳ. 해 아래 있는 무익한 것들의 예(3:1-6:12)

정신 번쩍 들게 하는 이 구간에서 코헬렛은 해 아래에서 이루어지는 불굴의 인생길을 제시하면서 독자들로 하여금 인생의 무익함에 맞서게 한다.

A. 시간의 견지에서 드러나는 무익함과 영원 (3:1-15)

1. 인생의 주기(3:1-8)

3:1. 지혜로운 자는 지혜의 원리들을 알 뿐만 아니라 그것들을 언제 적용할지도 안다(참고. 잠 26:4-5). 지혜는 알맞은 때를 택하는 것과 관계있다. 코헬렛은 해 아래의 인생에서도 그러하다는 점을 인정한다. 해 아래에서 일어나는 **모든 일에는**(새번역) 알맞은 **때**가 있다. 이어지는 시에서 그것을 확인하게 될 것이다.

3:2-8. 이 시의 각 절은 인생에서 일어나는 두 쌍의 상반되는 사건들을 담고 있다. 이렇게 상반되는 것들을 짝지어 제시하는 것을 가리켜 메리즘(merism)이라고 한다. 메리즘은 어떤 것의 두 극단과 그 사이에 있는 모든 것을 암시하여 그것의 전체성을 강조하는 문학적 장치이다. 각 절에 등장하는 두 쌍의 상반되는 것들은 주제에 부합하고, 해 아래 인생의 중요한 특징에 초점을 맞추는 듯하다.

코헬렛이 말하는 요점은 무엇인가? 그는 가장 기본적인 것, 즉 인간의 생명이 시작할 때와 끝날 때(날 때와 죽을 때), 식물의 생명이 시작할 때와 끝날 때(심을 때와 뽑을 때)를 말한다(2절). 마찬가지로 그는 생물을 대상으로 한 파괴와 건설(죽일 때와 치료할 때), 무생물을 대상으로 한 파괴와 건설(헐 때와 세울 때)을 다룬다(3절). 그는 사형이나 전쟁의 상황을 사람을 **죽일 때**로 생각하는 것 같다. 4절은 슬픔(울 때와 슬퍼할 때)에서 기쁨(웃을 때와 춤출 때)으로 나아가는 정서 생활을 언급한다. 이어지는 내용(5절)은 더 난해하다. 의미가 분명치는 않지만, 돌을 던지는 것과 거두는 것은 전시에 밭을 파괴하거나(참고. 왕하 3:19, 25) 평시에 밭을 깨끗이 치우는 것(사 5:2)을 가리키는 것 같다[Tremper Longman, Ⅲ, *The Book of Ecclesiastes*, NICOT (Grand Rapids, MI: Eerdmans, 1998), 116]. 두 번째 쌍의 상반되는 것들(안는 것과 안는 일을 멀리하는 것)은 친밀함으로부터 호전성에 이르기까지 온갖 관계들을 가리키는 것 같다. 다음 절(6절)은 소유와 관계있다. 소유는 지키거나 잃고 나서 찾을 때도 있고, 그렇게 하지 않을 때도 있다. 7절에 등장하는 두 쌍은 무관한 것처럼 보이지만 장례식에서 애곡하는 것과 관계있는 것 같다. "애곡하는 자들은 자신의 옷을 찢었고, 그들을 위로하는 자들은 슬픔이 진행되는 동안 잠잠했다. 그러나 다른 때가 되면 사람들은 옷을 마음껏 수선하고 거리낌 없이 대화했다"(Garrett, *Proverbs, Ecclesiastes, and Song of Songs*, 298). 끝으로, 8절의 두 쌍은 개인적 관계에서 일어나는(사랑과 미움) 또는 집단적 관계에서 일어나는(전쟁과 평화) 인력과 척력을 말한다.

이 시는 해 아래에서 일어나는 어떤 현상도 항구적이지 않다고 단언한다. 생명의 활동은 고정되어 지속되는 게 아니라 수시로 변하면서 빨리 지나간다. 게다가 누구도 이러한 인생의 여러 때를 통제할 수 없다. 그때들은 하나님의 수중에 있다.

2. 인생의 주기들에 대한 평가(3:9-15)

3:9-10. 코헬렛은 인생의 무상한 활동들을 보면서 수고의 결과들도 덧없음을 한 번 더 떠올린다(9절). 그러나 사람들에게 인생의 노고를 **주사 애쓰게 하**시고, 그 주기들을 피할 수 없게 하신 분은 바로 하나님이시다.

3:11. 이 복합적인 구절에서 코헬렛은 먼저 하나님이 해 아래의 모든 것에 대해 최상의 계획을 갖고 계신다고 단언한다(참고. 엡 1:11). 그래서 **모든 것은 제때에 알맞게**(새번역) 배열되고, 심지어 아름답기까지[야페(*yapeh*)를 이런 식으로 번역할 수 있다] 하다. 하나님은 또한 사람들의 **마음**에 **영원**을 두셨다. **마음**은 사람의 중심이라지만, 많은 논쟁을 불러일으키는 용어 **영원**[*olam*, 올람]은 무엇을 가리키는가? 어떤 이들은 '세상'이나 '무지/어둠'과 같은 제3의 의미를 제안한다(Longman, *The Book of Ecclesiastes*, 120). 그러나 해당 문맥으로 볼 때, 가장 나은 번역어는 '영원'이다. 그것은 인생의 무상한 주기들을 보시는 하나님의 영원한 관점을 가리키는 듯하다. 사람이 나면서부터 하나님의 계획과 그 의미를 알고 싶어 하는 것은 그 때문이다. 그러나 사람은 하나님의 영원한 계획과 목적을 측량할 수 없다. 사람은 **하나님이 하신 일을 처음부터 끝까지 다 깨닫지는 못**한다(새번역). 요컨대 사람은 하나님이 계획을 가지고 계심을 알고, 그게 무엇인지 알고 싶어 하지만 알지 못한다. 이는 실로 좌절이 아닐 수 없다!

3:12-15. 인생의 모든 것을 보시는 하나님의 관점을 얻을 수는 없지만, 적어도 해 아래에서 진행되는 인생의 몇몇 국면을 보는 특정한 관점을 그분에게서 얻을 수는 있다. 이 목적을 위해 코헬렛은 이 절들에서 기본적인 두 가지 의견을 말한다. 첫째, 그는 하나님이 실현되지 않은 영원에 대한 동경을 주시지만, 그 동경을 상쇄할 만한 **선물**, 곧 위안도 주신다고 주장한다(12-13절). 그분은 인생의 무상한 주기들 속에서 즐거움과 만족감을 얻는 능력을 주시고, "인생을 있는 그대로 최대한 이용하는" 방법을 일러주신다(Kidner, *A Time to Mourn*, 39). 둘째, 코헬렛은 하나님과 인간 사이에는 방대한 차이가 있음을 계속해서 주장한다(14-15절). 하나님의 일과 계획은 영원하고 모든 실재를 만들어낸다(14a절). 여기에는 서투른 수선이나 변경이 필요하지 않다(14b절). 반면에 인간의 노력은 덧없고 하나님이 작정하신 일을 바꿀 수 없다(14b-15절). 사실상 세상을 그리 되도록 정하신 분은 하나님 자신이시다(15c절). 왜 그렇게 하셨는가? **하나님이 이같이 행하심은 사람들이 그분을 경외하게 하려 하심**이다. 주님을 '경외함'은 지혜문학의 중심 주제로서 살아 계신 하나님께 마땅한 경의를 표하거나 예배하는 것을 가리킨다(참고. 12:13-14). 하나님과 인간의 근본적인 차이, 즉 인생의 무상한 주기들을 이해하고 다스리시는 하나님의 무한한 능력과 인간의 유한한 능력의 차이는 그분에 대한 경외에서 비롯된다.

B. 불의/학대에서 드러나는 무익함(3:16-4:3)

3:16. 여기에서 코헬렛은 불의라는 주제를 소개하고, 4:1-3에서는 그 주제를 전개한다. **재판하는 곳**과 **정의를 행하는** 곳은 법정을 가리킨다. 법정에서 정의가 꺾이는 것보다 더 분통 터지는 일이 있겠는가? 하나님은 분명히 그런 일에 분노하신다(참고. 잠 17:15).

3:17. 여기에는 어느 정도 고무적인 소식이 담겨 있다. 사람들이 불의를 행할 때, 신자들은 하나님이 모든 것을 심판하시리라고 확신할 수 있다는 것이다. 그 이유는 무엇인가? **모든 행사에** 알맞은 **때**가 있듯이, 장차 알맞은 때에 하나님의 심판이 이루어질 것이기 때문이다. 코헬렛은 이 미래의 신적 심판이 거의 확실히 마지막 때에 이루어질 일이라고 생각하지만, 해 아래에서 이루어지는 보다 즉각적인 심판도 기대하는 것 같다(말하자면 이생에서도 "뿌린 대로 거둔다"는 것이다).

3:18-22. 이제 코헬렛은 미래의 신적 심판에 대한 기대를 복잡하게 만드는 죽음의 실재에 대해 숙고한다. 어떤 이들은 이 절들에 담긴 코헬렛의 의견에 우려를 표한다. 인간에게 과연 내세가 있는지 의심하는 것처럼 들리기 때문이다. 그러나 코헬렛의 의견은 해 아래에서 진행되는 인생의 제한된 관점에서 관찰한 바를 반영하고 있음을 한 번 더 명심해야 한다(서론을 보라). 코헬렛은 **하나님이** 인간을 **시험하시**는 하나의 중요한 방식으로 인간이 짐승과 매한가지라는 엄연한 사실을 폭로하신다고 주장한다(18절). 죽음에 관한 한 인간은 짐승보다 나을 게 없다(19-20절). 인간은 짐승과 마찬가지

로 하나님에게서 생명의 **호흡**을 받고, 하나님이 호흡을 거두시면 죽는다. 그리고 그의 육신은 **흙**으로 돌아간다(참고. 시 49:12-13; 104:27-30). 인간과 짐승은 **다 한 곳**, 즉 무덤으로 간다. 창세기 1-2장의 창조 내러티브에서는 인간과 짐승을 구별한다. 짐승들은 땅이 내지만(창 1:24-25), 인간은 하나님이 생명의 숨을 불어넣어 만드신다(창 2:7). 반면에 코헬렛은 창세기와 달리 인간과 짐승을 같은 범주로 묶는 것 같다. 혹자는 이 구절을, 짐승도 인간과 동일한 운명을 지닌 까닭에 천국에 갈 것이라는 생각을 뒷받침하기 위해 인용한다. 그러나 이 본문의 배경은, 하나님의 형상을 보유한 인간이 짐승과 다름을 강조하는 성경의 가르침이 아니다. 이 본문은 인간과 짐승의 공통성을 강조하는 성경의 가르침을 배경으로 삼는다. 또한 코헬렛은 짐승의 내세에 관한 물음을 제기하지 않고 인간과 짐승의 유사성에 대해 말할 따름이다. 게다가 해 아래에서 이루어지는 인생의 관점에서 볼 때, 사후에 무슨 일이 일어나는지 아는 이가 없으며, 이생에 살면서 내세를 경험한 이도 없다. 해 아래에서 살아가는 인간의 관점에서 보면, 인간이나 짐승이나 다 죽는다고 말할 수 있을 뿐이다(3:19-21). 죽음이라는 강력한 실재는 인간들로 하여금 하나님이 각자에게 생의 **몫**으로 주신 것을 지금 여기에서 즐길 것을 권장한다(22a절; 참고. 시 90:10-12).

더 넓은 문맥에서 보면, 죽음은 장차 악인들에게 내릴 하나님의 심판에 대한 소망을 복잡하게 만든다. 악인이 현세에 하나님께 심판받는 것을 목격하기 전에 우리가 죽을 수도 있기 때문이다. 설상가상으로 죽음은 최후에 이루어질 신적 심판의 실재를 은폐한다. 이러한 사실들은 전도서의 다음과 같은 결론으로 이어진다(12:13-14). 신앙을 가지고, 해 아래의 인생 너머에 계신 분을 의지하라는 것이다(시 49:12-15). 그럴 때에만 인간은 하나님을 경외하고, 자신이 받은 것을 즐기며, 미래에 있을 심판을 하나님께 맡길 수 있다. 마지막 절은 다음과 같은 수사적 질문으로 끝난다. **그의 뒤에 일어날 일이 무엇인지를 보게 하려고 그를 도로 데리고 올 자가 누구이랴**. 이 질문의 답은, 인간은 이생 너머를 볼 수 없지만 하나님은 확실히 보신다는 것이다.

4:1-3. 하나님을 신뢰하는 것만이 인간이 해 아래에서 일어나는 불의와 잔인한 학대의 현실에 맞서는 것을 도울 수 있다. **학대받는 자들**은 자신들의 몫으로 받은 생에서 기쁨을 얻지 못하고 **눈물**만 얻는다. 게다가 그들에게는 **위로자**도 없고, 고통을 덜어줄 자도 없다. 그들은 **학대하는 자들**이 **권세**를 틀어쥐고 지배하는 것을 막을 수도 없다(1절). 실제로 어떤 면에서는 학대의 공포가 너무나 커서 그러한 **악한 일**을 경험하느니 차라리 죽거나 아예 **출생하지 아니하**는 편이 더 나을 정도이다(2-3절). 그렇다면 어째서 하나님은 인간을 이 세상에 내보내시는가? 성경은 생명을 가리켜 하나님의 선물이라고 가르친다(창 2:2-8; 욥 10:12; 시 139:12-14). 하지만 이 절들의 요점은 학대의 공포와 그 아래에서 이루어지는 실망스러운 삶의 본질을 강조하는 데 있다. 이것은 성경의 최종적인 의견이 아니며, 코헬렛도 그럴 의도가 없다. 그러나 그는 이 관찰에서 느낀 아픔을 독자들에게 약간은 맛보여주고자 한다. 왜 하나님이 인간을 이 포악한 세상에 내보내시는가 하는 물음은 코헬렛이 불가사의하게 여기는 문제들 중 하나이다. 코헬렛은 심한 학대를 받는 삶은 인간이 사는 길이 전혀 아님을 이런 식으로 생생하게 그려낸다.

C. 해 아래에서 하는 수고의 무익함(4:4-12)

4:4-6. 코헬렛의 전형적인 문체가 이어지다가 느닷없이 화제가 전환된다. 이 세 절은 서로 협력하여 유익한 관점을 제공함으로써 덧없는 세상에서 이루어지는 **수고**를 볼 수 있게 한다. 한편으로, 성공하기 위해 열심히 일하는 것은 **경쟁심**(새번역), 곧 동료보다 더 큰 성공을 거두려고 하는 욕망에서 촉발된다(4절). 그 성공이 덧없고 만족함이 없는 것이라면 욕망은 **바람을 잡는 것**이나 다름없다. 다른 한편으로, **우매자는 팔짱을 끼고**[열심히 일하지 않고] 있다가 결국 굶주리게 된다(5절). 6절은 경합하는 두 견해를 조합한다. 코헬렛은 더 많이 가지려고 하는 것(두 손에 가득한 것)보다는 적게 가지고(한 손에만 가득하고) 편안한 것이 낫다고 주장한다. 일벌레보다는 열심히 일하면서도 적은 것으로 만족하는 자가 (게으른 우매자와 달리) 즐길 것을 얻는다는 것이다. 그에게는 경쟁심에 사로잡혀 어떤 희생을 치르더라도 성공하려는 자의 걱정거리와 시간 제약이 없다(참고. 2:22-24; 잠 15:16-17). 이어지는 몇 구절(4:7-12)에서 코헬렛은 이 원리의 부정적인 예(7-8절)와 긍정적인 예(9-12절)를 제시한다.

4:7-8. 코헬렛은 고독한 구두쇠를 부정적인 예로 든다. 이 구두쇠는 만족을 모르는 탐욕 때문에 가족 및 친구들과 관련된 즐거움들을 잃은 채 철저히 혼자인 처지가 된다. 그의 유일한 친구는 돈이다(Garrett, *Proverbs, Ecclesiastes, and Song of Songs*, 307).

4:9-12. 코헬렛은 고독한 구두쇠에 정반대되는 사례를 긍정적인 예로 든다. 야심찬 일중독자가 아닌 사람에게는 사귐과 같은 인생의 복들을 누릴 여지가 있다. 동료들이 일을 더 쉽게 해주고 보수도 늘려준다(9절). 그들은 어려울 때에 돕고(10절), 인생의 엄혹한 시기에 위로를 주며(11절), 위험할 때에 힘을 보탠다(12절).

D. 출세의 무익함(4:13-16)

4:13-16. 코헬렛은 또 다시 화제를 갑자기 전환하면서 이 절들에 등장하는 이야기를 활용하여, 해 아래에서 이루어지는 정치적 출세도 헛되다고 말한다. 이야기의 대체적인 줄거리는 다음과 같다. 한 왕이 늙고 둔하여 주위의 조언이나 경고를 귀여겨듣지 않는다(13절). 한때 가난했고 투옥된 적도 있지만 훨씬 더 지혜로운 젊은이가 그 왕의 후계자가 된다(14절). 그러나 이 젊은 왕의 지혜도 충분하지 못해 평판이 좋은 다른 젊은이가 그의 뒤를 잇는다(15-16a절). 하지만 셋째 왕의 인기는 잠시에 지나지 않는다(16b절). 이 느슨한 내러티브에서 볼 수 있듯이 사람은 연공이나 지혜 혹은 인기를 통해 권력을 잡는다(Longman, *The Book of Ecclesiastes*, 147). 그러나 세 경우 모두 결과는 동일하다. 정치권력이 헛된('헤벨') 이유는 그것이 무상하기 때문이다.

E. 부적절한 예배의 무익함(5:1-7)

코헬렛은 이 구간에서 부적절한 예배는 우매하고 무익하다고 주장한다. 그는 예배와 관련된 네 가지 조언을 제시한다.

5:1. 첫째, 코헬렛은 하나님께 가까이 나아갈 때 경외심을 품으라고 사람들에게 권한다. **네 발을 삼가라**는 말은 모세가 불타는 떨기나무에 다가가면서 경외심을 품었던 일을 상기시킨다(출 3:5). 그렇게 경외심을 품은 사람은 하나님의 말씀을 순종하는 마음으로 듣고, **우매한 자들의 제물을 드리지** 않을 것이다. 우매한 자들은 통회하는 마음 없이 형식적인 제사를 드려도 하나님이 받아주실 것이라고 생각한다(참고. 시 51:16-17). 이처럼 경박한 형식주의는 우매한 자의 죄만 더할 뿐이다.

5:2-3. 둘째, 코헬렛은 경외심을 품고 기도하라고 사람들에게 권한다(2a절). 불경한 기도는 **급한 마음으로 함부로** 하는 기도이다. 그런 기도에는 대부분 하나님을 조종하려는 우매한 자의 욕망(참고. 마 6:7-8)이나 하나님에 대한 건방진 태도가 담겨 있게 마련이다(참고. 잠 10:19). 그런 마음가짐으로는 하나님의 위대함을 알 수 없다(5:2b). 3절의 잠언이 이 점을 설명해준다. 잠언의 정확한 의미는 분명치 않지만 기본 요점은 분명하다. 우매한 자의 많은 말은 그의 우매함만 드러낼 뿐이라는 것이다. 그러한 말들로는 하나님과 어떤 관계도 맺을 수 없다.

5:4-6. 셋째, 코헬렛은 신명기 23:21-23을 약간 정정하여 경솔히 서원하지 말라고 사람들에게 권한다. 성전 예배와 관련된 서원은 "은총을 베풀어주신 것에 대한 답례로 하나님께 무언가를, 보통은 제물이나 (레 27:1-25에서처럼) 그에 해당하는 값을 봉헌하겠다는 약속"이었다[R. N. Whybray, *Ecclesiastes*, NCBC (Grand Rapids, MI: Eerdmans, 1989), 94]. 서원은 자원해서 하는 것이지만, 일단 한 서원을 이행하지 않는 것은 하나님을 노하게 했다. 급한 마음으로 서원하고 나서 그것을 이행하지 않는 것도 어리석은 예배의 한 예이다. 그것은 앞의 두 예와 마찬가지로 하나님을 경외하는 마음이 없음을 드러낼 뿐만 아니라 그런 식으로 예배하는 자에게 심판을 초래하기 때문이다.

5:7. 끝으로, 코헬렛은 책의 결론을 되풀이하면서 **하나님을 경외**하라고 사람들에게 권한다. 하나님을 경외하는 것이 참된 예배이다. 그것은 7a절에 요약되어 있는 부적절한 예배와 강한 대조를 이룬다. 부적절한 예배에서 말을 경박하게 많이 하는 것은 우매한 자의 **꿈**만큼이나 공허하다. 키드너는 우리 시대에 이루어지는 그러한 부적절한 예배를 다음과 같이 면밀하게 요약한다. "이 저자가 겨냥하는 대상은 선의를 품고 찬양하기를 좋아하며 즐거운 마음으로 예배에 참석하면서도, 정작 말씀을 흘려듣고, 하나님을 위한답시고 자원한 일에 전혀 시간을 내지 못하는 자이다"(Kidner, *A Time to Mourn*, 52).

F. 정부가 하는 일의 무익함(5:8-9)

5:8-9. 코헬렛은 정부를 불만스럽게 생각한다. 정부는 필요악, 즉 없어서는 안 되면서도 상당한 결함이 있는 것이기 때문이다. 한편으로, 지방정부에서 **학대**와 불의를 보게 되더라도 **그것을 이상히 여기지 말아야** 한다(8a절). 어쨌거나 거만한 정부 관료제는 정의를 짓밟는 경향이 있다(8b절). 다른 한편으로, 정부는 나름의 장점도 가지고 있다(9절). 어떤 이들은 이 절(9절)이 앞 절에 이어 정부에 대해 부정적인 평가를 하고 있다고 생각하지만(참고. NIV), 이 절은 (NASB처럼) 좀 더 긍정적으로 읽는 편이 낫다. "한편으로, 다른 한편으로"라고 말하는 코헬렛의 전형적인 방식에 잘 어울리기 때문이다.

모든 점을 고려해볼 때, 코헬렛은 왕(즉, 정부 전체)이 나라에 유익이 된다고 말하는 것 같다. 부패한 정부라도 무정부 상태보다 낫다는 것이다. 무정부 상태는 농업경제를 파탄에 이르게 하여 백성의 굶주림을 야기하기 때문이다(Garrett, *Proverbs, Ecclesiastes, Song of Songs*, 312).

G. 부 축적의 무익함(5:10-6:9)

이 구간에서 코헬렛은 부를 여러 방면에서 숙고한다. 이는 부의 추구가 인생의 의미 추구에 비해 무익함을 보여주려는 일반적인 목적과 맞물려 있다.

5:10-16. 코헬렛은 부의 추구가 무익한 이유를 몇 가지 제시한다. 첫째, 부의 추구는 더 많은 것에 대한 욕망을 끊임없이 일으킨다(10절). 더 많이 가지고 있으면 더 많이 지출하게 마련이다(11절). 더구나 걱정거리는 늘어나고 평안은 줄어든다(12절). 또한 부는 자멸적인 사재기를 조장하는 반면에(13절) 진정한 안심은 주지 않는다(14절). 부는 항구적이지도 않다. 누구도 그것을 내세에 가져갈 수 없다(15-16절).

5:17. 이 절부터 6:6에 이르기까지, 코헬렛은 부가 무익한 이유를 다음과 같이 제시한다. 말하자면 부는 행복과 즐거움을 가져다주지 못한다는 것이다. 이 절에서 그는 한 부자를 묘사한다. 이 부자의 가련하고 비참한 생활은 그가 자신이 사랑하는 부를 누리지 못함을 보여준다.

5:18-20. 이 절들은 17절과 강한 대조를 이룬다. 인생의 수많은 걱정거리에 초점을 맞추지 않고, 자신이 지닌 것이 수고이든 **부요**이든 간에 그것을 즐기는 이들은 하나님의 은혜와 능력으로, 이를테면 하나님의 **선물**로 그리한다는 것이다. 코헬렛은 이런 식의 삶이 **선하고 아름답**다고 말한다.

6:1-2. 코헬렛은 즐거움을 가져다주지 않는 부의 한 예로 한 사람을 소개한다. 하나님은 그가 바라는 **부요**, 재산, **존귀** 등 모든 것을 주셨지만, 그것들을 즐기는 능력만은 주지 않으셨다. 오히려 다른 누군가, 곧 타인이 그의 부를 누리니 참담한 상황이 아닐 수 없다.

6:3-6. 그런 다음 코헬렛은 부가 얼마나 끔찍한 것인지 쭉 보여준다. 한 부자가 오래 살면서 많은 자녀를 두었다고 가정해 보자. 이 부자는 히브리인들이 "전통적으로 꼽는 세 가지 행복의 조건"을 모두 충족시켰지만(Garrett, *Proverbs, Ecclesiastes, Song of Songs*, 315) 행복하지 않다. 사실상 그는 주위 사람들을 궁핍하게 한 나머지 **제대로 묻히지도 못한다**(새번역). 그런 부자보다는 낙태된 자가 차라리 더 낫다(3절)는 것이 시편 58:8의 견지에서 주저하며 내린 판단이다. 이 구절에서 "시편 저자는 원수들에게 임하기를 바라는 운명 중에서" 사산아와 같은 운명보다 "더 무서운 운명을 생각할 수 없었다"(Longman, *The Book of Ecclesiastes*, 171; 참고. 시 58:8). 그런데도 왜 사산아가 이 부자보다 낫다고 말하는가? 결국은 둘 다 죽지만 적어도 사산아는 자신의 부를 누리지 못하는 부자의 비참한 좌절감은 겪지 않기 때문이다(6:4-6).

6:7-9. 일부 주석가들은 이 절들을 앞부분과 무관한 내용으로 여기지만, 이 절들은 (5:10을 상기시키면서) 부를 추구하는 일이 왜 무익한지 그 이유를 더 제시하는 것 같다. 사람이 아무리 재산을 모아도 만족하지 못하기 때문이라는 것이다. 음식을 먹어도 또 먹고 싶어 하는 **식욕**처럼 재물욕은 절대로 **채울 수 없다**(7절). 8절은 지혜로운 자에게는 종종 부가 따라붙는다는 견해(지혜문학의 일반적인 견해)를 전제하는 듯하다. 그러나 부가 만족을 주지 못한다면 돈을 위해 지혜를 짜내는 일도 **유익**할 게 없다. 결국 더 많은 것을 움켜쥐려고 애쓰기보다는 지금 가지고 있는 것에 만족하는 게 최선이다(9절).

H. 해 아래의 무익한 일에 대한 결론적인 숙고 (6:10-12)

6:10-12. 얼핏 보면 이 절들은 무관한 것처럼 보이

지만, 하나님과 인간을 비교해 하나님을 확실히 두둔하는 것과 관계있다. 코헬렛은 먼저 인간은 하나님의 경쟁 상대가 될 수 없다고 단언한다. 작명 능력은 인간 내지 사물에 대한 지식 및 통제력과 관계가 있다. 하나님이 동물에게 이름을 붙여주는 권한을 아담에게 주셨지만(창 2장), 인간의 작명 능력은 하나님에 비하면 아무것도 아니다. **사람이 무엇**이든 간에 하나님이 **그보다 더 강**하시다(6:10). 따라서 해 아래에서 일어나는 일을 놓고 아무리 **말을 많이**(새번역) 한다고 해도 하나님과 '다투는' 것은 헛된 일에 불과하다(10b-11절). 12절은 하나님과 다툼을 계속하는 것이 왜 시간 낭비인지 말한다. 하나님은 자신의 계획을 완벽하게 알고 계시지만(참고. 3:1-11), 인간은 현재(**사람에게 무엇이 낙인지**)와 미래(**그 후에 해 아래에서 무슨 일이 있을 것인지**)를 전혀 알지 못한다. 하나님이 인간의 타락을 이유로 세상에 내리신 저주(창 3장)가 이 절들의 배경인 것 같다. 이 구절들은 하나님이 해 아래 세상에게 무익해지라고 저주하신 것을 놓고 그분과 씨름하거나 다투는 것이 얼마나 쓸데없는 일인지 밝힘으로써 이 구간 전체의 적절한 결론을 맺는다.

V. 지혜: 잠언의 맛(7:1-8:1)

이 구간은 인생에 관한 지혜로운 진술과 지혜 자체에 관한 진술을 모아놓았다.

A. 인생에서 가치 있는 것들, 그러나 넘치지 않도록(7:1-14)

7:1. 탐나고 값비싼 **기름**이나 향수처럼 명예를 지키는 것은 값진 일이지만(잠 22:1을 보라), 이것은 상대적일 때에만 그러하다. 사람이 죽은 뒤에는 명예를 지킬 수 없으니 그것에 집착해서는 안 된다.

7:2-4. 죽음을 숙고하는 것도 값진 일이다. 죽음은 모든 사람이 마주하는 끝이므로, **지혜로운**(새번역) 자는 우매한 자와 달리 장례식(**초상집**)이 불러일으키는 **슬픔**과 진지한 숙고를 피하지 않는다. 그러한 숙고는 **마음**에 좋은 일이다. 장례식에서 **얼굴에 근심하는 것도 마음에 유익하다.**

7:5-7. 지혜로운 사람의 책망은 우매한 자의 부당한 찬양 **노래**와 경박함(**웃음소리**)보다 훨씬 값지다(5-6절). 지혜로운 사람의 징계는 유익을 주는 반면, 우매한 자의 조언은 불 속의 **가시나무**처럼 성가시고 무익하다(6절). 불 속의 가시나무는 "급히 타오르지만 열은 조금도 내지 않고 불쾌한 소리만 잔뜩 낸다"[James Crenshaw, *Ecclesiastes*, OTL (Philadelphia: Westminster, 1987), 135]. 예컨대 정치적 상황에서 지혜로운 사람의 책망이 금품 강요나 뇌물 수수로 인해 경감되는 것은 불행한 일이 아닐 수 없다(7절).

7:8-9. 인내도 값지게 여겨야 한다. 일을 마무르는 데에는 교만함보다는 **참는 마음**이 필요하다(8절). **우매한 자**들의 파괴적이고 성마른 **노**를 피하려면 참을성 있는 자제력이 필요하다(9절).

7:10. "옛 시절이 좋았지"라며 한탄하는 것은 인생의 일반적인 견해이지만, 그것은 가치 있는 일도 지혜로운 일도 아니다.

7:11-14. 지혜도 **돈**과 흡사하게 인생에서 **유익**이 된다. 지혜와 돈이 유익한 까닭은 둘 다 사람을 **보호**(새번역)하기 때문이다(11-12a절). 실제로는 지혜가 더 유익하다. 사람이 무일푼이 되어 가장 힘든 시기를 보낼 때에도 지혜는 그 사람과 내내 함께하기 때문이다(12b절). 그러나 하나님의 주권적 계획은 지혜의 한계를 드러낸다(13-14절). 아무리 지혜로운 사람일지라도 하나님의 계획을 변경할 수 없고, 그 계획 속에서 어떤 일이 일어날지 예언할 수 없다. 그러므로 하나님이 선물로 주신 좋은 때에는 **기뻐하고 곤고한 날**에는 하나님의 계획 속에는 그러한 날도 포함되어 있으며(참고. 3:1-8), 이는 이 세상이 저주를 받았기 때문이라고 생각해야 한다.

B. 지혜와 의로움에 관한 숙고(7:15-8:1)

7:15-18. 코헬렛은 이 구간을 시작하면서 의인은 번성하고(예를 들어 잠 3:1-2) 악인은 벌을 받는다는 보응 원리에도 예외가 있다고 주장한다(7:15). 또한 그는 광적이고 율법주의적인 신앙심(의로움에 대한 열정을 가장한 신앙심)과 보응 원리에 사로잡혀 광적으로 지혜를 추구하지 말라고 말한다(Garrett, *Proverbs, Ecclesiastes, Song of Songs*, 323). 그러지 않으면 보장되지 않은 목표(성공)를 위한 비현실적 기준(최고의 의로움과 지혜)을 달성하려다가 스스로 **패망하게** 될 것이다(16절). 그러나 보응 원리의 한계는 사람이 **악인**이 되거나 우매한 자가 되어도 무방하다는 뜻이 아니다.

대체로 보응은 여전히 참되며, 우매한 악인이 응분의 벌을 받을 때가 많다(17절). 따라서 **하나님을 경외하는** 자라면 양 극단을 물리칠 것이다(18절). 경건하고 지혜롭게 살되 음울하고 실의에 찬 율법주의자가 되어서는 안 된다. 같은 이치로 죄에 물들고 파괴적인 방종에 빠지는 일 없이 인생을 즐길 수 있어야 한다.

7:19-22. 마찬가지로 코헬렛은 독자들에게 지혜를 추구하되, 지혜롭고 의롭게 사는 자신의 능력을 과대평가하지 말라고 권한다. **지혜**[주님을 경외하는 훌륭한 삶]는 정치권력보다 강하다(19절; 참고. 잠 24:5-6). 하지만 인간의 죄성을 지울 만큼은 아니며, **세상에서 선을 행하고 전혀 죄를 범하지 아니하는 의인**을 만들어낼 만큼 강하지도 않다(7:20). 따라서 인간의 죄성을 고려하며 지혜롭게 처신하는 것이 중요하다. 예컨대 다른 사람들이 나에 대해 이러쿵저러쿵 하는 말을 들을 필요가 없다(21a절). 다른 사람을 헐뜯는 것은 죄에 물든 인간의 특징이기 때문에, 인간은 누군가가 나를 헐뜯지는 않는지 그 또한 들으려고 한다(21b-22절).

7:23-24. 코헬렛은 자신이 관찰한 **모든** 것에 의거해 지혜는 여전히 추구할 만한 것이라고 생각한다. 그러나 코헬렛만큼 지혜로운 사람에게조차 지혜는 어떤 의미에서 파악하기가 어렵다. 그래서 코헬렛은 자신이 지혜가 부족하여 하나님의 신비한 계획에 통달할 수 없음을 인정한다(참고. 3:11).

7:25-29. 코헬렛은 자신의 지혜에 한계가 있음을 알고, 지혜를 추구하면서 **악한 것**과 **어리석은 것**이 어떤 것인지 배운다(25절). 특히 그는 음란한 여자와의 관계가 쓰디쓴 결말에 이를 수밖에 없음을 깨닫는다(참고. 잠 2:16-19). 그러므로 하나님을 경외하는 지혜로운 자는 **그 여인을 피**할 것이다(7:26). 게다가 코헬렛은 저주에서 비롯된 성별 갈등(참고. 창 3:16)을 발견한다. 남자의 관점에서 이야기하는 코헬렛은, 조화로운 공동체를 다른 남자들에게서 찾아보기 어렵고, 여자들에게서는 더더욱 찾아보기 어려움을 발견한다(7:27-28). 만일 코헬렛이 여자였다면 남자들에게서 조화로운 공동체를 찾아보기 더더욱 어려웠다는 견해를 피력했을 것이다(Garrett, *Proverbs, Ecclesiastes, Song of Songs*, 325). 가장 중요한 사실은 코헬렛이 인간의 부패함을 깨달았다는 것이다. 말하자면 하나님은 사람을 **정직하게** 지으셨지만, 타락한 인간은 죄에 물든 **꾀**들을 낸다(29절).

8:1. 코헬렛은 지혜를 조건부로 인정하면서 이 구간을 마무리한다. 사실 궁극적인 지혜를 가진 사람은 없다. 그러나 얼마 안 되는 지혜라도 소유하는 것이 유익하고, 따라서 우매함보다 낫다.

Ⅵ. 인생에서 겪는 좌절들(8:2-17)

코헬렛은 해 아래에서 일어나는 좌절들의 다양한 예를 제시한다.

A. 왕을 상대하면서 겪는 좌절들(8:2-9)

오늘날 서구 민주주의에 익숙한 사람들에게는 왕이 생사여탈권을 쥐고 있는 고대 왕정의 위험한 세계가 낯설 수밖에 없다. 그럼에도 독단적이고 부패한 상사와 부닥쳐본 사람이라면 누구나 코헬렛의 견해에 어느 정도 공감할 것이다. 이 구간은 그러한 체제에서 살아가는 이들에게 주는 조언으로서, 까다로운 상사를 상대하면서 자신의 길을 지혜롭게 헤쳐나가려 할 때 어떤 좌절감이 드는지 설명한다.

8:2-4. 이 절들에서 말하는 코헬렛의 기본 요점은 상당히 명쾌하다. 말하자면 왕은 강력한 사람이니 신중히 대하라는 것이다. 그러나 그의 구체적인 조언은 해석하기가 더 어렵다. 코헬렛의 조언은 다음과 같을 듯싶다. 약속한 대로 권위에 적절한 경의를 표하면서 왕에게 복종하라(2절). 반역(**악한 것**)을 꾀하느라 왕을 급하게 버리지 말라. 왕이 너무나 강력한 까닭에 그 반역은 실패하고 말 것이다(3-4절).

8:5. 코헬렛의 조언은 다음 두 가지 원리를 바탕에 깔고 있다. 첫째, 왕에게 복종하는 편이 나은데, 이는 해(害)를 피하는 것이 상책이기 때문이다. 둘째, 그러한 유력자를 상대할 때에는 어떻게 해야 그에게 가장 잘 복종할 수 있는지 아는 지혜가 필요하다.

8:6-8. 둘째 원리는 하나님이 현실을 정하시면서 모든 일에 **알맞은 때**와 **알맞은 방법**(새번역)이 있게 하신 것에 근거하고 있다(6a절; 참고. 3:1-8). 그러나 여기에서 문제가 하나 제기된다. 인생의 모든 영역에서 그러하듯 궁정에서도 지혜에 한계가 있다는 것이다. 왕에게 복종하여 무사하려면 지혜가 필요하지만, 인간의 지혜에 한계가 있기 때문에 자칫 자제력을 잃을 수

도 있다! **사람에게 임하는 화가 심함**은 당연한 일이다(6b절). 아무리 지혜로운 사람이라도 자신의 행위가 미래에 어떤 결과를 가져올지 확신하며 내다볼 수 없다(7절). 이것이야말로 인간은 약하고 유한한 존재라는 더 큰 진리의 일부이다. 인간은 자신에게 엄습하는 **바람**, **죽는 날**, (**전쟁**과 같은) 사건들, 자신이 저지르는 **악**의 결과들을 제어할 수 없다(8절). 이러한 점들이 인간의 약함을 보여준다.

8:9. 요컨대 코헬렛은 폭정에 시달리는 삶은 행복한 상태가 아니라고 주장한다. 아무런 보장도 없이 포악한 왕(또는 직장 상사)을 기쁘게 하려고 최선을 다해본 지혜로운 사람이라면 이 점을 잘 알 것이다.

B. 불의 앞에서 겪는 좌절들(8:10-15)

8:10-15. 여기에서 코헬렛은 지연된 정의의 문제를 숙고한다. 정의가 지연되더라도 **악인**들은 죽어 잊히고 말기에 해 아래에 어느 정도의 정의는 있다. 그러나 그들은 살아 있는 동안 종교적으로 존경할 만한 시민 대우를 받고, 심지어 그에 걸맞은 장례식의 영예까지 누린다. 이렇게 지체된 정의는 좌절감을 낳는다(10절). 설상가상으로 그런 정의는 사람들 사이에 악한 일이 늘어나도록 조장하기까지 한다(11절). 정의가 지체됨에도 불구하고 코헬렛은 **하나님을 경외하**는 자들이 악인보다 낫다고 주장한다. 악인들은 단명하게 될 것이다(12b-13절). 코헬렛은 이처럼 보응의 원리를 단언하면서도, 해 아래에 예외들이 있어 좌절감을 낳는다는 점을 인정한다. 그 예외들 가운데 가장 속상한 것은 **악인이 받을 벌을 의인이 받고**, 의인이 받을 상을 악인이 받는 것이다(14절). 누구도 이 예외들을 이해할 수 없는 까닭에, 코헬렛은 모든 이에게 **하나님께 허락받은**(새번역) 인생의 좋은 선물들을 즐기되 궁극적인 정의의 문제는 그분께 맡기라고 권한다(15절).

C. 하나님의 계획을 알지 못하여 겪는 좌절들 (8:16-17)

8:16-17. 코헬렛은 해 아래에서 진행되는 인생을 면밀하고 광범위하게 관찰하고 나서, 하나님이 하시는 일은 누구도 이해할 수 없으며 그분의 계획은 인간의 이해 너머에 있다고 결론짓는다(16-17a절). 실로 **지혜자**도, 아무리 애써 알아보려는 자도 하나님이 하시는 일을 알아내지 못한다(17b절).

Ⅶ. 인생의 공통된 운명(9:1-12)

코헬렛은 여기에서 죽음이라는 화제를 다시 다룬다.

9:1. 코헬렛은 앞부분을 요약하면서 **의인**이나 **악인**이나 다 하나님의 관리 하에(**하나님의 손 안에**) 있으며, 그분의 계획은 예측할 수 없다고 주장한다. 이생에서 자기 앞에 어떤 미래가 기다리고 있는지, 그것이 **사랑**일지 **미움**일지(즉, 유리한 상황일지 불리한 상황일지) 아무도 알지 못한다. 요컨대 의로움과 지혜도 인생의 호기를 보장하지 않는다. 누구도 하나님을 조종할 수 없다.

9:2-3. 그러나 해 아래에서 인간에게 일어날 한 가지 미래는 확실하게 보장된다. 그것은 다름 아닌 죽음이다. 죽음은 사람이 어떻게 살든 간에 누구에게나 똑같이 임한다(2절). 이생에서는 **모두가 같은 운명을 타고났다**(2, 3절, 새번역). 부패한 인간의 **마음**에는 **평생토록 악과 죄의 광증**(새번역)이 가득하다. 실로 인간은 딱한 처지에 놓여 있다.

9:4-6. 죽음이 불가피한 것이라면 삶에 무슨 유익이 있는가? 코헬렛은 다른 곳에서(예를 들어 6:3-5에서) 죽음에 관해 진술하면서 인생의 난관들로 인해 말라붙기는 해도 삶에 유익이 있다고 말한다. 코헬렛은 **산 개**로 비유된 피조물조차(고대 이스라엘 사람들은 개를 혐오했다) 죽은 (**사자**처럼) 멋진 피조물**보다 낫**다고 단언한다(4b절). 그 이유는 무엇인가? 산 자들은 자신이 **죽을 줄을 알**지만 그 죽음은 미래의 일이어서 그때까지는 해 아래 있는 좋은 것을 즐길 수 있다는 소망을 품기 때문이다(4a, 5a절). 반면에 죽은 자는 사라지고, **잊어버린 바** 되며, 생각이란 것이 없고(**아무것도 모르고**), 이생에서 한때의 유익(**보상**, 새번역)도 얻지 못한다. 요컨대 죽은 자는 **해 아래에서 행하는 모든 일**에 더는 참여하지 못한다(5b-6절). 코헬렛이 해 아래에서 진행되는 인생의 관점에서 죽음을 숙고하고 있음을 명심하는 것이 중요하다. 내세의 본질을 묻는 물음들은 그의 시야 밖에 있다.

9:7-10. 삶에 유익이 있는 까닭에 코헬렛은 독자들에게 인생의 복들, 곧 하나님이 허락하신 것을 (**기쁨으로 그리고 즐거운 마음으로**) 즐기라고(7절), 가능하다면 언제나 **그리하라**고(8절) 권한다. 그가 사람들에게 **의복**을 항상 **희게** 하며 머리에 **기름**을 바르라고 권하

는 것은 그 때문이다. 흰옷과 기름은 축제의 표시였다(Whybray, *Ecclesiastes*, 144). 인생의 복 가운데 하나는 부부애의 기쁨이다(9절). 모름지기 사람은 인생과 그 즐거움에 참여하되 되는대로가 아니라 **힘을 다하여** 그리해야 한다(10절). 그 이유는 인생이 덧없기 때문이다. **스올**은 육신을 떠난 영혼들이 내세에서 모이는 곳이 아니라 무덤을 가리킨다. 다른 곳과 마찬가지로 여기에서도 코헬렛은 내세가 아닌 해 아래에서 진행되는 인생에 초점을 맞춘다. 그는 그저 해 아래에서 모든 기회가 끝나면 누구나 무덤으로 가게 되어 있다는 것을 말할 따름이다(10절).

9:11-12. 인생은 예측이 불가능하다. 어떤 능력도 해 아래에서 성공을 보장하지 않기 때문이다(11절). 마찬가지로 죽음도 예측이 불가능하다. **사람은** 자신이 죽는 때를 **알지 못한다**. 물고기나 새들이 그물이나 올무에 걸리는 것처럼 사람도 **갑자기 덮치는**(새번역) 죽음과 재앙을 피할 수 없다(12절).

Ⅷ. 더 많은 지혜: 그 한계, 유익, 관찰 그리고 조언 (9:13-11:6)

이 구간은 다양한 요소를 망라하여 한 번 더 지혜라는 주제에 연결한다.

9:13-18. 코헬렛은 지혜의 상대적 유익과 한계를 논하면서 자신에게 크게 와 닿았던 이야기를 예로 든다(13절). 힘센 어떤 **왕**이 한 **작은 성읍을** 공격했다(14절). 이에 한 **가난한 지혜자**가 모든 난관을 딛고 그 성읍을 구해낸다. 하지만 성읍 사람들 누구도 그를 오래 기억하지 않았다(15절). 이 일화는 힘과 지혜의 한계를 강조한다. 지혜는 대단히 강력해서 지혜로운 사람의 차분한 말조차 우매한 왕이 마구 호통을 치면서 무력으로 어리석은 자기 의지를 관철하려고 하는 것보다 효과적이다(17절). 따라서 **지혜가 무기보다** 낫다(18a절). 그렇다고 지혜에 약점이 없는 것은 아니다. 지혜가 공들여 쌓은 **많은 선을 죄인 한 사람**이 망칠 수 있기 때문이다.

10:1-3. 지혜는 강력하지만 우매도 그러하다. 작은 **죽은 파리**가 **향기름**을 부패시켜 **악취가 나게** 할 수 있다. 마찬가지로 **적은 우매**로도 지혜나 명예와 같이 선한 것을 망칠 수 있다(1절). 지혜와 우매는 절대로 공존할 수 없다(2절). 적은 우매가 해가 될 수 있다면, 많은 우매는 치욕이 될 수 있다(3절). 따라서 우매는 무슨 수를 써서라도 피하는 게 좋다.

10:4-7. 여기에서 코헬렛은 지혜의 유익을 제한하는 까다로운 상사들을 상대할 때 유용한 지혜로운 조언을 제공한다. 성난 상사와 맞닥뜨릴 경우, 지혜로운 자가 취할 수 있는 최선의 방책은 당황하여 내빼는 것이 아니라 **침착**(새번역)하게 대하는 것이다. 우매한 상사와 맞닥뜨릴 경우, 지혜로운 자는 상사의 행위들과 그 결과들에 놀라지 않는 게 좋다. 우매한 통치자는 적격자(**부자**는 지혜로운 자를 가리키는 환유법인 것 같다) 대신에 그럴 자격이 없는 어리석은 자들을 **높은 지위**에 앉히려 하기 때문이다(5-6절). 이처럼 우매한 인사 관리는 비참한 결과를 일으키고 사회적 격변을 초래하게 마련이다(7절).

10:8-11. 코헬렛은 인생의 사고 재해들을 바라보는 지혜로운 관점들도 소개한다. 지혜가 모든 사고를 막아주는 것이 아니어서 사람이 아무리 지혜로워도 발생하는 사고들이 있다(코헬렛은 네 가지 사고를 예로 든다). 그러한 경우 누군가를 탓할 게 아니라 지혜롭게 행한 일 속에도 뱀이 있어 물릴 수 있음을 인정하는 것이 지혜롭다. 그러나 지혜는 인생에 찾아드는 몇몇 난관을 예방하기도 한다. **도끼**(새번역)를 날카롭게 갈면 많은 수고를 덜 수 있는 이치이다(10절). 뱀을 지혜롭게 부리는 자(자신이 무슨 일을 하고 있는지 아는 사람)는 일자리도, 생명도 잃지 않는다(11절).

10:12-14. 지혜에 한계가 있기는 하지만, 코헬렛은 우매라는 더 큰 문제를 제시하면서 우매한 자의 길이 지혜로운 삶을 돋보이게 한다고 생각한다. 우매의 첫 번째 보기는 우매한 자의 말이다. 지혜로운 말은 **은혜로운** 반면, **우매자**의 말은 자멸적이다(12절). 우매자의 말은 처음에는 어리석게 보일 뿐이지만, 결국 **사악한 광기**(새번역)로 파괴적인 결말을 맞이한다(13절). 설상가상으로 우매한 자는 말을 너무 많이 하고, 언제 입을 다물지 모른다(14a절). 게다가 지나치게 많은 말은 그가 미래와 같은 일에 대해 아는 게 전혀 없다는 사실을 드러낼 뿐이다(14b절).

10:15. 우매의 두 번째 보기는 우매한 자의 일이다. 그가 하는 일을 보면 그의 말보다 나을 게 없다. 그는

일터에서 집으로 돌아가는 길에서조차 고생을 사서 한다(참고. 10:10). "우매한 자들이 종일 일하고 나서 피곤한 까닭은, 너무 어리석은 나머지 길을 잃어 저녁에 귀가하는 데 소요되는 것보다 먼 거리를 걷기 때문이다"(Longman, *The Book of Ecclesiastes*, 248).

10:16-20. 우매의 세 번째 보기는 우매한 자의 지도력이다. 지혜롭고 고매한 **왕**이 다스리는 나라의 신하들은 나라를 위해 열심히 일하고, 임무를 잘 수행하려고 자신들의 자원을 활용하게 마련이다. 그러한 나라는 **복이 있다**(17절). 반면에 **왕이 어린**(왕이 미숙하고 우매한) **나라는 저주를 받을 것이다**(16b절, 새번역). 그는 대신들이 그들의 자원들을 부적절하게 사용하여 **아침부터 잔치**를 베풀도록 내버려둔다. 이것은 확실한 방탕의 조짐이다(16a절). 이와 같은 지도자들의 우매한 게으름은 **집**과 나라에 재앙을 몰고 온다(18절). 하지만 그들은 돈과 잔치에 흠뻑 빠져서 그런 것에는 신경을 쓰지 않는다(19절). 그들은 나라의 자원을 탕진할 뿐이다. 그토록 우매한 왕에게는 의지할 것이 거의 없기 때문에 구원이 보이지 않는다. 누구에게 불평할 수도 없다. 가장 사적인 공간에서 하는 불평까지 왕의 귀에 들어가 급기야 불평하던 사람에게 크나큰 재난이 닥칠 것이기 때문이다(20절).

11:1-2. 예측이 불가능한 만큼 인생에는 여러 위험이 도사리고 있다. 지혜는 인생의 불확실성을 없애주지는 않지만, 사람들을 도와서 문제들에 대처할 수 있게 해준다. 코헬렛은 불확실성이 지배하는 두 분야를 언급한다. 첫째는 재무 분야이다. 코헬렛은 지혜로운 투자를 권한다. **떡을 물 위에** 던지는 것은 해상무역에서 유래한 이미지이다. 해상무역은 위험이 따르지만 이윤이 대단히 큰 사업이었다. 지혜로운 투자자는 특히 실질적 이익을 얻을 가능성이 있을 때 모험을 피하지 않을 것이다(1절). 하지만 그는 자신의 황금 알을 몽땅 한 바구니에 담기보다는 안전장치로서 투자 대상을 분산시킬 줄도 안다(2절; Garrett, *Proverbs, Ecclesiastes, Song of Songs*, 338).

11:3-6. 둘째는 농업 분야이다. 코헬렛은 농부가 자연의 불확실성에도 불구하고 지혜롭게 처신해야 한다고 주장한다. 농업은 위험이 따르는 분야이다. 자연의 특정한 양상은 비교적 예측이 가능하다(**비구름은 비**를 몰고 온다). 그러나 그 밖의 양상들은 예측이 불가능하며(예를 들어 **나무**가 어디로 **쓰러**질 것인지는 예측이 불가능하며), 그 양상들의 대부분은 인간이 제어할 수 없다(3절; Whybray, *Ecclesiastes*, 159). 농부들은 자연현상을 예측하거나 제어할 수 없다고 해서 일손을 놓아서는 안 된다(4절). 태아가 모태에서 형성되는 것과 바람의 방향을 헤아릴 수 없듯이 하나님의 방법들도 헤아릴 수 없다(5절). 그런 까닭에 지혜로운 농부는 열심히 일하면서 계획을 빈틈없이 세워 있음직한 여러 우발성에 대비할 것이다(6절).

Ⅸ. 젊은이에게 주는 조언: 젊음, 노년, 임박한 죽음에 대하여(11:7-12:7)

A. 젊음에 대하여(11:7-10)

11:7-8. **빛**[**해**를 보는 것]과 **캄캄한 날**은 각각 삶과 죽음을 가리키는 은유들이다. 코헬렛은 삶은 좋은 것이라고 한 번 더 주장한다(7절). 따라서 삶은 가능한 오래 즐기는 것이 좋다. 인생이 너무 짧기 때문이다(8절). 해 아래의 인생에게는 삶의 날보다 죽음의 **날들**이 더 많을 것이다. 그리고 여생은 빨리 지나간다(**헛되다**로 번역된 '헤벨'은 여기에서 '빨리 지나간다'는 의미를 내포하고 있다).

11:9-10. 코헬렛은 생을 즐기라는 권고에 초점을 맞추고, 그렇게 하기에 더없이 좋은 자리에 있는 이들에게 그리하라고 말한다. 먼저 그들에게 생을 마음껏 즐기고 기쁨을 주는 일에 즐겁게 참여하라고 조언한다(9a절). **네 마음과 눈이 원하는 길을 따르라**(새번역)는 조언은 죄를 지어도 좋다는 허가증이 아니다. 코헬렛은 그들에게 **이 모든** 행위에 하나님의 **심판**이 있으리라는 것을 알라고 충고한다. 자신의 일을 하나님이 심판하실 것을 아는 사람은 자신이 누리는 인생의 축제가 죄가 되지 않게 할 것이다(9b절). 하나님은 하늘에서 흥을 깨는 분이 아니시다. "젊은 혈기로 난봉 부리기"를 거부하면 "공허함 없는 기쁨이 찾아온다"(Kidner, *A Time to Mourn*, 99). 주님을 경외하는 이들이야말로 생을 즐기기에 더없이 적합한 사람들이다. 또한 코헬렛은 젊은이들에게 **걱정**과 **고통**(새번역)에 집착하는 것처럼 생을 즐기는 데 방해가 되는 것들을 없애버리라고 권한다(참고. 5:20). 젊은 날의 즐거

움은 낭비하기에는 너무나 덧없기 때문이다(10절).

B. 노년과 임박한 죽음에 대하여(12:1-7)

12:1a. 코헬렛은 인생의 짧음과 하나님의 임박한 심판에 의거하여 젊은이들에게 노년(1b-5a절)과 죽음(5b-7절)이 이르기 전에 **창조주를 기억하고**, "열성을 다해" 그분께 헌신하라고 권고한다(Kidner, *A Time to Mourn*, 100-101).

12:1b-5a. 코헬렛은 다가오는 노년을 일련의 서술과 이미지로 특징짓는다. 노년은 육체의 무력이 기쁨을 방해하는 **곤고한**[불행한] 시기이다(1b절). 캄캄한 어둠처럼, 비 오는 날처럼, 노년은 인생의 즐거움에 어두운 그림자를 드리운다(2절). 코헬렛은 노년에 찾아오는 육체적 힘의 상실을 대가족과 관련된 은유들로 기술한다(3-4a절). 이를테면 (**집을 지키는 자들이**) 손을 떨고, (**힘 있는 자들의**) 다리 근육과 등 근육이 약해지고, (**맷돌질 하는 자들의**) 이가 빠지고, (**창들로 내다보는 자의**) 시력이 떨어지고, (**길거리의 문들**을 통해 소리를) 듣는 능력이 떨어진다는 것이다. 이어서 코헬렛은 다른 은유들을 동원해 노년의 특징을 기술한다(4b-5a절). 이를테면 잠이 줄고(**새의 소리로 말미암아 일어나고**), 노래하는 재능이 저하되고(**음악하는 여자들은 다 쇠하여질 것이며**), 자신감이 떨어지며(**그런 자들은 두려워할 것이며**), 백발이 되고(**살구나무**에 **꽃**이 하얗게 피고), 육체를 움직이기가 힘들고(**메뚜기도 짐이 될 것이며**), 식욕과 성욕 그리고 여타의 욕구가 감퇴된다는 것이다[**보약을 먹어도 효력이 없을 것이다**, 새번역; NASB에 언급된 케이퍼베리(caperberry)는 식욕, 특히 성욕을 돋우는 것으로 여겨졌다].

12:5b-7. 코헬렛은 몇 가지 이미지를 더 동원하여 사정없이 다가오는 죽음에 대해 기술한다. 장례식의 **조문객들**은 **사람**이 무덤(해 아래에서 진행되는 인생의 관점에서 보면 **자기의 영원한 집**)으로 가는 것을 암시한다(5b절). **은사슬이 끊어지고 금 그릇이 부서지는**(새번역) 것은 죽음에 이르러 무언가 값진 것, 곧 생명을 잃는 것을 가리킨다(6a절). **항아리**나 **바퀴**가 **샘** 곁이나 **우물** 위에서 **깨지**는 것은 더 이상 생명수를 길어 올릴 수 없음을 의미한다(6b절). 창조와 저주를 생각나게 하는 언어로 말하자면, 사람이 죽을 때 하나님이 생명의 숨(**영**)을 거두시고, 육체는 원래 왔던 **흙**으로 돌아간다(7절).

X. 맺음말(12:8-14)

12:8. 끝으로 코헬렛은 자신의 말을 둘러싸는 차원에서 1:2과 더불어 문학적 봉투(수미 쌍관법) 역할을 하는 주제를 되풀이한다. 해 아래에서 진행되는 이생의 모든 일이 헛되고('헤벨'), 무의미하고, 불합리하고, 실망스럽고, 무익하고, 빨리 지나간다는 것이다.

12:9-10. 이제부터는 해설자가 발언한다. 그는 먼저 코헬렛('설교자')을 평가하면서 그를 **지식**을 나누어 주고 **잠언**을 이해하고 수집한 **지혜자**로 여긴다. 코헬렛은 **기쁨을 주는**(새번역) 작가였고, 그의 말은 **진리**를 **정직하게** 전했다. 해설자는 코헬렛을 냉소적인 이단아로 여기기는커녕 오히려 칭송한다.

12:11-12. 코헬렛과 같은 **지혜자들의 말씀들**은 어떤 효과를 나타내는가? 그 말씀들은 **찌르는 채찍**들 같다(참고. Fox, *Qohelet and His Contradictions*, 324-325). 이 채찍은 가축을 따끔하게 찔러 이동시키는 데 쓰이는 장대이다. 이와 마찬가지로 말씀들도 제자를 자극하여 지혜롭고 도덕적인 행위로 이끈다. 따지고 보면 이 모든 지혜로운 말씀들은 **한 목자가 주신** 것이다(11절). 한 목자란 모든 지혜의 원천이자 권위자이신 하나님을 가리킨다(참고. 잠 1:7). 하지만 혹자는 그것이 가리키는 대상이 더 구체적이라고 주장한다. 예컨대 마이클 리델닉은 **한 목자**라는 표현은 성경의 다른 곳에서 메시아의 칭호로만 사용되고 있으며(겔 34:23-24; 37:24-25), 따라서 해설자는 여기에서 신적 메시아가 모든 지혜의 근원이라고 말하고 있는 것이라고 주장한다[Michael Rydelnik, *The Messianic Hope*, NACBT (Nashville: Broadman & Holman, 2010), 78-79].

지혜의 **책**들이 아무리 유용해도, 그것들을 끝없이 연구하면 **피곤**함만 거둘 뿐이다(12:12). 그러므로 지혜의 말씀들을 음미해야 할 때가 있고, 결론으로 나아갈 때가 있다.

12:13-14. 해설자는 코헬렛의 지혜로운 말씀들의 **결론**(새번역)으로 무엇을 제시하는가? **하나님을 경외하고 그의 명령들을 지킬지어다**. 하나님을 경외하는 것은 그분을 "존중하고, 경의를 표하고, 예배하는" 것이다(Longman, *The Book of Ecclesiastes*, 282). 하나님

의 명령들을 지키는 것은 그분을 경외한 결과이다. 해설자는 그리해야 하는 이유를 두 가지로 제시한다. 첫째, **이것이 모든 사람의 본분이기** 때문이다(13b절). 좀 더 문자적으로 읽으면, "이것이 인간의 완전한 모습"이기 때문이다. 하나님의 형상을 보유한 자로서 하나님을 경외하고 그분의 명령을 지키는 것은 인간됨의 핵심이다(Garrett, *Proverbs, Ecclesiastes, Song of Songs*, 344). 인간은 이를 위해 지어졌다. 하지만 그것으로는 부족했는지 해설자는 둘째 이유, 곧 더 부정적인 이유를 제시한다. 말하자면 **하나님**의 최후 **심판**이 있기 때문이라는 것이다(14절). 이 심판은 포괄적이고[공적인 것이든 사적인 것이든, **선한 것이든 악한 것이든**(새번역), **모든 행위**를 포함하고] 확실하다(반드시 **심판하시리라**). 우매한 자들만이 그분을 경외하지도 않고, 그분의 명령을 지키지도 않을 것이다.

결국 해 아래에서 진행되는 이 무의미한 삶에서 의미를 발견할 수 있는 유일한 곳은 해 아래의 인생 너머에 계신 분, 곧 하나님뿐이시다.

참고 문헌

Crenshaw, James. *Ecclesiastes*. Old Testament Library. Philadelphia: Westminster, 1987.

Eaton, Michael A. *Ecclesiastes*. Tyndale Old Testament Commentaries. Downers Grove, Ⅱ: InterVarsity, 1983.《전도서》, 틴델 구약주석 시리즈(CLC).

Fox, Michael V. *Qohelet and His Contradictions*. Sheffield: Almond, 1989.

Garrett, Duane A. *Proverbs, Ecclesiastes, Song of Songs*. New American Commentary. Nashville: Broadman & Holman, 1993.

Goldberg, Louis. *Ecclesiastes*. Bible Study Commentary. Grand Rapids, MI: Zondervan, 1983.

Kaiser, Walter C., Jr. *Ecclesiastes: Total Life*. Everyman's Bible Commentary. Chicago: Moody, 1979.《숭고한 삶 - 전도서 강해》(생명의말씀사).

Kidner, Derek. *A Time to Mourn, and a Time to Dance*. Downers Grove, IL: InterVarsity, 1976.

______. *The Wisdom of Proverbs, Job, and Ecclesiastes: An Introduction to Wisdom Literature*. Downers Grove, IL: InterVarsity, 1985.

Longman, Tremper, Ⅲ. *The Book of Ecclesiastes*. New International Commentary on the Old Testament. Grand Rapids, MI: Eerdmans, 1998.

Whybray, R. N. *Ecclesiastes*. New Century Bible Commentary. Grand Rapids, MI: Eerdmans, 1989.

Wright, Addison G. "The Riddle of the Spinx: The Structure of the Book of Qoheleth." *Catholic Biblical Quarterly 30* (October-December 1950): 313-334.

● ● ● ●

아가

마이클 리델닉(Michael A. Rydelnik)·팀 시글러(Tim M. Sigler)

서 론

제목. '아가'라는 제목은 히브리 원문의 여는 말, 쉬르 하쉬림 아쉐르 리숄로모(*shir hashirim asher l'sholomo*, 문자적으로 "솔로몬에게 속한/솔로몬에 관한 노래 중의 노래")에서 유래했다. 영어 번역 다수가 이 책을 솔로몬의 노래라고 여기는 반면(NASB, AV, RSV, NKJV, KJV), 다른 번역들은 이 책에 아가라는 제목을 붙인다(NIV, TNIV). 라틴어 성경 불가타는 히브리 원어 제목을 칸티쿰 칸티코룸(*Canticum Canticorum*), 또는 영어 칸티클스(Canticles, 송가)라고 번역한다(가톨릭 성경).

저자. 첫 절에서 "솔로몬의 아가"라고 밝히고 있듯이(*l'sholomo*, '솔로몬의/솔로몬에 관한'이라는 뜻이다), 이 책의 저자는 솔로몬이다. 다윗 왕의 아들 솔로몬은 통일 왕국의 전성기에(주전 970-930년) 이스라엘을 다스린 인물이자 이 책의 중심인물이기도 하다(1:1, 5; 3:7, 9, 11; 8:11-12). 하나님이 솔로몬에게 지혜를 심히 많이 주셔서 솔로몬은 3,000가지의 잠언을 말했고, 그중 다수를 잠언에 기록했으며, 1,005편의 노래를 지었다(왕상 4:29-34). (노래 중의 노래라는) 최상급 표현은 "모든 왕 중에 뛰어난 왕", "주들 중에 뛰어난 주", "지성소"(holy of holies)라는 표현과 같이 히브리어 성경에서 자주 찾아볼 수 있는 표현이다. 이것은 솔로몬의 수많은 노래들 중에 이 노래들이 그의 가장 뛰어난 노래임을 암시한다.

솔로몬은 위대한 왕이지만 한편으로는 700명의 후궁과 300명의 첩을 둔 일로 오명을 남겼다(왕상 11:3). 그런 그가 성실한 결혼 생활을 온갖 말로 칭찬하는 책을 썼다니 헷갈리는 일이 아닐 수 없다. 많은 이들이 자기가 알고 있는 지혜를 실천에 옮기지 않는 것은 매우 안타까운 일이다. 바로 이것이 솔로몬의 지혜로운 말들과 그의 우매한 행동 사이에서 드러나는 모순을 설명해주는 것 같다.

그런데 솔로몬이 중심인물이기는 하지만, 아가를 최종 형태로 기록한 이는 아닌 것 같다. 솔로몬 시대 이후에 히스기야의 신하들이 솔로몬의 잠언들을 기록했다고 잠언 25:1에 기술되어 있듯이, 아가도 후대에 이루어진 솔로몬의 사랑 시 모음집인 듯하다. 솔로몬이 그러한 다수의 노래를 썼다는 것은 열왕기상 4:29-34에서 밝히는 사실이다. 그럼에도 솔로몬의 사랑 노래는 자신의 경험을 토대로 했다기보다 이상적인 결혼 생활을 서술하려는 의도로 쓴 것들이다.

연대. 이 책은 솔로몬의 재임 중에(주전 970-930년) 혹은 그 후 얼마 지나지 않아서 구성되었을 것이다. 아가에는 오경이나 선지서들, 다수의 시편들에서 찾아볼 수 있는 역사적 기준점이 없음에도 불구하고, 아가의 해석은 연표에 의지하지 않는다.

목적과 주제. "사랑의 노래"라는 제목이 붙어 있고 왕의 혼인을 경축하는 시편 45편처럼, 아가는 부부애를 기리는 노래이다. 아가가 솔로몬과 관련되어 있다는 사실에서, 아가를 다른 지혜서들의 취지와 같은 입장에서 축하하고 경고하는 노래로 읽게 된다. 하나님이 제정하시고 권하신 부부애를 기리고, 부부간의 학대와 착취를 피하도록 주의를 주는 노래로 읽는 것이다. 솔로몬이 잠언 1-7장 도처에서 "내 아들"이라는 표현을 사용하여 미래의 다윗 왕가 지도자들에게 거듭 간청하듯이, 아가는 "예루살렘의 딸들"에게 성(性)과 관련하여 지혜롭게 처신하라고 충고한다(2:7; 3:5; 8:4). 따라서 아가는 남성적인 잠언과 짝을 이루는 것으로 읽어도 될 것 같다. 안타깝게도 솔로몬은 잠언이나 아가의 지혜를 늘 따르지는 않았다. 하지만 하나님은 그러한 결함들에도 불구하고 그를 시켜 지혜와 사랑에 관한 글을 쓰게 하셨다.

아가는 식물과 동물, 음식과 음료, 지리, 빛깔, 향기, 자연 질서의 수많은 양상들에서 이미지를 취하여 에덴동산이 생각나는 낙원 같은 경치를 이상적으로 그린다. 부부애는 타락으로 인해 오염되고 거칠어지기는 했지만, 여전히 하나님이 창조하신 것의 일부이며, 하나님이 남편과 아내에게 주시어 충분히 즐길 수 있게 해주신 좋은 선물이다.

아가는 명백히 관능적인 내용을 담고 있지만, 그렇다고 낭만적인 사랑의 입문서로 분류해서는 안 된다. 아가는 성을 소홀히 다루는 자들에게 "사랑은 죽음같이 강하고 질투는 스올같이 잔인하며"(8:6)라고 경고한다. 아가의 도처에서 나오는 이 경고들은 아가가 부부애를 기리는 찬가임을 증명한다.

따라서 아가의 주된 목적은 남편과 아내의 사랑 및 결혼을 칭송하는 데 있다. 호세아서와 잠언처럼, 이 책도 결혼 생활에서 이루어지는 성실하고 순결한 사랑의 중요성을 가르친다. 신약성경에는 그 중요성이 다음과 같이 반영되어 있다. "모든 사람은 결혼을 귀히 여기고 침소를 더럽히지 않게 하라"(히 13:4).

해밀턴은 아가의 1차 목적이 이상적인 부부애를 칭송하는 데 있다면, 2차 목적은 죄로 말미암은 소외 이후에 메시아가 영적 친밀함을 회복해주시리라는 소망을 상징하는 데 있다고 주장한다[J. M. Hamilton, Jr., "The Messianic Music of the Song of Songs: A Non-Allegorical Interpretation," *WTJ* 68 (2006): 331].

장르. 아가는 히브리 시로 쓰였다. '노래'라고 불리기는 하지만, 히브리 원어는 뮤지컬보다는 소네트에 훨씬 가까운 시를 가리킨다. 구약성경 도처에 나오는 이 문학 양식은 반복되는 단어들, 여러 언어 유형들, 대구법을 풍부하게 구사한다. 운문인 아가는 문자적으로 기술하는 단어들의 범위 밖에서 주제와 생각을 생생하게 묘사하기 위해 이미지와 상징을 사용한다(예를 들어 "네 이는 털 깎인 암양 같구나", 4:2). 로버트 고디스는 운문 사용의 의의를 다음과 같이 밝힌다. "운문의 핵심은 풍유가 아닌 상징을 사용하여 정확한 뜻매김을 넘어선 미묘한 차이들을 표현하는 데 있다…한편 상징적 언어는 문자적 언어보다 뛰어난데, 그 요소들이 실존적 실체와 표상의 성격을 아울러 지니고 있기 때문이다"[Robert Gordis, *The Song of Songs and Lamentations*, revised edition (New York: Ktav, 1974), 36-38].

해석. 학자들과 신학자들은 다수의 의견을 제시하며 아가의 도발적이고 시적인 메시지를 해석한다. 그들의 전제에 따라 아가의 해석 방법도 달라진다.

첫째, 역사상 아가에 접근하는 가장 일반적인 방법은 풍유(allegory)였다. 유대교 전통은 아가를 이스라엘에 대한 하나님의 사랑 이야기로 여긴다. 기독교의 전통은 아가를 교회를 향한 그리스도의 사랑으로 여긴다. 아가의 핵심 요소가 사랑이기는 하지만, 풍유를 강요하다 보면 원문의 메시지를 곡해하고 독단적인 의미를 부여하게 마련이다. 그런 이유로 현대 학계는 대체로 풍유를 아가에 접근하는 타당한 방법으로 여기지 않는다.

둘째, 아가를 연극으로 해석하는 것도 일반적인 접근법이다. 이럴 경우, 솔로몬과 술람미 여자(이 이름에 대해서는 6:13의 주석을 보라)는 주역을 맡고, 소수의 화자는 합창대 역할을 맡게 된다. 그러나 아가는 줄거리가 부족하고 무대 장면을 주관적으로 적용하는 까닭에 연극으로 읽기가 자연스럽지 않다. 무엇보다 이런 유형의 어엿한 희곡 문학이 고대 이스라엘 자손들에게 알려지지 않았다.

셋째, 몇몇 비판적인 학자는 아가를 고대 근동의 이교 다산 제의를 베낀 신성한 결혼 이야기로 여긴다. 그러나 아가에는 해마다 열리는 다산 제의가 들어 있지 않다. 게다가 신성한 유일신교의 성경이 이교의 다산 제의에서 내용을 빌려왔다는 것은 미심쩍다.

넷째, 아가의 장르를 놓고 일반적으로 통용되는 해

석법은 아가를 사랑 시 문집으로 보는 것이다. 이 책의 히브리어 제목은 독자들에게 책의 장르와 그 해석을 파악할 수 있는 문자 뜻 그대로의 실마리를 제공한다. 쉬르 하쉬림(*shir hashirim*, 노래 중의 노래)은 아가가 사랑 시 모음집이거나 여러 노래로 구성된 노래임을 가리킨다(그래서 "노래 중의 노래"라고 표기한 것이다). 이에 동의하지 않는 사람들은 이 해석법이 아가에 내재된 통일성과 상호본문의 연결들을 보지 못하고 있다고 주장한다.

다섯째, 최근에는 아가를 메시아 관련 문서로 읽어야 한다는 주장이 다시 제기되고 있다. 존 세일해머와 제임스 해밀턴은 아가가 메시아 대망을 조성하기 위해 메시아 관점에서 쓰였다고 주장한다.

세일해머는 아가를 교회에 대한 메시아의 사랑이 아니라 신적 지혜에 대한 메시아의 사랑을 빗댄 풍유로 간주한다. 그는 "사과나무 아래에서 내가 너를 깨웠노라"(8:5b)를 상호본문의 근거로 제시하면서 그것이 잠언의 머리말과 창세기 3장에 등장하는 타락을 가리킨다고 말한다[J.H. Sailhamer, *NIV Compact Bible Commentary* (Grand Rapids, MI: Zondervan, 1994), 359-360]. 그는 사랑하는 자는 '지혜'를, 솔로몬은 창세기 3:15에 약속된 후손을 가리킨다고 생각한다.

해밀턴은 좀 더 그럴 듯한 메시아 관점을 제안한다. 그는 풍유적 해석이 아닌 상징적 해석을 제시하면서, 다윗의 아들 솔로몬 왕이 "다윗의 고귀한 후손…다윗 왕가의 왕, 메시아 신분이 내포하는 모든 의미를 지닌 왕"을 상징한다고 말한다(Hamilton, "The Messianic Music of the Song of Songs," 331). 해밀턴은 아가의 주제를 "소외 이후에 이루어진 친밀함의 회복"으로 여기면서 다음과 같이 말한다. "이것은 창세기 3:15에서 싹튼 소망, 곧 여자의 후손이 고귀한 메시아로 오시어 에덴의 기쁨을 회복시키실 것이라는 소망과 잘 어울려 보인다"(339-340).

해밀턴은 친밀함의 회복이라는 주제가 아가를 통해 전개되고 있음을 논증한 뒤에, "나는 임의 것, 임이 그리워하는[원하는] 사람은 나"(7:10, 새번역)라는 표현이 창세기 3:16에 등장하는 '원하다'와 같은 단어를 사용하여 아가에서 절정을 이룬다고 언급한다. 이 단어[히브리어로 테수카(*tesuqah*)]는 히브리어 성경에서 세 차례만 사용된다(창 3:16; 4:7; 아 7:10). 앞의 두 용법은 타락으로 말미암은 소외를 가리킨다. 따라서 아가는 창세기 3:16의 저주에 나오는 소외를 직접적으로 언급하면서, 결국에는 메시아 왕이 여자가 받은 저주를 파기하실 것이라고 넌지시 말하는 것 같다.

이러한 관점들에도 불구하고, 아가는 이상적인 사랑과 결혼에 대한 성경의 관점을 제시하는 시로 이해하는 것이 가장 좋다. 이 해석은 아가를 성 입문서로 간주하기보다는 하나님이 창시하신 가장 신성한 현세적 관계에 대한 그분의 지침으로 여긴다. 부부애를 영적 창조물로 보는 것이다. 롤랜드 머피는 이렇게 말했다. "세속 문학이 아닌 종교 문학으로 시를 창작할 때, 그 작품이 궁극적으로 신성시하려는 바를 가장 잘 설명할 수 있다"[Roland E. Murphy, *A Commentary on the Bible of Canticles or the Song of Songs*, Hermenia-A Critical and Historical Commentary on the Bible (Minneapolis: Augsburg Fortress Press, 1990), 94-95]. 사랑과 결혼은 문화적 관습에 불과한 게 아니라 하나님이 제정하신 것이다.

통일성과 구조. 학자들은 다음 두 가지 방법으로 아가의 구조를 다룬다. 첫 번째 방법은 아가를 연대기적 흐름이나 내러티브의 흐름이 없는 노래/시들의 느슨한 모음집으로 생각하는 것이다. 두 번째 방법은 아가에 사고의 논리적 흐름이 있으며, 이 흐름은 미묘하고 거의 극적인 전개를 암시하는 교차 대구법의 구조에 기초해 있다고 보는 것이다.

전자를 지지하는 학자들은 아가를 노래/시들의 느슨한 모음집으로 간주하면서도 질서가 전혀 없는 것으로 보지는 않는다. 후렴의 반복(2:7; 3:5; 8:4)과 구조의 유사성(2:10-13과 7:12-13; 2:14, 17과 8:13-14; 3:1-5과 5:2-8; 3:6-11과 5:9-16; 4:1-7과 6:4-10)은 아가의 주제들과 관련된 내적 일관성과 구조적 통일성을 암시한다. 아가를 사랑 시 문집으로 이해하는 이들은 여러 시를 다음과 같이 분류한다.

1. 제목/표제(1:1)
2. 너로 말미암아 기뻐하며(1:2-4)
3. 거무스름한 미인과 그녀의 오빠들(1:5-7)

4. 사랑스러운 암말(1:8-11)
5. 관능적인 향기(1:12-14)
6. 어여쁜 연인, 잘생긴 애인(1:15-17)
7. 꽃들, 열매, 나무들(2:1-7)
8. 봄철의 노루와 어린 사슴(2:8-17)
9. 사랑하는 자를 찾아 나서다(3:1-5)
10. 솔로몬의 혼인식(3:6-11)
11. 미인을 기리는 솔로몬의 노래(4:1-7)
12. 사랑의 동산(4:8-5:1)
13. 한 번 더 사랑을 찾아 나서다(5:2-6:3)
14. 비교할 수 있으나 궁극적으로 유일한(6:4-10)
15. 과수원에서(6:11-12)
16. 춤추는 술람미 여자(6:13-7:10)
17. 그녀가 들로 초대하다(7:11-13)
18. 그리움의 노래(8:1-4)
19. 죽음보다 강한(8:5-7)
20. 오빠들(8:8-10)
21. 포도밭은 나만의 것(8:11-12)
22. 어린 사슴과 같아라!(8:13-14)

그러나 아가의 복잡한 상호본문 연결은 (느슨하게 묶은 시 모음집이라는) 문집이라는 이해에 반대되는 결론을 나타내지만 얼마간은 내적 통일성을 보이기도 한다. 첫째, 동일 인물들이 책의 도처에 등장하여 말한다. 여자, 사랑하는 자, 예루살렘의 딸들이 그들이다. 둘째, 다음과 같은 유사한 표현이 책의 도처에 사용되고 있다. 사랑이 포도주보다 낫다(1:2; 4:10), 향기로운 기름(1:3, 12; 3:6; 4:10), 아름다운 두 뺨(1:10; 5:13), 비둘기 같은 눈(1:15; 4:1), 양 같은 이(4:2; 6:6), 순결함을 지키게 해달라는 권고(2:7; 3:5; 8:4), 노루와 어린 사슴(2:9, 17; 8:14), 레바논(3:9; 4:8, 11, 15; 7:4). 셋째, 아가는 에덴의 아름다움을 암시하는 식물, 동물, 향기, 색깔 등 풍부하고 일관된 시적 이미지로 뭉쳐 있다.

데이비드 A. 도시는 다음과 같이 적실하게 주장한다. "아가의 세련되고 균일한 외적 구조는 아가가 단일 저자가 짓고 통합한 시임을 강하게 암시한다"[David A. Dorsey, *The Literary Structure of the Old Testament* (Grand Rapids, MI: Baker, 1999), 213]. 도시의 교차대구법 개요는 다수의 해석자들이 아가에서 관찰한 대칭성을 드러낸다.

A 상호 간의 사랑과 갈망을 담은 여는 말(1:2-2:7)
B 젊은 남자가 젊은 여자에게 들로 나가 자기와 함께하자고 청한다(2:8-17)
C 젊은 여자가 밤에 젊은 남자를 찾는다(3:1-5)
D 절정: 그들의 혼인날(3:6-5:1)
C' 젊은 여자가 밤에 젊은 남자를 찾는다. 그리고 그들은 상대를 칭송하고 사모한다(5:2-7:10)
B' 젊은 여자가 젊은 남자에게 들로 나가 자기와 함께하자고 청한다(7:11-8:4)
A' 상호 간의 사랑과 갈망을 담은 맺는 말(8:5-14)

A구간, B구간, C구간은 이상적인 결혼을 청하는 단계를 나타내고, D구간은 시집의 중심부로서 실제 혼인식에 초점을 맞춘다. 그리고 C'구간, B'구간, A'구간은 부부애가 이상적인 결혼 생활로 성숙해가는 모습을 묘사한다. 이러한 주석을 뒷받침하는 해석은 다음과 같다. 말하자면 아가는 결혼 생활의 3단계, 곧 구혼(1:1-3:5), 결혼식(3:6-5:1), 부부애의 성숙(5:2-8:4)을 묘사하기 위해 정리 또는 구성한 사랑 시 모음집이라는 것이다.

배경. 아가는 히브리어 성경의 일부로서 성문서 메길로트(*megillot*, 두루마리들) 중 하나이다. 아가는 일찍부터 70인역에 포함되었다. 미시나는 아가의 몇몇 부분이 주후 70년 이전에 성전에서 거행된 유월절 절기 중에 사용되었다고 말한다(*Ta'anit* 4:8).

주후 90년, 야브네(Yavneh) 학당의 랍비 학자들이 아가를 놓고 논쟁을 벌였다. 아가가 이미 정경에 포함되어 있었으므로 아가의 포함 여부와 관련된 논쟁이라기보다는 아가를 재심사하여 그것이 정경이 될 만한 위치에 있는지 실증하자는 것이었다. 그 자리에서 랍비 아키바는 풍유적 해석을 아가의 영적 가치를 정당화하는 수단으로 삼아 아가의 신적 영감을 옹호했다[참고. Gleason L. Archer, Jr., *A Survey of Old Testament Introduction* (Chicago: Moody, 2007), 541].

신약성경에는 인용되지 않지만 초대교회는 아가를 정경으로 인정했다. 교부들은 아가가 정경임을 인증하고, 아가를 주로 풍유로 해석했다. 아가는 교회사 내내 논쟁을 불러일으켰다.

아가의 정경 자격을 두고 오랜 기간 반대가 있어 온 이유는 하나님의 이름이 아가에서 단 한 곳에만 나오기 때문이기도 하다(8:6). 그러나 그 등장만큼은 확실하다. 게다가 본문에 하나님의 이름이 나온다고 해서 그것이 정경 포함의 기준이 되는 것도 아니다(정경에 포함된 에스더서에는 하나님의 이름이 나오지 않는다).

비판적인 학자들은 아가의 언어가 신체의 특징들과 성적 친밀함을 지나치게 묘사하고 있음을 반대 이유로 들기도 한다. 이에 답하자면, 아가가 성적 친밀함과 낭만적 사랑을 시 형식으로 언급하고 있기는 하지만, 이 이미지들은 최근 몇몇 학자들이 지나치게 성적 의미를 부여한 것에 지나지 않는다. 낭만적인 내용이 두드러지게 들어 있다고 해서 아가를 성 입문서로 격하시켜서는 안 된다. 아가는 성에 무책임하게 접근하지 말라고 경고한다(참고. 2:7; 8:4, 6). 아가는 성 입문서가 아니라 부부애를 기리는 찬가이다.

정경 자격에 대한 반대들에도 불구하고 우리는 아가를 당당한 정경으로 인정한다. 아가를 지혜에 관한 하나님의 말씀을 결혼 생활에 적용한 것으로 읽어야 할 것이다.

개 요

아가의 교차 대구법 구조(위의 '통일성과 구조'를 보라)는 포착하기 힘든 시작-중간-끝의 순서를 반영하면서, 구혼(A, B, C)에서 결혼식(D)을 거쳐 결혼 생활의 성숙(C', B', A')에 이르는 과정을 밟는다. 다음의 개요는 그러한 관점을 반영하고 있고, 우리는 이 구조를 주석의 기초로 삼았다.

Ⅰ. 구혼: 관계의 시작(1:1-3:5)
- A. 솔로몬과 술람미 여자의 소개(1:1-11)
  1. 표제: 솔로몬의 노래(1:1)
  2. 술람미 여자가 솔로몬을 동경하다(1:2-4; 참고. 6:13)
  3. 술람미 여자가 자신의 미모에 불안해하다(1:5-7)
  4. 솔로몬이 술람미 여자를 칭송하다(1:8-11)
- B. 솔로몬과 술람미 여자 사이에 사랑이 싹트다(1:12-3:5)
  1. 술람미 여자와 솔로몬이 서로를 묘사하고 칭송하다(1:12-2:6)
  2. 예루살렘의 딸들에게 보내는 경고성 후렴(2:7)
  3. 술람미 여자와 솔로몬이 들로 나가다(2:8-17)
  4. 술람미 여자가 솔로몬을 잃을까 봐 두려워하다(3:1-4)
  5. 예루살렘의 딸들에게 보내는 경고성 후렴(3:5)

Ⅱ. 결혼식: 관계의 완성(3:6-5:1)
- A. 결혼 행렬(3:6-11)
- B. 결혼 첫날밤(4:1-5:1)
  1. 신부 술람미 여자의 아름다움(4:1-7)
  2. 신랑 솔로몬의 부탁(4:8)
  3. 신랑이 신부의 아름다움을 예찬하다(4:9-11)
  4. 신랑이 신부의 순결을 예찬하다(4:12-15)
  5. 신랑과 신부가 신방에 들어 결혼을 완성하다(4:16-5:1)

Ⅲ. 결혼 생활: 관계의 성숙(5:2-8:4)
A. 무관심의 문제와 그 해결(5:2-6:13)
1. 냉담과 방심(5:2-8)
2. 회복된 애정과 매력(5:9-16)
3. 동산에서 애정을 확인하다(6:1-3)
4. 친밀함의 회복(6:4-13)
B. 성숙한 사랑의 표현(7:1-10)
1. 솔로몬이 아내의 아름다움을 예찬하다(7:1-6)
2. 남편이 아내를 갈망하다(7:7-9a)
3. 서로 바람과 헌신을 표현하다(7:9b-10)
C. 아내가 친밀함을 갈망하다(7:11-8:4)
1. 아내가 친밀함의 주도권을 쥐다(7:11-13)
2. 아내가 더 밀도 높은 친밀함을 원하다(8:1-4)
Ⅳ. 결론(8:5-14)
A. 부부애의 힘(8:5-7)
B. 솔로몬과 술람미 여자의 지속적인 사랑(8:8-14)

주 석

아가는 저자인 솔로몬을 소개하며 시작한다. 그러고는 연이어 노래를 제시하며 왕(1:1,4,16)과 젊은 여자 사이에서 이루어지는 구혼을 묘사한다(1:1-3:5). 나중에 그녀는 "술람미 여자"로 신원이 밝혀진다(6:13에서 설명하는 내용을 보라). 이 주석에서는 명확성을 기하기 위해 이 명칭으로 부르고자 한다. 아가의 서두에서부터 "우리"(1:4b), 곧 "예루살렘의 딸들"(1:5)의 합창이 울려 퍼지며 핵심적인 생각을 되풀이한다. 여기서 가장 주목할 만한 사실은 이 구간이 결혼과 그 완성에 앞서 솔로몬과 술람미 여자 사이에 싹튼 사랑을 기술한다는 것이다.

Ⅰ. 구혼: 관계의 시작(1:1-3:5)

A. 솔로몬과 술람미 여자의 소개(1:1-11)

1. 표제: 솔로몬의 노래(1:1)

1:1. 히브리 원문의 첫 단어 쉬르 하쉬림(*shir hashirim*)은 이 작품을 **솔로몬의 가장 아름다운 노래**(새번역) 혹은 '모든 노래들 중의 노래'로 소개한다. 이 최상급 형식(단수형 명사+관사+동일한 명사의 복수형)은 "모든 왕 중에 뛰어난 왕", "주들 중에 뛰어난 주", "지성소"(holy of holies)라는 표현들에서도 볼 수 있다. 이 노래들은 솔로몬이 지은 최고의 작품들이다.

2. 술람미 여자가 솔로몬을 동경하다(1:2-4; 참고. 6:13)

1:2-4. 여자는 솔로몬의 여러 매력적인 특성(그의 **입맞춤**, 그의 **입**, 그의 **사랑**, 그의 **향기**, 그의 **이름**)에 초점을 맞추어 그에 대한 낭만적인 갈망을 표현한다. **왕이 나를 그의 방으로 이끌어 들이시니**에 쓰인 동사는 사건의 완료가 아니라 갈망이나 소망을 암시하는 의뢰의 완료로 읽는 것이 좋다. 따라서 그 표현은 "아아, 왕께서 나를 그의 방으로 데려가주시면 좋으련만"으로 읽어도 된다(참고. HCSB). 이것이 더 나은 독법인 것은 그들의 결혼식이 미래에나 성사될 것이기 때문이다.

예루살렘의 딸들(참고. 1:5; 3:10; 5:8, 6)은 다음의 사실에 동의한다. **우리가 너로 말미암아 기뻐하며 즐거워하니 그녀가 그를 사랑함이 마땅하니라**(1:4b). **포도주보다 낫고**(2절) **포도주보다 더 진하다**(4절)는 표현은 아가에 자주 등장하는 이미지로서(1:2, 4; 4:10; 5:1; 7:2, 9; 8:2) 그들의 관계가 포도주가 주는 즐거움보다 더 즐거움을 암시한다(잠 5:18-19). 성경에서 포도주는 기쁨(시 104:15; 슥 10:7) 및 예배(출 29:40; 민 15:1-10)와 관계있다. 아가에서 포도주는 항상 긍정적으로 언급된다(1:2, 4; 4:10; 5:1; 7:2, 9; 8:2). 이 여는 말은 실현되지 않은 낭만적 사랑을 육체적으로 갈망하고 있음을 암시한다. 그러한 갈망은 하나님이 제시하신 도덕적인 가치 안에서 표현될 때 하나님의 좋은 선물이 된다.

3. 술람미 여자가 자신의 미모에 불안해하다 (1:5-7)

1:5-7. 그녀는 **예루살렘의 딸들**에게 자신의 외모를 변명하며 자신이 스스로를 돌보지 않게 된 것은 오빠들 때문이라고 말한다. 오빠들이 당시 고대 문화에서 보통은 남자들이 맡던 고된 일을 그녀에게 시켰던 것이다(5-6절). **나의 포도원**이라는 표현은 "나의 육체, 여자다움, 여성스러운 매력"을 가리키는 은유이다. 오빠들은 이후로 등장하지 않다가 아가의 끝부분, 곧 8:8에서 다시 등장하지만 그때에도 여전히 부정적으로 언급된다. 여기에서도 그녀는 오빠들과 거리를 두면서 그들을 **내 어머니의 아들들**이라 부른다. 따라서 여기에 언급된 오빠들은 아가에서 종종 연인들에게 헤살을 놓는 도시 모티프의 일부라고 할 수 있다. 그들은 다른 구경꾼들과 마찬가지로 젊은 여자의 연애에 대한 관심에 도움이 되지도, 그것을 인정하지도 않는다. 젊은 여자는 햇볕에 그을린 자신의 피부를 이국풍의 화려하고 검은 이미지, 곧 베두인이 사용하는 [흑염소 털로 만든] **게달의 장막**과 **솔로몬의 휘장**에 빗댄다. 역대하 3:14에서는 솔로몬의 휘장을 다음과 같이 묘사한다. "청색 자색 홍색 실과 고운 베로 휘장 문을 짓고 그 위에 그룹의 형상을 수놓았더라." 이 이국풍의 가구들처럼 그녀는 검지만 아름답다. 그녀가 스스로를 **거무스름**하다고 묘사한 것은 자신의 인종을 말하거나 태생이 이스라엘 이외의 지역이라는 뜻이 아니다. 그녀의 피부색이 검은 것은 햇볕에 그을려서이지 아프리카 태생이어서가 아니다. 그녀는 보다 더 세련된 예루살렘의 딸들처럼 응석을 마음껏 부려보지 못했다. 하지만 이 시골뜨기 여자는 자기만의 매력을 잘 알고 있다. 7절에서 그녀는 사랑하는 자가 **양** 치는 곳과 **정오에** 쉬는 곳을 알고 싶어 한다. 한낮의 더위가 한창일 때 쉬는 것은 양치기들의 공통된 습관이었다. **얼굴을 가린 자**라는 표현은 그녀가 솔로몬이 없어서 애곡하는 자와 같은 차림으로(겔 24:17, 22) 슬픈 기색을 띠는 것을 의미한다.

4. 솔로몬이 술람미 여자를 칭송하다(1:8-11)

1:8-11. 다른 세대나 다른 문화권의 연인들처럼, 이 한 쌍도 때로는 자신들의 신원을 상상의 용어로(예를 들어 양치기, 농부, 동물, 오빠와 누이로, 때로는 왕가의 일원으로) 밝힌다. 양치기와 여자 양치기의 이미지는 해석자들에게 종종 혼란을 불러일으켰다. 하지만 고대의 왕들은 종종 양치기와 자신의 직업을 동일시하고, 이 직업을 이상적으로 여겼다. 남자는 양치기라도 되는 양 유쾌하게 응답하며 그녀에게 자기를 보러 오라고 청한다. 여자를 말에 비유하는 것은 오늘날 칭찬이 아니다. 여기에서 말하는 요점은, 그 여자가 병거를 끄는 다수의 수말 사이에 자리하여 마음을 어수선하게 하는 한 마리 암말(새번역)과 같다는 것이다. **바로**에 대한 언급은 아가에서 계속해서 나오는 왕실 이미지이다. 그녀의 외모에 대한 아낌없는 묘사가 그 뒤를 잇는다. 11절에서 예루살렘의 딸들(**우리**, 참고. 1:5)은 그녀에게 **금 사슬에 은을 박아**서 아름다운 장신구를 만들어주겠다고 말한다. 이는 그들이 그녀를 조롱하다가(참고. 1:6) 마음이 완전히 바뀌었음을 가리킨다.

B. 솔로몬과 술람미 여자 사이에 사랑이 싹트다 (1:12-3:5)

이 구간은 구혼의 진전을 일련의 짧은 시로 제시한다. 그들이 서로에게 풍기는 매력과 서로를 향한 그리움이 구간 전체에 걸쳐 강화된다.

1. 술람미 여자와 솔로몬이 서로를 묘사하고 칭송하다(1:12-2:6)

1:12-14. 마음을 끄는 향기가 이 삼행시의 주제를 제시한다. 첫째, 여자의 기름(**나도 기름**)이 향기를 뿜는다. 그녀는 사랑하는 자를 자신의 두 젖가슴 사이에 자리한 향기로운 **몰약** 주머니에 빗대고, 더 나아가 **엔게디 포도원의 고벨화 송이**에 빗댄다. 엔게디는 사해 근처의 거친 유대 광야에 위치한 열대 오아시스로서 다양한 향료 식물의 산지로 알려져 있었다. 또한 그녀

는 사랑하는 자를 생각하며 즐거움에 휩싸인다. 엔게디는 후각 외에 그 지형으로도 시에 시각적으로 이바지하는데, 상쾌한 오아시스로서 연인들을 위한 이상적인 장소가 되어주고 있다.

1:15-17. 아가와 인생에서 제시하는 연애의 비결은 존중의 말을 주고받는 데 있다. 다수의 번역이 표제를 삽입하여 아가의 곳곳에서 그때그때 말하는 이가 누구인지를 가리키지만, 화자가 불분명한 대목도 더러 있다. NASB는 여성 연인을 **사랑**[darling, 히브리어로 라아이아(*ra'ayah*)]이나 "내 사랑"(*ra'ayati*, 라아이아티)으로, 남성 연인은 **사랑하는 자**[beloved, 히브리어로 도드(*dod*)]나 "내 사랑하는 자"(*dodi*, 도디)로 일관되게 읽는다. 이 한 쌍이 서로를 칭송하며 대화를 나누는 곳은 **백향목**으로 지은 집의 푸른(화려한) **침상**[소파 혹은 침대]이다(향기로운 식물들에 둘러싸인 자연의 정경을 이상적으로 그리고 있다). **비둘기 같은 눈**은 1:15, 4:1, 5:12에서 언급된다. 각각의 용례에서 눈은 비둘기가 지닌 어떤 특징, 아마도 온화함이나 날개 치는 방식을 가리키는 것으로 보인다.

2:1-4. 여자는 자신을 꽃에, 사랑하는 자를 사과나무에 비유한다. 1-2절에 등장하는 꽃들이 정확히 무엇인가에 대해서는 논쟁의 여지가 있다. 그녀는 자신이 아리땁다며 기름진 **샤론** 평원(이스라엘의 지중해 연안에 자리한 곳으로서 푸르게 우거지고 기름진 지역, 참고. 사 33:9; 35:2)의 들꽃, 곧 그(the) 골짜기의 백합화(히브리 원문에는 정관사가 없다)라고 넌지시 말한다. 남자는 아가 2:2에서 그녀가 백합화들 가운데 그 어느 백합화보다 아름답다고 답한다. **가시나무 가운데 백합화 같다**는 것은 그녀를 다른 처녀들과 비교하는 표현이다. 이에 대한 감사의 응답으로 그녀는 그가 열매를 맺지 않는 단순한 **수풀 가운데 사과나무**['살구나무'로 읽는 것이 더 낫다. 고대 이스라엘에서 사과를 재배했다는 증거가 없다] **같다**고 말하면서 그의 비길 데 없음을 칭송한다(3절).

이 시는 관계 발전에 특히 필요하고 중요한 몇 가지 사항을 알려준다. 첫째, 여자는 보호받는 느낌을 소중히 여긴다는 것이다. **그늘에** 앉는 것은 성경 도처에서 말하는 보호의 이미지이다(참고. 시 36:7; 91:1; 사 16:3). 둘째, 사랑하는 남녀는 함께하는 즐거움을 계발해야 한다는 것이다. 술람미 여자는 그와의 교제를 즐기고 **심히 기뻐하며** 그와 함께 앉는다. 셋째, 사랑하는 남녀는 서로에 대한 지식을 차츰 쌓아가야 한다는 것이다. **사과나무**의 **그 열매**가 그녀의 **입에 달았다**는 이미지에는 사적으로 친밀한 경험의 중요성이 담겨 있다(참고. 시 34:8). 이것은 사랑하는 남녀가 깊은 관계를 맺되 육체관계까지는 가지 않았음을 나타낸다. 넷째, 사랑하는 남녀에게는 공개적인 약속이 필요하다는 것이다. 솔로몬은 그녀를 **잔칫집**에 데려감으로써 자신이 그녀를 사랑하고 있음을 사람들에게 알린다. 그가 이 잔칫집에서 자신의 사랑을 **깃발**[히브리어로 데겔(*degel*). 군대의 소속을 확인하거나 군대를 지휘하는 용도로 쓰는 깃발 또는 기장]로 표시한다. **깃발**을 단다는 것은 소유와 지휘를 암시한다. 이러한 보호, 교제, 지식, 헌신의 표현들은 구혼의 친밀함과 약속을 발전시키고, 확고한 안정감과 자존감을 확립하여 남녀를 견실한 결혼으로 이끈다. [위의 네 원리는 Jack Deere, "Song of Songs," BKCOT edited by John F. Walvoord and Roy B. Zuck (Wheaton, IL: Victor Books, 1985), 1014-1015의 관찰을 토대로 정리한 것이다. 《전도서 아가》, BKC 강해주석(두란노).]

2:5-6. 그녀는 자신이 사랑 때문에 기진하여 **병이 생겼**다는 반응을 보인다. 그녀는 자신의 상태를 전하면서 사랑을 가리키는 고대의 상징들인 **건포도**와 **사과**(혹은 살구, 참고. 2:3)로 힘을 돋우어달라고 부탁한다. 결혼에 가까이 다가갈수록 술람미 여자는 사랑하는 자를 그리워하며, **그가 왼팔**로 그녀의 **머리**를 고이고, **오른팔**로 안아주기(문자적으로 '어루만져주기')를 바란다. 이는 그녀가 장차 그와 결혼하여 육체적 애정을 표현할 준비가 되어 있으며, 그에게도 그러한 표현을 기대하고 있음을 나타낸다(참고. 8:3).

2. 예루살렘의 딸들에게 보내는 경고성 후렴(2:7)

이 단위는 세 개의 경고성 후렴(2:7; 3:5; 8:4) 가운데 첫 번째 것으로 끝을 맺는다. 이 간청들은 아가에서 구조상 표지 역할을 하면서 사고 단위의 끝과 시작을 가리킨다.

2:7. [**예루살렘의 딸들**에게 맹세시키면서 그들의 약속을 요구하는] **내가 너희에게 부탁한다**는 사랑은 중대사이니 바보같이 혹은 별생각 없이 끼어들지 말라고

당부하는 표현이다. 예루살렘의 처녀들이 아가에 기술된 유형의 관계를 즐길 수 있으려면, 성의 열정을 너무 일찍 **흔들**거나 **깨우지** 않도록 조심하는 게 좋다는 것이다. **내 사랑**[더 나은 독법은 '그것']**이 원하기 전에는**이라는 표현은 그런 즐거움에는 적절한 때가 있음을 암시한다. 억지로 하거나 서두르면 비참한 결과가 올 수 있으니 성적 경험은 혼인 서약을 성실히 지키는 가운데 자연스럽게 발전할 수 있을 때까지 미루는 게 좋다는 것이다. 다산과 관련이 있는 들짐승들, 곧 **노루**와 **들사슴**이 이 서약의 증인으로 지명된다. 이것은 아마도 아가에서 신명(神名) 사용을 피하기 위해 계속해서 사용하는 완곡한 표현인 듯하다.

3. 술람미 여자와 솔로몬이 들로 나가다(2:8-17)

2:8. 아가는 사랑하는 남녀를 둘이 함께하면서 즐겁게 교제하는 모습으로 그리기도 하고, 떨어져서 그리워하며 기다리는 모습으로 그리기도 한다. 이는 감정을 바람과 성취의 관점에서 표현한 것이다. 그들은 자신들의 재회와 결혼 생활의 짜릿한 친밀함을 고대한다. 그동안 둘은 떨어져 있었지만, 이제 상대가 시야에 들어오자 재회할 기대에 가슴이 벅차오른다(8절). 여자는 사랑하는 자를 **산에서** 뛰는 노루나 젊은 수사슴에 비유한다. 이는 2:8-17의 서두와 끝에서 반복되는 테마로서, 시를 둘러싸며 별개의 단위로 두드러지게 하는 구조(수미 쌍관법)를 제공한다. 이 시는 한 쌍의 남녀가 혼인식을 올리고 신방에 들어 결혼을 완성할 꿈에 부풀면서도 다소의 두려움과 어색함, 장애물에 맞닥뜨리다가 마침내 그것들을 극복하는 모습을 그린다.

2:9-13. 그녀는 사랑하는 자의 여정이 재빠르고 날랜 **노루**와 **어린 사슴**의 몸놀림 같다고 상상한다(9절; 17절과 8:14도 보라). 그녀는 남자가 어서 도착하기를 초조하게 기다리고, 그는 여자에게 속히 닿겠다는 일념으로 에움길을 전혀 거치지 않는다. 그녀의 연인은 산과 작은 산이 장애물임을 분명히 알면서도 그녀와 함께하는 즐거움을 맛보기 위해 그것들을 순식간에 훌쩍 뛰어넘는다.

그는 마침내 당도하여 둘만의 재회를 열망하며 그녀의 집 밖에 **서서**, **들여다보고**, **창살 틈으로 엿보며** 그녀를 기다린다(9절). 이제 그는 애인을 부르며(10-14절) 자기와 함께 들로 나가자고 유혹한다. 그는 그녀를 설득하면서 계절을 알리는 자연의 지표가 두 사람의 **때가 이르렀**음을 알리고 있다고 말한다(12절). 자연에 대한 아름다운 묘사는 에덴동산을 상기시킨다.

우리 땅(12절)이라는 표현은 신학적 차원에서 이스라엘이 족장들과 그 후손들이 약속 받은 땅과 연결되어 있음을 암시한다. 그 땅은 그들이 지내기에 더할 나위 없는 곳이고, 특히나 봄은 더없이 좋은 때이다. 그리고 사랑하는 남녀는 서로를, 그 땅이 두 연인의 낙원이라도 되듯이 제공하는 모든 것을 즐기기에 더없이 적합한 사람으로 여긴다.

2:14. 봄의 시는 14절에서 정점에 달한다. 남자는 애인에게 들에서 만나자는 자신의 초대를 받아달라고 간청한다. 그는 애인에게 **나의 비둘기**라는 애칭을 붙인다(참고. 1:15; 2:14; 4:1; 5:2, 12; 6:9). 비둘기는 평생토록 자기 짝과 함께 다니는 새이다. 비둘기들이 종종 **바위틈 낭떠러지 은밀한 곳**을 피난처로 삼는 것처럼, 그도 애인과 함께 그런 은밀한 곳에 있고 싶어 한다. 용기를 북돋는 남자의 말에 그녀는 안도감이 들면서 그와 함께하고 싶은 마음이 간절하게 든다(2:16-17). 그녀는 때맞춰 다음과 같이 자신 있게 단언한다. "내 사랑하는 자는 내게 속하였고 나는 그에게 속하였도다"(16절; 참고. 6:3).

2:15-17. **포도원**을 둘러싼 벽과 한 줄로 심겨진 나무들은 외부인이 포도나무의 향기를 따라 그 안을 들여다보지 못하도록 격리와 자연스러운 보호를 제공한다(참고. 2:13). 포도원은 낭만적인 만남을 갖기에 더없이 좋은 곳이다. 하지만 포도원에는 거기에서 살면서 연한 꽃들을 해치는 **작은 여우**도 있다. 이 이미지는 관계를 어렵게 하는 것들을 **잡**아내어, 차츰차츰 자라며 깊어지는 교제를 망치지 못하게 하라는 경고이다. 사랑하는 남녀는 그러한 해로운 요소들로부터 자신들을 지키지 않으면 안 된다. 시의 말미에서 여자는 상호 귀속(**내 사랑하는 자는 내게 속하였고 나는 그에게 속하였도다**, 16절)을 말하고, 그를 부르면서 **어린 사슴**처럼 자기에게 빨리 돌아오라고 말한다(이는 9절을 떠올리게 한다).

4. 술람미 여자가 솔로몬을 잃을까 봐 두려워하다 (3:1-4)

3:1-4. 들에서 구애하는 시간을 보낸 뒤, 솔로몬은

아

술람미 여자를 떠나 예루살렘으로 돌아간 것 같다. 여자는 꿈결에 혹은 악몽 속에서 **밤새도록**(새번역) **그를** 거듭 **찾아**다닌 경험을 이야기한다. 그녀는 약혼 기간 내내 신랑을 소유하고 붙들고 있기를 갈망했으며 이별을 더 이상 견딜 수 없음을 느꼈다. 채워지지 않은 갈망이 어찌나 컸던지 그녀는 꿈속에서 위험한 밤 시간에 거리와 광장으로 나가기까지 한다. 밤이 되면 그러한 곳에 범죄자들과 매춘부들이 우글거리는 까닭에(참고. 잠 7:8, 12), **야경꾼들**(새번역)이 **성안을 순찰하**지만 신랑을 찾아 나선 그녀에게 아무 도움이 되지 못한다. 이는 5:2-8에 나오는 유사한 장면에서 더 분명해진다. 그녀는 급한 마음에 야경꾼들을 **만나**자마자 먼저 그들에게 묻는다. **내 마음으로 사랑하는 자를 너희가 보았느냐**. 이 대담한 행위는 낭만적인 사랑의 힘이 얼마나 강력하기에 사람이 자신의 안전과 안정, 사회적 지위마저 위험에 내맡길 수 있는가를 여실히 보여준다. 아가는 헌신적인 연인들에게 혜살을 놓는 몇 가지(예를 들어 1:6과 8:8-9에서는 가족 구성원, 2:15에서는 관계를 망치는 것들, 8:1-2에서는 그들의 연인 관계를 인정하지 않는 일반 사람들)를 언급한다. 하지만 그를 향한 그녀의 마음은 조금도 줄어들지 않는다.

그녀가 그를 찾고 나서 보인 행동은 현대 독자들에게 특이하게 보인다. **그를 붙잡고 내 어머니 집으로, 나를 잉태한 이의 방으로 가기까지 놓지 아니하였노라**. 이 낯선 행동을 매춘부의 뻔뻔함으로 오해해서는 안 된다(참고. 잠 7:13; 호 2:7). 오히려 그녀는 자신의 꿈을 다른 형식으로 이야기하면서 연애 욕구에 대한 적절한 응답은 결혼 서약임을 나타내고 있다. 그녀는 자신들이 결혼식을 올리고 신방에 들어 결혼을 완성할 때까지 그 무엇도 그들을 갈라놓지 않기를 바란다. **어머니 집**이라는 표현은 아가에서 두 차례 나오고, 구약성경의 다른 책들에서 두 차례 더 나오는데(3:4; 8:2; 창 24:28; 룻 1:8) 모두 결혼의 맥락에서 언급된다. 고대 근동에서는 어머니가 혼사를 정하는 경우가 많았다.

5. 예루살렘의 딸들에게 보내는 경고성 후렴(3:5)

3:5. 이 후렴은 구혼 구간(1:1-3:5)을 종결하고, 결혼식 구간(3:6-5:1)으로 넘어간다. **예루살렘의 딸들**에게 하는 그녀의 부탁은, 그들에게 신방에 들기 전에는 성의 열정을 **흔들지도**, **깨우지**도 말 것을 명하는 효과를 낸다(참고. 2:7; 8:4). 이 권고는 현대의 독신자들에게도 결혼해서 성을 정당하게 표현할 수 있기 전까지 기꺼이 혼전 순결을 지키고 성에 관한 실험을 피해야 한다는 사실을 일깨운다.

Ⅱ. 결혼식: 관계의 완성(3:6-5:1)

고대 이스라엘에서는 혼담을 부모가 정했다(예를 들어 창 24:1-67). 결혼식이 거행되는 날에는 신부 집으로 가는 신랑의 행렬이 있었고(참고. 마 25:1-13), 그런 다음 결혼식과 잔치가 이어졌다. 이 구간은 결혼 행렬(3:6-11)과 결혼의 완성(4:1-5:1)을 묘사한다.

A. 결혼 행렬(3:6-11)

3:6-11. 초점이 부탁(5절)에서 묘사(6-11절)로 옮겨간다. 이 시는 질문과 답변(~는 **자가 누구인가/볼지어다**, 그것은 ~라)이라는 흔한 시적 장치를 활용하여 솔로몬 왕이 중심이 된 결혼 행렬의 장관을 기린다. 묘사는 시각과 후각을 사로잡는 정교한 호위대를 떠올리게 한다. 이 호위대는 **가마**(9절, 몇 개의 장대 위에 얹어 운반하는 장식 걸상)를 탄 신랑 **솔로몬 왕**의 행렬을 돋보이게 한다.

성경에 등장하는 성전 및 왕실 정원과 관련된 다수의 물품이 가마 묘사에서 드러나기 시작한다. 성막의 기구는 솔로몬의 가마처럼 **은**과 **금**으로 싸여 있었다(출 26:32; 36:36). 솔로몬의 왕궁과 성전은 솔로몬의 **가마**처럼 **레바논**에서 수입한 나무로 건축되었다(왕상 5:6; 10:17; 대하 2:8, 10). **거친 들에서** 향기를 풍기며 예루살렘으로 **올라오는**[새번역, 히브리어로 올라(*olah*)]이라는 표현은 성전의 이미지를 떠올리게 한다. '올라'는 달콤한 냄새를 풍기는 향기가 되어 주님께 '올라가는' 온전한 번제를 가리키는 용어이기 때문이다(예를 들어 레 3:5). **연기 기둥**은 **몰약**과 **유향**과 여러 가지 매매용 향내를 풍겼는데, 이는 아가에 등장하는 "몰약 산과 유향의 작은 산"(4:6)을 떠올리게 한다. 이 개념들의 이미지는 성전과 동산의 이미지를 통합한 것이다. 성전과 동산 모두 갱신과 친교의 장소이다. 이 시가 제공하는 장면은 장엄하고 화려하며 거룩하다.

3:5에서 경고를 받은 예루살렘(시온의 동의어)의 딸들은 이제 11절에서 다음과 같은 권고를 받는다. **시온**

의 딸들아 나와서 솔로몬 왕을 보라, 그의 어머니가 씌운 왕관이 그 머리에 있구나. 이 위엄 있는 광경은 **그의 마음이 한껏 즐거운 날**(새번역)로 기술된 **혼인날**이 얼마나 중요한 날인지 여실히 드러낸다(참고. 시 45:1). 하나 됨, 헌신, 고귀한 결합을 간절히 사모하는 마음이 결혼으로 한껏 달아오른다.

기쁨과 헌신을 말하는 이 결혼 노래가 불성실한 남편으로 유명한 솔로몬 왕의 다른 모습들과 관련이 있다는 것은 놀라운 사실이 아닐 수 없다. 다음 두 가지 설명이 이 퍼즐을 맞추는 데 도움이 될 것이다. (1) 이 사랑 시들은 무엇보다도 솔로몬이 격찬한 이상적인 결혼 생활의 한 표현일 것이다. 따라서 이것이 그의 실제 경험이었다고 주장할 필요는 없다. (2) 솔로몬은 좀 더 젊은 시절에 좀 더 지혜롭고 성실한 왕이었을 것이다. 하지만 그는 결국 하나님이 모세에게 조심하라고 경고하신 압력들, 곧 정치적 협정의 보증으로 여러 명의 아내를 두는 것과 같은 압력에 굴복하고 말았다(신 17:17; 왕상 11:4). 오늘날 많은 남자들과 마찬가지로 솔로몬도 더 나은 길을 알고 있으면서도 그렇게 행하지 못했다. 어쨌든 아가에서는 결혼 생활의 성스러움과 관련하여 솔로몬이 남긴 비극적인 유산에도 불구하고 성경이 이상적으로 제시하는 것, 곧 한 아내와 한 남편이 결혼 서약을 통해 평생토록 하나 되는 것을 칭찬하고 옹호한다.

B. 결혼 첫날밤(4:1-5:1)

1. 신부 술람미 여자의 아름다움(4:1-7)

여기에서 솔로몬은 술람미 여자에게 어여쁘다고 세 차례나 말한다(1절에서 두 차례, 7절에서 한 차례). 현대인들에게는 생소하지만 이 아름다움의 비유들은 솔로몬 시대의 이스라엘에서는 대단히 시적인 이미지였다. 이 구간에서 솔로몬은 그녀의 아름다운 일곱 부위, 곧 눈, 머리털, 이, 입술/입, 뺨, 목, 유방을 예찬한다.

4:1-7. 이와 같이 묘사하는 시들은 고대 근동의 결혼 노래에서 일반적으로 채택되었고, 지금도 여전히 중동 지역에서 통용되고 있다. 그러한 시들은 신부의 경이롭고 매력적인 모습을 예찬하고, 아름다운 신체를 부위별로 묘사하며, 비유법을 활용하여 x(그녀의 신체 부위 중 하나)는 y(자연에서 찾아볼 수 있는 아름다운 요소) 같다고 기술한다. 아가에서는 세 편의 시가 여자를 묘사하고(4:1-7; 6:4-10; 7:1-9), 한 편의 시가 남자를 묘사한다(5:10-16). 해석자는 어째서 x는 y와 같은지 답하지 않으면 안 된다. 시로 대답할 경우, 그 답은 여럿일 수 있다. 독자와 솔로몬 사이에 가로놓인 문화적 차이와 역사적 거리 때문에, 오늘날의 현대 독자들에게 이 비유들은 낯설게 여겨질 것이다. 하지만 고대에 그것은 아름다움을 표현하는 매력적인 이미지들이었다. 현대의 연인들은 서로를 예찬하는 다정한 말의 중요성에 대해 아가에서 배울 점이 많다.

남자는 애인의 **눈**과 **머리털**을 기리는 것으로 예찬을 시작하여(1절) **이**(2절), **입술**, **입**, **뺨**(3절)으로 옮겨간다. 머리털, 이, 뺨과 같이 되풀이되는 이미지들에 관한 상세한 설명은 6:5-7의 주석을 보라. 그녀의 **머리털**은 **길르앗 산기슭**을 타고 내려오는 **염소 떼**로 보인다. 길르앗산은 요단강 동쪽 산맥으로서 목초지로 유명했다(참고. 미 7:14). 멀리서 보면 흑염소 떼가 산기슭을 타고 폭포처럼 내려오는 모습이 아름답게 보였다. 그녀의 **눈**을 비둘기에 비유한 것은 비둘기의 온화함이나 날개치며 나는 방식 때문일 것이다. 홍색 실 같은 그녀의 **입술**은 붉고 폭이 좁다. 그녀의 **입**은 이 목록 중에서 유일하게 비유의 대상이 없다. 그저 매력을 평가할 때 쓰는 용어로 그녀의 입이 **어여쁘**다고 말할 뿐이다.

그의 긍정적인 묘사는 그녀의 **목**으로 내려간다(4절, 그녀의 목은 빼어나서 다윗의 망대 같다. 성경은 이 망대에 관해 아무 이야기도 하지 않는다). 그러고는 그녀의 **두 유방**을 생생히 평가하는 데에서 정점에 달한다. 그녀의 두 유방은 **백합화 가운데서 꼴을 먹는 쌍태 어린 사슴 같다**(5절). 이는 민첩한 동물의 부드럽고 유연한 형상을 가리키거나, 한 쌍의 암사슴이 고개를 숙이고 꼴을 먹을 때 보이는 둥근 엉덩이를 가리키는 것 같다. 대부분의 해석자는 6절, 곧 향기로운 두 산의 묘사(**내가 몰약산과 유향의 작은 산으로 가리라**)를 남자가 애인의 두 유방을 찬탄하며 공들여 쓴 것으로 이해한다. 7절은 애정을 다하여 시를 요약하면서 그 주제를 다음과 같이 되풀이한다. **너는 어여쁘**다. 남자는 그녀에게서 **아무 흠**도 보지 못한다(참고. 5:2). 무릇 남편이라면 자기 아내를 이렇게 여겨야 한다. 아내에 대한 사랑이 아름다움의 기준이 되어야 한다. 변하기 쉬운 외모에 대한 문화적 규범이나 세월의 흐름이 기준이 되어서는 안 된다. 남편이 아내의 육체적 아름다움과 본질적 가치를 인정하는 것, 바로 그것이 부부 관계의 평생 기준이 되어야 한다(참고. 잠 5:18; 말 2:14).

2. 신랑 솔로몬의 부탁(4:8)

4:8. 청하고, 묘사하고, 수용하는/완성하는 형식의 이 시는 종종 아가 전체의 주요 특징으로 간주된다. **가자**는 말은 결혼 첫날밤을 치르자는 청이다. 이 구간(4:8-5:1)에서 솔로몬은 그녀를 여섯 차례나 **내 신부**라고 부른다. 이는 구혼에서 결혼으로 관계가 바뀌었음을 암시한다. 신랑은 신부가 머나먼 **아마나**와 **스닐**과 **헤르몬** 꼭대기 근처에 있는 **레바논** 산지의 동화 같은 나라에서 오고 있기라도 하듯이 그녀에게 자기와 함께 결혼 관계를 완성하자고 청한다. 유명한 헤르몬산이 현대 이스라엘과 시리아와 레바논의 국경을 형성하는 반면, 아마나 꼭대기와 스닐 꼭대기의 정확한 위치를 두고는 논쟁이 분분하며, 성경 시대의 다른 집단들도 그 위치를 혼동했다(참고. 신 3:9). 아마도 그것은 헤르몬산으로 알려진 능선의 다른 봉우리들인 듯하다.

3. 신랑이 신부의 아름다움을 예찬하다(4:9-11)

이 대목에서 신부가 함께하자는 신랑의 청을 받아들이자 솔로몬은 자신을 향한 그녀의 육체적 사랑의 표현을 예찬한다. 결혼 첫날밤에 앞서 신부의 순결과 처녀성을 묘사하는 은유들이 이어진다.

4:9. 그는 그녀의 사랑에 사로잡힌다. 그녀로 인해 심장이 더 빨리 뛴다. 그는 이 구간 전체에 걸쳐 **신부를 내 누이**라는 애칭으로 부른다(참고. 10, 12절; 5:1-2). 그것은 고대 근동에서 사랑하는 남녀 사이에 통용되던 친애의 표현이지 진짜 남매 사이를 암시하는 표현은 아니다.

4:10-11. **사랑**을 뜻하는 히브리 단어(*dod*, 도드)는 여기에서 육체의 친밀하고 열렬한 사랑을 나타낸다(참고. 1:2, 4; 5:1; 7:12; 잠 7:18; 겔 16:8). 남편과 아내의 친밀한 육체관계는 **포도주보다 진하고**(참고. 1:2, 4), **각양 향품보다 향기롭**다. 그녀의 입맞춤은 **꿀**과 같고 **젖**과 같다. 이는 약속된 땅의 달콤함을 연상시킨다(참고. 출 3:8; 레 20:24; 신 6:3). 그녀의 의복은 백향목이 많이 나는(왕상 5:6; 시 29:5; 92:12; 104:16; 사 2:13; 14:8; 호 14:5) **레바논의 향기**를 품고 있다. 그들의 사랑에 시각, 미각, 촉각, 후각 등 모든 감각이 동원되고 있다.

4. 신랑이 신부의 순결을 예찬하다(4:12-15)

4:12. **잠근 동산**(참고. 4:12, 15; 5:1; 6:2)과 **봉한 샘**(4:12, 15)의 이미지는 비밀, 원기 회복, 처녀성을 가리킨다. "아가의 가장 뚜렷한 특징은 소재의 특성을 성과 관련지어 노골적으로 드러내고, 비유적 언어로 섬세하게 표현한다는 것이다"[J. Paul Tanner, "The Message of the Song of Songs," *BibSac* 154 (April-June, 1997), 145].

4:13-14. 솔로몬은 동산의 은유를 부연하면서 **과수원**의 아름다움을 묘사한다. 이 과수원은 과일만 재배하는 전형적인 동산이 아니라 공원처럼 문 잠긴 정원을 의미한다(참고. 느 2:8; 전 2:5). 신부는 **석류**(참고. 아 4:3), **고벨화**(참고. 1:14), **나도풀**(참고. 1:12의 주석)에 비유된다. **번홍화**[크로커스]의 암술은 값비싼 향신료 사프란의 재료가 되고, **창포**는 사탕수수인 듯하며(참고. 사 43:24; 렘 6:20; 겔 27:19), **계피**(현대인의 성경, 출 30:23; 잠 7:17)는 이집트에서, **몰약**(참고. 1:13)과 **침향**은 홍해 지역에서 수입한 향기로운 식물이었다. 이 값비싼 향신료들은 신부의 아름다움, 매력, 진가를 떠올리게 한다.

4:15. 게다가 신부는 **동산의 샘**(참고. 4:12)과 소중한 **생수의 우물**로 묘사된다. 이것들은 건조한 환경의 이스라엘에서 가장 귀한 대접을 받는 자원들이다. 바야흐로 솔로몬은 이 건전하고 건강하며 순결한 신부를 맞이하게 된다.

5. 신랑과 신부가 신방에 들어 결혼을 완성하다(4:16-5:1)

4:16. 이 절에서 신부는 시로 은근히 표현한 초대장을 신랑에게 보낸다. 그녀는 자신의 **동산**(참고. 4:12)이 매혹적인 **향기를 풍겨**(날려) 솔로몬의 마음을 끌고 싶어 한다. 그녀는 **사랑하는 자가 그 동산에 들어가**도록 초대한다. 한때 그녀의 소유였던 동산은 이제 그가 들어가 **그 아름다운 열매**를 먹을 수 있는, 그의 것이 된다. 아름다운 열매란 남편과 아내의 성적 연합으로 초대함을 의미하는 시적 표현이다.

5:1. 과거 시제로 표현된 네 개의 동사(**내가 들어갔다…내가 거두었다…내가 먹었다…내가 마셨다**)는 성적 욕구의 성취와 만족을 암시한다. 4:12에서 누구도

들어갈 수 없도록 잠겨 있던 성적 기쁨의 동산이 이제는 완전히 개방되어 그가 들어가 즐기는 곳이 된 것이다. **내 동산**, **내 누이**, **내 신부**와 같이 되풀이되는 표현들은 그의 만족감과 친밀감, 책임감을 시적으로 전달할 뿐만 아니라 이 감정들이 적절하다는 사실도 전달한다. 그녀는 이제 '그의' 신부이기 때문이다(4:8의 주장을 반복하고 있다). 신랑은 신부가 자신의 친누이가 아닌데도 셈족 사이에서 가족의 친밀함을 나타내기 위해 일반적으로 사용하는 용어를 채택하여 애인을 누이라고 부르면서 그녀에 대한 깊은 감정을 표현한다. 시의 말미에서는 다음과 같은 선언으로 둘의 결합을 인정한다. **나의 친구들아 먹으라 나의 사랑하는 사람들아 많이 마시라**. 주석가들은 이 선언을 결혼식 하객인 예루살렘의 딸들이 한 것으로 보거나, 부부애의 창조자이신 하나님 자신이 하신 것으로 본다(창 2:18-25). 이와 비슷한 결혼 내 성의 용인이 잠언 5:18-20에서도 표현되고 있다.

Ⅲ. 결혼 생활: 관계의 성숙(5:2-8:4)

이 구간은 사랑하는 부부의 성숙한 결혼 생활에 관심을 기울인다. 구혼의 설렘(1:1-3:5)과 결혼식의 기쁨(3:6-5:1)에 이어 성숙한 부부 관계의 원형을 제시한다. 또한 사람과 사람 사이의 문제와 그 해결책을 제시하고, 부부가 난제들을 풀려면 어찌해야 하는지도 제시한다(5:2-6:13). 그 뒤를 잇는 시들은 결혼 생활이 무르익으면서 깊어지는 사랑(7:1-10)과 연수가 더해 가면서 깊어지는 낭만적인 친밀함을 표현한다(친숙해지면 애정은 식게 마련이라는 현대의 생각과 상반된다).

A. 무관심의 문제와 그 해결(5:2-6:13)

1. 냉담과 방심(5:2-8)

5:2-8. 아가가 암시하듯이 결혼 생활에는 애정이 늘어나는 시절과 줄어드는 시절이 있다. 3:1-5의 시와 유사하게, **내가 잘지라도 마음은 깨었는데**라는 표현은 꿈 내지 악몽을 가리킨다. 남편은 아내에게 성적 접근을 허락해달라고 청한다. **나의 누이, 나의 사랑, 나의 비둘기, 나의 완전한 자야 문을 열어다오**. 하지만 그녀는 자신의 변명과 망설임 때문에 그의 열정이 가라앉았으며, 그의 구애에 자신이 달아오를 무렵 기회를 잃고 말았다고 말한다. **내가 내 사랑하는 자를 위하여 문을 열었으나 그는 벌써 물러갔네**(6절). 이제야 그의 욕구에 관심을 더 기울이게 되었건만(**그가 말할 때에 내 혼이 나갔구나**), 그녀는 그를 놓치고 위험한 밤에 성으로 가서 그를 찾아다닌다(7절). 이 악몽 속에서 안타깝게도 파수꾼들은 그녀를 매춘부로 잘못 알고 범죄를 저지하는 차원에서 그녀를 때린다. 그녀는 3:1-5의 장면과 유사하게 예루살렘의 딸들에게 분부하지만 이번에는 그들에게 도움을 청한다. **너희가 내 사랑하는 자를 만나거든 내가 사랑하므로 병이 났다고 하려무나**(8절).

2. 회복된 애정과 매력(5:9-16)

술람미 여자는 꿈에서 깨어난 뒤 자신이 남편을 얼마나 사랑하고 바라는지를 깨닫고 애정을 담아 그를 묘사한다.

5:9-16. 그녀의 간원에 예루살렘의 딸들이 질문을 던진다(9절; 참고. 16절). **너의 임이 어떤 임이기에, 네가 우리에게 그런 부탁을 하느냐?**(새번역) 바꾸어 말하면, "네가 사랑하는 자가 얼마나 특별하기에 이같이 필사적으로 우리에게 도움을 구하는가?"라고 묻는 것이다. 그녀는 이 질문을 받고 5:2-6:3의 더 넓은 시에 수록된 10-16절의 묘사 시를 내놓는다. 이것은 아가에 포함된 네 편의 묘사 시 가운데 두 번째이자 유일하게 남자를 묘사한 시이다(4:1-7; 6:4-10; 7:1-9의 주석을 보라). 그녀는 그가 **많은 사람 가운데 뛰어나**다고 말하고, 그의 **머리**, **머리털**, **눈**, **뺨**, **입술**, **손**, **몸**[배], **다리**, 전체 **생김새**, **입**을 묘사한 다음, **그 전체가 사랑스럽다**며 말을 맺는다. 남자를 눈부시다(개역개정에서는 '빼어나다', 10절)고 말한 것은 그의 깨끗한 피부색 때문이다. 그는 **혈색 좋은**[새번역, 히브리어로 아돔(*adom*)] 사람으로 묘사되는데, 이 단어는 종종 돌이 많은 에돔 지역의 색처럼 '붉은 색'이나 '검붉은 색'을 의미한다. 에돔 지역의 산들과 바위산들은 불그스레하다. 그의 **머리**(11a절)는 순금같이 인상적이고 흠이 전혀 없다. 그의 머리털은 붉지 않다. 11절에서 그의 머리털은 **까마귀같이 검**게 익은 대추야자 열매 다발에 비유된다. 신랑이 1:15과 4:1에서 신부의 눈을 비둘기에 비유하듯이, 신부도 신랑의 **눈**을 이 유순한 날짐승에 비유한다(12절). 까마귀와 비둘기는 종종 감동과 즐거움을 주는 까닭에 관찰해볼 만하다. 그의 눈은 건강한 흰자위

때문에 고요해 보인다(**시냇가**에 앉아 **우유로 씻은 듯 하다**). 그의 **뺨**(13a절)은 대다수의 이스라엘 남자들처럼(레 19:27; 21:5) 수염이 나서 갓 움튼 풀밭 같다. 그의 **입술**(5:13b)은 백합화에 비유될 수 있을는지 확실치 않지만, 아가가 일관되게 이상화하는 동산의 이미지를 품고 있다. 그의 **손**(14a절), **몸**(배, 14b절), **다리**(15a절)는 강하고 튼튼한 소재들에 비유된다. 이는 그의 근력과 사내다움을 암시한다. 그의 생김새는 강인하고 인상적이지만 온화하게 묘사된 입(**심히 달콤한 입**) 덕분에(16a절) 한결 누그러져 보인다. 그가 여자의 진가를 알아주고 그녀에게 빠져들지 않았다면, 이 모든 것은 그녀에게 아무 소용이 없었을 것이다. **이는 내 사랑하는 자요 나의 친구로다**(16b절). 여기서 **친구**라는 용어는 히브리어로 레아(*reyah*)이고 '절친한 동무', '동료', '동업자', '가까운 벗'을 의미한다(참고. 잠 27:9-10, 14, 17). 결혼 생활이 성적 매력으로만 유지되는 것은 아닐 것이다. 설령 유지된다 해도 부부가 서로에 대한 사랑 속에서 발전하도록 도움을 주고 애정을 크게 돋우어주는 것은 우정이다.

3. 동산에서 애정을 확인하다(6:1-3)

6:1-2. 부부는 원래 사랑하는 자가 냉담해지는 바람에 헤어져 있었다(5:2-8). 꿈에서 깨어난 술람미 여자는 자신이 남편을 사랑하고 있으며, 남편이 필요함을 깨닫는다. 그리고 이러한 마음을 찬가에서 표현한다(5:10-16). 그녀가 꿈에서 깨어나자 예루살렘의 딸들이 그녀가 5:6-8에서 하던 남편 찾기를 돕겠다고 나선다(6:1). 그들은 묻는다. **여자들 가운데에서 어여쁜 자야 네 사랑하는 자가 어디로 갔는가**. 그녀는 5:1에 등장하는 동산 이미지를 동원하여 대답한다. 동산은 부부의 성적 기쁨을 가리키는 은유이다. 이것은 최초의 남녀 한 쌍이 벌거벗은 채 부끄러움을 모르고 한 몸을 이루던 에덴동산을 떠올리게 한다. **내 사랑하는 자가 자기 동산으로 내려가 향기로운 꽃밭에 이르러서 동산 가운데에서 양 떼를 먹이며 백합화를 꺾는구나**(6:2). 풀을 뜯게 하는(문자적으로 '먹이는') 것은 성욕의 충족을 암시한다. 그녀가 그를 발견하고, 그들의 구애가 다시 시작되었음이 분명하다.

6:3. 이 구절에 등장하는 독점적 권리와 상호 의존과 헌신이 담긴 표현은 연인을 위한 경구로 잘 알려져 있다. 유대인들은 이 경구를 결혼 서약서에 인용하거나 결혼반지에 새기기도 한다. **나는 임의 것, 임은 나의 것**(새번역). 결혼은 친구들과 여타의 가족(아가에는 언급되지 않은 자녀들까지 포함하여) 이상으로 두 사람을 한 몸이 되게 하는 유일한 끈이다(창 2:24).

4. 친밀함의 회복(6:4-13)

6:4. 6:4-10은 아가에 수록된 네 편의 묘사 시 가운데 세 번째 편이다(4:1-7; 5:10-16; 7:1-9의 주석을 보라). 이 시는 다른 묘사 시와 마찬가지로 술람미 여자를 묘사하는 다수의 비유를 담고 있다. 그녀는 **디르사같이 어여쁘고**[디르사는 한때 북쪽 지파들의 수도로 택정되었던 도시이다. 이 명칭은 그 도시가 3면이 강, 곧 와디 파르라(Wadi Farrah)와 경계를 접한 아름다운 언덕에 위치한 까닭에 '즐거움'을 의미한다], **예루살렘같이 곱다**(예루살렘은 장엄하고 영적인 향수를 일으키는 도시이다). **깃발을 세운 군대같이 당당**한[히브리어로 아욤(*ayom*), 문자적으로 '무서운 내지 소름끼치는'을 의미하며, 합 1:7에서는 '두려운'으로 표기되었다]이라는 표현이 아가 6:4과 6:10에 등장하며, 그때마다 남자가 자신의 어여쁜 신부에게 압도당했음을 명확히 보여준다.

6:5-7. 그녀의 **머리털은 길르앗 산기슭에 누운 염소 떼 같다**(이는 검은 머리채가 그녀의 어깨 위로 흘러내려 찰랑이는 것을 암시하는 듯하다). 고대인들에게는 미용 치의학이란 것이 없었고, 이가 빠지는 것이 일반 현상이었지만(참고. 출 21:24, 27; 잠 25:19; 애 3:16), 그녀는 치아가 모두 온전했다[윗니와 아랫니가 **쌍태처럼 짝이 맞고, 빠진 것이 하나도 없었다**(새번역)]. 그녀의 **뺨은 석류 한 쪽 같다**. 여기에서 석류를 언급한 것은 그녀의 뺨이 불그레함을 가리키거나, 석류가 봄철에 개화하는 과일 중 하나로서 성 및 다산과 관련이 있어서이거나(4:3, 13; 6:7, 11; 7:12; 8:2), 고대 세계에서 최음제로 쓰였기 때문이거나, 지금까지 말한 모든 이유 때문일 것이다.

6:8-10. 술람미 여자는 모든 범주의 무수한 여자들 사이에서 특별하게 아름답다. 왕비(왕과 결혼한 여자)가 60명, 후궁(왕과 잠자리를 가졌으나 결혼은 하지 않은 여자)이 80명이나 되고, 시녀들[혼기가 찼지만 여전히 처녀로 있는 젊은 여자들, 히브리어로 알마(*almah*)]

도 있었지만, 그녀만이 **내 완전한 자**[히브리어로 탐(*tam*), "도덕적으로 흠이 없고, 윤리적으로 순결하며, 미모와 근력 면에서 모자람이 없는 자"], **하나뿐**인 자로 불린다. 그녀는 나라 안에서 가장 아름다운 여자로서 누구와도 견줄 수 없다.

왕이 처첩들(**육십 명**의 **왕비와 팔십 명**의 **후궁과 무수한 시녀**들)을 두는 것은 왕족 사이에서 유행하는 현실이었고, 여기에서도 그들이 언급되지만, 그렇다고 성경이 일부다처제를 인가하는 것은 아니다. 오히려 이 시는 다른 여자들과 비교하여 그녀만이 지닌 독점적 지위를 예찬하고 있다고 볼 수 있다. **내 비둘기, 내 완전한 자는 하나뿐이로구나**. 고대 문화권이 일부다처제를 묵인하기는 했지만 성경의 규범, 곧 한 남자와 한 여자가 오로지 결혼으로 맺어지는 것이 고상한 규범이었다. 하나님은 민족에게 보기를 드시면서 왕에게 일부다처제를 엄격히 금하셨다(신 17:17). 족장들과 왕들이 다수의 아내를 둔 것이 성경에 자세히 나와 있지만, 이것은 가정생활의 한 모범이 아니라 사건들의 충실한 기록으로 받아들여야 한다. 솔로몬은 외국인 여자들을 아내로 두는 바람에 부정적인 평가를 받았고(왕상 11:1-6), 성경은 일부다처 관계로 유명했던 이들의 삶에 틈입한 수많은 가정불화를 자세히 폭로한다(참고. 창 30장에서 라헬과 레아가 앙심을 품고 벌인 아기 이름 짓기 경합, 이스마엘의 어머니와 이삭의 어머니가 벌인 경쟁, 한나의 적수인 브닌나가 한나에게 안긴 마음의 상처). 부도덕한 몇몇 행위는 성경의 결에 너무나 맞지 않아 그러한 행위를 하지 말라고 따로 명령하는 것조차 불필요했다. 남자가 자신의 유일한 애인을 두고 칭찬한 것을 다른 여자들, 곧 예루살렘의 딸들이 되풀이하면서(9절) 시는 끝난다(10절).

6:11. 7:12처럼 이 짧은 시도 부부간의 기쁨을 더 이상 미룰 때가 아님을 알리는 자연의 신호에 시선을 돌린다. **골짜기에서 돋는 움들을 보려고, 포도나무 꽃이 피었는지 석류나무 꽃송이들이 망울졌는지 살펴보려고, 나는 호도나무 숲으로 내려갔다네**(새번역). 꽃피는 과수원과 포도원은 봄이 왔다고(참고. 2:11-13, "겨울도 지나고"), 동식물계도 지금이 사랑하기에 알맞은 때임을 알고 있다고 여자에게 알린다. 자연의 준비는 그녀 또한 준비되어 있음을 상징한다.

6:12. 이 절은 평범한 히브리 단어들을 사용하고 있지만 구문론은 범상치 않다[쟁점들을 더 자세히 살피려면, Jill Munro, *Spikenard and Saffron: A Study in the Song of Songs* (Edinburgh: T&T Clark, 1995), 30을 보라]. 술람미 여자(**나는, 나의, 나의**)는 남자와 화해하고 나서 자신의 기쁨을 그림같이 아름답게 표현한다. 남편이 그녀의 동산으로 내려가(2절) 자신의 사랑을 그녀에게 확언한 것이다(4-10절). 그녀는 기쁨에 들떠 정신을 차릴 수 없었다. **부지중에 내 마음이 나를…이르게 하였**네. 현대의 언어로 표현하자면 그녀는 이렇게 말했을 것이다. "어찌된 영문인지 하늘에라도 오른 기분이었네." 그녀는 자신의 고조된 기분을 **병거**(새번역)가 1,400대인 솔로몬 대군(왕상 10:26)의 수장이 되어 군중이 다 보는 데서 **귀한 백성**을 내려다보는 것에 비유한다. 그만큼 그들의 화해는 완전하고 공개적이었다.

6:13. 그들이 동산을 떠나자 구경꾼들이 그들에게 돌아오라고 (네 차례나) 간청한다. **돌아오라 우리가 너를 보게 하라**. 현대의 관중들이 앙코르를 외치며 유명인을 무대에 세우려고 하는 것처럼, 그들은 그녀의 아리따운 모습을 보고 싶어 한다. 그녀의 귀환을 간청하는 이는 예루살렘의 딸들 같다. 이미 6:9에서 여자들이 그녀를 보고 복되다고 했듯이, 이들 지역의 처녀들도 자신들의 영웅인 그녀가 눈앞에서 사라지지 않고 돌아와, 자신들이 그녀의 아름다운 모습을 보고 계속 즐거워할 수 있게 되기를 바란다.

그녀는 아가 도처에서 "내 누이", "내 신부", "내 사랑", "나의 완전한 자"로 불리다가 13절에서만 유독 (그) **술람미 여자**[(the) Shulammite]로 불린다. 이 명칭을 어떻게 이해할 것인지에 대해서는 다음과 같이 의견이 분분하다. (1) 이것은 그녀를 가리키는 고유명사이다. (2) 이것은 지리에 근거하여 그녀에게 붙인 명칭이다(셈어에서는 때때로 *l*과 *n*이 교환될 수 있는 까닭에, 그 처녀는 이스르엘 골짜기의 수넴 출신일 수도 있다. 수넴은 왕상 1:3에 등장하는 아름다운 시녀 아비삭의 고향이자, 왕하 4:8에서 엘리사에게 먹을 것을 준 수넴 여인의 고향이기도 하다). (3) 이것은 솔로몬이라는 이름의 어근에 기원을 둔 애칭이다. 그녀는 사랑의 시에서 솔로몬의 짝[즉, 솔로몬의 여자(the Solomoness)]이기 때문이다. (4) 이것은 '완전한 자'로 읽어도 된다. 솔로몬과 술람미의 어근은 '샬롬'(shalom)이라는 단어처럼 '완전한' 내지 '완벽한'을 의미하기 때문이다. 세 번째와 네 번째 의견은 대단히 흥미로운 관점으로서 서로의 가능성을 배제하지 않는다. 솔로몬[히브리어로 슐로모(*Shlomo*)]이라는 단어와 술람미[히브리어로 슐람미트(*Shulamit*)]라는 단어의 의미가 '완전한' 내지 '완벽한'을 의미하는 어근 '샬롬'에 기원을 두고 있기 때문이다. 두 연인이 서로에게 건네는 칭찬의 문맥으로 보았을 때, 그러한 상보적 용어는 타당해 보인다. 첫 번째 관점은 미덥지 못하다. 성경의 히브리어나 성경 밖의 고대 히브리어에서 고유명사 '술람미'를 입증하는 곳은 이 절뿐이기 때문이다(하지만 현대 유대인 공동체 안에서 그 이름은 인기가 있었다). 두 번째 관점과 달리 성경에 등장하는 다른 수넴 여인들은 그 명칭(수넴 여인)으로만 언급된다. 술람/수넴 출신으로 생각되는 다른 '술람미' 여인들을 언급하는 대목도 없다. 좀 더 그럴 듯한 관점은 그 이름이 '솔로몬'이라는 이름의 여성형을 활용한 명칭이라는 것이다. 다음 두 가지가 이 관점을 뒷받침한다. (1) 그 이름이 '솔로몬의 아내'를 의미한다는 것을 암시하는 정관사 'the'[히브리어로 하(*ha*)]의 존재, (2) 다니엘 아내의 우가리트식 명칭, 곧 '다니엘 부인'(Lady Daniel)으로 해석되는 명칭과의 유사성[여러 견해에 대한 충분한 논의를 살피려면, Marvin H. Pope, *Song of Songs*, AB (Garden City, NY: Doubleday, 1977), 596-598을 보라].

아가 6:13의 처음 행들은 예루살렘의 딸들이 술람미 여자에게 돌아오라고 간청하는 말들로 여겨진다. 반면에 그 절의 마지막 행들은 술람미 여자의 대답인 것 같다. 여기에 등장하는 특정한 춤은 **마하나임**(6:13, '두 군대'라는 뜻—옮긴이 주)과는 관련이 없다. 하지만 막 전투에 돌입하려는 두 군대의 당당한 모습은 6:4과 6:10의 군대 이미지를 이어받은 듯하다. 얌전한 술람미 여자는 어째서 예루살렘의 딸들이 전투 중인 두 군대를 보듯이 자신을 보려 하느냐고 묻는다.

앞의 문맥에서는 예루살렘의 딸들이 "어떤 임인가?"(5:9), "어디로 갔는가?"(6:1), "누구인가?"(6:10) 등 많은 질문을 던졌다면, 이제는 남자가 답하기라도 하듯 자신이 택한 술람미 여자를 시적으로 변호한다.

B. 성숙한 사랑의 표현(7:1-10)

결혼 생활이 무르익으면서 어려운 일들도 일어날 텐데 이는 해결되게 마련이다. 마찬가지로 사랑의 표현도 무르익게 마련이다. 이 구간에서 솔로몬은 아내의 아름다움을 예찬하고(7:1-6), 그녀에 대한 갈망을 표현한다(7:7-9a). 그런 다음 부부가 서로에게 사랑과 헌신의 표현을 한다(7:9b-10).

1. 솔로몬이 아내의 아름다움을 예찬하다(7:1-6)

7:1-6. 아가의 네 번째 묘사 시(7:1-9)는 6:13-7:10의 좀 더 큰 시 안에 자리하고 있다. 다른 묘사 시들(4:1-7; 5:10-16; 6:4-10)에서는 묘사가 머리에서 시작하여 눈이나 머리털을 거쳐 아래로 내려가는 반면에, 여기에서는 신부의 **발**에서 시작하여 **넓적다리**[엉덩이], **배꼽**, **허리**[배], **유방**, **목**, **눈**, **코**, **머리**, **머리털**, 키로 올라갔다가 다시 유방으로 내려오고, 콧김과 입에서 끝난다. 그가 신부의 발에 주목한 것은 그녀가 그를 위해 춤을 추고 있었음을 암시한다. 그녀의 '엉덩이'는 예술적으로 만든 보석들에 비유되는데, 이는 그 엉덩이의 완벽한 형태를 가리키는 것 같다. 따로 명기하지는 않았지만 **숙련공** 혹은 명장은 만물의 창조자이신 하나님을 암시한다(참고. 잠 8:30. 이 본문은 하나님의 지혜가 창조를 수행한다는 의미에서 동일한 용어를 사용하고 있다). 남자는 그녀의 **배꼽**을 **섞은 포도주를 가득히 부은 둥근 잔**에 비유한다(7:2). 이 표현은 풍요와 끊임없는 만족을 상징한다. 또한 그는 그녀의 '배'(개역개정에서는 **허리**로 번역—옮긴이 주)를 **백합화로 테를 두른 밀단**에 비유하는데, 이 이미지들은 건강 및 다산과 관련이 있다. 그러나 무엇보다도 그가 즐기고 싶어 하는 것은 그녀의 **두 유방**이다. 그는 3절에서 그녀의 유방을 짧게 언급하고, 그녀의 외형을 훑어 올라가면서 목, 코, 머리, 머리털, 키를 시적으로 묘사하다가(4-7a절) 7b-8절에서 다시 유방에 초점을 맞춘다. 그런 뒤에야 9절에서 입과 입술을 묘사하며 말을 맺는다. 다른 신체 부위들도 중요하기는 매한가지이다. 그녀의 **목**은 상아 망대처럼 튼튼하거나 빼어나고 아름답다(4a절). 그녀의 **코**도 망대에 비유되는데 이번에는 지리적 장소들이 제시된다. 그 망대는 이스라엘 국경선에서 북쪽의 레바논과 북동쪽의 다메섹을 살피

도록 비어져 나와 있다. 그녀의 눈은 비옥한 요단 동편 헤스본에 있는 메드바고원의 연못들처럼 매력적일 뿐 아니라 맞춤하게 촉촉하기까지 하다(4b절). **머리**는 이스라엘 북부 연안에 우뚝 솟은 갈멜산맥처럼 그녀의 몸에 자리하고 있다(5a절). 그녀의 드리운 머리털은 자주빛이다. 자주색은 왕의 마음을 사로잡는 왕실의 색깔이었다. 그렇다고 그녀의 머리색이 자주색이었다는 말은 아니다.

2. 남편이 아내를 갈망하다(7:7–9a)

7:7–9a. 남편은 아내를 갈망하며 그녀의 **키가 종려나무**[히브리어로 타마르(*tamar*)] 같다고 말한다. 이는 그가 그녀의 외형을 수직적으로 훑어 올라가면서 묘사하는 것과 조화를 이룬다. 종려나무는 수원지만 있으면 거친 사막에서도 잘 자라기 때문에 고대 근동 도처에서 아름다움과 다산의 상징으로 그려졌다. 따라서 종려나무는 결혼 생활의 적절한 이미지, 곧 거친 세상에서 새 힘을 주는 오아시스라고 할 수 있다. 그는 종려나무에 빗댄 그녀의 몸에 올라가기를 열망하며, 그녀의 유방을 먹을 수 있는 열매라도 되는 양 맛보고 싶어 한다(8절). 그의 묘사는 이러한 결의에 찬 진술과 그녀의 입에 대한 간단한 언급으로 끝난다. 그녀의 입은 **가장 맛좋은 포도주**(새번역) 같다(9a절).

3. 서로 바람과 헌신을 표현하다(7:9b–10)

7:9b–10. 신부는 신랑의 바람에 적극적으로 부응하면서 포도주의 이미지를 알아차린다. **이 포도주는 내 사랑하는 자를 위하여 미끄럽게 흘러내려서 자는 자의 입을 움직이게 하느니라**(9b절). 성경에서는 종종 포도주를 악행의 앞잡이로 간주하여(창 9:20–27; 19:30–38; 사 28:7) 과음하지 말라고 경고한다(잠 20:1; 23:29–30; 31:4–5). 하지만 포도주는 기쁨(시 104:15; 슥 10:7) 및 예배(출 29:40; 민 15:1–10)와도 관련이 있다. 아가에서는 포도주(술)를 항상 긍정적으로 언급한다(1:2, 4; 4:10; 5:1; 7:2, 9; 8:2). NASB 7:9b에 있는 it(그것, **포도주**를 가리킴—옮긴이 주)은 두 사람 사이에서 **미끄럽게 흘러내리**는 입맞춤과 애무를 가리키는 듯하다. 시는 합법적인 귀속을 밝히는 것으로 끝난다(10절). **나는 임의 것, 임이 그리워하는 사람은 나**(새번역, 2:16 및 6:3과 유사한 표현).

C. 아내가 친밀함을 갈망하다(7:11–8:4)

솔로몬이 술람미 여자를 예찬하고 그녀에 대한 갈망을 표현하자, 그녀도 남편과 친해지기를 갈망하는 것으로 응답한다.

1. 아내가 친밀함의 주도권을 쥐다(7:11–13)

7:11. 아가의 도처에서 남편이 성적으로 친밀한 행위를 부추기며 자신의 구애를 받아달라고 청하지만, 이 절에서는 아내가 나선다. **~로 가서 ~하자**. 그러한 자유야말로 두 배우자가 주고받고, 부추기는가 하면 협력하고, 청하고 청을 받아들이는 건강한 결혼 생활의 지표라고 할 수 있다. 아가의 연인들이 공유하는 상호 관계는, 결혼 생활에서 성적 욕구를 채우는 기쁨뿐만 아니라 성적 갈망의 대상이 되는 즐거움도 있음을 보여준다. 아가는 남편과 아내에게 사랑에 관한 교훈을 절묘하게 제시한다.

7:12–13. 6:11에서 사랑의 때를 정하려고 자연의 질서가 보내는 신호를 살폈던 그녀는 7:12에서 **포도 움이 돋았는지 보자**고 그에게 청한다. 그녀는 그가 자신의 청을 받아들여 함께 들로 나가면 **거기에서 내가 내 사랑을 네게 주리라**고 약속한다. 그 사랑은 그녀가 **사랑하는 자**를 위해 **쌓아둔** 것이다. 그녀가 낭만적인 포도원의 정경 속에서 언급하는 **합환채**['사랑하는 자'를 뜻하는 히브리 단어 도드(*dod*)와 어근이 같다]는 사랑을 강화해 주는 최음제이며, 아가의 도처에서 언급되는 여타의 달콤한 과일과 유사한 기능을 한다(참고. 2:3; 4:13, 16; 8:2). 이 식물의 꽃은 달콤하며, 뿌리는 두 갈래로 갈라져 사람의 형상을 하고 있다. 그래서 영어식 이름이 맨드레이크(mandrake)이다. 히브리식 명칭 두다임(*dudaim*)은 문자적으로 '사랑의 식물'을 의미하며, 성욕을 촉진하는 성질을 지닌 것으로 여겨졌다(창 30:14–16). 술람미 여자가 **합환채**의 **향기**를 강조한 것은 사랑을 나누기에 알맞은 분위기임을 말하려는 것이다. 그들은 열매들, 곧 봄에 나온 열매와 지난봄에 거두어 말린 묵은 열매(예를 들어 대추야자, 건포도, 살구, 중동 지역의 전형적인 진미들)를 함께 나누었을 것이다. 이는 그들의 사랑이 창조적이고 신선한 동시에 친숙하고 편안한 사랑임을 암시한다. 그녀가 **사랑하는 자**를 위해 **쌓아둔** 사랑이 그러했다.

2. 아내가 더 밀도 높은 친밀함을 원하다(8:1–4)

이 구간에서 술람미 여자는 앞 구간에서 언급한 주

도권에 의지하여 남편인 연인과 더 밀도 높은 친밀함을 나누고 싶은 마음을 표현한다.

8:1. 구약시대에 유대교의 정숙 기준은 공공연한 애정 표현을 특정한 가족 구성원들에 한정했다. 남편과 아내는 그 기준에서 배제되었다. 술람미 여자가 남편이 **오라비 같았더라면 내가 밖에서** 그에게 공공연히 **입맞추었을** 것이라고 말한 것은 그 때문이다. 여기서 말하는 **밖**은 사랑하는 남녀에게 은밀함을 제공해주는 외딴 들판을 가리키지 않는다. 그것은 그녀가 자신의 애정을 마음껏 드러냈다가는 다른 이들에게 창피를 당할 게 뻔하고, 불만을 표시하는 구경꾼들이 그녀의 애정을 **업신여길** 게 분명한 공공장소를 암시한다. 그러나 그녀가 시에서 제안하는 해법대로, 그가 연인이 아니라 그저 오라비였다면 습관처럼 애정을 표시해도 창피하지 않았을 것이다.

8:2-3. 그녀는 이러한 생각을 하던 중 손위 누이 역할을 자처하며 그를 이끈다. 이 동사[히브리어로 나하그(*nahag*)]는 항상 윗사람이 아랫사람을 이끄는 것을 가리킬 때 사용된다. 그녀는 주도적으로 그를 자신의 **집**으로 데려가 **석류즙**으로 만든 **향기로운 술**, 곧 특별히 낭만적인 술을 따라준다(참고. 1:2). 그녀는 그에게 **왼팔**과 **오른팔**(새번역)로 자신을 꼭 껴안아달라고 노골적으로 청한다.

8:4. 이 장애물들과 어려움들은 다음과 같은 마지막 경고성 후렴을 촉발한다. **예루살렘의 딸들이** 그녀와 그녀의 사랑하는 자가 공유하는 친밀함을 경험하려면, 적절한 때가 되기 전에는 성의 열정을 흔들어 깨우지 말고, 오히려 자신들의 남편을 위해 그러한 친밀함을 아껴두어야 한다는 것이다(참고. 2:7; 3:5).

Ⅳ. 결론(8:5-14)

이 마지막 구간은 아가의 메시지를 요약하면서 먼저 부부애의 힘을 말하고(8:5-7), 그런 다음 솔로몬과 술람미 여자의 특별한 애정 관계를 개괄한다(8:8-14).

A. 부부애의 힘(8:5-7)

8:5-7. 다음의 여러 이미지가 사랑의 본질과 힘을 묘사한다. 첫째, 사랑은 **도장** 같거나 도장이 새겨진 반지 같다. 고대 세계에서 돌이나 금속에 새긴 도장은 소유권을 증명하거나 소유물의 가치를 나타내는 데 사용되었다. 술람미 여자는 남편의 가장 값진 보배가 되고 싶었다. 남편이 연모하는 자신의 마음(예를 들어 시 9:1)에 도장을 품고, 힘의 원천인 자신의 팔(예를 들어 신 7:19)에 도장을 두는 것은 그의 삶에서 그녀를 무엇보다 먼저 챙기는 것을 의미했다.

둘째, 사랑은 **죽음같이 강하다**. 그 무엇도 진실한 사랑을 멈추게 하거나 바꿀 수 없다. 셋째, **질투**로 기술되는 사랑은 **스올**[죽은 자들이 있는 곳]**같이 잔인하다**. 영어에서는 질투가 부정적인 의미를 함축하고 있지만, 히브리어(*qinah*, 키나)에서는 '열정, 열성, 열심'을 암시하기도 한다. 예컨대 주님은 자신의 백성을 질투하신다(예를 들어 출 20:4-5; 나 1:2). 여기서 사랑은 강력하고 피할 수 없는 것으로 묘사된다. **여호와의 불**이 사랑의 근원인 까닭이다. 이것은 아가에서 하나님의 이름을 유일하게 사용한 표현이고, 사랑의 힘과 상당히 관련되어 있다. 사랑의 엄청난 강도와 단호한 헌신을 생생하게 표현한 것이다. 넷째, 사랑은 정복할 수 없는 것으로 묘사된다(8:7). **많은 물**도 그것을 쓸어버리거나 익사시킬 수 없다. 다섯째, 사랑은 대단히 귀중해서 많은 **재산**(새번역)을 준다고 해서 얻을 수 있는 것이 아니다.

B. 솔로몬과 술람미 여자의 지속적인 사랑(8:8-14)

아가의 종결부는 솔로몬과 술람미 여자의 관계를 회고한다. 먼저 술람미 여자가 어렸을 때 오빠들이 그녀를 보호해주었다고 설명하고(8:8-9), 그런 다음 그녀와 솔로몬의 첫 만남을 회고한다(8:10-12). 아가는 부부의 지속적이고 강렬한 사랑을 보여주는 진술로 끝을 맺는다(8:13-14).

8:8-10. 그녀가 결혼할 준비가 되어 있는데도, 오빠들이 **누이**를 보호하는 일에 지나치게 열심인 까닭은 아가에 아버지가 등장하지 않기 때문인 것 같다. **성벽**은 그녀가 방탕에 빠지지 않도록 몸을 잘 지켰음을 암시한다. **문**은 그녀가 순결을 지키기 위해 도움이 필요한 경우 오빠들이 즉시 나선 것을 암시한다. 그러나 그녀는 오빠들에게 **나는 성벽이요**라고 말하며, 자신이 결혼 상대에게만 자신을 허락할 준비가 되어 있노라고 단언한다.

8:11-12. **솔로몬**이 **바알하몬**[위치는 알 수 없다]에 있는 실제 **포도원**을 지키는 자에게 맡기는 특권을 가

지고 있었듯이, 술람미 여자도 그녀에게 **속한 포도원**을 가지고 있었다. 그녀의 포도원은 그녀의 몸을 가리키는 은유이다. 그녀는 이제 그것을 솔로몬에게 주려고 한다. ('풍요의 소유주'를 뜻하는) 그 포도원의 이름은 아름답다는 뜻도 내포하고 있다. 솔로몬은 이 포도원을 그녀의 오빠들에게 맡기거나 빌려주어 관리하게 했다(참고. 1:6). 오빠들은 **각기 은 천 세겔**(새번역) 값어치의 열매를 생산해야 했고, 그 대가로 각기 **이백 세겔**(새번역)을 보수로 받았다. 술람미 여자가 솔로몬을 처음 만난 곳은 바로 그 포도원이었다.

8:13-14. 솔로몬은 그녀의 목소리를 듣게 해달라고 부탁한다. **내가 듣게 하려무나.** 그녀는 그에게 자기와 함께하는 일을 지체하지 말아달라고 청한다. **내 사랑하는 자야 너는 빨리 달리라 향기로운 산 위에 있는 노루와도 같고 어린 사슴과도 같아라.** 두 사람은 여러 경고들과 거친 현실들에도 아랑곳하지 않고 사랑의 기쁨을 택하는 모험을 감행한다. 아가는 연인들의 큰 기대감을 격앙된 톤으로 언급하며 끝을 맺는다.

아가는 현대 독자들에게 하나님과 그분의 백성 간의 사랑을 가리키는 결혼의 은유로서 중요한 역할을 한다. 아가는 그 자체로 결혼 서약을 성실히 지키는 것의 가치와 기쁨을 가르치는 내용일 수도 있다(사 54:6-7; 렘 2:2; 겔 16; 23; 엡 5:22-23; 계 19:6-8). 아가의 여러 시는 결혼을 그 시들이 말하는 동산처럼 에덴동산의 축소판으로, 하나님이 계시는 성전의 연장으로 간주할 수 있음을 암시한다. 부부 사이의 그러한 조화와 교감은 하나님이 에덴에서 인류에게 주신 복과 선물을 떠올리게 할 뿐만 아니라(창 1-2장), 성막과 성전을 통해 자신을 알리신 하나님과의 교제도 떠올리게 한다(시 16:11).

그러나 무엇보다도 솔로몬의 아가는 인간의 부부애를 이해하는 데 중요한 역할을 한다. 결혼에 관한 현대의 관점들이 종종 아가의 가치를 얕잡아 보고 항구적 헌신의 필요성을 경시하지만, 솔로몬은 아가에서 부부 간의 정서적 헌신과 육체적 사랑을 탁월하게 그려낸다. 하나님이 남자와 여자를 위해 세우신 아름다운 계획은 혼전 순결이고, 그다음에는 일부일처의 희생적이고 열정적인 애정 관계, 곧 한 남자와 한 여자의 평생에 걸친 애정 관계이다(창 2:24). 솔로몬은 결혼 생활의 관계를 하나님이 정하신 것으로 기술하면서 이렇게 선언한다. "이는 내 사랑하는 자요 나의 친구로다"(5:16).

참 고 문 헌

Bloch, Ariel, and Chana Bloch. *The Song of Songs: A New Translation with an Introduction and Commentary*. Berkeley: University of California Press, 1998.

Carr, G. Lloyd. *The Song of Solomon: An Introduction and Commentary*. Tyndale Old Testament Commentaries. Downers Grove, IL: InterVarsity, 1984.

Deere, Jack. "Song of Songs." Bible Knowledge Commentary. Old Testament. Edited by John F. Walvoord and Roy B. Zuck. Wheaton, IL: Victor, 1985. 《전도서 아가》, BKC 강해주석(두란노).

Garrett, Duane. *Song of Songs*. Word Biblical Commentary. Edited by Bruce M. Metzger. Nashville: Thomas Nelson, 2004. 《아가·예레미야애가》, WBC 성경주석(솔로몬).

Gledhill, Thomas. *The Message of the Song of Songs*. The Bible Speaks Today. Downers Grove, IL: InterVarsity, 1994.

Glickman, Craig. *Solomon's Song of Love*. West Monroe, LA: Howard, 2004.

Hess, Richard S. *Song of Songs*. Baker Commentary on the Old Testament: Wisdom and Psalms. Grand Rapids, MI: Baker, 2005.

Longman, Tremper, Ⅲ. *Song of Songs*. The New International Commentary on the Old Testament. Grand Rapids, MI: Eerdmans, 2001.

Munro, Jill. *Spikenard and Saffron: A Study in the Song of Songs*. Edinburgh: T & T Clark, 1995.

Murphy, Roland E. *A Commentary on the Book of Canticles or the Song of Songs*. Hermenia-A Critical and Historical Commentary on the Bible. Minneapolis: Augsburg Fortress Press, 1990.

Pope, Marvin H. *Song of Songs*. Anchor Bible Commentaries. Garden City, NY: Doubleday, 1977.

Roberts D. Phillip. *Let Me See Your Form: Seeking Poetic*

Structure in the Song of Songs. Studies in Judaism. Lanham, MD: University Press of America, 2007.

Tanner, J. Paul. "The Message of the Song of Songs." *Bibliotheca Sacra* 154 (April-June, 1997): 145.

Trible, Phyllis. *God and the Rhetoric of Sexuality*. Overtures to Biblical Theology Series. Philadelphia: Fortress, 1978. 《하나님과 성의 수사학》(태초).

● ● ● ●

이사야

마이클 리델닉(Michael A. Rydelnik)·제임스 스펜서(James Spencer)

서 론

저자. 어떤 사람들은 이사야서가 독자적으로 활동했던 여러 저자의 작품이라고 주장했다. 그들은 제1, 제2 그리고 제3 이사야라고 이름 붙인 두세 명이 쓴 '이사야서들'이 있었다가 지금의 이사야서로 통합되었다는 것을 기정사실로 받아들였다. 일반적으로 제1이사야는 1-39장, 즉 앗수르를 배경으로 하는 부분에 해당한다. 제2 이사야는 바벨론을 배경으로 하는 40-55장으로 구성된다. 제3 이사야는 포로기 이후의 단락으로 보는 56-66장으로 파악한다. 이사야서를 독자적인 세 부분으로 나누는 것은, 예고적 예언은 불가능하다는 전제와 더불어 입증이 까다롭기로 악명 높은 문체상의 판단 기준에 근거를 두고 있다[John N. Oswalt, *The Book of Isaiah, Chapters 1-39* (Grand Rapids, MI: Eerdmans, 1987), 23-29.《이사야 1》, NICOT(부흥과개혁사)].

이 책에 기록된 예언들이 이사야에게서 직접 기원했다 하더라도, 이사야서의 저자를 확정하기는 매우 어렵다. 초기의 해석자들은 대개 이사야 자신이 이 책의 저자라고 이해했다. 초기 유대인 역사가 요세푸스는 말했다. "이제 이 선지자[이사야]에 대해 말하자면, 그는 모두가 인정하는 것처럼 진리를 말하고 거룩하며 경이로운 사람이었다. 또 그는 자신이 결코 거짓을 적지 않았다고 확신하며 모든 예언을 기록했고, 그 예언을 책으로 남겼다"(Josephus, *Antiquities* X, ii). 이사야가 자신의 이상(vision)을 직접 기록했다가 그것을 이 책에 적었을 가능성도 있지만, 어떤 편집자가 이사야의 이상을 한 권의 책으로 편찬했을 가능성도 있다.

이 책이 최종 편찬된 시기가 언제든, 이사야의 예언은 구전이나 문서 형태를 갖춰 포로기 이전 시대로부터 전달되었을 것이다. 이 책의 통일성을 지지하는 한 가지 단서는 쿰란의 사해사본에서 발견된 주전 1세기의 두루마리를 포함하여, 현존하는 모든 이사야서 판본에서 이사야서 66장 전부가 통일된 단일 작품으로 나온다는 점이다. 이 예언이 포로기 이전에 기원했다는 입장은 이사야의 신탁이 가진 예고적 특징을 보호하고, 신탁의 신적인 기원을 강조한다. 여러 명의 이사야를 상정하는 가설이 존재하지만, 선지자가 직접 기록한 것이든 혹은 그의 예언을 편찬한 편집자가 기록한 것이든, 이사야서가 유기적 통일체를 형성하여 하나님의 무궁한 지식과 신실하심에 대한 증언 역할을 한다는 것이 전통적인 견해이다.

이사야서의 저작권에 대해 전통적인 견해를 고수하는 데에는 몇 가지 이유가 있다. 먼저, 40-55장이 바벨론을 배경으로 하고 있다고 주장하는 이들은 바벨론을 꾸짖는 신탁이 1-39장에도 나온다는 점을 인식하지 못한다(참고. 21:1-10). 사실 '바벨론'이라는 단어는 40-55장보다 1-39장에 훨씬 더 자주 등장하는데, 1-39장에는 아홉 번이, 40-55장에는 네 번만 나온다(참고. 13:1, 19; 14:4, 22; 21:9; 39:1, 3, 6-7; 43:14; 47:1; 48:14, 20). 1-39장과 40-55장에 '바벨론'이 언급된 것은 이 단어의 출현에 근거하여 40-55장을 바벨론 시대로 확정하는 것이 잘못된 생각임을 시사한다.

둘째, 이사야서 곳곳에서 "이스라엘의 거룩한 자"라는 이름이 반복되는데, 이는 이 책의 통일성을 뒷받침한다. 이스라엘의 하나님을 가리키는 이 호칭은 이사야서 밖에서는 여섯 번만 사용된다(참고. 왕하 19:22; 시 71:22; 78:41; 89:18; 렘 50:29; 51:5). 그런데 이사야는 이 용어를 25회나 사용한다. 이 어구는 1-39장(1:4; 5:19), 40-55장(41:14, 16, 20) 그리고 56-66장(60:9, 14)에서 사용된다. 이사야서가 이 용어를 사용하는 빈도수는 하나님의 거룩하심이 이사야 신학의 중심축임을 시사한다. 이 호칭은 '거룩하고, 거룩하고, 거룩하신' 하나님(6:3)이 이사야를 선지자로 파송하시기 전에 그의 입술을 정화하는 이사야의 소명과 일맥상통한다.

셋째, 앞서 언급했듯이 쿰란에서 발견된 이사야서 두루마리는 이 책을 통일된 단일 작품으로 보존하고 있었다. 넷째, 신약은 이 책의 두 부분을 모두 이사야의 것으로 여긴다. 아래 도표에서 신약 본문과 그 본문에 언급된 이사야서의 해당 부분을 살펴보라.

이사야서의 인용

신약성경	인용된 이사야서 본문
마태복음 13:14-15	이사야 6:9-10
요한복음 12:37-38	이사야 53:1
요한복음 12:39-40	이사야 6:10

연대. 이사야의 사역은 주전 740년경에 시작되어 주전 680년경 히스기야가 죽은 뒤에 끝났다. 이사야서는 그 직후인 주전 7세기 초반이나 중반에 기록되었을 가능성이 높다. 주전 697년에 유다 왕으로 즉위한 므낫세의 통치 기간 동안 이사야가 공적인 사역을 했다는 기록은 전혀 없다. 유대교의 다양한 전승들은 므낫세 왕이 이사야를 죽였다고 시사한다. 특정 사항에서는 기사마다 차이가 있지만, 공통 요소도 있다. 전승에 따르면, 삼나무 뒤에 숨어 있던 이사야를 발견한 므낫세는 나무와 이사야를 반으로 잘랐는데, 이는 히브리서 11:37에 언급된 내용일 것이다(이사야의 죽음 기사에 대해서는 *Yebamoth* 49b, *Sanhedrin* X 그리고 타르굼 이사야서를 보라).

만약 이 전승이 옳다면, 이사야는 주전 687-642년 사이에 죽었을 것이다. 앞서 설명한 것처럼 이사야서는 주전 686년 히스기야가 죽은 뒤 어느 시점, 아마도 7세기 초반이나 중반에 편찬되었을 것이다. 이 연대는 이사야서의 청중이 선지자 이사야가 본래 자신의 메시지를 전했던 청중과 같지 않았음을 전제한다. 그 대신 선지자의 메시지는 부단한 회상과 권면, 증언으로 보존되어 미래 세대에게 전해졌다.

수신자. 이사야의 책은 이사야 개인의 사역과는 차이가 있다. 이사야서는 이스라엘의 거룩한 자가 그분의 약속대로 죄를 심판하고, 궁극적으로 이스라엘을 위로하고 회복하실 것임을 이스라엘의 신실한 남은 자들에게 상기시킴으로 그들에게 위로와 소망, 믿음을 불러일으키려고 기록했다.

주제와 목적. 이사야서는 66장에 걸쳐 방대하고 다양한 내용을 다룬다. 메시아 기대와 하나님 신뢰를 포함한 여러 가지 신학적 주제들이 이 책 전반에서 논의되고 전개된다. 이사야서에서 하나의 통일된 주제를 파악하기는 어렵지만, 책 전체를 하나로 묶는 공통 요소로 이사야가 하나님을 "이스라엘의 거룩한 자" 그리고 자기 백성의 신실한 구원자로 묘사한다는 점은 분명해 보인다. 이사야의 하나님은 신실하게 자기 백성을 회복시키고 자신의 약속을 성취하는 거룩한 하나님이시다. 이러한 하나님 이해는 거룩하고 신실한 하나님의 임재 안에서 살아갈 때, 순종과 기쁨, 평화가 가득한 삶을 살 수 있는 능력이 주어진다는 사실을 하나님의 백성들에게 상기시키려는 이 책의 의도를 강조해 보여준다. 이러한 하나님 이해는 계산적이고 합리적이며 편리해 보이는 것에 의존하지 말고, 하나님의 개입과 보호, 통치에 의지할 것을 요청하는 신학적 근거 위에서 사고하라고 독려한다.

하나님의 백성은 하나님이 자신을 신뢰하는 자를 구원하시는 거룩한 분이라는 지식을 가지고 살아가야 한다는 것이 이사야의 일관된 메시지이다. 이 메시지는 남은 자, 오실 메시아 그리고 모든 창조 세계의 최종 회복에 관한 다양한 논의 속에 얽혀 있다. 하나님이 자기에게 신실한 이들을 구원하는 거룩한 하나님이라는 깨달음은, 모든 세대의 성도들에게 자신들을 둘러싼 환경에 개의치 않고 순종과 사랑의 삶을 살 수 있는 능력을 부여한다. 아울러 신실한 자들에게는 비합리적이고, 불편하고, 위험해 보이는 순간에도 하나님을 신뢰하고 그분을 따르라고 촉구한다.

이사야서의 구조

프롤로그	이스라엘과 열방의 심판				
	거절당한 '징조'의 서사	심판 신탁			
		열방을 꾸짖는 신탁	소묵시록	열방에 임한 '화'	심판의 요약
	7–12	13–23	24–27	28–33	34–35
	이스라엘과 열방의 축복				
	받아들여진 '징조'의 서사	축복 신탁			
		바벨론으로부터의 구원 / 올바른 신학	죄로부터의 구원 / 구원론과 기독론	종말의 구원 / 종말론	
1–6	36–39	40–48	49–57	58–66	

구조. 앞서 언급한 역사 비평 분파의 제안과 더불어, 이사야서의 구조를 파악할 때 주제 분석에 더 많은 비중을 둔 다양한 제안이 제시되었다. 예컨대 도르시(Dorsey)는 이사야서에서 한 단락의 주제가 다른 단락의 동일한 주제를 서로 되비추는 교차 구조를 규명한다[David A. Dorsey, *The Literary Structure of the Old Testament: A Commentary on Genesis-Malachi* (Grand Rapids, MI: Baker, 1999), 234에 살려 있는 도표를 보라].

이 책의 구조에 대한 또 다른 접근 방법에 의하면, 이사야서는 프롤로그로 시작되어(1-6장) 두 개의 중심 단락이 뒤따라 나오는데, 첫 번째 단락은 이스라엘과 열방의 심판을 강조하고(7-35장), 두 번째 단락은 이스라엘과 열방의 축복을 강조한다(36-66장). 이들 두 중심 단락은 모두 군사적 위협 앞에서 하나님의 징조를 구하라고 지시를 받는 한 다윗계 왕에 대한 서사를 담고 있다. 첫 번째 서사(7-12장)에서는 왕이 징조(sign)를 거부하고 그에 따른 심판을 강조하는 신탁이 뒤따른다(13-35장). 두 번째 서사(36-39장)에서는 왕이 징조를 믿고 축복을 강조하는 이야기가 뒤따른다(40-66장). 도표 '이사야서의 구조'를 보라.

장르. 이사야서는 여러 가지 다양한 문학 양식으로 구성되어 있다. 여기에는 예언적 신탁(13-23장), 자전적인 서사(6장)와 전기적 서사(37-39장) 그리고 이상(6장)은 물론 기도와 영광송 등 여러 가지 다양한 양식이 포함된다. 이사야의 신탁은 일반적으로 이스라엘과 유다, 혹은 이스라엘과 유다 안에 속한 여러 무리의 사람들이나 개인에게 전해진 심판과 위로의 말씀이 모두 포함된다. '여호와께서 이같이 말씀하신다' 혹은 '여호와의 말씀이 이사야에게 임했다' 같은 어구들은 예언 신탁의 특징적인 도입 문구이다. 이사야의 신탁에는 예고적 예언도 포함된다.

이상(vision)은 예언 문학에서 덜 보편적이며, 자전적인 양식과 겹치는 경우가 많다. 6장의 이사야의 이상은 이상과 자전적 내용이 융합되는 좋은 본보기이다. 이사야를 예언 사역으로 부르신 일은 하늘 보좌에 앉으신 이스라엘의 거룩한 하나님의 이상에 대한 서사적 서술을 통해서 이사야의 청중들에게 전달되었다. 전기적이고 자전적인 서사는 이사야의 예언 사역 전반에서 그의 활동과 상호 관계가 중요함을 나타낸다. 앞서 살펴보았듯이, 이사야의 소명은 자전적인 문체로 전해졌다. 이 서사는 이사야의 예언 사역에 권위를 부여하면서도 생생하고 인상적인 하나님의 모습을 제시하면서, 이사야가 사역 출발점에서 주님과 나눈 상호 관계의 중요성을 강조한다. 자전적이고 전기적인 서사는 그 주변 신탁의 문맥을 보여줌으로써, 예언적 선언을 이해할 수 있는 틀을 제공한다.

배경. 이사야 1:1은 이사야가 사역을 시작한 시점을 주전 750년경 웃시야와 요담의 통치 기간에 둔다. 블레셋에 맞선 웃시야의 군사 원정과 예루살렘의 건축 프로젝트(참고. 대하 26:6-15)는 유다를 경제와 군사의 실세로 부각시켰다. 그는 "성 모퉁이 문과 골짜기 문과 성굽이에" 망대를 세워 예루살렘의 방비를 강화했다(대하 26:9). 웃시야는 고대 근동 정치에서 영향력을 가질 수 있도록 유다의 지위를 확고하게 하고자 30만 명이 넘는 군대를 훈련하고 무장시켰다.

웃시야가 통치 초기에 성공을 거둔 것은 그가 기꺼이 "여호와 보시기에 정직하게" 행하려고 했기 때문이라고 이해할 수 있다(대하 26:4). 웃시야의 초기의 신실함은 고대 근동의 부상하던 권력이던 앗수르 내부의 혼란과 짝을 이루었다. 내부의 갈등과 기근으로 인해 앗수르는 자신의 영토를 확장하고 유다를 침입할 수 없었다[A. Kuhrt, *The Ancient Near East: c. 3000-300 BC*, II (New York: Routledge, 1995), 490-493]. 주님이 복을 주셔서 경쟁을 벌일 국가적 실체가 없었기에 웃시야는 블레셋과 마온 그리고 암몬을 정복할 수 있었다(참고. 대하 26:6-8). 주님의 복을 저버리고 교만해진 웃시야는 자신의 영역을 넘어서서 성전에서 분향했다. 그 결과 하나님은 나병으로 그를 치셨고, 웃시야는 남은 통치 기간 동안 성전에 들어갈 수 없었다. 웃시야가 나병에 걸린 뒤 웃시야의 아들 요담이 왕이 되어 유다를 통치했다. 요담은 "여호와 보시기에 정직하게 행하였"다(대하 27:2). 요담은 경제적, 정치적으로 성공적으로 보이는 통치를 했지만, 유다에 광범위한 영적 개혁을 시행할 수는 없었다. 남 왕국은 경제적으로는 번영했지만 영적으로는 취약한 상태였다.

요담이 죽은 뒤 아하스가 왕이 되었다(주전 735년경). 아하스는 자기 아버지 요담의 본을 따르지 않았다. 도리어 그는 "이스라엘 왕들의 길로 행하여 바알들의 우상을 부어 만들고 또 힌놈의 아들 골짜기에서 분향하고 여호와께서 이스라엘 자손 앞에서 쫓아내신 이방 사람들의 가증한 일을 본받아 그의 자녀들을 불사르고 또 산당과 작은 산 위와 모든 푸른 나무 아래에서 제사를 드리며 분향"했다(대하 28:2-4). 주님을 무시하던 아하스의 태도는 징벌을 피할 수 없었다. 그는 유다의 안전과 독립을 유지하려고 애썼지만(하지만 실패했다!), 그의 통치는 탄압과 정치적 책략으로 점철되었다.

아하스가 가나안의 거짓 신, 바알을 비롯한 주님의 다른 대적들과 운명을 같이하는 실책을 범하는 사이, 앗수르는 주전 745-727년에 앗수르를 통치했던 디글랏 빌레셀 3세의 지도력 아래서 세력을 키우기 시작했다. 그의 지휘 아래 앗수르는 여러 속국을 차지했고, 그들에게 조공을 받았다. 다메섹 왕 르신과 이스라엘 왕 베가는 앗수르의 정복에 저항하려고 시도하면서 반앗수르 동맹을 결성했다. 아하스가 르신과 베가의 동맹에 동참하기를 거절한 뒤에, 두 왕은 자신들과 함께 반앗수르 정책에 동참할 왕을 유다 왕좌에 앉히려고 아하스 폐위에 착수했다. 아하스에 맞선 군사 원정은 유다에게 대참사를 가져다주었다(참고. 대하 28:6-8). 에돔의 침략과 짝을 이룬 르신과 베가의 공격으로, 결국 아하스는 르신과 베가를 격파해달라고 디글랏 빌레셀 3세와 앗수르에게 도움을 요청할 수밖에 없었다. 하지만 아하스가 아람과 이스라엘의 위험에서 벗어나 있는 동안, 디글랏 빌레셀 3세는 유다를 앗수르의 속국으로 바꾸어놓았다(참고. 왕하 16:7-18).

주님을 의지하지 않겠다고 계속 거절했던 아하스의 리더십 아래에서 유다는 추락을 거듭했다. 오히려 아하스는 다메섹의 신들에게 희생제사를 지냈고, 주님의 성전을 더럽히고 폐쇄했으며, 예루살렘과 유다에서 우상숭배를 조장했다(참고. 왕하 16:10-20; 대하 28:1-4). 아하스는 왕국을 자기 아들 히스기야에게 넘겨주고 주전 715년에 죽었다.

앗수르 제국의 계속된 확장과 영향력은 히스기야의 통치에 그림자를 드리웠다. 앗수르는 산헤립 왕(주전 704-681년)이 애굽과 블레셋, 유다 동맹과 대치했던 주전 701년까지 유다에 직접적인 영향을 미치지 않았다(참고. 왕하 18:7). 하지만 사르곤 2세(주전 721-705년)의 지휘 아래 이루어진 앗수르의 활동은 이 지역에 혼란을 낳았고, 유다를 불안정하게 만들었다. 유다의 지도자들은 앗수르가 다른 국가들을 정복하는 것을 지켜보았다. 앗수르에게서 떨어져나가려고 했던 아스돗 왕 아주리(Azuri)가 그 예이다. 애굽이 앗수르의 보복으로부터 자기를 보호해주리라 생각했던 아주리는 앗수르에게 조공을 바치지 않겠다고 거절했다. 아주리에게는 불운이었지만 애굽은 그를 도우러 오지 않았고,

앗수르는 주전 711년경에 아스돗을 정복했다. 이사야가 삼 년간 벗은 몸으로 지낸 것(20:2-3)은 사르곤 2세의 아스돗 침공에서 촉발된 일이었고, 히스기야에게는 애굽 사람들을 절대 신뢰해서는 안 된다는 징조로 작용했다. 히스기야는 이사야의 말을 귀담아듣고 애굽을 의지하지 않았는데, 애굽은 결국 앗수르에게 패배했다.

열왕기하 18:7-8은 히스기야의 반앗수르 행적을 기록한다. 그는 사르곤 2세에게 조공하는 것을 거부했고, 블레셋에 있던 앗수르 영토의 일부를 장악했다. 히스기야의 행동은 사르곤 2세의 죽음 이후 주전 705년에 시작된 산헤립의 통치 때에 가서야 착수되었다. 산헤립의 블레셋 원정은 히스기야를 압박했고, 히스기야도 결국 앗수르에게 조공을 바치게 되었다(참고. 왕하 18:14-16). 이 지불금을 받은 산헤립은 애굽으로 시선을 돌렸다. 지불금은 일시적인 완화만 가져왔을 뿐 산헤립은 결국 유다로 돌아왔다. 그는 (예루살렘 남서쪽으로 각각 40킬로미터와 32킬로미터가량 떨어진) 라기스와 립나를 약탈했으며(참고. 왕하 19:8; 37:8), 예루살렘을 포위했다. 산헤립에 맞서 예루살렘의 방비를 강화하려던 히스기야의 시도는 성공을 거두었고, 그는 주전 686년까지 예루살렘의 통치권을 유지했다(참고. 대하 22:8-11; 32:3-5, 30; 37:36-38).

앗수르에 맞서 하나님을 신뢰하겠다는 히스기야의 결단 외에도 그는 여러 가지 영적 개혁을 시행하여 성공을 거두었다(참고. 대하 29:3-11, 15-36; 30:1-11, 18-21; 31:1; 32:6-8, 20-21; 왕하 18:4). 이러한 개혁이 있었으나, 성경의 다른 책들은 히스기야의 실책을 기록하고 있다(참고. 왕하 18:14-16; 20:12-18; 대하 32:25-26). 이사야는 하나님이 앗수르를 격파해주실 것을 신뢰하겠다는 히스기야의 결단은 칭송했지만, 유다와 그 지도자들의 영적 상태에 대해서는 긍정적이지 않은 그림을 그렸다. 유다의 행동이 예루살렘에 심판을 가져올 것이지만(참고. 29:1-4), 예루살렘도 잘못이 없지는 않다. 예루살렘 역시 순종하며 주님께 돌아가, 주님이 앗수르를 격파하실 것이라고 신뢰해야 한다(참고. 30:31-33; 31:8-9).

이사야는 하나님의 선민으로서의 정체성이 뒤죽박죽된 한 민족과 대치했다. 과분한 정치적 압박 앞에서 잠식당한 유다의 믿음은 이사야의 예언에 추동력이 되었다. 유다의 지도자들이 정치적 동맹이 필요 없는 세상을 상상하는 데 어려움을 느꼈을 때, 이사야는 그들에게 신학적 현실을 인식하라고 촉구했다. 그 현실은 하나님의 주권에 그리고 이스라엘을 통해 자신의 이름을 영화롭게 하시려는 하나님의 열망에 뿌리를 두고 있었다.

성경 내의 영향. 이사야서는 신약과 랍비 문헌 모두에서 가장 많이 인용된 선지서이다. 구약과 신약 신학에 끼친 이사야서의 영향은 아무리 강조해도 지나치지 않다. 흔히 '제5 복음서'라고 불리는 이사야서의 메시아 예언과 더불어 이 책에서 전개되는 남은 자 신학은 메시아의 오심과 이스라엘의 회복을 고대한다.

사

개 요

Ⅰ. 프롤로그: 이스라엘에 대한 고발과 이사야의 소명(1:1-6:13)
  A. 이스라엘의 배반과 회복의 소망(1:1-31)
  B. 이스라엘의 현재 심판과 다가오는 영광(2:1-4:6)
  C. 이스라엘의 심판과 유배(5:1-30)
  D. 예언의 소명을 받은 이사야(6:1-13)
Ⅱ. 이스라엘과 열방에 대한 심판(7:1-35:10)
  A. 거절당한 징조의 서사: 아하스가 열방을 신뢰하기로 선택하다(7:1-12:6)
    1. 메시아의 징조, 임마누엘: 그분의 탄생(7:1-16)
    2. 유다와 다메섹, 사마리아에 대한 심판의 신탁(7:17-8:22)

- 3. 메시아 하나님의 아들: 그분의 본성(9:1-7)
- 4. 사마리아와 앗수르에 대한 심판의 신탁(9:8-10:34)
  - a. 사마리아의 심판(9:8-10:4)
  - b. 앗수르의 심판(10:5-34)
- 5. 메시아 여호와의 가지: 그분의 통치(11:1-16)
- 6. 찬양시(12:1-6)

B. 심판의 신탁(13:1-35:10)

- 1. 열방을 꾸짖는 신탁(13:1-23:18)
  - a. 바벨론을 꾸짖는 신탁(13:1-14:27)
  - b. 블레셋을 꾸짖는 신탁(14:28-32)
  - c. 모압을 꾸짖는 신탁(15:1-16:14)
  - d. 다메섹과 에브라임을 꾸짖는 신탁(17:1-11)
  - e. 구스를 꾸짖는 신탁(17:12-18:7)
  - f. 애굽을 꾸짖는 신탁(19:1-20:6)
  - g. 바벨론을 꾸짖는 신탁(21:1-10)
  - h. 에돔을 꾸짖는 신탁(21:11-12)
  - i. 아라비아를 꾸짖는 신탁(21:13-17)
  - j. 예루살렘을 꾸짖는 신탁(22:1-25)
  - k. 두로를 꾸짖는 신탁(23:1-8)
- 2. 소묵시록(24:1-27:13)
  - a. 땅의 심판(24:1-25:12)
    - (1) 심판에 대한 묘사(24:1-23)
    - (2) 심판에 대한 응답(25:1-12)
  - b. 하나님 나라의 건설(26:1-27:13)
- 3. '화'의 책(28:1-33:24)
  - a. 첫 번째 화: 주정꾼의 조롱(28:1-29)
  - b. 두 번째 화: 종교적 위선(29:1-14)
  - c. 세 번째 화: 하나님을 속이려는 시도(29:15-24)
  - d. 네 번째 화: 고집스러운 배반(30:1-33)
  - e. 다섯 번째 화: 신뢰하지 못한 실패(31:1-32:20)
    - (1) (애굽이 아니라) 하나님이 이스라엘을 구원하실 것이다(31:1-9)
    - (2) 하나님이 의로운 메시아 왕을 세우실 것이다(32:1-20)
  - f. 여섯 번째 화: 파괴적인 반대(33:1-24)
- 4. 심판과 축복의 요약(34:1-35:10)
  - a. 이방인의 권력이 무너질 것이다(34:1-17)
  - b. 구속받은 이들이 하나님 나라를 볼 것이다(35:1-10)

Ⅲ. 이스라엘과 열방의 축복(36:1-66:24)

A. 수용된 징조의 서사: 히스기야가 주님을 신뢰하기로 결단하다(36:1-39:8)

- 1. 히스기야와 앗수르(36:1-37:38)

a. 앗수르의 공격(36:1-22)
b. 앗수르의 패배(37:1-38)
2. 히스기야와 바벨론(38:1-39:8)
a. 히스기야가 주님께 치유받다(38:1-22)
b. 히스기야가 바벨론 사람들에게 자신의 보물을 보여주다(39:1-8)
B. 축복의 신탁(40:1-66:24)
1. 바벨론으로부터의 구원(40:1-48:22)
a. 하나님의 위로의 메시지(40:1-31)
b. 하나님의 강력한 구원(41:1-29)
c. 하나님의 선택받은 종(42:1-25)
d. 하나님의 위로의 확신(43:1-44:25)
e. 하나님의 주권적 권위(44:6-23)
(1) 하나님의 고유한 주권 선언(44:6-8)
(2) 우상 신뢰에 대한 풍자(44:9-20)
(3) 기억하고 하나님께 돌아오라는 권고(44:21-22)
(4) 마무리하는 찬양시(44:23)
f. 하나님의 대리인(44:24-45:25)
(1) 고레스에 대한 묘사(44:24-45:13)
(2) 고레스의 영향(45:14-25)
g. 하나님의 의로운 심판(46:1-47:15)
h. 하나님의 예고된 회복(48:1-22)
2. 죄로부터의 구원(49:1-57:21)
a. 이스라엘의 격려(49:1-52:11)
(1) 종의 역할(49:1-13)
(2) 주님의 신실하심에 대한 재확인(49:14-26)
(3) 종의 본보기(50:1-11)
(4) 약속된 하나님의 구원(51:1-52:12)
b. 이스라엘을 위한 희생제물(52:13-53:12)
(1) 하나님이 말씀하시다: 종은 굴욕을 당해도 높아질 것이다(52:13-15)
(2) 이스라엘이 말하다: 종은 굴욕 때문에 인정받지 못했다(53:1-9)
(3) 하나님이 말씀하시다: 굴욕으로 인해 종이 높아질 것이다(53:10-12)
c. 이스라엘과 열방의 구원(54:1-57:21)
(1) 이스라엘의 구원(54:1-55:13)
(a) 구원의 약속(54:1-17)
(b) 구원의 제안(55:1-13)
(2) 열방의 구원(56:1-57:21)
(a) 포함된 이방인(56:1-8)
(b) 악인에 대한 비난(56:9-57:21)
3. 종말의 구원(58:1-66:24)

a. 하나님이 주도적으로 이스라엘을 구원하시다(58:1-60:22)
 (1) 하나님이 이스라엘의 악함을 설명하시다(58:1-59:8)
 (2) 이스라엘이 자신의 악함을 고백하다(59:9-15a)
 (3) 하나님이 이스라엘의 구속을 시작하시다(59:15b-21)
 (4) 하나님이 자신의 영광을 위해 이스라엘을 구속하실 것이다(60:1-22)
b. 하나님의 메시아가 이스라엘을 구원하다(61:1-63:6)
 (1) 이스라엘을 위한 메시아의 사역(61:1-11)
 (2) 메시아의 이스라엘 회복(62:1-12)
 (3) 에돔에 대한 메시아의 심판(63:1-6)
c. 하나님의 언약적 신실하심이 이스라엘을 구원하다(63:7-66:24)
 (1) 하나님의 신실하심을 기억하다(63:7-14)
 (2) 하나님의 용서를 요청하다(63:15-64:12)
 (3) 하나님의 구원을 서술하다(65:1-16)
 (4) 하나님의 영광이 임하다(65:17-66:24)

주 석

Ⅰ. 프롤로그: 이스라엘에 대한 고발과 이사야의 소명(1:1-6:13)

이사야서의 처음 여섯 장은 책 전체의 프롤로그 역할을 하면서, 하나님과 유다 사이의 관계를 소개한다. 주요 강조점은 유다의 죄에 대한 고발이다. 하나님은 이스라엘의 현재와 미래의 정체성을 서술함으로써 이스라엘의 임박한 운명과 미래의 소망에 관한 메시지를 주셨다. 하나님과 그분의 뜻에 대한 그들의 무지는 재난을 낳겠지만, 그 재난이 끝은 아니다. 하나님은 남은 자를 붙드시고 이스라엘을 회복하실 것이다. 하지만 심판과 징계를 통해서만 그렇게 하신다. 이 고발의 정점에서 이사야의 소명 이야기가 전해진다. 유다를 고발하고, 선지자의 필요성을 입증하신 하나님은 이사야를 부르셔서 고집불통 백성들에게 메시지를 전하게 하셨다.

A. 이스라엘의 배반과 회복의 소망(1:1-31)

1:1. 표제어는 이사야서를 유다와 예루살렘에 대해 선지자 이사야가 받은 이상(vision)이라고 소개한다. 이 구절은 이 이상의 연대를 **유다 왕 웃시야와 요담과 아하스와 히스기야**의 통치 기간으로 자리매김함으로써 이사야의 예언을 이해하는 데 필요한 삶의 정황을 제시한다. 이사야가 비교적 수월하게 유다 왕들에게 접근할 수 있었던 사실 때문에 일부 주석가들은 이사야가 왕실 혈통의 일원이었다고 추측했다. 더 의미 있는 사실은 이 메시지에 내재된 이상은 이스라엘의 상황에 대한 여타의 비판이나, 거짓 선지자들의 이상과 이사야의 메시지를 구별해준다는 점이다.

1:2-9. 이사야는 2절에서 자신의 메시지를 전하기 시작하면서, 하늘과 땅을 하나님이 하신 고발의 증인으로 세웠다. 표현은 공식적인 '소송' 선언에 나오는 것과 비슷하다(참고. 신 30:19; 31:28; 32:1; 시 50:4). 이사야는 하나님이 백성들에게 제기하신 책망을 서술했고, 회개해도 고난은 줄지 않고 계속된다는 상식에 의문을 제기했다.

하나님의 첫 번째 책망은 이스라엘 백성들의 배반이었다. 이스라엘과 소나 나귀의 비교(3절)는 하나님의 길을 무시하며, 그 길을 따르지 않는 이스라엘의 거부를 강조했다. 하나님께 돌아가지 않겠다는 거부는 매 맞음으로 묘사된 고통을 낳는다(**매를 맞다**, 5절). 이사야는 유다가 머리끝부터 발끝까지 상처와 멍으로 덮였는데 다음에 주먹질 당할 곳이 어디냐고 반문했다(6절). 유다 땅은 멸망하여 이방인들에게 짓밟혔다(7절). 유다는 추수를 끝낸 밭의 버려진 초막처럼 남겨졌다(8절). 이런 이미지들은 하나님과 이스라엘의 관계가 어떤지 말해주었지만, 이스라엘의 고통에는 한 가닥 희망이 없지 않았다. 그들의 배반에도 불구하고, 하나님은 그들을 **소돔**과 **고모라**처럼 만드시지 않을 것이다(9절). 하나님은 그들을 완전히 파괴하시지 않고, 이스라엘을 재건할 남은 자를 남겨두실 것이다.

1:10-20. 앞서 하늘과 땅을 부를 때 '들으라'[히브리어로 샤마(*shama*), 1:2]라고 했듯이, 10절에서는 **소돔의 관원들**과 **고모라의 백성**을 향해 '들으라'고 한다. 10절에서 이스라엘을 소돔이나 고모라와 동일시하는 이유는 유다 백성과 지도자의 부패를 강조하기 위함이다. 이스라엘을 사악한 이교도 성읍의 원형으로 규정한 다음, 유다의 공허한 예배에 대한 하나님의 거부가 나오고(11-14절), 그로 인해 하나님이 유다를 일시적으로 버리시는 결과를 낳는다(15절). 달갑지 않은 희생제물과 억압당하는 백성들의 피로 뒤덮인 유다의 손 때문에 하나님은 등을 돌리고 그들의 기도를 무시하신다. 하나님은 텅 빈 예배와 잔혹한 억압에 가담한 사람들의 요청을 들어주시지 않을 것이다.

16절의 초점은 백성들의 범죄 입증에서 스스로 죄를 **씻어 깨끗하게 하여** 하나님께 돌아오라는 요청으로 바뀐다. 회개란 죄에서 돌아서서, 특별히 그 사회의 가장 취약한 구성원이던 억압당하는 자와 고아, 과부에게 정의와 의를 실천한다는 뜻이다(17절). 하나님의 백성은 압제를 통해 이익을 얻으려고 해서는 안 된다. 그들이 하나님을 신뢰하고 순종한다면, 하나님은 진홍같이 붉은 죄의 얼룩을 제거하시고, 그들에게 필요한 모든 것보다 더 많이 공급해주실 것이다(18-19절). 그들이 돌아와서 순종하면, 그들은 그 땅의 **아름다운 소산**을 먹을 것이다(19절). 하지만 만약 그들이 회개하지 않으면, 그들은 **칼에 삼켜**질 것이다(20절).

1:21-31. 19-20절에서 순종과 배반에 따른 상반된 결과를 서술한 다음, 예루살렘의 불행한 상황으로 초점이 옮아간다. 21-23절은 과거의 예루살렘과 현재의 예루살렘을 날카롭게 대조한다. 하나님은 전에 신실했던 성읍이 신실하지 못한 관행에 빠진 것을 두고 탄식하셨다. 구약에서 음행이나 매춘은 우상숭배를 가리키는 경우가 많지만(참고. 렘 2:20; 3:1; 겔 6:9; 16:15-16; 호 4:12; 나 3:4), 이 경우에 음행은 예루살렘에서 자행되던 억압적이고 비윤리적인 사회적 관행과 관련이 있었다. 예루살렘 지도자의 부패는 그들이 기꺼이 뇌물을 받아 정의를 팔고, 과부와 고아의 사정을 무시함으로써 더 부각되었다. 상상할 수조차 없던 그런 관행은 이사야의 예언을 듣고 있던 많은 사람들에게서 드러난 하나님께 대한 신뢰의 결여를 보여주었다. 더 많은 권력, 더 많은 안정 그리고 더 많은 부를 지금 얻겠다는 욕구는 모든 백성이 하나님의 복을 경험하게 될 미래를 꿈꾸어야 할 지도자들의 능력을 제한했다.

유다 지도자들의 부패한 행동 때문에 하나님은 그들에게 맞서 예루살렘의 질서를 재건하고, 또 예루살렘의 통치자로서 자신의 정당한 주권을 재천명하지 않을 수 없었다. **주 만군의 여호와 이스라엘의 전능자**(24절)가 사회 안의 취약 계층을 억압하는 이들에게 맞서 싸우실 것이다. 그분은 예루살렘 안에 있는 대적들과 맞섬으로써 스스로 위안을 얻으실 것이다(24절). 일단 질서가 회복된 뒤, 하나님은 예루살렘의 불순물을 **녹여 청결하게** 하고(25절), 음란한 성읍을 의의 성읍으로 변화시키실 것이다(26절). 예루살렘의 사악한 지도자들은 정직한 처신과 지혜로운 모의를 통해 하나님에 대한 신뢰를 드러내는 지도자들로 대치될 것이다. 이런 예루살렘의 변화는 유배지에서 귀환할 때 일어날 것으로 짐작된다. 하지만 포로기 이후 선지서를 대충 훑어보기만 해도 예루살렘 백성들이 의로운 삶의 문제로 애를 먹고 있었음을 알 수 있다(참고. 학 1:1-11; 2:10-14; 슥 1:4-5; 7:4-14; 말 1:6-14; 2:1-9; 2:10-17). 따라서 예루살렘을 의의 성읍으로 만들겠다는 약속은 먼 미래에 메시아의 나라에서 성취될 가능성이 더 높다.

이사야 1:27에서 선지자는 이 먼 미래에 정의와 의가 시온과 그 안에서 회개하는 이들을 구속할 것임을 밝힌다. 시온—이는 예루살렘과 그 주변 지역을 가리키는 시적 용어로, '하나님 안에 있는 사람들이 소유한 선민의식과 소망, 아름다움'을 나타낸다—은 하나님의 정의롭고 의로운 행동 덕분에 자유로워질 것이다[Oswalt, *The Book of Isaiah, Chapters 1-39*, 109.《이사야 1》, NICOT(부흥과개혁사)]. 하나님이 공정하게 심판하여 시온의 질서를 회복하실 때, 이기적인 명분을 추구하는 이들은 패망할 것이고(28절), 하나님의 길에 헌신한 사람들은 평화와 번영 가운데 살 것이다. 하나님이 심판하실 때, 그분을 배반했던 이들은 [그들이] **기뻐하던 상수리나무**와 [그들이] **택한 동산** 때문에 수치를 당하거나 실망할 것이다.

이 상수리나무와 동산은 이방신 예배와 관련되었을 것이다. 고대 헬라어 구약 번역본인 70인역은 **상수리나무** 대신 '우상들'로 번역했다. 이는 70인역 번역자들이 이 구절을, 거짓 신에 대한 예배를 겨냥한 것으로 이해했음을 시사한다. 사람들이 느낄 수치와 실망은 참된 하나님의 맹렬한 공격 속에서 자기들을 지탱해주지 못하는 신들의 무능함과 관련이 있다. 자신들의 생활 방식을 지탱해줄 것이라고 의지했던 신들은 오히려 그들을 실망시킬 것이다. 이 당혹감은 30절의 비교에서 더 강조되는데, 30절에서 상수리나무와 동산의 무력함은 하나님의 심판 아래 시들어가는 사람들을 묘사하는 데 사용된다. 살아 있는 나무의 활력이 불에 쉽게 붙고 잘 꺼지지 않을 말라비틀어진 삼 오라기로 대체될 것이다(31절).

B. 이스라엘의 현재 심판과 다가오는 영광 (2:1-4:6)

이들 장의 메시지는 여러 어구를 연결시키는 데 사용되는 문학 장치인 교차 구조를 보여준다. 여기서 2:1-4과 4:2-6의 왕국 건설이 2:6-22과 3:1-4:1의 교만한 자에 대한 비난을 둘러싸고 있다. 게리 스미스(Gary V. Smith)의 책에서 가져온 교차 구조 도표를 참고하라[*Isaiah 1-39*, NAC (Nashville: Broadman & Holman, 2007), 122].

2:1-4:6의 교차 구조

2:1-5 하나님 나라가 세워질 것이다
　2:6-22 교만에 대한 비난
　3:1-4:1 교만에 대한 비난
4:2-6 하나님 나라가 세워질 것이다

교차 구조는 하나님 나라의 불가피성을 강조한다. 인간의 힘이나 영광과 관계없이 하나님 나라는 올 것이다. 하나님이 자신의 위엄을 세우러 오실 때, 인간의 동맹을 통해 지혜와 안전을 얻으려는 시도(2:6), 부를 축적하려는 시도(2:7) 그리고 자신들의 노력에 반대하지 않을 신들을 창조하려는 시도(2:8)는 굴욕만 낳을 것이다. 주님의 날은 사람의 자존감을 낮추고 하나님의 위엄을 높일 것이다.

2:1-5. 1절은 '이상'이 아니라, 이스라엘과 예루살렘의 영광스러운 종말론적 미래를 묘사하는 **말씀**['메시지']으로 설명된다. 이사야는 예루살렘 및 유다와 관련하여 자기가 본 것을 전했다. 2장에서 이스라엘의 모습은 하나님이 성전산, 혹은 **여호와의 전의 산**(2절, 참고. 3절)을 가장 높은 산으로 만드심으로써 약속된 축복을 가져오실 것이라는 희망을 불러일으킨다. 고대 근동의 시각에서 산의 정상은 신들의 임재와 연결되어 있었던 까닭에, 산의 높이는 중요한 요소였다. 산, 특히 성전산은 하늘과 땅의 연결점으로 인식되었다. 주님의 전이 위치한 산이 다른 산보다 높아질 것이라는 말은 명성 그리고 성전의 영광과 거기에서 드려질 예배의 진실성을 의미한다.

율법이 주님의 산 시온에서 선포됨에 따라(3절), 열방은 성전에서 예배하여 하나님의 길을 배우고 순종하며 살자고 서로를 부를 것이다(3절). 하나님의 율법은 영원하지만, 그것은 다양하게 표현된다. 이 구절이 메시아의 나라에서 모세의 율법이 복원될 것임을 시사하는 것 같지는 않다. **율법**이라는 단어를 '교훈'(instruction, HCBS)으로 번역하여, 하나님이 미래의 종말론적 나라를 위해 제정하실 법률로 보는 것이 더 나을 것이다. 열방이 마침내 하나님을, 의로 세상을 심판하시고 평화를 열방에 가져다주실 참 하나님으로 인정할 것인데, 그 평화는 전쟁 도구를 농업 기구로 바꾸는 것으로 상징된다. 이 장의 처음 네 절은 이스라엘의 죄와 반역에 대한 언급 없이 시온의 영광스러운 미래를 제시하는 반면, 5절은 야곱의 집을 향해 시온으로 돌아오라고 부르는 것 같다. 2-4절에서 열방이 시온으로 몰려오는 장면은 유다로 하여금 **여호와의 빛** 안에서 순종적으로 행동하게 만드는 동기로 사용된다(5절).

2:6-11. 이 단락에서 22절까지 교만에 대한 첫 번째 비난이 시작되고, 그 뒤에 교차 구조의 일부인 두 번째 비난(3:1-4:1)이 나온다. 일부 주석가들은 2-4

절에서 열방을 묘사하는 의도가 유다 백성들의 질투를 유발하여 그들이 돌아와 하나님을 따르게 하기 위한 것이라고 주장한다[Oswalt, *The Book of Isaiah, Chapters 1-39*, 118.《이사야 1》, NICOT(부흥과개혁사)]. 하지만 2:6-9에서 유다가 보여주는 관행과 대조되는 것을 고려할 때, 이 단락은 유다에 대한 비판일 가능성이 더 높다. '왜냐하면'(for, 6절, 우리말 번역에서는 생략—옮긴이 주)으로 시작되는 어구는 유다가 돌아와 여호와의 빛 안에서 행해야 하는 이유를 제시한다. 하나님이 잠시나마 그들을 버리셨고, 유다가 회복되기 위해서는 회개해야 했다.

NASB는 9절을 "평민이 비천해졌고 유력자가 낮아졌으나, 그들을 용서하지 마소서"(so the 'common' man has been humbled and the man 'of importance' has been abased, but do not forgive them)라고 번역한다. 이 번역은 사실 오해의 소지가 있다. 9절의 문법은 이 절이 6-8절의 행동 묘사를 이어간다는 것을 보여준다. 이것이 옳다면, 우상을 예배하는 사람들의 행동에 강조점이 놓일 것이다. 즉, 그들은 우상 앞에 절하고 몸을 낮추었다. 9절의 마지막 어구에서 이사야는 "그들을 높이지"(히브리어 성경) 말라고 하나님께 호소한다. NASB는 이 어구를 내포된 의미인 **용서하다**(forgive)로 올바르게 번역하여, 우상숭배자들을 용서하지 말라고 하나님께 간청한다.

9절은 언어유희를 보여주는데, 9절과 마찬가지로 11절과 17절도 **절하다**와 **굴복하다**를 뜻하는 동일한 히브리어 단어를 사용한다. 11절과 17절에서 이 단어들은 교만에 대한 언급과 함께 사용되어, 거만하게 배반한 자들을 하나님이 낮추실 것임을 시사한다. 9절에서 이 두 단어는 11절과 17절의 두 단어를 앞서 보여줌으로써, 지금 사람들이 우상 앞에서 보여주는 겸손은 다가오는 주님의 날에 교정될 거짓 겸손임을 시사한다.

이사야서에서 가장 빈번히 사용된 어구 가운데 하나인 **그날에**가 11절에 맨 처음 등장한다. 이 어구는 이사야서를 통틀어 45회 나오며, 대개 다가오는 결산의 날과 관련된 사건을 가리킨다. 주님께 대한 예배와 의존(참고. 2:11; 10:20; 12:1, 4; 17:7; 19:18-19, 21, 23-24; 25:9; 26:1; 27:13), 우상의 제거, 부와 안전의 상실 그리고 성읍의 파괴(참고. 2:20; 3:18; 17:9; 19:16; 20:6; 22:25; 31:7), 대적의 등장(참고. 7:18, 20, 23; 17:4), 하나님 백성의 구원(참고. 10:27; 11:11) 그리고 이스라엘의 지도력 확립(참고. 4:2; 11:10; 22:20) 등 모든 일이 그날에 일어날 것이다.

이날은 하나님이 대적들을 이기실 심판과 승리의 날이다(참고. 2:11, 17; 24:21; 27:1, 12). 그때에 어려운 시절은 정의와 번영, 온전함에게 길을 양보할 것이다(참고. 28:5-6; 29:18; 30:23). 이사야는 또한 비슷한 어구를 사용하여, 예컨대 한날 혹은 그날(참고. 2:12; 14:3; 30:8), 징벌의 날(참고. 10:3), 여호와의 날(참고. 13:6, 9), 여호와가 맹렬히 진노하시는 날(참고. 13:13) 그리고 크게 살륙하는 날(참고. 30:25) 등으로 부른다. 각각의 어구는 '그날에'가 나타내는 것과 동일한 시간대를 지시하는 것 같다. 이사야 22:5 역시 소란과 밟힘과 혼란의 날, 성벽이 무너지는 날 그리고 산을 향해 부르짖는 날을 언급한다.

'여호와의 날'은 흔히 하나님의 종말론적인 지상 심판을 가리킨다. 그때 열방은 심판을 받고 이스라엘은 온전히 회복될 것이다(참고. 사 13:6-16, 9; 34:8; 욜 1:15; 2:1, 11; 3:14; 암 5:18, 20; 옵 15절; 습 1:7, 14; 슥 14:1; 말 4:1-6; 살전 5:2; 살후 2:2; 벧후 3:10). 하지만 이 표현은 유다와 이스라엘이 죄에 대한 징벌로 하나님의 일시적인 심판을 경험했을 때처럼(참고. 겔 7:1-14), 하나님의 일시적인 심판을 가리킬 수도 있다(참고. 애 2:21-22).

2:12-22. 교만한 사람들을 낮추시는 결산의 날이 있을 것이다(12절). 이사야는 계속해서 유명한 **레바논의 백향목**과 **바산의 상수리 나무**(13절), **높은 산**과 솟아오른 **작은 언덕**(14절), **견고한 성벽**과 **망대**(15절) 그리고 인상적인 **배**(16절)를 포함시켜 권력과 안전의 두드러진 상징과 교만한 자를 연결한다. 이것들은 교만한 자의 그릇된 안정감을 강조한다. 나무와 산, 성벽 그리고 배의 위엄과 그것에 내포된 영원성이 주님의 권능에 무너지게 될 것이라면, 인간의 권력은 서 있기를 기대할 수 없다. 결국 하나님만 높임을 받으실 것이다(2:17).

더군다나 사람들이 섬기는 우상은 결국 다가오는 주님의 날에 쓸모없다고 판명날 것이다(18절). 사람들은 우상을 버리고 주님의 심판으로부터 숨을 것이다(19

절). 그들의 인간적인 안전은 그 근원이 쇠퇴할 것이고, 인간의 잠재력에 대한 신뢰가 그릇되었음이 밝혀질 것이다. 22절의 수사적인 질문은 인간의 솜씨를 높이는 것이 무익함을 강조한다. 결국 잠깐에 불과한 인간의 능력에 특별한 찬사를 보내서는 안 된다. 여기 묘사된 주님의 날은 일시적인 심판이 아니라 종말론적인 주님의 날을 지칭한다. 이 점은 우주적인 범위[13-16절의 "…와(과)" 사용에 주목하라], 모든 우상숭배의 완전한 종결(20-21절) 그리고 주님이 만물 위에 궁극적으로 높아지심(11, 17절)에서 분명해진다.

3:1-7. 교만을 비난하는 두 번째 단락(3:1-4:1)이 여기서 시작된다. 이 부분은 앞서 다룬 교차 구조의 일부이다. 1절은 인간의 권력이 한순간에 불과하고 그분의 공급에 따라 좌우된다는 하나님의 선언을 지지하면서, 인간의 높아짐과 교만에 대한 하나님의 대답을 제시한다. 하나님은 예루살렘과 유다가 의지하는 모든 것을 없애실 것이다. 음식과 물, 선지자, 지도자들이 모두 유다에서 사라질 것이다(2-3절). 그들에 대한 하나님의 심판이 나타내는 표식으로 경험 없는 **소년들**, **아이들** 그리고 **여자**들의 지도력(4, 12절) 아래서 나라가 혼란에 빠질 것이다. 겉옷을 가진 남자가 백성들의 지도자가 될 정도로 유다의 번영은 위축될 것이다(6절). 하나님은 유다의 교만을 조장하는 모든 것을 제거하시고, 그 자리를 절망, 영감 없는 지도력, 가난으로 대신하실 것이다.

3:8-15. 하나님께 맞선 백성들의 광범위한 배반과 교만은 하나님의 심판을 부를 것이다(9절). 하지만 악인이 자기 행동의 열매를 먹게 되듯이, **의인…들은 그들의 행위의 열매를 먹을 것이다**(10-11절). 이스라엘 민족은 심판을 경험하겠지만, 의인들은 형통할 것이다. 유다의 통치자들이 억압하면서 잘못된 길로 이끌기에, 주님은 자기 백성들에게 유죄를 선고하고, 억압과 절도를 통해 안전을 추구해온 사람들을 심판하실 것이다(14-15절).

3:16-23. 이 단락은 예루살렘 여자들에 대한 하나님의 심판을 선언한다. 여자들의 사치와 교만한 태도가 비난의 초점이며, 이들은 운명의 역전을 맞게 될 것이다. 하나님은 그들에게 수치를 안겨주실 것이고, 차일즈(Childs)의 설명처럼, "전쟁의 공포(강간과 질병 그리고 기근)가 풍요롭고 방종하는 호화로운 삶을 대신할 것이다"[Brevard S. Childs, *Isaiah: A Commentary* (Louisville: Westminster John Knox, 2001), 34]. 17절에서 여자의 머리카락에 대한 언급에는 죄수를 다루던 고대 근동의 관행이 반영되어 있다(NASB의 17b절은 여자의 하체가 아니라 '이마'를 미는 것으로 되어 있다—옮긴이 주). 여자의 머리카락 혹은 그 일부를 미는 것은 공개적인 굴욕 행위로 간주되었다. 18-23절은 여자의 퇴폐적인 장신구를 제거하면서 굴욕의 주제를 이어간다.

3:24-4:1. 시온의 딸들이 입은 의복을 묘사한 다음, 시온을 자기 남편을 잃고 버림받은 여자로 그린다(25-26절). 남자의 수가 부족하다는 사실은 여자들에게 절망을 안겨줄 것이다. 남편이 없는 수치와 불안정에서 벗어나기 위해 예루살렘 여자들은 남편을 찾으려고 일상적인 사회적 관행을 유보할 것이다(4:1). 남부끄러운 사회적 지위에 처한 이 여자들은 자기들이 먹여 살리는 한이 있더라도 짝을 찾는다. 남편이 마땅히 아내에게 음식과 옷을 제공해야 했는데도, 이 여자들은 자급자족하겠다고 제안한다. 이것은 남편을 향한 그들의 갈망이 경제적인 관심보다는 결혼을 통해 사회적 지위를 확보하려는 것과 더 깊은 관련이 있음을 시사한다.

이 단락의 아이러니를 놓쳐서는 안 된다. 이전 구절들에서 묘사된 아름답고 화려하게 장식한 여자들은 더 이상 매혹적이지도 자부심이 강하지도 않다. 그들은 더 이상 외모의 덕을 보며 살아갈 수 없다. 그 대신 그들은 스스로의 힘으로 교제권과 사회적 지위를 얻어야 한다. 한때 모든 사치품을 소유했던 이 퇴폐적인 여자들은 이제 한 남자를 공유해야 한다. 이 단락은 이스라엘의 거룩하신 분이 아니라 자신의 부에 의지하는 이들을 기다리는 결말을 생생하게 그려준다.

4:2-6. 앞서 언급한, 이 단락의 교차 구조 중 일부인 이 문단은 (2:1-5과 마찬가지로) 다시 메시아의 나라를 이야기한다. 이스라엘의 수모에도 불구하고, 하나님은 이스라엘을 버리시지 않을 것이다. **그날에**라는 어구는 이사야가 미래의 날에 대해 설명했던 이전의 예언 부분과 4:2-6을 연결시킨다(참고. 2:2, 11-12, 17; 3:7, 18; 4:1). 하지만 여기서 그날은 징계보다는 회복이 특징이다. **여호와의 싹**이라는 어구가 메시아를 언

급할 때 종종 사용되기도 하지만(참고. 렘 23:5; 33:15; 슥 3:8; 6:12), **그 땅의 소산**과 병행구를 이루기 때문에 상당수 현대 주석가들은 4:2이 그 땅의 초목에 대한 좀 더 일반적인 언급이라고 주장한다.

이 두 어구에 대해 세 가지 해석이 가능하다. (1) 이 두 어구는 완전히 문자적이고, 둘 다 이스라엘이 미래에 소유할 영광스러운 동산을 가리킬 수 있다. 다른 선지서들이 **싹**이라는 단어를 메시아의 호칭으로 사용한다는 점을 감안할 때 그리고 이스라엘의 영광스러운 미래를 단순한 농사 이미지로 묘사하는 외견상의 어색함을 감안할 때, 그럴 가능성은 없어 보인다. (2) 두 어구 모두 은유적으로 미래의 메시아를 묘사할 수 있다. 하지만 메시아를 **그 땅의 소산**이라고 일컬은 곳이 어디에도 없다는 점에서 이 해석도 문제가 있다. (3) 두 어구는 반은 은유적이고 반은 문자적이어서, **싹**에 관한 첫 번째 어구는 메시아를 가리키고, **그 땅의 소산**에 관한 두 번째 어구는 메시아의 나라 안에서 이루어질 농업을 가리키는 것일 수 있다. 어떤 사람은 이 해석에 일관성이 없다고 주장하지만, 선지자들이 다가오는 미래의 메시아를 농사의 축복과 결부시켜 묘사하는 게 이례적인 일은 아니다(참고. 사 30:20-23). 따라서 이 해석이 가장 가능성이 높은 대안이다. 메시아를 염두에 두든 그렇지 않든, 본문은 하나님이 이스라엘의 남은 자에게 주신 미래의 영화와 풍요를 강조한다(4:3). 이스라엘의 남은 자는 하나님의 징벌이 축복으로 바뀌는 운명의 역전을 경험할 것이다. 하나님은 심판을 통해 이전에 시온, 예루살렘 성읍을 더럽혔던 수치스러운 오점과 피를 씻어내실 것이다. 그런 다음 하나님은 이전에 광야에서 그러셨듯이(참고. 민 9:15-23), **구름**과 **화염의 빛**을 준비하셔서 시온을 보호하실 것이다(5절).

C. 이스라엘의 심판과 유배(5:1-30)

5:1-7. 하나님이 이스라엘, 특히 신실한 남은 자를 회복하시겠지만, 그들이 회복될 때는 아직 미래이다. 5장은 이사야가 예언할 당시 이스라엘의 상황을 강조한다. 이 구절들은 이스라엘과 하나님의 껄끄러운 관계를 강조하려고 이스라엘을 포도원으로, 하나님을 포도원지기로 묘사하는 확장된 은유 혹은 비유를 사용한다. 하나님은 자신의 포도원을 돌보셨고 번성하는 데 필요한 모든 것을 공급하셨지만(2, 4절), 포도원은 **좋은 포도**를 맺지 않았다(4절). 포도원이 열매를 맺지 않은 까닭에 모든 설비를 포도원에서 거둬갈 것이다(5절). 포도원지기는 **그것을 황폐하게** 해서 포도원이 더 이상 열매를 맺지 못하게 할 것이다(6절). 7절은 이스라엘 집과 유다 사람들이 포도원과 포도나무로 규정되는 이 비유의 요약 해석을 제시한다. 그들이 맺어야 할 열매, 즉 정의와 의가 싹을 틔운 적은 한 번도 없었다. 이런 좋은 열매 대신 이스라엘은 포학과 고통의 부르짖음을 맺었다.

5:8-23. 1-7절의 비유 뒤에 유다 백성들, 특히 탐욕스럽게 부와 권력을 축적했던 사람들(8-17절)과 하나님을 조롱하고 악을 선으로 인식했던 사람들(18-30절)을 꾸짖는 여섯 번의 화(禍) 목록이 나온다. 27:2-6에 비슷한 포도원 비유가 나오고, 또 그 뒤에 여섯 번의 화가 나오지만, 이때의 화는 유다 지도자들 위에 임한다(28-33장). 또 다른 차이점은 첫 번째 비유는 포도원의 심판을 묘사하는 데 반해 두 번째는 포도원의 보존을 그린다는 점이다.

화라는 단어는 심판보다는 탄식에 훨씬 가깝다. '정말 애석하다'로 풀이될 수 있다. 주님은 유다의 여섯 가지 명백한 죄를 두고 탄식하셨다. 첫 번째 죄는 탐욕이었다(8-10절). 주님이 오셔서 많은 집들을 파괴하고 크고 훌륭한 집들을 비게 만드실 때, 축재한 집과 토지는 허무해질 것이다. 주님은 또 그들의 두 번째 죄, 방탕을 두고 탄식하셨다(11-17절). 유다 백성은 **독주**[soft drink, 증류주는 아직 개발되지 않았다]와 **포도주**와 연회 사랑(11-12절) 탓에 하나님에 대한 관심이 부족했다. 세상 질서에 대한 그리고 그 질서 속의 주권자이신 하나님의 역할에 대한 백성들의 근원적인 몰이해가 실패의 원인이 되어 백성들이 몰락할 것이다(12-13절). 지상의 권력과 부 속에서 누리는 그들의 안전은 거짓 안전이므로 결국 사람의 비천함을 낳을 것이다(14-15절). 사람은 비천해지겠지만, 하나님은 공의와 의 가운데 높아지실 것이다(16절). 양과 어린 양의 귀환은 가장 미약한 동물이 부자와 권력자의 근거지를 넘겨받을 것이라는 대담한 이미지이다. 권력자들에게 빼앗겼던 땅이 다시 약자들에게 돌아올 것이다.

18-19절은 계속해서 그들의 세 번째 죄, 신성모독을 지적함으로써 하나님을 대적하는 이들에 대한 탄식을

이어간다. 이전의 죄들과 대조적으로, 뒤이은 죄들은 탐욕보다 현실의 왜곡과 더 깊은 관련이 있다. 사람들이 하나님을 모독하는 이유는 자신들의 죄에 사로잡혀 **거짓의 끈**에 끌려 다니기 때문이다. 끈은 다음 문장에 언급된 줄과 더불어 사람들이 자신들의 죄와 맺고 있는 끊을 수 없는 유착 관계를 서술한다(18절). 죄 가운데 처한 그들은 빨리 와서 계획을 보여달라고 하나님께 항의했다. 대담하게 죄를 지은 뒤에 그에 대해 무언가 해달라고 하나님께 항의한 것은 신성모독이다. 자신의 능력에 대한 사람들의 교만과 하나님의 능력에 대한 존중 부족으로 인해, 그들은 당연한 하나님의 계획을 경시하게 되었다. 이러한 무시가 그들의 실패 원인이 될 것이다.

유다의 네 번째 죄는, **악을 선하다 하며 선을 악하다** 하는 왜곡이었다(20절). 사람들의 뒤틀린 가치 체계 때문에 그들은 하나님의 의의 표준을 거부했다. 다섯 번째 화에서 하나님은 **스스로 지혜롭다**고 하는 그들의 교만 죄에 대해 탄식하셨다(21절). 그들의 여섯 번째 죄는 부패였다(22-23절). 그들은 **포도주를 마시기에 용감**했지만 공의에는 실패하여 뇌물을 받고 **의인**을 위한 공의를 무력화했다.

5:24-30. 유다의 죄의 결과로 하나님은 올바른 질서 속에서 세상을 바라보지 못하는 이들을 심판하겠다고 약속하셨다. 24절에서 하나님의 율법 거부에 대한 언급은 단순히 하나님의 명령에 대한 불순종 이상의 의미를 담고 있다. 이는 하나님의 지혜에 대한 거부이자 이스라엘 민족을 통치하는 하나님의 방법에 대한 거부였다. 율법에 순종하는 것은 주님을 신뢰하는 행위이다. 하나님의 세계관을 거부한 이들(20절), 자기 자신과 자신의 능력을 지혜의 근원으로 여긴 이들(21절), 과음에 앞장섰던 이들(22절) 그리고 돈을 위해 공의를 오염시켰던 이들(23절)에게 화가 임했다. 하나님은 율법을 거절한 이스라엘을 징벌하실 것이다(25절). 거침없이, 신속하고 거칠게 다가올 민족이 하나님의 징벌의 도구가 될 것이다(26-30절).

D. 예언의 소명을 받은 이사야(6:1-13)

이사야서의 프롤로그는 이사야를 사역으로 부르신 소명에서 정점에 이른다. 어떤 사람들은 이 기사를 연대순으로 이해하여, 이사야가 1-5장의 초기 예언 메시지를 전한 다음 사역으로 부름을 받았다고 추론한다. 하지만 그렇지 않을 것이다. 오히려 이사야는 하나님이 내놓는 유다 고발장의 항목을 제시한 다음, 이 선지자의 소명 진술을 포함시켰다. 주님이 자기 백성에게 선지자를 보내시는 이유는 이스라엘의 죄 때문이었다.

6:1-7. 이사야의 소명 기사는 웃시야의 죽음을 언급함으로써 이사야의 소명 연대를 대략 주전 740년으로 설정하는 기준점을 제시한다. 이사야는 이상 중에 하나님을 보았는데, 그분은 높은 보좌에 앉아 계셨고 **스랍들**이 그분을 모시고 서 있었다. 스랍들은 흔히 그룹들과 함께 천사와 유사한 부류에 속하는 것으로 파악된다. 이런 정체성을 갖고 있긴 하지만, '스랍들'이라는 용어는 번역어가 아니라 히브리어 단어의 음역이다. 스랍들을 천사와 유사한 존재로 규정하는 것은 분명 가능하지만, 이 단어는 '불타는 존재'로 번역될 수도 있고, 혹은 다른 성경 본문에서처럼 독(을 품은)뱀을 가리킬 수도 있다(참고. 민 21:6; 신 8:15; 사 14:29; 30:6). 이사야 14:29과 30:6에는 날아다니는 뱀에 대한 설명이 나오는데, 이는 6:2에 언급된 스랍들이 구불구불한 모양을 하고 있다고 이해할 것을 지지한다. 그렇지만 이 천사와 유사한 존재를 발과 날개, 얼굴을 가진 날아다니는 뱀으로 묘사하고 있는 것 같진 않다. '스랍'이란 단어가 '불'이라는 단어와 연결되어 있는 것은 '불타는 존재'라는 번역을 훨씬 더 신빙성 있게 만든다. 본문은 스랍들과 그들의 활동을 구체적으로 묘사한다. 그들은 여섯 날개를 가지고 있어서, 둘로 얼굴을 덮고 둘로 발을 덮는다. 불타는 스랍들마저 **거룩하고 거룩하고 거룩하신** 하나님의 임재 속에 완전히 자신을 드러낼 수 없다.

3절에서 **거룩하다**['모든 악에서 철저히 분리되어 윤리적으로 완벽한 상태']를 세 번 반복한 것은 하나님의 삼위일체적 본성에 대한 언급이 아니라 하나님의 거룩하심의 정도를 강조하기 위한 기법이다. 비슷한 기법이 에스겔 21:27에서 사용된다("내가 엎드러뜨리고 엎드러뜨리고 엎드러뜨리려니와"). 이 선포의 핵심은 하나님이 완전히 그리고 전적으로 거룩하셔서 그분이 통치하시는 모든 것과 모든 면에서 구별되고 철저히 떨어져 계신다는 것이다. 세 번의 반복이 보좌에 앉으신 하나님에 대한 묘사와 결합되어 하나님이 창조 세계로부터 구별된 분임이 강조되지만, **그의 영광이 온 땅에 충**

만하다(3절).

주님이 악한 인간으로부터 근원적으로 구별되신다는 사실은 하나님 앞에서 이사야의 반응을 야기한다. 하나님의 거룩함을 목격한 이사야는 자신의 부정함을 인식하게 되었다(5절). 그는 즉시 자신의 입술이 부정한 것을 간파했다. 이 말은 예언하라는 앞으로의 소명과 관련이 있겠지만, 백성들의 입술이 부정하다는 그의 언급은 다른 내용을 시사한다. 이사야의 말은 스랍들 혹은 불타는 존재의 찬양과 관련되었을 가능성이 훨씬 높다. 부정한 입술 때문에 이스라엘 백성들이 예배할 수 없었듯이 이사야도 마찬가지였다. 그의 선언에 대한 응답으로, 불타는 존재가 이사야에게 날아와 불타는 숯을 그의 입술에 댔다. 숯은 이사야를 정결하게 했고, 그는 예배와 봉사에 적합하게 되었다(7절). 물론 율법에 속죄제 규정이 있다(참고. 레 17:11). 하지만 이것은 이상이지 말 그대로의 현실은 아니다. 따라서 불타는 숯은 하나님이 죄를 제거하셨음을 나타냈다.

6:8-13. 5:26-30에 묘사되었듯이 하나님이 열방을 동원하시는 것은 이스라엘 백성에 맞선 그분의 최종적 행동이 아니었다. 이사야를 정결하게 하고 그를 메신저로 받아들이신(7-8절) 하나님은 이제 그에게 메시지를 주셨다. 이 메시지의 내용은 주석가들을 곤란하게 했다. 메시지를 받는 백성들의 마음을 굳게 할 메시지를 주라는 명령처럼 보였기 때문이다. 고대의 번역본과 주석도 6장 본문을 변경하여, 본문에 만족스럽지 못한 구석이 있음을 시사한다. 예를 들어, 사해사본은 9절의 명령을 바꾸어 백성들의 이해를 돕기 위해 이사야를 부름 받게 한다.

70인역, 즉 구약성경의 고대 헬라어 번역본은 9절의 명령 혹은 지시를 미래의 서술형 동사로 바꾸어 이렇게 번역한다. "너희가 듣겠지만 이해하지 못할 것이다. 너희가 보겠지만 깨닫지 못할 것이다." 각각의 경우, 히브리어 본문과 달라진 변화에는 이스라엘의 죄에 대한 책임을 하나님과 이사야로부터 이스라엘로 옮김으로써 9절을 한결 구미에 맞게 만들려는 시도가 반영되어 있다. 이 메시지를 반어적으로 읽는 것도 가능하지만, 전체 문맥 특히 5장의 문맥은 하나님의 백성에게 다가오는 그분의 임박한 심판을 피할 수 없음을 시사한다. 이사야의 선언은 단지 백성들의 마음을 더 굳게 만드는 역할만 할 것이고, 앞서 표현된 대로 본문의 증거는 하나님이 이 과정을 주관하셨음을 시사한다.

11절에서 이사야는 이 메시지가 얼마나 오랫동안 이스라엘 백성들의 마음을 굳게 할 것인지 물었다. 어떤 사람들은 이 질문이 물음이 아니라 반대에 더 가깝다고 주장했지만, 이 질문을 물음 반 탄식 반으로 이해하는 것이 최선인 것 같다[Ivan Engnell, *The Call of Isaiah: An Exegetical and Comparative Study* (Uppsala, Sweden: A.B. Lundequistska Bokhandeln, 1949), 69]. 하나님의 대답은 백성들의 굳은 마음이 성읍의 파괴, 땅의 황폐함 그리고 백성들의 추방에까지 이어질 것임을 보여주셨다. 이사야서 마지막 부분에서 선지자는 이스라엘을 굳게 하신 하나님의 결정에 대해 설명해달라고 한 번 더 요청했다(64:12). 여기서 하나님은 이사야에게 이런 징벌을 내림에도 그 땅에 인구의 십분의 일이 남을 것임을 상기시키셨다(13절). 두 번째 황폐함 이후 **그루터기**, 이스라엘의 거룩한 씨 혹은 남은 자만 남을 것이다. 이 집단은 이사야의 청중을 이해하는 핵심이다. 하나님은 모든 세대마다 이스라엘의 신실한 남은 자를 유지하셨다(10:21; 65:8-10; 참고. 왕상 19:18; 롬 11:1-6). 이 신실한 남은 자는 하나님이 이스라엘에게 주신 약속에 충실하실 것이라는 증거였다.

Ⅱ. 이스라엘과 열방에 대한 심판(7:1-35:10)

프롤로그(1-6장)의 목적은 유다의 명백한 죄(1-5장)와 유다 민족을 꾸짖으라고 선지자 이사야를 부르신 주님의 소명(6장)을 보여주는 것이다. 이 일이 마무리된 다음에는 이사야서의 본론이 나온다. 이사야의 주요 단락 두 개는 비슷한 내용을 담고 있는 서사로 시작된다. 각각의 서사에서 유다 왕은 군사적 위협에 맞닥뜨려 있고, 이사야는 그들 각자에게 소망의 징조를 가져다준다. 둘 사이의 주된 차이점은 첫 번째 서사(7-12장)에서 악한 아하스 왕은 주님의 징조를 거절하는 반면, 두 번째 서사(36-39장)에서 선량한 히스기야 왕은 주님의 징조를 신뢰한다는 것이다. 두 경우 모두 그 뒤에 신탁 단락이 나온다. 거절당한 징조 뒤의 신탁은 심판을 강조하는 반면(13-35장), 받아들여진 징조 뒤의 신탁은 축복을 강조한다(40-66장).

A. 거절당한 징조의 서사: 아하스가 열방을 신뢰하기로 선택하다(7:1-12:6)

이사야서의 첫 번째 주요 단락(7-35장)은 거절당한 징조에 관한 서사로 시작되고(7-12장), 그 뒤에 심판을 강조하는 일련의 신탁이 나온다(13-35장). 7-12장에는 메시아의 복 뒤에 심판 신탁으로 이어지는 주기가 있어서, 산 정상과 골짜기를 반복해서 오간다(아래 도표를 참고하라).

1. 메시아의 징조, 임마누엘: 그분의 탄생(7:1-16)

이 장은 히브리어 성경에서 가장 논란이 많은 메시아 예고 가운데 하나를 담고 있다. 히브리어 단어 '알마'[*'almah*, '처녀'(14절)로 번역]의 의미, 이사야의 징조(14절)가 문맥과 어떤 관련이 있는지, 최초의 청중이 이사야의 말씀을 어떻게 이해했을지 그리고 이 본문을 예수님의 처녀 탄생 예고로 인용하는 마태의 의도(참고. 마 1:18-25) 등 여러 가지 쟁점에 대한 다양한 해석이 있다.

이 본문에 대한 세 가지 주요 해석이 있지만, 각각의 해석 안에서도 주석가마다 자신만의 고유한 관점이 있다. 많은 전통적 기독교 해석자들이 견지하는 첫 번째 접근 방법은 이 예언을 직접적인 처녀 탄생 예고로 이해하는 것이다. 이 해석자들이 이런 결론에 이른 방법은 다양하지만, 그들은 모두 '알마'라는 단어가 '처녀'를 뜻하고 처녀인 메시아의 어머니를 가리킨다는 데에 의견이 일치한다. 전통적인 유대교 학자들과 비평적 성경학자들이 흔히 견지하는 두 번째 접근 방법은 본문을 순전히 역사적으로 이해하는 것이다. 이 관점에 의하면, 주전 8세기의 젊은 여자가 더없이 자연스러운 방법으로 아이를 낳을 것이다. 다른 많은 기독교 해석자들이 견지하는 세 번째 접근 방법은 본문이 이중적 혹은 다중적으로 성취되었다고 이해하는 것이다. 이 해석자들은 이 본문이 주전 8세기에 있었던 한 아이의 자연 출생을 가리킨다고 이해한다. 그러나 그들은 이 사건이 본문의 의미를 전부 망라하지 못한다고 주장한다. 도리어 이중적 성취, 예표 그리고 점진적 성취에 의해 이 예언은 처녀 탄생도 가리킨다고 본다. 이 주석서에서는 전통적인 해석, 즉 본문은 메시아의 처녀 탄생에 대한 직접적인 예고를 담고 있다는 입장을 지지할 것이다.

7:1-9. 이사야의 소명 이후, 이 책의 첫 번째 서사는 그의 예언 사역을 기록한다. 더 나아가 이사야가 준 징조에 주의를 기울이지 않겠다는 아하스의 거절은 이사야가 부름 받았던 그 사역의 결과처럼 보인다. 아하스의 마음이 굳어져서 이사야의 메시지를 수용하지 않을 것이다. 이미 예고되었듯이(6:9-10), 아하스는 들었지만 이해하지 못했고, 보았지만 깨닫지 못했다. 징조를 거부한 아하스는 미래를 바라보지 못하는 자들, 즉 하나님을 신뢰하는 자에게 그분이 주시는 것들을 상상하지 못하는 이들의 본보기가 되었다.

아하스가 봉착한 상황은 예사롭지 않았다. 그가 아람과 북 왕국 이스라엘, 애굽의 동맹 제의를 거절하자 아람 왕 르신과 이스라엘 왕 베가가 유다를 향해 진군해왔다(1절). 그들의 목표는 아하스를 폐위시키고, 자신들의 명분을 뒷받침해줄 다른 왕, **다브엘의 아들**을 왕좌에 앉히는 것이었다(6절). 아하스는 자신의 왕위와

메시아의 복과 심판(7-12장)

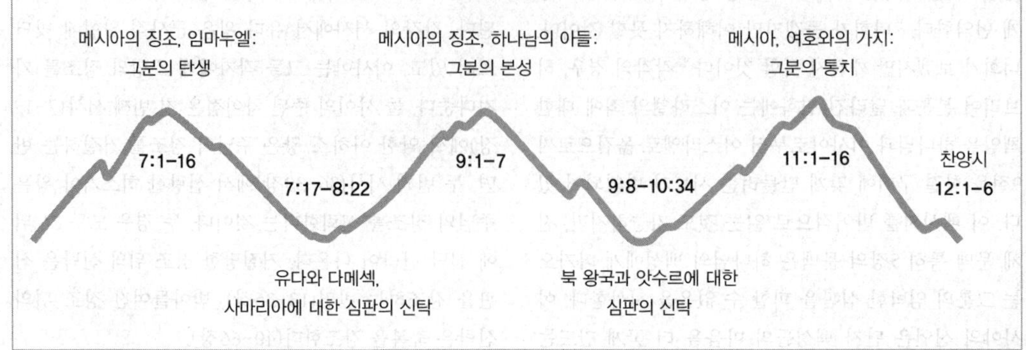

자신의 나라가 위험에 처해 있는 힘겨운 상황에 직면해 있었다. 유다는 아람과 이스라엘 연합군 앞에서 버틸 수 없었다. 다윗의 집이 **숲이 바람에 흔들림같이** 떨었다(2절)고 아하스의 두려움을 잘 그려낸다. 아하스를 대체하는 것은 다윗의 집 전체의 살해를 동반할 것이기 때문이다. 마이클 리델닉(Michael Rydelnik)은 이렇게 설명한다.

> 이 위협은 본문을 이해하는 중요한 세부 상황을 제공한다. 어떤 사람들은 메시아의 오심을 예고할 이유가 하등 없다고 주장했지만, 다윗의 집에 닥친 위험은 이 본문이 메시아에 관심을 두는 이유를 설명해준다. 다윗 언약(삼하 7:12-16; 대상 17:11-14)은 미래의 메시아가 다윗의 자손일 것이라는 기대로 이어졌다. 따라서 만약 아하스와 왕실 전체가 파멸된다면, 메시아 소망도 종지부를 찍을 것이다. 메시아 탄생에 관한 장기 예언은 다윗 왕실과 이사야서 두루마리를 읽던 독자들에게 메시아 소망이 정말 확실했다는 확신을 주었을 것이다[Michael Rydelnik, "An Example from the Prophets: Interpreting Isaiah 7:14 as Messianic Prophecy", in *The Messianic Hope: Is the Hebrew Bible Really Messianic?* (Nashville: Broadman & Holman, 2010), 148].

아하스는 임박한 르신과 베가의 위협에서 살아남을 계획을 짜냈지만, 하나님은 아하스에게 신적 가능성을 보여주기 위해 이사야를 보내신다. 하나님은 이사야에게 그의 아들 스알야숩을 데리고 가서 윗못 수도 끝에서 아하스를 만나라고 명령하셨다(3절). 스알야숩의 개입은 사소한 것이 아니었다. 그는 나중에 이 본문의 예고에서 중요한 역할을 맡을 것이다. 수도는 성읍 밖에 있었지만, 예루살렘의 물 공급원이었기 때문에 군사적 전략 지점이었다. 고대 근동은 공격군이 성벽으로 방비한 성읍 안에 적군을 가두는 포위 작전을 군사 전략에 자주 활용했다[Israel Eph'al, *The City Besieged: Siege and Its Manifestations in the Ancient Near East* (Leiden: Brill, 2009), 35-113]. 성읍에 있던 사람들이 음식과 물을 충분히 비축해두었다면, 그들은 공격을 막을 수 있었다.

본문에는 언급되지 않지만, 여기에 함축된 의미가 있다. 곧 아하스는 포위 공격에 대비해 르신과 베가에게 적극적으로 저항하려는 계획을 세워두고 있었다는 것이다. 스알야숩(이 이름은 '남은 자가 돌아올 것이다'라는 뜻이다)과 함께 도착한 이사야는 아하스에게 르신과 베가에 대해 염려하지 말라고 말했다. 르신과 베가는 연기 나는 두 부지깽이 그루터기로 묘사되는데, 그들이 곧 사라질 것임을 시사한다(4절). 대적들은 아하스에게 맞서 계략을 꾸미고 그의 나라를 장악하려고 애썼지만, 하나님은 또 다른 계획을 선포하셨다(5-9절). 두 계획 사이의 괴리가 중요하다. 아하스 앞에 두 가지 가능한 결과가 제시되었다. 첫 번째는 르신과 베가의 손에 패배하여 그들이 아하스를 폐위시키고, 유다를 장악하여 유다와 이스라엘이 애굽과 동맹을 맺고 앗수르에게 대항하는 것이다. 두 번째는 아하스가 하나님을 신뢰하고 그분이 아하스와 유다를 르신과 베가에게서 보호하시어 그들의 위협이 **서지 못하며 이루어지지 못하**는 것이다(7절).

유다의 대적이 강해 보였지만, 하나님은 **육십오** 년 내에 에브라임(독립국가 북 왕국 이스라엘)이 흩어져 더 이상 하나의 민족이 되지 못할 것이라고 선언하셨다(8절). 이 예고는 세 가지 측면에서 열매를 맺었다. (1) 앗수르 왕 디글랏 빌레셀은 주전 732년에 이스라엘을 정복한 뒤에 수많은 이스라엘 포로민을 앗수르로 보냈다(참고. 왕하 15:29). (2) 앗수르는 주전 721년에 이스라엘 왕국을 멸망시켜 많은 인구를 앗수르로 보냈고, 이스라엘 안에 그들 대신 다른 민족들을 데려왔다(참고. 왕하 17:24). (3) 오스납발이 이스라엘과 앗수르 사이에 마지막 인구 이주를 이루었을 때, 이 예고는 온전히 성취되었다(참고. 스 4:2, 10). 따라서 정확히 65년 안에 이스라엘 왕국은 **패망하여 다시는 나라를 이루지 못했**다(8절).

연기 나는 부지깽이 그루터기(4절) 르신과 베가의 권력은 덧없이 사라질 것이다. 아하스가 주님을 신뢰하기만 한다면, 그의 나라는 굳게 설 것이다(9절).

7:10-15. 신적인 징조 혹은 주님의 선포가 실제로 실현될 것이라는 증거를 구함으로써 하나님의 말씀을 확인할 기회가 아하스에게 주어졌다. 그러나 아하스는 경건한 척 행세하며, 징조를 구하지 않겠다고 거절했다

(12절). **시험**이라는 단어의 사용은 신명기 6:16과의 모종의 연관성을 시사한다. 물론 신명기 본문은 이스라엘 백성들이 주님을 향해 불평했던 마사에서의 시험을 가리키지만 말이다. 그들은 광야에서 자신들을 돌봐 주시는 주님의 능력에 관한 주님의 주장에 이의를 제기했다.

반면에 아하스에게는 아무 제약 없이 징조를 구할 기회가 주어졌다. 아하스는 **깊은 데에서든지 높은 데에서든지** 무엇이든 징조로 구할 수 있었다(11절). 히브리어에서 **징조**는 기적적 징조나 자연의 징조를 모두 가리킬 수 있지만, 이사야의 제안을 기적적 징조로 이해해야 함을 시사한다. 아하스가 징조를 구하지 못한 이유는 선택의 개수에 제한이 있었기 때문이 아니라 그의 믿음이 부족해서였다. 아하스는 징조를 거절함으로써, 하나님이 르신과 베가로부터 자기를 보호해주실 수 있는 가능성을 품는 데 관심이 없음을 드러냈다. 이는 주님을 거부하겠다는 암묵적 선택을 의미했다.

아하스가 이사야의 제안을 거절한 사건은 이사야가 다윗의 집을 향해 말하는 계기가 되었다. 이는 **다윗의 집이여 원하건대 들을지어다**는 호격의 사용에서만이 아니라(13절), 2인칭 복수 대명사 **너희**의 사용에서도 확연히 드러난다. 2인칭 단수와 복수 명사에 해당하는 단어가 형태의 구별 없이 동일한 영어와 달리, 히브리어에는 이것이 분명히 표현된다. 13절의 수사적 질문은 징조를 구하지 않겠다는 아하스의 거절의 역설적인 결과를 강조한다. 아하스는 하나님을 시험하고 싶지 않았지만 징조를 구하지 않음으로써 하나님의 인내심이 바닥을 드러내게 만들었다. 경건한 결단처럼 보였던 그 일이 실은 거짓 경건임이 밝혀졌다.

아하스가 징조를 구하지 않겠다고 거절했기에, 이제 아하스의 부족한 믿음 때문에 파멸의 위협 아래 있는 다윗의 집 전체가 징조를 받게 될 것이다. **처녀가 잉태하여 아들을 낳을 것이요 그의 이름을 임마누엘이라 하리라**(14절). 이는 두 가지 징조 중에 첫 번째 것이다. 첫 번째 징조는 다윗의 집 전체에게 전달되었고, 오실 메시아에 관한 장기 예언을 주어 하나님이 이스라엘을 보존하실 것이라는 확신을 주셨다(13-15절). 두 번째 징조는 아하스가 맞닥뜨린 목전의 상황과 관련하여 아하스에게 전달된 단기 예언이었다.

징조라는 용어는 이사야서 다른 곳에서 다양한 물건이나 사람, 혹은 특별한 의미를 지녔다고 여기는 일상적 사건에 대한 언급과 함께 등장한다(8:18; 19:20; 20:3; 37:30; 55:13; 66:19). 일상적 사건이 징조로 사용될 수 있지만, 이사야는 **징조**를 기적적 사건을 가리키는 단어로도 사용한다. 예컨대, 이사야서 뒷부분에서 생명이 연장되는 징조가 히스기야에게 주어질 것이다. 곧 해 그림자가 뒤로 십도를 물러가는 징조인데, 명백하게 기적적 사건이다(38:7-8, 22). 따라서 이 단어가 기적을 가리키는지 여부는 문맥에 의해 결정된다. 앞서 이사야가 **깊은 데서든지 높은 데서든지** 징조를 구하라고 제안했기 때문에(11절), 이제 이 징조는 기적일 것 같다.

주님은 **보라**는 단어를 덧붙여서 뒤이어 일어날 징조에 특별한 관심을 요청하셨다(14절). 구약성경의 비슷한 구문에 사용될 때(참고. 창 16:11; 17:19; 삿 13:5-7) 이 단어는 특별한 의미를 지닌 출생에 관심을 기울이게 하는 역할을 한다. 주님이 다윗의 집에 약속하신 징조는 '그' 처녀가 잉태하는 것이었다. '알마'(*'almah*)라는 단어에 (현대어 번역본에서 흔히 번역되지 않는) 정관사를 사용하는 것은, 주님이 특정 여자를 염두에 두셨음을 시사한다. 그녀는 아하스의 궁정에 있던 어떤 무명의 여자가 아니라, 이사야가 명확히 보았던 그 사람이었다.

'알마'의 번역을 둘러싸고 오랜 세월 논쟁이 오갔다. 이 단어는 '젊은 여자' 혹은 '처녀'를 의미하는가? 어원적으로 '알마'는 '성적으로 건강하다, 성적으로 성숙하다, 성적으로 여물다 혹은 준비되다'라는 뜻의 단어에서 파생되었으나, 여자의 성적 활동 여부를 가리키기보다는 여자의 나이(사춘기)를 강조한다. 그렇지만 '알마'의 의미를 결정하는 최선의 방법은 히브리어 성경 전체의 용례를 검토해보는 것이다. 만약 '알마'가 비처녀(다시 말해 어떤 사람들의 주장처럼, '성관계 경험이 있으며 임신이 가능한 결혼 적령기의 젊은 여성')를 가리키는 곳이 성경에 하나라도 있다면, 이 단어를 '처녀'로 옮긴 번역본은 폐기해야 할 것이다. 그렇지만 모든 용례에서 이 단어는 처녀(성관계를 가져본 적이 없는 여자)를 가리키고 있으며, 어떤 의미에서 그 점이 애매하여 젊은 여자의 성 경험에 대한 직접적인 언급은 피하고 있다(참고. 창 24:43; 출 2:8; 시 45:14; 68:25; 잠 30:19; 아 1:3; 6:8).

'알마'의 성에 대해 언급하는 본문들은 언제나 그 여자가 성생활을 하지 않음을 시사한다. 예를 들어, 창세기 24장에서 리브가는 '알마'와 '베툴라'(*betulah*, 처녀를 가리키는 일반 단어, 16절)라고 불린다. 출애굽기 2:8에서 모세의 누이 미리암은 '알마'로 묘사되고, 그녀는 분명 젊은 처녀이다. 아가 6:8은 왕의 하렘(harem)에 60명의 왕비와 80명의 후궁 그리고 무수히 많은 시녀들[알라모트(alamot), '알마'의 복수]이 있다고 묘사한다. 왕비는 왕과 결혼한 이들이고, 후궁은 왕과 성관계를 갖는 사람들이고, '알라못'은 후궁이나 왕비가 될 처녀들이었다. 잠언 30:19에서 '알마'라는 단어는 소녀와 젊은 남자 사이의 순수하고 낭만적인 매력을 묘사하는 데 사용된다. 그다음 구절(20절)이 그런 매력을 부도덕한 여자와 대조시키고 있기 때문에 30:19의 매력이 건전하지 않은 다른 것일 가능성은 낮고, '알마'라는 단어는 처녀를 가리킬 것이다.

히브리어 성경의 용례 밖에서 찾아보면, 신구약 중간기에 70인역은 '알마'를 마태복음 1:23처럼 '파르테노스'(*parthenos*)로 번역했는데, 이는 처녀를 가리킨다는 데 논란의 여지가 없는 헬라어 단어이다(상세한 단어 연구는 Rydelnik의 *The Messianic Hope*, 151-155을 보라. 마 1:22-23에 대한 주석도 보라). 히브리어 성경에서의 '알마'의 용례에 근거할 때, 이 단어의 의미는 정확하고 분명하게, 이제 막 사춘기에 접어들었지만 성관계 경험이 없는 소녀를 가리킨다. '알마'는 가장 진실하고 가장 순수한 의미에서 고결한 소녀이다.

이사야 7:14의 처녀는 **아들을 낳을 것**이다. 그런데 히브리어는 한층 더 강조된 형태로, 여성 단수 형용사 '하라'(*harah*, '임신한')를 사용한다. 이 표현은 보다 정확하게 '그 처녀가 임신하다' 혹은 '임신한 처녀'로 번역해야 한다. 만약 문맥에서 기적적 징조를 요구하지 않는다면, 이런 번역은 불가능할 것 같다. 그렇지만 이사야는 이상을 통해 자기 앞에 있던 한 임신한 특정 처녀가 다윗의 집의 소망의 징조가 될 것을 보았다. 사실 이래야 **깊은 데에서든지 높은 데에서든지** 기적을 구하라는 요구와 맞아떨어지게 될 것이다(11절).

처녀 어머니는 그 아이의 특별한 본성을 인식하고 **그의 이름을 임마누엘**, "하나님이 우리와 함께 계신다"라고 부를 것이다(참고. 마 1:22). 유다에게 주는 메시지는 하나님이 이 아이를 통해 특별한 방법으로 그들과 함께 계시겠다는 것이다. 미래의 다윗계 왕에 대한 다음번 중요한 이상은 그분이 "전능하신 하나님"이라고 설명하기 때문에(9:6), 임마누엘 역시 신적인 호칭으로 읽어야 한다.

처녀가 낳은 다윗계 메시아가 성장하면서 **엉긴 젖과 꿀**을 먹는다고 서술함으로써(15절), 이 신탁은 그분이 태어날 상황에 대한 실마리를 제시한다. 이 장의 끝부분에서는 앗수르가 그 땅을 밀어버리는 억압의 때가 다가온다고 말한다(20절). 그때에 밭은 경작되지 못하고 그 대신 소와 양의 목초지가 될 것이다(23-25절). 그 결과 ('엉긴 젖'이라는 단어가 나타내는) 가축을 방목하여 얻은 풍부한 유제품 그리고 벌이 야생화를 수분할 수 있어 생긴 넘치는 꿀을 얻을 것이다. 그래서 **그것들이 내는 젖이 많으므로…그 땅 가운데에 남아 있는 자는 엉긴 젖과 꿀을 먹**을 것이다(22절). 따라서 이 본문에서 엉긴 젖과 꿀은 귀족의 음식이 아니라 억압의 음식을 나타낸다. 그러므로 처녀가 낳을 미래의 다윗계 왕이 엉긴 젖과 꿀을 먹는다고 서술하는 15절의 핵심은 그분의 고귀하심을 강조하는 것이 아니고, 그분이 정치적, 경제적 억압의 시기에 태어나실 것임을 강조한다.

따라서 마태가 처녀 탄생 이야기에서 이사야 7:14을 인용하는 것(참고. 마 1:23)은 꼼꼼한 이사야서 읽기의 결과였다. 마태는 다윗의 집에 주어진 이 예고가 나사렛 예수의 처녀 탄생에서 성취되었음을 깨달았다. 800년 전에 예언되었듯이 임마누엘이 오셨다. 하나님은 이스라엘과 함께 계셨다.

7:16. 그다음 내용은 이 본문의 두 가지 징조 중에 두 번째로, 이번 징조는 유다가 맞닥뜨린 단기적 위기에 초점을 맞추었다. 16절은 7:13-15에 나오는 예언의 직접적 연장이 아닌 대조로 이해해야 한다. 첫 단어 **대저**[for]는 히브리어로 역접의 뉘앙스를 띠면서, 13-15절에 설명된 아이와 16절에 설명된 아이 사이의 선명한 구별을 보여준다. NIV와 NLT(제1판)는 이런 어감을 포착하여 대조가 반영된 단어 "그러나…"(But before)로 7:16을 시작한다. 16절은 다른 아이를 염두에 두고 있다.

그렇다면 7:16의 아이는 누구인가? 이사야에게 아들을 데리고 가서 윗못 수도에서 아하스 왕과 대면하라는 지시가 내렸던 것에 비추어볼 때(참고. 3절), 이 사내아이를 스알야숩이라고 이해할 때 뜻이 가장 잘 통한다. 그렇지 않다면 하나님이 이사야에게 자기 아이를 데려가라고 지시하신 데는 아무런 목적이 없었을 것이다. 따라서 메시아의 처녀 탄생을 약속했던 이사야는 뒤이어 자기가 데려온 어린 소년을 가리키면서 말했다. [그러나] **이 아이**[지시적인 역할을 하는 관사 사용]**가 악을 버리며 선을 택할 줄 알기 전에 네가 미워하는 두 왕의 땅이 황폐하게 되리라**. 이렇게 해서 스알야숩은 아하스 왕에게 자기 시대의 문제들과 관련된 징조 역할을 했다.

이 예고는 아하스 왕을 겨냥했다. 히브리어 본문에서는 이것이 명확히 드러나지만, 영어 번역본에서는 반드시 그런 것은 아니다. 16절에서 이사야는 다시 2인칭 단수 대명사를 사용한다. **네가**[단수] **미워하는 두 왕의 땅**. 10-11절에서 이사야는 단수를 사용하여 아하스 왕에게 말했다. 그런데 그가 다윗의 집에게 메시아 예언을 전달할 때는 복수로 전환했다. 하지만 16절에서 이사야는 다시 단수 대명사를 사용하여 아하스에게 말하면서 그에게 단기 예언을 전해주었다. 곧 스알야숩이 선과 악을 구별할 수 있기 전에 유다를 공격하는 북부 연맹이 무너질 것이다. 이사야가 예고한 그대로 2년 안에 디글랏 빌레셀은 이스라엘과 아람을 격파했다.

이 단기 예언은 독자들에게 뚜렷한 목적을 지녔다. 하나님이 스알야숩 예고를 신실하게 성취하셨듯이, 그분은 임마누엘에 관한 예고도 성취하신다고 믿을 수 있다. 그분이 이 말씀들을 기록하셨기에, 단기 예고의 성취를 목격한 이 선지서의 독자들은 장기 예고에 대해서도 확신할 수 있었다.

2. 유다와 다메섹, 사마리아에 대한 심판의 신탁 (7:17-8:22)

이어지는 내용은 이 지역 분쟁에 연루된 세 나라 모두에 대한 심판의 신탁이다. 그러나 심판은 일차적으로 하나님의 백성 유다에게 초점을 맞춘다.

7:17-25. 르신과 베가의 패배는 유다에게 좋은 소식이었지만, 이사야의 메시지는 유다가 무사하지 못할 것임을 보여주었다. 17절은 유다의 미래에 관해 불길한 예고 그리고 앗수르 왕과 함께 다가오는 공포를 제시한다. 18-19절은 유다의 미래를 애굽의 파리와 앗수르의 벌의 목적지라고 은유적으로 묘사한다. 파리와 벌 떼가 그 땅을 덮칠 것이다(7:19). 그런 다음 20절에서 면도칼의 이미지로 바뀐다. 머리털의 일부를 밀어버리는 것은 공격군이나 적군에게 굴욕감을 주려는 행동으로(참고. 삼하 10:4), 이 문맥에서는 다가오는 유다의 수치를 나타내는 것 같다.

주님이 오실 때 유다에게는 남은 것이 거의 없을 것이다(21절). 그들은 어린 암소 한 마리와 양 두 마리에 기대어 연명할 것이다. 22절에서 **엉긴 젖과 꿀**의 반복은 앞서 13-15절에서 제시한 이해를 한층 더 강화한다. 다가오는 심판은 무질서가 아닌 억압으로 이어질 것이다. 그 땅이 열매 맺기를 거부할 때, 이스라엘은 무력해질 것이다(23절). 그 땅은 황무지가 되고 농토는 소와 양들에게 짓밟힐 것이다.

8:1-4. 7장의 아이 예언을 고려하여, 8장의 아이가 7장에서 예고된 소년들 가운데 하나라는 주장이 종종 제기되었다. 그렇지만 7장과 8장의 아이들의 묘사 사이에는 결정적이라 할 만한 몇 가지 차이점이 있다. 먼저, 임마누엘이나 스알야숩이라는 이름이 8장에 한 번도 나오지 않는다. 그 대신 여기서 아이는 **마헬살랄하스바스**[혹은 노략물이 신속하다, 먹잇감이 빠르다]라고 불릴 것이다(1절; 참고. 3절). 둘째, 이 문맥에서 정체불명의 여선지자가 7장의 '알마'가 아니었다는 점은 분명하다. 그녀는 이미 스알야숩을 낳았고, 따라서 처녀가 아니었기 때문이다. 셋째, 임마누엘(7:14-15)과 스알야숩은 둘 다 악을 버리고 선을 택한다고 묘사되었지만, 8장의 아이는 **내 아빠, 내 엄마라 부를 줄 알기** 전에 수리아의 파괴를 목격할 것이다(4절). 마지막으로 7장에서 유다에 대한 징계는 주님이 유다에 **앗수르 왕**을 데려오시는 것이었다(4절).

반면에 8장의 심판은 **다메섹의 재물과 사마리아의 노략물이 앗수르 왕 앞에 옮겨지**는 것이다(4절). 분명히 이들은 구별된 예언이고 서로 다른 아이들이다. 8장의 예언은 예언의 진실성을 확증할 증인들 앞에서(2절) '노략물이 신속하다, 먹잇감이 빠르다'(**마헬살랄하스바스**)는 말을 **큰 서판**에 적어야 했다(1절). 이 말은 이사야의 아내가 낳을 아이의 이름(**마헬살랄하스바스**)일

뿐만 아니라, 병사들이 아람과 이스라엘을 격파하면서 외칠 말이기도 할 것이다.

마헬살랄하스바스의 취지는 이것이 유다에 맞선 아람과 이스라엘 연맹의 임박한 패배를 알리는 징조라는 것이다. 이들 두 나라는 아이가 말을 제대로 구사할 만큼 자라기 전에 앗수르에게 패할 것이다. 이 예언은 2년이 못 되어, 주전 732년 앗수르가 다메섹과 사마리아를 강탈했을 때 성취되었다.

8:5-10. 5절에서 하나님은 이사야에게 다른 메시지를 전달하셨다. 이것은 아하스의 지도력 아래서 하나님의 보호를 거절하고, 계속 르신과 베가를 두려워했던 유다 민족에게 전달되었다. 이들의 거절로 인해 유다는 **세차게 넘쳐흐르는 유프라테스 강물**(새번역), 곧 앗수르 왕에게 정복당할 것이다(7절). 7절의 물 이미지는 6절의 물 이미지와 나란히 놓인다. **천천히 흐르는 실로아 물**이 거절당했기 때문에, 주님은 그들에게 유프라테스의 홍수를 주실 것이다. 만약 유다가 하나님의 보호를 신뢰하지 않는다면, 하나님은 앗수르를 통해 자신의 힘을 입증하실 것이다. 8절에서 **임마누엘** 이름의 등장은 하나님이 자기 백성을 7:13-15에 약속된 메시아 왕에게 속한 땅에 실제로 두실 것임을 나타낸다. **임마누엘**은 또한 심판이 오고 있지만, 하나님이 자신의 언약을 잊거나 자기 백성과의 신뢰를 깨시지 않을 것임을 유다에게 상기시키셨다. 하나님은 계속 그들과 함께 계실 것이다.

이스라엘의 대적들은 제재 없이 행동하지 않을 것이다. 8절에서 임마누엘을 향한 외침은 이사야의 시선을 이스라엘에 대한 하나님의 신실하심과 시온을 위한 그분의 궁극적인 계획으로 돌려놓았다. 열방은 하나님의 백성에게 맞설 계획을 세울 것이다. 그들은 이스라엘에 맞서 전쟁을 수행하도록 허락받겠지만, 이스라엘과 함께 계신 주님의 징벌을 피할 수는 없을 것이다. 하나님의 임재는 임마누엘의 반복에서 나타난다. 하나님의 신실하심과 이스라엘에 계속되는 임재는 궁극적으로 이스라엘에게 구속을 가져다줄 것이다. **하나님이 우리와 함께 계**시기 때문이다(10절).

8:11-18. 다음 문단은 남아 있는 유다로부터 구별되어 있으라는, 이사야에게 주신 하나님의 격려를 보여준다. 이사야는 백성들이 두려워하는 것을 두려워하거나 공모론에 말려들어서는 안 된다. 그 대신 주님은 이사야에게 주님을 두려워하고, 주님을 거룩한 분으로 여기라고 촉구하셨다. 이사야는 첫 이상에서 보았던 하나님을 기억해야 한다. 그분은 큰 보좌에 앉아 계시고 그 주위로 스랍들이 둘러서서 "거룩하다, 거룩하다, 거룩하다"라는 후렴구로 그분을 찬양하는 소리가 울린다(6:3). 하나님을 두려워하고 그분을 거룩하다고 여김으로써, 이사야는 하나님이 자신의 **성소**임을 깨달았다(14절). **성소**로 번역된 이 단어는 이사야서의 다른 용례에 나오는 세 번(참고. 16:12; 60:13; 63:18)을 포함하여 구약에서 75회 사용된다. 이 단어는 일반적으로 하나님의 거처를 뜻하는데, 능력과 피난처라는 함의를 갖는다(참고. 시 27:5; 겔 11:16). 하나님이 성소이시라는 이사야의 경험은 하나님을 두려워하지 않는 이들이 그분을 경험하는 방식과 대조를 이룬다. 그들에게 하나님은 유다와 이스라엘이 넘어지는 돌이 되실 것이다(15절). 하나님을 두려워하는 이들에게 그분은 피난처가 되실 테지만, 그분을 신뢰하지 않고 거절하는 이들에게 하나님은 실패의 원인이 되실 것이다.

16절에서 하나님은 이사야에게, **증거의 말씀을 싸매며 율법**[혹은 '교훈']을…**봉함하라**고 명령하셨는데, 이는 하나님이 그에게 주신 '예언의 메시지를 조심해서 다루라'는 뜻이다. 이 예언을 보존하는 것은 이스라엘과 유다 백성들을 꾸짖는 하나님의 선언을 인증하는 방법을 제공했다. 어떤 사람들은 16-18절이 이사야가 몇 년간 더 이상 공개적으로 예언하지 않았던 사역의 공백이 있음을 이야기한다고 주장한다[(George Buchanan Gray, *A Critical and Exegetical Commentary on the Book of Isaiah 1-27* (Edinburgh, Scotland: T&T Clark, 2001]. 특히 17절에서 이사야의 인내에 대한 언급을 감안할 때, 이러한 이해가 가능하긴 하지만, 이사야의 인내를 자신의 메시지를 거부하는 백성들의 굳은 마음과 관련해서 이해하는 것이 최선일 것이다(참고. 6:9-10). 이사야의 메시지에 대한 백성들의 거부는 이사야 자신과 그의 제자들이 주님께 대한 믿음을 유지했는지 확인하면서 인내하도록 그리고 하나님의 행동을 기다리도록 그에게 요구했다.

8:19-22. 이 단락에서 화자가 이사야인지 주님인지 결정하기는 어렵다. 주님이 말씀하시는 것이라면,

이 단락은 선지자와 그의 제자들에게 주님을 두려워하면서 그분을 거룩하신 분으로 존중하라고 촉구하는 12-15절에서 시작된 강론을 이어받는다. 그런데 16-18절에서 이사야가 자기 제자들에게 말하고 있음을 감안할 때, 19-22절을 제자들을 향한 격려의 연속으로 읽는 것이 최선인 것 같다.

사람들은 미래를 결정하기 위해 **신접한 자**와 지하세계의 영을 찾았지만(19절), 미래에 관한 참 지식과 안전은 오직 주님에게서만 올 수 있다. 살아 있는 자의 운명을 결정하기 위해 죽은 자를 찾는 것은 율법보다 그리고 증거보다 턱없이 열등하다(20절). 인간의 권력을 피할 도피처를 찾든, 아니면 자신의 운명에 관한 인도와 깨달음을 찾든, 하나님은 인류에게 주신 말씀 안에 대답을 제시하셨다. 그분의 율법과 증거가 없다면, 지식도 없고, 깨달음도 없고, 아침도 없다. 또 하나님의 말씀대로 말하지 않는 이들은 어떤 대답도, 어떤 위로도 찾지 못할 것이다(21절). 결국 자신들의 지독한 상황 탓에 자신들의 하나님과 자신들의 왕을 저주하게 될 것이다. 하나님 외에 다른 것에 신뢰를 두었기 때문에, 그들은 세상에서 어떤 위안도, **환난과 흑암과 고통의 흑암**을 경감시켜줄 어떤 체제도 그리고 계속되는 고난 외에 어떤 소망도 발견하지 못할 것이다(22절).

3. 메시아 하나님의 아들: 그분의 본성(9:1-7)

메시아의 탄생 예고(7:1-16)와 유다 및 주변 열방에 대한 심판(7:17-8:22) 다음으로 이사야는 메시아 왕의 약속으로 돌아왔다.

9:1-5. 주님의 말씀을 따라 살기를 거부한 이들은 계속되는 고통 가운데 살 테지만(8:22), 전에 고통받았던 이들은 위로를 경험할 것이다(1절). **스불론과 납달리** 지파는 침략 국가들이 맨 처음 이스라엘을 침략해올 갈릴리 북부 지역을 가리킨다. 이들 영토는 주전 733년 이스라엘을 공격한 디글랏 빌레셀의 군사 작전으로 점령당했다(참고. 왕하 15:29). 스불론과 납달리는 **해변길과 요단 저쪽 이방의 갈릴리**와 대략 일치했을 것이다[Yohanan Aharoni, *Land of the Bible: A Historical Geography* (Philadelphia: Westminster, 1967), 374]. 비천해진 땅이 영광을 누릴 것이고, 그들의 운명이 뒤바뀔 것이다.

2절은 이사야서에 흔한 **빛**과 **흑암**의 이미지를 이용한다. 여러 상황에서 빛과 어둠은 심판과 구출 혹은 정의와 연결되어 사용된다. 이사야 45:7에서는 빛과 어둠이 번영 및 재난과 병행을 이룬다. 빛과 구원의 연결은 다른 여러 본문에서도 활용된다(참고. 5:20; 13:10-11; 49:6; 51:4; 58:8). 2절은 빛과 어둠 사이에 비슷한 연관 관계를 형성한다. **흑암** 혹은 심판의 길을 걷던 백성이 **큰 빛**, 혹은 구원을 볼 것이다. 3절에서 이스라엘의 번영과 커진 즐거움에 대한 언급은 더 나아가 어둠과 심판 그리고 빛과 구원 사이의 연관성을 시사한다. 백성들의 기쁨은 풍성한 추수 때, 혹은 병사들이 전쟁터에서 전리품을 가져올 때의 경험에 비유된다. 미디안을 이긴 하나님의 승리가 과거 하나님의 구원을 보여주는 전형적인 사례 역할을 한다. 하나님은 전에 미디안을 격파하셨을 때처럼 이스라엘의 새로운 대적의 억압적인 멍에를 꺾으실 것이다(4절; 삿 7:19-25과 그 구절에 대한 해설 참고). 피로 물든 옷은 하나님께 대한 헌신 행위로 불태워질 것이다(5절).

9:6-7. 1-5절에 묘사된 기쁨은 다윗의 혈통에서 탄생한 한 아이에게 그 근거를 두고 있다. 아이의 탄생은 구원을 가져다줄 것이고, 그에게 인상적인 호칭이 부여된다. 첫 번째 호칭은 **놀라우신 조언자**(새번역, 개역개정에서는 **기묘자라, 모사라**—옮긴이 주)이다. '놀랍다'(기적일 정도로 특이하다)라는 단어는 현대 사회의 회화에서 사용되는 의미와 다르다. 도리어 이 단어는 하나님의 초자연적인 역사를 가리킨다. 훌륭한 본보기가 사사기 13:15-21의 용례인데, 거기서 주님의 천사는 '놀라운' 일을 하고(18절) 마노아의 희생제사의 불길 속에서 하늘로 올라간다(20절).

조언자(새번역)라는 호칭은 흔히 심리치료사나 사회복지사와 연결되는 현대의 영어 단어가 전달하는 의미와 동일하지 않다. 도리어 이 단어는 '조언하는 사람, 타인을 돕고 인도하는 상담자 역할을 하는 사람'을 뜻한다. 여기서 이 호칭은 특히 군사적 활동에서 이스라엘 백성들을 인도하는 이 아이의 능력을 가리키는 것으로 이해해야 한다. 이스라엘 백성을 이끄는 이 아이의 지도가 전쟁에만 국한되지 않겠지만, 이스라엘 백성을 위해 결정을 내리는 그의 솜씨가 단순히 인간적인 수단을 통해서는 가능하지 않을 신적이거나 기적적인 특징을 보여준다는 점을 시사한다(Smith, *Isaiah 1-39*,

240). '놀랍다'라는 단어는 문법 구조 면에서 '조언자'와 연결되고, '경이로운 조언자' 혹은 '놀라운 조언자'로 번역될 수 있다.

두 번째 호칭인 **전능하신 하나님**은 이사야 10:21에서 되풀이되고, 하나님께 직접 적용된다. **전능하신**에 해당하는 히브리어 단어가 용맹스러운 전사를 가리킬 수 있지만, 10:21과 유사한 이 용례는 신성을 가리키는 것 같다. 이 단어는 '용맹스러운 군사 영웅' 혹은 '승리자'를 뜻한다. 비슷한 어구가 신명기 10:17과 예레미야 32:18에서도 하나님을 언급할 때 사용된다. 오스왈트(Oswalt)의 설명에 의하면, '이 왕은 하나님의 진정한 힘을 지녀서' 모든 악을 흡수하고 그것을 격파할 만큼 강력하다[Oswalt, *The Book of Isaiah, Chapters 1-39*, 247.《이사야 1》, NICOT(부흥과개혁사)].

이 아이는 또 **영존하시는 아버지**라고 불린다. 고대 근동에서는 아버지와 아들이라는 부자 관계가 강조되었다. 왕은 일반적으로 그런 관계에서 아들이고 신은 아버지였다[(John H. Walton, et al., *IVP Bible Background Commentary: Old Testament* (Downers Grove, IL: InterVarsity, 2000), 518.《IVP 성경배경주석》(IVP)]. 그렇지만 왕은 자신이 통치하던 사람들의 '아버지'라고 주장하기도 했다(Oswalt, *Isaiah, 1-39*, 247). 인간 왕이 자기 백성의 아버지라는 사상은 구약에서 낯설지 않다. 예를 들어, 다윗이 사울을 자기 아버지라고 부르는 사무엘상 24:12을 주목하라. 하지만 이 분은 단순히 그의 백성의 왕인 아버지가 아니다. 형용사 **영존하다**는 영원하거나 영속적인 분이라는 개념을 전한다. 그분은 '영원한 아버지'로 그분이 시간의 조성자 혹은 창조주이심을 시사한다. 여기서 태어난 아이를 삼위일체 신성 안에 계신 아버지로 혼동하지 말아야 한다. 도리어 하나님의 아들이 시간의 창조자, 영원의 조성자이시다.

이 아이에게 주어진 마지막 호칭은 **평강의 왕**이다. 이 아이는 평화를 특징으로 하는 통치권을 소유할 것이다. 이 왕 통치 아래서 더 이상 전쟁이 없을 것이다. 그 대신 이 아이는 사무엘하 7:10-11에 설명되었듯이, 갈등에서 벗어나 안식의 시대로 이끌 것이다.

어떤 사람들은 이런 호칭들이 단순히 하나님께 받은 이름, 인명(人名) 안에 신명(神名)을 끼워넣은 이름이라고 주장한다. 그래서 '이사야'('주님이 구원하신다')는 하나님께 받은 이름이긴 하지만, 그렇다고 이사야가 신이라는 의미는 아니라고 한다. 그것이 여기에도 해당한다면, 아이가 반드시 신일 필요는 없고, 오히려 마헬살랄하스바스('노략물이 신속하다, 먹잇감이 빠르다', 사 8:1)와 비슷하게 긴 이름을 지닌 왕적인 인물이다. 이들은 이 이름을 '놀라우신 조언자는 전능하신 하나님이고, 영존하신 아버지는 평강의 왕이시다'로 번역한다.

이런 설명은 세 가지 이유 때문에 가능성이 낮다. (1) 8:3의 이름은 8:1에 의존하고, 구문 측면에서 9:6과 병행 관계가 아니다. 9:6의 모든 단어는 주어나 술어를 갖고 있지 않은 명사구이다. (2) 이런 호칭들은 흔히 당사자의 본성을 반영한다(참고. 삼하 12:24-25; 사 1:26; 호 1:10). (3) '부르다'라는 동사 뒤에 어떤 이름이 올 때, 언어유희에 의해서든(참고. 창 5:29) 아니면 직설적인 의미에서든(참고. 사 1:26), 흔히 그렇게 불리는 사람의 본성을 암시한다. 따라서 6절의 용례는 이 이름들이 태어난 아이의 본성과 관련이 있음을 시사한다. 이사야가 여기서 신적인 본질을 생략하지 않고 그대로 담으려 했다는 결론을 배제해야 할 이유는 '교조적 선입관 이외에' 어떤 것도 없다는 로버트 레이먼드(Robert Reymond)의 지적은 옳다[Robert L. Reymond, *Jesus, Divine Messiah: The OT Witness* (Fearn, Ross-shire, Scotland: Christian Focus Publications. 1990), 51].

이 아이는 다윗 언약의 약속을 성취할 것이고(참고. 삼하 7:12-16), 정의와 의를 통해 메시아의 나라를 건설할 것이다. 이 나라는 사람의 지혜나 능력을 지닌 왕의 결실이 아닐 것이다. 이 아이는 하나님의 지혜와 권능, 평화로 통치할 것이다. 7절의 마지막 진술은 서술된 모든 것을 주님이 성취하실 것이라고 설명한다. 이사야는 다시 주님에 대한 신뢰가 약속된 축복을 받는 열쇠임을 강조한다.

4. 사마리아와 앗수르에 대한 심판의 신탁 (9:8-10:34)

이사야는 소망 다음에 심판이 나오는 주기를 이어간다. 메시아 왕의 탄생을 약속하고(7:1-16), 유다와 주변 열방에 대한 심판을 예견하고(7:17-8:22), 미래의 메시아 왕의 본성을 예고한 다음(9:1-7), 이제 심판의 신탁으로 돌아왔다. 심판에 맞닥뜨린 두 나라는 사마리아(9:8-10:4)와 앗수르(10:5-34)이다.

a. 사마리아의 심판(9:8-10:4)

이 단락은 네 가지 명백한 죄로 인해 북 왕국 이스라엘에 대한 심판을 약속한다. 네 단락은 각각 "그럴지라도 여호와의 진노가 돌아서지 아니하며 그의 손이 여전히 펴져 있으리라"라는 후렴구로 마무리된다(9:12, 17, 21; 10:4).

9:8-12. 심판받을 첫 번째 죄는 인간의 교만과 자기 만족이다. 다가오는 아이의 나라의 영광을 서술한 이사야는 그 교만과 죄로 인해 하나님의 정권을 견디지 못할 이들에게 눈을 돌렸다. 이스라엘로 알려지기도 한 야곱은 하나님의 심판이 자신들의 번영을 거두어가셨는데도 거만과 교만으로 인해 패배를 인정하지 못하는 이들을 꾸짖는 하나님의 메시지를 받았다(8-9절). 그들은 하나님의 심판이라는 대참사를 목격했음에도 계속해서 자기만족에 머물렀다.

하지만 거만에서 나온 계획은 반대에 직면할 것이다. 하나님이 이스라엘에 반대하여 이스라엘 민족을 공격할 외국의 대적들을 데려오실 것이다(11절). 아람 사람과 블레셋 사람들이 돌아서서 이스라엘을 삼킬 것이다(12절). 이 심판에도 불구하고, 주님의 진노는 누그러지지 않고 자기 백성들을 향해 계속 불타오를 것이다(12절).

9:13-17. 심판받을 두 번째 죄는 잘못 인도하는 지도자들이었다. 주님을 신뢰하지 않은 대가를 치른 뒤에도, 백성들은 주님께 돌아오기를 거절했다(13절). 이스라엘의 지도자들, 장로들과 선지자들은 모두 이스라엘을 잘못 이끈 죄 때문에 제거될 것이다(14절). 백성들은 주님에게서 멀어지도록 이끈 지도자들을 따랐기 때문에 주님은 그들도 아끼시지 않을 것이다. **고아와 과부**처럼 보통 때 주님이 긍휼히 여기셨던 무리들도 아끼지 않으실 것이다(17절).

9:18-21. 북 왕국 이스라엘은 세 번째 죄, 즉 사회적 무질서 때문에 심판을 받을 것이다. 이렇듯 혹독하고 철저한 징벌도 하나님의 진노를 잠재우지 못하였고, 하나님이 이스라엘을 멸망시키실 때까지 이스라엘의 상황은 계속 악화 일로를 걸었다(18-21절). 이스라엘은 분열되어 각 사람마다 다른 사람을 이용했다(20절). 유일하게 의견이 일치하는 문제가 유다에 대한 반대일 정도로 이스라엘은 심각하게 분열되었다(21절).

10:1-4. 심판받을 네 번째 죄는 불의한 억압이었다. 이스라엘 안의 많은 사람들이 그들의 불의한 관행과 약자에 대한 억압을 통해 부와 권력을 축적했다. 따라서 그들의 지위와 부는 심판 날에 도움이 되지 못할 것이다. 그들은 결국 **포로 된 자** 가운데 종이 되거나 **죽임을 당한 자** 가운데 살해되어(4절), 그들이 부당하게 얻은 이득이 무용지물임을 강조한다. 이것은 이사야의 다른 예언들과 함께 자신의 부와 권력을 신뢰하지 않고 주님을 신뢰하는 것의 가치를 부각시켰다. 이것은 하나님의 주권과 복 주시고 심판하는 그분의 능력을 보여주기 위해 불의를 통해 인간적인 유익을 얻으려는 노력이 허무함을 드러낼 것이다.

b. 앗수르의 심판(10:5-34)

하나님은 자기 백성들을 심판하실 뿐만 아니라 다음 내용에 예고되었듯이, 이스라엘을 심판하는 하나님의 도구인 앗수르에 대참사를 가져다주실 것이다.

10:5-12. 자기 백성을 향한 하나님의 진노가 앗수르를 통해 분명해지겠지만, 앗수르도 하나님의 백성에게 행한 일 때문에 징벌을 받을 것이다(5절). 하나님이 앗수르를 사용하신 데는 명확한 목적이 있었다. 하나님은 자기 백성들 가운데 자기를 진노하게 했던 자들을 심판하라고 앗수르에게 요청하셨다. 그런데 앗수르는 파괴를 넘어서는 더 큰 계획을 시행하라는 하나님의 승인을 악용했다(7절). 하나님은 앗수르가 자신의 의제만 시행한 데 대해 응징하실 것이다. 앗수르에 강력한 사령관이 있었고(8절), 다른 나라의 우상에게 승리를 거둔 적이 있었지만(9절), 앗수르는 예루살렘과 사마리아의 패배가 예루살렘과 사마리아의 하나님의 패배였다고 추론함으로써, 자신들의 진정한 임무에 무지했음을 드러냈다. 앗수르는 자신들에게 내재된 능력이나 자신들의 신이 아닌 주님에게서 권능을 받았다. 주님은 그들의 거만이 계속되도록 허용하시지 않고, 자신을 인정하지 않고 따르지 않은 데 대해 그들을 심판하실 것이다(12절).

10:13-19. 앗수르의 교만에 대한 징벌은 하나님의 백성의 교만과 비교될 수 있다. 앗수르는 자신의 **힘**과

지혜로 열방을 격파했다고 주장했다(13절). 하지만 열방의 활동을 지휘하시는 분은 하나님이시기 때문에, 앗수르의 권력에 대한 칭송은 잘못된 것이다. 15절의 수사적 질문은 이 점을 효과적으로 드러낸다. **도끼가 어찌 찍는 자에게 스스로 자랑하겠으며 톱이 어찌 켜는 자에게 스스로 큰 체하겠느냐**? 당연히 아니다. 그것들은 도구에 불과하다. 주님이 앗수르의 강한 전사들을 **파리하게** 하실 때(16절)에 그들의 자랑은 굴욕을 낳을 것이다. **이스라엘의 빛**, 이스라엘을 인도하시는 주님이 **불이 되어** 앗수르를 불살라 심판하실 것이다. 하나님은 **불꽃**이 되어 앗수르를 **가시와 찔레**처럼 불사르실 **그의** [집단적인 의미의 이스라엘의] **거룩하신 이**시다(17-19절). 앗수르를 주관하는 하나님의 주권은 이스라엘의 운명이 앗수르의 자비가 아니라 하나님의 한결같은 신실하심에 근거하고 있다는 묘한 안도감을 주었다. 하나님은 자기 백성을 징벌하실 테지만 전멸하시지는 않는다. 하나님의 바람은 징계이지, 말살이 아니었다.

10:20-27. 이런 안도감이 다음 단락에서 확증되었다. 유다의 남은 자가 앗수르의 공격을 견디어 보존될 것이고, 그들은 더 이상 억압자가 아니라 주님께 의지할 것이다(20절). 남아 있는 자들은 외국의 정치 세력이나 주님에게서 벗어난 모든 권력을 더 이상 바라보지 않을 것이다. 이스라엘과 그 지도자들은 하나님보다 인간의 권력을 신뢰한 나머지, 근원적인 실수를 했지만, 남은 자는 그런 실수를 되풀이하지 않을 것이다. 이러한 소망이 언뜻 보이기도 하지만, 애석하게도 이스라엘이 지은 죄의 결과는 명백했다. 한때 바다의 모래만큼 많았던 민족의 수는 줄어들고, **넘치는 공의로** 주님의 파괴에서 살아남도록 허락된 이스라엘 백성은 흔적만 남을 것이다(22-23절).

24-27절은 이스라엘에게 격려의 말씀을 전한다. 앗수르가 파괴하러 다가오고 있지만, 하나님은 자신이 앗수르를 주무르고 있고, 또 그들을 **두려워**할 필요가 전혀 없음을 백성들에게 상기시키셨다. 이스라엘의 운명은 앗수르의 자비가 아니라, 하나님의 자비에 달려 있었다. 하나님은 앗수르를 완전히 장악하셨고, 과거에 그러셨듯이 이스라엘을 구원하실 것이다(25-26절). 27절 마지막 어구, **기름진 까닭에 멍에가 부러지리라**는 해석하기 까다롭지만, 다가오는 주님의 복과 관련이 있는 것으로 보인다. 주님이 자기 백성에게 복을 내리시고, 앗수르의 멍에가 이스라엘에 머물지 못하게 하셨을 때 앗수르의 억압은 끝나게 될 것이다.

10:28-34. 이 마지막 문단은 침략군이 유다와 예루살렘을 향해 이동할 때 선택할 길을 설명한다. 군대가 남쪽으로 이동하기 때문에 최북단 성읍들이 맨 먼저 언급되었다. 침략군이 시온에 이르렀을 때, 주님이 개입하셨다. 숲을 베어내는 이미지를 사용하여 주님의 행동을 묘사한다. 레바논에 대한 언급은 크기와 품질로 칭송받았던 레바논에서 자란 탐스러운 삼나무를 생각나게 했다[Walton, et al., *IVP Bible Background Commentary*, 36.《IVP 성경배경주석》(IVP)].

5. 메시아 여호와의 가지: 그분의 통치(11:1-16)

이사야는 '메시아 소망-그 뒤의 심판-그 뒤의 메시아 소망'의 사이클을 이어간다. 이 장은 7장과 9장에 나왔던 메시아 소망 주제로 돌아간다.

11:1-5. 본문은 **이새의 줄기에서 날** 한 **싹**에 대한 묘사로 시작된다. 이런 묘사는 강한 숲을 베어내는 10:33-34의 이미지와 대조를 이룬다. 힘, 크기, 권력의 이미지를 전달하는 레바논의 삼나무는 파괴되고, 겉보기에 연약한 싹이 이새의 뿌리에서 돋아나 다스릴 것이다. 마찬가지로 왕이 다윗이 아니라 **이새**에게서 온다고 묘사함으로써 그분의 초라한 조상을 강조한다. 이 새로운 통치자는 **여호와의 영**의 능력을 받을 것이다(2절). 주님의 영의 임재는 인간 통치자가 초자연적인 근원에 접근하여 인간의 한계를 넘어서는 통치 능력을 받을 것임을 나타낸다. 이는 또한 하나님이 임명하신 그분의 통치에 정당성을 부여한다.

서로 짝을 이룬 세 쌍의 속성들이 주님의 영의 특징을 이룬다. (1) **지혜와 총명**, (2) **모략과 재능**, (3) **지식과 여호와를 경외함**(2절). 첫 번째 쌍(**지혜와 총명**)은 성령이 왕에게 능력을 부여하여 이스라엘의 통치자로서 경건한 결단을 내리게 한다고 말한다. 두 번째 쌍(**모략과 재능**)은 이스라엘 민족을 위한 계획을 구상하고 시행하도록 왕에게 주어진 능력과 관련이 있는 것 같다. 여기서 **모략**은 '놀라우신 조언자' 호칭이 오실 왕에게 적용된 이사야 9:6을 생각나게 한다(그곳의 주석을 보라). 마지막 쌍인 **지식과 여호와를 경외함**은 주님께 대한 공경에 뿌리를 두고 하나님께 충성하는 친밀한 관계를 보여준다. 주님을 경외하는 것에 왕의 즐거움이 있다는 말은 하나님께 대한 왕의 깊은 충성과 의존을 강조한다(3절). 왕의 판단 기준은 외모나 소문이 아니라, 하나님의 의에 대한 깊은 헌신에 있다. 하나님께 의지하는 가운데 왕은 겉모양을 뛰어넘어 문제의 핵심을 간파할 것이다. 왕은 재판에서 부자와 권력자를 편애하지 않고, 지위와 관계없이 올바른 판단을 내릴 것이다. 가난한 자와 약자가 공의를 입을 것이다(4절).

여호와를 경외함이라는 어구와 비슷한 어구들은 성경에서 자주 언급되지만(참고. 대하 19:9; 시 19:10; 34:12; 111:10; 잠 1:7, 29; 2:5; 8:13; 9:10; 10:27; 14:26-27; 15:16, 33; 16:6; 19:23; 22:4; 23:17), 이사야서에서는 다소 드물게 나타난다(2-3절). **경외함**은 우리가 갑작스러운 죽음이나 어떤 종류의 상실에 맞닥뜨렸을 때 나오는 일종의 공포를 의미할 수도 있지만, 성경에서는 하나님을 향한 건전하고 압도적인 존경을 의미한다. 이것은 지상의 지위나 소유에 대한 온갖 욕망을 무색하게 만드는 하나님을 향한 방향 설정이다. 쉐리프스(Sheriffs)의 설명에 의하면, "'여호와를 경외하는 것은 악을 미워하는 것'이며, 문제의 악은 악마적이거나 우주적인 것이 아니라 인간의 '교만', '거만' 그리고 '왜곡된 발언' 등 현실 세계의 악이다. '여호와를 경외하는 것은 우리가 죽음의 올가미를 피할 수 있게 해주는 생명의 근원'이라는 도덕적 선택의 의미가 여기에 담겨 있다"[Deryck Sheriffs, *The Friendship of the Lord* (Eugene, OR: Wipf and Stock, 2004), 163].

11:6-10. 6-9절에 나온 메시아 나라에 대한 묘사는 왕의 통치를 아름답게 그린다. 이런 묘사는 이 왕의 통치의 차별성과 그분이 가져오실 회복적인 정권에 대해 이야기한다. 평화를 가져오는 왕의 능력은 과거에 지배한 왕들의 한계를 넘어선다. 이사야는 단순히 다음 다윗계 군주의 즉위만이 아니라, 진정한 다윗계의 군주, 곧 하나님께 온전히 순종하며 살고, 하나님의 지혜와 힘, 정의로 통치할 다윗의 탁월한 아들의 즉위를 내다본다(5절). 이새의 뿌리는 10:6-9에 묘사된 평화와 조화를 가져올 것이다. 그뿐만 아니라, 그분이 통치하는 동안 하나님은 온 지경에서 남은 자를 모으기 시작하실 것이다(11절). 이 새로운 왕의 지혜로운 통치는 열방까지도 매료시킬 것이고, 열방이 그분의 조언을 들으러 집결하는 깃발 역할을 할 것이다(10절).

11:11-16. 이 왕의 통치 아래서 분열된 나라(북쪽 이스라엘과 남쪽 유다)는 과거의 적대감을 뒤로하고 연합하여 공동의 대적을 격파할 것이다(13-14절). 앞서 언급된 평화는 이스라엘과 유다의 통일과 그 땅에서 모든 악을 제거함으로써 오게 될 것이다(참고. 4절). 블레셋과 에돔, 모압 그리고 암몬의 정복은 이스라엘 민족 안에 안전이 성취될 것을 가리킨다. 이 나라들은 이스라엘의 동쪽과 서쪽 그리고 남쪽에 있다. 그들이 계속 존재한다는 것은 유다에게 위협이 남아 있음을 의미한다. 이 나라들의 패배는 단일 주권자의 손아래서 평화를 보장받는 것이다.

15-16절은 남은 자의 귀환을 가능하게 하실 하나님의 행동을 묘사한다. 그 무엇도 하나님의 백성과 그들의 귀환을 방해할 수 없을 것이다. 그들이 애굽 땅에서 나오던 날에 이스라엘을 위한 대로가 있었듯이, 하나님은 자기 백성들을 앗수르 밖으로 인도할 대로를 만드실 것이다(16절). 11장은 이스라엘의 미래에 대한 인상적인 그림을 제시하는데, 그 그림은 궁극적으로 과거에 이스라엘을 위해 하신 하나님의 행동에 뿌리를 두고 있다. 이스라엘 역사에서 가장 근원적인 사건 중 하나인 출애굽에 대한 언급은 예고된 사건을 이스라엘의 과거 하나님 경험에 단단히 붙들어 맨다. 이스라엘의 정체성은 이스라엘이 강력한 나라이기 때문이 아니라, 이스라엘의 하나님이 그렇게 되기를 바라시기 때문에 보존되는 것이다. 이스라엘을 위한 하나님의 행동이 열매를 맺을 것이다. 이 예언, 그것이 계시하는 미래 그리고 그 뿌리가 된 과거가 이스라엘의 정체성을 확고히 하고, 하나님의 언약 백성으로서 이스라엘이 계속 존재할 것이라는 확신을 제공한다.

6. 찬양시(12:1-6)

이사야는 이 단락을 찬양시로 마무리한다. 이 부분은 흔히 '임마누엘의 책'이라고 불리는 단락의 적절한 결론 혹은 에필로그 역할을 한다. 하나님의 은혜로운 메시아 약속과 이스라엘과 열방에 대한 그분의 공정한 심판 사이를 반복해서 오갔던 저자는 하나님께 감사하는 기쁨에 찬 노래로 마무리한다.

12:1-2. 이 본문은 주님이 이스라엘의 대적을 격파하고 이스라엘을 구출하신 것을 기리는 승리의 노래이

다. 이 노래는 하나님의 진노가 돌아서서 위로와 구원을 낳았음을 인정하는 데서 시작된다(1절). 이 시는 이어서 백성들의 구원은 하나님 안에서만 발견된다고 인정한다. 2절은 구원으로 이끈 하나님의 활동이 아니라, 하나님 자신이 구원이심을 가리킨다(Smith, *Isaiah 1-39*, 282). 따라서 백성들은 구원을 위해 더 강력한 나라나 정치적 동맹, 혹은 자신들의 부귀와 힘을 더는 바라보지 않고 하나님만 바라보게 될 것이다. 백성들은 마침내 주님을 신뢰하고 경외하면서 그분이 모든 피난처와 힘의 근원이심을 인정하게 될 것이다(2절).

12:3-6. 하나님이 구원이시라는 계시는 열방 곳곳에 주님의 위업을 선포하라는 요청을 촉구한다. 하나님이 강력하게 움직이셔서 남은 자를 회복하고, 지혜와 정의, 평화의 왕과 나라를 세우는 것을 목도한 이스라엘은 마침내 하나님이 이스라엘이 의지해야 할 유일한 분임을 깨닫는다. 앗수르 같은 열방들은 진정한 구원을 줄 수 없는 하나님의 도구에 불과하다. 그 대신 이스라엘은 경제적, 정치적 지형의 겉모습에 굴하지 않고 주님을 신뢰하는 법을 배워야 한다.

B. 심판의 신탁(13:1-35:10)

이사야서 첫 번째 주요 단락(7-35장)의 주제는 열방에 대한 심판이다. 이 단락은 아하스 왕이 징조를 구하라는 하나님의 제안을 거절한 이야기(7-12장)와 함께 출발한다. 주님은 그 징조 외에도 여러 가지 징조를 주셨지만, 믿음 없는 아하스의 결정이 가져온 결과는 열방에 대한 하나님의 심판을 강조하는 일련의 신탁이었다(13-35장).

1. 열방을 꾸짖는 신탁(13:1-23:18)

이사야서 심판 단락의 첫째 부분은 유다를 포함한 주변의 모든 열방을 꾸짖는 하나님의 신탁을 강조한다. 그렇지만 심판은 여기에 언급된 다른 나라들보다 바벨론에 더 많은 초점을 둔다(바벨론의 심판을 다루는 데는 55절을 사용하지만, 다른 나라를 다루는 데는 38절을 넘지 않는다). 다른 견해도 이사야 13:1-23:18은 특정 나라들을 꾸짖는 예언에 할애된 하나의 단위를 형성하는 것 같다.

이 단락과 관련하여 J. A. 모티어(Motyer)의 견해는 열방을 꾸짖는 신탁에 일관성을 제공한다는 점에서 도움이 된다[J. A. Motyer, *The Prophecy of Isaiah* (Downers Grove, IL,: InterVarsity, 1993), 131-132]. 모티어는 이 신탁들이 각각 다섯 개 신탁으로 이루어진 두 그룹으로 구성되어 있고, 각 그룹은 바벨론을 꾸짖는 신탁으로 시작된다고 주장한다. 아래의 도표는 모티어가 제시한 열 가지 신탁의 구조를 설명한다.

이들 신탁 가운데 다수가 이스라엘 이외의 다른 열방들을 꾸짖는 예언이지만, 여기에 그것을 기록한 것은 열방과 그들의 관습에 대한 책망에 이스라엘을 향한 메시지가 담겨 있음을 보여주기 위해서이다. 이스라엘의 지도자들은 열방과 운명을 같이하려는 경향을 보였다. 이를 감안할 때, 이스라엘 지도자들에게 이방인의 권력과 결탁하는 것의 허무함을 일깨우려는 것이 신탁의 목적이라고 볼 수 있다. 이 신탁들은 또한 남은 자들, 이스라엘 안에서 주님을 신뢰했던 이들을 격려했을 것이다. 아무리 권세가 대단하다 하더라도 하나님 앞에 설 수 있는 나라는 없다.

a. 바벨론을 꾸짖는 신탁(13:1-14:27)

13:1-10. 열방 중에서 맨 처음 꾸지람을 들은 곳은 다름 아닌 바벨론이었다. 이 부분은 바벨론을 꾸짖는

사

모티어가 제시한 이사야 13:1-23:18 신탁의 구조

그룹 1		그룹 2	
13:1-14:27	바벨론을 꾸짖는 신탁	21:1-10	바벨론을 꾸짖는 신탁
14:28-32	블레셋을 꾸짖는 신탁	21:11-12	에돔을 꾸짖는 신탁
15:1-16:14	모압을 꾸짖는 신탁	21:13-17	아라비아를 꾸짖는 신탁
17:1-18:7	다메섹/이스라엘을 꾸짖는 신탁	22:1-25	예루살렘을 꾸짖는 신탁
19:1-20:6	애굽을 꾸짖는 신탁	23:1-18	두로를 꾸짖는 신탁

두 신탁 중에서 첫 번째에 해당한다(첫 번째는 14:27에서 끝나고, 두 번째는 21:1-10에 나온다). 이 단락에서 바벨론의 부각은 주전 627년 느부갓네살이 신생의 신바벨론 제국의 권좌에 올라 신앗수르 제국을 제패한 후, 바벨론이 지정학적 무대에서 두드러진 것과 연관이 있을 것이다[Walton, et al., *IVP Bible Background Commentary*, 601.《IVP 성경배경주석》(IVP)]. 바벨론은 또 39:1-8에서 히스기야와 바벨론의 상호작용 때문에 이사야서에서 중요한 위치를 차지했다.

13:1에 신탁의 서론이 나온 뒤, 이 단락은 하나님의 음성(13:2-3, 11-18)과 선지자의 음성(13:4-10, 19-22) 사이를 오간다. 하나님은 자신이 **거룩하게 구별한 자들과 용사들**을 불러, 바벨론에 맞서라고 말씀하셨다(2-3절). 그 뒤에 이사야는 바벨론을 멸망시킬 주님의 막강한 군대가 오고 있다고 선포했다(4-5절). 이 파괴가 하나님에게서 유래한다는 말에는 아무런 오류가 없을 것이다. 오직 하나님의 심판만이 그와 같은 공포와 분노 그리고 자연재해를 가져올 수 있었기 때문이다.

13:11-18. 이 단락에서 하나님의 말씀은 세상 민족의 **악을 벌하고**, 자신을 지상의 유일한 통치자로 나타내시려는 그분의 뜻을 강조한다. 하나님께 반역했던 독재자들과 교만한 자들은 비천해질 것이다. 교만은 다시 주님이 진노하시는 대상으로 그려진다. 하나님이 인간의 왕조가 세워진 기초 자체를 흔드실 때 인간의 교만이 얼마나 허무한지 드러날 것이다. 하나님은 사람들을 희귀하게 만드실 것이다(12절). 하나님은 **하늘과 땅**을 흔드실 것이다(13절). 피하려고 하는 자는 사로잡혀 죽을 것이다(14-15절). 여자와 아이들은 참담한 일을 겪게 될 것이다(16절). 하나님은 메데를 공격자로 임명하셨다. 은과 금에 관심이 없는 그들은 부자들을 무력하게 만들고, 뇌물을 주려는 시도를 완전히 근절했다. 피를 향한 메대의 욕망은 연민과 긍휼을 전부 몰아내서 아이들의 생명조차 아끼지 않았다(17-18절).

13:19-22. 19절에서 하나님을 3인칭으로 언급하는 것(**하나님께 멸망당한**)은 하나님이 자신에 대해 말씀하시는 것이 아니라, 이사야가 다시 하나님에 대해 이야기하고 있음을 시사한다. 바벨론은 **열국의 영광**(18절), 바벨론이 자랑하는 영광으로 묘사되지만, 그 운명은 **소돔과 고모라**의 운명과 같을 것이다. 바벨론은 황폐하게 되어 유목민과 목자들마저 그 장소를 사용하지 않을 것이다. 하나님이 그렇게 행하신 뒤에 바벨론에는 야생동물들만 살 것이다. 이런 것은 고대 근동에서 파괴된 성읍을 묘사하는 전형적인 방식이었다[Seth Erlandsson, *The Burden of Babylon: A Study of Isaiah 13:2-14:23* (Lund: CWK, 1954), 118]. 주전 538년 고레스의 지휘 아래 메대가 바벨론을 정복하면서, 한때 자부심이 강했던 성읍이 곧 수치를 당할 것이다(22절). 그렇지만 이 침략은 상대적으로 평화로웠고, 13장에 묘사된 것과 같은 파괴를 낳지는 않았다. 바벨론은 이전에 앗수르가 침략하는 동안 산헤립에 의해 파괴되었다가, 주전 681년과 669년 사이 에살핫돈 아래서 재건되었다. 바벨론의 궁극적인 종말론적 파괴는 계시록 18장에서도 언급된다.

그렇다면 이러한 바벨론의 파괴는 언제 있었는가? 또는 언제 있을 것인가? 여러 가지 이유로 바벨론의 파괴에 대한 이사야의 묘사를 종말론적으로 이해하는 것이 최선인 듯하다. 먼저 바벨론의 패배가 "여호와의 날"에 있을 것인데(6, 9절), 이는 보통 종말론적인 표현이다. 더군다나 하늘의 징조(10절)와 온 땅의 징조(9, 11절)가 마지막 때의 종말론적 징조와 일치한다. 둘째, 바벨론의 몰락은 폭력적 파괴일 것이라고 했지만(15-18절), 위에서 보았듯이 역사 속 바벨론의 패배는 이러한 묘사와 맞지 않는다. 이 사건은 마지막 때에 일어날 것 같다. 셋째, 바벨론의 패배는 마지막 때와 연관된 사건인 이스라엘의 종말의 회복과 동시에 일어날 것이다(14:1-2).

바벨론의 패배를 종말론적으로 이해하는 데 뒤따르는 난점은 메대가 바벨론을 파괴하는 데 참여했다는 언급이다(17절). 이는 당연히 여기 묘사된 바벨론의 몰락이 주전 539년 고레스 대왕과 그의 메디아-페르시아 왕국의 손에 의해 이루어졌다는 결론으로 이끌 것이다. 그렇지만 이 본문과 나머지 성경에서 종말론적 패배를 지시하는 증거 구절에 비추어볼 때(렘 50-51장과 계 17-18장에 대한 주석을 보라), 메데에 대한 언급을 종말에 바벨론을 침략하러 올 열방 가운데 하나에 대한 언급으로 보는 게 더 낫다.

14:1-4. 바벨론을 꾸짖는 신탁은 이스라엘을 향한 하나님의 신실하심과 열방의 복원에 대한 진술로 이어

진다(1-21절). 하나님이 이스라엘에게 종말론적 안식을 주실 때, 그들은 전에 자신들을 억압했던 이들, 특히 바벨론과 자신들을 조롱했던 이들을 바라볼 것이다(1-4절). 본문의 나머지는 이스라엘의 조롱을 재진술하는 데 할애하고 있다. 조롱은 앞서 이사야의 예언에서 소개되었던 몇 가지 두드러진 주제들을 강조한다. 자신을 지극히 높은 분에게까지 높이려는 지도자들의 시도에서 바벨론의 거만이 전형적으로 드러난다(14절). 원대한 열망에도 불구하고 바벨론은 하늘에 도달하지 못하고 도리어 스올로 떨어진다.

14:5-23. 이 본문은 고대 근동의 천체 지형이 반영된 표현을 사용한다. 본문 곳곳에서 여러 차례 언급되는 **스올**(9,11,15절)은 하나님의 심판 아래 있는 자들이 영원히 있어야 할 땅 밑의 장소였다[Philip S. Johnson, *Shades of Sheol: Death and Afterlife in the Old Testament* (Downers Grove, IL: InterVarsity, 2002), 83]. 바벨론의 지도자들은 신들만큼 높이 오르고 싶어 했지만(13-14절), 그들은 스올(무덤. '스올'이라는 단어에 관한 논의는 시 49:5에 대한 주석을 보라)로 떨어질 것이다. 지도자들은 비천해질 것이고, 백성들은 이들이 땅을 다스릴 능력을 갖고 있었다는 사실에 놀랄 것이다(15-17절). 죽음과 패배에서 경험하는 극적인 운명의 역전은 바벨론이 보여준 교만과 거만의 정도를 강조한다. 다른 왕들과 달리 바벨론의 지도자는 **자기 무덤**에 눕지 못하고(18-20절), 그의 자식은 왕의 계보에서 끊어질 것이고(21-22절), 바벨론의 모든 기억은 지워질 것이다(22절).

어떤 이들은 14:12-15의 표현을 사탄의 몰락을 묘사하는 사탄에게 하는 말로 이해했다. 이런 이해를 지지하는 근거는 다니엘 10장에 나오는데, 거기서 악마와 천사가 열방과 결탁하여 인간사에 영향을 미친다. 그래서 바벨론 배후에 있는 권력인 사탄의 몰락은 **지극히 높은 자와 같아지**려고 갈망하는 것으로 묘사된다(14절). 이런 해석에 뒤따르는 난점 그리고 그런 해석의 신빙성을 떨어뜨리는 것은 구문론적 측면에서 대상이 바뀌지 않는다는 점이다. 즉, 모두 다 바벨론 왕에게 하는 말처럼 보인다.

14:24-27. 겉으로는 **앗수르**를 꾸짖는 별도의 신탁처럼 보이지만, 열방에 대한 다른 신탁들과 달리 여기에 '경고'(oracle)라는 단어가 없기 때문에 사실은 그렇지가 않다. 아마 바벨론이 앗수르를 승계한 제국이어서 앗수르가 바벨론과 연결되었기 때문일 것이다. 앗수르에 대한 주님의 심판은 확실하다(**내가 생각한 것이 반드시 되며**, 24절). 바벨론이 앗수르를 격파함으로써 분명 앗수르를 심판했지만, 이 일은 특성상 훨씬 종말론적이다. 이 일은 주님이 열방을 거기 모으고 종말론적인 심판을 시행하실 때(참고. 겔 39:4; 슥 14:2), 이스라엘에서, **나의 땅에서…나의 산에서** 벌어질 것이다(25절). 이것은 **온 세계**를 향한 하나님의 계획 중 일부이다(26절). 마지막에 주님의 계획은 결실을 맺을 것이다. 어떤 권력도 하나님께 맞서지 못할 것이고, 어떤 나라도 그분의 계획을 좌절시킬 수 없다(27절).

b. 블레셋을 꾸짖는 신탁(14:28-32)

14:28. 블레셋에 대한 신탁은 유다의 유익을 위해 주어졌다. 28절의 시간 표식은 바벨론을 꾸짖는 신탁에서 블레셋을 꾸짖는 신탁으로의 전환을 의미한다. 이스라엘은 블레셋과 오랜 역사를 공유했다. 웃시야는 주전 8세기 전반에 블레셋을 유다의 통치권 아래 두었다(참고. 대하 26:6). 블레셋은 아하스의 통치 기간에 독립을 했다(참고. 대하 28:18). 아하스의 통치 기간에 블레셋은 이스라엘의 적대자 중 하나였지만, 블레셋 역시 앗수르에게 시달렸다.

14:29-32. 블레셋은 **너를 치던 막대기가 부러졌다**고 해서 기뻐하지 말아야 한다(29절). 이것은 아하스가 아닌 웃시야에 대한 언급이다. 그렇지만 아하스의 죽음과 함께 다윗의 집은 유다처럼 더 약해졌고, 블레셋은 더 원대한 정복의 야망을 품었다. 하지만 **뱀**[치명적인 적을 가리키는 은유]과 [치명적이고 재빨리 정복하는 한 민족을 가리키는] **날아다니는 불뱀**이 블레셋을 칠 것인데, 이는 앗수르를 가리킨다(29절). 이 신탁이 있고 몇 해가 지나지 않아(주전 711년) 앗수르 왕 사르곤 2세는 블레셋을 정복하고 그곳을 블레셋의 속주로 만들었다. **여호와께서 시온을 세우셨다**는 것은 이 소식에 대한 유다의 반응일 것이다(32절). 앗수르는 예루살렘을 정복하지 못할 것이고(참고. 36-37장), 바벨론은 여러 해가 지날 때까지 유다를 정복하지 못할 것이다(주전 586년).

c. 모압을 꾸짖는 신탁(15:1-16:14)

15:1-9. 모압은 블레셋과 마찬가지로 앗수르의 패권에서 결코 이방인이 아니다. 모압은 다른 이스라엘 선지자들의 예언에도 언급된다(참고. 렘 48장; 암 2:1-5). **기르**와 **느보**, **메드바**, **헤스본** 그리고 **엘르알레**를 포함하여, 1-4절에 언급된 여러 도시들은 모압 북부에 있었다(1-4절). 남부의 도시 **디본**(2절)과 **야하스**(4절)는 원거리에 있었지만 모압에서 벌어지던 파괴에 휘말렸다. 디본 사람들은 전통적으로 애도를 뜻하는 행동을 실행했다. 곧 산당에 올라가서 통곡하며, 머리카락과 수염을 깎았다(2절)[Walton, et al., *IVP Bible Background Commentary*, 605.《IVP 성경배경주석》(IVP)]. 북부 성읍과 남부 성읍의 거리는 대참사의 규모와 북부 성읍들 안에서 절감한 고뇌를 강조하는 역할을 한다(4절).

5-9절은 모압 사람들이 다가오는 파괴를 피해 도주하는 모습을 그린다. 그들은 가져갈 수 있는 것은 무엇이든 가지고 안전한 곳을 찾아 달아났다. 그들의 도주 이유는 6절에 나온다. **니므림**의 물은 사해 남동부 소알 북부의 일종의 오아시스를 가리키는 것 같다. 이 지역은 풍부한 수원지로 유명했다[David Noel Freedman, et al., *Eerdman's Dictionary of the Bible* (Grand Rapids, MI: Eerdmans, 2000), 965]. 니므림의 물이 말랐다는 15:6의 선언은 강력한 파멸의 이미지를 보여준다. 니므림이 마르자 사람들은 서둘러 재산을 챙겨 출발하여 **버드나무 시내**를 건넜는데(7절), 이 시내는 모압 남부 경계에 있는 모압과 에돔 사이의 와디 엘-헤사(el-Hesa)일 가능성이 아주 높다[Walter A. Elwell and Philip W. Comfort, *Tyndale Bible Dictionary* (Carol Stream, IL: Tyndale, 2008), 1302]. 북부의 **에글라임**과 **브엘엘림**부터 남부의 와디 엘-헤사까지 온 나라가 백성들의 부르짖음에 에워싸일 것이다. 북부에서 도망하는 사람들은 남부에서 피난처를 찾지 못할 것이다. 북쪽에서 오는 침략자를 피해 남쪽으로 도주하는 피난민들은 마치 **사자**가 자기들을 쫓아온다고 느끼게 될 것이다(9절).

16:1-5. 모압을 꾸짖는 신탁은 예루살렘에 조공을 바치라는 요청으로 이어진다(1절). 이제 모압은 유다가 자신들을 대적들로부터 보호해주기를 청했다. 모압 사람들은 둥지가 없어서 새로운 집을 찾으려고 애쓰는 새에 자신들을 비교했다. 한때 교만했던 모압은 유다에게 지원과 보호를 구걸하는 신세로 전락했고(3절), 이에 모압은 시온의 결단을 호소했다. 이 요청은 이 신탁에 표현된 신학적 관점에 관해 말해준다. 영(Young)의 설명처럼, "구원을 받으려면, 모압은 시온의 그늘 안에 들어가야 한다. 사실 구원받을 사람들은 모두 시온의 그늘 안에 들어가야 한다"[Edward J. Young, *The Book of Isaiah* (3 Volumes). Grand Rapids, MI: Eerdmans, 1965-1972, 463]. 모압 사람들이 유다로 도피하도록 허락받으면, 그들은 다윗계 왕, 즉 정의의 시대로 인도할 메시아의 즉위를 기다리며 다가오는 파멸을 피할 수 있게 된다(5절, 참고. 11:1-16).

16:6-12. 다음으로 **교만**이 다시 한 번 이사야 예언의 초점이 된다. 모압 사람들은 교만한 백성이었다. 그들의 과잉과 풍요는 자랑의 근원이었지만, 그 자랑은 공허한 것으로 밝혀질 것이다(6절). 모압의 교만과 땅의 대참사가 연결되면서 민족의 탄식을 낳는다(7-8절). 파괴가 너무 광범위해서 이사야조차 모압을 측은히 여겼다(10-11절). 모압 사람들은 풍요와 과잉이 제공했던 안전을 상실했을 뿐만 아니라, 거짓되긴 했으나 과거에 신들에게서 얻었던 안전도 상실했다. 그들의 호소와 기도는 영원히 효력을 잃을 것이다(12절).

모압을 꾸짖는 신탁은 인간의 업적을 신뢰하고 즐기는 것이 무익하다는 것을 반영한다. 자신들의 호화로운 생활 방식과 자신들의 포도원, 자신들의 신에 의해 구현되고 강화된 모압의 교만은 다가오는 파멸에서 그들을 구하지 못했다. 유다의 친구가 되려는 시도와 모압의 교만에 대한 비난이 나란히 놓인다. 이 신탁은 독자들에게 인간의 업적을 신뢰하지 말고, 시온과 거기서 통치하시는 주님과 연합하도록 요청한다.

16:13-14. 주님의 모압 멸망 선언에 의해 이전의 메시지가 강조된다. 모압의 영광은 사라지고, 그 나라 사람들은 대참사를 당할 것이다. 이 단기 예언은 예고된 그대로 성취되었다. 3년 안에 산헤립은 모압을 멸망시켰다(주전 701년). 이러한 단기 성취 사례를 제시한 목적은 이전에 있었던 장기 예언이 성취되리라는 확신을 더욱 분명히 하기 위함이다.

d. 다메섹과 에브라임을 꾸짖는 신탁(17:1-11)

17:1-11. **다메섹**을 꾸짖는 신탁에는 **에브라임**, 북

왕국 이스라엘에 대한 심판이 포함되어 있다(3절). 아마도 이것은 아람과 이스라엘 사이의 동맹 때문일 것이다(참고. 7:1). (**야곱의 영광**에 대한 언급 이외에, 4절) 아람의 교만을 언급하지 않는다는 점에서 이 신탁은 앞서 전해진 바벨론과 모압을 꾸짖는 신탁과는 다르다. 이 신탁은 이스라엘 민족이 우상이 아닌 주님을 신뢰하는 것을 핵심 주제로 삼는 것 같다(7-8절). 이스라엘 백성의 제단과 아세라 기둥은 하나님이 잊혀지는 상황을 낳았다. 아세라 기둥은 우상숭배에 사용된 이교적인 풍요의 상징이었다. 이스라엘이 하나님을 무시했기 때문에 그들의 생산물과 번영은 사라질 것이다(10-11절). 그래서 하나님은 이스라엘을 징계하셔서 **이스라엘의 거룩하신 이를 뵈려**는 마음을 그들에게 주셨다(7절). 하나님의 손 아래서 디글랏 빌레셀 3세는 아하스의 선물에 신속히 응답했다. 그는 다메섹을 정복하여 르신 왕을 죽였으며 다메섹을 폐허로 만들었다(참고. 왕하 16:7-9). 그렇지만 이사야가 **그날에**라는 어구를 반복하는 것(4, 7, 9, 11절)은 이 예언의 '마지막 때'가 성취됨을 가리키는 것처럼 보인다. 이 경우 디글랏 빌레셀 3세의 정복은 마지막 때에 있을 훨씬 더 위험한 정복의 그림자에 불과할 것이다.

e. 구스를 꾸짖는 신탁(17:12-18:7)

17:12-14. 12-14절을 1절에서 시작된 신탁의 결론으로 보는 것도 가능하지만, 17:12-14과 18:1-7의 이미지와 관점의 유사성을 고려할 때 이 절들을 하나의 단위로 보는 것이 타당하다. 17:1-11과 17:12-14 사이에는 눈에 띄는 전환도 있다. 1-11절은 주로 우상숭배 및 하나님의 유기와 관련하여 다메섹과 에브라임의 죄를 다루는 반면, 12-14절은 격노한 열방과 그들의 불가피한 실패에 초점을 맞춘다. 17:12과 18:1에 둘 다 **슬프다**라는 단어가 반복되어 이 두 단락을 하나로 연결시킨다[이 단어의 문자적인 의미는 NIV처럼 '화로다'(woe)이고, 이것은 '네게 큰 슬픔이로다'로 풀어 쓸 수 있는 탄식의 표현이다]. 이런 요소들은 17:12-14이 17:1-11과 구별되고, 18:1-7과 연결된 신탁을 제시한다고 보아야 함을 시사한다.

겉으로 나타난 열방의 권력이 12절에 소개된다. 그들의 **소동**과 아우성은 강하지만, 그들은 주님의 상대가 되지 못한다(13절). 13절에 병치된 이미지는 강한 파도처럼 부서질 이른바 열방의 소동이 아무런 해도 주지 못하는 산 위의 겨 혹은 바람에 날리는 티끌과 대조를 이룬다. 열방은 지배하지 못하고 도리어 주님의 '갑작스러운 공포'(sudden terror, 17:14, NIV)에 지배당할 것이다. 주님과 그분의 백성들에게 맞서는 대적의 운명이 그와 같다(14절).

18:1. 이 구절은 이 신탁을 구스, 곧 현대의 수단과 에티오피아를 겨냥한 것으로 규정한다. **날개 치는 소리**라는 어구는 다양하게 해석되었다. 가장 가능성이 높은 해석은 이 구절을 배와 관련하여 해석하는 70인역과 타르굼(고대 랍비들이 쓴 구약성경의 아람어 풀이 해석)이 제안하는 해석인 것 같다. 그런 해석은 유명한 구스 땅의 벌레와 2절의 배에 대한 언급을 통해 가능하다. 따라서 **날개 치는 소리** 이미지는 '날개 달린 벌레처럼 강을 오르내리며 달리는 에티오피아의 신속한 배'를 나타낸다[Oswalt, *The Book of Isaiah, Chapters 1-39*, 359.《이사야 1》, NICOT(부흥과개혁사)].

18:2-7. 구스가 유다에 사절단을 보낸 나라 중에 하나였다는 주장이 있었지만, 미지의 집단이 다른 대적에게 맞서 자신들을 도와달라고 요청하기 위해 구스에 사신을 보냈다고 이해하는 것이 최선인 듯하다. 명확하게 언급되지 않아 이러한 정황 이해를 확증하기는 어렵지만, 아마도 이 부분은 다메섹과 에브라임 그리고 그들이 애굽과 맺은 동맹에 대한 언급일 것이다. 아무튼 구스와 그 백성에 대한 묘사(2절)가 **가라**는 명령과 짝을 이루어 안전을 제공해줄 수 있는 힘을 지닌 믿을 만한 구원자로 구스를 묘사하는 것처럼 보인다. 그러나 18:1의 '슬프다'는 말씀이 구스를 꾸짖는 것이기 때문에 그러한 설명은 사람들의 선입관에 불과하다. 3절은 불필요한 전쟁 준비를 비판한다. 만약 주님이 군대를 준비하고 계신다면 그것은 비밀일 수 없다. 온 세상이 그분의 깃발을 보고 그분의 **나팔** 소리를 들을 것이다. 이 절은 주님을 기다리지 않고 전투를 준비하는 인간의 노력을 비난하는 것 같다.

주님은 맹렬하게 전쟁을 준비하는 대신 추수 전 가지치기 때까지 조용히 기다리신다(4-5절). 주님은 포도의 일부를 베어 조류를 비롯한 다른 들짐승들이 먹도록 남겨둘 것이다. 하나님의 대적의 확장은 가지치기를 낳을 뿐이다. 마지막에 하나님은 강성한 구스를 포함하여 열방이 시온에 이를 때 공물을 받으실 것이다. 이 구절은 세상의 나머지 나라들과 함께 종말론적인 심판을 경험하는 구스에게 말하고 있는 것 같다(1-6절). 그렇지만 구스의 남은 자는 이스라엘의 하나님을 믿고 천년왕국 때에 **시온산**에서 경배할 것이다(7절).

f. 애굽을 꾸짖는 신탁(19:1-20:6)

애굽을 꾸짖는 신탁에는 두 개의 주요 부분이 있다. 첫 번째는 마지막 때에 일어날 사건들에 대한 장기 예언을 담았고(19:1-25), 두 번째는 주전 8세기 사건들에 대한 단기 예언이다(20:1-6). 첫 번째 단락에서 종말론적 심판 예고(19:1-15) 다음에 종말론적인 축복(16-25절)이 뒤따른다.

19:1-10. 이 장에 예고된 사건들은 마지막 때에 대해 언급한다. 이렇게 보는 이유는 나일강이 마르는 것(5-8절) 등 여기에 묘사된 심판이 아직 일어나지 않았기 때문이다. 또한 애굽이 이스라엘의 하나님을 알게 될 미래의 축복도 결코 일어나지 않았다. 게다가 종말론적 어구 **그날에**(16, 18, 21, 23-24절)의 반복은 이 신탁이 마지막 때의 심판과 축복을 모두 가리킴을 시사한다. 마지막 때에 애굽은 주님의 활동에 복종할 것이다. 그들의 우상의 약점과 무가치함이 드러나고, 온 나라가 혼란에 빠져 이웃이 이웃에게 대적할 것이다(1-3절). **우상…신접한 자…요술객**을 찾아가서 답을 찾으려는 시도에도 불구하고(3절), 애굽은 여전히 주님 앞에 속수무책이다(4절). 애굽을 억압할 **잔인한 주인**과 **포학한 왕이** 앗수르 왕이라고 이해한 사람들도 있었지만(4절), 이 장의 종말론적 특징은 다니엘서에서 작은 뿔이라고 불린 미래의 세계 통치자를 가리키는 것 같다(단 7:8, 11-12, 19-27; 11:36-39에 대한 주석을 보라). 나일강은 애굽이 의존하는 일차적인 수원지이지만, 마지막에 나일강은 더 이상 애굽과 그 백성이 연명하는 데 도움이 되지 못할 것이다(5-10절).

19:11-15. 나라를 올바르게 지휘하지 못하는 그들의 무능력 속에서 애굽 지도자들의 어리석음이 드러난다(11-13절). 그들의 무능력한 지도력은 결국 애굽 안에 혼란의 영을 섞어놓으신 주님에게서 기인한 것으로 인정된다(14절). 애굽은 **토하면서 비틀거리는** 술꾼으로 등장할 것이다(14절). 이 모습은 어지럽고, 측은하고, 절망적인 애굽의 상태를 생생하게 묘사한다(15절).

19:16-22. 애굽에게 주는 메시지 중에서 **그날에**라는 어구(16절)와 더불어 유다를 소개(17절)한 부분은 마지막 때에 심판에서 축복으로 전환된다는 것을 표시한다. 애굽과 여자의 비교에는 고대 근동의 여성의 사회적 지위에 대한 일반적 이해가 반영되어 있다. 여자들은 일반적으로 군사 작전에는 개입하지 않았다. 애굽 사람들은 연약해졌다. 그들은 더 이상 스스로 보호할 수 있다는 환상을 갖지 않는다. 오히려 그들은 주님이 자기들을 향해 오시는 것을 보면서 **떤다**(16절). 유다는 애굽만이 아니라, [유다의] **소문을 듣는** [모든] **자**에게 하나님이 쓰시는 공포의 도구가 될 것이다(17절). 이전의 세계 권력이 작고 사소한 나라, 유다 앞에서 떠는 이런 운명의 역전은 이스라엘의 주 하나님의 계시를 통해 성취된다.

그날에 애굽의 떨림은 새로 얻은 주님께 대한 충성에 양보할 것이다. **애굽 땅에 가나안 방언을 말하며 만군의 여호와를 가리켜 맹세하는 다섯 성읍이 있을 것이며**(18절). 다섯 성읍에 대한 언급은 실제로 애굽의 성읍 수에 비해 상대적으로 적기 때문에 혼란의 원인이 되었다. 그렇지만 성읍의 상대적인 숫자는 그리 중요하지 않을 것이다. 예컨대 레위기 26:8에서 숫자 '다섯'의 용례를 주목하라. "또 너희 다섯이 백을 쫓고 너희 백이 만을 쫓으리니 너희 대적들이 너희 앞에서 칼에 엎드러질 것이며." 다섯 명과 백 명이 각각 백 명과 만 명을 추격하는 용례는 비록 그 수는 적지만 주님이 승리를 안겨주실 것임을 시사한다. 오스왈트는 숫자의 목적이 우상에게서 벗어나 주님께로 향하는 '전향의 급진적인 성격'을 강조하기 위한 것이라고 주장한다(Oswalt, *Isaiah 1-39*, 377). **가나안 방언**인 히브리어의 채택은 애굽 사람들이 자신들의 언어 사용을 중단한다는 뜻이 아니라, 그들이 주님께 전향하여 이스라엘에서 예배하고 히브리어를 배울 것임을 시사한다.

이 상황에서 부가적으로 중요한 내용이 18절의 **멸망의 성읍** 혹은 '태양의 성읍'이라는 어구이다. 전통적으로 '멸망의 성읍'으로 더 자주 번역되는 이 히브리어 어구는 여기 함께 포함된 다섯 성읍의 회개의 반응을 감안할 때 이해하기 어렵다. 사해사본에서 발견된 이사야서 두루마리, 중세의 일부 히브리어 필사본, 아람어 번역(타르굼), 라틴어 번역(불가타) 그리고 이 본문의 일부 헬라어 번역을 포함한 다른 고대의 자료들은 이 어구가 '태양의 성읍'으로 번역되어야 함을 시사한다. 후자의 번역을 받아들일 경우, 이 구절은 헬리오폴리스(Heliopolis) 성읍에 대한 언급인 것 같다. 헬리오폴리스는 주전 2세기에 오니아스의 성전이 레온토폴리스(Leontopolis) 성읍 근처에 세워졌을 때 애굽 사제직의 중심지였다. '태양'과 '멸망'이 히브리어로 비슷해 보이는 까닭에, 태양의 성읍이 실은 멸망의 성읍이라는, 애굽의 우상이 파괴될 것임을 시사하는 언어유희가 여기에 담겨 있을 것이다.

여호와를 위한 제단과 신성한 기둥이 애굽의 중앙과 변방에 있는 제의 구조물을 대신할 것이다. 구약은 흔히 중앙 예배 장소를 요구한다고 추정되기 때문에, 이 예고는 이상해 보인다. 하지만 구약은 중앙 성소가 제 기능을 하고 있을 때에도 중앙 성소에서 떨어진 곳에서의 예배를 허용했던 것 같다. 보그트(Vogt)의 주장처럼, "예배 장소의 타당성은 어떤 곳의 내재적 거룩성이 아니라…그 장소에 대한 야훼의 지지에 의해 결정된다…. '그곳'은 야훼가 선택하신 곳이어야 한다"[Peter T. Vogt, *Deuteronomic Theology and the Significance of Torah* (Winona Lake, IN: Eisenbrauns, 2006), 177]. 일단 제단과 신성한 기둥이 세워진 이후에는 그것들이 **애굽 땅에서 만군의 여호와를 위하여 징조와 증거** 역할을 할 것이다(20절). 제단과 기둥은 하나님을 위한 표식 혹은 백성들에 대한 표식으로 이해될 수 있을 것이다. 어떤 경우이든 하나님은 애굽의 보호자가 되실 것이고, 그들은 예배를 통해 하나님과 그분의 주권을 인정할 것이다(21절).

19:23–25. 다음 단락은 천년왕국 때 앗수르와 애굽, 이스라엘이 평화롭게 공존하는 모습을 묘사한다. 메시아 예수님이 돌아와 지상의 나라를 건설하실 때, 이들 세 나라가 연합하여 주님을 예배할 것이다. 애굽과 앗수르가 주님께 돌아가는 것은 다가오는 하나님의 승리에 대한 또 하나의 인정을 의미한다. 이스라엘은 이들 다른 국가권력을 두려워할 필요가 없다. 오히려 이스라엘은 열방이 하나님의 권위를 인정하기를 기다려야 한다. 그들은 정치적 동맹을 맺기보다 하나님께 신실함을 지키는 데 초점을 맞추어야 한다. 하나님은 열방이 자기를 예배하는 가운데 하나가 되게 하셔서 전례 없는 평화를 가져다주실 것이다.

20:1–6. 이사야는 마지막 때 열방 가운데 임할 평화에 대한 이상적 그림에서, 애굽에게 임박한 심판의 그림으로 화제를 바꾼다. 이사야는 앗수르가 애굽을 공격할 때 애굽이 겪을 대참사의 상징으로 **삼 년 동안 벗은 몸과 벗은 발**로 다녔다. **벗은 몸**이란 아무것도 입지 않았다는 뜻이 아니라 선지자가 외투를 입지 않고 다녔다는 뜻인 것 같다. 이 심판은 애굽에 망명을 허락했던 아스돗 왕을 애굽이 앗수르 사람들에게 넘겨준 주전 711년에 임했다. 애굽을 신뢰하는 사람은 곧 이미 무너진 나라를 신뢰하는 것이나 다름없다는 것이 본문의 메시지이다. 다시 주님께로 돌아가야 한다는 것을 강조한다.

g. 바벨론을 꾸짖는 신탁(21:1–10)

21:1. 이 신탁은 바벨론 민족 혹은 **해변 광야**를 책망한다. 바벨론이 왜 이렇게 불리는지 파악하기는 어렵다. 고대의 어떤 번역본은 이를 "바다의 말씀"으로 읽는다. 광야를 '말씀'으로 대체한 것은 히브리어로 두 단어가 문자 하나만 다를 뿐이라는 사실에 근거를 두고 있다. 아람어 타르굼은 이 어구를 확장하여 '바다의 물처럼 사막에서 오는 군대'로 읽는다. 보다 최근의 다른 주석가들의 주장에 의하면, 이 어구는 남부 메소포타미아를 '해변'으로 이해하던 것과 관련이 있고, **광야**를 덧붙임으로써 다른 나라들을 돕지 못하는 바벨론의 무능력을 가리키는 예고적 기능을 갖는다(Oswalt, *Isaiah 1-39*, 340).

21:2–10. 이사야는 자신이 받은 이상을 **혹독하다**고 규정했다(2절). 바벨론은 **속이는 자**와 **약탈하는 자**에게 패배할 것이다. 적군의 정체가 명확히 규정되지 않지만, '속이다'는 단어는 이사야 33:1에서 앗수르를 가리킨다. 이 이상에 대한 이사야의 반응에는 다가오는 바벨론 파괴에 대한 그의 실망감이 반영되었다. 스미스는 이사야가 좌절을 느낀 이유가 "바벨론의 패배에 담긴 의미는 유다가 혼자서 앗수르에 맞서야 한다는 것인데, 앗수르에 맞서 자기를 방어하리라는 희망이 거의 없었기" 때문이라고 주장한다(Smith, *Isaiah 1-39*, 372). 이러한 해석은 이사야서 나머지 부분에서 제시하는 하나님의 주권 메시지와 긴장 관계를 야기하는 것 같다.

하지만 왜 이 심판 메시지가 이사야에게 그런 영향을 주었는지 이해하기 어렵다. 아마도 이사야의 태도에 대한 묘사가 바벨론의 비교적 무심한 태도와 나란히 놓인다고 이해하는 것이 최선일 것이다(5절). 바벨론 사람들은 전쟁을 대비하기에는 축제와 음주 때문에 경황이 없어 보였다. 이사야는 임박한 공격을 목격할 곳에 자리를 잡고, 바벨론이 그 나라의 우상들과 함께 완전히 파괴되는 것만을 전하라고 파수꾼에게 요청했다. 바벨론과 그 우상들은 무적이 아니다. 유다는 바벨론의 권력을 의지할 수 없다. 오직 하나님께 의존해야만 한다.

바벨론이 몰락할 때를 파악하는 건 훨씬 더 어려운 과제이다. 어떤 사람들은 (이스라엘의 기쁨의 상실 때문에) 이것이 주전 689년 바벨론이 앗수르에게 몰락한 것을 가리킨다고 이해했다(3-4절). 다른 사람들은 (2절의 메대에 대한 언급 때문에) 이것이 주전 539년 바벨론이 페르시아에게 무너질 때 일어난다고 본다. 훨씬 개연성이 높은 세 번째 견해는 이 심판을 처음 두 관점과 사건의 결합으로 이해하는 것이다[Oswalt, *The Book of Isaiah, Chapters 1-39*, 390.《이사야 1》, NICOT(부흥과개혁사)]. 하지만 바벨론 몰락에 대한 이전의 서술(참고. 사 13-14장)이 마지막 때의 심판에 대해 언급하고 있기 때문에 이 신탁도 그런 것 같다. 더욱이 계시록에서 **함락되었도다 함락되었도다 바벨론이여**라는 어구를 반복하고(9절) 바벨론의 종말론적 마지막에 대해 두 번(참고. 계 14:8; 18:2)을 언급하는 것은 이것을 마지막 때의 파괴로 이해할 가능성을 높여 준다.

h. 에돔을 꾸짖는 신탁(21:11-12)

21:11-12. **에돔**을 꾸짖는 신탁은 오고 있지만 밤이 다시 넘겨받을 것이라는 취지로 보인다. **아침**과 **밤**이라는 표현은 각각 고뇌와 구원을 나타내는 상징일 것이다. 우려에 대한 파수꾼의 반응에는 상황의 모호성과 부지런한 경계의 필요성이 반영되어 있다.

i. 아라비아를 꾸짖는 신탁(21:13-17)

21:13-15. 그다음 신탁은 아라비아 부족에 대한 것이다. 이사야는 **드단 대상**들[아라비아 남부 출신의 부족]과 **데마 땅**[아라비아 북서부의 오아시스]**의 주민**들에게, 물과 음식을 가져와서 그들이 곧 만나게 될, 전투를 피해 달아나는 도주자에게 주라고 지시했다.

21:16-17. 이사야는 뒤이어 아라비아에 관해 구체적으로 예고한다. **일 년 내에** 아라비아 백성들, 구체적으로 모든 부족을 대표하는 [아라비아 북부의] **게달** 사람들이 도주자가 될 것이다. 어떤 사람은 이 예고가 디글랏 빌레셀(주전 738년), 사르곤 2세(주전 715년), 혹은 산헤립(주전 703년)의 침략으로 성취되었다고 주장했다. 누구의 침략이 이 예언의 성취였는지 명확하지는 않지만 최초의 독자들은 알았을 것이다. 따라서 이 예언의 단기 성취는 이 책 전체에 나오는 다수의 장기 예언을 성취하실 하나님을 신뢰하라는 표식 역할을 한다.

j. 예루살렘을 꾸짖는 신탁(22:1-25)

22:1-14. 이사야는 이제 자신의 시선을 예루살렘으로 돌렸다. 이사야 13-23장에 포함된 나머지 신탁이 이스라엘 이외의 민족들을 겨냥하고 있기 때문에, 예루살렘을 꾸짖는 신탁이 13-23장에서 차지하는 위치는 이 단락의 전반적인 역할 및 목적에 관해 질문을 제기한다. 이 본문과 관련하여 어려움을 더해주는 **환상의 골짜기**(1절)라는 단어는 예루살렘을 지칭한다. 예루살렘이 종종 산으로 특히 시온산으로 지칭되기는 하지만, 골짜기와 동일시되지는 않는다. 더군다나 **환상의 골짜기**라는 정확한 용어는 구약에서 여기에만 사용된다. 영은 환상이라는 단어의 사용을 계시와 결부시키면서, 예루살렘이 계시가 주어진 곳이었다고 설명한다(Young, *The Book of Isaiah*, 2:86). 다른 사람들은 이 어구가 힌놈의 골짜기를 가리킨다고 주장했다. 힌놈의 골짜기는 보통 예루살렘 남쪽 욥바 문의 서쪽과 남쪽을 따라 흐른다고 이해된다. 또 다른 가능성은 이 어구가 예루살렘 성읍과 동쪽의 감람산 사이를 흐르는 기드론 골짜기를 가리키는 것이다. 기드론 골짜기를 **환상의 골짜기**로 이해하는 것이 지리적으로는 타당하지만, 22장의 해석에 특별한 의미를 주지는 못한다.

이 신탁은 예루살렘의 기쁨에 관한 모순적인 성격을 강조하는 수사적 질문으로 시작된다. 백성들은 패망하지 않았다. 죽은 자들은 칼로 죽지 않았지만(2절), 결과적으로는 똑같이 죽었다. 자신들의 성공적인 공격과 효과적인 방비에 대한 백성들의 기쁨에는 상상력이 결여되어 있었다(6-11절). 예루살렘의 방비에는 결함이 있었다. 예루살렘이 **이를 행하신 이를 앙망하지 아니하였고 이 일을 옛적부터 경영하신 이를 공경하지 아니**

하였기 때문이다(11절). **저수지**(11절)를 만든다는 말은 히스기야 왕이 기혼 샘물과 실로암 우물을 연결하여 포위 공격 때 예루살렘에 물을 공급하기 위해 단단한 바위를 파내 만든, 유명한 '히스기야 터널'에 대한 언급이다(참고. 대하 32:30). 그렇지만 하나님은 유다가 자신들의 성공을 기뻐하기보다 회개하기를 바라셨다(12-13절). 백성들의 부적절한 반응에는 하나님에 대한 무시가 담겨 있었는데, 이는 용서받을 수 없는 일이었다(14절).

22:15-25. 15-25절이 1-14절의 신탁을 이어간다는 사실은 5절과 12절의 **주 만군의 여호와**(15절)라는 호칭이 반복되는 데서 암시된다(14절의 짧은 호칭 **만군의 여호와**도 주목하라). 하나님은 총책임자 **셉나**에게 전하라고 이스라엘 백성들에게 요청하신다. **국고를 맡은…자**로 번역된 히브리어 단어는 구약에서 여기에만 사용되어, 그 의미를 규정하기 어렵다. 하지만 셉나가 예루살렘의 고위직 공직자였다는 건 분명하다. 그의 이기적인 행동이 산비탈에 무덤을 세우는 데서 입증되었지만(16절), 셉나는 내던져져서 자신의 직위를 유지하지 못할 것이다(19절). 1953년에 주전 8세기 것으로 추정되는 무덤 하나가 예루살렘의 실완(실로암) 구역에서 발견되었는데, 많은 사람들은 이것이 이 본문에 서술된 셉나의 소유라고 이해한다.

셉나가 사라졌을 때, 주님은 왕좌에 자기 종을 앉히실 것이다. 이사야서에서 '종'이라는 용어의 중요성은 이 용어가 이스라엘에게 그리고 이사야 40-55장에서 고난받는 종에게 그리고 65-66장에서 다시 이스라엘에게 적용되는 것과 관련하여 보다 상세히 다루어질 것이다. **엘리아김**을 **내 종**이라고 부르심으로써(20절), 하나님은 그의 리더십을 공인하셨다. 경건한 왕궁 관리자 엘리아김은 유다를 통치하면서 하나님의 복을 누릴 것이지만, 결국 추락할 것이다(25절). 엘리아김이 영예를 받기는 했으나, 그는 그날에 유다의 짐을 감당할 수 없을 것이다. 엘리아김 역시 사람이기 때문에 신뢰의 대상이 될 수 없었다. 그 대신 유다는 하나님을 신뢰해야 한다.

k. 두로를 꾸짖는 신탁(23:1-18)

이 단락의 마지막 신탁은 두로를 겨냥해 포문을 열었다. 이스라엘 바로 북쪽의 지중해 해변에 자리 잡은 이 성읍은 고대 바벨론의 동쪽 끝자락에 있었다. 두 성읍(두로와 시돈—옮긴이 주)은 한 분이신 참 하나님께 직접 맞서는 교만과 거만의 전형을 보여주었다. 따라서 두로는 심판을 받을 것이다.

23:1-14. 이 신탁의 첫 부분은 두로의 몰락에 초점을 맞춘다. 지중해 백성들에게 이 성읍의 몰락을 슬퍼하라고 요청한다. 두로의 종말은 지중해 세계 전체 경제에 걸림돌이 될 것이기 때문이다. 두로의 패배는 교역에 영향을 줄 것이고, 따라서 스페인의 **다시스**(1, 6절)와 **깃딤**(1, 12절), 더불어 **애굽** 땅의 **나일**(3, 5절)에도 슬픔을 안겨줄 것이다. 과거의 위대한 문명이 주님의 손에 고초를 겪을 것이다(8-9절). 두로의 징벌은 다시 인간에게 영광을 누리던 이들을 낮추시는 하나님의 계획과 연결된다(9절).

23:15-18. 주전 689년에 바벨론이 앗수르에게 정복되었듯이, 두로도 **칠십 년**간 파괴될 것이다(13-15절). 어떤 사람들은 70년이 유다의 포로 기간을 가리킨다고 제안했지만, 그 기간에 두로는 영향을 받지 않았다. 이 기간은 구체적인 시간의 양이 아니라, 풍성함 혹은 완성을 뜻하는 관용어로 추정된다. 하지만 구체적인 연대가 제시되었기 때문에, 이사야는 앗수르가 두로의 교역을 강력하게 제한했던 주전 700-630년경까지를 말하고 있을 가능성이 가장 높다. 하지만 앗수르의 침체 때문에 두로는 음란의 **값**으로 돈을 벌 것인데 이는 두로가 자신의 경제력을 회복하는 것을 가리킨다(17절). 그런데 두로의 힘이 회복되었을 때, 그것은 하나님의 백성을 섬기는 데 사용되어(18절) 성전을 재건하는 이스라엘을 도울 것이다.

이 일련의 신탁은 열방에 관한 이사야의 메시지를 강조했다. 열방을 신뢰해서는 안 된다. 열방이 소유한 것 중에 영원한 가치를 지닌 것은 아무것도 없다. 그들의 재산, 지혜, 전략 그리고 군사력은 일시적이고 기만적이다. 열방에 대한 비판은 유다 백성들에게 다시 주님을 가리키기 위한 것이었다. 동맹은 정치적인 처방일 수 있고, 이방의 우상은 일시적인 위안을 가져다줄 수 있으며, 이방의 재산은 퇴폐적인 생활 방식의 매력을 즐기게 해줄 수는 있다. 하지만 이런 것들은 영속적이지도 않을뿐더러 주님의 복이 주는 안전과 확신, 풍요에 비교될 수도 없다.

2. 소묵시록(24:1-27:13)

여기서 이사야의 초점은 이스라엘 주변의 열방에서 온 땅의 열방으로 바뀌었다. 그 과정에서 이사야의 관점도 가까운 미래에서 먼 미래로, 또 자신의 시대에서 마지막 때로 바뀌었다.

이들 장은 흔히 이사야의 '소묵시록'이라는 이름으로 불린다. 보다 전통적인 이런 별칭에도 불구하고 현대의 많은 해석자들은 이 단락의 자료를 단순히 묵시문학으로 간주하지 않는다. 묵시문학을 정의하기는 어렵지만, 일반적으로 묵시문학 장르에는 몇 가지 특징이 존재한다. 존 콜린스(John J. Collins)는 묵시를 이렇게 정의한다. "내러티브의 틀을 갖춘 계시적 문학 장르이다. 묵시문학에서는 계시가 천상적인 존재의 중개를 통해 인간 수령인에게 전달되어 초월적 실재를 보여준다. 여기서 초월적 실재는, 시간적인 면에서는 종말론적 구원을 상정하고 공간적인 면에서는 또 다른 초자연적 세계를 포함한다"[John J. Collins, *Apocalyptic Imagination* (Grand Rapids, MI: Eerdmans, 1998), 4].

24-27장에서 리워야단의 격파, 태양과 달의 변화 그리고 종말론적인 구원을 포함한 몇 가지 요소가 묵시적인 것으로 파악되었다. 하지만 천사 메신저는 전혀 없다. 스위니(Sweeny)의 주장에 의하면, "24-27장이 묵시의 발전 과정에서 초기 단계를 보여주는 것 같지만, 온전한 의미에서 묵시문학의 특징을 드러내지는 않는다"[Marvin A. Sweeney, *Isaiah 1-39* (Grand Rapids, MI: Eerdmans, 1996), 313-314]. 그래서 어떤 사람들은 묵시문학의 꽃을 피운 선구자라는 뜻으로 이 단락을 '초기 형태의 묵시문학'(proto-apocalyptic)이라고 규정한다[Paul Hanson, *The Dawn of Apocalyptic* (Minneapolis, MN: Augsburg Fortress, 1989), 27]. 이 단락이 묵시문학에 나오는 것과 비슷한 이미지를 사용하기 때문에 이사야서의 이 단락을 묵시적 예언이라고 부르는 것이 최선인 것 같다. 이러한 유사성은 이 단락에 '소묵시록'이라는 명칭을 붙이는 것이 적절함을 시사한다.

24-27장의 장르와 관련하여 논란이 있기는 하지만 이 단락의 메시지는 비교적 명료하다. 하나님은 승리하셔서 원수들을 파괴하고, 하나님의 백성들을 회복시키실 것이다. 이들 장은 계속해서 열방이 아니라 주님을 신뢰하라고 이스라엘에게 요청한다.

a. 땅의 심판(24:1-25:12)

24장과 25장에서 이사야는 땅에 대한 하나님의 심판을 다루었다. 먼저 이사야는 땅의 심판을 묘사했고(24:1-23), 그 뒤에 그 심판에 대한 응답을 이어갔다(25:1-12).

(1) 심판에 대한 묘사(24:1-23)

사람이 거주한 땅이 하나의 성읍으로 묘사된다. 그래서 하나님의 뜻이 아닌 인간적인 관점에서 인도받고 명령받는 사람의 성읍은 혼돈의 성읍이 된다(10절). 성읍의 이름이 언급되지는 않지만, 땅을 17회나 사용한 것으로 보아 이 성읍이 열방 전체의 대표인 듯하다. 열방이 주님의 율법을 고수하느냐 하지 않느냐가 그들의 운명을 판가름한다(1, 3, 5, 14, 21절).

24:1-3. 심판 묘사의 첫 부분은 땅에 임하는 미래의 종말론적인 대참사이다. 따라서 땅은 **온전히 공허하게 되고 온전히 황무하게** 될 것이다(3절). 2절의 강조점은 이 대참사가 사회의 모든 계층에 영향을 미칠 것이라는 점이다. 아무도 살아남을 수 없다.

24:4-13. 심판의 두 번째 양상은 땅이 슬퍼하는 것이다(4절). 세상이 **영원한 언약**을 깨뜨렸기 때문에 이 심판 아래 있을 것이다(5절). 어떤 사람은 이 어구가 모세의 언약을 가리킨다고 생각했다. 하지만 언약을 깬 것은 이스라엘이 아니라 땅의 주민들이기 때문에 그럴 개연성은 없다. 이것은 노아의 언약(참고. 창 9장)과 더불어 온 세상을 향한 의의 요구를 가리킬 가능성이 더 높다. 또 하나의 가능성은 이것이 모세의 율법을 소유하지 않은 사람들에 의해 깨진 양심의 법을 가리킨다는 것이다(참고. 롬 2:14-16). 여하튼 하나님의 심판은 죄의 온갖 흥겨움을 슬픔과 탄식으로 바꿀 것이다(6-13절).

24:14-16a. 심판의 세 번째 양상은 예배이다. 하나님을 믿는 남은 자는 하나님의 심판에 대한 응답으로 그분께 영광을 돌릴 것이다. 이 예배자들은 이스라엘의 남은 자에게만 국한되지 않고, '서쪽에서'(개역개정에서는 '바다에서'로 번역—옮긴이 주), **동방에서** 그리고 **바다 모든 섬에서** 오는 모든 신실한 자들을 포함한다. 사실 **땅 끝에서부터** 그들은 **의로우신 이에게 영광을 돌리세** 하고 찬양할 것이다. 하나님의 심판은 의롭

고 공정하시기 때문에 그분은 영광을 받으실 것이다.

24:16b-20. 하나님의 심판을 묘사하는 네 번째 방식은 슬픔이다. 하나님의 심판을 미리 보던 이사야 자신이 탄식하며, **나는 쇠잔하였고 나는 쇠잔하였으니 내게 화가 있도다**라고 외친다(16b절). 이사야는 배신하는 모든 사람 위에 심판이 임하는 것을 보았다. 그런 **두려움과 함정과 올무**를 보는 것이 그들의 운명이었고(17절), 이사야는 장차 임할 그들의 파괴와 땅의 폭력적인 대참사를 슬퍼했다(18-20절).

24:21-23. 땅에 대한 하나님의 심판의 마지막 양상은 그 결말이다. **여호와께서…높은 군대**[the host of heaven, 하나님을 대적하는 타락한 천사나 영적인 세력을 가리키는 것 같다]와 **땅의 왕들**[마지막 날에 하나님께 정치적으로 반대할 인물들을 가리킨다, 21절; 참고. 시 2편]을 **벌하실** 것이다. 그때에 주님께서 **시온산**에 자신의 보좌를 세우시고, 그분의 영광은 **달**과 **해**의 영광을 넘어설 것이다(23절).

(2) 심판에 대한 응답(25:1-12)

25:1-5. 이 장은 24장에 서술한 땅의 심판에 대한 하나님의 백성의 응답을 보여준다. 하나님의 심판에 대한 그들의 첫 응답은 열방 가운데 행하신 그분의 행동에 대한 감사였다. 그들의 감사 찬양은 **옛적**에 선포된 하나님의 계획을 실행한 데서 기인한다(1절). 열방의 파괴는 즉흥적으로 이루어진 것이 아니라 분명히 미리 계획된 것이었다. 약속된 구원은 확실하다. 앞서 땅이 혼란에 빠진 성읍으로 묘사되었듯이(참고. 24:10), 그에 상응하여 하나님은 그 성읍을 취하여 **돌무더기로, 황폐하게** 만드실 것이다(2절). 하나님의 열방 파괴는 열방의 예배와 두려움을 낳을 것이다. 열방의 경외심은 하나님의 권능에 대한 존중에 뿌리를 두고 있을 뿐만 아니라, 하나님이 가난하고 궁핍한 사람들을 대우했기 때문이기도 하다. 독재자와는 반대로 주님은 자신이 통치하는 백성들을 돌보신다. 그분의 통치는 억압과 곤경이 아니라, 보호와 보살핌을 특징으로 한다(4-5절).

25:6-8. 하나님의 심판에 대한 두 번째 응답은 승리일 것이다. 이 승리는 **만민을 위한 기름진 연회**로 묘사되는데, 이는 풍요와 공동체가 함께하고(6절), 죽음과 수치는 제거된(7-8절) 성대한 메시아의 만찬(계 19장의 어린 양의 혼인 잔치가 아니라 지상의 천년왕국)을 가리킨다. 메시아의 나라가 시작되면서, 하나님이 위로를 주셔서 **모든 얼굴에서 눈물을 씻기시고**, 이스라엘을 회복하셔서 **자기 백성의 수치를 온 천하에서 제하실** 것이다(8절).

25:9-12. 하나님의 심판에 대한 세 번째 응답은 기쁨일 것이다. 하나님 백성의 노래는 6-8절에 제시된 보편적 관점에서 이스라엘의 응답으로 초점이 바뀐다. 그들은 오래 기다려온 하나님의 구원 약속이 성취되었음을 깨닫는다(9절). **여호와의 손이 이 산에 나타나서** 안전을 제공하겠지만, **모압은 거름물 속에서 초개가 밟힘같이** 그 밑에서 파멸할 것이다(10절). 거름 속에서 허우적대는 것은 모압의 굴욕의 강도를 강조한다. 모압은 이스라엘의 대적의 원형 역할을 한다. 모든 열방의 '책략'(**능숙함**)과 관계없이, 마지막 때에 그들은 낮아질 것이다(11-12절).

b. 하나님 나라의 건설(26:1-27:13)

앞서 두 장에 걸쳐 하나님이 심판을 통해 의를 세우실 것임을 증명한 저자는 심판을 넘어서는 하나님 나라의 복을 제시한다.

26:1-6. 하나님 나라에 초점을 두기 시작하면서 저자는 주님께 드리는 유다의 기쁨과 감사의 노래를 보여준다. 유다는 자신을 위한 하나님의 행동을 찬양한다. 24:10에 묘사된 혼란한 성읍과는 대조적으로, 하나님에 의해 건설된 이 성읍은 주님이 진정한 **안전**을 제공해주셨기 때문에 강하다(1절). 그 성벽이 의로운 민족과 **심지가 견고한 자**에게 안전을 준다(2-3절). 주님을 신뢰하는 것이 유다에게 그 무엇보다 중요하다. **높은 데에 거주하는 자**를 낮추실 하나님께 민족 전체가 지속적으로 신실함을 유지하느냐에 따라 그들의 안전이 달려 있다(5절). 교만한 자는 결코 주님 앞에 서지 못할 것이다. 그 대신 비천한 이들과 가난한 이들이 교만하고 힘센 자들을 짓밟을 것이다. 하나님을 신뢰하는 가난한 이들과 궁핍한 이들이 강력해 보이는 반대자들을 이길 것이다.

26:7-11. 하나님 나라에 관한 논의에서 저자의 시선은 감사를 넘어서 그분의 나라가 세워질 때까지 기다리는 동안 하나님의 백성이 보여주는 의존성의 표현으로 바뀐다. 주님은 의인들을 위해 곧은길을 만드신다. 하나님을 신뢰하는 이들은 하나님의 심판이 땅 위

에 있는 사람들에게 의를 가르치기를 인내하며 기다린다(8-9절). 악인들은 오직 심판을 통해서만 의를 배운다. 주님의 호의에도 불구하고 그들은 하나님의 위엄을 보지 못한다(10절). 그들은 주님이 사람들을 심판할 준비를 하신다는 것조차 인식하지 못한다. 이사야는 **백성을 위하시는 주의 열성**을 그들에게 보여달라고 하나님께 요청한다(11절). 이 어구의 의미에는 두 가지 가능성이 있다. 먼저, 이스라엘에 대한 열방의 질투를 가리킬 수 있다. 둘째, 주님의 대적들에 맞선 이스라엘의 열성을 가리킬 수 있다. 하지만 열방에 대한 심판의 맥락과 하나님의 대적들을 삼킬 불에 대한 언급을 감안할 때, NASB 번역이 가장 개연성이 높다(개역개정도 NASB와 일치한다—옮긴이 주).

26:12-19. 신뢰하는 이들은 주님이 행동하시기를 기다릴 뿐만 아니라, 주님이 자기 백성을 새롭게 하실 것이라고 확신한다. 하나님은 자기 백성들에게 **평강**을 가져다주시며, 그들의 이전 통치자들과 달리 그들에게 은총을 보여주고 그들을 선하게 대하실 것이다(12-13절). 다른 나라들은 시간의 시험을 견디지 못했다. 그들은 주님께 도전했고, 주님은 그들을 **멸하셨다**(14절). 반면에 주님은 영토를 확장하셨다(15절). 하나님은 정의로운 통치자이시며, 그분의 통치는 영원하고, 그분의 과거 활동은 하나님이 그들을 구원하실 것이라는 확신을 백성들에게 심어준다.

이사야의 메시지는 16-19절에서 현재로 돌아온다. 12-15절은 하나님의 구원의 확실성과 소망의 미래를 강조하는 반면, 16-19절은 백성들의 곤경을 출산 중인 여자에 비유한다. 주님은 아이 밴 여자의 고통과 비슷한 고통을 자기 백성에게 주실 것이다(17절). 그렇지만 아이를 '출산'하는 여자와 달리, 하나님 백성의 괴로움은 아무것도 생산하지 못했다. **구원**도 정복도 가져다주지 못했다(18절). 곤경은 죽음만 낳았을 뿐이다. 그러나 하나님은 죽은 자를 살리실 것이다. 티끌에 있던 자들이 이슬처럼 생명을 주는 능력을 경험할 것이다(18:4; 호 14:5-6). 구약 성도들의 부활은 메시아 예수님의 재림 때에 일어날 것이고(단 12:2과 그 부분의 주석 참고), 그들은 천년왕국에 들어가 기쁨을 누릴 것이다.

26:20-27:1. 기쁨의 노래(26:1-6) 그리고 신뢰의 표현(26:7-19)과 함께 저자는 신실한 자들에게 하나님의 심판과 미래의 복을 기다리라고 권고한다. 이것은 구원의 신탁으로 기록되었다. 구원이 올 테지만, 하나님의 백성들은 진득하게 기다려야 한다. 하나님은 그들에게 피난처를 찾아 그분의 **분노가 지나기까지** 혹은 그분의 분노가 마무리되기까지 숨어 있으라고 요청하신다(26:20). 하나님의 백성들은 자신들의 역사에서 여러 차례 심판에서 보호받았다. 노아와 그의 가족들이 방주 안에 있을 때 문이 닫혔고(창 7:16), 이스라엘 백성들은 유월절에 목숨을 건졌다(출 12:13). 라합 역시 이스라엘 정탐꾼을 기꺼이 도와준 까닭에 목숨을 건졌다(수 2:12-20). 하나님이 자기 백성을 보호하신 사건에는 하나님의 목적을 성취하고 자기 백성들을 마지막까지 신실하게 데려가시겠다는 그분의 약속이 반영되어 있다. 주님은 지상 백성들의 죄를 심판하러 오실 것이다. 사람의 칼에 맞아 흘러나온 피는 더 이상 땅속에 숨겨지지 않을 것이다. 하나님의 통치에 도전한 자들이 저지른 죄가 빛으로 드러날 것이다. 이사야 27장은 리워야단을 언급한다. 리워야단은 시종일관 혼돈이나 바다와 연결된다(욥 26:13; 41:1; 시 74:13-15; 104:26). 우가리트와 바벨론 같은 고대 근동의 다른 문명에는 혼돈이나 죽음과 결부된 비슷한 생물 이야기가 존재한다.

주님은 리워야단을 죽이심으로써 무질서와 하나님을 향한 적대감을 나타내는 거대한 상징을 없애신다. 이 세상의 권력들은 강한 힘을 가진 것처럼 보이지만, 그들은 마지막에 승자가 되지 못할 것이다. 하나님이 마지막에 승리하실 것이다. 하나님을 신뢰한 이들은 보존될 것이다. 계속 자신의 죄에 머무는 자들은 멸망할 것이다. 리워야단의 방식대로 하나님께 반역하는 자들, 하나님을 반대하는 자들은 패배할 것이다.

27:2-6. 이 단락은 주님이 유다를 구원하실 날에 대한 언급이다. 본문은 이스라엘을 주님이 보호하고 돌보시는 **포도원**으로 묘사한다(2-3절). 본문은 주님의 진노가 누그러져서 **찔레**와 **가시**로 상징되는 대적들이 유다를 치러 오더라도 주님이 이스라엘을 보호하시는 날에 대해 이야기한다(4절). 그뿐만 아니라 주님은 야곱이 안정을 얻고 땅 위에 번성하면서 열방이 자기에게 와서 **화친**을 맺기를 갈망하신다(5-6절).

앞서 5:1-7에 사용된 포도원 이미지는 이스라엘은 가치 없는 열매만 맺는 다듬어지지 않은 야생 포도원으로 묘사했다. 반면에 이 단락의 포도원 이미지는 구원받은 이스라엘을 묘사한다. 주님은 포도원을 보살피고 열매를 맺게 하실 것이다. 새 포도원이 하나님의 보호 아래 번성하면서 하나님의 구원이 심판을 대신할 것이다. 포도원 이미지의 반복은 하나님의 백성들에게 다가올 극적인 전환을 강조한다. 27:2-6에 제시된 확신은 다가오는 이스라엘의 회복을 강조하면서 이스라엘과 열방의 긴장이 완화된 상황을 제시한다.

27:7-13. 7절의 수사적 질문은 열방에 대한 하나님의 대우와 이스라엘에 대한 하나님의 대우 사이의 차이점을 강조한다. 브루그만(Brueggeman)의 설명처럼, "야훼의 친백성에 대한 야훼의 징벌은 정말 가혹했지만, 다른 나라들에게 가한 징벌만큼 가혹하지는 않았다"[Walter Brueggemann, *Isaiah 1-39*, Westminster Bible Companion (Louisville: Westminster John Knox Press, 1998), 214]. 이러한 위안에도 불구하고, 8절은 하나님이 이스라엘을 징계하실 것이라고 확증한다. NASB에 의하면 주님은 이스라엘을 '추방하심'(banishing)으로써 그들을 **견책**하셨다. '추방'이라는 단어의 대안으로 '측량'(measure)이라고 번역하기도 하는데, 고대의 유대인 타르굼은 이 점에서 일치한다. 오스왈트 역시 징벌이 범죄와 어울려야 한다고 주장하면서 '측량'으로 번역한다(개역개정의 '적당하게'도 이 번역을 따른 것이다—옮긴이 주). 이 히브리어 단어는 어느 쪽으로도 번역할 수 있다. 그 뒤를 잇는 어구(**쫓아내실 때에**)와 히브리어 병행법의 선호도에 비추어볼 때 '추방'이 적절한 번역인 것 같다. 따라서 이 구절은 하나님이 유배라는 방법으로 이스라엘을 징계하실 것을 말씀하신다.

8절에서 **동풍**에 대한 언급은 하나님의 백성에게 다가오는 징계에 무게감을 더해준다. 이 징벌은 가벼운 꾸지람이 아니라, 성경의 다양한 대목에서 불길한 징조를 보여주는 강한 동풍과 함께 올 것이다(창 41:6; 욥 27:21; 시 48:7; 렘 18:17; 겔 27:26; 호 13:15). 이스라엘 동쪽에서 부는 바람은 사막의 불볕더위에서 발생하여, 곡물과 동물에게 피해를 줄 수 있었다. 여기서 동풍은 파괴적이고, 저지할 수 없는 하나님의 심판을 나타내는 상징인 것처럼 보인다.

정확한 의미가 무엇이든 하나님이 자기 백성들을 심판하실 것이라는 점은 분명하지만, 이 심판을 통해 **야곱의 불의가 속함을 얻을** 것이다(9절; 사도 바울이 이 구절을 인용하는 롬 11:27에 대한 주석을 보라). 백성들의 죄는 용서받고, 그들은 하나님께 돌아올 것이다. 본문은 용서의 불가피성뿐만 아니라, 하나님을 따르겠다는 새로운 헌신이 담긴 행동이 동반되어야 함을 예시한다. 백성들은 하나님의 심판과 그것이 가져오는 용서에 응답하여 우상숭배 제단과 아세라 상을 제거할 것이다. 이 행동은 주님께 대한 새로운 헌신과 이스라엘의 하나님만 섬기겠다는 결단을 나타낸다.

10절에서 **성읍**의 정체는 불분명하지만, 이 성읍은 하나님의 대적을 가리키는 상징처럼 보인다. 이 성읍이 **견고하다**는 묘사는 특히 이전 본문에 사용된 바 있는 '유기'와 '포기'라는 익숙한 징벌과 연결되어(참고. 1:7; 24:10) '자기 충족'을 뜻할 것이다. 한때 거대했던 성읍의 땅에서 짐승이 풀을 뜯는 이미지는 이사야서의 다른 본문에도 나온다(참고. 5:17; 7:25; 17:1-2). 결국 짐승들이 성읍의 채소를 깨끗이 먹어치울 것이고 여자들은 마른나무로 불을 피울 것이다. 최종적인 파괴를 향해 의도적으로 중단 없이 전진하는 이 모습은 백성들의 이해력 부족에서 비롯된 것이다(27:11). 백성들이 지각이 없기 때문에 그들을 **조성하신 이**가 **불쌍히 여기지** 않으실 것이다.

하나님의 통치 아래 살지 않고 창조주를 인정하지 않으며, 그분에게 순종하지 않는 백성들의 삶은 가차 없는 징벌을 낳는다. 반면에 이스라엘 백성들은 구원을 받을 것이다. 이사야 27:12-13은 이스라엘의 성대한 집회에 대해 이야기한다. 열방이 징벌을 받는 동안 이스라엘 백성들은 **예루살렘**에서 주님을 예배하러 열방으로부터 모여들 것이다. **큰 나팔**을 불어 하나님의 모든 백성을 그곳으로 불러 모을 것이다. 나팔 소리는 성경에서 여러 사건과 관련되어 등장한다. 아마 가장 잘 알려진 것이 전쟁(수 6:16, 20; 삿 6:34), 특히 모든 악에 맞선 최후의 전투(슥 9:14)와의 연관성일 것이다. 그렇지만 이 문맥에서 나팔이 불기 전에 전투가 끝난 것처럼 보이기 때문에, 이런 연관성을 나타낼 가능성은 낮다. 다른 상황에서 나팔 소리는 새로운 왕의 등극(왕상 1:34, 39; 9:13) 그리고 이목을 집중시키기 위한 일반적인 신호(레 25:9; 욜 2:1, 15)와 관련이 있다. 이 문맥에서 나팔은 주님을 **예배**하러 유배지에서 나오라는 부르심을 표시한다(27:13).

3. '화'의 책(28:1-33:24)

이사야 5:1-6에서 이스라엘은 쓸모없는 포도만 맺는 포도원으로 그려졌다. 그 뒤에 5:7-30에서 그들의 죄에 대해 여섯 가지 화(禍)가 선언된다. 27장에서 이스라엘은 다시 포도원으로 묘사되지만, 이번에는 보호받는 포도원으로 그려져 하나님이 자기 백성을 영원히 보호하심을 보여준다. 이사야 28-33장에서 다시 여섯 가지 화가 선언되는데, 이번에는 이스라엘의 지도자들의 죄에 대해서이다.

a. 첫 번째 화: 주정꾼의 조롱(28:1-29)

28:1-6. 여섯 가지 화 중에서 첫 번째는 이스라엘 지도자들의 술 취함과 조롱을 겨냥한다. **화**라는 단어는 탄식의 감탄사 혹은 외침이다. 이 단어는 보통(늘 그런 것은 아니지만, 참고. 사 5:11) 다가오는 하나님의 심판에 대한 경고 앞에 나오고, 동정심이나 연민의 표현을 그 속에 담고 있다. 이 단어는 '이 얼마나 가련한가!'로 풀어 쓸 수 있다. **교만한 면류관**(1절)은 권력과 주권의 상징이다. 이것은 만취 상태의 행동이 눈을 가려서 다가오는 파멸을 보지 못하는 자들의 머리에 쓴 왕관 혹은 영광이다. 여기서는 사마리아 성읍을 염두에 둔 것 같다. 사마리아는 주전 8세기와 9세기에 북 왕국의 수도 역할을 했다. 사마리아는 비옥한 계곡을 내려다보는 언덕에 자리 잡고 있었다. 사마리아가 여러 상황에서 공격을 받기도 했지만(왕상 20:1-21, 28-34; 왕하 7:1-20), 사마리아는 높은 지대에 있어 점령하기가 어려운 곳이었다. 사마리아는 결국 주전 722/721년에 앗수르에게 넘어갔다. 미래에는 주님의 **강하고 힘 있는 자**의 손에 의해 공격을 당할 것이다(28:2). 2절에 사용된 폭풍 이미지는 사마리아를 무너뜨릴 힘을 나타낸다. 몰아치는 우박이 땅으로 쏟아지고 비가 먼지 속으로 떨어지는 이미지는 사마리아를 무너뜨릴 권력을 생생히 묘사한다.

주정꾼이 쓰고 있는, 한때 아름다웠던 화환은 곧 시들어 사라질 것이다. 태평한 자기 탐닉의 표식으로 사람의 머리 위에 쓴 화환은 땅에 떨어져 **발에 밟힐 것**이다(3절). 사마리아와 익은 무화과의 비교에서 명확해지듯이 화환은 즉시 짓밟힐 것이다. 무화과와 무화과나무는 다른 선지서 본문에서 하나님의 징벌을 나타내는 데 사용된다(참고. 렘 8:13; 욜 1:7, 12; 암 4:9; 합 3:17). 무화과는 회복의 은유로도 사용된다(욜 2:22). 무화과는 일 년에 두 번 익는데, 겨울 열매는 6월에 익고, 여름 열매는 8월과 9월에 익는다[David C. Hopkins, *The Highlands of Canaan: Agricultural Life in the Early Iron Age* (Sheffield: Sheffield Academic, 1985), 228]. 와일드버거(Wildberger)의 설명처럼, "사마리아 군주들의 교만은 신속히 사라질 것이고, 사람들이 스스로 위안을 삼으려고 했던 모든 희망이 주정꾼의 부푼 기대에 불과했음이 믿을 수 없을 만큼 빨리 입증될 것이다"[Hans Wildberger, *Isaiah 28-39: A Continental Commentary* (Minneapolis: Fortress, 2002), 11].

이사야 28:5에서 주님은 자기 백성의 남은 자의 **면류관**이 되실 것이다. 하나님은 자기 백성을 다스리는 이들에게 필요한 자원을 공급해주실 것이다. 하나님은 이스라엘에서 재판하는 이들을 위해 **판결하는 영**(6절)이 되고, 하나님의 백성을 방어하는 이들에게 **힘**의 근원이 되실 것이다. 주님은 사람들의 교만과 술주정을 그분의 백성들의 남은 자를 보호할 정의와 힘으로 대체하실 것이다. 하나님은 자기 백성들에게 권능을 주셔서 대적을 이기게 하실 것이다.

28:7-13. 모름지기 이스라엘을 영적으로 인도하고, 민족에게 분별력을 일깨우고, 하나님 말씀의 통로 역할을 해야 할 제사장과 선지자들이 도리어 술 취한 바보들이 되었다. 판결을 내리고 환상을 보는 동안 그들은 **비틀대고 옆 걸음 치**면서, 만취한 상태로 공적 임무를 수행했다(7절). 공직자들이 앉아 있던 상은 과음한 나머지 **토한 것**으로 덮일 것이다. 쾌락을 추구하며 오물 속에 앉아 흥청대던 통치자들의 행동은 모멸적인 결말에 이르렀다(8절). 자신들의 불행한 상태에 아랑곳하지 않고, 술 취한 선지자와 제사장들은 주님의 가르침을 거부했다. 9절의 그는 하나님 그리고 그분의 선지자들이 전했던 메시지를 가리킬 가능성이 가장 높다. 9절에서 제사장과 선지자들의 빈정대는 대답으로 그들의 거만과 무지를 엿볼 수 있다. 그들은 자신들의 생활 방식에 자부심을 느끼면서 의의 길을 거부한다. 그들은 자신들의 현실—하나님의 선지자가 주는 지침이 필요한

'유아들'—을 직시하지 못하고, 스스로를 주님의 꾸지람이 전혀 필요 없는 사람들이라고 여겼다.

제사장과 선지자에 대한 무시가 10절에서 역설적으로 뒤집힌다. **젖 떨어진** 아이와 유아들에게나 주어졌다고 생각했던 가르침(9절)을 그들은 이해할 수 없게 될 것이다. 그것은 그들의 귀에 아이의 옹알거림과 같을 것이다. 10절에서 짝을 이룬 어구는 유사음(assonance)과 두운(alliteration)의 문학적 특징을 보여준다. 즉, 반복된 모음과 자음이 각각 일정한 유형을 지닌 소리를 만들어낸다. 히브리어 본문은 [일부 단어 첫머리의 '츠'가 영어 단어 '넛츠'(nuts)나 '히츠'(hits) 같은 '츠'로 발음되면서] 다음과 같이 읽힌다. "차브 라차브, 차브 라차브, 카브 라카브, 카브 라카브." NASB를 포함하여 상당수 영어 번역본이 이들 각 단어를 번역하지만, 이 단어들은 방금 전 말을 배우기 시작한 어린 아이의 말투를 보여주기 위한 것인 듯하다.

하나님은 알아들을 수 없는 아이의 옹알이로 말씀하실 뿐만 아니라, 외국어로 말씀하실 것이다(11절). 아이의 옹알이도 이해가 불가능하겠지만, **다른 방언**은 훨씬 더 분간할 수 없을 것이다. 11절에서 더듬거리는 입술과 낯선 언어에 대한 언급은 앗수르 제국의 언어를 가리킨다. 선지자를 통해 주시는 하나님의 메시지에 귀 기울이지 못한 지도자들의 실패로, 하나님은 그들이 앗수르의 칼을 통해 자기 말을 듣게 하지 않을 수 없으셨다. 앗수르어를 들을 때, 그들은 심판이 자기들 위에 있음을 알게 될 것이다. 바울 역시 하나님의 메시지가 진실함을 지시하는 표징의 맥락에서 이 외국어의 예를 인용했다(고전 14:20-25에 대한 주석을 보라). 옹알거림은 심판과 가혹한 결과를 낳는다(28:13).

28:14-16. 14절 첫머리의 **이러므로**는 28:5-13에서 묘사된 사건과 28:14-29에서 전달된 메시지 사이의 인과관계를 시사한다. 다가오는 파괴를 염두에 두고 이사야는 통치자들에게 하나님의 말씀에 귀 기울이라고 요청한다. 예루살렘의 통치자들은 보호를 위해 주님을 신뢰하기보다는 스올 혹은 '무덤'과 어리석은 협정을 맺었다(15절; 스올에 대해서는 시 49:15에 대한 주석을 보라). 이 협정은 거짓에 뿌리를 두었기에 대적들이나 하나님의 심판으로부터 백성들을 절대 보호하지 못할 것이다. 그들이 죽음과 맺은 조약은 **거짓**을 피난처로 삼았다. 이런 협정은 명백히 잘못된 불순종 행위이지만, 하나님은 은혜롭게 대안을 제시하신다. 하나님은 **시온**에 돌 혹은 주춧돌을 두실 것이다. 이 돌은 **시험**을 거친 **귀한** 돌로 묘사된다(28:16). 이 돌은 기초를 견고히 세울 것이고, 그 돌을 믿는 이들은 **다급하게**[혼란스럽게] 되지 않을 것이다. 거짓 확신 이외에 아무것도 주지 못하는 죽음과 맺은 거짓 언약과 달리, 이 주춧돌은 그것에 기대는 이들에게 영원한 안전을 제공한다.

주춧돌 이미지는 앞서 신뢰할 수 없는 애굽의 모퉁잇돌이 이스라엘을 속이고 엉뚱한 방향으로 인도하는 19:13에서 사용되었다. 이 용어는 예레미야 51:26의 바벨론을 꾸짖는 심판의 신탁 그리고 스가랴 10:4의 유다에서 나올 메시아 통치자에 대한 언급에 사용된다. 모퉁잇돌 이미지 가운데 가장 잘 알려진 용례는 시편 118:22에 나오는 메시아 언급인데, 이것은 마태복음 21:42, 마가복음 12:10, 누가복음 20:17, 사도행전 4:11, 에베소서 2:20 그리고 베드로전서 2:7에서도 그리스도에게 적용된다. 이사야도 이 용어를 다윗의 궁극적 아들, 메시아 왕을 가리키는 은유로 사용하고 있는 것 같다.

28:17-20. 주춧돌은 하나님의 공정한 통치가 시행되어 **거짓의 피난처를 소탕**할 때 안전을 제공할 것이다(17절). **피난처**와 결부시켜 **거짓**을 언급하는 것은 죽음과 맺은 거짓 언약을 암시한다. 백성들이 숨는 곳은 보호의 소망도 전혀 없이 가라앉을 것이다. 하나님이 새로운 질서를 세우실 때, 죽음과 맺은 언약은 종결될 것이다. 주님이 이스라엘에게 **넘치는 재앙**을 가져오시고, 그것이 멈추지 않을 때 그 언약의 쓸모없음이 드러날 것이다(18-19절). 주춧돌을 신뢰하는 것 외에, 어떤 것도 맹공격을 멈추지 못할 것이다. 이스라엘에게 더 이상 안전과 위로가 없다. 그들의 침상마저 위로가 되지 못한다(20절).

28:21-23. 이 단락은 바알브라심에서 블레셋(삼하 5:20)을 그리고 가나안 백성들(수 10:10-11)을 공격하신 하나님의 활동을 가리키는 것 같다. 하나님이 블레셋과 가나안을 공격하셨듯이, 그분은 심판 때에 이스라엘을 공격하실 것이다. 이러한 이스라엘에 대한 공격은 열방의 징벌과 비교해볼 때 어색하고 낯선 것 같다. 이 징계가 기이해 보인다 해도, 주님은 이스라엘을 징계하

시는 이례적인 임무를 완수하실 것이다. 주님은 백성들의 어리석은 조롱을 언제까지 견디시지는 않을 것이다. 이스라엘이 주님께 돌아오기를 거부한다면, 이스라엘의 징계는 온 땅이 파괴될 때까지 계속 커가기만 할 것이다(22절). 이사야는 이스라엘에게 자기의 말에 순종하여 주님께 귀 기울이고, 주님을 따르라고 요청한다(23절).

28:24-29. 수사적인 질문들(24-25절)은 하나님을 배반하는 지도자들의 어리석음에 초점을 맞춘다. 묘사된 그림은 밭을 돌보고, 씨를 뿌려 그 열매를 수확하는 법을 하나님께 배운 한 농부이다. 농부는 영원히 밭만 갈지 않는다. 그는 땅을 갈아 잘게 부순 다음 파종을 시작한다. 땅이 상당 기간 경작된 이후에야 농부는 다음 단계로 들어가 씨를 뿌린다. 해당 씨마다 구체적인 파종 기술이 필요하다. 농부는 씨에게 무엇이 필요한지 이해하고, 각각을 돌보아 수확한다.

대회향(25절) 씨는 보통 경작한 땅에 손으로 흩뿌리지만, **소맥**과 **대맥**, **귀리**는 서로 섞이지 않아야 하기 때문에 파종기로 심는다[Walton, et al., *IVP Bible Background Commentary*, 620.《IVP 성경배경주석》(IVP)]. 농부는 주님의 지시에 따라 알맞게 씨를 심을 것이다(26절). 탈곡 과정이 서술된 27절에 **소회향**과 **대회향**이 언급된 것은 한층 더 중요한 의미가 있다. **소회향**과 **대회향**은 너무 여려서 큰 탈곡 기구를 사용할 수 없다. **소맥**처럼 훨씬 단단한 씨의 경우에 이스라엘 백성들은 목재 기구를 사용하여 빻았을 것이다. 소맥을 공중에 날리는 데는 탈곡 갈퀴가 사용되었다. 껍질은 바람에 날아갔고, 땅으로 떨어진 무거운 낟알들은 모아서 저장했다[William G. Dever, *The Lives of Ordinary People in Ancient Israel: Where Archaeology and the Bible Intersect* (Grand Rapids, MI: Eerdmans, 2012), 199].

소박한 농부는 자기 밭을 돌보고 생산물을 돌보는 데 필요한 일을 하나님께 배웠다. 심기와 수확, 탈곡의 지식은 농업의 신이 아니라 **만군의 여호와**에게서 나온다. 28:23-28에 사용된 목축 이미지와 29절에서 주님을 묘사하는 데 사용된 용어가 대조를 이룬다. **만군의 여호와**라는 어구는 하나님을 전쟁과 결부시키거나 전쟁 사령관으로 보는 히브리어 어구의 번역이다[John Goldingay, *Songs from a Strange Land: Psalms 42-51* (Toronto: Clements, 1972), 60]. 하나님은 단지 농부에게 심고 거두는 데 필요한 정보와 기술을 제공하는 신이 아니시다. 도리어 그분은 모략과 지혜를 주시는 강한 만군의 하나님이시다.

경영[counsel, 29절]으로 번역된 히브리어 단어는 9:6의 어구 '놀라우신 조언자'(Wonderful Counselor)에서 '조언자'로 번역된 단어와 연결된다. 물론 구체적인 연관 관계를 의도했는지는 명확하지 않지만 말이다. 방금 전 설명한 대조의 목적은 두 가지이다. 먼저, 농업 주기는 하나님이 그분에게 귀 기울이고 자기 말씀에서 배우는 사람들에게 주시는 일종의 지혜나 질서를 보여준다. 둘째, **만군의 여호와**[문자적으로 '군대의 주']를 사용함으로써 농업 이외의 다른 영역에서 역사하시는 하나님의 능력을 강조한다. 농부에게 소맥과 대회향을 돌보는 법을 가르치는 하나님이 바로 전쟁을 수행하시는 하나님이시다. 지도자들이 죽음으로 맺은 언약은 번복될 것이기에, 그들은 자신들의 안전이 어긋난 협정이 아니라 군대를 통솔하시는 하나님께 있음을 깨달아야 한다. 본문은 지도자들에게 그리고 이것을 읽는 모든 사람에게 진실을 보고, 겉모양의 안전만을 제공하는 거짓 동맹을 포기하라고 요청한다.

b. 두 번째 화: 종교적 위선(29:1-14)

29:1-4. 여섯 가지 **화** 중에 두 번째는 이스라엘, 특히 영적 지도자들의 종교적 위선에 관한 것이다. 이사야는 시선을 **아리엘**에게 돌림으로써 이스라엘을 꾸짖는 예언을 이어간다. 이 예언을 예루살렘에게 하는 건 분명하지만(29:8), **아리엘**이라는 단어는 희생제사를 드리는 제단 중심을 가리키는 말(겔 43:15-16), 혹은 사자(*ari*, 아리)와 하나님(*el*, 엘)을 가리키는 히브리어 단어가 결합된 복합 명사로 볼 수 있다. 첫 번째 해석은 29:1의 절기에 대한 언급에서 지지를 받는데, 이는 본문 전체가 제의적 맥락임을 시사한다. 더 가능성이 높은 두 번째 해석은 '사자'라는 단어가 유다 혹은 유다 왕과 함께 사용된 수많은 용례에 의해 지지받는다(창 49:9; 왕상 10:19-20; 사 31:4).

아리엘을 다윗이 전에 진을 쳤던 성읍으로도 이해한다. **진 친**(29:1)으로 번역된 히브리어 단어가 다시 3절에서 '포위 공격'의 의미로 사용되기 때문에, 이런 번역을 두고 상당한 논란이 있다. 두 단어를 비슷하게 번역해야 할 필요성도 있지만, 반드시 그런 것은 아니다. 이 구절에서는 동일한 단어를 두 가지 상황으로 번역함으로써 대조를 보여준다. 29:1의 다윗에 대한 언급은 교만이나 차별의 근거로 읽힐 수 있다. 아리엘은 다윗의 처소요, 그가 진을 친 장소이지만 하나님에 의해 포위 공격을 당하는 곳이 될 수도 있다(2-3절). '해마다' 계속해서 절기를 경축하는 성읍이 하나님께 점령당할 것이다. 더 이상 절기를 경축하는 일은 없을 것이고, **슬픔과 애곡**이 있을 것이다(2절). 예루살렘의 운명은 뒤집힐 것이고, 하나님이 예루살렘을 낮추셔서 예루살렘은 티끌에서 말하게 될 것이다(4절).

29:5-8. 예루살렘을 공격하는 하나님의 행동이 가혹하지만, 그 대적들의 징벌은 훨씬 더 혹독할 것이다(5절). 그들은 부서져 **티끌**이 될 것이다. 그들은 **겨**처럼 바람에 쉽게 날아갈 것이다. 대적들에 대한 이런 묘사는 그들에게 다가오는 징벌을 가리킬 뿐만 아니라, 예루살렘을 무너뜨리지 못하는 그들의 궁극적인 무능을 보여준다. 주님이 오실 때, 그들의 외형적 권력은 완전히 무너질 것이다. 6절에 나타난 하나님의 등장에 대한 묘사는 고대 근동의 신 현현 혹은 신의 등장, 특히 '천재지변'을 묘사할 때 보이는 특징이다[Jeffrey J. Niehaus, *God at Sinai: Covenant and Theophany in the Bible and Ancient Near East* (Grand Rapids, MI: Zondervan, 1995), 27-28]. 모든 창조 세계를 다스리는 그분의 권능과 통치의 표식으로 자연의 요소들이 주님의 임재에 응답한다(출 19:16-19; 왕상 19:11-13; 겔 20:47-48). 하나님의 이스라엘 방문이 징계와 구원의 이중적 효과를 갖는 것이 분명하지만, 여기서는 하나님의 징계가 가장 두드러진 것처럼 보인다. 이스라엘은 하나님의 징벌을 받을 것이다. 이 본문은 앗수르의 패배를 예고한다고 생각되었지만(사 37장), 유다의 대적의 **무리**(29:5)와 **열방의 무리**(7, 8절)에 대해 강조함으로써 이 본문에 확실히 종말론적인 요소가 있음을 시사한다.

주님이 오신 뒤에 **열방의 무리**(7, 8절)는 꿈에서 깨어나는 것과 같을 것이다. 먹고 마시는 꿈을 꾸는 사람이 깨어나서 아무 일도 없었음을 깨닫듯이(8절), 최후의 전투에서 예루살렘을 공격하던 대적들은 자신들이 예루살렘과 그 백성을 파괴했다고 **꿈**꾸겠지만, 눈을 떴을 때 파괴가 일어나지 않았음을 깨닫고야 말 것이다.

29:9-14. 그다음 내용은 이스라엘 지도자들의 심각한 영적 장애에 대한 묘사이다. 그들은 귀가 먹고 눈이 멀었다. 모름지기 이스라엘을 하나님께 인도해야 할 이들이 백성들을 인도하겠다는 의식이 전혀 없이 돌아다닌다. 자기 백성을 구원하시고, 불가능해 보이는 역사적 상황 속에서 일하시고, 또 이스라엘 군대의 규모나 능력이 어떻든 간에 이스라엘을 위협하는 정치권력을 격파하시는 하나님의 능력을 이스라엘의 지도자들은 무시한다. 세상의 울타리 밖에서 역사하시는 하나님의 능력을 가장 예리하게 인식해야 할 사람들이 정치적 실체를 이기시는 하나님과 함께하는 생활 방식을 상상하지 못한다. 예언 메시지를 통해 하나님이 말씀하고 주신 모든 것이 그것을 이해할 감수성을 갖추지 못한 이들에게 임할 것이다(9-10절). 이사야의 메시지는 **봉한** 두루마리와 같아서 이스라엘의 지도자들이 펴거나 **읽을** 수 없다. 봉인된 말씀은 두루마리를 펼 수도, 그 메시지를 이해할 수도 없는 이들에게는 아무 효력이 없다(11-12절).

하나님의 말씀을 상실한 백성들에게는 오직 인간의 규율만 남는다. 이스라엘에게 주신 하나님의 메시지는 영적으로 귀먹고 눈먼 사람들만이 이스라엘을 이끌기 때문에 아무 소용이 없다. 그들은 말씀을 듣지만 말씀을 믿지 않는다. 그들은 주변의 사건을 보지만, 자기들을 구원하시는 하나님을 보지 못한다. 하나님의 말씀을 들을 능력을 상실했기 때문에, 이스라엘에게는 하나님을 공경할 기회가 없다. 그들의 피상적인 하나님 공경은 오직 제의로만 이루어진 공허한 활동이 되었다.

잠언의 단언처럼 "여호와를 경외하는 것이 지혜의 근본"이라면(잠 9:10), 지혜는 인간의 규범 위에 기초할 수 없다. 이스라엘은 자신들의 현실이 유일한 현실이라고 생각하는 착각에 빠져들고 말았다. 하나님은 그들의 지각을 다시 한 번 일깨우실 것이다. 그분은 "기이하고 가장 기이한 일"(wonder upon wonder, NIV, 사 29:14)로 그들을 깜짝 놀라게 하실 것이다. 이스라엘의 삶을 주도했던 인간의 **지혜**(14절)는 제거될 것이다. 하나님은 백성들의 현실 이해를 무너뜨려, 전에 지혜와 지성으로 여겼던 것들을 하나님의 지혜와 지식, 권능으로 덮을 것이다. 하나님의 백성은 하나님과 함께하는 삶에 결코 불가능이 없음을 기억해야 한다. 거기에는 언제나 희망이, 언제나 가능성이 있다. 깜짝 놀라게 하는 하나님의 행동은 하나님이 인간의 가능성이나 비전의 한계 속에서만 움직이시지 않는다는 사실을 믿도록 하나님의 백성에게 다시 한 번 도전하기 위한 것이다.

c. 세 번째 화: 하나님을 속이려는 시도(29:15-24)

29:15-16. 여섯 가지 중에 세 번째 **화**는 하나님을 속이려는 이스라엘 지도자들의 시도를 다룬다. 이스라엘의 지도자들은 하나님께 비밀로 하려던 모종의 은밀한 계획을 갖고 있었다(15절). 비밀과 어둠의 언어들은 이 계획이 주님께만이 아니라 모든 사람에게 숨겨진 것이었음을 시사한다. 어떤 계획을 세웠는지 본문은 명확히 말하지 않지만, 비밀스러운 정치적 동맹을 염두에 두었을 것이다(참고. 30:1-2; 31:3). 아무튼 계획의 본질은 그 계획이 구상된 방식에 비해 이차적이다.

계획의 은밀성 그리고 계획 과정에서 하나님을 배제한 것은 무례함의 표식이다(16절). 이는 지도자들이 하나님을 거부하는 또 하나의 사례일 뿐만 아니라, 지도자들이 자신들의 지식에 대해 품었던 교만을 강조한다. **진흙**이 토기장이에 대해 **그가 총명이 없다**고 말했다. 여기서 다시 지도자들은 하나님의 주권에 대한 상상력과 신뢰가 부족함을 드러낸다. 바울은 이 본문을 인용하여 선택을 설명하면서, 인간을 다스리는 하나님 주권의 원리를 다룬다(롬 9:19-21에 대한 주석을 보라). 그런데도 이스라엘의 지도자들은 자신들을 다스리는 하나님의 주권에 대한 인식이 결여되었다. 따라서 그들은 하나님을 거절할 뿐만 아니라 창조주와 창조 세계 사이의 관계에 대한 편향된 이해에 근거하여 당면 문제를 해결한다.

29:17-24. 하나님을 속이려는 시도 뒤에 따라나오는 내용은 그들의 인간적인 추론이 역전될 때가 다가오고 있다는 설명이다. 인간이 절대시했던 그것은 믿을 만하지 않다. 신적인 놀라움이 기존의 지식과 지혜를 역전시킬 것이다. 이로써 하나님의 권능을 통해 실현될 수 있는 가능성이 드러날 것이다. 연이은 역전은 하나님을 배제한 채 인간의 통제권 안에 있는 것처럼 보이는 잠재적 대안에 갇힌 계획이 무익하다는 것을 보여준다. 하나님이 개입하시면, **레바논**의 울창한 숲은 **기름진 밭**이 될 것이고, 기름진 밭은 울창한 **숲**으로 자라날 것이다(17절).

18절의 **책**에 대한 언급은 11-12절에 언급한 봉인된 책에 대한 메아리이다. 지도자들은 두루마리를 읽을 수 없지만, 하나님은 다른 사람들이 메시지를 받도록 허락하실 것이다. 하나님은 맹인의 눈에 어둠 속에서도 볼 수 있는 능력을 부여하실 것이다. 이 구절들은 영적으로 둔감한 이스라엘의 변혁을 가리킬 수도 있다. 이전에 "너희의 눈을 감기셨"고 "너희의 지도자…들을 덮으셨던" 하나님(10절)이 이제 눈먼 자를 눈뜨게 하시고 못 듣는 사람을 듣게 하심으로써(18절), 또 한 번 역전하실 것이다. 선지자의 메시지를 받은 세대는 하나님의 말씀을 보지 못하고 듣지 못하지만, 눈먼 자와 귀먹은 자가 보고 듣는 날이 올 것이다.

현 정권 아래서 기뻐할 이유가 전혀 없는 이들도 예배할 이유를 발견할 것이다. 눈먼 자들과 귀먹은 자들, 비천한 자들과 궁핍한 자들은 이스라엘 사회에서 억압받던 계층을 대표한다. 그들은 인간의 정부 안에서 아무런 지위도, 아무런 영향력도 그리고 아무런 소망도 없는 까닭에, 자신들의 권력을 남용하거나 이스라엘을 엉뚱하게 이끌 기회를 전혀 갖지 못했다. 하나님은 이스라엘에서 아무런 지위도 갖지 못한 이들의 상황을 바꾸시고 그들에게 기뻐할 이유를 주실 것이다(19절). 반면에 악을 행하고 불의를 통해 유익을 누렸던 이들은 파멸당할 것이다.

20절에 설명된 처음 두 부류의 사람들은 이사야서의 다른 대목에서도 언급된다. 20절에서 **강포한 자**로 번역된 히브리어 단어는 13:11, 25:3-5, 29:5 그리고 49:25에서도 사용된다. 이 단어는 악을 실행하는 자들을 가리킨다. 25:3에서 "포악한 나라들의 성읍"이 "강한 민족"과 병행 구절로 사용되어, 그들이 사회에서 특권적 위치를 차지했음을 암시한다. **오만한 자**는 28:14에서만 언급되지만, 이 표현은 잠언에서 경건함을 조롱하고 하나님의 지혜를 멸시하는 이들을 가리키는 데 여러 차례 사용된다(예를 들어, 잠 1:22; 14:9). 악을 지켜보며 실천하는 이들의 행동이 29:21에서 명백해진다. 그들은 공허한 논증[**헛된**이라는 단어는 창조 내러티브(창 1:2)에서, 창조 이전 세계가 '혼돈하고 공허했음'을 나타내는 데 사용된 것과 같은 단어이다]을 사용하여 정의를 왜곡하는 동시에, 자기 동포들을 적극적으로 억압하고 학대했다. 따라서 이들 그룹은 저마다 하나님께 맞서서 그분의 도덕적 질서에 반대한다.

이 역전은 야곱의 수치를 제거해줄 것이다(29:22). 하나님이 아브라함을 구원하신 것을 언급하는 목적은 아마 하나님의 한결같은 신실하심을 이스라엘에게 상기시키기 위한 것이었을 것이다. 하나님이 그들의 첫 선조를 광야에서 불러내신 이후로, 그분은 이스라엘을 위해 일해 오셨다. 하나님이 아브라함을 구원하셨듯이 야곱도 구원하실 텐데, 이것은 족장을 가리키는 것이 아니라 환유를 통해 이스라엘을 가리킨다. 아브라함에 대한 언급은 22-23절과 관련하여 두 번째 목적도 가지고 있다. 하나님이 그들 가운데 주실 자녀들로 인해, 야곱의 수치와 부끄러움이 사라질 것이다. 하나님이 아브라함에게 자녀들을 주셨던 것과 같이, 그분은 이제 새로운 아브라함의 후손 세대를 번성하게 하실 것이다. 하나님이 자녀들을 주신 것을 보면서, 이스라엘 백성들은 돌아와서 하나님을 존경하게 될 것이다(23-24절).

d. 네 번째 화: 고집스러운 배반(30:1-33)

네 번째 화는 하나님의 백성의 고집스러운 배반을 다룬다. 먼저, 이스라엘의 배반에 대한 묘사가 있고(30:1-5), 그 뒤에 그들의 배반에 대한 하나님의 심판이 나오고(30:6-17), 이스라엘의 미래의 회복에 대한 예고로 마무리된다(30:18-33).

30:1-5. 하나님이 자녀들을 주신다는 짧은 소망의 메시지를 준 뒤 이사야는 **패역한 자식**들에게 **화**를 선언하는 메시지로 돌아간다(1절). 계획 수립(**계교**)에 대한 언급이 29:15보다 훨씬 구체적이다. 29:15에 언급된 바와 같이 이 계획은 하나님과 상의하지 않고 만들어졌다. **애굽**과의 **맹약**은 길을 잘못 든 것이다. 애굽과 동맹을 맺는 것은 금지되었을 뿐만 아니라(출 13:17; 신 17:16), 주동자들은 주님과 함께 계획을 세우지 않았다. 애굽의 도움을 추구하는 것은 여러 가지 이유로 문제를 안고 있었다. 신학적으로 애굽과의 동맹은 자신이 선택한 백성들을 돌볼 능력이 하나님께 없음을 의미한다. 정치적으로 이 동맹은 애굽이 앗수르를 격파하리라는 희망을 가질 수 없기 때문에 불운하다.

이스라엘이 하나님을 거부한 행위에는 하나님의 능력에 대한 무지와 그분의 구원을 기다리지 않으려는 반항이 드러나 있다. 이 동맹은 이스라엘에게 승리가 아니라 수치를 가져다줄 것이다(3절). 이 결과의 확실성은 양단법(merism)의 사용을 통해 각인된다. 양단법이란 "축약된 명단을 사용하여 전체를 나타내는 문학적 기교"이다[Tremper Longman III, "Merism," in *Dictionary of the Old Testament: Wisdom, Poetry and Writings*, ed. Temper Longman III and Peter Enns (Downers Grove, IL: InterVarsity, 2008), 464]. **소안**은 애굽 북부에, **하네스**는 남부에 있었다. 북부과 남부에 있는 한 도시를 언급함으로써 애굽 온 나라를 염두에 두고 있음을 시사한다. 다가오는 패배에서 제외될 지역은 애굽 안에 하나도 없을 것이다. 도리어 애굽을 신뢰하던 사람들과 더불어 애굽 전체가 **수치**를 당할 것이다(5절). 이스라엘 백성들의 기대와 달리, 이스라엘의 운명은 그들이 애굽과 맺은 맹약 때문에 불운할 것이다. 이스라엘은 이 잘못된 동반 관계 때문에 고통을 겪을 것이다.

30:6-7. 세 가지 이유 때문에 이스라엘에 심판이 임할 것이다. 첫 번째는 애굽과 맺은 동맹이었다. **네겝 짐승들에 관한 경고**는 이스라엘이 가치 없는 동맹을 맺으러 궁궐까지 먼 길을 가야 한다는 사실을 강조한다. 히스기야는 나귀와 낙타의 **등에 재물**을 싣고 유다에서 애굽까지 사신을 보냈다(6절). 앗수르 군대가 해변 길을 차단하고 있었기 때문에, 특사들은 "남쪽으로 아카바와 시나이를 가로질러 이집트까지" 여행할 수밖에 없었다[Walton, et al., *IVP Bible Background Commentary*, 621.《IVP 성경배경주석》(IVP)]. 특사들은 유익을 주지 못할 백성에게 이스라엘의 보물을 가져갔다. 시간과 자원을 투자한다고 해서 수익금을 배당받지는 못할 것이다. 이스라엘의 지도자들은 결국 그 안에서 이스라엘을 붕괴시켜 묻어버릴, 바닥없는 구덩이에 부를 쏟아붓고 있었다.

애굽의 무능함은 **가만히 앉은 라합**(7절)이라는 별명을 얻었다. **라합**은 성경 전체에서 신화 속 혼돈의 괴물을 나타내는 데 사용된다(욥 9:13; 26:12; 시 89:10; 사 51:9). 또한 애굽을 가리키는 시적 이름으로도 사용된다(시 87:4). 30:7은 후자의 용례를 염두에 둔 것이 분명하지만, 특히 나중에 51:9의 라합에 대한 언급을 감안할 때, 전자의 용례도 염두에 두었을 것이다. 라합을 가만히 앉은 여자(who has been exterminated) 혹은 NIV의 번역처럼 '아무것도 하지 않는 자'(the Do-Nothing)로 묘사하는 것에는 애굽의 쓸모없음만이 아니라, 신화적이든 다른 것이든, 어떠한 권위도 애굽에 없는 상황이 반영되어 있다. 이스라엘은 구원을 가져다 줄 수 있는 동맹을 전혀 맺지 못한다. 주님, 오직 그분과 연합하는 것이 구원에 이르는 유일한 길이다.

30:8-14. 이스라엘이 심판받는 두 번째 이유는 하나님의 진리를 거부했기 때문이다. 8-11절은 영원한 기록을 남겨서 **패역한 백성**과 **거짓말하는 자식들**에게 자신들의 어리석음을 상기시키라고 요청한다(8-9절). 백성을 고발하는 영원한 증언은 주님을 따르지 않으려는 백성들의 반항을 기록하기 위한 것이다. 이는 또 이사야로 하여금 하나님이 다가오는 심판에 대해 자기 백성에게 경고하셨음을 예증하게 해줄 것이다. 백성들의 속임수는 개인적인 기만을 넘어서서, 진리의 말씀을 전하여 자신들의 거짓에 이의를 제기할 수도 있는 이들을 침묵시키려는 공동의 협력에 이른다. 그들은 선지자들에게 **선견**[visions]을 무시하고 **부드러운**[pleasant] 메시지만 전하라고 요청한다. 그들은 진리보다 거짓을 듣고 싶어 한다(9-10절). 11절의 진술은 하나님의 말씀을 회피하고픈 이스라엘의 바람을 보여주는 노골적인 단언이다. **이스라엘의 거룩하신 이를 우리 앞에서 떠나시게 하라.** 주님의 말씀에 대한 이스라엘의 적극적인 거부는 징벌 없이는 지나갈 수 없다.

하나님의 진리의 메시지를 거절한 결과는 이스라엘의 흩어짐이다. 이스라엘은 진리를 기꺼이 수용하지 않고 속임수를 받아들여 환상 속 방어막을 만들 것이다. 불안정한 속임수는 보호해주지 못할 금이 간 높은 **담**에 비유된다. 도리어 그 담은 **무너질** 것이다. 겉으로 나타난 힘은 환상이다. 그들의 죄가 만들어낸 담은 토기처럼 연약하다. 연약한 전략은 **아궁이에서 불을 붙이거나 물웅덩이에서 물을 뜰** 정도의 큰 조각이 남지 않을 만큼 총체적이고 전면적인 깨어짐(13절)으로 이어질 것이다(14절).

30:15-17. 심판의 세 번째 이유는 이스라엘의 자기 의존 때문이다. 모든 거짓과 계략, 선지자들의 입막음 그리고 망상에 근거한 행동은 쓸모없어졌다. 동맹을 형성하고, 억압적 행동을 통해 이익을 얻고, 또 나머지 세계 권력 가운데 이스라엘을 두려는 시도들은 비뚤어진 생각이다. 자신들의 계획을 구상하고 숨기고 신뢰하는 대신, 하나님의 백성들은 그분의 구원을 신뢰했어야 한다. 회개하지 않고 주님을 기다리지 않는 이스라엘의 거절이 그들의 몰락의 이유였다(15절). 그들은 관행으로 세속적 구원 수단을 채택함으로써 하나님을 사실상 등식에서 제거해버렸다. 그들의 구원은 행동과 힘이 아니라 **잠잠하고 신뢰하**는 데에 있다(15절). 그들의 구원은 모진 배반이 아니라, 회개하고 주님을 신뢰하는 데에 있다.

이스라엘도 사용 가능한 이 지혜는 사용 불가능할 정도로 사장되어 주변으로 밀려났다. 이스라엘 백성들은 하나님을 신뢰하기보다는 **말**[horse]을 선택했다. 말은 백성들이 사용할 수밖에 없을 것이라고 하나님이 단언하시는 도피 수단처럼 보인다. 하지만 말이 얼마나 빨리 달리든 충분한 속도를 내지 못한다(16절). 그들의 노력은 헛되고, 그들은 다른 길을 전혀 볼 수 없다. 이스라엘 백성들은 **한 사람** 혹은 **다섯** 사람의 힘을 피해 달아나, 작은 군대만 **산꼭대기**에 있을 것이다. 하나님의 백성들은 그곳에 세워진 깃대나 기치 같을 것이다(17절). 이 이미지는 이스라엘의 남은 자에 대한 긍정적인 언급일 수도 있지만, 이전 절의 부정적인 함의를 고려할 때 부정적 의미로 보아야 할 것이다.

30:18-22. 이스라엘의 배반을 서술하고 심판을 약속한 다음, 이사야는 소망의 메시지로 눈을 돌린다. 30:1-17은 이스라엘 백성들의 반역적이고, 어리석고, 기만적인 행동을 비난하지만, 30:18-26은 희망적인 구원의 제안을 내놓는다. 18절의 전환구 역시 하나님이 이전의 심판 메시지를 회복으로 뒤집고 싶어 하신다는 것을 보여준다. 그들이 하나님을 기다리기만 한다면, 그분은 자기 백성에게 은총을 부어주려고 하신다. 실수나 배반에 상관없이 이스라엘이 하나님께 돌아간다면, 그분은 자비롭고 공의로우실 것이다. 다만 예루살렘은 세 가지 방법으로 소망을 찾을 수 있다. 먼저, 앞으로 오실 위대한 메시아 스승을 통해 소망을 찾을 수 있다(30:18-22). 둘째, 하나님이 그때에 주실 풍요를 통해 자비를 경험할 것이다(30:23-26). 셋째, 앗수르의 심판을 통해 정의를 찾을 수 있다(30:27-33).

시온에게 제시된 위로의 메시지는, 이스라엘이 도움을 바라고 하나님께 돌아가면 하나님이 자기 백성의 부르짖음에 응답하겠다는 은혜로운 제안으로 시작된다(19절). 한 가지 이유 때문에 하나님의 징계가 주어진다. 이스라엘이 **환난의 떡**을 먹고 **고생의 물**을 마실 수밖에 없었던 데는 목적이 있었다. 고난을 통해 그들은 위대한 메시아 **스승**이 계시한 진리의 메시지로 눈을 돌릴 것이다.

일부 번역본은 '스승'(20절)이라는 단어를 복수 표기하며 많은 스승들을 가리킨다고 이해하지만(NIV, NET), 다른 번역들은 이 단어를 단수인 '스승'으로 번역하고 이것을 메시아로 해석한다. 20절의 난점은 히브리어 동사 '숨다'가 3인칭 남성 단수형인 데 반해, 거기에 상응하는 명사인 **네 스승**은 복수인 것 같다는 점이다. 그래서 일부 번역본은 이 단어를 '너희 스승들이 더 이상 숨겨지지 않을 것이다'라고 하여, 이 구절이 이스라엘에게 계시될 참 스승들(하지만 메시아는 아닌)에 대한 약속임을 시사한다. 그렇지만 이 번역은 단수 동사가 명사의 수와 일치해야 하는 문제를 해결하지 못한다. 한 가지 가능성은 이 명사가 존엄의 복수로, 형태만 복수일 뿐 의미는 그렇지 않기에 '스승'으로 번역해야 한다는 것이다. 이 문제를 해결하는 또 하나의 가능성은 명사 **스승**에 붙은 히브리어 접미사 **네**[your]가 자음으로 시작된다는 사실을 인식하는 것이다. 게제니우스(Gesenius), 카우취(Kautzsch), 코울리(Cowley)에 따르면, 성경 히브리어에서 접미사가 자음으로 시작될 때는 형태상 변화를 가져와서 형태로는 복수이나 실제로는 단수일 수 있다[W. Gesenius, *Gesenius' Hebrew Grammar*, ed. E. Kautzsch and A. E. Cowley, 2nd English ed. (Oxford: Clarendon Press, 1982), 273-274. 《게제니우스 히브리어 문법》(비블리카아카데미아)]. 따라서 이것은 **네 스승은 다시 숨기지 아니하시리니 네 눈이 네 스승을 볼 것**이라는 번역을 낳는다. 이 번역이 문법적 난점의 적절한 해결책인 것 같다. 따라서 이스라엘이 주님께로 돌아갈 때, 메시아는 더 이상 자기 백성들에게 자신을 숨기지 않을 것이다. 도리어 그분은 스승으로서 자기 백성들을 인도하시며 그들의 귀에 이렇게 속삭이실 것이다. **이것이 바른길이니 너희는 이리로 가라**(30:21; 욜 2:23의 병행 메시아 본문에 대한 주석도 보라).

30:23-26. 하나님은 이스라엘 백성에게 메시아 스승을 계시하실 뿐만 아니라, 그들이 메시아를 찾을 때 번영하게 하실 것이다. **비**는 땅에 물을 공급하고 백성의 가축들까지 마음껏 먹을 수 있는 결실을 낸다(23절). 이때 비의 공급은 이 본문에 대한 메시아적 해석을 지지한다. 마찬가지로 요엘 2:23에 따르면, 위대한 메시아 스승이 이스라엘에 오실 때 하나님은 이른 비와 늦은 비를 공급하시고, 그들이 농작물을 풍성하게 거둘 수 있도록 해주실 것이다(욜 2:23에 대한 주석을 보라). **맛있게 한 먹이**(30:24)는 특히 동물들에게 사치스러운 음식이어서, 하나님이 이스라엘 백성들에게 풍성한 복을 내리셔서 그들이 가축들과 기꺼이 풍요를 나눌 것임을 시사한다. 25절은 두 사건, 곧 **망대**의 무너짐과 **시냇물**의 공급을 연결시킨다. 보통 이들 두 사건은 모순처럼 보인다. 망대의 무너짐과 그것이 암시하는 파괴는 그로 인해 형성된 시냇물이 뜻하는 풍성함과 어울리지 않기 때문이다. 여기서 이 두 사건의 연관성은 망대를 이스라엘 백성의 인간적인 안전의 잔재로 이해하는 데서 비롯된다. 망대는 하나님이 이스라엘에서 신뢰받지 못하던 시대의 유물이다. 넘어진 망대는 이스라엘에게 하나님의 복을 경험하는 기회를 준다. 인간의 능력에 대한 망상이 하나님에 대한 그들의 신뢰를 더 이상 가로막지 못하기 때문이다.

하나님의 치유 행위에는 전례 없는 빛이 동반될 것이다. 하나님은 어둠을 몰아낼 **빛**의 시대로 인도하실 것이다. 일곱 배 증가된 햇빛은 그 강렬함을 강조한다. 치유와 빛의 조합은 질병과 어둠의 조합과 상반된다. 다가오는 빛과 하나님의 백성의 치유는 다가오는 회복의 상징이다. 하나님은 이제 **자기 백성**의 상처를 치유하실 의사로 그려진다(26절). 몸의 치유를 염두에 두고 있지만, 창조 세계의 모든 측면을 포괄하는 메시아 시대에 하나님이 행하시는 치유 사역의 통전적인 특징을 간과해서는 안 된다.

30:27-33. 이스라엘은 메시아 스승의 오심(18-22절)과 풍요의 공급을 통해서(23-26절)뿐만 아니라 앗수르에 대한 심판의 기대를 통해서도 하나님의 복을 얻을 수 있다. 이사야의 초점은 하나님의 백성에 대한 그분의 회복에서 바뀌어 이제 앗수르의 대참사로 시선을 향한다. 방금 전 치유와 빛을 가져다주는 온유한 의

사로 묘사된 주님이 이제 사나운 전사로 묘사된다. 그분은 **그의 진노**와 **빽빽한 연기**로 불타는 것으로 그려진다(27절). 다른 많은 영어 번역본과 더불어 NASB는 **연기**[smoke]라는 단어를 사용하지만, 그 뒤에 있는 히브리어는 상당히 모호하다. 이 히브리어 단어를 보다 문자적으로 번역하면 '무거운 상승'(heaviness of elevation)이겠지만, 이런 번역은 우리에게 아무런 의미도 전하지 못한다. 특히 하나님의 타오르는 진노와 관련이 있음을 고려할 때, 이 어구는 다가오는 하나님의 진노에 대한 언급으로 이해해야 할 것이다. 주님의 현현을 예감하는 묘사가 뒤따른다. 하나님의 호흡이 **창일하는 하수** 같다고 말하는데, 이는 홍수처럼 대적들을 이길 것이라는 뜻이다(28절). 이스라엘에서 범람하는 급류 이미지는 와디(wadi)와 관련된 급작스러운 홍수에서 채택한 것 같다. '와디'란 파괴적인 힘으로, 느닷없이 갑자기 범람하는 마른 개울과 강둑을 가리킨다. 요즘에도 이스라엘에서는 갑작스러운 홍수가 사람들에게 피해를 준다. 이 쇄도하는 급류 환상(vision)은 이스라엘에 사는 이들에게 친숙하면서도 강력한 이미지였을 것이다.

하나님은 또한 **키로 열방을 까부르실** 것이다(28절). 밀이 잡초에서 분리되듯이, 열방도 체로 걸러질 것이다. 이사야가 예언했던 시기에 고대 이스라엘에는 두 가지 형태의 키가 있었다. 첫 번째 키에 대해 보로우스키(Borowski)는 이렇게 설명한다. "첫 번째 키는 구멍이 크고, 수평으로 원을 그리듯 움직여 사용하는데, 이렇게 하면 작은 돌멩이 같은 무거운 입자는 측면으로 흩어지고, 낟알은 중앙을 통과해서 떨어진다"[Oded Borowski, *Agriculture in Iron Age Israel* (Winona Lake, IN: Eisenbrauns, 2009), 66]. 28절에서 염두에 둔 것 같은 두 번째 키는 "구멍이 작고, 수직으로 움직여 사용한다. 이렇게 하면 작은 입자는 구멍을 통과해 떨어지고 낟알은 키 안에 남아 있게 된다"(Borowski, *Iron Age*, 66-67).

이 이미지는 말과 **재갈** 이미지와 결합된다(28절). 열방은 주님께 이끌려 파괴의 장소까지 갈 것이다. 이스라엘의 대적의 파괴는 기쁨을 낳는다. 대적의 파괴로 인한 기쁨은 성경에서 드물지 않다(참고. 시 96편). 이스라엘 백성의 행복은 **피리를 불며 여호와의 산에 이스라엘의 반석에게로 나아가는** 때에 비유된다(30:29). 하나님은 은밀히 오시지 않고, 자신의 목소리가 들리게 하실 것이다. 여기서 이스라엘을 억압한 모든 열방의 대표자인 앗수르를 파괴하는 것은 하나님의 **목소리**이다(30-31절). 하나님은 놓칠 수 없는 가시적인 징표와 함께 오실 것이다(30절). 심판의 **막대기**(31절)와 **소고**와 **수금**(32절)의 조합은 앗수르의 패배가 가져올 기쁨을 예시한다.

도벳(33절)은 매장지로 사용되던 예루살렘 부근의 장소를 가리킨다(참고. 렘 7:32; 19:11). 따라서 이 히브리어는 '장례지'로 번역할 수도 있다. **불과 많은 나무**에 대한 언급은 따라서 모종의 장례 의식과 관련이 있을 것이다. 이런 의미에서 본문은 이스라엘을 대적하는 자들의 절망에 대한 설명으로 마무리된다. 마지막에 **왕**마저 무너질 것이다(33절).

e. 다섯 번째 화: 신뢰하지 못한 실패 (31:1-32:20)

이 **화**는 두 가지 요소를 담고 있다. 하나는 애굽을 의지하고 하나님을 신뢰하지 않은 것에 대한 비난(31:1-9)이고, 다른 하나는 하나님이 여전히 이스라엘에게 하신 모든 약속을 성취하실 것이며 메시아 왕을 보내실 것이라는 약속이다(32:1-20).

(1) (애굽이 아니라) 하나님이 이스라엘을 구원하실 것이다(31:1-9)

31:1-3. 다시 **애굽**과 맺은 동맹이 예언 메시지의 주제이다. 애굽과 **말**에 기대는 것은 다시 잘못된 전략으로 평가받는다. **이스라엘의 거룩하신 이**에 대한 충정이 없다면, 거대한 세력, 강력한 군대 그리고 정치적 동반관계는 아무 쓸모가 없다(1절). 이스라엘의 전략에서 하나님을 배제하는 것은 치명적 결함이다. 2절은 하나님의 지혜에 대한 인정으로 시작되는데, 이는 소위 애굽과 동맹을 맺으려고 애쓰는 이들의 지혜를 겨냥한 것처럼 보인다. 이스라엘을 보호하려는 지도자들의 노력과 관계없이 하나님은 그것을 허락하시지 않을 것이다(2절). 사람에게 도움을 기대는 오류가 3절에서 강조된다. 사람들이 안고 있는 문제는 그들의 군사기술, 부 그리고 세계 권력 가운데서 차지한 것처럼 보이는 지위가 궁극적으로 하나님의 능력에 비하면 하찮다는 점이다. 애굽과 이스라엘의 상호 의존 관계는 어느 편에

도 서는 것을 허용하지 않을 것이다. 도리어 두 나라 모두 무너질 것이다.

31:4-5. 이 구절들은 전혀 다른 예루살렘의 운명을 제시한다. NASB의 번역은 **만군의 여호와**가 시온산을 공격하지 않고, 시온산을 위해 그리고 그 위에서 **싸울** 것이라고 올바르게 이해한다. 일부 주석가들은 4절이 시온을 '공격하는' 하나님의 행동을 묘사한다고 주장하지만, 5절에서 주님을 예루살렘의 방패로 묘사하는 것을 감안할 때, 이런 입장은 유지되기 어렵다. 하나님은 불리한 상황에서도 뒤로 물러서지 않을 으르렁대는 **사자**로 묘사된다. 하나님은 예루살렘을 구원하실, 두려움을 모르는 시온의 보호자이시다. 하나님의 구원은 애굽의 구원과 근본적으로 다르다. 구원하지 못하는 애굽의 무능함은 구원하겠다는 하나님의 확약과 선명하게 대조된다. 사실 애굽과 대비되는 하나님의 위대하심을 보여주는 또 하나의 표식으로 이사야는 하나님이 예루살렘을 **뛰어넘어 구원하**실 것이라고 약속한다(5절). '뛰어넘다'로 번역된 히브리어 단어는, 출애굽 때 문지방에 어린 양의 피를 바른 집들을 '넘어가겠다'던 하나님의 약속에 사용된 것과 동일한 단어이다(출 12:23). 이것은 하나님이 이스라엘을 애굽에서 구원하신 사건에 대한 의도적인 암시이며, 과거의 구원이 있었듯이 미래의 구원도 있을 것이라고 유다 백성들을 격려하기 위해 역사 속의 구출을 그린 것과 동일한 붓으로 미래의 구출을 묘사한다.

31:6-9. 두 가지 선택을 염두에 두고, 6-9절은 이스라엘을 향해 주님께 **돌아오라**고 요청한다. 이스라엘 백성들이 하나님을 대적하는 반역을 중단할 때, 그들은 우상을 전부 없앨 것이다(7절). 8-9절은 앗수르의 운명을 보여준다. 누구든 **예루살렘**에 손댄 사람과 마찬가지로, 그들은 하나님의 손에 파괴될 것이다. 예루살렘은 하나님의 불을 담을 난로로 묘사된다. 그 불에서 나오는 열기는 누구든 하나님의 백성에게 해를 주려고 하는 사람에게 부어지도록 준비되고 있고, 예루살렘으로부터 분출될 것이다(9절). 예루살렘을 보호하겠다는 이 하나님의 약속은 다음 장에 나오는, 다가오는 메시아 왕에 대한 약속의 기반이 된다.

(2) 하나님이 의로운 메시아 왕을 세우실 것이다 (32:1-20)

32:1-8. 이 장은 이스라엘에게 대안적인 미래를 제시한다. 애굽과 맺은 동맹의 결과는 재난으로 묘사되었다. 하지만 주님을 신뢰하는 것은 이스라엘의 미래에 새로운 가능성을 만들어낸다. 첫머리에서 이사야는 의로운 왕의 성품을 묘사한다(1-8절). 먼저, 하나님은 의로운 왕과 그의 방백들을 통해 자기 백성에게 피난처를 제공하실 것이다(1-2절). 메시아의 나라에서 메시아 **왕**(33:17을 보라)은 자기 아래에 있는 다른 **방백들**(혹은 통치자들)과 함께 **공의로 통치**할 것이다(32:1; 11:1-6; 렘 23:5도 보라). **그 사람**(32:2)이라는 단어는 백성들을 억압하면서 오로지 통치 계급의 필요만을 보살폈던 이전의 정권과 반대되는, 이스라엘을 참으로 보호할 통치자들에 대한 언급으로 이해해야 한다. 새로운 지도자들은 백성들이 해를 입지 않도록 지킬 것이다. 둘째, 의로운 왕의 통치는 이스라엘을 변혁한다(3-8절). 그가 치유 능력을 발휘함으로써 눈먼 자가 보고 이전에 귀가 멀었던 이들이 이제 들을 수 있을 것이다. 메시아 왕이 왕좌에 앉으면서, 그의 회복 능력이 이스라엘 안에 분출될 것이다. 눈멀고 귀먹은 이들의 치유로 인해, 자제하지 못하고 행동하던 이들에게 분별력이 허용될 것이다. 왕은 이스라엘을 물리적으로 변혁할 뿐만 아니라, 백성들의 가치 체계에도 변화를 가져올 것이다. 한때 어리석은 배반으로 영예를 얻었던 이들의 본모습이 드러날 것이다(3-5절). 6-7절은 역전의 근거를 제시한다. 어리석은 자들은 오직 어리석음을 얘기하며 악을 추구하기 때문에, 더 이상 특권적 지위를 갖지 못할 것이다. 의로운 왕 아래서는 **패역한 말로 여호와를 거스르는** 사람들의 자리가 없을 것이다(6절). **어리석은 자**와 **우둔한 자**는 둘 다 하나님의 반대편에 섰다. 그들의 거듭된 행동은 새로운 질서에 위협을 가하기 때문에, 그들은 더 이상 지혜로운 사회 구성원으로 간주되지 않는다. 어리석은 자와 우둔한 자는 하나님의 질서를 따라 살기를 거절한다. 그들은 자신들의 필요에만 관심을 두고, 자신들이 원하는 것을 얻기 위해서라면 궁핍한 이들의 안전과 안정을 기꺼이 희생시킨다(7절).

대조적으로 8절은 **존귀한 자**를 옹호한다. 존귀함이란 사회 내의 특정한 지위를 나타내는 것이 아니라, 이 문맥에서는 특정한 성품을 염두에 두고 있을 가능성이 높다. 존귀한 계획에 대한 이중적 언급은 특권 계층과 연결된 사회적 관행보다 더 많은 것을 시사한다. 그 대신 존귀한 자는 정직하게 살아간다. 그의 행동은 어리석은 자나 악한 자와 구별되어, 하나님을 존중하고 사회에 유익을 끼친다.

32:9-14. 먼저 메시아 왕을 묘사한 다음(32:1-8), 이사야는 뒤이어 이스라엘 **여인**의 부르짖음을 서술한다(3:16-26도 보라). 새로운 통치자의 임명과 함께 올 정의와 의는 희생 없이 오지 않을 것이다. 거짓 안전과 함께 안주하며 살아왔던 이들은 인간에 대한 모든 의존이 자신들을 무너뜨린다는 것을 깨달을 것이다. **일 년 남짓 지나**지 않아 대참사가 이르게 되리라는 약속이 주어진다(10절). 이 구절은 주전 701년에 산헤립이 파괴했던 46개 성읍 중에 하나를 가리킨다고 보는 견해가 있다. 혹은 이 구절이 예루살렘(**희락의 성읍**, 13절)의 파괴를 가리킨다면, 이것은 주전 701년 산헤립의 예루살렘 공격을 나타낼 것이다. 이것은 115년 뒤인 주전 586년 느부갓네살에 의해 마무리된 예루살렘 파괴의 시작이었다.

편안한 거주민들이 슬퍼할 것이다. **베**에 대한 언급(11절)은 슬픔과 회개의 상징으로 염소나 낙타털로 만든 옷을 입었던 고대의 애도 의식을 가리키는 것 같다. **안일한** 이들은 전에 자기들을 연명시켜준 농작물을 그리워할 것이다. 땅은 가시와 찔레로 뒤덮일 것이다. 하나님의 땅과 하나님의 백성이 서로 연결되어 있기는 하지만 땅의 풍요를 당연하게 여겨서는 안 된다. 도리어 땅의 번영은 주님에 대한 이스라엘의 충성에 좌우된다. 하나님은 자기 백성의 풍요와 그들이 거주하는 땅의 열쇠이시다. 하나님과 이스라엘의 언약 관계를 감안할 때, 백성들의 안일한 자세는 주님에 대한 그리고 그분이 실제로 바라는 뜻에 대한 그릇된 가정에서 비롯된다.

신명기에는 이스라엘 백성이 그 땅으로 건너가서 그분의 풍성한 복을 받을 때 '주님을 잊지 말라'는 경고도 함께 주어졌다(신 6:10-15). 이러한 경고는 이스라엘 백성이 그릇된 안정감에 만족하여 자신들이 주님께 의존한다는 것을 보지 못한다는 것에서 기인했다. 안일한 백성들이 하나님을 잊어버림으로써 이런 상황이 이사야 시대에 벌어졌다. 그들은 하나님께 감사나 찬양을 드리지 않았다. 도리어 그들은 선물을 주시는 하나님에게서 그분이 주신 선물로 신뢰 대상을 교체했다. 이러한 대상의 교체는 지속적인 풍요가 아니라 탄식과 슬픔 그리고 파괴를 낳을 것이다(사 32:14). 버림받은 숲과 황폐해진 성읍 그리고 새로 조성된 황야가 한때 화려했던 성읍과 그 경계를 대신할 것이다. 그곳은 **들나귀가 즐기는 곳과 양 떼의 초장**이 될 것이다(14절). 땅의 대참사가 **영원히** 이어질 것이라고 묘사되기는 하지만, 히브리어 단어 '아드 올람'(*'ad 'olam*)이 언제나 영원을 가리키는 건 아니다. 사실 바로 뒤에서 저자는 대참사가 끝날 때를 보기 때문에, 이 표현은 "아주 오랫동안"을 의미할 것이다.

32:15-20. 15절에서는 파괴에서 회복으로 어조가 바뀐다. 메시아의 나라를 묘사하면서, 저자는 미래의 메시아 왕(32:1-8)과 이스라엘 여자의 부르짖음(32:9-14)에 대한 묘사를 지나서, 메시아 나라의 확실한 도래로 이동한다(32:15-20). 방금 전 묘사된 대참사는 **위에서부터 영을 우리에게 부어주실** 때까지만 이어질 것이다(15절). 선지자들은 천년왕국의 건설을 하나님의 백성들 위에 성령이 임하는 것과 자주 연결시킨다(겔 36:27; 욜 2:28-32). 하나님의 영이 운명의 역전을 가져와 성읍과 사람들 그리고 파괴된 모든 것을 변화시킬 것이다. 광야에서 비옥한 밭, 숲으로의 진행은 29:17의 진행과 비슷하고, 이례적인 성장을 뜻하는 것 같다.

그 땅이 물리적으로 회복될 뿐만 아니라, 그 안에서 **정의**[justice]와 **공의**[righteousness]가 회복될 것이다. 하나님의 질서에 덕과 충성이 스며들면서 하나님의 복과 회복이 올 것이다. 이 회복된 문명 안에 정의와 공의가 **거하고**(32:16), 그 땅의 고정물이 될 것이다. 정의와 공의의 회복은 그 땅의 진정한 변화를 나타낸다. 공의는 **평안**과 안전으로 인도할 것이다(17절). 그 땅에서 불의가 제거될 때, 백성들은 하나님의 계속된 풍요와 평화, 안전을 경험할 것이다. 이 안전은 영속적인 안식을 가져올 것이다.

이스라엘에게 이런 안식은 천년왕국에 자기 백성들을 세우겠다는 하나님의 약속의 성취를 나타낸다. 이 공의는 마지막 날에 이스라엘이 믿음 안에서 주님께 돌아갈 때에만 올 것이다(신 4:30과 호 3:4-5에 대한 주석을 보라). 우박은 숲을 망가뜨려야 하고 성읍은 폐허가 되어야 한다(32:19)는 것은 구원 전에 겪어야 하는 고통과 역경을 나타내지만, 구원은 올 것이다. 이사야 32:20은 한없는 축복의 그림을 제시한다. 농부는 보통 홍수가 두려워 시냇가 부근에 나무를 심지 않을 것이다. 하지만 이 새로운 세계에는 파괴의 두려움이 전혀 없다. 그들은 가축이 곡물을 너무 많이 먹을 것을 염려하지 않고 가축들을 '놓아기를'(NIV) 것이다. 다니는 곳마다 농산물이 풍성해서 돌아다니며 먹지 못하도록 가축들을 제한할 필요가 없을 것이다. 마지막에 백성들은 헤아릴 수 없는 축복을 받을 것이다.

f. 여섯 번째 화: 파괴적인 반대(33:1–24)

화가 길게 이어지지만, 이 마지막 탄식은 이스라엘이 아니라 이스라엘의 대적을 겨냥한 것이다. 이 장의 구조는 다음과 같다. 이스라엘의 대적들에 대한 화 선언(33:1), 하나님께서 이스라엘의 대적을 심판해달라는 기도(33:2-9), 심판을 구하는 기도에 대한 하나님의 응답(33:10-24).

33:1. 이사야 32장 마지막 부분에서 회복의 약속을 한 뒤에, 33장은 화 선언으로 시작된다. 그렇지만 이번 경우에 **화**는 이스라엘이 아니라 **학대…하는 자**를 향한다(1절). 이제 학대자가 학대당할 것이고, 배신자가 마침내 배신당할 것이다. 학대자의 정체는 본문에 명확히 드러나지 않는다. 한 가지 대안은 학대자의 정체를 이사야서 전체에서 대단히 포악하게 묘사해온 앗수르로 이해하는 것이다. 훨씬 더 높은 가능성은 이 단어가 3절에 언급된 열방 혹은 **민족들**의 집단을 가리키는 것이다. 최소한 두 가지 이유에서 이 단어의 실체를 이렇게 규정하는 것이 가능하다. 먼저, 3절의 **나라들**에 대한 언급과 가까이 있다는 것은 1절의 특징이 열방에 대한 언급임을 시사한다. 둘째, 이사야의 메시지는 주변 열방을 이스라엘의 위협으로 자주 언급했을 뿐만 아니라, 언젠가 하나님이 사용하신 파괴의 도구가 심판을 받을 것이라고 예고한다. 이런 정체 규정의 난점은 복수인 **나라들**이 단수 명사 '학대자'라고도 불린다는 점이다. 더 가능성이 높은 대안은 열방을 집단으로 생각해 1절의 단일 실체로 보고, 이로써 단수를 사용하여 하나님께 대적하는 하나의 근원을 묘사한다고 이해하는 것이다.

33:2–4. 이 말씀은 하나님이 이스라엘을 구원해주시기를 기다리는 의로운 남은 자의 기도를 표현하는 것 같다. 2절의 감탄사는 명령형 **은혜를 베푸소서**와 **우리의 팔이…되소서**를 사용하는 기도문으로 이해될 수 있다. 세 번째 명령형은 생략법을 통해 암시된다. 생략법이란 일반적으로 문학적 맥락의 다른 부분에서 요구하는 구절이나 단어를 생략하는 문학적 기법이다. 이 경우 히브리어에서는 이 절 마지막 어구 앞에 접속사(also)가 나온다(NASB는 "Our salvation also in the time of distress"로 번역). 보다 유용한 번역은 "환난 때'에도' 우리의 구원이 '되어주소서'"일 것이다. 아무튼 하나님께 이스라엘의 팔과 더불어 **구원**이 되어달라고 요청하는 마지막 구절에는 명령형이 암시되어 있다. NASB는 이스라엘이 주님을 '기다렸다'(2절)고 말하지만, NIV는 이 어구를 "우리가 주님을 갈망합니다"(we long for you)라고 번역하여 그들의 기다림이 간절함을 포착해낸다. 이스라엘의 의로운 남은 자는 한가하게 혹은 안락하게 앉아 있지 않는다. 그 대신 그들은 하나님의 등장이 자신들을 구원할 유일한 대안임을 인정한다. 따라서 그들의 기다림은 회복에 대한 열망과 현재의 상황에 대한 거부로 가득 차 있다. 그들은 하나님이 현 상황을 뒤집으시고, 활기가 넘치는 새로운 세상을 만드시기를 갈망한다. 곧 파괴자가 파괴당하고 열방이 제압당하는 세상이다.

3절은 하나님이 이스라엘을 구원하시기 위해 행동하실 때 **민족들**이 하나님에게서 도망할 것이라고 서술한다. 그런 행동은 구원받은 이들에게도 두려운 것이기 때문이다. 하지만 그들은 어떤 군대나 정치적 전략도 달성할 수 없었던 것을 행하시는 하나님의 능력을 신뢰하기로 다짐한다. 하나님은 열방을 격파하실 것이다. 기도를 마친 남은 자들은 **나라들**을 향해, **메뚜기**가 곡물을 먹어치우듯이, 그들의 전리품이 없어질 것이라고 선언한다(4절). 메뚜기는 보통 곡물이 자란 뒤, 늦겨울과 이른 봄 사이 어느 시기에 나타났다. 보로우스키는 "메뚜기가 떼를 지어 이동할 때 메뚜기에 의한 농작물 피해가 발생한다"고 설명한다(Borowski, *Iron Age*, 154). 메뚜기가 이스라엘의 농업에 중대한 위협을 주었기 때문에 메뚜기 이미지는 고대 세계에서 강렬한 느낌을 주었을 것이다. 메뚜기 이미지는 요엘 1:4-12과 아모스 7:1-2에서 훨씬 상세히 전개된다.

33:5-6. 의로운 남은 자의 기도는 주님께 대한 찬양으로 이어지면서 하나님이 시온을 보호하고 회복하실 것이라는 확신을 준다. 주님의 존귀하신 본성에 대한 첫 번째 진술은 하늘 높은 곳에서 통치하시는 하나님의 능력을 강조하는 것 같다. 하나님의 존귀하심에 대한 진술에서 **그는…정의와 공의를 시온에 충만하게 하심이라**라고 단언하는 것은 통치를 염두에 두고 있음을 시사한다(5절). 더 나아가 하나님은 이스라엘의 인간적인 동맹과 달리 요동하지 않는 안정의 근원이 되신다(6절). 주님은 일관되고 **구원**과 지혜와 지식을 풍성하게 공급하신다. NASB가 **지혜와 지식**으로 번역하긴 하지만, 이 용어들은 중언법(hendiadys, 두 단어를 접속사로 연결하여 한 뜻을 나타내는 수사법)을 이룰 것이다. 그러므로 여기서 **지혜와 지식**은 위대한 지혜 혹은 탁월한 지혜로 이해되어야 한다. 이 모든 것이 주님을 **경외**하는 이들에게 허락되는데, 주님께 대한 경외심이 근원적인 생명 지향성을 갖게 하고, 이 생명 지향성은 "각 사람이 세상과 그리고 하나님과 관계할 때 그에게 균형 감각을 갖게 한다"[C. Hassell Bullock, *An Introduction to the Old Testament Poetic Books* (Chicago: Moody, 1988), 25].

33:7-9. 이 기도의 마지막에서는 귀를 기울여달라고 하나님께 간청한다. 파괴자(1절)로 묘사된 대적이 도착하여 성읍을 덮치고 있기 때문이다. 모든 소망이 사라진 것처럼 보인다. 이스라엘로 하여금 자신들이 주님께 의존하고 있음을 잊게 만든 사람들과 물질적 자원 그리고 안전과 번영의 보루가 무너질 것이다. NASB는 7a절을 번역할 때 **용사**라는 단어를 사용했다. 그렇지만 기저에 깔린 히브리어 단어의 의미는 알려지지 않았다. 다른 영어 번역본도 비슷하다. KJV와 ASV는 '용감한 자'로 번역하고, NIV는 NASB처럼 '용사'로 번역한다. 70인역은 기저가 되는 히브리어에서 상당히 자유로운 성격을 띤다. 70인역을 번역하면 다음과 비슷하게 읽힌다. "이제 보라! 그들 자신이 너를 두려워할 것이고, 네가 두려워했던 자들이 너를 두려워할 것이다. 평화를 요청하는 사신을 보내서, 애타게 울며 평화를 요청할 것이기 때문이다." 이 번역은 이 단락의 서론보다는 33:5-6의 결론으로 더 잘 어울리는 것 같다. 이스라엘의 대적이 평화를 요청하며 이스라엘에게로 올 것임을 시사하고 있기 때문이다. 가능한 번역이긴 하나, 70인역의 확장적 특징이 이 경우에는 수용되기 어렵다.

아무튼 이 절이 7b절(**평화의 사신들**)과 병행 관계인 것을 감안할 때, 7a절을 '평화의 사절'과 비슷한 의미로 번역하는 것이 최선일 것이다. 이 번역은 이 구절 전체의 초점을 외교적 노력에 두어, 라기스를 공격했던 산헤립의 군사작전에서 앗수르가 이스라엘을 이중으로 배반했던 일을 가리킬 것이다(서론 부분의 "배경"을 보라). 오스왈트는 이 배경이 이사야 33장의 역사적 맥락인 것 같다고 주장한다[Oswalt, *Isaiah 1-39*, 595.《이사야 1》, NICOT(부흥과개혁사)]. 사실상 산헤립은 공물을 바치면 예루살렘에 손대지 않고 떠나겠다고 합의했지만, 공물을 바쳤는데도 예루살렘을 공격하는 군사작전을 계속했다. 바닥난 외교적 노력과 지지받을 수 없는 군사행동으로, 이스라엘에게 인간적인 대안이 없다는 점이 분명해졌을 것이다. 이러한 역사적 시나리오의 이해는 1절에서 '파괴자'와 '속이는 자' 둘 다를 언급한 것 그리고 어쩌면 8절에서 깨어진 조약을 언급하는 것과 잘 들어맞는다.

대로[大路, 8절]는 이사야서에 자주 등장한다. 구약성경에 이 단어가 27회 나오는데, 그중 9회가 이사야서에 나온다(7:3; 11:16; 19:23; 40:3; 49:11; 59:7; 62:10). 역시 '대로'로 번역된 비슷한 단어의 용례가 35:8에 나온다. 대로는 보통 하나님의 백성들에게 열린 구원의 통로를 가리키지만(11:16; 19:23; 40:3; 49:11; 62:10), 이제 **대로가 황폐하**고 주님이 행동하셔야 한다. 59:7(NASB는 "in their highways"로, 개역개정은 "그 길에"로 번역—옮긴이 주)에서처럼 33:8의 **대로**라는 단어는, 대로가 황폐해져 지나갈 수 없다는 측면에서 부정적인 어감을 띤다. 귀환하는 남은 자(11:16)로, 앗수르 사람과 애굽 사람의 왕래(19:23)로 북적이던 대로와는 대조적으로 주님이 오실 대로(40:3)는 이제 황량한 상태이다. 대로가 다가오는 구원의 상징으로 등장하지만, 여기서는 그때가 오기 전에 백성들이 여행하기를 두려워하는 버림받은 길로 묘사된다.

조약이 깨졌다는 단언 때문에 대로를 기꺼이 걸으려는 사람이 아무도 없다는 사실은 놀랍지 않다. 무시무시한 군사적 위협과 그 공격을 막아내지 못하는 이스라엘 지도자들의 무능력이 결합되어, 공포심을 만들어 냈을 것 같다. 평화를 위한 인간의 수단이 실패했기 때문에 사람들의 거짓된 안정감이 드러났고, 오직 주님을 신뢰할 때에만 대로가 구원의 길이 될 수 있다는 사실을 그들은 인식하지 못한다.

백성들이 혼란을 겪을 뿐만 아니라 그 땅 역시 소란해진다. 여기서 땅과 그 백성의 상관관계가 전면으로 부각된다. 모든 창조 세계가 고통을 겪고, 교만한 성읍들이 쇠퇴하여 수치를 당할 것이다. 9절은 네 지역, 곧 **레바논**, **사론**, **바산** 그리고 **갈멜**을 거명한다. **사론**은 지중해 해변의 비옥한 평지였으나, 더 이상 비옥하지 않고 사막으로 변할 것이다. **바산** 역시 화산토와 많은 강수량 덕분에 비옥했던 북쪽 끝 지역으로 알려져 있다. **레바논**은 2:13에서 **바산**과 연결되어 언급된다. '바산의 상수리나무'는 '레바논의 백향목'과 나란히 언급되어, **바산**의 초목 역시 화려했음을 시사한다. 마지막 지명 **갈멜**은 바산과 비슷한 명성을 누렸다. 두 장소는 구약의 다른 곳에서도 함께 언급된다(렘 50:19; 나 1:4). 9절은 사물의 일반적인 질서의 역전을 강조한다. 일반적으로 초목을 생산하리라고 기대했던 땅, 권력과 지위의 상징으로 알려졌던 땅은 실패할 것이다. 이스라엘에게 존재했을 수도 있는 모든 안정감이 사라질 것이다.

33:10-13. 모든 소망이 사라진 뒤에 주님은 남은 자들의 기도에 응답하여 말씀하신다. 먼저 하나님은 직접 열방을 심판하겠다고 선언하신다. 하나님이 오셔서 만물의 **높으신** 통치자로 자신을 세우실 것이다. 백성들이 위험에 처했기 때문에, 주님이 찬송에 합당한 분임을 볼 수 있는 길은 분명해진다. 10절은 11절에서 열방이 잉태한 **겨**와 대조되는 하나님의 존귀하신 지위를 확증한다. 열방을 염두에 두고 있다는 사실은 11절에서 2인칭 복수 동사를 사용한다는 점으로 추측할 수 있다(**너희가…잉태하고…해산할 것이며**). 열방이 하나님의 백성을 대적하여 세운 모든 계획은 역효과를 낳고 그들의 파멸을 가져올 것이다(12절). 모든 사람이 주님의 역사하심을 인정할 것이다. 이 인정의 보편성은 **먼 데에** 있는 자들과 **가까이에** 있는 자들에 대한 언급에서 암시된다(13절). 이들 두 무리를 나란히 언급함으로써, 멀리 그리고 가까이에 있는 사람들을 나타낼 뿐만 아니라 그 사이에 있는 사람들도 암시한다.

33:14-16. 남은 자에게 하신 하나님의 대답의 두 번째 부분은 하나님이 유다를 정화하시겠다는 것이다. **시온**에서 계속 주님께 불순종하는 자들은 이제 거룩하신 하나님과 함께 사는 데서 압박감을 느낄 것이다. 일단 죄인들이 주님의 임재를 견딜 수 없음을 인정하면, **죄인들**은 떨 것이다. 그들은 꺼지지 않는 **불**을 견딜 수 없다. 그들의 사악한 불순종은 파괴를 낳을 것이지만(14절), 의를 실천하는 자들은 주님의 안전과 공급을 경험할 것이다(15-16절). 15절에 제시된 행동 목록은 교훈을 준다. 하나님의 복을 받을 이들은 진실하고 정직하게 말한다. 그들은 부당하게 얻은 이익을 멸시하고, 악을 도모하는 계획에 참여하기를 거절한다. 이런 남자와 여자들은 이스라엘의 현재 지도자들을 특징짓는 행동에 가담하기를 거절한다. 그들은 이런 활동을 피함으로써 산에 세워진 요새의 안전을 경험하고, **양식**과 **물** 공급이 의미하는 매일의 필요를 공급받게 될 것이다(16절).

33:17-22. 남은 자의 기도에 대한 하나님의 세 번째 응답은 이스라엘을 통치할 메시아 왕을 보내시겠다는 것이다. 이스라엘은 메시아, **왕**을 볼 것이다(17절). 그분의 통치는 전에 이스라엘을 억압했던 자들이 더 이상 있을 곳이 없는 평화와 안정을 특징으로 한다. 주님이 정말 **왕**이시라는 선언에서 이 본문을 메시아적으로 읽을 수 있다는 사실이 드러난다(22절). 메시아가 앞서 신적인 존재로 서술된 것을 감안할 때(참고. 7:14; 9:6), 33:17에서 메시아를 염두에 두고 있다고 인식하는 것이 가장 이치에 맞는다. 보좌에 앉은 신적인 메시아가 이 나라를 강하게 하실 것이다. 인간 통치자들은 더 이상 나타나지 않을 것이고, 그들의 **알아듣지 못하는 방언**은 더 이상 들리지 않고 거만한 자들도 더 이상 보이지 않을 것이다(18-19절). 구약에서 '알아듣지 못하는 방언'의 다른 용례는 이스라엘 백성이 아닌 자들을 가리킨다(사 28:11; 36:11; 렘 5:15; 겔 3:5-6). 여기서 본문의 용례는 예루살렘을 제패했던 이방인 침략자를 언급한 것으로 이해할 수 있다. 이방인을 염두에 두고 있음을 감안할 때, 33:19에 언급된 이들은 이스라엘에게 조공을 받았던 다른 민족이다.

메시아가 왕으로 오시면, 이방인 억압자들은 제거되고 예루살렘은 안정과 평화의 장소가 될 것이다(20절).

이스라엘은 헤매지 않을 것이고, 그들의 **장막**은 **옮겨지지 아니할** 것이다. **장막** 이미지는 성막에 대한 언급일 수 있다. 그렇지만 **장막**으로 번역된 단어가 반드시 성막을 가리키는 것은 아니고, 어떤 장막에든 사용된다. 장막 이미지는 보다 안정적인 그 시대의 구조물과 대조하려고 사용했을 수도 있다. 여러 차례 하나님은 작은 군대 같은(참고. 삿 7:6-8) 훨씬 약한 구조물을 사용하여 자신의 영광을 입증하신다. 여기서 이동식 거처의 영원성에 대한 언급은 비슷한 이해를 가져올 수 있다. 하나님께는 높은 성벽과 견고한 망루로 무장한 요새가 필요하지 않다. 도리어 하나님 자신이 강한 망루, 이스라엘을 위한 영원한 구조물과 거처가 되신다.

시온이 **여러 강과 큰 호수**가 있는 곳이라고 말하는 33:21에서 비슷한 내용을 염두에 둔 것 같다. 여하튼 시온을 대적해 항해할 배는 전혀 없을 것이다. 22절은 **노 젓는 배나 큰 배가 통행하지 못하**는 이유를 강조한다. 그 이유는 주님, 즉 신적인 메시아가 **재판장**, **율법을 세우신 이** 그리고 **왕**이시기 때문이다. 그분이 자기 백성들을 구원하실 것이다. 수로는 분명 공격을 막는 전략적 지형 방어물 역할을 하지만, 대적들이 배를 타고 공격할 기회를 줄 수도 있었다. 하지만 이 경우 메시아 왕의 임재는 그런 공격을 전혀 불가능하게 한다.

33:23-24. 남은 자의 기도에 대한 주님의 마지막 응답은 주님이 자기 백성들을 위해 풍성하게 공급해 주시겠다는 것이다. 하나님의 백성을 공격하려고 했던 배들은 장비가 고장 날 것이고, 이스라엘을 위한 **많은 재물**이 될 것이다. 전리품이 너무 많아서 **저는 자**들까지도 거기서 제때에 **재물**을 받을 것이다(23절). 주님은 물질뿐만 아니라 육체적인 면에서도 채워주실 것이다. **그 거주민은 내가 병들었노라 하지 아니할 것이라**(24절). 그렇지만 더 중요한 것은 이 마지막 구절이 죄의 용서를 포괄하는 데까지 확장된다는 것이다. 이스라엘은 몸의 구원을 넘어 자신들의 죄로부터 구원받아야 한다. 이 구원이 다가오고 있다. 신적인 메시아가 백성의 통치자로서 자신의 지위를 주장하실 때, 그분은 용서를 베풀고 자기 백성을 물질적으로, 육체적으로 그리고 가장 중요하게 영적으로 회복시키실 것이다.

4. 심판과 축복의 요약(34:1-35:10)

이사야서는 이스라엘의 불순종의 세목을 열거하는 서론으로 시작되어(1-6장), 전반부(7-35장)에서는 심판을 강조했다(물론 축복의 약속도 포함하고 있지만). 전반부는 아하스가 하나님의 징조를 구하라는 제안을 거절했음을 보여주는, 임마누엘의 책에 나오는 서사로 시작되었다(7-12장). 제안을 거절한 결과로, 그 뒤에 나오는 단락 전체는 하나님이 이스라엘과 열방을 심판하신다고 강조했다(13-35장). 심판을 강조하는 네 단락이 여기에 있다. 열방을 꾸짖는 신탁(13-23장), (종종 '소묵시록'이라고 불리는) 종말의 심판과 축복의 약속(24-27장), 화의 책(28-33장) 그리고 종말의 심판과 축복의 요약이 나온다(34-35장). 이 단락은 이사야서 전반부의 마지막을 표시하면서, 심판과 축복의 전반적인 메시지를 요약한다. 이 요약의 첫 부분은 열방에 대한 하나님의 심판과 관련되고(34장), 두 번째 부분은 하나님이 장차 이스라엘에게 주실 복을 강조한다(35장).

a. 이방인의 권력이 무너질 것이다(34:1-17)

34:1-4. 열방에 대한 하나님의 심판 묘사에서 이사야는 일반적인 내용(열방에 대한 하나님의 징벌, 1-4절)에서 구체적인 내용(에돔에 대한 하나님의 징벌, 5-17절)으로 이동한다. 이 단락의 전반적인 메시지는 열방을 신뢰했던 결과와 관련이 있다. 이 장은 열방을 꾸짖는 신탁으로 시작해 다가오는 열방의 심판과 궁극적인 몰락을 선언한다. **들을지어다**라는 요청은 심판하겠다는 의도가 담긴 문맥에서 공통적으로 드러나는 특징이다(1:10; 28:14; 32:9). 이 경우 이 신탁은 이스라엘의 하나님을 부인했던 이방 나라들을 향한 것이다. 이들 열방은 이스라엘을 파괴하려 했고, 이로써 하나님을 대적했다. 이 메시지는 단지 열방에게만 전달되지 않는다. 창조 세계 곳곳에서, **세계**와 **세계에서 나는 모든 것**이 이 메시지를 들어야 한다(34:1).

땅을 향해 들으라고 하는 외침은 창조 세계에게 열방을 꾸짖는 신탁의 증인으로 서도록 요청하는 것으로 이해할 수도 있다(참고. 신 4:26; 30:19). 그렇지만 이 경우에 본문을 모든 인류에 대한 언급으로 이해하는 것이 최선일 것이다. 핵심 어구는 **땅에 충만한 것**인데(1절), 이는 이사야서 전체에서 네 번 더 사용된 히브리어 용어의 번역이다(6:3; 8:8; 31:4; 42:10). 이사야서에서 다른 용례들은 저마다 34:1과 다른 의미를 갖고 있는 것처럼 보인다. 이 용어는 땅 위에(시 89:12), 혹은 바다에(시 96:11) 있는 모든 것, 혹은 창조 세계 안의 훨씬 제한된 하위 집단(참고. 시 24:1; 50:12; 98:7)을 가리킬 수 있다. 물론 이사야 34:1의 경우 명확히 드러나지 않지만, 이사야서의 이 독특한 용례에 근거할 때 본문은 시편 24:1이나 시편 98:7과 비슷한 방식으로 창조 세계의 일부인 인류를 가리킬 가능성이 가장 높아 보인다.

이런 읽기는 또한 이사야 34:1의 전반부와 후반부 사이의 관계를 유지한다. 전반부는 **열국**과 **민족들**에게 말하는 반면, 후반부는 **땅**과 **세계**를 언급한다. 두 경우 모두 이후의 구절에서 전해질 경고에 귀를 기울이라고 요청한다. 1절의 두 부분은 전반적인 심판의 어조를 유지하면서 서로를 강화하는 병행 진술이다. 여기에는 여러 열방만이 아니라 주님과 그분의 백성 그리고 그분의 계획을 반대하는 모든 이들도 포함된다.

다음 절(2절)은 귀 기울이라는 이전 요청의 이유를 제시하는 감탄사 **대저**[for]로 시작된다. 이번에 열방을 향해 귀 기울이라고 요청하는 이유는 주님의 진노와 그 결과로 결국 임하게 될 파괴 때문이다. **진멸**로 번역된 용어는 구약 여러 곳에서 '멸하는 것' 혹은 철저한 파괴를 위해 어떤 사물이나 사람을 구별해두는 것을 가리킨다(민 21:2-3; 신 2:34; 3:6; 수 6:18, 21; 11:11-12, 20). 2절의 용례는 열방에 대한 하나님의 엄중한 심판을 강조한다.

이사야 34:3은 한때 교만했던 열방이 겪을 굴욕과 수모를 묘사한다. 그들은 죽은 자의 장례조차 할 수 없을 것이다. 도리어 부패한 시신들이 내던져져 방치된 모습과 그 악취는 권력의 파멸을 보여줄 것이다.

3절의 NASB 번역 "the mountains will be drenched with their blood"(개역개정에서는 "그 피에 산들이 녹을 것이며"—옮긴이 주)는 상당한 오해의 소지가 있다. NASB에서 '적시다'(drench)로 번역한 단어는 다른 문맥에서 용해 혹은 소멸의 의미로 사용된다. "마음이 녹다"라는 비유적인 표현이 여러 번 나올 뿐만 아니라(신 20:8; 수 2:11; 5:1; 7:5; 삼하 17:10; 시 22:14; 사 13:7; 19:1; 겔 21:12), 물질이 녹는 것을 고려하는 용례도 여러 번 나온다(출 16:21; 삿 15:14; 시 68:2). 시편 97:5과 미가 1:4에서도 이 단어는 산이 녹는 것을 묘사하는 데 사용된다. 시편 97:5이나 미가 1:4에 피에 대한 언급은 전혀 없지만, 두 본문에서 산이 '녹는 것'은 분명하다. 따라서 이사야 34:3의 번역은 '그 피에 산들이 녹을 것이다'로 이해해야 한다. 오스왈트는 이 이미지를 물이 토양을 녹일 때 일어나는 침식에서 채택해왔다고 주장한다[Oswalt, *Isaiah 1-39*, 609.《이사야 1》, NICOT(부흥과개혁사)]. 이런 이해는 34:4의 하늘의 별, 혹은 천군의 소멸과도 잘 어울린다. 각각의 경우에 하나님이 열방에게 자신의 주권이 우주에 미친다는 사실을 알려주신다는 점은 분명하다.

34:5-17. 심판에 대한 논의는 모든 열방의 대표자가 된 **에돔**의 눈을 통해 이어진다. 에돔을 대표 국가로 선정한 것은 예측 가능한 일이었다. 에돔은 구약 전체에서 이스라엘의 반대자로 등장한다(옵 1:11-14; 겔 35:1-15; 말 1:2-3). 리브가의 모태에서도 이스라엘(야곱)과 에돔(에서)은 자리다툼을 벌였다(창 25:23). 이사야서에서 에돔의 등장은 반드시 내려야 하는 선택을 가리킨다. 모든 사람은 에돔의 길을 선택하거나 주님의 길을 선택해야 한다. 어떤 선택이든 거기에는 예언의 말씀을 통해 분명해진 일련의 구체적인 결과가 수반된다.

에돔은 분명히 징벌을 받을 것이며, 하늘에서 **족하게 마신** 주님의 칼이 이를 뒷받침한다(5절). 이 칼은 하늘에서 와서 에돔을 멸망시킬 것이다. 칼이 하늘에서 기원한 것은 에돔이 하나님을 이길 수 없음을 시사한다. 6절에서 이 칼은 희생제사에서 채택된 용어로 더 자세히 묘사된다. 희생제사가 드려질 곳으로 언급된 **보스라**의 위치에 대해서는 논란이 있다. 어떤 사람들은 이곳이 사해 남동쪽으로 약 56킬로미터 떨어진 오늘날의 부세이라(Buseirah)라고 믿는다. 이 견해를 지지하는 근거는, 부세이라가 그 성읍을 가리키는 고대 히브리어처럼 들린다는 점과 이곳이 에돔의 옛 수도였다는 점이다. 다른 사람들은 보스라가 고대 나바테아의 근거지 페트라(Petra)에 있어야 한다고 주장한다. 이곳은 갑자기 좁아지는 협곡을 통해서만 접근할 수 있는 고립 지역이다. 다음의 이유 때문에 이곳일 가능성이 훨씬 높은 것 같다. (1) '보스라'라는 이름이 '양 우리'를 뜻하는데, 페트라 성읍이 산과 절벽으로 둘러싸인 세일산 분지에 자리 잡고 있어서 천연 '양 우리'를 만든다. (2) 페트라 바로 옆에 아랍 유적지 부체이라(Butzeira)가 있는데, 이는 보스라의 히브리어 형태를 훨씬 정확하게 간직한 이름이다. 어떤 사람들은 보스라가 미래의 시련기에 유다 백성들이 적그리스도의 추격으로부터 안전을 도모하기 위해 피할 곳이라고 추론했다(계 12:6을 보라). 따라서 주님이 거기서 유다 백성들을 구원하시면서 종말의 심판이 시작된다는 것이 이치에 맞을 것이다. 하나님의 전투는 너무나 엄청나서 에돔의 '강한 자들'(개역개정에서는 '수소'로 번역—옮긴이 주)도 쓰러지고, 그 땅도 **피에 취**할 것이다(34:7). 다음 절은 주님이 공격하시는 이유를 제시한다. 주님은 시온의 소송을 담당하실, **보복하시는 날**을 계획하셨다(34:8; 보스라에서 일어날 사건의 순서는 63:1-6과 이 단락의 주석을 보라). 그 결과 9-17절에 묘사된 대로 파괴와 혼란이 뒤따를 것이다. 그 땅의 천연자원뿐만 아니라 그 땅 자체마저 대대로 에돔 백성들에게서 등을 돌릴 것이다(9-10절). 11절은 측량줄 혹은 다림줄의 이미지를 빌려온다. 다른 경우에 이 이미지들은 보통 하나님의 심판을 나타낸다(왕하 21:13; 사 28:17; 렘 31:39; 애 2:8). 엉겅퀴와 새품(억새의 꽃)이 견고한 성과 성읍들을 뒤덮을 때, 에돔을 다스리는 이들에게는 감독할 것이 하나도 남지 않을 것이다(34:12-13). 에돔이 버림받아 아무 생명도 남지 않을 것이기 때문에 사막 생물과 야생동물이 그곳에 정착할 것이다(13-15절). 주님이 명하셨으므로 이 사건들은 분명히 일어날 것이다. 주님이 선포하신 것처럼 에돔의 파괴가 다가오고 있다(16-17절).

b. 구속받은 이들이 하나님 나라를 볼 것이다 (35:1-10)

이 단락의 초점은 에돔 땅의 심판에서 '시온'(10절)이라고 불리는 이스라엘 땅의 축복으로 옮겨진다. 메시아 시대에 갱신된 땅의 모습은 평화와 안전 그리고 풍요의 모습이다.

35:1-4. 1절의 행복하고 즐거운 광야 이미지는 이스라엘 백성들이 회복될 때 그들의 행복과 영적 풍요에 대한 비유적 언급일 수 있지만, 광야 풍경에서 예상치 못한 획기적 변화에 대해 언급하는 것일 가능성이 더 높다. 광야는 더 이상 초목이 없는 곳이 아니라, 꽃이 만발하고 무성한 공간이 될 것이다. 불가능해 보였던 한계가 주님의 능력으로 극복되어, **레바논과 갈멜, 사론의** 비옥한 장소처럼 될 것이다(2절). 상황의 역전은 위로를 가져다줄 것이다. 두려워하는 이들은 다가오는 하나님의 보복과 구원에서 기운을 얻을 것이다(3-4절).

35:5-10. 메시아 시대에 하나님의 역사는 **맹인의 눈과 못 듣는 사람의 귀**를 열 것이다. 육체적인 장애가 있었던 이들은, 기뻐하면서 (이전에는 불가능했던) 몸의 기능을 사용할 것이다(5-6절). 하나님의 구원은 그 땅의 백성들을 변화시킬 뿐만 아니라 그 땅 자체에도 영향을 줄 것이다(6-7절). 사해 부근의 사막 지역인 '아라바'(개역개정에서 '사막'으로 번역—옮긴이 주)도 황량한 땅에서 무성한 지역으로 변화되어, **광야에서 물이 솟겠고 사막에서 시내가 흐를** 것이다(6절). 오직 **승냥이**만 거주할 수 있었던 광야(7절)는 물이 공급되어 비옥해지고 새로워질 것이다. 이는 앞 장에 나온 에돔과 대조된다. 앞 장에서 보스라 혹은 페트라는 메시아 시대에 승냥이의 소굴이 되겠지만(34:13), 이스라엘의 광야는 더 이상 그렇지 않을 것이다. 이 모든 변화는 도움이 필요한 이들을 시온으로 안전하게 인도할 **거룩한 길**의 창조에서 절정에 다다르는 것 같다(8-10절). 주님의 모든 활동은 시온의 안전과 번영을 낳을 뿐만 아니라, 주님이 구원하신 이들을 위한 성소의 건설로 이어질 텐데, 아마 주님이 유다 백성들을 보스라에서 구출해내시는 것을 가리킬 것이다(34:6). 메시아의 통치 아래 주님은 이스라엘에게 많은 것, 특히 거룩함(35:8), 안전(9절) 그리고 **영영한 희락**(10절)을 제공하실 것이다. 이스라엘의 **속량함을 받은** 자들은 노래로 환영을 받고, 하나님의 임재 가운데 지속되는 삶의 기쁨을 경험할 것이다.

Ⅲ. 이스라엘과 열방의 축복(36:1-66:24)

이사야서의 간략한 구조는 프롤로그(1-6장) 다음에 두 개의 주요 단락(7-35장과 36-66장)이 뒤따라 나오는 것이다. 두 개의 주요 단락 가운데 두 번째가 36:1부터 시작된다. 두 개의 주요 단락은 비슷한 내용을 담고 있는 서사로 출발한다. 각각 유다의 한 왕이 군사적 위협에 직면해 있고, 선지자 이사야가 그들에게 소망의 징조를 가져간다. 둘 사이에는 주요한 차이점이 있다. 첫 번째 서사(7-12장)에서 악한 왕 아하스는 주님의 징조를 거절하는 반면, 두 번째 서사(36-39장)에서 선한 왕 히스기야는 주님의 징조를 신뢰한다. 둘 다 뒤에는 신탁이 이어진다. 거부된 징조 뒤에 나오는 신탁은 심판을 강조하는 반면(13-35장), 수용된 징조 뒤에 나오는 신탁은 축복을 강조한다(40-66장). 이후에 다룰 단락은 수용된 징조의 두 번째 서사(36-39장)와 그 뒤에 나오는 축복의 신탁(40-66장)을 담고 있다.

A. 수용된 징조의 서사: 히스기야가 주님을 신뢰하기로 결단하다(36:1-39:8)

히스기야 왕의 통치에 관한 이야기에는 앗수르의 위협, 왕이 죽을병에서 회복됨 그리고 바벨론 사람들에게 이스라엘의 부를 보여준 히스기야의 어리석음이 포함된다. 이 이야기들은 아하스 왕 통치 때의 사건들(7-12장을 보라)과 병행 관계를 이루도록 의도되었다. 주된 차이점은 히스기야는 아하스와 달리 경건한 왕이라는 사실이다. 두 왕 모두 하나님의 징조를 받았으나 아하스는 거절했던 반면(7:12), 히스기야는 흔쾌히 받아들였다(37:30; 38:7-8).

이사야서에서 이 부분의 내용은 열왕기하 18:13-20:19과 사실상 동일하나, 예외가 있다면 이사야서에 히스기야의 감사 기도가 포함되어 있다는 점이다(38:9-20). 이 서사 단락 전체가 이사야서의 필수 요소이다. 이사야서의 연대가 열왕기보다 앞서기 때문에, 이는 이사야서의 이 단락이 열왕기하의 자료였을 가능성을 높여준다.

36-37장의 사건들은 연대기적으로 38-39장의 사건들보다 나중에 있었다. 이런 사실은 (36-37장에 서술된) 앗수르의 위협과 패배를 아직 미래의 사건으로 예고하는 38:6에서 분명히 드러난다. 더군다나 성경 외의 역사 기록들은 하나같이 (36-37장에 상세히 진술된) 산헤립의 유다 공격을 주전 701년에 두고 므로닥발라단의 사절단 방문(39:1)을 주전 703년에 둔다.

이사야서의 이 단락을 연대기와 어긋나게 배열한 데에는 몇 가지 문학적 목적이 있었다. 먼저 서사 부분은 이전 신탁에서 다음 신탁으로 넘어가는 다리 역할을 한다. 이사야 36-37장은 앗수르의 위협에 대한 강조와 더불어, 앗수르가 두드러진 역할을 했던 이 책 전반부(7-35장)의 종결을 나타낸다. 이사야 38-39장은 바벨론의 방문에 대한 강조와 더불어, 바벨론이 두드러진 역할을 하는 이 책 후반부(40-66장)를 예고한다.

연대기와 어긋나게 배열한 두 번째 구조적 목적은, 역사적 서사가 히스기야의 위대한 믿음의 행동이 아니라 (바벨론 통치자에게 성전 보물을 보여준) 그의 엄청난 실패로 마무리되게끔 하려는 것이다. 이 책 전반부를 읽은 후 독자는 7:13-15, 9:6-7, 11:1-16에 예고된 위대한 왕이 히스기야였다고 결론을 내릴지도 모른다. 그런 까닭에 저자는, 히스기야가 엄청난 믿음을 가진 경건한 왕이었지만 그가 이 책 앞부분에서 예고한 메시아 왕은 아니었음을 히스기야 이야기의 끄트머리에서 명확히 해두고자 했다.

세 번째 목적은 과거보다는 미래에 초점을 맞추기 위한 것이었다. 이사야의 예언 중 일부의 성취와 (앗수르의 패배 같은) 역사적 사건들을 연결시키기는 하지만, 이 서사의 진정한 초점은 바벨론을 바라보면서 다가오는 바벨론 포로를 예고하는 데에 맞춰져 있다. 이로써 이 책의 초점은 과거나 현재가 아니라 미래에 맞춰져 있는 것이다. 존 세일해머(John H. Sailhamer)의 진술처럼 "예언 자체의 숱한 내용이 보여주듯이, 예언의 시선은 메시아적이고 종말론적인 것이다. 예언은 바벨론 유배 이후의 시점, 하나님이 열방을 심판하고 약속하신 왕을 통해 예루살렘에 평화를 가져다주실 그때를 바라본다"[John H. Sailhamer, *NIV Compact Bible Commentary* (Grand Rapids, MI: Zondervan, 1994), 367].

사

1. 히스기야와 앗수르(36:1-37:38)

히스기야에 관한 첫 번째 이야기는 앗수르의 공격과 패배를 바라본다. 이것으로써 앗수르를 강조하는 이사야서 전반부가 종결된다.

a. 앗수르의 공격(36:1-22)

36:1-3. 히스기야의 첫 번째 서사의 연대는 **히스기야 왕 십사 년에** 일어난 것으로 기록된다. 히스기야의 통치 연대는 주전 715-687년이었는데, 므낫세(주전 697-643)와 10년간 공동으로 통치했을 것으로 추정한다. 산헤립이 침공한 시기는 주전 701년이다. 바벨론의 사절단이 방문했던 연대(39:1)로 가능성이 높은 것은 주전 703년이다. 따라서 바벨론 사절단이 히스기야를 방문하기 직전에 그는 수명을 15년간 연장받았다(38:1-8). 주전 701년에 앗수르 왕 산헤립이 유다의 요새화된 성읍 몇 개를 함락시켰고(36:1) **라기스**를 포위

공격했다. 예루살렘 남서쪽으로 약 48킬로미터 정도에 위치한 이 성읍은 유다의 군사 근거지이면서 전략적 요충지였다. 그곳에서의 승리를 기대하며 앗수르 왕은 **랍사게**[문자적인 의미는 '술잔을 받드는 총책임자'이지만, 그 의미가 제국의 고관 혹은 총사령관을 가리키는 말로 확장되었다]를 **대군**과 함께 보낸다(2절). 예루살렘을 위협하고 낙담시켜 싸우지 않고 항복을 받아내려는 의도였다. 그는 윗못 수도 곁 세탁자의 밭 큰길에서 메시지를 전달했는데, 여기는 이사야가 아하스에게 임마누엘 예언을 주었던 바로 그곳이다(7:3). 이 지명을 언급하는 의도는 이 서사를 이전의 서사와 연결시키기 위해서이다. 히스기야는 랍사게와 협상하기 위해 **엘리아김**과 **셉나**[이들은 22:15-25에서 왕실의 현재와 미래의 청지기로 언급된다] 그리고 **사관 요아**를 고위급 사절단으로 보냈다.

36:4-10. 산헤립의 총사령관을 통해 히스기야에게 전달된 메시지의 목적은 저항하는 히스기야의 약점을 부각시키기 위한 것이다. 그는 히스기야의 확신의 근거에 의문을 제기하면서, 유다의 군사력이 취약하고 앗수르로부터 나라를 지키려는 충성심이 결여되었음을 지적한다(5-6절). 애굽에 대한 그의 노골적인 언급은 동맹을 맺으려 했던 아하스의 시도를 독자들에게 상기시키면서 애굽의 나약함을 확증해준다.

7절에서 산헤립의 총사령관이 제시한 설명은 문제의 핵심을 파고든다. 앗수르 사람들은 주님을 두려워하거나 인정하지 않는다. 히스기야의 개혁은 하나님에 대한 거부였다고 평가한다. 히스기야가 유다의 하나님을 존중하지 않았는데, 어떻게 그가 주님의 구원을 신뢰할 수 있는가? 강력한 군사력, 다른 나라의 지원 그리고 하나님의 후원이 없는 상태에서 이스라엘 백성들은 앗수르와 협상하는 것 외에 다른 대안이 없다. 자신의 논증을 이어가면서 산헤립은 주님이 자기를 보내 이스라엘을 대적하게 했다고 주장한다(10절).

36:11-22. 엘리아김과 셉나, 요아는 **성**[wall] **위에 있는** 백성이 듣는 데서 유다의 말(즉, 히브리어)이 아니라 아람어로 말해달라고 메신저에게 요구하는데(11절), 이는 백성들이 논쟁에서 배제되어 공황에 빠지지 않도록 막으려는 동기에서 비롯된 것 같다. 앗수르의 대답은 이 메시지가 유다 백성들 가운데 불안을 조장하기 위해 의도된 것이었음을 시사한다. 유다의 모든 사람은 정치적 결정을 내리지 않은 이들조차 앗수르가 자신의 공격에 맞서려는 유다의 무익한 저항이라고 묘사한 그 일의 결과를 맛보게 될 것이다.

그 대신 앗수르의 사령관은 앗수르와 화친을 맺고 산헤립의 축복을 경험하라고 백성들에게 요청한다(16절). 산헤립의 통치 아래서 백성들은 각각 자기 열매를 먹고 자기 우물물을 마시다가, 곡식과 새 포도주가 있는 아름다운 땅, **떡과 포도원이 있는 땅**으로 옮겨갈 것이다(17절). 민족의 추방과 유배에 대해 긍정적인 해석을 내릴 줄 아는 산헤립과 그의 메신저는 칭찬받을 만하다. 그러나 백성들에게 한 그의 약속은 공허한 것이었다.

앗수르의 메신저는, 백성들에게 확신을 심어주어 히스기야에게 맞서게 하려는 마지막 시도로 역사 속 비유를 들어 호소한다(18절). 앗수르는 거의 아무런 저항도 받지 않고 수많은 나라들을 정복했다. 앗수르는 이들 정복된 나라들을 가리키면서, 유다와 그의 하나님은 자기들과 싸울 때 승산이 없다고 주장한다. 다른 나라의 신들이 앗수르를 대적하지 못했는데, 주님이 유다를 보호할 수 있다고 믿을 근거는 전혀 없다는 것이다. 이런 설득은 명백한 위협에도 굴하지 않고 히스기야에게 충성했던 백성들의 항복을 이끌어내지 못한다(21-22절). 그럼에도 이 위협은 사절단에게 공포심을 유발하는 효과가 있어서, 그들은 **자기의 옷을 찢고** 탄식하며 히스기야에게 돌아가 랍사게의 메시지를 전달한다.

b. 앗수르의 패배(37:1-38)

37:1-7. 무시무시한 앗수르의 위협 앞에서 히스기야는, 상징적인 탄식 행위로 자기 옷을 찢으며 **굵은베 옷을 입고**, **엘리아김**과 **셉나**를 이사야에게 보냈다(1-2절). 히스기야는 하나님이 앗수르의 불경한 말을 이미 들으셨고 그들에게 맞서 행동하실 준비가 되어 있기를 소망한다(4절). 이미 이런 반응 자체가 아하스보다 한결 바람직하다. 아하스는 이사야가 제시한 징조를 거절했던 반면, 히스기야는 이사야에게 자문을 구했다.

히스기야가 이사야에게 보낸 메시지는 유다를 위해 기도해달라는 간청이었다. 히스기야는 앗수르 왕이 하나님을 거스르며 했던 말이 어리석다는 것을 인정했다. 그는 다가오는 살육을 보았고, 주님이 앗수르인들의 말을 들으시고, 주님을 조롱한 것에 대해 징벌하시기를 바랐다(3-4절). 히스기야에게 보낸 이사야의 대답은 고무적이었다. 앗수르 왕은 전갈을 받고 방향을 돌려 앗수르로 돌아가 **칼에 죽게** 될 테지만, 유다는 생명을 건질 것이다(5-7절).

37:8-13. 다음 장면은 앗수르가 **라기스**를 떠났다는 전갈을 받은 앗수르의 총사령관에게로 시점이 재빨리 바뀐다(8절). **구스**의 군대(9절)가 자기를 향해 오고 있음을 알았는데도, 앗수르 왕은 두 번째 메시지를 담은 편지를 히스기야에게 보내어 앗수르가 **고산**, **하란**, **레셉** 그리고 **에덴**의 신들에게 승리했음을 기억하라고 촉구한다. 앗수르가 이들 나라와 그 신들을 격파할 수 있다면, 당연히 유다와 그 하나님도 가망이 없을 것이다(11-13절).

37:14-20. 편지를 읽은 뒤 히스기야는 편지를 주님 앞에 **펴놓고** 기도했다. 그의 기도는 하나님을 **만군의 여호와**와 온 땅의 유일하신 하나님으로 고백한다. 하나님을 하늘과 땅의 창조자로 부름으로써 하나님의 유일하심과 더불어 모든 나라를 다스리는 하나님의 통치권을 강조한다(16절). 히스기야는 산헤립의 불경한 말을 들으시고 **주만이 여호와이신 줄**을 세상이 알도록 행동해달라고 하나님께 요청한다(20절). 하나님의 우주적 주권에 기도의 강조점이 놓여 있다. 히스기야는 앗수르가 다른 나라와 그 신들을 격파했지만, 주님이 모든 신들과 나라들을 합친 것보다 훨씬 강하다고 인정한다. 하나님은 패배하실 수 없다. 히스기야는 천하무적처럼 보이는 앗수르 군대에게서 유다를 구원하여 앗수르에게 맞서 하나님의 능력을 증명해 보이라고 하나님께 요청한다. 앗수르가 공개적으로 대담하게 주장한 만큼 유다의 승리는 앗수르에게 굴욕의 순간이 되었고, 권력을 지녔다는 그들의 주장이 거짓임을 입증하는 역할을 하게 될 것이다.

37:21-29. 히스기야에게 보낸 이사야의 메시지는 주님이 앗수르의 조롱에 응답하실 것임을 확증했다. 히스기야의 기도, 그의 신실한 반응 그리고 하나님께 대한 의존이 하나님께서 산헤립을 대적하여 행동하시는 동기로 언급된다. 주님의 반응은 앗수르에 대한 하나님의 불만이 아니라 신실한 기도에 대한 응답이다(21절). 산헤립이 **이스라엘의 거룩하신 이**에 대해 거짓말을 했기 때문에, **시온**은 강한 앗수르를 조롱할 것이다(22-23절). 자신들의 군사력에 대한 믿음 그리고 과거의 정복과 업적에 대한 기억이 그들의 시각을 왜곡하여, 앗수르는 유다의 하나님도 쉽게 정복할 수 있는 허약한 세력에 불과하다고 여기게 되었다(24-25절). 그렇지만 앗수르의 성공은 스스로 이룬 것이 아니었다. 도리어 하나님의 주권적인 계획의 일부였다. 이스라엘만이 아니라 모든 열방의 등장과 몰락은 주님이 정하신다(26-27절). 앗수르가 하나님을 모욕했지만, 이런 행위 역시 하나님의 시선에서 벗어나 있지 않다(28절). 주님을 맹렬하게 대적한 앗수르는 주님의 주목을 받아 결국 몰락할 것이다(29절).

37:30-35. 30절에서 주님은 말을 건네는 대상을 산헤립과 앗수르인들에서 히스기야로 전환하신다. 주님은 이전에 했던 말씀을 상기시키는 역할을 하는 징조를 유다에게 주신다. 이스라엘 백성들은 2년 동안 야생의 곡물을 먹겠지만, 그 뒤에 자신들의 곡물과 **포도나무**를 심고 거둘 것이다. 이 징조는 주님이 이사야를 통해 아하스에게 주셨던 이전의 징조를 상기시킨다(7장에 대한 주석을 보라). 차이점이 있다면 아하스는 제안을 거절했지만, 히스기야는 흔쾌히 수용했다는 점이다. 이 징조는 유다의 남은 자들이 주님의 **열심**으로 회복될 것이라고 약속한다(37:31-32). '열심'(zeal)으로 번역된 히브리어 단어는 종종 '질투'(jealous)로도 번역된다. 그렇지만 이 문맥에서 이 단어는 자기 백성들에 대한 주님의 끝없는 헌신을 염두에 둔 것처럼 보인다.

히스기야는 산헤립을 두려워할 필요가 없다. 산헤립이 예루살렘을 공격하거나 진입하지 못할 것이라고 주님이 선언하셨기 때문이다. 도리어 산헤립은 앗수르로 돌아갈 것이다(33-34절). 주님은 다윗에게 하신 약속 때문에 예루살렘을 보호하실 것이다(35절). 이 약속은 하나님이 다윗을 임명하면서 그의 후손이 영원히 왕좌에 앉을 것이라고 확약하시던 그때, 주님이 다윗과 맺으신 언약을 가리키는 것이 분명하다(삼하 7:12-16에 대한 주석을 보라).

37:36-38. 이사야 37:36-38은 지금까지 서술된 이야기를 마무리하면서, **여호와의 사자**가 밖으로 나가 앗수르와 맞서 싸우는 것을 묘사한다. 여호와의 사자는 구약 곳곳에서 여러 차례 언급되며(창 16:7, 9, 10-

11; 22:11, 15; 출 3:2; 민 22:22-27; 삿 2:1, 4; 왕상 19:7; 왕하 1:15; 대상 21:12, 15-16; 시 34:7; 35:5-6; 학 1:13; 슥 1:11-12; 말 2:7), 보통 신 현현 혹은 그리스도 현현, 즉 성육신 이전 메시아의 등장을 가리킨다. 더군다나 **사자**로 번역된 단어는 이사야 37:9에 풀이된 것처럼 '메신저'로 번역할 수도 있다. 이 어구의 일반적 용례에서 드러나듯이, 이것은 성육신 이전 메시아의 등장을 가리킬 수도 있지만, 37:9에서 '메신저'의 의미로 쓰였다는 것에 비추어 언어유희와 비슷한 역할을 한다고 볼 수도 있다. 앗수르의 메신저는 공허한 위협을 전달하는 반면에, 주님의 '메신저'는 앗수르 사람 **십팔만 오천** 명을 살해한다.

여호와의 사자가 이와 같이 행하자 산헤립은 유다에서 **니느웨**로 퇴각했고, 이로써 유다와 앗수르의 운명에 관한 하나님의 말씀이 성취된다. 이 이야기는 또한 **산헤립**의 궁극적인 결말과 연결된다. 그는 **니스록**을 예배했지만 그 신은 이십 년 후에 일어난 자기 아들들의 암살 계획으로부터 그를 지켜주지 못했다(38절). 이는 37:7의 예언이 성취된 것이다. 이야기의 마지막 부분에 포함된 이 사건은 반어적인 울림을 준다. 자신의 능력으로 유다를 멸망시키려고 하는 산헤립의 신은 자기 앞에서 예배하는 한 사람조차 보호해줄 수 없다. 산헤립의 죽음에 대한 마지막 서술은 주님의 절대적인 권위 그리고 권력 추구의 허무함을 강조한다.

테일러 각기둥(Taylor Prism, 산헤립의 연대가 새겨진 진흙 각기둥, 주전 691년경)은 이 서사의 성경 밖 증거를 제시하며 이렇게 진술한다.

> 유대인 히스기야와 관련해 말하자면, 그는 나의 명에에 순종하지 않았다. 나는 히스기야의 강한 성읍 46개와 성벽으로 무장한 요새 그리고 헤아릴 수 없을 만큼 많은 마을과 그 인근을 공격했고, 잘 다진 (흙) 경사로와 (이렇게 해서) (성벽) 가까이에 파성퇴를 두고, 굴과 마병, 공병술을 (사용하는) 보병의 공격을 (결합하여) (그들을) 정복했다. 나는 (그들 중에) 200,150명의 청년과 노인, 남자와 여자를 내쫓았고, 말, 노새, 당나귀, 낙타, 크고 작은 소를 헤아릴 수 없을 만큼 내쫓아서 (그것들을) 전리품으로 삼았다. 나는 그[즉, 히스기야]를 새장의 새처럼, 그의 왕궁 거주지 예루살렘에서 포로로 삼았다. 나는 예루살렘 성읍 문을 벗어나던 이들을 가로막기 위해 토루(earthwork)를 만들어 그를 가두었다[J. B. Pritchard, ed., *Ancient Near Eastern Texts*, 2nd ed. (Princeton: Princeton University Press, 1968), 287-288].

고대 근동의 폭군은 이런 각기둥 승전 기념물에 자신의 패배를 인정하거나 패배한 사실을 결코 기록하지 않을 것이다. 그래서 각기둥 본문은 이 일을 승리로 묘사하고, 185,000명의 사망자에 대해서는 전혀 언급하지 않는다. 그러나 이사야 37장과 열왕기하 20장에 기록된 성경 속 역사를 인정하면서, 히스기야가 공격을 당하기는 했으나 패배하지 않았다고 넌지시 시인한다.

2. 히스기야와 바벨론(38:1-39:8)

이 이야기들은 이전 장에 서술된 사건보다 앞서 있던 사건들이다. 주제를 부각시키려고 연대순에서 벗어나 여기에 배치한 것이다. 다시 말해 이 이야기들은 이사야서 후반부에서 바벨론에 초점을 맞출 것임을 미리 내다본다.

a. 히스기야가 주님께 치유받다(38:1-22)

38:1-8. 이사야서 본문은 임박한 앗수르의 위협으로부터 예루살렘이 구출될 것을 말한 후, 히스기야의 질병 이야기를 다룬다. 불치병에 걸린 **히스기야**는 임박한 죽음을 준비하라고 전하는 **이사야**의 방문을 받는다(1절). 히스기야는 이사야의 말을 수동적으로 수용하지 않고 **여호와께** 기도한다(2절). 히스기야의 기도는 자신의 충성스러움과 경건을 기억해달라고 하나님께 간청하는 내용이다. 구약에서 기억해달라는 요청은 단순히 정보를 인식론적으로 재고해달라는 요구가 아니라, 소환된 기억에 근거하여 행동해달라는 요구이다. 이 사건에서 히스기야는 하나님께 자신이 과거에 충성스럽게 행한 것을 기억해달라고 요청한다. 앗수르와 관련된 히스기야의 행동을 서술한 뒤에 곧바로 나오는 이 요청은, 특히 아하스와는 대조적으로 즉시 정당성을 인정받는 것 같다. 물론 이 사건들은 사실 그의 질병과 치유 이후에 일어나기는 했지만, 앗수르와 관련하여 그가 보여준 믿음의 본보기에서 그의 성품을 엿볼 수 있다.

하나님은 히스기야의 기도에 감동하셔서, 앗수르에

게서 예루살렘을 보호하시겠다는 약속과 더불어 히스기야의 수명을 15년 연장하겠다는 메시지를 이사야를 통해 보내신다(4-6절). 주님이 말씀하신 대로 행하실 징조가 8절에 나타난다. 아하스의 계단을 덮은 그림자가 뒤로 10도 움직일 것이다. 이들 계단의 정확한 성격에 대해서는 명확한 내용이 전혀 없다. 열왕기하 20:9-11 히스기야의 병에 관한 병행 내러티브에서 계단이 언급되기는 하지만, 부가적인 설명이 전혀 제시되지 않는다. 테드모르(Tadmor)는 '해시계 계단'을 언급했던 중세의 번역을 인용하면서, 이들 계단이 일종의 해시계 역할을 했다고 주장한다[Hayim Tadmor and Mordechai Cogan, *II Kings* (New Haven: Yale University Press, 1988), 108]. 이사야 38:8을 '히스기야 다락방의 해시계 위'라고 번역한 쿰란 사본도 비슷한 해석이 적용된다. 이러한 기능은 주님이 제안하신 징조와 훨씬 잘 통할 뿐만 아니라, 예언 안에 시간의 요소를 가져와 히스기야가 허락받은 15년과 서로 조화를 이룬다. 이 기적은 지구의 회전 혹은 햇빛의 굴절과 연관이 있다. 어떤 경우이든 이것은 히스기야가 받아서 믿었던 초자연적 징조였다. 이에 반해 아하스는 초자연적인 징조를 주겠다는 이사야의 제안을 거절했다(7:11-12).

38:9-20. 9-20절에 담긴 히스기야의 기도는 병에서 회복된 이후 그의 기쁨을 묘사한다. 10-15절은 히스기야의 병과 그가 죽음에 임박하여 슬퍼하는 모습을 서술한 반면, 16-20절은 히스기야를 향한 하나님의 구원을 다룬다. 히스기야는 자신의 수명이 끊어질 것과 자기가 다시는 **산 자의 땅에서…여호와를** 결코 보지 못할 것을 염려하는 반면에(10-11절), 하나님의 구원은 새로이 예배하고 경배하게 해준다(20절). 히스기야는 자신의 고통이 기쁨으로 변한 것을 본다. 히스기야는 이제 스올의 거주민이 아니라 살아 있는 인간으로서 주님께 감사할 수 있기 때문에, 고난은 그에게 유익이었다(18-19절).

예배와 감사에 초점을 맞춘 것은 효과가 크다. 히스기야는 생명을 상실하게 된 것 때문에 염려했지만, 여기서 '상실'은 단지 몸의 죽음을 뜻하는 것이 아니다. 오히려 히스기야는 자기가 더 이상 인간의 예배와 감사 행위에 동참하지 못하게 된 것을 애석하게 여긴다. 자신이 스올에 넘겨지면 더 이상 하나님을 기뻐할 능력이 없어진다는 것을 그는 안다. 구약에서 스올은 죽은 자의 거처, 하나님의 복을 더 이상 경험하지 못하는 곳, 따라서 그분에 대한 찬양이 전혀 없는 곳으로 묘사된다. 스올은 신약에서 발전된 지옥의 동의어가 아니다(구약의 스올에 대한 설명은 시편 49:15에 대한 주석을 보라). 아무튼 히스기야는 죽음에서 구원을 얻음으로써 주님을 계속 예배할 수 있게 된다. 히스기야는 구원받았기 때문에 **종신토록** 주님의 집에서 그분을 찬양하고 경축할 것이다(38:20).

38:21-22. 이사야 38:21-22은 이 서사의 다른 대목에 더 잘 어울리는 것처럼 보인다. 열왕기하 20장 병행 본문에는 이 구절들이 주님의 약속을 확증하는 징조의 준비에 앞서 일어난다(왕하 20:7-8). 이 배열이 만약 이사야 38장으로 옮겨온다면, 이사야 38:21-22은 6절과 7절 사이에 놓인다는 뜻일 것이다. 이런 견해는 해당 구절의 의미를 이해하고 열왕기하와 이사야서에 나오는 기사를 조화롭게 하긴 하지만 이를 뒷받침하는 본문의 증거가 부족하다. 본문처럼 성전에 들어가지 못하도록 히스기야를 가로막았을 그의 종기 치료에 대한 언급으로 이 구절들을 받아들이는 것이 최선일 것이다. 따라서 히스기야가 징조를 요청했던 동기는, 그의 기도에 표현되었듯이 주님의 성전에서 예배하고픈 새로운 열망 때문이었다. 이사야 38:21-22의 배치가 어색한 것 같지만 이 내용은 히스기야가 바벨론 사절단에게 성전 순회를 허용했던 그 뒤의 사건들과 연관 지어 읽어야 한다. 성전에 다시 들어가려는 히스기야의 열망은 그가 바벨론 사람들에게 자신의 부와 성전의 부속물을 기꺼이 보여주는 데서 드러난다.

b. 히스기야가 바벨론 사람들에게 자신의 보물을 보여주다(39:1-8)

39:1-2. 히스기야와 바벨론 방문단의 접촉이 이 단락에서 전해진다. 이 이야기는 흔히 히스기야의 교만에서 비롯된 행동이라고 이해하지만, 이사야나 열왕기하, 역대하에 포함된 서사를 들여다보면 히스기야의 동기가 교만이었는지는 명확하지 않다. 역대하 32:31에서 바벨론 사람들과 관련된 사건을 언급하는데, 하나님께서 "그의 심중에 있는 것을 다" 알기 위해 계획하신 시험에서 히스기야가 실패했다고 지적한다. 여기에서조차 교만이 명확하게 언급되지는 않는다. 이사야서와 열

왕기하에 기록된 예언적 선언에 대한 히스기야의 반응을 고려할 때 히스기야의 실패를 자기중심성으로 이해하는 것이 더 나을 것이다. 그는 백성들의 지속적인 번영보다는 자신의 통치의 번영에만 관심을 두었다. 아무튼 히스기야가 자기 집 전체를 바벨론 사람들에게 보여주기로 결심한 이유가 무엇인지는 명확하지 않다. 이사야서의 흐름을 고려할 때, 아마도 그런 행동은 최근 구원을 경험한 히스기야의 기쁨에서 비롯되었을 것이다.

39:3-8. 이유가 무엇이든 히스기야의 행동은 예언적 선포의 계기가 된다. 히스기야가 바벨론 사람들에게 자기 집에 있던 것을 전부 보여주었듯이, 결국 바벨론 사람들이 와서 그것들을 전부 다 가져갈 것이다. 히스기야의 아들 가운데 몇이 붙잡혀가서 바벨론 왕궁의 **환관**이 될 것이다(7절). **환관**이라는 단어는 문자적으로 '내시'인데, 단지 '왕궁 관리'를 의미했을 수도 있고, 말 그대로 거세당한 남자를 의도했을 수도 있다. 만약 문자적인 의미라면, 이사야의 선언은 다윗 후손들의 생식능력을 떨어뜨리는 신체적 위협 때문에 다윗의 혈통이 계승되지 못할 위기에 처했음을 시사한다. 이 선언이 그의 통치에만 초점을 맞추고 있음을 감안할 때 이 선언에 대한 히스기야의 반응은 상당히 의아하다. 남은 삶 동안 **평안**하고 안정되게 사는 것이 그의 우선적인 관심사로 보인다(8절). 현재에 대한 관심 때문에 백성들 가운데서 이루어지는 하나님의 지속적인 활동과 다윗 왕조 계승에 대한 히스기야의 시야에 그림자가 드리워졌다.

이렇게 읽는다면, 자신의 죽음과 하나님을 예배하지 못하게 된 것을 애도하다 성전에서 다시 예배할 수 있게 된 것을 기뻐했던 히스기야의 기도 해석에 미묘한 어감을 덧입히는 것이다. 아마도 병에서 치유된 뒤에 드린 찬양에서조차 히스기야는 이스라엘에서 대대로 이어지는, 하나님을 향한 예배의 중요성을 깨닫지 못한 것으로 보인다. 그는 자기만 하나님을 예배하고 자신의 생애 동안 하나님의 복을 누리는 것으로 충분하다고 생각했다.

또한 바벨론 사람들의 방문이 단순히 사교적 요청은 아니었을 것이다. 요세푸스 같은 초기의 해석자들은 바벨론 사람들이 유다와 동맹을 맺기 위해 왔다고 주장했다(*Antiquities* X.II.2). 이 주장은 아사와 아하스가 각각 이방 나라들과 동맹을 맺었던 열왕기상 15:16-20과 열왕기하 16:5-9에 나타난 유사한 사건으로 뒷받침된다. 만약 히스기야가 바벨론과 동맹을 맺는 것으로 그려진다면, 이 이야기는 이사야서 곳곳에서 강조된 하나님과 왕 사이의 역학관계를 떠올리게 한다. 인간 왕이 하나님을 완전히 신뢰할 때, 하나님은 평화와 안전을 주실 것이다. 인간 왕이 열방의 권력을 믿고 의지하고자 애쓸 때, 하나님은 이스라엘을 징계하실 것이다. 이스라엘의 추방과 성전 보물의 강탈은 하나님이 통치하신 결과와 바벨론이 통치한 결과를 생생하게 대조한다. 바벨론의 통치는 쫓아냄과 박탈로 귀결된다. 하나님의 통치, 곧 메시아의 통치는 번영과 평화이다. 주님 이외에 다른 권력과 연합하는 것은 치명타에 가까운 실책이며, 그 영향력은 광범위하게 나타날 것이다. 여기서 히스기야의 근시안적 시각은 점점 강성해가는 바벨론 제국에게 유다가 넘어가는 몰락의 전조가 된다.

B. 축복의 신탁(40:1-66:24)

이사야는 하나님이 허락하신 구원의 징조를 수용한 히스기야의 믿음을 다룬 서사(36-39장)를 마무리한 뒤, 이스라엘과 세계에 하나님이 복을 주심을 강조하는 신탁으로 시선을 돌린다(40-66장). 이 단락은 하나님이 아하스에게 허락하신 징조를 믿지 않고 거부하며(7-12장), 그 뒤에 심판을 강조하는 일련의 신탁(13-35장)이 나왔던 이사야서의 첫 번째 주요 단락과 대조를 이룬다.

축복의 신탁은 세 개의 주요 단락으로 구성되는데, 각각 (의인들의 축복과 대조적으로) 악인들에 대한 하나님의 심판을 강조하는 어구로 끝마친다(48:22; 57:21; 66:24). 이 구절들은 각 단락의 종결을 나타내는 표식 역할을 한다.

1. 바벨론으로부터의 구원(40:1-48:22)

축복 신탁의 첫 번째 단락은 이스라엘의 회복을 약속한다. 대체로 이 회복은 바벨론 유배에서 이스라엘을 회복하겠다는 하나님의 약속과 관련이 있지만, 이따금 그것을 넘어 메시아의 회복을 바라본다.

a. 하나님의 위로의 메시지(40:1-31)

이 단락은 40-48장에 걸쳐, 유배된 하나님의 백성들에게 위로를 전하는 훨씬 광범위한 예언 메시지의 첫 부분에 해당한다. 그들의 현재 상황은 바벨론 아래 있지만, 바벨론은 하나님의 백성의 운명을 결정하지 못하기 때문에 이스라엘에게는 소망이 있다. 그 대신 하나님은 바벨론의 배후에서, 자기 백성들과 그들의 유배 기간을 계속 살피신다. 바벨론은 유대인이 유지되는 데 전혀 관심이 없지만, 하나님은 자기 백성들이 생존하여 자기에게 통치받는 한 나라로 번영하기를 바라신다. 이 단락은 하나님이 그 누구와도 비교될 수 없는 분이라는(40:12-31) 위로의 확신을 이스라엘에게 전한다(40:1-11).

40:1-2. 이사야는 이스라엘에게 위로의 말씀을 전하는 것으로 시작한다. **위로하라**는 명령은 하나님이 이사야에게 직접 지시하신 것 같다(1절). 타르굼은 이 구절 처음에 "오, 선지자여"를 포함시킴으로써 이 해석을 따른다. 하나님은 자신의 언약에 대한 그리고 이스라엘 민족 재건에 대한 약속을 이스라엘과 유다에게 상기시키는 메시지를 전하라고 이사야에게 명하신다. 하나님은 삼중으로 위안을 주실 것이다(40:2). 이스라엘의 **노역의 때가 끝났고**[하나님이 평화를 주실 것이다], 그 **죄악이 사함을 받았**고(하나님이 용서하실 것이다), 그의 **모든 죄로 말미암아…벌을 배나 받았**다(하나님이 이스라엘의 징계를 끝내고 이스라엘을 회복하실 것이다). **위로**의 반복은 다가오는 위안을 강조하고, 이스라엘과 유다에게 그들의 하나님이 그들을 달래고 회복시키기를 바란다는 사실을 상기시킨다. 이사야는 예루살렘을 향해 **마음에 닿도록** 말해야 하고, 이스라엘 전체의 고난이 막바지에 다다를 것이며 민족의 죗값이 치러졌음을 계시해야 한다(40:2). 2절 마지막에서 **그의 모든 죄**에 대해 **벌을 배나 받았**다는 말은, 이스라엘의 유배가 가혹함을 강조한다. 유배 생활이 백성들에게 고되긴 했지만, 영원히 이어지지는 않을 것이다. 징벌하셨던 하나님이 오셔서 자신의 영광을 계시하실 것이다(40:5).

40:3-5. 이사야는 위로의 메시지 다음에 주님의 오심을 알리는 선포로 시작되는 소망의 말씀을 가져온다. **외치는** 소리의 주인공(3절)의 정체를 이사야로 이해하는 시도는 솔깃하지만, 이사야라고 명확히 규정되지는 않는다. 이사야 40:3은 신약에서 세례 요한을 가리킬 때 사용되지만(참고. 마 3:3; 막 1:3; 눅 3:4; 요 1:23), 형태는 조금 다르다. 히브리어 본문 중 **광야에서**라는 어구는 동사 **예비하라**를 수식한다. 이 경우 논의 대상인 **길**은 광야에서 준비되어야 한다. 신약의 번역은 '광야에서'가 동사 '외치는'을 수식한다고 이해함으로써, 소리의 근원지가 광야에 있음을 시사한다. 신약에서 세례 요한은 이사야 40:3의 성취로 이해된다. 이러한 이해 때문에 이사야 43장의 본래 문맥 속에서 본문이 갖는 의미에 대한 이해가 좌지우지될 필요는 없다. 이사야 43장에서 이 구절은 예고적 예언의 일부가 아니라 다가오는 하나님의 영광에 대한 묘사와 확증에 훨씬 더 가깝다. 그렇지만 **소리**의 정체가 명확하지 않기 때문에 예고적 요소도 암시되어 있다. 따라서 신약이 이 본문을 채택한 의도는 이사야의 문맥에서 맨 처음 전개된 그림을 이끌어내기 위한 것이다. 다가오시는 주님과 그분의 영광의 계시를 위해 평탄한 길이 준비되어야 한다. 주님이 직접 말씀하셨으므로 모든 사람이 이 영광을 볼 것이다(40:5).

어떤 사람들은 이사야 40:3-5이 포로 귀환이 아니라 이스라엘에게 오시는 하나님만을 가리킨다고 주장한다. 그렇지만 이런 견해는 주님께 구속받은 자들이 주님의 대로로 돌아오는 이사야 35:8-10과 맞지 않는 것처럼 보인다. 따라서 광야의 길은 주님이 예루살렘으로 오실 길인 동시에 백성들이 유배에서 귀환할 길이다. 하나님과 그분의 백성의 재회가 이 길의 특징이 될 것이다.

40:6-8. 이스라엘을 위한 소망의 두 번째 측면은 하나님의 말씀이 영원하다는 것이다. 두 가지 음성(3절과 6절)에 대해 살펴볼 때, 이들은 동일한 음성인 것 같다. 둘 다 구절 첫머리의 비슷한 위치에 나오기 때문이다. 여하튼 외치라는 명령은 외침의 주제와 관련해서 이사야의 질문을 유도한다. 주어진 대답은 주님 말씀의 영원성을 강조함으로써 3-5절 사건의 확실성을 분명히 드러낸다. **풀은 마르고** 꽃은 시들지만, 주님의 **말씀은 영원히** 선다(8절). 마르는 풀과 시드는 꽃의 이미지는 인간의 연약성을 시사한다. 풀과 꽃은 영속성이 전혀 없지만, 주님의 말씀은 절대 사라지지 않을 것이다.

40:9-11. 이스라엘이 가진 소망의 세 번째 근거는 하나님이 강력하게 이스라엘을 보호하실 것이라는 점이다. 이 사실은 너무 중요해서, 시온(예루살렘)은 **높은 산**에서 **아름다운 소식**을 선포하고, **유다의 성읍들**에게

하나님이 그들을 구원하실 것이기 때문에 두려워하지 말라고 전하도록 요청받는다. 전령은 주님의 도착을 알리고, 그분이 유다 백성의 위대한 보호자이심을 보여준다. **주 여호와**라는 번역은 이스라엘의 하나님의 힘과 위엄을 포착한다(10절). **그의 팔**은 그분의 군사력을 상징하는 이미지이다. 물론 구체적으로 하나님의 오른손을 언급하지만, 비슷한 이미지가 이사야서 다른 곳에서도 사용된다(51:9-10; 63:5). 하나님이 자신과 함께 예루살렘에 보상을 가져가시므로 하나님의 군사적 능력에 대한 언급이 분명하지만(40:10), 그런 전리품은 주님의 진짜 보물이 아니다. 도리어 주님의 상급은 주님이 자기 백성을 새롭게 안으시는 데서 온다(11절).

목자 이미지는 고대 근동과 구약에서 왕과 신들을 묘사하는 데 사용되었다. 메소포타미아 왕들을 가리키는 왕실의 호칭으로 목자 이미지가 채택된 사례가 많다. 신들 역시 이런 용어로 묘사된다. 예를 들어, 우르의 파괴에 관한 고대의 탄식시에서 신들은 자기 양 떼를 버린 목자들로 묘사된다. 이렇게 훨씬 부정적인 이미지도 구약에 존재하지만, 부정적 이미지는 지상의 왕들에 대한 언급에만 사용된다(참고. 렘 10:21; 겔 34:2-3; 슥 11:3-17). 주님은 언제나 긍정적인 용어로 묘사된다(참고. 창 49:24; 시 8:2; 23:1; 78:52-55, 70-72). 이사야 40:11의 이미지는 **목자**가 자기 양들을 돌보듯이 자기 백성들을 돌보시는 하나님을 보여준다.

40:12-17. 이 장의 후반부는 이스라엘에게 위로와 소망을 주고자 그들이 하나님을 신뢰할 수 있는 근거를 제시하면서, 주님을 모든 피조물과 비교할 수 없는 탁월한 분으로 묘사한다. 먼저, 하나님은 비교할 수 없는 창조주로 묘사된다(12-17절). 일련의 질문을 통해 하나님을 세심하고 강력한 창조주로(12절), 어떤 사람도 이해하거나 충고할 수 없는 생각을 지닌 분으로(13절) 그리고 자신의 지혜를 보여주어 세상의 진로를 결정하시는 분으로 나타낸다(14절). 15-17절에서 하나님의 위엄과 비교할 때 무색해지는 열방과 하나님이 대비된다. 열방은 주님의 저울에 영향을 주지도 못하는 먼지일 뿐이다(15절). 육중한 백향목으로 주목받던 레바논마저 하나님께 아무것도 주지 못한다. 열방의 부는 하나님께 아무런 가치가 없다(16-17절).

40:18-20. 둘째, 하나님은 비교할 수 없는 영원한 분이다. **하나님**을 열방과 비교한 뒤 화제는 손으로 만든 우상으로 향한다(18-20절). 우상은 고대 근동에서 흔했다. 우상이 제작되는 방식과 더불어 우상으로 형상화한 신들도 문화에 따라 다양했다. 우상은 대개 나무를 깎고(20절) 금과 은으로 덧입히고(19절), 상황에 따라 고급 옷을 입혔다. 우상은 특정 신이 자신의 존재를 특별하게 드러내는 물리적 장소를 상징했기 때문에 대단히 신중히 제작되었다. 우상은 신들과의 의사소통 수단이었고, 여러 방식으로 숭배되었다. 따라서 하나님과 우상을 비교하는 행위를 가볍게 받아들여서는 안 된다. 사람의 손으로 제작된 물질적 우상을 능력과 권위를 지닌 것으로 여겼다는 사실을 믿기 어렵겠지만, 고대 세계에서는 하나님과 우상의 비교가 단지 일개 장신구와 초자연적 존재의 비교를 뜻하지 않았다. 도리어 고대 근동의 시각에서 이는 두 공급자의 비교였다.

40:21-24. 하나님은 세 번째 방식, 곧 그분의 초월성에서 다른 존재와 비교할 수 없는 분이다. 21절은 우상을 제작하려는 백성들의 결정을 언급하면서 하나님에 관한 지식이 이미 그들에게 전달되었음을 지적한다. 초월적 존재이신 하나님은 **땅과 땅에 사는 사람들 위**에 높이 계신다. 땅은 그분의 피조물이다(22절). 세상을 다스리는 그분의 주권은 권력을 지닌 것 같은 통치자들에게까지 확장된다. 그들은 겉모습과 달리, **뿌려져**, **뿌리를 박고**, **말라**, 겨처럼 쓸려나가(24절), 풀이나 꽃과 다를 바 없다(8절을 보라). 피조물이나 사람이 만든 우상 중에 주님과 비교될 수 있는 것은 없다. 그분과 대등한 상대는 없다(40:25).

40:25-26. 넷째, 하나님은 하늘의 통치자로서 누군가와 비교할 수 없는 분이다. 비교할 수 없는 우월성의 증거로 하나님은 백성들에게 하늘을 조사하고 그들을 창조하신 **이**를 생각하라고 요청하신다. 여기서 하나님은 강력한 군사 지도자(**그의 권세가 크고 그의 능력이 강하므로**를 주목하라), 별들(개역개정에서는 "이 모든 것"으로 번역—옮긴이 주)마저 순종하는 분, 이스라엘을 보존할 능력을 지닌 분으로 묘사된다. 어떤 우상도 이 같은 주장을 할 수 없고, 한낱 인간에 불과한 지도자도 마찬가지이다.

40:27-31. 이스라엘을 위로하며(1-11절) 비교할 수 없는 하나님의 우월하심을 서술한 뒤에(12-26절), 이

사야는 이 소망의 메시지를 유배 중에 있는 이스라엘의 절망적 상황에 적용하려고 시도한다. 그들은 하나님의 힘이 그분의 백성들에게 위로를 주신다는 사실을 알아야 한다. 그들의 어려움은 하나님 안에 어떤 약함이 있거나, 혹은 하나님이 그들의 사정을 무시한 데서 온 것이 아니다(27절). 도리어 하나님은 무궁하신 분이다. 하나님의 판단은 그 깊이를 헤아릴 수 없다(28절). 하나님은 이스라엘에게 공급해주실 것이다. 그분은 청년의 에너지마저 초월하는 무한한 힘의 근원이다(29-30절). 31절은 승리를 거둘 사람은 우상에, 계략에, 자신의 힘을 개발하는 데 에너지를 낭비한 이들이 아니라는 선언으로 이 장을 마무리한다. 도리어 주님이 행동하시기를 기다리는 사람들이 부가적인 힘을 발견할 것이다. 독수리 날개 위에서 이동하는 이미지는 구원의 맥락 속에서 출애굽기 19:4에도 나온다. 신명기 32:11 역시 독수리 이미지를 사용하여 보호를 나타낸다. 40:31의 독수리 날개에 대한 언급은 허망한 인간의 노력과 대조적으로 힘들이지 않고 날아가는 독수리의 모습을 포착하는 것 같다. 31절의 마지막 부분은 독수리 날개에 대한 이해를 강조한다. 주님을 신뢰하는 이들은 그분으로 인해 살아갈 것이다.

이 단락은 하나님의 능력과 지혜를 강조하면서, 이러한 특성을 이스라엘에 대한 위로의 근거로 제시한다. 창조 세계를 다스리는 하나님의 무한한 주권은 지상의 통치자나 거짓 우상과 대조를 이룬다. 이 하나님 안에 이스라엘의 모든 소망이 자리 잡는다. 정치력이나 군사력에 의존해서는 이스라엘의 곤경을 해결할 수 없다. 도리어 이스라엘은 주님이 행동하시기를 기다림으로써 구원을 얻을 것이다. 그들은 만물을 주관하는 전능하신 하나님이 마침내 구원과 활력을 가져다주실 것이라고 신뢰해야 한다. 하나님은 만물의 근원이시다. 하나님은 모든 사람이 신뢰해야 하는 분이다. 그분은 자기들을 구원해주시기를 기다리며 신실하게 인내하는 모든 사람에게 안식과 활력을 가져다주는 주님이시다.

b. 하나님의 강력한 구원(41:1-29)

40장에서 이스라엘에게 준 위로의 말씀은 41:1-7에서 세상사를 다스리는 그분의 권능과 권위 그리고 주권을 인정하도록 하나님이 열방에게 요청하면서 열방에게 주는 도전으로 바뀐다. 이렇게 바뀌기는 하지만, 이사야 41장은 앞서 전해진 위로의 말씀을 뒷받침한다. 세상사를 다스리는 하나님의 주권은 자기 백성 이스라엘을 유익하게 하는 하나님의 능력을 넌지시 강조한다. 겉보기에 두드러진 열방의 권력을 묵살함으로써, 이스라엘 백성들의 삶이 잔혹한 인간 정권에 맡겨진 것이 아니라 주님에 의해 유지되고 인도된다는 사실이 분명해진다.

와츠(Watts)의 주장에 의하면, 이사야 41장의 구조는 8-9절이 중심축 역할을 하면서 그 주위로 41장의 다른 절들이 배열되는 교차 배열을 이룬다[John D. W. Watts, *Isaiah 34-66*, WBC (Waco, TX: Word, 1987), 101의 도표를 보라]. 이런 배열은 이사야 메시지의 중심 개념인 이스라엘의 종 됨을 강조한다. 이스라엘의 종 됨과 메시아 주제가 나중 장들에서 더 크게 부각되지만, 여기서 이 주제의 등장은 위로와 위안의 느낌을 전달한다. 집단적인 의미의 하나님의 종 이스라엘은 흩어지지만, 그들은 다시 돌아올 것이다. 이스라엘은 버림받지 않았다(41:9).

41:1-7. 이 첫 번째 사고 단위는 어떤 의미에서 하나님을 위한 정치적 종의 역할을 하는 고레스를 묘사한다. 우선, 섬들은 잠잠히 있으면서 주님이 열방을 공격하러 오고 계신다는 주장에 귀를 기울여야 한다(1절). 1절 마지막에 언급된 **재판**은 열방을 심판하는 주님의 선고를 가리킬 수도 있지만, 이 문맥 전체에서는 대화를 뜻할 수도 있다. **잠잠하라**는 요청과 **말하라**는 요청 사이의 대조도 주목하라(1절). 열방은 이 대화에서 배제되지 않고, 2-4절의 일련의 질문을 통해 가담하게 될 것이다. 첫머리의 질문들은 누가 **동방에서 온 사람**을 일깨우는지 생각하라고 열방에게 요청한다(2절). **동방에서 온 사람**은 고대 근동 무대에 떠오르는 별이던 페르시아의 왕 고레스 대왕을 가리키는 것이 거의 확실하다. 고레스가 이끌던 페르시아 민족이 이사야서의 나중 본문에서 분명히 고려된다(44:28-45:6; 46:11; 48:14-16). 페르시아와 그 제국은 군사력과 관계없이 자기 힘으로 초강대국이 된 것이 아니었다. 도리어 하나님이 고레스와 페르시아를 부르셔서 그들을 승리자로 만드셨다(41:2-3). 고레스에 대한 더 자세한 설명은 44:24-28에 대한 주석을 보라.

새로운 질문이 제기되는데(41:4), 이 질문은 하나님의 활동 범위를 동시대의 페르시아 정복에서 세계사 전체로 확장하는 것처럼 보인다. 하나님이 이 세대에서 페르시아의 승리를 지휘하셨을 뿐만 아니라, 그분은 대대로 그렇게 하셨다. 하나님은 첫 세대부터 자신이 의도한 목적으로 그들을 인도하고 이끄셨다(4절). 하나님은 자신이 태초부터 세상사를 주관하셨다고 단언하신다. 하나님은 이스라엘만의 통치자가 아닌 모든 열방을 다스리는 주권적인 통치자이시다.

하나님이 역사를 주관하는 통치자로 자신을 알리신 뒤에 이사야는 '섬들'의 반응을 서술하는데, 섬들이란 바다 건너 먼 땅과 거기에 있는 나라들을 가리킨다(5절). 열방의 반응은 긍정적으로 해석될 수 있다. 두려움과 떨림은 주님의 오심을 목격한 데 대한 부적절한 반응이 아니다. 하지만 주님의 도구인 고레스에 대한 그들의 반응은 공황에 휘둘리는 부정적인 의미로 해석될 가능성이 더 높다. 6-7절에서 해안 지대 백성들은 하나님께 의존하는 것이 아니라 서로의 도움에 의존하며 거짓 우상에게로 향한다. 이는 그들이 회개한 것이 아니라 두려워했음을 보여준다. 우상을 못으로 고정하여 무너지지 않게 하는 것은 백성들이 여전히 우상에게 충성하고 있음을 시사한다. 우상을 똑바로 세우려는 그들의 노력은 우상에 대한 신뢰가 계속되고 있음을 드러낸다(7절).

41:8-13. 다음으로 이사야는 이스라엘, 곧 하나님의 종인 민족(41:8-24), 섬들과는 다른 이야기를 지닌 민족을 묘사한다. 8절은 이스라엘의 정체성에 대한 풍성한 설명을 제시하면서, **이스라엘**을 명확히 하나님의 종이라고 부른다. **나의 종**이라는 표현은 이사야(20:3), 엘리아김(22:20), 다윗(37:35) 그리고 구별된 구원의 종(42:1; 52:13)에게도 사용된다. 이스라엘은 이사야서 후반부 이전에는 하나님의 종으로 규정되지 않는다. 이스라엘에 대해 족장의 이름 **야곱**을 사용함으로써, 이사야는 이스라엘을 하나님의 종으로 규정한다(참고. 44:1-12; 45:4; 48:20). 그렇지만 구약의 다른 본문에서 이스라엘이 하나님의 종으로 묘사되는 경우는 드물다(참고. 시 136:22; 렘 30:10). 종이라는 표현은 주님과 관련해서 그리고 나머지 열방과 관련해서 이스라엘만의 특별한 지위를 나타낸다. 이 표현은 또한 이스라엘이 주님께 순종하고 그분을 신뢰함으로써 그분의 힘을 보여줄 하나님의 대리인임을 시사한다.

하나님이 이스라엘을 선택하셨기 때문에, 그들은 세상 모든 백성들 중에서 특별하다. 이스라엘의 선민 신분은 하나님의 벗(문자적인 의미는 '연인')이라고 불리는 아브라함과 연결해 이해해야 한다. 이 우정은 성경의 다양한 상황에서도 확인된다(참고. 대하 20:7; 약 2:23). 이 문맥에서 우정은 적어도 하나님과 아브라함 사이에 상호 애착의 끈이 있었음을 시사한다. 하나님과 이스라엘의 친밀한 언약적 관계를 다룰 뿐만 아니라, 전후 문맥에서 이스라엘의 선민 신분을 언급함으로써, 아브라함의 우정은 그가 하나님의 언약 파트너였음을 상징할 가능성이 높다. 하나님이 아브라함을 선택하셨기에 아브라함은 하나님의 친구 혹은 '연인'이다. 성경에서 사랑과 미움의 언어는 선택과 거부를 나타낸다(말 1:2-5과 롬 9:13 그리고 이 단락의 주석을 보라). 아브라함과 그의 후손에 대한 하나님의 무조건적인 선택은 이스라엘을 흩어진 그곳으로부터 모아 그들을 재구성하시겠다는 하나님의 약속을 설명한다(사 41:9). 이스라엘의 정체성은 주님과 그분의 활동, 그분의 선택, 이스라엘을 종으로 임명하신 것에 뿌리를 두고 있다. 이스라엘을 진정으로 위로하는 잠재력을 지닌 것은 바로 이 정체성이다. 하나님이 이스라엘을 위해 하신 활동의 목적은, 이스라엘을 대적하는 세력의 군사력과 그들에게 예속된 이스라엘의 현재 상태로부터 시선을 돌리게 하는 것이다. 이스라엘을 다시 모으겠다는 약속은 이스라엘을 돌보시는 하나님의 능력을 입증하고, 주님의 종에게 주어진 유익을 부각시킨다.

주님이 이스라엘과 함께 계시기 때문에 이스라엘은 두려워할 이유가 전혀 없다. 이스라엘의 하나님은 존재 자체로 두려움을 몰아내신다. 이스라엘의 확신은 자신의 능력이 아니라 주님의 힘에 근거한다. 두려워하지 말라는 요청은 이사야서에서 여러 차례 반복된다(40:9; 41:13-14; 43:1, 5; 44:2, 8; 51:7; 54:5). 하지만 이 문맥에서 두려움은 단지 적대국에게 당하는 패배만이 아니라, 하나님께 버림받는 것과도 관련이 있다(41:9). 하나님은 이스라엘의 대적을 전부 제거하고, 자신이 선택한 민족에게 안전과 안정을 주실 것이다. 주님의 도움이 이스라엘을 구원하고 지탱할 것이다(11-13절).

41:14-16. 이사야는 이스라엘을 향해 두려워하지

말라는 요청을 반복한다(14절). **버러지**라는 호칭이 암시하듯이, 이스라엘은 멸시당하고 보잘것없는 존재이지만, 주님의 도움으로 위로를 얻을 것이다. **버러지**라는 단어는 실제 생물을 가리킬 수도 있지만(참고. 신 28:39; 욘 4:7), 종종 절망 상태 혹은 멸시당하는 상태에 처한 개인이나 무리를 은유적으로 지칭한다(참고. 시 22:7). 하나님이 자신의 관점에서 야곱을 벌레라고 부르시는 것은 아닌 듯하다. 오히려 야곱은 세상의 눈으로 보기에 버러지 같았다. 이스라엘은 세계 무대에서 특권 국가가 아니다. 스스로를 돌볼 만큼 강하지 않다. 하지만 그렇기 때문에 하나님이 이스라엘을 계속 돌보실 것이다.

주님은 이스라엘의 **구속자**, **이스라엘의 거룩한 이**라고 불리신다(14절). 이사야서에서 처음으로 **구속자**가 주님께 적용된다. **구속자**는 신학적인 의미와 더불어 세속적인 의미도 가지고 있다. 하나님의 이스라엘 구속은 그분이 이스라엘을 위해 행동하여 애굽으로부터 이스라엘을 보호하셨던 출애굽기 6:6에서 시작되었다. 이 단어는 '되사오는 사람'을 뜻하고, 일차적으로 룻기의 룻과 보아스의 상호 관계에서 드러난 친족-구속자 개념과 관련이 있다. 친족-구속자의 역할은 특정 이스라엘 지파 구성원이 잃어버린 것을 보존하고 회복하는 것이었다. 친족-구속자에 대한 더 자세한 설명은 룻기의 서론을 보라.

하나님이 각 지파의 땅을 준비하고 분배하셨던 사실, 더불어 하나님이 다양한 지파의 혈통을 유지하는 데 관심을 두고 계시다는 사실이 친족-구속자와 관련된 관행의 근거가 되었다. 광범위한 지파의 이해관계를 보호할 한 가족 구성원이 지정되었다. 이 단어가 하나님과 관련하여 사용될 때는 이스라엘의 이해관계에 대한 하나님의 지속적인 보호를 나타낸다. 하나님이 세우신 언약은 유지될 것이고, 그 규정은 실현될 것이다. 이스라엘의 유배 그리고 대적에 맞서지 못하는 이스라엘의 무능력은 언약을 거부할 요건을 구성하지 못한다. 그러나 이스라엘의 상황은 하나님의 구속을 필요로 한다.

하나님은 버러지 같은 야곱의 지위를 역전시키실 것이다(41:15). 전에 연약하고 무력했던 이스라엘은 **이가 날카로운 새 타작기**로 묘사된 실세 집단으로 변모할 것이다. 고대 근동에서 타작에는 두 가지 형태의 탈곡기가 사용되었다. 오스왈트는 이렇게 진술한다. "하나는 예리한 돌이나 금속조각이 밑면에 박힌 그야말로 무거운 목재 틀이었다. 다른 하나는 돌이나 금속이 박힌 무거운 굴림판을 한 개 혹은 두 개 달고 있는 틀이었다"[John N. Oswalt, *The Book of Isaiah, Chapters 40-66* (Grand Rapids, MI: Eerdmans, 1998), 94. 《이사야 2》, NICOT(부흥과개혁사)]. 여기서 염두에 둔 타작기가 첫 번째 것이냐 두 번째 것이냐 하는 것은 지엽적인 문제라고 볼 수 있다. 이 기구의 기능과 특징 속에 타작기 이미지의 의미가 자리 잡고 있다. 이 새로운 타작기가 열방을 갉을 것이고, 그런 다음 바람에 날릴 것이다(41:16).

41:17-20. 이스라엘이 자신의 성공에 대해서 하나님께 영광을 돌릴 때, 새로 형성된 이스라엘의 힘은 기쁨을 낳을 것이다. 군사적 승리를 넘어서서 주님은 억압당한 이들과 가난한 이들에게 먹거리를 공급해주실 것이다(17절). 전쟁의 승리와 짓밟힌 자들을 위한 돌봄이 늘 이런 식으로 함께 언급되지는 않지만, 이번 경우 이 둘이 연결된 것은 이스라엘의 통치가 사회경제적 불평등이나 억압적인 사회적 관행에 물들지 않을 것임을 시사한다. 하나님은 백성들의 기도에 응답하실 것이다. 하나님은 자기를 필요로 하는 이들을 버리지 않고, 그들에게 엄청난 풍요를 공급하실 것이다(18-19절). 하나님의 행동은 인도주의적 결과를 낳을 테지만, 그분은 인도주의적인 이유로만 행하시지 않는다. 이스라엘을 위한 하나님의 사역은 그분의 주권과 권능을 세상에 선포하기 위한 것이다(20절). 이스라엘을 보잘것없는 버러지에서 다가올 천년왕국의 세계 권력으로 이끄는 것은, 하나님의 권능을 부각시키고 역사의 진행을 주관하시는 분이 이스라엘의 하나님이심을 열방이 알게 할 것이다.

사

41:21-23. 이스라엘을 위해 행하실 일들을 언급하신 주님은 곧바로 이방 신들에게 자기 자신을 그리고 자신의 합법성을 변호해보라고 요청하신다(21절). 이 신들에게는 자신의 권능을 보여주는 증거도, 주권을 입증하는 증명서도, 혹은 구원하고 지탱하는 능력도 전혀 없다(22절). 그들은 세계사를 통제하지 못한다. 그들은 행동할 능력조차 가지고 있지 않다(23절). 신들의 무능력은 이스라엘의 높아짐을 통해 분명히 드러날 주님의

권능과 날카로운 대조를 이룬다. 이스라엘의 힘은 하나님의 신실하심 속에서만 발견될 수 있다.

41:24. 신들에 대한 비판은 그 예배자들에 대한 비난으로 이어진다. 신들은 아무것도 하지 못한다. 신들은 권력이나 권위의 증거가 전혀 없다. 이러한 증거 부족으로 인해 예배하는 자들은 이 신들을 **가증**하게 여길 것이다. 이 혐오스러운 신들은 한낱 우상일 뿐이다. 이방 신들은 하나님이 직접 가하실 맹공격으로부터 예배하는 이들을 지키지 못할 것이다. 이스라엘은 보존되고 번성하겠지만, 거짓 우상을 신뢰하는 이들은 넘어질 것이다.

41:25-29. 이사야는 이 장 첫머리에 설명한 종, 주님의 정치적 종 고레스 대왕으로 시선을 돌린다. 고레스를 가리키는 '북방에서 오는 한 사람'이 통치자들을 짓밟으면서 대참사를 가져올 것이다(25절). 고레스의 등장을 놀라운 일로 받아들이지 말아야 한다. 주님이 앞서 그에 대해 말씀하셨다(1-7절). 고레스의 침략이 임박했다는 예고는 궁극적으로 하나님의 옳으심을 입증할 것이다(26절). 이방 신들은 자기를 예배하는 자들에게 경고하지 못했다. 하지만 하나님은 그것을 맨 처음 말씀하시고, 시온에서 전하셨다(27절). 다른 열방의 신들이 그들에게 소식을 전해주지 못했던 것과 달리, 하나님은 예루살렘에 메신저를 주셨고, 다가오는 파괴를 경고하셨다. 모략과 경고의 부재는 우상의 거짓됨을 보여주는 또 하나의 증거이다(28절). 이 신들은 자기 백성들과 함께 있지 않다. 이 우상들을 예배하는 것은 헛된 일이나 다름없다. 아무런 가치가 없다. 이 신들을 신뢰하는 것은 허무와 혼란을 낳는다(29절). 주님과 대조적으로 다른 신들의 단점은 뼈아플 만큼 명백하다. 면밀히 살펴볼수록 그들의 허점이 분명하게 드러난다.

c. 하나님의 선택받은 종(42:1-25)

41장에서 하나님은 이스라엘을 자기 종이라고 부르셨는데, 42:1-9은 이사야서의 이른바 첫 번째 '종의 노래'를 보여준다. 다른 노래들은 이 책에서 나중에 등장한다(참고. 49:1-13; 50:4-11; 52:13-53:12). 이 노래들은 하나님의 종이 행하는 일을 서술하는데, 그의 독특한 역할 때문에 그는 하나님의 일을 성취하도록 구별된다. 종의 노래는 종의 정체성 규명을 주요 관심사로 삼는 이사야서 관련 연구사에서 큰 관심을 받았다. 폰 라트(Gerhard von Rad) 같은 이전의 주석가들은 종의 노래가 모세의 사역에 대한 회상이라고 주장했다[Gerhard von Rad, *Old Testament Theology: The Theology of Israel's Historical Traditions* (Louisville, KY: Westminster John Knox, 2001), 238-262]. 종이 개인인지, 아니면 집단인지를 질문하는 사람들도 있다. 종을 개인으로 이해하는 이들은 이 사람을 히스기야, 이사야, 고레스 혹은 오실 메시아 등 다양하게 규정했다. 종의 정체를 이스라엘 혹은 그 일부로 파악하는 것이 가장 일반적이다[Shalom M. Paul, *Isaiah 40-66*, Eerdmans Critical Commentary (Grand Rapids, MI: Eerdmans, 2012), 18].

이런 잠재적인 선택안이 있기는 하지만, 종의 노래에 나오는 종을 메시아의 예고로 이해하는 것이 최선인 것 같다. 그래서 신약은 나사렛 예수를 이들 본문의 지시 대상으로 이해한다. 신약은 예수님이 메시아이고, 주님의 종이라고 인정함으로써, 그분이 종의 노래가 가리키는 대상임을 분명히 한다(참고. 마 8:14-17; 눅 22:37; 행 8:30-35; 벧전 2:21-25). 옆의 도표는 종의 노래에 담긴 메시지의 전개를 보여준다.

42:1-4. 이 본문에 대해서는 마태복음 3:15-16과 마태복음 12:15-21에 대한 주석을 보라. 첫 번째 종의 노래(42:1-9)의 메시지는 **종**이 온 땅에 정의를 세우고 유대인과 이방인 모두를 어둠과 예속으로부터 구원하기 위해 하나님이 선택하신 일꾼이라는 것이다. 네 번째 종의 노래(52:13-53:12)와 마찬가지로 이 노래는 3인칭으로 쓰였다. 이 노래의 첫 부분(42:1-4)은 이스라엘과 **이방**에 **정의**를 베풀려고 주님이 이 종을 선택하셨다고 선언한다(1절). 이 노래의 처음 네 절은 종의 지명에서 그의 사명으로 옮아간다. 1절은 하나님의 선택받은 자로 종을 지명하고, 봉사를 위해 하나님이 종을 구비시키셨음을 서술하고, 그의 사명을 선언한다. 1절은 종을 주님의 특별한 대리인, 그분의 **택한 사람**으로 묘사하며 시작한다. 종은 하나님에 의지해 살아간다. 그는 자신의 힘이 아니라, 주님의 능력으로 구원을 받는다. 이스라엘처럼 그도 선택받았다. 이 문맥에서 기름 부음을 받았다는 표현이 명확히 사용되지 않지만, **영**에 대한 언급은 기름 부음을 암시한다(참고. 사 11:1; 61:1). 열방에 정의를 베풀기 위해 종에게 영이 주어진다.

종의 노래에 담긴 메시지

종의 책임: 그는 정의를 세우고, 어둠을 밝힐 것이다.	종의 역할: 그는 이스라엘을 회복하고 이방인들에게 다가갈 것이다.	종의 거부: 그는 굴욕 앞에서 하나님의 신원을 신뢰할 것이다.	종에 의한 구속: 그가 죽음을 통해 속죄를 베풀기 때문에, 하나님이 그를 높이실 것이다.
전기(傳記)	자전(自傳)	자전	전기
42:1-9	49:1-13	50:4-11	52:13-53:12

이사야 42:2-3은 종의 활동과 그의 행동을 서술한다. 권능이 주어졌음에도, 종은 자기 힘을 과시하지 않을 것이다(2절). 그는 억압적으로 통치하지 않는다. 그 대신 그는 백성들 가운데 **상한 갈대**와 **꺼져가는 등불**을 돌볼 만큼 온유할 것이다. 이들 집단은 이스라엘에서 불공정한 통치 아래 짓밟힌 계층을 상징한다. 종의 통치의 특징을 보여주는 것은 억압당한 자들에 대한 그의 온유한 보살핌일 것이다(3절). 이로써 이사야가 무기로 다른 나라들을 짓밟는다고 묘사하는 고레스 대왕과 고난받는 종은 명확히 구별된다(41:2-3).

4절은 종의 통치에서 기인하는 **정의**에 대한 이야기이다. 정의는 구약 곳곳에서 왕의 고유한 임무로 언급된다(참고. 삼상 8:5, 20; 시 72:1-2, 4; 사 9:7; 렘 21:12; 22:3, 15; 23:5). 정의를 베푼다는 것은 평화를 베푸는 것이기 때문에 열방(섬들)도 종의 교훈을 듣기를 고대할 것이다. 종은 자신의 사명을 완수할 때까지 인내할 것이다. 그는 **세상**에 정의를 세울 것이고, 열방은 더 이상 자신들의 규칙을 세우지 않을 것이다. 도리어 그들은 종의 **교훈**에 스스로를 맞출 것이다.

42:5-7. 이 노래의 두 번째 부분은 주님이 이스라엘과 열방을 계몽하고 해방하라고 종에게 요청하신다는 선언이다(42:5-9). 이 구절들은 주님이 종에게 위임한 것을 강조하고 종에 대한 기대를 상세히 설명한다. 5절에서 하나님의 묘사는 창조 세계와 관련된 하나님의 지위에 초점을 맞춘다. 이러한 초점의 목적은 종에 관해 선포된 하나님의 말씀을 뒷받침하기 위한 것이다. 하나님은 만물을 창조하셨다. 그분은 만물에 모든 생명을 부여하고 그것을 지탱하신다. 따라서 그분의 말씀은 신뢰할 만하다. 6절에서 주님은 종을 **백성의 언약**으로 그리고 **이방의 빛**으로 임명하신다. **백성의 언약**이라는 어구는 세 가지 해석이 가능하다. 먼저, 종을 이스라엘 백성에 대한 언급으로 이해하는 사람들은 여기에 '언약 백성'의 의미를 부여한다. 하지만 히브리어 어순이 이런 번역과 어긋나기 때문에, 이 해석은 타당성이 낮다. 이 번역은 본문을 문자 그대로 '백성의 언약'(*berith 'am*, 베리트 암)으로 읽지 않고, '언약의 백성'(*'am berith*, 암 베리트)으로 읽어야 가능하다. 두 번째 견해는 이 어구가 종을 열방을 위한 언약의 대표자로 묘사한다는 것이다. **백성**이라는 단어가 단수이고, 일반적으로 이스라엘 백성을 언급하기 때문에 이런 이해도 의문스럽다. 같은 어구가 다음번 종의 노래에서 사용될 때에는 명백히 여기에 해당한다(49:8). 세 번째이자 가장 가능성이 높은 해석은 종을 이스라엘의 언약 중재자로 이해하는 것이다. **백성의 언약**은 수사적 표현, 즉 결과(언약)로 원인(중재자)을 나타내는 환유이고, '백성들을 위한 언약 중재자'를 뜻한다. 모세처럼 종은 이스라엘의 유익을 위해 언약, 특히 메시아 시대를 위한 '새 언약'을 중재할 것이다(참고. 렘 31:31-34). 종은 이스라엘을 위한 언약 중재자이기 때문에, 분명 이스라엘일 수는 없다.

종의 사명의 두 번째 특징은 **이방의 빛**이 되는 것이다(6절). 메시아 기대는 언제나 열방이 이스라엘의 참 하나님을 알게 되기를 바랐다. 종-메시아는 이 빛을 이방인에게 비추는 분이 될 것이다. 이 개념은 두 번째 종의 노래에서 한 걸음 더 발전된다(49:1-13).

7절은 계속해서 종이 임명된 결과를 나열한다. 그는 이스라엘을 위한 언약의 중재자 역할을 하고 이방인들에게 빛이 될 뿐만 아니라, **눈먼 자들의 눈**을 열고, 포로를 해방하고, **흑암**에 갇힌 자들을 자유롭게 하실 것이다. 이러한 표현은 각각 물리적 상태에 대한 언급으로 이해할 수도 있지만, 이런 행동의 은유적 의미를 간과해서도 안 된다. 눈멂은 흔히 영적인 눈이 먼 것을 가리키는 데 사용된다(참고. 29:18; 35:5; 42:16). 7절 마지막 문장에 언급된 흑암은 영적인 예속의 어둠을 가리킨다.

42:8-9. 첫 번째 종의 노래의 결론으로 하나님의 권능이 선포된다. 하나님은 인간의 우상이 자신의 찬송을 가로채도록 허락하시지 않을 것이다. 성취된 예언에 대한 언급은 40-41장의 선포를 반복하면서 종의 노래를 문맥과 연결시킨다. 하나님은 우상이 할 수 없는 일을 하실 수 있고, 따라서 하나님은 자신의 **영광**을 우상과 공유하시지 않는다. 하나님은 앞으로 일어날 일을 보실 수 있고, 또 전에 예언한 것을 뒷받침할 능력을 지녔다는 증거로, 다시 예고적 신탁에 호소하신다(42:9). 영광의 하나님이 메시아의 강림을 예고하셨기 때문에, 이사야서의 독자들은 이 예언을 신뢰할 수 있다.

42:10-13. 종-메시아에 대해 서술한 뒤에(1-9절), 다음 단락은 찬송을 보여주고(10-13절), 그 뒤에 이스라엘을 위한 종의 사역을 묘사한다. 찬송하라는 요청(10-12절)은 땅과 바다의 모든 거주민에게 주님을 찬송하라고 지시한다. 하나님의 계속된 역사에 의해 성취될 새로운 신탁이 **새 노래**(10절)를 부추긴다. 이 요청은 이스라엘 민족 너머로 확장되어 **항해하는 자들**을 전부 포함한다(10절). 이 구절은 땅 끝에 있는 백성들을 가리키는 것 같다[John Goldingay, *The Message of Isaiah 40-55: A Literary-Theological Commentary* (New York: T & T Clark, 2005), 169]. 앞서 주님께 귀 기울이라고 요청받았던 섬들(41:1)은 이제 자신들이 들은 것에 응답하도록 요청받는다(42:10). 온 세상이 주님께 영광을 돌리도록 요청받는다(11-12절). 그런 다음 하나님은 **용사**로 묘사되어, 그분의 광대한 권능을 지시한다(42:13).

42:14-17. 이 단락은 앞 절의 찬양 요청에서 주님과 그분의 활동에 대한 묘사로 이동한다. 여기서는 하나님을 전쟁 준비를 마친, 막을 수 없는 전사로 묘사한다. 하나님은 과거에 겉으로 침묵하신 모습(14절)과 미래에 취하실 강력한 행동(15-16절)을 서로 대조시키신다. **해산하는 여인**의 이미지는 주님의 침묵이 계속되지 않을 것임을 시사한다. 싸우려는 그분의 열망은 오래도록 제지를 당하지 않을 것이다. 주님이 오셔서 자연의 힘을 전복시키실 것이기 때문에(15절), 그분이 침묵하시며 행동하시지 않는다고 해서 세상은 그릇된 안도감에 빠지지 말아야 한다.

맹인에 대한 언급(16절)은 맹인이 보고 어둠 가운데 있던 사람들이 풀려나는 7절을 돌아보게 한다. 하나님은 맹인들을 새 **길**로 인도하겠다고 선언하신다. 하나님이 격노하여 오시기 때문에 맹인들은 절망 속에 남겨지지 않고 안정 속으로 인도될 것이다. 여기서 맹인들은 이스라엘, 혹은 이제 하나님의 빛으로 인도될 열방에 대한 언급일 수 있다. 이전의 문맥은 땅의 모든 거주민에게 초점을 맞추었지만, 42:18-25은 이스라엘로 관점을 바꾸면서 하나님의 백성이 귀먹고 눈멀었다고 언급하는데, 이것은 의미심장하다. 17절은 우상숭배자들의 반응을 보여준다. 그들은 주님의 행동을 보고 자신들이 생명 없는 나무조각에 절했던 것을 부끄러워한다.

42:18-25. 다음으로 하나님은 자기 백성 이스라엘을 설득하신다. 맹인과 귀머거리가 하나님의 **종**으로 규정된다. 앞서 42:1-4에 언급된 종은 개인을 가리키는 것으로 보이는 반면, 종은 이스라엘 민족을 가리킨다. 42:1-4에 묘사된 주님의 종의 모습이 승리자의 모습과는 거리가 있었듯이, 여기에 설명된 종은 눈멂과 귀먹음의 전형이다. 이 구절에서 수사적 질문들은 이 주님의 종보다 더 귀먹고 눈먼 사람은 없다고 전제한다. **충성된**(19절) 자로 번역된 단어는 논란이 있다. 명확한 동사 형태로는 구약에서 여기에만 나오기 때문이다. 이 단어가 '언약의 평화 안에 있는 사람'으로 번역되어야 한다는 오스왈트의 지적은 옳다[Oswalt, *Isaiah 40-66*, 128. 《이사야 2》, NICOT(부흥과개혁사)]. 종의 감각은 사라지지 않았지만, 실제적인 효용이 전혀 없다. 종의 눈은 볼 수 있고 그의 귀는 들을 수 있지만, 이해력도, 신실함도, 순종도 전혀 없다(20절).

이스라엘이 주님의 계시에 대해 보이는 느긋한 반응은 하나님이 **그의 의로 말미암아** 마련하신 위대하고 영광스러운 **교훈**과 대조를 이룬다(21절). 율법은 하나님의 백성이 순종함으로써 세상에 하나님의 정의를 보여주기 위해 주어졌다. 종은 하나님의 율법에 순종함으로써 번성하도록 되어 있다. 그런데 이스라엘은 갇혔고, 약탈당했고, **도둑맞았다**(22절). 자신들이 보고 들은 대로 기꺼이 행동하지 않은 그들은 결국 수모를 당한다. 그들은 구해달라고 외칠 사람 하나 없이 버림받은 것처럼 보인다(22절).

실상을 이야기하신 다음 주님은 한 걸음 물러나 이스라엘 백성 중에 누가 실제로 그분의 경고에 **삼가**고 그분의 교훈에 귀 기울일 것인지 물으신다(23절). 하나님이 지금 이야기하고 계신 사람들은 이미 메시지를 들었기 때문에 이 질문은 타당하다. 그들은 이미 주님의 길을 따르지 않겠다고 거절하여, 하나님이 그들을 대적에게 넘겨주시도록 부추겼다(24절). 하나님은 자기 백성에게 진노를 **쏟아부으**셨는데도, 그들은 무지하고 혼란하고 눈먼 상태에 머물러 있어서 하나님의 역사를 인정하지도 그것에 반응하지도 못했다(25절).

d. 하나님의 위로의 확신(43:1-44:5)

42장 마지막에 그려진 냉혹한 그림은 이스라엘의 미래를 잠시 모호함 속에 남겨둔다. 이사야 43장과 44장은 하나님이 자기 백성을 보호하실 것이라는 확신을 이스라엘에게 줌으로써 이 모호함을 다룬다.

43:1-4. 첫머리에서 이사야는 하나님의 지속적인 사랑의 임재에 대한 확신을 이스라엘에게 심어준다. 하나님은 야곱의 **창조**자요 구속자이시다. 이스라엘을 대적하는 그분의 행동은 영원하지 않다. 누구도 하나님의 소유물을 훔칠 수 없기 때문에(1절), 이스라엘은 영원히 유배 상태로 있지는 않을 것이다. 1절에서 이스라엘의 구원에 대한 언급은 출애굽을 회상하기 위한 것이다. 게다가 물을 지나는 이미지는 출애굽을 연상시킨다(2절). 타르굼은 출애굽에 대한 명확한 언급으로 그려낸다. "네가 처음 홍해를 지났을 때, 내 말이 너를 살아가게 했고, 바로와 애굽 사람들은 강물처럼 너를 대적하지 못했다." 타르굼의 번역이 결정적인 것은 아니지만, 이는 더 광범위한 해석 공동체의 특정 분파가 2절을 출애굽에 대한 언급으로 이해했음을 시사한다.

타르굼에 동의하고픈 유혹이 있지만, 다른 요소들도 고려해야 한다. 예를 들어, 2절 하반절은 물을 언급하지 않고 불 가운데로 걸어가는 것을 언급하는데, 이는 출애굽과 특별한 연관성이 있는 것 같지 않다. 3절 애굽에 대한 언급도 출애굽과의 관련성이 특별히 없다. 도리어 애굽은 이스라엘 대신 **속량물**로 바쳐진다. 그뿐만 아니라 **구스**[지금의 에티오피아]나 **스바**[지금의 예멘] 모두 출애굽 이야기에 등장하지 않는다. 이 맥락에서 이스라엘의 기억에 각인되어 있었을 출애굽을 피해가기는 어렵다고 인정하는 게 최선일 것이다. 그렇지만 이 기억이 작용한다고 해서 반드시 구절 전체를 출애굽과 연결할 필요는 없다. 오히려 본문은 계속된 주님의 보호를 상기시키면서, 출애굽의 메아리로 요점을 강조한다. 하나님은 이스라엘이 하나님께 **보배롭**기 때문에 이스라엘을 구속하겠다고 약속하신다(4절). '보배롭다'라는 단어는 희소성 혹은 본질적인 가치 때문에 엄청난 값어치를 지닌 것을 가리킨다. 많은 민족이 존재하지만, 이스라엘이 지닌 값어치 때문에 이스라엘은 하나님께 보배로운 것 같다. 하나님이 이스라엘을 선택하신 것은 이스라엘에게 본질적인 가치를 부여했다(신 7:7-8). 하나님은 이스라엘을 보배롭고 존귀하고 사랑스럽게 여기기 때문에, 이스라엘 대신 다른 열방, 곧 애굽을 제물로 바치실 것이다.

43:5-7. 하나님이 주시는 위로의 확신에는 이스라엘의 재집결 약속이 포함된다. 두려워하지 말라는 요청이 다시 등장하는데(5절), 이는 이스라엘을 세상 곳곳에서 모으시겠다는 하나님의 약속과 관련이 있다. **동쪽**과 **서쪽**(5절) 그리고 **북쪽**과 **남쪽**(6절)에 대한 언급은 귀환의 완전성을 강조한다. 흩어진 하나님의 백성들이 땅 사방에서 재구성될 것이다. 그들은 하나님의 특별한 소유물, 하나님의 **영광**을 위해 만들어진 창조물이기 때문에, 구출될 것이다(7절). 분명 열방의 포로로 숨겨진 상태에 있지 않고, 독립된 나라로 재구성될 것이다.

43:8-13. 하나님의 위로의 확신은 또한 하나님이 이스라엘의 소명을 바꾸시지 않겠다고 약속한다. 이 단락은 눈과 귀는 갖고 있지만 보거나 들을 수 없는 사람이라는 익숙한 이미지로 시작된다. 이런 묘사는 앞서 이스라엘에게 적용되었지만(42:19), 이번에는 모든 열방을 염두에 두고 있는 것 같다(43:9). 열방은 다시 자기들에게 일어났던 일을 예측할 수 없었던 것으로 그려진다. 그들은 자신들의 운명을 예견할 수 없었다. 열방은 자신들의 판단이 옳았음을 입증할 만한 **증인**을 내세울 수 없다. 그들의 방법은 기대했던 결과를 낳지 못했기에, 그들은 자신들이 옳았다고 주장할 수 없다.

열방에게는 자신들을 변호해줄 증인이 하나도 없었지만, 하나님은 자기 **종** 이스라엘을 증인으로 부르신다. 하나님의 증인으로 봉사하는 것은 이스라엘의 사명 가운데 하나이다. 카이저(Kaiser)의 설명처럼, "…이스라엘 자신이 하나님이 누구시고, 그분이 자신들의 역사에서 어떤 일을 하셨는지, 그 권능과 실재를 말하는 증인으로 서 있었다"[Walter C. Kaiser, Jr., *Mission in the Old Testament: Israel as a Light to the Nations* (Grand Rapids, MI: Baker, 2012), 54]. 이스라엘의 순종과 궁극적인 성공은 하나님의 유일성에 대한 증언 역할을 한다. 하나님은 이스라엘의 하나님이실 뿐만 아니라, 유일하고 완전하신 하나님이시다. 이 증언은 주님 이전에 **지음을 받은** 신은 없고 **후에도** 없을 것이라는 단언에서 분명해진다(10절). 11절에서 하나님의 유일성은 더욱 또렷해진다. 그분은 유일한 하나님일 뿐만 아니라, 유일한 **구원자**이시다. 이스라엘의 소명은 (이른바 이방 나라의 신들과는 다르게) 주님만이 **알려주었**고 **구원하였**고 **보였**음을 증거하는 증인 역할을 하는 것이다(12절). 하나님은 만물의 통치자이시며, 그분에 맞설 수 있는 존재는 아무도 없다. 그분의 뜻에는 저항할 수 없다(13절).

43:14-15. 이스라엘은 하나님의 구원 약속을 더 깊이 확신한다. 자신의 주권을 증명하고 선포하신 주님은 이제 자신이 세계 무대에서 지휘하실 다음 사건을 선언하신다. 이스라엘을 **위하여** 하나님은 바벨론을 낮추실 것이다. 강력한 나라가 하나님의 손에 굴복하면서, 바벨론의 기쁨은 탄식으로 변할 것이다(14절). 더군다나 하나님은 **이스라엘**과 하나님의 각별한 관계와 함께 주님이신 자신의 지위를 선언하신다(15절). 명확하게 언급되지 않지만, 주님이시라는 하나님의 지위는 이스라엘에서 그분의 지위에 권능을 부여한다. 이 맥락에서 **여호와**는 하나님의 언약적 이름이지만, 이는 또한 그분의 우주적 주권에 대한 선언이기도 하다. 언약을 통해 이스라엘과 친히 약속하셨고 모든 가상의 신들 위에 계신 이 하나님은 또한 **거룩한 이**, **창조자** 그리고 **왕**이시다. 바벨론을 대적하는 그분의 행동에 의해 입증되었듯이, 그분은 자기 백성을 보호하실 것이다.

43:16-21. **바다 가운데에** 길을 내는 것, 병거, 말 그리고 **군대**에 대한 언급(16-17절)은 출애굽을 암시한다. 이 엄청난 사건은 이스라엘 역사에서 민족의 결정적 순간으로서 특별한 위치를 차지하고 있다. 출애굽에서 이스라엘은 자신의 운명을 성취하고 그 땅에서 영원히 하나님과 동거하기 위해 노예 상태에서 구출되었다. 출애굽은 이스라엘에게 결정적인 사건이었지만, 하나님은 이스라엘을 향해 **이전 일**에 머물지 말라고 요청하신다(18절). 이스라엘은 과거에 주님이 하셨던 일을 돌아보지 말고, 하나님이 지금 하고 계시며 미래에 하실 일을 보라고 요청받는다(19절).

여기에 함축된 의미는 이스라엘의 삶에서 결정적 사건인 출애굽이 하나님이 지금 계획하고 계신 **새 일**(19절)로 덮일 것이라는 사실이다. 이 새 일이 결국 출애굽을 역전시킨다. 이전에 하나님은 자기 백성을 애굽 사람들로부터 구원하려고 바다를 마른땅으로 변하게 하셨지만, 이제 하나님은 자기 백성을 구출하려고 광야에 길과 강을 만드실 것이다(19-20절). 하나님은 이스라엘이 과거를 바라보다가 현재를 놓치지 않기를 바라신다. 하나님은 광야에 마련하실 강을 놓고 이스라엘이 지금 하나님을 찬양하기를 원하신다(20-21절). 자연에 대한 하나님의 주권적 통치는 우상의 무능력과 날카로운 대조를 이룬다.

43:22-24. 덧붙여 하나님은 총체적인 용서에 대한 위로의 확신을 이스라엘에게 주신다. 이 단락의 어조는 하나님의 주권에 대한 선언에서 이스라엘의 죄에 대한 기소로 바뀐다. 이사야는 차이를 강조하는 **그러나**로 시작함으로써(22절), 하나님이 이스라엘에게 주실 복에서 이스라엘의 실패(하나님은 그들을 위해 행하셨지만, 이스라엘은 하나님께 응답하지 못했다)로 전환됨을 알린다. 이스라엘은 하나님을 찾지 않았다. 이스라엘이 주님께 적합한 **제물**을 가져오지 않았던 것처럼 보이지만, 그런 견해는 이스라엘의 유배 상황을 감안할 때 문제가 있다. 유배 상황에서는 종교적 제의가 불가능했기에 이스라엘이 적합한 희생제사를 드릴 수 있었다고 기대하기 어렵다. 다른 본문들은 이스라엘이 유배에 앞서 과도한 희생제사를 바쳤다고 시사하기 때문에(1:11-14; 렘 6:20; 암 4:4-5; 5:21-23), 이 구절은 이스라엘의 의미 없는 종교적 표현에 대한 설명으로 이해하는 것이 최선인 듯하다[Christopher R. North, *The Second Isaiah: Introduction, Translation and Commentary to Chapters XL-LV* (Eugene, OR: Wipf and Stock, 2005), 127]. 하나님의 백성은 제물과 헌물

로 주님을 존중하지 않았다. 도리어 그들은 그분께 죄의 **짐**을 지웠다(43:24).

43:25-28. 하나님은 자신을 **나를 위하여 네 허물을 도말하는 자**라고 설명하신다(25절). 이스라엘이 용서를 받는 이유는 자신의 공적이나 자기 자신 때문이 아니라, 주님 때문이다. 하나님은 이스라엘의 죄를 잊고 그들의 죄악을 담당하시면서, 그들을 선하게 대하셨다(25절). 이스라엘은 신실함의 증거를 보이라고 요청받는다. 이스라엘은 과거를 돌아보고 자신의 무죄함을 입증하라고 요청받는다(26절). 이스라엘이 응답하여 증거를 가져오기도 전에, 하나님은 이스라엘이 처음부터 악했다고 선언하신다(27절). **시조**[firtst forefather, 27절]는 본문이 족장 중에 한 사람을 가리킨다는 것을 시사한다. 하지만 아브라함이 **시조**임을 지시하는 것이 본문의 의도였을 가능성은 낮다. 아브라함은 이사야서의 다른 곳에서 긍정적인 모습으로 나타나기 때문이다(29:22; 41:8; 63:16). 야곱이 이스라엘의 조상으로 언급되고(58:14), 또 가끔 부정적인 분위기로 묘사된다는 사실을 감안할 때, 야곱을 **시조**로 봐야 할 가능성이 높다. 하지만 주님께 죄를 저지른 것은 시조만이 아니었다. 이스라엘의 **교사**들도 배반했다. 이스라엘의 지도자들은 하나님께 신실함을 지키지 못했고, 그 결과 이들 지도자의 몰락과 이스라엘의 파멸을 낳았다(28절).

44:1-5. 하나님은 더 나아가 풍성한 성령의 약속으로 이스라엘에게 위로와 확신을 주신다. 이 단락은 이스라엘의 갱신을 알린다. 1절에서 **야곱**은 **이스라엘**과 병행 관계를 이루어 이스라엘을 그 족장과 동일시할 뿐만 아니라, 야곱에게 주어진 두 이름을 불러낸다(참고. 창 32:28). 우리는 다시 이스라엘을 하나님의 선민으로 규정할 뿐만 아니라, 이스라엘 민족과 관련해서 종의 언어가 사용되는 것을 본다. 각각의 묘사는 하나님과 이스라엘의 각별한 관계를 강조한다. 이전 단락에서 언급했듯이 **종**은 하나님의 대표자인 이스라엘을 지칭하는데, 그들의 목적은 하나님의 영광을 보여주고, 열방의 본보기로 그분의 지혜를 고수하는 것이다. 이스라엘은 하나님의 선민으로서 이 임무를 위해 특별히 선별되었고, 징계의 대상이었는데도 그분의 보호하시는 손길을 경험할 것이다.

시적 용어 **여수룬**을 야곱과 나란히 사용한 데서 하나님의 이스라엘 선택이 강조된다(2절). **여수룬**은 이사야서에서 여기에만 나온다. 이 용어가 등장하는 다른 세 곳은 신명기의 시 부분이다(신 32:15; 33:5; 33:26). 70인역은 **여수룬**을 '연인' 혹은 '사랑받는 자'로 번역하지만, 대부분의 타르굼과 페시타(4-5세기의 아람어 성경 번역)는 이 단어를 '이스라엘'로 번역한다. 오직 예루살렘 타르굼만이 신명기 32:15에서 **여수룬**으로 번역한다. 번역본과 관계없이 대부분의 주석가들은 여수룬을 이스라엘로 규정해야 한다는 데 의견의 일치를 보인다. 이런 정체성은 이 용어가 **야곱**과 병행 관계에 있는 데서 분명해진다(44:2).

이스라엘의 선민 신분에 대한 언급과 별개로, 이사야는 주님을 이스라엘의 창조자로 규정한다. **너를 만들고 너를 모태에서부터 지어낸 너를 도와줄 여호와**(2절). 하나님이 이스라엘을 창조하셨고 도와주시기 때문에 이스라엘은 두려워할 필요가 전혀 없다. 그분은 이스라엘 백성을 위해 공급하실 것이고, 그들이 대대로 이어질 것을 보증하실 것이다. 하나님이 공급해주시는 한 가지 길은 **마른땅에 물**을 부어주시는 것이다(3절). 이것을 3절 하반절과 4절에서 이스라엘에게 약속된 미래의 후손들을 소개하는 은유로 이해하는 것도 가능하지만, 말 그대로 그 땅의 회복에 대한 언급으로 이해하는 것이 최선일 것이다. 하나님이 이루실 이스라엘 땅의 변화에 대한 다른 묘사와 유사한 것을 감안할 때, 은유적 해석으로 보기 어렵다(41:17-20; 43:19-21).

동사 '부어주다'의 반복을 통해 물과 하나님의 **영** 사이의 연관 관계가 형성된다(3절, '물을 주다'도 '물을 부어주다'라는 뜻). 하나님이 황량하고 메마른 땅에 물과 생명을 주시듯 그분은 이스라엘 세대 전체를 비옥하게 만드실 것이다. 이스라엘의 후손들은 **풀**에서 솟아나는 나무에 그리고 시냇가의 **버들**에 비유되어, 번영과 숫자 둘 다를 시사한다. NASB는 이 구절을 **그들이 풀 가운데에서 솟아날 것이다**라고 번역하여, 나무를 언급하지 않는다(4절). 이 번역은 **가운데서**[among]로 읽는 마소라 구약 본문에 근거한 것이다. 하지만 쿰란에서 다른 사해사본들과 함께 발견된 1QIsa[a] 본문은 "비누 나무(binu-tree)처럼"으로 번역되는 다른 히브리어 단어를 포함하고 있다. 이 두 어구는 영어에서는 놀랄 만큼 다르지만, 히브리어로는 비슷해서 한두 가지 다른 본문

전승에 따라 쉽사리 혼동을 일으킬 수 있다. 이 구절의 두 번역 모두 옳다고 주장할 수도 있지만, '비누 나무처럼'이라는 번역을 유지할 때 다음 문장의 버들과 병행 관계를 이루어 이것이 올바른 읽기임을 시사한다. 버들(poplars)은 흐르는 물줄기 곁에서 자라는 일종의 버드나무였기 때문이다.

다음으로 이사야는 **한 사람**(5절)의 말을 서술한다. 어떤 사람들이 여기 언급된 인물은 이스라엘 백성이 아니라 이스라엘의 하나님을 믿은 이방인 개종자라고 주장함으로써 **한 사람**의 정체가 상당히 학문적인 관심 대상이 되었다[Roger N. Whybray, *Isaiah 40-66* (Grand Rapids, MI: Zondervan, 1981), 95]. 다른 사람들은 이 **한 사람**이 하나님의 종 이스라엘 민족을 가리킨다고 주장한다. 전후 문맥에서 이스라엘의 후손이 언급되는 것을 감안할 때, 이 **한 사람**을 주님께 충성심을 확증할 미래의 이스라엘을 집단적으로 일컫는 말로 이해하는 것이 최선인 듯하다. 이들 집단이 결국 주님의 백성 그리고 이스라엘의 남은 자 가운데 일부로 자신의 정체성을 정한다. 어떤 사람의 손에 기록하는 관행은 고대 근동의 노예들 가운데 선례가 있으며, 특정 주인에 대한 영원한 충성을 나타낸다.

이 문단은 다가오는 그 땅의 소생과 하나님의 영에 의한 이스라엘의 회복을 강조했다(3절). 이스라엘을 자신의 종으로 선택하고 만드신 하나님은 자기 백성을 버리지 않고, 그들에게 성령을 부어주실 것이다. 미래의 세대는 하나님의 복을 경험하고, 당당하게 자신을 주님의 소유요 이스라엘의 구성원으로 규정할 것이다.

e. 하나님의 주권적 권위(44:6-23)

44:1-5의 이스라엘을 회복하겠다는 하나님의 약속을 바싹 뒤좇아, 여기서는 하나님의 주권에 대한 선언과 우상에 대한 비난이 나온다. 스미스에 의하면[Gary V. Smith, *Isaiah 40-66*, NAC (Nashville, Broadman & Holman, 2007), 224], 이 예언 단락은 네 개의 주요 단락으로 나눌 수 있다. (1) 하나님의 고유한 주권 선언(44:6-8), (2) 우상 신뢰에 대한 풍자(44:9-20), (3) 기억하고 하나님께 돌아가라는 권고(44:21-22), (4) 마무리하는 찬양시(44:23).

(1) 하나님의 고유한 주권 선언(44:6-8)

44:6-8. 6절은 하나님을 **만군의 여호와** 혹은 군대의 주님과 더불어, 이스라엘의 **왕**과 **구원자**로 묘사한다. 이들 호칭은 각각 이스라엘을 다스리는 하나님의 주권적 지위를 인정한다. 이 절 마지막에서 하나님의 권위 있는 진술은 유일한 군주이신 하나님의 지위를 강조한다. 하나님은 신적인 존재의 처음이요 마지막이시다. 다른 신은 없다.

만약 44:6의 진술이 다른 '신들'과 구별된 하나님의 주권 그리고 차별성을 담고 있다면, **나를 누구와 견줄 수 있느냐**(44:7, 새번역)라는 질문은 하나님이 비교 불가하신 분임을 강조한다. 거짓 우상들은 자기가 하나님과 같다고 주장하겠지만, 그들은 미래를 예언할 수도, 앞으로 일어날 사건을 결정할 수도 없다. 반면에 하나님은 역사의 사건들을 주관하시고 삶을 정돈하신다. 우상에게는 자기들을 섬기는 이들을 도와줄 능력이 없음이 다시 한 번 드러난다. 우상은 미래를 알거나 통제하지 못하기 때문에, 추종자들에게 확실한 조언이나 안전을 제공할 수 없다.

이와는 대조적으로 하나님은 자기 백성에게 위로를 주신다. 이사야 44:8에서 하나님은 두려워하지 말라고 이스라엘을 격려하신다. 하나님은 예로부터 그들에게 선언하셨다. **두려워하지 말며**라고 번역된 동사(8절)는 대부분 신적인 행동을 접하고 두려워하는 모습을 묘사하는 데 사용된다(참고. 출 15:16; 사 19:16; 33:14). **겁내지 말라**로 번역된 동사는 8절에만 사용되지만, '두려워하지 말라'로 번역된 다른 동사와의 관련성을 통해 그 의미를 추론해볼 수 있다. 하나님이 이스라엘에게 일어날 일을 예고하셨기 때문에 두려워할 필요가 전혀 없다. 하나님이 유일한 **반석**이시므로 하나님의 선포는 위협받지 않는다. 하나님은 역사의 진행 과정에서 일어날 일을 선언하실 수 있을 뿐만 아니라, 세계적 사건들을 자기 뜻에 맞추시기 때문에 그분의 뜻은 좌절될 수 없다. 하나님은 반석과 같은 안정과 힘의 근원이시다. 그분은 움직이지 않는 이스라엘의 기초이시다(참고. 신 32:4, 15, 18, 30, 37; 삼상 2:2; 시 18:31). 하나님은 여러 기초 가운데 하나의 기초가 아니라 유일하고 완전한 기초이시다. 다른 반석은 없다.

(2) 우상 신뢰에 대한 풍자(44:9-20)

그 무엇도 하나님과 비교할 수 없지만, 사람들은 계속해서 사람의 손으로 만들어진 신들을 신뢰한다. 이사야 44:9-20은 손으로 만든 우상을 신뢰하는 이들을 비난한다.

44:9-11. 첫머리에서 이사야는 우상의 무가치함과 우상을 신뢰하는 어리석음을 명료하게 선언한다. 우상을 만드는 사람은 누구도 유익을 얻지 못하므로 10절의 질문은 풍자로 이해해야 한다. 우상 제작자와 그의 동료들은 신들을 세운다고 해서 유익을 얻을 수 없다. 제작자들이 한낱 인간이기 때문이다(11절). 브루그만의 설명처럼, "이 신들은 본질적인 능력이나 힘을 갖고 있지 않기 때문에 제작되어지는 것이다. 그 결과로 이 신들은 자신들의 '창조자'가 자기들에게 부여할 수 있는 것보다 더 많은 능력이나 힘을 가질 수 없다. 즉, 그들은 아무런 힘이 없다"[Walter Brueggemann, *Isaiah 40-66* (Louisville: Westminster John Knox, 1998), 68]. 마지막에 인간 우상 제작자들이 창조한 모든 것은 인간의 한계에 부닥쳐 위로를 주지 못할 것이다. 대대로 이스라엘을 조성하고 유지하시는 주님과 달리(참고. 2절), 우상을 만드는 사람들은 자신들의 작품이 지속되리라 기대할 수 없다. 그들은 하나로 엮여져 굴욕을 보게 될 것이다.

44:12. 우상에 대한 풍자를 이어가면서, 우상의 제작 과정을 설명하고 제작품의 특성을 강조한다. 우상 생산에 관련하여 제시된 상세한 설명은 신들의 본질적인 취약성과 무가치함을 강조한다. 강한 **철** 연장, **숯불**의 열기 그리고 제작자의 힘센 팔이 우상 생산에 필요하다는 사실을 부인할 수는 없지만, 본문은 또한 굶주림과 갈증 때문에 그 힘이 약해진 제작자의 취약함에 대해서 설명한다. 우상은 그것을 세우는 이에게 **힘**을 주지 못하고 도리어 약화시키며, 이미 제작 과정에서 우상을 신뢰하는 자들을 지탱해주지 못하는 무능력을 드러낸다.

44:13-17. 목재 우상 제작에 대한 묘사에는 아이러니가 배어 있다. 금속 우상을 만드는 사람은 고된 수고로 쇠약해지는 반면에, 목재 우상을 만드는 사람은 자기 신을 창조하는 데 사용한 바로 그 재료에 의존해서 살아간다. **목공**은 **사람**처럼 보이게 하려고 우상을 자로 재고 디자인한다. 목공의 제작 과정과 관련하여 스미스는 이렇게 논평한다. "저자는 결코 하나님과 비교하지 않지만, 청중 속에 있는 히브리인은 누구나 극적인 대조를 간파했을 것이다. 40:12, 22에서 하나님은 하늘의 너비를 표시하기 위해 줄을 긋지만, 이 본문에서 우상은 우상의 윤곽을 만들기 위해 짧은 선을 긋는 사람에 의해 만들어진다"(Smith, *Isaiah 40-66*, 232).

사람들은 사람의 모양으로 만든 우상을 **집에** 둔다(13절). NIV의 번역 '사당'(shrine)과 대조되는 NASB의 번역 '집'은 그 배후에 있는 히브리어 단어를 훨씬 불경하게 이해하고 있음을 시사한다. 하지만 이런 불경한 이해는 우상의 신성한 본질을 흐릴 수도 있다. 그래서 이 경우에는 '사당'으로 번역하는 것이 더 나아 보인다. (사실 사람이 하나님의 형상대로 지음 받았는데) 사당에 두기 위해 우상이 사람의 모양대로 만들어진다는 사실은 우상숭배의 밑바닥에 자기 숭배가 놓여 있음을 지적한다. 우상과 달리 하나님은 거룩하다. 하나님은 독특하며 누구와도 비교될 수 없는 분이다. 속된 환경 속에서 하나님의 임재는 쉽사리 눈에 띄고, 6:1-13에 기록된 이사야가 본 이상에서 분명히 드러나듯이 경외심을 불러일으킨다. 그 누구도 두려움 없이 하나님의 임재 앞에 설 수 없다. 그렇지만 목재 우상은 사람에게 친근감을 주도록 제작된다. 우상은 두려움이나 공포심을 전혀 주지 못하며, 제작자에게 이의를 제기하지 못하는 자기만족감만 가져다준다. 그 대신 우상은 제작자와 그가 선택한 생활 방식을 무조건 승인해준다.

가공의 우상을 창조하는 과정은 우상의 무능과 인간의 자기만족을 드러낸다. **비**는 나무를 자라게 한다(14절). 나무가 자란 뒤에 목공이 나무를 자른다. 목공은 나무 중에 일부를 이용하여 자신의 몸을 덥게 하고, 떡을 굽는 데 필요한 불을 만들기도 하고, 나머지로 우상을 제작하기도 한다(15절). 그는 먼저 자신의 필요를 채우고 나서 신을 제작한 다음, 그것을 향해 구원해달라고 외친다(17절).

우상의 제작 과정에 대한 묘사는 우상 제작자의 삶에서 드러나는 모순을 부각시킨다. 그는 내리는 **비** 때문에 자라나는 나무로 자신의 필요를 채울 수 있다. 14절에서 비를 언급한 것은 성경 곳곳에서 비의 근원으로 간주되는 하나님(참고. 창 2:5; 7:4; 레 26:4; 신 11:14; 28:12; 삼상 12:17-18; 욥 5:10; 사 30:23; 슥 10:1)이 목공을 살게 하시며, 그가 우상을 제작할 때 사용하는 나무의 성장 배후에도 하나님이 계심을 시사한다. 우상은 자양분을 공급하지 못하지만, 빵을 굽는 데 필요한 온기와 열기를 주는 바로 그 재료를 가지고 우상을 만든다.

44:18-20. 하지만 우상을 만드는 이들은 눈이 멀어, 우상 제작에 수반되는 어리석음을 간파하거나 이해하지 못한다(18절). 우상 제작의 아이러니에 주목하지 못한다. 스미스는 이 눈멂이 특정 문화에 물든 사람들의 상태라고 주장한다. 그의 설명에 따르면, "이사야는 이 눈멂이 특정 요인에서 기인한다고 여기지 않지만, 만약 이 사람들이 부모와 종교 지도자들에 의해 이렇게 믿도록 성장했다면 그들은 당연히 그 문화의 잘못된 현실 해석에 어느 정도 묶이게 될 것이다"(Smith, *Isaiah 40-66*, 235).

이유야 어찌되었든 사람들은 온기를 유지하고 음식을 만드는 데 사용하는 것과 동일한 재료로 우상을 만든다는 사실을 깨닫지 못한다(19절). 우상숭배자들은 기만적인 우상의 덫에서 자신들을 자유롭게 해줄 질문을 제기할 줄 모른다. 우상숭배 관행은 **나의 오른손에 거짓 것이 있지 아니하냐**라고 더 이상 묻지 못하도록 효과적으로 속임으로써, 거기에 참여한 사람들을 옭아맨다(20절).

(3) 기억하고 하나님께 돌아오라는 권고 (44:21-22)

44:21-22. **야곱**[즉, **이스라엘** 민족]은 이스라엘을 만드신 하나님과 우상을 만드는 인간 둘 다를 기억하라고 요청받는다. 이스라엘로서는 하나님과 이스라엘의 관계 그리고 우상과 그 제작자의 관계 사이의 병치(竝置)를 잊을 수 없다. 주님은 유일하신 하나님이시다. 그분은 비교될 수 없으시다. 기억하라는 요청은 하나님이 자신의 특별한 종, 자신이 선택한 민족을 잊지 않으시겠다는 확증에 의해 강조된다. 주님은 이스라엘에게 **내가 너를 구속하였고 네 허물을 빽빽한 구름같이…없이하였으니 너는 내게로 돌아오라**고 부르신다(22절).

(4) 마무리하는 찬양시(44:23)

44:23. 우상숭배에 대한 풍자적 묘사에 대한 응답으로, 이스라엘은 단순히 기억하라고 요청받는 데서 머물지 않고 하나님의 온 창조 세계와 함께 기뻐하라고 요청받는다. 그 이유는 한 분이신 참 하나님이 **야곱을 구속하셨으니 이스라엘 중에 자기의 영광을 나타내실 것이기** 때문이다.

f. 하나님의 대리인(44:24-45:25)

이스라엘이 바벨론에게서 벗어나는 구원을 계속적으로 서술하는 신탁에서, 이 단락은 하나님이 그 구원을 위해 사용하실 대리인의 정체를 규명한다. 그는 메디아-페르시아의 황제 고레스 대왕이다. 이 단락의 핵심은 이스라엘이 바벨론의 손에 의해 손해를 입겠지만, 하나님의 백성은 바벨론의 권력이 주님이 허락하실 때까지만 이어진다는 사실을 기억해야 한다는 것이다. 페르시아의 등장은 결코 우연이 아니다. 하나님의 뜻은 진행 중인 인간사의 사건에서 분명히 드러난다. 이사야 44:24-45:25은 몇 개의 작은 단위로 나눌 수 있다. 첫 번째 주요 단락은 44:25에서 시작하여 45:13에서 끝나고, 하나님이 이방인 왕 고레스를 사용하신다는 것을 강조한다. 두 번째 주요 단락은 고레스가 이스라엘에 남긴 영향을 서술한다. 그는 더 행복한 미래의 전조이다. 이 시절에 대한 묘사는 메시아의 나라, 곧 이스라엘과 열방이 모두 주님을 예배할 때를 예시한다(45:14-25).

(1) 고레스에 대한 묘사(44:24-45:13)

44:24-28. 고레스에 대한 묘사는, 하나님의 정체를 이스라엘의 구원자로 규정하는 일련의 서술적 선언으로 구성된 문단으로 시작된다. 이스라엘이 애굽에서 구원받은 것은 과거의 근원적 사건이지만, 이 사건은 또한 하나님이 다시 이스라엘의 구원자로 행동하실 수 있음을 이스라엘에게 상기시켰다. 이 다섯 절에서 하나님의 정체는 일련의 관계절로 표현된다. 첫 번째 관계절 **모태에서 너를 지은** 분(24절)은 44:24-28 내용의 대부분을 차지하는 주님의 담화 밖에서 나온다. 조성 과정에 대한 강조는 하나님이 태초부터 자기 백성과 함께 계셨음을 이스라엘에게 다시 한 번 상기시킨다.

하나님의 선포는 **나는 만물을 지은 여호와라**라는 단언으로 시작되어, **홀로 하늘을 폈으며 나와 함께한 자 없이 땅을 펼친** 것을 하나님의 활동으로 규정하는 선언으로 이어진다. 창조주이신 하나님의 지위는 창조 세계 안에서 질서를 유지하는 그분의 활동을 암시한다. 하나님의 창조 행위는 포괄적이어서 다른 신들은 아무것도 창조하지 못했다는 뜻이다. 하나님이 홀로 창조하셨다. 그분은 하늘을 펴거나 땅을 펼치실 때 누군가의 도움을 받을 필요가 전혀 없다. 그분은 오직 자신의 권능으로 그 일을 이루셨다. 세상이 형성될 때 하나님 앞에, 하나님 맞은편에, 혹은 하나님과 함께 있던 신은 하나도 없었다.

창조에서 예언의 성취로 옮아가면서, 주님은 세계사를 통제하여 자신의 주권을 증명하신다. 거짓 선지자들의 말은 사기였음이 밝혀진다. 하나님은 지혜롭다고 여겨진 이들의 어리석음을 밝히신다. 하나님은 인간의 논리를 방해하신다(25절). 하나님은 사람의 사색과 예고를 약화시키실 뿐만 아니라, **그의 종**[선지자 이사야]**의 말을 확증하고 그의 사자들**, 즉 선지자들**의 계획**을 성취하신다(26절). 하나님은 하나님을 위해 말하고, 하나님의 지혜에 따라 살아가는 사람들을 보호하고 그들의 진실함을 입증하실 것이다.

하나님은 또 예루살렘의 운명을 확증하는 분이다. 세상의 창조주요 역사를 통제하는 분이 앞으로 예루살렘이 사람들의 거처가 될 것이고, 또 유다의 폐허가 회복될 것이라고 선포하신다(26절). 예루살렘이 회복될 것이라는 선언에는 거부할 수 없는 확실성이 수반된다. 이 선언이 하나님의 정체와 관련되어 있기 때문이다. 하나님은 이스라엘의 갱신을 친히 약속하셨다.

하나님은 **깊음에 대하여는 이르기를 마르라 내가 네 강물들을 마르게 하리라** 하는 분으로 나타난다(27절). **깊음**에 대한 언급을 이해하는 데 도움을 주는 몇 가지 견해가 있다. 가장 확실한 것은 이를 한군데로 모여서 마른 땅을 만들었던 창조의 물로 이해하는 것이다. 이것을 노아의 홍수 혹은 애굽인들을 삼켰던 홍해에 대한 암시로 이해하는 것도 가능하다. 깊은 물은 바벨론을 함락시키려고 고레스가 유프라테스강의 흐름을 바꾸었던 사건을 은근하게 언급하는 것일 수도 있다(Goldingay, *Message of Isaiah 40-55*, 259). 앗수르 역시 하나님의 백성에게 대적하는 홍수로 언급되기 때문에(8:7-8; 17:12-13; 28:2; 30:28), 상징적 의미를 간과해서는 안 된다. 깊은 물은 주님에 의해 말라버릴, 다가오는 군사적 공격을 나타낼 수도 있다.

가능성이 더 높은 견해는 이 어구가 고레스의 바벨론 격파를 가리킨다는 것이다. 고레스가 이 전체 단락의 중심인물이고, 바로 다음 구절에서 그 이름이 언급되기 때문이다. 더군다나 이 구절들은 고레스가 바벨론을 격파할 때 일어났던 일을 구체적으로 서술한다. 그래서 27절은 물을 모아서 마른땅을 만드신 하나님이 또 강물을 말리고 고레스의 정복을 가능하게 만드실 것이라고 말한다. 28절에서 하나님은 고레스에 대해 **그가 내 목자라 그가 나의 모든 기쁨을 성취하리라**고 말씀하시는 분으로 묘사된다. 하나님의 즐거움에는 예루살렘과 성전 둘 다 재건될 것이라는 고레스의 선언이 포함된다. 고레스를 하나님의 목자로 이해하는 것은 고레스가 하나님을 섬기고 하나님의 백성을 돌볼 왕적인 인물로 그려지기 때문이다. 이런 의미에서 고레스의 통치는 그의 통치가 아니며, 그는 주님과 그분의 목적에 따라 인도를 받을 것이다.

45:1-7. 고레스에 대한 묘사는 이방인 황제에게 부여되는 놀라운 호칭과 함께 계속된다. 사실 '내 목자'(44:28)라는 호칭을 고레스에게 적용하는 것이 낯설어 보이지만, 그를 주님의 **기름 부음을 받은 자**(45:1) 혹은 주님의 메시아로 규정하는 것은 훨씬 더 뜻밖이다. '메시아'는 그 배후에 있는 히브리어 단어의 음역이다. 이 단어는 제사장(레 4:3, 5, 16; 6:15), 왕(삼상 2:10, 35; 12:3, 5; 16:6; 삼하 1:14, 16; 19:21; 시 2:2; 18:50; 132:10) 그리고 선지자(시 105:15)에게 사용된다. **기름 부음 받은 자**라는 호칭은 이사야서에서 오직 여기에만 사용된다(45:1). 물론 동사형은 나중에 가난한 이들에게 좋은 소식을 전하는 전령에게 임한 주님의 기름 부음을 가리키는 데 사용된다(61:1). 보통 이 호칭은 이스라엘 백성에게서 출생한 어떤 사람에게 주어지지만, 이사야 45:1에서는 한 페르시아 사람이 하나님의 **기름 부음 받은 자**로 규정된다. 이스라엘에게 모욕을 주려고 이 전략을 채택했을 수도 있지만(사 2:6-22에 대한 주석 참고), 고레스와 **그의 기름 부음 받은 자**의 동일시를 열방을 다스리는 하나님의 우주적 주권의 징표로 이해하는 것이 최선인 것 같다. 세상의 이방인 통치자들도 결국은 하나님을 섬기기 위해 선택된다(참고. 10:5).

베스터만(Westermann)은 이 본문이 이스라엘을 다스리는 통치자로 고레스를 임명한 것을 나타낸다고 주장한다[Claus Westermann, *Isaiah 40-66* (London: SCM, 1969), 157]. 하지만 임명을 염두에 둔 것 같지는 않다. 하나님은 단지 고레스와 함께 해나갈 계획을 전달하시기 때문이다. 도리어 본문은 페르시아 제국의 통치를 통해 오게 될 희망찬 미래의 그림을 이스라엘에게 제시한다. 이 그림은 지상의 통치를 넘어서 역사의 진행 과정을 참으로 주관하시는 주권적인 하나님을 지시한다. 스미스의 설명처럼, "이 통치자의 이름 혹은 정체는 이 구절들의 초점이 아니다(그것은 단 한 번만 언급된다). 오히려 이 문단의 주요 강조점은 이 왕을 통해 자신의 뜻을 성취하시는 하나님의 주권적인 역사에 놓인다"(Smith, *Isaiah 40-66*, 254-255).

고레스에 관한 신탁(1-7절)은 고레스가 예루살렘을 회복하는 하나님의 도구가 될 것임을 계시한다(44:28). 주님은 고레스에게 직접 말씀하시는 반면, 이스라엘의 지도자들은 왕과 열방과 이스라엘을 구원하는 도구로 사용할 그분의 기름 부음 받은 이방인 왕에게 하나님이 말씀하시는 것을 지켜본다. 고레스는 자기를 위해 길을 정비하고, 자기에게 열린 문을 주고, 산을 움직이고, 놋문과 쇠빗장을 부수시는 주님의 보호를 경험할 것이다(45:1-2). **흑암 중의 보화**(3절)는 **네 이름을 부르는 자가 나 여호와 이스라엘의 하나님인 줄을 네가 알도록** 하나님이 고레스에게 주실 전리품을 가리키는 것 같다.

이 목적에 대해 브루그만은 이렇게 설명한다. "이 시의 대담한 기대는 페르시아 제국의 서진(西進)이 단순히 제국의 정책이 아니라 국제정치의 진정한 주관자가 품으신 더 광범위한 목적의 일부임을 고레스가 인정하게 될 것이라는 점이다"(Brueggemann, *Isaiah 40-66*, 76). 주님은 자신의 뜻을 고레스에게 나타내시지만, 그 안에 담긴 신탁은 이스라엘을 위한 것이다. 따라서 하나님을 주님으로 인정하는 것은 단순히 고레스를 향한 하나님의 뜻일 뿐만 아니라, 세계사의 사건들이 펼쳐지는 것을 지켜보는 이스라엘을 위한 그분의 뜻이기도 하다.

고레스가 하나님을 알지 못하는데도, 그는 이스라엘을 위해 소환되었다(4절). 하나님은 **나는 여호와라 나 외에 다른 이가 없나니 나밖에 신이 없느니라**라고 선언하신다(5절). 이 배타적인 진술은 고레스가 하나님을 인정하지 않더라도 고레스를 강하게 하실 분은 하나님밖에 없음을 강조한다. 하나님 한 분만이 주님이고 다른 신은 없기에, 이스라엘은 고레스의 활동이 이스라엘을 위해서 하나님이 주도하신 것임을 깨달아야 한다. 고레스가 페르시아 만신전의 한 신이 자기에게 승리를 주었다고 주장하더라도, 이스라엘 백성들은 주님이 고레스로 하여금 정복하게 하셨음을 알 것이다. 이사야의 메시지는 고레스를 위한 하나님의 활동의 본래 목적을 확장하여 땅의 모든 구석에서 오는 사람들까지 포괄한다(6절). 주님은 빛과 어둠, **평안**과 **환난**의 창조자이시다(7절). **환난**을 가리키는 히브리어 단어는 문자적으로 '악'이다. 그래서 어떤 번역본은 하나님이 악을 창조하신다고 진술하여, 주님을 악의 원천으로 규정하는 경우도 있다. 그러나 NASB는 이 단어를 '재난'으로 올바르게 번역한다. 히브리어는 '도덕적 악'뿐만 아니라 '재난', '재앙'을 모두 의미할 수 있기 때문이다. 하나님은 도덕적 악의 원천도 아니고, 악에 대해 도덕적 책임을 지고 계신 것도 아니다(참고. 약 1:13-14).

이는 하나님의 주권 선언이다. 즉, 하나님은 선이든 악이든 만사를 자신의 뜻과 일치시키신다. 이 단락은 창조 세계의 모든 양상을 통제하는 하나님의 주권을 강조하며 마무리된다(8절). 신명기 28:11-12에 묘사된 풍요를 상기시키는 언어로 하나님은 구속의 소나기와 구원의 성장을 명하신다. 오스왈트는 이사야 45:8의 취지를 효과적으로 요약하여 이렇게 진술한다. "하나님이 창조하신 하늘이 비를 부을 수밖에 없고, 하나님이 창조하신 땅이 나무를 내놓을 수밖에 없듯이, 창조주 하나님은 자기 백성들과 맺은 모든 관계에서 그들을 공정하게 대하고 강한 힘으로 구원하실 수밖에 없다"[Oswalt, *Isaiah 40-66*, 206. 《이사야 2》, NICOT(부흥과개혁사)].

45:8-13. 고레스를 상세히 묘사하고 난 뒤 주님을 대적하려고 시도하는 자들에게 경고를 한다. 이사야는 토기와 토기장이 비유를 사용하여 주님과 논쟁을 벌이는 어리석음과 무익함을 서술한다. NASB의 번역 '도기 그릇'(earthenware vessel, 9절)은 본문이 토기 조각을 염두에 두고 있음을 명확히 하도록 '파편'(shard)으로 번역하는 것이 더 나을 것이다. 이 조각들은 독특하지도 않고, 다른 조각보다 더 중요하지도 않다. 토기장이와 논쟁하는 이들은 고통과 슬픔만 발견할 것이다. 결국 진흙에게는 토기장이의 뜻에 의문을 제기하거나 그의 솜씨(**그는 손이 없다**)에 의문을 제기할 권리가 없

다(9절; 롬 9:19-21에 대한 주석을 보라.)

이사야는 토기장이와 진흙 이미지를 부모와 자녀 이미지로 바꾸면서(10절) 자신의 논점을 되풀이한다. 자녀에게는 자기들을 낳은 것을 두고 부모에게 의문을 제기할 권리가 없다. 하나님의 말씀은 하나님 자신에게 이 원리를 적용하여, 그분이 창조 세계에서 하고 있는 일에 의문을 제기하는 이들에 대한 실망을 표현하신다(11-13절). 창조주 하나님은 창조 세계를 어떻게 할지 결정하실 수 있다. 하나님이 고레스를 사용하시는 데 대한 무언의 반대에 대답이라도 하듯이, 하나님은 이스라엘을 구원하기 위해 고레스를 임명하신 자신의 결정을 옹호하신다(13절). 하나님은 자신의 목적을 성취하기 위해서라면, 원하는 것은 누구든 혹은 무엇이든 사용하실 것이다. 이번 경우 하나님은 고레스를 선택하여 예루살렘(**나의 성읍**)을 재건하고 이스라엘 백성을 바벨론에서 자유롭게 할 능력을 그에게 주실 것이다. 고레스는 대가나 보상을 받지 않고, 단지 하나님의 뜻대로 기여할 것이다.

(2) 고레스의 영향(45:14-25)

이사야는 고레스를 이스라엘을 바벨론으로부터 구원하기 위해 선택받은 주님의 목자요 기름 부음 받은 자로 묘사한 뒤, 고레스의 임무가 가져온 영향으로 눈을 돌린다. 페르시아의 통치자는 더 나은 시대의 조짐이다. 이 더 나은 시대에 대한 서술에서, 분명 고레스가 맡은 임무의 영향력은 실제로 이스라엘에게 일어났던 것보다 훨씬 광대하다. 여기서 유배에서의 귀환은 미래의 메시아 나라의 전조로 묘사된다.

45:14-19. 하나님의 구속의 결과로 이방 나라들이 이스라엘을 인정할 것이다(**네게 굴복하고**, 14절). 이 예언은 이스라엘 백성에게 공물을 가져올 세 나라, 애굽, 구스 그리고 스바에 대한 묘사로 시작된다. 그들은 사슬에 묶여 이스라엘을 따라오면서 이스라엘 백성 앞에 절할 것이다. 사슬에 묶인 사람들의 이미지는, 이스라엘에 복속한 민족들이 다른 고대 근동의 권력에게 하는 것처럼 공물과 충성을 바칠 것임을 시사한다. 이스라엘은 하나님—**하나님이 함께 계시고**(14절), 하나님은 비길 데가 없는 분이라고 고백하는 열방의 기도를 받으시는—과 열방 사이의 중재자로 등장한다.

다음으로 하나님은 **스스로 숨어 계시는** 이스라엘의 구원자로 나타난다(15절). 하나님의 숨어 계심은 흔히 그분이 행동하지 않으시는 것에 대한 불평으로 해석되었지만(참고. 시 10:1, 11; 13:1; 27:9; 30:7; 55:1; 69:17; 88:14; 89:46; 102:2; 143:7), 여기서 열방의 진술은 하나님을 비판하는 것처럼 보이지 않는다. 오히려 이 진술은 **스스로 숨어 계시는 하나님**(15절)이 뜻밖의 방법으로 일하신다는 통찰이 담긴 것 같다. 애굽, 구스 그리고 스바가 이스라엘 앞에서 스스로 낮추게 되지만, 다른 사람들 특히 우상을 제작하는 이들은 **다 함께 수욕 중에 들어갈 것**이다(16절). 이스라엘 백성들이 구원을 받고 다시는 수치를 당하지 않을 것이라는 17절의 진술을 고려할 때, 16절에서 우상 제작자에 대한 언급은 다시 열방의 우상들이 결국 우상에게 예배하는 이들을 실망시킬 것임을 시사한다.

하늘과 땅의 창조주이신 하나님은 자신의 창조 사역이 즉흥적으로 혹은 목적 없이 이루어지지 않았다고 선언하신다(18-19절). 창세기 1:1-2에서 **혼돈**한 세상을 묘사하는 데 사용된 단어[NASB에서는 '불모지'(a waste place)로 번역]를 채택하여, 본문은 하나님이 세상을 질서 없이 존재하도록 창조하지 않고, 사람이 거주할 수 있도록 창조하셨다고 단언한다. 19절의 하나님에 대한 진술은 15절에서 하나님의 숨어 계심에 대한 이전의 언급으로 돌아간다. 하나님은 자기 뜻을 이스라엘에게 숨기시지 않았다. 새로운 시계를 완성한 뒤에 저절로 움직이도록 놔두는 시계공과 달리, 하나님은 세상을 창조한 다음 그림자 속에 서 계시지 않는다. 도리어 하나님은 창조 세계의 역사에 계속해서 손을 대심으로 질서를 유지하셨다. 하나님은 **의**와 신뢰성을 갖고 이스라엘에게 말씀하셨다(19절).

45:20-25. 열방이 이스라엘을 인정하는 것뿐만 아니라(14절), 그보다 더 중요한 하나님의 구속의 두 번째 결과는 열방이 이스라엘의 하나님을 인정하고(무릎을 꿇고, 23절) 존중하는 것이다. 우상에게 예배하지만 아무 인도도 받지 못하는 이들을 하나님이 부르신 뒤 그들에게는 구원을 요청할 신이 전혀 없다고 말씀하신다(20절). 참되신 하나님, 이스라엘의 하나님은 유일하신 분이다(21절). 이방의 신들은 미래를 예고하거나 백성들을 재난에서 구해낼 수 없다. 오직 하나님만이 의로운 **구원**자이시다. 그래서 하나님은 구원을 위해 자기

에게 오라고 **땅의…끝**에 요청하신다. 주님은 모든 백성의 유일한 하나님이시며 유일한 피난처이시다(22절). 저항하거나 변경할 수 없는 하나님의 말씀은 주님 앞에 **모든 무릎이 꿇겠고**(참고. 14절), **모든 혀가** 충성을 **맹세**한다고 선포한다(23절).

이것은 예배 혹은 복종의 의미로 모든 무릎이 주 예수 앞에 절할 것이라는, 바울의 종말론적 기대의 근거가 된다(롬 14:10-12과 빌 2:10-11에 대한 주석을 보라). 무릎을 꿇고 충성을 맹세하는 것은 모두 주님께 충성을 서약하는 행위로, 하나님이 자신의 권위를 주장하셨을 때 백성들이 드릴 고백에서 암시된다. **공의와 힘은 여호와께만 있다**(24절). 백성들이 고백하는 내용은 단지 권능만이 아니라 하나님의 심판이 지닌 정당성과도 관련이 있다. 하나님께 분노한 자들이 하나님의 임재 앞에 설 때, 그들은 굴욕을 당할 것이다. 하지만 메시아의 나라 안에 살고 있는 모든 이스라엘은 의롭다고 선언될 것이며, 그분의 위대한 구원으로 인해 주님 안에서 예배하고 **자랑**할 것이다(25절).

이사야 45:13-25은 궁극적으로 주님을 따르기로 선택한 이들에게 위로의 근거를 제공한다. 하나님이 창조주이며, 창조 세계가 스스로 자기 길을 선택하도록 내버려두시지 않았음을 깨닫는 것은 창조 세계 안에서 계속되는 하나님의 활동을 강조하고 설명한다. 세상의 사건과 권력, 전략은 하나님의 일을 감추겠지만, 하나님은 자신의 선민 이스라엘에게 하나님이 그들을 버리시지 않았음을 기억나게 하겠다고 약속하셨다. 세상을 바로잡으려고 하면서 우상에게 향하는 것은 헛된 일이다. 귀먹고 말 못하는 신들은 역사를 통제하지 못할 뿐만 아니라, 창조 세계에 아무것도 기여하지 못했다. 이 본문은 세상의 권력이 불안해 보일 때에도 하나님은 세상의 초강대국을 사용하여 자기에게 신실함을 지키는 이들을 구원하신다고 인정한다.

g. 하나님의 의로운 심판(46:1-47:15)

이사야서의 이 단락은 다시 한 번 주님의 주권, 즉 이스라엘을 구원하고 열방을 심판하실 주님의 능력을 강조한다. 46:1에서 벨과 느보를 언급한 것과 더불어 47:1과 48:14, 48:20에서 바벨론에 대해 분명하게 언급한 것은, 하나님이 이스라엘을 포로로 잡아갔던 바벨론 제국을 처리하고 계심을 시사한다. 46장과 47장은 이사야 13-23장에 등장했던 열방을 꾸짖는 신탁을 닮았다[Chris A. Franke, "Reversals of Fortune in the Ancient Near East," In *New Visions of Isaiah*, ed. R. F. Melugin and M. A. Sweeney (Sheffield: Sheffield Academic, 1996), 104-123]. 열방을 꾸짖는 신탁과 마찬가지로, 46장과 47장에서는 이스라엘의 유익을 위해 바벨론을 비판한다. 바벨론은 겉으로 보이는 것처럼 난공불락의 권력이 아니다. 도리어 바벨론의 불의한 우상숭배 관행은 결국 바벨론을 몰락하게 하실 주님에 대한 모독이다. 첫 부분은 우상을 다스리는 하나님의 권위를 옹호함으로써 하나님의 의로운 심판을 입증한다(46:1-13).

46:1-7. 벨은 신들의 아버지 엔릴(Enlil) 그리고 바벨론 성읍의 수호신 마르둑(Marduk)을 포함하여, 다양한 바벨론 신들을 부르는 호칭이었다. 마르둑은 태곳적의 혼돈을 나타내는 바벨론 여신 티아맛(Tiamat)을 격파한 것으로 묘사되었고, 나중에 신들의 왕이라는 이름이 붙었다. 마르둑을 분명하게 언급하지는 않지만, 벨이 이 바벨론 신에 대한 언급인 것 같다. 마르둑을 염두에 두고 있다는 점은, 병행 문장 중 마르둑의 아들 느보(Nebo)에 대한 언급에서 암시된다. 느보 혹은 나부(Nabu)는 '서기관들과 지적인 탐구의 신'이었고, 바벨론 남부의 성읍 보르십파(Borsippa)를 주관하는 수호신이었다[Oswalt, *Isaiah 40-66*, 228.《이사야 2》, NICOT(부흥과개혁사)].

바벨론의 두드러진 신들이 이제 비천해진다. 신들의 형상은 동물들에게 실려 다녔고, 백성들에게 힘을 불어넣기보다는 형상을 싣고 다니는 이들에게 짐이 된다(1절). 짐을 제거하지 못하는 그들의 무능력은 유배 상태를 나타낸다. 전에 포로로 잡아갔던 이들이 이제는 **잡혀갈** 것이다(2절). 이들 우상과 대조적으로, 하나님은 자기 백성을 붙들어주실 수 있다. 이스라엘(**야곱**)을 향해 청년기부터 노년에 이르기까지 이스라엘을 살게 하신 분이 주님이심을 기억하도록 요청한다(3-4절). 소위 바벨론의 신들은 주님과 비교될 수 없다(5절). 하나님은 시대마다 자기 백성을 싣고 다니시는 반면에, 금과 은으로 만든 우상 제작을 의뢰하는 이들은 신들을 싣고 다녀야 한다(7절). 대장장이가 능숙하게 제작한 고귀한 신은 생명이 없고, 움직이거나 말할 수 없다. 우상은 자기에게 외치는 이들의 기도에 응답할 수 없다. 아무런 행동도 할 수 없는 무능한 우상은 살아 역사하시는 이스라엘의 하나님을 배반하려는 이들에게 경고의 역할을 한다.

46:8-13. 다른 한편 하나님은 더할 나위 없이 강하시다. 하나님이 과거에 하신 행동은 그분이 전능하신 분임을 증명한다. 하나님은 거침없이 자신의 뜻을 실행하셨다. 그분의 뜻과 그분의 목적은 실현될 것이다(8-10절). 미래의 사건을 예고하는 하나님의 능력은 하나님이 선택하신 것은 무엇이든 이루실 수 있는 그분의 능력을 부각시킨다(10-11절). 핸슨(Hanson)의 설명처럼, "이러한 역사 해석이 저변에 깔려 있으면서 선지자로 하여금 창조와 구속의 패턴을 분별하게 해주는 원리는 신학적인 것이다. 이 원리는 '내가 계획했으니, 내가 그 일을 하겠다'는 하나님의 약속에 대한 믿음의 주위를 선회한다"[Paul D. Hanson, *Isaiah 40-66* (Louisville: John Knox, 1995), 115. 《이사야 40-66》, 현대성서주석(한국장로교출판사)]. 하나님은 **사나운 날짐승** 혹은 **먼 나라에서 나의 뜻을 이룰 사람**을 소환하실 것이다(11절). 이 새의 정체는 본문에서 언급되지 않는다. 고레스로 보는 것이 그럴듯한 설명이긴 하나, 고대 문헌 특히 타르굼은 **사나운 날짐승**을 부르는 것이 아브라함의 부르심과 포로민의 집결을 가리킨다고 시사한다. 고레스가 이스라엘을 회복하는 하나님의 목적을 달성할 것으로 자주 언급된다는 점에 비추어볼 때(41:2, 44:28, 45:1), 문맥에서는 이 의미가 가장 잘 통한다. 아무튼 본문의 요점은 분명하다. 하나님은 공허한 위협은 남발하시지 않는 반면, 자신의 계획은 반드시 실행하실 것이다(11절).

12절의 **마음이 완악**한 백성들은 46:6-8의 우상을 숭배하는 배반자, 바벨론으로 이해해야 한다. 이교 신앙에 젖어 있던 그들은 하나님이 행동하지 않으셨기 때문에 이스라엘을 구원하실 수 있는 그분의 능력이 의심을 받게 되었다고 믿었다. 이 꾸짖음은 바벨론을 향한 것이기는 하지만, 이 책의 독자인 이스라엘의 남은 자들에게 소망을 주려는 의도로 본문에 포함되었다. 바벨론이 회의적 자세를 보였으나, 하나님의 구원은 가까이 왔고 실현될 것이다. 시온은 구원을 받을 것이고, 하나님의 영광이 이스라엘에서 드러날 것이다(13절).

47:1-7. 하나님께는 바벨론의 우상을 다스리는 권위가 있기 때문에 하나님의 심판은 의롭다고 변호한 뒤(46:1-13), 바벨론에 대한 하나님의 의로운 심판을 선언하면서 제국의 몰락이 임박했음을 시사한다(47:1-15). 첫머리에서 바벨론을 심판하는 이유를 설명한다(47:1-7). 바벨론은 사회 상류층의 지위를 박탈당한, 대단히 아름답고 거만한 여인으로 묘사된다. 이 아름답고 허세에 물든 여자는 이제 종의 자리로 내려와야 한다. 1절에서, **처녀 딸**[바벨론]에게 보좌를 버리고 티끌로 내려오라고 명령한다. 티끌에 앉는 것은 바벨론의 굴욕 그리고 아마도 탄식의 표식일 것이다(3:26; 25:12; 26:5). 아무튼 티끌에 앉아 있는 바벨론의 이미지는 바벨론에게 임박한, 비천한 처지를 전달한다.

바벨론을 **처녀**로 규정하는 것은 바벨론의 순결이 아니라, 그 민족의 섬세한 아름다움을 말한다. 스미스의 주장에 의하면, "'처녀 딸 바벨론'과 '딸 바벨론[갈대아]'은 영예로운 호칭으로, 바벨론의 젊은 나이를 가리키는 것이 아니다. 아름답고 매력적이며 정복이 불가능한 사람을 처녀의 이미지로 묘사한다"(Smith, *Isaiah 40-66*, 301). 바벨론은 더 이상 아름답지도 않고, 정복할 수 없는 대상도 아니다. 바벨론이 어쩔 수 없이 종으로 노역하면서 그 나라의 아름다움은 퇴색할 것이다. 바벨론을 **곱고 아리땁**게 유지해주었던 환경이 사라질 것이다(1절).

사

이사야는 이 '가녀린 딸'이 맷돌을 가져와 밀가루를 가는 고된 노역에 참여할 것이라고 예고한다(2절). 이런 노역은 바벨론의 익숙해져 버린 명성에는 어울리지 않는다. 그래서 너울을 벗고 치마를 걷어 올리라는 명령이 바벨론에게 주어진다. 자신의 알몸이 드러나는 지경까지 더렵혀짐으로써, 한때 거만했던 바벨론이 수치를 당할 것임이 나타난다(3절). 고대 세계에서 알몸으로 등장하는 것은 수치의 표시였고, 성폭력에 대한 언급일 수도 있다(참고. 레 18:6-19). 핵심은 바벨론의 알몸이 더없는 굴욕을 가리킨다는 것이다.

바벨론에 대한 하나님의 복수는 완수될 것이다(3절). **내가…사람을 아끼지 아니하리라**[I will…not spare a man]라는 NASB의 번역은 히브리어의 문자적인 표현 '내가 한 사람을 만나지 않을 것이다'에 대한 해석이다. '만나다'에 해당하는 히브리어 동사는 '자비를 품고 만나다' 혹은 '친절함으로 만나다'라는 뉘앙스를 담고 있다(참고. 64:5). 바벨론을 대면하실 때, 하나님은 연민을 보이시지 않을 것이다. 4절은 3절과 특별한 연관성이 있어 보이시지 않는다. 70인역은 4절에서 **우리의 구원자** 앞에 동사 '말씀하다'를 첨가하여, 3절의 화자가 하나님이심을 명확히 해둔다. 히브리어 본문에 '말하다'라는 동사가 포함되어 있지 않지만, 이 동사가 전달 과정에서 누락되었을 가능성이 있음을 시사하는 증거가 존재한다. 3절 끄트머리에 비슷해 보이는 단어가 있기 때문이다. 4절 첫머리에 '말하다'를 삽입하는 것은 주님을 화자로 규정한다. 이 절은 하나님이 이스라엘을 구속하시고 이스라엘의 억압자 바벨론을 징벌하실 것을 기뻐하는 선지자의 즐거움이 담긴 탄성일 수도 있다.

하나님은 이스라엘의 구원자, **만군의 여호와**(군대의 주님) 그리고 **이스라엘의 거룩한 이**로 묘사된다(4절). 이스라엘을 애굽에서 구속하신 하나님은 이스라엘을 바벨론에서 구속하실 하나님과 동일하다. **만군의 여호와**라는 호칭은 하나님을 하늘의 군대를 이끄시는, 그 누구도 막을 수 없는 장군으로 묘사한다. 하나님의 호칭은 자기 백성을 구원하시는 그분의 능력을 강조한다.

바벨론에 대한 심판의 메시지로 돌아온 뒤에, 하나님은 바벨론의 거만하고 경솔한 행동을 꾸짖으신다. 주님은 바벨론에게 (1절에서처럼) 앉되, 잠잠하고 **흑암으로 들어가라**고 명령하신다(5절). 일부 주석가들[Christopher R. North, *Isaiah 40-55* (London: SCM, 1964), 99]은 이런 표현이 투옥을 암시한다고 주장했지만, 본문에 명확한 언급이 없기 때문에 반드시 그렇게 해석할 필요는 없다. 바벨론은 열방 가운데서 유력한 지위를 상실할 것이고, **여러 왕국의 여주인**이라는 별명도 빼앗길 것이다(5절). 그 뒤의 내용은 바벨론을 권좌로 부상시켰다가 은혜에서 떨어지게 만든 사건들이다(6절). 하나님의 진노가 자기 백성을 바벨론에게 넘겨주도록 부추겼다.

바벨론은 하나님의 심판을 이행하는 대리인 역할을 했으나, 자신이 진압한 열방에게 가하는 징벌의 수위를 조절하지 않았다. 바벨론은 노인에게조차 자비를 보여주지 않았고, 그들에게 멍에를 **심히 무겁게** 메웠다(6절). 바벨론의 교만은 자신의 영원성을 자랑하는 지경에까지 이르렀다(7절). 하지만 바벨론은 하나님의 백성을 대적하는 자신의 행동이 초래할 결과에 대한 평가에 소홀했다. 그들은 이스라엘이 하나님의 특별한 소유물이며, 비록 징벌 가운데 있을지라도 이스라엘을 정중히 다루어야 한다는 사실을 깨닫지 못했다.

47:8-15. 이사야는 바벨론 몰락의 이유를 제시한 뒤에, 바벨론 심판의 세부 내용을 서술한다. 바벨론은 자신들의 행동 결과를 따져보지 않았기 때문에 이제 이스라엘을 가혹하게 다룬 결과를 맛볼 것이다. 하나님은 **사치**한 바벨론에게 귀를 기울이라고 말씀하신다. 하나님은 안전에 대한 바벨론의 망상을 비웃으시며, 그들을 다른 민족과 똑같이 다루신다. 바벨론은 상반된 자랑을 했으나, 그들은 한날에 과부가 되고 자녀를 잃을 것이다(8-9절). 바벨론 종교에서 큰 비중을 차지했던 주술 자료들은 무용지물이었음이 밝혀질 것이다. 스미스는 점과 관련해서 등장하는 다양한 주술 관행 혹은 미래를 결정하려는 시도에 대해 서술한다(Smith, *Isaiah 40-66*, 306). 영의 설명에 의하면, "다가오는 재난의 확실성은 부인할 수 없다. (아마 본질적인 힘을 갖고 있다고 말하는) 다량의 주술과 마술이 존재하지만, 다가오는 그 일이 더 강하기 때문에 이런 것들도 도움을 줄 수 없다"[Young, *The Book of Isaiah*, 3:238-239. 《이사야 3》(CLC)].

바벨론은 하나님을 신뢰하기보다 자신의 악한 관행을 신뢰했다(10절). 이런 관행에는 9절에 언급된 **주술**과 더불어 하나님의 백성에 대한 억압 그리고 바벨론의 통치와 결부된 가혹한 관행도 포함되었을 것이다. 쿨(Koole)은 이런 사악한 관행이 6-8절에 묘사된 바벨론의 교만과 관련이 있다고 주장하면서, 8절(**나뿐이라 나 외에 다른 이가 없도다**)이 10절에서 인용된다는 점에 주목한다[Jan L. Koole, *Isaiah III* (Leuven: Peeters, 1998), 540]. **나를 보는 자가 없다**(10절)는 추론은 자신의 행동이 결코 주목받지 않는다고 바벨론이 믿었다기보다는, 자신들의 활동을 심판할 이가 아무도 없다고 믿었음을 시사한다. 하지만 다시 바벨론은 엉뚱하게 자신의 주권을 내세운다. 바벨론의 어리석음은 자신의 지혜와 지식이 어리석다는 사실을 깨닫지 못한 데에 그 뿌리가 있다. 바벨론은 자신이 특별하고, 비교될 수 없고, 영원하다고 믿었지만, 그런 생각은 기만이다. 이런 생각이 교만을 부추겼고, 다가오는 파멸을 보지 못하도록 바벨론의 눈을 멀게 했다(11절).

본문은 상당히 반어적인 분위기로, 혹시나 언젠가는 효과를 거둘지도 모르니 무가치한 이교도의 주술 관행을 계속해보라고 바벨론에게 도전한다(12절). 오스왈트의 설명에 의하면, "스스로 하나님의 맞상대가 되었던 성읍에게는 다른 대안이 전혀 없다. 자신의 공허한 지식을 신뢰하는 것 외에 다른 방도가 전혀 없다. 바벨론은 힘들고 고된 노동을 오랫동안 너무 많이 해왔기에…이제 그 노력을 포기할 수 없다"[Oswalt, *Isaiah 40-66*, 253.《이사야 2》, NICOT(부흥과개혁사)]. 현재 상황을 계속 유지하라는 도전은 "하나님의 심판을 되돌려보려는 바벨론의 수고를 조롱하거나 놀리는 것 같다"(Smith, *Isaiah 40-66*, 308).

13절에 언급된 **많은 계략**은 바벨론 내부에서 기인한다. 영이 주장했듯이, 이것은 바벨론 제의와 관련된 활동이 계속될 것임을 가리킬 것이다[Young, *The Book of Isaiah*, 3:242.《이사야 3》(CLC)]. 이 계략은 더 많은 에너지를 소비하는 것 외에 아무것도 낳지 못했다. 지혜를 어리석음과 맞바꾸는 오판은 바벨론에게만 국한된 것이 아니라, 다른 나라들도 범했던 기만적 행동이다(참고. 5:18-19; 8:10; 16:3; 19:3, 11; 23:8-9; 29:15; 30:1; 32:7-8; 36:5; 40:13-14; 41:28; 44:26; 45:21). 여기서는 구원을 위해 **하늘을 살피는 자…초하룻날에 예고하는 자**들을 신뢰해보라고 바벨론에게 요청한다.

바벨론에게 주어진 이 메시지는 이스라엘 민족의 유익을 위한 것이었다. 이 메시지는 또한 우상과 관련된 이전의 강론을 강화하는 것 같다. 이스라엘은 바벨론의 제의적 노력이 이 사악한 민족을 구원할 거라고 믿어서는 안 된다. 도리어 이스라엘은 자신들의 하나님이 복수하러 오실 것임을 깨달아야 한다. 이 복수는 14절에서 모든 것을 불사르는 **불**로 묘사된다. 바벨론의 종교 관원들은 이 불로부터 자신들을 구원할 수조차 없고, 오히려 바벨론의 마술사들은 불에 연료를 더 공급할 것이다(참고. 30:30; 31:9; 33:14; 66:16, 24).

14절 끄트머리의 **숯불** 언급은 44:15-19의 우상 제작자에 관한 강론으로 돌아간 느낌을 준다. 그 본문에서 우상 제작자는 나무의 일부를 우상을 만드는 데 사용하고, 나머지를 불을 지피는 데 사용한다. 그런데 이사야 47:14에서는 음식을 데울 숯불조차 없다. 타고 있는 재료가 빵을 굽는 데 사용할 수조차 없을 만큼 무가치하기 때문이다. 바벨론의 천문학자와 주술사를 가리키는 **초개**[stubble]는 거짓 우상을 만드는 데 사용되는 나무보다 훨씬 용도가 떨어진다. 마지막에 바벨론의 종교인들이 제공할 유일한 선물은 열기도 없고, 아무짝에도 쓸모없는 불밖에 없다. 그들은 **구원**할 수 없다(15절). 바벨론의 운명은 비극적이다. 바벨론 백성의 전 존재 그리고 그들이 자기 민족을 수호하고 안전을 확보하기 위해 행한 모든 것이 허무한 시도에 불과했다. 하나님의 심판이 임할 때, 바벨론의 지혜로운 조언자들은 공포에 빠져, 바벨론 백성들을 구할 수 없을 것이다.

다채로운 역사와 뜨거운 종교적 활동에도 불구하고 바벨론은 무너질 것이다. 바벨론의 전통과 기도, 조언자 그리고 제의가 민족의 성공과 관련이 있다고 보였을 뿐이다. 그런데 바벨론은 자기들에게 이스라엘을 다스릴 권력을 주신 분이 하나님이셨음을 깨닫지 못했다. 하나님은 자기 백성을 거칠게 다룬 데 대해서 바벨론을 징벌하실 것이다. 이스라엘의 입장에서 이 메시지는 바벨론을 다스리는 하나님의 주권을 명확히 전달한다. 바벨론의 성공은 그 민족의 신념과 관행이 효과적이었음을 쉽게 입증할 수 있었다. 그렇지만 바벨론을 꾸짖는 하나님의 선언은 바벨론이 오직 하나님의 은혜에 의해서만 지탱된다는 사실을 보여준다. 이스라엘을 바벨론에게 넘겨준 분은 하나님이셨고, 자기 백성을 그들의 손에서 구출하실 분도 하나님이시다.

h. 하나님의 예고된 회복(48:1-22)

이사야는 47장에서 바벨론 사람들에게 말한 뒤에 시선을 돌려 유배 중에 있는 이스라엘 백성들에게 말한다. 하나님이 바벨론에게 진노하셨고, 그 나라 위에 임박한 심판이 부어질 것이지만 이스라엘 역시 하나님께 대답해야 한다. 이스라엘의 영적 완고함에도 불구하고 하나님은 구원과 회복을 예고하신다.

48:1-11. 이 첫 문단은 이스라엘에게 하나님 말씀의 확실성을 상기시킨다. 이사야는 첫머리에서 유배 중인 청중들의 영적인 위선을 직설적으로 묘사하면서(1절), 이스라엘에게는 들으라고 명령하고 백성들에게는 주목하라고 요청한다. '듣다'로 번역된 동사는 다음 열

여섯 절에서 열 번 반복되어 백성들이 하나님의 메시지에 깊이 주목해야 함을 시사한다. 이스라엘 백성들을 묘사하는 방식은 그들의 족보(**유다의 허리에서 나왔으며**)와 더불어, 현재 그들의 경건(**여호와의 이름으로 맹세하며**, 1절)과 정체성(**그들은 거룩한 성 출신이라고 스스로 부르며**, 2절)을 강조한다. 이스라엘 백성들은, 자신들이 하나님의 가족이며 이스라엘의 하나님을 의지할 수 있다고 믿을 만한 온갖 이유를 가지고 있다. 그렇지만 이 믿음은 진실성과 의가 결여되었기 때문에 약화된다. 그들의 주장에는 진정성이 전혀 없다.

포로 상태에 놓인 모든 백성의 믿음이 진실하지 않았다고 추정하면 안 되겠지만, 그들에게 가해진 비난은 사람의 민족성과 종교적 경건에 대한 주장이 구원을 보증하지 못한다는 준엄한 경고라고 할 수 있다. 도리어 말과 마음, 행동 사이에 상관성이 있어야 한다. 포로 공동체의 주장과 행동은 진실해야 한다. 이스라엘 백성들은 하나님이 전능자이심을 깨달아야 한다. 오스왈트는 48:2의 마지막 진술이 '암묵적인 꾸짖음'을 나타낸다고 주장하면서 이렇게 설명한다. "백성들은 이스라엘의 하나님을 의지한다고 고백하지만, 그들은 그분이 만군의 여호와, 전능하신 하나님이심을 진정으로 깨닫지 못했다. …그들은 유일신 신앙의 의미를 삶 속에서 살아내지 못하고 있다"[Oswalt, *Isaiah 40-66*, 261.《이사야 2》, NICOT(부흥과개혁사)].

3절은 하나님이 역사의 과정을 예고하고 통제하신다는 반복된 주장으로 돌아간다. 하나님의 통제권은 그분이 선언하셨던 **처음 일들**이 이미 일어난 데서 명백히 드러난다. 이 문맥에서 미래사를 예고하는 하나님의 능력은 하나님의 전지하심을 설명하기 위한 것이 아니라, 창조 세계를 다스리는 그분의 주권적인 지배를 진술하기 위한 것이다. 이스라엘 백성의 **뻣뻣한 목**과 **놋이마**에도 불구하고(4절), 하나님은 이 일들이 일어날 과정을 계시하신다. **뻣뻣한 목** 이미지는 구약에서 이스라엘과 관련해 여러 차례 사용된다(참고. 출 32:9; 신 9:6, 13; 시 75:5). 이스라엘을 위한 하나님의 행동과 일어난 사건들에 대한 그분의 예고에도 불구하고 이스라엘은 완고했으며, 이는 이스라엘의 고질적인 문제가 되었다.

하나님은 바벨론 귀환을 예고하는 두 가지 이유를 제시하신다. 하나님이 이 사건들을 미리 전하시는 첫째 이유는, 이스라엘이 바벨론으로부터 구원을 받으려는 목적으로 우상을 신뢰하지 않게 하기 위함이다(5절). 역사를 통제하시는 하나님만이 포로 귀환 같은 사건을 예고하실 수 있다. 만약 하나님이 이 일을 예고하지 않으셨다면, 이스라엘은 우상을 신뢰하고픈 유혹을 받았을지도 모른다. 주님의 말씀은 바벨론의 몰락에서 그리고 결국에는 이스라엘의 집결에서 계속 확인될 것이다. 증거는 명확하다. 이스라엘이 해야 할 일은 그것이 옳았음을 인정하는 것이다(6절). 하지만 하나님은 이루어질 일을 선언하는 데서 끝내시지 않는다. 하나님은 이스라엘에게 새 일들과 숨은 일들을 예언하실 것이다(6절).

하나님이 포로 귀환(**새 일**, 6절)에 대해 예언하시는 둘째 이유는, 이스라엘이 줄곧 이것을 알았다고 자랑하지 못하도록 하기 위함이다(8절). 오스왈트의 주장에 의하면, "예언이 우상의 주장을 논박하기 위해 주어졌듯이, 인간의 전지성 주장을 논박하기 위해 모든 예언이 한꺼번에 주어지지 않았다"[Oswalt, *Isaiah 40-66*, 268.《이사야 2》, NICOT(부흥과개혁사)].

이제 하나님은 유배로부터의 회복을 예고하신 이유만이 아니라, 어떻게든 이스라엘을 다시 돌아오게 하시는 이유도 선언하신다. 하나님을 배반하고도(8b절) 이스라엘이 살아남은 이유는, 하나님이 자신의 명성에 관심을 두시기 때문이다(9절). 하나님은 이스라엘을 파괴하시는 대신, 괴로움을 통해 그들을 정화하고 시험하기로 작정하셨다. 괴로움을 통한 정화는 구약 전체에서 자주 등장한다(참고. 시 66:10; 렘 9:7; 슥 13:9; 말 3:3). 이 정화 과정의 목적은 이스라엘 백성을 정결하게 하고, 주님께 대한 믿음을 강화하려는 것이다. 하나님은 이스라엘을 위해서가 아니라 자신을 위해서 그리고 자신의 명성을 위해서 이 일을 하신다(11절). 하나님은 자기 이름이 이스라엘의 배반 때문에, 혹은 이스라엘 민족의 무시 때문에 더럽혀지지 않기를 바라신다. 하나님은 자신의 영광을 다른 이와 공유하시지 않을 것이다(11절; 참고. 42:8).

48:12-16. 하나님 말씀의 확실성을 상기시킨(48:1-11) 다음에는 구속자의 본성을 회상하도록 이스라엘에게 도전한다(12-16절). 이스라엘의 구속자는 영원하신 분, **처음이요 마지막**이다(12절). 하나님이 이스라엘을

부르셨다는 말은 이스라엘이 주님과의 관계를 누리는 것이 자유의지가 아니라 하나님의 손 때문임을 독자들에게 상기시킨다. 태초(처음)부터 거기 존재하셨고 끝(마지막)까지 계속 존재하실 하나님은 이스라엘을 소환하여 자신의 특별한 소유로 삼으셨다.

자신의 본성과 정체성에 대한 단언 위에서, 하나님은 창조주로서 자신의 역할을 다시 지시하신다(13절). 그래서 온 창조 세계의 하나님은 자신의 말에 귀 기울이고, 자기가 이런 일을 선언했음을 깨달으라고 모든 사람에게 요청하신다(14절). 수사적 질문에는 **그들**에 대한 언급이 포함되는데, 이는 미래에 대해 선언할 수 없는 거짓 신들을 가리킨다. 반면에 주님은 역사의 진행을 통제하신다. 그분의 본성 때문에 하나님은 이스라엘의 구원을 예고하실 수 있고, 또 자기가 **사랑하는 이**, 혹은 더 바람직한 NIV의 번역처럼 '선택한 협력자'(chosen ally)를 통해 그 일을 성취하실 것이다. 관심의 대상인 '협력자'는 바벨론을 심판하려는 하나님의 열망을 성취할 페르시아의 고레스(참고. 41:2, 44:28, 45:1)를 가리키는 것 같다(14절). 하나님은 바벨론에 맞서 하나님의 뜻을 수행하는 사람에게 능력을 주시므로 그 사람 개인이 이룰 모든 성공은 하나님의 것으로 간주되어야 한다(15절).

하나님의 도구 고레스를 통해 이스라엘이 구원될 것이라는 하나님의 예고의 결과로 하나님은 이제 가까이 와서 귀 기울이라고 이스라엘에게 요청하신다(16a절). 하나님은 다시 자신의 메시지의 명확성을 단언하신다. 하나님은 자신의 계획을 자기 백성들에게 숨기시지 않았다. 이렇게 진술하신 뒤에 16절 하반절은 **하나님과 그의 영이 보내**신 사람을 서술한다. 주석가들은 화자의 정체를 놓고 의견이 갈린다. 가능한 인물로는 이사야, 이스라엘, 고레스 그리고 메시아가 포함된다. 처음 두 가지 가능성은 그것을 뒷받침하는 단서가 문맥에 하나도 없다. 방금 전 하나님이 선택한 협력자로 언급된 고레스는 가능한 대답이다. 그러나 하나님의 영에 대한 언급은 여기서 종-메시아가 화자일 가능성을 더 높여주는 것 같다. 성령에 의한 메시아의 칠중적인 기름 부음(11:1-2) 그리고 종으로 하여금 사역하게 하는 성령의 기름 부음(61:1-3)을 상기시키면서, 하나님과 그분의 영이 종을 보내실 것이다. 이 기름 부음은 종-메시아가 하나님이 주신 임무를 성사시킬 것임을 확증한다(52:13). 또한 이것은 다음 장에서 두 번째 종의 노래를 준비하는 역할을 한다(49:1-7).

48:17-19. 이 종-메신저는 하나님의 조언에 순종해야 할 필요성을 이스라엘에게 상기시킨다. 전해진 메시지는 하나님이 이스라엘에게 지혜를 주신다는 점을 강조한다(17절). 만약 이스라엘이 하나님의 조언을 마음으로 받아들였다면, 그들은 평화와 의를 경험했을 것이다(18절). 이스라엘의 자손들은 번성했을 것이고, 하나님의 계속되는 복을 경험했을 것이다(19절). 이스라엘의 자녀들을 **모래**와 비교하는 것은 아브라함에게 하신 하나님의 약속을 상기시키면서(창 22:17), 언약과 축복의 상관관계를 강조한다. 도리어 이스라엘은 하나님의 조언을 거부했고 자신들의 길을 갔다. 불행하게도 이스라엘의 '지혜'는 그들을 바벨론으로 데려갔다.

48:20-22. 이 장의 마지막 부분은 이스라엘을 위한 소망의 순간을 보여준다. 주님을 기꺼이 신뢰하지 않은 태도는 이스라엘의 바벨론 유배를 낳았지만, 그들은 거기에 영원히 머물지 않을 것이다. 그 대신 하나님은 바벨론 사람들에게서 도망하고 바벨론을 떠나라고 그들에게 요청하신다(20절). 주님이 바벨론으로부터 이스라엘을 구속하신 일은 온 땅 위에 기쁨으로 선포되어야 한다. 이스라엘은 자신들을 위한 하나님의 행동에 대해 침묵할 수 없고, 하나님이 자기 백성을 보존하고 구출하신 것을 모든 열방 앞에서 기쁨으로 증언해야 한다. 하나님이 페르시아 제국과 그 통치자를 사용하여 이스라엘을 자유롭게 하실 것임을 기억할 때, 더욱더 이렇게 행동해야 한다. 이스라엘은 침묵해서는 안 되고, 이스라엘의 하나님이 역사의 주인이심을 세상에 선포해야 한다. 그분은 이스라엘을 구출하셨고, 그 백성을 이방 권력의 손에서 다시 한 번 구속하신 분이다. 바벨론 귀환을 하나님이 이전에 이스라엘을 애굽에서 구속하신 사건 및 그 이후의 광야 방황과 연결시킨 것은 의도적이다. 바위에서 물이 흘러나게 하셨다는 언급은 바위를 내리쳐서 백성들이 물을 마시게 하라고 하나님이 모세에게 명령하셨던, 이전의 구속 사건에 대한 성경의 내적 연결이다(출 17:6).

NASB가 21절에서 동사를 과거 시제로 번역한 것은 이 절이 이스라엘 백성들의 출애굽 때 일어났던 사건에 대한 언급임을 시사한다. 그렇지만 이 본문의 맥락으로 보면 21절을 현재 시제로 번역하여, 20절에서 언급된 다가오는 바벨론으로부터의 구속을 가리키도록 하는 것이 최선인 것 같다. 현재 시제는 그 당시 일어나고 있던 일에 대한 언급이 아니라, 앞으로 일어날 일을 이미 끝난 것이나 다름없이 이야기하는 것으로 읽혀야 한다. 과거의 사건들을 고려하고 있는 것은 분명하지만, 본문은 바벨론에서 귀환하고 있는 이들에게 물을 공급하시고 이스라엘을 구속하시는 하나님에 대한 서술로 이해해야 한다(43:20). 다른 본문에서 영어 번역본은 동일한 히브리어 구문을 미래 시제로 번역한다(참고. 삿 1:2; 삼상 2:16; 사 6:5). 물론 주요 영어 번역본 중에 이들 구절을 현재 시제로 번역하는 것은 하나도 없지만, 70인역은 조건절로 시작되어('그들이 목마르다면…') 그 뒤에 일련의 동사가 미래 시제로 나온다. 골딩게이(Goldingay)는 이 해석을 따라 21절의 동사가 '동시적 혹은 예언적 완료'라고 주장하면서, 이 절을 다음과 같이 번역한다. "야훼는 자기 종 야곱을 회복하고 계신다. 하나님이 광야를 가로질러 그들을 인도하실 때 그들은 목마르지 않다. 하나님은 그들을 위해 반석에서 물이 흘러나오게 하신다. 하나님이 바위를 쪼개시고, 물이 쏟아진다"(Goldingay, *The Message of Isaiah 40-55*, 360).

이 장의 마지막 절 말씀(**악인에게는 평강이 없다**)은 바벨론으로부터의 구원에 관한 이 단락(40-48장)을 마무리로 이끄는 문학적 표식 역할을 한다. 거의 동일한 어구가 그다음의 주요 단락도 마무리하고(죄로부터의 구원, 49-57장; 57:21을 보라), 또 비슷하나 훨씬 강한 주제가 이 책의 마지막 단원을 마감한다(종말의 구원, 58-66장; 66:24을 보라). 이 절의 메시지는 20-21절을 만들어낸 소망의 문맥 속으로 한 줌의 현실을 끌어온다. 다가오는 하나님의 구원과 관계없이 이스라엘은 **악인에게는 평강이 없다**는 사실을 기억한다(22절). 이스라엘은 자신들의 하나님께 돌아가서 그분을 따라야 한다.

2. 죄로부터의 구원(49:1-57:21)

이사야서의 이 단락은 이 책 후반부의 신탁에서 (셋 중에) 두 번째 주요 단락이다(서론의 도표 '이사야서의 구조'를 보라). 이 신탁 단락의 각 부분은 바벨론으로부터(40-48장), 죄로부터(49-57장) 그리고 종말의 때에(58-66장) 이스라엘의 구원을 강조한다. 이 단락에서 중요한 사항은, 이사야서에 등장하는 종의 노래 네 개(49:1-13; 50:4-11; 52:13-53:12; 42:1-9에 있는 첫 번째 노래) 중에서 세 개가 여기에 나온다는 점이다.

a. 이스라엘의 격려(49:1-52:11)

이사야서가 기록될 때, 이스라엘은 음산한 유배 예고에 맞닥뜨려 있었다. 이 단락에서 이사야는 이스라엘을 격려하려고 애쓰면서, 다가오는 이스라엘의 구원과 회복을 강조한다. 이 격려의 첫 부분은 이스라엘과 열방을 위한 하나님의 계획에서 종-메시아의 역할과 관련되어 있다.

(1) 종의 역할(49:1-13)

세 단락이 이사야 49:1-13을 구성한다. 첫 번째는 이스라엘로 가라는 종의 소명을 묘사한다(49:1-4). 두 번째는 이방 나라들을 위한 종의 사역을 설명한다(49:5-7). 그리고 세 번째는 이스라엘을 위한 종의 궁극적인 구원을 지시한다(49:8-13).

49:1-4. 49:1-13의 화자가 누구인지와 관련하여 상당한 논란이 오갔다. 첫 번째 견해는 49장에서 복수의 실체가 부름을 받는다는 것이다. 화자는 종에서 시작하여(1-4절), 5-6절에서 종 다리우스(Darius)에게로 옮아가고, 그런 다음 이 장의 나머지 부분에서 전령(7, 13절), 주님(8-12절, 15-21절) 그리고 시온(14절)으로 옮아간다(Watts, *Isaiah 34-66*, 182-84). 화자의 정체가 다양하다는 견해는 본문의 구체적인 내용보다는 이른바 역사적 배경의 재구성에 근거를 두고 있다. 두 번째 견해는 이것이 선지자 개인에 의해 기록되었다는 것이다[Oswalt, *Isaiah 40-66*, 289.《이사야 2》, NICOT(부흥과개혁사)]. 하지만 인간 선지자라고 하기에는 화자에 대한 묘사가 너무 고귀하다. 세 번째 가능성은 **내게 들으라**(1절)는 권고와 이사야서의 다른 부분에 나오는 비슷한 권고(46:3, 48:1, 12, 14, 16)의 유사성에 근거하여, 화자의 정체를 주님으로 이해하는 것이다(Goldingay, *The Message of Isaiah 40-55*, 365).

1절 상반절(**섬들아 내게 들으라 먼 곳 백성들아 귀를 기울이라**)은 이제부터 말할 메시지에 주목하라는 주님의 직접적인 권고를 나타내는 것 같다. 이 권고의 범위는 우주적이며, 따라서 종이 가진 소명의 범위를 강조한다. 1절 하반절(**여호와께서 태에서부터 나를 부르셨고 내 어머니의 복중에서부터 내 이름을 기억하셨으며**)에서 시작되어, 그 정체가 **나의 종, 이스라엘**(3절)로 규정된 새로운 화자는 자신의 부르심을 서술한다. 화자의 정체가 **이스라엘**로 규정된다는 사실로 인해, 어떤 사람들은 이스라엘 민족 전체가 여기서 염두에 둔 주님의 종이라고 주장했다. 이 문맥에서 더 신빙성이 높은 견해는, 종이 집단으로서의 이스라엘이 아니라 이스라엘의 대표자, 이스라엘이 되어야 할 모든 이상의 전형이라는 것이다(이 견해를 지지하는 논증에 대해서는 아래를 보라).

종은 이스라엘에 대한 자신의 부르심을 서술하는 것으로 이야기를 시작한다. 종은 1인칭을 사용하여, 첫머리에서 하나님이 자기를 어떻게 준비시켰는지 설명한다. 먼저, 하나님은 그의 사역을 예정하셨고, 모태에서부터 그를 부르셨다(1절). 둘째, 하나님은 이스라엘을 위한 사역에 대비해서 두 가지 방법으로 종을 무장시키셨다(2절). (a) 하나님은 그의 입을 **날카로운 칼같이** 만드셔서, 그가 효과적으로 말할 수 있게 하셨다. (b) 하나님은 자신의 메시지로 이스라엘의 영적인 마음을 파고들 능력을 갖춘 **갈고닦은 화살**처럼 종을 만드셨다. 셋째, 하나님이 이스라엘에 대한 사역을 위해 종을 보존하셨고, 종은 하나님이 **나를 그의 손 그늘에 숨기시며 또 나를…그의 화살통에 감추**셨다고 말한다. 두 표현 모두 주님의 보살핌과 보호를 가리키는 데 사용된다(참고. 시 17:8; 27:5; 31:20; 64:2; 렘 36:26). 넷째, 하나님은 종이 주님을 영화롭게 할 이스라엘의 전형이 될 것이라고 선언하셨다(3절). 이스라엘 공동체가 하도록 되어 있던 그 일을 종이 이스라엘을 위해 할 것이다. 하지만 이스라엘 공동체가 미래에 담당할 역할은 제거되지 않는다.

종을 **이스라엘**이라는 이름으로 부른다는 사실 때문에 어떤 사람들은 종의 정체가 이스라엘 민족으로 규정되어야 한다는 입장을 고수했다. 그럴 경우 이스라엘 민족은 자신을 위한 사명을 지니게 될 것이므로, 이는 타당성 없는 주장이다(5-6절을 보라). 더군다나 종은 "백성에게 미움을 받는 자"로 묘사되어(7절), 그가 이스라엘일 수 없음을 시사한다. 따라서 종-메시아가 '이스라엘'이라고 불린 이유는, 그가 이스라엘의 참 왕이요 이상적인 이스라엘의 전형이기 때문이다. 그는 이스라엘 민족이 실패했던 모든 길에서 성공을 거둘 것이다.

자신의 준비 이외에 종은 자신의 절망도 서술한다(4절). **헛되이 수고하였**다는 그의 느낌에는 자신의 사역을 수용하지 못하는 이스라엘의 실패에 대한 실망감이 반영되어 있다. 그의 모든 수고가 허비된 것처럼 보였다(**무익하게 공연히**).

49:5-7. 이스라엘이 종을 거절하는 맥락 속에서, 종은 다음으로 자신의 부르심이 이방인에게로 확장되었다고 선언한다. 이 과정에서 주님은 이스라엘을 위한 종의 사역을 재차 확인하신다. 이스라엘의 거절에도 굴하지 않고, 종은 계속 주님께 **야곱을…돌아오게** 하도록 부름을 받는다(5절). 하지만 이것은 이 종처럼 영광스러운 이에게는 **매우 쉬운** 임무였다. 그는 **야곱의 지파들을 일으키며 이스라엘 중에 보전된 자를 돌아오게** 할 뿐만 아니라, **이방의 빛**이 될 것이다(6절). 그렇기에 하나님이 주실 **구원**은 이스라엘에게만 국한되지 않고 **땅 끝까지 이**를 것이다. 이전에 종이 겪은 좌절에 대한 응답으로(4절) 주님은 종에게 궁극적인 성공을 재확인해주셨다. 종은 이스라엘 **백성에게 멸시를 당하고 미움을 받**았지만, 이방 나라들에게는 경배를 받을 것이다. **왕들이 보고 일어서며 고관들이 경배하리니**(7절). '멸시를 당하다'라는 단어는 네 번째 종의 노래에 사용된 것과 어근이 같다(53:3). 그는 백성[이스라엘, 히브리어로 고이(*goy*), 이곳에서처럼 단수로 사용될 때는 보통 이스라엘을 가리킨다, 창 12:2; 출 19:6; 신 4:6; 미 4:7; 습 2:9을 보라]에게 **미움을 받**을 것(이 단어는 '부정한 것 혹은 가증한 것으로 거절당하다'는 뜻이다)이다. 하나님의 신실하심으로 인해 이방 나라들(**왕들, 고관들**)이 그를 경배하게 될 것이다.

49:8-13. 4-6절에는 이스라엘이 종을 거절한다고 예언되어 있지만, 종의 부르심에 관한 이 마지막 부분은 이스라엘이 결국 종을 믿고 구속을 경험할 훨씬 먼 미래를 내다본다. 정해진 시점에 하나님은 종을 **백성의 언약**으로 삼으실 것이다. 이것은 첫 번째 종의 노래에 사용된 것과 동일한 표현으로, 종이 이스라엘 백성을 위한 언약 중재자가 될 것이라는 뜻이다. 이 어구는 '언약-중재자'를 가리키는 수사적 표현[결과(언약)로 원

인(중재자)을 나타내는 환유법]이다(42:5-7의 더 자세한 주석을 보라). 이는 영적인 요소와 물질적인 요소를 모두 포괄하는 '새 언약'을 가리킨다(렘 31:31-34).

새 언약과 결부된 것은 이스라엘의 땅의 회복과 지파별 땅의 분배이다(8절). 또한 갇혀 있던 종은 자유를 얻을 것이다(9절). **흑암에 있는 자**에 대한 언급은 9절 첫 문장에 언급된 **잡혀 있는 자**와 병행을 이루면서, 지하 감옥에 갇혀 있던 이스라엘의 흩어진 자들을 가리킬 가능성도 있다. 자유를 얻은 이들은 종의 사역을 통해 하나님의 복의 열매를 경험할 것이다(9-11절). 백성들이 유배지에서 약속의 땅으로 돌아가는 동안 하나님은 종을 통해 백성들에게 음식과 물을 제공하실 뿐만 아니라, 백성들이 걷게 될 안전하고 평탄한 통행로도 제공하실 것이다. 하나님이 먹을거리를 공급하시는 일은, 다른 곳에서는 동물 떼와 관련이 있지만(사 17:2; 40:10-11; 63:11), 이 경우에는 동물 떼를 전혀 염두에 두지 않는다. 따라서 그들이 거룩한 땅으로 돌아갈 때 하나님이 그들의 필요와 동물의 필요에 맞게 공급해주실 것임을 시사한다. 10절은 하나님이 은혜롭게 물을 주시며, 하나님이 열기와 태양으로부터 백성을 보호해주실 것임을 서술한다. 이런 회복은 종의 사역과 연결되며, 바벨론 귀환(주전 539년)을 가리키지 않고 메시아의 나라에서 이스라엘이 회복되는 마지막 때의 회복을 내다본다.

자유롭게 된 이들이 **먼 곳에서 그리고 북쪽과 서쪽에서** 올 때—이는 전 세계적 회복임을 시사한다—종의 사역이 의도한 결과가 이제 결실을 맺는다(12절). **시님**의 위치는 논란의 대상이었고, 고대 번역본들은 여기서 단어 '시에네'(Syene)를 사용하는 변형된 읽기를 제시한다. 마소라 혹은 히브리어 본문은 **시님**으로 읽지만, **시님 땅**의 위치는 알려지지 않았다. '시에네'라는 이름은 쿰란의 사해사본 중에서 이사야서 사본에 나온다. 몇몇 현대 번역본이 12절을 번역할 때 '시에네'를 채택했지만(예를 들어, ESV와 NIV는 '아스완'이다), NASB, NET 그리고 HCSB는 **시님**을 고수한다. 시에네는 애굽 남동부에 있는, 오늘날 아스완 부근의 한 성읍이다. 13절에서 그들에 관한 언급을 감안할 때, 멀리서 온 이들의 정체는 하나님의 백성으로 규정되어야 한다. 이스라엘을 향한 하나님의 위로는, 하늘과 땅 그리고 산으로 대표되는 모든 창조 세계의 찬양과 만나야 한다(13절).

이 종의 노래는 바울이 로마서 11장에서 서술한 예언의 형태로 나타난다. 이스라엘은 약속된 종-메시아를 (부분적으로) 거절했다. 그 뒤에 하나님은 메시아의 메시지를 이방인들에게 주셨고, 그중에 많은 이들이 그를 메시아로 받아들였다. 하지만 마지막에 하나님은 이스라엘의 마음을 열어서, 그들은 한 민족으로서 메시아 예수를 믿고 모든 언약의 약속을 경험할 것이다. "그들의 넘어짐이 세상의 풍성함이 되며 그들의 실패가 이방인의 풍성함이 되거든 하물며 그들의 충만함이리요…그들을 버리는 것이 세상의 화목이 되거든 그 받아들이는 것이 죽은 자 가운데서 살아나는 것이 아니면 무엇이리요"(롬 11:12, 15의 주석을 보라).

(2) 주님의 신실하심에 대한 재확인(49:14-26)

하나님은 계속해서 이스라엘을 격려하신다. 이 격려의 첫 부분은 이스라엘과 열방을 위한 하나님의 계획에서 종-메시아의 역할과 관련이 있다(1-13절). 이제 주님은 이스라엘에게 하신 언약의 약속에 충실하겠다고 재확인시킴으로써 그들을 격려하신다.

49:14-16. 주님이 이스라엘을 버리셨다는 시온의 비난, **여호와께서 나를 버리시며 주께서 나를 잊으셨다**(14절)에 대한 응답으로 주님은 언제나 이스라엘을 기억하겠다고 말씀하신다. 하나님은 수사적 질문으로 대답하신다. **여인이 어찌 그 젖 먹는 자식을 잊겠으며 자기 태에서 난 아들을 긍휼히 여기지 않겠느냐**(15절). 수사적 질문에 암시된 대답은 부정이 분명해 보이지만, 이 절의 나머지는 수사적 향취를 더해준다. 분명 어머니는 자기 자식을 잊을 수 없는데도, 본문은 어머니가 잊을 수 있다고 말한다. 자식을 향한 어머니의 사랑은 주님이 자기 백성에게 보여주시는 사랑만큼 확실하지 않고 한결같지 않기 때문이다. 하나님은 절대 시온을 잊으시지 않을 것이다.

어머니와 자식 그리고 주님과 시온 사이에 설정된 가상의 비교 외에도 하나님은 시온의 이름을 **내 손바닥에** 새겼다고 말씀하신다(16절). 시온을 그분의 손바닥에 새긴 것은 직접성의 의미를 가리키는데, 이는 **너의 성벽이 항상 내 앞에 있다**는 16절의 두 번째 시구에서 확증된다.

49:17-21. 하나님은 기억하실 뿐만 아니라, 이스라엘을 완전히 회복하실 것이다. 예루살렘의 아들들이 돌아오고 예루살렘을 파괴했던 이들이 그곳을 떠나면서(17절), 시온은 사람들의 유입을 경험할 것이다. 아들들은 시온의 성읍에게 신부를 단장한 화려한 보석같이 되어, 시온의 운명이 역전됨을 표시할 것이다(19절). 전에 버림받았던 성읍은 이제 모든 사람이 어디서 왔는지 혼란스러울 정도로 터질 듯이 붐빌 것이다(19-21절). 이것은 바벨론으로부터의 귀환이 아니라 천년왕국에서 시온의 회복을 가리킨다.

49:22-26. 주님은 이스라엘을 기억하고 회복하겠다는 약속만이 아니라, 궁극적으로 이스라엘을 높이겠다는 약속을 이스라엘에게 재확인해주셨다. 시온의 인구 재유입은 이방인들의 도움을 얻을 것이다(22절). 열방은 시온의 아들들과 딸들을 섬길 것이다. 그들은 이스라엘을 보살피고, 이스라엘 백성 앞에서 겸손하게 **절할** 것이다(23절). 이런 일들이 일어날 때 이스라엘 백성들은 주님께 대한 소망이 실망을 안겨주지 않았음을 깨달을 것이다. 이스라엘의 대적의 흉포함도 주님께 아무 차이를 낳지 못한다(24-25절). 주님은 이스라엘을 **대적하는** 자들로부터 이스라엘을 구출하실 것이다. 시온의 대적은 잔인한 패배를 당할 것이다. 시온의 대적이 **자기의 살**을 먹고 **자기의 피에 취**할 것이라는 언급(26절)은, 철저한 포위 공격으로 대적들이 식인 행위에 의존할 만큼 굶주리게 될 것임을 가리킨다. 오스왈트의 주장처럼 이것은 또한 압제자들이 공격할 대상이 아무도 없어서 "피에 대한 압제자들의 굶주림이 너무 강렬해져서…[압제당하는 이가] 스스로를 공격해야 한다"는 사실을 가리킬 수도 있다(Oswalt, *Isaiah 40-66*, 314. 《이사야 2》, NICOT(부흥과개혁사)]. 무엇을 가리키든 이런 행위는 하나님이 주님, 즉 이스라엘의 **구원자**이심을 모든 사람이 깨닫는 순간을 표시한다.

(3) 종의 본보기(50:1-11)

이스라엘에 대한 격려는 계속된다. 이스라엘과 세상을 위한 종의 사역 그리고 이스라엘에 대한 주님의 신실하심을 이스라엘에게 재확인하신 뒤에, 주님은 이제 이스라엘에게 어두운 때에 직면하여 종의 본보기를 따르라고 격려하신다.

50:1-3. 이 문단은 세 번째 종의 노래(4-11절)의 도입부 역할을 한다. 주님은 이스라엘의 불순종과 불신앙이 이스라엘에게 임박한 바벨론 유배의 원인이라고 선언하신다. 하나님이 시온을 잊으셨다는 주장을 한 번 더 언급한 뒤에(49:14), 자신이 이스라엘과 맺은 언약을 절대 깨지 않았고 이스라엘을 **내보내**지 않았음을 그들에게 상기시키신다. 1절에 포함된 수사적 질문은 하나님이 언약을 깨뜨리는 악을 저질러 이스라엘의 유배를 초래한 책임이 하나님께 있다는 어떠한 암시도 부정한다. 하나님은 빚 때문에 이스라엘과 **이혼**하거나 그들을 열방에 팔지 않으셨다. 도리어 그들의 유배를 초래한 것은 이스라엘의 배반이었고, 유배를 주도하신 하나님의 행동은 이스라엘의 죄에 대한 심판의 응답이었다.

2절은 네 가지 수사적 질문으로 구성되는데, 그 뒤에 3절까지 이어지는 일련의 주장이 나온다. 수사적 질문들은 유배에 대한 이스라엘의 책임을 강조한다. 하나님이 오셨으나, 누구도 그분을 환영하지 않았다. 하나님은 이스라엘을 향해 회개하고 자기를 신뢰하라고 요청하셨지만, 아무도 응답하지 않았다. 하나님께는 이스라엘을 구원할 능력이 있다. 그런데 이스라엘은 필적할 상대가 전혀 없는 능력을 가진 주님께 순종하지 않고 그분을 신뢰하기를 거부했다. 이제 징계의 어둠에 직면하여, 주님은 유배의 상처에 어떻게 반응하는지 이스라엘에게 가르쳐주려고 가장 어두운 시간에 보여준 종-메시아의 본보기를 제시하신다(4-9절). 이 시는 두 문단으로 나뉘는데, 첫 부분은 종의 본보기를 제시하고(4-9절), 그 뒤에 종의 본보기에 근거하여 이스라엘에게 주는 권면이 나온다(10-11절).

50:4-9. 두 문단 시의 이 짧은 단락은 주님을 신뢰하여 반대에 굴하지 않고 인내하는 본보기로 종을 제시한다. 1인칭으로 기록된 이 단락은, 각각 **주 여호와**라는 신명(神名)으로 시작되는 네 부분으로 나뉜다(4, 5, 7, 9절). 먼저, 종은 자신이 주님의 제자(disciple)임을 인정한다(4절). 그는 위로가 필요한 이들에게 도움을 주려고 주님이 **학자들의 혀**를 자기에게 주셔서 자기를 대변인으로 가르치셨다고 진술한다. 하나님은 또한 그에게 특별한 주의력을 주셔서, **학자들같이 알아듣게** 하신다. 종의 아버지이신 주님은 **아침마다** 그를 깨우셔서 제자인 그를 개인적으로 가르치신다.

둘째, 종은 자기가 하나님의 뜻을 고분고분 따른다고 단언한다(5-6절). 종의 생애에서 고분고분한 순종이 명확히 강조된다. 주님이 그의 **귀를 여셨**는데, 이는 그가 하나님께 귀를 기울였고 **거역하지**[문자적인 의미는 '배반하다']**도 아니하**였음을 나타낸다(5절). 그가 배반하지 않았다는 말에서 종의 정체는 이스라엘 민족으로 규정될 수 없다. 이 표현이 배반하지 않는 이스라엘에 사용된 곳은 단 한 곳밖에 없으며(시 105:28), 그것도 출애굽 이전의 이스라엘에 대한 묘사이다. 그 뒤로 번번이 성경은 이스라엘에 대해 배반한다고 묘사한다(참고. 3:8; 63:10).

놀랍게도 대립과 고뇌가 없는 안락한 세상에서는 종이 고분고분하게 순종하는 모습을 볼 수 없다. 오히려 종은 박해 속에서, 반격을 거절하고 자신을 박해자에게 내어준다(6절). 예수님의 시험과 십자가 처형에 대한 신약의 묘사는 그분이 아버지의 뜻에 그리고 로마 군병의 채찍질과 조롱에, 심지어 종교 지도자들에게까지 순종하셨음을 증명한다(마 26:67; 27:27-31, 39-44의 주석을 보라).

셋째, 종은 하나님이 자기를 신원해주실 것이라는 확신을 진술한다. 그는 하나님의 도움이 수치와 불명예를 겪지 않도록 자기를 지켜주어, 흔들리지 않는 목적의식을 주실 것임을 깨닫는다. 주님은 종을 **의롭다 하시며**, 그를 고발하려고 애쓰는 이들로부터 그를 옹호하실 것이다(7-8절). 법정 용어(의롭다, 다투다, 대적)를 사용하면서, 종은 '무죄' 판결을 예상한다. 물론 예수님은 빌라도 앞의 재판에서 유죄 선고를 받으셨다. 그분의 신원은 빌라도가 아니라 주님에게서 온다(9절). 그때 예수님은 죽은 자들로부터 살아나고, 그의 빈 무덤에서 돌이 굴려질 것이다.

넷째, 종은 자기가 복수할 것이라는 확신을 표현한다. 그를 정죄한 책임이 있는 자들은 옷과 같이 해어지고 좀에게 먹힐 것이다(9절). 거짓 고발자들은 모두 주님의 심판에 맞닥뜨릴 것이다.

50:10-11. 깊은 고통의 시기에 종이 보여준 신실함의 본보기를 제시한 뒤에, 이 노래는 시선을 돌려 시련의 시기에 종의 본보기를 따르라고 이스라엘에게 요청한다. 이 권면에는 적극적인 면(어둠 속에서 하나님을 신뢰하라)과 소극적인 면(어둠 속에서 자신을 신뢰하지 말라)이 있다. 적극적인 권면은 그들 중에 주님을 두려워하고 그분의 종에게 순종하지만, 여전히 **흑암 중에 행하여 빛이 없는** 사람이 누구냐고 이스라엘에게 묻는 질문으로 시작된다. 어둠의 언어가 종종 악이나 눈멂을 가리키는 언급과 함께 사용되지만, 이번 경우 여기서 어둠은 이스라엘이 맞닥뜨린 어려움을 가리키는 것 같다. 이 단어가 이런 방식으로 이해된다면, 이 구절의 결과는 교훈적이다. 이 구절은 어려움(즉, 어둠)을 경험하는 이들에게 주님을 신뢰하라고 요청한다. 이런 의미에서 이 구절은 10절 첫머리의 질문에 대한 대답을 준다. 즉, 주님을 두려워하고 그분의 종을 신뢰하는 이들은 빛이 없을 때에도 주님을 신뢰하는 이들이다. 종이 그랬듯이, 어둠(고난) 속에서 하나님을 신뢰한다면, 그들은 똑같이 영광스러운 결과를 경험할 것이다. 모티어의 말처럼 "종의 길에 헌신하는 이들은 종의 경험을 공유할 것이다. 종에게 적용된 진실이 그들의 규범이 된다"(Motyer, *The Prophecy of Isaiah*, 401).

소극적인 권면은 어둠 속에서 하나님을 신뢰하기보다는 인간적인 조작으로 자기의 길에 빛을 비추려고 애쓰는 이들에게 주는 것이다. 자기 빛을 만들려고 시도하는 가운데, 그들은 그 빛에 불탈 것이고 결국 고통 속에 누울 것이다(11절).

(4) 약속된 하나님의 구원(51:1-52:12)

이사야는 종의 역할을 계시하고(49:1-13), 주님의 신실하심을 상기시키고(49:14-26), 종의 신뢰를 검토한 뒤에(50:1-11) 주님의 구원과 회복의 약속을 떠올리며 이스라엘을 격려한다.

51:1-3. 종의 부르심과 활동, 본보기는 이스라엘의 희망찬 미래를 표명하는 출발점이 된다. 이제는 익숙한, '들으라'는 권고가 **의를 따르며 여호와를 찾아 구하는** 이들에게 전달된다(1절). 그들은 자신들의 기원을 숙고하라고 요청받는데, 그들의 기원은 채굴 이미지를 사용하여 은유적으로 그려진다(**너희를 떠낸 반석과 너희를 파낸 우묵한 구덩이**). 그분의 백성들을 위해 하나님이 과거에 하셨던 행동의 본보기로 아브라함과 사라를 인용한다. 주님이 시온에게 주시는 위로의 확실성이 과거에 아브라함과 사라가 받은 축복 그리고 하나님이 그들과 맺은 언약에 의해 확증된다. 시온의 회복은 단순한 재건을 넘어설 것이다. 도리어 시온의 주변이 **에**

덴 같게 그리고 그 **광야**가 **여호와의 동산 같게** 될 것이다(3절). 분명 이 일은 바벨론으로부터의 귀환에서 성취되지 않고, 메시아 나라의 등장을 기다리게 한다. 그때 시온에 대한 하나님의 보살핌은 모든 인간의 기대를 넘어설 것이고, 시온을 영광스러운 창조의 상태로 회복하실 것이다.

51:4-8. 하나님은 들으라고 한 번 더 부르시지만(4절), 이번 경우에 이스라엘 백성들은 주님의 '교훈'[히브리어 '토라'(*torah*)는 '교훈'(instruction)으로 번역할 수 있다. 여기서 이 단어의 용례는 모세의 율법이 아니라 마지막 때에 주시는 하나님의 교훈을 가리킨다. 2:3에 대한 주석을 보라]을 들어야 한다. 하나님은 백성들에게 빛이 될, 정의와 질서의 근원이시다(4절). 하나님의 의와 정의는 거부당하지 않을 것이다. 도리어 **섬들**(사 41:1을 보라)이 그분의 오심을 기대하며 **앙망**할 것이다(5절). 하나님의 정의는 세상의 것들, 혹은 창조 세계 자체와 달리 일시적이지 않다. 하나님은 **해어지**지 않게 하고, 안전과 번영이 계속되는 영원한 구원으로 인도하실 것이다(6절). 이스라엘은 인간의 모욕을 두려워하지 말도록 격려를 받는다(7절). 옳은 것을 알고 있고 하나님의 율법(교훈)을 마음에 두었다는 이스라엘 백성에 대한 묘사는 그런 지식이 두려움을 제거할 수 있음을 시사한다. 조롱하고 비웃는 자들이 영원하지 못할 것이기에, 순종하는 사람들은 두려워할 필요가 전혀 없다. 그들은 좀먹은 옷처럼 시간이 지나면서 먹힐 것이다(8절). 주님의 신원은 **세세에** 이어질 것이다(8절; 참고. 6절). 이 구절들에서 영원한 것과 일시적인 것을 대조시킨 목적은, 일시적인 사회의 보화보다 주님의 의가 훨씬 더 가치 있다는 것을 강조하기 위함이다.

51:9-10. 다음으로 하나님을 향해 깨어나서 능력을 베풀어달라고 요청한다. **여호와의 팔**은 하나님의 군사력에 대한 언급이다. 여기에서 지난 시절 하나님이 교만한 자를 격파하여 혼돈에 질서를 부여했듯이, 자기 백성을 방어할 행동을 준비하시도록 하나님께 요청한다. **라합**은 혼돈과 무질서를 나타내는 태곳적 바다 괴물을 가리킨다. 창기이자 믿음의 여인을 가리키는 가장 익숙한 언급(수 2장; 6:23, 25; 참고. 히 11:31)을 제외하면, **라합**은 구약에서 여섯 번 나온다. 그중에 두 번은 애굽을 가리키지만(시 87:4; 사 30:7), 다른 언급들은 신화 속 바다 괴물을 가리킨다[욥 9:13; 26:12-13(이 단락의 주석을 보라); 시 89:8-10; 사 51:9]. 이 문맥에서 라합에 대한 언급은, 그것의 강력함에 개의치 않고 피조물인 온갖 세력을 호령하는 하나님의 명령을 강조한다. 수사적 질문의 목적은 하나님의 행동 능력을 강조하고 하나님이 그렇게 하신다고 기대하는 것이다.

10절은 창조 세계를 통제하시는 하나님의 능력을 보여주는, 부가적인 증거로 언급된다. 출애굽과 관련된 사건들이 이 구절에서 비슷한 의미를 이끌어낼 수 있을 것이다. **라합**과 비슷하게, 바다는 혼돈의 세력과 연관되어 있다. "성난 것으로 의인화된 우주적 깊음의 이미지는 아마 고대의 신화 본문에 가장 많이 퍼진 혼돈의 상징일 것이다"[F. J. Mabie, "Chaos and Death," *Dictionary of the Old Testament: Wisdom, Poetry and Writings*, ed. Tremper Longman Ⅲ and Peter Enns (Downers Grove, IL: InterVarsity, 2008), 44]. 하나님은 또한 이스라엘의 출애굽에서 홍해를 다스리는 권능을 입증하셨다. 하나님을 향해 깨어나시라고 외치는 것은 하나님이 이스라엘을 위해 행하신 과거의 구출 행위에 대한 기억에 뿌리를 두고 있다.

51:11-16. 이스라엘을 위해 직접 일어나시라는 탄원에 대한 하나님의 응답이 뒤따른다. 여러 가지 방법으로 하나님은 신실함을 유지하고, 주님을 기다리라고 이스라엘에게 요청하신다. 주님이 구출을 약속하셨던 이들은 구출되고, 회복되고, 번영을 허락받고, **영원한 기쁨**을 얻을 것이다(11절). 하나님은 자신이 이스라엘을 **위로하는 자**라고 친히 선언하신다(12a절). 그 뒤에 나오는 두 가지 질문에는 이스라엘에 대한 백성들의 계속된 염려에서 기인하는 하나님의 실망이 반영되어 있다. 이 질문들이 이스라엘 백성의 어려움을 경감시켜 준다고 이해하면 안 되겠지만, 이 질문들은 앞서 하나님이 행동하시지 않는 것처럼 보인다는 의문에 이의를 제기한다(9-10절). 하나님이 위로를 주시는 분이라면, 사람을 두려워할 필요가 없다. 사람은 죽을 수밖에 없는 존재이고, 풀만큼이나 나약하다. 이스라엘은 온 창조 세계를 만들고 계속해서 통제하시는 주님을 기억해야 한다(13절). 하나님의 위로를 위축시킬 수 있는 위험이나 압제는 없다. 하나님의 백성들은 주님의 위로를 신뢰하면서 신실한 인내심을 발휘하기만 하면 된다.

14절은 하나님이 기꺼이 행동하실 것임을 강조하면서, 하나님은 포로민들이 곧 자유롭게 되고 양식을 얻을 것이라고 선언하신다. 이 해방은 **바다를 휘젓는 자**라는 주님의 정체성에 토대를 두고 있다(15절). 바다의 이미지는 혼돈스러운 삶의 양상을 다스리는 주님의 권능을 지시한다. 이스라엘이 경험했던 혼란은, 다시 말해 단순히 하나님을 반대하는 세력, 하나님이 격파하셔야 하는 세력의 결과만은 아니다. 도리어 하나님은 물결을 **뒤흔들게 하는** 분이기도 하다. 즉, 하나님은 이스라엘의 죄 때문에 그들이 이런 어려움에 직면하도록 정하신다. 하지만 이스라엘 백성들은 곤경 중에도 주님을 위해 말하고 하나님의 백성이라고 불리도록 임명받았다. 본문은 깨어서 일어나도록 예루살렘에 요청한다.

51:17-23. 이 단락에서는 주정뱅이가 폭음에서 깨어나듯이, 스스로 일어나도록 시온에게 도전한다. 하지만 이번 경우 알코올이 아니라 하나님의 진노의 잔이 예루살렘의 무감각을 야기했다. 이스라엘이 경험했던 하나님의 징계로 이스라엘의 감각은 둔해졌고, 그들의 반응은 느려졌다. 예루살렘은 술에 취했을 뿐만 아니라, 혼자이기도 하다. 예루살렘을 도와 고향으로 인도할 사람은 아무도 없다. 예루살렘의 자녀들 중에 누구도 술에 취한 그들의 부모를 도울 수 없다.

그 자녀들이 **여호와의 분노가 가득한** 거리에 누워 있는 예루살렘에게는 위안이 전혀 없다(20절). 이스라엘이 가장 비천한 지점까지 내려갔듯이, 예루살렘의 옹호자이신 하나님은 이스라엘을 비틀거리게 했던 진노의 잔이 사라질 것이고, 이스라엘이 절대 그것을 다시 마시지 않을 것이라고 선언하신다(22절). 도리어 이 잔은 이스라엘을 괴롭혔던 이들에게 전달될 것이다. 이스라엘의 억압자들은 멍든 사람들의 등을 짓밟으면서, 이스라엘을 향해 땅 위에 누워 그들을 넘어갈 수 있게 하라고 요구했다. 그들은 하나님의 진노를 과음하여 생긴 방향 상실과 절망으로 느낄 것이다(23절). 포로들이 바벨론에서 귀환할 때 이 약속들 중에 어떤 것도 성취되지 않았다는 것은 분명하다. 물론 어떤 사람들은 이사야가 여기서 과장법을 사용하고 있다고 주장하지만, 저자가 수사법을 사용하고 있다는 단서가 전혀 보이지 않으므로 이스라엘의 영원한 회복이 미래의 메시아 나라에서 성취될 것을 여전히 기대한다고 보는 것이 더 나을 것이다.

52:1-2. 이제 시온을 향해 깨어서, 힘을 내고, **아름다운 옷**을 입으라고 요청한다. 시온을 더럽혔던 것(할례 받지 않은 이방인과 부정한 이교도들)이 더 이상 안으로 들어와 해를 입히지 않을 것이기 때문이다. 시온은 이제 주님을 두려워하지 않는 이들의 압제와 영향으로부터 자유를 경험할 것이다. 그들은 이제 스스로 **티끌을 털어버리고 일어날** 수 있다(2절). 새로 찾은 이스라엘의 자유를 낳은 상황에 대한 묘사가 뒤따른다(52:3-6).

52:3-6. 먼저, 이스라엘은 구속받을 것이다. 이스라엘은 **값없이 팔렸으니 돈 없이 속량될** 것이다. 오스왈트의 설명처럼, "하나님은 어떤 채권자를 만족시키기 위해 유다를 넘겨줄 수밖에 없었던 것도 아니고, 돈을 받아 빚을 갚기 위해 이스라엘을 팔아야 했던 것도 아니며, 오직 순전히 자신의 의지로 그렇게 하셨다. 따라서 자신의 의지로 하나님은 이스라엘을 구속하실 수 있다.…제삼자는 아무도 개입되지 않았다. 엄밀히 말해서 그것은 하나님과 그분의 백성 사이의 문제이다"[Oswalt, *Isaiah 40-66*, 361-362. 《이사야 2》, NICOT(부흥과개혁사)].

둘째, 하나님은 이스라엘의 억압자들을 심판하실 것이다(4-5절). 이 절들은 이스라엘이 애굽과 앗수르에 있던 시절의 역사와 더불어, 하나님의 백성을 조롱하는 통치자들 밑에서 그들이 겪을, 임박한 유배를 다룬다. 주님의 이름이 모독당하기 때문에, 그런 상황은 옹호될 수 없다. 로마서 2:22-24에 인용되는 70인역은 "너희 때문에 이방인 중에서"를 덧붙여, 열방의 신성모독에 대한 책임이 하나님의 백성들에게 있음을 시사한다. 그렇지만 열방의 행위에 대해 하나님이 반응하실 것이며, 이를 통해 하나님의 구원이 지체되는 데 의문을 품었던 이스라엘은 자신들의 구원자가 하나님이심을 알게 될 것이다(52:6). 하나님은 "나는 여기서 너의 고통 속에 내가 너와 함께 있음을 보여준다"라고 선언하신다.

52:7-10. 다음으로 이사야는 이스라엘을 다스리시는 하나님의 왕권을 선포한다. 메신저의 아름다운 발과 그가 이스라엘 백성들에게 선포하는 **좋은 소식**은 찬양을 낳는다. 70인역과 신약은 **좋은 소식**으로 풀이된 히브리어 어구를 '복음'으로 번역한다. 따라서 '복음'이라

는 단어는 흔히 간과되는 '왕적인 함의'(royal nuance)를 함께 전달한다. 하나님은 통치하는 분으로 규정되기 때문에, 이사야서의 문맥에서 좋은 소식의 왕적인 함의를 염두에 두고 있는 것이 분명하다.

성읍의 파수꾼은 주님의 예루살렘 회복을 맨 처음 목격하는 사람이다(8절). 마침내 주님이 예루살렘에 가져다주실 위로와 구속 때문에, 파수꾼의 기쁨은 **예루살렘의 황폐한 곳**들과 비교될 것이다. 예루살렘의 즐거움은 하나님의 군사력을 나타내는 은유인 그분의 **거룩한 팔**을 걷어붙이신 결과로 올 것이다(10절). 예루살렘은 스스로를 구원하지 못했다. 주님이 예루살렘을 새롭게 구원하신다.

52:11-12. 하나님이 이스라엘에게 떠나라고 하신 것은 바벨론을 출발하라는 요청일 것이다. 정결에 대한 관심은 이방의 관행을 예루살렘으로 가져가는 것을 반대하는 진술이다. 이스라엘 백성들이 바벨론을 떠날 때, 그들은 바벨론의 관행을 버려야 한다. 이스라엘 백성들은 서두르거나 은밀하게 바벨론을 떠날 필요가 없다. 주님이 앞과 뒤에서 그들을 지키시기 때문에 두려워할 필요가 전혀 없다. 그들의 가나안 귀환은 ('피난민'처럼) **황급히** 나오거나 **도망하**는 듯한 모습을 보이지 않을 것이다(12절). 바벨론을 떠나라고 요청하기는 하나, 이것은 마지막 때에 있을 이스라엘의 궁극적인 회복에 대해 51-52장 곳곳에서 서술하는 사건들의 전조로 보아야 할 것이다.

b. 이스라엘을 위한 희생제물(52:13-53:12)

이사야서의 이 단락은 종의 높아짐과 굴욕에 초점을 맞춘다. 죄로부터의 구원에 초점을 맞춘 두 번째 구원 신탁(49-57장)은 이스라엘을 격려하려는 의도의 신탁으로 시작했다(49:1-52:12). 본문의 시는 구원 신탁의 중심부에서 네 번째 종의 노래를 제시하면서, 종-메시아를 이스라엘의 구속을 위해 바쳐진 희생제물로 묘사한다. 이사야 42장이 종의 책임을, 이사야 49장이 그의 역할을 그리고 이사야 50장이 그의 거절을 서술했던 반면에, 이사야 52:13-53:12은 사명의 정점을 서술한다. 종은 이스라엘을 위한 희생제물이 될 것이고, 이로써 이스라엘과 온 세상에 구원을 베풀 것이다(사 42장 주석과 함께 도표 "종의 노래에 담긴 메시지"를 보라).

시의 구조는 다음과 같다. 이 시에는 각각 세 절로 구성된 다섯 개의 연이 있다. 첫 번째(52:13-15)와 마지막 연(53:10-12)은 이 시의 프롤로그와 에필로그 역할을 한다. 각 연에서 하나님은 종의 높아짐에 대해 말씀하신다. 이 시의 본론 부분은 회개하는 이스라엘 민족이 종의 굴욕에 대해 말하는, 가운데 세 연을 포함한다(53:1-9).

이 노래에 대한 유대인의 해석은 의미심장하다. 고대 랍비 문헌에서 종은 흔히 메시아와 동일시되었다[예를 들어, (주후 100-200년경에 기록된) Targum Jonathan ben Uzziel은 이사야 52:13에 대해 "보라, 내 종 메시아가 형통하리라"라고 진술한다, Bab. Sanhedrin 98a]. 그러나 영향력 있는 중세 유대인 해석자 라쉬(Rashi, Rabbi Shlomo Yitzchaki, 주후 1040-1105년)는 종을 이스라엘과 동일시했다. 오늘날 대부분의 유대인 해석자들은 대부분의 비평적 학자들과 마찬가지로, 라쉬의 견해를 따른다. 다음은 네 번째 노래에서 종을 이스라엘과 동일시할 수 없는 여섯 가지 이유이다.

첫째, 이 노래의 대명사가 일관성을 잃게 된다. 본론(53:1-9)에서 이스라엘 백성들이 말하고, 한결같이 자신들을 1인칭(우리, 우리의, 우리를)으로 표현한다. 그들은 또한 종을 3인칭(그, 그를)으로 묘사한다. 따라서 이스라엘은 종일 수 없다.

둘째, 종은 "내 백성"을 위해 죽는 것으로 되어 있다(53:8). 이사야의 백성은 이스라엘 백성이었다. 따라서 종은 이스라엘일 수 없고, 종은 이스라엘을 위해 죽는다.

셋째, 종은 무죄한 것으로 묘사된다("그는 강포를 행하지 아니하였고 그의 입에 거짓이 없었으나", 53:9). 하지만 이사야 곳곳에서는 이스라엘이 범죄했다고 말한다(예를 들어 1:16-20; 5:7). 이스라엘은 무죄한 종일 수 없다.

넷째, 종은 다른 사람들의 죄를 위해 고난을 겪었다(53:6). 하지만 이스라엘 민족은 자신의 죄 때문에 고난을 겪었다(40:2).

다섯째, 종은 자발적으로 고난받는 자로서 "자신을 속건제물로" 내주었다(53:10). 사실 이스라엘이 자기가 겪어야 할 것보다 두 배나 큰 고통을 실제로 받았지만(40:2), 절대 자발적으로 그런 것은 아니었다.

여섯째, 종은 실제로 죽었다("살아 있는 자들의 땅에

서 끊어짐", 53:8). 분명 이스라엘에서 많은 사람이 죽었지만, 집단으로서의 이스라엘은 사라지지 않았다. 사실 하나님은 열방이 절대 자기 백성을 철저히 멸망시키지 못하게 하겠다고 약속하셨다(렘 31:35-37). 전체적으로 종은 메시아와 동일시되어야 한다는 가장 초기의 유대인의 관점을 유지하는 것이 최선인 것 같다.

(1) 하나님이 말씀하시다: 종은 굴욕을 당해도 높아질 것이다(52:13-15)

첫째 연은 이 노래의 프롤로그 혹은 도입부 역할을 한다. 화자이신 하나님은 고난과 굴욕에도 종이 높아질 것이라고 선포하신다.

52:13-15. 본문은 종이 하나님의 지혜에 따라 행동할 것이라는 단언으로 시작된다. 종이 **형통**할 것이라고 번역되었지만(13a절), 히브리어는 문자적으로 그가 '지혜롭게 행동할' 것이라고 진술한다. 이것은 원인으로 결과를 나타내는 환유법으로, 그가 성공하거나 번영할 것임을 시사한다. 그의 높아짐은 이사야 6:1의 영광의 언어로 서술된다. 거기서는 하나님이 '높이 들렸다'고 말한다. **받들어 높이 들려서**로 번역되었지만(52:13b), 하나님께 적용된 것과 동일한 히브리어 단어가 종에게도 사용된다. 한 걸음 더 나아가 이사야 6:1에서 사용되지 않은 어구, **지극히 존귀하게 되리라**가 더해진다.

종의 높아짐에 덧붙여, 그는 또한 끔찍하고 흉한 죽음을 맞는다고 말한다. **그의 모양이 타인보다 상하였고**(14절). 말을 듣는 대상이 누구인지에 대한 질문이 제기된다. NASB는 '내 백성'(My People)을 이탤릭체로 첨가하여, 원문에 없는 단어들이 첨가되었음을 시사한다. '너'(you, 개역개정은 '그'로 번역—옮긴이 주)라는 표현을 이해하는 데 도움이 되는 몇 가지 의견이 있다. 먼저, 이것은 비교일 수 있다. 사람들이 이스라엘의 고통에 기겁하듯이, 메시아의 흉한 모습을 볼 때도 그럴 것이다. 둘째, 많은 고대 히브리어 사본들은, **많은 사람이 그에 대하여 놀랐거니와**처럼, '그'(Him)라는 단어를 사용한다. 이것이 문맥과 훨씬 잘 통할 것이다. 셋째는 간혹 히브리 시에서 극적 효과를 부각시키기 위해, 화자는 그동안 3인칭으로 묘사되어온 사람에게 직접 말을 건넬 수 있다는 점이다. 실제로 잠시 주님이 종에 대한 서술을 중단하고, 그 대신 그에게 직접 말씀하는 것처럼 보인다. 영어에서 그 의미를 포착하려면, 3인칭으로 번역되어야 한다. 따라서 NIV와 NLT처럼, 많은 사람이 '그'에게 기겁하거나 놀랄 것이라고 번역하는 것이 최선인 듯하다.

종의 흉한 죽음을 통해서 그는 자신의 사역과 운명을 성취할 것이고, **그가 나라들을 놀라게 할 것**이다(15절). NASB에서는 얏제(*yazzeh*)를 '뿌리다'(sprinkle)로 번역했는데, 이 단어의 의미에 대해서는 논란이 있다. 일부 번역본은 이 단어를 '놀라다'로 번역해야 한다고 시사한다(개역개정도 '놀라다'로 번역—옮긴이 주).

'놀라다'로 번역하는 것을 지지하는 근거는 이 단어가 앞 절의 기겁 혹은 경악과의 병행 관계뿐만 아니라, 그 뒤에 나오는 문장과의 병행 관계에도 들어맞는다는 것이다. **왕들은**…[놀라서] **그들의 입을 봉하리니**. 더군다나 여기에 사용된 히브리어 단어가 히브리어 성경 곳곳에서 일관되게 '뿌리다'는 뜻으로 사용된다는 데에는 의견의 일치를 보인다(예컨대, 출 29:16; 레 17:6; 민 18:17; 겔 36:25)다. 그리고 그 뒤에는 언제나 전치사가 나와서['~에게(on) 어떤 것을 뿌리다'] 뿌리는 대상이 무엇인지 나타낸다. 하지만 이 본문에는 전치사가 없다. 70인역이 이 단어를 '놀라다'로 번역한 이유가 아마 그 때문일 것이다. 어떤 사람은 이것을 지지하는 동일 어족의 아랍어 단어를 추측해냈다.

전통적인 번역 '뿌리다'를 지지하는 논거는 이렇다. (1) 이것이 이 단어의 단순한 정의이다. (2) 이것을 '놀라다'로 이해하려면 히브리어에서 전혀 입증되지 않은 어근으로 이해해야 한다. (3) 이 단어는 '기겁하다'와 병행 관계일 필요는 없고, 오히려 종의 흉한 죽음이 그가 열방에게 '뿌리는' 길이 될 것이라는 뜻일 수 있다. 그리고 (4) 사동사인 이 단어는 전치사를 필요로 하는 일반 규칙의 예외로, '그가 많은 나라들에게 흩뿌리다'(besprinkle)라는 개념을 담을 수 있다. 이 동사가 히브리어로 '놀라다' 혹은 '경악하다'라는 개념을 뜻한다는 사실은 입증되지 않았다. 따라서 '얏제'를 '뿌리다'로 번역하는 것이 최선인 것 같다. 이것은 레위기에서 희생제물의 피를 뿌리는 것을 가리키는 단어와 동일해서(레 4:6; 16:14, 19), 종의 흉한 죽음이 많은 나라를 위한 희생제사 역할을 할 것임을 가리킨다. 그 결과 이방인 왕들이 종의 죽음에 대한 희생제사의 근거를 이해할 때, 그들은 경외심과 복종의 의미로 **그들의 입을 봉**

할 것이다.

(2) 이스라엘이 말하다: 종은 굴욕 때문에 인정받지 못했다(53:1-9)

53:1에서 화자가 하나님에서 이스라엘로 바뀌고, 이스라엘은 이 시 본론부의 세 연을 통해 계속 말한다(53:1-9). 이스라엘은 오랜 세월을 거절한 이후 마침내 종의 정체성을 이해한 사람의 시각으로 말한다. 참회하는 이스라엘은 마침내 메시아가 오래 거절당했음을 깨닫는다. 병행 본문에서 스가랴는 이스라엘이 마침내 메시아를 깨달을 때 이스라엘이 크게 애통하며 회개할 것이라고 예고한다(슥 12:10). 이 단락의 어휘는 그 애통과 회개를 적절하게 표현한다. 이 노래의 본론부에서, 참회하는 이스라엘은 과거에 자기들이 메시아를 깨닫지 못했던 세 가지 이유를 제시한다.

53:1-3. 종이 메시아이기에는 너무 평범했다고 이스라엘이 말한다. 종은 기대했던 메시아의 모습이 아니었기에 이스라엘로서는 종을 믿기 어려웠다(**우리가 전한 것을 누가 믿었느냐**, 1절). 앞서 언급된 **여호와의 팔**(44:12; 48:14; 50:2; 51:5; 51:9; 52:10)은 그 팔이 오고 있음을 아는 사람들조차 깨달을 수 없었다. **연한 순** 혹은 **뿌리**(2절)는 구원자에 대한 백성들의 기대에 부합하지 못했다. 오스왈트는 순에 대해 "노출된 나무뿌리에서 솟아난 것으로, 특별히 기대하지 않았던 순"이라고 설명한다[Oswalt, *The Book of Isaiah, Chapters 40-66*, 382. 《이사야 2》, NICOT(부흥과개혁사)]. 그런 이해는 종이 **고운 모양도 없고 풍채도 없**다고 설명하는 그 뒤의 병행 구절에서도 나타난다. 이 절 전체가 보잘것없어 보이는 종의 모습을 강조한다. 이스라엘은 왕과 같은 구원자를 찾고 있었던 반면에, 종은 평범하게 나타났다. 그의 모습은 인상적이지 않았다. 누구도 그를 **흠모할** 이유가 전혀 없었다. 오히려 종은 **멸시를 받아 사람들에게 버림받았**다. 슬픔과 고통이 그의 생을 수놓았다(3절). 그는 **질고**를 알았다. **질고**라는 단어는 흔히 '질병'으로 번역된다(HCSB, 신 7:15; 28:59, 61; 왕상 17:17; 왕하 1:2,4; 8:8-9; 13:14; 대하 16:12; 21:15, 18-19; 시 41:3; 전 5:17; 6:2; 사 1:5; 렘 6:7; 호 5:13). 종이 육체적으로 병에 걸린 건 아니었기에, 이 단어를 '고통'으로 번역하고 종이 견뎌낸 고통스럽고 흉한 죽음의 육체적 고통을 가리키는 것으로 이해하는 것이 최선일 것이다(52:14).

사람들이 그에게서 얼굴을 가리는 사람으로 종을 묘사한 것(3절)은 종을 거절했던 이들이 그를 멸시받을 만한 사람으로 여겼음을 시사한다. 그래서 그는 **멸시를 당하였고**, 합당한 존중을 받지 못했다. **멸시를 당**했다는 단어는 대단히 비열한 안티오코스 에피파네스(Antiochus Epiphanes)에게 사용된 히브리어 단어와 동일하다(단 11:21, "비천한 사람"으로 번역).

53:4-6. 종은 자기 죄 때문에 징벌을 받았다고 이스라엘이 말한다. 멸시를 당한 종은 **우리의 질고**['고통'으로 번역하는 것이 더 낫다. 53:1-3에 대한 주석을 보라]를 졌고 **우리의 슬픔**을 당했다. 이 표현에는 질병의 개념이 담겨 있어서, 어떤 이들은 종에 대한 믿음이 모든 질병의 즉각적인 치유를 보증한다고 믿기에 이르렀다. 하지만 이 말은, 종이 대신 고통을 받았기에 모든 병이 즉각 치료된다는 뜻은 아니다. 도리어 이 구절은 종의 죽음이 그를 믿는 모든 사람에게 구원과 치유를 베푼다고 약속한다. 종은 죄에 대한 징벌을 가져갔고, 자기를 믿는 사람에게 즉각적인 용서를 베풀 것이다. 그렇지만 죄의 형벌을 제거한다고 해도 신자의 삶 속에 있는 죄의 존재는 부활 이후까지 제거되지 않을 것이다. 마찬가지로 질병을 낳은 죄가 용서받는다 해도, 마지막 때에 부활하여 죄의 존재 자체가 제거될 때까지는 질병의 치유를 보장하지 못한다.

사

이제 이스라엘은 종의 고통을 보면서 종이 하나님의 징벌을 받는다는 결론을 내렸다고 고백한다. 그는 **징벌을 받아 하나님께 맞으며 고난을 당한다**(4절). 모두가 죄에 대한 징벌을 가리키는 단어이다. **징벌을 받다**라는 말은 '죄에 대해 병으로 벌하다'라는 뜻으로, 미리암(민 12:9-10)과 웃시야(아사랴, 왕하 15:5) 두 사람이 죄로 인해 나병에 걸렸을 때 사용되었다.

참회하는 이스라엘은, 종이 죄 때문에 징벌을 받았지만 그것은 종의 죄가 아니라 자신들의 죄 때문임을 깨닫는다. 종의 고통에는 **우리의 허물**로 인한 **찔림**이 포함된다(5절). **찔리다**[*meholal*, 메홀랄]로 번역된 이 히브리어 단어는 '상처를 입고 죽다'라는 뜻으로, 폭력적이고 고통스러운 죽음을 뜻한다(신 21:1; 사 51:9). 종의 **상함은 우리의 죄악 때문**이었다. **상하다**라는 단어는 '깨지다' 혹은 '산산이 부서지다'라는 뜻이지만, 보통은 문자적인 의미로 사용되지 않고 '뉘우치는(문자적으로는 '부서진') 영'(57:15) 혹은 '뉘우치는 마음'(시 51:17)처럼 비유적인 의미로 사용된다. 이스라엘은 이제 그들이 받았어야 할 징벌(**징계**)을 종이 받았고, 자신들의 영적인 치유를 가져오기 위해 매질을 당했다(**그가 채찍에 맞으므로**)는 사실을 이해했다. 백성을 위한 종의 대속은 죄의 질병을 위한 희생제물로 바쳐진 메시아 예수님의 희생을 분명히 예고한다(벧전 2:24).

참회하는 이스라엘은 이제 자기들이 배운 바를 요약한다. 그들은 **양같이** 하나님에게서 벗어나 자신들의 욕망을 따랐다. 결과적으로 주님은 **우리 모두의 죄악을 그에게 담당시키기** 위해 징벌을 가하셨다.

53:7-9. 결백을 드러내기에는 종이 너무 수동적이었다고 이스라엘은 말한다. 종이 재판에서 침묵하고 죽기까지 복종한 것은 고통의 수용과 자발적인 참여를 입증한다. 종은 자신의 결백을 주장하지 않아서, 지켜보는 사람들은 그의 수동성과 묵인이 그의 죄책에서 기인했다고 오해했다. 하지만 종이 고통을 받아들인 진짜 이유는, 자신의 고통이 하나님의 뜻을 성취하기 위해 임했다고 이해했기 때문이었다. 골딩게이의 설명처럼, "그는 강제가 아니라 동의했기 때문에 '졌고' '담당했다'. 그래서 저항할 근거나 이유가 전혀 없었다.… 그는 모든 면에서 희생자였지만, 자신의 운명에 대한 일종의 통제권을 유지하여, 다른 사람이 자신의 반응을 좌우하지 못하게 했다"(Goldingay, *The Message of Isaiah 40-55*, 506).

더욱이 종은 부당한 재판에 순복했다(8절). **곤욕과 심문**이라는 표현은 두 개의 독립된 단어가 하나의 주제만을 설명하는 중언법이다. 즉, 이 두 단어는 '억압적인 재판'으로 번역되어 부패한 사법 절차를 가리키는 것이 더 낫다. 그 결과 동시대인들(**그 세대**)은 그가 자기 죄 때문에 스스로 죽음을 초래했다고 생각했다. 그들은 그의 죽음이 이스라엘 **백성의 허물**로 인한 징벌을 담당하기 위한 것임을 이해하지 못했다.

그가 죽은 뒤, 종의 무덤은 악인과 함께 배정받았다(9절). 여기에 함축된 의미는 종이 죽은 뒤에도 그의 결백을 인정받지 못하고 일반 범죄자처럼 묻혔다는 뜻이다. 그렇지만 **그가 죽은 후에 부자와 함께** 있었다. 이것은 종이 진정으로 결백했기 때문이다(**그는 강포를 행하지 아니하였고 그의 입에 거짓이 없었으나**). 이것은 마치 하나님이 '여기까지만, 더 이상은 아니다'라고 말씀하신 것이나 마찬가지였다. 하나님은 수치스러운 장례의 마지막 굴욕에서 종을 구하셨다. 종이 결백했기 때문에 주님은 그를 부자의 무덤에 두셨다(참고. 마 27:57-60).

(3) 하나님이 말씀하시다: 굴욕으로 인해 종이 높아질 것이다(53:10-12)

이 노래의 마지막 연은 에필로그 역할을 한다. 첫째 연의 화자이신 주님이 다시 이 연의 화자로 나타나신다. 첫째 연이 종의 높아짐을 서술했듯이, 이 연도 그렇다. 차이가 있다면, 첫째 연에서 종은 굴욕에도 불구하고 높아질 것이라는 약속을 받는 데 반해, 여기서는 바로 자신의 굴욕 때문에 높아질 것이라는 약속을 받는다.

53:10. 죄인들을 위한 속죄제물 역할을 하는 굴욕 때문에 종은 회복될 것이다. 주님의 말씀이 시작되는 엄밀한 의미의 신탁 직전에, 선지자 이사야는 종의 희생과 궁극적인 높아짐을 통해 주님의 뜻이 성취될 것이라고 진술한다. NASB는 주님이 그의 상함을 기뻐하셨다고 번역하지만(the LORD was pleased to crush Him), '기뻐하다'로 번역된 히브리어 단어는 의지나 목적을 나타내는 데 사용되기 때문에(참고. 삿 13:23) '원하다'(willing)로 번역할 수도 있다. 여기서 이 번역이 옳다는 것은, 능동태(문자적인 의미로 '주님이 원하셨다')와 문법적 구조[능동태 동사('원하셨다') 뒤에 부정사('상하게 하다')가 나오고 거기에 목적격 인칭접미사('그를')가 붙어 있는데, 이런 요소들은 목적을 나타내는 전형적인 표현이다]로 뒷받침된다. 하나님이 종의 죽음을 기쁘게 여기신 것이 아니다. 구원을 주려는 궁극적인 목적을 위해 하나님은 그의 상함을 '원하셨다'(참고. 53:5).

종의 높아짐은 자신을 **속건제물**로 드린 결과로 주어진다(10절). 이것은 하나님이나 다른 사람에게 잘못한 사람이 바치는 속건제(참고. 레 5:14-6:7)를 가리킨다. 피해자 측에게 주는 보상금 혹은 벌금과 함께, 잘못된 행동을 속죄하는 제물을 바쳤다(레 5:15, 18; 6:6; 19:21). 여하튼 이 희생제사는 화해를 가져왔다. 종과 관련하여 이 용어를 사용함으로써, 그의 죽음을 죄 때문에 입은 손실과 피해에 대한 속죄로 여긴다.

속죄하는 죽음의 결과로, 종은 높아짐의 첫 번째 양상인 회복을 경험할 것이다. 종의 회복에는 세 가지 요소가 포함된다. 첫째, 그는 거부자가 아니라 추종자를 얻을 것이다. 그는 사람들에게 멸시받고 버림받았지만(53:3), **씨**[후손]를 **보게 될** 것이라는 약속이 종에게 주어진다. 일반적으로 이 단어는 육신의 자손을 가리키지만 문맥에서 거절이 언급되고 죽은 뒤의 시점임을 감안할 때, 이 단어는 (57:4에 사용되었듯이) 은유적으로 '추종자'를 가리킨다고 이해해야 한다.

종의 회복이 보여주는 두 번째 양상은, 그가 죽음이 아니라 생명을 얻는 것이다. 앞서 서술한 섬뜩한 죽음에도 불구하고(52:14; 53:8-9), 여기에서 그는 생명의 연장을 약속받는다(10절). 이는 부활에 대한 간접적인 언급이다. 셋째, 종의 회복은 고통과 슬픔이 아니라 그의 생애에서 하나님의 기쁨과 번영을 뜻할 것이다.

53:11. 죄인들의 칭의로 인해 종이 만족할 것이다. 종의 높아짐은 또한 자신이 성취한 것에 대한 만족을 의미할 것이다. 그는 자신의 죽음을 실패의 표식으로 받아들이지 않고, 도리어 자신이 베푼 용서를 **만족하게 여길 것**이다. NASB는 그가 자기 영혼의 수고의 결과를 볼 것이라고 번역하지만(As a result of the anguish of His soul, He will see it), 히브리어 본문에는 목적어가 없다. 사실 동사 '보다'의 목적어가 전혀 없는 셈이다. 70인역과 쿰란의 이사야서 두루마리는 모두 '빛'을 목적어로 둔다. 훨씬 타당해 보이는 이런 견해는 종이 수고 뒤에 빛을 볼 것임을 나타낸다. NIV는 이것을 부활에 대한 언급으로 올바르게 번역한다. "그가 생명의 빛을 볼 것이다"(He will see the light of life).

종은 **자기 지식으로 많은 사람을 의롭게** 할 것이다. 이 어구를 목적격('그에 대한 지식')으로 읽어서, 많은 사람들이 종을 알게(믿게) 될 것이라는 뜻으로 이해하는 것이 나아 보인다. 그 결과 하나님의 의로운 종은 칭의를 베풀 것이다. **의롭다**와 **의롭게 하다**가 같은 히브리어 어근을 갖고 있기 때문에, 이것은 일종의 언어유희라고 할 수 있다. **의로운 종**이 자기를 아는 이들을 '의롭다고 선언할'(**의롭게** 할) 것이다. 그 결과 종은 **그들의 죄악을 친히 담당**할 것이다. 이것은 종에게 만족을 가져다줄 것이다. 자신의 고통과 죽음이 자기를 향하는 이들에게 용서를 가져다줄 것을 알기 때문이다. 이사야 53:11은 예수 그리스도의 속죄와 칭의의 죽음에 대해 바울이 하는 대부분의 말에 대한 신학적 근거를 제공하며(롬 3:21-29을 보라), 이는 바울을 연구하는 학자들 거의 대부분이 인정하는 내용이다.

53:12. 죄인들을 위한 중보적 기도 때문에 종이 보상을 받을 것이다. 종의 궁극적인 높아짐은 그의 회복(53:10)과 만족(53:11)만이 아니라 보상도 포함할 것이다. 이 절은 전투 뒤의 승리 이미지를 사용한다. 먼저, 종은 **몫**을 받을 텐데, '일부'가 아니라 '전리품, 유산'을 뜻한다. 이 전리품의 내용물은 **존귀한 자**가 아니라(이 구절은 개역개정의 번역과 달리, 존귀한 자와 함께 전리품을 나누는 것이 아니라 존귀한 자를 전리품으로 얻는다는 뜻이다—옮긴이 주), HCSB의 번역처럼 '많은 사람'(the many)이다. 이 노래에서 다섯 번(52:14, 15; 53:11, 12) 사용된 '많은 사람'이라는 단어는 여기서 종이 구속한 많은 사람을 가리킨다. 종은 죄와 치명적인 전투를 벌인 후에 구속된 이들을 보상으로 받을 것이다. 그의 전리품에는 열방도 포함될 것이다("그는 강한 자들을 전리품으로 받을 것이다", HCSB).

그가 자발적으로 죽고(**사망**) 자신을 **범죄자**[하나님을 배반한 반역자]와 동일시했기 때문에, 이 모든 것은 그의 소유가 될 것이다. 이로써 종은 자기가 구속한 이들(**많은 사람**)의 죄를 지고 그들을 위해 **기도**했다. 이 중보적 기도는 자기를 아는 이들을 위해 종이 제사장으로서 행하는 영속적인 중재를 가리키는 것 같다(참고. 히 7:25). 이 노래의 궁극적 메시지는 죄인들을 구속하기 위해 굴욕적이고 무시무시한 죽음을 견딘 종에게 하나님이 영광과 보상을 주신다는 것이다.

마이어(F. B. Meyer)의 올바른 지적처럼, "이 가시관이 어울릴 이마는 오직 하나밖에 없다"[F. B. Meyer, *Christ in Isaiah: Expositions of Isaiah XL-LV* (New York: Revell, 1895), 158]. 오직 나사렛 예수만이 이 놀라운 노래의 구체적인 예언을 성취하셨다. 다음 내용은 열 가지 구체적인 예언 성취의 내역이다.

1. 예수님은 끔찍하고 흉한 죽음을 겪으셨다(52:14).
2. 예수님의 피가 열방에게 뿌려졌고 왕들을 순복하게 했다(52:15).
3. 예수님은 너무 평범해서 이스라엘에게 거절당하셨다(53:1-3).

사

4. 이스라엘은 예수님의 고난을 자기 죄로 인한 징벌로 여겼다(53:4-6).
5. 예수님은 이스라엘과 세상을 위해 속죄를 베풀라는 하나님의 뜻을 받아들여 저항하지 않았으며, 고난을 받고 돌아가셨다(53:7-8).
6. 예수님은 부자의 무덤에 묻히셨다(53:9).
7. 예수님은 죽음에서 부활하셨다(53:10-11).
8. 예수님은 헤아릴 수 없이 많은 추종자(영적인 씨)를 얻으셨다(53:10).
9. 예수님은 지금 자신의 죽음이 베풀어준 용서에 만족하신다(53:11).
10. 예수님은 성부 하나님에게서 죄에 대한 승리를 보상으로 받으셨다(53:12).

c. 이스라엘과 열방의 구원(54:1-57:21)

죄로부터의 구원에 초점을 맞춘 구원 신탁의 두 번째 부분(49-57장)은 이스라엘을 격려하기 위해 쓴 단락으로 시작하여(49:1-52:12), 이스라엘의 죄를 위한 종의 희생을 묘사하는 네 번째 종의 노래가 그 뒤를 이었다(52:13-53:12). 이제 이사야는 이스라엘과 열방의 구원을 강조하는 세 번째 단락으로 향한다. 먼저는 이스라엘의 구원을 이야기하고(54:1-55:13) 그 뒤에 이방인의 구원을 다룬다.

(1) 이스라엘의 구원(54:1-55:13)

이사야는 구속의 약속을 묘사하는 데서 출발하여(54:1-17), 그 약속을 받으라고 이스라엘을 초청할 것이다(55:1-13).

(a) 구원의 약속(54:1-17)

54:1-3. 이 약속의 첫 번째 양상은 하나님이 이스라엘 땅을 확장하여 다시 사람이 거주하게 하는 것이다. 본문은 시온에게 기뻐하라, **노래할지어다**라고 말한다(1절). 잉태하지 못한 여자의 자식이 남편이 있는 여자의 자식보다 많아진다는 이미지는 앞으로 운명이 역전될 것임을 암시한다. 아무런 희망도 없던 이들이 이제 넘치는 축복을 경험할 것이다. 기뻐하라는 요청 뒤에 이스라엘은 그 이유를 듣는다. **네 장막터를 넓히며… 너의 줄을 길게 하며 너의 말뚝을 견고히 할지어다**(2절). 이들 세 어구는 모두 **장막**의 확장을 묘사하고, 이스라엘이 언젠가 국경을 확장하고 열방을 통제할 것이라는 주님의 약속으로 안내한다.

54:4-10. 이 구원 약속의 두 번째 양상은 민족 전체가 구원을 얻고자 종에게 돌아갈 그날에 이스라엘이 완전히 회복되는 것이다. 이스라엘은 더 이상 자신과 하나님의 관계 때문에 수치심이나 굴욕감을 느끼지 않을 것이다(4-5절).

네 젊었을 때[문자적인 의미는 7:17의 '처녀'를 가리키는 단어와 같은 어근에서 파생된 '처녀 시절']**의 수치와 과부 때의 치욕**은 둘 다 그 문화에서 남편을 두지 못한 까닭에 여자가 수치스러웠던 때를 뜻한다(4절). 주님이 이스라엘의 남편이 되실 것이므로 이 굴욕은 사라질 것이다. 하나님을 **이스라엘의 거룩한 이**로 그리고 **네 구속자**로 묘사하는 것과 더불어(5절), 하나님과 이스라엘의 관계는 이스라엘의 창조주이신 하나님이 이스라엘의 남편이 되신 부부 관계로 묘사된다. 이 이미지는 여기서도(참고. 54:6) 그리고 히브리어 성경의 다른 곳(참고. 사 50:1; 렘 3:8, 14, 20; 31:32; 호 2:2, 16)에서도 사용된다. 이 부부 관계는 종종 이혼과 부정(不貞)의 맥락에서 부정적으로 언급되기도 하지만, 궁극적으로 이스라엘과 하나님이 맺은 관계의 영속성을 시사하고, 하나님의 배우자에게 제공된 보호와 안전을 암시한다. 흩어진 곳에서 오라는 이스라엘을 향한 하나님의 요청이 **버림을 받은** 아내를 향해 자기를 따라오라고 부르는 남편의 요청을 닮을 때, 관계의 회복이 일어날 것이다(6절). 이 일이 바벨론 귀환에서 성취되었다고 생각할 수도 있지만, 이스라엘의 온전한 회복은 그때에 일어나지 않았다. 따라서 이 구절은 메시아의 나라에서 일어날 이스라엘의 회복을 지시하는 것이 분명하다.

이스라엘의 회복에는 멀어진 아내와 하나님의 영속적인 재결합이 드러난다. 그녀가 버림받은 시간은 상대적으로 짧았고, 결국 긍휼의 재회를 낳을 것이다(7절). 비슷한 정서가 더 깊이 표출되지만, 그들의 죄에 대한 하나님의 진노가 이스라엘이 잠시 버림받은 이유였음이 확인된다(8절). 노아 시대와의 비교(9절)는 하나님의 진노가 진정되었고, 그분이 다시는 이스라엘을 책망하지 않을 것이라는 확신을 이스라엘에게 준다. 하나님이 다시는 홍수로 땅을 징계하지 않겠다고 약속하시며 이 언약의 징표로 무지개를 주셨듯이(창 9:8-17), 하나님은 다시는 책망하지 않겠다고 약속하신다. 이스라엘은 바벨론 귀환 이후에도 징계를 견뎠기 때문에, 이 약속은 이스라엘이 믿음 안에서 메시아에게 향하는 마지막 때에 대한 언급으로 이해해야 한다(참고. 호 3:4-5). 이것은 이스라엘이 천년왕국에서 회복된 뒤에 그들을 버리거나 징계하지 않겠다는 약속을 가리킨다. 10절에서 약속의 세부 설명은 이런 이해를 명확히 해주면서, 산들이 흔들리고 언덕이 무너져도 굳게 서 있는 하나님의 불변하는 **자비**를 묘사한다. **자비**로 번역된 히브리어 단어는 구약에서 245회 사용되었으며, '고귀한 사랑'으로 번역하는 것이 최선일 것이다. 자비는 하나님의 '언약적 신실하심' 혹은 자기 백성을 향한 하나님의 한결같은 충정과 연결되어 있다.

하나님이 노아와 무지개 언약을 맺으셨듯이, 이제 하나님은 이스라엘과 평화의 언약을 맺을 것임을 시사한다. **화평의 언약**(10절)이라는 어구는 구약의 다른 곳에서도 나온다(참고. 민 25:12; 겔 34:25; 37:26). 민수기 25:12에서 이 어구는 하나님과 이스라엘 사이의 평화에 근거한 협정을 가리키는 것 같다. 에스겔서에서 '화평의 언약'은 안전 및 축복과 결부되어 있다(겔 34:25에 대한 주석을 보라). 민수기와 에스겔서에 나온 이 어구의 다른 용례를 감안할 때, 여기에 사용된 **화평의 언약**은 새 언약을 가리킨다(참고. 렘 31:31-34). 그때 이스라엘은 하나님과 화평할 것이고, 그 땅에 재건된 안전을 경험할 것이다.

54:11-17. 구원 약속의 세 번째 양상은 이스라엘이 새롭게 된다는 것이다. 여기서 **곤고…한 자**(11절)라고 불리는 미래의 예루살렘 재건에 대한 묘사는 하나님이 백성들에게 가져다주실 평화와 안전을 강조한다. 예루살렘은 화려함을 뜻하면서 하나님이 이 성읍에 대해 품고 계신 특별한 사랑을 강조하는 보석과 보화로 재건될 것이다(11-12절). 하나님은 단순히 예루살렘을 재건하는 데서 머물지 않고, 값비싼 재료로 건축하여 다른 모든 성읍과 구별하실 것이다. 다가오는 예루살렘의 아름다운 상태에서(13-17절), **여호와의 교훈을 받은** 이스라엘의 자녀들은 평화를 경험할 것이다(54:13). 이 문맥에서 **교훈을 받는** 것은 스승이 전하려고 애쓰는 내용을 학생도 배웠음을 전제하는 것 같다. 이스라엘의 자녀들은 주님의 가르침을 듣는 것에 그치지 않고 그 가르침에 순종할 것이다(사 30:20-21과 이 단락의 주석을 보라).

이스라엘의 다음 세대는 주님께 순종할 뿐만 아니라, 하나님은 이들을 전례 없는 평화와 안전의 시대로 인도하실 것이다. 이스라엘은 독재자의 지배를 받지 않을 것이다. 하나님이 그들을 **학대**와 **공포**에서 보호해주실 것이기에 그들은 더 이상 두려워할 필요가 없을 것이다(14절). 천년왕국(메시아 예수님의 문자적이고 직접적인 천 년간의 지상 통치, 참고. 계 20:1-6과 이 단락의 주석을 보라)에서 하나님은 어떤 나라도 이스라엘을 무너뜨리지 못하게 하실 것이다. 과거에 하나님은 파괴자(바벨론)가 이스라엘을 몰락시키도록 허락하셨다. 하지만 마지막 때에는 이스라엘을 **치려고 제조된 모든 연장이 쓸모가 없을 것**이다(17절). 그날에는 이스라엘을 파괴할 무기를 제조할 수 있는 대장장이가 세상에 하나도 없을 것이다. 하나님의 백성은 명예를 회복하고 영원한 언약의 상대자로 하나님 앞에 설 것이다. 이 책 전체는 이스라엘의 대적이 형성되는 과정에서 하나님의 역할을 강조해왔다. 자신의 언약 백성을 향한 그분의 자비와 긍휼이 하나님의 진노를 저지할 것이기에, 하나님의 개입은 이스라엘에게 위로를 주실 것이다.

(b) 구원의 제안(55:1-13)

이스라엘에게 구원을 약속하신 다음, 주님은 선물을 받을 수 있는 기회를 주시겠다고 제안한다. 하지만 이 제안은 이스라엘을 넘어 열방에게까지 확대된다(참고. 사 49:6).

55:1-5. 55장 첫머리에서 주님은, 와서 풍성한 하나님의 임재와 그분의 복 주심을 즐기라고, 또 그것을 통해 영적인 만족을 누리라고 이스라엘을 초대하신다. 이 단락은 하나님의 놀라운 공급을 강조할 뿐만 아니라, 그것이 무료로 주어진다는 점을 강조한다. 목마른 사람에게 물값을 청구하는 이들과 대조적으로, 하나님은 물과 포도주를 값없이 제공하신다(1절). 수사적 질문(2절)은 이전의 생각을 이어받아, 힘들여 번 돈을 영양분을 공급하지 못할 음식을 사는 데 허비하는 것이 공허함을 강조한다. 하나님은 좋고 기름진 것을 값없이 먹으라고 자기 백성들을 부르신다. 1-2절의 비유적인 특징은 다음 구절(3절)에서 분명하게 나타난다. 물리적 자양분이 확실히 공급되겠지만, 이스라엘은 주님께 대

한 순종과 하나님이 주시는 영원한 언약을 통해 살아갈 것인데, 이는 하나님의 지속적인 영양 공급을 보증하는 새 언약을 가리킨다(렘 31:31-34을 보라). 다음으로 주님은 이 초대에 응답하는 방법을 설명하신다. 그것은 종, 다윗계 메시아에게 향하는 것이다(4절). 이 절에서 주님은 이스라엘(너희, 너희의, 3절)에게 전하는 말에서 종-메시아(그를)에 대한 이야기로 전환한다. 그는 **증인**, **인도자** 그리고 **명령자**로 묘사된다. 이 표현들이 메시아적으로 이해되어야 한다는 점은 다음에서 분명하다. (1) 이 표현은 다른 통치자를 호칭하기에는 너무 고귀하다. (2) **인도자**[*nagid*, 나기드]라는 단어는 구체적으로 메시아를 지칭하는 데 사용된다(단 9:25). 이 호칭의 선행사가 **다윗**이라는 사실(3절)도 선지자들이 자주 환유법을 사용하여 메시아를 '다윗'이라고 부른다는 점에서 메시아적 해석을 부정하지 않는다(참고. 렘 30:9; 겔 34:23-24, 37:24-25; 호 3:4-5). 메시아와 다윗은 아주 긴밀히 연결되어 있고, 메시아는 (여기서 **다윗에게 허락한 확실한 은혜**라고 불리는, 55:3; 참고. 삼하 7:12-16) 다윗 언약의 성취이기 때문이다. **증인**이라는 단어는 진실하게 말하는 사람을 가리킨다. **인도자**란 '통치자'라는 뜻이고, '왕'과 동의어로 사용된다(삼상 9:16; 10:1; 왕상 1:35을 보라). **명령자**란 명령을 내리는 권한을 가진 지도자, 왕과 같은 율법 제정자를 가리킨다. 하나님은 주님의 종-메시아에게 직접 말하는데(55:5), 여기서 그분은 주님이 그를 **영화롭게** 하셨기 때문에 그가 알지 못하는 한 나라를 호령할 것이라고 말씀하신다. 종-메시아가 자기의 보좌를 차지할 때, 그는 이스라엘만이 아니라 이방 민족들도 다스릴 것이다.

55:6-7. 주님이 주시는 영적인 자양분을 찾으라고 이스라엘을 초대하고(55:1-3) 종-메시아의 정체를 그 자양분의 근원으로 규정하신 뒤에(55:4-5), 하나님은 이제 회개하고 자기에게 돌아오라고 모든 사람을 부르신다. 여기서 약속은 단순하다. 만약 사람들이 제때에 **여호와를 찾고** 악에서 돌이켜 **여호와께로 돌아오**면, **그가 너그럽게 용서하실** 것이다. 이 어구들은 의로운 행위가 아니라, 하나님의 용서와 변화된 행동으로 이어지는 참된 믿음을 요청한다. 이 점은 구원이 하나님의 자비로운 선물을 통해서만 얻어지기 때문에, (행위가 아니라) 값없이 구원을 얻으라고 이스라엘에게 요청하는 이 노래의 첫 구절에서 분명하게 나타난다(1-2절).

55:8-11. 그다음에는 악인의 회개에 관한 암시적 질문에 답한다. 질문은 '회개가 어떻게 하나님의 용서를 낳을 것인가?'이다. 대답은 **이는**으로 시작되는 일련의 설명절로 제시된다. 처음 두 설명절은 사람의 이해능력이 하나님의 사고방식을 제한할 수 없다고 단언한다(8-9절). 오스왈트의 표현처럼, "우리의 이해는 하나님이 하실 수 있는 일을 재는 잣대가 아니다"[Oswalt, *Isaiah 40-66*, 434.《이사야 2》, NICOT(부흥과개혁사)]. 또 하나의 이유는 비와 눈의 비교를 통해 부각되는 하나님 말씀의 확실성과 관련이 있다. 그렇지만 확실성을 넘어서서, 마치 비와 눈이 땅을 적셔서 땅이 채소를 맺듯이 하나님의 말씀은 회개와 용서를 낳는다(10-11절).

55:12-13. 이 장의 마지막 두 절에서 용서에 대한 하나님의 확신은 **기쁨**을 가져다준다. **산들과 언덕**들을 포함하여 변화된 창조 세계가 하나님을 찬양하고, 심지어 **나무가 손뼉을 친다**. 저주와 관련된 식물(즉, 가시나무와 찔레)이 잣나무와 화석류로 교체되는 것(13절)은 노역과 고통이 제거됨을 시사한다. 이 모두가 주님의 기념이 되고, 영원한 표징이 될 것이다. 이는 이 회복에 하나님 백성의 회개와 회복이 수반될 것이고, 그들의 지속적인 신실함이 하나님의 복을 낳을 것임을 시사한다.

(2) 열방의 구원(56:1-57:21)

앞 장에서는 이방인들이 메시아의 나라에 포함될 것이라는 사실을 내비쳤다(55:5). 그런데 이제 이 약속은 이사야가 전한 메시지의 초점이 된다.

(a) 포함된 이방인(56:1-8)

56:1-2. 하나님의 관심은 이스라엘에게서 이방인과 고자에게로 향한다. 정의를 증진시키고 주님께 순종하라는 처음의 요청은 기꺼이 구원하시는 하나님께 뿌리를 두고 있다(1절). 주님이 주시는 복의 포괄적인 특징(2절)은, 민족성에 상관없이 믿음의 순종이 모든 개인에게 복을 주시는 하나님의 수단임을 시사한다. 그날에 순종은 **안식일** 준수를 포함할 것이다(2절). 안식일 엄수론자들은 이 구절을 사용하여 오늘날 이방인 신자들도 이스라엘의 안식일을 지키도록 요구받는다고 주

장했던 반면에, 안식일 요구를 주일로 옮겼던 사람들은 지금도 갱신된 기독교 안식일을 지지하는 논거로 이 구절을 사용한다. 하지만 안식일은 모세 언약의 표식이었으며(출 31:12-17), 교회 안의 신자들에게 주어진 명령은 아니다. 그렇지만 이 구절은 안식일에 대한 요구가 메시아의 나라에서 새로워질 것임을 시사한다.

56:3-8. 이스라엘 백성들이 던질 당연한 질문은 어떻게 이방인이나 고자들이 하나님 나라에 포함될 수 있느냐는 것이다. 이 질문에 대답하면서 이사야는 약속에서 배제된 이들이 주님께 자신들을 묶으면 그들은 **아들이나 딸보다 나은 기념물과 이름**을 받을 것이고, **영원한 이름이 끊어지지 아니하게** 될 것임을 시사한다(4-5절). 주님께 순종하고 그분의 길을 존중하는 모든 사람은 영원히 주님과 함께하는 삶을 경험할 것이다(6-7절). 열방에 대한 이 짧은 논의가 이스라엘을 향한 것이었다는 사실은, 이스라엘이 하나님과 재회한 유일한 민족이 아니고 그분이 이방인도 모을 것이라고 이스라엘에게 말씀하신 데서 분명해진다(8절). 이것은 아브라함과 그의 씨를 통해 모든 민족에게 복을 주겠다고 아브라함에게 하신 약속이 성취되는 것이다(참고. 창 12:3; 22:18; 다음도 보라. 사 60:3-11; 66:18-21; 요 10:16).

(b) 악인에 대한 비난(56:9-57:21)

이스라엘과 더불어 이방인들도 구원을 받을 것이라는 앞 단락의 단언은 그 뒤를 잇는 이스라엘의 이교 신앙에 대한 고발을 부각시킨다. 더불어 이 본문은 주님께 무조건 신실해야 할 필요성을 강조한다.

56:9-12. 이스라엘이 하나님과 언약을 맺는 것으로는 충분하지 않다. 이스라엘 역시 그분을 따라야 했다. 하지만 이스라엘의 지도자들, 영적으로 눈먼 **파수꾼**(10절)이 이스라엘을 잘못된 길로 이끌었다. 그들은 하나님이 개입하여 자기들을 책임질 것이라고 생각하지 않고 삶이 변함없이 이어질 것이라며(12절), 술이나 마시면서 세월을 허비하는 이기적인 **목자들**이다(11절).

57:1-6. 이 어리석은 이스라엘의 지도자들은 경건한 자들의 죽음에 둔감했고, 주님의 복을 경험하지 못할 것이다. 의로운 이들은 축복을 경험하겠지만(1-2절), 3-5절에 묘사된 이교 신앙의 부끄러운 성적 범죄를 저지르는 이들은 결국 하나님의 징벌을 경험할 것이다(6a절). 하나님은 심판을 늦추시지 않을 것이다.

57:7-13. 이사야는 계속해서 이교 신앙을 비난한다. **높고 높은 산 위**에서 드리는 이스라엘의 희생제사는 우상숭배 제단이 있는 언덕 꼭대기의 사당과 더불어, 그들의 가정 안에 있던 이교의 상징 장소와 왕에게 제물을 바치는 그들의 부단한 노력을 가리킨다. 어떤 이들은 9절의 '왕'(NASB는 'king'으로 번역—옮긴이 주)을 어린아이를 제물로 바쳤던 암몬의 신 **몰렉**으로 수정해야 한다고 제안한다(개역개정—옮긴이 주). 이를 지지하는 사본의 증거는 전혀 없지만, 문제의 '왕'은 이교 신앙의 신인 것 같다. 우상을 숭배하는 이런 예배는 수많은 이교 신앙 중에 하나이며 주님을 배신하는 행위였다(참고. 7-10절). 왕에게 제물을 바치는 이스라엘 백성의 여정은 11절의 수사적 질문을 낳는다. 주님의 말씀을 듣지 않았던 이스라엘 백성들은 하나님을 잊고 그분을 두려워하지 않는다. 그래서 하나님은 이스라엘을 우상에게 굴복하게 하시지만 자기를 신뢰하는 이들은 구원하여(12-13절), 이로써 하나님께 대한 신실함이 하나님의 복을 낳을 것임을 강조한다.

57:14-21. 57:14-19의 어조는 하나님이 사람을 치유하고 사람이 하나님을 거절하더라도 안식을 주시겠다고 약속하는 희망의 어조로 바뀐다. **지극히 존귀하신 하나님**이 참회하는 자와 함께 거하겠다고 약속하신다. 그들은 **통회하고 마음이 겸손한 자**라고 불린다(15절). '통회하다'라는 단어는 문자적으로 '부서지다'라는 뜻이며, 하나님의 징계를 받아 낮아진 이들을 가리킨다. 하나님은 참회하는 자의 마음을 소생시키실 것이다. 여기서 동사는 다윗의 고백시에 나오는 것과 동일하다. "하나님이여 상하고 통회하는 마음을 주께서 멸시하지 아니하시리이다"(시 51:17). 하나님의 은혜와 자비는 비천한 이들이 자기에게 향할 때 그 무엇보다 존귀하신 하나님이 강림하셔서 그들과 함께 거하신다는 사실에서 분명해진다. 하나님은 계속 **패역하**는 이들을 징계하겠다고 약속하지만(17절), 또한 회개에 대해서는 **위로를 다시 얻게** 하실 것이다(18절). 하나님의 진노가 누그러지고 하나님이 이스라엘에서 애통하는 이들의 입술에 찬양을 주실 때 번영과 평화가 있을 것이다(19절). 참회하는 자와 악한 자 사이의 대조는 분명하다. 하나님의 길에 반대하는 이들에게 하나님의 평

화가 임하지 않을 것이다(19-21절).

이 장의 마지막 절 말씀(**악인에게는 평강이 없다**)은 죄로부터의 구원에 관한 이 단락(49-57장)을 마감하는 문학적 표식 역할을 한다. 거의 동일한 어구가 이전의 주요 단락(바벨론으로부터의 구원, 40-48장)을 마무리하고, 비슷하나 훨씬 강한 주제가 이 책의 마지막 단원(종말의 구원, 58-66장)을 마감한다(66:24).

3. 종말의 구원(58:1-66:24)

이사야서의 이 단락은 후반부 신탁에서 (셋 중의) 두 번째 주요 단락이다(서론의 도표 '이사야서의 구조'를 보라). 이 신탁 단락의 각 부분은 바벨론으로부터(40-48장), 죄로부터(49-57장) 그리고 마지막 때(58-66장) 이스라엘의 구원을 강조한다. 이 단락에서 중요한 요소는 이 단락이 이사야서 곳곳에서 제기되어왔던 주제인 종말론을 받아들여 그것을 중심 메시지로 삼는다는 점이다. 무엇보다 이사야서의 이 마지막 단원은, 이스라엘의 실패에도 불구하고 하나님은 이스라엘에게 하신 약속을 신실하게 지키실 것이고, 또 하나님이 온 땅을 다스리는 왕이 되실 것임을 보여준다.

a. 하나님이 주도적으로 이스라엘을 구원하시다 (58:1-60:22)

이사야서의 마지막 단원(58-66장)은 하나님의 주도권이 마지막 때의 구원을 낳을 것임을 입증하면서 시작된다(58:1-60:22). 하나님의 목적을 성취하는 것은 이스라엘의 의가 아니라 하나님의 신실하심이다.

(1) 하나님이 이스라엘의 악함을 설명하시다 (58:1-59:8)

이사야는 이 단락에서 하나님을 화자로 묘사하면서 하나님의 말씀을 제시한다. 주님은 이스라엘의 주된 죄가 위선임을 지적하신다.

58:1-12. 이스라엘이 위선적으로 행동했던 첫 번째 분야는 금식이었다. 하나님은 이스라엘을 하나님을 우롱하여 자기들이 진심으로 하나님을 찾고 있다고 여기도록 애쓰는 교묘한 예배자로 묘사하신다(1-2절). 그들은 하나님이 자신들의 금식에 주목하지 않았다고 해서 기분이 상할 만큼 자신들의 행동에 매료되어 있었던 것 같다(3a절). 겸손의 행위라고 여겼던 백성들의 금식은 자신들의 이기적인 욕망을 획득하려는 계속된 노력으로 얼룩졌다(3b절). 이 교묘한 조작은 노동자에 대한 억압으로 인해 악화되었다(3c절). 더군다나 금식의 목적도 참회가 아니라 단순히 자신들의 논쟁적 행동을 덮으려는 수단에 불과했다(4절). 그 뒤를 잇는 명령은 금식이 **너희의 목소리를 상달하게 하려는** 수단으로 사용되어서는 안 된다고 요구한다. 금식은 다른 사람들보다 유리한 입지를 차지하거나 유지하기 위해 야훼를 조종하려는 시도가 되고 말았다. 그들의 금식은 겸손의 행위가 아니라, 축복을 얻으려는 노력의 일환으로 채택된 정치적 수단에 불과했다.

하나님은 뉘우침과 행동의 변화가 수반되는 금식을 요구하셨다. 그런 금식은 **압제당하는 자를 자유하게** 하고(6절), 학대받는 이들을 돌볼 것이다(7절). 이러한 회개의 행동이 메시아의 복을 가져올 것이다. **빛**[메시아를 가리키는 은유, 참고. 사 9:2]이 오듯이 그들의 **치유**도 올 것이다(문자적으로 '치유'는 영적이고 육체적인 회복을 가리킨다, 8절). 이스라엘은 **공의**와 **여호와의 영광**을 경험할 것이다. 가장 중요한 것은 그들의 기도에 **여호와가 응답**하겠고 그들을 **인도**하신다는(9, 11절) 사실이다. 그때에 이스라엘은 **역대의 파괴된 기초를 쌓을** 것이다(12절). 진정한 회개는 언제나 하나님의 복을 가져다줄 테지만, 이 본문은 종말에 메시아 나라에서 임할 하나님의 복을 이야기한다.

58:13-14. 이스라엘의 위선이 나타난 두 번째 분야는 안식일 준수였다. 백성들이 이기적인 방법으로 안식일을 지키고 억압적인 노동 관행을 유지하는 한, 안식일은 받아들여지지 않는다. 하나님은 위선적인 안식일 관행에서 벗어나, 하나님을 누리는 거룩한 날로 안식일을 존중하라고 이스라엘에게 요청하셨다. 율법적인 안식일 준수가 아니라 참된 믿음이 하나님이 주시는 메시아의 복을 가져올 것이다. 그러면 이스라엘은 참으로 안식일을 존중할 것이다. 그때에 하나님은 이스라엘에게 공급해주실 것이다. **땅의 높은 곳에 올린다**(14절)는 표현은 신명기 32:13에 대한 암시이고, 음식의 공급을 가리킨다. 하나님이 **야곱의 기업으로** 그들을 **기르신다**는 것은 야곱에게 약속된 땅이 이스라엘에게 필요한 모든 음식을 제공할 것임을 시사한다.

59:1-8. 위선적인 금식과 안식일 준수에 더하여, 이스라엘은 광범위한 위선으로 기소된다. 이 단락은 이스라엘의 진정한 문제를 규명한다. 바로 불순종이다. 하

나님은 그들을 능히 구원하실 만큼 강하지만, 이스라엘의 불순종이 백성들을 하나님에게서 멀어지게 만들었다(1-2절). 이사야 59:3-7은 이 '종교적인' 백성의 불의한 행동을 서술하는데, 백성들의 **손**과 **혀**에 대한 언급에서 나타나듯이 말과 행동을 모두 포괄한다(3절). 정의에 대한 백성들의 무관심은 하나님을 신뢰하지 않겠다고 거절하는 이들에게 맞먹는 거짓 증언을 낳는다. 권력을 지닌 사람들이 자신들의 위안과 안전을 확보하기 위해서라면 무슨 일이든 하기 때문에, 이기적인 논리가 사회에 만연해 있다. 그들의 행동은 결코 자애롭지 않을 뿐만 아니라, 그들에게는 그럴 능력도 없다(5-6절). 그들의 행동은 불의를 낳고 평화를 깨뜨린다. 그들은 하나님의 정의를 경시하는 억압적이고 이기적인 행동을 통해 자신들을 보존하기만을 바란다(7-8절).

이 단락(58:1-59:8)의 목적은 이스라엘의 사악한 위선을 보여주는 것이었다. 이 단락은 그들이 너무 악해서 그들의 구속에 착수할 수 없음을 입증한다.

(2) 이스라엘이 자신의 악함을 고백하다 (59:9-15a)

59:9-11. 3인칭('그들', 59:1-8)에서 1인칭('우리', 59:9-15)으로 전환된 것은 이제 이스라엘이 화자임을 시사한다. 이스라엘은 (1-8절에 묘사된) 자신들의 악한 행위가 하나님의 구원의 **빛**을 경험하지 못하도록 가로막았음을 깨닫는다(9절). 오히려 백성들은 어둠 속에서 목적 없이 여기저기 더듬고(10절), 모호한 곰과 비둘기 소리를 낸다(11절). 곰 이미지는 성경 다른 곳에서 사용되지 않지만, 울거나 슬퍼하는 비둘기 이미지는 성경의 탄식에 등장한다(참고. 사 38:14; 겔 7:16; 나 2:7).

59:12-15a. 이스라엘 백성은 자신들의 죄와 하나님께 대한 배반을 고백한다. 이 고백이 종말론적 구속의 시작점이기 때문에, 마지막 때에 이스라엘이 이런 말을 할 것이다. 이스라엘은 자신들이 **허물**['배반' 혹은 '권리 침해'라는 뜻, 참고. 창 31:36; 50:17; 삼상 24:11; 25:28]을 범해서 하나님을 배반했고 순종에서 나오는 행동을 받으실 하나님의 권리를 침해했다고 고백할 것이다. 그들은 자신들의 **죄**를 깨달았는데, 이 단어는 하나님이 정하신 의로운 기준의 '과녁을 빗나갔다'는 뜻이다(삿 20:16). 그들은 자신들의 **죄악**을 아는데, 이 단어는 뒤틀리거나 굽은 상태를 가리키고 그들이 삐딱하게 혹은 굽게 행동했음을 나타낸다. 이스라엘의 죄는 **정의**와 **공의**, **성실**, **정직** 같은 사회적 덕망의 부재를 야기했다(14절). 그 결과, 한 사람이 회개하고 악에서 돌아서면 그 사람은 나머지 부패한 사회로부터 약탈을 당하는 처지에 놓인다(15a절).

(3) 하나님이 이스라엘의 구속을 시작하시다 (59:15b-21)

59:15b-19. 주님의 노여움이 결국 상황을 뒤집을 것이기 때문에, 부패한 상황은 지속되지 못할 것이다(15b-16절). 하나님은 이스라엘의 죄를 중재할 자가 필요하지만 그럴 만한 사람이 아무도 없다는 사실을 노여워하신다. 그래서 하나님은 자기 힘(**자기 팔**)으로 이스라엘에게 구원을 가져다주기로 결심하셨다(16절). 하나님은 홀로 자기 백성을 구속하기 위한 사역에 착수하실 수 있다. 갑옷, 투구, 속옷에 대한 묘사는 이스라엘을 괴롭힌 모든 것에 맞서 싸우기 위해 하나님이 옷을 입으셨음을 나타낸다(17절). 하나님은 **그 원수에게…갚으시고**, **그 원수**를 징벌하실 것이다(18절). **섬들**에 대한 언급이 보여주듯이, 이 징벌은 이스라엘의 죄 너머로 확장된다. 주님이 오시는 결과로, 동쪽과 서쪽에서 온 이방 민족들까지 주님의 이름을 두려워할 것이다(19절). 하나님은 누구도 저지할 수 없도록 거침없이 오실 것이다.

59:20-21. 하나님은 자신이 **시온에 임할 구속자**가 될 것이라고 선언하신다. 따라서 **야곱의 자손 가운데에서 죄과를 떠나는** 자가 하나님의 구원을 경험하게 될 것이다(20절). 사도 바울은 로마서 11:26에서, 그리스도의 재림에 앞서 이스라엘이 구원을 위해 주 예수님께 향할 그날을 설명하면서 이 구절을 인용한다. 민족 전체가 회개할 때, 모든 이스라엘이 구원을 받을 것이다(슥 12:10; 마 23:37-39; 그리고 롬 11:26-27에 대한 주석을 보라). 그때에 하나님이 대대로 이스라엘과 함께하실 것을 보장하는 새 언약(참고. 렘 31:31-34)을 이스라엘과 체결하실 것이다(59:21). 성령과 말씀이 이스라엘 가운데 영원히 함께하는 것은 신실함의 지속과 죄의 제거를 가리킨다.

(4) 하나님이 자신의 영광을 위해 이스라엘을 구속하실 것이다(60:1-22)

이스라엘이 자신의 악함을 깨달을 때, 이스라엘은 회개하며 주님께로 향할 것이다(59:9-15a). 그때에 주님은 이스라엘의 최종 구속에 착수하실 것이다(59:15b-21). 그다음 내용은 하나님이 이스라엘을 구속하실 때 이스라엘과 나누실 영광이다.

60:1-3. 이스라엘을 구속하실 때, 하나님은 어둠 속에 있는 이스라엘에게 자신의 빛[메시아를 가리키는 은유, 참고. 9:2]을 주실 것이다. 시온이 빛을 받아 **나라들은 네 빛으로 나아올** 것이다(3절). 메시아의 나라에서 이스라엘만이 아니라 이방 민족들도 주님을 알 것이다.

60:4-14. 하나님이 이스라엘을 구속하실 때, 하나님은 이방 민족들을 자기 백성에게로 데려오실 것이다. 세계 권력이 열방의 재물과 함께 이스라엘의 자녀들을 시온으로 데려올 때, 시온은 자신이 특권적 지위에 있는 것을 깨달을 것이다(60:4-7). 주님은 열방이 가져온 재물을 사용하여 하나님의 새 성전을 세우실 것이다(6-7, 13절, 또한 에스겔 40-43장에 대한 주석이 시작되는 '새 성전' 항목을 보라). 이처럼 하나님이 자기 백성을 **영화롭게 하였**기 때문에(9절), 주위의 나라들은 **금과 유향**(6절, 이것은 마 2:1-12에 나오는 박사의 방문 예고는 아닌 것 같다)을 포함하여 값비싼 선물을 시온으로 가져갈 것이다(9절). 열방이 예루살렘을 회복하기 위해 일하고 자신들의 재물을 그곳으로 가져갈 때, 예루살렘은 회복된 성읍이 될 것이다(10-11절). 이것은 이스라엘의 업적이 아니라 주님이 자기 백성을 **불쌍히 여겼**던 결과이다. 시온에 반대했던 민족들은 심판을 받아 파괴될 것이다. 그들은 **파멸**되고, **반드시 진멸**될 것이다(11-12절; 마 25:31-46, 열방의 심판에 대한 주석을 보라). 하나님은 이스라엘에게 최후의 역전을 약속하신다. 너를 괴롭혔던 자들의 자손이 와서 네게 절하고, 이 일을 성취하신 분이 주님이셨음을 인정할 것이다. 그들은 예루살렘을 **여호와의 성읍**이라 부를 것이다(14절).

60:15-22. 하나님이 이스라엘을 구속하실 때, 그분은 이스라엘에게 천년왕국의 축복을 가져다주실 것이다. 전에 **버림을 당하며 미움을 당하였**던 이스라엘 백성과 땅이 영원토록 **대대의 기쁨**이 될 것이다(15절). 시온의 소망은 열방의 특혜가 아니라 **구속자, 야곱의 전능자**의 회복하는 임재를 통해서 온다(16절). 하나님은 자기 백성에게 전쟁과 고난 대신 평화와 번영을 허락하실 것이다(17-20절). 이스라엘을 확장하실 때에도, 하나님은 자기 백성에게 부(60:17)와 평화(60:18), 하나님의 빛(19-20절) 그리고 의(21절)를 주실 것이다. 이 영원한 평화와 번영은 하나님의 광채를 드러내기 위해 심긴, 하나님의 손에서 뻗은 특별한 가지로 묘사된 백성들의 지속적인 의를 통해 보장된다(20-21절).

b. 하나님의 메시아가 이스라엘을 구원하다 (61:1-63:6)

종말에 있을 하나님의 구원에 대해 이야기하는 이사야의 마지막 단원(58-66장)은 하나님의 주도권이 마지막 때의 구원을 낳을 것임을 입증하며 시작되었다(58:1-60:22). 하나님은 메시아 왕을 통해 이스라엘을 위한 목적에 착수하실 뿐만 아니라 그것을 성취하실 것이다(61:1-63:6).

(1) 이스라엘을 위한 메시아의 사역(61:1-11)

61:1-3. 61장 전체는 다가오는 하나님의 백성의 구원을 이야기한 뒤 열방이 하나님을 경배하게 될 것이라고 서술한다. 이 본문은 하나님의 이스라엘 구속에서 자신이 맡은 역할을 선포하는 종-메시아의 말이다(42:1-9; 49:1-13; 50:4-11; 52:13-53:12). 예수님은 이 본문을 인용하여 자신의 정체를 종-메시아로 규정하면서 사역을 시작하셨다(나사렛 예수의 정체를 이 구절의 지시 대상으로 이해하는 눅 4:18-21 참고). 이 본문은 예수님의 두 번의 강림을 통해 성취될 것이다. 이 점은 예수님이 이 구절을 인용하면서 **하나님의 보복의 날**을 언급하지 않는 데서 확연히 드러난다(2절; 눅 4:18-21). 예수님이 메시아 사역을 개시하셨지만, 그 사역은 재림하실 때까지 완전히 성취되지 않을 것이다. 본문은 이스라엘이 바벨론의 유배만이 아니라 주변 세상의 유배로부터 놓일 것이라고 말한다(1-2절). 이 일이 가능한 것은 **여호와**의 성령이 종에게 기름을 부어 이 일이 일어나게 할 것이기 때문이다. '기름을 붓다'라는 단어는 '메시아'를 가리키는 히브리어 단어와 동일하고, 특화된 임무를 위해 어떤 사람이나 사물을 성별하는 것을 가리킨다. 이 절에서 삼위일체 하나님이 암시된다는 점을 주목하라[영, **주 여호와** 그리고 종(나)]. 종-메시아는 이스라엘의 회복을 통해 시온의 모

든 애통하는 자들을 위로하실 것이다(3절).

61:4-11. 종-메시아의 사역에는 이스라엘의 **오래 황폐하였던 곳**의 재건, 이스라엘이 열방 위에 높아짐 그리고 이스라엘이 열방에게 하나님의 지식을 중재하는 **제사장** 나라(참고. 출 19:5)로서 올바른 위치를 갱신하는 것(사 61:6; 슥 8:23과 이 단락의 주석을 보라)이 포함될 것이다. 이스라엘은 주님의 장자로서(참고. 출 4:22; 신 21:17) **보상을 배나** 받을 것이다(7절). 이스라엘은 "벌을 배나" 받았기 때문에(사 40:2) 이것은 공평하고 공정하다. 하나님은 이스라엘과 **영원한 언약**을 맺으실 것인데(8절), 이는 새 언약을 가리킨다(렘 31:31-34). 이러한 상황 전환의 근거는 언약을 지키셔서 세대를 넘어 하나님의 백성에게 축복을 가져다주실 하나님의 신실하심에 자리 잡고 있다(8-9절). 주님의 종은 주님의 화려한 **구원의 옷**과 **공의의 겉옷**에 대해서 하나님께 찬양을 드릴 것이다(10절). 이것들을 받은 종은 이스라엘과 세상을 위한 하나님의 목적을 성취할 것이다. 따라서 하나님은 **공의와 찬송을 모든 나라 앞에 솟아나게** 하실 것이다(11절).

(2) 메시아의 이스라엘 회복(62:1-12)

62:1-9. 하나님이 보내신 메시아에 의한 이스라엘의 구원이 계속된다. 메시아는 이스라엘을 위해 사역할 뿐만 아니라(61:1-11) 이스라엘에게 온전한 회복을 가져다줄 것인데(62:1-12), 이로써 예루살렘의 신원을 위한 하나님의 약속을 강조한다. 메시아 예수님이 이스라엘에게 돌아오실 때, 그분은 예루살렘을 변혁하실 것이다. 그분은 예루살렘을 어둠에서 빛으로 변화시켜 **예루살렘의 구원이 횃불같이 나타나**게 하실 것이다(1절). 메시아는 예루살렘이 죄와 굴욕에서 벗어나 **공의**와 **영광**을 구현하도록 변화시킬 것이다(2-3절). 다른 변화에는 **버림받은 자**와 **황무지**에서 **헵시바**["나의 기쁨이 그에게 있다"]와 **쁄라**["결혼한 여자"]로 바뀐 이름이 포함될 것이다(4절). 예루살렘을 향한 주님의 기쁨은 신부를 향한 신랑의 사랑에 비교될 것이다(5절). 주님의 아내로 이스라엘을 묘사하는 것은 이스라엘과 교회(그리스도의 신부)가 동일체임을 암시하지 않는다. 이 비유가 그리스도와 교회에 적용되는 것처럼, 이는 단지 하나님과 이스라엘 사이의 언약적 관계를 묘사하는 비유일 뿐이다. 이것은 하나님이 이스라엘과 교회 모두와 결혼한 중혼자라는 뜻이 아니라, 단지 이 비유가 이스라엘과 교회에게 독자적으로 사용된다는 뜻일 뿐이다. 궁극적으로 하나님은 모든 민족을, 각자 구별된 민족성을 지닌 하나님 가족의 일부로 만드실 것이다(하나님은 언젠가 애굽까지 자기 백성이라고 불릴 것이라고 약속하신다는 점을 주목하라, 사 19:25). 그때에 하나님은 이스라엘과 맺은 특별한 관계를 취소하지 않고, 이스라엘을 하나님이 기뻐하고 사랑하는 구별된 백성으로 언제나 유지하실 것이다(62:4-5). 예루살렘을 향한 하나님 약속은 확실하지만, 하나님의 백성은 그분이 이스라엘을 위해 이 약속을 성취하셔서 예루살렘을 **세상의 찬송**으로 만드시도록 계속 기도해야 한다(6-7절). 하나님의 백성은 오늘 예루살렘 성벽의 파수꾼이 되어, 이스라엘이 메시아를 알게 하시고 이 모든 선한 약속을 성취하시도록 주님께 기도하는 것이 마땅하다. 예루살렘을 보살피겠다는 하나님의 약속은 하나님의 능력(**그 오른손과 그 능력의 팔**)으로 성취될 것이다. 하나님은 이스라엘에게 곡식을 공급해주실 것이고, 그들의 곡식을 다시는 이방인들에게 주시지 않을 것이다(8-9절).

62:10-12. 이스라엘을 변화시키는 메시아의 노래의 마지막 단락은 응답하라는 요청이다. 먼저, 열방의 신실한 자들이 이스라엘의 회복을 가로막는 장애물을 제거해야 한다(10절). 이것은 이스라엘이 하나님께 돌아오는 것을 가능하게 해주는 열방에 대한 비유적인 묘사이다. 이들 장애물 중에는 기독교 반유대주의 혹은 하나님의 계획에서 이스라엘의 독특한 위치를 부인하는 기독교 일반의 거부가 포함된다. 둘째, 신실한 자들은 이스라엘에게 주님이 주시는 구원의 메시지를 전해야 한다(11절). 언급된 상급은 예루살렘의 신실함에 대한 상급을 가리킬 수도 있지만, 주님을 따라 예루살렘으로 돌아올 이스라엘의 흩어진 자들을 가리킬 가능성이 더 높다. 그들이 주님의 상급이다. 셋째, 신실한 자들은 **거룩한 백성**, **여호와께서 구속하신 자** 그리고 **버림받지 아니한 성읍**이라는 이스라엘의 운명을 그들에게 상기시켜주어야 한다(12절).

(3) 에돔에 대한 메시아의 심판(63:1-6)

63:1-6. 메시아는 회복을 통해서만이 아니라, 대적에 대한 심판을 통해서도 이스라엘을 구원하실 것이

다. 미래의 시련이 배경인데, 그때 이스라엘은 '적그리스도'라고도 알려진 미래의 세계 통치자의 공격을 피해 광야로 달아날 것이다(겔 20:34-36; 계 12:6을 보라). 아마 광야의 장소는 **에돔**[지금의 요르단] 안에, **보스라**[페트라, 이것을 뒷받침하는 증거로 사 34:5-17을 보라] 성읍 안에 있는 것 같다. 열방이 그곳에서부터 이스라엘을 추적하여 (앞서 34:1-7에 묘사된) 피투성이 전쟁으로 이어질 것이다. 하나님은 다시 진노의 포도주틀 안에서 짓밟은 이들의 피로 뒤덮인 정복 영웅으로 묘사된다(63:1-3). 이사야가 34장에서 이 장면을 묘사했을 뿐만 아니라, 계시록 역시 이 장면을 묘사한다(참고. 계 14:19-20; 19:13-15). 이들 본문은 메시아 예수님의 정체를 이스라엘의 대적을 심판하러 오는 분으로 규정한다. 위의 본문들에서, 예수님은 이스라엘을 구원하기 위해 시련의 끝자락에서 보스라로 돌아오시는 것 같다. 광야에서 이스라엘을 공격했던 열방을 격파한 메시아는 이스라엘을 예루살렘으로 인도하실 것이고(미 2:12-13), 거기서 그분의 발은 감람산에 서서 포위된 예루살렘을 구원하실 것이다(슥 14:3-4). 아무도 사면초가에 처한 이스라엘의 대의를 흔쾌히 받아들이지 않았기 때문에, 하나님은 홀로 행동하셨다(63:4-5). 열방의 파괴는 하나님의 아들이 단독으로 행한 일을 통해 이루어질 것이다(5-6절; 참고. 시 110:5-7).

c. 하나님의 언약적 신실하심이 이스라엘을 구원하다(63:7-66:24)

종말에 있을 하나님의 구원을 서술하는 이사야서의 마지막 단원(58-66장)은 마지막 때에 있을 이스라엘의 구원이 이스라엘의 주도권에서가 아니라, 하나님의 주도권의 결과로 올 것임을 증명하면서 시작된다(58:1-60:22). 다음 부분의 강조점은 종말에 하나님이 이스라엘에게 구원을 가져다주시는 방법에 있는데, 구체적으로 메시아 왕을 통해서였다(61:1-63:6). 이제 세 번째이자 마지막 단락에서, 예언의 메시지는 하나님이 주시는 최종 구원의 근거를 강조한다. 곧 하나님의 언약적 신실하심이다.

(1) 하나님의 신실하심을 기억하다(63:7-14)

63:7-14. 이 단락은 애굽 시절과 광야에서 방황하던 시기에 주님이 이스라엘을 위해 행하셨던 행동을 기억해낸다(7-8절). 그들이 애굽에서 종살이하는 동안 하나님이 그들의 고난에 함께 동참하셨음을 회상한다. 그때에 **자기 앞의 사자**가 그들을 **구원**했는데(9절; 출 23:20-26과 이 단락의 주석도 보라), 이는 아마 성육신 이전의 메시아 현현을 가리킬 것이다. 그 응답으로 이스라엘은 광야에서 배반하여(참고. 민 20:10) 하나님의 영을 깊이 슬퍼하게 했고(시 106:32-33), 결국 하나님은 그들을 대적에게 넘기셨다(10절; 참고. 시 106:40-41). 이스라엘은 하나님을 배반하여 그분을 대적하는 자리에 놓였다. 하지만 이스라엘은 홍해를 가른 것부터(11-12절), 광야에서의 공급(13절) 그리고 마지막에 약속의 땅에서 그들에게 안식을 주신 것까지(14절), 과거에 하나님이 베푸신 보살핌과 구원을 기억했다. 하나님이 이스라엘을 위해 행하신 일에 대한 설명은 하나님의 **이름을 영화롭게 하셨나이다**라는 선언으로 마무리된다(14절).

(2) 하나님의 용서를 요청하다(63:15-64:12)

63:15-19. 이사야는 하나님의 신실하심에 비추어 자기 백성들에게 주목하고 다시 그들을 위해 행동하시도록 하나님께 호소한다(15절). 주님이 그들의 **아버지**와 **구속자**이시기 때문이다. 이사야는 하나님께 자기 백성을 고집스럽고 불순종하게 만드신 목적이 무엇인지 질문한다(17절; 참고. 6:9-10). 바로의 마음이 하나님께 굳어 있었던 동시에 마음을 주관하시는 하나님이 그의 마음을 굳게 하셨듯이, 이스라엘 역시 그랬다(출 7:3에 대한 주석을 보라). 하지만 하나님이 그렇게 정하고 주관하셨다 하더라도, 하나님은 이스라엘의 배반에 대해 결코 비난받으시지 않는다. 이것은 모든 성경 말씀 중 가장 심오한 신비 가운데 하나이다. 이스라엘의 죄 때문에 원수들은 하나님의 성소를 잠시 동안만 차지할 것이다(18절). 이스라엘이 하나님의 소유가 되었지만, 하나님은 이스라엘의 죄 때문에 가끔 이스라엘을 다른 이방 나라와 마찬가지로 대하셨다(19절). 하나님이 자기 백성을 폐허로 버리셨던 반면 열방은 번성하는 것 같았기 때문에 이 마지막 진술은 17절 질문의 어조를 이어가는 것처럼 보인다.

64:1-12. 이사야는 하나님이 과거에 그러셨듯이 강림해달라고 요청한다(1-4절). 하나님이 시내산에서 자신을 계시하셨고(3절; 출 19:16-18), 드보라(삿 4:15)와 기드온 시대(삿 7:20-21)에 이스라엘을 구원하여

자기 이름을 알리셨듯이 다시 행동해달라고 간청한다. 하나님은, 언제나 주님을 기다리면서 기쁜 마음으로 순종하는 이들을 위해 행하셨다. 반면에 주님께 범죄하는 이들은 하나님이 자기들을 구원하실 거라고 믿을 근거가 전혀 없다(4-5절). 하지만 이사야는 하나님이 그분의 길을 걷거나 그분의 이름을 부르기를 거절한 이들에게서 얼굴을 숨기신다고 말씀하신다(7절). 여기에 표현된 근원적인 역학은 하나님의 백성들이 자신들의 미래를 보장하려고 하다가 그 과정에서 하나님의 율법을 무시하기에 이르기보다는 하나님을 신뢰해야 한다는 사실을 보여준다.

본문은 그들의 결점과 배반에도 불구하고, 그들의 죄를 잊으심으로써(즉, 용서하심으로써) 하나님의 피조물인 그들에게 자비를 베풀어주시도록 하나님께 요청한다(8-9절). 이 간청은 이스라엘이 그분의 **백성**이라는 하나님의 언약적 신실하심에 근거한 것이다. 바벨론 사람들이 정복할 때, 그들은 이스라엘과 예루살렘 그리고 성전(**우리의 거룩하고 아름다운 성전**)을 파괴하여 황폐하게 만들 것이다(10-11절). 이 구절은 선지자가 너무나 확실한 미래의 사건을 완료된 행동으로 서술하는 '예언의 완료형'으로 기록되었다. 이 장은 하나님이 행동하실지 아닐지 그분에게 묻는 애매한 분위기로 마무리된다. 백성들은 자신들의 죄로 인해 파괴될 정도로 하나님에게서 멀어졌는가? 하나님은 자신이 빚으신 백성을 위해 행동하실 것인가?(8, 12절)

(3) 하나님의 구원을 서술하다(65:1-16)

65:1-7. 하나님은 이사야의 간청에 응답하여, 이스라엘의 우상숭배자들을 심판하겠다고 설명하신다. 본문은 하나님이 언제나 이스라엘 민족 가까이에 있었다는 선언으로 시작된다(1절). 이스라엘이 우상숭배로 하나님을 거절했을 때에도 하나님은 그들에게 자신을 나타내셨는데, 우상숭배에는 그들의 완고함, 거짓 예배, 부정한 행동 그리고 교만이 포함된다(2-5절). 그들의 신실하지 못한 행위는 징벌 없이 지나갈 수 없고 보응을 받아야 한다(6-7절).

65:8-10. 주님의 심판은 다가오지만, 하나님이 자기 백성을 완전히 망하게 하시지는 않을 것이다. 남은 자가 구원을 받는다. 하나님은 언제나 이렇게 역사하셔서, 과거의 이스라엘 안에(왕상 19:18) 그리고 현재의 교회 안에 남은 자를 보존하신다(롬 11:1-6과 이 단락의 주석을 보라). 이사야의 시대에 신실한 남은 자(**나의 종들**)를 보존하셨던 하나님은 또한 그들(아직은 믿지 않는 대다수)을 **다 멸하지 아니하**겠다고 약속하신다(8-9절). 마찬가지로, 사도 바울은 하나님이 이사야의 시대와 비슷하게 자기 시대에도 남은 자를 보존하셨지만, 결국 "온 이스라엘이 구원을 받"을 것이라고 기록했다(롬 11:1-6, 25-28에 대한 주석을 보라). 하나님의 보존 약속은 이스라엘 땅으로 확대된다. **사론**(10절)은 북부의 욥바와 남부의 갈멜에 이르기까지 지중해 연안을 따라 있는 평지를 가리키지만, '고난의 골짜기'로 번역할 수도 있는 **아골 골짜기**는 동부의 여리고 부근에 있던 아간의 처형 장소였다(수 7장). 여기서는 이스라엘 서부와 동부에 있는 지명인 **사론**과 **아골 골짜기**를 각각 언급함으로써 나라 전체를 염두에 두고 있음을 시사한다. 비옥한 지역이던 **사론**과 척박했던 **아골 골짜기** 사이의 대조는 이전에 그 땅의 상태가 어떠했든, 거기에 생명이 번성하도록 하나님이 변화시키실 것임을 시사한다.

65:11-16. 하나님은 이스라엘을 심판할 뿐만 아니라 구원하겠다고 단언하신다. 주님을 거절했던 이들(11-12절)은 10절에서 사론과 아골 골짜기에 거주하며 '나를 찾은 내 백성'과 날카로운 대조를 이룬다. 주님을 무시하며 다른 신들을 예배하는 자들은 멸망당할 것이다. 그들이 멸망당하는 이유는 주님께 대한 불순종과 직접적인 관련이 있다. 그들은 하나님의 요청에 반응하거나 그분의 말씀에 순종하지 않았고, 자신의 지혜를 따라 살면서 하나님을 불쾌하게 만들기로 선택했다. 이 심판은 마지막 때에 일어날 것이다. 예레미야는 이것을 "야곱의 환난의 때"라고 부르고(렘 30:7), 에스겔은 하나님이 이스라엘에 대한 심판을 시작하여 그들을 "막대기 아래로" 지나가게 하실 때라고 묘사한다(겔 20:33-39). 스가랴는 이때를 이스라엘을 위한 정화의 시기, 이스라엘의 남은 자가 정화되고 주님의 이름을 부를 때라고 묘사한다(슥 13:8-9).

심판을 받을 이들과 대조적으로, 주님은 자기 종들 혹은 자기에게 충성하는 이들이 살아가는 데 필요한 모든 것을 갖게 될 것이라고 선언하신다(13절). 그들은 주님을 예배할 것이고, 주님은 그들에게 특별한 이름을 주실 것이다(14-15절). 반면에 주님께 불순종하는 이들은 먹거리 없이 지낼 것이다. 하나님을 예배하지 않고 거절하는 자들은 괴로움 가운데 있을 것이다. 너무도 절박한 그들의 상황은 저주받는 것이 무엇인지를 보여주는 완벽한 예가 될 것이다(15절). 메시아의 나라에서 남은 자들은 구속받을 것이다. 그때에 그 땅의 모든 좋은 것들이 하나님의 일로 인정될 것이다. 다른 신을 부르거나 그들에게 간구하지 않을 것이고, 하나님은 과거의 범죄를 용서하실 것이다(16절).

(4) 하나님의 영광이 임하다(65:17-66:24)

이사야서의 마지막 단락은 하나님이 세상을 "새 하늘과 새 땅"으로 재창조하시는 마지막 때를 묘사한다(65:17). 이런 묘사들은 대개 지상의 천년왕국, 즉 그리스도의 재림 이후에 지상에서 이루어질 말 그대로 천년간의 통치(계 20:1-6에 대한 주석을 보라) 그리고 영원한 상태('새 하늘과 새 땅', 계 21:1-22:9에 대한 주석을 보라)를 하나로 융합한다. 더불어 하나님의 영광스러운 강림에 대한 묘사는 구속받은 이들의 갱신을 위한 강림과 악인들의 심판을 위한 강림을 결합시킨다.

65:17-25. 이 단락 첫머리에서 하나님의 영광은 그분 백성의 새 창조와 함께 임한다. 이것은 하나님이 천년왕국의 마지막과 영원한 상태의 출발점에서 하실 일을 가리킨다. 하나님은 존재했던 모든 것을 파괴하고, 하늘과 땅을 평화와 조화, 질서의 장소로 새로 만들 최후의 심판이 있을 것이라고 선언하신다. 예루살렘은 새로 만들어져 하나님의 빛이 될 것이다(19-20절). 메시아 시대(천년왕국)에도 사람들은 죽을 수 있지만 훨씬 오래 살 것이고, 때 이른 죽음은 사라질 것이다(20절). 그럴 수 있는 이유는, 메시아 예수님이 재림하여 열방에 대한 심판의 비유로 양과 염소를 구별하실 때, 구속받은 열방이 아직 영화롭게 되지 못한 상태에서 그 나라에 들어갈 것이기 때문이다(마 25:34). 마찬가지로 미래에 겪을 시련의 마지막에 이스라엘이 자기들을 구원해주시도록 주 예수님께 요청할 때, 그들은 영화롭게 되거나 부활하지 않은 몸을 가지고 구속되어 그 나라에 들어갈 것이다(참고. 슥 12:10; 롬 11:25-27). 따라서 이사야 65:20이 시사하듯이 이 사람들은 재생성될 수도 있고, 죽을 수도 있다. 그렇더라도 그들은 그 나라의 환경에서 더 오래 살 것이다.

그때에 그 땅은 **타인이 살거나** 혹은 **그들이 생산한 것이 재난을 당할** 것이라는 두려움 없이, 대적들로부터 안전할 것이다(21-23절). 사람들은 **응답**하고 **들으시는** 하나님의 친밀함을 경험할 것이고(24절), 모든 창조 세계가 **해함**이나 **상함**이 없을 만큼 전례 없는 평화를 선보일 것이다(25절). 동물의 세계도 변해서, 그 위에 내려진 저주가 사라져 약탈자들이 초식동물이 될 것이다. 동물 세계는 한 가지 양상만이 유지될 것이다. 곧 뱀은 계속 **흙**을 먹는다. 이것은 뱀에게 내린 저주(창 3:14)의 영원한 표식이 되어, 뱀은 동물 세계의 나머지 동물보다 "더욱 저주를 받을" 것이라는 약속이 성취될 것이다. 새 창조의 그림은 하나님의 질서 회복에 대한 강력한 선언이다. 첫 창조에서 하나님은 온 세상이 함께 협력하여 하나님의 지혜와 뜻에 따라 조화를 이루는 아름다운 환경을 만드셨다. 두 번째 창조는 모든 하나님의 백성이 영원히 그분을 영화롭게 하는 이 상태로의 회귀를 나타낸다.

66:1-6. 하나님의 영광은 또한 악인들에 대한 심판과 함께 임할 것이다. 이 단락은 사람보다 위에 계신 하나님의 지위를 강조하려고 만든 두 개의 수사적 질문으로 시작된다. 성전 건축 비판(**너희가 나를 위하여 무슨 집을 지으랴**)을 거룩한 성전을 짓지 말라는 금지로 이해해서는 안 된다. 그 대신 하나님은 사람에게, 주님을 위해 집을 지어준다고 해서 그분의 호의를 얻을 수 없음을 기억하라고 요청하신다. 하나님은 하늘과 땅의 창조주이시기에 사람의 손으로 만든 성전은 하나님께 감동을 주지 못한다. 도리어 하나님은 하늘과 땅을 다스리는 하나님의 주권을 인정하고, **마음이 가난하고 심령에 통회하며** 하나님의 **말을 듣고 떠는 자**에게 호의를 보여주실 것이다(2절). 이사야는 살짝 다른 히브리어 단어를 사용하여 앞서 이 내용을 주장했다(57:15). 생명에 대한 존중 그리고 하나님의 율법에 대한 존중이 뒤따르지 않는 종교의식은 하나님의 징벌을 낳을 것이다(3-4절). 사실 하나님을 배반하는 이들의 헌물은 하나님이 보시기에 받을 수 없는 부정한 것으로 만들었다(3절). 어린 양 제물마저 **개의 목을 꺾음과 다름이 없**을 것이다. 따라서 정결한 제물(어린 양)도 부정한 것(개)으로 간주될 것이다. 하나님의 지시에 부합하는 제의마저 백성들의 불순종 때문에 더럽혀진 것

으로, 하나님께 대한 모독으로 받아들여졌다.

여기에 묘사된 심판이 언제 일어날지는 명확하지 않다. "흰 보좌" 앞에서 맞이할 최후의 심판을 묘사하는 것일 수 있다(계 20:11). 우리가 이렇게 결론을 내리는 이유는, 구속되었지만 영화롭게 되지 못한 사람들도 천년왕국에 들어갈 것이라고 성경이 시사하기 때문이다. 그들은 재생성될 수 있을 것이고, 따라서 그들의 자손도 메시아 예수님을 신뢰해야 한다. 메시아 예수님의 진정한 제자가 되지 못한 이들은 받으실 만한 제물을 드리지 못할 것이다. 계시록 20:11-15에 묘사되었듯이, 그들은 천년왕국 이후에 흰 보좌 심판 앞에 설 것이다.

분열 행동을 꾸짖는 비판(66:5)이 주님께 충성한다고 주장하며 행하는 배타적 행동에 대한 비난으로 재확인된다. 신실한 자들을 배제하는 이들의 선언(5b절)은 타인의 필요를 무시하는 공동체 안의 사람들을 가리킨다. 그들은 곤핍한 가운데 있는 사람들을 돕지 않고 계속 주님을 예배하면서, 기쁨을 얻기 위해 하나님의 영광스러운 귀환을 기다리라고 말한다. 하지만 하나님은 불쾌한 행위가 성전을 오염시키도록 가만히 서 계시지 않을 것이다. 하나님의 영광이 임하고, 하나님은 자기를 대적하는 자들이 성전 안에 숨더라도 그들을 심판하실 것이다(6절).

66:7-13. 하나님의 영광이 시온의 재탄생과 함께 임할 것이다. 7절에 사용된 진통 없는 출산의 비유는, 다가올 예루살렘의 회복에서 백성들의 노력이 전혀 필요치 않음을 상징한다(8절). 흥미롭게도 타르굼은 이 절의 마지막 문장을 '그 왕이 나타날 것이다'로 번역하는데, 이는 그리스도의 재림 직후에 일어날 일을 가리키는 메시아 중심의 읽기를 시사한다. 8-9절의 일련의 수사적 질문들은 앞으로 일어날 사건의 독특성을 강조하여, 하나님만이 그들을 데려가실 수 있고(8절) 하나님이 시온을 회복하실 것(9절)이 분명하다고 서술한다. 게다가 예루살렘을 사랑하는 이들에게 예루살렘 성읍과 함께 기뻐하라고 요청한다(10a절). 예루살렘의 회복과 번영은 예루살렘을 사랑하고 그 파괴를 탄식했던 이들을 유익하게 할 것이다(10b-12절). 예루살렘을 향한 하나님의 위로는 아이에게 위안을 주는 어머니의 위로와 같을 것이다(12b-13절). 이 은유는 자기 백성에 대한 하나님의 크신 긍휼과 친분을 강조한다.

66:14-18. 메시아 예수님이 재림하실 때, 하나님의 영광이 악인에 대한 진노와 함께 임할 것이다(계 19:11-21과 이 단락의 주석을 보라). 기쁨을 주시는 하나님의 위로와 대조적으로 그분의 **노여움**과 **책망**이 **불과 칼로** 임하여 **심판을 베푸실** 것이다(15-16절). 하나님이 진노하시는 이유는 악인의 우상숭배, 특별한 정화 제의, 금지된 음식을 먹는 것 그리고 **가증한 물건** 때문이었다(17절). 하나님이 모든 열방을 예루살렘에 모으실 때, 불순종한 자들은 하나님의 영광이 심판으로 임하는 것을 볼 것이다.

66:19-23. 하나님의 영광이 열방에 대한 긍휼과 함께 임할 것이다. 하나님은 징조를 보내거나 열방을 강하게 대적하겠지만(참고. 시 78:43; 렘 32:20), 그들에게 긍휼도 보여주겠다고 선언하신다. 이 징조가 분명 열방을 큰 충격에 빠뜨리겠지만, **도피한 자**에 대한 언급이 시사하듯이(19절) 하나님은 열방을 멸망시키지 않을 것이다. 도피한 자 중에 일부는 열방으로 보내져서 하나님의 영광을 선포하고, 열방 중에서 이스라엘 백성들을 데려와 새 성전에서 제사장과 레위인으로 주님을 섬기게 할 것이다(20-21절; 에스겔 40-43장에 대한 주석이 시작되는 '새 성전' 항목을 보라). 19-21절을 근거로, 믿는 유대인과 더불어 믿는 이방인들이 종말론적인 '새 이스라엘'을 구성한다는 주장이 이따금 제기되었다. 이방인들(19-20절)이 하나님에 의해 **제사장**과 **레위인**으로 선발됨으로써(21절), 메시아의 나라 안에서는 더 이상 인종 구별이 지속되지 않는다는 주장이다.

어떤 신학자들은 이것을 교회 시대로 이해한다. 그런 견해는 미래의 나라에서 이스라엘의 두드러진 지위를 배제한다. 하나님이 **나는 그 가운데에서 택하여 제사장과 레위인을 삼으리라**라고 말씀하실 때(21절), '그들'이 가리키는 가장 가까운 선행사는 19-20절의 이방인이 아니라 20절의 **이스라엘 자손**이다. 이방인이 유대인 혹은 '새 이스라엘'(**제사장**과 **레위인**)의 일부가 된다고, 이로써 일종의 융합된 '새 이스라엘' 안에서 인종 구별이 사라진다고 말하는 것은 근거 없는 비약이다.

종말에 열방은 이스라엘과 세상을 위해 하나님이 주관하실 회복을 성취하는 도구로 사용될 것이다. 이 회복은 영원할 것이다(22-23절). **새 하늘과 새 땅이** 영원히 지속되듯이, 이스라엘 백성과 그 이름도 이어질 것이다. 더 중요한 것으로 온 세상이 하나님을 영원히 예배할 것이다. **모든 혈육이 내 앞에 나아와 예배하리라**(23절).

66:24. 마지막으로 하나님의 영광은 배반자들에 대한 영원한 심판과 함께 임할 것이다. 이사야서 후반부의 신탁들은 각각 심판 경고로 마무리된다(48:22; 57:21; 66:24). 앞서 이사야서의 두 개의 주요 단락(40-48장 바벨론으로부터의 구원, 49-57장 죄로부터의 구원)에서 각 단락은 거의 동일한 어구('악인에게는 평강이 없다')로 마무리되었다(48:22; 57:21).

여기서 배반자들에 대한 영원한 심판을 경고하는 한층 더 강력한 선언이 (종말의 구원에 관한, 58-66장)이 단락과 이사야서 전체 모두를 마감하는 문학적 표식 역할을 한다. 주님이 무너뜨리신 자들의 혐오스러운 모습은 주님이 조롱이나 반대의 대상이 아님을 모든 인류에게 알리는 영원한 표식이 될 것이다. **불이 꺼지지 아니하고** 구속받지 못한 악인들이 영원히 고통받을 불못에 있을 거라는 언급은 단지 구약의 개념이 아니다. 사실 메시아 예수님은 이사야에서 유래한 이 어구(**그 벌레가 죽지 아니하며 그 불이 꺼지지 아니하여**)를 영원한 심판의 경고로 반복하셨다(참고. 막 9:43-48, 또한 예수님은 다른 곳에서 하나님에게서 분리되는 영원한 고난에 대해 가르치셨다, 참고. 마 13:41-43; 25:31-46; 눅 16:24; 계 20:15).

이사야서는 이스라엘의 거룩한 분이 이스라엘과 유다에게 주신 메시지를 기록한다. 이사야서는 그 손으로 세계사의 진행을 주관하는 주님께 신실하라고 이스라엘 백성들에게 요청한다. 이사야서는 이스라엘과 유다의 유배가 약속의 땅으로부터 영원히 제거되는 것이 아니라 일시적인 상황이고, 하나님께서 주님을 신뢰하는 이들을 그 상황으로부터 구원하실 것임을 보여준다. 주님을 신뢰하는 이들과 그러지 않는 이들 사이의 대조는 이사야의 기본 메시지를 강조한다. 곧 주님께 대한 신뢰는 억압적이고 이기적이고 파괴적인 행동으로부터 사람을 자유롭게 하며, 다가오는 하나님의 의와 정의를 인내하며 기다릴 수 있는 자원을 제공한다. 주님에 대한 신뢰는 또한 하나님의 심판으로부터 사람을 자유롭게 한다. 주님은 이스라엘, 자기가 보내실 메시아-왕 그리고 최후의 심판을 통해 자신의 영광을 드러내실 것이다. 이스라엘이 하나님의 길을 지시하는 증인으로서 자신의 운명을 성취하면, 열방이 하나님께 돌아와 그분을 영화롭게 할 것이다.

마지막으로, 하나님이 창조하신 모든 것이 마침내 그분이 이스라엘의 거룩한 분임을 깨달을 때, 모든 창조 세계가 정화되고, 죄가 사라지고, 하나님의 질서가 회복될 것이다.

참고 문헌

Bultema, Harry. *Commentary on Isaiah*. Translated by Cornelius Lambregtse. Grand Rapids, MI: Kregel, 1981.

Childs, Brevard S. *Isaiah: A Commentary*. Louisville: Westminster John Knox, 2001.

Deilitzsch, Franz. *Isaiah* in *Keil and Deilitzsch Commentary on the Old Testament*, vol. 7. Translated by James Martin. Grand Rapids, MI: Eerdmans, 1980 Reprint.

Goldingay, John. *Isaiah*. New International Bible Commentary. Peabody, MA: Hendrickson, 2001.

________. *The Message of Isaiah 40-55: A Literary-Theological Commentary*. New York: T&T Clark, 2005.

Grogan, G. W. "Isaiah." *Isaiah-Ezekiel*. Vol. 6 of *The Expositor's Bible Commentary*. Edited by Frank E. Gaebelein. Grand Rapids, MI: Zondervan, 1986.

Hindson, Edward E. *Isaiah's Immanuel: A Sign of His Times or the Sign of the Ages*. Grand Rapids, MI: Baker, 1979.

Lindsey, F. Duane. *The Servant Songs*. Chicago: Moody, 1985.

Martin, Alfred, and John Martin. *Isaiah: The Glory of the Messiah*. Chicago: Moody, 1983.

Motyer, J. A. *The Prophecy of Isaiah*. Downers Grove, IL: InterVarsity, 1993.

Oswalt, John N. *The Book of Isaiah, Chapters 1-39*. Grand Rapids, MI: Eerdmans, 1986.《이사야 1》, NICOT(부흥과개혁사).

________. *The Book of Isaiah, Chapters 40-66*. Grand Rapids, MI: Eerdmans, 1998.《이사야 2》, NICOT(부흥과개혁사).

Rydelnik, Michael. *The Messianic Hope: Is the Hebrew Bible Really Messianic?* Nashville: Broadman & Holman, 2010.

Smith, Gary V. *Isaiah 1-39*. Vol. 15a of *The New American Commentary*. Nashville: Broadman & Holman, 2007.

________. *The New American Commentary: Isaiah 40-66*, Vol. 15b. Nashville: Broadman & Holman, 2009.

Wolf, Herbert M. *Interpreting Isaiah: The Suffering and Glory of the Messiah*. Grand Rapids, MI: Zondervan, 1985.

Young, Edward J. *The Book of Isaiah*, 3 Vols, Grand Rapids, MI: Eerdmans, 1965-1972. 《이사야 3》(CLC).

예레미야

찰스 다이어(Charles H. Dyer) · 에바 리델닉(Eva Rydelnik)

서 론

저자. 초기 전승의 주장처럼, 선지자 예레미야가 이 책의 저자이다. 이 책은 예레미야의 광범위한 신탁 모음집으로, '예레미야의 말'로 시작한다(1:1). 아울러 이 책의 역사적 에필로그 직전에 "예레미야의 말이 이에 끝나니라"(51:64)라고 진술한다. 이 책은 주님께 받은 말씀을 담았고, 예레미야의 메시지 가운데 일부를 구술해준(36:32) 그의 동료요 필경사인(36:4) 네리야의 아들 바룩의 글을 포함한다.

예레미야는 사역의 여러 단계에서 자신의 예언을 모아 뚜렷한 양식에 따라 재배열했을 것이다(참고. 25:13; 30:2; 36:2, 32). 예레미야가 애굽에 인질로 잡혀간 후 이 책의 최종 형태를 완성했거나(참고. 51:64), 바룩이 예레미야 사후에 (왕하 24:18-25:30을 근거로) 52장을 추가하여, 예레미야의 글들을 모아 정리했을 수도 있다.

본문은 이 책이 '예레미야의 말'이며, 이 책이 '힐기야의 아들 예레미야'에 의한 그리고 그에 관한 것이라고 분명히 진술한다(1:1). 그는 유다가 바벨론에게 무너져 유배되기 직전의 암울한 시기에 그 나라의 가장 중요한 선지자였다. 그의 마음은 예루살렘의 죄와 그들이 자초한 심판으로 무너졌고, 그가 느낀 극한의 슬픔은 그에게 '눈물의 선지자'라는 별명을 붙여주었다(9:1). 그의 책은 선지서 저작 중에 가장 자전적이고 영적으로 투명한 책이다. 예레미야는 자신의 처지와 슬픔에도 불구하고, 하나님의 백성에 대한 그분의 신실하심을 변함없이 확신했다(3:23).

예레미야는 구약성경에 아홉 번 나오는 평범한 이름이다(예를 들어 왕하 23:31; 24:18; 대상 5:24; 12:4, 10, 13; 느 10:2; 12:1; 렘 35:3). 하지만 예레미야 선지자는 이 이름을 쓰는 이 중 가장 중요한 인물이다. 이름의 의미는 불명확하지만, 아마도 기초를 놓는다는 의미에서 '주님이 던지신다' 혹은 '주님이 세우신다'라는 뜻일 것이다.

예레미야는 모세(출 6:16-20)와 에스겔(겔 1:3), 스가랴(슥 1:1)와 마찬가지로 제사장 가문 출신이었다. 예루살렘에서 북동쪽으로 약 5킬로미터 떨어진 작은 마을 아나돗이 그의 고향이었고, 그의 아버지는 레위인 힐기야였다(1:1; 수 21:15-19; 왕상 2:26). 힐기야는 놉의 제사장들 가운데 유일한 생존자요(삼상 22:20), 후에 솔로몬에 의해 아나돗으로 추방당한 아비아달의 후손이었던 것 같다(왕상 2:26). 그의 아버지는 요시야의 통치 기간에 성전에서 율법을 발견한 힐기야와 동일인은 아닐 것이다(참고. 왕하 22:3-14). 왜냐하면 그는 예루살렘에 살지 않았고, 이 핵심 사건을 그와 관련지어 언급하지 않기 때문이다.

예레미야는 제사장 가문에서 태어났으나 제사장으로 봉직한 적은 없는 것 같다. 그가 사역을 시작한 시점에서 역산하면, 그는 아이 혹은 청년이었을 때, 아마도 25세 이전에 선지자로 부름을 받았을 것이다(1:6-7). 주님은 이스라엘에게 임박한 재앙을 보여주는 실물 교육의 하나로, 예레미야에게 결혼하지 말라고 명령하셨다(16:1-2). 그의 사역은 요시야 통치 13년부터(1:2) 시드기야의 통치, 곧 '사로잡혀 가기까지'(1:3) 이어졌다. 따라서 그는 주전 627년경부터 적어도 주전 582년 예루살렘이 함락된 후까지 예언했다. 그는 예루살렘의 생존자들 그리고 그다랴 암살 후(41:2) 자신의 뜻과 반대로 끌려갔던 애굽의 생존자들을 대상으로 계속 사역했다. 예레미야는 애굽에서 자신의 마지막 예언을 기록했고(43-44장), 전승에 의하면 그곳에서 돌에 맞아 죽었다.

예레미야는 사역 기간 내내 자신이 전한 메시지로 인해 미움을 받고, 박해당하고, 투옥되었다(18:18; 37:15; 38장; 40:1). 그는 예루살렘이 주님의 심판으로 바벨론에게 함락될 것이라고 선포했으며, 느부갓네살에게 항복하라고 권유했다. 예루살렘이 함락된 후, 그는 유다에 머물고 애굽으로 가지 말라는 하나님의 메시지를 남은 자들에게 전했지만, 조롱받고 무시당했다. 예레미야는 걸출하고 용기 있는 사람이어서, 민족 전체가 거의 반대했음에도 담대하고 변함없이 주님의 메시지를 선포했다.

연대. 예레미야는 요시야 통치 13년인 주전 627년에 예언을 시작했고(1:2), 예루살렘이 함락된 주전 582년 이후까지 계속 사역했다. 따라서 그는 모세처럼 40년간 예언했다. 예레미야는 스바냐와 하박국, 다니엘, 에스겔과 동시대인이었다. 그의 예언 사역에는 세 가지 국면이 있었다. (1) 유다가 앗수르와 애굽의 위협 아래 있던 시기인 주전 627-605년, (2) 예루살렘 함락을 포함하여 바벨론이 유다를 위협하고 공격했던 시기인 주전 605-586년, (3) 그다랴 암살 전까지 생존자들과 함께 예루살렘에 머물다가 그 뒤에 망명자들과 함께 강제로 애굽으로 가서 거기서 죽을 때까지의 시기인 주전 585-580년(?)이다.

수신자. 예레미야의 사역 기간 동안 그의 일차적인 청중은 유다와 예루살렘이었다. 그는 백성들에게 말했고(2:2; 3:12; 7:2; 18:11), 또한 유다의 왕들에게(13:18; 21:3, 11; 22:1-2, 11, 18, 24), 그 제사장들에게(20:3-6) 그리고 선지자들에게(23:9; 28:15) 직접 이야기했다. 뿐만 아니라 예레미야는 유다를 박해한 주변 나라들에게 하나님의 사자 역할을 했다(46-51장). 바룩이 수집한 예레미야서의 최종 형태는 유배 중에 있는 이스라엘의 신실한 남은 자들을 향해 말하고 있다. 하지만 성경의 저자는 이 책의 메시지가 그것을 읽는 모든 사람에게 유익할 줄을 알았다(딤후 3:16).

목적과 주제. 예레미야서의 목적은, 이스라엘을 징계하는 동시에 회복하겠다는 주님의 약속이 신실하셨음을 보여주어 회개와 믿음을 권장하려는 것이다. 주님의 거룩하심에 근거한 심판은 예레미야서에 배어 있는 주제 가운데 하나이지만, 그와 병행하는 주제는 회개와 회복의 요청이다(렘 7:1-11, 23; 9:12-16, 23-24; 19:1-4).

회복의 약속은 70년간의 포로기가 끝나고 바벨론에서 귀환한 직후로 넘어간다(29:10). "날이 이르리니"라는 어구(16:14-15과 31:27-40에 대한 주석을 보라)는 천년왕국에서 지상에 이루어질 의로운 가지, 즉 메시아의 통치를 고대하는 표현이다(23:3-6; 30:1-9; 33:14-15).

예레미야의 사역에서는 외적인 종교 행위와 대조되는, 주님과 올바른 관계를 맺는 것의 우선성이 강조된다(4:4; 7:21-26; 11:1-13). 예루살렘 백성들은 겉으로는 종교적으로 보였지만, 사실은 주님의 말씀이 아니라 거짓 선지자들을 따르고 있었다(7:28; 14:13-16). 육체의 할례 및 다른 외면적 순종 행위에 더해서, 진실한 예배와 순종을 고취시키는 마음의 할례를 받는 것이 본질이었다(9:23-26).

하나님의 심판에서 드러난 그분의 거룩하심과 의로우심에 덧붙여, 예레미야는 주님을 다음과 같이 묘사했다. 창조자(5:22; 10:12-16; 27:5; 31:35-37; 32:17; 51:15-19), 강한 만군의 여호와(9:7; 10:6; 27:5; 31:35; 32:17, 27), 어디에나 계신 분(23:23-24), 구원자와 구속자(3:23; 14:8; 31:11; 50:34), 사랑과 긍휼이 많으신 분(12:15; 30:18; 31:3, 13). 주님은 언제나 자신이 선택한 백성이요 자신의 기업인 이스라엘과 맺은 언약에 신실하실 것이다(10:16; 12:14-15; 31:35-37; 33:14-21; 51:5). 하나님은 여호와 이스라엘의 하나님이시고(11:3; 19:3; 24:5), 열방의 하나님이시다(5:15; 10:6-7; 18:7-10; 25:17-28; 46-51장).

예레미야는 '위로의 책'(30-33장)에서 새 언약을 소개하면서, "날이 오리니/이르리니"라는 정형화된 표현을 사용하여 독자들에게 미래를 보여주었다. 이 장들은 메시아를 통해 이루어질 이스라엘과 유다의 회복을 묘사한다(30장). 또한 하나님과 그분이 택하신 백성의 관계가 미래에 변할 것을 보여준다. 그 관계는 시내산/모세 언약이 아니라, 메시아에 의해 시작된 새 언약에 기초할 것이다(31:31-34; 눅 22:20).

예레미야에서는 메시아 예언이 이사야나 다니엘, 스가랴만큼 두드러지지 않지만, 메시아 소망은 예레미야의 본질이다. 예레미야는 '그날에' 일어날 사건들을 서술했다. (1) 예루살렘은 '여호와의 보좌'라 불릴 것이고(3:14-17), 주님의 임재가 언약궤의 자리를 대신할 것이다. (2) 다윗의 한 의로운 가지(23:1-5; 33:15)가 "왕이 되어…다스리며 세상에서 정의와 공의를 행할 것"이다. (3) 메시아의 신성이 23:6에 엿보이는데, 그 이유는 "그의 이름은 여호와 우리의 공의라 일컬음을 받"기 때문이다. (4) 메시아는 새 언약을 가져올 것인데(31:31-34), 새 언약은 하나님이 아브라함(창 12:1-3; 17:1-8), 모세와 이스라엘(신 28-30장) 그리고 다윗(삼하 7:1-17)과 맺으신 언약을 성취할 것이다.

예레미야서는 메시아 예수님이 오기 전에 먼저 유대교 성경에서, 그 뒤에 완성된 구약과 신약에서 정경으로 받아들여졌다.

히브리어 정경은 세 개의 주요 부문으로 나뉜다. 율법(***T****orah*, 토라), 선지서(***N****evi'im*, 느비딤) 그리고 성문서(***K****etuvim*, 케투빔)이다. 각 부문의 히브리어 첫 글자를 딴 두문자어(acronym)는 구약을 가리키는 히브리어 단어 '타나크'(*TaNaK*)로 표기한다. 선지서는 전기 선지서(여호수아, 사사기, 사무엘, 열왕기)와 후기 선지서(대선지서와 소선지서)로 나뉜다.

탈무드(*Baba Bathra* 14b)에 기록되었듯이, 많은 고대 히브리어 사본에서 예레미야는 대선지서의 첫 번째 책이므로 히브리어 정경에서의 순서는 예레미야, 에스겔, 이사야 순이다. 히브리어 정경에서 예레미야서의 위치는 예레미야서가 아닌 스가랴서 구절이 인용되는데도 "선지자 예레미야를 통하여 하신 말씀이 이루어졌"다(마 27:9)는 마태복음의 어구를 설명해준다. 예레미야서는 대선지서의 첫 번째 책으로 모든 선지서를 대표할 수 있었다. 한 부문의 첫 번째 책을 사용하여 해당 부문의 책 전체를 나타내는 것은 유대인의 관행이었다. 마태는 한 부문의 첫 번째 책, 즉 선지서 중에 예레미야서를 제시하는 이 방법을 사용하여 선지서 전체와 동일시하면서 스가랴를 인용한다. 마태복음 27:9은 '선지서를 통해 하신 말씀대로'라고 풀어쓸 수 있다. 덧붙여 예수님이 '시편'이라는 단어를 사용하여 성문서 전체를 표현하셨을 때(눅 24:44), 바로 이 방법을 사용하셨다. 시편은 성문서의 첫 번째 책이기 때문이다. 거기서 예수님은 '타나크' 전체, 즉 율법과 선지서, 시편(성문서)이 자신에 대해 말한다고 말씀하셨다(눅 24:44-46). 현대의 유대교 성경 타나크(JPS)와 더불어, 구약의 영어와 헬라어 번역본은 예레미야를 이사야 다음에 그리고 애가와 에스겔 앞에 둔다.

예언을 연대순으로 기록한 에스겔이나 이사야와 달리, 예레미야의 메시지는 연대순이 아니고 강조점에 따라 배열되어 하나님의 심판 주제를 발전시킨다(유다에 대한 심판은 2-45장의 주제이고, 이방 나라들에 대한 심판은 46-51장의 주제이다). 이 책은 예레미야가 쓰지 않은 부록으로 마무리되는데, 열왕기하 24:18-25:30과 대동소이하게 포로기 마지막의 사건들을 기록한다. 여호야긴의 석방은, 이스라엘을 회복하고 복을 내리겠다는 약속의 전조였다. 약속된 구속자는 아직 오지 않았지만, 그분의 오심은 확실했다.

예레미야서는 이야기와 시, 설교, 선언, 비유를 포함하고 있다. 베띠(13장), 토기장이의 진흙(18장), 무화과 광주리(24장), 멍에(27장) 그리고 애굽 삼각주 성읍 다바네스의 커다란 돌들(43장) 등의 실물 교육은 예레미야의 주된 교육법 중 하나이다. 예레미야의 생애 자체가 주님이 유다에게 주시는 매일의 본보기로 사용되었다(13:1-14; 14:1-9; 16:1-9; 18:1-8; 19:1-13; 24:1-10; 27:1-11; 32:6-15; 43:8-13).

배경. 예레미야의 사역 기간에 유다는 앗수르와 애굽과 바벨론이 세계의 패권을 놓고 싸우는 삼각 국제분쟁 사이에 끼어 있었다. 이 역사적 사건들이 유다의 상황과 예레미야가 전하는 메시지의 배경을 형성했다.

국내적으로, 유다는 요시야의 통치 기간에 마지막 영적 갱신을 경험했다(주전 622년, 왕하 22:3-23:25). 그의 통치 18년에 성전에서 모세의 율법책 사본이 발견된 데 고무되어, 요시야는 악한 왕 므낫세가 55년간 통치하는 동안 유다에 뿌리내린 우상숭배를 없애기 위해 노력했다(왕하 21:1-9). 요시야의 노력은 우상숭배의 외적 형식을 제거하는 데는 성공했지만, 백성들의 마음에까지 닿지는 못했다. 요시야의 때 이른 죽음 이후, 유다는 우상숭배로 돌아섰다.

예레미야와 에스겔 당시의 세계

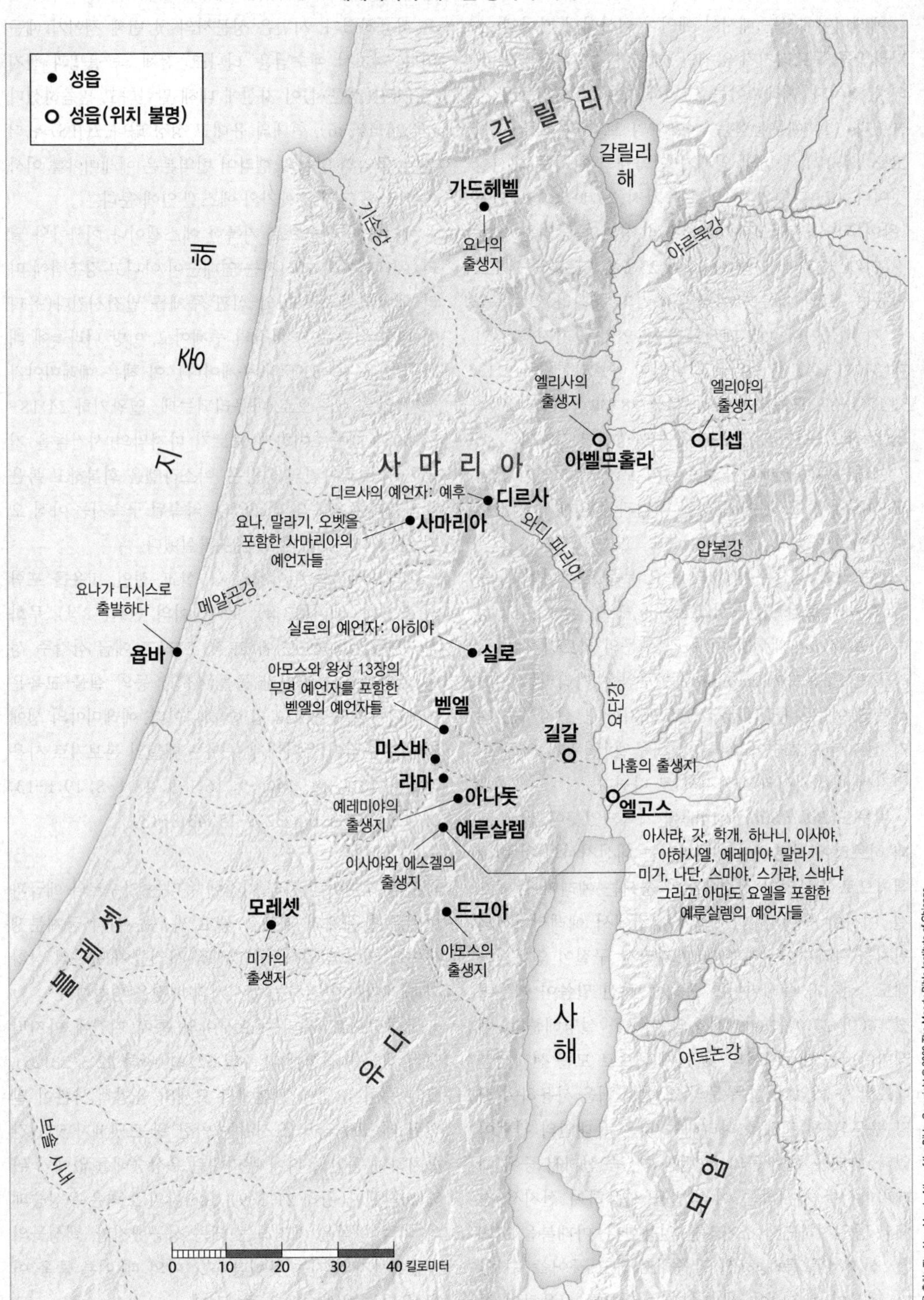

인용 출처: *The New Moody Atlas of the Bible*. Copyright © 2009 The Moody Bible Institute of Chicago.

국제적으로, 앗수르 제국이 주전 721년에 북 왕국 이스라엘을 포로로 잡아갔고(왕하 17장), 고대 근동을 수백 년간 지배했다. 예레미야의 사역이 시작될 때, 앗수르 제국은 붕괴 직전이었다. 그 지역의 신흥 세력인 바벨론은 주전 612년에 앗수르의 수도 니느웨를 파괴했다. 권력의 재조정이 일어날 징조였다.

오랫동안 쇠락해왔던 애굽은 앗수르가 약해지면서 세력 확장의 기회를 보았다. 애굽은 유다를 포함한 자신의 이전 왕국을 되찾고 싶어 했다. 앗수르가 바벨론의 전진을 막는 완충 국가 역할을 해줄 수만 있다면 가능해 보였다. 그래서 애굽은 약화된 앗수르를 지배하고 바벨론의 전진을 차단하리라는 기대 속에서 앗수르와 반바벨론 동맹을 맺었다.

요시야 왕은 이 충성 서약을 유다에 대한 위협으로 여기고, 애굽과 앗수르 간의 동맹을 저지하려고 했다. 애굽과 유다의 결정적 전투가 므깃도 평원에서 벌어졌고, 거기서 요시야는 죽고 유다는 패배했다(대하 35:20-24). 그 사이 바벨론은 점점 더 강해졌고, 앗수르는 더 이상 패권국이 되지 못했다.

애굽은 유다의 패배 이후 그 지역의 통제권을 장악했다. 애굽 왕 느고는 여호아하스(요시야의 아들)를 폐위시킨 다음, 유다의 보물을 약탈하고 요시야의 또 다른 아들 여호야김을 애굽의 봉신 왕으로 임명했다(왕하 23:34-35).

바벨론과 애굽은 권력을 놓고 다투었지만, 바벨론이 갈그미스에서 애굽을 격파한 사건(주전 605년, 렘 46:2)은 그 지역에서 애굽의 군사적 우위가 끝났음을 드러냈다. 느부갓네살이 왕을 임명하고 지속적인 충성을 담보하기 위해 인질로 잡아감으로써 그 지역에서 자신의 통치권을 강화했으며, 여호야김은 바벨론 아래서 봉신 왕이 되었다. 이때 느부갓네살은 다니엘을 비롯한 청년들을 선별해서 잡아갔다(단 1:1-6). 유다는 주전 605년까지 바벨론의 봉신국으로 남았는데, 그해에 느부갓네살은 다시 유다를 통과해 진군해서 애굽과 교전을 벌였다가 애굽에게 패했던 적이 있었다.

애굽과 바벨론의 세력 균형이 변하고 있다고 생각한 여호야김은 충성의 대상을 바꾸어 애굽을 지지했다(참고. 왕하 24:1). 이것은 재앙을 부른 결정이었다. 반역으로 인해서, 주전 597년에 예루살렘은 바벨론의 공격 아래 놓였다. 바벨론에게 공격을 받는 동안 여호야김이 죽고 그의 아들 여호야긴이 왕이 되었다.

느부갓네살은 예루살렘을 약탈하고 주요 인사들을 사로잡았다. 여호야긴은 3개월간 통치한 후, 10,000명의 지도자들과 숙련된 장인들 그리고 병사들과 함께 바벨론으로 강제 추방되었다(참고. 왕하 24:12-16). 아마 이때 선지자 에스겔이 바벨론으로 끌려가 5년 후 거기서 예언 사역을 시작했을 것이다.

느부갓네살은 시드기야를 유다의 봉신 왕으로 세웠다. 시드기야가 통치한 11년은 영적 쇠락과 정치적 불안정으로 얼룩졌다(왕하 24:18-20). 애굽에서 바로 호브라의 즉위(주전 588년)와 더불어, 유다는 바벨론에 대항하여 반란을 일으키려는 유혹에 다시 빠져들었다(왕하 24:20). 이것은 치명적 실책이었다.

느부갓네살은 예루살렘을, 바벨론에 반역하는 자들이 겪을 무시무시한 결과를 보여주는 본보기로 삼겠다고 마음먹었다. 느부갓네살의 대응은 신속하고 잔인했다. 바벨론 군대는 예루살렘을 에워쌌고 장기간의 공격을 시작했다(왕하 24:20-25:1; 렘 52:3-4). 주전 588년부터 586년까지 바벨론 군대는 예루살렘의 방어벽을 파고들었다(왕하 25장). 유다의 동맹인 애굽은 순식간에 패배했고, 유다만 홀로 방어했다. 유다의 성읍들이 하나씩 진압되어(34:6-7), 결국 강력한 전쟁 기계인 바벨론 앞에 예루살렘만 홀로 남았다.

예루살렘 군대가 바벨론의 칼로부터 성벽과 성문을 지키기 위해 싸우는 동안, 질병과 기근이 성읍을 심각하게 휩쓸어(14:12) 어머니들이 자기 자식을 먹을 지경이 되었다(19:9; 애 2:20; 4:10). 사람들이 갖가지 신에게 구원해달라고 외치면서 우상숭배가 만연했고(7:30; 10:1-16), 그들은 돌이키지 않고 예레미야와 주 하나님이 주신 메시지를 귀담아듣지 않았다. 편집증이 사회에 만연하여, 단지 진리를 말했다는 이유만으로 하나님의 선지자를 반역자와 스파이로 몰아 죽이려고 했다(37-38장).

30개월 동안 있었던 공격은 주전 586년 8월, 성벽에 구멍이 뚫리면서 끝이 났고(왕하 25:2-4), 주전 586년 8월 14일에 성읍이 파괴되기 시작했다(왕하 25:8-10). 예루살렘의 성전과 왕궁, 다른 주요 건물이 모조리 불에 탔고 예루살렘 성벽은 무너졌다(52:13). 공격에서 살아남은 생존자들은 대부분 바벨론으로 끌려가 70년간 살았다(대하 36:21; 렘 25:11; 29:10; 39:9). 예레미야는 이 모든 비극적 사건의 목격자였다(39:1-14; 52:12-14).

예레미야와 신약성경의 주요 연결점은 새 언약이다(31:31-34; 눅 22:20; 고전 11:25; 고후 3:6; 히 8:8-12; 10:16-17). 신약은 예레미야의 예언을 직간접으로 수십 번 언급한다. 예를 들어 마태복음 2:17-18(렘 31:15), 마태복음 21:13, 마가복음 11:17, 누가복음 19:46(렘 7:11), 로마서 11:27(렘 31:33), 히브리서 8:8-13(렘 31:31-34) 등이다.

70인역은 유대교 성경의 고대 헬라어 번역본으로, (전승에 의하면) 신구약 중간기(주전 2-3세기)에 70명의 랍비들이 이집트 알렉산드리아에서 완성했다. 70인역은 히브리어가 아니라 헬라어를 말하던 헬레니즘 시대의 커다란 유대인 공동체를 위해 번역되었다.

모든 구약 정경 중에서 예레미야서는 헬라어 70인역과 히브리어 마소라 본문(MT) 사이에 가장 두드러진 이독(異讀)이 있음을 보여준다. 70인역의 예레미야는 마소라보다 8분의 1가량 짧고(약 2,700 단어), 장의 순서가 다르다. 사해사본(DSS) 중 쿰란에서 발견된 사본들은 원-마소라 본문과 70인역 배후에 있는 히브리어 본문의 사본 단편들 둘 다를 보여주었다.

글리슨 아처(Gleason Archer)에 의하면, 이러한 이독 전통은 예레미야서의 발달 과정에서 기인한다. 그는 예레미야의 저작 두루마리가 예레미야의 사역 기간에 유포되었다(36:32)고 제안한다(예레미야서 자체가 이렇게 시사하는 것 같다). 게다가 예레미야는 자신의 필경사 바룩(36:4)에게 여호야김이 불태운 두루마리의 모든 말씀을 받아 적게 했고, '비슷한 말을 많이' 덧붙였다(36:32). 따라서 예레미야가 이 초기 작품에다 시드기야의 통치 기간과 예루살렘 함락 이후 주님이 주신 메시지를 계속 덧붙였다는 추론은 타당하다. 그리고 선지자 자신이 초기의 짧은 판본을 저술했을 가능성이 있다. 이 판본은 선지자의 생애 중에 구할 수 있었고, 예루살렘 함락 이후 그가 살았던 애굽에서도 유포되었을 것이다. 이것이 70인역 번역본의 토대였을 것이다.

예레미야가 죽은 뒤, 바룩이 이 책의 저작들을 수집하여 편집했고, 훨씬 포괄적인 선지자의 저술 모음집을 만들었던 것으로 보인다. 바룩은 자료들을 현재의 순서로 재배열하고, 열왕기하 24-25장 본문을 이 책의 결론으로 첨가했다. 이것이 예레미야서의 최종 작품이 되었다. 아처의 결론에 의하면, "마소라 본문은 틀림없이 바룩의 사후 편집본을 보존하고 있다"[Gleason Archer, Jr., *A Survey of Old Testament Introduction* (Chicago: Moody Publishers, 2007), 342.《구약총론》(CLC)].

결론적으로 말해서, 마소라 본문은 예레미야서의 정경 판본을 담고 있다. 하셀 불록(C. Hassell Bullock)의 설명에 의하면, "가끔 70인역의 독법을 히브리어보다 선호할 수도 있지만, 반대의 경우가 훨씬 더 많다". 70인역 번역자가 예레미야의 초기 편집본을 사용했다 하더라도, "그것은 히브리어(마소라 판본)보다 우수하지 않다" [C. Hassell Bullock, *An Introduction to the Old Testament Prophetic Books* (Chicago: Moody, 1986), 206.《구약 선지서 개론》(크리스찬출판사)].

개 요

- I. 예레미야서 서론(1:1-19)
  - A. 선지자의 배경(1:1-3)
  - B. 선지자의 소명(1:4-10)
  - C. 선지자의 소명을 확증하기 위한 환상(1:11-16)
    - 1. 꽃핀 살구나무 가지(1:11-12)
    - 2. 끓는 가마(1:13-16)
  - D. 선지자에 대한 도전(1:17-19)

Ⅱ. 유다에 관한 예언(2:1-45:5)

A. 유다에 대한 하나님의 심판(2:1-25:38)

1. 예레미야의 아홉 가지 일반적인 심판 예언(2:1-20:18)

a. 첫 번째 심판 예언: 예루살렘의 불신앙(2:1-3:5)

b. 두 번째 심판 예언: 다가오는 심판에 비추어 유다에게 한 회개 요청(3:6-6:30)

(1) 회개의 요청(3:6-4:4)

(2) 다가오는 심판에 대한 경고(4:5-31)

(3) 다가오는 심판의 이유(5:1-31)

(4) 다가오는 심판의 확실성(6:1-30)

c. 세 번째 심판 예언: 거짓 종교에 대한 심판과 징벌(7:1-10:25)

(1) 성전 설교: 유다의 거짓 예배(7:1-8:3)

(2) 성전 설교: 백성들에 대한 하나님의 징벌(8:4-10:25)

d. 네 번째 심판 예언: 깨어진 언약(11:1-12:17)

(1) 언약의 위반(11:1-17)

(2) 언약 위반의 결과(11:18-12:17)

e. 다섯 번째 심판 예언: 베띠와 포도주 가죽 부대를 통한 교육(13:1-27)

(1) 베 허리띠의 예(13:1-11)

(2) 포도주 가죽 부대의 비유(13:12-14)

(3) 죄와 그 결과에 관한 메시지(13:15-27)

f. 여섯 번째 심판 예언: 가뭄과 기도(14:1-15:21)

(1) 예루살렘의 운명(15:5-9)

(2) 예레미야의 불평(15:10-21)

g. 일곱 번째 심판 예언: 예레미야에 대한 규제와 유다의 죄(16:1-17:18)

(1) 예레미야에 대한 규제(16:1-9)

(2) 유다의 죄(16:10-17:18)

h. 여덟 번째 심판 예언: 안식일 위반(17:19-27)

i. 아홉 번째 심판 예언: 토기장이와 깨진 옹기를 통한 교육(18:1-20:18)

(1) 토기장이 집에서의 메시지(18:1-23)

(2) 깨진 옹기의 메시지(19:1-15)

(3) 바스훌의 반응(20:1-6)

(4) 예레미야의 불평(20:7-18)

2. 예레미야의 네 가지 구체적인 심판 예언(21:1-25:38)

a. 유다 왕들에 대한 책망(21:1-23:8)

(1) 시드기야에 대한 책망(21:1-22:9)

(2) 살룸에 대한 책망(22:11-12)

(3) 여호야김에 대한 책망(22:13-23)

(4) 고니야(여호야긴)에 대한 책망(22:24-30)

(5) 메시아의 소망, 의로운 가지(23:1-8)

b. 거짓 선지자에 대한 책망(23:9-40)

(1) 거짓 선지자의 특징(23:9-15)
(2) 거짓 선지자의 메시지(23:16-40)
c. 무화과 두 광주리(24:1-10)
(1) 무화과 두 광주리의 환상(24:1-3)
(2) 좋은 무화과에 대한 설명(24:4-7)
(3) 나쁜 무화과에 대한 설명(24:8-10)
d. 70년의 바벨론 포로(25:1-38)
(1) 경고를 무시하다(25:1-7)
(2) 심판을 서술하다(25:8-14)
(3) 진노를 약속하다(25:15-29)
(4) 우주적 심판을 확정하다(25:30-38)
B. 유다와 예레미야의 개인적 갈등(26:1-29:32)
1. 예레미야와 백성들의 갈등(26:1-24)
a. 예레미야의 메시지(26:1-6)
b. 예레미야의 체포와 재판(26:7-15)
c. 예레미야의 구출(26:16-24)
2. 예레미야와 예루살렘 거짓 선지자들의 갈등(27:1-28:17)
a. 예레미야의 예언(27:1-22)
(1) 사신들에게 주는 메시지(27:1-11)
(2) 시드기야에게 주는 메시지(27:12-15)
(3) 제사장과 백성들에게 주는 메시지(27:16-22)
b. 하나냐의 반대(28:1-17)
(1) 예레미야와 하나냐의 갈등(28:1-11)
(2) 하나냐에게 준 예레미야의 메시지(28:12-17)
3. 예레미야와 유배 중인 거짓 선지자의 갈등(29:1-32)
a. 포로들에게 보낸 예레미야의 첫 번째 편지(29:1-23)
(1) 서문(29:1-3)
(2) 장기 유배에 대한 선언(29:4-14)
(3) 거짓 선지자들에 대한 경고(29:15-23)
b. 포로들에게 보낸 예레미야의 두 번째 편지(29:24-32)
(1) 예루살렘에 보낸 스마야의 편지(29:24-29)
(2) 스마야의 비난(29:30-32)
C. 이스라엘과 유다를 위한 미래의 위로(30:1-33:26)
1. 이스라엘과 유다의 회복이 선포되다(30:1-24)
a. 이스라엘과 유다의 물리적 구원(30:1-11)
(1) 유다의 귀환(30:1-3)
(2) 회복에 앞서 야곱이 겪을 환난의 때(30:4-7)
(3) 주님이 주시는 회복과 구원(30:8-11)
b. 시온의 영적 치유(30:12-17)

(1) 이스라엘의 죄가 초래한 상처(30:12-15)
(2) 이스라엘의 상처를 치유하실 하나님(30:16-17)
c. 이스라엘의 물질적, 영적 축복(30:18-22)
d. 악인들에 대한 심판(30:23-24)
2. 새 언약: 이스라엘의 소망(31:1-40)
a. 이스라엘의 민족적 회복(31:2-22)
b. 유다의 민족적 회복(31:23-26)
c. 새 언약(31:27-40)
3. 이스라엘과 유다의 회복이 예시되다(32:1-44)
a. 예시: 아나돗의 밭을 사다(32:1-12)
(1) 예레미야의 상황(32:1-5)
(2) 아나돗의 밭 매입(32:6-12)
b. 매입에 대한 설명(32:13-15)
c. 예레미야의 기도(32:16-25)
(1) 하나님의 크심에 대한 찬양(32:16-23)
(2) 하나님의 약속에 대한 의문(32:24-25)
d. 주님의 응답(32:26-44)
(1) 예루살렘이 파괴될 것이다(32:26-35)
(2) 예루살렘이 회복될 것이다(32:36-44)
4. 이스라엘과 유다의 회복이 재확인되다(33:1-26)
a. 다가오는 심판과 미래의 회복(33:1-13)
(1) 심판(33:1-5)
(2) 회복(33:6-13)
b. 다윗 및 레위계 제사장과 맺은 언약(33:14-26)
(1) 언약(33:14-18)
(2) 언약에 대한 확언(33:19-26)
D. 유다의 파국(34:1-45:5)
1. 예루살렘 함락 이전(34:1-36:32)
a. 백성들의 변덕(34:1-22)
(1) 시드기야의 유배에 대한 경고(34:1-7)
(2) 동포들의 예속에 대해 백성들에게 준 경고(34:8-22)
b. 레갑 사람들의 일관성: 유다를 위한 실물 교육(35:1-19)
(1) 레갑 사람들의 충성(35:1-11)
(2) 레갑 사람들의 모범(35:12-17)
(3) 레갑 사람들의 보상(35:18-19)
c. 여호야김의 두루마리 소각(36:1-32)
(1) 두루마리의 기록(36:1-7)
(2) 두루마리의 낭독(36:8-19)
(3) 두루마리의 소각(36:20-26)

(4) 두루마리의 재기록(36:27-32)

2. 예루살렘 함락 중(37:1-39:18)

a. 애굽에 관해 시드기야에게 준 예레미야의 메시지(37:1-10)

b. 예레미야의 투옥(37:11-38:28)

(1) 예레미야의 체포와 웅덩이 감금(37:11-16)

(2) 예레미야와 시드기야의 첫 만남 그리고 시위대 뜰로 이송된 예레미야(37:17-21)

(3) 구덩이에 갇힌 예레미야(38:1-6)

(4) 구덩이에서 구출된 예레미야(38:7-13)

(5) 예레미야와 시드기야의 두 번째 만남(38:14-28)

c. 예루살렘의 파괴(39:1-18)

(1) 유대인들의 운명(39:1-10)

(2) 예레미야의 운명(39:11-18)

3. 예루살렘 함락 이후(40:1-45:5)

a. 유다에 남은 자들을 위한 예레미야의 사역(40:1-42:22)

(1) 그다랴의 총독직(40:1-12)

(2) 그다랴의 암살(40:13-41:15)

(3) 요하난의 리더십(41:16-42:22)

b. 애굽의 남은 자들을 위한 예레미야의 사역(43:1-44:30)

(1) 애굽으로 가는 남은 자들의 탈출(43:1-7)

(2) 느부갓네살의 애굽 침략에 관한 예언(43:8-13)

(3) 하나님의 심판 경고(44:1-30)

c. 바룩을 위한 예레미야의 사역(45:1-5)

Ⅲ. 열방에 관한 예언(46:1-51:64)

A. 애굽을 꾸짖는 예언(46:1-28)

1. 애굽이 갈그미스에서 패배하다(46:1-12)

2. 애굽이 침략당하고 유배당하다(46:13-26)

3. 이스라엘이 재집결하다(46:27-28)

B. 블레셋을 꾸짖는 예언(47:1-7)

C. 모압을 꾸짖는 예언(48:1-47)

1. 모압 땅이 파괴되다(48:1-10)

2. 모압의 안일함이 부서지다(48:11-17)

3. 모압의 성읍들이 파국을 경험하다(48:18-27)

4. 모압의 교만이 그치다(48:28-39)

5. 모압의 파괴가 마무리되다(48:40-47)

D. 암몬을 꾸짖는 예언(49:1-6)

E. 에돔을 꾸짖는 예언(49:7-22)

F. 다메섹을 꾸짖는 예언(49:23-27)

G. 게달과 하솔을 꾸짖는 예언(49:28-33)

H. 엘람을 꾸짖는 예언(49:34-39)

Ⅰ. 바벨론을 꾸짖는 예언(50:1-51:64)
1. 심판의 선언(50:1-10)
2. 바벨론의 함락(50:11-16)
3. 이스라엘의 회복(50:17-20)
4. 바벨론에 대한 공격(50:21-40)
5. 바벨론의 고뇌(50:41-46)
6. 바벨론에 대한 하나님의 보복(51:1-14)
7. 바벨론을 다스리는 하나님의 주권(51:15-26)
8. 바벨론을 치라는 열방에 대한 소환(51:27-33)
9. 바벨론에 대한 하나님의 복수(51:34-44)
10. 바벨론 안의 남은 자들에게 주는 경고(51:45-48)
11. 바벨론 함락의 확실성(51:49-53)
12. 바벨론에 대한 하나님의 보복(51:54-58)
13. 스라야의 상징적인 사명(51:59-64)

Ⅳ. 결론: 역사적 보충(52:1-34)
A. 예루살렘의 운명(52:1-23)
1. 시드기야의 몰락(52:1-11)
2. 예루살렘의 파괴(52:12-16)
3. 성전의 파괴(52:17-23)
B. 특정 개인들의 운명(52:24-34)
1. 예루살렘이 함락될 때 그 안에 있던 사람들의 운명(52:24-27)
2. 포로들의 운명(52:28-30)
3. 여호야긴의 운명(52:31-34)

주 석

Ⅰ. 예레미야서 서론(1:1-19)

예레미야는 이 책의 서두에서 선지자로 소개된다. 그의 배경과 예언 사역으로의 부르심은, 이 책에 기록된 그의 예언과 예루살렘 함락 목격담이 펼쳐지는 무대가 된다.

A. 선지자의 배경(1:1-3)

1:1-3. 예레미야는 레위인 **제사장인 힐기야의 아들**이었다. 힐기야('주님의 몫')는 구약의 제사장이나 레위인에게 흔한 이름이었다(왕하 22:2-14; 대상 6:45-46; 26:10-11; 대하 34:9-22; 느 12:7). 예레미야의 고향은 **베냐민 땅**에 있는 레위인 성읍 **아나돗**으로, 예루살렘에서 북동쪽으로 약 5킬로미터 거리에 있다. 솔로몬은 제사장 아비아달이 다윗의 후계자로 아도니야를 지지한 일 때문에 그를 아나돗으로 추방했다(수 21:15-19; 왕상 1:7; 2:26-27).

예레미야가 제사장으로 봉직했다는 언급은 전혀 없다. 그는 **여호와의 말씀이** 임했을 때 선지자로 부르심을 받았다. 이 어구는 선지자, 곧 하나님이 자기 백성에게 직접 말씀하시는 통로가 될 사람을 부르실 때 사용되는 전형적인 도입문이다(참고. 겔 1:3; 욘 1:1; 학 1:1; 슥 1:1).

주님은 유다의 마지막 의로운 왕, **유다 왕 요시야**의 통치 **십삼 년**에 예레미야를 부르셨다(왕하 22장). 요시야가 주전 640년에 왕이 되었으므로, 예레미야는 주전 627년에 선지자의 소명을 받은 것이다.

예레미야는 주님 보시기에 악을 행했던 **요시야의 아들 여호야김 시대**(왕하 23:37)부터, 주전 597-586년에 통치한 유다의 마지막 왕 **시드기야의 십일년 말까지 곧 오월에 예루살렘이 사로잡혀 가기까지**[주전 586년 7-8월] 하나님의 대변인으로 일했다. 따라서 예레미야의 사역은 유다의 다섯 왕(요시야, 여호아하스, 여호야김, 여호야긴, 시드기야)의 통치 기간 중에 적어도 41년간 이어졌다. **사로잡혀 가기까지**라는 표현은 **유다** 왕국에 대한 예레미야의 사역이 **예루살렘이 사로잡혀 가기까지**였음을 가리킬 뿐, 그의 사역이 **오월**, 유대력으로 아브월 9일인 주전 586년 8월 14일 예루살렘 함락과 더불어 종결되었다는 뜻은 아니다(왕하 25:3-10). 예레미야는 함락 이후 예루살렘에 머물러 있던 남은 자들을 대상으로 계속 사역했다(39:11-44:30). 그다랴 암살 이후(41:1-3) 예레미야는 망명자들과 함께 애굽으로 가서(43:7), 계속 주님의 말씀을 전했다(44:1-30).

B. 선지자의 소명(1:4-10)

1:4-5. 하나님은 예레미야에게 **내가 너를 모태에 짓기 전**에 선택했다고 밝히셨다(시 139:13-16). 예레미야가 **배에서 나오기** 전에 하나님은 그를 **아셨다**(*yada'*, 야다). 이 단어는 일반적인 지식이 아니라 친밀한 관계를 가리키며, '선택'(암 3:2)과 하나님의 보호 혹은 하나님의 '지켜보심'(시 1:6)이라는 개념을 내포한다. 하나님은 이스라엘을 위한 하나님의 대변인으로 그를 구별, **성별**하셨다. 성별이란 거룩한 봉사를 위해 따로 떼어놓는 것을 말하며 안식일과 성막, 그 기구들을 서술하는 데 사용된다(출 16:23; 20:8; 30:30; 40:9). 이 메시지는 하나님의 임무에 필요한 용기와 동기를 예레미야에게 주었을 것이다.

예레미야는 **여러 나라의 선지자로 세워져** 임명되었다. 예레미야는 하나님의 말씀을 유다에 선포했지만(2-45장), 하나님의 대변자로서 그의 사역은 이방 나라에까지 확장되었다(46-51장).

1:6. 예레미야의 **슬프도소이다**[고통이나 슬픔의 탄식]라는 반응은 하나님이 자기를 부르셨을 때 두 가지 항의를 통해 밝힌 자기 회의를 나타낸다. 예레미야는 처음에 거절했다. **나는…말할 줄을 알지 못하나이다.** 이는 불타는 떨기나무에서 주님께 보인 모세의 반응과 비슷했다(출 4:10). 이것은 예레미야가 벙어리라고 주장하는 것이 아니고, 하나님의 대변인이 될 만한 능력이 부족하다는 뜻이다. 둘째, 예레미야는 자기가 **아이**라고 거절했다. 이는 청년만이 아니라 젖먹이에게도 사용되는 단어이다(출 2:6; 삼상 4:21; 창 14:24). 예레미야의 정확한 나이는 나오지 않지만, 그가 거절한 이유와 그의 사역 기간은 예레미야가 십대 후반이나 이십대 초반에 소명을 받았음을 시사한다. 예레미야는 **아이**라는 단어를 사용함으로써, 하나님의 대변인이 되기에는 경험과 준비가 부족하다는 느낌을 강조했다.

1:7-10. 하나님은 예레미야의 거절에 세 가지로 대답하셨다. 첫째, 주님은 신실한 사자가 되어 **누구에게 보내든지** 가고 **무엇을 명령하든지** 순종하면서 주님의 메시지를 **말해**야 하는 예레미야의 소명을 강조하셨다. 둘째, 하나님은 예레미야에게 **그**가 가서 만나야 할 **그들**[백성들] **때문에 두려워하지 말라**고 말씀하셨다. 하나님이 예레미야와 함께 계셔서, 백성들이 그를 죽이려 할 때에도 그를 **구원하**겠다고 약속하셨기 때문이다(참고. 11:18-23; 12:6; 20:1-2; 26:11; 36:15-56; 37:4-6). 셋째, 하나님은 예레미야에게 자신이 메시지의 근원임을 보여주셨다. (아마 환상 중에, 참고. 겔 1:1) **여호와께서 그의 손을 내밀어** 예레미야의 **입에 대**셨다. 이러한 하나님의 가시적 현현은 주님 자신이 자기 **말씀을** 예레미야의 **입에 두**는 분임을 예레미야에게 알게 하시려는 실물 교육이었다. 하나님은 그에게 해야 할 말씀을 주시고 그를 적절히 보호하실 것이다.

하나님은 은혜 가운데 자신이 평범한 사람을 사용해 비범한 일을 성취하는 전문가이심을 예레미야와 모든 신자에게 가르쳐주셨다. 주님은 (1) 두려움 가운데서도 주님을 신뢰하고, (2) 경험이 부족함에도 그분께 순종하며, (3) 부적합하다고 느끼는데도 하나님의 말씀을 선포하는 사람들을 사용하실 것이다.

그 뒤에 하나님은 **내가 오늘 너를…세웠**다는 예레미야의 소명을 되풀이하셨고, 메시지의 내용을 요약하셨다. 그것은 **여러 나라**와 **여러 왕국**에 관한 심판과 축복의 메시지가 될 것인데, 하나님은 두 가지 은유를 사용하여 그의 사명을 묘사한다(참고. 31:28). 먼저, 하나님은 예레미야를 **뽑고**[심판을 선언하고], 그 뒤에 **심는**(축복을 선언하는) 농부로 비유하셨다. 이어서, 하나님은 예레미야를 심판을 선언하여 **파괴하며, 파멸하고, 넘어뜨린** 다음, 축복을 선언하여 **건설하는** 목수에 비유하셨다.

C. 선지자의 소명을 확증하기 위한 환상(1:11-16)

하나님은 예레미야의 소명을 확증하기 위해 그에게 두 가지 환상을 주셨다. 첫 번째(11-12절)는 메시지의 특성에, 두 번째(13-16절)는 메시지의 내용에 초점을 맞추었다.

1. 꽃핀 살구나무 가지(1:11-12)

1:11-12. 주님의 첫 번째 확증 환상은 **살구나무 가지**였다. '살구나무'(*saqed*, 사케드)를 가리키는 히브리어 단어는 '지켜보다' 혹은 '깨어나다'(*saqad*, 사카드)를 뜻하는 단어에서 유래했다. 이스라엘에서는 살구나무가 봄의 첫 징조로, 1월에 깨어나고 싹이 나는 첫 나무이기 때문이다. 살구나무 가지는 자기 **말을 지켜 그대로 이루려** 하시는 하나님을 나타냈다. '깨어 있는 나무'의 환상은 하나님이 깨어 계시고(시 121:4), 자신의 메시지가 이루어지는 것을 지켜보는 분임을 예레미야에게 상기시켰다.

2. 끓는 가마(1:13-16)

1:13. 주님의 두 번째 확증 환상은 **끓는 가마**, 문자적으로는 '바람을 불어넣는' 주전자 환상으로, 이는 불에 바람을 불어넣어 가마솥의 내용물이 계속 끓는 것을 가리킨다. 그 솥은 **윗면이 북에서부터 기울어졌다**. 그래서 그 내용물이 남쪽으로 쏟아지려고 했다.

1:14-15. 이 기울어짐은 **재앙이 이 땅의 모든 주민들에게 부어**질 것을 나타냈다. 하나님은 **예루살렘**과 **유다**를 징벌하기 위해 **북방 왕국들**을 **부르**셨다. 이는 다가오고 있는 바벨론과 그 동맹국의 침략을 가리킨다(참고. 25:8-9). 바벨론이 지리적으로 동쪽에 위치했지만, 침략군은 유프라테스강을 따라 난 길로 유다에 진군했다. 그래서 대적은 **북방**에서 접근했다(참고. 4:6; 6:1, 22; 10:22; 13:20; 15:12).

예루살렘을 정복할 때 바벨론은 **예루살렘 성문 어귀에…자리를 정하**여, 이로써 유다의 왕권을 대신할 것이다(43:10; 49:38). 바벨론은 예루살렘뿐만 아니라 **유다의 모든 성읍들**을 점령했다.

1:16. 우상숭배 때문에 주님의 **심판**이 유다에게 닥쳤다. 그들은 **다른 신들에게 분향하며 자기 손으로 만든 것들에 절**했고, 하나님을 '버렸다'(신 28장). 유다에 대한 심판은 그들이 이스라엘 땅에 들어갔을 때 제시된 축복과 저주의 성취였다(신 28장).

D. 선지자에 대한 도전(1:17-19)

1:17-19. 소명을 분명히 한 뒤에 하나님은 예레미야에게 **허리를 동이**라고 도전하셨다. 이는 언제든 재빨리 움직여 임무에 착수할 준비를 갖추기 위해 긴 겉옷을 동여매는 모습이다(참고. 출 12:11; 왕하 4:29; 9:1; 눅 12:35; 엡 6:14; 벧전 1:13). 하나님은 자신의 힘을 세 가지 방식으로 묘사하신다. 먼저, 하나님은 **일어나**는 데 필요한 힘을 예레미야에게 주심으로써 유다 백성과 맞설 때 **두려워하지** 않게 하셨다. 다음으로, 하나님의 능력을 통해 예레미야는 **견고한 성읍, 쇠기둥, 놋 성벽**처럼 강해질 것이다. 예레미야는 원수들이 자기를 **이기지** 못한다고 확신할 수 있었다. 하나님의 권능으로 예레미야는 자신과 주님이 주신 메시지를 공격하는 자들을 견뎌낼 수 있었다. 마지막으로, 하나님은 예레미야와 **함께하여** 그를 **구원하**겠다고 확약하셨다. 주님이 우리 곁에 계심을 아는 것보다 더 큰 승리의 확신은 없다.

Ⅱ. 유다에 관한 예언(2:1-45:5)

이 단락은 유다에 대한 하나님의 심판을 다루는 예레미야의 열세 가지 신탁(2-25장)으로 시작되는데, 대개 '여호와의 말씀이 임했다' 혹은 '여호와께서 이르셨다'라는 어구로 소개된다(예를 들어 2:1; 3:6; 7:1). 심판의 메시지에 이어 예레미야는 메시지의 거절과 거기에 뒤따르는 갈등을 기록했다(26-29장). 유다의 심판은 확정되었지만, 예레미야는 그 심판의 집행을 연대순으로 기록하기에 앞서, 이스라엘과 유다를 위한 위로의 메시지를 흔히 '위로의 책'(30-33장)이라 불리는 곳에 끼워 넣었다. 유다가 사로잡혀 가더라도, 하나님은 선택하신 백성을 결코 버리지 않으실 것이다. 하나님은 새 언약의 소망 그리고 이스라엘과 유다 집에 관해 하나님이 하셨던 선의의 말씀을 성취하실 것이라는 확신을 주셨다. 예레미야는 소망의 메시지 이후에 유다가 바벨론에 함락된 일을 기록했고(34-45장), 예레미야에 의해 선포된 하나님의 심판은 성취되었다.

A. 유다에 대한 하나님의 심판(2:1-25:38)

1. 예레미야의 아홉 가지 일반적인 심판 예언 (2:1-20:18)

예레미야의 아홉 가지 일반적인 심판 예언은 유다에 관한 이 서두 단락의 예언으로 시작된다.

a. 첫 번째 심판 예언: 예루살렘의 불신앙 (2:1-3:5)

2:1-3. **예루살렘**은 나라 전체의 대표로서 유다의 방종에 직면했다. 이를 강조하기 위해 예루살렘의 죄악 된 상태가 이전에 가졌던 주님을 향한 **인애**와 대조되었다. **인애**를 가리키는 히브리어 단어(*chesed*, 헤세드)는 두 사람 사이에 혹은 한 개인과 주님 사이에 존재할 수 있는 가장 친밀한 충성과 사랑과 신실함을 가리킨다. 이스라엘의 초기 역사, 곧 **청년** 때 이스라엘은 **광야에서** 주님을 **따랐다**(출애굽). 또한 그들은 그분을 섬기기 위해 떼어놓은, **여호와를 위한 성물**이었다. 이스라엘이 불평했더라도, 그들은 선택된 민족, 곧 주님께 바쳐진 **그의 소산 중 첫 열매**였다(레 23:9-14). 누구든 **그를 삼키는 자**는 주님께 바쳐진 첫 열매를 먹는 자와 동일한 죄인이었고, **재앙이 그들에게 닥쳤**다. 그들은 이스라엘을 학대했다는 이유로 심판을 받았다(창 12:3; 출 17:8-16).

2:4-6a. **야곱**[**이스라엘**과 동의어]의 신실함은 오래 가지 못했다. 그들은 [하나님을] **멀리하고 가서 헛된 것**[헤벨(*hebel*), '가치 없음, 쓸모없음, 헛됨'이라는 뜻. 이 단어는 흔히 우상을 가리키는 데 사용되며 전도서에서는 하나님 없는 삶의 공허함을 가리켜 30회 사용된다]을 **따라**갔다. 이 사람들은 자신들이 예배하는 대상과 마찬가지로 **헛된** 존재가 되었다. 무엇이든 우리가 예배하는 대상이 우리 삶을 형성하기 때문이다. 그들은 자기들을 **애굽 땅에서 인도하여 내신…여호와**를 잊고 **헛된** 우상들을 따랐다(2:5, 8, 11; 8:19; 10:8, 14-15; 14:22; 16:19; 18:15; 51:17-18).

2:6b-8. 주님은 그들을 애굽과 광야, **사막과 구덩이 땅, 건조하고…그늘진** 땅에서, 이스라엘 땅과 동의어인 **기름진 땅**으로 인도하셨다(참고. 4:26; 48:33). 주님은 이스라엘의 영토를 **내 땅**이라고 규정하셨고, 이스라엘의 하나님으로서 그 땅에 소유권 증서를 붙이셨다. 이스라엘은 하나님의 **기업**이다. 월터 엘웰(Walter Elwell)에 의하면, 신학적인 의미에서 상속받는다는 말은 '취소 불가능한 선물을 받다'라는 뜻이고, 시혜자와 수혜자 사이의 특별한 관계를 강조한다[Walter Elwell, "Inheritance," in *The Evangelical Dictionary of Biblical Theology* (Grand Rapids, MI: Baker, 1996), 374]. 하나님은 이스라엘을 자신의 기업으로 삼으셨고, 성경 곳곳에 시사되었듯이, 이스라엘 땅이나 이스라엘 백성과 독특하고 영원한 관계를 맺으셨다(3:18; 10:16; 16:18; 레 25:23; 신 32:9; 삼상 10:1; 삼하 21:3; 시 78:54, 71; 94:14; 사 19:25; 슥 2:12; 9:16). 하지만 우상숭배로 더럽혀진 그 땅은 **역겨운 것**이 되어, 제의적인 면에서 부정해졌다(렘 3:1; 16:18; 레 4:12).

예레미야는 지도자의 책무에서 실패했던 세 무리를 지목하면서, 그들이 순종하지 않았다고 폭로했다(2:8). 먼저, **제사장들은** 주님이 어디 계시냐고 **말하지 아니하였다**. 그들은 백성들을 가르쳐야 했는데도, 그들 자신이 하나님을 **알지 못하**였다. '알다'란 단순한 지적 정보가 아니라 친밀하고 인격적인 지식을 가리킨다.

둘째, **관리들**[문자적으로, 왕을 포함한 정치 지도자와 일반 시민 지도자를 뜻하는 '목자들']**도 반역**했다. 역설적으로, 유다를 지도해야 하는 자들이 자기들에게 지도자의 임무를 맡기신 분에게 반역을 저질렀다.

셋째, 주님의 말씀을 주었어야 할 선지자들이 이제 페니키아와 가나안의 주신, **바알의 이름으로 예언**했다. 예레미야는 일관되게 바알 숭배를 경고했다(7:9; 11:13; 12:16; 19:5; 23:13, 27; 32:29, 35). 바알은 남신이었고(아세라가 바알 제의의 여신이다), 사람들은 풍요와 수확과 비를 위해 숭배했다. 바알 숭배는 제의와 향, 동물 제사, 심지어 인신 제사와 함께 산당이나 신전에서 이루어졌다(왕상 16:31-33; 렘 19:5; 32:35). 이스라엘은 주님께 진실함을 유지하지 못한 채 이교에 끊임없이 빠져들었고, 그로 인해 무서운 대가를 치렀다(왕상 18:18-40; 왕하 10:18-28; 21:1-3). 그들이 **무익한 것들을 따름**으로써, 그들의 거짓 가르침은 이스라엘을 잘못된 길로 이끌었다(삿 2:11-13).

2:9-12. 예레미야는 이스라엘이 지은 죄의 심각성에 초점을 맞추기 위해 법정 소송의 이미지를 이용했

다. 하나님은 이스라엘과 **다시 싸우**실 것이다(9절에 두 번 사용, '고발하다' 혹은 '내가 네게 소송을 제기하겠다', HCSB). 이것은 소송 제기를 가리키는 법률 용어이다(호 4:1-4; 미 6:1-2).

예레미야는 멀리 서쪽의 **깃딤 섬들**[키프로스의 옛 이름이지만, 지중해 주변의 땅 전체를 일컫는 말로 확장되었다. 단 11:30에서는 로마를 가리킨다]에서부터 동쪽의 **게달**[아라비아]까지 살펴보라고 요청했다. **어느 나라가 그들의 신들을 신 아닌 것과 바꾼 일이 있느냐**는 수사의문문은 명백히 부정의 답변을 기대하며, 유다의 어리석은 행동을 지적한다. 우상을 숭배하던 이스라엘의 주변 나라들은, 이스라엘이 참되신 하나님께 신실했던 것보다 훨씬 더 거짓 신들에게 신실했다. 이스라엘은 자신들의 **영광**이요 살아 계신 참 하나님을 **무익한** 죽은 우상, 곧 조금의 유익도 없는 무가치한 것과 **바꾸었다**(바울이 이방인들과 심지어 유대 백성들까지를 대상으로 삼는 롬 1:18-24에 대한 주석에서 이에 대한 암시를 보라).

2:13. 하나님의 백성은 **두 가지 악을 행하였다**. 첫 번째는 해야 할 것을 하지 않은 태만죄였다. 그들은 **생수의 근원**이신 하나님을 '버렸다'. 그들의 두 번째 죄는 하지 말아야 할 것을 저지른 작위죄였다. 그들은 참 하나님을 자기들이 **스스로** 파서 만든, **터진 웅덩이**에 비유된 우상으로 대체했다. 웅덩이는 바위를 파낸 다음 회반죽을 벽에 바른 커다란 구덩이였다. 웅덩이는 빗물을 모아서 저장하는 데에 사용되었다. 저장된 물에 염분이 섞일 수도 있었고, 가뭄이 들어 웅덩이가 마르는 경우도 많았다. 웅덩이는 벽에 균열이 생겨 물이 새기도 했다. 예레미야는 이스라엘의 행위를 **생수의 근원**, 즉 신선하고 풍부하며 믿을 수 있는 개울을 버리고 **물을 가두지 못할 터진 웅덩이**를 향해 가는 사람에 비유했다. 신뢰할 수 있는 맑고 신선한 시냇물에서 돌아서서, 염분이 섞인 터진 웅덩이로 향하는 것은 멍청한 짓이었다. 그런데 살아 계신 하나님께로부터 돌아서서 우상을 숭배할 때 유다가 했던 일이 바로 이것이었다.

2:14-16. **이스라엘이 종이냐**라는 또 다른 수사의문문은 유다의 배교와 그 결과를 강조했다. 유다는 더 이상 자유인이 아니라, **종**[시장에서 구매한 종이든 **씨종**이든]으로 살아야만 한다. 유다는 다른 나라들의 **포로**가 되었고, 그 땅은 여기서 **사자**에 비유된 외국 침략자들 때문에 **황폐**해졌다. 유다의 **성읍들은 불타서 주민이 없게** 되었다.

애굽의 성읍 **놉과 다바네스**(겔 30:13, 16, 18)는 주전 925년 파라오 시삭의 유다 침략을 가리킬 수도 있고(왕상 14:25) 애굽 왕 느고가 므깃도 전투에서 요시야 왕을 죽인 보다 최근의 사건을 가리킬 수도 있는데(주전 609년, 왕하 23:29-30), 후자의 가능성이 더 높다. 어느 쪽이든 애굽은 유다에게 승리했거나, 혹은 애도와 수치, 대참사의 상징으로 유다의 **정수리를 상하**게 했다(참고. 렘 47:5; 48:37).

2:17-19. 유다는 거짓 신들을 위해 **여호와를 떠났**을 뿐 아니라 주님의 보호도 버렸다. 주님은 유다를 **길로 인도**하셨지만, 이제 유다는 자신의 안전을 보장받기 위해 **애굽** 및 **앗수르**와 거짓 동맹을 맺었다(참고. 36절; 겔 23장; 호 7:11). 터진 웅덩이처럼(렘 2:13), 이들 동맹을 가리키는 '나일강 물'이나 '유브라테스강 물'도 유다를 자신의 대적이나 죄로부터 지켜줄 수 없었다. 오직 유다가 심판을 받은 뒤에야 유다는 **여호와를 버린** 것이 얼마나 큰 **악이요 고통**인지 깨달을 것이다.

2:20. 유다의 영적인 배교가 매춘부처럼 **행음**하는 영적 간음으로 묘사되었다. 예레미야는 유다의 방종과 거짓 신들을 향한 만족을 모르는 욕정을 네 가지 언어로 그려냈다(20-28절). 먼저, 유다는 배반하여 주님과의 유대를 깨뜨렸다. 이 절 첫머리를 70인역을 따라, **네가**['내'가 아니라] **옛적부터 네 멍에를 꺾고**로 번역하여, 이스라엘이 모든 제약을 벗어던졌음을 암시하는 게 더 나을 것이다(NIV, NET). 이 번역은 **나는 순종하지 아니하리라**라는 유다의 진술로 명료해진다. 이스라엘은 자신을 주님께 묶었던 **멍에**를 깨고, 꺾었다. '율법의 멍에'는 주님께 대한 순종을 가리키는 일반적인 랍비 어구였다(참고. 마 11:29). 주님을 예배하는 대신 유다는 이교도의 예배 관습을 따라(참고. 3:2; 겔 6:1-7) 흔히 '산당'이라고 불리는 **모든 높은 산 위에서 몸을 굽혀 행음**했다. 영적으로 유다는 이방 신들에게 자기 몸을 내주는 창녀처럼 행동했으며, 주님의 뜻을 어기고 영적 간음을 저질렀다.

2:21. 둘째, 유다는 하나님이 **심으신 순전한 참 종자**에서 나온 **귀한 포도나무**로 그려진다. 흔히 하나님의

포도나무로 묘사되는(사 5:1-7; 겔 15장) 유다는 하나님을 버리고 우상을 따르며, 자신을 좋은 열매를 전혀 맺지 못하는 **악한**, **이방 포도나무**로 바꾸겠다고 스스로 선택했다.

2:22. 셋째, 유다는 강력한 무기물 세제인 **잿물**로도, 강력한 식물성 알칼리인 **많은 비누**로도 씻을 수 없는 **죄악**을 저질렀다. 유다는 죄악에 깊이 빠져 있었다.

2:23-25. 넷째, 유다는 발정 난 동물과 비슷하다. 짝을 뒤쫓아 빨리 달리며, **어지러이** 발을 헛디디는 **발이 빠른 암낙타** 그리고 번식할 준비를 갖추고 **성욕이 일어나 헐떡거리**며 짝을 찾는 **발정 난 들암나귀**와 같다. 이것들과 마찬가지로 유다도 거짓 신들을 적극적으로 뒤쫓았고, **이방**인의 우상을 향한 유다의 **성욕**은 억제될 수 없었다.

2:26-28. **도둑이 붙들리면 수치를 당함과 같이** 이스라엘은 자기를 도울 수 없는 거짓 신들을 뒤쫓다가 **수치를 당**했다. 이스라엘은 **나무**와 **돌**이 자신의 창조자라 선포했다. **너는 나의 아버지라…너는 나를 낳았다**. 하지만 **환난**을 당할 때 이스라엘은 하나님께 부르짖었다. **일어나 우리를 구원하소서**. 유다가 그 **성읍 수**만큼이나 많은 우상들을 가졌지만(참고. 11:13), 그 우상들에게는 그들을 도울 능력이 없었다.

2:29-31. 유다는 결국 영적으로 전혀 응답하지 않았고, 감히 하나님께 **대항**했다. 일찍이 하나님은 유다를 고소하셨는데, 이제 유다가 하나님을 고소했다(참고. 2:9). 그들의 범죄를 억제하는 데 하나님의 심판이 필요했지만, 하나님의 **징계**[훈육, 교정]는 **무익**했다. 백성들은 여전히 응답하기를 거절했다. 그들은 심지어 선지자들을 죽이기까지 했다(**너희 칼이…삼켰느니라**). 예수님이 예루살렘을 두고 우셨을 때(마 23:37), 그분은 이스라엘을 돌이키기 위해 주님이 보내신 사자들을 거절하고 죽이기까지 했던 이스라엘의 슬픈 역사를 가리켜, '선지자들을 죽이는 예루살렘'이라고 말씀하셨다. 마찬가지로 예레미야도 **너희 이 세대여 여호와의 말을 들어보라**고 호소했지만 그들은 주님께 **오지** 않았고, 그 대신 그분에게서 '놓인' 자유를 선언했다.

2:32-33. 유다가 하나님의 선하심을 잊었을 때, 유다의 미덥지 못함은 분명하게 드러났다. 이 죄는 또 다른 수사의문문으로 소개된다. **처녀가 어찌 그의 패물을 잊겠느냐 신부가 어찌 그의 예복을 잊겠느냐**. 분명 결혼할 여인은 결혼 **패물**[보석]과 결혼 **예복**[옷]을 결코 잊지 못할 것이다. 그러나 유다는 오랫동안, **셀 수 없는 날** 동안 주님을 **잊었다**. 유다는 자신을 꾸며주고 다른 열방 가운데서 자기를 따로 떼어놓으신 분을 기억하지 않았다. 유다는 불법적 **사랑**에 익숙해진 나머지, **악한 여자들에게까지** 유혹의 비법을 **가르칠 정도**가 되었다.

2:34-37. 유다는 또한 **죄 없는 가난한 자**의 **피**를 흘린 불의와 살인 행위를 통해 자신의 무책임을 드러냈다. 아마 이것은 선지자의 살해(참고. 26:20-23) 혹은 그 땅의 가난한 자들에 대한 착취(사 3:14; 암 4:1-5)를 가리킬 것이다. 유다의 옷(**옷단**)은 죄 없는 이들의 피로 덮였는데도, 유다는 자신이 **무죄하다고** 주장했다. 만약 가난한 이들이 양식을 찾기 위해 다른 사람의 집에 **담 구멍을 뚫**다가 발각되어 살해되었다면, 그 죽음에 책임이 있는 자들은 무죄할 것이다(출 22:2). 하지만 유다는 **죄 없는 가난한 자**들을 살해했다. 이 살인자들은 **나는 죄를 범하지 아니하였다**라고 말했기 때문에, 그들에게는 심판이 예정되었다.

유다의 모순을 보여주는 또 다른 예는, **애굽**(겔 23장) 및 **앗수르**(왕하 16:7-9; 사 7:13-25)와 동맹을 맺으며 끊임없이 [자기] **길을 바꾸**는 변덕스러운 외교정책이었다. 하지만 주님이 이 나라들을 **버렸**기 때문에, 유다는 **그들로 말미암아 형통하지 못**했다.

3:1-5. 예레미야는 유다의 영적 매춘을 폭로하며 이를 모세의 율법과 연결 지어 설명한다. 어떤 부부가 이혼하여 그 아내가 다른 남자와 결혼한 뒤에 두 번째 남편과 이혼하거나 사별한 경우, 그 여자는 첫 남편과의 재혼이 영원히 금지되었다(신 24:1-4). 이 법은 성급한 이혼을 막아서 결혼의 신성함을 보호하려고 준 것 같다. 유다는 자기 남편이신 주님과 결별하고, **많은 무리와 행음**했다. 유다는 주님과의 결혼 관계에 신실하지 못했고, 그분께 **돌아**가거나 혹은 그분이 **그를 다시 받**으리라고 기대할 권리도 없었다. 유다의 신실하지 못함은 **그 땅이** 우상들로 **크게 더러워**진 데서 명백했다. 그리고 유다는 매춘부처럼 길가에 앉았는데(참고. 창 38:13-14, 20-21), 이는 제의적 창녀의 이미지이다. 그렇지만 나중에 예레미야가 새 언약 아래서 이스라엘의

민족적 회복에 대한 하나님의 약속을 기록했듯이(참고. 렘 3:18; 31:31-33), 자신의 말씀에 대한 하나님의 신실하심이 하나님께 대한 유다의 신실하지 못함보다 크다.

하나님은 **단비**와 **늦은 비**를 주시지 않으심으로써 유다를 심판하셨는데도(신 28:23-34; 렘 14장), 유다는 **수치를 알지 못**했다. 유다가 하나님을 **나의 아버지**요 **나의 청년 시절의 보호자**라고 불렀지만, 유다는 계속해서 **악을 행**했기 때문에, 유다의 말은 회개가 아니라 위선적이고 교활한 말이었다.

b. 두 번째 심판 예언: 다가오는 심판에 비추어 유다에게 한 회개 요청(3:6-6:30)

예레미야는 요시야 시대, 주전 621년 율법을 발견하기 전쯤에(참고. 11:1-8), 유다에게 회개를 요구하는 이 예언을 받았다.

(1) 회개의 요청(3:6-4:4)

3:6-11. 이 예언은 두 자매, **이스라엘**과 **유다**의 이야기를 중심으로 구성된다(참고. 겔 23장). 북 왕국 **이스라엘**은 **배역**하여 **모든 높은 산**에 올라 **모든 푸른 나무 아래**에서 **행음**했다. 하나님은 이스라엘이 자기에게 **돌아오**기를 기다렸지만 이스라엘은 돌아오지 않았고, **그의 반역한 자매** 유다도 그의 행위를 지켜보았다.

하나님은 그[이스라엘]를 앗수르의 포로로 **내쫓**으셨다(왕하 17:5-20, 주전 722년). 유다는 이스라엘의 사례를 통해 배우지 못하고, **자기도 가서 행음**했다. 동일한 죄를 범했으면서 **거짓**[위선]**으로** 주님을 따르는 척함으로써, 유다의 상황은 이스라엘보다 훨씬 심각해졌다.

북 왕국은 초대 왕 여로보암이 세운(왕상 12:25-33) 거짓된 형태의 예배를 실행해왔다. 그들은 금송아지를 예배했고, 제사를 드리러 예루살렘에 가지도 않았다. 유다는 주님께 신실한 것처럼 행세했고 예루살렘의 제사 제도를 따랐지만, 동시에 우상숭배를 행했다. 하나님은 **배역한 이스라엘**이 **반역한 유다보다 더 의롭**다고 말씀하셨다(겔 16:51-52; 23:11).

3:12-15. 정죄를 다루는 메시지의 이 대목에서, 예레미야는 잠시 멈추고 **북**[북 왕국]을 향해 소망과 회개를 선포했다. 만약 **이스라엘**이 하나님께로 **돌아오**면(회개하면, 7:3; 26:13), 하나님은 **노한 얼굴**을 그에게 **향하지 아니하**시고 자비를 베푸실 것이다. '돌아오다'라는 단어는 문자적으로 '뒤로 돌다', '돌아서다'(*shuv*, 슈브)라는 뜻이고, '회개하다'를 의미하는 전문용어이다. '주님께 돌아오라'는 부름으로 신명기 4:30에서 처음 등장했고 오경 곳곳에 사용된 이 단어는 예레미야서에 자주 나오는 어구이다(렘 3:12, 14, 22; 4:1; 8:5; 15:19; 24:7).

만약 그들이 회개하면, 하나님은 남은 자를 북에서 모아서(**성읍에서 하나와 족속 중에서 둘**) **시온**, 예루살렘으로 그들을 데려오실 것이다. 이 남은 자들에게는 하나님의 **마음에 합한** 지도력을 발휘할 **목자**들이 있을 것이다(참고. 10:21; 22:22; 23:1-2, 4).

3:16-18. 예레미야는 흔히 좀 더 먼 미래의 사건에 대한 예언을 이끄는 종말론적 용어, 즉 **그날에**를 사용하여(참고. 16:14-16; 23:5-6; 30:3, 24; 31:17, 31), 마지막 때에 일어날 이스라엘의 회복을 묘사했다. 그때에 유다와 이스라엘은 (주전 931년에 둘로 나뉜 이후) 주님을 섬기는 한 나라로 통일될 것이다(31:31-33).

예레미야는 마지막 때의 상황을 더 자세히 묘사하면서, 메시아의 나라에서 성전이 파괴될 때(주전 586년) 잃어버린 **언약궤**를 사람들이 **생각하**거나 찾지 **아니할** 것이라고 예고했다. 오히려 **여호와의 보좌**(겔 43:7) 자체가 예루살렘에서 왕으로 다스리며 자신의 통치권을 모든 열방으로 확장하는 메시아와 함께 있을 것이다(슥 14:16-19). 그 나라에서는 왕이신 메시아께 완전한 순종을 할 것이고, **악한 마음**을 가진 자는 볼 수 없을 것이다. **유다 족속이 이스라엘 족속과 동행**할 것이고, **모든 백성**이 예배하고자 그곳에, 하나님이 이스라엘의 **조상들**[아브라함과 이삭, 야곱; 창 15:18]에게 **기업으로** 주셨던 이스라엘 땅에 **모일** 것이다.

3:19-20. 주님은 **이스라엘 족속**을 **자녀**처럼 축복하고 그들에게 **아름다운 기업**을 주기 원하셨지만, 그들은 주님께 돌아가려고 하지 않았다. 도리어 그들은 **남편**[라아(*rayah*), 성관계 상대가 아닌 '신실한 동료, 닮은 친구']에게 신실하지 못한, 배역한 **아내**처럼 행동하여 헌신적인 결혼 관계의 파기를 시사한다.

3:21-25. 그들이 자신들의 **길을 굽게** 했기 때문에, 또 **자기 하나님 여호와를 잊어버렸**기 때문에, 회개의 **애곡**과 **간구**하는 소리가 촉발될 것이다. 예레미야가 제

시한 이상적인 회개 그림에서 이스라엘은 마침내 자기 들이 떨어진 구덩이의 깊이를 깨달을 것이다. 그들이 돌아온다면, 하나님은 그들의 **배역함**을 **고치심**으로써 그 외침에 응답하실 것이다.

22c-25절에는 하나님이 이스라엘에게서 보기 원하셨던 회개의 종류가 암시되어 있다. 이스라엘은 **부끄러운 그것**[우상숭배]**이** 자기들을 **삼켰**음을 시인하면서 **하나님 여호와**께로 와야 한다. 이스라엘은 자신이 **여호와께 범죄하**였다고 고백해야 한다. 이 진심 어린 죄의 고백은 예레미야 시대에는 일어나지 않았던 것 같다. 오히려 이 예언은 메시아가 왕으로 돌아오실 때(슥 12:10-13:1) 있을, 이스라엘의 회개를 가리킨다.

4:1-4. 하나님은 이스라엘과 유다가 돌아오면 그들에게 응답하겠다고 약속하셨지만, 그들의 회개는 진정한 것이어야 했다. 그들은 우상을 제거하고 거짓 신들을 따르는 것을 그만두어야 했다. 예레미야는 이것을 두 가지 방법으로 묘사했다. 예레미야는 먼저 **너희 묵은 땅**[심지 않은 밭]을 **갈고 가시덤불에 파종하지 말라**는 농사의 은유를 사용하여, 그들이 마음을 준비해야 함을 보여주었다. 두 번째 은유는 **너희** 마음의 **가죽을 베라**는 아브라함 언약의 징표, 곧 유다 백성과 하나님의 관계를 나타내는 상징인 할례에 대한 언급이다(창 17:9-14). 육체적으로 할례를 받았더라도, 유다의 남자들은 자신들의 내적 상태와 외적 고백을 일치시키기 위해서 마음에 할례를 행할 필요가 있었다(신 10:16; 30:6; 렘 9:25-26; 롬 2:28-29). 유다가 회개하지 않으면, 그들의 악행으로 말미암아 하나님의 **분노**가 불같이 일어나 그들을 사를 것이라고 하나님은 맹세하셨다.

(2) 다가오는 심판에 대한 경고(4:5-31)

4:5-9. 심판이 임할 것은 확실했고, 따라서 이제 경고의 **나팔을 불고 견고한 성**으로 들어가 방어해야 할 때였다. **북방에서…큰 멸망**이 오고 있기 때문이었다. 접근하는 바벨론 군대는 **여호와의 맹렬한 노** 때문에 땅을 파괴할 **사자**와 같았다. 다가올 재앙 때문에 백성들은 애도할 것이다. **굵은베를 두르고 애곡하라**, 백성의 지도자들, 곧 **왕**, **지도자**, **제사장**, **선지자**(참고. 2:26; 4:9; 8:10)가 자기 나라의 전멸을 지켜볼 때, 그들은 두려움으로 마비될 것이다. 하지만 이런 결과를 낳은 원인 중 일부는 그들의 실패한 지도력이다(참고. 2:8).

4:10. 이 절은 예레미야서의 해석에서 가장 도전적인 부분 가운데 하나이다. 예레미야는 **칼**이 자기들의 목(**생명**)에 있었을 때, 하나님은 **평강**이 그들에게 있을 것이라고 약속하심으로써 **이 백성을 속이셨**다고 주장했다. 이 절은 거짓 선지자들을 임명하여 평화의 메시지를 선포하게 하셨다는 예레미야의 불평으로 이해하는 편이 더 낫다(참고. 6:14; 14:13-14; 23:16-17). 성경은 하나님의 본성 안에 거짓말이 없다고 분명히 말한다(참고. 민 23:19). 하지만 하나님은 창조 세계에 일어나는 모든 일, 기만적인 교사들과 지도자들에 의해 주어진 거짓 예언조차 주관하신다. 비록 그들의 죄에 대한 도덕적 책임은 결코 하나님께 있지 않고 사람들에게 있더라도 말이다(롬 9:13-23에 대한 주석을 보라). 하나님은 이 거짓 교사들의 기만을 그들이 주님을 저버린 데 대해 마땅히 받을 심판으로 이어지는 사다리의 가로대 중 하나로 정하셨다. 사실 하나님의 참된 선지자들은 평화가 아니라 심판을 예고해왔다(참고. 1:14-16; 미 3:9-12; 합 1:5-11; 슥 1:4-13). 오직 거짓 선지자들만 평화를 선포해왔다. 따라서 이 절은 하나님의 섭리 가운데, 이 거짓 선지자들을 임명하여 거짓 메시지를 선포하게 하셨다는 예레미야의 불평으로 이해하는 편이 더 낫다.

4:11-14. 예레미야는 유다에게 다가오는 침략의 두 가지 그림을 제시한다. 첫째, 침략군은 **광야**, 즉 사막에서 불어오는 **뜨거운 바람**으로 묘사된다(겔 17:10; 19:12). 이 바람은 열기가 식지 않고 너무 강해서 겨와 함께 곡식도 날려버리기 때문에 키질을 할 때도 이용할 수 없다. 오히려 이 **뜨거운** 바람은 초목을 시들게 하고(창 41:6), 극도의 불편함을 준다(욘 4:8). 둘째, 바벨론 군대의 진군은 유다를 휩쓰는 폭풍 **구름**의 접근으로 묘사된다. **회오리바람** 같은 그들의 **병거**를 **독수리**같이 빠른 **말들**이 끌었다. 두 이미지는 모두 신속하고 강력한 침략을 연상시킨다(4:13-14).

유다의 몰락이 확실해지면서, 하나님은 다시금 백성들을 향해서 회개를 요청하셨다. 만약 그들이 **마음의 악을 씻어버리**면, 그들은 심판에서 **구원을 얻을**(구출될) 것이다.

4:15-18. 이스라엘의 최북단 지파인 **단**에서, 또 예

루살렘에서 북쪽 56킬로미터에 있는 **에브라임산**에서 한 **소리**, 즉 한 사자가 바벨론 군대의 접근을 알릴 것이다. 이들 지역에서는 **에워싸고 치는 자들**의 접근을 가장 먼저 볼 수 있었을 것이고, 그 **지키는 자들**이 경고의 소리를 낼 것이다. 유다가 하나님을 **거역했기** 때문에, 하나님은 **유다 성읍들**을 징벌하기 위해 바벨론을 보내셨다.

4:19-22. 예레미야는 다가오는 침략 소식에 **아파하며** 부르짖었다. 그의 **마음**은 뛰었고, 그는 다가오는 **전쟁의 경보**를 들었기 때문에 **잠잠할 수 없었다**. **패망에 패망**의 반복은 **갑자기 파멸**된 **장막**으로 묘사된, 다가오는 사건의 심각성을 시사했다. 하나님은 그들이 하나님을 알지 못하기 때문에, **내 백성**은 **어리석다**고 말씀하셨다. 지혜로운 삶의 역설적 반전 속에서, 백성들은 **악을 행하**는 데는 **지각이 있**고 능숙했지만 선을 아는 데는 무지했다(참고. 잠 1:2-3).

4:23-28. 예레미야는 다가오는 심판을 우주적 재앙에 비유했다. 땅이 **혼돈하고 공허하다**는 표현은 창조 기사의 이미지, 즉 하나님의 창조 사역 이전에 있었던 혼돈을 떠오르게 한다(창 1:1-2). 예레미야는 **하늘**, **산**, **사람**, **새**, **땅**, **성읍** 등 삶의 어떤 측면도 손길이 닿지 않은 채로 남지 못할 것임을 보여주었다. 예레미야는 땅이 형성되기 전에 그랬던 것처럼 이스라엘 땅을 황량하게 묘사했다(창 1:11-13, 20-26).

이 이미지는 너무 강렬해서 어떤 사람들은 하나님이 이스라엘을 완전히 파괴하실 것이라고 생각했을 것이다. 이러한 오해를 방지하기 위해 하나님은 **내가 진멸하지는 아니할 것**(4:27; 참고. 5:18)이라고 자신의 진술에 단서를 다셨다. 하나님이 이스라엘을 심판하실 때 온 **땅이 슬퍼**할 것이고, 주님은 자신의 생각을 **후회하지 아니하**실 테지만(4:28), 한 백성이요 한 나라로서 이스라엘은 근절되지 않을 것이다(31:35-37).

4:29-31. 예레미야는 **기병과 활 쏘는** 군대가 공격하기 위해 진군할 때 **모든 성읍** 안의 사람이 안전을 찾아 도망하여 **수풀**과 **바위**에 숨을 것이라고 경고했다. 그 뒤에 예루살렘의 지도자들 집단을 **멸망을 당한 자**라고 부르면서, 예레미야는 바벨론과 거래하려는 그들의 계획에 도전했다. 이 유다의 지도자들은 자기들이 비유적인 의미에서 창녀처럼 옷을 입으면(**붉은 옷을** 입고, **금** 장신구를 달고, 화장품으로 **눈을 그리면**) 바벨론을 유혹하거나 정치적으로 설득하여, 그들의 공격을 막을 수 있을 거라고 생각했다(참고. 겔 16:26-29; 23:40-41). 하지만 그것은 **헛된 일**이었다. 유다의 옛 **연인들**[동맹국]은 이제 그를 **멸시**했다.

바벨론이 공격해올 때, **시온의 딸**[예루살렘 백성]은 **해산하는 여인**처럼 **고통** 가운데 부르짖었다(참고. 사 13:8; 21:3; 26:17; 렘 6:24; 13:21; 22:23; 30:6; 48:41; 49:22, 24; 50:43; 미 4:9-10). 유다는 자기 **손**을 뻗어 도움을 구했지만, **그가 죽이는 자**의 손에 죽을 때 아무런 도움도 오지 않았다.

(3) 다가오는 심판의 이유(5:1-31)

4장에서 예레미야는 다가오는 심판의 불가피성과 원인을 서술했다. 여기서 예레미야는 하나님이 심판하실, 유다의 광범위한 죄를 보여주었다.

5:1-3. 모든 사람이 죄를 지었기 때문에 유다는 심판에 직면했다. **예루살렘 거리로 다니며 정의**를 행하는 **한 사람**만이라도 찾아보라는 도전이 예레미야에게 주어졌다. 소돔에서 의인을 찾던 아브라함과 달리(창 18:26-32), 예레미야는 한 사람도 찾을 수 없었다. 그들은 모두 **징계를 받지 아니하**고, 하나님을 향해 **바위보다 굳은** 마음을 가졌고, **돌아오기를 싫어**했다.

5:4-6. 예레미야는 혹시 **비천하고 어리석은** 자들 혹은 교육을 받지 못한 대중이라면 **여호와의 길을 알지** 못할 수도 있을 것이라고 생각했다. 그는 **지도자들**에게 가면 그들이 **여호와의 길**을 알 것이라고 판단했다. 불행하게도 지도자들은 백성들과 같아졌고(참고. 2:8), 하나님을 섬기는 멍에를 꺾었다(참고. 2:20). 그래서 하나님은 지도자들과 추종자들의 죄를 똑같이 심판하실 텐데, 유다에게 임할 바벨론의 공격이 가진 파괴력을 상징하기 위해 세 들짐승의 이미지(**사자**, **이리**, **표범**)가 사용된다.

5:7-9. 하나님은 유다에게 두 가지 수사적 질문을 던지셨다. 첫째, **내가 어찌 너**[유다]를 **용서하겠느냐**(7절). 둘째, **내가 어찌 이 일들에 대하여** '백성들을' **벌하지 아니하겠느냐**(9절). 이 두 질문 사이에서, 유다의 성품에 대한 묘사가 그 대답을 명확하게 해준다. 유다가 하나님을 **버리고** 거짓 신들로 **맹세하**며 영적인 **간음**을 범했기 때문에, 하나님은 유다를 용서하실 수 없

렘

었다. 하나님이 그들에게 공급하셨는데도, 백성들은 정욕이 왕성한 수말(**두루 다니는 살진 수말**)처럼 행동하여 **각기 이웃**의 아내를 따랐다. 하나님은 용서하지 않으실 것이고, 우상숭배와 간음에 대해 유다를 징벌하실 것이다.

5:10-19. 하나님의 귀한 포도나무인 유다는 들포도나무가 되었다(2:21, 새번역). 그래서 하나님은 침략자들에게 유다의 **성벽에 올라가 그 가지를 꺾어버리라**고 요청하셨다.

백성들은 **재앙이 우리에게 임하지 아니할 것**이라고 말하면서(12절), 하나님이 예루살렘을 파괴하실 것을 믿지 않았다. 백성들은 선지자들(예레미야, 에스겔 그리고 파멸을 예언한 다른 이들)이 단지 **바람**으로 가득했다고 말했다(13절). 그들은 심판이 자신들이나 자신들의 성읍 예루살렘에 임할 것이라고 믿지 않았다. 하지만 예레미야의 말은 **불**이 되었고, **백성들**은 **나무**처럼 심판 중에 불살라졌다(14절).

하나님은 한 **나라**[바벨론]를 **먼 곳에서** 유다에게로 데려오실 것이다. 유다 사람들은 그 나라의 **말**을 **알지 못**했다(15절). 마찬가지로 이전에 이사야는 앗수르가 도착하여 유다가 알지 못하는 말을 할 때 자신들이 심판 아래 있음을 알 것이라고 예언했다(사 28:11; 참고. 고전 14:21). 이 전사들은 **추수 곡물**과 자녀들(NASB는 7a절을 "그들이 네 아들과 딸을 먹을 것"이라고 번역—옮긴이 주), 가축, **포도나무**와 **무화과나무**를 **먹을 것**이고, 유다가 보호할 수 있으리라 신뢰했던 **견고한 성**들을 **파멸**할 것이다(5:16-17).

하지만 하나님은 유다를 완전히 파괴하지 않고(참고. 4:27) 남은 자를 보존하실 것임을 또다시 강조하셨다. 이 포로들이 **하나님**께서 **어찌하여 이 모든 일**을 우리에게 **행하셨느냐**고 물을 때, 예레미야는 이렇게 말하도록 지시받았다. "너희가 하나님을 **버리고** 너희 땅에서 **이방 신들을** 섬겼기 때문이다." 그래서 하나님은 그들이 이방 땅에서 **이방인들**[바벨론]**을 섬기**게 하실 것이다(19절). 하나님의 징벌은 그들의 죄와 들어맞는다.

5:20-31. **야곱의 집**, 즉 **유다**는 의도적으로 무지하고, **어리석고**, **지각이 없**었다. 유다는 **눈**과 **귀**를 가졌지만, 하나님의 참된 성품을 **보**거나 **듣지**[즉, 이해하지] 못했다(참고. 겔 12:2). 유다는 하나님을 **두려워하**지 않았다(참고. 잠 1:7). **바다**조차 그 **한계** 안에 머무는데(참고. 욥 38:10; 시 104:9), 유다 **백성**은 하나님의 언약의 한계 안에 머물기를 거절했다. 그 대신 그들은 **배반**했다. 그들은 하나님의 자비로운 손이 역사하고 있음을 인정하지 않았다. 하나님은 **비를 때를 따라 주시며 추수 기한을 정하**신다(5:23-25).

백성들은 **살지고 윤택**했으며(부유하고 강성했으며), **심히 악**했고, 가난한 자들을 이용하려고 기다렸다(**덫을 놓았다**). 그들은 **고아**를 돕거나 **빈민의 재판을 공정하게 판결하**기를 거절했다(26-28절). 하나님의 진리의 말씀을 선포해야 할 **선지자**들은 **거짓**을 예언했고, 백성들을 하나님의 길로 가르쳐야 할 **제사장**들은 **자기 권력으로** 다스렸다(참고. 2:8). 백성들은 이 형편없는 지도자들에게 저항하기는커녕, 그것을 **좋게 여겼**다. 사회의 모든 구성원이 의로움보다 악을 선호했다(26-31절).

(4) 다가오는 심판의 확실성(6:1-30)

6:1-3. 다가오는 위험에 대한 경고가 두 가지 방식으로 주어졌다. 먼저, 경고의 **나팔**이 임박한 공격을 알릴 것이다(참고. 4:5-6). 예루살렘 바로 북쪽에 있던 예레미야의 고향 땅(참고. 1:1) **베냐민** 사람들은 성벽으로 둘러싸인 성읍으로 들어가지 말고 **예루살렘 가운데로부터 피난**해야 했다. 성읍 안보다 밖에 있는 것이 더 안전할 것이다. 경고 **나팔**은 예루살렘 남동쪽으로 약 18킬로미터 떨어진 **드고아**에서 울릴 것이다(참고. 암 1:1). 두 번째 유형의 경고는 사람들에게 도망하라고 경고하기 위해 밝혀진 예루살렘과 베들레헴 중간의 전망점 **벧학게렘**의 **봉화**이다. 예루살렘은 완전히 파괴되어, **목자**들이 그곳에서 **자기 장막을 치고** 자기 양 떼를 **먹**일 것이다. 이 광범위한 파괴는 느헤미야에 의해 확인되었다(참고. 느 1:3; 2:3, 11-17).

6:4-9. 대적이 예루살렘을 치러 집결했을 때, 그들은 **정오**나 심지어 **밤에** 공격하려고 준비했다. 대부분의 군대는 날이 밝기를 기다리지만, 바벨론은 그날 밤에 공격을 개시하기로 결정했다. 바벨론 병사들이 예루살렘의 방어를 무너뜨릴 **목책**을 세우는 동안 **만군의 여호와**가 그들을 지휘하셨다(참고. 겔 4:1-2).

예루살렘은 자신의 죄 때문에 징벌을 받아야 했다. 우물에서 나오는 '신선한 물'처럼(**그 물을 솟구쳐냄같**

이) 예루살렘의 악이 쏟아져 나왔다. 만약 예루살렘이 경고에 주의를 기울여 회개하지 않으면, 예루살렘은 **황폐**해질 것이다. 하나님은 바벨론이 **이스라엘의 남은 자를 말갛게** 줍게 하실 것이다(레 19:10; 룻 2:2,7). 포도를 딸 때, 부주의해서든 의도적이든 가난한 이들이 갖도록 포도나무에서 포도의 일부를 남겼다. 하지만 바벨론은 사람이 포도나무에서 포도를 전부 따듯이, 남은 것이 없는지 확인하기 위해 그 땅 위로 손을 **자주 놀릴** 것이다. 그들의 공격은 무자비할 것이다.

6:10-15. 그 **귀가 할례를 받지 못하였으므로**(참고. 4:4) 여호와의 말씀을 듣는 데 열려 있지 않아서, **그들은 듣지 못했다**. 예레미야는 유다의 불신앙—자기가 다가오는 재난에 대해 그들에게 경고하려 할 때 아무도 그의 말을 **듣지** 않을 것이다—에 대해 놀라움으로 반응했다.

이것은 백성들이 하나님의 말씀에 귀 기울이지 않았다(즉, 불순종했다)고 예레미야가 수십 번 넘게 기록한 사례 중에 첫 번째이다. 그들은 하나님의 말씀을 **욕**으로 여겼고, 이를 **즐겨하지 아니**했다. 예레미야는 하나님의 **분노**의 메시지를 억누르는 데 지쳤고(**참기 어렵도다**), 그것을 모든 사람에게 부어 듣게 해야만 했다(참고. 20:9). 하나님은 **아이**들로부터 **늙은이**까지 모두가 하나님의 분노를 느끼게 될 것이라고 맹세하셨다.

선지자와 **제사장** 모두 **거짓**되게 행동했고, 유다는 악한 지도자들 때문에 피해를 입었다. 이 **상처**(14절)는 백성들의 영적인 상태와 그것의 물리적 영향을 가리킨다(참고. 8:11, 22; 10:19; 14:17; 15:18; 30:12, 14, 17). 거짓 선지자들은 **평강하다 평강하다** 선포**하나 평강이 없**었다(참고. 8:11; 23:17). 하나님의 메시지는 평화가 아닌 심판의 메시지였다. 이 사이비들은 **부끄러워하지 않**았고, 자신들의 죄가 밝혀졌을 때에 **얼굴도 붉어지지 않았**다. 그들은 유다를 잘못 이끌었기 때문에 하나님이 **그들을 벌하**실 것이다.

6:16. 유다는 하나님의 의로운 **옛적 길**에서 벗어났다(참고. 31:21; 사 30:18-21). 주님은 **선한 길**을 따라 **그리로 가서**(7:23) **심령**에 **평강을 얻**으라고 촉구하셨다. 예수님은 마태복음 11:29에서 이 중요한 개념을 인용하셨다(그 단락의 주석을 보라).

6:17-21. 그들은 하나님의 지시를 **듣지 않**고(17절) 하나님의 **율법을 거절**했기 때문에, 스스로 **재앙**을 자초했다. 그들은 **그들의 생각의 결과**를 거두고 있었다(19절). 유다는 하나님의 율법을 거절하면서, 제의가 진실한 순종을 대체할 수 있다고 생각했다. 하나님은 남서부 아라비아의 **시바**에서 수입된 **유향**(왕상 10:1-13; 겔 27:22)과, **먼 곳**[아마도 인도]에서 수입된 바르는 기름의 원료인 **향품**(출 30:23; 아 4:14)으로 만든 믿음 없는 제물을 거절하셨다. 하나님을 진심으로 사랑하는 마음에서 유리된 화려한 번제는 그분이 **달게 여기지 않는 희생제물**이었다(6:20).

6:22-26. 예레미야는 두 번째 메시지를 마감하면서 **잔인하**고 **사랑이 없**는, **북방에서 오**는 적에 대해 경고했다(합 1:6-11). 그들의 표적은 **시온의 딸인 너**[예루살렘 백성]였다. 이 소식은 **해산**의 아픔과 같은 **고통**과 슬픔을 가져다줄 것이다(참고. 4:31). 백성들은 **원수의 칼** 때문에 **밭**이나 **길**로 가기를 두려워할 것이다. 그들은 집에 머물러 자신들의 죄에 대해 그리고 다가오는 재앙에 대해 애도해야 했다. **독자를 잃**은 것처럼 애도하면서, **슬퍼하며 통곡**해야 했다(26절).

6:27-30. 예레미야는 하나님의 **백성**의 도덕적 자질을 시험하기 위해 철광으로 만들어지지 않은 '시금자와 검사자'(an assayer and a tester, **망대와 요새**)로 임명되었다. 그들은 **사악**했고, **단련**하는 수고가 쓸모없었다. **악한 자**가 **제거**되지 않았다. 제련 과정은 **납**에서 은을 분리해냈고, 그래서 불순물이 섞인 **내버린 은**처럼 **여호와께서 그들을 버리**셨다. 유다는 돌아오라는 하나님의 요청을 거절했고, 따라서 심판이 불가피했다.

c. 세 번째 심판 예언: 거짓 종교에 대한 심판과 징벌 (7:1-10:25)

예레미야의 '성전 설교'는 거짓 종교 때문에 백성들이 받게 될 하나님의 심판에 초점을 맞춘다. 그들은 하나님의 징벌이 예루살렘이나 자기들에게 결코 미치지 않을 것이라고 믿었다(참고. 5:12-13). 그 이유는 성전이 예루살렘에 있고, 하나님은 절대 성전이 파괴되도록 허락하지 않으실 것이라고 생각했기 때문이었다(7:4에서 "여호와의 성전"을 반복하는 것에 주목하라). 성전 설교는 이 거짓 소망을 산산이 부쉈고, 백성들 안에 영적 전염병을 일으키는 우상숭배의 곪은 상처를 드러냈다. 26장의 사건들은 이 메시지에 대한 백성들의 반응을 보여준다.

(1) 성전 설교: 유다의 거짓 예배(7:1-8:3)

7:1-7. 하나님은 성전, **여호와의 집 문**으로 가서, **여호와께 예배하러 이 문으로 들어가는** 모든 사람에게 메시지를 **선포하**라고 예레미야를 소환하셨다. 그 메시지의 의도는 백성들이 자신들의 길을 **바르게 하**도록('좋게 만들다', '올바로 행하다') 돕기 위한 것이었고, 예레미야는 그들을 돕기 위해 세 가지 구체적인 행동을 제시했다. 먼저, 백성들은 사회의 무력한 이들, 곧 **이방인과 고아와 과부**를 **압제하지 아니**해야 한다(참고. 신 14:29; 16:11; 24:19; 시 94:6). 둘째, 그들은 **무죄한 자의 피를 흘리지 아니해**야 한다(참고. 신 19:13-19; 21:1-9). 셋째, 그들은 우상숭배를 중단하고 **다른 신들 뒤를 따라**가지 말아야 한다. 순종의 축복은 **그 땅에**서 평화롭게 살도록 허락하시는 것이다. 여기서 이스라엘 땅은 이스라엘, **너희 조상**에게 **영원무궁토록** 주신 하나님의 선물로 묘사된다. **영원무궁토록**[*min olam v'ad olam*, 민 올람 웨아드 올람]이라는 어구는 히브리어에서 영속성과 영원성을 묘사하는 가장 강한 표현이다. 이 어구는 일반적으로 하나님의 본성과 성품에 사용된다(예를 들어 대상 16:36; 시 90:2; 103:17). 이 일반적 용법의 유일한 예외가 하나님이 이스라엘 땅을 이스라엘 백성에게 '영원무궁토록' 선물로 주셨다고 설명하는 이 절과 예레미야 25:5에 나온다.

7:8-15. 예레미야는 유다가 **거짓말**을 신뢰하는 게 도움이 되지 않을 것이라고 경고했다. 여기에서 유다의 위선이 부각되었다. 유다는 성전이 존재한다는 이유로, **우리가 구원을 얻었나이다**라고 말하면서 자신이 안전하다고 느꼈다. 하지만 그들은 **이 모든 가증한 일**을 행했다. 이 불순종의 목록에는 십계명의 절반이나 들어 있다(참고. 호 4:2). 그들은 **도둑질하며, 살인하며, 간음하며, 거짓 맹세하며, 바알에게 분향하며…다른 신들을 따랐**다(7:9). 유다의 비열함은 **내 이름으로 일컬음을 받는 이 집**을 **도둑의 소굴**로 바꾸어놓았다. 이 문제는 신약시대에도 제기되었는데, 예수님은 성전에서 부적절한 행위를 목격하셨을 때 이 본문을 인용하셨다(마 21:12-13에 대한 주석을 참고하라).

유다가 깨닫지 못했던 것은 하나님이 유다의 모든 행위를 '보셨고' 알고 계신다는 것이었다. 백성들은 보호를 위해 성전의 하나님을 신뢰하고 그분께 순종하기보다는 주제넘게 성전 건물을 신뢰했다(그들의 확신을 강조하기 위해 4절에서 세 번 반복되었다). 성전(14절)은 하나님의 임재를 상징한다는 의미에서 **내 이름**[하나님의 이름은 그분의 계시된 속성들을 가리킨다]으로 **일컬음을 받았**다(참고. 10, 12, 30절).

유다는 하나님께서 장막이 서 있던 **실로**에게 하신 일을 기억하라는 말을 들었다(수 18:1; 삿 18:31; 삼상 4:3-4). 예루살렘은 이스라엘의 **악** 때문에 파괴되었다(참고. 왕하 17:5-20). 주전 722년에 앗수르가 북 왕국 이스라엘을 사로잡아 갔듯이 유다가 회개하지 않으면 바벨론이 유다를 파괴할 것이다.

7:16-20. 유다의 죄는 매우 심각해서 하나님은 예레미야에게 유다를 위해 **기도하지 말라, 부르짖어 구하지 말라, 간구하지 말라**라고 말씀하셨다. 하나님이 **듣지** 않으실 것이기 때문이다(참고. 11:14; 14:11-12). 이것은 주님이 문자적으로 예레미야의 기도를 들으실 수 없다는 뜻이 아니다. 주님은 모든 것을 들으신다. 핵심은, 하나님이 사악한 유다를 위한 예레미야의 기도에 응답하지 않기로 결정하셨기 때문에 예레미야의 간청이 헛수고라는 것이다.

유다 전역에서 가족 전체(**자식들, 아버지들, 부녀들**)가 이교 예배에 협력했다. 그들은 **하늘의 여왕**을 위해 빵 **과자**[아마도 여신의 형상으로 빚어진 납작한 과자]를 준비했을 것이다(참고. 44:17-19, 25). 이 이교 여신은 사랑과 성, 비옥함을 관장하는 바벨론 여신 이슈타르(Ishtar)였을 텐데, 이슈타르는 성적인 사랑과 비옥함을 관장하는 가나안의 지위 높은 여신 아스다롯과 동일시되었다. 이스라엘 백성들은 가나안 정복 시기에 이 여신 숭배를 수용했고, 이를 왕정기까지 이어왔다(삿 2:13; 왕상 11:5). 이슈타르/아스다롯 숭배에는 성전 매춘과 외설적인 난교(亂交), 헌주(獻酒), 음식 봉헌이 포함되었다. 주님은 유다 백성들이 **다른 신들에게 전제**[포도주]를 **부었**기 때문에 그들을 책망하셨다(참고. 19:13). 하지만 그런 우상숭배적 제의는 거기에 참여한 사람들에게 해로울 뿐이었다. 그들의 거짓 예배는 하나님을 훼손하지 못했다. 하나님이 진노와 **분노**를 온 유다에게, **사람**과 **짐승** 모두에게 **부으실** 때, 유다 백성들은 자신들의 행위가 낳은 결과를 견뎌내야 할 것이다.

7:21-26. 유다 백성들이 성전에서 형식적으로 올바른 **번제**를 드렸을지라도, 그들은 하나님이 자기들을 **애굽 땅에서 인도하여낸 날에** 시내산에서 주신 가장 중요한 **명령**을 이해하지 못했다. 하나님은 자기 **목소리를 들으며** 자기가 **명령한 모든 길로 걸어가라고 그들에게 명령하셨다**(참고. 6:16). 불행하게도 이스라엘은 이 명령에 **순종하**거나 주의하지(**귀를 기울이지**) **않**았고, 대신 **자신들의 악한 마음의 꾀로 행**했다. 그들의 **조상들이 애굽 땅에서 나온** 출애굽 때 이후 예레미야의 시대**까지**, 하나님은 자신의 **종**, 예레미야 같은 **선지자들을 보내**서 백성들에게 계속 경고하셨지만, 그들은 **귀를 기울이지 아니**했다(참고. 25:4-7).

7:27-31. 하나님은 예레미야에게 백성들이 그에게 **순종하지 아니할** 것이라고 말씀하셨다. 그래서 예레미야는 자기 **머리털을 베**고(참고. 욥 1:20; 렘 48:37; 겔 7:18), 유다를 위해 **통곡**['장례식 만가']했다. 유다가 파괴될 것이 확실하기 때문에, 예레미야는 애도를 시작해야 했다. 그들의 악한 행위에 노하신 여호와께서 **이 세대를 끊어버리셨**기 때문이다. 그들은 성전, 곧 **내 이름으로 일컬음을 받는 집** 안에 **가증한 것**(우상)을 놓아서 성전을 **더럽혔**다(참고. 7:14; 겔 8:3-18).

예루살렘 밖에서 그들은 페니키아의 신 몰렉을 숭배하기 위해 **힌놈의 아들 골짜기**(참고. 19:2, 6; 32:35, 벤힌놈 골짜기)에 **도벳 사당**을 **건축**했다(참고. 렘 14장). 몰렉은 **그들의 자녀들을** 놋 신상 안에서 산 채로 **불에 살라** 제사를 지내도록 부모들에게 요구하는, 역사상 어떤 신보다 가장 악한 제의를 가지고 있었다. 하나님은 특별히 이 잔인한 관행을 금지하셨지만(참고. 레 18:21; 20:2-5), 이스라엘과 유다의 일부 악한 왕들은 이 일을 행했다(참고. 왕하 16:2-3; 21:6; 23:10; 렘 19:5). 몰렉 숭배는 종종 바알 숭배와 결합되었다(19:5; 32:35).

도벳이라는 단어는 아마 '요리용 난로' 혹은 '오븐'을 가리킬 것이다. 제사 장소는 불구덩이 혹은 손을 뻗은 금속 신상이었는데, 살아 있는 아이들을 그곳에다가 제물로 바쳤다. 힌놈 골짜기(*ge'-hi'nom*, 게힌놈)는 예루살렘 남서쪽에 있었고, 이 골짜기에서 예루살렘의 쓰레기가 소각되었다. 그리스 시대에 이 골짜기는 '게헨나'(*gehennah*)라고 불렸고, 몰렉에게 제물을 바치고자 거기서 아이들을 산 채로 태웠기 때문에 이 이름은 지옥의 불타는 부패 이미지와 동의어가 되었다(마 18:7-10; 벧후 2:4에 대한 주석을 보라).

유아 제사의 참상은 참으로 혐오스러워서 주님은 그에 관해 명확히 말씀하셨다. **내가 명령하지 아니하였고 내 마음에 생각하지도 아니한 일이니라**(참고. 32:35). 이 표현은 주님이 모든 것을 아시지는 않는다는 의미가 아니라, 이 사악한 행위를 더없이 못마땅해 하셨음을 의미한다. **명령하지 아니**했다와 **마음에 생각하지도 아니**했다는 어구가 결합됨으로써, 혐오스러운 유아 제사 관행에 대한 하나님의 증오를 강조한다.

7:32-34. 하나님은 예루살렘 파괴 이후 불태워질 **시체**의 숫자 때문에 이곳의 이름이 **죽임의 골짜기**로 바뀔 것이라고 선언하셨다. **새**와 **짐승**이 시체를 먹을 것이라는 예고는 불순종에 대한 모세 언약의 심판을 확증한다(참고. 신 28:26). 매장되지 못하는 것은 유대인 공동체에서 혐오스러운 일이었다(참고. 왕하 9:10, 30-37). 기쁨과 즐거움이 **끊어**질 것이고, 그 **땅이 황폐하**게 될 것이다(참고. 16:9; 25:10).

8:1-3. **하늘의 뭇별** 곧 이방 신들을 숭배했던 **유다의 왕들과 그의 지도자들**의 뼈가 무덤에서 치워져 그**들이 사랑**했던 **해**와 **달**에 노출될 것이고, 그들은 다시 **묻히지** 못할 것이며, **지면에서 분토 같을 것**이다(참고. 25:33). 예루살렘 함락 때 생존한 **남아 있는 자는 쫓겨**날 것이며, 포로로 사는 것보다 죽는 것을 '원할' 것이다.

렘

(2) 성전 설교: 백성들에 대한 하나님의 징벌 (8:4-10:25)

주님의 메시지 가운데 이 시문 단락은 유다의 영적 상태와 죄에 대한 유다의 태도를 강조한다.

8:4-7. 하나님은 자기에게 돌아오지 않으려는 유다의 거절을 드러내기 위해 일련의 질문을 제기하셨다. 사람들이 **엎드러지**면, 그들은 다시 **일어나**려고 하지 않겠느냐? 어떤 사람이 올바른 길에서 벗어나면, 그는 **돌아오지**[회개하지] 않겠느냐? 사람은 가르침에서 배우기 마련인데, 예루살렘은 **항상** 주님을 **떠나 물러나서 돌아오기를 거절**했다.

그들은 어떤 범법 행위도 인정하기를 거부했다. **뉘우치는 자가 없고, 각각 그 길로 행**했다. 유다는 **전쟁**

터로 향하여 달리는 말 같은 결심으로 자기 길로 갔다. 새들, 곧 **학**, **산비둘기**, **제비**, **두루미**는 **올 때**를 아는데, 유다는 하나님께 돌아갈 때를 **알지 못했다**. 유다의 지혜는 새보다도 못했다!

8:8-12. 하나님은 유다의 어리석음을 지적하기 위해 또 다른 질문을 던지셨다. **너희가 어찌 우리는 지혜가…있다 말하겠느냐?** 유다는 **여호와의 율법**을 가졌기 때문에, 자신의 지혜가 다른 나라보다 뛰어나다고 생각했다. 불행히도 거짓 **서기관**들이 율법을 왜곡하여 **거짓되게** 했다. **여호와의 말씀**에 대한 거절은 가장 작은 자로부터 큰 자까지 '모든 사람'에게 심판을 가져다줄 것이다(참고. 신 28:30-45).

지도자들은 하나님의 백성이 입은 **상처를 가볍게** 여겼다. 사실 그들의 상처가 치명적이었는데도, 마치 심각하지 않은 것처럼 상처를 싸맸다(혹은 붕대를 감았다, 참고. 8:22 그리고 6:14에 대한 주석). 그들은 **평강하다 평강하다** 선포했지만, **평강이 없었다**(10b-12절은 예레미야가 6:12-15에서 주었던 메시지를 반복한다. 이 단락의 주석을 참고하라). 이를 강조하기 위해 그 사실을 반복했다.

8:13-17. 하나님은 그들에게서 추수의 복, 그분이 전에 **그들에게** 주셨던 **포도**와 **무화과**를 가져가심으로써 유다를 징벌하실 것이다. 하나님의 심판이 시작되었을 때, 백성들은 공포 속에서 **견고한 성읍**들로 피난할 것이다. 자기들이 **여호와께 범죄하였**기 때문에, 주님이 자기들을 **멸하**셨음을 깨달을 것이다. **평강**과 **고침**에 대한 그들의 소망은 **놀라움**으로 대치되었다.

성읍과 **그중의 주민**을 삼키기 위해 **온 땅**을 가로지르는 [대적의] **말의 부르짖음**이 북쪽 **단에서부터** 들렸다(참고. 4:15). 하나님은 치료제 없는(**술법으로도 제어할 수 없는**) **뱀**에 비유된 바벨론을 보내어, 유다 사람들을 물게 하셨다.

8:18-9:2. 예레미야는 '위로를 받을 수 없는 근심'으로 주님께 부르짖었고, 그의 **마음**은 백성들의 고통으로 **병들었다**. 그는 **심히 먼 땅**으로 강제 추방된 자기 백성의 부르짖음을 들어달라고 하나님께 애원했다. 괴로움 가운데서 그들은 자신들의 왕 **여호와**께서 **시온에 계시지 아니한**지 질문했다. 하나님은 자신의 부재가 아니라 그들의 죄 때문에 예루살렘이 무너졌다고 대답하셨다. 하나님은 유다가 그 **조각한 신상**과 **이방의 헛된 것**들로 하나님을 **격노하게** 했기 때문에 바벨론 군대를 데려오셨다.

하나님이 회개할 모든 기회를 주셨는데도, 유다는 계속해서 반역했다. 백성들은 사계절이 지나가고 있음을 알았지만(바벨론의 포위는 30개월간 지속되었다), 그들은 **구원을 얻지 못했다**. 회개하면 하나님이 심판에서 구해주실 수 있었을 때 회개하지 못했기에, 이제 그들에게는 소망이 없었다.

유다의 운명에 대한 예레미야의 반응은 슬픔과 절망이었다. 그는 백성과 동화되어 있어서, 백성들이 화를 당할 것이 확실하다는 사실에 짓눌렸다. 그가 자기 백성의 상처를 치료하기 위해 **길르앗**의 **유향**을 찾은 것도 헛되었다(11절과 6:14에 대한 주석을 참고하라). '유향'은 약용으로 사용된 때죽나무의 송진이었다. 요단강 동편의 길르앗은 치료용 유향으로 유명했다(참고. 창 37:25; 렘 46:11; 51:8; 겔 27:17). 예레미야는 **딸 내 백성이 치료를 받아** 회복되기를 갈망했다.

예레미야는 자기 백성의 죄와 운명을 두고 흘렸던 눈물 때문에 '눈물의 선지자'로 알려져 있다(참고. 13:17; 14:17). 예레미야는 자기 **눈이 눈물 근원**이 되어, **죽임을 당한** 사람들을 위해 계속해서(**주야로**) 울 수 있기를 바랐다. 그는 유다 사람들에 대해 부드러운 동정심을 담아 말하면서도, 그들의 죄를 인정한다. 신실하지 못한 유다 백성들과 함께 사는 것보다 광야의 고립된 유할 곳이 더 나았다.

9:3-6. 하나님은 진실을 명하셨지만(출 20:16) 유다에서는 거짓말이 생활 방식이었다. 그들은 기만을 무기처럼 사용하면서, 활을 당김같이 자신들의 **혀를 놀려**, **진실**이 아니라 **악**이 **땅에서** 팽배하도록 만들었다. 누구도 신뢰할 수 없었고, 모두가 주님을 알고 싶어 하지 않았다.

9:7-9. 하나님은 유다의 죄로 인해 그를 **녹이고 연단**[시험]하려고 하셨다(참고. 6:28-30; 사 48:10; 겔 22:18-22). 금속의 순도를 검사하기 위해서는 금속을 도가니에서 가열해야 한다. 마찬가지로, 하나님은 유다의 진실성을 시험하고 그 기만을 다루고자 유다를 심판의 도가니 안에 두실 것이다. 하나님은 그들의 죄를 **벌하고** 그 나라에 친히 **보복하지** 않겠느냐고 예레미야

에게 수사적인 질문을 던지셨다.

9:10-16. 예레미야는 바벨론의 공격으로 '불에 타' 인적이 끊긴 그 땅과, 폐허의 **무더기**가 된 **예루살렘**의 상황을 두고(참고. 10:22; 49:33; 51:37), **울며 부르짖**었다. 하나님은 유다의 **지혜가 있는 자**들에게 왜 **이 땅이 멸망하여 불**탔는지 설명해보라고 하셨다. 주님은 그들이…**나의 율법을 버리고 바알들**을 따랐기 때문이라고 분명하게 대답하셨다(2:23에 대한 주석을 보라). 이것은 하나님이 **여러 나라 가운데에 그들을 흩**으실 이유이고(참고. 13:24; 18:17; 30:11; 46:28; 신 28:64), 유다의 많은 사람들이 **칼**에 죽음을 당할 이유이다(참고. 겔 5:2,12). 하지만 주님은 신실하시고, 자기 백성을 향한 신실하심 때문에 그들을 완전히 **진멸**하지는 않으실 것이다(참고. 5:10; 31:35-37).

주님은 신실하셔서 자기 백성의 남은 자를 보존하지만, 분명히 예루살렘은 죄 때문에 심판을 받아 끔찍한 일을 겪을 것이다. 예레미야만 운 것은 아니다. 다음 단락에서 주님은 유다의 죄와 다가오는 파멸에 대한 탄식에 동참하라고 백성들, **곡하는 부녀**에게 요청하신다.

9:17-24. 이 단락은 각각 **여호와께서 이와 같이 말씀하시되**라는 어구로 시작되는, 세 개의 구별된 선언을 담고 있다. 첫 번째 단락(17-21절)에서 하나님은 **곡하는 부녀**, 직업적 울음꾼(참고. 대하 35:25; 전 12:5; 암 5:16)에게 예루살렘을 위해 탄식하라고 요청하신다. 그들의 탄식 내용은, **여호와의 말씀…그 입의 말씀**을 이제 그들이 자기 **딸**들에게 **가르쳐**야 한다는 것이었다. 사망이 **자녀**들과 **청년**들을 **멸절**했기(죽였기) 때문에, 이 장례식 만가를 불렀다.

두 번째 선언(22절)에서 하나님은 바벨론의 가혹한 학살을 묘사하셨다. **사람의 시체가 분토같이** 또는 **추수하는 자**의 뒤에 남은 곡식단같이 들에 **떨어져**서, 묻히지 못한 시체가 어디에나 있을 것이다(참고. 7:32-34). 주님은 바벨론 군대가 쳐들어왔을 때 유다가 겪을 피해에 대한 이 그림을 보여주셨다.

세 번째 선언(23-24절)은 하나님이 백성들에게 기대하시는 반응을 보여주었다. 백성들은 자신들의 **지혜**나 개인적인 **용맹**이나 **부함**을 **자랑하지** 말아야 한다. 그 대신 주님을 아는 것과 깨닫는 것만을 자랑해야 한다(참고. 고전 1:29-31). '알다'라는 단어는 다시 하나님을 속속들이 아는 지식을 묘사했다(참고. 1:5). 하나님은 백성들이 자신의 **사랑과 정의와 공의**에 친숙해지기를 원하셨다. **사랑**은 하나님의 충실한 사랑(참고. 31:3; 33:11; 애 3:22)을 가리킨다. 하나님은 자기 백성들이 죄악을 저지르는 중에도 여전히 그들에게 헌신하실 것이다. **정의**[*mispot*, 미쉬파트]는 공정성과 평등으로 정의롭게 통치하는 것을 가리키는 폭넓은 용어이다. 하나님은 무죄한 자를 신원하시고 죄인들을 징벌하실 것이다. **공의**[*tsedaqah*, 체다카]는 규범이나 표준에 일치한다는 개념을 전달한다. 하나님의 행동 기준은 이스라엘의 규범이 되어야 했다.

9:25-26. 예레미야의 한 가지 주제는 외적인 종교적 관행과 내적인 의의 대조이다. 개인의 성취나 능력이 하나님을 기쁘시게 못한다면(23절), 참된 순종의 올바른 마음이 뒤따르지 않는(마음에 **할례를 받지 못한**, 즉 주님께 대한 진실한 신뢰와 순종이 없는) 종교적 의식에 대한 외적인 순응(육체에만 **할례를 받은**)도 하나님을 기쁘시게 못할 것이다(참고. 4:4). 할례를 받지 못한 이방 나라인 **애굽**과 **에돔**, **암몬**, **모압**은 비슷하게 **마음에 할례를 받지 못**한 믿음 없는 **유다**와 **이스라엘**의 온 집과 비교되었다. 유다의 악한 우상숭배는, 그들의 몸은 아브라함 언약에 순종하여 할례를 받았지만(창 17:1-14) **마음에 할례를 받지 못**했음(참고. 4:4)을 행동으로 보여주었다. 사도 바울도 마음의 할례가 유다 백성을 진정한 유대인으로 만든다고 기록했다(롬 2:25-29과 이 단락의 주석을 보라).

10:1-16. 일련의 성전 메시지는 우상과 살아 계신 하나님 사이의 엄청난 차이를 대조하는 시문 단락으로 마무리된다. 이것은 하나님의 심판을 이어가기에 앞서 하나님의 위대하심에 대해 말하는 설교가 삽입된 것이다.

10:1-5. 시문 단락은 **이스라엘 집**, 이미 유배 중인 북 왕국과 머지않아 유배될 유다에게 **여호와께서 말씀**하시는 것으로 시작하여, 우상숭배의 어리석음을 설명한다. **이방 사람들**과 달리, 이스라엘은 **여러 나라의 길을 배우지** 말고, **하늘의 징조를 두려워하**지 말아야 했다. 일식이나 월식, 유성 같은 '징조'는 신들이 주는 전조라고 생각되었다.

이 신들은 예배자들이 만든 것이기 때문에(참고. 사 40:18-20), 그런 우상숭배적 관행은 **헛된 것**[헤벨

(*hebel*), '호흡', '헛됨']이었다(참고. 전 1:2). 사람이 **삼림에서 벤** 나무를 **기술공이** 조각하고, **은과 금으로 그것에 꾸미**고, **못으로 든든히 하여 흔들리지 않게** 할 것이다. 주님은 우상을 오이밭의 생명 없는 허수아비에 비교하셨다(NASB는 5절 첫머리의 "둥근 기둥"을 "오이밭의 허수아비로" 번역했다—옮긴이 주). 우상은 지식을 주는 **말도 못하고, 걸어 다니지도** 못하여서, 사람이 **메어야** 하고, **화나 복을** 주지 못한다. 그래서 이스라엘에게 우상을 **두려워하지 말라**고 촉구한다.

10:6-7. 우상을 표현했던 것과는 대조적으로, 하나님께는 찬양을 쏟아낸다. **여호와여 주와 같은 이 없나이다**. 하나님의 유일성은 성경의 중요한 주제이다(참고. 7절; 출 15:11; 신 33:26; 시 86:8, 10; 사 40:18, 25). 하나님은 홀로 **크시니**, 누구나 하나님을 두려워해야 한다. 주님은 **이방 사람들의 왕**, 다시 말해 왕 중의 왕이시기 때문이다(참고. 시 47:8-9; 96:10).

10:8-9. 무지하고 어리석은 나무 우상(10:15)은 **다시스에서** 가져온 은박과 **우바스**에서 가져온 금으로 장식되었다. **다시스**는 아마도 스페인 남부의 성읍으로, 이 이름은 '광물을 간직한 땅'을 가리키는 전문용어이다(욘 1:3; 겔 27:12). **우바스**는 여기에서만 언급되는데, 알려지지 않은 곳이거나 '오빌'을 가리키는 사본상의 이문(異文)일 가능성이 있다. 오빌은 명확한 위치 확인이 불가능하지만, 아마 금으로 유명한 아라비아의 한 지역일 것이다(참고. 왕상 9:28; 욥 22:24; 시 45:9).

10:10-11. 금박을 입힌 나무 우상들과 달리, **여호와**는 거짓 우상과 대조되는 **참 하나님**이시다. 그분은 **살아 계신 하나님이시요 영원한 왕**이시지만, 우상은 생명이 없고, 말하거나 걷지 못하며(5절), 일시적이고, 조각가가 깎아서 존재하게 되었고, 부패할 운명이다. 우상은 힘이 없고 해를 끼치지 못하지만(참고. 5절), 하나님의 **진노하심에는 땅이 진동하며 그 분노하심을 이방이 능히 당하지 못**한다.

히브리어와 유사한 언어인 아람어는 그 당시의 교역 언어였다. 11절은 예레미야서에서 유일한 아람어 구절이다. 아마 이 절은 이스라엘 주변의 이교도 우상숭배자들을 겨냥한 것이기 때문에, 아람어를 사용했을 것이다. 이 우상숭배자들에게 그들이 이해할 수 있는 언어로 주는 메시지는, 거짓 신들이 '천지를 짓지 않'았고, 그들은 일시적이며 분명히 **땅 위에서 망**한다는 것이다.

10:12-15. 힘없는 우상들과 달리, 주님은 **권능으로 땅을 지으**신 창조주이시다(12-13절). 그분은 **지혜로 세계를 세우셨고…하늘을 펴셨다**(10:12-16은 51:15-19과 사실상 동일하다). **구름**과 **번개**, **바람**을 동반한 뇌우(雷雨)의 경이로운 본성에 초점을 맞춤으로써, 하나님의 영속적인 권능을 예시한다(참고. 욥 38:22; 시 33:7; 135:7).

창조주와 비교할 때, 우상을 만드는 '모든 은장이'는 **자기의 조각한 신상으로 말미암아 수치를 당**할 것인데, 우상은 **헛것이요 망령되이 만든 것**['실수와 기만']이다. 이들 우상과 그 제작자는 심판을 받아 **멸망할 것**이다.

10:16. 반면에 주님은 이 생명 없는 우상들과 **같지 아니하**시다. 우상은 아무것도 만들지 못한다! 창조주는 **야곱의 분깃**이시다(참고. 51:19). '나누다'라는 뜻이 담긴 '분깃'(*heleq*, 헬레크)은 보통 개인에게 할당된 어떤 것을 가리켰다(참고. 창 14:24; 레 6:17; 삼상 1:5). 하나님은 어떤 의미에서 이스라엘에게 속해 있다. 그러나 동시에 이스라엘도 하나님께 속했다. 이스라엘은 하나님의 기업이었고, 지금도 그렇고, 하나님은 이스라엘의 기업이셨다. 하나님은 또한 자신의 선민, **그의 기업의 지파**(신 4:20) **이스라엘**을 포함하여 **만물의 조성자**이시다(참고. 창 1:1; 욥 4:17; 32:22; 35:10; 시 121:2; 전 11:5).

살아 계신 하나님과 영원한 왕(10절)을 무가치한(15절) 우상과 대조시키는 이 삽입구(1-16절)는 하나님이 누구신가에 대한 선언으로 마무리된다. **그 이름은 만군의 여호와시니라**. 이 하나님의 호칭은 종종 창조주와 구속자로서 그분의 권능과 연결되었다(참고. 31:35; 32:18; 50:34; 사 54:5; 암 4:13).

10:17-22. 이어서 성전 설교는 다가오는 예루살렘의 파괴와 유배를 서술한다. **에워싸인 가운데 앉은** 백성들은 자신들의 빈약한 재산을 나타내는 **짐 꾸러미를 꾸려**야 했다. 하나님이 **이 땅에 사는 자를 내던져서**(참고. 겔 12:3-16) 그들이 바벨론 사람들에게 발견될(**깨닫게 하리라**) 것이기 때문이다.

백성들은 고뇌 속에서 응답했다. **슬프다**. 그들이 받은 **상처**는 나을 것 같지 않았다(**중상을 당하였도다**, 참고. 6:14). 강하고 견고한 성읍 예루살렘은 무너진 **장막**으로 그려졌다. 그 **자녀**는 강제로 추방되었고, 장막을 다시 **세울 자**가 하나도 없었다.

양 떼를 인도해야 할 목자들[로임(*ro'im*), '지도자들', 참고. 2:8]이 **여호와를 찾지 아니**했기 때문에 그들은 실패했고, 양 떼는 흩어졌다(참고. 23:1-2; 겔 34:1-10). **북방**에서 오는 공격(참고. 4:5)이 **유다의 성읍들을 황폐하게 하여 승냥이의 거처**로 만들 것이다(참고. 9:11).

10:23-25. 성전 설교는 하나님의 지배권을 인정하는 예레미야의 기도로 마무리된다. **여호와여 내가 알거니와 사람의 길이 자신에게 있**다고, 곧 사람의 삶이 자신의 것이라고 할 수 없고, 자유롭게 자신의 **걸음**을 지도하지 못하나이다. 하나님이 지도하시고, 하나님이 자신의 길을 인도하게 하는 사람들만 참으로 축복을 받을 것이다(참고. 잠 3:5-6; 16:9; 20:24; 시 37:23).

유다의 심판은 피할 수 없었고, 그래서 동정적인 예레미야는 심판이 하나님의 **진노**가 아닌 오직 정의(**너그러이**)로 임하기를 간청했다. 유다가 **없어지**지 않도록, 예레미야는 여러 가지 심판 중에 하나님의 인내와 관용을 구했다. **나를**(24절)이라고 말함으로써, 예레미야는 자신을 유다와 동일시하고 유다를 대표했다. 그 뒤에 예레미야는 유다에 대한 하나님의 심판과 동시에 하나님의 **분노**가 **이방 사람들에게** 부어지기를 간구했다. 이방인들은 하나님의 **이름**을 부르기를 거절하고, 하나님의 언약 백성 **야곱을 씹어 삼켜 멸**했기 때문이다.

d. 네 번째 심판 예언: 깨어진 언약(11:1-12:17)

예레미야의 네 번째 일반적인 심판 예언은 하나님과의 언약을 깬 유다의 죄에 초점을 맞추었다. 이 메시지에 연대 표시가 들어 있지 않지만, 몇 가지 점들이 본문에 묘사된 사건의 연대를 주전 621년 무렵, 즉 예레미야가 사역을 시작한 후 6년으로 정하는 데 도움을 준다. 개혁의 일환으로 그해에 요시야가 성전을 수리했고, 율법책 사본이 성전 수리 중에 발견되었다(참고. 대하 34:14-33). 예레미야서의 여러 언급들이 이 하나님의 율법이 발견된 것과 깨어진 언약에 대한 인식을 암시한다(참고. 11:3-5). 예레미야는 요시야가 읽어준 언약의 말씀에 순종하라고 백성들에게 촉구했다(11:6; 대하 34:19-32).

(1) 언약의 위반(11:1-17)

11:1-5. **이 언약의 말을 듣고 유다**와 **예루살렘 주민에게 말하라**는 **여호와**의 **말씀**이 **예레미야에게** 임했다. 이 언약은 하나님이 **그들을 애굽 땅에서 이끌어 내던 날에** 주셨던 시내산(모세) 언약이었다. 하나님은 **내 목소리를 순종하라**고 말씀하며 순종을 명하셨다(참고. 신 28장). 하나님은 **그들에게 젖과 꿀이 흐르는 땅을 주겠**다는 약속을 상기시키셨는데, 이는 이스라엘에서 농업의 번영을 묘사할 때 흔히 쓰는 표현이다(참고. 32:22; 출 3:8, 17; 33:3; 레 20:24; 민 13:27; 신 6:3; 수 5:6; 겔 20:6,15). 예레미야는 신명기 27:15-26에 기록된 저주를 마무리할 때 매번 사용한 '아멘'을 본떠, **아멘 여호와여**라고 대답한다.

11:6-11. 예레미야는 **이 언약의 말을 듣고 지키라**고 백성들에게 요청했다. 그는 또 백성들이 과거에 저지른 실패를 상기시켰다. **그들이 순종하지 아니하며**. 하나님이 그들에게 **내 목소리를 순종하라**고 **끊임없이** 경고하셨는데도, 그들은 그분의 **말 듣기**를 **거절**했고, 이스라엘과 유다 모두 시내산 **언약을 깨뜨렸**다. 그러므로 하나님은 **재앙**, 곧 그들이 '아멘'이라고 대답했던 언약의 모든 저주(참고. 신 27:15-26)를 **그들에게 내리**실 것이다. 이스라엘의 역사는 배반과 교정의 역사이다. 예레미야서는 이 언약 불순종에 대한 심판의 결과이다.

11:12-13. 재앙을 받는 도중에 백성들은 **분향하는 신들에게 가서 부르짖을** 것이다. 그들은 우상의 도움을 찾겠지만, 우상은 **그들을 구원하지** 못할 것이다(참고. 10:1-16). 하나님이 그들에게 귀 기울이지 않으실 것이기 때문에(참고. 7:16), 이제 하나님께 간청하기에는 너무 늦었다. 요시야가 그 땅에서 우상숭배를 제거하려고 시도했지만(대하 34:33), **바알에게** 바쳐진 **분향** 제단(참고. 11:17)은 여전히 **예루살렘**의 **거리**만큼이나 많았다.

11:14-17. 예레미야는 그들의 죄가 만연했기 때문에 **이 백성을 위하여 기도하지 말라**는 명령을 다시 들었다(참고. 7:16; 11:11; 14:11). 하나님은 유다를 **나의 사랑하는 자**라고 부르시지만(15절), 유다의 악함이 하나님의 **집**, 곧 성전에 있을 그들의 권리를 제거했다. 영적 위선이라는 **많은 악한 음모**로 인해 유다는 **거룩한**

렘

제물 고기를 계속 드렸지만, 진정으로 주님을 사랑하고 순종하는 것은 거절했다. 유다는 이 겉치레의 순종이 **재난**을 막을 것이라 생각했고, 그래서 계속 **기뻐**할 수 있었다. 주님은 유다를 **좋은 열매 맺는 아름다운 푸른 감람나무**라고 부르셨다(16절). 그러나 주님의 심판은 **소동**, 즉 공격하는 군대가 만들어내는 소음과 같을 것이다(참고. 사 13:4; 겔 1:24). 하나님은 **불을 피워** 유다를 불태우고 그 **가지**를 쓸모없게 만드셨다(**꺾였도다**, 참고. 겔 31:12). **바알에게 분향**했던 **이스라엘**과 **유다**의 **악**으로 말미암아 심판이 임할 것이다(17절).

(2) 언약 위반의 결과(**11:18-12:17**)

11:18-23. **아나돗**[예레미야의 고향, 참고. 1:1] 사람들은 예레미야의 경고에 주의를 기울이지 않고 다시 한 번 그를 죽이려고 했다(참고: 1:8, 17-19). 예레미야는 **끌려서 도살당하러 가는 순한 어린 양**같이, 자기를 노리는 그들의 음모를 알지 못했다. 그들은 예레미야가 **여호와의 이름으로 예언**하는 것을 듣고 싶어 하지 않았다.

그렇지만 하나님은 예레미야에게 음모를 **알게 하셨**고, 그는 도피하면서 하나님이 대적들을 보복해주시기를 간구했다. 그들이 하나님의 사자를 반대했기 때문에 하나님은 **칼**과 **기근**, **재앙**으로 아나돗의 악한 자들을 **벌하겠다**고 약속하셨다.

12:1-6. 예레미야는 자신의 생명을 노리는 음모에서 구출된 후 응답된 기도에 감사하며, **주께서 의로우시니이다**라고 선포했다.

그는 주님께 중요한 질문이 있어서 하나님 앞에 **변론**[립(*rib*), 참고. 2:9, 29], 법적 진술을 가지고 왔다. 예레미야는 궁금했다. 만약 하나님이 그들의 죄에 대해 정말 분노하신다면, 왜 **악한 자의 길이 형통하**고 반역자가 **평안한가**?(참고. 욥 21:7; 시 73:3-5, 12; 94:3). 왜 하나님은 **그들을 심으시고** 그들이 **열매**를 맺게 허락하셨는가? 그들은 하나님께 위선된 헌신을 행했고, **입**으로는 기도하지만 **마음**은 순종에서 멀었다(참고. 마 15:8). 예레미야는 하나님께 **양을 잡으려고 끌어냄과 같이** 그들을 끌어내달라고 구했다. 그들이 예레미야를 '끌려서 도살당하러 가는 순한 어린 양'처럼 다루었기 때문이다(11:19).

하나님은 가뭄으로 유다의 죄를 심판하셨다. 가뭄은 **이 땅이** 백성들의 **악**함을 **슬퍼하**게 만들었다(참고. 14:1-6; 레 26:19-20; 신 28:22-24). 백성들은 무슨 일이 일어나는지 하나님이 **보지 못하리라**라고 주장하면서(참고. 시 73:11; 94:7), 하나님이 자신들의 죄에 무관심하다고 믿었다.

하나님은 예레미야에게 실질적인 위로나 직접적인 대답을 주지 않으셨다. 그 대신, 만약 예레미야가 자신의 현재 상황을 어렵게 느낀다면, 미래의 상황은 훨씬 더 나쁠 것임을 시사하셨다(5절). 하나님은 두 가지 은유(경주와 국토 횡단)를 사용하여 이 점을 입증하셨다. 예레미야가 **보행자와 함께 달려도 피곤하**면, 어떻게 나중에 **말과 경쟁할 수 있겠는가**? 또는 예레미야가 '안전한 땅에서도 비틀거린다면' **요단강이 넘칠** 때에는 어떻게 감당할 수 있겠는가? 이 두 번째 질문의 생각은 이렇게 풀어 쓸 수 있을 것이다. 예레미야가 평화의 시기에만 하나님을 신뢰할 수 있다면, 고난의 한복판에서 어떻게 감당할 수 있겠는가?

하나님은 예레미야에게 그의 가족, 곧 그의 **형제**와 **집**마저 그를 속였다는 나쁜 소식을 말씀하셨고, 그들이 **좋은 말**을 하더라도 **믿지 말라**고 경고하셨다. 분명 그들은 아나돗에서 예레미야를 노리는 음모에 동참했다(참고. 11:18-23).

12:7-9. 예레미야를 노리는 음모를 보여주신 후(11:18-12:6) 하나님은 심판 선언을 이어가셨다. 하나님은 다정하게 유다를 **내 집, 내 소유, 내 마음으로 사랑하는 것**이라고 묘사하셨다. 유다를 이렇게 묘사함으로써 하나님은 그들에 대한 심판이 변덕스러운 왕의 굳은 마음에서 비롯된 것이 아니라, 사랑하는 주권자에게서 비롯된 것임을 시사하셨다(참고. 16절; 신 4:20). 하나님은 축복하기를 원하셨지만, 결국 백성들의 죄 때문에 유다를 심판하셨다(**버리며, 내던져, 원수의 손에 넘겼나니**). 유다는 주님의 사랑의 명령에 반대하여 그분을 향해 으르렁대는(**소리를 내는**) **사자같이** 되었다(참고. 11:10). 그런 이유로 하나님은 **그를 미워하셨다**. 즉, 유다의 죄 때문에 유다에게서 자신의 사랑을 거두어가기로 선택하셨다.

하나님의 **소유**가 그분에게 **무늬 있는 매**처럼 되었다. 무늬 있는 새의 반점은 다른 맹금류와 달랐다. 결과적으로 다른 매들은 이 이상한 새를 둘러싸고 공격했다. 유다가 하나님에게서 너무 멀어져, 하나님은 유다를 공격할 **매**들을 부르실 것이고, **들짐승들**이 유다를 **삼키게 하**실 것이다.

12:10-11. 다가오는 예루살렘의 대참사가 하나님이 **기뻐하는 땅을 짓밟아 포도원**을 망치는(참고. 2:21) **많은 목자**(참고. 2:8)와 그 양 떼에 비유되었다. 그 땅의 **황폐**화는 백성들을 우상숭배와 재앙으로 이끌던 거짓 목자들에게서 유래했다. 한때 열매 맺던 하나님의 나라는 **황무지**가 될 것이다. **황폐**[*shamem*, 샤멤]하다는 말이 이 절에서 세 번 사용되었다. 다른 곳에서는 이 단어가 예루살렘 성전의 철저한 파괴(단 9:17)와 바벨론에 의한 유다의 대참사(44:6)를 가리키는 데 사용되었다. 이러한 반복은 다가오는 대참사의 확실성과 총체성을 강조한다.

12:12-13. **파괴하는 자**들은 바벨론이지만, 그 행위는 주권적인 하나님의 심판이었고, 그래서 침략자들은 **여호와의 칼**이라고 불린다(즉, 하나님은 바벨론의 칼을 그분의 도구로 휘두르셨다). 이스라엘 땅 전체에서 **모든 육체가 평안하지 못하**다. 모든 사람이 **여호와의** 맹렬한 **분노로 말미암**아 부끄러운 수확물을 거두는 심판을 견딜 수밖에 없을 것이다.

12:14-17. 네 번째 메시지는 소망과 긍휼로 마무리된다. 하나님은 이스라엘의 주변 나라들을 **나의…악한 이웃**으로 규정하여, 주님과 이스라엘 땅의 독특한 관계를 시사하신다(참고. 레 25:23; 신 32:43; 시 78:54; 슥 2:12; 9:16). 주님의 **악한 이웃**은 하나님이 주신 이스라엘의 **소유**를 공격했다(참고. 10:16). 따라서 그 나라들도 **그 땅에서** 뿌리 뽑힐 것이다(참고. 25:12-14, 27-29; 46-51장). 반대로 하나님은 **나중에 유다 집을 그들**, 즉 유다가 흩어졌던 이방 나라들 **가운데서 뽑아**내셔서, **그 땅**으로 유다를 **다시 인도하**실 것이다(참고. 31:7-11; 겔 37:1-14).

하나님이 이 이방 나라들을 심판하시겠지만, 만약 그들이 **내 백성의 도를 배우**고, **내 이름으로 맹세**한다면(참고. 사 56:7), 하나님은 긍휼을 보이실 것이다. 그러면 하나님은 그들을 그들의 땅으로 돌려보내실 것이다. 이 일은 메시아가 돌아와서 땅 위에 천년왕국을 세우실 때 일어날 것이다. 이스라엘의 메시아를 따르는 나라들은 하나님의 **백성 가운데에 세움을 입**을 것이다. 그렇지만 **순종하지 아니하**는 나라는 하나님이 **멸하**실 것이다(참고. 슥 14:9, 16-19).

e. 다섯 번째 심판 예언: 베띠와 포도주 가죽 부대를 통한 교육(13:1-27)

주님은 심판의 메시지를 명확히 하고자 예레미야에게 일련의 실물 교육과 비유로 백성들을 가르치라고 지시하셨다. 이 특이한 의사소통 수단은 반응 없는 유다의 흥미를 불러일으키려고 계획되었다(참고. 7:24, 28; 11:8; 32:33). 마찬가지로 에스겔은 바벨론에서 비슷한 기법을 사용하여 주님의 진리를 전달하라는 명령을 받았다(참고. 겔 4:1-5:4).

(1) 베 허리띠의 예(13:1-11)

13:1-7. 하나님은 예레미야에게 **베띠**를 사서 허리에 띠되 **물에 적시지 말라**고 명령하셨다. 허리띠는 가장 안에 입는 의복으로, 허리 주위에 묶는 띠나 천을 뜻한다(참고. 왕하 1:8; 사 5:27). 예레미야의 행동을 지켜보는 사람들은 그 의미를 알아차릴 수 있었을 것이다. 베는 제사장 의복에 사용되는 천이었다(참고. 레 16:4; 겔 44:17-18).

잠시 띠를 띤 뒤에, 하나님은 예레미야에게 **유브라데**[*parah*]로 가져가서 **그것을 바위 틈에 감추라**고 말씀하셨다. '파라'(*parah*)는 두 가지 의미가 가능하다. 먼저 NASB 번역에 반영되었듯이, 바벨론의 유프라테스강을 가리킬 수 있다. 이 경우 예레미야는 이 띠를 묻기 위해 유프라테스강까지 약 1,125킬로미터의 도보 왕복 여행을 했을 것이다. 그렇지만 두 번째 가능성은 예레미야가 아나돗 북동쪽에서 약 5킬로미터 떨어진 베냐민 지파의 바라(*parah*) 마을까지 여행했다는 것이다(참고. 수 18:21, 23). 오늘날 '아인 파라'('Ain Farah)로 알려진 이 지역의 깊은 와디(wadi)는 틈과 바위가 있는 곳이라는 묘사와 들어맞는다. 다음과 같은 이유로 이것이 훨씬 설득력 있는 설명인 것 같다. 첫째, '바라로'(to Parah)와 '유브라데로'(to Euphrates)를 가리키는 철자가 히브리어로 동일하다(참고. 13:4-7). 둘째, 고향에 가까운 지역을 이용함으로써 사람들이 예레미야의 상징적 행동을 주목할 수 있었을 것이다. 셋째, 이름의 유사성은 유다에게 자기들을 파괴하고자 **유브라데**로부터 오고 있는 바벨론 군대를 연상시켰을 것이다.

여러 날 후에, 즉 확정되지는 않았지만 의미 있는 시간이 지난 뒤, 하나님은 띠를 **감추었**던 곳에서 되찾아 오라고 예레미야에게 말씀하셨다(만약 바라가 유프라테스강이라면 1,125킬로미터의 왕복 도보 여행을 한 번 더 해야 했을 것이다. 이것은 예레미야가 보냄 받은 곳이 근처의 바라 마을이라는 견해를 한 번 더 뒷받침한다). 예레미야가 **띠**를 파냈을 때, 그는 띠가 비바람에 노출되어 전혀 **쓸 수 없게** 된 것을 발견했다. 허리띠는 썩어 있었다.

13:8-11. 주님은 허리띠의 교훈을 설명하셨다. 베가 썩었듯이 하나님은 **유다**와 **예루살렘의 교만을 썩게 하**실 것이다. 띠는 **이스라엘**과 **유다 온 집**을 나타냈다. 띠는 그들이 하나님께 **속하여** 그분의 **이름**과 **명예**, **영광**의 백성이 되었던 그때, 그들이 하나님과 맺은 이전의 친밀한 관계를 상징한다. 하지만 그들이 하나님의 말씀 **듣기**를 거절하는 **악한 백성**이 되었을 때, 그들은 전혀 **쓸 수 없는 이 띠…같이** 되었다.

(2) 포도주 가죽 부대의 비유(13:12-14)

13:12-14. 다음번 실물 교육은 훨씬 직접적이다. 예레미야는 **모든 가죽 부대**[NASB는 이 단어를 '항아리'로 번역한다—옮긴이 주]**가 포도주로 차리라**고 선포했다. 백성들은 예레미야의 자명한 속담을 비웃었다. 당연히 모든 포도주 가죽 부대는 포도주로 채워져야 한다. 그 뒤에 예레미야는 비유의 핵심을 납득시켰다. 빈 부대는 다윗계 **왕들과 제사장들**, **선지자들**을 포함한 **이 땅의 모든 주민**을 나타냈다. 하나님은 심판의 상징으로(참고. 사 49:26; 63:6; 렘 25:15-25; 51:7, 39) 그들을 **잔뜩 취하게 하고**, **피차 충돌하여 상하게** 하실 것이며, 그들은 연민(**불쌍히 여김**)이나 긍휼(**사랑**)을 받지 못한 채 깨질 것이다.

(3) 죄와 그 결과에 관한 메시지(13:15-27)

13:15-17. 주님이 **어둠**, **침침한 어둠**과 확실한 심판의 그늘을 가져오시기 전에 **너희 하나님 여호와께 영광을 돌리라**고 **교만**한 백성에게 권고한다(참고. 겔 30:3, 18; 32:7-8; 34:12; 욜 2:12; 암 5:18-20; 습 1:15). 만약 그들이 '듣고' 회개하기를 거절한다면, 예레미야는 울 것이다(14:17). 그들의 어리석은 **교만**이 **여호와의 양 떼**를 **사로잡**히게 할 것이기 때문이다.

13:18-19. 예레미야의 이전 메시지는 백성들을 향한 것이었지만, 이제 그는 **왕과 왕후**에게 말한다. 아마 이것은 (여고냐라고도 알려진) 여호야긴 왕과 여호야김 왕의 미망인 왕후 느후스다를 가리킬 것이다(참고. 29:2; 왕하 24:8, 12, 15). 그들은 **스스로 겸손하라**(**스스로 낮추어 앉으라**)는 권고를 받았다. **면류관이** 머리에서 **내려졌고**, **유다가 다 잡혀가되 온전히 잡혀**갔기 때문이었다(강조를 위한 반복). 주전 597년, 여호야긴이 통치한 지 3개월 만에 그들이 사로잡혀 갔기 때문에, 이 예언 안의 사건들은 그 3개월 동안에 벌어진 것이 틀림없다.

13:20-21. **눈을 들어 북방에서 오는** 군대를 보라는 권고가 왕에게 주어졌다(1:14; 4:6; 6:1, 22; 10:22). 그들은 **양 떼**, 즉 유다 백성을 제거할 것이다(참고. 10:21; 13:17). 유다가 한때 동맹을 맺으려고 했던 사람들, 그의 **친구**들이 유다의 잔혹한 감독관이 될 것이다(참고. 사 39:1-7; 겔 23:14-27). 그 결과 유다는 **산고를 겪는 여인 같은** 고통을 겪을 것이다(참고. 4:31).

13:22-27. **이런 일** 즉 다가오는 재앙의 원인은 **죄악이 크기** 때문이다. 백성들은 공공연한 굴욕을 당할 것이고, **치마가 들리고…발뒤꿈치가 상한** 평범한 창녀처럼 공개적인 수모를 당할 것이다(26-27절; 사 47:3; 호 2:3, 10). 유다는 **선을 행할** 수 없었다. **구스인이 그의 피부를**, **표범이 그 반점을 변하게** 할 수 없듯이(렘 13:23), 유다도 자신을 변화시킬 수 없었다. 그들이 하나님을 **잊어버리고 거짓을 신뢰**했기 때문에(25절), 그들은 분명 사로잡혀 갈 것이고, **사막 바람에 불려가는 검불같이** 흩어질 것이다(24절; 참고. 4:11-12). 유다의 음란한 행위에 걸맞은 언어를 사용하여 하나님은 유다의 **치마를 얼굴에까지** 들추겠다고 선언하셨다(참고. 22절). 유다의 **간음**과 (발정난 들짐승 같은, 참고. 2:23-24) 음탕한 울음(**사악한 소리**)은 그들의 **음란한** 음행의 특징이 되었다. 유다의 **가증한** 우상숭배가 하나님께 목격되었고, 이는 그들을 심판으로 이끌 것이다(**화 있을진저 예루살렘이여!**).

f. 여섯 번째 심판 예언: 가뭄과 기도(14:1-15:21)

14:1-6. 출애굽 때 하나님은 유다 백성에게 불순종 때문에 심판을 겪을 것이라고 경고하셨다. **가뭄**은 하나님이 그들의 죄 때문에 보내겠다고 말씀하신 언약의 저주 가운데 하나였다(참고. 레 26:18-19; 신 28:22-24; 렘 3:3; 12:4). 이 시문 단락은 극심한 **가뭄**을 겪고

있던 이스라엘 땅을 묘사한다. 긴급한 때를 위해 빗물을 모아두던 **우물**조차 물이 말라버렸기 때문에 **유다**는 **슬퍼**한다.

비가 없어 물을 얻지 못했다. **땅**이 말라서 **갈라**졌고, 짐승들이 고통받았고, 결실을 맺지 못했다(**밭 가는 자가…머리를 가리는도다**). 성읍에 있는 사람들과 밭에 있는 사람들이 모두 슬픔과 수치의 표시로 **머리를 가리**었다(참고. 삼하 15:30). 거짓 웅덩이를 위해 생명의 '생수'를 거절했던 사람들(2:13)은 이제 물리적 물 공급이 자기들이 뒤쫓은 무익한 영적 물 공급에 상응한다는 사실을 발견했다.

14:7-9. 극심한 가뭄이 들자 백성들은 하나님께 구원해달라고 부르짖었다. 그들은 주님의 이름을 영예롭게 하시라고 요청하면서, 자신들이 죄를 범했을지라도 하나님은 **주의 이름을 위하여 일하**시라고 간청했다(참고. 21절; 수 7:9; 시 25:11; 79:9; 106:8; 109:21; 143:11; 사 48:9-11). 그들은 자신들이 극도로 **타락**했음을 시인하면서, 하나님이 개입하셔서 비를 주시기를 구했다. 백성들은 하나님을 **이스라엘의 소망**(참고. 17:13; 50:7)이요 **구원자**(참고. 사 19:20; 43:3, 11; 45:15, 21; 49:26; 60:16; 63:8)라고 부름으로써, 주님만이 그들을 구원하실 수 있는 유일한 분임을 인정했다.

하나님은 도울 능력을 가지셨지만, 비를 구하는 백성들의 간구에 응답하지 않으셨다. 백성들은 하나님이 마치 자신이 여행하는 나라에 진정한 관심을 전혀 두지 않는, **이 땅에 거류하는 자** 혹은 **나그네**같이 행동하신다고 비난했다. 행동하지 않는 하나님은 그들에게 자신을 방어하지 못한 채 **놀란**, 습격당한, 제압당한 사람, 또는 능력이 없는 **용사**를 상기시켰다. 하나님의 침묵에도, 백성들은 주님이 자기들 **가운데** 계셨고, 유다가 **주의 이름으로 일컬음을 받**고 있음을 인정했다(참고. 7:10). 그래서 백성들은 자기들을 **버리지** 마시도록 주님께 간청했다. 역경의 시기가 하나님을 찾도록 백성들을 몰아가고 있었다.

14:10-12. 그들의 고백과 간청에 응답하는 대신, 주님은 그들이 **어그러진 길을 사랑**했음을 상기시키셨다. 주님은 그들의 방종을 질책하셨다. 하나님은 그들의 고백이 피상적일 뿐임을 아셨다. 그들은 하나님이 자신들의 주님이라고 주장했지만, **그들의 발을 멈추**기를 거절했다. 그들이 계속해서 죄로 기울었기 때문에, 하나님은 **그들을**, 혹은 그들의 피상적인 고백을 **받지** 않으셨다. 도리어 하나님은 **그들의 죄를 기억하시고**, 그들의 죄로 인해 징벌하실 것이다.

하나님은 다시 예레미야에게 **이 백성을 위하여…구하지 말라**고 말씀하셨다(참고. 7:16; 11:14). 자기들에게 응답하도록 하나님을 조종하려는 그들의 미미한 노력은 몇 가지 형태를 띠었다. 그들은 주님을 달래어 진노를 돌리려는 의도로 금식하고 **번제**를 **드렸**다. 하지만 하나님은 매수되거나 속는 분이 아니시다. 하나님은 신적인 심판의 세 가지 결정타, **칼**과 **기근**과 **전염병**으로 악한 자들을 파괴하고, **멸하**겠다고 맹세하셨다(참고. 레 26:23-26; 렘 21:6-7, 9; 24:10; 27:8, 13; 29:17-18; 32:24, 36; 34:17; 38:2; 42:17, 22; 44:13; 겔 5:12; 6:11; 7:15; 12:16; 계 6:8).

14:13-16. 예레미야는 주님의 말씀을 가로막았다. **슬프도소이다 주 여호와여**. 거짓 **선지자**들이 주님의 메시지를 반박하고 있었다. 그들은 하나님이 **칼이나 기근** 대신 **확실한 평강**을 예루살렘에 주실 것이라고 전했다(참고. 5:12-13; 6:13-17; 7:4, 9-10; 27:16; 28:2-4). 하나님은 자신이 그들을 **보내지** 않았기 때문에 이 거짓 선지자들의 메시지는 **거짓**이라고 설명하셨다(14:14, 15). 그들의 메시지들은 **거짓 계시**와 **자기 마음의 거짓**이었다. 하나님은 거짓 선지자들과 그들에게 귀 기울이는 사람들을 모두 파괴하심으로써 그들의 거짓말을 심판하실 것이다. 그들은 **예루살렘 거리에 던짐을 당할 것**이고, 모두가 **칼**과 **기근**으로 멸망할 것이다(참고. 13, 18절). 하나님이 **그들의 악을 그 위에 부**으실 것이기 때문에, 살아남아 그들을 묻어줄 사람조차 없을 것이다(참고. 7:33; 9:22).

14:17-18. 이러한 고난을 생각하며 예레미야는 다시 한 번 울기 시작했고, 예루살렘의 함락을 두고 그의 눈은 **밤낮으로 눈물**이 가득했다(참고. 9:1, 18; 13:17; 애 3:48-51). 예레미야는 예루살렘을 **큰 파멸**로 **망한**, 즉 치명적 상처를 입은(참고. 6:14) **처녀 딸**(참고. 사 37:22; 렘 8:21; 애 1:15)로 묘사했고, 그의 마음은 예루살렘으로 인해 깨어졌다. 예루살렘 안과 주변의 상황은 끔찍했다. 예루살렘 주위의 들은 **칼에 죽은 자**들의 시체로 뒤덮였다. **성읍**으로 피한 사람들은 **기근**과 **병**의

파괴력에 서서히 무너지고 있었다. 백성들을 올바로 세워야 할 **선지자나 제사장**은 그 **땅**을 방황하며 **두루 다**녔고, 그들 자신도 **알지 못**했기 때문에 가르칠 것이 전혀 없었다.

14:19-22. 자신들의 처지를 감안하여, 사람들은 하나님께 두 가지 관련 질문을 던졌다. **주께서 유다를 온전히 버리시나이까**? 그리고 **주의 심령이 시온을 싫어하시나이까**? 그들은 왜 하나님이 자기들을 경멸하시는지, 왜 하나님이 그들에게 고통을 가하시는지 이해할 수 없었다(참고. 8-9절의 '어찌하여'). 그들은 **평강**을 소망했지만, **두려움**만 경험했다. 그들은 다시 자신들의 악(참고. 7절)과 **죄악**을 인정하며, 하나님께 도와달라고 구할 수밖에 없는 처지였다.

다시 그들은 하나님의 인격적인 성품(**주의 이름을 위하여**, 참고. 7절)과 그분의 성전(**주의 영광의 보좌**, 참고. 3:17; 17:12) 그리고 그분의 **언약**(참고. 11:2-5)에 근거하여, 하나님께 도움을 호소했다. 사람들은, 유다에 대한 하나님의 의무를 상기시키는 데는 신속했지만 하나님께 자신들의 본분을 다하는 것에는 게을렀다. 그들은 결국 자신들이 숭배했던 **이방인의 우상**, 즉 이방 신들(참고. 2:5)이 가뭄을 잠재울 **비를 내리게 할 수** 없음을 시인했다. 그들은 비의 유일한 근원은 **우리 하나님 여호와**이시고, **그러므로 우리가 주를 앙망**한다고 고백했다(참고. 왕상 17:1; 18:18-46).

15:1-4. **여호와**께서 이전의 간청, '유다를 온전히 버리시나이까?'와 관련 질문 '왜 치유 대신 두려움입니까?'에 대해 응답하셨다(14:19-22). 유다의 죄는 습관적이어서 심판이 불가피했다. **모세**와 **사무엘**의 기도로도 하나님의 심판을 막을 수 없었다. 이 두 인물은 이스라엘에게 지도력과 백성을 위한 중보적 기도로 기억되었다. **모세**는 이스라엘이 광야에서 죄를 지었을 때 하나님의 진노를 그들에게서 돌이켜달라고 간청했다(출 32:9-14; 민 14:11-20; 신 9:18-20, 25-29). **사무엘**은 자신들의 대적 블레셋을 격파하시고, 이스라엘이 범죄했을 때 하나님께 진노를 돌이켜달라고 기도했다(삼상 7:3-11; 12:19-25). 이 시점에서 유다의 상황은 아주 끔찍해서 **모세**와 **사무엘**의 기도조차 소용없을 것이다.

예루살렘의 운명은 분명했다. 그들의 앞에 **네 가지**의 **벌**이 기다리고 있었다(15:3). 어떤 사람들은 아마도 재앙으로 인한 **죽음**에 처할 운명이었다. 다른 사람들은 바벨론 군대의 **칼**에 죽을 것이고, 또 다른 사람들은 예루살렘이 공격당할 때 **기근**으로 죽을 것이다. 하지만 죽음이 정해지지 않은 자들(참고. 14:12)은 **포로**로 끌려갈 것이다. 미래의 **네 가지 벌**에는 죽은 자들이 **개**와 **새**, **들짐승**들에게 먹혀 죽는 것 또한 포함되었다(참고. 16:3).

유다가 **히스기야의 아들 므낫세**의 길을 따랐기 때문에(참고. 왕하 21:1-18; 대하 33:1-20), 유다가 지은 죄의 결과는 되돌릴 수 없었다. '잊게 하다'라는 뜻의 이름을 가진 **므낫세**는 50년 이상 유다를 통치했다(주전 697-643년). 그는 가장 악한 유다 왕이었고, "여호와께서 이스라엘 자손 앞에서 멸하신 여러 민족보다 더 심하게" 유다를 이끌었다(왕하 21:9-17). 요시야의 개혁마저 유다의 파괴를 늦추는 것에 그쳤을 뿐이다(왕하 22:16-20).

(1) 예루살렘의 운명(15:5-9)

15:5-7. 하나님은 **예루살렘** 백성들에게 물으셨다. 네가 심판받을 때 **불쌍히 여길 자 누구냐**? 유다를 돌보신 유일한 분은 하나님이셨지만, 유다는 그분을 **버렸**다. 그래서 하나님은 **뜻을 돌이키**지 않고 유다를 **멸하**겠다고 맹세하셨다. **그들이 돌이키지** 않았기 때문에, 하나님은 겨와 같은 믿지 않는 자들을 제거하려고 농부가 곡식을 키질하듯이 유다를 **키로 까부르**실 것이다.

15:8-9. 심판 때에 **파멸시킬 자**가 모든 백성에게 닥칠 것이다. 바벨론이 남자들을 살육하여, **과부**가 **바다 모래**보다 많아질 것이다. **일곱** 아들의 어머니가 되는 것은 행복과 안전의 정점을 상징했다. 하지만 그녀는 자식들을 잃고 **쇠약하여 기절**할 것이다. 이 '어머니'는 육신의 어머니를 의미할 수도 있지만, 안전하다고 느꼈으나 비극적인 상실을 겪은 예루살렘을 어머니로 묘사하고 있을 가능성도 있다. 최초의 **남은 자**도 **칼**에 죽을 것이다. 어떤 경우이든 바벨론은 예루살렘과 그 안에 살던 사람들을 말살할 것이다.

(2) 예레미야의 불평(15:10-21)

15:10-11. 예레미야는 유다가 저지른 죄의 심각성과 자신이 전해야 할 메시지를 숙고하고 나서, 자기가 태어나지 않았더라면 좋았을 것이라고 생각했다. 그는 탄식했다. **내게 재앙이로다**. 예레미야는 **꾸어주**거나

벌리지 않아 긴장이나 갈등을 유발할 수 있는 행위를 하지 않았는데도, 온 땅이 자기를 대적한다고 묘사했다(참고. 느 5:1-13; 잠 22:7). 예레미야는 어떤 악행에서도 결백했지만, 인기 없는 메시지 때문에 백성들은 그를 무시했다.

하나님은 예레미야에게 신원을 보장하셨다. 미래에 **환난**의 때가 올 때, 그의 **원수**가 그에게 **간구**할 것이다. 이 약속은 시드기야 왕이 예레미야에게 한 요청에 따라 구체적으로 성취되었다(참고. 21:1-7; 37:1-10, 17-20; 38:14-26).

15:12-14. 이 수사적 질문은 심판의 불가피성을 강조했다. 사람이 맨손으로 **철과 놋**을 **꺾**을 수 없듯이, 유다 백성도 바벨론의 공격을 깰 수 없을 것이다.

실제로 그들의 모든 **재산**은 침입자들에 의해 **탈취물**, 즉 전리품으로 약탈당할 것이다(참고. 17:3; 20:5). 하나님의 **진노**가 그들을 **사르려** 할 것이기 때문에, 바벨론은 유대인들을 노예로 삼고, 그들을 **네가 알지 못하는 땅**으로 강제 추방할 것이다(참고. 14:18; 15:2; 16:13; 17:4).

15:15-18. 예레미야는 하나님께 자기를 **기억하고 돌보시기**를 구했다. 하나님은 예레미야를 구원하고 신원하겠다고 약속하셨지만(11절), 다가올 재난을 감안하여(12-14절) 예레미야는 신속한 도움과 **보복**을 구했다. 예레미야는 하나님이 자기를 죽음으로 **멸망시키**기 전에 신원되기를 원했다.

예레미야의 요청은 그와 하나님의 관계에 근거했다. 하나님의 말씀을 무시했던 유다 백성들과는 대조적으로(참고. 8:9), 예레미야는 하나님의 **말씀**을 자신의 **기쁨**과 **즐거움**으로 수용하고 내면화했다(**먹었사오니**, 참고. 시 1:2). 예레미야는 하나님을 사랑했고 하나님과 동화되었다. **만군의 하나님 여호와시여 나는 주의 이름으로 일컬음을 받는 자라**. 예레미야는 **기뻐하는 자**의 모임에 어울리기를 거절하고(참고. 시 1:1), **홀로** 앉아 하나님의 손에 인도받기를 선택했다. 그는 백성들의 죄에 대한 하나님의 분노에 동참했다.

예레미야는 자신의 가련한 상태를 서글프게 재진술하며 이 설교를 끝맺었다. 예레미야는 왜 자신의 **고통**이 **계속**되고 **상처가 낫지 않**는지 알고 싶었다. 그는 하나님이 자신의 고통을 연장시키고 있다고 느꼈다. 설상가상으로, 예레미야는 생수의 근원이라고 주장하신 하나님(참고. 2:13)이, 안심할 수 없는 물이 흐르는 **속이는 시내**같이 되셨는지 의심스러웠다. 이 비극적이고 가혹한 처지 때문에 하나님께 대한 예레미야의 소망이 흔들렸다. 엘리야(왕상 19장)와 세례 요한(마 11:1-19) 두 사람의 힘겨운 처지가 영향을 주어 그들을 의기소침하게 만들었듯이, 예레미야의 처지도 그의 기를 꺾었다. 그러나 이들처럼 예레미야는 궁극적으로 주님의 위로와 힘을 공급받았다.

15:19-21. 하나님은 예레미야의 낙심에 응답하셨다. 주님은 예레미야에게 **돌아오**라고, 주님께 다시 초점을 맞추라고 지시하셨다. 그러면 하나님이 그를 회복시키실(**다시 이끌어**) 것이다. 그는 초점을 주님께 두고 **헛된 것을 버리고 귀한 것을 말**해야 한다. 하나님의 말씀과 그분의 약속을 이해해야 예레미야는 영원한 것과 일시적인 것을 이해할 수 있다(참고. 고후 4:18). 그가 하나님 앞에 변함없이 남아 있어야 백성이 그에게 돌아올 것이다. 어떤 경우에도 예레미야가 **그들에게로 돌아가**서는 안 된다.

하나님은 예레미야를 선지자로 임명하실 때 하신 약속을 재진술하며 끝맺으셨다(참고. 1:18-19). 하나님은 예레미야를 **놋 성벽**처럼 강하게 하셔서, 반대하는 자들이 그를 **이기지 못**하게 하실 것이다. 반대가 있겠지만, 하나님은 **내가 너와 함께하여 너를 구**할 것임을 상기시키면서, **무서운 자의 손**에서 예레미야를 **구원하**겠다고 약속하셨다.

예레미야처럼, 우리도 주님을 위한 삶이 항상 쉬운 것만은 아님을 기억해야 한다. 우리는 때로 가족 때문에 겪을 수 있는 시련과 장애, 반대에 대비해야 한다(12:5-6을 보라). 그렇지만 우리는 하나님의 말씀을 품고 있으며, 그분이 언제나 우리에게 신실하신 분임을 알고 있다. 가끔 하나님은 우리를 기본으로 돌아가게 해서 그분의 약속을 상기시키신다(16절).

g. 일곱 번째 심판 예언: 예레미야에 대한 규제와 유다의 죄(16:1-17:18)

(1) 예레미야에 대한 규제(16:1-9)

16:1-4. 하나님의 메시지를 생생하고 선명하게 드러내기 위해, 예레미야는 말뿐 아니라 자신의 삶을 실물 교육으로 삼아 경고를 선포하라는 지시를 받았다.

하나님은 유다를 위한 실물 교육으로 예레미야에게 몇 가지 제한을 두셨다. 첫 번째 제한은(1-4절) 그의 개인 생활과 연관되었다. 하나님은 그에게 **아내를 맞이하거나 자녀를 두지** 말라고 명령하셨다. 하나님의 목적은 다가오는 파국이 모든 일상적 관계를 방해할 것임을 보여주시려는 것이었다. 예루살렘에서 태어난 자녀들이 **칼과 기근**으로 **죽**을 것이기 때문이다(참고. 14:15-16; 15:2). 대학살은 매우 광범위해서 아무도 죽은 자들을 애도하거나 묻어주지 않을 것이고, 그들의 **시체는…새와…짐승의 밥이** 될 것이다(참고. 15:3; 16:6; 25:33).

16:5-7. 예레미야에게 가해진 두 번째 제한은 그의 활동과 연관되었다. 그는 **초상집**에 들어가거나 **통곡**하거나 유가족을 위해 **애곡하지** 말아야 한다(참고. 겔 24:15-24). 그는 일상적인 슬픔의 감정을 보이거나 누가 죽었을 때 위로해서도 안 된다. 이 제한에는 세 가지 목적이 있었다. 먼저, 이것은 하나님이 [자신의] **평강을 빼앗으며 인자와 사랑을 제**하셨음을 보여주기 위한 것이었다. 둘째, 이것은 예루살렘이 함락될 때 죽을 사람들이 **매장되지 못할 것이며 그들을 위하여 애곡하는 자도 없**을 것을 유다에게 상기시키는 역할을 했다(참고. 16:4). 그 대참사가 매우 광범위할 것이기 때문에 생존자들은 자신들의 슬픔을 **위로**할 사람을 전혀 찾지 못할 것이다. 이교와의 연관성 때문에(참고. 왕상 18:28) 율법은 이런 관행을 금지했지만(신 14:1), 자기 몸을 **베거나** 자기 **머리털을 미는** 것은 슬픔의 표식이었다(참고. 41:5; 47:5; 48:37).

16:8-9. 예레미야에게 가해진 세 번째 제한은 **잔칫집에** 들어가지 않는 것이었다. 이 금지는 '기쁨'과 '즐거움'의 때, 혼인 축하조차 곧 그칠 것임을 시사했다(참고. 25:10).

(2) 유다의 죄(16:10-17:18)

16:10-13. 하나님은 예레미야의 메시지에 대한 백성들의 반응을 미리 알리셨다. 그들은 천진난만하게 무슨 이유로(**어찌 됨이며**) 자기들이 그런 심판을 받아야 하는지 물었다. 하나님의 대답은 이스라엘 역사를 통틀어 근본적인 문제를 강조했다. 그 이유는 이전 세대(**조상들**)가 살아 계신 하나님을 **버리고 다른 신들을 따랐**고, 예레미야의 세대도 **악을 행**했기 때문이다. 현재 세대는 조상들의 실수에서 배우지 못하고 오히려 더 빗나갔다. 각 사람이 하나님께 **순종하기**보다는 **악한 마음의 완악함**을 따랐다.

그들이 계속해서 반역하자 하나님은 **이 땅에서** 유다 백성을 **쫓아내**겠다고 맹세하셨다(참고. 삼상 18:11; 20:33; 렘 22:26-28). 백성들은 자신들이 **다른 신들을 섬길** 땅(참고. 5:19), **알지 못하던 땅**으로 난폭하게 내던져질 것이다(참고. 14:18; 15:2, 14; 17:4). 그들이 하나님을 거절했기 때문에, 하나님은 그들에게 **은혜를 베풀지 않**으실 것이다(참고. 5절).

16:14-15. 다시 하나님은 소망의 말씀을 주기 위해 심판 선언을 중단하셨다. 혹시라도 백성들이 하나님의 이전 말씀을 이스라엘이 더 이상 그분의 언약 계획 안에서 어떤 지위도 갖지 못할 것이라는 뜻으로 해석하지 않도록, 하나님은 바벨론을 통한 심판이 영원하지 않을 것임을 명확히 진술하셨다(참고. 4:27; 5:18). 예레미야는 **날이 이르리니**라는 구절로, 미래에 이스라엘에게 복을 주신다는 하나님의 약속을 소개했다. 이것은 예레미야가 종말의 때에, 먼 미래에 일어날 사건들을 말하기 위해 빈번하게 사용했던 종말론적 문구이다(참고. 14-16절; 23:5, 7; 30:3; 31:27-40의 주석을 보라; 38장; 33:14; 51:47, 52; 암 9:13). 여기서 예레미야는 새로운 '출애굽'이 있을 때, 곧 유다가 바벨론 포로에서 돌아온 이후의 한 시기에 대해 말하고 있다. 백성들은 더 이상 하나님이 이스라엘을 애굽에서 이끌어내셨던 첫 번째 출애굽을 돌아보지 않을 것이다. 마지막 날에 이스라엘은 한 나라로서 자기 땅으로 회복될 것이고, 그 뒤에 하나님의 복을 누릴 것이다.

물론 유다 백성은 70년간의 바벨론 포로에서 돌아와(주전 516년, 참고. 29:10) 주후 70년 로마제국에 의해 추방될 때까지 그 땅에서 살겠지만, 그들은 그 뒤에 본토로부터 훨씬 광범위한 추방을 겪을 것이다. 그래서 바벨론 귀환은 이 예언의 세부 내용을 만족시키지 못했다. 오히려 이 단락은 마지막 때에 유다 백성들이 자기 땅으로 귀환할 것을 예고한다. 이 귀환과 축복은 아직 일어나지 않았다. 그리스도의 천년왕국 통치에서 유다는 새 언약(31:31-34)뿐만 아니라, 다윗 언약(참고. 대상 17:9)의 온전한 유익을 경험할 것이다. 메시아의 나라에서 유다 백성들은 **애굽**에서 귀환한 것을 경축할 뿐만 아니라, 하나님이 **북방 땅과 그 쫓겨났던 모든 나라에서** 자기들을 데려오신 그때를 돌아볼 것이다. 유다 백성들은 바벨론 포로 생활을 마친 후 돌아왔다(물론 예레미야가 여기서 서술하고 있는 전 세계로의 흩어짐에서 돌아온 것은 아니다). 이것은 바벨론에서의 귀환을 넘어, 마지막 때의 귀환을 가리킨다. 따라서 하나님은 궁극적으로 **내가 그들의 조상들에게 준 그들의 땅으로** 이스라엘을 인도하시겠다는 약속을 확증하셨다(참고. 창 15:18; 17:8; 26:3-5; 35:9-12).

14-15절과 23:7-8의 본문이 거의 동일하기 때문에, 어떤 학자들은 이것이 필사상의 실수일 것이라고 주장한다. 그러나 예레미야가 메시지를 강조하기 위해 그의 책 여러 곳에서 동일하거나 유사한 표현을 사용했다고 이해하는 편이 더 낫다(참고. 1:18-19과 15:20; 6:13-15과 8:10-12; 7:31-32과 19:5-6; 15:13-14과 17:3-4).

16:16-18. 예레미야는 이스라엘에게 미래의 축복을 확신시킨 뒤 주님이 자기 백성을 본토로 돌아오게 하는 데 사용하실 수단(박해)을 예고했다. 유다 백성들은 고레스 칙령에 따라 바벨론에서 이스라엘로 돌아왔다(겔 1:1-8; 렘 25:12; 29:10). 그 귀환은 평화로웠고 페르시아 왕의 도움을 입기까지 했다. 이 본문은 그와 다른 바벨론 이후의 땅 귀환을 묘사하고 있고, 박해를 나타내는 은유를 사용하여 그것을 묘사한다. 먼저, **그들을 낚**을, 즉 그들의 의지에 반해 그들을 체포할 **어부**의 이미지가 있다(16절). 또한 **많은 포수**가 **그들을 모든 산…언덕…바위틈에서 사냥하**여 아무도 빠져나갈 수 없다는 두려운 이미지가 있다. 하나님의 **눈**은 그들의 모든 **죄악**을 보셨고(32:10), 하나님은 그들의 **죄를 배나 갚**으실 것이다.

이 절들은 19세기부터 시작해 오늘까지 이어지는, 그 땅으로 오는 유다 백성의 회복에서 성취된 것 같다. 현대 시기에 유다 백성들은 제정 러시아의 집단 학살과 독일의 나치 박해 그리고 소련의 억압으로부터 도망쳤다. 이들 **포수**와 **어부**의 결과로, 유다 백성들은 현대 이스라엘 국가의 재탄생 이전에 옛 본토 이스라엘로 돌아왔다. 박해로 인해 세계 곳곳에서 이스라엘 땅으로 돌아온 이 놀라운 귀환은, 훨씬 이전의 출애굽이나 평화로운 바벨론 귀환보다 더 큰 경이로움을 야기했다.

백성들은 이스라엘 땅으로 귀환할 것이고, 하나님은 그곳을 **내 땅**과 **내 기업**으로 규정하신다(참고. 2:7; 3:18). 이것은 그들이 하나님의 거룩한 땅(시 78:54)을 **그 미운 물건**과 **가증한 것**으로 **더럽혔다**('오염시키다', '훼손하다', '의식적으로 부정하게 만들다', 참고. 3:2, 9; 23:11)는 취지를 더 강조한다.

16:19-21. 선지자 예레미야는 소망과 찬양의 말을 더했고, 하나님을 **나의 힘…요새…피난처**로 규정하면서 자신의 신뢰를 확증했다(참고. 시 18:2). 그는 하나님이 자기에게 베푸신 보호를 강조했다.

하나님에 대한 신뢰를 확증한 후, 예레미야는 세상 모든 **민족들**이 이스라엘의 하나님을 알고자 주께로 올 그날을 고대했다(12:14-17; 사 56:7). 그들은 이전의 숭배 대상들이 **허망**한 것, 거짓 신들에 불과했음을 인정할 것이다(참고. 2:5). 그때에 하나님은 자기 **손과 능력을 그들에게 알려서**[강조를 위해 세 번 사용, 히브리어 원문에는 21절에 '알다'라는 동사가 세 번 나온다—옮긴이 주] 그들이 하나님의 성품을 이해하고 그분의 **이름이 여호와인 줄 알** 것이다(참고. 겔 36:22-23).

17:1-4. 하나님은 유다 백성의 죄와 그들이 하나님의 땅을 더럽힌 것을 간과하지 않으실 것이다. 하나님은 그들을 심판하기 시작하실 것이고, 이로써 그들은 하나님을 알 것이다. 하나님은 **유다의 죄**가 **금강석** 끝(촉)을 가진 **철필**로 **기록되**었다며 그 심각성을 설명하셨다. 이것은 가장 영구적으로 돌에 글자를 새기는 데 사용된 수단을 가리킨다(참고. 욥 19:24). 유다는 자신의 길에 틀어박혔는데, 이는 마치 **죄가 그들의 마음 판에 새겨**지고 **제단 뿔**에 직접 표현된 것 같았다. **뿔**은 제단 꼭대기의 네 귀퉁이 돌출부로, 속죄를 위해 그곳에 제물의 피를 뿌렸다(레 16:18).

우상숭배가 만연해서 그들의 **자녀**도 **아세라들** 숭배에 동참했다. 아세라는 고대 근동의 여러 지역에서 숭배되던, 풍요를 상징하는 가나안의 여신을 가리키는 히브리어 이름이다. 성경 저자들은 간혹 여신 아세라와 숭배물 '아세림'(Asherim)을 명확히 구분하지 않고 언급했다. 아세라 숭배는 신성한 숲 그리고 남성이나 여성의 성기 형상을 한 목재로 된 출산 기둥과 결부되었다(신 7:5; 16:21-22; 왕상 15:13). 주님은 아세라 숭배를 엄격하게 금하셨는데도, 포로기 이전 시기에 이스라엘은 이 이방 신을 숭배하는 죄를 자주 범했다(왕상 14:23). 악한 왕 므낫세는 성전에 아세라 기둥을 세웠다(왕하 21:7; 참고. 신 16:21). 므낫세가 결국 그것을 제거하기는 했으나(대하 33:13, 15), 요시야가 개혁기에 그것을 꺼내 불태운 것을 볼 때(왕하 23:6) 아세라 기둥은 다시 설치되었던 것이 분명하다. 그렇지만 요시야가 죽은 후 백성들은 우상숭배를 재개했고, 다시 아세라를 숭배했다(참고. 겔 8:5). 그들은 전통적인 이교 숭배 장소인 **높은 언덕 위 푸른 나무** 아래서 우상을 섬겼다(참고. 겔 6:13).

유다의 죄 때문에 하나님은 시온 성읍, 곧 자기 **산**과 그 거주민의 **재산**을 침략자들에게 전리품으로 넘기셨다. **나의 산** 이미지는 성전산의 지리적 위치를 확장하여 예루살렘 성읍 전체를 가리킨다(참고. 15:13; 20:5). 유다 백성들은 자신들의 **기업**, 곧 하나님이 **주신** 땅에서 **손을 뗄** 수밖에 없을 것이다. 하나님은 그들이 **알지 못하는 땅**에서 **원수를 섬기게** 하실 것이다(참고. 14:18; 15:2, 14; 16:13).

17:5-8. 유다의 죄는 주님보다 거짓 신과 이방 동맹국을 신뢰한 데 초점이 있었다. 이 짧은 시는 하나님을 신뢰하지 않는 악한 자의 길(5-6절)과 오직 하나님만 신뢰하는 의인의 길(7-8절)을 대조한다. 이것은 시편 1편의 메시지와 유사하지만 순서는 반대이다.

유다는 **힘**을 위해 거짓 신들과 이방 동맹국을 신뢰했지만, 하나님은 누구든지 보호를 위해 사람(**육신**)을 **믿으면** 그의 **마음이** 하나님에게서 **떠났기** 때문에 **저주를 받을 것**이라고 말씀하셨다. 그는 번성하지 못하고 대신 **사막의 떨기나무**같이 혹독한 **광야**에서 살 것이다. 반대로 의인은 **여호와를 의지하**기 때문에 **복을 받을 것**이다. 그는 **물가에 심어진 나무**처럼 번성하여 **뿌리를 강변에** 깊이 내리고, **가무는 해**에도 어려움을 겪지 않을 것이다. (더위와 가뭄으로 비유된) 어려움이 올 때, 그는 두려워하지 않을 것이고, **결실**할 것이다. 예레미야는 불순종에 관한 경고와 심판으로 닥친 가뭄의 결과를 사용하여, 유다의 죄가 심각하다는 것을 전달한다(2:13; 14:1-9).

17:9-11. 유다가 처한 문제의 근원은 **마음**이었다. 그 마음은 **거짓되고 심히 부패하여** 예레미야는 **누가 능히 이**를 **알까** 의문스러웠다. 하나님은 예레미야에게 하나님만이 마음을 이해하실 수 있음을, 하나님만이 **심장을 살피고 폐부를 시험하**실 능력을 지니셨음을 알리셨다. 하나님은 사람이 다른 모든 사람에게 숨길 수 있는 가장 내밀한 생각과 동기를 아신다. 그러므로 하나님은 각 사람의 행동에 걸맞은 것을 **그의 행위…대로** 공정하게 주실 수 있다.

예레미야는 인과론(因果論)의 핵심을 예증하기 위해 한 속담을 사용했다. 만약 사막 꿩의 일종인 **자고새**가 다른 새의 알을 품으면, 새끼는 곧 그 어미를 버리고 날아가버릴 것이다. 마찬가지로 **불의로 치부하는 자**도 자신의 재산을 잃을 것이다. 재산이 [그를] **떠나겠고**, 재산을 비축하던 사람은 **어리석은 자**로 드러날 것이다. 이 일은 하나님이 유다를 징계하고자 바벨론을 통해 유다를 무너뜨리실 때 일어날 것이다.

17:12-13. 예레미야는 재물이나 인간의 지혜를 신뢰하는 어리석음과 주님을 신뢰하는 지혜를 대조했다. 여기서 초점이 하나님의 위엄으로 바뀐다. **영화로우신 보좌**는 하나님의 장엄함을 묘사한다(참고. 14:21; 사 6:1). 그 위치는 **높은 곳 우리의 성소**(출 15:17), 곧 '이스라엘의 높은 산'과 '온 세계의 기쁨'(겔 20:40; 시 48:2)인 시온산 성전이다. 하나님의 영원하심이 **시작부터**라는 구절로 강조된다(출 3:14; 단 7:9). 만물을 통치하시는 주님, 그분은 **이스라엘의 소망이시다**(참고. 14:8; 17:13).

주님께 대한 신뢰에서 **떠나는 자**는 모두 생명책이 아닌 곳에 **기록될** 것이다(출 32:32-33; 시 69:28). 그들이 **생수의 근원**이신 **여호와**마저 **버렸기** 때문에(참고. 2:13; 사 12:1-6), 그들의 운명이 바벨론의 손에 놓이는 것은 마땅한 일이었다.

17:14-18. 예레미야는 주님을 버리지 말라고 경고한 뒤에 두 가지 방법으로 하나님의 도움을 요청했다. **여호와여…나를 고치소서 그리하시면 내가 낫겠나이다. 나를 구원하소서 그리하시면 내가 구원을 얻으리이다**. 예레미야는 자신의 메시지에 대한 사람들의 반응과 관계없이 주님을 향한 신뢰를 확증했다. 예레미야는 **나는 목자의 직분에서 물러가지 아니하고 주를 따랐**다고 주님께 상기시켰다. 그는 하나님을 확신했다. **주는 나의 찬송이시오니**(참고. 신 10:21; 시 109:1).

예레미야는 하나님을 향한 자신의 신실한 헌신과 자기를 박해하는 자들의 불신앙을 대조했다. 그들은 예레미야의 예고를 조롱했고(**여호와의 말씀이 어디 있느냐**), 그 예언이 사실이라면 지금 당장 성취되어야 한다고 요구했다(**이제 임하게 할지어다**). 하지만 이러한 반대에 부딪혀도 예레미야는 **물러가지 않았**다. 그는 **재앙의 날**에 심판이 임했을 때, 하나님의 **목자**로 신실하게 섬겼고 하나님을 **피난처**로 바라보았다.

그래서 예레미야는 자기가 예고해온 **재앙의 날**이 자기를 박해하는 자들에게 임해서 그들로 **치욕을 당하게** 해달라고 하나님께 간구했다. 그들이 자신의 메시지를 거부했기 때문에, 예레미야는 그들에게 합당한 심판을 내려달라고 하나님께 간구했다(**배나 되는 멸망**, 참고. 16:18).

h. 여덟 번째 심판 예언: 안식일 위반(17:19–27)

예레미야의 이전 메시지는 유다 백성들의 일반적인 죄와 반역을 꾸짖는 것이었고, 우상숭배와 성전에 대한 죄, 위선적인 제사를 강조했다. 이번 심판의 메시지는 모세의 율법이 구체적으로 명령하는 안식일에 초점을 맞춘다(참고. 출 20:8-11; 신 5:12, 14). 안식일은 언약의 한 요소 이상이었기 때문에(안식일은 모세 언약의 일차적인 '표지' 중 하나였다, 참고. 신 5:15; 31:16-17), 안식일을 어긴다는 것은 전체 언약을 어기는 것과 같은 뜻으로 받아들였고, 유다가 하나님에게서 얼마나 멀리 떠났는지를 보여주었다. 다시 분명한 회개 제안이 나온다. 순종에는 축복이 따를 것이지만, 불순종에는 심판이 따를 것이다.

17:19-20. 주님은 예레미야에게 **평민의 문**에 **서라**고 명령하셨다. 물론 이것은 **유다 왕들과…예루살렘 모든 주민**이 드나드는 문이었지만, 구체적으로 어떤 문인지는 알려지지 않았다. 그곳이 매우 분주했기 때문에, 많은 사람들이 예레미야의 메시지를 들을 것이다. 거기서 메시지를 전한 뒤, 예레미야는 **예루살렘**의 다른 **모든 문**에도 갔다.

17:21-23. 예레미야는 예루살렘의 여러 문에 서서, 백성들이 **안식일에** 짐을 옮겨 끊임없이 안식일을 위반하는 것을 목격했다. 그는 **짐을 지고 예루살렘 문으로 들어오지 말**라고 주의를 주었는데, 이는 그들이 안식일에 사업을 해서도 안 되고, **집에서 짐을 내**서도(집에서 일을 해서도) 안 된다는 의미였다. 안식일은, 제7일을 주님 안에서 거룩하고 온전한 쉼의 시간으로 지정한 모세 언약의 표지로 이스라엘에게 주어졌다(출 31:15-17). 그들의 **조상**들은 이 명령을 어겼고, 예루살렘은 이제 그들의 선례를 따랐다. 안식일을 지키는 것은 하나님의 언약에 대한 이스라엘의 신실함을 알아보는, 뚜렷한 본질적 시험이었다. 안식일은 하나님을 창조자로 나타냈고(10:11-16), 우상숭배에 반대하는 증언 역할을 했으며, 하나님과 이스라엘 사이의 언약 관계를 표시했기 때문이다.

17:24-27. 율법에 대한 신실함에서 축복이 올 것이다. **만일** 이스라엘이 하나님의 명령을 듣고 **순종**한다면, 하나님은 세 가지 분명하고 두드러진 복을 예루살렘에 내리실 것이다. 첫 번째 복은 다윗 왕조(**다윗의 왕위에 앉아 있는 왕들**)가 지속되는 것이다. 둘째, 백성들이 나라의 모든 곳, **베냐민 땅**과 **평지**와 **산지**[이스라엘 중부 남서쪽의 세펠라 산지]와 **네겝**[사해와 사막의 최남단 광야]에서 예루살렘으로 올 것이고, 예루살렘에 영원히 사람들이 거주할(**영원히 있을**) 것이다. 이 모든 것이 그 땅과 예루살렘 성읍의 영적, 재정적 활력을 시사한다. 셋째, 사람들이 **여호와의 성전에** 제물과 **유향과 감사제물을 가져**올 때, 성전은 예배의 중심지가 될 것이다. 다윗의 아들 메시아가 다윗의 보좌에 앉을 때 다윗 왕조는 영원히 지속될 것이고(참고. 23:5-6; 30:9; 33:15; 삼하 7:12-17), 예루살렘에는 영원히 사람들이 거주할 것이고(슥 2:2-12; 8:3; 14:11), 유다는 새 언약 아래서 그 왕을 경배하며 살 것이다(31:33-34). 하지만 만약 그들이 **순종하지 않**고 **안식일을 거룩**하게 지키지 않으면, 심판이 임할 것이고, 하나님은 **예루살렘…을 삼킬 불을 놓**으실 것이다(참고. 49:27).

i. 아홉 번째 심판 예언: 토기장이와 깨진 옹기를 통한 교육(18:1–20:18)

예레미야의 아홉 번째 일반적인 심판 메시지는 첫 번째 심판 예언 단락의 정점을 이루는 일련의 비유와 사건들이었다. 예레미야는 직접적인 심판 메시지를 주기보다 비유와 실물 교육 형태로 이 심판 신탁 단락을 전달했다.

토기장이의 교훈(18:1-19:15)은 유다에 대한 하나님의 주권적 통치(18:1-23)와 임박한 심판(19:1-15)

을 예시했다. 이 책의 중심축인 20장은 예레미야의 메시지에 대한 공개적인 반대와 이어지는 구체적인 심판 예언에 앞서 독자들을 준비시킨다.

(1) 토기장이 집에서의 메시지(18:1-23)

18:1-12. 하나님은 예레미야에게 **토기장이의 집으로 내려가서**(1-3절) 그가 진흙을 물레에 얹어 만족스럽지 못한 그릇을 다시 빚는 모습을 지켜보라고 말씀하셨다(이 이미지와 비슷한 용례로, 롬 9:20-21과 이 단락의 주석을 보라). 토기장이는 진흙을 눌러 **자기 의견에 좋은 대로 다른 그릇**을 만들었다(18:3-4). 토기장이와 진흙은 주님과 이스라엘의 관계를 예시했다. **진흙이 토기장이의 손에 있음같이 너희가 내 손에 있느니라**(6절). 하나님은 자기 마음대로 나라를 **뽑거나**(7절) **심을**(9절) 권한을 가지고 계신다. 하나님은 유다에게 복을 약속하셨다. 하지만 유다가 계속 **악**을 행했기 때문에, 하나님은 이를 재고하셔서, 즉 **복에 대하여 뜻을 돌이켜 재앙**을 내리실 것이다(18:10-11). 그렇다 하더라도 만일 유다가 그 **악한 길**에서 **돌이키면** 하나님은 또한 자신이 보내겠다고 위협했던 재앙을 철회하실 것이다. 하지만 유다 백성은 **이는 헛되다**(12절; 참고. 13:23)고 말하면서, 고집스럽게 자신들의 **악한 마음이** 세운 **계획**을 계속 **행**할 것이다.

18:13-17. 유다가 하나님을 따르기를 거절했을 때, 유다 주위의 **여러 나라**조차 그의 **가증한** 행동을 증언할 것이다(참고. 2:10-11). **레바논의 눈**과 **흘러내리는 찬물**이 변덕스러운 유다보다 훨씬 믿을 만했다. 유다는 하나님을 **잊고 허무한** 신들을 숭배했는데(참고. 2:5), 이로 인해 유다는 발을 헛디뎌 하나님의 말씀에 순종하는 **옛길**을 버리고 말았다(참고. 6:16; 사 2:3-5; 30:21). 하나님의 심판은 **그들의 땅**을 황폐하게 했다. 유다의 상태에 놀란 사람들이 유다를 **영원한 웃음거리**, 조롱거리(19:8)로 삼을 것이다(참고. 9:8; 애 2:15). 주님은 유다를 **동풍**처럼 **흩어버리**겠다고 맹세하셨다(참고. 4:11-12; 13:24). 그들은 하나님의 호의(그분의 **얼굴**)가 아니라 심판(그분의 등)을 예상해야 한다.

18:18-23. 그들은 예레미야의 경고에 주의를 기울이는 대신 그를 칠 **꾀**를 구상했다. 예레미야의 메시지는 거짓 **율법** 교사들, **제사장**, **지혜로운 자** 그리고 **선지자**와 상충되었다. 그들의 해결책은 **혀**로 예레미야를 공격하는 것, 즉 그의 메시지를 조롱하고, 중상하고, 비방하여 그의 **말**에 **주의하지** 않는 것이었다. 예레미야가 **그들이 나의 생명을 해하려고 구덩이를 팠다**며 **주께** 도움을 구하는 기도를 했던 것을 볼 때, 그들의 계획은 훨씬 사악했음이 분명하다(그들은 예레미야의 생명을 취할 계략을 짜고 있었다, 20-21절; 참고. 11:18-21).

하나님과 그분의 사자를 모두 거절한 유다를 위해 예레미야가 더 이상 할 수 있는 일은 없었다. 그들은 **기근**과 **칼**을 경험할 것이다(21절). 예레미야는 앞서 하나님께 **분노를 돌이켜**달라고 간구했지만(20절; 참고. 7:16; 8:20-22), 이제 그는 주님이 **노하시는 때**에 그들을 처리해달라고 요청했다(23절).

(2) 깨진 옹기의 메시지(19:1-15)

19:1-6. 다시 예레미야는 유다의 지도자들을 가르치기 위해 실물 교육을 했다. 하나님은 **옹기**를 산 뒤에 몇몇 **어른들**과 **제사장의 어른 몇 사람**을 '질그릇 조각의 문'(**하시드 문**) 바로 바깥의 **힌놈의 아들의 골짜기**(참고. 7:31)로 데려가라고 그에게 지시하셨다. 힌놈 골짜기는 예루살렘의 남쪽과 동쪽을 따라 이어졌고, 예루살렘의 공동 쓰레기장 역할을 했다. 골짜기로 이어지는 예루살렘 남쪽의 문은 사람들이 그릇 조각(깨진 도자기 조각)을 비롯한 쓰레기를 이 문을 통해 힌놈 골짜기에 던졌기 때문에, 질그릇 조각의 문이라고 불렸다. 타르굼은 이 질그릇 조각의 문을 분문(糞門, Dung Gate)과 동일시한다(참고. 느 2:13; 3:13-14). 현대 예루살렘의 분문 역시 남쪽 성벽에 위치해 있지만, 지금의 성벽은 예레미야 시대의 성벽에서 수백 미터 북쪽에 있다.

예레미야는 힌놈 골짜기를 배경에 두고 자신의 메시지를 전했다. 하나님은 **그것을 듣는 모든 자의 귀가 떨**릴 만큼 충격적인 **재앙을 내리**겠다고 맹세하셨다. 그들은 주님을 **버리고 이곳**[힌놈 골짜기]에서 **다른 신들에게 분향**했다. 백성들이 **자기 아들들을** 제물로 **불살**랐던 **바알의 산당**이 거기 있었기 때문에, 골짜기 자체가 백성들을 책망하는 증언이었다. 이러한 악행들 때문에, 하나님이 거기서 백성들을 멸하실 때 하나님은 그곳을 **죽임의 골짜기**로 개명하겠다고 재차 맹세하셨다(참고. 7:32-33).

19:7-9. 하나님은 유다의 미래에 대해 선언하셨다. 하나님은 그들을 **칼에 엎드러지게** 하실 것이고, 그들

의 **시체**가 **새**와 **짐승**의 **밥**이 되게 하실 것이다(참고. 7:33; 16:4; 34:20; 신 28:26). 예루살렘의 **재앙**으로 인해 **지나는 자**마다 경멸하며 **조롱할** 것이다(18:16). 바벨론의 공격으로 음식 공급이 중단되자, 사람들이 식인 행위(**그들의 아들의 살, 딸의 살을 먹게 하고**, 참고. 레 26:27-29; 신 28:53-57; 애 2:20; 4:10)에 의존하는 지경에 이를 만큼 기근이 예루살렘을 초토화할 것이다. 백성들의 죄 때문에 하나님이 약속하신 모든 저주가 그들을 따라잡을 것이다(참고. 레 26:14-39; 신 28:15-68; 렘 11:1-8).

19:10-13. 그 메시지를 예시하기 위해, 하나님은 골짜기에서 사람들의 **목전에서 그 옹기를 깨뜨리**라고 예레미야에게 명령하셨다. 예레미야가 토기장이의 옹기를 깨뜨렸듯이, 하나님은 **이 백성과 이 성읍**, 즉 유다 민족과 예루살렘 성읍 둘 다를 깨뜨리겠다고 말씀하셨다. 예루살렘은 **도벳**처럼 될 것이다(7:31에 대한 주석을 보라). 한때 아름다웠던 그 거처들은 돌무더기로 전락할 것이고, 전 지역이 살해당해 썩어가는 시체로 더럽혀질 것이다. 파괴의 원인은 **하늘의 만상**과 **다른 신들에게** '제물'을 바친 그들의 죄 때문이었다.

19:14-15. 예레미야는 **도벳**에서 곧장 성전 뜰로 갔다. 그는 지도자들에게 주었던 메시지(참고. 1절)를 **모든 백성에게** 되풀이했다. 백성들이 주님의 **말을** 듣기를 거절했기 때문에, 하나님의 심판이 예루살렘과 그 주변 **촌락**에 임할 것이다.

(3) 바스훌의 반응(20:1-6)

20:1-2. 성경의 다른 곳에서는 알려지지 않은 **임멜의 아들 바스훌**은 예루살렘이 바벨론에 함락되기 직전에 몇 년 동안 성전에서 봉사했던 제사장 중에 하나였다. 그는 성전 **총감독**이었고, 아마 성전 구역 안의 질서를 유지하는 임무를 맡았을 것이다(참고. 29:26). 바스훌은 힌놈 골짜기에서 예레미야가 전한 주님의 심판 메시지(19:1-6)를 듣고 거부했다. 성전 관리로서 바스훌은 예레미야를 붙잡아 그를 **때렸고**, 공개적인 조롱을 당하도록 그를 **고랑으로 채워** 출입이 빈번한 **베냐민 문** 근처에 **두었다**. 이것은 예레미야의 사역을 공개적으로 반대한 여러 사례 가운데 첫 번째였다.

20:3-6. 다음 날 예레미야는 **풀려났고**, 그는 바스훌에게 맞섰다. 바스훌의 이름은 '자유'를 의미했지만, 예레미야는 그에게 **여호와께서 네 이름을 마골밋사빕**, 곧 '사방의 두려움'이라 하신다고 말했다. 바스훌이 하나님의 메시지에 주의를 기울이지 않았기 때문에, 그는 자유가 아닌 하나님의 심판을 볼 것이다. 그는 **친구**들이 칼에 쓰러질 때 **두려움**에 싸여 목격할 것이고, 바벨론이 예루살렘의 모든 재산을 전리품으로 가져가는 것을 볼 것이다(참고. 25:13; 17:3). 바스훌과 그의 가족은 **포로가 되어 바벨론**으로 가고, **거기서 죽**을 것이다.

이 심판은 바스훌이 예레미야를 때렸기 때문만이 아니라, 그가 예레미야의 메시지의 진리를 부인하는 거짓을 예언했기 때문이기도 했다(6절). 바스훌에 대한 예레미야의 예언이 정확히 성취되었는지는 언급되지 않지만, 바스훌은 2차 강제 추방(주전 597년) 기간에 에스겔과 함께 바벨론으로 잡혀갔을 가능성이 있다(참고. 왕하 24:15-16; 겔 1:1-3).

(4) 예레미야의 불평(20:7-18)

20:7-10. 바스훌에게 체포된 뒤 예레미야는 무기력해졌다. NASB에 의하면, 예레미야는 하나님이 자기를 속이셨다(*pathah*, 파타)고 느꼈다(개역개정은 '권유하시므로', 새번역은 '속이셨으므로'—옮긴이 주). 하지만 이 단어는 '유혹했다', '강요했다' 혹은 '설득했다'는 의미일 수 있다(호 2:14). '주님은 선지자가 되도록 나를 강요하셨고, 나는 주님이 그렇게 하시도록 했습니다. 주님께서 나의 저항을 이기셨고, 내게 승리하셨습니다'가 훨씬 유용한 번역일 것이다(NET). 하나님이 부르셨을 때 예레미야는 자신이 선지자가 될 자격이 없음을 지적했지만, 하나님은 자신의 부르심에 순종하도록 예레미야를 설득하셨다(1:1-7). 하나님은 예레미야를 속인 것이 아니고 그를 설득하여 선지자가 되게 하셨다. 하나님은 예레미야에게 그의 메시지가 거절당할 것이라는 말씀도 하셨다(1:8, 17-19). 여기서 예레미야는 자기가 좋아하지 않는 계획으로 주님이 **이기셨**다고 불평했다. 예레미야는 자신의 메시지 탓에 매를 맞고 **조롱거리**가 되었기 때문에 낙심했다(참고. 15:15-18). 그는 유다가 공격을 받아 무너질 것이라고 신실하게 경고했지만, 그가 받은 보상은 **종일토록 치욕과 모욕거리**가 되는 것뿐이었다.

낙담한 예레미야는 박해를 피하기 위해서 하나님의 말씀 증거를 보류할까 생각했다(**내가 다시는 여호와를**

선포하지 아니하며 그의 이름으로 말하지 아니하리라). 하지만 그는 주님과 그분의 말씀을 너무 사랑하여 불순종할 수 없었고, 그 말씀은 **불붙는 것 같아서 골수에 사무쳤**다(23:29; 참고. 욥 30:17; 33:19). 그의 영혼에 있는 강렬한 하나님의 말씀 때문에 그 말씀을 자기 속에 억누를 수 없었다. 예레미야는 주님의 말씀을 계속 선포해야 했다.

백성들은 예레미야를 **비방**했고(18:18), 그는 그만두고 싶었다. **사방이 두려워**할(6:25; 17:18; 20:3-44; 46:5; 49:29; 애 2:22) 그의 메시지가 이제 자기에게 되돌아오고 있었다(시 31:13). **친한 벗**조차 그를 배신했고, 예레미야가 **실족하**고 잘못된 예언을 해서 그를 거짓 선지자로 고발하게 되기를, 그래서 그에게 **원수**를 갚을 수 있기를 **기다**렸다(참고. 신 18:20).

20:11-13. 이러한 공격에도 굴하지 않고, 예레미야는 하나님을 확신한다고 표현했다. 예레미야는 **여호와는 두려운 용사같이 나와 함께하**심을 깨달았다. 하나님이 **두려운**[*'ariyts*, 아리츠], 곧 '경외심을 불러일으키는, 공포를 부르는, 두려운, 무서운, 무자비한, 강한'이라는 뜻을 가진 단어로 묘사된다. 예레미야는 강한 **용사**[옹호자]를 두었고, 자기를 **박해하는 자들이 넘어지고 이기지 못할 것**이라고 확신할 수 있었다.

하나님은 **의인을 시험하**시지만(*baw-khan'*, 바한, '검사하다' 또는 '입증하다'), 실패하기를 원하신다는 의미는 아니다. 건축가가 다리의 강도를 시험하듯이, 하나님이 시험하시는 목적은 **의인**의 가치를 드러내기 위함이다. 하나님은 **폐부와 심장**을 보시고, 예레미야의 **사정**을 돌보셨다. 하나님의 돌보심과 신원을 확신하기에 예레미야는 **여호와께 노래하**고 **여호와를 찬양**할 수 있었다. 하나님이 예레미야를 격려하셨고(**생명을 구원하셨**고), **행악자의 손에서** 예레미야를 구원하실 것이기 때문이다.

20:14-18. 예레미야는 다시 강한 확신에서(11-13절) 절망의 심연으로 떨어졌다. 아마 예레미야는 자신이 귀히 여기며 사랑하는 유다와 예루살렘의 함락을 통해서만 자기가 신원받을 수 있음을 깨달았을 것이다. 그의 고뇌는 다시 어머니가 자기를 **낳던 날**을 **저주**하게 만들었다(참고. 15:10; 욥 3:1-19). 예레미야는 자신이 경험하고 있던 **고생과 슬픔** 때문에, 또한 예루살렘의 가까운 장래에 일어날 재앙 때문에 상심했다. 예레미야의 자기 연민도, 그가 주님을 섬기기로 '모태에서' 성별되었다는 사실을 지울 수 없었다(참고. 1:5).

2. 예레미야의 네 가지 구체적인 심판 예언 (21:1-25:38)

바스훌의 적대감(20:1-6)은 예레미야서에서 중심축 에피소드 혹은 다리 역할을 한다. 연대가 기록되지 않은 일련의 아홉 가지 일반적인 예언(2-20장까지, 서론의 개요를 보라)을 통해, 예레미야는 유다의 죄를 비난했고, 심판을 예고했고, 백성들이 회개할 때 주어질 소망을 제시했다. 예레미야는 반대에 직면했지만(11:18-23; 12:6; 15:10; 17:18; 18:19-23), 심각한 육체적 박해를 경험하지는 않았다. 하지만 바스훌의 반대 이후 예레미야의 메시지는 훨씬 구체적이 되었고, 특정 개인과 집단을 겨냥했다. 동시에 유다가 회개할 것이라는 예레미야의 소망은 하나님이 내리실 심판의 확실성으로 대체되었다.

a. 유다 왕들에 대한 책망(21:1-23:8)

예레미야는 먼저 하나님이 유다 양 떼의 목자로 임명하신 왕들에게 말했다(참고. 2:8; 10:21; 23:1-8; 겔 34:1-10). 유다를 통치한 악한 왕들을 책망한 뒤에(렘 21-22장) 예레미야는 장차 유다를 회복하러 오실 의로운 왕, 메시아에 대한 소망을 제시했다(23:1-8).

악한 왕들을 향한 예레미야의 메시지는 틀에서 벗어난 순서로 배열되었다. 맨 처음 언급된 시드기야는 유다의 마지막 왕이었다(주전 597-586년, 참고. 21:1-22:9; 왕하 24:17-25:7). 다른 왕들은 연대순으로 배열되어, 살룸(보다 널리 알려진 이름은 여호아하스, 주전 609년, 22:10-12)에서 시작하여, 여호야김(주전 609-598년, 22:13-23)을 거쳐, 고니야(주전 598-597년, 여호야긴 혹은 여고냐로도 알려짐, 22:24-30)에서 마무리된다.

이런 책망의 순서에는 두 가지 이유가 있다. 첫째, 시드기야를 맨 처음에 논함으로써, 예레미야는 이것을 시드기야의 손자요(38:6) 말기야의 아들인(21:1) 바스훌의 이야기와 연결시켰다. 그는 나중에 반역죄로 예레미야를 투옥시킨 집단의 일원이었다(38:1-6). 이 바스훌은 앞서 언급된 임멜의 아들 바스훌(20:1-2)과 동일인이 아니다.

둘째, 고니야를 꾸짖는 예언이 왕들에게 내리는 하나님의 심판의 절정이 되도록 기사들이 배열되었다. 하나님이 유다를 다스릴 의로운 가지, 곧 고니야의 혈통에서 나오지 않을(22:28-30) 왕 메시아(23:1-8)를 세우실 때까지, 악한 왕들의 혈통은 중단될 것이다. 메시아는 예루살렘에서 다윗과 밧세바가 낳은 네 아들 가운데 셋째인 나단의 혈통에서 태어나실 것이다(삼하 5:14; 눅 3:31). 그래서 이들 예언의 배열은 연속성과 절정 둘 다를 제시했다.

(1) 시드기야에 대한 책망(21:1-22:9)

21:1-2. **시드기야 왕**은 예레미야에게 묻기 위해 (주전 588년과 586년 사이의 어느 시점에) 두 제사장, **말기야의 아들 바스훌과 마아세야의 아들 스바냐**를 보냈다. 스바냐의 임무에는 선지자가 전한 메시지의 진실성을 결정하는 것이 포함되었다(29:25, 26). 나중에 느헬람 사람 스마야는 예루살렘의 운명에 대해 예레미야가 전한 메시지 때문에 그를 책망하라고 스바냐에게 요청했다(29:27). 여기서 이들 두 관원은 **느부갓네살**과 그의 예루살렘 공격 계획에 대해 **여호와께 간구하라**고 예레미야에게 요청했다. 예레미야가 하나님께 물어야 했는데도, 그들은 하나님이 과거에 그러셨듯이 **기적**을 행해서 느부갓네살이 철수하게 해주시기를 소망했다. 아마 시드기야와 그의 조언자들은 히스기야 왕의 통치 중에 있었던 하나님의 구원을 생각했을 것이다. 그때 앗수르가 예루살렘을 위협했지만(왕하 18:17-19:37; 사 36-37장), 히스기야 왕이 이사야에게 주님의 개입을 요청한 뒤에 철수했다(사 37:2-7).

21:3-7. 이사야가 히스기야에게 주었던 것 같은 좋은 소식을 예레미야는 시드기야에게 주지 못했다. 예루살렘을 구출하는 대신 하나님은 **든 손과 강한 팔**로 예루살렘을 **칠** 것이다. 이 표현에는 출애굽 때 있었던 하나님의 강력한 구속이 메아리치지만(32:21; 출 32:11; 신 4:34; 5:15; 7:19; 26:8), 하나님의 능력은 이스라엘에게서 등을 돌렸다. 목숨을 지키고자 성읍에 숨어 있던 이들은 끔찍한 **전염병**[역병]이나 **칼**, **기근**으로 죽을 것이다(참고. 14:12).

공격에서 살아남은 자(**남은 자**)는 느부갓네살의 손안에 떨어질 것이다. 느부갓네살이 그들을 죽일 것이기 때문에, 그들은 연민(**불쌍히 여김**)이나 **긍휼**을 기대할 수 없었다. 이것은 예루살렘이 함락된 후 주전 586년에 성취되었다. 시드기야 왕의 아들들은 그의 눈앞에서 살해되었고, 시드기야는 즉시 눈이 뽑히고 사슬에 매여 바벨론으로 끌려갔다(39:5-7; 왕하 25:7). 예루살렘의 다른 지도자들도 사로잡혀 리블라로 보내졌고, 거기서 처형되었다(52:24-27).

21:8-10. 백성들에게는 두 가지 분명한 선택, 즉 **생명의 길과 사망의 길**이 있었다. 예루살렘에 남기로 결심한 사람들은 **사망의 길**을 선택했다. 그들은 **칼과 기근**, **전염병**으로 죽을 것이다. 항복한 사람들(바벨론을 가리키는 또 다른 이름 **갈대아인**에게 **나**간 사람들)은 **생명의 길**을 선택했다. 아직 살아 있는 사람들에게는 이것만이 유일한 희망이었다. 하나님은 **복을 내리기 위함이 아니라 화를 내리기 위해 이 성읍으로 얼굴을 향**하셨기 때문이다.

21:11-14. 다음에 예레미야는 남아 있는 **유다 왕**, 시드기야의 죄에 초점을 맞추었다. **다윗의 집**은 **아침마다 정의롭게 판결**하고 압제당한 사람들의 권리를 **건져**야 했다. 시드기야 왕이 하나님의 경고에 주의를 기울이지 않았기 때문에, 하나님은 그의 악행으로 말미암아 그를 **벌**하시고, **불을 놓아** 예루살렘과 그 **수풀**과 **주위**를 **사르실** 것이다(참고. 4:4; 17:4; 21:12).

시드기야는 난공불락이던 예루살렘에서 자신이 안전하다고 느끼며 물었다. **누가 우리의 거처에 들어오리요**. 그는 하나님의 명령을 순종할 필요가 전혀 없다고 보았다. 거만한 불순종과 짝을 이룬 이 오만한 자기의존 때문에, 하나님은 시드기야와 그 백성을 징벌하실 것이다.

22:1-5. 하나님은 예레미야에게 성전에서 **유다 왕의 집**으로 내려가라고 지시하셨다. 그의 메시지는 **다윗의 왕위에 앉은 유다 왕**과 그의 **신하**와 **이 문들로 들어오는** 모든 **백성**을 향한 것이었다. 메시지는 간단했다. **정의와 공의를 행하며** 압제당하는 **자를 건지라**(참고. 21:12; 미 6:8). 주님은 다윗의 왕좌에 앉은 통치자가 정의를 자신의 일차적인 목적으로 삼아야 한다고 요구하셨다.

만약 왕이 **참으로** 이 정의를 **준행하면**, 다윗 왕조가 예루살렘에서 끊어지지 않을 것이다(참고. 17:25-27). **그러나** 만일 그가 **듣지 아니하면**, 그의 **집**[즉, 단지 그의 거주지가 아니라 그의 왕조]이 **황폐하**게 될 것이다. 이 명령의 진정성과 엄격성을 강조하기 위해, 주님은 자신을 두고 맹세하셨고, 이보다 강력한 법적 승인은 불가능했다(49:13; 51:14; 창 22:16; 사 45:23; 암 6:8; 히 6:13-18).

22:6-10. 여기서 예레미야는 **유다 왕의 집**이라는 어구로 왕조가 아니라 왕궁을 지칭하고 있다. **길르앗**과 **레바논**은 둘 다 백향목 숲으로 유명했다(삿 9:15; 왕상 4:33; 대하 2:8). 예루살렘 왕궁은 이 사치스러운 나무로 지었기 때문에 '레바논 집'으로 알려졌다(왕상 7:2-5; 대하 2:8). 하지만 하나님의 심판 이후 왕궁은 **광야** 같이 황폐해질 것이다. 바벨론의 **파멸할 자**들은 왕궁의 **아름다운 백향목** 기둥을 **찍어 불에 던질** 것이다(참고. 52:13).

예루살렘은 무척 큰 성읍이었고 매우 아름다웠기에, **여러 민족**들이 그 파괴를 보고 물을 것이다. **여호와가 이같이 행함은 어찌 됨인고?** 대답은 간단했다. **그들이…여호와의 언약을 버리고** 우상을 숭배한 **까닭**이었다. 그들이 범한 언약은 예레미야서 곳곳에서 언급된 (신 27-30장에서 확정된) 모세 언약으로, 이 언약은 조건적이었다.

모세 언약과 대조적으로, 아브라함 언약과 다윗 언약은 무조건적이었다. 아브라함과 맺은 하나님의 무조건적인 언약의 표식은 할례였다. 그 언약에는 아무런 조건이 없었고, 오직 하나님의 일하심과 신실하심에 근거했다(창 12:1-3; 15:18-21). 아들에게 할례를 행하지 못한 것이 아브라함 언약에 대한 하나님의 보장을 폐기하지 않았다. 마찬가지로 다윗 언약도 하나님의 신실하심에 근거했다(삼하 7:8-17; 대상 17:7-15). 다윗과 후손들의 순종은 그들이 하나님의 언약의 축복을 누리는 수준에 영향을 미쳤다. 그렇지만 주님은 '집과 왕국과 왕위' 약속의 성취를 보장하셨는데, 이것은 궁극적으로 메시아 왕이신 예수님과 앞으로 올 그분의 지상 통치에서 성취될 것이다.

예루살렘의 황폐화된 것은 열방에게 이스라엘의 하나님의 권능과 거룩하심을 보여주는 교훈이 된다. 백성들은 **죽은 자**, 즉 전쟁터나 포위 공격 중에 죽은 자를 **위하여 울지** 말라는 말을 들었다. 그들은 고통으로부터 자유로워질 것이기 때문이다. 그 대신 포로로 **잡혀 간 자를 위하여 슬피 울어야** 한다. 포로민들이 **다시 돌아와** 자신들의 **고국을 보지 못할 것**이기 때문에, 70년간의 유배는 그들이 마땅히 동정을 받아야 한다는 뜻이다.

(2) 살룸에 대한 책망(22:11-12)

22:11-12. '여호아하스'라고도 불리는 **살룸** 왕은 **요시야의 아들**이었고, 요시야가 애굽 왕 느고 2세에게 살해된 뒤 왕위에 올랐다(왕하 23:29-33). 단 3개월간 통치한 후, 느고가 살룸을 폐위했다.

예레미야는 살룸이 애굽으로 잡혀간 후에(주전 609년, 왕하 23:34) 이 예언을 기록했다. 살룸은 예루살렘으로 **다시 돌아오지 못하고**, 포로 상태로 죽어(유배 중에 죽은 유다의 첫 통치자) **이 땅을 다시 보지 못**할 것이다.

(3) 여호야김에 대한 책망(22:13-23)

22:13-14. **여호야김**은 유배된 그의 형제 살룸을 대신하여 느고에 의해 임명되었다(왕하 23:34-24:5). 그는 오직 자신의 이익에만 관심을 갖고 주님의 뜻에 전혀 관심이 없던, 부패하고 옹졸한 왕이었다. 그의 유산은 **불의로 그 집을 세운** 것이었다.

그는 증세와 **품삯을 주지 아니하는 고용** 등 백성들의 희생으로 자기를 위해 궁전을 지었다. 여호야김은 자신의 궁전을 **백향목**으로 입히고, 거기에 값비싼 **붉은 빛**을 칠했다. 그의 통치 초기에 유다는 애굽에게 무거운 조공을 바쳤기 때문에, 유다는 이미 경제적 압박을 받고 있었다.

22:15-17. 예레미야는 그의 백향목 거처 때문에 여호야김을 책망했고, **정의와 공의**로 다스리고 **가난한 자와 궁핍한 자를 변호**했던 그의 **아버지** 요시야와 그를 대비시켰다. 여호야김은 **탐욕**과 **무죄한 피를 흘리는 것**과 **압박과 포악**에만 관심을 두었다.

22:18-19. 여호야김이 자기 백성을 억압했기 때문에, 백성들은 그가 죽었을 때 그를 위해 **통곡**하지 않았다. 여호야김은 왕에게 걸맞은 호화로운 장례식 대신, **나귀**의 장지에 묻힐 것이다. 그는 끌려가 **예루살렘 문 밖에** 던져져 썩을 것이다. 여호야김은 느부갓네살이 반란을 일으킨 성읍을 징벌하기 위해 예루살렘으로 진군하던 주전 598년 말에 죽었고, 그의 매장에 대한 기록은 전혀 없다. (고니야라고도 알려진) 새 왕 여호야긴

은 항복하여 바벨론으로 끌려갔고, 예루살렘은 일시적으로 살아남았다(왕하 24:1-17).

22:20-23. 여호야긴의 어리석은 지도력 때문에, 예레미야는 **소리를 높여** 자신의 운명에 탄식하라고 예루살렘을 향해 외쳤다. 이 본문은 여호야김의 반역을 앙갚음하려는 바벨론의 침략에 초점을 맞추고 있기 때문에, 본문의 연대는 주전 598년 말에서 597년 초로 추정할 수 있다. 예루살렘의 외침은 그 땅의 산 곳곳에서도 들릴 것이다. 북쪽의 **레바논**부터 북동쪽의 **바산**과 남동쪽의 **아바림**까지, 유다를 **사랑하는 자**[동맹국]들이 바벨론에게 다 **멸망**할 때 유다의 탄식이 들릴 것이다.

하나님은 예루살렘이 **평안** 가운데 안전하다고 느꼈을 때 불순종의 결과에 대해 경고하셨지만, 예루살렘은 여느 때처럼 **듣지 않**을 것이다(6:17; 7:26-27; 13:11; 17:23). 이제 예루살렘은 자신의 **목자들**[왕들]이 **사랑하는 자들**, 이방의 정치적 동맹국, 아마 애굽과 함께 사로잡혀 갈 때, 슬픔에 잠겨 지켜볼 수 있을 뿐이다(참고. 왕하 24:7).

예레미야는 예루살렘 백성을 **레바논에** 사는 **자**라고 불렀다. 예루살렘의 왕궁과 대저택을 건축하기 위해 많은 백향목이 레바논에서 수입되었기에(참고. 22:6-7, 13-15), 예루살렘에서 사는 것은 레바논의 백향목 가운데 사는 것과 같았다. 하지만 이들 **백향목** 집에 **깃들이는** 자들은 하나님의 심판의 **고통**이 임할 때 **해산하는 여인**처럼 신음할 것이다(4:31).

(4) 고니야(여호야긴)에 대한 책망(22:24-30)

22:24-27. ('여호야긴'과 '여고냐'라고도 불리는) 고니야는 여호야김의 왕위를 계승했고(주전 598-597년), 3개월간 통치한 뒤 느부갓네살에게 항복했다. 그는 바벨론으로 강제 추방되어 그곳에서 여생을 보냈다(참고. 52:31-34). 하나님은 고니야가 **인장반지**처럼 소중하다 하더라도, 그를 '빼' 것이라고 말씀하셨다. 인장반지는 공문서에 소유자의 인장을 찍을 때 사용하는 무척 중요한 것이었다. 고니야가 하나님께 그처럼 중요했다 하더라도(그가 그렇지 않았음은 명백하다), 하나님은 죄에 대한 심판으로 그를 **느부갓네살**에게 주실 것이다. 고니야와 그의 **어머니**[여호야김 왕의 미망인 느후스다, 왕하 24:8]는 **다른 지방**[바벨론]으로 유배되어 둘 다 거기서 **죽**을 것이다. 이것이 그들의 강제 추방에 대한 예레미야의 두 번째 예언이다(참고. 13:18-19).

22:28-30. 하나님은 [여고냐와 여호야긴으로도 알려진] **고니야**와 **그의 자손**에게, 그들이 **알지 못하는 땅에 들어가**는 것을 넘어서는 또 다른 메시지를 가지고 계셨다(14:18; 15:2, 14; 16:13; 17:4). 주님은 먼 미래의 가혹한 심판을 예고하셨고, 가까운 미래에 주님이 **고니야**를 버릴 것을 입증하셨다. 예레미야의 초점은 고니야 개인보다는 다윗의 혈통에 있다. 이 심판에는 몇 가지 요소가 있다.

먼저, 몇몇 거짓 선지자들은 고니야가 그의 왕위에 합당하다고 보았다[그들의 견해에 따르면, 그는 **깨진** (쓸모없는) **그릇**이 아니었다, 28절; 참고. 28:1-4]. 하지만 하나님의 눈에 그는 통치자로서 가치가 없었고, 그가 통치자가 되는 것은 하나님의 계획이 아니었다. 이제 고니야의 혈통은 왕이 되지 못한다.

둘째, 어떤 사람들은 질문했다. "**고니야는…좋아하지 아니하는 그릇이냐 어찌하여 그와 그의 자손이 쫓겨나는고?**" 그는 왕가와 함께 포로로 잡혀갔고(24:1), 아들 스알디엘을 낳았다(대상 3:17-18; 마 1:12). 고니야가 다윗 왕위의 후계자로 봉직할 수 있는 아들들을 낳았기 때문에, 어떤 사람들은 그들 중에 하나가 왕이 되어야 한다고 생각했다(29:1-32). 하지만 이것은 하나님의 계획이 아니었다. 고니야가 악했기 때문에, 그의 자손들은 유다의 왕위에서 다스리지 못했다.

렘

예레미야는 심판의 세 번째 요소를 제기하기 전에 증인이 되어 **여호와의 말을** 듣도록 **땅**에게 세 번 요청했다. 세 번의 반복은 이 진술의 강도와 심각성을 나타낸다(참고. 7:4). 나라 전체가 주님의 심판을 세심하게 주목하고 기억해야 했다.

셋째 요소는 **여호와께서 이와 같이 말씀하시니라**로 시작되어 선포의 중요성에 초점을 맞춘다. **이 사람이 자식이 없**다고 **기록하라**는 어구는 시민 명부(사 4:3)나 인구조사 명단과 관련이 있다. 고니야에게는 사실 이름이 기록된 일곱 아들이 있었지만(참고. 22:28; 대상 3:17-18; 마 1:12), 누구도 그의 왕위를 계승하지 못했다. **그의 자손 중** 아무도 **다윗의 왕위에** 앉지 못할 것이기 때문에, 그는 자녀가 없는 것으로 보일 것이다. 그는 자신의 가문에서 최후의 다윗계 왕이었기 때문에, 왕조의 족보상 **자식이 없**었다. 이 예언은 즉각적이면서도 장기적인 중요성을 모두 지녔다. (고니야라고도 알려진) 여호야긴의 자식 중에 누구도 그의 왕위를 잇지 못했다. 고니야를 대신했던 시드기야는 유다의 마지막 왕으로, 고니야의 아들이 아니라 삼촌이었다.

장기적인 중요성은 존귀하신 다윗의 자손, 메시아의 혈통에서 엿보인다. 왜냐하면 예수님은 육체적으로 고니야/여고냐와 관련이 없기 때문이다. 이 예언은 마태복음 1장과 누가복음 3장의 메시아 족보를 설명하는 데 도움을 준다. 특별히 마태는 그분의 계부 요셉을 따라서 메시아의 법적 혈통을 기록했다. 요셉은 여고냐/고니야의 아들이던 스알디엘의 후손으로 태어난 다윗의 자손이었다(마 1:11-12; 참고. 대상 3:17). 만약 예수님이 동정녀에게서 탄생하지 않고 요셉을 통해 태어난 요셉의 육체적 자손이었다면, 그분은 여고냐의 **자손 중 아무도 다윗의 왕위에 앉**지 못할 것이라는 예언에 미뤄볼 때 이스라엘의 왕으로서 자격 미달이었을 것이다. 누가는 그분의 어머니 마리아를 따라서 메시아 예수님의 육체적 혈통을 기록했다. 마리아는 다윗의 아들 나단의 혈통을 통해 태어난 다윗의 자손이었다(눅 3:31; 대상 14:3-4). 동정녀 마리아에게서 탄생하신 예수님은 고니야의 저주 아래 있지 않으셨고, 다윗의 왕위에서 통치할 자격을 갖추셨다. 그렇지만 예수님은 나단을 통해 낳은 다윗의 육체적 자손이었기 때문에, 그분은 합당한 다윗의 아들이셨다.

(5) 메시아의 소망, 의로운 가지(23:1-8)

23:1-4. 마지막 다윗계 왕들의 사악함에 비추어볼 때 다윗의 집은 장래가 불길했다. 하지만 완전히 절망적인 것은 아니었다. 1-8절은 유다 백성을 위한 소망의 메시지를 담고 있다.

예레미야는 이스라엘의 거짓 지도자들과 불의한 왕들을 하나님의 **목장의 양 떼를 멸하며 흩어지게 하는 목자**로 묘사한다. 목자들은 자신들이 저지른 **악** 때문에 징벌을 받아 마땅했다(참고. 겔 34:1-10).

예레미야는 일단 악한 목자를 제거한 뒤에 하나님의 양 떼를 보살피는 그분의 계획을, 두 단계로 묘사했다. 먼저 하나님이 흩어진 백성의 남은 자(**남은 것**)를 직접 **모아서** 그들을 **돌아오게** 하실 것이다. 본래 '남은 자'라는 용어는 단순히 '몇몇 생존자'를 의미했지만, '주님께 신실한 사람들'이라는 훨씬 구체적인 의미를 갖게 되었다(사 4:2-6; 10:20-22; 28:5; 롬 9:27-10:4; 11:1-6). 주님은 이스라엘을 재집결시키는 책임을 맡으실 것이다(참고. 31:10; 미 2:12; 5:4; 7:14). 백성의 흩어짐이 문자적이었듯이 그들의 재집결도 그럴 것이다. 회복에 대한 약속은 바벨론에서의 귀환을 넘어, 그들을 **모든 지방에서**(참고. 16:14-15) 모으는 것인데, 이는 종말론적 귀환을 시사한다.

두 번째로, 하나님은 자신의 의도대로 백성들을 **기르**고 그들을 보살필 새로운 **목자들**을 그들 위에 일으키실 것이다. 메시아가 천년왕국에서 통치하실 때, 이스라엘은 평화를 보장받을 것이다. **잃어버리지 아니하리라**는 유다에 의로운 목자들, 곧 유다 백성을 돌보고 그들을 안전하게 지키고 주님께 순종하여 그들 중에 아무도 잃어버리지 않게 할 미래의 지도자들이 있을 것임을 의미한다. 예수님은 지상 사역 기간에 위안이 되는 이러한 개념을 표현하셨다(요 6:39; 10:27-28).

23:5-8. 하나님은 **다윗에게 한 의로운 가지를 일으킬** 그날이 오고 있다(**때가 이르리니**, 종종 종말론적 용어로 사용되는데 여기서는 메시아 시대를 지칭한다, 16:14-15; 23:7; 30:3; 31:27-40의 주석을 참고하라)고 약속하셨다. 이 부분은 예레미야서의 핵심적인 메시아 본문이고, 이 약속은 다윗 언약을 중심으로 한다(삼하 7:8-16). **가지**는 약속된 메시아를 가리키는 데 자주 이용되는 중요한 이미지이다(참고. 33:15; 사 4:2; 11:1; 53:2; 슥 3:8; 6:12). 이 메시아 호칭에 대한 더 자세한 설명은 스가랴 6:12-13에 대한 주석을 보라. 나사렛 예수님은 이 예언의 성취이시다.

메시아 왕은 **정의**와 **공의**로 **지혜롭게** 다스리실 것이다(참고. 시 72:2). 오고 계신 이 왕의 이름은 **여호와 우리의 공의**[*Yahweh tsidqenu*, 야훼 치드케누]이다. 이것은 유력한 메시아적 호칭으로 그분을 의로운 왕, 하나님 그리고 구속자로 나타낸다(참고. 사 45:24; 렘 33:16; 고후 5:21). 예수님은 초림에서 자신을 이스라엘의 메시아로 나타내고 구원의 길을 제시하셨지만, 이 예언은 재림 이후 천년왕국에서 그분의 다스림과 통치로 성취될 것이다. 그때에 예수님은 흩어졌던 **그 모든…나라에서…자기 땅**[*adama*, 아다마]으로 재집결한 **이스라엘 자손**을 다스리실 것이다. 이스라엘은 다시 억압에서 구원받고(참고. 사 59:20; 슥 12:6-9; 롬

11:26), 단일 국가로 재결합할 것이고, 안전하게 살 것이다(참고. 겔 37:15-28).

장차 다가올 이스라엘의 회복(23:6)은 메시아 소망(**때가 이르리니**, 16:14-15과 23:5에 대한 주석 참고, 또 30:3과 31:27-40에 대한 주석을 보라)과 뗄 수 없을 만큼 직접적으로 연결되어 있다. 이 일은 아주 극적이어서 백성들이 **다시는** 하나님이 자기들을 **애굽 땅에서** 이끌어내셨던 때를 돌아보지 않을 것이다. 하나님이 유다 백성을 그들이 있던 **모든 나라**에서 이끌어내어 그들의 땅으로 귀환시키실 이 새로운 출애굽과 비교할 때, 유대 역사에서 성경적 분수령인 첫 번째 출애굽이 무색해질 것이다(참고. 16:14-15).

b. 거짓 선지자에 대한 책망(23:9-40)

예레미야는 메시지의 초점을 유다 왕들로부터 거짓 선지자들을 꾸짖는 하나님의 심판 메시지로 재조정했다. 이 사이비 선견자들은 예레미야의 파멸 선포에 반대하는(참고. 6:13-16; 8:10-11; 14:14-16; 28:1-4, 10-11; 29:8-9, 20-23, 31-32) 대신 거짓된 평화의 약속을 제공했다.

(1) 거짓 선지자의 특징(23:9-15)

23:9-12. 거짓 선지자에 의해 남용되는 하나님의 **거룩한 말씀**을 생각할 때, 예레미야의 **마음은 상하고**, 몸은 약해졌고, **뼈**는 **떨렸으며**, 그는 **취한 사람**같이 비틀거렸다. 그들은 말할 권위를 주장했지만(참고. 28:2, 15-16), 하나님의 가뭄 심판(신 28:23-24)으로 인해 마른 땅이 슬퍼했다(참고. 14:1-6, 22). 이는 부분적으로 거짓 선지자의 가르침에서 기인하는데, 그들은 유다가 방종하는 데 영향을 주었고, 이는 그들에게 하나님의 저주가 임하는 결과를 낳았다.

유다의 영적 지도자들(**선지자**와 **제사장** 모두)은 **사악**했고 오염되었다(참고. 3:1-2, 9). 그들은 하나님의 거룩하심에 대해 저급한 견해를 갖고 있어서, 자신들의 악으로 주님의 성전을 모독하기도 했다. 하나님은 그들의 죄 때문에 그들에게 **재앙**을 내리겠다고 맹세하셨다.

23:13-15. 예레미야는 **사마리아 선지자들**과 **예루살렘 선지자들**을 비교했다. 북 왕국 이스라엘(**사마리아**)의 선지자들은 **바알을 의지하고 예언하여** 나라를 **그릇되게** 인도했다(참고. 왕상 18:16-40; 왕하 10:18-29; 17:16). 그들의 사악함 때문에 하나님은 앗수르의 손으로 북 왕국을 파괴하셨다(주전 721년).

유다의 선지자들도 비슷한 죄의 길을 계속 걸어서, 영적이고 도덕적인 **간음**을 행하고, 거짓말을 하고, **악을 행하는 자**를 두둔했다. 이러한 역겨운 행동으로 그들은 하나님께 **소돔**과 **고모라**같이 되었다. 주님은 그들의 죄에 대해 심판하시며, 그들이 가르치던 거짓 메시지에 대한 대가로 그들에게 **쑥**과 **독한 물**을 먹이실 것이다. 그들의 메시지가 **사악**[영적 타락]을 **온 땅**에 퍼뜨렸기 때문이다(참고. 9:15; 애 3:15, 19).

(2) 거짓 선지자의 메시지(23:16-40)

23:16-22. 이 거짓 선지자들은 자신들의 메시지를 날조해냈고, 예레미야는 그들의 **말을 듣지** 말라고 백성들에게 경고했다. 그들의 **묵시**는 **여호와의 입에서 나온 것이 아니라** 그들의 **마음**에서 나온 것이었다(참고. 26절). 그들은 **평안**을 선포했고(참고. 6:14; 8:11), **재앙이 임하지 아니**할 것이라고 말했다. 이 메시지는 하나님에게서 온 것이 아니었다. **여호와의 노여움**이 악한 자들을 심판할 것이다. 심판이 다가오고 있고, 그 길목에 있는 이들을 파괴할 것이다. 주님이 심판을 마치실 때까지 **여호와의 진노**가 **그치지 아니**할 것이다. 그때가 되어서야 백성들은 하나님이 이 거짓 선지자들을 **보내지 아니하**셨음을 깨달을 것이다. 만약 그들이 하나님의 **회의**에 **참여하였**다면, 그들은 하나님의 말씀을 유다에게 **들려**주어 **악한 행위**에서 돌이키게 했을 것이다.

23:23-32. 거짓 선지자들은 하나님의 성품을 잘못 전했다. 그들은 하나님을 자기들이 **숨**어도 보지 못하는 어떤 지역 신이라고 생각했다(24절). 사실 하나님의 전지하심은 **천지에 충만**하여 어떤 곳도 그분의 영역 밖에 있지 않다. 하나님은 거짓 선지자들이 자기 **이름**으로 거짓말을 했을 때(25절), 그들이 했던 말을 들으셨다. 그 선지자들은 또한 하나님이 **꿈**으로 자기들에게 계시하셨다고 주장했지만, 그들의 환상은 상상에서 나온 것이었다(16절). 그들의 **꿈**, 즉 거짓 선지자의 환상은 이전 선지자들이 바알을 숭배하면서 했던 것처럼(참고. 13절), 유다가 하나님의 **이름**을 **잊게** 만들기 위한 것이었다(27절). 육체의 배고픔을 만족시키는 데 **알곡**이 아닌 **겨**가 쓸모없는 것처럼(28절), 그들의 예언은 영적인 필요를 충족시키는 데 쓸모가 없었다. 그들의

렘

말에는 영향력이 없었던 반면에, 하나님의 **말씀은 불같이 예리하고**(29절; 참고. 20:9) **바위를 쳐서 부스러뜨리는 방망이**만큼 효과적이다.

하나님은 직접 **선지자들을 치시**는데, 강조를 위해 이것을 세 번 반복한다(30, 31, 32절). 그들은 주님이 보내지 않으셨는데도 **백성을 미혹**했고, 백성들에게 아무런 유익을 주지 못했다.

23:33-40. 여호와의 엄중한 말씀은 하나님에게서 온 계시의 메시지였다. 엄중한 말씀을 가리키는 히브리어 단어는 일상적 용례에서 '짐' 또는 '어떤 사람이 들거나 짊어져야 하는 화물'을 지칭했다(출 23:5; 느 13:19). 선지자가 짊어져야 할 짐은 종종 하나님이 주셨던(사 13:1; 14:28; 나 1:1; 합 1:1) 심판의 메시지 혹은 신탁이었다(참고. 사 15:1; 17:1; 19:1; 21:1, 11, 13; 22:1; 23:1). **백성이나 선지자나 제사장**이 예레미야에게 **여호와의 엄중한 말씀이 무엇인가** 물었을 때(23:33), 그는 이렇게 말해야 했다. 곧 거짓 선지자들이 **살아 계신 하나님…의 말씀을 망령되이 사용**했기 때문에(36절), 하나님이 **너희를 버리실** 것이다. 계속해서 신적인 신탁이라고 주장했던 선지자들은 심판받을 것이다(38-40절). 하나님은 그들을 자기 **앞에서** 모든 예루살렘과 함께 **내버리겠**다고 맹세하셨다(39절). 더군다나 이 거짓 선지자들은 자신들의 악한 말로 인해 **영원한 치욕과 수치**에 맞닥뜨릴 것이다(40절).

예레미야가 기록한 대부분의 내용이 현재 세계와 관련이 있다. 이른바 주님이 주셨다는 매력적인(하지만 잘못된) 메시지를 내놓은 거짓 교사들과 선지자들을 믿었기 때문에 유다 백성들은 미혹되었다. 그들은 예레미야의 메시지를 좋아하지 않았기 때문에 예레미야를 거부했다. 마찬가지로 오늘날에도 오직 겉으로 드러나는 모습만 보고, 혹은 죄와 그 결과를 무시한 채 한없이 감동적이고 매력적인 메시지에만 근거하여 종교 지도자에게 애착을 느끼는 경향을 경계해야 한다. 예나 지금이나 모든 교사와 하나님의 백성은 항상 성경에 따라 모든 교사와 메시지, 책을 평가해야 한다. 이는 하나님의 말씀이 무엇을 말하는지 알기 위해 하나님의 말씀을 이해하고, 자신들이 배우는 것이 성경과 일치하는지 판가름하기 위해 분별력을 가지고 숙고하는 데 시간을 들여야 한다는 뜻이다. 그리스도의 제자들은 하나님의 말씀에서 찾은 진리를 가르치며 살아가는 사람들과 같은 태도를 견지해야 하는데, 예레미야의 청중들은 그렇게 하지 못해서 참혹한 일을 당했다.

c. 무화과 두 광주리(24:1-10)

(1) 무화과 두 광주리의 환상(24:1-3)

24:1-3. 나중에 기록되긴 했지만, **무화과 두 광주리** 환상은 **여고냐**와 **고관들, 목공들** 그리고 **철공들이 바벨론으로 끌려간 후**(참고. 왕하 24:8-16), 시드기야 통치 초기의 어느 시점(주전 597년)에 예레미야에게 주어졌다.

환상 중에 예레미야는 바벨론 치하에서 각각 다른 상황에 처할 무리를 나타내는 **무화과 두 광주리**를 보았다. 환상은 **여호와의 성전 앞에** 놓인 첫 열매 제물 같았다(참고. 신 26:10). 한 바구니 안의 무화과는 최고의 곡물, 주님께 드려져야 했던 첫 열매(신 14:22), **처음 익은 무화과**처럼 **극히 좋았다**(참고. 사 28:4; 호 9:10; 미 7:1). 두 번째 광주리는 썩어서 **먹을 수 없는 나쁜 무화과**가 담겼다. 그런 열매는 주님께 제물로 드릴 수 없었다(참고. 말 1:6-9).

(2) 좋은 무화과에 대한 설명(24:4-7)

24:4-7. **좋은 무화과** 광주리는 **갈대아인의 땅**으로 옮겨간 유다의 **포로**를 나타낸다고 **여호와**께서 설명하셨다. 이 설명은 포로로 잡혀간 사람들은 주님의 양육에서 벗어났다고 생각한 예루살렘 백성들의 신념과 상반되었다(참고. 겔 11:14-15). 하지만 예레미야의 설명에 따르면 하나님이 이들을 예루살렘 밖으로 '보내셨고'(**옮겨**), 이 계획을 **좋게** 여기셨다. 하나님은 "내가 그들을 지켜보면서 잘되게 하고, 다시 이 땅으로 데려오겠다"(새번역)라고 약속하셨다(참고. 겔 11:16-17). 주님은 또한 유다 백성에게 새 **마음**을 주어 그들이 자기를 알게 하겠다고 약속하셨다(참고. 4:22). 그때에 그들은 국가적으로는 물론이고 영적으로도 그분의 **백성**이 될 것이고(30:22에 대한 주석을 참고하라), **전심으로** 그분에게 **돌아**올 것이다. 하나님은 바벨론 포로 이후 백성의 일부를 그 땅으로 회복시키셨지만, 유배 이후에 그들은 하나님이 약속하신 온전한 교제의 축복을 결코 누려본 적이 없다(참고. 31:31-34; 겔 36:24-32). 이것은 메시아의 지상 통치가 시작되어 하나님이 다시 이스라엘을 재집결하실 그때에 이루어질 일로, 아

직 실현되지 않았다. 그 일은 미래에 성취될 것이다(마 24:29-31).

(3) 나쁜 무화과에 대한 설명(24:8-10)

24:8-10. **나쁜 무화과** 광주리는 **시드기야**와 이스라엘에 있는 이들과 **애굽**으로 도망친 이들(참고. 43:4-7)을 포함한 다른 생존자들(참고. 29:17-19)을 나타냈다. 하나님은 그들을 **세상 모든 나라**에게 두려움과 재앙거리가 되게 하겠다고 맹세하셨다(개역개정에서는 **환난을 당하게 할 것이며**—옮긴이 주). 예레미야가 자주 예고했듯이(참고. 25:9, 18; 26:6; 29:18; 42:18; 44:8, 12, 22; 48:39; 49:13, 17; 51:37), 그들은 가는 곳마다 **부끄러움을 당하고 말거리가 되며**, 조롱과 저주를 받을 것이다. 그들이 모두 **멸절**할 때까지 하나님은 세 가지 심판의 도구, **칼**과 **기근**, **전염병**을 보내실 것이다.

d. 70년의 바벨론 포로(25:1-38)

2-25장에 걸친 예레미야의 13가지 심판 메시지는 연대순이 아니라 주제별로 배열되었다. 70년 동안의 포로기에 관한 예언(25:1-38)은 그것이 예레미야가 선포한 모든 심판 메시지의 절정이었기 때문에 마지막에 놓였다.

(1) 경고를 무시하다(25:1-7)

25:1-3. 예레미야의 마지막 메시지는 **유다의 모든 백성**과 관련되었다. 메시지의 중요성 때문에 예언이 주어진 시점이 기록되었다. 이 예언은 **유다의 왕…여호야김 넷째 해 곧 바벨론의 왕 느부갓네살 원년**에 전해졌다. 즉위 시 칭호를 기준으로 삼은 유다와 바벨론 달력을 현대식 달력으로 환산하면, 주전 605년 9월 7일에서 주전 604년 9월 25일 사이였을 것이다. 예레미야는 **이십삼 년** 동안(참고. 1:2), 백성들에게 **꾸준히** 예언해왔는데도, 그들은 회개하라는 하나님의 경고에 **순종하지 아니**했다.

25:4-7. 하나님은 또한 **악행**에서 돌아오라고 백성들에게 경고했던 다른 **종**과 **선지자**를 보내셨다. 만일 그들이 예레미야의 경고에 주의를 기울였다면, 하나님은 그들이 평안하게 그 땅에 머물게 하시고, 그들을 전혀 **해하지 아니**하셨을 것이다. 하지만 백성들은 하나님께 **순종하지 않**았다. 그들은 죄에 계속 머무르며, 우상을 만들고 숭배하여(10:8-9), [자기] **손으로 만든 것**으로 하나님의 **노여움**을 일으켰다.

(2) 심판을 서술하다(25:8-14)

25:8-11. 유다가 반복해서 하나님의 **말**[경고]을 **듣지 않**았기 때문에, 하나님은 내 **종**이라고 불린(9절) **느부갓네살** 휘하의 바벨론 사람들을 **불러다가** 유다를 심판하실 것이다. 이 이교도 왕은 주님을 인정하지 않았지만 그가 예루살렘과 그 동맹국이던 **모든 나라**를 파괴하여 하나님의 주권적인 계획을 시행할 것이라는 의미에서, 그는 하나님의 **종**이라고 할 수 있다(참고. 27:6; 43:10).

모든 땅이 **폐허**가 될 것이기 때문에, 예루살렘에서 **기뻐하**고 **즐거워하는 소리**가 끊어질 것이다(참고. 7:34; 16:9). 기근이 결혼 축하를 대신할 것이며, **맷돌**에 갈 곡식도 없고 **등불**을 밝힐 감람유도 없을 것이다. **모든 땅**과 주변 **민족**들이 **칠십 년** 동안 바벨론을 섬길 것이다(25:11; 29:10; 대하 36:21; 단 9:2; 슥 7:5).

심판은 우상숭배로 인한 것이었지만, **칠십 년**의 기간은 그 땅과 관련된 구체적인 불순종의 결과였다. 포로기는 70년간(주전 605-536년) 지속될 예정이었다. 그 이유는 유다 백성들이 지난 490년 동안, 곧 사울로부터 바벨론의 손에 예루살렘이 함락될 때까지의 햇수 동안 그 땅에 대한 하나님의 안식법을 지키지 못했기 때문이다. 하나님은 매 7년마다 그 땅을 묵혀야 한다고 명하셨다(레 25:3-5). 백성들은 땅을 묵히기 위해서 매 7년째에는 밭에 씨를 뿌리거나 포도나무를 가지치기하지 말아야 했다. 순종하지 않으면, 그 땅에서의 추방 그리고 그 땅을 위한 강제적 안식이라는 결과를 낳을 것이다(레 26:33-35). 70년의 바벨론 포로로 인해, "이에 토지가 황폐하여 땅이 안식년을 누림같이 안식하여 칠십 년을 지냈으니 여호와께서 예레미야의 입으로 하신 말씀이 이루어졌더라"(대하 36:20-21).

25:12-14. 70년이 **끝났을** 때, 하나님은 또한 **바벨론의 왕과 그의 나라**를 그들의 **죄악** 때문에 **벌하실** 것이다. 하나님은 바벨론에 대해 예레미야가 **이 책에 기록한** 모든 심판을 성취하실 것이다(참고. 50-51장). **이 책**은 36:1-4에서 언급된 두루마리를 가리킬 것이다. 70인역은 이 지점에 46-51장의 열방에 대한 심판을 기록했는데, 장의 순서는 약간 다르다(70인역 쟁점에 대해서는 서론의 '배경'을 보라). 바벨론은 주전 539년에 메디아-페르시아 제국에게 함락되었고, 바벨론은 그들을

섬기게 되었다. 하나님은 바벨론에게 **그들의 행위**대로 갚으실 것이다.

(3) 진노를 약속하다(25:15-29)

25:15-25. 하나님의 진노가 환상 중에 예레미야에게 나타났다. 그는 **진노의 술잔**을 손에 들고 계신 **여호와**를 보았다(15절). 하나님은 예레미야를 특정 **나라**로 **보내서**, 그들로 하여금 그것을 **마시게 하**고(참고. 애 4:21; 겔 23:31-33; 계 16:19; 18:6) 심판을 경험하게 하셨다. 하나님이 **그들 중에 칼**을 보내실 것이기 때문이다(16절). 하나님의 진노의 술잔을 마실 첫 번째 나라는 **예루살렘**과 **유다**의 **성읍들이**었다(18절). 다른 나라들(19-26절)은 유다의 뒤를 이어 바벨론의 손에 심판을 받을 것이다. 여기에는 **애굽**도 포함되는데(19절), 그들의 미약한 도움이 유다를 부추겨서 유다가 바벨론에 대항하고 반역하게 했다(참고. 겔 29:6-9). **우스**(20절)는 아마 아라비아 북부의 에돔 동쪽에 있었을 것이다(참고. 욥 1:1). 블레셋의 주요 성읍 **아스글론**과 **가사**, **에그론**, **아스돗**(20절)은 유다의 서쪽, 지중해 저지대 해변에 있었다. **에돔**과 **모압**, **암몬**[남쪽에서 북쪽으로, 21절]은 요단강과 사해 방향으로 유다 동쪽의 나라들이었다. 페니키아 성읍들인 **두로**와 **시돈**(22절)은 이스라엘 북쪽, 지중해 해변에 있었다. **드단**과 **데마**, **부스**(23절)는 아라비아반도 북부에 있는 성읍들로, **아라비아의 왕**과 광야의 모든 이방 **민족**[섞여 사는 무리]과 연관되었다(24절). **시므리**(25절)의 위치는 불확실하지만, 엘람(창 14:1-9; 사 11:11; 단 8:2) 및 **메대**(왕하 17:6; 18:11; 단 6:8, 15)와 연관되었다. 이들 두 나라는 페르시아만 북쪽, 티그리스강 동쪽에 있었고, 지금은 이란과 이라크 일부에 포함되었다. 이 모든 나라가 바벨론에게 함락되었다.

25:26. **북쪽 원근의 모든 왕**을 정복했지만, 바벨론 역시 결국에는 하나님의 심판을 받아 함락될 것이다(참고. 51:48-49). 하나님은 **그 후에 세삭**[sheshach] **왕**이 **마시**게 하실 것이다. 세삭이라는 이름은 히브리어로 '바벨론'을 가리키는 암호문, 즉 '아트배쉬'(*atbash*) 암호이다. '아트배쉬' 암호는 알파벳의 첫 글자를 마지막 글자로 대체하고, 둘째 글자를 마지막에서 두 번째 글자로 대체하는 식으로 구성된다. 예를 들어, 영어의 z는 a가 되고, y는 b가 된다. 따라서 'Abby'라는 이름은 아트배쉬로 'zyyb'가 될 것이다. 세삭은 '바벨론'을 가리키는 히브리어 아트배쉬이다. 유배 기간에는 바벨론을 직접 겨냥해 말하는 게 위험하므로 안전을 위해 아트배쉬를 사용했을 것이다. 하나님은 다른 나라들을 심판하신 후 바벨론을 심판하실 것이다(참고. 12-14절). 또 다른 아트배쉬 암호가 51:1에서 '레브 카마이'(*Leb-kamai*, 갈대아)라는 단어에 사용되었다.

25:27-29. 하나님의 진노의 술잔을 **마시라**는 말을 들은 **나라**들은 **취한** 남자와 같을 것이다. 그들은 하나님의 진노의 포도주로 인해 **토하고 엎드러질** 것이며, 하나님이 [그들] **가운데 보내실 칼**로 죽을 것이다. 하나님의 심판을 피할 수는 없다(너희가 **반드시 마셔야 하리라**). 만일 하나님이 (**내 이름으로 일컬음을 받는**) 예루살렘의 죄로 인해 **재앙**을 내리신다면, **세상의 모든** 이교도 **주민**은 그분이 내리치시는 심판의 칼을 피할 수 없을 것이다.

(4) 우주적 심판을 확정하다(25:30-38)

25:30-33. 여기 시문 양식에서 **여호와**는 심판 중에 **포효하**실(참고. 암 1:2; 3:4, 8) 사자로 묘사되는데, 하늘에 있는 **그의 거룩한 처소**에서 **세상 모든 주민에 대하여 크게 부르**실 것이다.

하나님은 이들 **민족**과 **다투**셨고, 그들에 대한 **심판**에 돌입하실 것이다. 하나님의 고소는 유다를 넘어 모든 인류(**모든 육체**)에게 확대될 것이다(참고. 2:9). 이 심판은 모든 열방을 뒤덮는 **큰 바람**으로 묘사되었다. 큰 바람이 일 때에 **죽임을 당한 자**가 어디에나 산재해 있을 것이다. 바벨론의 공격 후에 예루살렘 시민들이 그랬듯이, 그들의 시신은 지면에 뒹구는 **분토**와 같을 것이다(참고. 8:2; 14:16; 16:4-6).

25:34-38. **목자들** 곧 이 많은 열방의 지도자들은 **애곡하고 잿더미에서 뒹굴**면서(깊은 슬픔의 표시, 참고. 6:26; 미 1:10), [자신들이] **도살당할** 날과 **흩어질 기한이 찼**기 때문에 애통할 것이다. 하나님의 **극렬한 진노**(25:37-38)의 심판은 각각의 **땅이 폐허가 되**게 만들 것이다.

B. 유다와 예레미야의 개인적 갈등(26:1-29:32)

예레미야의 사역 초기에는 그의 메시지에 대해 일부 반대가 있었지만(참고. 11:18-23; 15:10; 20:1-6), 1-25장의 초점은 백성들이 회개를 거절할 때 다가오는 하나님의 심판이다. 이 단락(26-29장)에서 예레미야는, 자신의 메시지에 대한 예루살렘의 반응에 초점을 재설정했다. 예레미야와 그의 메시지 둘 다 예루살렘의 지도자와 백성들에게 거절당했다.

1. 예레미야와 백성들의 갈등(26:1-24)

a. 예레미야의 메시지(26:1-6)

26:1-3. 이 메시지는 주전 609년 왕위에 오른 **유다의 왕 여호야김**의 통치 초기에 전해졌다. 이 메시지는 아마 성전 설교(참고. 7-10장)의 일부일 것이고, 여기서 초점은 메시지에 대한 반응에 맞춰진다. 성전 설교는 하나님의 심판 경고로 요약된다. 곧 백성들이 **듣고** 자신들의 **악한 길에서 돌아**와 하나님의 명령에 순종한다면, 하나님은 엄포하신 심판을 시행하지 않으실 것이다. '돌이키다'라는 단어는 사람의 감정과 생각을 하나님께 적용하는 신인동형(神人同形)적 용어이며 하나님은 후회하지 않으시므로(민 23:19), 이 단어를 문자적으로 이해해서는 안 된다. 그들이 변화하면(참고. 7:3-7), 하나님은 그들에게 **재앙**을 내리지 않으실 것이다. 모든 것을 아시는 주 하나님은 그들이 무엇을 할 것인지 명확히 아셨다.

26:4-6. 이 메시지는 불순종으로 인한 심판에 관한 것이었다. 백성들이 하나님의 법을 따르고 하나님의 **종 선지자**들의 말에 **순종하**기를 거절하면(참고. 7:21-26), 하나님은 **이 성전**을 **실로**(참고. 7:14)같이 황폐하게 만드실 것이고, **세계 모든** 이방 **민족이 이 성**, 곧 예루살렘을 **저줏거리**로 사용할 것이다(참고. 24:9).

b. 예레미야의 체포와 재판(26:7-15)

26:7-11. **제사장**들과 **선지자들**, **모든 백성**이 성전 설교를 들었을 때(7-10장을 보라), 그들은 예레미야가 메시지를 **마치**자마자 그를 **붙잡고** 네가 **반드시 죽어야** 한다고 말했다. 그들은 예레미야가 **여호와의 이름**으로 말했기 때문에 그를 거짓 선지자로 고발했다. 그들은 그처럼 부정적인 저주 예언이 결코 하나님에게서 올 수 없다고 믿었다.

예레미야에 대한 고발은 **새 대문의 입구**에서 소송 사건을 듣던 **유다의 고관들**에게 넘겨져야 했다. 성문은 지도자들이 앉아서 정의를 집행하고, 공무를 처리하던 곳이었다(참고. 신 21:18-19; 룻 4:1-11; 렘 39:3). 군중들은 예레미야가 이 **성**읍 예루살렘을 저주하는 **예언**을 했기 때문에 **죽는 것**이 합당하다고 요구했다.

26:12-15. **예레미야**는 이 고발에 대해 세 가지 자기 변론을 제시했다. 먼저, 그는 **여호와께서 나를 보내셔서** 그들이 들은 메시지를 **예언하게 하셨**기 때문에, 자기는 거짓 선지자가 아니라고 진술했다. 둘째, 예레미야는 자신의 메시지가 조건적이라고 진술했다. 만약 백성이 자신들의 길을 '고친다면'(참고. 3:12; 7:3), 하나님은 재앙(26:3)에 관한 **뜻을 돌이키**실 것이다. 백성들이 회개할 때 자비를 베푸는 것도 하나님의 계획 안에 있었다. 따라서 예레미야의 메시지는 예루살렘에 상당한 소망을 제시했다. 셋째, 예레미야는 만약 그들이 자신을 **죽이면 무죄한 피**를 흘린 죄가 본인들에게 돌아갈 것이라고 경고했다. 예레미야는 강력한 자기 변론 진술로 마무리했다. "**여호와께서 진실로 나를** 너희에게 **보내셨다**."

c. 예레미야의 구출(26:16-24)

26:16-19. 예레미야의 변론을 들은 뒤, **고관들과 모든 백성**이 예레미야 편을 들어 **제사장들**과 거짓 **선지자들** 곧 종교 지도자들에게 맞섰다. 그들은 예레미야가 사형선고를 받을 만한 이유가 없다고 공표했다. 이 평결은 **모레셋 사람 미가**[선지자 미가]가 거의 70년 전 **히스기야 시대**에 유사한 메시지를 전했다(미 3:12)는 사실을 백성들에게 상기시켜준 몇몇 **장로**들의 지지를 받았다. 이것은 구약에서 한 선지자가 다른 선지자를 인용하고 출처를 밝히는 유일한 곳이다. 히스기야 왕은 미가를 죽이려 하지 않고 미가의 말에 귀를 기울여 **여호와**의 은혜를 **간구**했다. 히스기야의 요청에 대한 응답으로 하나님은 미가가 예고했던 재앙을 내리지 않으셨다. 히스기야의 전례를 따르지 못한다면, 유다에 끔찍한 재앙이 내려 **심히 해롭게** 할 것이다.

26:20-23. 예레미야는 목숨을 건졌지만, 다른 선지자들은 그렇게 운이 좋지 않았다. 성경에서 오직 여기에만 언급된 **스마야의 아들** 선지자 **우리야**는 **예레미야의 모든 말**과 비슷한 말을 전했지만, **여호야김 왕**이 **칼로 그를 죽이고 그의 시체를 평민**의 묘지에 **던지게** 했다.

26:24. **사반의 아들 아히감**이 예레미야를 보호하여 백성들이 그를 **죽이지 못**했다. 사반 가문은 유다의 마지막 몇 년 동안 중요한 역할을 했고(왕하 22:3-13), 아히감의 아들 그다랴(40:5, 9)는 예루살렘 함락 후 느

부갓네살에 의해 유다의 총독으로 임명되었다.

하나님이 우리를 시련에서 구해주실 때도 있지만, 때로 그분은 우리를 붙들어 시련을 겪게 하신다(히 11:32-40). 우리의 반응은 두 경우 모두 동일해야 한다. 신뢰하라. 그리고 순종하라!

2. 예레미야와 예루살렘 거짓 선지자들의 갈등 (27:1-28:17)

유다는 예루살렘이 하나님의 심판을 받아 악한 바벨론에게 함락될 것이라는 예레미야의 메시지를 믿지 않았다. 그들은 육체적 폭력을 행사할 정도로 예레미야를 반대했다. 이 단락에서 예레미야의 메시지에 대한 반대는 그의 메시지를 부정하고 백성들에게 거짓 구원의 소망을 주던 거짓 선지자들의 반격이었다.

a. 예레미야의 예언(27:1-22)

예레미야는 거짓 선지자들의 생각을 세 가지의 진리 메시지로 반박했고, 하나님의 논점을 명료하게 하고자 멍에를 실물 교육용으로 사용했다.

(1) 사신들에게 주는 메시지(27:1-11)

27:1-7. '여호야김'('시드기야') 통치 초기(주전 593년경)에, 하나님은 예레미야에게 소의 겨리를 묶을 때 사용하는 것과 같은 **멍에**를 만들어 **목에 걸라고** 명령하셨다. 이것은 **시드기야**를 만나기 위해 **예루살렘에 온 에돔**과 **모압**, **암몬**, **두로**, **시돈**의 특사들을 위한 실물 교육이었다. 아마 그들은 연합하여 바벨론에 대항할 수 있는 가능성을 논의하기 위해서 만났을 것이다.

이 회합은 주전 593년 5월과 8월 사이 어느 시점에 열렸다(참고. 28:1). 성경의 바벨론 시대에 설형문자로 쓰인 일련의 돌이나 토판들에는 바벨론 역사의 주요 사건들이 기록되어 있으며, 대영박물관에 소장되어 있는 토판의 연대기는 약 1년 전에 바벨론에서 반란이 일어났다고 증언한다. 느부갓네살은 쿠데타 시도로부터 자신을 보호해야 했다. 이처럼 바벨론 내부가 불안해지자, 여기 언급된 여러 봉신국들은 바벨론 지배의 멍에를 벗어던져야겠다고 생각했을 것이다.

예레미야는 **멍에**를 멘 채, 하나님이 **땅**을 만드셨기에 누구든 자기가 기뻐하는 사람에게 **그것**을 줄 수 있다는 메시지를 전했다(5절). 지금 이 나라들은 바벨론의 멍에를 메야 한다. 하나님은 **바벨론의 왕 느부갓네살**을 심판의 도구로 선택하셨고(6절), **모든 나라가** 그를 섬겨야 한다(7절). **나중에** 바벨론을 심판할 **기한이** 될 것이다. 그때에야 다른 **큰 왕**들은 '그를 자기 종으로 삼을' 수 있을 것이다. 정해진 기간 동안 바벨론은 세상을 통치할 테지만, 나중에 강력한 바벨론마저 정복당해 훨씬 더 큰 나라, 메디아-페르시아 제국을 섬길 것이다(주전 539년).

27:8-11. 하나님이 느부갓네살을 임명하셨음이 명확히 밝혀진 뒤, 예레미야는 반역에 대해 경고했다. 누구든 **그 목으로** 바벨론의 **멍에를 메지 않**는 나라는 하나님이 **칼**과 **기근**, **전염병**으로 징벌하실 것이다(참고. 13절; 14:12). 예레미야는 거짓 **선지자**들의 말을 듣지 말라고 청중에게 경고했는데, 이것은 이 장에 나오는 세 번의 언급 중에 첫 번째 것이다(9, 14, 17절). 그들은 **복술가**나 **꿈꾸는 자**, **술사** 혹은 **요술자**로 자신을 나타냈을 것이다. 거짓 교사들은 바벨론에 성공적으로 반역할 것이라고 약속했지만, 결국 **거짓**이 되었다. 하나님은 반역한 모든 **나라**를 제거하겠다고 맹세하셨다. 바벨론의 권위에 굴복하는(**그 목으로 멍에를 멘**) 사람들만 그들의 **땅**에 남도록 허락받을 것이다.

(2) 시드기야에게 주는 메시지(27:12-15)

27:12-15. 예레미야는 **유다의 왕 시드기야**에게 동일한 메시지를 두 부분으로 주었다. 먼저, 하나님은 시드기야에게 **바벨론 왕의 멍에를 목에 메고** 계속 봉신 왕으로 섬기라고 명령하셨다. 만약 그가 바벨론을 섬기지 않겠다고 한다면, 하나님의 심판이 **칼과 기근과 전염병**으로 유다에 올 것이다. 둘째, 하나님은 승리를 예고하고 **거짓**을 예언했던 거짓 **선지자**를 신뢰하지 말라고 그에게 경고하셨다. 하나님이 **그들을 보내지 아니하셨**기 때문이다.

(3) 제사장과 백성들에게 주는 메시지(27:16-22)

27:16-22. **제사장**들과 **모든 백성**에게 주는 예레미야의 메시지는 약간 달랐다. 예레미야는 바벨론으로 가져간 **여호와의 성전의 기구**(참고. 왕하 24:13; 단 1:1-2)가 곧 되돌아올 것이라고 예고하던 거짓 선지자들의 **말을 듣지 말라고** 그들에게 주의시켰다(16절). 하지만 이와는 정확하게 반대되는 일이 일어날 것이다. **여고니야**의 강제 추방 당시 사라지지 않고 (왕궁의 기물과 함께) 주님의 집에 그때까지 남아 있던 기구들이 **바벨론으로 옮겨져** 하나님의 심판이 마무리될 때까지 거기에

남아 있을 것이다(19-22절). 그 뒤에야 하나님은 **그것들을 되돌려두실** 것이다(참고. 왕하 25:13-17; 스 1:7-11).

b. 하나냐의 반대(28:1-17)

(1) 예레미야와 하나냐의 갈등(28:1-11)

28:1-4. 원래의 히브리어 사본에는 장 구분이 없다. 따라서 이 부분은 분명 이전 메시지의 연속이다. 이 메시지는 27장과 동일한 **그해**에, 구체적으로 시드기야 **사 년 다섯째 달**(주전 593년 8-9월)에 주어졌다. 예레미야는 이후에 일어난 사건들 때문에 세밀하게 날짜를 기록했다(17절).

앗술의 아들 하나냐가 예레미야에게 항의했다. 아마 하나냐는 에스겔이 비난했던 "앗술의 아들 야아사냐"의 형제인 듯하다(겔 11:1-3). 그는 여호수아가 제사장들에게 배정해준 또 하나의 마을(참고. 수 21:17-18), 예루살렘에서 북서쪽으로 약 10킬로미터 떨어진 곳에 있는 **기브온** 출신이었고, 따라서 하나냐도 예레미야처럼 제사장 가문 출신일 가능성이 있다.

하나냐는 예레미야의 예언을 정면으로 반박했다. 그는 하나님이 바벨론의 **멍에를 꺾으셨**다고 진술했으며, 바벨론에 굴복하지 말고 맞서서 반역하라고 유다에게 촉구했다(참고. 27:2, 8, 11-12, 17). 하나냐는 반역 이후에 회복이 뒤따를 것이라고 약속했다. 그의 말에 의하면, 하나님은 **여호와의 성전 모든 기구를 이 년 안에** 유다로 되돌리겠다고 약속하셨다(참고. 27:16-22). **여고니야** 왕과 **모든 포로**도 동행할 것이다.

28:5-11. 예레미야는 하나냐의 말에 **아멘**으로 대답할 수 있기를 바랐다(6절). **그러나** 그는 하나냐의 예언이 거짓임을 알았다. 선지자는 그들의 예언이 성취되는가의 여부로 판단할 수 있다. 선지자는 오직 **그 선지자의 말이 응한 후에야** 하나님이 보내신 것으로 인정되었다(8-9절; 참고. 신 18:20-22).

하나냐는 자신이 옳다는 것을 증명하기 위해 **예레미야의 목에서 멍에를 빼앗아**(참고. 27:2) 꺾었다(10절). 이 행동은 하나님이 **이 년 안에 느부갓네살의 멍에**를 꺾으실 것이라는 하나냐의 예언을 극적으로 나타내는 것이었다. **예레미야**는 모욕을 당했지만 거기에 공개적으로 반응하지 않고 **자기의 길을 갔다**(11절).

(2) 하나냐에게 준 예레미야의 메시지(28:12-17)

28:12-14. 예레미야는 하나냐에게 **여호와**께서 주신 세 부분의 메시지를 사적으로 말했다. 먼저, 하나냐의 행동은 다가올 혹독한 심판을 가중시켰다. 거짓 선지자 하나냐는 **나무 멍에들을 꺾었**지만 하나님은 그것들을 부서지지 않는 **쇠 멍에**로 교체하실 것이다(13절). 비유적으로 말하면, 이 쇠 멍에는 예루살렘에 모인 **이 모든 나라**의 목에 채워질 것이다. 그래서 그들은 **느부갓네살을 섬길** 것이며(27:3), **들짐승**도 그렇게 할 것이다.

28:15-17. 둘째, 예레미야는 하나냐가 선지자로서 자격 미달임을 드러냈다. 하나님은 하나냐를 대변인으로 **보내지 아니하셨**지만, 거짓 선지자는 유창한 연설로 **거짓을 믿게** 했다.

셋째, 하나냐가 **여호와께 패역한 말을 하였**기 때문에, 하나냐는 심판을 받아 **지면에서** 제거될(죽을) 것이다. 그때는 이미 '다섯째 달'이었고(1절), 하나냐는 두 달 뒤인 **그해 일곱째 달**에 죽었다(17절). 이 죽음을 통해서 하나님은 자신의 참 선지자 예레미야를 신원하고 거짓 선지자 하나냐를 심판하셨으며, 제사장과 모든 백성에게 예레미야의 정확성을 입증하셨다.

3. 예레미야와 유배 중인 거짓 선지자의 갈등 (29:1-32)

a. 포로들에게 보낸 예레미야의 첫 번째 편지 (29:1-23)

(1) 서문(29:1-3)

29:1-3. 하나냐 같은 거짓 선지자들의 말과 영향력은 바벨론에 있는 이스라엘 포로들에게까지 미쳤다. 그래서 예레미야는 가능하면 이 영향력을 없애고자 편지를 썼다. 예레미야는 **포로**민의 **장로들과 제사장들과 선지자들** 그리고 **여고니야 왕과 왕후**와 함께 강제 추방된 사람들(참고. 왕하 24:8-17; 렘 13:18; 22:24-27; 단 1:1-2)에게 예루살렘에서 **보낸 편지**를 자신의 책속에 넣었다. 이 강제 추방은 주전 597년에 일어났고, 따라서 예레미야의 편지는 그 이후에 쓰였다.

(2) 장기 유배에 대한 선언(29:4-14)

29:4-9. 하나님은 거짓 선지자들의 가르침과 완전히 반대로, 바벨론에 오래 머물 준비를 하라고 포로들에게 말씀하셨다. 유배 중에 그들은 **집을 짓고, 텃밭을 만들고, 아내를 맞이하여 자녀를** 두고, **거기에서 번성하고 줄어들지 아니**해야 했다(6절). 그들은 그곳에 정

착해서 유배 중에 자신을 위한 삶을 일구어야 했다. 바벨론의 신속한 붕괴를 소망하는 대신, 그들은 **그 성읍의 평안**을 구하라는 명령을 받았다(7절). 예레미야는 바벨론을 **위하여 여호와께 기도하라**고 그들에게 말하기도 했다. 속히 귀환할 것이라는 **선지자들**과 **점쟁이**(참고. 27:9)의 말은 하나님의 **이름으로 거짓**을 **예언**하는 것이었다(8-9절). 하나님은 분명히 밝히셨다. **내가 그들을 보내지 아니하였다.**

29:10-14. 하나님의 **칠십 년** 심판이 찼을 때에야 포로들은 유다로 돌아갈 것이다(참고. 25:11-12). 그 뒤에 하나님은 포로들을 그들의 땅으로 **돌아오게 하리라**는 자신의 **선한 말**을 **성취하**실 것이다. 70년의 유배는 유다에게 **미래**와 **희망**을 주시려는 하나님의 **생각**의 일부였다(11절). 유배의 끝(심판의 시기의 끝)에 하나님이 자기들에게 **평안**을 주시고 **재앙**을 내리지 **아니**하실 것을 사람들이 깨달았을 때, 그들은 용기를 낼 것이다.

심판은 포로 된 자들이 하나님을 전심으로 **구하**게 했고(참고. 단 9:2-3, 15-19), 하나님은 그들이 **부르짖**을 때 자기가 **들을 것**이라고 약속하셨다. 또 그들이 온 마음으로 하나님을 '구할' 때, 그들을 '만날' 것이라고 약속하셨다. 이 구절들은 그리스도에 대해 한 번도 듣지 못한 사람이라도, 그가 창조 세계 안에 존재하는 하나님의 빛에 올바르게 응답하고 그분을 진심으로 구하면, 그리스도에 대한 의식적인 믿음 없이도 구원받을 수 있다는 생각을 지지하는 데 때때로 사용되었다. 하지만 이런 이해는 이 약속을 그 신학적, 문학적 문맥에서 떼어낸다. 이들 유다 포로들은 하나님의 특별 계시를 받았다. 그 계시는 이런 유배를 예언했는데 그들이 돌이켰을 때, 유다 백성이 주님께 돌아와 '전심으로 그분을 찾을 때', 유배 이후 그 땅으로 돌아갈 것을 예언했다. 레위기 26:33-45, 신명기 4:25-29과 30:1-3을 보라. 이것은 하나님이 이미 자신과 언약적 관계에 있던 한 백성에게 하신 보장이고, 그런 관계가 아닌 사람들에게 적용될 수 없다. 예수님에 대해 한 번도 듣지 못한 사람들을 고려할 때, 이 본문은 도움이 되지 않는다. 더 많은 관련 본문을 참고하길 원한다면, 로마서 1:18-23과 3:9-19에 대한 주석을 보라. 로마서는 하나님의 역사가 개입하지 않으면, 거듭나지 않은 마음의 지시로는 그 누구도 하나님을 향한 탐색을 시작할 수 없다고 명백하게 말한다.

일단 그들이 주님께 돌아오면, 주님은 그들이 쫓겨났던 모든 **나라**로부터 그들을 **모아** 그들의 땅으로 **돌아오게 하**실 것이다(29:14). 유다 백성들은 영적 부흥이 아니라 고레스의 칙령 덕분에 바벨론에서 돌아왔다. 하지만 **미래**에는 온 이스라엘 백성이 주님의 이름을 부르고 예수님을 구주로 인정할 것이다(슥 12:10). 모든 **나라**로부터 이러한 회복이 있을 것이며, 따라서 이것은 바벨론에서의 귀환을 넘어 메시아가 자신의 왕국을 세우시는 마지막 때에 벌어질 이스라엘의 재집결을 내다보는 것 같다.

바벨론 유배 혹은 로마의 추방과 같이, 이스라엘을 그들의 땅에서 내쫓는 목적은 죄로 인한 심판 그 이상이었다. 보다 큰 목적은 이스라엘을 하나님께로 돌아오게 하는 것이었다(참고. 신 30:1-10). 삶에서 어려움에 직면할 때마다, 우리는 하나님이 우리에게 선한 계획을 갖고 계신다는 사실을 기억해야 한다. 그 계획은 어려움 자체까지 포함한다. 우리는 그분을 부르고, 그분께 기도해야 한다. 또한 그분이 귀 기울이고 계심을 알아야 한다. 시련에 맞닥뜨렸을 때, 우리는 화를 내며 하나님을 멀리하는 대신에 전심으로 그분을 구하고, 계속 성경을 읽고, 지역 교회의 교제 안에 머물며 주님이 선한 결과로 인도하시기를 기대해야 한다(29:11-14; 롬 8:28; 약 1:2-4; 히 10:19-25).

(3) 거짓 선지자들에 대한 경고(29:15-23)

29:15-20. 예레미야의 메시지는 **바벨론**에 있는 유다의 거짓 **선지자**가 전한 메시지와 상반되었기 때문에, 백성들은 예레미야의 메시지를 거부했다. 분명히 이 선지자들은 예루살렘의 평안과 유배 중인 이들의 신속한 귀환을 선포하고 있었다(참고. 28:2-4). 예레미야는 포로가 되지 않은 이들에게 **칼**과 **기근**, **전염병**이 정해졌다고 선언함으로써, 그들의 낙관적인 예측을 산산이 부수었다(14:12에 대한 주석을 참고하라). 예레미야는 이전의 **무화과** 환상을 그들에게 상기시켰다(참고. 24:1-2). 예루살렘에 남아 있는 이들은 상해서 터진(몹쓸) **무화과**같이 어디에도 쓸모가 없었기 때문에, 버리기로 결정했다. 여전히 그들은 **듣지 않**을 것이다(참고. 24:8-9).

29:21-23. 예레미야는 바벨론에 있는 두 거짓 선지

자를 지목했는데, 그들은 **거짓을 예언**하고 **그 이웃의 아내와 간음**을 저질렀던 **골라야의 아들 아합**과 **마아세야의 아들 시드기야**였다. 주님은 **그들을 느부갓네살의 손에** 넘겨주어 심판하실 것이다. 그들은 바벨론을 대적했기 때문에 공개적으로 처형되어 **불살라 죽**을 것인데, 이는 바벨론에서 종종 사용되던 처형 방법이었다(참고. 단 3:6, 11, 15, 17, 19-23). 불에 타 죽는 것은 포로들에게 **저줏거리**의 상징이 될 것이다. 이 거짓 선지자들은 느부갓네살이 예루살렘을 함락시키지 못할 것이라고 말했다. 바벨론이 예루살렘을 함락시켰을 때 그들은 오만하여 강력한 바벨론에 맞섰고, 결국 맨 처음 죽음을 당한 사람들의 무리에 속하게 되었다.

b. 포로들에게 보낸 예레미야의 두 번째 편지 (29:24-32)

(1) 예루살렘에 보낸 스마야의 편지(29:24-29)

29:24-29. 예레미야가 포로들에게 첫 번째 편지(1-23절)를 보낸 이후에, 바벨론에 있는 또 다른 선지자 **스마야**가 예루살렘에 있는 **제사장 스바냐**와 **모든 제사장**에게 **예레미야를 책망**하라고 촉구하는 편지를 썼다(25-28절). 그런데 그 글이 예레미야에게 **읽혀졌**고(29절), 그 뒤에 예레미야는 스마야의 편지 본문을 인용하면서 포로들에게 두 번째 편지를 썼다.

(2) 스마야의 비난(29:30-32)

29:30-32. 예레미야는 스마야의 편지 본문을 인용하면서(24-28절), 거짓 선지자를 심판하신다는 내용이 담긴 하나님의 말씀을 전했다. 하나님은 **스마야와 그의 자손**을 모두 벌하실 것이다. 그들은 살아서 주님이 자기 **백성**을 위해 **행하려** 하시는 (30-33장에서 설명될) **복된 일**을 **보지 못**할 것이다. 스마야는 **패역한 말을 하였**고 백성들이 **거짓을 믿게 하**였기 때문에 주님의 복을 누릴 권리를 박탈당했다.

C. 이스라엘과 유다를 위한 미래의 위로 (30:1-33:26)

이 예언 단락은 '위로의 책'이라고 불린다. 이 단락은 이스라엘과 유다의 궁극적인 회복 및 축복에 대한 시적 서술이다. 하나님의 백성을 심판하는 때가 분명히 있을 것이지만, "야곱의 환난의 때"(30:7) 이후에 이스라엘과 유다는 자기 땅으로 돌아가서 한 나라로 통일되어, 하나님께로 회복될 것이다. 새 언약과 구속의 약속이 여기에 있다. 이 예언들은 유다의 임박한 상황을 넘어서 메시아의 시대를 지시한다.

1. 이스라엘과 유다의 회복이 선포되다(30:1-24)

a. 이스라엘과 유다의 물리적 구원(30:1-11)

(1) 유다의 귀환(30:1-3)

30:1-3. 이스라엘의 하나님 여호와께서 위로의 약속을 **책에 기록하여** 예루살렘이 함락된 이후 포로들이 볼 수 있게 하라고 예레미야에게 말씀하셨다. 이 책은 하나님이 자기 **백성 이스라엘과 유다**의 **포로를 돌아가게 할 날이 오리**라는, 소망을 선포할 것이다. **날이 오리니**라는 어구는 바벨론에서의 귀환이라는 임박한 미래를 넘어 마지막 때를 기대하는 종말론적 표식이다(3:16; 참고. 16:14-16; 23:5-6; 31:3, 31; 31:27; 50:1에 대한 주석을 보라).

그러나 모든 예언 자료에서처럼 우리는 '단축'(foreshortening) 혹은 '압축'(telescoping)의 원리를 기억해야 한다. 다시 말해 예레미야가 이 모든 예고를 하나의 연속된 일련의 사건으로 보았더라도, 시간의 공백이 끼어들면서 이 예고들은 오랜 시간에 걸쳐 성취되었다. 예를 들면, 고난받는 메시아와 통치하는 메시아에 관한 예언이 함께 나타나지만, 이 예언들(예를 들어 사 9:6-7; 61:1-2)은 적어도 2,000년 이상 떨어진 두 차례의 서로 다른 그리스도 출현을 서술한다. 마찬가지로 예레미야는 몇몇 동일한 본문에서 바벨론 포로 이후 유다의 회복과 아직 성취되지 않은, 미래의 메시아 시대에 있을 유다의 회복을 서술했다(31:15-20, 참고. 50:1에 대한 주석을 보라). 따라서 우리는 '다가오는 날'에 관해 예레미야의 예고 중에서 다양한 부분이 바벨론 포로 귀환 때 이미 성취되었다고 해석하는 데 주의해야 한다(50:1에 대한 주석을 보라).

첫 번째 다가오는 날과 관련된 하나님의 첫 약속은 **이스라엘**과 **유다** 나라를 포로에서 다시 **돌아오게** 하신다는 것이다. 하나님은 그들에게 주신 **땅으로 돌아오게** 하겠다고 약속하셨다(참고. 신 30:3-5). 남 왕국과 북 왕국이 둘 다 귀환할 것이라는 이 약속은 이 단락의 서론 역할을 하면서 머지않아 자신들의 땅을 몰수당할 사람들에게 소망을 제시했다.

(2) 회복에 앞서 야곱이 겪을 환난의 때(30:4-7)

30:4-7. 이스라엘과 유다가 그 땅으로 가는 최종 귀

환에 앞서 민족적 환난의 시기가 있을 것이다. **무서워 떠는** 외침이 야곱의 환난 때에 이스라엘의 거주민 가운데서 들릴 것이고, 그때에는 **평안**이 없을 것이다. 예레미야는 두려움에 사로잡힌 사람의 고뇌를 **해산**하는 여자에 비유했다(참고. 4:31; 6:24; 13:21; 22:23; 49:24; 50:43). 다가오는 재난은 **그와 같은 날이 없**을 만큼 끔찍할 것이다(참고. 마 24:21; 단 12:1).

이것이 여호와의 날 혹은 대환난으로도 알려진 **야곱의 환난의 때**이다. 이는 이스라엘이 예수님을 메시아로 인정할 때 이스라엘의 물리적, 영적 구원에서 절정에 이를 심판의 때이다(슥 12:10-13:1에 대한 주석을 보라). 이 시기에는 바벨론(주전 586년)이나 로마(주후 70년)에 의한 예루살렘 함락보다 훨씬 극적인 사건들을 포함하여, 이스라엘의 죄에 대해 전례 없이 심판하는 때(참고. 마 24:21; 단 12:1; 겔 30:3; 욜 1:15; 2:1-2; 암 5:18-20; 미 1:2-5; 습 1:2-3:8)가 포함된다(마 24:21-22에 대한 주석을 보라).

야곱이라는 단어를 사용하여 민족 전체를 나타내고, 종말론적 노래를 통해 주님의 신실하심을 바라본다. 하나님은 이스라엘이 **환난**(슥 14:1-8, 12-15)**에서 구하여 냄**을 얻을 것이라고 약속하셨기 때문에, 환난을 당해도 모든 것을 잃지는 않을 것이다. 하나님은 자신이 선택한 백성의 생존과 궁극적인 복을 약속하셨기 때문이다(창 12:1-3; 17:1-14; 사 41:8-11; 렘 31:35-57).

일부 해석자들은 **야곱의 환난의 때**가 바벨론의 공격으로 인한 유다 함락이라고 여긴다. 하지만 이 사건들은 종말론적 용어인 **그날**과 연결되기 때문에, 그럴 가능성은 없다. 더 나은 해결책은 이 구절이 이스라엘과 유다의 남은 자가 전무후무한 박해의 때(**그와 같이 엄청난 날이 없으리라**)를 경험할 아직 성취되지 않은 미래의 환난 시기를 가리킨다고 보는 것이다(단 9:27; 12:1; 마 24:15-22). 이 환난은 이스라엘이 믿음으로 메시아 예수님을 부르는 결과를 낳을 것이다(슥 12:10-13:1). 그때 주님이 등장하여 이스라엘을 구원하고(롬 11:26), 자신의 나라를 세우고(마 24:30-31; 25:31-46; 계 19:11-21; 20:4-6), 물리적이고도 영적인 구원을 이스라엘에게 주실 것이다.

(3) 주님이 주시는 회복과 구원(30:8-11)

30:8-9. 하나님은 **그날에** 이스라엘을 구원하러 오실 것이고, 그들은 **다시는 이방인을 섬기지 않**을 것이다. 덧붙여 그들은 **여호와를 섬길** 것이고, 하나님이 그들을 위해 **세울 그들의 왕 다윗**의 권위에 복종할 것이다. 많은 학자들이 이곳과 아래의 본문을 다윗의 혈통에서 태어나는 그리스도에 대한 언급이라고 이해한다. 다른 학자들은 여기서 다윗의 이름이 언급되기 때문에, 이것을 문자 그대로 부활한 다윗이라고 이해한다. 하지만 이곳이나 이와 비슷한 다른 본문(겔 34:23-24; 37:24-25; 호 3:5)을 통일 이스라엘의 미래 회복에 대한 언급으로 이해하는 것이 최선인 것 같다(50:1에 대한 주석을 보라). 다윗이라는 이름은 부활한 다윗 왕이 아니라 다윗의 집 자손, 메시아 예수님과 관련이 있다(겔 34:23-24에 대한 주석을 보라). 메시아의 나라에서 메시아 왕, 다윗의 자손이 다윗의 보좌에 앉아 다스릴 것이다. 예수님은 신약에서 자주 다윗의 자손으로 규정된다(눅 1:32; 마 1:20 막 10:47; 행 13:23; 딤후 2:8; 계 5:5).

이것은 메시아 왕, 곧 다윗의 아들이 예루살렘에서 다스릴 미래(**그날에**)를 가리킨다. 선지자들이 예고했듯이, 바벨론 포로기부터 메시아가 오실 때까지 이스라엘에는 왕이 없었다. 오늘 우리는 이 땅 위에서 자신의 나라를 다스릴 왕의 귀환, 메시아 예수님의 재림을 기다린다(호 3:4-5). 여기서 예레미야는 메시아 시대에 이루어질 먼 미래의 회복(30:3)에 대해 말한다. 그때 하나님은 유다와 이스라엘을 자기와 새로운 관계로 이끄실 것이고, 이방 나라들을 심판하실 것이다(참고. 3:16, 18; 16:14; 23:5, 7, 20; 30:3, 24; 31:27, 29, 31, 33, 38; 33:14-16; 48:12, 47; 49:2, 39: 50:4, 20; 51:47, 52). **야곱의 환난의 때**와 그들이 **여호와와 그들의 왕 다윗을 섬기**는 **그날** 모두 아직 성취되지 않은 미래이다. 그날에 하나님은 이스라엘을 정결하게 하고, 열방을 심판하고, 신명기 30:1-10과 예레미야 31장에 약속된 회복을 성취하실 것이다.

30:10-11. 하나님은 **야곱**에게 **두려워하지 말라**고 말씀하셨으며, 하나님의 회복 약속은 **이스라엘**에게 소망을 주기 위한 것이었다. 하나님이 이스라엘을 **먼 곳으로부터 구원**하겠다고 약속하셨기 때문에, 이스라엘은 '놀랄' 필요가 없었다. 하나님이 손을 뻗어 자기 백성을 구하지 못할 정도로 먼 나라는 없을 것이다. 하나

님이 그들을 그들의 땅으로 이끄실 때, 예레미야의 시대에는 없었고(참고. 8:11) 지금도 이스라엘이 기다리는 평화와 안전 가운데 그들은 **태평과 안락**을 누리며 살 것이다.

하나님은 이스라엘과 유다가 **흩어**졌던 **그 모든 이방**을 완전히 **멸망시키**실 것이다. 또한 하나님은, 이스라엘과 유다를 **징계**하시더라도 그들을 완전히 **멸망시키지 않**을 것이라고 확약하셨다. 모든 심판은 공정하게 (**법에 따라**) 이루어져서(참고. 10:24; 46:28), 선택된 백성에 대한 그분의 징벌은 그분의 신실하심으로 누그러질 것이다.

b. 시온의 영적 치유(30:12–17)

이 영적 치유의 기간은 바벨론에서의 귀환이 아니라 종말의 때를 바라본다. 오직 그때에야 하나님은 이스라엘의 대적을 파괴하시고 이스라엘의 죄악을 제거하실 것이다.

(1) 이스라엘의 죄가 초래한 상처(30:12–15)

30:12–15. 이스라엘의 상황은 치명적이었다. 이스라엘의 **상처**는 **고칠 수 없**는 것처럼 보였고(6:14), 아무도 이스라엘의 **상처**에 맞는 **약**을 줄 수 **없**었다. 가능한 **처방도 없**는 듯했다. **사랑하던 자**들, 곧 이스라엘이 그렇게 큰 소망을 두었던 동맹국들은 그를 **잊**었다. 하나님마저 **원수**가 하듯이 이스라엘에 상처를 입히셨고(**고난을 받게 하며**), 그들의 **죄** 때문에 그를 벌하셨다.

(2) 이스라엘의 상처를 치유하실 하나님 (30:16–17)

30:16–17. 이스라엘의 상황은 절망적인 것 같았지만, 하나님은 이스라엘의 불운을 역전시키겠다고 약속하셨다. 이스라엘을 잡아먹는 자들은 하나님께 **잡아먹힐 것**이다. 하나님은 이스라엘의 **대적**을 포로로 보내실 것이고, 이스라엘을 약탈하려고 하는 자들을 **탈취**하실 것이다. 동시에 하나님은 이스라엘을 **고쳐** 영적으로 건강하게 만들겠다고 약속하셨다. 그분은 버림받은 백성을 위해 개입하실 것이다. 이스라엘은 자기들을 돌보는 자(**찾는 자**)가 아무도 없다고 말했지만, 주님은 **시온**을 돌보셨다.

c. 이스라엘의 물질적, 영적 축복(30:18–22)

이 단락에 서술된 사건들은 바벨론에서의 귀환을 넘어 마지막 때에 일어날 일련의 사건을 자세히 보여준다(50:1에 대한 주석을 참고하라).

30:18–20. 하나님이 **야곱**의 **장막** 재건에 직접 관여하실 것이다(32:44; 33:11, 26; 참고. 신 30:3). 왕궁(**보루**)을 포함한 예루살렘 성읍은 **그 폐허…위에 건축될 것**이다. 바벨론의 침략으로 사라졌던 **감사하는** 축제의 **소리**와 **즐거워하는 자들의 소리**(참고. 7:34; 16:19; 25:10)가 예루살렘에서 다시 들릴 것이고, 하나님은 유다의 수가 늘어나게 하실 것이다(참고. 신 30:5). 이스라엘은 하나님 앞에 안전하게 세워질 것이고, 하나님은 [이스라엘을] **압박하는 모든 사람**을 **벌하**실 것이다.

30:21. 그들의 **영도자**는 어떤 이방인 폭군이 아니라, **그들 중에서 나오**는 한 사람일 것이다(참고. 9절). 주님이 **그를 가까이 오**게 하여 봉직하게 하실 때, 이 통치자는 하나님께 **가까이** 갈 것이다. 승인받지 않은 채 하나님의 임재에 다가가면 죽음의 징벌을 받았기 때문에(출 19:21; 민 8:19), 이 지도자가 하나님께 가까이 가는 것은 지도자의 영적 자격을 나타낸다.

월터 카이저(Walter Kaiser)는 이 단락을 메시아에 대한 묘사로 규정한다. **영도자**[*'addir*, 아디르]로 번역한 히브리어 단어는 '영광스러운 분'으로 번역하여 신적인 기원을 나타낼 수 있다. 이 단어는 주님이나 하나님에 대해 네 번 사용되었다. 그렇지만 이 영광스러운 통치자는 메시아에 대해 예고되었듯이(창 49:10; 신 18:15), **그들 중에서 나올 것**이다. 즉, 유다 백성 출신일 것이다. **내가 그를 가까이 오게 하리니 그가 내게 가까이 오리라**는 이 통치자의 제사장 직무를 가리킨다. '가까이 오다' 혹은 '나오다'(출 24:2; 민 16:5)라는 말은 '제사장의 직무에 종사하다'라는 뜻이다. 이런 전문적인 분야에서 하나님께 가까이 가는 특권은 하나님이 제사장 직무를 위해 구별한 사람들에게만 속한다. **참으로 담대한 마음으로 내게 가까이 올 자 누구냐**라는 마무리 도전은 오직 메시아만이 영광스러운 통치자-제사장의 직무를 맡을 자격이 있음을 암시한다[W. C. Kaiser Jr., *The Messiah in the Old Testament* (Grand Rapids, MI: Zondervan, 1994), 189-190.《구약에 나타난 메시아》(크리스찬출판사)].

30:22. 예레미야는 곧이어 메시아의 사역 결과를 묘사했다. **너희는 내 백성이 되겠고 나는 너희들의 하나님이 되리라**. 이스라엘과 하나님의 이런 이상적 관계

는 구약에서 여러 차례 표현되었다(참고. 레 26:12; 신 7:6; 26:16-19; 렘 7:23; 11:4; 24:7; 31:1, 33; 겔 11:20; 14:11; 34:30; 36:28; 37:23, 27; 호 2:23; 슥 8:8; 13:9). 이스라엘은 마침내 메시아 왕의 지도 아래서 하나님이 항상 원하셨던 하나님과의 관계를 경험할 것이다.

d. 악인들에 대한 심판(30:23-24)

30:23-24. 예레미야는 23:19-20에 기록된 것과 비슷한 메시지를 되풀이했다. 하나님의 복을 경험하기 전에, 하나님은 죄를 심판하셔야 한다. 하나님의 **노여움이 악인을 향해 분출될 것이다.** 이 말씀은 23:19-20에서 거짓 선지자에게 적용되었지만, 여기서는 이스라엘을 반대했던 악한 민족들에게 내리실 하나님의 심판을 가리킬 것이다(참고. 16-20절). 하나님의 맹렬한 **진노는 그의 마음의 뜻한 바**를 성취했다. 이 메시지의 온전한 의미는 **끝 날에**[주님의 날을 가리키는 종말론적 표현, 23:20; 창 49:1]야 이해될 것이며, 이는 심판이 지나고 난 이후의 시점을 가리킨다.

2. 새 언약: 이스라엘의 소망(31:1-40)

31:1. 원래의 사본에는 장 구분이 없기 때문에, 이 절은 30:23-24의 '끝 날'에 관한 본문과 연결되어야 한다. 이 절은 하나님이 땅을 심판하신 결과를 설명하고, 또 이에 뒤따르는 민족적 회복에 관한 단락의 도입 역할을 한다. 하나님은 세상의 죄를 심판하실 때, 또한 메시아 시대에 모든 이스라엘을 회복하겠다고 약속하셨다. 유다 지파만이 아니라 **이스라엘 모든 종족**이 하나님의 백성으로 알려질 것이다(참고. 30:22). 그러한 회복의 필수 요소에는 31장의 주요 주제인 새 언약 체결이 포함된다.

a. 이스라엘의 민족적 회복(31:2-22)

31:2-6. 하나님은 주전 721년에 앗수르에게 함락된 북 왕국의 회복까지도 확약하셨다. 하나님이 새로운 출애굽을 위해 그들을 광야로 이끄셨을 때, **칼에서 벗어난** 자들은 하나님의 **은혜**도 경험할 것이다(참고. 16:14-15; 23:7-8; 호 2:14-15). 하나님이 개입하여 이스라엘 민족에게 **안식**을 주실 때, 오랜 유배 기간의 혼란은 그칠 것이다.

하나님이 자기 백성에게 자유롭게 베풀어주실(참고. 호 11:4; 14:4; 습 3:17) **영원한 사랑**[아하바(*ahabah*), 31:3]과 **인자함**[헤세드, 참고. 9:24; 32:18; 애 3:32; 단 9:4] 때문에 하나님은 이스라엘 민족을 회복시키실 것이다. 하나님은 아브라함(창 15:7-21), 다윗(삼하 7:12-16)과 무조건적인 언약을 맺으셨을 뿐만 아니라, 시내산에서 이스라엘과 또 다른 언약을 맺으셨다(출 19:3-8; 레 26장; 신 28:1-30:10). 하나님은 자신의 언약을 신실하게 유지하겠다고 맹세하셨다. 그래서 이스라엘은 하나님의 복을 경험할 것이라고 기대할 수 있었다. 이스라엘 백성들은 **처녀 이스라엘**이라고 불렸다(31:4). 미래에 이스라엘은 하나님의 은혜로 용서받아 **다시 세움을 입을** 것이기 때문에, 하나님은 언젠가 그들을 순결하고 결백하다고 보실 것이다.

예레미야는 하나님의 이스라엘 회복에 대해 세 가지 이미지를 제시했다. 먼저, 그때는 '새로운 기쁨의 때'가 될 것이다. 이스라엘은 다시 한 번 **소고**를 들고 **즐거워하는 자**들과 함께 **춤출** 것이다(4절). 포로기가 끝나고 메시아가 자기 나라를 세우실 때, 슬픔의 때가 그칠 것이다(참고. 시 137:1-4; 렘 16:8-9; 25:10-11). 둘째, 그때는 백성들이 **사마리아 산들에 포도나무들을 심는** '평화와 번영의 때'가 될 것이다(5절). 그들은 외부의 위협에서 벗어나, 자신들의 열매를 즐길 수 있을 것이다(참고. 레 26:16; 신 28:33; 미 4:4; 슥 3:9-10). 셋째, 그때는 보다 화려하게 주님께 '새로이 헌신하는 때'가 될 것이다. **에브라임산 위**에 자리 잡은 **파수꾼**(31:6)은 북 왕국 출신의 사람들에게 **시온에 올라가서 우리 하나님 여호와**께 경배하라고 지시할 것이다. 북 왕국이 유다에서 떨어져나간 이후로(주전 930년), 시온에서 이스라엘과 유다가 연합된 예배는 없었다. 메시아 시대에 백성들은 예루살렘에서 예배하면서 다시 한 번 연합될 것이다.

31:7-9. 주님이 주실 큰 구원이 기쁨에 찬 다섯 가지 동사로 묘사된다. '노래하다'(개역개정에는 생략되었다—옮긴이 주), **외치다**, **전파하다**, **찬양하다** 그리고 **말하다**. 백성들은 외칠 것이다. **여호와여 구원하소서**(시 20:9; 28:9; 86:2). **구원하다**를 가리키는 동일한 히브리어 단어가 '호산나', 즉 종려주일에 예루살렘 백성들이 예수님께 외쳤던 말이다(마 21:9). 하나님이 주시는 회복은, 그분의 구원을 기뻐하는 백성들의 노래와 찬양을 동반할 것이다. 하나님은 **땅 끝**에서부터 자기 백성을 **모으**실 것이다. 주님이 구원하지 못할 만큼

하찮거나 미약한 사람은 없을 것이다. 하나님은 **잉태한 여인**과 **해산하는** 여인뿐만 아니라 **맹인**과 **다리 저는 사람**[즉, 가장 취약한 사람들]을 회복하실 것이다. 자신들의 죄가 하나님의 구원으로 인한 기쁨의 눈물로 극복될 것이기 때문에, **큰 무리**가 회개의 눈물로 **울며** 그 땅으로 **돌아올** 것이다(31:9).

하나님이 자기 백성을 고향 이스라엘로 인도하실 때, 그분은 그들의 모든 필요를 공급하실 것이다. 하나님은 백성들을 **물 있는 계곡** 옆으로 인도하실 것이고(참고. 출 15:22-25; 민 20:2-13; 시 23:2; 사 41:18; 49:10), 그들은 **넘어지지 아니하**도록 **곧은길**을 걸을 것이다. 이것은 영적인 공급과 인도하심을 나타낸다. 하나님은 이스라엘과 맺은 특별한 관계 때문에 이 모든 일을 하실 것이다. 하나님은 **이스라엘의 아버지요**(31:9; 참고. 신 32:6; 사 63:16; 64:8; 렘 3:4, 19; 마 6:9), (이스라엘의 북쪽 지파를 강조하는) **에브라임**은 그분의 **장자이**다(참고. 출 4:22). 예레미야는 자기 백성을 향한 하나님의 깊은 사랑을 보여주기 위해, 그분과 이스라엘을 부자 관계로 묘사했다(참고. 호 11:1, 8).

31:10-14. 주님은 **목자가 그의 양 떼에 행함같이** 다정함과 긍휼로 이스라엘을 **모으**실 것이다(참고. 23:3; 미 2:12; 5:4; 7:14). 주님은 **야곱**에게 영적으로 복을 주시고, **구원**하고[파다(*padah*), 재정을 지불하여 노예 상태에서 벗어나게 하는 것—옮긴이 주], **속량**하실[가알(*gaal*), 가족 구성원이 고통을 제거하거나 잘못을 보복하거나 빚을 갚기 위해 친족 대신에 하는 행동에 사용, 룻 4:1; 호 13:14] 것이다. **그들이 와서 시온의 높은 곳에서 찬송**할 것이다(31:12). 그들은 **여호와의 복**[토브(*tov*), '선함']으로 인해 **크게 기뻐**할 것이다. 곡물(참고. 5절)과 가축의 축복이 있을 것이다. 이스라엘은 그런 물질적 축복을 누려 **다시는 근심이 없는 물댄 동산**에 비유될 것이다. **슬픔**과 **근심**이 **기쁨**으로 대체될 때, 이렇듯 부어지는 축복은 **청년**부터 **노인**까지 기쁨을 낳을 것이다(참고. 4, 7절; 33:10-11). 번영을 누리는 예배자들이 많은 제물을 가져올 것이고, **제사장**들이 풍요(**기름**)롭게 될 것이다(레 7:34).

31:15-17. 이스라엘의 미래의 소망은 확실하다. 이것은 예레미야 시대의 불행과 날카로운 대조를 이룬다. **라마**의 외침은 **슬퍼하며 통곡하는** 소리, **라헬이 그 자식 때문에 애곡하는** 소리였다. 이것은 어머니의 슬픔을 나타내는, 가슴 저미는 그림을 보여준다. 야곱이 사랑했던 아내 **라헬**은 요셉과 베냐민의 어머니였다. 요셉은 북 왕국 이스라엘의 두 주요 지파가 된 에브라임과 므낫세의 아버지였다. 베냐민은 남 왕국을 구성한 두 지파 가운데 한 지파의 선조였다. 그래서 예레미야는 라헬을 자기 자식들이 앗수르의 포로로 끌려가는 모습을 지켜보는(주전 722년) 북 왕국 어머니들의 상징으로, 자기 자식들이 살해되거나 바벨론으로 유배되어 **자식이 없어**진 것을 지켜보는(주전 586년) 유다 어머니들의 상징으로 묘사한다.

의미심장하게도 느부갓네살은 예루살렘에서 북쪽으로 8킬로미터 정도 떨어진 베냐민의 한 마을 **라마** 부근, 하맛 평야(39:5)에 본부를 두고, 그곳을 포로들을 바벨론으로 데려가기 전에 집결시키는 강제 추방지로 사용했다(참고. 40:1). 여정을 감당하기에 너무 약하다고 생각되는 이들은 그곳에서 즉시 살해되었다.

하지만 이스라엘과 유다의 여자들이 유배된 자식들을 위해 울 때, 하나님은 **소망**과 위로의 말씀을 전하셨다. **네 울음소리를 멈추어라…그들이 돌아오리라…너의 장래에 소망이 있을 것이라**(29:11에 대한 주석을 보라). 하나님이 회복시키실 것이기에 자녀들은 그들의 땅 이스라엘로 돌아올 것이다. 이것은 메시아 시대에 성취될 약속으로 바벨론에서의 귀환 이상을 의미한다(50:1에 대한 주석을 보라).

이 구절은 가장 친숙한 구절이다. 예수님이 태어나셨을 때, 헤롯이 "베들레헴과 그 모든 지경 안에 있는…두 살부터 그 아래"의 모든 사내아이를 학살한 것과 관련하여 신약에서 인용되기 때문이다(마 2:16). 헤롯이 현자들을 통해 예수님의 탄생을 알았을 때, 그는 아기 메시아를 죽이려고 베들레헴에 있는 두 살 이하의 죄 없는 남자아이들을 전부 죽였다. 마태는 이 비극을 "선지자 예레미야를 통하여 말씀하신 바"가 성취된 것으로 규정했다(마 2:17-18).

마태복음 2:17에서 '이루어지다'(*pleroo*, 플레로오)라는 단어를 사용한 마태의 용법을 이해하는 것이 중요하다. 마태는 구약 예언들의 직접적인 성취를 보도하기 위해 이 동사를 사용했지만(참고. 마 21:4-5와 슥 9:9), 그는 다양한 범주의 예언이 성취된 것을 나타내는 데도 이 단어를 사용했다. [마태가 '이루어지다'(fulfill)라는 동사를 사용하는 다양한 방식 그리고 그가 자신의 복음서에서 성취를 가리키는 다른 방식에 대해서는 다음을 보라. Michael Rydelnik, *The Messianic Hope: Is the Hebrew Bible Really Messianic?* (Nashville: B&H, 2001), 95]. 특별히 이 인용문에서 마태는 '이루어지다'라는 단어를 '적용된 성취'의 의미로 사용했다. 이런 용법은 고대의 예언 본문과 당대의 연관성을 강조한다. 따라서 마태는 성경이 현재와 지속적인 연관성을 갖고 있음을 보여주기 위해 예레미야 31:15을 인용하여, 정말로 이 예언의 언어를 무고한 사람의 살해라는 비극적 상황에 적용했다. 예레미야가 유다의 어머니를 대표하는 라헬이 자기 자식들의 죽음과 유배에 우는 모습을 묘사했듯이, 악한 헤롯이 자기 자식들을 살해할 때 유다의 어머니들은 다시 한 번 애곡했다. 그리고 십자군과 나치, 현대의 테러리스트들의 손에 자식이 살해당했을 때, 계속해서 라헬은 탄식하며 위로를 거절해왔다. 애석하게도 이 성경 구절은 수백 년의 유다 역사와 지속적으로 연관되어왔다 (Rydelnik, *The Messianic Hope*, 104-108).

31:18-20. 예레미야는 **에브라임**[이스라엘]이 주께로 돌아올 때 표현할 슬픔과 수치, 뉘우침을 기록하며 이 단락을 마무리했다. 이스라엘은 **멍에에 익숙하지 못한 송아지**처럼 행동했지만, 그는 주님께 돌아와 뉘우치고, **교훈을 받**을 것이다. 하나님은 결국 이스라엘을 **깊이 생각하**실 것이다. 자기 백성을 위해 주님의 **창자가 들끓고**(큰 긍휼을 품고), 이스라엘이 아버지께 돌아올 때 주님은 그들을 **불쌍히 여기**실 것이기 때문이다(참고. 31:9; 호 2:16-23; 롬 11:28-29).

31:21-22. 이 구절들의 명령형은 이스라엘의 귀환 준비가 긴급함을 보여준다. **세우라**, **만들라**, **두라**, **돌아오라**[2회]. 하나님은 포로들에게, 그들이 바벨론으로 갈 때 **이정표**와 **푯말**을 **세워서** 고향으로 갈 길을 기억하라고 요청하셨다. 그들은 하나님이 약속하신 회복의 때에, 자기 **성읍들**로 돌아가기 위해 이 정보가 필요할 것이다(50:1에 대한 주석을 보라).

이 약속된 회복의 때는 하나님이 **새 일을 세상에** 창조하실 때처럼 놀라울 것이다. 이 새로운 사건은 **여자가 남자를 둘러싸리라**['에워싸다, 포위하다']를 통해 격언조로 묘사된다. 모호한 구절이지만, 여자가 남자를 찾거나 구애하는 개념으로 볼 수 있다. 성경 시대의 유대 문화에서 여자는 남자에게 구애할 수 없었다. 그 대신 신부가 정해진 남편에게 인도되었다(참고. 창 2:22; 24; 29:16-30). 이 둘러쌈은 무언가 이례적인 일을 나타낼 것이다. 여기서 여자는 **반역한** 이스라엘(31:21)이지만, 미래에 그는 주님(진정한 남편이신 하나님)께 돌아와 전심으로 주님을 사랑하며(24:7) 주님과 재결합하기를 요청할 것이다. 이 구절은 혼인 예식에서 신부가 신랑 주위를 일곱 번 도는 유다 관습에 근거한다.

b. 유다의 민족적 회복(31:23-26)

하나님이 이스라엘을 회복하실 때, 그분은 또한 **유다**의 운명을 역전시키실 것이다. **유다**에 살고 있는 자들은 **의로운 처소**[예루살렘, 참고. 사 1:21, 26]와 **거룩한 산**[성전, 참고. 시 2:6; 43:3; 사 66:20]에서 **다시** 축복을 빌 것이다. 그 땅에 다시 사람들이 거주할 것이고, 하나님은 그들의 모든 필요를 채우고 **모든 심령을 만족시키**실 것이다. 이 신탁 전체에서처럼, 예레미야는 바벨론에서의 귀환만이 아니라 종말의 사건과 상황에 대해 말하고 있다.

예레미야는 이 계시(31:23-26)를 꿈으로 주님께 받았고, 그래서 **내가 깨어 보니**라고 기록했다(단 10:9; 슥 4:1). 예레미야의 **잠이 달았다**. 예레미야가 주님께 받은 진리는 자기 백성의 소망에 관한 위로의 예고였기 때문이다.

c. 새 언약(31:27-40)

예레미야는 이 단원의 세 단락을 시작하면서 '보라, 날이 이르리니'라는 히브리어 어구를 사용했다(31:27, 31, 38).

이 어구 '보라, 날이 이르리니'(*hinneh yamim ba'im*, 힌네 야밈 바임)는 이 책에서 15회 사용되었다. 이 어구는 부정적인 의미로 7회 사용되는데, 그때는 유다와 주변 나라들에게 다가오는 파멸을 가리킨다. 일부 부정적 언급은 종말론적 암시를 담고 있다(참고. 7:32; 9:25; 19:6; 48:12; 49:2; 51:47, 52). 나머지 언급은 종말론적이고, 이스라엘의 미래에 펼쳐질 축복의 시기를 가리킨다. 그때 (1) 이스라엘은 그 땅으로 돌아올 것이다 (참고. 16:14-15; 23:7-8; 30:3). (2) 다윗의 의로운 가지가 통일 왕국을 다스릴 것이다(23:5-6; 33:14-15). (3) 이스라엘은 그 땅에서 평화와 번영을 경험할 것이다(27-28절; 33:14, 16). (4) 죄가 정화되고 더불어 새 언약이 시행될 것이다(31-34절). 그리고 (5) 예루살렘 성읍이 다시는 파괴되지 않을 거룩한 성읍으로 재건될 것이다(38-40절). 이 약속들은 이스라엘이 긴 역사를 통해 경험한 모든 것을 넘어선다. 이 약속들은 메시아의 왕국이 세워지는 시기에야 궁극적으로 성취될 것이고, 그때 하나님은 이스라엘 및 유다와 맺은 모든 약속을 성취하실 것이다(33:14).

31:27-30. 31장에서 **보라 날이 이르리니**라는 어구를 세 번 언급한 것은 주님과 그분의 백성이 새 언약에서 맺은 새로운 관계의 세 가지 측면을 소개한다(27, 31, 38절). 첫째, 하나님은 자신의 언약 백성 이스라엘을 새로이 출발하게 해주겠다고 맹세하셨다. **보라**, 미래의 메시아 왕국에서 하나님이 **이스라엘**과 **유다** 민족에게 **사람**과 **짐승**의 **씨를 뿌릴 날이 이르**고 있다(겔 36:8-11; 호 1:11-23). 예레미야는 축복과 번영을 위한 하나님의 역사를 예시하기 위해 농사와 건축의 비유를 사용했다(참고. 1:10). 하나님은 그의 죄 때문에 유다를 심판하고 유다에게 재앙을 주셨지만(**괴롭게 하다**), 그 심판을 **세우며 심**는 것으로 역전시키실 것이다.

이스라엘을 위한 하나님의 일하심은 예레미야 시대에 유행했던 속담을 잠재울 것이다(겔 18:2-4에 대한 주석을 참고하라). 바벨론에 의한 심판에 직면한 사람들은 자기들이 조상의 죄 때문에 하나님께 부당한 징벌을 받는다고 느꼈다. **아버지가 신 포도를 먹었**는데도 **이가 신 것**은 자식들이었다고 여긴 것이다. 그러나 이 속담은 **그때에** 거짓이 될 것이다. 하나님의 정의는 죄인들이 각자 **자기의 죄악으로 말미암아 죽을** 것임을 보장하기 때문이다.

31:31-37. 둘째, 하나님이 자기 백성, 곧 **이스라엘 집**[북 왕국] 및 **유다 집**[남 왕국]과 **새 언약을 맺**으실 **날이 이**를 것이다. 이 언약의 한 측면은 하나님이 **애굽 땅**에서 인도하여 내던 때에 **그들의 조상**들과 맺은 언약과 **같지 않**고 새롭다는 것이다. 옛 언약은 백성들에 의해 깨어졌기 때문이다(참고. 11:1-8). 이전의 언약은 출애굽기와 레위기, 민수기 그리고 신명기에 있는 모세(혹은 시내산) 언약이다(출 19:1-31:18; 34:1-27). 하나님은 시내산에서 내린 자신의 율법을 위반하는 자들에게 가해질 일련의 징벌 혹은 '저주'를 두 번 선언하셨다(레 26:1-46; 신 28:1-68). 마지막 심판은 이스라엘 땅에서 강제 추방되는 것이다.

새 언약은 하나님이 구약에서 이스라엘과 맺은 주요 언약들과 관련이 있고, 아브라함 언약에서 그 전조가 나타났다. 하나님은 아브라함의 씨 안에서 "땅의 모든 족속이 복을 얻을 것이라"라고 약속하셨는데(창 12:3; 22:18), 이는 다가올 메시아를 가리킨다. 신약의 첫 구절은 예수님을 온 세상에게 복이었던 아브라함의 후손으로 규정한다(마 1:1). 메시아 예수님이 율법을 완벽하게 지켜서 그 모든 요구를 성취하셨기 때문에, 새 언약은 모세의 언약을 성취했다. 그분은 마지막 유월절 양(고전 5:7)이요, 속죄제물(고후 5:17; 요일 2:1-2)이셨다. 다윗 언약(삼하 7:8-17)은 영원한 집(후손)과 왕위(왕조) 그리고 나라(땅)를 가질 다윗 혈통의 왕조를 세운다는, 원대한 함의를 지니고 있다. 다윗 언약은 그의 통치로 평화와 공의를 하나님의 백성에게 가져올 한 다윗의 후손을 기대한다. 이 다윗의 아들이 메시아 예수님이다. 새 언약은 유다 백성의 영원성에 대한 약속과 함께 다윗 언약과 연결되어 있다(31:35-37).

하나님은 백성들 앞에 거룩한 행동 기준을 세우셨지만, 악한 마음 때문에 그들은 이 기준을 지킬 수 없었다. 어떤 변화가 필요했다. 임시적인 모세 언약이 영원한 **새 언약**으로 대체될 **날이 이**를 것이다.

이 **새 언약**은 하나님 율법의 내면화를 내포한다. 하나님은 자기 **법**을 모세 언약처럼 돌 위가 아니라(출 34:1) **그들의 속에** 그리고 **그들의 마음에** 두실(**기록할**) 것이다. 백성들은 **여호와를 알라**고 서로 상기시키지 않을 것이다. 그들이 용서받았기 때문에(참고. 사 11:9; 합 2:14) 그들은 이미 하나님을 **다 알** 것이고, 따라서 하나님은 그들을 새 언약 공동체에 포함시키실 것이다. 하나님의 새 언약은 그분의 의로운 기준에 순종하고, 그래서 그분의 복을 누릴 수 있는 내적인 능력을 이스라엘에게 줄 것이다.

에스겔은 하나님이 믿는 자들에게 주실 성령 안에서 이 변화가 일어날 것임을 시사했다(참고. 겔 36:24-32). 구약시대에는 성령이 모든 믿는 자들 안에 보편적으로 내주하지 않았다. 그래서 새 언약의 한 가지 다른 측면은 하나님의 언약 공동체의 '모든' 구성원 안에 성령이 내주하는 것이다(31:33; 롬 8:9).

새 언약은 죄에 대한 하나님의 마지막 규정이 될 것이다. 옛 언약 아래서 백성들의 죄는 시내산 언약에 따라 계속 제물을 바침으로써 일시적으로 가려졌다(출 24:8; 레 17:11; 히 9:1-22). 그렇지만 새 언약의 일부로서, 하나님은 이스라엘의 **악행을 사하시고** 그들의 죄를 **다시는** 기억하지 않으실 것이다. 하나님은 죄를 간과하실 수 없고, 모세의 제사 제도는 죄를 일시적으로 처리하기 위해 세워졌다. 하나님의 의는 죄에 대한 대가를 요구했다. 새 언약 아래서 죄의 형벌은 그분의 고난받는 종, 메시아가 감당하실 것이다(참고. 사 53:4-6; 마 5:17; 요 19:30).

주 예수님은 마지막 유월절에 다락방에서 새 언약을 선언하셨다(주님의 만찬). 예수님은 자신의 피 흘림을 통해 새 언약이 개시될 것임을 시사하셨다(참고. 마 26:27-28; 눅 22:20). 하나님이 죄의 형벌을 단번에 치르기 위해 메시아 예수님을 완전한 제물로 주셨기 때문에, 죄 용서는 새 언약의 일부가 될 것이다(고후 5:17; 롬 6:10; 히 7:27; 9:12; 10:10; 벧전 3:18). 새 언약은 이스라엘과 유다에게 약속되었고, 실제로 예수님의 유대인 제자들에 의해 구현된 이스라엘의 신실한 남은 자들에게서 시작되었다. 하지만 새 언약의 유익은 이스라엘 혼자만이 아니라 훨씬 넓은 범위에 미친다. 이 새 언약의 영적인 측면은 유대인이든 이방인이든 메시아 예수님을 믿는 모든 사람에게 유효하다(고전 11:23-26; 고후 3:6).

새 언약과 이스라엘의 영속적인 관계를 강조하기 위해 하나님은 이스라엘의 존재를 하늘과 땅에 비유하셨다(31:35-37). 하나님이 **해를 낮의 빛으로, 달과 별들을 밤의 빛으로** 임명하셨듯이(창 1:14-19), 하나님은 **이스라엘**을 자신이 선택한 **나라**로 **영원히** 임명하셨다. 해와 달, 별들의 자연적 **법도**를 중단시키는 것이 불가능하듯이, **이스라엘**이 **끊어져 나라가 되지 못하**는 것도 불가능하다. 하나님이 우주를 창조하면서 선보이신 능력은 하나님이 이스라엘을 한 나라로 보존하면서 발휘하시는 능력이었다. 역사 이래 사람들은 이스라엘을 파괴하려고 헛되이 노력해왔지만, 아무도 성공하지 못했고, 앞으로도 그럴 것이다. 하나님의 계획에서 교회가 이스라엘을 대체한다고 주장하는 사람들, 혹은 신약이 이렇게 가르친다고 주장하는 사람들은 이와 같은 약속들을 파악하는 데 실패했다.

유다 백성은 별개의 백성으로 생존할 뿐만 아니라, 주님 **앞에서 영원히** 있는 **나라**가 될 것이다(31:36). 주님은 결코 자신이 선택한 백성에 대한 사랑을 그치지 않으실 것이다. **위에 있는 하늘을 측량할** 수 있고 **땅의 기초를 탐지할** 수 있을 때에만(이런 일은 해와 달을 하늘에서 끌어내리는 것처럼 불가능하다), 하나님은 **이스라엘 자손이 행한 모든 일**로 말미암아 그들을 **버리실** 것이다(롬 11:1-2, 28). 다시 말해 하나님은 자신이 선택한 백성에게 항상 신실하실 것이다.

모세 언약이 그랬듯이(31:32) 새 언약도 이스라엘과 맺어졌다(31:31, 33; 눅 22:1-20). 궁극적으로 새 언약은 이스라엘이 메시아 왕 아래서 하나님께 회복될 천년왕국 시기에 완전히 성취될 것이다. 이 언약은 그리스도의 천년왕국 통치 때 궁극적으로 성취되겠지만, 오늘의 교회는 새 언약의 영적 유익에 일부 참여하고 있다. 새 언약은 그리스도의 희생(마 26:27-28; 눅 22:20)으로 이스라엘의 신실한 남은 자, 곧 그분의 유대인 제자들과 함께 개시되었다. 부활 그리고 오순절의 교회 탄생 이후, 많은 이방인들이 그리스도를 믿었다. 교회는 그리스도와 연합함으로써 새 언약을 통해(고후 3:6; 히 8:6-13; 9:15; 12:22-24) 이스라엘에게 약속된 풍성한 영적 축복(참고. 롬 11:11-24; 엡 2:11-22)에 동참하고 있다.

교회가 새 언약에 참여하는 것이 현실이긴 하지만, 그것이 하나님 약속의 궁극적인 성취는 아니다. 유대인이든 이방인이든 오늘날 모든 신자들이 새 언약의 영적인 축복(예수님을 믿음으로 말미암는 죄의 용서와 성령의 내주)을 누린다고 해서, 하나님이 유다 백성을 위한 계획을 마감하셨다는 뜻은 아니다. 성경은 이스라엘에게 약속된 모든 영적, 물질적 축복이 그들을 통해 실현될 **날이 이**를 것이라고 분명히 말한다. 이것은 이스라엘이 자신의 죄를 인정하고 용서받기 위해 메시아에게 돌아가고(슥 12:10-13:1), '온 이스라엘이 구원을 받을'(롬 11:25-27의 주석을 보라) 그날을 기다린다는 것을 보여준다. 메시아의 피로 가능해진 새 언약은 세상에 구원을 가져다주었고, 궁극적으로 이스라엘에게 특별한 축복을 가져다줄 것이다.

31:38-40. 38절에서 **보라, 날이 이르리니**라는 어구가 세 번째로 사용된다(참고. 27, 31절). 미래에 하나님은 자기 백성을 위해 새 **성**을 세우실 것이다. 하나님과 그분의 백성 사이의 관계를 상징하는 성읍 예루살렘은 바벨론에 의해 파괴되었다. 하지만 그렇게 파괴되기도 전에, 하나님은 그 **성**이 **건축될 것**이라고 약속하셨다.

하나넬 망대는 예루살렘의 북동쪽 모퉁이에 있었고(참고. 느 3:1; 12:39; 슥 14:10), **모퉁이 성문**(새번역)은 아마 예루살렘의 북서쪽 모퉁이에 있었을 것이다(참고. 왕하 14:13; 대하 26:9; 슥 14:10). 이로써 북쪽 성벽이 회복될 것이다. **가렙 언덕**과 **고아**의 위치는 알려져 있지 않지만, 예레미야 31:38이 북쪽 경계선을 묘사하고 31:40이 남쪽과 동쪽 경계선을 묘사하기 때문에, **가렙**과 **고아**는 예루살렘의 서쪽 경계선을 묘사하는 것으로 보인다. 남서쪽과 남쪽 경계선은 **시체**와 **재**가 던져지는 골짜기일 것이다. 이것이 힌놈 골짜기이다(참고. 7:30-34; 19:1-6). 동쪽 경계선은 **기드론 시내에 이르는 고지**이다. 이 경계선은 예루살렘의 남동쪽 끝인 **마문**[Horse Gate]의 모퉁이까지 확장될 것인데, 기드론 골짜기와 힌놈 골짜기가 거기서 합쳐진다. 이들 지리적 위치가 예루살렘의 윤곽을 제시한다.

하나님은 이 새로운 성읍의 두 가지 특징을 묘사하셨다. 첫째, 새 성읍은 **여호와**께 **거룩**할 것이다(참고. 슥 14:20-21). 이 성읍과 그 주민들은 자기들 가운데 거하실 하나님께 구별될 것이다(겔 48:35). 둘째, 그 성읍은 **영원히 다시는 뽑거나 전복하지 못할 것**이다. 전쟁의 참화가 이 새 성읍에서 결코 일어나지 않을 것이다. 이 구절들은 바벨론 포로기가 끝난 뒤에 성취되지 않았다. 포로기 이후 시기는 예루살렘과 유다 백성들이 거룩하지 않다는 분명한 증거를 보여주었고(말 1:6-14; 눅 13:34), 예루살렘은 주후 70년 로마의 공격으로 다시 파괴되었다. 게다가 고대부터 오늘의 정치적 혼란에 이르기까지 전쟁이 예루살렘을 유린했다. 그래서 예루살렘은 선지자들이 예고했던 평화를 가져올 메시아 왕을 기다린다. 이 약속들은 천년왕국 때 성취될 일들을 기다린다(31:31-40). 그때 이스라엘은 "내가 영원한 사랑으로 너를 사랑하기에 인자함으로 너를 이끌었다"(31:3-4; 사 11:9)라는 사실을 알 것이다.

3. 이스라엘과 유다의 회복이 예시되다(32:1-44)

이스라엘은 메시아 시대에 궁극적으로 회복되겠지만(31:31-40), 바벨론 포로 생활은 70년 동안만 이어질 것이다(25:11-12; 대하 36:20-21). 하나님은 이후에 유다 백성이 자기 땅으로 돌아올 것이라고 약속하셨다. 이 단락은 유다 백성이 자기 땅으로 회복될 것을 예시한다.

a. 예시: 아나돗의 밭을 사다(32:1-12)

(1) 예레미야의 상황(32:1-5)

32:1-2. 예레미야의 메시지는 **시드기야 왕 열째 해**에 주어졌는데, 이것은 **느부갓네살 열여덟째 해**이기도 했다. 이 예언의 시점은 그것이 메시지에 주는 의미 때문에 기록되었다. **시드기야 왕 열째 해**는 [티슈리(Tishri)에서 티슈리까지가 한 해를 구성하는 유대식 달력 계산법에 따라] 주전 587년 10월 17일에 끝났던 반면에, **느부갓네살 열여덟째 해**는 [니산(Nisan)에서 니산까지가 한 해를 구성하는 바벨론식 달력 계산법에 따라] 주전 587년 4월 23일에 시작되었다. 따라서 이 예언은 주전 587년 4월 23일에서 10월 17일 사이 어느 시점에 일어났다. 바벨론은 주전 588년 1월 15일부터 주전 586년 7월 18일까지 예루살렘을 공격했다. 이 메시지가 주어졌을 때, **바벨론**은 **예루살렘을 에워싸고** 있었으며 **선지자 예레미야**는 체포되어 **유다의 왕의 궁중에 있는 시위대 뜰에 갇혔**다.

32:3-5. 시드기야는 예레미야의 메시지 때문에 그를 투옥시켰다. (1) 하나님은 예루살렘을 **바벨론 왕의 손에** 넘기실 것이고, (2) **시드기야는 갈대아인의 손에서 벗어나지 못**할 것이고, (3) 바벨론에게 대항하려는 어떤 시도도 전쟁을 승리로 이끌지 못할 것이다. 이런 부정적이고 패배주의적인 진술은 민족의 사기를 꺾었고, 바벨론의 맹공을 견뎌내고자 애쓰던 왕을 모독하는 것이었다.

(2) 아나돗의 밭 매입(32:6-12)

32:6-9. 하나님은 예레미야에게 그의 사촌, **살룸의 아들 하나멜**이 곧 방문할 것임을 알려주면서 그에게 특이한 과제를 주셨다. 예레미야의 **숙부** 살룸은 성전의 종이었고 포로로 잡혀갔다(대상 9:19). 여호아하스라는 이름으로도 알려진 왕 살룸은 아니다(대상 3:15). 하나멜은 갇혀 있는 예레미야를 방문하여, **아나돗에 있**

는 자기 **밭을 사라**고 요청했다. 그것은 예레미야에게 **기업을 무를 권리**가 있기 때문이었다. 모세의 율법은 한 사람에게 부동산을 팔 수밖에 없는 친족의 재산을 무르라고(매입하라고) 요청했다. 이 율법은 가족의 부동산이 유지되도록 지켜주었다(레 25:23-28; 룻 4:1-6). 그 땅을 팔려는 하나멜의 동기는 나오지 않지만, 이미 바벨론의 통제 아래 있던 아나돗의 땅을 매입하는 것은 어리석어 보일 것이다. 누가 이미 적의 손에 넘어간 땅 한 필지를 사겠는가? 하나님은 예레미야에게 하나멜이 올 것을 미리 말씀하셨고, 그래서 예레미야가 하나님의 손길을 깨닫고 이 어리석어 보이는 일을 묵살하지 않게 하셨다. 사로잡혀 가기에 앞서 밭을 구입하는 것은 귀환의 소망을 나타낸다.

하나멜이 왔을 때 예레미야는 그 **밭을 은 십칠 세겔**, 약 194그램(현대인의 성경)에 샀다. 일반적으로 밭을 사기에는 적은 돈이었을 것이다(참고. 창 23:12-16). 하지만 그 밭의 크기는 알 수 없다.

32:10-12. 당시의 법적 관행을 따라, 예레미야는 **증서를 써서 봉인하고 증인을 세우고 은을 저울에 달아** 주었다. 매매 증서의 두 사본, 곧 **봉인한** 사본과 **봉인하지 아니한** 사본이 생겨났는데, 하나는 끈으로 묶은 뒤 줄 위에 얹은 진흙 덩어리에 예레미야의 공식 인장을 찍어 봉인했다. 다른 사본은 봉인하지 않아서, 나중에 검토해볼 수 있었다. 예레미야는 증서의 두 사본을 모두 자신의 필경사요 친구인 **바룩**에게 넘겨주었다(참고. 36:4, 8, 26). 이것은 **하나멜** 앞에서, **매매 증서에 인 친 증인** 앞에서 그리고 예레미야가 수감되었던(2절) **시위대 뜰에 앉아 있는 유다 모든 사람 앞에서** 이루어진 공적 행위였다.

b. 매입에 대한 설명(32:13-15)

32:13-15. 예레미야는 **바룩에게** 두 **증서**를 가져다가 **토기**에 담아 보관하라고 **명령**했다. 이 증서들은 **오랫동안**[백성들이 유배되어 있는 동안] 보존되어야 했다. 이 실물 교육은 **이 땅에서** 이스라엘 백성이 **집과 밭과 포도원**을 다시 사게 될 것을 보여주기 위한 것이었다. 백성들은 훗날 바벨론에서 귀환할 것이다.

c. 예레미야의 기도(32:16-25)

(1) 하나님의 크심에 대한 찬양(32:16-23)

32:16-19. 기도할 때 예레미야는 비교할 수 없이 크고 존엄하신 하나님의 성품에 초점을 맞추었다. 하나님의 **천지**창조는 주님께는 **할 수 없는 일이 없**으심을 입증했다(31:27). 하나님은 전능하시고, 또 그분은 사랑과 정의의 하나님이시다. 하나님은 **천만인**, 셀 수 없는 세대에게 헤세드(참고. 9:24; 31:3), 즉 **은혜를 베푸시**지만, **죄악**은 징벌하신다(참고. 출 20:5; 34:7; 민 14:18; 신 5:9-10). 전지하신 하나님은 모든 사람에게 **그의 길**대로(그의 행위에 따라) 보응하신다. 예레미야는 하나님을 **크고 능하신**(신 10:17; 느 9:32) **만군의 여호와**[하나님의 권능과 의 그리고 언약 준수를 나타내는 그분의 이름으로 구약에서 수백 번 예레미야서에서 수십 번 사용, 삼상 17:45; 삼하 5:10; 시 89:8; 사 54:5; 렘 5:14; 50:34]로 경배했다. 어떤 것도 그분의 눈(**주목**)을 피할 수 없기 때문에, 하나님은 모든 사람에게 그의 행위에 따라, **그의 행위의 열매대로** 공정하게 보상하실 수 있다.

32:20-23. 하나님의 성품은 이스라엘 역사 곳곳에서 나타난 그분의 행위에서 명확히 드러났다. 출애굽 기간에 하나님이 보여주신 **표적과 기사**부터(참고. 신 4:34; 26:8; 29:3; 34:11), 하나님이 약속하신 **땅**을 차지했을 때 이스라엘의 불순종 그리고 이제 곧 일어날 **재앙**까지(참고. 레 26:14-39; 신 28:15-68), 이스라엘의 역사가 이 본문에서 간략히 재진술된다.

(2) 하나님의 약속에 대한 의문(32:24-25)

32:24-25. 하나님의 능하신 성품과 행위를 선포한 예레미야는 이어서 하나님의 일하심에 대해 의문을 표현했다. 32:17-23에 비추어볼 때, 예레미야가 자기 백성을 회복시키시는 하나님의 능력을 의심했다고 믿는 건 불합리해 보인다. 아마 예레미야는 24-25절에서, 하나님이 이 회복을 성취하실지 의심한다기보다는 하나님이 어떻게 이것을 성취하실지에 대한 혼란스러움을 표현하고 있을 것이다.

바벨론의 **참호**가 이미 **이 성에 이르렀**다. 예루살렘의 운명은 봉인되었다. 예루살렘은 **갈대아인**들에게 **넘겨**질 것이고, 백성들은 **칼**과 **기근**, **전염병**으로 고통당할 것이다(참고. 36절 그리고 14:12에 대한 주석을 보라). 하나님이 선지자들을 통해 예고하신 모든 것이 **말씀대로 되었**다. 하지만 바벨론 군대가 예루살렘을 산산이 부술 태세를 하고 있을 때, 그 성의 운명이 정해졌는데도 하나님은 예레미야에게 **밭을 사고 증인을 세우라**고 명령하셨다(6-12절). 예레미야는 하나님의 약속된 회복과 현재 유다가 맞닥뜨린 재난 사이에 어떤 관련이 있는지 이해하지 못했다.

d. 주님의 응답(32:26-44)

(1) 예루살렘이 파괴될 것이다(32:26-35)

32:26-29. 하나님은 처음에 자신의 정체성과 능력을 상기시키면서 예레미야에게 대답하셨다. **나는 여호와다. 내게 할 수 없는 일이 있겠느냐**(17절; 창 18:14; 눅 1:34-37). 예레미야는 그 일이 어떻게 성취될 것인지 이해하지 못하더라도 하나님의 말씀에 의지할 수 있었다. **느부갓네살**은 예루살렘을 파괴할 것이다. 백성들이 **다른 신들**을 섬겼기 때문에(참고. 19:13), 하나님은 **불을 놓아** 예루살렘을 **사**를 것이다(참고. 21:10; 34:2, 22; 37:8, 10; 38:18, 23).

32:30-35. **악을 행하였을 뿐**이라는 말은 **예로부터 이스라엘**과 **유다** 모두의 특징이었다. 그들은 자기 **손으로 만든 것**, 곧 우상숭배를 행함으로써 하나님을 **격노하게** 했다. 영적으로 그들은 하나님께 등을 돌렸고, 귀 기울여 듣거나 징계에 응답하기를 거절했다. 그들의 **왕**과 **고관**, **제사장**, **선지자**, **유다 사람들**, **예루살렘 주민들** 모두가 죄에 대한 책임이 있었다(2:26). 하나님이 **끊임없이** 교훈을 되풀이하셨는데도, 그들은 하나님께 등을 돌렸다. 성전은 **가증한 물건**으로 **더럽혀졌고**(7:30; 겔 8:3-16), **힌놈의 아들 골짜기**는 **몰렉**에게 유아 제사를 바치는 곳이 되었다(7:31-32과 19:5-6에 대한 주석을 참고하라). 이것은 너무 가증해서 하나님이 한 번도 **마음에 둔** 것이 아니었다(7:30-31에 대한 주석을 참고하라). 예루살렘은 자기 죄 때문에 바벨론에게 함락될 것이다.

(2) 예루살렘이 회복될 것이다(32:36-44)

32:36-44. 예루살렘은 **칼과 기근과 전염병으로 말미암아 바벨론 왕의 손에 넘긴 바 되었다**(32:24; 14:12에 대한 주석을 보라). 하지만 이 파국적 사건은 하나님이 선택하신 백성의 최후를 시사하지 않는다. 하나님은 절망의 한복판에서 소망을 주셨다. 먼저, 하나님은 그들을 **모으**겠다고 약속하셨다(참고. 겔 37:1-14). 하나님은 자기 백성이 유배되었던 **모든 지방**으로부터 그들을 다시 모으실 것이고, 이스라엘 땅으로 그들을 **돌아오게 하여** 거기서 **안전히 살게 하실 것이다**(참고. 31:1-17). 그들은 **한마음**으로 주님을 **경외**할 것이다. 둘째, 하나님은 **영원한 언약**, 새 언약을 약속하셨다(참고. 31:31-34; 겔 36:24-32). 이 언약에는 그 지속성을 강조하기 위해 **영원한**[*'olam*, 올람]이라는 수식어가 붙었다. 이스라엘 백성은 자기들의 땅으로 돌아갈 뿐 아니라, 하나님께로도 돌아가게 될 것이다. 그들은 하나님의 백성이 되고 그분은 그들의 하나님이 되실 것이며(30:22에 대한 주석을 보라), 그들은 결코 하나님을 **떠나지** 않을 것이다. 그분의 백성은 일편단심으로 주님을 따를 것이고, 하나님은 그들에게 약속하셨던 **모든 복**을 내리기를 멈추지 않으실 것이다.

하나님이 이스라엘의 죄 때문에 그들에게 **큰 재앙**을 내리겠다는 말씀에 신실하셨던 것처럼(신 28:15-68), 하나님은 또한 그들에게 약속하셨던 **복**을 주는 일에도 신실하실 것이다(신 30:1-10). 따라서 예레미야가 밭을 산 것은(32:1-15) 하나님이 **포로를 돌아오게** 하실 것이기 때문에(참고. 30:18; 33:11, 26; 신 30:3), 백성들이 **베냐민**과 **유다**로부터 **산지**까지 **네겝**까지 이스라엘 전역에서 **밭을 은으로** 살 것을 보여주는 상징적 행위였다.

4. 이스라엘과 유다의 회복이 재확인되다(33:1-26)

'위로의 책'은 33장에서 마무리되는데, 33장은 구조와 연대 측면에서 32장과 연결된다. 33:1-13에서 주님이 예루살렘의 함락과 미래의 회복 둘 다를 재확인하시는 동안에도 예레미야는 하나님이 약속하신 복을 계속해서 전달했다. 그 뒤에 하나님은 다윗과 맺은, 또 레위계 제사장들과 맺은 언약을 재확인하셨다(33:14-26).

a. 다가오는 심판과 미래의 회복(33:1-13)

(1) 심판(33:1-5)

33:1-3. 예레미야가 **아직** 시위대 뜰에 **갇혀 있을** 때(참고. 32:2), 그가 감금되면서 받았던 첫 번째 메시지와 비슷한 메시지로(32장) **여호와의 말씀**이 예레미야에게 두 번째 임했다. 하나님은 다시 예레미야에게 자기가 누구인지 상기시키면서, **일을 행하시는 여호와**로서 자신의 권능과 성품을 강조하셨다(참고. 32:17). 이것은 이스라엘에게 언약을 지키는 그분의 신실하심을 강조하면서, **그의 이름**이 **여호와**이시고, **여호와**가

땅을 창조하셨고, 부르짖을 때 그분이 **응답하**실 수 있다고 진술한다(참고. 32:18; 출 3:13-15).

예레미야는 하나님이 어떻게 멸망이 정해진 나라를 회복하실 수 있는지 이해하지 못했고(참고. 32:24-25), 그래서 하나님은 자기에게 지혜를 구하라고 도전하셨다. 하나님은 **크고 은밀한 일**[*b'surot*, 베추로트]을 보여주어 **응답하겠**다고 약속하셨다. **은밀한 일**은 '뚫을 수 없도록 강하게 만들거나 둘러싼 것'을 뜻한다. 이 단어는 중무장된 성읍을 묘사하는 데 사용된다(참고. 민 13:28; 신 3:5; 28:52; 겔 21:20). 사람은 미래에 대한 하나님의 계획을 헤아릴 수 없다. 오직 하나님만이 미래의 비밀을 풀 수 있고, 하나님은 예레미야에게 이 지식을 주셨다. 하나님은 예레미야가 알거나 이해하지 못한 이스라엘의 미래에 대한 정보를 그와 공유하실 것이다. 마찬가지로 하나님은 우리가 이해력과 통찰력을 얻기 위해 그분께로 나오기를 바라신다. 참된 지혜는 그분에게서 시작되고(잠 1:7), 그리스도 안에 "지혜와 지식의 모든 보화가 감추어져" 있다(골 2:3).

33:4-5. 바벨론의 공격이 예루살렘 외부의 저항을 약화시키는 동안, 예루살렘 방어군은 **참호**에 **대항하는** 성벽을 보강할 생각으로 **가옥**과 왕궁에서 나무와 돌을 가져왔다. 바벨론 병사들이 **칼**로 성벽에 틈을 내고 성읍 안으로 들어오는 것을 막기 위해서였다. 하나님은 이 모든 방어 계획이 하나님의 **노여움**과 **분함** 때문에 실패할 것임을 보여주셨다. **그들의 모든 악행으로 말미암아** 하나님은 자기의 **얼굴**을 **이 성**으로부터 숨기시고, 이 환난에서 성을 구원하지 않겠다고 거절하신다(참고. 18:17; 겔 4:1-3). 예루살렘은 **그들의 모든 악행** 때문에 파괴되어야 했다.

(2) 회복(33:6-13)

33:6-9. 얼핏 모순되어 보이는 하나님의 심판과 복에 대한 예언을 이해하는 열쇠는 심판이 단지 일시적일 뿐임을 깨닫는 것이다. 심판 이후, 언젠가는 하나님이 풍성한 **평안과 진실**로 자기 성읍과 자기 백성을 **치료하며 낫게 하**실 것이다.

하나님은 예레미야에게 이 축복의 세 가지 요소에 대해 말씀하셨다. 먼저, 이 축복은 그 땅으로의 귀환을 포함할 것이다(참고. 31:8-11; 32:37). 하나님은 **유다**와 **이스라엘**을 둘 다 포로에서 이끌어내어 **포로**[*shavuth*, 쉐부트]를 **돌아오게**[*shuv*, 슈브] 하실 것이다. 그들은 재건되고, 다시 세워질 것이다. 둘째, 이 축복은 주님께 대한 회복을 포함할 것이다(참고. 31:31-34; 32:33-40). 하나님은 **모든 죄악에서** 백성들을 **정하게 하**고 그들의 죄를 **사할** 것이다. 셋째, 이 축복은 열방 중에서 특별히 영예로운 위치로 회복됨을 포함할 것이다(참고. 31:10-14; 신 28:13). 예루살렘은 **세계 열방 앞에서** 하나님께 명성과 **기쁨**, **찬송**, **영광**을 드릴 것이다. 하나님이 자기 백성에게 후히 베푸실 **복**과 **평안**에 놀라 열방은 경외심 가운데 떨 것이다(33:6, 9). 이 예언은 포로기 이후에 실현되지 않았고, 종말에 성취될 것이다.

33:10-13. 하나님은 현재 이스라엘이 당하는 심판과 미래에 받을 축복을 대조하는 두 가지 그림을 그리셨다. 각각의 그림은 **여호와께서 이와 같이 말씀하시니라**, **다시**, **여기** 등의 표현 그리고 여러 **성읍**이 **황폐**하게 되었다는 주제가 포함된 비슷한 어구로 시작되었다(10, 12절).

하나님은 이것이 **여호와**[또는 **만군의 여호와**]의 말씀임을 강조하셨다. 각각의 그림에서 예레미야 시대의 장면은 비슷했다(10, 12절). 예루살렘은 **황폐**하게 되어, **사람도 없고 짐승도 없**었다(참고. 32:43). 바벨론의 포위 공격이 여전히 진행 중이었지만 예루살렘의 함락이 확실했기 때문에 하나님은 그것이 이미 일어난 일처럼 묘사하셨다. 그렇지만 이 사건들은 여전히 메시아 왕이 자기 백성을 통치하실 미래에 속한다. 그때 메시아의 백성들은 모든 죄악에서 정결해질 것이다(8절).

이 지점에서 두 그림이 변했다. 먼저, 하나님은 **유다**와 **예루살렘**에 다시 돌아올 **즐거움**과 **기쁨**을 보여주셨다(10-11절). 다음으로 하나님은 백성의 평안과 번영을 보여주셨다. 거기서 온 이스라엘 전역까지, **산지**부터 **평지**와 남쪽의 **네겝**까지, **베냐민**과 **예루살렘**, **유다**에 이르기까지(12-13절; 17:26) **양 떼**가 선한 목자의 **손 아래로 지날** 것이다. 바벨론의 공격 이후 **황폐**해졌던 **예루살렘** 거리(참고. 애 1:1-4)는 다시 **즐거워하**고 **기뻐하는 소리**로 가득할 것이다. 이 기뻐하는 소리는 혼인 예식에서 **신부**와 **신랑**의 소리(참고. 7:34; 16:9; 25:10)와 **여호와의 성전에 감사제를 드리는** 예배자들의 소리(참고. 시 100:1-2, 4; 렘 17:26)로 대표될 것이다. 예레미야가 기록한 예배자들이 부를 노래, **만군의 여호와께 감사하라 여호와는 선하시니**는 시편 여러 구절의 후렴구를 닮았다(참고. 시 100:4-5; 106:1; 107:1; 136:1-3). 하나님이 유다의 포로를 돌아오게 하실 때 기쁨이 올 것이다(참고. 30:18; 32:44; 33:26; 신 30:3).

사라진 양이 없는지 확인하기 위해 목자가 자기 양을 헤아리듯이, 그 땅 전역에서 **양 떼가 다시 계수하는 자의 손 아래로 지**날 것이다. 양 떼의 귀환은 번영의 때를 가리킨다. 아마 예레미야는 목자와 양을 이스라엘의 지도자와 백성을 가리키는 비유적 의미로 사용했을 것이다. 그는 이미 지도자들을 목자에(3:15에 대한 주석을 참고하라) 그리고 회복된 나라를 재집결한 양 떼에(참고. 23:3; 31:10) 비유했다. 주님은 이스라엘의 목자이시고, 자기 양 떼를 돌보실 것이다(시 80:1; 전 12:11; 겔 34:11-31; 요 10:11; 히 13:20; 벧전 5:4).

b. 다윗 및 레위계 제사장과 맺은 언약(33:14-26)

또한 예레미야는 다윗의 '의로운 가지'에 관한 메시지를 전하기 위해 미래의 축복 이미지를 사용했다(23:1-6; 33:14-26).

(1) 언약(33:14-18)

이 장의 두 번째 단락은 '보라, 날이 이르리니'(31:27에 대한 주석을 참고하라)라는 어구로 소개된다. 그날에 하나님은 '이스라엘과 유다에 대하여 일러준 선한 말을 성취하실' 것이다. 물론 왕정과 제사장직은 포로 기간에 중단되었지만, 예레미야는 다가오는 날에 다윗의 왕권과 레위계 제사장직이 영원히 지속될 것이라고 선포했다(17-18절). 그러나 바벨론 귀환에서는 이것이 성취되지 않았다(스 1:8; 2:2, 40-54; 8:15-20). "선한 말"—이스라엘의 두 곳 모두에게 주어진 영광스러운 약속의 포괄성을 담는 어구(16:14-15; 23:3-6; 29:10-14; 31:1-14, 27-40; 32:37-44; 호 1:10-11; 2:14-23; 암 9:11-15; 미 7:18-20; 습 3:10, 14-17; 슥 8:3-8; 10:6; 14:9-20)—은 메시아 시대에 성취될 것이다.

33:14-16. 이 성취의 첫 번째 측면은 왕정의 회복일 것이다(참고. 23:5). **다윗의 공의로운 가지**(참고. 23:5-6; 33:15; 사 11:1-4)가 왕으로 나라를 다스릴 것이다. 이것은 다윗의 혈통에서 태어나셨고 다윗의 왕위를 약속받은 예수 그리스도에 대한 예언이었다(참고. 마 1:1; 눅 1:31-33). 그분은 **정의와 공의**로 통치하시며, 그분의 통치는 온 **땅**으로 확장된다.

이 성취의 두 번째 측면은 **예루살렘**이 하나님의 거처로 회복되는 것이다. 바벨론에 의해 곧 파괴될 이 성읍(33:4-5)은 다가오는 날에, **안전히 살 것**이며, **여호와는 우리의 의**라고 불릴 것이다. 이 절은 23:6과 비슷하지만, 여기서 한 가지 의미심장한 변화가 새로운 의미를 부여한다. 23:6에서 예레미야는 "여호와 우리의 공의"라고 불린 메시아의 사역을 통해 이루어질 이스라엘과 유다의 안전을 묘사했다. 하지만 '이스라엘'을 '예루살렘'으로 바꾸고, 남성 대명사(he)를 여성 대명사(she)로 바꿈으로써, 예레미야는 여기서 **여호와는 우리의 의**라는 호칭을 메시아가 아닌 예루살렘에 적용했다. 메시아의 왕권 아래서 예루살렘은 거기 거하실 주님과 동일한 거룩한 성품을 갖게 될 것이다(참고. 겔 48:35).

예레미야가 하나님의 회복에 대한 메시지에서 왕실(33:15) 및 종교적 측면(16절)을 지목한 것은 의미심장하다. 둘 다 하나님의 언약 공동체인 이스라엘에게 꼭 필요했던 존재였다. 바벨론이 이스라엘을 파괴하면 백성들은 포로로 끌려갈 것이고, 약속의 땅은 산산이 부서질 것이며, 하나님이 자기 백성과 맺은 모든 언약이 폐기될 것 같았다. 예레미야에게 주신 일련의 메시지(17-26절)는 하나님의 성품에 근거하여, 옛 언약이 견고함을 확증한다.

렘

33:17-18. 제사장직과 왕, 둘 다의 중요성을 강조하기 위해서 하나님은 다윗의 혈통 및 레위계 제사장들과 맺은 언약을 반복하셨다. 언급된 첫 번째 언약은 하나님이 다윗과 맺으신 언약이었다(참고. 삼하 7:8-16; 대상 17:4-14). 하나님은 **이스라엘 집의 왕위에 앉을 사람이 다윗에게 영원히 끊어지지 아니할 것**이라고 맹세하셨다. 어떤 사람들은 주전 586년 예루살렘이 함락되었을 때 왕정이 끝났으므로 이 약속은 지켜지지 않았다고 여겼다. 하지만 하나님은 '단절되지 않는' 왕정이 아니라, 왕정이 재건되었을 때 그 왕위에 앉을 자격을 갖춘 다윗 후손의 혈통이 단절되지 않을 것을 약속하셨다. 다윗의 혈통은 실패한 것이 아니다. 다윗의 의로운 가지가 왕위를 주장하러 오실 것이다(참고. 눅 1:31-33). 메시아 예수님은 요셉의 법적 혈통과 마리아의 육체적 혈통 둘 다를 통해 다윗에게까지 거슬러

올라갈 수 있었으므로, 마태와 누가의 족보는 이 약속이 성취되었음을 보여준다(마 1:1-16; 눅 3:23-31).

언급된 두 번째 언약은 하나님이 **레위 사람 제사장**들과 맺으신 언약이었다. 이 언약은 레위 지파에서 하나님 앞에 서서 **번제**와 **소제** 그리고 **제사**를 드릴 사람이 **끊어지지 아니**할 것이라는 하나님의 약속이었다. 반복하지만, 이 약속은 제사가 약화되지 않고 계속될 것이라는 뜻이 아니었다. 왜냐하면 제사는 주전 586년에 중단되어, 주전 537년까지 재개되지 않았기 때문이다(참고. 스 3:1-6). 여기서의 약속은 레위계 제사장직이 소멸되지 않는다는 것이다. 하나님은 비느하스에게 하셨던 약속을 재차 언급하셨다(민 25:12-13). 물론 언제나 살아 계셔서 중보하시는 우리의 구속자, 왕, 제사장, 메시아 예수님이 우리의 대제사장이시지만, 이 예언은 그분에 관한 것이 아니다(히 7:24-25). 분명히 왕정도 제사장직도 결코 폐지되지 않을 것이다. 메시아 예수님은 다윗의 혈통에서 나신 왕으로(삼하 7:16; 시 89:34-37; 렘 33:17, 20-22; 눅 1:32-33) 그리고 대제사장으로 통치하실 것이다. 그렇지만 예수님은 레위계 제사장 출신이 아니라 멜기세덱의 계통을 따른 제사장으로서 대제사장의 직무를 성취하신다. 시내산 언약에서 새 언약으로의 율법적 변화는 곧 대제사장직의 변화로 이어진다(창 14:18-20; 시 110:4; 히 5:5-6; 6:20; 7:1-28). 하지만 메시아의 나라에는 예물과 제사를 갖춘 메시아의 성전이 있을 것이고, 동시에 레위계 제사장들이 주 예수님의 대제사장직 아래서 계속 봉사할 것이다(겔 43:19과 44:15-19 그리고 이 단락의 주석을 보라).

(2) 언약에 대한 확언(33:19-26)

유배를 가는 백성들은 자신들의 미래뿐만 아니라 약속에 대한 하나님의 신실하심조차 의심하게 될 것이다. 이 단락에서 예레미야는 주님의 언약을 재확인했다는 것을 기록한다.

하나님은 언약을 지키실 것이라는 두 가지 확신을 주셨다. 각각의 확신은 동일한 도입구 "여호와의 말씀이 예레미야에게 임하니라"(33:19, 23)로 시작되었고, 이들 제도의 영원성을 묘사하기 위해 각각 하나님의 '낮과 밤에 대한 언약'이라는 문구를 사용했다(33:20, 25; 참고. 31:35-37).

33:19-22. 사람이 하나님의 **낮에 대한 언약과 밤에 대한 언약**을 깨뜨릴 수 있어야(참고. 창 1:14-19) **다윗에게** 그리고 **레위 제사장에게 세운** 하나님의 **언약**도 깨질 수 있다. 다시 말해, 하나님이 그들과 맺은 언약은 우주의 자연 질서만큼 확고했다. 그 언약은 유한한 인간이 뒤집을 만한 것이 아니었다. '언약'(*berit*, 베리트)이라는 단어는 특정 관계나 행동 방침에 자신을 묶는 개인 혹은 단체 사이의 조약이나 협정을 지칭했다. 언약은 조건적으로 양측의 행위에 근거할 수도 있었고, 혹은 무조건적으로 일방의 행동에 근거할 수도 있었다. 아브라함, 다윗, 레위계 제사장과 맺은 언약은 하나님 한 분의 행동에 근거해 확증된, 무조건적 언약이었다.

하나님은 **다윗**의 왕실 혈통(삼하 7:8-16)과 **비느하스**의 제사장 혈통(민 25:12-13)을 보존하겠다고 약속하셨고, 자신의 맹세를 깨지 않으실 것이다. 참으로 하나님은 **다윗**과 **레위** 후손의 혈통 모두에게 복을 주겠다고 약속하셨고, 둘 **다 하늘의 만상**[별]과 **바다의 모래**처럼 헤아릴 수 없을 만큼 될 것이다.

33:23-26. 이 백성[오직 이스라엘과 유다를 지칭하는 데만 사용된 어구]이 하나님께 제기한 회의와 비난 때문에 하나님은 두 번째 약속을 **예레미야**에게 주셨다. 나라 안의 어떤 사람들은 하나님이 이스라엘과 유다의 **두 가계를 버리셨**으므로 그들을 더 이상 하나의 **나라**로 인정하지 않으실 것이라고 주장했다. 그들은 이스라엘과 유다의 죄 그리고 다가올 유배 때문에 하나님이 자신의 언약적 약속을 철회하셨다고 생각했다.

하나님은 이 논쟁에 응답하시면서 자신의 언약에 헌신할 것을 재확인하셨다. 아브라함이나 다윗과 맺은 언약은 백성들의 순종이 아니라 하나님의 성품에 의해 좌우되었다(22:6-10에서 이들 언약의 무조건적인 특징에 대한 주석을 참고하라). 이 언약들은 **주야와 맺은 언약**만큼 확실했고, 확고한 **천지의 법칙**처럼 변경될 수 없었다. 이런 자연 법칙이 폐기될 수 있을 때에만 하나님은 **야곱과 다윗의 자손**을 **버리**실 것이다. **아브라함**과 **이삭**, **야곱**에 대한 언급은 하나님이 이스라엘을 선택된 민족으로 정하겠다는 아브라함 및 족장들과 맺은 하나님의 무조건적 언약이다(참고. 창 12:1-3; 15:7-21; 17:1-8; 26:1-6; 28:10-15). 자신의 약속에 매여 계신 하나님은 이스라엘의 **포로 된 자**를 **돌아**

오게 하시고(참고. 30:18; 32:44; 33:11; 신 30:3) 그들을 **불쌍히 여기**실 것이다. 하나님이 장차 이스라엘을 한 나라로 회복하실 것이라는 가장 중요한 논거는 하나님의 성품이다. 하나님은 족장들과 다윗, 레위인들과 일련의 언약을 맺으셨다. 하나님은 자신의 성품 때문에 이스라엘을 보존하시고 이 약속들을 유다 백성에게 성취하실 수밖에 없다(롬 11:1-6, 28-29).

D. 유다의 파국(34:1-45:5)

예레미야는 유다의 미래에 대한 소망을 서술한 뒤에(30-33장) 현재의 심판으로 돌아왔다. 예레미야가 예고해왔던 파괴(2-29장)가 이제 일어날 것이다. 26-29장에서 시작된 심판 주제가 34-36장에서 다시 계속된다. 예레미야는 다가오는 심판을 분명히 알고 있었지만(2-29장과 34-45장), 주님의 자비와 신실하심을 확증하기 위해서 이 책에 담긴 메시지의 중심부를 활용했다(30-33장).

1. 예루살렘 함락 이전(34:1-36:32)

예루살렘이 바벨론에게 함락되는 과정 그리고 그 이후 일어난 사건들에 대한 상세한 목격담은 37-45장에 연대순으로 나온다. 그런데 예레미야는 예루살렘 함락 직전 그 안의 생활상에 대한 기록을 시작함으로써, 하나님의 심판이 가진 필연성을 보여준다.

a. 백성들의 변덕(34:1-22)

(1) 시드기야의 유배에 대한 경고(34:1-7)

34:1-3. **느부갓네살**과 **그의 모든 군대**가 **예루살렘을 칠 때**, 하나님은 **시드기야** 왕을 향한 한 가지 메시지를 **예레미야**에게 주셨다. 바벨론에 대항하는 시드기야의 반역이 실패한다는 것이었다. 하나님은 이미 예루살렘을 **바벨론 왕의 손에** 넘겨 **불사**르기로 결심하셨다(참고. 34:22; 32:29; 37:8, 10; 38:18, 23). 시드기야는 도망하려고 시도하겠지만, 그는 **벗어나지 못**할 것이다. 그 대신 시드기야의 눈은 **바벨론 왕의 눈을 볼** 것이며, 그와 **마주 대하여 말할** 것이고, 그는 반역에 대한 심판을 받을 것이다. 시드기야는 반역에 대한 벌을 받아 **바벨론**으로 잡혀갈 것이다. 예레미야가 예고한 모든 일이 실현될 것이다(참고. 39:4-7; 52:7-11).

34:4-5. 반역을 저지른 **시드기야**는 느부갓네살에게 처형당하겠지만, 하나님은 그가 **칼에 죽지 아니**할 것이라고 약속하셨다. 그는 여호야김과 대조적으로(참고. 22:18-19; 36:27-31) **평안히 죽**어서 왕에게 어울리는 장례를 치를 것이다. **분향**은 유다 백성들이 시행하지 않았던 화장에 대한 언급이 아니고, 왕실 장례에서 향을 태우는 관습에 대한 언급이다(참고. 대하 16:14; 21:19). **슬프다 주여**는 "슬프도다, 우리 왕이시여!"에 해당한다. 이스라엘은 자신들의 왕을 신이라고 보지 않았으므로 왕에게 신적 특성을 부여하는 표현은 아니다.

34:6-7. **바벨론의 군대**가 **예루살렘**과 유다의 요새화된 **남은** 성읍들을 가차 없이 계속 공격했을 때, **예레미야**는 시드기야 왕에게 자신의 메시지를 전달했다. 예루살렘에서 남서쪽으로 43킬로미터 떨어져 있는 **라기스**와, 역시 남서쪽으로 29킬로미터 떨어져 있는 **아세가**는 주전 587년에 함락되었다.

(2) 동포들의 예속에 대해 백성들에게 준 경고 (34:8-22)

34:8-11. 예레미야는 유대인을 노예로 삼는 죄에 대해서 강조했다. **시드기야**는 아마 바벨론이 예루살렘을 공격하던 동안 하나님의 호의를 얻으려는 필사적인 노력 속에서 유대인 노예들을 **자유롭게 하**기로 **모든 백성과 계약을 맺**었다. 율법이 **사람마다 그의 동족 유다인을 종으로 삼지 못**한다고 명령했기 때문이다(참고. 출 21:2-11; 레 25:39-55; 신 15:12-18).

하지만 노예들의 자유는 오래가지 못했다. 노예를 자유롭게 해주었던 모든 사람이 **후에 뜻이 변하여** 남녀 **노비들을 끌어다가** 다시 노예로 삼았기 때문이다. 바벨론이 애굽의 공격을 물리치기 위해 예루살렘에 대한 공격을 중단했을 때, 노예의 주인들은 마음을 바꾸었다. 백성들은 애굽이 승리하여 바벨론의 위협이 끝나기를 소망했다. 하지만 바벨론의 공격으로 피해를 입은 성읍과 마을을 재건하기 위해서는 노예들이 필요했을 것이다. 그래서 백성들은 일상생활이 회복된 것처럼 보이자 하나님을 섬기겠다는 약속을 어겼다(참고. 37:4-13).

34:12-16. 하나님은 그들의 역사를 상기시킴으로써 백성들의 변덕을 책망하셨다. 하나님이 그들의 선조를 애굽의 **종**살이에서 자유롭게 하셨을 때, 하나님은 그들과 **언약을 맺으셨다**. 율법은 매 **칠 년**마다 모든 **히브리**인 노예를 **놓아줄 것**을 요구했다. 이스라엘 백성 중에 누구라도 다시는 영원한 예속에 빠져서는 안 된다. 불

행하게도 백성들은 하나님의 말씀을 **순종하지 아니**했다. 바벨론의 공격 때문에, 백성들은 마침내 회개하고 동포에게 자유를 허락함으로써 옳은 일을 했지만, 이것은 진심 어린 순종이 아니었다. 자신들이 더 이상 위협 아래 있지 않다고 느끼자, 그들은 하나님께 순종할 필요를 느끼지 못하고 그분의 **이름을 더럽혔**다. 그들은 하나님의 **이름으로 일컬음을 받는 집**, 곧 성전에서 하나님 **앞에서 계약을 맺었**지만 그 언약을 깨고 하나님의 이름을 (불손함과 무시로) 불경스럽게 대했다.

34:17-20. 하나님은 그들의 죄에 상응하는 처벌을 내리셨다. 백성들은 자신들의 언약을 철회함으로써 부당하게 노예가 된 이스라엘 백성들에게 **자유**를 선언하지 않았다. 그래서 하나님은 그들에게 **칼**과 **전염병**과 **기근**으로 죽을 **자유**를 주실 것이다(14:12에 대한 주석을 참고하라).

성전에서 **언약**을 맺을 때(참고. 15절), 백성들은 **송아지를 둘로 쪼개고 그 두 조각 사이로 지나갔다**. 이는 언약에 대한 헌신을 상징한다. 동물의 조각 사이를 걸어가는 것은, 협정을 어길 경우 그들에게 떨어질 심판을 뜻한다. 하나님은 언약을 깨뜨린 자들을, 언약을 맺기 위해 그들이 살해한 송아지처럼 대하겠다고 약속하셨다. 협정을 맺은 모든 사람이 **그들의 원수의 손**에 넘어갈 것이고, 그들의 **시체**는 **새와 짐승의 먹이**가 될 것이다(참고. 7:33; 15:3; 16:4; 19:7).

하나님이 아브라함과 언약을 맺으셨을 때, 아브라함은 동물의 조각 사이를 지나가지 않았다. 불타는 횃불이 상징하는 하나님만 조각 사이를 지나가셨다(창 15:4-18, 특히 17절). 아브라함 언약은 사람의 순종이 아니라 하나님의 성품에 근거한다.

34:21-22. **시드기야**와 **그의 고관들**은 경건한 지도자의 본보기여야 했지만, 백성들만큼 불경했다. 바벨론이 예루살렘에서 **떠나**갔지만, 하나님은 그들에게 **이 성읍에 다시 오라고 명령하**실 것이다. 바벨론이 예루살렘을 점령하고 **불사**를 때까지 공격이 재개될 것이다(참고. 2절). 다른 **유다의 성읍들**이 파멸될 것이고, 온 나라가 **주민이 없어 처참한 황무지**가 될 것이다.

b. 레갑 사람들의 일관성: 유다를 위한 실물 교육 (35:1-19)

(1) 레갑 사람들의 충성(35:1-11)

35:1-5. 이 예언은 **여호야김**의 통치 기간(주전 609-598년)에, 34장의 예언보다 적어도 11년 전에 주어졌다. 예레미야는 불성실한 유다 사람들과 레갑 사람들의 신실함을 대조하기 위해 이 장을 여기에 두었다. **레갑 사람들**은 예후를 도와 이스라엘에서 바알 숭배를 근절했던(왕하 10:15-27), 레갑의 아들 요나답(혹은 여호나답)이 낳은(6절) 유목민 부족이었다(7-10절). 그들은 모세의 장인 이드로가 낳은 겐 종족(대상 2:54-55)과 관련이 있었다(삿 1:16). 요나답은 도시 주민이 아니라 유목민의 삶을 선택했고, 그의 생활 방식은 부족의 기준이 되었다(35:6-10). 레갑 사람들은 네겝의 장막에 거주했지만(삿 1:16; 삼상 15:6), 주전 598년 느부갓네살이 유다를 위협했을 때 그들은 예루살렘으로 이주할 수밖에 없었다(35:11).

예레미야는 **여호와의 집에…하나님의 사람 하난의…방에**서 모임을 갖기 위해 **야아사냐**를 포함한 레갑 사람들을 초대했는데, 하나님의 사람이란 대개 선지자를 가리키는 용어이다(참고. 왕상 12:22; 왕하 1:9-13; 4:21-22). 이 방들은 성전 뜰을 둘러쌌고, 모임과 보관, 제사장의 거처로 사용되었다(왕상 6:5; 대상 28:12; 대하 31:11; 느 13:7-9). 이 방은 **고관들의 방 곁**이면서 **문을 지키는…마아세야**의 방 위, 즉 돋보이는 곳에 있었다. 대제사장과 더불어 문지기(**문을 지키는**)가 바벨론에게 지목되어 심판받은 것을 볼 때(참고. 왕하 25:18-21; 렘 52:24-27), 이는 분명 고위직이었다. 예레미야는 예루살렘의 고위직과의 이 중요한 회합에 유목민 레갑 사람들을 데려왔다. 그는 **포도주가 가득한 종지와 술잔**을 대접했고, 그들에게 포도주를 **마시라**고 권했다.

35:6-11. 예레미야의 예상대로 레갑 사람들은 **포도주를 마시지 않**으려고 했다. 레갑 사람들의 조상인 **레갑의 아들 요나답**이 그것을 금지했기 때문이다. 요나답은 후손들에게 **너희와 너희 자손은 영원히 포도주를 마시지 말라고 명령**했다. 그뿐만 아니라 **집**을 **짓거나 파종**을 하거나 **포도원을 소유하**는 것도 그들에게 허용되지 않았다. 그들은 농부로, 혹은 성읍 안에서 살지 않고, **장막**에서 유목민으로 살아야 했다.

요나답의 후손들과 그들의 **아내**와 **자녀**는 **레갑의 아들…요나답이** 그들에게 **명령한 모든 말을 순종**했다

(8-10절). 바벨론 전쟁만이 그들을 예루살렘으로 데려왔다.

(2) 레갑 사람들의 모범(35:12-17)

35:12-17. 레갑 사람들의 사례는 유다를 위한 실물 교육이었다. 유다 백성들이 자기 아버지 하나님께 일관되게 불순종했던 것과 날카로운 대조를 이루면서(참고. 31:9), 레갑 사람들은 일관되게 **그 선조의 명령을 순종**했다. 레갑 사람들은 유다의 죄를 상기시키는 경고 장치였다. 하나님은 [자신이] **그들에게 대하여 선포한 모든 재앙**을 **유다에게 내리**겠다고 맹세하셨다. 이 재앙은 (1) 언약의 저주(참고. 레 26:14-39; 신 28:15-68), 혹은 더 가능성이 높은 것으로 (2) 예레미야가 예고했던 유다와 예루살렘 함락(참고. 렘 4:20; 6:19; 11:11-12; 17:18)을 가리킬 것이다. 유다는 **하나님의 말씀을 듣지 아니**했고 하나님의 소환에 **대답하지 아니했**기 때문에 징벌을 받을 것이다.

(3) 레갑 사람들의 보상(35:18-19)

35:18-19. 신실하지 못한 유다와 대조적으로 레갑 사람들은 신실하게 자기 선조 **요나답**의 **명령을 순종**했다. 하나님은 그들의 신실함에 대한 보상으로 주님 **앞에 설 사람이 영원히 끊어지지 아니**할 것이라는 확신을 그들에게 주셨다. '영원히'라는 단어는 문맥 속에서 이해해야 한다. 여기서 '영원히'는 불멸로 이어지는 영원을 의미하지 않고, 그들이 성전에서 섬기는 제한된 기간을 내포한다. 이 약속은 성전 파괴와 예루살렘 함락에 앞서 레갑 사람들에게 주어짐으로써 그들이 유배 이후 유다 백성들과 함께 예루살렘으로 돌아와 성전에서 주님의 예배를 담당할 것을 시사한다(느 3:14). 그들은 분명 주후 70년에 로마가 성전을 파괴할 때까지 성전에서 계속 예배했다.

'앞에 서다'라는 표현은 선지자(15:19; 왕상 17:1), 왕을 섬겼던 관리들(왕상 10:8)처럼 다양한 방식으로 봉사했던 사람들 그리고 성전의 제사장(신 4:10; 10:8; 대하 29:11)을 가리키는 데 사용되었다. 이들은 성막과 성전에서 주님 앞에 섰던 이스라엘 백성들이었다(참고. 레 9:5; 신 4:10; 렘 7:10). 주님은 레갑 사람들의 혈통에 주님을 예배할 후손들이 항상 있을 것이라고 약속하셨다. 이 약속은 하나님을 위한 사역의 특정 직책이 아니라 하나님을 따르는 사람들의 혈통이 계속 이어질 것을 지시했다. 물론 새 성전에 대한 에스겔의 묘사에서 레갑 사람들이 구체적으로 언급되지 않지만, 아마 그들도 레위 제사장들과 함께 그 미래의 성전 예배의 일부가 될 것이다(33:17-18과 겔 43:18; 44:15-19을 보라).

하나님은 언제나 신실한 삶을 사는 개인을 찾으신다. 그런 사람들은 시련의 한복판에서도 하나님의 복을 경험할 것이고, 언제나 그분을 섬길 것이다.

c. 여호야김의 두루마리 소각(36:1-32)

(1) 두루마리의 기록(36:1-7)

36:1-3. 이 장의 사건들은 **여호야김 왕 제사 년**에 시작되었다(주전 605-604년, 참고. 25:1). 이때는 유다가 바벨론의 봉신국이 되어(왕하 24:1), 바벨론이 뛰어난 청년들을 포로로 잡아가기(단 1:1-4) 직전이었다. 하나님은 **예레미야**에게 **두루마리 책을 가져다가** 하나님이 **이스라엘과 유다와 모든 나라**에 대해, 그분이 예레미야에게(**내가 네게**) **말하던 날부터 오늘까지** 그에게 주셨던 **모든 말을 거기에 기록하라**고 명령하셨다. 하나님은 **요시야의 날**에 그에게 처음 **말씀**하셨다(주전 627년, 참고. 1:2; 25:3). 이것은 예레미야의 첫 번째 공식적인 예언 모음집이었다(25:13). 예레미야서에서 적어도 두 가지 추가적인 수집 단계가 언급된다(참고. 32절; 51:64).

이 예언들을 기록하는 한 가지 목적은 이렇게 해서 사람들에게 크게 읽어주기 위함이었다. 이를 통해 **유다 가문**이 하나님이 **그들에게 내리**실 **모든 재난을 듣고 각기 악한 길에서 돌이**킴으로써, 하나님이 **그 악과 죄를 용서하**시기를 기대했다.

36:4-7. 예레미야는 자신의 필경사(참고. 32:12-16; 36:26) **바룩을 불러 여호와**의 **모든 말씀**을 그에게 구술했다. 예레미야가 자신의 기억에서 모든 예언을 암송했는지, 아니면 전에 기록해두었던 두루마리에서 읽어주었는지의 여부는 알 수 없으나, 두 가지 방법 모두 하나님의 주도권을 인정한다.

예레미야는 인기 없던 이전의 성전 설교 때문이든(참고. 7:1-15; 26:1-19) 아니면 깨진 옹기와 바스훌의 공격에 관한 메시지 때문이든(참고. 19:1-20:6), **붙잡혀** 있었고 **여호와의 집에 들어갈** 수 없었다. 그래서 예레미야는 **바룩에게** 사람들이 거기에 모였을 때인 **금식**

일에 자신을 대신하여 성전으로 가라고 **명령**했다. 예루살렘 함락(주전 586년) 이전에는 (속죄일 이외의 다른, 레 23:26-32) 금식일이 규정되지 않았고, 위기 상황에서 금식을 요청했다(참고. 36:9; 대하 20:3; 욜 1:14; 2:15). 예루살렘 함락 이후에야 정기 금식일이 제정되었다(슥 7:3, 5; 8:19). 예레미야는 바룩이 두루마리를 읽을 때, 모든 사람이 **악한 길**에서 **떠나기**를 소망했다.

(2) 두루마리의 낭독(36:8-19)

36:8-10. **모든 백성**이 **여호와 앞에서 금식**을 선포하도록 자극했던 국가적 위기가 일어나기 전 얼마의 시간이 흘렀다. 이 두루마리는 여호야김 4년에 기록되었지만(1절), 7개월가량의 간격이 있은 후 **제오 년 구월**(10월)에야 낭독되었다. 연대 문제에 대한 상세 논의는 다음을 보라. Edwin R. Thiele, *The Mysterious Numbers of the Hebrew Kings*, rev. ed. (Grand Rapids, MI: Zondervan, 1983); Richard A. Parker and Waldo H. Dubberstein, *Babylonian Chronology: 626 BC-AD 75* (Providence, RI: Brown University Press, 1956).

이 날짜는 의미심장했다. '바벨론 연대기'(참고. 27:1-7)도 한목소리로 느부갓네살이 정복한 나라들로부터 '막대한 공물'을 모으면서 유다에 있었다고 전하기 때문이다. 금식을 선포한 바로 그달에 느부갓네살은 아스글론 성읍을 함락시키고 약탈했다. 바벨론의 잔혹한 손에서 구출해주시도록 탄원하기 위해 이 금식을 요청했을 가능성이 있다.

바룩은 **새 문** 입구의 성전 **위 뜰**에 있던 **그마랴의 방**에서 **그 책에 기록된 예레미야의 말**을 **낭독**했다(10절). 바룩은 그마랴의 방문에 서 있었기 때문에 그가 읽는 내용은 성전 뜰에 모인 모든 사람이 들을 수 있었던 것 같다. 그날 그는 세 번 낭독했는데, 이것이 그중에 첫 번째였다(10, 15, 21절). 반복해서 낭독한 것을 볼 때, 매번 두루마리의 일부만 낭독되었을 것 같다.

36:11-19. 그마랴의 아들 **미가야**는 **그 책에 기록된 여호와의 말씀을 다** 듣고, **왕궁**으로 가서 **들라야**와 **악볼의 아들 엘라단**을 포함한 **모든 고관**에게 두루마리의 내용을 보고하고자 **서기관의 방**으로 들어갔다. 엘라단은 나중에 여호야김에게 예레미야의 두루마리를 불태우지 말도록 간청했다(25절). 하지만 엘라단은 전에 의로운 선지자 우리야를 예루살렘으로 다시 데려와 처형하기 위해 애굽으로 가는 원정대를 이끌었다.

미가야가 보고를 마쳤을 때, **바룩**은 그들 앞에 와서 두루마리를 **낭독**하도록 **소환**되었다. 관리들은 두루마리의 메시지를 듣고 **놀라 서로 보았고**, **이 모든 말을 왕에게 아뢰어**야 한다는 사실을 깨달았다. 그들은 예레미야가 **이 모든 말을 불러주어** 기록했느냐고 **바룩**에게 물었다.

그들을 보호하기 위해 관리들은 바룩과 예레미야에게 경고했다. **숨어서 너희가 있는 곳을 사람에게 알리지 말라**. 선지자 우리야에게 보여준 여호야김의 이전 반응을 보면 이 조언이 얼마나 지혜로운지를 알 수 있다(참고. 26:20-23).

(3) 두루마리의 소각(36:20-26)

36:20-22. **두루마리**는 서기관 **엘리사마의 방**에 두었지만, 관리들은 왕궁에서 **이 모든 말을 왕의 귀에 아뢰었다**. 왕은 **여후디**를 보내어 두루마리를 회수했고, 여후디는 **왕과 고관의 귀에 낭독**했다.

이 사건은 **아홉째 달**[주전 604년 11월 24일과 12월 23일 사이]에 발생했다. 예루살렘이 추운 시기였기 때문에, 여호야김은 햇빛을 받기 위해 남향으로 지었을 것으로 보이는 **겨울 궁전**에 있었다(암 3:15). 게다가 난방을 위해 **불 피운 화로**, 작은 난로를 갖고 있었다.

36:23-26. 히브리어 두루마리는 수직 단으로 기록되었다. **여후디가 서너 쪽**을 **낭독**하면 여호야김은 낭독을 중단시키고 서기관의 **면도칼**로 두루마리의 읽은 부분을 **베어**낸 다음, 그 조각을 화롯**불**에 던졌다. 그의 경건한 아버지 요시야가 주님의 두루마리를 발견했을 때 보여준 수용적인 행동과 얼마나 대조적인가(왕하 22:11-13)! 도리어 여호야김은 두루마리를 읽어주는 사이 두루마리를 잘라 하나씩 화롯불에 던져 **두루마리가 모두 탈 때까지** 불태웠다.

이것은 충격적인 행동이었다. 하지만 **왕**과 그의 모든 **신하들**은 **이 모든 말을 듣고도** 하나님의 심판의 말씀을 **두려워하지** 않았다. 게다가 그들은 두루마리에 나열된 자신들의 죄에 대해 슬퍼하거나 회개하지 않고 **자기들의 옷을 찢지** 않았다. 오히려 여호야김은 **바룩**과 **예레미야**를 즉각 체포하라고 명령했다. 하지만 **여호와께서 그들을 숨기**시고 보호하셨다.

(4) 두루마리의 재기록(36:27-32)

36:27-31. 두루마리는 불태울 수 있지만, 하나님의 말씀은 파기될 수 없다. 여호야김이 첫 **두루마리**를 **불사르자** 하나님은 예레미야에게 **다른 두루마리**에 **첫 두루마리**의 모든 **말**을 기록하라고 말씀하셨다. **여호야김**이 두루마리를 불사르고 바벨론 왕에 관한 하나님의 경고를 믿지 않았으므로 하나님은 그를 심판하겠다고 맹세하셨다. 먼저, 그의 후손 중에 누구도 **다윗의 왕위**에 영원히 앉을 자가 없을 것이다. 물론 그의 아들 여호야긴이 그의 뒤를 이어 왕위에 올랐지만(참고. 왕하 24:8-17), 그는 고작 3개월 만에 느부갓네살에 의해 폐위되었다. 여호야김의 다른 후손 중에 누구도 왕위에 오르지 못했다(22:24-30에 대한 주석을 보라). 둘째, 여호야김은 합당한 장례를 치르지 못할 것이다(참고. 22:18-19). **그의 시체**는 묻히지 못한 채 **버림을 당하여** 자연에 노출될 것이다. 셋째, 여호야김의 **자손과 그의 신하들**은 자신들의 **죄악** 때문에 징벌을 받을 것이다. 하나님은 **그들**과 **예루살렘**과 **유다**에게 **선포하셨던** 모든 **재난**을 내리실 것이다. **그들이 듣지 아니하였**기 때문이다.

36:32. **예레미야**는 하나님의 명령을 정확하게 순종했다. 그는 **다른 두루마리를 가져**왔고, **바룩**은 **불사른** 두루마리의 **모든 말**을 **예레미야가 전하는 대로** 새 두루마리에 기록했다. 그 외에 예레미야는 주님의 지시에 따라 **같은 말**을 많이 덧붙였는데, 여호야김에 대한 심판을 포함하는 36장이 그 내용이었을 가능성이 높다. 이 절은 메길라(*megillah*, 두루마리)와 사페르(*sapher*, 여러 페이지가 묶여 있는 사각형의 책이 아니라 '글', '문서', '칙령')라는 단어를 서로 교환하여 사용했다. 고대의 두루마리는 무두질한 가죽이나 파피루스를 기워 긴 시트나 감은 두루마리 형태로 만들었다.

2. 예루살렘 함락 중(37:1–39:18)

37-39장의 사건들은 연대순으로 배열되었다. 이 사건들은 함락 전 예루살렘의 마지막 날들에 대한 기록이고, 예루살렘의 마지막 포위와 함락 기간의 예레미야의 생애와 사역을 추적한다. 예레미야의 메시지에서 예고되었고 두루마리에 기록된 사건들이 벌어지기 시작한다.

a. 애굽에 관해 시드기야에게 준 예레미야의 메시지 (37:1–10)

37:1-2. 이 단락은 **느부갓네살**이 봉신 왕으로 세운 유다의 마지막 왕 **시드기야**에게 초점을 맞춘다(참고. 왕하 24:15-17). 왕부터 평민까지, 어느 누구도 **예레미야**에게 주신 **여호와의 말씀을 듣지** 않았다.

37:3-10. 시드기야는 주님의 말씀에 귀 기울이지 않았지만, 그는 예레미야에게 유다를 위해 **여호와께 기도하라**고 요청했다. 예레미야는 아직 **갇히지 않**았고, 바벨론, **갈대아인**은 유다의 동맹군으로 **애굽에서** 진군해오는 **바로의 군대**로부터 자기를 방어하기 위해 방금 전 예루살렘을 떠났다. 아마 시드기야는 예레미야의 기도가 하나님을 설득하여 애굽에게 승리를 주시고 바벨론이 유다를 떠나게 하시기를 바랐을 것이다(유사한 요청에 대해서는 21:1-7을 참고하라).

하나님의 대답은 시드기야에게 나쁜 소식이었다. 유다를 **도우려고** 진군해왔던 **바로의 군대**가 바벨론에게 패하여 **애굽으로 돌아**갈 수밖에 없었다. 그 뒤에 **갈대아인**이 돌아와서 예루살렘을 **쳐서 빼앗아 불**살라 무너뜨릴 것이다(참고. 21:10; 32:29; 34:2, 22; 37:10; 38:18, 23). 바벨론의 퇴각을 바랐던 사람들은 스스로를 속이고 있었다. 느부갓네살의 군대에 **부상자만** 있다 해도, 그들은 **장막에서 일어나** 예루살렘을 **불사**를 것이다(참고. 8절).

b. 예레미야의 투옥(37:11–38:28)

(1) 예레미야의 체포와 웅덩이 감금(37:11–16)

37:11-16. 바벨론 군대가 애굽과 싸우기 위해 퇴각했을 때, 그들은 예루살렘에 대한 포위를 풀었고(**예루살렘에서 떠나매**), 예루살렘에는 상대적인 평온기가 찾아왔다. 예레미야는 이 전투 중단을 **베냐민 땅에** 있는 자기 집으로 가는 짧은 여행(아마 정확한 목적지에 따라 15-25킬로미터 정도)을 위해 예루살렘을 떠나는 기회로 활용했다(참고. 1:1). 이 여행의 목적은 자기 가족에게 속한 **분깃을 받**아, 일부 땅을 확보하거나 다른 사람에게 매매할 수 있도록 땅을 분할하기 위한 것이었다. 예레미야는 전에 시위대 뜰 경내를 떠나지 않은 상태에서 밭을 매입했던 것으로 보인다(32:1-15). 이제 포위가 풀리면서 그는 **분깃**을 돌보기 위해 **예루살렘을 떠**났다.

예루살렘을 벗어나던 길에 베냐민 영토로 향하는 예루살렘의 북동쪽 문인 **베냐민 문**(38:7; 슥 14:10)**에서**

성문에 있던 **문지기의 우두머리**가 **예레미야를 붙잡아, 갈대아인**에게 도주하고 있다며 그를 비난했다. 유다 출신의 많은 사람들이 떠났고(38:19; 39:9; 52:15) 예레미야는 바벨론의 승리를 일관되게 예고했기 때문에(21:9), 이는 타당한 고발이었다. 예레미야는 이 고발을 **거짓**이라고 했지만, 우두머리 문지기 **이리야**는 어쨌든 그를 체포했다. 예레미야는 맞고 나서, **서기관 요나단의 집**에 갇혔다. 그는 **웅덩이**[문자적인 의미는 '수조, 저장실']에 갇혔다. 이것은 아마 옥으로 사용된 깨지거나 마른 수조였을 것인데, 예레미야는 거기에 **여러 날** 머물렀다.

(2) 예레미야와 시드기야의 첫 만남 그리고 시위대 뜰로 이송된 예레미야(37:17-21)

37:17-20. 주님이 말씀하신 대로(9-10절), 바벨론 군대가 예루살렘으로 돌아와서 공격을 재개했다. 예레미야가 백성들과 불화하자(참고. 26:10-11; 37:11-13; 38:4) 시드기야는 **비밀리**에 예레미야를 이끌어내서 그를 **왕궁**으로 데려왔다. 재개된 바벨론의 공격은 강력했고, 시드기야는 **여호와께로부터 받은 말씀**을 요청했다. 예레미야는 그에게 이전과 동일한 메시지를 주었다. **왕이 바벨론의 왕의 손에 넘겨지리이다**(21:7; 32:4; 34:3).

예레미야는 청중들을 이용하여 시드기야에게 자신의 결백을 주장했다. 그는 왕이나 그의 **신하나 이 백성**에게 무슨 **죄를 범하였기에** 자기를 **옥에 가두었**는지 물었다. 다른 선지자들은 거짓을 예언하여 바벨론이 와서 **이 땅…을 치지 아니**할 것이라고 선언했다. 예레미야는 진리를 말해서 투옥되었다. 그는 시드기야에게 자기를 웅덩이로 **돌려보내서 거기에서 죽지 않게 해달라**고 탄원했다.

37:21. 시드기야는 예레미야의 요청을 받아들여 그를 웅덩이에서 왕궁에 있는 **감옥 뜰**로 이송시켜(참고. 32:2), **성중에 떡이 떨어질 때까지 매일 떡**을 받도록 조치했다(참고. 52:6). 예루살렘이 공격받는 동안 다른 많은 사람들은 굶어 죽었지만, 예레미야는 왕궁 감옥에 투옥됨으로써 양식을 공급받았다. 이는 '하나님이, 그분을 사랑하는 자들에게 모든 것이 합력하여 선을 이루게' 하시는 본보기이다(롬 8:28).

(3) 구덩이에 갇힌 예레미야(38:1-6)

38:1-3. 시위대 뜰 구금(37:21)은 **모든 백성에게** 말할 수 있는 상당한 자유를 예레미야에게 주었다(참고. 32:1-2, 6). 그는 이 기회를 이용하여 들으려고 하는 사람이라면 누구에게든지 하나님의 메시지를 전했다. 그의 메시지는 네 명의 관리들의 귀에도 들어갔다. 맛단의 아들 **스바댜**[다른 데서는 언급되지 않는다], 바스훌의 아들 **그다랴**[아마도 예레미야를 때렸던 바스훌의 아들, 20:1-3], 셀레먀의 아들 **유갈**[바벨론의 공격에서 건져달라고 청하기 위해 시드기야가 보냈던, 37:3] 그리고 말기야의 아들 **바스훌**[예루살렘에 대한 바벨론의 최초 공격에 대해서 묻기 위해 시드기야가 보냈던, 21:1-2]. 이들 네 명의 유력한 관리들이 예레미야가 **모든 백성에게 이르는 말**을 들었다.

(38:2-3에 요약된) 예레미야의 메시지는 그가 전에 주었던 것과 동일했다(21:3-10). 예루살렘**에 머무는** 자는 **칼과 기근과 전염병**에 죽을 것이다(14:12에 대한 주석을 참고하라). **갈대아인에게 항복하는** 사람들만 **살** 것이다. 예루살렘의 유일한 소망은 항복하는 것이었다. 바벨론의 공격에 맞서려는 모든 생각은 헛수고였다. 주님께서 **이 성이 반드시 바벨론의 왕의 군대의 손에 넘어**갈 것이라고 말씀하셨기 때문이다.

38:4-6. 고관들은 **왕**에게 가서 **군사**와 **모든 백성**을 **약하게 하**는 예레미야를 **죽이**라고 요구했다. 이 관리들은 주님의 말씀을 믿지 않았고, 예레미야가 백성들과 예루살렘의 **재난**을 구한다고 생각했다. 시드기야의 취약한 지도력은 관리들의 요구에 대한 반응에서 가장 극명하게 나타났다. 그는 예레미야를 보호하겠다는 자신의 약속을 저버리고(37:18-21), 그의 생명을 노리는 자들에게 그를 넘겨주었다. **보라 그가 너희 손안에 있느니라**라고 말함으로써, 시드기야는 예레미야에 대한 자신의 권리를 양도했고, 자기는 **조금도 거스를 수 없**다고 주장했다. 시드기야는 독자적으로 대담하게 결정을 내리지 못하는 정치적 꼭두각시였다. 그는 느부갓네살에 의해(참고. 왕하 24:17) 혹은 바벨론에게 반역하도록 부추기고 자신의 결정에 영향을 미쳤던 예루살렘 관리들에 의해(27:12-15; 38:5, 19, 24-28) 좌지우지되었다.

관리들은 예레미야를 왕실 감옥에서 데리고 나와(37:21) **말기야의 구덩이**에 **던져 넣었**다(참고. 2:13;

37:16). 이 구덩이는 너무 깊어서, 그들은 예레미야를 **줄로 달아 내릴** 수밖에 없었다. 아마도 길어진 가뭄 탓에(참고. 14:1-4) 구덩이에 **물이 없**었을 테지만, 바닥에 **진창**이 있었다. 진창에 **빠진 예레미야**는 요나단 집의 지하 감옥(37:15)보다도 열악한 상황에 놓였다. 만약 물이 있었거나 진창이 조금 더 깊었다면, 그는 익사하거나 질식사했을 것이고, 굶주림으로 죽었을 가능성도 있다. 사람들은 그가 곧바로 죽거나 의식불명이 되어 진창에 빠져 죽기를 바라는 마음으로, 구덩이 안에 있던 예레미야에게 돌을 던졌을 것이다.

(4) 구덩이에서 구출된 예레미야(38:7-13)

38:7-9. 예레미야의 많은 동포들이 그가 죽기를 원했다. 그것은 그들이 예루살렘 함락과 바벨론 유배가 다가온다는 예레미야의 메시지를 싫어했기 때문이다. 그를 보살피며 탄원했던 유일한 관리는 **구스인 에벳멜렉**[문자적으로 '왕의 종']이었다. 그는 **내시**였는데, 거세당했다는 의미의 이 단어(*saris*, 사리스)는 종종 '관리' 혹은 '왕궁 관리'라는 의미로 사용되었다.

에벳멜렉은 **왕**이 왕궁 업무를 지시하며 **앉**아 있던 **베냐민 문**(참고. 20:2; 37:13)으로 갔을 것이다. 그는 예레미야의 형편에 대해 설명했고, 다른 관리들이 **악하게 행**하여 예레미야를 구덩이에 던졌으며 지금은 그가 굶어 죽을 상황이라고 전했다. 시드기야는 예레미야를 살해하려는 관리들의 구체적인 계획을 알지 못했거나 그들이 그 계획을 실행하리라고 믿지 않았던 것이 분명하다. 하지만 이제 그는 예레미야의 죽음이 경각에 달렸음을 인식했다.

38:10-13. 시드기야는 **에벳멜렉**에게 **예레미야가 죽기 전에** 그를 구덩이에서 구출하라고 지시했다. 그는 예레미야를 구덩이에서 끌어내고 구조대를 수비할 수 있도록 **삼십 명**을 에벳멜렉에게 주었다. 에벳멜렉은 헝겊을 겨드랑이에 대어 보호하라고 예레미야에게 말한 뒤 그를 줄로 끌어올려 다시 **시위대 뜰**에 두었다(참고. 37:21).

(5) 예레미야와 시드기야의 두 번째 만남(38:14-28)

38:14-16. 다시 **시드기야**는 **예레미야**에게 **사람을 보내** 성전 **셋째** 문에서 그를 만났다. 다른 데서 언급되지 않은 이 문은 왕궁과 성전을 연결해주던 왕의 전용 문을 가리킬 것이다. 시드기야는 자기에게 **한마디도 숨기지 말라**고 예레미야에게 말했다.

예레미야는 두 가지 이의를 제기했다. 먼저, 만약 자기가 왕이 듣고 싶어 하지 않는 메시지로 대답할 경우 왕이 [자기를] **죽이지 아니**할 것이라는 보장이 전혀 없었다. 둘째, 왕이 자기 말을 **듣지 아니**할 것이기 때문에, 예레미야가 어떤 조언을 하든 헛수고일 것이다. 시드기야는 첫 번째 이의에 대해서는 대답했지만 두 번째는 대답하지 않았다. 시드기야는 예레미야를 **죽이**거나 그의 **생명을 찾는** 사람들에게 **넘기지** 않겠다고 **비밀히** 약속했다. 하지만 예레미야의 메시지에 주의를 기울이겠다는 약속은 전혀 하지 않았다.

38:17-23. 예레미야의 메시지는 변하지 않았다(참고. 21:1-10; 37:17; 38:1-3). 만약 시드기야가 바벨론에게 항복한다면 성읍은 **불사름을 당하지 아니하**고, 그와 그의 가족도 **살** 것이다. 하지만 그가 항복하지 않으면 시드기야는 **바벨론 왕**에게서 벗어나지 못하고 붙잡힐 것이며(참고. 39:5-7; 52:8-11), 성읍은 **갈대아인에게** 넘어가 **불**살라질 것이다(참고. 21:10; 32:29; 34:2, 22; 37:8, 10; 38:23).

시드기야는 예레미야의 메시지에 주의를 기울이지 않았다. 이미 **갈대아인에게 항복한 유다인**을 **두려워**했기 때문이다. 시드기야는 만약 자기가 바벨론에 가면 이들 유다 사람들에게 넘겨져, 자신이 지난날에 저지른 가혹 행위가 드러나고 무능한 리더십을 **조롱**당할 것이라고 믿었다. 예레미야는 이런 일은 일어나지 않을 것이라고 시드기야에게 장담했다. 그는 시드기야에게 귀담아들으라고 간청했다. **여호와의 목소리에 순종하소서 그리하면 왕이 생명을 보존하시리이다**. 그런 다음 예레미야는 **항복하기를 거절**할 때의 참혹한 결과를 자세히 설명했다. 시드기야는 자기가 피하려고 했던 바로 그 조롱과 굴욕을 당할 것이다. **왕궁**의 **여자**들이 **바벨론 왕의 고관**들에게 넘겨져 성폭행을 당할 것이다. 그 여자들은 **친구**들의 조언을 따랐던 시드기야의 나약한 리더십을 조롱할 것이다. 친구들이 시드기야를 **꾀어 이길** 것이고, 그의 **발**은 구덩이의 **진흙**에 빠질 것이며, 그의 친구들은 그에게서 **물러**갈 것이다. 만약 시드기야가 바벨론에게 항복하기를 거절한다면, 그는 **아내들과 자녀**가 끌려가는 것을 볼 것이고(참고. 39:6), 그는 그들의 손에서 **벗어나지 못**할 것이며, 예루살렘은 **불사름을**

당할 것이다(참고. 18절).

38:24-28. **시드기야**는 예레미야의 조언을 거부했다. 그런 대담한 조치는 이 줏대 없는 군주의 능력을 넘어선 것이었다. 오히려 그는 예레미야에게 누구에게도 **이 말을 알리**지 말라고 경고했다. 그들의 대화는 왕의 명예와 예레미야의 생명을 위해 은밀히 지켜져야 했다. 만약 말이 새나가면, 관리들이 예레미야를 살해하려들 것이다. 왕궁 첩자들이 도처에 있었으므로 시드기야는 질문을 받을 경우를 대비해서 예레미야에게 알리바이를 주었다. 예레미야가 왕에게 무엇을 말했고 왕이 그에게 무엇을 말했는지 관리들이 물을 경우, 그는 시드기야에게 자기를 요나단의 집 구덩이로 돌려보내지 말아달라고 요청했다고 말해야 했다(참고. 37:15-16, 20). 예레미야는 실제로 시드기야와의 첫 번째 만남에서 그런 요청을 한 적이 있으므로 이것이 정확한 대답일 것이다.

시드기야의 경계에는 타당한 근거가 있었다. 관리들이 이 만남에 대해 듣고 예레미야에게 **물었**기 때문이다. 그는 **왕이 명령한** 대로 그들에게 **대답하였**다. 예레미야의 대답은 그들의 질문을 잠재웠지만, 그는 느부갓네살에 의해 **예루살렘이 함락되는 날**까지 정치범으로 감옥 뜰에 머물렀다.

c. 예루살렘의 파괴(39:1-18)

39-45장은 예루살렘이 바벨론에게 함락된 사건에 대해 그리고 포로로 잡혀가지 않은 유다 백성들의 처지에 대해 구약에서 가장 상세한 기사를 제시한다.

(1) 유대인들의 운명(39:1-10)

39:1-4. 어떤 의미에서 39장은 예루살렘을 꾸짖는 하나님의 심판 메시지의 절정이다. 예레미야는 **예루살렘이 함락**되었던 과정을 상세히 기술한다.

마지막 공격은 **유다의 시드기야 왕의 제구 년 열째 달**에 시작되었다. 이 사건은 구약에서 달과 날까지 표시하면서 세 번이나 더 기록될 정도로 엄청난 충격이었다(참고. 왕하 25:1; 렘 52:4; 겔 24:1-2). 포위 공격은 30개월 이상 이어졌다. 오늘날의 달력을 사용하면, 포위 공격은 주전 588년 1월 15일에 시작되었다. 예루살렘은 **시드기야의 제십일 년**에, 구체적으로 **넷째 달 아홉째 날**에 함락되었다. 이날은 현재까지도 유대인의 달력에서 탄식일, '티샤 베아브'(*Tisah b'Av*, 아브월 9일이며 주전 586년 8월 14일)이다.

예루살렘 성은 30개월 동안 바벨론의 포위 공격을 받고 **함락되었**다. **바벨론의 고관**이 성으로 들어와서, 자기들의 통치권을 분명히 하고 사로잡은 사람들을 심판하기 위해서 **중문에 앉았**다(렘 38:7과 겔 11:1에 대한 주석을 참고하라). 포위 공격을 관할하던 관리 중에 하나가 느부갓네살의 사위 **네르갈사레셀**이었다(참고. 39:13). 그는 느부갓네살의 아들이 죽은 뒤 바벨론의 왕위에 올랐다(주전 560년). 따라서 예루살렘 함락을 주도했던 관리들은 최고위직이었음을 알 수 있다.

시드기야 왕과 그의 군대 사령관(**군사**)은 예루살렘이 함락되는 것을 보았을 때 **아라바**, 곧 요단 계곡으로 도망쳤다(**갔더니**).

39:5-7. 예레미야가 예고했듯이(38:18) 도주는 불가능했다. **시드기야**는 예루살렘에서 동쪽으로 약 23킬로미터 거리의 요단 골짜기에 있는 **여리고 평원에서 갈대아인의 군대**에게 붙잡혔다. 그는 북쪽으로 **하맛 땅 리블라** 성읍의 바벨론 군사령부에 있던 **느부사라단**에게 끌려갔다. **리블라**는 다메섹 북쪽 베카(Beqa) 골짜기의 주요 도시였고(왕하 23:29-35; 25:6, 20, 21; 렘 52:10), 하맛은 현대의 레바논과 시리아의 일부인 고대 시리아의 통치 영토였다(삼하 8:9-10; 왕하 14:28; 17:24). 거기서 느부갓네살은 바벨론에 반역한 것을 두고 시드기야를 **심문**했다. 먼저, 시드기야는 바벨론인들이 **눈앞에서** 자기 **아들들**을 살해하고 **유다의 모든 귀족**을 죽이는 것을 지켜보지 않을 수 없었다. 그런 다음 느부갓네살은 이 공포의 장면을 시드기야의 마음에 영원히 봉인하기 위해 **시드기야의 눈을 빼**냈다. 마지막으로 그는 시드기야가 굴욕을 느끼며 **바벨론**으로 끌려가도록 그를 청동 **사슬**로 **결박**했다. 시드기야는 주님의 경고를 무시했기 때문에, 그가 두려워했던 것보다 훨씬 큰 수모를 당했다(참고. 38:17-23).

39:8-10. 예루살렘은 예레미야가 예고한 운명을 그대로 겪었다. 바벨론은 웅장한 **왕궁**과 **백성의 집**을 불살랐다(참고. 21:10; 22:6-7; 32:29; 34:2, 22; 37:8-10; 38:18, 23). 병사들 역시 **예루살렘 성벽을 헐어**서, 예루살렘은 보호막 없이 남았다(참고. 애 2:8-9; 느 1:3). 친위대 사령관 **느부사라단**은 아직 성읍 안에 살아 있던 모든 사람을 포로로 **잡아**가서(참고. 13:19;

15:2; 겔 5:8-12), 이전에 **항복**했던 사람들과 합류시켰다(참고. 21:8-9; 38:1-4; 17-23). 안전과 생산성을 확보하기 위해 **빈민**들만 **땅에 남겨**졌다. 그들의 생존을 위해 **포도원과 밭**이 주어졌다.

(2) 예레미야의 운명(39:11-18)

39:11-14. 예레미야가 바벨론으로 보낸 편지를 통해서든(참고. 29장), 바벨론으로 전향해온 사람들의 증언을 통해서든(21:8-9; 38:1-3), **느부갓네살**은 분명히 예레미야에 대해 들었다. **느부갓네살**은 병사들에게 예레미야를 데려가서 **선대하라고 명령**했다. 그들은 예레미야를 해치지 말고, 그가 원하는 것은 무엇이든 해주어야 했다. 예레미야는 **감옥 뜰**에서 석방되었다(참고. 38:28). 예레미야는 포로들과 함께 감옥에서 예루살렘 북쪽 8킬로미터의 라마로 이동했다(31:15; 40:1). 하지만 느부갓네살은 그가 석방되어 감옥으로 돌아오지 않도록 주선해주었다. 그 대신 예레미야는 요시야의 통치 기간에 서기관이던 아히감의 아들이요, 사반의 손자인 **그다랴**에게 **넘겨**졌다(왕하 25:22-25; 렘 39:14; 40:5-16; 41:1-18). 느부갓네살은 그다랴를 그 땅에 남아 있던 이들의 총독으로 임명했다(40:7; 그다랴의 살해에 대해서는 41:12을 참고하라). 그래서 예레미야는 바벨론으로 유배되지 않은 예루살렘 **백성 가운데에**서 살았다.

39:15-18. 예레미야가 예루살렘이 함락되기 전 **감옥 뜰에 갇혔을** 때에, 하나님은 그에게 **에벳멜렉**을 위한 메시지를 주셨다(참고. 38:7-13). 예루살렘을 꾸짖는 하나님의 말씀은 **그날에** 에벳멜렉의 **눈앞에** 성취될 것이다. 하나님은 예루살렘이 함락될 때 에벳멜렉을 **구원하여 칼에 죽지** 않게 혹은 다른 모든 관리와 함께 처형당하지 않게 하겠다고 약속하셨다(참고. 6절; 52:10, 24-27). 에벳멜렉이 하나님을 '믿어', 예레미야를 도와서 웅덩이에서 풀려나게 했기 때문에(참고. 38:7-13), 그는 구출될 것이다.

3. 예루살렘 함락 이후(40:1-45:5)

예루살렘 함락은 유다에게 영원한 교훈을 가르쳐주었을 것이다. 예루살렘은 예레미야를 통해 주신 하나님의 말씀을 귀 기울여 듣고 순종하는 법을 배웠을 것이다. 하지만 예레미야는 예루살렘 함락 이후에 일어난 사건들을 기록함으로써 그 땅에 남아 있던 백성들의 기본 성품이 변하지 않았음을 실증했다. 그들은 여전히 주님이나 그분의 선지자의 말씀을 신뢰하지 않았다(참고. 겔 33:23-29).

a. 유다에 남은 자들을 위한 예레미야의 사역 (40:1-42:22)

(1) 그다랴의 총독직(40:1-12)

40:1-6. 예레미야가 다른 포로들과 함께 **사슬로 결박되어** 잡혀갔던 **라마**에서 **풀려난** 후에, 바벨론의 친위대 **사령관 느부사라단**은 이스라엘이 **범죄**하고 **순종하지 아니하였**으므로 **하나님 여호와께서 이 재난을 선포하셨**다는 예레미야의 예언을 안다고 말했다. 느부사라단은 예레미야의 **사슬을 풀어주**고, 그를 **선대**할 것이다(참고. 39:12). 그가 바벨론에 대적하는 유다의 반역과 아무런 관련이 없기 때문이다.

예레미야는 자유롭게 갈 수 있었고, **온 땅**이 그의 **앞에** 있었다(창 13:9). 그는 자유롭게 선택할 수 있었다. 다른 포로들과 함께 바벨론으로 갈 수도 있었고, 아니면 유다에 머물 수도 있었다. 하지만 느부사라단은 예레미야가 유다에 머문다면 **그다랴에게** 가서 그와 함께 살라고 제안했다. 느부갓네살이 **유다 성읍들을 맡도록 세운** 총독 그다랴는 예레미야에게 절실했던 보호와 식량 둘 다를 제공할 수 있었다. 예레미야가 새롭고 자유로운 삶을 그리고 라마에서부터 예루살렘 함락 이후 유다의 행정 중심지 **미스바**까지 약 5킬로미터 여행을 시작할 수 있도록, 느부사라단은 **양식과 선물**을 그에게 주었다.

40:7-12. 전쟁에서 흔히 그렇듯, 주력 부대의 항복 이후 흩어진 잔류 군인들이 들에서 군대 **지휘관** 아래 계속 배치되어 남는 경우가 종종 있다. 예루살렘과 라기스, 아세가에 위치했던 유다의 주요 부대는 격파되었다. 하지만 군 사령관 그룹과 그 부하들이 아직 널따란 지대에 흩어져 있었다. 이제 **그다랴**가 그 땅을 다스리는 총독이 되었다는 소식을 들었을 때, 이 병사들은 **미스바**에 있는 그에게 왔다. 이후의 사건 때문에 두 명의 지도자에게 특별히 주목할 가치가 있다(8절). **느다냐의 아들 이스마엘**(14-15절)은 다윗 왕실 출신이었고(참고. 41:1; 왕하 25:25), 시드기야 왕의 관리로 봉직했다. **요나단**은 가레아의 두 아들 중 하나였다(참고. 13-16절).

이 지휘관들은 자기들이 무기를 내려놓고 항복할 경

우 어떤 일이 일어날 것인지 알고 싶었다. 그다랴는 만약 그들이 **바벨론의 왕**을 섬기면 그들에게 **유익**할 것이라고 안심시켰다. 그다랴는 그들이 **포도주**와 **여름 과일**, 올리브**기름**을 수확하는 데 집중하는 동안, 바벨론 앞에서 그들을 대표 혹은 대변(**섬기리니**)하겠다고 약속했다. 그들은 자신들이 **얻은 성읍들**에서 자유롭게 살 것이다.

그다랴의 임명 소식은 유다의 흩어진 저항군 분대에 닿았을 뿐만 아니라, **모압**과 **암몬**, **에돔** 그리고 다른 모든 나라(**모든 지방**)로 도주했던 **유다 사람**에게도 닿았다. 이 피난민들은 그 땅으로 **돌아와** 다시 정착했고, **포도주**와 **여름 과일을 심히 많이** 수확하는 일을 도왔다(참고. 10절).

유다의 미래는 밝아 보였다. 평화와 안정이 그 땅에 돌아오고 있었다. 교전하던 파당이 그다랴의 통치에 순복했고, 일부 피난민들이 돌아왔다.

(2) 그다랴의 암살(40:13-41:15)

40:13-16. 하지만 평온함에도 불구하고, 음모와 반역 세력이 요동치고 있었다. 위험의 소식은 **가레아의 아들 요하난**(참고. 31:8)과 들에 있던 **군 지휘관들**에 의해 전해졌다. 그들은 **느다냐의 아들 이스마엘**(8절)을 이용해 그다랴를 살해하려는 암몬 왕 **바알리스**의 음모를 **그다랴**에게 전달했다. 이 암살의 동기는 유다와 암몬 사이의 관계와 바벨론의 위협 아래서 형성된 그 지역의 정치적 구조와 맞물린 것이었다. 두 나라 모두 바벨론의 봉신국이었고, 바벨론에 대항하는 반역에서 연합의 가능성을 가늠하기 위해 주전 593년에 열린 국가 간의 비밀 회합에 동참했다(참고. 27:1-11). 물론 이 회합은 확실한 행동을 낳지 못했지만, 애굽의 새 바로(호브라)는 주전 588년에 바벨론에 맞서 반역하자고 유다와 암몬, 두로를 설득했다.

느부갓네살은 어느 나라를 먼저 공격할지 결정해야 했고, 하나님은 암몬 대신 유다를 향하도록 그를 지휘하셨다(참고. 겔 21:18-23). 예루살렘이 함락되었을 때 유다와 암몬은 여전히 동맹국이었고, 시드기야는 아마도 암몬을 향해 가는 도중 체포되었을 것이다(39:4-5). 유다와 암몬은 친구 사이가 아니라 전략적인 이유로 동맹을 맺은 관계였다. 느부갓네살이 예루살렘을 겨냥해 군대를 배치했다면 암몬을 공격할 수 없다는 것을 알았기 때문에, 암몬은 예루살렘의 함락을 두고 기뻐했다(참고. 49:1-6; 겔 25:1-7).

따라서 바벨론에 대한 그다랴의 헌신은 암몬을 불안하게 만들었다. 만일 유다가 바벨론에게 복종한다면, 느부갓네살은 두로를 친 다음(참고. 겔 29:17-18) 암몬을 공격할 것이다. 하지만 유다의 상황이 불안정하므로 질서 유지를 위해 느부갓네살은 그곳에 많은 군대를 배치할 것이고, 이는 암몬의 생존 기회를 높일 것이다. 그래서 친바벨론적인 그다랴를 이스마엘 같은 반바벨론적인 지도자로 대체하는 것이 암몬에게 유리했다.

불행하게도 **그다랴**는 이 관리들의 말을 **믿지 아니**했다. **요하난**은 **그다랴**와 **비밀** 대화를 나누고, 유다를 위해 **이스마엘**을 **죽**여 총독을 보호하라고 제안했다. 그다랴는 요하난에게 **이 일을 행하지 말**라고 명령했다. 그다랴는 보고 전체가 **이스라엘에 대한** 거짓말이라고 생각했다. 그다랴는 고결한 사람이었으나, 이스마엘의 성품을 오판하여 치명적인 실수를 저지르고 말았다.

41:1-3. **이스마엘**은 평화로운 모임을 표방하며, **열 사람**과 함께 **그다랴**에게 와서 **함께 떡**을 **먹**었다. 그런 다음 이스마엘과 그의 추종자들은 **그다랴를 쳐 죽였고**, **그와 함께 있던 모든 유다 사람**과 더불어 거기에 있던 **갈대아**인을 죽였다(참고. 왕하 25:25). 이 살인은 **일곱째 달**(9월 말/10월 초)에 일어났다. 달은 제시되었지만 해는 제시되지 않아 정확한 암살 일자는 불확실하다. 이 모든 사건이 주전 586년에 일어나기는 어려웠을 것이다. 바벨론 군대가 그해 8월 17일까지 아직 예루살렘에 있었기 때문이다(52:12). 이렇게 되려면 바벨론은 2개월 안에 사람들을 강제 추방하고, 정부를 세우고, 땅을 분배하고, 자신들의 주력 군대를 철수했어야 한다. 따라서 암살은 한 해 뒤에 일어난 것이 분명하다. 예레미야는 잘 알려지지 않은 주전 583-582년의 강제 추방을 상세한 사건 설명 없이 기록한다. 이 바벨론 강제 추방은 총독 암살과 유대인의 애굽 이주 이후에 질서를 회복하기 위한 것이었다. 만약 이 사건들이 서로 관련이 있다면, 그다랴가 암살된 **일곱째 달**은 주전 583년 10월 4일에 시작되었다.

41:4-9. 암살 시간은 아마 저녁이었을 것이다. 음모는 성공적으로 수행되어 다음 날에도 **이를 아는 사람**이 없었다. 다음 날 **팔십 명**의 대규모 대상이 북 왕국

이스라엘의 세 성읍 **세겜**과 **실로**, **사마리아**에서부터 애도하며(**수염을 깎고 옷을 찢고**, 참고. 16:6) 예루살렘으로 왔다. 이 의로운 사람들이 주로 배교한 북 왕국에서 온 것을 볼 때, 적어도 요시야 왕의 개혁이(참고. 왕하 23:15-20; 대하 34:33) 지속적으로 영향력을 끼쳤다는 것을 알 수 있다. 그들은 소제물과 유향을 **여호와의 성전**으로 가지고 왔다. 성전이 파괴되기는 했지만(참고. 52:13, 17-23), 사람들은 계속 그 장소에서 예배했다. 이 예배자들은 일곱 째 달에 열리는 세 축제인 나팔절, 속죄일, 장막절(참고. 레 23:23-44) 가운데 하나를 경축하기 위해서 예루살렘으로 여행하고 있었지만, 성전이 파괴된 까닭에 탄식했다.

이스마엘이…나와 울면서 가다가 순례자들을 만났다. 그는 동정심을 가장하며 **그다랴에게로 가자**고 초청했다. 총독과 만나자는 제안은 분명 거절할 수 없는 것이었기에, 그들은 함께 미스바로 갔다. **성읍 중앙**에 이르러, 이스마엘과 그의 살인자 일행은 **그들을 죽여** 시체를 **구덩이**에 던졌다. 명확히 언급되지는 않지만, 본문은 그가 희생자를 약탈하고 그들의 식량을 강탈하려고 했음을 암시한다(41:8). 80명의 여행자로 구성된 대상은 분명히 엄청난 양의 음식과 돈은 물론 성전에 가져가는 예물을 지니고 있었을 것이다. 80명 중에 10명은 더 많은 **밀**과 **보리**와 **기름**과 **꿀**을 **밭에 감추었**다고 실토하면서 자신들의 생명을 흥정하려고 했다. 만약 목숨을 살려둔다면, 그들은 이 현금을 감춘 장소로 그를 데려갈 것이다. 이스마엘의 탐욕이 그들을 살려두도록 부추겼다.

예레미야는 이 살인이 벌어진 장소의 역사적 의미를 설명했다(9절). 이 사람들과 그다랴의 시신이 던져진 **구덩이**는 200년 전에 **아사 왕**이 건축한 것이다. 이 구덩이는 유다와 이스라엘의 전쟁에서, 북 왕국 **바아사** 왕에 맞서 아사 왕의 군사들이 세운 유다의 보호물 중 일부였다(왕상 15:16-22). 한때는 생명을 보존하도록 도와주었던 구덩이가 이제 **시체**로 채워졌다.

41:10-15. **이스마엘**은 미스바에 살고 있던 특정 무리를 살해했지만(2절), 거기에 살고 있던 **남아 있는 백성**을 전부 **사로잡**았다. 여기에는 **왕의 딸들**과 **그다랴에게 위임**되었던 **미스바에 남아 있는 모든 백성**이 포함되었다. 예레미야는 아마 포로들 중에 있었을 것이다(참고. 40:6). 이들 일행은 미스바를 떠나 이스마엘의 동맹국 **암몬**으로 출발했다(40:14).

가레아의 아들 요하난과 군 **지휘관**과 군대가 **이스마엘이 행한 모든 악**을 들었을 때, 그들은 이스마엘과 **싸우러** 출발했다. 군대는 **기브온 큰 물** 부근에서 느린 포로 일행을 따라잡았다(삼하 2:12-16). 포로로 잡혀가던 이들은 자신들의 구원자를 알아보고 **기뻐**했으며, 이스마엘에게서 벗어났다. 하지만 **이스마엘**과 **여덟 사람은 암몬**으로 도주했다.

(3) 요하난의 리더십(41:16-42:22)

41:16-18. **요하난**과 **지휘관**은 이스마엘에게서 구출한 **모든 남은 백성**을 데려왔다. 이 무리에는 **군사**와 **여자**, **유아**, **내시**가 포함되었다. 하지만 그들은 미스바로 돌아가지 않고 계속 나아갔다. 그들이 휴식한 첫 번째 장소는 **기브온**에서 53킬로미터가량 떨어진 **베들레헴** 근처의 **게롯김함**이었다. 이 무리는 바벨론을 피해 **애굽**으로 가는 길이었다. 그들은 바벨론이 **그다랴**의 죽음에 대해 보복할 것을 두려워했기 때문이다.

42:1-6. 계속 가기 전에, **요하난**과 (43:2에서 '아사랴'라고 불리는) **여사냐**를 포함하여 **모든 군대의 지휘관**과 모든 **백성**은 주님의 인도를 구하기로 결정했다. 그들은 예레미야에게 자기들을 위하여 **여호와께 기도해**달라고 요청했다. 그들은 어디로 가야 하고 무엇을 해야 하는지 하나님이 말씀해주시기를 바랐다. 그들은 이스라엘에게서 도망하기로 결정했고, 애굽으로 피하려는 계획에 대해 하나님의 승인을 바랐던 것 같다(14절; 43:7).

예레미야에게 말하면서 그들은 주님을 **당신의 하나님**이라고 불렀다(2-3절). 주님이 자신들의 하나님이기보다는 예레미야의 하나님이라고 생각한 것 같다. 예레미야는 그들을 위해 기도하기로 했다. 그는 하나님을 **너희 하나님 여호와**라고 불러 그들의 생각을 바로잡으면서, 그분이 그들의 하나님이라는 사실을 시사했다. 예레미야는 자기가 기도하고 모든 **응답**을 말해주겠다고 대답했고, 그들은 하나님이 무엇을 명령하시든, **좋든지 좋지 않든지** 그대로 행동하겠다고 맹세했다. 하나님이 불순종한 자기 민족을 파괴하시는 것을 목격한 뒤에, 그들은 주님께 순종하겠다고 신중하게 동의했다.

42:7-12. 예레미야는 백성들을 위해 기도했고, 그

뒤 **십 일 후**에 하나님이 응답하셨다. 예레미야는 그들에게 만약 그들이 **이 땅에 눌러앉는**다면, 하나님이 그들을 **세우고 심**으실 것이라고 약속하셨다고 말했다. 주님이 그들과 **함께** 있어 그들을 **구원하며 건지**실 것이기 때문에, 그들은 바벨론을 **두려워하지 말**아야 한다. 하나님은 느부갓네살이 그들을 **불쌍히 여기**도록(*raham*, 라함), 곧 '애정 어린 관심을 보이게' 하실 것인데, 이는 바벨론과 결부된 적이 없던 성품이다(참고. 6:23; 21:7). 만약 백성들이 바벨론에게 순복한다면, 느부갓네살이 그들의 땅으로 **돌려보내**낼 것이라고 하나님은 약속하셨다.

42:13-18. 신명기 28장의 축복 및 저주와 비슷하게 예레미야는 순종에 대한 축복 목록에 불순종에 대한 심판 목록을 덧붙였다. **그러나 만일** 백성들이 **이 땅에 살지** 않기로 하고 **애굽**으로 간다면 이는 **여호와의 말씀을 복종하지 아니하**는 것이며, 그들은 맹세를 어긴 데 대한 하나님의 심판을 경험할 것이다(42:5-6).

더 이상 **전쟁도 보**지 않고 임박한 공격을 알리는 **나팔 소리도** 듣지 않아도 되는 애굽으로 이주하려는 그들의 갈망은 납득할 만했다(참고. 4:5, 19-21; 6:1). 또한 그들은 애굽에서 예루살렘 공격의 재난(참고. 애 1:11; 5:6, 9)을 피할 것이고, **양식의 궁핍**도 더 이상 없을 것이라고 기대했다.

이런 추론과 반대로, 예레미야는 만약 그들이 주님께 불순종하고 애굽에 정착한다면, 그들은 **칼과 기근과 전염병**에 죽을 것이라고 경고했다(참고. 14:12; 42:22). 그들이 **애굽**에 들어갈 때, 하나님의 진노가 **예루살렘**에게 **부은 것**같이 그들에게도 부어질 것이다. 예루살렘처럼 그들은 **가증함**과 **놀램** 그리고 **치욕거리**가 될 것이다(참고. 18:16; 24:9; 29:18; 44:12). 그들이 피하기를 원했던 바로 그 위험이 그들을 덮칠 것이고, 그들은 다시 유다를 보지 못할 것이다.

42:19-22. 예레미야는 **유다의 남은 자들**에게 하나님의 말씀을 되풀이했다. **여호와께서 너희를 두고 하신 말씀에 너희는 애굽으로 가지 말라 하셨다!** 하나님의 뜻은 명확했다. 그들은 하나님이 말씀하신 모든 것을 하겠다고 맹세했지만(6절), 마침내 그분의 말씀이 주어지자 명령대로 순종하여 유다에 머물기를 거절했다. 그래서 예레미야는 만약 그들이 애굽으로 들어가 **머물려고** 한다면, 그들이 확신할 수 있는 유일한 사실은 **칼과 기근과 전염병에 죽**는 것(17절)밖에 없음을 경고했다. 불순종하는 '남은 자'들은 애굽으로 가면서 예레미야를 강제로 데려갔고(43:6), 전승에 따르면 예레미야는 애굽에서 죽었다.

b. 애굽의 남은 자들을 위한 예레미야의 사역 (43:1-44:30)

(1) 애굽으로 가는 남은 자들의 탈출(43:1-7)

43:1-3. 남은 자들의 진짜 성품은 주님의 메시지에 대한 그들의 반응에서 부각되었다. 이전에 예레미야는 하나님의 선지자로 인정받았는데도, 그들은 그를 믿지 않았다.

예레미야가 말을 마친 직후, [42:1에서 '여사냐'라고 불린] **아사랴**와 **요하난과 모든 오만한 자**는 예레미야가 **거짓을 말**한다고 고발했다. 그들은 예레미야의 비서요 친구이며 동료인 **바룩**에 대해서도, 그가 예레미야를 부추겨서 이전의 반역자들을 **갈대아 사람의 손에 넘겨** 죽이거나 **바벨론으로 붙잡아가**는 음모에 가담하게 했다는 구실로 고발했다.

43:4-7. 하지만 이 무리는 미스바로 돌아가지 않고, 애굽을 향해 남쪽으로 행진했다(41:17). 총체적인 불순종이었다. **요하난과 모든 군 지휘관과 모든 백성이 유다 땅에 살라 하시는 여호와의 목소리를 순종하지 아니**했다. 지도자인 **요하난**은 **예레미야와 바룩**과 함께 **유다의 남은 자**를 전부 **거느리고 애굽 땅에 들어**갔다. 그들은 하(북부) 애굽의 동쪽 델타 접경에 있던 요새 성읍 **다바네스**에 정착했다.

(2) 느부갓네살의 애굽 침략에 관한 예언(43:8-13)

43:8-13. 예레미야는 일부 유대인 여행자들이 지켜보는 가운데 그들에게 주님의 교훈을 가르치고자 또 하나의 상징 행위를 했다(참고. 13:1-11). 주님은 그에게 **큰 돌 여러 개를 가져다가** 다바네스에 있는 **바로의 궁전 대문**의 커다란 뜰을 덮었던 **벽돌 축대**[포장도로] 아래에 **진흙**으로 묻으라고 말씀하셨다. 당시 바로의 주요 거처는 애굽 남부의 엘레판틴(Elephantine)에 있었기 때문에, 예레미야가 언급한 '왕궁'은 아마 바로가 다바네스 성을 방문했을 때 그의 거주지로 사용된 정부 건물이었을 것이다. 다바네스 발굴 결과, 요새로 가는 북쪽 입구에서 넓은 포장도로가 발견되었다.

예레미야가 묻은 돌들은 주님이 **느부갓네살**을 데려와 **애굽 땅을 치**게 하실 때 **그의 왕좌를 놓**을 장소를 표시하기 위한 것이었다. 포로민들은 죽음과 사로잡힘과 칼(참고. 42:13-17)을 피해 달아나고 있지만, 그것들이 애굽까지 그들을 따라올 것이다. 하나님은 느부갓네살을 사용하여 **애굽 신들의 신당들을 불지르**고 신들을 **사로잡을** 것이다. 느부갓네살은 **목자가 그의 몸에 옷을 두름같이 애굽 땅을 자기 몸에 두**를 것이다. 느부갓네살은 애굽의 태양신을 예배하는 중심지이자 많은 **석상**들과 **신당들**이 있던 **벧세메스의 석상**들을 깨뜨릴 것이다. 이것들은 전부 바벨론에 의해 무너질 것이다.

지금까지 발견된 바벨론 토판의 기록(참고. 27:1-7)은 주전 594년까지만 이어지기 때문에, 애굽 침략에 대한 성경 외 세부 정보가 부족하다. 그렇지만 주전 568-567년에 느부갓네살이 애굽을 침략한 사실을 암시하는 단편 본문 하나가 발견되었다. 이것은 에스겔 29:19에 있는 느부갓네살의 애굽 침략에 관한 예언과 잘 어울린다. 주전 571년 4월 26일에 주어진 이 예언은 이 침략이 아직 성취되지 않은 미래임을 시사했다. 따라서 느부갓네살의 애굽 공격은 아마 주전 571년과 567년 사이의 어느 시점에 일어났을 것이다.

(3) 하나님의 심판 경고(44:1-30)

44:1-10. 예레미야가 애굽에 있을 때 하나님의 말씀이 예레미야에게 두 번째 임했다(참고. 43:8). 이번에는 **애굽 땅에 사는 모든 유다 사람**과 관련이 있었다. 이 예언은 **믹돌과 다바네스와 놉** 성을 포함하여 애굽 북부에 있는 사람들에게 적용되었고, 애굽 남부의 **바드로스**까지 확장되었다. 이 메시지는 애굽 전역의 모든 유대인을 위한 것이었다.

하나님은 그들에게 **예루살렘과** 모든 **유다 성읍**에 내린 재난을 상기시키셨다. **황무지**는 그들의 **악행**, 특히 **다른 신들**에게 계속 **분향하여** 주님의 진노를 불러일으킨 데 대한 하나님의 심판을 증언하는 역할을 했다.

하나님은 **악행**에서 돌아오라고 **종 선지자들**을 통해서 거듭 경고하셨지만, **그들이 듣지 않았**다. 그래서 하나님의 **분**이 유다와 예루살렘을 향해 타올랐고, 그들은 **폐허와 황무지**가 되었다. 우상숭배 때문에 예루살렘을 심판했던 사건에서 배우지 못한 채 애굽으로 피신했던 이 유대인들은, **애굽 땅에서 다른 신들에게 분향**했다. 그들은 우상숭배로 인해 **저주**와 **수치**거리가 될 위험에 처했다(참고. 24:9). 그들은 자신들과 조상들이 저지른 (9절에서 다섯 번 반복된) **악행**과 그 결과로 임한 하나님의 심판을 잊은 것처럼 보였다. 그들은 하나님 앞에서 **겸손하지** 않았고, 그분을 **두려워하지도** 않았고, 자기들과 조상들 앞에 분명히 **세운** 율법대로 **행하지** 않았다. 그들은 너무나도 빨리 하나님의 말씀을 잊었다!

44:11-14. **온 유다**에게 그러셨듯이, 하나님은 그 **얼굴을** 애굽의 남은 자들에게로 **향하여**, 그들의 죄에 대해 재앙을 내리실 것이다. **애굽**에 들어가기로 **고집**한 이 **남은 자들**은 **칼**과 **기근**으로 거기서 사라질 것이다(참고. 42:22). 이 심판은 **낮은 자로부터 높은 자까지** 거의 모든 사람을 포함할 것이다. 애굽에 살고 있는 사람들은 하나님이 **예루살렘을 벌**하실 때 사용하셨던 것과 동일한 심판, 곧 **칼**과 **기근과 전염병**을 경험할 것이다. 이 난민들은 언젠가 고향으로 돌아가기를 소망했지만, 그러지 못할 것이다. 하나님의 명령을 어기고 애굽으로 도주했던 모든 사람들은 하나님이 돌아가도록 허락하실 몇몇 **도망치는 자들** 외에는 거기서 죽을 것이다.

44:15-19. 이 사람들은 예레미야의 메시지를 전면적으로 거부했다. 가족 전체, **남자**와 그들의 **아내들**이 **다른 신들에게 분향하**고 있었다. 그들은 **우리가 듣지 아니하**겠다고 하면서 회개를 거부했다. 주님의 입에서 나오는 모든 말씀에 순종하는 대신(참고. 신 8:3), 그들은 자신들의 **입에서 낸 모든 말을 실행**할 것이라고 했다. 그들은 계속 **하늘의 여왕**에게 **분향**할 것이다(7:18의 우상숭배에 대한 주석을 보라). 이러한 관행이 유다와 예루살렘에서 백성들, 그들의 조상들(**선조**), **왕들**, **고관들**에 의해 시행된 것을 볼 때, 이 여신들에게 분향하는 이교도 관행이 널리 퍼져 있었던 것이 분명하다.

진리가 터무니없이 왜곡되면서, 백성들은 자신들의 어려움이 이런 이교도 제의를 계속 이어가지 못한 자신들의 실패에서 기인한다고 탓했다. 그들의 말에 의하면, **하늘의 여왕**에게 제사를 바치는 동안(7:18에 대한 주석을 보라)에는 **먹을 것이 풍부**하고 **재난을 당하지 아니**했다. 그들의 말에 의하면, **하늘의 여왕에게 분향**하던 것을 **폐한 후부터 모든 것이 궁핍**해졌고 **칼**과 **기근**으로 망하기 시작했다. 그들은 스스로를 속이고 있었다. 만약 그들이 하나님의 지시를 따랐다면, 그와 반대로 해야 했기 때문이다(참고. 14장; 호 2:5-9; 암 4:4-12). 하나님께 대한 신실함과 순종은 축복을 가져왔던 반면에, 불성실과 불순종은 저주를 가져왔다(레 26:1-45; 신 28장).

44:20-23. 예레미야는 **모든 무리**, 특별히 **이 말로 대답하는** 이들에게 응답했다. 그는 **여호와께서** 그들이 **분향한** 일을 **기억하셨**다고 상기시켰다. 주님이 그들의 죄를 **더 참을 수 없으셨**을 때, 주님은 백성들을 심판하셨고, 그 땅은 저줏거리와 황폐한 땅이 되었다. 그들의 악한 제사 때문에 유다는 심판 아래 있었다. 거짓 신 숭배는 유다의 운명을 결정했고, 유다를 어떤 식으로도 보호하지 못했다. 이렇게 주님을 인정하고 따르지 못한 실패는 유다에 **재난**을 가져왔다. 애굽에 있는 이들이 하늘의 여왕에게 바친 제사 때문에 동일한 심판이 그들에게 임할 것이다.

44:24-28. 예레미야는 **하늘의 여왕**에게 **분향**과 **전제**로 계속 예배하겠다(17절)는 그들의 서원에 관해서, **모든 여인**을 포함한 **모든 사람**에게 말했다. 그들이 우상숭배를 지속하기로 굳게 다짐했기 때문에, 하나님은 그들이 이 거짓 여신에게 했던 **서원**을 **성취하**라고 그들에게 반어적으로 말씀하셨다. 하지만 하늘의 여왕을 예배할 때 그들은 하나님의 심판 메시지도 들어야 했다. 주님은 엄숙하게 맹세하시면서, 애굽에 사는 유다 사람이 다시는 자기 **이름**을 부르거나 자기로 맹세하지 못한다는 것을 자신의 **큰 이름**으로 서약하셨다. 모두가 멸망할 때까지 하나님의 심판이 그들을 따라다닐 것이다. 하나님은 **깨어 있어** 그들에게 **재난을 내리고 복을 내리지 아니하**신다. 오직 소수만이 생존하여 유다로 돌아갈 것이다. 그 뒤에 그들은 **내 말과 그들의 말 가운데서 누구의 말이 진리인지** 알 것이다. 이는 하늘의 여왕에게 했던 그들의 서약과 우상숭배가 번영을 가져왔다는 그들의 주장(17-18절)에 대한 직접적인 꾸짖음이다.

44:29-30. 그 뒤에 하나님은, 자신의 **말씀**이 우상숭배에 빠진 애굽의 유대인들을 반드시 **벌할** 것임을 나타내는 **표징**을 주셨다. 그 표징은 **시드기야**가 **느부갓네살**에게 넘겨졌던 것**같이**, **바로 호브라**가 **그의 원수**들에게 넘겨지는 것이었다. 고대 그리스의 역사가 헤로도토스(주전 5세기)에 의하면, 호브라는 예레미야가 이 예언을 주고 난 직후인 주전 570년 정적들에게 살해되었다(Herodotus 2. 161-163, 169). 예레미야가 준 메시지를 입증하기 위해 하나님이 하신 모든 일에도 불구하고, 백성들은 여전히 믿기를 거부했다. 결국 이 일의 관건은 더 많은 증거나 신적인 기적 혹은 압도적인 메시지가 필요한 것이 아니고, 믿음의 문제라는 것이다. "믿음이 없이는 하나님을 기쁘시게 하지 못하나니"(히 11:6; 참고. 창 15:6).

c. 바룩을 위한 예레미야의 사역(45:1-5)

45:1-3. 이 장의 연대는 36:8과 36:9 사이, 즉 **예레미야가 불러주는 대로 바룩이** 하나님의 메시지를 두루마리에 **기록한** 후인 **여호야김 넷째 해**(주전 605-604년)로 추정된다(참고. 36:1-8). 예레미야는 독자들을 배려하여 연대 순서에서 벗어난 곳에 이 단락을 둔 것 같다. 유배 심판을 목격한 예레미야는 하나님께서 힘겨운 시기에 남은 경건한 자들에게 기대하시는 반응을 강조하고 싶었다. 이 단락은 바룩의 실망과 믿음의 권면을, 실망했지만 여전히 경건한 남은 자들 모두의 본보기로 사용한다. 바룩은 심판의 메시지에 실망하여 **화로다**라고 말했다. 그는 하나님이 자신의 **고통**에 **슬픔**을 더하셨다고 느꼈다. 이전에 예레미야가 느꼈던 것처럼(참고. 8:21-9:2; 14:17-18; 15:10, 15-18), 바룩은 **탄식**으로 고단했고 **평안**을 찾지 못했다.

45:4-5. 하나님은 심판의 한복판에서 바룩의 믿음을 북돋우기 위해 한 메시지로 응답하셨다. 주님은 실제로 **재난을 내려서** 자신이 **심은** 것을 **뽑**으실 것이다(참고. 1:10). 바룩이 실망한 이유는 심판의 현실이 **큰 일을 찾**는 자신의 개인적 염원과 충돌했기 때문이다. 하나님께서 자기가 원한 것을 전부 주지 않았다고 탄식하지 말고, 주위에서 재앙이 일어나는 중에도 그에게 **생명**을 **주**실 것이라는 데 감사해야 한다는 사실을 주님은 상기시키셨다. 심판의 한복판에서 어떤 믿음을 가져야 하는지에 대해 바룩은 그와 동시대 사람인 하박국을 본보기로 삼아야 했다(참고. 합 3:16-19).

재앙이나 민족적 심판의 한복판에 선 경건한 사람들은 소망을 주님께 단단히 고정해두어야 한다. 우리는 하나님이 우리의 기대를 저버리셨다는 이유로 비탄에 빠질 수도 있고, 하나님이 우리의 필요를 공급해주시며 우리의 제한된 시야 너머까지 우리를 보호해주셨다는 이유로 감사를 선택할 수도 있다.

Ⅲ. 열방에 관한 예언(46:1-51:64)

예레미야는 유다와 예루살렘을 치러 올 열방의 선지자로 임명받았다(참고. 1:5; 46:1). 그는 이들 열방에게 말하기 전에, 먼저 유다 민족에 관해 예언하여(2-45장), 하나님의 언약 백성인 유다가 이스라엘의 주 하나님께 죄를 범함으로써 열방이 유다에게 행할 일들을 보여주었다. 유다를 치러 일어났고 죄와 우상숭배로 가득했던 열방도 예레미야의 예언적 음성에서 주님의 심판을 피해가지 못했다. 예레미야는 이미 열방에 대한 하나님의 주권을 선포했고(27:1-5), 그래서 46-51장에서 그는 시문 형태로, 애굽(46장)과 바벨론(50-51장)을 포함하여 열방에게 다가오는 심판을 서술했다.

A. 애굽을 꾸짖는 예언(46:1-28)

애굽은 심판을 위해 선택된 첫 번째 나라였다. 애굽은 바벨론에 대항하는 유다의 반역을 부추긴 무능한 동맹국이었다. 그렇지만 유다가 바벨론을 방어하기 위해 애굽의 군사적 도움이 필요했을 때, 애굽은 유다를 버렸다(참고. 37:4-10; 겔 29:6-7).

1. 애굽이 갈그미스에서 패하다(46:1-12)

46:1-6. 예레미야의 메시지는 주전 609년 유다의 요시야 왕을 살해했던 **바로 느고**의 군대를 겨냥했다(왕하 23:29). 예레미야는 애굽 군대가 [오늘날의 터키 중남부에 있는] **갈그미스**에서 패배한 뒤에 이 예언을 기록했다. 이곳은 유프라테스강 상류의 유일한 대도시였고, 동쪽의 시리아로 가는 관문이요, 유프라테스로 가는 통로였다. 앗수르 제국이 함락된 후에 갈그미스는 지역 지배권을 둘러싼 애굽과 바벨론 사이의 전략적 격전지였다. **바벨론**이 갈그미스에서 애굽을 격파했을 때, 그 지역에서 애굽의 군사적 우위권은 끝이 났다. 승리를 거둔 전쟁은 주전 605년, **여호야김 넷째 해에** 일어났다.

하나님은 애굽 군대에게 반어적인 메시지를 주셨다. 그들은 **작은 방패**를 준비하고, **말에 안장을 지우**고 군대에 **투구**를 씌워서 바벨론과의 전투를 준비하고 행진해야 한다. 전투를 하려면 **창**과 **갑옷**을 준비해야 한다. 애굽은 최고급 말들로 유명했지만, 애굽의 전사들이 패배하여 공황과 혼란 속에 도주하는 동안 바벨론의 신속한 공격은 **사방에 두려움**을 남겼다. 퇴각하는 애굽 병사들은 아군의 퇴각을 방해했고, 그래서 **빠른 자**도 도주할 수 없고 **용사**도 달아날 수 없었다. 바벨론은 애굽인들을 따라잡아 그들을 살해했다. 바벨론 토판의 기록(43:8-13에 대한 주석을 보라)은 이 절망적인 혼란과 패배의 장면을 확증한다. 애굽 군대는 바벨론 앞에서 '퇴각'했지만 바벨론은 '그들을 추월하고 격파하여, 단 한 사람도 자기 나라로 달아나지 못하게 했다'[Donald J. Wiseman, *Chronicle of Chaldean Kings (626-556 BC) in the British Museum* (London: Trustees of the British Museum, 1956), 67-69]. 갈그미스에서 바벨론이 애굽을 물리친 일은 고대 세계에서 가장 중요한 전투 중 하나였으며, 이 전투로 세계적인 강대국이었던 애굽의 위상이 추락했다.

46:7-8. 하나님은 **나일강**같이 불어나려고 애쓰는 이 나라가 **누구냐**고 반어적으로 물으셨다. 출렁거리는 나일강의 물은 생명력이 가득한 흙을 담고 제방을 넘쳐흘러 애굽으로 밀려들었다. 마찬가지로 애굽은 **나일강같이 불어**나서 세상을 정복할 계획을 세웠다. 말과 전차를 소유한 애굽의 **출렁임**은 강하게 밀려드는 강물을 닮았다. 심판 예언에 따르면, 하나님은 **일어나** 애굽 **땅을 덮**으실 것이고, **성읍들과 그 주민을 멸할** 것이다.

46:9-10. 애굽 군대에는 방패를 들고 다녔던 **구스**와 **붓**[오늘날의 리비아]의 보병 그리고 궁수(**활을 당기는**)였던 **루딤**[소아시아 서쪽 해변의 거주민] 출신의 용병이 포함되었다. 에스겔도 이들과 동일한 용병 그룹을 거명했다(겔 30:5). 애굽이 강력한 군대를 모았다 하더라도, 전투일은 **주 만군의 여호와**께 속한 날로 하나님이 애굽에게 **보복**하시는 날이다. 애굽은 **주 만군의 여호와께 희생제물**이 될 것이다. 그제야 하나님이 휘두르시는 심판의 **칼**이 만족할 것이다. 하나님이 **북쪽 유브라데강가** 갈그미스에서 애굽 사람들을 멸하셨을 때, 하나님은 이 학살을 희생제사에 비유하셨다(사 34:4-5; 습 1:7-8).

46:11-12. 애굽이 상처에 바를 **유향**을 얻기 위해 **길르앗**으로 갔더라도(8:22), 그들의 치료는 **효력이 없을** 것이다. 하나님께서 그들이 **낫지 못하**게 하실 것이기 때문이다. 애굽의 고뇌와 고통의 **부르짖음**이 **땅**에 가득했을 때, 주변 **나라들**은 애굽의 **수치**를 들을 것이다. 전

렘

쟁의 공황 속에서 강한 전사들은 서로 걸려 넘어질 것이고(참고. 6절), 그들은 패배하여 둘이 **함께 엎드러**질 것이다.

2. 애굽이 침략당하고 유배당하다(46:13-26)

46:13-17. 느부갓네살은 주전 605년 오늘날 터키의 주요 도시 갈그미스에서 애굽을 물리쳤다. 하지만 그는 대략 주전 571-567년까지 애굽을 침략하지 않았다(43:8-13에 대한 주석을 보라). 연대가 확인되지 않은 이 예언(13-26절)에서 하나님은 '애굽 땅을 치러 오는' **느부갓네살**에 대해 부가적인 설명을 제시하셨다. 느부갓네살이 접근한다는 경고가 북부 애굽의 **믹돌**, **놉**[멤피스] 그리고 **다바네스**에서 들릴 것이다(참고. 44:1). **굳건히 서서** 전투를 **준비하라**는 명령이 느부갓네살의 군대에게 떨어진다. 그다랴가 살해된 후(43장) 유다의 피난민들이 하나님의 뜻을 어기고 정착했던 지역에서 바벨론과 애굽이 싸울 것이다.

예레미야는 애굽의 **장사들이 쓰러**진 혹은 '엎드러진' 이유를 물었다(15절). 여기에는 본문상의 논쟁점이 있다. 70인역은 "무슨 이유로 아피스가 달아났느냐?"(Wherefore has Apis fled?)로 읽는다(70인역 26:15, 70인역은 예레미야서의 몇몇 장의 순서를 재배열했기 때문에 46:15이 70인역에서는 26:15이다). 70인역은 '쓰러지다'(*nishap*, 니스하프)를 뜻하는 히브리어 단어를 두 단어(*nas khaf*, 나스 하프, '아피스가 달아났다')로 나누어, 애굽의 황소 신 아피스를 가리키게 했다. 한 민족의 패배는 흔히 그들이 믿는 신들의 패배를 상징한다(참고. 사 46:1-2; 렘 50:2; 51:44). 70인역의 독법을 받아들인다면, 예레미야는 주님의 심판으로부터 그들을 보호해주지 못하는 애굽 신 아피스의 무능력을 지적하고 있었던 것이다. 그렇지만 예레미야 46:15의 마소라 본문, **너희 장사들이 쓰러짐은 어찌함이냐**는 바벨론에게 패한 애굽(46:13)이라는 문맥과 잘 어울리는 것 같다. 핵심은 주 하나님이 애굽의 황소 신 아피스에게든, 혹은 애굽의 강한 전사들에게든 승리를 거두실 것이라는 점이다.

이 본문은 전사에 관한 질문에 대답한다. 하나님이 **그들을 몰아내셨**기 때문에, 그들은 서지 못할 것이다. 용병 부대가 애굽에서 달아나려고 애쓰다가 서로 위에 **엎드러**졌기 때문에, 그들은 **일어나서 포악한 칼을 피**해 자기 **민족**과 자기 **고향**으로 **돌아가**기로 결심했다. 호브라는 바벨론을 격파할 수 있는 능력이 있다고 호언장담했지만, 패배한 병사들은 이제 **애굽의 바로 왕**이 승리를 가져다주지 못하는 '시끄러운 소음'에 불과하다는 것을 깨달았다.

바로 호브라(44:30)는 이미 바벨론을 물리칠 **기회를 놓쳤다**. 갈그미스에서 패배한 뒤에 애굽은 바벨론에서 역전승을 거둘 기회를 얻을 수도 있었다. 느부갓네살은 곧바로 애굽을 침략함으로써 자신의 승리를 이어가지 않았다. 그는 부친상을 당해서 바벨론으로 돌아갔다. 그런데 바로 호브라는 이 기회를 애굽을 방어하거나 강화하는 데 활용하지 않았다. 그래서 느부갓네살이 전투를 재개하고자 돌아왔을 때, 애굽은 나일강에서 패배했다.

46:18-19. 영원하신 하나님은 애굽에게 심판이 다가온다는 것을 분명하게 선포하셨다. 하나님은 자기 자신을 두고 맹세하면서(**나의 삶으로**, 참고. 창 22:16) 자신의 주권을 선포하고(**왕이 이르시되**, 참고. 8:19; 10:7, 10; 48:15; 51:57; 시 10:16; 47:7; 사 43:15), 자기 권위의 범위를 규정하셨다(**만군의 여호와**, 예레미야서에서 80회가량 사용; 참고. 삼하 5:10; 사 14:27; 54:5; 렘 5:14).

하나님은 **그**[느부갓네살]를 애굽으로 보내고 계셨다. 그는 **다볼산이 산들 중**에 눈에 띄듯이, 다른 모든 사람들 위로 솟아 있었다. 이 사람은 **해변의 갈멜산**처럼 인상적으로 부상할 것이다. 느부갓네살이 **놉**(참고. 46:14)을 공격하여 그곳을 **주민이 없는 황무**한 곳으로 둘 것이므로, 애굽인들은 **포로의 짐을 꾸**려야 한다(참고. 겔 29:9-16).

46:20-24. 예레미야는 애굽의 운명을 명료한 단어로 그림처럼 묘사했다. 먼저, 그는 애굽을 **아름다운 암송아지**에 비유했다. 애굽의 신들 중 하나인 아피스가 황소였기 때문에, 이 비유는 특히 충격적이다. 그렇지만, **북으로부터 쇠파리 떼**[바벨론]가 와서 애굽을 물 것이다. 둘째, 예레미야는 애굽 병사들 **중의** 용병들(**고용꾼**, 9,16절)을 재앙의 날이 왔을 때 돌이켜 도망할 **살진 수송아지**에 비유했다. 셋째, 예레미야는 애굽을 도망가는 **뱀**에 비유했다. 힘이 센 **벌목하는 자**가 **수풀**을 벨 때 뱀이 미끄러지듯 도망하여 **도끼**를 피하듯이, 애

굽은 대적에게 소리를 내는 것 이상을 할 수 없을 것이다. 넷째, 예레미야는 바벨론 침략군의 규모를 헤아릴 수 없을 정도로 많은 **황충** 떼에 비유했다. 이 이미지의 핵심은 동일했다. 하나님이 **북쪽 백성**, 바벨론에게 애굽을 **붙**이셨기 때문에, **애굽**은 **수치를 당**할 것이다(12, 24절).

46:25-26. 애굽의 신들이나 왕들은 하나님의 심판에서 살아남지 못할 것이다. 하나님은 애굽 남부의 **노**[테베]**의 아몬**을 **벌**하실 것이다(겔 30:14-16). 아몬(아문-라)은 대부분의 이집트 역사에서 이집트의 주신으로 여겨졌다. 아몬은 공기, 바람, 풍요 그리고 후대에는 태양의 신이었고, 만물의 창조자였다. 하나님의 심판은 북쪽에서 시작되어(46:14, 19), 남쪽까지 확대될 것이다. 하나님의 심판은 **애굽**의 모든 **신들**과 **왕들**, 심지어 **바로**와 **그를 의지하는** 모든 사람에게 내릴 것이다. 그들은 **느부갓네살**에게 넘겨질 것이다(참고. 겔 29:17-20).

그렇지만 애굽이 영원히 무너진 상태로 있지는 않을 것이다. 하나님은 **그 후에** 애굽이 **이전같이 사람 살** 곳이 될 것이라고 약속하셨다. 이것은 애굽의 포로들이 바벨론에서 귀환하는 것을 가리킬 수도 있다(참고. 19절; 겔 29:10-16). 그렇지만 애굽의 운명이 아직 성취되지 않은 이스라엘의 회복과 관련되어 있고(46:27-28), 또 열방에 대한 예레미야의 일부 다른 예언에 나타난 미래의 초점(참고. 48:47; 49:39)은 이 예언의 성취가 메시아의 통치 기간에 이루어질 것임을 시사한다. 그때 애굽은 다시 자기 땅에 있을 것이고, 이스라엘과 합류하여 이스라엘의 하나님을 예배할 것이다(50:1과 사 19:24-25에 대한 주석을 보라).

3. 이스라엘이 재집결하다(46:27-28)

46:27-28. 애굽 그리고 그 거짓 신들에게 내린 하나님의 심판과 대조적으로, 주님은 이스라엘을 위한 위로의 말씀을 끼워 넣으셨다. 유다와 예루살렘이 자신들의 죄 때문에 징벌을 받겠지만, 하나님은 그들이 소망을 갖기를 바라셨다. 그래서 애굽에 대한 심판을 서술한 뒤에, 주님은 자기 친백성을 위로하셨다. **내 종 야곱아 두려워하지 말라…놀라지 말라.** 하나님이 이스라엘을 **구원**하고 그 백성을 **포로** 상태에서 **돌아**오게 하겠다고 약속하셨기 때문에 이스라엘은 기뻐할 수 있다. 이스라엘은 [야곱을] **두렵게 할 자 없**이, 평화와 안전을 누릴 그때를 고대할 수 있었다. 이스라엘은 비록 포로로 잡혀갔지만, 하나님은 이스라엘을 흩었던 **그 나라들**을 **다 멸**하겠다고 맹세하셨다. 그리고 하나님은 이스라엘을 **사라지지 아니하**게 하실 것이다. 주님은 이스라엘의 죄에 대해 그들을 **법도대로 징계**하시겠지만, 야곱은 보존될 것이다. 남은 자가 생존하여 다시 하나님의 복을 받을 것이다(참고. 31:1-6).

B. 블레셋을 꾸짖는 예언(47:1-7)

47:1. 블레셋은 이스라엘의 가장 오래되고 끈질긴 대적 중 하나였다(수 13:2-3; 삿 3:31; 13:1). 주님은 그들이 저지른 죄의 대가로 그들을 심판하실 것이다.

블레셋은 유다의 해변 평지를 점령했다. 그들은 강성해질 때마다 해변에서 유다 산지로 세력을 확장하려고 했다. 블레셋의 이러한 시도는 이스라엘 역사 내내 저항을 받았다. 사사들에 의해(삿 3:31; 13-16장), 사무엘에 의해(삼상 7:2-17), 사울에 의해(삼상 13:1-14:23; 17-18장; 28:1-4; 29:1-2, 11; 31:1-10) 그리고 다윗에 의해(삼하 5:17-25)서였다. 다윗은 마침내 블레셋을 진압했고(삼하 8:1), 솔로몬은 블레셋을 봉신국으로 만들었다. 분열 왕국 시대에는 세력 균형이 이리저리 바뀌었다. 여호사밧(대하 17:10-11)과 웃시야의 통치 기간에는 유다가 장악했지만, 여호람(대하 21:16-17)과 아하스(대하 28:16-18) 통치 기간에는 블레셋이 패권을 탈환했다.

예레미야의 메시지는 **바로가 가사를 치기 전에** 전해졌다. 이 사건의 정확한 연대는 불명확하지만, 가장 가능성이 높은 두 시기는 바로 느고가 북진하여 유다를 통과해 바벨론에게 대항했던 주전 609년(왕하 23:29-30)이나, 느고가 바벨론 군대를 격파했던 주전 601년이다.

47:2-7. 바벨론은 **북쪽에서** 일어나 물결치는 시내가 되어 블레셋을 휩쓸어버릴 물로 묘사되었다. **발굽 소리**의 소용돌이와 대적의 **병거**가 그 땅으로 돌진해올 때, 블레셋은 고통 가운데 **부르짖**을 것이다. 백성들은 두려움에 압도당한 나머지 **아버지**가 자기 **자녀**들을 돌보지도 못할 것이다. 그들의 동맹국 **두로와 시돈**은 그들을 도와줄 수 없을 것이다(참고. 겔 27-28장).

'방황하다, 이주민'이라는 뜻의 블레셋(*philisti*, 필리스티)은 고대에 가나안 해변으로 진출했던 해양 민족 집단 중 하나였다(서론의 지도를 보라). 그들은 크레타 섬(Crete)을 가리키는 옛 이름, **갑돌 섬에 남아 있는 백성들**이었다(암 9:7; 습 2:5). 유다의 해변 평지에 정착했을 때 그들은 다섯 개의 주요 도시, 즉 블레셋의 다섯 도시(가사, 아스글론, 아스돗, 갓, 에그론) 연합체를 형성했다(참고. 수 13:3; 삼상 6:4, 18). **가사**는 애굽의 공격을 받았고(참고. 47:1), **아스글론**은 주전 604년에 느부갓네살에게 함락되었다(1절; 36:9에 대한 주석을 참고하라). 재의 층의 고고학적 증거와 깨진 항아리 그리고 사람의 유골은 그 당시 아스글론의 파괴를 보여준다. 파괴의 결과로, 가사와 아스글론 사람들은 자신들의 머리카락을 밀 것이고(그래서 **대머리**) 슬픔 가운데 자기 몸을 벨 것이다(16:6에 대한 주석을 참고하라). **아스글론**과 **해변**이 파괴될 때까지 **여호와의 칼**이 심판할 것이다(참고. 겔 25:15-17; 사 14:28-32).

'블레셋'('Philistia' 혹은 'Philistine')은 라틴어 '팔레스티나'(*Palestina*)의 근거이고, 여기서 영어 단어 '팔레스타인'이 파생되었다. 이 단어가 성경 지도와 자료에서 너무 흔하기 때문에, '팔레스타인'이라는 단어가 성경에 나오지 않는 것이 의아하다. 로마가 제2차 유다 반란을 진압한 후(주후 135년), 그들은 지중해 세계에 메시지("절대 로마에 반역하지 말라!")를 보냈고, 여러 가지 변화를 가져옴으로써 유다를 그 본보기로 삼았다. 그중 세 가지는 특별히 주목할 가치가 있다. 먼저, 로마는 (가족 이름이 '아일리아'였던 황제 하드리아누스를 기념하여) 예루살렘의 이름을 '아엘리아 카피톨리나'(*Aelia Capitolina*)로 바꾸었다. 둘째, 그들은 모든 유다 사람들이 예루살렘에 오지 못하도록 금지하고 이를 위반할 경우 사형에 처했다. 마지막으로, 로마는 옛 블레셋 해변 지역을 따라 지방 이름을 '시리아-팔레스티나'(*Syria-Palestina*)로 바꾸었다. 로마의 목표는 이스라엘과 유다의 이름을 지면에서 그리고 전체 역사에서 지워버리는 것이었다. '시리아-팔레스티나'(팔레스타인)가 로마로부터 비잔틴을 지나, 중세를 거쳐 종교개혁과 계몽주의 시대 그리고 현대에 이르기까지도 지도와 문헌, 학문 연구에서 이 지역의 공식 이름이 되었다. '팔레스타인'이라는 이름은 이스라엘이나 유다를 가리키는 이름으로 성경에 한 번도 사용되지 않았지만, 로마 시대 이후에는 이 지역을 뜻하는 동의어로 빈번하게 사용되었다. 이 단어가 다시 한 번 정치적 함의를 띠게 되었기 때문에, 약속의 땅을 언급할 때는 성경적으로 보다 정확한 용어, 즉 이스라엘 땅이라는 용어를 사용하는 게 최선일 것이다(참고. 3:18-19; 16:18).

C. 모압을 꾸짖는 예언(48:1-47)

모압은 사해 동쪽 해변의 대부분과 나란히 접해 있는 산지 지역을 가리키는 옛 이름이다(현대의 요르단). 모압은 세렛강을 경계로 남쪽의 에돔과, 아르논강을 경계로 북쪽의 아몬과 분리된다. 모압인은 롯의 후손이었다(창 19:37). 예레미야가 모압을 가리키는 데 사용한 이미지는 대부분 이사야서에서도 사용된다(사 16:6-12). 정복 시대부터(민 22-24장) 왕정 시대 전체에 걸쳐(대하 20장), 모압은 하나님의 백성을 상습적으로 대적했다. 모압의 심판은 종종 포도원, 포도주 그리고 술 취함의 관점에서 묘사된다. 모압이 포도원으로 유명했기 때문에, 어울리는 이미지이다(48:11-12, 26, 32-33; 사 16:8-10).

이 장에서 언급된 느보, 기랴다임, 헤스본을 비롯한 다른 여러 성읍들은 '모압 석비'라고도 알려진 '메사 비문'(The Mesha Stele)에서도 언급된다. 메사 비문은 모압 왕 메사(왕하 3:3-10)를 기념하여 주전 840년에 기록된 것으로, 가로 약 60센티미터에 높이 약 115센티미터 크기의 검은 현무암 돌기둥(기념할 목적으로 새기거나 파낸 석비)에 새겨져 있다. 이 석비는 1868년에 요르단에서 발견되었고, 루브르 박물관에 보관되어 있다. 이 석비는 모압을 '억압'해온 '이스라엘의 오므리 왕'(왕상 16:23-28)과 '그의 아들'(그의 후손, 왕하 3:4)에 대한 메사의 승리를 기록한다. 메사 비문은 '다윗의 집'에 대한 언급은 물론이고, 히브리어 신명(神名) '야훼/야웨'에 대한 최초의 성경 밖 언급을 담고 있다.

1. 모압 땅이 파괴되다(48:1-10)

48:1-5. **모압**에 대한 주님의 심판은 성경에서 빈번하게 언급된다(사 15:1-16:14; 겔 25:8-11; 암 2:1-3; 습 2:8-11). 이 단락에서 하나님의 심판은 **황폐와 큰 파멸**을 낳을 것이다. 모압은 **멸망을 당**한 것으로 묘사된다. 최초의 신탁은 모압을 향한 느부갓네살의 진군을 서술한다.

느보는 모세가 약속의 땅을 바라보고 죽었던 산의 이름일 뿐만 아니라(참고. 신 32:48-50), 헤스본 남서쪽에 자리 잡은 모압의 성읍이었다(민 32:3; 사 15:2). 느보가 **유린당하였**다고 묘사된 것은 느보가 성읍임을 가리킨다. 과거 완료형의 표현은 히브리어의 선지자적 완료형 동사로, 그 예언이 너무 확실해서 마치 그것이 이미 일어난 것이나 다름없음을 나타낸다. **기랴다임** 성읍에는 르우벤 지파도 거주했고(수 13:19), 이들은 나중에 모압에게 점령당했다가 다시 **점령**당할 것이다.

헤스본은 예루살렘 동쪽으로 약 56킬로미터 떨어진 사해 북쪽 끝 북동쪽 지역이었다(민 21:26; 신 2:24). 그 땅을 정복했을 때 헤스본은 르우벤 지파에게 배당되었지만(민 32:37; 수 13:17), 그곳이 갓의 변경에 있었기 때문에 레위 지파의 성읍으로 갓에게 배정되었다(수 13:26; 21:39). 헤스본은 **악**을 겪을 것이다.

맛멘[*mad-mane'*, '거름 더미'] 성읍은 하나님이 심판하실 때 침묵당할 것이다. **호로나임**의 **부르짖음**(참고. 삼하 13:34)은 **황폐와 큰 파멸**일 것이다! 요컨대 모압은 **멸망을 당**했고, 그 자녀들은 고통 가운데 부르짖을 것이다. **루힛**과 **호로나임**[위치 불명]에 올라온 모압의 피난민들은 **파멸**하여 고통스럽게 울었다.

48:6-10. 모압인들은 다가오는 심판에서 생명을 구하고자 **도망**할 것이다. 그들은 거친 서식지에서 거의 살아남지 못한 작은 관목, 광야의 **노간주나무**처럼 될 것이다(17:6). 자신의 **업적**과 **보물**을 신뢰했던 모압은 심판을 받아 **정복을 당할** 것이다. **그모스**(삿 11:24; 왕하 23:13)는 모압의 주신이었다. 예배 관행에 대해 알려진 바가 없기는 하지만, 그모스는 행성과 별의 통제와 관련되었다. 그모스는 '모압의 가증한 우상'이라고 불린다(왕상 11:7). 솔로몬은 감람산에 그모스를 위한 성소를 지었고(왕상 11:7, 33), 이것은 요시야의 개혁 때까지 유지되었다(왕하 23:13). 따라서 그모스에 대한 예배는 약 400년간 이스라엘 종교 생활의 일부였다(참고. 왕상 11:7). 그모스의 **제사장**과 모압의 **고관**들은 패배하여 **포로 되어 갈 것**이다(참고. 49:3).

파멸하는 자가 모든 성읍에 올 것이다. **골짜기**는 산이 많은 모압의 여러 골짜기를 가리키거나, 모압 서쪽 변경의 요단 골짜기를 가리킬 수도 있다. **평지**는 대부분의 모압 성읍들이 있던 요단 동편의 고지대였다. 모압은 **파멸**될 것이다.

모압에게 날개를 주라(48:9)는 번역문 뒤의 히브리어 진술은 의미가 불명확하다. 어떤 사람은 그 단어(*tseets*, 치츠)를 우가리트어에서 파생된 어근으로 이해하여 '소금'으로 번역한다(NIV). 어떤 사람은 70인역에 근거하여 본문을 수정하고 '묘비'로 번역한다(NET). NASB와 ESV는 아람어 어근에서 유래한 번역을 채택하여, 이 단어를 '날개'라고 적었다. 아부 왈리드(Abu Walid)를 비롯한 대다수 중세 유대인 주석들은 이 절 후반부의 동사('피하다')와 마찬가지로 '날개'로 번역하는 것을 지지하는데, 이로써 훨씬 개연성 높은 의미가 된다. 따라서 모압에게 **날개**가 주어져, 모압이 달아날 수 있게 되고, 그 **성읍들**은 **황폐**하여 **사는 자가 없**을 것이다. 모압은 분명히 무너질 것이므로 하나님은 누구든 심판 사역을 게을리 실행하는 자는 **저주를 받을 것**이라고 말씀하셨다.

2. 모압의 안일함이 부서지다(48:11-17)

48:11-13. 서쪽으로 사해와 동쪽으로 광야 사이의 천연 경계선으로 보호받았던 모압의 역사는 상대적으로 평온했다. 모압은 **젊은 시절**부터 **평안**했다. 예레미야는 모압을, **이 그릇에서 저 그릇으로 옮기지 않**아 **그 찌끼** 위에 남은(문자적으로, '냄새가 그 안에 머물러 있었다') 술에 비유했다. 이것은 누구도 건드리지 않고 **포로도 되지 아니**한 채 살았던 한 백성의 모습이었다.

하나님은 **그릇**을 **기울여 비게** 할 **사람**을 보내어 모압의 안일함을 깨우실 **날이 이**를 것이라고 선포하셨다(31:27에 대한 주석을 참고하라). 그때에 **모압은 그모스**를 부끄러워할 것이다(참고. 7절). 이것은 이스라엘이 유다와 갈라진 후 여로보암이 금송아지 예배를 시작한 북 왕국의 두 성읍 중 하나인 **벧엘**을 **이스라엘**이 부끄러워했던 것과 마찬가지이다(참고. 왕상 12:26-30). 이스라엘은 벧엘의 거짓 신들에 대한 신뢰가 파괴와 강제 추방을 막을 수 없었다는 사실을 너무 늦게 깨달았다. 모압은 그모스에 대해 동일한 교훈을 얻을 것이다.

48:14-17. 모압은 전쟁에 **능란한 전사**들에 대해 자신감을 느꼈지만, 그들은 내려가서 **죽임**을 당할 것이다. 도살의 이미지는 희생제물의 도살에서 가져왔다(사 34:6). 모압의 재난은 **만군의 여호와…왕**에 의해 선포되었고(46:18), 머지않아(**가까웠고**) 그리고 **속히** 올 것

이다. 예레미야는 모압 주변 국가들을 향해 모압이 무너질 때에 그를 위해 **위로하**라고 요청했다. (통치권과 정체성을 상징하는) 강한 **막대기**와 **지팡이**가 **부러졌**기 때문이다(창 49:10; 시 2:9; 겔 19:11, 14).

3. 모압의 성읍들이 파국을 경험하다(48:18-27)

48:18-25. 강력한 성읍 **디본**이 비천하게 되어 **내려** 올 것이다. **모압을 파멸하는 자가 올라와서** 모압을 칠 것이기 때문이다. 디본은 아르논강 부근 사해 동쪽 21킬로미터 지점의 두 언덕 위에 건설되었다. 모압 석비가 발견된 곳이 여기이다. 먼 성읍 **아로엘**에 살고 있는 이들이 길 곁에 서서 도망하는 사람들에게 **무슨 일이 생겼는지** 물을 것이다. **모압이 황폐하였다**는 사실을 알았을 때, 그들은 **울면서 부르짖**을 것이다.

예레미야는 요단 동쪽 고원 위의 모압 성읍들을 북에서 남으로 나열했다. 일부 성읍의 위치는 명확하지 않지만, 그들 가운데 다수는 위치가 파악되었다. 이들 11개 성읍을 거명함으로써 예레미야는 멀고 가까운 모압의 모든 성읍이 파괴될 것임을 보여주었다. **보스라**는 도피성 베셀과 동일한 곳으로 보인다(신 4:40-43). 이곳은 디본의 남동쪽 약 24킬로미터에 있는 오늘날의 쿠수르 바시르(Qusur Bashair)에 해당할 것이다(*International Standard Bible Encyclopedia*, 1939). 이곳은 에돔의 보스라와 같은 성읍이 아니다(참고. 49:7).

예레미야는 힘과 군사력이라는 두 가지 상징을 사용하여 모압의 군사력이 꺾일 것을 보여주었다. 먼저, 모압의 **뿔**이 잘릴 것이다(참고. 삼상 2:1, 10; 시 75:4-5; 89:17, 24; 미 4:13; 슥 1:19-21). 둘째, 모압의 **팔**이 부러질 것이다(신 4:34; 11:2; 시 77:15; 겔 30:20-26). 성경에서 **뿔**은 흔히 싸우는 동물의 이미지에 비유된다. 뿔은 황소나 양같이 뿔 달린 동물의 주요 공격과 방어 수단으로서 능력, 주권, 영광과 맹렬함의 상징이다. 뿔은 개인이나 국가의 권력이나 힘을 나타냈다(신 33:17; 삼상 2:1, 10; 왕상 22:11; 시 75:4; 렘 48:25). **팔**의 비유도 마찬가지로 전투력의 관점에서 본 개인의 능력을 나타냈다(시 10:15; 겔 30:21). 팔은 또 하나님의 전능하심을 가리키기도 한다(출 15:16; 시 89:13; 98:1; 77:15; 사 40:10; 53:1).

48:26-27. 예레미야는 **취**한 자처럼 **여호와에 대하여 교만**한 모압에게 임박한 운명을 그렸다(참고. 25:15-29). 모압은 이제 **그 토한 것에서 뒹굴어 조롱거리가** 될 것이다. 모압은 **도둑 가운데에서 발견**된 자를 대하듯이, **이스라엘**을 조롱하고 비웃었다. 이제 모압은 똑같은 조롱이 자기에게로 향하는 일을 경험할 것이다.

4. 모압의 교만이 그치다(48:28-39)

48:28-30. 모압은 **성읍**을 버리고 **바위 사이에** 거하여, 자신들의 생명을 뒤쫓는 침략자들을 피해 '출입문'[chasm] 안에 둥지를 트는 **비둘기**처럼 숨을 것이다. 모압의 주된 성품은 **교만**이었다(**심한 교만**, 참고. 사 16:6). 물리적 안전과 상대적으로 평온한 역사는 **거만**의 양식이었다(48:11-12). 불행하게도 모압의 무례와 **자랑이 허탄하여**, 파괴를 막는 일에서 **아무것도 성취하지 못**했다.

48:31-33. 하지만 하나님은 모압을 향해 긍휼을 나타내셨다. 하나님은 모압의 주요 성읍 가운데 하나(참고. 사 16:7, 11)인 **길헤레스**를 위해 **부르짖고 신음하**실 것이다. 예레미야는 **십마의 포도나무**를 위해 **야셀** 성읍과 더불어 우시는 주님의 모습을 그렸다. 십마는 장차 파괴될 포도원으로 가득한 지역이었다. 모압 지역은 포도원으로 유명했고(48:11-12), 예레미야는 모압을 장차 파괴될 포도원으로 묘사했다. **바다까지 뻗은** 모압의 덩굴은 사해 너머까지 미쳤던 모압의 광범위한 정치적, 경제적 영향력의 그림이다. 이제 모압의 포도 수확을 **탈취하는 자**가 나타났다. 모압 문명과 인구는 파멸될 것이다. 포도원, **옥토**에서 **기쁨**이 사라질 것이고, **포도주 틀**에서 **포도주**가 **끊어**질 것이다. 재앙이 닥칠 때 **외침**이 있겠지만(참고. 3-5절), 그 소리는 포도를 짤 때 들리는 것과 같은 **즐거운 외침**이 아닐 것이다.

48:34-39. 모압의 **부르짖음**이 북쪽의 헤스본에서부터 그 지역 남부의 **니므림의 물**에까지 퍼져, 그 모든 성읍에서 들릴 것이다. 하나님은 **모압**의 많은 **산당에서 제사하며 그 신들에게 분향하는 자**를 끊어버리실 것이다.

비록 모압에 대한 심판이 공정하지만, 주님의 **마음**은 장례식에서 조문객들이 연주하는 **피리** 소리처럼(마 9:22-23) **모압**과 **길헤레스 사람**들을 위해 우실 것이다(참고. 49:31). 모압은 부를 잃을 것이고, **모든 사람이 대머리**가 되고, **수염을 밀고**, 많은 사람이 **굵은베**를 입고 애통할 것이다(47:5). 주님은 **모압을 마음에 들지 않는 그릇같이 깨뜨리**셨다(4, 12절; 22:28). 한때 교만했던 나라가 주변 나라들에게 **조롱거리와 공포의 대상이** 될 것이다(24:9).

5. 모압의 파괴가 마무리되다(48:40-47)

48:40-44. 모압의 대적은 모압 위에 **날개**를 펴서 붙잡는 **독수리**같이 신속하게 날아올 것이다. 모압의 성읍 '그리욧'(**성읍들**)이 **점령을 당**할 것이고, 그들의 **용사**들(참고. 14절)은 **산고를 당하는 여인**처럼 두려워할 것이다(참고. 49:24; 50:43). 예레미야는 40-41절의 일부를 에돔에 대한 메시지 49:22에서 반복했다.

주님은 왜 모압이 **멸망하**게 될 것인지 정확히 말씀하셨다. 모압이 **여호와를 거슬러 자만**했기 때문에 재난이 임할 것이다. 어느 누구도 피할 수 없다. 하나님이 주시는 **두려움**에서 도망하려고 시도하는 자들은 **함정에 떨어**질 것이다. 누구든 **함정에서 나오**는 자들은 **올무에 걸릴** 것이다(참고. 암 5:18-20). 모압의 모든 사람이 **벌 받을 해**가 임할 것이다.

48:45-47. 모압의 심판에 관한 이 단락은 옛 헤스본 노래를 인용한 것이다(참고. 민 21:27-29). 모압을 꾸짖는 발람의 신탁은 곧 성취될 것이다. 재앙을 피해 **도망하는 자**들이 **기진하여** 설 것이다. 하나님이 내리시는 심판의 **불**이 모압 전역으로 번져서 자랑했던 자들을 불태웠기 때문이다. 이제 모압이 무너졌다, **그모스의 백성이 망하였**다. 유다를 향한 모압의 적개심으로, 주님의 심판이 모압에 임했다(참고. 겔 25:8-10). 하지만 하나님은 계속 모압에게 소망을 주셨다. 그분은 **마지막 날에 모압의 포로를 돌려보**내겠다고 맹세하셨다. "마지막 날에"라는 어구는 이 회복을 그리스도의 천년왕국 통치기에 둔다(참고. 신 4:30; 렘 49:39; 단 2:28; 10:14).

D. 암몬을 꾸짖는 예언(49:1-6)

암몬은 롯의 후손이었고(창 19:38), 모압 북쪽 요단강 동쪽에 살았다. 그 수도는 랍라, 현대의 요르단 암만이었다. 암몬은 이스라엘을 자주 대적했고, 이스라엘의 형편없는 동맹국이었다. 모세와 여호수아 시대에 암몬은 유다 백성들이 이스라엘에 들어가지 못하도록 방해했고, 그들을 저주하려는 발락의 계획을 도왔다(신 23:4). 여호야김 통치 기간에는 유다를 급습했다(왕하 24:2). 나중에 그들은 유다의 마지막 저항 시기에 바벨론에 대항하여 유다와 동맹을 맺었지만, 자신들의 이익을 위해 그다랴의 암살을 주도하기도 했다(40:13-14). 유다 백성들이 포로기 이후 귀환했을 때, 암몬은 예루살렘의 재건을 방해했다(느 4:7).

49:1-3. **암몬**에 대한 심판은 암몬의 죄에 초점을 맞추어 책망하는 일련의 수사적 질문들로 시작된다. 북왕국 이스라엘은 주전 722년에 포로가 되었고, 암몬은 그 땅으로 돌아올 **자식** 혹은 **상속자가 없**다고 지레짐작하여 요단강 동쪽과 사해 북쪽에 있는 이스라엘의 **갓** 영토를 공격했다.

주님은 대적이 암몬의 수도 **랍바**를 공격하여 폐허 더미 언덕이 될 **날이 이**를 것이라고 선언하셨다(31:27에 대한 주석을 참고하라). 그 뒤에 **이스라엘**은 암몬에게 빼앗겼던 땅을 **점령하**고 되찾을 것이다.

모압과 암몬 사이의 경계에 있는 헤스본은 서로 다른 시기마다 서로 다른 나라들이 지배한 지역이다(참고. 삿 11:12, 26; 렘 48:34, 45). 3절에 언급된 **아이**는 이스라엘의 아이가 아니다(참고. 수 7:2). 이곳은 오늘날까지 위치가 알려지지 않은 암몬의 성읍이다. 랍바 사람들은 **굵은베**를 입고(렘 4:8에 대한 주석을 보라) **애통**해할 것이다(참고. 48:37). **말감**[이 단어는 '그들의 왕'으로 번역할 수도 있다]이라고도 알려진 몰렉은 암몬의 국가 신이었고, 그 추종자, **제사장**들 및 **고관들**과 함께 '사로잡혀 갈' 것이다(참고. 48:7).

49:4-6. 모압과 마찬가지로 암몬의 죄는 교만이었다(참고. 48:29). 암몬은 자신의 비옥한 **골짜기**를 **자랑**했다. 모압은 **재물**을 신뢰했고, 누가 자기에게 **대적하여** 올 용기가 있겠느냐고 질문할 만큼 안전하다고 느꼈다(참고. 겔 21:18-23). 하지만 하나님이 모압에게 **두려움**을 가져다주실 때, 그분의 심판은 암몬의 확신과 교만을 부수실 것이다. 자신의 안전을 자랑해왔던 자들이 **쫓겨나갈 것**이고, **도망하는 자들을 모을** 지도자가 발견되지 않을 것이다. 하지만 하나님은 모압에게 약속하셨듯이, **그 후에 포로를 돌아가게** 할 것이라고 은혜 가운데 맹세하셨다(참고. 48:47; 49:39).

E. 에돔을 꾸짖는 예언(49:7-22)

에돔 지역은 모압의 남쪽과 사해의 남동쪽이었고, 아카바만을 향해 뻗었다. 에돔은 에서의 후손들이었다(창 25:1-34; 36:1-19). 역사적으로 유다와 오랜 갈등을 빚어온 에돔은 유다를 해치려는 모든 이방 나라의 상징이 되었다(참고. 9:25-26; 25:17-26; 겔 35장; 36:5; 옵 1:15-16). 예레미야가 에돔을 묘사하기 위해 사용한 이미지 대부분은 오바댜가 에돔을 향해 예언하며 사용했던 이미지와 특히 유사하다.

49:7-13. **데만** 사람은 오래전(참고. 욥 2:11)부터 **지혜**와 결부되어왔으며(7절), 에돔은 현자로 유명했다(참고. 옵 1:8). **데만**은 에돔 중심에 있었다. 이 지방은 에서의 손자요, 그의 장자 엘리바스의 아들 데만의 이름을 따라 붙여졌다(창 36:11; 대상 1:36). 이 지역은 예레미야 시대에 에돔의 수도였던(참고. 49:13) 보스라와 연결되어 있었다(참고. 49:13; 암 1:12).

에돔 남동쪽 아라비아반도 북부의 성읍 **드단**(8절)은 교역으로 유명했다(참고. 25:23; 겔 25:13). 에돔에 살고 있던 드단 사람들에게 하나님이 **에서**에게 내리실 재난에서 **돌이켜 도망**하라는 경고가 주어졌다. 에서는 조상의 이름이 민족을 가리키는 환유(換喩)로 사용되었다. 하나님의 심판이 철저함을 보여주기 위해 두 개의 이미지가 사용되었다. **포도를 거두는 자들**은 수확을 마쳤을 때 적어도 **약간의 열매**를 포도나무에 남겨두지만 그분의 심판은 이보다 훨씬 철저할 것이다(49:9; 참고. 옵 1:5c; 신 24:21). 하나님의 심판은 그 **욕심이 차기까지**만 훔치는 **밤중의 도둑**보다 철저할 것이다(참고. 옵 1:5). 반면에 하나님의 심판 이후 **에서**(에돔) 백성들의 **옷**은 **벗겨**질 것이고(49:10), 그 몸을 **숨길** 곳이 전혀 없을 것이다. 절망적인 **고아**들과 **과부**들만 살아남을 것이다(11절).

에돔에 대한 심판은 다른 어떤 이방 민족에 대한 심판보다 훨씬 자주 언급된다(사 11:14; 34:5-17; 63:1-6; 애 4:21-22; 욜 3:19; 암 1:11-12; 9:11-12; 말 1:4). 에돔의 일차적인 죄는 이스라엘에 대해 교만하고, 무자비하고, 폭력적인 증오심을 갖고, 이스라엘의 불행을 보며 기뻐한 것이었다(옵 1:3, 10-14). 유다와 관련이 없는 열방이 하나님의 진노의 **술잔**을 **마시**고(49:12) 유다를 학대한 징벌을 받을 것이라면, 유다와 밀접한 관련이 있는 열방은 더 큰 처벌을 받아 마땅하다(참고. 25:15-29; 옵 1:10).

이 심판을 시행하겠다고 하나님이 자신을 두고 **맹세하**셨기 때문에 이 심판의 심각성이 강조된다(13절; 참고. 22:5; 51:14; 창 22:16; 사 45:23). 이 **보스라**는 초기 에돔의 왕들 중에 하나인 요밥의 옛 성읍이었다(창 36:33). 보스라는 선지자들에 의해 자주 언급된다(사 34:6; 렘 49:13; 암 1:12; 미 2:12). 사해 남동쪽 32킬로미터에 있는 페트라 산지에 자리 잡은 이곳은 에돔의 수도였다(모압의 보스라와 동일한 곳이 아니다, 48:24). 하나님의 심판 아래 떨어진 보스라는 **놀램**과 **황폐**한 곳이 될 것이다(참고. 24:9; 사 63:1-6).

49:14-18. 예레미야는 국제 외교에서 쓰는 용어를 사용해 하나님이 **사절**을 **여러 나라 가운데** 보내사 **모여 일어나서** 에돔에 대항해 **싸우라**고 이르시는 장면을 묘사한다(참고. 옵 1:1). 주님은 에돔을 **여러 나라 가운데에서 작아지게** 하고 모두에게 **멸시를 받게** 만드실 것이다(참고. 옵 1:2). 에돔은 천연 보호막 때문에 교만해진 나머지 자신은 안전하다고 느꼈지만, 어떤 지형도 하나님이 보내신 침략자로부터 에돔을 보호할 수 없었다. 하나님은 에돔을 **바위틈**에서 끌어내리실 것이고(참고. 옵 1:4), 백성들은 에돔의 상태를 보며 두려워 떨 것이다(참고. 24:9; 49:13). 에돔은 **소돔과 고모라**처럼 완전히 파괴되어(참고. 50:40) **거기에 머물러 살 사람이 아무도 없**게 될 것이다.

49:19-22. 하나님이 에돔을 그 땅에서 **쫓아내**실 때, 그분은 **사자**처럼 사나운 모습으로 묘사된다. 누구도 하나님께 도전할 수 없을 것이다. **나와 같은 자 누구며**(출 15:11; 사 46:8-9) **나와 더불어 다툴 자 누구며 내 앞에 설 목자가 누구냐**. 예레미야는 **에돔에 대한 여호와의 의도**를 펼쳐 보였다. 주님은 **양 떼**의 어린것들을 **끌고 다니며**, 에돔의 **처소**를 파괴하실 것이다. 파괴의 외침이 **홍해**[갈대 바다], 곧 하나님이 선택하신 백성을 위협했던 한 나라를 하나님이 처음 파괴하신 장소(참고. 출 14:21-31)까지 들릴 것이다. 예레미야는 에돔에 관한 메시지를 (약간 손질하여) 바벨론에 대한 메시지로 되풀이했다(렘 49:19-21과 50:44-46을 비교하라).

예레미야는 앞서 모압에 적용된 이미지(48:40-41)를 여기서 에돔에게 사용했다. 에돔이 **넘어지는 소리**가 땅을 흔들 것이다. 하나님은 **독수리**같이 **보스라**를 급습하여 심판하실 것임을 시사하셨다. **에돔**이 의존했던 전사들은 **진통하는 여인**의 마음처럼 두려워할 것이다(참고. 48:41; 49:24; 50:43). 그들은 하나님의 파괴를 중단시키지 못할 것이다.

특이하게도 예레미야는 에돔에게 미래의 축복을 제시하지 않았다. 애굽, 모압 그리고 암몬과 달리(참고. 46:26; 48:47; 49:6), 에돔에게는 미래의 회복에 대한 약속이 전혀 주어지지 않았다. 이스라엘을 향한 에돔의 악함, 특히 바벨론이 예루살렘을 파괴할 때 에돔이 그들을 도운 것 때문에 에돔은 미래의 축복을 받지 못하게 되었다(시 137:7; 사 34:5-8; 63:1-4; 애 4:21-22; 겔 25:13-14; 암 1:11-12; 옵 1:10). 아모스는 이스라엘이 '에돔의 남은 자를 얻을' 것이라고 예고하여(암 9:12), 메시아의 나라에서 에돔의 신실한 남은 자들이 독자적인 국토를 갖지 못하고 이스라엘 땅의 소유가 될 것임을 시사한다.

F. 다메섹을 꾸짖는 예언(49:23-27)

49:23-27. 다메섹은 아람(현대의 시리아)의 옛 수도였으며 끊임없이 사람이 거주해온 세상에서 가장 오래된 도시이다. 갈릴리 바다 북동쪽 112킬로미터 지점에 있는 다메섹은 동쪽에서 서쪽으로 가는 천연 간선도로 위에 위치함으로써 교역의 중심지가 되었다(겔 27:18). 남서쪽으로 이스라엘과 애굽, 남쪽으로 에돔과 홍해 그리고 동쪽으로 바벨론과 메소포타미아로 향하는 세 개의 주요 대상로가 다메섹을 통과했다. 성경에서 다메섹은 아브라함과 관련하여 언급되는데, 첫 번째는 롯의 구출에서(창 14:15) 그리고 두 번째는 다메섹 출신이던 아브라함의 신실한 종 엘리에셀과 관련해서이다(창 15:2). 다윗의 통치부터 주전 732년 앗수르에게 패배할 때까지(왕하 16:7-9), 다메섹은 이스라엘과 갈등을 일으켰다. 바벨론이 앗수르를 정복했을 때, 다메섹도 포로로 끌려갔다(주전 605년).

다메섹 북쪽 185킬로미터에 위치한 교역로 **하맛**과, 하맛 북쪽 152킬로미터에 위치한 **아르밧**은 다메섹이 함락되었다는 **흉한 소문**을 들었을 때, **낙담**하여 **평안할 수 없었다**(사 10:9). 이같이 작고 요새화된 성읍들에는 독자적인 왕과 지역 신들이 있었고, 만일 다메섹이 함락되면 소망이 전혀 없다고 생각했기 때문에 그들은 두려워했다.

다메섹의 **장정들**과 **군사**들이 **그 거리**에서 죽을(**멸절될**) 때, 다메섹의 고통은 해산하는 여인의 고통과 같았다(참고. 4:31; 13:21; 22:23). 느부갓네살은 다른 성읍들에게 했듯이 **다메섹의 성벽**에다 불을 질렀다(참고. 암 1:4; 렘 32:29; 38:23; 43:12). 하나님은 **벤하닷의 궁전**을 불태우겠다고 맹세하셨다. 벤하닷('벤하닷'은 '하닷 신의 아들'이라는 뜻이다)은 주전 8세기와 9세기에 다메섹에서 통치했던 왕조의 이름이다(참고. 왕상 15:18, 20; 20:1-34; 왕하 6:24; 8:7; 13:3, 24).

G. 게달과 하솔을 꾸짖는 예언(49:28-33)

게달은 북부 아라비아 사막의 유목민 부족으로, 활솜씨(사 21:16-17)와 목양(사 60:7; 렘 49:28-29), 폭넓은 교역(겔 27:21) 그리고 호전적인 성품(시 120:5-6)으로 잘 알려진 이스마엘의 후손들이었다(참고. 창 25:13). (북 왕국 이스라엘의 하솔이 아닌) 하솔 왕국은 아라비아 광야의 촌락 구역이었지만, 아직 정확한 위치는 확인되지 않았다. 이것은 북부 아라비아의 여러 유목민 부족을 지칭하는 일반적인 용어였다(수 15:23-25). 아랍 부족은 바벨론의 용병으로 복무했다. 바벨론 토판(참고. 43:8)은 주전 599년 아랍 부족을 침략한 느부갓네살의 군사 작전을 기록한다. 하나님이 이들 광야 민족들을 심판하시는 정확한 이유는 명시되지 않았다. 하지만 휴이(Huey)의 주장처럼 "비교적 중요하지 않은 이 백성들을 포함한 목적은 우리의 기준으로는 중요해 보이지 않는다 해도, 어느 누구든 하나님의 심판을 피할 수 없음을 보여주기 위함이었을 것이다"[F. B. Huey, Jr., *Jeremiah, Lamentations*, NAC, ed. E. Ray Clendenen (Nashville, TN: B&H Publishing Group, 1993), 405].

49:28-29. 하나님은 느부갓네살을 소환하셔서 **게달**을 공격하고, 그들의 **장막**과 **양 떼**와 **낙타**(아 1:5)를 빼앗고, **사방에 두려움**을 불러일으키게 하신다(6:25; 20:3, 10; 46:5).

49:30-33. 하솔 백성들을 향해 **바벨론의 느부갓네살 왕**에게서 **도망하여** 숨으라고 경고한다. 이 아라비아 백성들은 외딴 광야 지역에서 안전하다고 느낀 나머지 공격을 막을 **성문이나 문빗장**을 두지 않았다. 그 주민들은 **사면에 흩어**질 것이고, 그 성읍은 **큰 뱀의 거처**가 될 것이다(참고. 9:11; 10:22; 51:37). 이런 적막

함의 비유는 예루살렘(9:11)과 유다의 성읍들(10:22)을 묘사하는 데도 사용된다.

H. 엘람을 꾸짖는 예언(49:34-39)

49:34-39. **엘람** 백성들은 셈의 후손이었다(창 10:22; 대상 1:17). 엘람은 바벨론 동쪽 티그리스강 하류 골짜기에 있었으며(오늘날의 이란), 그들의 수도는 수산(수사)이었다(느 1:1; 에 1:2; 단 8:2). 엘람인들은 노련한 궁수였고(참고. 사 22:6), 바벨론, 앗수르, 페르시아에 맞서 메소포타미아의 통제권을 확보하기 위해 싸웠다.

이 예언은 **시드기야가 즉위한 지 오래지 아니하여** 주어졌다(주전 597년). 하나님은 엘람의 가장 유명한 기술, 즉 **엘람의 활**과 그들의 **으뜸가는 힘**을 꺾으실 것이다(참고. 사 22:6). 침략군이 사방(**사방 바람**과 **하늘의 사방**)에서 와서 **그들을 사방으로 흩**을 것이다.

느부갓네살이 주전 596년경에 엘람을 격파했다는 일부 증거가 있기는 하지만, 이때 엘람이 바벨론에 예속된 것은 이 메시지를 성취하지 못했다. 엘람은 나중에 바벨론을 정복했던 페르시아 제국의 중심부가 되었다(참고. 단 8:2). 하나님께서 **나의 보좌를 엘람에** 두고 엘람의 파괴를 지휘할 것이라고 말씀하셨을 때, 엘람의 파괴에 대한 예레미야의 진술은 종말론적인 측면을 지니고 있는 것 같다. 이 사건들은 **말일에** 일어날 것이다(참고. 23:20). 하나님이 **엘람의 포로를 돌아가게** 하실 것이기 때문에, 엘람은 아직 전면적으로 파괴되지 않을 것이다(참고. 48:47; 49:6).

I. 바벨론을 꾸짖는 예언(50:1-51:64)

1. 심판의 선언(50:1-10)

50:1-3. 바벨론의 심판과 이스라엘의 회복에 대한 예레미야의 예언이 성취될 시기에 대해서는 논쟁이 오간다. 어떤 사람들은 "날이 이르리니"(16:14과 31:27-40에 대한 주석을 보라)라고 말하는 예레미야서의 모든 미래의 사건들이 주전 539년 유다 백성들이 바벨론에서 귀환했을 때 성취되었다고 주장해왔다. 그렇지만 이 사건들을 마지막 때의 종말론적 사건들로 이해하는 편이 나아 보인다. 그 이유는 아래와 같다.

(1) 이 귀환은 바벨론만이 아니라 '하나님이 그들을 추방하셨던 모든 나라'로부터 있을 것이다. 이 귀환은 너무 극적이기 때문에 애굽 종살이에서의 귀환을 무색하게 만들 만큼 그 중요도가 높다(16:14-15; 23:7-8; 29:14; 32:37; 사 43:5-7; 겔 34:13-14; 37:21). (2) 유다 백성들이 귀환할 때 그들은 영적으로 변혁되어 모든 불법과 우상숭배에서 정결해질 것이다(3:15-18; 31:14; 33:6-11; 50:4-5). 안타깝게도 이것은 바벨론에서 귀환한 유다 백성들의 영적 상태가 아니었다. 포로 귀환 이후 역사를 통틀어 유다 백성들은 주님에게서 빗나갔다. 이스라엘의 영적 변혁은 미래에 이스라엘이 돌아와 예수님을 메시아로 인정할 때에만 일어날 것이다(슥 12:10). (3) 이스라엘 땅이 완전한 평화 가운데서 '다시는 전복되지 않을' 것이기 때문에 미래에 이스라엘은 '안전하게 거할' 것이다(23:6; 31:40; 33:16; 46:27-28). 그렇지만 유다 백성들이 바벨론에서 귀환했을 때, 그들은 그 땅에 살고 있던 사마리아인들의 폭력적인 반대에 맞닥뜨렸다(느 4:1-8; 6:1-9). 이 반대는 갈등의 시작에 불과했다. 바벨론 귀환 이후 이스라엘은 결코 안정을 누린 적이 없었다. 포로기 이후 그들은 그리스와 로마의 패권 아래 살았고, 결국 그 땅에서 추방(주후 70년)되어 (십자군 운동부터 종교재판과 홀로코스트를 거쳐) 오늘에 이르기까지 박해를 경험했다. 이스라엘은 현재 유다 백성에게 본토를 제공하고 있기는 하지만 1948년 건국된 이후로 한 해도 평화롭지 못했고, 지속적인 전쟁과 살육의 위협 아래 있었다. 메시아 예수님이 예루살렘에서 통치하실 때에만 이스라엘은 안전하게 살고 '영원히 다시는 뽑히거나 전복되지 않을 것'을 보장받을 수 있다. (4) 미래에 이스라엘은 메시아 왕, 다윗의 아들, 의로운 가지의 통치를 받을 것이다(23:5-6; 30:8-11; 33:14-17). 그분은 백성들 안에 의를 세우고 그 땅을 안전하게 하실 것이다. 이 일은 분명히 바벨론 귀환에서 일어나지 않았고, 야곱의 환난 이후 모든 이스라엘이 구원받을 그때에 성취될 것이다(롬 11:26-27; 사 59:20). (5) 여기 묘사된 바벨론의 파괴는 그 시기의 역사적 사건들과 들어맞지 않는다. 예레미야는 바벨론이 대격변을 겪으며 파괴될 것이라고 예고했다(50:29-51:64). 그러나 바벨론이 메디아에게 함락되었을 때, 그 과정은 폭력적인 공격이 아닌 상당히 평화로운 이양이었다. 따라서 여기에 묘사된 사건들은 아직 실현되지 않은 미래의 일이 분명하다.

주님은 **예레미야**에게 **전파하라**, **공포하라**[두 번], 깃

발을 세우라, **바벨론**의 공적인 굴욕을 **숨김이 없이** 이르라고 명령하셨다. 바벨론은 **함락**될 것이다. [**므로닥**(Marduk)으로도 알려진] 바벨론의 수호신 **벨**은 바벨론의 최고신이었다(참고. 51:44; 사 46:1). 벨은 천둥과 생식 그리고 권력의 신이었지만, 그는 **부스러져 수치를 당**할 것이다(참고. 46:24). 이방의 주신이 부스러지는 것은 이스라엘의 하나님이 한 분이신 참 하나님이심을 가리킨다(삿 16:23-31; 삼상 5:1-7). 본문은 이런 어구를 반복함으로써 이방 우상의 파멸을 강조한다(참고. 사 44:9-20).

북쪽에서 오는 한 나라가 바벨론을 파괴할 것이다(참고. 50:9). 많은 사람들은 이것을 메디아-페르시아 제국에게 바벨론이 함락되는 것에 대한 언급이라고 보지만, 몇 가지 사항은 역사적으로 맞지 않는다. 먼저, 페르시아는 바벨론의 북쪽이 아닌 동쪽에서 왔다. 둘째, 고레스가 바벨론을 점령했을 때, 그는 그 땅을 **황폐하게 하**거나 그 도시를 무너뜨리지 않았다. 예레미야는 바벨론에 사람이 거주하지 않을 것임을 몇 차례 강조했다(참고. 50:39b-40; 51:29, 37, 43, 62). 하지만 고레스는 바벨론을 존속시켰고 페르시아 제국 통치의 중심지 가운데 하나로 삼았다. 그는 다니엘을 그곳의 핵심 관직에 임명했다(참고. 단 5:30; 6:1-3). 셋째, 바벨론이 메디아-페르시아에 함락되었을 때 아무도 그 성읍에서 달아나지 않았다. 사실 예레미야의 예언을 접했던 다니엘(참고. 단 9:1-2)은 바벨론이 함락되던 동안이나 이후에도 거기에 머물렀다(참고. 단 5:28, 30-31; 6:1-3). 넷째, **그날 그때에 이스라엘 자손**과 **유다 자손**이 한 나라로 다시 통일되어 **시온**으로 돌아올 것이고, **영원한 언약**으로 하나님께 연합할 것이라는 약속(참고. 31:31; 32:40)은 바벨론이 함락된 주전 539년에 성취되지 않았다. 예레미야의 예언은 과거의 바벨론 파괴를 넘어서, 이스라엘과 유다의 포로를 돌아가게 할 미래의 종말론적인 대참사를 내다보았다. 바벨론의 파괴는 하나님의 백성을 억압했던 이방 권력에 대한 하나님의 심판에서 절정을 이룰 것이고, 이스라엘에 대한 하나님의 약속을 성취하는 길을 열 것이다. 성경은 다른 곳에서 아직 성취되지 않은 이스라엘 재건과 바벨론 파괴를 지시한다(참고. 슥 5:5-11; 계 17-18장). 수백 년간 폐허로 무너져 있던 옛 바벨론 성읍은 적그리스도가 오기에 앞서 재건되었다가, 메시아가 돌아와서 천년왕국의 통치를 세우시기 전 환난의 마지막에 파괴될 것이다.

50:4-5. **그날 그때에** 유다 백성, **이스라엘**과 **유다**는 **울면서** 회개하며 주님께 돌아올 것이고(3:21-22; 31:9; 슥 12:10), 그들의 **하나님 여호와께 구할 것**이다. 이 사건들은 이스라엘이 돌아와 예수님을 메시아로 인정하고(슥 12:10), 모든 이스라엘이 구원받을 미래의 환난기(30:7) 이후에 일어날 것이다. **영원한 언약**은 새 언약을 가리킨다(31:31; 시 84:5). 그때에 이스라엘은 **시온**으로 돌아와 **여호와와 연합하**고 메시아의 나라의 축복을 누릴 것이다(1절에 대한 주석을 참고하라).

50:6-10. 이 절들은 이스라엘과 유다의 회복에 관한 편집자의 주석이다. 그들은 거짓 **목자들**을 따라 **곁길**로 가서 **산**과 **언덕**을 돌아다니던 **잃어버린 양 떼**였기 때문에 돌아와야 한다(참고. 23:1-2; 겔 36:5-6). 그들은 주님 안에서 **쉴 곳을 잊었**다(50:19-20). 그들은 **의로운 처소**, **그의 조상들의 소망**이신 **여호와께 범죄하였**으므로 대적에게 **삼켜지**고 말았다(14:8, 22).

그들의 **대적**은 유다 백성이 공격을 받아 마땅하기 때문에 **우리는 무죄하다**고 말하며, 유다 백성에 대한 공격을 정당화했다. **그들이…여호와께 범죄하였음인즉**. 이것은 바벨론, 십자군 운동, 종교 재판, 나치에 의해 악용되어온 그리고 오늘까지도 유다 백성과 이스라엘 나라를 공격하는 사람들이 근거로 삼는 반(反)셈족 논리를 띤다.

2. 바벨론의 함락(50:11-16)

50:11-13. 바벨론이 심판을 받은 이유는 그들이 유다를 **노략**했을 때 **즐거워하**고 **기뻐하였**기 때문이다. 하나님은 누구든 자신의 **소유**[이스라엘 땅이든(출 15:17; 렘 3:18; 12:14), 혹은 이스라엘 백성이든(신 9:26, 29; 10:16)]를 **노략하**면서 **송아지**처럼 떠들고 **군마**처럼 울며 기뻐하는 나라를 심판하실 것이다. 주님은 **광야**와 **완전**한 **황무지**로 그리고 지나가는 모든 사람에게 공포가 되게 하심으로써 바벨론을 수치스럽게 하겠다고 맹세하셨다(참고. 애 2:15).

50:14-16. 바벨론이 **여호와께 범죄하였**기 때문에 그들은 전쟁에서 몰락할 것이다. 전쟁은 대적의 궁수들이 성읍 주위에 자리를 잡고 바벨론의 수비대를 향

해 활을 쏘는 모습으로 생생하게 묘사되었다. 바벨론이 마침내 항복할 때 그 **요새**와 **성벽**은 **무너**질 것이고 하나님의 **보복**[여기서 강조를 위해 두 번 사용]이 쏟아질 것이다. 바벨론은 다른 사람에게 **행한 대로** 고통당할 것이다. 반복하거니와 이 장면은 주전 539년 메디아의 고레스가 과격한 전투 없이 바벨론을 차지하여 정복했을 때 성취되지 않았다. 이 바벨론의 몰락은 마지막 때에 성취될 것이다(1-3절).

3. 이스라엘의 회복(50:17-20)

50:17-20. 여기서 북 왕국과 남 왕국 둘 다를 뜻하는 **이스라엘은 흩어진 양**과 같이 되었다(6-7절). 북 왕국은 주전 722년에 **앗수르**에게 정복되었고, 남 왕국은 주전 586년에 **바벨론**에게 무너졌다. 주님은 자기 백성을 회복하시고, 자기 백성을 파괴한 데 대해 **앗수르**와 **바벨론을 벌하**겠다고 맹세하셨다. 하나님은 **이스라엘**이 자기 땅으로 **돌아가게 하**실 것이다. 요단강 서쪽과 동쪽 강둑에 있는 산지 **에브라임**이나 **길르앗**과 마찬가지로, **갈멜**의 지중해 쪽 정상과 갈릴리 바다 동쪽 **바산**의 비옥한 평지가 이스라엘에게 다시 한 번 속할 것이다. 이 축복들은 종말론적인 것이고, **그날 그때에** 일어날 것이다(1절에 대한 주석을 참고하라). 이 축복들은 단순히 지리적인 것이 아니라, 영적인 갱신도 포함한다. 어떤 사람들은 **이스라엘의 죄악**을 찾겠지만, 죄악이 전혀 **없**기 때문에 찾지 못할 것이다. 하나님이 **남긴 자**를 **용서**하실 것이므로(31:31-34), 이스라엘의 죄책과 유다의 죄를 **찾아내지 못**할 것이다.

4. 바벨론에 대한 공격(50:21-40)

50:21-28. 하나님은 두 가지 언어유희로 **므라다임** 땅과 **브곳** 사람들에 대한 공격을 명령하셨다. **므라다임**은 남부 바벨론의 '마트 마르라팀'(*Mat Marratim*) 지역으로, 티그리스와 유프라테스강이 페르시아만으로 들어가는 곳이다. 그런데 히브리어로 이 단어(*meratayim*, 므라타임)는 '이중 반역'을 뜻한다. **브곳**은 티그리스강 동쪽 강둑에 있는 남부 바벨론의[페쿠두(*Pequdu*)라고 불린] 아람 부족을 가리켰다. 그런데 히브리어로 이 단어(*peqod*, 페코드)는 '징벌하다' 혹은 '징벌'이라는 뜻이라서 언어유희를 낳는다. 따라서 하나님은 이중 반역의 땅을 직접 공격하고 그 위에 징벌을 가하겠다고 말씀하셨다.

싸움의 소리가 바벨론의 **큰 파멸**을 알렸다. 바벨론은 **망치**처럼 **온 세계**를 산산조각 내왔지만, 이제 바벨론이 **부서**질 것이다. 하나님은 자신을 가리켜, **올무**를 놓아 바벨론을 **잡**은 사냥꾼이라고 말씀하셨다. 그 이유는 바벨론이 **여호와와 싸웠**기 때문이다. 시편 저자의 말처럼, 시온에 대항하여 전쟁하는 것은 주님과 전쟁하는 것이다. "주의 원수들이…주를 미워하는 자들이…주의 백성을 치려 하여 간계를 꾀하며 주께서 숨기신 자를 치려고 서로 의논하여 말하기를"(시 83:2-3; 창 12:3; 왕하 19:21-22). **도피한 자**가 바벨론의 몰락을 전달하면서, 바벨론의 파괴가 **우리 하나님 여호와의 보복, 그의 성전의 보복**이었다고 시온에서 선포할 것이다(52:13).

50:29-32. 바벨론에 맞서 **진을 쳐** 누구도 달아나지 못하게 하고 **그가 일한 대로 갚**기 위해 많은 궁수들이 소집된다. 바벨론이 **이스라엘의 거룩한 자 여호와를 향하여 교만하였**기 때문에 바벨론에 심판이 임했다(다메섹과 관련해서는 49:26을 참고하라). 주님의 심판이 그 **성읍들**과 **주위에 있는 것**들에 **불을 지**를 때, 아무도 도와줄 사람이 없이 **교만한 자**가 **걸려 넘어**질 것이다(참고. 15:14; 애 4:11; 암 1:4, 7, 10, 12, 14; 2:2, 5).

50:33-34. **이스라엘**과 **유다** 백성들은 대적들에게 **학대**를 받고 **사로잡**힐 것이며, 대적들은 **그들을 놓아주지** 않을 것이다. 이는 모세에게 준 바로의 응답을 회상하게 만드는 어구이다(출 5-10장). 여기서 그들의 해방은 바벨론에서의 귀환이 아니라, 종말의 구원이다(31:11; 사 63:1; 1절에 대한 주석을 보라).

그들의 구원자는 강하니 그의 이름은 만군의 여호와라. 그분이 **그들 때문에 싸우**실 것이고(미 7:9) **그 땅에 평안함을 주**실 것이다. 파인버그의 지적처럼 "하나님이 이스라엘의 친족-구속자이시라는 사실을 깨달은 나라는 거의 없다(50:34). 구약은 친족-구속자, 즉 친척을 물리적, 재정적 위험으로부터 보호할 책임을 진 남자 친척에 관해서 구체적인 규정을 제시했다(창 48:16; 출 6:6; 레 25:9-25, 47-55; 민 5:8; 35:9-34). 이것은 룻기에서 보아스가 나오미에게서 밭을 매입하고, 나오미의 과부 며느리 룻과 결혼했던 배경이다. 친족-구속자는 이스라엘의 명분을 옹호하는 데 자발적으로 헌신한다. 그는 자기 백성에게는 평화를,

반대로 억압자에게는 불안정을 주신다"[Charles L. Feinberg, *Jeremiah: A Commentary* (Grand Rapids, MI: Zondervan, 1982), 322].

50:35-38. 그들의 구속자가 **바벨론**에게 가져다주실 **불안**(34절)은 이 단락에서 다섯 번 사용된 **칼**[*hereb*, 헤레브]이고, 그 뒤에 가뭄(*horeb*, 호레브) 선언이 뒤따른다. 히브리어 언어유희인 이 두 장기적 심판이 **신상의 땅**과 실성한 사람처럼 우상(**무서운 것**)을 숭배했던 사람들을 파괴할 것이다(25:16).

50:39-40. 위대한 바벨론이 적막해져서, **사막의 들짐승과 승냥이**(9:11; 10:22; 49:33; 51:37)와 **타조**의 집이 될 것이다. 파괴 이후 바벨론은 **영원히 주민이 없을** 것이다(3절에 대한 주석을 참고하라). 바벨론의 적막함은 하나님이 **소돔과 고모라**를 뒤엎으신 것처럼 철저할 것이다(49:18; 창 19:24-25). 바벨론은 역사 내내 사람이 거주했기 때문에, 이 예고는 종말이 왔을 때 성취될 것이다.

5. 바벨론의 고뇌(50:41-46)

50:41-46. 주님은 예루살렘에게 하셨던 것과 동일한 심판의 말씀을 바벨론에게 적용하셨다(참고. 6:22-24). 44-46절은 에돔을 향해 표현했던 심판이 거의 그대로 반복된다(49:19-21). 여기서 이 심판은 바벨론에게 적용된다.

6. 바벨론에 대한 하나님의 보복(51:1-14)

51:1-10. 주님은 **멸망시키는 자를 부추겨 바벨론**과 '레브-카마이'(**나를 대적하는 자 중에 있는 자**)를 치실 것이다. '레브-카마이'라는 표현은 '내 대적의 마음'을 뜻하지만, 이것은 갈대아를 가리키는 '아트배쉬'이다(25:26에 대한 주석을 보라). '내 대적의 마음'을 가리키는 자음의 히브리어 알파벳 순서를 뒤집으면 '갈대아'(Chaldea)로 읽힌다. 하나님이 **바벨론**을 유린하기 위해 보내신 **타국인**이 **그의 군대**를 완전히 파괴하실 것이다.

바벨론의 파괴는 **이스라엘과 유다**가 **하나님**께 **버림받지 아니**했다는 표식이었다. 하나님은 바벨론을 파괴하여 이스라엘과 유다가 자유롭게 귀향하도록 하실 것이다(참고. 50:33-34). 하나님은 바벨론에서 **도망하여 끊어짐**을 피하라고 자기 백성들에게 말씀하셨다(참고. 50:8; 계 18:4). 바벨론은 **온 세계**를 **취하게 하는** 심판의 **금잔**(51:7)이었고(참고. 25:15-29; 계 17:3-4; 18:6), 바벨론 역시 **파멸**될 것이다. 바벨론이 무너지면, 동맹국이 **그 상처를 위하여 유향**을 찾으려고 할 것이다(참고. 8:22; 46:11). 하지만 바벨론이 **낫지 아니**하면 심판의 영향에서 벗어나기 위해 동맹국들이 바벨론을 버릴 것이다. 여호와가 바벨론을 심판하심으로써 **공의를 드러내셨**음(51:6; 50:28, 34; 시 9:1-6; 35:27; 사 54:17)을 깨달은 하나님의 백성들은 **시온에서 여호와의 일을 선포하**는 찬양의 노래를 부를 것이다(참고. 23:5-6; 50:28; 사 40:9).

51:11-14. 예레미야는 군대가 바벨론을 공격하기 위해 준비하는 모습을 친숙한 용어로 묘사했다(참고. 46:4, 9; 50:2). 바벨론을 정복했던(주전 539년, 참고. 단 5:31) 공격군은 제한적인 의미에서 **메대**의 **왕들**이었다(28절). 이것은 환난기에 바벨론을 침략할 미래의 왕 가운데 하나가 메디아가 통치했던 지역(오늘날 북부 이란)에서 나올 것임을 시사한다(50:1-5에 대한 주석을 보라). 하나님은 바벨론이 자신의 **성전**을 파괴한 데 대한 **보복**으로 이 군대를 소환하실 것이다(참고. 50:28).

하나님은 **많은 물가**, 즉 유프라테스강 부근에 **살던** 바벨론 사람들을 파괴하려는 자신의 목적을 실행하실 것이다. 하나님이 그렇게 하겠다고 **자기 목숨을 두고 맹세하셨**기 때문이다(참고. 44:26; 49:13). 주님이 직접 바벨론에게 승리할 것임을 확언하셨다.

7. 바벨론을 다스리는 하나님의 주권(51:15-26)

51:15-19. **만물을 지으신 분**, **만군의 여호와**가 바벨론 함락을 보증하신다(19절). 예레미야는 하나님의 주권과 권능 그리고 **그의 소유인 지파**[와 하나님의 관계]를 사실상 10:12-16(이 단락의 주석을 보라)과 동일한 언어로 강조한다.

51:20-26. 바벨론은 다른 나라들을 분쇄할(*napas*, 나파스), 곧 '산산이 부술' 하나님의 **철퇴**였다(50:23). **분쇄**한다는 어구는 20-23절에서 여러 번 사용되어, 하나님이 바벨론을 심판에 사용하시는 정도를 나타낸다. 그렇지만 이제 주님은 그들이 **시온에서 행한** 악을 **갚으**실 것이다. 바벨론은 **멸망의 산**이라고 불리지만, 또한 하나님의 심판으로 **불탄 산**이 되어 사화산처럼 **영원히 황무지**가 될 것이다.

8. 바벨론을 치라는 열방에 대한 소환(51:27-33)

51:27-33. 하나님은 **나라들**을 세 번째 소환하셔서(참고. 50:2; 51:12), **깃발**을 세우고 바벨론을 칠 군대를 집결시키라고 요청하셨다. 이 임무를 위해 구별된 열방에는 **메대**와 더불어 **아라랏**[현재의 아르메니아], **민니**[서부 이란 지역] 그리고 **아스그나스**[터키 근처, 북서부 이란] **나라**가 포함된다. 이들 세 지역 사람들은 모두 호전적이었다.

이들 침략군은 **여호와**의 **계획**을 성취하기 위해, 곧 **바벨론을 쳐서 그 땅으로 황폐하여 주민이 없게** 만들기 위해 임명될 것이다. 이 일은 아직 일어나지 않았으며, 이 황폐화는 종말의 사건일 것이다(48:9; 51:29, 37; 참고. 50:3). 바벨론의 전사들은 저항하는 대신에 싸움을 중단하고 **요새**로 철수할 것이다. 바벨론은 모든 도주로와 숨을 곳이 불에 탄 채 **함락**될 것이다. 바벨론 성읍을 둘러싸고 있는 유프라테스강의 **나루**나 배, 혹은 다리 그리고 **갈대밭**이 불길에 휩싸여 도주를 막을 것이다. 고대의 바벨론은 광범위한 전령 네트워크로 유명했다. 이 일이 일어나면 바벨론의 이들 보발꾼은 다른 **보발꾼**에게 메시지를 받아, **왕에게 성읍** 전체의 **사방이 함락되었**다고 전할 것이다.

하나님은 **바벨론**을, 사용할 준비를 마친 **타작마당**에 비유하셨다. 추수 때에 마당은 곡식의 타작과 키질에 사용될 수 있도록 준비하기 위해 '단단히 밟힐' 것이다. 마찬가지로 바벨론은 심판받을 준비를 마치고, 추수[파괴를 가리키는 친숙한 이미지]를 기다리는 타작마당처럼 밟힐 것이다(사 27:12; 욜 3:13; 미 4:12-13).

9. 바벨론에 대한 하나님의 복수(51:34-44)

51:34-36. **시온**은 **바벨론**에게 당한 **폭행**을 되갚아야 한다고 불평했다. **느부갓네살**이 예루살렘을 **먹었고 멸했다**. 예루살렘의 송사를 듣고 고스란히 **보복하실** 주님이 그들의 불평에 대답하실 것이다(시 140:12; 미 7:9; 참고. 렘 50:33-34).

유프라테스의 충적토 평원 위에 세워진 바벨론은 풍부한 샘과 관개시설을 갖춘 성읍 정원으로 유명했다. 심판에서 하나님은 **바다**[문자적인 의미는 '넓은 강']를 **말리시고 샘을 말리**실 것이다.

51:37-44. 하나님은 바벨론을 **돌무더기**와 **승냥이의 거처**, 아무도 살지 않는 곳으로(50:3에 대한 주석을 참고하라) 만들겠다고 선언하심으로써 시온의 의문(35절)에 대답하셨다(참고. 50:39-40). 바벨론은 **탄식거리**가 될 것이다(24:9에 대한 주석을 참고하라). 바벨론은 **젊은 사자**처럼 사나웠고(참고. 2:15), 하나님은 그들을 **취하**게 만들 **연회**를 준비하실 것이다(25:15-16, 26). 그들이 하나님의 심판의 잔을 마시게 되면 **잠들어** 결코 깨어나지 못할 것이다(참고. 57절). 바벨론은 또 도살장으로 끌려가는 **어린 양**에 비유된다(참고. 50:45).

세삭[혹은 시삭]은 '바벨론'을 가리키는 '아트배쉬'였다(25:26에 대한 주석을 보라, 참고. 51:1). 바벨론은 **함락**될 것이다. 바벨론은 마치 **바다**가 넘치듯이 **뒤덮**일 것이다. 그 **성읍들**은 **사막**처럼 황폐해질 것이다(50:3에 대한 주석 참고.).

바벨론은 주신(主神) 벨과 인상적인 성벽으로 유명했다. 하나님은 그가 삼켰던 부를 내뱉게 하심으로써 **벨**을 징벌하실 것이다(참고. 50:2). **바벨론 성벽**은 이중 성벽이었다. 내부 성벽은 두께가 6.5미터나 되어서 여러 전차가 나란히 꼭대기를 달리는 경주를 펼치기에 충분할 만큼 넓었다. 내부 성벽은 7미터나 되는 마른 못에 의해 외부 성벽과 분리되어 있었다. 하지만 **바벨론 성벽**마저 **무너졌**다!

10. 바벨론 안의 남은 자들에게 주는 경고(51:45-48)

51:45-48. 하나님은 자기 백성들에게 바벨론에서 **나와** 각기 '목숨을 구하고' 하나님의 심판을 피하라고 명령하셨다. 그들은 많은 승리의 소식 혹은 **강포함**을 **두려워하지** 말아야 한다. 그 대신 그들은 하나님이 **바벨론**을 **벌**하실 **날이 이르**고 있다는 확신을 유지해야 한다. 그때에 **하늘과 땅**이 하나님의 승리를 두고 **기뻐 노래**할 것이다. 이것은 고레스에 의해 공인된 바벨론 귀환에서 성취되지 않았고(주전 539년), 전 세계에 흩어져 있던 이스라엘이 마지막 날에 재집결하는 것을 가리킨다(16:14, 31:27-40, 50:1, 계 18:20에 대한 주석을 보라).

11. 바벨론 함락의 확실성(51:49-53)

51:49-50. 하나님은 **이스라엘**을 죽인 책임이 **바벨론**에게 있기 때문에 바벨론을 **엎드러뜨리**셨다. 하나님은 아브라함에게 그를 저주하는 자들은 스스로 저주를 받을 것이라고 약속하셨다(창 12:2-3). 이 확약이 **바벨론**에게 적용된다. 이스라엘 백성들이 다가올 바벨론의

파괴에서 도피할 때, 그들은 **멈추지 말고 걸어가**야 한다. 그들은 **여호와를 생각하**고 **예루살렘**을 마음에 두어야 한다(시 84:5; 137:5). 바벨론의 파괴는 유다 백성들이 자기들의 땅으로 귀향하게 만드는 촉매제가 될 것이다. 구약시대부터 1950년대 중반까지 바벨론에는 유대인 공동체가 있었다. 하지만 현대 이스라엘의 건국 이후 이라크 안의 반유대주의가 심화되어, 사실상 유대인 인구 전체가 목숨을 구하기 위해 새로운 국가 이스라엘로 도망쳐왔다. 오늘날 바벨론의 박해는 분명 유다 백성들이 이스라엘 땅으로 돌아오게 만든 촉매제였다. 이라크에서 이스라엘로 유다 백성들이 탈주한 것은, 바벨론에 대한 종말론적 심판 이전에 피하는 이 예언의 성취일 것이다.

51:51-53. 유배 중인 남은 자들이 예루살렘을 생각했을 때, 그들은 **외국인**이 **거룩한** 곳 성전에 들어갔다는 소식을 들었기 때문에, **수치를 당하**고 **모욕**을 받았다. 하나님은 바벨론의 **우상들을 벌**하실(파괴하실) **날이 이르**고 있다고 확약하심으로써 이들 포로민들을 위로하셨다(참고. 44, 47절). 바벨론이 자신의 **요새**를 얼마나 방비하든 하나님은 여전히 바벨론을 **멸망시킬 자**를 보내겠다고 맹세하셨다.

12. 바벨론에 대한 하나님의 보복(51:54-58)

51:54-58. **큰 파멸의 소리**가 바벨론 땅에서 들릴 것이다. **여호와께서 바벨론을 황폐하게 하**실 것이기 때문이다. 정치권력과 세계사적 의의를 내세우는 바벨론의 **큰 소리**가 **끊**어질 것이다. **여호와는 보복의 하나님이시니 반드시 보응하**실 것이기 때문이다(참고. 46:10; 50:15, 28; 51:6, 11, 36). 바벨론의 모든 관리 계급이 하나님이 내리신 심판의 포도주에 **취**할 것이다(참고. 25:15-29; 51:7-8). 그들이 **잠들어 깨어나지 못**할 것이다(참고. 39절). 반복하지만, 바벨론의 지도자와 전사들에 대한 전면적 파괴는 바벨론이 메디아-페르시아에 함락되었을 때 일어나지 않았다(참고. 단 5:29-6:2). 이 예언은 환난기에 성취될 것이다(참고. 50:1-3).

하나님이 **바벨론의** 넓은 **성벽은 훼파되겠고 그 높은 문들은 불에 탈 것**이라고 이미 선언하셨기 때문에(참고. 50:15; 51:30, 44; 합 2:13), 바벨론의 심판을 막기 위해 쏟은 모든 **수고**는 **헛**되어, **불**에 탈 연료만 만들 뿐이다.

13. 스라야의 상징적인 사명(51:59-64)

51:59. 바벨론을 꾸짖는 예레미야 신탁의 최절정은 **시드기야** 왕의 참모 관리 **스라야**에게 주는 메시지이다. 스라야는 **시드기야 왕 제사 년에** 그와 함께 바벨론에 갔다(주전 594-593년). 윌리엄 시어(William Shea)는 1년 전쯤에 있었던 폭동 시도 이후 충성심을 확인하려고 주전 594년 느부갓네살이 모든 봉신 왕을 바벨론으로 소환했다는 강력한 증거를 제시한다. 시어는 이 회합이 다니엘 3장에 기록되었다고 믿는다[William H. Shea, "Daniel 3: Extra-Biblical Texts and the Convocation on the Plain of Dura," *Andrews University Seminary Studies* 20 (Spring 1982): 29-52]. 명분이 무엇이든 시드기야는 바벨론으로 공식적인 여행을 하지 않을 수 없었고, 그때 바룩의 형제 스라야를 데려갔다.

51:60-64. 예레미야는 **바벨론에 닥칠** 모든 **재난**에 대한 예언을 **한 책**에 **기록**했다. 아마 이 두루마리는 예레미야 50-51장에 기록된 내용이었을 것이다. 예레미야는 구체적인 지시와 함께 이 두루마리를 스라야에게 주었다. 먼저, 스라야가 바벨론에 도착했을 때 그는 **이 모든 말씀을** 큰 소리로 **읽**어야 한다. 둘째, 스라야는 청중에게 이 메시지를 선포해야 한다. **여호와여 주께서 이곳에 대하여…영원한 폐허가 되리라 하셨나이다**. 셋째, 하나님의 의도를 보여주는 시각 교육으로, 스라야는 두루마리에 **돌을 매어 유브라데강 속에** 던져야 한다. 마지막으로, 두루마리와 돌이 밑으로 가라앉을 때, 스라야는 주님이 **바벨론**에게 내리실 **재난** 때문에 바벨론이 두루마리처럼 **몰락하여 다시 일어서지 못**할 것이라고 선언해야 한다(참고. 계 18:21; 렘 50:1-3).

이 장은 **예레미야의 말이 이에 끝나니라**라는 문장으로 마무리된다(64절). 루드봄(J. Ludbom)은 이 어구가 '예레미야의 말'이라는 어구로 시작되는 1:1과 수미 쌍관을 형성한다는 사실을 지적했다. 수미 쌍관은 책 전체의 통일성을 암시한다[J. Ludbom, *Jeremiah: A Study in Ancient Hebrew Rhetoric*, SBLDS 18 (Missoula, MT: Scholars, 1975), 25]. 이 문장은 기존에 편찬되어 있던 선지자 예레미야의 저작에 신원 미상의 편집자가 52장을 덧붙였음을 분명히 한다. 편집자가 누구였든(많은 사람은 바룩이라고 주장한다), 성령은 편집자를 인도하셔서 이 책을 적절히 마무리하게끔 52장을 포함시키셨다.

Ⅳ. 결론: 역사적 보충(52:1-34)

52장은 여호야긴 왕이 바벨론 감옥에서 석방된 주전 561년 이후에 기록되었다(31절). 52장은 열왕기하 24:18-25:30과 거의 일치한다. 대부분의 내용이 예레미야 39장의 정보와 유사하고, 예레미야서의 역사적 사건을 보충하는 역할을 한다.

52장은 예루살렘에 대한 예레미야의 심판의 말이 성취되었고, 유다가 포로에서 풀려날 것이라는 그의 말이 성취될 것임을 보여준다. 이 마지막 장은 예레미야의 정당성을 입증해주고 아직 유배 중인 남은 자들을 격려하는 역할을 했다. 마찬가지로 이 장은 주님의 모든 예언이 궁극적으로 주님에 의해 성취될 것임을 독자들이 믿게 하는 자극제 역할을 한다.

A. 예루살렘의 운명(52:1-23)

1. 시드기야의 몰락(52:1-11)

52:1-11. 이것은 유다의 마지막 왕 시드기야의 약사(略史)이다. 이 내용은 열왕기하 24:18-25:7과 더불어 예레미야 39:1-7과 거의 일치한다(39:1-7에 대한 주석을 보라).

2. 예루살렘의 파괴(52:12-16)

52:12-16. 예루살렘이 무너지고 불에 탄 것은 이전에 묘사되었지만(39장), 이 본문은 성전의 약탈과 소실에 더 초점을 맞춘다. **느부갓네살 왕의 열아홉째 해 다섯째 달 열째 날**[주전 586년 8월 17일]에 반란은 진압되고 예루살렘은 바벨론에게 약탈당했다. 그때에 **어전 사령관 느부사라단이 예루살렘에 이르렀다**. 그는 예루살렘의 최종 사건들에 대한 책임을 맡았고, 예레미야가 예고했듯이(참고. 22:7) 예루살렘 안의 모든 **고관들의 집**과 더불어 **여호와의 성전**을 **불살랐다**. 포위 공격에서 생존하여 시민 지도자가 되었던 사람들은 **사로잡혀 갔다**. 가장 **가난한** 백성들만 남았다.

이 본문에서 날짜와 관련하여 소소한 논쟁이 있다. 열왕기하 25:8은 느부사라단이 **열째 날**이 아니라 '5월 7일'에 왔다고 말하기 때문이다. 두 가지 가능성이 제시되었다. 본문을 베끼는 과정에서 실수가 있었을 수 있다. 그렇지만 이 입장을 지지하는 본문이나 사본상의 증거는 전혀 없다. 더 바람직한 이해는 '7일'에 느부사라단이 **예루살렘에 이르렀고**(왕하 25:8), 성전에 들어가 기물을 제거했으며, 그 뒤 9일에 성전에 불을 질렀고, **열째 날**에 그는 **여호와의 성전**을 **불살랐고**, 계속해서 예루살렘을 불태웠다는 것이다. 불탄 성전에 대한 유대인들의 기념일은 아브월 9일의 금식일인데 이날은 현대 달력으로 7월 말에서 8월 초에 해당한다.

3. 성전의 파괴(52:17-23)

52:17-23. 예레미야와 거짓 선지자 하나냐의 갈등이(27:16-28:17) 이 본문의 배경이다. 이 본문은 성전의 그릇이 바벨론으로 가서 그 안에 머물 것이라는 예레미야의 예고(27:19-22)와 성전 그릇이 평화롭게 이스라엘로 되돌아올 것이라는 하나냐의 예고 기사를 담고 있다(28:3). 그때 예레미야는 "그 선지자의 말이 응한 후에야 그가 진실로 여호와께서 보내신 선지자로 인정받게 되리라"라고 말했다(28:9). 이 기사는 선지자로서 예레미야의 진정성과 그의 예언 사역 전체의 진실성에 대한 확증으로 이 책의 마지막에 포함되었다. 이 장의 세부 사항은 예레미야가 전한 말씀의 정확성을 입증한다. 성전의 모든 물건이 바벨론으로 옮겨갔다. 상세한 물품 목록이 나온다(**놋 기둥**, **화로**, **금**과 **은**, **놋 석류**). 이송된 놋 물품의 크기와 옮겨진 석류의 숫자를 상세히 기록할 만큼, 아주 광범위한 시도였다(21-23절). 이 보물들은 성전이 불타기 전에 전부 치워져 바벨론으로 옮겨졌다.

B. 특정 개인들의 운명(52:24-34)

1. 예루살렘이 함락될 때 그 안에 있던 사람들의 운명(52:24-27)

52:24-27. 예루살렘의 모든 지도자가 **사령관**에게 체포되었다. 여기에는 요시야 왕 때의 대제사장 힐기야의 손자(대상 6:13-15)인 **대제사장 스라야**[바룩의 형제가 아닌, 참고. 렘 32:12; 51:59], 다음 서열의 제사장인 **스바냐**(참고. 29:25-29; 37:3) 그리고 **세** 명의 관리, 곧 **성전** 안의 질서유지를 책임지던 **문지기**가 포함되었다. **군사**를 거느린 **지휘관**, **왕의 내시 칠 명** 등도 체포되었다. 이 명단은 **느부사라단**이 예루살렘의 모든 (종교와 시민, 군사) 지도자를 느부사라단의 지역 본부가 위치한(9절) 립나(리블라)로 데려갔음을 시사한다. 예루살렘의 모든 지도자는 맞아 죽거나 처형당했다. 이로

써 유다가 사로잡혀 본국에서 떠났다.

2. 포로들의 운명(52:28-30)

52:28-30. 이 예루살렘 함락 기사는 열왕기하 25장 기사에 포함되지 않았다. 이 기사는 바벨론에 포로로 잡혀간 다른 무리를 보여주기 위해 여기에 첨가되었다. 제시된 강제 추방 일자(28-29절)는 열왕기하 24:12-14과 25:8-12에 제시된 두 번의 강제 추방 일자와 일치하지 않는다. 이 난제에 대해 두 가지 해결책이 제시되었다.

첫째, 어떤 학자들은 열왕기하와 예레미야서의 강제 추방이 동일한 사건이고 서로 조화되어야 한다고 주장한다. 이 입장은 보통 열왕기하의 저자가 바벨론 왕의 연대를 계산할 때 즉위년을 제외했던 반면에, 예레미야는 52:28-30에서 즉위년을 계산에 넣었다고 추론한다. 고대에 왕의 치세 연대를 헤아리는 이스라엘의 계산법은 왕위에 즉위한 첫해를 통치 제1년으로 포함시켰다. 반면에 바벨론의 계산법은 즉위년을 치세 기간에 포함시키지 않고 두 번째 해를 제1년으로 계산했다. 열왕기상과 열왕기하는 바벨론에서 기록된 것으로 보인다. 따라서 저자는 바벨론 방식을 사용했다. 반면에 예레미야는 항상 이스라엘의 계산법을 사용했다[단 1:1의 주석과 함께 다음을 보라. John Bright, *A History of Israel*, 3rd ed. (Philadelphia: Westminster Press, 1981), 326 n. 45.《이스라엘 역사》(크리스천다이제스트)].

둘째, 다른 학자들은 예레미야 52:28-30에 열거된 처음 두 번의 강제 추방이 열왕기하와 같은 사건이 아니라고 주장한다. 이는 주전 597년과 586년에 있었던 느부갓네살의 예루살렘 함락과 관련된 주요 강제 추방 전에 벌어진 작은 규모의 강제 추방이었다는 것이다. 두 가지 논거가 이 두 번째 견해의 타당성을 조금 더 높여준다. 먼저, 제시된 연도(느부갓네살 7년과 18년)는 각각 열왕기하에서 두 번에 걸친 바벨론의 주요 예루살렘 공격보다 한 해 전이다(왕하 24:12-14의 느부갓네살 제8년 그리고 왕하 25:8-12의 제19년). 둘째, 예레미야서에 언급된 강제 추방에서 잡혀간 포로들의 숫자가 열왕기하에 기록된 주전 597년과 586년의 강제 추방 숫자와 일치하지 않는다. 주전 597년에 약 10,000명의 사람들이 잡혀갔지만(왕하 24:14), 여기(52:28)에는 3,023명이라고만 언급된다. 주전 586년에 느부갓네살은 "성 중에 남아 있는 백성과 바벨론 왕에게 항복한 자들과 무리 중 남은 자"를 강제로 추방했다(왕하 25:11). 예레미야 52:29에 기록된 832명은, 이 마지막 강제 추방에 해당하기에는 너무 적다. 따라서 두 번째 견해에 의하면, 이 두 강제 추방(28-29절)은 이차적 강제 추방이라고 추론하는 것이 타당한 것 같다. 저자는 바벨론의 철저한 유다 파괴를 보여주기 위해 (30절에 언급된 세 번째 소규모 강제 추방과 더불어) 이 두 추방을 포함시켰다. [Alberto R. Green, "The Chronology of the Last Days of Judah: Two Apparent Discrepancies," *Journal of Biblical Literature* 101 (1982): 57-73을 보라.]

예레미야가 언급한 세 번째 강제 추방은 아마 그다랴의 암살(참고. 41장) 이후 느부갓네살이 그 땅으로 돌아온 것에 해당할 것이다. 유다를 다스리는 바벨론의 통치권에 대한 위협은 분명 간과될 수 없었다. 아마 느부갓네살은 질서를 회복하고, 누구든 반란을 조장하는 혐의가 있는 사람을 제거하기 위해 군대를 보냈을 것이다. 745명이라는 적은 수는 이것이 제한된 규모였다는 사실을 지지한다. ['로쉬 하샤나'(*Rosh Hashanah*), 가을의 나팔절에서부터 신년을 계산하는 티슈리(Tishri) 달력에 근거할 때] 28-30절에 언급된 이들 세 번의 강제 추방 연대는 따라서 (1) 느부갓네살 7년(주전 598년), (2) 느부갓네살 18년(주전 587년) 그리고 (3) 느부갓네살 23년(주전 582년)이다.

렘

3. 여호야긴의 운명(52:31-34)

52:31-34. 이 절들은 열왕기하 25:27-30에도 나오는데, 사소한 차이가 있다. **여호야긴**이 사로잡혀 간 지 **삼십칠 년**[주전 561-560년]에 에윌므로닥(*Awl-marduk*, 바벨론의 신 '마르둑의 사람')이 바벨론 왕위에 올랐다. 12월 25일(주전 560년 3월 21일), 그가 즉위한 해 마지막에 축제 행사의 일부로 **여호야긴을 감옥에서 풀어주었**다. 그날부터 죽는 날까지, 여호야긴은 **항상 왕의 앞에서 먹**었다. 즉, 그는 바벨론 왕의 보호를 받았다.

예레미야서는 한 가닥 소망으로 마무리된다. 예레미야의 파괴 예언이 실현되었듯이, 이제 미래의 축복에 관한 예언도 시작된다. 여호야긴의 상황은 하나님이 약속하신 복과 이스라엘의 회복이 성취될 것이라는 소망을 포로민들에게 주었다.

주님은 항상 자신의 말씀을 지키신다. 그분은 자신의 약속을 정확하게 실행하실 것이고, 그분은 항상 의로우시다. 우리가 이것을 믿는다면, 우리의 상황이 어떻든지 우리의 삶에는 주님에 대한 기쁨 그리고 소망과 기대감이 있을 것이다. 유다의 남은 자처럼 우리는 우리 왕 메시아께서 약속하신 모든 선한 말씀을 성취하시기를 기다린다.

참 고 문 헌

Allen, Leslie C. *Jeremiah*. Louisville, KY: Westminster John Knox Press, 2008.

Archer, Gleason Jr. *A Survey of Old Testament Introduction*. Chicago: Moody Publishers, 2007.《구약총론》(CLC).

Bright, John. *A History of Israel*, 3rd ed. Philadelphia: Westminster Press, 1981.《이스라엘 역사》(크리스천다이제스트).

Brown, Michael. *Jeremiah*. Expositors Bible Commentary, rev. ed. Grand Rapids, MI: Zondervan, 2010.

Bullock, C. Hassell. *An Introduction to the Old Testament Prophetic Books*. Chicago: Moody Press, 1996.《구약 선지서 개론》(크리스챤출판사).

Elwell, Walter. "Inheritance," in *The Evangelical Dictionary of Biblical Theology*, 374. Grand Rapids, MI: Baker, 1996.

Feinberg, Charles L. *Jeremiah: A Commentary*. Grand Rapids, MI: Zondervan, 1982.

Freeman, H. *Jeremiah*. London: Soncino Press, 1949.

Green, Alberto R. "The Chronology of the Last Days of Judah: Two Apparent Discrepancies." *Journal of Biblical Literature* 101 (1982): 57-73.

Harrison, R. K. *Jeremiah and Lamentations*. The Tyndale Old Testament Commentaries. Downers Grove, IL: InterVarsity, 1973.

Huey, F. B. Jr., *Jeremiah, Lamentations*. The New American Commentary, edited by E. Ray Clenden. Nashville, TN: B&H Publishing Group, 1993.

Jensen, Irving L. *Jeremiah and Lamentations*. Everyman's Bible Commentary. Chicago: Moody, 1974.

Kaiser, W. C. Jr. *The Messiah in the Old Testament*. Grand Rapids, MI: Zondervan, 1994.《구약에 나타난 메시아》(크리스챤출판사).

Kidner, Derek. *The Message of Jeremiah*. The Bible Speaks Today, ed. J. A. Moyter. Downers Grove, IL. InterVarsity, 1987.

Kinsler, F. Ross. *Inductive Study of the Book of Jeremiah*. South Pasadena, CA: William Carey Library, 1971.

Ludbom, J. *Jeremiah: A Study in Ancient Hebrew Rhetoric*. Society of Biblical Literature Dissertation Series 18. Missoula, MT: Scholars, 1975.

Mackay, John L. *Jeremiah*. A Mentor Commentary. Fearn, Rose-shire, Scotland: Mentor, 2004.

Parker, Richard A. and Waldo H. Dubberstein. *Babylonian Chronology: 626 BC-AD 75*. Providence, RI: Brown University Press, 1956.

Rydelnik, Michael. *The Messianic Hope: Is the Hebrew Bible Really Messianic?* Nashville: B&H, 2010.

Ryken, Philip Graham. *Jeremiah and Lamentations*. Preaching the Word, ed., R. Kent Hughes. Wheaton, IL: Crossway, 2001.

Shea, William H. "Daniel 3: Extra-Biblical Texts and the Convocation on the Plain of Dura." *Andrews University Seminary Studies* 20 (Spring 1982): 29-52.

Thiele, Edwin R. *The Mysterious Numbers of the Hebrew Kings*, rev. ed. Grand Rapids, MI: Zondervan, 1983.《히브리 왕들의 연대기》(CLC).

Thompson, J. A. *The Book of Jeremiah*. The New International Commentary on the Old Testament, ed. Robert L. Hubbard. Grand Rapids, MI: Eerdmans, 1980.

Wiseman, Donald J. *Chronicle of Chaldean Kings (626-556 BC) in the British Museum*. London: Trustees of the British Museum, 1956.

예레미야애가

찰스 다이어(Charles H. Dyer) · 에바 리델닉(Eva Rydelnik)

서 론

기독교 성경에서 애가는 메시지의 직접적인 연관성 때문에 예레미야 뒤에 놓인다. 유대교 성경에서 애가는, 유대교의 여러 명절에 회당에서 낭독되는 '다섯 두루마리'(*megillot*, 메길로트) 가운데 하나이다. 애가는 매해 아브월 9일(*Tisha b'Av*, 티샤 베 아브), 즉 제1성전과 제2성전의 파괴를 애도하기 위해 구별된 금식일에 회당에서 낭독된다. 다섯 두루마리에는 부림절에 낭독되는 에스더, 유월절 중간 안식일에 낭독되는 아가, 칠칠절(*Shavuot*, 샤부오트) 둘째 날 아침에 낭독되는 룻기, 장막절(*Sukkoth*, 수코트) 중간 안식일에 낭독되는 전도서가 포함된다. 이런 책/두루마리가 모여 히브리어 성경의 세 번째 부분인 '케투빔'(*Ketuvim*, '성문서')의 일부를 구성한다. 회당에서 애가를 낭독할 때는 마지막 절(5:22) 뒤에 5:21을 반복함으로써 하나님에 대한 소망에 초점을 맞추며 낭독을 마무리한다. "여호와여 우리를 주께로 돌이키소서 그리하시면 우리가 주께로 돌아가겠사오니 우리의 날들을 다시 새롭게 하사 옛적 같게 하옵소서."

애가의 히브리어 제목은 이 책의 첫 단어 '애카'('*ekah*)에서 유래하는데, 이 단어는 '어찌하여'(How)보다는 '슬프다'라고 번역하는 것이 최선이다. 이는 슬픔의 외침이다(삼하 1:19; 렘 1:19). 탈무드 저자들은 이 책에 '애가(哀歌) 혹은 만가(挽歌), 비가(悲歌)'를 뜻하는 '키노트'(*Kinot*)라는 이름을 붙여주었다(*Bava Batra* 14b). 이 제목은 이 책이 예루살렘 파괴에 대한 슬픔의 외침이요 포로로 잡혀간 유대 백성에 대한 비탄의 외침이라는 데서 유래한다. 70인역은 랍비들이 붙인 제목을 '탄식시'(*thrēnoi*, 트레노이)를 뜻하는 헬라어로 번역한다. 이 제목이 라틴어 불가타로 넘어오면서 '예레미야의 애가'가 되었고, 거기서 영어 성경의 애가(Lamentations)가 되었다.

저자. 애가는 예레미야의 이름을 구체적으로 언급하지 않지만, 유대교와 교회 전통은 이구동성으로 이것을 예레미야의 저작으로 본다. 70인역에서는 이 책이 이렇게 시작된다. "그때에 이스라엘이 포로로 잡혀가고 예루살렘이 황폐해진 후, 예레미야는 앉아 울면서 예루살렘을 두고 이 애가로 탄식하며 말했다…." 또 고대 랍비 전승(바벨론 탈무드, *Bava Batra* 15a)과 더불어 초기 기독교 전승(라틴어 불가타)도 이 책을 예레미야의 저작으로 여긴다. 예레미야서와 애가는 강한 연관성을 보여 주기 때문에 내적 증거 역시 예레미야를 저자로 제시한다. 두 책 모두에서 저자의 눈에는 눈물이 흘렀고(렘 9:1, 18; 애 1:16; 2:11), 저자는 바벨론의 공격과 예루살렘의 함락을 목격했다고 주장한다(렘 19:9; 애 2:20; 4:10).

연대. 이 책은 예루살렘 함락 이후(주전 586년, 참고. 1:1-11)부터 예레미야가 애굽으로 잡혀가기 전(주전 583-582년, 참고. 렘 43:1-7)에 짧은 기간 동안 저술되었다. 생생한 묘사와 깊은 감정 표현은 이 책이 사건 발생 직후, 아마도 주전 586년 후반이나 585년 초반에 저술되었음을 뒷받침한다.

수신자. 예레미야는 바벨론으로 잡혀간 사람과 유다 땅에 남은 사람 그리고 애굽으로 도주했던 사람을 포함하여 예루살렘 함락 이후 유다의 생존자에게 이 메시지를 전했다. 이 모든 사람은 주님의 계속되는 심판을 경험했다. 애가는 그들이 하나님께 소망을 두어야 함을 상기시켰다. "여호와의 인자와 긍휼이 무궁하시므로 우리가 진멸되지 아니함이니이다 이것들이 아침마다 새로우니 주의 성실하심이 크시도소이다"(3:22-23).

목적과 주제. 하나님의 심판과 하나님의 신실하심이라는 두 가지 주제가 나란히 진행된다. 두 주제 모두 주님을 소망하고 그분께 순종하도록 촉구한다.

이 책의 목적은 예루살렘 함락의 슬픔과 하나님의 신실하심에 대한 확신을 표현하는 것이다. 예루살렘이 겪은 모든 비극은 약 900년 전 하나님이 불순종의 무시무시한 결과를 경고하셨을 때 이미 예고되었다(레 26장; 신 28장). 애가는 그 결과의 기록이다.

하지만 이 심판은 애가를 이스라엘을 위한 희망의 책으로 만든다. 애가는 언약의 모든 내용을 시행하시는 하나님의 신실하심을 기록하기 때문이다. 이스라엘은 불순종 때문에 징벌을 받았지만 멸망하지 않았다. 불순종으로 인한 심판을 약속했던 바로 그 언약이 회개로 인한 회복을 약속했다(신 30:1-10). 유다를 향한 예레미야의 메시지는 유다가 주님께 돌아가서 '그를 바라라'(3:24)는 것이다.

이 책에 몇 가지 핵심 단어가 나온다. '시온'(15회)과 '예루살렘'(7회)은 유대 백성이나 그 성읍을 지칭하는 동의어로 사용되었다. 시온이나 예루살렘은 빈번하게 '~의 딸'이라는 말과 연결되어 유대 백성을 가리킨다. '황폐함'(desolate, 7회)은 상실의 슬픔을 강조하고 '소망'(5회)은 언약의 하나님이 자기 백성에게 주신 긍정적 기대를 강조한다.

배경. 주전 588년에서 586년까지 바벨론 왕 느부갓네살의 군대가 예루살렘을 공격했다. 오랜 공격은 성벽이 뚫리고, 성전이 불타고, 유대 사람이 사로잡혀 감으로써(예레미야서에 상세히 기록된 사건) 주전 586년 7월에 갑자기 끝났다. 애가는 예레미야서의 애절한 후기이다. 다섯 개의 장례식 만가 혹은 애가에서 선지자 예레미야는 죄의 결과가 낳은 예루살렘의 운명을 슬퍼했다(1:8). 애가는 슬픔을 넘어서서, 예루살렘 함락에 대한 신학적 설명을 제시하고, 주님의 신실하심 속에서 교훈과 소망을 준다.

애가의 장르는 시이다. 아래 문단에서 설명했듯이, 각 장은 아크로스틱[acrostic,이합체(離合體)] 시 형식으로 쓰인(참고. 시 119편) 장엄한 비가나 애가, 애도가이다. 애가에서 아크로스틱 시의 목적은 아마도 이중적일 것이다. 먼저, 내용을 쉽게 기억하기 위함이고, 둘째, 죄의 결과의 범위(하나부터 열까지)를 강조하기 위함이다.

애가의 구조는 세 가지 특징이 있다. 첫째, 이 책은 다섯 개의 연속 애가, 마치 누군가 방금 전 죽은 것처럼 낭송되는 장례시나 만가로 쓰였다(참고. 삼하 1:17-27). 둘째, 각 장은 아크로스틱 시, 즉 각 행이나 절의 첫 단어를 차례로 배열할 때 히브리 알파벳 22자의 순서를 따르는 형식이다. 셋째, 이 책은 뚜렷한 구조적 균형을 갖추고 있다. 1장과 5장은 백성에게 초점을 둔 병행문이고, 2장과 4장은 주님께 초점을 둔 병행문이다. 3장은 이 책의 중심축으로, 주님을 향한 소망에 초점을 맞추고 고난의 한복판에서 그분의 자비를 선언한다.

개 요

Ⅰ. 첫 번째 애가: 자신의 죄로 인한 예루살렘의 황폐화(1:1-22)
- A. 황폐해진 예루살렘에 대한 예레미야의 애가(1:1-11)
- B. 자비를 구하는 예루살렘의 간청(1:12-19)
- C. 주님께 드린 예루살렘의 기도(1:20-22)

Ⅱ. 두 번째 애가: 예루살렘의 죄에 대한 주님의 징벌(2:1-22)
- A. 예루살렘의 죄에 대한 주님의 진노(2:1-10)

B. 예루살렘의 죄에 대한 예레미야의 슬픔(2:11-19)
C. 주님의 자비를 구하는 예루살렘의 간청(2:20-22)
Ⅲ. 세 번째 애가: 황폐해진 예루살렘에게 주는 예레미야의 대답(3:1-66)
A. 주님이 주신 예레미야의 고초(3:1-18)
B. 주님을 향한 예레미야의 소망(3:19-40)
C. 예레미야의 기도(3:41-66)
Ⅳ. 네 번째 애가: 예루살렘에 쏟아진 주님의 진노(4:1-22)
A. 공격 전의 시온과 공격 후의 시온(4:1-11)
B. 시온 공격의 원인(4:12-20)
C. 에돔에 대한 신원 요청(4:21-22)
Ⅴ. 다섯 번째 애가: 예루살렘의 남은 자의 응답(5:1-22)
A. 시온을 기억해달라는 남은 자의 기도(5:1-18)
B. 시온을 회복시켜달라는 남은 자의 기도(5:19-22)

주 석

Ⅰ. 첫 번째 애가: 자신의 죄로 인한 예루살렘의 황폐화(1:1-22)

첫 번째 애가는 이 책의 한 가지 주제를 확증한다. 곧 죄의 결과와 슬픔이다. 유대 백성은 하나님의 보살핌에서 등을 돌려 이방 동맹국과 생명 없는 우상을 따라갔다. 이제 시온은 '슬피' 울며, 애곡하고, 자신의 죄로 인해 '사로잡혀 갔'다. "그를 위로할 자가 없도다"(2, 9, 16-17, 21절). 이 애가에는 두 가지 관점이 나타난다. 먼저, 밖에서 안을 들여다보는 선지자의 관점이다(1-11절). 두 번째는 지나가는 사람에게 자비를 구하는, 의인화된 예루살렘의 관점이다(12-19절). 이 애가는 의인화된 예루살렘이 기도 중에 하나님께 돌아가면서 마무리된다(20-22절).

A. 황폐해진 예루살렘에 대한 예레미야의 애가(1:1-11)

예레미야의 첫마디, "이 성이 어찌 그리 적막하게 앉았는고"(히브리어 원문에서는 이 구절이 맨 처음에 나온다—옮긴이 주)는 시온의 함락에 대한 깊은 슬픔을 나타낸다. 예레미야가 번창하던 성읍의 파괴를 조망하면서 애가는 시작된다. 탄식의 표현 '슬프다'(1:1; 2:1; 4:1)는 흔히 슬픔이나 애도와 연관된 감탄사이다(참고. 사 1:21; 렘 48:17). 첫 문단(1:1-7)은 시온의 파괴 정도를 생생하게 서술하고, 두 번째 문단(8-11절)은 파괴의 원인을 설명한다.

1:1-2. 예루살렘은 최악의 대참사와 세 가지 중요한 변화를 겪었다(예레미야 서론의 '배경' 참고). 먼저, 예루살렘 인구가 유린당했다. **전에는 사람들이 많더니 이제는 어찌 그리 적막하게 앉았는고**. 둘째, 예루살렘의 경제적 상태가 파산되었다. 한때는 **열국 중에 크던 자**였던 성읍이 **과부**의 지위로 전락했다. 과부의 신분은 구약 전체에서 가난과 궁핍, 절망을 묘사하는 데 사용된다(참고. 출 22:22; 신 10:18; 24:19-21; 26:13; 27:19; 사 1:17). 셋째, 예루살렘의 사회적 지위가 노예 상태가 되었다. **공주**가 이제는 **강제 노동을 하는 자**가 되었다. 다른 열방을 통치했던 성읍이 바벨론에 노예로 끌려갔다.

예루살렘의 정서는 더없이 슬퍼서 **밤에는 슬피 우는** 상태였다. 예루살렘은 주님에게서 돌아섰고, **그에게 위로하는 자가 없**었다. 영적 간음(우상숭배)을 가리키는 용어인 **사랑하던 자들**과 정치적 동맹국을 뜻하는 **친구들이 원수**가 되었다.

1:3-4. **유다**는 바벨론으로 **사로잡혀 갔다**(예레미야 서론의 '배경' 참고). **시온의 도로들이 슬퍼**한다는 것은 남은 시민이 거의 없어 도로가 대부분 사용되지 않

음을 나타내고, **성문들이 적막**한 것은 성전이 파괴되어 정해진 절기에 예배가 불가능함을 나타낸다.

1:5. 시온의 예속과 '슬픔'이 그의 **머리가 되어** 이제 **형통**한 대적과 날카로운 대조를 이룬다. 이때 형통함은 '편안한' 혹은 '평안한'을 의미한다.

이 핵심 본문은 예루살렘의 슬픔과 유배의 원인을 설명한다. **그의 죄가 많으므로 여호와께서 그를 곤고하게 하셨음이라.** 예루살렘이 파괴되어 그의 **대적** 바벨론에게 **사로잡**힌 것은 이스라엘의 죄에 대한 주님의 심판이었다(참고. 8, 9, 14, 18, 20절).

1:6. 예루살렘과 그 백성을 의인화한 **딸 시온**은 애가와 예레미야, 선지서 전체에서(참고. 2:1; 4:22; 사 1:8; 렘 4:31; 미 4:8) 예루살렘을 가리키는 이름으로 사용된다. 애가 1:4-6은 성전이 파괴된 후 예루살렘이 종교적으로 황폐화됨으로써 하나님의 임재 및 그분과 백성의 친교를 상징했던 모든 제사와 절기가 황폐화되었음을 강조한다.

시온(4, 6절)이라는 단어는 원래 다윗 성이 세워진 산을 가리켰다(참고. 삼하 5:7; 왕상 8:1). 나중에 성전이 모리아산에 지어졌고(대하 3:1; 5:2), 모리아산은 시온산이 되었다(시 20:2; 48:2; 78:68-69). '시온'은 결국 다윗 성과 성전산 그리고 나중에 성읍이 확장된 서쪽 언덕을 포함하여 예루살렘 성읍 전체에 적용되었다(렘 51:35). 성전 자체든 혹은 성전이 자리 잡은 성읍이든, 시온은 하나님의 처소와 자주 관련되었다. '시온에 대한 기억'은 유대교 예전과 소망의 주요 특징이고(시 137:5), 현대의 시오니즘은 유대 백성의 역사적 민족 본거지로서 이스라엘과 예루살렘이 그들의 중심지임을 계속 강조한다.

1:7. 예루살렘이…기억하였다는 표현은 육체적 고통에 동반되는 정신적 고뇌를 가리킨다. 예루살렘은 **옛날의 모든 즐거움**을 기억했는데(참고. 11절), 11절의 보물은 아마 개인 재산이 아니라 성전의 보물을 가리킬 것이다. 바벨론은 성전의 값진 장식물을 전부 가져갔다. 예루살렘의 **대적**들은 그의 **멸망**[*mishbath*, 미쉬바트]을 보고 **비웃**었는데, '멸망'은 성경에서 여기에만 사용되었고, '전멸'로 옮기는 편이 더 낫다.

1:8-9. 대참사를 묘사한(1-7절) 예레미야는 이어서 그 원인을 설명했다(8-11절). 예루살렘 파괴는 무죄한 백성을 공격하는 비정한 하나님의 행동이 아니었다. **예루살렘이 크게 범죄**했던 탓에 파괴를 자초했다. 여기서 예루살렘은 **더러운** 여자로 의인화되었는데, 이는 어떤 사람을 성전 예배에 부적합하게 만드는 제의적 부정을 가리키는 용어이다(레 15:16-24). 이스라엘의 우상숭배는 영적 간음이었다. 주님은 이스라엘의 **벗었음**과 **그의 옷깃의 더러움**을 보셨는데, 이는 성적 부정을 가리키며, 현재 문맥에서는 영적 부정과 연관된다. 유다가 우상숭배로 돌아섰을 때, 그는 자신의 **나중을 생각하지** 않았고 자신의 행동의 결과를 고려하지도 않았다. 그 대신 유다는 **놀랍도록 낮아**졌는데, 이 놀라움은 주님이 보호해주실 것이라는 유다 민족의 가정에서 비롯된다.

1:10-11. 예루살렘은 죄로 인해 두 가지 결과를 거두었다. 먼저, 성전이 모독당했고, **성소**에 **들어오**는 것이 금지된 **이방인**들에게 **보물**(참고. 7절)을 빼앗겼다. 백성들은 성소의 하나님을 신뢰하지 못했다. 그 대신 그들은 부정하게도 자신들의 안전을 건물에 의존했다(참고. 렘 7:2-15; 26:2-11; 삼상 4:1-11). 둘째, 예루살렘은 죄 때문에 기근을 겪었다. 그들은 **양식을 구**했고, **보물**을 팔아서 **먹을 것**으로 **바꾸었다**(참고. 1:19; 2:20; 4:10).

B. 자비를 구하는 예루살렘의 간청(1:12-19)

이 애가의 초점은 이제 밖에서 안을 들여다보는 것에서 안에서 밖을 내다보는 것으로 바뀐다. 먼저, 예루살렘은 지나가는 사람들에게 자신의 황폐함을 보고 동정해달라고 요청한다(12-19절). 그런 다음에 무력한 마음으로 주님께 간구한다(20-22절).

1:12-15. 예루살렘이 묻는다. **지나가는 모든 사람들이여 너희에게는 관계가 없는가?** 예루살렘은 누군가 멈춰 서서 자신의 상태를 주목해주길 바랐다. 먼저, 예루살렘은 하나님이 자기를 엄격하게 심판하여 **괴롭게 하셨**다는 사실에 초점을 맞추었다(12-17절). 그 뒤에 예루살렘은 주님의 심판이 당연한 까닭을 설명했다. "내가 그의 명령을 거역하였도다"(18-19절).

예루살렘의 파괴는 우발적 사건이 아니라 하나님의 직접적인 심판의 결과였다. 따라서 예루살렘 파괴는 **여호와께서 괴롭게 하신 것**이었다(참고. 2:1-8: 4:11; 5:20). 하나님의 심판이 네 가지 은유로 묘사된다. 먼저, 하나님의 심판은 하나님이 예루살렘의 **골수**에 보내신 **불**과 같았는데(13a절), 이는 예루살렘의 후미진 구석까지 불사른 파괴적인 불을 가리키는 생생한 이미지이다. 둘째, 심판은 [그의] **발 앞에** 친 **그물**(13b절)과 같았는데, 이는 사냥꾼에게 사로잡히는 장면이다. 셋째, 하나님의 심판은 **내 목에** 올린 **멍에**와 같았다(14절). 멍에는 무거운 짐을 끌기 위해 견인용 동물 둘을 하나로 묶었다. 멍에의 무거운 횡목은 은유적으로 예속 상태 혹은 어떤 사람이 져야 할 짐이나 역경을 가리켰다(참고. 레 26:13; 사 9:4; 렘 27:1-11). 예루살렘의 **죄악**은 그를 포로 상태에 **묶어**버린 심판의 멍에를 낳았다. 넷째, 하나님의 심판은 포도를 밟는 것과 같았는데(1:15), 이는 하나님의 심판을 가리키는 일반적 은유이다(사 63:2-3; 욜 3:13; 계 19:15). **주께서** 예루살렘의 **청년들**과 더불어 **처녀 딸 유다를 술틀에 밟으셨다**. 다시 말해서 예루살렘 백성들은 그분의 심판을 견디지 못했다(참고. 2:2-5).

1:16-17. 예루살렘은 자신이 겪는 모든 일 때문에 **눈물을 물같이 흘렸**고, 예루살렘을 **위로**할 **자가 멀리** 떠났다. **시온이** 자비를 구하며 **두 손을 폈**지만, **그를 위로할 자가 없다**(참고. 9, 21절). 위로의 부재는 이 장의 주요 주제이다(참고. 2, 9, 16, 17, 21절). 예루살렘은 궁핍하여 멸시당했다. 심판의 근원에 강조점이 있다. **여호와께서 명령하셨**다. 백성들은 이스라엘을 가리키는 또 다른 이름 **야곱**으로 불린다. 이스라엘이 도움을 청했던 모든 이웃이 이제 그의 **대적**(참고. 2절)이 되었다. 예루살렘은 **불결**해졌는데(*niddah*, 니다), 이는 제의적 부정을 가리킨다(참고. 레 15:19-20; 겔 18:6). 다시 한 번 제의적 부정이 이스라엘의 우상숭배, 영적인 간음을 가리키는 은유로 사용된다(참고. 8절).

1:18-19. 시온은 선포한다. **여호와는 의로우시도다**. 주님의 심판은 정당한 징계이다. **내가 그의 명령을 거역하였**기 때문이다. 하나님은 도덕적 악의 창시자도 아니고, 타인에게 징벌을 가하며 즐거워하는 사디스트도 아니다(참고. 겔 33:11; 벧후 3:9). 도리어 하나님은 공정한 재판관이시고(그분은 **의로우시도다**), 죄가 계속 마음대로 활동하도록 허용하지 않으실 것이다. 죄는 그 일시적인 쾌락을 즐기는 사람에게서 끔찍한 대가를 받아내어 엄청난 고통에 이르게 한다. 그래서 예루살렘이 외친다. **내 고통을 볼지어다**. 예루살렘은 반역의 대가를 치르고 있었다. 곧 **사랑하는 자들**의 배신과 아사(餓死), **사로잡**힘이다(참고. 1:3). 유다의 죄 고백은 의로우신 하나님이 징계의 일환으로 불의한 백성을 심판하셨음을 인정한다.

C. 주님께 드린 예루살렘의 기도(1:20-22)

이 첫 번째 애가는 예루살렘의 초점이 바뀌며 마무리된다. 예루살렘은 지나가는 사람에게 자비를 구했지만(12-19절) 하나도 얻지 못했다. 이제 예루살렘의 외침은 주님께 향한다.

1:20-22. 예루살렘은 **여호와여 보시옵소서**라고 부른 뒤에 자신의 **환난**을 묘사한다. 느부갓네살의 군대가 예루살렘을 공격하는 동안, 거기서 벗어나려고 애썼던 이들은 **칼**에 죽었다. 하지만 예루살렘 안에(**집 안에**) 남았던 사람들에게 느부갓네살의 공격은 **죽음**과 **같아**서 그들은 굶주림과 전염병으로 죽었다.

예루살렘은 하나님께 바벨론의 **악**을 보고 이 대적을 심판해달라고, **주께서 선포하신 날**이 이르게 해달라고 요청한다. 그날은 선지자들이 예루살렘의 대적을 향해 예고했던 '여호와의 날'이었다(사 13:6; 겔 30:3; 욜 1:15). 이날에는 하나님의 심판이 온 땅에 미쳐 불의에 보복하고 약속된 의의 시대를 가져온다.

예루살렘은 하나님이 자신의 죄를 심판하셨듯이 대적의 죄를 심판해주시기를 원했다. **내게 행하신 것같이 그들에게 행하옵소서**(4:21-22). 이 일이 그 당시에는 일어나지 않았지만, 하나님은 미래의 환난기에 모든 열방을 심판하겠다고 말씀하셨다(참고. 사 62:8-63:6; 겔 38-39장; 욜 3:1-3, 9-21; 옵 1:15-21; 미 7:8-13; 슥 14:1-9; 마 25:31-46; 계 16:12-16; 19:19-21).

Ⅱ. 두 번째 애가: 예루살렘의 죄에 대한 주님의 징벌 (2:1-22)

시의 초점이 의인화된 예루살렘 성읍에서 예루살렘에 가하실 하나님의 징벌로 이동한다. 먼저, 주님의 진노를 묘사하고(1-10절), 사랑하는 성읍의 파괴에 이어 우는 예레미야의 슬픔과 백성을 향한 회개 요청(11-19절), 마지막으로 백성들의 응답과 자비를 구하는 예레미야의 기도가 나온다(20-22절).

A. 예루살렘의 죄에 대한 주님의 진노(2:1-10)

두 번째 애가는 예루살렘에 임한 재난의 진짜 원인에 초점을 맞추며 시작한다. 하나님은 의로운 심판으로 예루살렘을 파괴하신 장본인이셨다. 본문에서는 주님을 예루살렘의 해체를 직접 지휘하는 분으로 묘사한다. '그분'(He)과 '그분의(His)'를 25회 이상 사용하여 주님의 참여를 나타낸다. '완전히 에워싸다'라는 뜻의 동사 '삼키다'(*bala*, 바라)를 4회 사용하여[2, 5(2회), 8절] 예루살렘을 에워싸는 하나님의 심판의 불을 그린다. 다른 생생한 표현도 있다. '하늘에서 던지다'(1절), '허물다'(2절), '자르다'(3절), '불사르다'(3절), '무너뜨리다'[5, 6(개역개정에서는 '폐하다'—옮긴이 주), 8절], '헐어버리다'(6절), '미워하다'(7절), '부수고 파괴하다'(9절). 이런 표현은 예루살렘의 대혼란과 재난을 묘사하지만, 돌무더기의 책임이 주님께 있음을 인정한다.

2:1–5. 하나님의 **진노**[1(2회), 3절; 참고. 1:12; 2:6, 21–22; 3:43, 66; 4:11]와 **노**(2:4; 3:1; 4:11)가 **딸 유다**(2절)의 요새를 직접 공격했다. **딸 유다**는 병행 어구 **딸 시온**(1:6; 2:1, 4, 8, 10, 13, 18; 4:22) 및 딸 예루살렘(13, 15절)과 마찬가지로, 구체적으로 예루살렘 백성과 성읍을 가리킨다(1:15; 2:5). 이 표현은 물리적 거주지, 즉 **거처**(2:2)와 **궁궐/궁전**(5, 7절), **견고한 성**(2, 5절)을 가리켰다. 여기에는 또한 지도자, 즉 **나라**와 **지도자들**(2절)이 포함되었다. 이로써 하나님은 **야곱의 모든 거처**를 무너뜨리셨다(2절). 시드기야 왕과 왕실은 지도자의 위치에서 내쫓겼다. **이스라엘의 모든 뿔을 자른다**(3절)는 표현은 아마 몰락에 이른 왕실, 다윗 왕조를 가리켰을 것이다. '뿔'은 권력과 긍지를 나타내는 일반적 은유였다(참고. 시 75:10; 132:17; 렘 48:25). 이로써 하나님은 백성들이 인도와 지도력을 기대했던 모든 사람을 제거하셨다.

그의 오른손(4절)은 신적인 능력의 상징이다(참고. 출 15:6, 12). 주님이 파괴하시는 강도는 **불**과 같았고(3–4절) **원수**나 **대적**과 같아서(4–5절) 유대 백성에게 **근심**과 **애통**(5절)을 가져왔다.

2:6–7. 하나님의 진노는 특히 성전을 겨냥했다. 하나님은 자신의 **초막**을 **헐어버리셨다**. **초막**은 성전이고(참고. 시 27:4–5), 하나님이 지정하신 회막(개역개정에서는 **그의 절기**로 번역—옮긴이 주)이다(출 25:22; 시 74:4). 농부가 그늘을 위해 지은 임시 **동산**을 허물듯이 하나님은 예루살렘을 심판하심으로써 성전을 거칠게 파괴하셨다. 성전이 없으면 **시온**의 종교 의식(**절기와 안식일**, 참고. 출 3:15)은 잊혀질 것이다(6절). **여호와께서 자기 제단을 버리시고, 자기 성소를 미워하셨기** 때문이다(7절). 주님은 성읍 전체(**궁전의 성벽들**)를 **원수의 손에 넘기셨다**. **여호와의 전**에서 나는 **떠드는 소리**는 즐거운 성전 예배 소리가 아니라 대적이 내는 승리의 함성이었다(7절).

2:8–9. 주님은 파괴를 **결심하고**('계산하고') **거두지 않으셨다**. 예루살렘의 파괴는 건축가의 정확한 **측량줄**로 계산되었다. 예루살렘은 **무너졌고**, **성벽**과 **성곽**에서부터 **성문**까지 **통곡**이 있었다. 예루살렘 주위의 물리적 보호벽이 파괴되었듯이, 예루살렘의 지도자도 유린당했다. **왕과 지도자들**(참고. 2절)은 **이방인들 가운데** 유배되었다. 성전 파괴는 제사장이 전혀 필요 없고(6절), 더 이상 **율법**이 **없다**는 뜻이었다. 율법은 사라지지 않았지만, 제사를 바치는 성전 없이 율법은 더 이상 지켜질 수 없었다. **선지자들**은 사기꾼에 의해 심히 부패하여(참고. 렘 23:9–32; 28장; 겔 13장) **여호와의 묵시**를 받거나 소통하지 못했다(2:14). 이로써 하나님께 백성을 인도할 책임을 맡은 모든 무리(왕, 제사장, 선지자)가 예루살렘 함락의 영향을 받았다.

2:10. 백성들은 지도자의 상실을 애도했는데, **장로**들과 더불어 **처녀**들, 즉 모든 사람(청년과 노인, 그 중간 세대 전부)이 비탄에 잠겼다. 슬픔과 고뇌 가운데 그들은 **땅에** 앉아 **잠잠하고**, **티끌을 머리에** 쓰고, **굵은 베**를 두르고, 머리를 **땅에 숙였다**(참고. 창 37:34; 욥 2:12–13; 느 9:1). 이런 행동은 사랑하는 사람을 잃었을 때 하는 유대인의 전형적인 애도 관습이었다.

B. 예루살렘의 죄에 대한 예레미야의 슬픔(2:11–19)

'눈물의 선지자'로 알려진 예레미야는 '파괴'의 목격자로서 고뇌하며 울었다. 여기서 그가 흘린 눈물의 원인이 다섯 가지 그림으로 요약된다.

2:11–12. 첫 번째 그림은 공격 중에 예루살렘을 유린했던 기아, 특히 아이들의 고통을 강조했다. 예레미야는 너무 울어서 **눈이 눈물에 상**했는데, 이는 장기간의 정서적 괴로움을 보여주는 그림이다. 예레미야의 **창자가 끊어**졌고, 그의 눈은 눈물로 멀었다(참고. 3:48–49). 그의 **간**은 **땅에 쏟아졌**는데, 이는 그가 정서적으

로 완전히 탈진했음을 뜻한다. **길거리**에서 기절하여 굶주리는 **어린 자녀와 젖 먹는 아이**들을 묘사할 때, 그의 마음은 무너졌다(참고. 19절). 아이들의 생명이 **어머니들의 품에서** 빠져나갈 때, 그들은 음식을 요구했다. 자녀를 사랑하는 부모도 생필품조차 줄 수 없었다.

2:13. 두 번째는 슬퍼하는 친구를 위로하려고 필사적으로 애쓰는 한 남자의 그림이었다. 예루살렘의 절망적 상황은 예레미야로 하여금 예루살렘에게 직접 말하도록 했다. **내가 무엇으로 네게 증거**할까? 애석하게도 예루살렘의 **파괴**와 상처가 너무 심하고 **바다같이** 커서, **처녀 딸 시온**을 **고치**기 위해 할 수 있는 일이 아무것도 없었다. 우리의 치료자이신 주님(출 15:26)만이 예루살렘을 회복하실 수 있었다.

2:14. 세 번째는 예루살렘의 몰락을 막지 못하고 재촉했던 거짓 **선지자들**의 그림이었다. **헛되고 어리석은** 그들의 메시지는 **죄악**을 **드러내**거나 꾸짖지 못했다. 하나님은 죄가 유배를 가져올 것이라고 예루살렘에게 경고하셨다. 선지자는 이 임박한 재앙을 선언하고 백성들이 회개하도록 권고해야 했지만, 도리어 그들은 평화와 번영을 예언했다. 예레미야와 에스겔은 신실한 메시지 때문에 박해받은 하나님의 참 선지자였다(참고. 렘 28:1-4, 10-11; 29:29-32). 예루살렘은 참 선지자의 경고를 무시하고, **사로잡힌** 자기들을 구원해줄 수 없는 거짓 선지자의 **거짓**되고 **미혹하**는 거짓말에 귀 기울이기로 선택했다.

2:15-17. 네 번째 그림은 승리한 대적이 완패당한 백성을 조롱하는 장면을 묘사했다. 한때 **온전한 영광**이요 **모든 세상 사람들의 기쁨**(시 50:2; 48:2)으로 알려졌던 **예루살렘**이 이제 멸시와 조롱의 대상이 되었다. 하나님은 예루살렘의 **원수가** 승리를 **즐거워하게** 하셨다(참고. 3:46).

예루살렘은 대적의 자랑을 믿지 말고 하나님이 주관하셨음을 기억해야 한다. 예루살렘의 대적이 스스로 승리를 거둔 것이 아니다. **여호와께서** 그 성읍에 **이미 정하신 일을 행하**셨다. 예루살렘의 대적이 승리를 거두고 예루살렘에 대해 **즐거워**할 수 있었던 것은 오직 하나님이 그들의 **뿔**을 **높이**시고 그들에게 승리를 주셨기 때문이다. 하나님은 **말씀을 다 이루셨**고(참고. 신 28:64-68; 레 24:14-17; 왕하 24:1-5), 유대 백성의 죄 때문에 그들을 **긍휼히 여기지** 않고(참고. 2:2, 21; 3:43) **무너뜨리셨**다(전복시키셨다).

2:18-19. 다섯 번째는 백성의 남은 자, 곧 **딸 시온**이 **밤낮으로 눈물을 강처럼 흘리며 주를 향하여** 부르짖는 그림이다. **네 마음을 물 쏟듯** 하는 것은 가장 깊고 진실한 기도를 가리키는 표현이다. 백성들은 가장 내밀한 생각과 감정을 하나님께 기도로 풀어놓아야 했다(참고. 시 42:4; 62:8; 142:2).

남은 자에게 하는 예레미야의 권고와 예레미야 자신의 반응 사이에 유사점이 있다(참고. 2:11). 두 경우 모두 (1) 그들은 울면서 괴로워했고, (2) 자신의 감정을 하나님께 기도로 쏟아냈으며, (3) 그들의 슬픔은 자녀들이 굶주리는 애달픈 장면에 초점이 맞춰져 있었다. 예레미야는 개인적 슬픔의 표현을 끝마치면서, 재난(12-19절)에 자기처럼 반응하라고 예루살렘에게 요청했다. 저녁에 **일어나** 크게 부르짖으라. **네 마음을 쏟아** 놓으라. **주를 향하여 손을** 들라.

C. 주님의 자비를 구하는 예루살렘의 간청(2:20-22)

2:20a-b. 애가는 이제 주님께 직접 말하는 기도로 변한다. 고통과 공포로 부르짖으며, 예루살렘은 자신의 재난을 **보시**고 깊이 생각해달라고 하나님께 요청했다. 공격을 당하는 중에는 어디에나 굶주린 사람이 있었고, 이들은 자기의 목숨을 보전하기 위해 끔찍한 일을 저질렀다. 어떤 **여인**들은 **자기 열매**, 곧 자기가 보살피던 아이를 먹었다. 모세가 이스라엘을 향해, 하나님의 법에 불순종하면 어떤 결과를 낳는지 경고했을 때, 그는 이와 같이 두려운 일을 예고했다(참고. 레 26:27-29; 신 28:53-57). 이 부끄러운 관행은 가장 절박한 시기에만 표면화되었다(참고. 왕하 6:24-31).

2:20c-21b. 바벨론 군대가 정복하러 난입했을 때 **제사장들과 선지자들이** 성전 **성소** 안에서 **죽임을 당**했다. 어느 누구도 살아남지 못했다. 노인과 아이, **늙은이와 젊은이**의 시신이 묻히지 못한 채 **처녀**들, 결혼하지 않은 소녀 및 **청년**들과 함께 **길바닥에** 쓰러져 있었다. 바벨론이 마침내 예루살렘의 방어벽을 돌파했을 때, 바벨론의 병사들은 격노했다. 예루살렘이 그들을 30개월간 궁지에 빠뜨렸기 때문이다. 그들은 나이와 성별을 구분하지 않았다. 피에 굶주린 바벨론은 무수한 사람을 살해했다.

2:21c-22. 궁극적인 심판이 재차 상기된다(17절). 주님이 바벨론의 손으로 징벌의 칼을 휘두르셨다. 바벨론이 승리한 것은 **주의 진노의 날**에 주님이 승리하게 해주셨기 때문이다. 만약 이스라엘이 불순종하면 그렇게 하겠다고 이스라엘에게 경고하셨던(레 26:14-39; 신 28:15-68) 하나님은 이제 자신의 말을 신실하게 수행하셨다. 주님이 사랑한 이들, 그분이 **낳아 기르는** 이들을 **원수가 다 멸**했다.

Ⅲ. 세 번째 애가: 황폐해진 예루살렘에게 주는 예레미야의 대답(3:1-66)

세 번째 애가는 예레미야가 쓴 이 짧은 책의 중심이다. 이 책의 다른 장은 이 장의 내용이 분명하게 드러나도록 돕는다. 1-2장과 4-5장에서 죄와 고난의 검정색 벨벳은 3장에서 하나님의 충실한 사랑의 찬란한 빛을 드러내는 적절한 배경 역할을 한다.

3장은 이전의 두 장과 현저히 다르다. 이 장은 22절이 아닌 66절이다. 히브리어 문자 하나에 한 절이 아니고 히브리어 문자마다 세 절이기 때문이다. 이 장은 또한 1장과 2장, 4장을 호위하는 친숙한 표현 '슬프다' 없이 시작된다(1:1; 2:1; 4:1). 그 대신 예레미야는 1인칭 서술을 사용하여 자신이 겪은 고난에 대한 반응을 서술한다. 그는 예루살렘이 함락될 때 이스라엘이 감내했던 숱한 괴로움의 대표자로서의 경험을 사용한다.

이 장은 세 단락으로 나뉜다. 먼저, 이 장은 예루살렘 함락 기간에 예레미야가 겪은 고초를 묘사한다(1-18절). 둘째, 이 장은 하나님의 길에 대한 예레미야의 지식을 보여준다. 그 지식은 고초 한복판에서 하나님에 대한 소망을 낳았다(19-40절). 마지막으로, 이 장에는 하나님께 구원과 회복, 신원을 구하는 예레미야의 기도가 포함된다(41-66절).

A. 주님이 주신 예레미야의 고초(3:1-18)

3:1-9. 예레미야는 유다의 대표자이다. **고난당한 자는 나로다.** 그 뒤에 예레미야는 고초의 원인을 **여호와의 분노의 매**라고 규정한다(1절; 참고. 2:2, 4; 4:11). 하나님은 그를 **이끌어** 빛 대신 **어둠 안에서 걸어가게 하셨다.** 주님은 **종일토록 손을 들어 자주자주** 그를 **치셨다**(3절, 참고. 삼상 5:6; 욥 19:21). 육체적 고난과 내면의 **고통**이 서로 상응했다(3:5, 15). 예레미야는 출구를 볼 수 없었고, 하나님이 자기의 **기도를 물리치시며** 탈출로를 **막으셨다**고 탄식했다(3:8, 9). 예레미야의 몸과 영이 무너졌다.

3:10-18. 예레미야는 하나님의 진노의 막대기 아래로 들어가는 힘겨운 상황(1절)을 매복 공격으로 설명했다(참고. 렘 11장과 26장). 그는 이것을 **엎드려 기다리는 곰이나 은밀한 곳에 있는 사자**의 먹잇감이 되어 몸이 **찢기**는 것으로 묘사했다(3:10, 11). 이스라엘 백성의 대표자 예레미야는 주님이 내리신 징벌의 **화살**이 향하는 **과녁**이었다(12-13절). 그는 자기 **백성**에게서 전혀 위로받지 못했고, 오히려 **조롱거리**가 되었으며, 그들의 **노랫거리**가 되는 것을 견디었다(14절; 렘 20:7).

예레미야는 예루살렘이 **쑥**, 역경을 상징하는 쓴 나물을 먹고, 또 독이 든 물을 마실 것이라고 예언했다(참고. 렘 23:15). 여기서 예레미야는 **쓴 것으로 배부르고 쑥으로 취**했고(3:15), **평강**이나 **복**, **힘**, **소망**이 없었다(17-18절).

B. 주님을 향한 예레미야의 소망(3:19-40)

3:19-24. 예레미야의 상태는 유다의 상태와 병행했다. 그의 외적인 **고초**(19a절; 참고. 1-4절)와 내적인 **담즙**(19b절; 참고. 5, 13, 15절)이 그를 절망으로 내몰았다. 그는 **낙심**했다(20절). 그렇지만 하나님의 충실한 언약적 사랑과 자기 백성을 향한 깊은 긍휼을 회상함으로써(**내 마음이 그것을 기억하고**) 그의 소망은 유지되었다. 22절은 사본상의 이독(異讀)에 근거해 두 가지 해석이 가능하다. 마소라 본문은 '완전하다'(*tamam*, 타맘)를 가리키는 히브리어 동사의 1인칭 복수형을 사용하여 "주님의 신실하신 사랑 덕분에 우리는 멸망하지 않습니다"(HCSB 그리고 KJV, NKJV, NIV도 유사하다)라는 번역을 낳는다. 그렇지만 많은 고대 본문(70인역, 시리아역, 아람어역)은 동일한 히브리어 동사의 3인칭 복수형의 다른 읽기를 제시하여, "주님의 한결같은 사랑은 결코 멈추지 않습니다"(NASB 그리고 ESV, RSV, NET도 유사하다)라는 번역을 낳는다. 이처럼 강력한 외적 증거와 뒤이어 나오는 동의적 병행 진술 '주님의 긍휼은 끝이 없다'의 내적 증거 때문에 이 이독이 선호된다.

주님은 유다의 죄로 인해 유다를 징벌하시지만, 언

약 백성인 유다를 버리지 않으셨다. **인자**란 '헤세드'(*chesed*)인데, 이 단어는 언약 관계를 맺은 사람들에게 '충실한 사랑'을 베푸시는 하나님의 특별한 성품을 묘사한다(신 7:9, 12). 나아가 하나님의 '충실한 사랑'은 종종 그분의 용서 및 자비와 연결된다(출 34:6-7; 시 103:4). 주님의 심판이 비통한 상황을 낳았지만, 하나님은 자신이 택한 백성을 결코 버리지 않으실 것이다. 하나님이 아브라함과 맺으셨고(창 12:3), 이삭과 야곱에게 확증하셨던(창 26:1-5; 28:4) 언약은 파기될 수 없는 무조건적인 속성을 가지고 있다(렘 31:35-37). 이스라엘과 맺은 시내산 언약(신 28장)은 폐기되지 않았다. 사실, 시내산 언약의 결과(저주)를 시행하시는 그분의 신실하심에서 하나님의 충실한 사랑을 볼 수 있다. 하나님은 불순종에 대한 심판을 약속하셨지만, 동시에 백성 중에 남은 자를 보존하셨다. 이 예루살렘 심판은 그 자체로 하나님의 신실하심을 입증했고, 하나님이 자기 백성을 버리지 않으셨다는 증거가 되었다. 결코 꺾이지 않는 하나님의 **긍휼**[자기에게 속한 사람에게 갖는 하나님의 온유한 감정]도 여전히 분명했다.

유다가 하나님을 궁지로 몰아넣었다고 해서 하나님이 유다를 영원히 버리실 수 있었을까? 하나님이 충실한 사랑과 긍휼을 베푸시는 데 한계가 있었을까? 예레미야의 대답은 '아니다!'였다. 하나님의 **인자**는 **아침마다 새로**웠다(3:23). 하나님은 자신의 성품과 이스라엘과 맺은 언약을 지키는 신실하심에 근거하여, 언약 백성에게 날마다 충실한 사랑을 새롭게 공급하셨다. 그들을 향해 크신 사랑을 갖고 계셨기 때문에, 하나님은 그들의 죄에 대해 징계하실 때에도 성실하셨다. 그들이 죄를 지었지만 하나님은 그들을 버리거나 그들과의 관계를 끊지 않으셨고, 죄를 회개한 사람은 심판 중에도 하나님의 사랑을 경험했다. 예레미야와 신실한 남은 자가 심판의 때를 살았기 때문에, 하나님의 임재와 위로가 **아침마다 새로**웠다. 오늘날에도 주 예수님을 사랑하지만 힘겨운 시기를 거치고 있는 사람은 하나님을 신뢰하고, 시간을 들여 기도하고, 성경을 읽고, 또 주님을 사랑하며 섬기는 다른 성도들과 교제함으로써, 임재하여 돌보시는 하나님의 사랑과 신실하심을 날마다 경험할 수 있다. 광야의 만나와 비슷하게, 하나님의 신실하신 사랑은 고갈되지 않는다. 이 진리를 알기에 예레미야는 큰 소리로 찬양했다. **주의 성실하심이 크시도소이다**(23절). 이것 때문에 예레미야는 하나님이 행하셔서 회복과 복을 가져오실 때까지 **기다리**겠다고 결심했다. 예레미야는 하나님의 충실한 사랑이 무한히 공급된다는 것을 깨달았기 때문에, 자신의 환경에도 아랑곳하지 않고 하나님을 신뢰할 수 있었다.

3:25-40. 신명기 28장의 저주를 안겨주신 하나님은 또한 신명기 30장에 약속된 회복을 가져오실 것이다. 그사이 하나님의 백성은 고초를 당할 때 가져야 할 적절한 태도를 훈련해야 한다. 예레미야는 이스라엘이 겪는 고초의 본질에 대해 일곱 가지 원리를 적었다. (1) 우리는 하나님의 **구원**, 즉 궁극적 회복을 **소망**(29절)하며 고초를 인내로 견뎌야(**기다**려야, 25절) 한다(25-30절). (2) 고초는 **영원하**지 않으며 하나님의 **긍휼**과 사랑으로 누그러진다(31-32절). (3) 하나님은 고초를 기뻐하지 않으시고, **고생**은 하나님의 **본심이 아니다**. 다시 말해 하나님은 변덕스럽게 심판하지 않고, 심판할 때도 마지못해 하신다(33절). (4) 만약 불의 때문에 오는 고초라면, 하나님은 그것을 보고 승인하지 않으신다(33-36절). (5) 고초는 항상 하나님의 주권과 관련이 있다. 주님이 **명령**하지 않으시면 어떤 일도 일어날 수 없다(37-38절; 참고. 욥 2:10). (6) 고초는 궁극적으로 유다의 **죄**, 즉 모두가 범죄하여 하나님의 거룩한 기준에 미치지 못했기 때문에 이스라엘에게 닥쳤고, 불평할 근거가 전혀 없다(3:39; 사 59:2; 64:6). (7) 고초는 백성들에게 **여호와께로 돌아가**라고 촉구하는 더 큰 선을 이룬다(3:40).

예레미야는 자신(과 이스라엘)의 고초가 하나님의 성품, 또 하나님이 이스라엘과 맺은 언약과 관련되어 있음을 기억함으로써 고초에 대해 올바른 관점을 유지할 수 있었다. 유다의 고초는 무력한 사람에게 즐거이 고통을 가하시는 변덕쟁이 하나님의 잔혹한 행위가 아니다. 도리어 고초는 자신의 언약에 신실하신 긍휼 많고 공정한 하나님에게서 왔다. 다른 사람에게 고통을 가하는 것을 즐거워하지 않으시는 하나님은, 고초를 유다가 자기에게 돌아오게 하는 임시 수단으로 정하셨다. 그래서 예레미야는 백성들에게 이렇게 권고하며 이 단락을 끝마쳤다. **우리가 스스로 우리의 행위들을 조사하고 여호와께로 돌아가자**(40절).

C. 예레미야의 기도(3:41-66)

3:41-47. 이 기도, **우리의 마음과 손을 아울러 하늘에 계신 하나님께 들자**(41절)는 '여호와께로 돌아가자'(40절)는 권고에서 흘러나온다. 이 단락은 복수(**우리, 우리를, 우리의**)로 기록되어, 예레미야가 자신을 백성들과 동일시했음을 보여준다. 하나님이 예레미야를 구원하고 그의 대적을 심판하셨듯이, 유다가 하나님께 간구하면 하나님은 유다를 구원하고 그의 대적을 심판하실 것이다. 유다는 자신이 파샤(*pasha*) 곧 **범죄**했고(선을 넘다, 정당한 권위에서 도망하다, 변절하다), 마라(*marah*) 곧 **반역**했다(악한 행동을 부추기다, 이 단어는 종종 광야 방황기의 이스라엘에 사용된다)고 고백함으로써 주님께 돌아와야 했다(42절).

온갖 고난에는 예루살렘 거민이 죽는 것(43절), **기도가 응답되지 않는 것**(44절), **뭇 나라** 가운데 **폐물**이나 쓰레기로 여겨지는 것(45절), 조롱당하고 공포를 느끼는 것(46-47절), **파멸**과 **멸망**을 경험하는 것(47절)이 포함된다. 이 모든 것은 하나님께 대한 유다의 불순종에서 비롯되었다. 유다가 자신이 지은 죄의 무서운 결과를 깨달을 때, 마침내 자신의 죄를 인정할 것이다.

3:48-51. 여기서 예레미야는 복수('우리')에서 단수('나의')로 돌연 변경했다. 이는 백성의 고백(41-47절)에서 자신의 본보기(52-66절)로 전환됨을 나타낸다.

백성들이 자신의 죄를 고백하고 하나님의 응답을 기다리는 동안, 예레미야는 계속 울었고(참고. 2:11), **여호와께서 하늘에서 살피시고 돌아보실 때까지**(50절) 기도할 것이다. 하나님은 이스라엘이 유배 중에 자기에게 간구하면 회복시키겠다고 약속하셨다(신 30:2-3). 그래서 예레미야는 그 사건이 실제로 일어날 때까지 하나님이 자기 백성을 회복시켜주시도록 계속 요청하겠다고 서약했다. 이것은 하나님의 백성이 계속해서 기도하고 낙심하지 말아야 한다는 훌륭한 본보기이다.

3:52-55. 유다 말기에 예레미야의 사역은 많은 **원수들**을 만들었다(52절). 고향 사람들이 예레미야를 죽일 음모를 꾸몄고(렘 11:18-23), 성전 지도자는 그의 죽음을 요구했다(렘 26:7-9). 예레미야는 반역자로 몰려서 매를 맞고 감옥에 던져졌으며(렘 37:11-16), 나중에 느부갓네살의 공격이 끝날 무렵에는 굶어 죽도록 진흙 물웅덩이(**구덩이**)에 버려졌다(렘 38:1-6).

3:56-58. 구덩이에서 외친 예레미야의 **부르짖음**은 응답되었다. **내가 주께 아뢴 날에 주께서 내게 가까이…하셨나이다**. 하나님은 진흙 물웅덩이 안의 피할 수 없는 죽음에서 그를 구원하셨다(렘 38:7-13). 따라서 예레미야는 유다에게 하나님의 충실한 사랑과 신실하심을 생생하게 보여주는 본보기였다(3:22-23). 예레미야가 하나님께 도움을 요청하자 하나님은 건져(**속량해**)주셨다.

3:59-66. 예레미야는 자기를 신원해달라고 하나님께 요청했다(**나를 위하여 원통함을 풀어주옵소서**). 이 요청은 느부갓네살이 예루살렘에 진입했을 때 역사적으로 실현되었다. 예레미야가 전한 주님의 메시지를 거부하고 그를 박해했던 지도자가 바벨론의 손에 처벌을 받았다(렘 39:4-7; 52:7-11, 24-27). 예루살렘과의 유사성은 명백했다. 예루살렘도 대적에게 박해를 받았다(3:46-47). 하지만 예루살렘이 하나님께 돌아간다면, 하나님이 대적 앞에서 그를 신원해주시리라고 확신할 수 있었다. 주님은 **그들에게 보응하고 하늘 아래서** 그들을 **멸하**겠다고 약속하셨다.

Ⅳ. 네 번째 애가: 예루살렘에 쏟아진 주님의 진노(4:1-22)

4장은 2장에서 다룬 심판과 병행한다. 심판 가운데 있는 한 개인(예레미야)의 대답을 묘사한(3장) 예레미야는 예루살렘의 재난 장면으로 돌아왔다. 그는 포위공격 전과 후의 예루살렘 상황을 대조했고(4:1-11), 공격의 원인을 설명했으며(4:12-20), 시온의 신원을 요청했다(4:21-22).

A. 공격 전의 시온과 공격 후의 시온(4:1-11)

4:1-2. 서두의 감탄사 **슬프다**(참고. 1:1; 2:1)는 시온의 비극적 상황을 가리킨다. **시온, 즉 그 보배로운 아들들**, 거주민이 **순금**과 **성소의 돌**에 비교된 예루살렘은 이제 **변질**되었다. 그들은 광채(사회적 지위와 영향력)를 잃었고 **거리 어귀마다** 흩어졌다. 유대 백성은 이제 **질항아리같이 여겨**졌다. 진흙은 이스라엘 도자기에 사용된 일반 재료였다. 이 **질항아리**는 수량이 많고 저렴했다. 하나가 깨지면, 깨진 것은 버리고 새로운 항아리로 대신했다. 마찬가지로 예루살렘의 백성, 곧 하나님의 보배로운 백성도 무용지물이 된 것 같았다.

4:3-4. 공격받던 예루살렘의 절박한 어머니가 혐오스러운 동물에 비교되고 대조되었다. 먼저, **들개**는 황폐하게 파괴된 지역과 관련된다(참고. 사 35:7; 렘 9:11; 10:22; 49:33; 51:37; 말 1:3). 들개조차 **새끼를 먹**였지만, 예루살렘 백성은 자녀를 먹일 수 없을 만큼 약해서 그 자녀가 굶주렸다는 사실이 강하게 대비되었다. **젖먹이**의 **혀가 입천장에 붙**을 정도였다. 둘째, **타조**는 자기 자녀를 방치하고 알을 모래에 버린다는 속담이 있다(참고. 욥 39:14-18). 마찬가지로 예레미야는 예루살렘이 공격을 받은 결과로, 그곳에 살고 있던 **딸 내 백성**이 **타조**처럼 **잔인**해졌다고 탄식한다. **어린아이들이 떡을 구**했지만, 그들을 돌보거나 떡을 **떼어 줄 사람이 없**었다(참고. 2:19).

4:5. 재산이 있어도 고통을 막을 수 없었다. 이전에 고급스럽고 **맛있는 음식**을 먹으며, 최고급 **붉은**[자주색 염료가 귀했고 만드는 데 많은 비용이 들었기 때문에 자주색은 왕실의 색이었다] 옷을 입던 사람이 이제 **외롭게 거리에** 있었다. 그들은 **거름더미**[아쉬포트(*ashpoth*), 쓰레기 더미나 재 구덩이 혹은 퇴비]를 **안았다**[카바크(*chabaq*), 호감과 애정을 암시하며 껴안다 혹은 감싸다]. 쓰레기를 탐낼 정도로 그들은 빈궁한 상황이었다. 그들은 고급 옷에 기름진 음식을 즐기는 대신, 음식물을 찾아 쓰레기 더미를 뒤졌고, 재를 상한 몸에 바르는 약으로 사용했을 것이다(참고. 욥 2:8).

4:6. 이 애가 단락은 예루살렘을 **소돔**과 비교하며 마무리된다. 예루살렘의 **죄**에 대한 징벌은 소돔보다 훨씬 가혹했다. 그 이유는 (1) 예루살렘의 징벌은 오랜 포위 공격 아래 있었던 반면에 소돔은 **순식간에 무너**졌고, (2) 예루살렘은 동맹국 애굽의 지원을 받았어도 파괴되었던 반면에 소돔은 지원이 전혀 없었기 때문이다(**사람의 손을 대지 아니하였는데도**).

4:7-9. 예레미야의 제2연(7-11절)은 제1연(1-6절)과 병행하지만, 여기서 효과적인 전달을 위해 예시가 크게 부각되면서 날카롭게 대비된다. '시온의 아들들'(2절)은 이제 **존귀한 자들**, 곧 개념상 따로 구별되어 주님께 바쳐진 사람으로 불린다. 예루살렘의 지도자는 모든 사람과 동일한 운명을 겪었다. 그들의 아름다움이 가장 빛나는 용어로 묘사된다[**깨끗하고 희며 붉어**(무두질한) **윤택**한, 참고. 아 5:10, 14]. 그들의 좋은 안색과 건강한 몸도 공격의 참화를 피하지 못했다. 이전의 묘사와 날카로운 대조를 이루어, 그들은 더럽고, 병약하고, 굶주림으로 수척해졌다(참고. 5:10). **숯보다 검고, 가죽이 뼈들에 붙어 막대기같이 말랐**다. 칼에 신속하게 죽는 편이 굶주려 천천히 고통받다 죽는 것보다 나을 것이다.

4:10-11. 어머니의 식인 행동은 포위 공격이 낳은 최악의 상황이다. 굶주림이 주는 극한의 고통(참고. 1:11, 19)으로 인해 결국 **자비로운 부녀들이** 자기 자식을 요리해서 먹고(**삶아 먹었도다**) 말았다(2:20에 대한 주석을 참고하라).

예레미야는 시온에게 내려진 징벌의 근원이 **여호와**이심을 재차 지적하며 제2연을 마무리했다(참고. 1:12-17; 2:1-8; 5:20). 예루살렘은 죄 때문에 하나님의 **분**(참고. 2:2, 4; 3:1)과 **맹렬한 진노**(참고. 1:12; 2:3, 6)를 경험하고 있었다. 하나님의 심판은 성읍 전체를 그 **터**까지 살라버린 **시온의 불**(참고. 2:3)과 같았다. 하나님의 백성은 죄를 가볍게 여길 수 없다.

B. 시온 공격의 원인(4:12-20)

4:12. 예루살렘은 언덕 위에 튼튼한 **성문**을 지닌 성곽 도시라서 난공불락의 강력한 요새와 같았다. 그동안 침략군이 예루살렘에 진입했던 적이 몇 차례 있었다(참고. 왕상 14:25-28; 왕하 14:13-14; 대하 21:16-17). 하지만 예루살렘의 방비가 재건되고 강화되었고(참고. 대하 32:2-5; 33:14), 히스기야의 터널 공사 때 성읍으로 들어오는 수로가 만들어졌다(참고. 대하 32:30). 그래서 예레미야의 시대에는 **세상의 모든 왕들**, 즉 이방 나라도 예루살렘을 난공불락이라고 여겼다. 하지만 하나님은 시온에 불을 놓아 그 기초까지 불사르셨다(2:3).

4:13-16. 예루살렘 함락의 첫 번째 원인은 **그의 선지자들의 죄들과 제사장들의 죄악**들 때문이었다. 영적 지도자가 타락했다. 의를 고취하고 하나님의 언약에 대한 신실함을 강조하는 대신, 이 사람들은 **의인들의 피를 흘렸**고, **그 피에 더러워졌**다. 죄에 더럽혀진 그들은 시체를 만져서 오염된 사람처럼 취급받았고, 그래서 **부정한** 자로 기피되었다(레 21:11). 그들은 언약 공동체 밖으로 쫓겨났고 **도망하여 방황**했다(참고. 레 13:45-46). 백성을 죄로 이끈 사람들에 대한 하나님의 심판은

하나님이 그들을 열방 중에 **흩으시**는 것이었다. 마소라 본문은 **그들이…높이지 아니하였으며…대접하지 아니하였음이로다**(4:16)라는 어구에 3인칭 복수 동사를 사용했다. 그러나 70인역과 대다수의 이독은 모두 3인칭 단수 동사를 사용한다. "그가…높이지 않았으며…그가 대접하지 않았다." 그들을 흩으신 주님이 악한 **제사장들**과 **장로들**을 **다시는 돌보지** 않으셨음을 보여준다는 점에서, 아마 이것이 올바른 읽기일 것이다. 마소라 본문에는 하나님이 제사장과 장로를 싫어하셨다는 인상을 피하고자 필경사가 의도적으로 변경한 부분이 반영되었을 것이다.

4:17-19. 예루살렘 함락의 두 번째 원인은 외국 동맹국의 무기력함이었다. 유대 지도자는 바벨론의 위협으로부터 보호받기 위해 하나님을 신뢰하는 대신 애굽으로 향했다. 그들은 **구원하지 못할 나라**에게 도움을 구했다. 예레미야와 에스겔은 모두 애굽의 보호를 신뢰하지 말라고 경고했다(렘 37:6-10; 겔 29:6-7). 애굽의 군사적 지원을 바라는 거짓 소망은 **종말이 이르렀을** 때 쓰라린 슬픔만 가져왔다. 바벨론 군대가 **우리의 걸음을 엿보았고 독수리들보다** 빨랐으며, **산이나 광야**로 피하려고 애썼던 자들은 쫓기고 추격당하다가 매복에 걸려 붙잡혔다(참고. 합 1:8).

4:20. 예루살렘 함락의 세 번째 원인은 유다 왕 시드기야의 실패였다. 그는 예레미야가 전한 주님의 메시지에 반대했고(렘 32:1-5), 거짓 선지자를 따랐다. 시드기야는 **여호와께서 기름 부으신 자**였다. 하나님이 주신 사명을 위해 이스라엘 왕이 구별되었음을 나타내고자 그 머리에 기름을 부었기 때문에, **기름 부음**(*mashiach*, 마시아흐)이라는 단어가 이스라엘 왕에게 사용되었다(참고. 삼상 10:1; 16:1; 왕상 1:39-45; 왕하 11:12). 예루살렘이 함락되었을 때 시드기야는 탈출을 시도했지만(렘 39:2-7), 그는 대적의 **함정**[덫]에 **빠졌**다. 시드기야의 자식들은 사로잡혀 그의 눈앞에서 살해되었고, 그는 눈이 먼 채 사슬에 묶여 바벨론으로 끌려갔다. 예루살렘은 시드기야 왕에게서 안전을 찾았지만(**우리가 그의 그늘 아래에서 이방인들 중에 살겠다**), 그는 예루살렘을 보호하기에는 역부족이었다.

C. 에돔에 대한 신원 요청(4:21-22)

4:21-22. 이스라엘과 맺은 하나님의 언약 때문에(신 28-30장) 백성들은 신원을 기대할 수 있었다. 4장의 마지막 두 절은 이스라엘과 그 대적 에돔을 대조하고, 시온의 대적에 대한 심판을 약속한다.

에돔은 이스라엘의 전형적인 대적이다. 에돔은 바벨론의 예루살렘 함락을 적극적으로 부추기는 역할을 맡았고, 예루살렘 함락을 보며 즐거워했던 것 같다(시 137:7). 그렇지만 그들에 대한 하나님의 심판(참고. 렘 49:7-22; 겔 25:12-14; 35장)이 이미 진행 중이었다(**잔이 네게도 이를지니**, 참고. 1:21-22). 잔을 마시는 것은 심판을 나타냈다(참고. 렘 25:15-28). 야곱에 대한 에돔의 범죄(신 23:7)는 예루살렘의 희생에서 이득을 얻은 모든 열방의 행위를 대표했다. 하나님은 그들의 행동에 주목하셨고, 정확히 하나님이 말씀하신 그대로(신 30:7), 열방의 죄로 인해 그들을 징벌하실 것이다. 하나님이 예레미야의 시대에 죄로 인해 예루살렘을 심판하셨듯이, 언젠가 하나님은 죄로 인해 에돔(더 나아가 모든 이방 나라)도 심판하실 것이다. 예루살렘은 회복을 내다볼 수 있지만, **에돔**은 심판만 기대할 수 있었다(참고. 옵 1:4, 15-18, 20-21).

V. 다섯 번째 애가: 예루살렘의 남은 자의 응답 (5:1-22)

예레미야의 마지막 애가는 두 가지 면에서 이전의 형식을 깨뜨린다. 먼저, 아크로스틱 시 형식이 사용되지 않는다. 둘째, 애가보다는 기도에 가깝다. 1장과 2장, 3장은 기도로 마무리되지만(1:20-22; 2:20-22; 3:55-66), 4장에는 기도가 전혀 들어 있지 않았다. 아마 5장이 4장의 마무리 기도와 더불어 애가 전체를 마무리하는 기도의 역할을 할 것이다. 남은 자, 이스라엘의 하나님께 신실했던 유대 백성은 이스라엘 땅과 백성을 모두 회복해주실 뿐만 아니라 언약의 복(신 30:1-10)을 베풀어달라고 하나님께 요청했다.

A. 시온을 기억해달라는 남은 자의 기도(5:1-18)

5:1. 남은 자는 자신이 겪은 고난, 즉 **당한 것을 기억하시고**, 자신의 **치욕**과 수치를 살펴달라고 하나님께 외쳤다(참고. 3:34-36). 이 요청은 단순히 일어난 일을 **살펴보**시라는 것이 아니었다(그분은 모든 것을 보시기 때문에, 참고. 잠 15:3). 이 기도는 하나님께서 예루살렘을 도와달라는 요청이었다.

5:2-4. 1인칭 복수(우리가, 우리를, 우리의)로 기록된 예레미야의 말은 바벨론 점령(참고. 렘 40:10; 41:3; 겔 35:10) 아래 겪은 고통에 대한 백성들의 묘사를 기록한다(2-10절). 이스라엘 땅은 주님이 유대 백성에게 주신 **기업**이었다(출 15:17; 민 34:1-2; 신 25:19; 렘 3:18). 이제 그 땅은 잔혹한 **외인**들과 **이방인**들에게 나뉘었다. 유대 백성 전체가 억압당했고, **고아**와 **과부**의 사회 · 경제적 수준으로 떨어져(참고. 1:1), **마실 물**이나 요리와 난방을 위한 **나무** 같은 가장 기본적인 생필품에도 값을 치러야 했다. 유다는 패전국이었고, 바벨론은 유다의 잔혹한 지배자였다(참고. 합 1:6-11).

5:5. 바벨론의 통치는 **목을** 누르듯 가혹했다. 유다와 바벨론 모두에서 유대인은 **기진**했고 추격자로부터 **쉴 수 없었다**(참고. 신 28:65-67; 겔 5:2, 12).

5:6-8. 가련하게도 유다는 **양식을 얻어 배불리고자 애굽 사람과 앗수르 사람과 악수**했다. **악수했다**(*natannu yad*, 나타누 야드)로 번역된 단어는 문자적으로 '손을 내밀다' 또는 '악수하다'라는 뜻으로, 협정이나 조약을 맺을 때 사용된 어구이다(참고. 왕하 10:15). 이것은 종종 조약을 맺을 때 한쪽이 훨씬 강한 쪽에게 항복하거나 굴복하는 것을 가리켰다(대상 29:24; 대하 30:8; 렘 50:15). 역사적으로 유다는 나라의 안전을 위해 애굽과 앗수르 양쪽에 충성을 맹세했다(참고. 겔 16:26-28; 23:12, 21). 유다의 과거 지도자, 그들의 **조상**들은 주님을 신뢰하는 대신 두 나라 사이에서 충성의 대상을 바꿨다. 따라서 조상들이 **범죄하고** 죽어서 **없어졌**는데도 생존자가 이전 세대의 **죄악**에 대한 징벌을 받았다. 그렇지만 현재 세대는 부당하게 고난받는다고 주장하지 않았다(참고. 5:16). 그들은 자신들의 징벌을 조상의 어리석음이 낳은 논리적 결론이라고 여겼다. 선조들이 불경한 나라와 맺은 동맹이 쓴 열매를 맺었다. 느부갓네살의 종은 유다의 압제자였고(**종들이 우리를 지배함이여**), 그들을 **건져낼 자가 없**었다.

5:9-10. 백성들은 살아남기 위해 **죽기를 무릅**썼다. 성읍을 떠나는 것은 **양식**을 사기 위해 **광야**로 나간다는 뜻이었고, 광야에서 그들은 **칼**을 든 강도의 공격을 받았다. 그들의 **피부**는 열기 때문에 **아궁이처럼 검었**다. 고열과 피부건조증(**굶주림의 열기**)은 기아의 일반적 부작용이었다(참고. 3:4, 4:8).

5:11-13. 여기서 본문은 1인칭('우리는', '우리의')에서 3인칭('그들은', '그들의')으로 바뀐다. 예레미야는 유대 백성의 일반적 고통 상태와 동일시한 뒤(2-10절), 사회 안의 특정 그룹을 보여주며 그들의 상태를 강조한다(11-12절). 사회의 어떤 구성원도 심판의 충격을 피하지 못했다.

먼저, **시온의 부녀**들[성인, 아마 아내]과 **유다 각 성읍의 처녀**들[미혼의 순결한 젊은 여성]이 이방인 점령의 참상을 겪었다. 그들은 사디스트 같은 병사에게 무자비하게 강간당했다(11절). 둘째, 젊거나 늙은(**장로들**) 지도자가 비천해졌고(**존경을 받지 못하**고), 고문당했고(**그들의 손에 매달리고**), 공개적으로 처형당했다(12절). 셋째, **청년**들과 **아이들**[소년들]이 고된 노동의 노예가 되었다. 유다에 가축이 부족했기 때문에(아마 30개월의 공격 기간에 대부분 먹혔을 것이다), 청년과 소년이 평소에 가축이 하던 일을 할 수밖에 없었다. 그들은 **맷돌**을 갈고(삼손이 강제로 할 수밖에 없었듯이, 참고. 삿 16:21), 무거운 나뭇짐을 옮겼다. 유다의 소망이던 이들이 노예로 전락했다(5:13).

5:14-15. 지혜와 정의, 행복이 예루살렘을 떠났다. **노인**들은 현명하게 분쟁을 해결하고 정의를 시행하기 위해 **성문**에 앉았으나(수 20:4; 룻 4:1-2, 11), 이제 그들이 사라졌다. **청년**들의 즐거운 **노래**(참고. 시 95:1-2)도 **그쳤**다. 그들의 **마음**에는 **기쁨**이 전혀 없었고, 예레미야가 예고했듯이, 그들의 **춤**은 **슬픔으로 변**했다(렘 25:10-11).

5:16. 면류관, 다윗의 혈통의 영광과 위엄이 **떨어졌**다(1:1, 2:15; 참고. 사 28:1, 3; 렘 13:13-19). 다윗 혈통의 몰락은 다른 사람보다 유다에게 훨씬 광범위한 영향을 미쳤다. 메시아 소망은 다윗 언약에 닻을 내리고 있었다(삼하 7:16). 그들은 자신들의 죄악이 심각하다는 것을 깨닫고 죄를 고백했다. **오호라 우리의 범죄 때문이니이다**.

5:17-18. 이 모든 심판 때문에 그들의 마음은 슬픔으로 인해 **피곤하**고 병들었다(사 1:5). 계속 흐르는 눈물로 그들의 **눈들이 어두**워졌다(참고. 애 2:11; 3:48-49). 슬픔의 초점은 **황폐**해진('버려진', '공포', '끔찍한') 이스라엘의 영광, **시온산**이었다(2:1). 한때 장엄하고 번성하던 성읍, 하나님이 정하신 회막이 **여우**가 거주하

는 폐허가 되었다(1:1, 4; 2:6, 15).

B. 시온을 회복시켜달라는 남은 자의 기도(5:19-22)

5:19. 예루살렘의 상황을 묘사한 뒤(1-18절), 예레미야는 유다가 하나님의 행동을 요청하며 어떻게 기도를 끝맺었는지 기록했다(19-22절). 유다는 하나님의 영원한 주권 때문에 하나님께 요청했다. **여호와여 주는 영원히 계시오며 주의 보좌는 대대에 이르나이다**(참고. 시 102:12). 시온의 고통은 바벨론의 신이 이스라엘의 하나님보다 강하기 때문에 겪는 것이 아니었다. 이스라엘의 하나님은 유일하신 참 하나님이고, 그분이 예루살렘의 재난을 야기하셨다(참고. 1:12-17; 2:1-8; 4:11). 그리고 예루살렘의 파괴를 가져온 하나님만이(그분이 그러기로 선택하신다면) 예루살렘의 회복을 가져올 권한을 지니셨다.

5:20. 이스라엘을 회복할 능력이 하나님께 있음을 알고 있었기에 사람들은 히브리 시문 형식에서 병행을 이루는 두 가지 질문을 던졌다. 왜 주께서 유다를 잊으셨고, 왜 주께서 그를 버리셨습니까? 유다를 **잊는다**는 것은 현재의 고난 상태에 유다를 **버리는** 것이었다. 여기서 **잊는다**가 1절의 '기억하다'의 반의어로 사용되었음을 주목하라. 하나님은 어떤 것도 잊으실 수 없다. 이 비유적 표현은 마치 하나님이 백성들을 잊으신 것처럼 그들을 '버리다' 혹은 '포기하다'라는 뜻이다. 백성들은 왜 하나님이 자기들을 그렇게 오랫동안 버리셨는지 묻고 있었다. 의미심장하게도, 모세는 하나님의 백성이 자기 죄를 고백할 때 하나님이 언약을 기억하신다는 비유를 들었다(레 26:40-42). 그래서 유대 백성은 하나님께 간구하며, 언약을 기억하시기를 요청하고 있었다(대하 7:14; 렘 31:17-18).

5:21-22. 하나님께 애원하는 기도이다. **여호와여 우리를 주께로 돌이키소서 그리하시면 우리가 주께로 돌아가겠**나이다. 혹은 "우리를 주님께 회복시켜주소서 그리하면 우리가 주님께로 회복되겠나이다"(참고. 렘 31:18). 주님은 소생과 회복을 시작하시는 분이다. 백성들은 주님과 관계를 맺는 축복 그리고 하나님이 주신 언약의 축복으로 회복되기를 원했는데, 여기에는 이스라엘 땅으로 돌아가는 것이 포함되었다(레 26:40-45; 신 3:1-10). 그들이 가진 회복의 궁극적 소망은 언약을 신실하게 지키시는 하나님께 있었다. 성경에서 이스라엘 회복의 기대는 언제나 종말론적이고 메시아적이었다. 신명기 4:30에서는 흩어져 있는 상태에서 다시 돌아오는 일이 '끝 날에' 일어난다고 말한다. 선지서에서 이스라엘의 회복은 그들이 주님께 돌아가 "그들의 하나님 여호와와 그들의 왕 다윗을 찾고 마지막 날에는 여호와를 경외하므로 여호와와 그의 은총으로 나아"갈 때 시작된다(호 3:5).

미래의 회복에 대한 소망과 확신의 마지막 기록 이후 끝맺는 절은 하나님이 잠정적으로 이스라엘을 거절하고 그들에게 **진노하신다고** 말한다. 이 부분은 고대 랍비들에게 큰 부담거리였다. 그래서 그들은 이 끔찍한 구절로 끝맺지 않고자 공식적으로 애가를 낭독할 때 앞 절(5:21)을 되풀이하며 끝맺는 관례를 정했다. 이렇게 해서 이 책은 확신과 소망의 진술로 마무리되었다. **여호와여 우리를 주께로 돌이키소서 그리하시면 우리가 주께로 돌아가겠**나이다.

골칫거리 구절은 "하나님이 이스라엘을 **아주 버리셨**다면"("Unless You have utterly rejected us", NASB)이다. 이는 하나님이 이스라엘을 버리실 수도 있음을 시사하는 것 같다. 하지만 하나님은 자기 백성을 결코 버리지 않는다고 맹세하셨다(롬 11:1). 외적인 환경이 어떠하든지 이스라엘의 죄가 얼마나 깊든지, 주님은 자신이 택한 백성과 맺은 언약을 지키실 것이다(레 26:44; 창 12:1-2; 삼하 7:16; 렘 31:31-37; 롬 11:28-29).

따라서 애가의 메시지는 하나님의 사랑과 신실하심이다. 죄 때문에 혹독한 고난을 겪지만, 유다는 한 나라로서 버림받지 않았다. 하나님이 여전히 주권자이셨고, 이스라엘과 맺은 그분의 언약은 그들의 불순종에도 불구하고 여전히 유효했다. "여호와의 인자와 긍휼이 무궁하시므로 우리가 진멸되지 아니함이니이다 이것들이 아침마다 새로우니 주의 성실하심이 크시도소이다"(3:22-23). 이스라엘의 소망은 바로 이것이다. 즉, 이스라엘이 하나님께 간구하며 자기 죄를 고백하면, 주님은 유배 기간 동안 이스라엘을 보호하실 것이고(3:21-30), 이스라엘은 한 나라로서 다윗의 보좌에서 통치하는 메시아 왕의 지도력 아래 언약의 축복을 회복할 것이다(19절).

참 고 문 헌

Berlin, Adele. *Lamentations: A Commentary*. Old Testament Library. Louisville, KY: Westminster John Knox, 2002.

Cohen, Abraham. *The Five Megilloth*. London: Soncino Press, 1946.

Dobbs-Allsopp, F. *Lamentations*. Louisville, KY: Westminster John Knox, 2002. 《예레미야애가》, 현대성서주석(한국장로교출판사).

Ellson, Henry. "Lamentations." In *Expositor's Bible Commentary*, edited by Frank E. Gabelein. Grand Rapids, MI: Eerdmans, 1986.

Garrett, Duane, Paul R. House, and David Hubbard. *Song of Songs and Lamentations*. Word Biblical Commentary, vol. 23B. Nashville: Thomas Nelson, 2004. 《아가 · 예레미야애가》, WBC 성경주석(솔로몬).

Harrison, R. K. *Jeremiah and Lamentations: An Introduction and Commentary*. Tyndale Old Testament Commentaries. Downers Grove, IL: InterVarsity, 1973.

Hillers, Delbert R. *Lamentations*. The Anchor Bible, rev. ed. Garden City, NY: Doubleday & Co., 1992.

Huey, F. B. Jr. *Jeremiah and Lamentations*. The New American Commentary. Nashville: Broadman Press, 1993.

Ironside, H. A. *Jeremiah: Prophecy & Lamentations*. New York: Loizeaux Brothers, 1950.

Jensen, Irving L. *Jeremiah and Lamentations*. Everyman's Bible Commentary. Chicago: Moody, 1974.

Kaiser, Walter C. Jr. *A Biblical Approach to Personal Suffering*. Chicago: Moody, 1982.

Provan, Iain. *Lamentations*. New Century Bible Commentary. Grand Rapids, MI: Eerdmans, 1991.

Ryken, Philip. *Jeremiah and Lamentations*. Wheaton, IL: Crossway Books, 2001.

에스겔

찰스 다이어(Charles H. Dyer) · 에바 리델닉(Eva Rydelnik)

서 론

에스겔의 메시지는 첫 포로들이 유다에서 바벨론으로 사로잡혀 간 뒤부터(주전 597년, 왕하 24:12-16) 예루살렘이 느부갓네살에게 파괴될 때까지 이어졌다(주전 586년, 참고. 33:21; 렘 39:1; 왕하 25:1-12). 에스겔이 주님의 말씀을 바벨론 포로에게 전하고 있었을 때, 다니엘은 느부갓네살의 왕실에서 봉직했고, 예레미야는 공격당하는 예루살렘에서 사역했다. 에스겔 시대 유다의 상세한 역사는 예레미야서 서론을 보라.

저자. 저자는 "부시의 아들 제사장 에스겔"이다(1:3). 예레미야(렘 1:1)와 스가랴(슥 1:1; 느 12:4, 16)처럼 에스겔 역시 제사장이었다. 그들만이 선지자 겸 제사장이었고, 세 사람 모두 포로기나 포로기 이후에 예언했다. 에스겔은 제사장 가문 출신이었고 제사장의 직무와 성전 세부 사항에 대해 해박했지만, 그가 제사장으로 봉직했다는 기록은 전혀 없다.

에스겔이라는 이름은 '하나님이 힘을 주신다' 혹은 '하나님이 강하게 하신다'라는 뜻이다. 이 이름은 그의 성품과 임무를 시사한다. 주님이 에스겔을 선지자로 부르셨을 때, 주님은 그에게 백성들이 자기 메시지에 주의를 기울이지 않을 것이라고 말씀하셨기 때문이다. 그렇지만 주님은 저항하는 백성에게 하나님의 말씀을 전하기 위해 '화석보다 굳은 이마'를 주실 것이다(3:4-11).

에스겔이 저자라는 견해에 대해서는 강력한 내적 증거가 있다. 이 책의 자전적인 문체와 빈번한 1인칭 대명사는 에스겔을 저자로 규정한다. 이 책의 거의 모든 장마다 '나는', '나를', '나의' 등의 표현이 나온다(참고. 2:1-10).

에스겔의 사역은 "서른째 해"에 시작되었는데(1:1), 이는 아마도 그의 나이에 대한 언급일 것이다. 따라서 그는 제사장직을 맡을 자격을 얻은 바로 그 나이에 선지자로 임명되었다(참고. 민 4:3). 이를 근거로 할 때, 에스겔은 주전 627년에 태어났다. 그는 느부갓네살 8년(주전 597년, 참고. 왕하 24:14)에 여호야긴 왕과 함께 바벨론으로 강제 추방되었고(1:2; 33:21), 예루살렘 함락 전과 후에는 바벨론에서 포로들을 위해 사역했다.

에스겔은 그발강가의 바벨론 성읍 델아빕 안에서 포로들과 함께 살았다(3:15). 정착지의 위치가 어디인지는 알 수 없지만, 그발강은 포로들이 함락된 예루살렘을 두고 탄식했을 바벨론 대운하와 같은 곳으로 간주되었다(시 137:1).

바벨론에서 에스겔은 자기 집에서 살았고(8:1), 유배된 이스라엘 장로들이 그와 얘기를 나누기 위해 그곳으로 왔다(3:24; 8:1; 14:1; 20:1). 에스겔에게는 사랑하는 아내가 있었지만, 자녀는 없었던 것 같다. 에스겔이 사역하던 중간에 아내가 죽었지만, 주님은 그에게 애도하지 말라고 하셨다. 아내의 죽음 그리고 슬픔을 처리하는 방식이 포로에게 주는 징조였다(24:15-17). 에스겔의 생애에 일어난 많은 사건은 주님이 이스라엘에게 주는 실물 교육이었다(예를 들어 3:24-26; 4:12; 5:1; 24:27). 그는 바벨론의 포로들 가운데서 죽은 것 같지만, 상세한 내막은 알려지지 않았다.

연대. 에스겔은 "여호야긴 왕이 사로잡힌 지 오 년"에 예언을 시작했고(주전 593년, 1:2), 그의 마지막 예언 시기는 "스물일곱째 해 첫째 달 초하루"이다(주전 571

년 3월 26일, 29:17). 따라서 에스겔의 예언 활동은 적어도 22년간 이어졌다(30세부터 52세까지, 주전 593-571년). 에스겔서의 여러 연대 표시에 대해서는 서론의 '구조와 문체'를 보라.

20세기까지 에스겔서의 통일성이나 저자, 연대에 의문을 제기한 성경학자는 거의 없었다. 일부 비평가들이 바벨론의 유다 파괴의 역사성에 의문을 제기하면서 에스겔서를 무시했지만, 현대 고고학과 성경 연구는 에스겔서의 사건을 입증했다.

다른 비평가들은 에스겔서가 주전 400년경에 무명의 편집자가 쓴, 포로기 이후 저작이라고 주장한다. 그들은 세 가지 주된 이유로 에스겔의 저작설을 부인한다. 먼저, 그들은 한 선지자가 위로의 말씀과 더불어 이렇듯 가혹한 심판의 메시지를 전했다는 사실에 의문을 제기한다. 그렇지만 대부분의 구약 선지서는 심판과 위로를 모두 이야기했다. 둘째, 그들은 에스겔이 바벨론의 관점보다는 이스라엘의 관점을 갖고 있다고 주장한다. 에스겔과 그의 독자가 유배 중인 이스라엘 백성이었기 때문에 이것은 문제가 되지 않는다. 셋째, 이런 비평가들은 에스겔의 메시지가 허구의 기사와 상상 속 이야기에서 가져온 것이라고 주장한다. 이런 합리주의적 전제는 바벨론의 역사성과 하나님의 계시가 지닌 초자연적 특성을 모두 부인한다. 이 비평가들에 대해서는 다음을 보라. Gleason L. Archer, Jr., *A Survey of Old Testament Introduction*, rev. ed. (Chicago: Moody, 1996), 410-413. 《구약 총론》(CLC); John B. Taylor, *Ezekiel: An Introduction and Commentary*, TOTC, ed. D. J. Wiseman (Grand Rapids, MI: Eerdmans, 1969), 13-20. 《에스겔》, 틴델 구약 주석(CLC).

모세의 율법과 대조적인 에스겔서의 제사(민 28:11; 겔 46:6)와 관련하여 랍비들의 논쟁이 있기는 했지만, 에스겔서는 줄곧 히브리어 정경에 포함되었다. 이 문제를 놓고 고심했던 랍비들은(*b. Sab*. 13b) 이 논쟁이 메시아의 날에 해명되기를 기다린다고 결정했다(*Seder Olam* 26; *Rashi; Radak*). 히브리어 정경에서 에스겔서는 대선지서 중에 이사야서와 예레미야서 뒤에 온다. 영어 성경의 배열을 따르는 헬라어 정경에서는 에스겔서가 예레미야애가 뒤에 놓인다. 에스겔과 동시대 사람인 예레미야가 쓴 이 얇은 책이 비슷한 메시지를 공유하기 때문이다.

수신자. 에스겔은 바벨론의 유대인 포로 가운데 살면서 그들에게 하나님의 메시지를 전했다(2:3; 3:1). 그는 예루살렘에 하나님의 심판이 다가오고 있음을 부인했던 거짓 선지자를 믿지 말라고 포로들에게 경고했으며, 회개하고 주님께 돌아오라고 요청했다. 이방 나라를 향한 그의 심판 예언은 유대 백성에게 소망의 메시지가 되어, 자기 백성을 대신해 복수하시는 하나님의 신실하심을 상기시켰다. 에스겔의 메시지는 메시아 왕을 기다리는 포로들에게 소망의 등대 역할을 했다.

구조와 문체. 에스겔서는 몇 가지 중요한 구조적, 문체적 특징을 지닌다.

1. 에스겔서는 메시지의 날짜에 명시되었듯이 연대순으로 배열되었다(1:2; 8:1; 20:1; 24:1; 29:1, 17; 30:20; 31:1; 32:1, 17; 33:21; 40:1). "사로잡힌 해"는 여호야긴 왕의 유배가 시작된 해를 가리킨다(주전 597년, 왕하 24:8). 대다수 에스겔의 예언은 연대순으로 배열되어, 유배 "오 년"에 시작되고(주전 593년, 1:2) "우리가 사로잡힌 지 스물다섯째 해"에 끝난다(주전 573년, 40:1).

연대순의 유일한 예외는 29:1, 17에 소개된 예언이다. 이 두 가지 변형이 나타난 이유는 주제별로 분류된, 애굽을 꾸짖는 예언의 일부였기 때문이라고 할 수 있다(29-32장). 에스겔서는 유일하게 연대순으로 배열된 대선지서이다. 소선지서 중에서는 학개와 스가랴가 비슷한 배열로 이루어져 있다.

2. 에스겔서는 또한 전체적으로 명확한 순서와 조화로 구조적 균형을 이루고 있다. 이 책은 에스겔을 사역으로 부르시는 소명으로 시작된다(1-3장). 첫 번째 주요 단락은 유다의 심판에 초점을 맞추는 반면에(4-24장), 마지막 단락은 유다의 회복을 다룬다(33-48장). 지극히 상반된 이 두 관점은 이스라엘과 유다에 대한 처신에 따라 열방에게 내리신 하나님의 심판을 다루는 단락으로 나뉜다(25-32장).

3. 이 책은 몇 가지 문학적 장치를 사용한다. 에스겔서는 다른 선지서에 비해 상징과 우화, 실물 교육을 더 많이 사용했다. 에스겔은 이스라엘이 반응하지 않을 수

없도록 극적이고 강력한 방법으로 하나님의 메시지를 제시했다. 그는 격언(12:22-23; 16:44; 18:2-3)과 환상(1-3장; 8-11장; 37장; 40-48장), 비유(17장; 24:1-14), 상징 행동(4-5장; 12장; 24:15-27), 알레고리(16-17장)를 사용했다.

주제. 에스겔서의 핵심 주제는 '주님의 영광'이고, 이는 에스겔에게 독특한 환상으로 제시되었다. 에스겔은 주님의 영광과 성품에 초점을 맞추었고, 선지자로 임명될 때 보았던 영광의 환상으로 시작하여 곳곳에서 주님의 영광을 언급하다가, '주님이 거기에 계신다'로 마무리한다(1:28; 3:12, 23; 8:4; 9:3; 10:4, 18-19; 11:22-23; 39:11, 21; 43:2-5; 44:4; 48:35). 에스겔은 심판 중에 성전을 떠나시는 주님의 영광을 보았고(9:3; 10:4, 18-19; 11:22-25), 마지막 날에 새 성전으로 주님의 영광이 귀환하는 것을 보았다(43:1-5).

인자. 주님은 에스겔을 '인자'라고 94회 부르신다(예를 들어 2:1; 3:1; 4:1; 5:1). 이 표현은 에스겔이 인류의 대표자로서 갖는 사명과 신분, 또 인간과 하나님 사이의 거리를 나타낸다. 성경에서 '아들'은 종종 육신의 자손을 넘어서서 연관성 혹은 동일성을 의미한다. 이 호칭은 에스겔의 역할과 임무를 강조한다.

에스겔의 '인자'는 메시아의 호칭으로 사용되는 다니엘의 용례와 다르다(단 7:13; 8:17). '인자'라는 어구는 신약에서 85회, 주로 복음서에서 예수님이 거의 언제나 자신을 가리키는 말로 사용된다(예를 들어 마 8:20; 11:19; 12:8; 계 1:13). 메시아 예수님이 '인자'라는 호칭을 사용했을 때, 이는 '권위와 영광과 왕국을 받을' 분에 대한 예언인 다니엘서의 메시아적 용례를 가리킨다(단 7:13-14; 막 14:62; 계 1:7).

그분의 이름을 위해. 에스겔서는 또한 심판을 시행하실 수밖에 없었던 주님의 일관된 성품을 강조한다. 하나님은 자신의 이름이 모독당하지 않도록 '자기 이름을 위해' 행동하셨다고 15회 선언하셨다[예를 들어 20:9, 14, 22, 39, 44; 36:20-23(23절에 2회); 39:7(2회), 25; 43:7-8].

내가 여호와인 줄을 알라. 더 나아가, 하나님은 백성들이 '내가 여호와인 줄을 알도록' 행동하셨다. 이 어구는 언약을 지키는 분으로서 하나님의 정체성을 강조하기 위해 에스겔서에서 60회 이상 사용된다(예를 들어 6:7, 10, 13-14; 7:4; 39:22). 하나님은 언제나 자신을 알리기 위해서 행동하신다.

여호와 하나님. 에스겔은 '여호와 하나님'(*Adonai Yahweh*)이란 칭호를 217회 사용했다. 구약 다른 곳에서는 이 어구가 103회만 나온다. 이 이름은 하나님의 주권적 권위와 언약을 지키시는 그분의 신실하심을 모두 강조한다[Otto Eissfeldt, "adhon," *Theological Dictionary of the Old Testament*. ed. G. Johannes Botterweck and Helmer Ringgren, trans. John T. Willis (Grand Rapids, MI: Eerdmans, 1974), 1:62-63].

심판과 소망. 하나님의 일관된 성품에 비추어, 에스겔서는 심판과 소망의 주제를 모두 포괄한다. 에스겔은 심판의 메시지를 전달하고(2-3장), 죄악 중에 살면서 거짓 소망에 머물렀던 이들에게 심판을 선언하기 위해 임명되었다(37:11). 다른 한편, 에스겔은 언약을 지키는 하나님의 신실하심과 하나님께로 향하는 이들에게 베푸시는 그분의 자비에 근거하여, 구원과 소망의 메시지를 주기 위해 나중에 재임명되었다(33장).

메시아 주제는 에스겔에서 예레미야나 이사야만큼 두드러지지 않다. 그렇지만, 이 책은 강한 메시아적 특징을 지니고 있다. 메시아는 (1) 다윗의 혈통에서 나온 가지(17:22; 사 11:1에 대한 암시), (2) 미래의 의로운 왕(21:26, 27; 참고. 창 49:10; 계 5:5), (3) 주님이 자라나게 하실 뿔(시 132:17의 다윗 약속과 본문 간 상호연결), (4) 이스라엘을 회복하실 참 목자(34:11-31; 참고. 렘 23:5-6; 요 10:1-10) 그리고 (5) 예루살렘에서 메시아의 나라를 통치하실 메시아 왕이요 다윗의 아들(37:15-28)로 제시된다.

에스겔서는 선지자의 사역으로 부르심에서 시작되는데, 거기서 그는 신적인 영광의 환상을 본다(1-3장). 이 책의 전반부는 유다의 죄악으로 인해 그들에게 다가오는 하나님의 심판과 회개의 요청에 초점을 맞춘다(4-24장). 그다음 단락은 유대 백성에 대한 처신으로 인해 이방 나라에게 임하는 하나님의 심판 예언이다(25-32장). 에스겔서는 유대 백성의 이스라엘로의 재집결, 그들의 재탄생 그리고 다가오는 천년왕국과 회복된 예루살렘에서 메시아 통치에 대한 상세 묘사로 마무리된다(33-48장).

개 요

Ⅰ. 예언 사역으로 부르시다(1:1-3:27)
- A. 제사장에서 선지자로 부르시다(1:1-3)
- B. 주님의 보좌 환상(1:4-2:7)
  1. 네 생물의 환상(1:4-14)
  2. 네 바퀴의 환상(1:15-21)
  3. 궁창의 환상(1:22-25)
  4. 보좌의 환상(1:26-28)
  5. 인자 에스겔의 임무(2:1-7)
- C. 사역을 위한 메시지(2:8-3:11)
  1. 두루마리 환상(2:8-3:3)
  2. 패역한 이스라엘에게 주시는 하나님의 말씀(3:4-11)
- D. 사역의 동기(3:12-27)
  1. 에스겔이 성령께 이끌리다(3:12-15)
  2. 에스겔이 이스라엘 족속의 파수꾼으로 임명되다(3:16-21)
  3. 에스겔의 신체적 제한(3:22-27)

Ⅱ. 유다에 대한 유배 심판(4:1-24:27)
- A. 유다 심판의 필연성(4:1-11:25)
  1. 예루살렘에 다가오는 심판의 네 가지 표징(4:1-5:17)
     - a. 토판의 표징(4:1-3)
     - b. 에스겔이 옆으로 눕는 표징(4:4-8)
     - c. 불결한 음식의 표징(4:9-17)
     - d. 에스겔의 민머리와 나누어진 머리카락의 표징(5:1-17)
  2. 다가오는 심판의 메시지(6:1-7:27)
     - a. 메시지: 우상숭배, 심판의 원인(6:1-14)
     - b. 심판의 특성에 대한 메시지(7:1-27)
  3. 다가오는 심판의 환상(8:1-11:25)
     - a. 성전 안의 악에 대한 환상(8:1-18)
     - b. 예루살렘 살육의 환상(9:1-11)
     - c. 하나님의 영광이 성전을 떠나는 환상(10:1-22)
     - d. 예루살렘의 통치자에 대한 심판(11:1-25)
- B. 유다의 무익한 거짓 낙관론(12:1-19:14)
  1. 임박한 유배의 두 가지 표징(12:1-20)
     - a. 행장과 성벽 구멍의 표징(12:1-16)
     - b. 떨면서 먹고 마시는 표징(12:17-20)
  2. 확실한 심판에 관한 다섯 가지 메시지(12:21-14:23)
     - a. 확실한 심판에 관한 첫 번째 메시지: 묵시에 관한 잠언 수정(12:21-25)
     - b. 확실한 심판에 관한 두 번째 메시지: 지연에 관한 잠언 수정(12:26-28)

c. 확실한 심판에 관한 세 번째 메시지: 거짓 남녀 선지자에 대한 책망(13:1-23)
d. 확실한 심판에 관한 네 번째 메시지: 우상숭배에 대한 정죄(14:1-11)
e. 확실한 심판에 관한 다섯 번째 메시지: 소용없는 노아와 다니엘, 욥의 기도(14:12-23)
3. 세 가지 심판의 비유(15:1-17:24)
a. 열매 없는 포도나무의 비유(15:1-8)
b. 불성실한 예루살렘의 비유(16:1-63)
(1) 구원받은 유아가 음란한 아내가 된 비유(16:1-43)
(2) 자매의 비유: 예루살렘, 소돔 그리고 사마리아(16:44-59)
(3) 하나님의 신실하심과 영원한 언약(16:60-63)
c. 두 독수리의 비유(17:1-24)
4. 개인의 책임에 관한 메시지(18:1-32)
5. 이스라엘의 마지막 왕을 위한 애가의 비유(19:1-14)
C. 유다의 범죄 역사(20:1-24:27)
1. 이스라엘의 과거 반역과 회복에 대한 메시지(20:1-49)
a. 이스라엘의 과거 반역(20:1-32)
b. 미래의 이스라엘 회복(20:33-44)
c. 불타는 숲의 비유(20:45-49)
2. 칼에 관한 네 가지 메시지(21:1-32)
a. 칼을 뽑다(21:1-7)
b. 칼을 갈다(21:8-17)
c. 칼이 예루살렘을 향하다(21:18-27)
d. 칼이 암몬을 향하다(21:28-32)
3. 예루살렘의 오염과 심판에 관한 세 가지 메시지(22:1-31)
a. 예루살렘 심판의 원인(22:1-16)
b. 심판의 수단(22:17-22)
c. 심판의 대상(22:23-31)
4. 음란한 두 자매의 비유: 오홀라와 오홀리바(23:1-49)
a. 두 자매의 부정: 오홀라와 오홀리바(23:1-21)
b. 두 자매의 징벌(23:22-35)
c. 오홀라와 오홀리바에 대한 메시지의 결론(23:36-49)
5. 끓는 가마의 비유(24:1-14)
6. 에스겔의 아내가 죽는 표징(24:15-27)
Ⅲ. 이방 나라에 대한 궁극적 심판(25:1-32:32)
A. 암몬에 대한 심판(25:1-7)
B. 모압에 대한 심판(25:8-11)
C. 에돔에 대한 심판(25:12-14)
D. 블레셋에 대한 심판(25:15-17)
E. 두로에 대한 심판(26:1-28:19)
1. 두로의 파괴: 첫 번째 신탁(26:1-21)

2. 두로에 대한 만가: 두 번째 신탁(27:1-36)
3. 두로 지도자의 몰락: 세 번째 신탁(28:1-10)
4. 두로 왕 배후에 있던 권력의 몰락: 네 번째 신탁(28:11-19)

F. 시돈에 대한 심판(28:20-26)

G. 애굽에 대한 심판(29:1-32:32)

1. 애굽의 죄(29:1-16)
2. 바벨론에게 패한 애굽(29:17-21)
3. 애굽과 그 동맹국의 파괴(30:1-19)
4. 흩어진 애굽(30:20-26)
5. 앗수르와 애굽 왕 바로의 몰락에 대한 우화(31:1-18)
   a. 백향목 같은 앗수르의 우화(31:1-9)
   b. 앗수르의 함락(31:10-14)
   c. 무덤으로 내려간 앗수르(31:15-18)
6. 바로를 위한 애가(32:1-16)
7. 스올로 내려간 애굽(32:17-32)

Ⅳ. 이스라엘을 위한 종말론적 축복(33:1-48:35)

A. 이스라엘의 새로운 삶(33:1-39:29)

1. 에스겔이 파수꾼으로 재임명되다(33:1-33)
   a. 파수꾼으로서 에스겔의 사명(33:1-20)
   b. 에스겔의 입이 열리다(33:21-33)
2. 현재 이스라엘의 거짓 목자와 미래 이스라엘의 참 목자 대조(34:1-31)
   a. 현재 이스라엘의 거짓 목자(34:1-10)
   b. 미래 이스라엘의 참 목자(34:11-31)
3. 이스라엘의 대적, 에돔이 파괴되다(35:1-15)
4. 이스라엘 백성이 복을 누리다(36:1-38)
   a. 이스라엘 산이 번성할 것이다(36:1-15)
   b. 이스라엘 백성이 재집결하다(36:16-38)
5. 이스라엘 민족이 회복되다(37:1-28)
   a. 마른 뼈 환상(37:1-14)
   b. 두 막대기의 표징: 이스라엘의 통일(37:15-28)
6. 곡의 공격과 패배에 관한 예언(38:1-39:29)
   a. 곡의 이스라엘 침입(38:1-16)
   b. 곡에 대한 하나님의 심판(38:17-39:29)
      (1) 곡의 패배(38:17-39:8)
      (2) 곡의 패배의 여파(39:9-20)
      (3) 곡의 패배가 이스라엘에 남긴 영향(39:21-29)

B. 이스라엘을 위한 새 질서(40:1-48:35)

1. 새 성전(40:1-43:27)
   a. 성전 환상의 서론(40:1-4)

b. 성전 바깥뜰(40:5-27)
c. 성전 안뜰(40:28-47)
d. 성전 건물(40:48-41:26)
e. 성전 안뜰의 방(42:1-14)
f. 성전의 바깥담(42:15-20)
g. 주님의 영광이 다시 임하다(43:1-12)
h. 번제단(43:13-27)
2. 새로운 예배 의식(44:1-46:24)
a. 성전 사역자(44:1-31)
b. 성전과 제사장을 위한 땅 분배(45:1-8)
c. 바벨론에 사는 유대인 지도자에게 주는 경고(45:9-12)
d. 성전의 제사(45:13-46:24)
3. 새 땅(47:1-48:35)
a. 성전에서 흐르는 강(47:1-12)
b. 땅의 경계(47:13-23)
c. 땅 분배(48:1-29)
d. 성문(48:30-35)

주 석

I. 예언 사역으로 부르시다(1:1-3:27)

하나님이 에스겔을 임명하시는 장면은 성경에 나오는 선지자 소명 중에서 가장 길다. 모세(출 3:1-10)와 예레미야(렘 1:1-10), 이사야(사 6:1-10)처럼 에스겔은 거룩하신 하나님과 초자연적 만남을 통해 사역자로 부름을 받고 준비되었다.

A. 제사장에서 선지자로 부르시다(1:1-3)

1:1-2. 에스겔은 **서른째 해**에 선지자로 부름을 받았는데, 이는 아마 그의 나이에 대한 언급일 것이다. 에스겔은 제사장이었고(참고. 3절), 30세는 그가 주님의 제사장으로 사역을 시작했을 나이였다(민 4:3). 이 환상은 **여호야긴 왕이 사로잡힌 지 오 년 그달 초닷새**에 임했다(담무스월 5일/주전 593년 7월 31일, 왕하 24:8-17).

에스겔은 여호야긴 왕과 함께 사로잡혔고(주전 597년 3월, 왕하 24:12-15), 유프라테스강 지류 **그발강**가에 있던 유다의 **사로잡힌 자 중에** 정착했다. 거기서 **하늘이 열렸고**, 에스겔은 **하나님의 모습**을 보았다(참고. 1:4-2:7). 에스겔에게 주신 하나님의 메시지는 환상의 형태를 띤 경우가 많았다(참고. 8:1; 9:1; 10:1; 11:24; 12:27; 37:1, 11; 40:1; 43:1-3).

1:3. **주님의 말씀이 에스겔에게 특별히 임**했다는 것은 그의 소명이 정확하고 진지했음을 시사한다. 에스겔은 **제사장**이었고, 선지자의 사역이 더해졌다. 에스겔은 **여호와의 권능**으로 임명을 받았는데, 이는 신적인 계시에 의한 강력한 소명을 나타내는 것으로 에스겔서에서 6회 반복된다(3:14, 22; 8:1; 33:22; 37:1; 40:1).

B. 주님의 보좌 환상(1:4-2:7)

이 단락은 하나님의 거룩하심에 대한 에스겔의 환상을 상세하게(1:4-28) 그리고 그의 구체적인 소명을 묘사한다(2:1-7).

1. 네 생물의 환상(1:4-14)

1:4. 하나님의 환상(참고. 1절)이 먼저 에스겔에게 보였다. **내가 보니**(참고. 5절)…**폭풍과 큰 구름…불이**

번쩍번쩍하여 빛이…비치며. 이것은 폭풍의 모습을 한 주님의 현현이었다. **그 불 가운데 단쇠 같은 것**이 있었는데, 이는 구약에서 단 두 번만 사용된 표현으로 두 용례 모두 하나님의 빛나는 광채를 묘사한다(참고. 27절; 8:2).

1:5. **네 생물의 형상**은 나중에 그룹들로 확인된다(참고. 10:1). 이 범주에 속하는 천사는 특별히 하나님께 가까이 가고(참고. 28:14, 16), 하나님의 거룩하심을 수호하며 그분의 보좌 전차(throne chariot) 역할을 한다(창 3:22-24). 날개를 뻗은 그룹들의 금 형상은 언약궤 위에서, 주님의 영광이 앉아 있던 시은좌를 보호했다(출 25:17-22; 민 7:89; 삼상 4:4; 삼하 6:2; 시 80:1; 99:1; 사 37:16). 지상의 성막과 성전은 하늘에 있는 실재의 복제품이기 때문에(히 8:5), 에스겔의 환상은 그룹들이 운반하던 하나님 보좌 전차의 어렴풋한 모습이었다.

이 **형상**[figures]은 **사람의 형상**[form] 같은 **모양**[appearance] 혹은 모습을 지녔다. 이 환상을 묘사하는 것은 너무나 까다롭기 때문에, 에스겔서에서는 '닮다', '보이다', '비슷하다'라는 용어를 12회 사용했다(참고. 5, 10, 16, 22, 26절; 2:8; 8:2; 10:1; 10:10, 21-22; 23:15). 이는 이러한 묘사가 인상에 근거했음을 강조한다.

1:6-7. 천사를 닮은 존재는 사람의 형상을 지녔지만 유한한 존재라고 오판하지 말아야 한다. 네 생물은 각각 **네 얼굴**과 **네 날개**를 가지고 있어서 필요할 때 어떤 방향으로든 이동할 수 있었다. 그들의 **다리**는 **곧았는데**, 이는 그들이 똑바로 서 있었음을 암시한다. 그들의 **발바닥**이 **송아지 발바닥 같은** 것은 아마 민첩함을 나타낼 것이고(시 29:6; 말 4:2), **광낸 구리** 같은 것은 일반 동물의 발굽과 달리 밝은 빛이 난다는 뜻일 가능성이 높다.

1:8-9. 그들이 **사방에 날개**와 함께 **사람의 손**을 가진 것은 그들에게 초자연적이면서도 자연적인 특성을 동시에 부여한다. 각 생물의 네 **날개** 중에 둘은 펼쳐져 그들의 **날개가 다 서로 연하여** 사각형을 이루었다. 머리 사방에 **얼굴**이 있어서, 네 생물은 동시에 모든 방향을 볼 수 있었다. 네 생물은 어떤 방향이든 **곧게** 나갈 수 있었고, **돌이키지** 않은 채로 방향을 바꿀 수 있었는데, 이는 초자연적인 방식으로 이동했음을 의미한다.

1:10. 각 그룹의 앞은 **사람의 얼굴**이었고, 오른쪽 면은 **사자의 얼굴**이었다. 왼쪽 면은 **소의 얼굴**이었고, **독수리의 얼굴**은 분명 뒤쪽에 있었을 것이다(참고. 계 4:7). 아마 이런 이미지는 지성과 용기, 힘, 속도를 나타낼 것이다.

1:11. 각 그룹의 네 **날개** 중에 둘은 위로 펼쳐졌고(**들어 펴서**), 다른 쪽 그룹의 날개와 닿아서(**연하였고**), 네 귀퉁이의 그룹들과 정사각형을 형성했다. 그들이 주님의 거룩하신 임재 속에서 그분을 섬겼을 때, 각 그룹의 다른 날개 **둘**은 경외심 가운데 **몸을 가리고** 있었다(참고. 1:23; 사 6:1-3).

1:12. 그룹들은 언제나 **앞으로 곧게** 움직이며, **돌이키지** 않고 어떤 방향으로든 갈 수 있었다. 그들은 **영**의 지시를 따라 이동했는데(예를 들어 창 1:2; 6:3; 출 31:3; 시 139:7), 이는 하나님이 성령으로 이 생물을 인도하신다는 것을 가리킨다(참고. 1:20; 출 13:21-22; 민 9:15-23; 마 4:1).

1:13-14. **타는 숯불과 횃불 모양 같은** 것이 **그 생물 사이에** 있었다. 이 **광채**와 **번개** 이미지, 또 그룹들이 **번개같이** 긴급하게 **왕래하**는 모습은 하나님이 주시는 메시지의 권능과 긴급성을 나타낸다.

2. 네 바퀴의 환상(1:15-21)

생물에 대한 묘사 다음에 에스겔서에서 가장 친숙하면서도 불가사의한 이미지 중 하나인 바퀴의 환상이 나온다. 이것은 엄청난 바퀴(15-18절)와 그룹/생물(19-21절)을 가진 전능하신 하나님의 보좌 전차에 대한 묘사이다(참고. 26절).

1:15-17. 바퀴에 관한 이 환상의 두 번째 부분은 **내가…보니**로 시작된다(참고. 4절). 각 **생물들 곁에** 있는 **땅** 위에 투명한 황금색 녹보석인 **황옥 바퀴**가 있었다. 한 **바퀴가** 다른 바퀴 안에 있어서, **사방으로 향한 대로 돌이키지** 않고 움직일 수 있었다(7절).

1:18. 바퀴의 **둘레**는 **높고 무서우며**, 크고 두려운 모습이었다(참고. 5절). 이 장엄한 특징은 사방 **둘레**에 **눈이 가득한** 모습으로 강조된다. 이는 이 보좌 전차를 타고 이동하시는, 모든 것을 보시는 주 하나님의 신적 전지하심을 나타낸다(참고. 대하 16:9; 잠 15:3).

1:19-21. **생물들**과 **바퀴**는 서로 연결되어 움직였다(참고. 12절). **생물의 영이 그 바퀴들 가운데 있었기** 때

문이다. 보좌 전차에 앉으신 전능자 아래에는 그룹들이 있는데, **바퀴**는 이 그룹들의 연장이었다. 하나님이 그룹들에게 지시하자 바퀴가 반응했다. 전차는 어떤 방향으로든 이동할 것이다.

3. 궁창의 환상(1:22-25)

1:22-23. **생물의 머리 위에는 궁창** 같은 것이 있어서(5절에 대한 주석을 참고하라), **생물들**을 주님의 영광에서 분리시키셨다(참고. 창 1:6-7). **궁창**은 **수정 같은 두려운** 빛을 냈는데, 훗날 요한은 주님의 보좌를 묘사할 때 이 빛나는 광채의 이미지를 사용해 "수정 같은 유리바다"(계 4:6)와 같이 묘사했다. 그룹들의 **펼쳐진 날개**는 서로 연결되었고, 그들은 경외심을 표하며 자기 몸을 **가렸다**(참고. 1:11).

1:24-25. 그룹들의 날개가 움직이자, 그 소리는 **많은 물**과 같이, **전능자**[*shaddai*, 샤다이]의 음성처럼 강렬했다. 그것은 많은 병사가 열을 지어 행군할 때 나는, **군대**같이 **떠드는 소리**였다. 이것은 가끔 하나님의 임재에서 들리는 천둥과 비슷했다(참고. 43:2; 욥 37:4-5; 40:9; 시 18:13; 104:7). 그룹들이 조용히 **설 때 날개를 내렸다**(24-25절). **궁창 위에서부터** 그룹들의 머리 위로 **나는 음성**은 주님의 음성이었다(참고. 28절).

4. 보좌의 환상(1:26-28)

1:26. **궁창 위에 보좌**를 닮은(5절에 대한 주석을 참고하라) **형상**이 있었다. 이것은 값비싼 하늘색 보석인 **남보석**['사파이어']처럼 보였다. 이 빛나는 푸른 보좌에 **사람의 모양과 같은 한 형상**이 앉아 있었다.

1:27-28. 그분의 몸은 **단쇠 같아** 보였고, **무지개 같은 광채**에 둘러싸인 **불** 모양이었다. 사도 요한은 이 아름다운 주님의 눈부신 이미지를 하나님의 하늘 보좌에 대한 환상에서 사용한다(계 4:3).

이 인물은 **여호와의 영광의 형상의 모양**을 지닌 것으로 규정된다. 그래서 에스겔은 경배와 경외로 응답했다. 그는 **엎드려서**(참고. 3:23; 창 17:3) **말씀하시는 이의 음성**을 들었다. 이것은 주님의 영광과 위엄을 생각할 때 언제나 신자가 주님께 마땅히 보여야 할 태도이다.

에스겔이 주 하나님을 직접 본 것은 아니지만(참고. 창 16:13; 출 3:6; 33:20; 삿 13:22; 요 1:18), 모종의 현현을 보았다. 그것은 묘사할 수 없는 그분의 모습이거나 혹은 주님의 영광과 권능, 위엄의 계시를 상징적으로 전달하는 신의 현현(1:5과 8:2에 대한 주석을 참고하라)이었다(참고. 출 40:34; 사 6:3). 주님의 **영광**은 에스겔서의 핵심 개념이다(서론의 '주제'를 보라).

5. 인자 에스겔의 임무(2:1-7)

하나님이 말씀하시는 동안(1:28), 그분은 에스겔에게 힘을 주셨고(2:1-2), 에스겔의 사명을 설명하셨고(2:3-5), 어려움이 있겠지만 두려워하지 말라고 그에게 도전하셨다(2:6-7).

2:1-2. 하나님은 에스겔을 **인자**라고 부르셨다(서론의 '주제'를 보라). 하나님은 자신이 **말**할 수 있도록 에스겔에게 **일어서라**라고 하셨다. 그때에 성령(**영**)이 에스겔에게 순종할 힘을 주셨다. 구약시대에는 교회 시대와 다르게(롬 8:9), 성령이 신자들 안에 영원히 내주하지 않으셨다. 대신 성령은 특별한 신적 봉사를 위해 선택된 개인에게 일시적으로 내주하셨다(참고. 3:24; 출 31:1-11; 삼상 10:9-11; 시 51:11).

2:3-4. 반항하는 청중, **패역한 백성**이자 **뻔뻔하고 마음이 굳은 이스라엘 자손**에게 하나님의 메시지를 전달하기 위해서는 초자연적인 능력이 필요했다(참고. 3:7). '패역하다'(rebellious)라는 단어는 2장과 3장에서 8회(2:3, 5, 6, 7, 8; 3:9, 26, 27) 그리고 에스겔서 다른 부분에서 7회 나온다(12:2, 3, 9, 25; 17:12; 24:3; 44:6, 개역개정에서는 '반역'— 편집자 주). 이 설명은 유대 백성이 주님께 불순종하기로 마음먹었음을 강조하지만, 하나님은 그들을 성실하게 대하셔서 그들에게 자신의 말을 전할 메신저를 보내기로 마음먹으셨다는 사실도 강조한다. **주 여호와**[서론의 '주제'를 보라]의 메시지는 이미 바벨론에 포로로 잡혀간 유대 백성에게 주는 것이었다.

2:5. 에스겔은 **그들이 듣든지 아니 듣든지** 하나님의 메시지를 전해야 했다(참고. 2:5, 7; 3:11). 에스겔서는 이스라엘에게 **패역한 족속**이라고 열두 번 부름으로써(2:5-6, 8; 3:9, 26-27; 12:3, 9, 25; 17:12; 24:3) 하나님께 맞서는 그들의 반항을 강조한다. 그들의 태도에도 불구하고, 에스겔의 메시지 덕분에 그들은 **그들 가운데에 선지자가 있음을 알** 것이다.

2:6-7. 주님은 에스겔에게 **그들을 두려워하지 말고 그들의 말을 두려워하지 말**라고 세 차례 말씀하셨다. 에스겔은 어려운 임무를 맡았으며, 백성들은 저항

할 것이 분명했다. 따라서 에스겔에게는 이런 격려가 필요했다. 이 일은 **가시와 찔레** 가운데서 일하는 것과 같고, **전갈** 위에 앉는 것만큼 위험할 것이다. 그렇더라도 에스겔은 그들의 말이나 그들의 **얼굴**을 **두려워하지 말아야** 한다. 하나님은 다시 에스겔에게 **그들이 듣든지 아니 듣든지 내 말로 고하라**고 명령하셨다(참고. 2:4; 3:11).

맡은 임무를 할 때 두려워하지 말라는 하나님의 격려는 에스겔이 사역으로 부름을 받았던 환상(1:4-2:7)과 그의 사역을 위한 메시지(2:8-3:11) 사이를 잇는 다리 역할을 한다.

C. 사역을 위한 메시지(2:8-3:11)

1. 두루마리 환상(2:8-3:3)

2:8. 이스라엘이 하나님과 그분의 말씀에 대해 보인 **패역한** 태도(3, 5절)와는 대조적으로, 에스겔은 주님께 순종했다. 그는 주님이 자기에게 **이르는 말을 듣고, 입을 벌리고** 하나님이 **주는 것을 먹었다**. 이제 그는 주님의 말씀을 내면화하여 그에 따라 살아야 한다(신 8:3; 마 4:4).

2:9-10. 한 손이 에스겔에게 **두루마리**를 주었다. 그 손은 아마 그룹의 손이었겠지만(참고. 1:8), 말씀하는 분은 주님이셨다(참고. 7-8절). 두루마리는 대부분 한쪽 면에만 기록하는데, 이 두루마리는 이례적으로 **안팎에** 글이 적혀 있었다. 양쪽 면에 기록된 것은 경고의 강도와 심판의 심각성을 보여준다(참고. 슥 5:3; 계 5:1). 양면 메시지는 **애가와 애곡과 재앙**의 메시지였다. 이것은 에스겔의 심판 메시지(4-32장)를 요약한다.

3:1-3. 하나님은 **이 두루마리를 먹고**(참고. 2:8) **이스라엘 족속에게 말하라**는 명령을 반복하셨다. 에스겔은 **입을 벌렸고**, 주님은 그에게 **두루마리를 먹이**셨다. 심판의 메시지는 비통했지만(참고. 2:10), 그것이 하나님의 말씀이었기 때문에 두루마리는 **꿀**처럼 **달았다**(참고. 시 19:10; 렘 15:16; 계 10:9-11).

2. 패역한 이스라엘에게 주시는 하나님의 말씀 (3:4-11)

3:4. 하나님은 에스겔에게 **이스라엘 족속**에게 **가라**고 명령하셨다. **이스라엘 족속**이라는 어구 혹은 그 변형은 100회 이상 사용되어 유대 백성 전체, 이스라엘 땅이나 유배 중에 있는 이스라엘과 유다 모두를 지칭한다(참고. 2:5; 6:11; 8:11-12). 하나님은 **내 말을 그들에게 고하라**라고 말씀하셨다.

3:5-6. 에스겔은 그의 언어를 이해하는 **백성에게 보내**졌다. 바벨론 유배 중의 유대 백성은 그의 메시지를 듣는 데 전혀 문제가 없었기에, 그들은 **정녕** 에스겔의 메시지를 들어야 했다.

3:7. 언어나 문화적 장애물은 전혀 없었지만, **이스라엘 족속**은 주님께 기꺼이 귀를 기울이지 않았기 때문에 에스겔의 말 또한 **듣고자** 하지 않았다. 그들의 죄가 온 **이스라엘 족속**에게 번져갔다. 이 말은 모든 이스라엘 백성이 하나님을 거절했음을 암시하지 않는다. 하박국과 예레미야, 에스겔, 다니엘이 모두 이 기간에 신실하게 사역하고 있었기 때문이다. 이스라엘의 신실한 남은 자는 그들의 메시지에 주의를 기울였다. **이마가 굳고 마음이 굳**는다는 이 일반적인 서술은 모든 이스라엘 백성 개개인이 아니라, 이스라엘의 모든 계층을 차별 없이(제사장과 지도자로부터 일반 백성까지) 가리킨다.

3:8-9. 주님은 에스겔의 **얼굴**을 **그들의 얼굴**만큼 **굳게** 만드심으로써 에스겔을 힘든 임무에 준비시키셨다. **굳다**[*hazaq*, 하자크]라는 말은 에스겔 이름(*y'khezqel*, 이케즈켈)의 어근이고, '하나님이 힘을 주신다' 혹은 '하나님이 강하게 하신다'라는 뜻이다. 백성들은 완고함 가운데 강해졌지만, 에스겔은 예언 사명을 위해 굳어졌기/강해졌기 때문에 이것은 언어유희이다. 에스겔의 이름은 하나님의 신실하심을 보여주는 단서이고 가장 굳은 반대에 직면하여 맞설 수 있는 힘의 원천이었다.

하나님은 또한 에스겔의 **이마**를 **금강석**보다 **굳**게 만드실 것이다(참고. 수 5:2-3). 칼과 도구를 만드는 데 사용된 굳은 돌은 하나님의 메시지를 전하겠다는 에스겔의 결심을 보여주었다. 하나님은 에스겔에게 그들을 **두려워하지 말고** 그들 앞에서 **무서워하지 말라**고 명령하셨다(참고. 2:6-7; 렘 1:17). 반대가 있을 게 확실했지만, 에스겔은 그 무엇도 두려워할 필요가 전혀 없었다. 하나님이 **반역하는 족속**의 저항에 맞서게 해주실 것이기 때문이다(참고. 2:5).

3:10-11. 하나님은 에스겔에게 모든 것을 **마음으로 받으라**고, **내 모든 말**에 세심하게 귀 기울이라고 명령하셨다. 에스겔은 **네 민족**, 곧 유배 중인 유대 백성과

동일시되었다. 포로들은 말씀에 순종하지 않았으나, 에스겔은 하나님의 말씀을 듣고 순종했다. 에스겔은 **주 여호와의 말씀이 이러하시다**라고 선언했고, **그들이 듣든지 아니 듣든지**(참고. 2:5, 7) 에스겔에게는 하나님의 말씀을 전할 책임이 있었다.

D. 사역의 동기(3:12-27)

하나님의 영광을 환상으로 봄으로써 에스겔은 자신의 임무가 무엇인지 이해했다(1:4-2:7). 하나님은 자신의 말씀을 메시지로 주셨고(2:8-3:11), 주님의 권능은 사역에 필요한 힘을 제공했다(1:3). 이 단락은 에스겔이 성령에 의해 사역지로 인도받고(3:12-15), 몇 가지 구체적인 제한과 함께(3:22-27) 이스라엘을 위한 하나님의 파수꾼으로 임명받았음(3:16-21)을 보여준다.

1. 에스겔이 성령께 이끌리다(3:12-15)

3:12-14a. **영**(참고. 2:2)이 에스겔을 **들어 올렸고**, 에스겔은 **울리는** 찬양 **소리**를 들었다. **찬송할지어다 여호와의 영광이 그의 처소로부터 나오는도다**. 또한 그는 **생물들의** 날갯소리를 들었다(참고. 1:15). 성령께서 몇 차례 실제가 아니라 환상 중에 에스겔을 옮기셔서 그에게 지시를 내리셨다(참고. 8:3; 11:1, 24; 37:1; 43:5).

3:14b-15. 하나님의 말씀을 소화하고(참고. 2:8-3:4) 그분이 임재하는 환상을 봄으로써(1:22-28; 3:12-13) 에스겔은 하나님을 이해했다. 그때, 그는 하나님이 이스라엘의 죄에 대해 그러셨듯이 **근심하고 분한 마음**을 느꼈다.

에스겔은 **여호와의 권능**으로 **힘 있게** 인도되었다. 하나님의 권능과 권위가 이끌어가는 이런 장면은 에스겔서에 7회(1:3; 3:14, 22; 8:1; 33:22; 37:1; 40:1), 구약에서 약 90회 등장한다. 이 말은 주님이 실제로 손을 가지셨다는 뜻이 아니라 하나님의 인도를 나타내는 수사적 표현이다.

에스겔은 **델아빕** 곧 바벨론 **그발강가** 유대인 지역의 **사로잡힌 백성**에게 가라는 **영**의 지시를 받았다(참고. 1:1). 그는 **칠 일** 동안 그곳에 앉아 있었지만, 메시지는 전하지 않았다. 포로들은 에스겔이 무엇을 말할지 궁금해했기 때문에 그의 존재는 놀라움(**두려워 떨며**)을 야기했다.

2. 에스겔이 이스라엘 족속의 파수꾼으로 임명되다 (3:16-21)

3:16-17. **칠 일**간의 침묵 뒤에 **여호와의 말씀이** 에스겔을 **이스라엘 족속의 파수꾼**으로 임명했다. 파수꾼은 성벽이나 언덕 꼭대기, 감시탑에 배치되어 다가오는 적군이나 임박한 위험을 경고했다(예를 들어 삼하 18:24-25; 왕하 9:17; 사 62:6-7; 렘 4:5; 6:1). **파수꾼**은 하나님의 선지자를 가리키는 용어로 자주 사용된다(예를 들어 사 56:10; 62:6-7; 렘 6:17; 호 9:8).

3:18. 에스겔은 하나님의 파수꾼으로서 이스라엘 족속에게 심판이 임박했다는 하나님의 경고를 전할 책임이 있었다. 그는 **악인**(18-19절)과 '의인'(20-21절) 모두를 **깨우쳐야** 한다.

3:19. 악한 사람이 **악한 행위**에서 돌아서지 않으면 분명히 **죽**을 것이다. 회개하라는 하나님의 경고에 주의를 기울이지 않는 이들은 **죄악 중에서 죽**을 것이다. 에스겔은 하나님께 순종하여 악인들에게 경고했다. 만약 그들이 에스겔의 메시지를 듣고도 **악한 마음**에서 **돌이키지 않**는다면 에스겔에게는 책임이 없다.

3:20-21. **의인**은 죄로 빠지지 말고 선지자의 경고에 주의를 기울이면서 신실하게 의를 행해야 했다. 그는 또한 의에서 돌이켜 **범죄**하지 말도록 **깨우침**을 받아야 했다. 범죄할 경우 그는 **죽**을 것이다.

메시지에 어떻게 반응하느냐는 에스겔의 책임이 아니었다. 그에게는 하나님께 순종하여 그분의 메시지를 전할 책임만 있었다. 그의 경고에 주의를 기울이지 않은 사람들은 자신을 비난할 수밖에 없었다. 만약 에스겔이 메시지를 전하지 않는다면, '그의 핏값을 에스겔의 손에서 찾을 것이다'(18, 20절). 그러나 그가 하나님의 말씀을 전한다면, **영혼을 보존**할 것이다.

3. 에스겔의 신체적 제한(3:22-27)

3:22-23. **여호와의 권능**이 에스겔에게 하나님이 **말하실 들**로 가라고 지시하셨다. 여기서 에스겔은 두 번째로 여호와의 영광을 보았다(참고. 1:28). 에스겔은 다시 경외심으로 반응하여 **엎드렸**다.

3:24. 성령이 다시 에스겔에게 **임하**여 그를 **세우**셨고(2:2에 대한 주석을 참고하라), 사역에 필요한 지시와 힘을 주셨다.

주님의 구체적인 메시지와 더불어, 에스겔은 하나님의 메시지를 전달할 때 구체적인 제약을 받게 되었다. 그는 먼저 **집**에 들어가 **문을 닫고** 집에 머물러야 한다. 그는 죄수가 아니었지만, 사역 현장은 자기 집에 국한되었고, 공동체와 제한적인 접촉만 가능했다(참고. 5:2; 12:3). 그가 집 밖으로 나가는 대신 지도자들이 하나님의 말씀을 받기 위해 그의 집으로 왔다(참고. 8:1; 14:1; 20:1).

3:25. 에스겔은 자신을 보호하기 위해 집에 머물러야 했다. 그러지 않으면 사람들이 그 위에 **줄을 놓아** 그를 **동여**맬 것이다. 만약 이 시점에 그가 백성들 '가운데 나가'면, 그의 메시지는 거부당할 것이고 반대자가 그를 공격할지도 모른다.

3:26. 두 번째 제한은 그의 말하는 능력과 관련이 있었다. 하나님은 에스겔의 **혀를 입천장에 붙게** 해서 그가 **말 못하**고 그들을 **꾸짖**지 못하게 하실 것이다. 에스겔은 일시적인 실어증 때문에 백성에게 말할 수 없었다. 그렇지만 이 침묵은 계속되거나(27절) 영원하지 않았다(33:22). 그는 하나님이 지시하실 때, 그분이 지시하는 내용만 말할 것이다.

3:27. 에스겔의 파수꾼 임명(16-21절)과 백성에게 말하지 말라는 금지(26절) 사이에 모순은 전혀 없다. 에스겔은 오직 하나님의 메시지를 하나님의 때에 말했다. 하나님이 그에게 말씀하셨다. **그러나 내가 너와 말할 때에 네 입을 열리라**. 하나님이 말씀하지 않으시면 에스겔은 침묵했다. 하나님이 메시지를 주셨을 때 그는 말했다. **주 여호와의 말씀이 이러하시다**(참고. 2:4).

에스겔의 메시지를 수용하느냐 거절하느냐는 하나님께 대한 개방적 자세가 반영된 결정이었다(참고. 출 16:8; 삼상 8:7). 이 단락은 **들을 자는 들을 것이요 듣기 싫은 자는 듣지 아니하리니**라는 말로 마무리된다. 이것은 메시아 예수님의 말씀과 비슷하다. "귀 있는 자는 들을지어다"(마 11:15; 13:9, 43; 막 4:9, 23; 눅 8:8; 14:35; 계 2:7).

Ⅱ. 유다에 대한 유배 심판(4:1-24:27)

이 책은 하나님의 영광스러운 환상에 근거한 에스겔의 극적인 사역 소명으로 시작된다. 하나님은 패역한 이스라엘을 향해서 하나님의 임박한 심판 메시지를 전하는 파수꾼의 임무를 에스겔에게 주셨다(1-3장). 에스겔서 전반부는 유다에게 다가오는 심판에 대한 선지자의 메시지이다(4-24장). 에스겔은 이미 바벨론에 유배된 유대 백성에게 그들의 죄 때문에 예루살렘에 임할 심판의 원인과 세부 사항을 설명하고(4-11장), 바벨론에게 승리할 것이라는 거짓 소망에 대해 포로들에게 경고하고(12-19절), 유다가 저지른 죄악의 역사를 개괄할 것이다(20-24장).

A. 유다 심판의 필연성(4:1-11:25)

에스겔은 파수꾼으로서 이스라엘이 그들의 죄를 직면하게 만들고, 그들에게 임박한 심판을 경고해야 했다(참고. 3:17). 그는 극적인 표징(4-5장)과 설교(6-7장), 환상(8-11장)을 사용했다.

1. 예루살렘에 다가오는 심판의 네 가지 표징 (4:1-5:17)

자기 집에 감금되어 있는 동안(참고. 3:24), 에스겔은 네 가지 극적인 표징을 실연하여 다가오는 예루살렘 공격에 대한 하나님의 메시지를 전했다.

a. 토판의 표징(4:1-3)

4:1. 첫 번째 표징으로 에스겔은 **토판**을 가져다가 그 위에 익숙한 **예루살렘** 윤곽도를 그려야 한다. 바벨론에서 부드러운 진흙 판은 보통 기록을 남기는 데 사용되었고, 벽돌은 일반 건축 재료였다.

4:2. 예루살렘의 이미지를 그린 뒤, 에스겔은 토판 위에 그려진 예루살렘 이미지를 **에워싸**서 예루살렘의 미래를 보여주어야 했다. 에스겔은 **사다리**와 **언덕**, **진**, **공성퇴**로 이 예루살렘 이미지를 공격했다. 이것은 머지않아 바벨론의 예루살렘 공격 중에 있을 사건에 대한 묘사였다(참고. 왕하 25:1; 렘 24:1; 52:4). 에스겔은 주전 593년에 사역으로 부름을 받았고(참고. 1:2), 이 표징은 아마 그 직후에 재연되었을 것이다. 그렇다면 이 경고 표징은 주전 586년 예루살렘 함락에 앞서 7년쯤 전에 주어졌을 것이다.

4:3. 마지막으로 에스겔은 예루살렘 이미지에 맞서 **철판**을 **철벽**으로 세웠다. **철판**은 보통 빵을 만드는 데 사용된 금속판이었다. **철벽**이라는 설명은 예루살렘을 공격하는 피할 수 없는 바벨론의 공격용 성벽을 나타냈다. '네 얼굴을 예루살렘으로 향하여' 하나님의 피할 수 없는 심판을 보여주라는 명령이 에스겔에게 내렸다. '네 얼굴을 향하라'라는 이 어구는 에스겔서에서 심판을 가리키는 데 14회(NASB) 사용된다[4:3, 7; 6:2;

13:17; 14:8; 15:7(2회); 20:46; 21:2; 25:2; 28:21; 29:2; 35:2; 38:2]. 예루살렘에게는 바벨론을 격파하여 하나님의 심판을 피할 수 있으리라는 소망이 전혀 없었다. 에스겔의 토판 역할극은 **이스라엘 족속에게 징조**가 되었다(참고. 12:6, 11; 24:24-27; 사 8:18; 20:3).

b. 에스겔이 옆으로 눕는 표징(4:4-8)

4:4-5. 하나님은 에스겔의 자세를 두 번째 표징으로 사용하셨다. 에스겔은 (유다는 따로 언급된다, 6절) 북 왕국 **이스라엘 족속의 죄악**을 강조하기 위해 **왼쪽으로 누워**야 한다. 그의 행동은 이스라엘의 죄악을 **짊어지**지 않고, 그들의 죄를 강조할 것이다(히브리어의 문자적 의미가 **짊어지다**가 아닌 '들다'임을 고려하라). 에스겔은 **그들의 범죄한 햇수대로 삼백구십 일** 동안 거기에 누워 있어야 했다. **삼백구십**은 북 왕국에서 여로보암에 의해 시작되어 예루살렘 함락 때까지(주전 975-586년, 왕상 12:20-33) 이어진 금송아지 숭배의 햇수를 가리킬 것이다.

4:6. 왼쪽으로 계속 누운 뒤에, 이번에는 **오른쪽으로 누워, 사십 일** 동안 [남 왕국] **유다 족속의 죄악**을 강조해야 한다. **사십**은 악한 왕 므낫세의 통치 기간(주전 697-643년) 동안 유다의 우상숭배와 죄악의 햇수를 가리키는 것 같다(왕하 21:10-16; 23:26-27).

에스겔은 하루 24시간 이 자세를 유지하지 않았다. 바로 다음 징조(4:9-17)에는 주위를 돌아다니도록 에스겔에게 요구했던 다른 몇 가지 행동이 포함되기 때문이다. 그는 아마 이스라엘과 유다의 죄의 표징으로 매일 일정 시간만 이 자세를 유지했을 것이다.

4:7. 네 얼굴을 에워싸인 예루살렘 쪽으로 향하라(참고. 3절)는 명령이 에스겔에게 내렸다. 그는 군사적 준비를 예시하며 **팔**을 걷어 올렸다.

4:8. 바벨론 공격 기간에 유대 백성이 겪을 감금 상태를 상징하기 위해, 하나님은 에스겔을 **줄로 동이셨**다. 그는 **몸을 이리저리 돌릴** 수 없었다. 분명 에스겔은 매일 옆으로 누웠던 시간에만 묶여 있었겠지만, 공격의 **날**을 상징하는 역할극이 **끝나기까지**는 그 외의 시간에 주위를 돌아다녔다.

c. 불결한 음식의 표징(4:9-17)

4:9-10. 에스겔의 세 번째 역할극은 예루살렘 공격의 심각성에 대한 징조이다. 에스겔은 **밀**과 **보리**, **콩**, **팥**, **조**, **귀리를 한 그릇**에 담고, 그것으로 **떡을 만들어**야 한다. 이것들은 이스라엘의 일반적인 음식 재료였지만(참고. 삼하 17:27-29), 보통은 하나로 섞지 않고 따로 요리한다. 그렇지만 공격 기간에는 음식이 너무 귀해서 여러 곡물을 합쳐야 한 덩어리를 만들 수 있었다. 에스겔은 왼쪽 **옆**으로 누워 있던 **삼백구십 일** 동안 이 떡을 **먹**었다. 그는 이 떡에서 **이십 세겔**[약 230그램]을 떼어서 매일 먹어야 했다.

4:11. 에스겔이 날마다 마신 **물**의 분량은 **육분의 일 힌**[약 6데시리터, 이상 현대인의 성경]밖에 안 되었다. 이렇게 부족한 양은 예루살렘이 공격받는 동안의 기근 상태를 예고했다(참고. 16-17절).

4:12-13. 에스겔에게 가장 혐오스러운 것은 다른 곡물도 들어 있던(참고. 9절) 이 **보리떡**을 **인분**을 연료로 삼아서 구우라는 명령이었다. 모세의 율법은 사람의 배설물 처리에 관한 구체적인 지시를 주었고, 다른 목적을 위해 인간의 배설물을 사용하는 것은 율법을 위반하는 행위이다(참고. 신 23:12-14). 그렇지만 예루살렘이 공격을 받으면 나무와 낙타, 소, 당나귀의 대부분이 없어질 것이고, 따라서 요리용 연료로 사용할 나무나 동물의 똥이 없을 것이다. 에스겔은 **그들의 목전에서 보리떡**[빵]을 **먹**어야 했다. 이는 주님이 그들을 **여러 나라들**[이방인들] 가운데로 **쫓아내**실 때, 그들이 모세의 음식법을 어기고 **부정한 떡을 먹**을 것이라는 표징이었다.

4:14. 에스겔은 율법을 어기게 하지 말아달라고 하나님께 간청했다. "아하 주 여호와여, 나는 가증한 음식으로 나를 더럽힌 일이 없었나이다." 경건한 유대인으로서 에스겔은 늘 하나님의 음식법과 정결 규례를 지켰다(참고. 1:3; 레 22:8; 신 14장). 그래서 그는 하나님의 율법을 어기도록 하지 말아달라고 자비를 구했다.

4:15. 하나님은 에스겔의 간청에 자비로 응답하셨다. 내가 **쇠똥으로 인분을 대신하기를 허락하노니 너는 그것으로 떡을** 준비하라. 에스겔은 자신의 메시지가 거부당하는 상황(2:1-7)과 불평 없이 침묵해야 하는 정신적 고뇌(3:26-27)를 두려움 없이 직면할 것이다. 또한 그는 탄식하지 않고 한 해 동안 옆으로 누워서 육체의 고통(1-8절)을 견딜 것이다. 하지만 그는 하나님께 자비를 구하며 자신이 율법을 범하지 않게 해달라고

간청했다.

4:16-17. 하나님은 **예루살렘**의 **양식**을 끊으셨다. 이는 하나님이 바벨론 공격 기간에 음식물 공급을 끊어, **백성이 근심 중에 떡을 달아 먹고**(참고. 12:19; 애 1:11; 2:11-12, 19) **두려워 떨며 물을 되어 마실 것**(애 4:4-5, 9)이라는 뜻이다. 에스겔이 본보기로 보여주었듯이(참고. 4:10-11) 음식과 물의 배급이 모두 제한될 것이다. 예루살렘은 자신들의 **죄악** 때문에 **쇠패**[衰敗]하거나 굶어 죽을 것이다(참고. 애 4:8-9).

d. 에스겔의 민머리와 나누어진 머리카락의 표징 (5:1-17)

5:1. 하나님은 에스겔에게 **이발사의 면도칼**(공동번역)처럼 **날카로운 칼**로 **머리털**과 **수염**을 깎으라고 명령하셨다. 면도할 때 칼[검]을 사용하는 것은 군사 공격을 예시했다. 에스겔서는 군사 공격을 묘사하는 데 칼을 80회 사용한다(예를 들어 6:11; 25:13). 게다가 어떤 사람의 머리와 수염을 미는 것은 패배에 어울리는 감정인 애도(참고. 7:18; 욥 1:20; 사 15:2-3; 렘 7:29; 48:37)와 겸손(삼하 10:4-5; 사 7:20)의 표징이었다. 그는 표징으로 사용되도록 **머리털**을 모아 **저울로 달고**, **나누어**야 했다.

5:2. 하나님은 에스겔에게 머리카락의 **삼분의 일**을 **성읍 안**으로 가져가서 거기서 **불사르**라고 명령하셨다. 그는 남은 머리카락 중 **삼분의 일**을 **칼로 쳐**야 했고, **삼분의 일**은 **바람에 흩어**야 했다. 이런 행동은 예루살렘이 바벨론에게 함락될 때 예루살렘 주민에게 일어날 일을 예시했다. 백성의 삼분의 일은 칼로 죽을 것이고, 삼분의 일은 예루살렘이 불탈 때 멸망할 것이고, 나머지 삼분의 일은 포로가 될 것이다.

5:3-4. 머리카락이 타고, 맞고, 흩어진 뒤에도, 그중에 **조금**은 남을 것이다. 에스겔은 하나님이 심판의 한복판에서 남은 자를 보존하신다는 것을 보여주기 위해, 이것들을 **옷자락**에 **싸**야 한다. 그렇지만 그 약간의 머리카락도 안전하지 않았다. 하나님이 에스겔에게 **그 가운데에서 얼마를 불**에 던져, 남은 자까지도 맞닥뜨리게 될 고난과 죽음을 보여주라고 명령하셨기 때문이다. 이 심판의 대상은 **이스라엘 온 족속**이었다.

5:5. 주님은 예루살렘을 자신이 선택했고(신 12:5; 대하 6:6; 시 132:13) 다른 것보다 사랑한다(시 87:2)는 사실을 강조하며 말씀하셨다. **이것이 곧 예루살렘이라 내가 그를 이방인 가운데에 두어**(참고. 38:12). 중세의 랍비 문헌과 기독교 문헌 그리고 지도에서는 온 세상이 예루살렘을 향했지만 예루살렘이 하나님께 갖는 특별한 중요성은 단지 지리적 위치에서 기인한 것만은 아니다. 주님은 예루살렘의 역사적, 구속적 지위를 강조하신다(참고. 사 2:1-4; 미 4:1-3). 예루살렘은 하나님의 말씀의 수령인, 그분의 영광이 거하는 처소 그리고 그분이 사랑하시는 대상이었다(시 48:2; 느 1:9; 슥 8:2; 마 23:37).

5:6-7. 이렇듯 존귀한 지위에 있었지만, 애석하게도 이스라엘은 하나님의 **규례**를 **거슬러서**(참고. 2:3), 자기를 **둘러 있는 이방 나라**들보다 **더 악하게 행동했다.**

5:8. 예루살렘 백성이 하나님의 사랑과 율법을 거부했기 때문에 하나님은 자신의 결심을 강조하며 진술하셨다. **그러므로 나 주 여호와가 말하노라 나 곧 내가 너를 치며**(참고. 13:8; 21:3; 26:3; 28:22; 29:3, 10; 30:22; 34:10; 35:3; 39:11). 예루살렘은 **이방인의 목전에서** 심판받을 것이다. 하나님의 심판, 예루살렘의 파괴가 있을 것이다.

5:9-10. 예루살렘의 온갖 **가증한 일**[제의적 부정과 도덕적 불결] 때문에 **전무후무한** 일이 이스라엘에서 일어날 것이다. 기근이 너무 심해서 **아버지가 아들을 잡아먹고 아들이 그 아버지를 잡아먹**을 것이다. 극심한 기근 때문에 어떤 사람은 굶주림을 견디지 못하고 식인 풍습에 기댈 것이다. 이 공포는 약속의 땅 정복과 예루살렘 정착에 앞서, 율법에 예고되었다(신 28:53-57; 레 26:29). 포위 공격을 받는 동안 일부 부모는 양식으로 삼기 위해 건장한 자녀를 살해했다(왕하 6:28-29; 애 2:20; 4:10). 분명 성인들도 서로 잡아먹었겠지만, 그들이 어떻게 죽었는지는 분명하지 않다(렘 19:9). 이런 혐오스러운 행동이 그들의 죄를 더했고, 하나님은 그들에게 **벌을 내리고 사방에** 그들을 **흩으실** 것인데, 이는 그들을 그 땅에서 사방으로 추방한다는 뜻이다.

5:11-12. 그들이 **미운 물건**과 **가증한 일로 내 성소**, 성전을 **더럽혔**기 때문에, 주님은 그들에게서 자신의 임재를 거두시고(참고. 10장), 네 가지 격한 분노의 심판(**전염병**, **기근**, **칼**, **흩어짐**)을 통해 **긍휼** 없이 그들을 벌하실 것이다(참고. 7:15-16; 14:21; 레 26:25-26; 신

32:23-25; 렘 14:12; 24:10). 하나님의 특별한 호의 대상인 예루살렘은 곧 특별한 심판의 대상이 될 것이다.

5:13. 하나님의 심판은 그분의 **분이 가라앉**을 때까지 계속될 것이다. 각 심판의 신적인 근원에 강조점이 놓인다. **나 여호와가 말한 줄을 알리라**(13, 15, 17절). 하나님의 **분**을 **그들에게** 쏟아부을 때까지 하나님의 심판은 계속 될 것이다.

5:14-15. 하나님은 예루살렘에 굴욕적인 심판을 내리실 것이다. 예루살렘은 **이방인들에게 수치와 조롱거리**가 될 것이다(참고. 애 2:15). 하지만 이 비웃는 나라들은 예루살렘에서 일어나고 있는 일을 두려워할 것이고, 예루살렘 안에서 벌어지는 학살이 그들에게 **경고**가 될 것이다.

5:16-17. **기근의 독한 화살, 사나운 짐승, 전염병** 그리고 **칼**이라는 하나님의 심판이 임할 때(참고. 11-12절), 하나님은 이것이 **나 여호와**가 **말하**였음을 입증할 것이라고 선언하셨다.

2. 다가오는 심판의 메시지(6:1-7:27)

네 가지 극적인 표징(4-5장)에 뒤이어, 에스겔은 "여호와의 말씀이 내게 임하여"로 시작되는 두 개의 메시지를 전했다(6:1; 7:1). 첫 번째 메시지는 심판의 이유, 곧 이스라엘의 우상숭배와 관련되었다(6장). 두 번째 메시지는 이스라엘에게 내릴 심판의 특징을 묘사했다(7장).

a. 메시지: 우상숭배, 심판의 원인(6:1-14)

6:1-3. 하나님은 에스겔에게 **이스라엘 산들**과 **언덕, 시내** 그리고 **골짜기**로 얼굴을 **향하**라고 명령하셨다. 이것은 유대 땅이 아니라 유대 백성이 이스라엘 전역의 사당에서 이교 숭배에 동참한 데 대한 심판이었다(참고. 왕하 21:2-6, 10-15; 렘 2:20-28; 17:1-3; 32:35). 유대 백성은 예루살렘 성전에서 주님께 신실하게 예배하는 대신 이방인의 이교 관행을 따랐고, 그 땅 전역에 이교 사당을 세웠다. 결과적으로 하나님은 이스라엘의 이교 숭배 **산당**을 파괴하기 위해 심판의 **칼이 임하**게 하실 것이다(참고. 11:8; 14:17; 29:8; 33:2).

6:4-5. 거짓된 예배 장소와 예배자가 모두 파괴될 것이다. 하나님은 예배자가 **죽임을 당하여** 자기 **우상 앞에 엎드러지게** 하실 것이다.

6:6-7. 하나님은 에스겔에게 백성들이 **죽임을 당한** 자를 보았을 때, 그들은 **내가 여호와인 줄을 알** 것이라고 말씀하셨다. '내가 여호와인 줄을 알다'라는 이 핵심 어구는 에스겔서에 60회 이상 등장하고(예를 들어 7, 10, 13, 14절; 7:4, 27; 11:10; 25:17; 39:22), 심판에 담긴 하나님의 의도를 지시한다. 하나님의 의도는 이스라엘이 하나님의 심판 예고가 성취되는 것을 보고, 이런 일이 생기게 하신 분은 하나님이라는 것을 깨닫게 하는 것이다.

6:8. 하나님은 악인을 심판하시지만, 선택한 백성에 대한 신실하심 때문에 **남은 자가 있게** 하실 것이다(참고. 5:3-5; 12:16; 창 12:1-3; 렘 31:31-40). 이스라엘이 **여러 나라**에 흩어질 때 **칼**을 피할 사람이 있을 것이므로 모든 유대 백성이 파멸하지는 않을 것이다.

6:9-10. **살아남**아 **이방인들 중에** 사는 유대 백성은, 하나님의 성품과 자기들이 하나님에게서 **떠났**을 때 이스라엘이 가졌던 **음란한 마음**으로 인해 주님을 **근심하게** 했음을 **기억**할 것이다. **음란한** 마음이란 우상숭배의 영적 부도덕, 즉 부부간의 부정에 버금가는 불성실한 행위를 가리킨다. 그들은 또한 하나님의 신실하심을 기억할 것이고, 주님이 항상 약속을 실행하시고, 불순종에 대한 심판으로 **이런 재앙을 내리시**는 **여호와인 줄 알** 것이다. 그들은 하나님이 결코 **헛되**이 말씀하지 않으셨음을 알 것이다.

6:11-12. **모든 가증한 악** 때문에 에스겔은 **손뼉을 치고 발을 구르**면서(참고. 욥 27:23; 애 2:15; 겔 21:14, 17; 22:13; 25:6; 나 3:19), 비웃으며 **오호라**라고 말할 것이다. 그들은 **칼**과 **기근, 전염병**에 의해 파괴될 것이다. 이는 에스겔의 네 번째 표징에서 선언된 심판의 요약이다(참고. 5:11-12). 예루살렘 안에서 한 가지 재난을 피한 사람들은 하나님이 **진노를 그들에게 이루**셨을 때 다른 재난이 자기들을 치려고 기다리고 있는 것을 발견할 수밖에 없다.

6:13. 이교 숭배에 가담했던 유대 백성에 대한 심판의 메시지(참고. 1-7절)가 그림을 그린 것처럼 요약한 부분에서 반복된다. **그 죽임 당한 시체들이 그 우상들 사이에, 제단 사방에, 각 높은 고개 위에…모든 푸른 나무 아래에, 무성한 상수리나무 아래…에 있으리니 내가 여호와인 줄을 너희가 알리라.** 산당의 제단은 종종 성장과 번식, 영의 거주를 상징했던 우람한 나무 가운데

지어졌다(참고. 호 4:13). 하나님은 천연자원이 풍부한 땅을 자기 백성에게 주셨지만, 백성들은 그분의 땅을 오염시켜 **우상에게 분향하**는 데 사용했다.

6:14. 하나님은 그들이 **사는 땅**을 심판으로 치셔서 **디블라** 방향의 **광야**보다 더 **황량하**게 만드실 것이다. 정확한 위치는 알 수 없지만, 논점은 명확하다. 이스라엘의 우상숭배에 대한 심판이 그 땅을 폐허로 만들 것이다. 심판의 결과는 하나님이 최고의 권위를 지니셨음을 인정하는 것이다. **내가 여호와인 줄을 그들이 알리라**(참고. 7, 10, 14절).

b. 심판의 특성에 대한 메시지(7:1-27)

7:1-2. 이 메시지에서 **여호와의 말씀**(참고. 6:1)에 대한 강조는 심판의 절정이다. **끝났도다 이 땅 사방의 일이 끝났도다.** '끝나다'라는 단어는 이 메시지에서 5회 사용되어[2(2회), 3, 6절(2회)], **땅 사방**에 임할 심판을 예고하고, 이스라엘이나 유다의 어떤 부분도 하나님의 심판을 피할 수 없을 것임을 나타낸다.

7:3-4. 거룩하심과 하나님의 진노에 강조점이 놓인다. 백성들은 의로우신 하나님이 죄를 징벌하신다는 사실을 깨달을 것이다. 하나님은 이스라엘의 **가증한 일** 때문에 이스라엘에게 **진노를 나타내**겠다고 맹세하셨다(참고. 5:8). 하나님은 **불쌍히 여기지** 않고 **행위**를 따라 심판하실 것이다(참고. 4, 8-9, 27절). 길/행위에 근거한 심판은 에스겔서에서 41회 언급된다(예를 들어 8, 9, 27절; 9:10; 16:43; 22:31). 그들의 악한 행동이 낳은 결과에 대해서는 하나님이 그들에게 책임을 지우실 것이다. 그때에 이스라엘은 **내가 여호와인 줄을 알** 것이다(참고. 6:7).

7:5-6. 주 여호와께서 경고의 외침을 발하셨다. **재앙이로다, 비상한 재앙이로다**[강조를 위한 반복]…**그것이 왔도다.** 히브리어 어구는 간결한 강조형 스타카토이다. **임하도다**/**왔도다**가 5-7절에서 6회 나온다. 이것은 확실한 사건이 임박했음을 알리는 긴급한 소식이다.

7:7. 다가오는 예루살렘의 **재앙**은 확실했다. **날이 가까웠으니. 산** 위의 이교 예배와 결부된 **즐거**운 외침이 아니라 **요란**[혼란, 공황]이 있을 것이다(참고. 6:1-5).

7:8-9. 하나님은 심판의 **분**을 **쏟**으실 것이다(9:8; 14:19; 20:8, 13, 21; 22:31; 30:15; 36:18). 파괴는 예고된 대로 올 것이고, 그래서 피해를 입은 이들은 **나 여호와가 때렸**음을 알 것이다. 이것은 이스라엘에 대한 심판 예언이 성취된 결과로 주님을 알게 되는 것이라는 진술을 변형한 것이다(참고. 6:7).

7:10-11. 볼지어다 그날이로다. 심판이 임박했다. **몽둥이**[혹은 가지]**가 꽃이 피며 교만이 싹이 났**기 때문이다. 살구나무는 이스라엘에서 가장 먼저 꽃피는 나무이다(렘 1:1-12). 살구나무 가지에 난 싹이 봄을 나타냈듯이, 백성들의 죄는 다가오는 하나님의 심판을 알렸다. 이스라엘의 **포학**이 **꽃이 피어 죄악의 몽둥이**로 자라났다.

7:12-13. 심판이 임박했다. **때가 이르렀고 날이 가까웠다**(참고. 5-7, 10절). 하나님의 **진노**가 **모든 무리**에게 임했고, 이스라엘의 경제가 붕괴될 것이다. 예루살렘이 함락된 후 가치 있는 것은 아무것도 남지 않아, 사업상의 거래에서 **사는 자도 기뻐하지** 않고 **파는 자도 근심하지** 않을 것이다. 어떤 방법을 통해서도 심판은 돌이킬 수 없다.

7:14. 나팔을 불어 전쟁을 위해 **온갖 것을 준비하**는 일도 하나님의 **진노**를 막지 못하는 쓸모없는 보호막이 될 것이다.

7:15-16. 이스라엘에게는 **칼**과 **전염병**, **기근**으로 심판하시는 주님의 진노를 피할 보호막이나 출구가 전혀 없을 것이다(참고. 5:12). **밭으로 피하**는 사람은 쫓겨 다니다 **칼**에 죽을 것이다. 성벽 안에서 보호를 찾는 사람은 **기근**과 **전염병**에 맞닥뜨릴 것이다(참고. 렘 14:18). 소수의 생존자(**도망하는 자**)는 **산으로 숨어 각기 자기 죄악 때문에 울**면서, 자신의 죄와 하나님의 공정한 심판을 인정할 것이다.

7:17-18. 하나님의 심판을 겪으면 모든 사람이 두려움으로 약해질 것이다. 그들의 **손은 피곤하고 무릎은 물과 같**을 것이다(참고. 21:7). 그들은 조객(弔客)들처럼 **베옷**을 입고, (자신들의 죄로 인한) **수치**에 압도되어 **두려워** 떨 것이고, 슬픔 속에서 머리를 밀어 **대머리**가 될 것이다(창 37:34; 삼하 3:31; 욥 16:15; 사 58:5; 렘 6:26).

7:19. 그들은 **은을 거리에 던지며 금을 오물같이 여길** 것이다. 금과 은이 **여호와의 진노의 날에 그들을 건지지 못하고, 그 창자를 채우지 못**할 것이기 때문이다. 그들의 금과 은 우상(참고. 렘 10:1-10)은 무용지물이

다. 우상은 하나님의 심판에서 그들을 보호하거나 기근을 멈출 수 없다. 우상은 **오물같이** 되었기 때문에 거리에 던져질 것이다. **오물**[*niddah*, 닛다]이라는 단어는 제의적 오염을 나타낸다(레 15:19-33; 민 19:13-21). 백성들은 자신들의 **죄악**과 **걸림돌**의 원인인 우상숭배에 대해 혐오감을 느낄 것이다.

7:20. 주님의 집, **그 화려한 장식**이 그들의 **가증한 우상**과 **미운 물건**에 의해 변질되었다. 예루살렘 공격 중에 우상숭배가 만연했다. 바벨론 포로 이후, 우상숭배는 **그들에게 오물이** 될 것이다. 유다의 역사는 바벨론 귀환 이후 우상숭배가 이스라엘 안에서 더는 행해지지 않았음을 보여주었다.

7:21-22. 유대 백성은 언약궤가 성전 안에 있기 때문에, 다른 곳은 파괴되어도 예루살렘은 안전하다는 그릇된 믿음을 가졌다(참고. 삼상 4-7장). 하지만 하나님은 성전을 **타국인**에게 넘겨, 그들이 그분의 **은밀한 처소**, 지성소를 **약탈하**고 **더럽히**게 하실 것이다(렘 52:17-23). 이스라엘의 죄는 너무 심각해서 성전마저 하나님의 심판을 피할 수 없을 것이다(미 3:12).

7:23-24. **쇠사슬을 만들라**는 하나님의 명령은 **극히 악한 이방인**, 폭력적인 바벨론이 예루살렘 백성을 쇠사슬에 묶어 잡아갈 것임을 앞서 보여준다(참고. 28:7; 렘 6:23; 합 1:5-11). 하나님은 바벨론을 **데려와** 모든 것을 **점령하게** 하실 것이다. 자신의 **강한 자**, 병사와 이교 **성소**에 대한 이스라엘의 확신(**교만**)은 쓸모없음이 입증될 것이다.

7:25-26. 백성들은 **환난**에 고뇌(**패망**)로 반응하고 헛되이 **평강**을 추구하겠지만, 결국은 아무것도 **없을 것**이다. 대재난 하나가 임하자마자, 다른 대재난이 오고 있다는 **소문**이 퍼질 것이다. 백성들은 하나님의 말씀, **선지자**의 **묵시**와 **제사장**, **장로**를 찾겠지만, 하나님은 응답하지 않으실 것이다. 그들이 이미 선지자가 받은 하나님의 말씀을 거절했기 때문이다.

7:27. 심판의 메시지를 들으면서, 이미 바벨론에 유배되었던 **왕**[여호야긴, 참고. 1:2]은 **애통**할 것이다. **고관**[시드기야, 12:8-11에 대한 주석을 참고하라]은 **놀람을 옷 입**듯 할 것이고, **주민**들은 **떨** 것이다. 주님의 지시도 전혀 없고 왕정의 지도자도 없어서, 백성들은 두려움에 떨 것이다. 주님은 **그 행위대로 그들에게 갚**으실 것이다. 주님은 임의대로 심판하지 않으시지만, 회개의 경고를 반복하신 뒤에 하나님의 진노가 사람의 **행위**대로 임할 것이다. 이 심판의 기준은 7장에서 5회 언급되고(3-4, 8-9, 27절), 에스겔서 곳곳에서 되풀이된다(참고. 9:10; 11:21; 16:43; 18:30). 심판은 백성의 행동에 근거했고, 그 목적은 하나님이 **여호와인 줄을** 그들이 알게 하려는 것이었다(참고. 6:7).

3. 다가오는 심판의 환상(8:1-11:25)

사역으로 부르심을 받은 이후 에스겔은 하나님의 영광에 대한 환상을 받았고(1-3장), 네 가지 표징을 실연했고(4-5장), 심판에 대한 두 가지 메시지를 주었다(6-7장). 이제 그는 심판에 초점을 맞춘, 네 부분으로 이루어진 환상을 받는다. (1) 성전에서 자행된 백성의 악(8장), (2) 예루살렘 백성의 살육(9장), (3) 주님의 영광이 성전에서 떠남(10장) 그리고 (4) 주님의 영광이 떠나면서 악한 통치자에게 임한 심판(11장)이다.

에스겔이 환상 중에 예루살렘으로 이동했을 때(참고. 3:14; 11:1, 24; 37:1; 43:5) 그의 몸은 바벨론에 있었다. 장로들은 그의 앞에 앉아 있었지만 하나님의 환상을 보지 못했고, 에스겔은 그 환상을 나중에 장로들에게 설명해주었다(11:24-25).

a. 성전 안의 악에 대한 환상(8:1-18)

8:1. 이 환상은 (여호야긴의 유배, 참고. 1:2) **여섯째 해 여섯째 달 초닷새**[엘룰월 5일/주전 592년 9월 17일]에 일어났다. 에스겔의 첫 번째 환상 후 정확히 14개월 만이었다(1:1-2).

에스겔은 **유다의 장로들**과 함께 자기 **집에 앉아** 있었다. 에스겔의 사역은 집 안으로 제한되었지만(참고. 3:24), 공동체의 장로들이 그의 집으로 왔고, 거기서 그들은 에스겔의 메시지를 받았다. **주 여호와의 권능**이 그에게 **내렸**다는 표현(참고. 1:3; 3:14, 22)은 하나님이 말 그대로 손을 가지셨다는 뜻이 아니라(참고. 8:3) 하나님의 지휘를 가리킨다.

8:2. 에스겔은 **불 같은 형상**을 보았다. 이 인물은 천사 같은 존재를 넘어서서 하나님의 현현에 더 가까운 것 같다(참고. 1:26). 그분의 **허리**부터 그 아래의 **모양**은 **불** 같았고, 허리 위로는 **단쇠**처럼 밝았다(참고. 1:4). 에스겔은 자기가 하나님을 보았다고 말하지 않고, 초자연적인 존재의 **모양**이었다고 설명했는데, 이것

은 '하나님의 영광'이었다(4절, 1:5과 1:26-27에 대한 주석을 참고하라).

8:3. 영이 에스겔을 **들어 천지 사이로** 올려서, **환상** 중에 그를 **예루살렘**으로, 성전 **안뜰로 들어가는 북향한** 문으로 옮기셨다. 여기서 에스겔은 **질투를 일어나게 하는 우상의 자리**를 보았다. 이 우상은 하나님께 대한 모독이었고, 그래서 당연히 하나님의 **질투**를 자극했다. 이 이교 신이 하나님 한 분에게만 돌아가야 할 경배를 받고 있었기 때문이다(출 20:4; 참고. 신 4:23-24).

8:4-6. 에스겔이 질투의 우상을 바라보고 있는 동안, 들에서 보았던 **이스라엘 하나님의 영광**(참고. 1:28, 서론의 '주제'를 보라)이 그에게 수사적인 질문을 던졌다. **이스라엘 족속이 행하는 일을 보느냐 그들이 여기에서 크게 가증한 일을 행하여 나로 내 성소를 멀리 떠나게 하느니라.** 하나님은 자신의 영광을 우상과 공유하지 않으실 것이다(참고. 사 42:8). **질투의 우상**은 끔찍했다. 그러나 에스겔은 더 **크게 가증한 일**을 볼 것이다(8:13, 15).

8:7-9. 그 뒤에 하나님은 에스겔을 성전 뜰, (아마도) 안뜰 문으로 **이끌**어가셨다. 그곳에는 **담**의 **구멍**과 문이 있었고, 거기서 그는 **가증하고 악한 일**이 자행되는 것을 보았다.

8:10. 에스겔이 **들어가**보았더니, **각양 곤충과 가증한 짐승과 이스라엘 족속의 모든 우상이 사방 벽에 그려져** 있었다. 이것은 우상숭배를 하나님이 어떻게 보시는지 숨김없이 보여준다(롬 1:21-23).

8:11. 방에는 **이스라엘 족속의 장로 칠십 명**이 서 있었다. 그들은 죄를 방지하고 질투의 우상에게 **향로**로 분향하는 이교를 근절했어야 할 이스라엘의 지도자였다(참고. 민 11:16-17). 사반 가문의 모든 사람이 주님께 신실함을 지켰기 때문에, **사반의 아들 야아사냐**의 존재는 주목할 만하다(참고. 렘 26:24; 39:14; 40:5).

8:12-13. 하나님은 에스겔에게, 이 **이스라엘 족속의 장로들이 여호와께서 우리를 보지 아니하시며 여호와께서 이 땅을 버리셨다**라고 말하면서 자기들의 죄를 정당화하고자 했다고 하셨다. 그들은 하나님이 **어두운 가운데에서 행하는** 죄를 보지 못하신다고 생각했다. 그들은 하나님이 고통의 때에 자기들을 버리셨다고 생각했다(참고. 9:9). 그들은 자신을 보호하기 위해 다른 신을 경배한다며 스스로를 합리화했다.

백성의 우상숭배는 산 위 산당의 공개 예배에서 성전의 우상숭배로 발전했다. 하지만 이것은 이스라엘이 저지른 악의 전모가 아니었다. 에스겔은 **다른 큰 가증한 일**을 볼 것이다(6, 15절).

8:14-15. 하나님은 에스겔을 **여호와의 전**의 **북문**, 성전 바깥뜰로 데려가셨고, 거기서 에스겔은 **여인**들이 **담무스를 위하여 애곡하**는 것을 보았다. 바벨론의 농신(農神) 담무스를 숭배하는 제의 중에는 눈물과 역겨운 음란 행위로 비를 간청하는 단계가 있었다. 이 이스라엘 여인들은 비를 주시는 분(레 26:4; 신 11:14)에 대한 예배를 저열한 이교 숭배로 대체했다. 하지만 에스겔은 **더 큰 가증한 일을 보**아야 한다(6, 13절).

8:16. 그 뒤에 하나님은 **여호와의 성전 문**의 **현관과 제단 사이**에 있는 **여호와의 성전 안뜰**로 에스겔을 데려가셨다. 이 구역은 희생제물을 바치는 놋쇠 제단 부근이었다(참고. 왕상 6:2-3). 여기서 이스라엘 제사장은 희생제물을 바치면서 하나님께 자비를 외쳤다(참고. 욜 2:17). 대신 에스겔은 **약 스물다섯 명이 여호와의 성전을 등지고 낯을 동쪽으로 태양을 향하여** 있는 것을 보았다. 성전에 있는 것을 볼 때 아마 제사장이었을 이 사람들은 말 그대로 주님께 등을 돌린 채 태양을 숭배하고 있었다(신 4:19).

8:17. **유다 족속**은 **가증한 일을 하여 그 땅을 폭행**[폭력과 부패, 과부와 고아에 대한 학대, 음행]**으로 채웠**다. 이런 관행은 하나님의 진노를 **일으켰고**, 그분의 심판을 가져올 것이다(참고. 출 22:21-22; 사 1:17; 10:1-2; 렘 5:26-29; 22:3).

나뭇가지를 그 코에 두었다는 표현은 아마 다른 사람을 비웃는다는 뜻의 관용어이거나, 혹은 자연숭배 제의의 일부일 수 있다. 아무튼 이 몸짓은 하나님을 역겹게 모독하는 것이었다.

8:18. 이 가증한 일에 대한 하나님의 응답은 단호했다. **나는** [그들에게] **분노로 갚**을 것이고 **불쌍히 여기**거나 **긍휼을 베풀지** 않을 것이다. 하나님은 그들이 궁지에 몰려 **큰 소리로** 하나님께 **부르짖을지라도** 듣지 않으실 것이다. 하나님은 모든 것을 들으시지만, 그들의 가증한 죄 때문에 그들의 음성에 반응하지 않고 그들을 아끼지 않으실 것이다.

b. 예루살렘 살육의 환상(9:1-11)

이 환상의 두 번째 부분은 8장에 묘사된 죄악으로 예루살렘에 임한 하나님의 심판이 실행되는 것이다.

9:1. 주님이 **큰 소리로 외치셨는데**(참고. 시 29:3-5), 이는 긴급함과 백성의 헛된 탄원에 대한 반대를 시사한다(참고. 8:18). **이 성읍을 관할하는 자들**[문자적인 의미는 '징벌할 자들']이여, 가까이 **나아오라**.

9:2. 그 뒤에 **여섯 사람이 북향한 윗문 길**, 곧 바벨론이 예루살렘을 침략해올 방향(참고. 렘 1:14)**으로부터** 왔다(참고. 8:3). 이곳은 질투의 우상숭배가 벌어진 구역이다. 그들은 각자 **손에 죽이는 무기**, 아마 곤봉이나 큰 도끼를 가졌을 것이다.

이 무리와 구별된 일곱 번째 인물, **한 사람**은 위엄과 순결을 나타내는 **가는베 옷**을 입었다(참고. 단 10:5; 12:6-7). 의인(죄에 대한 하나님의 평가를 공유한 사람)을 보호하기 위해 이마에 표를 그리는 그의 임무(9:4)는 그가 아마 '여호와의 천사', 성육신 이전의 메시아였을 것임을 시사한다(예를 들어 창 16:7-14; 22:11-15; 31:11-13; 삿 2:1-3). 그는 서기관의 **먹 그릇**을 가졌는데, 문자적으로는 갈대 펜과 뿔 잉크통(inkhorn)이 담긴 '서기관의 그릇'이다. 그는 의로운 제물을 원하시는 하나님의 요구의 상징인 **놋 제단 곁에서 있었다**(레 1장).

9:3-4. 이제 **하나님의 영광**이 성전에서 멀어지기 시작했다. **성전 문지방**에서 하나님은 **가는베 옷을 입은 사람**에게 지시를 내리셨다. **너는 예루살렘**을 다니며, **그 가운데에서 행하는 모든 가증한 일로 말미암아 탄식하며 우는 자의 이마에** 먹 그릇의 도구로 **표를 그리라**. 엘리야 시대와 마찬가지로, '바알에게 무릎을 꿇지 않은' 신실한 남은 자가 유다 안에 있었다(왕상 19:18). 하나님은 신실함을 지킨 사람을 아셨고, 바벨론을 사용하여 이스라엘을 심판하실 때 그들의 생명을 살려주실 것이다. 이것은 유월절에 죽음을 면하기 위해 문지방에 피를 바르는 것(출 12:23)과 환난기에 144,000명의 신실한 증인에게 인을 치는 것과 비슷하다(참고. 계 7:3-4).

9:5-7. **그들** 곧 여섯 사람은 **성읍 중에 다니며** 표가 없는 사람을 치라는 명령을 받았다. 그들은 가는베 옷을 입은 사람에게 **표**를 받은 모든 사람을 **가까이하지** 말아야 한다. 하지만 서기관의 표를 받지 않은 모든 사람은 예외 없이 파멸되어야 한다. **불쌍히 여기지 말며 긍휼을 베풀지 말고**. 심판은 하나님께 등을 돌리고(참고. 8:16) 백성을 잘못 인도했던 **성전** 안의 **늙은 자들로부터 시작**되어야 한다(참고. 벧전 4:17). 그들의 시체가 **성전을 더럽힐** 테지만, 성전은 그들의 악한 우상숭배 관행으로 이미 더럽혀졌다. 바벨론은 절대 "청년 남녀와 노인과 병약한 사람을 긍휼히 여기지 아니하였"기 때문이다(참고. 대하 36:17-20).

9:8. 슬픔에 잠긴 에스겔은 **엎드려 부르짖었다**. **아하 주 여호와여! 이스라엘의 남은 자를 모두 멸하려 하시나이까**. 아브라함과 모세와 아모스처럼, 에스겔은 유대 백성이 죄를 지었음에도 불구하고 그들을 사랑했다(참고. 11:13; 창 18:20-33; 출 32:11-14; 암 7:1-9).

9:9-10. 하나님은 **이스라엘과 유다 족속의 죄악이 심히 중하여**[히브리어 원문에서는 강조를 위해 2회 반복] **피가 가득하고**(참고. 8:17) **불법이 찼다**고 설명하셨다. 그들은 **여호와께서** 자기들을 **버리셨고 보지** 않으신다고 생각했다(참고. 8:12). 그렇지만 하나님은 그들을 바로잡으셨다. 하나님은(**내가**) 그들의 악한 **행위**를 **불쌍히 여기지** 않을 것이고, 그로 인해 **그들의 머리**에 심판이 임할 것이다(참고. 7:4, 9; 8:18; 24:14).

9:11. **가는베 옷을 입은 사람**이 **복명**했다. **주께서 내게 명령하신 대로 내가 준행하였나이다**(참고. 4절). 각 사람의 운명은 그와 주님의 관계에 따라 결정되기 때문에, 그는 의인을 보호하고자 의인들에게 표시를 했다.

c. 하나님의 영광이 성전을 떠나는 환상(10:1-22)

이 환상은 9:3에서 시작된 주님이 성전을 떠나시는 과정을 이어간다. 하나님은 참으로 거룩하셔서 우상과 자신의 거처를 공유하실 수 없다. 주님의 이미지는 1장의 이미지와 비슷하다.

10:1-2. 하나님은 **가는베 옷을 입은 사람**에게 **숯불을 가져다가**(참고. 1:13, 사 6:6) **성읍 위에 흩으라고** 말씀하신다. 하나님은 예루살렘을 정화하기 위해 불붙은 석탄을 심판의 도구로 사용하실 것이다(느 11:1; 사 52:1).

10:3-5. 하나님은 단계적으로 예루살렘을 떠나신다(참고. 18-19절). 이제 **여호와의 영광이 올라와 성전 문지방에 이르렀다**(참고. 9:3). 그룹들의 이미지는 1장의 환상과 비슷하다.

10:6-7. 의인을 보호하고자 그들에게 표시했던 **가는베 옷을 입은 자**는 이제 **그룹들**에게 **불**을 받아서 예루살렘에 심판을 내리기 위해 **나갔다**(예를 들어 렘 4:4; 11:14-17; 15:14; 17:4; 21:12; 왕하 25:8-9).

10:8-13. **그룹들**과 **바퀴**에 대해 보다 자세한 설명이 나온다(참고. 1:15-21). 그들의 **온몸**과 **등**, **손**, **날개**와 **바퀴**에 **눈이 가득**했다. 이것은 아마 신적인 전지하심을 나타낼 것이다. 그들은 요한이 보았던, 하나님의 보좌 주위에 있으면서 눈으로 가득한 네 생물과 비슷하다(계 4:8).

10:14. 여기서 생물의 얼굴은 **그룹**과 **사람**, **사자**, **독수리**의 얼굴이다. 소의 얼굴은 더 자세한 외형 묘사 없이 **그룹**으로 대체된다(참고. 1:10). 어떤 사람들은 이것이 '소'를 '그룹'으로 베낀 필사상의 오류라고 주장했지만, 이런 의견을 지지하는 사본상의 증거는 전혀 없다. 더 가능성이 높은 것은, 소의 얼굴이 그룹의 이미지에 대한 일반적 이해였다는 것이다. 고대 메소포타미아의 아카드 제국에서 '쿠리부'[*kuribu*, 히브리어 '그룹'(*chrub*)의 동족어]가 소로 묘사되기 때문이다.

10:15-17, 20-22. 그룹들에 대한 묘사는 1장과 비슷하다.

10:18-19. 하나님의 **영광**이 떠나는 것을 단계적으로 묘사한다. 주님은 성전을 떠나기로 결심하셨다. 성소를 오염시킨 우상과 자신의 거처를 공유하지 않으실 것이기 때문이다. 그때에 그룹들이 올라갔다(15절). 하나님은 지성소에서 **성전 문지방**으로 이동하셨지만(참고. 9:3), 그룹들은 '성전 오른쪽'에 남았다(3절). 주님은 올라가서 보좌에 (주 하나님은 문자적인 의미에서 물리적 신체를 가지고 계시지 않기 때문에 비유적인 의미에서) 앉으셨다(10:4). 결국 주님은 보좌용 전차와 그룹들을 데리고 **성전 문지방을 떠나**셨다. 그들은 **동문에 머물**렀고(18-19절), 떠나기 전에 **이스라엘 하나님의 영광이 그 위에 덮였다**(19절).

d. 예루살렘의 통치자에 대한 심판(11:1-25)

악한 '스물다섯 명'의 기사는 심판의 필요성을 강조한다(11:1-21).

11:1. 하나님의 영광이 떠나시다가 머물렀을 때, **영이** 에스겔을 **들어 올려서**(참고. 3:8, 14; 11:24; 37:1; 43:5) 감람산을 마주한 **여호와의 전의 동문**으로 그를 데려가셨다. 문 입구에 **스물다섯 명**이 있었는데, 아마 성전에서 태양을 숭배하던 스물다섯 명과는 다른 사람일 것이다. 그들은 다른 장소, 안뜰(8:16)이 아니라 **동문**에 있었고, 제사장으로 봉사하고 있지도 않았다. 더군다나 그중에 한 사람 **야아사냐**는 사반의 아들이 아니라 **앗술**의 아들이었다(참고. 8:11).

11:2-4. 이들은 의로운 지도자가 아니였기 때문에 예루살렘에 대해 **불의를 품고 악한 꾀를 꾸**몄다. **집 건축할 때가 가깝지 아니하냐? 이 성읍은 가마가 되고 우리는 고기가 된다**라는 격언을 사용하여, 그들은 예루살렘 사람에게 평화와 안전의 상징(28:26)인 집을 건축하도록 격려했고, 다가오는 바벨론 침략에 대한 선지자의 예고를 잊었다. 그들은 예루살렘이 불 위의 단단한 가마처럼 **고기**가 타지 않게 해주어서 백성은 안전할 것이라고 말했다. 하나님은 이를 가리켜 **악한 꾀**라고 말씀하셨다. 이 거짓 낙관주의 때문에, 또 심판에 관한 주님의 말씀을 무시했기 때문에 하나님은 에스겔에게 **그들을 쳐서 예언**하라(강조를 위해 2회 반복)고 말씀하셨다.

11:5-7. 주님은 그들의 생각(**마음에서 일어나는 것**)을 아셨다. 주님은 고기와 가마의 이미지를 바꾸어 심판을 예고하셨다. **이 성읍에서 죽**은 의로운 사람은 예루살렘이 주님께 돌아올 것을 기대하게 만드는 예루살렘의 소망이었다. 예루살렘은 끓는 **가마**였고, 다가오는 바벨론 공격 심판의 불로 둘러싸여 있었다.

11:8-12. 그들은 **칼**[공격]을 **두려워**했지만, 그들의 악으로 인해 하나님은 심판 중에 그들에게 **칼**을 대실 것이다(참고. 6:3). 백성들은 **성읍 밖**으로 끌려갈 것이고, 하나님의 **칼**이 **이스라엘 변경**에서 시작될 것이다. 예루살렘 포로들이 강제로 추방되거나, 시리아 부근에 있는 느부갓네살의 공격 사령부이자 변경의 성읍인 리블라에서 죽었을 때, 이 일은 문자적으로 성취되었다(참고. 왕하 25:18-21; 렘 52:8-11, 24-27). 이 일이 일어날 때, 그들은 하나님이 **여호와인 줄을 알** 것이다.

11:13. 악한 조언을 했던(참고. 1절) 25명 중 한 사람인 **블라댜**가 **죽**었다. 이 일은 예루살렘의 모든 사람을 곧 파멸할 심판의 전조였고, 에스겔의 메시지를 확증했다. 다시 에스겔은 **부르짖**었다. **오호라 주 여호와여**. 이는 **이스라엘의 남은 자를 다 멸절하**지 않도록 하

나님의 자비를 구하는 탄원이었다(참고. 9:8).

11:14-15. 하나님은 에스겔에게 이중적인 답을 주셨다. 하나는 개인적 격려이고, 그다음은 민족적 격려이다. 이것은 에스겔서에 등장하는 첫 번째 회복의 약속이다. 자연 재앙과 군사적 재난은 악인과 더불어 의인의 죽음을 낳겠지만, 남은 의로운 자는 있을 것이다.

먼저, 하나님은 에스겔에게 이미 바벨론에 잡혀간 포로들이 보존될 것임을 보여주셨다. 그들은 에스겔의 **형제와 친척과** 포로 동료들, 즉 그의 육신의 친족뿐 아니라 유대 백성이다.

둘째, 하나님은 에스겔에게 예루살렘 심판의 필요성과 하나님의 정의를 상기시키셨다. 아직 예루살렘에 있던 사람들은 (방금 전 하나님이 진짜 남은 자라고 말씀하셨던) 유배 중인 사람들이 **여호와에게서 멀리 떠나** 있다고 생각했다. 그들이 이스라엘 땅 밖에 있다는 이유 때문이었다. 하나님은 이스라엘에게 그 땅을 주셨지만(창 12:7; 15:18; 신 34:4), 불순종할 때 그들을 그 땅에서 제할 것이라고도 말씀하셨다(신 28:36, 64-68). 이스라엘 밖에 있다고 해서 하나님이 약속을 잊으셨다는 뜻은 아니었다. 하나님은 항상 남은 자를 보존하실 것이다(6:8; 12:16; 렘 31:35-37).

11:16. 바벨론에 있는 신실한 남은 자는 비록 (머지않아 파괴될) 예루살렘 성전에서 멀리 있지만 자신들이 **도달한 나라들에서** 주님을 **성소**로 두었다. 신실한 유대인이 지리적으로 어디에 있든 그들은 주님께 가까이 갈 수 있었다.

11:17. 심판이 곧 닥치고, 주님의 영광은 성전에서 떠나는데도 이스라엘에게는 민족적으로 아직 미래가 있었다. 하나님은 약속하셨다. **내가 너희를…흩은 여러 나라 가운데에서 모아내고 이스라엘 땅을 너희에게 주리라.** 이스라엘의 남은 자는 약속의 땅으로 돌아오는 민족의 회복을 기대할 수 있었다. 바벨론 포로 이후 부분적 회복이 있었지만(에스라와 느헤미야를 참고하라), 미래에 더 큰 회복이 있을 것이다. 이 약속은 바벨론에서의 귀환을 넘어선다. 이 약속은 새 언약과 마지막 날에 있을 이스라엘의 미래의 재집결을 지시한다(참고. 36:24-38; 37:11-28; 렘 16:14-16; 사 11:11). 여기에 묘사된 사건은 바벨론 귀환에서 일어난 것이 아니고 하나님 나라의 사건, 예를 들어 죄에서의 정결과 완벽한 순종이다. 미래에 이스라엘이 귀환할 때에는 영적인 갱신이 동반될 것이다.

11:18-20. 유대 백성이 마지막 날에 그 땅으로 돌아올 때, 그들은 **모든 미운 물건과 모든 가증한 것을 제거**할 것이다(참고. 21절). 그 땅은 우상숭배를 몰아내고, 백성들은 주님께 정화될 것이다. 주님은 **그들에게 한마음을 주고 그 속에 새 영을 주며…살처럼 부드러운 마음을 주실** 것이다. 이것은 바벨론 귀환에서 일어난 어떤 일이 아니라 예레미야가 묘사했던 새 언약의 그림이다(렘 31:31-34에 대한 주석을 참고하라). 이스라엘에게 **한마음**과 **새 영**을 주시는 하나님의 목적은 그들이 하나님의 **율례를 따르며 규례를 지키**게 하기 위해서이다.

믿든지 믿지 않든지, 순종하든지 죄 가운데 있든지, 유대 백성은 언제나 그분의 백성이다(참고. 롬 11:1, 27-28). 물론 호세아는 하나님이 이스라엘을 '내 백성이 아니다'라고 부르시는 때를 묘사했지만(호 1:9), 이것은 하나님이 이스라엘을 완전히 버리셨다는 의미가 아니다. 호세아의 말처럼, '이스라엘 자손이 다른 신에게 향하더라도 주님은 그들을 사랑하시기' 때문이다(호 3:1). 불신앙 상태의 이스라엘이 가진 지위에 대해서는 호세아 3:1-5을 보라. 하지만 유대 백성이 주님께 신실할 때, 그들은 주님과 맺은 민족적 관계에 어울리는 영적인 경험을 할 것이며, **그들은** 주님의 **백성이 되고** 주님은 **그들의 하나님이** 될 것이다(참고. 14:11; 36:28; 37:23, 27; 호 2:23).

새 언약(참고. 렘 31:31)은 메시아 예수님의 죽음과 부활로 개시되었다(참고. 마 26:28; 막 14:24; 눅 22:20; 히 8:6-13; 9:15; 10:14-16; 12:24). 하지만 물리적, 영적 축복은 이스라엘이 민족적으로 메시아 예수님을 인정하고 재림하는 그분을 부를 그때 성취될 것이다(참고. 슥 12:10). 오늘날 교회는 새 언약에 접목되어, 새 언약의 (물리적이거나 민족적인 유익이 아니라) 영적인 측면에 참여하고 있다(롬 11:17-24에 대한 주석을 보라). 예수님을 믿는 믿음으로 인해 그분을 믿는 모든 사람이 구원받아 그 안에 성령이 내주하지만(롬 8:9), (메시아 예수님을 믿는 비유대인과 유대인 신자들 다로 구성된, 엡 2:11-22) 교회에게 주신 이 축복은 이스라엘에게 주신 하나님의 약속을 대체하지 않았다(롬 11:27-29).

11:21-22. 새 언약의 소망을 확증한 뒤, 성전을 떠나는 하나님의 영광으로 초점이 재설정된다. 예루살렘 안에서 **미운 것과 가증한 것을 마음으로 따르는 자**(18절)는 자신의 **행위**로 인해 심판을 받을 것이다(7:27에 대한 주석을 참고하라). 이스라엘의 가증한 행동으로 하나님의 영은 떠나실 수밖에 없었는데(8-11장), **그룹들이 날개를 들고 이스라엘 하나님의 영광이 그 위에 덮이는** 데서 시작된다. 머지않아 하나님의 영광이 완전히 떠날 것이다.

11:23. **여호와의 영광**(참고. 1:28)이 예루살렘을 떠날 때, 잠시 지체한 다음 **성읍 가운데에서부터 성읍 동쪽 산**, 감람산**에 머물렀**다. 이 떠나심은 예루살렘의 파멸을 알렸다. 예루살렘은 하나님의 복을 상실하겠지만, 에스겔은 떠나버린 영광이 감람산을 거쳐 귀환할 것이라고 예고했다(참고. 43:1-3). 승리의 입성에서 예수님은 이 길을 따라가셨는데, 마치 여호와의 영광스러운 귀환을 시사하는 듯하다(눅 18:29-40).

11:24-25. 에스겔의 환상이 시작된 때처럼, 그 환상이 끝났을 때 주의 **영이** 그를 **들어**(참고 3:14; 8:3; 11:1; 37:1; 43:5) **갈대아에 있는 사로잡힌 자**에게 돌아오게 하셨다. 환상이 그를 **떠났**을 때, 그는 포로들에게 **여호와께서** 자기에게 **보이신 모든 일**을 말했다.

B. 유다의 무익한 거짓 낙관론(12:1-19:14)

에스겔이 표징과 설교, 환상을 통해(4-11장) 예루살렘 심판의 필연성을 보여주었는데도 백성들은 그를 믿지 않았다. 그래서 (12-19장에서) 주님은 예루살렘이 심판을 피할 소망이 전혀 없음을 보여주기 위해 일련의 새로운 11가지 표징과 메시지를 에스겔에게 주셨다.

이 단락의 11가지 메시지 중에 10가지가 "여호와의 말씀이 내게 임하여"라는 어구로 시작된다(12:1, 17, 21; 13:1; 14:2, 12; 15:1; 16:1; 17:1; 18:1). 이 어구는 메시지의 중요성을 강조한다. 마지막 메시지인 탄식시(19:1)는 전체 단락을 요약하기 때문에, 이 절만 이 어구로 시작되지 않는다.

1. 임박한 유배의 두 가지 표징(12:1-20)

a. 행장과 성벽 구멍의 표징(12:1-16)

바벨론은 유다를 점진적으로 장악했다. 첫 번째 강제 추방은 여호야긴의 통치기인 주전 597년에 일어났고, 그때 에스겔은 포로로 붙잡혔다. 에스겔은 다가올 예루살렘 함락을 확증하는 이 행동 표징을 바벨론의 유다 포로들에게 주었다. 긴 포위 공격 끝에 예루살렘은 주전 586년에 함락되었다. 에스겔은 예루살렘에서 일어날 일을 전달하기 위해 바벨론의 동료 포로들에게 이 메시지를 주었다.

12:1-2. 이스라엘의 불신앙 탓에 에스겔은 두 가지 행동 메시지를 더 주며 말했다. **그들은 볼 눈이 있어도 보지 아니하고 들을 귀가 있어도 듣지 아니하나니 그들은 반역하는 족속임이라**(참고. 2:5-8; 12:2, 3, 9). 고의적인 불순종과 불신앙이 이스라엘의 눈멂과 귀먹음이었다(참고. 신 29:1-4; 사 6:9-10; 렘 5:21; 마 13:13-15; 행 28:26-28). 이미 유배된 사람들조차 예루살렘이 함락될 것이라는 말을 믿지 않았다.

12:3-4. 첫 번째 표징에는 행장(3-4절), 또 구멍과 눈가리개(5-7절)라는 두 가지 측면이 있었다. 에스겔은 예루살렘에서 일어날 장면을 실연했다. 에스겔은 **그들의 목전에서 포로의 행장을 꾸**렸다. 이 어구는 이 단락에서 7회 반복된다[3(2회), 4(2회), 5, 6, 7절]. 하나님은 자신이 하시려는 일을 보고, 예루살렘이 함락되어 성읍 안의 모든 사람이 유배될 것임을 깨닫기를 원하셨다. 백성들이 포로로 잡혀갈 것을 '이스라엘 족속에게 보여주는 표징'의 역할극으로 에스겔은 **낮에 행장을 밖에 내놓고 저물 때에 밖으로 나가**야 한다.

12:5-7. 다가올 유배를 예고하는 표징의 두 번째 행동은, 그들이 보는 앞에서 밤중에 구멍을 **뚫고** 눈을 가리는 것이었다(참고. 3절). 에스겔은 **성벽을 뚫고 캄캄할 때에** 행장을 **어깨에 메**야 했다. 그때에 에스겔은 **얼굴을 가리고**, 즉 자기 눈을 가리고, **이스라엘 족속에게** 주는 **징조**로 **땅을 보지 말**아야 했다. 백성들은 바벨론으로 끌려가 자기들의 땅을 다시 보지 못할 것이다. 바벨론 포로는 70년간 이어졌기 때문에, 잡혀갔던 사람 중에 살아서 이스라엘로 돌아온 사람은 거의 없었다(참고. 렘 25:8-11; 대하 36:20-21). 물론 에스겔서가 완성되었을 때 포로 생활은 이미 시작되었다. 최초의 독자들은 에스겔을 믿지 않았지만, 에스겔이 자신들의 유배를 예고했음을 깨달을 것이다. 그들은 자기 땅을 다시 보지 못했다.

12:8-11. 주님은 이 **묵시**가 **예루살렘 왕** 시드기야는 물론이고 전체 **이스라엘 족속**에 관한 것이라고 설명하

셨다. 에스겔은 종종 유다 왕을 왕의 아들이 아닌 '지도자'라는 뜻의 '왕자'(prince, NASB)라고 불렀다(참고. 7:27; 21:25; 34:24; 37:25, 개역개정은 '왕'이나 '고관'으로 번역—편집자 주). 에스겔의 행동은 이미 유배 중인 백성과 왕에게 이스라엘이 분명히 **포로로 사로잡혀** 갈 것이라는 **징조**였다.

12:12-16. 성벽의 구멍 표징(5절)은 **왕**[시드기야]이 **어두울 때에 성벽을 뚫고** 예루살렘에서 도주를 시도할 것이라는 예고였다. 시드기야는 하나님의 **그물**에 잡힐 것이고, 느부갓네살은 **그를 바벨론으로 끌고** 갈 것이며, 그는 **그 땅을 보지 못하고 거기에서 죽**을 것이다. 이 예언은 주전 586년에 극적으로 정확하게 성취되었다. 예루살렘에서 도주하려는 시도가 실패하고, 시드기야는 바벨론 군대에게 붙잡혔다. 그의 눈앞에서 아들들이 살해되었고, 그 뒤에 그는 느부갓네살에 의해 눈이 멀어 바벨론으로 옮겨졌다가 결국 바벨론 감옥에서 죽었다(참고. 왕하 25:1-7; 렘 52:4-11).

유다는 바벨론에게 함락되겠지만, 예루살렘 백성(참고. 6:8) **몇 사람**은 **칼**과 **기근**, **전염병**에서 살아남아 **이방인 가운데** 흩어질 것이고, 그들은 하나님이 **여호와인 줄을 알** 것이다.

b. 떨면서 먹고 마시는 표징(12:17-20)

12:17-20. 이 단순한 표징에서 에스겔은 **떨면서 음식을 먹고 놀라고 근심하면서 물을 마셔**야 했다. 에스겔의 행동은 **예루살렘 주민**이 포위 공격과 기근에서 경험할 매일의 공포를 나타냈다(참고. 4:16). 하나님은 그 땅의 풍요(**가득한 것**)를 **황폐하게** 하셨고, 그들의 **포악**, 잔인함, 불의 때문에 하나님의 심판이 임했다(참고. 7:23; 8:17). 하나님의 목적은 그들이, 그분이 **여호와인 줄을** 아는 것이다(참고. 6:7).

2. 확실한 심판에 관한 다섯 가지 메시지 (12:21-14:23)

에스겔은 극적인 역할극을 한 뒤에 다섯 가지 메시지를 주었고(12:21-25; 12:26-28; 13장; 14:1-11, 12-23), 그 뒤에 유배와 경련의 두 가지 표징이 나왔다(12:1-20). 심판은 확실히 임할 것이며, 바벨론에게서 구출될 소망은 전혀 없었다.

a. 확실한 심판에 관한 첫 번째 메시지: 묵시에 관한 잠언 수정(12:21-25)

12:21-23. 주님은 에스겔에게 **날이 더디고 모든 묵시가 사라지리라라는 이스라엘 땅**에 관한 통속적인 **속담**에 대해 질문하셨다. 다시 말해, 시간이 흘러가는데(**날이 더디고**), 선지자의 메시지(**묵시**)는 결코 실현되지 않는다(**사라지리라**). 그 대신 하나님은 **이 속담을 그치게 하**실 것이다. 그들이 심판을 보았을 때, 그들은 이렇게 말할 것이다. **날이 가까이** 왔고, **모든 묵시가** 실현되었다.

12:24-25. 예루살렘이 결코 함락되지 않을 것이라는 온갖 기대가 담긴 **묵시와 아첨하는 복술**이 거짓 선지자의 메시지였다. 그들은 예루살렘(참고. 렘 28:1-4)과 바벨론(참고. 렘 29:1, 8-9) 두 곳 모두에서 하나님이 보내신 참된 메신저의 심판 예언을 반박했다. 이제 심판이 임박했다. 하나님이 자신의 말씀을 **이루**실 것이다(참고. 12:28).

b. 확실한 심판에 관한 두 번째 메시지: 지연에 관한 잠언 수정(12:26-28)

12:26-28. 첫 번째 속담(21-25절)은 하나님이 심판하신다는 사실에 의문을 품었다. 이번 속담은 심판이 임박하지 않았다고 말했다. **그가 보는 묵시는 여러 날 후의 일이라 그가 멀리 있는 때에 대하여 예언하였다.** 선지자의 메시지를 믿었던 이스라엘 백성마저, 예언은 먼 미래가 되기 전에는 일어나지 않을 것이라고 생각했다. 하지만 하나님은 **나의 말이 하나도 다시 더디지** 않을 것이라고 말씀하셨다. 선지자가 이야기했던 심판이 곧 일어날 것이다. 주님이 무엇을 말씀하시든 그대로 **이루어**질 것이다.

c. 확실한 심판에 관한 세 번째 메시지: 거짓 남녀 선지자에 대한 책망(13:1-23)

세 번째 메시지에서 에스겔은 거짓 남자 선지자(1-16절)와 여자 선지자(17-23절)를 비난했는데, 그들에게는 백성에게 거짓 소망을 심어주어 하나님에게서 멀어지도록 이끈 책임이 있었다. 에스겔은 먼저 그들의 죄를 고발했고, 그 뒤에 심판을 선언했다.

13:1-3. 거짓 **선지자들**의 메시지의 근원은 주님에게서 온 것이 아니라 **자기 마음**이었다(참고. 17절). **자기 심령**에서 메시지를 얻었지만 사실은 **본 것이 없는** 어리석은 선지자에게 하나님은 **화**를 선언하셨다. **화가 있을진저**. 성경에서 **화**[woe]는 '아아' 혹은 '슬프다'라

는 뜻이다.

13:4. 그들의 메시지는 거짓이었을 뿐만 아니라 위험하기까지 했다. 거짓 선지자는 **황무지에 있는 여우** 같았다. 그들은 파괴를 막는 대신 재앙을 부추기며 돌을 무너뜨렸고, 썩은 고기를 먹는 동물처럼 거짓말에 의지해 살았다.

13:5. 거짓 선지자는 **성벽** 안의 무너진 곳을 **수축하러 올라가지** 않았다. 이스라엘의 윤리적 성벽은 곧 붕괴될 상태였고 백성들을 지키려면 **전쟁**을 대비해야 했지만, 거짓 선지자는 그렇게 하지 않았다.

13:6-9. 거짓 선지자는 하나님을 대변한다고 주장했지만, **그들은** 하나님이 **보낸** 자가 아니었다. 그들의 **허탄한** 말과 **거짓된 점괘** 때문에 하나님은 그들을 치셨다.

거짓 선지자는 이스라엘 공동체에서 배제될 것이다. 먼저, 그들은 하나님 백성의 **공회에 들어오지 못**할 것이며, 지도자의 역할을 하지 못할 것이다. 둘째, 그들은 **이스라엘 족속의 호적에 기록**되지 못하여 잊힐 것이다(참고. 스 2:62). 셋째, 거짓 선지자는 다시 **이스라엘 땅에 들어가지** 못할 것이다. 그들은 유배 중에 죽을 것이다.

13:10-12. 거짓 선지자에게는 틀림없이 심판이 있을 것이다. 그들은 **평강이 없으나 평강이 있다**고 말하며 하나님의 **백성** 이스라엘을 **유혹**했기 때문이다(참고. 13:16; 렘 6:14; 8:11; 23:17; 미 3:5). 백성들이 불순종했는데도, 하나님은 계속 그들을 **내 백성**이라고 지칭하셨다(참고. 13:9, 10, 18, 19, 21, 23; 14:8, 9). 하나님은 징계 중에라도 자신이 선택한 백성을 신실하게 사랑하신다. 하나님의 신실한 사랑 그리고 그들과 맺은 언약 때문에 그들은 항상 사랑을 받는다.

거짓 선지자의 기만적인 사역은 **회**[whitewash]로 덮인, 무너진 벽과 같았다. 이 선지자들은 이스라엘의 윤리적 토대 안에 생긴 심각한 균열에 대해서는 관심을 갖도록 촉구하지 않고(참고. 13:5), 대신 균열을 숨기기 위해 **회칠**하고 있었다. 거짓 선지자는 바로잡아야 할 문제를 숨김으로써 이스라엘의 어려움을 악화시켰다. 주님은 폭우, 폭풍, 거친 바람을 보내실 때, 거짓 선지자가 회칠한 벽을 허무실 것이다.

13:13-16. **폭우**와 **우박덩어리**라는 하나님의 **분노**의 **폭풍**이 **담**과 **그 기초를 드러낼** 것이고(참고. 11절), 거짓 선지자는 **없어**질 것이다. 그들이 **평강이 없**을 때에 **평강**을 말했기 때문이다.

13:17-19. 하나님은 에스겔에게 거짓 여선지자, 곧 **자기 마음대로 예언하는 네 백성의 여자들**에게 **경고하라**고 말씀하신다(참고. 2절). 구약과 신약시대에 사역한 참된 여성 선지자들이 있었다(출 15:20; 삿 4:4-5; 왕하 22:14; 행 21:8-9). 그렇지만 이들 거짓 여선지자는 영매나 마법사였다.

주님은 거짓 선지자에게 하셨던 것처럼(참고. 3절) 그들에게 말씀하셨다. **여자들**[거짓 여선지자들]**에게 화 있을진저**. 그들은 **손목마다 부적을 꿰어 매고**, 백성을 속이기 위해 각 사람의 키에 맞는(**머리를 위하여**) **수건**을 만들었다. 성경은 주술 관행을 엄격하게 금지한다(참고. 레 19:26, 31; 신 18:10-14). 이 거짓 여선지자들은 주술 요법을 통해 자신들의 악한 목적을 위해 **백성의 영혼을 사냥하**기도 하고 다른 사람의 **영혼을 살리**기도 했다. 그들은 생사가 달린 문제에 자신들의 악한 관행을 이용했다.

이 여자들은 거짓 가르침과 주술 관행을 통해, 강력한 대답을 찾을 뿐 주님의 예언 메시지를 거절했던 사람들을 함정에 빠뜨렸다. 기근 때에는 음식이 금보다 유리하기 때문에, 이 여자들은 복채로 **두어 움큼 보리와 두어 조각 떡**을 얻기 위해 주님을 그분의 **백성** 가운데에서 **욕되게** 했다. 그들은 악마의 힘을 실행하여 **죽지 않을 영혼을 죽이고 살지 못할 영혼을 살리려고** 했다. 하나님은 이 여선지자들이 **내 백성에게 거짓말을 지어내고** 있다고 분명하게 말씀하셨다(참고. 9절).

13:20-21. 하나님은 백성의 **영혼들을 사냥하여** 주님을 믿지 못하게 했던 그들의 **부적**을 비판하셨다(참고. 18절). 하나님은 그들의 **부적을 떼어내**고 그들의 **수건을 찢어서** 그들의 **손에서** 자기 **백성**을 **건지**실 것이다. 이 여자들은 마법사였음이 드러날 것이고, 백성들은 **다시는** 덫(**너희 손**)에 걸리지 않을 것이다. 대신 그들은 하나님이 **여호와인 줄을** 알 것이다(참고. 6:7).

13:22-23. 이 여선지자들은 거짓말로 **의인**을 **슬프게** 했고, **악인**을 격려하여 **그 악한 길에서 돌이키지 못하게** 했다. 하나님은 여선지자들을 심판하실 것이고, 그분의 **백성**을 그들의 **손에서 건지**실 것이다. 하나님은

이스라엘에서 **허탄한 묵시**와 **점복**을 끝내고(참고. 신 18:10), 그들의 지독한 기만에서 자기 백성을 구원하실 것이다. 마찬가지로 오늘날 주님의 제자들은 결코 영매 혹은 복술을 의지하거나 주술에 손대지 말아야 한다. 이런 것은 악한 관행이며, 그들의 대답은 결코 하나님에게서 온 것이 아니다.

d. 확실한 심판에 관한 네 번째 메시지: 우상숭배에 대한 정죄(14:1-11)

14:1-3. 에스겔은 여전히 자기 집에 감금되어 있었지만(3:24), 이스라엘의 **장로 두어 사람**이 에스겔을 보러 와서 그의 메시지를 구했다(참고. 8:1).

하나님은 에스겔에게 이 장로들의 영적 상태를 보여 주셨다. 그들은 **자기 우상을 마음에** 들였고 자기 앞에 **죄악의 걸림돌**을 두었다(참고. 7:19; 14:3-4, 7; 18:30; 44:12). 그들은 거짓 남녀 선지자의 가르침을 따랐다. 주님은 **우상을 마음에** 둔 이 위선적인 장로들이 자신에게 **묻기**를 바라지 않으셨다. '묻다'(consult)라는 말은 선지자의 신탁을 구하는 전문용어이다(참고. 왕하 1:6; 3:11; 8:8). 하나님은 그들이 우상을 숭배했고, 하나님의 말씀을 진지하게 들으려고 하지 않는다는 것을 아셨다.

14:4-5. 그렇지만 하나님은 그들에게 **보응**하실 것이다. 하나님이 **우상** 때문에 하나님을 **배반**한 이들의 **마음을 잡**기('붙들기')를 바라셨기 때문이다.

14:6. 하나님의 긴급한 메시지는 이것이다. **그런즉 너희는 마음을 돌이켜 우상을 떠나고 얼굴을 돌려 모든 가증한 것을 떠나라.** 하나님은 심판이 임하기 전에 회개를 요청하셨다. 하나님은 끊임없이 죄인들을 사랑으로 부르신다.

14:7-8. 우상숭배에 대한 경고는 **이스라엘 족속**(참고. 3, 7절)은 물론이고 **외국인**, 곧 이방인(*ger*, 게르)에게도 적용되었다. 모세의 율법은 **이스라엘 가운데 거류하는** 비유대인도 하나님의 율법에 순종하도록 요구했다. 그들 역시 이스라엘 공동체의 일부였기 때문이다(참고. 47:22-23; 레 16:29-30; 17:12-16; 18:26; 민 15:13-16; 사 56:3-8).

만약 주님을 떠났던(배교했던) 이스라엘 백성이나 외국인이 감히 주님께 묻는다면, 하나님은 **응답**하시겠지만 배교자가 기대한 방식으로는 아니다. 하나님은 심판으로 응답하시고, **그 사람을 대적하**실 것이다(참고. 4:3). 하나님은 그를 **표징과 속담거리가 되게 하여**(참고. 23:10; 욥 17:6; 30:9; 시 44:14; 렘 24:9; 욜 2:17), 백성들이 그에 대해 알도록 그의 이름을 나쁜 본보기로 사용하실 것이고(예를 들면, 미국에서 반역을 저지른 사람을 가리켜 '베네딕트 아널드'라고 부르듯이), **백성 가운데서 끊으**실 것이다(참고. 13:9).

14:9-11. 만일 선지자가 유혹을 받고 말을 하면이라는 어구에서 **유혹을 받고**[혹은 '꾀임에 빠져']는 아마 뇌물을 받고 메시지를 전했던 거짓 선지자를 지칭할 것이다(참고. 출 22:16; 삼하 3:25; 왕상 22:19-23; 렘 20:7).

거짓 선지자와 묻는 자가 모두 **각각 자기의 죄악을 담당**할 것이다. 목적은 **이스라엘 족속이 다시는 미혹되어 나를 떠나지** 않고 **모든 죄로 스스로 더럽히지** 않는 것이다. 그러면 그들은 **내 백성**이 되고 **나는 그들의 하나님**이 될 것이다(다음에 대한 주석을 참고하라, 11:20; 36:28; 37:23, 27; 호 2:23).

e. 확실한 심판에 관한 다섯 번째 메시지: 소용없는 노아와 다니엘, 욥의 기도(14:12-23)

14:12-20. **어떤 나라**가 하나님께 **범죄**하여 하나님이 그 위에 **손을 펴신다면**, 심판이 **기근**(13절)과 **짐승**(15절), **칼**(17절), **전염병**(참고. 21절; 5:17)으로 올 것이다. 심판이 온다는 사실은 명확하기 때문에 **노아**와 **다니엘**, **욥** 같은 의인이 그 나라를 위해 기도해도, 그들은 **자기의 생명만 건**질 것이다(참고. 렘 15:1; 창 15:6). **그들도…자기만 건지겠고 그 땅은 황폐하리라.**

이 세 사람은 성경에서 훌륭한 믿음의 본보기이다(창 6-9장; 욥 1장; 단 6:3). 에스겔서에 기록된 **다니엘**의 철자가 (히브리어로) 선지자 다니엘의 일반적인 철자와 약간 다르다. 이름에서 이런 사소한 차이는 흔하게 나타나므로(참고. '아사랴' = '웃시야', 왕하 15:1; 대하 26:1; '여호람' = '요람', 왕하 3:1; 8:16; '고니야' = '여고냐', 렘 22:24; 24:1) 그의 이름에 다른 철자가 사용된 것은 중요하지 않다.

14:21. 악한 사회에서 의로운 사람의 기도가 자신의 구원만 가져올 뿐 더 광범위한 공동체의 구원을 가져오지 않는다는 보편적인 원리를 세운 다음, 에스겔은 이것을 예루살렘에 적용했다. 만약 이 의인들, 다니

엘과 욥, 노아가 악한 땅을 구원할 수 없었다면, 어떻게 예루살렘이 의로운 지도자 없이 피할 수 있다고 소망할 수 있겠는가? 하나님은 **네 가지 중한 벌**, 곧 **칼과 기근, 사나운 짐승, 전염병을 예루살렘**에 **내리실** 것이다(참고. 5:17).

14:22-23. 심판 뒤에, 예루살렘의 공격을 피한 생존자(**피하는 자**)가 **남아**서 바벨론으로 **끌려**갈 것이다. 하나님의 정의가 입증될 것이고, 에스겔은 **위로를 받을** 것이다. 에스겔은 예루살렘 때문에 마음이 상했지만 그는 생존자의 악한 **행동과 소행**을 보며 예루살렘 심판, 즉 하나님이 **예루살렘에서 행한 모든 일이 이유 없이 한 것이** 아니었음을 확신할 것이다(참고. 창 18:25).

3. 세 가지 심판의 비유(15:1-17:24)

임박한 심판에 관한 두 가지 표징(12:1-20)과 다섯 가지 메시지(12:21-14:23) 뒤에, 에스겔은 구원의 가능성이 전혀 없음을 보여주기 위해 세 가지 비유를 주었다(15-17장).

a. 열매 없는 포도나무의 비유(15:1-8)

15:1-5. 이 비유에서 **포도나무**는 이스라엘의 상태를 예시한다. 포도나무는 **무슨 그릇을 걸 못을 만드**는 데조차 사용될 수 없다. 게다가 그 가지가 **땔감**으로 사용되고 몸통이 **태워진** 뒤에는 아무것도 **제조**할 수 없다. 이스라엘은 종종 포도나무로 묘사되지만, 그들은 하나님이 의도하셨던 영적인 열매를 맺지 못했다(참고. 시 80:8-18; 사 5:1-7; 렘 2:21; 호 10:1).

15:6. 포도나무가 **불**의 **땔감**으로 사용되듯이, 하나님은 **예루살렘 주민**을 던지셨다.

15:7-8. 하나님의 심판은 확실했다. 내가 **그들을 대적할** 것이다(강조를 위해 2회 반복, 참고. 4:3). 예루살렘은 주전 597년에 바벨론에게 항복하여 전면적 파괴를 피했다. 하지만 하나님은 주전 586년에 바벨론을 다시 데려와 심판을 완수하실 것이다. 그들은 주전 597년 **불에서 나왔**지만, 주전 586년에 불이 그들을 다시 사를 것이다. 낙관할 이유가 전혀 없었다. **그들이** 하나님께 **범법**했기 때문에 하나님은 **그 땅을 황폐하게 하실** 것이다.

b. 불성실한 예루살렘의 비유(16:1-63)

(1) 구원받은 유아가 음란한 아내가 된 비유 (16:1-43)

이 긴 비유에서 예루살렘은 주님께 구원받고 주님과 약혼했지만 이후에 불성실한 아내가 된, 버림받은 유아로 묘사된다(참고. 호 1-2장; 렘 2장; 사 1:21; 50:1). 처음에 예루살렘의 죄가(3-34절), 그 뒤에 징벌이(35-52절) 그리고 마지막으로 회복(53-56절)이 묘사된다. 이 비유는 유대 백성의 대표자인 예루살렘에게 전해졌고, 또한 이스라엘 역사에 관한 연대기적 예화로 이해될 수 있다.

16:1-3. 예루살렘은 **가나안 땅**에서 낳은, 원치 않던 아이로 묘사된다. **그 아버지는 아모리 사람이요…어머니는 헷 사람**이었다(참고. 45절). 아모리 사람은 정복 이전에 가나안에 살았던 거대한 부족이었다. 그들의 이름은 가끔 가나안과 동의어로 사용된다(창 10:16; 48:22; 수 5:1; 10:5; 삿 1:34-36). 헷 사람은 정복 이전에 가나안에 살았던 또 다른 민족으로 이스라엘과 빈번하게 교류했다(참고. 창 15:20; 23:10-20; 민 13:29; 삿 3:5; 삼상 26:6; 왕상 10:29). 이 내용은 아브라함의 문자적 계보나 예루살렘 출신의 특정 개인을 가리키지 않는다. 도리어 이것은 유대 백성의 도덕적 계보이다. 이스라엘이 이교 숭배를 받아들이지 않도록 보호하기 위해서는 그 땅을 정복할 때 이방인 거주자를 축출해야 했다. 그렇지만 이스라엘은 그들을 내쫓는 데 실패했고, 대신 그들의 이교적인 **가증한 일**을 받아들여, 마치 자신들이 가나안의 영적인 자녀인 것처럼 행동했다(참고. 출 23:23-24; 신 12:30; 민 33:55; 왕상 11:1-8).

16:4-5. 예루살렘은 버려진 유아로 묘사된다. 성경 시대에는 **배꼽 줄**[탯줄]을 자른 다음 신생아의 피부를 깨끗하고 보송보송하게 만들기 위해서 신생아를 **씻기**고 **소금으로 문질러**(새번역)주었다. 그 뒤에 온기를 유지하고자 유아를 옷에 쌌다. 그러나 아이를 **돌보**거나 **불쌍히 여긴** 사람은 아무도 없었다. 도리어 아이는 **천하게 여겨져 들에 버려졌**다. 유아 살해의 잔혹한 관행이 고대 세계에 만연해 있었다. 원치 않던 아이를 들이나 길 옆에 두어 죽게 하는 것은 이교도의 흔한 관행이었다. 현대의 낙태보다 세련되지는 않았지만, 결과는 동일했고 폭넓은 사회적 승인이 있었다.

16:6-7. 주님이 **지나시다** 신생아가 출산 후에 씻기지 않은 채 **피투성이가 되어 발짓하는** 것을 **보셨**다. 주

님은 아이를 죽게 두지 않으시고 말씀하셨다. **살아 있으라!** 이는 모든 사람을 향한 하나님의 근원적 기대를 한 단어로 선언한 것이다. 역사적으로 이 비유에는 하나님의 아브라함 선택이 반영되어 있다(창 12:1-3; 신 6:6-8).

주님은 아이가 자라게 하셨다. 아이가 많아졌는데(문자적으로 '무수했는데') 이것은 이스라엘이 수적으로 작은 무리에서 애굽을 떠날 때 거대 군중으로 증가했던 족장 시대를 가리킬 것이다(참고. 출 12:37-38; 행 7:14). 그녀는 **들의 풀처럼** 자연스럽게 **성장했다**(즉 '물풀처럼 자랐다'). 그녀가 **자라서** 성적으로 성숙한 나이, **심히 아름다운** 나이에 이르렀을 때, 그녀의 **유방이 뚜렷하고 머리털이 자랐으나**, 그녀는 이스라엘이 광야에서 그랬듯이, 여전히 **벌거벗은 알몸**이었다. 즉, 궁핍한 상태였다.

16:8. 하나님은 다시 **그 곁을 지나**시다가 그녀가 **사랑을 할 만한 때**, 즉 결혼 적령기였음을 주목하셨다. 그래서 하나님은 그녀와 결혼 **언약**을 맺으셨다. 하나님은 **옷**으로 그녀를 **덮**으셨고, **벌거벗은 것을 가리**셨다. 하나님은 그녀에게 **맹세**하고 그녀와 **언약**을 맺으셨고, 그녀는 그분께 **속하게** 되었다. 남자가 자기 옷(의복의 아래 부분)으로 결혼 적령기의 여성을 덮는 상징적인 행동은 보호와 약혼을 상징했다(참고. 룻 3:9). 하나님은 예루살렘으로 대표되는 유대 백성에게 신의를 맹세하셨고, 유대 백성을 자기 소유로 취하셨다. 하나님이 유대 백성을 선택하신 이유는 하나님이 그들을 사랑하셨기 때문이다. 하나님을 매료시킨 개인적 특성 때문이 아니다(신 7:6-9). 이것은 시내산 언약을 받은 것을 가리킬 수 있다(참고. 렘 2:2; 3:1; 호 2:2-23; 말 2:14).

16:9-14. 하나님은 그녀를 **씻어 기름을 바르고**, 그 뒤에 빛나는 옷을 입혔다. **수놓은 옷, 물돼지 가죽 신, 가는베**와 **모시, 팔고리, 목걸이, 머리**에 **화려한 왕관**. 이 본문은 하나님이 이스라엘을 선택하고 예루살렘을 민족의 수도로 삼으셨을 때, 그분이 이스라엘에게 주신 모든 물품을 비유적인 방식으로 묘사한다.

예루살렘은 또한 최고급 물건을 받았다. **고운 밀가루, 꿀**, 올리브기름. 그녀가 필요하거나 원했던 모든 것을 그녀의 자비롭고 관대한 '남편'이 풍성하게 주었다. 그녀는 **극히** 고와서 **왕후의 지위에 올랐고, 이방인 중**에 유명해졌다. 주님이 자신의 **영화**를 이스라엘에게 입히셨기 때문에, 그녀의 **화려함**은 **온전**했다. 역사적으로 이것은 다윗과 솔로몬의 통치 기간에 예루살렘이 하나님의 복을 받아 화려한 성읍이 되고, 이스라엘이 강한 나라가 되었음을 시사한다(참고. 왕상 10:4-5).

16:15-16. 애석하게도 예루살렘은 주님에게서 자기에게로 시선을 돌렸고, 그녀는 자신의 **화려함을 믿고** 자신의 **명성**을 이용해 **행음**했다. 예루살렘은 자기를 구원하고 보살펴준 분을 잊었다. 그녀는 주님에게서 돌아서서 다른 신을 숭배했다(참고. 신 6:10-12; 8:11-20). 솔로몬의 통치에서 시작하여(왕상 11:7-13, 주전 970년) 예루살렘이 느부갓네살에게 함락될 때까지(주전 586년), 이스라엘과 유다는 끊임없이 하나님을 떠나 우상에게 향했다. 짧은 부흥의 시기가 있었지만, 그들은 죄악 쪽으로 방향을 정하고 추락했다.

16:17-19. 예루살렘 백성은 하나님이 주신 모든 복을 가져다가 산당에서 **행음**하고 우상을 숭배하는 데 사용했다. 예루살렘은 하나님이 주신 아름다운 것들(**장식품**)을 전부 가져다가(9-14절) 우상숭배로 부패시켰다(17-22절). 그녀는 심지어 하나님의 **금**과 **은**을 이교 숭배의 상징인 **남자 우상**[남근 상징물]을 만드는 데 사용했다. 그들은 하나님이 주신 **향**과 **고운 밀가루**를 가져다가 우상 **앞에** 바쳤다.

16:20-21. 설상가상으로 그들은 하나님을 **위하여 낳은 자녀**를 우상에게 **데리고 가서** 그들을 **죽여 우상에게 넘겼다**. 하나님은 이 무고한 자녀를 자기 자녀라고 부르셨다. 이 가증한 일에는 살아 있는 **자녀**를 달구어진 몰렉 제단에 두고, 기드론 골짜기에서 산 채로 불태우는 제사가 포함되었다(참고. 왕하 21:6; 렘 7:30-32; 19:4-5; 32:35). 몰렉을 공경하기 위해 지어진 제단은 몰렉의 손과 팔로 장식된, 크고 작은 철제 난로였다. 제단이 빨갛게 달구어졌을 때, 자녀를 몰렉의 손 위에 두고 제사를 지내면서 산 채로 불태우곤 했는데, 이것이 이른 바 '불 가운데로 지나는' 행동이다(참고. 23:26-39). 유아 제사는 주님께 참으로 가증한 일이어서 엄격하게 금지되었다(레 18:21; 20:2-5; 신 12:31; 18:10).

16:22. 예루살렘이 이런 악한 관행에 빠져들었던 이유는 주님이 **어렸을 때에** 자기를 구원했다는 사실을 **기억하지** 않았기 때문이다.

16:23-26. 주님은 예루살렘의 악으로 인해 예루살렘에게 외치셨다. **너는 화 있을진저 화 있을진저**(강조를 위해 2회 반복, 참고. 13:3, 18; 24:6, 9; 34:2). 이 사람들은 **누각을 건축하며 모든 거리에 높은 대를 쌓았고**(참고. 31절), 그곳은 이교 제단으로 가득했다. 예루살렘의 우상숭배는 한때 아름다웠던 여인이 이제 창녀가 되어 **모든 지나가는 자에게 다리를 벌리는** 인상적인 장면으로 묘사된다.

16:27. 그래서 하나님은 그녀 **위에 손을 펴서**, 그녀를 **미워하는** 적군이 **일용할 양식을 감하**게 할 것인데, 이는 예루살렘에 대한 약탈을 가리킨다. 하지만 예루살렘은 악한 행동을 바꾸지 않았다. 이스라엘을 약탈했던 이교도 **블레셋**(대하 21:16-17)도 예루살렘의 **더러운 행실을 부끄러워**했다.

16:28-29. 예루살렘의 **행음**에는 애굽(26절)과 **앗수르**(28절), **갈대아**[바벨론, 29절]의 우상을 따르는 것도 포함되었지만(26절), 그녀의 음욕(이교 숭배)은 **차지 않았다**. 이 나라들을 언급하는 것은 그들의 신에 대한 숭배만이 아니라, 주님을 의지하지 않고 외국의 군사 동맹에 의지하는 것도 암시한다.

16:30. 유대 백성의 마음은 **약해졌고**(병들거나 나약했고), 이로 인해 그들은 하나님을 버리고 악을 키웠다. 예루살렘은 **방자한**[수치를 모르는] **음녀**처럼 행동했다.

16:31-34. 하지만 예루살렘은 성행위의 대가로 돈을 받는, 전형적인 **창기**처럼 행동하지 않았다. 예루살렘은 **정든 자**에게 선물을 주어 자기에게 **행음**하러 오게 했다. **네가 값을 받지 아니하고 값을 주었기** 때문에, 그녀는 **사람들이 선물을 주는** 창기와 **같지** 않았다(문자적으로는 '반대'). 예루살렘은 모든 **정든 자에게 선물을 주며 값을 주었**다. 그녀의 행동은 간음이나 일반적 음행보다 훨씬 악했다.

16:35-37. 예루살렘은 아름다운 왕족(참고. 13절)에서 혐오스러운 음녀로 전락했다(35, 36절). 그녀의 죄가 요약되었다. **가증한 우상**, **우상**에게 바치는 **자녀** 제사 그리고 여러 **정든 자**.

16:38-39. 그래서 하나님은 예루살렘을 **간음하고 피를 흘리는 여인**같이 **심판하**실 것이다. 하나님은 예루살렘의 연인(이방 나라)을 예루살렘을 파괴하는 데 사용하실 것이다. 그들은 **누각을 헐고**, 그녀의 **의복을 벗기고**, 그녀를 **벌거벗겨 버려**둘 것이다. 이것은 간음 중에 붙들린 여인에게 규정된 처벌과 비슷하다(참고. 창 38:24; 레 20:10; 신 22:21-24). 예루살렘이 주님께 구원받은 유아였을 때처럼(참고. 4-8절), 예루살렘은 다시 대적 앞에서 무방비 상태가 될 것이다.

16:40-41. 하나님은 만약 이스라엘의 한 성읍이 우상을 숭배하면, 그 백성은 칼에 죽을 것이고 그 성읍은 불탈 것이라고 말씀하셨다(참고. 신 13:15-16). 하나님은 바벨론의 손으로 예루살렘에 칼이 임하게 하실 것이다(참고. 23:47). 예루살렘 함락 이후 바벨론은 **집들을 사르고** 주님이 그 위에 **벌**을 내리실 것이다. 예루살렘에 대한 하나님의 심판으로 인해 결국 그녀는 **음행을 그칠** 것이다.

16:42. 파괴 이후에 하나님은 **분노를 그치**실 것이다. 하나님의 질투에서 비롯된 진노는 옹졸하거나 보복적이지 않다. 도리어 하나님의 진노는 그분의 절대적인 거룩하심을 본질적으로 표현한다(참고. 출 20:1-3; 사 6:3; 42:8; 45:5-7).

16:43. 예루살렘이 지은 죄의 뿌리는 자신의 **어렸을 때**를 기억하지 못하는 것이다(22, 61, 63절). 예루살렘의 모든 아름다움과 성공은 주님의 자비로운 호의에서 유래했다. 주님에게서 돌아서는 것으로 예루살렘은 복의 근원에서 자신을 잘라냈다. 설상가상으로 예루살렘은 자기를 사랑하고 자기를 크게 키워주신 분을 배신하여 분노하게 만들었다. 하나님은 오직 그녀에게 복을 주고 싶어 하셨다.

(2) 자매의 비유: 예루살렘, 소돔 그리고 사마리아 (16:44-59)

예루살렘의 첫 번째 비유는 음란한 아내 예루살렘의 이야기이다(1-43절). 두 번째 비유는 예루살렘과 악한 자매 사마리아 및 소돔의 비교이다(44-59절). 예루살렘의 타락한 자매가 그 죄로 인해 심판을 받았다면, 그보다 더 악한 예루살렘이 어떻게 심판을 피하리라 기대할 수 있겠는가?

16:44-45. **어머니가 그러하면 딸도 그러하다**라는 속담이 예루살렘에게 적용된다. 예루살렘의 행동(예루살렘 주민의 행동)은 유전적 특징을 보였다. 그 **어머니**는 자기 남편과 자녀를 **싫어**했다. 에스겔은 강조하기

위해 예루살렘 조상의 배경을 되풀이했다. 유대인의 예루살렘은 그 성읍의 과거 이방인 거주자와 똑같이 행동했다(3절에 대한 주석을 참고하라).

16:46-48. 이 가족 이야기에서 **왼쪽**의 사마리아와 **오른쪽**의 소돔은 예루살렘의 자매이다. **딸들**은 예루살렘의 주민이다. 두 성읍 모두 악하기로 유명했다. 그런데 예루살렘은 **모든 행위가 그보다 더욱 부패하였다**.

16:49-50. **소돔**은 이중으로 죄를 지었다. 먼저, 소돔은 **음식물이 풍족**했지만 **가난하고 궁핍한 자를 도와주지 아니하였다**. 둘째, 소돔 사람들은 주님 **앞에서 가증한 일을 행하였**는데, 그중에는 성적인 비행이 포함된다(참고. 창 19:4-5; 레 18:22-23; 롬 1:18-22). 소돔은 종종 타락의 본보기로 언급된다(예를 들어 신 29:23; 32:32; 사 1:9-10; 3:9; 렘 23:14; 애 4:6; 마 10:15; 11:23-24). 그래서 하나님은 소돔과 **그의 딸**(주변 지역)을 그 유명한 불과 유황 심판으로 제거하셨다(참고. 창 19:23-25).

16:51-52. **사마리아**의 죄는 솔로몬 왕국이 분열된 뒤에 혼합주의 예배를 행한 것이었다(주전 930년). 여로보암은 이교 숭배와 성경의 예배를 결합시킨 금송아지 제단을 단과 벧엘에 세웠다(왕상 12:25-33; 호 8:5; 암 8:14). 하지만 **사마리아는** 예루살렘이 지은 **죄의 절반도 범하지** 않았다. 하나님의 심판 아래서, 앗수르는 사마리아를 파괴했고 북 왕국은 함락되었다(주전 721년, 왕하 17장). 하지만 예루살렘은 **수치스럽게도 그들보다 더욱 가증한 죄를 범**했기 때문에, 비교해보면 소돔과 사마리아가 **의롭게** 보일 것이다.

16:53. 예루살렘의 죄로 인한 심판을 선언하신 주님은 아직 소망이 있음을 시사하셨다. 주님은 **소돔**과 **사마리아**, 예루살렘의 **사로잡힘을 풀어주**실 것이다. 천년왕국에서는 예루살렘을 선두로 이들 성읍의 국가적인 회복이 있을 것이다(참고. 33-48장).

16:54-58. 예루살렘은 자신의 죄를 **부끄**러워할 것이다. **교만하던 때**, 죄에 깊이 빠졌을 때의 예루살렘은 **소돔**이라는 단어를 자기 **입으로 말하지도** 않았다. 하지만 일단 예루살렘의 **악이 드러**났기 때문에, 이교도 이웃, **아람**[NASB는 상당수 히브리어 사본과 시리아역을 따라 아람이 아니라 '에돔'으로 표기, 참고. 왕하 8:20-22; 대하 28:17; 옵 1장]과 **블레셋**(수 13:2; 삿 13:1; 삼상 4:2; 14-17장)의 **능욕**이 될 것이다. 예루살렘은 회복되겠지만, 먼저 **가증한 일**에 대해 처벌을 받아야 할 것이다.

16:59. 언약에 대한 하나님의 신실하심으로 비유를 마무리한다. 예루살렘은 영적 간음으로 **언약을 배반함**으로써 **맹세를 멸시**했다(참고. 15-43절). 이것은 이스라엘이 맹세를 통해 맺은 유일한 언약인 모세 언약이었다(참고. 출 24:7-8; 신 28:14-68; 29:10-21). 예루살렘이 대표하는 이스라엘이 그 언약을 깨뜨렸고, 정확히 언약 협정에 서술된 그대로(신 28장) 그 땅에서 흩어지는 결과를 당할 것이다.

(3) 하나님의 신실하심과 영원한 언약(16:60-63)

16:60. 이스라엘은 하나님께 신실하지 못했다. **그러나** 주님은 이스라엘이 **어렸을 때** 그들과 맺은 **언약**을 신실하게 **기억하**실 것이다. 이것은 무조건적인 아브라함 언약이다(창 12:1-3; 17:7, 13, 19; 대상 16:17; 시 105:10). 그때에 하나님은 **영원한 언약**, 새 언약을 세우실 것이다(렘 31:31-34; 겔 11:18-20; 36:26-28; 37:26-28). 백성의 불성실함이 하나님의 신실하심을 바꾸지 못한다(참고. 레 26:42-45; 딤후 2:13; 롬 11:29).

16:61-63. 하나님이 새 언약을 세우실 때, 예루살렘은 자신의 죄악 된 과거를 **기억하고 부끄러워할** 것이다. 그때에 예루살렘은 회복되고, 하나님이 **모든 행한 일을 용서**할 때 자매(**형과 아우**) 소돔과 고모라도 그분이 **여호와인 줄 알** 것이다.

c. 두 독수리의 비유(17:1-24)

16장은 예루살렘이 처한 상태의 신학적 배경을 보여주었다. 17장은 보다 정치적인 관점의 비유이다. 사건의 역사에 대해서는 다음을 보라. 왕하 24:8-20; 대하 36:9-13; 렘 37장; 52:1-7.

17:1-2. 하나님은 **이스라엘 족속**에게 **수수께끼**와 **비유를 말하라**고 에스겔에게 명령하셨다. 히브리어의 **수수께끼**는 교훈을 가르치는 난해한 말씀으로, 종종 설명이 필요했다(예를 들어 삿 14:12-19). **비유**는 교훈을 가르치는 이야기이다. 여기서 이야기와 설명이 나란히 제시되고(17:3-10, 11-21), 소망의 에필로그로 마무리되었다(22-24절).

17:3-4, 11-12. 먼저, **독수리**와 **백향목** 비유가 나왔

다. 독수리는 바벨론의 아름다움과 힘을 묘사했고(12절), 레바논(3절)은 **예루살렘**을 나타냈다(12절). 독수리가 **레바논**에 와서 **백향목** 꼭대기(**높은 가지**)를 **꺾어서 장사하는 땅…상인의 성읍**[바벨론]에 그 가지를 옮겨 심었다. 느부갓네살이 **예루살렘에 이르러 왕**(12절), 곧 나무의 꼭대기 순과 **고관을 사로잡아** 그들을 **바벨론 자기에게로 끌어가**서 거기에 싹을 옮겨 심었다(참고. 왕하 24:8-16). 이것은 여호야긴 왕을 강제 추방하여 바벨론으로 데려갔던 느부갓네살의 예루살렘 공격을 가리킨다(주전 597년, 왕하 23-24장).

17:5-6, 13-14. 하지만 그(독수리, 즉 느부갓네살)는 그 땅을 완전히 파괴하지 않았고, **그 땅의 종자를 꺾어 옥토에 심어** 무성한 **포도나무**로 자라게 했다(6절). 느부갓네살은 예루살렘을 약화시키기는 했지만, 그때에 예루살렘을 파괴하지 않았다. 대신 그는 시드기야를 봉신 왕으로 세웠다(**옥토에 심되**). 예루살렘의 군사력은 사라졌지만, 이스라엘이 느부갓네살에게 **낮추**면 그 백성은 계속 평화롭게 살 수 있었다. 독수리는 시드기야, 곧 **왕족** 중에 하나를 세워 바벨론에게 충성을 **맹세**하게 했다(13절). 그는 **그 땅의 능한 자들**을 **포로로 옮겨갔고**(참고. 왕하 24:14) 유다는 **낮추**어졌다. 하나님은 유다가 느부갓네살과 맺은 조약/언약을 지켜야 서게 하려 하셨다.

17:7-8, 15. 이 비유는 두 번째 독수리와 포도나무 비유이다. 첫 번째 것과 비슷한 또 다른 **독수리가** 왔고, **포도나무**가 **그를 향해** 뻗었다. 이 새로운 독수리는 시드기야에게 영향을 주어 바벨론을 **배반**하게 했던 **애굽**이었다(15절). 유다는 **애굽**에 특사를 보내 애굽의 **말**과 **군대**를 구했다(15절). 에스겔이 이 예언을 말했을 때는(주전 592-591년, 8:1; 20:1), 시드기야의 마지막 저항(주전 588년)이 아직 시작되지 않았다. 따라서 에스겔은 시드기야의 저항이 있기 약 3년 전에 그 일을 예고한 것이다.

17:9-10, 16-21. 예루살렘, 즉 포도나무(8절)의 마지막은 처참할 것이다. 바벨론이 **그 뿌리를 빼고 열매를 딸** 것이며, 예루살렘은 **맹세**를 **저버렸기** 때문에 **아주 마를** 것이다(참고. 렘 27장). **바로가 도와주지 못할** 것이기 때문에, 시드기야는 **바벨론에서 죽을** 것이다. 하나님이 시드기야에게 **그물**과 **올무**를 쳐서 그와 그의 **군대를 바벨론으로** 데려가실 것이고, 예루살렘은 **칼에 엎드러질** 것이고, **남은 자**는 **흩어**질 것이다(참고. 왕하 24장).

17:22-23. 독수리 비유는 비슷한 이미지를 새로운 방식으로 사용하는 메시아 약속으로 마무리된다. 미래에 **주 여호와께서…백향목 꼭대기에서 높은 가지를 꺾어다가…이스라엘 높은 산에 심으**실 것이다. 유대 백성은 멸망하지 않을 것이다. 마지막 때에 하나님이 그들을 자기 땅으로 돌려보내실 것이기 때문이다. **새 연한 가지**를 옮겨심는 것은 메시아적 함의를 갖고 있다(시 89편; 사 11:1; 렘 23:5-6; 33:14-16; 슥 3:8; 6:12-13). 메시아는 다윗의 아버지 이새의 뿌리에서 나온 순이라고 불린다. 그분은 하나님이 이스라엘을 다스릴 왕으로 세우실 분이다. 그분이 **아름다운 백향목**으로 통치시면서 자기 나라의 모든 필요를 채우실 것이고(즉, **열매를 맺**을 것이고), 모든 사람을 보호하실 것이다. **각종 새**[열방]**가 그 아래에 깃들이며 그 가지 그늘에 살** 것이다(마 13:31-32). 이는 그분의 통치 범위가 전 세계에 이를 것임을 시사한다. **이스라엘 산**은 메시아 예수님이 왕으로 통치하실 시온산과 성전을 가리킨다(참고. 20:40; 시 2:6; 미 4:1-3). 메시아가 시온산에서 통치하실 때, 들의 모든 나무(열방)가 여호와를 알 것이다(참고. 사 56:7; 11:1-9).

17:24. 하나님은 모든 열방을 위한 계획을 세우셨다. 주님은 세계 권력을 **낮추고 말릴** 권한을 가지셨지만, 열방을 위한 그분의 계획은 메시아 왕의 통치 아래서 이스라엘이 회복될 때 성취될 것이다. 그때에 땅의 모든 열방이 **여호와는 말하고 이루**는 줄을 알 것이다.

이 예언(22-24절)은 유대 백성이 바벨론 포로 이후 이스라엘로 돌아왔을 때 성취되지 않았다(참고. 11:17). 이 예언의 성취는 메시아 예수님이 통치하는 천년왕국에서 하나님이 이스라엘을 세우실 때를 기다린다. 그때에 하나님의 나라가 온 세계를 포괄할 것이다(참고. 단 2:44-45; 슥 14:3-4, 16-17; 합 2:14).

4. 개인의 책임에 관한 메시지(18:1-32)

이전의 세 비유에서 이스라엘에 대한 하나님의 공정한 심판을 보여준 에스겔은 다음에 유다의 개개인이 부모의 악한 행동의 희생물이 아니고 자신의 죄로 인해 심판의 책임을 공유하고 있음을 보여주었다.

18:1-4. 이스라엘의 잘못된 관념을 교정하기 위해 익숙한 속담이 다시 사용된다(참고. 12:21-28). **아버지가 신 포도를 먹었으므로 그의 아들의 이가 시다**(참고. 렘 31:29-30). 이 속담은 개인의 책임을 비난으로 대체한다. "우리에게 벌어진 일은 우리의 잘못이 아니다! 우리가 고통을 받는 것은, 다른 사람이 죄를 지었기 때문이다". 백성들은 하나님이 자기들을 불공정하게 징벌하신다고 비난했다(참고. 25절).

이 속담은 죄의 결과에 대한 오해에서 비롯되었을 것이다. 주님은 "나를 미워하는 자의 죄를 갚되 아버지로부터 아들에게로 삼사 대까지 이르게" 하신다(참고. 출 20:5; 34:7; 신 5:9). 여기서 핵심은 한 세대의 악한 행동이 다음 세대에게까지 지속적인 영향을 갖는다는 것이다. 이 말씀은 어떤 사람이 다른 사람의 죄로 인해 징벌을 받는다는 뜻이 아니다. 모든 사람은 자신의 죄에 대해 하나님께 개인적으로 책임을 지고 있다. 하나님은 **모든 영혼이 다 내게 속하였으니, 범죄하는 그 영혼은 죽**을 것이라고 말씀하셨다(참고. 20절).

18:5-18. 3세대의 예가 하나님의 논점을 예증한다. 먼저, 하나님은 '정의를 행하는 의로운' 아버지의 예를 제시하셨다(5-9절). 둘째, 그 의로운 아버지의 '강포한 아들'이다(10-13절). 셋째, 강포한 아버지의 의로운 아들이다(14-18절). 각각의 경우마다 개인의 행동과 하나님의 응답을 서술했다.

18:5-9. 1세대의 예는, [동료에게] **정의와** [하나님께] **공의를 따라 행하**는 **의로운** 사람이다. 그는 **우상**을 숭배하지 않았다(참고. 8:12; 16:24-25, 31, 39; 18:15; 22:9). 그는 자신을 도덕적으로 순결하게 지켰고, **이웃의 아내를 더럽**히지 않고 여자와 간음을 행하지 않았다(출 20:14; 레 20:10). 그는 (레위기 18:19에 따라 금지된) **월경 중에** 있는 아내와 성적 교합을 하지 않음으로써 순결을 지켰다. 그는 **사람을 학대하**지 않았다. 그는 사회정의에 관심이 있었다(참고. 신 24:13-15). 그는 **강탈**하거나(출 20:15) **변리를 위하여 꾸어주**지 않았다(신 23:19-20). 그는 **주린 자에게** 음식을, 궁핍한 자에게 **옷**을 주었다(신 15:7). 그는 **죄**를 멀리했고 **진실하게 판단**했다. 그는 주님의 **율례**와 **규례**에 순종하는 의의 훌륭한 본보기였다. 그 결과 하나님은, **그는 의인이니 반드시 살리라**라고 선언하셨다.

18:10-13. 2세대의 예로 든 사람은 의로운 사람의 **강포한 아들**이다. 그는 **살인**을 범했다. 그는 모든 세세한 면에서 자기 아버지와 반대되는 사악한 사람이었다(**이웃의 아내를 더럽히고, 가난하고 궁핍한 자를 학대하거나 강탈하고, 우상**을 숭배하고, **변리를 위해 꾸어주고**). **그가…결코 살지 못하리니 이 모든 가증한 일을 행하였은즉…자기의 피가 자기에게로 돌아가리라.** 의로운 아버지를 두었지만, 악한 아들은 자신의 행동을 책임져야 한다.

18:14-18. 3세대의 예는 강포한 사람의 **아들**이다. 그는 **아버지가 행한 모든 죄를 보고 그대로 행하지** 않았다. 대신 이 사람은 할아버지의 의로운 길을 따랐다(참고. 6-9절). 그는 하나님의 **규례를 지**켰고 그분의 **율례를 행**했다. **이 사람은 그의 아버지의 죄악으로 죽지 아니하고 반드시 살 것이다.**

18:19-20. 각 사람은 자신의 행동에 책임져야 한다. **범죄하는 그 영혼은 죽을지라 아들은 아버지의 죄악을 담당하지 아니할 것**이다(1-4절에 대한 주석을 참고하라). **의인의 공의도 자기에게로 돌아가고 악인의 악도 자기에게로 돌아갈** 것이다. 아버지가 신 포도를 먹는 것에 대한 속담(2절)은 완전히 거짓이었다. 백성이 심판받는 이유는 과거에 죄를 범했던 어떤 사람 때문이 아니라, 현세대의 악한 사람 때문이다.

18:21-23. 하나님은 이스라엘을 향해서 자기에게 돌아와 심판을 피하라고 요청하셨다. **악인이 만일 그가 행한 모든 죄에서 돌이켜** 하나님의 법을 지키면, 그는 **살** 것이다(참고. 14:6; 잠 28:13). '돌이키다'는 '회개하다'라는 뜻이다(참고. 14:6). 주님은 **악인이 죽는 것을 기뻐하**지 않으신다(32절; 33:11). 하나님은 사람들이 악한 길에서 **떠나**, 살기를 바라신다.

18:24. 하지만 하나님은 **공의**를 행했다가 **범죄**로 돌이킨 사람의 죄를 용납하지 않으신다. **그가 죽으리라.** 그가 행했던 의로운 일은 하나도 **기억되지** 않을 것이다. 의는 마구잡이가 아니고 일관성이 있어야 한다.

18:25-28. 과거의 의가 현재의 죄를 없애지 못하므로 한때 하나님의 법을 따랐지만 나중에 우상숭배나 비행으로 돌이킨 사람은 더는 의롭지 않다. 하지만 과거에 의인이었다가 악한 일을 행한 사람이 회개하고 **악을 떠나 정의를 행하면, 그 영혼을 보전**할 것이다. 하나님은

기꺼이 용서하시며, 회개하는 개인을 받아주신다.

18:29-32. 이스라엘은 하나님이 불의하다고 비난했지만, 하나님은 도전으로 응수하셨다. **너희 길이 공평하지 아니한 것 아니냐**(참고. 욥 40:8). 하나님은 개인의 행동에 따른 책임을 이스라엘에게 상기시키셨다. **내가 너희 각 사람이 행한 대로 심판할지라**. 이것은 **회개하고 죄에서 떠나**라는 요청이다. 그때에 하나님은 자기와의 올바른 관계에서 그들의 **마음과 영을 새롭게** 하실 것이다(참고. 11:19; 36:26; 렘 31:31-34). 하나님은 악인의 **죽는 것도 내가 기뻐하지** 않는다고 반복하면서(18:23; 33:11) 선언하셨다. **너희는 스스로 돌이키고 살지니라**. 하나님은 악인에게 긍휼을 베풀고 회개하라고 요청하시지만, 또한 악인의 죽음을 선언하면서 회개하지 않는 이들의 책임을 추궁하신다. 이 점에서 하나님은 온 땅의 공정한 심판관으로 영광을 받으신다.

5. 이스라엘의 마지막 왕을 위한 애가의 비유 (19:1-14)

(12-19장에 걸친) 무익한 거짓 낙관론의 단락은 이스라엘의 마지막 왕들에 대한 애가 혹은 장례 시/노래로 마무리된다. 이것(19:1-14)은 에스겔서에 나오는 다섯 개의 애가 중 첫 번째이다. 다른 셋은 두로를 위한 것이고(참고. 26:17-18; 27:1-36; 28:12-19), 네 번째는 애굽을 위한 것이다(32:1-16).

19:1-2. 이것은 **이스라엘 고관들**, 예루살렘에서 통치하던 마지막 네 왕을 **위하여** 지은 **애가**였다(7:27과 12:8-11에 대한 주석을 보라). 이 만가는 한 개인을 위한 것이 아니라, 예루살렘 함락 직전에 다윗 왕조의 '종말'을 노래한 것이었다. 이 애가는 다윗 왕조와 예루살렘의 일반적 표현인 **사자** 이미지로 시작한다(예를 들어 창 49:9; 왕상 10:19-20; 사 29:1; 계 5:5). **어머니 암사자**는 **새끼를 기른**(즉, 이 왕들을 탄생시킨) 이스라엘 민족이다.

19:3-4. 첫 번째 사자 **새끼**는 선한 왕 요시야의 악한 아들 여호아하스였다(왕하 23:24-32, 주전 609년 통치). 그는 주님 보시기에 악을 행하며, **먹이 물어뜯기를 배워 사람을 삼켰다**. 3개월 통치 기간에 그는 잔인함으로 이름을 날렸고, **이방이** 그에 대해 들었다. 그는 애굽왕 느고 2세에게 사로잡혀 폐위되었고, 애굽왕 느고 2세는 그를 **갈고리로 꿰어 끌고** 갔다. 말 그대로 승전 전리품처럼 **가죽끈**에 코를 꿴 채 **애굽**으로 끌려간 뒤, 그곳에서 포로 신분으로 죽었을 것이다(참고. 왕하 23:31-34; 렘 22:11-12).

19:5. 암사자의 다음 **새끼**는 유다 왕 여호야김이었다(주전 609-598년 통치). 그의 친애굽적인 통치 아래서 유다의 **소망**은 **끊어**졌다. 그는 이 애가에서 두드러지게 나타나지 않는다. 그 뒤에 암사자는 **그 새끼 하나를 또 골라 젊은 사자**[통치자]**로 키웠다**. 바로 여호야긴이었다(왕하 24:8-17; 대하 36:8-10).

19:6-9. 여호야긴의 통치(주전 598-597년)는 잔혹했다. 그는 **먹이 물어뜯기를 배워 사람을 삼켰다**(참고. 3절). 그는 유다의 **궁궐들을 헐**고 유다의 **성읍들을 부쉈**다. 그의 부패한 통치는 주민들을 **황폐**하게 했다. 그때에 **이방**, 곧 바벨론과 그 동맹국이 **포위하**여 여호야긴을 체포했다. 체포된 왕은 사냥용 그물(옥)에 갇혀 **바벨론 왕에게** 끌려갔다. 이는 구덩이 위에 그물을 펴서 동물을 사냥하는 **그림**을 묘사한 것이다. 상으로 얻은 포로를 야생동물처럼 행진시키는 것은 일반적 관행이었다. 여호야긴은 37년간 투옥되었다. 느부갓네살의 후계자에 의해 석방되긴 했지만, 여호야긴은 자신의 무책임으로 인해 황폐하게 만든 땅, 유다로 결코 돌아오지 못했다(왕하 24:8-17; 25:27-30; 렘 52:31-34). 그래서 **그 소리가 다시 이스라엘** 안에서 **들리지** 않을 것이다.

19:10-11. 애가는 사자의 이미지를 이스라엘을 비유할 때 자주 사용되는 **포도나무**의 이미지로 바꾼다(참고. 사 5:1-7; 겔 15장; 17:5-10; 마 21:33-41). 이스라엘의 마지막 왕 시드기야(주전 597-586년 통치)가 여기에 언급된 지도자이다. **어머니** 이스라엘은 **포도나무 같았다**. 과거 역사에서 이스라엘은 하나님의 복을 받아서 물이 많았고, **열매를 많**이 맺으며 번성했다(신 8:7-8). 이스라엘은 **가지가 무성하**여 많은 통치자를 낳았다. 그 가지들은 **권세 잡은 자**의 **규가 될 만**했고, **굵은 가지**[NASB는 '구름'으로 번역—옮긴이 주] **가운데에서 높았으며**, 다윗 왕조의 위엄을 보여주었다.

19:12. 그러나 이제 포도나무는 **분노 중에 뽑혀서 던져질** 것이다. **그 강한 가지들은 꺾였다**. **동풍**[동쪽에서 오는 바벨론)이 포도나무와 이스라엘 땅, 다윗계 왕들을 살상했다. **그 강한 가지**, 왕은 **꺾였**고, 그래서 이

스라엘은 **말라 불에 탔다**.

19:13-14. 심판하실 때 하나님은 이스라엘을 뿌리째 뽑아 바벨론으로 강제 추방하셨다. **이제는 광야, 메마르고 가물이 든 땅에** 심겨질 것이다. 시드기야가 전복된 뒤에 다윗 왕의 혈통이 끝났고, **강한 가지, 권세 잡은 자의 규**가 유다에 없었다. 여러 선지자가 예고했듯이, 시드기야는 메시아 예수님이 오실 때까지 다윗 왕조의 마지막 왕이었다(창 49:10; 단 9:26; 눅 1:30-33). 예수님이 돌아오실 때, 다윗의 아들이 이스라엘 왕으로 통치하기 위해 예루살렘의 보좌에 앉을 것이다(참고. 단 2:44; 사 52:1-10; 렘 23:3-8).

C. 유다의 범죄 역사(20:1-24:27)

유다의 범죄 역사에 대한 이 개관은 이스라엘이 비슷한 유형의 죄를 거듭해서 짓고 있음을 예증한다. 19장은 다윗 혈통의 종말이 확실함을 보여주었다. 그 뒤에 또 다른 심판 메시지가 나온다. 즉, 이스라엘의 역사 개관(20장), 예루살렘을 칠 칼(21장), 특정 죄 때문에 예루살렘에 임할 심판 예언(22장) 그리고 유다의 더 심각한 부패를 강조하는 북 왕국(오홀라/사마리아)과 남 왕국(오홀리바/유다)의 비교(23장)이다. 이 단락은 끓는 가마와 예루살렘 함락을 슬퍼하는 에스겔의 본보기로 끝난다(24장).

1. 이스라엘의 과거 반역과 회복에 대한 메시지 (20:1-49)

a. 이스라엘의 과거 반역(20:1-32)

20:1-3. 이것은 연대가 기록된 에스겔의 세 번째 예언이고(참고. 1:2; 8:1), 앞서 기록된 날짜에서 약 11개월 후에 해당한다(참고. 8:1). 날짜는 예언의 중요성을 강조한다. 여호야긴 유배 7년, **일곱째 해 다섯째 달 열째 날**[아브월 10일, 주전 591년 8월 14일]이다. 이 메시지는 **이스라엘 장로 여러 사람이 여호와께 물으려고 왔을 때에** 주어졌다(참고. 8:1; 14:1). 이는 하나님의 신탁을 구하는 전문용어이지만, 하나님은 그들의 요청에 응답하기를 거절하셨다. **너희가 내게 묻기를 내가 용납하지 아니하리라**(참고. 14:3). 하나님이 주신 답은 그들의 질문에 대한 대답이 아니었다.

20:4. 하나님은 에스겔에게 물으셨다. **네가 그들을 심판하려느냐**[강조를 위해 2회 반복] 히브리어에서 이 문장은 질문이라기보다는 '이 백성을 소환하라!'라는 명령에 훨씬 가깝다(참고. 22:2). 하나님은 에스겔에게 이스라엘 역사를 개관하여 **그들의 조상들의 가증한 일**이 심판을 내리는 근거임을 **그들에게 알게 하**라고 명령하셨다. 에스겔은 기소 검사와 변호사로 행동해야 했고(참고. 22:2b), 이스라엘이 지은 죄의 증거를 개괄적으로 보여주었다. (1) 하나님의 이스라엘 선택과 애굽에서의 구원(20:1-9), (2) 시내산에서 가데스 바네아까지 백성의 이동(20:10-17), (3) 광야 방황(20:18-26) 그리고 (4) 이스라엘 땅으로 들어간 뒤의 우상숭배(20:27-31).

20:5-6. 이스라엘 역사는 아브라함 언약과 함께 시작된다. **옛날에** 하나님은 **이스라엘을** 자기 백성으로 **택하고**(참고. 창 12:1-3; 15장; 17:1-8), **야곱 집의 후예를 향하여 맹세하**셨다(창 26:2-5; 28:1-14).

하나님은 **애굽 땅에서 그들에게** 자신을 나타내셨다. 불타는 떨기나무로 모세 앞에 **나타나**신 것이다. **나는 여호와 너희 하나님이라**(참고. 출 3:1-10). 이스라엘이 애굽에서 종살이하는 동안 하나님은 그들을 **애굽 땅에서 인도하여 내어 그들을 위하여 찾아두었던 땅, 젖과 꿀이 흐르는 땅**, 풍요로운 땅(참고. 출 3:8; 레 20:24; 민 13:27; 렘 11:5), **모든 땅 중의 아름다운 곳으로** 이끄실 것이라 맹세하셨다. 이스라엘은 하나님이 선택하신 백성을 위해 직접 선택하신 땅이다(참고. 신 7:6-11; 8:7-10; 12:5-11; 렘 3:19).

20:7-8. 하나님은 그들을 사랑하셨고(참고. 신 7:6-9), 이스라엘에게 **애굽의 우상을 버리라**고 요구하셨다. 출애굽기는 애굽에서 이스라엘의 종교 생활을 자세히 기술하지 않았지만, 이 절은 그들이 애굽에서 살던 400년 동안 그곳의 이교 숭배를 수용했음을 시사한다. 심지어 모세마저도, 아브라함 언약의 내용인 하나님이 명령하신 대로 아들에게 할례를 시행하라는 가장 기본적인 명령을 지키지 못했다(참고. 창 17:10-14; 출 4:24-25).

이스라엘은 하나님의 명령에 **반역**했다. 그들은 하나님의 말씀을 듣지도, **가증한 것을 버리지**도, **애굽의 우상들을 떠나지**도 않았다(참고. 23:3; 수 24:14). 애굽에서도 이스라엘은 심판을 받아 마땅했지만, 그들은 하나님의 **진노**에서 살아났으며, 유월절 구원에 의해 믿고 순종할 기회를 얻었다(참고. 출 12:13).

20:9. 이스라엘에 대한 하나님의 신실하심은 고금을 막론하고 그분의 은총과 자비, **내 이름을 위해**, 자신의 명성을 보호하려는 그분의 열망에 근거한다(참고. 14, 22절; 36:21; 신 7:6-9; 사 37:35; 43:25). 하나님의 **이름**은 그분의 성품을 표현한다. 자기 백성을 향한 언약적 신실하심 때문에 불경건한 열방 가운데서 그분의 명성이 위험에 처했다(참고. 36:20-23; 시 23:3; 사 48:9-11). 주님은 자기 백성을 돌보는 데 실패함으로써 자기 이름이 **이방인의 눈앞에서 더럽**혀지게(조롱받게, 거룩하지 못하다고 대접받게) 하지는 않으실 것 이다(참고. 민 14:15-16). 그래서 애굽에서 그들을 데리고 나오셨다.

20:10-12. 그들이 애굽을 떠났을 때, 하나님은 그들을 **광야에 이르게 하**셨고 시내산에서 **율례**와 **규례**를 주셨다(참고. 출 19-34장). 하나님은 **안식일**을 모세 언약의 **표징**으로 주셨다(참고. 출 31:13-17). 에스겔의 말에 귀를 기울이고 있는 이 장로들은 율례의 목적을 떠올렸다. 먼저, 사람이 율례를 준행하면 그는 **삶을 얻을** 것이다(참고. 레 18:4-5). 즉, 주님과 올바른 관계를 맺을 것이다. 둘째, 그들은 하나님이 **그들을 거룩하게 하는 여호와인 줄**을 친밀하고 인격적인 방식으로 **알** 것이다(참고. 출 31:13; 레 20:8). 이것은 의를 얻기 위한 행위가 아니다. 율법에 순종하는 동기는 공허한 의식주의가 아니라(참고. 사 1:11; 암 4:21-25) 믿음이어야 한다(참고. 창 15:6).

20:13. **이스라엘 족속**은 하나님의 계명을 지키기보다는 **광야에서** 하나님께 **반역**했고(참고. 민 10:11-14:35) 계속 우상을 숭배했다(20:16). 그들은 하나님의 **율례를 준행하지** 않았고 **안식일을 크게 더럽혔**다. 안식일은 모세 언약의 일차적 표징 가운데 하나였기 때문에(참고. 출 31:13-17; 사 56:1-8), 안식일 준수는 주님께 대한 내적 헌신의 외적 표식이었다. 안식일을 지키지 못한 것이 하나님의 심판과 70년 유배의 원인 가운데 하나였다(22:8, 26; 23:38; 44:24; 45:17; 46:3; 렘 17:19-27; 25:8-11; 느 13:17-18).

20:14-17. 광야에서 불순종했기 때문에 백성들은 마땅히 죽어야 했지만, [자기] **이름을 위하여**(9, 14, 22절) 하나님은 그들의 생명을 아끼셨다. 가데스에서 하나님을 의심하고 정탐꾼 10명의 잘못된 보고를 믿었던 세대에게는 심판이 임했다(민 13-14장). 그들은 약속의 **땅으로** 인도받지 못했지만, 광야에서 태어난 그들의 자녀는 여호수아 및 갈렙과 함께 그 땅에 들어갔다(민 14:30-31).

20:18-22. 하나님은 복을 주겠다는 제안과 **광야에서 그들의 자손에게** 하신 순종하라는 요청을 반복하셨다. **우상들로 말미암아 스스로 더럽히지 말라.** 그 대신 하나님은 그들에게 **내가 여호와 너희 하나님인 줄을** 알고(18:19, 20) **나의 율례를 따르며 … 나의 안식일을 거룩하게** 하라고 요구하셨다. 그럼에도 두 번째 세대는 부모와 마찬가지로 **반역**했다. 하지만 하나님은 그분의 **이름을 위하여** 자비롭게 행동하심으로 그들을 보존하셨다(참고. 21b-22절; 20:9, 14).

20:23-24. 하나님은 백성들의 죄로 인해 그들을 파괴하지 않으셨지만, 만약 그들이 죄를 범하면 **그들을 이방인 중에 흩**겠다고(신 28:64-68) **그들에게 맹세하**셨다(참고. 신 28장).

20:25-26. 만약 백성들이 하나님께 불순종하기로 선택하면, 하나님은 그들의 죄와 그들의 선택이 낳은 결과 때문에 그들을 버리실 것이다. 하나님은 **선하지 못한 율례**와 **능히 지키지 못할 규례**에 그들을 넘기셨다. 어떤 사람은 이것을 두고, 지키기 어려운 모세의 율법에 대한 언급이라고 주장했다. 그렇지만 이런 견해는 성경에 나타난 하나님의 의의 표현이라는 모세율법의 본질적 특성을 비하하기 때문에 받아들일 수 없다. 신약은 하나님의 율법이 "거룩하고 의로우며 선하도다"라고 선언하며(롬 7:12), 죄인도 "율법이 선한 것을 시인"해야 한다(롬 7:16; 딤전 1:8). 더 나아가 하나님은 율법을 지키는 사람은 살 것이라고 말씀하셨다(참고. 20:11; 레 18:4-5). 이 **율례**와 **규례**는 이스라엘이 따랐던 이교 종교의 계명이었다고 이해하는 편이 더 나아 보인다. 전에 이스라엘 백성은 하나님의 율법을 거절하고 이교 종교로 돌아갔으며, 심판의 때가 임할 때까지 주님은 이런 관행에 그들을 넘기셨다. 그들은 **장자**를 제물로 바치는 것과 같은 이교의 규례를 준수함으로써 **더렵**혀졌다(참고. 16:20). 하나님이 백성들을 죄로 넘기신 것은 사법적 행동이었다. 그들이 하나님의 의로운 길을 따르지 않았기 때문에, 하나님은 그들의 행위가 낳은 결과에 그들을 넘기실 것이다(참고. 롬 1:24-28;

딤후 2:11-12).

20:27-29. 하나님이 백성들을 **그들에게 주기로 맹세한 땅**으로 데려가셨을 때(참고. 창 12:1-7; 출 33:1-3; 신 34:4), 그들은 계속 **범죄하여** 하나님을 **욕되게** 했다. 죄는 주님 앞에서 극히 개인적인 것이다. 그들은 가나안 종교를 수용했고, **높은 산**과 **무성한 나무** 아래서 우상에게 **제사를** 드렸다(6:13).

20:30-32. **이스라엘 족속**은 **가증한 것**을 숭배했고, 조상의 **풍속을 따라** 자녀를 **불 가운데로 지나게** 하는 유아 제사를 지내고 우상숭배를 함으로써 스스로를 더럽혔다(16:20에 대한 주석을 참고하라). 그래서 하나님은 이 장로들이 **묻기를 용납하지** 않으실 것이다(3절). 이러한 이스라엘 역사의 개관은 이스라엘이 **이방인같이 되어**, 목석의 우상/신을 **경배**하기를 원했음을 입증한다.

b. 미래의 이스라엘 회복(20:33-44)

20:33-34. 그들은 과거에 실패했지만 **주 여호와**는 **능한 손과 편 팔로**, 심지어 **분노를 쏟아**서라도 이스라엘에게 자신을 알리실 것이다. 이것은 하나님이 과거에 행하신 이스라엘의 구원을 회상한다(참고. 출 6:6; 32:11; 신 4:34-35; 5:15; 7:19; 11:2; 시 136:10-12). 하나님은 계속 신실하게 이스라엘을 **다스리실** 것이다(예를 들어 시 145:1; 사 32:1-2). 하나님은 **흩어진** 모든 **나라**에서 유대 백성을 **나오게 하실** 것이다. 이 귀환의 범위가 광대하기 때문에, 이것은 바벨론에서의 귀환을 가리키는 것 같지 않다. 따라서 이것은 유대 백성이 미래의 환란 전에 이스라엘로 모이는 전 세계적인 재집결을 예고한다.

20:35-36. 이스라엘 백성이 이스라엘 땅으로 귀환한 뒤에, 하나님은 귀환한 사람 중에 일부를 **광야**로 보내고, 거기서 **심판**을 시작하실 것이다. 이 광야 심판은 구체적으로 메시아 재림 전의 시기, 일반적으로 환난기의 사건을 가리킨다. 계시록 12:14은 이스라엘을 환난기 후반에 광야로 도망하는 여자로 묘사한다. 이스라엘이 **애굽**을 떠난 뒤 **광야**에서 방황할 때도 그랬던 것처럼, 정화 과정이 있을 것이다.

20:37. 하나님은 자기 백성을 교정하기 위해서 **막대기**를 사용하여 반역했던 사람을 징계하실 것이다. 이 과정을 통해 이스라엘의 목자(참고. 창 48:15; 시 23:1; 80:1; 마 2:6; 히 13:20)가 이스라엘을 **언약의 줄로 매**실 것이다. 이것은 이스라엘의 불신앙 때문에 깨지고 폐기된 모세 언약이 아니다(참고. 16:59; 렘 31:31-32). 이것은 이스라엘을 주님께 회복시키기 위해 제정된 새 언약, 영원한 언약이다(참고. 16:60; 렘 31:31-33). 새 언약은 메시아 예수님의 죽음 및 부활과 함께 개시되었지만(참고. 눅 22:20), 그분이 재림하여 신실한 이스라엘에게 주신 모든 약속을 성취하실 그때의 성취를 기다린다. 새 언약과 다른 언약의 관계에 대해서는 예레미야 31:31-37에 대한 주석을 보라.

20:38. 그 미래의 때에 하나님은 자기에게 속하지 않은, **반역하는 자**를 **제하**실 것이다. 애굽을 떠났던 세대가 불신앙 때문에 약속의 땅에 들어가지 못했듯이, 주님께 **범죄하는 자**는 **이스라엘 땅에 들어가지** 못할 것이다(민 14:32-33). 이 사건은 바벨론 유배에서 성취되지 않았다. 귀환했던 사람들은 이 본문이 묘사하는 정결한 민족이 아니었다. 하나님의 정화 과정은 그분께 신실한 사람들만 복의 언약을 누릴 수 있다는 것을 의미한다.

20:39. 하나님은 일단 **가서 우상을 섬기라**라고 반어법을 사용하여 말씀하셨다. 이것은 당시 이스라엘의 영적 상태였다. 하지만 **이 후에**, 마지막 날에 이스라엘은 반드시 주님의 **말**을 듣고 그분의 **거룩한 이름**을 영예롭게 할 것이다.

20:40-41. 그때에 주님의 **거룩한 산**, **이스라엘의 높은 산**, 곧 성전산(시 2:6; 3:4; 15:1; 사 11:9; 56:7; 57:13; 65:11; 욥 1:16; 습 3:11)에서 **이스라엘 온 족속**이 이스라엘 **땅에서** 주님을 **섬길** 것이다. 하나님은 그들을 **기쁘게 받으실** 것이고, **예물**과 **열매**를 **요구하실** 것이다(참고. 40:38-43). 그들이 순수한 마음에서 바칠 것이기 때문이다(참고. 시 24:4-6). 하나님은 친히 자신의 **거룩함을 여러 나라의 목전에서 나타**내실 것이다.

이스라엘은 하나님을 떠나 우상숭배로 돌아서서 하나님을 모독했다. 그렇지만 미래에 이스라엘은 하나님을 거룩하게 할 것이며, 그로 인해 모든 열방이 하나님의 거룩하심을 인식할 것이다(사 56:1-8). 이 일은 바벨론 귀환에서 일어나지 않았고, 교회를 통해 지금 일어나는 것도 아니다. 이것은 이스라엘이 예수님을 메시아로 인정하고(슥 12:10) 모든 이스라엘이 구원받을

(롬 11:26-27) 미래의 사건이다.

20:42-44. 하나님의 이스라엘 회복에는 두 가지 핵심 변화가 있다. 먼저, 이스라엘은 하나님을 참으로 인정할 것이며, 그분이 **여호와인 줄 알** 것이다. 하나님이 아브라함(창 15:1-18), 다윗(삼하 7:8-24)과의 언약에서, 또 새 언약(렘 31:31-34)에서 자신을 계시하셨듯이 이스라엘은 인격적으로 친밀하게 하나님을 알 것이다. 주님은 자기 **이름을 위하여** 자신의 말씀을 지키시고, 자기의 영예를 위해 약속을 성취하는 언약적 충정을 입증하실 것이다(참고. 20:5-9; 36:21; 롬 11:27). 둘째, 하나님을 아는 지식은 이스라엘이 주님께 올 때 일어날 회개의 결과이다. 이스라엘은 스스로 **더럽힌 길을 기억**하고, 자기가 행했던 모든 악으로 인해 스스로 **미워**할 것이다(참고. 6:9; 16:61; 슥 12:10 이하). 미래에 하나님이 이스라엘을 회복시키실 때, 이스라엘이 과거에 죄를 범했을 때 느껴야 했던 수치심이 마침내 드러날 것이다.

하나님은 미래에 이런 상태를 가져다주시겠지만, 이것을 현 시대에 교회를 통해서 이루지는 않으신다. 이런 사실은 이스라엘 민족에 대한 하나님의 주권적인 목적에서 기인한다. 하나님은 자기 이름이 세상에서 영향력이 있도록 하기 위해 이스라엘을 빚으셨다(출 19:6; 사 43:7; 44:23; 60:7, 13, 21; 겔 39:13; 슥 2:5). 이스라엘이 거룩함을 나타내어 하나님이 세상에 자신을 계시하실 때, 이스라엘은 이 사명을 거의 독보적으로 성취한다(신 4:5-6; 26:18-19). 하나님은 또한 이스라엘 민족에게 행하신 역사적 행동을 통해 자신을 계시하시는데, 거기에는 이스라엘 백성을 심판하고(신 29:24-25; 겔 5:8, 13; 6:14; 7:9; 12:15-17; 15:7; 21:5; 39:21-24), 그들을 구원하고 회복하는 일이 포함된다(출 6:7; 7:5; 14:4, 18; 수 2:10; 시 67:1-2, 7; 102:13-15; 사 49:26; 52:7-10; 55:3-5; 겔 36:22-36; 39:27). 하나님은 이스라엘이 실패할 줄을 미리 아셨기 때문에, 이스라엘의 실패마저 이 목적을 폐기하지 못했다(신 29:4; 시 69:22-23; 사 29:10; 42:16-19; 43:8-13, 22-28). 하지만 실패와 심판이 이스라엘 이야기의 끝은 아니다. 하나님은 또한 이스라엘을 회복하여 이스라엘에게 두신 하나님의 목적을 성취하고(레 26:43-44; 사 11:11-12; 48:9; 렘 30:3, 10, 11; 31:8; 겔 20:33-44; 34:11-16; 암 9:11-15), 그 뒤에 이스라엘이 하나님의 영광을 세상에 발산하게 될 것이라고 약속하셨다. 다음은 로버트 소시(Robert L. Saucy)의 글이다(Robert L. Saucy, "Is Christ the Fulfillment of National Israel's Prophecies? Yes and No!" Evangelical Theological Society Annual Meeting의 미출간 논문, 2010년 11월 17일).

> 이스라엘의 회복과 목적의 성취에 관한 이 예언은 불순종의 역사를 지닌 바로 그 이스라엘을 언급한다. 이사야서에서 한 민족으로서의 영적인 변화와 회복이 거듭 약속된 것은 새로운 영적 이스라엘(즉, 교회)이 아니라 눈멀고 귀먹어 불순종하는 종이다. 에스겔서에 의하면, 하나님이 애굽 땅 밖으로 데리고 나왔고 불순종하여 주님의 이름을 모독했던 이스라엘(20:9, 13, 16, 21-22)은 광야에서 그들의 조상이 심판받은 것처럼, 새로운 정화 과정을 통해 갱신되고 회복될 것이다(20:34-44).
>
> 이것은 오늘의 교회처럼 모든 열방에서 모인 사람들이 아니라 민족으로서의 이스라엘이다. 새 언약의 약속과 관련하여, 주님은 확고한 자연 질서가 중단될 때에야 "이스라엘 자손도 내 앞에서 끊어져 영원히 나라가 되지 못할" 것이라고 선언하셨다(렘 31:35-36). 이스라엘이 열방 중의 한 민족으로서 다른 열방에게 축복이 되어, 열방도 동일한 구원을 받고 이스라엘과 함께 하나님의 백성이 될 것이다(사 19:23-25을 보라).

교회는 하나님 나라의 현현에 관한 이스라엘의 약속을 성취하지 못한다. 소시의 주장처럼, "영적인 하나님의 백성 공동체로서 교회는 이스라엘의 신정을 통해 예고된 하나님 나라의 패러다임을 열방 앞에서 보여줄 수 없다. 이 교회 시대와 달리, 하나님 나라에서 인간 사회의 모든 구조는 하나님에 의해 다스려지고, 그리스도 외에는 백성을 통치하는 황제가 전혀 없다"(Saucy, 18). 이스라엘의 회복에 관한 예언에는 하나님의 능력과 영광의 현현이 전례 없을 만큼 많이 나타나는데, 이는 교회 안에 있는 현재의 하나님 나라 현현에서는 볼 수 없는 것이다. "열방에 대한 이스라엘의 증언은 주로 세상이 보는 앞에서 이스라엘을 회복하고 복 주시는 하나님의 역사적 행동을 통해서 이루어진다. 열방의 박해와 억압에서 해방된, 영적으로 변혁된 이스라엘은 하나님의 평화와 번영 속에서 자기 땅에 살면서, 이스라엘의 하나님께 동일한 축복을 바라는 열방 가운데서 높아질 것이다"(Saucy, 19). 하지만 교회는 고난을 통해 증언하고(요 15:18-21; 행 9:15; 벧전 4:12-19), 또 시대의 마지막에 교회의 영향력은 약화되고(마 24:10-12, 37-39을 보라) 악이 만연할 것이다(살후 2:3-12; 계 19:17-19). 이런 내용은 교회가 이러한 하나님의 목적을 실현하는 수단이 아님을 입증한다. 에스겔서가 그리는 것은 미래에 있을 이스라엘의 회복이다.

c. 불타는 숲의 비유(20:45-49)

20:45-46. 이스라엘의 과거와 미래에 대한 개관 이후, 에스겔은 죄의 결과로 임박한 심판에 초점을 맞추었다. 심판의 의미로 세 지역에게로 **얼굴을 향하라**(참고. 4:3, NASB)라는 명령이 에스겔에게 떨어진다. 데만(NASB, 개역개정에서는 **남쪽**으로 번역—옮긴이 주)은 '남쪽'을 가리키는 시적 용어인 동시에 유다 남쪽에 있는 에돔 도시의 명칭이다(참고. 암 1:12; 렘 49:7). '남쪽'은 이스라엘의 남부 지역 '네게브'(개역개정에서는 **숲**으로 번역—옮긴이 주)이다.

20:47. 바벨론 군대가 북쪽에서 오고(참고. 9:1-2) 그들의 공격은 유다에게 초점이 맞춰져 있겠지만, 바벨론의 침략은 **남에서 북까지 모든** 땅을 덮을 것이다(참고. 21:4). 하나님은 **불**로 유다를 파괴하실 텐데, 이는 심판과 침략의 의미로 빈번하게 사용된 어구이다(참고. 15:7; 사 10:16-19; 렘 15:14; 17:4, 27; 21:14). **불이 모든 푸른 나무와 모든 마른나무를 없**앨 때 누구도 피할 수 없을 것이다.

20:48-49. 사람들은 **그는 비유로**만 **말한다**고 하면서 에스겔을 조롱했다. 그들은 이 비유를 이해하려 하지 않았다. 하지만 하나님은 말씀하셨다. **혈기 있는 모든 자는 나 여호와가 그 불을 일으킨 줄을 알리니 그것이 꺼지지 아니하리라**. 이들은 다가오는 칼 심판(21장)을 피할 수 없다.

2. 칼에 관한 네 가지 메시지(21:1-32)

백성들이 불에 관한 에스겔의 메시지를 조롱했기 때문에(20:45-49), 하나님은 그에게 다가오는 칼 심판에 관한 네 가지 명확한 메시지를 주셨다. 칼이란 단어는 이 장에서 15회 사용되어, 하나님이 폭력적인 방법으로 백성들을 심판하실 것을 강조한다.

a. 칼을 뽑다(21:1-7)

21:1-2. 에스겔은 **얼굴을 예루살렘으로 향하고, 성소**[성전]**를 향하여** 말하고, **이스라엘 땅에게 예언**해야 한다. 하나님은 자신의 땅과 자신의 거룩한 성읍, 자신의 거처를 심판하셨다(참고. 5:8). 주님은 자신과의 관계 그리고 자신의 소유권을 강조하셨다.

21:3-5. 바벨론이 직접적인 심판의 도구였지만, 하나님이 이 심판의 배후에 계셨다는 것은 명백하다. **내 칼을 칼집에서 빼어**(3, 5절) **치리라**. 전쟁 과정에서 **의인과 악인**이 모두 죽을 것이다. 숲의 불이 마른나무와 푸른 나무를 모두 불태우듯이, 무차별적 심판이 있을 것이다. 전쟁과 자연재해는 그 과정에서 죄인은 물론이고 무고한 사람까지 전부 휩쓸어간다(참고. 눅 13:1-4). 성경은 개인이 주님 앞에서 자신의 의와 죄에 대해 책임을 진다고 가르치지만(18장에 대한 주석을 참고하라), 의인이 초자연적 방법으로 재난을 피할 수 있다고 약속하지는 않는다. 에스겔은 다가오는 심판의 범위를 강조했다. **모든 육체를 남에서 북까지**(참고. 20:47). 심판이 왔을 때, 비로소 백성들은 **여호와가 칼을 빼낸 줄을 알** 것이다(참고. 3절).

21:6-7. 에스겔은 그들의 죄와 다가오는 심판에 상심했다(참고. 9:8; 11:13). 하나님은 **그들의 목전에서** 탄식하며 **허리가 끊어지듯** 괴로워하라고 명령하셨다. 그는 "부르짖어 슬피 울"어야 한다(12절). 그래서 백성들이 **네가 어찌하여 탄식하느냐**라고 물을 때, 에스겔은 예루살렘의 함락이 다가오고 있다는 **소문 때문이**라고 설명해야 했다. 두려운 심판이 실현되면 큰 충격을 줄 것이다. **각 영이 쇠**할 것이다(참고. 7:17). 의문의 여지가 전혀 없었다. **보라 재앙이 오나니 반드시 이루어지리라 주 여호와의 말씀이니라**.

b. 칼을 갈다(21:8-17)

21:8-10. 하나님이 빼신 칼이 **죽임**의 심판을 위해 **날카롭**게 되고(9, 10, 11절) **빛나**게 닦여(9, 10절), 빠르게 움직이고 **번개같이** 번쩍였다(10, 15절). 심판의 칼에 관한 이 노래는 **모든 나무**에 심판을 가할 **규**[rod]의 이미지로 전환한다(20:47에 대한 주석을 참고하라).

규[*shevet*, 셰베트]라는 단어는 단지 막대기를 뜻한다. 막대기의 한 가지 용례가 목자의 막대기처럼 자기 백성을 통치하고 인도하는 데 사용된 왕의 규이다(참고. 창 49:9-10). 따라서 에스겔은 지금 이스라엘 백성이 하나님의 통치 막대기를 거절했기 때문에, 이제 하나님이 대신 그들에게 칼을 사용하실 것이라고 말한다. 하지만 막대기를 규와 하나님의 통치권에 대한 언급으로 보는 것은 이 본문에는 어색한 것 같다. '막대기'라는 단어의 또 다른 용례는 목자가 양 떼를 훈련할 때 사용하는 훈련용 막대기이다(참고. 시 23:4; 잠 10:13; 13:24; 23:13). 따라서 이 단어는 흔히 하나님의 징계를 가리킨다(삼하 7:14, 욥 9:34; 21:9). 이것이 문맥에 더 잘 어울린다. 하나님은 막대기를 사용하여 이스라엘을 교정하시려고 했으나 이스라엘이 이를 무시했다. 그래서 하나님은 이제 칼을 사용하실 것이다.

21:11-12. 하나님의 **백성**과 **이스라엘 모든 고관**에게 심판을 시행하도록, 윤이 나는(**빛나게** 한) 칼이 **죽이는 자**에게 넘겨진다. 죽은 자의 숫자 때문에 하나님은 에스겔에게 **부르짖어 슬피 울고**(참고. 6절) 슬픔 속에서 **네 넓적다리를** 치라고 말씀하셨다. 하나님의 지도를 거절한 지도자들은 지도자의 위치에서 제거될 것이다.

21:13. 이는 **시험**의 때이다. **업신여기는 규**[홀, scepter]는 이제 **없**을 것이다(참고. 10절). 이 문장은 목적어가 불분명하기 때문에 다소 모호하다. 그렇지만 이 내용은 관료들이 다윗계 지도자 아래서 의롭게 살기를 거절했기 때문에 초래된 다윗 혈통의 중단을 가리키는 것 같다. 그래서 메시아가 오실 때까지 규가 더 이상 **없**을 것이다(참고. 창 49:10).

21:14-17. 여기서 칼의 영향이 강조된다. 에스겔, **인자**(14절)와 **여호와**(17절) 모두가 심판 때에 **손뼉을** 칠 것인데, 이는 이 단락의 처음과 끝에 놓인 어구이다(14, 17절; 참고. 6:11; 22:13). **칼로** 반복적으로 내리치라는 것이 **칼로 두세 번 거듭 쓰이게 하라**의 의미이다. 백성이 두려움 가운데 **낙담**할 것이다(참고. 7절). **번쩍번쩍하는**, 눈이 부시도록 윤이 나는 **칼이** 백성을 끈질기게 쫓아가 사방에서(**오른쪽…왼쪽**) **번개**같이 재빨리 내리침으로써(참고. 20:10) 신속한 심판이 임할 것이다. 하나님이 **손뼉을 치고 분노를 풀** 때에야 칼은 멈출 것이다.

c. 칼이 예루살렘을 향하다(21:18-27)

21:18-19. 느부갓네살이 의식하지 못했더라도, 그는 주님께 예루살렘을 전복시키라는 지시를 받았다. 하나님은 에스겔에게 **바벨론 왕의 칼**을 위해 **두 길**을 표시하라고 말씀하셨다. 에스겔은 예루살렘 **성으로 들어가는 길**에 **지시표**를 두어야 한다. 이것은 문자적인 표지판을 세우거나 혹은 예루살렘 공격과 관련하여 느부갓네살이 선택할 길을 그리는 것이 아니라, 상징적인 행동인 것 같다.

주전 588년에 세 봉신국, 두로(이스라엘 북쪽 지중해 해변)와 암몬(사해 동쪽), 유다가 바벨론으로부터 독립을 모색하고 있었다. 느부갓네살은 반란을 진압하기 위해 자신의 군대를 유프라테스강을 따라 바벨론의 북쪽과 서쪽으로 인도했다.

21:20-23. **랍바**[다메섹 북쪽]에서 느부갓네살은 **갈랫길**에 이르러, 어떤 나라를 먼저 공격하여 반란을 제압할 것인지 또 어떤 길을 택할지 결정해야 했다. 느부갓네살은 바벨론에서 **점**을 칠 때 행하는 일반적인 관행으로 자신의 행동을 결정했다. 곧 제비를 뽑는 것과 비슷하게 **화살들을 흔들**고, 이동용 가족 신의 형상(참고. 창 31:19; 호 3:4)인 **우상**에게 묻고, 희생제물의 **간**을 살핀다. 이런 관행은 그 자체로는 아무것도 하지 못하지만, 하나님은 이런 관행을 통해 일하시며 자신의 계획을 성취하신다. 느부갓네살의 **오른손**에 **예루살렘**의 제비가 떨어질 것이다. 이것이 그들이 선택할 표지판(길)이 되어, **성문을 향하여 공성퇴를 설치하고** 예루살렘을 공격할 **토성을 쌓**을 것이다.

21:24-26. 이스라엘의 지도자들이 이스라엘의 **악**, **허물**, **죄**의 **기억을 되살리고 드러나고 나타나**게 했기에, 그들은 **그 손에 잡힐** 것이다. **극악한 이스라엘 왕**(참고. 12:8-11) 시드기야는 권위를 빼앗길 것이다(왕권을 상징하는 그의 **관**과 **왕관**이 제거될 것이다). 느부갓네살은 왕을 체포하고, **낮은 자를 높이고, 높은 자를** 낮추어, 가장 가난한 백성들만 그 땅에 남길 것이다(왕하 25:4-12).

21:27. 시드기야의 강제 추방과 함께 다윗 왕권은 이스라엘에서 끊겼다. **엎드러뜨리다**[NASB는 '폐허'(ruin)—옮긴이 주]를 3회 사용한 것은 이스라엘의

왕좌가 완전히 황폐해질 것을 강조한다. **마땅히 얻을 자가 이르러 주님이 그에게 주실** 때까지, 다윗 왕권은 회복되지 않을 것이다. 이 다윗 왕권의 회복 예언은 창세기 49:10에 대한 의도적인 언급이다. NASB는 창세기 49:10의 '실로'를 고유명사로 받아들이지만 '권한을 가진 그분'(HCSB)으로 이해하는 편이 더 낫다(이것이 더 나은 독법이며, 그 이유에 대해서는 창 49:10에 대한 주석을 보라). 에스겔 21:27은 히브리어로 동일한 단어를 사용하는데, 차이점은 창세기 49:10이 축약된 형태로 제시하는 반면에, 에스겔서는 확장된 형태로 제시한다는 것이다. 아무튼 에스겔은 토라의 메시아 예고를 언급하고 있다. 예루살렘은 함락되고 시드기야는 끌려갈 테지만, 하나님은 신실한 장기 계획을 세우셨다. 메시아, 즉 하나님이 임명하신 의로운 왕이 올 때 다윗의 혈통도 회복될 것이다.

시드기야 때부터 예수님이 오실 때까지, 이스라엘에는 다윗계 왕이 없었다. 예수님이 나귀를 타고 예루살렘으로 들어와 메시아 왕으로 자신을 나타내실 때까지, 그분은 왕좌에 대한 합법적 권리 주장을 전혀 하지 않았다. 부활 이후에야 신실한 제자들은 그분을 알아봤다(참고. 슥 9:9; 마 21:1-11; 계 5:5; 19:11-16; 20:4). 어느 날 메시아가 승리 가운데 돌아와서 이스라엘 민족에게 인정받을 것이고, 회복된 예루살렘의 왕좌에서 이스라엘 왕으로 통치하실 것이다.

d. 칼이 암몬을 향하다(21:28-32)

21:28. **암몬**에 대한 심판이 칼 신탁을 마무리한다. 오늘날 요르단의 수도(암만) 이름이 이 옛 왕국 이름에서 유래했다. 암몬은 이교의 나라였고, 그 신은 '가증한 몰렉'(왕상 11:7; 겔 16:20-21), 즉 유아 제사의 신(레 18:21)이었다. 그들은 이스라엘의 영원한 대적이었다(참고. 신 23:3-4; 삿 3:13; 10:6-11:28; 삼상 11:1-11; 왕하 24:1-2; 대하 20:1-23). 암몬과 유다 모두 바벨론의 봉신국이 되었다(렘 27:1-7). 느부갓네살이 예루살렘을 공격했을 때, 암몬의 파괴는 연기되었다(참고. 21:18-23). 예루살렘이 함락된 후, 암몬은 바벨론 군대의 관심을 유다에 묶어두기를 기대하는 마음으로 쿠데타를 의도하여, 바벨론이 임명한 유대인 유다 총독(참고. 렘 40:13-41:10) 그다랴의 죽음을 초래했다.

21:29-32. 암몬이 안전에 대해 거짓 환상(**허무한 것**)을 갖고 있었지만, 심판의 **날**, **죄악을 징벌할 마지막 때가 이르렀다**. 암몬의 악(참고. 왕상 11:7)과 유다를 향한 적개심(참고. 암 1:13-15; 습 2:8-11)을 향해 하나님은 **분노**하셨다. 그래서 하나님은 암몬을 **짐승 같은 자 곧 멸하기에 익숙한** 바벨론에게 넘기실 것이다. 그들은 자기 땅에서 하나님의 진노의 **불에** 넣는 **섶**이 될 것이다. 암몬은 이스라엘을 부당하게 대우했기 때문에 심판받을 일곱 나라 명단의 첫머리에 등장한다(참고. 25:1-7).

3. 예루살렘의 오염과 심판에 관한 세 가지 메시지 (22:1-31)

a. 예루살렘 심판의 원인(22:1-16)

22:1-2. 이 단락의 첫머리는 예루살렘을 꾸짖는 또 하나의 사법적 고발이다(20:4에 대한 주석을 보라).

22:3-5. 예루살렘에 대해 두 가지를 고발한다. 먼저, **피 흘림**(이 메시지에서 7회 반복, 2-4, 6, 9, 12-13, 27절)은 예루살렘의 극심한 폭행죄를 강조한다(참고. 7:23; 8:17; 12:19). 두 번째는 **우상**숭배로 인한 **더럽힘**이다. 이스라엘은 이 일로 자주 고발을 당한다(예를 들어 5:11; 8:10; 14:3). 이 두 가지 죄가 사람 및 하나님과 이스라엘의 관계에 관한 모세의 율법을 어겼다(참고. 신 6:5-9; 레 19:9-18). 심판이 임할 때, **가까운** 나라나 **먼** 나라나 심판의 범위 밖에 있다고 스스로 생각했던 예루살렘을 **조롱**할 것이다.

22:6-12. 이스라엘의 **고관**들은 여러 분야에서 모세의 언약(예를 들어 출 20:1-17)을 어기도록 나라를 이끌었다. 즉, **부모**를 무시하는 것(22:7), **안식일**을 어기는 것과 배교(8-9절), 성적 비행/**음행**(10-11절), 탐욕/재정적 부패[**이웃을 탐하여 이웃을 속여 빼앗았다**(12절)]이다. 근본 원인은 이것이다. **네가 나를 잊어버렸도다**(참고. 23:35; 사 17:10).

22:13-14. **불의를 행하여 얻은 이익**과 **피 흘린 일** 때문에, 하나님은 심판 중에 **손뼉**을 치실 것이다(참고. 6:11; 21:14, 17). **네 마음이 견디겠느냐**라는 질문은 부정의 대답을 요구한다. 예루살렘의 용기가 꺾일 것이다.

22:15-16. 율법이 요구하는 대로(참고. 레 26:27-39; 신 28:64-68), 하나님은 그들의 불순종으로 인해 **뭇 나라 가운데** 그들을 **흩으**실 것이다. 이스라엘이 하나님의 율법을 모독했기에(참고. 22:6-12), 이제 이스

라엘은 **나라들의 목전에서** 스스로 **수치를 당**할 것이다(참고. 8절). 이스라엘은 유배 중에 자신이 비웃고 잊었던 하나님의 성품을 이해할 것이다. **내가 여호와인 줄 알리라.**

b. 심판의 수단(22:17-22)

22:17-18. 녹이는 용광로가 다음번 심판의 이미지이다. 찌꺼기는 녹인 금속이 정제되면서 그 표면에 형성된 불순물 찌끼이다. 이스라엘은 주님께 **놋**과 **주석**, **쇠**, **납**의 **찌꺼기**와 같이 되었다. 자신의 죄 때문에 이스라엘은 정화되어야 했다(참고. 시 119:119; 잠 25:4-5; 사 48:9-11).

22:19-22. 금속이 제련 도가니에서 녹듯이, 하나님은 이스라엘을 예루살렘 **가운데로 모으**실 것이다. 하나님의 **분노의 불**이 예루살렘을 은처럼 녹일 때, 예루살렘은 도가니가 되었다(참고. 사 1:22, 25; 48:10; 렘 6:27-30). 하나님의 심판은 백성들로 하여금 하나님을 인정하게 할 것이다. **나 여호와가 분노를 너희 위에 쏟은 줄을 너희가 알리라.**

c. 심판의 대상(22:23-31)

여기서 심판의 대상은 여러 그룹으로 나뉜다. '선지자'(22:25, 28), '제사장'(22:26), '고관'(22:27) 그리고 '이 땅 백성'(22:29)이다.

22:23-24. 말 그대로, 물리적인 **땅**이 백성의 죄가 낳은 결과를 겪었다. 하나님은 순종할 때 비의 복을 약속하셨지만(참고. 신 28:12), 죄의 결과는 기근이다(참고. 신 28:23-24). 그 땅은 하나님의 **진노** 때문에 **정결**해지지 못했거나(제의적 정화를 가리키는 용어) **비**를 **얻지 못했**다.

22:25. **선지자들**이 준 거짓 가르침은 영혼을 삼키는 **우는 사자**같이, 부패한 내용으로 백성을 파괴했다(참고. 13:18). 그들은 개인적인 용도를 위해 **재산과 보물을 탈취**했는데, 이는 예레미야가 성전 기물을 가리키는 데 사용한 용어이다(참고. 렘 20:5). 또 그들이 많은 남자를 죽게 만들었기 때문에, 공동체 안에 많은 과부가 생겼다(22:7; 출 22:22; 신 10:18; 사 10:1-2).

22:26-27. 유다의 **제사장**들은 하나님의 **율법**을 **범하였으며** 그분의 **성물을 더럽혔**다(참고. 25절; 습 3:4). 그들은 제사장의 주요 임무인 **거룩한** 것과 **속된** 것을 **구별하지** 않았다(44:23; 레 10:10-22; 11:47; 20:25; 렘 2:8). 그들은 하나님과 이스라엘 사이에 맺은 모세 언약의 표징인 하나님의 **안식일**을 무시했다(20:16, 21, 24). 하나님의 백성을 애정으로 돌보는 대신(참고. 34:5), 그들은 **불의한 이익**을 위해 **피를 흘려 영혼을 멸하는 이리 같았**다.

22:28. 하나님의 진리를 가르쳐야 하는 **선지자**들은 대신 허탄한 이상을 가르쳤고, 깨진 벽에 **회**를 칠하듯 **거짓 복술**을 칠했다(참고. 13:8-16). 그들은 **여호와가 말하지 아니하였어도 주 여호와께서 이같이 말씀하셨다**고 선언했다.

22:29. 주민과 영적 지도자로부터 평민을 가리키는 용어인 **땅**의 **백성**[*am ha'aretz*, 암 하아레츠]에 이르기까지, 모든 사회 계층이 죄악에 물들어 있었다. 사실상 전체 대중이 **포악**과 **강탈**에 연루되었으며, **가난하고 궁핍한** 자와 **나그네**를 **학대**했다(참고. 21:6-12).

22:30-31. 하나님은 신실하게 따르는 자를 원하셨다. 하나님은 **성을 쌓고**(참고. 13:5; 시 106:23) **무너진 데를 막아서서** 자기에게 순종하고 자신의 영예를 지킬 **그 땅의 한 사람**을 찾으셨다. 하지만 하나님은 한 사람도 **찾지 못하셨**다(참고. 창 18:23-33). 결국 하나님은 그들을 **진노의 불로 멸하**실 것이다(참고. 21:31). 이스라엘은 죄악 된 행동으로 자신들의 **머리**에 심판을 가했다(참고. 7:3).

4. 음란한 두 자매의 비유: 오홀라와 오홀리바 (23:1-49)

a. 두 자매의 부정: 오홀라와 오홀리바(23:1-21)

23:1-3. 이것은 예루살렘의 두 자매, 소돔과 사마리아 이야기와 비슷한 비유이다(16:44-59). 여기서 **두 여인**[자매]은 모두 도덕적으로 타락하여 **어렸을 때부터 애굽에서 행음했**다. 이 비유는 이교 권력과의 정치적 동맹을 강조하는 반면에, 이전의 자매 비유(16장)는 우상숭배와 관련이 있다.

23:4. 언니 **오홀라**['그녀의 장막']는 **사마리아**와 북왕국 이스라엘을 나타낸다. 동생 **오홀리바**['내 장막은 그녀 안에 있다']는 **예루살렘**과 남 왕국 유다를 나타낸다. '장막'이란 단어는 종종 성막, 하나님의 성소에 사용되었다(참고. 출 29:4, 10-11, 30). **오홀라**라는 이름은 이 자매와 관련된 성소가 자기 스스로 만들어낸 것임을 암시한다. 주전 931년 왕국이 분열되었을 때, 여로

보암이 타락한 방식으로 주님을 섬기는 예배를 북 왕국에 확립했기 때문이다. 대조적으로 **오홀리바**라는 이름은 하나님의 참된 성소가 그녀 가운데, 예루살렘의 성전에 있음을 암시한다. 두 왕국은 주님께 **속하여 자녀를 낳았다**.

23:5. **오홀라**/사마리아의 죄는 **앗수르**에 대한 의존이었다. 이스라엘은 앗수르와 오랜 관계를 맺었다. 예후(주전 841-814년)는 앗수르와 동맹을 맺었고, 자신을 봉신국으로 낮추었다(왕하 10:32-34). 므나헴(주전 752-742년)은 앗수르에게 조공을 바쳤다(왕하 15:19-20). 선지자 호세아(주전 760-720년)는 주님 대신 앗수르에 의존하는 이스라엘을 책망했다(참고. 호 5:13-14; 7:11; 8:9; 12:1). 이스라엘의 왕 호세아는 주전 721년 북 왕국이 앗수르에게 함락될 때 왕좌에 있었다(왕하 17:3-4). 사마리아는 주님의 보호를 신뢰하거나 하나님께 신실함을 지키는 대신 앗수르와 동맹을 맺었고('행음하다'), 이는 몰락으로 이어졌다.

23:6-10. 오홀라는 부유한 **자색** 옷과, 강력한 나라 앗수르 **감독**의 **준수한** 외모에 매료되었다. 오홀라는 결국 그들의 **우상**과 **연애**했고 **자신을 더럽혔다**. 하나님은 북 왕국 이스라엘을 **정든 자**, 곧 그들이 **연애**했던 앗수르에게 주었다. 그리고 앗수르는 이스라엘의 **자녀를 빼앗아** 잡아갔으며, **칼**로 많은 백성을 죽였다(참고. 왕하 17장, 주전 721년).

23:11-13. 예루살렘은 오홀라(사마리아)에 대한 하나님의 심판을 목격했고, 그것이 당연히 경고가 되어야 했지만, **오홀리바**는 언니(개역개정에서는 **형**으로 번역했다—옮긴이 주)보다 **더 부패**했다. 이스라엘이 앗수르로 유배된 뒤에도, 유다 왕 아하스(왕하 16:1-20, 주전 735-716년)는 이사야의 메시지를 거부하고(참고. 사 7:7-9) **앗수르**와 동맹을 맺으려고(**연애하**려고) 애썼다.

23:14. 유다가 애굽의 봉신국이 되었을 때(왕하 23:29-37), 유다는 애굽의 정치적 억압에서 벗어나기를 원했다. 유다는 주님께 돌아서는 대신 **음행을 더하였고 갈대아 사람**[바벨론]과 동맹을 맺었다. 유다는 종종 **벽에 그려진** 바벨론 우상을 숭배하기 시작했다(참고. 렘 22:14; 겔 8:10).

23:15-16. 예루살렘은 바벨론의 군사력, 그들이 **허리**에 동인 **띠**와 **수건**에 매료되었다. 유다는 군사적 보호를 받기 위해 **바벨론 사람**들을 **사랑**했고, 그들에게 도움을 요청하고자 **사절을 보냈다**.

23:17-18. **바벨론 사람이 나아**왔을 때, 그들은 예루살렘이 기대한 도움을 주지 않았다. 대신 그들은 예루살렘을 **더럽**혔고, 예루살렘은 그들을 **싫어하**게 되었다. 결국 하나님은 그 언니(개역개정에서는 **형**으로 번역했다—옮긴이 주) 사마리아를 미워하신 것처럼 예루살렘의 음탕한 행동을 **싫어하**셨다.

23:19-21. 예루살렘은 **젊었을 때 애굽**에서 행하던 이교 관행을 **생각하며 음행을 더**했다(3, 9, 12절). 에스겔은 예루살렘의 영적 수모를 명확히 보여주고자 그들의 **음욕**을 생생하게 묘사했다. 유다는 정치적 동맹을 위해 그들을 **사랑**했고(왕하 24:1; 25:1; 렘 37:5-8), 그들의 이교적 종교 관행을 따랐다.

b. 두 자매의 징벌(23:22-35)

에스겔은 **주 여호와께서 이렇게 말씀하셨느니라**로 시작되는, 자매에 대한 네 가지 징벌 신탁을 제시했다(22, 28, 32, 35절). 심판의 초점은 **오홀리바**, 곧 예루살렘을 향했다.

23:22-26. 첫 번째 징벌 신탁은 '연인의 공격'이다. 하나님이 예루살렘의 동맹국/**사랑하**는 **자**를 충동하여 **사방에서** 예루살렘을 **치게** 하실 것이다. 바벨론과 그 동맹국, **브곳**과 **소아**, **고아**[동부 바벨론의 작은 아람 부족]의 연합군과 함께 **모든 앗수르 사람**이 예루살렘을 **치러** 올 것이다. **고관**과 **감독**, **유명한 자**, **말타는 자**의 최고 사령부가 강력한 군사 작전을 수행할 것이다. **무기**, **병거**, 전투용 **수레**, **크고 작은 방패**를 가지고 **투구**를 쓴 채로 주님의 **재판**을 전달할 것이다. 바벨론의 섬뜩하고 잔인한 관습(**법**)을 통해 주님의 **분노**가 전달될 것이다. 그들이 **코**와 **귀**를 잘라낼 것이다. 전투에서 살아 **남은 자**도 칼에 **엎드러지**거나 **불**에 사라질 것이다. 그들이 아름답고 가치 있는 모든 것들을 **벗겨**낼 것이다.

23:27. 바벨론 유배가 유다의 **음란**과 **행음**을 치료할 것이다. 유다는 이제 이교의 우상 혹은 동맹을 찾거나 그들의 도움을 얻기 위해 **애굽을 기억하지** 않을 것이다.

23:28-31. 두 번째 징벌 신탁은 '네 대적의 손에 넘어가는' 것이다. 이 신탁은 첫 번째와 비슷하지만(참고. 22-27절), 덧붙은 내용이 있다. 바벨론이 **미워하는 마**

겔

음으로 **네게 행하여** 예루살렘을 **벌거벗은 몸으로** 둘 것이다. 예루살렘이 **이같이 당**하는 이유는 그들이 **음란하게 이방을 따르고 그 우상들로** 자신을 **더럽혔기 때문**이다(참고. 6:9).

23:32-34. 세 번째 징벌 신탁은 '하나님의 심판의 잔'이다. 이것은 이미 정해진 예루살렘의 파멸에 대한 시적(詩的) 신탁이다. 심판의 **잔**은 성경에서 빈번하게 사용되는 상징이다(예를 들어 시 75:8; 사 51:17-23; 렘 25:15-19; 합 2:16). 이 잔은 **깊고 크고 가득히 담겨** 있다. 그 내용물은 **근심**과 **놀람**, **패망**이다. 심판이 광범위하게 있을 것이기 때문에, 예루살렘은 분명히 **그 잔을 다 기울여 마실** 것이다.

23:35. 네 번째 징벌 신탁은 '심판의 이유'이다. 이 마지막 신탁은 심판의 주된 이유를 제시한다. 하나님은 그들이 **나를 잊었**다고 말씀하셨다(참고. 22:12). 주님의 신실하심에 대한 기억이 중요하다는 것은 성경의 핵심 주제이다(예를 들어 출 13:3; 신 4:9-10; 8:2; 시 77:11). 하나님은 예루살렘이 하나님을 잊고 **나를 네 등 뒤에 버렸**기 때문에(참고. 렘 32:33), 예루살렘이 음란의 **죄를 담당할** 것이라고 상기시키셨다(참고. 23:8, 27, 44).

c. 오홀라와 오홀리바에 대한 메시지의 결론 (23:36-49)

23:36-39. 결론은 백성의 **가증한 일**에 대한 요약이다. 그들의 영적인 **행음**과 **손**에 묻힌 **피**를 능가하는, 주님께 대한 최악의 불성실은 **그들이 내게 낳아준 자식들**을 **우상**에게 바치는 것이다. 주님은 백성들의 자녀를 자신의 자녀로 간주하셨다. 몰렉을 공경하기 위해 지어진 제단은 빨갛게 달아오를 때까지 가열된 화덕처럼 뜨거웠다. 그들은 또 제단 뚜껑에 몰렉의 손과 팔을 새겼다. 제단이 가열되었을 때, 자녀들은 그 손에 놓여 산 채로 불탈 것인데, 이것이 소위 '불 가운데로 지나가는' 행동이다(참고. 16:20-21; 렘 7:31). **그들이 자녀**를 무심하게 **죽인 그날에** 그들은 성전으로 들어가서 타락한 예배로 하나님의 **성소**를 더럽혔다. 악한 상태에서 성전에 들어옴으로써 그들은 하나님의 **안식일**을 **범**했다.

23:40-41. 그들은 삶의 모든 영역에서 하나님을 신뢰하는 데 실패했고, 이는 영적 우상숭배와 이방 나라와의 정치적 동맹으로 표현되었다. 그들이 **사절을 먼 곳에 보냈**다. 두 자매는 이방 민족을 동맹으로 유혹하기 위해 준비했는데(**목욕하며 눈썹을 그리며 스스로 단장하고**), 이는 하나님이 금지하신 것이었다(참고. 신 17:14-20). 그들이 준비한 **상**은 하나님께 **향**과 **기름**을 드리는 데 사용되어야 했지만 도리어 연인에게 바쳐졌다.

23:42-44. 이는 **음행으로 쇠**할 때까지 **팔찌**를 끼고 **관**을 쓰고 남자(**사람**)를 위해 자신을 준비하는 **음란한 여인**, 이스라엘과 유다를 상징하는 **오홀라**와 **오홀리바**를 생생하게 묘사한 것이다.

23:45. 그들을 **재판**할 의인은 그들에게 판결을 내릴 에스겔인 것 같다. 간음에 대한 판결은 보통 투석 사형이었다(참고. 레 20:10, 27). 간음은 개인의 가벼운 죄가 아니다. 그런 **여자들**은 생명을 파괴하고 **피가 그 손에 묻었**기 때문에, 간음은 **피를 흘리**는 심각한 결과를 낳았다(참고. 잠 6:24-26; 9:18; 23:27-28). 따라서 주님을 떠난 이스라엘과 유다의 영적 간음은 비난을 받아 마땅했고, 이 일은 심판을 가져올 것이다.

23:46-47. 그들은 **공포**와 **약탈**에 넘겨질 것이고, 돌에 맞을 것이고, **칼**로 **죽**을 것이고, 그들의 자녀는 죽고, **그 집**은 **불**살라질 것이다. 이런 사건은 바벨론에 의한 예루살렘의 약탈과 파괴를 설명한다.

23:48-49. 하나님은 그들이 **우상**을 숭배하던 **죄**를 담당한 뒤에, 그 **땅에서 음란을 그치게** 하실 것이다. 이로써 **내가 주 여호와인 줄을 너희가 알리라**.

5. 끓는 가마의 비유(24:1-14)

유다에 대한 일련의 심판 메시지(참고. 4-11장, 12-19장, 20-24장)의 세 번째는, 하나님의 진노가 불가피하다는 것에 대한 두 가지 부가적인 메시지와 함께 24장에서 마무리된다.

24:1-2. 재난의 명확한 날짜는 여호야긴 왕의 유배 이후 **아홉째 해 열째 달 열째 날**이었다(데벳월 10일/주전 588년 1월 15일). **바벨론 왕이** 바로 이날에(**오늘**) **예루살렘**을 공격했다. 이것은 에스겔이 4년 넘게 지적해오던 정확한 날짜였고, 성경의 다른 곳에서도 중요하게 언급된다(왕하 25:1; 렘 39:1; 52:4).

24:3-5. 이 **비유**는 **반역하는** 이스라엘 **족속**이 요리용 **가마** 안에 있다고 묘사한다(참고. 3:9). 이는 예루살렘 안에서 안전하다고 생각했던 지도자에게 준 에스겔의 이전 메시지(11장)와 비슷했다. 최초의 바벨론 강

제 추방에서 살아남은 예루살렘 사람들(왕하 24장)은, 최악은 지나갔으니 자신들은 예루살렘에서 안전하다고 생각했다. 하지만 **양 떼 가운데서 가장 좋은 것**(새번역)마저 안전하지 않았다. **가마** 안에서 **뼈가 무르도록 잘 삶**아질 것이다.

24:6. 이 비유는 두 개의 비슷한 진술로 설명된다. **주 여호와께서 이같이 말씀하셨느니라 화 있을진저 피를 흘린 성읍이여**(6-8, 9-14절). 이는 그들의 슬픈 운명과 심판의 원인에 대한 진술이다(참고. 22:1-16). 이 비유에서 예루살렘은 **녹슨** 요리 가마와 비슷한데, 이는 백성의 죄악을 가리킨다. **녹을 없**애지 않아 요리하는 동안 녹이 묻어났다. 예루살렘의 부패는 숨길 수 없었다.

예루살렘 사람들은 성벽 도시 안에서 바벨론의 맹공격으로부터 안전하다고 느꼈다. 하지만 예루살렘이 함락될 때, 마치 가마에서 **제비도 뽑**지 않고 모든 고깃덩이를 꺼내듯이, 그들은 **하나하나** 꺼내질 것이다. 다시 말해 예외 없이 모든 주민이 예루살렘에서 포로로 잡혀갈 것이다.

24:7-8. 그 피가 그 가운데에 있기 때문에, 예루살렘은 심판을 당할 것이다. 예루살렘은 피를 흘린 죄가 있었다(참고. 22:1-6). 주님은 예루살렘이 무고한 피를 흘렸고, 그 증거가 **맨바위**[bare rock] **위에** 둔 것처럼 공개적으로 명백하게 드러났다고 말씀하셨다. 비유적으로 말하자면, 그 피가 복수를 부르짖고 있었다. 예루살렘은 **피를 땅에 쏟아 티끌이 덮이게 하지 않았다**(창 4:10; 레 17:13-14; 욥 16:18; 사 26:21). 예루살렘이 공개적으로 다른 사람의 피를 흘렸기 때문에 하나님의 **분노가 보응**할 것이고, 하나님은 예루살렘의 피를 **맨바위 위에** 공개적으로 흘리실 것이다.

24:9-10. 이 심판 진술은 가마 이미지를 이어받아서 다음과 같이 시작된다. **화 있을진저 피를 흘린 성읍이여.** 하나님은 가마 주위에 (불을 피우기 위해) **나무 무더기를 크게** 만드실 것이다. 가마 안의 **고기**는 제대로 요리되고 **뼈**는 **태**워질 것이다. 이것은 바벨론에 의한 예루살렘 소각을 예고한다.

24:11-12. 마지막에 가마가 빌 것이다. 즉, 예루살렘에 주민이 없을 것이라는 말이다. 예루살렘은 **더러운 것**이 **녹고 그 녹이** 불태워질 때까지 **숯불** 위에 놓일 것이다(심판을 겪을 것이다). 예루살렘은 파괴될 것이고, 그 주민은 옮겨져 죄악이 제거될 것이다.

24:13-14. 하나님은 자기 백성을 죄로부터 **깨끗하게 하**실 테지만, 그들은 회개하거나 순종하기를 거절했다. 따라서 하나님은 **분노**로 백성들과 예루살렘을 정화하실 것이다. 하나님은 **행하**시되, **돌이키**거나 **아끼**거나 **뉘우치지** 않으실 것이다. 그들은 **모든 행위대로** 심판받을 것이다. 자비로우신 하나님은 백성들이 회개할 수 있도록 심판을 가능한 한 오래 미루시겠지만(롬 2:4-5), 무한히 기다리지는 않으신다. 하나님은 결국 불가피하게 악을 징벌하실 것이다. 내가 **너를 재판하리라**.

6. 에스겔의 아내가 죽는 표징(24:15-27)

24:15-19. 에스겔의 개인적 슬픔의 경험이 이미 포로로 잡혀가 예루살렘 함락을 지켜보고 있던 이스라엘 백성에게 주는 교훈이었다(참고. 왕하 24:1-5). 에스겔의 **눈에 기뻐하는 것**, 즉 사랑하는 아내가 비극적으로 죽는 것이 하나님의 행동이고 백성에게 주는 표징이라는 **여호와의 말씀**이 주어졌다. 슬퍼하는 것이 당연하지만, 하나님은 에스겔에게 **슬퍼하거나 울**지 말라고 말씀하셨다. 그는 **조용히 탄식하**고, **죽은 자**를 위한 애도 관습을 따르지 말아야 한다(참고. 렘 16:5-7). **아침에** 에스겔은 백성에게 하나님의 말씀을 전했고, **저녁에** 그의 **아내가 죽었다**. 다음 날 그의 아내가 장사되었을 때, 그는 슬퍼하지 말라는 하나님의 **명령**에 순종했다. 백성들은 슬퍼하지 않는 그의 모습에 충격을 받았고, **이 일이 무슨** 뜻인지(**상관이 있는지**) 물었다.

24:20-21. 에스겔은 **이스라엘 족속**에게 아내의 죽음이 예루살렘의 하나님 **성소**, **너희 세력의 영광**, **너희 눈의 기쁨** 그리고 **너희 마음에 아**끼는 것(참고. 25절)에게 임할 파괴를 상징한다고 설명했다. 솔로몬 성전은 고대 세계에서 가장 아름다운 건축물이었고, 주님의 성령이 지성소에 거했기 때문에 가장 신성했다. 유대 백성은 이 장엄한 구조물의 상실을 납득할 수 없었다. 게다가 예루살렘 안에서 안전하다고 생각했던 자녀들이 **칼에 엎드러**질 것이다. 이것은 참담한 소식이었다.

24:22-24. 에스겔은 바벨론의 동료 포로들에게 자신의 아내가 죽었을 때 **행한 바와 같이** 행동하라고 명령했다. 그들이 예루살렘 함락 소식을 들었을 때, 에스겔은 **슬퍼하지도** 말고 **울지도** 말라고 그들에게 명령했다. 그들이 슬프지 않아서가 아니라, 파괴의 규모가 슬

픔을 부적절하게 만들 것이기 때문이다. 그들은 **죄악 중에 패망**할(더 나은 표현은 '시들' 혹은 '버려질') 것이고, 예루살렘 함락이 자신들이 지은 죄의 결과였음을 깨달을 때 **피차 탄식**할 것이다. 마침내 그들은 하나님이 **주 여호와인 줄을** 알게 될 것이다.

24:25-27. 그들의 힘인 예루살렘은 비참하게 무너지고, 더불어 **그 즐거워하는 영광, 그 눈이 기뻐하는** 것이던(참고. 21절) 성전과 함께 **그 마음이 간절하게 생각하는 자녀**의 학살은 포로들에 대한 에스겔의 사역을 변화시킬 것이다. 예루살렘 함락 소식이 포로들에게 도달하는 **그날에** 선지자의 **입이 열릴** 것이다. 그는 **다시는 잠잠하지** 않을 것이다. 하나님이 주신 예언을 선포할 때를 제외하고는 동료 포로들 앞에서 침묵을 지키라는 명령이 에스겔에게 주어졌다(참고. 3:25-27). 이제 예루살렘을 꾸짖는 그의 말이 성취되었고, 그의 선별적 침묵도 끝날 것이다(참고. 33:21-22). 죽음에서 **도피**했던 이들, 예루살렘이 함락된 후 바벨론으로 끌려올 이들에게 그가 해야 할 사역이 있을 것이다. 에스겔은 **그들에게 표징**이었고, 그들은 하나님이 **여호와인 줄** 알 것이다.

Ⅲ. 이방 나라에 대한 궁극적 심판(25:1-32:32)

주님의 심판은 이스라엘에서 시작되지만(4-24장), 이스라엘 주변의 일곱 나라에까지 확장될 것이다(25-32장). 하나님이 죄 때문에 자기 백성을 아끼지 않으신다면, 그분은 분명 자신이 선택한 백성을 괴롭힌 악한 이교도 나라도 아끼지 않으실 것이다. 각각의 예언은 "이로써 내가 여호와인 줄을 너희가 알리라"로 끝난다.

하나님이 열방을 심판하시는 근거는 아브라함 언약에 있다(참고. 창 12:1-3; 15장). 유대 백성, 아브라함의 후손을 축복하는 이들은 복을 받을 것이다. 하지만 유대 백성을 저주하는(모욕하거나 학대하거나 그들의 재난을 기뻐하는) 이들은 심판을 받을 것이다. 유대 백성이 순종하든 불순종하든, 하나님은 그들을 사랑하고 보살피신다. 유대 백성의 영적인 상태가 반유대주의의 구실이 될 수는 없다.

(암몬과 모압, 에돔, 블레셋을 꾸짖는) 이 처음의 네 예언은 각각 하나님께 심판을 받게 만든 죄를 나열했고, 그 뒤에 심판을 묘사했다. 이것은 '원인-결과' 양식을 따른다. 이 나라들이 하나님의 백성에 대한 보복성 질투와 증오심으로 하나님께 죄를 범했기 '때문에', '그러므로' 하나님은 그들을 징벌하실 것이다(25:3).

파인버그의 주장처럼, 땅의 열방은 창세기 12:1-3, 7의 아브라함 언약의 모든 단어가 그대로 하나님의 뜻이었다는 가르침을 받아들이지 않았다. "하늘 아래 어떤 나라도, 전능하신 하나님의 진노를 이스라엘에게 내리지 않은 채 그들에게 해를 가할 수 없다. 역사의 페이지마다, 세상의 눈과 지략으로는 위대했을지 모르지만 하나님의 공정한 진노를 자초했던 열방의 파편으로 얼룩졌다. 하나님은 자신이 선택한 백성의 죄로 인해 그들을 심판할 권리를 확보하셨고, 유대인을 악의적으로 대하고, 이로써 이스라엘과 영원한 언약을 맺으신 그분께 먹칠하는 이들을 심판할 권리 또한 확보하셨다"[Charles Lee Feinberg, *The Prophecy of Ezekiel: The Glory of the Lord* (Chicago: Moody, 1969), 146].

A. 암몬에 대한 심판(25:1-7)

25:1-2. 주님은 에스겔에게 **네 얼굴을 암몬에게 돌리라**(참고. 4:3)고 명령하셨다. 암몬에 대한 심판이 이미 선언되었고, 여기 일곱 나라 가운데서 되풀이된다(21:28-32에서 암몬에 대한 세부 내용을 보라).

25:3-6. 암몬이 심판 아래 있는 이유는 유다가 바벨론에게 함락되는 것을 기뻐했기 때문이다. 암몬은 하나님의 **성소**에 대해, **이스라엘 땅**과 **유다 족속**에 대해 악의적인 기쁨의 탄성을 발하며(**아하 좋다**) 조롱했다(3절; 참고. 26:2; 36:2; 시 35:21-25). 예루살렘이 함락되고 **유다 족속이 사로잡혔을** 때, 암몬은 흡족해했다. 암몬 사람은 **이스라엘 땅에 대하여 손뼉을 치며, 마음을 다하여 멸시하며 즐거워**했다(6절). 이스라엘과 예루살렘 함락을 대하는 암몬의 태도 때문에 하나님은 그들을 **동방 사람에게 기업으로** 넘겨주실 것이다(4절). 요단 동편에서 온 이 유목민 백성은 암몬을 정복하고 암몬의 수도 **랍바를 낙타의 우리**와 **양 떼가 눕는** 곳으로 삼을 것이다(5절). 이것은 파괴된 성읍을 묘사하는 데 자주 사용된 어구이다(참고. 사 34:13-15; 습 2:13-15).

25:7. 그런즉 이스라엘에 대한 암몬의 증오심으로 인해 주님은 **손을** 암몬 **위에 펴서**, 암몬이 **다른 민족에게 넘겨져 노략을 당하고**, 만민 중에서 **끊어지고, 여러**

나라 가운데서 **패망하게 하**실 것이다. 이스라엘과 암몬의 적대적인 관계가 하나님의 이러한 반응을 불러왔다. **내가 너를 멸하리니 내가 주 여호와인 줄을 너희가 알리라.**

B. 모압에 대한 심판(25:8-11)

25:8. **모압** 왕국은 사해 동쪽, 오늘날 요르단의 남부 지역에 있었다. 모압 왕 발락이 발람을 고용하여 이스라엘을 저주했던 출애굽 시대로부터(참고. 민 22-24장), 모압은 이스라엘의 영속적인 대적이었다. 사사 시대에 이스라엘은 모압 왕 에글론에게 억압당했고(삿 3:12-30), 모압은 왕정 시대를 통틀어 자주 이스라엘을 공격했다(참고. 삼상 14:47; 삼하 8:2; 왕하 3:4-27; 13:20; 24:2; 대하 20:1-23). 에돔 접경의 산지 **세일**은 에돔의 동의어였다(참고. 대하 20:10; 민 20:14-21). 모압과 에돔(참고. 25:12-14)에게는 하나님의 백성을 시기하고 경멸했다는 공통점이 있었다.

모압의 가장 큰 죄는 하나님의 계획에서 이스라엘의 지위를 깨닫지 못한 것이었다. 모압은 **유다 족속이 모든 이방과 다름이 없다**고 조롱하면서, 이스라엘에게 주신 하나님의 약속과 그분과의 독보적인 관계를 부인했다. 모압은 열방 가운데서 유다의 중심 지위를 거부했고, 이로써 하나님의 이름을 모독했다. 모압의 죄는 발람을 고용하여 이스라엘을 저주했던 발락의 음모에서 예시되었고(민 22:1-25:9), 결국 모압이 예루살렘 함락을 흡족해하는 것으로 이어졌다(참고. 렘 48:27).

모압의 죄는 오늘날에도 계속적으로 뚜렷하게 나타난다. 국가나 신학자 혹은 보통 사람이 하나님의 선민으로서 이스라엘이 가진 독특성과 그분의 특별한 땅으로서 이스라엘 나라를 부인한다면(참고. 레 25:23; 시 10:18; 78:54; 슥 9:16), 그들은 이 통탄할 모압의 죄를 저지르는 것이다. 유대 백성과 이스라엘 나라가 **모든 이방과 다름이 없다**고 말하는 것은 여전히 이스라엘을 향한 하나님의 약속과 계획(그분의 언약 백성과 거룩한 땅)을 부인하는 것이다.

25:9. 모압은 유다를 경멸했다. **그러므로** 하나님은 **모압의** 옆구리(**한편**), 곧 그들의 주요 방어 성읍을 **넘겨주**실 것이다. 하나님은 **그 나라**의 **영화로운 성읍**을 넘기려고 생각하셨다. 따라서 모압은 침략에 노출될 것이고 주요 성읍은 함락될 것이다. 언급된 성읍은 요단 강 위의 모압 평지를 수호했던 **벧여시못**과 **바알므온** 그리고 메데바 고원 꼭대기에서 모압을 보호했던 **기랴다임**이다.

이 성읍들은 또한 '메사 비문' 혹은 '모압 석비'에서도 언급된다. 약 115센티미터 높이의 검은색 기단 기념비(주전 840년경)가 1868년에 발견되었다. 이 석비는 모압과 이스라엘의 전쟁을 포함하여(왕하 3:4-17) 모압 왕 메사의 통치를 연대순으로 기록한다. 모압 석비는 구약의 사건과 지명을 확증하기 때문에, 고고학적으로 중요한 유물이다.

25:10-11. **암몬**과 마찬가지로, 모압은 **동방 사람**에게 정복될 것이고(참고. 4절), 자신의 권력과 영향력 있는 지위를 상실하여 **이방 가운데에서 기억되지** 않을 것이다. 하나님은 자신이 **주 여호와인** 줄을 모압이 **알**게 하실 것이다.

C. 에돔에 대한 심판(25:12-14)

25:12. 이것은 **에돔**을 꾸짖는 에스겔의 첫 번째 예언이다(참고. 35장). 에돔은 사해 동쪽, 모압 남쪽의 왕국으로, 오늘날 요르단의 아카바만까지 뻗어 있었다. 에돔 사람은 주님을 귀하게 여기지 않았던 야곱의 형, 에서의 자손이었다(창 25:25-30; 36:1-8; 히 12:16). 에돔을 책망한 선지자는 에스겔만이 아니었다(다음을 보라. 겔 25:12-14; 35장; 사 34장; 렘 49장). 오바댜 역시 그랬다. 출애굽 때 에돔은 이스라엘이 평화롭게 자기 영토를 통과하도록 허용하지 않았고, 이로써 에돔과 이스라엘과의 불화가 시작되었다(참고. 민 20:14-21). 에돔에 대한 적개심은 이스라엘 역사 전체에서 계속되었다(참고. 삼상 14:47; 삼하 8:13-14; 왕상 9:26-28; 11:14-18; 왕하 14:7; 사 34:5-7; 렘 49:7-22; 암 1:11-12; 옵 1장).

심판이 임하는 이유는 **에돔이 유다 족속을** 쳤기 때문이다. **원수를 갚음으로**라는 어구는 문자적으로 '복수에 복수'이며 누그러지지 않은 복수를 뜻한다. 에돔은 하나님의 백성에게 **원수를 갚음으로 심히 범죄하였**다. 유다가 바벨론에게 반역했을 때(주전 588년), 에돔은 바벨론의 편을 들어 느부갓네살의 유다 공격을 도왔고, 예루살렘의 함락을 기뻐했다. 더군다나 에돔은 예루살렘 공격을 피해서 온 유대 백성에게 피난처를 제공하지 않았다(참고. 시 137:7; 렘 49:7-22; 옵1:9-14).

25:13-14. 에돔은 이스라엘에게 영속적인 증오심을 가졌고 유다의 파괴를 도왔다(참고. 35:15; 36:5). **그러므로 하나님이** 그분의 **손을** 북쪽의 **데만과** 남쪽의 **드단까지, 에돔 위에 펴**실 것이다. 하나님은 자기 **백성 이스라엘의 손으로, 에돔에게 원수를 갚으**실 것이다. 주님은 에돔에 대한 심판에 직접 참여하셨고, 유대 백성을 진노의 대리인으로 임명하셨다.

에돔은 신구약 중간기에 홍해부터 유프라테스강까지 관할했던 유목민, 나바테아에게 정복당했다. 이두매라고도 알려진 에돔은 나중에 서쪽 네게브까지 이동했다. 훗날 (주전 126년) 그들은 유대인 통치자요 마카베오 반란을 개시했던 마타디아스 하스몬(Mattathias Hasmon)의 후손, 요한 히르카누스(John Hyrcanus)에 의해서 유대교로 강제 개종했다(Josephus, *Ant.*, 13.9). 물론 에돔은 로마 시대 이후 민족적 정체성과 영향력을 상실했으나, 에스겔이 묘사한 진노의 심판은 아직 성취되지 않은 것 같다. 이 일은 메시아가 유대 백성의 대원수를 심판하실 마지막 날에 일어날 것이다(참고. 사 63:1-6). 하나님이 "내 원수를 그들에게 크게 갚"으실 때, 그분이 "여호와인 줄을 그들이 알" 것이다(25:17). 여기에 이스라엘의 대적의 전형으로 나타난 에돔(참고. 35:3)은 오늘날 더 이상 독자적인 민족이 아니다. 그럼에도 그들의 영토를 점령한 사람들은 최초의 에돔 사람처럼 이스라엘 백성을 계속 학대했다. 따라서 그날에 이 종말 심판이 에돔에 있는 사람에게 임할 것이다. 하나님은 자신의 대적이 누구이며, 누가 궁극적으로 그들을 무너뜨릴지 아신다.

D. 블레셋에 대한 심판(25:15-17)

25:15. **블레셋 사람**은 유다 서쪽 지중해 해변 남부, 필리스티아(Philistia)에 거주했던 해양 민족으로 강력한 군사력을 보유하고 있었다. 정복 시대 이후로 블레셋은 이스라엘의 대적이었다(삿 3:1-4, 31). 그들은 아스돗, 가자, 아스글론, 갓, 에그론 등 다섯 개의 주요 성읍에서 공격을 개시했다. 골리앗은 가장 유명한 전사였지만, 그가 다윗에게 패배한 뒤에도 블레셋은 계속 이스라엘과 전투를 벌였다(참고. 삼상 7:2-17; 13:1-14:23; 28:1-4; 29:1-2, 11; 31:1-3, 7-10; 삼하 5:17-25; 8:1; 대하 21:16-17; 28:16-18).

블레셋은 멸시하는 **마음으로 원수를 갚고**, 하나님이 선택하신 백성을 **진멸하**고 약속의 땅을 이스라엘에게서 빼앗으려고 했기 때문에 그들은 하나님의 심판 아래 있었다.

25:16-17. **그러므로** 하나님이 블레셋을 파괴하실 것이다. 하나님은 **손을** 블레셋에게 **펴**실 것이고 이는 강력한 심판을 상징한다(참고. 출 3:20; 7:4, 5). 하나님은 **그렛 사람**(블레셋의 동의어, 참고. 삼상 30:14; 삼하 8:18; 습 2:5)을 **끊으**실 것이다. 블레셋은 하나님의 백성을 진멸하려고 계획했지만, 하나님은 **해변**의 **남은 자를 진멸하**실 것이다. 그래서 주님이 그들에게 **원수를 크게 갚**으실 것이다.

신구약 중간기에 블레셋은 정치적 독립체가 아니었다. 하지만 그들의 이름은 계속 이스라엘 남부 해안과 연관되었고, 그들의 다섯 주요 성읍은 계속 영향력을 발휘했다. 로마의 이스라엘 정복(주후 70-135년) 이후, 유대인에게 굴욕을 주고 역사에서 유대인의 정체성을 지워버리고자, 로마는 이스라엘의 옛 대적 블레셋(Philistines)을 따라 그 땅 이름을 유대에서 라틴어 '팔레스티나'(*Palaestina*)로 바꾸었다. 팔레스타인은 성경 시대의 가나안 및 이스라엘, 유다 땅과 깊이 관련되어 있어서, 수많은 성경 자료와 신학자, 지도는 여전히 이 지역을 팔레스타인으로 명명하고, '팔레스타인까지 아브라함의 여정' 혹은 '예수님 시대의 팔레스타인'이라고 말할 정도이다. 그러나 성경은 이스라엘이나 유다를 명명하면서 팔레스타인이라는 단어를 결코 사용하지 않는다.

블레셋 파괴의 성취는 주님이 모든 대적을 무찌르실 마지막 날(참고. 사 11:14; 옵 1:19; 습 2:4-7)에 이루어질 것이다(25:13-14에 대한 주석을 보라). 블레셋은 오늘날 더 이상 독자적인 민족이 아니다. 그렇지만 마지막 날에 그들의 땅을 점령할 사람들은, 블레셋이 이스라엘 백성에게 가졌던 것과 동일한 적대감을 이어갈 것이다. 따라서 이 마지막 날의 심판이 그날에 블레셋 지역의 백성에게 임할 것이다. 하나님의 백성을 파괴하려고 했던 이 민족은 하나님의 참된 성품을 이해할 것이고, 하나님이 **그들에게 원수를 갚은즉** 그분이 **여호와인 줄을 그들이 알** 것이다(참고. 7, 11절).

E. 두로에 대한 심판(26:1-28:19)

이스라엘의 동쪽과 서쪽 나라를 꾸짖는 에스겔의 네

가지 짧은 예언(25장) 뒤에 두로를 꾸짖는 긴 예언이 나온다. 이스라엘 북쪽 지중해 해변에 있는 이 옛 페니키아 도시국가는 상인과 해양 교역으로 유명했다(참고. 27:3; 사 23장). 다윗은 성전에 필요한 재료와 기술을 제공했던 두로 왕 히람(참고. 삼하 5:11; 왕상 5:1; 7:13; 대하 2:3)과 무역 동맹을 맺었다. 나중에 두로는 우상숭배로 악명이 높았다(참고. 사 23:17; 마 11:21-22).

두로를 꾸짖는 네 개의 독립된 신탁은 각각 "여호와의 말씀이 내게 임하여"라는 어구로 시작된다(26:1; 27:1; 28:1, 11).

1. 두로의 파괴: 첫 번째 신탁(26:1-21)

26:1-2. 이 예언은 여호야김의 유배 **열한째 해 어느 날 초하루에** 주어졌다(주전 586/587년). 예루살렘이 주전 586년 7월 18일에 바벨론에게 함락되었기 때문에, 에스겔은 몇 월인지 언급하지 않았다. 아마 두로를 꾸짖는 에스겔의 예언은 임박한 예루살렘 함락에 자극을 받았을 것이다.

이 예언은 '원인-결과' 양식을 따른다(참고. 25:1-4, 6-7, 8-9, 12-13). 두로가 심판받는 이유는 **예루살렘** 함락에 **관하여** 탐욕스럽게 기뻐하며, **아하 만민의 문이 깨져서 내게로 돌아왔도다…내가 충만함을 얻으리라**라고 말했던 두로의 죄 때문이다. 예루살렘과 두로는 애굽과 메소포타미아 사이의 수익성 높은 교역로를 두고 다투었다. 두로는 해로를 제패했던 반면, 예루살렘은 대상로를 지배했다. 예루살렘이 육상 대상로를 지배하지 않았다면, 더 많은 상품이 바다로 선적되어 두로의 재정적 이익에 이바지했을 것이다.

26:3-5. 하나님은 **그러므로…두로야 내가 너를 대적**한다고 말씀하셨다. 주님은 **바다가 그 파도를 굽이치게 함같이 여러 민족들이 와서** 두로를 **치게** 하실 것이다. 두로는 원양항해 경제 덕분에 부유했다. 그래서 바다의 거친 폭풍 이미지는 하나님의 심판을 묘사한다. **파도**가 부서지듯이, 하나님은 **성벽을 무너뜨리**고 **그 망대를 헐** 것이다. 하나님은 **티끌을 그 위에서 쓸어버려 맨바위가…그물 치는 곳이 되게 하**실 것이다. 이 중요한 교역 성읍이, 그물이 썩지 않게 하려고 어부가 그물을 펼쳐 말리는, 매끈하고 황량한 바위가 될 것이다. 두로의 엄청난 부가 **이방의 노략거리**로 바쳐질 것이다.

26:6. 두로의 중심 성읍은 해변에 있었지만, 여기에는 **들**에 펼쳐져 있던 다른 정착 지역과 해변에서 약 800미터 떨어진 섬 위의 공동체도 포함되었다. 이 **딸들**, 즉 주변 성읍이 두로의 중심 성읍 주민과 함께 **칼에 죽**을 것이다.

26:7-11. 두 번째 **주 여호와께서 이같이 말씀하셨느니라**는 **느부갓네살**을 두로의 침략자로 거명한다. 예루살렘을 무너뜨린 뒤 느부갓네살은 **말과 병거와 기병과** 엄청난 **군대**로 13년간 두로를 공격했다. 두로는 오랜 **공성퇴** 공격을 버텼다. 두로의 해군이 물자를 공급해줄 수 있었기 때문이다. 결국 바벨론은 본토의 모든 정착지를 파괴했다. **그가 그 말굽으로** 두로의 **모든 거리를 밟**았지만, 섬의 성곽은 보존되었다.

26:12-14. 신구약 중간기에 알렉산더 대왕은 애굽으로 행군하던 중 두로가 복종하지 않자 두로의 섬 정착지를 유린했다(주전 332년). 그는 본토에서 섬 요새로 이어지는 약 2.5킬로미터의 긴 둑길을 건설했다. 그는 그렇게 하기 위해 느부갓네살이 파괴한 옛 본토 성읍의 돌무더기에 있던 **돌들**과 **재목**, **흙**을 사용하여, 여기서 에스겔이 예언했듯이 **물 가운데** 던졌다(슥 9:3-4을 보라). 두로 섬은 더 이상 교역 성읍이 아니라 **그물 말리는 곳**이 되었다. 신약시대에 두로는 느부갓네살과 알렉산더의 공격에서 회복되었지만(참고. 마 15:21), 더 이상 지중해의 주요 권력이 아니었다. 레바논에 있는 오늘날의 두로는 옛 위치 근처에 있지만 그보다 훨씬 작은 중간 규모의 도시이다. 이 예언이 성취되어 옛 두로의 폐허 위에 어떤 도시도 세워지지 않았다.

26:15. 이 예언의 세 번째 단락은 **주 여호와께서 이같이 두로에 대하여 말씀하시되**로 시작된다. 두로가 함락될 때 두로의 이웃, **섬들**이 **진동**하고 떨며 놀랄 것이다. 고대 세계의 주요 항구가 파괴되면 그 지역 경제가 전반적으로 영향을 받을 것이다.

26:16-18. 두로의 교역에 의존했던 **바다의** 모든 **왕**이 탄식의 옷을 **입**을 것이다(참고. 욥 2:11-13). 두로의 동맹국이 **항해**에 탁월했던 **유명한 성읍**을 위해 **슬픈 노래**, 장례식 애가를 불렀다(참고. 19:1). 그들이 두로의 **결국을 보고 놀랐**기 때문이다. 만약 이런 일이 두로에게 일어날 수 있다면, 누구도 안전하지 않을 것이다.

26:19. 시적으로 표현하면, 중요한 원양 상업도시 두로는 대형 배처럼 가라앉을 것이다. **주 여호와께서**

두로에게 **이같이 말씀하셨**다. 하나님이 큰 항구를 **황폐한 성읍**이 되게 하여 **큰물**로 **덮**이게 하실 때(참고. 3절), 항해하는 옛 두로는 바다에 잠길 것이고, 그 성읍의 모든 흔적은 사라질 것이다(참고. 27:26-35; 12-14에 대한 주석을 보라).

26:20-21. **구덩이에 내려가는** 것은 죽음과 무덤의 은유이다(잠 1:12; 사 14:15, 19; 38:18). **예로부터 황폐한 곳**처럼 변하는 두로의 무서운 결말이 **살아 있는 자의 땅**이 누리는 **영광**과 대조된다. **다시는** 두로를 **만나지 못**할 것이다(두로의 파괴에 대한 상세한 논의는 Feinberg, *The Prophecy of Ezekiel*, 147-148을 보라).

2. 두로에 대한 만가: 두 번째 신탁(27:1-36)

두로를 꾸짖는 에스겔의 두 번째 신탁("여호와의 말씀")은 두로에 대한 긴 애가이다(참고. 26:17-18). 이 애가는 3연으로 구성된다. 제1연(1-9절)은 시문으로, 아름다운 배와 같았던 두로의 과거 영광을 서술한다. 제2연(10-25절)은 두로의 많은 교역 상대를 제시한다. 제3연(26-36절)은 두로의 파괴를 비참한 파선으로 묘사한다.

27:1-7. 제1연은 **바다 어귀**의 상인(**거래하는 자**) 성읍 **두로**를 한 배에 비유한다. 두로는 **온전하게 아름다웠**다. 그 **판자**는 값비싼 **스닐**[헐몬산]의 **잣나무**로 만들어졌고, 그 **돛대**는 크고 강하기로 이름난 **레바논의 백향목**으로 만들어졌다(왕상 4:33; 5:6). **바산**[상수리나무로 유명했던 갈릴리 동쪽, 사 2:13]의 **상수리나무**로 **노를 만들었**다. 갑판은 값비싼 **황양목**에 **상아**로 장식되었다. 돛은 **애굽의 수놓은 가는베**로 만들어졌다. 그리고 그 **차일**은 고대 세계에서 가장 값비싼 염료인 고급 **청색**과 **자색**으로 만들어졌다. 이것은 두로의 상인 선단이 가진 특징인 '화려한 배'를 정확하게 그려냈다.

27:8-9. 배의 선원은 페니키아 해안에서 최고였다. 그들은 **시돈**[두로에서 북쪽으로 약 40킬로미터 거리에 있는 지중해 해변의 고대 도시]과 **아르왓**[두로 북쪽 320킬로미터, 시리아 해변에서 떨어진 지중해의 작은 섬 도시], **그발**[두로 북쪽 110킬로미터 지중해 해변의 페니키아 도시]의 유명한 지중해 항구 출신이었다. 초기의 페니키아 배에는 각각 노 젓는 선원 50명이 승선했고, 배는 신속하게 움직였다. 후대의 상업 선박은 그보다 훨씬 커서, 배 양쪽에 2~3층의 노가 있었고 선원은 200명에 이르렀다. 거기서는 **지혜자**가 **선장**이 되어 항해하는 동안 **배의 틈을 막**았다. 두로의 배는 수리받기 위해 항구에 정박하지 않고서도 **무역**할 준비가 되어 있었다.

27:10-25. 제2연은 두로의 군사와 상업 활동을 서술한다.

27:10-11. 두로의 용병 **군대**에 속한 병사는 **바사**[지금의 이란]와 **룻**[북아프리카], **붓**[리비아] 출신이었고, **아르왓**[두로 북쪽 320킬로미터 시리아 해변에서 떨어진 지중해의 작은 페니키아 섬 도시, 참고. 8절] 출신의 병사와 '감마딤'(문자적으로 '용감한 사람, 개역개정에서는 **용사**들로 번역—옮긴이 주)도 있었다. 이 **병정**들이 **성**과 **망대**를 보호했고, 성읍 방어와 인상적인 외모를 통해 두로의 **아름다움을 온전하게** 했다.

27:12-25. 두로의 교역망은 고대 세계를 가로질러 확장되었다. 지중해 주변의 '고객'인 **다시스**[스페인], **야완**과 **워단**[그리스], **두발**과 **메섹**, **도갈마**[동부 터키], **유다**와 **이스라엘**, **아람**, **다메섹**, **헬본**[시리아]과 거래하였다. 아라비아의 고객은 **드단**, 우잘(예멘), **게달**, **스바**, **라아마**에서 왔다. **하란**과 **간네**, **에덴**, **스바**, **앗수르**, **길맛** 등 메소포타미아의 여러 성읍도 두로와 거래했다. 두로는 금속, 보석, 값비싼 원료(12, 13, 15, 16, 18, 22, 24절), 군사 보급품(14, 19, 20절), 가축과 음식물(17, 19, 21절) 등 **풍부한 각종 제품**을 거래했다. 거래하거나 이송해야 할 물건이 있으면, **바다 중심에서 풍부하**고 크게 **영화**로웠던 교역 제국인 두로의 배로 옮겼다.

27:26-36. 이 애가는 비참하게 파선한 배의 이미지로 마무리된다(26-36절).

27:26-29. 두로의 큰 배는 바다 한가운데에서 부서진다(**너를 무찔렀도다**, 참고. 34절). **동풍**은 배를 침몰시키는 폭우와 동쪽에서 오는 바벨론 침략군의 이중적 이미지를 갖는다(참고. 19:12).

27:30-32. 두로의 선원과 교역 상대가 두로의 패배에 **통곡**할 것이다. 그들은 **티끌을 머리에 덮어쓰고 재**에서 뒹굴며, 모든 애도 관습을 준수할 것이다. 또한 **굵은 베**를 입고, 울면서 물을 것이다. **두로와 같은 자 누구인고?**

27:33-36. 두로의 교역 제국은 **여러 백성을 풍족하게** 했고 **왕들을 풍부하게** 했다. 두로의 함락은 모든 **섬**

에 영향을 줄 것이다. 두로의 거래 상대는 파산할 것이고, **왕들은 심히 두려워**할 것이다. 거대한 성읍 두로가 바벨론에게 멸망당한다면, 그들에게는 파산을 피할 수 있는 희망이 전혀 없을 것이다. 상인들은 충격을 받고 두로의 몰락을 **비웃**을 것이다. 그들은 두로가 **다시 있지 못하리라**는 사실을 믿을 수 없었다.

3. 두로 지도자의 몰락: 세 번째 신탁(28:1-10)

28:1-5. 두로를 꾸짖는 세 번째 메시지는 **두로**의 지도자 혹은 **왕**을 겨냥한다. 이 거만한 왕은 자신의 노련한 지도력과 경제적 성공을 평가하여, **나는 신이라 내가 하나님의 자리 곧 바다 가운데에 앉아 있다**라고 선언했다. 두로 왕의 근원적인 죄는 자신이 신이라는 주장이었다(참고. 6, 9절). 하나님은 이 모독적인 주장에 맞서셨다. **너는 사람이요 신이 아니거늘**(참고. 9절). 주님은 일련의 수사적 진술에서, 느부갓네살의 궁정에서 지혜와 의로 명성을 누렸던(참고. 단 1:19-20; 2:46-49) 선지자 다니엘을 언급하며 (참고. 14:14, 20) **네가 다니엘보다 지혜**롭다고 말씀하셨다. 왕은 자신의 큰 **지혜**로 **깨닫지 못할 은밀한 것**이 **없다**고 생각했다. 왕은 자기가 그 지혜로 **재물**을 늘렸다고 생각했다(참고. 28:4, 5). 나라가 부강하고 **재물**이 많았기 때문에, 그의 **마음**은 **교만**해졌다.

28:6-8. 왕이 자기 **마음**을 교만하게 만들었으므로 하나님이 두로의 왕을 심판하기 위해 **이방인**, 곧 바벨론(참고. 26:7-11; 렘 27:1-3), **여러 나라** 중에 가장 **강포한 자**(참고. 23:22-27; 30:11)를 데려오실 것이다. 그의 **지혜**를 대수롭지 않게 여기는 바벨론이 그의 **영화를 더럽히며** 그를 **구덩이에 빠뜨릴** 것이다(참고. 26:20).

28:9-10. 그는 자기를 **죽이는 자 앞**에서 **내가 하나님이라**고 말할 수 없을 것이다. 그는 왕답게 평화로운 죽음을 맞지 못할 것이고, 야만인처럼 수치 가운데 죽을 것이다. 그의 최후는 **할례받지 않은 자의 죽음**과 같을 것이다(참고. 32:30; 삼상 17:26, 36). 그는 왕이라고 주장했지만, 가장 비천한 인간으로서 **이방인의 손에** 비열한 죽음을 당할 것이다.

4. 두로 왕 배후에 있던 권력의 몰락: 네 번째 신탁 (28:11-19)

두로를 꾸짖는 마지막 예언은 "두로 왕"에 관한 "슬픈 노래"였다. 하나님은 그 통치자가 단지 사람에 불과한데도 신이라고 주장한 것을 꾸짖으셨다(1-10절). 두로 왕에 대한 이 슬픈 노래는 실제 왕에게 하는 말(1-10절)에서 그의 보좌 배후에 있는 권력에 대한 서술로 바뀐다(11-19절). 이 점은 에스겔의 서술이 두로의 인간 통치자나 모든 유한한 인간에게 적용될 수 없는 용어를 사용하는 것으로 분명하게 드러난다. 예를 들어, 그에 대해 "완전한 도장(Seal)"이었고(12절) "에덴에 있었"다(13절)고 말한다. 그는 "하나님의 성산"에서 "불타는 돌들 사이에 왕래"했던 "기름 부음을 받고 지키는 그룹"(천사 같은 존재)이라고 불린다(14절). 그는 또한 하나님께 직접 "지음을 받"았으며(15절), 그 안에서 "불의가 드러"날 때까지 '완전'했다고 언급된다. 이런 묘사는 '유대인의 과장' 혹은 '고대 근동의 과장'으로 설명될 수 없다. 이 단락에서 에스겔은 문자적인 두로 왕이 아니라 현실의 왕에게 능력을 주었던 초자연적 존재, 곧 사탄에게 이야기하고 있다. 이런 사상은 천사와 마귀가 정사에 영향을 미치며, 이것을 연결시키는 다니엘서에 의해 뒷받침된다(단 10:12-14).

28:11-19. 이 **왕**은 **완전한 도장**이었고, **지혜**로 충만하고 **에덴동산**에서 **온전히 아름다웠**으며(13절), **기름 부음을 받은 그룹**이었고(14a절), **하나님의 성산**에 자유롭게 접근하는 권한을 가졌고(14b절), **지음을 받던 때부터 완전**했다가(15절) **불의가 드러났**다(15절). 결국 그는 교만에 굴복하고(**마음이 교만하였으며**) 더럽혀져서, 하나님이 그를 **땅에 던지**셨다(17절; 참고. 사 14:3-21).

이 **기름 부음을 받은 그룹**은 사탄으로 이해하는 게 최선이고, 이 본문은 타락 이전에 있었던 에덴의 사건을 계시한다. 에스겔은 그룹을 하나님이 원래 창조하셨던 존재로 묘사했다(28:12-15a). 사탄은 에덴동산에 있었다(창 3:1-7). 그는 하나님의 임재에 가까이 갔고(8:14-15; 욥 1:6-12), 사탄의 결정적 죄는 자신을 몰락으로 이끈(**네가 영원히 다시 있지 못하리라**, 28:19) 교만이었다(딤전 3:6).

여기서 에스겔은 사탄의 몰락을 단일 장면으로 제시했지만, 다른 본문은 사탄의 몰락이 단계적으로 일어났음을 보여준다. 사탄의 첫 심판은 그가 하나님의 보좌 앞에서 기름 부음을 받은 그룹의 지위에서 축출당한 것이었다. 하나님은 나중에 그를 하나님의 산(하늘)에서 쫓아냈다(참고. 14, 16절). 사탄은 하늘로부터 떨어졌지만(참고. 눅 10:18), 계속 하나님께 가까이 갈 수 있도록 허락되었다(참고. 욥 1:6-12; 슥 3:1-2). 환난기에 사탄은 하늘에서 떨어져 땅에만 있게 될 것이다(계 12:7-13). 사탄은 천 년 동안 무저갱에 있을 것이고(계 20:1-3), 천 년이 지나면 잠시 풀려난 뒤(계 20:7-9) 불 연못 속에 영원히 던져질 것이다(계 20:10). 이에 따라 여기서는 사탄의 모든 심판이 축약된 개요 형태로 제시된다.

F. 시돈에 대한 심판(28:20-26)

28:20-23. **너는 얼굴을 시돈으로 향하라**(참고. 6:2)는 명령이 에스겔에게 내린다. 훨씬 유명한 두로와 자주 결부되는 이 성읍 국가는 두로 북쪽 40킬로미터의 지중해 지역에 있었다(참고. 렘 25:22; 47:4; 욜 3:4; 슥 9:2; 눅 6:17; 10:13-14). 하나님은 **시돈을 대적하**신다. 시돈은 **전염병**과 **칼**로 심판받을 것이다.

28:24. **이스라엘 족속**에게 **찌르는 가시와 아프게 하는 가시**(참고. 왕상 18-19장)의 고통처럼 나쁜 영향을 미쳤기 때문에, 시돈은 심판 아래 있었다. 바알 숭배의 죄가 시돈 왕의 딸 이세벨을 통해 이스라엘에 들어왔다(왕상 16:31). 이세벨은 이스라엘 왕 아합(주전 874-853년)과 결혼했고, 바벨론 유배 때까지 이스라엘과 유다를 타락시켰다.

28:25-26. 하나님은 이스라엘에 대한 신실하심을 통해 자신의 거룩하심을 계시하실 것이다. 하나님은 **여러 민족 가운데에 흩어져 있는 이스라엘 족속을** 모으심으로써 자신의 **거룩함을 나타**내실 것이다(참고. 20:41; 28:22, 25; 36:23; 38:16; 39:27). 이스라엘은 죄로 인해 심판받겠지만, 하나님은 결코 이스라엘을 버리지 않으실 것이다. 하나님이 이스라엘과 영원한 무조건적 언약을 세우셨기 때문에 이스라엘은 모든 열방 가운데 특별하다. 하나님은 이스라엘을 **멸시하던** 모든 나라를 **심판하실** 것이다. 아브라함과 이삭, 야곱에게 복과 이스라엘 땅을 주시겠다는 약속(창 13:14-17; 15:17-21; 17:21; 35:11-13)은 취소되지 않았다. 하나님이 그 땅을 **야곱**에게 주셨기 때문에 이스라엘은 **고국 땅**에서 **거주할** 것이다(참고. 37:25; 창 28:10-13; 35:9-12; 시 46:4-11; 105:8-11).

바벨론 유배 이후 많은 유대 백성이 이스라엘로 귀환했다(참고. 느 1:3; 7:1-59). 성벽과 성전이 재건되었지만, 유대 백성은 **평안히 살**지 못했다. 주후 70년에 로마가 그들을 본토에서 축출했다. 1948년에 이스라엘은 지금의 유대인 국가가 되었지만, 그 땅은 계속되는 전쟁의 위협 아래 있다. 이스라엘이 자기 땅으로 회복되는 미래에 하나님이 유대인을 **멸시하**는 모든 열방을 심판하실 때, 그들은 안전과 번영을 포함한 하나님의 복을 누릴 것이다. 에스겔을 통해 주어진 이 약속은 천년왕국에서 성취되기만을 기다린다. 하나님이 마침내 이스라엘의 대적을 징벌하시고 자신이 선택한 백성에게 복을 주실 때, 이스라엘은 예수님을 메시아로 인정하고(슥 12:10) 그분이 **그 하나님 여호와인 줄을 그들이 알** 것이다.

G. 애굽에 대한 심판(29:1-32:32)

열방에 대한 에스겔의 일곱 번째이자 마지막 예언의 초점은 애굽에 맞춰져 있다. 두로를 꾸짖는 예언과 마찬가지로 이것도 연이은 일곱 가지 신탁 중 하나이다. 두로에 대한 심판은 상업적 정체성을 겨냥한 반면, 애굽에 대한 심판은 군사력에 초점을 맞춘다. 애굽과 바로에 대한 이 메시지는 각각 "여호와의 말씀이 내게 임하여"라는 어구로 시작된다(29:1, 17; 30:1, 20; 31:1; 32:1, 17). 이 신탁 중 하나(29:17)만 연대순에서 어긋나 있고 나머지 여섯 개는 날짜가 있다(30:1은 예외). 이는 이 예언이 역사적 정확성을 가지고 기록되었음을 시사한다. 이 예언은 임의의 회상에 그치는 것이 아니라 이스라엘의 오랜 적을 꾸짖는 신탁을 연대순으로 정리한 기록이다.

애굽과 이스라엘 사이에는 아브라함과 족장에서 시작되는 오랜 역사가 있다(창 12:10-20; 46-50장). 출애굽 이후 애굽은 (솔로몬 통치 기간의 짧은 평화기를 제외하고) 이스라엘과 잦은 갈등을 일으켰다. 이스라엘은 간간이 애굽과 군사 동맹을 맺었지만, 항상 참담한 결과만 낳았다(참고. 왕하 18:21; 사 36:6; 렘 37:1-10).

1. 애굽의 죄(29:1-16)

애굽의 죄를 꾸짖는 예언은 세 단락으로 구성되고, 각각 에스겔에서 20회가량 사용된 어구인 "내가 여호와인 줄을 그들이 알리라"로 마무리된다(6, 9, 16절).

29:1-3a. 이 예언은 예루살렘에 대한 공격이 시작

된 지 약 1년 후(참고. 24:1-2; 왕하 25:1)인 [여호야긴의 유배] **열째 해 열째 달 열두째 날**[데벳월 12일/주전 587년 1월 7일], 곧 예루살렘 함락 7개월 전에 주어졌다(왕하 25:3-8).

이 예언은 **애굽의 바로 왕과 온 애굽**을 꾸짖는다. 이 왕은 바로 호브라(주전 589-570년; 렘 44:30)이다. 그는 므깃도에서 경건한 요시야를 죽였던 바로 느고의 손자였다(참고. 대하 35:20-27). 호브라의 군사 동맹 약속은 바벨론에 대항한 유다의 반역을 부추겨, 느부갓네살로 하여금 예루살렘 공격에 착수하도록 만들었다(참고. 렘 37:1-10).

29:3b-6a. 바로는 강[종종 '나일강'으로 번역, 참고. 3절; 30:12; 창 41:1; 출 2:3, 5; 4:9; 7:15]에 있는 **큰 악어**[*tannim*, 탄님]에 비유된다. 히브리어 '탄님'은 다양한 파충류를 묘사하는 말로 번역된다(창 1:21; 출 7:9-10; 신 32:33). 여기서는 아마도 나일강가에 많았던 악어를 가리킬 것이다. 애굽 신 소벡(Sobek)은 애굽의 힘과 흉포함 그리고 나일강에 대한 통제력을 상징하는 악어였다. 바로는 애굽 사람에게 신이자 왕이었고, **나의 이 강은 내 것이라 내가 나를 위하여 만들었다**라고 말할 정도로 교만했기 때문에 심판을 받을 것이다(참고. 29:9).

애굽에 대한 하나님의 심판은 악어를 포획하는 이미지로 표현된다. 하나님은 **갈고리로** 애굽의 **아가미를 꿰고**, 그를 안전과 보호에서 먼 곳으로, 곧 그의 **강들**[나일강] **가운데에서 끌어내**실 것이다. 애굽의 큰 힘을 가졌지만, 바로는 **들에** 던져지고 **지면에** 남겨져 **들짐승**과 **새의 먹이**가 될 것이다. 그때에 **애굽의 모든 주민이 내가 여호와인 줄을 알리라**.

29:6b-9a. 이 예언의 두 번째 단락은 이스라엘을 배신한 애굽의 죄를 다룬다. 애굽을 의존(참고. 렘 37:4-8)할 때마다 이스라엘은 언제나 재난을 당했다. **이스라엘 족속에게** 이것은 **갈대 지팡이**를 의지하는 것과 같아서(왕하 18:21; 사 36:6) 버팀목이 되지 못했다. 도리어 **그들의 손을 부러뜨리고 찢어서**, 그들을 두렵게 하여 약해지게 만들고 **그들의 허리가 흔들리게** 했다.

그러므로 이스라엘을 지원하겠다는 애굽의 거짓 약속 때문에 **주 여호와**께서는 심판의 **칼**이 애굽에게 임하도록 하실 것이고(참고. 6:3), **애굽 땅은 사막과 황무지**가 될 것이다. 그때에 **내가 여호와인 줄을 그들이 알리라**.

29:9b-13. 애굽은 **이 강은 내 것이라 내가 만들었다**라고 말할 정도로 교만했다(참고. 3절). **그러므로** 하나님이 애굽과 나일강(**강들**, 참고. 3절)을 치셨다. 심판의 범위는 북쪽의 **믹돌부터** 남쪽의 **수에네**와 동쪽의 **구스**[에티오니아]까지 온 애굽이었다.

애굽의 참화는 **사십 년**간 이어질 것이다. 애굽은 바벨론의 공격을 받을 것이고(17-21절; 참고. 렘 43:8-13; 46:1-25), 하나님은 애굽을 **각국** 가운데로 **흩으실** 것이다. 여기에 서술된 애굽에 대한 심판을 확증하는 고고학적 증거는 전혀 없지만, 불완전한 고고학적 자료를 근거로 성경의 명백한 진술을 일축하는 것은 현명하지 못하다. 아마 이 예언은 미래에 성취될 것이다.

29:14-16. 애굽이 **돌아올** 때 **지극히 미약한 나라**가 되어 이전의 영향력과는 전혀 비교할 수 없을 것이다. 애굽은 결코 **다시는 이스라엘 족속의 의지**가 되지 못할 것이다. 애굽의 정치적 약점은 이스라엘에게 계속적인 실물 교육이 되어, 보호를 받기 위해 주님 대신 **애굽**에 의지했던 죄를 **기억나**게 할 것이다. 그때에 **내가 여호와인 줄을 그들이 알리라**.

2. 바벨론에게 패한 애굽(29:17-21)

29:17-18. 애굽을 꾸짖는 이 두 번째 예언은 여호야긴의 유배 **스물일곱째 해 첫째 달 초하루**[니산월 1일/주전 571년 4월 26일]에 주어졌다. 이것은 에스겔서의 가장 늦은 예언이지만, 연대순에서 벗어나 기록되었다. 아마 **바벨론의 느부갓네살 왕**에 의한 애굽 심판(1-16절)의 논리적 흐름에 관심을 모으기 위해 이렇게 기록되었을 것이다.

이 예언은 13년에 걸친 느부갓네살의 **두로** 공격(주전 585-572년)의 요약으로 시작된다. 투구를 쓰는 기간이 길어지고 공격용 물자를 옮기느라 **모든 머리털이 무지러졌고 모든 어깨가 벗어졌**지만, 느부갓네살은 **수고한 대가를 두로에서 얻지 못하였다**. 두로는 항복하기 전 재물을 이미 옮겨놓았기 때문에, 느부갓네살은 긴 공격에 비해 빈약한 전쟁 전리품만을 얻을 수 있었다.

29:19-20. 그러므로 주님은 **애굽 땅을 느부갓네살**에게 **군대의 보상**, 즉 재물과 전리품과 노략물로 **넘기**실 것이다. 바벨론은 경제적 필요와 더불어 경쟁국의 군사력에 대응하려는 정치적 속셈으로 애굽을 공격했

다. 하지만 바벨론이 애굽을 공격하게 만든 배후 세력은 하나님이다. **그들[바벨론 군대]의 수고는 나를 위하여 함인즉 그 대가로 내가 애굽 땅을 그[느부갓네살]에게 주었느니라.**

29:21. 애굽을 꾸짖는 이 예언은 바벨론 포로에게 주는 약속으로 마무리된다. **그날에**는 종말론적 단서이다. 미래에 하나님은 **이스라엘 족속에게 한 뿔이 돋아나게** 하실 것이다. 이 구절은 주님이 이스라엘을 그 땅으로 회복시키고 이스라엘 주변의 열방을 심판하실 미래를 바라본다. 뿔의 성장은 권력이나 힘의 상승을 의미한다(참고. 삼상 2:1; 삼하 22:3; 왕상 22:11; 시 18:2; 89:17; 렘 48:25). 이 개념은 이스라엘을 구원하실 메시아의 힘에 적용된다(참고. 시 132:17; 눅 1:69). 애굽 심판 뒤에 이스라엘 민족에게 축복이 있을 것인데, 아마 메시아가 애굽을 포함한 열방을 심판하고 이스라엘을 회복하실 종말의 때를 바라볼 것이다(욜 3:19-21; 미 7:7-20). 그때에 애굽은 주님을 알게 될 것이고, 애굽과 앗수르, 이스라엘을 연결하는 도로가 놓일 것이다(참고. 사 19:19-25).

에스겔서의 이 대단락에는 메시아적 초점이 없지만, 메시아는 성경의 일관된 주제이다. 선지서는 가끔 메시아 개념에 의존하고 그것을 전제하는 예언적 진술을 삽입할 것이다. 게다가 단어 **뿔**[*keren*, 카렌]과 **돋아나게**[*tsemach*, 체마크]의 혼합된 은유는 이곳과 시편 132:17에만 나온다. 다니엘 블록(Daniel Block)에 의하면, "'다윗을 위해 한 뿔이 솟아나게 하겠다'라는 야훼의 약속은" 에스겔 29:21에 대한 "오래된 메시아적 해석의 근거가 된다"[Daniel I. Block, "Bringing Back David: Ezekiel's Messianic Hope," *The Lord's Anointed: Interpretation of Old Testament Messianic Texts*, ed. Philip E. Satterthwaite, Richard S. Hess, and Gordon J. Wenham (Grand Rapids, MI: Baker, 1995), 169]. 따라서 이 약속은 미래에 다윗계 메시아가 온다는, 분명한 메시아 예언이다.

이제 하나님은 **그들 가운데에서** 에스겔의 **입을 열게** 하겠다고 말씀하셨다. 이것은 하나님이 명하신 에스겔의 침묵이 중단되는 것을 가리키지 않는다(참고. 3:26). 에스겔의 침묵은 이미 여호야긴의 유배 12년에 끝났고(참고. 33:21-22, 주전 585년), 이 예언은 14년 뒤인 유배 27년에 주어졌다(17절, 주전 571년). 대신 애굽이 바벨론에게 함락될 것이라는 에스겔의 예언이 성취되는 것을 포로들이 목격할 때, 그의 메시지는 명확해질 것이다. 하나님이 신적 심판의 약속과 더불어 이스라엘을 위한 미래의 소망과 축복의 약속을 신실하게 성취하실 때, 포로들은 하나님의 성품을 인정할 것이다. 그때에 **내가 여호와인 줄을 그들이 알리라.**

3. 애굽과 그 동맹국의 파괴(30:1-19)

이 세 번째 예언은 애굽을 꾸짖는 일곱 개의 신탁 중에 유일하게 날짜가 없는데, 아마 이것이 요약 예언이기 때문일 것이다. 느부갓네살이 심판의 도구로 언급된다(10절). 이 내용은 각각 "여호와께서 이같이 말씀하셨느니라"로 시작되는 네 개의 단락으로 나뉜다(2, 6, 10, 13절).

30:1-4. 서두의 단락은 애굽의 파괴에 관한 애가이다. **슬프다 이 날이여!** 심판이 확실하지만, 다른 선지자(예를 들어 6:11; 9:8; 11:13; 렘 30:7; 암 5:18)와 마찬가지로 에스겔은 예언을 선포할 때 무정하거나, 앙심을 품거나, 기뻐하지 않았다. 그는 심판의 날을 보며 탄식했다.

이 예언은 그날을 내다본다. **그날이 가깝도다, 여호와의 날이 가깝도다.** 2-3절에서 4회 언급된 **여호와의 날**은 흔히 열방이 심판을 받고 이스라엘이 온전히 회복될 그때, 땅에 임할 하나님의 종말론적 심판에 대한 언급이다(참고. 사 13:6, 9; 34:8; 욜 1:15; 2:1, 11; 3:14; 암 5:18, 20; 옵 1:15; 습 1:7, 14; 슥 14:1; 말 4:1-6; 살전 5:2; 살후 2:2; 벧후 3:10). 하지만 이 어구는 유다와 이스라엘이 죄로 인해 징벌을 받아 하나님의 일시적인 심판을 경험했을 때처럼(7:1-14) 하나님의 일시적인 심판(애 2:21-22)을 가리킬 수도 있다. 여기서는 느부갓네살의 정복과 함께 애굽에 임하는 하나님의 심판의 날을 가리킬 가능성이 더 높다. 그렇기는 하지만 이 역사적 심판은 하나님이 이스라엘을 학대한 대가로 열방을 심판하실, 주님의 날에 대한 전조가 된다.

그날은 심판이 애굽 너머로 확산되는 **구름의 날, 여러 나라들의 파멸의 때**일 것이다. 주님의 날과 연관될 때 **구름**은 종종 파멸을 묘사하는 데 사용되었다(참고. 30:18; 32:7-8; 34:12; 욜 2:2; 습 1:14-15). 이스라엘에 내려진 심판의 칼(참고. 21:1-17)이 **애굽에 임할 것**

이다. 애굽 사람은 **죽임 당**할 것이고, 그 **무리**는 약탈당할 것이고, 사회와 권력의 **터가 헐릴 것이다**.

30:5. 남쪽으로 애굽에 근접한 **구스**와 **붓**, **룻**(참고. 27:10), 모든 아라비아(개역개정에서는 **모든 섞인 백성**으로 번역—옮긴이 주)는 **동맹**을 맺은 애굽 군대의 동맹군이자 용병이었다(렘 46:8-9, 20-21). 따라서 그들도 애굽과 함께 모두 **칼에 엎드러**질 것이다.

30:6-9. **애굽을 붙들어주는 자**는 모두 **칼에 엎드러**질 것이다. **믹돌에서부터 수에네**[애굽의 최북단과 최남단, 참고. 29:10]**까지** 그 땅 전체에서 땅과 성읍이 **황폐**해질 것이다.

그날에(참고. 2, 3, 9절) 주님이 **애굽에 불을 일으키**고 **사절들을 배로** 보내서 **구스 사람을 두렵게** 하실 것이고, 심판의 확실성으로 **근심**이 일게 하실 것이다. **이것이 오리로다**! 이 열방들은 한 분이신 참 하나님의 제자는 아니겠지만, **그들이 나를 여호와인 줄 알리라**(8절). 또 그들은 이스라엘의 하나님이 파괴를 예고하셨음을 인정할 것이다.

30:10-12. **애굽의 무리들**이 30-32장에서 반복해서 언급되어 애굽의 정치력을 강조한다(참고. 10, 15절; 31:2, 18; 32:12, 16, 18, 20, 24, 25, 26, 31, 32). 애굽의 권력은 **느부갓네살의 손**과 그의 **강포한** 군대를 통한 주님의 심판으로 **끊**어질 것이다(참고. 23:24-27; 28:7; 32:12). 에스겔은 바벨론의 공격이 주님의 계획에 따른 것이라고 조심스럽게 설명한다["I will"(내가 ~하리라)이 3회 반복]. 바벨론은 하나님이 심판을 성취하기 위해 사용하신 도구였다. 나일강의 복합 관개시설이 애굽 번영의 열쇠였으나, 이것은 지속적으로 관리해야 한다. 나일강은 전쟁의 결과로 방치되어 **마**를 것이고, **그 땅은 타국 사람의 손**에 **황폐**해질 것이다(7:21; 11:9; 28:7, 10; 30:12).

30:13-19. 주요 도시 중에 어떤 곳도 하나님의 진노를 피하지 못할 것이다. 하나님이 **우상들**과 **신상들**을 수많은 신전이 있던 중요한 예배 중심지 **놉**[Memphis, 지금의 카이로에서 남쪽으로 24킬로미터] **가운데에서** 부수실 것이다(참고. 16절). 하나님이 심판하실 성읍은 남부 애굽의 **바드로스**, 북동부 애굽의 **소안**[라암셋, 참고. 출 1:11], 상 애굽의 수도요 오늘날의 룩소르인 **노**[테베, 참고. 렘 46:25], 동부 나일 삼각주의 요새 **신**[펠루시움], 오늘날의 카이로에서 9.6킬로미터 떨어진 태양의 성읍 **아웬**[헬리오폴리스], 오늘날의 카이로 북동쪽 64킬로미터 고센 근처의 **비베셋**(참고. 창 45:10), 바로의 왕궁 중에 하나가 있던 수에즈 삼각주의 **드합느헤스**(참고. 렘 2:16; 43:7-8, 9)이다. 하나님이 **멍에**, 즉 애굽의 억압적 힘을 **꺾**으시고, **교만한 권세**를 그치게 하실 것이다. **그 성읍에** 심판의 **구름이 덮일 것이다**(참고. 30:3; 32:7-8; 34:12; 욜 2:2; 습 1:15). 하나님이 **애굽을 심판하**실 때 그 백성은 **포로가 될** 것이다. 이전처럼(18-19절), **내가 여호와인 줄을 그들이 알리라**. 이는 하나님이 자신의 파괴를 예고하셨다는 것을 인정한다는 뜻이다.

4. 흩어진 애굽(30:20-26)

30:20. 애굽을 꾸짖는 일곱 개의 예언 중에 네 번째는 (여호야긴의 유배) **열한째 해 첫째 달 일곱째 날**[니산월 7일/주전 587년 4월 29일], 애굽을 꾸짖는 에스겔의 첫 번째 예언(29:1)에서 약 4개월쯤 뒤에 주어졌다. 첫 번째 예언은 애굽이 바벨론에 대항하는 이스라엘의 동맹국으로서 실패한 때를 지시했다(참고. 렘 29:4-5). 네 번째 예언은 하나님이 바벨론을 통해 애굽을 심판하신 뒤에 기록되었다. **내가 애굽의 바로 왕의 팔을 꺾었더니**. 아마 애굽을 꾸짖는 첫 번째와 네 번째 예언 사이의 시간은 대략 바벨론이 군대를 재배치하여 애굽을 공격함으로써 예루살렘에 대한 포위 공격이 약화된 기간이었을 것이다.

30:21-23. 애굽의 이미지는 악어(참고. 29:3-7)에서 전투 중에 상처를 입은 사람으로 바뀐다. 느부갓네살이 애굽의 **팔**을 꺾어서, 애굽은 자신을 방어할 수 없었다. 애굽의 팔, 그 힘은 **싸매지도 못하여** 다시 **칼을 잡을 힘조차** 없었다. 하나님은 애굽의 **두 팔 곧 성한 팔과 이미 꺾인 팔을 꺾으**실 것이고, **칼이 그 손에서 떨어**질 것이다. 애굽은 자신을 방어할 힘이 전혀 없을 것이다.

30:24-26. 주님은 애굽의 힘을 파괴함과 동시에, **바벨론 왕의 팔을 견고하게** 하고 **칼을 그 손에 넘겨주어 바로의 팔을 꺾**는 대리인이 되게 하실 것이다. 바로는 패배하여 **고통**을 당할 것이다.

느부갓네살의 애굽 공격은 성공할 것이고(참고. 29:1-20), 그때에 하나님은 **애굽 사람을 나라들 가운데로 흩으**실(강조를 위해 2회 반복) 것이다(23, 26절;

참고. 29:12). 애굽은 유다를 따라 유배될 것이다. 그때에 **내가 여호와인 줄을 그들이 알리라**(참고 25, 26절).

5. 앗수르와 애굽 왕 바로의 몰락에 대한 우화 (31:1-18)

a. 백향목 같은 앗수르의 우화(31:1-9)

31:1-2. 이 메시지는 우화 형태로 [여호야긴의 유배] **열한째 해 셋째 달 초하루**[시완월 1일/주전 587년 6월 21일], 즉 이전에 예언(30:20-26)한 때로부터 2개월이 지나기 전에 **애굽의 바로 왕**에게 전해졌다. 바로 왕 호브라는 애굽의 힘을 믿고 때문에 자신만만해했고, 자신의 **큰 위엄**에 견줄 만한 것은 하나도 없다고 생각했다.

31:3-7. **앗수르를 보고** 그 본보기를 통해 배우라고 애굽에게 도전한다. 앗수르는 두 가지 이유로 애굽에게 아주 중요했을 것이다. 먼저, 앗수르는 애굽을 공격하여 수도 노를 파괴했다(주전 633년, 참고. 나 3:8-10). 앗수르는 군사력 면에서 애굽에 견줄 수 있었다. 둘째, 애굽은 앗수르가 바벨론에 의해 파괴되었다는 사실을 알았을 것이다. 이제 앗수르를 본보기로 사용하여, 에스겔은 애굽에게 동일한 운명을 예언했다.

앗수르는 그 지역에서 가장 위엄 있는 나무, **레바논 백향목**에 비유된다(참고. 삿 9:15; 왕상 4:33; 5:6, 8; 왕하 14:9; 스 3:7; 시 92:12; 104:16). 권력의 정점에서 앗수르는 **들의 모든 나무보다 큰** 백향목처럼 솟아 중동을 제패했다. 앗수르의 주요 성읍은 **티그리스강과** 앗수르를 자라게 했던 물들 근처에 자리 잡고 있었다. **공중의 모든 새와 들의 모든 짐승**, 즉 주변의 모든 열방이 보호를 얻었다(**그 그늘 아래에 거주하였느니라**, 참고. 30:6, 12, 17).

31:8-9. 에스겔은 과장법을 사용하여 앗수르의 위엄을 강조했다. **하나님의 동산**[에덴, 참고. 28:13]의 **백향목도 그 아름다운 모양과 같지 못했다**. **에덴에 있는 모든 나무가 다 시기하였다**. 앗수르의 몰락은 애굽에게 하나님의 심판이 낳은 결과를 보여주는 완벽한 본보기였다.

b. 앗수르의 함락(31:10-14)

31:10-11. **그 마음이 교만했기** 때문에 유다(16:56)와 두로(27:3; 28:2), 애굽(30:6)과 마찬가지로 앗수르는 자만심 때문에 심판을 받았다. 따라서 주님은 그 **악으로 말미암아** 앗수르를 **여러 나라의 능한 자의 손에 넘겨주실** 것이다. 앗수르의 수도 니느웨는 주전 612년에 느부갓네살의 아버지 나보폴라살에게 함락되었다. 나머지 앗수르 군대는 주전 609년에 느부갓네살에게 짓밟혔다.

31:12. **여러 나라의** 이방인 폭군(**포악한 다른 민족**) 바벨론(참고. 28:7, 30:11; 32:12)이 강한 나무 앗수르를 **찍어버렸고 그 가지가 떨어졌다**. 그때에 앗수르의 **그늘**(참고. 6, 17절) 아래서 보호받았던 앗수르의 동맹국이 앗수르를 **떠났다**. 앗수르의 붕괴는 다른 나라, 특히 애굽에게 실물 교육이 되었다.

31:13-14. 이제 앗수르는 **넘어진 나무**이고, 그들은 **다 죽음에 넘겨져 구덩이**[죽음과 무덤, 참고. 26:20-21]로 **내려**갈 운명이었다. 앗수르의 함락은 다른 민족(**모든 새, 모든 짐승, 모든 나무**), 특히 애굽에게 실물 교육이 되다.

c. 무덤으로 내려간 앗수르(31:15-18)

31:15-16. 앗수르가 함락되던 날, **그가 스올에 내려가던 날**에 주님이 **슬프게 울게** 하셔서, 열방이 앗수르의 파멸을 애도했다. 티그리스와 유프라테스강은 앗수르 제국의 중심이었다. 하나님은 앗수르의 모든 물, **깊은 바다**[지하수]를 **덮으셨고 강을 쉬게 하셨다**. 앗수르의 남서쪽 **레바논이** 애도했고 **들의 모든 나무가 쇠잔했다**(15절). 앗수르같은 강대국이 **떨어졌다**는 소식에 백성들이 두려워 **진동할** 것이다(16절).

31:17-18. 애굽은 앗수르가 바벨론에게 함락되기 전 앗수르의 주요 동맹국이었다. 에스겔은 첫머리의 질문을 바꾸어, 앗수르 이야기의 논점을 납득시켰다(2, 18절). **에덴의 나무들** 중에서 어떤 것이 너의 **영광과 위대함**에 비교될 수 있겠는가? 강한 앗수르만이 애굽과 비슷했는데, 앗수르가 무너졌다. 마찬가지로, 애굽의 마지막도 **칼에 죽임을 당했다**가 적절한 존경도 받지 못하고 묻힌, **할례를 받지 못한** 자의 수치와 비슷할 것이다(참고. 28:10; 32:19). 에스겔은 강조를 위해 논점을 반복했다. **바로와 그의 모든 군대**가 그렇다(참고. 30:10).

6. 바로를 위한 애가(32:1-16)

32:1-2a. (여호야긴의 유배) **열두째 해 열두째 달 초하루**[아달월 1일/주전 585년 3월 3일]에 **여호와의**

말씀이 에스겔에게 **임**했고, 그는 애굽을 꾸짖는 여섯 번째 예언을 전했다. 애굽의 함락은 이제 너무나도 확실했기 때문에 에스겔은 **애굽의 바로 왕에 대하여** 애가(**슬픈 노래**)를 부르라는 명령을 듣는다. 에스겔은 이미 유다(19장)와 두로 성읍(26:17-18; 27장), 두로 왕(28:12-19)을 위한 애가를 기록했다. 애굽을 위한 애가는 세 부분으로 구성된다(2b, 3-10, 11-16절).

32:2b. **바로 호브라**는 자신을 **여러 나라**의 **젊은 사자요 바다 가운데의 큰 악어**(29:3에 대한 설명을 참고하라)라고 **생각**했다(참고. 29:2-5). 이 **악어**는 잔잔한 강물(나일강)을 휘저어 **더럽혔다**. 바로가 바벨론과 권력투쟁을 벌였을 때, 그의 정치적 행동은 국제사회의 물을 휘저었다.

32:3-5. 악어 이미지를 사용하여, **주 여호와께서 이같이 말씀하셨다. 내가 내 그물을 네 위에 치리라.** 하나님은 악어 사냥에 바로를 대적하는 **많은 무리**를 이끄실 것이고, 그들이 **그물을 그 위에** 칠 것이다(참고. 29:3-5). 바로는 대적에게 포획되어 권력을 빼앗길 것이다. 하나님이 바로를 **들**[지표면, 4절]에 **던지실** 것이고, 그의 몸은 거기서 **새**와 **짐승**의 먹이가 될 것이다(참고. 29:5-6).

32:6-8. **땅**이 분출되는 그의 **피**를 마시고, 하나님은 그를 **불 끄듯** 하실 것이다, 촛불처럼 그를 꺼뜨리실 것이다. 바로는 애굽의 태양신 라의 아들로 숭배되었지만, 주님은 그의 **위에서** 하늘의 빛을 **어둡게 하**고, 애굽에 **어둠을 베푸**실 것이다(8절). **피**와 **어둠**에 대한 언급은 출애굽 때 하나님이 애굽 위에 내리신 피와 어둠의 심판 재앙에 대한 암시이다(참고. 출 7:19; 10:21-23).

32:9-10. 애굽의 **패망**은 **많은 백성의 마음을 번뇌하게 할** 것이다(참고. 26:16-18; 27:35; 28:19). 하나님이 애굽 심판에서 자신의 권능을 계시하실 때, 그분의 **칼이** 그들 **앞에서 춤추**는 것을 보고 왕들은 **심히 두려워할** 것이다. 주요한 세계 권력이 무너질 때마다 더 약한 나라는 미래에 대한 두려움으로 인해 **무시로 떨** 것이다. 강력한 애굽이 무너질 수 있다면, 그 누구도 안전하다고 장담할 수 없다.

32:11-12. 애가의 이 세 번째 단락은 악어의 비유적 표현에서 바벨론에게 함락되는 애굽에 대한 직접적 서술로 바뀐다. **바벨론 왕의 칼이** 애굽에게 올 것이다. 바로의 군대, **애굽과 그 모든 무리**(참고. 30:10)가 **모든 나라의 무서운 자들**에게 짓밟힐 것이다(참고. 29:17-21; 30:10-12, 24).

32:13. 심판은 **사람**과 **짐승**을 모두 칠 것이다. 비유로 말하자면, 바로는 국제적 음모로 물을 탁하게 만들었다(참고. 2절). 말 그대로 나일강은 사람과 **짐승**의 일상적인 활동 때문에 **흐려졌다**.

32:14-16. 애굽이 심판을 받고 난 **그때에** 하나님은 **물을 맑게 하**실 것이다. 물을 휘젓는 사람이 전혀 없을 것이기 때문이다. 주민이 없어 땅이 **황폐**해질 것이기 때문에, 강은 **기름같이** 방해받지 않고 원활하게 **흐**를 것이다. 하나님이 **애굽 땅**을 **황폐하**게 만드실 때, 그분이 **여호와인 줄을 그들이 알** 것이다. 이 애가(12-16절)는 주위 **여러 나라의 여자들**이 **애굽과 그 모든 무리를 위하여 슬피 부**를 **노래**가 될 것이다(참고. 32:18).

7. 스올로 내려간 애굽(32:17-32)

32:17-18. 이것은 애굽을 꾸짖는 에스겔의 일곱 가지 예언 중에 마지막이고, 이방 나라를 꾸짖는 마지막 신탁이다. 이 신탁은 (여호야긴의 유배) **열두째 해** 어느 달 **열다섯째 날**에 주어졌다(아달월 15일/주전 585년 3월 17일). 몇 월인지 명시되지 않았지만, 보통 앞 예언과 같은 달로(1절), 이전 메시지보다 정확히 두 주 후인 것으로 추정된다(참고. 1절). **애굽의 무리를 위하여 슬피 울**라는 명령이 에스겔에게 주어진다. 애굽은 **구덩이**, 곧 스올(참고. 26:18-21)**에 내려가는** 애굽 주위의 **유명한 나라의 여자**들과 함께 스올(**지하** 세계, 참고. 31:15)에 배속되었다. 심판에 대한 하나님의 말씀은 너무나 확실해서, 애굽은 이미 무덤에 가는 것으로 정해졌다.

32:19-21. 이 애가는 조롱조의 질문으로 시작된다. 네가 누구보다 **아름**답다는 말이냐? 애굽의 아름다움과 권능에도 불구하고, **너는 내려가서 할례를 받지 아니한 자와 함께** 누우라는 말을 듣는다. 애굽 백성이 패망할 때, 그의 교만은 산산조각이 날 것이다. 애굽은 "할례를 받지 아니한 자"와 함께 죽음의 자리를 차지할 수밖에 없다. **할례를 받지 아니한 자**는 이 장에서 10회 사용되어(참고. 19, 21, 24, 25, 26, 27, 28, 29, 30, 32절), 수치스런 이교도의 죽음과 **칼**로 무너진 것을 묘사한다(28:10에 대한 주석을 참고하라). 시적 언어가 사용되

었는데, 에스겔의 목적은 사후 생에 대해 정확한 진술을 제시하는 것이 아니었다. 그러나 이 본문은 열방이 **스올 가운데에서** 그들을 조롱하는 죽음을 맞은 이후, 인격적인 양심의 존재와 정체성을 확증한다.

32:22-23. 스올에서 애굽은 **앗수르**(참고. 31장) **및 그 온 무리와** 합류할 것이다. 이 단락에서 열방에 대한 묘사는 비슷하다. **다 죽임을 당하여 칼에 엎드러졌고**(22, 23, 24, 25, 26, 28, 29, 30, 31, 32절), **할례를 받지 못한 자들과 같이** 눕는다(참고. 19절).

32:24-25. 바벨론 동쪽의 호전적인 국가 **엘람**(참고. 창 14:1-17)은 앗수르에게 진압되고 느부갓네살에게 정복되었다(참고. 렘 49:34-39). 그들은 **이미 무덤**에 있었다.

32:26-28. 메섹과 **두발**(참고. 27:13)은 아마 오늘날의 터키 북동부일 것이다. 그들은 곡(Gog)의 동맹국으로(38-39장), 남부 북해 지역의 통제권을 얻기 위해 앗수르와 장기 전투를 벌였다. 그들은 특히 그 지역을 **두렵게** 했던 악한 전사였지만, **그 백골이** 그들의 **죄악**을 졌다. 그들은 **할례를 받지 못한**(참고. 19절) **이 용사**들(참고. 30:10) 곁에도 묻히지 못할 것이다.

32:29. 에돔은 이미 하나님의 심판에 대한 경고를 받았다(참고. 25:12-14). 에돔의 **왕**과 **고관**은 **칼에 죽임을 당**할 것이고, **할례를 받지 못**한 자들과 함께 애굽이 도착하기를 기다린다.

32:30. 마지막으로 **북쪽 모든 방백**과 페니키아의 성읍 국가 **모든 시돈 사람**들(참고. 28:21)이 포함되었다. 강력한 해양 권력도 동일한 **수치**를 당할 것이다. 과거의 업적도 그들을 죽음의 **구덩이**에서 구원할 수 없었다(참고. 26:20-21).

32:31-32. 주님은 **생존하는 사람들의 세상**에서 바로를 두려워하게 하셨지만, 바로는 주님을 두려워하는 법을 배우지 못했고, 그와 **그의 모든 무리**(참고. 30:10)는 **할례를 받지 못한 자**들(참고. 19절) 가운데 내려가, 영원히 주님에게서 분리되었다.

Ⅳ. 이스라엘을 위한 종말론적 축복(33:1-48:35)

이스라엘의 회복과 축복이 에스겔서의 절정을 이룬다. 이스라엘의 죄로 인해 심판을 선언하고(4-24장) 이방 나라의 죄악으로 인해 심판을 선언한(25-32장) 뒤에 에스겔서는 이스라엘의 약속된 회복에 초점을 맞춤으로써 마무리된다(33-48장). 하나님은 언제나 자신의 말씀에 신실하시다. 하나님은 자신이 선택한 백성 이스라엘과 언약을 맺으셨고, 이스라엘에게 하신 약속을 성취하실 것이다. 그때에 참된 목자이신 메시아의 지도력 아래서 이스라엘을 위한 새 생명이 있을 것이며, 이스라엘의 대적은 마침내 패배(33-39장)할 것이다. 그와 함께 메시아 나라에서, 이스라엘 땅의 메시아 성전에서 이스라엘을 위한 새로운 예배가 있을 것이다(40-48장).

A. 이스라엘의 새로운 삶(33:1-39:29)

예루살렘 함락 전에는 에스겔의 신탁에서 심판에 대한 경고가 주를 이루었고, 소망은 언뜻 비쳤다. 함락 뒤에는 그 양상이 뒤바뀌어 에스겔의 메시지는 미래의 소망에 초점을 맞추고, 몇 가지 심판 경고가 나온다. 이 장들에서 유일한 연대는 예루살렘 함락 소식이 포로들에게 닿았던 날이다(33:21, 시완월 5일/주전 585년 1월 9일).

미래에는 거짓 지도자가 백성을 인도하실 참된 목자로 대체될 것이며(34장), 이스라엘을 대적하는 외부 세력은 심판을 받을 것이다(35장). 이스라엘 백성은 그 땅과 하나님과의 관계를 모두 회복할 것이고(36-37장), 하나님이 직접 그들의 안전을 보장하실 것이다(38-39장).

1. 에스겔이 파수꾼으로 재임명되다(33:1-33)

a. 파수꾼으로서 에스겔의 사명(33:1-20)

33:1-3. 에스겔에게 **네 민족에게 말하고 파수꾼**의 역할을 하라(참고. 3:16-17)는 새로운 사명이 주어진다. 소망의 메시지를 강조하기 전에 하나님은 에스겔과 그 **민족**에게 그들의 책임을 상기시키셨다. 어떤 사람이 **칼이 임함을 보고 나팔을 불어 백성에게 경고**한다면, 그는 자신의 책임을 수행한 것이다.

33:4-5. 어떤 사람이 **나팔 소리를 듣고서 경고를 받**아들이지 않으면, 그 결과는 자신의 책임이고 **그 피가 자기의 머리로 돌아갈 것이다**. 만약 그가 **경고를 받**아들였다면, 그는 구원받았을 것이다.

33:6-9. 파수꾼이 칼이 임하는 것을 **보고도** 위험을 경고하는 **나팔을 불지** 않아서 사람들이 사로잡혀 간다면, 주님은 죽은 사람의 **죄**를 **파수꾼의 손에서 찾으실**

것이다. 무능한 파수꾼이 죄책을 담당할 것이다. 이 메시지는 18장에서 개인의 책임과 하나님의 정의에 관한 질문과 병행한다(18장의 주석을 보라). 하나님은 에스겔을 **이스라엘 족속의 파수꾼으로** 임명하셨다.

33:10. 마침내 포로들은 자신의 상황을 두고 아버지(18:2)나 하나님(18:19, 25)을 비난하지 않고 자신의 죄악에 대한 책임을 졌다. **우리의 허물과 죄가 이미 우리에게 있어.** 그들은 자신의 죄를 깨닫는다. **우리가 그 가운데에서 쇠퇴**하니 우리가 **어찌 능히 살리요.**

33:11. 하나님은 그 대답으로 이스라엘에게 자신의 성품을 상기시키셨다. **나는 악인이 죽는 것을 기뻐하지 아니하고 악인이 그의 길에서 돌이켜 떠나 사는 것을 기뻐하노라**(참고. 18:23, 32). 하나님은 개인이 취해야 할 행동을 명확히 요청하셨다. **이스라엘 족속아 돌이키고 돌이키라 너희 악한 길에서 떠나라 어찌 죽고자 하느냐.**

33:12-13. 한 사람의 운명은 언제나 그의 믿음을 근거로, 즉 행동으로 그 타당성이 표현된 믿음을 근거로 결정된다(참고. 약 2:14-26; 창 15:6). **의롭**다고 주장하지만 **죄악을 행하**는 사람은 의가 결여되었음을 보여주었고, 그는 **죽**을 것이다.

33:14-16. 하지만 악한 사람이 **자기의 죄에서 떠나서 정의와 공의로 행하**면, 그의 행동은 하나님과의 관계가 변화되었음을 보여주는 것이며, 그는 **반드시 살고 죽지 아니할** 것이다.

33:17-20. 에스겔의 **민족**은 주님이 **바르지** 않다고 고발할 수 없었다. 사실 주님이 불의하다고 고발할 근거는 전혀 없다. **이스라엘 족속아 나는 너희가 각기 행한 대로 심판하리라.** 개인의 **행위**에 대한 하나님의 심판은 외적인 의식이 아니라 개인의 믿음에 근거해서, 그가 하나님께 얼마나 순종하는지에 따라 판단되었다(20:10-12에 대한 주석을 참고하라).

b. 에스겔의 입이 열리다(33:21-33)

33:21-22. 아브월 9일/주전 586년 8월 14일에 예루살렘은 함락되고 성전은 불탔다(왕하 25:8). 예루살렘에서 바벨론까지 여행하는 데 몇 달이 걸렸기 때문에(스 7:8-9), **우리가 사로잡힌 지 열두째 해 열째 달 다섯째 날**[시완월 5일/주전 585년 1월 19일], **예루살렘에서부터** 바벨론에 **도망하여 온 자들이 그 성이 함락되었다**는 소식을 전했다. **그 도망한 자**가 와서 에스겔과 이야기를 나누기 **전날 저녁에** 주님은 에스겔의 **입을 여셨**다. 하나님이 7년 동안 하나님의 심판만 말하도록 에스겔에게 허용하셨던 선별적 침묵이 이제 풀렸고(참고. 3:26-27; 24:27), 그는 **다시는 잠잠하지 아니하였다.**

33:23-24. 이 장의 결론에서 **여호와의 말씀**은 두 무리에게 전해진다. 곧 이스라엘에 남아 있던 유대 백성(23-29절)과 바벨론에 유배 중인 유대 백성(30-33절)이다.

먼저, 예루살렘에서 죽음을 피하고 **이스라엘의 이 황폐한 땅에 거주하**면서, 하나님의 심판을 인정하지 않았던 유대 백성이 있었다. 그들은 **아브라함**에게 주신 하나님의 약속을 자신들이 그 땅에 남을 것이라는 합리화의 근거로 사용했다. 만약 **한 사람**, 아브라함에게 그 땅의 권리가 있었다면, 분명 거기에 남아 있던 **많은** 이스라엘 백성도 그 땅의 권리를 가졌다고 그들은 추론했다.

33:25. 아브라함에게 주신 약속은 무조건적이었지만, 자기 백성들의 죄로 인해 하나님이 그들을 심판하신 것은 옳은 일이었다. 바벨론 유배는 하나님의 심판이었다. 이것은 800년 전에 맺어진 모세 언약의 조건으로 설명된다(신 28장). 하나님은 그 땅을 아브라함에게 조건 없이 주셨지만(창 12:1-3; 15:15-21), 그 땅의 향유와 안전은 순종에 달려 있었다. 아브라함에게 주신 약속을 근거로 그 땅에 남아 있을 권리를 주장하던 사람들은, 아브라함이 하나님을 믿었고 그것이 그에게 의로 여겨졌다는 사실은 인식하지 못한 채(창 15:6), 불신앙과 악에 머물러 있었다. 그들은 **고기를 피째 먹었**고(참고. 레 17:10-14), **우상**을 숭배했고(출 20:4-6), **피를 흘렸다**(참고. 출 20:13). 그 땅을 소유할 권리는 영적인 순종에 달렸기 때문에 주님은 두 번 물으셨다. **그 땅이 너희의 기업이 될까 보냐**(25, 26절).

33:26-27. 그들은 **가증한 일**을 저지르면서 **그 땅**을 소유할 권리를 주장했고, **칼**이 자기를 방어해주리라 **민**을 수 없을 것이다. 머지않아 그들은 심판의 고통을 경험할 것이다. 예루살렘의 폐허, **황무지**에 있는 사람은 **칼에 엎드러**질 것이다. 들로 도피한 사람은 **들짐승**에게 먹힐 것이고, **산성**과 **굴**에 숨은 사람은 **전염병**으로 죽

을 것이다.

33:28-29. 이것은 전에 예루살렘 사람이 경험한 것과 동일한 심판이었다(참고. 5:17; 14:21). 하나님의 심판이 유다와 이스라엘 **땅을 황무지와 공포의 대상으로 만드실 때에 내가 여호와인 줄을 그들이 알리라.**

33:30. 바벨론에 유배 중인 자기 **민족**에게 주는 에스겔의 메시지는 엇갈린 반응을 얻었다. 에스겔을 선지자로 인정했던, 주님께 신실한 사람도 있었다. 그러나 대다수 포로들은 에스겔에게 관심은 있었지만, 그의 메시지는 순종하지 않았다. 그들은 **담 곁에서와 집 문에서 에스겔에 대하여 말하면서, 여호와께로부터 무슨 말씀이 나오는가 들어보려고** 자주 모이곤 했지만, 그들의 행동에는 변화가 없었다.

33:31-32. 그들이 에스겔의 **말을 들으려고** 와서 그의 **앞에 앉았지만**, 그들은 **그대로 행하지** 않았다(참고. 약 1:22-25). 대신 그들은 탐욕스러운 욕망을 따랐다. 에스겔의 메시지가 이 포로들에게는 **고운 음성**으로 부르는 **사랑의 노래**처럼 매혹적이었다. 그들은 그의 **말을 듣기를 좋아**했지만 **행하지는** 않았다.

33:33. 에스겔이 말한 모든 것이 **응하여, 그들이 한 선지자가 자기 가운데에 있었음을 알** 날이 올 것이다. 결산의 날이 왔을 때, 그 말을 들었던 사람은 에스겔의 예언 메시지에 담긴 진실성을 인정할 수밖에 없을 것이다.

2. 현재 이스라엘의 거짓 목자와 미래 이스라엘의 참 목자 대조(34:1-31)

a. 현재 이스라엘의 거짓 목자(34:1-10)

34:1-3. 여호와가 에스겔에게, **이스라엘 목자들에게 예언하라**고 명령하셨다. 이스라엘의 선지자와 제사장은 흔히 목자라고 불린다(참고. 시 78:70-72; 사 44:28; 63:11; 렘 23:1-4; 25:34-38). 그들의 임무는 목자가 자기 양 떼를 지키듯이 이스라엘을 보호하는 강하고 세심한 지도자가 되는 것이었다. 이 단락은 거짓 목자의 죄를 열거하고(34:1-6), 그 뒤에 심판 선언이 뒤따랐다(7-10절).

그들의 첫 번째 죄는 자신의 개인적 이익을 백성의 이익 위에 두는 경제적 착취였다. 당연히 **양 떼**를 먹여야 하는데, 그러지 않고 **자기만 먹는 이스라엘 목자들**에게는 **화가 있을** 것이다. 이스라엘의 부패한 지도자는 백성을 돌보는 데 적절하게 돈을 쓰지 않고, 자기를 위해 돈을 모으는 '지능형 범죄'를 저질렀다. 이 거짓 목자에게 양 떼는 보호해야 할 수탁물이 아니라 착취해야 할 부의 근원이었다. **너희가 그 기름을 먹으며 그 털**을 이용하되, **양 떼는 먹이지** 않고 **살진 양을 잡았다.**

34:4. 그들의 두 번째 죄는 백성 학대였다. 거짓 목자는 **병든** 양이나 상처 입은(**상한**) 양을 **고치지**도 않았고, **쫓기는 자**를 돌아오게 하거나 **잃어버린 자를 찾지** 않았다. 그들은 백성의 물질적, 영적 필요를 돌보지 않았다. 대신 그들은 백성을 **포악**하게 대했고, 그들 위에 군림했다(**다스렸도다**). 그들은 거칠고, 잔인하고, 이기적으로 통치했다.

34:5-6. 세 번째 죄는 백성을 위험에서 보호하지 못한 것이다. 그들은 백성에게 관심이 없었고, 그 결과 백성은 **흩어졌으며**(두 절에서 3회 반복), **모든 들짐승**[대적]**의 밥**이 되었다. 이스라엘의 지도자는 이스라엘을 죄에 빠뜨렸다. 결과적으로 이스라엘은 앗수르(주전 721년)와 바벨론(주전 586년)에게 넘어갔고, 그들은 이스라엘과 유다를 열방 가운데 흩었다. 설상가상으로 영적 지도자는 거짓 선지자가 되어, 양 떼를 **찾거나 구할 자도 없었**고 그들을 주께로 이끌어줄 **자가** 하나도 **없었다.**

34:7-8. 하나님은 맹세를 덧붙여(**내가 맹세하노라**) 양 떼의 정당한 주인이 **주 여호와**이심을 이 거짓 **목자**들에게 상기시키신다. 7-31절에서 하나님은 이 양을 **내 양 떼** 혹은 내 양이라고 13회 부르신다. 하나님은 유대 백성이 불순종하고 그분의 심판 아래 있었는데도 계속 그들을 내 양이라고 부르셨다. 유대 백성은 언제나 하나님의 눈동자이고 조상 덕분에 사랑받는다(참고. 신 7:6-9; 32:9-10; 33:27; 미 7:18-20; 슥 2:8; 롬 11:28-29). 이스라엘에 대한 하나님의 신실하심과 이스라엘을 위해 미래의 회복을 주시는 그분의 목적에 대해서는 20:42-44에 대한 주석을 보라.

34:9-10. 목자가 자신의 책임을 소홀히 했기 때문에 양이 위험에 빠졌다. 그래서 하나님이 말씀하셨다. **내가 목자들을 대적하여 내 양 떼를 그들의 손에서 찾으리니**(7-8절에 대한 주석을 참고하라). 거짓 목자는 자신의 행동으로 심판받을 것이다. 그들은 **양을 먹이지 못하고 다시는 자기도 먹이지 못할** 것이다. 이제 하나

님이 **양을 그들**[거짓 목자]의 **입에서 건져내어서 다시는 그 먹이가 되지 아니하게** 하실 것이다. 거짓 목자가 이스라엘에 폐허를 가져다주었기 때문에 다음 단락에서 서술되듯이(11-31절), 하나님이 이스라엘의 참된 목자로서 친히 자기 백성을 중재하고 구원하실 것이다.

b. 미래 이스라엘의 참 목자(34:11-31)

거짓 목자와 대조적으로 하나님은 자기 양 떼를 돌보시고(11-16절), 양 사이에 판단하시고(17-22절), 그들을 돌볼 목자 메시아를 세우실 것이다(23-31절).

34:11-14. **주 여호와께서 내 양을 찾고 찾으실** 것이다. 잔인하고 무관심한 목자 탓에 양 떼가 흩어졌지만(2-6절), 그들은 큰 목자이신 주님께 구원받고 회복될 것이다. 하나님이 이스라엘을 위해 직접 개입하셔서 그분의 **양을 찾으실** 것이다. 이는 이스라엘 양 떼의 소유주이시며, 그들을 사랑으로 돌보시는 하나님을 강조한다.

하나님이 **그 흩어진 모든 곳에서** 이스라엘을 구원하여 **건져**내실 것이다. 그들을 **만민 가운데에서 끌어내며 여러 백성 가운데에서 모아 그 본토로 데리고** 가실 것이다. 이 재집결은 전 세계로 분산되었다가 **본토**로 돌아가는 일일 것이다. 하나님은 그들을 위해 **이스라엘 산 위에와 시냇가**에서 **좋은 꼴**을 공급하실 것이다(참고. 시 23편). 이 예언은 유대 포로들이 바벨론 유배 후에 이스라엘로 귀환했던 때에 성취되지 않았다. 그들은 이스라엘로 돌아왔지만, 에스라와 느헤미야에 기록되었듯이 성전과 예루살렘을 재건하기 위해 일했을 때, 곧바로 반대에 직면했다. 더군다나 미래의 귀환은 바벨론만이 아니라 많은 나라에서의 귀환이다. 주후 70년 이후 유대 백성은 세계 곳곳으로 흩어졌고, 1948년의 이스라엘 국가 재건은 유대 백성을 모든 곳으로부터 돌아오게 했다. 그렇더라도 그 일은 여기에 그려진 것 같은 평화와 안식의 귀환은 아니다. 이 구절은 미래의 천년왕국에서 성취될 것이다.

34:15-16. 하나님의 목양적 돌보심이 거짓 목자의 대우와 생생한 대조를 이룬다(참고. 10절). 하나님이 그들을 안식으로 인도하고(**누워 있게 할지라**), **잃어버린 자를 찾고, 쫓기는 자를 돌아오게 하고, 상한 자를 싸매주고, 병든 자를 강하게 하**실 것이다. 양 떼를 학대하는(참고. 1-10, 20-22절) **살진 자와 강한 자**로 묘사된 거짓 목자는 **심판**에 맞닥뜨릴 것이다. 이 예언은 바벨론 귀환에서 성취되지 않았다. 그 이유는 (1) 여기서의 귀환은 전 세계적 흩어짐에서 돌아오는 것이고, (2) 이스라엘이 유배 이후 돌아왔을 때 그들은 이 본문이 묘사하는 것처럼 주님을 온전히 알지 못했으며, (3) 귀환한 포로들은 이 본문이 묘사하는 평화와 안식을 경험하지 못했기 때문이다.

34:17-19. 하나님은 행동을 통해 입증되는 그들의 믿음을 근거로 **양과 양 사이**에서, **숫양과 숫염소 사이에서** 심판하심으로써 **양 떼**를 돌보실 것이다. 거짓 지도자는 **좋은 꼴**을 자기가 먹고 남은 것을 파괴함으로써(**발로 밟다**) 백성을 억압했다. 그들은 **맑은 물을 마**신 다음 시냇물을 짓밟아 **더럽**힐 것이다.

34:20-22. 이 **살진** 양, 악한 지도자는 **파리한 양**, 무고하고 **병든** 백성을 잔인하게 다룬 데 대해 심판을 받을 것이다. 하나님은 **양과 양** 사이에서 심판하여 그분의 **양 떼**(참고. 7-8절)를 구원하실 것이다.

34:23. 그때 하나님은 **한 목자를** 양 떼 위에 **세우**실 것이다(참고. 전 12:11). 주 하나님은 이스라엘의 목자로 규정된다(참고. 창 48:15; 49:24; 시 23편; 전 12:11; 렘 31:10; 마 2:6). 하나님이 이스라엘을 돌보기 위해서 그분의 **종 다윗**을 이스라엘 위에 **세우**실 것이다. 어떤 사람은 이 사람이 부활한 다윗 왕이라고 주장하지만, **내 종 다윗**은 더 위대하신 다윗의 자손, 메시아로 이해하는 편이 더 낫다. 예수님은 스스로를 선한 목자로 규정하셨다(참고. 요 10:11-18). 이 목자는 다윗의 혈통에서 태어나지만, 부활한 다윗이 아니라 온전히 신적인 존재일 것이다(참고. 시 2:1-6; 89:4, 20, 29; 렘 23:5-6; 눅 1:69). "다윗의 자손"이라는 용어는 신약에서 메시아의 칭호로 20회 사용된다(예를 들어 마 1:1; 9:27; 15:22; 20:30-31; 21:9, 15; 22:42; 눅 1:32; 18:39; 롬 1:3; 딤후 2:8). 파인버그의 지적처럼, "동사 '세우다'(23절)는 다윗 자신의 부활이 아니라 다른 다윗의 임명을 암시한다(동일한 동사에 대해 삼하 7:12의 표현을 참고하고, 다음을 보라. 렘 23:5; 30:9; 호 3:5. 마지막 두 구절에서 그는 이미 다윗이라고 불린다)"(Feinberg, *Prophecy of Ezekiel*, 198).

34:24. 이 목자 다윗은 **그들 중에 왕**이 될 것이다(34:24; 37:25; 44:3). **왕**으로 번역된 히브리어 단어 '나시'(*nasi*)는 문자적으로 '통치자'이다. '나시'는

종종 '멜레크'(*melek*), 곧 '왕'과 동의어로 쓰인다[예를 들어 삼상 9:16; 삼하 3:38; 겔 12:10, 12. 보다 수준 높은 연구를 하려면 다음을 참고하라. E. A. Speiser, "Background and Function of the Biblical *Nasi*," *CBQ* 25 (1963): 111-117]. 하나님은 거짓 목자의 자리에, 자기 양을 돌볼 왕과 참된 목자로 메시아를 세우실 것이다.

34:25-26. 주님은 메시아의 왕권 아래서 유대 백성과 **화평의 언약을 맺으**실 것이다. **화평**은 전쟁의 부재 혹은 일시 휴전 이상을 의미한다. '샬롬'(*shalom*)이라는 단어는 온전함 혹은 완성을 뜻한다. 따라서 이것은 주님과 온전하거나 올바른 관계에 이른 나라와 새 언약의 모든 축복이 실현되는 것을 가리킨다(참고. 렘 31:31-34). 메시아의 나라에서 **악한 짐승**이 제거될 것이다(참고. 사 11:6-9). 하나님은 그분의 **산**[시온산, 시 2:6; 48:1, 2] **사방**을 주변 열방에게 주는 **복**으로 만드실 것이다(참고. 슥 8:13). 주님이 메시아의 시대에 약속하셨고(사 11:1-9) 이스라엘이 늘 갈망해왔던 평화를 경험할 그때에, 순종에 대한 보상으로 비를 주시겠다는 하나님의 약속처럼(참고. 신 11:14; 28:12), 그 땅이 **때를 따라…복된 소낙비**의 복을 누릴 것이다.

34:27-28. **나무가 열매를 맺으며 땅이 그 소산을** 낼 때 그 땅은 풍성한 열매를 맺을 것이다(참고. 레 26:5; 암 9:13). 주님은 그 땅에서 모든 해로운 요소를 제거하실 것이고, 그들은 모든 위협에서 벗어나 **그 땅에서 평안**할 것이고(사 32:18), 그분이 **여호와인 줄을 그들이 알**고, 하나님이 자기들을 **건져**내셨음을 인정할 것이다. 하나님은 이스라엘을 **종으로 삼은 자의 손에서 건져**내실 것이다. 그들은 **다시는 땅의 짐승**들로 묘사된 **이방의 노략거리가 되지** 않을 것이다(참고. 단 7장). 유대 백성은 자기 땅에서 **평안히** 거주할 것이고, 그들을 놀라게 할 **사람이 없**을 것이다.

34:29. 주님은 **그들을 위하여 파종할 좋은 땅을** 일으키실 것이다. 그곳은 메시아가 다스리시며 평화롭고 안전한 땅, 본향이다(참고. 사 4:2; 60:21; 61:3). 그들은 짐승과 **기근**[이 두 위협은 일반적으로 심판이나 전쟁과 연관되었다]에서 안전한 것은 물론이고, **여러 나라의 수치**에서도 안전할 것이다. 온갖 거짓 고발, 비방, 조롱과 반유대적 발언이 침묵할 것이다.

34:30-31. 천년왕국에서 선한 목자, 다윗 자손의 지도력 아래, 마침내 평화가 이스라엘과 유대 백성에게 현실로 다가올 것이고, **그들이 내가 여호와 그들의 하나님이며 그들과 함께 있는 줄을 알고 그들 곧 이스라엘 족속이 내 백성인 줄 알** 것이다(27, 30, 31절; 레 26:11-12). 이스라엘에 대한 하나님의 신실한 사랑, 또 그들이 하나님과 맺은 독특한 관계 때문에 하나님은 이스라엘을 회복하실 것이다. 이스라엘은 자신들이 누구이며(**내 양 곧 내 초장의 양**) 그분이 하나님(**너희는 사람이요 나는 너희 하나님이라**)인 줄 알 것이다(참고. 7-8절; 시 100:3).

3. 이스라엘의 대적, 에돔이 파괴되다(35:1-15)

이것은 에돔을 꾸짖는 에스겔의 두 번째 예언이다(25:12-14에 대한 주석을 참고하라). 여기서 에돔은 일반적 동의어, 세일산, 사해 남쪽의 산악 지역과 동일시된다. 이스라엘에 대한 에돔의 오랜 적대감 때문에, 에돔은 이스라엘의 모든 후대에게 대적의 원형이 되었다. 에돔에 대한 심판은 어떤 나라가 이스라엘을 어떻게 대하느냐에 따라 모든 나라에 임할 하나님의 심판을 대변한다(참고. 창 12:3). 에돔을 꾸짖는 예언은 세 부분으로 나뉘고, 각각 "네가[그들이] 나를 여호와인 줄을 알리라"라는 에스겔 특유의 어구로 끝을 맺는다(35:4, 9, 15).

35:1-4. 하나님은 **세일산**에 피할 수 없는 심판을 선포하시면서, **내가 너를 대적하여 내 손을 네 위에 펴**겠고(참고. 25:13; 35:3; 출 3:20), 에돔을 **황무지**(참고. 35:3, 4, 7, 9, 14, 15)와 **공포의 대상**으로 만들겠다고 말씀하셨다.

35:5-6. 에돔에 대한 심판은 '원인-결과' 양식을 따른다(참고. 25:1-17; 35:10-11). 에돔은 이스라엘에 대해 영속적인 적개심(**네가 옛날부터 한을 품고**)을 품고 있었다. 그러므로 하나님이 자신을 두고 맹세하시며(**내가 나의 삶을 두고 맹세하노니**) 에돔은 틀림없이 **폐허가 될** 것임을 강조하신다(25:12에 대한 주석을 참고하라).

이 영속적인 적개심 때문에 에돔은 **환난 때**, 바벨론이 예루살렘을 공격했을 때, 이스라엘 백성을 **칼에 넘겼**다. 에돔은 느부갓네살의 동맹국이었다. 그러므로 이 증오심과 잔인함 때문에 에돔은 심판받을 것이다(참고. 25:12; 36:5; 시 137:7; 옵 1:10, 14).

에돔은 그들의 죄악에 상응한 심판을 받을 것이다. 에돔이 이스라엘의 피 흘림을 도왔기 때문에, 하나님은 에돔을 **피**[6절에서 4회 반복]에 넘기실 것이다. 여기서의 원리는 에돔이 피 흘림을 미워하지 않았기 때문에 그들이 피 흘림을 경험한다는 것이다. 온 나라(산, 멧부리, 골짜기, 시내)가 죽은 자로 가득 찰 것이다.

35:7-9. **세일산**은 **죽임 당한 자**로 가득한 **황무지**가 될 것이며, 에돔은 **영원히 황폐하게** 될 것이다. 이 전쟁의 이미지는 메시아가 이스라엘의 대적을 심판하실, 종말의 성취를 기다린다(참고. 슥 14장). 하지만 메시아의 나라에서 모든 열방이 메시아의 주권 아래 올 것이고, 에돔의 남은 자도 주님께 순종할 것이다(참고. 14-15절; 암 9:12).

35:10. 이스라엘이 함락될 때, 에돔은 **두 땅**, 곧 이스라엘과 유다를 자신의 **기업**으로 삼으려고 했기 때문에 심판을 받게 되었다. 에돔은 **여호와께서 거기에**, 자기 백성 이스라엘과 함께 이스라엘 땅에 **계셨**음을 깨닫지 못했다. 이스라엘은 주님만의 고유한 땅이다(레 25:23; 시 10:16; 78:54; 겔 25:8; 36:20; 슥 9:16). 이스라엘과 유다는 죄 때문에 심판을 받았지만, 하나님은 결코 아브라함과 이삭, 야곱 그리고 그 후손에게 하신 약속을 철회하지 않으셨다(참고. 창 12:1-7; 26:3-5; 35:11-12). 에돔은 하나님이 이스라엘에게 영원히 보장하신 이스라엘의 땅문서를 찬탈하려고 애썼다. 이는 오늘날에도 유효한 기준이다. 이스라엘을 생각할 때, 우리는 '여호와께서 거기에 계신다'는 사실을 기억해야 한다.

35:11. 에돔은 이스라엘에 대한 행동에 근거해서 심판받을 것이다. **네가** 유대 백성을 **미워**했기 때문에, **네가 노**한 대로 **네게 행**할 것이다. **내가 너**[에돔]**를 심판할 때에** 그들[유대 백성]**이 나를 알게 하리라**.

35:12-13. 에돔은 감히 하나님이 선택하신 백성에 맞서 음모를 꾸몄고, 하나님은 에돔이 **이스라엘 산들을 가리켜 욕하는**['멸시하는', '모독하는'] **모든 말을 들**으셨다. 하지만 에돔이 이스라엘만 멸시한 것은 아니었다. 하나님은 말씀하셨다. **너희가 나를 대적하여 입으로 자랑하며 나를 대적하여 여러 가지로 말한 것을 내가 들었노라**. 이스라엘과 유대 백성을 비난하거나, 박해하거나, 악한 음모를 꾸미거나, 비하하는 사람은 사실상 이스라엘의 하나님을 비난하는 것이다(참고. 시 83편; 렘 48:26, 42). 이스라엘이 주님께 불순종하고 있을 때 그들에게 이런 악의적 진술을 했더라도, 그것으로 반유대주의가 정당화되지는 않는다. 올바른 태도는 유대 백성이 자기들의 주 하나님께 돌아오도록 기도하되, 이스라엘을 공격하거나 징벌하는 이스라엘의 대적을 결코 거들지 않는 것이다. 그 이유는 이스라엘의 대적이 사실상 하나님의 대적이기 때문이다(시 83편). 예수님의 제자는 결코 그분의 백성을 박해하는 하나님의 대적에게 가담하거나, 다른 사람의 반유대주의를 목격할 때 가만히 있지 말아야 한다. 도리어 예수님의 제자는 주님 곁에서 그분이 사랑하는 선민을 옹호해야 한다. 심판은 주님의 몫이다. 주님의 제자는 그분의 뜻에 어긋난 일을 하지 않도록 조심해야 하고, 이스라엘을 향해 결코 교만하지 말아야 한다(참고. 롬 11:17-20).

35:14-15. 천년왕국에서 **온 땅이 즐거워할** 것이며(참고. 사 44:23; 55:12), 그때에 에돔은 **황폐**해져 모든 열방의 실물 교육이 될 것이다. 하나님이 미래에 이스라엘을 회복하실 때, 세상의 열방과 그 나라 안의 개인이 이스라엘을 어떻게 대했느냐에 근거하여 그들을 심판하실 것이다(참고. 마 25:31-46). 하나님께 교만한 에돔은 **이스라엘 족속**이 **황폐**해졌을 때 기뻐했다. 마찬가지로 하나님은 **세일산**과 **에돔 온 땅**을 **황폐**하게 만드실 것이다. 에돔이 이스라엘을 어떻게 대했느냐가 그들의 운명을 결정지었다. 그때에 **내가 여호와인 줄을 무리가 알리라**.

4. 이스라엘 백성이 복을 누리다(36:1-38)

이스라엘의 축복(35:12; 36:1)에 관한 이 단락은 에돔의 심판에 초점을 맞춘 부분(35장)과 극적인 대조를 이룬다. 이 장은 산 이미지에 의해 연결된다. 세일산이 에돔을 나타내듯이 이스라엘 산은 이스라엘 전체를 나타낸다. 하나님이 이스라엘을 위해 개입하실 때, 이스라엘을 대적한 무리의 '산들'은 심판을 받겠지만 '이스라엘 산들'은 축복을 받을 것이다.

이 예언의 첫 번째 단락(1-15절)은 열방이 이스라엘을 대했던 방식으로 인해 받을 심판과 이스라엘의 회복을 대조하기 위해 '원인-결과' 양식을 사용한다. 이 예언의 두 번째 단락(16-38절)은 특별히 이스라엘 백성의 축복에 초점을 맞춘다.

a. 이스라엘 산이 번성할 것이다(36:1-15)

36:1-2. **이스라엘 산들**은 지명이 아니라 사람을 나타낸다. 이스라엘의 **원수들**은 이스라엘을 비난하여 **말하며** 이스라엘의 **옛적 높은 곳**, 시온산까지 자기 소유라고 주장했기 때문에 심판을 받게 되었다. **옛적 높은 곳**이라는 용어는 하나님이 무상으로 주신 이스라엘의 영원한 토지와 그 땅에 대해서 세우신 하나님의 계획을 지시한다(참고. 5절; 창 12:1-3; 17:8; 48:4). 어떤 사람들은 토지의 무상 불하가 영원하다는 것에 이의를 제기했지만, 하나님이 이스라엘에게 땅을 영원히 주셨다는 근거에 대해서는 예레미야 7:1-15, 특히 7:7에 대한 주석을 보라.

36:3-4. **그러므로** 이스라엘의 **산들과 멧부리들과 시내들과 골짜기들**에게 저지른 악한 행동으로 인해 하나님은 이스라엘의 대적, 곧 이스라엘 **사방에 남아 있는 이방인**을 징벌하기로 약속하셨다. 그들은 **말과 비방**으로 **삼켰고**, 즉 명예를 훼손했고, 이스라엘을 공격하고 조롱하면서 **노략거리와 조롱거리**로 만들었다.

36:5-7. 이스라엘에게 저지른 그들의 악한 행동은 이스라엘의 모든 대적, 곧 **남아 있는 이방인**과 **즐거워하는 마음**과 **멸시하는 심령**으로 주님의 **땅을 자기 소유로 삼았던 에돔 온 땅**을 대적하는 하나님의 **맹렬한 질투**[(2회), 5, 6절]에 불을 붙였다.

자기 백성에 대한 하나님의 관심은 그들에 대한 하나님의 질투에서 확인된다. 질투는 하나님의 사랑이 드리우는 그림자이고, 일반적으로 하나님과 이스라엘의 배타적인 언약 관계를 가리킨다(출 20:5; 겔 36:6; 39:25; 나 1:2; 슥 1:14; 8:2). 주님은 자신의 거룩한 이름과 자신의 백성, 자신의 땅에 대해 질투하시고, 궁극적으로 그것들을 방어하실 것이다(참고. 39:25; 나 1:2; 슥 1:14-17; 8:2-3). 주님은 **내 땅**(36:5)이라고 규정하신 이스라엘을 향한 열방의 조롱에 개인적으로 모욕감을 느끼셨다. **그러므로** 하나님은 이스라엘에게 하신 언약을 지키셔서(참고. 20:5, 15, 23; 47:14), 이스라엘을 **수치**스럽게 했던(6절) **이방인들**(5, 7절)이 **수치**, 곧 하나님이 내리시는 심판을 **당**할 것이라고 맹세하셨다.

36:8-11. 이스라엘의 대적에 대한 심판과 이스라엘의 회복 및 축복 사이의 즉각적인 대조가 제시된다. **그러나 너희 이스라엘 산들아.** 하나님이 죄로 인한 심판에서 이스라엘 산들에게 앞서 요청하신 재난(6:1-7)이 뒤집혀서 회복된 이스라엘은 생산성을 되찾고, **가지는 열매를 맺고**, 사람들은 밭을 **갈** 것이다. 인구가 **많아질** 것이고, **성읍들에 거주하게** 될 것이고, **빈 땅에 건축될** 것이다.

36:12. 주님과 백성 사이의 관계를 강조하는 표현이다. **내 백성 이스라엘**에게 영원한 평화가 있을 것이다. 그들은 이스라엘 땅이 **기업**이 되는 복을 경험할 것이고(1-2절에 대한 주석을 참고하라), 다시는 결코 **자식들을 잃지** 않을 것이다. 하나님은 그 땅을 회복하실 것이고, 그러면 땅은 회복된 유대 백성을 먹일 것이다. 이 일은 이스라엘이 메시아의 천년왕국 통치기에 자기 땅을 소유할 때 일어날 것이다.

36:13-15. 그 땅에서 일어났던 전쟁과 기근 때문에, 이방 나라들은 이스라엘이 **사람을 삼키는** 자여서 종종 자기 자녀를 **제거**했다고 말했다. 하나님은 이스라엘의 비난을 제거하실 것이다. 하나님이 이스라엘의 대적을 심판하고 이스라엘을 축복하실 때, 이스라엘이 **여러 나라**에게 겪었던 **수치**와 **비방**(3-6절, 15절)이 그칠 것이고, 이스라엘은 **다시 넘어지지** 않을 것이다. 이스라엘은 하나님이 선택하신 백성으로 인정받아 열방 가운데서 복된 지위를 받을 것이다.

b. 이스라엘 백성이 재집결하다(36:16-38)

에스겔은 이스라엘의 죄악 된 과거를 살펴보고(16-21절), 그 뒤에 "주 여호와께서 이같이 말씀하셨느니라"(22, 33, 37절)로 시작되는 세 단락에서 미래에 있을 이스라엘의 회복을 논했다.

36:16-19. 이스라엘의 미래의 정화를 설명하기 전에, 에스겔은 **이스라엘 족속이 그들의 고국 땅에 거주할 때에** 그들의 죄가 하나님의 심판으로 이어졌음을 포로들에게 상기시켰다. 그들은 자신의 길과 **행위로 그 땅을 더럽혔**다. 그들의 악한 행위는 **월경 중에 있는 여인의 부정함**, 곧 여성을 제의적으로 부정하게 만든 월경 주기와 같았다(참고. 레 15:19-23). 마찬가지로 그 땅은 **우상**에게 바쳐진 희생제사의 **피로 더럽혀졌다**(참고. 33:25).

그러므로 하나님이 그들에게 **분노를 쏟아**서 유대 백성을 **여러 나라에 흩고 헤치셨다**. 하나님의 심판은 그들의 길과 **행위**에 근거했다.

36:20-21. 그들이 포로로 살았던 **여러 나라**에서 이스라엘의 행동은 하나님의 명성을 더럽혔고, 하나님은 자신의 **거룩한 이름을 아**끼셨다(20:9과 36:22-23의 주석을 참고하라). 이방인들은 말했다. **이들은 여호와의 백성이라도 여호와의 땅에서 떠난 자라**(참고. 5절). 이방 민족은 그분의 백성 이스라엘의 행동을 통해 주권자 하나님을 보았기에, 그분의 **거룩한 이름이 더러워졌다**. 그들은 하나님이 자기 땅에서 자기 백성을 지키는 데 실패했다고 생각함으로 그분의 이름/명성을 모욕했다.

36:22-23. **그러므로** 주님은 **이스라엘 족속**에게 **너희를 위**해서가 아니라 **나의 거룩한 이름을 위**해 행동하겠다고 말씀하셨다(참고. 20:9). 하나님이 이스라엘을 위해 행동하셔야 할 본질적인 자격이 이스라엘에게 전혀 없었지만, 하나님은 자신의 **큰 이름을 거룩하게** 하실 것이다(참고. 20:9, 41-44; 28:22, 25; 38:16; 39:27). 하나님의 성품이 위태로웠기 때문에, 하나님은 이스라엘을 그들의 땅으로 돌려보내실 것이다. 이스라엘의 죄로 인해 그들을 징벌하셨을 때, 하나님은 공의를 보여주셨다. 이스라엘을 회복하고 언약의 약속을 성취하실 때, 하나님은 은총과 신실하심을 보여주실 것이다. **내가 그들의 눈앞에서 너희**[이스라엘]**로 말미암아 나의 거룩함을 나타내리니 내가 여호와인 줄을 여러 나라 사람**[이방인]**이 알리라**.

36:24. 하나님이 이스라엘을 흩어진 **여러 민족 가운데에서** 모아 그들을 **고국 땅**으로 돌아오게 하실 때, 하나님은 자신의 거룩함을 입증하실 것이다. 하나님은 먼저 이스라엘을 물리적, 지리적으로(24절), 그 뒤에 영적으로(25-28절) 회복하실 것이다. 마른 뼈 환상(37장)은 회복의 순서를 상술한다.

그 땅으로의 귀환은 바벨론에서의 귀환을 넘어선다. 미래의 재집결은 바벨론만이 아니라, 유대 백성이 흩어졌던 **여러 민족 가운데에서** 있을 것이기 때문이다.

36:25. 하나님은 약속하셨다. 내가 **맑은 물을 너희에게 뿌려서 너희로 정결하게 하되 곧 너희 모든 더러운 것에서와 모든 우상숭배에서 너희를 정결하게 할 것이며**. 이것은 레위기 제사의 일부로, 모세의 물 뿌림 혹은 물로 씻음에 대한 언급이다. 이는 제의적 오염에서 정결하게 되는 것을 시사한다(참고. 레 15:21-22; 민 19:17-19). 이스라엘의 죄는 월경 때의 제의적 부정과 같았기 때문에(36:17), 이스라엘의 정결이 제의적 정화 행위에 비유된다. 이 정화는 다가오는 메시아 시대에 나타날 것이다. 하나님은 이스라엘을 죄에서 정결하게 하실 것이고, 이 정화에는 새로운 생명의 수여가 뒤따를 것이다.

36:26-28. 하나님은 정화된 이스라엘에게 **새 영**과 **새 마음**을 주실 것이다. 하나님은 이스라엘의 **굳은 마음을 제거하고 부드러운 마음**, 곧 주님께 굳어진 마음이 아니라 하나님 안에서 살아 있는 마음을 주실 것이다(참고. 11:19; 18:31). 하나님의 **영**이 그들 안에 내주하심으로써(참고. 37:14), 그들은 하나님의 **율례를 행하**고(순종하고) 그분의 **규례를 지**키려는 마음을 품을 것이다(참고. 37:24).

하나님의 회복은 단지 이스라엘의 죄를 철회하여 이스라엘을 중립적인 상태로 만드는 것이 아니다. 도리어 유대 백성 안에 새로운 본성을 주입하여 그들을 의롭게 만들 것이다. 이 일은 예레미야가 시작했고(참고. 렘 31:31-33), 제자를 통해 이스라엘에서 주 예수님이 시작하신 (마 26:26-32; 눅 22:14-20) 새 언약의 적용이다. 주 예수님의 죽음과 부활에서 새 언약이 시작된 이후, 예수님을 구세주로 신뢰하는 개인은 누구나 새 언약의 영적인 특징을 경험할 수 있다. 그렇지만 미래에 모든 이스라엘(환난기에 살고 있는 모든 유대 백성)은 자기들을 구원해달라고 주님께 요청하고 재림하시는 주님을 인정할 때(슥 12:10), 구원을 받아 새 언약의 참여자가 될 것이다(참고. 롬 11:26). 이스라엘의 믿는 백성 안에 하나님의 성령이 심겨져서, 하나님과 이스라엘 사이에 새로운 영적 관계가 이루어질 것이다. 주님은 아브라함을 부르셨을 때, 유대 백성과 특별한 관계를 맺으셨다. 그들을 선민으로 삼으신 것이다. 이는 곧 이스라엘의 순종이나 영적인 상태와 관계없이, 그들에 대한 하나님의 신실하심에 근거한 관계이다(참고. 창 12:1-3; 신 7:6-8). 그렇지만 미래에 모든 이스라엘은 예수님을 메시아로 인정할 것이고, 그들의 영적 상태는 민족적 상태와 일치할 것이다. 그때에 **너희가 내 백성이 되고 나는 너희 하나님이 되리라**(참고. 11:20; 14:11; 37:23, 27).

36:29-30. '게다가' 그 나라에서 하나님은 자기 백성에게 모든 자비를 확대하여 곡식, **열매**, 밭의 곡물을 포함한(참고. 34:27) 풍성한 음식을 그 땅에 공급하실 것이며, **기근**이 없어(참고. 34:29) 이스라엘은 **다시 여러 나라에게 욕**을 당하지 않을 것이다.

36:31-32. 축복의 한가운데에 거하는 **그때에** 이스라엘은 이전의 **악한** 길과 사악한 **행위**를 **기억**할 것이고, 주님이 얼마나 자비로운 분인지 깨달을 것이다. 사실 이스라엘은 자신의 **죄악과 가증한 일** 때문에 스스로를 **밉게** 볼 것이고, 하나님이 **이렇게 행함은 너희**[이스라엘]를 **위함이 아니**라 자신의 명예를 높이기 위함이었음을 이해할 것이다.

36:33-36. 하나님이 이스라엘을 그 모든 **죄악에서 정결하게 하실 그날에**, 그 땅은 **에덴동산**같이 변화될 것이다. 이전에 파괴된 이스라엘의 성읍에 **성벽**이 세워지고 **주민**이 거주할 것이다. 이스라엘은 세상에게 하나님의 은혜를 보여주는 실물 교육이 될 것이다. 이스라엘의 이웃들은 자기 백성을 회복하시는 하나님의 주권적인 권능을 인정하지 않을 수 없을 것이다. 그들은 **여호와가 무너진 곳을 건축하며 황폐한 자리에 심은 줄을** 알 것이다. 이스라엘의 회복은 언약을 지키시는 하나님의 성품에 대한 증언이 될 것이다. **나 여호와가 말하였으니 이루리라**.

36:37-38. 하나님은 축복의 표식으로 이스라엘의 인구를 **양 떼 같이 많아지게** 하실 것이다(참고. 창 12:2; 15:1-6; 삼상 1:5-6, 2:1-11; 슥 8:4-5). 제사장 에스겔은 이스라엘의 인구 증가를 **예루살렘의 정한 절기**에 **제사 드릴** 수많은 **양 떼**에 비유했다. 인구를 절기 제사에 비유하는 것은 영적인 순종과 축복의 때를 나타낸다. 그때에 이전의 **황폐한 성읍이 사람의 떼로 채**워질 것이다. 이 큰 축복의 때에 **그들이 나를 여호와인 줄 알리라**.

5. 이스라엘 민족이 회복되다(37:1-28)

에스겔서 중 가장 친숙한 본문이라고 꼽히는 이 마른 뼈 환상에서 주님의 회복 약속이 극적으로 묘사된다. 예루살렘 파괴 이후 유대 백성은 자포자기했고(참고. 11절), 자신의 땅과 왕, 성전을 상실한 채 포로로 흩어졌다. 이 대목에서 하나님은 이스라엘이 장차 그 땅으로 오는 물리적 귀환 및 주님과의 영적인 회복에 대해(1-14절), 또 분열된 왕국의 재통일에 대해(15-28절) 놀라운 메시지를 주셨다.

a. 마른 뼈 환상(37:1-14)

이 예언은 자기 백성을 그들의 땅으로 돌려보내시겠다는 하나님의 약속을 성취하실, 그분의 주권적인 권능과 능력을 강조한다. 주님은 이 환상을 에스겔에게 주셨고(1-10절), 그것을 해석해주셨다(11-14절).

37:1-3. **여호와의 권능이 영으로**(참고. 3:14; 8:3; 11:1, 24; 43:5) **아주 말라버린 뼈가 심히 많은 골짜기**에 에스겔을 데려가셨다. 이 많은 사람의 뼈는 오랜 세월 **골짜기 지면**에 놓여 있었기 때문에, 햇빛에 말랐다.

주님은 에스겔에게 물으셨다. **인자야 이 뼈들이 능히 살 수 있겠느냐**? 에스겔은 주님의 생각을 존중하며 경외심을 품고 대답했다. **주 여호와여 주께서 아시나이다**. 하나님만이 죽은 자에게 생명을 주실 수 있다.

37:4-8. 하나님은 에스겔에게 **이 모든 뼈에게 대언**하라고 명령하셨다. 그러자 뼈들이 **움직**이고 모여서 골격을 형성했다. 뼈에 **힘줄**과 **살**, **가죽**이 덮였지만, **그 속에 생기는 없**었기 때문에 여전히 생명 없는 몸이었다. 하나님은 뼈에게 생명을 주셨지만, 마른 뼈의 생명은 단계적으로 회복되었다. 에스겔이 이 예언을 주는 동안 '뼈들이 서로 연결'되었다(7절). 흩어진 뼈가 전체 골격을 이루었지만, 아직 살아난 것은 아니었다.

37:9-10. **죽음을 당한**[흩어진, 소망 없고 생명 없는] 이스라엘 민족에게 하나님이 약속하신 회복은 하나님이 그들에게 생명의 호흡(**생기**)을 주실 때 실현될 것이다. 히브리어 '루아흐'(*ruah*)는 **생기**(5절과 다른 곳에서 30회)와 더불어 '주님의 영'(참고. 11:5)과 '영'(참고. 14절; 창 1:2; 3:8; 6:3을 비롯하여 다른 곳에서 70회)으로도 번역되고, '바람'으로 번역될 수도 있다(참고. 겔 1:4을 비롯하여 다른 곳에서 90회). 자주 사용되는 이 단어는 문맥에 따라 '숨', '바람', '영', 혹은 '성령'으로 번역된다. 이 환상에서 죽은 자들은 살아나서 '숨'을 받는다. 그러나 이 환상에서 마른 뼈가 살아난 것은 성령의 역사와 동떨어져서 일어날 수 없는 사건, 즉 이스라엘의 민족적 부활을 나타낸다. 따라서 숨은 성령의 역사의 상징이다(참고. 14절).

몸 안에 **생기**가 없다는 것은 이스라엘이 메시아를 알게 되기에 앞서, 유대 백성이 생명 없는 몸으로, 영적으로 죽은 상태로 본토에 돌아올 것임을 시사한다. 이 귀환은 바벨론에서의 귀환을 넘어 마지막 때를 바라보는 것 같다. 그때에 유대 백성은 세상 곳곳에서 이스라엘로 돌아올 것이지만(참고. 11:17; 17:22-24), 이스라엘은 모든 열방이 이스라엘에게 선전포고를 할 마지막 때에 그 땅에서 불신 상태에 있을 것이다(참고. 20:33-38; 36:24-25; 슥 12:1-14과 14:2의 주석을 보라). 절망적 시기에 유대 백성이 메시아 예수님을 인정할 때(슥 12:10), 하나님은 그들을 열방의 손에서 구원하실 것이다(참고. 사 63:1-6; 슥 13:8-9; 14:3-11). 그 뒤에 이스라엘이 메시아를 알게 될 때, 주님은 그들에게 **생기**를 불어넣으실 것이고, 그들은 **살아나서 극히 큰** 백성의 **군대** 혹은 힘이 될 것이다.

37:11-13. 주님이 환상을 설명하셨다. **이 뼈들은 이스라엘 온 족속이라.** 유배 중인 이스라엘 백성은 **우리의 뼈들이 말랐고 우리의 소망이 없어졌으니 우리는 다 멸절되었다**라고 생각했다. 마른 뼈 환상은 미래에 있을 이스라엘의 민족적, 영적 회복을 상징한다. 이스라엘의 새 생명은 외적인 할례가 아니라 하나님의 능력에 의존한다. **내가 너희 무덤을 열겠다.** 이것은 죽은 사람의 문자적 부활이 아니라, 그들이 모든 소망이 사라졌다고 느낄 때 이스라엘 민족이 자기 땅과 자기 하나님께로 회복되는 것과 관련이 있다. 하나님은 유대 백성이 불신 상태였지만 **내 백성**이라고 부르시면서, 그들을 **이스라엘 땅으로 들어가게 하**실 것이다. 이스라엘이 자기 땅으로 돌아가고 가장 절망적인 시기에 대적에게서 구출될 때(참고. 사 63:1-6; 슥 12:1-3; 13:8-9; 14:2-11; 욜 3:9-14), 그때에 그들은 메시아 예수님께 돌아올 것이고(참고. 슥 12:10), 그때에 **너희는 내가 여호와인 줄을 알리라.**

37:14. 하나님이 이스라엘을 민족적으로 회복하실 때, 하나님은 뒤이어 그들을 영적으로 새롭게 하실 것이다. **내가 또 내 영을 너희 속에 두어 너희가 살아나게 하고.** 이것은 이스라엘의 새 언약에서 약속되었고(참고. 36:24-28; 렘 31:31-34), 예수님이 니고데모에게 말씀하셨던(참고. 요 3:1-21) 성령이다. 오늘 대다수 유대 백성은 예수님을 메시아로 인정하지 않는다. 그들은 아직 '자기 안에 불어온' 하나님의 성령을 소유하지 못했다. 마른 뼈의 재결합은 현대 이스라엘의 국가 재건에서 최초의 성취를 찾을 수 있겠다. 유대 백성은 세상 곳곳에서 자기의 옛 본토로 재집결하고 있다. 아직 그들은 영적으로 죽어 있다. 하지만 이스라엘이 돌이켜 예수님을 메시아로 인정할 때, 그들은 **살아**날 것이다. 그 직후에 예수님은 메시아의 나라를 세우실 것이다. 그때에 유대인은 세계 곳곳에서 이스라엘로 와서 메시아 나라의 통치 아래 **고국 땅**에서 평화롭게 살 것이다(렘 31:33; 33:14-16; 마 24:30-31). 천년왕국의 선제 조건으로서 이스라엘의 구원에 대한 설명은 마태복음 23:37-39과 사도행전 3:19-21에 대한 주석을 보라.

b. 두 막대기의 표징: 이스라엘의 통일(37:15-28)

마른 뼈의 회복에 관한 환상 뒤에 하나님이 이스라엘 민족을 재통일하실 것이라는 소망의 두 번째 표징이 나온다. 먼저 표징이 주어지고(35:15-17), 그 뒤에 설명이 나온다(35:18-28).

37:15-17. 이것은 에스겔의 마지막 실물 교육이다(참고. 4:1, 3, 9; 5:1). 여기서 **여호와**께서 그에게 **막대기 하나를 가져다가 그 위에 유다와 그 짝 이스라엘 자손이라 쓰고**, 두 번째 막대기를 가져다가 **그 위에 에브라임의 막대기 곧 요셉과 그 짝 이스라엘 지파라 쓰라**고 명령하셨다. 그 뒤에 에스겔은 그것들을 **서로 합하여 하나가 되게** 해야 한다.

다윗과 솔로몬 왕 아래서 이스라엘은 한 나라였지만, 솔로몬이 죽은 뒤(주전 931년) 비다윗계 왕이 통치하는 열 지파의 북 왕국 이스라엘(왕상 11:26; 12:25-33)과 다윗의 후손이 통치하는 두 지파(유다와 베냐민)로 구성된 남 왕국 유다(왕상 12:20-24)로 나뉘었다. 이들 중에 하나인 **에브라임**은 북쪽 땅에서 큰 지분을 받았기 때문에, 북 왕국은 가끔 그의 이름으로 불리기도 한다(예를 들어 호 5:3, 5, 11-14). 나라가 분열되고 약 200년 뒤 이스라엘은 앗수르에게 포로로 잡혀갔다(주전 721년). 유다는 바벨론에 함락될 때(주전 586년)까지 유지되었다. 여기서 주님은 회복된 통일 다윗 왕국의 소망을 주신다.

37:18-21. 주님이 교훈을 설명하셨다. 이것은 이스라엘 **민족이, 이것이 무슨 뜻인**가 물을 미래의 사건이며, 하나님이 대답하실 것이다. 하나님은 이 회복 과정에서 자신의 역할을 강조하셨다. 내가 **가져다가…붙여서…내 손에서 하나가 되리라.** 주님이 친히 **에브라임**과 유

다를 **하나**로 연결하실 것이다. 하나님이 그들을 **그 사방에서 모아서 그 고국 땅으로 돌아가게 하**실 것이다.

37:22. 하나님은 그들이 **그 땅**에서 **한 임금이** 다스리는 **한 나라를 이루**게 하실 것이다. **다시는** 그들이 **두 나라로 나누이지** 않을 것이다(참고. 호 1:11). 막대기의 연결은 자기 백성을 **그 땅**에서 단일국가로 회복하고 재통일하실 것을 나타냈다.

37:23. 그때에 이스라엘은 **더 이상 그 우상들로 자신들을 더럽히지** 않을 것이다. 그들이 **범죄한** 곳에서 주님이 **그들을 구원하여** 그들을 **정결하게**, 단지 먼지를 씻어내는 것이 아니라 도덕적으로 순결하게 만드실 것이기 때문에(참고. 20:42-44), 그들은 변혁될 것이다. 그때에 그들은 **내 백성이 되고 나는 그들의 하나님이 되리라**(참고. 11:20; 14:11; 36:28; 37:27). 이 영적인 원기 회복과 재통일은 천년왕국에서 일어날 일이다.

37:24. 재통일된 나라는 **그들의 왕**이요(34:23-24에 대한 주석을 보라) **한 목자**인(참고. 34:23) 하나님의 **종 다윗**이 통치할 것이다.

37:25-28. 이 본문의 핵심 개념은 이 축복이 영원히 지속된다는 것이다. 유대 백성은 하나님이 그분의 **종 야곱에게 준 땅**에 **거주**할 것이다(참고. 28:25). 여기에는 하나님의 축복의 영원한 특징을 보여주는 몇 가지 양상이 있다. 곧 유대 백성이 그 땅에 **영원히** 거주할 것이다(25절). 다윗의 아들 메시아의 왕권이 **영원**할 것이다(25절). **화평의 언약**(참고. 36:15; 34:25; 사 54:10; 렘 31:31-34)이 **영원**할 것이다(37:26; 참고. 16:60). 하나님의 **성소**가 **그 가운데 영원히** 있을 것이다(26, 28절). 이 예언은 하나님의 임재 약속으로 마무리된다. **내 처소가 그들 가운데에 있을 것이며 나는 그들의 하나님이 되고 그들은 내 백성이 되리라**. 이스라엘과 하나님의 회복된 관계와 그들 **가운데** 있을 **성소**의 구조 자체가 **열국**[이방인]에게 증언이 될 것이고, 그들은 **내가 이스라엘을 거룩하게 하는 여호와**(참고. 레 22:32)인 **줄을 알** 것이다(참고. 36:23; 38:16, 23; 39:7). **영원토록 그들 가운데** 있을 이 **성소**는 에스겔 40-43장에서 상세하게 묘사된다.

6. 곡의 공격과 패배에 관한 예언(38:1-39:29)

유대 백성이 자기 땅으로 재집결할 것을 예고한(36장) 뒤에 에스겔은 아직 미래에 이루어질 최후의 이스라엘 공격이 있을 것이고, 그들이 메시아 왕에 의해 그 공격으로부터 구원받을 것을 예고했다(38-39장). 곡에 의한 이 공격은 유대 백성이 자기 땅에 재정착하고 나서(38:8b) 평화롭게 살 때에(38:8c) 일어날 것이다. 물론 (메시아가 그들을 이 공격에서 구출한 뒤에 그들이 주님께 나아올 것이기 때문에) 그들은 아직 메시아를 알지 못한다. 이 일은 주님이 이스라엘의 대적에게 승리하시고 이스라엘이 예수님을 메시아로 인정하는 데서 절정에 이른다(39:22). 결국에는 곡이 심판을 받을 것이다.

a. 곡의 이스라엘 침입(38:1-16)

38:1-3. 주님은 에스겔에게 **너는 마곡 땅에 있는 로스와 메섹과 두발 왕 곧 곡에게로 얼굴을 향하**라고 말씀하셨다. 로스의 위치를 규명하는 것이 핵심이다. 이 단어는 '머리' 혹은 '수장'을 뜻하는 히브리어 단어 '로쉬'(*rosh*)의 '번역'이 아닌 '음역'이다. 따라서 나라의 고유명사로 받아들여져서는 안 된다. 로스는 성경의 다른 지명 목록에 단 한 번도 나라로 등장하지 않는 반면에, 38-39장의 다른 지명들은 모두 잘 입증된다(참고. 창 10:1-7; 대상 1:5-7; 겔 27:13-24; 32:26). 따라서 "로스와 메섹과 두발 왕"으로 번역된 어구가 '메섹과 두발의 우두머리 왕, 곡'으로 번역되어야 한다는 것이 성경의 분명한 증거이다(HCSB, NIV, KJV, ESV, JPS).

마곡 땅의 조상은 아마도 스키타이 사람일 것이다. **메섹**과 **두발**과 고멜은 동부 소아시아에 있었다. 곡은 오직 이곳과 계시록 20:8에서만 언급되고, **마곡**과 관련이 있다.

38:4. 하나님은 이 이교도의 나라를 심판하시겠지만(1-3절), 과거에 주님이 앗수르와 바벨론을 사용하셨듯이, 주님은 곡을 사용하여 이스라엘에 대한 계획을 성취하실 것이다. 주님은 곡을 **돌이켜** 자신이 결정하신 방향으로 향하게 하실 것이다. 주님이 섭리 가운데 자기 백성 이스라엘을 공격하는 이 전투를 주관하셨듯이, 주님은 모든 세상사를 완벽하게 통제하신다.

38:5-6. 이 나라들 곧 **바사**와 **구스**, **붓**, 현대 시리아의 **도갈마 족속**은 성경 시대에 잘 알려져 있었다. 덧붙여 마곡과 메섹, 두발, **고멜**은 현대의 터키와 아르메니아, 아제르바이잔, 그루지야 지역에 있었다. 이 나라들

은 구소련의 일부였지만, 지금은 독립국가들이다. 로스와 메섹의 발음이 러시아와 모스크바 그리고 두발은 토볼스크(Tobolsk)와 비슷했기 때문에, 특히 냉전기에 일부 해석자들은 이스라엘의 공격군을 엉뚱하게 소련과 동일시했다. 이런 해석은 해석학과 역사보다는 뉴스와 히스테리에 근거한다.

여기서 에스겔이 언급하는 모든 나라는 오늘날 무슬림 국가이다. 그들의 영적인 충성심이 변하지 않았음을 감안할 때, 이들 국가에 의한 미래의 이스라엘 침공은 러시아의 침략이 아니라 이슬람의 침략일 것이다. 이스라엘에 대한 연합 공격은 모스크바가 아니라, 이들 무슬림 정부의 리더십으로부터 올 것이다.

38:7-9. 공격 시기는 종말론적 언어, **여러 날 후 곧 말년에**로 설명된다. 이 공격은 마지막 때에 일어날 것이며, **여러 나라에서 모여들어** 이스라엘 땅에 **평안히 거주하**던 **이스라엘** 백성을 겨냥할 것이다. 곡과 그 동맹군이 **광풍**과 **구름**같이 접근하여 강력한 힘으로 이스라엘을 공격해올 것이다(참고. 16절).

과거의 어떤 역사적 사건이나 정치적 동조도 이 예언과 맞지 않는다. 이 예언은 **말년에** 일어날 일로, 미래의 성취를 기다린다. 어떤 사람들은 이스라엘에 대한 이 공격이, 천년왕국 마지막의 곡과 마곡의 공격과 동일시되어야 한다고 생각하지만(계 20:7-9), 이런 동일시에는 몇 가지 약점이 있다. 첫 번째는 연대기적인 고려이다. 왜 전투 이후 지상에 남은 사람들이 즉각 영원으로 들어가지 않고(계 21:1-4), 7년 동안 전쟁 무기를 불태우는가(39:9-10)? 에스겔서의 전투 결과는 계시록 20장의 전투 이후의 사건과 들어맞지 않는다. 그 뒤에 예언된 사건이 구원받지 못하고 죽은 자의 부활인데(계 20:11-13), 왜 전투 후 7개월간 죽은 자를 묻겠는가?(39:12-13) 각 전투 이후의 사건이 너무 다르기 때문에 곡이 이스라엘의 대적으로 개입된 두 개의 독립적 전투로 추정해야 한다.

두 번째 약점은 두 전투가 백성에게 미친 영향이 다르다는 점이다. 에스겔서에서 이 전투는 이스라엘을 하나님께로 이끌고(참고. 39:7, 22-29), 이스라엘이 열방 가운데 흩어지는 것을 끝내기 위해 하나님이 사용하실 촉매제이다. 대조적으로 계시록 20장의 전투는 이스라엘이 하나님께 신실함을 지키고 천 년 동안 축복을 누린 뒤에 일어날 일이다(계 20:1-7).

다른 사람들은 에스겔 38-39장의 전투가 천년왕국이 시작될 때 있을 것이라고 주장했다. 이 역시 대단히 의심스럽다. 천년왕국에 들어가는 모든 사람이 메시아 예수를 믿을 것이다. 살아남은 유대 백성이 환난기 마지막에 메시아를 인정할 것이고, 그때에 그들은 메시아가 돌아오기를 요청할 것이다(슥 12:10). 그리고 환난기에 이방인은 하나님이 선택하신 백성을 보호함으로써 그리스도께 대한 믿음을 입증할 것이다(참고. 마 25:31-46). 따라서 천년왕국에 들어가는 모든 사람은 메시아 예수님을 믿는 자일 것이다(요 3:3). 더군다나 천년왕국이 시작될 때 모든 전쟁 무기가 파괴되므로(미 4:4), 구원받지 못한 전사가 모두 제거되고 무기가 모두 파괴되었을 때, 전쟁이 일어나는 것은 불가능할 것이다.

따라서 에스겔서의 곡의 전투는 환난기 안에 두는 게 최선인 것 같다. 유대 백성이 이스라엘 땅에서 평화롭게 살 때 이 공격이 있을 것이다(38:8, 11). 그들이 그 땅에 있지만 유대 백성은 아직 예수님이 메시아이심을 인정하지 않을 것이다(39:22, 29). 이 평화는 다니엘서의 일곱 번째 이레가 시작될 때 적그리스도와 맺은 언약의 결과일 것이다(단 9:27a). 그렇지만 환난기 중간에 이 언약이 적그리스도에 의해 깨질 것이다. 그때에 이스라엘은 어마어마한 박해를 겪을 것이다(단 9:27b과 마 24:15-22에 대한 주석을 보라).

따라서 가장 가능성이 높은 것은 에스겔이 묘사한 전투, 이슬람의 침략이 적그리스도가 이스라엘과 맺은 언약을 깨뜨리기 직전에 시작된다는 견해이다. 이 나라들의 패배는 미래의 세계 통치자가 이스라엘과 군사동맹을 지속하는 문제에 대해서 자유롭게 해줄 것이다. 만약 이 시점에 전투가 일어난다면, 죽은 자를 묻고(39:12-13), 전쟁 무기를 불태우는 데(39:9-10) 필요한 시간을 벌 수 있다. 다시 말해 큰 환난기의 남은 기간일 것이다. 아마 예수님의 재림 뒤 천년왕국 처음 몇 달 동안일 것이다. 에스겔은 이스라엘이 안전하다고 느낄 때 공격 기회를 감지하고, 적그리스도와 맺은 언약에 대해 거짓 확신을 가진 이스라엘 원근 각처의 주변 나라가 가담하는 전투를 묘사하고 있다. 에스겔은 곡과 그 동맹국의 침략을 먼저 묘사한 다음(1-16절), 그 뒤에 곡과 그 동맹군의 심판을 서술했다(38:17-39:29).

38:10-13. 곡은 **악한 꾀를 내고** 말할 것이다. **내가 문이나 빗장이 없이 평안히**, 안전하게 살고 있을 이스라엘을 공격하러 **올라가리라**. 유대 백성은 자기 땅으로 돌아와 **여러 나라에서** 모인 하나의 정치적 실체로 중동에서 평화롭게 살 것이다. 이스라엘의 지리, 정치, 경제적 중요성이 **세상 중앙**이라는 말로 묘사된다(5:5에 대한 주석을 참고하라). 이 사건은 이스라엘 주변에 초점을 맞춘다(참고. 슥 12:1-3).

38:14-15. **그날에**, 마지막 날에(14, 16, 18절)는 마지막 때를 가리키는 종말론적 용어이고, 곡이 **내 백성 이스라엘**(14, 16절)을 공격하는 때가 그들이 안전하게 살고 있을 때임을 시사한다. 이 시점에 이스라엘은 메시아 예수님을 믿지 않는 나라인데도, 하나님은 여전히 그들을 **내 백성**이라고 부르신다. 유대 백성이 불신앙과 배반 가운데 살든 혹은 회개와 순종 가운데 살든 그들은 여전히 하나님께 사랑받고 그분이 선택하신 백성으로 남는다. 곡은 그 동맹군의 **능한 군대**와 함께 **북쪽 끝에서**, 사방에서 공격해올 것이다.

38:16. 그들은 **구름이 땅을 덮음같이** 하나님의 **백성**을 치러 올 것이다(참고. 9절). 곡의 공격은 하나님의 **땅**을 치는 것이다. 이스라엘은 단지 유대 백성의 소유물이 아니라 주님 자신에게 속한 소유물로 규정된다(참고. 36:5; 사 14:25; 렘 2:7; 3:18). 구름이 그 아래에 있는 땅에 그림자를 드리우듯이 곡의 강력한 군대가 이스라엘을 완전히 급습할 것이다.

이 공격은 하나님이 자신의 거룩한 성품과 주권적인 능력을 열방에게 보여주는 또 다른 수단이 될 것이다. **곡아, 내가 너로 말미암아 이방 사람의 눈앞에서 내 거룩함을 나타내어 그들이 다 나를 알게 하려 함이라**(참고. 20:41; 28:22, 25; 36:23; 39:27). 곡의 공격이 실패한 결과로 이스라엘은 구원을 받고 하나님은 영광을 받으실 것이다.

b. 곡에 대한 하나님의 심판(38:17-39:29)

(1) 곡의 패배(38:17-39:8)

38:17. **주 여호와께서** 곡의 공격을 격파하실 것이다. **내가 옛적에 내 종 이스라엘 선지자들을 통하여 말한 사람이 네가 아니냐**라는 질문은 특정 예언의 직접 인용이 아니다. 하지만 이것은 마지막 날에 다가오는 이스라엘 침략을 말했던 이전 예언에 대한 일반적 언급이다(참고. 욜 3:9-14; 습 3:15-20).

38:18-20. 그 군대가 **이스라엘을 치러** 올 때, 하나님의 **노여움**이 그들에 대한 **질투**와 **맹렬한 노여움**으로 **나타날** 것이다. 하나님은 **이스라엘**에 **큰 지진**을 일으켜 곡의 침략 계획을 방해하실 것이다. 이 자연 재앙은 **고기들과 새들과 짐승들과 모든 사람**이 하나님 **앞에서 떨게** 만들 것이고, 침략군 전체에 두려움과 혼란을 퍼뜨릴 것이다. 하나님은 그분의 **모든 산 중에서** 곡을 칠 칼을 부르실 것이다.

38:21. 혼란 속에서 **각 사람이 칼로 그 형제를 칠 것이다**. 여호사밧 시대처럼 이스라엘의 대적이 자멸할 것이다(참고. 대하 20:22-25).

38:22-23. 하나님이 **쏟아지는 폭우**와 **큰 우박덩이**와 **불과 유황**을 비롯한 부가적인 기상재해로 이스라엘의 대적에게 **심판하실** 것이다. 이것은 여호수아 시대에 이스라엘을 위한 주님의 행동과 비슷하다(참고. 수 10:7-11). 이런 사건을 통해 하나님은 **여러 나라의 눈에 위대함**과 **거룩함을 나타내어** 자신이 **여호와인 줄을 그들에게 알리실** 것이다.

39:1-4. 다시 **곡에게 예언하라**는 명령이 에스겔에게 주어진다(참고. 38:2). **주 여호와께서 메섹과 두발의 우두머리 왕** 곡을(38:2에 대한 주석을 참고하라) **대적하신다**는 메시지이다. 하나님이 그들의 **왼손**과 **오른손**을 무력하게 만들고, **이스라엘 산 위**에서 그들을 내리치실 것이다. 한때 강성했던 이 군대는 그때 **각종 사나운 새와 들짐승에게 먹이**가 될 것이다.

39:5-7. 대적의 군대가 전투 중에 이스라엘의 **빈 들**에서 죽을 뿐만 아니라 하나님은 그들의 본토도 심판하실 것이다. **내가 불을 마곡과 및 섬에 거주하는 자에게 내리리니**. 불을 보내는 것은 파괴와 군사적 대참사를 시사한다(30:8, 14, 16; 호 8:14; 암 1:4, 7, 10, 14; 2:2, 5). 침략을 시작했던 나라가 파괴될 것이다. **섬**(참고. 26:15, 18; 27:3, 6-7, 15, 35)은 기존 세계에서 가장 먼 거리를 나타낸다. 이 모든 사건을 통해 하나님은 자신의 **거룩한 이름**[7절에서 강조를 위해 2회 반복]을 **이스라엘 가운데에** 알리실 것이고, 열방은 그분이 **이스라엘의 거룩한 자**이심을 알 것이다.

39:8. 이 모든 사건은 반드시 일어날 것이다. **주 여호**

와의 말씀이니라 볼지어다 그날이 와서 이루어지리니. 현대의 회의주의와 성경에 대한 조롱, 혹은 현재의 지정학적 사건에 대한 논란에도 불구하고, 주님은 자신의 말씀을 성취하실 것이다. **내가 말한 그날이 이날이라.**

(2) 곡의 패배의 여파(39:9-20)

39:9-10. 큰 전쟁이 끝난 뒤 **이스라엘 성읍들에 거주하는 자**들이 **무기**를 모으고 **불태울** 것이다. 이스라엘을 약탈하러 올 자(38:12)가 약탈당할 것이다. 이스라엘 백성은 전사한 군대의 무기를 남은 환난기에 또 천년왕국이 시작될 때 **일곱 해 동안** 연료로 사용할 것이다. 이스라엘은 이 무기를 연료로 사용하고 **들에서 나무를 자르지** 않을 것이다. 숫자 **일곱**[무기를 불태우는 일곱 해와 죽은 자를 매장하는 '일곱 달'(9, 12, 14절)]의 반복은 하나님의 백성을 공격하는 이 큰 전쟁의 최종적 성격을 나타내고 침략군의 규모를 암시한다(이 사건의 시점에 대한 38:7-9의 주석을 참고하라).

39:11-16. 곡은 **이스라엘**에 **매장지**를 가질 것이다. **바다 동쪽 사람이 통행하는 골짜기** 안에서 매장될 것인데, 이는 매장지가 사해 동쪽, 곧 에스겔 시대의 모압과 오늘날의 요르단에 있을 것임을 뜻한다. 하지만 이스라엘이 역사의 어느 시점에 그 지역을 통제했고, 또 그곳이 아브라함에게 주어진 땅의 일부였기 때문에, 그들이 '이스라엘 안에서' 매장되는 것으로 간주될 것이다. 이스라엘은 미래에 그 땅을 유업으로 받을 것이다(참고. 삼하 8:2; 시 60:8; 창 15:18). 전쟁 후 정화의 한복판에서 주님은 이 사건을 통해 **나의 영광**을 **나타**내겠다고 말씀하신다.

이스라엘은 모든 뼈를 거둬 매장하고 무덤에 표시를 남겨 땅이 정결해졌는지 확인하기 위해 **그 땅 백성**, 곧 유대 백성의 일부를 **택**할 것이다. 그들은 **일곱 달** 마지막에 **살펴**볼 것이다. 시신의 숫자가 너무 많아서 여행객의 길을 **막**을 것이다. 곡의 묘지 규모가 어마어마해서, 그 골짜기의 이름은 '곡의 군대의 골짜기'를 의미하는 **하몬곡의 골짜기**로 바뀔 것이다.

39:17-20. 곡의 패배가 낳은 또 다른 결과는, 4절에 소개된 들짐승을 위해 거대한 제물 잔치가 벌어지는 것이다. **이스라엘 산 위에 예비한 큰 잔치로 모이라**고 **각종 새와 짐승**을 불렀다. 그들은 비옥한 땅과 살진 황소로 유명했던 갈릴리 바다 동쪽과 북동쪽 지역 **바산**(참고. 암 4:1)의 **숫양**과 **어린 양**, **염소**, **수송아지**처럼 죽은 **용사**를 **먹**을 것이다. 하나님은 동물과 사람의 역할을 뒤바꾸실 것이다. 보통은 사람들이 희생동물을 도살해서 먹었다. 하지만 여기서 곡의 군사는 제물이 되어 동물에게 먹힐 것이다. 하나님은 곡의 죽은 자를, **내가 너희를 위하여 예비한 잔치**로 규정하신다. 들새와 들짐승은 곡의 죽은 군사의 **말**과 **기병**, **군사**로 **배부**를 것이다.

(3) 곡의 패배가 이스라엘에 남긴 영향(39:21-29)

39:21. 이 전투는 몇 가지 결과를 남긴다. 먼저, 하나님은 **내 영광을 여러 민족 가운데에 나타내**겠다고 말씀하신다. 하나님이 곡을 격파하여 이스라엘을 구원하실 때(참고. 1:28), 그분의 영광과 가시적인 임재가 인정될 것이다.

39:22-24. 둘째, 이스라엘이 하나님께 돌아와 **그날 이후에** 그분이 **여호와 자기들의 하나님인 줄을 알** 것이다(참고. 7절). 주님이 곡을 무너뜨리시는 예상치 못한 상황으로 인해 이스라엘은 그분의 권능을 영원히 인정하고 다시는 그분에게서 벗어나지 않을 것이다(참고. 37:24-28).

39:25-27. 셋째, 하나님은 모든 이스라엘을 마지막 흩어짐에서 그 땅으로 돌아오도록 회복하실 것이다. 하나님은 **야곱을 돌아오게 하며 이스라엘 온 족속에게 사랑을 베푸**실 것이다. 하나님이 이스라엘의 죄 때문에 그들을 심판하셨지만, 그분은 항상 자기 백성을 사랑하시고 그들에게 긍휼의 마음을 지니신다(예를 들어 시 102:13; 사 14:1-2; 49:13-16). 이 장의 사건이 일어날 때 많은 유대 백성이 이스라엘 본토에서 살 것이고, 일부 유대 백성은 그때도 세계 곳곳에서 살고 있을 것이다. 이제 하나님은 **그들을 만민 중에서 돌아오게 하고 적국 중에서 모으**실 것이다. 하나님은 **많은 민족이 보는 데에서 그들로 말미암아 거룩함을 나타**내실 것이다(참고. 20:41; 28:22, 25; 36:23; 38:16).

39:28-29. 넷째, 곡과 벌인 전투의 궁극적 결과는 이스라엘의 민족적 회개와 영적인 회복일 것이다. 그때에 **그들은** 그분이 **여호와 자기들의 하나님인 줄을 알** 것이다. 과거에 하나님은 자기 백성을 흩어 **사로잡혀** 가게 하셨지만, 이제 그들을 **고국 땅으로** 모으실 것이고, **다시는** 이스라엘 땅 밖에 **한 사람도 남기지** 않으실

것이다.

주님은 **얼굴을 그들에게 가리지** 않으실 것이다. 대신 그들이 예수님을 메시아로 인정할 때 그분은 자기 **영을 이스라엘 족속에게** 부으실 것이다(참고. 36:25-28; 37:14; 렘 31:31-34; 욜 2:28-32; 슥 12:10).

B. 이스라엘을 위한 새 질서(40:1-48:35)

메시아가 돌아와 자기 백성 이스라엘을 구출하고 그 대적 곡을 격파하실 때(39장), 주님은 회복된 이스라엘 안에 새로운 예배 질서를 세우실 것이다. 새 성전은 하나님의 임재를 나타내는 표식으로 자기 백성 가운데 세워질 것이고(40-43장), 새로운 예배 의식이 세워져 백성들이 주 하나님께 다가갈 것이고(44-46장), 백성들을 위해 그 땅이 새로 분배될 것이다(47-48장).

1. 새 성전(40:1-43:27)

하나님은 자기 백성 가운데 영원히 성소를 세우겠다고 약속하셨고(37:26-28), 이 새 성전의 설계도가 상세히 제시된다. 40-43장에 대해 세 가지 기본적 해석이 있다. (1) 에스겔은 바벨론 유배 직후에 솔로몬 성전이 재건될 것을 예고했다. (2) 에스겔은 비유적인 의미의 성전을 말하며 교회에 대해 예언하고, 문자적인 성전을 염두에 두지 않았다. (3) 에스겔은 아직 이루어지지 않은 미래의 문자적인 성전이 천년왕국 기간에 세워질 것이라고 말했다.

바벨론 유배 이후의 솔로몬 성전을 가리킨다는 첫 번째 견해는 당연히 배제된다. 에스겔의 설명서는 솔로몬 성전과 일치하지 않을 뿐만 아니라, 바벨론에서 귀환한 남은 자에 의해 사용되지도 않았다. 바벨론에서 귀환하여 세운 성전은 솔로몬 성전의 위엄을 갖추지 못했다(스 3:12-13; 학 2:3). 만약 이 성전이 에스라 시대에 세워진 것을 가리킨다면, 이 글을 쓸 때 에스겔은 오류를 범했을 것이다. 하나님의 권위로 이야기한 선지자 중에 거짓을 예고한 사람은 하나도 없다(신 18:21-22; 마 5:17-18).

이 성전이 교회를 나타내는 은유라는 두 번째 견해 역시 폐기되어야 한다. 이 해석의 근거는 자신이 참된 성전이라는 예수님의 진술(요 2:18-21)과 예수님이 함께하는 교회가 현재 시대의 성전이라는 주장(고전 3:16; 6:19; 고후 6:16-18; 엡 2:21-22; 벧전 2:5; 계 3:12; 11:1-2)에서 유래한다. 이 견해의 선도적 지지자인 그레고리 비일(Gregory K. Beale)에 의하면, 에스겔 11:16은 포로기 때 성전과 건물은 연관성이 약했음을 시사하고, 이것은 교회가 종말론적 성전의 성취라는 바울의 주장의 근거를 제공한다[Gregory K. Beale, "Eden, the Temple, and the Church's Mission In the New Creation," *JETS* 48 (March 2005), 19-24. 더 자세한 내용은 Beale의 다음 책을 보라. *The Temple and the Church's Mission: A Biblical Theology of the Dwelling Place of God*, NSBT (Downers Grove, IL: InterVarsity, 2004)]. 무엇보다 미래의 문자적인 성전을 가리킨다는 주장은 예수님이 궁극적 성전이시라는 견해를 훼손한다고 비일은 주장한다.

이 견해에 대한 대답은 먼저, 교회가 현재의 성전(하나님이 세상과 만나시는 곳)이라는 말은 부적절하지 않다는 점이다. 분명히 그렇다. 하지만 이 사실 자체는 미래의 문자적인 나라가 존재할 가능성에 대한 정보를 주지 않는다. 예수님이 성전의 특징을 궁극적으로 성취하셨다는 점과 관련해서도, 이것이 종말론적 성전이 문자적으로 존재할 가능성을 배제하지 않는다. 로버트 소시(Robert L. Saucy)는 예수님이 위대한 선지자이시지만(히 1:1-2), 자신과 자신의 사역을 침해하지 않게끔 교회에게 예언의 은사와 선지자를 주셨다(고전 12:10, 18; 엡 4:11)고 주장한다. 그분은 위대한 대제사장이신데(히 2:17; 4:14; 7:26-27; 9:24-28; 10:11-14), 교회 또한 그리스도를 통해 제사장 역할을 하도록 부름을 받은 제사장이다(벧전 2:5, 9; 롬 15:16). 예수님은 위대한 왕이시며(눅 1:32-33; 계 11:15; 19:16), 신자들도 왕의 역할(딤후 2:12; 계 1:6; 5:10; 20:4, 6)을 한다[2010년 11월, 복음주의 신학회 연례 모임(Evangelical Theological Society Annual Meeting) 자료 9쪽에 실린 미발간 논문, "그리스도는 민족적 이스라엘 예언의 성취인가?"(Is Christ the Fulfillment of National Israel's Prophecies? Yes and No!)]. 이런 사실이 시사하는 바는 예수님이 어떤 방식으로도 자신의 성취를 무색하게 만들지 않으면서 다른 대리인(현재의 논의 상황에서는 미래의 성전)에게 자신이 성취하신 기능을 위임하실 수 있다는 것이다.

둘째, 에스겔 11:16이 비건물 성전의 무대를 마련한다는 주장은 포로기 이후 유대 백성이 문자적으로 성전을 재건했다는 점에서 설득력이 떨어진다. 하나님이 바벨론 포로들과 연결되실 수 있었고 또 그렇게 하셨다는 사실이 귀환 이후 물리적 성전의 재건을 배제하지 않는다. 이런 사실이 시사하는 바는 미래에 문자적인 성전이 존재할 가능성을 배제하지 않으면서 교회가 영적인 의미에서 현재 시대의 성전과 같을 수 있다는 것이다.

셋째, 어떤 사람들은 에스겔과 모세 사이에 놀라운 유사점이 있음을 지적했다. 둘 다 하나님의 부르심을 받았지만 순종하기를 꺼려했다. 둘 다 환상을 통해 하나님의 영광을 경험했다. 그리고 둘 다 하나님이 이스라엘과 만나실 곳(모세에게는 성막, 에스겔에게는 미래의 성전)에 대한 규정, 또 그곳과 관련된 희생제사를 중재했다. 하나님이 모세에게 문자적인 성막과 그 뒤에 건축물로 결실을 맺은 성전에 관한 규정을 주셨다고 한다면, 에스겔이 본 것도 유사한 문자적 성취물일 가능성이 있다. 에스겔과 함께 다른 선지자가 언급한 미래의 새 성전이 이러한 주장을 강화한다(다음을 보라. 사 2:3; 60:13; 단 9:24; 욜 3:18; 학 2:7, 9).

마지막으로, '최초의 독자나 청중이 이해했을 내용'을 근거로 논점을 세우는 것은 교묘한 말장난일 뿐이다. 설령 그렇다 해도, 이 선지서의 최초 독자나 청중이 이 성전의 크기나 기물에 관한 세세한 내용을 영적, 비물질적으로 이해했을 것이라는 주장은 (불가능하지는 않지만) 곤란하다. 성전의 특징을 상징적으로 이해하는 것이 의도였다 하더라도, 에스겔이나 하나님은 이것이 무엇을 상징했는지에 대해 어떤 단서도 주지 않는다. 도리어 물리적인 구조물인 성막의 세부 디자인, 그 뒤에 솔로몬 성전, 또 그 뒤에 포로기 이후 성전 사이에 유사점이 있다.

이 주석에 채택된 견해는 에스겔이 문자적, 물리적 천년왕국 성전을 예고했다는 것이다. 이 성전의 세부 묘사는 무척 중요하다. 먼저, 성전은 자기 백성 가운데 계신 하나님의 임재를 가시적으로 상징한다. 이스라엘 심판의 서곡은 하나님의 영광이 솔로몬 성전을 떠났을 때 시작되었다(8-11장). 그 뒤에 느부갓네살의 성전 파괴가 뒤따랐다. 성전이 재건되었지만, 주님의 임재가 지성소 안에 거하지 않으셨다. 메시아 예수님이 예고하셨듯이(마 24:2; 막 13:2), 이 성전은 로마의 손에 파괴되었다. 하나님의 영광이 예루살렘 새 성전에 다시 들어오실 때, 한 민족으로서 이스라엘은 최고의 절정기를 맞을 것이다(43:1-5).

둘째, 새 성전은 새 언약을 통해 이스라엘과 하나님이 맺은 관계의 가시적인 표식이 될 것이다. 하나님이 모세 언약의 개시에 상세한 성막 건설 지시를 덧붙이셨기 때문에(참고. 출 25-40장), 하나님이 또 새 언약의 완전한 의미에 새로운 예배 중심지의 상세한 설계도를 덧붙이시는 것은 이례적인 일이 아니다. 이 성전은 이스라엘과 하나님의 새로운 관계를 가시적으로 표현하는 초점이 될 것이다.

a. 성전 환상의 서론(40:1-4)

40:1-2. 이 마지막 환상은 **스물다섯째 해**, 예루살렘이 무너져 **성이 함락**되고 난 후 **열넷째 해 첫째 달 열째 날**에 에스겔에게 주어졌다. 유대교 종교력은 **첫째 달**을 니산월(유월절이 있는 4월/5월, 출 12:1-2) 혹은 나중에 원년이나 즉위년을 사용하여 티스리월(10월/11월)로 표기했다. 따라서 연대는 주전 573년 4월 28일이거나 10월 22일일 것이다. 하나님은 **이상** 중에 에스겔을 **이스라엘 땅**으로 이끌고 오셔서 그를 **매우 높은 산**, **성읍 형상 같은 것이 있**던 **남으로** 데려가셨다. 이 산은 아마 도성 북쪽에 있는(참고. 시 48:1-2) 시온산(17:22; 20:40; 사 2:2; 미 4:1; 슥 14:10)일 것이다.

40:3-4. 환상 중에(참고. 1:1; 8:3; 40:2) **모양이 놋 같이 빛난 사람 하나**가 에스겔을 미래의 성전으로 이끌어갔는데, 이는 이 인물이 천사 같은 존재였음을 나타낸다(참고. 8:2). 그는 건축자가 사용하는 기구, **삼줄과 측량하는 장대**를 **손에 가지**고 있었다. **삼줄**은 장거리 측량에 사용되는 가벼운 줄이었고, 나무 막대 **장대**는 단거리 측량에 사용되었다. **그 사람**은 에스겔에게 자기가 **보이는** 모든 것을 **마음으로 생각**하고, 본 것을 **다 이스라엘 족속에게 전**하라고 지시했다. 이것은 특히 유대 백성을 위한, 정확하고 중요한 메시지였다.

b. 성전 바깥뜰(40:5-27)

40:5. **집**[*bayit*, 바잇] 곧 성전 **바깥 사방으로** 거룩한 곳과 속된 곳을 나누는 **담이 있**었다. 그 사람은 한 규빗에 **한 손바닥 너비**가 더해진 **측량 장대**로 **여섯** 규빗(**척**)을 쟀다. 일반 규빗은 약 45센티미터였지만, 천사가 사용한 것은 약 53센티미터의 기다란 규빗이었다.

에스겔은 특히 새로운 공동체를 위해 훨씬 옛날 규격의 규빗 자를 사용하고 있다(대하 3:3). 막대의 길이는 옛날 규빗으로 여섯 자 혹은 3.2미터(현대인의 성경) 정도였다. 성전을 둘러싼 담은 두께가 3.2미터이고 높이가 3.2미터였다. 담은 공격을 받을 때 안전하게 지켜 줄 만큼 높지 않았기 때문에, 담의 목적은 거룩한 것과 속된 것의 구별이라고 할 수 있다(참고. 42:20).

40:6-16. 에스겔은 가장 중요한 문인 **동쪽을 향한 문**을 통해 바깥뜰에 **이르렀다**(44:1-3에 대한 주석을 참고하라). **층계**와 **통로**, **문지기 방**, **안 문의 현관**, 성전으로 가는 **벽**, 돌출된 담의 **종려나무** 장식이 정확한 치수로 상세히 묘사된다. 종려나무는 솔로몬의 성전을 장식할 때도 사용했다(왕상 6:29, 32, 35).

40:17-19. 천사 같은 존재가 에스겔을 **바깥뜰**로 데려갔는데, 거기서 그는 뜰을 위해 만들어진 **박석 깔린 땅과, 뜰 삼면에 박석 깔린 땅 위에** 있는 **서른** 개의 **방**을 보았다. 이 방들은 아마 성전 북쪽, 동쪽, 남쪽 벽을 따라 고르게 자리 잡았을 것이다. 이 방들은 절기를 축하하는 백성을 위해 사용되었다고 여겨진다(참고. 렘 35:2). **아래 문간**(즉, 동쪽 문)에서 **안뜰**의 바깥까지(즉, 안뜰로 이어지는 문의 현관까지)의 거리는 약 52.5미터(**백 규빗**, 현대인의 성경)였다.

40:20-27. 그 뒤에 에스겔은 **북쪽** 문(20-23절)과 **남쪽** 문(24-27절)으로 인도되었다. 두 문의 모양과 크기는 동쪽을 향한 문과 일치하여 성전이 균형적으로 지어졌다는 사실을 입증한다(6-19절).

c. 성전 안뜰(40:28-47)

40:28-37. 바깥뜰을 측량한 뒤에 천사는 **남쪽 문**을 통과해 **안뜰**을 측량했다. 이 문은 **먼저 측량한** 다른 문과 치수가 같았다(28-31절, 32-34절, 35-37절). **문지기 방**, **벽**, **현관**, **창**, **종려나무** 장식물의 치수도 동일했다(41:18). 그런데 **사방 현관**은 이 문에서 방향이 바뀌어 **바깥뜰을 향하**게 해주었다.

40:38-43. 안쪽 문 **곁**에는 **방**이 자리 잡고 있어서 제물을 바치는 사람이 **번제물**을 **씻고** 준비할 수 있었다. 각 문 곁에 **상**이 **넷씩**, 전부 여덟 개의 상이 놓여서 **번제**와 **희생제물**을 **잡을** 준비를 했다. 회복된 제사는 새 성전의 핵심 기능이다.

새 성전의 동물 제사 규정은 사람들에게 의문을 일으켰다. 예수님의 십자가 죽음이 궁극적이고 최종적 속죄 제사이기 때문이다(히 10:10). 어떤 사람은 천년왕국의 제사가 상징일 뿐 실제 동물 제사가 아닐 것이라고 주장한다. 비판자들은 이 제사가 레위기의 제사 제도로 회귀하기 때문에 예수님의 희생제사 이후에는 어울리지 않는다고 주장했다.

이 제사의 합당한 기능에 대한 이해가 혼란과 반대를 일소한다. 먼저, 레위기의 동물 제사는 결코 죄를 없애지 못했다. 오직 그리스도의 희생만이 죄를 없앨 수 있다(히 10:1-4, 10). 구약시대에 이스라엘 백성은 레위기의 제도 아래서 아브라함처럼(창 15:6) 믿음을 통한 은혜로 구원을 받았다. 각 사람은 진실한 믿음의 표현으로서 합당한 제사를 드려야 했고(사 1:10-18), 제사는 신자와 하나님의 교제를 회복하는 데 기여했다. 믿음 없이 드려진 제사는 소용없다(예를 들어 사 1:11-17; 암 5:21-24). 둘째, 교회가 시작된 뒤에도 유대인 신자들은 주저하지 않고 성전 예배에 참여했고(행 2:46; 3:1; 5:42), 제사를 드리기도 했다(행 21:26). 그들은 메시아의 죽음과 부활로 새 언약이 체결되었고, 주님의 만찬으로 기념되었음을 알았다(참고. 눅 22:14-20; 24:13-35). 그들은 주 예수님의 최종적 제사를 깊이 의식했는데도, 로마인이 성전을 파괴할 때까지(주후 70년) 계속 성전에서 예배했다.

메시아가 오시기 전에 레위기 제사는 이스라엘의 하나님을 예배하는 데 핵심이었다. 메시아의 죽음과 부활 이후에 교회가 탄생했고, 새로운 경륜 혹은 세대(dispensation)가 시작되었다. 이방인은 이스라엘의 하나님을 알기 위해 더 이상 이스라엘 연방의 일부가 될 필요가 없었다(엡 3:3-6; 롬 11:11-24; 행 15장). 다가오는 그리스도 제사의 그림자였던(히 10:1-18) 레위기 제사 제도는 이제 종결되었다. 현재의 교회 시대에 메시아의 제자들은 그분의 죽음과 부활을 돌아보고 그분의 다시 오심을 내다보며 주님의 만찬을 기념한다(눅 22:19; 고전 11:23, 26; 딤후 2:8).

메시아가 재림하실 때 이스라엘은 다시 하나님 나라 프로그램에서 중심 역할을 담당할 것이다. 그리스도가 돌아오셨기 때문에 주님의 만찬을 더 이상 지키지 않을 것이다. 에스겔이 예언했듯이, 동물 제사는 하나님의 어린양이 드린 최고의 제사에 대한 기념으로 혹은 실물 교육으로 새 성전에서 드려질 것이다(요 1:29; 계 5:12). 성경의 몇몇 본문이 천년왕국의 제사 제도를 언급한다(사 56:7; 66:20-23; 렘 33:18; 슥 14:16-21; 말 3:3-4). 특히 천년왕국에서 죽음은 이례적인 일일 것이기 때문에, 이 동물 제사는 메시아의 고난과 죽음에 대한 생생하고 필연적인 상징이 될 것이다(사 11:6-10; 65:20).

새 성전에서 드려질 예배와 레위기 제도 사이에 몇 가지 유사점이 있기는 하지만, 동일하지는 않다. 예를 들어보자. 에스겔서에서는 샤부옷(칠칠절/오순절)이 언급되지 않는데, 아마 그 이유는 그것이 교회의 시작과 함께 성취되었기 때문일 것이다(행 2장). 메시아가 마지막 속죄제물이기 때문에(요일 2:2) 에스겔서의 성전에는 언약궤가 전혀 없고, 또 메시아가 위대한 대제사장이기 때문에(히 4:14) 대제사장도 전혀 언급되지 않는다.

40:44-47. 새 성전 안에는 제사를 준비하는 방이 있을 뿐만 아니라, **노래하는 자**와 **성전을 지키고 제단을 지키는 제사장**을 위한 방도 있을 것이다(그림 '새 성전'을 보라). 이 제사장은 솔로몬 시대의 제사장 혈통을 잇는(왕상 1:26-27) **사독의 자손**일 것이다(참고. 43:19; 44:15; 48:11). 에스겔에서는 그를 사독의 자손이라고 명시함으로써 이 예언을 고대의 제사장 가문 혈통과 연결시킨다.

d. 성전 건물(40:48-41:26)

40:48-41:4. 에스겔은 성전을 상세히 묘사하기 위해 안뜰에서 나와 "성전 문 현관"에 이르렀다(그림 '천년왕국 성전'을 보라). 성전 문 현관의 치수는 솔로몬 성전과 비슷하지만 약간 크다(참고. 왕상 6:3). '층계'는 현관과 벽으로 이어져 '내전'(nave) 혹은 큰 성전 강당과 연결되었다. 각 '통로'는 이전에 있던 것보다 좁다. 이는 사람들이 거룩한 현존에 접근하지 않도록 하나님이 막으신 것을 반영한다. 에스겔은 '지성소'가 아니라 바깥 성소에 들어갔다. 그 대신 천사가 측량하기 위해 '성전'에 들어갔다. 제사장 에스겔(1:3)은 바깥 성소 출입은 허용되었지만 지성소 출입은 금지되었다(참고. 레 16장; 히 9:6-7).

41:5-11. 성전 주위에는 **골방이 삼 층** 높이로 지어져 각 **층마다 골방 위에 골방이 서른 개씩** 있었다. 이 방들은 **층이 높아질수록 넓어**졌다. 이 90개의 방은 아마 성전용품 창고이면서 사람들의 십일조와 헌물을 넣어두는 보관용 방이었을 것이다(참고. 말 3:8-10). 이 방들은 솔로몬 성전의 방과 비슷했다(참고. 왕상 6:5-10).

41:12-15. 에스겔은 성전 **건물**의 전체 크기를 기록했다. 그 **길이는 백 규빗**이었고, 성전 앞면과 부속 마당의 너비는 백 규빗(52.5미터)이었다(13-14절). 한 규빗은 팔꿈치부터 손가락 끝까지 팔뚝의 길이에 해당했

새 성전

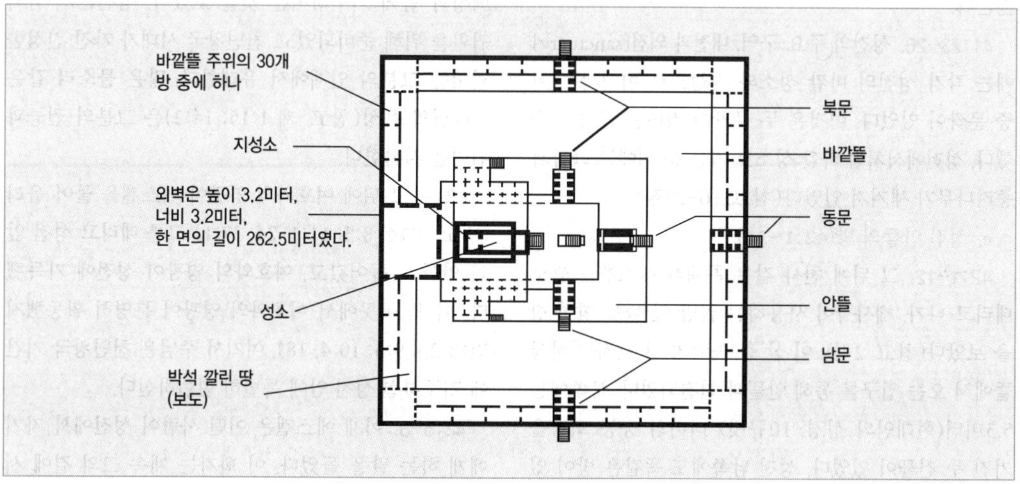

다. 그래서 사람마다 또 고대 문명에 따라 44.5에서 53센티미터까지 다양했다. 환산을 위해 보통 45센티미터를 사용하지만, 에스겔의 문맥에서는 '한 규빗에 손바닥 너비를 더한' 긴 규빗 혹은 53센티미터를 사용한다(40:5과 그곳의 주석을 보라).

뒤이어 성전 서쪽에는 성전 뜰을 마주한 **서쪽 뜰 뒤의 건물**이라고 설명된 한 구조물이 있다(12절). 그 건물의 너비는 36.8미터(**일흔** 규빗)이고 길이는 47.3미터(**아흔** 규빗, 이상 현대인의 성경)였다. 하지만 이 건물의 기능에 대한 설명은 없다.

41:16-20. 성전 건물 내부는 **닫힌 창**과 **널판자**로 둘려 있었다. 나무에 새겨진 **그룹**들과 **종려나무**가 거기에 장식되어 있었다. 각 **그룹**에는 **두 얼굴, 사람의 얼굴**과 **어린 사자의 얼굴**이 있었다(참고. 1:10; 10:14). 아마 **그룹**들은 하나님 처소의 수호자를 나타내고(참고. 1:4-28; 10장), **종려나무**(40:16; 41:25-26; 왕상 6:29)는 하나님이 주시는 풍요와 복을 나타내는 것 같다.

41:21-22. 유일하게 설명된 성전 안의 기물은 **여호와 앞의 상**이라고 불리는 **나무 제단**으로, 높이 1.6미터(3규빗) 길이 1.1미터(2규빗, 이상 현대인의 성경)이다. 성전 바깥에 희생제사에 적합한 커다란 제단이 있었고(참고. 43:13-17), 이 작은 제단은 지성소 바로 바깥에 있었다. 솔로몬 성전의 기구와 동일한 역할을 한다면, 이것은 임재의 떡을 놓는 곳이거나(출 25:30; 레 24:5-9) 아마 분향단일 것이다(참고. 출 25:23; 30:1-2). 하지만 에스겔은 이 **나무 제단**의 목적을 명시하지 않는다.

41:23-26. 성전의 주요 구역, **내전**과 **외전**[sanctuary]에는 **각기** 성전의 바깥 성소와 지성소로 이어지는 이중 **문짝**이 있었다. 이것은 **두 문짝**이 **접**히는 문과 비슷했다. 성전에서처럼 바깥 성소로 가는 문 위에는 **그룹**과 **종려나무**가 **새겨져** 있었다(참고. 16-20절).

e. 성전 안뜰의 방(42:1-14)

42:1-12. 그 뒤에 천사 같은 존재가 에스겔을 **뜰로 데리고** 나가, 제사장이 사용하는 골방 앞 뜰을 **향한 방**을 보았다(참고. 2절). 이 **삼 층** 높이의 방 단지는 바깥 뜰에서 오는 입구를 통해 안뜰과 연결되었다. **북쪽**에는 5.3미터(현대인의 성경, 10규빗) 너비의 공동 회랑을 가진 두 건물이 있었다. 성전 **남쪽**에도 똑같은 방이 있었다. 솔로몬의 성전에는 비슷한 방에 대한 설명이 없다(왕상 6장).

42:13-14. **북쪽과 남쪽에 있는 방들은 거룩한 방**이었다. 이 방들은 **여호와를 가까이하는 제사장들이 지성물을 먹을 수** 있는 방으로 사용되었다. 모세의 율법에 따르면, 제사장은 특정 제물의 일부를 받았다(레 2:3; 6:16, 26-30; 7:7-10). 이것은 천년왕국 제사장에게 해당되는 유사한 규정이다. 이 방들은 또한 제사장이 입는 **거룩한 의복**의 탈의실과 보관실 역할을 할 것이다. 모세율법은 주님 앞에서 봉사하는 제사장이 입어야 할 의복을 자세하게 명시했다(출 39:1-31; 40:12-16; 레 8:1-13). 이 방은 새 성전에서 비슷한 목적에 사용될 것이다.

f. 성전의 바깥담(42:15-20)

42:15-20. **안에 있는 성전**을 측량한 뒤에, 성전의 외부 크기를 **사방**에서 **측량**했다. 이 단지는 각 면이 500규빗, 즉 262.5미터(현대인의 성경)인 정사각형이었다. 이 성전 단지의 전체 면적은 7만 제곱미터 정도이며, 이는 축구장 10개의 면적에 해당한다. 이것은 솔로몬과 스룹바벨 성전의 면적보다 훨씬 컸다. 성전 주위 **사방**에 **거룩한 것과 속된 것을 구별하는 담**이 있을 것이다(참고. 40:5).

g. 주님의 영광이 다시 임하다(43:1-12)

43:1-4. 이전에 에스겔은 주님의 영광이 떠나는 것을 보았다(11:22-23). 이제 그는 **이스라엘 하나님의 영광**이 **동문을 통해** 돌아와, 다시 한 번 성전에서 자기 백성과 함께 거주하시는 것을 보았다. 성전은 주님의 귀환을 위해 준비되었고, 천년왕국 시대가 가진 진정한 의미는 그분의 임재에서 유래한다. **많은 물소리 같은 하나님의 음성**(참고. 계 1:15; 14:2)은 그분의 권능과 위엄을 시사한다.

43:5. 그 뒤에 **여호와의 영광**이 에스겔을 **들어** 올려(참고. 3:14; 8:3; 11:1, 24; 37:1) 그를 **데리고** 성전 앞의 **안뜰**로 들어갔고, **여호와의 영광이 성전**에 **가득**했다. 이 책 곳곳에서 여호와의 영광이 분명히 활동했지만(3:23; 9:3; 10:4, 18), 여기서 주님은 천년왕국 기간에 거주하실 성전 안에 특별히 현현하신다.

43:6-8. 이제 에스겔은 어떤 사람이 **성전에서** 자기에게 **하는 말**을 들었다. 이 화자는 계속 그의 **곁에 서**

있던 에스겔의 안내 천사와는 구별되었다. 성전에서 **말하는 분**은 주님 자신이셨다. 그분은 인칭대명사로 지칭된다. **이는 내 보좌의 처소**(참고. 사 6:1; 렘 3:17), **내 발을 두는 처소**(참고. 대상 28:2; 시 99:5; 132:7; 사 60:13), **내가 이스라엘 족속 가운데에 영원히 있을 곳이라**(43:7, 9; 시 132:13-14). 이런 신인동형 이미지를 사용하여 주님은 이 성전이 새 하늘과 새 땅에 세워질 때까지(참고. 계 21:22) 자기 백성 가운데 거하시는 주님의 지상 거처가 될 것이라고 선포하셨다. 이스라엘은 **다시는** 우상숭배와 영적 간음, 성전에서의 종교적 매음 등의 **음행**으로 하나님의 **거룩한 이름**(참고. 20:39; 39:7)을 더럽히지 않을 것이다.

43:9. 이스라엘은 다시는 **그 왕들의 시체** 무덤으로 성전 구역을 더럽히지 않을 것이다. 유다 왕 14명의 왕실 무덤 일부가 담 하나만 사이에 두고 성전에서 분리되었다(왕하 23:30). 에스겔 시대에 주님의 영광이 성전에서 떠나긴 했지만(참고. 10:18), 하나님은 미래에 **내가 그들 가운데에 영원히 살리라**라고 약속하셨다.

43:10-12. 천사 같은 존재(참고. 40:3)는 에스겔에게, **이스라엘이 자기의 죄악을 부끄러워**하도록 **이 성전을 이스라엘 족속에게 보**이라고 말했다. 하나님의 미래 계획에 대한 명확한 환상은 그들에게 바벨론의 성전 파괴를 초래했던 죄를 상기시킬 것이다. 그때에 그들은 하나님께 돌아가겠다는 동기에서, 그분이 말씀하신 정확한 크기와 설계도, **모든 법도**에 따라 성실하게 성전을 재건할 것이다.

산꼭대기 지점의 주위는 지극히 거룩할 것이다. 전체 성전 구역이 신성했다(참고. 41:4; 45:3; 48:12). **성전의 법**은 40-42장에서 제시된 상세 디자인을 모두 포함했다.

h. 번제단(43:13-27)

새 성전이 세워지고 주님의 영광이 그곳에 돌아올 때, 매일 제사를 드리기 시작할 것이다. 성전 건물에 구체적인 치수가 있었던 것처럼, 에스겔은 제단의 구체적인 설명(13-17절)과 그것을 성별하는 규정(18-27절)을 받는다.

43:13-17. **제단**은 성전 전면에 있을 것이고(40:47), 긴 규빗을 사용한(참고. 40:4) **제단의 크기**는 표준 규빗으로 약 45센티미터였던 솔로몬 성전의 제단(대하 3:3; 4:1)보다 크다(53센티미터). 제단은 6.3미터(현대인의 성경, **열두** 규빗) 정사각형이어야 하고, 이스라엘 제단의 전형적 특징인 네 개의 **뿔**이 있다(참고. 출 29:12; 시 118:27). **동쪽을 향한 층계**를 올라서 제단에 닿을 것이다. 이런 층계는 레위기 성전에서는 금지되었지만(출 20:26), 제단의 높이 때문에 천년왕국 제단에서는 층계가 필요하다. 이것은 동물 제사를 드리는 제단이다(천년왕국 동물 제사에 대해서는 겔 40:38-43에 대한 주석을 참고하라).

43:18-26. 이 제단은 **칠 일**간의 의식으로 성별될 것이고, **사독** 가문의 **레위 제사장**이 이 의식을 수행해야 한다(40:46과 44:15-19에 대한 주석을 참고하라). 이 성별 예식은 성막과 성소를 성별하기 위해 모세(출 40:10, 29)와 솔로몬(대하 7:8-9)이 드린 예식과 여러 면에서 비슷할 것이다. 7일 동안 **흠 없는** 수송아지와 숫염소, 숫양을 **번제**물(출 29:18)과 **속죄제물**(레 4장)로 드려 **제단을 속죄**하고 **정결하게** 하고, 이로써 성별할(**드릴**) 것이다. **제사장**은 하나님의 언약을 나타내는 표징으로 **그 위에 소금**을 쳐야 한다(레 2:13).

43:27. **제팔 일과 그다음**부터 제사장은 제단 위에서 백성의 **번제와 감사제**를 드릴 것이다. 이 과정은 하나님과 그분 백성의 친교가 온전히 재개되었음을 보여줄 것이고, 그때에 하나님은 그들을 받으실 것이다. 이 제사는 아버지께 다가가게 하기 위해 메시아 예수님이 베푸신 속죄를 이스라엘 백성에게 상기시킬 것이다(히 10:19-25).

예수님의 속죄 죽음을 감안할 때 이런 천년왕국 제사의 효력과 관련하여 많은 질문이 제기된다. 이 책에서 지지하는 견해를 비판하는 사람들은, 이런 식의 제사 회귀는 불필요하고 모독적이며 그리스도의 사역을 손상시킬 것이라고 주장한다(40-48장을 시작하는 설명을 보라). 그러나 40-48장의 다양한 제사, 즉 번제(45:15, 17, 20), 소제(42:13; 44:29), 화목제(43:27), 속죄제(40:39; 42:13) 그리고 속건제(40:39; 44:29) 중에 오직 번제만이 백성의 죄를 속한다고 언급된다(45:15, 20을 보라). 제단도 '속죄를 받을' 수 있지만(20, 26절), 여기서 동사 '속죄하다'의 의미는 '닦다' 혹은 '씻다'라는 일반적인 함의를 전달하고, 제단을 정화하여 하나님 앞에서 쓰이기에 알맞게 만드는 것을 가리킨다. 모세율법의 동물 제사와 구약의 구원 사이의 관계에 대해서는 히브리서 10:1-18의 주석을 보라.

천년왕국에 성전이 있다고 주장하는 일부 사람들은 오늘의 주님의 만찬 기념과 마찬가지로(고전 11:23-26에 대한 주석을 보라), 그곳에서 이루어지는 제사가 일차적으로 예수님의 완전한 사역을 기념하는 것이라고 주장한다(천년왕국 제사의 효력에 대해 더 많은 내용은 겔 43:13-17에 대한 주석을 보라). 초기 그리스도인들은 분명 주님의 죽음과 부활 이후 오랜 기간 성전에 가서 예배와 제사를 드리는 데 아무런 문제가 없었다(눅 24:53; 행 3:1; 21:26). 우리는 그들이 예수님의 사역을 손상하거나 약화시켰다고 비난할 수 없다. 이 견해는 옳다고 여겨질 가능성이 있지만, 에스겔은 어디서도 45:15의 속죄제가 기념적인 제사라고 명확히 밝히지 않는다. 오히려 이 제사는 어느 정도 속죄하는 의미를 갖는다고 보인다(45:15을 보라).

정경의 맥락에서 에스겔서의 취지를 파악하는 데 도움을 주는 몇 가지 관찰이 있다. 에스겔서의 설명과 모세 언약 사이의 명백한 차이점은 이것이 단지 모세 언약으로의 회귀가 아님을 시사한다. 이런 차이점에는 다음과 같은 것이 포함된다. 제사장은 일부 염색된 옷과 금실이 사용된 가는베 옷을 포함하여 화려한 의복을 입어야 했지만(출 28장), 에스겔서의 성전 제사장은 소박한 베옷을 입어야 했다(44:17-19). 모세 언약에서 성막(그리고 나중의 성전)에는 언약궤와 등잔대, 붓는 기름, 임재의 떡 상이 있었지만(출 25장을 보라), 이 모든 것이 미래의 성전에서 사라진다. 민수기 28:11에 의하면, 초하루 제사에는 수송아지 두 마리, 숫양 한 마리, 어린 숫양 일곱 마리가 포함되었지만, 에스겔서에는 수송아지 한 마리와 어린 양 여섯 마리, 숫양 한 마리가 포함되었다(46:6-7). 에스겔이 단지 모세율법의 부활을 기록한 것이 아니라는 점은 명백하다.

아마 우리는 45장의 제사에 대한 최선의 설명을, 율법에 있는 속죄를 위한 동물 제사와의 유사점에서 찾아야 할 것이다. 우리가 고려해야 할 몇 가지 항목이 있다.

먼저, 율법이 규정한 제사와 모든 행동은 합당한 태도가 수반되지 않으면 하나님이 보시기에 혐오스럽다는 점이다. 진실하지 않은 제사는 사람을 구원하지 못한다. 율법의 제의적 측면으로는 누구도 구원하지 못하기 때문이다(롬 3:20을 보라). 하지만 아브라함처럼(창 15:6) 누구든 이스라엘의 하나님을 신뢰할 때, 그 믿음의 사람은 의롭다고 여겨진다. 희생제사는 믿음으로 하나님과 올바른 관계를 맺은 사람의 삶에서 흘러나오는 것이다. 희생제사가 구원의 수단은 아니다. 하나님은 믿음의 제사자가 규정된 제물을 가져왔을 때, 그의 죄를 깨끗하게 하겠다고 말씀하셨다. 하지만 마음에 신뢰와 회개의 태도가 없다면(레 16:29, 31의 '괴롭게 하는 마음' 혹은 '겸손한 마음'을 보라), 제사는 아무런 의미가 없을뿐더러 최악의 경우 하나님께 혐오스러운 것이 되고 만다(시 40:6-10; 51:10-18; 사 1:11-15; 미 6:6-8). 따라서 사람이 희생제물을 바친다고 해도 하나님의 호의를 얻지 못할 수 있다.

둘째, 구원받은 구약의 신자는 신약의 신자처럼 주기적으로 죄를 정결하게 해야 했고, 하나님은 구약에서 신자가 동물 제사를 드림으로써 이 정결이 이루어지도록 결정하셨다. 믿는 사람은 이런 제사를 드림으로써 하나님께 용서를 받았다(레 1:4; 4:26-31; 16:20-22; 17:11). (제사에 대한 분명한 언급이 없는 일반적인 용서 개념에 대해서는 다음을 보라. 시 25편, 32편, 51편, 103편, 130편; 사 1:18; 겔 18:22).

셋째, 히브리서 10장은 제사가 결코 "온전하게 할 수 없"고(히 10:1), 죄의식을 깨끗하게 할 수 없고(10:2), 또 결코 "죄를 없이하지 못"한다고 말한다(히 10:4, 11). 오직 메시아의 희생적 죽음만이 이 일을 할 수 있다(히 10:10-12). 하지만 레위기 1:4; 4:26-31; 16:20-22을 비롯한 다른 본문은 제사에 '속죄하는' 결과를 부여한다. 어떻게 이것이 가능한가? 그 대답은 속죄가 두 가지 차원, 곧 인간의 주관적인 차원과 하나님의 객관적인 차원에서 작용했다는 사실을 깨닫는 데서 온다. 제물을 바치거나 속죄일을 지켰던 구약의 신자에게는 자신이 용서받았다고 주관적으로 느낄 모든 이유가 있었다. 그의 죄는 '덮여진'(covered) 것이지, 완전히 '사해진'(expiated) 것은 아니었다. 하나님 편에서는, 예수님이 죽으실 때까지 객관적으로 온전하게 용서된 것은 아니었다.

넷째, 구약 신자에게 있어서 믿음의 결과는 믿는 제사자가 용서받는다고 말씀하신 하나님을 의지하여 바치는 제사를 포함했다. 존 파인버그는 이렇게 기록한다.

"대속적인 속죄 제사를 시행하는 것은 한 사람을 구원으로 이끌기보다는 한 신자의 죄가 정결해지는 것과 더 깊은 관련이 있는 것 같다. 욥이 정결을 위해 제사를 드렸을 때(욥 42:7-9), 그는 분명 제사를 드리던 그때에 이미 구원을 받았다.…구약과 신약성경의 성화를 비교해보면, 신약의 신자가 죄를 범할 때 주님과의 교제를 회복하기 위해(주목하라, 구원이 아닌 교제의 회복이다), 그는 죄로부터 정결함을 받아야 한다. 계속 성장하기 위해 그는 믿음 가운데 자신의 죄를 고백하면서, 그리스도의 제사를 근거로 하나님이 자기를 죄로부터 깨끗하게 하신다고 믿어야 한다(요일 1:9). 구약의 신자 역시 자기 죄를 고백했고, 다만 거기에다 죄가 그런 방법으로 해결될 것을 계시하신 하나님을 믿으며, 믿음 가운데 제물을 가져왔다. 그리스도의 희생 이전에는 신자의 회개에 공적인 제사가 수반되어야 했다. 이것을 전부 만족시킨 그리스도의 제사가 드려졌기 때문에 이제 회개하는 신자가 정결을 얻기 위해 또 다른 제사를 드릴 필요가 없다"[John S. Feinberg, "Salvation in the Old Testament," in *Tradition and Testament: Essays in Honor of Charles Lee Feinberg*, ed. John S. Feinberg and Paul D. Feinberg (Chicago: Moody, 1981), 69-70].

구약에서 제사를 드리는 행동은 신자를 구원하기보다는 자신의 죄를 속하기 위해 다른 것(혹은 다른 사람)이 있어야 한다는 깊은 필요를 사람들에게 각인시키는 역할을 했다.

다섯째, 구약과 신약 동물 제사의 또 다른 두드러진 특징은 제사가 가져오는 제의적, 물리적 정화였다(히 9:13, "그 육체", 즉 사람의 타락한 본성이 아니라 그의 몸을 "정결하게 하여"). 구체적으로 말해서, 어떤 사람이 시신과 접촉했을 때 우슬초 재가 섞인 물로 씻음으로써 물리적 몸을 의식상 정결하게 했다(민 19:13, 20). 그렇지 않았다면 물리적인 오염이 남아, 그는 동료 유대인의 교제권에서 제외되어 예배에 참여할 수 없었을 것이고, 그 부패 효과는 지속되었을 것이다. 하지만 이것은 단지 의식상의 정결이었을 뿐 구원하는 정결은 아니었다(롬 3:20을 보라. 율법의 공적으로는 누구도 구원받지 못한다).

마지막으로, 이것을 에스겔 45:15에 적용하려고 시도하면서, '속죄'라는 단어에 다른 구약 용례(레 1:4; 4:26-31; 16:20-22; 17:11), 또 히브리서 9:13과 10:4, 11에 암시된 것과 다른 의미를 부과하기는 어려울 것이다. 다시 말해, 천년왕국 동안 살아 있는 유대인 신자에게 구원은 그리스도의 완결된 사역에 대한 믿음을 통해서 얻어진다. 그때에 믿음으로 드려진 제사는 죄 용서, 곧 궁극적으로 그리스도의 죽음을 지불하고 얻은 용서에 대한 주관적 경험을 갖게 해줄 것이다. 또 그 제사는 구약의 제사가 아브라함의 믿음을 소유한 이들에게 했던 것처럼 정결하게 하고, 이를 통해 구원이 아니라 하나님과의 교제가 회복될 것이다.

2. 새로운 예배 의식(44:1-46:24)

새 성전과 제단에 대한 묘사 뒤에, 주님은 이스라엘이 미래에 드릴 예배의 거룩한 기준을 서술하셨고, 유배 중인 백성에게 현재의 예배 관행을 재평가하라고 도전하셨다(44장). 하나님은 천년왕국의 땅 분배를 서술하셨고(45:1-12), 천년왕국의 제사에 대해 상세히 설명하셨다(45:13-46:24).

a. 성전 사역자(44:1-31)

44:1-2. 에스겔은 안뜰에서 나와 **동쪽을 향한 문**으로 이끌려갔고, **그 문은 닫혀** 있었다. 이 **성소**의 바깥문은 기드론 골짜기와 감람산 쪽으로 열렸다. 에스겔은 방금 전 주님이 이쪽 방향에서 성전으로 돌아와 이 문으로 들어오시는 것을 보았다(43:1-4). 하나님의 임재는 그 문을 거룩하게 만들었다. **이 문은 닫고 다시 열지 못할지니 아무도 그리로 들어오지 못할 것은 이스라엘 하나님 나 여호와가 그리로 들어왔음이라 그러므로 닫아 둘지니라**. 하나님이 들어오신 문을 밟고 오는 것이 허용될 사람은 아무도 없을 것이다.

이 본문으로 인해 모종의 신비와 미신이 생겨났다. 현재 예루살렘 성벽의 '황금문'(Golden Gate)이 이 문과 동일시된다. 하지만 이 봉쇄된 동쪽 문은 훨씬 후대의 문이기 때문에 에스겔의 문이 아니다. 현재의 성벽은 주후 7세기 옛 기초 위에 세워진 뒤에 술탄 술레이만(재위 1520-1566년)에 의해 수리되었다. 이 에스겔 본문에 근거하여, 메시아가 동쪽 문을 통과해 예루살렘에 들어올 것이라는 유대교 전승이 생겨났고, 그래서

술레이만은 메시아를 예루살렘 밖에 두기 위해 이 문을 봉쇄하고 그 앞에 무슬림 묘지를 세웠다. 더군다나 현재 황금문의 크기는 에스겔의 문에 상응하지 않는다. 옛 예루살렘 성벽에 있던 이 문은 아름다운 문이었고, 메시아가 돌아오실 것을 효과적으로 나타내는 상징이었다. 이것은 에스겔이 언급했던 문이 아니다.

44:3. 오직 **왕**만 이 문에 **앉**을 것이고, **이 문 현관으로 들어와서** 같은 **길로 나가**도록 허용될 것이다. 문은 닫혀 있겠지만, 성문 구역은 **왕**[히브리어 '나시'(*nasi*)는 '지도자'로 번역하는 게 가장 좋을 것이다. 참고. 34:23-24]이 사용할 것이다. 이 지도자는 문, 곧 재판을 진행하고 사건을 해결하는 곳에 **앉**을 것이다(참고. 수 20:4; 룻 4:1). 어떤 사람은 이 **왕**이 메시아라고 주장한다. 하지만 이는 증거에 반하는 주장이다. 이 왕/지도자는 자신을 위해 속죄제를 드렸기 때문에, 그는 메시아가 아니다(참고. 45:22). 이는 죄 없는 메시아에게 불필요한 행동이었을 것이다(참고. 히 4:15). 더군다나 이 왕/지도자는 친자녀가 있는데(46:16), 이를 하나님이자 사람이신 메시아 예수님께 적용하는 것은 불가능하다. 그는 자기에게 분배된 땅의 특별한 지분을 가질 것인 데 반해(참고. 45:7-8; 46:18; 48:21-22), 메시아 왕께는 모든 땅이 속한다. 어떤 사람은 이 왕이 부활한 다윗이라고 주장했지만, 본문에는 이런 생각을 지지하는 증거가 거의 없다. 더 가능성이 높은 것은 이 왕이 특별한 의미에서 메시아의 대리인이 되어 **여호와 앞에서 음식을 먹**을 특권을 갖는 것인데, 이는 아마 예배자가 주님께 제물을 드린 뒤에 먹는 화목제물을 가리킬 것이다.

44:4-5. 에스겔은 이 환상에서 자신이 가장 자주 사용했고 성전의 책임을 맡은 제사장이 사용하도록 정해진 문(40:44-45)인 **북문을 통하여 성전 앞에** 돌아왔다.

여기서 에스겔은 **여호와의 성전에 가득한 여호와의 영광**을 보았고(1:28에 대한 주석을 참고하라), 그의 반응은 주님을 본 모든 사람의 반응과 같았다. 즉, 에스겔은 경배와 경외심 가운데 자기 **얼굴을 땅에 대고 엎드렸다**. **여호와께서** 에스겔에게 **이르셨다**. **모든 규례**와 **율례**, **입구**, **성소의 출구를 전심으로 주목하라**(문자적으로 '~에 네 마음을 두라', 2회 반복).

44:6. 과거에 이스라엘은 주님을 향한 예배와 예식을 진지하게 받아들이지 않았다. 주님은 **이스라엘 족속의 반역하는 자**를 교정하기 위해 구체적인 지시를 주셨다(참고. 2:5-6, 8; 3:9, 26-27; 12:3, 9, 25; 17:12; 24:3). **주 여호와**[2:3-4의 의미에 대한 주석을 참고하라]가 **너희의 모든 가증한 일이 족하**다고 선언하심으로써 성전과 관련된 죄를 강조하셨고, 자기 백성의 거룩함과 성소에 대한 존중을 요구하셨다.

44:7-9. 성전과 관련된 이스라엘의 죄 가운데 하나는 이교도, **마음과 몸에 할례 받지 아니한 이방인**을 **성소**에 허용한 것이었다. 이 말은 비유대인이 이스라엘 백성과 함께 이스라엘의 하나님을 진심으로 예배할 수 없었다는 뜻이 아니다(민 9:14; 15:14-16; 사 56:7). 이스라엘의 **가증한 일**은 이스라엘의 하나님을 예배하지 않는 이교도를 성전으로 데려와 그들에게 **성소의 직분**을 맡긴 것이었다. 유대 백성이 바벨론 유배에서 돌아왔을 때 지도자들은 이교도가 성전 예배에 참여하지 못하도록 경계했다(참고. 스 4:1-3; 느 13:1-9; 행 21:27-32).

44:10. **레위 사람**은 야곱의 열두 아들 중에 하나인 레위의 후손이었다(창 29:34). 모세와 아론이 레위인이었다(참고. 출 2:1-4:14). 출애굽 이후 레위인은 성소 관리와 예배를 책임졌다(민 3:1-28; 대상 23:24-32). 아론과 그의 아들에게 제사장의 직무가 주어졌다(출 28:1). 모든 제사장은 레위인이지만, 모든 레위인이 제사장은 아니었다. 왕정 시대에, 특히 예루살렘 함락 이전 몇십 년간 **레위 사람**은 주님을 **떠났**고, 이스라엘과 함께 **그릇 행하여** 우상을 숭배했으며(예를 들어 왕상 18장; 렘 2:8; 5:3; 겔 22:26), 이스라엘을 하나님에게서 멀어지도록 인도했다. 그들은 자신의 **죄악을 담당**해야 했다.

44:11-14. 레위인은 이스라엘 **성전**의 영적 지도자가 되어야 했지만, 그들은 **죄악에 걸려 넘어지게 하는** 돌이 되었다. 그래서 미래에는 그들 모두 **제사장의 직분을 행하지 못하며** 하나님의 **성물**에 **가까이 오지 못**할 것이다. **그러나** 그 나라에서 그들은 문지기로 봉사하도록, 곧 **성전을 지키**면서 제물을 도살하고 예배자를 돕는 등의 **모든 수종 드는 일**을 하도록 허용될 것이다.

44:15-16. 많은 레위인이 **그릇 행**했을 때, **사독의 자손 레위 사람 제사장**들은 주님께 신실함을 지켰다.

사독은 솔로몬의 통치 기간에 임명된 대제사장이었고(참고. 왕상 1:32-35; 2:26-27, 35), 그의 **자손**은 레위계 제사장의 한 분파가 되었다. 그래서 그 나라에서 그들은 제사를 **드릴** 것이고, 그들만이 **성소에 들어**와 거기서 **수종** 들 것이다.

44:17-19. 사독 제사장에 관한 몇 가지 규정과 역할은 제사장에 관한 모세의 율법과 비슷했다. 제사장의 의복은 양털로 만들어진 일반적인 천이 아니라 제사장의 주요 옷감(출 28:39-41)인 **베**로 만들어질 것이다. 제사장은 **땀이 나게 하는 것**을 입을 수 없었으므로 그들의 옷은 양털보다 가벼운 베로 만든다. 제사장은 **바깥뜰 백성에게로 나**가기 전에, **수종** 들며 입었던 **옷**을 갈아입어야 한다. **거룩**함의 전염에 관한 레위기의 관념에 의하면, 성물과 접촉한 사람은 일시적으로 구별되어 제한 규정을 적용받았고 일상사의 의무에서 면제되었다(참고. 출 29:37; 30:29; 레 6:11, 27). 그렇지만 학개는 그런 성물이 직접 닿은 것만 성별한다는 사실을 입증했다(학 2:12). 따라서 거룩함은 다른 사람에게 전이될 수 있었다(물론 오염도 퍼질 수 있었다). 사독 가문의 옷 갈아입기는 백성에게 거룩한 것과 일상적인 것(일반적인 것 혹은 속된 것) 사이의 구별을 입증했고, 제사장적 의무에서 일반 백성을 지킬 것이다.

44:20-23. 제사장의 모든 생활상이 규정된다. 그들은 **머리털을 밀거나 머리털을 길게 자라게** 해서도 안 된다. 머리를 완전히 밀거나 머리카락이 헝클어지게 두는 것은 애도의 표식이었다(참고. 레 10:6; 21:5, 10). 그들은 **안뜰에 들어갈 때**, 다시 말해 봉사할 때 **포도주를 마시**면 안 된다. 그들이 술에 취해서 임무를 부적절하게 수행하지 않도록 하기 위함이다(참고. 레 10:8-9). 또한 그들이 결혼할 수 있는 대상에도 제한이 있다(참고. 레 21:7, 13-15). 이런 제한과 행동은 **백성에게 거룩한 것과 속된 것의 구별을 가르치며 부정한 것과 정한 것을 분별하게** 하기 위한 하나님의 지침이다.

44:24. 제사장은 **송사**를 해결하고 하나님의 **규례대로 재판**해야 한다(참고. 대하 19:8-11). 그들은 하나님의 **법도**와 **율례**, 또 그분의 모든 **정한 절기**를 지키는 본보기가 되고, **안식일을 거룩하게** 해야 한다. 그 나라에서 주님을 따르는 모든 사람은 이 정한 절기를 지킬 것이다(레 23:2, 4, 44).

44:25-27. 제사장은 가까운 친족이 아니면 **시체**를 가까이하지 않음으로써 제의적 오염을 피해야 하지만(참고. 레 21:1-4), 오염되었을 경우 **칠 일**을 기다린 다음 성전 봉사를 다시 시작하기 전에 스스로 **속죄제**를 드려야 한다. 천년왕국 때에는 죽음이 드물 테지만(참고. 사 65:20), 그런 일이 있을 경우를 대비해 이 규정이 만들어졌다.

44:28. 주님이 친히 제사장의 **기업**이시고(참고. 민 18:20; 신 10:9), 따라서 그들은 성전 주변의 분배지 이외에 이스라엘 안에 있는 땅을 받지 못할 것이다(참고. 45:4). 주님이 **그들의 산업**이시기 때문에, 그들에게는 **이스라엘 가운데에서** 다른 **산업**이 없을 것이다(수 13:14, 33; 18:7).

44:29-31. 하나님은 자기 앞에서 봉사하는 사람을 돌보실 것이다(참고. 신 18:1-5). **소제**의 곡식, **속죄제**와 **속건제**의 고기와 더불어, 성전 제사에서 사람이 바친 **처음 익은 열매**와 **첫 밀가루**가 그들의 음식이 될 것이다. 이것은 제사장이 자기 몫으로 받은 식량이고, 이 일은 백성들에게 **복**이 될 것이다. 그들이 복을 받는 이유는 여러 가지이다. 헌물할 때 그들은 주님께 순종하고, 제물을 바치며, 또 사역하는 사람에게 식량을 제공함으로써 사역자의 염려를 덜어주기 때문이다. 소명에 따라 주님을 섬기는 사람을 신자들이 부양할 때, 오늘날에도 이러한 복을 받을 수 있다.

b. 성전과 제사장을 위한 땅 분배(45:1-8)

45:1-4. 주님은 이스라엘의 땅 분배에 관해 구체적으로 지시하셨다. **여호와께** 예물로 드려진 땅, **거룩한 땅**의 한 **구역**이 있을 것이다. 이 신성한 구역은 길이가 **이만 오천** 규빗(13.1킬로미터)에 너비가 **이만**(새번역, 개역개정은 '만'으로 번역—옮긴이 주) 규빗(10.5킬로미터)이다(규빗과 관련하여 40:5을 참고하라). 이 구역 안에 40-43장에 묘사된 **성소**(성전) 단지가 있을 것이다.

이 직사각형 땅은 길이 약 13.1킬로미터와 너비 약 5.3킬로미터(이상 현대인의 성경)의, 크기가 같은 두 구역으로 나뉠 것이다. 첫 번째 구역은 제사장의 **집**과 **성소를 위한 거룩한 곳**으로 배정될 것이다.

45:5-6. 다른 구역은 성전에서 봉사하는 **레위 사람**에게 그들의 **거주지 마을**로 배정될 것이다. 성경의 여

호수아 시대와 달리(수 21:1-42), 제사장과 레위인은 이스라엘 전역에 흩어지지 않고 자신의 사역지 부근에 거주할 것이다.

거룩한 구역 옆에는 **너비 오천** 규빗(2.6킬로미터)에 **길이 이만 오천** 규빗(13.6킬로미터)의 예루살렘 **성읍**이 있을 것이다. 이 구역에는 도심지와 목초지, 농지가 포함될 것이다(참고. 48:15-18).

각 면이 약 13.6킬로미터인 정사각형 땅이 현재의 예루살렘 위치에 자리 잡을 것이다. 이 땅덩이가 예루살렘에서 동과 서로 확장될 것이다. 거룩한 성읍은 그곳에 살든, 살지 않든 **이스라엘 온 족속**, 모든 유대 백성을 위한 성읍이 될 것이다. 모든 이스라엘이 반드시 그곳에 살 필요는 없지만, 예루살렘은 누구나 인정하는 수도와 예배 중심지가 될 것이다.

45:7-8. **왕**(44:1-3에 대한 주석을 참고하라)은 **거룩한 구역과 성읍의 기지 옆의 땅**을 소유할 것이다. 이 좁고 긴 땅은 **동쪽**으로 요단강과 **서쪽**으로 지중해, 즉 오늘날의 이스라엘 지역으로 확장될 것이다. 따라서 왕은 미래의 성소에 쉽게 접근할 것이다.

c. 바벨론에 사는 유대인 지도자에게 주는 경고 (45:9-12)

45:9-12. 이 단락은 바벨론에서 살고 있는 포로를 향한 주님의 권고로 돌아간다. 주님은 바벨론에 유배되어 살고 있는 이 **이스라엘의 통치자들**(참고. 44:3)에게 회개하라고 꾸짖으신다. **이제는 그만 하여라**(새번역). **포악과 겁탈을 제거하여 버리라**(참고. 44:6). 그들은 보호해주어야 할 사람의 권리를 묵살하지 말아야 한다(참고. 19:1-9; 22:25; 34:1-10). 그들은 인간관계와 상거래에서 **정의와 공의를 행**해야 한다. 본문은 정확한 무게와 치수를 상세하게 설명한다. 무게를 재는 정확한 **저울**, 마른 음식을 재는 정확한 **에바**[부셸], 액체를 측정하는 **밧**[22리터], 큰 표준 **호멜**[약 220리터]부터 작은 **게라**[이스라엘의 가장 작은 무게 단위, 16개의 보리 낟알]에 이르기까지 하나님은 언제나 모든 면에서 정직을 요구하신다(레 19:35-37; 신 25:13-16; 잠 11:1; 16:11; 20:10; 미 6:10-12).

d. 성전의 제사(45:13-46:24)

바벨론의 유대 지도자들에게 정직한 무게와 치수를 사용하라는 권면에 뒤이어, 미래의 군주가 공정한 추를 사용하여 받고 하나님께 예물을 드리는 천년왕국으로 초점이 바뀐다(45:13-17). 제사에 대한 언급에는 미래의 제사 제도에 대한 간략한 설명이 포함되고(45:18-46:24), 그 뒤 땅 분배 주제로 돌아간다.

45:13-17. **번제**로 드려야 할 부분은 율법에서와 마찬가지로(참고. 레 5장), 각 사람의 경제적 상황에 비례한다. 그들은 각각 **밀과 보리 한 호멜**에서 **육분의 일 에바**를, 또 정해진 비율의 [감람] **기름**을 드려야 한다(참고. 9-12절). 그들은 또 양 **이백 마리에서는 어린 양 한 마리**를 바쳐야 한다. 곡식과 동물은 **백성을 속죄하기 위해 소제와 번제와 감사 제물로** 사용될 것이다. 이 십일조 혹은 세금은 **이스라엘의 군주**(44:1-3에 대한 주석을 보라)가 사용할 수 있도록 모든 백성에게 요구될 것이다. 백성의 대표자로서 이스라엘 군주는 백성의 헌물을 모아 **번제**와 **소제**, **전제**, **명절**, **초하루**, **안식일** 그리고 **이스라엘 족속의 모든 정한 명절**을 포함하여 성전 제사를 드리는 데 사용할 것이다(40:38-43에 대한 주석을 참고하라).

45:18-25. 이스라엘의 매해 절기를 나타내는 여러 달력이 있지만(출 23:14-17; 34:18-24; 레 23:1-44; 민 28:11-31; 29:1-39; 신 16:1-17), 에스겔의 절기 목록은 그중에 어떤 것과도 정확히 일치하지 않는다. 천년왕국의 절기에는 **첫째 달 초하룻날**에 **성소를 정결하게 하는** 제사(18-20절)와 더불어 **유월절**, **누룩 없는 떡의 명절**(21-24절), 또 **일곱째 달 열다섯째 날에 칠 일 동안** 지키는 초막절(25절)이 포함될 것이다. 어떤 사람이 무의식중에 죄를 범하면, 즉 **과실범과 모르고 범죄한** 자에게는 **그달 칠 일**에 제2의 정화 기회가 주어질 것이다(20절). 이 제사와 제의적 정화가 일곱째 달의 속죄일을 대신할 것이다(레 23:26-32). **왕은 자기와 모든 백성을 위하여 송아지 한 마리를 속죄제**로 드릴 것이다. 이는 그가 중요 인물이지만, 죄 없는 메시아는 아님을 시사한다(45:22-24).

에스겔이 이스라엘의 다른 민족 명절, 즉 오순절과 나팔절, 속죄일을 생략한 것은 수수께끼이다. 이런 차이점에 대해 두 가지 설명이 가능하다.

먼저, 절기의 생략은 아마도 이스라엘을 위한 하나님의 프로그램에 변화가 있음을 나타낼 것이다. 새 언약의 개시와 이스라엘 왕국의 약속 성취는 이 세 가지 명절(오순절과 나팔절, 속죄일)을 불필요하게 만들 것이다. 따라서 레위기 제도 아래서 여섯 가지 연례 명절(참고. 레 23:4-44) 중에 오직 세 가지만 이어질 것이다. 그중에 민족적 구원을 기리던 두 절기(신약 시기의 관습과 마찬가지로, 유월절과 무교절이 한 명절로 결합된다)는 메시아의 죽음을 가리킬 것이고, 초막절(장막절)은 자기 백성과 함께 거하시는 주님을 상징할 것이다(슥 14:16-19의 주석을 참고하라).

둘째, 아마도 가장 높은 가능성은, 에스겔의 목록이 '환유법', 곧 연속 순서의 처음과 마지막을 언급하여 그 사이에 있는 모든 것을 포함하는 문학적 장치라는 것이다. 이스라엘의 정해진 절기의 처음(유월절과 무교절)과 마지막(초막절)을 거명함으로써, 에스겔은 이스라엘의 모든 절기가 새로 시행될 것임을 암시할 수 있었다.

46:1-11. **여호와께서** 매일의 예배에 대해서도 구체적으로 지시하셨다. **동쪽을 향한 안뜰 문**은 일주일 중 **일하는 엿새 동안** 닫혀 있겠지만, **안식일**과 **초하루**에 **열릴** 것이다. **군주**가 백성들을 위해 가져온 제물이 드려질 이날에(참고. 44:3) 군주는 **문 벽 곁에 서**도록 허용될 것이다. 그는 또한 중요 절기에는 물론이고 **안식일**과 **초하루**가 되면 백성을 위해 제사를 바칠 것이다.

성전 예배자에게 **정한 절기** 때 주님 앞에 어떻게 모여야 하는지에 관한 내용이 이어진다. 서쪽에는 성전 입구가 없고, 동쪽 문은 영원히 닫혀 있을 것이다(참고. 44:1-2). 혼란을 피하기 위해, 정해진 성전 길을 따라 **북쪽** 문으로 예배하러 들어오는 예배자는 누구나 **남쪽** 문으로 나갈 것이고, **남쪽** 문으로 들어온 사람은 누구나 **북쪽** 문으로 나갈 것이다. 하나님은 질서의 하나님이시고, 그분은 질서가 예배를 지배하기를 바라신다.

46:12-15. **군주**(44:1-3에 대한 주석을 보라)가 여호와께 **자원하여 번제**를 드릴 때, **동쪽을 향한 문**이 **그를 위하여 열려**야 한다. 안뜰로 가는 동쪽 문의 폐쇄에 관한 지시(참고. 44:1-2)는 이 특별한 제사를 위해 유예될 것이다. 하지만 군주가 **나간 후에**는 **그 문을 닫아**야 한다. **아침** 제사가 언급되지만, 저녁 제사(참고. 출 29:38-41; 민 28:3-4)에 대한 언급은 없다. 에스겔은 제사 제도의 주요 장면만 제시하고, 독자들이 동일한 규정을 저녁 제사에 적용할 것이라고 짐작했다. 물론 생략에 대한 설명은 전혀 없지만 말이다.

46:16. **군주**는 **기업**을 자기 **아들** 누구에게나 **선물**로 줄 수 있고, 그것은 **이어받은 기업**이 될 것이다. 이는 **군주**가 메시아가 아니라는 또 하나의 확증이다. 그는 자녀를 낳은 사람이며, 신적인 메시아 예수님이 아니기 때문이다(44:1-3에 대한 주석을 참고하라).

46:17. 아마 **희년**은 레위기 달력의 희년(year of Jubilee)에 대한 언급일 것이다. 가족 외부로 팔렸거나 넘어간 이스라엘의 땅은 매 50년마다 원래의 주인에게 돌아가야 한다(레 25:8-15에 대한 주석을 참고하라). 종에게 준 선물은 그의 가족 세대에게 영원히 귀속되지 않겠지만, 그 땅은 **그 종에게 속하여 희년까지 이르고 그 후에는 군주에게로 돌아갈 것이다. 군주의 기업은 그 아들이 이어받을 것이다.** 땅은 하나님의 것이고, 하나님은 그것을 자신의 청지기 이스라엘에게 지파별로 배분해주실 것이다. 이 규정은 어떤 개인도 땅에 대한 영원한 지배권을 가질 수 없고, 땅이 합법적 주인의 손에서 벗어나지 않을 것임을 확증한다.

46:18. 군주는 자신이 할당받은 기업 밖에 있는 어떤 땅도 백성의 기업에서 **빼앗**지 못할 것이다. 에스겔 시대의 악한 군주와 대조적으로(45:8-9), 경건한 군주는 백성을 억압하거나 그들의 재산을 빼앗지 않는다. 따라서 **백성이 그 산업을 떠나 흩어지지 않**을 것이다.

46:19-24. 다음으로 천사 안내자는 에스겔을 **제사장이 속건제와 속죄제를 삶으며 소제 제물을 구울 거룩한 방**으로 데려갔다. 음식은 성전 안에서 준비되고, **백성을 거룩하게** 하지 않도록 밖으로 가져가지 않아야 한다(학 2:12에 대한 주석을 참고하라). 이것은 성전 단지의 부엌, 곧 제사장이 제사 음식을 준비할 **서쪽** 맨 **뒤**의 **북쪽을 향한** 구역이다. 백성들은 주님께 화목제를 드린 뒤, 화목제 제물의 일부를 먹도록 허용될 것이다(참고. 레 7:15-18). 분명 제사장은 이 뜰 **네 구석**에서 제사에 사용될 음식을 요리할 것이다. 따라서 성전 안의 활동에는 희생제사와 더불어 화목제 식사가 포함될 것이다.

3. 새 땅(47:1-48:35)

a. 성전에서 흐르는 강(47:1-12)

새 성전이 생명을 주는 '물'의 근원이 될 때, 천년왕국 시대 이스라엘의 지형에 변화가 있을 것이다. 많은 사람은 이 본문이 하나님의 임재에서 흘러나오는 축복을 상징적으로만 언급한다고 생각하지만, 본문에서는 문자적인 강 외에 다른 것을 전혀 암시하지 않는다. '어부'(10절), 소금기 있는 '진펄'과 '개펄'(11절) 같은 세부 묘사가 포함된 것은 이것이 알레고리가 아니라 실재임을 시사한다. 만약 이 본문이 단지 영적인 축복의 상징에 불과하다면, 이런 세부 묘사는 의미를 잃어버린다. 선지자의 예고처럼(참고. 1-2절; 욜 3:18; 슥 14:8), 천년왕국에서 이 강은 하나님의 임재와 복을 나타내는 또 다른 가시적 암시가 될 것이다.

47:1-2. 에스겔은 **성전** 문 입구에 이르렀다. 거기서 그는 **문지방 밑에서 물이 나와 동쪽으로 흐르**는 것을 보았다. 하나님의 임재에서 흘러나오는 이 시내는 동쪽으로 흘러서 **제단 남쪽**을 지났다. 에스겔은 **북문**을 통해 성전 단지를 떠났고, 물이 성전 **오른쪽으로 스며 나**와 기드론 시내로 흐르는 것을 보았다. 스가랴에 따르면, 예루살렘에서 흐르는 물은 두 지류로 나뉘어, 반은 동쪽 사해로 흐르고, 반은 서쪽 지중해로 흐른다(슥 14:8). 에스겔은 동쪽으로 흐르는 지류만 따라갔다.

47:3-6. 천사 같은 **사람이 동쪽으로 나아가며 물을 측량했다**. 그는 에스겔이 **물을 건너게** 해서 점점 깊어지는 물을 측량했다. **천 척** 이후에 물은 **발목** 깊이였다. 다시 **천 척**을 지나자 강은 **무릎** 깊이였다. 천사는 다시 **천 척**을 측량했고(성전에서 약 1.6킬로미터 거리), 물은 에스겔의 **허리**에 닿았다. 동쪽으로 네 번째 **천 척**을 더 측량하자 물이 많아져 **헤엄칠** 만큼 깊고 건널 수 없을 만큼 너무 넓어서 **능히 건너지 못**했다. 성전에서 흘러나온 실개천은 이제 힘차게 흐르는 강이 되었다.

47:7-8. 이 강의 강둑에는 양쪽에 **나무가 심히 많**았다. 이 강은 성전에서 시작되어 **동쪽** 지역으로 흘러 **아라바**로 가서 **바다**[사해]에 이르렀다. 아라바는 남쪽으로 갈릴리 바다부터 사해까지, 마지막에 사해 북쪽 끝의 아카바 만까지 이어지는 요단 골짜기이다. 사해는 지상에서 가장 낮고 염분이 가장 많은 물줄기로, 염분이 바다보다 여섯 배나 많아서 생명이 유지될 수 없지만, 이 강도 천년왕국에서 변화될 것이다. 이 강이 사해로 흘러들어가서, 하나님의 기적으로 **물이 되살아**날 것이다. 지금은 생명 없는 물줄기가 그때에 생명을 공급할 것이다.

47:9-10. 나무와 물고기가 번성하여 **강물이 이르는 곳마다 모든 생물이 살** 것이다. 지금의 사해는 소금과 광물 성분이 너무 많아 물고기가 살 수 없지만, 미래에는 사해 근처의 오아시스 지역인(수 15:62; 삼상 23:29; 아 1:14) **엔게디에서부터 에네글라임까지** 해변에 **어부가** 서서 고기잡이용 **그물**을 칠 것이다. 그들은 **큰 바다**[지중해]**의 고기같이** 많은 **종류**의 물고기를 잡을 것이다.

47:11-12. 사해가 되살아나긴 하겠지만, 그 주위의 진펄과 개펄은 **되살아나**지 못할 것이다. 진펄과 개펄은 **소금 땅**으로 남아서, 이스라엘 안의 사람과 동물에게 필수 광물을 공급할 것이다.

이 신선한 강둑에 **각종 과실**이 있을 것이다. 그 **잎이 시들지 않고 열매가 끊이지** 않을 것이다. 이 나무들은 일 년 내내 열매를 맺을 것이다. 이 나무들은 **성소를 통하여** 물을 공급받아 **먹을 만한 열매**를 맺을 것이고, 그 **잎사귀**는 치료 효과가 있어서 **약 재료**가 될 것이다. 이 나무들은 신적이고 초자연적인 약재의 특성을 지녀서 백성들은 천년왕국에서 장수할 것 같다(참고. 사 65:20).

b. 땅의 경계(47:13-23)

47:13-14. 하나님은 이스라엘 땅을 아브라함과 그의 후손에게 주셨다(창 13:14-17; 15:17-21). 천년왕국 때에 그 땅은 **이스라엘 열두 지파에게** 나누어질 것이다(참고. 민 34장; 수 13장). 레위인은 그 땅의 지분을 갖지 못하겠지만, 대신 신성한 구역 안에 있는 영토를 받을 것이고(참고. 45:4), **요셉**은 그의 아들 에브라임과 므낫세를 위해 **두 몫**을 가질 것이다(창 48:17-20; 겔 48:4-5). 이 땅은 결코 철회되지 않을 무조건적 언약 약속으로 유대 백성에게 주어졌다. 그 땅에서 이스라엘이 모세율법을 순종하면 축복을 경험할 수 있었다(신 28장). 그러나 주님께 대한 불순종은 심각한 결과를 낳았다. 이스라엘이 메시아를 인정하고 메시아의 나라에서 새 언약의 충만한 복을 경험할 때, 이스라엘은 그 땅에서 복된 지위로 회복될 것이다(36-37장). **내가 옛적에 내 손을 들어 맹세하여**(참고. 창 12:1; 15:9-21; 26:2-4; 28:13-15) **이 땅을 너희 조상들에게 주겠다고 하였나니**.

47:15-17. **이 땅의 북쪽 경계선**은 **대해**, 지중해에서

동쪽으로, **헤들론** 길 곁의 두로와 시돈 북쪽 어디에선가 시작되어 느보-**하맛**을 지나 **다메섹** 접경의 **하살에논**까지 이어진다. 따라서 북쪽 경계선은 지중해에서 동쪽으로 뻗어나가 북쪽으로 그 당시 시리아의 북쪽 접경이던 곳까지 포함할 것이다.

47:18. 이스라엘 **동쪽**은 **하우란**과 **다메섹** 사이까지 확장될 것이다. 이스라엘 영토의 가장자리는 하살에논부터 활처럼 굽어져 시리아 남부 접경을 따라 갈릴리 바다 남쪽 요단강에 닿는다. 경계선은 거기서부터 **길르앗과 이스라엘 땅** 사이의 요단강을 따라 이어질 것이다. 여기서 **동쪽 바다**, 사해까지 **요단강**이 동쪽 접경이 될 것이다.

47:19. **남쪽**은 **다말**에서부터 **므리봇 가데스** 물을 지나 **애굽 시내**[와디 엘 아리시(Wadi el-Arish), 애굽 와디, 민 34:5]를 지나 **대해**[지중해]까지 확장될 것이다. 브엘세바 남쪽으로 약 80킬로미터 떨어진 지역 **므리봇 가데스**의 보다 친숙한 이름은 가데스 바네아이다. 이곳은 출애굽 이후 약속의 땅을 정탐하기 위해 12명의 정탐꾼이 떠났던 곳이며, 이스라엘 땅으로 들어가는 경계였다(민 13:25-26; 27:14; 34:4). **애굽 시내**는 나일강이 아니다. 유대 백성이 출애굽에서 나일강을 건넜을 때 그들은 약속의 땅에 들어가지 않았고, 정탐꾼이 그 땅을 정탐하기 위해 가데스 바네아에서 떠났을 때 이 시내를 건넜다. 따라서 **애굽 시내**는 북서쪽으로 흘러 지중해로 들어가는 시나이반도 북쪽의, 강바닥이 깊이 파인 와디 엘 아리시이다. 이곳은 가사 남쪽 약 80킬로미터 거리에 있고, 솔로몬 왕국의 최남단을 표시했다(왕상 8:65).

47:20. **서쪽** 경계는 **남쪽 경계선**에서부터 **하맛 어귀**까지 **대해**가 될 것이다. 이스라엘의 서쪽 경계는 남쪽의 와디 엘 아리시 해안선부터, 다메섹 너머 시리아의 고대 도시 북쪽의 **하맛 어귀** 반대편 지점까지 지중해이다(15-17절).

47:21-23. 그 땅은 **제비 뽑아 이스라엘 모든 지파** 중에 **기업으로 나누어질** 것이다. 이스라엘 가운데 살면서 그들과 교류하기 원하는 **타국인**에게 땅을 배정하는 규정도 있다. 이 타국인이 그 땅에 살면서 그들 **가운데에서** 머물고 **자녀**를 공동체의 일원으로 삼는다면, 그들은 **본토에서 난 이스라엘 족속같이** 여겨져야 하고, 그들이 살던 지파 안에서 기업을 받을 것이다.

물론 외국인은 언제나 이스라엘 안에서 살도록 허용되었지만(참고. 레 24:22; 민 15:29), 천년왕국에서 그들은 전에 이스라엘 백성에게만 제한되었던 다른 특권을 받을 것이다(참고. 사 56:3-8). 천년왕국 시대는 메시아의 유대인 제자에게 축복의 때가 될 것이며, 이때에는 메시아의 이방인 제자도 하나님의 복을 누릴 것이다(참고. 사 9:2; 눅 2:32; 마 25:31-46).

c. 땅 분배(48:1-29)

땅 분배는 여호수아 시대와 정확히 일치하지는 않는다(수 13-22장). 천년왕국에서는 동쪽에서 서쪽으로 그 땅을 가로지르며 비슷한 크기로 당이 배당될 것이고, 요단 동쪽에는 지파 배당지가 전혀 없을 것이다. 전체 땅의 5분의 1 정도가 중앙에서 신성한 구역으로 지정된 예루살렘과 성소, 군주의 배당지이다. 이 구역이 주님께 바쳐진 배당지가 됨으로써 각 지파는 여호수아 시대에 받았던 영토의 3분의 2 정도만 소유할 것이다.

48:1-7. 본문은 그 땅의 분배를 **북쪽 끝에서부터** 남쪽으로 **단**, **아셀**, **납달리**, **므낫세**, **에브라임**, **르우벤**, **유다** 순으로 서술한다. 각 지파의 배당지는 **동쪽에서 서쪽까지**이다.

48:8-10. 그 땅 중앙부에 있는 **유다 경계선** 다음에 **여호와**의 배당지(**예물**)가 있을 것이다. 이 **거룩한 땅**의 **중앙**에는 **성소**가 있을 것이며, 그 땅은 **제사장**을 위한 것이다. 크기(45:1-8에 대한 주석을 참고하라)는, **길이가 이만 오천** 규빗, 즉 13.1킬로미터이고 **너비**는 **만** 규빗, 즉 5.3킬로미터(이상 현대인의 성경)이다. 신성한 구역의 너비가 45장에서 이만 규빗(새번역, NASB)으로 나왔기 때문에, 이것은 성소의 세부 배당지를 가리킬 수도 있고 사본상의 오류일 수도 있다. 70인역은 '이만'으로 기록한다.

48:11-14. **제사장**과 **사독의 자손**(참고. 44:15), **레위 사람**은 이 **거룩한** 구역에서 땅을 소유할 것이고, 그 **땅을 팔지도 못하며 바꾸지도 못**한다. **여호와께 거룩히 구별한 것**이기 때문이다.

48:15-20. 예루살렘 주변은 **속된** 용도를 위한 평야, 즉 각 면이 2.4킬로미터(**사천오백** 규빗)인 구역이 있을 것이다. 거기에는 너비 131미터(이상 현대인의 성경, **이백오십** 규빗)의 들이 있을 것이고, **성읍**을 위해 **양식**

새로운 땅의 경계와 분배

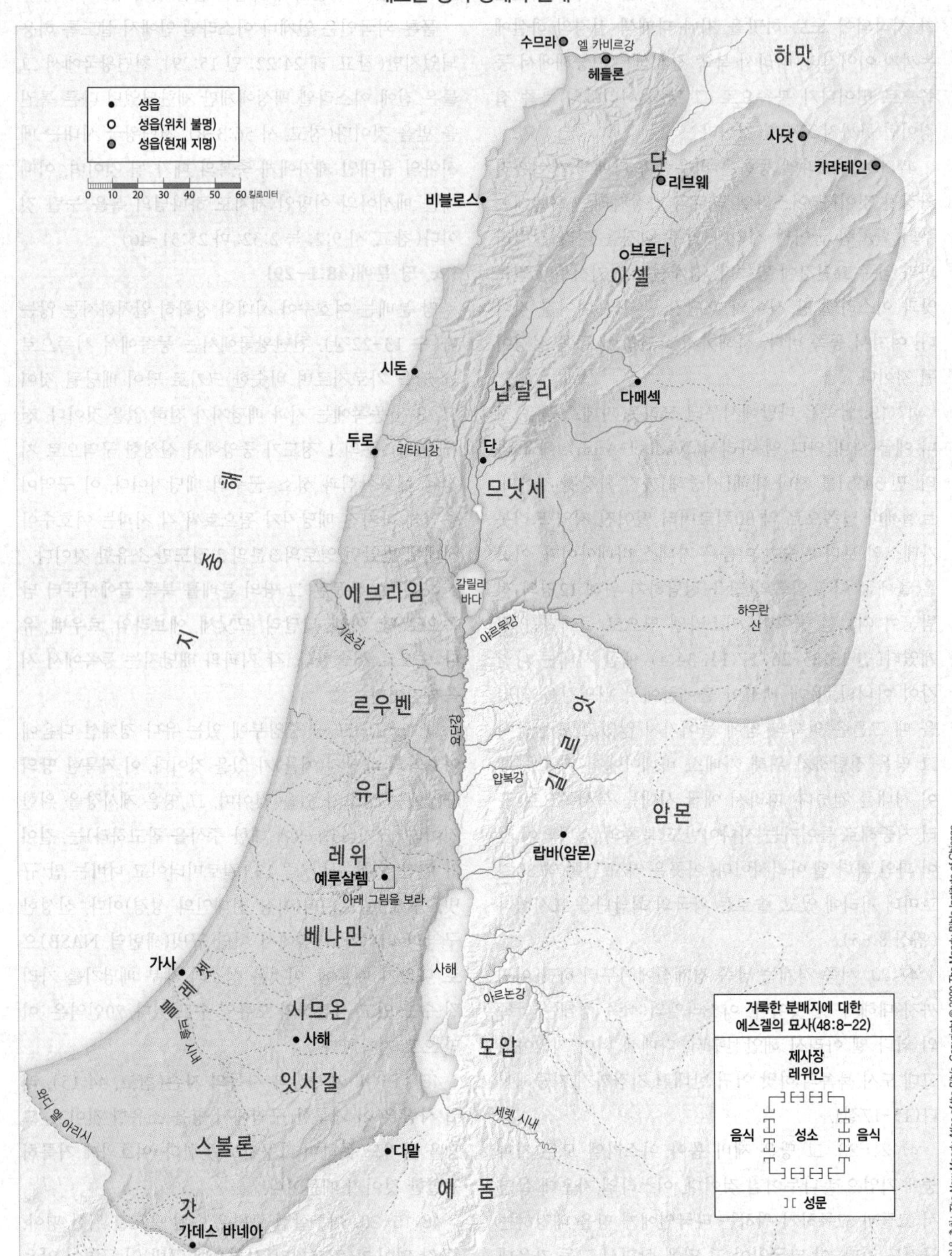

성읍
성읍(위치 불명)
성읍(현재 지명)
0 10 20 30 40 50 60 킬로미터
수므라
엘 카비르강
헤들론
하맛
사닷
카랴테인
단
리브웨
비블로스
브로다
아셀
시돈
납달리
다메섹
두로
리타니강
단
므낫세
해
중
에브라임
갈릴리 바다
하우란 산
지
기손강
야르묵강
르우벤
요단강
하
르
길
압복강
유다
암몬
레위
랍바(암몬)
예루살렘
아래 그림을 보라.
베냐민
가사
첫
시
해
사해
아르논강
시므온
나사 브솔
사해
모압
와디 엘 아리시
잇사갈
세렛 시내
스불론
다말
에
돔
갓
가데스 바네아
거룩한 분배지에 대한 에스겔의 묘사(48:8-22)
제사장
레위인
음식
성소
음식
성문

을 생산하는 목초지와 농지 역할을 할 길이 만 규빗의 구역이 있을 것이다. 이 구역은 **거룩하게 구별할 땅**에 인접해야 한다.

48:21-22. **거룩하게 구별할 땅** 주변의 중심 구역 중 일부는 **군주**를 위한 것이며(44:1-3에 대한 주석을 보라), **거룩하게 구별할 땅**과 **성소**는 그 땅 중앙에 있을 것이다(참고. 8-10절). 거기에는 **레위 사람**과 예루살렘(**성읍**)의 **기업**이 있겠지만, **유다**와 **베냐민** 사이의 땅을 **군주**가 소유할 것이다.

48:23-29. 계속해서 북쪽에서 남쪽으로 **나머지 지파**가 그 땅의 남은 부분을 나누어 가질 것이다. 북쪽부터 남쪽으로 **베나민, 시므온, 잇사갈, 스불론, 갓** 순이다.

d. 성문(48:30-35)

48:30-31. 에스겔서는 예루살렘과 거룩한 배당지 그리고 땅 분배를 묘사한 뒤에 성문, 곧 **성읍의 출입구**에 대한 묘사로 마무리된다. 천년왕국의 예루살렘은 성벽과 12개 **문**으로 둘러싸일 텐데, 각각 야곱의 열두 아들에서 유래한(참고. 창 48장) **이스라엘 지파** 가운데 하나의 **이름을 따르는** 문이 각 면에 셋씩 있을 것이다. 이 이름은 새 예루살렘의 성문에도 등장할 것이다(참고. 계 21:10-12). 이 설명은 유대인의 지파 정체성이 천년왕국에서 갖게 될 중요한 역할을 확증한다. 예루살렘의 각 면은 길이가 **사천오백** 규빗(48:30, 32-34)이고 각 면에 **문이 셋**이다. **북쪽으로 난 세 문은 르우벤**과 **유다, 레위**이다(참고. 창 29:31-35).

48:32. **동쪽**의 세 문은 **요셉**(참고. 창 48:1)과 **베냐민**(참고. 창 30:22-24; 35:16-18), **단**(참고. 창 30:4-6)이다. 여호수아 시대의 땅 분배에서 요셉은 자기 아들 므낫세와 에브라임을 통해 지파 정체성을 부여받았다(수 16:1-17:18). 레위가 성문을 갖기 때문에, 므낫세와 에브라임 지파는 그 아버지 요셉으로 대표된다.

48:33. **남쪽**의 문은 **시므온**과 **잇사갈**, **스불론**이다(참고. 창 29:33; 30:17-20).

48:34. **서쪽**의 문은 **갓**과 **아셀**(참고. 창 30:9-13), **납달리**이다(참고. 창 30:7-8).

48:35. 천년왕국의 예루살렘과 새로운 예배 질서를 서술한(40-48장) 뒤에, 에스겔은 천년왕국 예루살렘 성읍의 가장 중요한 특징인 주님의 영광스러운 임재로 이 책을 마무리했다. 예루살렘 심판의 서곡으로, 하나님의 영광이 예루살렘을 떠났다(참고. 10-11장). 미래에 모든 이스라엘이 예수님을 메시아 왕으로 인정할 것이고(슥 12:10; 롬 11:25-27), 메시아 시대에 주님의 거룩한 임재를 누리며 그분을 영원히 예배할 것이다. 예루살렘('평화의 성읍', 창 14:18)은 성경에서 여러 가지 특징적인 이름을 가지고 있지만(예를 들어 시 48:2; 87:2; 사 1:26; 60:14; 62:4; 렘 3:17; 33:16; 슥 8:3), 천년왕국에서 새 이름을 가질 것이다. 주님은 예루살렘으로 돌아와 자기 백성과 함께 거하실 것이고, **그날 후로는 그 성읍의 이름을 여호와삼마**['여호와께서 거기에 계시다']**라** 할 것이다. '야훼 삼마'(*Yahweh-Shammah*)는 '예루샬라임'(*Yerushalayim*, 예루살렘)의 히브리어 언어유희이다. 두 이름은 비슷하게 들리지만, '야훼 삼마'는 주님과 그분 백성의 관계가 회복되었다는 예루살렘의 참된 특징을 나타낸다.

에스겔서는 하나님의 영광에 대한 눈부신 환상으로 시작되었다(1-3장). 거룩하신 주님의 빛 안에서 에스겔은 유다와 예루살렘의 불순종 때문에 심판이 불가피하다고 예언했다(4-24장). 그 뒤에 에스겔은 도덕적 부패와 하나님의 선민을 대적하는 국제적 음모 때문에 이방 나라에 심판이 임할 것이라고 선언했다(25-32장). 아브라함과 맺은 무조건적 언약을 지키는 하나님의 신실하심, 또 새 언약의 약속은 에스겔의 메시지에서 이스라엘의 복과 회복에 명확한 초점을 맞춘다(33-39장). 마지막으로 에스겔은 천년왕국과 성전, 새 예루살렘에 대한 세부 묘사에서 영광스럽고 장엄한 주 하나님의 주권적 통치와 하나님의 절대적인 거룩하심을 보여주었다(40-48장).

에스겔의 종말론적 강조점은 세계사의 사건 속에서 이루어질 하나님의 미래 사역과 그분의 백성 이스라엘에 대한 신실하심을 기대한다. 덧붙여 에스겔은 주님을 사랑하는 모든 사람에게 더 깊은 개인적 거룩함을 성취하고, 장차 예루살렘 보좌에서 통치하실 메시아 왕께 더 깊이 순종하라고 도전한다. 그때에 예루살렘은 '아도나이 삼마'(*Adonai Shammah*)로 알려질 것이다. "주님이 거기 계신다!"

참 고 문 헌

Alexander, Ralph. *Ezekiel*. Everyman's Bible Commentary. Chicago: Moody, 1976.

_____. "Ezekiel." In *The Expositor's Bible Commentary*, vol. 7, edited by Tremper Longman III and David Garland, 641924. Grand Rapids, MI: Zondervan, 2010.

Block, Daniel. *The Book of Ezekiel, Chapters 1-24*. The New International Commentary on the Old Testament. Edited by Robert L. Hubbard, Jr. Grand Rapids, MI: Eerdmans, 1997.

_____. *The Book of Ezekiel, Chapters 25-48*. The New International Commentary on the Old Testament. Edited by Robert L. Hubbard, Jr. Grand Rapids, MI: Eerdmans, 1997.

Carpenter, Eugene and David L. Thompson. *Ezekiel, Daniel*. Cornerstone Biblical Commentary. Edited by Philip W. Comfort. Carol Stream, IL: Tyndale, 2010.

Cooke, G. A. *A Critical and Exegetical Commentary on the Book of Ezekiel*. The International Critical Commentary. Edinburgh: T. & T. Clark, 1936.

Cooper, LaMar Eugene. *Ezekiel*. The New American Commentary. Edited by E. Ray Clendenen. Nashville: Broadman & Holman, 1994.

Eichrodt, Walther. *Ezekiel*. The Old Testament Library. Philadelphia: Westminster, 1970.

Eisemann, Moshe. *Yechezkel/Ezekiel*. The Artscroll Tanach Series. Brooklyn, NY: Mesorah Publications, 1988.

Feinberg, Charles Lee. *The Prophecy of Ezekiel: The Glory of the Lord*. Chicago: Moody, 1969.

Fisch, S. *Ezekiel*. London: Soncino Press, 1950.

Freeman, Hobart E. *An Introduction to the Old Testament Prophets*. Chicago: Moody, 1968.

Rooker, Mark F. *Ezekiel*. Holman Old Testament Commentary, vol. 17. Edited by Max Anders. Nashville: Broadman & Holman, 2006.《에스겔》, 메인 아이디어 시리즈(디모데).

Schmitt, John W. and J. Carl Laney. *Messiah's Coming Temple: Ezekiel's Prophetic Vision of the Future Temple*. Grand Rapids, MI: Kregel, 1997.

Taylor, John B. *Ezekiel: An Introduction & Commentary*. Tyndale Old Testament Commentaries. Edited by D. J. Wiseman. Grand Rapids, MI: Eerdmans, 1969.《에스겔》, 틴델 구약주석 시리즈(CLC).

Tuell, Steven. *Ezekiel*. New International Bible Commentary. Edited by Robert L. Hubbard, Jr. and Robert K. Johnston. Peabody, MA: Hendrickson, 2009.

Wevers, John W. *Ezekiel*. The Century Bible Commentary. Grand Rapids, MI: Eerdmans, 1969.

● ● ● ●

다니엘

마이클 리델닉(Michael A. Rydelnik)

서 론

다니엘서는 바벨론 포로 당시를 배경으로 한다. 이 책은 주전 605년 느부갓네살 왕이 유다를 처음 포위 공격해 다니엘과 그의 친구들을 비롯한 유다 귀족들을 사로잡아 바벨론으로 데려간 이후의 상황을 다룬다. 느부갓네살은 주전 597년 유다를 다시 공격해 1만 명의 포로를 바벨론으로 데려갔다. 주전 586년 그는 다시 한 번 예루살렘을 에워쌌는데, 이번에는 성읍과 성전을 파괴하고 유다 백성을 바벨론으로 끌고 갔다. 다니엘의 사역은 주전 605년 첫 유대인 포로들의 바벨론 도착과 함께 시작되어 바벨론 포로 기간 내내 확대되었고(주전 539년, 1:21을 보라), 메데-바사의 왕 고레스 대제의 재위 3년 후 어느 시점에서 끝났다(주전 537/536년, 10:1을 보라).

저자. 다니엘서는 선지자 다니엘의 이름을 익명으로 사용하겠다고 작정한 주전 2세기의 어느 유대인 작가가 썼다는 비평적 견해가 있다. 이 자연주의적 관점은 예언의 신뢰 가능성을 부인한다. 이 책에는 주전 2세기의 사건들에 대한 정확한 예언이 다수 들어 있기에 비평가들은 다니엘이 아닌 다른 누군가가 선지서라는 인상을 주기 위해 그 시기 이후에 쓴 게 틀림없다고 생각한다.

전통적 견해는 선지자 다니엘이 이 책을 실제로 썼다고 주장한다. 내적 증거가 이 주장을 뒷받침한다. 본문 자체에서 다니엘은 자신이 환상들을 기록했다고 여러 번 주장했다(8:2; 9:2, 20; 12:5). 다니엘을 3인칭으로 언급하는 구절들은 그가 저자라는 사실을 말해주고 있다. 성경의 다른 저자들이 이따금 자신에 대해 3인칭으로 말하기 때문이다(예를 들면, 모세오경의 모세). 더욱이 하나님도 자신에 대해 3인칭으로 말씀하신다(출 20:2, 7). 다른 고대 저자들, 이를테면 《갈리아 전기》(*The Gallic Wars*)를 쓴 율리우스 카이사르와 《아나바시스》(*Anabasis*)를 쓴 크세노폰도 자신들을 3인칭으로 나타낸다. 선지자 에스겔도 선지자 다니엘을 언급한다. 예수 그리스도 역시 이 책의 저자를 다니엘로 보신다(마 24:15).

연대. 비평적 견해는 이 책이 마카비 시기인 주전 165년에 쓰였다고 주장하는데, 주된 이유는 그 시한과 관련된 정확한 예언 때문이다. 그것은 역사적 부문들을 사건들이 일어났다고 말하는 시기보다 훨씬 더 늦게 쓰인 단순한 허구로 본다. R. K. 해리슨은 이 비평적 접근법이 이 책을 이해하는 기준이 되어 "전반적으로 인문학적 배경을 지녔으며 자신의 학문적 명성을 유지하고 싶어 하는 학자는 현재의 비평적 추세에 도전할 엄두가 나지 않았거나 도전하고 싶지 않았거나 둘 중 하나였다"고 지적한다[R. K. Harrison, *Introduction to the Old Testament*(Grand Rapids, MI: Eerdmans, 1969), 1111].

전통적 견해는 이 책이 바벨론 포로 생활이 끝난 직후인 주전 6세기 말에 쓰였다고 주장한다. 이 견해에 따르면, 이 책은 신구약 중간기에 일어난 사건들에 대한 초자연적 예언들과 아직 성취되지 않은 다른 예언들뿐 아니라 다니엘의 삶에 일어난 사건들 또한 사실에 입각해 들려준다.

전통적 견해는 '필사본 증거'로 뒷받침된다. 다니엘서의 파편들이 사해문서 가운데서 발견되었는데, 이는 책이 쓰인지 얼마 안 되었다면 기대하기 어려울 것이다. '언어학적 증거' 또한 이른 시기를 지지한다. 예를 들어, 다니엘서에 사용된 아람어는 주전 5-6세기와 부합되는 것으로 보이는데, 이는 에스라서의 아람어와 엘레판틴 문서(구약시대의 아하수에로, 아닥사스다 1세 및 다리오 2세 때부터 전해오는 아람어 문헌집이다. 이 파피루스는 상부 애굽의 남쪽 엘레판티네에 살던 유대인들, 특히 주전 5세기 흩어져 살던 유대인들의 종교적 조직, 율법, 교리와 그 실천 등을 밝혀주는 문헌이다), 그와 같은 시기에 쓰인 다른 세속 작품들과 유사하기 때문이다. 다니엘서의 최종 편집이 바사의 시기에 이루어졌을 것이므로 바사 차용어 사용이 전통적 입장의 신빙성을 없애지는 않을 것이다. 알렉산더 대제가 정복하기도 전에 헬라어가 이미 확산되기 시작했기 때문에 다니엘서에 헬라어 단어들이 나타나는 것은 당연하다. '역사적 증거' 또한 이른 시기를 뒷받침한다. 예를 들어, 다니엘서는 벨사살이 나보니도스라는 다른 왕(참고. 5:7, 16, 29)과 공동 섭정했다고 정확히 기술했는데, 이는 오늘날까지 모르고 지나친 사실이었다. 늦은 시기에 쓰였다는 견해는 객관적 증거에 의해서가 아니라 초자연적 예언을 무조건적으로 거부하는 태도에서 나온 것으로 보인다.

어떤 이들은 유대교 정경인 히브리어 성경이 다니엘서를 성문서(聖文書, Hagiographa)에 포함시키기 때문에 이 책이 더 늦은 시기인 주전 165년에 쓰인 게 틀림없다고 주장해왔다. 이는 히브리어 정경이 점진적으로 발전되어 왔고 성문서가 마지막 부문이었다는 잘못된 가정을 한다. 포로 이전 시기에 쓰였을 룻기와 같은 이른 시기의 책 또한 성문서에 포함되어 있다는 주장은 이 가정에 반대한다. 정경의 배열이 무계획적이거나 점진적이라는 견해는 잘못되었다. 오히려 그것은 문학적 목적과 구조에 따라 형성되었다. 그러니까 다니엘서가 성문서에 포함된 것은 늦은 시기 때문이 아니라 그 내용 때문이다. 다니엘서는 (유대교 정경에서) 에스더서 뒤에, 에스라서/느헤미야서 앞에 나오는데, 이는 다니엘서가 다루는 사건들이 이 다른 책들의 사건들과 같은 시기 안에 들어오기 때문이다. 또한 다니엘은 바벨론과 바사의 지혜로운 사람들 중 하나였으므로 정경을 지시한 자들이 성경의 지혜문학 부문에 그의 책을 포함시키는 것은 이치에 맞는 일이었다. 여하튼 70인역과 요세푸스(*Contra Apion*, I, 38-39) 둘 다 다니엘서를 선지서 가운데 두는데, 대다수 영어 번역본이 이를 따른다. 요세푸스가 성경의 마소라식 분할보다 몇 세기 앞섰으므로 다니엘서를 성문서에 편입시키는 것은 그 저작 시기와 무관하다.

목적과 주제. 다니엘서의 주제는 이방인의 때의 하나님 백성이 품는 소망이다. 예수님이 사용하신 "이방인의 때"(눅 21:24)라는 표현은 유대 백성이 바벨론 포로와 메시아 예수의 재림 사이의 경건치 않은 이방인들이 지배하는 세계에서 살았던 기간을 나타낸다. 이 책이 불어넣는 소망은 어느 때나 '지극히 높으신 하나님이 사람 나라를 다스리신다'는 것이다(5:21). 책의 목적은 이방인의 때를 살아가는 이스라엘에게, 만물을 주관하시는 이스라엘의 하나님께 충실하라고 권면하는 것이었다. 다니엘은 하나님의 궁극적 승리에 대한 예언뿐 아니라 경건한 신뢰와 이교도가 교만했던 사례 또한 들려줌으로써 이를 완수한다.

다니엘서의 장르는 '가르침을 주기 위해 사건들을 이야기하는 것'으로 정의되는 내러티브이다. 그 안에는 역사와 예언, 묵시적 환상이 들어 있다. 묵시문학은 종말론적(마지막 때) 승리의 메시지가 담긴 환상과 상징들을 통해 하나님이 주시는 계시를 나타낸다. 다니엘서는 묵시적 요소들을 담고 있기는 하지만 묵시 책은 아니다. 오히려 묵시적 환상들이 포함된 설화에 가깝다.

어떤 이들은 다니엘서에 역사(1-6장)와 예언(7-12장)이 들어 있고 그에 따라 책이 나뉜다는 점에 주목해왔다. 하지만 이 책의 구조를 파악하는 더 나은 방법은 책에 사용되는 두 언어에 기반을 두고 살펴보는 것이다. 다니엘 1:1-2:4 상반절(히브리어), 다니엘 2:4 하반절-7:28(아람어) 및 다니엘 8:1-12:13(히브리어)이 그것이다. 히브리어 부분이 주로 이스라엘 백성과 관련된다면 당시 국제어인 아람어를 사용하는 부분은 모든 이방 나라들에 대한 하나님의 다스림을 보여준다(도표 '다니엘서의 구조'를 보라).

배경. 다니엘서의 언약 배경은 하나님이 아브라함과 이삭, 야곱과 그들의 후손에게 조건 없이 하신 약속과 관련된다(창 12:1-7; 13:14-15; 15:18; 17:7-8; 26:2-3; 28:13; 35:12; 대상 16:16; 대하 20:6-7). 하나님은 모세율법을 추가하시면서, 만일 이스라엘 백성이 율법에 순종하면 그들에게 이스라엘 땅에서 물질의 복을 내리시겠다고 약속하신 땅 언약으로 족장들에게 하신 땅 약속을 확대하셨다(신 28:1-14). 그러나 이스라엘이 불순종하면 하나님은 이 민족을 징계하시겠다고 약속하셨다. 그들이 계속 불순종하면 하나님은 그들을 이스라엘 땅에서 내쫓아 사로잡혀 가게 하시겠다고 약속하셨다(참고. 신 28-30장, 특히 28:63-68). 흩어짐이라는 징계를 내리셨음에도 하나님은 이스라엘에게 하신 약속을 결코 깨뜨리시지 않겠다고 약속하셨다(신 4:31). 더욱이 그분은 마지막 날에 자신이 이스라엘에게 할례받은 마음을 주시고, 흩어져 있는 모든 땅에서 유대 백성을 다시 모으실 것이라고 약속하셨다(신 4:30; 30:1-10).

다니엘서의 사건들은 유대 백성이 바벨론에 흩어져 사는 동안 일어났으며, 많은 예언들은 마침내 그들이 끝 날에 재집결하는 것과 관련이 있다.

영향. 다니엘서는 미래적 예언의 타당성을 밝히며, 신약의 요한계시록과 더불어 마지막 때의 예언을 이해하는 기초를 놓는다. 하지만 가장 중요한 것은 악한 제국들이 세상을 지배하는 악한 날에도 여호와 하나님이 땅의 모든 나라를 다스리심을 이 책이 강조한다는 점이다. 책의 두 핵심어는 (183회 사용되는) '왕'과 (55회 사용되는) '나라'이다. 무엇보다도 다니엘서는 이스라엘의 하나님이 우주를 주관하심을 가르친다. "그 권세는 영원한 권세요 그 나라는 대대에 이르리로다" (4:34).

다니엘서의 구조

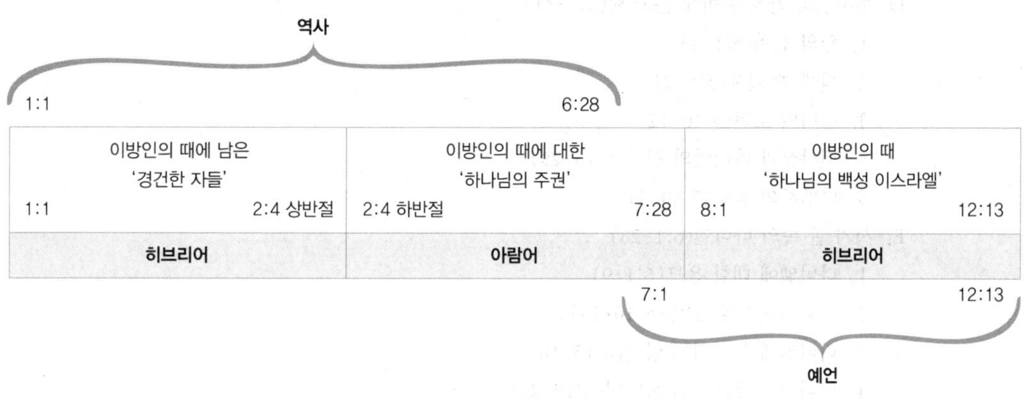

개 요

Ⅰ. 이방인의 때에 남은 경건한 자들(1:1-21, 히브리어로 기록)
- A. 바벨론에 잡혀 있는 다니엘과 그의 친구들(1:1-7)
- B. 다니엘과 왕의 음식(1:8-16)
- C. 다니엘과 여호와의 보상(1:17-21)

Ⅱ. 이방인의 때에 대한 하나님의 주권(2:1-7:28, 2:4 하반절부터 아람어로 기록)
- A. 느부갓네살의 꿈과 바벨론의 지혜자들(2:1-49)
  1. 왕의 번민(2:1-3)

2. 지혜자들의 곤경(2:4-11)
3. 왕의 칙령(2:12-13)
4. 다니엘의 지체(2:14-16)
5. 다니엘의 기도와 찬양(2:17-24)
6. 다니엘의 계시와 왕 앞에서의 해석(2:25-45)
7. 꿈과 그 해석에 대한 왕의 반응(2:46-49)

B. 다니엘의 친구들과 풀무 불(3:1-30)
1. 신상에게 절하라는 왕의 명령(3:1-7)
2. 신상에게 절하기를 거부하는 젊은이들(3:8-23)
3. 풀무 불에서 구하시는 여호와(3:24-27)
4. 이스라엘의 하나님을 인정하는 왕(3:28-30)

C. 느부갓네살의 교만과 광기 그리고 회개(4:1-37)
1. 프롤로그: 찬양의 선포(4:1-3)
2. 이야기: 꿈을 꾸다(4:4-34a)
a. 왕의 꿈(4:4-18)
b. 다니엘의 해석(4:19-27)
c. 꿈의 실현(4:28-34a)
3. 에필로그: 주권의 선언(4:34b-37)

D. 벨사살의 잔치와 벽에 쓴 글씨(5:1-31)
1. 왕의 잔치(5:1-4)
2. 벽에 쓴 글씨(5:5-9)
3. 왕비의 조언(5:10-12)
4. 벨사살과 다니엘의 만남(5:13-29)
5. 바벨론의 몰락(5:30-31)

E. 사자 굴 속의 다니엘(6:1-28)
1. 다니엘에 대한 음모(6:1-9)
2. 다니엘에 대한 고발(6:10-14)
3. 다니엘에게 내려진 형벌(6:15-18)
4. 다니엘을 보호하신 하나님(6:19-24)
5. 다니엘의 하나님 찬양(6:25-27)
6. 다니엘의 형통(6:28)

F. 네 짐승과 옛적, 인자에 대한 다니엘의 환상(7:1-28)
1. 다니엘의 환상(7:1-14)
2. 천사의 해석(7:15-28)

Ⅲ. 이방인의 때 하나님의 백성 이스라엘(8:1-12:13, 히브리어로 기록)

A. 숫양과 숫염소에 대한 다니엘의 환상(8:1-27)
1. 양과 염소에 대한 환상(8:1-14)
2. 환상에 대한 해석(8:15-27)

B. 다니엘의 기도와 일흔 이레에 대한 환상(9:1-27)

1. 다니엘의 참회 기도(9:1-19)
2. 일흔 이레에 대한 다니엘의 환상(9:20-27)

C. 다니엘과 그의 마지막 환상(10:1-12:13)
1. 환상을 받는 다니엘(10:1-11:1)
a. 환상의 무대(10:1-3)
b. 환상의 전달자(10:4-9)
c. 환상의 걸림돌(10:10-13)
d. 천사의 방문 목적(10:14-11:1)
2. 바사와 헬라, 거짓 메시아 환상에 대한 천사의 설명(11:2-12:3)
a. 바사에서 마카비까지의 시기에 대한 예언(11:2-35)
(1) 바사 왕들에 대한 예언(11:2)
(2) 알렉산더 대제에 대한 예언(11:3-4)
(3) 헬레니즘 시기에 대한 예언(11:5-35)
(a) 첫 셀레우코스와 프톨레마이오스의 시기(11:5-6)
(b) 프톨레마이오스 3세의 시기(11:7-9)
(c) 안티오코스 3세의 시기(11:10-19)
(d) 셀레우코스 4세의 시기(11:20)
(e) 안티오코스 4세의 시기(11:21-35)
b. 끝 날에 대한 예언(11:36-45)
c. 택함 받은 백성에 대한 위로(12:1-3)
3. 다니엘의 예언에 관해 그에게 마지막 지시를 내리는 천사(12:4-13)
a. 책의 인봉(12:4)
b. 마지막 때(12:5-13)

주 석

I. 이방인의 때에 남은 경건한 자들(1:1-21, 히브리어로 기록)

다니엘서의 첫 장은 그 무대인 바벨론과 이야기의 주인공들, 특히 다니엘의 신원을 밝히면서 전체의 서문 역할을 한다. 책의 의도는 이스라엘에게 경건치 않은 이방인들의 포로로 살고 있기는 하지만 변함없이 하나님께 신실하라고 권고하는 것이므로, 첫 장은 신실함을 어떻게 유지해야 하는지 보여준다. 다니엘과 그의 친구들은 이방 나라의 압력에도 여호와께 대한 진실함을 잃지 않는, 이스라엘의 신실한 남은 자들을 나타낸다.

A. 바벨론에 잡혀 있는 다니엘과 그의 친구들(1:1-7)

1:1. 다니엘서는 이 일들이 **여호야김이 다스린 지 삼 년이 되는 해에** 일어났다고 기록하는 반면, 예레미야서는 그때가 4년이 되는 해였다고 말한다(렘 25:1, 9; 46:1). 아마도 다니엘서가 즉위 첫해를 계산에 넣지 않는 바벨론 체계를 사용한 데 반해, 예레미야서는 즉위 첫해를 포함시켜 4년이 되는 이스라엘의 셈법을 사용했을 것이다. 사건은 (그 이름이 '오, 나부 신이시여. 제 아들을 지켜주소서'라는 뜻의) 바벨론의 왕 느부갓네살(주전 605-562년)이 등극하던 해에 일어났는데, 이때는 분명히 그가 자기 부친과 공동 통치하고 있었고, (주전 605년, 지금의 시리아 북서부와 터키 남동부의 경계 지역에 접한) 갈그미스 전투에서 승리를 거둔 직

후였다. 이 전투를 계기로 바벨론 제국의 지배가 확립되고 앗수르 제국의 세계 통치는 막을 내렸다.

1:2. 느부갓네살이 자신의 유다 격퇴를 자기 신들의 승리로 여겼지만, 다니엘은 **유다 왕 여호야김**을 바벨론 사람들에게 넘긴 것이 '여호와'이심을 알았다(참고. 대하 36:5-6). 고대 세속 역사가인 베로수스(주전 3세기 헬레니즘 시대의 바벨론 작가)는 느부갓네살이 (시리아-팔레스타인을 뜻하는) 하티 땅을 정복했다고 쓰면서 이 사건들을 언급했다. 이 최초의 유다 정복 후 느부갓네살은 주전 597년 더 많은 사람을 포로로 잡아갔고, 주전 586년 예루살렘을 파괴한 후 유다를 바벨론으로 추방했다.

바벨론 포로로 말미암아 이스라엘이 자신들의 땅으로 들어가기 직전에 하나님이 그들과 세우신 언약이 성취되었다(신 28-30장). 그 언약에서 하나님은 이스라엘이 그분의 계명에 순종하면 이스라엘 땅에서 그들을 축복하시겠다고 약속하셨다. 하지만 불순종하면 그들을 그 땅에서 추방하는 벌을 내리시겠다고 단단히 이르셨다. 모세의 예언대로(신 31:29) 이스라엘과 유다는 율법에 불순종하고 우상숭배에 가담하며(렘 7:30-31; 16:18), 안식일과 안식년을 소홀히 하기(렘 34:12-22) 일쑤였다. 그리하여 여호와는 앗수르 사람들의 손을 빌려 북 이스라엘 족속을 추방하셨고(주전 721년), 남 유다 족속을 바벨론으로 사로잡혀가게 하셨다.

자신의 첫 침략에서 느부갓네살 왕은 **하나님의 전 그릇**을 가져갔는데(1:2; 대하 36:7), 이로써 히스기야가 한 세기 전 바벨론 왕에게 성전 보물을 보여주었을 때 이사야가 했던 예언이 이루어졌다(참고. 사 39:2,6). 느부갓네살은 이 그릇들을 **시날 땅**으로 가져갔는데, 여기서 그는 바벨론의 옛 명칭을 창세기 11:1-9에 나오는 성읍의 원래 건물과 바벨(바벨론) 탑을 둘러싼 반역 행위에 대한 암시로 사용했다.

1:3-5. **왕**은 유다 귀족 중 몇 사람을 바벨론으로 데려다 훈련시켜서 유다의 모든 포로를 데려올 때 그들의 리더로 섬길 수 있게 하라고 명령했다. **환관장**으로 기술된 **아스부나스**는 문자적으로 '내시들의 우두머리'를 뜻한다. 이 단어가 '왕실 관리'를 뜻하게 된 것이 이 무렵이었으므로 아스부나스는 내시가 아니었고 또한 다니엘과 그의 친구들을 글자 그대로의 내시로 만들지 않았을 공산이 크다.

다니엘과 그의 친구들이 **소년**으로 불리기는 했지만 이에 해당되는 히브리어 단어는 문자적으로 '어린이' 혹은 '아이'를 뜻한다. 유대인 포로들은 **갈대아 사람의 학문과 언어**를 배워야 했는데, 이는 수메르어와 아카드어, 아람어로 가르치는 옛날 대학 스타일의 교육을 나타낸다. 그 당시 바벨론은 이미 알려진 세계에서 가장 국제적인 도시이자 학문의 전당이었다. 그들에게는 또한 **왕의 음식**과 **포도주**가 주어질 터였는데, 이는 포로임에도 불구하고 훈련 담당 고문이라는 그들의 특권적 지위를 나타낸다.

1:6-7. 유대인 포로들을 동화시키고자 **환관장이 그들의 이름을 고쳐 다니엘**['하나님은 나의 재판관이시다']은 **벨드사살**['벨(바벨론의 수호신)이여, 왕을 보호하소서']**이라 하고 하나냐**['하나님은 은혜로우시다']는 **사드락**['아쿠(바벨론의 여신)의 명령']**이라 하고 미사엘**['하나님과 같은 이가 누구인가?']은 **메삭**['아쿠와 같은 이가 누구인가?']**이라 하고 아사랴**['여호와께서 도우셨다']는 **아벳느고**['느고(바벨론의 신)의 종']라 했다. 이 새로운 갈대아 이름들은 그들의 히브리 이름을 대체하면서, 이스라엘의 참되신 하나님을 나타내는 이름들을 바벨론의 거짓 신들을 나타내는 이름으로 바꾸었다.

B. 다니엘과 왕의 음식(1:8-16)

1:8. **다니엘은 뜻을 정하여** 낯선 땅에서도 하나님의 율법에 충실하겠다고 다짐했다. **뜻을 정하여**는 문자적으로 '마음에 새기다'를 뜻하며 심오한 내적 결단을 나타낸다. 다니엘은 왕의 식탁에 있는 고기로 **자기를 더럽히지 아니하리라** 마음먹었다. 그 당시 바벨론 음식에는 말고기와 돼지고기 같은 유대교 율법에 따라 적정하게 처리되지 않은 고기가 들어 있었기 때문이었다. **포도주**에 관해서 다니엘은 바벨론 신에게 바친 술은 어느 것이든 마시려하지 않았다. 그래서 그는 **자기를 더럽히지 아니하도록** 왕의 음식을 삼가는 것을 허락해 달라고 아스부나스에게 요청했다.

1:9-10. 하나님은 다니엘로 하여금 아스부나스에게 **은혜와 긍휼**을 얻게 하셨는데, 이는 다니엘의 인간적 매력뿐 아니라 또한 신의 개입을 나타낸다. 그럼에도 다니엘과 그의 친구들이 식사 때문에 다른 포로들보다

더 **초췌**해(문자적으로, '여위어') 보이면 바벨론 관리는 목숨이 날아갈 수도 있었다. 바벨론 문화에서 여위어 보이는 것은 건강이 아닌 병의 징후였다. 왕은 자신의 기분을 상하게 한 자들에게 처형 명령을 내린 것으로 악명 높았기 때문에 만일 네 젊은 유대인 포로들이 아스부나스의 학대로 말미암아 아파 보인다면 느부갓네살은 아마 그를 죽였을 것이다.

1:11-14. 다니엘은 아스부나스가 그와 그의 친구들을 **감독하게 한 자**[그가 소년들을 지키고 보살펴 주고자 거기 있었으므로 '후견인'이 더 나은 번역이다]에게 **열흘** 동안 시험적으로 **채소**(새번역)와 **물**로 식사를 할 수 있는지 물음으로써 자신의 지혜를 나타냈다. 채소는 씨에서 자라는 것을 가리키며 채소와 과일, 곡식을 포함할 것이다. 그 후견인은 다니엘이 제안한 실험에 동의했고, 그 후에 소년들의 **얼굴**과 **왕의 음식을 먹는** 자들의 얼굴을 비교할 것이다.

1:15-16. **열흘 후에** 다니엘과 그의 친구들은 **살이 더욱 윤택**해(즉, 더 건강하게) 보였지만, 이는 성경이 채식주의를 승인한다는 뜻은 아니다(참고. 창 9:3). 오히려 그들이 건강하고 튼튼해진 것은 여호와께 대한 신실함을 잃지 않게 하시려는 하나님의 섭리였다. 그들은 건강해졌으므로 계속해서 원하는 음식을 먹을 수 있었다.

C. 다니엘과 여호와의 보상(1:17-21)

1:17. 다니엘과 그의 친구들은 하나님께 신실했으므로 여러 보상을 받았다. 첫째, 그들은 뛰어난 지혜를 부여받았다. 모든 은사는 하나님이 주시지만 **이 네 소년**은 [학문적 기량을 나타내는] **학문**과 ['분별'을 뜻하는] **깨달음**을 특별히 받았다. 게다가 **다니엘은 또 모든 환상과 꿈을 깨달아** 알았다는 서술은 독자들이 다음 장과 책의 나머지에서 일어날 일들을 미리 짐작하게 하고, 다니엘의 예언 능력과 그가 받은 탁월한 은사를 보여주기 위해 포함된 요점이다.

1:18-19. 다니엘과 그 친구들의 신실함에 대한 두 번째 보상으로 하나님은 그들이 각별히 왕을 섬길 수 있게 하셨다. 이들의 교육이 끝나고 느부갓네살 왕은 **그들과 말하**게 되었는데, 이들이 얼마 전에 왕실 아카데미를 졸업한 나머지 모든 학생들보다 더 탁월하다는 것을 알았다. 그리하여 왕궁에서 그들은 **왕 앞에 서게** 되었다.

1:20-21. 하나님은 다니엘과 그 친구들의 신실함에 대해 성공적 사역이라는 세 번째 보상을 주셨다. 이는 그들의 조언이 바벨론의 모든 지혜자들의 조언보다 월등함(**십 배나 나은 줄**)을 왕이 알았다는 것에서 분명히 드러난다.

다니엘서 곳곳에서 왕의 고문들을 가리키는 여섯 가지 다른 표현이 나온다. 여기서는 두 가지 표현이 사용되는데, 바로 **박수와 술객들**이다. '박수'라는 단어는 '새기는 사람'을 뜻하는 어근에서 유래하며, 바벨론의 여러 종교 활동과 별들의 점성술적 움직임을 점토판에 새긴 자들을 가리킨다. 그리고 '술객'이라는 단어는 주문과 마술을 사용해 영의 세계와 소통한 자들을 가리킨다. 그렇다면 그런 초자연적 관행들을 멀리하는 대신 참되신 하나님께 지혜를 구한 다니엘과 그의 친구들이 왕의 이교도 고문들보다 더 지혜로웠음은 당연하다.

다니엘의 성공적 사역은 그가 섬긴 기간에서도 입증된다. 그는 포로 생활이 끝날 때까지 살면서 바사의 **고레스 왕 원년**[주전 539년]까지 바벨론 왕들을 섬겼다. 바사 제국이 일단 바벨론 사람들을 정복하자 다니엘은 바사 왕의 고문으로 계속 일했는데 그 기간은 70년이 넘었다.

1981년 〈불의 전차〉라는 영화로 유명해진 사건이 있다. 육상선수 에릭 리델은 예수 그리스도를 따르는 사람이라는 확신을 갖고 1924년 올림픽 경주에 참가했다. 그가 400미터 경주를 준비하고 있을 때 누군가 그에게 쪽지를 하나 건넸다. 거기에는 "나를 존중히 여기는 자를 내가 존중히 여기고"라는 사무엘상 2:30 말씀이 적혀 있었다. 리델은 그 경기에서 세계 신기록을 깨고 금메달을 땄다. 리델에게, 다니엘과 그의 세 친구에게 그리고 이스라엘의 신실한 남은 자에게 그랬듯이 여호와께서 그분을 존중히 여기는 자를 존중히 여기실 것이라는 말씀은 그리스도를 따르는 자라면 누구에게나 적용될 것이다.

Ⅱ. 이방인의 때에 대한 하나님의 주권(2:1-7:28, 2:4 하반절부터 아람어로 기록)

다니엘과 그의 세 친구를, 경건한 남은 자들이 이방인의 때에 어떻게 살 것인지에 대한 본보기로 묘사한

다니엘 2-7장의 교차 대구법 구조

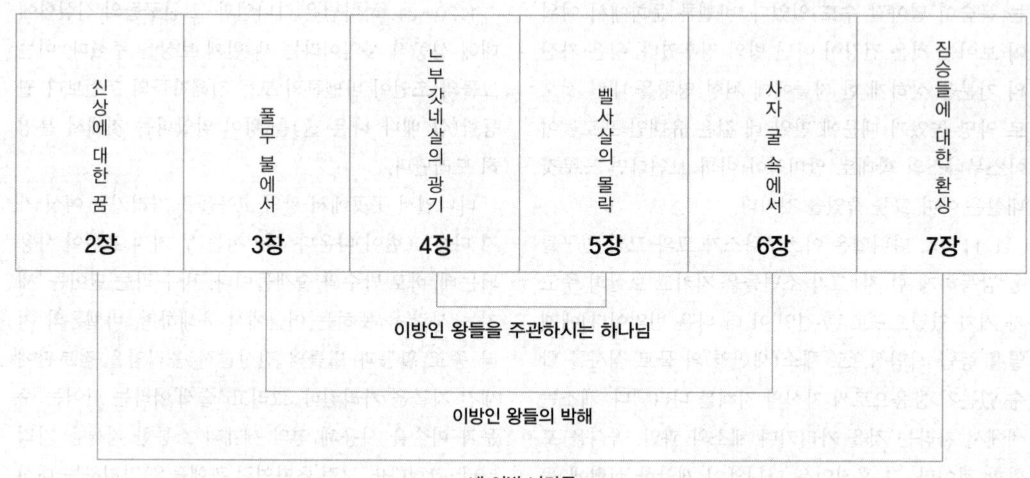

(1:21) 다니엘서는 이어서(2-7장에서) 이방인이 세상을 지배하는 가운데서도 하나님의 궁극적 통치가 계속되는 것을 다룬다. 2-7장은 이방 나라들에 대한 하나님의 계시와 관련되므로 이 장들은 그 당시 국제어인 아람어로 쓰였다. 이 부분의 구조는 교차 대구법으로(A B C C' B' A'), 2장과 7장은 각각 이 세상의 네 나라를 나타내고 3장과 6장은 이방인 왕들의 박해를 다루며 4장과 5장은 이교도 왕들에 대한 하나님의 특별 계시를 담고 있다.

2장은 느부갓네살 왕이 꾼 큰 신상(2:31)에 관한 뒤숭숭한 꿈과 이 꿈에 대한 다니엘의 계시와 해석 이야기를 들려준다. 그렇게 해서 이 장은 이방인의 때에 이스라엘과 세상을 다스릴 제국들을 드러낸다. 2장의 주된 메시지는 이스라엘의 하나님이 가장 위대한 인간보다 더 크시다는 사실이다.

A. 느부갓네살의 꿈과 바벨론의 지혜자들(2:1-49)

1. 왕의 번민(2:1-3)

2:1. 이 장은 느부갓네살이 뒤숭숭한 **꿈**을 꾸었고, 그리하여 그가 자신의 지혜자들을 불러 해몽을 지시한 것으로 시작된다. 이 장의 후반부에서 꿈이 딱 하나인 것으로 드러나므로 여기서 사용된 복수형은 왕이 되풀이해서 꿈을 꾸었음을 보여준다. 느부갓네살은 그 꿈이 심상치 않다는 생각에 마음이 번민하여 잠을 이룰 수 없었다.

다니엘 2장의 사건들은 느부갓네살이 **다스린 지 이 년이 되는 해에** 일어났는데, 이는 다니엘의 3년간의 훈련(1:5)이 느부갓네살의 즉위 첫해에 시작되었다(1:1)는 점에서 역사적 모순처럼 보인다. 이 문제는 다니엘이 바벨론 셈법을 사용했을 것으로 가정하면 해결된다. 즉, 다니엘은 느부갓네살이 즉위하던 해(주전 605-604년)로 간주되는 해에 포로로 잡혀와 자신의 훈련 첫해를 맞이했을 것이다. 다니엘의 훈련 둘째 해는 느부갓네살의 통치 첫해(주전 604-603년)로 간주되는 해였을 것이다. 다니엘의 훈련 셋째이자 마지막 해는 느부갓네살의 즉위 둘째 해(주전 603-602년)로 간주되는 해였을 것이다. 그러므로 왕은 주전 602년, 즉 다니엘이 자신의 3년간의 훈련을 마친 직후에 자신의 꿈에 대한 해석을 구했다.

2:2-3. 왕은 자신의 꿈으로 마음이 번민하자 조정의 지혜자들을 불러 해몽을 청했다(**박수**와 **술객**의 의미에 대해서는 1:20-21에 대한 주석을 보라) **점쟁이**에 대해 사용된 히브리어 단어는 '주술이나 마법을 행하는 자'를 의미하는 아카드어에서 유래한다. **갈대아 술사**라는 단어는 바벨론 백성이라는 민족을 가리키는 일반적인 용어인 동시에 왕이 다스리는 조정에서 점성술사와 예언자, 지혜자로 섬기는 제사장들을 가리키는 특정한

용어이다. 여기서는 왕의 점성술사/지혜자를 나타내는 이차적 의미로 사용된다.

2. 지혜자들의 곤경(2:4–11)

2:4. 본문은 **갈대아 술사들이 아람 말로 왕에게 말**했다고 히브리어를 사용해 진술한다. 그들이 왕에게 아뢸 때 실제로 아람어를 사용하기는 하지만 **아람 말로**라는 표현은 문학적 표지의 기능도 한다. 이 시점에서 본문의 언어는 히브리어에서 아람어로 바뀌어 7:28까지 계속된다.

2:5–6. 왕은 지혜자들에게 꿈 해석과 더불어 그 내용까지 밝힐 것을 요구했다. 왕의 요구를 이행하지 않으면 왕궁의 모든 고문들은 죽음을 맞이하겠지만 꿈을 제대로 밝히고 해석하면 지혜자들은 큰 영광과 상을 얻을 것이다.

어떤 번역본들은 **내가 명령을 내렸나니**라는 구절을 "꿈은 잊혀졌다"로 번역한다. 하지만 그렇게 하려면 번역본들은 아람어 본문을 수정해야(본문의 글자를 바꿔야) 한다. 본문을 지금 그대로 두고, 그것을 왕의 요구가 확실하면서도 결정적임을 나타내는 것으로 옮기는 편이 더 낫다. 느부갓네살이 꿈을 꾼 사실을 숨긴 것은 그것을 기억할 수 없었기 때문이 아니라 지혜자들을 시험하고 싶어서였다.

2:7–10. 지혜자들은 왕에게 그 꿈을 말씀해달라고 거듭 청했다. 하지만 왕은 자신의 고문들이 미덥지 않았다. 그들이 초자연적 능력은 없으면서 초자연적 지식을 운운한다는 것을 알아챘기 때문이었다. 그리하여 느부갓네살은 초자연적 계시로 알 수 있는 것만 밝히라고 그들에게 요구했다. 고문들은 이런 식의 요구가 유례없으며 **세상에는** 그런 지식을 제공할 수 있는 자가 **한 사람도 없**다고 주장했다. 그들의 주장과는 달리 다니엘이 하나님에게서 초자연적 계시를 직접 받음으로써 꿈을 밝히고 해석할 수 있는 사람으로서 이야기에 등장하여 서문 역할을 한다.

2:11. 지혜자들은 왕의 소원이 **육체와 함께 살지 아니하는 신들**을 통해서만 이루어질 수 있음을 시인했다. 이는 자신들의 온갖 주문과 마법, 점성술로는 초자연적 계시를 받을 수 없다는 솔직한 고백이었다.

3. 왕의 칙령(2:12–13)

2:12. 자기 고문들이 꿈을 해석하지 못하자 **왕은 진노하고 통분했다. 지혜자**라는 단어는 유대인 포로들을 제외하고 주술적 수단을 통해 지식을 습득한 왕의 모든 고문들을 일컫는 일반적인 용어이다.

2:13. **다니엘과 그의 친구들**도 처형당할 위기에 처했는데, 이는 그들이 왕과의 논쟁에 참여했기 때문이 아니라, 오로지 지혜자들과 같은 반열에 속했기 때문이었다. 아마도 그들은 지혜자들의 주술적 관행에 오염되지 않도록 그들과의 사귐을 피했을 것이다. 더욱이 다니엘과 그의 친구들은 나이도 어리고 미숙한 데다 왕궁에서 섬긴 지 얼마 안 되었으므로 이전에 그들에게 자문을 구했을 가능성은 적어 보인다.

4. 다니엘의 지체(2:14–16)

2:14–16. **왕의 근위대장**["사형 집행인"이 더 나은 번역일 것이다]이 다른 지혜자들과 함께 다니엘을 죽이러 오자, 다니엘은 왕의 **명령**이 **어찌 그리 급**한지(혹은 더 정확히는, HCSB에서처럼 "어찌 그리 가혹한지") 물었다. 그러고 나서 그는 **왕에게 그 해석을 알려드릴** 것이니 자신에게 **시간**을 달라고 왕에게 요청했다. 다른 지혜자들과 달리 다니엘은 핑계를 대지 않았다. 그는 이스라엘의 하나님이 자신에게 꿈의 내용과 의미 둘 다 계시하실 것으로 믿고 자신만만해했다.

5. 다니엘의 기도와 찬양(2:17–24)

2:17–19. 다니엘은 유대인 친구들에게 자신의 필요를 알렸고, 이어서 그들은 함께 참되신 **하늘에 계신 하나님**께 도움을 구했다. **하늘에 계신 하나님**이라는 칭호는 이 장에서 네 번 사용되고(2:18, 19, 37, 44) 책의 다른 곳에서는 등장하지 않는다. 이 칭호는 이 시기에 국한되는 것은 아니지만(참고. 창 24:3, 7; 욘 1:9), 포로 후기 저작(스 1:2; 5:11–12; 6:9–10; 7:12, 21, 23; 느 1:4–5; 2:4, 20)에서 이스라엘의 하나님에 대한 이름으로 주로 사용된다. 이 장은 이 칭호를 사용해 하늘에 계신 하나님만이 모든 것을 다 아시며(참고. 2:20–22), 이교도 지혜자들이 인정했듯 **이 은밀한 일**을 나타내실 수 있음을 강조한다(2:10–11). 더욱이 바벨론 사람들은 권위자들을 숭배했지만 이스라엘의 하나님은 그들 모두를 다스리셨다. 그렇기에 **하늘에 계신 하나님**으로 불리셨다. **은밀한 일**이라는 단어는 신의 계시에 의해서만 알 수 있는 비밀을 나타낸다. 그들의 기도에 대한 응답으로 **환상**이 **다니엘에게 나타나** 보였다.

2:20-23. 하나님이 왕의 꿈을 드러내시자 다니엘은 "하늘에 계신 하나님을 찬송"했다(19절). 다니엘의 찬송은 그가 **때와 계절을 바꾸시며 왕들을 폐하시고 왕들을 세우시**기 때문에 하나님이 인간의 정치적 문제를 주관하심을 강조한다(21절). 더욱이 다니엘은 **지혜자에게 지혜를 주시고, 깊고**[문자적으로, '심오한'] **은밀한 일**, 곧 왕의 기이한 꿈까지도 밝히심으로써 하나님만이 계시를 주실 수 있음을 알아챘다. 다니엘은 해몽 능력이 자기 자신에게서 생겼다기보다 자신의 **지혜와 능력**이 하나님의 은혜로운 선물임을 깨닫고는 조심스럽게 자기 **조상들의 하나님께 감사하고 찬양**을 드렸다.

2장 전반부의 요점은 이스라엘의 하나님이 가장 위대한 인간보다 더 지혜로우시다는 사실이다. 여러 나라에 대한 주권적 계획이 담긴 왕의 꿈을 그분이 자신의 종 다니엘에게 나타내실 수 있기 때문이다. 하늘에 계신 하나님은 왕의 꿈을 바벨론의 모든 지혜자들에게 나타낼 수 없었던 바벨론 제국의 모든 위대한 거짓 신들보다 훨씬 더 탁월하시다.

2:24. 하나님께 받은 지식으로 다니엘은, 사형 집행인에게 **바벨론 지혜자들을 죽이지** 말라고 말하면서 이교도 동료들에 대한 연민을 나타냈다. 그는 또한 자신이 꿈의 내용과 함축된 의미와 **그 해석**을 왕께 **알려드리**겠다고 왕의 사형 집행인에게 말했다.

6. 다니엘의 계시와 왕 앞에서의 해석(2:25-45)

2:25-27. 왕 앞에 불려와 그가…**꿈과 그 해석을…알게** 할 수 있느냐는 질문을 받은 다니엘은, 이교도 점쟁이는 '그것을 보일 수 없다'고 주장했다. **점쟁이**로 번역된 단어는 '(패를) 떼는 것' 혹은 '결정하는 것'이라는 의미를 포함하며, 다른 사람의 운명을 결정할 수 있는 사람을 나타낸다.

2:28. 다니엘은 계시를 오로지 하나님 덕분으로 돌렸는데, 그분은 은밀한 것을 나타내실 수 있다. 하나님이 **후일에 될 일**을 드러내셨다는 그의 진술은 왕의 꿈이 마지막 때에 비로소 완전히 이루어질 것임을 나타낸다.

2:29-30. 다니엘은 홀로 모든 것을 아시는 하나님께 영광을 드렸다. 그분은 전지하시므로 **은밀한 것을 나타내시고 장래 일**을 미리 드러내실 수 있다. 다니엘은 자신이 하나님의 도구에 불과하며, 자신의 지혜가 **모든 사람**보다 더 낫지 않음을 또한 확실히 인식하고 있었다.

2:31-45. 다니엘은 왕의 꿈에 나타난 여러 부분으로 구성된 **한 큰 신상**(2:31-34)을 묘사했다. 각 부분은 다른 요소들로 이루어졌으며, 역사적으로 계승되는 다른 나라를 나타냈다. **그 우상의 머리는 순금이**었으며(2:32a), 이는 바벨론 나라(주전 605-539년)를 나타냈다(2:37-38). **그 가슴과 두 팔은 은**이었고(2:32b) 메데-바사 제국(주전 539-331년)을 상징했다(2:39a). **그 배와 넓적다리는 놋**이었고(2:32c) 헬라 제국(주전 331-146년)을 의미했다(2:39b). **그 종아리는 쇠**였고(2:33a) 로마제국(서로마는 주전 146-주후 476년, 동로마는 주전 146-주후1453년)을 나타냈다(2:40). 그 발은 얼마는 **쇠**요 얼마는 **진흙**이었고(2:33b), 미래 어느 시점의 로마의 지속 혹은 부활을 나타냈다(2:41). 그것은 열 부분으로 나뉘겠지만 원래 로마제국보다 응집력이 약할 것이다(2:42-43). 신상 각 부분의 재료는 가치가 떨어지지만 내구력은 커진다. 가치의 감소는 정권 교체에 따른 도덕성의 약화 혹은 정치적 영향력의 쇠퇴를 나타낼지 모른다. 금속의 내구력 증가는 나라가 바뀔 때마다 이루어질 보다 가혹한 통치를 나타낸다. 다니엘은 또한 **손대지 아니한 돌이 나와서** 신상을 산산조각 낼 것이라고 묘사했다(2:34). 그것은 **태산**으로 커져 **온 세계에 가득**할 최후의 나라를 나타낸다. 이것이 바로 하나님의 나라이다(2:35; 참고. 44-45절).

비평적 학자들은 누구보다도 미래적 예언을 부인하기 때문에 (다니엘서가 주전 165년에 쓰였으므로 이 책이 로마제국을 예언할 수 없었을 것이라고 증거 없이 주장하면서), 네 나라를 바벨론, 메데, 바사 및 헬라로 나눈다. 이 해석이 신뢰성을 잃은 이유는 메데-바사 제국을 별도의 두 제국으로 나누는 것은 역사적으로 부정확할뿐더러 다니엘서 자체 내에서도 거부하기 때문이다(참고. 한쪽으로 치우친 숫양이 통합된 메데-바사 제국을 나타내는 8:20).

소수 해석자들은 다니엘서가 주전 6세기에 쓰였다고 주장하는 한편으로 네 나라를 앗수르, 메디안, 메데-바사 및 헬라 제국으로 봐야 한다는 대안을 제시한다[참고. John H. Walton, "The Four Kingdoms of Daniel," *Journal of the Evangelical Theological Society*

29.1(Mar 1986); 25-36]. 다니엘이 바벨론의 왕이자 바벨론 제국의 창립자인 느부갓네살에게 그가 첫째 나라를 대표한다(**왕은 곧 그 금 머리니이다**)(2:38)고 말한다는 점에서 이는 확실히 틀렸다. 게다가 이 대안적 견해를 정당화하려면 앗수르와 바벨론은 하나의 제국으로 통합되어야 한다. 하지만 다니엘서는 앗수르를 무시하고, 바벨론을 이방인의 때의 첫째 나라로 다룬다.

미래적 예언의 실체를 받아들이는 대다수 해석자들은 네 나라를 바벨론, 메대-바사, 헬라 및 로마로 본다. 그다음에 로마는 하나님 나라에게 정복당한다. 넷째 나라를 로마로 볼 때 이 해석자들은 돌의 의미에 관해 다른 의견들을 제시한다. 어떤 이들은 그것을 서서히 로마제국을 정복한 교회 안에서 구체화된 영적 나라로 본다. 다른 이들은 그것을 메시아 예수가 재림하셔서 **온 세계**(2:35)를 채우고 **영원히 망하지도 아니할**(2:44) 그분의 육체적 통치를 시작하실 때 세워질 미래의 지상 왕국으로 본다. 이 견해에 따르면 로마제국은 끝 날까지 존속할 것이다. 다른 견해에 의하면, 로마제국은 서구문명에 끊임없이 영향을 미치면서 끝 날과 하나님의 나라가 세워질 때까지 존속할 것이다. 보다 더 그럴듯한 설명은 로마제국의 몰락(로마 Ⅰ)으로 시작해 부활한 로마제국이 끝 날에 설립될(로마 Ⅱ) 때까지 지속되는 예언의 간극을 간파하는 것이다. 이 나라의 지도자는 다니엘 7:8, 24-25의 작은 뿔이 될 것이다. 이 마지막 단계의 로마제국의 파멸은 하나님 나라의 설립과 함께 올 것이다.

단지 인간의 정부를 영적으로 따라잡는 교회가 아닌, 끝 날에 문자적인 하나님의 지상 왕국이 있을 것이라는 증거는 다음과 같다. (1) 신상에 묘사된 이전의 모든 나라들은 땅에 속했고, (2) 만일 교회가 나라라면 요구될 정복된 왕들 혹은 나라들의 연합체가 2:41-42에 기술된 대로 메시아의 초림 당시 로마제국에 없었고, (3) 하나님 나라를 상징하는 돌은 지상 나라들을 파멸시키지만 주 예수는 자신의 초림에서 이를 행하지 않으셨고, (4) 하나님 나라의 도래는 교회의 영향을 통한 점진적인 변혁이 아닌 지상 나라들의 갑작스런 전복으로 묘사되고, (5) 이 환상은 7장에 묘사된 네 짐승과 유사하다는 점이다. 7장에서 나라가 메시아 예수의 재림과 함께 도래한다는 데 모두 동의한다. 그것이 여기 2장의 하나님의 나라의 도래와 같다면 말이다[참고. Stephen R. Miller, *Daniel*, NAC, edited by E. Ray Clendenen(Nashville: Broadman and Holman, 2003), 100-101].

다니엘 2장은 이스라엘의 하나님이 가장 위대한 인간보다 더 크심을 나타낸다. 2:1-24에서 그것은 그분이 만물보다 지혜가 더 크심을 보여준다. 2장의 후반부(2:25-45)에서 그것은 이스라엘의 하나님이 땅의 모든 위대한 왕과 나라보다 능력이 더 크심을 강조한다. 마침내 하나님은 견고하기 이를 데 없는 자신의 나라를 세우실 것이다.

7. 꿈과 그 해석에 대한 왕의 반응(2:46-49)

2:46-47. 왕은 첫 반응으로 **다니엘에게 절**했고, 하나님이 다니엘의 초자연적 지식의 원천임을 또한 알아챘다. 느부갓네살 왕이 여호와를 여러 신들 중 하나로, 나아가 **모든 신들의 신**이시자 **모든 왕의 주재**로서 경의를 표했지만, 그는 아직 이스라엘의 하나님을 유일하신 참되신 하나님으로 인정하지 않았다. 그는 이스라엘의 하나님을 여러 신들을 모신 자신의 신전에 포함시켰을 뿐이다.

2:48-49. 왕이 **사드락과 메삭과 아벳느고를 세워 바벨론 지방의 일을 다스리게** 했다는 끝의 기록은 다음 장에 기술될 사건들의 배경이 된다.

다니엘이 이전에 꿈의 계시를 받고 하늘에 계신 하나님을 찬양했듯(2:20-23), 왕 또한 다니엘이 그의 꿈을 계시하자 하나님께 대한 주체할 수 없는 찬양으로 응답했다(2:47). 메시아 예수를 따르는 사람이라면 그분의 말씀인 성경에서 하나님의 초자연적 계시를 만날 때 경외심을 가져야 할 것이다. 다니엘은 이를 멋지게 표현한다. "영원부터 영원까지 하나님의 이름을 찬송할 것은 지혜와 능력이 그에게 있음이로다"(2:20).

B. 다니엘의 친구들과 풀무 불(3:1-30)

어떤 이들은 그때가 10년, 아니 20년 후일 수도 있었을 것이라고 추산했지만, 다니엘 3장의 사건들은 다니엘이 왕의 꿈을 해석한 직후에 일어났다(참고. 단 2장). 바벨론의 기록에 의하면, 느부갓네살의 재위 10년 차에 그에 대한 반란이 일어났고, 이로 인해 왕이 여기에 묘사된 충성심 테스트를 해야겠다고 생각했을지 모른다. 이 장의 목적은 이교도 이방인의 탄압에 직면한 이스라엘의 신실한 남은 자들에게 이스라엘의 하나님을 위해 견고히 서는 본보기를 제시하는 것이었다.

1. 신상에게 절하라는 왕의 명령(3:1-7)

3:1. 느부갓네살은 **금으로 신상을 만들었**는데, 이는 거대한 조각상과 매우 흡사했고, 전체가 순금이 아니라 순금을 입혔을 것으로 추정된다. 아마도 이 신상은 자신이 꿈속에서 본 형상의 실제 모형을 갖고 싶다는 왕의 바람을 나타낼 것이다(참고. 2:31-33). 그 형상에서 바벨론을 상징하는 머리만이 금으로 되어 있다. 그러므로 왕이 신상 전체를 금으로 입혀 만들게 한 것은 바벨론 제국은 단명하다는 이전 메시지를 부정하기 위해서였다. (**높이는 육십 규빗이요 너비는 여섯 규빗**과 동등한) 높이가 약 27미터에 폭이 약 2.7미터(현대인의성경)나 되는 규모라면 인체를 기괴하게 왜곡시키는 것이므로 이 신상은 커다란 받침대 위에 놓였을 가능성이 크다.

신상은 **두라 평지에** 세웠는데, 이곳의 위치는 끝내 확인되지 않았다. 신상은 바벨론 성읍 안이 아닌 그 지역 어딘가의 평지에 있었다. 아마도 다니엘은 이 일에 개입하지 않았을 것이다. 왜냐하면 그의 세 친구인 사드락과 메삭과 아벳느고를 비롯한 다른 관리들이 그들의 충성심을 나타내라고 두라에 소환된 반면 다니엘은 수도인 성읍의 '왕궁에'(2:49) 남았기 때문이었다. 다니엘이 거기에 갔더라도 그 역시 신상에 절하기를 분명히 거부했을 것이다.

3:2-3. **느부갓네살 왕이…사람을 보내어** 지역의 모든 관리들로 하여금 **신상의 낙성식에 참석하게** 했다. 일곱 직무는 구체적으로 언급되지만, 그 직무들이 서열이 낮은 순으로 열거되어 있다는 점을 제외하고는 각 지위의 정확한 의미는 불분명하다. 바사의 비문들이 신바벨론 시대로부터 발견되어 왔으므로 **총독**을 일컫는 바사의 차용어 사용이 반드시 시대착오적 생각을 암시하지는 않는다. 더욱이 다니엘이 이 책을 완성했을 무렵 바사의 시대가 이미 시작되었으므로 그가 바사의 단어들을 사용하는 것은 당연할 것이다.

3:4-5. 악기 소리가 들리자 모든 참석자는 **엎드리어 금 신상에게 절**해야 했다. 여섯 악기가 구체적으로 언급되는데, 그중 셋(**수금**, **양금**, **삼현금**)은 다니엘서에서 유일한 헬라어 차용어이다. 바벨론 시기보다 앞서는 앗수르 비문들까지도 헬라의 악기들과 음악가들을 언급하기 때문에 이 또한 다니엘서가 헬라 시기의 후반에 쓰였음을 암시하지는 않는다[Gleason Archer, "Daniel," EBC, edited by Frank E. Gabelein(Grand rapids, MI: Zondervan, 1985), 21].

어떤 이들은 신상이 느부갓네살 자신을 나타냈다고 추측하지만, 바벨론 사람들은 자신들의 왕이 신이라고 믿지 않았으므로 이는 가능성이 낮다. 그 신상은 느부갓네살의 수호신인 나부로 추정되는 바벨론의 신 아니면 바벨론 최고의 신인 마르둑을 나타낼 가능성이 더 크다. 고대 이교도 신앙이 다수의 신을 용인하는 경향을 보이기는 했지만, 여기서 느부갓네살은 자신의 신에게 절하라고 이처럼 명령함으로써 이를 자신에 대한 일종의 충성 맹세로 만들었다.

3:6-7. 신상에게 절하지 않는 자는 **맹렬히 타는 풀무 불**에서 소각될 것인즉, 이는 느부갓네살이 시드기아와 아합이라는 두 유대인 거짓 선지자에게 내리기도 했던 처벌이었다(렘 29:22). 이는 함무라비 법전의 조항 25와 110, 157에 나타나듯 바벨론의 흔한 처벌 방식이었다. 아마도 이 화덕이 세워진 것은 금을 녹여 느부갓네살이 명령한 신상을 만들기 위해서였을 것이다. 왕의 서슬 퍼런 명령이 내려지자 세 유대인 젊은이를 제외하고 거기 모인 모든 관리들은 찍소리도 못한 채 **금 신상**에 절했다.

2. 신상에게 절하기를 거부하는 젊은이들(3:8-23)

3:8-12. 사드락과 메삭과 아벳느고가 거짓 신에게 절하기를 거부하자 **어떤 갈대아 사람**들이 악의적으로 왕에게 **참소**했다. **갈대아 사람**이라는 단어는 일반적으로 바벨론 사람을 일컫는 민족 용어이자 조정에서 점성술사와 점쟁이, 지혜자로 섬기는 제사장들을 가리키는 특정 용어였다. 여기서는 왕의 점성술사와 지혜자를 나타내는 이차적 의미로 사용된다. 아마도 이들은 두라 평지로 소환되었던 조정의 관리였을 것이다.

그들이 신실한 세 유대인을 고발한 동기는 왕의 명령에 대한 복종이 아니라 유대 백성에 대한 증오였다. 그들은 **유다 사람들**을 고발하고자 했으며(3:8), **왕이 세운 몇 유다 사람**을 언급했다(3:12). 하나님이 택하신 백성에 대한 증오가 아니라면 그들은 몇몇 왕실 관리를 고발하되 그들의 민족성은 언급하지 않았을 것이다. 성경에서 유대 백성에 대한 증오는 바로에서 하만에 이르기까지 끊임없이 지속되는 죄였다. 그것은 이스라엘의 하나님께 대한 증오를 반영하며, 억압과 심지어 그분의 백성에 대한 집단 학살 시도를 통해서도 표현된다(시 83:2-5). 이 유대 사람들이 **왕의 신들을 섬기지 아니하며 금 신상에게 절하지 아니하나이다**라고 말함으로써 지혜자들은 그들을 불충의 죄로 고발했는데, 이는 또 다른 반유대주의 비방으로서 오늘날까지 끈질기게 지속되고 있다.

3:13-18. 격분한 왕은 다니엘의 친구들에게 우상에게 절할 두 번째 기회를 주었지만, 그들은 끄떡도 하지 않았다. 그들은 참되신 하나님이 **맹렬히 타는 풀무 불 가운데에**서 그들을 **능히 건져**내실 것으로 확신했다. 이 맥락에서 아람어 불완전동사 예세지브(*yesezib*, 그분이 건져내시거나 구하실 수 있다)는 확실성이 아닌 가능성을 나타낸다. 그들의 말은 하나님이 그들을 구해내실 수도 있고, 그렇지 않을 수도 있다는 뜻이었다. 그것은 그분의 선택이었다. 그들의 신앙은 기적에 대한 믿음에 국한되지 않고, 하나님의 주권에 대한 신뢰 또한 포함시켰다. 설령 하나님이 그들을 이 형벌에서 건져내시지 않고 그들이 그분을 위해 순교하도록 내버려 두신다 할지라도 자신들은 왕의 **신들**을 섬기지도 아니하고 **금 신상에게 절하지**도 않겠다고 주장했다. 이는 성경을 통틀어 가장 강력한 믿음의 고백이다. 그들은 여호와께서 그들의 운명을 결정하실 것으로 믿는 한편으로 그분께 여전히 충실했다.

3:19-23. 왕은 격노하여 **그 풀무 불을 뜨겁게 하기를 평소보다 칠 배나 뜨겁게 하라**고 **명령**했는데, 이는 '할 수 있는 한 뜨겁게'에 대한 관용어법이다. 지시를 받은 용사들이 사드락과 메삭과 아벳느고를 풀무 불 가운데 던졌는데, 그 열기가 얼마나 뜨거웠던지 불꽃이 하나님의 세 신실한 종을 풀무 불에 던진 사람을 **태워 죽였**다. 이는 세 사람의 생존에 대한 사실주의적 설명이 없었음을 나타낸다.

옛 화덕은 구식 우유병처럼 생겼고, 언덕이나 돌 더미 위에 세웠는데 꼭대기와 옆에 구멍이 있었다. 화덕을 뜨겁게 하려면 지반면에서 녹일 광석은 꼭대기에 있는 큰 구멍 속으로 떨어뜨리고 장작이나 숯은 옆의 구멍으로 넣으면 되었다. 지반면에는 다른 두 개의 작은 구멍이 있어 그 안에 커다란 풀무와 연결된 배관을 삽입하면 불의 온도를 높일 수 있었을 것이다(Archer, "Daniel," 56). 어떤 이들은 이 화덕의 온도가 섭씨 982도까지 올라갈 수 있었을 것으로 어림잡았다(Miller, *Daniel*, 115, 122). 필시 이 화덕은 느부갓네살의 신상을 만들 때 금광석과 벽돌을 녹이는 데 사용되었을 것이다. 따라서 세 사람은 위로부터 **풀무 불 가운데 떨어졌**고(3:23) 왕은 화덕의 측면 구멍을 통해 안을 볼 수 있었다(3:24-25).

3. 풀무 불에서 구하시는 여호와(3:24-27)

3:24-25. 화덕을 들여다보던 왕은 **네 사람이**…화덕 안에서 **다니는** 것을 보고 놀랐으며, 그 **넷째**의 모양은 **신들의 아들과** 같았다. 이는 어쩌면 성육신 이전의 메시아의 모습을 뜻하는 여호와의 천사였을 가능성이 높다. 그렇다 하여도 이교도 왕이 이를 이해했을지는 의문이다. 오히려 그의 진술은 자신이 본 구원자의 영광스러운 모습을 나타낸다. 이방인 왕은 그러지 못했지만, 신실한 독자는 누가 화덕 안에 있었는지 알아채야 할 것이다.

3:26-27. 세 사람에게 화덕에서 나오라고 한 느부갓네살과 그의 모든 조정 신하들은 **불이 능히** 그들의 **몸을 해하지 못하였**음을 알았다. 불은 그들의 머리털과 옷을 그을리지 못했으며 그들은 **불 탄 냄새**조차 맡지 못했다. 히브리서 11:34은 "불의 세력을 멸한" 자들을 언급하면서 이 믿음의 기적을 인용한다.

4. 이스라엘의 하나님을 인정하는 왕(3:28-30)

3:28-30. 느부갓네살 왕은 다니엘 2장에서 시작된 믿음의 여정을 계속했다. 거기서 그는 은밀한 꿈을 나타내시고 여러 나라의 운명을 쥐락펴락하실 만큼 매우 강력하신 여호와께서 참되신 하나님이심을 깨달았다. 어떤 의미에서 그는 이스라엘의 하나님을 많은 신들 중 하나로 알았다. 하지만 다니엘 3장에서 느부갓네살은 사드락과 메삭과 아벳느고가 "지극히 높으신 하나님의 종"(3:26)임을 알게 되었는데, 이는 그가 이스라엘의 하나님을 나머지 모든 신들보다 더 위대하신 분으로 여겼음을 나타낸다. 그러나 그는 여전히 여러 신을 믿는 다신론자였다. 느부갓네살이 구원을 베푸신 **사드락과 메삭과 아벳느고의 하나님**을 찬양하고 이스라엘의 하나님께 **경솔히 말하**는 것을 금했지만(3:28-

29), 그는 아직도 유일하신 참 하나님을 완전히 알지 못했다.

세 젊은이는 우상숭배를 묵인하라는 강한 압박에도 불구하고 참되신 하나님께 한결같이 충성했다. 그들은 "네가 불 가운데로 지날 때에 타지도 아니할 것이요 불꽃이 너를 사르지도 못하리니"라는 이사야 43:2의 약속을 체험했다. 따라서 그들은 이방인의 때에 살던 이스라엘의 신실한 남은 자들과 오늘날 주 예수를 따르는 모든 사람에게도 본보기가 되었다. 주님께 불충하라고 끊임없이 부추기고 압력을 가하는 사회에 살고 있지만, 그분을 따르는 자들은 불 가운데서도 그분의 임재를 확신할 수 있다. 하나님은 압력이라는 강렬한 열기에서 초자연적 구원을 베푸셔서 그분의 신실한 자들을 자신에게로 무사히 오게 하실 수 있다.

C. 느부갓네살의 교만과 광기 그리고 회개 (4:1-37)

1. 프롤로그: 찬양의 선포(4:1-3)

4:1-3. 본문은 다니엘 4장의 사건들이 언제 일어났는지 밝히지 않는데, 그 시점은 본문 해석에 중요하지 않다. 그러나 느부갓네살 왕은 필시 자신의 43년간의 통치가 끝나기 대략 10년 전에 꿈을 꾸었을 것이다(5절을 보라). 그때에 하나님은 은혜 가운데 왕에게 회개할 수 있는 1년을 주셨고, 뒤이어 그의 7년간의 광기가 시작되었다. 의식을 회복한 후 왕은 2-3년 정도 더 살다가 주전 562년에 눈을 감았다.

다니엘은 이 장을 느부갓네살이 자기 제국에 친히 보낸 공식 서신으로 포함시켰다. 편지는 왕이 썼겠지만, 이 편지를 포함시키기로 한 사람은 책의 저자인 다니엘이었다. 왕이 1인칭으로 자신에 대한 글을 쓰는 것에서 시점을 전환했을 것 같지는 않다(4:1-27, 34-37). 다니엘은 책의 저자이자 왕의 절친한 친구로서 왕이 했던 체험을 혼자만 알고 있었다. 그러므로 그는 필시 왕에 대해 3인칭으로 말하며(28-33절) 그가 정신병을 앓던 시간을 기록하는 부분을 썼을 것이다. 4장은 세 부분으로 구성되어 있다. (1) 왕이 참되신 하나님을 찬양하는 '프롤로그'(4:1-3). (2) (a) 왕의 꿈, (b) 다니엘의 해석, (c) 왕의 질환과 회개를 이야기하는 '본론'(4:4-34a) 그리고 (3) 왕이 참되신 하나님의 주권을 스스로 인정한다고 선언하는 에필로그(4:34b-37). 이 장이 **지극히 높으신 하나님이** 그에게 **행하신 이적과 놀라운 일을** 회상하는 왕의 관점에서 쓰였음은 물론이다(4:2). 그렇기에 이 프롤로그는 이 장이 끝날 무렵 왕이 이미 알게 된 것을 반영한다. 그것은 하나님의 나라는 **영원한 나라요 그의 통치는 대대에 이르리로다**라는 사실이다.

2. 이야기: 꿈을 꾸다(4:4-34a)

4:4-34a. 이야기는 꿈으로 시작해 그 후의 1년과 뒤이어 정신 질환을 앓는 7년, 이렇게 8년의 기간을 다룬다.

a. 왕의 꿈(4:4-18)

4:4-7. 느부갓네살 왕은 또다시 꿈을 꾸었고 여기서 두려움을 느꼈다. 그래서 그는 네 부류의 지혜자들을 불러 자신의 꿈을 해석하게 했다(**박수**와 **술객**의 의미에 대해서는 1:20-21에 대한 주석을 보라, **갈대아 술사**에 대해서는 2:2-3을, **점쟁이**에 대해서는 2:27을 보라). 다니엘 2장의 꿈과 달리 왕은 **그 꿈을 그들에게 말하였으나**, 마찬가지로 그들은 **그 해석을** 그에게 **알려주지 못하였다**.

4:8. 다니엘은 마침내 왕 앞에 섰다. 아마도 그는 이전의 지혜자들이 왕 앞에 나타났을 때 왕궁에서 멀리 떨어져 있었거나, 아니면 그만이 평범한 지혜자들의 능력을 넘어서는 문제를 해결하도록 부름을 받았을 것이다. 여하튼 왕은 **거룩한 신들의 영**이 다니엘 안에 있음을 알아챘다. 이 번역은 이교도 왕의 관점을 반영한다. 하지만 왕은 하나님만이 숨겨진 것을 드러내실 수 있음을 아는 벌을 받은 왕의 관점에서 이를 이야기하고 있으므로, 그 구절은 "거룩하신 하나님의 영이 그의 안에 있다"로 옮기는 편이 더 나을 듯하다.

이 절을 시작으로 4장 내내 다니엘은 빈번히 그의 바벨론 이름인 **벨드사살**로 불리는데, 이는 히브리인 포로가 아닌 바벨론 왕의 관점에서 썼기 때문일 것이다.

4:9-13. 느부갓네살은 다니엘에게 자신의 꿈을 들려주면서 자신이 본 것을 **한 나무가…높이가 높더니 그 나무가 자라서 견고하여지고 그 높이는 하늘에 닿**은 것으로 묘사했는데, 이는 유난히 큰 나무에 대한 비유이다. 이와 비슷한 표현은 창세기 11:4에서 그 꼭대기가 '하늘에' 닿을 바벨론 성읍의 탑에 대해 사용되었다. 그 나무는 땅에서 **육체를 가진** 모든 것에게 **먹을** 것과 쉼터를 제공해주었다. 왕은 여기서 **한 순찰자, 한**

거룩한 자로 불리는 천사를 또한 보았다.

4:14-18. 왕의 꿈에 나타난 천사는 그 나무가 베어질 것이지만 **그 뿌리의 그루터기**는 **땅에** 남겨질 것이라고 선언했는데, 이는 생명의 지속을 나타낸다. 그루터기는 **쇠와 놋줄로 동여질** 것인데, 이는 그루터기가 보호됨을 나타낸다. 천사가 **그 마음이 변하여 사람의 마음 같지 아니하고 짐승의 마음을** 받아 **일곱 때**, 즉 일곱 해를 지낼 것이라고 선언했으므로 나무는 명백히 사람(왕)을 나타낸다.

b. 다니엘의 해석(4:19-27)

4:19. 다니엘은 꿈 이야기를 듣는 순간 그 의미가 파악되어 **한동안** 놀라며 **마음으로 번민**했다. 왕의 충실한 종인 다니엘은 장차 왕에게 내려질 끔찍한 징계를 생각하니 걱정이 앞섰다.

4:20-26. **나무**는 정신병에 걸려 어쩔 수 없이 7년 동안 **들짐승**처럼 바깥에서 살고 **소처럼 풀을 먹**고 살게 될 왕을 상징했다. 이는 느부갓네살 왕이 자신의 교만을 회개하고 **지극히 높으신 이가 사람의 나라를 다스리시며 자기의 뜻대로 그것을 누구에게든지 주시는 줄을** 알 때까지 지속될 것이다. 왕은 자신이 이룬 업적에 대한 공을 차지하기보다 그를 지금의 자리에 있게 하신 하나님의 주권을 인정해야 했다. **하나님이 다스리시는 줄을** 왕이 깨달을 때 하나님은 그의 정신과 영토를 회복시키실 것이다. 구약에서 **하늘**이 하나님에 대한 환유로 사용되는 사례는 이 부분이 유일하다. 이 용법은 신구약 중간 문헌과 신약 그리고 랍비 문헌에서 자주 등장한다.

4:27. 다니엘은 회개하면 하나님의 징계가 늦춰질지 모른다는 소망으로 왕에게 회개를 권고했다. 그렇게 하려면 왕은 **공의를 행함으로** 죄에서 떠나야 했다. 어떤 이들은 '공의'를 일컫는 아람어 단어를 자선을 베푸는 일과 연관 지어 이해해왔다. 성경 이후의 히브리어 및 아람어에서 이 단어는 실제로 그 의미의 범주 안에 '자선 베풀기'를 포함시키기 시작한다. 하지만 다니엘서에서 이 용법은 그런 정의를 내리기에는 시기상조이며 단순히 '정의'를 뜻할 뿐이다. 다니엘은 선행을 구원의 수단, 혹은 심지어 일시적 심판을 늦추기 위한 수단으로 요구하기보다 믿음으로 하나님의 통치권을 인정하고, 그렇게 한 후에 하나님의 공의로운 (혹은 정당한) 기준에 따라 삶으로써 자신의 **죄를 사하라**고 왕에게 권고했다.

c. 꿈의 실현(4:28-34a)

4:28-30. 1년 후 다니엘의 예언은 실현되었다. 바벨론 성읍에 궁전이 적어도 세 개나 있는 느부갓네살은 어느 왕궁의 **지붕에서 거닐**고 있었다. 장엄한 성읍을 보면서 그는 그 웅대함에 압도되고 자부심에 사로잡혔다. 그는 성읍을 **큰 바벨론**으로 불렀는데, 이 표현은 요한계시록 17:5과 18:2에서 되풀이된다.

헤로도토스(주전 425년경에 죽은 헬라의 역사가)에 의하면 바벨론은 고대 세계에서 가장 찬란했던 성읍이었다. 그는 바벨론의 외벽만 해도 길이가 약 90킬로미터, 너비가 약 24.4미터, 높이가 약 97.5미터였다고 기록했다. 느부갓네살은 위대한 건설자로서 성읍을 약 15.5제곱킬로미터로 확장했다. 그는 또한 웅장한 건물들과 신전들, 궁전들로 성읍을 아름답게 꾸몄다. 성읍 안에는 여러 신들을 섬기는 신전이 53개 남짓 있었고 거대한 금 신상을 모신 신전들도 많았다. 신성한 행진이 이루어지는 주요 도로는 이슈타르 게이트에서 마르둑 신전으로 이어졌는데, 그에 인접한 지구라트는 높이가 약 87.8미터나 되었다. 유프라테스강을 가로지르는 약 122미터 길이의 다리는 성읍의 동쪽 반과 서쪽 반을 잇고 있었다. 왕의 주요 궁전의 북서쪽 모퉁이에는 세계 7대 불가사의 중 하나인 그 유명한 바벨론의 공중정원이 있었다. 테라스 위에 세워진 그 정원은 돌출 정원으로 불러야 더 적절할 것이다. 고대 역사가가 부풀려 말했든 정확히 묘사했든 바벨론 성읍은 그 당시 알려진 세계에서 가장 크고 가장 인구가 많았으며 가장 위대한 성읍이라 할 만했다. 아마도 느부갓네살은 자신의 찬란한 성읍이 내다보이는 공중 정원의 지붕에서 거닐며 자부심이 가득했을 것이다.

단

왕의 주체할 수 없는 자부심은 이렇게 말한 데서 분명히 드러난다. **이 큰 바벨론은 내가 능력과 권세로 건설하여…내 위엄의 영광을 나타낸 것이 아니냐**(30절). 느부갓네살이 자신에게만 초점을 맞추고 있음에 주목하라. 그는 이 모든 것을 주신 하나님의 공로를 인정하지 않았고 그분에게 영광을 드리지도 않았다. 오랜 세월 후 바울은 이런 질문으로 고린도 교인의 교만을 질책했다. "네게 있는 것 중에 받지 아니한 것이 무엇이냐 네가 받았은즉 어찌하여 받지 아니한 것같이 자랑하느냐"(고전 4:7). 교만은 이렇게 하나님이 홀로 하신 일에 대한 공로를 가로챈다.

4:31. 1년 동안 참으신(4:28) 하나님은 느부갓네살의 교만이 하늘을 찌르던 바로 그 순간 징계를 내리셨다. **이 말이 아직도 나 왕의 입에 있을 때**이기는 했지만 말이다. 느부갓네살이 **왕위**를 빼앗기고 정신병이라는 나락으로 떨어진 것은 하나님만이 인간의 업적과 권위의 원천이시라는 방증이었다.

4:32-33. 사람에게서 **쫓겨나 들짐승**과 함께 살게 된 느부갓네살은 자신을 소라고 믿는 희귀한 정신장애에 시달렸다. 따라서 그는 **소처럼 풀을 먹기** 시작했고 **몸이 하늘 이슬에 젖었다.** 이런 증상은 요즘으로 치면 머리를 길게 헝클어뜨리고 손톱을 두껍게 하는 것인데, 이는 느부갓네살의 머리가 **독수리 털과 같이** 자랐고 **손톱은 새 발톱과 같이** 된 것과 아주 흡사하다(Harrison, *Introduction to the Old Testament*, 1116-1117).

비평가들은 세속 역사에 느부갓네살의 정신병에 대한 기록이 없다고 주장하면서 이 이야기의 사실성에 이의를 제기한다. 하지만 고대 근동의 전제 군주가 자신의 정신병 발작을 왕궁의 공식 문서에 기록하게 했을 것 같지는 않다. 더욱이 교회 역사가인 유세비우스(주후 339년 사망)는 주전 3세기의 헬라 역사가인 아비데누스를 인용하면서, 어느 때 곧 느부갓네살이 '신이 들렸던' 그의 말년을 언급했는데[Praeparatio Evangelica IX, 41 cited by Leon Wood, *A Commentary on Daniel* (Grand Rapids, MI: Zondervan, 1973), 121-122], 이를 다니엘 4장의 사건에 대한 세속 역사의 언급으로 볼 수 있을 것이다. 또한 주전 3세기 역사가인 베로수스는 느부갓네살이 죽기 직전 그에게 닥친 질병에 대해 말하면서 이 사건들을 언급한 것 같다(Wood, *Daniel*, 122).

비평가들은 왕이 정신병에 걸려 무능해진 상태에서 바벨론 제국이 제대로 돌아갔을 것인가에 대해 의구심을 가졌다. 하지만 다니엘이 뛰어난 리더십을 발휘했을 것이므로 국정 운영에는 조금도 차질이 없었을 것이다.

4:34a. 느부갓네살이 겪는 망상의 본질은 환자가 추론하거나 자신에게 닥친 일을 이해할 수 없는 그런 것이 아니다. 그렇기에 왕은 자신의 정신병이 교만으로 인해 생겼음을 깨닫고 그에 따라 회개할 수 있었다. 그리하여 **느부갓네살이** 자신의 교만을 회개하여 **하늘을 우러러보**고 지극히 높으신 하나님을 인정했을 때 그의 정신은 즉각 온전해졌다.

3. 에필로그: 주권의 선언(4:34b-37)

4:34b-35. 이야기의 에필로그로서, 느부갓네살은 자신의 깨달음을 묘사할 뿐 아니라 다니엘서의 주제를 요약하는 단어들을 사용해 하나님께 영광을 돌렸다. 즉, 그는 하나님의 **영원한 권세**와 그분의 영구한 **나라, 땅의 모든 사람**에 대한 그분의 주권을 인정했다.

4:36-37. 회개 후에 느부갓네살은 정신이 온전해졌음을 알았고, 여호와는 바벨론에 대한 그의 **위엄**과 '왕위' 또한 회복시키셨다. 이 장의 맨 마지막 문장은 이 이야기의 메시지를 요약한다. 곧 하나님은 **교만하게 행하는 자를 능히 낮추**신다는 것이다. 어떤 이들은 이교도 왕 느부갓네살이 참되신 하나님의 구원에 이르는 지식에 실제로 도달했을까 의심하지만 그는 그 지식까지 이르렀던 것으로 보인다. 자신의 40년에 이르는 믿음의 여정에서 느부갓네살은 이스라엘의 하나님을 여러 신들이 있는 전으로 모셨고(2:47), 이스라엘의 하나님을 지극히 높으신 하나님으로 인정했으며(3:26), 마침내 자신의 교만을 회개하고 세상과 자신의 생명까지도 주관하시는 이스라엘의 하나님께 굴복했다(4:34-37). 그리하여 자신의 생이 끝날 무렵 느부갓네살은 이스라엘의 하나님을 알고 따르게 되면서 구원을 체험했다.

사람들은 자신의 능력이나 지위, 성공에 대해 공치사하기 일쑤이다. 지혜로운 사람은 느부갓네살의 교훈을 배우고 이 모든 것의 원천이 자신이 아니라 우주의 주재자이심을 인정한다.

D. 벨사살의 잔치와 벽에 쓴 글씨(5:1-31)

다니엘 5장에 전개된 사건들은 앞 장의 사건들로부터 얼추 23년 후에 일어났다. 느부갓네살은 한동안 정신이상으로 고생하다가 나중에 회개했고 그로부터 얼마 뒤인 주전 562년에 생을 마감했다. 그가 죽은 후 일련의 음모와 암살이 뒤따랐고 여러 무명의 왕들이 바벨론을 다스리다가 마침내 나보니도스가 왕권을 쟁취했다(주전 556-539년). 이전 비평가들은 벨사살이 실존 인물인지를 의심했다. 그에 대한 기록이 세속 역사에 없었기 때문이었다. 하지만 1914년을 시작으로 왕세자 벨사살의 존재를 입증하는 별도 기록 문서 37권이 발견되었다. 발견된 옛 문서들은 나보니도스가 바벨론의 벨사살을 공동 통치자로 위임해 제국을 다스리게 했고 자신은 아라비아를 통치하는 데 많은 시간을 보냈음을 입증한다.

1. 왕의 잔치(5:1-4)

5:1. **벨사살 왕이 그의 귀족 천 명을 위하여 큰 잔치를 베푼** 것은 필시 나보니도스가 바사 사람들에게 결정적 패배를 겪은 후 귀족들의 떨어진 사기를 북돋우기 위해서였을 것이다. 고대 헬라의 역사가인 헤로도토스와 크세노폰은 잔치가 진행 중일 때 바벨론이 몰락했음을 확증한다(5:30). 바벨론에서의 발굴로 일천 명의 귀족을 너끈히 수용했을 법한 공식 알현실이 모습을 드러냈다.

5:2-4. 잔치가 한창일 때 벨사살은 47년 전 예루살렘 **성전에서 탈취했던 금, 은그릇을 가져오라고 명했**다. 벨사살이 바벨론 신들에게 바친 술을 이스라엘의 참되신 하나님께 봉헌한 그릇으로 마시는 것은 대단히 공격적이고 불경스런 행위였다. **느부갓네살**은 벨사살의 **부친**으로 불렸다. 나보니도스가 그의 아버지였는데도 말이다. 벨사살의 아버지 나보니도스가 느부갓네살의 딸과 결혼한 것은 바벨론 왕위에 대한 자신의 권리를 확실히 하기 위해서였을 것이며, 이로써 느부갓네살은 벨사살의 조부가 되었다. '부친'으로 번역된 아람어 단어는 직계가 아니더라도 조부나 선조, 나아가 왕의 후계자까지 나타낼 수 있었다.

2. 벽에 쓴 글씨(5:5-9)

5:5. 왕과 그의 귀족들이 이스라엘의 하나님을 조롱하던 정확히 바로 그 순간, **사람의 손가락들이 나타나서…석회 벽에 글자를 쓰**기 시작했다. 이는 벨사살 혼자 본 환상이 아니라 참석자 모두가 본 이적이었다. 나중에 이를 해석하라고 소환된 지혜자들도 석회 벽에 쓰인 글자를 여전히 볼 수 있었다. 바벨론을 발굴한 고고학자들에 의하면, 바벨론의 공식 알현실(5:1을 보라)의 벽은 흰 석고(혹은 석회)로 덮여 있었는데, 이는 다니엘서의 묘사와 들어맞는다[참고. Robert Koldeway, *The Excavations at Babylon*,(London: Macmillan, 1914), 104].

5:6-7. 벽에 쓴 글자를 보고 벨사살이 얼마나 무서워 했던지 그의 **넓적다리 마디가 녹는 듯하고 그의 무릎이 서로 부딪쳤**다. 그리하여 그는 지혜자들을 **불러오게** 해서 누구든 벽에 쓴 글자를 해석하기만 하면 큰 특권을 주겠다고 했다. 그는 해석을 잘하는 지혜자는 나보니도스와 벨사살에 이어 **나라의 셋째 통치자**로 삼겠다는 제안까지도 했다.

5:8-9. 이전 선례대로(참고. 2:3-13, 4:7) **지혜자**들 중 어느 누구도 능히 **그 글자를 읽지 못하며 그 해석을 알려주지 못**했다. 바벨론의 지혜자들은 매번 하나님의 메시지를 해석하지 못했다. 하나님의 선지자 다니엘만이 해석할 수 있었다(1:17).

3. 왕비의 조언(5:10-12)

5:10. 벨사살 왕의 모든 왕후들은 이미 그의 옆에 있었으므로 **잔치하는 궁에 들어온 왕비**는 그의 아내가 아닌 왕대비였다(참고. 5:3).

5:11-12. 이때 다니엘은 80세쯤 되었으며 자리에서 물러났거나 사람들에게 잊혔다. 느부갓네살의 딸인 왕대비는 자기 아버지가 통치하던 당시에, **마음이 민첩하고…꿈을 해석하며 은밀한 말을 밝히며 의문을 풀**었던 다니엘의 능력을 기억하고 있었다. 그래서 그녀는 자기 아들에게 다니엘을 불러 벽에 쓴 글자를 **해석하**게 하라고 조언했다.

4. 벨사살과 다니엘의 만남(5:13-29)

왕 앞에 불려온 다니엘은 느부갓네살에게 시종일관 보였던 것과 같은 수준의 존경심을 나타내지 않았다. 대신 그는 뻔뻔스런 태도와 느부갓네살에게서 배우지 못한 것에 대해 벨사살을 책망했다. 벨사살은 자기 부친이 배웠던 이스라엘의 하나님 앞에서의 겸손이라는 교훈을 기억하기보다, 참되신 하나님을 조롱하는 뻔뻔함을 보였다.

5:13-17. 그를 영화롭게 해주고 **나라의 셋째 통치자**로 삼겠다는 왕의 제안을 듣는 순간, 다니엘은 그의 **상급은 다른 사람에게 주**라고 말하면서 어떤 은전도 받기를 거부했다. 이는 다니엘이 무례하거나 오만해서라기보다 왕이 하나님 앞에서의 겸손이라는 느부갓네살의 교훈을 무시할뿐더러 성전 그릇 또한 불경하게 사용해서 화가 났기 때문이라고 할 수 있다.

5:18-24. 역사적 내러티브를 쓰는 사람들은 대화

를 통해 빈번히 본문의 핵심 메시지를 전한다. 이 경우 다니엘의 말은 (다니엘 4장에 기술된 대로) 느부갓네살의 경험에서 배우지 못한 것에 대해 벨사살을 질책하는 역할을 했다. 다니엘은 **지극히 높으신 하나님**이 벨사살의 전임자인 **느부갓네살**에게 **나라**를 **주신** 것과, 또한 느부갓네살의 **뜻이 완악**했을 때 하나님이 정신장애로 그를 치시고 낮추시자 마침내 **그가** 이스라엘 하나님의 주권을 **알기에 이르렀**음을 벨사살에게 상기시켰다. 다니엘은 벨사살이 **이것을 다 알고도** 자기 **마음을 낮추지** 않았으므로 그를 질책했다. 옛 바벨론 기록에 따르면 벨사살은 주전 560년 (주전 560-556년에 바벨론을 다스린) 네리글리사르 왕의 조정에서 섬겼는데, 이는 그가 느부갓네살의 말년에 일어난 일들을 알 만큼 충분히 나이가 들었음을 나타낸다. 벨사살은 전능자에게 굴복하는 것을 배우는 대신 성전 그릇을 술잔으로 사용해 하나님을 모독했고, 그리하여 자신을 **하늘의 주재보다 높**였다. 다니엘이 구체적으로 언급한 죄는 교만, 신성모독, 우상숭배 및 참되신 하나님을 영화롭게 하지 못한 것이었다. 이런 이유로 **이 글**은 심판과 파멸의 메시지로 벽에 **기록되었**다.

5:25-29. 벽의 세 글자는 아람어로 쓰였고 다음과 같았다. **메네**[수를 셌다]와 **데겔**[저울에 달았다], **우바르신**[나뉘었다]. 이는 벨사살의 여생이 얼마 안 남았고, 그의 나라가 종말을 맞이할 것이며, 그의 통치를 저울에 달았는데 **부족함이 보였**으며, 바벨론이 **메대와 바사 사람**들 가운데서 **나뉠** 것임을 나타냈다.

벽에 쓰인 셋째 단어가 복수형(UPHARSIN, **우바르신**)이었지만 다니엘은 단수형(PERES, **페레스**)을 써서 그 의미를 설명했다. 벨사살의 **나라가 나뉘**었다는 예언은 바벨론 제국이 두 나라(**메대와 바사**)로 동등하게 나뉠 것이라기보다 바벨론이 파멸되거나 분해되어 메데-바사 제국에 넘어갈 것임을 나타낸다. 벽에 쓴 셋째 단어(**우바르신**)는 '바사 사람'을 일컫는 아람어 단어와 글자 수가 같고 언어유희로 사용되었는데, 이는 나라가 바사 군대에 함락될 것을 나타낸다.

5. 바벨론의 몰락(5:30-31)

5:30. 바벨론 성벽 외곽의 소규모 접전에서 패한 벨사살은 성읍으로 퇴각했으며, 임박한 바사의 포위 작전을 가볍게 여겼다. 바벨론 사람들은 20년 치 식량을 비축해두었고 성읍은 겉보기에 난공불락의 요새였다. 그렇지만 다리오는 유브라데강의 물줄기를 바꾸고 수문 밑으로 들어갔다. 그는 **그날 밤에** 무혈입성하면서 벨사살을 죽였다. 크세노폰은 성읍이 함락될 당시 잔치를 벌인 바벨론 사람들이 술에 취해 있었음에 주목했다. 바벨론 왕국은 느부갓네살이 신상에 대해 꾼 꿈을 다니엘이 해석하면서 예언한대로(2:39) 몰락했다. 금으로 된 머리(바벨론)는 떨어졌고 은으로 된 가슴과 팔(메데-바사)로 대체되었다(2:40).

5:31. **육십이 세**에 **나라를 얻은 메데 사람 다리오**의 신원은 불확실하다. 어떤 이들은 그가 바벨론의 총독 구바루였으며[참고. J. C. Whitcomb, Jr., *Darius the Mede*(Grand Rapids, MI: Baker, 1959)], **다리오**로 불린 것은 그것이 개인의 이름이 아니라 '왕족'을 뜻하는 경칭이었기 때문이었다고 믿는다(Archer, "Daniel," 76-77). 다른 이들도 **다리오**라는 단어를 이름이 아닌 왕의 칭호로 보면서 **메데 사람 다리오**가 바사의 황제인 고레스 대제에 대해 번갈아 사용하는 칭호였다고 주장한다[J. M. Bulman, "The Identification of Darius the Mede," *WTJ* 35(1973): 247-267]. 이 신원 확인은 둘 다 그럴듯하지만 둘 중 어느 하나에 대한 결정적 증거는 없다. 그럼에도 메데 사람 다리오는 허구의 인물이 아닌 역사적 실존 인물인 것은 분명하다.

하나님은 느부갓네살이 혼자서만 하늘에 계신 참되신 여호와 경배하는 법을 배우는 것을 원하시지 않았다(참고. 4:37). 그분은 느부갓네살의 후손들도 자신에게 영광 돌리기를 또한 기대하셨다. 자신의 전임자가 겸허히 행한 것을 무시한 벨사살과 달리 오늘날 메시아를 따르는 사람들은 겸손의 교훈을 배워 그들의 삶에서 먼저 주님을 높이고, 그분이 온갖 좋은 은사를 주시는 분임을 인정해야 한다.

E. 사자 굴 속의 다니엘(6:1-28)

다니엘이 자신의 믿음으로 말미암아 사자 굴에 던져진 것은 이 책의 가장 유명한 이야기 중 하나이다. 바벨론 사람들이 다니엘을 포로로 데려온 주전 605년에 그의 나이가 대략 15세였고, 다니엘 6장의 사건들이 필시 주전 539년 메데-바사가 바벨론을 정복하고 나서 2~3년 후에 일어났을 것이므로 다니엘이 사자 굴에 던져졌을 때 그의 나이는 82세쯤 됐을 것이다(6:28에 대한 주석 아래 사건들에 따라 다니엘의 나이를 정리한 표를 보라). 성경 이야기책과 설교에서 흔히 묘사하는 것과 달리 그는 십대가 아닌 노인이었다.

1. 다니엘에 대한 음모(6:1-9)

6:1. 다리오는 최근에 정복한 바벨론 제국의 체계를 세우기 시작했고 **고관 백이십 명을 세워 전국을 통치하게** 하기로 즉각 결정했다. 헤로도토스에 의하면 메데-바사 제국에 고관들의 관할구역이 20곳이 있었던(3.89-94) 반면, 에스더서는 바사 제국에 127지방이 있었다고 기록한다(에 1:1; 8:9). 여기서 확인된 **고관 백이십 명**은 제국 전체의 각 특별 구역을 담당하는 고관보다는 제국 전체 혹은 제국에서 이전에 바벨론에 속했던 부분을 다스리는 데 도움을 준 하급 관리들로 보아야 할 것 같다.

6:2. 왕은 고관 120명을 관리할 **총리 셋**을 두어 그들이 횡령하거나 부정을 저지르지 않고 세금을 제대로 거두게끔 조치를 취했다. 왕은 전국을 다스릴 총리 자격으로 신뢰할 만한 평판을 지닌 자들을 꼽았고 **다니엘**을 그중 하나로 발탁했다. 그는 다니엘의 명성에 대해 익히 들었거나 바벨론이 몰락하던 그 밤에 다니엘이 벽에 쓴 글자를 해석한 사실을 알았을지도 모른다.

6:3. 다니엘은 **마음이 민첩하여**—이전에 그를 묘사할 때 사용된 표현이다(5:12)—최고 행정가로서 **총리들과 고관들 위에 뛰어**났다. 그리하여 **왕이 그를 수석 총리로 세워 전국을 다스리게 하고자** 했다.

6:4-5. 왕이 다니엘을 발탁하자 조정의 다른 관리들은 이를 시기해 그의 꼬투리를 잡으려고 했다. 다니엘은 성실하면서도 정직하게 일했으므로 **총리들과 고관들은** 그에게서 어떤 **그릇됨**이나 **허물**을 찾을 수 없었다. 따라서 그들은 다니엘의 믿음에 반하는 확실한 법을 제정해 그를 함정에 빠뜨리고자 했다.

6:6-7. 이 부패한 관리들은 왕에게 나아가, 이제부터 30일 동안 **누구든지 왕 외의 어떤 신에게나 사람에게 무엇을 구하면 사자 굴에 던져 넣**을 것이라는 제안을 조정의 **모든** 관리들이 지지한다는 거짓 주장을 했다. 이 법에 동의함으로써 다리오는 신성을 주장했다기보다 제사장의 중재자 역할을 맡은 셈이다. 그의 목표는 새로운 바사 제국의 권위 아래 바벨론 영토를 통합하는 것이었다.

6:8-9. **메데와 바사의 규례**는 취소가 불가능하다는 점은 성경 다른 곳(에 1:19; 8:8)과 세속 문헌(Diodorus of Sicily, XVII:30)에서 확인되었다.

2. 다니엘에 대한 고발(6:10-14)

6:10-11. 기도를 금하는 규례가 시행되었지만 다니엘은 변함없이 **예루살렘으로 향한 창문을 열**고 기도했다. 솔로몬이 성전 봉헌 기도에서 지시했듯(왕상 8:44-49) 사로잡혀 간 유대 백성은 언제나 예루살렘을 향해 기도했다. 지금도 마찬가지이다. 다니엘이 **하루 세 번씩** 기도한 것은 그의 개인 경건 시간이 몸에 뱄거나 유대인들이 아침과 점심, 저녁에 기도하는 관습이 오래전에 뿌리를 내렸거나 둘 중 하나였을 것이다. 다니엘은 왕에 대한 반항심에서가 아니라 하나님의 더 큰 명령에 순종하는 마음에서 기도했다. 훗날 사도들이 말하기를, "사람보다 하나님께 순종하는 것이 마땅하니라"(행 5:29). 다니엘의 영성이 뛰어나다고 소문이 자자하자 그의 대적들까지도 그가 왕의 조서보다 하나님께 순종할 것임을 알았다.

6:12-14. 음모자들은 왕에게 그가 내린 금령을 상기시키고 다니엘의 행동에 대해 아뢰었다. 그 결과 왕은 다니엘이 금령을 무시한다는 말을 듣고 **심히 근심**했는데, 이는 다니엘이 그를 모독했기 때문이 아니라 규례의 진정한 목적이 다니엘을 함정에 빠뜨리는 것임을 깨달았기 때문이었다. 그리하여 왕은 다니엘을 **건져**낼 길을 찾으려 **마음을** 썼지만, 그는 자신의 규례에 갇혀 다니엘을 구할 수 없었다.

3. 다니엘에게 내려진 형벌(6:15-18)

6:15-16. **메대와 바사의 규례**를 뒤집을 수 없었으므로 다니엘은 벌을 받아 **사자 굴에** 던져졌다. 바사의 처형 방법 중에는 사자가 몸을 찢는 것처럼 끔찍한 형태도 있었다. 왕은 다니엘이 **항상 섬기는 하나님**이 그를 **구원하시**기를 바랐다.

6:17-18. **굴**을 일컫는 단어는 '구덩이'로도 옮길 수 있을 것이다. 사람들은 다니엘이 던져진 구덩이를 돌로 막았고, 그것을 **왕이 그의 도장**과 **귀족들의 도장으로 봉**했다. 그러고 나서 왕은 **오락**을 그치고, 다니엘을 위해 자신의 신들에게 기도하면서 **밤이 새도록 금식**했다.

4. 다니엘을 보호하신 하나님(6:19-24)

6:19-23. 다음 날 아침 일찍 왕이 굴에 와서 다니엘

에게 상태를 묻자 그는 **하나님이 이미 그의 천사를 보내어 사자들의 입을 봉하셨**다고 답했다. 하나님은 천사들을 사용하셔서 자기 백성을 보호하시고 자신의 뜻을 이루신다(시 34:7; 91:11; 히 1:14). 하나님은 이 일이 있기 오래전에도 풀무 불에 던져진 다니엘의 세 친구를 보호하셨다(3:25). 이전 일에서처럼 이 천사는 그냥 천사가 아니라 다니엘을 건져낸 여호와의 대천사(즉, 메시아의 성육신 이전의 모습)였을지도 모른다.

다니엘은 자신의 **무죄함이** 하나님 **앞에 명백**하다고 선언할 때 자신이 완벽하다고 주장하지 않았다. 오히려 다니엘은 왕보다 훨씬 뛰어나신 하나님께 충성을 다했기에 자신이 이 일에서 무죄하게 되었다고 말했다. 그러나 하나님이 다니엘에게 구원을 베푸신 것은 그의 공로가 아닌 믿음 때문이었다. **그가 자기의 하나님을 믿음이었더라.**

6:24. 왕은 **다니엘을 참소한** 자들을 **그들의 처자들**과 함께 사자 굴에 던져 넣는 것으로 그들을 벌했다. 가족 처형이 매우 잔인하기는 하지만 헤로도토스에 따르면 이는 바사의 일반 관행이었다(*Historie*, 3.119).

5. 다니엘의 하나님 찬양(6:25-27)

6:25-27. 느부갓네살 왕이 그의 앞에서 그랬듯이(4:2) 다리오 역시 다니엘의 하나님을 찬양한다고 선언하면서 **온 땅에 있는 모든 백성과 나라들과 언어가 다른 모든 사람**들에게 조서를 내렸다(참고. 4:2). 다리오는 하나님의 위대하심을 알았다. **다니엘을 구원하여 사자의 입에서 벗어나게 하셨**듯 **그는 살아 계시는 하나님이시요**, 영원하시고 만물을 주관하시고 강력하시고 자기 백성을 능히 구하실 수 있다. 그렇지만 다리오가 이 시점에서 구원받는 믿음에 이르렀을 것 같지는 않다. 대신에 그는 이스라엘의 하나님을 여러 신들이 있는 전으로 모셨다.

6. 다니엘의 형통(6:28)

6:28. 이제 수석 총리로서 자리가 확고해진 다니엘은 **다리오 왕과 바사 사람 고레스 왕의 시대에** 조정에서 계속 섬겼다. 어떤 이들은 두 왕의 인용이 다리오가 바사 사람 고레스가 아닌 오직 구바루와 동일시될 수 있음을 나타내는 것이라고 주장해왔지만(참고. 5:31), 이 절을 "다리오 왕, '심지어' 바사 사람 고레스 왕의 통치 중에"로 옮길 수도 있다. 이 번역은 '메데 사람 다리오'를 고레스를 일컫는 대체 이름으로 분명히 밝히는 성경의 역사 표기법으로 이해될 수 있을 것이다.

여호와를 부인하라는 압력은 그분을 위해 살려는 자들에게 피할 수 없는 현실이다. 그런 힘에 저항하면 실직이나 관계 단절과 같은 끔찍한 결과가 뒤따른다. 어떤 나라에서는 순교까지 각오해야 한다. 그럼에도 여호와께서 구원하실 것이라는 다니엘의 믿음(6:23)은 박

다니엘이 겪은 사건들

다니엘이 바벨론으로 사로잡혀 갔을 때 나이가 대략 15세였을 것이라는 추정에 기초한 근사치

나이	사건의 내용/일어난 일	연도와 참고 사항
15	바벨론으로 사로잡혀 가다.	주전 605년, 다니엘 1장
18	느부갓네살의 꿈을 해석하기 위해 불려가다.	주전 602년, 다니엘 2장
50	느부갓네살의 환상을 해석하기 위해 불려가다.	주전 570년, 다니엘 4장
67	네 짐승에 대한 꿈을 꾸다.	주전 553년, 다니엘 7장
70	숫양과 염소, 뿔들에 대한 환상을 받다.	주전 550년, 다니엘 8장
81	벽에 쓴 글자를 해석하기 위해 불려가다.	주전 539년, 다니엘 5장
81	70주에 대한 메시지를 지닌 가브리엘의 방문을 받다.	주전 539년, 다니엘 9장
82	사자 굴에 던져지다.	주전 538년, 다니엘 6장
83	미래 사건들에 대한 환상을 받다.	주전 537년, 다니엘 10-12장

해를 받는 세상에 사는 자들에게 본이 된다. 히브리서 11:33은 어떤 이들은 다니엘처럼 믿음으로 "사자들의 입을 막기"까지 한다고 말한다. 오늘날 삶의 긴장과 압박이 다니엘의 삶에서처럼 사자 굴이라는 두려움을 낳을 때, 믿음이 헌신과 구원에 이르는 열쇠가 된다.

F. 네 짐승과 옛적, 인자에 대한 다니엘의 환상 (7:1-28)

다니엘 7장은 구약을 통틀어 가장 중요한 장 가운데 하나이다. 다니엘서 중심에 위치한 이 장은 성경 예언의 필수 안내서이다. 더욱이 인자에 대한 환상은 메시아에 관한 구약 계시의 꽃이다.

2장의 왕의 신상에 대한 꿈과 7장의 다니엘의 환상은 다니엘서의 아람어 부분에 대한 삽입 어구(혹은 인클루지오)를 형성한다. 유사점이 많은 두 장은 서로에 비추어 해석해야 한다. 이 두 장에서 비슷한 정보를 되풀이하는 이유 중 하나는 그 두 장이 동일한 자료에 대해 다른 관점을 제시하기 때문이다. 2장은 세상 나라들의 위엄과 영광을 보여주는 반짝거리는 금속을 사용해 이방인의 관점에서 그 나라들을 선보인다. 7장은 이방인 제국들을 난폭하고 파괴적인 짐승으로 상상하면서 유대 백성의 관점에서 그 제국들을 본다. 이 두 환상에서 내용을 반복하는 또 다른 이유는 예언의 확실성을 확증하기 위함이다. 요셉의 말처럼, 바로의 꿈이 되풀이된 것은 "하나님이 이 일을 정하셨음이라 하나님이 속히 행하실"(창 41:32) 것이기 때문이었다.

환상이 책에 포함된 것은 이방인의 때에 살아가는 것이 하나님의 언약 백성에게 더 혹독해질 터이지만 마침내 메시아 왕국이 세워질 것임을 이스라엘 민족에게 알려주면서 사로잡혀 있는 그들에게 소망을 주기 위해서였다.

1. 다니엘의 환상(7:1-14)

7:1. 다니엘은 주전 553년 나보니도스와 공동으로 통치했고, 다니엘 5장에서 실각된 바벨론의 **벨사살 왕 원년에** 이 환상을 받았다. 다니엘이 바벨론으로 사로잡혀 간 주전 605년에 15세쯤 되었다고 가정하면 그가 이 환상을 받을 때는 대략 67세였을 것이다. 이 장에 기술된 사건들은 다니엘 5장의 사건들보다 앞서지만 여기서 아람어 부문의 끝에 놓인 것은 2장과 문학적 '인클루지오'를 형성하기 위해서였다.

7:2. **하늘의 네 바람이 큰 바다로 몰려 불더니**는 이방인의 때에 있을 이방 나라들의 격변을 나타낸다. 바다는 '세상'(7:17)을 상징하고 여기에서 네 나라가 일어남을 이 장은 나중에 보여준다. 더욱이 '바다'는 다른 성경 구절들에서 흔히 이방인들을 상징한다(사 17:12-13; 57:20; 계 13:1, 11; 17:1, 15).

7:3. **큰 짐승 넷**은 앞서 다니엘 2장(참고. 2:31-45)의 신상에 대한 환상에서 밝혀진 네 나라를 상징한다(7:17). 오늘날에도 동물 왕국의 이미지가 흔히 나라들을 나타내므로 여기서 짐승은 상징으로 사용된다. 이 네 짐승은 점점 난폭해지는데, 이는 아마도 그 짐승들이 상징하는 각 나라가 도덕적으로 더욱 타락함을 나타낼 것이다.

7:4. **독수리의 날개**가 달린 **사자**는 바벨론 제국을 상징한다. 성경의 어떤 구절들은 느부갓네살을 사자로(렘 4:7; 49:19, 50:17, 44), 다른 이들을 독수리로(렘 49:22; 애 4:19; 겔 17:3; 합 1:8) 나타내므로 날개 달린 사자는 적절한 상징이었다. 바벨론 제국은 사자를 자신의 상징으로 사용했으며, 날개 달린 사자의 신상은 이 나라에 흔했다. 바벨론의 유명한 이슈타르 대문은 사자들로 장식되었다. 날개가 뽑혔다는 것은 아마도 느부갓네살의 광기를 상징하며, **사람처럼 두 발로** 서서 **사람의 마음**을 받는 사자는 그의 회복을 나타낸다.

7:5. **그 입의…세 갈빗대**가 있는, 한쪽으로 처진 **곰**은 메데-바사 제국과 이 제국이 정복한 큰 나라 셋, 곧 바벨론(주전 539년)과 리디아(주전 546년), 애굽(주전 525년)을 상징한다. 곰이 한쪽으로 처진 것은 이 연합 제국에서 바사의 지배력을 나타낸다. 어떤 이들은 곰이 메데-바사 연합 제국이 아닌 메데 제국만을 상징한다고 주장해왔다[참고. C. Marvin Pate and Calvin Haines, *Doomsday Delusions*(Downers Grove, Il: InterVarsity, 1995), 65; 또한 Walton, "The Four Kingdoms of Daniel," 30-31]. 신 바벨론 제국의 몰락 후 메데 제국이 바사 제국과는 완전히 별개로 존재한 적은 단 한 번도 없었다는 점에서 이 주장은 신빙성이 매우 낮다. 게다가 다니엘서는 메데 사람들과 바사 사람들의 나라를 결코 별개의 두 제국으로 여기지 않고 시종일관 하나로 결부시킨다(예를 들어, 8:20에서 두 뿔 가진 숫양은 '메데와 바사의 왕들을 상징하고' 6:8,

15은 '메데 사람들과 바사 사람들의 규례'를 나타낸다). 이 다른 장들에서 두 제국을 하나로 묶지만 2장과 7장에서 이 두 제국을 별개로 보는 것은 다니엘서에서 분명 앞뒤가 맞지 않는 일이다. 마지막으로 다니엘서 본문은 바벨론의 뒤를 이을 나라를 메데가 아닌 메데-바사로 밝혔는데, 그때 다니엘은 벨사살에게 "왕의 나라가 나뉘어서 메대와 바사 사람에게 준 바 되었다 함이니이다"(5:28)라고 말했다. 비평적 학자들과 몇몇 복음주의자들은 둘째 나라를 오로지 메데를 나타내는 것으로 해석해왔지만, 오랫동안 교회와 유대교에서는 둘째 나라를 메데-바사로 해석해왔다.

7:6. 하늘을 나는 **표범**은 헬라 제국을 상징한다. 그 **날개 넷**은 알렉산더의 정복 속도가 빠름을 나타내고, 그 **머리 넷**은 이 제국의 네 주요 구역인 헬라와 마케도니아, 트라키아와 소아시아, 시리아와 바벨론 그리고 애굽과 이스라엘을 상징한다. 어떤 이들은 "고레스의 총명하고 신속히 움직이는 군대가 육중하고 곰 같은 메데 제국을 격퇴했다"라고 말하면서 표범을 바사라고 주장했다(Pate and Haines, *Doomsday Delusions*, 66-67, Walton, "The Four Kingdoms of Daniel," 31). 둘째 제국이 다니엘서 곳곳에서 메데-바사 연합 제국으로 확인된다는 점에서 이 견해는 설득력이 없기에(7:5에 대한 주석을 보라) 이 셋째 짐승은 헬라 왕국을 상징하는 것으로 보인다. 더욱이 알렉산더가 알려진 세계를 불과 10년 만에 정복했다는 점에서 표범의 사용을 바사보다는 헬라의 상징으로 보는 것이 더 적절하다. 고레스는 30년 가까이 걸려 정복을 끝냈지만 헬라는 끝내 손에 넣지 못했다. 헬라 정복은 그의 아들 캄비세스 2세에게 숙제로 남겨졌는데, 그는 고레스가 죽은 후 애굽과 누비아, 키레네를 정복했다. 뿐만 아니라, 알렉산더 제국이 넷으로 나뉠 것이라고 명백히 진술하는 다음 장에 비추어(8:21-22) 이 짐승의 머리 넷은 알렉산더의 헬라 제국이 바사의 네 왕(고레스, 아닥사스다, 아하수에로 및 다리오 3세 코도만누스)보다 네 장군 사이에서 네 구역으로 나뉠 것임을 나타낸다고 보는 것이 더 적절하다.

7:7. **무섭고 놀라**운 특징을 가진 **넷째 짐승**은 로마 제국을 상징한다. 이 짐승은 제한된 방식으로 그 겉모습으로만 묘사되지만(**쇠로 된 큰 이**), 그 무서운 성격을 묘사할 때는 더욱 제한적이다. **먹고 부서뜨리고 발로 밟았**다는 것은 로마의 정복을 가리킨다. 이 짐승은 더 강력하고 더 오래 지배했기 때문에 이전의 세 짐승과 달랐다. 또한 이 짐승에 관해서는 **열 뿔**이 있는 미래의 혹은 소생한 로마제국이 있을 것으로 보이는데, 이는 아마도 신상이 열 개의 발가락을 가진 것과 마찬가지로(2:41-43) 이 미래 왕국의 열 부분을 나타낼 것이다. 천사의 나중 해석에서 분명히 나타나듯(7:24) **뿔**은 성경에서 흔히 왕이나 나라를 상징한다(시 132:17; 슥 1:18; 계 13:1; 17:12).

2:31-45에 대한 주석에서 다루었듯이 네 나라는 끝날까지 지속되다가, 그때에 마침내 하나님의 나라로 대체될 것이다. 이를 설명하고자 어떤 이들은 로마제국이 서구문명에 지속적 영향을 끼치면서 지속해왔으므로 끝 날과 하나님의 나라가 세워질 때까지 존속할 것이라고 단언한다. 더 그럴듯한 설명은 로마제국의 몰락과 더불어 시작해(로마 I) 끝 날에 소생한 로마제국이 설립될 때까지 지속되는(로마 II) 예언의 간극을 인식하는 것이다.

어떤 이들은 넷째 나라의 열 뿔이 주전 3세기 알렉산더 제국이 처음에 넷으로 분할된 것에서 비롯된 10개의 독립국가(프톨레마이오스의 애굽, 셀레우키아, 마케돈, 버가모, 본도, 비두니아, 갑바도기아, 아르메니아, 파르티아 및 박트리아)를 상징하는 것이므로 그 나라를 로마보다는 헬라와 동일시하는 것이 더 적절하다는 것에 반대해왔다(Pate and Haines, *Doomsday Delusions*, 68-69; Walton, "The Four Kingdoms of Daniel," 31-33). 하지만 둘째 나라를 메데-바사로(7:5에 대한 주석을 보라), 셋째 나라를 헬라로(7:6에 대한 주석을 보라) 간주하는 것을 찬성하는 위의 입장에 비추어 이 넷째 나라는 마땅히 로마로 여겨야 하는 것처럼 보인다. 더욱이 이 나라는 "온 천하를 삼키고 밟아 부서뜨릴"(7:23) 것인데, 이는 헬라가 아닌 로마에 대한 묘사로 더 적절하다. 게다가 2장과 7장 둘 다에서 넷째 나라는 하나님의 나라로 대체된다고 말한다(2:34-35, 44-45; 7:26-27). 그러나 헬라는 세계 강국으로서 하나님의 나라가 아닌 로마로 대체되었기 때문에 이 해석은 설득력이 없다. 마지막으로 헬라에 대한 다니엘의 정확한 예언(8:8, 22; 11:3-4)은 헬라 제국이 열 나라가 아닌 네 나라로 나뉠 것이라고 밝히면서 그들 중 단 둘, 곧 셀레우코스 및 프톨레마이오스 왕국에 초점을 맞춘다(11:5-35). 따라서 다니엘서의 열 나라가 헬라에서 갈라진 4개국의 뒤를 잇는다는 것은 가능성이 약해진다.

7:8. **다른 작은 뿔**은 처음에는 힘이 약하지만 점점 힘이 강해지는, 넷째 나라에서 온 왕을 상징한다. 이 왕은 되살아난 로마제국에서 미래의 어느 시점에 서서히 권력을 차지할 것이다. 그는 **첫 번째 뿔 중의 셋을 뿌리까지** 뽑음으로써 그들에 대한 자신의 권세를 확대하는데, 이는 10명의 동료 왕 중 셋에 대한 정복을 나타낸다. 미래의 하나님 나라는 작은 뿔을 없애고 그 넷째 나라로 대체하므로 작은 뿔이 세 왕을 격퇴하는 것은 아직 미래의 일이다. 그것은 안티오코스 대제와 안티오코스 에피파네스(現神王)가 갑바도기아와 아르메니아, 파르티아를 격퇴한 것을 나타내지 않는다(Walton, "The Four Kingdoms of Daniel," 33-34). 이 해석이 타당성을 갖기 위해서는 작은 뿔이 두 왕(안티오코스 대제와 안티오코스 4세 에피파네스) 안으로 결합되어야 하지만 본문은 작은 뿔을 한 왕으로만 기술한다(7:24).

작은 뿔에 있는 **사람의 눈 같은 눈들**은 그 빈틈없음을 나타내고, 그 '큰 말을 하는 입'은 하나님의 신성을 모독하는 자랑을 가리킨다(7:25). 이 작은 뿔은 옛 로마 혹은 헬라의 왕으로 볼 수 없다. 그는 미래의 세상 통치자이다. 성경은 그를 일컬어 '장차 올 왕'(9:26), '자기 마음대로 행할'(11:36) 왕, '불법의 사람 곧 멸망의 아들'(살후 2:3), '짐승'(계 13:1-10) 그리고 '적그리스도'(요일 2:18)라고 한다.

7:9-10. 그다음에 다니엘은 하늘의 **심판**(10절)이 **만만**의 천사들 앞에서 열렸듯 하나님, 곧 [그분의 영원하신 속성을 나타내는] **옛적부터 항상 계신 이**가 빛나는 영광 중에 재판관으로서 자신의 왕좌에 앉으시는 것을 보았다. **그의 옷**[의복]**은 희기가 눈 같고**는 그분의 거룩하심과 도덕적 순결을 나타낸다(사 1:18; 계 1:14). 그의 **머리털은 깨끗한 양의 털 같고**는 노년을 상징하는 것으로 영원하신 하나님에 대한 적절한 묘사이다. 하나님의 **보좌는 불꽃이요**는 하나님의 공정하신 재판을 나타낸다. 왕좌에 불타는 듯한 바퀴가 있었다는 것은 왕좌를 마차로 묘사하는데(참고. 겔 1, 10장), 이는 고대 근동에서 왕과 신들의 보좌에 대한 흔한 묘사였다. 왕좌에서 **불이 강처럼 흘러**는 하나님의 분노에 찬 심판이 악인들에게 퍼부어질 것임을 나타낸다. 허다한 천사 같은 존재들이 하나님의 명령을 이행할 준비가 된 가운데 **그를 섬기**고 있었다. 인간의 모든 생각이나 말, 혹은 행위가 기록된 **책들이** 펼쳐진(출 32:32; 단 12:1; 눅 10:20; 계 20:12) 가운데 하늘의 **심판**석에 앉아 계신 의로운 재판장에 관한 장면이 연출된다. 모두가 옛적부터 항상 계신 이 앞의 심판대에 설 것이지만, 여기서의 강조점은 앞 절들에 묘사된 작은 뿔과 그의 나라에 임할 하나님의 의롭고도 분노에 찬 심판에 대한 약속이다.

7:11-12. **짐승**이 죽임을 당하고 **타오르는 불**에 던

다니엘 2장과 7장 비교

환상	신상(2장)	네 짐승(7장)
바벨론	순금으로 된 머리	날개 달린 사자
메데-바사	은으로 된 가슴과 두 팔	몸 한쪽이 들린 곰
헬라	놋으로 된 배와 넓적다리	머리가 넷에 날개가 넷인 표범
로마 I	쇠로 된 종아리	놀라운 짐승
로마 II	쇠와 진흙으로 된 발/열 발가락	놀라운 짐승 위에 달린 열 뿔
미래의 거짓 메시아		작은 뿔
하나님의 나라	손대지 않고 자른 돌	나라를 받은 인자

져진 것은 메시아의 재림과 그분의 나라의 도래에 따른 넷째 나라, 곧 소생한 로마제국의 종말을 나타낸다. **그 남은 짐승들**은 넷째 짐승이 지배력을 행사할 때에도 어떻게든 존속할 것이다. 하지만 넷째 **짐승**과 이보다 앞선 다른 세 짐승들에게 남아 있는 것이 무엇이든 메시아가 오셔서 그분의 나라를 세우실 때 심판의 **타오르는 불**로 소멸될 것이다.

7:13-14. 이방인의 때의 네 나라를 격퇴하고 파멸시킨 후 **옛적부터 항상 계신 이**는 **인자 같은 이**에게 나라를 주고 **모든 백성과 나라들과 다른 언어를 말하는 모든 자들이 그를 섬기**도록 허락했다. 어떤 이들은 인자가 미가엘 대천사이거나 "지극히 높으신 이의 성도들"(7:18)의 집단적 의인화에 불과하다고 주장해왔지만 이 사람은 다름 아닌 메시아 자신이다. 예수님은 인자를 메시아 칭호로 이해하셨으며(마 8:18-22; 막 14:61-62에 대한 주석을 보라) 자신에 대해 말씀하실 때 그 칭호를 사용하셨다. 대제사장은 예수님의 그 칭호 사용을 불경스럽다고 여겼는데(막 14:64), 이는 인자가 신성을 나타내는 단어임을 보여준다. 나중에 랍비들은 인자를 메시아의 이름들 중 하나로 보았다(*b. Sanhedrin* 98a). 신이신 그분이 동시에 인간으로서의 운명까지 감당하실 것이므로(시 8편; 히 2:5-18) **인자**라는 표현이 메시아에 대해 사용된다.

2. 천사의 해석(7:15-28)

7:15-16. 환상 속의 흉포한 짐승에 깜짝 놀란 다니엘은 자신이 봤던 수많은 천사들 중 하나로 추정되는, **곁에 모셔 선 자들 중 하나**에게 환상을 이해할 수 있도록 도움을 청했다. 이 장의 나머지에는 다니엘의 환상에 대한 천사의 해석이 들어 있다.

7:17-18. 네 짐승을 네 나라로 밝힌 천사는 **지극히 높으신 이의 성도들이 나라를 얻**을 것임을 예시한다. 아마도 **지극히 높으신 이의 성도들**은 모든 세대의 신실한 자들을 나타낼 것이지만, 믿음으로 자신들의 메시아 예수께 돌아올 이스라엘을 가리킬 가능성이 더 높다(슥 12:10; 롬 11:26). 글자 그대로의 언약 백성은 **나라를 얻**을 것인데, 이는 메시아의 최종 왕국이 "문자적으로 지상 나라가 되어 이전의 인간 제국들을 대체할"(Archer, "Daniel," 93) 것임을 강조한다.

7:19-24a. 다니엘이 넷째 짐승에 대해 보다 면밀한 해석을 요청하자 천사는 넷째 나라가 장차 **온 천하를 삼킬** 것이라고 설명했는데, 이는 세계 지배를 묘사한다. **열 왕**의 신원은 문자적으로 해석하기보다 완전함에 대한 비유로 봐야 할 것이다. 이 장에서 숫자들이 문자적 성격을 띠고(네 나라, 곧 헬라 제국을 계승하는 네 나라) 숫자 열이 큰 신상에 대한 꿈에 나타난 열 발가락과 연관이 있는 것에 비추어(2:40, 43) 이는 문자적으로 **열 왕**(계 17:12-13)이 연합한 제국을 나타낼 가능성이 높다.

7:24b-26. 환상에서 작은 뿔로 묘사된 **또 다른 왕**, 곧 적그리스도(참고. 7:7-8)가 일어나 **세 왕을 복종시킴**으로써 이 마지막 인간 제국을 지배할 것이다. 그는 신성모독(**지극히 높으신 이를 말로 대적하는** 것)과 반유대주의(**지극히 높으신 이의 성도를 괴롭게** 하는 것), 종교적 타락(**때와 법을 고치고자** 하는 것)으로 특징지어질 것이다. 그의 억압적 통치는 **한 때와 두 때와 반 때**, 곧 3년 반 혹은 미래 환난의 후반기(참고. 계 7:14) 동안 지속될 것이다. 어떤 이들은 주전 167-164년 안티오코스가 유대 백성을 탄압했을 때 이것이 실현되었다고 본다. 그 기간이 3년 반이 아닌 딱 3년이었으므로 이는 가능성이 희박하다. 이는 아직 성취되지 않았으므로 이 탄압을 미래 사건으로 보는 편이 더 낫다. 하늘의 **심판이 시작되**면 적그리스도는 **권세를 빼앗기고 완전히 멸망할 것이다**.

7:27-28. 인자는 자기 보좌에 올라 자신의 **영원한 나라**를 다스릴 것이다. 그런 다음에 **지극히 높으신 이의 거룩한 백성**, 곧 이스라엘의 남은 신자들은 그들의 메시아이신 인자의 권세 아래 이 나라를 받을 것이다.

다니엘은 이방인의 때에 세상을 지배할 강력하고 잔인한 나라들에 대해 생각하다가 소스라치게 놀랐다. 오늘날 메시아를 따르는 사람들은 세계 곳곳에서 독재정치가 이루어지고 유대 백성과 예수님을 믿는 자들이 끊임없이 탄압받는 현실에 숨이 막힌다. 그러나 이 장에 기술된 다니엘의 소망, 즉 장차 인자가 영광 가운데 오셔서 이 땅에 자신의 나라를 세우실 것이라는 소망은 여전히 유효하다. 큰 나라들은 악함 가운데 일어나는 반면 하나님의 나라는 의 가운데 세워질 것이다. 이 메시아와 더불어 이방인의 때를 지배하시는 하나님의 주권에 관한 다니엘서의 부분(2-7장)은 막을 내린다.

Ⅲ. 이방인의 때 하나님의 백성 이스라엘(8:1-12:13, 히브리어로 기록)

경건치 않은 나라들이 세상을 지배하는 것처럼 보일 때에도 하나님의 권세가 결국 승리함을 보여준 후 이 책은 히브리어로 쓰인 다니엘 8:1-12:13로 돌아와 이방인의 때를 사는 하나님의 백성에 대해 기술하기 시작한다.

A. 숫양과 숫염소에 대한 다니엘의 환상(8:1-27)

다니엘 8장은 (다니엘 2장과 7장에서처럼) 네 큰 나라 모두와 마지막 때의 중요성에 대한 메시지를 되풀이하지 않는다. 오히려 이 환상은 둘째 및 셋째 세계 제국에 관한 일들을 예언하고 주전 6세기에서 2세기까지 일어날 일들에 초점을 맞춘다.

1. 양과 염소에 대한 환상(8:1-14)

8:1. 다니엘은 주전 553년 나보니도스와 공동 통치하게 된 **벨사살 왕 제삼 년**에 이 **환상**을 받았다. 다니엘이 바벨론으로 사로잡혀 간 주전 605년에 15세쯤 되었을 것으로 짐작하면 그는 대략 70세였을 주전 550년에 이 환상을 받았을 것이다. 이 장의 사건들이 다니엘 5장에 기술된 사건들보다 앞서지만 그 사건들을 여기에 포함시키는 것은 이방인의 때를 사는 이스라엘에 문학적으로 초점을 맞추기 때문이다.

8:2-4. 환상 속에서 다니엘은 **수산…을래강 변에** 있었는데, 이곳은 바벨론의 관할이 아닌 장차 바사의 수도가 될 지역이었다. 이전 장에서처럼 다니엘은 세계 제국들을 상징하는 짐승들에 대한 환상을 본다. 첫째, 그는 메데-바사 제국을 상징하는 **숫양**을 보았다(8:20). 숫양이 **가진 두 뿔**은 이 연합 제국의 두 나라를 나타낸다. **한 뿔은 다른 뿔보다 길었고 그 긴 것은 나중에 난 것이더라**는 제국에서 바사의 위치가 처음에는 약했지만 이제 막강해졌음을 뜻한다. 이 본문의 숫양은 신상 환상의 은으로 된 가슴과 팔(2:32, 39) 그리고 네 짐승 환상의 한쪽으로 처진 곰(7:5)과 비교할 만하다.

8:5. 다니엘은 또한 **숫염소**를 보았는데, 이는 알렉산더 대제를 상징하는 **현저한 뿔**이 있는 헬라 제국을 뜻한다(8:21). 이 염소는 **서쪽에서부터** 와서 **온 지면에 두루** 다니되 **땅에 닿지** 않았는데, 이는 알렉산더가 불과 3년 만에 근동 전체를 신속히 정복한 것을 나타낸다. 이 환상에서 숫염소는 신상 환상의 놋으로 된 배와 넓적다리(2:32, 39)와 네 짐승 환상의 날개가 넷에 머리가 넷인 표범(7:6)과 같은 나라를 상징한다.

8:6-7. 염소가 **그 숫양을 쳐서 그 두 뿔을 꺾었다**는 것은 헬라 제국이 주전 331년에 메데-바사를 괴멸시켰음을 나타낸다.

8:8. **숫염소**가 권력의 절정에서 **스스로 심히 강대**해졌지만 **그 큰 뿔이 꺾**였다는 것은 알렉산더가 자신의 기세를 한창 떨치던 주전 323년에 급사했음을 나타낸다. 그를 대체한 **현저한 뿔 넷**은 헬레니즘 제국을 나눈 네 장군(마케도니아와 헬라를 관할하는 카산드로스, 트리키아와 소아시아를 관할하는 리시미쿠스, 시리아와 바벨론을 관할하는 셀레우코스, 애굽을 관할하는 프톨레마이오스)을 묘사한다.

8:9-12. 다니엘 7:8에 기술된 넷째 나라(로마)에서 나올 작은 뿔과 반대되는 다른 **작은 뿔**은 헬라 제국을 나눈 네 나라 중 하나에서 출현했다. 이 뿔은 셀레우코스 왕조의 통치자인 안티오코스 4세 에피파네스(주전 175-163년)였는데, 그는 **남쪽**과 **동쪽**을 향하여 주변 지역을 정복했으며 특히 이스라엘의 **영화로운 땅**을 지배했다. 그는 **그 군대와 별들 중의 몇을 땅에 떨어뜨리고 그것들을 짓밟**았다. 군대와 별에 대한 묘사는 유대 백성을 상징적으로 나타낸다(참고. 창 22:17; 37:9). 그가 별들을 짓밟는 것은 주전 170-164년 안티오코스가 유대 백성을 잔인하게 박해하는 것을 나타낸다. 안티오코스는 **군대의 주재**, 곧 (8:25에서 "만왕의 왕"으로도 불리는) 하나님을 **대적하**여 신성을 모독했다. 그는 또한 **매일 드리는 제사**를 중지시켰고, 이교도 신 제우스에게 바치는 돼지를 지성소 제단에 드림으로써 하나님의 **성소**, 곧 예루살렘 성전을 더럽혔다(주전 167년). 그는 잠시 동안만 **형통**할 것이다.

8:13-14. 안티오코스가 이스라엘을 더럽히는 기간이 딱 **이천삼백 주야**가 될 것이라고 한 천사가 선언했다. 이는 안티오코스가 살인자 메넬라오스를 대제사장으로 임명한 때(주전 171년)로부터 유다 마카비 아래서 성전을 다시 봉헌할 때(주전 164년)까지의 꼬박 2,300일 혹은 성전을 더럽힌 때(주전 167년)로부터 성전을 다시 봉헌할 때(주전 164년)까지의 1,150회의 아침과 1,150회의 저녁 제사를 합친 것 둘 중의 하나를 가리킨다. 어느 경우든, 안티오코스의 더럽힘은 유

다 마카비가 성전을 다시 봉헌할 때까지만 지속될 터였는데, 성전 재봉헌은 오늘날에도 유대 백성이 하누카 [*chanukah*, 영어로 'dedication'(봉헌)을 의미] 절기 중에 기념하는 행사이다(참고. 요 10:22-23).

2. 환상에 대한 해석(8:15-27)

8:15-16. 다니엘은 환상을 이해하지 못해 유일하게 성경에 이름이 나오는 (미가엘과 더불어) 두 착한 천사 중 **가브리엘**에게 해석을 받았다. 가브리엘은 또한 다니엘의 일흔 이레에 관한 메시지를 전하고(9:24-27), 스가랴에게 요한이 태어나고(눅 1:19) 마리아에게 메시아 예수가 태어나실(눅 1:26) 것을 알릴 터였다.

8:17-22. 가브리엘은 다니엘을 **인자**라고 불렀지만 메시아에게 붙이는 아람어 칭호에 상당하는 히브리어 칭호는 사용하지 않는다(7:13). 오히려 이 표현은 다니엘의 인간적 연약함과 유한함을 강조한다. 가브리엘은 또한 환상이 **정한 때 끝**(17, 19절)을 나타낸다고 언급했다. 예언된 일들은 모두 주전 6세기와 2세기 사이에 일어났고 마지막 때에 일어날 것으로는 보이지 않기에 이는 의외라고 생각될지 모른다. 하지만 7장과 8장은 일부러 연이어 배치했고 둘 다 작은 뿔을 언급한다. 이렇게 저자는 의도적으로 모형론 관계를 수립했다. 즉, 다니엘 7장은 마지막 때의 적그리스도를, 다니엘 8장은 주전 2세기의 안티오코스 4세 에피파네스를 나타낸다. 성격은 다르지만 안티오코스는 적그리스도와 유사하며 의도적으로 미래 적그리스도의 유형으로 소개된다. 독자들은 그를 다니엘 8장의 작은 뿔로 확신할 뿐 아니라 그가 마지막 때 적그리스도의 전형이 될 것으로 인식했다. 따라서 다니엘 8장이 안티오코스를 직접 언급하기는 했지만 이 환상은 저자 다니엘이 일부러 의도한 유형으로서 마지막 때와 관련된다. 가브리엘은 다니엘의 짐승 환상을 위에서 설명한 대로 알렉산더 제국의 4중 분할 뿐 아니라 메데-바사와 헬라 제국을 나타내는 것으로 해석했다.

8:23-25. 다니엘의 환상에 대한 요약 설명 후 가브리엘은 안티오코스에 대해 더 묘사했다. **속임수에 능한** 그는 신뢰를 저버리고 일어나 적법한 상속자인 자신의 조카 데메드리오를 속이고 왕좌를 가로챌 것이다. 그의 강한 **권세**의 원천은 자신이 아닌 사탄이 될 것이다. 그는 이 악마의 권세에 사로잡혀 **놀랍게 파괴 행위를 하고** 이스라엘 땅과 유대 백성을 완전히 파멸시킬 것이다. 이 권세에 힘입어 그는 **자의로 행하여 형통하고 강한** 통치자들과 장군들을 격퇴시키며 하나님의 **거룩한 백성** 이스라엘을 다수 멸할 것이다. 게다가 이 왕은 **스스로 큰 체하여 만왕의 왕**을 대적할 것이다. 그러

적그리스도의 전형인 안티오코스 4세

안티오코스(8:9)와 **적그리스도**(7:8)은 처음에 '작은' 혹은 '소형의' 뿔로 상징되었다.
안티오코스는 "얼굴이 뻔뻔한 왕"이었고(8:23), **적그리스도**는 "눈길을 끄는" 모습을 지닐 것이다(7:20).
안티오코스는 "속임수의 대가"였고(8:23), **적그리스도**의 명석함은 뿔의 '눈'으로 암시된다(7:8, 20).
안티오코스는 큰 권세를 가졌고(8:24), **적그리스도**는 훨씬 더 큰 권세를 가질 것이다(11:39; 살후 2:9; 계 13:7-8).
안티오코스는 사탄에 의해 권세가 강해졌고(8:24), **적그리스도** 또한 사탄에 의해 힘을 얻을 것이다(살후 2:9; 계 13:2).
안티오코스는 수천을 멸했지만(8:24), **적그리스도**는 더 많이 멸할 것이다(계 13:15; 16:13-16).
안티오코스는 잠시 형통했고(8:24), **적그리스도** 또한 잠깐 형통할 것이다(11:36; 계 13:7).
안티오코스는 유대 백성을 박해했고(8:24), **적그리스도** 또한 그리할 것이다(7:21, 25; 계 12:13).
안티오코스는 속이는 자였고(8:25), **적그리스도**는 노련한 사기꾼이 될 것이다(살후 2:9; 계 13:4, 14; 19:20).
안티오코스는 교만했고(8:25), **적그리스도**는 과대망상증 환자가 될 것이다(7:8, 11, 20, 25; 계 13:5).
안티오코스는 하나님의 신성을 모독했고(8:25), **적그리스도** 또한 그리할 것이다(7:25; 11:36).
안티오코스는 인간의 손에 죽지 않았고(8:25), **적그리스도** 또한 그리할 것이다(살후 2:8; 계 19:19-20).

나 그는 결국 **사람의 손**으로 말미암지 아니하고 하나님에 의해 갑자기 **깨**질 것이다. 이는 그가 암살당하거나 전사하는 것이 아니라 하나님에 의해 죽게 될 것임을 나타낸다. 마카비상 6:8-16에 의하면, 안티오코스 4세는 엘리마이스 전투에서 패하고 자신의 군대가 이스라엘 땅에서 전멸했다는 전갈을 받은 후 바벨론에서 비탄과 슬픔 가운데 죽었다.

8:26-27. 가브리엘은 (NASB에서처럼 **그 환상을 간직하라**가 아니라) '그 환상을 밀봉하라'고 지시했다. 이 밀봉은 신실한 독자들에게 그 의미를 숨기려는 것이 아니라 먼 미래까지 안전하게 보관하기 위해서이다. 환상이 미래의 **여러 날**, 곧 환상 이후 대략 400년이 될 안티오코스의 때와 아직은 미래의 일이자 안티오코스가 예시하는 적그리스도의 때 둘 다와 관계있으므로 예언들은 오랜 세월 읽혀져야 할 것이다. **그 환상으로 말미암아** 놀란 다니엘은 바벨론으로 돌아가 왕을 섬겼는데, 그는 환상의 때에 그 자리에 있었다.

다니엘 8장은 하나님이 실로 이방 나라를 사용하여서 자신의 택한 백성을 징계하신다는 메시지를 이스라엘의 신실한 자들에게 전했다. 그럼에도 하나님은 또한 이 이방 나라들의 억압에서 그들을 구하시겠다고 약속하셨다. 그러므로 메시아 예수를 따르는 사람들은 여러 나라의 반유대주의에 부화뇌동할 필요가 없다. 또한 우리는 여기서 여호와가 자기 백성을 사랑하시고 보호하신다는 교훈을 얻을 수 있다.

B. 다니엘의 기도와 일흔 이레에 대한 환상 (9:1-27)

1. 다니엘의 참회 기도(9:1-19)

9:1. 다니엘은 다리오의 **첫해**인 주전 539/538년에 이 환상을 받았다. 다니엘이 사로잡혀 갔을 때가 15세쯤 되었다면 환상을 받았을 때 그의 나이는 81세 남짓이었을 것이다. 다리오가 **아하수에로의 아들**로 불렸다는 것은 에스더서에 언급되었다(에 1:1). 훗날 바사 왕이 된 아하수에로(크세르크세스, 주전 485-465년)에 대한 시대착오적 언급이 아니다. 아하수에로라는 이름은 필시 개인의 이름이라기보다 바사 왕에 대한 칭호였고, 고레스 대제의 선조 혹은 구바루 총독을 나타낼 것이다(참고. 5:31에 대한 주석).

9:2. **선지자 예레미야**의 책이 다니엘 9장에 기술된 사건들보다 불과 한 세대 전에 완성되기는 했지만, 다니엘은 이미 그 책을 성경, 즉 **여호와의 말씀**으로 인정했다. 예레미야는 **예루살렘의 황폐함**이 **칠십 년** 동안 지속될 것이라고 예언했다(렘 25:11-13; 29:10). 그래서 다니엘은 바벨론으로 처음으로 사로잡혀 간 때가 주전 605년이었고 이때는 대략 67년 후이기 때문에 70년은 거의 채워진 것으로 계산했다.

9:3. 다니엘은 **금식하며 베옷을 입고 재를 덮어쓰고 기도**했는데, 이는 참회를 표현하는 세 가지 통상적인 방식이었다(스 8:23; 느 9:1; 에 4:1, 3, 16; 욥 2:12; 욘 3:5-6).

9:4-19. 다니엘은 자기 **하나님 여호와께** 기도했다. 하나님의 이 이름은 다니엘서에서 여덟 번 사용되는데 이 장에서만 사용된다[9:2, 4, 10(두 번), 13, 14(두 번), 20]. 다니엘의 기도가 하나님의 신실하심을 강조했고, 여호와라는 이름이 언약을 지키시는 이스라엘의 하나님의 본성과 연관되므로 이 이름의 사용은 적절했다(출 6:2-8). 다니엘의 참회 기도는 언약을 지키시는 하나님께 대한 '경배'로 시작해(9:4) 이스라엘의 죄에 대한 '고백'으로 계속되다가(9:5-14) 하나님께서 이스라엘을 포로에서 구해달라는 간절한 '탄원'으로 끝난다(9:15-19). 저자가 이 기도를 포함시킨 것은 경건한 다니엘의 겸손한 기도를 기록으로 남기는 동시에 이방인의 때를 사는 이스라엘과 오늘날의 신자들이 따라야 할 기도의 모범으로 제시하기 위해서였다.

9:4. '경배'. 다니엘은 하나님을 **여호와**['주인' 혹은 '주재자'를 뜻하는 아도나이(*Adonai*)]로 칭하고 그분을 **크시고 두려워할** 분으로 영화롭게 하면서 기도를 시작했다. **크시고**라는 단어가 하나님의 장엄과 중요성을 나타낸다면 **두려워할**은 하나님이 두려워할 분이심을 나타낸다. 더욱이 다니엘은 여호와를 **언약을 지키시는** 분으로 알았는데, 이 언약은 하나님이 유대 백성을 지키시고 그들에게 땅을 주시겠다고 약속하신 아브라함의 언약을 가리킨다(창 12:1-7; 15:18-21). 다니엘은 하나님을 **인자**를 베푸시는 분으로 인정하는데, 이 단어는 그분이 언약 관계를 맺고 있는 자들에게 "한결같은 사랑"을 베푸시는 하나님의 특성을 묘사한다(신 7:9, 12). 게다가 하나님의 "한결같은 사랑"은 종종 그분의 용서 및 자비와 관련된다(출 34:6-7; 시 103:4).

하나님의 사랑이 지닌 언약과 자비의 측면은 이 구절에서 두드러진다. 마지막으로, 이 자비로운 유익들은 **주를 사랑하고 주의 계명을 지키는 자**를 위한 것이다.

9:5-14. '고백'. 다니엘은 언제나 여호와께 신실하고 순종적이었지만 특히 자신의 죄를 포함해 민족의 죄를 고백했다. 이는 그가 자기 백성의 죄를 자신의 죄로 여겼음을 보여준다.

9:5-6. 다니엘은 하나님께 대한 불순종의 여섯 가지 다른 특징을 언급함으로써 그들의 본질적 완악함을 명확히 지적하며 죄 고백을 시작했다. (1) 다니엘은 이스라엘 모두가 **범죄**를 저질렀다고 시인했는데, 이 단어는 하나님의 의로우신 기준이라는 '과녁에 미달'(삿 20:16)됨을 뜻한다. (2) 또한 그들은 **패역**했는데, 이 단어는 일그러졌거나 구부러진 상태를 언급하며 그들이 고집스럽게 혹은 부정직하게 행동했음을 나타낸다. (3) 다니엘은 이스라엘이 **행악**했음을 알았는데, 이는 그들이 사람과 하나님을 상대로 죄를 지었음을 뜻한다. (4) 다니엘은 하나님께 고의로 불순종하고 도전하는 악을 강조하는 단어를 사용해 그들이 **반역**했다고 말했다. (5) 그는 그들이 떠나는 죄를 지었다고 고백했는데, 이 동사는 하나님께 대한 배신을 나타낸다. 그들은 모세율법에 나타난 하나님의 **법도**를 포기함으로써 그렇게 했다. 이 배신은 근본적 문제로서 위에 언급한 죄악 된 행동들을 낳았다. (6) 게다가 다니엘은 왕족에서부터 평민에 이르기까지 민족 전체에게 하나님의 율법을 지키라고 상기시키시면서, 언약 집행자로 보내신 하나님의 선지자의 권면을 **듣지 아니하였**음을 고백했다.

9:7-8. 이스라엘의 여러 죄를 고백한 다니엘은 이어서 그런 죄들이 낳은 결과들을 묘사했는데, 그 방식은 하나님과 이스라엘의 대비였다. **공의**가 **주**께로 돌아간다는 것은 하나님이 거룩하게 자신의 정당한 기준을 완전히 따르심을 뜻한다. 이와 대조적으로 이스라엘은 하나님의 거룩하시고 정당하신 요구에서 떠난 것에 대한 **수치**(7절과 8절)로 특징지어졌다. 영어에서 수치는 일반적으로 내적 특질인 반면, 히브리어에서는 공개적 망신을 나타낸다. 유다의 모든 계층은 여러 나라에 흩어지게 되어 공개적으로 수치를 당했다.

9:9. 이 고백의 중심에서 다니엘은 자신과 유다의 나머지 사람들이 의지할 수 있는 유일한 소망, 곧 유다는 패역한 반면 **주 우리 하나님께는 긍휼과 용서하심이 있음**을 확인했다. 하나님의 **긍휼**을 일컫는 히브리어 단어는 인간에 대해서는 드물게 사용되지만, 하나님께 대해서는 흔히 사용된다. 그것은 부모가 자식에 대해 느끼는(시 103:13) 것과 같이 하나님이 자신의 주권으로 주시겠다고 선택하시는 깊고도 친절한 사랑을 나타낸다. **용서하심**을 일컫는 단어는 하나님의 전유물로서 인간의 용서에 대해서는 결코 사용되지 않는다. 그것은 하나님께 반역하는 자들에게 그분만이 주실 수 있는 사면이다. 긍휼과 용서하심이라는 단어 둘 다 복수형으로 하나님의 연민과 사면의 심오함을 강조한다.

9:10-14. 다니엘의 고백으로 유다의 유일한 소망뿐 아니라 그들의 불순종의 성격과 결과가 무엇인지 밝혀졌다. 다니엘은 또한 하나님이 유다를 징계하실 때 그분의 절대적 정의를 거론했다. 이스라엘이 **선지자들**을 무시했고 **율법**을 지키지 않았으므로 하나님의 심판은 당연했다. 그리하여 하나님은 이 민족이 사로잡혀 가게 하셨는데, 이는 **모세의 율법에 기록된** 그분의 맹세대로 된 것이었다(레 26:27-33; 신 28:63-68). 유다와 이스라엘에 닥친 큰 **재앙**은 만일 이스라엘이 하나님의 계명을 지키지 않으면, 하나님이 마침내 (그들을) "땅 이 끝에서 저 끝까지 만민 중에 흩으"(신 28:64)시겠다는 율법에 나타난 경고가 현실화된 것이었다. 유다의 흩어짐에 대해 곰곰이 생각하던 다니엘은 **우리의 하나님 여호와께서 행하시는 모든 일이 공의로우심**에 주목하면서 그들의 고난에 대해 하나님께 섭섭한 감정을 드러내지 않았다.

9:15-18. '탄원'. 다니엘은 유다와 예루살렘을 용서하시고 회복시켜달라고 하나님께 탄원하면서 자신의 기도를 끝냈다. 그의 애처로운 요청은 이스라엘에게서 발견되는 어떤 공로가 아닌 하나님의 명성과 그분의 자비로우신 성품에 기초한다. 탄원의 시작 부분에서(15절) 다니엘은 하나님께 출애굽을 상기시켰는데, 거기서 하나님은 자신을, 이스라엘을 기억하셨고 그들을 **강한 손으로 애굽 땅에서** 인도하여 내신 언약에 신실하신 하나님으로 입증하셨다. 그때에 하나님은 여러 나라 가운데서 이스라엘의 하나님이라는 **명성을 얻으셨다**. 이스라엘이 자비와 긍휼을 보여달라고 그분에게 빌 때 민족을 구원하신 분으로서의 하나님의 명성에 종종 호

소했다(참고. 출 32:11-14; 민 14:11-19). 다니엘은 **예루살렘**과 그분의 **거룩한 산**에서 그분의 **분노**를 **떠나게** 해달라고 하나님께 부르짖었다(16절). 그는 아론의 축복(민 6:24-26)을 환기시키면서 **주의 얼굴빛을 주의 황폐한 성소에 비추시**라고 간구했다(17절). 이스라엘을 사로잡혀 가게 하신 것이 하나님의 정의였으나 다니엘은 이스라엘의 **공의**가 아닌 하나님의 **큰 긍휼**에 근거해 그분께 탄원했다(18절). 하나님의 용서와 회복은 인간의 공로가 아닌 오직 그분의 은혜에서 올 것이다.

9:19. 열정이 점차 고조되면서 다니엘은 하나님이 행하실 것을 간청했다. **주여**라는 호격을 세 번 반복하면서 다니엘은 **들으시고 귀를 기울이시고 행하시**라고 졸랐다. 결국 주님이 **지체**하지 말고 행하시라는 다니엘의 탄원은 예루살렘(**주의 성**)과 이스라엘(**주의 백성**)이 그분의 **이름**으로 일컬어진다는 사실에 기초했다. 다시 한 번 다니엘은 하나님의 명성에 기초해 유대 백성을 그들의 땅으로 돌아가게 해달라고 간청했다.

2. 일흔 이레에 대한 다니엘의 환상(9:20-27)

9:20-23. 다니엘이 아직 기도 중일 때 천사 **가브리엘**이 다니엘서에서 두 번째 나타났다(8:16). 여기서 가브리엘이 천사가 아닌 **사람**으로 불리는 것은 그가 인간의 모습으로 나타났기 때문이다. 그가 나타난 때는 만일 성전이 아직 서 있었더라면, **저녁 제사**를 드릴 즈음인 오후 3시와 4시 사이였다. 다니엘이 하나님께 **크게 은총을 입**었으므로 가브리엘은 그의 뜨거우면서도 겸손한 기도에 응하여 즉시 왔다.

9:24. 가브리엘이 이야기한 환상은 모두 합해 **일흔 이레**를 나타냈는데, 어떤 이들은 이를 상징적 숫자로 해석해왔다. 하지만 문맥상으로, 이 장의 시작에서 다니엘은 70년간의 포로 생활이 문자적 시간을 가리킨다는 것을 알았다(9:2). 그러므로 일흔 이레 또한 문자적 숫자를 나타낼 가능성이 높다.

히브리어에서 **이레**라는 단어는 칠 단위, 즉 7의 수를 나타내는데, 그 의미는 문맥에 의해 결정된다. 그것은 7일의 기간을 나타낼 때도 있지만 여기서는 7년의 기간을 의미한다. 그 이유는 다음과 같다. (1) 이 문맥에서 다니엘의 관심사는 날(day)이 아닌 해(year)였다(9:2). (2) 히브리어로 쓰인 다니엘 10:2-3에서 다니엘은 이전 단락에 기술된 이레의 햇수들(weeks of years)과 구별하기 위해 "꼬박 세 이레" 동안 금식하고 있었음을 분명히 했다(9:24-27). (3) 70째 이레의 깨진 언약은 황량함과 파괴의 셋과 절반의 기간을 남기며, 이 시간의 합은 병행 구절들에서 3년 반으로 기술된다(7:25; 12:7; 계 12:14).

다니엘이 70년 포로 기간의 종말에 대해 곰곰이 생각하고 있었을 때 천사가 미래의 490년과 관련된 메시지를 전한 까닭은 무엇인가? 유다 민족은 땅의 안식년 쉼을 70번이나 지키지 않았으므로 70년간 사로잡혀 있었다(레 26:34-35, 43). 따라서 70년 동안의 포로 기간에 놓쳤던 70번의 안식일 쉼을 땅에 주었다(대하 36:21). 그러므로 다니엘이 고려한 맥락은 70년 동안의 포로기뿐 아니라 그 기간, 즉 땅이 자신의 쉼을 얻지 못했던 70이레의 햇수들(즉, 490년)이었다. 다니엘의 기도가 70이레의 햇수라는 과거의 기간과 70년 동안의

70이레에 대한 다니엘의 환상

이스라엘의 안식일 위반	이스라엘이 사로잡혀 감	이스라엘의 예언적 운명
70이레의 햇수 70×7 = 490년 (레 26:34-35, 43; 대하 36:21)	70년 (렘 25:11; 29:10)	70이레의 햇수 70×7 = 490년 (단 9:24-27)

이스라엘의 과거

다니엘의 날
단 9:1-2

이스라엘의 미래

다니엘의 기도는
과거를 돌아보았다

다니엘의 환상은
미래를 내다보았다

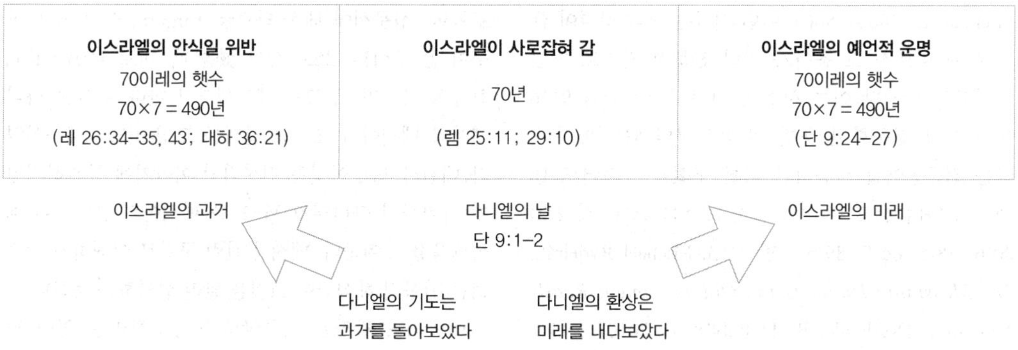

포로 생활의 종말에 초점을 맞춘 반면, 천사는 미래뿐 아니라 70이레의 햇수의 기간에 관한 메시지를 전했다(도표 '70이레에 대한 다니엘의 환상'을 보라).

490년의 기간이 차면 여섯 가지 목표가 포괄적으로 달성될 것이다. 처음 세 목표는 죄를 다루는 것과 관련 있다. 첫째, **허물**을 그치는 것은 하나님께 대한 이스라엘의 반역의 역사가 끝남을 나타낸다. **죄가 끝나**는 것은 최후 심판에 의해 그것이 중단되는 것이다. 그리고 **죄악이 용서되**는 것은 메시아가 죄를 위해 단 한 번 죽으심을 나타낸다. 나머지 셋은 **영원한 의**의 나라가 들어오고, 모든 **환상과 예언**이 응하며, 미래의 문자적 천년 성전을 나타내는 **지극히 거룩한** 곳(문자적으로 지성소, 참고. 겔 40-48장)을 따로 떼어놓음으로써 예언의 사건들이 완성되는 것과 관계있다. 여섯 가지 목표 모두 메시아가 재림하셔서 메시아 왕국을 세우실 때 이스라엘을 위해 완전히 달성될 것이다.

9:25. 예언의 첫 부분은 미래의 어느 특정한 출발점에서부터 **기름 부음을 받은 자 곧 왕**이 오실 때까지 69 이레가 있을 것이라고 예언한다. 마쉬아흐(*machiach*, **메시아**)라는 히브리 단어는 흔히 그리고 정확히 '기름 부음을 받은'으로 번역된다. 그것은 히브리어 성경에 39회 나오는데, 대체로 '기름 부음을 받은 제사장'처럼 다른 명사와 함께 사용된다. 이 단어는 또한 전문적 의미를 지니는데 흔히 '메시아'로 번역되고, W. H. Rose에 의해 "하나님의 백성과 세상에 구원을 가져오시고 평화와 정의 같은 것으로 특징지어지는 나라를 세우실, 하나님이 보내시는 미래의 왕 같은 인물"로 정의된다[W. H. Rose, "Messiah," in *Dictionary of the Old Testament: Pentateuch*, edited by T. Desmond Alexander and David W. Baker(Downers Grove, IL: InterVarsity, 2003), 566]. 어떤 이들은 구약 정경이 끝난 후에 비로소 그 용어가 이런 전문적 의미로 발전되었다고 믿지만 이는 사실과 다르다. 이 절과 9:26에서의 그 전문화된 용법 외에도 구약에는 '메시아'라는 전문용어를 사용하는 다른 구절들이 적어도 10개는 된다[삼상 2:10, 35; 삼하 22:51; 23:1; 시 2:2; 20:6; 28:8; 84:9; 89:51; 합 3:13, Michael Rydelnik, *The Messianic Hope: Is the Old Testament Really Messianic?*(Nashville: B&H Publishers, 2010), 2-3을 보라]. 여기서 메시아는 '왕'이라는 칭호를 추가로 지닌다. 히브리어로는 '통치자' 혹은 '지도자'를 뜻하며 '앞서 가는 자'라는 생각에서 유래한 단어이다.

어떤 이들은 '기름 부음을 받은'이라는 단어에 정관사가 없기 때문에 이 문맥에서 메시아라는 전문적 의미를 지닐 수 없다고 주장해왔다(Pate and Haines, *Doomsday Delusions*, 73). 그들은 또한 '기름 부음을 받은'이라는 단어가 제사장을 묘사하는 데 더 적절하다고 주장해왔다(레 4:3). 더욱이 그들은 '왕'이라는 단어가 제사장에 대해서도 사용된다고 말한다(느 11:11; 렘 20:1). 따라서 그들은 이 절이 여호사닥의 아들이자 포로 이후의 대제사장인 여호수아를 가리킨다고 결론짓는다.

하지만 히브리어에서 대명사, 이름 혹은 '기름 부음을 받은 자'나 '메시아' 같은 칭호는 관사가 붙지 않는다. 게다가 '마쉬아흐'라는 히브리 단어는 '모세 시기 이후' 대제사장에 대해 사용되지 않았고, "이 단어가 사용될 때마다 그것은 언제나 '제사장'이라는 단어와 병치되어 명확해졌다"[J.Paul Tanner, "Is Daniel's Seventy-Weeks Prophecy Messianic? Part 2" *BibSac* 166(July-Sept 2009), 323]. '기름 부음을 받은 제사장'처럼 말이다. 그리고 '왕'이라는 단어가 제사장에 대해 사용된다 할지라도 그 횟수는 (43회 가운데 딱 3회일 정도로) 드물다. 실제로 그것은 이사야 55:4의 메시아의 오심에 대한 예언에서 사용된다. 이 같은 이유들로 교회가 마쉬아흐 나기드(*mashiach nagid*)를 메시아이신 왕으로 이해해왔음은 해석의 역사를 살펴볼 때 매우 확연히 드러난다. 옛 유대교 또한 이 구절을 메시아와 관련해서 이해했다. 탈무드(주후 6세기 랍비들의 글쓰기)에 의하면, 주전 1세기에 요나손 벤 우시엘이 (다니엘서를 포함한) 성문서에 대한 타르굼(Targum, 알기 쉽게 바꾸어 쓴 주석)을 쓰고 싶어 했을 때, 바트 콜(Bat Kol, 하늘의 목소리)이 그를 제지했다고 한다. 이유는 다니엘서가 메시아가 오시는 날짜를 고정시켰기 때문이었다[메길라 3a]. 이것은 전설적인 이야기에 불과하지만 옛 랍비들이 다니엘 9:24-27을 메시아와 관련지어 해석했음을 보여준다. 메시아 관련 구절로 이해하지 않으려는 편향적 해석만이 그것을 달리 설명하는 듯하다.

예언의 출발점은 **예루살렘을 중건하라는 영이 날**

때부터이다. 구약의 메시아 관련 예언들을 최소화하려는 몇몇 학자들은 '영(令)'이라는 단어가 문자적으로 '말씀'이므로 이는 주전 587년 예루살렘의 회복에 관해 공표된 예레미야의 예언 말씀(렘 30:18-22; 31:38-40)을 나타낸다고 주장한다(Pate and Haines, *Doomsday Delusions*, 72-73). 이는 주전 538년 스룹바벨 주도 하에 대제사장 여호수아에게서 실현될 일이다. 하지만 '영'을 뜻하는 히브리 단어인 데바르(*debar*)는 '말씀' 혹은 '사물'을 가리킨다. 이 맥락에서 그것은 왕에게서 나온 말씀, 즉 **영**이라는 일반적인 의미로 사용되며, 여호와 혹은 선지자에게서 나온 '말씀'이라는 해석을 결코 요하지 않는다. 둘째, 예레미야서에서 인용된 구절은 포로 생활에서의 귀환을 나타내지 않으며 마지막 때의 이스라엘 회복을 기대하는 종말론적 성격을 띤다. 셋째, 주전 587년을 예레미야가 자신이 받은 말씀을 준 해로 택하는 것은 완전히 자의적이다. 실제로 다니엘 9:25이 예레미야의 예언 말씀을 나타냈다 하더라도 예레미야 29:1-3의 연대 확정은 그 해가 주전 597년이었다고 나타내는데, 이로 말미암아 제시된 성취는 10년이 지나서 이루어진다. 마지막으로, 이 장의 시작에서 다니엘이 염두에 둔 것은 예레미야서의 이 절들이라기보다 예레미야 25:11-13; 29:10로, 이 구절들은 49년이 아닌 70년 동안의 포로 생활에 대해 말하고 있음이 분명하다.

이 구절을 메시아와 관련하여 해석하는 자들 중에 더러는 이를 주전 539/538년 포로들의 귀환을 승인하는 고레스의 영(대하 36:22-23; 스 1:1-3)과 동일시하며 69이레의 햇수를 상징적으로 해석한다. 따라서 영이 내려진 때로부터 메시아가 오실 때까지의 시간은 한갓 상징적 기간으로 서술된다. 다음 세 가지 요인이 이 해석을 특히 의심스러운 것으로 만든다. 첫째, 고레스의 영은 예루살렘의 회복이 아닌, 포로들을 바사에서 거룩한 땅으로 귀환시키기 위한 것이었다. 둘째, 다니엘서는 70년 동안의 포로 생활에 대한 예레미야의 예언을 문자적 햇수로 이해하므로 이 숫자들을 상징적으로 다루는 것에 이의를 제기한다. 셋째, 이 예언은 언제 성취되어도 관계가 없기 때문에 아무런 의미가 없다.

다른 이들은 출발점이 주전 457년의 아닥사스다의 첫째 영(스 7:11-26)이라고 넌지시 말하며, 69이레(483년)가 예수님이 세례 받으신 후 자신의 공생애를 시작하셨을 때 성취된 것으로 계산한다. 하지만 이 특별한 영은 더 많은 포로들의 귀환과 성전 기구들의 원상 복귀, 민간인 지도자 임명 승인을 요할 뿐이었다(겔 7:11-26). 그것에는 여기서 언급한 가장 중요한 요소, 즉 예루살렘의 회복 및 중건을 위한 영이 포함되었다.

가장 그럴듯한 출발점은 주전 444년에 아닥사스다가 내린 느헤미야의 예루살렘 성벽 재건을 승인하는 둘째 영이었다(느 2:1-8). 이 영은 실로 예루살렘의 회복을 위한 것이었으므로 예언의 필요조건에 들어맞는다. 더욱이 회복은 다니엘이 예언하고(25절) 느헤미야가 기술한대로(느 4:1-6:14) **그 곤란한 동안에** 이루어졌다.

예언에 대한 계산은 다음과 같다. **일곱 이레**의 햇수(49년)에 뒤이어 **예순두 이레**의 햇수(434년)가 지날 것인데, 이로써 영이 내려진 때로부터 **기름 부음을 받은 자 곧 왕**이 오실 때까지의 기간은 합쳐서 69이레의 햇수, 즉 483년이 될 것이다. 필시 일곱 이레의 기간(49년)은 영의 공표로부터 예루살렘의 회복 때까지 걸린 시간과 관계가 있을 것이다. 합계 483년(69이레)은 1년을 각 360일로 하는 특정한 성경적/예언적 햇수로 계산되어야 한다. 예언의 출발점은 주전 444년 니산월 1일(3월 5일)에 시작해 1년을 360일로 하는 69이레, 즉 173,880일이 뒤를 잇고 주후 33년 니산월 10일(3월 30일), 곧 메시아 예수가 승리의 입성을 하신 날짜에서 절정을 이루었을 것이다(눅 19:28-40)[참고. Harold W. Hoehner, "Daniel's Seventy Weeks and New Testament Chronology," in *Chronological Aspects of the Life of Christ*(Grand Rapids, MI: Zondervan, 1977), 115-139].

메시아 관련 해석을 거부하려는 자들은 **일곱 이레**와 **예순두 이레**가 연속되어 합이 예순아홉 이레의 햇수가 됨을 부인한다. 오히려 그들은 [아트나흐(*athnach*)로 불리는] 히브리어의 이접적(離接的) 악센트 표시가 두 기간의 동시성을 요한다고 주장한다. 그러고 나서 그들은 62이레의 시작을 주전 605년으로 잡고 그것의 성취를 434년(62×7) 후인 주전 171년, 곧 대제사장 오니아스 3세가 살해당한 해로 본다(Pate and Haines, *Doomsday Delusions*, 73).

이에 답하여, 그들은 지극히 사소한 악센트에 너무 지나치게 큰 의미를 부여하는 듯하다. 첫째, 히브리어 악센트는 한참 후인 주후 800-1000년에 추가되었으며, 영감 받은 히브리어 본문의 일부가 아니었다. 둘째, 옛 버전들(70인역, 데오도티온, 심마쿠스, 페시타, 시리악, 불가타)은 히브리어 본문에 나타나는 이접적 악센트를 반영하지 않고 일곱 이레와 예순두 이레를 예순아홉 이레라는 단일한 기간으로 취급한다. 셋째, 악센트와 모음을 추가한 학사들이 유대교 전통을 충실히 따르기는 했지만, 랍비와 교부 시대(주후 2-3세기)에 예수님의 메시아 되심을 둘러싸고 그리스도인과 유대인 사이에 논쟁이 오가면서 이것과 같은 메시아 관련 본문에 대한 유대인의 해석이 채택되었을 가능성이 있다. 그때에 유대인 해석자들이 예수님을 메시아이신 왕과 동일시하지 않기 위해 이접적 악센트를 추가했을 수 있다. 몇 세기 후, 히브리어 본문의 통합을 시도하던 유대인 학사들은 그들이 받은 전통으로서의 악센트를 지금과 같은 히브리어 성경 안으로 편입시켰다[Roger T. Beckwith, "Daniel 9 and the Date of Messiah's Coming in Essene, Hellenistic, Pharisaic, Zealot and Early Christian Computation," *Revue de Qumrani* 10(1979-81): 541]; Rydelnik, *The Messianic Hope*, 35-36]. 따라서 일곱 이레와 예순두 이레의 기간을 예순아홉 이레라는 단일한 기간으로 보는 게 더 낫다. 예순아홉 이레가 연속된 두 기간으로 나뉜 것은 원래 영의 목적(**예루살렘을 중건**하는 것)을 파악하고 일곱 이레의 햇수가 끝날 때 예루살렘의 재건이 끝나는지를 확인하기 위해서였다.

9:26. 예언의 둘째 특징은 일곱 이레와 **예순두 이레**(혹은 총 예순아홉 이레)의 뒤를 이을 여러 일들을 예언한다는 것이다. 첫째, **기름 부음을 받은 자가 끊어져 없어질** 것인데, 이는 메시아가 죽으실 것이라는 예언이다. 따라서 주전 6세기에 쓰인 다니엘서에는 메시아가 정확히 언제 오시는지(9:25) 그리고 그분이 주후 70년 예루살렘 멸망 이전의 정확히 어느 시점에 죽으실 것인지에 대한 예언이 들어 있다. 이 예언은 메시아 예수가 주후 33년(하지만 어떤 해석자들은 주후 30년이라고 하는데, 이 시점은 예수님이 죽으실 당시의 사회적 상황과 잘 들어맞지 않는다) 십자가에 달리셨을 때 이루어졌다. 둘째, **장차 한 왕의 백성이 와서** 예루살렘 **성읍**과 둘째 성소를 **무너뜨릴** 것이다. **장차 오실 한 왕**은 **기름 부음을 받은 자 곧 왕**과 구별되지만, 그 대신 다니엘 7장에 작은 뿔로 묘사되며 또한 짐승 혹은 적그리스도로 알려진 미래 통치자를 나타낸다. 예루살렘과 성전을 무너뜨리는 자는 그 사람 자신이 아닌 그의 백성이 될 것이다. 이전에 다니엘서(참고. 7:7-8)는 이 통치자를 넷째 주요 세계 강국, 곧 로마에서 오는 것으로 보았으므로 이 예언은 로마인들이 예루살렘을 파괴할 것으로 내다보는데, 실제로 그들은 주후 70년에 그렇게 했다. 셋째, 예순아홉째 이레의 끝과 일흔째 이레의 시작 사이에는 의미심장한 시간차가 있는 것으로 보이는데, 이는 예언에서 흔히 있는 일이다. 일흔째 이레의 시작은 아직 미래의 일이다.

9:27. 예언의 셋째 부분은 그[오실 왕 혹은 적그리스도]가 이스라엘 지도층의 **많은 사람들과 더불어** 평화의 **언약을 굳게 맺**을 때 시작될 마지막 7년의 기간, 즉 칠십째 이레에 대한 예언이다. 어떤 이들은 이 왕을 새 언약을 세우시고 구약의 제사 제도를 끝내실 그리스도로 여기지만 메시아가 멸망의 가증한 것을 행하실 분이 되신다는 것은 상상도 할 수 없다. 그러므로 그는 미래 성전을 더럽히고 그 안에서의 예배를 중지시킬 적그리스도로 확인하는 게 더 정확하다. 이 언약은 아직 미래의 일이지만 "야곱의 환난의 때"(렘 30:7) 혹은 환난기(마 24:29; 막 13:24)로 불리는, 유대 백성을 박해하는 때가 시작됨을 나타낼 것이다. **이레의 절반에**, 곧 처음 셋과 절반의 이레 후에 적그리스도는 자신이 이스라엘과 맺은 언약을 깨뜨릴 것이며, 이로 말미암아 예수님을 따르는 자들(계 7:14)뿐 아니라 또한 유대 백성(마 24:21; 막 13:19)에 대한 유례없는 박해가 시작되어 또 다른 3년 반 동안 지속될 것이다(7:25; 계 11:2-3; 12:14; 13:5).

적그리스도는 자신의 언약을 깨는 것과 함께 장차 재건될 성전에서의 **제사**를 **금지**할 것이다(7:25). 성전을 더럽히고 자신을 하나님으로 선언하는(살후 2:4; 계 13:5-7) 그는 **가증한 것의 날개를 의지하여** 오며 **황폐하게 하는** 자 혹은 '멸망의 가증한 것'을 행하는 자라고 한다(가증한 것이 미래에 실현되고, 안티오코스 치하에서 혹은 주후 70년에 실현될 가능성이 희박함을 뒷받침하는 증거에 대해서는 마 24:15에 대한 주석을 보라). 적그리스도의 탄압과 가증한 것들은 이미 정해진 **종말**에 대한 하나님의 진노가 **황폐하게 하는 자에게 쏟아**질 때까지 계속될 것이다(11:45; 계 19:20).

몇몇 복음주의자들은 오실 왕을 적그리스도가 아닌 안티오코스 에피파네스로 밝혀, 주후 70년의 티투스와 미래 적그리스도를 포함해 동일한 예언이 다양하게 실현될 가능성을 열어두었다(Pate and Haines, *Doomsday Delusions*, 74-75). 하지만 이는 어떤 성경 본문이든 그것이 의도하는 의미는 딱 하나라는 기본 해석 원리와 배치된다. 둘째, 예수님이 안티오코스의 때 이후 '멸망의 가증한 것'에 대해 말씀하셨을 때 그분은 그것을 지금으로서는 미래로 보셨다(마 24:15). 마지막으로, 안티오코스가 미래 적그리스도의 예표로서 사실상 둘째 성전을 더럽히기는 했지만(11:31), 이 절에서 그것은 둘째 성전이 파괴된 이후의 더럽힘에 대해 이야기한다(9:26). 그러므로 이것은 안티오코스가 더럽혔고 티투스가 파괴한 성전이 아닌 지금으로서는 미래의 성전에서 **황폐하게 하는 자**가 그렇게 할 것임을 나타낸다. 마지막으로, 여기서 그 인물은 7장의 작은 뿔과 연결된다. 다니엘 9:27에서 이 **황폐하게 하는 자**는 일흔째 이레의 중간 무렵에 자신의 언약을 파기해 3년 반 동안 탄압이 계속되다가 마침내 **이미 정한** 최후 심판이 그에게 쏟아질 것이다. 다니엘 7:25에서 작은 뿔은 3년 반 동안 이스라엘을 탄압한다. 작은 뿔에 대한 심판 후 그의 권세는 멸망하여(7:26) 메시아 왕국으로 대체될(7:27) 것인데, 이 일이 안티오코스나 티투스의 패배로 성취되는 것이 아님은 의미심장하다. 그러므로 황폐하게 하는 자를 안티오코스와 동일시하는 것은 다니엘서의 맥락 및 문학적 증거와 들어맞지 않는다.

이 장의 시작에서 다니엘은 70년 동안의 포로기 후 하나님이 이스라엘 백성을 이스라엘 땅으로 되돌려 보내시는 데 관심을 두었다. 하지만 하나님의 관심은 과거나 현재가 아닌 미래에 있었다. 그리하여 그분은 메시아의 오심, 죽으심, 다시 오심 및 이스라엘의 회복을 비롯하여 이스라엘에 대한 자신의 예언 프로그램에 관한 메시지를 지닌 천사를 보내셨다. 다니엘과 마찬가지로 메시아를 따르는 사람들은 동시대 사회의 부패와 신성모독, 타락에 낙담하면서도 하나님의 즉각적 행동을 기대할 수 있다. 어쨌거나 예수님을 믿어온 자들은 하나님이 원대한 계획을 품고 계시며 자신의 예언 일정대로 확실히 성취하시며 이 땅에 자신의 나라를 세우실 것이라는 사실에서 용기를 얻을 수 있다.

C. 다니엘과 그의 마지막 환상(10:1-12:13)

다니엘서의 마지막 세 장은 다니엘의 마지막 환상을 포함하는 하나의 단위를 형성한다. 다니엘 10:1-11:1에는 다니엘이 환상을 받는 것에 대한 묘사가 들어 있고, 11:2-12:3에는 환상에 대한 천사의 설명이 포함되었으며, 12:4-13은 다니엘의 마지막 환상에 관해 천사가 그에게 내리는 마지막 지시를 나타낸다. 이 세 장의 내용은 이방인의 때에 이스라엘의 신실한 남은 자들에게 소망과 확신을 주기 위해 계획되었다.

1. 환상을 받는 다니엘(10:1-11:1)

다니엘 10장은 다음 장에 설명되는 상세한 환상의 프롤로그 역할을 한다. 서문에 불과하지만 그것은 "천사들과 악마들, 사람과 하나님의 사역에 대해 가진 그들 각자의 관심과 관련된 중요한 사실들"(Wood, *Daniel*, 264)을 포함한다.

a. 환상의 무대(10:1-3)

10:1. 다니엘은 주전 536년인 **고레스 제삼 년에** 이 환상을 받았다. 다니엘이 사로잡혀 갔을 때(주전 605년)의 나이가 15세 남짓이었을 것으로 가정하면, 그가 이 환상을 받았을 때는 대략 84세였을 것이다. 환상은 다니엘 11:2-12:3에 기술된 미래의 **큰 전쟁**에 관한 것이었다.

10:2. 아마도 다니엘은 돌아온 포로들의 비참한 상황 때문에 **슬퍼**했을 것이다. 사마리아인들의 반대로 성전 공사는 중단되었다(스 4:5, 24). 다니엘은 **세 이레 동안을** 슬퍼했다. 히브리어 본문에는 이 단락의 바로 앞 단락(9:24-27)에 나오는 이레의 햇수(weeks of years)와 구별하기 위해 "이레의 날들"(weeks of days)이라는 구절이 들어 있다.

10:3. 다니엘은 왕의 식탁에 차려진 음식을 먹지 않겠다는 자신의 젊은 시절의 결심(1:8-16)을 떠올리면서 **고기**와 **포도주** 같은 **좋은**[혹은 풍성한] '음식'을 거부하면서 부분 금식에 돌입했다. 이번 금식은 이방 신들에게 바쳐졌던 음식을 피하려는 것이 아니라, 기도에 집중하기 위한 영적 훈련이었다.

b. 환상의 전달자(10:4-9)

10:4. 하늘의 전령을 보았을 때 다니엘은 바벨론에서 약 32킬로미터 떨어진 **힛데겔이라 하는 큰 강가에 있었다**. 84세의 고령인 다니엘은 다른 유대인 귀환자들과 함께 이스라엘을 향해 힘들고 버거운 여정을 떠나는 대신 바벨론에 남아 조정에서 일했다.

10:5-6. 다니엘은 한 천사를 보았는데, 그는 화려한 외모를 지닌 **한 사람**의 모습을 하고 있었다. 메시아는 이 천사가 그랬듯 미가엘 천사에게 도움을 청하지 않을 것이므로 이 사람은 (계 1:12-16의 그리스도의 모습과 유사하기는 하지만) 성육신 이전의 메시아가 아니었다.

10:7-9. **이 환상을 나 다니엘이 홀로 보았고**의 히브리어 본문에서는 '나'를 강조한다. "나는 보았다, 나 다니엘은, 나 홀로." 다니엘의 친구들은 강력하면서도 섬뜩한 임재를 느꼈지만 아무것도 보이지 않았으므로 도망쳐 숨었다(참고. 행 9:3-7).

c. 환상의 걸림돌(10:10-13)

10:10-13. 환상이 자신에게 오자 다니엘은 힘이 빠지면서 **깊이 잠**들었다(10:9). 그러므로 천사는 다니엘의 기력을 회복시킨 후, 3주 동안의 기도 **첫날부터** 하나님이 기도를 들으셨고, 그에게 응답하시고자 즉시 자신을 보냈다고 그에게 알렸다. 어떤 해석자들은 이 천사를 가브리엘이라고 보았는데, 본문에 그렇게 확신할 만한 내용이 없으므로 그럴 가능성이 낮다. **바사 왕국의 군주**가 그를 제지했기 때문에 천사는 **이십일 일 후**에야 올 수 있었다. 바사의 군주가 이 천사와 맞서려면 초자연적 능력을 지녀야 했고, 하나님의 계획에 반대하려면 악해야 했다. 그러므로 그는 바사의 정치 문제에 영향을 끼치고 하나님의 뜻을 방해하려던 악령이었다. 다른 성경 구절들도 정사들과 세상 권세들에 영향을 끼치는, 보이지 않는 영적 세력들에 대해 가르친다(겔 28:11-19; 고후 10:3-4; 엡 6:12). 천사는 **가장 높은 군주 중 하나인** 천사 **미가엘이 와서** 그를 **도와주었**을 때, 비로소 바사와 연관된 악마를 물리칠 수 있었다. (그 이름이 '하나님과 같은 자 누구인가?'를 뜻하는) 미가엘은 이스라엘의 수호천사이며(참고. 10:21; 12:1; 계 12:7) 신약에서 천사장으로 일컫는다(유 9절).

d. 천사의 방문 목적(10:14-11:1)

10:14. 천사는 환상의 첫째 목적이 **마지막 날에** 이스라엘에 일어날 일을 계시하는 것이라고 밝혔다. 다니엘 11장의 많은 예언이 신구약 중간기의 사건들과 관련되지만, 그것들은 그리스도의 재림과 관계된 사건들로 극적으로 바뀐다(11:36-12:3). 안티오코스 4세의 가증한 것들과 같은 이전에 성취된 예언들까지도 의도적으로 마지막 날을 가리키는 예표로서 중요성을 지닌다.

10:15-19. 천사가 방문한 둘째 목적은 다니엘의 힘을 돋우는 것이었다. 다니엘이 환상으로 말미암아 **근심**하고 **힘**이 없어지기는 했지만, 천사는 두 번이나 그를 **강건하게** 했는데, 첫째는 그를 만짐으로써(10:18) 그리고 둘째는 격려의 말로써 했다(10:19).

10:20-21. 천사는 다시 한 번 **바사 군주와 싸**울 준비를 하면서 나중에 헬라 제국을 지배하고, 그 나라와 이스라엘을 향한 하나님의 목적에 반대하기를 꾀하는 악령의 세력인 **헬라의 군주**를 상대로 자신도 전투를 재개할 것임을 다니엘에게 알렸다. 이는 헬라가 바사에 뒤이어 세계 강국이 될 것을 암시한다(8:4-8, 20-22). 천사의 셋째이자 마지막 방문 목적은 **진리의 글에 기록된 것**을 드러내는 것인데 이는 어떤 특별한 땅의 책이라기보다 세상 나라들의 미래에 관한 하늘에 계신 하나님의 영(令)을 나타낸다.

11:1. 아마포로 옷 입은 천사가 "바사 왕 고레스 제삼 년에"(10:1) 다니엘에게 오기는 했지만, 그는 자신이 **메대 사람 다리오 원년**에 미가엘을 **도와서** 그를 **강하게** 하려고 일어났었음을 다니엘에게 밝혔다. 메대 사람 다리오가 고레스의 다른 이름으로 사용되든 구바루의 칭호로 사용되든 간에(5:31에 대한 주석을 보라), 천사가 한 말의 요지는 자신이 미가엘을 격려하고 보호하는 사역을 시작했던 것은 자신이 환상의 말씀을 가져왔을 때가 아닌 그보다 2년 앞서, 즉 고레스가 통치를 시작한 해(주전 539년)였다는 것이었다. 하나님은 인간의 정치 문제와 유대 백성 보호에 관심을 두시고 적극 개입하신다.

2. 바사와 헬라, 거짓 메시아 환상에 대한 천사의 설명(11:2-12:3)

다니엘 11장에는 성경을 통틀어 가장 정확한 몇몇 예언이 들어 있는데, 너무 정확하다 보니 많은 학자들은 11장이 사건들이 실제로 일어난 후에 쓰였다고 주장하기까지 했다. 그러나 하나님은 전지하셔서 시작부터 끝을 아시고(사 46:10) 장래 일들을 예언하실 수 있으므로 미래적 예언은 문제가 안 된다. 이 장의 첫째 부분은 다니엘의 때(주전 536년)에서 마카비 기간(주전 164년)까지의 정치사에 일어날 일들을 예언한다(11:2-35). 환상의 둘째 부분에는 적그리스도와 환난, 인류 부활에 대한 마지막 때의 예언이 들어 있다(11:36-12:3).

a. 바사에서 마카비까지의 시기에 대한 예언 (11:2-35)

(1) 바사 왕들에 대한 예언(11:2)

11:2. 천사는 **바사에서 또 세 왕들**이 일어날 것이라고 예언했는데, 그들은 캄비세스(주전 530-522년)와 가짜 스메르디스(주전 522년), 다리오 1세 히스타페스(주전 522-486년)이다. **넷째** 왕인 아하수에로 1세는 다른 왕들보다 **심히 부요**할 것이다.

(2) 알렉산더 대제에 대한 예언(11:3-4)

11:3-4. 예언된 **능력 있는 왕**은 알렉산더 대제였고(주전 336-323년), 예언대로 그의 나라가 **갈라져 천하 사방에** 나뉘었는데, 이는 **그의 자손**이 아닌 휘하의 네 장군들에 의해 나라가 나뉘었음을 나타낸다(참고. 8:8에 대한 주석).

(3) 헬레니즘 시기에 대한 예언(11:5-35)

이 절들에는 주전 323년에서 164년까지의 대략 160년을 다루는 예언들이 들어 있다. 이 예언들은 넷으로 나뉜 알렉산더의 제국보다는 프톨레마이오스와 셀레우코스 치하의 헬레니즘 나라들로 국한된다. 이 둘만이 이스라엘과 관계있기 때문이다(10:14).

(a) 첫 셀레우코스와 프톨레마이오스의 시기 (11:5-6)

11:5. **남방의 왕**은 애굽의 프톨레마이오스 1세 소테르(주전 323-285년)이며, **그 군주들 중 하나**인 셀레우코스 1세 니카토르(주전 311-280년)는 그를 능가했다. 셀레우코스 1세는 프톨레마이오스 1세를 포기하고 바벨론과 메데, 시리아의 통치자가 되어 셀레우코스 왕국을 세웠는데, 이 나라는 프톨레마이오스의 애굽보다 더 컸다.

11:6. 프톨레마이오스 왕국과 셀레우코스 왕국 사이의 긴장은 계속될 것이다. **남방의 왕** 프톨레마이오스 2세 필라델푸스(주전 285-246년)는 자신의 **딸**인 프톨레마이오스의 공주 베레니케를 안토니코스와 결혼하게 함으로써 협정을 보증하여 **북방의 왕** 안티오코스 2세 테오스(주전 261-246년)와 **단합**할 것이다. 하지만 합의는 지속되지 않을 것이며, 베레니케 또한 '아무런 권세도 쥐지 못할' 것이다. 안티오코스의 전처인 라오디케가 안토니코스와 베레니케, 그들의 자식을 살해할 것이기 때문이다.

(b) 프톨레마이오스 3세의 시기(11:7-9)

11:7-9. 베레니케의 가문 **중 한 사람**[문자적으로, '그녀의 뿌리에서 난 새싹']인 그녀의 오빠 프톨레마이오스 3세 유에르게테스(주전 246-221년)는 안디옥, 곧 **북방 왕** 셀레우코스 2세 칼리니쿠스(주전 246-226년)**의 성**을 습격해 라오디케를 죽임으로써 복수할 것이다. 프톨레마이오스 3세는 심지어 셀레우코스의 **신들**과 귀중품들을 노략해 **애굽으로** 가져갈 것이다.

(c) 안티오코스 3세의 시기(11:10-19)

11:10. 셀레우코스 2세와 셀레우코스 3세 케라우누스(주전 226-223년), 안티오코스 3세(주전 223-187년)의 **아들들**은 이스라엘 남부에 있는 프톨레마이오스의 **성**인 라피아**까지 칠** 것이다.

11:11-12. **남방 왕** 애굽의 프톨레마이오스 4세 필로파토르(주전 221-203년)는 **북방 왕** 안티오코스 3세(주전 219-218년)에게 반격할 것이다. 둘 다 큰 군대를 지휘할 것이지만, 결과는 프톨레마이오스 왕들의 큰 승리로 끝날 것이다. 반격에 성공함으로써 프톨레마이오스 4세의 **마음**은 **스스로 높아**지고(교만해지고) 셀레우코스의 병사 **수만 명**을 학살할 것이다. 그러나 그는 셀레우코스 왕국을 계속 지배할 수 없을 것이다.

11:13-15. 15년 후, **북방 왕** 안티오코스 3세는 훨씬 더 많은 군대를 일으켜 페니키아의 프톨레마이오스 왕조와 이스라엘을 공격할 것이다. 안티오코스 3세는 (여기서 **네 백성 중에서도 포악한 자**로 불리는) 유대인 저항 세력과 **남방 왕** 프톨레마이오스 4세 에피파네스(주전 203-181년)에 대적하는 몇몇 프톨레마이오스 왕들의 지원을 받을 것이다. 안티오코스 3세의 군대는 압승을 거둬 시돈의 **견고한 성읍**까지 손에 넣을 것이다(주전 199-198년).

11:16-17. 주전 198년 안티오코스 3세는 이스라엘

단

의 **영화로운 땅**을 셀레우코스 왕국의 소유로 만들고, 프톨레마이오스 왕들과의 평화협정을 강요하려 했다. 안티오코스 3세는 자기 **딸** 클레오파트라를 통해 프톨레마이오스 왕국을 지배할 수 있으리라 기대하면서 그녀를 프톨레마이오스 5세에게 주어 아내로 삼게 했다. 클레오파트라가 자신의 남편 프톨레마이오스를 도왔고, 자기 아버지 안티오코스 3세의 '편을 들'거나 지지하지 않았으므로 이는 실패로 끝났다.

11:18-19. 그다음에 안티오코스 3세는 **그의 얼굴을** 지중해 주변의 **바닷가로** 돌리겠지만 테르모필레에서(주전 191년) 그리고 다음에 마그네시아에서(주전 190년) 로마의 **장군** 루치우스 코넬리우스 스치피오에게 격퇴될 것이다. 이로 인해 안티오코스는 어쩔 수 없이 자기 나라로 시선을 돌리는데 거기서 그는 **거쳐 넘어지고 다시는 보이지 아니**할 것이다. 안티오코스는 엘리마이스의 제우스 신전을 약탈하려다 신전을 지키던 군중에게 살해되었다.

(d) 셀레우코스 4세의 시기(11:20)

11:20. **그의 왕위**를 이을 자는 셀레우코스 4세 필라토르(주전 187-175년)였는데, 그는 **압제자** 곧 휘하의 세리(稅吏)인 헬리오도로스를 예루살렘 성전(**그 나라의 아름다운 곳**)으로 보내 자신이 로마에 빚진 엄청난 배상금을 갚을 돈을 거두게 할 터였다. 짧은 통치 후 셀레우코스 4세는 **분노함이나 싸움이 없이** 세리가 탄 독으로 인해 죽었다.

(e) 안티오코스 4세의 시기(11:21-35)

이 더 긴 부분은 비열한 왕 안티오코스 4세 에피파네스(주전 175-163년)의 출현과 통치를 예언했는데, 그는 이전의 8:9-12, 23-25에서 작은 뿔로 예언된 바 있다(참고. 이 구절에 대한 주석). 그는 이 부분에서 두 가지 이유로 강조된다. 첫째, 그는 유대 백성을 엄청나게 탄압할 것이다. 둘째, 그의 통치는 또한 장차 유대 백성을 억누를 세상 통치자의 모습, 곧 적그리스도로 계획된다.

11:21. 안티오코스 4세는 왕위를 물려받을 직계 후손이 아니었음에도 **속임수로 그 나라를 얻**을 것이다. 반면에 적법한 계승자인 데메드리오는 로마에 감금되었다. 유대 백성에 대한 그의 증오, 유대교를 없애려는 시도, 성전 모독 그리고 자신을 신의 칭호인 에피파네스[*Epiphanes*, 겉으로 나타난 자(Manifest One), 걸출한 자(Illustrious One)]로 부르는 과대망상증으로 인해 예언은 그를 **비천한 사람**으로 불렀다. 그 당시 사람들도 그를 에피마네스(*Epimanes*, 미치광이)라고 불렀다.

11:22. 프톨레마이오스 6세 필로메토르(주전 181-146년)가 **넘치는 물 같은 군대**로 공격했음에도 안티오코스 4세는 그들을 물리치고 또한 **동맹한 왕**, 곧 유대인 대제사장 오니아스 3세를 물러나게 할 수 있었다.

11:23-24. 안티오코스 4세는 자신이 정복해서 얻은 재산을 나누고, 자기 추종자들에게 **노략하고 탈취한 재물**을 분배함으로써 **세력을 얻**을 것이다.

11:25-26. 프톨레마이오스 6세와의 전쟁(11:22)을 다시 언급하면서, 환상은 안티오코스 4세의 권력이 프톨레마이오스 6세를 패배시킬 뿐 아니라 또한 그의 추종자들에 의한 **그**[프톨레마이오스 6세]**를 치려는 계략**으로 말미암아 **그의 군대**가 전멸할 것임을 보여준다.

11:27-28. 프톨레마이오스 6세의 패배 후 프톨레마이오스 7세가 애굽을 장악했다. 그다음에 **두 왕**, 곧 안티오코스 4세와 프톨레마이오스 6세가 프톨레마이오스 6세의 복권을 궁리하고자 만나서 **한 밥상에 앉**지만 서로에게 **거짓말을 할** 것이다. 처음의 제한된 승리 후 '결국' 그들은 실패할 것이다. 그러고 나서 안티오코스 4세는 애굽을 약탈하고 본토로 돌아갈 것인데, **그는 마음으로 거룩한 언약을 거스**를 것이다. 고국으로 돌아가는 길에 그는 이스라엘을 쳐서 8만 명의 유대인 남자와 여자, 어린이를 죽이고 성전을 약탈할 것이다(주전 169년).

11:29-30. 안티오코스 4세는 애굽을 또 다시 칠 것인데, 이번에는 **깃딤의 배들**(참고. 민 24:24), 곧 가이우스 포필리우스 라에나스가 이끄는 로마 함대로 말미암아 그는 불가피하게 굴욕적 후퇴를 하게 될 것이다.

11:31-32. 안티오코스 4세는 시리아로 돌아가는 중에 다시 한 번 이스라엘을 공격할 것인데(주전 167년), 이번에는 예루살렘의 **성소**를 더럽힐 것이다. 안티오코스는 **매일 드리는 제사를 폐하고 멸망하게 하는 가증한 것**을 행하며, 성전을 제우스신에게 봉헌하고 그 제단에 돼지를 바침으로써 미래 적그리스도의 행동을 예시할 것이다(9:27; 12:11). 이에 대응해 **자기의 하나님을 아는 백성은 강하여 용맹을 떨칠** 것인데, 이는 마카

비 반란에 대한 예언이다(참고. 8:13-14에 대한 주석).

11:33-35. 마카비들은 안티오코스와의 전투에서 고난을 겪을 것이다. **칼날과 불꽃**으로 죽는 사람이 있는가 하면 **사로잡힘**과 **약탈**을 당할 자들도 있을 것이다(참고. 히 11:35-38). **마지막 때**라는 표현은 문자적으로 '마지막의 때'로 읽히며, 날들의 마지막이 아닌 유대 백성에 대한 안티오코스의 탄압이 끝나는 것을 나타낸다. 그때에 마카비들은 안티오코스를 물리치고 예루살렘 성전을 다시 봉헌하며, 주 예수께서 기리셨고(요 10:22), 유대인들이 오늘날까지도 지키는 하누카(봉헌) 절기를 확립할 것이다.

b. 끝 날에 대한 예언(11:36-45)

이 시점에서 예언의 초점은 안티오코스 4세에서 날들의 마지막으로 바뀌기 시작한다. 지금 고려 중인 왕(11:36-45)은 작은 뿔(참고. 7:8, 20)과 "장차 올 왕"(9:26)으로 이미 밝혀진 미래의 적그리스도이다. 11:36에 뚜렷한 변화가 없으므로 어떤 이들은 이를 안티오코스에 대한 지속적 묘사로 여겨왔다. 여기서 염두에 둔, 마지막 때의 다른 왕으로 봐야 할 몇몇 이유가 있다. 첫째, 이 왕에 대해 예언된 행동들은 역사적으로 안티오코스 4세에게 귀속시킬 수 없다. 안티오코스가 "자신을 모든 신보다"(36절) 높이고 크게 했거나, 그가 "그의 조상들의 신들을 돌아보지 아니"(37절)했거나, 혹은 "그의 조상들이 알지 못하던 신"(38절)을 공경했다는 증거가 없다. 안티오코스는 동전을 주조하면서 앞면에는 "하나님의 현현인 안티오코스 왕"이라는 글자를 새겼고, 뒷면에는 제우스나 아폴로의 형상을 새겨 넣었다. 게다가 안티오코스는 일반적으로 헬라 신들에게 헌신했고, 특히 그는 제우스 신상을 세워 거기에 제물을 바치게 했다. 그는 또한 예루살렘에서 디오니소스에게 드리는 예배를 옹호했다(마카비 2서 6:7). 둘째, 안티오코스 4세는 북방 왕으로 간주되지만(11:26-28), 여기서 고려 중인 왕은 북방 왕과 남방 왕 둘 다의 반대에 부딪칠 것이다(11:40). 셋째, 저자는 이미 안티오코스와 적그리스도 사이에 명백한 유형/대형(對型) 관계를 수립해, 그들 둘 다를 인접한 환상들에서 '작은 뿔'로 불렀다[단 7장에서 작은 뿔은 적그리스도이고, 단 8장에서 작은 뿔은 안티오코스 4세이다. 8:17-22에 대한 주석과 앞에 나온 '적그리스도의 전형인 안티오코스 4세'를 보라. 또한 Andrew E. Steinmann, "Is the Antichrist in Daniel 11?" *Bibsac*(April-June 2005), 195-209을 보라].

11:36-39. 이는 미래 적그리스도에 대한 묘사이다. 그는 독재적이며(**자기 마음대로 행**할 것이며) 자신을 예찬하며(**그 스스로 높**일 것이며) 신성을 모독하며(**신들의 신을 대적**할 것이며) 잠시 성공을 거두며(**형통하기를 분노하심이 그칠 때까지** 할 것이며) 반종교적이며(**어떤 신도 돌아보지 아니**할 것이며) 그리스도께 대적하며[**여자들이 흠모하는 것**을 돌아보지 않을 것이며(이는 메시아를 낳고 싶어 하는 유대 여성들의 열망을 나타낸다)] 호전적이며(**강한 신을 공경할** 것이며) 또한 조작하는 데 능할(**무릇 그를 안다 하는 자에게는 영광을 더하여…뇌물을 받고 땅을 나눠** 줄, 문자적으로, '보상으로') 것이다.

11:40-44. 큰 환난 중에 적그리스도는 세계 전쟁에 개입할 것이다. 그는 북방과 남방의 협공 작전으로 공격받겠지만, 그럼에도 **여러 나라**에 침공해 승리를 거둘 것이다. **그는 또 영화로운 땅** 이스라엘**에 들어갈 것**이며, 자신과 동맹을 맺은 몇몇 나라들을 무시하고 **애굽**과 리비아, 수단(NASB는 **에티오피아 사람**들이라고 했지만, 문자적으로는 수단을 나타내는 '구스 사람들')을 포함한 다른 나라들을 정복할 것이다. **동북**에서 여러 나라가 공격하러 올 것이라는 **소문**이 이르자, 그는 **번민하**고 또 격노하여 자신의 대적들 특히 **많은** 유대 백성을 학살할 계획을 세울 것이다(참고. 슥 13:8-9).

11:45. 적그리스도는 이스라엘에 군사 수도를 세우고, 지중해와 **영화롭고 거룩한 산**에 위치한 예루살렘 성읍 **사이에 장막 궁전**을 세울 것이다. 거기서 땅의 이방 나라들이 므깃도산에 모여(슥 14:2) 아마겟돈 전쟁을 시작할 것이다(계 16:13-16). 이스라엘 민족이 메시아 예수께 부르짖는 그때에 그분이 돌아오셔서(마 23:37-39) 그들을 구원하실 것이다. 그리고 적그리스도는 **그의 종말이 이르리니 도와줄 자가 없으리라.**

c. 택함 받은 백성에 대한 위로(12:1-3)

12:1. **그때에**는 이전 단락(11:36-45)에 예언된 사건들을 가리키는데, 그 단락은 적그리스도가 길길이 날뛰며 유대 백성을 "죽이며 멸망시키려는"(11:44) 시도를 자세히 말한다. 그러면 유대 **민족을 호위하는** 천

사장 **미가엘이 일어**나 그들을 방어할 것이다(참고. 10:12-13; 계 12:7에 대한 주석). 큰 환난(다니엘서의 일흔째 이레의 후반부, 9:27)이 **개국 이래로** 유례없는 **환난**일 것이기에 미가엘의 그런 행동은 반드시 필요할 것이다. "이는 그때에 큰 환난이 있겠음이라, 창세로부터 지금까지 이런 환난이 없었고 후에도 없으리라"(마 24:21에 대한 주석을 보라)는 메시아 예수의 말씀은 12:1에 대한 암시였다. 이스라엘이 끔찍한 박해를 당할 것이지만, 결과적으로 유대 민족의 살아남은 자들은 믿음으로 그들의 메시아께 돌아오며(슥 12:10; 롬 11:25-27), 그분은 그들을 구원하실 것이다. **구원을 받을** 이 유대 백성은 **책에 기록된** 자들로 불리는데, 이는 택함 받은 자들의 이름이 적혀 있는 하늘의 생명책을 가리킨다(시 69:28; 빌 4:3; 계 13:8; 17:8; 20:15). 이 은유는 마을 주민들의 이름이 그 안에 기록된 책을 보관하는 옛 관습에서 비롯되었다.

12:2. 이스라엘의 구원에 뒤이어 **티끌 가운데에서 자는 자**들의 구원이 있을 것인데, 여기서 '잠'은 죽음에 대한 은유로 사용된다. 이 절은 어떤 종류든 부활 이전의 영혼의 잠을 암시하지 않는다. 왜냐하면 신자들은 죽는 즉시 하나님과 함께 거하게 되는(고후 5:8; 빌 1:21-23) 반면, 불신자들도 죽기가 무섭게 고통의 장소로 가기 때문이다(눅 16:22-23). 따라서 '잠'은 부활 시 육체적으로 깨어나기 이전의 일시적 사망 상태를 강조하는 은유로 사용된다(참고. 요 11:11-15). 죽은 자들이 모두 일어날 것인즉, **영생을 받는 자도 있겠고 수치를 당하여서 영원히 부끄러움을 당할 자도 있을 것이다.** (예언에서 흔히 그러하듯) 여기서 함께 끼워 넣었지만, 신자들과 불신자들은 1000년 메시아 왕국에 의해 분리될 것이다(계 20:4-6에 대한 주석을 보라). 다니엘 12:2에는 구약에서 부활에 관한 가장 명확한 진술이 들어 있지만, 그 진술이 유일한 것은 결코 아니다(참고. 욥 19:25-27; 사 26:19).

12:3. **지혜 있는 자**는 믿음으로 메시아 예수께 돌아올 슬기로운 자들을 나타내며, 결과적으로 그들은 **많은** 다른 사람들을 믿음으로 '인도하며' 그럼으로써 **옳은 데로** 돌아오게 할 것이다.

3. 다니엘의 예언에 관해 그에게 마지막 지시를 내리는 천사(12:4-13)

다니엘의 최종 환상에 대한 이 마지막 부분은 환상과 책 전체의 결론 역할을 한다. 여기서 해석하는 천사는 다니엘에게 그의 책에 대한 마지막 지시를 내렸다.

a. 책의 인봉(12:4)

12:4. 다니엘이 환상에 대한 **이 말을 간수하라**는 지시를 들었을 수도 있지만, 히브리어의 더 나은 표현은 '말들을 닫고' 글을 **봉함하**는 것인데, 이는 **마지막 때**[혹은 '끝나는 때'가 더 낫다]**까지** 다니엘서를 보존하는 것을 나타낸다. 끝 날에 **많은 사람이 빨리 왕래할**—이는 항공 여행이 아닌 다니엘서에서 발견될 답을 얻으려 하는 것을 나타낸다—것이므로 다니엘의 예언은 보존할 필요가 있었다. 더욱이 그날에 **지식이 더할** 것인데, 이는 마지막 날의 일반 지식 혹은 과학의 발전이 아닌 다니엘의 예언에 대한 이해를 가리킨다. 그의 예언들이 성취되었음을 인정하기 때문이다.

b. 마지막 때(12:5-13)

12:5-7. 다니엘은 세마포 옷을 입은 천사가 한 맹세의 증인 역할을 한(10:5) 천사를 보았는데, 여기서 천사들을 뜻하는 **다른 두 사람**은 맹세하는 데 필요한 증인의 최소치이다(신 19:15). 증언하는 천사들 중 하나가 예언된 환난 때의 **끝이 어느 때까지냐**고 물었다. **세마포 옷을 입은** 천사가 큰 환난의 때(다니엘서의 일흔 이레의 후반부)는 **한 때 두 때 반 때**, 곧 3년 반(7:25; 계 12:7)이 **되면** 끝날 것이라고 답했다. 큰 환난이 끝날 무렵 **성도** 이스라엘의 **권세**가 깨짐으로 말미암아 그들은 자신들이 오랫동안 거부했던 메시아 예수께 믿음으로 돌아오게 될 것이다(슥 12:10). 그때에 그분은 재림하셔서 그들을 구원하시고(슥 14:1-21) **이 모든 일이 다 끝나리라**.

12:8-10. 자신이 **듣고도 깨닫지 못**했다는 다니엘의 진술은 그가 자신의 예언이 끝 날에 관한 것임을 파악하지 못했다기보다, 이 사건들이 정확히 어떻게 일어날 것인지를 이해하지 못했다는 것이다. **이 말은 마지막 때**[혹은 '끝나는 때'가 더 낫다]**까지 간수하고**[혹은 '닫고'가 더 낫다] **봉함할** 것이므로 다니엘은 자기 '길'을 가고 이 문제에 대해 걱정하지 말라는 말을 들었다. 이는 그 말씀들이 끝 날에 성취될 때까지 온전히 알 수 없을 것임을 뜻한다. 그때에 악한 자들은 자신들의 상황을 **깨닫**지 못하되, **지혜 있는 자**는 다니엘의 말이 성

취되는 것을 깨닫고 믿음으로 이스라엘의 하나님과 그 분의 메시아 예수께 돌아올 것이다. 성령이 그들을 주권적으로 이끄심으로 말미암아 그들은 이 통찰을 얻을 것이다.

12:11-12. 두 기간이 다니엘에게 계시되었다. 첫째, 적그리스도가 **매일 드리는 제사**를 폐하고 **멸망하게 할 가증한 것**을 행하는 환난의 중반에서 마지막까지 **천이백구십 일을 지낼 것이**다. 큰 환난은 3년 반(12:7), 즉 1260일(계 12:6; 13:5)이 될 것이라고 한다. 아마도 이방 나라들에 대한 심판(마 25:31-46) 기간을 포함하면 여기서 30일이 더 길 것이다. 둘째, 기다려서 **천삼백삼십오 일까지 이르는 그 사람**은 복이 있을 것인데, 이 기간에는 여러 나라를 심판하는 30일뿐 아니라 아마도 메시아 왕국의 정부를 세우는 데 필요한 추가 45일도 포함될 것이다. 그 나라에 들어가는 자들은 **복이 있**다고 말하는데, 이는 그들이 그 나라의 가장 위대한 왕이신 주 예수께서 친히 다스리시는 가장 영광스러운 세상의 일부가 될 것이기 때문이다(Archer, "Daniel," 156-157).

12:13. 천사는 다니엘에게 **가서 마지막**을 기다리라고 말했다. 이는 12:9에 사용되는 표현으로, 개의치 않고 계속하는 것을 뜻한다. 마지막 때에 그는 쉴(이는 사망을 일컫는 완곡어법이다) 것이다. 하지만 그에게는 그 역시 **끝 날에** 죽은 자 가운데서 '일어'날 것이라는 소망이 주어졌다.

그리하여 다니엘서는 이방인의 때가 영원하지 않을 것이며 이스라엘이 영구히 탄압받지 않을 것이라는 소망과 함께 끝난다. 더 정확히 말하면, 다니엘서는 하나님이 모든 때를 다스리시며 자신의 왕을 영원한 보좌에 앉히실 것이라는 메시지를 전한다. 다니엘의 때부터 오늘에 이르기까지 이 책의 모든 독자가 만일 하나님이 보내신 메시아, 예수님을 믿었다면 그들에게는 궁극적이며 영원한 소망이 있다. 그 소망의 내용은 하나님이 여전히 우주를 주관하시며, 그분의 신성한 메시아 왕, 예수님을 통해 세상을 공의로 틀림없이 다스리실 것이라는 사실이다.

참 고 문 헌

Archer, Gleason L. "Daniel." In *The Expositor's Bible Commentary*, vol. 7, edited by Frank E. Gabelein. Grand Rapids, MI: Zondervan, 1985.

Baldwin, Joyce G. *Daniel: An Introduction and Commentary*, Tyndale Old Testament Commentaries, edited by D. J. Wiseman. Downers Grove, IL: InterVarsity, 1978.

Culver, Robert Duncan. *The Earthly Reign of Our Lord with His People*, 4th edition. Rushford, MN: Vinegar Hill Press, 1999.

Feinberg, Paul D. "An Exegetical and Theological Study of Daniel 9:24-27." In *Tradition and Testament*, edited by John S. Feinberg and Paul D. Feinberg, 189-220. Chicago: Moody, 1981.

Goldingay, John. *Daniel*, Word Biblical Commentary, edited by David A. Hubbard and Glenn W. Barker. Dallas, TX: Word, 1989.《다니엘》, WBC 성경주석(솔로몬).

Goldwurm, Rabbi Hersh. *Daniel: A New Translation with a Commentary Anthologized from Talmudic, Midrashic and Rabbinic Sources*, 2nd ed. Brooklyn, NY: Mesorah Publications, Ltd., 1980.

Hoehner, Harold W. "Daniel's Seventy Weeks and New Testament Chronology." In *Chronological Aspects of the Life of Christ*. Grand Rapids, MI: Zondervan, 1977.

Longman, Ⅲ, Tremper. *The NIV Application Commentary: Daniel*. Grand Rapids, MI: Zondervan, 1999.

Lucas, Ernest C. *Daniel*. Apollos Old Testament Commentary, edited by David W. Baker and Gordon J. Wenham. Downers Grove, IL: InterVarsity, 2002.

Miller, Stephen R. *Daniel*. New American Commentary, edited by E. Ray Clendenen. Nashville: Broadman & Holman, 2003.

Shepherd, Michael B. *Daniel in the Context of the Hebrew Bible*. New York: Peter Lang, 2009.

Steinmann, Andrew E. "Is the Antichrist in Daniel 11?" *Bibliotheca Sacra*, 162:646 (April-June 2005), 195-209.

Tanner, J. Paul. "The Literary Structure of the Book of Daniel." *Bibliotheca Sacra*, 160:639 (July-Sept 2003), 269-282.

_____. "Is Daniel's Seventy-Weeks Prophecy Messianic? Part 1." *Bibliotheca Sacra*, 166:662 (April-June 2009), 181-200.

_____. "Is Daniel's Seventy-Weeks Prophecy Messianic? Part 2."

Bibliotheca Sacra, 166:663 (July-Sept 2009), 319-335.

Wallace, Ronald S. *The Message of Daniel: The Lord is King*. The Bible Speaks Today, edited by J. A. Motyer. Downers Grove, IL: InterVarsity, 1979.

Waltke, Bruce. "The Date of the Book of Daniel." *Bibliotheca Sacra*, 133 (Oct-Dec 1976): 319-329.

Walvoord, John F. *Daniel*. The John Walvoord Prophecy Commentaries, edited by Charles H. Dyer and Philip E. Rawley. Chicago: Moody, 2012.

Wood, Leon. *A Commentary on Daniel*. Grand Rapids, MI: Zondervan, 1973. 《다니엘 주석》(CLC).

Young, E. J. *The Prophecy of Daniel*. Grand Rapids, MI: Eerdmans, 1949. 《다니엘서 주석》(CLC).

호세아

존 굿리치(John K. Goodrich)

서 론

저자와 연대. 구약에 '호세아'라는 이름의 다른 사람들이 나오기는 하지만 이 선지자에 대해 알려진 것은 이 책에 기록된 내용이 전부이다. 브에리의 아들 호세아는 미가, 이사야와 동시대인이었다. 표제(1:1)에 따르면 그의 예언 사역은 이스라엘과 유다의 여러 왕들(웃시야, 여로보암 2세, 요담, 아하스, 히스기야)의 통치와 시기적으로 맞물리는데, 그 기간은 북 이스라엘 왕국이 앗수르에게 포위될 때까지(왕하 17:1-6) 대략 30년에 걸쳐 이어진다(주전 755-722년).

수신자. 호세아가 어느 정도 유다를 책망하기는 했지만, 그의 사역은 주로 이스라엘을 향했다. 이스라엘과 에브라임, 사마리아로 언급된 북 이스라엘의 정치 및 경제 상황은 종종 두드러지게 악화되었는데, 이는 이스라엘의 배교에 대한 하나님의 심판이 효력을 나타내기 시작했고 나라의 번영이 점차 시들해졌기 때문이었다. 이스라엘의 죄 가운데 주된 것은 민족의 종교적·정치적 불충실이었다. 이스라엘 사람들은 경제와 정치의 안정을 추구하느라 우상숭배(특히 바알 숭배)에 참여했고 이방 세력들과 경솔하게 조약을 체결했다. 그리하여 그들은 여호와께 대한 믿음이 약해지고 전적으로 헌신하지 않는다는 것을 스스로 드러냈다. 이스라엘의 가증스런 배교를 예증하기 위해 배우자에 대한 부정(不貞)이라는 은유가 책 전체에 걸쳐 사용되며, 특히 호세아 자신의 삶이 생생하게 나타난다.

주제. 호세아의 예언은 열두 소선지서 중 여러모로 가장 뛰어나다. 소선지서들 중 그 문학적 정교함과 신학적 중요성에서 호세아서를 능가할 책은 없다. 책 곳곳에서 인간의 뿌리 깊은 반역 기질과 하나님의 흔들림 없는 공의 둘 다를 드러내는 은유와 언어유희가 많이 사용된다. 호세아는 하나님의 보복하시는 분노를 자주 선언하면서도 바로 뒤이어 하나님의 회복하시는 은총에 대한 약속을 종종 제시한다. 따라서 호세아서는 자기 백성에 대한 하나님의 큰 슬픔뿐 아니라 그분의 사랑하시는 자들에 대한 구속을 나타내는, 신학적으로 심오한 통찰을 지닌 책이라고 할 수 있다.

호세아의 사역은 결국 실패로 끝났다. 호세아가 이스라엘을 비난한 죄는 결국 그들이 사로잡혀 가는 계기가 되었다(왕하 17:7-23). 하지만 이스라엘의 장래에 대한 하나님의 주권적 지배는 결코 사라지지 않았다. 이스라엘이 앗수르의 손에 패한 것은 하나님의 뜻이었으므로, 그것은 전적으로 그들이 마땅히 감수해야 하는 징벌이었다. 자신의 고집스런 백성을 징계하시려 했을 때에도 하나님은 언제나 그들의 회복을 마음에 두셨다. 하나님이 자기 백성에게 참되고 진심 어린 헌신을 요구하신 것만큼이나 언약에 대한 순종, 곧 모세 율법의 준수는 이스라엘이 하나님을 사랑하고 그분에 대한 신의를 지킨다는 전형적인 표현으로 남았다.

호세아서의 예언 구조는 파악하기가 어렵다. (4-14장과 확연히 다른) 1-3장에 대한 논증은 따라가기가 비교적 쉽지만 책의 뒷부분은 그렇지 않다. 호세아서 본문에는 구조적 표지들이 거의 들어 있지 않기 때문에 4-14장의 개요를 어떻게 서술할 것인가를 놓고 주석가들의 의견이 갈린다. 그러므로 호세아서의 개요를 설명할 때 선지자가 심판과 회복의 순환이라는 주제를 사용하는 방식이 선호된다. 호세아는 책 곳곳에서 그런 순환을 여섯 번 사용했는데, 처음 셋은 1-3장에 나머지 셋은 4-14장에 나온다.

개 요

Ⅰ. 표제(1:1)

Ⅱ. 호세아의 결혼과 가정(1:2-3:5)

A. 자식을 징후로 강조하는 심판과 회복의 첫째 순환(1:2-2:1)

B. 부정한 아내를 강조하는 심판과 회복의 둘째 순환(2:2-23)

C. 신실한 남편을 강조하는 심판과 회복의 셋째 순환(3:1-5)

Ⅲ. 호세아의 예언 신탁(4:1-14:8)

A. 이스라엘의 불충실을 강조하는 심판과 회복의 넷째 순환(4:1-6:3)

B. 이스라엘의 징계를 강조하는 심판과 회복의 다섯째 순환(6:4-11:11)

C. 하나님의 충실을 강조하는 심판과 회복의 여섯째 순환(11:12-14:8)

Ⅳ. 후기(14:9)

주 석

Ⅰ. 표제(1:1)

1:1. 시작 절은 책의 계시적 성격과 선지자 호세아의 역할을 선언한다. **임한 여호와의 말씀**은 구약의 흔한 어법으로 하나님이 히브리 선지자에게 그리고 그를 통해 자신의 뜻을 전달하심을 나타낸다(욜 1:1; 미 1:1; 습 1:1). **호세아**라는 이름은 "여호와의 구원"을 뜻한다. 유다와 이스라엘 왕들의 이름은 호세아가 사역하던 당시의 역사적 상황을 드러낸다. 그중 **웃시야**(주전 792-740년)와 **여로보암** 2세(주전 793-753년)는 동시대에 통치했다. 유다 왕 **요담**과 **아하스**, **히스기야**의 상대인 이스라엘의 왕들이 포함되지 않은 것은 아마도 호세아가 여로보암의 후계자들이 적법하지 않다고 판단했기 때문일 것이다.

Ⅱ. 호세아의 결혼과 가정(1:2-3:5)

A. 자식을 징후로 강조하는 심판과 회복의 첫째 순환 (1:2-2:1)

1:2-3a. 호세아의 메시지는 발언을 통해 전달되었고 그가 **음란한 여자**를 아내로 맞이하고 그들 사이에 자식들이 태어나는 것을 통해서도 의인화되었다. 호세아와 그의 가족의 관계는 하나님과 이스라엘 사람들(**이 나라**), 곧 우상숭배를 통해 영적 간음의 죄를 범한 그분의 언약 백성과의 껄끄러운 관계를 예증하려는 의도를 지녔다. 제누님(*zenunim*, 난잡함)이라는 명사는 고멜의 성격과 그녀의 직업(창녀)을 나타낸다. **고멜**의 성적 난잡함이 호세아와 결혼하기 이전의 일인지 이후의 일인지를 놓고 해석자들의 의견이 나뉘는데, 여호와의 명령은 호세아가 고멜의 문란함을 이미 알고 있었음을 암시한다. 정숙한 여인이 외도의 강한 성향을 지녔음을 미리 아는 것은 거의 불가능하므로 결혼하기 전에 고멜은 이미 혼외정사를 가졌으며 매춘을 하고 있었을 가능성이 매우 크다.

1:3b-5. 호세아의 세 자녀의 이름은 이스라엘에 대한 하나님의 심판과 회복이 다가왔음을 알린다. **이스르엘**은 폭력으로 악명 높은 지역인, 갈릴리와 사마리아 사이에 위치하며 같은 이름을 지닌 마을과 골짜기를 암시한다. 그렇다면 **이스르엘의 피**는 예후가 그 장소에서 오므리 왕조를 파멸시킨 것을 나타낸다(왕하

9:1-10:11). 예후의 작전은 여호와의 지시에 따랐으므로 **예후의 집**과 **이스라엘 족속의 나라**에 대한 하나님의 심판은 이스르엘에서의 왕의 유혈 사태에 대한 대응이 아니라 그것과 유사한 것이다. 파카드(*paqad*)라는 동사는 종종 '벌주다'로 번역되지만 여기서는 "방문하다 혹은 가져오다"를 뜻한다. 즉, "그리고 나는 예후의 집에 이스르엘의 피를 가져올 것이다"[Duane A. Garrett, *Hosea, Joel*, NAC(Nashville: Broadman & Holman, 1997), 57]. 바꿔 말하면, 예후가 말살한 자들과 마찬가지로 충실하지 않은 예후 왕조는 조금 후에 나라 전체와 더불어 같은 운명에 처할 것이다(왕하 15:10).

1:6-7. **로루하마**['무자비']는 하나님이 앗수르의 손을 빌려 이스라엘에 곧 내리실 심판을 되풀이한다. 여호와께서 **긍휼**[*racham*, 라캄]을 거두시고 이스라엘의 죄를 **용서**[*nasa*, 나사]**하**시지 않음은 그분의 성품과 일관된다. 여호와는 죄를 '용서하시는'(나사) '긍휼하신'(라캄) 하나님이시지만(출 34:6-7) "벌을 면제하지는 아니하고 아버지의 악행을 자손 삼사 대까지 보응"하시기(출 34:7) 때문이다. 거꾸로 **유다**를 향한 하나님의 긍휼은 앗수르의 위협에서 이 민족을 지켜주었는데, 이는 군사력과 무관하게 일어난 기적이었다(왕하 19:32-36; 사 36-37장).

1:8-9. **로암미**[**내 백성이 아니요**]는 이스라엘이 하나님에게서 멀어진 상태를 의미한다. 대다수 번역본은 9절 끝에 **너희 하나님**을 삽입하지만 이 말은 히브리어 성경에 없다. 그러므로 **나는 ~이 아니다**(공동번역)는 하나님의 언약 이름인 야훼(YHWH, "나는 ~이다")의 부정일지 모른다. 그러므로 이스라엘은 모세 언약이 세워졌을 때(출 6:7; 레 26:12), 여호와의 백성이 되었고 그 신분이 계속되었지만, 이 당시의 배교로 말미암아 그들은 어떤 의미에서 하나님의 심판을 피할 수 없는 이방 나라들과 비슷한 처지에 놓였다.

1:10-2:1. 이스라엘에 대한 징계가 다가왔다고 경고하신 직후 하나님은 느닷없이 심판이 완전히 뒤바뀔 것이라고 예언하셨다. 아브라함과 세우신 언약에 따라 하나님은 그의 후손이 셀 수 없이 많을 것이라고 이스라엘에게 확신시키셨는데(창 22:17; 32:12), 이는 그들의 궁극적 회복을 암시한다. 하나님이 이스라엘 사람들을 거부하시는 것과 그들이 **살아 계신 하나님의 아들들**로 반드시 회복된다는 것을 대비시키면 그분의 의도를 명확히 알 수 있다. 바울이 로마서 9:25-26에서 이방인들에게 (호세아 2:23로) 이 약속을 적용하기는 했지만, 이스라엘에게 하신 약속을 교회가 마치 "새 이스라엘"인 양 교회에 넘기는 것으로 보는 것은 잘못이다. 호세아 당시 자신들의 죄로 말미암아 이스라엘의 지위가 잠시 이방인들과 비슷하게 되었다면, 이 절들을 교회가 이스라엘을 대신한다고 말하지 않고 이방인들에게 적용하는 것은 적절하다.

호세아가 한 약속들은 이스라엘을 지향했다. 그 약속들은 하나님이 유다와 더불어 이스라엘을 그분 자신과 화해시키셔서 다윗 가문의 단일 지도자가 있는 (재)통일 국가를 만드실(3:5) 끝 날에 성취될 것이다(롬 11:25-26).

호세아의 말은 하나님이 현재 이방인들 가운데서 하시는 일에 관한 묘사로도 적절하다. 그러므로 바울은 하나님이 자신의 백성이 아닌 어떤 이방인들을 택하셨고 이를 통해 그들을 그분의 백성으로 삼으시고 교회 안으로 편입시키셨다는 선택의 원리를 적용했을 뿐이다. 바울이 이방인들을 이스라엘의 대체로 여기지 않았음은 로마서 9:27-29에서 분명히 드러나는데 여기서 그는 하나님이 이스라엘의 아들들 중 남은 자들도 택하셔서 마지막 날에 구원받게 하실 것이라는 증거로 이사야 10:22-23을 인용했다.

땅에서부터 올라오리니와 **이스르엘**이라는 표현("하나님이 심으신다")은 나라의 형통을 나타내는 농업과 관련된 말장난이다(참고. 2:23). 하나님의 회복하시는 긍휼로 말미암아 이스라엘은 '로암미'와 '로루하마'라는 호세아 자녀들의 이름으로 규정되는 일은 더 이상 없을 것이며, **암미**[내 백성이라]와 **루하마**[긍휼이 여김을 받는 자]라는 새 이름을 얻을 것이다.

B. 부정한 아내를 강조하는 심판과 회복의 둘째 순환 (2:2-23)

2장에서 호세아와 고멜의 관계는 하나님이 신실하지 않은 이스라엘을 벌하시는 것에 대한 풍자로 재구성되고 발전된다. 은유가 이 장의 절반 가까이 확대되기는 하지만, 호세아와 그의 가족은 기본적으로 담화에 나타나지 않는다. 그들의 관계는 하나님과 이스라엘의 관계에 대한 패러다임을 제공할 뿐이다.

2:2a. **논쟁하라**는 명령은 법적 절차를 묘사하는 것일 수도 있다. 고발은 아마도 백성이 정치와 종교 지도자들(**너희 어머니**)을 비난해야 함을 나타낼 것이다. 글이 전개되면서 그분이 그들을 회개로 인도하려 하시기 때문에 하나님이 자신과 이스라엘의 결혼을 거부하신다고 해서 그것이 완전한 관계 단절을 암시하지는 않는다(2:7).

2:2b-3. 하나님의 거부는 이스라엘 사람들에게 그들의 음란한 태도를 버리라는 촉구로 시작되었다. **얼굴**과 **유방**은 성적 특질을 상징한다. 이 둘은 함께 여성의 전부를 나타낸다. 이스라엘에서 간음은 처형 받아 마땅한 범죄였으므로(레 20:10; 신 22:22), 간음한 여인의 옷을 벗김으로써 수치를 안기는 것(고대 근동의 일반적 관행)은 그녀를 돌로 쳐 죽이는 것의 서곡일지 모른다(겔 16:39-40). 이스라엘이 회개를 거부하면 완전히 발가벗겨질 것인즉(**광야…마른 땅**), 이는 굴욕과 기근에 따른 굶주림, 포로를 통한 추방을 나타낸다.

2:4-5. 하나님은 각자가 **음란한 자식들**(1:2)로 더럽혀졌고, 그들의 '어머니', 곧 나라의 지도자들이 불충실했기 때문에 이스라엘 모두에게서 **긍휼**을 거두실 것이다. **떡**, **물**, **양털**, **삼**, **기름과 술들**은 이스라엘이 창녀로서 받은 '값'(2:12)이었고, 옛 사람들의 기본 필수품을 나타낸다. 그런데 이스라엘 사람들은 어리석게도 그들이 섬기는 다른 신들(예를 들면 '바알', 2:8)이 이 물품들을 공급해준다고 생각했다.

2:6-8. 6절은 이스라엘의 불순종에 대한 하나님의 심판을 기술하는 일련의 **그러므로** 절들(또한 9,14절에서)을 선보인다. 하나님은 (1) 장벽 설치(2:6-8), (2) 식량 공급 중단(2:9-13), (3) 그들을 유혹하기(2:14-23)와 같은 다양한 징계 수단으로 이스라엘을 되찾으려 하셨다. 첫째, 하나님은 이스라엘 주변에 출입을 제한하는 장벽을 설치하셨다. **가시**와 **담**은 옛날에 사람과 짐승에게 길을 안내하고(욥 3:23; 19:8; 잠 15:19; 애 3:7, 9) 그들을 보호하기 위해 사용되었다. 역사적으로 하나님은 앗수르를 사용하셔서 이스라엘이 우상을 섬기는 성전에 접근하는 것을 막으셨고, 자신들을 번성케 해준다고 이스라엘이 착각한 가나안의 신 바알은 신뢰할 대상이 아니라는 것을 보여주셨다. 하나님은 이스라엘을 좌절시켜 그들로 하여금 자신들의 **본 남편**이자 참된 공급자에게 돌아가도록 꾀하셨다.

2:9-13. 이스라엘이 하나님을 그들이 받은 복의 근원으로 인정하지 않자, 그분은 자신이 준 선물과 식량을 회수하시기로 하셨다. 물질적 손실은 불순종하면 내리시겠다고 경고하셨던 언약 저주에 따른 것이었다(레 26:14-39; 신 28:15-68). 민족의 소유물을 그 사랑하는 자 앞에서 **빼앗고 들짐승들이** 그것들을 **먹게까지 하심**으로써 하나님은 이스라엘에게 굴욕감을 안기시고 우상들의 빈곤과 무력함을 폭로하실 것이다. 하나님은 또한 이스라엘의 종교 절기들을 없애실 것이다. 이 민족이 우상들을 섬기기는 했지만, 분명 자신의 종교 의식들을 완전히 버리지는 않았다. 이스라엘은 제의 일정을 기쁘게 지켰으며, 그것은 민족의 집단 정체성의 일부를 형성했다. 그러므로 제의 일정을 없애자 그들은 양심의 가책을 느꼈다. 더욱이 하나님은 민족의 우상숭배에 대해 **그에게 벌을 주실**(문자적으로, "그에게 병이 나게 하실", 참고. 1:4) 것이다. **바알들**[가나안 사람들의 여러 신들]에게 향을 사름으로써 그 신들의 환심을 사려는 이스라엘은 야한 옷차림으로 다른 남자를 유혹하는 여인과 다를 바 없었다.

2:14. 이스라엘이 신실하지 않아서 벌을 받을 것이라는 예언에 뒤이어 여호와는 이 민족을 이전의 그 특권적 상태로 회복시키실 것이라는 자신의 계획을 털어놓으셨다. 이스라엘을 **타일러 거친 들로 데리고 가서 말로 위로하시겠다**는 하나님의 약속은 이스라엘에 대한 하나님의 구애가 영구히 지속됨을 나타낸다. 3절에서는 "거친 들"이 심판의 결과로 나라가 척박해졌음을 나타내지만 여기서는 하나님이 모세 언약을 세우신 애굽의 사막을 암시한다. 그다음에 14절의 심상은 출애굽을 연상시키고, 하나님이 원래 이스라엘과 하신 약혼 그리고 이민족과 그들의 하나님 사이에 이루어진 친밀감을 생각나게 한다(렘 2:2).

2:15. 이 절의 심상은 여호수아의 가나안 정복을 떠올린다. 이스라엘의 **포도원**은 그들이 가나안에 처음 거주했을 때 받은 상속을 언약에 불순종하여 잃고(신 28:30), 하나님이 그들을 포로에서 돌아오게 하실 때 되찾을 것임을 잘 보여준다. 아골 골짜기[아코르(*akor*), '곤란']는 아마도 사해 북서쪽 끝에 있는 예루

살렘 동쪽으로 약 24킬로미터 떨어진 중앙 산지로 이어지는 입구 중 하나였을 것이다. 그곳은 아간이 지은 죄의 결과로 이스라엘이 아이 전투에서 물리친 뒤 이스라엘 사람들이 아간과 그의 가족을 처형한 장소였다(수 7:24-26). 처음에 약속의 땅으로 들어갈 때 이스라엘이 이 힘든 길을 지나갔지만 하나님은 이스라엘이 다시 들어갈 **소망의 문**이 되게 하시겠다고 약속하셨다. 이스라엘은 시내산에서 언약 조항에 긍정적으로 응답했을(*anah*, 아나흐) 때 그랬듯 자신이 회복될 때 하나님께 응답할(아나흐) 것이다.

2:16-17. 하나님의 이스라엘 회복에는 **그날에** 성취될 세 가지 약속이 포함될 것이다. (1) 하나님과의 화해(16절), (2) 대적들로부터의 안전(18절), (3) 자원의 풍성함(21절). 고대 이스라엘에서는 여자가 자기 남편을 가리킬 때 이쉬(*ishi*, "내 남편") 대신 바알리(*baali*, "내 주인")라는 단어를 사용할 수 있었을 것이다. 하지만 이스라엘이 회복될 때 하나님은 자신의 신부가 그분을 **바알**이라 부르지 못하게 하실 것이다. 왜냐하면 이스라엘의 어떤 이들이 하나님을 한갓 가나안의 신 바알인 양 언급하면서 그 명칭을 혼합적으로 사용하고 있었음이 분명했기 때문이었다. 더욱이 바알을 향한 기도는 이스라엘에서 자취를 감출 것이다.

2:18. 이스라엘이 회복되면 우주도 조화를 이룰 것이다. **들짐승들**이 이스라엘의 포도원을 거칠게 했지만(12절), 자신이 회복되면 이스라엘은 모든 야생 동물들과 평화롭게 살 것이다. 마찬가지로 이스라엘이 다른 나라들에게 패했지만(1:5), 그들이 회복될 때 하나님의 백성은 모든 이방 대적들의 위협을 받지 않고 **평안히 눕**게 될 것이다. 이는 언약의 주된 축복으로서(레 26:6) 궁극적으로는 다윗의 아들이신 메시아 아래서 성취될 것이다(대상 17:9-10을 보라). 언급된 세 종류의 짐승들은 정확히 창세기 1:26-30에서 따온 반면 **활과 칼, 전쟁**은 호세아 1:7에서 언급되었다. 메시아 왕국에서 이스라엘은 피조물 전체, 곧 짐승들 및 사람들과 사이좋게 지낼 것이다.

2:19-20. 하나님은 아라스[*aras*, '악화시키다'(NASB)]라는 동사를 세 번 사용하셔서 다시금 이스라엘의 회복을 약혼시키는 것으로 묘사하였다. 이 구절은 신랑이 신부 가족의 노동 손실에 대한 보상으로 그들에게 선물을 주는 고대 이스라엘의 약혼식을 따른다. 선물은 신랑의 결혼 권리를 보장했으므로 "선물 혹은 지참금 수락은 결혼의 적법성을 인정하는 것과 마찬가지였다" [Victor H. Matthews, "Family Relationships", in *Dictionary of the Old Testament Pentateuch*, edited by T. Desmond Alexander and David W. Baker(Downers Grove, IL: InterVarsity, 2003), 295]. 이스라엘이 결혼할 때 하나님이 주실 선물은 남다를 것이다. 대다수 번역본에 전치사 in으로 번역되어 있고 여기에 다섯 번 나오는 히브리어 접두사 베(*be*)는 **공의와 정의와 은총과 긍휼히 여김** 및 **진실함** 모두를 하나님이 신부를 얻는 값으로 주셨음을 나타낸다. 신의 속성들인 이 선물들은 하나님이 자신에 대해 이스라엘에게 하신 맹세의 기능을 가진다. 그 선물들은 하나님이 이스라엘과의 관계를 재정립하시고 그들로 하여금 그분을 한 번 더 친밀하게 알도록 하시는 수단이다.

2:21-23. 이스라엘을 향한 하나님의 축복에는 농산물의 풍성한 공급도 포함될 것이다. 하나님은 여기서 자연의 힘을 주관하시며 (바알과 대조적으로) 이스라엘에게 농작물과 생명을 제공하시는 참되신 분으로 드러난다. 하나님은 이스라엘에게 풍성히 공급하시겠다(**응답하리라**)고 약속하신다. 그분은 말씀만 하시면 약속을 이루실 수 있다. 하나님의 이스라엘 회복은 호세아 세 자녀의 이름과 연관되고 1:4, 7, 10에서 간단히 소개된 저 심판들이 역전되면서 절정을 이룬다. 1:4에서처럼 여기서 **이스르엘**["하나님이 심으신다"]은 이스라엘을 나타낸다. 1장과는 다르게 지금은 그 이름이 민족의 멸망을 뜻하기보다 하나님이 **나를 위하여 그를 이 땅에 심**으시겠다고 약속하시듯 이스라엘이 형통하고 다시 거주하는 것을 뜻한다. 더 나아가 하나님은 이전에 **긍휼히 여김을 받지 못하였던** 민족에게 다시 한 번 긍휼을 보이실 것이며, 그분이 한때 **내 백성**이 **아니**라고 여기셨던 자들을 그분의 **백성**으로 받아들이실 것이다. 이에 대응해 이스라엘은 여호와께서 실로 그들의 **하나님**이심을 선언할 것이다. 개럿의 말대로, "야훼가 자신들의 하나님이시라는 단언은 그분이 자신들의 구세주임을 고백하고, 자신들의 유일한 왕이신 그분에게 무릎을 꿇는 것이고, 그분을 홀로 존귀하신 분으로 경배하는 것이고, 자신들이 한때 거부했던 진리를 일깨우

는 것을 뜻한다"(Garrett, *Hosea, Joel*, 96).

C. 신실한 남편을 강조하는 심판과 회복의 셋째 순환(3:1-5)

3:1. 하나님의 이스라엘 회복은 호세아와 고멜의 화해로 설명되는데, 여기서 그녀의 이름은 무명인 채로 남는다. 호세아와 고멜의 화해는 두 사람이 사귀면서 겪었던 불화가 이전에 하나님과 이스라엘 사이에 기술된 불화와 비슷했을 것으로 짐작된다(2:2-23). 3:1과 1:2 사이의 유사점 또한 분명하다. '연인' 혹은 '정부'를 뜻하는 히브리어 단어에 비추어 아내를 사랑하는 '남자'는 몇몇 번역본에서 옮기듯 "그녀의 남편"(NASB)이 아니라 아마도 그녀가 간통하는 "다른 남자"(ESV)일 것이다. NASB에서 yet(*wa*, 와)으로 번역된 히브리어 단어는 대비가 아닌 설명의 의미를 지닌다. 즉, 그 여자는 타인의 사랑을 받고 있으므로 음녀이다. 그런 독해는 불필요한 중복(즉, 호세아는 고멜을 사랑하고, 고멜은 호세아의 사랑을 받는다)을 없애고 3:1a과 3:1b 사이에 더 가까운 유사점을 만들어낸다. **이스라엘 자손이 다른 신을 섬기고 건포도 과자를 즐길지라도 여호와가 그들을 사랑하**시듯, 호세아는 다른 남자의 사랑을 받는 여자를 사랑해야 할 것이다. **건포도 과자**는 제의, 어쩌면 우상숭배와 관련된 의미까지 지녔을지도 모른다(삼하 3:16). 고멜을 향한 호세아의 **사랑**은 이스라엘을 향한 하나님의 사랑을 본뜬 것이다. 즉, "그 사랑은 이기적이거나 후회하는, 혹은 시기하는 필요조건이 아니라 사랑받을 자격이 없는 사람에게 신이 나서 자신의 자아를 내주는 것이다"[Gary V. Smith, *Hosea, Amos, Micah*, NIVAC(Grand Rapids, MI: Zondervan), 2001].

3:2. 지불의 세부 내용과 고멜을 얻어야 했던 이유는 아직 불분명하지만, 호세아는 상당한 값을 치르고 고멜을 샀다. 호세아가 잠시 고멜을 버렸을 때 그녀가 빚을 크게 졌거나 자신을 노예로 넘겨주었을지 모른다. 그리하여 호세아는 그녀의 빚을 갚아주었거나 아니면 주인에게서 그녀를 샀을 것이다. 지불은 현금(**은 열다섯 개**)과 물품(**보리**)으로 했다. **보리 한 호멜 반**은 요즘으로 치면 300~400리터로 추산된다. 세겔이 여기서 무게 측정 단위로 사용되기 때문에 15세겔의 가치는 정하기가 어렵다. 그런데 고대 히브리 노예의 가치가 대략 은 30세겔이었으므로(출 21:32) 은으로 지불한 것은 아마도 보리와 같은 액수의 가치가 있었을 것이다. 아무튼 고멜의 가격은 터무니없이 비쌌는데, 이는 고멜(과 이스라엘)이 그녀의 남편에게 매우 소중한 존재임을 나타낸다.

3:3-4. 3절에 기술된 결혼의 역학은 4절의 하나님과 이스라엘의 시험적 관계(~**다가**)를 본뜬 것이다. 호세아는 다시 고멜과 동거하기로 작정했고 그녀는 음행을 중단하겠지만 두 사람은 **많은 날 동안** 잠자리를 해서는 안 될 터였다. 이는 정화 기간의 역할을 할 것이며, 금욕을 통해 고멜은 이전의 부도덕한 상태에서 깨끗하게 될 것이다. 유추에 의하면, 이스라엘은 오염되었으므로 이전에 민족을 저해했던 중요한 정치 지도자들(**왕이나 지도자**)과 성전(**제사와 주상**), 제사장 용품(**에봇이나 드라빔**) 없이 지내야 했다. 이스라엘에 정치 지도자들과 성전 예배가 없다는 것은 장차 이방인이 지배하며 어쩌면 사로잡혀 갈 수도 있음을 암시한다.

3:5. 이스라엘의 시험이 끝나면(**그 후에**) 이스라엘은 하나님의 백성으로 온전히 회복될 것이다. 그때에 이 민족은 회개하고 **여호와**와 **그들의 왕 다윗**(신 4:25-30)을 힘써 찾을 것이다. **다윗**에 대한 언급은 부활한 다윗 왕이 아닌 다윗 언약(삼하 7:12-16; 대상 17:11-14; 암 9:11-14)에 예언된 미래의 메시아를 가리킨다고 봐야 할 것이다. 이 민족은 하나님과 메시아 왕을 적절히 지향하고 믿음으로 온전히 돌아와 그분의 심판을 두려워하면서도 **그의 은총**에 경이로움을 느낄 것이다.

Ⅲ. 호세아의 예언 신탁(4:1-14:8)

A. 이스라엘의 불충실을 강조하는 심판과 회복의 넷째 순환(4:1-6:3)

4:1-3. 4장은 언약을 신실하게 지키지 않는 이스라엘에 대한 하나님의 비난을 기록한다. 호세아는 자신이 두 당사자 사이의 소송 절차에서 고소인 역할을 맡는 상상을 했다. 선지자는 이스라엘의 주의를 끌고 하나님이 그들을 '상대로 소송'(법적 기소를 구성하는 법률 용어, NASB)하신다는 선언으로 시작했다. 어떤 의미에서, 이 부분 전체(4:1-14:8)는 이스라엘의 죄에 대한 하나님의 고발을 선보인다. 이 절에 나타난 고발은 이

스라엘 사람들이 하나님을 합당하게 섬기지 않았고, 서로에게 부도덕하게 행했다는 것으로 요약된다. **진실…인애…하나님을 아는 지식**이 여호와와 언약에 대한 헌신을 나타낸다면 2절에 열거된 다섯 가지 악(**저주**, **속임**, **살인**, **도둑질과 간음**)은 십계명(출 20:7, 13-16)에서 직접 취한 언약의 금지규정들이다. 이스라엘이 언약에 불충실한 결과(**그러므로**)는 언약 저주(레 26:4-45; 신 28장)이며, 이는 **땅**의 번영과 땅에 사는 사람들 및 인간 이외의 모든 생물들에게도 영향을 끼칠 것이다.

4:4-6. 4절은 난해하기는 하지만 하나님의 고발 대상이 민족 전체에서 **제사장**으로 바뀐 것으로 보인다. 제사장들은 이스라엘의 영적 지도자이자 교사였으나 **율법**을 통해 계시된 하나님의 **지식**으로 민족을 가르쳐야 할 책임을 소홀히 했다(렘 2:8). 디어맨에 의하면, "이 의미에서 '지식'은 언약 정신의 유지라는 신의 가르침을 두려워하고 그것에 충실함을 나타낸다"[J. Andrew Dearman, *The Book of Hosea*, NICOT(Grand Rapids, MI: Eerdmans, 2010), 148]. 제사장들이 이같이 실패하자 하나님은 그들과 민족 전체에 대한 심판을 선언하셨다.

4:7-8. 레위 지파의 제사장들은 나라가 번성하는 동안 많아졌다. 하지만 직관에 반해, 제사장들의 숫자가 늘어나면서(이는 여로보암 2세의 통치 당시 목격되었을 것이다) 그들 대부분은 영적으로 해이해졌다. 그리하여 호세아는 이스라엘에서 제사장들에게 특권적 지위(**영화**)를 부여하기보다 제사장직이 그 죄로 인해 비방받을(**욕**이 될) 것이라고 예언했다. **죄**를 집어삼키는 이미지는 백성이 바친 제물을 먹을 권리가 제사장에게 있음을 넌지시 비친다. 하지만 제사장들은 그냥 속죄제물을 먹기보다 죄 자체에 탐닉하고 있었다.

4:9-11. **백성이나 제사장이나 동일함**이라는 표현은 하나님이 이스라엘의 제사장들을 **벌하**시며 그들이 이스라엘 사람들에게 한 부당한 행위를 똑같이 그들에게 되갚으실 것임을 나타낸다. 특히 13-14절의 매춘의 종교적 맥락을 고려하면, 먹고 음행하는 행위는 이교의 분위기를 드리우는 듯하다. 따라서 제사장들은 여호와와의 관계가 틀어지면서 먹어도 배부르지 않고 자손도 많이 낳지 못할 것이다. **음행과 묵은 포도주와 새 포도주**는 절기 기념행사를 암시하는 듯하다. 11절의 격언은 성적 부도덕과 과음 둘 다 사람의 정신적·의지적 능력이 위치한 마음을 손상시킨다고 단언한다.

4:12-13a. 호세아는 이어서 손으로 만든 물건(즉, 우상들, 참고. 사 44:9-17; 렘 10:1-16)이 인도해주기를 구하는 저 이스라엘 사람들을 조롱했다. **음란한 마음**은 문자적으로 이스라엘의 성적 난잡함을, 비유적으로는 그들의 영적 불충실을 나타낸다. 이교도 예배는 종종 나무로 덮인 **작은 산**에서 드렸는데(대하 28:4; 렘 2:20; 3:6; 17:2; 겔 6:13), 그곳은 그늘이 많았으며 예배드리기에 쾌적했다.

4:13b-14. 기혼 여성과 미혼 여성 둘 다 작은 산꼭대기의 제단에서 몸을 팔고 있었다. 하지만 이스라엘의 남성들도 종교적인 매춘에 탐닉하고 있었으므로 하나님은 이스라엘 여성들에 대한 개별 심판을 철회하실 것이다. 그리하여 하나님은 마지막 속담으로 말씀하시면서 이스라엘이 성적으로 난잡하고 영적 분별을 거부했으므로 그들을 죄다 파멸시키겠다고 선언하셨다(참고. 1, 6, 11절).

4:15. **이스라엘**이 영적으로 고집이 세다고 생각한 호세아는 **유다**로 시선을 돌려 세 가지 연속 금지규정을 알렸다. 이 민족은 (1) 이스라엘의 부정적 영향에 저항하고, (2) **길갈**과 **벧아웬**[벧엘]이 종교적으로 배교했으므로(암 4:4; 5:5) 그들을 피하며, (3) 우상숭배하면서 헌신하는 척하는 위선을 행하므로 여호와의 이름으로 **맹세**하는 것을 삼가야 한다.

4:16-18. 이스라엘의 영적 절망 상태는 그들의 반역과 우상숭배, 도덕적 해이에서 드러났다. 순순히 따르는 **양**(사 53:7)과 대조적으로 이스라엘은 **완강한 암소**였다. 호세아에서 **에브라임** 지파는 부분이 전체를 나타내는 환유법적 표현인데, 이 경우에 한 지파가 북 왕국 전체를 나타낸다. 이스라엘은 노예로 **우상과 연합하였**으므로 호세아의 청중은 이스라엘이 자기 마음대로 하도록 내버려두어야 한다. 섹스로 이어지는 술 취함은 다시금 이스라엘의 특징으로 강조된다.

4:19. **바람**은 아마도 땅에 외풍을 일으킬 고통의 동인(動因)으로 묘사된다. 자신들이 섬기는 이방 신들이 그들을 구하러 올 수 없음을 깨달을 때 백성은 수치를 당할 것이다.

5:1-2. 2절의 첫 문장(**패역자가 살육 죄에 깊이 빠**

졌으매)을 달리 독해하면 "그들이 싯딤에 판 구덩이"가 된다. 이 번역(그것의 변형들은 NRSV와 NLT에서 채택되었다)은 1a절과 1b-2절 사이에 정확한 유사점을 만들어낸다. 즉, 셋 다 민족 지도자들(**제사장들**, **이스라엘 족속들**, **왕족들**)의 주의를 요하며 뒤이어 그들에 대한 **심판**이 선언된다. 그다음에 그 지도자들이 부당하게 행한 곳들에 대해 세 가지 비판을 하며(**미스바에 대하여 올무**…**다볼 위에**…**그물** 그리고 "싯딤에…구덩이") 뒤이어 심판(**벌**)에 대한 둘째 선언이 이루어진다. 미스바는 호세아가 심판에 대해 경고한 지역인 베냐민에 위치했다(5:8). 여리고에서 남서쪽으로 약 21킬로미터 떨어진 싯딤은 호세아가 죄를 지었다고 고발한 장소인 바알브올 가까이 있었다(9:10). 산지인 다볼이 우상을 섬기는 제단의 본거지였을지 모르나 그곳에 대해 알려진 것은 별로 없다.

5:3-4. 3절의 첫 문장은 문학적 교환(A-B-A'-B': **에브라임**…**이스라엘**…**에브라임**…**이스라엘**)을 사용하는데, 이는 북 왕국의 불순종에 대한 하나님의 확인과 인식을 되풀이해서 강조한다. 이스라엘의 어떤 이들은 어리석게도 하나님이 자신들의 죄를 눈감아주셨기를 바랐는데 오늘날에도 이런 신자들이 꽤 많다. 여호와는 이스라엘을 '아셨'지만 이 민족은 하나님을 **알지 못**했다. 하나님을 아는 것은 인지적이고 관계적이기도 하며, 여기에는 언약 순종이 포함된다(4:6). 따라서 이스라엘의 부당한 **행위**는 여호와에 대한 그들의 불신(**음란한 마음**)을 드러내며 그들의 완고함은 화해를 가로막는다.

5:5-6. 호세아는 이스라엘의 불순종을 그들 지도자들의 **교만**[가온(*gaon*), '오만'] 탓으로 돌렸는데, 이 교만으로 인해 민족은 대단히 잘못된 길을 따르게 되었다. 하지만 "교만이 패망의 선봉"(잠 16:18)임이 확실하듯 이스라엘과 유다는 (4:15-19의 경고에도 불구하고) 그들이 범한 죄의 결과로 **넘어지**고 무너질 것이다. 그러고 나서 그들은 바알에게 그랬듯 여호와를 달래려는 절망적 시도로 **양 떼와 소 떼**를 제물로 바칠 것이다. 그러나 이는 때늦은 처사이다. 왜냐하면 하나님은 이미 **그들에게서 떠나**셨을 것이기 때문이다.

5:7. 이스라엘의 **사생아**[문자적으로, "이방인의 자녀"] 출산은 그들의 영적 간음, 곧 그들의 우상숭배에 대한 또 다른 은유이다. 하나님께 **정조를 지키지 아니하는** 것은 언약 파기이다(6:7). 이스라엘과 그들의 땅을 삼키는 **새 달**은 다가오는 여호와의 날(욜 2:10-11에 대한 주석을 보라), 곧 하나님이 이 민족을 사로잡혀가게 하심으로써 땅을 정화하시고 이스라엘의 죄를 심판하실 때를 나타낸다. 여기서 여호와의 날이 이 민족에게 다가오는, 일시적 심판(포로)을 나타내기는 하지만 그것은 메시아의 재림 이전에 있을 이스라엘 백성과 땅에 대한 마지막 날의 심판을 예시한다.

5:8. 8-15절의 많은 묘사는 디글랏 빌레셀 3세(주전 745-727년)와 싸운 시리아-에브라임 전쟁에서 비롯되었다고 할 수 있다. **뿔**[*shopar*, 쇼파르]과 **나팔**은 군대 신호로 사용되었다. 호세아가 5:1-2의 세 장소에서 심판에 대해 경고했듯 여기서도 **기브아**와 **라마**, **벧아웬**에 대해 그렇게 한다. 예루살렘의 정북으로 수직으로 세워져 있고, 유다와 에브라임 사이에 있는 이 베냐민 마을들은 무명의 대적에게 공격받기 직전이다.

5:9-10. 이스라엘의 **황폐**함은 언약 불순종에 대한 저주였다(신 29:27; 왕하 22:19). 이사야는 그런 황폐함을 여호와의 날(사 13:9), 곧 하나님이 이스라엘을 심판하시고 사로잡혀가게 하시는 때와 연관시켰다(5:7을 보라). 땅을 훔치는(**경계표를 옮기는**) 자들은 또한 율법 아래서 저주를 받았고(신 19:14; 27:17), 유다의 지도자들은 분명 비교될 만한 범죄를 저지르고 있었다. 따라서 에브라임과 유다 둘 다 신의 **진노**라는 홍수에 휩쓸려야 마땅했다.

5:11-12. 이방 세력에 의한 **학대**와 **압제**는 언약 불순종에 대한 또 다른 저주였다(신 28:33). 이스라엘이 따른 **명령**은 하나님의 율법이 아니라 이방 나라의 방침, 아마도 이스라엘이 앗수르의 속국이 되었을 때 그들에게 공물로 바쳐야 했던 돈이었을 것이다(왕하 15:19-20). 그러므로 하나님이 이스라엘과 **유다**를 파멸시키시는 것은 옷에 **좀**이 생기거나 나무나 뼈가 썩는 것과 **같**을 것이다(욥 13:28; 사 40:20).

5:13-15. **에브라임**과 **유다**는 정치와 경제 상황이 매우 심각함을 마침내 직시했지만, 자신들이 도덕적으로나 영적으로 크게 타락했음은 깨닫지 못했다. 그리하여 이스라엘은 원조에 대한 교환으로(10:6) **야렙**에게 사절단과 함께 공물을 보냈는데, 야렙은 "위대한 왕"을

뜻하는 앗수르 왕에 대한 칭호로 짐작된다. 이 일은 여러 번 일어났으므로 5:13의 경우를 따로 확인할 수는 없다. 하지만 이스라엘의 정치적 책략에도 불구하고 그들의 질병은 인간인 왕이 고칠 수 없었다. 그에 대해 막아낼 재간이 없는 **사자같이**(신 32:39) 하나님이 그들에게 상처를 주셨기 때문이었다. 더욱이 참되신 왕 하나님만이 죄를 해결하시고 자신의 언약 백성을 능히 회복시키실 수 있다. 그러나 하나님은 이 민족이 **고난**으로 말미암아 회개하고 다시 한 번 그분을 **간절히 구**할 때까지 이스라엘에게서 모습을 감추시고 긍휼을 베푸시지 않을 것이다.

6:1-2. 하나님이 잠시 이스라엘에게서 떠나가셨으므로 호세아는 민족에게 회개하고 여호와께 **돌아가**라고 촉구했다. '찢다'와 '낫게 하다', '치다'라는 동사들은 5:13-15에서 이 동사들 혹은 그와 비슷한 단어들이 사용되는 것을 반영한다. 이틀 혹은 삼일 후의 회복은 하나님이 정말 짧은 시간에 이스라엘의 운명을 뒤바꾸실 수 있음을 나타낸다(겔 37:1-14). 하나님이 그들의 고난에 개입하셨음을 인정한 호세아는 그들이 그분 앞에서 스스로 낮추면 자신의 망가진 백성을 고치시고 회복시키실 것이라는 하나님의 약속을 자신 있게 단언했다.

6:3. 앞서 주목했듯(5:4) 하나님을 '안다'는 것은 관계적이며, 호세아는 이 민족에게 그분을 **힘써 알자**고 촉구했다. 이스라엘의 구원과 회복을 위한 하나님의 **나타나심**은 **새벽**이 오고 계절에 따른 **비**가 내리는 것처럼 **어김없**을 것이다. 이는 새 달(5:7)과 가뭄(2:9; 4:3)으로 초래되었던 심판의 역전이었다.

B. 이스라엘의 징계를 강조하는 심판과 회복의 다섯째 순환(6:4-11:11)

6:4-5. 하나님은 이스라엘과 유다가 회개했지만 그들의 진정성이 의심스러워 실망스러운 반응을 보이셨다. 그들이 한 일은 그들이 신실하지 않음을 보여준다. 즉, 그들은 한때 신실했었지만 그것은 **아침 구름**과 **이슬**처럼 사라졌다. 그리하여 하나님은 **선지자들**을 통해 그들에 대한 심판을 선언하셨다.

6:6. **번제**[제물]와 제사가 유대인의 믿음을 겉으로 드러내는 역할을 했지만, 하나님은 전례가 아닌 언약에 대한 **인애**[헤세드(*chesed*), 친절]와 순종[다아쓰(*daath*), 문자적으로 **"아는 것"**]이 영성의 참된 특징이라고 말씀하셨다(삼상 15:22; 막 12:33). 하지만 이스라엘과 유다는 계속 언약에 불순종했다.

6:7-9. 호세아는 이스라엘(특히, 그들의 지도자들)의 계속되는 언약 불순종과 사회 분열을 예증했는데, 이번에는 별개의 장소에서 예증했다. **아담**은 아마도 여리고 북동쪽으로 약 29킬로미터 떨어진 요단 골짜기에 위치한 성읍을 나타낼 것이다. 요단강의 동쪽에 위치한 **길르앗** 지역은 외설 행위로 악명이 높았다(창 31:25-26; 32장; 삿 11장). 예루살렘 북쪽으로 약 61킬로미터 떨어진 산지에 위치한 **세겜**은 북 왕국의 첫 수도였다(왕상 12:1, 25). **제사장**들이 피를 흘리게 하고 살인을 했다는 기록은 백성이 종종 여행 중에 일어나는 강력 범죄를 행하고 있었음을 시사한다(눅 10:30).

6:10-11a. 10절은 난잡함을 더러움과 결부시키면서 이스라엘의 악덕을 간추려 말한다(5:3). **유다에게도 추수할 일을 정하였**다는 것은 심판 선언이다. 유다는 이스라엘의 선례를 그대로 따랐다.

6:11b-7:2. 많은 학자들의 말대로, 6:11b은 7:1과 관계가 있다. 둘 사이의 유사점은 이것이 사실임을 보여준다. **내가…돌이킬 때에…내가…치료하려 할 때에 에브라임의 죄와 사마리아의 악이 드러나도다.** 하나님은 그분의 백성을 그들이 마치 그분의 집을 약탈하는 양 묘사한다(4:2; 6:9). 물론 그들의 죄는 그분의 백성이 회복되기 전에 **드러나**야 한다. 하지만 이스라엘은 여호와가 그들의 죄를 기억하셨음을 밥 먹듯이 잊는다(5:3). 실로 악한 **행위**가 이 민족을 에워쌌으므로 하나님은 그들의 죄를 낱낱이 보셨다.

7:3-7. 이는 과자 만들기의 이미지와 정치적 기만을 이상하게 결합함으로써 이스라엘 왕들의 암살을 묘사하는 것으로 짐작되는 난해한 구절이다(왕하 15장). 3절의 명시되지 않은 주어들은 군주들을 기쁘게 하는 동시에 그들에 대한 음모를 꾸민 이스라엘의 위선적인 지도자들로 보인다. 즉, 그들은 왕과 어울려 방탕하게 지냈으면서도 뒤에서는 그를 욕했다. 이 정치적 책략은 **과자 만드는 자**[**왕**]에 비유되는 데, 그는 **밤새도록** 자느라(악에 사로잡혀서) **불을 일으켜 반죽**을 뭉치지 못해 아침이 되자 효모(악)는 퍼지고 화덕의 **불**[음모자의 **분노**]은 걷잡을 수 없을 정도로 달궈진다. **우리 왕의 날**(5절)은 왕의 생일이나 대관식으로 추정되는 행사를

기념하는 날로서, 이때 **지도자들**은 **병이** 날(혹은 독에 오염될) 때까지 마셨다. 왕이 (아마도 자신의 지도자들을 독살하기 위해) 그에 대한 음모를 꾸민 자들과 대면하고자 **악수**했을 때 그들은 왕을 조롱했다. 이것은 이상하게 구성된 은유이기는 하나 그 요점은 분명하다. 왕이 자신의 음모자들에게 대응하지도 않고 여호와께 요청하지도 않았기 때문에 악은 나라 곳곳에 퍼지고 그는 결국 타도될 것이다.

7:8-10. 이스라엘의 종교와 정치, 경제는 **여러** 이방 **민족**에 동화되었다. 그러므로 이스라엘은 뒤집지 않은 **전병**에 비유되는데(이는 3-7절의 과자 만들기 은유를 연상시킨다), 이는 그 지도자들이 독특한 민족성을 보존해야 할 책임을 소홀히 했기 때문이었다. 이 **이방인**들은 이스라엘을 음식처럼 먹어치우고, 그들의 재물을 빼앗으며(왕하 15:20), 그 종교적 · 문화적 정체성을 말살하고 있었다. 이스라엘의 통합은 결코 하루아침에 이루어진 게 아니었으니, 그것은 **백발**처럼 서서히 그리고 뜻밖에 찾아왔다. 10a절은 5:5a의 반복이다. 이스라엘의 **교만**은 정치적 동맹들에게서 안전을 찾으려 한 것으로, 이는 그들의 으뜸가는 죄 중 하나이다. 이스라엘이 외교를 신뢰하는 한 그들이 여호와를 믿고 회개하는 일은 요원했다.

7:11-12. 이스라엘은 둥지를 떠났지만, 그 돌아오는 길을 찾을 수 없는 **어리석은 비둘기**처럼 바보 같고 분별이 없었다[아인 레브(*ayin leb*), '생각이 없는']. 이스라엘이 다른 나라들(**애굽**과 **앗수르**)과 동맹을 맺고 여호와를 신뢰하지 않을 때와 같은 모습이다. 흡사 **그물**에 걸려 땅에 떨어지는 새처럼 이스라엘은 외부 도움을 구하는 데 제약을 받을 것이다(2:6-7). 이스라엘의 협상은 실패하고 그들의 외교관들은 나쁜 소식을 갖고 귀국할 것이다.

7:13-16. 이 네 절은 하나의 단위로 기능하는데, 심판에 대한 일반적이면서 특별한 선언이 책 받침대 역할을 한다(13a-b, 16c절). 처벌받아 마땅한 반역(13a-b, 14, 16절)과 회개 없는 은혜(13c, 15절)라는 주제가 줄곧 되풀이된다. 13a절과 13b절은 서로 유사하며 이스라엘의 불순종(**그릇 갔음이니라**, **범죄하였음이니라**)에 대한 하나님의 심판(**화 있을진저**, **패망할진저**)을 강조한다. 하나님을 **거슬러** 말한 **거짓**은 영적 성격을 띠었으며 이스라엘의 혼합주의와 우상숭배를 나타낸 것으로 짐작된다. 14절은 이스라엘의 잘못을 품어주시는 하나님과, 그런 하나님을 버린 이스라엘의 모습이 교차 구조를 형성한다. 이스라엘은 **성심으로** 참회해야 했다(욜 2:12-13). 그러나 **침상에서 슬피 부르짖는** 것은 성적 죄악에서 완전히 돌아서지 않은 참회를 암시하는 듯하다. 그들이 **곡식과 새 포도주로 말미암아** 모이는 것은 이교적이며 우상숭배적인 관행들을 지키는 것을 나타낸다. 이스라엘의 **팔**을 연습시키고 힘 있게 하는 것은 군대와 관련된 언급이며, 아마도 하나님이 전투에서 이스라엘에게 힘을 주시고 그들을 위해 싸우시는 것을 나타낼 것이다. 이스라엘은 회개해서 하나님께로 돌아선 것이 아니라 우상과 외교, 다른 지원 수단으로 눈을 돌린 것이다. **속이는 활**은 제대로 작동하지 않는 활이었다(시 78:57). 그런 경우에 무기는 도움이 되기는커녕 그 사용자에게 잠재적 위험이 되었다. 마찬가지로 이스라엘 지도자들은 하나님을 위하기보다 거스르는 사역을 했다. 아마도 그들의 불법 조약을 나타낼 **그 혀의 거친 말**로 인해 하나님은 이스라엘의 **지도자**들을 죽이실 것이다. 그러면 이스라엘 사람들은 **애굽 땅에서 조롱**의 대상이 될 것이다. 어떤 이스라엘 사람들은 앗수르 사람들을 피해 애굽으로 도망쳤지만 호세아는 종종 애굽을 사용해 앗수르를 나타냈으며, 앗수르가 이스라엘을 사로잡아 가는 것은 출애굽의 역전으로 묘사된다(8:13; 9:3, 6; 11:5, 11).

8:1. **나팔**[*shophar*, 쇼파르]은 위험을 알리기 위해 사용되었으며(5:8), 여기서 그 위험(**원수**)은 이스라엘(**여호와의 집**) 위를 배회하는 **독수리**로 상징된다. 호세아가 다른 어디에선가 출애굽을 내비치므로 이스라엘의 **원수**를 독수리로 표현하는 것은 하나님을 이스라엘이 애굽에서 탈출하는 동안 그들을 지켜주신 독수리로 묘사하는 것을 상기시킬지 모르며, 실제로 그것의 역전일 수도 있다(출 19:4; 신 32:11). 이스라엘 민족이 모세 언약을 어겼으므로, 하나님은 몸소 이스라엘을 치셨다.

8:2-3. 이스라엘의 다수는 자신들과 여호와의 관계가 아직도 온전하다고 믿고 하나님께 도와달라고 부르짖은 것이 틀림없지만, 그들의 믿음은 변덕스럽고 가식적이었다(7:14). 하나님은 순종에 대한 보답으로 이

스라엘에게 현세적 **선**을 약속하셨지만(민 10:29; 신 30:15), 그들의 언약 파기는 하나님의 선물에 대한 거부이며 그분이 그들을 일시적으로 거부하시게 만든 원인이었다.

8:4a. 호세아는 왕정 전반이 아닌 신의 승인 없이(**내게서 난 것이 아니며**) 불법으로 임명된 저 지도자들만 부인했다. 하나님이 임명된 자들을 모르신다는 것이다.

8:4b-6. 이스라엘의 우상숭배는 책의 핵심 주제이다. 숭배자들이 물질의 축복을 얻기 위해 **우상**을 섬겼지만 이스라엘의 우상숭배는 하나님의 분노를 일으켰을 뿐이다. 4b절과 6b절은 유사하며(**그들이…우상을 만들었나니…파괴되고…장인이 만든 것이라…산산조각이 나리라**) 양쪽 끝에서 구절을 받친다. 사마리아의 **송아지** 우상은 바알을 상징하며, 아마도 여로보암이 벧엘에 세운 송아지 우상을 나타낼 것이다(왕상 12:28-29; 참고. 호 10:5-6). 이 사건은 또한 시내산에 세운 황금 송아지를 생각나게 한다(출 32장). 모세가 시내산 송아지를 부수어 가루로 만들었듯(출 32:20) 하나님도 사마리아의 우상을 부수셔서 조각내실 것이다. 인간이 만든 우상은 신이 될 수 없다고 선지자들은 한목소리로 선언한다(사 41:6-20; 렘 10:1-5).

8:7. 이 절에는 두 가지 유추가 들어 있다. 첫째는 "심은 대로 거둔다"는 진부한 문구를 사용해 이스라엘의 불순종이 어떻게 험악한 기후와 이방인 군대를 통한 하나님의 심판을 대변하는 광풍을 일으키는지 보여준다(렘 4:13; 암 1:14). 둘째 유추도 비슷하다. 왜냐하면 그것이 이스라엘 땅의 척박함과 그 땅의 수확이 **이방 사람**에게 먹히는 것까지 기술하기 때문이다. 두 은유의 아이러니는 명백하다. 이스라엘 민족이 풍요와 안전을 위해 바알에게 싹싹 빌었지만 그들에게 돌아온 것은 열매 맺지 못함과 정치적 혼란이었다.

8:8-10. '삼키다'라는 동사는 이스라엘이 **여러 민족**에 동화되는 것을 비유적으로 묘사한다(7:8). **즐겨 쓰지 아니하는 그릇**이라는 표현은 누가 봐도 평범함과 처분 가능성을 나타내는 흔해 빠진 문구이며, 한때 존중받았던 사람들에 대한 모독이다(렘 22:28). 이스라엘에 대한 이 비난은 앗수르와 동맹을 맺은 결과인데, 이는 앗수르 왕이 이스라엘 사람들과 전쟁을 벌이지 않도록 이스라엘이 그에게 공물을 바치기로(**여러 나라에 값을 주**기로) 합의했었기 때문이다. 이스라엘이 맺은 동맹은 매춘에 비유되는데, 이에 대한 벌은 하나님이 이스라엘을 '모으실'[카바츠(*qabats*), 심판을 암시하는 표현(동일한 단어에 대해서는 9:6을 보라)] 때 그리고 하나님이 이 민족의 지도층("임금과 지도자들")을 없애실 때 이루어질 것이다.

8:11-13. 이스라엘이 **제단**을 세운 것은 자신들의 **죄**를 속하기 **위**해서였는데 얄궂게도 이 제단은 죄를 없애기보다 더 짓게 만들었다. 이스라엘이 제물을 어떻게 사용했기에 상황이 악화되었는지는 불분명하다. 아마도 이는 예배드리는 자들이 회개는 하지 않은 채 제사제도를 값싼 은총을 얻기 위한 수단으로 삼았거나, 그들의 종교적 관행이 혼합주의에 의해 오염되었음을 뜻할 것이다. 이유가 어떻든 간에 그들은 모세율법(**내 율법**)을 잘 몰랐으며, 제사를 관계적이기보다는 한갓 의례적인 것으로 취급했다. 하지만 하나님은 제사가 아닌 순종을(삼상 15:22; 호 6:6), 겉치레 종교 행위보다 참된 헌신을 기뻐하신다. 하나님은 이스라엘에게 땅을 주시기 전에 그들에게 마음과 뜻과 힘을 다하여 그분을 사랑하라고, 그분의 계명에 순종하고 언약을 지킴으로써 그분에 대한 사랑을 나타내라고 명령하셨다(신 6:5, 17). 그러므로 이스라엘 사람들이 여호와께 대한 사랑과 순종이라는 보다 근본적 측면들은 뒷전으로 미루고 종교의식에 참여했을 때 하나님이 그들의 제사를 거부하신 것은 당연했다. 실로 하나님은 이스라엘의 죄를 사하시고 잊으시기보다(시 103:3-4), 출애굽을 뒤집으시고 그들을 사로잡혀가게 하심으로써 그들의 **죄악**에 대한 책임을 물으셨다(7:16).

8:14. 이스라엘의 **견고한 성읍**은 이 민족이 하나님을 신뢰하지 않고(이스라엘은 **자기를 지으신 이를 잊어버렸다**) 군사력에 의존했음을 보여준다. (만일 호세아가 **왕궁**으로 헤롯이 장차 마사다에 세울 저택에 필적할 만한 요새와 같은 무언가를 염두에 두었다면) 이스라엘의 **왕궁** 건축이 견고함에도 불구하고 이스라엘이 방어 수단을 총동원하더라도 하나님이 이 민족에게 닥치는 것을 허락하실 공격(**불**)을 견딜 수 없을 것이다. 하나님은 백성이 가장 크게 신뢰하는 바로 그것들을 꿰뚫으실 방안을 늘 모색하신다.

9:1-2. 하나님이 이스라엘에게 수확물을 주셨을 때

그들은 이를 축하했다(욜 2:23-24). 그러나 여기서 호세아는 그런 축제들을 생각하는 것만으로도 이스라엘을 책망했다(9:5). 왜냐하면 이 민족은 풍성한 수확(**음행의 값**)을 좇아서 우상과 음행했기 때문이었다. 그러나 하나님은 이스라엘의 **타작마당이나 술틀**이 그들을 만족시킬 수 없도록 축복을 거두시는 심판을 내리실 것이다.

9:3-4. 하나님은 출애굽을 뒤바꾸시고(**애굽으로 다시 가고**, 그들이 거기서 보낸 시간과 관련된 억압과 역경을 포함하여) 이스라엘이 **앗수르**로 사로잡혀 가게 하시는 심판도 내리실 것이다. 거기서 이 민족은 **더러운 음식**(주검으로 오염된 **떡**)으로 **더러워질** 것이며, 이 음식은 포로로 있는 그들의 식량이 될 수는 있지만 예배에는 쓸모없을 것이다. 그들은 (여기서 **여호와의 집**으로 불리는) 땅에 다시 들어가도록 허락받지 못할 것이다.

9:5-6. 호세아가 어느 **명절**을 마음에 두었는지 모르지만, 그것은 추수와 연관되고 **여호와의 절기**(레 23:39, 41)로 두 번 불린 초막절일 가능성이 있다. 이 명절은 이스라엘이 사로잡혀 갈 것이므로 기념하지 않을 것이다. 6절은 출애굽을 여러모로 암시하는데, 호세아는 이 출애굽이 역전되어 이스라엘 사람들이 **놉**[애굽 사람들]에 의해 장사될 것이라고 선언했다. **귀한 은**은 이스라엘이 "애굽 사람의 물품을 취한 것"(출 12:35-36)을 넌지시 말하는 반면 **장막**은 이 민족의 광야 생활을 생각나게 한다. 은과 장막 둘 다 사로잡혀 있는 이스라엘에게는 쓸모도 가치도 없을 것이다.

9:7-9. 선지자들은 구약과 신약에서 미쳤다는 소리를 들었다(삼상 10:11; 고후 5:13). 여기서 호세아는 빈정대듯 그 비난을 인정했다. 호세아가 미쳤다면(**어리석었고**) 그것은 순전히 이스라엘의 죄로 말미암은 것이었기 때문이다. 선지자는 이스라엘의 **파수꾼**으로서 이 민족의 죄를 드러냈고 그들에게 위험이 다가왔음을 경고했다(삼하 18:24-29). 이런 의미에서 선지자는 구원이 아닌 심판을 가져왔고, 이로 말미암아 이스라엘(**그의 하나님의 전**) 안에 **원한**이 생겼다. 예루살렘 북쪽으로 약 8킬로미터 떨어진 곳에 위치한 **기브아**의 **부패**는 아마도 사사기 19장에서 레위 사람의 첩을 능욕하고 살해한 것을 나타냈을 것이다.

9:10. 10a절의 원예 관련 은유는 출애굽을 연상시키고, 메마른 **광야**와 다를 바 없는 곳에서 하나님이 이스라엘의 **조상들** 보시기를 기뻐하셨음을 표현한다. 하지만 어떤 이스라엘 사람들이 **바알브올**(민 25:1-11; 신 4:3-4; 시 106:28-39)에서 이교도 창녀의 유혹에 넘어가면서 이스라엘의 즐거움은 급속히 시들해졌다. 바알브올을 언급함으로써 호세아는 (그들이 이스라엘 땅에 들어가기도 전에) 이스라엘에서 배교가 일찍 일어났음을 보이고 그 사건을 그들의 현재 배교에 비교했다.

9:11-12. 에브라임의 **영광**은 이스라엘에게서 **날아가시고 떠나실** 하나님 자신이다. 하나님이 떠나시면 이스라엘은 불모지가 되고 때 이른 죽음을 맞이할 것이다(신 28:18, 22). 과장법이기는 해도 이 저주는 사로잡혀 가는 저 이스라엘 사람들이 대를 잇기 어렵고 그들의 수명이 줄어들 것으로 예상한다.

9:13-14. **두로**와 이스라엘은 확실한 이점이 있었는데(**아름다운 곳에 심긴**), 이제 그것들은 취소되고 있었다. 예루살렘 북서쪽으로 약 160킬로미터 떨어져 있고 지중해 해안에 위치한 두로는 주전 722년 앗수르 사람들에게 함락되었고, 이 민족의 **자식**들이 전사할 때 이와 똑같은 일이 이스라엘에게 일어날 것이다. 이 민족이 제사 제도를 이용해 하나님의 선물과 축복을 간청했지만 그분은 이스라엘에게 불임이라는 저주를 내리셨다. 에브라임이 요셉의 차남이었으므로 이 저주는 야곱이 요셉의 자손들에게 내린 축복(창 49:22-25)을 뒤바꿨다.

9:15. 여리고의 정북방에 있는 **길갈**은 이스라엘 사람들이 범한 모든 죄를 그대로 답습했으며(4:15; 12:11) 여기서 이스라엘의 전부(**그들의 지도자들은 다**)를 나타낸다. 길갈은 사울이 왕좌에 오른 곳이기에(삼상 11:15), 이 성읍은 이스라엘의 하나님 거부 그리고 그 반대도 마찬가지임을 나타냈을 것으로 짐작된다. 그러니까 하나님의 길갈 증오는 이스라엘 전체에 대한 그분의 일반적 경멸을 암시한다. 내가 **다시는 사랑하지 아니하리라**는 이스라엘을 간음하다 버림받은 여인으로 묘사한다.

9:16-17. 이스라엘의 말라버린 **뿌리**와 열매 맺지 못함은 생물학적 불모(**아이를 낳을…그 사랑하는 태의 열매를…**)를 나타낸다. 여기에 기근도 함축되어 있을

지 모르지만 말이다. 놀랍게도 하나님은 심판의 행위자로서 이스라엘의 아이들을 **죽이**시고 **그들을** 땅에서 **버리**셔서 포로 중에 **떠도는 자**가 되게 하실 것이다.

10:1-2. 구약은 이스라엘을 흔히 포도원에 비유하는데(예를 들어 사 5:1-7), 여기서 그 비유는 호세아가 빈번히 채택한 식물 주제를 다시 다룬다. 번역본들은 종종 바카크(*baqaq*)라는 동사를 긍정적으로 표현하지만(**무성**하다) '그 자신을 위해'가 이스라엘의 의도를 부정적으로 묘사하듯 부정적으로(NASB 각주의 번갈아 하는 독해 —"이스라엘은 퇴화한 포도나무라"— 에서처럼 "퇴화하게 하다") 이해하는 편이 더 낫다. 그런 **포도나무의 열매**는 이스라엘 자신의 **마음**과 일관된다. 그러니까 하나님은 이스라엘이 소출을 많이 거두기에 충분한 여건을 허락하셨지만 이 민족이 맺은 것은 오로지 우상숭배였다(**제단**과 **주상**). 이스라엘 사람들이 **벌을 받을** 것은 그들이 자신들의 죄로 말미암아 심판받을 것임을 뜻했다.

10:3-4. 호세아는 이 민족이 자신의 **왕**을 거부한 3절에서 그 말을 여호와의 탓으로 돌렸다. 이스라엘의 왕은 하나님의 섭정으로 생각되었으며, 나아가 왕에 대한 거부는 곧 하나님 자신에 대한 거부였다. 포도원 비유와 함께 이 묘사는 예수님의 소작농("포도원 농부", 막 12:11) 비유를 닮았다. 이스라엘이 여호와를 **두려워**하지 않는 것은 본질적으로 이 민족이 입에 발린 말만 하던 언약의 파기였다. 그렇기에 이스라엘은 비참한 포도원(**밭**)처럼 버려지면서 **재판**[심판]이 뒤따를 것이다.

10:5-6. 5절은 한때 송아지 우상을 두려워했던 자들을 그 우상이 떠나자 계속 비통해하는 것으로 묘사함으로써(8:6), 벧엘의 또 다른 이름인 **벧아웬**["악의 집"]에서의 우상숭배가 어느 정도인지를 예증한다. 아이러니하게도 이스라엘의 정치적 부패는 심판에서 비롯된 추방을 통해 마침내 그들의 우상숭배를 제거하였다. 이스라엘은 여기서 하나님의 처벌하시는 손길을 느꼈다. 왜냐하면 이 민족이 죄와 심판의 결과로 **수치를 받았**기 때문이었다.

10:7-8. (**사마리아** 지역의) 벧아웬에 대한 심판은 이 민족과 자신의 **왕**이 **물 위에 있는** 작은 **거품**['물거품'이 더 나은 번역일 것 같다]처럼 **멸망**하고 신속히 미끄러져 떨어진다고 언급되면서 더 자세히 기술된다. 더욱이 벧아웬의 우상을 숭배하는 **산당은 파괴되어** 원수의 나라(예를 들어 사 42:15), 즉 앗수르를 상징하는 것으로 짐작되는 **산**과 **작은 산**에 의해 파묻힐 것이다.

10:9-10. **기브아**는 이전에 지은 죄(9:9)와 다가오는 전쟁(5:8)의 장소로 앞서 언급되었다. 여기서 기브아에 대한 언급은 이스라엘이 죄로 기소당하고, 그들이 **만민**[앗수르]의 손에 즉각 패배당할 것이 확실시되면서 두 가지 의미를 결합한다. **범죄한 자손들**이라는 구절은 아마도 "폭력의 자손들"을 뜻할 것이다. 이스라엘의 **두 가지 죄**는 아직 분명하지 않지만, 기브아가 이전에 지은 죄들 혹은 우상과 군대 둘 다에 대한 이스라엘의 신뢰를 나타낼지 모른다.

10:11-13a. 여기서 호세아는 농사와 관련된 또 다른 비유를 선보였다. 이스라엘(**에브라임**/**야곱**)을 하나님의 **멍에**를 메운 **길들인 암소**에 비유한 것은 이 민족이 처음에는 언약에 순종할 준비가 되었음을 나타낸다. 하나님과 사귐을 갖게 된 이스라엘은 **공의**를 만들어냄으로써 하나님의 **인애**[축복]를 **거**둘 씨를 **심**으라(순종하라)는 지시를 받았다. 대신 이 민족은 **악을 밭 갈았**고 하나님과 동족을 거스르는 **죄를 거두었**다.

10:13b-15. 이스라엘의 주된 언약 위반들 중 하나는 그들이 자신들의 하나님보다 자신들의 군사력을 신뢰했다는 점이다. 이 민족의 많은 **용사**는 패하고 그 인상적인 **산성**들은 **무너지**며 그 **왕**은 앗수르 사람들을 통해 하나님에 의해 제거될 것이다. **살만**은 주전 9세기의 앗수르 왕이었던 살마네세르 3세일지 모른다. 갈릴리 바다 근처의 성읍인 **벧아벨**은 지금의 이르빗으로 추정된다. 여자들과 **자식**의 살해를 포함한 그곳에서의 **전쟁**은 구약의 다른 그 어디에도 기록이 없다.

11:1-2. 이스라엘을 어린아이로 언급하는 것은 그들이 애굽에 사로잡혀 있었을 때 하나님과 혈연관계가 없었음을 묘사한다. 하지만 출애굽에서 이스라엘이 하나님의 장자/후계자(출 4:22-23)가 된 것은 이 민족에 대한 그분의 사랑(택하심)을 나타낸다. 호세아는 11:1에서 하나님이 이스라엘을 아들로 부르셨지만 11:2에서 이스라엘이 하나님께 저항한 역사를 예로 든다. 그분은 그들에게 선지자들을 보내셨는데, **선지자들이 그들을 부를수록 그들**[이스라엘]은 선지자들을 **점점 멀리하**고 거짓 신들(**바알들**)을 따랐다. 그리하여 하나님

호

이 이스라엘을 사로잡힌 상태에서 구출하시고 그들을 자신의 아들로 삼으셨건만 이 민족은 바알들과 우상들을 좇았다.

마태는 예수님이 애굽으로 잠시 피신하셨다가 거기서 돌아오신 일을 기술하고자 호세아 11:1을 예표로 사용했다(마 2:14-15). 마태가 이스라엘의 유아기와 예수님의 유아기 사이의 단순 관련성을 밝히고자 했을 수도 있지만 마태가 이 구절을 사용한 데는 그런 관련성보다 더 큰 의미가 있을지 모른다. 민수기 23:22-24(발람의 둘째 예언)과 24:5-9(발람의 셋째 예언)에서 모세는 이스라엘과 그들의 미래 메시아 둘 다 애굽에서 나올 것이라는 하나의 유사점을 지니는 가운데 이스라엘이 미래에 오실 메시아의 한 유형임을 입증했다. 마태는 이스라엘의 애굽 탈출을 기술하는 호세아 11:1이 메시아에게 해당되는 예표라고 생각해 이 절을 인용했을지 모르는데, 이는 모세오경에서 이미 입증된 주장이다. 호세아의 말이 이스라엘을 직접 언급하기는 하지만 이전에 증명된 유형에 힘입어 마태는 그것을 메시아 예수에 대해 적법하게 인용했을지 모른다[참고. Michael Rydelnik, *The Messianic Hope: Is the Hebrew Bible Really Messianic?*(Nashville: Broadman & Holman, 2010), 99-104].

11:3-4. 하나님이 이스라엘을 구속하시고(**멍에**) 그들에게 율법을 주셨으며(**가르치고**) 또한 광야에서 떠도는 동안 그들의 필요를 채우신 것(**이끌었고 먹을 것을 두었노라**)은 이 민족에 대한 그분의 아버지 같은 사랑임을 증명했다. 그러나 이스라엘이 하나님의 은혜에 감사하지도 그분의 충실한 언약 이행에도 보답하지 않았으므로 하나님의 노력은 인정받지 못했다.

11:5-6. 호세아 당시 이스라엘이 불순종하고 회개하지 않자(**그들은…되돌아가지 못하겠거늘**) 하나님은 앗수르로 이스라엘을 다시 사로잡혀 가게 하심으로써 그들을 벌하셨다. 칼은 이스라엘 성읍들을 **깨뜨릴** 군사력을 상징한다.

11:7-9. 끝끝내로 번역된 히브리어 단어[타라(*tala*), 문자적으로는 '귀를 기울이다']는 결단 혹은 자신의 소망을 무언가에 고정시키는 것을 나타낸다. 호세아는 이스라엘이 계속 불순종하기로 작정했다고 기술한다. 그리하여 이 민족이 하나님(**위에 계신 이**)께 부르짖었을 때 그분은 응답하시지 않았다. 하지만 여호와께서 이스라엘을 무시하고 굴복시키기란 쉽지 않았는데, 이는 불쌍히 여기시는 아버지로서 그분의 **마음**은 늘 자신의 고집 센 자녀에게 가 있었기 때문이다. 설령 하나님이 실제로 자신의 의사 결정을 의심하시지 않는다 하더라도 여기서 호세아는 인간의 말을 사용해 하나님이 이스라엘을 계속 사랑하시는 마음을 묘사했다. 성읍 **아드마**와 **스보임**은 소돔과 고모라의 이웃이었으며(창 14:2, 8) 인간의 타락을 상징한다.

이스라엘은 죄로 말미암아 소돔과 고모라의 방식으로 전멸당해야 마땅했건만 하나님은 소돔에서 내리셨던 집단 사형선고를 되풀이(**다시는**)하시지 않기로 작정하셨다. 하나님의 공의는 죄의 처벌을 요구하지만 그분의 **긍휼**은 자신의 **진노**와 **진노함**의 범위를 제한할 수 있게 한다.

11:10-11. 하나님의 긍휼은 그분의 백성이 **앗수르** 포로에서 돌아올 때 드러날 것인데, 이 귀환은 하나님이 이스라엘을 **애굽**에서 구출하신 것과 모형론적으로 닮은 사건이다. 그 때에 이스라엘은 하나님이 포효하는 **사자**처럼 그들을 포로에서 이끌어내실 때 겸손히(**새와 비둘기같이 떨며**) 그분을 따라갈(**따를**) 것이다. 어떤 이들은 이스라엘이 포로에서 돌아올 것이라는 호세아의 예언이 에스라서와 느헤미야서에 기록된 사건들을 통해 성취되었다고 생각한다.

하지만 다른 이들은 이것이 이스라엘의 종말론적 회복에 대한 언급이라고 볼 수 있는 세 가지 이유에 주목한다. 첫째, 호세아는 **서쪽**과 남쪽(**애굽**), 북쪽(**앗수르**)에서의 귀환에 대해 이야기하는데, 이는 앗수르뿐 아니라 또한 전 세계에서 이스라엘 땅에 재집결하는 것을 나타낸다. 둘째, 선지자는 그 땅에서 영구 정착이 이루어지는 것을 보기 때문에(**내가 그들을 그들의 집에 머물게 하리라**), 영구 정착을 하지 않은 포로에서의 귀환에 대해 이야기하고 있는 것 같지는 않다. 셋째, 이 민족이 겸손히(**떨며**) "여호와를 따르는 것"은 포로에서 돌아올 때 이루어진 것이 아니라 마지막 날에 실현될 영적 변혁을 가리킨다(참고. 3:4-5). 따라서 이 절들은 마지막 날에 있을 하나님의 이스라엘 회복을 나타낸다고 해석할 수 있다. 그때에 이 민족은 예수님을 그들의 메시아로 믿으며 하나님의 신실한 백성이 될 것이다

(3:4-5 및 이 절들에 대한 주석을 보라).

C. 하나님의 충실을 강조하는 심판과 회복의 여섯째 순환(11:12-14:8)

11:12-12:1. 이스라엘의 기만은 책에 여러 번 언급된다(7:3; 10:13). 이스라엘이 행한 **거짓**의 정확한 본질은 명시되어 있지 않지만, 그 거짓은 이 민족의 완고함 및 우상숭배와 관련된 듯하다. 그런 언약에 대한 불충실은 이스라엘의 특징이 되는 행동으로 하나님의 충실과 대비되었다. 이스라엘은 **바람**을 인도했다고 해서 추가 고발당했는데, 이는 불가능한 일로 그들의 어리석음을 예증한다. 누구도 바람을 한곳으로 모을 수 없으며 그렇게 하려는 노력은 무의미하다. 이스라엘의 어리석음은 사막의 극심한 건열로 인해 흔히 피하곤 했던 **동풍**을 뒤쫓는 것에 또한 비유된다. 그런 어리석음은 이스라엘이 **앗수르** 및 **애굽**과 맺은 조약에서 그리고 그들에게 바친 공물에서 드러나는데, 이 두 나라는 이스라엘을 공격하고는 했다.

12:2-6. **유다** 역시 죄로 고발당했는데(참고. 11:12), 호세아는 그 때문에 백성이 벌을 받을 것이라고 선언했다. 그다음에 호세아는 유다와 비교하고자 족장 **야곱**의 삶에서 일어난 몇몇 사건을 이야기했다. 즉, 모태에서 에서의 **발뒤꿈치**를 잡은 것(창 25:26)과 브니엘에서 **천사**와 겨룬 것(창 32:28)과 에서와 재회하면서 눈물을 흘린 것(창 33:4) 그리고 **벧엘**에서 하나님을 우연히 만난 것(창 28:11-22)이 그것이다. 야곱에게 단점들이 있었음에도 결국 축복을 받았다는 이 언급을 상기하는 것은, 이스라엘 사람들이 회개하고 언약을 지키며 끈기 있게 하나님을 소망한다면 그들 또한 어떻게 자신들의 불순종을 극복하고 그분의 복을 받을 수 있는지를 보여주기 위함이다.

12:7-9. 이스라엘의 죄는 그들의 소유물 획득에서도 분명히 드러났다. 포악한 **상인**처럼 이스라엘의 어떤 이들은 부도덕하고 부당한 수단으로 **재물**을 모았다. 더욱이 저 부도덕한 인간들은 자신들이 **죄**가 없다고 믿었다. 그리하여 그들을 애굽에서 구하시고 그들에게 약속의 땅을 주신 하나님은 출애굽을 반전시키셔서 그들이 초막절 때 그랬듯(레 23:33-43), 그들을 광야로 돌려보내셔서 **장막에 거주하게** 할 준비를 하셨다.

12:10-11. 9절의 하나님의 심판이 너무 가혹하다 싶을지 모르지만, 호세아는 하나님이 얼마 동안 이 민족에게 자신의 징벌이 다가왔다고 경고해오셨음을 이스라엘에게 상기시켰다. 이 경고들은 기묘한 **이상**과 **비유**를 매개로 했지만, 호세아를 비롯한 **여러 선지자**를 통해 전해졌다. 예언의 내밀한 본질은 **길르앗**과 **길갈**에 대한 호세아의 재고발을 통해 드러났는데, 이 두 성읍은 죄로 악명이 높았고(6:8; 9:6에 대한 주석을 보라) 파멸될 운명에 처했다.

12:12-14. 호세아는 이스라엘이 앞으로 어떻게 나아가야 하는지를 보여주고자 그들의 초기 역사에서 두 가지 사례를 더 선보였다. **야곱**은 **아람**에서 **아내**[혹은 아내들]를 얻기 위해 한 번은 사람을 섬겼고, 또 한 번은 양을 쳤다(창 27:43-29:30). 모세(**한 선지자**)는 **이스라엘**을 **애굽**에서 탈출시킨 후 섬겼다. 설명이 간략한 데다 그들의 유사점 또한 성격상 부정확하고 막연하기 때문에 호세아가 이 내용들을 포함시킨 목적은 이해하기 어려우나 설명하려는 요점은 아마도, 야곱과 모세 둘 다 힘든 시기에 소중한 사람/백성을 얻으며 또한 지키고자 애썼듯 하나님 또한 지금 이 민족 역사의 혼란기에서 **한 선지자**[호세아]를 사용하셔서 이스라엘을 인도하고 계셨다는 사실일 것이다. 그렇기에 이스라엘 사람들은 선지자의 경고에 주의를 기울이는 것이 좋을 것이다. 하지만 하나님은 자기 백성을 현재의 혹은 임박한 고난에서 벗어나게 하실 당면한 계획이 없으셨는데, 이는 앞에서 언급한 사건들과 크게 대비된다. 대신 하나님은 **그의 피로** 이스라엘 **위에 머물러 있게** 하실 것인즉, 이는 그들이 그분을 **격노하게 함이 극심**했기 때문이었다.

13:1-3. 12:14에 진술된 이스라엘의 심판은 13장에서 확대되며 1-3절은 **에브라임**의 과거와 현재, 미래를 이야기한다. 에브라임은 종종 북 이스라엘 왕국을 상징하지만 여기서는 에브라임 지파를 나타낸다. 나아가 이스라엘 모두를 나타내기도 한다. 1절 이후의 역사적 정황은 아직 확실치 않지만, 에브라임이 처음에 지파들 가운데서 존경을 받았으나 나중에 배교했음(**바알** 숭배)은 분명하다. 에브라임의 **죄**와 우상숭배는 계속되었고(**이제도**) 더 심해졌다. 호세아는 사람이 만든 물건을 섬기는 것이 어리석음을 밝혔다(8:5-6). 어쩌면 에브라임의 우상숭배를 시내산의 황금 송아지 사건과 비

교하고 있었을지도 모른다(출 32장; 왕상 12:20-33). 그렇다면 이스라엘의 미래는 **아침 구름과 이슬과 쭉정이와 연기**처럼 덧없다. 왜냐하면 하나님은 이 민족과 세운 언약을 일시 중단하시고 그들을 자신들의 땅에서 내쫓아 앗수르로 사로잡혀 가는 벌을 내리실 것이기 때문이다.

13:4-6. 호세아는 애굽에서의 이스라엘 역사, 곧 하나님이 이 민족을 부르셔서 자신과 관계를 맺게 하시고 그들의 **구원자**가 되신 이야기를 다시 들려주었다. 다른 신들을 '알지'(*yada*, 야다) 말라는 여호와의 명령은 여호와와 이스라엘의 결혼으로 생긴 친밀한 유대('알다')를 강조하기 위해, 약간 변형되기는 했지만 첫째 계명(출 20:3; 신 5:7)을 암시한다. 그다음에 동사 야다는 하나님이 자기 백성의 필요를 공급하심으로써 **광야 마른 땅에서** 이스라엘을 **보살펴**준[공동번역(개정개역은 '알았거늘'로 번역—옮긴이 주), 'cared for' 혹은 NASB의 각주에서처럼 'knew'] 친밀감을 다시 강조하고자 5절에서 재사용된다. 하지만 하나님의 경고에도 불구하고 이스라엘은 여호와의 공급하심을 당연하게 여겼고 그분을 **잊었**다(신 8:11-14).

13:7-8. 이스라엘의 건망증과 배은망덕으로 인해 하나님은 매복했다가 사냥감을 습격하는 **들짐승**처럼 이 민족을 심판하실 것이다. 여기서 사용된 다양한 직유는 하나님의 다가오는 분노를 갑작스럽고(**기다리는**) 과격한(**찢고 삼키리라**) 것으로 묘사한다. 4-5절의 이스라엘을 광야에서 구원하신 하나님의 이미지는 여기서 그들의 포식자이신 하나님과 대비된다.

13:9. 여기서 사용된 히브리어 동사 샤카트(*shachath*)의 형태는 함축된 주제가 7-8절에 기술된 하나님의 분노인 "그것은 너를 파멸시켰다"로 번역되어야 한다. 하나님이 이스라엘을 "도우시는 분"이시기는 하지만, 이 민족은 그분을 **대적**하기 때문에 **패망**을 거둔다.

13:10-11. **왕과 재판장들**, **지도자들**은 모두 정치적 실세들이었다. 10절의 수사적 질문은 이스라엘이 현재 통치자가 없거나 정부가 무능하거나 둘 중 하나의 상태임을 암시한다. **네 모든 성읍에서**는 나라의 성읍을 차례로 정복할 공격군이 필요함을 내비친다. **왕과 지도자들**을 달라는 이스라엘 사람들의 요청은 그들에게 중앙집권화된 인간 리더십이 절실히 필요하다는 것을 그리고 그들이 하나님의 통치를 불신하고 있을지 모른다는 것을 보여준다(삼상 8:4-20). 하지만 왕정은 하나님이 완전히 장악하고 계셨다. 그분은 마음대로 왕을 세우시고 없애신다(단 4:17, 25, 32; 5:21).

13:12-13. 이스라엘의 죄악 됨과 어리석음은 여기서 **해산**의 은유로 묘사된다. 이스라엘의 **불의가 봉함되었고 저장되었**다는 묘사는 이 민족이 죄는 지속하되 회개는 거부함을 암시한다. 그러나 죄를 계속 짓는 자는 호세아의 말처럼 해산 중에 **태**에서 나오기를 거부하고 생명이 아닌 죽음을 택하는 아기처럼 어리석다. 호세아는 하나님의 심판이 다가옴에 따라 이스라엘은 마땅히 죄를 버리고 그럼으로써 하나님의 진노를 피하라고 강조한다.

13:14a. (NASB 같은) 많은 번역본이 14절을 여는 두 진술을 질문으로 번역하지만 그 진술들은 선언으로 해석하는 게 더 낫다. 이를테면 하나님은 실로 사망에서 이스라엘을 **속량하**시고 **구속하**실 것이다. 이스라엘의 개개인 다수가 포로 중에 혹은 포로의 결과로 죽게 될 테지만, 이 맥락에서 사망은 대체로 하나님이 이스라엘에 대한 언약 축복을 중단하시고 이 민족을 땅에서 쫓아내시는 것을 나타낸다('산다'가 하나님이 언약 축복을 공급하시는 것을 나타내는 레 18:5을 보라). 따라서 두 선언은 **사망**과 **스올**[내세]의 고통과 두려움이 조롱당하는 두 수사적 질문으로 발전한다. 이는 하나님이 이 민족에 대한 심판을 되돌리셔서 그들을 앗수르 포로 생활에서 돌아오게 하셨으므로 사망과 스올이 이스라엘에게 영구적 위협을 가하지 않았기 때문이다. 결국 끝 날에 하나님은 전 세계에 흩어진 이스라엘 사람들을 돌아오게 하실 것이다. 바울은 고린도전서 15:55에서 호세아 13:14을 인용해 예수 그리스도의 부활로 말미암아 육체적이며 종말론적 사망이 패했음을 강조했다.

13:14b-16. 하나님의 **동정심**(새번역)을 없애는 것은 그분의 심판이 요구하는 것을 암시하며, 이는 그분이 이 민족을 속량하시기 전에 일어나야 했다. 잘나가던 이스라엘은 이제 사막의 **바람**(12:1)으로 황폐화될 것이며, 이 바람은 민족의 물 공급과 농업 자원을 메마르게 할 것이다. **동풍** 또한 앗수르의 침략을 상징하며, 그들은 이스라엘의 **보배**를 **약탈**하고 **아이 밴 여인**과

자식을 무참히 살해할 것이다(9:12).

14:1-3. 호세아가 이스라엘에게 마지막으로 한 말은 하나님께 **돌아오**라는 호소로 시작된다. 회개는 하나님이 이스라엘을 용서하시고 회복시키실 주된 관건이었다. 그리하여 호세아는 기도하라는 바로 그 **말씀**을 주면서 이스라엘 민족에게 하나님과 화해하는 법을 가르쳤다. 첫째, 기도는 하나님께 그분의 용서와 포용을 간구하는 것이다. 사함을 받고나면 이스라엘은 기도와 찬양(**입술의 열매**)으로 하나님께 '되갚아야' 할 터였다. 둘째, 기도에는 정치적 동맹(**앗수르**)과 군사력(**말**), 우상(**우리의 신**)이라는 잘못된 대상을 신뢰했다는 시인이 포함된다. 셋째, 기도는 이스라엘처럼 아버지 없는 고아를 하나님이 긍휼히 여기신다는 단언을 포함한다.

호세아는 이스라엘이 용서받기 위해 속건제를 드려야 한다는 말은 하지 않았다. 이에 대한 두 가지 타당한 설명이 있다. 첫째, 하나님은 지금 당장 이스라엘의 통회와 언약을 신실하게 지키는 것에 더 큰 관심을 두셨다. 제사 제도가 아닌 이 두 가지가 맨 처음부터 이스라엘의 회복을 위한 조건이었기 때문이다(신 30:2; 호 6:6; 8:11-13에 대한 주석을 보라). 신약이 나중에 밝히듯이(롬 3:25; 히 10:1-14) 회개하지 않으면 이스라엘 사람들 모두가 심판을 면할 수 없을 것이기에 사실상 동물제사로는 실제로 죄를 속할 수 없었다. 둘째, 이스라엘의 제사 제도 자체가 이미 썩은 상태였다. 회개가 전제되지 않는 제사를 더 드리는 악습은 죄를 키울 뿐이다(8:11). 그리고 일단 이스라엘이 회개했다 하더라도 하나님은 그들이 죄를 씻기 위해 제물을 드리면 다 해결 된다는 생각을 버리고 시험 기간을 거치기를 바라셨을 것이다.

14:4. 이스라엘이 통회하자 하나님은 그들의 죄로 말미암아 관계가 훼손되지 않도록 이 민족을 **고치**시고 **사랑하**시겠다는 약속으로 응답하셨다(2:13-23). 이스라엘의 **반역**을 치유가 필요한 것으로 규정하는 것은 이 민족이 신의 회복을 요할 만큼 영적으로 뿌리 깊이 타락했기 때문에 완악해졌음을 시사한다. 호세아가 여기서 그것을 명백히 언급하지는 않았지만, 새 언약에서 하나님은 성령을 통해 신자들의 몸에 새 마음을 주심으로써 이 고통을 마침내 치유하실 것이다(겔 36:27).

14:5-7. **이슬**은 종종 마른 땅의 생기 회복을 나타내고(시 133:3을 보라), 백합과 백향목이 꽃을 피우는 것은 장차 회복될 이스라엘의 **아름다움**을 상징하며, 뿌리는 안전을 암시한다. **가지**가 퍼지고 포도나무가 꽃을 피우며 **그늘** 안에 거주하는 것은 이스라엘이 회복하면서 맛보게 될 새로운 성장과 화려함(향기)을 의미한다. 이스라엘의 기분 좋은 **향기**는 이전의 많은 이미지들과 함께 이스라엘을 배우자와 연합하는 신부로 묘사하는 듯하다(아 4:8-15; 5:5). **레바논**[북 갈릴리]을 세 번 언급하는 것은 이 지역이 비옥한 땅과 향기로 이름 높았기 때문이다.

14:8. 하나님은 마지막 진술에서 이스라엘이 우상숭배에서 완전히 떠나기를 바라는 마음을 표현하셨다. 하나님은 이와 관련해 그분이 하실 수 있는 전부를 말씀하셨다. 이제 그분은 이스라엘이 순종하기를 기다리시면서 지켜보실 뿐이다. 더 나아가 하나님은 이스라엘에게 응답하고 그들을 지켜보는 것은 바알이 아니라 여호와이시며, 나무처럼 그들에게 **열매**를 주시는 것은 바로 자신이라는 당연한 주장을 하셨다.

Ⅳ. 후기(14:9)

14:9. 호세아의 후기는 책 전체의 특징을 적절히 나타내는 수수께끼로 시작된다. 수수께끼의 요점은 **지혜**로운 사람이 이 예언들을 **깨달**아 아는 것이 아니라 그 예언들을 '아는' 사람들이 사실상 지혜롭다는 것이다. 앎이란 이해뿐 아니라 책 곳곳에서 드러났듯이 또한 하나님께 대한 순종과 그분과의 관계를 뜻하는 것임이 더 명백해진다. 그렇다면 참된 지혜란 하나님의 **도**를 따르는 **의**로운 삶인 반면 어리석음은 죄를 짓고 걸려 넘어지게 한다.

호세아의 메시지는 자신의 고집스런 신부에 대해 질투하시면서도 끝끝내 사랑을 포기하시지 않는 하나님에 관한 이야기이다. 유일하시고 참되신 하나님을 섬기도록 은혜로 선택되고 노예 상태에서 구속받은 백성인 이스라엘은 우상들과 이방 세력들을 신뢰하여 다른 연인들을 찾았기 때문에 자신의 남편에게 끝까지 충실하지 못했다. 그리하여 하나님은 이스라엘이 회개하고 그분이 은혜 가운데 그들을 다시 받아주신 그 비할 데 없는 사랑에 감사하도록 이 민족을 사로잡혀 가게 하심으로써 그들에 대한 그분의 언약 축복을 중단하시겠다고 약속하셨다. 이런 관점에서 호세아의 메시지는 복음의 예표이다. 고집 센 인간은 예수 그리스도의 사역을 통한 하나님의 은혜에 의해서만 죄와 죽음의 세력에서 구속받고 자신의 창조주와 영원히 화해할 수 있다. 오트런드의 말처럼, "복음은 보편적 주장을 과대평가하는 제국주의적 인간 철학이 아니다. 복음은 우리를 향한 자신의 사랑을 입증하셨고 그 보답으로 우리의 온전한 사랑을 요구하시는 우리의 남편이신 하나님의 음성처럼 들린다"[Raymond C. Ortlund, *God's Unfaithful Wife: A Biblical Theology of Spiritual Adultery*, New Studies in Biblical Theology(Downers Grove, Il: InterVarsity, 2002), 173]. 실로 호세아의 독자들이 하나님의 질투와 심판을 거듭 만날 때마다, 그들은 자신들의 신실하시고 용서하시는 하나님께로 돌아오는 자는 누구나 얻을 수 있는 여호와의 자비로우신 구원을 매번 상기하게 된다.

참 고 문 헌

Andersen, Francis I. *Hosea: A New Translation with Introduction and Commentary.* Vol. 24 of The Anchor Bible.Garden City, NY: Doubleday & Co., 1980.

Dearman, J. Andrew. *The Book of Hosea. New International Commentary on the Old Testament.* Grand Rapids,MI: Eerdmans, 2010.

Garrett, Duane A. *Hosea, Joel.* New American Commentary. Nashville: Broadman & Holman, 1997.

Macintosh, A. A. *A Critical and Exegetical Commentary on Hosea.* International Critical Commentary. Edinburgh:T&T Clark, 1997.

Matthews, Victor H. "Family Relationships." In *Dictionary of the Old Testament Pentateuch,* edited by T. Desmond Alexander and David W. Baker, 291-299. Downers Grove, IL: InterVarsity, 2003.

Ortlund, Raymond C. *God's Unfaithful Wife: A Biblical Theology of Spiritual Adultery.* New Studies in Biblical Theology. Downers Grove, IL: InterVarsity, 2002.

Rydelnik, Michael. *The Messianic Hope: Is the Hebrew Bible Really Messianic?* Nashville: Broadman & Holman, 2010.

Silva, Charles H. "The Literary Structure of Hosea 1-3."*Bibliotheca Sacra* 164 (2007): 181-197.

______. "The Literary Structure of Hosea 4-8." *Bibliotheca Sacra* 164 (2007): 291-306.

______. "The Literary Structure of Hosea 9-14." *Bibliotheca Sacra* 164 (2007): 435-453.

Smith, Gary V. *Hosea, Amos, Micah.* NIV Application Commentary. Grand Rapids, MI: Zondervan, 2001.

Stuart, Douglas. *Hosea–Jonah.* Word Biblical Commentary. Waco, TX: Word, 1987. 《호세아-요나》, WBC 성경주석(솔로몬).

● ● ● ●

요엘

마이클 리델닉(Michael A. Rydelnik)

서 론

저자. 이 책의 저자는 "야훼는 하나님이시다"를 의미하는 요엘(*yoel*)이다(1:1). 요엘은 구약에서 흔한 이름이지만, 이 요엘에 대해서는 그가 브두엘의 아들이라는 사실만 알려져 있다. 요엘은 제사장들과 장로들에게 메시지를 전했기 때문에 예루살렘에서 사역했을 것으로 추정된다(1:2, 14; 2:16). 그는 유다와 예루살렘 그리고 성전을 언급했다(참고. 1:2, 9, 13-14, 16; 2:1, 14-15, 17, 23, 32; 3:1-8, 12, 14, 17-21). 신약은 이 책의 저자가 요엘임을 확증한다(행 2:16).

구약의 소선지서들(히브리어로 '열둘'이라 불린다) 중 하나인 요엘서의 위치에 대해서는 지금껏 의심받은 적이 없었다. 마소라 사본(주후 6-10세기, 바빌로니아와 팔레스타인에 있던 탈무드학술원에서 만든 유대교 성경의 히브리어 사본—옮긴이 주)에 실린 요엘서 본문은 정확하고 간단하다. 본문에 약간의 변형이 있기는 하지만 책의 전반적인 메시지는 변함이 없다. 요엘서는 시편처럼 히브리어로 된 시로 기록되었기에 이미지와 유사성, 감정 표현이 다채롭다.

연대. 본문에 구체적인 날짜가 나오지 않기에 저술 시기에 대해서는 그동안 많은 논의가 있었다. 자주 거론되는 시기로는 다음의 세 가지가 있다.

(1) 포로 이전의 이른 시기. 호세아와 아모스가 포로기 이전의 이른 시기에 활동했던 선지자들이고 요엘서가 히브리어 정경에서 두 책 사이에 위치하기 때문에 이 책이 포로기 이전의 이른 시기(주전 9세기)에 쓰였다고 보는 사람들이 있다. 요엘서가 두로, 시돈, 블레셋, 애굽 및 에돔을 유다의 대적으로 언급하는(3:4, 19) 것을 보면, 바벨론이 위협해오던 시기 이전으로 이르게 생각할 수도 있겠다. 마지막으로 요엘서가 강력한 왕정보다는 장로와 제사장의 통치를 강조한다는 인상을 주기 때문에(1:2; 2:16; 1:9, 13; 2:17) 어떤 이들은 소년 왕 요아스가 장로들의 후견 아래 있던 시기에 쓰였다고 말한다(주전 835년, 참고. 왕하 11:1-12:21). 하지만 이 주장들에 대해서는 반론의 여지가 있다. 이 책이 정경에서 차지하는 위치는 연대표에 나온 대로 확실하다. 하지만 선지자들은 바벨론이 위협하는 와중에서도 앞서 언급한 나라들에 대한 신탁을 전했다(참고. 렘 46-47장; 겔 27-30장; 습 2:4-7). 마지막으로 선지자들은 강력한 왕정 시대에서도 장로들과 제사장들을 고발한다(참고. 사 3:14).

(2) 포로 이후의 시기. 요엘서가 바벨론 포로에서 돌아온 후(주전 539년)에 쓰였다는 견해도 있다. 이를 뒷받침하기 위해 어떤 이들은 요엘서에 언급된 성전이 포로 이후 스룹바벨에 의해 세워진 것이라고 말한다(1:9, 13; 2:17). 그들에 따르면, 장로의 리더십을 강조하는 것(1:2; 2:16)도 바벨론에서 돌아온 후에 왕정의 부재 상태를 나타내는 것이다. 마지막으로 요엘이 다른 선지자들과 교류했다고 주장한다(참고. 욜 2:3과 겔 36:35; 욜 2:10과 겔 32:7; 욜 2:27-28과 겔 39:28-39). 하지만 본문의 성전이 스룹바벨이 세운 것이라는 증거는 없다. 게다가 장로들은 포로 이전의 왕정 때에도 유다를 이끄는 일에 있어 큰 역할을 감당했다(참고. 왕하 23:1; 렘 26:17). 마지막으로, 문학적 언급들이나 병행 구절들의 시기가 서로 유사하기에 인용하는 선지자가 누구인지를 결정하는 일은 쉽지 않다.

(3) 포로 이전의 늦은 시기. 요엘서의 기록 연대와 관련해서는, 바벨론 포로 이전의 늦은 시기(주전 597-587년)로 추정하는 입장이 본문으로부터 가장 큰 지지를 받는 듯하다. 열방이 모여 유다를 대적하고 하나님의 백성을 흩어지게 한 것(3:1-3)은 아마도 주전 587년의 바벨론 침략을 나타낼 것이다. 이때 유다의 엘리트 1만 명이 포로가 되었다(참고. 왕하 24:10-16; 단 1:1). 요엘이 언급하는 성전(1:9, 13; 2:17)은 바벨론 멸망 이전의 솔로몬 성전일 것이다. 이를 의심할 이유는 없다. 심판 구절들은 곧 다가올, 주전 586년의 예루살렘의 최종 파멸로 시선을 돌리고 있다(참고. 왕하 25:1-21; 욥 1:15, 2:1-11). 더욱이 "여호와의 날"(참고. 서론의 '주제')에 대한 요엘의 예언은 바벨론의 예루살렘 파멸에 대한 다른 선지자들의 묘사와 유사하다(참고. 렘 5:17; 애 1:12; 2:1; 겔 7:19; 13:5; 습 2:2-3). 주전 7세기와 6세기 초에 번창한, 헬라와의 노예무역에 대한 요엘의 언급은 역사적으로 볼 때 포로 이전의 늦은 시기와 연결된다(참고. 겔 27:13). 따라서 내적 증거에 비추어 요엘의 메시지가 쓰인 시기를 포로 이전의 늦은 시기, 즉 바벨론의 예루살렘 파멸 바로 직전으로 추정하는 것이 가장 무난해 보인다.

요엘서의 저술 시기와 무관하게 책의 메시지는 여전히 우리 앞에 살아 있다. "요엘의 시대에 대해 정확히 모르더라도 우리는 그가 주려는 교훈을 대부분 이해할 수 있다…"[David Allan Hubbard, *Joel and Amos*, TOTC(Downers Grove, IL: InterVarsity, 1989), 23].

수신자. 요엘 메시지의 원래 수신인은 바벨론이 예루살렘을 침략하기 직전에 유다에 있던 주민들이었다. 메시지는 특히 이스라엘의 신실한 남은 자들, 곧 선지자의 메시지에 귀를 기울이고 있던 자들에게 전해졌다.

목적. 요엘은 다가올 여호와의 날에 비추어 회개를 촉구한다(3:1). 하지만 그가 전하는 메시지는 포로 이전의 이스라엘을 넘어서, 주님의 재림을 기다리는 모든 세대의 하나님 백성과 관련되어 있다. 요엘은 "인애가 크[신]" 주님의 "은혜로우시며 자비로우[신]" 성품에 근거하여 회개를 촉구한다(2:13). 또한 요엘은 구원이 시온에 임할 것임을 보여준다(3:17). 시온을 강조함으로써(2:1, 15, 23, 32; 3:17, 21) 여호와의 날은 메시아 예수가 예루살렘의 다윗 보좌에서 통치하실 메시아 왕국과 연결된다(참고. 삼하 7:16; 사 9:6-7).

주제. "여호와의 날"은 구약의 선지서에서 중요한 주제일 뿐 아니라 요엘서의 핵심 사상이기도 하다(1:15; 2:1, 11, 31; 3:14과 같이 다섯 번 언급된다). "그날" 혹은 "큰 날"이라는 구절은 동의어로 볼 수 있다(참고. 사 13:6, 9; 렘 46:10; 겔 13:5; 30:3; 암 5:18-20; 옵 1:15; 습 1:7, 14; 말 4:5).

구약에서 이 구절은 특히 일시적 심판을 의미할 수도 있다. 앗수르의 북 왕국 침략(암 5:18, 20) 혹은 바벨론의 유다 침략(겔 13:5) 등이 그 예이다. 하지만 종말론적 심판이 일어날 미래의 마지막 때를 언급하는 경우가 더 많다(사 13:6-13). 여호와의 종말론적인 날은 저녁에서 아침까지를 하루로 보는 유대인의 셈법을 따르며, 두 가지 측면을 지닌다. (1) 주님의 심판으로 인한 큰 환난이라는 어두움(참고. 사 2:12-19; 4:1; 말 4:5). (2) 메시아의 재림과 통치의 축복이라는 빛(참고. 2:30-32; 사 4:2; 19:23-25).

개 요

Ⅰ. 메뚜기 떼(1:1-20)

A. 다가올 침략에 비추어 애도를 촉구하다(1:1-12)

1. 심판은 유일무이할 것이다(1:1-3)

2. 심판은 철저할 것이다(1:4-12)

B. 다가올 심판에 비추어 회개를 촉구하다(1:13-20)

1. 회개하는 길: 제사장들은 애도하고 성회를 선포해야 한다(1:13-14)
2. 회개해야 할 이유: 여호와의 날이 가까웠다(1:15-20)

Ⅱ. 여호와의 날(2:1-32)
A. 여호와의 날의 저녁: 이스라엘 심판(2:1-17)
1. 여호와의 맹렬한 군대(2:1-11)
2. 회개를 촉구하다(2:12-17)
a. 회개는 진실해야 한다(2:12-14)
b. 회개는 모든 이스라엘 백성이 해야 한다(2:15-17)
B. 여호와의 날의 아침: 이스라엘의 회복(2:18-32)
1. 여호와는 극진히 사랑하시고 불쌍히 여기신다(2:18)
2. 여호와는 회개에 응답하시고 땅을 회복시키신다(2:19-27)
3. 여호와는 영적으로 새롭게 하신다(2:28-32)

Ⅲ. 민족들에 대한 심판(3:1-21)
A. 여호와는 이스라엘을 학대한 민족들을 심판하신다(3:1-15)
B. 여호와는 그분의 백성에게 피난처가 되신다(3:16-17)
C. 여호와는 유다와 예루살렘을 영원히 축복하신다(3:18-21)

주 석

Ⅰ. 메뚜기 떼(1:1-20)

요엘서는 하나님의 심판으로 여겨지는 최근에 발생한 메뚜기 떼에 대한 묘사로 시작한다. 선지자는 이 일시적 심판을 이용해 다가올 '여호와의 날'을 예표하려 한다.

A. 다가올 침략에 비추어 애도를 촉구하다(1:1-12)

1. 심판은 유일무이할 것이다(1:1-3)

1:1. **요엘에게 임한 여호와의 말씀**이라는 시작 구절은 메시지의 예언적 성격을 나타내는 것으로, 이는 선지서에 자주 등장하는 공식이다(참고. 렘 1:2; 겔 1:3; 호 1:1).

1:2-3. 하나님의 메시지를 **들을지어다**라는 명령은 **늙은 자들**[유다의 지도자들]과 유다 **땅의 모든 주민들**에게 내려진다. "전에 **이런 일**[이 메뚜기 떼]**이 있었느냐?**"라는 수사적 질문에는 "아니요"라고 답해야 한다. 출애굽 사건이 그랬던 것처럼, 그 특이함으로 인해 그들은 그 일을 자기 **자녀**에게 **말하고** 그 자녀 또한 **후세**에게 말해야 한다(출 10:2; 시 78:4).

2. 심판은 철저할 것이다(1:4-12)

중동에서는 메뚜기 떼의 습격이 익숙한 풍경이었지만, 출애굽 당시 애굽 사람들에게 임한 하나님의 심판을 생각나게 했기에 특별하게 다가왔다(출 10:1-20). 이제 이 메뚜기 떼는 이스라엘을 덮쳤고, 하나님의 백성에게는 심판이 내려졌다.

1:4-7. 메뚜기의 습격이라는 심판을 묘사하면서 선지자는 먼저 그 철저한 파괴를 강조했다. 갉아 먹고, 무리 지어 다니고, 살금살금 움직이고, 또한 벗겨내는 **메뚜기**(4절)는 여러 성장 단계에 있는 메뚜기 한 종(種)을 뜻하거나 혹은 서로 다른 네 가지 종류를 묘사하는 것으로도 볼 수 있다(개역개정의 팥중이, 메뚜기, 느치, 황충에 대해 NASB는 각각 gnawing, swarming, creeping, stripping locust로 옮겼다—편집자 주). 어쨌거나 메뚜기는 가는 곳마다 식물이란 식물은 죄다 먹어치워 사방을 완전히 쑥대밭으로 만든다.

취하는 자들과 **포도주를 마시는 자들**(5절)에 대한 촉구는 방종이 재앙으로 이어진다는 암시일 것이다. 여기서 강조점은 모든 포도원이 파괴되어 그들에게 **단 포도주**가 **끊어**질 것이므로 그들이 울 것이라는 데 있

욜

다. 마찬가지로 주님을 떠난 상태에서 우리가 의지하는 모든 것은 결국 그분의 심판에서 살아남지 못한다.

요엘은 메뚜기를 마치 (곤충 무리가 아닌) 하나의 민족인 양 시적으로 묘사했다(잠 30:27). 그것들은 출애굽 당시의 메뚜기 떼처럼 **강하고 수가 많다**(출 10:4-6; 시 105:34). 메뚜기들은 **이빨/어금니**로 게걸스럽게 먹어치우는 **사자/암사자**처럼 싹쓸이하여 그 풍경을 황폐화된 농지로 바꿔놓는다. 메뚜기의 이러한 파괴자 이미지는 신약에서 훨씬 더 생생하다(계 9:8). 이스라엘을 **내 포도나무**로 밝힌 요엘은 이사야가 사용한 은유를 사용했다(사 5:1-7; 27:2-6). 여기서 그리고 책 전체에서 사용되는 **내 포도나무**와 **내 무화과나무**라는 대명사는 주님이 자기 백성과 인격적인 관계를 맺고 있음을 나타낸다(참고. 1:6, 13-14; 2:13-14, 17-18, 23, 26-27; 3:2-5, 17). 이 나무들은 **말갛게…벗겨져 하얗게** 되고, 나뭇가지는 단 하나도 남지 않을 것이다.

1:8-12. 메뚜기 떼로 인한 철저한 파괴를 묘사한 선지자는 다음으로 그들이 심판과 연관해서 더없는 슬픔을 맞게 된다고 강조했다. 유다 백성은 **약혼한 남자**가 죽어 슬퍼하는 **처녀**처럼 **애곡**할 것이라는 말을 듣는다(8절). 그녀가 아직 **처녀**일 때, 약혼한 기간에 남자가 죽어 크게 애통해한다는 표현이다. **제사장**들도 **슬퍼**할 것인데(9절), 이는 메뚜기들이 포도원을 파괴해서 포도를 수확하지 못하면 **여호와의 성전**에 **소제**와 **전제**를 드릴 수 없기 때문이다(출 29:38-42; 레 23:13). 마지막으로, 밭이 **황무**해졌기 때문에 **농부**들과 **포도원을 가꾸는 자**들(11절)은 **부끄러워**하고 곡해야 한다. 이로 말미암아 **땅**은 슬퍼할 것인데, 이는 황폐화로 인해 나타난 결과를 의인화하는 것이다(렘 23:10; 호 4:3). 멀쩡한 것은 단 하나도 없었다. **밭**, **토지**, **곡식**, **새 포도주**, [올리브]**기름**, **무화과나무**, **석류나무**, **대추나무**, **사과**[문자적으로, '살구'],…**모든 나무가 다 시들었다**(12절). '곡식과 새 포도주, 기름'은 이스라엘 땅의 비옥함을 보여주기 위해 전형적으로 함께 사용되는 것들이다(참고. 2:19; 신 7:13; 11:14; 대하 31:5; 느 10:39). 메뚜기 습격에다 가뭄까지 겹쳐 선지자는 식물들이 시들었다는 말과 함께 또한 **사람의 즐거움이 말랐도다**라는 시적 표현을 썼다.

B. 다가올 심판에 비추어 회개를 촉구하다 (1:13-20)

1. 회개하는 길: 제사장들은 애도하고 성회를 선포해야 한다(1:13-14)

1:13-14. **굵은베로…동이**는 것은 애통함 혹은 회개의 표지이다(참고. 창 37:34; 삼하 3:31; 에 4:1; 사 37:1). **제사장**들은 영적 지도자로서 먼저 심판에 대해 비통해하고 **슬피 울어**야 한다. 메뚜기가 곡식과 포도를 싹쓸이 했으므로 그들은 필요한 **소제와 전제**를 드릴 수 없었다(1:9). 제사장들과 여호와의 개인적 관계는 그분이 **내 하나님…너희 하나님**으로 불린다는 점에서 분명하다(참고. 1:4-7에 대한 주석). 제사장들은 슬피 울며 또한 **금식일을 정하고 성회를 소집하여** 자비를 베풀어달라고 **여호와께 부르짖어**야 한다. 금식은 속죄의 날(레 16:29, 31)과 종종 재앙이 일어날 때 요구되었다(삿 20:26; 삼하 12:16; 에 4:16; 렘 14:12). **장로들과 이 땅의 모든 주민들이 너희 하나님 여호와의** 집인 **성전**에 모일 때가 되었다.

2. 회개해야 할 이유: 여호와의 날이 가까웠다 (1:15-20)

여호와의 날이라는 핵심 사상을 소개한 후(참고. 서론의 '주제'), 이 부분에서는 메뚜기 떼로 인한 후유증을 자세히 기술하고 심판의 날이라는 개념을 선보인다.

1:15. **슬프다 그날이여!** 그들은 두려워서 부르짖는다. 이 구절에서는 메뚜기 떼를 심판으로 묘사하고 있고, 그렇기에 2장과 3장에서 기술되는 종말론적 여호와의 날["야곱의 환난의 때"(렘 30:7)와 여호와가 민족들을 심판하시는 날(겔 30:7)]의 전조가 된다. **여호와의 날이 가까웠나니**, 그날은 **멸망**이 **전능자에게로부터** 임하는 날이 될 것이다(사 13:6).

1:16-18. 메뚜기 떼로 인해 그들의 **먹을 것** 공급과 **기쁨과 즐거움**이 끊어졌고…**씨가 썩어졌고**[말라붙었고] **창고가 비었고 곳간이 무너졌고 곡식이 시들었**다. 더욱이 짐승(**소 떼**와 **가축**)과 **양**은 **꼴**을 얻지 못하고 **피곤**할 것이다. 걸신들린 듯 먹어치우는 메뚜기들과 가뭄으로 식량 공급은 완전히 끊어지고 있었다.

1:19-20. 유다는 자비를 구하며 개별적으로 하나님께 응답해야 한다. **여호와여 내가 주께 부르짖으오니**(참고. 2:32; 시 28:1; 30:8). 하나님이 앞으로 유다에 내리실 징계는 익숙한 심판 이미지인 **불**과 **불꽃**으

로 묘사된다(참고. 왕하 8:12; 13:3-7; 25:8-9; 렘 4:4; 15:14; 17:27; 겔 5:4; 15:6-7; 암 1:4,7,10). 여호와는 심판의 원천이시지만 또한 도움의 유일한 원천이시기도 하다. **시내가 다 말라버리자 들짐승**[가축과 야생동물]까지도 **주를 향하여**[즉, 그분이 물을 주시기를] **헐떡거린다**.

Ⅱ. **여호와의 날(2:1-32)**

요엘서의 연대를 포로 이전의 늦은 시기(서론의 '연대'를 보라)로 잡으면, 여기 예언된 침략이 다가올 바벨론의 침략을 나타낸다고 결론지을 수도 있다. 하지만 땅과 하늘의 격변(2:10-11) 및 비할 데 없는 심판의 성격(2:2)을 볼 때 종말론적인 여호와의 날을 가리킬 가능성이 더 크다. 열두 선지서 중 일부인 요엘서가 포로 이후 시기에 편집되었음을 보더라도 그 예언은 이미 실현된 것이라기보다는 장차 일어날 사건으로 간주되었음을 알 수 있다.

성경의 '날'처럼 여호와의 날은 저녁과 아침이라는 두 요소를 지닌다. 저녁에는 심판이 이루어지는데, 이는 요엘 2:1-17에 묘사된다. 아침에는 축복이 베풀어지고 이것은 요엘 2:18-32에 묘사되어 있다.

A. 여호와의 날의 저녁: 이스라엘 심판(2:1-17)

1. 여호와의 맹렬한 군대(2:1-11)

여기서 그려지는 침략군은 메뚜기를 묘사할 수도 있는 용어들을 사용하지만, 이미지를 보면 문자 그대로 군대처럼 보인다. 이 묘사를 통해 종말론적 심판은 1장에 묘사된 메뚜기 떼의 한시적 심판과 연결된다.

2:1. 갑작스런 심판은 주민들의 회개를 요구했다. 따라서 **나팔을 불라**는 명령은 **이 땅 주민들로 다 떨게** 했을 법한 뜻밖의 심판(참고. 렘 4:5-6; 겔 33:2-6)으로 말미암아 **경고의 소리를** 지르는 것을 의미한다. **여호와의 날이…임박하였**다는 표현은 매번 갑작스럽고 무서운 심판을 나타낸다(참고. 1:15; 3:14; 사 13:6; 겔 30:3; 습 1:7,14). 심판의 초점은 예루살렘과 동일한 지명인 **시온에** 맞춰져 있다(참고. 2:15; 3:17; 왕상 8:1; 시 2:6).

2:2. 심판은 갑작스럽고도 무시무시한 것, 곧 **어둡고 캄캄한 날**이 될 것이다(참고. 사 5:30; 8:22; 50:3; 렘 2:6, 31; 겔 34:12; 암 3:6; 5:18-20). 짙은 구름이라는 단어는 하나님의 임재(출 20:18; 시17:2)와 심판(렘 13:16; 습 1:15)이라는 구약의 이미지를 떠올리게 한다. 저 심판은 **새벽빛이 산꼭대기에** 덮인 것처럼 압도적이고 견줄 데 없는 군대의 존재를 통해 표현되고 있다. 심판은 다시금 특이한 것으로 묘사된다. **이와 같은 것이 옛날에도 없었고, 이후에도 대대에 없으리로다**(참고 1:2).

2:3. 시온을 심판하라고 보낸 침략자들은 **그들의 앞과 그들의 뒤를…불**로 태우며 다가오는 것으로 묘사되는데, 이는 주님의 불의 심판이 어떠할지를 알게 한다(참고. 시 50:3; 97:3; 사 66:15). 심판 이전과 이후의 **땅**의 대조적인 상태는 마치 **에덴동산**과 [멸망한 후의 소돔과 같은] **황폐한** 들의 차이와 비슷하다(참고. 창 2:8, 15; 13:10).

2:4-5. 다가올 심판은 군마(말)처럼 신속하고(욥 39:19-20; 렘 51:27) **병거**처럼 파괴적이다. 이 민첩한 군대는 **불꽃이 검불**을 사르듯 **산**들을 재빨리 가로지를 수 있다. 그들은 **줄을 벌이고 싸우는, 강한**['그 수와 힘에서 엄청나다'라는 뜻] **군사**이다.

2:6-9. 이 군대가 행진하는 모습을 본 사람들은 모두 **질리고**, 그들의 **낯빛**은 **하얘졌**다. **그 앞에서**라는 구절은 문자적으로 "그분 앞에서"이고, 이는 군대 뒤에 여호와께서 능력으로 계심을 나타낸다. 질서 있게 행진하는 이 병사들은 메뚜기 무리에 비유된다. 그리고 가는 길에 있는 모든 나뭇잎을 체계적으로 제거하면서 **성중에 뛰어 들어**갈 때에도 그들은 **줄을 이탈하지 아니**한다. 이 정복자들의 앞길을 막는 것은 아무것도 없다.

2:10-11. **그 앞에서**[문자적으로, **여호와**이신(2:11) 그분 앞에서(참고. 2:6에 대한 주석)] **땅이 진동하며**(참고. 시 68:8; 77:18; 사 24:18-20; 렘 4:23-24) **하늘이 떨며**(참고. 욜 3:16; 사 13:13) **해와 달, 별들**이 캄캄해질 것이다(참고. 사 13:10; 겔 32:7; 슥 14:6-7). **여호와의 날**에 그분은 직접 자기 **군대**에 명령을 내리시고(참고. 삿 5:4; 시 18:7; 77:18; 사 13:13; 욜 3:16), 자신이 그러하신 것처럼 그날을 **크고 심히 두렵**게 만드실 것이다(참고. 2:31; 신 7:21; 느 1:5; 4:14; 시 99:2; 단 9:4).

2. 회개를 촉구하다(2:12-17)

a. 회개는 진실해야 한다(2:12-14)

2:12-13. 주님은 백성들과의 관계가 회복되기를 바라신다. 그분은 어느 누구도 멸망하지 않도록 **이제라도** 회개하라고 촉구하신다(겔 18:23; 딤전 2:3-4; 벧후 3:9). **내게로 돌아오라**는 관계 회복을 위한 강력한 부르심이다(12절). 여기에는 거짓 겸손이 아닌 **마음을 다**하는 참된 믿음이 요구된다. 그들이 죄에 대해 참된 애통을 나타내려면 **옷을 찢지 말고 마음을 찢어야 한다**(시 34:18; 51:17; 사 57:15). 습관적으로 옷을 찢는 것과 같은, 겉으로만 애통함을 드러내는 행위를 할 것이 아니다(참고. 창 37:34; 삼하 1:11; 욥 1:20). 여호와는 **금식**(참고. 1:13-14에 대한 주석)과 **울며 애통하는** 것으로 나타나는 참된 회개를 원하셨다.

너희 하나님 여호와께로 돌아올지어다(13절)라는 외침에는 인격적인 관계의 회복을 바라시는 주님의 애원이 담겨 있다. 돌아온다는 것은 죄에 대한 '회개'를 가리키는 구약의 핵심 구절이다(신 30:2; 삼상 7:3; 사 55:7; 호 6:1). **그는 은혜로우시며 자비로우시며 노하기를 더디 하시며 인애가 크시기**에 회개를 요구하시는 것이다(출 34:6-7).

2:14. **누가 알겠느냐**라는 질문은 여호와의 주권적 의지를 반영하고 있다. 그것은 회개 후에 주님이 자신의 심판 계획과 관련해서 **마음과 뜻을 돌이키**실 수도 있고, **그 뒤에 복을 내리**실 여지를 남겨둔다. 그 제안은 진실하지만 회개를 요구한다.

b. 회개는 모든 이스라엘 백성이 해야 한다 (2:15-17)

2:15-16. 여기서 **나팔을 불라**는 명령은 군사적인 신호가 아니라 **성회를 소집하라**는 부르심이다(참고. 레 23:24; 25:9; 민 10:10; 수 6:4-5; 시 47:5; 81:3). 이 금식은 그들 사회의 전 계층, 곧 **백성…장로들…어린이**[들]…**젖 먹는 자**[들]…**신랑**[들]과 **신부**[들] 모두에게 시급하다.

2:17. **여호와를 섬기는 제사장**들과 지도자들은 **낭실**[성전 현관(새번역)]**과 제단 사이에서** 울어야 한다. 그들은 그분의 **기업**, **주의 백성을 불쌍히 여기소서**라고 **여호와**께 탄원해야 한다(참고. 3:2; 출 19:5; 신 7:6; 9:29; 32:9; 시 94:14; 106:4-5). 그렇지 않으면 이방 **나라들**은 자신의 언약을 지키지 못하는 그분의 성품을 비방하면서 그 이름을 상투어(경멸적 속담)로 전락시킬 것이다(참고. 출 32:11-14; 민 14:13; 신 9:28; 수 7:9).

B. 여호와의 날의 아침: 이스라엘의 회복(2:18-32)

요엘이 강조한 여호와의 날에는 아침이라는 측면, 곧 이스라엘의 회복이 포함된다. 선지자들은 대체로 여호와를, 그분의 백성을 징계하신 후 회복시키시는 분으로 소개한다(참고. 사 40:1-2; 49:14-16).

1. 여호와는 극진히 사랑하시고 불쌍히 여기신다 (2:18)

2:18. 이 부분은 **여호와께서 자기의 땅을 극진히 사랑하시어**(참고. 출 20:5; 신 4:5) **그의 백성을 불쌍히 여기실 것이라**는 약속으로 시작한다. 주님은 이스라엘 백성을 **그의 백성**으로, 이스라엘 땅을 **자기의 땅**으로 밝히셨는데, 이는 그분과 그들의 충실한 언약 관계를 나타낸다(창 12:1-3). **극진히 사랑하시어**라는 표현은 아내에 대한 남편의 정당하면서도 질투하는 열정을 묘사하는데, 이는 이스라엘에 대한 하나님의 열심을 나타낸다. 불쌍히 여기신다는 표현은 곤경에서 벗어나게 해주려는 감정을 묘사하는 것으로, 이는 이스라엘이 하나님에게 돌아오면 그들을 도우실 것임을 나타낸다.

2. 여호와는 회개에 응답하시고 땅을 회복시키신다 (2:19-27)

2:19. 이스라엘에 대한 심판에 뒤이어 그들의 회복이 이루어진다. 저녁의 어둠이 물러가면 새벽빛이라는 축복이 내려지는데, 이는 여호와의 날이 지닌 두 가지 측면을 나타낸다. 그분은 **곡식과 새 포도주와 기름**을 포함하는 축복들을 회복시키실 것이다. 앞으로 이스라엘은 **나라들 가운데에서 다시는 욕**을 당하지 **않**을 것이다. 이는 현대에 이스라엘 국가가 도래했음에도 불구하고 아직 성취되지 않은 약속이다.

2:20. 이스라엘을 축복하시면서 하나님은 **북쪽 군대**를 심판하실 것이다. 이스라엘의 대적들은 앗수르와 바벨론처럼 대부분은 북쪽에서 왔다. 이 북쪽 대적들은 마지막 때 이스라엘 최후의 대적들로 소개되었다(참고. 겔 38-39장; 단 11:40; 슥 14:2). 이 대적은 **메마르고 적막한 땅**인 네게브 사막으로, **동해**와 **서해**로 언급된 사해와 지중해로 내쫓길 것이다. 전투가 끝나면 많은 사체에서 나는 **상한 냄새**가 코를 찌를 것이다.

2:21-22. **땅**과 **들짐승들**은 **두려워하지 말고 기뻐**

하며 즐거워하라는 말을 듣는다. 여기서 요엘은 유대 백성이 자기 땅에 종말론적으로 귀환할 때에 어떠한 축복이 있는지를 기술한다. 선지서의 어느 구절에서처럼 땅에 대한 축복은 여호와가 자기 백성을 위해 하신 **큰 일**과 동의어로 쓰이고 있으며, 이는 이 축복이 농사와 관련된 것 이상의 의미임을 나타낸다(참고. 사 54:4; 렘 30:10; 습 3:16, 17).

2:23. 더 큰 축복이 어떤 의미인지에 대해서는 **너희를 위하여…이른 비**라는 구절에서 그 단서를 찾아볼 수 있다. 여기에서 쟁점이 되는 것은 히브리어 구절 하모레 리츠다카흐(*hamoreh litsdaqah*)를 "너희를 위하여 이른 비"(NASB와 여러 다른 영어 번역본에서처럼)로 옮길 것인가 아니면 "의의 선생/의를 위한 선생"으로 옮길 것인가이다. 이를, **너희를 위하여…이른 비**로 옮길 수 있는 근거는 모레(*moreh*)라는 단어가 이 구절의 후반부에서 **이른 비**라는 의미로 사용된다는 것이다. 하지만 여러 이유로 봤을 때, 이 구절의 후반에서 '비'(*moreh*)라고 사용되었다고 해서 앞부분에서도 동일하게 옮겨야 하는 것은 아니다. (1) 설령 모레(*moreh*)가 이 절의 후반부에서 '비'라는 뜻으로 사용되었다 할지라도, 그것은 극히 특이한 형태이다. 일반적인 형태는 요레(*yoreh*)이다. (2) 저자는 '선생'(*hamoreh*, 하모레)이 왔을 때 이른 '비'(*moreh*, 모레) 또한 오고는 했음을 나타내면서 일부러 말짓기놀이를 하는 듯하다. (3) 리츠다카흐(*litsdaqah*)를 '위하여'로 옮기는 것은 사실상 불가능하다. 이 단어는 '의'(義)를 뜻하는 도덕적/윤리적 용어이며 비를 묘사할 수 없다.

이러한 여러 이유로 인해, 이 구절의 보다 그럴듯한 번역은 "의의 선생/의를 위한 선생"이 되어야 한다. 첫째, 단수 형태의 모레(*moreh*)는 구약에서 여덟 번 사용되는데 매번 '선생'으로 번역된다[참고. 2:23; 왕하 17:28; 대하 15:3; 욥 36:22; 사 30:20(2회); 합 2:18, 2:19]. 게다가 고대의 여러 본문[불가타 성경(4세기 후반에 만들어진 라틴어 역 성경—옮긴이 주), 타르굼(구약성경의 아람어 번역본 혹은 주해서—옮긴이 주), 헬라의 심마쿠스(구약성경의 헬라어 번역본—옮긴이 주) 및 사해문서]에서도 이를 '선생'으로 번역하고 있다. 둘째, 요엘이 '선생'[하모레(*hamoreh*), the teacher]에 정관사를 붙인 것을 보면, 이 단어가 특정 인물을 말하는 것임을 알 수 있다. 셋째, '선생'을 '의(義)'와, 전치사 'to' 혹은 'for'와 짝지은 것은 이 단어가 의를 의인화하고 있다는 뜻이다.

따라서 요엘 2:23은 하나님 아버지가 "의의 선생"인 메시아를, **기뻐하며…즐거워**할 **시온**의 자녀들에게 보내실 때 여기에 묘사된 복들이 내릴 것임을 가리킨다. 그와 동시에 하나님은 이른(가을) 비와 늦은(봄) 비의 형태로 이스라엘에 복을 내리실 것이다. 이사야는 이스라엘을 인도하실 종말론적 선생(사 30:20)이 오시면 하나님이 비를 내리실 것임을 예언하면서 이와 비슷한 생각을 드러낸다(사 30:23). 이와 관련하여 완벽한 논의를 보려면 다음을 참고하라. Walter C. Kaiser, Jr., *The Messiah in the Old Testament*(Grand Rapids, MI: Zondervan, 1994), 139-142, 172-173.

예수님은 자신을 선생으로 부르셨다(마 10:25; 26:18; 요 13:13). 그분의 제자들(막 4:38; 9:38; 10:35)과 반대자들(마 9:11; 12:38; 22:16)도 그분을 그렇게 불렀다. 복음서에서 예수님을 직접 호칭한 횟수는 90회인데, 그중 60회는 그분을 '선생'으로 불렀다.

2:24-25. 그들이 누릴 복에는 **마당에…밀이 가득**하고 **독에 새 포도주와** [올리브]**기름**이 넘치는 일이 포함된다. 주님은 장차 내리실 복을 가지고 그분이 심판으로 보내신 **큰 군대**로 인해 파괴된 **햇수대로 갚아** 주실 것이다.

2:26-27. 그 결과로 그들은 **풍족히 먹**게 될 것이며, 출애굽 사건에서 보여주신 것처럼 자기 백성에게 **놀라운 일을 행하신** [그들의] **하나님 여호와의 이름을 찬송**할 것이다(출 7:3). **영원히 수치를 당하지 아니**할 것이라는(강조를 위해 두 번 반복했다) 확약은 주님의 왕국에서 분명하게 증명될 것이다(사 45:17; 49:23). 회복의 목적은 그들로 하여금 [하나님이] **이스라엘 가운데에** 계심을(출 6:7; 신 5:6; 사 43:3; 겔 20:5), 그분이 그들의 **하나님**이심을 그리고 **다른 이가 없는 줄을** 알게 하려는 것이다.

3. 여호와는 영적으로 새롭게 하신다(2:28-32)

2:28-32. **그 후에**는 이것이 먼 미래의 사건임을 나타낸다. 이 예언은 바벨론 포로에서의 귀환이 아닌 주님의 종말론적인 날과 관련 있다(행 2:17은 그것을 "말

세에…"로 표현한다). 여기에서 약속된 종말론적 갱신의 특징은 세 가지이다.

첫째, 하나님이 자신의 영을 이스라엘에 부어주실 것이다(28-29절). 성령이 **자녀들**, **늙은이**와 **젊은이**들 그리고 **남종과 여종**에게 부어지면 그들은 모두 **장래 일을 말하고** 예언적 **이상**을 보게 될 것이다. 제한된 사람들에게만 선지자의 직임이 주어졌던 데에서, 광범위한 사람들이 여호와의 영을 받아 이스라엘을 향한 모세의 소망을 이루어줄 것이다(민 11:29).

둘째, 하늘에서는 초자연적 현상이 일어날 것이다. 이 범우주적인 이적들에는 **하늘과 땅**에서의 **이적**, 곧 **피와 불과 연기**, **여호와의 크고 두려운 날**의 때에 어두워지는 **해**와 **달**이 포함될 것이다(30-31절). 그런 사건들은 종종 미래의 환난과 연관된다(참고. 사 13:9-10; 34:4; 마 24:29; 계 6:12; 8:8-9; 9:1-19; 14:14-20; 16:4, 8-9).

셋째, 그때 **누구든지 여호와의 이름을 부르는 자**에게는 큰 구원이 있을 것이다. 이는 2장을 시작하면서 언급한 하나님의 진노를 피하라는 초대처럼 보인다(2:1-11). 선지자는 **시온산과 예루살렘에서 피할** 자가 있을 것이라고 약속했는데(계 14:1-5), 이는 그리스도가 재림하실 때 이스라엘이 육체적으로나 영적으로 얻게 될 종말론적 구원을 언급하는 듯하다(슥 12:10; 14:3-5; 롬 11:26-27).

문제는, 제자들이 초자연적 능력을 받아 배우지도 않은 여러 방언으로 말하게 된 사건에 대해 설명할 때 베드로가 왜 이 구절을 사용했는가에 있다(행 2:14-21). 어떤 이들은 베드로는 오순절을 예언의 직접적인 성취로 보았던 것이라고 주장했다. 따라서 요엘의 예언은, 원래는 이스라엘에 하신 약속이지만 교회에서 성취되었다는 것이다. 다른 이들은 베드로가 요엘 2장을, 오순절에서 부분적으로 성취되었지만(혹은 개시했지만) 실제로는 마지막 때에 완전히 성취될 것으로 보았다고 했다. 사도행전에 묘사된 사건들이 요엘의 예언과 일치하지 않는다는 점에서 이 견해는 둘 다 문제가 있어 보인다. 사도행전에서 제자들은 배우지 않은 방언으로 말했지만(행 2:6), 요엘은 이상과 꿈을 예언했다. 더욱이 사도행전은 하늘에서 어떤 우주적인 이적이나 기사가 일어났다고 말하지 않는다. 그러므로 베드로가 요엘서를 성취의 적용이라는 형태로 인용했을 가능성이 더 높다. 이는 요엘서에서 원리를 발견해 그것을 오순절의 상황에 적용했다는 의미이다. 오순절에서 사람들은 제자들이 술에 취했다고 생각했다(행 2:13). 그러니까 베드로는 성령이 임하면 주목할 만한 기사들이 따를 것이라는 원리를 요엘서로부터 인용한 것이다. 그렇기에 제자들의 초자연적 은사는 술 취함이 아닌 성령의 역사로 돌려야 한다. 신약이 구약 및 성취의 적용이라는 원리를 사용하는 것에 대한 완전한 논의는 다음을 보라. Michael Rydelnik, *The Messianic Hope: Is the Hebrew Bible Really Messianic?*(Nashville: B&H Academic, 2010), 95-111, 특히 104-108.

Ⅲ. 민족들에 대한 심판(3:1-21)

3장은 심판에 대한 일반적인 정황으로부터 관점을 이동해서 이스라엘을 학대한 특정한 이방 민족들에 대한 세부적인 심판에 대해 다룬다. 이번 장은 이스라엘을 구원하시고 축복하시겠다는 약속으로 결론 내린다.

A. 여호와는 이스라엘을 학대한 민족들을 심판하신다(3:1-15)

이 시작 부분에서 주님은 이스라엘 백성과 이스라엘 땅에 대해 일곱 번이나 '나의'(내)를 사용하여 자신과 동일시하신다(3:2-5). 이는 그분과 이스라엘의 개인적 관계가 어떠한지를 보여준다.

3:1. **그날…그때에**는 어떠한 종말론적인 기간을 나타낸다. 그때 주님은 **유다와 예루살렘 가운데에서 사로잡힌 자를 돌아오게 할** 것인데, 이스라엘의 대적들을 심판하심으로써 그러한 축복의 물꼬를 틀 것이다. 그분은 **만국**을 모아 **여호사밧 골짜기에** 내려가실 것이다. 그곳이 심판 장소이다(여호사밧은 문자적으로, '야훼의 심판'이라는 뜻. 참고. 3:12). 하나님의 백성을 억압한 모든 이방 나라들이 대적에 해당한다(참고. 시 83:1-12; 110:6; 사 66:18; 렘 25:32; 겔 39:21; 미 4:11-12). 성경에서는 오직 이곳에만 나오는 지명인데 아마도 갈멜산의 북쪽과 동쪽에 위치한 고대 성읍 므깃도 아래의 이스르엘 골짜기의 비옥한 평야를 가리킬 것이다. 여기서 세상 군대들은 하르-마겟돈 혹은 아마겟돈(계 16:16) 전쟁을 치르기 위해 환난 시기의 끝에 소집된다. 그러고 나서 이 군대들은 예루살렘으로 진격

해 에워쌀 것이다(슥 14:2).

3:2-3. 이에 대응해 주님은 몸소 **내 백성 곧 내 기업인 이스라엘을 위하여…그들을 심문하**실 것이다(참고. 2:17에 대한 주석; 신 32:9; 왕상 8:53; 시 94:14; 렘 10:16). 이방 민족들의 죄는 유대 백성을 **나라들 가운데에 흩어버리**고 **나**[하나님]**의 땅을 나누**고 **내**[하나님] **백성을 제비 뽑아** 어린이들을 노예로 팔아넘긴 것이다(3:6).

3:4-5. 이스라엘의 대적들에 대해 장차 하나님이 행하실 심판은 이스라엘의 북쪽 해안 지대에서 남쪽 해안 지대에까지 걸쳐 있는 **두로와 시돈과 블레셋 사방**에 내려진 임박한 심판을 통해 소개된다. 하나님은 그들이 이스라엘을 학대함으로써 그분에게 **보복하고**(즉, "내가 마땅히 받아야 할 것을 주고") 있다고 믿는지 이들 민족에게 법정 스타일로 물으셨다. 그분은 그들을 **신속히** 심판하시고…**보복하는 것을 너희 머리에 돌리겠다**고 선언하셨다. 그들은 자신의 이교도 신전으로 그분의 **진기한 보물**, 곧 이스라엘의 재산을 훔쳐갔기 때문에 심판받을 것이다.

3:6-8. 그들은 또한 **유다 자손과 예루살렘 자손들**을 **헬라 족속에게** 노예로 파는 죄를 범했다. 받은 만큼 돌려준다는 차원에서("눈에는 눈", 레 24:19-21) 하나님은 그들의 자녀를 노예로 팔아넘기시겠다고 선언하셨다. 어떤 이들은 주전 345년의 아닥사스다와 주전 332년의 알렉산더 대제가 두로와 시돈의 어린이들을 노예로 데려간 사건에 의해 이 말씀이 문자적으로 실현되었다고 주장했다. 하지만 이것은 사실이 아닌 듯하다. 여기에서 이 민족들은 마지막 때에 이스라엘과 맞서기 위해 모여들 모든 이방 민족들을 대표하는 것이기 때문이다. 이 구절들은 주님이 자기 백성을 옹호하실 때 민족들에게 임할 심판을 묘사한다(창 12:3; 시 43, 54편). **여호와께서 말씀하셨**기에 그 일은 틀림없이 일어날 것이다.

3:9-10. 이스라엘은 **전쟁을 준비하고**, **병사**들로 하여금 **가까이 나아와서 보습을 쳐서 칼을 만들고 낫을 쳐서 창을 만들**어 여호사밧 골짜기에서 전투할 준비를 하라는 명령을 받는다(참고. 3:2 이하). 전쟁으로의 이러한 부르심은 미래에 있을 영원한 평화보다 먼저 일어난다(사 2:4; 미 4:3). 영원한 평화가 오기 전에 주님의 대적이기도 한 이스라엘의 대적들에 대한 궁극적 심판은 마땅히 있어야 한다(참고. 시 83편).

3:11. 게다가 **사면의 민족**들은 와서 전투에 참가하라는 부름을 받는다(참고. 3:2; 겔 38-39장; 계 16:12-16). 주님과 맞서기 위해 도열해 선 엄청난 군사들을 상대하고자 요엘은 하나님께 간청하여 기도한다. **여호와여** 대적들과 싸울 천사 군단인 **주의 용사들로 그리로 내려오게 하옵소서**(참고. 겔 38-39장; 계 19장).

3:12. **민족들은 일어나서**라는 구절로 그들에게 한껏 심한 짓을 해보라고 촉구하지만, 그들은 하나님과 그분의 막강한 군대를 감히 상대하지 못할 것이다(미 4:11-5:1; 계 19:11-19). 그들은 **여호사밧 골짜기**, 곧 여호와가 **앉아서** 그들을 **심판하**실 '야훼의 심판 골짜기'에 집결해야 한다(3:2). 찰스 페인버그는 민족들이 "이스라엘에 대한 이글거리는 분노에 사로잡혀" 여호사밧 골짜기에 모였을지라도, "그들이 복 되신 이스라엘의 왕, 대를 이은 그들의 보호자이시자 가장 어둡고 암울했던 시절에 그들을 옹호해주신 분, 민족들이 이스라엘에 대적하면서 짓고 또 지은 죄들을 앉아서 최종적으로 심판하실 준비가 되신 주 예수 그리스도를 만나게 되는 곳이 바로 거기"라는 점에 주목했다[Charles Lee Feinburg, *Joel, Amos, Obadiah*(New York: ABMJ, 1948), 35].

3:13-15. 이는 충분히 **익어서 낫**과 **포도주 틀**을 사용할 때가 되었고 민족들을 심판하기 위한 **추수**의 때가 이르렀음을 의미한다. 그들의 **악이** 크고 여호와의 날에 추수할 준비가 되었으므로 이제 **포도주 독이 넘친다**(렘 25:12-25; 계 14:18-19). **많은 사람들이 심판의 골짜기에** 모여 그분을 대면할 것이다. 그때 **해와 달이 캄캄하며 별들이 그 빛을 거두**는데(2:10; 사 24:21-23), 이는 하늘이 직접 주님이 내리시는 심판의 위력을 느끼게 된다는 뜻이다.

B. 여호와는 그분의 백성에게 피난처가 되신다 (3:16-17)

요엘서의 종결부에서는 중요한 주제 두 가지가 강조되고 있다. 첫째, 여호와의 구원과 축복이 시온에서 올 것이며(창 14장; 삼하 7장), 둘째, 여호와는 시온에 계신다(시 48편; 133편)는 부분이다.

3:16. 여호와는 유다의 힘센 사자이며, 그분은 사자

처럼 자기 대적들을 심판하고 멸하실 것이다(렘 25:30; 계 5:5). **여호와께서 부르짖고…목소리를 내시니 하늘과 땅이 진동**한다(2:10). 그분은 자신의 장엄한 성(시 48:2)인 **시온**과 **예루살렘**에서 자기 **목소리를 내신다** (참고. 암 1:2).

3:17. 이스라엘은 [그분이 자신들의] **하나님 여호와인 줄 알** 것이기 때문에 주님을 피난처로 삼을 것이다. 그분이 **시온에** 자기 거처를 정하실 것이기에 **예루살렘은 거룩**할 것이다(사 11장; 슥 14:20-21). 장차 여호와를 예배하지 않는 자들, 곧 **이방 사람은 다시는 그 가운데로 통행하지 못**할 것이다(참고. 사 35:8-10; 52:1; 나 1:15; 슥 14:20-21).

C. 여호와는 유다와 예루살렘을 영원히 축복하신다 (3:18-21)

3:18. 그날에, 천년왕국(메시아 시대)에서는 땅과 그 땅을 즐길 사람들을 위해 예루살렘의 축복이 내려진다. **산들이 단 포도주를** 떨어뜨리고 **작은 산들이 젖을 흘리게** 되어 출애굽 당시 언급된 축복들을 능가할 것이다(출 3:8; 13:5; 33:3; 레 20:24; 신 6:3; 사 55:1). 더욱이 **유다의 모든 시내가 물을 흘릴 것이다**. 하나님의 축복의 징표로(신 28:12) 많은 비가 내릴 것이다 (2:23).

의미심장하게도, 에스겔 또한 **여호와의 성전에서 샘이 흘러나올** 때에 대해 말한다. 메시아의 시대 내내 성전 남쪽에서 물줄기가 나와 사해로 흐르다가 사해 자체가 민물이 될 때까지 더욱 깊어진다. 그리고 그 제방을 따라 온갖 종류의 과실나무들이 자랄 것이다(겔 47:1-12; 계 22:1-22). **싯딤 골짜기**[싯딤은 '아카시아나무'라는 뜻]는 예루살렘에서 나온 물이 요단 골짜기 아래로 흘러 사해로 들어가는 요단의 서쪽 강바닥이다.

3:19. 주님이 이스라엘을 축복하신 것과는 아주 대조적으로, **애굽**과 **에돔**으로 의인화되는 이스라엘의 가장 악명 높은 두 대적이자 하나님의 영원한 원수들(참고. 왕상 14:25-26; 왕하 23:29-34; 사 34:5-17; 겔 25:12-14)은 **황무지**와 **황무한** 들이 될 것이다. 하나님이 그들을 심판하시는 이유는 분명하다. **유다 자손에게 포악을 행하여 무죄한 피를 그 땅에서 흘렸**기 때문이다. 애굽과 에돔에 대한 심판은 하나님이 아브라함과 맺으신 언약의 성취이다(창 12:3).

3:20. 마지막 축복을 받는 이때, 하나님의 약속이 성취됨으로 인해 **유다는 영원히 있겠고 예루살렘은 대대로 있을** 것이다(창 12:1-3; 15:1-5; 17:1-8; 삼하 7:16; 시 105:8-13; 렘 33:24-26).

3:21. 책은 두 가지 생각에 대한 요약 진술로 끝난다. 첫째, 여호와는 **그들의 피 흘림 당한 것에 대해 갚아주실** 것이다(계 6:10-11). 이스라엘의 대적은 여호와의 심판을 피하지 못할 것이다. 둘째, 하나님이 만왕의 왕이요 만주의 주로 **시온에** 영원히 **거하시기에** 그분은 이스라엘을 궁극적으로, 반드시 지키신다(시 48:2; 87:2; 계 19:16).

따라서 여호와의 날에 초점을 맞추고 있는 요엘은 그 예언을 통해 이스라엘의 불충실함에 대한 심판이 임박했다는 것을 알며(1:1-2:11), 또한 민족이 주님께로 돌아와 믿을 때 이스라엘이 구원받고 회복될 것을 내다본다(2:12-32; 3:18-21; 롬 11:26-27). 게다가 그는 이스라엘에 적대감을 드러낸 민족들을 주님이 심판하실 것을 내다보는데(3:1-15을 보라), 이는 **여호와께서 시온에 거하시기** 때문이다(3:21; 참고. 2:27; 3:17).

참고 문헌

Achtemeier, Elizabeth. *Minor Prophets I*. The New International Bible Commentary. Vol. 17, edited by Robert L. Hubbard, Jr., and Robert K. Johnston. Peabody: Hendrickson, 1996.

Allen, Leslie C. *The Books of Joel, Obadiah, Jonah, and Micah*. The New International Commentary on the Old Testament, edited by R. K. Harrison. Grand Rapids, MI: Eerdmans, 1976.

Barton, John. *Joel and Obadiah*. The Old Testament Library, edited by James L. Mays, Carol A. Newsom, and David L. Peterson. Louisville: Westminster John Knox, 2001.

Boice, James Montgomery. *The Minor Prophets* (2 volumes). Grand Rapids, MI: Baker, 2006.

Dillard, Raymond Bryan. "Joel." In *The Minor Prophets: An Exegetical and Expository Commentary*, edited by

Thomas Edward McComiskey. Grand Rapids, MI: Baker, 2009.

Feinberg, Charles Lee. *Joel, Amos, Obadiah*. New York: ABMJ, 1948.

________. *The Minor Prophets*. Chicago: Moody, 1990. 《12소선지서 연구》(은성).

Hubbard, David Allan. *Joel and Amos*. The Tyndale Old Testament Commentaries. Vol. 22b, edited by D. J. Wiseman. Downers Grove, IL: InterVarsity, 1989.

Patterson, Richard D. *Joel*. The Expositor's Bible Commentary. Vol. 7, edited by Frank E. Gabelein. Grand Rapids, MI: Zondervan, 1985.

아모스

존 젤리넥(John A. Jelinek)

서 론

저자. 이 책의 제목은 "부담을 떠맡는 자" 혹은 "짐을 나르는 자"를 뜻하는 저자의 이름에서 가져왔다. 아모스라는 이름은 성경의 다른 책이나 고고학자들이 밝혀낸 명문(銘文)에는 나오지 않는다. 아모스는 '목자'(*noqed*, 노케드) 혹은 양 사육자였고, 자신을 '목동'[보케르(*boqer*), 7:14]으로 기술했다. 그는 대규모의 양 떼를 소유했거나 관리했을 가능성이 있고 양치기들을 감독했을지도 모른다. 본문에 사용된 용어들이 반드시 이를 암시하지는 않지만 말이다. 아모스는 자신을, 무화과와 비슷한 열매를 맺는 오디과 품종인 뽕나무를 재배하는 자로 기술했다(7:14).

아모스가 저자임은 책의 주장(1:1; 7:14)과 목가적 언어(7:1-4, 14-15) 그리고 야외에서의 생활 방식에 대해 그가 알고 있는 지식들(3:4-5, 12; 5:8-9; 9:9)로 뒷받침된다. 아마샤가 "너는 유다 땅으로 도망하여"라고 제안하는 말에서 아모스가 유다 출신임을 엿볼 수 있다.

연대. 동시대를 살았던 호세아와 이사야보다 연상이었던 아모스는 여로보암 2세(주전 793-753년, 이스라엘)와 웃시야(주전 790-739년, 유다)가 통치하던 때에 활동했다. 대다수의 학자들은 아모스의 사역 시기를 이들의 통치가 끝나갈 무렵으로 추정한다. 웃시야 통치 말년에는 요담이 그와 함께 다스렸으므로(왕하 15:5; 대하 26:21) 그 시기를 주전 760년과 755년 사이로 보는 게 더 정확할 것이다.

여로보암의 통치 당시 애굽과 앗수르(시리아), 바벨론은 상대적으로 약세였다. 이스라엘의 가장 가까운 대적이었던 아람은 잠시 이스라엘의 지배를 받았다(왕하 14:25-28). 앗수르의 아다드 니라리 3세는 주전 802년 다메섹 정복에 성공했지만 자신의 영향력을 이스라엘까지 확대하지는 못했다. 이런 요소들은 이스라엘에게 경제 발전의 기틀을 다질 시간을 벌어주었다.

아모스는 지진이 일어나기 2년 전에 사역했고(1:1) 웃시야의 통치 당시 지진을 언급한 스가랴와 연결된다(슥 14:5). 요세푸스는 웃시야가 성전에 들어가 나병이 생겼을 때(대하 26:16-20) 지진이 일어난 이야기를 들려주었다(요세푸스, *Ant*, 9.10.4). 하조르와 사마리아에서의 발굴 작업으로 대략 주전 760년 이스라엘에 격렬한 지진이 일어났음을 알게 되었다[Phillip J. King, *Amos, Hosea, Micah-An Archaeological Commentary*(Philadelphia: Westminster Press, 1988), 21]. 주전 760년이라는 시기는 주전 750년에서 739년까지 웃시야와 공동 통치한 요담 왕의 이름을 그가 왜 누락했는지에 대한 설명이 될 것이다. 아모스는 주전 8세기의 다른 선지자들인 요나, 호세아, 이사야 및 미가와 동시대인이었다.

수신자. 아모스는 이스라엘이 여로보암 2세(주전 793-753년) 치하에서 정치적 및 경제적으로 초강대국이 되고 마침내 시리아에 승리를 거둔 직후에 이 책을 썼다. 여로보암은 국경을 솔로몬이 성취했던 부근 너머로 확대했고 암몬, 모압, 다메섹 및 요단을 정복했다. 이렇게 승승장구하자 교만과 우상숭배가 머리를 들었다. 부자들은 가난한 자들을 착취하면서 홍청망청했다. 길갈과 단, 브엘세바에는 우상을 섬기는 성지가 들어섰고, 벧엘에서는 바알을 숭배했다. 아모스의 메시지는 벧엘의 제사장들과 선지자들을 겨냥했다(왕상 12:27-33).

유다와 이스라엘에는 상업이 번창했고(8:5), 상류층이 출현했으며(4:1-3), 값비싼 집들이 세워졌다(3:15; 5:11). 부자들은 제멋대로 흥청망청 살았고(6:1-6), 가난한 자들은 법적으로나 경제적으로 착취 대상이 되었다(2:6-7; 5:7, 10-13). 빚 때문에 노예가 되는 것은 모세의 율법에 어긋나는 일이었지만 쉽게 용납되었다(2:6; 8:6). 도덕 기준은 낮아졌다(2:7). 백성들이 연례 절기에 참석해 제물을 열심히 드리면서(4:4; 5:5; 8:3, 10) 공식 '종교'는 성황을 이루었다(4:5; 5:21-23). 하나님이 자신들과 함께 계신다고 믿었던 그들은 재앙을 남의 일로 여겼다(5:14, 18-20; 6:1-3; 9:10). 하지만 신앙 고백과는 달리 그들은 여호와뿐 아니라 이방신들도 섬겼다.

이스라엘의 뿌리 깊은 대적인 아람과 블레셋은 이스라엘을 공격할 병력이 부족했기에 당시 이스라엘은 화를 면했다. 당시 앗수르는 국내 문제로 골머리를 앓고 있었다. 아마도 벧엘의 중심 성지에서 신년제가 한창이었을 이 번영의 시기에 아모스는 이스라엘의 무사태평을 깨기 위해 등장했다.

목적과 주제. 열두 소선지자들 중 하나인 아모스는 초기 시대 선지자들에 해당된다. 소선지서들의 공통 주제와 경고를 추적하는 최근 연구들은 이 책들의 모음을 전체적으로 보아야 한다고 주장한다. 한 유대교 전승은 이 열두 권이 연대순으로 배열되어 있다고 본다. 이를테면 처음 여섯 권은 주전 8세기에, 그다음 세 권은 주전 7세기에, 마지막 세 권은 포로기 이후에 편집되었다는 것이다. 아모스서는 이 중 초기 시대에 속할 것이다. 아모스서는 이스라엘의 영적 상황을 이해할 수 있는 배경을 제공하는 한편, 주님의 땅에서 그분의 임재를 거룩하게 구별하기 위해 율법의 경고를 강화한다. 아모스서의 예언은 토라와 놀라울 정도로 연관성이 있음을 보여주는데, 이는 아모스가 "여호와의 율법"(2:4)이라고 밝힌 권위 있는 율법의 본체가 존재함을 시사한다.

아모스서는 빽빽하게 쓰인 시로서, 행에 종종 세 단위 말(word-unit)이 나타난다(이 간결성은 그보다 앞선 히브리 시의 전형이다). 엄밀히 따졌을 때 시적이지 않은(분명한 리듬이 결여되거나 약한 유사성을 나타내는) 부분에 대해서는 대부분 그 구성에 있어 주의를 기울였다. 이러한 인상에 기여하는 특징들에는 두운(頭韻, 참고. 5:4-6; 6:13-14; 9:14), 펀(pun, 다의어·동음이의어를 이용한 말장난 혹은 말재간—옮긴이 주, 참고. 8:1-2; 9:14), 교차(참고. 5:4-6a 그리고 5:1-17 전부), 뜻밖의 단어들("죄악이 무거움", 5:12) 그리고 그림을 보는 듯한 생생한 서술(5:19)이 있다.

장르로 보자면 아모스서는 신탁(하나님에게서 유래하며 그분을 대신해 전해지는 말씀)을 담고 있는 선지서이다. 포로기 이전의 선지자들은 심판 신탁을, 포로기 선지자들은 구원 신탁을 더 많이 사용했다. 아모스서에는 찬송(1:2; 4:13; 5:8-9), 환상(7:1-9; 8:1-3; 9:1-4), 내러티브(7:10-17) 그리고 논쟁 담화(자신의 주장을 위한 수사적 질문, 3:3-6)가 들어 있는데, 이 모두는 예언의 소통 스타일을 대표적으로 보여준다.

책의 구조를 살펴보는 방식 중 하나는 이 책에 기여하는 공통 요소들이 무엇인지 확인하는 것이다. 책에서는 아모스의 부르심을 나타내는 서문 뒤에 나라들에 대한 여덟 개의 심판 담화/신탁이 나온다(1:3-2:16). 그다음에 심판 이유를 설명하는 세 개의 "이 말씀을 들으라" 신탁(3:1-5:17)과 두 개의 "화 있을진저" 신탁(5:18-6:14)이 뒤따른다. 그러고 나서 아모스는 미래 심판이 얼마나 심각할지를(7:1-8:3) 보여주는 네 개의 환상과 "가난한 자를 삼키는"(8:4-14) 자들을 향한 마지막 "이 말씀을 들으라" 신탁을 덧붙였다. 이 책은 다윗의 무너진 장막을 다시 일으키는 마지막 환상으로 끝난다(9:11-15).

개 요

Ⅰ. 서문: 하나님께 부름받은 아모스(1:1-2)

Ⅱ. 본론: 심판 메시지(1:3-9:10)
  A. 심판 신탁들(1:3-2:16)
    1. 다메섹에 대한 신탁(1:3-5)
    2. 블레셋에 대한 신탁(1:6-8)
    3. 두로에 대한 신탁(1:9-10)
    4. 에돔에 대한 신탁(1:11-12)
    5. 암몬에 대한 신탁(1:13-15)
    6. 모압에 대한 신탁(2:1-3)
    7. 유다에 대한 신탁(2:4-5)
    8. 이스라엘에 대한 신탁(2:6-16)
  B. 이스라엘이 심판받는 이유(3:1-6:14)
    1. 자신들의 특권적 지위에도 불구하고 다른 이들을 억압하는 이스라엘(3:1-15)
    2. 가난한 자들을 경제적으로 착취하는 이스라엘(4:1-13)
    3. 회개를 완고하게 거부하는 이스라엘(5:1-17)
    4. 위선적 예배를 드리는 이스라엘(5:18-27)
    5. 심판의 경고에도 불구하고 무사태평한 이스라엘(6:1-14)
  C. 심판의 결과들(7:1-9:10)
    1. 메뚜기 떼에 대한 환상(7:1-3)
    2. 불에 대한 환상(7:4-6)
    3. 다림줄에 대한 환상(7:7-17)
    4. 여름 과일 광주리에 대한 환상(8:1-14)
    5. 제단 옆의 주님에 대한 환상(9:1-10)
Ⅲ. 결론: 다윗 가문의 회복(9:11-15)

주 석

Ⅰ. 서문: 하나님께 부름받은 아모스(1:1-2)

1:1. 아모스는 유다 예루살렘에서 남쪽으로 약 16킬로미터 떨어진 **드고아의 목자 중** 하나였다. 아모스는 잘나가고 영향력 있는 유다 사람이었을 것으로 추정되지만, 그가 제사장이었거나 유다 지배층과의 관계가 긴밀했다는 암시는 없다. 아모스의 시골 배경은 그와 그의 글에 깊은 영향을 미쳤다(참고. 1:2; 2:9; 3:4-5; 5:19-20, 24; 6:12; 7:1-6; 8:1; 9:3-15).

아모스의 환상은 유다의 **웃시야**[주전 790-739년]와 **지진 전 이 년에** 이스라엘의 **여로보암** 2세(주전 793-753년)의 통치 당시 이스라엘에 대한 예언이 되었다. 지진은 전사이신 주님의 출현과 관련이 있었으므로(참고. 삿 5:4; 삼하 22:8; 시 77:18; 사 13:13) 아모스가 여기서 지진을 언급한 이유는 주님의 나타나심을 암시하기 위해서였을 것이다. 아모스는 이스라엘과 유다가 정치적으로 비교적 안정되고 물질적으로는 번영하며 지리적으로 팽창하던 시대에 살았다(참고. 1:6; 6:2, 13; 왕하 14:23-29). 웃시야와 여로보암 2세는 유능한 왕들이었고, 왕국은 각자 평화를 누렸다. 아람의 국경은 갈릴리 바다 북서쪽으로 약 96킬로미터 떨어져 있었는데, 아람은 주전 802년 앗수르의 아다드 니라리 3세에게 당한 패배에서 회복하지 못했고, 훗날 앗수르의 기세는 디글랏 빌레셀 3세 치하(주전 745-727년)에서 정점에 달했다.

1:2. 공격을 알리는 사자처럼(3:4) **여호와**는 이스라엘에 대한 심판을 알리시면서 **부르짖으**신다. 히브리어 문장에서는 '여호와'를 첫 단어로서 강조한다. 통상은 동사가 먼저 나온다. 하나님은 이스라엘의 목자이시다. 그렇기에 그분이 이스라엘을 돌보시는 것은 당연했다. 아모스는 목자가 사자의 공격을 두려워하는 심리를 이용해 이스라엘로 하여금 자신에게 닥친 위험에 주목하도록 했다. 저지대에 있는 **목자의 초장**에서부터 **갈멜 산 꼭대기**에 이르기까지 모든 땅이 애곡할 것이다. 하나님은 이스라엘 백성이 자신과 맺은 모세 언약에 충실하지 못한 것으로 드러나면 징계하겠다고 약속하셨다(신 28:20-24).

Ⅱ. 본론: 심판 메시지(1:3-9:10)

A. 심판 신탁들(1:3-2:16)

신탁 순서를 보면 아모스의 의도가 잘 드러난다. 그는 모종의 충격 요법을 썼다. 다른 나라들이 우선이고, 그 뒤를 이스라엘과 가장 가까운 친척인 유다를 필두로 다른 가까운 친척들이 이었다. 미사여구를 동원한 아모스의 수사법에서 이스라엘은 '심판의 올가미'가 자기 목을 죄는 것을 느꼈을 것이다. 아모스는 멀리 떨어진 다메섹 성읍에서부터 이스라엘을 향해 끊임없이 그 거리를 촘촘히 좁혀오고 있다. 이스라엘은 자신의 이교도 이웃에 대한 비난에 대해 맞장구를 치고, 유다와의 역사적 반감 때문에 유다를 기소하신 하나님에게 박수를 보냈다. 그러다가 이스라엘 북 왕국은 자신이 그 심판의 중심에 있음을 알고 충격을 받게 될 것이다.

1. 다메섹에 대한 신탁(1:3-5)

1:3-4. 옛 시리아의 수도 **다메섹**은 **길르앗**을 못살게 군 죄로 심판을 받았다(왕하 8:12-29). 아람의 권력과 이교도 예배의 중심지였던 다메섹은 주전 734년과 732년 사이, 디글랏 빌레셀 3세에 의해 파괴되었다. **서너 가지 죄로 말미암아**라는 속담은 아모스 특유의 표현(1:6, 9, 11, 13; 2:1, 4, 6)으로 "많은 죄로 말미암아"라는 의미이다(욥 5:19). 세 가지 죄는 충만함을 나타내고, 네 번째 죄는 (시적으로 완전함을 상징하므로) 그 죄들의 흘러넘침을 암시한다. 잠언에서 "서넛이 있으니"라는 숫자 패턴을 사용하는 부분(잠 30:15-16, 18-19)과 비교하면 각 신탁에서 네 가지의 구체적인 죄를 발견하게 될 것을 독자들은 기대한다. 하지만 한두 가지 죄를 구체적으로 밝힌 후 아모스는 빈번히 목록 제시를 중단하고 심판을 선언하며 다른 어딘가에 놓인, 하나님의 분노 대상인 다른 나라에 대한 기소로 넘어간다.

죄[피셰(*pishe*), "언약 맹세에 저항하는 것"]는 그들이 하나님을 거슬렀음을 나타내는 단어이다. 이스라엘의 각 대적에 대해 아모스는 심판이 불가피한 죄만을 끌어댔다. **불**은 마지막 신탁을 제외한 나머지 모두에서 군대 지도자의 파괴력을 상징한다(민 21:27-30). 시리아 왕조의 창시자 **하사엘**[주전 841-806년]과 그의 아들 **벤하닷**은 주전 842년과 802년 사이에 이스라엘을 여러 차례 침략했다. 이스라엘은 특히 트랜스요르단[Transjordan, 요르단의 옛 이름—옮긴이 주]에서 벌어진 시리아 사람들(이들은 아람 사람들로도 알려졌다)과의 전투에서 크게 당했다.

1:5. **다메섹의 빗장**은 성읍의 마지막 방어가 뚫렸음을 상징한다. **아웬**은 '사악함'을 뜻하는데 레바논의 바알벡(레바논 동부에 있는 토착 바알 신앙의 중심지—옮긴이 주) 혹은 비크아흐 골짜기를 나타낼지도 모른다. 바알(임)[*Baal(im)*]은 고대 가나안 사람들에게 '주' 혹은 '하나님'을 뜻했다. 바알벡은, 거기서 숭배받은 서부 셈족의 기후 신이자 레바논의 '평원의 주인'인 바알비크아흐(*Baal-Biq'ah*)를 따서 명명되었을 것이다. 벧에덴('즐거움의 집')은 왕실[유프라테스강의 빋아디니(Bit-Adini) 지역]을 나타낸다. 하나님은 원래 아람 백성을 **기르**[지금의 요르단에 있는 케락(Kerak), 9:7]에서 그 땅에 있는 그들의 처소로 옮기셨다. 이제 그분은 그들의 운명을 역전시키시고 원래 있던 곳으로 그들을 돌려보내신다. 앗수르 사람들은 주전 732년에 르신 왕을 살해하고 아람 사람들을 기르로 추방했다.

2. 블레셋에 대한 신탁(1:6-8)

1:6-8. 블레셋 사람들은 (주전 12세기의 크레타로 추정되는) 에게 해에서 이스라엘 땅으로 건너온 비 셈족(non-Semitic) 사람들이었다. 블레셋은 철 공급을 통제하고 성읍들의 정치 조직을 엄격히 관리하면서 수 세기 동안 이스라엘의 적수가 되었다. 블레셋의 주요 도시인 **가사**[애굽의 수비대 마을 역할을 했다]는 **모든 사로잡은 자**[혹은 "평화롭게 사는"(*shelema*, 셸레마)

이스라엘을 둘러싼 아모스의 심판 신탁들(1:3–2:16)

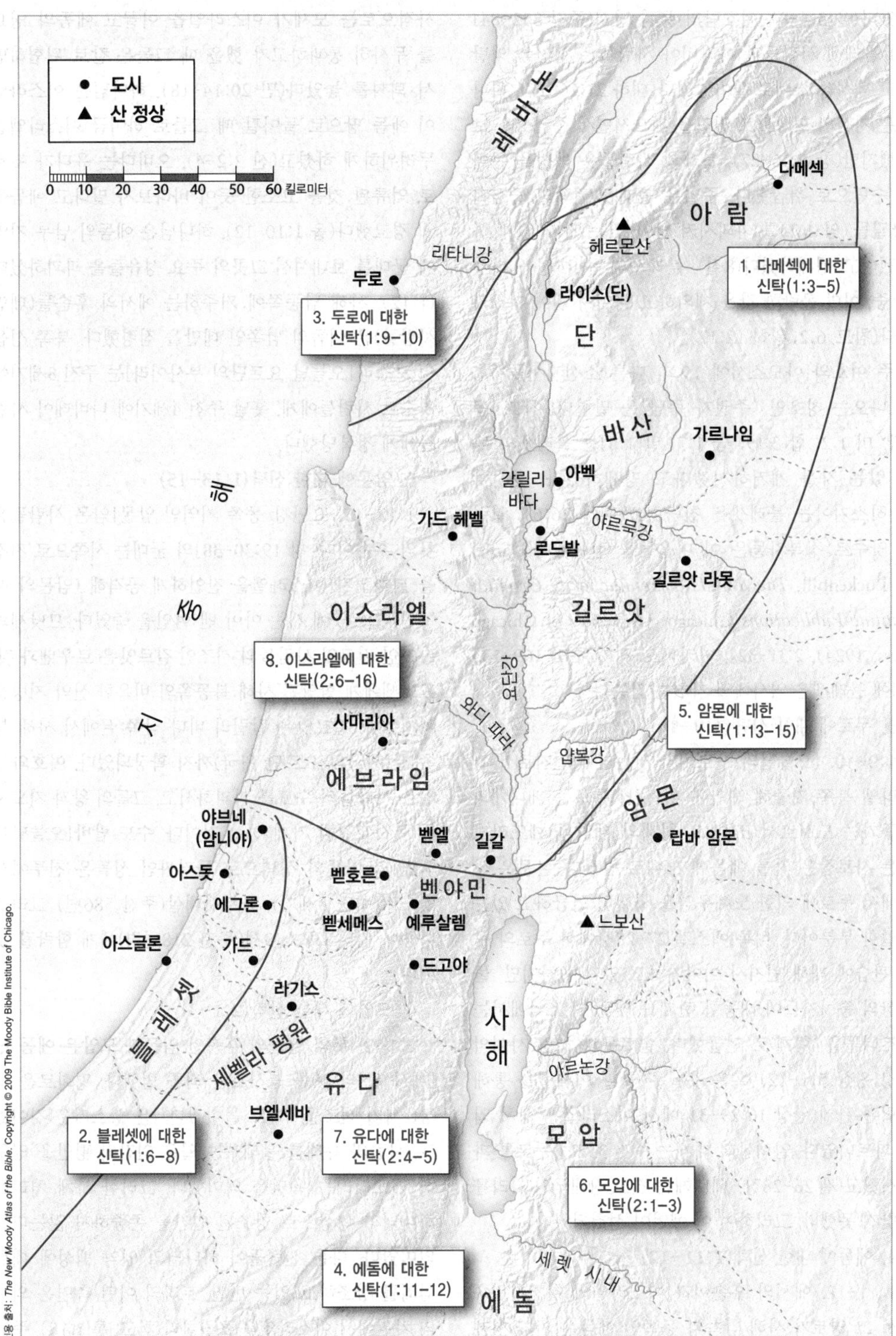

암

백성]를 **에돔에** 노예로 **넘겼**기 때문에 주님의 심판을 받았다(욜 3:4-8). 여호람의 통치 당시(주전 852-841년) 블레셋 사람들과 아라비아 사람들은 성전을 약탈하고 백성을 노예로 팔아넘겼다(대하 21:16-17). 하나님은 자신의 형상으로 인간을 지으시면서 존엄성을 보장했지만(창 1:26-27), 블레셋 사람들은 백성을 돈벌이 수단으로 취급했다. 주님은 블레셋 권력의 중심지(**궁궐들**, 암 1:7)를 파괴시켜 **남아 있는 자**가 없게 하시겠다고 맹세하셨다(8절). 블레셋의 주요 성읍 다섯 곳 중, 이미 몰락한 갓을 제외하고 나머지 넷이 기소되었다(참고. 6:2; 왕하 12:17).

주 여호와[아모스서에 19회, 다른 소선지서들에 5회 나오는 칭호인 "주권자 주님"을 말한다; 참고. 옵 1장; 미 1:2; 합 3:19; 습 1:7; 말 1:6]는 **블레셋의 남아 있는 자**를 제거하시겠다고 맹세하셨다. 웃시야와 히스기야는 블레셋을 침략했고(대하 26:6), 일련의 앗수르 정복자들은 이 마을들을 점령했다[Daniel D. Luckenbill, *The Annals of Sennacherib, Oriental Institute Publications*(Chicago: University of Chicago Press, 1924), 2:31-32]. 마카베오 시기(주전 169-134년)에 블레셋은 역사에서 자취를 감춘다.

3. 두로에 대한 신탁(1:9-10)

1:9-10. [오늘날의 수르이자 시돈의 식민지로서 이스라엘 북쪽 지중해 해안에 위치한] **두로**는 베니게의 으뜸가는 도시로서 또한 **그 형제의 계약**을 깨뜨리고 **모든 사로잡은 자를 에돔**에 노예로 **넘겼다**. 본문은 성경에서 두로에 의한 노예무역을 확실히 언급하고 있는 유일한 부분이다. 비록 에스겔 27-28장에서 두로의 무역 관습에 대해 넌지시 이야기하고 있기는 하지만, 둘 이상의 통치자들이 대등한 관계를 맺을 때 조약에서는 파트너들을 '형제'로 언급했다. 솔로몬과 히람 사이의 협정(왕상 5:1-12) 혹은 훗날 아합과 이세벨을 통해 확립된 관계(왕상 16:29-31)에서 이스라엘은 상처 입은 파트너였다. 알렉산더 대제는 주전 332년 두로를 파멸시켰고(겔 26-28장) 베니게는 결코 강대국의 자리를 되찾지 못했다. 그리하여 이 예언이 성취되었다.

4. 에돔에 대한 신탁(1:11-12)

1:11-12. 에서의 후손이자 이스라엘의 철천지원수로서 그 영토가 사해 남쪽과 동쪽인 **에돔**은 자기 **형제**인 이스라엘에 적대감을 드러냈었다(창 25:29-30). 역사적으로는 모세가 이스라엘을 이끌고 에돔의 영토를 무사히 통과하고자 했을 때 그들은 **칼**로 위협하면서 퇴짜를 놓았다(민 20:14-18). 하나님은 이스라엘이 에돔 땅으로 들어갈 때 그들로 하여금 이스라엘을 두려워하게 하셨고(신 2:2-4), 오바댜는 유다가 포로로 억류된 것을 고소한 듯이 바라보지 말라고 에돔에게 경고했다(옵 1:10-12). 하나님은 에돔의 남부 지역에 군대를 보내셔서 그곳의 주요 성읍들을 파괴하셨다(1:12). 사해 남동쪽에 거주하는 에서의 후손들(데만 사람들)은 에돔의 남쪽인 **데만**을 점령했다. 북쪽 성읍인 **보스라**[오늘날 요르단의 부사이라]는 주전 8세기에 앗수르 사람들에게, 훗날 주전 4세기에 나바테아 사람들에게 정복당했다.

5. 암몬에 대한 신탁(1:13-15)

1:13-15. 요단강 동쪽 지역인 **암몬**[암몬 사람들은 롯의 후손이다, 창 19:30-38]의 군대는 서쪽으로 **지경을 넓히고자** 이스라엘을 잔인하게 공격해 (암몬의 서쪽인) 길르앗에 사는 **아이 밴 여인**을 죽였다. 므낫세의 손자인 길르앗 사람들의 시조인 **길르앗**은 르우벤과 갓, 므낫세에게 할당된 사해 북동쪽의 비옥한 산악 지방을 차지했다. 길르앗은 갈릴리 바다 남쪽 끝에서 사해 북쪽 끝(지금의 요르단 왕국)까지 확장되었다. **여호와**는 암몬 사람들의 수도를 파괴하시고, 그들의 **왕**과 **지도자**들은 사로잡혀 가게 하실 것이다. 수도 **랍바**[오늘날의 암만]와 암몬의 성벽으로 둘러싸인 성들은 전투에서 앗수르(주전 8세기), 느부갓네살(주전 586년) 그리고 나중에 안티오쿠스 3세(주전 218년경)에게 함락될 것이다.

6. 모압에 대한 신탁(2:1-3)

2:1-3. 롯의 딸들의 후손인 암몬과 **모압**은 **에돔 왕**[메사 왕]의 **뼈**를 불사르는 죄를 범했다. 평화로운 매장("자기 선조들에게로 돌아갔다")은 성스러운 것이었고, 사람의 유해를 불태우는 일은 인간의 평안을 영구히 깨뜨리려는 욕망을 의미했다. 그러한 사체 처리는 하나님의 형상으로 창조된 인간을 존중하지 않는다는 의미였다. 다른 신탁들이 하나님의 언약 백성에 대한 범죄를 강조하고 있는 반면, 토라의 어떤 측면은 의무의 차원에서 이스라엘을 초월한다(참고. 롬 1:18). 주님

이 왜 그들을 기소하시는지에 대해서는 노아의 언약으로 그 배경을 설명할 수 있다(참고. 창 9:5-7; 사 24:5). **그리욧**[혹은 헤스론]은 모압의 주요 성읍이었다. 그들이 신성을 모독했으므로 **여호와**는 주전 598년 느브갓네살이 주도하는 치열한 전투에서 모압의 지도자들을 죽이실 것이다.

7. 유다에 대한 신탁(2:4-5)

2:4-5. 유다를 상대로 한 아모스의 고발에서 **유다의 여러 죄**는 하나의 죄에 대한 상세한 설명에 불과하다. 즉, 그들은 그분의 율례를 지키지 않음으로써 **여호와의 율법을 멸시하**였다. 그들은 거짓 신들을 따랐다. 이스라엘은 얽어매는 스타일로 전하는 아모스의 수사법을 따라가면서, 일곱째로 열거된 유다가 곧 아모스 신탁의 초점이라고 생각했을 것이다. 유다는 여호와와 맺은 언약에 불충실한 죄로 인해 이제까지 목록에서 언급된 나라 중에 최악으로 등극하는데, 이것은 정점에서 터뜨리는 깜짝 선언용으로는 제격으로 생각된다. 하지만 아모스의 신탁은 여기서 그치지 않았다. 그는 이스라엘에 관해 훨씬 더 강력한 선언을 했다.

하나님은 이스라엘의 이웃 나라들에 부여하셨던 것과 같은 정의로써 유다를 대하셨다. 유다가 모세 언약을 지키지 못한 것은 그들이 거짓 선지자들에게 귀를 기울이고 우상들[카십(*kazib*), **거짓 것**, 참고. 왕하 18:4-6; 21:11]을 섬긴 것에 기인했다. 이는 그들의 배교를 입증하는 증거들이다. 하나님은 주전 586년 느부갓네살의 공격을 통해 **불**로 유다와 예루살렘을 파멸시키실 것이다(왕하 25:1-12).

8. 이스라엘에 대한 신탁(2:6-16)

2:6-8. 이 신탁의 분량을 통해 알 수 있듯 이스라엘은 줄곧 하나님의 표적이었다. 2:10에서 3인칭('그들')이 아닌 2인칭('너희')을 사용한 것은 이 신탁들이 책에 포함되기에 앞서 아모스를 통해 먼저 이스라엘에 구두로 전해졌음을 시사한다. **의인**을 파는 자들은 채권자들이다. 빈곤한 혹은 **가난한** 자들은 이스라엘의 잘못된 법적 및 경제적 관행의 희생자들이었다(5:10-12). 이스라엘은 일곱 가지 죄(6-8절에 다섯 그리고 12절에 둘)로 기소되었다. 이 신탁은 앞선 신탁들과 동일한 구조와 공식을 따르지만 고발과 심판 내용은 더 상세히 기술된다. 이스라엘은 물질적 이득을 얻기 위해 **의인**과 **가난한** 자들을 이용했고 그들을 채무의 노예 상태로 만들어버렸다(왕하 4:1-7). 그 일곱 가지 죄에는 다음이 포함되었다.

이스라엘이 기소당한 첫째 죄에는 **신 한 켤레** 값의 적은 돈을 뇌물로 받고 사람의 목숨을 내준 것이 포함되었다. 이스라엘은 가난한 자들에게 관용을 베풀어야 했는데(신 15:7-11) 그들의 처사는 생명의 존엄함과 가치를 떨어뜨렸다.

둘째 죄는 법의 부패였다. 모세는 공명정대함을 요구했지만(출 23:4; 신 16:19) 이스라엘 법정은 채무자를 무시하고 채권자 편을 들었다(2:7). 압제자들은 가난한 자들이 애도하면서 스스로 머리 위로 뿌린 **티끌 먼지 속에**서 그들의 **머리를 발로 밟을** 정도로 탐욕스럽기 짝이 없었다.

이스라엘의 셋째 죄(2:7b)는 아버지와 아들이 **한 젊은 여인**과 성관계를 가진 것이었다. 어쩌면 이 여인은 성전 창녀, 내연의 처 혹은 여자 친척이었을지 모른다(출 21:7-11; 레 18:8, 15). 어느 경우든 그들의 행위는 하나님의 **거룩한 이름**을 더럽히는 것이었다(출 3:13-15; 참고. 레 18:6-18; 20:11).

아모스는 넷째 죄를 비난했다(2:8). 이스라엘 사람들은 빚 때문에 **전당 잡은 옷**을 돌려주지 않았다. 채권자들은 빚에 대한 담보로 옷을 가져갈 수 있었지만(신 24:17), 어두워지기 전에 임자에게 돌려주어야 했다(출 22:26-27). 범죄자들은 자신들이 섬기는 이방신을 기리는 절기에서 그 제단 앞에 이 옷들을 펼쳐놓았다.

다섯째 죄는 이스라엘 사람들 사이의 우상숭배와 관련이 있었다(2:8; 참고. 4절). 그들은 이방신들을 찬양하기 위해 가난한 자들에게서 벌금으로 빼앗은 **포도주**를 사용했다.

2:9-10. 하나님의 심판을 받은 다른 나라들은 이스라엘처럼 특별한 복을 누리지 못했다. 하지만 이스라엘은 하나님이 그 땅에서 **아모리 사람을 그들 앞에서** 멸하셨음에도 불구하고 언약을 깨뜨렸다. 여호와는 **백향목** 혹은 **상수리나무**처럼 강하고 키가 큰 대적들을(민 13:28-33; 신 1:26-28) **그 위의 열매**에서부터 **그 아래의 뿌리**까지 완전히 진멸하셨다. 가나안에서 가장 무시무시한 대적이었던 아모리 사람들은 그렇게 추방된 가나안 사람들을 대표했다(참고. 창 15:16). 이 막강한 대

적들의 패배는 하나님이 자기 백성을 사랑하신다는 증거였다. 하나님은 자신이 이스라엘을 애굽에서 구출하시고 **사십 년 동안 광야**에서 안전하게 인도하셨음을 일깨우셨다. 그분은 이스라엘이 **아모리 사람의 땅을 차지할** 수 있도록 그들을 지켜주셨다. 아모스는 여기에서 2인칭(**너희**, 10절)으로 전환하면서 하나님의 호소를 보다 직접적으로 강화했다.

2:11-12. 하나님은 그 땅에서 영적 지도자들, 곧 이스라엘 아들들 중에서 **선지자**와 **나실인**을 일으키셨다(신 18:15-18). 선지자들은 나실인들에게 메시지를 전달했는데, 그들은 서약과 금욕을 통해 여호와에게 철저히 헌신한 보통 사람들이었다. 축복의 순서를 정한 것은 언급된 세 축복 중 중심이 되고 이스라엘 역사에서 가장 중요한 사건인 출애굽을 강조하기 위해서였다.

이스라엘의 여섯째와 일곱째 죄는 그들이 그분의 은혜에 감사함으로 반응하지 않는 것이었다. 이스라엘은 나실인들에게 **포도주를 마시**라고 부추겼고 선지자들에게 예언을 중단하라고 **명령하**였다.

2:13-16. 자기 백성의 죄로 인해 여호와는 마치 용량을 초과한 짐을 **실은 수레가 흙을 누름같이** 부담을 느끼셨다. 이어서 아모스는 무거운 짐을 실은 마차 바퀴에 깔린 물체처럼, 하나님에 의해 으스러지는 이스라엘을 떠올렸다. 이스라엘의 죄 짐과 억압으로 더는 참으실 수 없으셔서 그 날을 앞당기시는 주님은 그들에게 마치 수확한 **곡식 단**을 실은 수레와 같은 존재였다.

이전의 여러 신탁에서 아모스는 하나님의 심판을 불에 비유했다. 여기서 그는 그들에게 임박한 하나님의 진노를 전투에서 만나는 일곱 가지 공포 이미지(14-16절)로 묘사했다(2:6-12). 이것은 이스라엘의 죄에 대한 이전의 일곱 가지 묘사에 상응한다. 첫째, **빨리 달음박질하는 자**도 도망칠 수 없을 것이다. 둘째, 하나님 자신의 힘 혹은 군대의 힘을 나타낼 때 사용되는 용어인 **강한 자**[*chazaq*, 하자크]도 자기 힘을 낼 수 없을 것이다. 셋째, **용사**를 나타내는 일반 용어인 전사 혹은 깁보르(*gibbor*, '영웅')도 자기 목숨을 잃을 것이다. 넷째, **활을 가진** 궁수도 설 자리가 없을 것이다. 다섯째와 여섯째, 마부들과 함께 **발이 빠른 자**들도 자기 목숨을 구할 수 없을 것이다. 일곱째, **여호와**가 개입하시면 **용사 가운데 그 마음이 굳센 자도 그날에는 벌거벗고 도망할** 것이다. 이는 싸움터에서 수치와 패배를 당한다는 뜻이다. 달려도 피할 수 없고, 저항해도 설 곳이 없으며, 지도자는 대적들의 맹공격에서 백성을 구할 수 없을 것이다. 지난 영웅들은 가나안 사람들을 궤멸시켰지만 지금의 지도자들은 자기 자신들조차 구할 수 없을 것이다.

B. 이스라엘이 심판받는 이유(3:1-6:14)

다음 세 장에서 아모스는 이스라엘이 하나님 말씀을 거부했을 때 그것이 어떻게 삶의 부패로 이어졌는지를 중점적으로 다뤘다. 하나님은 이스라엘의 신실함을, 그들의 눈부시게 아름다운 집이나 공식 전례를 기준으로 평가하지 않았다. 이스라엘이 자기 동족을 대하는 방식이 평가의 기준이었다. 네 장(3-6장)에 걸쳐 나오는 다섯 가지 메시지에서 아모스는 하나님이 심판하시는 이유를 설명했다. 각 메시지마다 회개를 촉구하는 내용이 나온다. 처음 세 메시지는 "이 말씀을 들으라"(3:1; 4:1; 5:1)로 시작되고, 나머지 둘은 Alas(5:18)와 Woe(6:1)로 번역되는 히브리어 호이(*hoy*)로 시작된다.

1. 자신들의 특권적 지위에도 불구하고 다른 이들을 억압하는 이스라엘(3:1-15)

3:1-2. 아모스는 하나님이 이스라엘을 심판하시려는 첫째 이유를 **들으라**고 호소했다. 이는 그들이 그분과의 특권적 관계에 있었음에도 불구하고 다른 이들을 억압했기 때문이었다. 그는 처음에 이스라엘과 유다 둘다에게 이 메시지를 전했지만, 나중에는 주로 이스라엘에 대한 경고에 초점을 맞추었다(9, 12절). 이스라엘과 하나님의 독특한 관계는 독특한 징계를 요했다.

아모스가 2인칭(**여호와께서 이르시는**, 3:1)에서 1인칭 단수(**내가 너희만을 택했나니**)로 전환하면서, 이제 하나님은 직접 말씀하신다. **너희만을**은 하나님이 시내산에서 이스라엘 사람들과 맺으신 언약이 얼마나 큰 특권인지 시사한다(출 19:3-6). 하지만 하나님의 주권적이고 선별적 택하심을 통한 축복으로 인해 불순종에 대해 더욱 엄중한 조치(더 큰 책임)가 따랐다. 하나님은 이스라엘을 택하셨고[혹은 '아셨고', 야다(*yada*), 참고. 렘 1:5], 다른 민족이 아닌 이스라엘에게 자신을 계시하셨다.

3:3-8. 아모스는 3-6절에서 하나님이 확실하게 개입하신다는 메시지를 전하기 위해 강도 높은 질문을 일곱 번 했는데, 이는 필연적으로 특정한 결과를 낳는

원인이 있다는 사실을 모두가 알고 있음을 시사한다. 3-5절의 질문들은 부정적 답변을, 6절의 질문들은 긍정적 답변을 기대한다. 7-8절은 하나님이 자신의 뜻을 분명히 보여주실 때 선지자들이 입을 연다는 결론을 이끌어낸다.

두 사람이 뜻이 같지 않은데 어찌 동행하겠으며라는 질문은 하나님과 이스라엘이 각자 다른 길을 가고 있음을 암시한다. 이스라엘이 자신들과 하나님 사이에 체결된 언약에 따라 살지 않는다면, 그분이 그들을 위해 계획하신 목적지를 향해 동행할 수 없었다(2절). 아모스의 다른 질문들은 그들의 부당한 행동(죄)이 어떻게 정당한 결과(하나님의 징계)를 낳는지를 보여준다. **사자가 움킨 것이 없**다면 굳이 부르짖을 이유가 없듯이 주님 또한 까닭 없이 이스라엘에게 오시지 않는다. 마찬가지로, 덫을 땅에 놓지 않았다면 **새가 거기 치이**는 일은 없었을 것이다. 성읍에서 나팔이 울리면 백성은 임박한 위험에 두려워 떨 것이다. 그러할진대, **재앙**이 성읍에 임했다면 **여호와**가 몸소 그렇게 **행하**신 것이다.

하나님이 인간에게 재앙을 내리실 정도로 상황이 불길하게 전개되자, 아모스는 이렇게 말할 수밖에 없었다. **누가 예언하지 아니하겠느냐 하나님**은 자기의 **비밀**을 선지자들 중 하나에게 보이셔서 먼저 경고하시지 않는 한 자기 백성에게 **결코 행하심이 없**다(7-8절; 참고. 렘 23:18, 22). 분명 하나님은 자기 백성에게 특별히 드러내시지 않고서도 많은 일을 행하신다. 하지만 얼간이들만이 사자의 울부짖음을 무시하듯 어리석은 사람만이 하나님의 말씀을 무시한다. 아모스는 마땅히 예언해야 한다. 그렇지 않으면 사자이신 여호와의 진노가 임할 수밖에 없다.

3:9-10. 이스라엘은 **바른 일 행할** 줄을 모르므로 하나님에게 비할 데 없는 학대를 받을 것이다. **그 성 중의 요란함**으로 인해, 아모스는 블레셋에 있는 **아스돗의 궁궐**들[즉, 그 안에 살고 있는 자들]과 **애굽**에 있는 자들에게 **선포하여** 이스라엘에 대해 증인이 되어달라고 했다. 모세율법에 따르면 사형이 걸려 있는 사건에는 두 증인이 필요했다(신 17:6). 이스라엘은 죄를 범해 바른 일[엔 코하(*n kohah*), '옳음']을 행할 수 있는 능력을 상실했다. 이스라엘의 죄로 말미암아 그들에게서 옳은 길이 사라졌다.

3:11-15. 한 **대적**이 이스라엘로 향했다. 심판은 세 가지 파도를 일으키며 올 것이다(11, 12, 13-15절). 첫째 파도에서 한 대적은 이스라엘 **땅**을 포위해 그 인상적인 궁궐들을 약탈할 것이다(주전 722년 앗수르가 이렇게 했다). 둘째 파도가 치면 겨우 몇 사람만 살아남을 것이다. 이는 자신이 양을 훔치지 않았음을 입증하기 위해, 공격하는 야생동물의 입에서 양의 남은 부위를 목자가 **건져**낼 때와 비슷하다(참고. 출 22:10-13). 심판은 마치 누군가가 집의 살림살이를 싹쓸이해 가는데 주인은 **침상**의 일부만 겨우 지켜내는 상황과 비슷할 것이다. 대적이 사람들을 사로잡으면 탈출할 사람은 별로 없을 것이다. **목자**는 이스라엘에서 하나님, 곧 자기 백성을 구원하시는 분을 대표했다(시 23:1). 하지만 하나님이 심판차 오셨을 때 그러한 위안의 상징들은 모두 뒤집어졌다.

셋째 파도에서 하나님은 여로보암 1세가 벧엘에 세웠던 이교도 제단과 거기서 예배드린 그의 백성 둘 다를 진멸하실 것이다(왕상 12:26-30). **벧엘**과 단의 **제단들**은 북쪽 이스라엘에 사는 자들을 위해 세워진, 예루살렘 성전의 대체물이었다. 반면, 유다는 계속 예루살렘에서 예배드렸다. 벧엘의 제단은 이스라엘에서 가장 인기 있는 종교 중심지였다. 강력한 신성(혹은 피난처를 위한 자비)을 상징하는 이 제단의 **뿔들**은 꺾여 땅에 떨어질 것인즉, 이는 그 신들의 무능함을 보여준다(왕상 1:50). 하나님은 왕실의 **겨울** 별장과 **여름** 별장을 치실 것인데, 이는 철저한 침략을 가리킨다. 어떤 이들은 자신들의 **큰 궁들**을 값비싼 **상아** 장식으로 꾸몄다(시 45:8).

2. 가난한 자들을 경제적으로 착취하는 이스라엘 (4:1-13)

4:1-3. 사마리아 여인들을 겨냥한, **이 말을 들으라**는 명령으로 아모스는 이스라엘이 심판받을 둘째 이유를 제시했다. 그들이 힘없고 가난한 자들을 경제적으로 착취했기 때문이었다. 하나님은 부유한 사마리아 여인들을 **바산의 암소들**로 칭하시면서, 힘없는 자들을 약탈하고 그것을 독려하는 생활 방식에 대해 그들을 비난하셨다. 갈릴리 바다 동쪽과 북동쪽의 비옥한 지역인 바산에는 가축용 사료가 풍부했다(시 22:12; 렘

50:19). 이 여성들은 그들의 남편들과 호화롭게 살고자 힘없는 자들을 억압하고 있었다. 그들은 자기 남편들에게 시중을 들라고 했는데, 이는 신이 정한 역할을 뒤집는 것이었다(사 32:9-13). 이 경고는 정말 심각하게 다루어야 했기에, 아모스는 일곱 번이나 **여호와의 말씀이니라**라고 주장했고(3, 5, 6, 8, 9, 10, 11절), 그럼으로써 그들에게 주는 자신의 메시지에 신적 권위가 있음을 분명히 했다.

하나님은 **자기의 거룩함을 두고** 그들을 심판하시겠다고 **맹세하셨는데**, 이는 그분의 거룩한 본성에 부합했다. 도살업자들이 (육류 **갈고리로**) 쇠고기를 끌어가듯, 어부가 물고기를 끌어가듯 사람들은 심판을 당해 끌려갈 것이다. 앗수르의 부조(浮彫, 돋을새김)에는, 포로들이 턱이나 입술의 고리에 단 밧줄에 의해 끌려가는 모습이 나와 있다[W. King, *Annals of the Kings of Assyria*(London: British Museum, 1902), 116-120, 125-126]. 대적은 사마리아 **성의 무너진 데를 통하여** 이 여인들의 몸을 끌고 **하르몬**[바산 북쪽의 헤르몬 산]으로 데려가 앗수르로 추방할 것이다.

4:4-5. 가난한 자들에 대한 경제적 착취를 악화시킨 것은 이스라엘의 겉치레 영성이었다. 아모스는 백성에게 예배드리기 위해서가 아닌 (율법을) 범하기 위해('**범죄하며**') ("하나님의 집"을 뜻하는) **벧엘에** 들어가라고 청함으로써 종교적 위선이라는 이스라엘의 죄를 풍자적으로 비난했다. 이는 예배드리기 위해 성소에 오라는 이스라엘 제사장들의 호소를 비꼬는 것이다(시 95:6; 96:8-9). 사로잡혔다가 돌아온 사람들이 기념비를 세웠던, 이스라엘의 또 다른 예배 중심지인 **길갈**['구르다'라는 뜻의 갈랄(*galal*)에서 나왔다]은 순례와 희생의 장소였다(호 4:15; 9:15). 길갈에서 하나님은 자기 백성으로부터 애굽의 치욕을 없애셨지만(수 5:9), 이제 그들의 반복되는 범죄로 그들의 사악함은 더 커지고 있었다.

하나님은 조롱하시듯 이스라엘에게 이렇게 촉구하셨다. **아침마다 너희 희생**을, [율법이 정한 3년이 아닌, 신 14:28-29] **삼 일마다 너희 십일조**를 드려라. 이스라엘은 신중을 기해 규칙적으로 예배를 드렸지만 그들의 공허하고 불성실한 의식(儀式)은 하나님의 가치를 떨어뜨렸다. 하나님과의 화해를 기념하기 위해 드리는 **수은제**[酬恩祭, 레 7:11-16]는 사실상 반역 행위였다. 겉으로만 열정적인 종교 활동은 하나님을 예배함과 같지 않고, 기계적으로 암기하듯 종교 활동을 하는 것은 그분에 대한 모독이다.

4:6-11. 이스라엘은 하나님의 경고들을 신명기에서 말하는 저주의 언약으로 진지하게 받아들여야 했지만 그들은 그 경고를 무시했다. 기근(이를 변색하거나 썩게 할 음식이 없어 **이가 깨끗**함)과 가뭄(신 28:17, 48)은 하나님의 불만을 나타낸다(왕상 8:37). 하나님은 비가 절실히 필요할 때, 즉 추수하기 석 달 전에 **비를 멈추게 하셨다**(4:7-8; 참고. 신 28:22-24). 열풍과 식물병, 곤충이 그들의 동산과 포도원, 과일나무들을 쑥대밭으로 만들었다(4:9; 참고. 신 28:18, 22, 38-40). 전쟁으로 갖가지 전염병이 돌았고, 많은 이스라엘 병사들이 죽었다(4:10; 참고. 왕상 8:33, 37). 하나님의 이스라엘 심판은 예전에 애굽 사람들을 괴롭히신 것과 같았다. 사체에서 풍기는 악취는 곧 신의 메시지였다(신 28:21-22, 28).

주요 성읍들이 정복을 당했지만 이스라엘은 회개하지 않았다(4:11; 참고. 신 28:62). 이 무너진 성읍들을 **소돔과 고모라**와 비교하면서 아모스는 완전한 파멸이 올 것을 암시했다(참고. 사 1:9; 렘 50:40). 하나님은 이전에 소돔에서 롯을 구하셨듯이(창 19장) **불붙는 가운데서 빼낸 나무 조각같이** 자기 백성을 구하셨다. 그분은 백성이 자기에게 돌아오도록 이따금 고통을 사용하시지만(히 12:6) 이스라엘 때문에 자주 한탄하셨다. 그러나 **너희가 내게로 돌아오지 아니하였느니라**(4:6, 8, 9, 10, 11).

4:12-13. 하나님은 직설적으로 말씀하셨다. 이스라엘은 전투에서 적군과 마주칠 준비를 하듯 그분을 **만나기를 준비**해야 한다(출 19:10-19). '준비하다'와 '만나다'라는 단어는 이스라엘의 상상을 넘어서는 더없이 막강한 상대, 곧 **만군의 하나님 여호와**(4:13)와의 대면을 가리킨다. 그분은 **산들을 지으**시고 손으로 만질 수 없는 **바람을 창조하**시며 사람들의 생각을 아시고 **아침을 어둡게** 하시며 사마리아에 접근하는 거인처럼 이스라엘의 언덕을 오르시는 분이다.

3. 회개를 완고하게 거부하는 이스라엘(5:1-17)

무죄한 자들에 대한 학대(3:1-15)와 가난한 자들에 대한 착취(4:1-13) 외에 하나님이 이스라엘을 심판하시려는 셋째 이유는 그들이 경고를 받았을 때 회개를 완강히 거부했기 때문이었다.

아모스 5:1-17에 대한 교차 대구법 접근

A 애가와 확실한 심판에 대한 묘사(5:1-3)
B 개인들에게 회개하라고 촉구함(5:4-6)
C 법적 부당함에 대한 고발(5:7)
D 심판 뒤에 계시는 주권적 하나님에 대한 묘사(5:8-9)
C' 법적 부당함에 대한 고발(5:10-13)
B' 개인들에게 회개하라고 촉구함(5:14-15)
A' 애가와 확실한 심판에 대한 묘사(5:16-17)

5:1-2. 이전 두 신탁에서처럼(3:1; 4:1) 아모스는 **들으라**는 단어로 시작하지만 여기서는 교차 대구법 구조(위의 표를 보라)를 사용한다. 이번에는 이스라엘로 하여금 그들을 대신해 지은 **애가**에 귀를 기울이라고 촉구했다. 비극을 고조시키면서 아모스는 **처녀 딸 이스라엘**에 죽음을 선언했다. 이제 그녀는 일어나지 못하고 혈통을 이을 수 없게 될 것이다. 선지자들은 애가를 사용해 성읍이나 백성 혹은 나라의 죽음을 예고했다(렘 7:29; 겔 26:17-18). 그러니까 아모스는 이스라엘이 한창 잘나갈 때 죽음을 예고한 셈이다. 이는 자기 자신의 사망 기사를 읽는 것과 유사한 체험이다. 그런 장송곡에서 **엎드러졌**다는 말은 흔히 '전사했다'는 의미이다(삼하 1:19; 3:34; 애 2:21). 이스라엘을 구하러 온 사람은 아무도 없었다(삿 6:13; 왕하 21:14). 그리고 유업을 발견했어야 하는 곳에서 이스라엘은 오히려 가진 것을 빼앗긴 채 자기 땅에 던져진[**버려졌어도**(새번역)] 상태가 되었다.

5:3. 성읍은 대적에 맞서 **천 명**의 병사를 보냈지만 겨우 **백 명**만 살아남을 것이다. 더 작은 성읍들도 90퍼센트가 파멸될 것이다. 앗수르의 사르곤 2세가 북 왕국의 남은 자들을 추방한 주전 722년까지, 최후 20년 동안 이스라엘 북 왕국의 국내 정책은 엉망이 되었고, 정치 쿠데타가 끊이지 않았다(왕하 15-17장).

5:4-5. 이 같은 암울한 전망을 보여주면서 아모스는 개인적으로 회개할 것을 촉구했다. 창세기에서 벧엘은 야곱과 관련이 있는데, 야곱의 새 이름을 자신의 이름으로 취한 나라에게 벧엘은 의미심장한 곳이었다. 야곱은 벧엘에 두 번 왔고 거기서 하나님을 만났다. 이스라엘이 벧엘에서 민족의 정체성을 의식하자 하나님은 자신을 계시하셨다. 하지만 아모스는 **벧엘을 찾지 말**고 하나님을 **찾으라**고 말한다. 그래야 **살** 것이라는 경고였다. 생명을 주시는 여호와의 임재는 장소가 아닌 관계에서 발견된다. 사실상 이스라엘은 능력을 얻기 위한 부적으로 벧엘을 떠받들고 있었다.

예루살렘의 북동쪽으로 약 40킬로미터 떨어진 **길갈**은 여리고 근처에 있었고, 여호수아가 이끄는 이스라엘 백성이 처음으로 진을 친 곳이었다(수 4:19). 사울은 거기서 왕으로 확정되었고(삼상 11:14-15), 이스라엘은 사울 가문에 충성했다. 아모스는 길갈이 **사로잡히겠**다고 말했다(5:27). 역사적으로 볼 때 길갈은 유업과 약속을 물려받은 곳이었지만 하나님은 그곳 주민들을 추방시킬 준비를 하고 계셨다. [예루살렘의 남서쪽으로 약 80킬로미터 떨어진] **브엘세바**에서 3명의 족장은 모두 하나님의 구속적 임재를 확신했다(창 21:31; 26:23; 46:1-4). 이스라엘이 브엘세바에서 하나님과의 사귐을 통해 복받을 것을 기대하더라도 그곳으로 **나아가**는 자들은 허탕을 칠 것이라고 아모스는 단언했다. 거룩한 곳이라고 해서 이스라엘이 하나님의 약속에 합법적으로 참여할 수 있게 되는 것은 아니다.

5:6. 나라 전체로서는 심판과 죽음이 불가피했지만 개개인은 **여호와를 찾으**면 **살** 수 있었다. 살려면 그분을 찾으라고 주님은 말씀하셨다(또한 5:4, 14-15절도 보라). 그렇지 않으면 하나님의 심판은 **불같이 요셉**[요셉의 아들로서 이스라엘의 주요 지파인 에브라임]**의 집**에 임하여 그들을 멸하실 것이다.

5:7. 이스라엘이 심판받는 이유 중에는 그들이 달콤한 **정의**를 **쓴 쑥**으로 바꾼 것도 있었다. 쑥은 또한 독과 관련이 있다. 이스라엘이 공의를 무시했을 때(잠 1:3; 2:9; 사 1:21) 그들의 사법 체계라도 잘못된 것을 치유하고 억압받는 자들을 구해내는 약처럼 작용했어야 했다. 그러나 이스라엘은 약을 독으로 바꿨다.

5:8-9. 여호와가 **묘성**[Pleiades, 고대 세계에서는 전통적으로 황소자리 별자리에 있는 일곱 별의 집단으로 이해한다]**과 삼성**을 만드셨으므로 그분은 자신의 뜻을 지상에 확실히 전할 수 있었다. 묘성은 동트기 전에 떠

서 봄의 시작을 알리고, 삼성은 해넘이 후에 떠서 겨울의 시작을 예고한다. 하나님은 일주기와 사계절을 다스리시고 어둠에서 빛을 꺼내시며 **낮을 어두운 밤으로 바꾸**신다. **바닷물을 불러** 구름을 만드시고 비를 지면에 쏟으시는 그분이 이스라엘의 운명을 번영에서 역경으로 바꾸시는 것은 식은 죽 먹기였다. 이스라엘의 이교도 이웃들은 그런 일들을 자기들의 우상 덕으로 돌렸겠지만, 여호와는 하늘에서 번개처럼 이르셔서 힘센 압제자들을 치시고 그들의 산성을 멸하시는 유일하신 하나님이시다.

5:10-13. 이스라엘은 자신을 책망하는 자에게는 반발했고, [성읍의 장로들이 앉아 있는] **성문**에 가서 공정한 판결이나 진실한 증언도 구하지 않았다. 벧엘에 왔다가(5절) 떠났으나(10-12절) 이스라엘은 달라진 게 없었다. 그들은 의례에 참여했고 찬양했고 떠났지만 상황은 그대로였다. 정의는 훨씬 더 쓴맛을 냈고(7a, 12c절, 힘없는 자들은 성문에서 부당한 대우를 받았다), 의로운 자들은 여전히 타도 대상이었다(7b, 12b절, 사람들은 **뇌물**을 받고 의로운 자들을 괴롭히고 있었다).

이스라엘의 부자들은 **가난한** 자들을 착취 대상으로만 여겼다. 하나님을 섬기는 일보다 **부당한 세를 거두**고 **뇌물**을 받는 일이 그들에게는 더 중요했다. 창세기에서 야곱이 머물렀던 벧엘은 이스라엘이 야곱의 하나님을 만나 변화되는 장소가 되어야 했다. 하지만 그들은 계속 죄를 지으면서 벧엘에 온 동기가 개인적인 이득 때문임을 드러냈다. **지혜자**는 이익에 반하는 목소리를 결코 내지 않았는데, 이는 **악한 때**였기 때문이다. 이 상황에 하나님은 포로 생활이라는 정당한 징벌을 선언하셨다.

5:14-15. 아모스는 이스라엘이 **살려면** 악이 아닌 **선을 구하**라고 촉구했다(4-6절). (**성문에서**) 정의로운 사회를 세우게 된다면 신앙이 막연한 고백으로 끝나지 않고 실체가 될 수도 있었다. 하나님은 이렇게 열매 맺는 자들에 대해서는 변호하시고 죄를 묻지 않으신다. 회개는 (**행여**) 하나님이 축복하실 만한 상태가 되게 할지도 모른다.

5:16-17. 아모스는 둘째 애가에서 유월절이라는 친숙한 암시를 사용하여 이스라엘에 확실한 심판이 임할 것임을 묘사했다. 하나님이 심판 중에 백성들 사이로 지나가실 때(참고. 출 12:12) 이스라엘의 **모든 광장에서** 사람들이 울 것이다. 모두는 신적인 심판을 맞아 울 것이다. 전문 **울음꾼**뿐 아니라 자신을 학대한 자들을 매장해야 하는, 노숙하던 가난한 **농부**까지도 울 것이다. 종종 즐거움과 유쾌함을 선사했던 **포도원**은 애곡하고 슬피 우는 곳으로 전락할 것이다.

4. 위선적 예배를 드리는 이스라엘(5:18-27)

아모스의 한탄은 호이(*hoy*, '슬프도다')로 시작하는데, 이는 '들으라'라는 단어로 시작하는 세 군데(3:1; 4:1; 5:1)와 대비된다. 이 한탄은 이스라엘의 가식적 예배에 초점을 맞추는데, 이는 다가올 넷째 심판의 이유가 된다.

5:18. **화 있을진저**[호이(*hoy*), '슬프도다']라는 말은 **여호와의 날**을 사모하는 자에게 임박한 종말이 왔음을 암시한다. 이전의 선지자들은 하나님이 이스라엘의 대적들을 물리치시고 지상 통치를 실현할 날을 예고했다(사 24:21-23; 욜 3:18-21, **여호와의 날**에 대한 보다 자세한 논의는 욜 2:28-3:21에 대한 주석을 보라). 이스라엘은 그러한 신적 축복을 구했지만, 아모스는 **어둠이요 빛이** 아닌 때, 곧 하나님이 이스라엘을 위해서가 아닌 이스라엘을 대적으로 하여 싸우실 날을 예고했다. 가까운 장래에 임할 **여호와의 날**은 앗수르의 공격을 통해 이스라엘 국가에 임박한 심판을 의미했다. 하지만 이로써 여호와의 날이 충분히 설명되는 것은 아니다. 그날은 열방에 대한 종말론적 심판과 하나님의 백성에게 임하는 신의 축복이라는 특징도 아울러 지닌다(참고. 사 4:2-6; 30:26; 호 2:18-23; 욜 3:9-21; 암 9:11-15; 미 4:6-8; 습 2:7; 슥 14:6-9).

5:19. 다가올 여호와의 날은 이스라엘에게 피할 수 없는 비극을 뜻했다. 한 대적에게서 벗어났다(**사자를 피하다가**)고 생각한 그들 앞에 또 다른 대적이 기다리고 있는(**곰을 만나거나**) 셈이었다. 자기 조국은 안전하다고 생각할 때에(**집에 들어가서**) 끔찍한 심판이 그들을 덮칠 것이다(**뱀에게 물림**, 참고. 9:3). 어떤 상황에서든 일단 벗어나기만 하면 기적처럼 생각되겠지만, 결국에는 전혀 탈출한 것으로 보이지 않을 터였다.

5:20-22. 다가올 여호와의 날은 **빛 없는 어둠**, 기쁨이 아닌 **캄캄함**이 그 특징이 될 것이다(참고. 욜 2:1-

2, 10-11). 더 밝은 여호와의 날이 또한 다가올 테지만 (9:11-15), 나라를 정화시킬 어두운 날이 먼저 올 것이다. 그러니까 이스라엘은 그림의 절반만 가진 셈이다. 하나님은 이스라엘에 명하여, 아마도 지금 고려 중인 여러 절기들(21절)을 지키고, 일 년에 한 번 금식하라고 하셨다. 하지만 하나님은 그들이 예배드리는 시늉만 하고 있기에 그 **성회**들을 거부하셨다. **내가 미워하여 내가 멸시하며** 그리고 **내가 기뻐하지 아니하나니** (NASB)라는 삼중 표현은 하나님이 그런 예배를 얼마나 혐오하시는지를 강조한다. 이스라엘은 정의를 싫어하였고(hated, 10절) 여호와는 위선적 예배를 미워하신다(hates, 21절). 하나님은 그들이 드리는 제물의 달콤한 향기를 받지도(문자적으로, "냄새 맡다") 않으시고, 그들이 드리는 제물에 눈길조차 주지 않으신다(4:4-5). 예배를 통해 마땅히 영적 성품이 더욱 계발되고 정의가 실현되는 것이 하나님의 뜻이다. 그렇지 않다면 예배는 공허한 감정에 불과하다. 하나님은 우리의 대인관계에서 정의를 요구하신다.

5:23-24. (복수 대명사를 사용하는) 21-22절과 대조적으로 23-24절은 단수 대명사 **네**[your]를 사용하는데, 이는 '개인들'에게 회개하라는 촉구임을 가리킨다. 그들의 축하 노래는 하나님에게 엄청난 **소음**일 뿐이므로 중단해야 마땅하다. 그분은 자신의 콧구멍과 귀를 둘 다 막으시고 절대 듣지 않으신다. 주님은 종교성과 외적인 의식보다는 **정의**와 **공의**를 원하셨다(미 6:8). 정의와 공의를 그저 실천하는 시늉만 내서는 하나님을 영화롭게 하지 못한다.

5:25-26. 여호와는 이스라엘이 **사십 년 동안 광야**에 있었을 때 그들이 '정말로' 그분에게 **희생**을 드렸는지 물으셨다. 위선적 예배는 처음부터 그들을 특징짓는 표지였다(참고. 출 32장). 광야에서 이스라엘은 **너희 왕 식굿**[암 5:26, 앗수르의 전쟁 신 '삭굿'(Sakkut)]의 제단을 가지고 다녔는데, 이는 아마도 야훼 혹은 다른 신들을 섬기는, 승인받지 않은 제단이었을 것이다(참고. 행 7:42-43). **기윤과 너희 우상**들은 카이완(Kaiwan, 토성)으로도 알려진, 앗수르가 섬기던 별의 신을 가리킨다. 아모스는 '혐오스러운 것'(*shiqqus*, 시쿠스)을 뜻하는 히브리어 단어의 모음들(vowels)을 그들의 이름 속에 대체해 넣음으로써 이 신들을 조롱했다. 여호와가 이스라엘의 왕이 되셔야 했다(신 33:5; 시 10:16). 이제 포로로 끌려가는 그들은 (식굿이 그들을 '짊어질' 수 없을 것이므로) 자신들이 만든 우상의 짐을 짊어져야 한다. **신들**[혹은 **신**]**의 별 형상**은 기윤이 상징하는 행성인 토성을 나타낸다.

5:27. 이런 위선적인 예배로 말미암아 하나님은 이스라엘 백성이 **다메섹 밖으로 사로잡혀 가게** 하겠다고 약속하셨다(4:3). 사로잡혀 간다는 것은 패배와 포로라는 파멸 그 이상을 의미했다. 그것은 하나님이 거룩하게 하신 땅에서 추방된다는 뜻이었다.

5. 심판의 경고에도 불구하고 무사태평한 이스라엘 (6:1-14)

이 부분에서 호이라는 단어로 다섯째 애가를 여는 아모스는, 이스라엘이 교만하고 안락한 삶을 살면서 선지자의 경고들을 무시하거나 불신했기에 심판을 받게 되었다고 선언한다.

6:1. 아모스는 이스라엘에서 느긋하고 풍족하게 사는 자들에게 하나님의 손이 그들을 치실 것이라고 경고하면서 곧 **화**(참고. 5:18)가 있을 것이라고 알리며 이 메시지를 시작했다. **시온에서 교만**하고 사마리아에서 **마음이 든든한** 자들은 예루살렘이 난공불락이라고 믿었기 때문에 무사태평하기 일쑤였다. 마찬가지로 사마리아는 적들의 공격을 방어하기 쉬운 높은 언덕(**사마리아산**)에 서 있었다. 이 **지도자**들은 이스라엘과 유다를 당시 **백성들의 머리**로 간주했다.

6:2-3. 이스라엘의 지도자들은 자신들보다 열등한 나라를 군사적으로 정복하는 데에는 관심이 없었다. 아모스는 한때 자신들을 위대하다고 여겼던 다른 성읍들을 방문해보라고 그들에게 다그쳤다. **갈레**와 **하맛**은 주전 854-846년 앗수르의 살마네셀 3세가 장악한 북아람의 성읍 국가였다. **가드**는 블레셋의 중요한 성읍이었지만 주전 815년에 아람의 하사엘에게, 뒤이어 주전 760년에 유다의 웃시아에게 멸망당했다. 다른 성읍들은 자신들이 곤경에 처해 있다는 것쯤은 알고 있었지만, 사마리아 주민들은 재앙이 임박했음을 조금도 눈치채지 못했다. 회개하지 않는 마음과 죄를 인정하지 않았던 까닭에 공포(혹은 **포악한 자리**)의 날은 더욱 가까워졌을 뿐이었다. 그들은 스스로 그날을 늦추고 있다고 생각했지만 실은 앞당기고 있었다.

6:4-6. 사마리아의 지도자들은 풍족함에 취해 자신들의 실제 상황을 볼 수 없게 만드는 거짓 안전감에 둘러싸여 있었다. 그들은 **상아 상에 누우며** 또한 그들이 얻을 수 있는 가장 연한 최상의 육류를 즐겼다. 당시에는 살찌우기 위해 특별히 공을 들여 키운 짐승들이 있었다(**우리에서 송아지를**). 고고학자들은 므깃도와 브엘세바에서 노새를 매는 말뚝이 달린 우리를 발굴했다. 이스라엘의 일상에서 육류 섭취는 소수만이 정기적으로 즐길 수 있었던 사치였다.

그들은 **다윗** 왕을 흉내 내 노래를 지절거렸지만 그것은 하나님 찬양이 아닌 자화자찬이었다. 그들은 잔이 아닌 대접으로 **포도주**를 마시고, 외모 관리를 위해 몸에 **귀한 기름을 바르곤** 했다. 그들은 개인적인 여가 활동에 몰두한 나머지, 다가오는 **요셉의 환난**—다가올 파멸과 포로 생활을 의미하는—에 대해서는 그것을 분별하고 슬퍼할 능력을 점차 상실했다. 요셉의 두 아들이 에브라임과 므낫세이므로 **요셉**은 여기서 이스라엘 북 왕국과 연관이 있다.

6:7-8. 그들은 그러한 무사태평으로 인해 첫 번째로 **사로잡히**게 되었다. 그들의 **떠드는 소리**는 그칠 것이다. 그들은 더 이상 부드러운 침상에서 뒹굴뒹굴할 수 없을 것이다. 하나님은 자신의 자원을 관리하시면서 올바른 우선순위를 정하셨다. 따라서 **여호와 하나님**은 사마리아를 초토화하시겠다고 맹세하셨다. 그분은 이스라엘이 사로잡혀가게 하시겠다고 **당신을 두고**[자기 자신의 생명, 즉 네페쉬(*nephesh*)를 걸고, 참고. 4:2; 8:7] **맹세하셨다**. 하나님이 맹세하실 때 그분보다 더 큰 자는 없으므로(참고. 히 6:13-14) 이 표현은 맹세하신 바가 확실함을 강조하는 말이었다. **야곱의 영광**[야곱의 교만(NASB)]은 사마리아 성읍을 가리키는 듯하다. **궁궐**들은 하나님이 경멸하신 이 거만한 확신을 잘 보여주는 표지였다.

6:9-11. 하나님의 심판은 **열 사람**이 **한 집**으로 피신하더라도 자기 목숨을 보존할 수 없는 그런 심판이 될 것이다. 심판이 하나님에게서 왔음을 안 생존자들은 여호와의 이름을 언급할 수 없을 터인데, 이는 언급할 경우 그분의 주의를 끌어 죽음을 자초할 수 있기 때문이다. 하나님은 크고 작은 사마리아의 모든 집들을 완전히 파괴하시는 명령을 내리실 것이며, 부자와 빈자의 집은 그들과 함께 소멸될 것이다.

6:12-14. 아모스는 하나님의 심판에 대한 합의를 이끌어내고자 터무니없는 질문을 던졌다. 말이 험준한 바위 위를 달리거나 소가 바위에서 밭을 가는 일이 어리석은 것처럼 불의(不義)는 터무니없다. 이스라엘 지도자들은 응당 공의가 있어야 할 곳에 불의를 심었다. 결과적으로 그들의 결정은 **독약**(새번역)과도 같아서 가난한 자들을 확실한 죽음으로 이끌었다. 죄로 말미암아 인간은 '허무한 것'을 자랑한다. 이스라엘이 이전에 요단강 동쪽의 **로드발**(새번역) 성읍을 비롯해(참고. 삼하 9:4; 17:27) 아람에게 내준 땅을 여로보암 2세가 되찾자 많은 사람들이 자신감을 얻었다(왕하 14:25). 하지만 아모스는 의도적으로 로드발(Lodebar)을 **허무한 것**을 뜻하는 '로-다발'(Lo-dabar)로 잘못 발음해 이 위업을 하찮게 여겼다.

이스라엘은 순전히 자신들의 힘으로 가르나임(**뿔들**, 문자적으로, "한 쌍의 뿔"이며 사해 동쪽에서 약 32킬로미터 떨어진 곳에 위치)을 취한 것을 자랑했다. 하지만 하나님의 계획에서 가르나임은 하찮은 것이었다. **만군의 하나님 여호와**는 **한 나라를 일으켜** 이스라엘 족속을 치시겠다고 선언하셨다. 하나님은 자신의 힘을 입증하실 것이며, 이스라엘은 **하맛**[북쪽]에서 **아라바 시내**[남쪽, 사해]에 이르기까지 그들을 **학대**할 압제자(앗수르)에게 멸망당할 것이다.

C. 심판의 결과들(7:1-9:10)

아모스서의 마지막 부분은 하나님의 심판이 어떤 결과를 가져올지 묘사하는 다섯 개의 환상을 보여준다. 이 환상들은 또한 하나님의 인과응보와 그분의 긍휼 사이에서 균형을 이룬다. 하나님의 거룩은 그분의 율례가 침해당할 때 정의 실현을 요구하지만, 그분의 긍휼은 회개하는 자에게 자비를 베푸신다.

처음 네 환상은 서문의 방식이 동일하고("주 여호와께서 내게 보이신 것이 이러하니라", 7:1; 7:4; 7:7; 8:1) 그중 처음 두 환상은 서문의 방식, 묘사, 이스라엘을 위한 아모스의 중보 기도 및 하나님의 결정이라는 공통 구조를 지닌다. 벧엘 성전에서의 역사적 사건(7:10-17)은 아모스가 처음 이 메시지들을 전했을 때 그가 벧엘에 있었음을 시사한다(이것이 그가 언제 혹은 어디에서 이 책을 썼는지를 알려주지는 않지만 말이다).

1. 메뚜기 떼에 대한 환상(7:1-3)

7:1-2. **왕이 풀을 벤 후**(왕실과 왕의 짐승들을 먹여 살리는 과세의 성격이 있다, 참고. 신 28:38-42) 하나님은 지으신 **메뚜기** 떼가 **땅의 풀을 다 먹**는 것을 아모스에게 보여주셨다. 그러니까 백성은 가을 수확 때까지 식량(풀) 공급이 부족한 위기 상황에 처할 터였다. 아모스는 이스라엘의 언약 불성실에 대해 **야곱**[이스라엘]을 **사해**달라고 주권자이신 주님께 간구했다. **미약**한 나라가 그런 끔찍한 심판에서 살아남을 수는 없기 때문이었다. 이스라엘은 강하고 천하무적이라고 믿은 어떤 자들과는 대조적으로 하나님은 이스라엘을 **미약하**다고 여기셨다(6:1-3, 8, 13).

7:3. 아모스의 간구에 대한 하나님의 응답은 즉각적이고도 자비로웠다. 여호와는 이 심판에 관해 노여움을 푸셨다(**이에 대하여 뜻을 돌이키셨으므로**). 아모스 같은 의로운 개인들의 뜨거운 기도는 역사의 사건들을 바꿀 수 있다. 아모스가 독자들의 이해를 위해 신인동형론[**여호와께서 뜻을 돌이키셨으므로**]을 제시했지만 이를 문자적으로 해석해서는 안 된다(민 23:19; 사 41:21-29). 오히려 이는 하나님이 하신 다른 선언들(사 46:8-11, 하나님은 미래를 아시는 자신의 능력을 자신의 신성과 연결하신다)과 조화를 이루며, 그분의 정의가 일관되게 적용되고 있다는 뜻으로 개인이 회개할 때 하나님은 변하시는 게 아니라 그분의 한결같은 본성에 따라 그와 관계를 맺으시는 것이다. 하나님의 성품은 회개하는 죄인에게 자신의 뜻대로 은혜를 베푸시기 때문이다. 마찬가지로 개인이 회개하지 않을 때 하나님은 자신의 변함없는 정의 혹은 자비에 따라 행동하시고, 자신의 뜻대로 누구든지 그 마음을 강퍅하게 하신다.

2. 불에 대한 환상(7:4-6)

7:4-6. 둘째 환상에서 **주 여호와**는 아모스에게 이스라엘의 모든 **육지**를 먹는 큰 **불**에 대한 환상을 보여주셨다. 1장과 2장에서 수도 성읍들을 삼킨 불과 달리, 아모스는 가뭄을 초래하는 폭염을 보았다. **큰 바다**는 샘을 먹여 살리는 지하수를 나타낸다(창 1:2; 7:11; 8:2; 49:25). 찌는 듯한 더위와 그에 따른 가뭄은 언약 불충실에 대한 신적 심판의 또 다른 결과이다(신 28:22). 아모스는 7:2과 똑같은 중보 기도를 드렸고 하나님은 다시금 노여움을 푸셨다.

3. 다림줄에 대한 환상(7:7-17)

7:7-9. 셋째 환상에서는 사건과 그 결과를 묘사하는 대신 어떤 이미지를 보여준다. **여호와**는 아모스에게 환상 속의 **다림줄**을 확인하라고 하셨다. 다림줄은 벽이나 기초 같은 수직 구조물이 완전히 곧은지 확인하는 데 사용되는, 끝에 추가 달린 줄이었다. 하나님은 시험하는 분이시므로 그분이 사용하신 기준은 틀림없었다. 여호와는 언약이라는 기준으로 이스라엘을 시험하시려는 참이다. 여호와는 중보 기도도 소용없다고 선언하셨다. 그분은 **이스라엘을 다시는 용서하지 아니**하실 것이다. 이 나라는 다림줄에서 너무 벗어났으므로 하나님이 무너뜨리실 것이다. 하나님은 **칼**을 사용하셔서(신 32:42) **산당**들과 성전과 같은 **성소들**을 파괴하실 것이다. 아모스는 **이삭**을 단순히 '야곱'과 '이스라엘'의 동의어로 사용했을지도 모른다. 혹은 이스라엘이 이삭의 출생지인 남쪽 브엘세바로 순례를 가면서 보여준 족장 이삭에 대한 존경심을 가리킬 수도 있다(참고. 5:5; 8:14).

7:10-11. 여기 묘사된 사건은 일반적으로 앞의 환상들, 특별히 다림줄 환상에서 파생되어 나온 것인데, 어떤 사람이 구부러졌음을 입증하기 위해 하나님의 다림줄을 어떻게 적용할 수 있는지를 사례로 명시한다. 이 부분의 핵심어들은 아모스서의 환상들과 벧엘의 사건에서만 나타나고 다른 곳에서는 나타나지 않는다(예를 들어, 9, 16절의 '이삭' 그리고 9, 13절의 '성소'). 아모스가 이 사건을 여기에 배치한 것은 이스라엘 전체가 하나님의 말씀을 거부할 것으로 예상했기 때문이다.

벧엘에서 섬기다 배교한 제사장 **아마샤**는 아모스의 예언들이 반역적이라고 생각했다. 그래서 그는 여로보암의 왕국 **한가운데서**(새번역) 아모스가 왕을 모반한다고 비판하는 메시지를 **여로보암** 2세에게 보냈다. 아마샤가 의심하는 것은 두 가지였다. 아모스는 무슨 권위로 이스라엘의 예배 중심지와 왕실이 장차 파멸될 것이라는 환상을 선언하는가? 그는 개인적 이득을 위해 예언하는 게 아닌가? 아마샤는 아모스의 말들을 공정하게 평가하고(참고. 11절과 함께 8-9절) 아모스의 위협을 왕 개인에게 국한해서 왕으로 하여금 행동에 나서게 했다.

7:12-13. 아마샤는 아모스에게 다가와 유다로 돌아가 거기에서 밥벌이나 하라고 비아냥댔다(참고. 1:1).

아모스를 **선견자**로 칭함으로써 아마샤는 그의 환상들을 폄하하고 있었다(선지자라는 용어에 대해서는 다음을 참고하라, 삼상 9:9; 삼하 24:11). 유다에서 **떡을 먹으라고** 말하는 아마샤는 벧엘이 왕의 **성소**이자 궁궐이므로 거기서는 하지 말고 유다에서나 **예언**하면서(겔 13:17-20) 일자리를 찾으라고 아모스에게 넌지시 알려주었다.

7:14-15. 아모스는 자의에 의하든 태생적이든 자신은 **선지자**가 아니라고 대답했다. 당시에는 아들이 아버지의 직업을 따르는 것이 흔했고 그렇게들 기대했다. 아모스는 선지자 학교에서 훈련받은 적이 없었다(왕하 2:1-15; 4:1). 그는 **목자**이자 **뽕나무를 재배하는 자**로서 생계를 유지했다('서론'을 보라). 하나님은 각자의 현장으로부터 그분의 사역으로 사람들을 불러내신다. 아모스 7:15은 강조하기 위해 **여호와**라는 단어를 반복한다. 아모스는 신적 부르심에 순종하고자 자신의 이전 직업을 버렸다(**여호와께서 나를 데려다가**).

7:16-17. 아모스는 아마샤에게 **여호와의 말씀**을 선포했다. 아마샤가 아모스에게 **이스라엘에 대하여 예언하지 말**라고 했으므로 하나님은 아마샤의 아내가 벧엘 **성읍 가운데서 창녀**가 될 것이라고 선언하신다. 제사장의 아내가 성매매를 하는 것은 사람들의 손가락질을 받을 일이었다. 제사장은 그런 여성과 결혼하면 안 되었기 때문이다(레 21:7, 14). **자녀들이 칼에** 엎드러진다는 것은 아마샤의 혈통이 끊어진다는 암시였다. 본문은 그 암시가 실현되었는지에 대해서는 기록하지 않는다. 하지만 아모스는 선지자 아마샤가 이교도의(**더러운**) 땅에서 죽을 것이므로 장차 그의 재산도 앗수르 사람들에게 넘어갈 것이라고 예언했다.

4. 여름 과일 광주리에 대한 환상(8:1-14)

8:1-3. 이 부분의 넷째 환상에서 아모스는 **주 여호와**가 자신에게 **여름 과일 한 광주리**를 보여주셨다고 밝혔다. 아모스의 처음 세 환상은 다림줄 환상에서 절정을 이루면서 심판이 지극히 마땅함을 보여주었다. 그리고 아모스의 선포에 대해 아마샤가 보인 반응은 이스라엘의 영적 수뇌부의 수준이 엉터리임을 까발리는 것이었다. **여름 과일 광주리**에 대한 이 환상은 심판을 이행할 때가 무르익었음을(임박했음을) 보여주었다. 광주리 안의 과일처럼 이스라엘은 곧 먹힐 것이다. 이 환상은 임박한 심판의 성격을 설명하면서 뒤따를 예언 신탁들을 낳았다(4-6, 7-10, 11-14절).

8:2에 나오는 **여름 과일**[*qayis*, 카이스]이라는 단어와 **끝**[*qes*, 케스]이라는 단어 사이에는 언어유희가 존재한다. 아모스는 여름 과일(*qayis*)이 담긴 광주리를 보았다. 하나님은 "그래, 끝(*qes*)이 이르렀지"라고 응답하신다. **시체들이** 땅을 덮을 때 (왕실의 노래를 만들어 온, 6:5) 궁정 가수들은 **애곡**할 것이다(8:3). 대적들의 살육으로 꽤 많은 사람이 죽어나가면서 살아 있는 자들은 **잠잠히** 그 시체들을 처리할 것이다. 많은 썩은 과일처럼 죽은 이스라엘 사람들은 **내어버려**질 것이다.

8:4-6. **가난한 자들을 삼키며** 압제하는(4:1) 이스라엘의 억압으로 인해 심판이 닥쳐왔다. 아모스는 **땅의 힘없는 자를 망하게 하려는** 이스라엘의 속셈을 폭로했다. 그들의 종교적 위선은, **월삭**과 **안식일** 예배를 드려야 해서 (**에바를 작게** 하고 **세겔을 크게** 하는) 속이는 일로 되돌아가지 못하게 되자 분개하는 것에서 분명히 드러난다. 장사꾼들은 법을 무시하고 저울을 부정하게 사용했다(레 19:35-36).

8:7. 아모스는 임박한 심판이 실현될 때에 일어날 이스라엘의 예고된 애곡과 침묵(3절)을 보다 상세히 기술했다. 아모스는 **여호와께서 맹세하신** 대로(4:2; 6:8) 다가올 심판은 돌이킬 수 없다고 거듭 말했다. **야곱의 영광**은 이스라엘의 영광을 나타낸다(6:8). 어떤 이들은 그것을 하나님 자신을 가리키는 것으로 본다(삼상 15:29). 하지만 이스라엘의 교만이 변치 않음을 나타낸다고 보는 것이 더욱 설득력이 있기 때문에 이는 가능성이 낮다[J. A. Motyer, *The day of the Lion: The Message of Amos*(Downers Grove, IL: InterVarsity, 1974), 179. 《아모스》, The bible speaks today 시리즈(두란노)].

8:8-10. 이 죄들로 말미암아 여호와가 다가오실 때 땅이 진동할 것이다. 심판은 우주 전체에 미치고, 나라 전체가 애도하는 일이 뒤따를 것이다. 이것은 두려워 떠는 것을 의미할 수도 있지만, 문자적으로 지진이 일어났을지도 모른다. 밀려오는 공포와 파멸은 솟아올랐다가 낮아지는 **나일**강과 같을 것이다.

그 [이상할 정도로 안 좋은] **날에** 하나님은 땅에 어둠을 보내셔서(이전의 주전 784년과 763년에는 개기 일식이 일어났었다) **해조차도** 나머지 피조 세계와 함께 애곡할 것이다. 기쁜 절기는 애통하는 날로 바뀔 것이다. 백성은 비탄의 표시로 **굵은베** 옷을 입고 머리를 밀(**대머리**) 것이다. **독자**의 죽음으로 인해 **애통**한다는 것은 노후 준비에 대한 소망이 사라짐을 뜻했다. 그날의 마지막은 실로 **곤고한** 날이 될 것이다. 이 예언은 그날을 앗수르의 정복이 임박한 날로 보고 있지만, 나아가 여호와의 종말론적인 날의 도래를 알리려는 의도도 있었다(5:18에 대한 주석을 보라).

8:11-14. 남아 있는 소수의 이스라엘 사람들은 동족의 시체를 처리하면서 잠잠하겠지만(3절) 하나님 또한 자기 백성에게 하실 말씀을 거두심으로써 침묵하실 것이다. 하나님 말씀이 주는 자양분과 회복을 얻을 수 없는 이 **기근**으로 말미암아 사람들은 **이 바다에서 저 바다까지 비틀거리며** 다닐 것이다. 하나님에게서 말씀을 듣지 못하는 것보다 식량이 없는 게 더 낫다. 사람들은 **여호와의 말씀을 구하려고 돌아다니**겠지만 헛될 것이다. 뛰어난 인내심을 발휘할 수 있는 자들(**아름다운 처녀와 젊은 남자**)조차도 지쳐서 포기할 것이다. 이스라엘은 여호와가 그들에게 주신 말씀을 거부했으므로(2:11-12; 7:10-13) 그분은 더 이상의 계시를 그들에게 보내지 않을 것이다. 이방 신들의 이름으로 맹세한 이스라엘의 배교자들은 그들의 우상들이 그들을 들어 올리지 못하기에 **엎드러지**면 **다시 일어나지 못**할 것이다. 아모스는 유명한 우상(아세라, 참고. 삿 6:25; 왕하 23:4)을 **사마리아의 죄**로 묘사했다. **단**[북쪽]에서 **브엘세바**[남쪽]에 이르기까지 이스라엘 사람들은 그들의 신에게서 몇 마디 말을 구하려 하지만 전혀 얻지 못할 것이다.

5. 제단 옆의 주님에 대한 환상(9:1-10)

9:1. 아모스의 마지막 환상은 이전의 네 환상과는 다르다. 이 마지막 환상에서 아모스는 적극적으로 역할을 수행하지 않았지만 **주께서** [벧엘의] **제단 곁에 서** 계신 것을 보았다. 여호와는 신원을 알 수 없는 누군가에게, 성전 지붕을 떠받치는 **기둥머리를 쳐서** 그 주춧돌이 **움직이**고 구조물이 떨어지게 하라고 지시하셨다(참고. 삿 16:29-30; 사 6:4). 여호와는 성전 붕괴에서 살아남은 제사장이나 예배드리는 자는 누구든 **칼로 죽이**실 것이다. 따라서 살아서 **도망**칠 사람은 아무도 없을 것이다.

9:2-4. 설령 그들이 땅을 **파고 스올**[여기서는 지구]로 **들어**가거나 **하늘**(시 139:7-8)로 **올라갈**지라도 하나님의 **손**은 거기서 그들을 **붙잡아 내릴** 것이다. 높음이나 깊음이 사람을 하나님의 사랑에서 끊을 수 없듯이(롬 8:38-39), 그들 또한 [이스라엘에서 가장 높은] **갈멜**산 위나 **바다 밑**에 숨을지라도 하나님의 진노를 피할 수 없다. 여호와는 죄인들을 찾아내시고, 설령 바닷속으로 숨더라도 **뱀**을 대리인으로 보내실 것이다(5:19; 욥 26:12-13). **사로잡혀** 가서 그분의 심판을 피하려는 자들을 여호와는 **칼**로 **죽이실** 것이다. 평상시에는 하나님이 자기 백성의 유익을 위해 그들을 보살피셨지만, 여기서 그분은 **그들에게 주목하여 화**[말하자면, 그들의 죄에 대한 심판으로서 파멸의 형태를 띤 '불행'이나 '재앙']를 내리겠다고 약속하셨다.

9:5-6. 아모스는 하나님의 성품을 수미 쌍관으로 소개했다. 이스라엘을 심판하실 **주 만군의 여호와**는 아모스가 **그 이름은 여호와**라고 결론내린 분이다. 이스라엘의 주권자 여호와는 하늘의 군대와 땅의 군대 둘 다를 다스리고 이끄신다. 사람이 손으로 얼음을 누르면 녹듯이 그분이 만지시면 **땅을 녹게** 할 것이다. 그분은 땅에 속한 물질들의 경로를 바꾸셔서 **애굽**의 나일**강**과 같이 솟아오르거나 낮아지거나, 밀려왔다 밀려가게도 하신다. **하늘**에 있는 **그의 궁전**[그분의 거처]이 **땅에 두신 궁창**과 같다는 점에서 그분은 하늘의 일도 통제하심을 알 수 있으며, 또한 **지면에 쏟으시는** 비를 다스리기도 하신다. 여기서 아치형 지붕(vault)이라는 단어는 난해하다. 궁창(vaulted dome)은 그 시기의 건축에서 생소한 부분인데, 긴밀히 묶여 있거나 무리를 이루는 무언가를 나타낸다고 보는 편이 나을 것이다. 하나님은 지구를 둥글게 만드셨지만, 이 절은 그런 생각을 뒷받침하는 것으로 사용되어서는 안 된다.

9:7-10. 세상 나라들의 운명을 세심하게 조직한 후 하나님은 저 나라들과 그들 자신이 조금이라도 다른지 이스라엘에 물으셨다. 에티오피아(**구스 족속**)는 고대 근동의 시각에서 보면 땅끝 가장자리에 있는 민족이었지만 하나님은 그들을 보살피셨다. 그분은 **블레셋 사람을 갑돌**[그레데 섬, 참고. 신 2:23]**에서, 아람 사람**[시리아 사람]을 메소보타미아의 **기르에서** 떼어내셨다

(1:5). 그들은 이스라엘의 대적들이었지만 하나님은 이스라엘에 그리하셨듯이 그들에게도 은혜를 베푸셨다. 이스라엘은 스스로 뛰어나다고 생각했지만 그들 역시 이 나라들처럼 책임을 면하기 어려웠다. 이 책 말미에서 이방 나라들이 다시 언급되면서, 하나님의 주권은 예언을 묶는 역할을 하고 아모스는 이제 예언의 원점으로 돌아왔다(참고. 1:1-15).

땅의 **만국**을 살펴보시는 여호와의 눈은 **범죄한 나라**를 주목해 **그것을 멸하**실 것이다. 이스라엘은 죄를 범한 다른 어떤 나라보다 하나님의 정의에 따른 심판을 톡톡히 받을 것이다(9:8; 참고. 3:1-2). 하지만 그분은 자신의 언약으로 인해 **야곱의 집을 온전히 멸하지**는 않겠다고 약속하셨다(참고. 5:4-6, 14-15, 23-24; 또한 롬 8:28-29에 대한 주석을 보라). 하나님은 이스라엘 온 백성을 곡식처럼 체로 걸러내어, 심판받아 마땅한 자들을 의로운 자들에게서 분리하실 것이다. 의로운 사람은 체를 통과하겠지만 불의한 자들은 하나님이 심판을 위해 붙들어두실 것이다. 하나님은 죄의 강도를 살피셔서 심판 여부를 결정하신다. 자신들은 그 칼을 피할 것이라고 말한 사람 중에 장차 임할 **화**를 피할 사람은 아무도 없다.

Ⅲ. 결론: 다윗 가문의 회복(9:11-15)

하나님의 심판이 제아무리 맹렬하다 할지라도 목적 없이 파멸되는 것은 아니다. 하나님은 죄를 지은 나라가 그분의 은혜를 이용한다면 단호히 대응하신다. 하나님과의 이전 관계가 죄에 대한 면죄부는 아니다. 여호와는 자기의 소유를 아시고 자신의 목적을 위해 신실한 남은 자들을 분리하신다. 책의 마지막 부분에서 이를 명확히 한다.

9:11-12. 신적 진노에 대한 아모스의 경고는 또한 하나님 나라의 궁극적 승리에 대한 전망과 균형을 이룬다. 하나님은 자기 백성과 맺으신 관계를 계속 이끌어가시고, 그분의 백성은 마지막 때에 옳다고 인정받을 것이다. 주전 8세기에 이스라엘과 유다에서 예언한 다른 선지자들처럼 아모스는 소망의 이유를 발견했다(참고. 사 40-66장; 호 1:10-11, 14-23; 미 2:12-13).

그날에 하나님은 기적적으로 개입하셔서 파멸의 고통을 겪은 **다윗의 무너진 장막**[왕조] 또한 일으키실 것이다(9:11). 다윗의 '장막'은 아직 무너지지 않았지만 나라가 둘로 갈라지면서 큰 손상을 입었다. 장차 하나님은 통일 왕국을 다스릴 다윗의 자손을 통해 **그 허물어진 것을 일으켜서 옛적과 같이 세우실** 것이다(렘 30:3-10; 겔 37:15-28; 호 3:4-5). 이 회복은 환난의 심판 이후 천년왕국에서 이루어질 것이다. 어떤 이들은 이 진술이 다윗 가문의 몰락 후 포로기 이후에 본문에 삽입된 것은 아닌지 생각할지도 모른다. 그러나 이 마지막 신탁은 순전히 아모스의 것이며, 다윗 가문의 몰락 직전 이 가문의 회복에 대해 선지자가 예언한 내용이다. 이 신탁은 그의 날 이전에 정통 이스라엘 사람들이 오랫동안 간직해온 주전 8세기의 용어와 종말론 둘 다를 반영한다[J. D. W. Watts, *Vision and Prophecy in Amos*, CBC(Cambridge: Cambridge University Press, 1975), 25-26].

다른 나라들은 다윗 가문에 내리는 복에 참여할 것이며, 이스라엘은 그들에 대한 복의 근원이 될 것이다. 그 뒤로 따라오는 내용에서는 별이신 메시아가 야곱에게서 나오고, 에돔이 이스라엘의 소유가 될 날에 대해 말하는 민수기 24:17-19을 명백하게 암시하고 있다. 그리하여 아모스는 이스라엘이 **에돔의 남은 자를 얻게** 될 것이라고 말했다. 이전에 완강한 대적이었던 에돔 사람들(옵 1:19)은 여기서 이스라엘의 모든 대적을 상징한다. **여호와의 이름**으로 일컫는 **만국**은 그분이 **이 일을 행하시**므로 또한 주 되심을 기뻐할 것이다. 여기서 에돔이 열방과 유사한 의미이듯 70인역은 에돔을 '아담' 혹은 '인류'로 의역하는데, 이는 마소라 본문과 마찬가지로 열방이 모두 메시아 왕국에서 여호와를 알게 될 것이라는 동일한 요점을 가리키는 것이다. 더욱이 사도행전 15:16-18에서 야고보는 아모스 9:11-12의 70인역을 인용해 이방인에 대해 동일한 주장을 펼친다.

야고보가 예루살렘 공의회에서 이 구절을 인용했다고 해서(행 15:11-18) 이 예언이 교회에서 성취될 것임을 의미하지는 않는다. **그날에**라는 구절은 메시아 왕국이 세워지는 마지막 날에 이것이 성취됨을 분명히 한다. 야고보는 어떤 원리를 적용하고자 이 본문을 이용했을 가능성이 높다. 따라서 아모스의 말은 초대 교회의 상황과 일치한다. 여기서 야고보의 요점은, 이방인들이 유대교로 개종하지 않은 채 메시아 왕국에서 여호와를 알게 되듯이 교회 시대의 이방인들 또한 먼저 유대교로 개종하지 않고서도 이방인인 채로 이스라엘의 메시아를 따를 수 있다는 것이다(또한 행 15:16-21에 대한 주석을 보라).

아모스 9:12에서 에돔의 남은 자를 이스라엘이 얻는다는 아모스의 언급은 열두 소선지서의 다음 책과 연결되는 지점이다. 오바댜는 동일한 주제를 채택하면서 마지막 때에 이스라엘이 "에서의 산…을 얻[을]"(옵 1:18-19) 것임을 약속했다.

9:13-15. 다윗의 천년왕국은 땅의 회복까지를 그 축복으로 포함한다. 그 땅은 너무도 비옥해 그다음 수확을 위해 씨를 심을 수 있도록 같은 밭에서 수확하는 농부들에게 서둘러 작업을 끝내라고 채근할 정도가 될 것이다. **산들은** 소출이 많이 나는 포도나무로 가득할 것인데, 본문은 (최상의) **단 포도주**를 흘리는 것으로 묘사한다. **작은 산들은** 모두 풍성한 소출로 흘러내린다는 의미에서 녹을 것이다. 메시아 왕국에서 피조세계를 괴롭히는 저주(롬 8:20-21)는 사라지고(참고. 사 65:17-25), 사탄이 없어질 때 땅의 생산성은 회복될 것이다(계 20:1-3).

이스라엘은 그 땅으로 돌아와 **황폐한 성읍을 건축하여 거주**할 것이다. 그들은 안전과 풍성한 음식, 평시에만 가능한 복들을 즐길 것이다(참고. 레 26:6; 신 28:6). 이스라엘은 약속의 땅에 뿌리내리고 두 번 다시 그 땅을 떠나지 않을 것이다(미 4:4-7; 슥 14:11). 포로 이후 이스라엘이 회복되는 과정에서는 어떤 약속도 역사적으로 성취되지 않았다. 이 약속들은 다윗의 자손 예수 그리스도가 예루살렘에서부터 통치하실 천년왕국에서 비로소 성취될 것이다.

아모스는 이스라엘의 미래 소망을 강조하면서 심판을 주제로 한 자신의 책을 마무리했다. 아모스서의 메시지는 전반적으로 불순종에 대한 심판이지만, 언젠가 다윗 가문의 회복이 이스라엘 백성의 온전한 회복으로 이어질 것이라는 궁극적인 소망은 놓치지 않는다. 이스라엘의 소망 전체는 이스라엘의 메시아이자 다윗의 후손으로 태어나셔서 신약에서 나사렛 예수로 밝혀질 그분의 오심에 달려 있다는 점을 가리키고 있다.

참 고 문 헌

Chisholm, Robert B., Jr. *Handbook on the Prophets*. Grand Rapids, MI: Baker, 2002. 《예언서개론》, 베이커 구약개론 시리즈(크리스천다이제스트).

Dyer, Charles H., and Eugene H. Merrill. *The Old Testament Explorer*. Nashville: Word Publishing, 2001. 《구약탐험》, 척 스윈돌 사역자 계발 시리즈(디모데).

Feinberg, Charles L. *The Minor Prophets*. Chicago: Moody, 1990.

Finley, Thomas J. *Joel, Amos, Obadiah*. The Wycliffe Exegetical Commentary. Chicago: Moody, 1990.

Hubbard, David A. *Joel and Amos*. Tyndale Old Testament Commentaries. Downers Grove, IL: InterVarsity, 1989.

McComiskey, Thomas Edward. "Amos." In *Daniel-Minor Prophets*. Vol. 7 of The Expositor's Bible Commentary. Edited by Frank E. Gaebelein and Richard P. Polcyn. Grand Rapids, MI: Zondervan, 1985.

Motyer, J. A. *The Day of the Lion: The Message of Amos*. Downers Grove, IL: InterVarsity, 1974. 《아모스》, The bible speaks today(두란노).

Smith, G. *Amos: A Commentary*. Grand Rapids, MI: Zondervan, 1989.

Watts, J. D. W. *Vision and Prophecy in Amos*. The Cambridge Bible Commentary. Cambridge: Cambridge University Press, 1975.

오바댜

스티븐 산체스(Steven H. Sanchez)

서 론

구약성경 중 가장 짧은 책인 오바댜는 하나님의 적들에 대한 그분의 심판을 강조한다. 이 책은 자신의 백성인 이스라엘을 보호하고 옹호하시는 하나님을 드러내고, 이스라엘의 적인 에돔을 벌주겠다고 약속한다. 에돔 사람이라는 이름은 그들의 조상인 에서에게서 유래하고, 에서는 자신의 맏아들로서의 권리를 팥죽과 맞바꾸었으므로 '에돔'(붉은)이라는 이름이 주어졌다(창 25:30). 에돔 사람들은 사해의 동부 지역을 차지했다. 선지자들은 걸핏하면 이스라엘을 공격하는 에돔을 거듭 꾸짖었다(시 83:6; 137:7; 사 11:14; 21:11-12; 렘 25:21; 49:7-22; 애 4:21; 겔 25:12-14; 35:15; 욜 3:19; 암 1:11-12; 미 1:2-5).

저자. 오바댜라는 이름은 '야훼(여호와)의 종'을 뜻한다. 그는 성경에 언급되는 여러 오바댜 중 하나일지 모른다(왕상 18:3-16; 대상 3:21; 7:3; 8:38; 9:16; 9:44; 12:9; 27:19; 대하 17:7; 34:12; 스 8:9; 느 10:5; 12:25). 전통적으로 그는 아합의 경건한 종으로 알려져 왔다(왕상 18장).

연대. 이 책이 쓰인 시기는 다음 셋 중 하나로 추정된다. 아합의 아들 여호람이 통치하던 주전 9세기(주전 852-841년), 아하스가 통치하던 주전 8세기 말, 혹은 주전 586년의 예루살렘 멸망 직후인 주전 6세기 초.

다수가 예루살렘 멸망만이 그처럼 통렬한 예언에 불을 지폈을 가능성이 있다고 주장하지만, 유다에 대한 빈번한 침략 또한 이 예언을 촉발한 주된 요인으로 볼 수 있을 것이다.

오바댜서가 예루살렘 멸망 전에 쓰였음을 뒷받침하는 세 가지 주장이 있다. 첫째, 예레미야는 오바댜를 알고 있는 듯하고, 포로로 잡혀가기 전에 그의 생각을 빌렸다(1:1-2을 렘 49:14-15과, 1:5절을 렘 49:9과, 1:6을 렘 49:10과 비교하라).

둘째, 12-18절은 에돔에게 미래의 공격에 대해 경고하는데, 이는 유다와 에돔 둘 다 메시지가 주어진 후에 존재했음을 나타낸다. 이는 예루살렘 멸망 이후라면 사실일 리 없다. 유다 백성이 주전 539년에 예루살렘으로 귀환하기 전인 주전 553년에 에돔이 멸망했기 때문이다.

셋째, 19절이 미래에 회복될 것을 약속하므로, 오바댜가 예언할 당시 북 이스라엘 왕국은 에브라임과 사마리아에 거주하지 않았을 것으로 추정된다. 이스라엘이 이 지역과 성읍에 없었던 유일한 때는 주전 722년 살만에셀 5세가 북 왕국을 멸망시킨 후였다. 그러므로 오바댜가 쓰인 시기는 (확실치는 않지만) 아마도 유다 왕 아하스(주전 735-715년)와 그의 아들 히스기야(주전 729-686년)가 섭정하던 때였을 것이다.

목적. 이 책의 목적은 세 가지이다. 우선 이 책은 하나님이 유다를 지키고 그들의 적을 물리치실 것임을 보여주면서 그들을 위로하고자 한다. 또한 에돔과 다른 나라들이 이스라엘을 공격한 것에 대해 하나님이 벌하실 거라는 경고와 동시에 하나님이 그분의 백성을 지키실 것을 아는 모든 신자들에게 위로를 준다.

주제. 자신의 적들을 심판하실 여호와의 권능이 이 책의 주요 주제이다. 다수의 구절이 하나님을 인자하고 사랑이 많고 자비롭고 아량이 넓고 인내하고 이해심이 많으며 용서하시는 분으로 묘사하기는 하지만(예를 들어 출 34:6; 시 103:8), 그분은 또한 죄를 미워하고 그분에게 반대하는 자들을 심판하신다(예를 들어 출 34:14; 신 4:24). 성경은 하나님을 공정하면서도 사랑을 베푸시는 분으로 보는 통합적 견해를 선보인다. 하나님은 이 메시지를 사용해, 고난 중에 있는 경건한 자들에게 그분이 능력으로 그들의 압제자들을 전멸시킨다는 것을 상기시키면서 대대로 그들을 위로하신다. 또 다른 주제는 하나님이 그분의 백성 이스라엘을 지키시겠다는 약속이다. 그분은 계약을 통해 스스로 이스라엘에 얽매였고, 그들을 보호하겠다는 자신의 약속을 지키실 것이다(창 12:3; 슥 2:8).

배경. 에돔 사람들은 역사적으로 이스라엘과 충돌해왔다. 이삭과 리브가 사이에 태어난 쌍둥이 아들 중 첫째인 에서(에돔)는 동생 야곱에게 자신의 맏아들로서의 권리를 팔고, 맏이의 특권을 포기했다(창 25:31). 그는 훗날 아버지의 축복을 야곱에게 빼앗겼다(창 27:5-10). 에서는 처음에 복수를 꾀하기는 했지만 결국에는 그의 분노를 가라앉혔다(창 27:41-43; 33:4, 9, 11, 12-14). 그러나 수 세기 뒤에 에서의 자손인 에돔 사람들은 애굽에서 탈출한 이스라엘이 그들의 영토를 무사히 통과하지 못하게 했다(민 20:18; 삿 11:17).

사울 치하에서 이스라엘과 에돔의 관계는 껄끄러웠다(삼상 14:47). 다윗 왕(대략 주전 1010-971년) 때 에돔은 치명적 타격을 입었다(삼하 8:13-14; 대상 18:12). 솔로몬은 에돔을 이스라엘의 영향권 아래 두었지만 결국 에돔 태생의 지도자인 하닷이 그에게 대적했다(왕상 11:14). 여호사밧(왕하 3:9; 대하 20:1, 2, 10), 여호람(왕하 8:20; 대하 21:8-16) 및 아하스(왕하 16:6; 대하 28:17)를 비롯한 유다의 많은 왕들은 에돔을 통제하고자 애를 썼다. 주전 586년 예루살렘이 멸망하자 에돔 사람들은 바벨론을 지지했고(애 4:18-22; 겔 25:12-14; 35:1-15), 그로 말미암아 에돔은 이스라엘의 대적들을 가리키는 상징이 되었다.

개 요

Ⅰ. 책의 제목(1a절)
Ⅱ. 에돔을 벌주겠다고 선언하시는 하나님(1b-9절)
  A. 임박한 처벌(1b절)
  B. 임박한 굴욕(2-3절)
  C. 철저한 처벌(4-9절)
Ⅲ. 하나님의 에돔 처벌은 정당하다(10-11절)
  A. 에돔이 유다에 행한 포학(10절)
  B. 유다의 곤경에 무관심한 에돔(11절)
Ⅳ. 에돔에게 미래의 공격에 대해 경고하시는 하나님(12-14절)
  A. 유다의 고난을 기뻐하지 말라(12절)
  B. 유다와 싸우는 전쟁에 참가하지 말라(13-14절)
Ⅴ. 장차 여호와의 날에 에돔을 심판하실 하나님(15-21절)
  A. 에돔에 대한 심판과 제거(15-16절)
  B. 이스라엘을 위한 구원과 영광(17-21절)

주 석

Ⅰ. 책의 제목(1a절)

1a. 오바댜의 메시지는 하나님이 어떻게 선지자에게 말씀하셨는지를 기술하는 **환상**이다(민 12:6-8과 비교하라). 시작하는 말인 **여호와께서 이와 같이 말씀하시니라**는 오바댜가 전하는 메시지의 권위를 확고히 한다. 즉, 그 메시지는 하나님 그분에게서 왔다. **에돔에 대하여**는 그의 메시지가 에돔에 대한 것이며, 아마도 에돔이 읽으라는 의도인 듯하다. 시작하는 구절은 소제목 역할을 하는 듯하다(참고. 렘 49:7. Jeffery J. Neihaus, *The Minor Prophets: An Exegetical and Expository Commentary*, 512).

Ⅱ. 에돔을 벌주겠다고 선언하시는 하나님(1b-9절)

A. 임박한 처벌(1b절)

1b. 선지자의 메시지는 에돔에 대한 심판이 임박했다는 하나님의 선언으로 시작한다. 오바댜가 **여호와께로 말미암아 소식**을 들었다는 것은 하나님이 선지자에게 말씀하셨다는 그의 증언을 나타낸다. **사자가 나라들 가운데에 보내심을 받고**는 에돔 역시 이 말을 하나님에게서 받을 것임을 암시한다(참고. 렘 49:14). 하나님은 **일어날지어다**라고 간곡히 권고하면서 하늘의 군대에게 에돔과 **싸울** 것을 명하신다.

B. 임박한 굴욕(2-3절)

2-3. 신의 이 심판은 에돔의 교만을 꺾는 것을 목표로 한다(2절). 하나님은 **내가 너를 나라들 가운데에 매우 작게 하였**다고 말하면서 에돔을 피골이 상접하게 만들겠다고 약속하신다. 이와 병행하는 **네가 크게 멸시를 받느니라**라는 말씀은 심판에 대한 설명과 심판의 확실성 둘 다를 나타낸다.

에돔 사람들은 자신들이 공격을 받더라도 안전할 것으로 믿었다(3절). 이러한 **마음의 교만**이 그들을 **속였**고 자신들은 끄떡없다고 믿게 만들었다. 그들이 **바위틈에** 있다는 것은 자신들의 천혜의 요새로 말미암아 스스로 안전하다는 환상을 갖게 되었음을 시사한다. 나바테아 사람들은 훗날 에돔 지역을 사용해 바위투성이의 협곡에 페트라(Petra, 요르단 서남부의 고대 도시—옮긴이 주)를 세우게 된다. 에돔 사람들은 **누가 능히 나를 땅에 끌어내리겠느냐**라는 수사적 질문을 던질 만큼 자신감이 넘쳤다.

C. 철저한 처벌(4-9절)

4. 선지자는 에돔에 대한 철저한 심판을 더 기술하면서 이 나라를 **별 사이에**, 즉 산 높은 곳에 '깃드는' 독**수리**로 묘사한다. 하지만 그곳에 있다 하더라도 하나님은 에돔을 땅에 끌어내리실 것이다. **여호와의 말씀이니라**라는 구절의 반복은 백성들에게, 장차 에돔에게 굴욕을 주는 것은 다름 아닌 이스라엘의 하나님이심을 상기시킨다.

5-9. 하나님은 임박한 파멸을 **도둑**에 비유함으로써 그 심각성을 실제로 보여주신다. 도둑이라도 강도 짓 한 번에 모든 것을 빼앗아가지 않지만(5절) 하나님은 에돔을 완전히 뒤집어엎으실 것이다(6절). 에돔의 완전한 파멸은 **네가 어찌 그리 망하였는고**(5절)라는 감탄사로 표현된다. 이는 선지자의 안도, 더 나아가 악인의 손에서 수모를 당한 모든 이들의 흡족함을 시사한다(참고. 계 19:1-4).

오바댜는 **포도를 따는 자**(5절)의 이미지로 자신의 요점을 강조하는데, 그들은 매번 가난한 자들이 주워 모을 수 있게끔 의도적으로 포도밭에 포도를 조금 남긴다(레 19:10; 신 24:21; 23:24; 룻 2:2-3). 그에 반해 하나님이 '에돔을 거둬들이시면' 그들의 **감춘 보물**은 조금도 남지 않을 것이다.

6절(또한 8절과 9절)에서 선지자는 **에서**라는 이름을 처음으로 사용해 조상 에서와 야곱의 관계를 암시한다(참고. 10절). 이는 계약을 통한 야곱의 특권적 지위와 대조되는 에서의 불행한 처지를 에돔 사람들에게 상기시킬 것이다.

에돔은 자기와 약조한 나라들의 기습 공격을 받음으로써 뒤통수를 맞을 때 행운이 역전되는 아픔도 겪을 것이다(7절). 이제 이 세력들은 [에돔 사람들을] **쫓아 변경에 이르게** 할 것이다. 에돔과 화목하고, **먹을 것**을 함께 먹은 나라들, 곧 에돔 사람들의 친구들이 **함정을 파서** 그들을 빠뜨릴 것이다.

삽입 어구로 제시된 감탄사 **네 마음에 지각이 없음이로다**는 에돔의 굴욕을 강조하면서 그들의 파멸이 본질상 뜻밖임을 암시한다. 에돔이 하나님을 믿지 않을 것으로 생각하면서 그분은 **그날에 내가** 그렇게 하지 **아니하겠느냐**라고 물으신다. 이는 "아무렴, 내가 틀림없이 하고말고"라는 뜻임을 넌지시 내비친다.

Ⅲ. 하나님의 에돔 처벌은 정당하다(10-11절)

에돔이 장차 당할 굴욕적 심판을 묘사한 하나님은 이제 그분의 행동을 법률 사건으로 정당화하면서 에돔에 대한 소송 청구서를 제시하신다.

A. 에돔이 유다에 행한 포학(10절)

10. 첫 번째 고발 내용은 **형제 야곱에게 행한 포학**이다. 에돔의 죄는 에서와 야곱이 형제인 까닭에 더 심각해졌다. 친척은 서로를 대할 때 에돔이 유다에게 행한 것처럼 해서는 안 된다. 이 **포학**으로 말미암아 에돔은 **부끄러움**을 당할 것이다.

B. 유다의 곤경에 무관심한 에돔(11절)

11. 두 번째 비난은 유다의 적들이 하나님의 백성을 약탈할 때 에돔은 '멀리 서서' 유다의 적들 중 하나처럼 행동하며 유다를 돕지 않았다는 점이다. 에돔은 형제 나라를 방어하는 대신 **이방인이** 유다의 **재물을 빼앗아 가며 외국인이 그의 성문에 들어가서 예루살렘을 얻기 위하여 제비 뽑**는 것을 지켜보았다. 이 적들은 아람 사람들과 블레셋 사람들(왕하 16:5; 대하 28:5, 17-18)이었고 북 왕국을 침략하는 동시에 유다를 침략했다. 에돔의 방관은 그들 역시 유다의 적이라는 사실을 스스로 밝힌 것이다.

Ⅳ. 에돔에게 미래의 공격에 대해 경고하시는 하나님 (12-14절)

하나님은 에돔이 오랫동안 유다에게 적의를 품은 것에 대해 심판하실 것이다. 여기서 하나님은 에돔에게 장차 유다를 조금도 건드리지 말라고 경고하신다.

A. 유다의 고난을 기뻐하지 말라(12절)

12. 하나님의 첫 번째 경고는 유다가 앞으로 받을 고난에 대해 에돔이 **방관**하거나 **기뻐**해서는 안 된다는 것이었다(참고. 겔 35:1-15, 특히 15절).

B. 유다와 싸우는 전쟁에 참가하지 말라(13-14절)

13-14. 하나님의 두 번째 경고는 에돔이 유다가 **환난을 당하는 날**을 침략의 빌미로 삼아서는 안 된다는 것이었다. 에돔 사람들이 **성문에 들어가**고 유다의 **재물에 손을 대**는 이미지는 그들이 유다에 대한 공격에 적극 가담한다는 것을 나타낸다. 도망하는 유다 사람들에게 창피를 주려는 의도에서 에돔은 **그 도망하는 자를 막고** 그들을 생포해 **원수에게 넘기**고 싶은 유혹에 빠질지 모른다. 하지만 에돔은 이 경고를 무시한 채 바벨론 사람들에게 예루살렘을 멸망시키라고 강력히 촉구했다(시 137:7).

Ⅴ. 장차 여호와의 날에 에돔을 심판하실 하나님 (15-21절)

'여호와의 날'은 하나님이 그분을 거부하는 자들을 심판하실 마지막 때의 시한을 가리킨다(슥 14:1-2에 대한 주석과 요엘 서론을 보라). 이날을 인용하는 것은 죄에 대한 하나님의 심판이 매번 즉각적으로 이루어지는 것이 아님을 일깨우는 역할을 한다. 하지만 하나님은 마침내 억압받는 자들을 구원하고 억압하는 자들을 죄다 벌하실 것이다.

A. 에돔에 대한 심판과 제거(15-16절)

15-16. 에돔은 왜 하나님의 경고들에 주의를 기울여야 하는가? **여호와께서 만국을 벌할 날이 가까웠**기 때문이다. 하나님이 에돔을 비롯해 만국을 벌하실 날이 다가오고 있다. **네가 행한 대로 너도 받을 것인즉**이라는 응보 원리가 시행될 것이다(참고. 마 5:7; 26:52; 약 2:13). 에돔은 하나님의 집에서 술에 취해 아마도 유다의 굴욕과 성전에 대한 모독으로 인해 기뻐하는 듯한 사람으로 비유된다(하나님의 **성산**). 일반적으로 흥청대며 노는 파티라면 음주는 끝나기 마련이다. 하지만 놀랄 만한 반전이 펼쳐지면서 에돔을 포함한 만국은 **항상** 심판의 잔을 **마실**(새번역) 것이다. 그들은 **마시고 삼켜서** 마침내 인사불성이 되어 **본래 없었던 것같이** 될 수밖에 없을 것이다.

B. 이스라엘을 위한 구원과 영광(17-21절)

17-18. 여호와는 신적인 뒤바꿈을 사용해 이스라엘의 적들에 의해 더럽혀진 바로 그곳에서 이스라엘을 구원하실 것이다(17절). **시온**은 성전산을 가리키는데(사 18:7), 이는 16절과의 유사성으로 표현된다. 성전은 **거룩할 것이**다. 즉, 그 구원으로 말미암아 신성하게 될 것이다. 그 결과 **야곱 족속**은 전에 빼앗긴 것을 **누릴**

것이다.

이 신적인 뒤바꿈은 이스라엘이 심판의 도구가 되면서 계속된다(18절). 이스라엘을 대표하는 **야곱**과 **요셉**이라는 조상들의 이름을 사용해 하나님은 이스라엘이 **불**과 **불꽃**이 되어 **지푸라기** 같은 그들의 적들을 불사를 것이라고 선언하신다. 불꽃이 지푸라기를 태울 때처럼 **에서 족속에 남은 자가 없**을 것이다. **여호와께서 말씀하셨음이라**라는 주장은 이 일이 틀림없이 일어날 것임을 확인해준다. 에돔 사람들이 훨씬 더 이전에 역사에서 사라지기는 했어도, 이 구절은 이스라엘이 자신의 메시아 왕으로부터 위대한 승리를 허락받게 될 최종 전투를 묘사한다(참고. 슥 12:6 및 이 절에 대한 주석). 에돔은 마지막 전투 중에 예루살렘에 대적하고자 모인 나라들의 원형으로 사용된다(참고. 암 9:12).

19-21. 이 사건들은 장차 이스라엘의 경계에 영향을 미칠 것이다(19-20절). 유다 남부 지역인 네겝에 사는 자들은 **에서의 산**인 에돔을 얻을 것이다(참고. 대하 20:10). **스바랏**[이스라엘 서부의 구릉지대]의 거주자들은 블레셋의 평지(오늘날의 가자 지구)를 차지할 것이다. 유다 역시 **에브라임**과 **사마리아**로 나뉠 것이다. 종말에 이스라엘의 영토는 아브라함의 언약이 성취되면서 극적으로 커질 것이다(창 12장; 15장; 사 27:12-13; 겔 36:33; 암 9:14-15).

몇몇 선지자들이 아직 불신앙 가운데 있는 유다 백성의 일부가 종말 사건들의 선구자로서 재집결할 것이라고 예언하기는 했지만(참고. 겔 37장 및 이 장에 대한 주석), 다른 선지자들도 이스라엘이 환난의 마지막에 메시아 예수를 믿기만 하면 여호와께서 남아 있는 유대인들 전부를 본토로 돌아가게 하실 거라고 예언했다. 오바댜의 회복 약속은 환난의 마지막에 이 완전한 재집결을 나타낸다. 그는 사로잡혔던 이스라엘 백성이 장차 **가나안 사람**에게 속한 땅을 **사르밧**, 즉 오늘날의 지중해에 있는 시돈까지 얻을 것이라고 예언한다.

예루살렘에서 사로잡혔던 자들 곧 스바랏에 있는 자들은 다시 한 번 **네겝의 성읍들을 얻을** 것이다. 스바랏의 위치로는 오늘날의 터키, 그리스 혹은 스페인이 꼽힌다. 이 귀환은 바벨론뿐 아니라 먼 곳에서도 이루어진다. 유대 백성이 예수님을 그들의 메시아이자 구원자로 믿을 때 그분은 그들을 돌려보내실 것이다. 그들은 먼 길을 여행해 자신들의 약속의 땅으로 돌아가고, 그들의 경계는 오늘날의 이스라엘보다 더 커질 것이다. 그날에, **구원받은 자들**이 에돔의 땅(**에서의 산**)을 심판할 것인데, 그들은 아마도 메시아 왕국에서 메시아를 섬기는, 이스라엘 출신의 세속 통치자들일 것이다. 70인역에서는 환난이 끝날 때 메시아 예수를 믿었던 이스라엘에 대한 언급인 "구원받은 자"는 "에돔의 남은 자를 소유"할 것이라고 한다(암 9:12).

마침내 이스라엘은 **시온산에 올라와서 에서의 산을 심판**할 것이다(21절). 에돔을 포함한 유다의 적들은 벌을 받고, 세상은 **나라가 여호와께 속하리라**는 것을 확실히 알게 될 것이다(21절. '여호와의 나라'라는 개념에 대해서는 마 3:1-4; 13:1-17에 대한 주석을 보라).

여호와의 나라라는 주제는 메시아이신 예수님의 미래 사역에서 궁극적으로 성취된다. 그리고 이분은 지상에서 사역하는 동안 자신이 재림해서 나라들을 심판하고 다스릴 것이라고 그분의 제자들에게 일깨우셨다(마 19:28; 25:31-33; 요 5:24-29).

이날은 이스라엘과 그분을 신뢰하는 모든 자들에게는 구원의 날이(슥 12장), 그분을 신뢰하지 않는 자들에게는 멸망의 날이 될 것이다(계 19:11-16).

참고 문헌

Allen, Leslie C. *The Books of Joel, Obadiah, Jonah, and Micah*. NICOT. Grand Rapids, MI: Eerdmans, 1976.

Armerding, Carl E. "Obadiah," *The Expositor's Bible Commentary*, ed. Frank E. Gaebelein. Vol 7. Grand Rapids: Zondervan, 1985.

Baker, David W. *Joel, Obadiah, Malachi*, The NIV Application Commentary. Grand Rapids, MI: Zondervan, 2006.

Boice, James Montgomery. *The Minor Prophets*. Grand Rapids, MI: Zondervan, 1983.《소선지서 강해》(요나).

Chisholm, Robert B., Jr. *Handbook on the Prophets*. Grand

Rapids, MI: Baker, 2002.《예언서개론》, 베이커 구약 개론 시리즈(크리스천다이제스트).

Feinberg, Charles L. *The Minor Prophets*. Chicago: Moody, 1976.《12소선지서 연구》(은성).

Finley, Thomas John. *Joel, Amos, Obadiah*. Chicago: Moody, 1990.

Neihaus, Jeffrey J. "Obadiah," *The Minor Prophets: An Exegetical and Expository Commentary*. Ed. Thomas J. McComisky. Vol. 2. Grand Rapids, MI: Baker, 1992.

Stuart, Douglas, "Obadiah" in *Word Biblical Commentary: Hosea-Jonah*. Ed. D. A. Hubbard & G. W. Barker. Waco, TX: Word Books, 1982.《호세아-요나》, WBC 성경주석(솔로몬).

요나

윌리엄 트레셔(William D. Thrasher)

서 론

저자. 책에서는 저자를 명확히 언급하지 않지만 전통적으로 아밋대의 아들 요나를 저자로 본다. 그는 갈릴리 나사렛의 북쪽에 위치한 스불론의 가드헤벨 출신의 선지자였다. 성경에 기록된 그의 다른 예언은 여로보암 2세 치하에서 이스라엘의 영토가 넓어질 것이라는 예견이 유일하다(왕하 14:25). 그는 엘리사의 사역이 끝 날 무렵에 살았고, 호세아 및 아모스와는 동시대인이었다. 내러티브 형식이 주를 이루는 이 책에서 예언하는 구절은 딱 한 군데이다(3:4). 하지만 요나의 삶과 사역을 볼 때 그는 전형적인 예언자로 살았음을 알 수 있다. 이 책의 저자가 요나임을 부인할 만한 결정적인 이유는 없다. 2장은 1인칭으로 되어 있고, 3인칭으로 쓰인 나머지 장들도 그가 저자임을 배제하지 않는다. 모세(출 6:27; 7:1,20; 11:3; 민 12:1-8), 사무엘(삼상 12:1), 이사야(사 38:1; 39:5) 및 다니엘(단 1:1-17)도 3인칭을 썼다.

연대. 요나서는 주전 800년과 750년 사이에 쓰였을 것으로 추정되는데, 주전 722년 이스라엘이 앗수르에 정복당하기 전인 주전 760년대 후반일 가능성이 제일 높다. 이 책을 허구적인 것으로 보는 사람들은 이른 시기에 쓰였다는 주장에 반대하는데, 이 같은 반대에 대해서는 다음과 같은 적절한 대응이 있었다.

1. 요나 3:3을 니느웨가 이전에 정복당한 것으로 해석할 필요는 없다. 니느웨가 요나 당시에 큰 성읍이었다고 보면 된다.

2. 아람어 단어들이 요나서에 사용된 히브리어에 영향을 끼쳤다고 보는 아람주의(Aramaisms) 관점에서도 반드시 늦은 시기를 가리키고 있다고 할 수는 없다. 그것들은 요나 당시에도 볼 수 있었다.

3. 만국에 대한 하나님의 보편적 관심은 포로기 이후에 형성된 사상이 아니다. 그것은 구약 도처에서 볼 수 있다(창 12:3).

4. 앗수르 왕을 "니느웨 왕"으로 특이하게 나타낸다고 해서 요나 시대 이후의 저자가 요나 당시의 올바른 용어들에 대해 익숙지 않았다는 의미는 아니다. 니느웨가 아직 앗수르의 수도가 아니었을 때도 여전히 앗수르의 주요 성읍이었다. 그리고 요나가 살던 시대 전후에 왕의 처소가 니느웨에 있었다는 증거가 있다.

주제. 요나의 경험은 이스라엘 민족이 겪은 것과 비슷하다. 둘 다 세상에서 증인 된 삶을 살아야 했지만, 둘 다 불순종했다. 둘 다 하나님의 징계를 받았지만, 또한 둘 다 그분의 보호를 받기도 했다. 요나는 물고기 안에서, 이스라엘은 수 세기 동안 여러 나라들 사이에 흩어져 반유대주의를 겪으면서도 살아남았다. 그들은 또한 다가올 환난에서 보호될 것이다. 요나가 하나님께 부르짖었을 때 구원받아 땅으로 돌아왔듯이 이스라엘 또한 구원받고 그들의 땅으로 귀환할 것이다(신 4:29, 31-33; 마 24:31).

이스라엘도 요나와 같은 죄를 지었다. 요나와 이스라엘은 하나님의 사랑을 듬뿍 받았기에 그 사랑을 세상과 나눠야 했다. 자신의 안전을 지키려면 하나님을 자기에게만 한정시켜놓아서는 안 된다. 여호와는 "또한 이방인의 하나님"(롬 3:29)도 되심을 요나는 배워야 했다.

이 책은 하나님의 말씀으로 시작하고 끝을 맺는다(1:1; 4:11). 그분은 이 책과 성경 전체의 주인공이시다.

요나를 삼킨 큰 물고기에는 관심을 가지면서도 위대하신 하나님을 놓치는 사람이 너무나 많다. 그분은 자신의 피조 세계와 세상 모든 나라를 주관하신다. 하나님은 선원들과 요나, 니느웨에 보여주신 대로 은혜로우시며 자비를 베푸신다. 그분은 모든 사람을 긍휼히 여기시고 사랑하시며, 그들이 다 회개하기에 이르기를 원하신다(벧후 3:9).

배경. 여로보암 2세(주전 782-753년)는 요나가 예언할 당시에 이스라엘의 왕이었다. 그는 북 왕국의 왕들 중 가장 위대했고, 가장 오래 다스렸다. 그가 다스린 지역은 다윗 시대에 버금갈 정도로 넓었다.

앗수르에서는 아다드 니라리 3세가 주전 810년에서 783년까지 다스렸고, 세 아들인 살마네세르(살만에셀) 4세(주전 782-773년), 아슈르 단 3세(주전 773-756년) 그리고 아슈르 니라리 5세(주전 755-745년)가 그 뒤를 이었다. 마지막 아들의 뒤를 디글랏 빌레셀 3세(주전 745-727년)가 이었다. "니느웨 왕"은 아마도 아슈르 단 3세였을 것이다(참고. 3:3).

앗수르는 미움을 받던 잔인한 나라였다. 요나 생각에, 그들을 축복하는 것은 이스라엘을 저주하는 것이나 다름없었다. 그들의 세력은 여로보암 2세 치하에서 약화되었지만 명성은 오래 지속되었다. 그리고 호세아(호 11:5)와 아모스(암 5:27)의 예언은 틀림없이 요나의 관심사였을 것이다. 니느웨는 아직 수도가 아니었지만 큰 성읍이었다(1:2; 3:2-3). 앗수르는 주전 722년 이스라엘을 정복했지만, 그 자신은 주전 612년 바벨론에게 정복당하고 말았다.

이 책이 우화 혹은 비유라는 암시는 본문에서 찾아볼 수 없다. 다음과 같은 사실로 인해 이 책은 역사서로 간주되고 있다.

1. 요나는 역사적인 인물이었다(왕하 14:25).
2. 유대교 전승에서는 이 책을 역사서로 받아들인다 [Josephus, *Antiquities IX*, 10:2 및 외경 《토비트서》(*Book of Tobit*) 14:4 이하].
3. 그리스도는 마태복음 12:39-41; 16:4 및 누가복음 11:29-32에서 요나를 언급하신다. 요나의 물고기 배 속 체험은 그리스도의 죽음과 부활의 표지로 볼 수 있고(마 12:39-40; 16:4; 눅 11:29-32), 요나의 전도에 대한 니느웨의 반응은 그리스도 당시의 믿지 않는 유대인들을 책망하시는 음성으로 들린다(마 12:41; 눅 11:32).

이 책에 기록된 기적들이 책의 역사성을 의심할 이유가 될 수는 없다. 만물을 주관하시는 전능하신 하나님은 큰 표적과 이적을 베푸실 수 있다. 요나서에는 다음과 같은 기적들이 나온다.

1. 바다를 잔잔케 하심(1:15)
2. 요나를 보호하시기 위해 물고기를 예비하심(1:17)
3. 물고기가 요나를 육지로 토하게 하심(2:10)
4. 니느웨가 회개함(3장)
5. 박 넝쿨과 벌레, 동풍을 예비하심(4:6-8)
6. 하나님이 요나에게 자신을 계시하심

개 요

Ⅰ. 요나의 불순종(1:1-17)
 A. 요나가 여호와께 사명을 받다(1:1-2)
 B. 요나가 여호와를 피해 달아나다(1:3)
 C. 여호와가 요나를 못마땅하게 여기시다(1:4-6)
 D. 요나가 여호와께 고백하다(1:7-10)
 E. 여호와가 요나를 징계하시다(1:11-17)
Ⅱ. 요나의 기도(2:1-10)
 A. 요나가 하나님의 구원을 묘사하다(2:1-2)

B. 요나가 하나님의 구원을 간증하다(2:3-7)
C. 요나가 하나님의 구원을 찬양하다(2:8-9)
D. 요나가 육지로 돌아오다(2:10)
Ⅲ. 요나의 전도(3:1-10)
A. 요나가 다시 사명을 받다(3:1-2)
B. 요나가 순종하다(3:3-4)
C. 니느웨가 회개하다(3:5-9)
D. 하나님이 응답하시다(3:10)
Ⅳ. 요나의 교훈(4:1-11)
A. 요나가 절망하다(4:1-4)
B. 하나님이 예비하시다(4:5-8)
C. 하나님이 요나를 꾸짖으시다(4:9-11)

주 석

Ⅰ. 요나의 불순종(1:1-17)

A. 요나가 여호와께 사명을 받다(1:1-2)

1:1-2. 시작하는 절에서는 책의 두 주인공, 즉 주님과 그 이름이 '비둘기'를 뜻하는 요나를 소개한다. 이렇게 시작하는 책은 요나서가 유일하다. 하나님이 정확히 어떤 식으로 의사소통하셨는지는 알 수 없지만, 주님의 말씀이 요나에게 간 것은 확실하다. 이 책을 제외하고 요나에 대해 알려진 부분은 열왕기하 14:25에 나오는 것이 전부이다. 그리고 그의 아버지 아밋대에 관해서는 그의 이름이 '진실'을 뜻한다는 사실만 알려져 있다. 두 명령, 곧 **니느웨로 가서…그것을 향하여 외쳐라**(2절)는 그 대상이 분명하고, 3:2에서도 반복될 것이다. 니느웨는 그 규모와 중요성으로 인해 큰 성읍으로 불렸다. 니느웨는 원래 니므롯(창 10:11)이 세웠고, 이스라엘에서 800킬로미터 이상 떨어진, 오늘날의 이라크 티그리스강의 동쪽 제방에 위치했다. 어떤 이는 이스라엘에서 니느웨까지 하루에 약 29~32킬로미터의 속도로 걸으면 한 달 남짓 걸릴 것으로 추산했다.

야훼는 만국을 심판하신다. 진노는 죄에 대한 그분의 의로운 반응이며, 죄를 벌하시겠다는 그분의 결단이다. 요나에게 하신 말씀에는 하나님의 심판에 대한 경고와 회개할 기회를 주는 것이 포함되어 있다(3:4).

B. 요나가 여호와를 피해 달아나다(1:3)

1:3. 어떤 이들은 다시스가 북아프리카의 카르타고라고 밝히기도 했지만, 스페인 남부의 성읍과 관련되어 있다는 것이 정설이다. 요나는 니느웨를 향해 북동쪽으로 800킬로미터를 가는 대신 사마리아에서 약 56킬로미터 떨어진, 지중해에서 가장 가까운 항구인 욥바(지금의 야파)로 갔다가 다시스를 향해 서쪽으로 3,200킬로미터를 여행했다.

어느 누구도 하나님의 임재를 피할 수는 없지만(시 139:7-12), 요나는 하나님의 임재가 확실한 땅에서 도망치고 그분이 주신 사명도 포기하려 했다. 그 이유는 요나 4:2에 나온다. 잔학하고 우상을 숭배하는 앗수르 민족에 대한 요나의 깊은 증오심(참고. 나 3:1, 4)은 그들에 대한 하나님의 연민과 대비된다. 요나는 그 영토가 넓어질 것이라는 축복의 메시지를 이스라엘에 전하는 일에는 순종했지만(왕하 14:25), 자기 대적들에게 축복이 될 만한 메시지는 전하려 하지 않았다. 하나님보다 자기 백성을 더 사랑하는 것은 위험하다. 하나님에 대한 온전한 순종이야말로 하나님의 백성을 참으로 사랑하는 길이다(요일 5:1).

C. 여호와가 요나를 못마땅하게 여기시다(1:4-6)

1:4-6. 주님은 자신의 종이 불순종하는 중에도 일하고 계셨다. 바람과 바다는 그분의 뜻에 순종했다(4절). 배가 육지로 돌아가고자 한 것을 보면(13절) 폭풍

은 출항 직후에 일어난 게 분명하다. 갑작스런 폭풍에서 사람들은 신의 손길을 느꼈다(5절). 다신교 문화에서 살아가던 사공들은 두려움에 빠지자 신이 도와줄 것이라는 기대감에 저마다 자기 신에게 소리쳤다. 단순히 도와달라고 외치는 것과 회개하면서 외치는 것에는 차이가 있다. 폭풍이 얼마나 거셌던지 노련한 사공들도 물건을 버려 배를 가볍게 해야 살아남을 수 있다고 생각할 정도였다(참고. 행 27:18-19). 요나는 기진맥진했고, 암울하다는 생각이 들어서였는지 그 상황에서도 깊은 잠이 들었다. 이는 우리의 죄 없으신 주님이 갈릴리 바다 위에서 주무신 것과는 사뭇 다르다(막 4:37-39). 이방인 선장은 히브리 선지자에게 기도하라는 지시를 내렸다. 이는 세상이 파멸로 치닫고 있으므로 불순종의 잠에서 깨어나라고 외치는 신약의 경고와도 비슷하다(롬 13:11). 반항하는 선지자가 폭풍에서 구출되기를 참으로 기도했다 해도 이번에는 응답되지 않았을 것이다.

D. 요나가 여호와께 고백하다(1:7-10)

1:7-10. 기도를 해도 효과가 없자 사공들은 신의 분노로 폭풍이 일어났다고 판단해서 그 원인을 찾고자 했다. 제비뽑기는 고대 근동에서 널리 사용되는 관습이었다. 여기서는 신을 노엽게 한 사람을 찾아내 죄를 자백하게 하는 것이 목적이었다(이에 대해서는 수 7:14-18; 18:10; 삼상 10:20-21; 잠 16:33; 행 1:24-26을 보라). 이 관습은 그릇에서 제비뽑기를 하는 것과 비슷하다고 하는 사람도 있고, 돌이나 자갈을 이용해 주사위를 던지는 것과 더 흡사하다고 말하는 이들도 있다. 어떤 경우이든지 간에 요나가 제비에 뽑혔다. 그는 첫 번째로 뽑혀 자기 죄를 고백해야만 했다. 목숨이 바람 앞의 등불 같은 상황에서(8절) 사공들은 요나에게 즉시 죄를 고백하라고 다그쳤다. 요나의 배경과 이 재앙이 생긴 까닭을 놓고 재빨리 다섯 가지 질문을 던졌다. 그들은 요나에 관한 개인 정보와 함께 그의 하나님에 대해 알고자 했다. 요나는 질문에 답했다(9절). 먼저 자신이 **히브리 사람**임을 밝히고 그다음에 신앙을 고백했다. 요나는 자신의 고백과 합치되지 않은 삶을 살 때에도 **여호와**를 경외하고 경배했다(5, 10절의 사공들이 보인 두려움은 이와는 다르다). 그러고 나서 요나는 이스라엘의 하나님을 한낱 지역을 다스리는 신이 아닌, 만물을 지으시고 주관하시는 **하늘의 하나님 여호와**로 묘사했다(9절). 놀란 사공들은 만물을 지으시고 다스리시는 분에게서 어떻게 달아날 생각을 할 수 있었는지를 요나에게 상기시켰다.

E. 여호와가 요나를 징계하시다(1:11-17)

1:11-17. 사공들은 어떻게 하면 요나가 믿는 하나님의 진노를 가라앉힐 수 있을지에 관심이 있었다. 그들은 회개의 필요성을 인식하지 못했거나, 이스라엘 하나님의 의로우심과 사랑에 대해서는 아는 바가 없었다. 하나님이 자기 백성을 사랑하시기 때문에 징계하셨음을 몰랐던 것이다. 요나는 양심의 찔림을 받았고(12절), 흔쾌히 처벌을 받아들였다. 어떤 이들은 기꺼이 자신을 희생해서 다른 사람들을 살리겠다는 결심에서 요나의 고결함을 볼 수 있다고 말했지만, 사실 그는 하나님이 니느웨를 축복하시는 것에 동의하느니 차라리 죽음을 택한 것이라고 보는 편이 맞다. 대적들을 구원하시려 우리 죄를 대신 지신, 죄 없으신 그리스도를 요나와 비교해서는 안 된다. 이 책의 영웅은 요나가 아니라 주님이시다.

사공들의 정신 나간 행동(13절)은 인간의 해결책이 통하지 않음을 보여준다(참고. 잠 21:30). 그들이 요나의 조언을 따르기 꺼려한 것은 요나의 하나님에 대한 두려움과 사람의 생명에 대한 우려가 있었음을 보여준다. 그들은 요나가 니느웨를 향해 보인 것보다 더 큰 관심을 나타냈다. 전에 자기들의 신에게 기도했던 사공들은 이제 요나의 하나님에게 기도한다(14절). 요나는 세상 법정에서 재판을 받아 유죄로 입증된 것이 아니었다. 그들은 하나님의 진노를 두려워했고, 자신들이 요나를 처단한 후에도 죽지 않기를 바랐다. 때로는 이스라엘이 선지자들을 존경한 것보다 훨씬 더 하나님의 선지자들을 후대했다(참고. 마 23:34-36).

사공들은 자신들의 행동이 폭풍과 제비뽑기에서 나타난 대로 오로지 하나님을 기쁘시게 하려는 것임을 확인했다. 그들이 요나를 들어 바다에 던지자 폭풍은 잠잠해졌고(15절), 그로 인해 선지자의 예언이 이루어졌다(12절). 바람과 바다는 하나님께 순종했지만(눅 8:24) 선지자는 그렇게 하지 않았음을 주목하라. 16절의 '두려움'에는 요나의 하나님에 대한 경외심이 어느 정도 포함되어 있다. 그 두려움은 아마도 요나의 고백에는 미치지 못했겠지만(9절), 그들의 이전 두려움보다는 진일보했다(5, 10절). 그들이 정확히 어떤 의도로 제물을 드렸는지는 설명되지 않지만 본문은 사공들이 앞으로 더 많은 제물을 드리겠다고 서원했음을 밝힌다.

여호와는 불순종하는 요나를 구출할 **물고기**를 예비하심으로써 자신이 피조 세계를 완전히 장악하고 계심을 드러내셨다(17절). 또 다른 예비하심이 뒤를 이으면서(4:6, 7, 8) 이야기의 영웅은 여호와 하나님이심이 잘 드러났다. **물고기**를 뜻하는 히브리어 단어는 '고래'라는 의미를 포함한다. 그와 함께, 사람을 삼킬 수 있는 바다 생물의 물리적 특성에 대한 많은 연구가 이루어지기는 했지만 자연스런 설명을 내놓으려고 애쓸 필요는 없다. 그것은 기적이었고, 만물을 주관하시고 전능하신 하나님이 예비하신 것이므로 문제가 되지 않는다. '사흘 동안'은 문자적으로 어떤 기간을 나타내지만(3:3), 히브리 사람들의 시간 셈법에 따르면, 하루의 일부나 밤은 꼬박 하루로 간주할 수도 있다. 그러므로 그 시간이 반드시 72시간이 되어야 하는 것은 아니다(에 4:16; 5:1 및 마 12:38-45에 대한 주석을 보라). 우리 주님은 요나의 상황을 그분의 죽음과 부활의 실례로 언급하셨다(마 12:40). 요나가 사흘 동안 물고기 배 속에 있은 후 뒤를 이어 나타난 니느웨 회복이 하나의 표징으로 작용했듯이, 메시아가 무덤 속에 계셨던 사흘도 이스라엘과 세상에 어떤 표징이 될 것이다.

Ⅱ. 요나의 기도(2:1-10)

A. 요나가 하나님의 구원을 묘사하다(2:1-2)

2:1-2. 장면은 사공들과 배에서 요나와 물고기, 하나님으로 바뀐다(1절). 이전에 요나는 이방인들의 기도 요청을 받기도 했지만(1:6), 지금은 자기가 원해서 기도하는 것이었다. 요나도 다른 사공들처럼 주님께 기도했지만(1:14) 그들과 달리 **그의 하나님 여호와**께 기도했다. 그는 자기 아버지에게 돌아가는 탕자와 다를 바가 없었다(눅 15:18). 그의 기도는 물고기 배 속에서 구출된 것에 대한 감사의 시편이었다. 요나의 생각은 성경으로 가득 찼고(2절; 참고. 시 18:6; 111:5; 120:1), 그는 성경을 인용해 하나님께 부르짖었다. 여기서 **스올**은 죽은 자들의 거처를 나타내고, 스올의 배 속은 그의 임사 체험을 가리킨다. 요나는 이것을 **내가 받는 고난**으로 표현했다(참고. 시 30:3). 여호와는 그의 부르심에 **대답하셨고** 그의 외침을 **들으셨다**. 이 경우에 '듣는다'는 것은, 물에 빠진 요나를 구해냄으로써 도와달라는 외침에 응답하는 것을 뜻한다. 요나는 자신이 니느웨에 전해야 할 그 자비를 직접 체험했다.

B. 요나가 하나님의 구원을 간증하다(2:3-7)

2:3-7. 사공들이 그를 바닷속으로 던지기는 했지만(1:15), 요나는 그들의 행동 뒤에 역사하시는 하나님의 주권적 손길을 느꼈다. 마찬가지로 그는 하나님이 바다를 지배하고 계심을 보았다(**주의 파도와 큰 물결**). 요나는 자기 고집대로 하다가 하나님의 **목전**에서 쫓겨남으로써 절망을 경험했다(4절). 목전에서 쫓겨났다는 것은 그분의 호의를 받지 못하고 눈 밖에 났다는 의미이다. 하지만 예루살렘 성전에서 특별한 임재를 드러내 보이신 하나님께 기도하겠다는 소망을 나타낸 것을 보면 요나의 믿음이 떨어진 것은 아니다(참고. 눅 22:32). 요나가 파도 속으로 휩쓸려 들어가고 바다풀이 머리를 감쌀 때 그의 목숨은 위태롭게 되었다(5절). 당시에는 **산의 뿌리** 혹은 기반(6절)이 바다 밑바닥 깊은 곳에 있는 것으로 이해되었다. 요나는 그 무덤으로 내려가는 자신을 보았다. 땅의 **빗장** 뒤에 갇혀 있어 육지로 돌아갈 가망이 없이 바닷속 무덤에 머물러 있는 자신의 절망스런 상태를 잘 묘사했다.

하지만 성경에는 우리에게 큰 힘이 되고 중요한 "그러나 하나님은" 구절들이 있다(참고. 창 8:1; 50:20; 시 49:15; 행 2:24; 10:40; 13:30; 롬 5:8; 고후 7:6; 엡 2:4; 빌 2:27). 여호와는 예비하신 물고기를 통해 그를 죽음에서 기적적으로 구출하셨다. 죽음을 코앞에 두고 이 구약의 탕자는 자기 지식에 따라 행동하고 하나님을 외침으로써 주님을 기억했다. 요나 2:7에서 언급하는 성전은 예루살렘 성전보다는 그분의 하늘 처소를 가리킬 가능성이 더 크다(시 11:4).

C. 요나가 하나님의 구원을 찬양하다(2:8-9)

2:8-9. **헛된 우상**(새번역, 참고. 시 127:1-2)이라는 대체물이 얼마나 덧없고 무가치한지 주목하면서, 요나는 언약에 충실하겠다고 야훼께 선언했다(시 31:6). 우상을 숭배하는 자들은 야훼를 향한 그들의 충성(忠誠)을 저버린다. 여기에서 강조점은 그들이 확신의 원천, 곧 참되신 주님을 저버렸다는 데 있으며, 그분의 신실

하심이나 언약 관계에서 그분이 보이시는 충실함을 체험하는 데 있지 않다. 그리하여 우상을 숭배하면 괴로움이 더 커진다(시 16:4). 하나님이 사공들을 구출하시자 그들이 주님께 제물을 드리고 서원했듯이(1:16), 요나 역시 제물을 드리겠다고 서원했다(9절). 그의 서원은 분명 하나님께 계속 감사를 드리겠다는 약속이다. 그 서원에는 선지자의 역할에 걸맞은 삶을 살겠다는 맹세도 포함되었을 것이다.

회개는 일회적 행동이 아닌 태도와 행동의 지속적 변화를 모두 수반하므로, 이 책의 나머지를 보면 요나가 완전한 회개에 이르지는 못했음을 보여준다. 요나는 자신이 받은 자비를 니느웨에도 베풀어야 했다. **구원**, 곧 육체적이고 영적인 구출 둘 다 만물을 주관하시는 은혜로우신 하나님에게서 온다(참고. 시 3:8; 행 4:12). 그분은 1장에서 사공들의 목숨을, 2장에서 요나의 목숨을 구하셨고, 3장에서는 니느웨를 구하실 것이다.

D. 요나가 육지로 돌아오다(2:10)

2:10. 이 구절은 1:17의 이야기에서 이어진다. 바다에 던져졌다가 물고기를 통해 구출되는 요나 이야기는 그가 이스라엘로 추정되는 육지로 토해지면서 절정을 이룬다. 사공들이 하지 못한 일(1:13)을 하나님이 하셨다. 폭풍을 일으키시고(1:4) 제비에 요나가 뽑히게 하시고(1:7) 바다를 잔잔하게 하시고(1:15) 물고기를 예비하셔서 요나를 삼키게 하신(1:17) 전능하신 하나님은 또한 선지자 구출이라는 자신의 사역을 완수하셨다.

Ⅲ. 요나의 전도(3:1-10)

A. 요나가 다시 사명을 받다(3:1-2)

3:1-2. 사명이 다시 언급된다(참고. 1:1). 하나님은 꾸짖지 않으시고 은혜 가운데 두 번째 기회를 주신다. 그런 은혜는 주님을 부인한 후의 베드로(요 21:15-17)와 바울을 버리고 떠났던 요한 마가의 경우에서처럼(딤후 4:11) 감사함으로 받아야지 이용하려 들면 안 될 것이다. 어떤 불순종은 두 번째 기회로 이어지지 않는다(참고. 왕상 13:26; 민 20:12; 히 9:27). 하나님은 800킬로미터 넘게 떨어진 니느웨로 가라는 명령을 은혜롭게 다시 내리셨다. 이 큰 성읍(1:2)은 망대가 1,500개 이상이었고 내벽과 외벽이 있었다. 내벽의 높이는 34미터를 넘었고 폭은 세 대의 전차가 나란히 지날 수 있을 만큼 아주 넓었다. 하나님의 말씀을 정확히 선포하려면 주의가 필요하다. 사탄은 자신이 그분의 메시지를 막지 못한다면, 어찌하든지 말씀을 왜곡하려고 할 것이다.

B. 요나가 순종하다(3:3-4)

3:3-4. 그의 이전 반응(1:3)과 달리 요나는 하나님 말씀에 순종했다. 니느웨는 문자적으로 "하나님 앞에 큰 성읍"이라고 했듯이 "엄청나게 큰 성읍"으로 묘사된다. 니느웨는 하나님이 보시기에 큰 도시였다. 이는 아마도 큰 성읍에서 살아가는 사람들에 대한 그분의 사랑을 강조한 표현일 것이다(참고. 4:11). "사흘 동안 걸을 만큼"이라는 표현이 성읍의 둘레인지 아니면 지름을 말하는 것인지에 대해 많은 논란이 있었다. 주변 지역들을 포함하는 수도권의 둘레는 88킬로미터에서 96킬로미터 사이로 추산된 반면, 엄밀한 의미에서 니느웨의 지름은 훨씬 더 짧다고 여겨졌다. 걸어서 사흘 길은 요나가 자신의 선교 사명을 완수하는 데 필요한 시간을 가리킬지도 모른다. 그리고 여기에는 고위 관리 방문과 사역을 위한 일시 체류가 포함될 것이다. 자신의 사명을 수행하는 첫날, 요나는 다가올 심판에 대한 예언을 선포했다. **사십 일이 지나면 니느웨가 무너지리라**(4절). 요나가 단지 이 메시지만 전했다기보다는 그가 전한 선지자적인 메시지를 요약한 것이리라. 그는 서민들의 언어인 아람어로 말했을 것이다. 소돔과 고모라의 파멸을 언급할 때도 **무너지리라**라는 단어가 쓰였다(창 19:25). 어떤 이들은 이를 오로지 파멸에 대한 예언으로 해석하지만, 선지자를 파송하고 40일 동안 멸망을 미루면서 "너희가 만일 회개하지 않으면"이라는 조건을 붙였음을 볼 때 이 부분까지 심판 예언의 일부로 이해할 수 있음을 보여준다(참고. 렘 18:7-8). 어떤 이들은 요나가 물고기 배 속에서 구출되었다는 사실로 인해 사람들이 그의 메시지에 주목하게 되었다고 말하지만, 회개로 이끄는 것은 하나님의 말씀이다. 요나가 니느웨의 표징이 된 것은 그가 하나님의 말씀을 전하는 선지자이기 때문이었다.

C. 니느웨가 회개하다(3:5-9)

3:5-9. 이 책에 등장하는 최고의 기적은 요나의 설교에 대한 사람들의 반응이다. 그들은 하나님, 곧 "전능하신 하나님"(*Elohim*, 엘로힘)을 믿었다. 그리고 그에 대한 외적 증거로 금식을 선포하고 굵은베 옷을 입

었다. 이 옷은 염소나 낙타 머리털로 만든, 거칠고 질은 직물로 슬픔과 회개의 상징이었다. 이 회개를 역사상 가장 큰 부흥으로 보아야 하는가, 아니면 심판을 면하려는 갈망에 불과한가? 이는 분명 하나님의 말씀에 대한 반응이었고, 많은 경우 이스라엘이 선지자들을 대했던 방식 혹은 하나님의 메시지에 대한 요나의 처음 반응과 좋은 대비를 이루었다. 하나님은 노여움을 푸셨으며 니느웨의 회개에 응답하셨다. 그분은 위선에 반응하시지 않는다. 예수님은 그것을 '회개'(눅 11:32; 마 12:41)로 인정하셨고, 그것을 이스라엘 지도자들에게 본보기로 사용하셨다.

니느웨 왕은 통치 군주를 가리킨다(6절). 그는 아마 아다드 니라리 3세(주전 810-783년)이거나, 더 확실하게는 아슈르 단 3세(주전 773-756년)였을 가능성이 크다. 아슈르 단 3세는 일식(日蝕)과 정치적 위협에 휩싸인 격동의 시대를 통치한 인물이었는데, 이로 인해 그는 요나 선지자의 메시지를 듣고자 마음의 준비를 했을지도 모른다. 본문에서는 그가 네 가지 반응을 보였다고 한다. 보좌에서 일어났고, 왕복을 벗었고, 자신을 평민들과 동일시하고자 굵은베 옷을 입었고, 잿더미 위에 앉았다. 이 모두는 속수무책과 절망의 표시이다(참고. 욥 2:8; 미 1:10). 왕은 개인적으로 반응한 후, 모든 니느웨 사람에게 음식과 물을 입에 대지 않는 완전한 금식을 실천하라는 공식 조서를 내린다.

집에서 기르는 가축들도 금식 대상에 포함된 것이 특이해 보이지만, 이는 고대 근동에서도 익히 알려져 있었고 페르시아의 기록에도 나온다. 만물은 인간의 죄로 인한 영향을 받고 있고(롬 8:20, 22; 욜 1:18-20), 이들도 하나님이 느끼시는 연민의 범위 안에 있다(4:11). 그들까지 포함된 것은 조서에 철저한 절망이 담겼다는 뜻이다. 사람과 짐승 둘 다 굵은베 옷을 입어야 하고, **힘써**['성실하게', 문자적으로, "힘을 다해"] **하나님께 부르짖어**야 한다(8절). 조서의 마지막 부분은 각기 **악한 길**과 **강포**에서 떠나라는 명령이었다. '악하다'라는 히브리어 단어는 도덕적 타락을 나타내고, **강포** 역시 자연 재앙이나 타당한 힘보다는 도덕적으로 타락하거나 억압하는 세력을 가리킨다. 니느웨는, 특히 전쟁 포로들을 잔인하게 대하는 것으로 악명 높았다. 사공들이 심판 대상에서 자기를 빼달라고 바랐던 것처럼(1:6) 니느웨 왕 역시 그와 비슷한 소망을 나타냈다(9절; 참고. 욜 2:12-14). 하나님의 백성을 억압했던 잔인한 나라라 할지라도 그 백성이 회개한다면 마땅히 받을 심판도 면할 수 있다.

D. 하나님이 응답하시다(3:10)

3:10. 하나님의 성품은 변하지 않지만(약 1:17) 인간을 다루시면서 그분은 자신의 실행 계획을 바꾸기도 하신다(렘 18:7-8). 훗날 니느웨는 그 사악함을 다시 드러내 주전 722년에 이스라엘을 무너뜨렸고, 자신도 주전 612년에 멸망당했다. 심판이 150년 정도 늦춰진 셈이다. 이처럼 후세대는 자신의 회개에 대해 책임을 져야 한다. 회개를 축복하시겠다는 하나님의 약속에 대해, 마치 하나님의 주권적 계획 완수에 어떤 문제가 있는 양 해석해서는 안 된다(욥 42:2; 엡 1:11).

'개방적 유신론자들'로 알려진 어떤 신학자들은 하나님이 **그들에게 내리리라고 말씀하신 재앙**을 내리시지 않은 것은, 그분이 인간의 행동에 기초해 자신의 생각을 바꾸신다는 사상을 뒷받침한다고 주장했다. 하지만 성경은 하나님이 "시초부터 종말"(사 46:10)을 아시고 선언하신다는 것을 명확히 한다. 하나님은 자신이 미래를 주관하심을 단언하시고 "나의 뜻이 설 것이니 내가 나의 모든 기뻐하는 것을 이루리라…내가 말하였은즉 반드시 이룰 것이요 계획하였은즉 반드시 시행하리라"(사 46:10-11)라고 주장하신다. 위에서 말한 대로 하나님은 요나를 통해 경고하시면서 암묵적 조건을 내세우셨다. '그들이 회개하지 않으면' 심판하시겠다는 것이다. 니느웨가 회개하자 하나님은 그들에 대한 심판을 돌이키셨다. 요나가 보기에도 "'심판 예언이 확언되면' 그들이 회개하게 되고, 결과적으로 그분이 '원래 의도하신 자비'를 나타내실 수 있음을 알기에 하나님은 처음부터 니느웨 사람들에게 자비를 나타내시고자" 했다는 사실이 분명해졌다[욘 4:2, Bruce Ware, *Their God is Too Small* (Wheaton, IL: Crossway, 2003), 40].

Ⅳ. 요나의 교훈(4:1-11)

A. 요나가 절망하다(4:1-4)

4:1-4. 하나님이 행하신 자비로운 행동이 잘못되고 악하다고 생각했기에 요나는 하나님이 흡족해하신 것(3:10)을 **매우 싫어하**였다. 니느웨의 회개에 대한 하나

님의 자비로운 응답으로 그분의 진노가 사라지자 요나는 화를 냈다. 자신의 사사로운 이익 추구에 대해 하나님이 시큰둥하시자 요나는 자기 연민에 빠졌다. 2장에서 드렸던 그의 기도와 달리 이 기도는 '나'와 '내가'(2절)로 가득한, 하나님에 대한 자기중심적 불평이 주를 이룬다. 요나는 자기가 도망친 이유를 사역이 성공할까 봐 두려웠기 때문이라고 둘러댄다. 하나님이 자신에게 보여주신 그 자비(2장)를 니느웨는 체험하지 못하기를 바랐다.

요나는 하나님께 순종하기는 했지만(3:1-3), 온전히 복종하는 마음으로 한 것이 아니었다. 계속해서 니느웨를 탐탁지 않게 여기는 그의 태도는, 빚을 탕감받았음에도 그 은혜를 다른 이에게 베풀지 않은 빚쟁이(마 18:21-35)와 돌아온 탕자를 대하는 형의 태도(눅 15:25-30)를 생각나게 한다. 요나가 언급하는 하나님의 **은혜로우신** 성품은 받을 자격이 없는 자에게까지 베푸시는 그분의 호의를 가리킨다. 이 단어의 형용사 형태는 구약에 13회 나오는데, 그중 11회는 라함(*raham*, '연민')과 함께 나타난다. 그것은 언제나 하나님을 나타낸다. 그분의 **자비로우신** 성품은 젖먹이 아기를 사랑하는 어머니처럼 그분의 다정하면서도 자상하신 보살핌을 가리킨다. **노하기를 더디 하시며**는 하나님의 인내를 강조하는 반면, **인애**라는 단어는 특별히 이스라엘과 연관되지만 전 세계로 확대되는 하나님의 한결같고 충실한 사랑을 의미한다(룻 1:8; 삼하 15:19-20; 시 33:5; 117:1; 119:64, 이 속성들을 지닌 다른 구절들에 대해서는 출 34:6-7; 민 14:18; 대하 30:9; 느 9:17; 시 86:5; 103:8; 145:8; 욜 2:13; 나 1:3을 보라).

요나 1:12에서 요나는 바다에 던져지는 것을 운명으로 받아들였지만 2장에서는 목숨을 살려주신 하나님을 찬양했다. 하지만 이제 그는 자비하신 하나님을 다시 섬기느니 차라리 죽는 게 낫다고 말한다(3절). 모세(민 11:15)와 엘리야(왕상 19:4)는 그들이 맡은 사역에 대한 부담으로 이러한 절망의 자리에 다다른 반면 요나의 절망은 남달랐다. 신자들에게는 죽는 것도 유익하지만(빌 1:21), 하나님께 저항하느라 죽음을 택해서는 안 된다. 요나를 긍휼히 여기신 하나님은 그의 기도에 침묵하셨다. 오히려 하나님은 된통 혼내시기보다 아주 자상하면서도 따뜻하게 응답하셨다(4절). 그분은 요나에게 그가 **성내는 것이 옳**은지 곰곰이 생각해보라고 하셨다. 그렇게 해서 하나님은 요나가 스스로 판단하게 끔 하셨다(창 4:6). 하나님의 대의를 진전시키고 그분의 이름을 영화롭게 하며 천사들이 기뻐하는 일을 할 때에 화를 내면 아무런 득이 없다(눅 15:10).

B. 하나님이 예비하시다(4:5-8)

4:5-8. 요나는 서쪽에서 성읍으로 들어가 성읍 동쪽의 임시 거처에 앉았을 것이다. 이 거처는 아마 돌로 지었을 것이고 지붕은 나뭇가지로 엮었을 것이다. 아니면 돌로 지었지만 지붕이 없었을지도 모르겠다. 어떤 이들은 이 구절들을 1-4절에 대한 회상 장면으로 간주하지만, 이는 또한 4절에서의 하나님의 질문에 대한 요나의 답변으로도 볼 수 있다. 요나는 40일 후에 무슨 일이 일어날지 궁금해서 밖으로 나갔다. 그는 이스라엘을 지키는 '자신의' 방식, 곧 대적의 몰락에만 집착했기에 니느웨가 다시금 악을 행해 심판을 자초하기를 소망하면서 자리에 앉았다. 요나는 상황의 변화를 기대했지만 하나님은 그의 내적 변화를 이끌어내고자 하셨다.

잎사귀가 큰 피마자 오일계로 추정되는 이 식물의 정체에 대해서는 많은 논의가 있었고, 교회사에서도 식물의 종류를 둘러싸고 의견이 다른 제롬과 어거스틴 사이에 격렬한 논란이 있었지만, 여기서는 하나님이 그것을 예비하셔서 빨리 자라게 하셨다는 사실이 강조되고 있다. **괴로움**[*ra'ah*, 라아흐]을 뜻하는 단어는 히브리어에서 다양하게 사용되는 일반 용어이다. 3:8에서 그것은 도덕적 악을 나타내는 '악한'으로 번역된다. 3:10에서 그것은 '재앙'으로 번역되고 하나님이 내리실 심판의 재난을 나타낸다. 여기서는(6절) 고충이나 고통을 뜻한다. 저자는 일부러 말장난을 하고 있다. 식물을 예비하신 것은 **그의 괴로움을 면하게 하려** 할 뿐 아니라 또한 요나를 그의 사악한 태도에서 구출하시기 위해서였다. 니느웨가 회개해 영원한 재앙에서 벗어났듯이, 이제 그 식물은 섭씨 약 43도까지 올라가는 고온으로부터 요나를 지켜주었다. 식물로 인해 요나는 개인적으로 받는 위안의 수준을 넘어서 더없는 행복(문자적으로, '큰 즐거움으로 기뻐함')을 느꼈으나, 하나님에게 큰 기쁨이 되었던 것들에 대해서는 싫어하고 성을 냈다(1절). 물고기(1:17)와 식물(4:6)을 예비하신 하나님은 또한 벌레(7절)와 뜨거운 동풍(8절)을 예비하심으로써 그분이 만물을 주관하고 계심을 보여주셨다. 하나님이 지으신 모든 것이 그분의 주권적인 명하심을 따랐지만, 선지자 요나는 예외였다. 요나는 말씀을 선포하라는 첫 번째 명하심을 거부했고, 그분의 두 번째 명령을 따른 후에 일이 하나님의 뜻대로 풀리자 분노하기까지 했다.

검은 애벌레로 추정되는 벌레는 그 식물을 갉아 먹었다. 동풍(참고. 겔 17:10)은 괴로움을 안겨 요나로 하여금 여러 차례 죽기를 청하게 했다(겔 4:3). 이런 종류의 바람은 기온을 급격히 상승시키기에 70인역 성경은 그 바람을 "모든 걸 태워버릴 듯이 더운 것"(scorcher)이라고 부른다. 식물이 빨리 자란 것과 급속히 갉아 먹힌 두 사건에서 하나님의 손길을 확실히 느낄 수 있다.

C. 하나님이 요나를 꾸짖으시다(4:9-11)

4:9-11. 하나님의 질문이 4절에 이어 9절에서 반복되었다. 요나는 자기가 **성내어 죽기까지 할지라도 옳**다고 단호히 대답했다. 그의 열정은 이성과 양심을 압도했다. 요나의 그런 태도는 하나님이 식물과 벌레, 동풍을 예비하신 이면에 어떤 이유가 숨어 있는지를 보여주는 또 다른 질문으로 이어진다. 잠시 있다가 말라버릴 식물(이는 전적으로 그분이 주신 은혜의 선물이었다)에 대한 요나의 자기중심적 '연민'('아꼈거든', 참고. 2절)을 지적하시면서 하나님은 이렇게 물으셨다. "하나님이 사랑하시는 영원한 존재들로 가득한 **니느웨를 내가 어찌 아끼지 아니하겠느냐?**"(11절). 요나가 그랬던 것처럼, 하나님의 뜻과 인간의 영혼보다 자신의 개인적이고 일시적인 위로를 더 가치 있게 여기면 진실이 가려질 수 있다. **좌우를 분변하지 못하는** 12만 명(11절)은 니느웨 성읍의 아이들을 의미할 수도 있다. 또한 일반 대중을 언급하는 **명**(11절)에 대한 단어에 비추어 보면 이 단어는 아이들처럼 도덕적으로나 윤리적으로 분별없는 성읍 전체를 가리킬 가능성이 높다. 어느 경우든, 식물은 말라버렸지만 니느웨의 소중한 사람들은 살아남았다는 사실에 대해 화를 내는 게 옳은 일인가? 짐승들조차도 요나가 아낀 식물보다 더 소중했다(3:7-8; 4:11).

이 책이 하나님의 질문으로 끝나는 것은 하나님의 성품에 관한 요나의 반응으로부터 독자들이 무언가를 배우도록 하기 위함이다. 그분은 주권적이시고 의로우시고 은혜로우시고 자비로우시다. 하나님은 그분의 백성이 자신에게 순종하고, 하나님의 사랑에 있어 어떤 한계를 두지 않기를 바라신다. 하나님은 악과 은혜를 모르는 인간에게도 자상하시고(눅 6:35), 그들이 회개하기를 참을성 있게 기다리신다(벧후 3:9). 이기적 의제들과 잘못된 우선순위들은 회개해야 할 대상이다. 마음이 깨끗한 자들만이 영적으로 하나님의 성품을 분별할 수 있기 때문이다.

참고 문헌

Allen, Leslie C. *The Books of Joel, Obadiah, Jonah, and Micah*. The New International Commentary on the Old Testament. Grand Rapids, MI: Eerdmans, 1976.

Beyer, Bryan, and John Walton. *Obadiah, Jonah*. The Bible Study Commentary. Grand Rapids, MI: Zondervan, 1988.

Chisholm Jr., Robert B. *Handbook on the Prophets*. Grand Rapids, MI: Baker Academic, 2002.

Cohen, A. "Jonah." In *The Twelve Prophets*, edited by S. Goldman. London: The Soncino Press, 1957.

Feinberg, Charles L. *The Minor Prophets*. Chicago: Moody, 1976.《12소선지서 연구》(은성).

Gaebelein, Frank E. *Four Minor Prophets: Obadiah, Jonah, Habakkuk, and Haggai*. Chicago: Moody, 1977.

Hannah, John D. "Jonah." In vol. 1 of *The Bible Knowledge Commentary*, edited by John F. Walvoord and Roy B. Zuck. Wheaton, IL: Victor Books, 1985.《요나》, BKC 강해주석(두란노).

Keil, C. F. "Jonah." In vol. 10 of *Commentary on the Old Testament in Ten Volumes*, reprint. Grand Rapids, MI: Eerdmans, 1982.

Kohlenberger, John R. III. *Jonah-Nahum*. Everyman's Bible Commentary. Chicago: Moody, 1984.

Livingston, G. Herbert. "Jonah." In *The Wycliffe Bible Commentary: The Old Testament.* Chicago: Moody, 1962.

Page, Frank S. "Jonah." In vol. 19B *The New American Commentary*. Nashville: Broadman Press, 1995.

Price, Brynmor F, and Eugene A. Nida. *A Handbook on Jonah*. New York: United Bible Society, 1978.

Price, Brynmor F, and Eugene Nida. *Translator's Guide to the Book of Jonah*. Stuttgart: United Bible Society, 1978.

Pusey, E. B. Vol. 1 of *The Minor Prophets: A Commentary*. Grand Rapids, MI: Baker, 1970.

Stuart, Douglas. "Hosea-Jonah." In vol. 31 of *Word Biblical Commentary*. Dallas: Word Books, 1987. 《호세아-요나》, WBC 성경주석(솔로몬).

Walton, John, Victor Matthews, and Mark W. Chavalas. *The IVP Bible Background Commentary: Old Testament*. Downers Grove, IL: InterVarsity, 2000. 《IVP 성경배경주석》(IVP).

Ware, Bruce. *Their God is Too Small*. Wheaton, IL: Crossway, 2003.

미가

다니엘 그린(Daniel D. Green)

서 론

저자. 이 책의 저자는 이스라엘에 대한 심판을 선언하라고 하나님이 부르신 선지자 미가이다. 그의 고향인 모레셋은 사해와 지중해 사이에 있는, 예루살렘 남서쪽의 비옥한 언덕에 위치한 가드 모레셋으로 추정된다. 미가의 이름은 "야훼와 같은 자 누구인가?"라는 뜻이다. 동시대 인물인 이사야보다는 이름이 덜 알려졌지만, 예레미야 26:18-19의 기록으로 볼 때 그의 전도 활동이 효과적이었음을 알 수 있다. 성경 본문에 나타난 것이 그에 대해 알려진 전부이다.

연대와 배경. 미가는 요담(주전 742-735년)과 아하스(주전 735-715년) 및 히스기야(주전 715-686년)가 통치하던 시기에 예언했다. 디글랏 빌레셀 3세 치하의 앗수르가 이 시절에 그 지역을 다스리기 시작했다. 주전 722년에 북 왕국의 수도인 사마리아가 몰락하면서 저항은 물거품이 되었다. 남 왕국 또한 황폐해졌고 무거운 벌금이 부과되었지만, 히스기야(와 예루살렘)는 면제되었다. 미가가 예언할 당시 이스라엘은 경제적으로 엄청난 호황을 누리고 있었는데, 이는 "이기적인 물질주의, 종교를 인간의 욕망을 채우는 수단으로 여기고 자기만족적으로 접근하기 그리고 개인적·사회적 가치의 붕괴"[Leslie Allen, *Joel, Obadiah, Jonah, and Micah* (Grand Rapids, MI: Eerdmans, 1976), 240]로 이어졌다. 이 책의 어조는 예언의 성격이 짙고, 선지자는 메시지를 전할 때에 종종 시적 표현을 쓴다.

목적. 이 책의 목적은, 참된 믿음이 있다면 사회정의와 실천적인 거룩함을 낳는 삶을 살게 되고, 궁극적으로는 메시아가 지상에서 통치하실 것을 바라본다는 사실을 보여주는 데 있다. 사회정의에 대한 강조는 밭의 불법 몰수(2:1-2), 절도(2:2), 여성과 어린이에 대한 착취(2:9), 지도자들의 부패(3:1-9), 비윤리적 사업 관행(6:10-12), 폭력(7:2) 및 뇌물(7:3)에 대한 비판에서 더욱 두드러진다. 그러나 메시아의 탄생으로 이스라엘에 공의로운 통치가 이루어져서 그런 죄가 사라질 때 더 나은 미래를 꿈꿀 수 있다(4:1-8; 5:2-5a, 7:7-20).

구조. 이 책은 표제(1:1)에 뒤이은 세 가지 메시지로 명확히 나뉜다. 각 메시지는 "백성들아, 들을지어다"(1:2)와 "[지금] 들으라"(3:1; 6:1)라는 단어들로 시작된다. 메시지에서는 곧 심판이 올 것이고(1:2-2:13), 심판 후에 축복이 따르며(3:1-5:15), 축복은 심판을 능가할 것(6:1-7:20)이라고 말한다.

개 요

Ⅰ. 표제(1:1)
Ⅱ. 메시지 하나: 심판이 올 것이다(1:2-2:13)

A. 하나님께 지은 죄(1:1-16)
B. 인간에게 지은 죄(2:1-13)
Ⅲ. 메시지 둘: 심판 후에 축복이 따를 것이다(3:1-5:15)
A. 이스라엘 지도자에 대한 질책(3:1-12)
B. 예루살렘이 장차 받을 축복(4:1-5:1)
C. 오실 메시아(5:2-15)
Ⅳ. 메시지 셋: 축복은 심판을 능가할 것이다(6:1-7:20)
A. 하나님의 윤리 규범(6:1-8)
B. 저급한 사업 윤리에 대한 비난(6:9-16)
C. 저급한 대인관계 윤리에 대한 비난(7:1-6)
D. 메시아의 연민에 대한 소망(7:7-20)

주 석

Ⅰ. 표제(1:1)

1:1. 이 절은 책의 세 메시지에 대한 서론적 배경을 제공한다. **여호와**[*Yahweh*, 야훼]**의 말씀**은 이스라엘의 하나님에게서 온 예언을 나타내며, 그분이 언약에 충실하심을 강조한다. 예언은 이스라엘의 세 왕에게 전하라고 미가에게 주신 것이다(서론을 보라). 예언은 각각 북 왕국과 남 왕국의 수도인 사마리아와 예루살렘에 임박한 심판과 관련되어 있다.

Ⅱ. 메시지 하나: 심판이 올 것이다(1:2-2:13)

A. 하나님께 지은 죄(1:1-16)

1:2a. 들으라는 명령(3:1, 6:1)은 세상을 향한 것이다. **백성들아 들을지어다**와 **땅아 들을지어다**라는 구절은 동의어처럼 취급된다. 이 둘은 의미상 같으며, 예외 없이 모든 백성에게 주의를 기울이라고 촉구한다. 여기서는 민족들을, 예언된 심판을 받는 자들로서가 아니라 그분이 직접 택하신 백성에게 무엇을 행하시는지에 대한 증인으로 보는 게 최상이다.

1:2b-3. **주 여호와**[*Adonai Yahweh*, 아도나이 야훼]는 자신의 성전인 하늘에 거하시는 하나님의 최고 권세를 강조한다. 그분은 경건하지 않은 자신의 백성들에 대한 기소장을 이제 막 제출하시려는 참이다(신 31:19-21). 하나님은 하늘에서 내려오셔서 그분의 백성들이 세웠던, 이방신을 숭배하는 **높은 곳**(왕상 12:31-32; 겔 20:27-32)을 밟으실 것이다. 이 구절은 지리적으로는 산을 포함할 수도 있지만, 그러한 높은 곳에 위치한 우상숭배 사원(cultic shrines)으로 보는 편이 제일 무난하다[Bruce K. Waltke, *A Commentary on Micah* (Grand Rapids, MI: Eerdmans, 2007), 48].

1:4. 미가는 과장된 언어를 사용해서 하나님의 방문으로 인해 대재앙 같은 결과가 온다고 강조했다. 그는 이스라엘의 모든 것이 영향을 받게 됨을 보여주기 위해 정반대의 극단인 **산들**과 **골짜기**들을 비유적 표현으로 사용했다[메리즘(merism)]. **밀초**(시 68:1-2; 97:5-6)와 **쏟아지는 물**은 뒤따를 지리적 및 사회정치적 불안정 둘 다를 묘사한다.

1:5-7. **허물**[페샤(*pesha*), '넘어서다']과 **죄**[차타아흐(*chattaah*), '표적을 빗나가다', '죄 짓다', 삿 20:16]는 하나님의 거룩한 기준과 반대되는 태도와 행동을 말한다. 이 두 단어는 미가서에서 종종 짝을 이룬다(1:5; 3:8; 6:7; 7:18). 미가는 수사적인 질문(5절)을 던지면서 사마리아와 예루살렘의 종교 중심지를 각각의 왕국에서 가장 타락한 장소로 기소한다. 사마리아가 파멸당할 때에 돌 하나도 온전히 남아 있지 않을 것이고 그 기초는 쑥대밭이 될 것이다. 그 과정에서 이교도 예배 시에 사용되었던 온갖 장신구들은 파괴된다. 7b절의 기발한 말장난을 보면, 여기서 기생(매춘부)으로 묘사되는 이스라엘의 우상들에서 나온 은과 금(신 7:25)

을 또 다른 종교적 기생인 앗수르가 그 불타는 건물에서 거두어들일 예정임을 알 수 있다. 신자들은 자기 삶에서 섬기는 어떤 우상이든 하나님이 매우 불쾌히 여기심을 깨달아야 한다. 명성, 음식, 돈, 권력, 섹스 및 스포츠는 언제든지 거짓 신이 될 수 있다.

1:8-9. 이사야가 그랬듯이(사 32:11) 미가는 완전한 영적 수치심의 표시로써 **벌거벗은 몸으로** 예언할 것이다. **애통**은 애절한 흐느낌으로 종종 금식이 수반되었다(욜 1:13; 슥 7:5). 그의 애통은 하나님의 심판으로 사람이 살지 않게 된 곳에서 타조와 함께 사는 들개의 애곡과 같을 것이다(사 13:20-22). 대적의 무리들이 나라를 쑥대밭으로 만들 것이 뻔한 상황에서 남 왕국이 회개하기에는 너무 늦은 상황이었다. 앗수르의 사령관 산헤립은 주전 701년 유다의 성읍 마흔 여섯 곳을 파괴한 후 예루살렘 바로 앞에서 공격을 멈췄다.

1:10-12. 여기서 남쪽 성읍들의 파괴를 암시하는 솜씨 좋은 말장난이 많이 등장한다. (1) **베들레아브라**[예루살렘 북서쪽으로 19킬로미터쯤 떨어진 오브라의 다른 이름일 것으로 추정되며, '먼지의 집'을 뜻한다]에서 **티끌**[*aphrah*, 아브라]**에 굴렀**음은 깊은 슬픔의 표시이다. (2) **가드**[예루살렘 남서쪽의 가드 성읍을 뜻하며, '말하는 곳'(알리는 곳)이라는 의미]**에 알리지**[*nagad*, 나가드] **말며** (3) "아름다운 곳(Shaphir, **사빌**)의 주민아, 너는 벗은 몸에 수치를 무릅쓰고 버리고 나갈지어다." (4) "'나아가라'[차아난(*tsa'anan*), 남쪽 해안을 따라 있는 **사아난**(Zaanan)]에 거주하는 너희는 나아가지 말라"(*yatsa'*, 야차). (5) "그는 보호받는 집(*Beth-ezel*, **벧에셀**)에 대한 지원을 끊을 것이다." 그리고 (6) "**마롯**[히브리어에서 '쓴맛'을 뜻하는 마라(*mara*)처럼 들린다]의 주민들이 약해졌기 때문이다."

1:13-16. **라기스**[예루살렘 남서쪽으로 약 48킬로미터 떨어져 있으며, '모임'을 뜻하는 히브리어 단어(*racash*, 라카슈)처럼 들린다]는 산헤립에게서 급히 벗어나기 위해 전차용 준마들을 모을 것이다. 이후에 산헤립은 이스라엘이 죄를 범한 반역의 성읍에서 약탈한 화려한 옷과 보석으로 앗수르에 있는 자기 성벽을 장식할 것이다. **가드모레셋**은 신부(*meoreset*, 메오레셋)의 약혼을 떠오르게 하는데, 그들은 대신에 침략자들에게 예물을 바친다. **악십**['속임'을 뜻하는 히브리어 단어처럼 들린다]은 예상대로 침략자들에게 저항할 수 없을 것이다. **마레사**[야라슈, *yarash*, '소유하다'처럼 들린다]는 소유당할 것이다. **이스라엘의 영광**은 일반 대중 혹은 그 자녀들과 연관이 있다(호 9:11-13). 모두는 창피해하면서 다윗이 한때 생명을 부지하기 위해 몸을 피했던(삼상 22:1) 베들레헴의 남쪽으로 약 19킬로미터 떨어진 **아둘람**으로 달아날 것이다. 그들은 자기 죄 때문에 한탄하면서 머리를 밀 것이다(사 15:2).

B. 인간에게 지은 죄(2:1-13)

2:1-3. 이스라엘 동족을 등쳐 먹기 위한 계략을 꾸미느라 뜬눈으로 밤을 새운 자들에게 **화 있을진저**(잠 4:16). 그들은 권력을 남용하고 가난한 사람들이 유산으로 물려받은 소중한 땅과 집에 눈독을 들여 빼앗았다(왕상 21:1-15). 그러므로 하나님은 압제자들의 가정을 방문해서 **재앙**을 내리실 것이다. 그들은 더 이상 으스대며 걷지 못하고 탈출구를 찾지 못할 것이다.

2:4-5. 사람들은 이 악인들을 비웃고, 조롱하듯 "애통하고 애통하며 또 애통할"(직역) 것이다. 땅을 강탈한 자들이 자신들의 땅을 강탈당할 때, 하나님의 '눈에는 눈' 원리(출 21:24)가 작동할 것이다. 이 땅은 **패역자**, 곧 이스라엘의 하나님에게 눈곱만큼도 관심이 없는 적대자 앗수르 사람들에게 줄 것이다. 땅을 관리할 대적들은 **줄을 댈** 수 없을 것이다. 즉, 정당한 소유권 확정을 위한 토지 측량을 하지 않을 것이다. 마찬가지로, 하나님은 오늘날 위조 화폐를 만들어 유통시킴으로써 가난한 자들을 속여 그들의 소중한 재산을 가로채거나, 공공 주택에 사는 사람들을 쫓아내고 그 자리에 고층 아파트를 지어 엄청난 이익을 챙기려는 신자들의 죄를 모른 체하지 않으신다. 그들은 분명 자기가 심은 대로 거둘 것이다(갈 6:7).

2:6-7. 이 구절에는 거짓 선지자들이 한 말들이 담겨 있는데, 그들은 미가의 설교에 당연히 화를 냈고 자신들의 관행을 따라 죄를 비난하는 설교를 그치도록 종용했다. NASB에서 **그치다**(turned back)로 번역된 히브리 단어 '수그'(*sug*)는 '압도하다'(overtake)로 옮길 수도 있는데, 거짓 선지자들은 죄의 결과가 자신들에게 닥치지 않을 것으로 믿었음을 가리킨다["치욕이 우리를 압도하지 않을 것이다"(ESV, NIV)]. 하지만 '수그'는 통상 '외면하다' 혹은 '되돌리다'를 뜻한다(렘

미가가 예언한 남쪽 성읍들

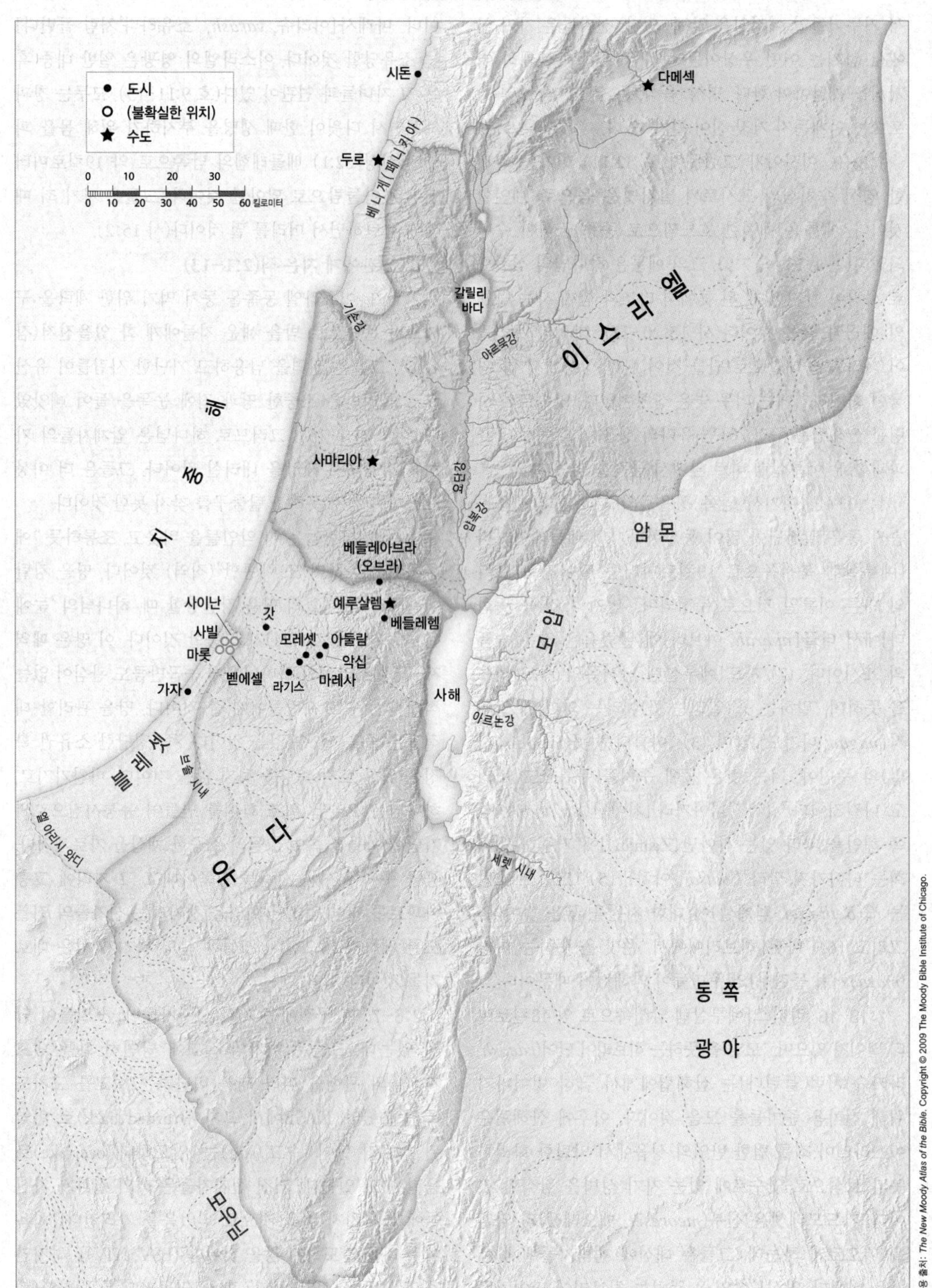

38:22; 46장; 사 42:17; 습 1:6). 그리고 여기서는 미가가 더 이상 거짓 선지자들에게 반박하지 않을 때 비로소 그들의 당혹감이 멈춘다는 의미로 이해하는 편이 나을 것이다. 그들은 체면을 구기고 있었다. 미가는 다음과 같은 진리들을 주장하면서 하나님의 성품과 그들을 심판하실 권리를 변호했다. (1) 그분의 영은 오래 참으셨다. (2) 그분이 어떤 악을 행하셨다는 고발은 정당하지 않다. (3) 말씀을 자기 삶에 적용해 의롭게 살아갔던 자들에 대해 그분은 언제나 축복으로 이끄셨다. 거짓 선지자들은 이 진리들을 기꺼이 듣거나 전하려 하지 않았다.

2:8-9. 하나님은 이스라엘의 비윤리적 행동을 원수의 공격으로 간주하셨다. 거짓 선지자들은 상처나 피곤함으로 쇠약해졌을지 모를, 평안히 지나가는 자들과 전쟁 퇴역 군인들의 옷을 불법으로 빼앗았다. 힘이 없는 과부들은 자기 집에서 쫓겨나고 소소한 즐거움을 빼앗겼다. 그들의 자녀들도 똑같이 고생했다. **나의 영광**은 하나님의 영광을 뜻하는 것으로, 이는 이스라엘 지도자들의 불순종으로 인해 땅에서 표출되지 않을 것이다.

2:10-11. 미가는 말장난을 통해 다가올 심판을 묘사한다. 8절의 반란("내 백성이 원수같이 일어나서")은 그들의 원치 않는 이동(**일어나** 유배지로 **떠날지어다**)과 연관된다. 그들의 더러운 우상숭배는 땅에서 누려온 평온한 상태로부터 하나님이 쫓아내시는 동기가 될 것이다. 미가 선지자는 터무니없어 보이는 메시지를 전하는 거짓 선생들[방향을 잃은(**허망하게** 행하는), **거짓말**로 이르는 자들, 11절]을 기꺼이 따르려는 백성의 어리숙한 태도를 꾸짖었다.

2:12-13. 심판은 틀림없이 오겠지만 이스라엘에게는 아직 희망이 있었다. 장차 하나님은 이스라엘을 다시 모아 그들을 일제히 본토로 돌아가게 하실 것이다. 허다한 사람들이 떠드는 소리는 매우 큰 무리의 양 떼 같을 것이다. 왕이신 주님이 그들의 귀환을 막는 온갖 장애물을 제거하실 것이다. "길을 여는 자"[파라츠(*parats*), 출 19:22, 24; 삼하 6:8]라는 단어는 메시아를 나타내는 분사형 명사로 해석해야 한다. 그는 '왕', '주님'과 같은 사람으로서 자기 백성의 본토 귀환을 이끄실 것이다. 어떤 학자들은 이 예언을, 주전 539년 바사의 고레스가 유다 백성의 귀환을 허락했을 때에 성취된 것으로 이해하지만 정황을 고려할 때 천년왕국의 메시아 통치를 나타내는 것으로 보는 편이 낫다.

Ⅲ. 메시지 둘: 심판 후에 축복이 따를 것이다 (3:1-5:15)

A. 이스라엘 지도자에 대한 질책(3:1-12)

3:1-4. **들으라**(1:2; 6:1을 보라)는 정치 지도자들을 필두로 부당한 지도자들에게 전하는 둘째 메시지의 시작을 알린다. 미가는 도축이라는 확장된 은유를 통해 악을 기뻐하고 선을 미워하는 그들을 고발한다. 그들이 백성을 함부로 대하는 태도는 죽은 짐승의 가죽을 벗기고 잘게 썰어 냄비에 담는 것과 비슷했다(2-3절). 이렇게 한 결과, 그 지도자들이 나중에 도와달라고 부르짖더라도 하나님은 모른 체하실 것이다. 성경에서 하나님이 얼굴을 드러내시거나 감추시는 것(4절)은 그분의 축복 혹은 축복의 철회를 상징한다(민 6:24-26; 사 59:2). 교회와 다른 기독교 단체의 지도자들은 개인이나 집단의 이기적 목표 달성을 위해서 사람들을 착취하지 않도록 조심해야 한다.

3:5-7. 다음 비난 대상은 종교 지도자들이었다. 그들은 백성을 편애하면서 잘못된 방향으로 이끌었다. 자기들의 배를 채워주는 자들에게는 확신에 찬 달콤한 메시지를, 그렇게 하지 않는 자들에게는 위협하는 메시지를 전했다(렘 5:14-15). 그들의 사역에 대한 심판은 지는 해로 비유되었다. 어둠이 빛을 대신하면서 그들이 전할 메시지는 더 이상 없을 것이다. 하나님은 그들의 입에 재갈을 물리신다.

3:8. 그에 반해 미가는 하나님의 영으로 인한 능력으로 충만했다. 그는 정의를 담대히 외치고 남 왕국과 북 왕국, 곧 **야곱**과 **이스라엘**의 반역에 대해 각기 맹렬히 비난했다. 신자들은 오랫동안 하나님의 뜻을 저버린 세상의 여러 문화권을 향해 성령을 의지해서 용기 있게 선포해야 한다.

3:9-12. 이 구절에서는 경건하지 않은 여러 지도자들을 다룬다. 북 왕국과 남 왕국의 지도자들 모두 하나님이 세우신 정의의 기준을 굽게 했다. 그들은 사회정의에 이르는 순탄한 길을 지나다닐 수 없는 길로 만들었다. **시온을 피로 건축하는도다**(10절)는 그들이 폭력과 협박이라는 특유의 방식으로 통치해왔음을 나타낸

다. 그들은 주로 돈벌이를 목적으로 가르쳤다(출 23:8; 잠 17:23). 그들은 하나님이 자신들을 온갖 위협에서 지켜주실 것으로 믿었지만, 이는 스스로를 속이는 일이었다(11절). 상황은 그들의 생각과 딴판이었다. 예루살렘에 있는 건물들의 토대는 쟁기로 갈아엎은 잔디밭처럼 될 것이며, 성전과 그 산은 황량해질 것이다(12절). 오늘날 기독교 지도자들은 어떤 동기에서 하나님의 말씀을 가르치는지 스스로 물어야 하고(벧전 5:2), 정치권에서 섬기는 자들은 하나님의 원리들을 통치 이념으로 삼아야 한다.

B. 예루살렘이 장차 받을 축복(4:1–5:1)

4:1–2. 이스라엘은 심판 후에 포로로 끌려가게 되겠지만, 그들의 먼 미래는 여전히 밝다. 주님은 장엄한 평화의 시대를 여실 것이다. 성전산은 느부갓네살 치하의 바벨론에 의해 황폐화되겠지만 천년왕국에서는 전 세계에 이름을 떨칠 것이다(사 2:1-4). 참되신 하나님을 예배하는 일에 대해 유례를 찾기 힘든 관심이 일어날 것이다. 미가 당시 통치자들의 구부러진 길(3:9)은 하나님의 정의로 바뀔 것이다. **여호와의 말씀이 예루살렘에서부터** 나올 때 야훼께 예배드리는 분위기가 조성될 것이다.

4:3–4. 여호와는 (5:2-5a에 계시될 자를 통해) 세상을 바르게 다스리실 것이다. 만국은 그분 앞에 무릎을 꿇고 세계적인 평화의 시대를 누릴 것이다. **무화과나무와 포도나무**는 그때에 각 사람이 만끽할 거대한 번영을 나타낸다.

4:5. 이 구절은 앞을 내다보며 하는 말씀이다. 지금은 이 나라에 종교적 타협이 만연하지만 늘 그렇지는 않을 것이다. 대신 그들은 장차 하나님의 힘으로 신실하게 살아갈 것이다(수 21:45).

4:6–8. 천년왕국 초기에 이스라엘의 신실한 남은 자들을 구성하는 유대인 신자들은 예루살렘으로 다시 모일 것이다(사 56:1-8). 여기서 **양 떼의 망대**(8절)는 신실한 남은 자들이 거주하는 예루살렘 그리고 라헬이 해산하다가 죽은 후 야곱이 장막을 세웠던 예루살렘 근처의 탁 트인 들판에 세워진 망대와 동일시되고 있다(창 35:16-21). 그 땅의 끔찍했던 고통은 즐거운 축하로 대체될 것이다. 이스라엘 백성이 바벨론 포로 후 약속의 땅으로 돌아왔을 때에도 이 예언의 조건들은 충족되지 않았다. 그때에 그들은 강한 나라가 되지 못했고(7절), 이전의 지배력을 되찾지도 못했다(8절). 이 예언은 큰 환난과 그리스도의 재림 후에 이루어질 것이다(슥 14:1-11). 그러고 나서 예루살렘은 이전의 영광을 되찾을 것이다.

4:9–10. 애통하며 우는 것은 왕이 유다에서 사라져 나라를 이끌 수 없게 되었기 때문이다(잠 11:14; 15:22). 백성은 들판을 지나 바벨론으로 끌려갈 것이다. 하지만 장차 구원자가 나타나서 그들을 고국으로 돌려보낼 것이므로 희망은 남아 있었다.

4:11–5:1. 여기에서 장면은 보다 먼 미래인 또 다른 예루살렘 포위로 바뀐다. 메시아에게 저항하고 그분의 백성을 파멸시키는 일에 열중하는 민족들은 아마겟돈 군사 작전을 위해 모일 것이다(시 2:1-12; 슥 14:1-3; 계 19:11-19). '모이다'라는 단어에는 이중적인 의미가 있다. 민족들이 예루살렘을 치려고 모이는 일에 여념이 없는 반면, 하나님은 타작마당의 비유로 그들을 실제로 모으실 것이다[Robert Chisholm, *Interpreting the Minor Prophets* (Grand Rapids, MI: Zondervan, 1990), 148]. 예언(5:1)은 포로 이전의 포위 작전과 바벨론의 시드기야 공격을 잠시 회상한다(왕하 25:1-7). 그리스도는 대적들과의 군사 대치에서 결코 공격받으신 적이 없다. 따라서 그 예언은 느부갓네살에 저항하라고 미가가 예루살렘을 격려하는 것이다. 결국 쓸데없는 노력으로 밝혀지기는 했지만 말이다.

C. 오실 메시아(5:2–15)

5:2. 이 구절은 미래로 옮겨가서, 성경에서 가장 두드러진 예언들 중 하나를 이룬다. 별로 알려지지 않은 **베들레헴**['빵집']의 영광이 예루살렘이라는 저명한 성읍의 몰락과 대비된다. **에브라다**에 대한 추가 묘사(창 35:19)로 인해 이 베들레헴은 스불론의 베들레헴과 구별되었다(수 19:15). **유다 족속 중에 작을지라도**는 유다의 유명 성읍들 목록에 에브라다가 누락되어 있는 것으로 설명된다(수 15:21-63; 느 11:25-36). 에브라다가 중요한 것은 이곳이 메시아의 탄생지이기 때문이다.

단독으로 사용되는 시간 명사는 영원과 관련이 있다. **상고에**[*qarem*, 카렘]라는 단어는 신명기 33:27('영원하신'으로 번역됨)과 하박국 1:12("만세 전부터 계시는"으로 번역됨)에서 하나님을 영원하신 분으로 나타내고 있다. **영원**[*olam*, 올람]은 창세기 21:33에서 '영원하신'으로 번역되면서 하나님의 영원성을 나타낸다. 잠언 8:22-23에서처럼 두 단어가 함께 쓰이면['태초에'(잠 8:22)와 '만세 전부터'(창 8:23)], 창세 이전을 의미한다. 잠언 8장과 미가 5:2 두 군데에서 이 두 단어는 함께 놓여 있는데, 이는 메시아가 다윗의 후손으로서 그 근원이 고대에까지 거슬러 올라간다는 것뿐 아니라 또한 창세 이전에서 오시고 창세 이전에 계시는 분임을 강조하기 위함이다. 메시아의 선재성(先在性)에 대한 탈무드의 생각은 이 구절에 기초한다. **그의 근본은 상고에라**는 구절에서 복수형("His 'goings forth' are from long ago", NASB)의 사용은 메시아가 영원 전부터 여러 번 출현하셨음을 나타낸다. 이는 주의 천사의 출현들과 잘 맞아떨어진다(즉, 신적 현현들, 출 33:14; 사 63:9과 더불어 출 23:20-23; 32:34). 미가가 묘사한 분은 그가 본문을 기록하기 전에도 수 세기 동안 세상에서 적극 활동하셨지만, 그로부터 수 세기 후에는 인간으로 태어나실 예정이었다. 그분은 완전한 신이시지만 여자에게서 태어나실 것이다(마 2:1-12). 따라서 이스라엘의 메시아는 하나님이자 인간이면서 그들의 통치자가 되신다. 미가는 이미 8세기 전에 이 예언을 했다.

5:3. **그들을 붙여두시겠고**는 하나님이 민족을 포로로 잡혀가게 두신다는 의미이다. **여인이 해산**한다는 구절에 대해서는 보통은 다음과 같이 세 가지로 해석한다. (1) 바벨론 포로 이후 이스라엘이 다시금 그 땅에 모이는 것이다. (2) 동정녀 마리아가, 재림 후 약속의 땅에 자기 백성을 모으시는 예수님을 낳는 것을 가리킨다. (3) 동일한 결과를 가져오는 이스라엘을 비유적으로 가리킨다. 이 마지막 견해가 옳다면 그리스도의 초림과 재림이라는 두 사건은, 그 사이의 시간 간격과 상관없이 5:2-3에서 합쳐진다(사 9:6-7). 이 견해는 미가 4:9-10과 궤를 같이하므로 채택할 만하다. **그의 형제 가운데에 남은 자**는 그리스도의 재림 때 밝혀질, 남아 있는 신자를 언급한다.

5:4-5a. 메시아는 조상 다윗이 그러했듯이(삼상 5:2) 하나님의 능력을 받으실 것이며, 그분의 통치에서는 하나님의 장엄하심이 드러날 것이다. 이스라엘은 그분이 온 세상을 통치하시는 내내 그 땅에서 안전하게 거할 것이다(시 2:7-8; 72:8; 말 1:11-14).

5:5b-6. 목자는 이 시기 동안 많은 신실한 지도자들을 일으켜서 이스라엘을 보호할 것이다. 여기서 앗수르와 니므롯(앗수르의 동의어)은 장차 이스라엘을 대적할 모든 나라를 비유하는 말로 사용되는 듯하다.

5:7-9. 장차 이스라엘의 신실한 남은 자는 **이슬**처럼(7절) 전 세계에 영적 상쾌함과 통찰을 가져올 것이다. 하나님이 땅에 이슬을 내리셨듯이 그들 역시 천년왕국의 거주자들에게 그분을 아는 지식을 가져다줄 도구로 사용된다. 그들은 또한 필요한 경우 무력을 사용해서(8-9절) 대적들을 파멸시킬 것이다. **사자**의 은유는 사납고 위협적인 힘을 가리킨다.

5:10-14. 여호와가 친히 이스라엘 백성을 깨끗하게 하실 것이다. **멸절하고**(10, 11, 12, 13절), **부수며**(10, 14절), **무너뜨리며**(11절), **빼버리고**(14절)로 번역된 단어들은 강력한 징계 행동을 암시한다. 그분은 이스라엘이 더 이상 병력과 우상에 의지하지 못하게 하실 것이다(신 17:16). 사람들은 이 우상을 손으로 새겨 만들고 여기에 초자연적인 능력을 부여했다. 형상들은 이교도의 신 바알과 여신 아세라를 대상으로 한 예배와 관련되었다. 이것을 제거하는 일은 이스라엘이 천 년을 맞이하도록 준비시킬 재림의 때에 분명히 일어날 것이다.

5:15. 하나님과 그분의 백성에게 반역하는 대적들은 이때 죽음을 면키 어려울 것이다. 그분은 그들에게 분노를 쏟으신다(시 2:1-12; 사 63:1-6). 그들은 1,000년이 차기까지 다시는 반기를 들지 못할 것이다(계 20:7-10).

Ⅳ. 메시지 셋: 축복은 심판을 능가할 것이다 (6:1-7:20)

이 마지막 메시지에서도 하나님 백성의 태도와 행위를 계속 비판하지만, 처음 두 메시지에서보다는 소망을 더 많이 주고 있다. 저급한 윤리와 우상숭배에 대해서는 계속 의문을 제기하지만, 이것이 고쳐지면 마침내 하나님의 은혜에 대한 복된 확신을 얻는다.

A. 하나님의 윤리 규범(6:1-8)

6:1. 이 절에서 소개하는 법정 비유에서는 산들이 의인화된 배심원으로 등장하고, 그 앞에서 자기 행동을 변호하라고 이스라엘에 도전하시는 하나님이 등장

한다. 산들은 그분에게 저항하는 이스라엘의 행동을 목격한 전 세계 사람들을 대표한다. 고대 근동의 세속 협정에서 이렇게 나타난 산들로 인해 변론은 엄숙해진다(Chisholm, *Interpreting the Minor Prophets*, 153).

6:2. 하나님은 고발장을 제시한 원고 역할을 맡으셨다. 그분은 유무죄 여부를 결정하시기 위해 증인들(산들)에게 이스라엘에 대한 자신의 불만을 들어보라고 촉구하신다.

6:3-5. 이스라엘은 증인석에 앉아 여러 수사적인 질문들을 들었다. 하나님은 반역하는 민족에게 왜 그렇게 행동했는지 해명하라고 몰아붙이셨다. 하나님이 이스라엘을 어떻게 **괴롭게 하셨는가**? 질문의 요점은 그들이 하나님을 기다리지 않고 인내하지 못한 부분을 짚고 넘어가는 것이었다. 하나님은 언제나 선하시고 비난받으실 일은 결코 하지 않으시기에 그들이 인내하지 못할 이유는 없었다(나 1:7; 약 1:13-17). 하나님은 이스라엘을 애굽에서 기적적으로 구출하셨고(출 5-15장), 뒤이어 이방인들의 반대에 직면해서도 변함없이 이스라엘을 계속 축복하시면서(민 22-24장) 과거에도 신실하게 대했음을 상기시키신다. 전자에서는 권능의 행위를 통해 필요한 리더십을 제공하셨고, 후자에서는 자기 백성에게 해를 끼치려는 불경건한 지도자들에게 좌절을 안기셨다. **싯딤에서 길갈까지**라는 말은 광야를 지나 요단강을 건널 때까지 그분이 계속해서 신실하게 백성들을 이끄셨음을 떠올리게 한다(수 3:1; 4:18-19). 이 모두는 하나님의 **공의**로우심을 드러낸 것으로서, 그분의 백성은 이런 증거를 외면하고 있었다. 어려운 시절을 만났을 때 하나님의 백성은 그분이 그들을 위해 하신 일을 기억하고 신실하심을 인정하는 표시를 일기나 사진, 혹은 블로그 등에 어떤 식으로든 남겨야 한다(수 4:7). 이렇게 하면 의심이 생겼을 때에도 그분의 신실하심을 잊지 않을 수 있다.

6:6-8. 이 시점에서 미가는 혼잣말을 한다. 하나님의 의로우심이 나타나면서 그분이 자기 백성에게 도덕적 의를 요구하실 수 있는 토대가 마련되었다. 그들은 마음 준비를 제대로 하지 않은 채 하나님이 명하신 제물을 드리는(레 1-8장) 위선을 보였다. 본문의 요점은 하나님이 짐승 제물을 귀히 여기지 않으신다는 데 있다기보다는, 자기의 삶 전체를 드리는 중에 그 일부로서 제물을 드려야 한다는 것에 있다(렘 17:24-26). 브루스 왈트케(*A Commentary on Micah*, 391)는 이 결정적인 관계에 대해 이렇게 말한다. "선지자들은 제물을 거부한 게 아니라 그것을 윤리에 종속시켰다"(삼상 15:22-23; 사 1:12-20; 암 5:21-27). 이스라엘 사람들은 거룩한 의례와 동료 인간에 대한 사랑 둘 다를 통해 자기 믿음의 실재를 현시해야 했다. 설령 그들이 자기 맏아들을 제단에 올려드렸다 할지라도(과장법), 다른 곳에서 보인 신앙과 삶의 불일치를 감추지는 못했을 것이다. 자주 인용되는 8절은 일종의 율법에 대한 요약처럼 보인다(막 12:29-31). 하나님은 이스라엘이 세 가지 특징을 보여주길 원하셨다. (1) 다른 사람들을 대할 때에는 **정의**[미스팟(*mishphat*), 하나님의 도덕적 정직함을 말하며 그분의 백성들에게도 발견된다. 시 106:3; 약 1:27-2:13; 갈 6:9-10]롭고, (2) 하나님이 자신에게로 부르신 신자 공동체에 대하여는 **인자**[헤세드(*chesed*), '충실한 사랑', 언약 관계에 절대적으로 신실함]하며, (3) 그들과 그분의 관계에 있어서는 겸손[사네(*sane*), 하나님 앞에서 겸손히 말을 줄임]하라는 것이다. 그리스도인의 사회적 행동은 의로우신 하나님에 대한 적절한 이해와 더불어 시작되어야 한다. 현대 교회에서 어떤 이들은 사회정의에 대해서는 존경스러울 정도의 관심을 보이면서도 교리적 정통성은 최소화하는 바람에 건전한 신학이 약화되는 결과를 낳았다. 반면에 복음주의자들은 기본 교리에 집요하게 매달리면서도 그들의 믿음에 함축된 사회적 의미에 대해서는 더러 무관심했다. 성경이 말하는 의로우신 하나님과 동행하려면 둘 다 필요하다.

B. 저급한 사업 윤리에 대한 비난(6:9-16)

6:9-12. 미가는 하나님이 그들의 부정직한 사업 거래를 비난하셨다는 사실에 주의하라고 촉구했다. 백성은 하나님을 건성으로 대하지 말고, 주님의 이름을 **경외**해야(9절) 한다. 이 말은 그분을 마땅히 존경하고 존귀하게 대하라는 뜻이며, 모든 지혜자들은 마땅히 이렇게 살아간다(잠 9:10; 15:33). 그렇지 않은 자들에게는 **매가 예비**되어 있다. 하나님은 징계의 회초리를 의인화하고 계시며, 유다가 자신들의 관행을 회개하지 않으면 그 회초리를 사용하셔서 잘못을 깨닫게 하시겠다는 경고이다. 그들은 돈 욕심에 **축소시킨 에바**[곡물과 같은

마른 물건의 양을 헤아리는 단위]를 사용하고[10절, 문자적으로, 대략 한 부셸(bushel), 곡물이나 과일의 중량 단위에 해당되는 "온전한 에바가 아닌 에바"] 또한 저울을 조작해 무게를 속이는 방식으로 불의하게 재물을 모았다(11절; 레 19:35-36; 암 8:5-6을 보라). 그들은 거짓을 말하기도 하고 으름장을 놓기도 했다. 오늘날 신자들은 그리스도인의 성품이 종종 교회 예배가 아닌 일터에서 더 명확히 드러날 수 있음을 알아야 한다.

6:13-15. 하나님은 그들을 회초리로 때려서(히 12:5-12) 건강을 질병으로, 안전을 불안으로 바꾸실 것이다. 안전하게 보관하려던 것은 잃어버리고, 소유한 그 어느 것도 만족을 주지 못할 것이다. 그들의 밭과 포도원은 소출을 내지 못할 것이다. 요컨대 그들의 부정 이득은 사라질 것이다.

6:16. 이 구절은 그들의 윤리가 땅에 떨어졌음을 잘 설명해준다. 그들은 근본적으로 자신들의 믿음을 저버리고 이방인들의 관습을 받아들였다. 오므리 왕조는 아합을 배출했는데, 그는 시돈 출신의 아내 이세벨의 영향으로 이스라엘에 바알 숭배를 본격적으로 도입한 자였다. 오므리의 정신은 150년이 지난 후에도 여전히 기승을 부렸다. 하나님은 결국 그들에게 바벨론 포로라는 굴욕을 안기실 것이다(시 137:1-3; 애 2:10-17).

C. 저급한 대인관계 윤리에 대한 비난(7:1-6)

7:1. **재앙이로다**는 선지자가 그 땅에서 영적 결핍을 목격하고 난 뒤에 내뱉는 애절한 외침이다(욥 10:15; 마 23:13-39). 과실은 성경에서 성품에 대한 비유로 흔히 사용된다(마 7:15-22; 갈 5:22-23). 좋은 과실을 맺지 못하면 하나님이 책망하신다(사 5:1-7). 미가는 조국이 영적 불모지가 된 것에 충격을 받았다. 그는 자신을 소출을 내지 못한 포도원에서 일하는 자로 비유했다. 포도는, 시장에 내다 팔기는커녕 자기 배를 채우기에도 턱없이 부족했다.

7:2. 미가는 여기서 이스라엘에 대해 과장된 표현을 썼다. 선하고 올곧은 사람은 하나도 찾아볼 수 없이 죄다 타락한 것처럼 보였다. 마치 자기 동족에게 해코지하려고 숨어 기다리는 자들과 같다고 묘사했다(잠 1:10-19).

7:3-4. **지도자**와 **재판관**, **권세자**는 나라를 의로운 방향으로 이끌어야만 했다. 하지만 그들은 양손을 잘 써서 악을 행할 만큼 악에 능수능란했고, 그들의 관계는 음모로 촘촘히 얽힌 사이가 되었다. 양심보다 권력이 앞서기는 예나 지금이나 마찬가지이다. 그들은 자기 욕심을 채우려고 시스템을 마음대로 조작한다. 그들의 행동은 **가시**와 **찔레 울타리**만큼이나 나라에 해를 끼쳤다. '…**날**'이라는 표현(4절)은 글의 흐름을 깨뜨리므로 "너희 파수꾼들의 날, 곧 형벌의 날이 왔다"라고 옮기는 편이 제일 무난할 듯하다(NASB에는 "The day when you post your watchmen, Your punishment will come"으로 되어 있다—편집자 주). 하나님은 미가와 다른 선지자들(파수꾼들)을 예비하셔서 영적 함정에 빠지지 않도록 이스라엘에게 경고를 해주셨지만(겔 3:17), 그들은 들으려 하지 않았다(렘 6:17). 결과적으로 그분은 이스라엘에게 바벨론 포로라는 심판을 내리실 것이다. 높은 자리에 있는 그리스도인들은 부정을 저지르지 말고, 대신 주님이 기뻐하시는 방식으로 영향력을 행사해야 한다.

7:5-6. 미가는 민족의 배반이라는 이전 주제로 돌아왔다. 그 배반은 너무나 광범위해서 영향을 받지 않은 관계가 하나도 없을 정도였다. 이웃도, 가까운 친구도, 아내(**네 품에 누운** 여인)마저도 믿을 수 없었다. 안전한 피난처는 없었다. 가장 가까운 가족조차도 의심의 대상이 되었다.

D. 메시아의 연민에 대한 소망(7:7-20)

7:7-8. 여기서 미가는 나라의 본보기가 되었다. 상황은 암울했지만 그는 여전히 하나님의 자비에 소망을 두었다. 그는 자신과 자기 나라를 구해달라고 하나님께 계속 기도했다. 북 왕국과 남 왕국은 멸망하겠지만 백성과 나라는 장차 회복될 것이다. **나로 말미암아 기뻐하지 말지어다**(8절)라는 말은 이스라엘의 대적들에 대한 호된 비판이다. 그들이 만끽한 승리는 오래가지 못할 것이다. 메시아 왕국이 지상에 임하면 미가와 그의 백성은 살아남아 다시금 번영을 누릴 것이다.

7:9. 미가가 유대 백성의 대표자 역할을 하는 이 구절에서 전혀 뜻밖의 대비가 나타난다. 미가(와 이스라엘)의 죄에 대해 분개하는 이가 선지자를 변호하는 이와 동일 인물이라는 사실이다. 하나님은 백성의 죄로 인해 그들에게 진노를 퍼부으실 것이다. 예루살렘은 대적들에게 포위되고 포로로 잡혀갈 것이다. 그렇지만 그

들이 주님 앞에서 자신들의 죄를 자복하면 그분은 그들이 돌아오도록 신실하게 인도하신다.

7:10-13. 이스라엘을 조롱하던 자들은 장차 백성의 기도에 따라 굴욕을 당하게 된다(시 79:10-13). 천년이 시작되면 이스라엘의 경계는 확장되고 성벽은 이스라엘 성읍 주위가 아닌(슥 2:4-5) 번창하는 포도원 주위에 세워질 것이다[John Martin, "Micah," in *The Bible Knowledge Commentary: Old Testament*, eds. John F. Walvoord and Roy B. Zuck (Wheaton, IL: Victor Books, 1985), 1490]. 이 기간이 시작되기 직전에 하나님은 이스라엘의 이방인 대적들의 코를 납작하게 하실 것이다.

7:14. 여기서 말하는 이는 누구인가? 이스라엘 회중? 하나님 혹은 이 책의 저자? 아마도 하나님께 그분의 양 떼를 선한 목자(2:12과 5:4에서 그분은 목자이시다)처럼 이끄시고 그 지팡이로 그들을 축복으로 인도해달라고 간청하는 미가일 것이다. 설령 하나님이 이스라엘에게 포로로 잡혀가는 심판을 내리실지라도 장차 그들을 회복시키신다는 전망이 논의의 흐름이다(9-13절). 14절에서 미가는 그런 회복을 위해 하나님의 신실하심에 호소한다. 이스라엘 백성은 하나님의 특별한 소유물이었다. 미가는 삼림지대와 비옥한 초원을 번갈아 가며 살았던 **옛적**(20절)을 그리워했다. **바산**과 **길르앗**은 요단강의 동쪽 지역이었다.

7:15-17. 14절의 미가의 간청에 대해서 하나님은 이스라엘을 위해 출애굽 같은 기적을 행하시겠다는 약속으로 답하셨다. **손으로 그 입을**은 충격이나 경외감의 크기가 클 것을 가리킨다(사 52:15). 장차 세상 나라들은 이스라엘의 회복을 보며 눈이 휘둥그레지고 놀란 뱀처럼 뒤꿈무니를 뺄 것이다. 하나님을 두려워했듯이 이스라엘도 크게 두려워할 것이다. **티끌을 핥으며**는 늘 하나님의 뜻에 반대하는 사탄을 마침내 으스러뜨리겠다는 그분의 약속(창 3:15)을 상기시킨다.

7:18-20. 미가는 **남은 자**, 곧 이스라엘 가운데 있는 신실한 자들을 이롭게 하신 하나님의 여러 속성으로 인해 그분을 찬양하면서 글을 맺는다. 미가는 주님을 유일무이하시고(출 15:11) 용서를 베푸시고 진노를 누그러뜨리시고 변함없이 그들을 사랑하시는 분으로 인정했다. 게다가 그분은 불쌍히 여기시고 지켜주시는 분이셨다. 19b절의 아름다운 은유를 통해 하나님은 이스라엘의 죄를 그분의 시야에서 멀리, 바다에 던지시는 분으로 묘사했다. **우리의 모든 죄를 깊은 바다에 던지시리이다**라는 구절은 '타슐리크'(Tashlich, "당신이 던지시리라"는 의미)라는 유대 관습의 근거로 사용되는데, 이때 유대 백성은 하나님이 죄를 없애셨다는 상징으로 신년제(新年祭, Rosh Hashanah)에서 빵을 수역(水域)에 던진다. 그분의 마지막 말씀은 아브라함과 맺으신 무조건적인 언약을 상기시킨다(창 12:1-3; 15:12-21; 17:1-8). 하나님은 그들이 죄를 지으면 징계하시지만 결코 내팽개치지는 않으신다. 장차 모든 족장들에게 하신 약속들이 성취될 왕국이 지상에 임할 것이다(사 2:1-4; 9:1-7; 11:1-10; 35:1-10). 이스라엘 민족 앞에는 그들이 기대해도 좋을, 물리적으로나 영적으로 밝은 미래가 놓여 있다. 이스라엘에 대한 하나님의 신실하심을 보며 오늘날을 살아가는 신자들은, 엄하시지만 애정 어린 눈으로 그들을 지켜보시고 용서를 구하는 자들에게 거리낌 없이 은혜를 베푸시는 하나님의 신실하심에 크게 기뻐할 수 있다.

참고 문헌

Allen, Leslie. *Joel, Obadiah, Jonah, and Micah*. Grand Rapids, MI: Eerdmans, 1976.

Barker, Kenneth, and Waylon Bailey. *Micah, Nahum, Habakkuk, Zephaniah*. Nashville: Broadman & Holman, 1998.

Chisholm, Robert. *Interpreting the Minor Prophets*. Grand Rapids, MI: Zondervan, 1990.

_______. "A Theology of the Minor Prophets" in *A Biblical Theology of the Old Testament*, edited by Roy Zuck, 397-434. Chicago: Moody, 1991.

Feinberg, Charles. *The Minor Prophets*. Chicago: Moody, 1976. 《12소선지서 연구》(은성).

McComiskey, Thomas. "Micah" in *The Expositor's Bible Commentary*, vol. 12, edited by Frank E. Gaebelein, 395-445. Grand Rapids, MI: Zondervan, 1985.

Smith, Gary V. *NIV Application Commentary: Hosea, Amos, Micah*. Grand Rapids, MI: Zondervan, 2001.

Smith, Ralph L. *Micah-Malachi*. Waco: Word Books, 1984. 《미가-말라기》, WBC성경주석(솔로몬).

Waltke, Bruce. *A Commentary on Micah*. Grand Rapids, MI: Eerdmans, 2007.

나훔

마이클 보일(Michael J. Boyle)

서 론

저자. 나훔서는 선지서 중에서 열두 선지서(소선지서)에 속한다. 이 책의 저자는 나훔[나쿰(*nachum*), 1:1]으로, '위로' 혹은 '위안'이라는 뜻이다. 그 이름은, 하나님이 자기 백성을 기억하시고 니느웨를 심판하심으로써 그들을 돌보고 계신다는 위로와 약속의 말씀을 건네고 있기 때문에 유다를 위한 사역과 잘 어울린다. 게다가 니느웨가 심판받을 때에는 어떤 '위로'(*nachum*)나 '위로자'[히브리어 어근 *n-ch-m*에서 나온 '메나카민'(*menachamim*)]도 없을 것임을 상기시키는 말이기도 하다(3:7).

나훔은 성경의 다른 곳에서는 등장하지 않는다. 나훔과 히브리어 어근이 같은 구약의 다른 이름들로는 느헤미야('야훼가 위로하신다'), 느훔('위안', 느 7:7), 나하마니('자비로운', 느 7:7), 나함('위안', 대상 4:19), 단후멧('위로', 렘 40:8) 그리고 므나헴('위로자', 왕하 15:14) 등이 있다.

나훔은 "엘고스 사람"으로 불린다. 즉, 그는 엘고스 출신이다. 엘고스의 위치로는 앗수르와 갈릴리, 유다의 여러 지역이 후보에 올랐지만, 실제 위치에 대해서는 합의된 바가 없다.

나훔은 유대교 정경(후기 선지서 중에서 열둘)과 기독교 정경(소선지서 혹은 예언서)에서 언제나 선지서로 간주되었다. 선지자들은 회개하고 죄를 버리며 여호와께 돌아오라는 말을 유다에 계속 전했지만 왕과 백성은 거부하기 일쑤였다. 심지어 이스라엘 북 왕국이 패배하고 사로잡혀간 후에도 대체로 사악하고 나쁜 왕들이 유다를 이끌었다. 나훔은 막강한 앗수르에게서 구출될 수 있다는 소망을 남 왕국 유다에 전했다. 그는 유다에 파송된 다른 선지자들과 같은 맥락에서 말했다. 즉, 하나님은 죄를 범하는 자들을 심판하시며, 그분의 예언은 참되며, 반드시 성취되리라는 사실을 전했다. 유다는 니느웨에 대한 이 심판이 실행되는 것을 지켜보았고, 또한 나훔의 예언을 통해 여호와의 경고를 받았음에도 불구하고 회개하지 않았다.

연대. 나훔 3:8에서는 더베[Thebes, '노아몬'(No-amon)은 '아몬 신의 성읍'이란 뜻으로 더베의 이집트식 지명—옮긴이 주]의 몰락을 언급하고 있다. 이 사건은 주전 663년에 일어났다. 그리고 나훔서에 예언된 니느웨의 몰락은 주전 612년에 일어났다. 따라서 주전 663년과 612년 사이의 어느 시점에 예언이 전해졌고 책이 기록된 셈이다. 이 책은 니느웨가 권력의 정점에 있음을 밝힌다. 아슈르바니팔(주전 638-633년, 오스납발)의 통치 마지막 몇 년 동안 앗수르는 힘을 잃었고, 주전 633년 그가 죽은 후에는 급속히 몰락했다. 이로 인해 책을 쓴 시기는 주전 663년과 639년 사이의 어느 시점으로 좁혀진다. 월터 메이어는 더베가 주전 654년에 재건되었다는 이유로 그 시기를 주전 663년과 654년 사이로 더 좁힌다[Walter A. Maier, *The Book of Nahum*, Thornapple Commentaries (Grand Rapids, MI: Baker, 1980), 36].

수신자. 나훔은 니느웨를 겨냥해 자신의 메시지를 전했다. 하지만 니느웨를 책의 최종 독자와 혼동해서는 안 된다. 선지자가 전한 말은 유다에게 위로의 메시지가 되었다. 나훔의 예언이 전달되고 그것이 기록되는 동안 유다는 앗수르 제국의 지배와 억압에 시달리고 있었기 때문이었다.

주제. 책의 첫 문장에 나온 "니느웨에 대한 경고"라는 구절을 통해 나훔서의 주제가 드러난다. '경고'[oracle, 히브리어는 '마싸'(*massa*)]라는 용어는 '부담'(burden, 히브리어 어근인 *n-s-'*에서 유래. '들어 올리다', '전달하다', '가지고 가다')으로도 옮길 수 있다. 나훔이 전해야 하는 예언의 말씀은 니느웨에게 중대하면서 부담스러운 메시지임에 틀림없다. 이스라엘의 패배와 유다의 정복을 포함해 열방에 대한 니느웨의 무시무시한 잔학 행위가 더욱 커지자, '보복하시는' 그리고 '진노하시는' 하나님(1:2)은 이 사악하고 반항적인 제국을 심판하고 멸하시겠다고 약속하셨다. 하나님은 죄를 범한 사람을 그냥 두지 않으신다(3절). 나훔은 유다를 위한 소망과 약속, 피난처가 되는 말씀들을 버무려 이 심판 옆에 놓는다. 니느웨의 패배는 곧 유다에게는 자유와 평강이 될 것이다.

목적. 나훔서의 목적은 니느웨의 몰락과 파멸을 선언하는 동시에, 하나님이 세상을 통제하시며 자신의 약속에 끝까지 충실하실 것이라는 메시지를 전하면서 유다에게 위안과 위로를 주는 데 있다. 그 약속들은 니느웨에서 영원히 그리고 완전히 벗어나고(1:13, 15b) 다시금 활기찬 예배를 드리며(15a절) 메시아를 통해 이스라엘의 영광을 회복시키겠다는(2:2) 것이다.

나훔서에는 모든 학자들이 동의할 만큼 분명한 문학 형식을 갖춘 곳이 한 군데도 없다. 여기 사용된 주제와 그것의 전개 과정은 확실히 이해되지만 정확한 구조는 아니다. 웨이런 베일리는 나훔이 각 장마다 사용하는 구조를 확인했는데, 선지자가 각기 다른 종류의 언어를 사용하고 있음을 지적한다. "1장은 찬송과 신탁의 언어를 사용해서 하나님의 성품을 묘사한다. 2장은 신탁과 전투를 묘사하는 언어를 사용하여 여호와의 심판이 니느웨에 임했음을 선언한다. 3장은 역사적 비교와 함께 장례식의 비통과 애곡 언어를 사용해서 앗수르에 대한 사망을 선고한다"[Waylon Bailey, *Micah, Nahum, Habakkuk, Zephaniah: An Exegetical and Theological Exposition of Holy Scripture*, NAC (Nashville: Broadman & Holman, 1998), 151].

영향. 나훔서는 사악한 통치자들과 제국들에 대한 하나님의 관점은 무엇이고, 그분이 그들을 다루시는 방식은 어떠한지를 명확히 함으로써 성경의 나머지 책들을 이해하는 데 크게 기여한다. 하나님의 백성은 그분이 노하기를 더디 하시고 능력이 크심도 알지만(1:3; 참고. 출 34:6-7; 시 103:8), 때가 이르면 보복하고 진노하심도 듣는다(1:2). 악한 자들이 잘되고 힘과 영향력을 키워나갈 때 하나님은 그들의 범죄와 야만성에 눈감지 않으신다. 여호와는 악한 자들을 심판하고 파멸시키실 것이다. 그들이 사람과 나라들 그리고 하나님을 경멸하였으므로, 그분은 저들의 이름을 지워버리고 거짓 종교를 없애며 무덤에 가두실 것이다(1:14). 하나님은 이 세상에서 일어나는 모든 일을 주관하고 통제하신다(참고. 1:1-14).

배경. 나훔서는 니느웨에 대한 예언이다. 나훔서에 기록된 사건들이 일어나기 75년 전쯤에 요나 선지자는 하나님께 쓰임을 받아 앗수르 제국의 저 큰 성읍에서 강력한 사역을 펼쳤다. 하지만 요나가 거둔 선교의 결실은 흔적도 없이 사라졌고, 니느웨는 이전의 잔혹하고 무신론적인 길로 되돌아갔으며, 다시 한번 하나님의 심판에 직면했다.

니느웨가 성경에서 처음 언급된 것은 구스의 아들 니므롯이 니느웨를 세웠을 때였다(창 10:8-11). 나훔이 책을 쓸 당시 앗수르는 자신의 영향력을 이스라엘과 애굽으로 확대하던 때였고, 그때까지 이스라엘을 오랜 시간 괴롭혔다. 디글랏 빌레셀 3세(주전 745-727년)는 므나헴(주전 752-742년)이 통치하던 이스라엘을 침략해서 공물을 징수했다(왕하 15:19-22). 주전 731년 유다의 아하스 왕(주전 732-715년)은 디글랏 빌레셀 왕의 봉신이 되었다(왕하 16:7-9). 살만에셀 5세(주전 727-722년)는 주전 722년 이스라엘 북 왕국을 무너뜨렸다(왕하 18:9-10). 주전 701년 산헤립 왕(주전 704-681년)은 유다 남 왕국을 침략해 성읍들을 손에 넣었고 히스기야가 통치하던(주전 728-687년, 왕하 18:13-19:37) 예루살렘을 위협했다. 주님은 앗수르 군대를 통해 반역하는 유다를 괴롭히셨고, 그 결과 므낫세 왕(주전 687-642년)은 자신의 악으로 말미암아 사로잡히게 되었다(대하 33:10-11). 아슈르바니발(주전 669-633년)은 주전 663년 더베를 물리쳤다. 바벨론과 메데는 동맹을 맺어 주전 612년 니느웨를 포위하고 패배시켰다. 니느웨는 앗수르 제국의 수도였고, 고대 세계에서 가장 잔인하고 강력하며 우상을 숭배하던 제국 중 하나였다(1:14; 3:1, 4).

다른 선지자들처럼 나훔은 직유, 은유, 수사적 질문, 반어법, 모음운(assonance), 두운, 반복, 동의어 사용 및 인칭과 수의 급작스런 변화 등을 결합하여 웅대한 시로 표현되는 신탁 스타일을 사용한다. 리처드 패터슨은 "나훔은 소선지자들 중에서 계관시인이라 불릴 만했다"라고 평가한다[Richard D. Patterson, *Nahum*, WEC (Chicago: Moody, 1991), 10].

개 요

Ⅰ. 나훔서의 제목(1:1)
Ⅱ. 니느웨 파멸의 확실성(1:2-15)
  A. 자기 대적들을 심판하시는 하나님의 현현 능력(1:2-8)
  B. 니느웨의 진멸에 대한 예언(1:9-11)
  C. 유다에 대한 약속(1:12-15)
Ⅲ. 니느웨 파멸에 대한 묘사(2:1-13)
  A. 니느웨 함락(2:1-7)
  B. 니느웨에 대한 약탈(2:8-10)
  C. 니느웨의 굴욕(2:11-13)
Ⅳ. 니느웨 파멸의 완전성(3:1-19)
  A. 하나님이 니느웨를 심판하시는 이유들(3:1-4)
  B. 니느웨 파멸의 치욕(3:5-7)
  C. 더베의 패배와 동일한 니느웨의 패배(3:8-15a)
  D. 니느웨의 철저한 내부 붕괴(3:15b-19)

주 석

Ⅰ. 나훔서의 제목(1:1)

1:1. 나훔서는 **니느웨에 대한 경고**로서, 이는 저자가 앗수르의 수도에 중대한 메시지를 전하겠다는 의미이다. 그리고 이 책은 선지자가 받은 **묵시**로서 하나님이 **엘고스 사람 나훔**에게 친히 주신 것이다.

Ⅱ. 니느웨 파멸의 확실성(1:2-15)

하나님에게는 니느웨를 심판하고 앗수르 사람들을 멸절시키실 능력이 있다. 니느웨의 파멸은 유다가 앗수르의 세력에서 벗어날 수 있다는 약속에 대한 근거가 된다.

A. 자기 대적들을 심판하시는 하나님의 현현 능력(1:2-8)

1:2-3a. 신의 현현(顯現)이란 하나님이 인간에게 나타나시는 것을 말한다. 여기서 하나님은 자신의 피조세계를 휩쓰는 폭풍으로 스스로를 드러내신다. 그분은 **하나님**으로 소개되는데(이 책에서 한 번 사용된다), 이는 그분이 큰 힘을 지닌 강력한 분이고, **여호와**(2a절), 곧 하나님의 개별적인 이름이자 자기 백성과 언약을 맺으신 분인, 야훼(*yhwh*)이심을 나타낸다[*yhwh*는 이

나

책에서 11회 사용된다(2절에서 3회, 3절에서 2회, 7, 9, 12, 14, 2:2, 13에서 각 1회) 또한 2:13; 3:5 그리고 이 두 구절에 대한 주석을 보라]. 하나님은 **질투하시**는 분이므로 죄를 심판하시고, 자기 명예와 백성에 대한 열의를 갖고 계시기에 **보복하시며 진노하**신다(2b절). **진노하**심은 하나님이 자기 대적들에 대한 진노를 쌓아두신다는 뜻으로, 이는 그들이 받을 진노가 확실함을 암시한다. 또한 주님에 대해서, **노하기를 더디 하시며 권능이 크신** 분으로 묘사하면서 하나님의 백성을 격려하고 있다. 그분은 **벌 받을 자**를 틀림없이 벌하실 것이다(3a절).

1:3b-5. 하나님은 하늘에서 큰 폭풍으로 내려오심으로써 자신을 현현하셨다. 하나님의 권능은 **광풍**과 **회오리바람**으로 임했고, **그의 발**로는 **구름**을 마치 **티끌**처럼 휘저으신다(3b절). 하나님의 이 강력한 폭풍은 "큰 동풍[으로] 밤새도록…물러가게 하신"(출 14:21-22) 그분의 권능과 홍해의 물을 생각나게 한다. 하나님은 **바다를 꾸짖어 그것을 말리시며 모든 강을 말리셨**다. 출애굽 당시 애굽 사람들에게 "큰 능력"을 보이셨듯이(출 14:31), 하나님은 니느웨가 현재 장악하고 있는 유다의 주변 지역들, 곧 요단강 동쪽의 소출이 많이 나는 땅인 **바산**, 동산과 비옥한 땅이 있는 북 왕국의 산지인 **갈멜** 그리고 울창한 삼림이 있고 이스라엘의 북쪽 경계와 접하는 지역인 **레바논**에도 능력을 행사하셨다(4절). 주님은 이 비옥하고 소출이 많은 땅들도 쇠하게 하실 것이다. 하나님은 이 강력한 현현으로 산들과 작은 산들, 땅 전체를 변모시키신다. 그분이 주도하시는 이 강력한 보복의 역사는 사실상 **땅**의 **모든 것들**에 영향을 미친다(5절).

1:6. 누가 능히 하나님 앞에 설 수 있느냐는 질문에 선지자는, 니느웨는 물론이고 어느 누구도 **그의 분노 앞에 서**지 못하고, **불처럼 쏟아지**는 **그의 진노**를 감당할 사람은 아무도 없다고 답한다. 하나님의 불같은 진노는, 가는 길에 있는 모든 것을 집어삼키며 벽으로 둘러싸인 모든 **바위** 요새를 무너뜨릴 것이다.

1:7. 주님의 백성은 **여호와**가 **선하**심을 상기한다. 그분은 그들의 **환난 날에 산성**, 곧 안전하고 보호받는 장소를 제공하신다. 그리고 하나님은 지켜달라고 도피해오는 그분의 백성을 개인적으로 아신다. **그는 자기에게 피하는 자들을 아신**다.

1:8. 반면 하나님의 심판에 직면하는 자들은, 니느웨 같은 성읍을 **진멸하**고 그 대적들을 죽음으로 이끌, **범람하는 물**과 같은 심판과 맞닥뜨릴 것이다.

B. 니느웨의 진멸에 대한 예언(1:9-11)

1:9-10. 자신의 심판 능력을 나타내신 후 하나님은 심판받을 자를 언급하셨는데, 여기서는 니느웨가 그 대상이다. 주님이 그들의 계획을 물거품이 되게 하시고 그 성읍을 황폐하게 하실 것이므로, 이 성읍이나 나라가 **여호와께 대하여 꾀하**거나 상상하거나 계획할 수 있는 것은 전무하다. 그들이 계획하는 **재난**은 **다시 일어나지** 않을 것인데(9절), 이는 그들이 두 번째 기회를 얻지 못할 것임을 의미한다. **가시덤불**처럼 그들은 엉크러졌고, 술에 **취한** 상태에서 제정신이 되지 못하며, 마른 상태가 되어 다시 수분을 공급받지 못한다(10절).

1:11. 이 성읍 혹은 나라의 정체는 **여호와께 악을 꾀하는 한 사람**으로 밝혀지는데, 그는 **사악한 것을 권하는 자**를 파송했다. 이 악의 대사(大使)는 앗수르와 산헤립 왕과 그가 유다에 행한 잔학 행위와 동일시된다(왕하 18:13, 26-19:37을 보라).

C. 유다에 대한 약속(1:12-15)

1:12-13. 니느웨가 비록 강하고 군사가 많을지라도 그들은 **멸절**당해 없어질 것이라고 **여호와께서** 유다를 안심시키셨다(12a절). 이어서 주님은 그들의 압제가 곧 끝날 것이며 니느웨의 쇠막대를 **깨뜨**려 산산조각 내시겠다고 자기 백성에게 약속하셨다. 주님은 니느웨의 **결박**을 **끊**어 유다를 자유롭게 하실 것이다(12b-13절).

1:14. **여호와가** 니느웨의 확실한 심판에 관한 말씀을 주시면서 **명령**하셨으므로, 그분이 유다에게 하신 약속은 확실하다. 니느웨의 **이름**에는 마침표가 찍힐 것이다. 그들의 **새긴 우상**과 **부은 우상**, 성전은 멸절되고 파괴될 것이다. 이렇게 완전히 파멸시키는 이유는 하나님이 니느웨를 **쓸모없**다고 여기셨기 때문이다. 그분이 니느웨를 그렇게 간주하신 것은 이 성읍이 "만군의 여호와"(2:13; 3:5에 대한 주석을 보라)이신 하나님의 주권을 무시하고 백성을 무자비하게 다루었기 때문이었다(3:1).

1:15. 니느웨에 대한 심판이 다가오자 나훔은 **볼지어다**[이는 주의를 기울이라는 경고이다]라고 선언했

다. 니느웨의 파멸은 미래에 일어날 일이지만 나훔은 마치 이미 일어난 것처럼 경고하고 명했다. 유다를 둘러싼 **산**들에 **아름다운 소식**이 전해졌다. 앗수르가 파멸되었다는 이 낭보는 하나님의 백성에게 소망과 **화평**[*shalom*, 샬롬]을 가져다주었다. 이 화평으로 예배가 새로워졌고 전쟁에 대한 불안이 가셨다. 유다는 그들의 **절기를 지키고 서원을 갚**음으로써 다시금 주님에게 온전한 예배를 드리라는 명령을 받는다. 그리고 니느웨가 **완전히**(새번역) 파멸될 것이므로 그들이 **다시는** 유다를 공격하거나 예속시키지 **아니**할 것이라는 약속이 이스라엘에게 주어진다.

Ⅲ. 니느웨 파멸에 대한 묘사(2:1–13)

나훔은 니느웨 파멸에 대한 조감도를 마음속에 그렸다. 멀리서, 전진하는 군대가 다가와서 니느웨를 공격하고 앗수르 군대를 격퇴하며 성읍을 접수한다. 그 다음에, 승리한 군대는 앗수르의 전투 방식을 그대로 따라 하며 니느웨의 재산과 보물을 약탈할 것이다. 마지막으로 그 성읍은 나훔의 조롱과 만군의 여호와의 말씀으로 굴욕당할 것이다.

A. 니느웨 함락(2:1–7)

2:1. 니느웨는 **파괴하는 자**에 의해 파괴될 것이다. 여기서 파괴하는 자는 니느웨를 파괴하시고 파멸시키실 주님을 말하거나, 니느웨를 **치러 올라**와서 패배시키는 바벨론과 메대를 나타낼 수도 있다. 이 전투와 관련해, 니느웨 사람들은 **산성** 벽에 올라서고 성읍으로 이어지는 **길**을 파수하며 그들의 **허리를 견고히 묶**으라(이 말은, '굳게 서라' 혹은 '갑주를 입고 담대하라'라는 의미로 쓰일 수 있다)는 지시를 받는다. 이 명령들은 격려하거나 소망을 주려는 목적이 아니라, 패배를 면하기 위해 쓸데없는 노력을 기울이는 니느웨 사람들을 비웃는 반어법으로 쓰였다.

2:2. 주님이 니느웨를 패배시키려고 하는 것은, 주전 722년 앗수르에게 멸망당해 백성이 흩어지기 전의 **이스라엘**[이스라엘 북 왕국]**의** 이전 **영광**처럼 **야곱**[유다 남 왕국]**의 영광**, 위풍당당함, 자랑 및 큰 기쁨을 **회복**시키려는 의도를 갖고 계시기 때문이다. 니느웨의 패배로 유다는 그 땅에서 화평과 자유, 번영을 새롭게 만끽할 것이다. **그들의**라는 복수형 사용을 보면서, 메시아가 장차 세우실 천년왕국에서 유다와 이스라엘이 둘 다 격상될 것이라는 약속 또한 마음속에 품게 된다. 이스라엘이 장차 이처럼 격상되고 영광을 되찾으리라는 사실은 **약탈자들** 혹은 파괴자들이 니느웨의 모든 것을 앗아가고 그들의 비옥한 땅을 파괴하리라는 부분과 대비된다.

2:3–4. 이제 나훔은 역사적 현재 시제로 글을 쓴다. 멀리서 다가오는 공격군은 **자주색**(새번역) 전투 복장에 **붉은**(새번역) 방패를 든 전사들로 구성되어 있다. 여기서 붉은색은 붉은색 위의 고무, 방패의 구리색 혹은 전투 경험이 있는 군대를 표현하는 피의 상징일 수도 있다. 그 전사들은 햇빛 속에서 번쩍이는 **쇠**로 된 **병거**를 탄다. 부대가 집결하고 전투태세를 갖춘 후 공격에 나설 때 병사들은 그들의 창을 흔든다(3절). 그들이 성벽을 통해 나아갈 때 **병거**들은 **미친 듯이 거리**를 달리며 **대로**에서 **이리저리 빨리 달리**면서 혼돈과 혼란, 무질서를 초래한다. 그들은 너무 빨리 달려 마치 **번개** 같다는 인상을 준다(4절).

2:5. 성읍을 방어하기 위해 니느웨의 왕은 군사와 공동체 지도자들을 소환하고, 니느웨 사람들은 맹습에 저항할 준비를 한다. 갈피를 못 잡고 우왕좌왕하는 그들의 모습은 마치 **엎드러질** 듯이 **달리**는 누군가를 닮았다. 그들은 **급히 성**에 이른다. 그럼에도 불구하고 **막을 것**[니느웨 사람들이 침략군을 향해 아래로 던지는 바위나 잔해로부터 지켜주는 커다란 보호막이나 이동식 방패]은 밖에 이미 **준비**되어 있다(시 140:7).

2:6. 나훔은 왕궁을 훼손하고 파괴하는 **강**들의 범람으로 니느웨가 몰락한다고 예언했다(1:8; 2:8). 디오도루스는 포위된 지 3년 째에 폭우로 근처 강이 범람하면서 성읍의 일부가 물에 잠기고 성벽 일부가 파손되었다고 썼다.…크세노폰은 (아마도 폭풍을 동반했을) 무시무시한 우레를 언급했다[Elliot E. Johnson, "Nahum," in *BKCOT*, ed, John F. Walvoord and Roy B. Zuck (Wheaton, IL: Victor Books, 1985), 1495]. 이 역사적 기록은 나훔의 예언이 실현되었음을 증명한다.

2:7. 주님은 니느웨의 패배를 결정하시고 확정하셨다. 성읍이 그 모든 소유물을 빼앗겨 **벌거벗은** 바 되고 포로로 **끌려**갈 때 이런 일이 일어난다. **시녀**들로 비유된 성읍의 지도자들과 종들은 그 상실로 인해 슬피 울

고 비통해할 것이다.

B. 니느웨에 대한 약탈(2:8-10)

2:8-9. 니느웨는 다른 피정복 국가들로부터 약탈한 물건을 저장하는 곳이었다. 이제 죽게 될 것을 두려워하는 니느웨 백성은 성읍에서 **도망하니 서라 서라** 하고 외치지만 **돌아보는 자가 없다**(8절). 공격자들은 또 다시 외친다. **은을 노략하라 금을 노략하라**. 실로 공격자들에게 니느웨는 **그 저축한 것이 무한하고 풍부하다**(9절). 설형문자로 새겨 넣은 점토판인 바벨론 연대기에서는 니느웨를 점령해서 취한 전리품이 "그 양을 헤아릴 수 없을 정도"였다고 묘사한다[Hermann J. Austel, "Nahum," *BCB*, ed. Walter A. Elwell (Grand Rapids, MI: Baker, 1989), 663].

2:10. 약탈이 끝나자 노래가 울려퍼진다. "니느웨가 **빈털터리가 되었다**(새번역)! 니느웨가 **황폐하였도다!**" 니느웨 사람들은 **낙담하고 무릎이 서로 부딪히고 낯이 빛을 잃어** 몸 전체가 두려움에 떠는 등 완전히 짓밟힌 상태가 되었다.

C. 니느웨의 굴욕(2:11-13)

2:11-12. 니느웨에 대한 약탈, 또한 그들의 함락과 도피가 임박해옴에 따라 나훔은 니느웨 성읍의 패배를 비웃고 조롱하는 노래를 불렀다. 나훔은 묻는다. **이제 사자의 굴이 어디냐**. 사자 굴은 **젊은 사자가 먹을 곳**이며 사자 가족이 **다니**던 곳으로, 거기에서는 **그것들을 두렵게 할** 자가 없었다(11절). **사자**의 이런 이미지는 니느웨 왕들이 왕궁 벽과 성읍 도처에 어떤 식으로 사자들을 새겨 넣었는지를 환기시킨다. 니느웨에게 큰 굴은 왕궁이요, **수사자**와 **암사자**[들], **새끼**[들]은 왕과 왕비(와 소실들), 그들의 자손들이다. 이제 성읍에는 그런 사자들이 하나도 없다. 니느웨의 잔인성은 **수사자가 먹이를 움켜 사냥**하고 **먹이**를 찢는 것으로 묘사된다(12절). 니느웨는 잔인하고 무자비하고 포악하고 흉포하고 비인간적인 방식으로 백성과 나라들을 정복했다[Erika Bleibtreu, "Grisly Assyrian Record of Torture and Death," *BAR* 17, no. 1 (January/February 1991): 52-61, 75].

2:13. 주목하라! 하나님의 군대를 직접 지휘하시는 분, 곧 **만군의 여호와**[야훼 체바오트(*yhwh tseba'ot*), 참고. 3:5]가 니느웨를 향해 처음으로 선전포고를 하신다. 그분은 자신이 니느웨의 **대적**이 되신다고 선언하신다. 그 결과, 그분은 니느웨의 군대를 파멸시키시고 왕실 가족을 죽이시고 포로들을 풀어주시고 유다와 이 세상에서 그들의 **목소리**를 잠잠하게 하실 것이다(왕하 18:17, 28).

Ⅳ. 니느웨 파멸의 완전성(3:1-19)

나훔은 니느웨의 파멸이 확실한 것으로 묘사한다. 그는 이 성읍이 완전히 훼파되리라고 결론짓는다. 니느웨는 하나님의 심판을 받아 마땅한 나라이다. 그리고 열방에 의해 수치를 당하고 더베처럼 패하며 지도자들에게도 버림을 받을 것이다.

A. 하나님이 니느웨를 심판하시는 이유들(3:1-4)

3:1. **화 있을진저**는 애통의 감탄사이다. 이 말이 선지서에서 쓰일 때는 "하나님이 물리적으로 징벌하시겠다는 부정적인 경고나 위협"이라는 의미를 종종 수반한다[Carl Philip Weber, "hoy," in *TWOT*, vol.1, ed. R. Laird Harris, Gleason L. Archer, Jr., and Bruce K. Waltke (Chicago: Moody, 1999), 212]. 하나님이 심판하시는 일차적인 이유는 니느웨의 호전성 때문이다. 그곳은 전쟁과 죽음에 굶주려 있는 **성**으로 묘사되는데, **그 안에는 거짓이 가득하고** 배신과 강도질, 속임수가 오고간다. 이처럼 니느웨는 **포악**과 약탈의 성읍이었고, 거기서 주인들은 재산을 빼앗기고 대적들은 무참히 살해되었다.

3:2-3. 니느웨의 호전성은 결국 패배 후에 몰락으로 이어질 것이다. 큰 성읍의 몰락은 휙휙 하는 **채찍** 소리, 덜거덕거리는 병거 소리, 먼지를 일으키며 달리는 **말**들 그리고 공기를 가르며 땅에 널브러진 시체들과 잔해들 위를 달리는 **병거**들로 시작될 것이다(2절). 전투는 **충돌하는 기병**, 휘두르는 **칼**, 찌르는 **창** 그리고 살해되는 많은 사람들로 점점 고조되어 간다. 거기에는 **주검의 큰 무더기, 무수한 시체**가 있고, 공격자들은 **그 시체에 걸려 넘어**질 것이다(3절)!

3:4. **이는…을 함이라**라는 구절은 니느웨 파멸의 이차적인 이유를 선보인다. 니느웨는 사람들을 거짓되고 신뢰할 수 없는 종교로 이끌었다. **미모의 여인이라** 불리는 니느웨는 **음녀** 노릇을 했고, 사람들을 진리에서 떠나게 했다. 음녀는 사람들을 꼬드겨 니느웨의 **마술**과

마법을 믿게 했고, **여러 나라**와 **여러 족속**에게 자신의 사악한 문화와 생활 방식을 강요하고 그들을 팔아넘겼다. 니느웨는 하나님의 주권을 부인하는 불경스런 수단을 사용하면서 주술에 관여했고, 그에 따라 자기 유익을 위해 미래를 좌지우지하려 했다. 자신의 **음행**을 통해 니느웨는 여러 나라를 끌어들이고 유혹했으며, 자신의 마술과 마법을 가지고 여러 나라를 노예로 만들었다.

B. 니느웨 파멸의 치욕(3:5-7)

3:5-6. 만군의 여호와는 여기서 니느웨에게 또 다른 선언을 하신다(2:13). 그분은 자신의 행동을 통해 니느웨의 **부끄러운 곳**, 굴욕, 수치, 수모 및 불명예를 드러내실 것이다.

3:7. 니느웨의 파멸을 목격하는 사람들은 뒷걸음치며 외칠 것이다. **니느웨가 황폐하였도다**! 주님은 두 가지 질문을 던지시면서 어느 누구도 **그것**[니느웨]**을 위하여 애곡하**지 않을 것이며, 어디에서도 **위로할 자**['메나카민'(*menachamim*)은 어근 *n-ch-m*에서 파생되었다]를 찾지 못할 것이라고 장담하셨다. 위로를 뜻하는 히브리어는 '나쿰'(*nachum*)이다. 여호와는 유다 백성에게 나훔을 통해 위로를 약속하셨지만 니느웨에게는 '나쿰'이 없다(서론의 '저자' 부분을 보라).

C. 더베의 패배와 동일한 니느웨의 패배(3:8-15a)

3:8-10. 노아몬은 애굽 더베의 성읍으로 주전 663년 앗수르에게 정복당했다. 더베는 나일강 양쪽으로 펼쳐져 있었는데, 성읍 도처에 운하와 수로가 있었다. 성읍의 해안선은 물로 된 **벽**을 형성하면서 방어하고 보호하는 역할을 했다. 더베의 동맹국들은 **구스**[에티오피아—오늘날의 에티오피아가 아닌, 이집트와 북 수단의 최남단 지역을 가리킴]**와 애굽**, **붓**[북아프리카—대략 오늘날의 리비아에 해당] 그리고 **루빔**[오늘날의 리비아에서 볼 때 이집트 서쪽에 해당되는 지역, 9절]이었다. 그러나 이 막강한 동맹국들에도 불구하고 더베는 **포로가 되어 사로잡혀** 갔다. 더베의 어린아이들은 살해당했고, 그 지도자와 군인들은 노예로 팔려가 사슬에 결박되었다(10절).

3:11-15a. 본문은 미래시제로 바뀌면서 니느웨가 직면할 패배를 기술한다. 더베처럼 니느웨는 자신의 영광과 교만에 **취**할 것이다(11절). 니느웨가 공격받을 때 도움이나 **피난처**[마오즈(*ma'oz*), 시 31:2, 4; 37:39; 나 1:7에서 하나님에 대해 사용된다]는 찾아볼 수 없을 것이다. 니느웨의 방어와 **산성들**은 **익은 열매** 같을 것이다. 니느웨가 **흔들리면 익은 무화과 열매**가 배고픈 사람의 **입에 떨어짐**과 같이 공격자들의 수중에 들어갈 것이다(12절). 성읍의 장정과 군사들은 자신들의 책임을 버리고 **성문들은 넓게 열려 원수**의 진입을 허용하게 될 것이다(13절). 무너지는 **산성을 견고하게** 할 뿐 아니라 불을 끄기 위해서라도 **물을 길**으라는 명령이 니느웨 사람들에게 떨어질 것이다! 그들은 **진흙…흙**으로 **벽돌**을 만들어 산성을 견고히 하고 **가마**를 수리할 것이다(14절). 그럼에도 불구하고 백성은 **불**과 **칼**로 죽임을 당하고 완전히 파멸되며 황폐해질 것이다(15a절).

D. 니느웨의 철저한 내부 붕괴(3:15b-19)

3:15b. 여기서 나훔이, 자신들을 많이 불어나게 하려고 니느웨를 공격하는 자들에게 이야기하고 있는지, 아니면 니느웨 사람들을 겨냥해서 말하고 있는지는 불분명하다. 만일 니느웨 사람들에게 내리는 명령이라면 선지자는 지금 반어법을 사용하고 있는 셈이다. 니느웨는 지도자들의 내부 붕괴로 인해 군대를 늘이거나 불어나게 할 수 없다. 이것이 공격자들에게 내리는 명령이라면 그들이 니느웨를 압도하고 승리를 거둘 것임을 확실히 하려는 것이다. 하지만 전에도 나훔이 반어법을 사용했고(2:1), 군대 및 공동체 지도자들이 내부에서 붕괴되는 것에 비추어본다면, 그는 지금 니느웨 사람들에게 스스로 **많게** 하라고 말함으로써 그들을 조롱하고 있다고 보는 편이 더 맞다. 어느 경우든 결과는 똑같다. 니느웨는 파멸당할 것이다. 이 구절에서 NASB는 **느치**를 메뚜기의 애벌레 단계로, **메뚜기**를 날아다니는 메뚜기로 밝히고 있다.

3:16-18. 니느웨는 나라의 내부 붕괴로 최후를 맞이할 것이다. 그 지도자들은 책임을 회피하고 성읍을 포기할 것이다(13절). 성읍의 경제가 발전하면서 **하늘의 별보다** 더 많아진 상인들은 이익을 챙긴 후 성읍에서 달아날 것이다(16절). **방백**[이 단어의 뜻은 불확실하다]과 **장수들**[성읍 관리들]도 적당한 기회를 노리다가 성읍에서 도망칠 것이다. 그리고 그들이 **있는 곳**을 아는 사람은 아무도 없다(17절). 아이러니하게도 백성을 인도하고 가르치며 보살펴야 할 **목자**라 불리는 지도자들마저 잠잘 것이다(직무 유기에 해당된다). 이 '니

느웨 신탁'(1:1)은 최종적으로 앗수르 왕에게 전달된다. 그는 자신의 모든 지도자와 통치자들에게 버림받을 것이다. 백성은 흩어지고 성읍을 떠난 상태가 될 것이다. 그리고 그 왕은, 두들겨 맞고 깨지고 흩어진 니느웨 백성을 모을 사람이 아무도 없다는 말을 들을 것이다(18절).

3:19. 니느웨는 완전한 패배를 당해 고칠 수 없고, 치료할 수도 없고, 존중받거나 도움도 받을 수 없는 상태가 된다. 니느웨는 이 세상에 너무 많은 행패를 부렸으므로 그들을 도우러 올 사람이 아무도 없다.

나훔서는 백성, 특히 하나님의 백성 이스라엘을 무자비하고 기만적으로 억압하는 악의 세력과 사악한 나라들은 하나님의 분명한 심판 대상임을 보여준다. 이 나라들은 하나님이 복수하실 것이며 어떤 위로도 얻지 못할 것이다. 하지만 고난받고 억압당하는 하나님의 백성은 하나님의 복수를 기다리면서 소망과 도움, 위로의 약속을 받는다. 나훔은 모세의 말을 그대로 따라 한다. "너희는 강하고 담대하라 두려워하지 말라 그들 앞에서 떨지 말라 이는 네 하나님 여호와 그가 너와 함께 가시며 결코 너를 떠나지 아니하시며 버리지 아니하실 것임이라"(신 31:6).

참고 문헌

Armeding, Carl E. Nahum. *The Expositor's Bible Commentary*, vol. 8., rev. ed. Edited by Tremper Longman III and David E. Garland. Grand Rapids, MI: Zondervan, 2008.

Austel, Hermann J. "Nahum." *The Baker Commentary on the Bible*. Edited by Walter A. Elwell. Grand Rapids, MI: Baker, 1989.

Baker, David W. *Nahum, Habakkuk, and Zephaniah: An Introduction and Commentary*. Tyndale Old Testament Commentaries. Downers Grove, IL: InterVarsity, 1989.《나훔 · 하박국 · 스바냐》, 틴델 구약주석 시리즈(CLC).

Barker, Kenneth L., and Waylon Bailey. *Micah, Nahum, Habakkuk, Zephaniah: An Exegetical and Theological Exposition of Holy Scripture*. New American Commentary. Nashville: Broadman & Holman, 1998.

Bleibtreu, Erika. "Grisly Assyrian Record of Torture and Death." *Biblical Archaeology Review* 17, no. 1 (January/February 1991): 52-61, 75.

Cathcart, Kevin J. *Nahum in the Light of Northwest Semitic*. Biblica et orientalia. Rome: Biblical Institute Press, 1973.

Freeman, Hobart E. *Introduction to the Old Testament Prophets*. Chicago: Moody, 1981.

Johnson, Elliott E., *Nahum*. The Bible Knowledge Commentary, Old Testament. Edited by John F. Walvoord and Roy B. Zuck. Wheaton, IL. Victor Books, 1985.

Longman, Tremper, III. "Nahum." *The Minor Prophets: An Exegetical and Expository Commentary*. Vol. 2. edited by Thomas Edward McComiskey. Grand Rapids, MI: Baker, 1993.

Maier, Walter A. *The Book of Nahum: A Commentary*. Thornapple Commentaries. Grand Rapids, MI: Baker, 1980.

O'Brien, Julia M. *Nahum, Habakkuk, Zephaniah, Haggai, Zechariah, Malachi*. Abingdon Old Testament Commentaries. Nashville: Abingdon, 2004.

Patterson, Richard D. *Nahum, Habakkuk, Zephaniah*. Wycliffe Exegetical Commentary. Chicago: Moody, 1991.

Roberts, J. J. M. *Nahum, Habakkuk, and Zephaniah: A Commentary*. Old Testament Library. Louisville: Westminster/John Knox, 1991.

Robertson, O. Palmer. *The Books of Nahum, Habakkuk, and Zephaniah*. New International Commentary on the Old Testament. Edited by R. K. Harrison and Robert L. Hubbard Jr. Grand Rapids, MI: Eerdmans, 1990.

Smith, Ralph L. *Micah-Malachi*. Word Biblical Themes. Dallas: Word, 1990.

Weber, Carl Philip. "Hoy." In *Theological Wordbook of the Old Testament*, edited by R. Laird Harris, Gleason L. Archer Jr., and Bruce K. Waltke. Chicago: Moody, 1999, 212.

하박국

마이클 리델닉(Michael A. Rydelnik)

서 론

저자. 본문은 하박국을 책의 저자로 밝힌다(1:1). 하박국에 대해서는 선지자라는 신분 외에는 알려진 것이 없다. 책의 마지막 절은 "이 노래는 지휘하는 사람을 위하여 내 수금에 맞춘 것이니라"라고 끝을 맺는데, 이는 하박국이 레위 지파의 음악가였을지도 모른다는 사실을 암시한다(3:19). (주전 2세기에 히브리어 성경을 헬라어로 옮긴) 70인역에는《벨과 용》이라는 다니엘서의 부록이 외전(外典)으로 수록되어 있는데, 여기에서는 하박국을 "레위 지파에 속한 예수아의 아들"로 언급한다. 그다음에 70인역은 그에 관한, 순전한 판타지격인 전설을 계속 기록한다.

하박국이라는 이름은 "포옹하다/포옹하는 사람" 혹은 "손을 모으다"를 뜻하는데, 이는 아마도 그와 주님의 거침없는 사귐에서 예시되듯 주님에 대한 그의 사랑을 나타내는 말일 것이다. 루터는 하박국이 자기 백성에게 위로의 메시지를 전했다고 말했다. 제롬은 '하박국'이라는 이름을 보면 신적인 정의라는 문제를 마음에 품고 있었을 선지자가 떠오른다고 했다. 어떠한 상황에서도 끝까지 주님을 신뢰했을 때 그분은 선지자를 안아주며 위로하셨을 것이다.

연대. 책의 내용으로 미루어보면, 하박국이 메시지를 전한 시점은 바벨론의 유다 침략 직전(주전 605년, 왕하 24:1), 그러니까 하나님이 갈대아 사람을 일으켜 유다를 심판하시겠다는 섬뜩한 소식을 그에게 선언했을 때이다(1:6). "갈대아 사람"과 "바벨론 사람"은 이 주석에서 동의어로 사용된다. 하박국은 예레미야 및 에스겔과 동시대인이었고, 바벨론의 침략이 임박했다는 비슷한 예언 메시지를 공유했다.

나보폴라살의 아들, 느부갓네살은 주전 605년 갈그미스 전투에서 애굽 사람들과 앗수르 사람들을 물리쳤지만 유다의 첫 포로들은 나중에 여호야김이 통치할 때까지 끌려가지 않았다(왕하 24:1; 단 1:1-7). 하박국 1:5-11은 유다에 대한 직접 공격이 일어나지 않았음에도 유다 사람들이 바벨론의 잔인성과 힘을 알고 있었다고 했으므로 이 책은 주전 605년 직전에 몇 년 동안 쓰였을 가능성이 크다.

요시야 왕(주전 640-609년)이 죽고 나서 그의 영적 개혁은 급속히 시들해졌다. 하박국은 여호야김 왕의 재위 시절(주전 609-598년, 참고. 왕하 23:36-24:7; 대하 36:5-8)에 메시지를 전했는데, 이때 유다는 도덕적으로 '강포'와 '죄악', '패역'이라는 특징을 드러냈고, 주님이 심판하실 조짐이 보이고 있었다(1:2-4).

수신자. 이 책은 심판에 대한 전형적인 예언 신탁이라기보다는, 바벨론 사람들을 통해 곧 심판하시겠다는 하나님의 선언 앞에서 하박국이 하나님의 정의라는 문제와 씨름한 기록이다. 수신 독자는 유다의 의로운 남은 자들로 생각되며, 메시지를 기록한 것은 그들에게 다가올 심판의 날에 계속 신실함을 간직하라고 격려하기 위해서였다(2:4). 신실한 신자들이 곤경에 처할 때마다 하박국의 메시지는 그들에게 언제나 소망의 원천이 될 것이다.

주제. 욥기와 마찬가지로 하박국서의 저자는 악에 직면했을 때 하나님의 선하심이라는 골치 아픈 쟁점을 어떻게 다루어야 하는지 살핀다. 특히 하박국은 이렇게 따진다. "공의로우신 하나님이 어떻게 더 악한 자들을 사용하셔서 덜 악한 자들을 심판하실 수 있는가? 그리고 그분이 그렇게 하실 때 신자들은 어떻게 반응해야 하는가? 회개와 믿음이 하나님의 심판을 조금은 늦추더라도 중단시키지는 못하게끔 그분이 정하셨다면 이 긴장은 더 극심해진다(왕하 22장; 23:24-27을 보라). 이는 하나님의 징계가 그분의 구원보다 '앞선다'는 뜻이다.

하박국의 질문에 대한 답은 믿음의 깊이와 순수함에 달려 있는데(2:4), 이는 자신이 기뻐하시는 자들을 바로잡으시는 하나님의 징계(잠 3:11-12; 히 12:4-11)와, 자기 백성을 고치시기 위해 사용하시는 자들에 대한 주님의 궁극적인 심판을 어떻게 이해하느냐와 밀접한 관련이 있다(렘 50-51장을 보라). 이 책은 신명기 32장의 언약 규정, 신앙 표현, 역사적 배경 그리고 시편 18편의 종말론적 전조와도 연결된다. 불평과 의심에서 결단과 믿음, 찬양으로의 솔직한 여정을 떠나면서 하박국은 하나님의 정의가 마침내 승리를 거두어서 무엇보다 그분을 신뢰할 수 있게 됨을 보여준다.

이 책은 신학적으로 몇 가지 중요한 주제를 담고 있다.

하나님의 주권. 주님은 만세 전부터 계시고(1:12), 그분의 말씀은 확실하다(2:3). 마침내 세상 사람 모두가 그분을 인정할 것이다(2:14). 그분 홀로 세상의 모든 일을 다스리신다(3:2-15).

하나님의 정의. 여호와는 거룩하시고(1:12), 악을 차마 보지 못하신다(1:13). 그분이 행동에 나서는 시점은 비록 종잡을 수 없지만 말이다(2:3).

하나님의 믿음 요구. 겉보기에 부당함이 판치고, 악이 다가오는 상황이라 할지라도 의인은 하나님을 믿음으로써 살아야 한다. 주님은 이미 일하고 계시며, 신실한 자들은 그분의 구원이 온 세상에 나타날, 그분이 정하신 때를 기다려야 한다(2:4). 주님께서 우리의 힘이 되시기에 이러한 신실한 태도가 가능하다(3:19).

하나님의 구원 섭리. 하나님의 구원이라는 주제는 이 책의 마지막 장(3:8, 13, 18)에서 밝혀진다. 이 주제는 하나님이 기름 부으신 메시아의 사역과 연관된다(3:13).

배경. 고대로부터 하박국서는 유대교 정경에서 '열둘의 책'의 일부로 분류되어 왔다. 히브리어 성경에서 마지막 열두 권의 책은 한 두루마리에 기록되어 한 책으로 간주되었다. 이 짧은 선지서들은 그리스도인들이 '구약성경'이라고 말하는 성경에서 '소선지서들'로 알려져 있다. 이 책들은 대선지서들(예를 들어 이사야, 예레미야, 에스겔, 다니엘)로 지정된 책들보다 훨씬 짧기 때문에 그렇게 불렸다. 중요성 면에서 본다면 하박국과 비슷한 분량의 다른 책들도 결코 소홀히 다룰 수는 없다.

구약에서 하박국서 바로 앞에 나오는 나훔서는 이스라엘 북 왕국과, 주전 721년 이스라엘을 포로로 잡아간 이스라엘의 대적 앗수르에 초점을 맞춘다. 나훔서는 앗수르의 파멸로 끝난다. 하나님의 백성을 학대한 그들을 주님이 심판하셨기 때문이다. 그에 이어서 하박국서는 유다 남 왕국과 유다의 대적 바벨론에 초점을 맞춘다. 바벨론은 하나님이 자기 백성을 징계하기 위한 목적으로 사용하신 후에 마찬가지로 그분께서 심판하실 나라였다. 하박국서의 뒤를 잇는 스바냐서는 물이 바다를 덮음 같이 여호와를 인정하는 것이 온 세상에 가득할 "여호와의 날"에 초점을 맞춘다(습 2:14). 유대교와 기독교는 하박국서를 둘 다 정경으로 받아들였으며, 이것은 의심할 수 없는 역사적 사실이었다. 고대 문서에는 여기에 어떤 논쟁이 있었다는 기록이 없다.

하박국서의 미완성 주석이 사해사본 가운데 발견되었다. 이는 이 책이 아주 오래되었고 중요하다는 것을 나타내는 의미심장한 발견이었다. 하지만 최근에는 이 쿰란에서의 발견으로 인해 하박국서에 대한 비평이 제기되었다. 미완성 주석은 1장과 2장을 다루고 있지만 3장은 빠져 있다. 이로 인해 몇몇 현대 학자들은, 사해 공동체가 이 장들에 대한 주석을 쓸 당시 하박국서가 미완성 상태였다고 넌지시 말하면서 이 책과 관련해서 비판적 입장을 취했다. 하박국서는 바벨론 포로기 이후에 쓰였다는 것이다. 그러나 이는 침묵에 근거한 주장에 해당된다. 3장에 대한 쿰란의 주석이 없다는 사실은 오히려 주석이 완성되지 않았음을 나타내는 것으로 보아야 한다. 원고 자체에 결코 쓰였던 적이 없는, 본문을 위한 공간이 있으므로 이러한 추론이 더욱 신빙성 있다. 쿰란 사본에 셋째 장이 누락되어 있다고 해서 하박국서의 정통성이나 포로 이전에 쓰였다는 사실을 의심할 수는 없다.

개 요

Ⅰ. 하박국이 의심하는 문제(1:1-2:20)
A. 첫째 대화: 유다의 죄악에 관해(1:1-11)
1. 하박국의 불평: 주님은 왜 여호와의 백성이 계속 죄악을 범하게 내버려두시는가?(1:1-4)
2. 주님의 응답: 나는 내 백성의 죄악을 심판하겠다(1:5-11)
B. 둘째 대화: 부당함의 인식에 관해(1:12-2:20)
1. 하박국의 항의: 의로우신 하나님이 어떻게 유다보다 더 악한 나라를 심판의 도구로 사용하실 수 있는가?(1:12-2:1)
2. 주님의 응답: 하나님이 바벨론 사람들을 심판하실 것이기에 의인은 하나님의 정의를 믿음으로 산다(2:2-20)
Ⅱ. 하박국의 믿음의 기도(3:1-19)
A. 과거에 이스라엘을 구원하신 하나님을 찬양하다(3:1-7)
B. 자신의 권능으로 구원을 가져오시는 하나님을 찬양하다(3:8-15)
C. 모든 상황에서 확고하게 하나님을 찬양하다(3:16-19)

주 석

Ⅰ. 하박국이 의심하는 문제(1:1-2:20)

책은 하박국과 주님이 두 부분에서 나눈 대화로 시작된다. 각각은 선지자의 불평과 이에 따른 주님의 응답이다.

A. 첫째 대화: 유다의 죄악에 관해(1:1-11)

1. 하박국의 불평: 주님은 왜 여호와의 백성이 계속 죄악을 범하게 내버려두시는가?(1:1-4)

1:1. 이 책은 주님으로부터 온 메시지로, 하박국이 보았거나 받았던 **경고**이다. 경고의 내용은 이방 나라들에 대한 심판이 주를 이루었다(사 13:1; 15:1; 17:1). 이것이 이방인들이 아닌 유다를 겨냥한 하나님의 심판이었음은 통렬한 역설이다(1:2-17)

1:2-3. 하박국의 질문, **여호와여 내가 부르짖어도 주께서 듣지 아니하시니 어느 때까지리이까**에서는 그가 계속 불평을 하는데도 하나님 편에서 이렇다 할 응답이 없음을 강조한다. 이는 주님이 하박국의 말을 들으실 수 없거나 귀를 막으셨다는 뜻이 아니다. 여호와는 언제나 모든 것을 보시고 들으시고 알고 계신다. 하박국이 보기에, 문제는 자신이 **부르짖**는데도 하나님이 침묵하신다는 것이다.

여기에서는 특정 단어들이 반복되었는데(**강포…죄악…패역, 겁탈…변론…분쟁**), 이는 바벨론으로 사로잡혀가기 직전의 여호야김 왕(주전 609-598년)이 통치하던 때에 유다의 패역했던 상태를 나타낸다.

1:4. 하나님의 **율법**[즉, 그분의 진리와 뜻에 관한 모든 말씀들]에 대해서는 **해이**해졌다(ignored, '마비되었다', 민족은 하나님의 가르침에 둔감해졌다). **악인이 의인을 에워쌌으므로 정의가 굽게**['구부러지거나 휘어지다'] **행하여**진다. 하나님의 진리와 뜻이 왜곡되고 잘못 전해지고 오용된다. 악인이 의인을 이길 때마다 의인은 고통을 겪는다(사 5:20; 시 11:3).

2. 주님의 응답: 나는 내 백성의 죄악을 심판하겠다(1:5-11)

1:5. 하나님은 하박국에게 충격적인 답변을 주신다. 자신이 유다의 죄악을 다루되, 하박국으로 하여금 **놀라고 또 놀라**게끔('깜짝 놀라고 망연자실하고 말문이 막히게') 하겠다고 말씀하신다. 그분의 생각은 너무도 뜻밖이어서 **누가 너희에게 말할지라도 너희가 믿지 아니**할 정도였다. 대명사 '너희'는 히브리어 복수형으로, 이는 메시지가 하박국은 물론이고 민족 전체도 겨냥하

고 있음을 나타낸다.

1:6-8. **보라** 심판의 도구로서 **내가…갈대아 사람을 일으켰나니**라는 답변은 충격적이다. 바벨론은 그 당시 천하무적의 군사 강국이었다. 그들은 **사납고 두렵고** 또한 **무서웠**다. 바벨론 군대는 **표범보다 빠르고 독수리의 날음과 같은 군마**를 타고 움직였고, 그들은 공격할 때 **이리**보다 **사나웠**다(더 열심이었다).

1:9-10. **앞을 향하여 나아가며**[문자적으로, '동풍을 향하여']라는 구절은, 폭풍 가운데서 모래가 움직이는 것과 같이 **모래같이 사로잡**는 군대를 시적으로 표현한 것이다. 막강한 바벨론은 **왕들을 멸시하며 방백을 조소할**(시 2:4이 연상되는) 군사력이 있었지만, 하나님은 곧 그들을 조롱하실 것이다.

1:11. 유다의 임박한 종말에 관한 묘사는 바벨론 사람들의 이교 신앙에 대한 묘사로 분위기가 고조된다. **자기들의 힘을 자기들의 신으로 삼는**이라는 구절은 자기 힘에 대한 바벨론의 자신감을 보여준다. 하나님은 기본적으로 스스로를 숭배하는 백성을 그 도구로 사용하셔서 하나님을 예배하도록 부르신 나라를 심판하셨다. 하지만 바벨론은 이스라엘의 하나님을 인정하지 않았으므로 **범죄**할 것을 아셨다.

B. 둘째 대화: 부당함의 인식에 관해(1:12-2:20)

하나님이 바벨론이라는 악한 나라를 사용하셔서 택함받은 백성인 유다의 악함을 벌하시는 문제는 이 책의 핵심이 되는 신학적 질문이다.

1. 하박국의 항의: 의로우신 하나님이 어떻게 유다보다 더 악한 나라를 심판의 도구로 사용하실 수 있는가?(1:12-2:1)

1:12. 하박국은 하나님의 영원하신 속성을 인정하는 것으로부터 자신의 답변을 시작했다. **여호와 나의 하나님 나의 거룩한 이시여 주께서는 만세 전부터 계시지 아니하시니이까** 선지자는 하나님의 영원하신 거룩함, 능력, 주권 및 언약적 충실성에 호소하면서 지극히 개인적으로 간청을 하고 있다. 선지자는 하나님이 의인을 지지하고 옹호하시며(시 34:19; 103:6; 146:8-9), 자기 백성을 완전히 저버리는 일은 없을 것을 알았다(창 12:3; 렘 31:35). 하박국은 **우리가 사망에 이르지 아니하리이다**라고 말하면서 하나님이 자기 백성의 남은 자를 끝까지 지키실 것이라고 단언했다. 하지만 하박국은 **반석**(신 32:4; 시 18:2)이신 하나님이 유다를 **경계하**시고자[correct, 벌하시려고(새번역)] 바벨론을 그분의 심판 대리인으로 두셨음을 알았다(사 7:18-20; 44:28-45:1).

1:13. 선지자는 여전히 의문에 사로잡혀 있다. 자기 언약에 충실하신 하나님은 **악을 차마 보지** 못하시며 **패역을 차마 보지** 못하실진대, 어떻게 사악하기 이를 데 없는 이방 민족인 바벨론 사람들을 사용하셔서 자신의 백성을 심판하시고 벌하실 수 있을까? 분명 하나님은 악이나 부정을 절대 묵인하지 않으시겠지만(시 5:4; 34:16, 21; 잠 15:26), 그렇다고 어떻게 사악한 바벨론을 사용하셔서 유다를 치실 수 있단 말인가? 하박국은 인간의 악함까지도 사용하셔서 자신의 뜻을 이루시는 하나님의 난해한 진리와 씨름하고 있었다(잠 16:4).

이 구절은 성부가 어떻게 십자가에 달리신 성자를 외면하셨는지를 설명하면서 자주 인용되지만, 사실 정확한 맥락은 아니다. 예수께서 세상의 죄를 짊어지셨을 때 성부와 성자 사이의 영원한 사귐이 끊어졌다는 주장이 있다. 하지만 예수님의 십자가 죽음으로 그분이 성부에게서 분리되신 것은 아니다. 성삼위는 영원하고 분리되지 않는 신비로운 연합이다. 메시아의 죽음으로 죄를 속하는 데 필요한, 영원한 제물을 드릴 수 있었다. 하지만 이는 하나님이 악을 보실 수 없다는 것이 아니라(그렇지 않다면, 그분이 어떻게 온 땅을 보실 수 있단 말인가?) 악을 인정하지 않으신다는 뜻이다.

하박국은 여기서 이 책의 중심이 되는 질문을 제기했다. **어찌하여…악인이 자기보다 의로운 사람을 삼키는데도 잠잠하시나이까**. 그의 생각에는 더 악한 바벨론을 사용하셔서 덜 악한 유다를 벌하시는 것은 하나님의 성품에 반하는 것처럼 보였다(욥 19:7).

1:14-17. 하박국은 바벨론이 자기 대적을 사로잡아 가는 것을 낚시 은유로 묘사한다. 인간은 **바다의 고기 같고**, 바벨론 사람들은 그들을 **낚시로…낚으며 그물로 잡는**다. 희생자들은 속수무책이었다. 바벨론은 자신의 군사력을 숭배했고, 그물 덕분에 기름지고 살진 것을 먹는다고 **제사하며 투망 앞에 분향하**였다(참고. 11절). 궁금한 점은 이것이다. 그들은 끊임없이 **그물**을 채웠다가 **떨고는 계속하여 여러 나라를 무자비하게 멸**

(출 23:20-23; 33:14-15), 또한 이스라엘이 고난당할 때마다 함께한(사 63:9) 언약의 천사를 연상시킨다. 다른 곳에서, 이 천사는 주 하나님이 성육신하기 전의 모습인 주의 천사로 언급된다(창 18:1, 22; 출 3:2-4; 삿 6:12; 13:2-23, 신의 현현에 대해서는 미 5:2의 주석을 보라). 그러므로 이 천사 혹은 사자는 메시아를 나타낸다. 여기에서 말하는 언약은 아브라함의 언약이다. 모든 것이 완성되어 메시아가 돌아오실 때에 그 언약의 모든 측면이 성취될 것이기 때문이다. 예수님이 지상에서 사역하시는 동안 성전을 여러 번 방문하시기는 했지만, 그때는 그분이 심판으로 임하실 것이므로 이 구절은 주님이 종말론적인 성전(참고. 슥 6:11-15)에 오실 것임을 예언한다.

3:2-4. 하나님의 정의를 의심한 자들에게 메시아가 실제로 오시리라고 말한 말라기는, 그들의 대적들뿐 아니라 그들 자신에게도 심판이 임할 것임을 상기시켰다. **그가 임하시는 날을 능히 당할**[견뎌낼] 자는 아무도 없다. 메시아가 심판으로 오실 때 그분은 **레위 자손**에서부터 모든 **유다와 예루살렘**에 이르기까지를 전부 깨끗하게 하실 것이다.

3:5-6. 언약을 파기하는 모든 자에게 심판이 임할 것이다(3:5). 그러나 하나님이 이스라엘에게 하신 약속으로 말미암아 그들은 파멸을 면할 것이다. 정의 실현을 외치는 자들은, 하나님의 정의에 따를 때 이스라엘은 **소멸되**고(3:6), 심판으로 완전히 파멸됨을 명심해야 한다. 하지만 그들은 그분의 언약을 파기할지라도 그분이 자신의 약속을 어기시는 일은 결코 없을 것이다. 하나님의 변함없는 신실하심으로 인해 그분은 자기 백성을 지키시고 깨끗하게 하신다.

D. 십일조를 내지 않는 나라(이스라엘)를 꾸짖으시는 하나님(3:7-12)

3:7. 다음 논쟁은 이스라엘의 율법에 대한 불순종과 연관이 있다. 이스라엘은 악을 모른 체하시는 하나님을 불공평하다고 비판하면서, 그에 따라 자신의 율법 위반도 정당화된다고 생각했다. 이스라엘은 **조상들의 날**로부터 불순종해왔지만 하나님은 그들이 **돌아오**면(혹은 회개하면) 은혜로 대하시며 그들을 회복시키셨다. 백성은 **우리가 어떻게 하여야 돌아가리이까**(3:7)라는 질문으로 응수했다. 그들은 어떻게 회개하는지가 아니라, "우리가 어떻게 죄를 범했는지도 모르는데 어떻게 회개할 수 있습니까?"라고 묻는 것이었다.

3:8-9. 그러므로 주님은 불순종한 사례를 구체적으로 드셨다. **십일조와 봉헌물**을 드리지 않은 것이 그중 하나이다. '봉헌물'(*terumah*, 테루마흐)이라는 단어를 보면, 이것이 제사장들을 위해 드려야 하는 성전 십일조(민 18:8-32)와 결부되어 있음을 알 수 있다. 그들의 죄는 하나님의 것을 **도둑질하**는 것과 같았다.

3:10-12. 하나님은 이스라엘에게 그분을 **시험하**라고 요구하시면서 그들의 믿음에 이의를 제기하셨다. 그들이 드린다면 하나님은 '복을 부어서' 그들이 병충해가 아닌 풍성한 수확을 얻게 하시겠다고 약속하였다. 이것은 주변 **이방인들**에게 큰 증거가 될 것이다. 즉, 이스라엘의 풍작을 보면서 그들은 하나님이 이스라엘에게 복 주심을 알아챌 것이다.

오늘날 이 구절의 적용과 관련해서 세 가지 질문이 자주 제기된다. 첫째, 하나님은 '창고'에 들일 정도의 봉헌물을 요구하시는가? 아니면 오로지 지역 회중에게만 주라고 하시는가? 신약은 신자들이 다른 회중을 위해 따로 헌금하는 것을 보여주는데(고전 16:1-2; 고후 8:1-5), 이는 헌금이 자기 교회에 국한되어서는 안 되며 다른 사역들을 위해 별도로 헌금을 함으로써 돈을 확실히 올바로 쓸 수 있음을 나타낸다. 둘째, 십일조(10퍼센트를 바치는 것)는 여전히 필요한가? 바울은 신자 개개인이 "그 마음에 정한 대로"(고후 9:7) 그리고 하나님이 자신을 어떻게 형통하게 하셨는지에 기초해(참고. 고전 16:2) 헌금하라고 말하기 때문에, 10퍼센트가 필요조건은 아닌 것으로 보인다. 하지만 메시아 예수 안에서 하나님의 은혜를 맛본 신자들에게 10퍼센트는 헌금의 출발점으로 괜찮은 것 같다. 형편이 더 좋다면 정기적으로 드리는 헌금의 비율이 10퍼센트를 훨씬 넘어가겠지만 말이다. 마지막으로, 헌금하면 물질적으로 이득을 보는가? 풍성한 소출을 거두게 하시겠다는 약속은 이스라엘이 율법에 순종하는 것을 전제로 하는데(참고. 신 28:1-14), 이는 모세 언약 아래 사는 자들에게만 해당되는 약속이다(즉, "새 언약" 아래 사는 자들과는 무관하다). 하지만 신약은 후하게 아낌없이 그리고 즐거운 마음으로 드리는 신자들은 영적인 복을 누릴 것이라고 말한다(고후 9:7-11).

E. 그분을 섬기는 것이 귀하다는 하나님의 단언 (3:13-4:3)

1. 악인의 불평(3:13-15)

3:13-14. 하나님과 이스라엘 사이의 마지막 논쟁은 그분을 섬기는 것을 얼마나 가치 있게 생각하는지와 관련이 있다. 이스라엘은 하나님의 정의와 사랑을 의심했던 터라 그분을 섬기는 것에 과연 어떤 유익이 있을지 의심했다. 백성은 **완악한**[문자적으로, '강력한'] **말**을 사용해(3:13) 하나님께 대적해 말했다[히브리어 니프알(*Niphal*) 어간은 서로에게 투덜거리는 것을 나타낸다]. 동일한 히브리어 단어가 바로 왕의 완악한 마음을 묘사하고(출 4:21; 7:13; 7:22; 8:19; 9:12; 9:35; 10:20; 10:27; 11:10) 백성의 반항심을 나타내는 데 사용되었다. 하나님을 섬기는 것이 **헛되고**('무가치한', '소용없는', '보람 없는') **유익**이 없다는 선언에서 그들의 태도가 잘 드러났다. 이 마지막 단어는 베 짜는 사람의 거래에서 취한 것으로, 베틀에서 잘려나간 천 조각(cut)을 나타낸다. 그러니까 그들은 이렇게 물은 것이다. "하나님 앞에서 **그 명령을 지켰고**(하나님께 순종했고) **슬프게 행**했는데(회개를 실천했는데, 3:14) 우리의 '몫'(cut)은 어디 있는가?"

3:15. 그들은, **교만**하고 사악한 자가 행복하고(**복되**고) 형통하며(**번성하며**) 벌을 받지 않는다(**하나님을 시험하고 화를 면한다**)는 점을 자기네 의견에 대한 증거로 댔다(3:15).

2. 신실한 자의 답변(3:16-18)

3:16. 이 반역적 비난에 대한 응답은 하나님이 아니라 **여호와를 경외하는 자들**[그분을 참으로 경배하는 자들]이 했다. 교만한 자들이 서로에게 맥 빠지는 말을 하는 그 순간(3:14), 신실한 자들 또한 격려하면서 **피차에 말하였다**(3:16).

3:17-18. 그들은 하나님이 신실한 자들을 기억하시고(그분의 기념책을 가지고, 참고. 에 6:1-2) 그들을 자신의 **특별한 소유**[이스라엘에 대해 사용되는 표현, 출 19:5-6]로 삼으시며 그들의 죄를 용서하실(**그들을 아끼실**) 것임을 서로에게 상기시켰다(3:17). 세상을 심판하시는 마지막 날에 하나님은 자신의 의로운 종과 악인을 구별하실 것이다(3:18). 하나님을 섬기는 일이 얼마나 가치 있는지는 눈에 바로 보이는 것이 아닌 궁극적인 것을 염두에 둘 때에만 분명히 깨닫게 된다.

3. 하나님의 심판(4:1-3)

4:1. 말라기는 미래의 여호와의 날, 곧 하나님의 심판과 회복이 있을 종말론적 때(욜 3:1-21과 이 구절에 대한 주석을 보라)에 대해 말했다. 주의 날에는 두 부분이 있다. 심판의 때 혹은 환란기인 '저녁'과, 그 뒤를 이어 메시아 예수의 천 년 동안의 지상 통치 기간인 '낮'이 그것이다. 말라기는 여기서 '저녁' 부분을 묘사하면서, 그것을 악인에 대해 강렬하고(**용광로 불같은**) 파괴적이며(**악을 행하는 자는 다 지푸라기 같을 것이라**) 또한 철저한(**그 뿌리와 가지를 남기지 아니할**) 심판으로 묘사한다.

4:2-3. 세상을 심판하실 때 하나님은 그분을 두려워한 자들도 기억하실 것이다. 악인을 태울 맹렬한 열기와 대조적으로, 신실한 자들에게는 **공의로운 해**가 떠올라서 **치료하는**, 따뜻한 광선을 비출 것이라고 하나님은 약속하신다(4:2). 이는 종종 메시아 구절로 간주된다. 하지만 본문에 여성형이 쓰인 사실('she' will arise with healing in 'her' wings) 및 나라의 형편(사 35:6; 60:1-3; 호 14:4-7; 암 9:13-15; 습 3:19-20)과의 연관성을 본다면, 여기서 해가 발하는 따뜻한 치료의 광선은 주의 날 아침 시간에 하나님이 의인을 위로하시는 것에 대한 묘사로 보는 편이 더 낫다. 하나님은 신실한 자들을 치료하실 뿐만 아니라 옹호하시기도 할 것이다. 그리하여 그들은 주의 날에 **악인을 밟**게 된다.

Ⅲ. 결론: 하나님의 이스라엘 회복(4:4-6)

책의 결론은 다른 부문들의 논쟁 모델을 따르기보다는, 하나님이 이스라엘에게 촉구하고 상기시키는 내용을 담고 있다.

4:4. 하나님은 자신이 **호렙산**(시내산의 다른 이름, 참고. 출 3:1; 19:18-25; 24:16-18; 신 30:10)에서 이스라엘에게 주신 율법을 가리키는 **모세에게 명령한 법**을 **기억하라**고 촉구하신다. 포로에서 돌아온 이스라엘은 그들이 주의 날을 기다리는 동안에 토라가 헌법과 법의 역할을 함을 기억해야 했다.

4:5-6. 하나님은 엘리야가 올 것을 계속 기대하라고 일깨우신다. 모세가 호렙산과 연관되듯이, 도망친 후 거기서 하나님의 세미한 음성을 들었던 위대한 선지자

엘리야도 호렙과 인연이 깊었다(왕상 19:8-14). 모세가 율법을 대표하듯이 엘리야는 선지자를 대표한다. 이 둘이 중요한 것은 히브리어 성경이 이따금 "율법과 선지자"(마 7:12; 22:40; 행 13:15; 롬 3:21)로 불렸기 때문이었다.

전에 말라기는 메시아의 길을 준비할 "내 사자"의 도래에 대해 예언한 적이 있다(3:1). 이제 그 사자는 엘리야라는 명백한 이름으로 불린다. 하나님이 **여호와의 크고 두려운 날이 이르기 전에**(4:5; 참고. 욜 2:11 이하) 보내실 그는 아마도 메시아의 재림 이전에 두 증인 중 하나로서 자신의 역할을 수행할 것이다(계 11:3-13). 그는 **아버지의 마음을 자녀에게로 돌이키게 하고 자녀들의 마음을 그들의 아버지에게로 '돌이키게 할'**[restore, 문자적으로, 3:7에서 회개에 대해 사용되는 단어와 동일한 '돌아서다'(turn)] 것이다(4:6). 여기에서 말라기가 회개와 관련된 단어를 사용함으로써, 이를 그저 가족 간의 화해를 다루는 것으로 보기보다는 말세에 유대 백성이 족장(요 8:56), 곧 **그들의 아버지**와 동일한 믿음을 향해 돌이키는 것을 나타낼 가능성이 더 커진다. 그때에 민족은 메시아 예수께로 돌아서고 하나님과 온전히 화해할 것이다(슥 12:10; 13:1; 롬 11:25-27에 대한 주석을 보라). 이스라엘이 마지막 날에 회개하면 하나님은 저주로 (이스라엘의) **땅**을 치시지 않을 것이다. 오히려 그분은 그 땅을 소생시키신다(사 35:1-2).

메시아 예수를 믿는 자들에 대한 하나님의 사랑이 변함없으시듯(롬 8:38-39) 이스라엘을 향한 그분의 신실한 사랑은 한결같으시다. 선지자 말라기를 통해 이스라엘에게 그 사랑에 걸맞게 신실한 삶을 살라고 촉구하신 하나님은, 우리 역시 메시아의 재림을 기다리면서 같은 일을 하라고 명하신다.

참 고 문 헌

Alden, Robert L. "Malachi." In *The Expositor's Bible Commentary*, edited by Frank E. Gaebelein. Grand Rapids, MI: Zondervan, 1985.

Baldwin, Joyce M. *Haggai, Zechariah, Malachi: An Introduction and Commentary*. Tyndale Old Testament Commentaries. Edited by D. J. Wiseman. Downers Grove, IL: InterVarsity, 1972.

Blaising, Craig A. "Malachi." In *The Bible Knowledge Commentary: Old Testament*, edited by John F. Walvoord and Roy B. Zuck. Colorado Springs: David C. Cook Publishers, 1985. 《말라기》, BKC 강해주석(두란노).

Chisholm Jr., Robert B. *Interpreting the Minor Prophets*. Grand Rapids, MI: Zondervan, 1990.

Clendenen, E. Ray. "Malachi." In *Haggai-Malachi*, The New American Commentary, edited by E. Ray Clendenen. Nashville: Broadman & Holman, 2004.

Feinberg, Charles L. *The Minor Prophets*. Chicago: Moody, 1990. 《12소선지서 연구》(은성).

Kaiser Jr., Walter C. *Malachi: God's Unchanging Love*. Grand Rapids, MI: Baker, 1984.

Merrill, Eugene H. *An Exegetical Commentary: Haggai, Zechariah, Malachi*. Chicago: Moody, 1994.

Smith, Ralph L. *Micah–Malachi*. Word Biblical Commentary. Edited by David A. Hubbard and Glenn W. Barker. Waco, TX: Word Books, 1984. 《미가-말라기》, WBC 성경주석(솔로몬).

Stuart, Douglas. "Malachi." In *The Minor Prophets: An Exegetical and Expository Commentary*, vol. 3, edited by Thomas Edward McComiskey. Grand Rapids, MI: Baker, 1998.

Verhoef, Pieter A. *The Books of Haggai and Malachi*. New International Commentary on the Old Testament. Edited by R. K. Harrison. Grand Rapids, MI: Eerdmans, 1987.

Wolf, Herbert. *Haggai–Malachi: Rededication and Renewal*. Chicago: Moody, 1976.

THE

NEW TESTAMENT

신약

마태복음

마이클 밴래닝햄(Michael G. Vanlaningham)

서 론

저자. 마태복음은 익명으로 기록된 책이다. 하지만 보편적인 고대 교회 전통은 이 복음서를 마태의 저작이라고 말한다. 파피아스(Papias, 현재의 터키 출신인 2세기 초 교회 지도자로 그 이전 시기 자료를 통해 이 책이 마태의 저작임을 주장한다), 판테누스(Pantenus, 알렉산드리아에서 가르쳤던 신학자로 주후 약 200년에 사망), 터툴리안(Tertullian, 주후 160-220년경 활동했던 북동 아프리카 출신 변증가), 이레니우스(Irenaeus, 주후 202년경에 사망한 서유럽 출신의 교회 지도자), 오리겐(Origen, 주후 185-254년경 활동했던 학자로 바닷가 인근 가이사랴에서 사망), 유세비우스(Eusebius, 주후 263-339년경 활동했던 가이사랴 출신 교회 지도자이며 '교회사의 아버지'), 제롬(Jerome, 주후 347-420년경 활동했던 남동 유럽 출신 사제이자 학자), 어거스틴(Augustine, 주후 354-430년에 활동했으며, 로마와 밀란에서도 기거했던 북아프리카 출신 학자)과 같은 이들이 그렇게 말한다. 그들의 주된 관심사는 '파피아스 사본'(Papias Fragment)으로, 거기에서 파피아스는 "마태는 히브리어로 주의 신탁들을 한데 모아놓았다"라는 알쏭달쏭한 진술을 했다(판테우스, 이레니우스, 오리겐도 이와 비슷한 진술을 하지만, 그들은 아마 파피아스의 말에 근거해 그렇게 말했을 것이다). 이 말이 무슨 의미인지에 대해서는 의견이 일치되지 않는다. 하지만 마태복음을 살펴보면 이 책이 셈어에서 헬라어로 번역된 것이라는 증거는 거의 찾을 수 없다. 파피아스 사본의 내용은 마태가 예수님의 말씀을 히브리어나 아람어로 썼고, 후에 그것을 헬라어로 된 마태복음에 통합시켰다는 의미일 수도 있다(이 견해에 대한 상세한 사항은 http://bible.org/seriespage/matthew-introduction-argument-and-outline에 있는 Daniel B. Wallace, "Matthew: Introduction, Argument, and Outline"을 참고하라). 또는 마태가 맨 처음 셈어로 글을 썼다는 파피아스의 주장은 잘못이며, 애초에 마태는 헬라어로 오늘날 현존하는 복음서를 썼다고 볼 수도 있다. 이 문제를 해결할 수 있는 실마리는 어쨌든 이 고대 저자들은 마태가 예수님의 생애에 대한 모종의 글을 썼다고 간주한다는 사실이다.

수신자. 이 복음서의 수신자에 대해서는 아무것도 알려진 바가 없다. 가장 그럴듯한 주장은 이 책의 수신자가 가버나움, 가이사랴 혹은 수리아 안디옥에 있는 회당 제도와 관련된, 혹은 그 제도에서 떨어져 나온 유대인 신자들이라는 것이다. 이 책은 매우 유대적인 분위기를 띠기 때문에 이방인들을 대상으로 쓰인 것 같지는 않다. 안디옥에는 유대인들과 이방인들이 함께 왕성히 활동하는 그리스도인 공동체가 있었다. 그들은 대위임령의 긴급성을 진지하게 받아들였다. 마태는 이 집단을 염두에 두고 이 복음서를 썼을 수도 있다. 하지만 확실하게 알 수 있는 방도는 없다.

연대. 대부분의 학자들은 마태복음이 1세기 말에 쓰인 것이라고 추정한다. 마태복음의 많은 내용이 마가복음에 의존하고 있기 때문에(아래 '복음 비평 연구'를 보라), 마가복음보다는 더 늦게 쓰였을 것이다. 마태는 예루살렘 멸망 후에 글을 썼을 수도 있다(22:7; 24:1). 교회(22:7; 18:17) 및 나라를 소유할 다른 백성(21:43)에 대한 마태의 언급과, 그의 정교한 기독론 등은 때로 마태복음이 늦은 시기에 기록되었다는 것을 입증하는 증거로 인용된다. 하지만 마태복음을 살펴보면 이 복음서가 주후 70년 이전(주후 70년에 대해서는 마 24장을 소개하는 주석을 보라)에 기록되었다는 것을 지지해주는 증거들이 상당히 많다. 마태는 종종 사두개인들을 언급한다(3:7; 16:1-12; 22:23, 34). 그러나 주후 70년 이후에는 사두개인들의 활동이 점차 시들해졌다. 예루살렘은 예수님이 시작하신 운동에 반대하는 유대인들이 활동하는 중심지였다. 하지만 주후 70년 이후에는 그 중심지가 얌니아(Jamnia, 서부 이스라엘)로 옮겨갔다. 주후 70년에 일어난 예루살렘 멸망은 마태복음 24장에 묘사된 방식으로 일어나지 않았기 때문에, 그 장은 그 전쟁 이전에 기록되었을 것이다. 마태는 예수님이 "예물을 제단 앞에 두고"(5:24)라고 명령하셨다고 기록한다. 제단이 남아 있지 않았던 주후 70년 이후였다면 마태는 아마 그렇게 기록하지 않았을 것이다. "성전의 금"으로 맹세하는 것(23:16-22)과 성전세를 내는 것(17:24-27)에 대해서도 성전이 파괴되었다면 이렇게 기록할 수 없었을 것이다. 이러한 추정이 절대적인 증거라고 할 수는 없다. 하지만 종합해서 살펴보았을 때 그러한 정황들은 마태가 주후 70년 이전에 이 글을 썼을 가능성을 지지해준다. 아마 주후 40년대 초반과 60년대 중반 사이일 것이다. 마태복음이 주후 70년 이전에 기록되었다는 증거에 대해서는 Robert H. Gundry, *Matthew*, 1982, 602-606을 보라.

목적. 마태가 "나는 다음과 같은 이유로 이 책을 썼다"라고 기록했다면 도움이 되었을 것이다. 하지만 마태는 그런 내용을 적지 않았다. 복음서는 너무 복잡해서 하나의 목적만 있다고 주장하는 것은 어리석은 일이다. 마태복음의 목적은 어느 정도는 변증적인 것으로 보인다. 마태는 나사렛 예수께서 메시아, 다윗의 아들, 유대인의 왕, 임마누엘, 세상의 왕에 대한 구약성경의 예언들을 성취하신 분이라는 주장을 내세우는 듯하다. 또한 마태는 왜 유대인들의 메시아가 유대인 지도자들에게 거부당하고 로마인들에 의해 십자가에 못 박히셨는지 설명하기 위해 글을 썼다. 마태가 천국의 '비밀한 형태'(13장)를 언급한 것은 왕이 오셨음에도 왜 그 나라가 아직 완전한 형태로 오지 않았는지 설명하려고 했기 때문이다. 마태복음 저자는 자신이 속한 메시아 공동체가 '동네 회당'에 있는 적대적인 사람들에게 분별력 있게 반응할 수 있도록 돕기 위해 이런 주제들을 다루었다. 이 책에서 이방인들이 호의적으로 제시되는 이유(특히 2:1; 15:21; 28:18-20)는 마태가 대부분 유대인 신자들인 자신의 청중들이 대위임령 성취를 시작할 수 있도록 자극하기 위해서였다. 마지막으로, 마태복음은 예수님을 따르는 '제자'가 된다는 것의 의미와, 그분을 왕 중의 왕으로 받아들이지 않는 것의 결과에 대해 많은 교훈을 담고 있다.

복음 비평 연구

마태복음, 마가복음, 누가복음은 통틀어 '공관복음'(Synoptic Gospels)이라고 불린다. 세 복음서 모두 예수님의 생애에 대해 비슷한 내러티브를 제시한다('synoptic'이라는 말은 '공동의 관점을 공유한다 혹은 제시한다'는 의미의 헬라어에서 나왔다). 공관복음은 단어 선택, 내용, 사건들의 순서가 놀라울 만큼 일치한다. 이러한 일치는 오랜 세월 동안 학자들을 당혹스럽게 했으며, 그것을 어떻게 설명하는가 하는 것이 '공관복음 문제' 혹은 '복음 비평 연구'의 기초를 형성한다. 공관복음서들 간의 유사점을 설명하기 위해 세 가지의 관련 학문 분야가 발전되었다. 자료 비평, 양식 비평, 편집 비평 등이다.

자료 비평(Source Criticism). 이 분야는 공관복음서 배후에 있는 기록된 전승들을 밝힘으로써 공관복음서들 간의 관계를 결정한다. 자료 비평은 복음서 저자들이 교회를 통해 어떤 정보를 받았는지 그리고 각 저자들이 자신들의 편집적·신학적·실제적 목적에 맞추기 위해 자신들이 받은 내용에 무엇을 추가했는지 판별한다. 복음 비평 학자들은 복음서들 사이에서 서로 일치하는 내용들은 모종의 문학적 의존 때문이었을 것이라고 결론을 내린다. 마태복음, 마가복음, 누가복음에는 중복되는 부분이 상당히 많다(예를 들어 마 12:9-14, 막 3:1-6, 눅 6:6-11). 대부분의 학자들은 마가복음이 가장 먼저 쓰였고, 마태와 누가는 자신들의 복음서를 쓰면서 마가복음을 참고했을 것이라고 주장한다. 그렇기에 세 복음서가 유사하다는 것이다. 하지만 때로 마태복음과 누가복음에는 마가복음에 나온 내용이 아님에도 표현이 일치하는 부분들이 있다(예를 들어 마 13:16-17, 눅 10:23-24). 이러한 부분들을 설명하기 위해 자료 비평은 마가복음 외에 마태와 누가가 사용했던 또 다른 자료가 있었다고 가정한다. 그 자료는 'Q'(독일어로 '자료'를 의미하는 *Quelle*의 약자)라고 불리는데, 자료 비평가들은 이것이 예수님이 하신 말씀의 목록이었다고 가정한다. 하지만 현존하는 Q 자료는 없다. 단지 마태복음과 누가복음에 나온 내용 중 서로 일치하면서 마가복음과는 맞지 않는 부분들을 설명하기 위해 학자들이 제안한 가설적 자료이다. 마태복음과 누가복음이 마가복음과 Q 자료에 의존한다는 제안을 '두 자료 이론'(Two-Source Theory)이라고 한다. 하지만 마태복음과 누가복음에도 역시 각각의 복음서에만 나오는 고유한 내용들이 있다(마태복음에 대해서는 마 19:10-12을, 누가복음에 대해서는 눅 17:27-30을 보라). 이것을 놓고 다시 학자들은 마태가 자신만의 자료(혹은 많은 자료들)를 사용했을 것이라고 가정한다. 그것은 'M' 자료(들)로, 누가복음에는 나오지 않는 내용이다. 또한 누가복음에만 나오는 독특한 내용은 'L'이라는 자료라고 가정한다. 마태복음과 누가복음이 마가복음, Q, M, L을 사용했다는 제안을 '네 자료 이론'(Four-Source Theory)이라고 한다. 네 자료 이론은 20세기 처음 사반세기 동안에는 인기가 있었으나, 최근 많은 자료 비평가들은 네 자료 이론을 신뢰하지 않는다.

자료 비평은 복음서들의 유사성들을 살펴보는 데 도움이 되며, 각 복음서 저자들이 개별적으로 강조하는 바를 보여준다. 많은 복음주의 학자들은 자료 비평의 가설들을 채택하며, 실제로 그런 비평을 한다. 하지만 자료 비평이 좀 더 비판적인 학자들의 손에 들어갈 경우, 독자적인 증인이자 역사가로서의 마태, 마가, 누가의 신빙성을 축소시키는 경향이 있다. 두 자료 이론은 비논리적이라는 이유로 공격을 받아왔다. 예를 들어, 앞서 말한 것처럼 자료 비평가들은 마가복음이 마태복음과 누가복음보다 먼저 쓰였으며, 마태복음과 누가복음이 마가복음을 참고했다고 주장한다. 그들은 또한 마태복음이 마가복음의 순서에서 벗어날 때 누가복음은 마가복음의 사건 순서들과 일치하고, 누가복음이 마가복음의 순서에서 벗어날 때 마태복음은 마가복음의 순서와 일치한다고 (올바르게) 지적한다. 그래서 그들은 마가복음이 가장 먼저 쓰였다고 주장한다. 하지만 마가복음이 마태복음과 누가복음 이후에 쓰였고, 그 두 복음을 참고한 것일 수도 있다. 마가복음은 어떤 때는 마태복음을 따르고 어떤 때는 누가복음을 따랐을 수도 있다. 게다가 두 자료 이론이 아직 발견되지 않은 Q라는 가설적 자료를 요구한다는 사실이 그 이론을 믿기 어렵게(불가능한 것은 아니지만) 만든다.

양식 비평(Form Criticism). 이 분야는 초대교회에서 떠돌던 구전이 글로 기록되기 전에 그 형태와 내용이 어떠했는지를 파악하려고 한다. 양식 비평의 목표 중 하나는, 복음서 저자들이 사용했던 구전 전통을 통해서 초대교회의 모습을 알 수 있다는 믿음에 기초하여 그 교회에 대해 묘사하려는 것이다. 또한 양식 비평은 복음서들에서 발견되는 특징들을 분류한다. 그 내용 중 일부에 '예수님의 말씀'(예수님이 자신의 정체성에 대해 진술하시는 속담적이거나 예언적이거나 '나는…이다'라는 말씀), '선언 이야기'(예수님이 어떤 주제에 대해 심오한 진술을 하시는 것에서 절정에 이르는 짧은 내러티브), '비유', '기적 이야기'(예수님이 행하신 초자연적인 행동들을 포함하는 이야기)라는 명칭을 붙이는 것이다. 양식 비평 방법론에 대한 예를 하나 들어보면, 양식 비평가들은 '기적 이야기'를 살펴보고서 초대교회가 그리스-로마 문화권에서 신인(神人, *theios aner*)이라고 불리던 기적 수행자들과 경쟁하기 위해 이 이야기를 만들어냈다고 추측한다.

양식 비평은 몇 가지 가설에 근거한다. 첫째, 복음서들 각각은 한 사람의 저작이 아니었다. 복음서에 나오는 이야기들은 여러 기독교 공동체에서 널리 떠돌면서 점차 발전되었다. 그 공동체들은 자신들이 처한 상황에 맞게 그 이야기들을 수정하고 윤색했다. 둘째, 예수님에 대한 이야기들은 적어도 20년간 구전 형태로 독립적인 단위들로 떠돌았다. 이 단위들은 그것이 각 지역 교회에 유용한가에 따라 계속 존속되거나 폐기되었다. 셋째, 마가복음과 Q(그리고 아마 M과 L도)는 이 다양한 구전들에 대한 기록이었다. 마태복음과 누가복음은 이 두 (혹은 네) 자료에 의지한다. 넷째, 예수님의 말씀들은 초기(신구약성경 중간 시대) 유대교에서나 초대교회에서 말한 것들과 다른 경우에만, 그 말씀의 진정성을 입증하는 여러 개의 독립적인 자료들이 있는 경우에만, 그 말이 진정성이 입증된 다른 말들과 조화를 이루는 경우에만 믿을 만한 것이다.

양식 비평에는 수많은 위험 요소가 있다. 첫째, 양식 비평은 두(혹은 네) 자료 이론이 타당하다고 추정하기 때문에 그 이론들이 지닌 약점들을 그대로 물려받는다. 둘째, 급진적인 형태의 양식 비평(예를 들어, 비복음주의자들이 지지하고 신봉했던 것과 같은)은 예수님을 비역사화하고 그분을 초대교회에서 꾸며낸 존재로 만드는 경향이 있다. 비평학자들은 복음서에 나오는 예수님에 대한 묘사가 '역사의' 예수와 대체로 일치되지 않는다고 말한다. 셋째, 양식 비평은 목격자가 존재한다는 것과 초대교회의 전기적 관심을 부인한다. 꾸며낸 이야기와 말들이 기독교 공동체 사이에서 떠돌았다면, 그 사건을 목격한 사람들은 그 꾸며낸 내용이 타당하지 않다며 반박했을 것이다. 심지어 바울조차 예수님이 이혼에 대해 가르치신 내용과 자신이 가르친 내용을 주의 깊게 구분했다(고전 7:10, 12). 급진적인 양식 비평가들이 옳다면, 바울은 절대 그런 구분을 하지 않았을 것이다. 마지막으로, 초대교회 역사의 처음 30년에 대해서는 거의 알려진 바가 없으므로 양식 비평가들의 전제와 결론들은 추측과 주관적 의견들에 의지한다.

편집 비평(Redaction Criticism). 영어의 '편집'(Redaction)이라는 말은 '편집자'를 뜻하는 독일어 단어(*Redakteur*)에서 나왔다. 편집 비평은 각 복음서 저자의 편집적 강조점을 발견하려 하는 연구 분야이다. 이 강조점은 저자가 자신이 교회를 통해 받은 이야기와 예수님이 하신 말씀들을 어떻게 조정했으며 큰 내러티브적 틀 안에서 어떻게 배열했는지 살펴봄으로써 식별할 수 있다. 편집 비평은 초대교회가 복음서의 내용을 어떻게 형성했는지 결정(양식 비평의 목표 중 하나이다)하려 하기보다 마태복음, 마가복음, 누가복음의 서로 다른 점들에 주목함으로 각 복음서가 기여한 독특한 점이 무엇인지 밝히려 한다.

예를 들어, 마태는 예수님이 시험받으신 내용을 떡, 성전 꼭대기, 사탄에게 경배하기 순서로 배열한다(4:1-11). 누가는 떡, 사탄에게 경배, 성전 꼭대기 순으로 배열한다(눅 4:1-13). 왜 순서가 바뀌는가? 마태는 좀 더 정확한 연대적 서술을 하려 했고(마 4:5에 나오는 시간을 나타내는 말인 '이에'라는 말을 보라), 누가는 자신이 성전을 강조하는 것에 걸맞게 시험들의 순서를 택했을 것이다. 누가의 복음서는 성전으로 시작되어(눅 1:8) 성전으로 끝나며(눅 24:53), 일반적으로 마태나 마가보다 성전에 더 중요한 위치를 부여한다.

편집 비평은 자료 비평이나 양식 비평보다 우리에게 알려주는 바가 더 많다. 어느 한 복음서 저자가 다른 저자들이 강조하지 않는 특정한 것들에 주의를 기울인다는 점이나, 역으로 다른 저자들이 강조하는 것을 강조하지 않는다는 점은 실제로 논증이 가능하기 때문이다. 하지만 그들이 자신들의 신학적 목적을 위해 교회를 통해 받은 정보를 조정했다고 말하기보다는, 그들의 편집 작업이 실제로 일어난 사건들의 특정한 측면들을 강조했다고 말하는 편이 더 낫다. 예를 들어, 마태복음은 간음으로 인한 이혼에 대해 예외 조항을 기록하는데(19:9, 해당 주석을 보라), 마가복음(막 10:11)과 누가복음(눅 16:18)에는 그 내용이 빠져 있다(해당 주석을 보라). 마태가 이 자료를 추가했다거나 '마가복음을 바꾸어놓았다'(두 자료 이론을 주장하는 학자들의 주석에서 자주 나오는 말이다)라고 말하기보다는, 예수님이 실제로 '간음으로 인한 예외'를 말씀하셨다는 것은 인정하면서, 왜 마태는 자신의 목적에 맞추기 위해 그것을 포함시켰고, 왜 마가와 누가는 그들의 목적에 맞추기 위해 그것을 빼놓았는지를 논의하는 것이 더 낫다.

편집 비평에 대한 더 급진적이고 비판적인 접근들은 몇 가지 이유로 위험하다(Robert L. Thomas, "Redaction Criticism," *The Jesus Crisis*, 255-257). 첫째, 편집 비평은 두 자료 이론과 네 자료 이론의 약점들을 그대로 물려받는다. 둘째, 편집 비평은 연대적·증거적·윤리적 질문들을 적절히 다루지 않는다. 연대 면에서는, 편집 비평은 예수님에 대한 전승이 초대교회에 떠돌고 초대교회에 의해 만들어졌으나(양식 비평), 그 이후에 복음서 저자들이 그것을 변형하고 구성했다고 주장한다. 30-40년이라는 기간 안에 그 모든 일이 일어났다는 것이다. 당시에는 정보 교류가 매우 느리게 이루어졌다는 것을 감안할 때 이것은 거의 불가능에 가까운 일이다. 증거 면에서는, 양식 비평은 복음서 저자들의 '예술적 솜씨'에 도전을 가할 목격자들이 여전히 살아 있었다는 사실을 제대로 다루지 않는다. 윤리적인 측면에서는, 더 많은 급진적 편집 비평가들은 복음서 저자들이 원래 예수님이 하지 않으신 말과 행동을 예수님이 하신 것으로 여겼다고 주장한다. 그러나 기독교는 고결한 도덕의 어머니이며, 복음서의 저자들이 그런 내용을 꾸며냈을 리가 없다.

그렇다면 복음서들의 유사점들과 차이점들을 어떻게 설명할 것인가? 유사점들은 예수님이 순회 교사였다는 사실로 설명할 수 있다. 유대 순회 교사들은 흔히 자신들이 여행한 여러 장소에서 같은 자료를 많이 제시하곤 했다. 예수님이 산상수훈을 한 번 전하셨다면, 그분은 여러 차례 반복해서 다양한 장소에서 다양한 무리들에게 그 내용을 말씀하셨을 것이다. 물론 제자들은 그 내용을 거의 매번 들었다. 그들이 목격자로서(마태) 혹은 1차 자료들을 이용하는 교회 역사가로서(마가와 누가) 복음서를 쓸 때, 당연히 그들이 예수님이 하신 말씀으로 기록한 내용은 상당히 유사할 것이다. 어법의 차이는 그들이 특정 상황에서 예수님이 말씀하신 특정한 내용들을 개별적으로 강조했기 때문일 것이다. 예수님이 이혼에 대해 가르치신 내용(19:3-12)은 천천히 읽어도 약 60초면 다 읽을 수 있다. 하지만 예수님은 분명히 그 주제에 대해 바리새인들, 나중에는 제자들과 이야기를 주고받느라 상당히 더 긴 시간을 들이셨을 것이다. 그래서 마태는 훨씬 더 긴 그 토론의 한 측면을 강조하기로 하고, 마가와 누가는 다른 측면을 강조하기로 했다. 사건들의 순서나 장소의 차이는 예수님이 이곳저곳으로 다니셨기 때문인 것으로 설명할 수 있다. 마태복음을 보면 예수님은 주기도문(6:9-13)을 사역 초기에 갈릴리에서 가르치셨다. 하지만 누가는(눅 11:2-4) 그것을 예수님이 훨씬 후에 갈릴리에서 예루살렘으로 오시는 길에, 아마도 사마리아에서 말씀하신 것으로(참고. 눅 9:51-52), 심지어 예루살렘 인근인 베다니에서(눅 10:38-42, 마리아와 마르다가 베다니 출신의 자매라면 그것은 정당한 가정이다) 말씀하신 것이라고 본다. 어느 쪽이 맞는가? 예수님은 주기도문을 갈릴리에서 가르치셨는가, 아니면 훨씬 더 남쪽에서 가르치셨는가? 비평학자들은 이러한 장소의 차이가 공관복음서의 역사적 부정확성을 나타낸다고 주장한다. 하지만 예수님은 순회 교사이셨으므로 갈릴리(마태가 기록한 사건)뿐 아니라 다른 곳(누가가 기록한 사건) 둘 다에서 가르치셨을 것이다. 오늘날 모든 훌륭한 순회 설교자가 그렇게 하는 것처럼 그리고 예수님 시대에 그렇게 했던 것처럼 말이다.

자료, 양식, 편집 비평에 공감하는 복음주의적 논의로는 *New Testament Criticism and Interpretation*, ed. David Alan Black and David S. Dockery (Grand Rapids, MI.: Zondervan, 1991)에 나오는 Scot McKnight, Darrell L. Bock, Grant R. Osborne이

쓴 각각의 글을 보라. 이 분야에 대해 의견이 다른 복음주의자들 간의 흥미로운 상호 논의에 대해서는 Robert L. Thomas, ed., *Three Views on the Origins of the Synoptic Gospels* (Grand Rapids, MI: Kregel, 2002)를 보라. 복음 비평 연구에 대한 역량 있는 비판에 대해서는 Robert L. Thomas and F. David Farnell, eds., *The Jesus Crisis: The Inroads of Historical Criticism Into Evangelical Scholarship* (Grand Rapids, MI.: Kregel, 1998)과 Eta Linnemann, *Is There a Synoptic Problem? Rethinking the Literary Dependence of the First Three Gospels*, trans. Robert W. Yarbrough (Grand Rapids, MI.: Baker, 1992)를 보라.

개 요

Ⅰ. 왕-메시아에 대한 소개(1:1-4:11)
- A. 왕-메시아의 배경(1:1-3:12)
  - 1. 메시아의 계보(1:1-17)
  - 2. 메시아의 탄생(1:18-25)
  - 3. 메시아의 구약 성취(2:1-23)
    - a. 베들레헴에서의 탄생(2:1-12)
    - b. 애굽으로 피하다(2:13-15)
    - c. 아이들을 죽이다(2:16-18)
    - d. 고향 때문에 받는 멸시(2:19-23)
  - 4. 메시아의 선구자(3:1-12)
- B. 왕-메시아의 사역 준비(3:13-4:11)
  - 1. 메시아의 세례(3:13-17)
  - 2. 메시아의 시험(4:1-11)

Ⅱ. 왕-메시아의 권위(4:12-11:1)
- A. 메시아께서 권위를 표현하신 배경(4:12-25)
  - 1. 메시아께서 다시 갈릴리로 가시다(4:12-16)
  - 2. 메시아를 최초로 따른 사람들(4:17-25)
- B. 메시아의 가르침이 그분의 권위를 보여주다: 산상수훈(5:1-7:29)
- C. 메시아의 기적들이 그분의 권위를 보여주다(8:1-9:34)
- D. 메시아의 제자들이 그분의 권위로 활동하다(9:35-11:1)

Ⅲ. 왕-메시아에 대한 반응(11:2-12:50)
- A. 요한이 혼란에 빠지다(11:2-15)
- B. 대중이 반응을 보이지 않다(11:16-24)
- C. 낙심한 사람들이 격려를 받다(11:25-30)
- D. 지도자들이 적대감을 갖다(12:1-50)
  - 1. 안식일 관습에 관하여(12:1-21)

2. 축사에 관하여(12:22-37)
3. 표적에 관하여(12:38-45)
E. 가족이라는 유대가 좁혀지다(12:46-50)
Ⅳ. 현재 시대의 천국과 왕-메시아(13:1-52)
A. 씨뿌리는 자와 땅 비유(13:1-23)
B. 밀과 가라지 비유(13:24-30; 참고. 13:36-43)
C. 겨자씨 비유(13:31-32)
D. 누룩 비유(13:33)
E. 비유로 말씀하신 이유(13:34-35)
F. 이어지는 밀과 가라지 비유(13:36-43; 참고. 13:24-30)
G. 밭에 감추어진 보화 비유와 극히 값진 진주 비유(13:44-46)
H. 그물 비유(13:47-50)
I. 비유들이 왕과 천국에 대한 새로운 계시를 주다(13:51-52)
Ⅴ. 왕-메시아의 떠나심, 도우심, 반대: 네 주기(13:53-16:28)
A. 첫 번째 주기: 나사렛에서의 사역(13:53-14:12)
1. 예수님이 떠나시다: 나사렛으로(13:53)
2. 예수님이 도우시다: 회당에서 가르치심으로(13:54)
3. 예수님이 반대에 직면하시다: 자신의 친족들과 헤롯 왕으로부터(13:55-14:12)
B. 두 번째 주기: 벳새다에서 오천 명을 먹이시다(14:13-15:20)
1. 예수님이 떠나시다: 한적한 곳으로(14:13)
2. 예수님이 도우시다: 무리를 먹이시고 폭풍우를 잠잠하게 하심으로(14:14-36)
3. 예수님이 반대에 직면하시다: 바리새인들과 서기관들로부터 구전에 대해(15:1-20)
C. 세 번째 주기: 두로와 시돈에 가심 그리고 사천 명을 먹이시다(15:21-16:4c)
1. 예수님이 떠나시다: 두로와 시돈 지방으로(15:21)
2. 예수님이 도우시다: 가나안 여자를 돕고 많은 사람들을 먹이심으로(15:22-39)
3. 예수님이 반대에 직면하시다: 표적을 원한 바리새인들과 사두개인들로부터(16:1-4c)
D. 네 번째 주기: 바리새인들의 누룩 그리고 제자들을 가르치시다(16:4d-16:28)
1. 예수님이 떠나시다: 바다 건너편으로(16:4d)
2. 예수님이 도우시다: 제자들을 가르치심으로(16:5-20)
3. 예수님이 반대에 직면하시다: 이해하지 못한 제자들로부터(16:21-27)
Ⅵ. 왕-메시아의 영광을 미리 맛보시다: 변화산 사건(16:28-17:8)
Ⅶ. 왕-메시아께서 보여주신 겸손한 섬김의 모범(17:9-27)
A. 메시아께서 기꺼이 고난받으시다(17:9-13)
B. 메시아께서 기꺼이 우둔한 자들을 도우시다(17:14-20)
C. 메시아께서 복종하시다(17:22-27)
1. 죽을 준비가 되시다(17:22-23)
2. 세금을 낼 준비가 되시다(17:24-27)
Ⅷ. 왕-메시아의 택하심을 받은 지도자들의 윤리(18:1-19:12)
A. 겸손: 천국에 들어가고 섬기는 데 필요하다(18:1-16)

B. 개인적 정결: 자신과 다른 사람들에게 해를 끼치는 일을 피하라(18:7-14)

C. 공동적 정결: 교회 징계를 시행하라(18:15-20)

D. 용서: 하나님이 얼마나 많이 용서해주시는지 기억하라(18:21-35)

E. 이혼: 이혼을 피하라(19:1-12)

Ⅸ. 천국 시민과 왕-메시아(19:13-20:34)

천국 시민이 되려면 다음과 같아야 한다

A. 그 안에 있으려면 어린아이와 같으라(19:13-15)

B. 거기에 들어가려면 하나님께 의지하라(19:16-30)

C. 하나님이 배제하시는 사람들로 인해 충격을 받지 말라(20:1-16)

D. 으뜸이 되고자 하는 마음을 메시아께 내어드리라(20:17-34)

1. 예수님이 기꺼이 죽으려 하시다(20:17-19)

2. 제자들의 지도자들이 섬기라는 요구를 받다(20:20-28)

3. 예수님이 기꺼이 섬기시다(20:29-34)

Ⅹ. 왕-메시아를 거부하다(21:1-23:39)

A. 메시아께서 백성들에게 자신을 내어주시다(21:1-11)

B. 메시아께서 제사장들의 타락에 맞서시다(21:12-17)

C. 메시아께서 열방에 대한 심판을 예언하시다(21:18-22)

D. 메시아께서 지도자들의 비겁함을 드러내시다(21:23-27)

E. 메시아께서 그들이 거부한 결과에 대한 비유들을 제시하시다(21:28-22:14)

F. 메시아께서 그들의 올무를 피하시다(22:15-46)

G. 메시아께서 지도자들을 정죄하시다(23:1-39)

1. 지도자들이 갈채받기를 간절히 원하다(23:1-12)

2. 지도자들이 그들의 위선을 통해 백성들을 타락하게 하다(23:13-36)

3. 지도자들이 심판에 직면하다(23:37-39)

XI. 왕-메시아께서 장차 오실 것이다(24:1-25:46)

A. 대환난의 시작(24:1-14)

B. 대환난의 중간과 끝: 멸망의 가증한 것(24:15-28)

C. 재림(24:29-35)

D. 주의 날에 준비되어 있을 것을 촉구하는 교훈(24:36-25:30)

E. 재림에 따르는 심판(25:31-46)

XII. 왕-메시아의 죽음(26:1-27:66)

A. 예수님에 대한 증오에 찬 음모(26:1-5)

B. 예수님을 위한 친절한 행동(26:6-13)

C. 유다가 구상한 계획들(26:14-16)

D. 예수님이 죽임당하신 목적: 새 언약의 시작(26:17-29)

E. 예수님의 제자들이 큰소리를 치다(26:30-35)

F. 겟세마네에서의 고뇌(26:36-46)

G. 겟세마네에서 잡히시다(26:47-56)

H. 예수님의 재판에서 유대인들의 처리 단계(26:57-68)

I. 베드로가 부인하다(26:69-75)
J. 유다가 후회하다(27:1-10)
K. 예수님의 재판 과정(27:11-26)
L. 예수님이 조롱당하시고 고문당하시다(27:27-32)
M. 예수님이 십자가에 못 박히시다(27:33-37)
N. 예수님을 무자비하게 대하다(27:38-44)
O. 예수님의 죽음(27:45-56)
P. 예수님이 장사되시다(27:57-61)
Q. 예수님의 무덤을 굳게 지키다(27:62-66)

XIII. 왕-메시아의 부활(28:1-20)
A. 천사가 부활을 알리다(28:1-8)
B. 예수님이 부활을 알리시다(28:9-10)
C. 경비병들이 뇌물을 받고 부활에 대해 거짓말을 하다(28:11-15)
D. 제자들이 부활하신 예수님을 보다(28:16-17)
E. 부활하신 분의 권위로부터 대위임령이 나오다(28:18-20)

주 석

I. 왕-메시아에 대한 소개(1:1-4:11)

A. 왕-메시아의 배경(1:1-3:12)

1. 메시아의 계보(1:1-17)

1:1. 마태는 나사렛 예수께서 유대인들과 온 세상의 왕이 될 법적 권리를 갖고 계심을 강조함으로 자신의 복음서를 시작했다. 예수님은 자신이 다윗의 보좌에 앉을 권리가 있다고 주장하셨는데, 마태는 그 주장이 타당함을 인정하기 위해 자신의 복음서에 예수님의 계보를 포함시켰다. 창조 기사가 '계보'(창 2:4; 5:1, 70인역)라는 말로 시작된 것처럼, 하나님의 계획이 성취된 것에 대한 마태의 묘사도 같은 문구로 시작된다. 그것은 하나님이 '새 창조'(**새로운 피조물**, 고후 5:17)를 시작하고 계심을 시사한다. 인성을 입으신 그리스도는 법적으로 다윗의 자손이셨으며, 다윗 보좌의 적법한 후사이셨다(삼하 7:12-13).

1:3-6. **다말**, **라합**, **룻**, **밧세바**의 연관성은 무엇인가? 여자들은 보통 유대인의 계보에 포함되지 않았다(하지만 대상 2장을 참조하라). 확실하게 말할 수는 없으나 가장 적절한 견해는 네 명 모두 하나님이 그들의 결혼을 통해 선한 일들을 이루시는, 특별한 결혼을 했다는 것이다. 하나님은 동정녀 탄생의 색다른 환경들을 통해서도 똑같이 그렇게 하셨다. **다말**, **라합**, 룻은 이방인이었으며, **밧세바**는 이방인(우리아—옮긴이 주)과 결혼했다. 이것은 마태가 그의 청중들에게 드러내고자 한 점, 즉 이방인들이 메시아의 계보에서 일익을 담당했을 뿐 아니라, 메시아의 희생적 죽음을 통해 유익 또한 얻어야 한다는 점을 시사한다(28:18-20).

1:11. **여고냐**[여호야긴]는 다윗의 혈통에서 솔로몬을 통해 이어지는 요셉의 조상이다. 사무엘하 7:12-17은 솔로몬을 통해 다윗 왕국이 영속될 것이라고 무조건적으로 약속한다(삼하 7:12-13). 하지만 그 혈통 내에 있었던 여고냐는 너무 악해서 하나님은 그를 저주하시고 그의 후손들이 왕이 되는 것을 허락하지 않으셨다(렘 22:30). 이것은 딜레마이다. 약속과 저주가 어떻게 모두 성취될 수 있는가? 그 대답은 '동정녀 마리아를 통해'라는 것이다. 요셉은 다윗, 솔로몬 그리고 여고냐를 통해 법적으로 그 혈통에 속해 있었다. 하지만 예수님은 요셉의 '육체적' 아들이 아니시다. 그래서 다윗의 자손이 되어야 한다는 법적 요구 사항을 성취하시면서도 그 저주를 피해 가신다. 예수님은 요셉을 통

해 다윗과 솔로몬의 '법적' 혈통이시면서, '육체적' 저주 아래 있지는 않으시다.

1:17. 마태는 계보를 열네 명씩 세 집단으로 구성했다. 포로 시대에 붕괴되었던 다윗 왕국이 왕이신 예수님을 통해 회복되리라는 것을 나타내기 위해서이다. '열넷'이라는 숫자의 중요성은 분명하지 않다. 하지만 '다윗'(히브리어로 *dwd*)이라는 이름은 히브리 수비학에 기초해서 더해보면 14가 된다 [4('D')+6('W')+4('D')]. 그리고 글자가 세 개이므로, 이것이 14가 세 세트 나오는 이유일 수도 있겠다. 하지만 마태는 이런 식의 배열이 무슨 의미를 지니는지에 대해 아무런 단서도 남겨놓지 않았다. 이것은 순전히 계보적인 기록이 아니라 다윗의 자손 예수님에 대한 신학적 진술이다. 14-14-14를 얻기 위해 다윗은 한 번만 포함시켜야 했지만 여고냐는 두 번 포함시켜야 했다(11절 끝과 12절 시작 사이의 구분 때문이다. 거기에서 여고냐는 포로로 사로잡혀 가기 전의 마지막 유다 왕이자 사로잡혀 가 있는 동안의 첫 번째 유다 왕으로 나온다).

2. 메시아의 탄생(1:18-25)

1:18-21. 유대의 결혼 관행에서는 신랑이 주도권을 갖고 신부의 아버지에게 먼저 다가갔다. 신부의 아버지가 결혼에 동의하면 신랑은 '모하르'(*mohar*)라는 값을 지불했다. 그것은 신부가 가업에 도움을 주지 못해 발생할 재정적 손실을 신부의 가족에게 보상해주는 일종의 역(逆)지참금이었다. 두 사람은 서약을 교환하고 법적으로 결혼한 것으로 간주되었다. 약혼 기간 동안 결혼을 취소하려면 공식적으로 이혼을 해야 했다. 부부는 신랑이 살 곳(종종 자신의 아버지 집에 딸린)을 마련하는 기간인 1년간은 동거하지 않았다. 그 1년이 지나면 신랑과 그의 친구들은 신부와 신부의 가족들을 깜짝 놀라게 해주고, 혼인 잔치가 시작되며, 또 다른 서약들을 하면 결혼이 완성된다. 마리아가 임신한 것이 밝혀진 때는 약혼하던 해였다. 결혼을 한다는 것은 요셉이 그 아이가 자신의 아이라고 암묵적으로 인정하는 것이었을 텐데, 이 '의로운 사람'에게는 견디기 어려운 일이었다. 하지만 요셉은 인정이 많았다. 그래서 모하르를 되찾고 자신의 결백을 주장하기 위해 마리아와 그 가족을 상대로 소송을 제기하기보다는, 두세 명의 증인 앞에서 이혼 증서를 써줌으로써 '비밀리에' 마리아와 이혼을 하려 했다. 요셉의 마음을 바꿔놓기 위해서는 천사가 개입해야 했다.

1:22-23. 마태가 이사야 7:14과 예수님의 탄생을 어떻게 엮느냐 하는 것은 논쟁거리이다. 이사야의 말은 주전 8세기에 한 말로 추정된다. 예수님이 이사야서의 말씀을 '이루시기'(fulfilling)보다는, 마태가 새로운 의미로 '이사야의 말을 가득 채운'(filling Isaiah full) 것이다. 또 다른 견해는 이사야의 예언이 여러 번 이루어졌다는 것이다. 한 번은 아하스 시대에 그리고 한 번은 예수님 시대에 이루어진 것이라고 본다. 선호할 만한 견해는 그 예언을 동정녀 탄생을 통해 있는 그대로 성취되는 직접적 예언으로 보는 것이다. '처녀'[마태복음과 70인역에 나오는 사 7:14을 보면 헬라어로는 파르테노스(*parthenos*), 히브리어로는 '알마흐'(*Almah*)]라는 말은 논란거리이다. 알마흐는 보통 '성욕이 왕성하지 않은 젊은 여자'를 의미한다[창 24:42; 출 2:8; 아마도 시 68:25(ET; MT와 70인역, 67:26); 애 1:3; 6:8; 아마도 잠 30:19]. 파르테노스는 '젊은 여자'로, 보통 성 경험이 없는 것으로 추정되는 사람을 의미했다(하지만 70인역 창 34:3을 보라. 거기에서 그 말은 그냥 '소녀'를 의미할 것이다). 창세기 24:43과 이사야 7:14에서만 파르테노스는 알마흐를 번역한 말이며, 창세기 24:43에서는 성 경험이 없는 젊은 여자를 지칭한다. 70인역을 위해 이사야서를 헬라어로 번역한 사람(들)은 '성관계를 가지고 있는 혹은 이제 막 가지려 하는 결혼할 나이의 젊은 여자'를 나타낼 수 있는 다른 단어들[예를 들어, '처녀'(maiden) 혹은 '젊은 결혼한 여자'를 의미하는 '네아니스'(*neanis*), 아니면 '신부', '젊은 아내', '첩'을 의미하는 말인 코레(*kore*)]도 사용했으며, 분명 이사야 7장에 나오는 알마흐를 성 경험이 없는 것을 지칭하는 말로 이해했다. 이것은 이사야가 임신하기 직전에 있는 자기 아내 혹은 다른 사람의 아내를 말하고 있었다는 이해를 지지해주지 않는다.

유다(사 7:1-9:7)와 이스라엘(사 9:8-11:16)에게 한 말은 병행 구조로 되어 있으며, 다음과 같은 특징들이 있다. 그 병행 구절들은 이사야 7:1-9:7을 하나의 단위로 읽어야 한다는 의미이며, 약속된 임마누엘(사 7:14)이 땅을 차지하고(사 8:8), 모든 원수를 물리치며(사

특징	유다를 위한 본문	이스라엘을 위한 본문
진노가 오기 전에 회개할 기회	사 7:1-17	사 9:8-10:4
앗수르가 침략할 것이다	사 7:18-8:8	사 10:5-15
원수들이 멸망하고 신실한 남은 자가 보존되다	사 8:9-22	사 10:16-34
다윗의 아들이 다스리는 영광스러운 나라	사 9:1-7	사 11:1-16

8:10), 이방인의 빛으로 갈릴리에 등장하고(사 9:1-2; 또한 마 4:15-16을 보라), 다윗의 보좌에서 영원히 다스리는 신적 존재로 나타나리라는(사 9:6-7) 것이다. 마태는 이 주제들이 예수님의 탄생에서 직접적으로 성취되었다고 본다[상세한 것에 대해서는 D. A. Carson, "Matthew," In *Mathew, Mark, Luke* of Ebc, ed. Frank E. Gaebelein (Grand Rapids, MI: Zondervan, 1984), 78-81을 보라].

1:24-25. 요셉은 천사의 메시지에 순응해서 마리아와 결혼했다. 분명 결혼 잔치는 하지 않았을 것이다. 동정녀 탄생이 안전하게 이루어지도록 요셉은 아이를 낳기까지 마리아와 '동침하지 않았다'. 마리아가 예수님의 탄생에서 그녀가 한 역할로 인해 칭찬받을 만한 것처럼 요셉의 행동 또한 인상적이다. 요셉은 윤리적으로 고결했으며, 이혼하려고 했던 여자에게 자비로웠고, 아이를 낳기까지 관계를 절제할 만큼 성적 충동을 잘 통제했다. 요셉은 성탄절의 숨은 영웅이다!

3. 메시아의 구약 성취(2:1-23)

a. 베들레헴에서의 탄생(2:1-12)

2:1. **베들레헴**은 예루살렘에서 남쪽으로 약 10킬로미터 떨어진 곳이었다. 로마의 꼭두각시 **헤롯 왕**은 무자비하고 과대망상에 빠진 통치자였다. 헤롯은 잔학한 행동을 서슴지 않았고, 자신의 체제를 보호하기 위해 세 아들, 아내, 아내의 어머니를 죽이기까지 했다. 베들레헴에서 일어난 일에 대한 세속 역사의 기록은 없다. 하지만 그것은 이 아이들을 죽인 헤롯의 과대망상증과 아주 잘 어울리는 일이었다. **박사들**은 지금도 정체를 알 수 없는 인물들이다. 하지만 아마도 그들은 천문학과 점성술을 전문적으로 연구했던 현인들이었을 것이다. 그리스-로마 세계에서 그들은 위대한 지도자들[주전 6세기 메디아(Media)의 왕 아스티아게스(Astyages), 알렉산더 대왕, 아우구스투스]이 지배권을 행사하게 될 것을 예언했다고 한다. **동방으로부터**라는 말은 애굽을 말하는 것일 수도 있으나, 바벨론일 가능성이 더 많다. 바벨론에는 다수의 영향력 있는 유대인 집단이 여전히 망명 생활을 하고 있었다. 이 박사들이 다니엘서의 예언들을 알고 있었고, 그 별과 연관해서 거룩한 땅으로 오게 되었을 가능성이 있다.

2:2. **별**은 유력한 사람들의 탄생을 알리는 표시였다. 유대 전통에서는 아브라함의 탄생 이후에 새로운 별이 나타났으며, 메시아는 별과 연관이 있다(민 24:17; 계 22:16). 이 별은 무엇이었는가? 주전 7세기에 목성과 토성은 물고기자리에서 나란히 정렬되어 있었으나, 그런 행성들의 배열을 절대 '별들'이라고 부르지는 않았다. 헬리 혜성은 주전 12세기에 눈에 보이게 나타났으나, 분명 너무 이른 시기이다. 이 별이 나타났다는 것(2:7)은 그것이 전에는 자료에 기록되지 않았음을 시사하며, 2:9은 이 별이 그들 '주위로 움직였다'는 것을 암시하는데, 이것은 그 별이 초자연적 기원을 가지고 있다는 것을 입증한다. 그 별은 광야에서 히브리인들을 인도했던 불기둥과 비슷했을 것이다.

2:3-6. 이 구절들은 박사들도 헤롯도 메시아의 탄생 장소에 대해 몰랐음을 나타낸다. 마태는 미가 5:2을 인용하는데, 거기에서 그는 미가의 말을 반박하는 것처럼 보일 뿐이다. 미가는 베들레헴을 위대하게 만든 메시아의 탄생을 강조하는데, 마태는 바로 그런 이유 때문에 베들레헴이 중요하다고 주장한다. 마태는 예수님과 다윗 왕과의 연관을 더 분명하게 하기 위해 예수님이 **베들레헴**에서 탄생하신 이야기를 언급했을 것이다. 예수님은 베들레헴이 아니라 나사렛에서 자라셨지만, 예수님의 탄생 장소는 예수님을 다윗과 연결시킨다. 그 사실은 예수님이 다윗의 후손으로서 적법성을 갖고 있다

는 것을 의심할 만한 사람들에게 어느 정도 통할 수 있는 변증의 근거가 되었을 것이다.

2:7-12. 헤롯이 유대인들의 왕에게 경배하겠다고 거짓말한 것은 그의 성향에 대해 알려진 바와 일관된다. 마태가 **황금**, **유향**, **몰약**을 언급한 것은 다윗의 아들 솔로몬과의 유사성을 확고히 하기 위한 것이다. 솔로몬도 비슷한 선물을 받았다(왕상 10:1-2; 대하 9:23-24; 아 3:6).

b. 애굽으로 피하다(2:13-15)

2:15. 헤롯 대제가 죽은 정확한 날짜는 알 수 없다. 하지만 요세푸스(Josephus)는 그 일이 주전 4년 3월 12-13일 월식 이후 그리고 주전 4년 4월 11일 유월절 이전에 일어났다고 말한다. 마태가 호세아 11:1을 사용한 것(**내 아들을 애굽에서 불러냈거늘**)은 당혹스럽다. 구약성경의 전후 문맥에서 호세아는 과거를 회상한다. 하지만 과거만 회상하는 것은 아니다. 호세아 11:9-11은 유대 백성의 포로 생활이 모두 끝난 후에 하나님이 그들을 회복시켜줄 것이라고 약속한다. 호세아 3:4-5에서 호세아는 미래에 나타날 다윗의 아들에 대해 언급하며, 그 아들이 민족과 백성의 회복에 관여할 것이라고 말한다. 하나님은 애굽으로부터 자신의 백성을 보호할 권능과 능력을 가지고 계셨으며, 자신의 백성을 애굽에서 데리고 나오셨다(호 11:1). 하나님은 자신의 백성을 보호하시고, 언젠가 그들을 회복시키실 것이다(호 11:9-11). 하나님은 다윗의 아들과 함께 이 일을 행하실 것이다(호 3:5). 여기에서 예수님의 위치는 어디인가? 예수님은 이스라엘의 모형론적 성취이시다. 그 사실은 하나님이 히브리인들과 예수님 모두를 애굽으로부터 보호하신 것에서 알 수 있다. 호세아 3:5과 11:9-10에서 다윗의 아들을 통해 약속된 미래의 회복은, 예수 그리스도를 통해 성취될 것이다. 하나님이 유대인들을 애굽에서 데리고 나오신 것처럼 그리고 그것이 언젠가는 그들이 회복되리라는 증거였던 것처럼, 예수님이 애굽에서 보호를 받으셨고 그곳에서 나오신 것은 이스라엘의 회복이 시작되었다는 표시이다. 이스라엘의 완전한 회복은 예수님이 재림하실 때 비로소 이루어질 것이다. 그때 예수님은 이스라엘을 이방인들의 압제(눅 21:24에서는 그것을 **이방인의 때**라고 불렀다)에서 자유롭게 하실 것이다. 그런 다음에 그들은 예수님을 믿게 될 것이다(참고. 23:38-39과 롬 11:20-27의 주석).

c. 아이들을 죽이다(2:16-18)

2:16-18. 헤롯은 자신이 동방박사들에게 속았다는 것을 알게 된다. 그러자 잔인하게도 베들레헴에 있는 사내아이들을 모두 죽이라고 지시한다. 신뢰할 만한 추산에 따르면, '두 살을 포함해 그 아래까지' 약 스무 명의 아이가 죽임을 당했다. 헤롯이 그들의 나이를 명시한 것은 오차 범위를 감안한 것이다.

마태는 예레미야 31:15(라마)을 어떻게 이용하는가? 예레미야는 포로 생활과 관련된 눈물(렘 31:15)이 끝날 것이라고 말했다. 마태는 이미 포로 생활을 사고의 전환점으로 만들었다(1:11-12). 포로 생활 동안 다윗 계열이 왕위에서 물러났기 때문이다. 포로 생활로 인한 예레미야 시대의 눈물은 베들레헴 어머니들의 눈물과 비슷한 점이 있다. 포로 생활은 거의 끝났다. 다윗 보좌의 후사가 왔다. 그리고 참 아들이 예레미야가 약속한 새 언약(렘 31:31 이하; 마 26:28)을 시작하실 것이다.

d. 고향 때문에 받는 멸시(2:19-23)

2:19-22. 헤롯의 나라는 그의 아들들인 빌립, 안티파스, 아켈라오가 나누어 가졌다. 아켈라오는 유대 본토, 사마리아, 이두매를 다스렸다. 아켈라오는 다른 아들들보다 더 타락했으며, 9년에 걸친 그의 통치는 부도덕과 잔인함과 폭정으로 얼룩졌다. 상황이 너무 나빠져서 유대인들과 사마리아인들의 대표단이 아켈라오에 대한 불만을 로마에 제기했다. 아우구스투스는 주후 6년에 아켈라오를 로마로 소환하여 그를 해고하고, 갈리아로 추방했다. 하나님은 요셉에게 아켈라오를 주의하라고 말씀하셨으며, 요셉의 가족은 애굽을 떠나 갈릴리 지역으로 가서 헤롯 안티파스의 통치 아래 나사렛에서 살았다.

2:23. **나사렛 사람이라 칭하리라**는 구약성경에서 분명한 출처가 없다. 1세기 때 '나사렛 사람'이라는 말에는 경멸의 뜻이 담겨 있는데(요 1:45-46; 행 24:5), 마태는 구약 선지자들이 메시아가 멸시를 받으리라고 예언했음을 나타내는 듯하다(참고. 시 22:1, 6-8, 13; 69:8, 20-21; 사 49:7; 53:2-3; 또한 마 8:20; 11:19; 15:7-8을 보라).

4. 메시아의 선구자(3:1-12)

3:1-4. 마태는 그의 내러티브를 약 30년 후의 미래로 이동시켜 예수님이 사역을 시작하시는 것에 대해 말한다. 세례 요한의 옷차림(3:4)은 엘리야의 옷차림(왕하 1:8)과 놀랄 만큼 비슷하며, 마태는 그런 연관성을 분명하게 밝힌다(마 11:14과 눅 1:17을 보라). 그래서 마태는 다른 복음서들처럼 **하나님 나라**[kingdom of God]라는 말을 사용하지 않고, **천국**[kingdom of heaven]이라는 표현을 일관되게 사용한다. 유대인 청중들이 하나님의 이름을 과도하게 그리고 너무 친숙하게 사용하는 것에 대해 불편함을 느낄 수 있었기 때문이다. **천국**은 무엇인가? 누가복음에서 하나님 나라는 마리아가 천사 가브리엘에게서 자신이 낳을 아들과 관련한 이야기를 들을 때 처음 언급된다. 가브리엘은 그 아들에 대해 **주 하나님께서 그 조상 다윗의 왕위를 그에게 주시리니 영원히 야곱의 집을 왕으로 다스리실 것이며 그 나라가 무궁하리라**(눅 1:32-33)라고 말한다. 가브리엘은 사무엘하 7장에 나오는 다윗 언약을 반복해서 말했다. 그 언약에서 하나님은 다윗에게 하나님 나라 이스라엘을 영원히 다스리고 통치할 아들을 주겠다고 약속하셨다. 중요한 것은 누가복음 1:32-33과 사무엘하 7:13-16의 말이 유사하다는 것이다(두 본문 모두 **아들**, **집**, **나라**, **왕위**, **영원히** 등의 단어를 언급하고 사용한다). 이렇게 유사하게 사용된 어휘들은 예수님이 무엇보다도 다윗의 영원한 아들로서의 역할을 성취하기 위해 오셨다는 사실을 나타내준다. 또한 이런 사실은 복음서 저자들이 변증적 목적을 가지고 자신의 복음서를 기록했다는 사실을 나타낸다. 그들은 예수님이 다윗의 나라를 다스리는 다윗의 씨에 관한 약속을 성취하신다고 변론한다. 이 나라는 히브리어 성경에서 약속한 그 나라와 동일하다고 보는 것이 가장 타당하다. 그것은 통치하는 왕이 존재하는 문자적인 지정학적 나라로, 그 왕은 문자적인 백성과 문자적인 땅에 시행하는 권위로 충만하다. 마태가 그것을 **천국**이라고 부르는 이유는 그것이 '하늘에만 존재하기 때문이 아니라' 그것이 '하늘로부터 땅으로' 올 것이기 때문이다.

3:5-12. 요한이 베푼 세례와 세례 받은 사람들의 고백 간의 연관성은 논란거리이다. **회개하게 하기 위하여**(11절)라는 문구에서 **위하여**[*eis*]라는 전치사는 '~에 기초해서' 혹은 '~때문에' 라는 뉘앙스를 지닌다[10:41을 보라. 거기에서 **선지자의 이름으로**[*eis*]라는 문구는 '선지자의 이름에 기초해서' 혹은 '선지자라고 불리기 때문에'라고 번역할 수 있을 것이다]. 그래서 요한이 물로 세례를 주는 것은 사람들이 사전에 회개한 것 '때문에' 혹은 그것에 '기초하여' 주는 것이다. **바리새인들과 사두개인들**에게 하는 요한의 통렬한 말(7절)은 그곳에 온 사람들에게 위선적인 요소도 있었다는 것을 나타낸다. **아브라함이 우리 조상**(9절)이라는 말은 그들의 인종적·종교적 배경이 주제넘은 것이었으며, 그들에게 그릇된 안정감을 주었음을 나타낸다. **아브라함의 자손**이 되는 것은 그들의 사고 속에서 그릇되게도 유대 백성으로만 한정되어 있었으며, 그런 자손이 되는 것은 회개(자신의 죄에 관해 태도를 바꾸는 것)에 달려 있을 것이다. 참된 회개는 **좋은 열매**(10절)를 맺음으로 증명해야 했다. 열매가 없는 것은 세례를 부인하는 것이었으며, 회개가 가짜라는 것을 보여주었다. 마태는 어떤 사람이 하나님과 올바른 관계를 맺고 있다는 증거, 즉 '구원받았다'는 증거란 그 사람의 존재 자체가 아니라 좋은 열매의 유무라고 생각했다(7:16-20; 13:3-9; 18-23).

요한은 예수님이 가져오실 세례는 **성령과 불**(11절)로 베푸시는 세례라고 단언한다. 예수님은 세례를 베푸는 자이시며, 성령은 신자가 세례를 받는 요소이시다(막 1:8; 눅 3:16; 요 1:33; 행 1:5; 11:16; 그리고 심지어 고전 12:13). 성령은 세례를 베풀지 않으신다. **성령과 불로**라는 말은, 모든 사람이 이 세례의 측면들을 '둘 다' 경험하리라는 것을 나타낸다. 그리스도를 받아들인 사람들을 위한 **연단하는 불**[시련들을 통해 강하게 하는 것 혹은 성화를 이루어가는 것; 슥 13:9; 롬 8:12-14; 벧전 1:7을 보라]인 성령 세례이든, 메시아를 받아들이지 않은 사람들에게 영원히 지속되는 **불 심판**(창 19:24; 시 21:9; 겔 22:20; 살후 1:7-8; 히 1:27)이든 간에 말이다.

B. 왕-메시아의 사역 준비(3:11-4:11)

1. 메시아의 세례(3:13-17)

3:13-14. 요한이 메시아에게 세례 주기를 내켜하지 않은 것은 이해할 만하다. 요한의 세례는 죄를 고백한 사람들에 대한 반응이었으며, 성령의 불세례를 베푸실 분에 대한 준비 과정이었고, 앞으로 올 나라를 예상

하면서 시행되었다. 예수님은 죄가 없으셨고, 종말론적 세례를 시행할 준비가 되어 있으셨으며, 현존하는 왕이셨다. 어떻게 '요한'이 '예수님'께 세례를 베풀 수 있단 말인가? 하지만 예수님의 세례는 예수님과 요한과의 일체성 확립, 요한이 선포한 다가오는 하나님 나라 그리고 그 나라를 준비하며 요한의 세례를 받은 사람들을 위해 중요했다.

3:15-17. 예수님의 세례에서 예수님과 요한은 둘 다 **모든 의를 이루는 것**(15절)을 위해 협력한다. **이는 내 사랑하는 아들이요**(17절, 시 2:7을 인용)라는 말은 메시아적 분위기를 가득 담은 시편에서 나온 것이며, **내 기뻐하는 자라**(사 42:1)는 고난받는 종을 부르시는 말이다. 이사야 42:1에서 하나님은 **나의 영을 그에게 주었은즉**이라고 말씀하신다. 이것은 **성령이…내려…자기 위에**라는 마태복음 3:16의 말과 유사하다. 이 모든 것이 어떻게 조화를 이루는가? 예수님은 자신에게 세례를 베풀라고 요한에게 부탁하셨다. 그래서 예수님이 메시아적인 고난받는 종의 사역을 시작하실 때 성경을 성취하시면서 하나님이 요구하신 모든 것('의')을 그들이 함께 이루도록 하라는 것이다. 그 종의 사역을 위해 하나님은 예수님께 내려온 성령을 사람들의 눈에 보이도록 보여주셨다. '비둘기같이 내려오신' 성령은 창조(성령이 비둘기처럼 운행하셨던 창 1:2)를 의미하는 것도, 노아의 비둘기(창 8:8-12)를 의미하는 것도 아니다. 그것은 그저 예수님과 요한에게만 보인 시각적 표현(3:16; 요 1:32-33)으로, 하나님의 아들이 자신의 사역을 시작하실 때 하나님이 자기 아들을 인정하셨다는 사실을 전달하려는 것이었다.

2. 메시아의 시험(4:1-11)

예수님이 세례를 받으심으로 예수님이 사역을 시작하시기 위한 두 가지 선행 조건 중 첫 번째가 끝났다. 두 번째 선행 조건은 예수님이 시험을 받으시는 것이다. 예수님이 세례를 받으실 때 하나님은 예수님을 자신의 아들이라고 밝히셨다. 마귀는 세 가지 시험 중에서 두 번에 걸쳐 예수님의 신적 아들 됨을 공격한다.

4:1-2. 예수님이 받으신 시험과 이스라엘이 광야에서 받은 시험(신 8:2) 사이에는 유사점이 많다. 예수님이 그러셨던 것처럼(4:1), 이스라엘도 성령의 이끌림을 받았다(느 9:20). 모세는 40일간 금식했으며(출 34:28; 신 9:9) 후에 엘리야도 그렇게 했다(왕상 19:8). 마태가 이것을 언급한 것은 예수님이 최고의 선지자 혹은 '새로운 모세'이심을 나타내려는 의도였을 것이다.

4:3-4. 첫 번째 시험은 예수님이 굶주림을 해결하기 위해 능력을 사용하심으로 하나님과 독립해서 행동하시게끔 하려는 의도였다. 하지만 예수님은 신명기 8:3을 인용하여 대답하셨다. 그 구절은 하나님이 이스라엘을 낮추시고, 백성들의 순종을 평가하시고, 그들이 하나님께 의존할 것인지 보시고, 아버지가 아들을 징계하는 것처럼 그들을 징계하신다는 것이다. 이것은 전후 문맥 속에서 나온다(신 8:3-5). 이스라엘이 실패한 부분에서 예수님은 신실하셨다.

4:5-7. 두 번째 시험에서 마귀는 자기 백성을 보호하시겠다는 하나님의 약속에 대해 말하는 성경을 인용했다(시 91:11-12). 육체적으로 혹은 환상 속에서, 예수님은 성전으로 이끌려가셨다. 아마 성전이 하나님이 자신의 백성을 돌보신다는 것을 상징했기 때문일 것이다(시 18:6; 48:9; 65:4). 그 돌보심이 바로 이 시험의 요점이다. 예수님은 신명기의 또 다른 구절을 언급하시면서 대답하셨다(신 6:16). 그 구절에서 모세는 하나님이 억지로 그들에게 물을 주게 하셨을 때처럼(출 17:1-7) 하나님을 시험하지 말라고 경고했다. 하나님은 자신의 자녀들을 보호하겠다고 약속하시지만 그들은 하나님이 그렇게 하시도록 강요해서는 안 된다. 그렇게 하는 것은 하나님을 그들의 종으로 여기는 것과 다름없다. 예수님의 대답은 이 시험이 예수님을 속여 멋진 모습을 보여주게끔 함으로써 사람들이 예수님을 억지로 왕으로 삼아서 예수님이 십자가를 피하시도록 하려는 것이었음을 나타내지는 않는다.

4:8-10. 세 번째 시험 역시 환상 속의 경험이었을 것이다. 하나님 아버지는 마귀가 예수님께 제시한 것을 이미 예수님께 약속하신 바 있다. 즉, 세상에 대한 통치권이다(민 24:15-19; 시 2:7-8; 단 7:13-14). 예수님은 신명기 6:13을 인용하셨는데, 그 구절은 히브리인들이 거룩한 땅에 들어가기 전날 밤에 우상 숭배에 대해 경고하는 문맥에서 나온다. 하나님을 경배하지 않으면 결정적인 심판을 받게 될 것이다(신 6:14-15). 그리고 예수님이 마귀를 경배하라는 시험에 굴복하셨더라면 예수님은 하나님의 진노에 직면하셨을 것이며, 구원하는

역할을 빼앗기셨을 것이다.

4:11. 광야에서의 이스라엘과는 달리, 예수님은 시험을 받으셨을 때 실패하지 않으셨다. 마귀가 예수님을 떠나자 천사들이 와서 **수종** 들었다(문자적으로는 '섬겼다'. 아마 그들이 음식을 가져왔다는 말일 것이다. 40일간의 금식으로 예수님은 위험할 정도로 약해지셨을 것이다).

이 사건이 시사하는 실제적인 교훈이 몇 가지 있다. 첫째, 예수님은 마귀의 공격에 저항하실 때 성경에 의지하셨다. 신자들이 말씀에 대한 지식이 없다면 어떻게 사탄을 상대할 수 있겠는가(엡 6:17)? 둘째, 마귀는 성경을 인용했다. 하지만 문맥에서 벗어난 채로 인용했다. 시편 91:11-12은 어리석게 선택한 주제넘고 충동적인 행동에서가 아니라, 인생의 여러 부침 가운데에서도 하나님이 보호하신다는 내용이다. 하나님의 백성은 성경을 인용할 뿐 아니라, 전후 문맥 가운데에서 그것이 어떤 의미를 갖고 있는지 알아야 한다. 셋째, 결국 하나님은 예수님의 모든 필요를 채우셨다. 하나님의 자녀들이 겸손하게 하나님이 행동하시기를 기다릴 때, 하나님은 절대 그들을 실망시키지 않으실 것이다.

Ⅱ. 왕-메시아의 권위(4:12-11:1)

A. 메시아께서 권위를 표현하신 배경(4:12-25)

1. 메시아께서 갈릴리로 다시 가시다(4:12-16)

4:12-16. 예수님은 작전기지를 다시 북쪽 갈릴리로 바꾸셨다. 세례 요한을 투옥시킨 헤롯 안티파스로 인해 위협을 느끼셨기 때문일 것이다. 또한 그곳은 예수님이 자신의 사역에서 좀 더 공격적인 단계를 시작하시기에 적당한 장소였다. 갈릴리는 훤히 트여 있고, 인구가 밀집되어 있었으며, 분주한 상업 활동을 일으키게 한 길들이 뚫려 있었다. 마태는 예수님이 다시 갈릴리로 가신 것이 이사야 9:1-2을 성취하신 것이라고 말한다. 이 예언은 이사야 9:6-7에 나오는 아이의 탄생과 연관된 것으로, 포로 생활 이후에 스불론과 납달리 지파가 회복된 것을 말하는 것이 아니라, 메시아 시대에 이스라엘이 궁극적으로 회복되는 것을 말한다. 그 회복의 몇 가지 측면이 예수님의 사역 기간 동안 시작되었다.

2. 메시아를 최초로 따른 사람들(4:17-25)

4:17. **회개하라**는 말은 '죄의 심각함에 대해 마음과 행동을 바꾸다'라는 의미이다. 회개는 죄에 대해 슬퍼한다는 일차적 의미가 아니며, 복음서들은 회개가 정신적인 조정이라고 말하지도 않는다. 세례 요한은 회개를 전파하면서 회개에는 행동의 변화가 따른다고 말했다(마 3:7-10; 또한 눅 3:8-14을 보라).

4:18-22. **베드로**와 **안드레**가 이 부르심 전에 예수님과 만난 적이 있었는지는 분명하지 않다. 약간의 접촉이 있었을 수도 있다. **사람을 낚는 어부**는 그들이 이전에 가졌던 직업과 대조되는 것으로, 그들이 앞으로 주님이 시작하신 운동에 참여해 사람들을 구원하도록 돕는 역할을 하게 될 것임을 시사한다. 그들의 반응은 즉각적이었다. 하지만 베드로와 안드레는 **그물을 버려두고** 따른 반면, **야고보**와 **요한**은 **아버지를 버려두고** 예수님을 따랐다. 이것은 더 깊은 헌신을 의미한다.

4:23-25. 마태복음 4:23은 마태복음 9:35과 사실상 똑같다. 아래 표에 진한 글씨로 표시된 약간의 차이만 있을 뿐이다.

이 특징은 '인클루지오'(*inclusio*)라는 것으로, 마태가 4:23과 9:35 사이에 있는 자료를 주제상 하나의 전체로 읽게 했음을 의미한다. 그 주요 주제는 예수님의 권위이다. 4:23a, b, c에서 예수님은 가르침과 전파를 통해 자신의 예언자적 권위를 시행하셨다. 그 중대한 예는 5-7장(특히 7:29)에 나오는 산상수훈이다. 4:23d-24에서 마태는 예수님이 사람들의 병을 고치실 때 자신의 권위를 보이셨다고 말한다(8:9; 9:6, 8; 10:1). 그것은 8장과 9장에 나오는 아홉 가지 기적들을 통해 전개되는 주제이다.

4:23	9:35
예수께서 온 **갈릴리**에 두루 다니사 그들의 회당에서 가르치시며 천국 복음을 전파하시며 **백성 중**의 모든 병과 모든 약한 것을 고치시니	예수께서 **모든 도시와 마을**에 두루 다니사 그들의 회당에서 가르치시며 천국 복음을 전파하시며 모든 병과 모든 약한 것을 고치시니라

B. 메시아의 가르침이 그분의 권위를 보여주다: 산상수훈(5:1-7:29)

산상수훈은 아마 그리스도의 모든 가르침 중 가장 유명할 것이다. 하지만 그것의 목적이 정확하게 무엇인지는 단정하기 어렵다. 여기에 나오는 접근법은 그 설교가 회개한 사람들이 하나님 나라가 오는 것을 예비함으로 그 나라가 오는 것을 기다리면서 어떻게 살아야 하는가에 대한 예수님의 가르침이라는 것이다.

5:1-6. 팔복의 목적은 하나님 나라를 위해 준비된 사람들의 특징이라 할 수 있는 미덕을 제시하고, 그들에게 그 나라가 올 때 받게 될 복과 상을 확신시키는 것이다. 1-6절은 하나님과 올바른 관계를 맺은 사람의 복됨을 표현하며, 7-12절은 사람들과 올바른 관계를 맺은 사람들의 복됨을 표현한다. 가장 기본적인 의미에서 **복이 있나니**라는 말은 보통 자신이 신적 은총을 받았다는 것을 아는 것에서 나오는 '깊은 기쁨'을 의미한다. **심령이 가난한 자**(3절)에는 경제적 요소가 포함되어 있을 수도 있지만, 여기에서 초점은 자신의 영적 파산 상태를 인식하는 것에 맞춰져 있는 듯하다. 하나님께 드릴 것이 아무것도 없는 사람들이 천국을 갖는다는 것이다. **애통하는**(4절) 자는 일차적으로 악하고 힘든 시대에 종종 슬픔을 느끼지만, 그러면서도 천국을 기대하고 있는 사람들이다. 약속은 **그들이 위로를 받을 것임이요**라는 것이다. 수동태는 하나님이 그들을 위해 해주실 일을 말한다. **온유한**(5절)이라는 개념에 대해서는 시편 37:9-11을 보라. 거기에서 '온유한' 자들은 자신들의 운명을 역전시키기 위해 하나님께 의지한다. **의에 주리는** 것(6절)에 대해서는 마태복음 5:20을 보라.

5:7-9. 사회적 관계가 이 복들의 초점이다. **긍휼히 여기는** 것(7절)은 죄 있는 사람들을 용서하는 것과 고난 받는 사람들을 불쌍히 여기는 것 둘 다를 포함한다. **그들이 긍휼히 여김을 받을 것임이요**라는 말은 우리를 향하신 하나님의 긍휼이 우리가 다른 사람들에게 긍휼을 베푸는 것에 달려 있다는 말이 아니다. 긍휼은 공로가 될 수 없다(이에 대한 더 상세한 설명으로는 18:31-35에 대한 해설을 보라). **마음이 청결한 자**(8절)는 도덕적으로 오점이 없고, 깨끗하고, 그들과 다른 사람들과의 관계에서 표리부동함이나 불결함이 없다는 말이다. **화평하게 하는 자**(9절)는 **하나님의 아들**이다. 하나님과 마찬가지로 그들은 다른 사람들과의 화해를 추구하기 때문이다. 하나님이 사람들을 자신과 화목하게 하기 위해 손을 내미셨던 것과 마찬가지이다.

5:10-12. 10절은 3절과 유사하다. 두 구절 모두 같은 약속으로 결론을 맺는다. 11-12절은 10절의 해설 역할을 한다. 박해는 **의를 위하여**[*heneken*, 헤네켄] 사는 것에서 올 수 있다. 하지만 11절에서 예수님은 박해가 **나로 말미암아**[혹은 '위하여', 역시 헤네켄] 올 수 있다고 말씀하신다. 핍박을 받게 할 수 있는 이 특정한 의는 예수님께 기초하고 예수님 안에서 발견되는 의이다.

5:13-16. **소금**과 **빛**이라는 비유적 표현은 예수님이 그의 백성으로 하여금 세상에 영향을 끼치게 하셨다는 것을 분명하게 보여준다. 이 본문에서 **소금**의 요점은 목을 마르게 하거나 세상의 도덕적 부패를 방지하는 방부제가 아니라, 맛을 더 좋아지게 하는 것, 세상을 더 나은 곳으로 만드는 것이다. **등불**은 바로 어둠 속에서 볼 수 있도록 빛을 준다. 그 등불을 감춘다는 것은 말이 안 된다. 천국 시민은 빛이다. 그들은 비추어야 하며, 그 빛을 감추어서는 안 된다. 그 결과 등불이 높아지는 것이 아니라, 세상에서 하나님의 평판이 높아져야 한다.

5:17-19. 사고의 흐름이 완전히 분명하지는 않다. 하지만 16절에 나오는 **착한 행실**은 그리스도가 성취하신 율법을 지킨다는 개념을 환기시켜준다. **율법이나 선지자**라는 말은 7:12에 나오는데, 거기에서 황금률은 율법(모세오경, 마 12:5)과 선지자(구약성경 나머지 부분, 눅 16:29, 31)의 요구를 충족시키는 듯하다. 마태는 구약성경에서 예언된 것을 실행하는 것에 대해 '성취하다'라는 말을 열 다섯 번 사용해서 예수님이 실제로 구약을 '성취하신다'(fulfill, 개역개정에는 **완전하게 하려 함이라**—옮긴이 주)는 것을 나타낸다(예를 들어 1:22; 2:15, 17; 8:17; 26:56). 율법이나 선지자는 **다 이루**기까지는(18절) 여전히 유효하다. 정확한 개념은 아마 구약성경이 메시아적 약속들을 성취하는 분인 예수님을 비추는 등대 역할을 한다는 것이다. 이런 관점에서 율법 전체와 각 선지자들은 모두 영원히(**천지가 없어지기 전에는**, 아마 천년왕국이 마무리될 때) 타당하다. 그것들은 모두 그리스도를 가리키기 때문이다. 여기에는

십계명뿐 아니라 613개의 율법도 모두 포함된다. 심지어 율법의 의식적 측면 및 민사적 측면도 마찬가지이다(**율법의 일점 일획도 결코 없어지지 아니하고**, 18절; **이 계명 중의 지극히 작은 것 하나라도** 없어지지 않을 것이다, 19절). 종교 지도자들은 이 계명 중에서 지극히 작은 것이라도 절대로 무시해버리지 않았을 것이다. 하지만 그들은 그 계명들이 그것을 성취하신 분인 나사렛 예수를 가리킨다고 가르치지 않았을 것이다. 그러나 17-18절은 하나님의 백성에게 오늘날 율법을 수행할 것을 요구하지는 않으며, 구약성경은 나사렛 예수께서 메시아이심을 밝히는 이정표로서 여전히 타당하다고 주장한다. 신자들은 신약성경에서 구약성경의 명령들이 반복되는 경우에만 율법을 지켜야 한다. 하지만 그럴 때 그것은 '예수님 안에서 성취된 것으로서의 율법', 즉 신약성경에서 "그리스도 법"이라고 알려진(고전 9:1; 갈 6:2) 율법이 되며, 더 이상 모세의 율법은 아니다(참고. 롬 3:31; 8:4). **그러므로**(19절)라는 말은 예수님이 앞의 구절들을 통해 내리시는 결론을 소개한다. 예수님이 메시아이시라는 것에 대한 변증인 구약성경의 중요성을 무시하는 사람들은 천국에서 상을 잃어버릴 것이다.

5:20. **내가 너희에게 이르노니**는 천국에서의 등급에 대한 개념에 잇따르는 생각을 소개한다. 천국에 아예 들어가지 못할 만한 상황들이다. 마태복음에 나오는 의는 일반적으로 두 가지 함축을 지닌다. 예수님의 가르침과 조화를 이루는 윤리적 행동(5:10, 20; 6:1) 그리고 의에 대한 바울적인 이해, 곧 의를 하나님이 예수님을 따르는 자들에게 나누어 주시는 바 하나님 앞에서 순전하고, 거룩하고, 무죄한 지위로 보는 것이다. 이런 생각은 마태복음 5:6을 근거로 한다. 거기에서는 천국을 위해 준비된 사람들은 의에 주리고 목마르며, 그들은 "그들이 배부를 것임이요"라는 약속을 받는다. 그것은 신적 수동태로서, 따라서 '하나님'이 바로 그들을 의로 가득 채우시는 분이라는 의미이다. 이렇게 볼 때 5:20을 의로운 행위를 위한 증거 본문으로 이해할 수는 없을 듯하다. 7:21-23에 대한 주석을 더 보라.

바리새인들의 근본적인 문제점은 그들이 생각하는 의의 핵심이 율법 혹은 그들 자신의 구전을 지키는 것이었다는 점이다. 그러나 그들은 예수님은 배제했다. 서기관들과 바리새인들은 예수님이 5:21-48에서 제시하신 의를 반대하지 않았을 것이다. 예수님이 그러한 의의 권위 있는 근원이시며, 예수님의 가르침이 구약성경을 대신한다고 주장하신 것만 빼고 말이다. **천국에 들어가**는 데 필요한 의는 영적으로 파산한 사람들에게 하나님이 주시는 선물로 주어졌으며, 그리스도를 통해서만 얻을 수 있다.

5:21-48. 마태복음의 많은 부분이 그렇듯이 이 구절들에 나오는 여섯 가지 '대조들'의 목적이 무엇인지 정확하게 이해하기는 어렵다. 여기에서 제안하고자 하는 견해는, 예수님이 자신의 선지자적 권위에 기초해서 구약성경과 함께 새로운 계시를 제시하셨다는 것이다. 모세는 장차 위대한 선지자가 나타날 것이라고 예언했다(신 18:15, 18, 이 위대한 선지자가 오는 것은 여전히 미래의 일이라는 점이 함축하는 것에 대해서는 신 34:10-12 참고). 그리고 신약성경 저자들은 이것이 예수님을 통해 성취되었다고 본다(행 3:20-23). 예수님은 선지자 이상의 분이지만, 그분은 하나님을 향한 신실함으로 돌아오라고 자신의 백성들을 부르시면서 선지자 역할을 수행하신다.

5:21-26. 예수님은 살인에 대한 여섯째 계명을 인용하셨지만(출 20:13) 감정의 죄를 살인과 같은 것으로 보셨다. 그것은 여섯째 계명 자체에는 나오지 않는다. 예수님이 그렇게 하실 수 있었던 것은 율법의 성취자로서 그분이 가지고 계신 선지자적 권위 때문이다. 22절에는 아마 재판 장소가 단계적으로 확대되는 것이 나와 있지는 않을 것이다. 하지만 **심판**, **공회**, **지옥 불**은 이웃을 모욕하는 식으로 표현된 분노에 대해 확실하게 책임을 져야 한다는 것을 나타낸다. 23-25절의 요점은 그리스도를 따르는 자들은 분노로 인해 다른 사람에게 해를 끼쳤을 때 가능한 한 신속하게 화해를 해야 한다는 것이다.

5:27-30. 예수님은 간음에 관한 일곱째 계명(출 20:14)을 인용하셨다. 다시 한 번 예수님은 내적 동기를 외적 행동과 연관시키신다. 예수님이 **나는 너희에게 이르노니**라고 말씀하셨을 때 그분은 계명에서 나온 자료를 제시하신 것이 아니라, 율법을 보완하는 전혀 새로운 계시를 주셨다. **음욕을 품고**라는 말은 그에게 '그녀가 음욕을 품도록 하기 위해'라고 번역할 수도 있을 것

이다. 어떻게 번역하든 여기에서 문제는 음욕이라는 태도이다. 29-30절은 예수님을 따르는 자들이 도덕적 죄를 정복하기 위해 근본적인 조치를 취해야 함을 나타낸다. 눈을 빼버린다거나 손을 찍어버린다는 것은 과장된 진술이지만, 성적인 죄를 피하기 위한 극단적인 조처들을 시사한다. **지옥에** 던져지는 것에 대해서는 18:7-10에 대한 주석을 보라.

5:31-32. 예수님은 이혼 규정에 관해 나오는 신명기 24:1, 3을 인용하셨다. 마음에 품은 음욕이 영적으로 우상숭배에 해당한다면, 성경적인 정당한 근거가 없는 이혼은 완전한 우상숭배이다. 엄밀히 말해, 신명기 24:1에서는 이혼을 명령하지 않았다. 거기에서 명령한 것은 이혼 증서를 줄 필요성에 대한 것이었으며, 이혼은 **음행한 이유**로 인해서만 허용되었다. 19:1-9에 대한 주석을 보라. 여기에서 예수님이 가르치신 것은 모세의 가르침을 넘어선다. 모세는 이혼 증서를 주면 이혼을 허용했다. 하지만 예수님은 부적절한 이혼을 한 사람에게 그리고 부적절하게 이혼한 사람과 결혼하는 사람에게 닥치는 결과들의 중대함을 강조하셨다.

5:33-37. 맹세에 관한 예수님의 교훈들은 아마 서너 개의 본문에서 나왔을 것이다. 정확하게 맹세에 대해 명시하는 단 하나의 구약성경 구절은 없다(레 19:12; 민 30:3; 신 23:21; 시 56:12을 보라). 맹세에는 어떤 것을 하기로 서약하는 것, 어떤 행동을 이행하는 것에 대해 증인이 되어달라고 하나님께 청하는 것 그리고 그것을 실행하지 않는다면 벌을 내려달라고 요청하는 것이 포함되었다. 구약성경은 맹세하는 것을 금하지 않았고 관행으로 규정해놓았다. 오늘날 우리는 이러저러한 일을 하기 위해 "우리 할머니를 걸고 맹세해"라고 말할 수 있다. 예수님 시대 사람들은 성전의 금 혹은 다른 귀한 것을 놓고 맹세할 수 있을 것이다. 이것은 매우 엄숙한 것처럼 들리지만 그런 맹세들은 이따금 파렴치한 자들이 그들의 약속을 절대 지킬 생각이 없다는 사실을 감추는 데 사용되었다. 예수님은 그 관행을 모조리 일축하시고, 대신 절대적인 진실함을 요구하셨다. 성경은 하나님이 자신을 가리켜 맹세하신다고 말하며(히 6:13), 바울 역시 서원을 했다(행 18:18). 이것은 맹세하는 것이 진지한 경우(결혼식이나 법정에서 증언하는 것과 같은)에는 허용될 수 있다는 것을 시사한다.

5:38-42. 예수님은 보복 행동에 관한 서너 개의 구약 본문(출 21:24; 레 24:20; 신 19:21)을 언급하셨을 것이다. 신명기 19:18은 '이 법칙'(law of the tooth), 곧 '동해보복법'(*lex talionis*)이 행정 당국을 위한 지침이었으며, 사적인 보복은 승인하지 않았음을 시사해준다. 많은 사람들이 개인의 복수를 위해 그것을 잘못 적용했을 수도 있다. 하지만 예수님은 제자들에게 그 관행을 금하셨다. 그들은 보복을 하지 말아야 할 뿐 아니라, 복수를 피하기 위해 그들의 것을 기꺼이 내어주어야 한다. [**왼편(뺨)도 돌려대며…겉옷까지도 가지게 하며…그 사람과 십 리를 동행하고** 구하는 자에게 **주며**, 고전 6:7을 보라].

5:43-48. 여섯 가지 대조 중 마지막에서 예수님은 레위기 19:18에 맞게 사랑하라고 명하셨으나, 원수를 사랑하라고 주장하심으로 그 명령을 넘어서셨다(*1QS* 1:4, 10과 대조해보라). 예수님을 따르는 자들은 '그들을 박해하는 자를 위하여 기도'해야 한다(살전 5:17을 보라). 그렇게 하는 것은 모든 사람들, 심지어 자신을 미워하는 사람에게까지 필요한 것들을 제공하시는 하나님과 매우 비슷하게 행하는 것이기 때문이다. 우리를 사랑하는 사람들만 사랑하면 아무런 상이 없다. 심지어 유대 사람들에게 멸시를 받곤 했던 세리와 이방인들마저도 서로를 사랑[동사는 '아가파오'(*agapao*)이다]하기 때문이다. 48절은 전후 문맥에 비추어 읽어야 한다. 여기서 **온전하라**는 '성숙하라'로 번역하는 편이 더 낫다. 예수님은 자신을 따르는 자들이 호감이 가는 사람이든 까다로운 사람이든 모두에게 하나님이 그들에게 보여주신 성숙한 사랑을 주기를 기대하신다. 특히 그들의 일용할 필요를 즐겁게 채워주면서 그렇게 하라고 하신다.

예수님은 마태복음 5장에서 미덕의 필요성을 강조하셨다. 마태복음 6장부터는 덕행 있는 삶을 살 수 있는 적절한 동기들에 대해 말씀하셨다. 브루스[A. B. Bruce, "Matthew," *The Expositor's Greek Testament, The Synoptic Gospels*, ed. W. Robertson Nicole (Grand Rapids, MI.: Eerdmans), 116]는 자신의 책 5장에서 예수님이 제자들에게 그들의 선한 행실을 숨기고 싶은 유혹을 받을 때 그 행실을 보이라고 격려하셨으며, 6장에서는 그런 행실을 보여주고 싶은 유혹을 받을 때 그것을 숨기라고 하셨다는 것을 지적한다.

6:1. **의**는 주는 것(6:2-4), 기도하는 것(6:5-15), 금식하는 것(6:16-18)이라는 윤리적 의미를 지닌다. 예수님은 자신의 가르침을 따르는 사람들에게 **상**을 약속하셨다. 그것은 이 장을 지배하는 주제이다(6:1, 4, 6, 18). 그 상에는 하나님의 인정(고전 4:5; 마 25:21)과 아마 천국이 올 때 하나님을 중대하게 섬길 기회(눅 19:17)도 포함되어 있다.

6:2-4. 우리는 금식할 때 위선을 피해야 한다. **나팔을 분다**는 것은 금식을 시작할 때 '자신에게 주의를 환기시키는 것'을 시사한다. 말로는 하나님을 기쁘게 해드리기 위해서라고 하면서, 사실은 다른 사람들에게 **영광을 받으려고**[문자적으로는 미화하다] 금식한다면, 혹은 자신들의 평판을 부풀려 '스스로를 도우려는' 생각으로 다른 사람들에게 구제했다면, 그 사람은 **외식하는 자**이다. 구제는 **은밀하게**[**오른손이 하는 것을 왼손이 모르게** 하면서] 해야 했으며, 하나님은 이런 식으로 구제하는 사람들에게 '갚으실' 것이다. 하나님의 갚으심을 돈으로만 국한하는 것은 잘못된 생각이다.

6:5-8. 위선적인 기도 역시 금지되었다. **회당**과 **큰 거리 어귀**라는 말에는 다른 사람들에게 감명을 주기 위한 기도할 만한 모든 실내외의 공적 장소가 포함된다. 그곳에서 기도하는 사람들에게는 다른 사람들에게 감명을 주는 것이 유일한 상으로 주어질 것이다. 하지만 하나님은 감명을 받지 않으신다. 공적인 기도 혹은 합심 기도가 자아도취의 동기로 행해진다면 잘못된 것이다.

중언부언하는 것은 일부 이방인들이 하는 기도의 특징이었다(왕상 18:26; 아마 행 19:34). 하나님은 이미 자기 자녀들의 필요를 아시며, 그 필요들을 채우기를 기뻐하신다. 생각 없는 반복은 필요 없다.

6:9-10. **그러므로 너희는 이렇게 기도하라**는 말은 이 기도가 암송해야 할 기도라기보다는 기도의 유형을 제시해준다는 것을 나타낸다(하지만 눅 11:2을 보라). 9-10절은 하나님의 프로그램과 관련된 문제들에 초점을 맞추는 반면, 11-13절은 사람들의 필요에 초점을 맞춘다. **아버지**라는 말은 아람어 압바(*Abba*)를 반영한 것이다. 그 말은 어릴 때도, 어른이 되어서도 사용되었으며, 가족이 아닌 사람 중에서는 존경하는 남자들에게 사용할 수 있었다. 영어의 '아빠'(daddy)라는 말이 이 말과 가장 의미가 비슷한 말이라고 하기는 어렵다. 이 친밀한 **아버지**는 또한 **하늘에 계신** 분이다. 그것은 그분의 초월성과 신성을 강조한다. **거룩히 여김을 받으시오며**라는 말은 예배를 드리라는 부르심이 아니라, 하나님께 그분의 **이름**[그분의 '명성']이 존경을 받도록 해달라는 요청 혹은 간청이다. **나라**는 현재적 표현들(마 13장을 보라)과 미래에 있을 격변적인 임함(22:1-14; 25:31-46)이라는 의미를 모두 지닌다. 이 간구는 더 많은 사람들이 그 나라의 현재적 형태를 경험하게, 즉 구원을 발견하게 해달라는 요청과 그 나라가 완전한 종말론적 형태로 곧 임하게 해달라는 요청 둘 다를 통합할 것이다.

6:11-13. **일용할 양식**은 '다음 날을 위한 양식'을 의미할 것이다. 죄를 사하는 것에 대해서는 6:14-15을 보라. **시험**은 도덕적 위반을 하도록 유혹하는 것을 말하며, **우리를 시험에 들게 하지 마시옵고**라는 말은 긍정적인 두 번째 부분, 곧 **악에서**, 혹은 더 나은 번역으로는 '악한 자'에게서 **구하시옵소서**[구출하다]라는 부분을 통해 좀 더 잘 이해할 수 있다. 시험을 시작한 것은 하나님이 아니라 마귀이며(약 1:13), 하나님은 우리를 마귀의 악한 계획에서 구하신다.

6:14-15. 예수님은 12절에 나온 죄 사함이라는 주제를 확장시키신다(18:31-35에 대한 주석을 보라). 예수님은 "너희가 다른 사람들의 죄를 용서하지 않으면, 하나님도 너희를 용서하지 않으실 것이다"라는 의미로 말씀하시는 것인가? 이렇게 해석하면 죄 사함이라는 개념 자체와 어긋나게 된다. 이 말씀의 의미는 다른 사람들을 용서하는 능력이 하나님께 용서받는 것과 연결되어 있음을 나타낸다고 보아야 한다. 다른 사람들을 용서하지 않거나 용서할 수 없다면, 그것은 그 사람이 아직 용서를 받지 못했음을 나타낼 것이며, 그래서 다른 사람들을 용서하는 것은 그 사람이 하나님 앞에 용서를 받았다는 증거가 된다.

6:16-18. 예수님은 금식과 관련해서 과시하는 것을 금하신다. **머리에 기름을 바르**는 것은 흔한 관행으로, 경축할 때나 누군가를 공경할 때 머리카락이나 수염에 향을 가미한 기름을 발랐다(눅 7:46; 요 12:3). 예수님이 하신 말씀의 요점은, 사람은 겸손함으로 자신의 진

지한 영적 활동을 감추어야 한다는 것이다. 심지어 '행복한 표정을 지을' 정도로 그렇게 하라는 것이다. 그러면 하나님이 그에게 보상해주실 것이다.

6:19-21. 예수님을 따르는 자들은 이 세상의 갈채를 갈망해서는 안 되는 것과 마찬가지로(6:1-18), 이 세상에 속한 것들 역시 갈망해서는 안 된다(6:19-34). 예수님은 재물을 모으는 것을 금하지는 않으시지만, 재물을 소중하게 여기지 말라고 명하신다. 그것은 잃어버릴 수도 있는 것이다. **보물을 하늘에** 쌓아두는 것은 전후 문맥에서 보면 올바른 태도와 방식으로 수행된 구제, 기도, 금식 등의 영적 훈련을 통해 가능하다.

6:22-23. 사람들은 보물이 있는 그곳에 자기의 마음을 고정시킨다(19-21절). 즉, 그들은 자신들이 가장 바라는 것에 그들의 눈을 고정시킨다(22-23절, 둘 다에 대해서는 시 119:10, 18을 보라). '성한 눈'은 하늘의 보물에 고정된 마음과 유사하다. 건강한 눈이 몸에 빛을 주는 것과 마찬가지로 하나님께 전심을 다해 충성하는 것은 삶에 의미와 빛을 준다. 물질적인 것에 대한 억제할 수 없는 욕망은 영적 시각이 흐려지게 만든다. 이 세상의 것들에 사로잡히면 하나님에 대한 시야가 어두워질 뿐이다.

6:24. 잘못된 대상을 향한 마음과 가려진 눈은 두 주인을 섬기려는 어긋난 의지로 이어진다. 우리는 프랭클린 델라노 루즈벨트(Franklin Delano Roosevelt)와 아돌프 히틀러(Adolph Hitler)를 동시에 섬길 수 없다. 결국 둘 중 하나는 섬기지 않게 될 것이다. **하나님**과 **재물**['마모나이'(*mamo nai, mamonai*), '맘몬', '세상적인 것들'] 역시 그와 같다.

6:25-30. 물질주의는 하늘의 보물을 빼앗아가고, 영적 시력을 흐리게 하며, 하나님이 아닌 다른 것에 종이 되게 한다(19-24절). **그러므로**(25절) 그리스도를 따르는 자들은 세상적인 재물에 몰두하지 말아야 한다. **염려하지 말라**는 '감지된 혹은 실제로 임박한 불운에 기초해서 걱정하다'라는 의미의 명령법 동사이다(또한 빌 4:6을 보라). 하나님은 더 큰 선물(**목숨**과 **몸**)을 주시며, 더 작은 것들(**음식**, **의복**)을 공급하실 것이다. 아버지는 새들을 **기르시**기 때문이다(26절). 하지만 하나님은 절대 벌레들이 하늘에서 새들의 벌린 부리 안으로 비가 오듯 떨어지게 하지는 않으신다. 새들은 음식을 얻기 위해 일한다. 하지만 하나님 아버지는 섭리에 의해 새들이 부리로 쪼는 곳에 벌레들을 두신다. 하나님의 자녀들은 새들보다 더 귀하다. 그들은 하나님이 음식, 의복, 쉴 곳을 공급하실 것이라 믿고 그분을 의지할 수 있다. 하나님은 대개 그들의 일(그 일 역시 하나님이 제공하시는 것이다)을 통해 그렇게 하신다. 사람들은 **염려함**으로(27절) 생명을 '한 시간'(문자적으로는 '1규빗')이라도 더할 수 없다(개역개정에는 **키를 한 자라도**—옮긴이 주). 그것은 때로는 측정된 거리 단위로 묘사된다. 들의 꽃은 보통 이스라엘에서 단 몇 주 동안만 자란다. 기후가 매우 건조하기 때문이다. 하지만 하나님은 그 꽃들을 화려하게 입히신다(28-30절). 당시에는 염료들을 구하기가 어려웠으며, 색도 그다지 좋지 않았다. 솔로몬도 **들의 백합화**처럼 찬란한 색으로 된 옷을 입지 못했다. 하지만 그렇게 아름다운 식물들은 가정에서 아궁이에 불을 붙이는 불쏘시개로 사용되었다. 하나님은 예수님을 따르는 사람들을 입히실 것이다. 하나님은 그들을 마른 풀보다 더 귀하게 여기신다.

6:31-32. 둘째로, 예수님은 사물에 집착하는 것을 금하신다. 그런 집착은 **이방인들**[아마 하나님의 언약 공동체 밖에 있으며, 그 결과 하나님의 공급을 알지 못하는 사람들]의 특징이다.

6:33. **나라**는 미래에 대격변적으로 임하는 것과 현재의 영향들(마 13장 주석을 보라)을 둘 다 포함한다. **먼저 그의 나라를 구하**는 것은 그 나라가 장차 올 것에 대해 준비되어 있는 것뿐 아니라, 또한 현재에 그 나라의 가치관을 구현하고 그 나라의 왕을 영광스럽게 하는 것도 포함한다. **그의 의**(6:1을 보라)는 분명 하나님이 자신의 자녀들에게 윤리적으로 요구하는 것을 포함한다(롬 14:17에서 **나라**와 **의**가 연관되어 있는 것을 보라). **이 모든 것**에는 삶의 기본 필수품이 포함된다. 사람들이 사치품을 요구하거나 그런 것을 받으리라고 상상한다 해도 하나님이 그런 것들을 제공해주신다는 보장은 없다. 6:33의 요점은 하나님이 자기 백성의 집중적인 주의를 너무나 요구하셔서 그분이 그들에게 필요한 것들을 공급하시겠다고 약속하신다는 것이다. 그들이 그런 것들에 대해 염려하지 않고 온전히 하나님께 집중할 수 있도록 하시기 위해서이다.

6:34. **내일 일은 내일이 염려할 것이요**라는 문구에

서 예수님은 **내일**을 염려를 가진 존재로 의인화하신다. '내일 씨'에게 속한 것을 가지고 씨름하면서 그것을 오늘 자신의 것으로 만드는 것은 어리석다. 대신 내일이 올 때 그것은 **그날로 족한 괴로움**을 가지고 있을 것이다. 하지만 하나님은 신자가 그때 그 괴로움들을 다룰 수 있게 하실 것이다(6:25).

7:1-2. 예수님은 지금까지 제자들의 동기에 대해 논하셨다. 여기에서 예수님은 제자들과는 다른 사람들, 특히 예수님의 메시지에 적대적인 사람들과의 관계에 대해 논하신다. **비판하지 말라**는 말은 신자들에게 모든 분별을 중지하라고 명하시는 것이 아니다. 7:6을 보면, '개'와 '돼지'와 거짓 선지자들(15절)의 정체를 결정하는 것은 비판적 사고가 없이는 불가능하다. **비판**한다는 것은 '가혹하고 파괴적인 비판'을 말한다. 어떤 사람이 자신을 재판관으로 세운다면 그것은 자신이 하나님의 말씀보다 더 광범위한 지식과 기준들, 그것을 삶에서 실천하며 살 수 있는 더 높은 수준을 지니고 있다는 것을 암시한다. 하나님은 그들이 다른 사람들을 비판하는 것과 동일한 가혹하고 엄격한 기준들로 그들에게 책임을 물으실 것이다.

7:3-5. 판단하기 좋아하는 것(7:1-2)은 쉽게 흠잡기로 이어질 수 있다(7:3-5). 사람들이 자신의 흠은 인식하지 못한 채 다른 사람들에게 비판적일 때 그들은 엄격한 자기 개선 없이 자기 의에 만족하는 것이다. 스스로 우쭐하기 위해 외견상 친절하게 보이는 행위(티를 제거하는 것)를 하는 사람은 **외식하는 자**이다. 주제넘게 다른 사람들을 돕기 전에 먼저 자기 수양을 해서 주님의 훈계에 복종해야 한다(시 51:10-13).

7:6. 남을 판단하지 말아야 하지만 다른 사람들의 잘못을 완전히 눈감아주지도 말아야 한다. **개**와 **돼지**는 유대인들이 부정하게 생각하는 짐승들이었다. **거룩한 것**과 **진주**는 3-5절의 맥락에서 비추어볼 때, 어떤 제자가 자신의 눈에서 들보를 뺀 후 바로잡을 필요가 있는 누군가를 바로잡는 것을 말할 것이다.

7:7-11. 어떤 사람의 눈에서 티를 빼려 할 때(3-5절), 혹은 언제 진주를 던지는 것을 삼가야 하는지 분별하려 할 때(6절), 우리는 지혜와 분별을 위해 기도해야 한다. 8절은 모든 끈질긴 기도가 그 사람이 선호하는 방식으로 응답될 것이라는 보장은 아니다. 전후 문맥(6-11절)을 보면 하나님은 그의 백성이 언제 '진주를 돼지 앞에 던져야 하는지' 분별력을 달라고 구할 때 자비로우시다는 것을 시사한다. 하나님이 기쁘게 분별력을 주실 것이라는 사실은 다음 세 가지 내용을 통해 알 수 있다. 첫째, 사막의 돌 중에는 떡덩이와 비슷한 색과 모양을 지닌 것이 많이 있었다. 하지만 어떤 아버지도 아이가 떡을 달라고 할 때 돌을 주지는 않을 것이다(9절). 둘째, 뱀은 부정한 동물이라 먹으면 안 되는 것으로 여겨졌으나(레 11:12) 생선과 마찬가지로 비늘이 있었다. 뱀의 살코기는 생선의 살코기와 비슷할 것이다. 하지만 어떤 아버지도 아이를 부정하게 할 만한 것으로 아이를 속이지는 않을 것이다(10절). 셋째, 부모가 자기 자녀에게 선물을 주는 것과 마찬가지로, 하나님은 반항하는 사람들에게 어떻게 행동해야 할지 아는 지혜를 주실 것이다(11절).

7:12. 이 구절은 아마 성경 전체에서 가장 유명한 구절일 것이다. 하나님은 분별력을 달라고 요청하는 기도에 은혜롭게 응답하신다(6-11절). 그래서 하나님의 백성은 다른 사람들을 대할 때 은혜롭게 대해야 한다(12절). 그 지침은 자기가 대접받기를 바라는 대로 다른 사람들을 대접하라는 것이다. 그런 접근법은 서른아홉 권의 히브리어 성경(**율법이요 선지자**)을 요약하고 성취하며, "네 이웃 사랑하기를 네 자신과 같이 사랑하라"(레 19:18; 마 22:39; 롬 13:8-9)라는 명령을 함축적인 형태로 표현한다.

7:13-14. 12절은 산상수훈의 결론이다. 그다음 13-27절에 나오는 것은 예수님이 그 설교를 적용하는 것에 대해 청중들에게 주시는 네 가지 경고이다. 첫 번째 경고(13-14절)는 길을 잃어버린 자들에게 그들이 어디로 향하고 있는지에 대해 주의를 주는 것이다. **들어가라**(13절)는 동사에는 문법적 목적어가 없다. 하지만 14절은 '영원한' **생명**이 목적지임을 나타내며 여기에서도 그렇게 이해해야 할 것이다. **좁은 문**, **협착**한 **길**은 넓은 문과 길보다 **찾는** 것이 더 어려우며, 능동적으로 찾아야 한다. 그렇지 않으면 사람들은 멸망을 면하지 못한다. **생명으로 인도하는 협착**한 **길**은 예수 그리스도의 죽음과 부활 안에서 오직 믿음으로만 발견할 수 있다(요 14:6; 행 4:12). **멸망**은 '철저한 몰락, 파멸을 낳는 상실'을 의미하며, 여기에서는 영생을 잃어버

리는 것을 말한다.

7:15-20. 이것은 두 번째 경고로, 그분을 따르는 자들에게 '선지자인 체하는 사람들'에 대해 주의를 준다. 이 구절들은 13-14절과 연결되는데 거짓 선지자들은 다른 사람들이 좁은 문으로 들어가는 것을 막는다. 그들은 사람들을 넓은 문으로 유인한다. 16-20절은 그들의 행동에 대해, 21-23절은 그들의 말에 대해 말한다.

거짓 선지자들(15절)은 양처럼 보이지만 자신들의 교활한 목적을 위해 하나님의 양 떼를 삼키고 **노략질하는 이리**이다. 언약 공동체에 속했다고 주장하는 모든 사람이 실제로 그 공동체의 일원은 아니다. 예수님은 양의 옷을 입은 이리, 비슷하게 보이지만 주추가 다른 집, 밀처럼 보이는 가라지(13:24), 지혜로운 처녀와 어리석은 처녀(25:1-13), 착한 종과 악한 종(25:14-30)이 있다고 가르치신다. **열매**는 거짓 선지자들의 행동을 말하며, 그들의 행동은 일시적으로 자신의 정체를 감출 수 있을지 모르지만, 결국에는 그들의 행동이 그들을 드러내 보일 것이다(16-18절). 거짓 선지자는 악한 행동을 하며 썩은 교리를 가르친다. 못된 나무가 나쁜 열매를 맺는 것만큼이나 확실한 결과이다.

7:21-23. 이것은 세 번째 경고로, 자신들이 예수님의 공동체의 일원이라고 주장하지만 사실은 그렇지 않은 사람들을 향한 것이다. 어느 누구도 선한 행실을 함으로써 천국에 들어가지 못한다. 그 행실들이 아무리 깜짝 놀랄 만한 것이라 해도 상관없다(**선지자 노릇, 귀신을 쫓아내는** 것, **많은 권능을 행하는** 것). 천국에 들어가는 것은 바리새인들의 의를 능가하는, 그리스도 안에 근거한 의를 가지고 있을 때(5:10-11, 20), 어린아이처럼 천국에 들어가기 위해 주를 의지할 때(18:3), 천국에 들어가는 것은 오직 하나님이 그것을 이루실 때만 가능하다는 것을 인식할 때(19:16-17, 23-26) 그리고 오직 예수님을 통해 천국에 들어갈 때만 이루어진다(그리고 종교 지도자들은 그것을 막았다, 23:13). **내가 너희를 도무지 알지 못하니**라는 말은 "나는 너희를 내 백성 중 하나로 인정하지 않는다"라는 의미이며, 예수님은 그들의 소위 선행을 **불법을 행하는** 것이라고 보신다.

7:24-27. 네 가지 경고 중 마지막인 이 경고는 예수님의 말씀에 따라 행동하는 것에 대한 내용이다. 종말이 오기까지 양 가운데 이리가 있고(7:15-23) 밀 가운데 가라지가 있는 것(13:24-30)과 마찬가지로, 인자가 오셔서 그들을 심판하시고 자신의 보좌에 앉으실 때까지 지혜로운 사람의 집과 어리석은 사람의 집은 나란히 서 있다. **집**은 하나님의 말씀을 들은 사람이다. **반석**이란 예수님의 가르침을 듣고 지킬 때 종말론적 심판이든(사 29:6; 30:30; 겔 13:10-16; 38:22) 인생의 시련이든 간에 그와 같은 폭풍우를 잘 견딜 수 있게 되는 것을 의미한다.

7:28-29. **서기관**들은 유명한 랍비들을 인용해서 자신들의 권위를 이끌어낸 이들로, 걸어다니는 각주와 같았다. 이에 반해 예수님은 자신의 **권위**로 가르치셨다. 선지자 역할을 하시고, 하나님께 받은 새로운 계시를 주셨다. 예수님의 권위는 마태복음의 그다음 몇 장들에 이르기까지 계속 드러난다(8:9, 27; 9:6, 8; 10:1을 보라). 그것은 예수님이 가르침을 통해 자신의 권위를 보여주신 산상수훈과 그분이 기적을 행하심으로 자신의 권위를 보여 주신 8-10장을 묶어준다.

C. 메시아의 기적들이 그분의 권위를 보여주다 (8:1-9:34)

마태복음 11:4-5은 8장과 9장을 이해하는 열쇠이다. 기적들은 예수님의 긍휼을 보여줄 뿐 아니라 예수님의 메시아적 권위를 확증한다. 마태복음 11:6(**누구든지 나로 말미암아 실족하지 아니하는 자는 복이 있도다**)도 똑같이 중요하다. 마태복음 8-9장에 나오는 기적들에 대한 내러티브를 이 장들에 나오는 대화와 연결시키는 데 기여하기 때문이다. 도널드 해그너[Donald A. Hagner, *Matthew 1-13*, WBC (Dallas: Word Books, 1993), 196.《마태복음 상》, WBC 성경주석(솔로몬)]는 예수님이 그분에 대한 반응이 적절하거나 부족했던 서너 집단과 대면하셨다는 것을 지적한다(8:10; 8:26-27; 9:8; 9:3, 11; 9:33-34을 보라). 복 있는 사람들은 예수님 때문에 실족하지 않는 사람들이다. 그들 혹은 그들이 사랑하는 자들은 보통 병 고침을 받는다. 하지만 그분으로 인해 실족하는 사람들은 비참한 결과에 직면한다(8:11-12).

8:1-4. **나병**은 한센병(혹은 현대의 나병)이 아니라, 습진, 건선, 지루 등과 같은 피부병이었다. 나병에 걸린 사람은 사회에서 추방당했고(레 13:45-46), 의식상 부

정하게 되었으며(레 13:3-30), 심판의 표시로 여겨졌다(대하 26:20; 민 12:9-12). 예수님이 손을 **그에게 대셨을** 때, 예수님은 레위기 5:3을 공식적으로 어기신 것이다. 하지만 율법은 사람들에게 유익을 주기 위한 것이며(막 2:27), 누군가를 돕는 것은 율법을 위반하는 행위가 전혀 아니었다. 그다음 기적에서 예수님은 병든 자에게 손을 대지 않으시고 말씀으로 병을 고치신다. 아마 예수님은 이 나병환자가 관심 어린 신체적 접촉을 원한다는 것을 아셨을 것이다. 그것은 그가 병에 걸려 있는 동안 받을 수 없었던 것이었다. 고침 받은 나병환자는 **제사장에게** 자신의 몸을 '보여야' 했으며, 레위기 14:1-33에 따라 규정된 제사를 드려야 했다. 마태복음 8:4에 대해서는 9:27-31에 대한 주석을 보라.

8:5-13. **가버나움**은 갈릴리에서 예수님이 행하신 사역의 중심이었다(참고. 4:13). 로마 군대의 백부장은 임명받지 않은 고위 관리와 현대 군대 지휘관 사이의 지위였을 것이다. 그는 100명의 군사를 감독했으며, 각 군단(legion)에는 인원이 완전히 찼을 때 100명씩으로 구성되는 60개의 집단이 있었다. 이 **백부장**은 예수님이 자신의 **집에 들어오**시는 것을 고집하지 않았다는 점에서 예의 바른 사람이었다. 유대인들은 종종 의식상 부정하게 되는 것을 피하기 위해 이방인들의 집에 들어가는 것을 거부했기 때문이다. 백부장의 **믿음**은 자신의 군사적 배경 때문에 더 강화되었다. 백부장은 자신의 군대에게 자신이 가진 권위를 발휘할 수 있었다. 그러나 예수님은 그들을 괴롭히는 모든 질병들과 악한 영들에 대한 권위를 가지고 계셨다. 예수님은 하나님에 대한 믿음의 탄생지인 '이스라엘'에서도 이와 같은 믿음을 보지 못하셨다. **동서로부터** 올 사람이란 흩어진 유대인이 아니라 아마 이 백부장 같은 이방인들일 것이다. 믿음이 있는 사람들은 **천국에 앉**을 것이다. 그 천국은 혼인 잔치에 비유된다(사 25:6; 마 25:10; 눅 14:15; 계 19:7-10). **그 나라의 본 자손들**은 유대인들인데 그들은 자신들이 자연히 메시아 나라에 포함된다고 추정했고(*m. Sanh*. 10:1을 보라), 심지어 자신들이 열방을 심판하는 하나님의 대행자라고 생각했다(바룩 2서 72:6; 아브라함의 언약 13:6). 그러나 예수님은 예수님 자신을 믿는 믿음이 없으면 그들이 그 나라에서 배제될 것이라고 분명히 말씀하신다. **바깥 어두운 데**(22:13; 25:30)와 **울며 이를 갈게** 되는 것(13:42, 50; 22:13; 24:51; 25:30)은 불신자들에게 주어질 하나님의 심판에 대한 경험을 나타내는 비유이다. 일부 학자들은 **바깥 어두운 데** 있는 사람들을 하나님을 위해 살지 못했기 때문에 천국의 축제에서 배제된 신자들이라고 본다[Zane C.Hodges, *Grace in Eclipse: A Study on Eternal Rewards* (Dallas: Redención Viva, 1985), 83-95에 나온 견해]. 하지만 마태복음 13:42, 50에 비추어볼 때 이 견해는 불가능하다. 거기에서는 13:38에서 '악한 자의 아들들'로 분류된 가라지와 13:49에서 '악인'이라고 불리는 못된 물고기가 이 심판을 경험한다.

8:14-17. 베드로의 **장모**는 완전하게 병이 나아서 후유증이 전혀 없었다. 그것은 그녀가 **예수께 수종** 든 사실을 통해 알 수 있다. 이사야 53:4을 인용한 것은 상당한 논란을 일으켰다. 그 속죄는 그리스도인들의 병이 치유될 것을 보장하는가? 그 대답은 "그렇다. 하지만…"이다. 신자들은 구속받을 때 부활체도 보장받는다(롬 6:4-10). 하지만 그들이 마지막 때가 되기 전에 그 부활체를 받으리라는 표시는 없다. 그때(그 전에는 아니다) 하나님은 자신의 자녀를 모든 육체적이고 '또한 영적인' 질병들에서 자유롭게 하신다. 마태는 이사야 53장을 예수님이 고난받는 종의 역할을 성취하신다는 '첫 번째' 증거로 인용한다. 예수님이 십자가에 달리실 때 비로소 완전하고 절정에 이르는 성취가 이루어지며, 교회는 마지막 때 그것을 경험한다.

8:18-22. 예수님이 갈릴리 바다 동편으로 떠나시자, 몇몇 사람들이 계속 그분과 함께 있고자 했던 것 같다. **선생님**이라는 말은 마태복음에서 실제로는 예수님을 믿지 않는 사람들이 사용하는 말이다(12:38; 19:16; 22:16, 24, 36). **서기관**[들]이라는 말은 마태복음에서 23회 사용되었는데, 23:2-3을 제외하고 매번 부정적으로 사용된다. **인자**라는 말은 예수님의 지상 사역과 신적 권위를 강조한다든가(9:6; 12:8; 19:28), 예수님의 고난과 죽음을 강조한다든가(8:20; 17:12, 22; 20:18) 하는 문맥에서 사용된다. 다니엘 7:13-14은 인자라는 말을 지상에 나라를 세우시는 분에 대한 종말론적 맥락에서 사용한다(24:27-39을 보라). 예수님은 자신의 신적 권위뿐 아니라 자신의 낮아지심도 강조하셨다. 신적인 분만이 그 나라를 시작할 수 있으시고 하나님과

인류를 화목시킬 수 있으셨다. **머리 둘 곳이 없다**는 말은 예수님의 순회 사역이 곤궁한 것이었음을 입증한다. 예수님을 따르는 것은 서기관에게나 제자들(8:23에서 갈릴리 바다 동쪽에 있는 자기 집을 떠난)에게나 그리고 어느 누구에게나 도전일 것이다.

내 아버지를 장사하는 것에는 아마도 장례식과 전통적으로 그에 따랐던 몇 달간의 애도 기간이 포함될 것이다. 아버지를 장사하는 것은 너무나 중요한 일이어서 다른 종교적 의식들(매일 기도하는 것, 토라 연구 등)은 일시 중단할 수 있었다. 하지만 메시아를 따르는 것이 우선순위였다. **죽은 자들이 죽은 자들**을 장사한다는 것은 아마 '천국의 부르심에 대해 죽은 자들이 육체적으로 죽은 자들을 장사하게 하라'는 의미일 것이다.

8:23-27. 갈릴리 바다(민물 호수)는 산과 골짜기로 둘러싸여 있어서 폭풍이 좁은 통로를 통과하면서 갑자기 흰 파도가 순식간에 만들어질 수 있는 지형이다. 하지만 이 격렬한 파도는 24-48시간 동안 완전히 잦아들지 않는다. 그렇기에 바람이 즉시 누그러들고(**아주 잔잔하게 되거늘**) 물이 유리같이 반반하게 된 이 기적이 놀라운 것이다. 마태가 이스라엘이 홍해에서 구조된 출애굽기 14장의 사건과 이 일을 대응시킨 것일 수도 있다(백성들이 물가에서 구해달라고 외쳤고, 두려워했고, 하나님이 그들을 구하셨고, 그 결과 하나님과 모세를 믿게 되었다). 예수님은 '새로운 모세'이시며 그 이상이시다. 예수님은 바람과 파도를 **꾸짖으셨**으며 그들은 순종했다. 하지만 모세는 잠잠했다.

8:28-34. **가다라**[Gadarenes] **지방**의 위치는 확실히 알기가 어려우며, 수많은 본문의 변형들은 그 이름['게르게사'(Gergasenes), '거라사'(Gerasenes)]과 연관되어 있다. 아마 그것은 갈릴리 바다 동남쪽으로 약 8킬로미터 떨어진 곳에 있는 대체적인 가다라(Gadara) 지방일 것이다. 그 지방의 영향력은 현재 거라사(Kursi)라고 불리는 마을을 포함하는 그 바다까지 확장되었다. 그곳의 지형도는 마태의 묘사와 맞아떨어진다. 바다로 곤두박질치는 비옥하지만 가파른 경사면이 있다.

우리가 당신과 무슨 상관이 있나이까라는 말은 구약성경에 나오는 문구인데(삼하 16:10; 왕상 17:18; 왕하 3:13) 언제나 적대감을 나타낸다. **때가 이르기 전에 우리를 괴롭게 하려고**. 마귀들은 심판에서 영원히 괴롭힘을 당할 것이다(유 1:6; 계 20:10; 에녹 1서 16:1; 희년서 10:8-9; 레위의 언약 18:12; *IQS* 3:24-25; 4:18-20). 예수님은 **하나님의 아들**이시기 때문에, 정한 때에 이 벌을 부과하실 것이다. 가다라 사건은 그 미래의 심판에 대한 예시이다.

돼지가 있는 것으로 보아 이곳은 이방인 지역일 것이다. 그리고 가다라 시는 데가볼리의 이방인 지역에 있었다. 12:43-45은 마귀들이 파괴적인 행동을 가할 숙주를 찾고 있다는 것을 암시하긴 하지만, 왜 마귀들이 돼지 떼에게 가기를 원하는지는 분명하지 않다. 예수님은 그들의 요청을 들어주신다. 하지만 상황은 그들이 예상했던 대로 전개되지 않는다. 물에 빠져 죽은 것은 아마 마귀의 엄청난 능력 대 예수님의 우월한 능력을 보여주기 위해, 혹은 어쩌면 그들의 미래의 심판에 대한 표시로서 일어났을 것이다. 마가복음 5:13은 돼지가 2,000마리나 있었다고 말하는데 돼지를 치는 사람은 누구나 증언하듯 돼지는 비협조적인 짐승이다.

또한 왜 마을 사람들이 예수님께 **떠나시기를 간구하**는지도 분명하지 않다. 그들은 재정적으로 더 손해를 볼까 봐 염려하는 듯하다. 귀신 들린 자가 고침을 받은 것도, 예수님의 신분도 그들에게는 중요하지가 않다. 그것은 그들의 우선순위가 왜곡되어 있음을 시사한다. 그들이 보여야 할 적절한 반응은, 손해를 보았음에도 불구하고 그리스도를 환영하고, 귀신 들린 자를 고쳐 주신 것에 대해 감사하고, 그 지역에 그분의 명성을 전파하도록 돕는 것이었을 것이다(막 5:18-20을 보라).

9:1-8. 마태는 계속해서 권위라는 주제(9:6, 8)와 예수님의 기적들에 대한 다양한 집단들의 반응을 강조한다. **중풍병자**는 자신의 육체적인 병이 낫기를 원했다. 하지만 그에게 더 필요한 것은 영적인 것이었다. 예수님이 죄 사함을 선언하신 것에 대해 사람들이 보인 반응은 죄 사함의 권한이 오직 하나님께만 있는 것으로 보는 구약성경 본문들에 비추어볼 때 이해할 만하다(사 43:25; 44:22). **신성을 모독한다**(3절)는 말은 '어떤 사람에게 욕을 하다', '어떤 사람의 평판을 해치다'라는 의미이다. 어떤 사람이 신적 특권들을 주장했을 때 그것은 그저 인간에 불과한 자가 하나님의 속성들을 공유하고 있다고 주장함으로 하나님의 유일무이하고 높은 위치를 축소시켰다. 그것은 그저 신학적인 거짓말

을 입에 올리는 것이 아니었다. 병이 나은 것은 예수님이 신성을 모독하고 계신 것이 아니라는 것, 예수님이 죄를 사할 수 있는 신적 권위를 실제로 가지고 계시다는 것을 확증했다. 복음서들과 사도행전에 나오는 기적들은 종종 하나님이 새로운 운동을 시작하는 데 사용하시는 사람들을 입증해주고, 새로운 계시의 정당함을 확증하기 위해 일어났다.

9:9. 예수님은 가버나움에서 **마태**를 부르셨는데, 마태는 아마 이 기적들을 보았기 때문에 기꺼이 따랐을 것이다. **세리**로서 마태가 하는 일은 헤롯 안티파스(갈릴리)와 분봉 왕 빌립(갈릴리 북동쪽의 가울로니티스, 현대의 골란 고원과 대략 비슷한 곳) 치하의 지역들을 오가는 사람들에게 통행료를 징수하는 일이었을 것이다. 세리는 보통 해마다 정해진 금액의 세입을 거두겠다고 로마 당국과 계약을 맺었다. 그리고 그들의 할당액을 채우는 한, 당국은 만족했다. 세리들은 사람들에게 과잉 청구를 해서 이윤을 남겼으며, 그들이 로마를 돕는다는 것과 그들이 이방인과 접촉한다는 이유로 유대인들은 세리를 멸시하게 되었다.

9:10-13. **죄인들**은 좋게 말해 반종교적인 사람들 그리고 최악의 경우에는 율법을 어기는 자들이라는 평판을 듣는 사람들을 말한다. 11절에서 바리새인들이 제기한 질문은 정보에 대한 요청이기보다는 비난에 더 가깝다. 그들은 예수님이 그렇게 알려진 죄인들과 상대하시는 것을 찬성하지 않았다. 예수님은 그들과 어울림으로써 스스로 더럽게 되는 것을 허용하셨기 때문이다. 그리고 그들은 아마 예수님을 '연좌제'로 비난했을 것이다. **건강한 자**라는 말과 **의인**이라는 말은 역설적인 것으로 이해해야 한다. 이 말들은 그들 자신의 상태에 대한 그들의 평가를 요약하긴 했지만, 예수님은 바리새인들이 건강한 자도 의인도 아니라고 보셨기 때문이다(참고. 5:20). 예수님은 13절에서 호세아 6:6을 인용하신다. 호세아도 예수님도 제사를 묵살하고 있다고 이해해서는 안 된다. 하나님은 제사를 바라시기 때문이다. 하지만 하나님은 **긍휼**[자비]을 더 바라셨다. 바리새인들은 호세아 시대의 배교자들과 같은 부류에 속했다. 그들은 예수님이 손을 내미셨던 버림받은 자들에게 긍휼을 보이지도 않았고, 그들이 회개한 것에 기뻐하지도 않았기 때문이다. 하나님은 오늘날 많은 신자들이 사회의 주변인들에게까지 하나님의 사랑을 펴기를 바라시는데, 그들이 하나님의 바람을 저버리고서 거만하게 세상으로부터 스스로를 단절시킬 때 이런 함정에 빠지게 된다.

9:14-17. 세례 요한은 이때쯤 헤롯 안티파스에 의해 감옥에 갇혔을 것이다(14:1-12을 보라). **요한의 제자들**은 요한이 그랬던 것처럼 금욕적 경향을 지니고 있었으며, 금식이라는 주제에 대해서는 **바리새인들**과 의견을 같이했다. 예수님의 제자들은 금식하지 않았다. **신랑**[예수님]이 아직 계셨으므로 그들이 금식하는 것은 부적절했다. 혼인 잔치에서 손님들은 마음껏 즐겼다. 나중에 예수님이 떠나시면 그때 예수님의 제자들은 금식할 것이다.

16-17절과 앞에 나오는 내용과의 연관성은 분명하지 않다. 아마 이런 비유적 표현들로 예수님(그리고 마태)은 예수님의 임재(14-15절)가 새로운 영성이 일어나는 것을 포함한다는 사실을 의미하신 듯하다. 그 영성은 대부분의 사람들이 시행하고 있었던 유대교에 그냥 덧붙일 수는 없는 것이었다. 요한의 제자들 및 바리새인들과 마찬가지로, 그들은 자신들의 전통적인 방식들을 유지하면서 그것에 '예수님을 약간' 추가할 수는 없었다. 히브리어 성경과 나사렛 예수의 사역 사이에는 상당한 연속성이 있다. 하지만 이스라엘의 종교 제도는 조금만 바꿔도 엄청난 결과(**해어짐이 더하게 됨…포도주도 쏟아지고 부대도 버리게 됨**)를 가져왔을 것이다. 예수님의 요점은, 마치 유대교와 기독교가 섞여 있지 않을 때는 그 자체로 완벽하기라도 한 것처럼 유대교와 기독교를 서로 결합시키려다가 둘 다 망가진다는 뜻이 아니다. 대신 예수님은 그런 시도에는 재앙이 따른다고 주장하셨다. 오직 예수님 안에서만 발견되는 구원을 빼앗긴다는 것이다.

9:18-19. 9:18-34에 나오는 네 가지 기적은 그들의 '보전'(9:17)을 위해 예수님께 전적으로 나아오는 그리고 또한 예수님이 메시아이시라는 것에 대한 입증 자료를 제공하는(11:4-6을 보라) 사람들의 구체적 예를 보여줄 것이다.

일반적으로 **관리**는 행정 장로 혹은 행정 목사에 해당한다. 그는 설교는 비교적 적게 했지만 설교하는 사람을 모집했으며, 다른 모든 회당 사무를 감독했다. 이 관리들은 보통 그들의 지역사회에서 저명 인사였다.

9:20-22. 왜 마태는 관리의 딸과 혈루증 앓는 여자의 기적을 뒤섞어놓았는가? 몇 가지 단서가 있다. 하지만 두 사건 모두 예수님의 불쌍히 여기심(9:36을 보라)과, 모든 인간의 예상 및 사람들이 인식하는 시간적 압박[세 복음서 모두에서(막 5:35; 눅 8:49) 예수님이 그 관리의 집에 도착했을 때 딸은 이미 죽어 있었다. 여자는 12년간 병을 앓고 있었다]에 거슬러서 사람들을 구하실 수 있는 예수님의 능력을 강조한다. 하나님은 너무나 시간이 많이 지나 그분이 자기 자녀들을 위해 역사하시는 것이 불가능하다고 생각될 때마저도 자신의 자녀들을 위해 일할 수 있으시다.

혈루증은 자궁 질환으로 인한 것이었으며, 그것은 심각한 사회적·영적 함축을 지닌다(레 15:19-25; 또한 겔 36:17; CD 4.12-5:17; 11QTemple 48:15-17; Josephus, *War* 5.227; *m. Nidda; m. Zabim* 4:1을 보라). **겉옷 가**는 율법을 상기시키기 위해 겉옷 네 귀에 다는 술이었을 것이다(민 15:38-41; 신 22:12). 병든 여자는 자신의 상태가 부끄러워 예수님께 직접 다가가지 못했을 것이다. **너를 낫게 하였다**[made you well, 공동번역]는 말은 문자적으로는 **너를 구원하였다**[saved you, 개역개정]라는 말이다. 바울이 그 동사를 사용할 때, 그것은 보통 죄의 영원한 결과들에서 '구조되었다'는 의미이며, 마태는 그 말을 이런 식으로 사용한다(1:21; 10:22; 16:25; 18:11; 19:25). 하지만 여기에서 그 말은 그저 하나님이 그녀를 그녀의 육체적 상태에서 구해주셨다는 의미일 것이다.

9:23-26. 관리의 집에는 **떠드는 무리**가 모여 있었다. 아마 그들은 악사들, 직업적 애곡꾼들, 음식을 가져와 애도하는 친구들이었을 것이다(대하 35:25; 렘 9:17-22; 16:7; 겔 24:17, 22; 호 9:4; 전 12:5; 암 5:16). 직업적 애곡꾼들이 하는 일은 가족을 위해 슬픔을 표현하는 것이었으며, 소리가 클수록 더 좋았다. 가난한 가족이라 해도 피리 부는 사람 두 명과 애곡하여 우는 여인 한 명은 고용해야 했다(*m. Ketub* 4:4). 예수님이 그 소녀가 자고 있을 뿐이라고 말씀하셨을 때 무리는 **비웃었다**. 그들은 자신들은 그 소녀가 죽은 것을 아는데 예수님은 아직 알지 못하셨기 때문에, 혹은 심지어 이 위대한 치유자라 해도 죽은 자를 살릴 수는 없다고 생각했기 때문에 예수님에 대한 경멸을 느꼈을 것이다. 하지만 '잠'은 그 소녀의 상태에 대한 적절한 묘사였다. 사람들은 잠을 잔 후 그 일시적 상태에서 깨어난다. 예수님의 권위 때문에 그 소녀의 죽음은 일시적인 것이 되었다. 이것은 또한 마태복음에서 첫 번째로 예수님이 사람을 죽은 자 가운데서 살리신 경우이다. 그리고 이것은 예수님의 메시아적 신분을 입증하는 데 중요했다(11:5).

9:27-31. 이것은 마태복음에서 맹인을 고치신 것에 대한 최초의 분명한 언급이다. 구약성경에 따르면 메시아 시대에는 시력이 회복되는 일이 일어날 것이다(사 29:18; 35:5; 42:7). 그 기적은 예수님이 메시아였다는 주장을 입증해주었으며(11:5), 맹인들은 예수님을 **다윗의 자손**(9:27; 또한 1:1을 보라) 그리고 심지어 **주**(9:28)라고 부르면서, 예수님을 메시아로 인식했다. 요세푸스(*Ant.* 8.42-49)는 다윗의 아들 솔로몬이 위대한 병 고침의 기량을 가지고 있다고 말하는데, 그것은 여기에서 다윗의 자손이라는 호칭을 사용한 것을 설명해 줄 것이다.

혈루증 앓는 여자의 경우에서처럼(9:22), 맹인들이 고침을 받은 열쇠는 그들의 믿음이었다. 분명 예수님은 이 기적이 일으킬 만한 선정적 반응을 피하기 원하셨으며, 그것을 알리지 말라고 **엄히 경고하셨다**. 무리들이 예수님을 메시아적 해방주의자로 이용해서 로마에 대한 반역을 선동하고 예수님이 십자가를 회피하도록 할 위험이 있었다. 하지만 그 사람들은 자제를 할 수가 없었다.

9:32-34. 마태는 사람들이 '병 고침을 받았다'고 썼던 다른 기적들과는 대조적으로, 그 말 못하는 사람에게서 **귀신이 쫓겨**났다고 말한다. 그 축사는 예수님이 이 사람을 돕기 위해 **귀신의 왕**과 공모했다고 바리새인에게 비난받을 빌미가 되었다(10:25; 12:24을 보라). 그러한 비난은 그간 무리들이 갖고 있던 불만이 공식화된 사건이었으며, 마태복음에서 처음으로 바리새인들의 공개적이고 명백한 반대가 일어난다. 그 시점에서부터 시작해 반대는 더욱 강렬해진다.

D. 메시아의 제자들이 그분의 권위로 활동하다 (9:35-11:1)

9:35-38. 9:35과 그 구절의 더 광범위한 전후 문맥

과의 연관에 대해서는 4:23-25에 대한 주석을 보라. **추수란 목자 없는 양**과 같았던 지치고 풀 죽은 이스라엘 백성의 광범위한 필요를 말한다. 예수님은 제자들에게 하나님께 일꾼을 일으켜 보내달라고 기도하라고 명하셨다. 그러고 나서 예수님은 제자들을 불러 그분이 기도하라고 촉구한 그것을 행하게 하셨다. 하나님의 백성은 언제나 기도해야 한다. 하지만 반드시 노력이 간청과 결합되어야 하는 때가 온다

10:1-4. 4:23과 9:35의 인클루지오는 10:1과 연속성을 지닌다. 10:1에는 4:23과 9:35의 결론을 맺는 말이 다시 나온다. 10장은 마태복음에 나오는 두 번째 주요 담화이며, 예수님의 **권능**(10:1)이라는 주제를 계속 이어간다. 이것은 마태복음 28:18-20에 나오는 대위임령의 전조이다. 열두 제자에 대한 상세한 논의로는 John MacArthus, "Matthew 8-15", MNTC(Chicago: Moody, 1987), 129-182을 보라.

10:5-6. 이 구절들은 제자들의 '목표 청중'을 명시한다. **이스라엘 집의 잃어버린 양**에게만 국한해서 가야 하는 이유는 나와 있지 않지만, 그들은 **이방인**이나 **사마리아인**에게는 가지 말아야 한다. 아마 가장 적절한 이유는, 제자들이 공통적인 가치관과 믿음을 가지고 있는 사람들에게 가는 것이 유리했기 때문일 것이다. 후에 사마리아인들과 이방인들에게 사역을 할 때가 올 것이다(10:18). 메시아에 대한 유대인들의 민족적 거부는 아직 일어나지 않았다(12:14, 24). 제자들은 그런 거부가 일어난 후에야 이방인들에게 메시지를 가지고 갈 수 있을 것이다(참고. 롬 11:11).

10:7-8. 여기에서 예수님은 열두 제자에게 그들이 수행할 사역 활동 중 일부를 명하신다. 자연에 대한 어떤 기적도 언급되지 않으며, 크레이그 블롬버그(Craig Blomberg)가 지적하듯이 나병환자를 빼고는 이러한 각 질병을 고치는 것은 사도행전에 나온다(행 3:1-10; 8:7, 13; 9:32-43; 14:8-10; 19:13-16; 20:7-12) [*Matthew*, NAC (Nashville: Broadmas & Holman, 1992), 171].

10:9-10. 예수님은 그들이 이 일에 종사하는 동안 지녀야 하는 소유물에 관해서도 지시하셨다. 마태복음과 마가복음의 이야기는 서로 잘 맞지 않는다. 마태복음에서 예수님은 신발과 지팡이를(다른 물건들과 함께) 가져가는 것을 금하신다. 마가복음 6:8-9에서는 그것들을 허용하신다. 가장 좋은 해결책은, 마가복음에서 말하는 것처럼 신발 한 켤레와 지팡이 하나만 허용하시고 두 개는 허용하지 않으셨다는 것이다. 예수님이 마태복음에서 "너희 발의 먼지를 떨어버리라"(10:14)라고 말하시고 '너희 신의'라고 말하지 않으셨다는 것이 그들에게 신이 없었다는 증거는 아니다. 마가복음 6:11은 "발 아래 먼지를 떨어버려"라고 말하지만, 그 발에는 신이 신겨 있었다. 이스라엘 땅이 거친 지형으로 되어 있었다는 것에 비추어볼 때, 신을 신지 않은 발로 일정 거리 이상을 걷는 것은 불가능할 것이며, 그들은 걸어서 순회 사역을 해야 하는 참이었다(5-15절에서 가는 것, 들어가는 것, 떠나는 것에 대한 동사들을 살펴보라). 제자들이 여행을 시작할 때 신을 갖고 있었다면, 그들은 아마 옷 한 벌과 지팡이 하나도 있었겠지만, 더 '가지면' 안 되었다. 가벼운 차림을 함으로써 그들은 장비를 무겁게 운반하느라 힘을 들이지 않을 수 있을 것이며, 하나님의 공급하심을 경험하고 보여줄 것이다. 탐욕스럽다는 비난 역시 받지 않게 될 것이다.

10:11-14. **떠나기까지 거기서 머물라**는 지시는 제자들이 더 나은 숙박 장소를 찾느라 시간을 낭비하지도, 처음의 집주인을 당혹하게 하지도 않는 데 도움이 될 것이다. **평안**은 종종 메시아 시대가 도래한 것과 연관되어 있었다(사 9:6; 52:7; 미 5:5; 나 1:15; 슥 9:10). **그 집이 이에 합당하면**이라는 말은 아마 "그들이 너희와 너희 메시지를 환영하면"이라는 의미일 것이다. 그렇게 되면 그들은 천국의 특징이 될 평안을 가질 것이며 복음을 받아들이지 않은 사람들이 받을 심판을 피하게 될 것이다(10:15). 이방인 지역을 여행하는 유대인들은 그들의 **발의 먼지를 떨어버릴** 것이다(14절). 거룩하지 않은 장소들이 사람을 부정하게 만들거나, 유대인들의 구역에 더러움을 묻혀올 수 있기 때문이다(참고. *m. Ohal*. 2:3). 제자들이 '유대인들의' 집에 대한 반대의 증거로 이렇게 하는 것은, 그들이 언젠가는 이방인들처럼 하나님의 심판을 받을 것임을 넌지시 비추어준다.

10:16-20. 16-20절은 보다 적극적인 반대의 가능성을 제시한다. 그리고 예수님은 앞으로 그들에게 더 일어날 일에 대한 준비로 그것을 말씀하셨을 것이다.

양과 **비둘기**는 둘 다 방어 수단이 거의 없는 육식동물의 희생자이며, 그 비유들은 제자들이 사람들을 섬기기 위해 그들에게 속을 다 내보임으로 상처받기 쉬웠다는 것을 시사한다. 하지만 그들은 또한 **뱀같이** 지혜로워야 한다. 뱀은 숙련된 자기 보존 기술을 가지고 있다. 제자들은 지나친 순진함으로 계속적인 희생자가 되어서는 안 된다. **공회**(17절)라는 말은 제자들에 대한 사법적 조처들을 말한다. 그들은 엄청난 장애물들을 만나겠지만, 그럼에도 그들을 학대하는 사람들에게 **증거**[문자적으로 '증언']를 제공해야 한다. 19-20절의 약속은 주로 제자들을 위한 것이었으며, 사도행전에서 그들은 '성령이 충만'한 가운데 위기 상황 속에서 말씀을 전한다(행 4:8; 7:55; 13:9). 그들이 할 말을 **성령이 그들에게 주시리라는** 약속은 선지자적 경험을 나타내는 것으로, 모든 신자들에게 보장된 것은 아니다.

10:21-22. 21-22절에 기초해볼 때, **견디는 자**는 격심한 적대감 가운데서도 증거를 계속하는 사람이다. **끝**은 때때로 말세(last days)를 말한다(예를 들어 고전 1:8; 계 2:26). 하지만 그것은 종종 '(어떤 시간적 기간의) 끝'이라는 덜 전문적 의미를 지닌다(눅 1:33; 고전 10:11; 고후 3:13; 벧전 4:7). 21절에서 핍박으로 인해 **죽게** 한다는 것으로 보아, 여기에서 **끝**은 핍박으로 인한 것이든 다른 원인들로 인한 것이든 생명의 끝을 의미할 것이다. **구원을 얻는다**는 말은 영적으로 구조되는 것을 말하며, 견디는 것은 그 사람이 구원받았음을 추론할 수 있는 증거이다(골 1:22-23; 히 3:5-6, 14; 그리고 마 13:18-23에 대한 주석을 보라). 하지만 견디는 것이 구원의 원인은 아니다.

10:23. **이스라엘의 모든 동네를 다** ['다니지'라는 말은 헬라어에는 나오지 않는다] **못하여서 인자가 오리라**는 말은, 만연된 핍박에도 불구하고 그들이 이스라엘 내에서 언제나 피할 장소를 갖게 되리라고 핍박받는 제자들을 안심시키는 말인가? 아니면 이스라엘 선교가 심지어 재림 때에도 완성되지 않으리라는 의미인가? 그 두 견해는 상호 배타적인 것이 아니다. 전자는 분명 후자를 시사하기 때문이다. 마태복음 10:11-15은 이 진술을 이스라엘에 대한 교회의 선교라는 더 큰 틀 안에 둔다. 하지만 '왜냐하면'(for, '피하라'와 '내가' 사이에 나오는 for가 개역개정에는 번역되어 있지 않다—옮긴이 주)이라는 설명적인 말은 23a절과 23b절에 나오는 한 동네에서 다른 동네로 필사적으로 피하는 것을 23c절에 나오는 '동네를 다 다니'는 것과 연결시키는 것으로, 첫 번째 견해를 지지한다. **못하여서 인자가 오리라**라는 말도 마찬가지로 어렵다. 그것은 인자가 승천 때 성부 하나님께 '가는 것'을 말할 수도 있고, 아니면 그분의 종말론적 재림을 말할 수도 있다. 하지만 만족할 만한 견해는 그것이 주후 70년 예수님이 심판에서 '오시는 것'을 말한다는 것이다. 16:27과 26:64에서, 인자가 오시는 것은 심판과 연관된다. 게다가 그분을 따르는 자들이 받는 박해는 회당과의 관계가 끊어지기 전인 초기에 일어난 것으로 묘사된다(10:17). 그로 보아 예수님은 부활 후에 자신의 제자들이 경험할 것에 한정해서 말씀하고 계실 것이다. 그렇다고 해서 오늘날 이스라엘에 계속 선교해야 할 필요성이 사라지는 것은 아니다.

10:24-31. **바알세불**에 대해서는 12:22-24에 대한 주석을 보라. 10:16-25이 나타내듯이 신자들 특히 전도 활동에 관여하고 있는 신자들에게 강렬한 반대가 있을 것이다. **두려워하**는 것은 정상적인 반응이다. 그래서 예수님은 세 번에 걸쳐 그들에게 **두려워하지** 말라고 격려하시며(26, 28, 31절), 그 두려움을 누그러뜨릴 진리들을 제시하신다. 26절은 첫 번째 진리를 담고 있다. 예수님과 제자들의 신분이 심판 전에는 아니더라도 심판의 날에 마침내 드러나리라고 약속하는 것이다. 그들은 사탄에게 속한 자가 아니라 하나님께 속한 자이다. 그리고 결국에 가서는 그들을 핍박하는 자들도 그것을 보게 될 것이다. 그렇기 때문에 그들은 예수님이 **어두운** 데서 그들에게 말한 것에 대해 그리고 그들이 **귓속말**로 듣는 것에 대해 담대해야 한다. 아마 그것은 예수님이, 후에 나오는 공개된 선포와 대조적으로 열두 제자에게 개인적으로 가르쳐주신 것을 비유하는 말일 것이다(27절).

두 번째 진리는, 그들은 반대에 대한 두려움 대신 하나님을 두려워함으로 그들의 선교를 계속해야 한다는 것이다(28절). 세 번째 진리는, 그들의 괴로움을 하나님이 주권적으로 아신다는 것과 하나님이 그들을 돌보신다는 것을 강조한다. 하나님이 작은 것들(**참새**, **머리털**의 수)까지 돌보신다면, 왜 그들이 사람들을 두려워한단 말인가?

10:32-33. '그러므로'(Therefore, 개역개정에는 이 말이 번역되어 있지 않다—옮긴이 주)라는 말은 앞에 나온 것으로부터 추론한 내용을 소개한다. 예수님을 따르는 사람들이 무력하게 된다는 의미에서 사람들을 두려워하지 않는다면, 그들은 예수님을 고백할 것이다. 예수님이 어떤 사람을 부인한다는 말은 아마 구원을 빼앗긴다는 의미일 것이다(참고. 10:22). 예수님은 하나님 아버지 앞에서 베드로를 부인하실 것인가(26:70, 72을 보라)? 그럴 것 같지는 않다. **부인**한다는 동사의 시제를 볼 때, 어떤 사람의 삶을 전반적으로 "그가 나(Me: 예수님—옮긴이 주)를 부인했다"라는 말로 규정하거나 요약할 수 있다면, 그 사람이 예수님께 부인을 당하리라고 예상할 수 있을 것이다. 그런데 베드로의 삶은 그렇게 규정하기에 적절하지 않다. 베드로는 분명 그리스도를 부인했다. 하지만 그는 그후 반복해서 '그리스도를 고백했다'(요 21:15-17). 예수님은 그분과 거리낌 없이 동화된 삶을 살다가 증거하는 일에서 가끔 일탈하는 것에 대해 경고하고 있는 것이 아니다.

10:34-39. 우리는 사람들 앞에서 예수님을 고백해야 한다. 설사 예수님의 증인들이 다툼과 순교를 경험할지라도 그렇게 해야 한다. **내가…화평을 주러 온 것이 아니요**라는 말은 그들이 그리고 예수님의 모든 백성이 예수님에 대한 충성 때문에 겪게 될 불화를 말한다. 결국에는 땅에 화평이 있을 것이다. 예수님의 복음은 화평의 복음이기 때문이다. 하지만 그 도중에는 심지어 같은 가족이라도 서로 불화할 것이다. 예수님 때문에 가족과 관계를 끊는 것(37절)은 **십자가**를 지는 것이며, 이 세상에서 '자기 목숨을 잃는' 것이다(38-39절). 범죄자가 자기 십자가의 가로대와 그의 범죄 행위를 기술한 명패를 들고 가는 것은 흔한 일이었다. 예수님은 아마 그분을 따르는 것이 십자가 처형을 가져올 만큼 심한 박해로 이어질 수도 있다는 의미로 말씀하셨을 것이다. 39절은 "그의 삶이 오직 자신만을 기쁘게 하는 사람은 영생을 얻지 못할 것이며, 그의 삶이 심지어 죽기에 이르기까지 나를 위해 사는 사람은 영생이 그를 기다리고 있는 것을 발견할 것이다"라고 풀어서 쓸 수 있을 것이다.

10:40-42. 선교사가 아니라면 어떻게 해야 할까? 대의를 도울 다른 길들이 있다. 소소한 방식으로라도 (지치고, 덥고, 여기저기 돌아다녀야 하는 사역자에게 **냉수 한 그릇**을 주는 것이다. 아마 작은 자는 사역자를 의미할 것이다) 기여하는 사람들은 최전선에 있는 사람들과 함께 상을 받을 것이다.

11:1. **가르치시며 전도하시려고**라는 말은 4:34과 9:35의 인클루지오에 나오는 것과 똑같은 말이다. 10:1은 모든 병과 모든 약한 것을 고치는 것에 대해 언급하며 예수님의 권위라는 주제를 계속해서 다룬다. 11:1은 예수님의 사역 중 가르침이라는 측면을 다룬다.

Ⅲ. 왕-메시아에 대한 반응(11:2-12:50)

A. 요한이 혼란에 빠지다(11:2-15)

마태복음 11:2은 세례 요한이 **그리스도께서 하신 일**에 대해 물어보면서 전환점을 이룬다. 4-10장은 그리스도의 가르침과 치유 사역에 기초해서 그리스도의 권위를 강조했으며, 11장부터는 예수님께 어떻게 반응해야 하는가 하는 것이 중심 주제를 이룬다.

11:2-6. 요한이 투옥된 것에 대해서는 14:3을 보라. 요한의 질문(3절)은 요한이 심판을 가지고 오시는 메시아에 대해 예언한 것(3:7-12)에 비추어볼 때 이해할 수 있다. 하지만 지금까지 예수님의 사역에서는 심판이 거의 없었다. 게다가 대부분의 유대인들은 다윗처럼 전사 왕으로 오셔서 이스라엘을 억압자들에게서 자유하게 해줄 메시아를 기대했다(약 주전 164년, the SibOr 3:652-656; 약 주전 63-48, PsSol 17:1-4, 21-25, 30-32, 35-37, 45-46). 예수님은 이사야서에 나오는 메시아 본문들(26:19; 29:18; 35:5-6; 42:7, 18; 61:1)에 큰 비중을 두고서 자신이 **오실 그 이**라는 증거를 제시하신다(4-5절).

11:7-11. 예수님은 요한의 사역을 옹호하셨다. **바람에 흔들리는 갈대**는 요한이 세례를 주었던 요단강가에서 흔히 볼 수 있는 광경이었다. 하지만 사람들은 그저 평범한 것 혹은 심지어 세상적으로 화려한 것(부자와 권세 있는 자들이 입는 **부드러운 옷**)을 보러 나간 것이 아니다. 요한은 메시아의 길을 준비하기 위해 택하심을 받은 자(출 23:20과 말 3:1을 인용하면서)라는 관점에서 보았을 때, **선지자보다 더 나은 자**(9절)였다. 요한은 그가 다른 어느 누구보다 그리스도를 더 분명히 가

리킬 자였다는 관점에서 보았을 때, 모든 사람보다 더 나은 자였다. 하지만 **천국에서는 극히 작은 자라도** 요한보다 더 크다. 아마 메시아 왕국의 시민인 사람들과 십자가를 되돌아보는 사람들은 예수님에 대해 요한이 줄 수 있었던 것보다 더 심오한 설명을 해줄 수 있기 때문일 것이다.

11:12. 12절은 난해한 말이다. 아마 '천국은 폭력을 당했으며, 폭력적인 사람들은 그것을 움켜잡으려 하고 있다'는 의미로 읽어야 할 것이다. **침노를 당하나니**[suffer violence]라는 동사는 중간태이다('천국은 강력하게 스스로 전진하고 있다' 혹은 그와 같은 말). 하지만 **침노하는 자는 빼앗느니라**[그것을 '폭력적으로 붙잡느니라']라는 말에 비추어 판단할 때, 그것은 아마 정확한 수동태일 것이다. 그 구절은 대적들이 사람들로 하여금 예수님을 따르지 못하게 막으면서, 요한 그리고 그후에는 예수님과 하는 영적 싸움을 말한다.

11:13-15. **엘리야가 곧 이 사람이니라**(14절). 하지만 엘리야가 하늘에서 땅으로 내려왔다는 문자적인 의미에서 그렇게 말한 것은 아니다. 누가복음 1:17은 요한이 '엘리야의 심령과 능력으로' 왔다고 말한다. 엘리사가 그렇게 온 것과 다르지 않다. 하나님은 엘리야의 사역 끝 무렵에 그에게 세 가지 명령을 주셨다(왕상 19:15-16). 그중 그가 엘리야가 승천하기 전에 완성한 것은 단 하나뿐이며(왕상 19:19), 나머지는 엘리사가 '엘리야의 심령과 능력으로' 이행했다(왕하 8:7-8; 9:1-3). 변화산에서 그리스도와 함께 나타난 것은 세례 요한과 모세가 아니라 엘리야와 모세였다.

B. 대중이 반응을 보이지 않다(11:16-24)

11:16-19. 이 작은 유추에서 예수님은 춤추기를 거부하는 다른 아이들을 위해 피리를 불고 있는 아이들로 상징되며(참고. 11:19, 거기에서 '피리를 부는 것'은 예수님이 '먹고 마시는 것'과 대응을 이룬다), 요한은 슬퍼하지 않은 아이들과 달리 슬피 우는 다른 아이들로 상징된다(참고. 11:18, 거기에서 '슬피 우는 것'은 요한이 먹고 마시기를 거부한 것과 대응된다). **이 세대**는 요한과 예수님을 무시했다. 요한은 그의 금욕주의 때문에, 예수님은 그분의 '무절제함' 때문이었다. 예수님과 요한은 각각 자신만의 독특하지만 상호 보완되는 방식으로 **지혜**로 가르쳤으나, 사람들은 둘 모두를 불쾌하게 여겼다. 하지만 요한과 예수님이 말한 **지혜는 그 행한 일로 인하여 옳다 함을 얻는** 것이었다. 그 행한 일이란 요한과 예수님(11:2을 보라)이 정당한 근거 없는 비난으로부터 자신들이 결백함을 증명하고 자신들이 표현한 지혜가 옳다는 것을 보여준 행동을 말한다.

11:20-24. **화**는 심한 결핍, 고난, 혹은 고통의 상태를 말한다. **고라신, 벳새다, 가버나움**은 갈릴리 바다 북쪽 끝 주위에 서로 8킬로미터 이내로 떨어져 있던 마을들이었다. 예수님이 그곳들에서 행하신 헤아릴 수 없이 많은 기적들과 가르침에도 불구하고, 이 구절들에 기초해볼 때 그들이 보인 반응은 불신이었다. 기적이 언제나 불신자들에게 믿음을 갖게 하는 것은 아니다. **두로와 시돈**은 지중해 변의 이스라엘 북쪽에 있는 이방 도시들이었으며, **소돔**은 설명할 필요가 없다. 21절과 23절은 예수님의 전지하심을 간접적으로 입증해준다. 예수님은 자신이 갈릴리에서 행하셨던 기적들을 그 타락한 성읍들에서 행했다면 '어떤 일이 일어났을지' 아셨기 때문이다. 오늘날 고라신, 벳새다, 가버나움은 그냥 폐허로 남아 있지만, 그 지역의 다른 성읍들(아마 '언덕 위에 세워진 도시'였을 것이며, 사페드라고도 알려진 스밧, 믹달이라고도 알려진 막달라 그리고 디베랴)은 여전히 북적거린다. 예수님이 화를 선언하셨을 때 그 결과는 파멸이다.

C. 낙심한 사람들이 격려를 받다(11:25-30)

11:25-27. **천지의 주재**라는 말은 하나님의 주권을 표현하며, 심지어 예수님을 둘러싼 알력마저 하나님의 주권적 계획의 일부였다는 것을 나타낸다. 하나님은 예수님과 천국에 대한 영적 진리들을 **어린아이들**[세상의 견해로는 중요하지 않은 사람들]에게는 **나타내셨**지만, **지혜롭고 슬기있는 자들**(고전 1:26-29을 보라)에게는 숨기셨다.

11:28-30. **쉬게 하리라**는 약속은 특히 이스라엘 집에 안전함을 제공하는 다윗의 아들 메시아에 대한 약속과 결합되어 있었다(렘 23:5; 33:15-16; 겔 34:15, 23-25; 암 9:11-15을 보라). 그 쉼은 예수님 안에서만 발견되며, 영원한 함축을 지닌다(합 4:1-11). 사람들이 **수고하고 무거운 짐**을 진 것은 바리새인들의 과도한 전통이 영적으로 '병든'(9:12) 자들을 하찮은 존재로 무시했고, 심지어 안식일에도 사람들을 배고프고, 불구

가 되고, 귀신에 들린 채 놓아두었기 때문이다(12:1-24). 종교 지도자들은 어떤 도움을 주거나(23:4) 긍휼을 보이지도 않고(9:13; 12:7; 23:23) 사람들에게 무거운 짐을 지웠다. 물론 예수님은 **내 짐은 가벼움이라**고 하셨다. 물론 아무런 힘도 들지 않는 것은 아니다. 산상수훈의 윤리를 구현하려 애써본 사람은 누구든 그 요구 사항들이 괴로울 정도로 어렵다는 것을 안다. 하지만 그것은 바리새인들의 무거운 짐과 대조할 때 '쉽고 가볍다'. 예수님은 **마음이 온유하고**, 고난받는 종으로서 자기 백성의 죄를 담당하시기 때문이다(사 53:11-12). 예수님은 상한 갈대를 꺾지도 않으시고, 꺼져가는 심지를 끄지도 않으신다(12:20). 예수님은 사기가 저하된 사람들을 '도우신다'. 예수님은 **내게로 오라**고 말씀하신다. 그리고 그렇게 오는 사람들은 도전적인 멍에를 발견하지만, 또한 격려하시고, 사랑하시고, 용서하시고, 회복하시고, 강하게 하시고, 구원하시는 긍휼이 많으신 구세주도 발견한다[이 해석에 대해서는 Jon Laansma, *I Will Give You Rest: The Rest Motif in the New Testament with Special Reference to Mt 11 and Heb 3-4*, Wissenschaftliche Untersuchungen zum Neuen Testament, Series 2 (Tübingen: Mohr Dieback Siebeck, 1997), 238-250을 보라]. 랍비 문서는 토라의 멍에 혹은 계명의 멍에를 매는 것에 대해 말한다. 그것은 '토라를 채택하는 것'을 의미하는 말로, 거기에는 랍비적 교훈을 생활 방식으로 이행하는 것이 포함된다. 예수님은 그분을 따르는 가벼운 것을 랍비적 토라를 따르는 무거운 짐을 지는 것(23:4)과 대조시키신다. 더 엄격한 형태의 기독교는 예수님이 제시하시는 제자도에서 빗나간 것이다.

D. 지도자들이 적대감을 갖다(12:1-50)

1. 안식일 관습에 관하여(12:1-21)

12:1-8. **그때에**라는 말은 10-11장의 사건들과 연대적 연결을 제공한다. 주제 면에서 보면 그 연결은 예수님이 종교 지도자들의 무거운 짐과 대조되게 제공하시는 쉼에 대한 최고의 예를 포함할 것이다.

안식일은 마태복음에서 여기에서 처음으로 언급되며, 12장은 안식일 논쟁이라는 되풀이되는 주제를 시작한다. 그런 논쟁이 일어나게 된 한 가지 이유는 포로 생활 동안과 그 이후(주전 440년경)에 바리새주의적 유대교가 성경적인 안식일 율법을 확대한 규칙들을 발전시키기 시작했기 때문이다. 사람들이 무심코 안식일 율법을 범하는 일이 없도록 '율법 주위에 울타리를 치기 위해'서였다(*m.Aboth* 1:1). 그 추가 규칙들은 히브리어 성경에는 나오지 않는 것들이다. 안식일에 짐을 들고 가는 것은 금지되었다(렘 17:21-24). 하지만 후에 당국은 짐이 무엇인지에 대해 더 명백하게 규정할 필요성을 느꼈다. 그들은 수십 개의 규칙들을 만들어 사람들이 안식일에 짐을 가지고 가는 것을 피하게 했다(재봉사는 바늘을 자기 겉옷에 꽂아서 옮길 수 없다거나, 글자 두 개를 쓸 수 있을 만큼의 먹물을 가지고 갈 수 없다는 것 등). 이 전통들에 따르면 제자들이 **이삭**을 줄기에서 잘랐을 때 농작물을 수확하는 죄와 안식일에 쓸 음식을 준비하는 죄를 지었는데, 두 가지 죄 모두 바리새인들의 전통에서 금하는 것이었다.

다윗이 한 일(3-4절)은 사무엘상 21:1-6에 기록되어 있다. **진설병**은 성막 안에 그리고 후에는 성전 안의 특별한 상에 놓이는 열두 덩이 떡으로, 하나님이 이스라엘 열두 지파에게 임재하신다는 것을 상징했다. 제사장만이 이 떡을 먹을 수 있었다(출 25:30; 레 24:5-9). 하지만 다윗은 제사장이 아니었다. 예수님이 하신 말씀의 요점은 구약성경이 다윗의 행동을 정죄하지 않았다는 것이다. 다윗이 기록된 율법을 잠시 보류해도 아무런 영향을 받지 않았다면, 예수님과 그분을 따르는 자들 역시 구전을 잠시 보류할 수 있었다. 바리새인들의 경직된 율법 해석은 성경과 조화되지 않았으며, 다윗에게 있었던 사건을 설명해주지 못했다.

심지어 제사장들도 **안식을 범하여도 죄가 없다**(5절). 안식일에 제사장들은 진설병을 바꾸어놓았으며(레 24:8), 번제를 위한 짐승을 두 배로 드렸다(민 28:9-10). 제사장이 성전을 위해 안식일을 '범했다'면 그리고 예수님이 성전보다 더 크시다면(6절), 예수님도 안식일을 '범할' 수 있으실 것이다. 성전법의 권위는 제사장들이 유죄가 되지 않도록 보호해주었다. 예수님의 권위는 그분의 제자들이 유죄가 되지 않도록 보호해준다. 바리새인들은 율법을 지킬 뿐 아니라 자비로워야 했다(7절; 또한 9:13; 호 6:6을 보라). 이 경우 바리새인들의 태도에서 볼 수 있듯이, 자비로움은 많은 바리새인들이 갖지 못한 특징이었다. **인자는 안식일의 주**

인[우두머리, boss]**이니라**(8절)는 6절에서 메시아가 성전보다 더 우월하다는 것을 요약할 뿐 아니라, 예수님과 제자들이 무죄하다는 근거가 된다. 예수님은 안식일을 적용하는 법을 결정할 명백한 권위를 가지고 계셨다.

12:9-14. 안식일에 병을 고치는 것은 일하는 것과 같았다. 생명이 실제로 위험에 처할 때에만 의료적 처치를 할 수 있다는 것이 그들의 구전에 규정되어 있었으며(*m. Yoma* 8:6; *m. Sabbat* 22:6), 그때에도 환자의 상태를 개선시키기 위한 것이 아니라 더 나쁘게 만들지 않기 위한 조치만 취할 수 있었다. **마른**[withered]이라는 말은 '말라붙은, 오그라든, 생명이 없는'이라는 의미이다.

11절에 나오는 주된 질문은 단지 안식일이 유익한 활동을 해야 하는 날인가 아닌가 하는 것이다. 출애굽기 23:12로 판단해볼 때, 안식일은 유익한 활동을 해야 하는 날이었다. 예수님의 요점은 안식일에 짐승을 돕는 것이 허용된다면, 사람을 돕는 것은 더더욱 허용될 수 있다는 것이다.

그 사람의 손은 **회복되어 성하**게 되었다. 오그라들고, 위축된 상태에서 회복되었다. 아마 사람들이 보는 앞에서 팔을 펴게 되었고 힘이 생겼을 것이다. 바리새인들은 분노했다. 예수님이 안식일에 대한 그들의 견해를 거부하심으로 그들의 모순을 드러내셨기 때문이다. 그들은 안식일에 짐승은 도우면서 사람은 돕지 않았다. 바리새인들이 지운 무거운 짐과 대조해서 예수님의 자비, 그분의 쉬운 멍에, 가벼운 짐이 강조되었다.

12:15-21. 마태복음 12장은 주제 면에서 볼 때, 메시아적 본문으로 여겨지는 이사야 42:1-3과 연관이 된다[Tg. *Is* 42:1과 W.D. Davies and Dale C. Allison, *A Critical and Exegetical Commentary on the Gospel According to Saint Matthew*, ICC (Edinburgh: T. & T. Clark, 1991), 322-324을 보라]. 그런 연관들에는 (1) 예수님의 기적을 수행하는 분으로, 12:31에서 성령을 모독하는 것의 초점인 성령(사 42:1; 마 12:18), (2) 복음이 이방인들에게 전파되는 것에 대한 마태 및 예수님의 강조와 조화를 이루는 것으로, 이방인에 대한 두 번의 언급(사 42:1, 3; 마 12:18, 21), (3) 예수님이 사람들의 병을 고쳐주신 후 그들에게 침묵하라고 말씀하신 12:16과 대응되는 특징으로, 사람들이 **그 소리를 거리에서** 듣지 않았다고 말하는 이사야 42:2, (4) 예수님이 많은 사람들의 병을 고치신 인자하심과 대응되는 것으로(12:15), **상한 갈대**와 **꺼져가는 심지**에 대한 언급(사 42:3) 등이 포함된다. 예수님은 예언된 대로 고난받는 종의 역할을 성취하고 계셨다.

2. 축사에 관하여(12:22-37)

12:22-24. 눈먼 사람을 고쳐주신 여파로, 무리들은 예수님이 **다윗의 자손**이라고 생각하기 시작했다. 하지만 그 질문은 일말의 의심을 가지고 던진 것이었다. **바리새인**들은 예수님과 **귀신의 왕 바알세불**이 서로 공모했다고 주장함으로 그런 개념을 반대했다. **바알세불**[Beelzebul]은 히브리어 '우알세붑'(*woalzebub*, '파리들의 주인'이라는 의미로, '파리들'은 '거름'을 나타내는 완곡어법 역할을 한다)에서 나왔을 것이다. 그것은 *Ba'alzebul*을 조롱하여 흉내 낸 말로, 이교 신 바알세불(*Ba'alzebul*, 바알 군주)이라고 읽었어야 한다. 바리새인들은 마귀에 대해 **귀신의 왕**이라고 말하면서 그와 함께 분명 이 말을 경멸조로 사용했을 것이다.

12:25-30. 이 구절들은 사탄 역시 잘 조직된 나라를 가지고 있다는 것을 전제한다. 나라, 동네, 집에 대한 언급은 큰 조직에서나 작은 조직에서나 내부 분열이 많은 문제를 초래한다는 것을 보여준다. 예수님은 그들의 비난에 대해 세 가지 논증으로 반응하셨다. (1) 예수님은 그들의 견해가 불합리하다는 것을 보여주셨다. **그리하고야 어떻게 그의 나라가 서겠느냐**(26절). 마귀가 주는 권능이 마귀 자신의 나라를 약탈하는 데 사용된다면 마귀가 어떤 사람에게 권능을 준다는 것은 말이 안 된다. (2) 예수님은 그들의 견해가 모순된다는 것을 보여주셨다. **너희의 아들들**은 바리새인들의 제자들(즉, 다른 바리새인들)이었으며, 바리새인들은 때로 축사에 관여했다. 하지만 그들은 예수님의 축사와 바리새인들의 축사가 두 개의 서로 다른 근원(각각 바알세불과 하나님의 영)으로 인한 것이라고 주장했다. 예수님은 이것이 모순된 것이라고 하시며 제대로 낙인을 찍으신다. (3) 예수님은 축사를 통해 실제로 일어나고 있었던 일을 보여주셨다(28-29절). **하나님의 나라가 너희에게 임하였느니라**는 말은 왕의 임재와 함께 그 나라의 몇 가지 효과들 역시 존재했다는 것을 시사한다. 거기에는 마귀를 쫓아내는 것도 포함된다. 28절과

29절 사이의 연관은 예수님이 사탄에게 속한 나라의 일부가 아니셨다는 것이다. 오히려 예수님은 **강한 자의 집**이라고 불리는 사탄의 나라를 성공적으로 공격하셨다. **그 세간**이란 사탄의 지배 아래 있는 사람들을 말한다. 30절은 예수님과 사탄의 싸움의 결과들을 풀어놓는다. 중간은 있을 수 없었다. 사람은 그리스도와 함께 하나님의 편이었고 지금도 그렇든가, 아니면 사탄 편이었고 지금도 그렇든가 둘 중 하나였다.

12:31-32. 31절에서 예수님은 설명을 중단하시고 경고를 시작하신다. **모독**에 대해서는 9:3을 보라. 대부분의 학자들은 **성령을 모독하는 것**이란 예수님이 성령의 능력으로 행하신 기적들을 악한 자의 능력이라고 여기는 것이라는 데 동의한다. **인자**라는 호칭은 여러 전후 문맥에서 보면 성육신과 연관된 예수님의 겸손하심을 강조했다(8:20을 보라). 아마 말로 **인자**를 거역하는 것이 사하심을 얻는 것은 예수님의 정체가 감춰 있었기 때문일 것이다. 어떤 사람이 성령님을 통해 예수님이 행하신 기적들의 증거를 받아들인다면, 그 사람이 예수님의 말씀을 거부했다 해도 궁극적으로 사함을 받을 수 있을 것이다. 하지만 '그' 증거를 거부한다면, 그 사람이 영적 파멸로 떨어지지 못하게 막을 만한 '안전망'이 없었다.

이 죄는 오늘날 저지를 수 있는 죄가 아니다. 상황이 다르기 때문이다. 현재 예수님은 육체적으로 계시면서 기적을 수행하시고 인자와 하나님의 아들로서 그분의 정체성을 입증하고 계시지 않는다. 어떤 사람들은 불신이 사하심을 받을 수 없는 죄라고 말한다. 하지만 그리스도를 의지하는 모든 사람은 불신의 죄를 용서받는다. 어떤 사람이 불신 상태에서 죽는다면, 그 죄는 사하심을 '받을 수 없는' 것이라기보다는 사하심을 '받지 않은' 것이다. 다른 본문들(히 6:4-6; 10:27-29; 요일 5:16)이 사하심을 받을 수 없는 죄에 대한 참고 구문으로 인용된다. 하지만 그 본문들은, 외적으로 그리고 피상적으로는 예수님을 믿는 믿음에 공감하는 것처럼 보였지만 이후에 배교해서 절대 구원받지 못했음을 보여준 사람들을 묘사하는 듯하다. 그 상황들은 마태복음 12장과는 다르다.

이 죄는 **이 세상과 오는 세상에서도 사하심을 얻지 못**할 것이다. 예수님 시대에 이 죄를 지은 사람들은 도저히 구원받을 수 없었다. **오는 세상**은 '하늘'이나 '연옥'이 아니라 예수님이 다시 한 번 육체적으로 임재하시고 기적들을 수행하실 메시아적 나라이다. 어떤 사람들은 그때에도 역시 예수님을 거부할 것이다(계 20:7-10). 사함 받을 만한 소망 없이 다시 한 번 이 죄를 지을 만한 상황들이 존재할 것이다.

12:33-37. 바리새인들의 악한 말(24절)은 **마음에 가득한**(34절) 악에서 비롯된 것이었다. **나무**를 만든다(make the tree, 33절, 이 말은 개역개정에 그냥 '나무'라고 번역되어 있다—옮긴이 주)는 것은 수목 재배를 말한다. 바람직한 열매를 내도록 나무를 돌보고 기르는 것이다. 열매가 좋지 않다면, 그 나무는 결함이 있는 것이다. 예수님의 사역을 보며 바리새인들이 보인 반응(그들의 '열매')은 그들에게 결함이 많음을 보여주었다. 그들은 **무슨 무익한**['가치 없는', '쓸모없는', '비생산적인'] **말을 하든지** 심판 때 책임을 질 것이다. 어느 누구도 '말로 의롭다 함'을 얻지는 못한다. 하지만 선한 말(**쌓은 선**)은 그 사람이 선한 마음을 가지고 있다는 것을 보여 준다. 선한 마음이란, 전후 문맥에서 보면 예수님이 그분 자신에 대해 말씀하시는 것이 참된 것임을 인정한다는 의미이다. 예수님을 묵살하는 말은 정죄라는 결과를 가져올 악한 마음을 보여준다.

3. 표적에 관하여(12:38-45)

12:38-42. 38절의 역설은 예수님이 이전에 행하셨던 기적들이 바리새인들로 하여금 예수님이 마귀와 함께 일한다는 비난을 하도록 만들었는데도, 바리새인들이 더 많은 기적을 원했다는 것이다. **표적**이란 '특별한 의미를 지닌 색다른 행동'을 의미하며, 여기에서는 기적적인 행동이라는 뉘앙스를 지닌다. **서기관과 바리새인들**은 예수님께 모든 의심을 일축할 만한 놀라운 능력을 보여달라고 했다. 만약 큰곰자리가 하늘을 가로질러 나타나 오리온의 허리띠를 묻다면, '그러면' 그들이 믿을 것이다. **밤낮 사흘 동안**이라는 말은 약간의 우려를 일으킨다. 예수님은 무덤에서 금요일과 토요일 밤만 지내셨기 때문이다. 하지만 유대인들은 하루의 일부분이라도 '하루 밤낮'이라고 간주했다(삼상 30:12-13; 대하 10:5, 12; 에 4:16; 5:1을 보라). 이방인인 **니느웨 사람들과 남방 여왕**(왕상 10:1; 대하 9:1)은 예수님의 책망에 등장하는 색다른 주역들이다. 하지만 그들은 예수

님보다 상당히 덜 권위를 지닌 사람들에게 적절히 반응했다는 점에서 칭찬할 만하다.

12:43-45. 이 짧은 풍유를 이해하는 열쇠는 45절 c, d에 있다. **이 악한 세대**라는 말은 39절과 45절 둘 다에서 사용되며, 그 두 경고를 하나로 묶어준다. 예수님의 사역은 많은 사람들에게 큰 유익을 가져다주었으나 (12:15), 대부분의 사람들은 예수님께 애매한 태도를 취하거나 여전히 적대적이었다. 그 결과 상황은 더 안 좋게 되었다(**그 사람의 나중 형편이 전보다 더욱 심하게 되느니라**). 결국 하나님은 그들의 반감에 대해 그들을 심판하실 것이다.

E. 가족이라는 유대가 좁혀지다(12:46-50)

12:46-50. 이 단락의 요점은 사람들에게 적대적인 환경 속에서도 예수님을 따르라고 격려하는 것이다. **형제들**(새번역)은 요셉이 마리아가 아닌 다른 사람과 이전에 한 결혼을 통해 낳은 아들들을 말하는 것이 아니다. 만약 그렇다면 예수님이 아니라 요셉의 맏아들이 다윗 보좌의 법적 후사가 될 것이다. 그 보좌를 차지할 자격을 갖추려면 예수님이 요셉의 법적 장자가 되셔야 한다. 예수님은 혈연의 중요성을 훼손시키고 계시는 것이 아니다. 하지만 예수님을 따르는 자가 된다는 것은 가족에 대한 헌신을 대체하며, 그들은 하나님을 아버지로 모시는 새로운 가족으로 입양된다(롬 8:15-17). **아버지의** 뜻을 행하는 것에 대해서는 7:21-23에 대한 주석을 보라.

Ⅳ. 현재 시대의 천국과 왕-메시아(13:1-52)

A. 씨뿌리는 자와 땅 비유(13:1-23)

여러 면에서 12장은 마태복음의 분수령이 되는 장이다. 예수님을 공식적으로 거부하고 사함 받을 수 없는 죄를 저지른 지도자들이 있다. 그들은 왕이신 예수님을 거부했다. 이에 비추어볼 때, 예수님이 제시한 나라에 무슨 일이 일어나는가? 예수님은 마태복음 13장에서 민족이 왕을 거부한 것에 비추어 그 나라의 본질에 대한 여덟 가지 비유로 그 질문에 대답하셨다.

'비유'는 여러 가지로 규정할 수 있을 것이다. 하지만 여기에서 쓸모 있는 정의는 그것이 보통 왕이신 하나님, 하나님의 나라, 혹은 그 나라의 시민들에 관한 어떤 특정한 영적 진리를 가르치기 위해 고안된, 진짜를 정확히 모방한 이야기라는 것이다.

13:1-9. 뒤에 나오는 13:18-23을 보라. 씨를 뿌릴 때 농부는 밭을 걸어가면서 가죽으로 된 주머니에서 밭으로 그 씨를 흩뿌린다. 때로는 밭을 갈고, 씨를 뿌리고, 그러고 나서 다시 밭을 간다. 여러 지역에는 땅 표면 바로 아래에 **돌밭**이 있었다. 농작물이 자랄 수는 있었으나 필요한 수분이나 영양분을 얻지 못해 결국 말라버렸다. **가시**는 다른 아무런 식물도 자라지 않을 때 자란다. 이스라엘의 울퉁불퉁한 땅에서 가시는 한 지역을 뒤덮어 농작물의 **기운을 막**을 수 있었다. **들으라**(9절)는 말은 예수님이 그분의 말을 듣는 사람들에게 지성을 사용하여 이러저러한 공개적 비유들의 영적 의미를 파악하라고 하시는 경고이자 권유이다.

13:10-17. 예수님의 사역에서 이 시점까지 예수님은 한 번도 무리를 비유로 가르친 적이 없으셨다. 이 때문에 제자들은 예수님께 그 이유가 무엇인지 물었다(10절). 예수님은 마태복음 나머지 부분 내내 무리들을 대체로 비유를 통해 가르치셨는데, 10-17절에서는 그 이유를 설명하신다. 제자들은 **천국의 비밀**을 아는 특권을 지니고 있다. 하지만 모든 사람이 그런 것은 아니다. '비밀'이라는 말은 '기밀' 혹은 '감춰진 것', 보통 선택된 집단에게 계시된 내용이라는 의미이다. 여기에서 그 말은 예수님이 **천국**에 대해 처음으로 계시하시는 진리를 말한다('천국'에 대해서는 3:1-4을 보라). 구약성경의 예언들에서 천국은 대격변을 일으키고, 문명을 파괴하는 방식으로 이 세상에 올 것이다. 거기에는 열방에 대한 심판과 이스라엘의 회복이 수반된다(사 2장; 단 2, 7장; 슥 14장을 보라). 하지만 사람들이 왕을 거부하자, 예수님은 구약성경에서 예고하지 않은 그 나라의 새로운 측면들을 계시하신다. 조지 앨든 래드[George Eldon Ladd, *The Presence of the Future: The Eschatology of Biblical Realism* (Grand Rapids, MI: Eerdmans, 1974), 225]는 이렇게 썼다. "예수님의 인격과 사명 속에서 계시됨으로 사람들에게 주어진 새 진리는 '다니엘의 예언처럼 묵시적 권능으로 마침내 올 나라가, 사실은 사람들 안에서 그리고 그들 가운데서 비밀하게 역사하기 위해 감춰진 형태로 미리 이 세상에 들어왔다'는 것이다." 결국 그 나라는 예수님의 재림 때 모든 외적 권능을 갖고 임할 것이지만, 민족이 왕을

거부한 결과 '비밀한 형태'로써 세상에서 역사한다.

비유들은 제자들을 포함해 특권을 받은 소수에게는 진리를 계시하지만, 영적으로 둔한 사람들, 특히 마태복음 12장에 나오는 종교 지도자들 및 예수님을 반대하는 자들에게는 진리를 감추기 위해 만들어진 것이었다(12-13절). 따라서 비유들은 이중적 기능을 한다. 그 핵심 목적은 하나님이 택하신 자들을 위한 것이다. 하지만 성경 많은 부분에서 그렇듯이, 신적 선택과 인간적 책임은 상호 배타적인 것이 아니다. 듣는 자들이 영적으로 얼마나 수용하느냐가 중요한 부분을 차지한다. 어떤 사람이 예수님을 거부하지 않는다면, 그 사람은 나중에라도 예수님을 받아들일 수 있을 것이다. 이사야 6:9-10에서 나온 인용문(14-15절)은 하나님이 선지자를 통해 말씀하신 것으로, 이사야와 동시대를 살던 사람들을 위한 것이었으며, 그들의 영적 둔감함에 대한 것이었다. 그 인용문은 유대인들이 예수님을 거부한 사실을 유추하는 역할을 했다.

13:18-23. 비유에서, **씨**는 **천국 말씀**(19절)을 나타냈으며, 예수님은 씨를 뿌리는 자였다. **길가에 뿌려진** 씨는 천국에 대한 말씀을 들었지만 이해하지 못하는 사람들이었으며(13:9), 사탄(4절에서 새로 상징된)은 그들이 진리를 이해하는 것을 막았다(고후 4:3-4을 보라). **돌밭에 뿌려**진 씨는 끝까지 따라갈 능력을 갖지 못한 피상적인 사람을 나타냈다. 특히, **박해가 일어날 때** 더욱 그랬다(20-21절). **가시 떨기**에 뿌려진 씨(22절)는 **말씀이 막**히게 하는 물질적 관심사(염려, 재물)로 인해 마음이 흐트러진 사람을 나타냈다(딤전 6:10을 보라). **좋은 땅**은 왕이 뿌린 말씀의 씨를 받고 이해하며 많은 열매를 맺는다(13:12을 보라).

여기에서 중대한 질문이 생겨난다. 이 넷 중 어떤 씨가 '구원을 받는가?' 첫 번째가 구원받지 못한다는 것에는 모두가 동의한다. 네 번째가 구원받는다는 것에 모두가 동의한다. 나머지 둘은 구원받았을 수도 있다. 그들에게는 '생명'이 있는 것처럼 보였기 때문이다. 하지만 몇 가지 이유 때문에 그들은 구원받지 못한다. 첫째, 처음 셋 중 어느 것도 열매를 맺지 못했다. 그래서 네 번째 씨는 별개의 다른 범주에 속한다. 둘째로, 요한의 가르침과 예수님의 가르침은, 심판을 피하는 것은 겉으로 생명이 있는 것처럼 보이는 것에 달려 있는 것이 아니라 좋은 열매를 맺는 것에 달려 있음을 시사했다(3:10; 7:19). 셋째로, 마태복음 10:22, 32-33에서, 예수님은 '박해의 때' 견디는 것이 그가 참으로 구원받았다는 표시라고 말씀하셨으나, 돌밭에 뿌려진 두 번째 씨는 박해가 일어날 때 넘어졌으므로 구원받지 못했을 것이다.

이 비유의 요점은 무엇인가? 구약성경에서 천국에 대한 예언들은 사람들이 말씀에 올바로 반응했을 때 이와 같은 천국이 그들의 마음속에 조용히 영적으로 '임하는' 것이라고 말하지 않았다. 이 중 어느 것도 장차 그리스도의 재림 때 그 나라의 임함이 절정에 이른다는 것을 배제하지 않는다.

B. 밀과 가라지 비유(13:24-30; 참고, 13:36-43)

13:24-30. 이 비유를 해석하기 위해서는 뒤에 나오는 13:36-43에 대한 주석을 보라. 두 번째 비유는 천국의 비밀 중 하나에 대한 것이다. 그것은 천국의 임함이 절정에 이르기 전에 현재 시대에 그 나라에는 마귀적 모조품이 포함되어 있다는 것을 보여준다. 그것은 앞으로 올 나라에 대한 구약성경의 개념에서는 나타나지 않는 것이다. 구약성경의 개념에서는 하나님의 모든 원수들은 제거된다.

C. 겨자씨 비유(13:31-32)

13:31-32. 후기 랍비 사상에서 겨자씨는 작은 것으로 유명했다(*m. Niddah* 5:2). 그것은 이스라엘에서 통상 재배되는 가장 작은 씨였다. 현대의 겨자 관목은 단 한 계절 동안 3미터 이상 자라날 수 있다. 비유의 요점은 '구약성경에서' 천국이 임할 때 그 천국은 점진적으로 성장하는 것이 아니었다는 점이다. 하지만 천국에 대한 진리가 새롭게 계시된다. 현 시대 동안 그 나라의 '비밀한 형태'는 점진적으로 자라 큰 실체가 된다. 이 점진적인 성장은 장차 그 나라가 돌연히 엄청나게 세상을 뒤흔드는 방식으로 임하는 것을 배제하지 않는다. 여기서 **새들**은 비밀한 형태의 천국 안에서 발견되는 악의적 요소들을 말할 수도 있지만, 성경에서 새들이 언제나 악을 나타내는 것은 아니며(6:26을 보라), 이 비유에서는 그저 그 관목의 크기를 나타내기 위한 것일 수 있다.

D. 누룩 비유(13:33)

13:33. 빵은 보통 미리 만들어둔 생누룩을 넣은 반

죽 한 덩이를 이용해서 구웠다. 누룩은 때로 타락시키는 영향력을 말한다(16:6; 고전 5:6). 하지만 언제나 그런 것은 아니다(레 7:13; 23:15-18). 여기에서 **누룩**은 겨자씨와 매우 비슷한 기능을 지닌다. 작은 것에서 비롯되어 점진적으로 성장해 세상과 같은 훨씬 더 큰 전체에 퍼져나가는 것이다. 이 비유에서 **누룩**은 가루 **서 말**에 섞이는데, 그것은 100-150명이 충분히 먹을 수 있는 엄청난 양이다. 예수님의 작은 무리는 이 세상에 점진적이지만 광범위한 영향을 미칠 것이며, 그 후에 그 나라가 총력적으로 임할 것이다.

E. 비유로 말씀하신 이유(13:34-35)

13:34-35. 시편 78:1-2이 35절에 인용된다. 그것은 다윗과 솔로몬 시대의 시인이자 선지자인 아삽이 쓴 것이다. 시편 78편은 유대 백성의 역사를 족장 시대부터 다윗 시대까지 광범위하게 개관한다. 시편의 주요 주제는 백성들의 불순종에도 불구하고 하나님이 신실하시다는 것이다. 아삽은 그의 시편을 '비유'이며 '감추어졌던 것'이라고 부른다(78:2). 아마 그가 보통 역사적 사건들에서는 드러나지 않는 통찰들을 끌어내고 있다는 의미일 것이다. 아삽은 그 자신의 세대와 후대를 가르치기 위해 시편을 썼다. 마태가 예수님이 **비유**로 말씀하셨다고 말할 때, 그것은 아삽이 했던 것, 즉 백성들의 신실하지 못함에도 불구하고 앞으로 올 하나님의 나라에 대한 새로운 통찰을 제시하는 것을 모형론적으로 **이루려 하심**이었다.

F. 이어지는 밀과 가라지 비유 (13:36-43; 참고. 13:24-30)

13:36-43. 36절에서 예수님은 배(13:2)와 무리들에게서 물러나셔서 사적으로 제자들에게 계속해서 비유로 가르치셨다. 예수님은 밀과 가라지 비유에 나오는 요소들이 가리키는 대상이 무엇인지 설명하셨다. **좋은 씨**는 예수님이 **세상**에 두신 **천국의 아들들**이다. **마귀**는 **밭**에 **가라지**를 둔다. 즉, **세상**에 **악한 자의 아들들**을 둔다. **가라지**는 겉보기에 밀과 대단히 닮았으며, 농작물이 다 자랄 때까지는 구분할 수 없다. 이 **원수**는 **천국의 아들들**[참으로 예수님을 따르는 자들]의 위조품을 세상에 둔다. 현 세대에 비밀한 형태의 천국이 퍼져나가는 것을 방해하기 위해서이다. 장차 천국이 완전히 임할 때, **인자**는 이 가짜들(**넘어지게 하는 것과 불법을 행하는 자들**)을 그 나라에서 제거할 것이며 그들을 심판할 것이다. 예수님이 이 세상에 다시 오실 때 천국 역시 임한다. 하지만 예수님이 자신에게 동조하지 않는 자들을 심판하시는 짧은 기간이 있다(1,335일, 단 12:12 주석을 보라). 이 심판 기간이 끝날 때, **악한 자의 아들들**은 그 나라에서 제거되고, **울며 이를 갈게**[예수님이 종말론적 심판에 대해 즐겨 사용하시는 표현으로, 마 8:5-13과 주석을 보라. 또한 13:50; 22:13; 24:51; 25:30] 될 것이다. 그때에 마지막으로 **의인**들은 하나님의 나라에서 그분과 함께 하나님의 영광을 누릴 것이다.

G. 밭에 감추어진 보화 비유와 극히 값진 진주 비유 (13:44-46)

13:44-46. 보화 비유와 진주 비유는 비밀한 형태의 천국이 지닌 큰 가치를 강조한다. 유대의 예언적 사고는 천국을 감추어진 귀중품 상자나 우연히 발견할 수 있는 대단히 귀중한 진주 같은 것으로 보지 않았다. 천국은 시대가 끝날 때 오로지 하나님으로부터 권능으로 그리고 공개적으로 와야 하는 것이었다. 예수님은 **보화**를 둘러싼 상황과 그것을 손에 넣는 사람의 윤리에 대해서는 사실상 아무것도 말해주지 않으신다. 이러한 요소들은 예수님의 목적에 맞지 않는다. 예수님의 요점은, 천국은 물리적으로 찬란하게 빛나지는 않지만 그럼에도 불구하고 매우 값진 것이며, 무슨 수를 써서라도 손에 '넣어야 하는' 것이라는 점이다. **진주**는 고대사회에서 오늘날보다 더 귀한 것이었다(욥 28:18; 딤전 2:9; 계 17:4; 18:12, 16을 보라). 이런 비밀한 형태의 천국은 어떤 대가를 치르더라도 손에 넣을 가치가 있다.

H. 그물 비유(13:47-50)

13:47-50. 밀과 가라지 비유와 마찬가지로, 그물 비유는 천국의 비밀한 형태가 선한 요소와 악한 요소를 둘 다 포함하며, 최종적으로 '그물을 털어내는 것'을 통해서만 그것들을 선별할 수 있음을 나타낸다. 의인들이 언급되지 않는 것은 이 비유의 강조점이 무엇인지 나타낸다. 예수님은 고기잡이가 끝나고 그물이 가득 찼을 때 악을 최종적으로 제거하는 것에 관심이 있으시다. 이것은 교회를 징계하는 것에 대한 내용이 아니다. 여기에서 초점은 최종 심판이 일어날 때 그 나라의 상태에 대한 것이다. 처음에 거기에는 의인과 악인이 함

께 있지만, 확실한 분류가 분명히 일어나 오직 의인만 이 남게 될 것이다. 50절에 대해서는 8:5-13에 대한 주석을 참고하라.

I. 비유들이 왕과 천국에 대한 새로운 계시를 주다 (13:51-52)

13:51-52. **서기관**은 아마 다른 제자들을 가르치는 제자들을 말할 것이다. 예수님의 가르침에서 **집주인**은 다른 사람들을 위해 물건들을 나누어 주는 사람이었다(20:1-16; 21:33-43). '보물'(treasure, 개역개정에는 new treasure가 **새것**이라고 번역되어 있다—옮긴이 주)은 때로는 마음에서 나오는 것을 말한다(12:35). 그래서 제자-서기관은 다른 사람들을 위해 **새것과 옛것**을 가르쳐야 한다. 이것은 특별히 열두 제자와 관련된 것이지만, 전체 교회도 포함된다. 교회는 그 열두 제자의 가르침 위에 세워졌기 때문이다. **새것과 옛것**은 예수님이 천국의 비밀들에 대해 새로운 진리를 가르치셨지만 구약성경에 분명히 나오는 옛것도 가르치셨다는 것을 나타내며, 예수님의 제자들이 둘 다를 가르쳐야 함을 나타낸다. 예수님은 천국이 임하는 것에 대해 구약성경에 나오는 내용으로 가르치셨다. 장차 분리와 심판이 있으리라는 것과 그 나라가 엄청나게 크다는 것이다. 하지만 이 장에는 또한 새로운 자료, 천국의 비밀들도 있다. 그 비밀에는 작은 시작, 점진적인 성장, 퍼져나감 그리고 좋은 요소들과 나쁜 요소들이 섞여 있는 것 등이 포함된다. 예수님을 따르는 자들은 옛것과 새것 모두를 가르쳐야 한다.

V. 왕-메시아의 떠나심, 도우심, 반대: 네 주기 (13:53-16:28)

A. 첫 번째 주기: 나사렛에서의 사역 (13:53-14:12)

1. 예수님이 떠나시다: 나사렛으로(13:53)

13:53-58. 이 부분은 마태복음 16:28까지 이어지는 네 주기에 걸친 비유 구조 중 첫 번째이다. 마태복음 13:53-58은 각 부분의 모든 요소들을 제시한다. 마태복음의 구조는 커져가는 반대에 직면해서도 예수님이 친절하셨다는 것을 계속해서 보여준다. 아래 나오는 '마태복음 13:53-16:28에 나오는 유사한 주기들'을 보라.

2. 예수님이 도우시다: 회당에서 가르치심으로 (13:54)

그의 **고향**(54절)이 무엇을 말하는지는 분명하지 않다. 14:13에서 예수님은 배를 타셨다. 그것은 그 고향이 가버나움일 가능성을 뒷받침한다. 하지만 예수님의 고향은 분명히 나사렛이다. 그리고 마태는 가버나움으로 돌아왔다는 것을 빼놓는다. 예수님은 **그들의 회당에서 가르치셨다**. 통상적인 상황이라면 이것은 이 사람들에게 복이 될 것이다. 하지만 그들은 마음이 완악했기 때문에 예수님의 가르침을 통해서 아무런 유익을 얻지 못한다.

3. 예수님이 반대에 직면하시다: 자신의 친족들과 헤롯 왕으로부터(13:55-14:12)

나사렛 주민들은 예수님의 비천한 시작에만 집착해서, 예수님이 행하시는 능력의 사역을 보면서도 그분이 참으로 누구신지 파악하는 데 실패한다(55-56절). **선지자가 자기 고향과 자기 집 외에서는 존경을 받지 않음이 없느니라**(57절)는 속담은 "친해지면 얕본다"라는 현대의 금언과 비슷한 의미이다. 많은 **능력**을 행하지 않는 것과 **그들이 믿지 않음** 간의 관계는 그들의 믿음 없음이 예수님의 능력을 방해했다는 것이 아니다. 예수님이 **거기서 많은 능력을 행하지 아니하신** 것은 그들

마태복음 13:53-16:28에 나오는 유사한 주기들

	그분이 떠나심	그분이 도우심	그분이 거부를 당하심
첫 번째 주기	13:53	13:54	13:55-14:12
두 번째 주기	14:13	14:14-36	15:1-20
세 번째 주기	15:21	15:22-39	16:1-4c
네 번째 주기	16:4d	16:5-20	16:21-28

이 병자들을 그분에게 전혀 데려오지 않았기 때문이다. 바로 그들이 예수님을 믿지 않았기 때문에 능력을 행하지 않으셨다.

14:1-2. 13장의 주제 중 하나는 종교 지도자들(12장)과 다른 사람들(13:53-58)이 예수님을 점점 더 거세게 반대함에도 불구하고, 천국의 비밀한 형태는 점진적으로 자란다는(13:31-33) 것이다. 이 장에서는 통치 당국이 예수님을 반대한다. 바로 **분봉 왕 헤롯**[주전 20년 탄생]이다. 이 사람은 헤롯 대왕의 아들 중 하나로, 주전 4년부터 주후 39년까지, 세례 요한과 예수님이 사역한 지역인 갈릴리와 베뢰아 지방을 다스렸던 헤롯 안티파스였다. 그는 예수님이 재판받으실 때 빌라도를 도왔던 바로 그 헤롯이다(눅 23:6-12). **세례 요한…그가 죽은 자 가운데서 살아났으니**라는 말은 아마 미신을 반영하는 것이었으며, 균형 잡힌 부활 신학을 반영하는 것은 아니었다. 예수님과 요한은 둘 다 천국을 전파했으며, 그로 인해 안티파스는 그런 결론에 이르게 되었을 것이다.

14:3-5. 요한이 옥에 갇힌 날짜는 알 수 없다. 하지만 그 내용은 4:12과 11:2에서 언급된다. 요한이 투옥된 것은 그가 안티파스를 공공연히 비난했기 때문이다. 안티파스는 주후 29년 무렵 그의 배다른 형제인 헤롯 빌립의 아내에게 매혹되어 결국 그녀와 결혼했다. 그녀의 이름은 **헤로디아**였다. 또한 그녀는 안티파스의 조카딸로, 또 다른 배다른 형제 아리스토블루스(Aristobulus)의 딸이었다. 그녀는 안티파스가 페트라(Petra) 왕 아레테스 4세(Aretes Ⅳ)의 딸인 나바테아인 아내와 이혼하기를 바랐다. 그것은 정치적 동맹을 깨는 일이자, 개인적으로도 무례한 행동이었다. 그로 인해 안티파스와 아레테스 사이에 적대감이 생겨났으며, 결국 아레테스가 일으킨 전쟁으로 안티파스는 주후 36년에 몰락하게 되었다.

율법은 형제가 아들 없이 죽는 경우가 아니라면(신 25:5) 남자가 자기 형제의 아내와 결혼하는 것을 금했다(레 18:16; 20:21). 헤롯 빌립은 살아 있었으며 살로메라는 딸이 있었다. 요한은 이러한 근거에 기초해 안티파스가 헤로디아와 결혼한 것을 비판했다.

14:6-12. 마태는 부적절한 세부 사항들은 기록하지 않았다(참고. 막 6:14-29). 살로메는 아마 12-14세였을 것이다. 오늘날로 하면 18-22세와 비슷한 나이이다. 로마 환경에서는 공주라 할지라도 젊은 여자가 관중 앞에서 춤을 추는 것이 문화적으로 허용되었다. 안티파스는 **근심**했다(9절). 어쩌면 요한의 말을 흥미롭게 생각했기 때문일 것이고(막 6:20), 또한 요한을 이런 식으로 처형하고 싶지는 않았기 때문일 것이다. 요세푸스(*Ant*., 18.119)에 따르면, 요한은 사해 동쪽에 있는 안티파스의 요새인 마케루스(Machaerus)에서 처형당했다. 제자들은 그의 시체를 장사 지낸 후에 **가서 예수께 아뢰었다**. 아마 예수님께 경고하기 위해(13절에서 그분이 떠나신 것을 보라. 또한 2:22; 4:12), 혹은 어쩌면 예수님이 요한의 제자가 되도록 하기 위해 그렇게 했을 것이다.

B. 두 번째 주기: 벳새다에서 오천 명을 먹이시다 (14:13-15:20)

1. 예수님이 떠나시다: 한적한 곳으로(14:13)

14:13. 마태는 14:13에서부터 예수님이 떠나시고(14:13), 사람들을 도우시고(14:14-16), 반대를 받는(15:1-20) 두 번째 주기를 제시한다. 13:53 주석에 있는 '마태복음 13:53-16:28에 나오는 유사한 주기들'을 보라.

2. 예수님이 도우시다: 무리를 먹이시고 폭풍우를 잠잠하게 하심으로(14:14-36)

14:14-21. 5,000명을 먹이신 장소는 알려져 있지 않다. 아마 갈릴리 바다 북쪽 해안에 있는 벳새다 인근이었을 것이다(참고. 막 6:45). 북서 해안에 있는 답가(Tabgah)라는 전통적 장소는 아닐 듯하다. 34절 때문이다. 게네사렛은 답가 가까이에 있으며, 오랫동안 배를 타고 갈만한 곳이 아니었다. **떡 다섯 개와 물고기 두 마리**(17절)라는 숫자는 상징적인 것이 아니라, 부족한 자원을 나타내는 말이었을 것이다. 부족한 자원에도 불구하고 예수님은 무리를 도울 수 있으셨다. 마태는 왜 그가 음식을 나누어 주는 과정을 기록했는지 설명하는 단서를 거의 주지 않는다(**떡 다섯 개…를 가지사…우러러 축사하시고…떡을 떼어 제자들에게** 그것을 **주시매**). 이러한 일련의 행위들은 평상시 식사 때 의례히 행하는 것이기 때문에 마태는 그것들을 다른 기적적인 먹이심(예를 들어, 모세를 통한, 출 16장; 엘리야를 통한, 왕상 17:8-16; 그리고 엘리사를 통한, 왕

하 4:1-7, 42-44)과 연결시키려는 생각이 아니라면 포함시키지 않았을 것이다. 마태는 성만찬(26:26)을 예고한 것일 수도 있다. 성만찬 때에도 예수님은 떡을 취해 그것에 축사하시고, 제자들에게 주셨다(두 본문에서 같은 단어가 사용되었다). 아마 요점은 이스라엘을 위한 궁극적이고 대단히 풍성한 공급(**열두 바구니에 차게**라는 말은 아마 상징적일 것이다)은 율법을 가져온 사람이나 선지자들에게서가 아니라, 예수님 안에서 발견되리라는 점일 것이다.

14:22-33. 다시 한 번, 마태는 제자들을 보내시고, 무리를 해산시키시고, 한적한 곳을 찾아 기도하시는 예수님의 행동에 관해 아무런 단서도 제공하지 않는다. 8:23-27에서 예수님이 폭풍우를 잠잠하게 하실 때 제자들이 위협을 느낀 이유는 배가 거의 침몰될 만큼 거셌던 파도였다. 그 파도는 그들이 전진하는 것을 방해한 **거스르는** 바람이다(24절). **밤 사경**(25절)은 오전 3시에서 6시 사이였다. 아마 6시에 더 가까웠을 것이다. 제자들이 예수님을 알아보지는 못했지만, 그분을 볼 수 있을 정도의 빛은 있었기 때문이다. 제자들은 자신들이 **유령**[26절, 헬라어로 판타스마(*phantasma*)]을 보았다고 생각했다. 유형적 육체를 가진 사람들은 예수님이 하신 것과 같은 행동을 할 수 없었다. 예수님이 **나니**[it is I]라고 말씀하셨을 때 사용한 헬라어는 '에고 에이미'(*ego eimi*)로, 이사야 40-50장(70인역)에서 하나님이 자신만이 자신의 백성을 구원할 능력을 갖고 있다고 주장하실 때 사용하신 문구이다(참고. 사 41:10; 43:1-2, 10; 45:22; 46:4; 48:17). 이사야 41:10은 "두려워하지 말라[여기에서 '두려워하다'는 포부(*phobou*)이고, 마 14:27에서는 포베이스테(*phobeisthe*)이다. 이 둘은 인칭과 문법이 다를 뿐, 같은 단어이다]. 내가 너와 함께함이라. 놀라지 말라. 나는 네 하나님이 됨이라.…참으로 나의 의로운 오른손으로 너를 붙들리라"라고 말한다. 베드로가 물 위를 걷는 능력(28-29절)을 가진 것은 **하나님의 아들**이신 예수님의 신분에 달려 있었다. 베드로가 믿음으로 권위 있는 아들이신 예수님께 초점을 맞추는 한, 베드로는 예수님처럼 물 위를 걸을 수 있었다. 마태는 예수님을 따르는 자들이 예수님을 의지하고 **의심하**지 않을 때, 그들은 예수님의 힘에 기초해서 놀라운 일들(천국을 여는 것, 16:19; 산을 옮기는 것, 17:20; 열방에게 복음을 전하는 것, 28:18-20)을 행할 수 있음을 나타낸다. 베드로가 '놀라'(사 41:10) 파도를 볼 때, 예수님은 **손**을 내미셨다(31절). 구약성경 본문들에서 하나님은 자신의 백성을 바다에서 구하시는 분이다(출 14:10-15:21; 시 107:23-32; 욘 1:4-2:10). 예수님은 자신이 그런 특권을 지녔으며, 이러한 신적 역할을 성취하고 있다고 암시하셨다. **진실로 하나님의 아들이로소이다**라는 제자들의 외침에 대해서는 16:14-17에 대한 주석을 보라.

14:34-36. **게네사렛**[현대의 노프 기노사르(Nof Ginosar)]은 갈릴리 바다 북서쪽, 가버나움에서 남서쪽으로 약 5킬로미터 떨어진 곳에 있다. 여자가 예수님의 옷 가를 만져서 병 고침을 받은 사건에 대해서는 9:20을 보라.

데이비드 터너[David Turner, *Matthew*, BECNT (Grand Rapids; MI: Baker, 2008), 376]는 14장의 의미를 잘 요약해주었다. "14장을 되돌아볼 때, 우리는 점점 반대가 커져가는 와중에도, 기적들을 통해 그리고 연약하지만 진정하고 성숙해가는 제자들의 믿음을 통해 천국의 권위 역시 커져가고 있다고(13장의 비유들에서 장담했던 것처럼) 결론 내릴 수 있다."

3. 예수님이 반대에 직면하시다: 바리새인들과 서기관들로부터 구전에 대해(15:1-20)

마태복음 15:1-20은 **바리새인들과 서기관들이 예루살렘으로부터…나아와**(1절) 점점 더 크게 예수님께 반대한 일을 제시함으로, 계속해서 두 번째 주기를 다룬다(14:13에 대한 주석과 13:53의 '마태복음 13:53-16:28에 나오는 유사한 주기들'을 보라). 마태가 논증하는 흐름에는 의식상 더럽게 되는 것이라는 주제가 포함될 것이다. 외적으로 우연히 부정한 것들(병든 자, 14:34-36; 부정한 손에 의해 '더럽혀진' 떡, 15:1-20)과 접촉하는 것은 사람을 더럽게 하지 않지만, 마음에서 나오는 것은 사람을 더럽게 한다.

15:1-9. **바리새인들과 서기관들이 예루살렘으로부터…나아와**라는 말은 아마 그들 종파의 일부 사람들이 확고하게 반대했던(12:38) 인기 있는 선생에 대해 신학적 조사를 하러 온 공식 일행을 나타낼 것이다. **장로들의 전통**(2절)이란 고대 유대 서기관들이 쳐놓은 '율법 주위의 울타리'를 말한다(안식일에 대해서는 12:1-8

에 대한 주석을 보라). 예수님의 제자들은 **떡 먹을 때에 손을 씻지 아니**했다. 바리새인들과 서기관들은 손이 여러 가지 방식으로 의식상 부정하게 될 수 있다고 믿었다. 그런 부정함은 어떤 사람이 음식을 먹으면서 그것을 붙잡을 때 음식에 옮겨질 수 있었다. 그러면 더럽혀진 음식이 사람 전체를 부정하게 만들 것이며, 하나님 앞에서 자신들이 지닐 지위에 대해 진지한 사람들은 이것을 도저히 허용할 수 없었다[상세한 사항과 참고 문헌에 대해서는 John Nolland, *The Gospel of Matthew: A Commentary on the Greek Text*, NIGTC (Grand Rapids, MI: Eerdmans, 2005), 611-615을 참고하라. 또한 손을 씻을 필요성에 대해서는 *m. Yadaim*을 참고하라]. 하지만 율법에는 제사장들이나 공동체 지도자들이 특별한 경우에(출 30:17-21; 신 21:1-9), 혹은 어떤 사람이 유출병이 있는 경우에(레 15:11) 그렇게 씻는 것 외에는 이와 비슷한 것이 전혀 없었다. 예수님은 자신의 대답(3절)으로써 지도자들이 예수님과 제자들에게 가했던 것과 비슷한 비난을 역으로 그 지도자들에게 들이미신다. 제자들이 손을 씻지 않았을 때, 그들은 바리새인들의 **전통**을 묵살하는 것처럼 보였다. 하지만 바리새인들이 그들 자신의 전통을 지켰을 때, 그들은 때로 **하나님의 계명을 범**할 것이다. 그것은 두 가지 결함 중 더 심각한 것이다. 예수님은 다섯째 계명(출 20:12; 신 5:16; 출 21:17)과 연관지어 이것을 설명하셨다. **하나님께 드림이 되었다**(5절)는 문구는 '고르반'(참고. 막 7:11)이라는 전통을 반영한다. 그것은 하나님께 서원한 '선물'로, 일상에서는 더 이상 사용할 수 없는 어떤 것을 말한다. 사람들은 자신의 모든 재산을 자신이 죽을 때 성전에 넘겨주지만 그때까지는 그것의 사용권을 보유하기로 서원할 수 있었다. 하지만 이 재산은 다른 사람들에게 양도할 수도, 다른 누군가(가난한 사람들, 자기 가족)의 유익을 위해 사용할 수도 없었다. 그것은 하나님께 속한 것이었기 때문이다 (Blomberg, *Matthew*, 238). **폐하는도다**(6절)라는 말은 '어떤 것의 권위 혹은 능력을 무시하거나 혹은 거절한다'는 의미이다. 이 경우에 그 어떤 것은 하나님의 자녀로서 사는 삶에서 유일한 권위를 가져야 하는 **하나님의 말씀**이다. 종교적 전통은 종종 성경을 보충하지 않는다. 그것은 성경을 밀어내고 또 대신한다.

예수님은 이사야 29:13을 인용하셨다(7-9절). 그것은 예루살렘(사 29:1, 2, 7에서 '아리엘'이라 불리는)에게 그 성을 앗수르인들에게서 구해주시려는 하나님의 계획을 말하는 본문이다(사 29:1-8). 하나님이 하실 일에도 불구하고 그 성은 언제나 그랬던 것처럼 계속해서 형식적으로 마지못해 하나님을 예배할 것이다('나'에 대한 그들의 공경은 기계적으로 배운 전통에 따른 것이다, 29:13). 그들은 마음이 하나님에게서 멀리 떠난 채 그렇게 할 것이다. 예수님은 이사야를 통해 주어진 하나님의 말씀에 대한 사람들의 반응과, 예수님 당시에 그분을 통해 주어진 하나님의 말씀에 대한 사람들의 반응을 모형론적으로 연결시키신다. 인간의 종교적 전통으로 말씀을 대신하는 사람들의 예배는 **헛되이**('아무것도 이루지 못하다', '아무 결과도 갖지 못하다', '마치 아무 일도 일어나지 않은 것처럼 되다') 드리는 것이다. 그것이 하나님 말씀과 일치하지 않고 따뜻한 마음에서 나오는 것이 아니라면, 거기에서는 아무 유익도 나오지 않는다.

15:10-11. 바리새인들은 성경을 너무나 소홀히 했기 때문에 예수님은 주도적으로 **무리**를 가르칠 기회를 포착하셨다. 17-20절은 11절을 발전시킨 것이다. 구약성경에서는 어떤 것을 먹는지가 중요했으며, 그로 인해 그 사람이 부정하게 되기도 했다(레 11:24, 39-40의 전후 문맥을 보라). **더럽게 하다**라는 말은 '불경스러우며 의식상 하나님께 받아들여지지 않는다'는 의미이다. 예수님은 음식이란 도덕적으로 중립적인 것이라고 말씀하셨다(막 7:19). 중요한 것은 사람이 무엇을 먹는가 하는 것이 아니라 사람이 무엇을 행하는가 하는 것이다. 예수님의 더 근본적인 목적은 음식법이 폐기된 것임을 보여주시는 것이기보다는 다른 것들을 더 높은 우선순위에 두어야 마땅하다는 것을 보여주시는 것이다. 마태복음 15:11은 마가복음 7:19과 함께 교회에 음식법의 종말을 알리는 전조처럼 들렸다. 하지만 여기에서 예수님의 일차적인 목적은 그것이 아니었다.

15:12-14. 예수님은 바리새인들이 성내는 것은 그들이 **내 하늘 아버지께서 심으시지 않은** 것이기 때문이라고 보셨다. 이것은 이사야 60:21; 61:3을 암시한다. 거기에서 회복된 이스라엘은 하나님의 은혜로운 행동에 기초해서 하나님과 올바른 관계를 맺는다. 바리

새인들은 이제 예수님 안에서 나타난 하나님의 회복적 사역의 수혜자가 아니었다. 그 결과 그들은 **뽑힐**[심판을 받을] 것이며, 예수님의 사역에 저항할 것이다. 하나님이 그들을 심지 않으셨다는 것과 예수님이 베드로에게 '그냥 두라'(NET)라고 하셨다는 것은 밀과 가라지의 비유를 연상시킨다. 땅 주인은 추수를 할 때까지 둘이 같이 자라게 하며, 추수 때에 그것들을 분리해서 가라지(악한 자의 아들, 13:38)를 심판하신다(13:30, 40-41). 바리새인들은 그들이 율법의 참된 의도와 '더 중한 것', 그뿐 아니라 그들 자신의 부러워할 것 없는 상태에 대해 눈이 멀어 있었다는 점에서 **맹인이 되어 맹인을 인도하는 자**였으며, 영적인 문제에서 다른 사람들을 안전하게 인도할 수 없었다.

15:15-20. 예수님은 무리에게 듣고 깨달으라고 명하셨다(10절). 이것은 예수님이 자신이 전하는 교훈이 사람들에게 어려울 것이라고 예상하셨음을 시사한다. 제자들은 예수님과 개인적인 만남을 가졌으며, 더 많은 교훈을 받았다. 15:16-19에 대한 주석에 대해서는 앞에 나오는 15:10-11에 대한 주석을 보라. **씻지 않은 손으로 먹는 것**(20절)이라는 말은 2절에 나오는 그들이 '떡 먹을 때에 손을 씻지 아니하나이다'라는 말과 함께 인클루지오를 형성한다. 이것은 예수님의 주된 목적이 바리새인들의 성경보다 하위에 있는 구전을 다루시려는 것이었음을 나타낸다. 그 구전들은 종종 율법의 참된 요구 사항을 모호하게 만들었다.

C. 세 번째 주기: 두로와 시돈에 가심 그리고 사천 명을 먹이시다(15:21-16:4c)

1. 예수님이 떠나시다: 두로와 시돈 지방으로 (15:21)

15:21. 이것은 16:28까지 이어지는 마태의 '그분이 떠나심, 그분이 도우심, 그분이 반대를 받으심'이라는 구조의 세 번째 주기이다(13:53-58에 있는 '마태복음 13:53-16:28에 나오는 유사한 주기들'이라는 표를 보라). **두로와 시돈 지방**이라는 말은 중요한 지리적 정보를 제공한다. 두 성 모두 지중해 연안에 있었다. 두로는 가버나움 북서쪽으로 48킬로미터가량 떨어진 곳에, 시돈은 두로 북쪽으로 40킬로미터가량 떨어진 곳에 있었으며, 둘 다 로마의 수리아 지역에 있었다. **지방**이라는 말은 예수님이 그 성들까지는 가지 않으셨을 수도 있다는 것을 시사한다. 그래서 예수님이 여행하셨던 가장 북쪽은 가이사랴 빌립보 지방이었을 것이다(16:13).

2. 예수님이 도우시다: 가나안 여자를 돕고 많은 사람들을 먹이심으로(15:22-39)

15:22-28. **가나안 여자**(22절)는 주인공이 될 만한 사람이 아니다. 가나안 사람들은 히브리인들에게 거의 쫓겨나다시피 한 토착 백성이었으며, 영원히 그들의 원수였기 때문이다(수 3:10; 삿 1:1). 하지만 그 여자가 예수님께 말한 방식은 대단히 유대적이었으며(마 9:27-28과 20:30-31에 나오는 맹인의 간청을 보라), 그녀가 예수님의 사명과 능력에 대해 균형 잡힌 지식을 가지고 있었음을 보여준다. 다시 한 번 제자들은 그들이 얼마나 냉담한가를 보여주었고(14:15을 보라), 예수님은 그 여자를 묵살할 태세가 되어 있는 듯이 보였다(**나는 이스라엘…외에는…보내심을 받지 아니하였노라**, 23c-24절). 그녀가 더 끈질기게 요청하자(25절) 예수님은 26절에서 더 설명하신다. **자녀의 떡**은 아마 유대인들이 받게 되어 있던 언약 축복을 나타내는 비유이고, **개**는 이스라엘의 언약 공동체 밖에 있는 이방인들을 지칭하는 말일 것이다. 27절에 나오는 그녀의 대답은 유대 민족의 언약 축복과 그들이 이방인들에게 제공하는 유익의 관계에 관해 놀랄 만한 수준의 통찰을 보여주었다(창 12:3; 롬 11:17-18; 엡 2:11-12). 예수님의 구원-역사적 우선순위는 유대인들을 먼저 구원하는 것이었다. 하지만 대위임령(28:18-20)이 나타내듯이, 이방인들도 유대인들의 메시아를 통해 유익을 얻는다.

15:29-31. 이 일이 어디에서 일어났는지는 분명하지 않다. **갈릴리 호숫가**란 아마도 이방인 지역인 데가볼리에 있는 남동쪽 해안일 것이다(막 7:31을 보라). 유대인 지역인 마가단(39절)으로 배를 타고 간다는 사실이 그 견해를 지지한다. 마가단은 아마 그 호수 북서쪽 해안에 있는 막달라일 것이다. 하지만 마태복음에 나오는 본문상의 단서들로는 이런 재구성이 확실하지 않다. 모세와 마찬가지로 예수님은 **산에 올라가**셨으며, 거기에서 수많은 이방인들을 고치셨다. 가나안 여인을 축복했던 부스러기는 이제 훨씬 더 광범위한 집단에게 적용된다. 그것은 자신의 사역 범위를 넓혀 이방인들까지 포함하시려는 예수님의 의도를 나타낸다.

15:32-39. 이 사건은 마태복음 14:15 이하에 나오는 5,000명을 먹이신 것과 분명 유사점이 있지만 차이점도 있다. 여기에서 예수님은 이방인 지방에서 이방인들과 함께 계셨다. 예수님은 산으로 올라가셨고 무리는 거기에서 예수님과 사흘 동안 함께 있었다. 예수님은 먹이시는 일을 주도적으로 시작하셨다. 공급한 양과 남은 양이 다르다. 무리의 규모는 더 작다. 이 기적의 요점은 예수님이 이방인들을 자신의 사역 범위에 포함시키고자 하셨다는 것과, 이방인들이 유대인들과 함께 천국을 묘사한 큰 메시아적 잔치에 참여하리라는 것을 나타낸다는 점일 것이다. 카슨(Carson, "Matthew," 358)은 요한복음 6:26에 비추어 제자들의 불신을 설명한다. 거기에서 예수님은 무리들이 그저 먹을 것만 얻으려고 자신을 따르는 것에 대해 꾸짖으셨다. 제자들은 그 이전 사건 때문에 예수님이 다시는 무리를 먹이지 않으실 것이라고 생각했을지도 모른다. 게다가 무리를 먹이는 이 두 번째 기적은 모세로 인해 두 차례 일어났던 무리를 먹이는 기적과 유사하다(출 16장; 민 11장). 이는 예수님이 새로운 모세이심을 시사한다. **일곱 광주리**에 대해서는 마태가 어떠한 단서도 제공하지 않으므로 그 숫자가 상징적인 것인지는 판단할 수 없다.

3. 예수님이 반대에 직면하시다: 표적을 원한 바리새인들과 사두개인들로부터(16:1-4c)

16:1-4. 여기에서 논증의 흐름을 결정하는 것은 쉽지 않다. 마태는 15:21-38에서 놀라운 표적을 받았던 이방인인 축복의 수령자들과, 종교 지도자들의 완전한 무분별함을 뚜렷이 대조시키기 위해 16:1-4을 포함시켰을 수도 있다.

바리새인들과 사두개인들은 서로 적대적인 당파들이었으나 예수님을 반대하는 것에서는 하나였다. **하늘로부터 오는 표적**(1절)과 **요나의 표적**(4절)에 대해서는 12:38-49을 보라. 이 종교 지도자들은 날씨를 예보할 수 있었다. 날씨 예보란 언제나 어려운 일이다. 상황이 매우 빨리 변하기 때문이다. 하지만 예수님이 행하신, 논의의 여지없이 확실한 기적들에도 불구하고 그들은 그것들이 [메시아적] **시대의 표적**이라는 것을 분별할 수 없었다.

D. 네 번째 주기: 바리새인들의 누룩 그리고 제자들을 가르치시다(16:4d-16:28)

1. 예수님이 떠나시다: 바다 건너편으로(16:4d)

16:4d. **그들을 떠나 가시니라**는 예수님이 떠나시는 것, 누군가를 도우시는 것, 그러고 나서 반대를 받으시는 것을 포함하는 네 번째 주기를 시작하는 내용이다. 앞의 13:53-58에 나오는 '마태복음 13:53-16:28에 나오는 유사한 주기들'을 보라.

2. 예수님이 도우시다: 제자들을 가르치심으로 (16:5-20)

16:5-6. 마가복음 8:22은 예수님과 제자들이 배를 타고 가서 갈릴리 호수 북동 해변인 벳새다에 오셨다고 기록한다. 마태복음 16:5을 보면 제자들이 예수님 없이 간 것처럼 보이는 반면, 14:13과 15:39은 예수님이 제자들 없이 배를 타고 가신 것처럼 보인다. 본문에서 그들이 따로따로 여행했다고 분명하게 말하지 않는다면(참고. 14:22) 당연히 그들이 함께 갔다고 추정해야 한다. 여기에서 초점은 제자들이다. 그들이 떡을 가져가기를 잊은 것(5절)이 이 사건의 요점이다.

바리새인과 사두개인들의 누룩(6절)은 12절에서 바리새인과 사두개인들의 가르침을 말하는 것이라고 설명할 수 있다. 생 효모를 넣은 적은 양의 반죽이면 누룩을 넣지 않은 많은 양의 반죽을 부풀게 할 수 있다. 누룩은 언제나 그런 것은 아니지만, 때로는 악한 영향력을 말한다(눅 12:1; 고전 5:6-8). 누룩에 대한 비유는 사람들이 예수님께 등을 돌리게 만들려는 종교 지도자들의 유해한 영향력을 나타낸다. 27:20-26에 따르면, 그들의 그런 노력은 성공적이었다.

16:7-12. 7절은 제자들이 예수님의 말을 이해하지 못했음을 나타낸다. 그들은 예수님이 그들에게 지도자들에게서 떡을 사지 말라고 경고하고 계신다고 생각했을 것이다(6절). 그들이 몰두하고 있던 것은 자신들에게 떡이 없다는 것과 그로 인해 처하게 될 어려움이었던 반면, 예수님의 관심사는 더 강력한 것이었다. 제자들이 음식에 대해 염려하는 것은 예수님의 돌보심과 권능에 비추어볼 때 근거가 없었다. 예수님은 자신의 돌보심과 권능을 상기시키기 위해 무리를 두 번 먹이신 기적을 이야기하신다. 제자들은 여전히 **믿음이 작은 자들**(8절)이다. 예수님은 생존에 필요한 현세적인 것들을 공급하실 것이다. 그때나 지금이나 제자들이 **삼가 주의해야**(6절) 할 것은 육체적 공급의 부족이 아니

라, 거짓 가르침, 위선(바리새인들, 참고. 23:23, 15), 불신(사두개인들, 참고. 22:23)이 교묘하게 스며들어 영향을 끼치는 것이다.

16:13. 제자들은 16:1-12에서 영적 통찰이 매우 부족한 모습을 드러냈다. 하지만 16:13-20에서 하나님은 베드로에게 계시를 주심으로 그들을 성장시키셨다. **빌립보 가이사랴**는 갈릴리 호수에서 북쪽으로 약 40킬로미터 떨어진 곳이었다. 그 성은 원래는 파네아스(Paneas)라고 불렸는데, 가이사 아구스도가 주전 20년에 헤롯 대제에게 그 성을 주었으며, 헤롯은 즉시 그 자리에 아구스도를 기념하는 신전을 세웠다. 그러고 나서 헤롯은 그것을 자기 아들인 분봉 왕 빌립에게 주었으며, 빌립은 아구스도를 기념해서 그 성을 '빌립보 가이사랴'라고 개명했다. 바닷가에 있는 가이사랴와 구분하기 위해 빌립이라는 이름을 덧붙인 것이다. 또 그곳에는 빌립의 왕국이 있었다. 그리고 큰 샘도 있었는데 그 샘은 요단강의 주요 수원지 중 하나였다. 빌립보 가이사랴에는 판(Pan) 신에게 바쳐진 사당도 있었다. 그곳은 로마에 있는 철저히 이교적인 장소였지만 그곳에 존재하는 가상의 권능들에도 불구하고 베드로는 그것들이 교회를 제지할 수 없을 것이라는 약속을 받았다. **인자**라는 호칭에 대해서는 8:18-22에 대한 주석을 보라.

16:14-17. **세례 요한**, **엘리야**, **예레미야**는 모두 백성들에게 언약에 굳게 서서 신실함을 지키라고 명했던 선지자였다. **엘리야**는 기적을 행했으며(왕상 17장), 메시아의 선구자로서 사람들은 그에게 큰 선지자적 소망들을 품었다(말 4:5-6; 마 11:7-15). 예수님의 사역이 엘리야의 사역과 혼동된다는 것은 이해할 만하다. **예레미야**와 **선지자**들은 예수님이 하셨던 것처럼 심판을 예언했다(참고. 11:20 이하; 21:33 이하). **그리스도**(16절)는 고유 명사가 아니라 호칭이며, '기름 부음 받은 자'라는 의미이다. 70인역에서 '크리스토스'(*christos*)라는 말은 히브리어 메시아(*masiah*), 즉 '기름 부음 받은 자'에 해당하는 제사장[레 4:5, 16; 6:22 (70인역 6:15)]과 왕(예를 들어 삼하 23:1)을 지칭할 때 사용된다. 거기에는 미래의 위대한 다윗 계열의 왕인 메시아도 포함된다(PsSol 17:32; 18:5; 2 *Bar* 29:3; 30:1; 27:2; 4 *Ezra* 12:32). 마태는 **그리스도**라는 말을 그의 복음서 내러티브 부분의 다른 곳에서도 사용한다(1:1, 16, 17, 18; 2:4; 11:2). 하지만 제자들은 그 말을 여기에서 처음 사용한다. 살아 계신 하나님이라는 말은 여호수아 3:10; 예레미야 10:10; 다니엘 6:20, 26에서 판(Pan) 같은 거짓 신들과 대조되는 하나님의 권능과 유일무이하심을 나타날 때 사용된다. 예수님은 **살아 계신 하나님의 아들**로서, 음부의 권세(뒤의 주석을 보라)가 교회를 이기지 못하게 보장할 수 있으시다. '하나님의 아들'은 4:3, 6에 나오며, 14:33에서 중요하게 등장한다("진실로 하나님의 아들이로소이다"). 거기에서 예수님은 베드로와 제자들을 바다에서 구해주시는데, 그것은 구약성경에서 오로지 하나님만 갖고 계신 능력이었다(출 14:10-15:21; 시 107:23-32; 욘 1:4-2:10).

예수님의 대답은 알쏭달쏭하다(17절). 14:33에서 제자들은 예수님이 하나님의 아들이시라는 것을 인식했다. 제자들은 이미 이것을 이해했던 것처럼 보이는데, 왜 예수님은 베드로의 고백을 신적 계시라고 말씀하셨는가? 아마 가장 좋은 대답은 14:33에서는 제자들이 자연의 힘에 대해 예수님이 갖고 계신 하나님과 같은 권능을 목격하고 예수님께 신성을 돌린다고 보는 것이다. 그 사건은 분명 그들에게 예수님의 신성에 대한 인식이 갓 생겨나도록 해주었다. 하지만 16:16에서 베드로는 예수님의 신적 정체성을 오시는 메시아라는 개념과 연결시킨다. 몇 가지 주목할 만한 예외가 있긴 하지만, 그 메시아는 구약성경에서나 초기 유대교에서 신적인 존재로 여겨지지 않았다(인간 메시아에 대해서는 1QS 9:11; CD 12:23; 4QPBless 3f; *b. Ber*. 56b; *b. Suk*. 52a; *4 Ezra* 7:28; *b. Sanh*. 99a을 보라; 예외에 대해서는 단 13장의 70인역; *b. Hag.* 14a; *b. Sanh.* 38b을 보라). 베드로가 이 두 사실을 자신의 창의력으로 연관시킨 것이 아니라, 하나님이 그에게 그러한 통찰을 주셨다.

16:18. 예수님은 시몬에게 **베드로**라는 새로운 이름을 주신다. 하나님이 아브라함에게 그렇게 하셨던 것과 마찬가지이다. 두 경우 모두 새 이름은 하나님이 새로운 백성(아브라함의 경우에는 유대 백성, 베드로의 경우에는 교회)을 창조하실 때 그 사람이 하나님의 계획 안에서 어떤 역할을 하게 될지 보여준다(아브라함은 '여러 민족의 아버지'가 되며, 창 17:1-8, 베드로는 '초석'이 된다). **이 반석**은 베드로의 믿음, 베드로의 고

백, 베드로의 설교 직무, 베드로에게 드러난 진리, 열두 제자, 예수님 자신, 예수님의 가르침, 심지어 하나님 자신 등으로 다양하게 해석된다. 그러한 상이함은 대부분 두드러지게 다른 배경을 가진 해석자들 간의 심한 대립으로 인한 것이다. 많은 사람들은 베드로를 **반석**으로 규정하는 것에 대해 이의를 제기하지만, 그에 대한 이유 중 일부는 베드로에게 지나치게 권위를 부여하는 것(예를 들어, 그가 첫 번째 교황이었다는 것) 때문이다. 하지만 18절 이전과 이후의 구절들에서 베드로의 권한이 어디까지인지가 나타난다. 에베소서 2:20과 계시록 21:14은 열두 사도가 교회의 터라고 말한다. 그것은 베드로가 그 터의 일부였지만 다른 사도들과 다른 유일한 터는 아니었다는 것을 뒷받침한다. 그리고 천국 열쇠를 사용해서 유대 백성(행 2장)과 사마리아인들(행 8장)과 이방인들(행 10장)에게 천국을 열어준 것은 베드로였다. 그래서 베드로에 대한 예수님의 예언은 베드로가 교회의 터 역할을 하는 것에서 실제로 실현되는 듯하다. 이 부분에 대해서는 많은 최근 주석가들이, 심지어 매우 다양한 종파 출신 사람들도 동의한다. 하지만 사도적 계승이나 교회의 무오성에 대한 교리들은 이 본문이나 다른 어떤 본문을 통해서도 입증할 수 없다.

음부의 권세는 '사망'을 의미한다(욥 38:17; 시 9:13; 107:18; 사 38:10을 보라). 살아 계신 하나님의 아들이신 예수님은 사망의 권세가 교회를 이기지도 구속하지도[**권세**(gates)는 감금할 수 있으므로] 못하도록 보장하신다. 마태복음에는 그리스도를 반대하는 많은 세력들이 등장하며, 교회가 '죽임을 당하는' 것은 충분히 가능하다. 그리고 예수님은 그다음 부분(마 16:21)에서 자신의 죽음에 대해 말씀하실 것이다.

16:19. 베드로가 정확히 어떻게 반석의 역할을 하는지가 19절에 나온다. **열쇠**에 대해서는 요한계시록 1:18; 3:7; 9:1-6; 20:1-3을 보라. **천국 열쇠**는 사람들이 천국의 축복에 들어오도록 허용하는 베드로 및 사도들의 권세를 말하는 것이다. **열쇠**는 종종 집을 관리하는 청지기들이 식량을 나누어 줄 때 사용했다(사 22:15, 22; 또한 '지식의 열쇠'가 천국에 들어가는 것과 관련된 눅 11:52을 보라). **열쇠**는 특히 **매는** 것 및 **풀리는** 것과 관련이 있다. 베드로와 사도들이 여러 지역에서 복음을 전파했을 때, 즉 그들이 **천국 열쇠**를 사용하고 예수님이 자신의 교회를 세우실 때 사람들이 복음 메시지에 올바로 반응한다면 자신들의 죄에서 풀려나고(사함을 받고, 행 2:14-39; 3:11-26), 제대로 반응하지 않는다면 자신들의 죄에 매여 있을(사함을 받지 않은 채로 있을, 행 4:11-12; 8:20-23; 13:4-12, 44-52; 18:5-10) 것이다. '매일 것이요, 풀릴 것이요'[에스타이 데데메논(*estai dedemenon*), 에스타이 렐뤼메논(*estai lelumenon*), 미래완료 완곡어법]라는 동사 구문은 하늘이 베드로 앞에서 누가 매이고 풀릴지 결정하겠다는 것을 나타내지는 않는다. 그런 개념은 신학적으로 건전하긴 하다. 하지만 그것은 그 문제에 대해 베드로와 하늘 간의 영구적인 신적 합의를 강조하는 표현일 것이다. 풀어서 쓰면, "베드로야, 장차 너는 사람들을 매거나 풀 것이다. 그들이 하늘에서도 역시 의심할 바 없이 분명하게 매이거나 풀린 채로 있다는 것을 확신하여"가 될 것이다.

16:20. 예수님은 **제자들에게 경고하사** 이 논의에 대해 침묵을 지키라고 하신다. 아마 예수님을 따라왔고 예수님을 억지로 왕으로 삼으려 했을 무리들의 오해를 피하기 위해 그러셨을 것이다. 또한 종교 지도자들을 더 화나게 하는 것을 피하기 위해 그러시기도 했을 것이다.

3. 예수님이 반대에 직면하시다: 이해하지 못한 제자들로부터(16:21-27)

16:21-22. 제자들은 예수님이 신적 메시아가 되신다는 사실에 담겨 있는 더 심각한 함축들을 아직 제대로 이해하지 못했다. **장로들과 대제사장들과 서기관들**이라는 말은 유력한 종교적 집단인 공회에 포함된 사람들을 적절하게 요약하는 직책이다. 예수님은 이미 자신의 죽음을 은밀히 암시하셨다(9:15; 10:38; 12:40). 하지만 예수님이 제자들에게 명백하게 말씀하신 것은 이번이 처음이다(막 8:32을 보라). 베드로는 예수님이 메시아라는 의미에 대해 여전히 모르는 것이 많다는 사실을 보여주었다.

16:23. **사탄아 내 뒤로 물러가라**는 말은 시험이 끝날 때 예수님이 하셨던 말씀을 반영한다(4:10). 마귀는 예수님을 유혹해 죄를 짓게 해서 제물이 되기에 부적절하게 하고, 십자가를 멀리하게 만들려 했다. 베드로는 자신이 생각하지도 못한 사이에 마귀와 같은 역

할을 했다. 예수님을 **넘어지게 하는 자**[문자적으로는 '덫'이지만 비유적으로는 '다른 사람이 죄를 짓도록 하는 상황이나 사람']가 된 것이다. 베드로는 **사람의 일을 생각하**고 있었다. 전형적인 유대인들의 기대는 메시아가 유대 백성에게 엄청난 정치적 · 경제적 · 영적 구원을 가져다주리라는 것이었다(참고. PsSol 17). 하지만 죽은 메시아는 어느 일도 해내지 못할 것이다.

16:24-27. 이 부분에서 대해서는 10:34-39에 대한 주석을 보라. 24절은 25-27절에 설명되어 있다. 사람이 만일 **온 천하를 얻고도 제 목숨을 잃으면** 의미가 없다. 자신이 얻은 것을 누릴 수 없기 때문이다. 사람의 **목숨**과 바꿀 만한 것은 아무것도 없다. 사람이 자신의 생명을 보존하고자 한다면, 그리스도를 따르기 위해 생명을 포기해야 한다. 27절은 예수님을 따르는 또 다른 동기를 부여한다. 재림 때 예수님은 **각 사람이 행한 대로 갚으**실 것이다. 전후 문맥을 보면 그분을 따르는 것과 관련된 행동들이 나온다(24절; 또한 요 5:28-29; 6:28-29을 보라).

Ⅵ. 왕-메시아의 영광을 미리 맛보시다: 변화산 사건(16:28-17:8)

16:28. **인자가 그 왕권을 가지고 오는 것**은 변화산 사건, 부활, 주후 70년의 예루살렘 멸망, 그 나라가 완전히 충만하게 확립되는 것(즉, 교회가 곧 그 나라라고 추정하는 것) 등으로 해석되었다. 그러한 해석보다 더 설득력 있는 견해는 28절이 그리스도의 왕적 권위와 심판의 모든 표시들(변화산 사건, 예수님의 부활, 교회의 전파, 예루살렘의 심판 등)을 말한다는 것이다. 16:28이 잔여 효과를 지닌 예수님의 왕적 권위에 대한 것이라면, 변화산 사건만이 가장 적합한 지시 대상은 아니다. 이 견해는 27절에 나오는 심판의 개념, 그다음에 17장에서 바로 이어지는 변화산 사건, 제자 중 일부가 **죽기 전**[그것은 변화산 사건이 일어나기까지의 기간인 엿새(17:1)보다 더 긴 시간을 요하는 듯하다]에 그것을 보리라는 내용 등과 조화를 이룬다. 게다가 유다는 실제로 **죽**었고 부활, 오순절, 교회의 성장, 주후 70년을 경험하지 못한 사람의 예이다.

17:1. 예수님은 세 명의 '핵심층' 제자들이 강력한 경험을 하게 하셨다. 아마도 자신의 임박한 죽음에 대한 괴로운 언급(16:21; 17:22)을 상쇄하기 위해서일 것이다. 출애굽기 24:9-18은 이 사건에 대한 모형론적 배경을 제공한다(엿새, 출 24:16; 세 명의 동료, 출 24:9; 구름으로 덮인 산, 출 24:12, 15; 영광, 출 24:17; 하나님의 음성, 출 24:16; 25:1). 마태가 이 세 인물이 나타났다고 제시하는 것은 예수님이 새로운 모세, 하나님 백성의 새로운 지도자이시라는 주장을 하기 위함이다. 여기 나오는 **높은 산**은 전통적으로 다볼산으로 여겨진다. 하지만 2,760미터 이상 솟아 있는 헤르몬산(가버나움 북쪽으로 48킬로미터 떨어진)이라고 보는 것이 더 나은 견해이다. 정확한 장소는 알 수 없지만. 누가복음 9:28은 변화산 사건이 약 8일쯤 후에 일어났다고 말한다. 하지만 마태는 좀 더 정확한 연대기를 제시한다.

17:2-3. **변형되사**[메타모르푸(*metamorphoo*), '외형이 변화되다, 형태가 바뀌다', 여기에서는 '외적으로 볼 수 있는 변화']는 그 구절 나머지 부분에서 더 상세히 묘사한다. **모세와 엘리야**가 나타난 것은 아마 예수님이 구약성경의 이 두 저명한 인물보다 더 우월하다는 것을 나타내기 위해서였을 것이다.

17:4-8. 베드로는 세 개의 **초막**[tabernacles, '피난처' 혹은 '초소'가 더 낫다. 보통 짐승 가죽으로 만들고 기둥으로 받친 후 밧줄과 말뚝으로 고정시킨 것]을 짓겠다고 제안한다. 아마 그 사건을 기념하기 위해서일 것이다. 하지만 하나님은 모세와 엘리야와 예수님께 경의를 표하려는 베드로의 의도를 바로잡으셨다(5절). 하나님은 분명히 자신의 아들에게 우선권을 두신다.

Ⅶ. 왕-메시아께서 보여주신 겸손한 섬김의 모범(17:9-27)

A. 메시아께서 기꺼이 고난받으시다(17:9-13)

17:9-13. 예수님은 마지막으로 자신을 따르는 자들에게 예수님이 가지신 능력에 대해 잠잠하라고 말씀하셨다(8:4; 9:30; 12:16; 16:20; 또한 9:27-31에 대한 주석을 보라). 9절과 10절은 엘리야와 예수님의 죽음이 어떤 관계가 있는지를 보여준다. 마가복음 9:11-12은 그들이 혼란에 빠진 것은 엘리야가 **모든 일을 회복하**리라는 약속과 자신의 죽음에 대한 예수님의 예고를 조화시킬 수 없는 것에서 비롯되었다고 시사한다. 엘리야가 부흥과 영적 회복에서 유대 백성을 인도할 것이

라면, 왜 부흥되고 회복된 일부 유대인이 메시아를 죽이는 것인가? 서기관들은 엘리야가 오는 것에 대해서는 제대로 말했지만(11절), 요한의 사역을 엘리야의 약속과 연결시키지는 못했다(말 4:5; 눅 1:17; 또한 마 11:13-15에 대한 주석을 보라). 요한은 실제로 사람들이 예수님의 오심을 준비하도록 했다. 그럼에도 불구하고 죽음을 당했다(12절). 메시아 예수님에게도 같은 운명이 기다리고 있을 것이다.

B. 메시아께서 기꺼이 우둔한 자들을 도우시다 (17:14-20)

17:14-20. 이 사건과 그것을 둘러싼 사건들 간의 주제적 연관성은 분명하지 않다. 예수님이 자신의 죽음을 언급하신(17:9, 12, 22-23) 후에 기적들이 나오는데(17:14-21, 24-27), 일련의 기적들은 예수님이 그럼에도 불구하고 신적 메시아이셨다는 것을 나타낸다. 데이비스와 앨리슨(Davies and Allison, *The Gospel According to St. Matthew*, 2:278)은 이 구절들의 일차적 취지를 언급한다. 그것은 '믿음'[**믿음이 없고**, 아피스토스(*apistos*), 17절; **믿음이 작은**, 올리고피스티아(*oligopistia*), 20절; **믿음**, 피스티스(*pistis*), 20절]과 '능력'[에뒤나테산(*edynasthesan*), '할 수 있(지 않)는', 16절에서 **능히 못하더이다**로 번역됨; 에뒤네테멘(*edynethemen*), '할 수 있(지 않)는', 19절에서 **못하였나이까**라고 번역됨; 아뒤나테세이, *adynatesei*, '할 수 없는', 20절에서 **못할 것**이라고 번역됨]에 해당하는 단어들이 반복되는 것을 볼 때 알 수 있다. 하나님의 자비로운 권능은 하나님의 백성이 다른 사람들을 섬길 때 그들에게 사용할 수 있게 해주시는 것으로, 그들이 하나님께 의지하는 것을 조건으로 한다. **간질**(15절)은 '발광한'(moonstruck)이라는 의미이다. 달에 있다고 여겨지던 초자연적 능력으로 인해 해로운 영향을 받았다는 것이다. 하지만 여기에서는 간질(epilepsy)과 비슷한 것을 말한다.

제자들이 병자를 고치지 못한 것(16절)은 10:1-8에 비추어볼 때 놀라운 일이다. 하지만 그것은 제자들이 넘어지는 과정과 조화를 이룬다. 예수님은 제자들을 책망(17절)하셨다. 하지만 **세대**라는 말은 그 범위를 넓혀 거기 있던 다른 사람들까지 포함시킨다. 제자들은 그들의 **믿음이 작은**['빈곤함'이 더 낫다] **까닭**에 실패했다. 하나님의 광대한 능력은 이해하지만 하나님께 적절히 의지하지는 않는 것을 말한다. 빈곤한 믿음이란 일말의 의심과 섞여 있는 믿음이다(8:26을 보라). 그 아이의 극단적인 상태, 아버지와 무리의 압력, 예수님과 세 명의 핵심 제자들이 부재했던 것 등으로 인해 그들의 믿음이 작아졌을 것이다. **너희가 못할 것이 없으리라**는 말은 분명 과장법이며, 믿음은 하나님으로 하여금 자녀들에게 건강과 재물을 주도록 강요하는 주술적 주문이 아님을 반드시 알아야 한다. 전후 문맥은 하나님을 의지하는 것에서 오는 '사역에서의' 능력에 대한 것이며, **믿음**에는 하나님이 행동하실 수 있음을 믿는 것뿐 아니라, 하나님께 어떻게 반응하시라고 명령하지 않고 그분을 공손하게 의지하는 것도 포함된다.

누가복음 9:28은 예수님이 변형되시기 전에 기도하기 위해 산에 올라가셨다고 말하며, 마가복음 9:29은 기도의 필요성을 강조했다(마 17:21에서처럼. 그 구절은 대부분의 사본에는 나와 있지 않다). 예수님이 이 악한 귀신을 내쫓을 수 있었던 것은, 예수님의 신적 능력 외에도 기도 생활 때문이었을 것이다. 사역에서 놀라운 성취가 있기 전 중대한 기도의 시간이 먼저 있었다.

C. 메시아께서 복종하시다(17:22-27)

1. 죽을 준비가 되시다(17:22-23)

17:22-23. 빌립보 가이사랴에 다녀오는 여정은 끝이 났다. **갈릴리**에 대한 언급은 17:24과 19:1을 내다본다. 그 구절들을 살펴보면 예수님은 갈릴리를 떠나 다시는 돌아오지 않으셨다. **넘겨져**라는 동사는 유다가 예수님을 배신한 구절에 사용된다(26:15, 16, 21, 23, 24, 25, 45, 46, 48). 그리고 여기에서 처음으로 예수님은 유다의 배신에 대해 언급하신다(하지만 10:4을 참고하라). **매우 근심하더라**는 말은 제자들이 **죽임을 당하고**라는 말만 들었고 **제삼 일에 살아나리라**는 영광스러운 최종 결과는 듣지 않았다는 것을 나타낸다. 제자들은 자신들을 기다리고 있는 어두운 날을 이해하기 시작했으며, 더 이상 예수님이 그것에 대해 말씀하시는 것을 비난하지 않았다.

2. 세금을 낼 준비가 되시다(17:24-27)

17:24-27. **반 세겔**(24절)은 예루살렘에서 제사 제도를 지원하기 위해 사용되던 성전세였다. 미시나(*m. Shek*. 1:1)에 따르면, 그 세금은 이틀 치 품삯에 해당하

는 금액으로, 매년 아달월(2월-3월)에 20세 이상의 유대인 성인 남자들이 내야 했다. 사람들이 베드로에게 이런 질문을 한 것은 예수님이 이 문제에 대처하신 행동에 그들이 관심이 있음을 나타낸다. 예수님은 그 기회를 이용하셔서 강력한 기독론적 주장을 펼치신다(25-26절). 예수님은 하나님의 아들, 왕의 아들로서 이 세금을 면제받으실 것이다. **세상 임금**들이 자신의 **아들**에게는 세금을 면제해주는 것과 마찬가지이다. 하지만 예수님은 쓸데없는 위법 행위를 피하기 위해 그것을 면제받을 수 있는 권리를 포기하셨다. 그리고 기적을 통해 두 사람 몫의 세금을 낼 만큼의 자원을 베드로에게 제공하셨다. 이것은 베드로가 예수님과 연관된 연유로 '하나님의 아들들' 가운데 속한다는 것을 시사한다. 다시 한 번 마태는 그의 독자들에게 자기 아버지 집을 위해 자신이 내지 않아도 되는 세금을 내는 예수님의 겸손하심과, 예수님이 완벽하고도 기꺼이 베드로의 필요를 공급하심을 보여준다.

VIII. 왕 – 메시아의 택하심을 받은 지도자들의 윤리 (18:1–19:12)

A. 겸손: 천국에 들어가고 섬기는 데 필요하다 (18:1–16)

18:1–6. **천국에서는 누가 크니이까**라는 질문은 예수님의 죽음에 대한 언급 때문에 제기되었을 것이다. 그들 중 누가 예수님이 안 계실 때 지도자가 될 것인가? **천국**에 대해서는 3:1-4을 보라. 예수님은 계급이 아니라, 천국에 어떻게 들어가는가 하는 더 중대한 문제에 초점을 맞추어 대답하신다. **돌이켜**[길을 돌이켜 하나님께 향하는 것] **어린아이들과 같이** 됨으로 천국에 들어간다는 것이다. 이런 비교는 서너 가지 측면에서 이해할 수 있다. 하지만 핵심은 자신을 **낮추는** 것이다(4절). 이것은 6절에서 **나를 믿는** 것이라고 추가적으로 설명한다. 천국에 들어가는 것은 구원을 위해 겸손하게 예수님을 믿는 사람들에게만 가능하다(천국에 들어가는 것에 대해서는 7:21-23에 대한 주석을 보라). 4절에서 예수님은 천국에서 큰 자가 되는 것에 대한 처음 주제로 돌아오셨다. 천국에 들어가고 그 안에서 크게 되려면 자신을 낮추는 겸손이 필요했다. 예수님이 만드신 공동체의 지도자들은 하찮은 사람들(**어린아이**, 5절)까지도 기꺼이 돌보면서 그 공동체를 섬기는 자가 되어야 하기 때문이다(20:24-28). **누구든지** [어떤 그리스도인을] **실족하게**[영적인 해로움] 하는 사람은 그것에 대해 책임을 져야 한다(6절).

B. 개인적 정결: 자신과 다른 사람들에게 해를 끼치는 일을 피하라(18:7–14)

18:7–10. 예수님은 왜 **실족하게 하는 일이 없을 수는 없**는지(7절) 말씀하지 않으신다. 하지만 이후에 예수님은 악이 말살되기 전에 번창한다는 것을 암시하신다(24:6). 7절은 **실족하게 하는 일**에 대한 하나님의 섭리적 감독과 그것에 대한 인간의 책임 둘 다를 나타낸다. 8절에서 예수님은 그분을 따르는 사람들에게 그들의 무분별한 행동에 의해 스스로 영적인 해를 받을 수 있다고 경고하신다. 구약성경은 자해하는 것을 금했다(신 14:1; 왕상 18:28; 슥 13:6). 예수님은 이 구절을 문자적으로 적용하라는 의미로 말씀하신 것이 아니다. 예수님의 요점은 죄를 처리할 때 엄격한 조치들이 필요하다는 것이다.

지옥 불(9절)은 문자적으로는 '불의 게헨나'이다. 예루살렘 남서쪽에 있는 곳으로 힌놈의 골짜기라는 별칭을 지닌 게헨나의 역사에 대해서는 열왕기하 16:3; 21:6; 23:10; 역대하 33:6을 보라. 요시야 왕 치하에서 그 골짜기는 예루살렘 성의 쓰레기를 버리는 곳이 되었는데, 거기에서는 부피를 줄이고 더 빨리 부패시키기 위해 계속해서 불이 타올랐다. 그것은 지옥에 대한 생생한 묘사였다. 이 맥락에 따르면, 구원받은 사람들의 특징 중에는 하나님께 의지하는 것과 예수님을 믿는 것이 포함된다(앞의 주석들을 보라). 하지만 어떤 사람이 예수님을 따르는 자들에게 해를 끼치고 그들을 업신여긴다면(2-10절) 그리고 자신의 죄를 준엄하게 다루지 않는다면 그는 세상에 이끌리는 모습을 보이는 것이며, 그것은 그가 구원받지 못했고 정죄당할(**지옥 불**이 예정되어 있을) 수도 있다는 것을 나타낸다. 10절의 요점은 신자들이 하나님께 중요하다는 것, 그리고 그들을 섬기는 천사들(히 1:14)이 **이 작은 자** 중 하나가 가혹한 취급을 받는 것을 본다면, 하나님이 그 천사들로부터 '그것에 대해 알게 되실' 것이며, 하나님도 천사들도 그것을 승인하지 않으시리라는 것이다.

18:12–14. 누가복음 15:3-7을 보라. 하지만 여기에

서 요점은 하나님이 그분의 백성을 구속하시고 그들을 하나님의 사랑 안에 간직하시기 위해 큰 수고를 하신다는 것이다. 예수님을 따르는 자들은 서로에 대해 하나님과 같은 목회적 관심을 보여야 한다.

C. 공동적 정결: 교회 징계를 시행하라(18:15-20)

18:15-20. 이 본문은 제멋대로인 양 한 마리를 다시 우리에 데려오는 과정을 보여준다. 첫 번째 단계(15절)는 죄를 범한 제자에게 관심을 갖고, 사적으로 권고하는 것을 포함한다(15절). 어떤 고대 사본들은 **죄를 범하거든**이라는 동사에 '너에게'라는 말을 덧붙인다(그것은 KJV; NKJV; ESV; RSV에 반영되어 있다). 하지만 서기관들은 좀 더 짧고 더 많은 것을 포함하는 독법을 지지하면서 자료를 덧붙이는 경향이 있었다. 보이다(show, 개역개정의 '권고하라'는 영어로 show him his fault이다—옮긴이 주)는 문자적으로는 '책망하다' 혹은 '어떤 사람에게 그의 잘못을 깨닫게 하다'이다. 이 책망은 **그 사람과만**[in private] 해야 한다. 예수님의 공동체 내에서는 중상모략과 뒷공론이 있으면 안 된다. **네 형제를 얻은**['얻은', '잃는 것을 막은'] **것**이라는 말은 그 과정의 목표를 제시한다. 이 단계들은 가족과 같은 친절함으로 시행되어야 한다(**형제**라는 말이 두 번 사용된다). 교회 징계를 기쁘게 생각하는 사람들은 바로 그 일에 관여하지 말아야 하는 사람들이다.

두 번째 단계(16절)는 **두세 증인**(신 19:15을 보라)의 도움을 얻는 것이다. 추가로 이 일에 참여한 사람들은 아마 처음의 죄를 보지는 못했을 것이다. 그들이 보았다면 사생활이 제대로 보호되지 않은 셈이다. 그들의 역할은 그 상황이 위중한 것임을 입증하고, 회복이 올바르게 시행되고 있다는 것을 교회에 증명하기 위해 원 증인과 동행하는 것이다.

세 번째 단계(17절)는 **교회**에 말하는 것을 포함한다. 아마 그래서 전체 교회가 회복을 위한 노력에 관여하도록 하는 것이다. 이런 시도가 실패하면, 그다음에 그 죄를 지은 사람을 **이방인과 세리와 같이** 여겨야 한다. 유대인들은 이방인 및 세리와 최소한으로 접촉했다. 예수님은 이방인과 세리들을 받아들이셨지만, 교회 징계의 세 단계를 다 거치고도 회개하지 않은 신자는 다시 교회로 받아들이지 말아야 한다. "[너에게] ~과 같이 여기라"에서 you(NASB)는 복수가 아니라 단수이다. 예수님은 그 교훈을 개인화하셨다. 회복과 징계의 책임을 예수님의 공동체 내에 있는 모든 개인들(단순히 지도자들만이 아니라!)에게 해당되는 것으로 만드셨다.

18절에 대해서는 16:19을 보라. 하지만 여기에서 매는 것과 푸는 것에 참여하는 것은 단지 베드로만이 아니라 전체 공동체이다. 이 맥락에서 그 말은 구원의 죄사함보다는 이미 구원받은 사람의 회복(**풀리는** 것)을 더 다룬다. **두 사람이 합심하여**(19절)라는 말은 16절에 나오는 두세 증인 및 **두세 사람이…모인**(20절) 것과 같은 사람을 말한다. 그들이 합심하는 것은 아마 전체 교회에 말할 필요성과 관련이 있을 것이다. **땅에서**와 **하늘에서**(19절)는 18절에 나오는 비슷한 문구들과 유사하다. **무엇이든지 구하면**이라는 말은 전후 문맥에 의해 교회 징계와 관련된 약속으로만 적용되어야 하며, 분명 이 단계들을 통해 하나님의 섭리적 인도를 구하는 것을 포함한다. **무엇이든지**는 문자적으로는 '어떤 문제든' 혹은 '어떤 일이든'이라는 것이다. 즉, 교회의 징계를 요구하는 '어떤 환경이든'이라는 의미이다. 20절에서 예수님은 자신의 백성이 회복에 관여할 때 28:20에서처럼 그들과 함께하시겠다고 약속하셨다. 교회는 복음 전도라는 벅차고 힘겨운 과업뿐 아니라, 교회 징계라는 고통스러운 과업에서도 예수님의 임재에 대한 보장이 필요하다.

D. 용서: 하나님이 얼마나 많이 용서해주시는지 기억하라(18:21-35)

18:21-22. 베드로의 질문은 15-20절의 교회 징계에 대한 함축에서 나온 것이다. 교회가 징계할 만한 사안은 아니고, 용서하는 것이 적절한 가벼운 죄들이 있다. **일곱 번을 일흔 번**(NASB; KJV; RSV; NLT)은 문자적으로는 '일흔일곱' 번(NRSV; NIV; NET에는 그렇게 되어 있다)으로, 용서해주는 횟수에 아무런 제한을 하지 말아야 한다는 것을 나타낸다.

18:23-27. **천국**(23절)에 대해서는 3:1-4에 대한 주석을 보라. 달란트(24절, *talanton*, 달란톤)는 로마에서 가장 큰 화폐 단위였으며, **일만 달란트**는 당시에 사용되던 가장 큰 숫자였다. 현대의 화폐로 치면 몇조 원에 해당될 것이다. 그 종은 자신이 도저히 지킬 수 없는 약속을 했다(26절). 왕은 **불쌍히** 여기는 마음 때문

에 더 이상 그 종에게 빚이 없는 것으로 쳐주었으며(27절) 마치 그가 전혀 빚을 진 적이 없는 것처럼 행동했다. 더 이상의 벌은 없었으며 그 의무를 완전히 면제시켜주었다.

18:28-30. 28절에 나온 것은 24-27절과 닮은꼴인데, 돈의 금액과 용서하지 않는 종의 반응만 다르다. 데나리온은 로마의 은전으로 일반적인 노동자의 하루치 품삯이었다. 두 번째 종은 첫 번째 종에게 약 100일 치 임금을 빚졌다. 100데나리온도 적은 금액은 아니지만 1만 달란트에 비하면 적은 금액이다.

18:31-35. 비유의 요점은 두 가지로 살펴볼 수 있다. 첫째, 어떤 사람이 용서를 받았으면 특정한 결과들이 나타나야 한다. 그 결과들이 없다는 것은 하나님께 용서를 받지 못했다는 것을 나타낸다. 누가복음 7:36-50에서 죄를 지은 여자는 자신의 믿음으로 구원받았으며(눅 7:50), 그녀의 많은 죄는 사함을 받았다(눅 7:47). 그녀는 그에 대한 반응으로 예수님에 대한 자신의 큰 사랑을 표현했다(눅 7:47). 그것이 함축하는 것은 그녀가 죄를 사함 받지 않았다면 죄 사함에 대한 적절한 반응인 사랑을 보이지는 않았으리라는 것이다. 반대로 용서하지 않는 종은 실제로는 왕의 용서를 절대 받지 않았다는 증거를 제시한다. 만일 그가 용서받았다면 다른 종을 용서했을 것이다. 왕은 빚을 면제해주었던 것을 취소하고 더 엄중한 벌을 내린다[그저 '간수'가 아니라 고문하는 자(torturers), NIV, TNIV, KJV, ESV, HCSB; 개역개정에는 '옥졸'이라고 번역되어 있다—옮긴이 주]. 그 벌은 심판과 영원한 정죄이다.

또 다른 접근은 그 비유가 예수님을 신뢰하는 어린 아이로서(앞의 18:1-6을 보라) '천국에 들어온' 사람들, 완전한 의미에서 형제인 사람들(18:21), 하나님의 은혜로운 사함을 받은 구원받은 개인들(18:27, 32-33)에게 주는 경고라는 것이다. 하나님은 구원받은 개인들을 **옥졸**에게 넘겨주신다. 그들이 용서하는 법을 배울 때까지 하나님이 이생에서 주시는 징계를 의미한다. 첫 번째 견해를 반대할 수는 없긴 하지만 앞에서 언급된 문맥은 두 번째 견해를 더 잘 뒷받침한다.

비유의 세부적인 것들은 억지로 끼워맞춰서는 안 된다. 하나님은 사람들을 용서하시는 것에 대해 마음을 이리저리 바꾸시는 변덕스러운 분이 아니다. 34절은 연옥의 근거로 인용되어서는 안 된다. 오히려 지옥이 영원히 지속된다는 개념을 지지한다. 종은 절대 빚을 다 갚고 석방되지 않았을 것이기 때문이다. 이 비유의 본질적 교훈은 이것이며, 오직 이것뿐이다. 이생에서 하나님은 하나님의 용서를 받고서도 다른 사람들을 용서하기를 거부하는 사람들을 엄하게 징계하실 것이다.

E. 이혼: 이혼을 피하라(19:1-12)

19:1-2. 18장과 19장 사이의 연관은 용서의 필요에 대한 것이다. 다른 사람들과의 일반적인 관계뿐 아니라, 부정함과 이혼이 일어날 수 있는 결혼에서 특히 용서가 필요하다.

19:3. 그 시험은 예수님을 속여 모세와 불화하도록, 혹은 반대 견해를 주장하는 자들을 격노하게 하도록 하려는 것이었다. **어떤 이유가 있으면**(신 24:1-4을 보라)이라는 말은 유명한 랍비인 힐렐(Hillel, 주후 20년에 사망, 헤롯 대제 통치 기간 동안 공회 지도자)이 옹호한 좀 더 대중적인 이혼관을 반영한다. 힐렐은 어떤 사람이 어떤 이유가 있으면 그의 아내와 이혼을 할 수 있다고 가르쳤다. 그 이유로는 저녁을 태우거나 불친절하게 구는 것도 포함된다(*m. Gil*. 9:10; 또한 Josephus, *Ant*., 4.253; *Life* 426; *Sir* 25:26을 보라). 랍비 샴마이(Shammai, 힐렐과 동시대 사람)는 훨씬 더 협소한 견해를 가지고 있었다. '외설'의 경우에만 이혼을 허용해야 한다는 것이다. 그것은 아마 실제 성교까지는 가지 않은 추잡함 혹은 성적 난잡함을 말할 것이다.

19:4-6. 예수님은 창세기 1:27을 인용하신다(4절). 하나님은 아담을 위해 많은 여자들을 창조하지 않으셨으며, 하와를 위해 많은 남자들을 창조하지도 않으셨다. 하나님은 한 남자와 한 여자가 성적으로 연합하면서(**아내에게 합하여…한 몸이 될지니라**, 창 2:24) 다른 모든 가족 사이의 유대를 대신하는(**그 부모를 떠나서**) 강력한 공동생활을 하게 하셨다. 연속적 일부일처제(serial monogamy, 8-10년의 일정 기간마다 배우자를 바꾸는 결혼 형태—옮긴이 주)는 하나님의 계획이 아니었으며, 지금도 아니다.

19:7-8. 바리새인들은 신명기 24:1-4에 대한 질문으로 다시 돌아왔다. 그들은 **모세**가 이혼을 요구했다고 믿었다. 하지만 예수님은 그들을 바로잡으신다. 모세는 **너희 마음의 완악함 때문에** 이혼을 **허락**했다. 그것은

배우자의 부정함을 말한다. 신명기 24장의 유일한 명령이 4절에 나온다(해당 주석을 보라). 그렇기 때문에 이혼을 "절대 하나님이 도덕적으로 중립적인 선택권을 주신 것이라고 보지 말아야 하며, 죄이자 마음이 완악한 증거라고 보아야 한다"(Carson, "Matthew," 412-413). **본래**(19:4을 보라)라는 말은 결혼에 대한 하나님의 기본 목적이 한 남자와 한 여자 간에 영구적으로 지속되는 것임을 나타낸다. 신명기 24장에서 도덕적 실패가 있을 때 이혼을 허용한다 해서 그 목적이 달라지지는 않았다.

19:9. 그 구절은 "누구든지 '심지어 음행으로 인해서라도' 자기 아내를 버리고 다른 데 장가드는 자는 간음함이니라"라는 의미는 아닐 것이다. 예수님이 모든 이유로 인한 모든 이혼을 금하셨다면, 바울은 믿지 않는 배우자가 상대를 버리는 경우에 이혼을 허용하지 않았을 것이며(고전 7:12-19), 9절은 예수님이 분명히 이혼을 허용하시는 5:32과 모순될 것이다. **음행**[*porneia*, 포르네이아]은 때로 그 말이 고린도전서 5:1에서 사용된 것에 근거해서 레위기 18:6-18에서 금지된 '근친상간적 결혼'이라고 해석된다. 하지만 그 맥락에서 의미하는 것은 결혼이 아니라 근친상간적 '정사'이며, 그 단어는 다른 곳에서는 전후 문맥에 따라 매음, 혼전 및 혼외 성관계를 말하는 '성적인 죄'를 의미하고(고전 6:13, 18; 엡 5:3; 살전 4:3) 때로는 간음을 의미한다(*Sir* 23:23). 또한 근친상간이 불가능한 이유는 19:6은 하나님이 남자와 여자를 결합시키셨다고 말하기 때문이다. 그 결혼이 율법에 어긋나는 것이었다면 그렇게 하지 않으셨을 것이다. 또한 **음행**은 '약혼 기간 동안의 부정함'을 의미하지도 않는다. 그런 행동에 대해서는 이혼이 승인되었다(1:18-19). 예수님은 19:5-6에서 완성에 이른 결혼에 대해 말씀하셨다(한 몸). 하지만 결혼은 약혼 기간 동안에는 완성에 이르지 않았다. 예외조항은 **누구든지…아내를 버리고**라는 말만 수식한다. 그래서 이혼은 허용되지만 재혼은 금지된다. 하지만 이혼 후에 한 몸이 되는 재혼이 없고, 이혼 이후에 재혼할 것이라고 추정되지 않는데, 어떻게 이혼이 **간음**이 되는 것인지는 알기가 어렵다(*m.Git*. 9:3을 보라). 예수님은 배우자가 부정하다면 이혼과 재혼 둘 다 죄가 되지 않는다고 여기시면서 이를 허용하시는 듯하다. 게다가 **간음**은 용서받을 수 있을 것이다(다윗의 경우를 보라, 삼하 12:13; 또한 고전 6:9-10을 보라). 하지만 이것을 간음을 합리화하기 위해 이용해서는 안 된다. 그리고 용서받았다 해서 심각한 결과들이 사라지는 것은 결코 아니다.

19:10-12. 결혼의 영구성에 대한 예수님의 접근 및 이혼에 대한 제한들을 듣고 제자들은 강력히 반발했다. 예수님은 힐렐보다 훨씬 더 제한적이시지만, 결혼과 이혼에 대해 샴마이와 견해를 같이 하신다. 하지만 샴마이의 견해는 아마 예수님 시대에 사실상 폐기되었을 것이다. 그래서 예수님의 접근법과 대중적인 접근법 간의 대조는 훨씬 더 놀라운 것이었다.

IX. 천국 시민과 왕-메시아(19:13-20:34)

천국 시민이 되려면 다음과 같아야 한다

A. 그 안에 있으려면 어린아이와 같으라 (19:13-15)

19:13-15. 마태는 가족의 존엄성을 강조하기 위해 이 사건을 기록했을 것이다. 그 존엄성의 핵심은 결혼과 자녀이다.

B. 거기에 들어가려면 하나님께 의지하라 (19:16-30)

19:16-22. 이 사건은 19:13-15에서 인정한 어린아이와 같은 것의 특징이 되지 않는 태도들을 보여준다. **무슨 선한 일**(16절)은 **선한 이**(17절)와 대조를 이룬다. 그것은 **영생**을 얻는 것이 사람의 행동보다는 하나님께 달려 있다는 것을 시사한다. 17a절은 문자적으로는 "왜 너는 나에게 [네가 할] 선한 일에 대해 묻고 있느냐?"라는 것이다. 예수님은 19:26에서 이 주제를 분명히 정리하셨다. 사람이 천국에 들어가는 것은 그 사람의 행동의 결과가 아니라 하나님의 역사의 결과이다. **계명들을 지키라**는 것은 강력한 은혜라는 맥락에 비추어볼 때 당혹스러운 말이다. 하지만 예수님은 그 사람이 자신의 행동으로 영생을 얻을 수 있다고 가정하는 것에 도전하려고 행동이라는 카드를 사용하셨다. 예수님은 이웃을 사랑하는 것에 관해 이야기하는 레위기 19:18 내용을 언급하셨다(19절). 그 구절은 그다음에 나오는 내용을 이해하는 데 대단히 중요하다. 그 청년은 돈을 자신의 우상으로 삼았을 수도 있다. 하지만

예수님은 이것에 대해서는 아무런 암시도 하지 않으셨다. 대신 예수님은 그 청년이 자신이 지켜왔다고 주장한 바로 그 율법들을 지키지 못한 것에 초점을 맞추셨다. 예수님은 그에게 모든 것을 **팔아 가난한 자들에게 주라**(21절)고 명하셨다. 바로 레위기 19:18을 이 사람에게 적용하신 것이다. 예수님은 그 청년의 허세에 도전하셨으며, 그가 자신이 행했다고 주장한 것을 행하지 않았으며 또 행하지 않을 것임을 입증하셨다. 그 청년은 심지어 자신이 율법을 지키지 않은 것에 대한 결핍된 인식을 드러내기까지 했다(20절).

19:23-26. 제자들은 놀랐다(25절). 사람들은 하나님이 분명 죄인에게 재물을 주지는 않으실 것이라고 믿었다. 초기 유대교에서 재물은 하나님의 은총을 나타내는 것이었다. 부자가 천국에 들어가는 것이 어렵다면, 어떻게 다른 사람이 천국에 들어가리라고 기대할 수 있단 말인가? 예수님은 그것이 궁극적으로 하나님의 역사라고 대답하셨다(천국에 들어가는 것에 대해 더 알고 싶다면 7:21-23에 대한 주석을 보라).

19:27-30. 부자 청년 관원과는 대조적으로 열두 제자는 예수님을 따르기 위해 자신들이 가지고 있던 작은 것까지도 버렸다. 그것은 그들에게 어떻게 유익이 될 것인가? **새롭게 되어**[regeneration, 28절]라는 말은 신약성경에서 디도서 3:5에서만 단 한 번 더 사용된다. 거기에서 그 말은 성령이 신자들을 중생시키시는 역사를 말한다. 하지만 여기에서 그 말은 예수님이 세상을 다스리기 위해 오시는 '새 시대', 곧 천년왕국 동안 저주가 없어졌을 때 이 땅이 장차 새롭게 되는 것을 말한다(롬 8:18-25). 제자들은 **이스라엘 열두 지파**를 심판할 것이다. 이것은 중대한 약속이다. 그것은 제자들이 교회의 터였을 뿐 아니라(엡 2:20-22), 남은 이스라엘의 지도자였다는 것(롬 11:1-6)을 보여주기 때문이다. 유대인 신자들은 교회와 이스라엘 둘 모두의 일원으로서 독특한 지위를 가지고 있었다. 이 약속은 아마 유일무이한 집단인 열두 제자에게만 주어졌을 것이다. 하지만 신약성경은 모든 신자들이 그리스도와 함께 그분이 세상을 심판하시는 일에 참여할 것임을 나타낸다(25:21; 롬 16:20; 고전 6:2; 계 2:26-27; 3:1). 29절의 약속은 문자적인 것이 아니다. 우리는 100명의 문자적인 어머니를 둘 수는 없기 때문이다. 하나님은 사람들의 채무자가 아니시다. 예수님의 제자들이 가족들을 버렸다면 그들은 메시아적 공동체 안에서 영생에 더하여 수많은 대리적인 사랑하는 자들을 발견할 것이다. **먼저 된 자로서 나중 되고 나중 된 자로서 먼저** 된다는 것은 안심시켜주는 말이면서 경고이기도 하다. 전후 문맥에서 보면 그 진술은 하나님의 은혜가 어린아이 같은 신뢰를 가지고 하나님께 나아오는 사람들에게 임한다고 말한다(13-15절). 하나님은 젊은 부자 관원처럼 권세와 탁월함을 누리는 사람들(예수님은 그들에게 경고하신다) 대신 어린아이들을 천국에 포함시키시고 전진하게 하실 것이다. 20:16에서도 같은 문구가 나오는데 거기에서는 하나님의 은혜를 약간 다르게 바라본다. 하나님은 놀랍게 은혜로우시며 자신의 백성을 위해 예상치 못한 일을 하신다.

C. 하나님이 배제하시는 사람들로 인해 충격을 받지 말라(20:1-16)

20:1-2. 19:30-20:16에는 분명한 구조가 있다. 그것은 "그러나 먼저 된 자로서 나중 되고 나중 된 자로서 먼저 될 자가 많으니라"(19:30)라는 말로 시작한다. 그다음 '은혜로운 집주인 비유'에서 아침 시간 동안 품꾼들은 먼저 온 자부터 나중 온 자까지 '고용된다'(20:1-7). 하지만 저녁에는 품꾼들이 나중에 온 자부터 먼저 온 자들까지 '삯을 받는다'(20:8-15). 16절은 19:30에 나오는 절들을 거꾸로 말한다. 18:23-30에서 나온 역전이라는 주제가 계속된다(David Turner, *Matthew*, 478을 보라).

20:3-7. **제삼 시, 제육 시, 제구 시, 제십일 시**는 약 아침 9시, 정오, 오후 3시, 오후 5시였으며, 하루 노동 시간은 열두 시간으로 추정한다. 예수님은 왜 집주인이 하루 내내 계속 다시 나가보았는지는 설명하지 않으셨다. 이것에 대해서는 아무 의미도 부여하지 말아야 할 것이다(그가 조직적이지 못했을 수도 있고, 추수가 매우 긴급했을 수도 있다). 마찬가지로 하루가 끝날 때 고용된 품꾼들은 최악의 품꾼들로 여겨지지는 않았으며(6절), 그보다는 그저 일거리를 찾지 못한 사람들로 여겨졌을 것이다.

20:8-16. 임시로 고용된 품꾼들은 보통 매일 **저물 때 삯을 받았다**(8절) (레 19:13; 신 24:15). 더 오래 일했지만 한 데나리온을 받은 사람들은 **집주인을 원**

망했다(11절). 그들은 원래 약속된 삯을 받긴 했지만 (20:2), 인간적인 계산으로는 그들이 나중에 온 사람들보다 더 받아 마땅하기 때문이다. 하지만 이것이 비유의 요점이다. 이 비유는 일차적으로 죽기 직전에 회심한 사람들, 최초의 열두 제자 다음에 예수님께 합류한 제자들, 이방인들이 유대인들 다음에 하나님 백성에 포함되는 것, 천국에서 상을 받는 것을 당연한 권리로 생각하지 말아야 할 필요성 등에 대한 것이 아니다. 이 점들은 이 비유에 분명하게 드러나 있지 않다. 분명한 것은 하나님이 그분이 택하시는 자들에게 천국의 복을 은혜롭게 주실 자유를 행사하신다는 것 그리고 하나님이 인간의 예상을 뒤집으실 때 사람들이 충격을 받을 수 있다는 것이다.

D. 으뜸이 되고자 하는 마음을 메시아께 내어드리라(20:17-34)

1. 예수님이 기꺼이 죽으려 하시다(20:17-19)

20:17-19. 20:17-19은 은혜로운 집주인 비유를 되돌아보면서 늦게 온 자들도 그리스도의 죽음에서 성취된 하나님의 은혜를 통해 천국의 일원이 될 수 있다는 근거를 제시하는 것일 수도 있다. 여기에서 예수님은 제자들에게 자신의 죽음에 대해 언급하신다(16:21-23; 17:22-23). **예루살렘으로 올라가**는 것(17-18절)은 지형을 나타내는 표현이다. 예루살렘은 해발 750미터 정도 되는 곳에 있다. 예수님과 제자들은 수많은 다른 사람들이 그랬던 것처럼 유월절을 기념하기 위해 예루살렘을 향하고 있었다. 율법에 따르면 유대인 남자들은 특정한 거룩한 날들을 기념하기 위해 세 번 순례 여행을 해야 했다(출 23:14-17). **인자**에 대해서는 8:18-22을 보라. 다른 예언들과는 달리 이 예언에는 지도자들이 정죄하는 것, 조롱, 채찍질, **이방인**들이 십자가에 못 박는 것 등이 포함되었다. 교회는 역사적으로 유대인들이 예수님의 죽음에 대해 책임이 있다고 주장했지만 예수님은 이방인들도 이 음모에 책임이 있는 무리 안으로 포함시키신다(행 4:27-28을 보라). 다른 사람들을 구원하기 위해 그런 대우를 자발적으로 겪으실 분은 **인자**, 다윗의 아들, 신이신 하나님의 아들이다. 그분의 겸손은 그다음 부분에 나오는 세베대의 아들들의 교만과 뚜렷한 대조를 이룬다.

2. 제자들의 지도자들이 섬기라는 요구를 받다(20:20-28)

20:20-23. 이 구절들은 20:1-18과 20:29-34을 연결하는 다리 역할을 한다. 하나님은 자신의 은혜에 기초해서(1-16절) 아들의 죽음을 통해(2:17-19) 상을 주실 것이다. 상과 지위를 얻으려는 책략들은 하나님만이 정하신 것에 비추어볼 때 그리고 예수님의 본보기에 비추어볼 때 모두 방향이 잘못된 것이다.

세베대의 아들들(20절)은 야고보와 요한이었다(4:21). 마태복음을 통틀어 어머니가 예수님께 자신의 자녀에 대해 어떤 것을 요구하는 곳은 15:22뿐이다. 그 가나안 여자의 요청은 그녀의 순전한 절망과 믿음으로 인한 것이었다. 이 일은 세베대 부인의 요청이 거절받은 것과 대조된다. **하나는 주의 우편에, 하나는 주의 좌편에 앉게**(21절)라는 말은 그 형제들이 천국에서 높은 지위를 얻게 해달라는, 심지어 다른 제자들에게 명령할 수 있게 해달라는 간청이었다. 예수님은 이미 열두 제자가 천국에서 예수님과 함께 다스릴 것이라고 약속하셨다(19:28). 하지만 야고보와 요한은 그들을 동급 중에서 최고가 되게 해주겠다는 보장을 받기 원했다. **잔을 마시**는 것(22절)은 '하나님의 진노를 경험하는 것'을 나타내는 관용구였다(시 11:6; 75:7-9; 사 51:17, 22; 렘 25:15, 17, 27-28; 49:12; 애 4:21; 16:19; 18:6). 하지만 여기에서 그 말은 아마도 '강렬한 고난을 경험하다'라는 의미일 것이다. 그들은 진노의 대상이 아니었기 때문이다. **할 수 있나이다**라는 말은 역설적인 말이다. 두 형제 중 누구도 겟세마네에서 예수님이 그 '잔'이 그분에게서 지나가기를 기도하는 동안 깨어 있지 않았기 때문이다(26:37-46). **예비하셨든지**(23절)라는 말은 만물을 주권적으로 지배하시는 하나님의 예정된 계획을 말한다. 거기에는 천국에서 제자의 지위에 대한 하나님의 결정도 포함된다. 행 12:2에서 야고보는 순교를 당했다. 요한은 고난을 받았으나 분명 순교자는 아니었다(참고. 요 21:20-23; 계1:9).

20:24-28. 마태는 왜 **열 제자가…분히 여기**는지 말하지 않는다. 그들은 천국에서 자신들의 지위를 잃어버리고 야고보와 요한에게 종속될까 봐 우려했을 것이다. 그들은 18:4에서 예수님이 어린아이와 같이 되라고 요구하신 말씀을 잊었다. **이방인의 집권자들**(25절)은 그와 반대되는 예였다. **임의로 주관하고**라는 말은 '완전

히 지배하다'라는 의미이다(막 10:42; 벧전 5:3). 때로는 그것은 '종속시키다, 우세하다'(행 19:16)라는 의미로, 보통 혹독함이라는 의미를 지닌다. **너희를 섬기는 자가 되고**(혹은 '돕는 자', 26절) **너희의 종이 되어야 하리라**(27절)는 긍정적인 가치관을 제시한다. 그것은 어떤 교회에서는 너무나 자주 무시된다. 지도자가 권위와 영향력을 행사함으로 자신의 조직을 섬기는 것은 사실이다. 하지만 참으로 **섬기는** 지도자, 즉 예수님이 말씀하신 직무 내용 설명서를 만족시키는 사람은 보답할 수 없는 사람들을 돕는 과정에서 이따금 자기 손을 더럽힐 수 있다. 예수님 자신이 **온 것은 섬김을 받으려 함이 아니**라고 하시며 섬기는 지도자로서 최고의 본을 보여주신다. **대속물**이란 '종에게 자유를 주기 위해 지불하는 돈'을 의미한다. 예수님의 희생은 그분을 신뢰하는 사람들을 죄의 폭정에서 자유롭게 한다. 죄는 로마서 6:1-14에서 종의 주인으로 의인화된다. **의**[for, 이것은 '…와 교환으로', '…대신'이라는 두 의미를 다 가지고 있다]는 모종의 교환 혹은 대체물 때문에 유익을 받는 사람을 가리킨다. 십자가에서 예수님은 자신의 백성이 자신에게 지운 죄의 벌을 지시고, 그들 대신 그들의 대체물로 죽으셨으며, 그것과 교환해서 그들에게 영생을 주신다. **많은 사람**[*pollon*, 폴론]이 어떻게 대속되었는지는 26:28에 구체적으로 명시되어 있다(죄 사함을 얻게 하려고 많은 사람을 위하여 흘리는 바나의 피). 거기에서 포도주는 곧 십자가에서 흘리실 예수님의 피를 상징했다. **많은 사람**은 예수님의 죽음을 통한 유익이 예수님을 구세주로 의지하는 사람들에게만 적용된다는 것을 나타낸다(롬 5:18을 보라. 거기에서 사람들은 그리스도 안에서 은혜와 의의 선물을 받는 사람들만을 말한다, 롬 5:17). 마태복음 20:28은 종종 특별 구속(particular redemption) 교리를 지지하기 위해 인용된다.

3. 예수님이 기꺼이 섬기시다(20:29-34)

20:29-34. 9:27에서 예수님이 반대에 직면하시기 전 사역을 시작하실 때 두 맹인이 20:30에 나온 것과 같은 말을 사용해서 소리 질렀다(30절에 나오는 **주**라는 말은 본문의 맥락에서 생각해봤을 때 의심스러운 표현이다). 이 사건은 예수님이 거부와 반대를 당하신 후 예수님의 사역 끝 무렵에 일어난 일이다. "거부당하셨음에도 불구하고 그분의 긍휼하심은 한결같다. 예수님께 닥친 어려움들이 그분의 긍휼을 소멸시키지는 않는다"(Davies and Allison, *The Gospel According to Saint Matthew*, 109). 게다가 예수님은 섬기는 지도자로서의 역할을 계속 보여주신다.

마태와 마가(막 10:46)는 이 기적이 예수님이 여리고를 떠나갈 때 일어났다고 진술하며, 누가(눅 18:35 이하)는 여리고로 들어오실 때 일어났다고 진술한다. 이를 적절히 설명해줄 수 있는 것은 없다(여러 가지 견해에 대해서는 주요 주석들을 보라). 하지만 누가의 기사가 가장 덜 정확하며(문자적으로 예수님이 여리고 근처에 계셨을 때, 눅 18:35), 삭개오 이야기와 조화시키기 위해 압축한 이야기임을 나타낼 수도 있다. 마태는 두 맹인이 있었다고 말하며, 마가와 누가는 한 명만 있었다고 말한다. 마태가 두 사람을 다 언급한 것은 그들과 9:27에 나오는 다른 두 맹인들과 대비시키기 위해서였을 것이다(참고. 20:29-34에 대한 앞의 주석을 보라). 하지만 세 기사 간에 형식상의 모순은 없다.

다윗의 자손이라는 말과 병 고침에 대한 다른 세부사항들로는 9:27-31을 보라. 예수님은 큰 권위를 갖고 계셨다. 예수님은 메시아적 지도자였다. 예수님은 분명 예루살렘에서 그분을 기다리고 있는 일에 몰두하고 계셨다. 하지만 **무리**와는 달리 예수님은 이 맹인들을 위한 섬기는 지도자의 본보기로서 짬을 내어 **불쌍히 여기**(34절)는 마음을 보이셨다. 그리고 그렇게 하심으로 자신의 제자들을 가르치셨다.

X. 왕-메시아를 거부하다(21:1-23:39)

A. 메시아께서 백성들에게 자신을 내어주시다 (21:1-11)

21:1-3. 예수님의 왕적 신분('다윗의 자손', 20:30-31)이라는 주제는 21장에서도 계속된다(예수님은 '왕'이시다, 5절; '다윗의 자손'이시다, 9,15절). 예루살렘에서 예수님께 일어날 모든 일에도 불구하고, 예수님은 여전히 유대인들의 왕이셨다.

벳바게는 아마 감람산의 동쪽 경사면에 있었을 것이다. 그 산은 종말론적으로 중요한 장소였으며(예를 들어 슥 14:4; 행 1:9-11), 여호와의 영광이 이스라엘에서 떠난 장소로서 역사적으로 중요했다(겔 9:3; 10:4,

18-19; 11:22-23). 승리를 의미하는 예수님의 입성은 이 길을 따라 되돌아가는 길이었다. 마치 "영광이 다시 돌아왔다!"라고 말하는 것과도 같았다.

21:4-9. 5절은 이사야 62:11과 스가랴 9:9을 인용한 것으로 두 구절 모두 이스라엘을 구하는 구원자에 대한 종말론적 맥락을 갖고 있다. **무리…는 그들의 겉옷을 길에 펴고**(8절)는 상징적인 행동이다. 그들의 겉옷이 예수님의 발아래에 있었던 것처럼 그들은 그들의 왕에게 복종하기로 맹세했다. **나뭇가지**는 주전 164년에 유다 마카베(Judas Maccabeus)가 이스라엘을 안티오코스 에피파네스 4세(Antiochus Epiphanes IV)로부터 해방시켰던 것을 생각나게 했다(*1Mac* 10:7; *2Mac* 13:51). 그것은 무리들이 예수님을 통해 비슷한 군사적 해방을 기대했음을 시사한다. **호산나**(9절)는 찬양의 용어일 것이다(눅 19:37-38을 보라). 그들의 찬양이 하늘에서(**가장 높은 곳에서**) 들리기를 기대하는 마음을 담은 것이다. 무리는 시편 118:26(마 23:9에도 인용된)을 외쳤다. 시편 118편의 핵심은 하나님이 자신에게 부르짖는(시 118:15-21) 자신의 백성(시 118:13-14)을 구해주신다는 것이다. 그 구해주심은 버린 돌(시 118:22), **여호와의 이름으로 오는 자**(시 118:2절)이신 메시아를 통해 올 것이다.

21:10-11. **선지자**라는 말은 예수님에 대한 예루살렘 거민들의 부적절한 견해를 드러낸다. 하지만 마태는 그들의 견해에 대해 아무런 평가를 하지 않는다. 물론 예수님은 이 맥락에서 선지자 역할을 하시긴 했다.

B. 메시아께서 제사장들의 타락에 맞서시다 (21:12-17)

21:12. 제사장들과 백성들은 **성전 안에서 매매하**고 있었다. 그것은 제사를 위해 짐승을 구매하는 것을 말할 것이다(**비둘기**에 대해서는 레 5:7을 보라). 성전에는 **돈 바꾸는 사람들**이 있어야 했다. 많은 순례자들은 이교적 형상들이 새겨진 외국 화폐를 가지고 왔는데, 이런 화폐들은 성전세를 지불하기 위해 사용해서는 안 되었다. 예수님의 일차적 관심사는 순례자들을 사취하는 지도부가 아니라 성전의 오용인 듯하다. **내 집은 기도하는 집이라 일컬음을 받으리라**(13절)는 말은 이사야 56:7에서 나온 말로 하나님을 경외하는 이방인들이 성전에서 환영 받을 때를 고대하며 내다본다(사 56:3-8). **강도**['혁명주의자'가 더 낫다]**의 소굴**[혹은 '동굴']은 예레미야 7:11을 암시한다. 예레미야 시대에, 하나님께 불순종한 사람들은 성전을 그들이 하나님의 징벌을 면하게 해줄 주술적 대상으로 보았다. 예수님 시대에 제사장들은 성전에 대한 하나님의 바람을 무시하여, 하나님께 저항하는 반역자가 되었다. 하지만 그들은 마치 자신들의 냉담함이 아무런 영향도 주지 않을 것이라고 생각하는 듯이 행동했다.

예수님은 음험한 행동을 했다고 여겨졌다. 예수님의 조처들로 인해 유월절을 얼마 앞둔 분주한 기간 동안 통상적 제사가 중단되었을 것이다. 예수님이 재판을 받으신 주요 죄목은 그분이 성전을 향해 하신 행동과 자신이 그것을 수행할 권위를 지니고 있다는 주장(21:23)이었다(26:61; 또한 27:40을 보라). 인간에 불과한 존재가 그런 언행을 하는 것은 옳지 않았다.

21:14-17. 예수님은 성전의 적절한 기능 중 하나를 보여주시기 위해, **맹인과 저는 자**들을 고쳐주셨다. 아마 바깥에 있는 이방인의 뜰에서 그렇게 하셨을 것이다. 신체적으로 장애가 있는 사람들은 안뜰에 들어오는 것이 허용되지 않았다(레 21:18-19). **대제사장과 서기관**들(16:21을 보라)이 16절에서 한 질문은 예수님께 어린아이들을 조용히 하게 하라고 은근히 명령하는 것이었다. 예수님은 시편 8:2을 인용하셨다. 거기에서 하나님은 어린아이들의 찬양이 원수들의 반대를 무효로 만들 수 있다고 하셨다. 하나님은 예수님이 처하신 상황에서 이 아이들을 통해 그 일을 하고 계셨다. 예수님은 암암리에 이 지도자들을 하나님의 원수들에 속하게 하셨다. 예수님이 성전을 떠나 예루살렘 남동쪽으로 3킬로미터 떨어진 감람산 동쪽 비탈의 **베다니**로 가셨을 때 예수님은 아마 나사로와 함께 머무셨을 것이다(요 12:1).

C. 메시아께서 열방에 대한 심판을 예언하시다 (21:18-22)

21:18-22. 무화과나무가 시든 사건은 성전에서 지도자들이 예수님을 반대한 것에 대해 말씀하시는 두 본문(21:12-17과 21:23) 사이에 나온다. 그리고 뒤에서 제시하는 이유들과 같이 그들의 강퍅함으로 인해 하나님의 심판이 임할 것임을 미리 알려주는 상징적 행동이었을 것이다. **아침에**(18절)라는 말은 고난주간

월요일을 나타낸다. 승리의 입성을 한 일요일 다음 날 아침이다. 보통 무화과나무에 잎사귀가 달려 있을 때는 열매가 있다. 무화과는 유대 백성을 나타내는 비유로 사용되었으며(렘 24:5, 8; 29:17; 호 9:10), 마른 나무 이미지는 하나님의 심판을 나타냈다(사 34:4; 렘 8:13; 호 2:12; 욜 1:7; 미 7:1). 마태복음에서 좋은 열매(의로운 삶)는 하나님과의 올바른 관계를 나타내는 증거였으며, 열매가 없으면 심판을 받아야 했다(3:5-12에 대한 주석을 보라). 유대 지도자들은 이스라엘의 좋은 열매를 하나님께 드려야 할 책임이 있었으나 그렇게 하지 못했다(21:33-46에 대한 주석을 보라). 열매가 있는 것처럼 보였으나 예수님께 아무 열매도 드리지 못한 무화과나무처럼, 유대 지도자들은 영적 열매가 있는 것처럼 행세지만 실제로는 하나님께 아무것도 드리지 않았다.

20-22절 역시 심판이라는 맥락에서 읽어야 한다. 믿음 및 기도와 관계된 약속에 대해서는 17:14-21을 보라. 열두 제자가 실제로 산을 옮기지는 않았으나, 그들의 기도는 기도하지 않았다면 넘을 수 없었던 적대감의 '산'에 대항해서 실제로 교회의 전진이라는 결과를 가져왔다(행 1:14; 4:31-33; 8:15; 10:9; 13:2-3).

D. 메시아께서 지도자들의 비겁함을 드러내시다 (21:23-27)

21:23-27. 마태복음에는 기록되어 있지 않지만 마가복음 11:27("그들이 다시 예루살렘에 들어가니라")과 누가복음 20:1('하루는'이라는 말은 마찬가지로 다른 날을 나타낸다)은 마태복음 21:23이 월요일에 일어났던 21:18-22 사건들 다음 날에 일어났음을 알려준다(마 21:18-22에 대한 주석을 보라). 마태복음 21:23은 유월절 주간의 화요일에 일어난 사건들을 소개한다. **이런 일**을 할 수 있는 예수님의 **권위**에 대한 질문은 성전을 깨끗하게 하신 것과 관련이 있었다. 예수님이 어떻게 대답을 하시든 문제가 된다. 예수님이 그저 인간적 권위로 그 일을 했다고 주장하신다면 죄를 저질렀다는 비난을 받으실 것이다. 예수님이 신적 권위를 주장하신다면 그분은 신성모독이라는 비난을 받으실 수도 있을 것이다. 그래서 예수님은 요한이 베푼 **세례**의 '근원'에 대한 그들의 견해를 묻는 질문으로 대답하셨다(24-25a절). 예수님의 질문은 둘러대는 것처럼 보인다. 하지만 그들이 예수님의 질문에 제대로 대답한다면 그들은 그들 자신의 질문에 대답하는 셈이 된다. 세례 요한은 하나님이 보내신 선지자였으며, 그는 예수님에 관해 증거했다(3:11-14). 종교 지도자들은 요한의 말을 믿고 예수님을 받아들였어야 했다. 하지만 그들이 그렇게 하지 않은 것은 그들이 요한을 어떻게 평가하고 있는지 보여주었다. 그들은 요한의 사역을 정당한 것으로 여기던 **백성**을 두려워했다(26절). 그래서 그들은 무리가 격노하는 것을 피하기 위해 아무것도 모르는 체했다. 하지만 그렇게 함으로써 그들은 자신들이 유대 백성을 지도하기에 적절하지 않다는 것을 드러냈다. 그들이 하는 주된 일 중 하나는 누가 영적 위협을 제기하는지 혹은 누가 실제로 하나님에게서 보냄을 받았는지 결정하는 것이었기 때문이다.

E. 메시아께서 그들이 거부한 결과에 대한 비유들을 제시하시다(21:28-22:14)

21:28-32. 두 아들 비유를 말씀하신 목적은 요한 그리고 궁극적으로는 예수님에 대한 지도자들의 불완전한 견해를 드러내기 위한 것이었다. 포도원 주인은 하나님을 의미하며, 첫째 아들은 이미 알려진 죄인들로, 요한이 사역을 시작하기 전에는 하나님께 불순종했으나 요한의 사역을 통해 회개한 사람들을 의미한다. 둘째 아들은 순종한다고 주장하는 종교 지도자들을 나타낸다. 하지만 요한이 왔을 때 그들은 하나님이 요한을 통해 보내신 메시지를 믿으려 하지 않았다(참고. 25, 32절). 32절은 지도자들이 요한을 이중으로 거부한 것을 나타낸다. 요한의 사역 첫 단계에서(**요한이…너희에게 왔거늘**) 그리고 후에 요한의 사역이 죄인들에게 영향을 끼쳤을 때(**후에** 지도자들은 그들의 불신을 고집했다) 거부한 것이다. **너희보다 먼저**(31절)라는 말은 인간의 기대가 역전된다는 주제를 반복하는 것일 수도 있지만, 실제로 지도자들이 그들이 예수님을 반대한 것 때문에 천국에 들어가지 못할 것임을 의미할 수도 있다(7:21-23; 23:13).

21:33-41. 이 비유 역시 종교 지도자들에 대한 공격이다. **집주인**은 하나님이고 **포도원**은 이스라엘이며(참고. 사 5:1-7; 렘 2:21; 호 10:1) **농부들**은 이스라엘의 지도자들이다. 그들이 키운 열매는 그들이 하나님께 드려야 하는 것이다(의로운 삶, 3:8-10; 7:16-20;

12:33; 13:33을 보라). 집주인의 종들을 거부한 것은 유대 종교 지도자들이 선지자들을 거부한 것을 나타내며(21:45을 보라), 아들을 거부한 것은 예수님을 거부한 것을 의미한다. 33절은 이 포도원을 조성하는 데 상당한 노력이 들어갔음을 시사한다. 그것은 하나님이 이스라엘을 만드시고 보살피신 것을 의미한다. 집 주인은 **열매를 받으려고**(34절) 했다. 수확한 농작물을 경작한 사람들과 나누는 것이다. 종들을 학대한 것(35-36절)은 하나님의 선지자들을 학대한 이전 세대의 종교 지도자들과 예수님 당시의 지도자들 간에 연속성이 있음을 보여준다. 그 점은 23:29-36에서 분명해진다. **서로 말하되**(38절)라는 문구는 앞의 25절에 나온 것과 유사하다(서로 의논하여 이르되). 그것은 농부들과 종교 지도자들 간에 연관성이 있음을 분명히 해준다. 농부들의 행동은 너무나 잔인무도한 것이어서 도저히 처벌을 면할 수 없다. 집주인은 그 흉악범들을 벌하고 그들을 **열매를 바칠 만한**(41절) 다른 농부들로 대체할 것이다. '바치다'(*apodidomi*, 아포디도미)라는 동사는 22:21에서 사용된다["하나님의 것은 하나님께 바치라"라는 문구에서 '바치다'(render)로 번역된 것과 같은 동사이다]. 종교 지도자들은 하나님이 마땅히 받으셔야 하는 것, 즉 하나님이 그들에게 살도록 요구하신 삶을 하나님께 드리지도 않았고, 이스라엘이 하나님이 구하시는 영적 열매를 맺도록 인도하지도 않았다.

21:42-44. 예수님은 시편 118:22을 인용하신다. 그것은 하나님을 참으로 따르는 자가 누구인가를 규정하는 맥락에서 나온다. 그들은 자신들의 구원을 위해 주님을 의지하는 사람들이다(시 118:15-21). 그들의 구원은 **건축자가 버린 돌**(시 118:22), 여호와의 이름으로 오는 복된 자(시 118:26; 또한 마 21:9에 대한 주석을 보라)를 통해 온다. 43절은 종종 하나님의 프로그램에서 교회가 이스라엘을 대신한다는 개념을 지지하는 증거로 인용된다. 하지만 **하나님의 나라를 너희는 빼앗기**고라는 문구에서 43절에 나오는 선행사 **너희**는 이스라엘이 아니라 종교 지도자들이며(45절), 비유에서 그것은 포도원이 아니라 농부들이다. **나라**를 관리하는 임무는 **그 나라의 열매 맺는 백성이 받**을 것이다. 그것은 이스라엘의 신실한 남은 자들을 인도할 사도들을 말한다(참고. 19:28). 여기에 나오는 것과 같이 단수로 된 **백성**[문자적으로는 '민족'(*ethnos*, 에트노스)]이라는 단어는 70인역에서 하나님과 올바른 관계를 맺고 있는 유대 백성을 가리킬 때 사용되었다(예를 들어 창 12:2; 출 19:6; 신 4:6; 미 4:7; 습 2:9). 그리고 그 단어가 복수 형태로 나올 때는 종종 이방 민족들을 의미했다(레 26:45; 삼상 8:20; 시 2:8; 사 2:4). 44절에서 예수님은 어떤 사람이 돌 위에 떨어지면 돌이 이기고, 돌이 어떤 사람에게 떨어지면 돌이 이긴다고 말씀하셨다. 어떻게 해도 돌이 이긴다(사 8:14-15; 단 2:44-47을 보라). 그러므로 돌을 거부하지 않는 것이 좋을 것이다(21:42).

21:45-46. 종교 지도자들은 예수님의 말씀을 제대로 이해했다. 하지만 비유에 나오는 악한 농부들의 운명에도 불구하고 그들은 예수님을 **잡고자** 했으며 결과들을 무시했다.

22:1-14. **다시**라는 말은 예수님이 유대인 지도자들에게서 천국을 앗아가신다는 주제를 계속해서 말씀하심을 나타낸다. **천국**(2절)에 대해서는 3:1-4과 13:10-17에 대한 주석을 보라. 천국은 종종 혼인 잔치에 비유된다(8:11-12; 계 21:2, 7-9). 왕은 **그 종들을 보냈다**(3절). 그 종들이란 선지자들과 세례 요한을 말한다. '청하다'(call)라는 동사는 이 문맥에서 '초청하다'라는 의미이며, 바울의 글에서 흔히 그렇듯이 구원을 위해 하나님의 유효한 부르심을 경험한다는 의미가 아니다(롬 8:28-30을 보라). 종종 고대 시대에는 우선 그런 축제를 통고한 후에 준비가 완료되었을 때 정식으로 호출을 한다. 그것이 두 번째 부름이었다. **오기를 싫어하거늘**이라는 말은 그들이 이전에 오기로 했던 약속을 어기려 함을 나타낸다. 21:30에 나온 둘째 아들 그리고 21:35-36에 나온 악한 농부들과 다를 바 없다. 왕은 노하여 **그 동네를 불살랐다**(7절). 그것은 주후 70년에 예루살렘에 일어날 일을 예언하는 것이었다(참고. Josephus, *War*, 6.403-422). **합당하다**(8절)는 말은 3:8(회개에 합당한 열매를 맺고)에서 세례 요한이 바리새인들에게 말할 때 사용했던 것과 같은 단어이다. 그 비유는 절대 회개하지 않는 지도자들을 향한 것이었다.

9-10절은 때로 하나님의 초점이 이스라엘에서 뚜렷하게 이방적인 교회로 바뀌는 것을 말한다고 해석된다.

하지만 21:33에서처럼 이 비유에서 말하는 사람들, 왕을 무시하는 사람들, 심판을 받게 될 사람들은 종교 지도자들이다. 왕의 종들은 마을 변두리 길에 가서 모든 사람을 초청했다(9-10절). 비유에서 주변인들은 첫째 아들(21:29) 및 선한 농부들(21:41, 43)과 비슷하다. 그들은 나중에 하나님의 뜻을 행하는 사람들이다. 지도자들은 둘째 아들(21:30) 및 악한 농부들과 유사하다. 그들은 처음에는 의무를 행하는 것처럼 보이지만 결국 거부함으로 그로 인한 결과를 얻게 될 것이다. 후에 초청을 받아들인 사람들은 유대인 하층민(21:31-32)들인데 그들은 천국에 속하게 될 것이나 신분이 높은 지도자들은 거부당한다. 이 비유에서 예수님은 역전의 원리를 반복하신다(19:30-20:16을 보라).

예복을 입지 않은(11-12절) **악한 손님**(10절)을 포함시키는 것에 대해서는 13:24-30, 36-43, 47-50에 대한 주석을 보라. 이 사람의 운명은 7:15-23에 나오는 거짓 선지자들의 운명과 비슷하다. 적절한 **예복**이 없다는 것은 그가 천국에 들어가는 데 필요한 자격을 갖추지 못했음을 묘사한다(5:20; 7:21; 18:3-4, 6; 19:23-24에 대한 주석을 보라).

이 비유는 불길한 언급으로 결론을 맺는다(11-13절). 이것은 재림 이후에 따르는 심판을 묘사한다. 준비되지 않은 손님은 **바깥 어두운 데에 내던져져 슬피 울며 이를 갈게** 된다(13절). 이것이 천국의 행복한 측면들에서 배제되는 육욕적 그리스도인들의 통한을 말하는 것이 아니라 불신자들의 영원한 형벌을 말한다고 해석하는 것과 관련해서는 8:5-13에 대한 주석을 살펴보라. **택함을 입은 자**[에클렉토스(*eklektos*), 즉 구원을 위해 '선택받은 자', '택함받은 자'; 참고. 롬 8:33; 골 3:12; 딤후 2:10]는 **적으니라**(14절)는 하나님이 천국에 있을 사람들을 선택하신다는 것을 나타낸다. 하지만 하나님의 주권적 선택은 분명 사람들이 하는 결정들(하나님을 무시하는 것과 같은, 5절)과 모순되지 않는다. 그리고 그 일은 하나님의 주권적 계획에 근거해 추진된다.

F. 메시아께서 그들의 올무를 피하시다(22:15-46)

22:15-22. 이 부분은 하나님이 요구하시는 것을 하나님께 드리는 것에 대한 내용으로 21:41, 43 내용을 반복한다. 그 **올무**(15절)는 교묘한 것이었다. 예수님이 어떠한 말씀을 하시든 그분은 어려움에 처하게 될 것이다. 예수님이 세금을 내는 것을 금하시면 로마는 그분을 반역자라고 보고 벌할 것이다. 세금을 내라고 하신다면 예수님은 유대 백성들을 격노하게 할 것이다. 세금을 내는 것은 그들이 예속되어 있다는 것을 괴롭게 상기시키는 것이었다. **헤롯 당원들**(16절)은 로마와 한통속이었던 귀족적 유대인 자신들의 특권적 지위를 영속시키기 위해 여념이 없었으며 동료 유대인들에게 멸시를 받았다. 통상 바리새인들은 그들과 어떠한 경우에도 손을 잡으려 하지 않았을 것이다. 하지만 예수님이 세금 내는 것을 나쁘게 말씀하신다면, **헤롯 당원들**은 그것을 로마 당국에 보고할 것이다. 아첨의 말(16절)은 예수님을 대담하게 만듦으로 로마에 대항해 뭔가를 말씀하시게 하려는 의도였다. '세금'(poll-tax)은 개인의 재산 및 농산물에 대한 로마의 세금으로 해마다 하루치 임금 정도를 냈을 것이다. 화폐 앞면의 **형상**(20절)은 그것이 로마의 데나리온이었다고 추정할 때 아마 머리에 화관을 쓴 디베료 황제의 형상이었을 것이다. 거기에는 '*TI CAESAR DIVI AUG F AUGUSTUS*'('디베료 가이사 아구스도, 신적 아구스도의 아들')라는 글이 쓰여 있었다. 뒷면에는 '*PONTIF MAXIM*', 혹은 고대 로마 종교들의 '대제사장'이라는 약자가 써 있었고, 의자에 앉아 있는 여자(의인화된 '평화')의 그림이 있었다. 그것은 우상숭배적인 돈으로 가이사를 신격화하는 것이었다. 그 돈에는 가이사의 형상이 새겨 있었는데, 그가 그것을 '소유했다'는 것과 적절한 금액의 세금으로 그에게 다시 돌려주어야 한다는 것을 시사했다. **바치라**[render, 21절]는 말은 21:41에서 사용되었으며, 바치다(pay)로 번역되었다. 예수님의 요점은 유대 지도자들이 하나님이 요구하시는 것, 즉 하나님과 그분의 영광을 위해 사는 삶 및 전체 민족에게 비슷한 열매를 맺게 할 지도력을 **바치**는 데 실패했다는 것이다.

22:23-33. **그날**은 아직도 유월절 주간의 화요일이었다(참고. 21:23-27에 대한 주석). **사두개인들**은 죽음 이후의 육체에서 분리된 존재도 부활도 믿지 않았다. 그들의 질문은 지적으로 정직하지 않은 것이었다. 그들은 역연혼에 대한 신명기 25:5을 인용했다(24절)(신 25:5-10에 대한 주석을 보라). 사두개인들은 예

수님이 완전히 독단적인 것처럼 보이게 하거나 [어떻게 이생에서 **그들이 다 그를 취하였**는데(문자적으로는 부부로서 '그녀를 가졌는데') 예수님이 일곱 중 하나를 고를 수 있단 말인가, 28절], 아니면 예수님을 곤란하게 해서 부활이 불가능한 교리라고 인정하게 함으로 그런 믿음을 간직하고 있는 바리새인들을 소외시키려는 것이었다. 하지만 사두개인들은 부활에 대해 **오해하였다**(29절). 그들은 예수님이 그것을 결혼, 성교, 생식 등이 계속될 육체적 존재의 연장으로 여기신다고 잘못 생각했다. 예수님은 **부활 때에는**(30절) 결혼(결혼에서는 자녀를 갖는 것이 중대한 요소였다, 창 1:28)이 없을 것이라고 말씀하시면서 그들을 바로잡으신다. 사람들은 **하늘에 있는 천사들과 같**을 것이기 때문이다. 그들은 영원히 살 것이다. 인류를 영속시키기 위한 생식은 불필요할 것이다. 예수님이 사람들이 천사가 '된다고' 말씀하지 '않으셨다'는 것을 주목하라. 예수님은 출애굽기 3:6을 인용해서 더 답하셨다. 그 구절은 **아브라함**, **이삭**, **야곱**이 육체와 분리된 영혼으로서 여전히 살아 있으며 궁극적으로 부활할 것이라고 말한다. 족장들에게 하신 하나님의 언약적 약속들은 그들이 죽을 때 대부분 실현되지 않았다. 하나님이 그 약속들을 성취하시기 위해서는 그들이 궁극적으로 부활해야 한다[이러한 주제에 대해서는, N.T. Wright, *The Resurrection of the Son of God* (Minneapolis: Fortress, 2003), 416-429을 보라].

22:34-40. **바리새인**들은 다시 한 번 공세를 취했다. 바리새인 **율법사**(35절, 막 12:28의 '서기관' 및 눅 5:17의 '율법 교사'와 동의어)의 책임에는 율법에서 법적 원리들을 끌어내기 위해 율법을 연구하는 것, 율법을 가르치는 것, 상담가와 법정의 재판관으로서 율법을 시행하는 것이 포함되었다[Geza Vermes et al., ed., *The History of the Jewish People in the Age of Jesus Christ (175 BC-AD 135)* (Edingurgh: T. & T. Clark, 987), 330을 보라]. **예수를 시험하여**라는 말은 다시 한 번 그 질문의 극악무도한 의도를 나타낸다. 이번에는 인상적인 성경적 임기응변을 가진 사람이 제기한 질문이다. 그 시험은 예수님을 속여서 율법의 몇몇 측면들을 지지하느라 다른 측면들을 비하하도록 하거나, 아니면 그 질문 자체가 뜨거운 논쟁이 될 때 **큰 계명**(현대인의 성경)에 대한 확고한 견해를 표현하도록 하려는 것이었다(그 증거에 대해서는 Hagner, *Matthew 14-28*, 646을 보라). 예수님은 신명기 6:5과 레위기 19:18을 인용하셨다(37-40절). **마음**…**목숨**…**뜻**은 하나님에 대한 사랑이 사람의 모든 측면에서 드러나야 한다는 것을 나타낸다. 바리새인들이 예수님의 대답의 이 부분에 이의를 제기하지는 않았을 것이다. **네 이웃을… 사랑하라**는 것은 다른 사람들의 필요를 채우는 것에서 기쁨을 얻으라는 의미이다. 때로 **네 자신같이**라는 말은 다른 사람들을 사랑할 수 있기 전에 긍정적인 자아상을 개발할 필요가 있다는 점을 입증하기 위해 사용된다. 하지만 모세와 예수님은 자기 사랑을 이웃을 사랑하는 것과 비교하기 위한 기초로 여기신다. 사람은 추우면 옷을 입고 배고프면 먹는다. 사람이 기쁘게 자신의 필요를 채우듯이, 즉 '자기를 사랑하듯이' 자기 이웃의 필요 역시 채워야 한다. 이 두 개의 큰 계명은 상호 배타적인 것이 아니다. 사람이 하나님을 사랑하면 그는 하나님이 사랑하시는 것을 사랑할 것이다. 하나님은 사람들을 사랑하신다(참고. 25:31-46; 요일 4:20).

22:41-46. 예수님은 여기에서 공세를 취하셨다. 예수님은 메시아에 대한 그들의 이해를 시험하셨다. 이는 그들의 피상성을 드러내기 위함이었을 것이다. 또한 그들이 예수님이 누구신지 더 완전하게 이해하도록 돕기 위함이었을 것이다. "메시아가 누구냐?"라는 질문에 대한 상투적인 대답은 **다윗의 자손**이었다. 하지만 그 대답은 뭔가 부족했다. 예수님은 메시아가 다윗의 인간적 후손 이상의 존재라는 증거로 시편 110:1(44절에서)을 인용하셨다. 히브리어에서 처음에 나오는 **주**[히브리어는 종종 야훼(*YHWH* 혹은 *Yahweh*)라고 음역했다]는 분명 하나님을 말한다. 하지만 두 번째 나오는 말은 다른 단어인 아도나이(*'adoni*)로 보통 인간 권위자(예를 들어 창 18:12; 40:1; 하지만 그 말이 여호와의 사자를 나타내는 수 5:14; 삿 6:13을 참고하라)를 말한다. 하지만 70인역(히브리어 성경의 헬라어 번역, 주전 약 200년)은 하나님과 다윗의 주 둘 다에 대해 같은 단어(*kyrios*, 큐리오스)를 사용하는데, 이것은 번역자들이 아도나이를 신적 존재에 대한 언급으로 보았음을 시사한다. **원수**라는 말은 시편에서 일곱 번 사용되는데, 그중 여섯 번은 인간 통치자의 원수가 아니라 하

나님의 원수들에 대해 사용된다(시 8:2; 21:8; 66:3; 74:23; 89:10, 51; 92:9에서 두 번). 발판(시 110:1에서 히브리어와 70인역, 마 22:44에서는 **네 발 아래에**)이라는 말이 구약성경 다른 곳에서 사용될 때(대상 28:2; 시 99:5; 132:7; 사 66:1; 애 2:1) 그것은 하나님의 발판이다. 이 점들이 합해져서 메시아는 다윗의 자손을 훨씬 뛰어넘는 존재였음을 시사한다[더 상세한 것으로는 Barry C. Davis, "Is Psalm 110 a Messianic Psalm?", *BibSac* 157 (April-June, 2000): 162-163을 참고하라]. 43절에서 예수님은 "메시아가 다윗의 자손이라면 어떻게 다윗이 그를 '주'라고 칭할 수 있는가?"라고 질문하셨다. 45절에서는 반대 측면을 질문하신다. "다윗이 메시아를 주라고 칭한다면 어떻게 메시아가 다윗의 자손이 될 수 있는가?" 두 질문 모두에 대한 대답은 메시아가 이중의 본성과 이중의 기원을 가지고 있다는 것이다. 성육신하신 예수님은 온전히 사람이며 다윗의 후손이다. 또한 예수님은 온전히 하나님이시다. 그렇기 때문에 예수님은 다윗의 주님이시다.

G. 메시아께서 지도자들을 정죄하시다(23:1-39)

예수님은 마태복음 23장에서 바리새인들을 통렬히 비난하신다. 예수님만 그렇게 하신 것은 아니다. 유대교 내의 다른 사람들도 바리새주의에 대해 비판적이었다. 예를 들어, *m. Sotah* 22b에서는 일곱 부류의 바리새인들에 대해 논하는데 그중 여섯 명이 부정적으로 묘사된다. 그들은 (1) 모든 사람이 볼 수 있도록 자신의 선행을 어깨에 지니고 다니는 '어깨' 바리새인 (2) 언제나 선행을 미룰 구실을 발견하는 '잠깐만 기다려' 바리새인 (3) 여자 보는 것을 피하기 위해 눈을 감고 다니다가 벽에 부딪혀 멍이 들고 타박상을 입는 '멍든' 바리새인 (4) 언제나 거짓 겸손으로 두 배나 구부리고 걸어다니는 '곱사등이' 바리새인 (5) 자신이 한 선행의 개수를 언제나 세고 있는 '언제나 셈을 세는' 바리새인 (6) 하나님의 진노가 두려워 언제나 떠는 '두려운' 바리새인 (7) 믿음과 자선 가운데 살았던 아브라함을 모방한 '하나님을 사랑하는' 바리새인이었다. 예수님은 일부 유대인들이 다른 유대인들에 대해 하는 다른 내부적 비판과 유사하게 바리새인들을 비판하셨다.

1. 지도자들이 갈채받기를 간절히 원하다(23:1-12)

23:1-12. 23장은 별도의 담화로, 예수님이 종교 지도자들과 연이어 논쟁한 것에 대한 결론에 해당한다. 1-12절에서 예수님은 **서기관과 바리새인들**이 갈채받기를 갈구하는 행동에 대해 **무리와 제자들에게 말씀하셨다**. 13-36절에서 예수님은 그들에게 일곱 번의 '화'를 선언하셨다(23:13, 15, 16, 23, 25, 27, 29). 백성들에게 영향을 끼치는 그들의 위선과 타락 때문이다. 37-39절에서 예수님은 이스라엘에게 닥칠 황폐함에 관한 비탄을 표현하셨다. 하지만 39절은 소망의 어조로 결론을 맺는다.

3a절에 나오는 예수님의 긍정적 명령에 비추어볼 때, **모세의 자리**는 아마 율법 교사로서 지도자의 역할을 언급하는 것은 아닐 것이다. 그것은 모세가 히브리인들의 재판관 역할을 했던 것을 말한다(출 18:13, "모세가 백성을 재판하느라고 앉아"). 그것은 신실한 지도자들에게 위임된 역할이었다(출 18:21-27). 모세는 백성들에게 재판관, 보통은 제사장 혹은 다른 저명한 지도자가 전달한 판결에 따라 **행하**라고[70인역 마 23:3에 나온 것과 같은 단어] 그리고 그 결정을 삼가 **행**하라고 명령했다(신 17:8-10). **서기관들**은 종종 자신들의 성읍에서 재판관 역할을 했다(참고. *Sir* 38:33-39:11). 그들은 사법적 판결을 내릴 때 회당 내의 특별한 의자에 앉았다('모세의 자리'가 고라신을 포함한 서너 개의 회당 폐허에서 발견되었다). 예수님은 그 판결들이 구속력이 있다고 가르치셨다. 하지만 예수님을 따르는 자들은 **그들이 하는 행위는 본받지** 말아야 했다. 그들의 종교적 관행을 모방하지 말아야 했다. **무거운 짐**(4절)에 대해서는 11:28-30을 참고하라. **경문 띠**(5절)는 출애굽기 13:9과 신명기 6:8; 11:18에 언급되는데 팔이나 이마에 찼던 작은 가죽 상자였다. **옷 술**은 유대인들이 율법에 순종해야 함을 상기하기 위해 자신들의 옷 모퉁이에 달았다(민 15:38-40). 하지만 많은 종교 지도자들은 다른 사람들에게 깊은 인상을 주기 위해 그것을 크게 만들었다. **잔치의 윗자리**(6절)는 주인과 가장 가까운 자리였으며 그 손님이 중요한 사람임을 나타냈다. **회당의 높은 자리**는 보통 성경을 읽는 곳과 가까운 곳에 있는 약간 높은 단이었다. **문안 받는 것**[문자적으로는 '충성이나 환호를 반영한 인사', 7절; 참고. 눅 1:28-29]은 종종 낮은 지위의 사람이 높은 지위

의 사람에게 인사하는 형식을 따랐다. **랍비**는 '나의 선생님' 혹은 '나의 주님'을 의미하는 히브리어를 음역한 것으로, '님'(reverend)보다 훨씬 더 상대를 존중하는 말이었다. 8-12절은 예수님을 따르는 자들은 그런 호칭들을 피해야 함을 나타낸다. **너희 선생은 하나요**(8절)라는 말은 10절과 마찬가지로 예수님을 말한다. 당시의 사역자들이 지닌 권위는 예수님께 얻은 것이기 때문에 그들은 겸손해야 하고 자신을 높이지 않도록 주의해야 한다. **너희는 다 형제**이기 때문이다(하나님의 백성들은 평등하다). **아버지**(9절)라는 말은 위대한 지도자들과 존경받는 나이 지긋한 남자 어른들을 지칭할 때 사용되었다. **지도자**(10절)는 '인도자, 가르치는 사람', '멘토'를 의미한다. 11-12절에 대해서는 각각 20:26-28과 야고보서 4:10에 대한 주석을 보라. 이 구절들에 비추어볼 때, 교회 지도자들이 다른 사람들에게 자신을 이런 경칭['님'(Reverend), '박사님', '아버지', '감독님', 심지어 '목사님']으로 부르도록 강요하는 것은 적절하지 않다.

2. 지도자들이 그들의 위선을 통해 백성들을 타락하게 하다(23:13-36)

23:13-15. **화 있을진저**라는 말은 "얼마나 슬픈 일인가" 혹은 "슬프도다"와 비슷한 외침이다. 다가오는 괴로움 때문이다. 그 자체가 한탄의 진술이면서 또한 이 지도자들에게 장차 임할 심판도 수반한다. **외식하는** 자라는 말은 배우에게 사용되었다. 여기에서 그 말은 '실제 자신의 모습이 아닌 것을 가장한다'는 의미이다. 예수님의 대적들은 하나님의 일을 진지하게 행하지 못한 근본적 실패를 경건한 행동이라는 외관(그것은 실제로는 그렇게 경건하지 않았지만, 23절)으로 감추고 있었다. 모두 자신들의 평판을 높이기 위해서였다. 심판이 그들에게 임할 것이다. 그들은 예수님께 반대함으로써(9:33-34; 11:19; 12:23-24; 21:15) 사람들이 **천국**에 들어가지 못하도록 막고 있었기 때문이다(참고. 7:21-23에 대한 주석). 더 나은 사본들은 14절을 빼버린다. 14절은 아마 어떤 충동적인 서기관이 조화를 이루려는 목적으로 마가복음 12:40이나 누가복음 20:47에서 발췌한 구절일 것이다. **교인**[proselyte]은 보통 유대교로 완전히 회심한 이방인을 말했다. **지옥 자식**은 여기에서 '지옥으로 갈 운명인 (바리새교의) 추종자'를 의미한다. 바리새인들과 마찬가지로 교인은 예수님을 메시아로 맞아들이는 것을 내켜하지 않았다.

23:16-22. 이 구절들에서 예수님은 구속력이 있는 맹세와 구속력이 없는 맹세를 구분하는 사람들을 공격하셨다. 5:33-37에서 예수님은 자진해서 맹세하지 말라는 데 초점을 맞추어 가르치신 반면, 여기에서는 특정한 맹세들이 얼마나 구속력이 있는가 하는 문제에 초점을 맞추셨다. 지도자들은 **눈먼 인도자**들이었다(16절; 15:12-14에 대한 주석을 보라). '맹세하다'라는 동사는 '중요한 존재'(하나님, 혹은 '내 어머니의 영혼')에게 증인이 되어달라고 하면서 그것을 행하지 않는다면 벌을 내려달라고 요청함으로써 어떤 행동을 이행하겠다고 약속하는 것'을 의미한다. 어떤 사람은 성전에 **금**을 바치는 것 혹은 제단에 제물을 드리는 비용을 아끼지 않았다. 그것들은 고르반, 곧 주님이 사용하시도록 온전히 봉헌된 것이었다. 몇몇 유대 백성들과 지도자는 성전과 단이 예배에서 덜 확고하고 극적인 요소라고 보았을 수도 있다. 그들이 그렇게 생각했다면(확실하게는 알 수 없다), 그들이 파악하지 못한 것은 **금**이 여호와께 바쳐진 이유(**거룩하게** 된 것)가 '금과 성전의 연관성' 때문이었다는 것이다. 그렇지 않다면 그것이 다른 금보다 더 중요할 이유가 없다. **제단**은 그 위에 드려진 일상적인 것을 특별한 것으로 만들었다. 예수님은 맹세를 하는 데 사용된 것들이 맹세와 똑같이 중요한 것이라고 보셨다. 예수님은 사람들이 자신들에게 가장 중요한 것을 호소하지 않았으니 맹세를 어겨도 된다는 핑계를 대지 못하게끔 하셨다. 예수님은 한 걸음 더 나아가 **제단**, **성전**, **하늘**은 모두 하나님께 속한 것이므로 그것 중 어느 것에 관해서든 맹세를 하는 것은 하나님께 호소하는 것과 동등한 것이라고 강조하셨다. 그렇기 때문에 모든 맹세는 구속력이 있다.

23:23-24. 율법은 레위인들을 후원하기 위해 모든 것들에 대해 십일조를 드리라고 명했다(레 27:30-33; 민 18:21-32; 신 12:5-19; 14:22-29). 그리고 바리새인들은 심지어 **박하와 회향과 근채**까지 포함시켰다. 하지만 그들은 율법의 더 중대한 측면들(**정의**, **긍휼**, **믿음**; 참고. 미 6:8)은 소홀히 했다. 예수님은 24절에서 같은 것을 생생하게 속담 투로 주장하신다. 어떤 사람은 부정한 **하루살이**(레 11:23, 41)를 우연히 섭취하

는 것을 피하기 위해 포도주를 체에 부어 걸러낼 것이다. 그러나 그것은 **낙타**[역시 부정한 짐승, 레 11:4]를 삼키는 것에 비하면 율법을 사소하게 위반하는 것이다. 예수님을 따르는 자들은 하루살이(담배, 술, 춤을 하지 않는 것)에 집착하다가 더 큰 문제들(육욕을 통제하는 것, 물질주의를 제어하는 것)을 소홀히 하는 일이 없도록 조심해야 한다.

23:25-26. **잔**과 **대접**은 비유적 표현으로 **탐욕**['심지어 폭력적이고 거짓된 수단을 통해 무언가를 얻으려는 강한 열망']과 **방탕**['절제하지 않는 것', 고전 7:5에서는 성적 무절제를 이야기할 때 사용되었다]을 감춘 말쑥한 경건의 이미지를 제시한 종교 지도자들을 나타낸다.

23:27-28. 27-28절에서는 비유가 바뀐다. 하지만 요점은 25-26절과 거의 마찬가지이다. **무덤**은 회칠을 했을 때는 매력적으로 보일 수 있지만, 그 안에 있는 내용물이 바뀌지는 않는다. **외식하는** 자에 대해서는 23:13-15을 참고하라. 예수님은 종교 지도자들이 율법을 지킨다고 주장하면서도 율법의 더 중요한 측면들에 주의를 기울이지 않았기 때문에 실제로는 **불법**에 관여한 것이라고 말씀하셨다.

23:29-33. **무덤**이라는 표현은 이 구절들에서 다른 식으로 적용된다. 예수님은 지도자들이 자기 선조들 그리고 선조들과의 연관성은 자랑스러워하면서도 선조들이 선지자들을 학대한 것에는 동질감을 갖고 싶어하지 않았다는 것을 강조하신 것일지도 모른다(31절). 그럼에도 이 지도자들은 예수님을 죽이려고 계획하고 있었다. 그 계획은 그들이 그들의 잔인한 선조들과 강력하게 연관되게끔 해준다. 32절은 21:35-39의 비유적 예언을 이야기 형태로 말해준다.

23:34-36. **그러므로** 예수님은 지도자들이 자신의 조상들이 지은 죄의 분량을 채우는 일을 속히 하게끔 하려고(32절) 그들이 핍박할 그리스도인 **선지자들, 지혜 있는 자들, 서기관들**을 그들에게 보내실 것이다. 바벨론에 포로로 잡혀간 세대처럼 유대인 지도자들은 자신들의 죄에 대해서만 책임이 있었던 것이 아니라 아벨(창 4:8-10)과 사가랴를 죽임으로 그들의 선조들이 자행한 악의 연장선상에 있으며, 그들은 하나님 앞에 오랫동안 쌓인 진노가 완전히 드러나는 것을 경험할 것이다. 예수님이 **아벨**과 **사가랴**를 언급하신 것은 그들이 히브리어 정경 전체(히브리어로 된 구약의 순서에서는 창세기가 첫 번째이고, 역대하가 마지막 책이므로)를 포함하기 때문이다. **바라갸**는 아마 서기관이 착오로 기록했을 것이다. 하지만 그 말은 두 개의 고대 유대 본문(*Tg. Lam.* 2:20; *Midr. Eccles*. 3:16)에도 나오며, 제롬(Jerome)(*Comm. in Matt*. 4.23.35-36)은 "나사렛인들의 복음"(The Gospel of the Nazarenes)이라는 책을 언급한다(그것은 아마 마태복음이었을 것이다. 하지만 확실히 알 수는 없다). 거기에서는 역대하 24:20-22의 세부 사항과 일치하게 '바라갸' 대신 '여호야다'가 나온다(역대하에 나오는 '스가랴'는 여기에 나오는 '사가랴'와 마찬가지로 Zechariah이다—옮긴이 주).

3. 지도자들이 심판에 직면하다(23:37-39)

23:37-39. 예수님은 지도자들의 불순종 때문에 유대 백성 앞에 놓인 운명을 반복해서 말씀하셨다. 하지만 심판은 최종 결론이 아니었다. 예수님은 회개하는 사람들에게 다시 오실 것이다. 훗날 언젠가 유대 백성은 나사렛 예수가 그들의 메시아라는 것을 인식할 것이며, 시편 118:26 같은 고백을 하게 될 것이다. 예수님은 오직 그때에만 오실 것이며(참고. 또한 행 3:19-20) 스가랴 12:10을 성취하여 그들에게 보이실 것이다. 시편 118:26의 의미에 대해서는 마태복음 21:4-9에 대한 주석을 참고하라.

XI. 왕-메시아께서 장차 오실 것이다 (24:1-25:46)

감람산 강화. 종종 의견이 일치하지 않는 이 담화에 대해서는 서너 가지 접근법이 있다. 과거주의자들(preterists, 라틴어의 'praeteristus'에서 나온 말, '지나간 것', '과거의 사건')은 이 장들이 주후 70년에 성취되었으며, 예수님의 재림은 이스라엘에게만(온 세계가 아니라) '심판'으로 오는 것이라고 주장한다. 하지만 그 견해는 믿기 힘들다. 데이비드 터너(*Matthew*, 584)는 이렇게 쓴다. "과거주의의 큰 문제는 예수님이 재림하신다는 종말론의 끝을 끊어버린다는 것이다. 그 종말론은 하늘을 땅으로 가져오고(6:10) 세상을 새롭게 하는(19:28) 것이다. 이 모든 일이 이미 일어났다면 성경의 선지자들과 요한과 예수님 자신이 약속한 영광스러운 미래가 실망스러운 결말을 맞이하는 것을 납득하기 어렵다. 마태복음 24장에 나오는, 전 세계를 포함하는 말(예를 들어, 24:3, 7, 14, 21-22, 27, 30-31, 40-41; 또한 25:31-32을 보라)이 주후 70년에 일어난 국지적 사건에 의해 충분히 만족스럽게 설명될 수 있는지는 대단히 의심스럽다."

부분적 과거주의자들은 마태복음 24장의 구조를 여러 가지로 본다. 한 가지 견해는 24:4-25(혹은 28)은 주후 70년에 대한 것이고, 24:26(혹은 29; 혹은 36)은 그리스도의 재림에 대한 것이라는 주장이다. 하지만 예수님은 자신의 재림에 대한 언급을 이 부분 전체에 섞어넣으셨으며(참고. 14절. 거기에서 끝은 아마 3절에 의지해볼 때 예수님의 재림과 연관시켜야 할 것이다; 참고. 또한 27, 30절), 21-22절의 극단적 상황들로 볼 때 주후 70년을 염두에 둔 것은 아닐 것이다.

일부 미래주의자들이 주장하는 또 다른 접근은, 4-28절은 32-35절과 마찬가지로 교회 시대 내내 있을 역경들을 의미하며 15-20절 내용은 주후 70년의 사건이 그러한 역경들의 두드러진 예라는 것이다. 그들은 이 시기 다음에 29-31절에 나타나는 재림이 온다고 말한다. 하지만 이 견해를 따르려면 독자들은 그의 역사적·연대기적 이해를 전체 교회 시대로 확장시켰다가(4-13절), 다시 주후 70년으로(15-20절), 그다음에는 재림으로(21-22절), 그다음에는 주후 70년으로(23-28절), 그리고 다시 재림으로(29절 이하), 그다음에는 또 다시 전체 교회 시대로(32-35절) 바꿔야 한다. 단, 34절에 나오는 '이 세대'는 주후 70년의 사건을 경험한 예수님 당시 세대를 말한다. 어떻게 32-35절은 전체 교회 시대를 말하는데 34절의 '이 세대'만 예수님 당시 사람들만 말하는지는 분명하지가 않다. 이 모든 연대적 이동은 예수님의 말씀을 듣는 자들과 마태복음 독자들에게 지나치게 많은 것을 기대하는 것 같다.

또 다른 미래주의자들은 매력적인 대안을 제시한다. 주후 70년과 관련된 사건들은 언젠가 대환란도 일어날 것이며, 그다음에 재림 역시 오리라는 것을 입증하는 표지 역할을 한다는 것이다. 32-33절은 4-31절이 시대의 종말과 재림에 대한 표지이지만 실제로 그 종말의 사건들을 포함하지는 않음을 나타낸다. '이 세대'(34절), 예수님 시대에 살아 있던 많은 사람들은 주후 70년과 관련된 모든 사건들을 볼 것이며, 그것은 장차 재림(*parousia*, 파루시아) 다음에 환난의 기간이 있을 것임을 보증한다. 하지만 이 견해는 과거주의자들의 한계와 마찬가지의 한계를 지닌다.

또 다른 미래주의자들은 마태복음 24장이 이중으로 성취된다고 주장한다. 그것이 주후 70년의 사건들과 재림의 사건들 둘 다에 대해 말한다는 것이다. 하지만 예수님도 마태도 이에 대해 어떠한 분명한 단서도 제시하지 않았기 때문에 원래 청중들이 이 하나의 본문에 이중적 의미가 담겨 있다고 이해했을 것이라 결론 내리기는 어렵다.

여기에서 채택하는 접근법은 마태복음 24-25장을 일관되게 미래주의적이고 환난 전 휴거의 입장에서 보는 것이다. 24:3c에 나오는 첫 번째 질문인 **어느 때에 이런 일이 있겠사오며**(24:3c)라는 질문에 대해 예수님은 24:36-44에서 두 번째로 대답하시면서 교회의 휴거에 의해 주의 날['큰 환난'(단 12:1; 마 24:21)과 '야곱의 환난의 때'(렘 30:7)라고도 알려진]이 갑작스럽게 시작되는 상황을 묘사하신다. 24:3d의 둘째 질문인 **주의 임하심과 세상 끝에는 무슨 징조가 있사오리이까**에 대해서는 24:4-35에서 대답하시는데, 예수님은 주의 날 동안 일어나는 다양한 표지들을 묘사하신다. 7년간의 환난 동안 다양한 시간 기준들이 앞뒤로 왔다 갔다 한다(14절은 환난의 끝을 언급한다. 15절은 그 중간에 일어나는 사건들을 묘사한다. 29-31절은 끝과 재림을 말한다. 32-35절은 휴거를 포함해서 전체 환난 기간을 묘사한다). 이것이 일반적인 세대주의적 해석이다. 그리고 그것에 대한 가장 좋은 변호로는 John F. Hart, "Should Pretribulationists Reconsider the Rapture in Matthew 24:36-44?", *Journal of the Grace Evangelical Society* 20 (Spring 2007), 51-75을 보라.

이 접근법의 약점은 23:38을 제대로 설명하지 않는다는 것이다. 거기에서 분명히 예수님은 주후 70년을 언급하신다. 그렇게 되면 24:3의 첫 질문에 대한 대답은 예루살렘과 성전이 주후 70년에 파괴된 사건에 대한 것이 아니라 종말론적 박해에 대한 것이 되어야 한다. 세대주의적 접근법의 또 다른 약점은 34절에 나오는 '이 세대'를 예수님 당시에 살아서 주후 70년을 보았던 사람들 아닌, 다른 사람들을 언급하는 것으로 본다는 것이다. 이러한 문제들에 대한 반응으로는 뒤에 나오는 주석을 보라. 다른 약점들 역시 있다. 하지만 미래주의적인 견해는 전반적으로 다른 접근들보다 본문의 핵심 부분들을 덜 어색하게 다룬다.

일부 사람들은 마태복음 24-25장을 해석하면서 주후 70년을 두드러진 위치에 두기 때문에 그 반란에 대해 간략하게 개관하는 것이 좋겠다. 유대 백성은 부패한 로마 총독 아래 한동안 종교적 모욕과 재정적 수탈을 당했다. 그들이 소극적으로 반발하자 로마는 잔인하게 반격을 가했다. 총독 게시우스 플로루스(Gessius Florus)는 3,000명 이상을 죽였으며, 유대인 열심당들은 예루살렘 거민들이 그들의 반란에 합류하도록 선동하기 위해 예루살렘에 대한 통제권을 로마에게서 억지로 빼앗았다. 네로는 북쪽에서 갈릴리로 퍼져 나간 반란을 처리하기 위해 베스파시아누스(Vespasian) 장군을 급파했다. 하지만 주후 68년 6월에 네로는 부하들에게 암살당하지 않기 위해 자살을 했다. 그다음 해에 세르비우스 술피키우스 갈바(Servius Sulpicius Galba)와 마르쿠스 살비우스 오토(Marcus Salvius Otho)가 연이어 왕좌를 차지했으며, 이내 왕위에서 물러났다. 아울루스 비텔리우스 게르마니쿠스(Aulus Vitellius Germanicus)가 왕위에 올랐지만 로마 군대의 지지를 잃었다. 동유럽 군대들은 베스파시아누스를 새 황제로 지지했는데 그는 주후 69년 말에 돌연 애굽으로 떠났으며 거기에서 비텔리우스 살해를 꾀했다. 베스파시아누스는 당시 서른 살 정도였던 자신의 아들 티투스(Titus)를 예루살렘에 남겨두고서 그에게 예루살렘을 진압할 책임을 맡겼는데 그 일은 주후 70년 9월에 마침내 완수되었다. 성전이 불에 타고, 성의 많은 부분이 파괴되고, 예루살렘 인구 대다수가 기아로 죽게 되었던 일곱 달 동안의 포위 공격 후에 이루어진 일이었다.

A. 대환난의 시작(24:1-14)

24:1-2. 마태복음 23장은 따로 독립된 담화이다. 다른 담화들의 경우와 마찬가지로 마태는 예수님이 그 이야기를 끝내시고 그 장소에서 떠나셨다고 기록한다(참고. 8:1; 11:1; 13:53; 19:1; 24:1). 하지만 24:1-2은 주제 면에서 23:37-39과 밀접하게 연관되며 예루살렘의 황폐함을 더 자세히 묘사한다. **나와서 가신다**는 것은 유월절 주간의 화요일이 끝났을 때 예수님이 제자들과 함께 베다니로 돌아가셨다는 것을 나타낸다. 감람산 경사면에서는 성전산을 파노라마처럼 볼 수 있었으며, 제자들은 그것을 주의 깊게 바라보았다(1절). **돌 하나도 돌 위에 남지 않고**라는 말은 주후 70년에 예루살렘과 성전이 파괴된 것을 말할 수도 있다. 하지만 4-20절에서 예수님이 묘사하신 사건들은 당시에 대해 알려진 것과는 맞지 않는다(참고. 15-16절에 대한 주석). 마태복음이 주후 70년 이전에 쓰였다면(증거 면에서 그렇게 볼 수 있다), 2절에서 예수님은 미래의 환난 기간 동안 그 거룩한 성이 겪게 될 충격적 경험을 말씀하신 것이라고 이해하는 것이 합리적이다(참고. 미 4:11-5:1; 슥 12:1-3; 14:1-2). 이 잘 알려진 종말의 사건들은 마태의 독자들과 예수님의 제자들에게 매우 익숙했을 것이다. 하지만 주후 70년에 대해서는 그렇지 않다. 그 일이 아직 일어나지 않았기 때문이다.

24:3. 제자들이 주후 70년을 염두에 두고서 질문한 것은 아닐 것이다. **어느 때에 이런 일이 있겠사오며**(36-44절에 언급되는 일들)라는 말은 **주의 임하심과 세상 끝에는 무슨 징조가 있사오리이까**(4-35절에서 대답한)라는 양면적 질문에 비추어 이해해야 한다. 열두 제자는 분명 '어느 때에' 이런 일들이 일어나는가 하는 것과, 마지막에 가서 절정에 이를 징조들 사이의 연관을 상상했다. 이런 정황으로 본다면 예수님의 대답에서 주후 70년은 그다지 큰 비중을 차지하지 않는다. **주의 임하심과 세상 끝에는 무슨 징조가 있사오리이까**라는 질문의 구문은 제자들이 예수님의 **임하심과 세상 끝** 둘 모두를 예고하는 **징조**에 대해 물어보았음을 시사한다. 그것은 별개의 사건이며, 밀접하게 관련되어 있지만 동일한 것은 아닌 두 개의 주제이다[Daniel B. Wallace, *Granville Sharp's Canon and Its Kin: Semantics and Significance* (Studies in Biblical Greek) (New York: Peter Lang, 2009), 185-193]. **징조**에 대해서는 24:30에 대한 주석을 보라. **주의 임하심**[*parousias*(파루시아스), 이 말에서 그리스도의 재림을 나타내는 전문용어인 *Parousia*(파루시아)라는 말이 나왔다]은 제자들이 마침내 어느 정도는 예수님이 떠나실 것이라는 사실을 파악했음을 나타낸다(16:21; 17:9, 12, 22-23; 20:17-19; 21:38-39). 그리고 예수님이 다시 오시는 때 대격변적 사건들이 일어날 것이다.

24:4-8. 4절에서 시작해 35절에 이르기까지 예수님은 24:3에 나온 그분의 임하심과 세상 끝의 징조에 관한 질문에 대답하신다(30절에서 징조가 반복되는 것을 보라). 예수님은 단 하나가 아니라 서너 개의 징조를 말씀해주셨는데, 그것은 그들의 질문에 대한 예수님의 대답이 다소 예기치 않은 것이었음을 나타낸다. 4-14절은 그 끝을 포함해서(14절) 환난 기간 전체를 요약한다. 4-8절의 사건들은 환난 초기의 표징이 되는 심판의 일부이다. 요한계시록 6:9-11의 주석을 보라. **나는 그리스도라**(5절)는 말은 종종 주후 70년 이전에 자신이 메시아라고 주장하는 사람들이 존재했다는 것을 언급하는 말로 여겨진다. 자칭 메시아의 후보자가 될 만한 사람은 갈릴리의 유다(행 5:37), 주후 약 43-46년에 반역을 이끌었던 드다(행 5:36; Josephus, *Ant*. 20.97-98), 미지의 애굽인(행 21:38), 주후 70년에 한 유대 파당을 이끌었던 지도자인 시몬 바 지오라(Simon bar Giora; Josephus, *War*, 2.521-522; 7.26-32), 주후 약 70년의 또 다른 전쟁 지도자 므나헴(Josephus, *War*, 2.433-448) 등이다. 하지만 그들 중 누구도 시몬 바 코크바(Simon bar Kokhba)가 두 번째 반역을 일으켰을 때(주후 132-135경) 시도한 것과 같이, 5절에서 요구하는 것처럼 그 호칭을 자신에게 적용했다는 분명한 표시는 없다. 이 내용은 예수님이 대환난 동안의 현상을 언급하시는 것이라고 보는 것이 더 낫다(참고. 계 6:2에 대한 주석). 6-7절에 대해서는 요한계시록 6:4-6을 보라. 이 동일한 사건들이 환난 동안 표징이 되는 심판의 일부이기 때문이다. **아직 끝은 아니니라**(6절)와 **재난의 시작**(8절)이라는 말은 담화에서 이 부분이 교회 시대의 시련들 혹은 주후 70년에 절정에 이르는 사건들에 대한 것이며, 파루시아에 대한 것이 아니라는 견해를 지지하기 위해 인용된다. 아마 더 그럴듯한 견해는 그 말들이 환난 기간 초기에 일어난 사건들(표징 심판들)을 말하며, 끝이 이르기 전에 더 엄중한 다른 종말론적 사건들이 따르리라는 것을 나타낸다는 해석이다. '재난'(birth pangs)이라는 말은 주의 날과 연관된 대격변을 나타내는 전문적 표현이며(사 13:8; 26:17; 66:7-8; 렘 4:31; 6:24; 22:23; 30:5-7; 48:41; 호 13:13; 미 4:9-10; 1QH 3:7-10; *1 Enoch* 62:4; 살전 5:3; 계 12:2), 그것의 '시작'은 주후 70년에 대한 언급이나 교회 시대 기간에 대한 언급임을 지지하기보다는, 그 종말의 화가 미치는 기간에서 초기에 일어난 사건들이라는 개념을 더 잘 지지해준다. **이 모든 것**이라는 말은 3절에 나오는 이런 일을 계속 말하는 것이다.

24:9-14. 이 단락에 나오는 사건들은 환난기 후기에 일어나는 상황들을 묘사한다. **그때에**(9절)라는 말이 이런 전환을 알린다. **견디는 자는 구원을 얻으리라**(13절)는 말은 10:22에 글자 한 자 안 틀리고 나온다. 그 부분 주석을 보라. **그제야 끝이 오리라**(14절)는 말은 3절에 나오는 주의 임하심과 연관해서 시대의 끝을 말하는 것이 되어야 하며, 그렇기 때문에 9-14절을 결코 복음이 **모든 민족에게…온 세상에 전파되**었다고 말할 수는 없는 때인 주후 70년 무렵의 상황을 말한다고 이해하기는 어렵다(하지만 롬 10:18 및 그것에 대한 주석을 참고하라).

B. 대환난의 중간과 끝: 멸망의 가증한 것 (24:15-28)

24:15-16. 15절은 14절에 묘사된 환난의 끝에서 환난 기간 중간의 핵심 표적 중 하나, 곧 **멸망의 가증한 것**을 살펴보는 것으로 바뀐다. 그것은 다니엘 9:24-27; 11:31; 12:11에서 언급된다. 그곳의 주석을 보라. 다니엘서에 따르면 **가증한 것**은 다니엘의 일흔 이레가 반쯤 지났을 때 일어난다. **멸망의 가증한 것**을 주후 70년의 성전 파괴와 연관시켜서는 안 되는 여러 가지 이유가 있다. 마태복음 24:15에 나오는 **멸망의 가증한 것**은 불시에 닥친 듯하다. 하지만 로마인들이 티투스 장군 치하에 놓이게 되었을 때 기습적인 것은 없었다. 티투스는 그 성이 주후 70년 9월에 멸망하기 전에 일곱 달 동안 그 성을 포위 공격했다. 24:16을 보면 그때까지 사람들은 도망갈 수 있었다. 하지만 티투스가 공격했을 때는 불가능했다. 로마인들이 예루살렘 성벽 주위를 빙 둘러서 포위 공격용 담을 세웠기 때문이다. 게다가 포위 공격은 엄청난 수의 예루살렘 거민들을 죽게 하거나 심각하게 약화시켰으며, 로마인들이 마침내 그 성을 점령했을 때 도망친 사람은 사실상 아무도 없었다. 마태복음 24장에 따르면 성전은 더럽혀질 것이다. 하지만 성전은 더럽혀지기 전에 주후 70년 티투스로 인해 멸망했다(로마 병사들이 성전 안에서 그들의 신들에게 바친 그들의 깃발을 올리고, 티투스에게 경의를 표하는

노래를 하긴 했지만. 참고. Josephus, *War*, 6.316). 예수님이 주후 70년에 대한 예언을 하고 계셨다면 실제로 일어난 많은 부분과 예수님의 말씀은 일치하지 않는다. 그것은 기독론에 다소 문제를 일으킨다. **읽는 자는 깨달을진저**라는 말은 마태 외의 편집자보다는 예수님이 하신 말일 것이다. 예수님을 따르는 자들에게 다니엘 9장을 여기에서 그리고 그것에 대해 예수님이 하신 말씀에 비추어 읽으라고 도전하시는 것이다. **산으로 도망할지어다**(16절) 역시 주후 70년을 말하는 것 같지는 않다. 유대 산들은 네 개의 로마 군단에서 나온 군사들로 가득했기 때문이다.

24:17-20. 17-18절은 사람들이 절대 자기 집에서 물건들을 꺼내갈 생각은 하지 말고 도망해야 한다는 것을 나타낸다. **겨울**(20절) 동안 길은 젖어 진창이 되었기 때문에 그 위를 따라 이동하는 것은 매우 어려웠다. **안식일**에는 안식하라는 명령을 범하게 되며 가는 도중에 도움을 거의 받을 수 없기 때문에 도망가기를 더 꺼릴 수도 있다.

24:21-22. 이것은 아마 주후 70년이 아니라 미래의 환난 기간에 대한 언급일 것이다. 유대와 로마의 전쟁은 대단히 심한 것이기는 했지만 그것은 예수님이 여기에서 사용하신 언어의 엄중함에는 필적할 수 없다. **그날들을 감하지 아니하면**이라는 말은 하나님이 그날들이 계속되도록 허용하지는 않으시리라는 것을 의미한다. 이것은 하나님이 대환난의 지속 기간에 대해 주권을 갖고 계심을 나타낸다. **택하신 자들**(22절; 참고. 또한 24:24, 31)이라는 말은 종종 그리스도인들에게 적용되며(참고. 롬 8:33; 골 3:12), 보통 여기에서 그 말은 신자들을 가리키는 것으로 여겨진다. 감람산 강화의 이 시점에서 사도들은 교회가 아니라 이스라엘 민족의 대표 역할을 한다(Bruce A. Ware, "Is the Church in View in Matthew 24-25?", *BibSac* April-June 1981, 158-172). 그리고 보다 정확하게는 환난 동안 이스라엘에 남은 자들의 지도자 역할을 한다. 데이비드 로우리(David K. Lowery) ["A Theology of Matthew", in *A Biblical Theology of the New Testament*, Roy B. Zuck, and Darrell L. Bock, eds. (Chicago: Moody, 1994), 44, 60]는 예수님의 제자들이 10:17-22(그들 및 그들이 대표하는 그 이후의 제자들이 자신들의 증거로 인해 고난을 받을 것이라고 나오는) 그리고 10:23(이스라엘에게 복음을 전하라는 그들의 사명이 그들 이후 다른 사람들에 의해 계속될 것이라고 나오는)에서 미래에 제자들의 본보기 역할을 할 것이라고 지적한다. 여기에서는 제자들이 미래의 유대인 신자들 및 환난 동안 그 신자들을 지도할 사람들의 본보기 역할을 한다고 보는 것이 타당한 듯하다. 게다가 멸망의 가증한 것에 대한 예언을 시작하는 다니엘 9:24은 "네 백성과 네 거룩한 성을 위하여 일흔 이레를 기한으로 정하였나니"라고 말한다. 이것은 다니엘 9장이 유대인들에게 하려는 말이며 주로 그들에 대한 내용임을 나타낸다. 예수님이 마태복음 24장에서 다니엘서를 언급하신 것은 똑같은 목적에서였을 것이다. 24:4-15에서는 교회의 경험이 아니라 환난 기간에 이스라엘이 겪는 경험을 염두에 두고 있는 반면, 교회의 경험은 24:36에서 나온다.

24:23-28. 이 경고(23절)와 24:4-5, 11에 나오는 경고 사이의 주된 차이점은 여기에서는 메시아라는 주장을 어떤 사람이 다른 사람을 대신해서 한다는 것이다. 이전 부분에서는 거짓 지도자들이 그들 자신에게 주의를 집중시키면서 일어나지만, 여기에서는 그들이 많은 다른 사람들로부터 지지를 얻는다. 거짓 메시아들과 거짓 선지자들은 자신들을 높이기 위해 자유롭게 기적들을 행할 것이지만(24절), 그들과는 대조적으로 예수님은 자신의 행동 대부분에 대해 비밀을 엄수하기를 고집하셨다. 적그리스도의 기적들에 대해서는 데살로니가후서 2:8-9; 요한계시록 13:13을 참고하라. 첫 번째 강림과는 달리, 두 번째 강림은 번개가 치는 것처럼 돌연하고도 의심의 여지가 없을 것이다(26-27절). 모든 의심은 사라질 것이며 모든 거짓 메시아들은 정체가 폭로될 것이다. 어느 누구도 "여기를 보라, 저기를 보라"라고 말할 필요가 없을 것이다. 이 구절들은 이스라엘을 심판하기 위한 예수님의 재림이 주후 70년에 일어났다는 과거주의자들의 주장을 변호하기 더 어렵게 만든다. 28절은 해석하기가 어렵다. 하지만 예수님은 독수리들이 썩은 고기를 발견하는 것과 마찬가지로, 당시에 살아 있는 모든 사람들은 재림을 보게 될 것이라는 의미로 말씀하신 것일 수 있다.

C. 재림(24:29-35)

24:29-31. 28절과 29절 사이에는 주후 70년의 사

건이 일어나고 재림 전에 교회 시대가 자기 길을 달려 가는 것이 충분히 포함될 만큼의 시간적 간격이 있을 수 있다. '예언적 단축'(prophetic foreshortening)은 성경 예언에서 발견되는 현상으로, 종말론적 사건들이 실제로는 수 세기 간격으로 일어날 수 있는데 마치 한 사건이 일어난 직후에 다음 사건이 일어나는 것처럼 제시되는 것이다(참고. 사 9:6a, b과 9:6c; 단 9:24-25과 9:26-27). 여기에 그런 시간적 간격이 있다면, 그것은 파루시아의 때를 알 수 없다는 사실과 매우 잘 조화를 이룰 것이다. 4-28절이 주후 70년을 둘러싼 사건들에 대한 것(과거주의자들과 부분적 과거주의자들의 견해) 혹은 전체 교회 시대에 대한 것으로 그다음에 시간적 간격이 있다가 그 후에 29절의 사건들이 일어난 것이라면(일부 미래주의자들), 예수님이 언제 오실 지 어느 누구도 알 수 없다. 이렇게 이해할 때 주된 문제는 그것이 **그날 환난 후에 즉시**라는 문구의 의의를 지나치게 과소평가한다는 것이다. 예수님은 여기에서 예언적 단축을 쉽게 허용하지 않는 분명한 연대적 표시를 주시며, **즉시**라는 말은 환난의 표시들이 시간적으로 근접해 있는 것을 재림과 연관시킨다. 천체가 어두워지는 것(29절)은 주의 날, 큰 환난의 도래를 의미한다. 환난의 끝에 우주적 혼란이 오는 것을 말하는 다른 본문들로는 에스겔 32:7; 요엘 2:31; 3:15; 요한계시록 6:1-14을 참고하라. **그때에**(30절)라는 말이 두 번 나오는 것으로 보아 그 **징조**는 하늘의 현상(29절)과는 완전히 다른 것으로서 연대적으로 그 현상 다음에 나오고, 30b절에서 언급된 인자의 오심과 다르지만 바로 직전에 나온다고 볼 수 있다. **징조**(24:3d을 보라)라는 말은 '기(旗), 기장, 기치'로 번역할 수 있다. 고대 이스라엘은 군대를 소집할 때 양의 뿔을 불었으며(24:31에 나오는 **나팔**을 주목하라, 참고. 출 19:16), 꼭대기에 가로대가 달린 깃발을 들어올렸다. 거기에는 짐승(보통 뱀)이 부착되어 있었다. 이사야 11:10-16에는 종말 때의 맥락이 나온다. 하나님은 이스라엘의 원수들을 짓밟으시고 자신의 백성을 원래 그들이 살던 땅으로 다시 모으기 위한 출정을 시작하시면서 자신의 기치를 세우신다. 그렇다면 **인자의 징조**는 예수님의 출정이 시작되었다는 것을 나타내는 가시적인 군사적 징조이다. 이 **징조**가 나타나면 땅의 족속들이 **통곡**하게 된다. 그것은 다니엘 7:13과 스가랴 12:10 둘 다에 대한 암시이지만 전 세계적으로 적용되는 것이다. 때로 31절은 환난 후 휴거에 대한 언급으로 해석되는데 그런 해석이 가능하긴 하지만 실제로 그렇지는 않을 것이다. **모으리라**[*episynago*, 에피쉬나고]라는 문구는 70인역에서 시편 105:47(영역본은 106:47)과 147:2(영역본은 146:2)에서 하나님이 유대 백성을 구해주신 후 그들을 거룩한 땅으로 다시 모으시는 상황에서 사용된다(또한 마태가 31절에서 인용하는, 사 27:13의 나팔 부는 시점). 구약성경에서 이렇게 백성들을 다시 모으는 것은 하나님의 백성이 부활하고 영화된 몸을 받는 '휴거'가 아니라, 자연적 육체 속에서 하나님이 그들을 천년왕국으로 모으시는 것을 경험하는 사건인 듯하다.

24:32-35. **이 모든 일**(33, 34절)은 4-31절에서 언급한 징조들을 말한다. 이 징조들이 일어나기 시작할 때 그 당시 살아 있는 사람들은 그들이 예수님의 재림 역시 볼 것이라고 확신할 수 있다. **이 모든 일**[복수 형용사와 대명사, 24:3c에 나오는 '이런 일'을 보라]은 인자[He, 혹은 '그것'(it). 아마 파루시아]가 **가까이 이른**[동사는 3인칭 단수이다] 것과는 다르다. 그래서 파루시아는 **이 모든 일**에 포함되지 않는다. **이 세대**(34절)는 보편적으로 예수님 당시에 살아 있던 사람들을 언급하는 것이라고 받아들여지며, 마태복음에서 **세대**는 보통 그런 의미로 사용된다(참고. 11:16; 12:41; 17:17). 하지만 그런 개념은 추정일 뿐이며, 34절의 전후문맥은 다른 방향을 가리킨다. 34절의 **세대**는 **이 일이 다 일어**난 후에야 지나갈 것이다. **이 일이 다**라는 말은 아마 전 세계적으로 복음 메시지를 전파한 다음에 끝이 오는 것(14절), 미래의 멸망의 가증한 것(15절), 하나님이 그 날들을 제한하시는 유례없는 전 세계적 환난(21-22절), 거짓 메시아들의 증가(24절), 그 후 즉시 우주적 격변이 일어나는 것(29절), 예수님이 오실 때의 군사적 징조(30절), 그러고는 아마도 이 징조들에 바로 뒤이어 일어나는 그분의 재림(30절; 아마도 33절) 등을 포함할 것이다. 가까운 것을 가리키는 **이**[this]라는 지시대명사는 종종 저자 혹은 강사의 마음에 가까이 있는 것을 말하며[참고. Daniel B. Wallace, *Greek Grammar Beyond the Basics: An Exegetical Syntax of the New Testament* (Grand Rapids, MI:

Zondervan, 1996), 325], **이 세대**를 '주후 70년까지 생존하는 제자들 시대 사람들'이라는 지시 대상으로 정하는 것은 종말과 관련된 사건들에 대한 바로 앞뒤 문맥의 논의에 비추어볼 때 다소 어색하다(특히 30-31절, 33절과 34절에 나온 **이 모든 일**). **세대**를 '가족' 혹은 '인류'라는 의미로 이해하는 또 다른 해석["이 가족(유대 백성)은 지나가지 아니하리라", 비록 그들이 환난의 엄중함 때문에 지나갈 것처럼 보이지만]은 예수님과 마태의 다른 용례들에 기초해볼 때 적절하지 못하다.

D. 주의 날에 준비되어 있을 것을 촉구하는 교훈 (24:36-25:30)

24:36-41. 이 구절들은 24:3c의 첫 번째 질문인 "어느 때에 이런 일이 있겠사오며"라는 질문에 대답한다. **그러나**(36절)는 실제로는 두 단어로, '하지만…에 대하여'(*peri de*, ESV를 보라)라는 것이며, 종종 새로운 사고로 이동하는 것을 나타낸다(22:31; 막 12:26; 13:32; 행 21:25; 고전 7:1; 8:1; 12:1; 16:1, 12; 살전 4:9, 13; 5:1). 이 경우, 그 이동은 환난 끝에(29-31절) **그날**[those days, 복수임을 유의하라; 19, 22, 29절] 동안 예수님이 오시는 것에 관한 논의에서부터, 주의 날[**그날**(that day, 36절)이 단수임을 유의하라]을 시작하는 그날의 돌연한 '시작'으로 넘어가는 것이다. **그날**[주의 날, 살전 5:4]**과 그때**[요 16:21-22; 계 3:10에서 종말 때에 임할 화에 대해 사용되었다]는 **아무도 모르나니**라는 말은 모든 종말론 학파에서 대단히 문제가 되는 말이다. 예수님은 우리가 관찰할 수 있는 표적들에 기초해서 그분의 임하심이 가까웠다는 것을 알 수 있다고 주장하시면서(24:4-35; 특히 29-35절), 또한 **그날과 그때**는 아무도 알 수 없으며 오직 아버지만이 아신다고 말씀하시기 때문이다(36, 39, 42, 43, 44절, 50절에서 두 번; 25:13)[그 문제에 대해서는 Douglas J. Moo, "The Case for the Posttribulation Rapture Position," Gleason L. Archer, Jr., Paul D. Feinberg, Douglas J. Moo, and Richard R. Reiter, *The Rapture: Pre-, Mid-, or Post-tribulational?* (Grand Rapids, MI: Baker, 1984), 209을 보라]. 그 문제는 29-35절과 36-44절의 사건들이 서로 다른 사건들임을 유의하지 못하기 때문에 발생한다. 재림은 인식할 수 있을 것이다(33절). 하지만 주의 날의 시작은 아무도 알지 못하던 완전히 놀라운 일일 것이다(36절) [Robert L. Thomas, "Imminence in the NT, Especially Paul's Thessalonian Epistles," *The Master's Seminary Journal* 13 (Fall 2002), 193; Hart, "Should Pretribulationists Reconsider the Rapture in Matthew 24:36-44? Part 1 of 3", 71-74]. 마찬가지로 흥미로운 것은 예수님이 자신의 재림의 때를 자신도 알지 못한다고 주장하신다는 것이다. 그로 인해 어떤 사람들은 예수님의 전지하심에 의문을 제기한다. 예수님이 인성과 신성을 둘 다 가지고 계셨다는 사실을 기억하는 것이 중요하다. 예수님은 인성을 가지고 계셨기에 피곤해지시고, 배가 고프셨고, 시험을 받으실 수 있었다. 그리고 분명 예수님이나 다른 사람들이 알 필요가 없거나 알아도 유익이 없는 것은 모르는 편을 택할 수 있으셨다. 로버트 군드리는 이렇게 말한다. "신학적으로 예수님은 하나님 나라를 진전시키기 위한 경우를 제외하면 자신의 전능하심을 발휘하지 않으셨던 것과 마찬가지로…하나님 나라를 진전시키기 위한 경우를 제외하면 자신의 전지하심을 발휘하지 않으셨다. 예수님이 오시는 것, 더 나은 표현으로 주님의 날이 시작되는 정확한 때를 미리 알렸다면 중간 시기 동안 적당히 지내도록 조장함으로 하나님 나라의 일에 해를 끼쳤을 것이다"[*Matthew: A Commentary on His Literary and Theological Art* (Grand Rapids, MI: Eerdmans, 1982), 492]. 이 경우에, 예수님은 자신의 신성을 통해 파루시아의 시기를 아실 수도 있었지만, 그 시기에 대한 지식에 '접근하지' 않기로 하셨다. **노아**와의 유사성(37-39절)을 발견하려는 시도는 과거주의적 견해에 해가 된다. 홍수는 파루시아와 마찬가지로 그저 거룩한 땅에만 영향을 미친 것이 아니라 전 세계적으로 영향을 미쳤다. 예수님이 다시 오실 때 세상 사람들은 '평상시와 다름없이 행동'하고 있을 것이다. 그것은 **홍수 전** 및 주의 날(환난) 그리고 그날의 시작을 표시하는 사건들이 일어나기 전과 유사한 상황을 시사한다(38절; 또한 살전 5:1-3에 대한 주석을 보라). 그들이 **깨닫지**[문자적으로는 '알지', 39절] **못하였으니**라는 말은 주의 날이 불시에 오는 것을 반영한다(36절). **홍수가 나서 그들을 다 멸**했다(took them all away, 39절)는 것은 노아와 그의 가족이 방주로 안전하게 옮겨졌다(taken away)는 것을 말하지

는 않는다. 이 구절들에 나오는 복수 대명사와 동사들은 홍수 때 멸망한 사람들과 관련되어 있다. 게다가 **홍수가 나서 그들을 다 멸했다**[*airo*, 아이로, took them all way]는 마태복음 구절이 누가복음 17:27에서는 홍수가 나서 그들을 다 멸망시켰다(destroy)라는 표현으로 대치된다. 이것은 39절에서 휴거(환난 전이든 환난 후이든)를 염두에 두고 있지 않음을 나타낸다. 40-41절에 나오는 '데려감을 당할 것이요'(*paralambano*, 파라람바노)라는 동사는 마태복음에서 불길한 함축을 지닌다(27:27; 참고. 또한 요 19:16). 하지만 그 말은 긍정적 의미도 지닌다. '스스로 받아들이다, 안전한 곳으로 데려가다'라는 것이다(1:20, 24; 2:13, 14, 20, 21). 그리고 요한복음 14:3에서 그 말은 마지막 때의 교회와 관련해서 사용된다. 이 점들은 40절과 41절에 나오는, **데려감을 당한**(개역한글) 남자와 여자가 환난이 시작되기 전에 휴거되었다는 개념을 지지해준다. 홍수가 오기 전에 노아가 안전한 곳으로 데려감을 당한 것과 마찬가지이다. 40, 41절의 **버려둠을 당할 것이요**[*aphiemi*, 아피에미]라는 동사는 마태복음에서 사람들과 관련해서 사용될 때는 버려지는 것을 함축한다(예를 들어 4:11, 22; 8:15; 13:36; 19:29; 22:22, 25; 26:56). 그리고 요한복음 14:18에서 예수님은 절대 신자들을 '버려두지' 않으리라고 약속하기 위해 그 동사를 사용하신다. **버려둠**을 당하는 남자와 여자는 환난에서 하나님의 진노에 직면할 것이다. 노아 시대에 땅 위에 남은 사람들이 홍수에서 하나님의 심판을 겪은 것과 마찬가지이다. 심판을 위해 의인과 불의한 자를 구별하는 것은 마태복음 다른 곳에서도 볼 수 있는 주제이다(참고. 8:12; 13:39-43, 49-50; 24:48-51; 25:30, 41-46). 이 본문은 36절에 나오는 전환(주석을 보라)과 연관해서 환난 후 휴거라는 개념을 기꺼이 지지하지는 않는다(홍수의 유추 및 홍수와 휴거, 환난 간의 관계에 대해 다룬 유용한 글로는 John F. Hart, "Should Pretribulationists Reconsider the Rapture in Matthew 24:36-44? Part 2 of 3," 45-63과 Hart, "Should Pretribulationists Reconsider the Rapture in Matthew 24:36-44? Part 3 of 3," 43-49을 보라).

24:42-44. 주의 날이 돌연히 예기치 않게 오리라는 것 그리고 그것에 대해 준비하고 있어야 할 필요성 등이 이 부분과 나머지 부분들의 초점이다. **도둑이 어느 시각**[문자적으로는 밤의 몇 '경']**에** 올지는 아무도 모르므로 부단히 불침번을 서야 한다. 마찬가지로 36-39절에 나타내듯이(그 부분 주석을 보라) 주의 날의 시작은 아무도 예상하지 못할 것이다. 그날과 관련해서 **도둑**이라는 비유적 표현에 대해서는 데살로니가전서 5:2, 4; 베드로후서 3:10; 요한계시록 3:3; 16:15을 보라. 42, 43절의 **깨어 있는** 것(*gregoreo*, 그레고레오)은 언제나 주님을 기쁘시게 하는 방식으로 살아서 주님이 교회를 위해 오실 때 아무 부끄러움이 없도록 하는 것을 말한다(요일 2:28). **깨어 있는** 것의 특징에 관해서는 24:45-47에 대한 주석을 보라. 도둑이 주인의 집에 불법으로 침입하여 강도짓을 할 때 집주인은 자신의 물건을 잃어버린다. 그리스도를 따르는 자로서 그리스도를 위해 살지 않는 사람들은 그분이 예상치 않은 시기에 오실 때 상을 잃어버린다(고전 3:10-17에 대한 주석을 보라). 또한 **깨어 있는** 것은 세상에 있는 사람들의 행동과는 다르게 사는 것을 의미한다(그 동사에 대해서는 살전 5:6, 10을 보라. 그 행동에 대해서는 살전 5:4-8을 보라).

24:45-47. 예수님은 강화의 나머지 부분에서 주님이 오시는 것과 관련해서 깨어 있는 것이 어떤 모습인지 묘사하신다(42, 43절). 이 비유(45-47절)에 나오는 **종**은 다른 모든 하인들을 감독하는 우두머리이다. 어떤 사람들은 이 종이 교회 지도자들에게 국한된다고 생각한다. 하지만 그 말은 더 광범위하게 적용할 수 있다. 준비되는 것에는 다른 사람들과의 상호작용에서 **충성되고 지혜 있는** 것을 포함한다. 준비되었다는 것은 다른 사람들에게 친절한 것을 의미한다(**양식을 나눠 줄 자**). 다른 사람들을 돌보는 것에는 상이 있다. 그 사람은 **복이 있으며**(46절; 5:1-6에 나오는 정의를 보라), 예수님을 섬길 수 있는 능력을 더 받는다. 달란트 비유(25:14-20)는 후자를 이해하기 쉽게 분석한다.

24:48-51. 불의한 종 비유는 마지막 때에 준비되지 못한 사람이 어떤 특징을 지니는지 보여준다. 악한 종은 주인이 더디 오는 것을 이용해서 동료 종들을 학대하고 흥청망청 생활한다. **동료들을 때리며 술친구들과 더불어 먹고 마시**는 것은 악한 종이 마치 자신이 주인인 것처럼 그리고 많은 주인들이 그랬듯이 다른 종들

을 학대할 수 있는 것처럼 행동했다는 것을 시사한다. 하지만 그 악한 종은 주인이 아니며 자신의 행동에 책임을 져야 할 것이다. 그래서 여기에는 파루시아에 준비되는 것의 이면이 나온다. 절대 다른 사람들을 학대하면 안 된다는 것이다. 51절에 대해서는 8:5-13에 대한 주석을 참고하라.

25:1-4. **그때에**(1절)는 24:36에서 그날과 그때와 연관된 상황들을 되돌아본다. **천국은 마치…같다 하리니**[*homoiothesetai he basileia ton ouranon*, 호모이오테세타이 헤 바실레이아 톤 우라논]라는 말은 현재 시대 동안의 '천국의 비밀들'을 언급하는 13:24[*homoiothe he basileia ton ouranon*, 호모이오테 헤 바실레이아 톤 우라논]과 유사하다(13:10-17에 대한 주석을 보라). 마이클 윌킨스(Michael J. Wilkins)는 "이것은 이 비유 그리고 다음 비유가 천국이 '비밀스러운' 방식으로 작용하는 이 시대의 상황들을 명백하게 가리킴을 나타낸다"[*Matthew*, NIVAC (Grand Rapids, MI: Zondervan, 2004), 804]라고 말하면서, 슬기 있는 처녀들과 어리석은 처녀들 비유가 주의 날이 시작되는 것과 교회의 마지막 때를 준비하는 주제와 관련이 있음을 시사한다. 그 처녀들은 악한 종들(24:48)과 달리 신랑이 더디 오리라는 것을 사전에 알지 못했다. 이 처녀들은 신랑이 신부를 맞으러 간 후 혼인 잔치가 열릴 신랑의 집 부근에 모여 있었다(1:18-21에 대한 주석을 보라). 3절의 '왜냐하면'(for, 개역개정에는 번역되어 있지 않다—옮긴이 주)이라는 말은 그 다섯 처녀의 어리석은 점이 무엇인지 설명한다. **기름**은 수많은 것을 나타낼 수 있다. 하지만 이 비유의 요점은 준비됨이기 때문에 기름이 무엇인지에 대해 구체적으로 접근할 필요는 없다. 중요한 것은 기름이 무엇인가 하는 것이 아니라 불충분한 선견지명이라는 형태로, 어리석은 처녀들이 준비되지 못했다는 점이다(10, 13절을 24:42, 44, 50-51과 비교해보라).

25:5-13. **신랑**은 예수님이며, 더딘 것은 승천과 예수님이 오시는 것 사이의 시간이고, 슬기로운 처녀와 어리석은 처녀는 참된 제자들 혹은 거짓된 제자들이고, 어리석은 처녀들이 혼인 잔치에 들어가지 못한 것은 주의 날 동안 이 땅에서 불신자들이 심판을 받는 반면 신자들은 하늘에서 "어린 양의 혼인 잔치"에 그리고 이 땅에서 천년왕국에 참여한다는 것(계 19:7-10의 주석을 보라)을 나타낸다. **다 졸며 잘새**(5절)라는 말은 슬기로운 처녀들도 약간의 도덕적 실책이 있다거나 그들이 모두 죽었다는 것을 의미하지는 않는다. 그들이 자는 것은 그저 신랑이 오는 시기가 얼마나 오래 지체되었는지 나타낸다. **소리**(6절)에 대해서는 데살로니가전서 4:16을 보라. **그 처녀들이 다 일어나**(7절)라는 말도 마찬가지로 죽은 신자들의 부활을 묘사하지 않으며, 8절 이하 역시 사람들이 그들의 부활 이후에 천국에 들어갈 수 있는 두 번째 기회를 가질 것임을 나타내지 않는다. **준비하였던 자들**(10절)이라는 문구는 비유의 주된 요점이 '그분이 돌아오시기 전'의 준비됨이라는 것을 드러낸다. 우리는 '준비되는 것'을 마지막 순간까지 미룰 수 없다. 예수님이 오시는 동안 준비되려 하면 너무 늦다(마찬가지로 22:11-14; 그리고 23:39에 대한 주석을 보라). 주님이 오시는 날은 아무도 예기치 못한 때일 것이며, 그때가 되기 전에 준비되어 있지 않다면 그는 환난 때 어려움에 직면하게 될 것이다(11-12절). 7:21-23에 대한 주석을 보라. 어리석은 처녀들과 마찬가지로 거짓 교사들은 "주여, 주여"라고 말하지만 예수님은 "내가 너희를 도무지 알지 못하노니"라고 대답하시며 그들을 천국에서 배제시키신다. 천국에서 배제되는 사람들은 예수님이 오시기 훨씬 전에 미리 준비하지 못한 사람들이다. **그런즉**[then, 13절]이라는 말은 '그러므로'(therefore)라고 번역해야 하며, 예수님이 그분의 제자들로 하여금 비유를 통해 깨닫게 하려 하시는 요점이 무엇인지 소개한다. **깨어 있으라**는 동사는 24:42, 43에서처럼 '정신을 바짝 차리라, 주의하라'는 의미이다. **그날과 그때**에 대해서는 24:36에 대한 주석을 보라. 두 본문 모두 그리스도가 오실 때 영적으로 각성하여 준비되어 있으라고 격려한다.

25:14-18. '왜냐하면'(for, 개역개정에는 번역되어 있지 않다—옮긴이 주)이라는 말은 24:36-25:13에 나오는 준비됨이라는 개념을 확장시키는 말이다. 휴거 때에 준비된다는 것은 주님을 위해 부지런히 행하는 것을 의미한다. 비유에 나오는 **사람**은 예수님을 나타내며, **타국에 갈 때**라는 것은 교회 시대 동안 예수님이 부재하신 것, 생산적인 **종**들은 준비되어 있는 신실한 제자들 그리고 세 번째 종은 신실하지 않은 거짓 제

자들을 나타낸다. 달란트[헬라어로 탈란타(*talanta*)]는 그리스 로마 시대의 가장 큰 화폐 단위로, 평균 근로자의 6,000일 치 품삯 혹은 20년 치 수입 정도의 가치를 지녔다. 종들은 각각 **그 재능대로** 다른 금액을 받았다. 하지만 모두에게 같은 기대치가 주어진 듯하다. 주인이 없는 동안 그를 위해 뭔가를 남기라는 것이다. 달란트는 종종 복음, 하나님의 말씀, 영적 은사, '시간, 달란트, 재물'에 대한 청지기직과 동일시된다. 이 중 어느 것도 이 비유에 특별히 적절한 것은 없다(첫 번째 종은 다섯 개의 복음을 더 남겼는가? 두 번째 종은 두 개의 영적 은사를 더 남겼는가?). 주어지는 상이 더 큰 책임을 맡는 것이라는 점에 비추어(21, 23절), **달란트**는 가장 일반적인 측면에서 이해해야 한다. 그것이 무엇이든 간에 제자가 자신의 책임을 성취하는 것이다. 세 번째 종(18절)은 땅을 파서 **주인의 돈을 감추어두**었다. 당시에 그런 행동은 도난에 대비한다는 면에서 나쁜 방법이 아니었다. 하지만 그 결과 그는 다른 두 종들과는 달리 주인을 위해 아무것도 안 **남겼다**(16, 17절).

25:19-23. **오랜 후에**(19절)는 주의 날의 시작이 지체되는 것을 가리킨다. **결산할새**라는 말은 장차 심판이 있을 것임을 나타낸다. 아마도 심판석인 베마(*bema*)에서 그럴 것이다(고전 3:10-17; 롬 14:10-12을 보라). 두 종은 서로 다른 금액을 받았으며 그들이 돌려준 것도 그것을 반영한다. 하지만 주인은 상과 관련해서 두 사람 모두에게 똑같은 말을 했다(**네가 적은 일에 충성하였으매 내가 많은 것을 네게 맡기리니 네 주인의 즐거움에 참여할지어다**, 21절과 23절). 거기에는 주인 자신 몫의 **즐거움**도 포함됐다. 이것은 예수님이 어떤 수준의 능력을 주셨든 예수님의 제자들은 더 많지도 않고 더 적지도 않은, 그들에게 맡겨진 분량에 상응하는 것을 남겨야 할 책임이 있음을 암시한다. 성경은 미래에 주어질 상에 대해서는 언급하지 않는다. 하지만 이 비유는 천년왕국이 확립되었을 때 예수님을 섬기고 그 일이 다 이루어졌을 때 **주인**의 **즐거움**을 경험할 기회가 더 확대되는 것이 그 상에 포함된다는 사실을 시사한다. 이 비유는 또한 그 상들을 신자가 주님이 멀리 떠나 있는 동안 현재 하는 일과 연결시킨다. 행위가 사람을 구원하지는 못하지만 행위 자체가 대수롭지 않은 것이라고 생각하면 절대 안 된다.

25:24-25. 이 구절들은 세 번째 종이 부적절한 행동을 한 동기를 알려준다. **당신은 굳은 사람이라**는 말은 26절에서 주인이 종의 말을 되풀이할 때는 반복되지 않는다. 그리고 이것은 비유의 요점 중 일부일 것이다. 이 이전에 주인이 보인 어떤 반응도 **그가 굳은**['가혹한', '모진', '지나친 요구를 하는', '폭력적인'] 사람이었음을 시사하지 않았다.

25:26-28. 26절의 '하지만'(but, 개역개정에는 번역되어 있지 않다—옮긴이 주)이라는 말은 다른 두 종들을 대우하는 것과 이 종을 대우하는 것 사이의 대조를 나타낸다. **게으른**이라는 말은 '~에 대해 소심하다 혹은 과업을 수행하는 것에서 주춤하다'라는 의미이다. 주인의 특성을 알았다면 그 종은 주인을 위해 부지런히 일했어야 할 것이다. 거두는 것과 뿌리는 것이 예수님께 적절하게 적용된다면 그 말은 예수님이 자신이 수행하지 않으신 일에 대해 보답을 바라신다는 의미가 될 것이다. 예수님을 위해 신자가 열매를 맺는 것이 예수님의 능력과 은혜의 표시라면(바울은 고전 15:10a에서 "나의 나 된 것은 하나님의 은혜로 된 것이니"라고 말한다), 그럼에도 불구하고 이렇게 열매를 맺는 것은 신자가 예수님을 위해 노력한 것의 결과이기도 하다("내가 모든 사도보다 더 많이 수고하였으나", 고전 15:10c). 그리고 예수님은 그분을 따르는 자들의 노력으로부터 그분을 위한 보답을 기대하신다.

25:29-30. '왜냐하면'(for, 개역개정에는 번역되어 있지 않다—옮긴이 주)이라는 말로 비유의 주요 원리에 대한 설명이 시작된다. 두 신실한 종은 주인을 위해 이윤을 남기는 사람들[**있는**(남기는) **자**]의 범주에 들어가며, 그래서 **받아 풍족하게** 될 것이다. 아마 더 많은 '상'은 책임과 즐거움을 말할 것이다. 하지만 악한 종은 완전히 다른 범주에 들어간다. 그는 주님을 위해 아무것도 **없는 자**이다. **그 있는 것까지**라는 말은 세 번째 종이 주님을 위한 열매 혹은 보답을 가지고 있음을 시사하는 것이 아니라 그에게 있는 것처럼 보이는 것은 무엇이든 그가 아무 행동도 하지 않은 것에 의해 빼앗겼음을 시사한다(참고. 또한 7:21-23. 거기에서 거짓 교사들의 소위 선한 행실을 예수님은 '불법'이라고 간주하신다). 세 번째 종이 종들 가운데 포함되었던 것은 사실이다(14절). 하지만 그를 참된 제자이기는 하나

육욕적인 추종자로 이해할 수는 없다. 특히 30절에 비추어볼 때 그렇다(그것에 대해서는 8:5-13에 대한 주석을 보라). 그는 가짜 제자로, 결코 예수님을 알지 못했던 자이다. 마태복음에서 우리는 참된 선지자와 거짓 선지자, 양과 양의 옷을 입은 이리, 모래 위에 지은 집과 반석 위에 지은 집, 밀과 가라지, 슬기로운 처녀와 어리석은 처녀, 의로운 종과 불의한 종을 발견한다. 예수님과 연관된 사람들이 모두 참된 제자들은 아니다.

E. 재림에 따르는 심판(25:31-46)

25:31-33. 마태복음 24:36-25:30은 예수님의 백성이 주의 날에 준비되는 것에 관한 내용이다. 25:31에서는 예수님의 재림 이후에 일어날 심판의 장면으로 바뀐다. 재림 때 예수님은 자신의 지상 나라를 다스리기 시작하신다(**인자가 자기 영광으로 모든 천사와 함께 올 때에 자기 영광의 보좌에 앉으리니**, 31절). **모든 민족**(32절)이라는 말은 그 안에 유대인들과 이방인들이 다 같이 포함된다는 것과 이것이 전 세계적 심판임을 나타낸다.

25:34-40. 이타적인 행동들은 37, 46절에서 **의인들**이라고 불리는 양들이 행하는 것이다(5:20에 대한 주석을 보라). 이 본문은 때로는 행위 구원을 지지하는 것으로 보인다. 하지만 몇 가지 요소 때문에 이런 견해의 오류가 드러난다. 첫째, 그것은 신약성경 나머지 부분과 조화되지 않는다. 둘째, 이 행동들을 한 사람들은 **의인들**이다. 그들이 의로운 행동을 하기 때문에 의인이라는 표시는 없다. 셋째, 이 양들은 천국에 있을 것이다. 그것에 대해서는 7:21-23의 주석을 보라. 넷째, 양들은 **복받을 자들**(34절)이라고 불린다. 그리고 바로 앞뒤 문맥에는 이런 개념을 발전시킬 만한 것이 아무것도 없지만, 5:3, 5, 10; 11:6; 13:16 및 해당 주석을 보라. 그것은 심령이 가난한 자들과 의에 주리고 목마른 자들은 **복이 있**다는 것을 나타낸다(5:3, 5, 10; 11:6; 13:16에 대한 주석을 보라). 다섯째, 의로운 양은 **창세로부터** 그들을 **위하여 예비된 나라를 상속받**는다. 그들이 천국에 포함되는 것은 그들의 행위를 조건으로 하지 않는다. 그 운명은 어떤 행위도 하기 전에 정해져 있었기 때문이다. 마지막으로, 양들은 그들이 천국에 들어간 이유에 관해 놀랐다(선행, 37절 이하). 이것은 그들이 천국에 들어가는 것을 허락받기 위해 그런 선행을 한 것이 아니었음을 나타낸다. 본문이 함축하는 것은 선행이 의를 낳는 것은 아니지만, 의로운 자들은 실제로 선행을 한다는 것이다. 반대로 선행이 없는 것은 그 사람이 염소 가운데 속해 있음을 나타낸다. **너희가 여기 내 형제 중에 지극히 작은 자 하나에게 한 것**(40절)이라는 말은 예수님이 환난 중에 핍박을 받고 그때 이방인 신자들로부터 도움을 받는 유대인 신자들을 특히 염두에 두고 계셨음을 나타낸다. 신자들이 감옥 사역에 관여하는 것은 좋고 적절한 것이다. 하지만 40절이 이 친절한 행동들이 특히 유대인으로 예수님을 따르는 자들에게(오로지 그들에게만은 아니지만) 한 것임을 나타낸다는 사실을 반드시 유의해야 한다(갈 6:10을 보라). 34-40절에 대해, 카슨("Matthew," 520)은 이렇게 쓴다. "예수님을 따르는 자들에게, 심지어 그들 중 가장 작은 자들에게 행한 선행은 긍휼과 도덕성의 행위일 뿐 아니라 또한 사람들이 천국 및 예수님 자신과 관련해서 어디에 서 있는지를 반영한다. 예수님은 그분을 따르는 자들의 운명과 자신을 동일시하시며, 그들에 대한 긍휼을 그분 자신에 대한 긍휼과 동일한 것으로 만드신다."

25:41-46. 예수님의 참된 제자가 아닌 사람들은 신자들(그들이 유대인 신자들이든 이방인 신자들이든)에게 친절함을 보이지 않을 것이며, 또한 그로서 그들이 예수님과 아무런 연관이 없다는 것을 나타낼 것이다(참고. 요엘 3:14-15; 4:7-14). 염소들은 **마귀와 그 사자들을 위하여 예비된 영원한 불에 들어**갈 것이다. 하지만 그 불은 예수님과 분리된 모든 사람들을 받아들일 만큼 커진다(계 12:9-12; 20:11-15).

양과 염소의 비유에서 예수님은 이전의 세 가지 비유에 나온 주제들을 반복하시지만, 그 주제들을 환난 동안 의를 보여주는 것과 천국에 준비되는 내용에 적용하신다. 양들이 그랬던 것처럼 사람들은 다른 사람들에게 친절함으로써 자신이 천국에 들어갈 존재라는 것을 보여준다. 25:1-13에서 준비된다는 것은 예수님이 다시 오시기 전에 준비되어야 한다는 의미였다. 그리고 양은 심지어 환난 동안에도 다른 사람들을 돌보는 생활 방식을 가지고 있었다. 25:14-30에서 선한 종의 수고는 양들이 행한 도움과 마찬가지로 궁극적으로는 주님을 위한 것이었다. '준비됨'은 감람산 강화의 핵심이며, 예수님은 준비됨의 구체적인 예를 몇 가지 이야기 해주심으로 그분을 따르는 자들이 아무것도 모른 채로 있지 않도록 하신다.

XIII. 왕-메시아의 죽음(26:1-27:66)

A. 예수님에 대한 증오에 찬 음모(26:1-5)

26:1-2. 예수님은 감람산을 떠나시면서 자신의 임박한 죽음에 대해 분명한 교훈을 주셨다. 심판하실 분인 자신이 심판을 받으실 것이다. 예수님은 자신에게 임박한 십자가 죽음을 언급하시면서(참고. 20:19) 무슨 일이 일어나고 있는지를 자신이 정확하게 알고 있음을 시사하신다. 앞으로 일어날 일에서 예수님은 희생자(가장 참된 의미에서)가 아니시다. **이틀이 지나면 유월절이라**(2절)는 말은 마태가 화요일 늦은 오후나, 유대인들의 계산에 따르면 수요일의 시작이 되었을 초저녁부터 사건들을 기술하고 있다는 것을 나타낸다. 예수님이 자신의 죽음을 유월절을 기념하는 것과 의도적으로 연결시키려 하시는 것에 주목하라(출 12-13장에 대한 주석을 보라). 예수님은 세상 죄를 지고 가는 하나님의 어린 양이시다(요 1:29). 성금요일 무렵에 일어난 사건들의 시기와 연관된 다양한 연대적 문제들을 조화시키는 것에 대해서는 Carson, "Matthew," 528-532을 보라.

26:3-5. 지도자들을 향한 예수님의 가르침은 매우 신랄해져서 지도자들은 예수님을 죽여야 한다고 판단했다. **대제사장**(3절)은 로마에 의해 4년 임기로 임명되었다. 그의 주요 책임 중 하나는 성전의 업무를 감독하는 것이었다. 그는 그 일을 위해 자신의 가족을 활용했다. 성전을 정화하는 것은 그들에 대한 정면 공격이었다. **가야바**['심문자'라는 의미]는 발레리우스 그라투스(Valerius Gratus) 총독에게 임명되어 주후 18-36년에 그 지위에 있었다. 그것은 전통적으로 허용되던 것보다 훨씬 더 긴 기간으로 그가 상당한 정치적 술책을 지닌 사람임을 입증한다. 그의 장인 안나스는 그보다 전에 제사장으로 일했으며 계속해서 상당한 권위를 행사했다(참고. 눅 3:2; 요 11:47-53; 18:13-24). 그들의 음모는 **명절**(5절), 곧 일주일에 걸쳐 지켜지는 유월절과 무교절 이후까지는 시행되지 않을 것이다. 그때쯤 되면 예수님에 열광적인 사람들이었던 순례자들이 자신들의 집으로 돌아갔을 것이다.

B. 예수님을 위한 친절한 행동(26:6-13)

26:6-13. 베다니에서 일어난 일은 가장 비난받을 만한 행동들 사이에 끼어 있는 놀랄 만큼 부드러운 표현이다. **옥합**(7절)은 아마 고운 반투명의 흰색 석고 병이었을 것이다. **향유**는 이국적인 기름을 바탕으로 다양한 방향제와 꽃 추출물을 섞어서 만들었다. 마가복음 14:5과 요한복음 12:5은 그 향유가 약 300데나리온 혹은 약 300일의 품삯에 해당하는 값어치를 지녔다고 말한다. 제자들은 매우 강력한 반응을 보였다(8-9절). 유월절 동안에는 부유한 유대인들이 가난한 사람들에게 재정적 도움을 주는 것이 관례였기 때문에 그 향유를 팔 수 있었을 것이다. 하지만 예수님은 그 여자의 행동이 **내 장례를 위하여**(12절) 한 것이라고 말씀하시면서 여자를 변호하신다. 당시에는 부자가 죽었을 경우 시체에 향유를 흠뻑 부은 다음에 수의로 쌌다. 접히는 곳에는 더 많은 방향제를 넣었다. 시체를 미라로 만들기 위해서가 아니라 부패되는 냄새를 줄이기 위해서이다. 무덤이 밀폐되지 않았기 때문이다. 하지만 십자가에 달려 죽은 죄수들은 그런 대우를 받지 못했다. 시체를 십자가에서 썩게 놔둔 다음, 보통 성읍의 쓰레기장(예루살렘의 경우에는 예루살렘 남동쪽 변두리에 있는 힌놈의 골짜기)에 던졌고, 아예 장사를 지내지 않았다. 이 여자가 한 일은 예수님께 실제로 경의를 표하는 것이었으며, 통상적 환경에서는 예수님이 받지 않으셨을 장사 준비를 해드린 것과 같다.

C. 유다가 구상한 계획들(26:14-16)

26:14-16. 이 구절들은 유월절 주간의 수요일에 일어난 일로, 마태가 기록한 한 사건을 포함한다. 유다의 동기는 신약성경 연구에서 가장 큰 수수께끼로 남아 있다. 어쩌면 유다는 예수님이 천국을 확립하시는 것과 그 안에서 제자들이 누릴 특권들을 앞당기고, 또한 로마를 타도하기 위해 예수님을 배신하고 싶어 했을 것이다. 그러나 복음서들에는 이에 대한 암시가 한 마디도 없다. 최고의 증거는 유다가 탐욕스러웠으며(요 12:4-6에 대한 주석을 보라), 돈을 위해 예수님을 배신했다는 것이다. 마태는 27:9-10에서 **은 삼십**(15절)에 대해 더 말한다.

D. 예수님이 죽임당하신 목적: 새 언약의 시작

(26:17-29)

26:17-19. 17절은 유월절 주간의 목요일을 소개한다. 예루살렘 거민들은 유월절 순례자들(그들 중 많은 사람들은 가족과 친구들이었다)에게 숙식을 제공하는 것이 관례였다. 예수님이 유월절 날 자신의 집을 내어 줄 이 사람과 사전에 뭔가 약속이 되어 있었는지 혹은 이것이 예수님의 신적 전지하심을 발휘하신 것이었는지는 알 수 없다. 마가복음 14:13과 누가복음 22:10은 둘 다 이 사람이 물동이를 가지고 가고 있을 것이라고 언급한다. 물동이를 가져가는 것은 일반적으로 여자의 일이었다. 그래서 그 사람을 알아보기가 쉬웠을 것이다. **내 때가 가까이 왔으니**(18절)라는 말은 예수님의 죽음, 그것에 대해 예수님이 아시는 것과 그것에 대한 하나님의 주권 그리고 여기에서 그것과 유월절을 지키는 것 간의 연관이라는 주제를 다시 말한다.

26:20-25. 유다의 마음속에 무엇이 있었는지 아시면서도 예수님이 다른 제자들에게 절대 그 내용을 말씀하지 않으셨다는 것은 예수님의 인내와 절제에 대한 놀라운 간증이다. 유다는 그들이 기념하는 동안 예수님과 가장 가까운, 명예로운 자리를 할당받았다(23절). 24절은 신적 주권과 인간의 책임 간의 신비한 균형을 제시한다(참고. 또한 행 2:23-24; 4:27-28). 하나님은 예수님의 죽음의 때와 환경들을 결정하셨으며, 유다의 악한 행동들을 통해 그 일들이 일어나게 하셨다. 하지만 이것은 유다의 죄책을 면제해주지도 않으며, 유다의 배신에 대한 도덕적 과실을 하나님께 부여하지도 않는다.

26:26-29. 다른 복음서들에서 성만찬을 다룬 것에 대해서는 마가복음 14:22-25; 누가복음 22:17-20; 고린도전서 11:23-26에 대한 주석을 보라. 예수님은 유월절을 전통적으로 지키는 것을 바꾸셔서 그날이 그분의 죽음을 기념하는 날이 되게 하셨다. 이것은 **내 몸이니라**(26절)라는 말은 비유로서 예수님이 자신을 포도나무와 목자와 문에 빗대어 설명하는 것과 같다. 본문은 그들이 떡을 먹을 때 어떤 기적적 변형이 일어났음을 전혀 암시하지 않는다. 그것은 유월절 식사로서 많은 상징적 요소들을 포함했다. 무교병은 애굽으로 서둘러 떠나는 것을 나타냈으며, 쓴 나물은 종살이의 쓰라림을 상징했다. 전통적인 유월절 식사에서는 이것들에 대해 말할 뿐, 그것을 먹었을 때 그것이 신비한 방법으로 변형되리라는 기대는 전혀 없었다. 마찬가지로 예수님이 떡과 포도주를 드시고 그것들이 그분의 몸과 피라고 선언하셨을 때, 그 말을 듣는 사람들은 그것이 신비한 변형을 언급한다고 생각하지는 않았을 것이다. 그들은 그것이 예수님의 몸과 피를 상징적으로 나타낸다고 이해했을 것이다.

주후 200년경 수집된 기록된 유대 백성의 전통인 미시나는 유월절을 어떻게 지켜야 하는지 알려준다(그것이 예수님 당시에 실제로 유월절이 시행된 방식을 반영하는지는 확실하게 알 방법이 없다). 특히 *m. Pesach*. 10을 보라. 그들은 유월절 식사를 하면서 서로 다른 시점에 포도주 네 잔을 마신다. 그것은 출애굽기 6:6-7에 나오는 하나님의 네 가지 약속에 상응한다. 예수님은 아마 '구속의 잔'이라고 불리는 세 번째 잔 이후에 성찬식을 시작하셨을 것이다. **이것은 나의 피 곧 언약의 피니라**는 출애굽기 24:8과 비슷하다. "이는 여호와께서 이 모든 말씀에 대하여 너희와 세우신 언약의 피니라"(*to haima tes diathekes,* 토 하이마 테스 디아테케스, 70인역)라는 것이다. 하나님이 유대 백성과 율법의 언약을 세우셨을 때 그것을 제정하기 위해 소의 피가 사용되었다(출 24:5-6). 하지만 마태복음 26:28에서 예수님은 **이것은 '나의' 피, 곧 언약의 피니라**[*to haima mou tes diathekes*, 토 하이마 무 테스 디아테케스, 강조 추가]라고 말씀하셨다. 포도주는 예수님이 새 언약, 구약성경에서 예고한 그 언약을 세우기 위해 뿌리신 피의 상징이다. 하나님은 그분의 새로운 언약 공동체의 마음을 변화시키시고, 그들의 죄를 용서하시고(렘 31:31-34), 그들에게 영을 주실 것이다(겔 36:25-27). 예레미야 31:31-34과 히브리서 8-9장에 대한 주석을 보라. 성찬식은 또한 큰 잔치에 비유되는 메시아 나라의 상징이기도 하다(29절) (8:11; 22:2; 25:10; 사 25:6-10; 계 19:7-9을 보라). 제자들은 성찬식에 반복해서 참여하겠지만 예수님은 완성된 나라에서 그들과 함께 참여하시기까지 다시는 성찬에 참여하지 않으실 것이다. 성찬식은 심오한 기념이며('그저' 하나의 기념이 아니라), 성화시키는(구원하는 것이 아니라) 은혜를 전달하고, 성자의 고통당한 몸과 쏟아진 피를 묵상하는 신자들을 강하게 한다.

E. 예수님의 제자들이 큰소리를 치다(26:30-35)

26:30-35. 유다는 그들이 감람산을 향해 떠났을 때 예수님을 배신하는 행동을 했다(30절). 예수님은 자신이 잡히실 때 제자들이 달아날 것이라고 예언하셨으며(31절), 그들의 흩어짐을 예언한 스가랴 13:7의 메시아적 본문을 인용하셨다(자세한 것은 Craig Blomberg, "Matthew", 91-93을 보라). 스가랴 13:1-6에 나오는 악한 목자와는 대조적으로 '선한 목자'는 쳐서 쓰러뜨림을 당할 것이다. 하나님은 그 목자를 '내 짝 된 자'라고 부르신다. 그 말은 자신의 혈족, 같은 조상 혹은 인종적 배경을 가진 사람들에 대해 사용되는 단어이다(레 6:2; 18:20; 19:11, 15, 17; 24:19; 25:14, 15, 17). 이것은 **목자**가 단순한 인간 이상의 존재로 하나님과 대등한 존재임을 시사한다. 예수님은 그분이 그들보다 **먼저 갈릴리로** 가실 것이라고 그들을 안심시키셨다. 그들은 흩어졌다가 후에 갈릴리에서 다시 모일 것이며, 다시 한 번 예수님과 함께 있을 것이다.

F. 겟세마네의 고뇌(26:36-46)

26:36-46. 겟세마네(36절)는 '올리브 압착기'라는 뜻으로 감람산 서쪽 경사면 기슭의 기드론 골짜기에 있었다. 그 위에는 성전산이 있었다. 요한복음 18:1-2은 예수님이 거기서 가끔 제자들과 함께 시간을 보내셨다고 말한다. 아마 유월절 주간의 긴장감으로 가득 찬 나날들이 끝날 때 보고를 하면서 보냈을 것이다. 그리고 이것은 그들이 예수님을 어떻게 찾아냈는지 설명해줄 것이다. **잔**이라는 말은 구약성경에서 때로는 하나님의 심판을 나타내는 비유이다(참고. 시 11:6; 사 51:22). 하지만 왜 예수님이 자신이 십자가에서 죽으실 것을 아시면서(20:19) 그분의 시련을 당하지 않게 해 달라고 요청했는가? 마태는 그에 대해 말하지 않는다. 예수님은 어떤 사람들이 가르치듯이 겟세마네에서 스트레스로 거의 죽을 지경에 이르신 것이 아니었다. 자신이 십자가에 못 박혀 죽으실 것임을 알고 계셨다. **죽게 되었으니**(38절)라는 말은 "나는 너무 슬프다. 나는 죽을 것 같은 느낌이다"라는 것과 비슷한 의미일 가능성이 매우 높다. 좀 더 그럴듯한 가능성은 겟세마네 전에는 예수님은 인성을 입고 계셨으므로 자신의 죽음이 극단적으로 수반하는 것을 완전히 파악하지 못했다는 것이다. 하나님은 예수님께 그분 앞에 있는 것이 무엇인지에 대해 완전히 포괄적인 관점을 제시하지는 않으셨을 수도 있다. 예수님의 희생적 죽으심은 완전히 순종적이고 완전히 자발적인 일이었을 것이다. 눈가리개를 하고 가는 것은 은혜롭고 순종적인 자발적 지원자가 아니라 희생제물로 가는 것이다. 겟세마네에서 그 눈가리개가 벗겨졌다. 예수님이 완전한 순종을 발휘하신 것은 자신의 고난의 완전한 의미를 보았을 때였다. 그것은 완전한 자유, 완전한 지식, 완전한 자발성으로 드려진 것이다[이런 사고는 조나단 에드워즈(Jonathan Edwards)의 설교 "Christ's Agony"에서 도움을 받은 것이다]. 히브리서 5:7-10에 대한 주석을 보라. 예수님은 인성을 입고 계실 때 그런 예상에서 뒷걸음쳤으며, 거기에서 구해달라고 기도하셨다. 하지만 성자 하나님은 성부 하나님의 뜻을 행하러 오셨으므로 그분은 자기 아버지께 순종하셨다.

예수님은 세 사람이 자는 것을 보셨을 때(40절), **베드로가** 33절에서 큰소리친 것에 비추어 그에게 말씀하신다. 하지만 40-41절은 2인칭 복수로 되어 있으며, 야고보와 요한도 포함한다. **시험**(41절)은 아마 예수님을 부인하는 것과 관련이 있을 것이다. 예수님은 그분을 잡는 자들이 왔을 때 제자들이 피하기를 원하셨다(참고. 요 18:8). 하지만 예수님을 부인하는 것은 받아들일 수 없는 것이었다(참고. 10:32-33의 주석). **마음**[the spirit]은 아마 인간의 본성에서 성령님이 영향을 끼치면 하나님께 호의적인 성향을 지니는 정신적 부분을 말할 것이다(행 17:16; 고전 7:34). **육신**은 아마 인간의 약함과 가치관으로 상징되는(예를 들어 롬 7:5과 주석을 보라) 그리고 옳은 것을 행할 때 약해지는 정신적 부분을 말할 것이다. 세 번에 걸쳐 예수님은 베드로와 다른 제자들이 자는 것을 발견하셨는데, 마태는 아마도 이 일을 독자들이 베드로가 세 번에 걸쳐 예수님을 부인한 것과 연관시키게 하려는 것 같다. 베드로는 예수님을 따르는 자들의 삶에서 기도가 없는 것의 위험에 대해 경고하는 역할을 한다. 이와 대조적으로 예수님의 두 번째 기도 시간과 세 번째 기도 시간(42, 44절)은 앞으로 올 극도의 시험에 상관없이 하나님 아버지의 뜻에 순종하려는 더 깊은 결심을 반영했다.

G. 겟세마네에서 잡히시다(26:47-56)

26:47-50. **유다**(47절)와 **큰 무리가 칼과 몽치를 가지고** 같이 왔다. 요한복음 18:3은 '군대'(cohort, 전부

다 하면 약 600명의 로마 군사들)가 '대제사장들과 바리새인들'에게서 파송되었다고 말한다. 아마 빌라도의 승인을 받았을 것이며, 몇몇 유대인 관원들이 있었을 것이다(51절). 군대는 성전 단지에 인접한 안토니아 요새에 주둔하고 있었다. 그래서 그들이 겟세마네에게 급파된 것은 간단한 일이다. **입 맞추**고 인사하는 군호(48-49절)가 필요했던 것은 많은 군인들은 예수님과 안면이 없었을 것이기 때문이다. 유다는 무리에게 신호를 보내기 위해 큰 무리보다 앞서갔을 것이다. 겟세마네에서의 배신은 유대 지도자들에게 그들이 계획했던 것보다 빨리, 하지만 예루살렘이 모르게 예수님을 붙잡을 이상적인 기회를 주었다(26:3-5, 14-16). **친구**라는 말은 '동료'(언제나 따뜻함을 지닌 말은 아니지만) 혹은 '동지'라는 의미이다. 요한복음 18:3은 그들이 '횃불과 무기'를 가지고 왔다고 말한다. 그래서 아마 예수님은 멀리서부터 그들이 다가오는 것을 볼 수 있었을 것이다. 예수님은 놀라운 용기를 보이셨다. 감람산으로 20분간 걸어 올라가, 반대편 경사면으로 3킬로미터만 내려가면 예수님은 유대 광야로 가서 충분히 도망할 기회가 있었을 것이다.

26:51-54. 요한복음 18:10은 **베드로**를 대제사장의 종의 귀를 베어버린 사람이라고 지명하고, 그 종의 이름을 말한다(말고). 누가복음만이(22:51) 예수님이 그 종을 고쳐주셨다고 기록한다. **칼을 가지는 자는 다 칼로 망하느니라**(52절)는 말은 평화주의를 지지하는 표어라기보다는 타락한 세상에서 어떻게 폭력이 더 많은 폭력을 낳는지를 말하는 속담에 더 가깝다. 베드로가 계속 맹렬한 반응을 보였다면 군인들은 그를 죽였을 것이다. 53절은 예수님은 베드로의 도움이 필요하지 않으셨음을 나타낸다. 로마의 **열두 군단**에는 7만 2천 명의 군사가 포함되었을 것이다. **천사**들은 종말론적 사건들에 참여할 것이다(13:41; 24:31). 하지만 여기에서 이 슬픈 장면의 주권적 감독 역할을 하고 계셨던 예수님은 천사들이 무대에 오르지 못하게 하셨다. 예수님의 시련에 의해 어떤 **성경**이 **이루어지**고 있었는지는 말하기가 어렵다(54, 56절). 하지만 마태복음 26:31에 나오는 스가랴 13:7; 마태복음 27:46에 나오는 시편 22:1; 이사야 52:13-53:12(특히 마 27:38, 57-61에 나오는 사 53:9)을 참고하라.

26:55-56. 예수님은 군인들과 유대인 관리들을 꾸짖으신다(55절). 예수님은 **성전**에서 공개적으로 가르치셨다. 그것은 예수님이 아무것도 감출 것이 없었다는 의미이다. 지도자들은 유월절 주간에는 예수님을 투옥시키지 않기로 했다(**내가 날마다 성전에 앉아 가르쳤으되 너희가 나를 잡지 아니하였도다**, 55절). 예수님께 호의를 보인 사람들을 성나게 하는 것을 피하기 위해 그런 전략을 채택한 것이다. 하지만 남의 눈에 띄지 않는 겟세마네에서는 참을 필요가 없었다. 예수님은 테러리스트(**강도**라는 말에 대한 더 나은 번역)가 아니었으나, 그들은 마치 예수님이 테러리스트인 것처럼 그분에게 다가왔다. 그리고 그들의 역겨운 음모를 대중들에게 감추기 위해 어두움에 싸여 다가왔다. 역설적이게도, 그들은 한 입으로 두 말을 하는 죄를 저지른 사람들이었다. 하지만 그들의 행동은 실제로 **선지자들의 글을 이루**(56절)는 것이었다. 그리고 예수님은 이 사건들을 하나님이 감독하신다는 것을 분명히 알고 계셨다.

H. 예수님의 재판에서 유대인들의 처리 단계 (26:57-68)

26:57-58. **가야바**에 대해서는 26:3-5을 참고하라. **서기관과 장로들**은 공회 구성원들을 말한다. 바리새인과 사두개인 출신인 71명이다. 로마인들은 공회를 대제사장의 지도 아래 유대에 사법적 종교적 권위를 행사하는 자치 집단으로 인정했다. 미시나 책자 *m. Sanhedrin* 4:1은 그런 사건을 밤에 재판하는 것을 금했다. 하지만 미시나는 이 사건들 이후에 성문화되었으며, 그것이 반드시 예수님 당시의 의례를 반영하지는 않는다. 게다가 **대제사장의 집 뜰**도 그런 재판을 진행하기에는 똑같이 이상한 장소였다. 200년 후에 미시나에 남겨진 기록에 따르면, 사형 소송은 성전 단지 복합 건물 내에서만 재판할 수 있었다(*m. Sanhedrin* 11:2). 그런 변칙적인 요소들은 지도자들이 예수님에 대한 재판을 서둘러 진행했다는 것을 보여준다.

26:59-64. **거짓 증거**(59절)는 율법을 어기는 것이었으며(출 20:16), 거짓 증거를 한 사람은 심한 벌을 받았다는 사실(신 19:16-19)에 주목하라. 그 증거는 결국은 **내가 하나님의 성전을 헐고 사흘 동안에 지을 수 있다**(61절, 요 2:18-22에 나왔다. 해당 주석을 보라)는 예수님의 말을 잘못 전했다. 성전 정화와 그것이 예수

님의 재판에 지니는 의미에 대해서는 마태복음 21:10-13에 대한 주석을 참고하라. 심문을 받는 동안 **예수께서 침묵하신**(63절; 참고. 27:12-14) 이유는 두 가지이다. 첫째, 그것은 예수님이 이사야 53:7을 성취하여 기꺼이 죽으실 것임을 보여주었다. 둘째, 예수님이 그분의 대적들과 토론하는 솜씨에서 나타났듯이(22:15-46), 예수님은 대단히 노련하셨다. 예수님이 그분 자신을 변호하는 말씀을 하셨다면, 자신의 무죄 선고를 받아내실 수 있었을 것이다. 예수님이 유일하게 말씀하신 때는 자신의 정체성과 관련된 질문들에 대답하실 때였다(**네가 하나님의 아들 그리스도인지 우리에게 말하라**, 63절; 너는 유대인의 왕이냐, 27:11). 예수님으로서는 이 질문들에 대해 침묵을 지키는 것이 자신을 부인하는 셈이었을 것이다. **네가 말하였느니라**(64절; 참고. 26:25; 27:11)는 가야바에게 긍정적인 대답을 한 것이었다. 그리고 공회원들의 반응은 그들이 그런 식으로 생각했다는 것을 나타낸다. 많은 비판적인 학자들은 예수님이 실제로 자신이 메시아, 하나님의 아들이라고 주장한 적이 있다는 것을 부인한다. 하지만 마태는 그렇지 않다는 것을 나타낸다. 다니엘 7:13-14의 의미에 대해서는 해당 주석을 보라.

26:65-68. **대제사장**이 자기 옷을 찢을 때(65절), 그는 레위기 21:10을 어긴 것이다. 가야바의 이 행동은 분명 공회가 예수님을 훨씬 더 반대하도록 선동하려는 것이었다. **신성모독**을 했다는 동사에 대해서는 9:1-8에 대한 주석들을 보라. 신성모독은 구약성경에서는 사형에 해당하는 죄로 돌로 맞아 마땅한 것이었다(레 24:16). 훨씬 더 후에 씌인 *m. Sanhedrin* 4:1은 재판을 받는 사람의 권리를 보호할 것을 요구했으며, 당국은 유죄로 판명될 때까지 무죄 추정을 보장하도록 되어 있었다. 예수님의 '재판'은 사법 정의를 조롱하는 것이었다.

I. 베드로가 부인하다(26:69-75)

26:69-75. '그리스도를 부인하는 것'과 베드로가 예수님을 부인한 것 간의 관계에 대해서는 10:32-33에 나오는 주석을 보라. 예수님은 유다(26:25)와 베드로(26:34)가 둘 다 그분을 부인할 것이라고 예언하셨다. 마태는 둘 다 양심의 가책으로 괴로워했다고 말한다. 그 두 사람의 주된 차이는, 유다가 불신자라는 것을 제외하고도(요 6:64, 70-71, 이는 중요한 구분이다), 예수님이 베드로를 위해 기도하셨다는 점이다(눅 22:31-32). 예수님이 자신의 모든 참된 제자들을 위해 기도하시는 것과 마찬가지이다(롬 8:34). 그럼으로써 그들은 영원히 하나님의 사랑 안에 보존된다. **네 말소리가 너를 표명한다**(73절)는 말은 베드로의 갈릴리 억양을 반영한다. 그로 인해 **곁에 섰던 사람들**이 베드로를 예수님과 연관시키게 되었다. 그렇게 부인한 것은 저주하며 맹세하면서(74절), **맹세**(72절)로 엄숙하게 말한 것이었다. 맹세에 대해서는 5:33-37과 23:16-22에 대한 주석을 보라. '저주하다'라는 말은 '자신이 말한 것이 사실이 아니라면, 혹은 자신이 약속한 말을 행하지 않는다면, 자신이 해를 입게 해달라고 하나님께 기원하는 것'을 의미한다. 베드로가 **심히 통곡**했을 때, 그가 괴로워했던 것 중 일부는 아마 이렇게 잘못된 진술들을 한 것에 대해 하나님이 그를 괴롭게 하리라는 것 때문이었을 것이다.

J. 유다가 후회하다(27:1-10)

27:1-2. **새벽에**라는 말은 밤새 열렸던 예수님의 재판 단계의 마지막 부분을 시작하는 말이다. **함께 의논하고**라는 말은 공회가 예수님을 처형하기 위해 어떻게 빌라도의 도움을 받을지에 관해 협의한 것을 반영한다. '신성 모독'은 로마 정부가 어떤 사람을 처형할 죄목이 아니었다. **빌라도**는 주후 26년에 로마 수비대의 유력한 지도자였던 세야누스(Sejanus)로부터 임명을 받은 총독(군사 지도자)이었다. 세야누스는 디베료 황제의 친구이자 유대인들을 싫어하기로 유명한 사람이었으며, 빌라도는 아마 그의 반유대주의에 영향을 받았을 것이다. 빌라도는 재임하자마자 여러 가지 문제를 일으켰다. 빌라도는 황제의 모습을 새긴 군기를 예루살렘에 가져왔으며, 그로 인해 유대인 지도자들을 격노하게 했다. 그것은 거의 우상숭배에 가까웠기 때문이다. 후에 빌라도는 수도관을 예루살렘에 건설하기 위해 성전 금고에서 돈을 몰수했으며, 무리가 항변하자 군인들을 변장시켜 무리 속에 들어가게 해서 무리 중 많은 사람들을 곤봉으로 때려죽였다. 빌라도는 사마리아 선지자(라고 하는) 사람의 추종자들과 지도자들을 잔인하게 억압한 후에 자신의 직위에서 해고되어 주후 36년 말이나 37년 초에 로마에 있는 고향으로 보내졌다. 어느

모로 보나 빌라도는 유대 백성에게 불쾌한 존재일 뿐이었다.

27:3-10. 순수하게 연대적으로 보면 유다는 아마 빌라도의 결정 이후에 행동을 했을 것이다. 하지만 마태는 유다와 베드로를 대조시키기 위해 그것을 여기에 포함시켰을 것이다. 유다는 **스스로 뉘우쳤으나**(*metamelomai*, 메타멜로마이) 진지하게 회개하지는 않았다. 이와 대조적으로 베드로는 실제로 회개했다. 그리고 베드로가 예수님께로 그리고 초대교회의 지도자로 회복된 것은 그의 진심을 보여주었다. 유다는 **대제사장들과 장로들**로부터 용서를 받으려 했을지 모르지만(3절), 그들은 예수님을 배신한 자에게 더 이상 관심이 없었다. 유다의 자살 기사들을 조화시키는 것에 대해서는 행 1:18-19에 대한 주석을 보라. 부정하게 얻은 기금의 용도는 성전에 유익을 주는 데 사용될 수가 없었다(6절; 참고. 신 23:18). 지도자들은 유다의 피 묻은 돈을 올바로 사용하라고 주의를 주면서 다시 한 번 '하루살이는 걸러'냈지만, 예수님의 죽음을 획책하면서 '낙타는 삼켰'다. 그들은 전통에 따라 힌놈의 골짜기에서 부정한 재산을 샀다. 그곳은 예루살렘을 방문하는 동안 죽은 사람들이 장사되는 곳이었다. 마태는 9-10절에서 서너 개의 구약 본문들을 한데 합쳐놓는다. 하지만 어떤 본문들인지 그리고 그가 그 본문들을 가지고 주장하는 요점이 무엇인지는 전혀 분명하지가 않다(관련된 구약성경 본문들에서 주석을 보라). 스가랴 11:4-14이 직접적인 메시아 예언이라는 견해에 대해서는 해당 주석을 보라. 스가랴(분노에서)와 유다(절망에서)는 둘 다 돈을 성전에 던져넣었다. 예레미야는 하나님이 민족을 심판하시고, 그다음에 회복시키신다는(렘 32:32-36) 예언적 표시로 밭을 샀다(렘 32:6-9). 스가랴 11장이 나오기 오래 전에 예레미야는 하나님이 유다를 심판[부분적으로는 힌놈의 골짜기(렘 19:6, 14에서 '도벳'이라고 불리는)에서 행한 잔인한 일 때문에]하실 권리가 있다는 것을 나타내기 위해 토기장이의 비유를 사용했다(렘 18:2, 9-12; 19:2-13). 예레미야의 시대처럼 지도자들은 하나님의 아들을 받아들이기보다는 힌놈의 골짜기에서 부정한 땅을 사는 것을 더 좋아했다. 그것은 하나님이 그들을 심판하실 원인이 되는 잔인한 일이었다. 마태가 **예레미야**를 언급한 것(9절)은 아마 마태의 직접적 의도가 토기장이의 밭을 사는 것이 예언의 성취임을 보여주는 것이었기 때문이며, 어쩌면 스가랴가 토기장이라는 비유적 표현을 언급하기 오래전에 예레미야가 그 표현을 처음에 사용한 더 저명한 선지자였기 때문일 것이다.

K. 예수님의 재판 과정(27:11-26)

27:11-14. **총독이 물어 이르되**. 유대 같은 주에서는 비상 심리라는 절차(*cognitio extra ordinem*)에서 배심원 없이 총독들이 혐의를 조사하고 사건을 심리했다. 그래서 빌라도가 단독으로 행동을 한 것이다. 관습에 따르면, 총독은 사건을 심리하기 위해 재판석(베마)에 앉았다[참고. Bruce Corley, "Trial of Jesus", in *Dictionary of Jesus and the Gospels*, eds. Joel B. Green and Scot McKnight (Downers Grove, IL: InterVarsity, 1992), 852-853].

네가 유대인의 왕이냐(11절)는 공회가 제출한 죄목이었다. 그들은 죄목을 '신성모독'에서 '폭동'으로 바꿨다. 오직 가이사만 왕이었다. 그 죄목은 사형을 받아 마땅한 범죄인 폭동에 해당되는 것이었다. 하지만 로마인들은 종교적 논쟁으로 사람을 처형하지는 않았을 것이다. 그래서 공회는 예수님께 대한 죄목을 조정했다. 빌라도를 속여 예수님을 처형하도록 하려는 마음에서였다. 예수님의 침묵(14절)에 대해서는 26:59-64을 보라.

27:15-23. 미시나(*m. Pesach*. 8:6)에 따르면, 유월절에는 죄수 한 사람을 사면해주는 것이 관례였다. 빌라도는 예수님을 다룰 책임을 면하기 위해 이 유월절의 특전(*privilegium paschale*)을 이용해서 예수님을 처리하려 했다. 하지만 이것은 역효과를 낳았다. 마태는 **바라바**를 **유명한 죄수**라고 불렀다(16절; 또한 막 15:7; 눅 23:18; 요 18:40을 보라). **시기**(18절)라는 말은 지도자들이 예수님의 기적적 능력과 카리스마에 위협을 받았으며, 그들이 예수님을 제거할 아무런 법적 근거가 없음에도 예수님을 제거하려 했다는 것을 나타낸다. 빌라도는 이것을 알았으며 분명 그 주 초에 예수님을 그처럼 열렬히 맞이했던 무리들이 지도자들을 누르고 예수님을 풀어달라고 주장하기를 바랐다. 다시 한 번 빌라도의 계획은 역효과를 낳았다. 빌라도의 이방인 아내의 경고(19절)는 그의 죄를 더 증대시켰다.

27:24-26. 빌라도는 **손을 씻었다**(24절). 이는 예

수님에게 무슨 일이 일어나든 책임을 지지 않을 것임을 나타낸다. 하지만 빌라도의 그런 행동이 그의 죄책을 면제해주는 것은 아니다. 죄목을 조사하고, 피고를 심문하고, 판결을 내리고, 정의가 시행되도록 책임지고 보장하는 것이 빌라도가 할 일이었다. 그는 매우 무책임했으며, 그렇기 때문에 유죄였다(참고. 행 4:27). 로마인들은 종종 처형의 일부로 죄수들을 채찍질했으며, 예수님을 이렇게 취급한 것(26절)은 의심할 바 없이 섬뜩한 것이었다. 그들은 무시무시한 플라젤룸(*flagellum*) 채찍을 사용했는데, 그것은 뾰족한 돌이나 금속 조각을 단 가죽 끈으로 된 것이었다. 채찍질을 하면 근육이 찢어져 동맥과 정맥, 심지어 내장까지 보일 수도 있었다(Eusebius, *Eccl. Hist*. 4.15.3-5; Josephus, *War*, 2.611-612). 채찍질을 당하는 중에 죽는 경우도 드물지 않았다. **백성이 다**(25절)라는 말은 모든 유대 백성이 아니라 폭도들만을 말한다. **우리 자손에게**라는 말이 예수님의 죽음에 대해 모든 유대 민족에게 영구적으로 죄책을 가져다줄 수는 없다. 빌라도가 손을 씻은 것이 그의 죄책을 면제해줄 수 없는 것과 마찬가지이다. 예수님의 죽음에 대한 인간의 과실은 모든 유대 민족에게 영구적으로 있는 것이 아니라, 당시 예수님에 대한 음모를 꾸몄던 유대인들과 이방인들에게 있다(참고. 막 10:33-34; 행 4:27-28).

L. 예수님이 조롱당하시고 고문당하시다 (27:27-32)

27:27-32. **총독의 군병들**(27절)은 정원이 600명인데 당시 이스라엘은 대체로 평화로웠기 때문에 정원이 다 차지는 않았을 것이다. 그럼에도 불구하고 예수님을 조롱하는 사람들이 많이 모여 있었을 것이다. **홍색**(28절, 막 15:20, 27; 요 19:2, 5에서는 '자색')은 재물의 상징이었을 수도 있다. 같은 단어가 군사들의 겉옷[tunic, 그것이 옷[robe]이라는 말의 의미일 것이다]에 대해 사용되기도 했다. **가시관**은 아마 종종 그림이나 화폐에 묘사되어 있는 것처럼 머리에서 빛줄기가 퍼져 나오는 황제들의 모습을 흉내 낸 것이었을 것이다. **갈대**는 종종 화살대나 포도나무를 지지하는 막대기를 만들기 위한 재료로 사용되었다. 이렇게 학대한 후에 그들은 예수님을 **십자가에 못 박으려고 끌고 나갔다**(31절). 일반적인 십자가 처형에서 처형조는 네 명의 군사로 되어 있었다. 그들은 사형수에게 자신이 못 박힐 가로대(*patibulum*, 파티불룸)를 억지로 지고 가게 하면서 현장까지 행진했다. 예수님은 채찍질로 인해 체력이 매우 약해져서 아프리카 북동쪽의 한 성읍인 **구레네 사람 시몬**(32절)이 십자가 가로대를 지고 가는 것을 돕도록 선발되었다.

M. 예수님이 십자가에 못 박히시다(27:33-37)

27:33-37. **골고다**(33절)는 '해골'이라는 의미이며, '갈보리' 역시 '해골'이라는 의미의 라틴어 '칼바리아'(*calvaria*)에서 나온 말이다. 그런 이름이 붙여진 이유와 그곳의 위치는 둘 다 확실하지 않다. 하지만 성묘교회(Church of Holy Sepulchre)는 가장 가능성 높은 장소를 기념한다. **골고다**는 북쪽 성벽 밖, 아마 붐비는 길 가의(27:39) 성 가까운 곳(요 19:20)에 있었을 것이다. 십자가 처형 전에 군사들이 **쓸개 탄 포도주**(34절)를 예수님께 드렸다. 예수님의 친구들이 가까이 있지 않았기 때문이다(27:55). 마가는 그 혼합물을 묘사하기 위해 '몰약'이라는 말을 사용하며, 마태는 그 맛을 묘사하고 그것을 시편 69:21과 연결시키기 위해 **쓸개**라는 말을 사용한다. 채찍질로 인한 혈액 손실 때문에 많은 땀을 흘린 것처럼 심한 탈수 현상이 일어났으며 심한 갈증이 생겨났다. **포도주**를 건네는 것은 표면적으로는 친절한 행동처럼 보이지만 예수님은 무자비하게 조롱을 당했다. 그 포도주는 마실 수 없는 것이었다. 게다가 시편 68:22[영어로는 69:21]과 예레미야 8:14에서 같은 단어(*chole*, 콜레, 70인역)가 사용된 것에 기초해볼 때, 이것은 아마 유독한 음료였을 것이다. 군사들의 임무는 십자가에 달린 사람들이 숨을 거둘 때까지 현장에 있는 것이었으며, 그 일은 수일이 걸릴 수도 있었다. 그들이 예수님의 죽음을 앞당기기 위해 이 유독성 포도주를 주었을 수도 있다. 사형수의 옷을 제비 뽑아 나누는 것(35절)은 관례로서, 군사들의 일이 불쾌한 일이며 그 임무를 수행하는 데 오랜 시간이 걸렸기 때문에 그들에게 주는 부분적인 보상이었다(참고. 또한 시 22:18). **거기 앉아 지키더라**(36절). 그들의 임무 중 일부는 십자가에 달린 사람의 동료들이 그 사람을 구하려는 것을 막고 죽음이 언제 일어났는지 입증하는 것이었기 때문이다. 죄패(37절)는 유대인 지도자들이 예수님께 부과한 죄목을 보여주었다.

N. 예수님을 무자비하게 대하다(27:38-44)

27:38-44. **강도**(38절)는 '폭도' 혹은 '혁명가'를 의미한다. 그것은 로마법에서 사형에 해당하는 범죄였다. 단순 강도는 그렇지 않았다. 그것과의 언어학적 연관성은 전혀 없지만 마태는 이사야 53:12과 연관시키기 위해 이런 세부 사항을 제시했을 것이다. 세 집단이 예수님을 조롱한다. 각 집단은 예수님께 **십자가에서 내려오라**고 요구한다(40, 42, 43절에 암시되어 있음). 예수님이 겪은 조롱은 시편 22:7-8과 모형론적으로 연관된다. **네가 만일 하나님의 아들이어든**이라는 말은 예수님이 받으신 시험에서 그대로 똑같이 나오며(4:3, 6), 예수님을 조롱한 자들의 말이 마귀적 근원을 지니고 있음을 암시한다. 이것은 예수님이 흠 없는 희생양으로서의 역할을 성취하지 못하게 하려는 마귀의 마지막 시도였을 것이다. 예수님이 **성전**을 헌다는 말(40절), **하나님의 아들**이라는 말(40, 43절), **이스라엘의 왕**(42절)이라는 말은 예수님이 재판을 받는 여러 단계 동안 그분에게 퍼부어진 비난들을 반영한다(26:61, 63-64; 27:11을 각각 보라). 역설적이게도 그들은 왕이며 하나님의 아들이신 그리고 심지어 성전을 허는 자(예수님이 주후 70년에 성취하실 위업)이신 예수님에 대한 진리를 말했다. 시편 22:8과의 연관은 46절에서 더 강력해진다(뒤의 주석을 보라).

O. 예수님의 죽음(27:45-56)

27:45-50. **제육 시로부터…제구 시까지**(45절)는 정오에서 오후 3시까지였다. **어둠**은 때로 하나님의 심판을 시사했다(출 10:22; 욜 2:2, 31; 암 8:9). 그리고 여기 어둠이 임했다는 것은 하나님이 희생제물로 죽어가고 있는 자기 아들에게 그분의 진노를 퍼부으셨을 때 창조 세계에 대격변이 일어났음을 보여준다. 예수님의 부르짖음(46절)은 시편 22:1을 인용한 것이었으며, 그것을 인용하심으로 예수님은 그분이 아마 엄밀하게 시편 22:1만이 아니라 22:1-18에 포함된 모든 것을 성취하신다는 것에 주의를 집중시키고 계셨을 것이다. 이것은 마태가 바로 앞뒤 문맥에서 시편 22편과의 몇 가지 연관성을 말하는 것으로 입증할 수 있다(마 27:39에서 시 22:7, 16; 마 27:43에서 시 22:8; 마 27:35에서 시 22:18). **엘리 엘리**[나의 하나님, 나의 하나님]라는 예수님의 부르짖음은 **엘리야**를 부르는 말로 오해되었다(47절). 예수님께 드려 **마시게** 한 것(48절)은 47절 및 49절에 비추어 판단할 때 마찬가지로 긍휼의 행동이 아니라 조롱의 행동이었다. **신 포도주**[일반적인 포도주와 식초를 섞은 것, 군인들이 보통 마시는 것]는 예수님의 발음을 더 분명하게 하도록 돕고, 그들의 가학적 재미를 더하려는 것이었다. 마태는 아마 그의 독자들이 이것을 시편 69:21b과 연관시키도록 했을 것이다. **예수께서 다시 크게 소리 지르시고 영혼이 떠나시니라**[혹은 '호흡을 끝내시니라'] (50절). 예수님이 여전히 **크게 소리 지르셨**다는 것은 놀라운 일이다. 십자가에 달린 사람들은 보통 너무나 약해진 상태에서 죽기 때문에 목소리를 낼 만한 힘이 하나도 남아 있지 않았다. **떠나시니라**는 말은 능동태 동사로 자신의 죽음에 대한 예수님의 주권 및 자신의 생명을 자발적으로 내어드리는 것을 문법적 형태로 표현한 것이다. **영혼**이라는 말은 모호하다. 그것은 예수님의 무형적 본성(그분의 '영' 혹은 '혼', 하지만 아마 '성령'은 아닐 것이다), 예수님의 '생명', 혹은 예수님의 '호흡'['영'과 '호흡'은 헬라어로 같은 단어인 프뉴마(*pneuma*)를 사용한다]을 말할 수 있다. 그 말을 어떻게 이해하든 간에 생명이 예수님의 몸에서 빠져나갔다.

27:51-56. 마태는 **성소 휘장**(51절)이 찢어진 것이 지닌 의미에 관해 아무런 단서도 제시하지 않는다. 하지만 새 언약과 관련된 것을 포함해서(26:6-29) 마태의 성취 구절들(예를 들어 5:17-20; 11:11-13) 중 많은 것은 그것이 모세 언약의 제사 제도가 폐기되고 예수님의 피를 통해 인류가 하나님께 자유롭게 다가갈 수 있는 표시 역할을 했음을 시사한다. 지진 및 바위가 터진 것 역시 구약성경에서 때로는 하나님이 오시는 것을 나타내는 역할을 했다(삿 5:4; 시 18:6-8; 77:1-8). 그것은 종종 큰 심판(사 5:25; 24:17-18; 29:6; 겔 38:19) 혹은 큰 비극(삼상 14:15)과 연관되어 있었다. **자던**['잠'에 대해서는 살전 4:13-18을 보라] **성도의 몸이 많이 일어나되**(52-53절) 오직 **부활 후에** 그렇게 되었다. 마태는 이 일을 27:51에 언급된 예수님의 죽음에 잇따른 다른 효과들과 연결시키고 28장에 나오는 부활에 대한 더 중요한 내러티브적 요소들로부터 주의가 분산되는 것을 피하기 위해 28장이 아닌 여기에 포함시켰을 것이다. 마태의 기사에서는 **성도**들이 소생했

다가 그 후에 다시 죽었는지 아니면 실제로 그들의 영화된 부활의 몸을 받아 어떻게든 예수님과 함께 하늘로 올라갔는지는 알 수가 없다. 마태는 구약성경 및 신약성경 성도들의 부활의 기초가 예수님의 죽음과 부활임을 말하기 위해 이것을 언급했을 것이다. **하나님의 아들**(54절)이라는 말은 40-43절에서 예수님을 조롱하기 위해 사용된 호칭이었다. 하지만 여기에서는 백부장(8:5-13을 보라)이 진지하게 한 말이었다. 백부장의 지위는 그의 관찰에 신빙성을 부여해준다. **많은 여자**(55절)에 대한 언급은 27:61 및 28:1과의 연속성을 부여한다. 27:56을 마가복음 15:40-41 및 요한복음 19:25과 어떻게 조화시킬 것인가에 대한 제안으로는 Carson, "Matthew", 583을 참고하라.

P. 예수님이 장사되시다(27:57-61)

27:57-61. **아리마대**(57절)는 지금의 야파(Jaffa)에서 동쪽으로 약 32킬로미터 정도 떨어진 라마다임(Ramathaim)에 있었다. **요셉**에 대해서는 다른 복음서들에 나와 있다(막 15:43; 눅 23:51; 요 19:38). 보통 십자가에서 처형된 사람의 시체는 그냥 십자가에 남겨두어 누구든 로마에 도전할 사람들에게 주는 생생한 경고로 삼았다. 빌라도가 요셉이 예수님의 시체를 가져가도록 허락한 것(57-58절)은 그가 예수님이 무죄라고 믿었다는 또 다른 표시이다. 요셉은 예수님의 시체를 **자기 새 무덤**(60절)에 넣어두었다. 무덤을 만드는 것은 돈이 많이 들었으며, 부자들만 무덤을 가지고 있었다(사 53:9을 성취해서). 큰 원반 모양의 돌은 보통 무덤 입구에 있는 경사진 홈에 놓아두어, 돌을 제자리에 굴려 넣기는 쉽지만 그것을 그 구멍에서 움직이기는 어렵게 만들었다. 두 명의 마리아에 대한 언급(61절)은 빈 무덤에 대한 그들의 증거에 신빙성을 더해준다. 그리고 그들이 죽은 자기 주님에 대해 슬퍼할 때 비애감을 더해준다.

Q. 예수님의 무덤을 굳게 지키다(27:62-66)

27:62-66. **준비일 다음 날**(62절)은 토요일이었다. '준비일'은 금요일 일몰 전으로 그 시간 동안 안식일 준비가 이루어졌다. **바리새인들**(62-64절)은 요나의 표적에 관한 예수님의 말씀을 생각하고 있었을 수도 있다(12:38-42, 해당 주석을 보라). 빌라도가 말하는 **경비병**이 누구를 말하는지에 관해서는 논쟁이 있다(65절). 빌라도는 지도자들이 이 임무를 위해 성전 경비병을 이용하도록 허가해준 것일 수도 있고, 아니면 로마 파견대를 이용하도록 승인해준 것일 수도 있다. 후자일 가능성이 더 많은데 다음과 같은 이유 때문이다. 군사들은 부활 이후에 유대인 지도자들에게 갔다. 아마 그들은 빌라도를 무서워했기 때문일 것이다. 그리고 이 지도자들은 빌라도가 사라진 시체에 대해 알게 된다면 그들을 보호해주겠다고 약속했다(28:14). 그들이 성전 경비대였다면 이렇게 할 필요는 없었을 것이다. 그것으로 보아 그들이 로마인이었을 가능성이 더 높다. **돌을 인봉**(66절)한 것은 무덤을 밀폐하기 위한 것이 아니라 무덤에 오는 사람들에게 로마 당국만 그 인봉을 떼고 돌을 움직일 수 있다고 경고하려는 것이었다. 만약 다른 사람이 그렇게 한다면 그들은 로마의 진노를 부를 것이다.

XIII. 왕-메시아의 부활(28:1-20)

A. 천사가 부활을 알리다(28:1-8)

28:1-8. **안식일이 다 지나고**(1절)는 일요일 이른 아침을 말했다. '밤낮 사흘'에 대해서는 12:38-42에 대한 주석을 보라. 마태는 왜 **막달라 마리아**와 **다른 마리아**가 무덤에 왔는지 설명하지 않았다. 하지만 그것은 아마 예수님의 시체에 기름을 더 바르기 위해서였을 것이다(막 16:1). 이는 요셉이 한 일을 보강해주는 것이었다(요 19:39-40). 그 여자들이 **지진**(2절)을 느꼈는지는 분명하지 않다. 하지만 본문은 그들은 천사가 도착하고 군사들이 **죽은 사람과 같이 되었을** 때 가까이에 있었음을 나타내는 듯하다(3-5절). 그것은 여자들이 지진을 느꼈음을 암시한다. 빈 무덤은 서너 가지 의미를 지니고 있었을 것이다. 그래서 천사는 시체가 사라진 이유를 설명해주었다. **그가 말씀하시던 대로 살아나셨느니라**는 것이다. **갈릴리**는 이스라엘에서 이방인 땅으로 들어가기 전의 '종점'으로 여겨졌다(사 9:1; 마 4:15). 예수님이 거기에서 그분의 제자들에게 '모든 민족'을 대상으로 하는 대위임령을 주시리라는 것은 의미심장하다. 예수님의 부활체의 모든 나타남을 가장 잘 조화시키는 것에 대해서는 Murray J. Harris, *Raised Immortal: Resurrection and Immortality in the New Testament*, (n.p.: Marshall Morgan & Scott,

1983), 69-71을 보라.

B. 예수님이 부활을 알리시다(28:9-10)

28:9-10. 여자들은 예수님을 만났을 때 **그 발을 붙잡았다**. 이것은 무엇보다도 예수님이 육체적으로 부활하셨으며 유령이 아니었다는 것을 나타낸다. **내 형제들**(10절)은 아마 남은 열한 명의 제자 이상을 포괄할 것이며 17절에서 의심했던 사람들도 포함할 것이다.

C. 경비병들이 뇌물을 받고 부활에 대해 거짓말을 하다(28:11-15)

28:11-15. 경비병들이 유대인 지도자들에게 **모든 된 일**(11절)을 말한 것은 그 지도자들의 죄를 더 크게 했다. 그 지도자들은 군인들에게 뇌물을 주고 거짓말을 하게 했다(12-13절). 그것은 심지어 제대로 된 거짓말도 아니었다. 그 군사들이 실제로 잠이 들었다면 어떻게 제자들이 예수님의 시체를 훔쳐간 것을 알았겠는가? 예수님이 처형당하실 동안 숨어 있었던 제자들이, 로마의 낙인으로 인봉되고 로마 군사들이 지키고 있던 무덤을 습격할 정도로 용기를 냈다고 주장하는 것은 신빙성이 없다. **이 말이 오늘날까지 유대인 가운데 두루 퍼지니라**(15절). 저스틴 마터(Justin Martyr, 주후 약 155년의 저술로 기독교에 반대하는 유대인들의 주장에 대한 기독교의 대답인 *Dialogue with Trypho*, 108에서), 터툴리안(주후 약 200년에 쓴 그리스도인들에게 검투 경기에 참석하지 말라고 경고하는 글인 *De Spectactulis* 30에서) 그리고 톨레도 예수(*Toledoth Yeshu*, 주후 826년부터 현존하는 하지만 훨씬 이전에 존재하던 반기독교적 유대 저술)는 예수님의 제자들이 예수님의 시체를 훔쳐갔다는 주장을 언급한다.

D. 제자들이 부활하신 예수님을 보다(28:16-17)

28:16-17. 예수님이 **열한 제자**를 만났던 **갈릴리** 내의 **산**에 관해서는 확실한 것이 전혀 없다. **아직도 의심하는 사람들이 있더라**는 진술에 대해서는 앞의 9-10절을 참고하라. 그들의 의심은 예수님이 실제로 나타나심으로 사라졌을 것이다(18절).

E. 부활하신 분의 권위로부터 대위임령이 나오다(28:18-20)

28:18-20. **모든**이라는 말은 마태복음의 마지막 세 구절 각각에서 나온다. 그것은 예수님의 권능과 그분의 지속되는 사명의 범위가 포괄적인 것임을 나타낸다. 예수님은 삼위일체의 제2위로서 언제나 **모든 권세**(18절)를 가지고 계셨다. 하지만 부활 때 하나님은 예수님의 정당함을 입증하셨으며, 예수님의 주장들이 사실임을 보여주셨다(예를 들어 예수님이 죄를 사하는 권세가 있었다는 것, 9:6; 그리고 세상을 심판하는 권세가 있다는 것, 26:63-63). **그러므로**(19절)라는 말은 제자들의 성공을 판단하는 유일한 근거는 예수님의 권위라는 것을 나타낸다. 이 구절에서 단 하나의 명령법은 **제자로 삼아**라는 말이며, 반면에 다른 동사들, 곧 **가서**, **세례를 베풀고**, **가르쳐**라는 동사들은 부사적 분사이다. 하지만 **가서**라는 말은 일부 사람들이 주장했듯이 시간적 의미('너희가 갈 때')로 이해해서는 안 된다. 헬라어에서 부정과거 부사적 분사가 부정과거 명령법 동사보다 앞에 나올 때는 그 분사는 보통 명령의 의미를 지닌다(9:13; 11:4; 17:27을 보라). **가서**라는 말은 **제자로 삼아**라는 말과 함께 사실상 두 번째 명령이 된다[Constantine R. Campbell, *Basics of Verbal Aspect in Biblical Greek* (Grand Rapids, MI: Zondervan, 2008), 126-127; Wallace, *Greek Grammar*, 624, 645; K. L. McKay, *A New Syntax of the Verb in New Testament Greek: An Aspectual Approach*, Studies in Biblical Greek vol. 5, ed. D. A. Carson (New York: Peter Lang, 1994), 82-84을 보라]. 제자들은 반드시 **가서** 그리고 **제자로 삼아**야 한다. **제자로 삼아**라는 말은 예수님을 '따르는 자, 학생, 도제가 되다'라는 의미이다. 거기에는 예수님이 가르치시는 것을 행하고 그분의 대의를 진전시키는 것이 포함된다. 여기에 나오는 동사는 약간 사역적 의미를 지닌다. '그들이 제자들이 되도록 촉구하라'는 것이다. **모든 민족**에는 이스라엘뿐 아니라 이방인 세계도 포함된다. **세례를 베풀고**라는 동사는 '담그다', 혹은 '잠기게 하다'라는 의미를 지닌다. 로마서 6:2-4에 대한 주석을 참고하라. **이름**은 단수 명사로('이름들'이 아니다), 하나님의 삼위-단일성(tri-unity)을 암시적으로 증거한다. 사도행전에 나오는 세례 중 어떤 것도 삼위일체적 공식을 사용하는 것은 없다(참고. 행 2:38; 8:16; 10:48; 19:5). 이는 아마도 예수님이 세례 **방식**을 알려주고 계시는 것이 아니기 때문일 것이다. 예수님은 그리스도인의 세례가 근본적 대상으로서의 삼위 하나님에 대한 믿음을 보여준다는 것을 말씀하셨다. 요한의

세례는 대신 죄 사함을 위한 회개를 말했다. **가르쳐**(20절)라는 말은 현재분사로, **세례를 베풀고**라는 현재분사와 함께 예수님을 따르는 자들이 **제자를 삼는** 주요 수단을 제시한다. 예수님은 구속받은 공동체 구성원들이 대위임령을 성취하기를 간절히 바라신다. 그래서 그들이 가서 제자를 삼을 때 그분의 모든 권세를 가지고 그들과 함께 계시겠다고 약속하셨다.

결론

마태복음의 내용과 함축들을 어떻게 요약할 수 있을까? 대럴 복(Darrell Bock)는 이에 대해 유용한 말을 해준다. "예수님은 하나님께 가는 길을 실제로 가리켜 보여주셨고, 제자들에게 진실함을 갖고 그들을 미워하는 자들에게까지 사랑을 보여주라고 촉구하셨지만, 그런 특성은 예수님이 가져오신 신적 소망과 약속에 의지하는 삶의 산물이 되어야 했다. 예수님의 사역은 그분이 시작하신 새 시대에 대한 것이었다. 그것은 예수님이 나타내셨고 공급하신 용서 및 능력 부여의 기회와 시작하신 것이다. 그 사역은 선택을 하지 않을 수 없도록 했다. 그 새 시대는 왔는가? 독특하게 기름 부음을 받으신 그분은 임재하시는가? 만일 그분이 임재하신다면, 그분과 그분의 메시지를 받아들이는 것은 하나님으로부터 나온 명령이 된다. 사망이 예수님을 붙잡고 멸망시킬 능력이 없는 것은 그 대답이 무엇인지 보여주었다. 공관복음서들은 우리에게 사람은 누구든 예수님 안에 있는 죄 사함을 발견하고 그분의 약속에 들어가기 위해 귀와 눈을 열어야 한다고 가르친다. 공관복음서들은 또한 우리가 복음에 응답한 뒤에는 예수님이 시작하신 것을 완성하실 때까지 계속 버텨야 한다고 말한다. 세상이 예수님을 심하게 거부한다 해도 우리는 그렇게 해야 한다는 것이다"[*Jesus According to Scripture: Restoring the Portrait from the Gospels* (Grand Rapids, MI: Baker, 2002), 405].

참 고 문 헌

Broadus, John A. *Commentary on the Gospel of Matthew*, Valley Forge: Judson, 1886.

Bruce, A. B. "Matthew," In *The Synoptic Gospels*. Vol. 7 of The Expositor's Greek New Testament, edited by W. Robertson Nicole, 61-340. Grand Rapids, MI: Eerdmans, 1951.

Blomberg, Craig L. *Matthew*. In The New American Commentary. Nashville: Broadman & Holman, 1992.

Carson, D. A. "Matthew," In *Matthew, Mark, Luke*. Vol. 8 of The Expositor's Bible Commentary, edited by Frank E. Gaebelein, 3-599. Grand Rapids, MI: Zondervan, 1984. 《마태복음 마가복음 누가복음》, 엑스포지터스 성경연구 주석(기독지혜사).

France, R. T. *The Gospel of Matthew*. In New International Commentary on the New Testament. Grand Rapids, MI: Eerdmans, 2007.

MacArthur, John. *Matthew 1-7, Matthew 8-15, Matthew 16-23*, and *Matthew 24-28*. In The MacArthur New Testament Commentary. Chicago: Moody, 1985, 1987, 1988, 1989.

Morris, Leon. *The Gospel According to Matthew*. In Pillar Commentary. Grand Rapids, MI: Eerdmans, 1992.

Turner, David. L. *Matthew*. In Baker Exegetical Commentary on the New Testament. Grand Rapids, MI: Baker, 2008. 《마태복음》(부흥과개혁사).

Wilkins, Michael J. *The NIV Application Commentary: Matthew*. Grand Rapids, MI: Zondervan, 2004. 《마태복음》, NIV적용주석(솔로몬).

마가복음

루이스 바비에리(Louis A.Barbieri)

서 론

저자. 복음서 가운데 저자의 이름을 밝히는 책은 없지만, 교회사는 각 책의 저자에 대해 상당히 일관된 증거를 제시한다. 요한 마가가 두 번째 복음서의 저자라는 점은 상당히 보편화된 견해이다. 파피아스는 마가가 두 번째 복음서의 저자임을 직접 증언한다. 저스틴 마터(Justin Martyr), 이레니우스(Irenaeus), 로마의 클레멘트(Clement of Rome), 이그나티우스(Ignatius)를 비롯한 여러 사람들이 이에 대해 동의한다. 저작권에 대한 내적 증거는 매우 약하다. 14:50-52에 저자를 언급하는 것 같은 간략한 사건이 기록되어 있다. 겟세마네에서 예수님이 체포당하시는 와중에 한 군인에게 붙잡힌 청년이 몸에 걸쳤던 베 홑이불을 버리고 어둠 속으로 도망갔다. 다른 복음서들은 이 사건을 기록하지 않는데, 그 청년이 마가였을 가능성이 있다. 이것은 마가가 자신이 그 자리에 있었다고 말하는 방법이었다.

신약성경에서 마가는 열 번 언급된다(행 12:12, 25; 13:5, 13; 15:37, 39; 골 4:10; 몬 24; 벧전 5:13; 딤후 4:11). 예루살렘 교회가 마가의 집에서 모임을 가졌는데 아마 그는 부유한 가문 출신이었을 것이다(참고. 행 12:12). 바울과 바나바가 사역을 하러 안디옥에 갔을 때 그들은 마가를 데리고 갔다(참고. 행 12:25). 마가는 제1차 전도 여행에 나선 그들을 돕는 '수행원'으로 따라갔지만(참고. 행 13:5), 여행 중간에 집으로 돌아왔다(참고. 행 13:13). 이것은 제2차 전도 여행이 시작될 때 논란의 초점이 되었다(참고. 행 15:37-39). 그 결과 바나바는 마가를 데리고 구브로로 가고, 바울은 실라를 데리고 소아시아 너머 땅으로 갔다. 마가는 유능한 일꾼이었다. 그는 바울 사도가 골로새서(참고. 골 4:10)와 빌레몬서(참고. 몬 1:24)를 쓸 때 함께 로마에 있었으며, 베드로가 베드로전서를 쓸 때 함께 '바벨론'에 있었다(참고. 벧전 5:13). 바울은 나중에 마가를 받아들이고 디모데에게 이렇게 썼다. "네가 올 때 마가를 데리고 오라 그가 나의 일에 유익하니라"(참고. 딤후 4:11).

마가가 두 번째 복음서의 저자이지만 그 책 배후에 시몬 베드로가 있음을 나타내는 암시가 있다. 두 사람이 관련되어 있다는 점은 이 복음서 내외에서 찾아볼 수 있다. 먼저 외적 증거는 다음과 같다. (1) 파피아스는 "베드로의 해석자 역할을 담당한 마가는 베드로가 주님이 말씀하시고 행하신 일들에 대해 기억하는 것은 무엇이나 정확하게 받아썼다. 하지만 순서대로 쓴 것은 아니었다"라고 말했다(유세비우스, *Hist. Eccl.* Ⅲ.xxxix.15에서 인용). (2) 베드로는 마가가 그와 함께 '바벨론'에 있다고 말했다(참고. 벧전 5:13). (3) 두 번째 복음서는 예루살렘 교회에 대한 베드로의 보고에서 언급한 것과 똑같은 자료를 다룬다(참고. 행 10:34-43). (4) 베드로는 자신의 죽음이 임박한 것을 알고 그의 형제들이 자신이 가르친 것을 기억할 수 있도록 조치를 취하겠다고 선언했다(참고. 벧후 1:13-15). 베드로가 마가의 마음에 예수님의 삶에 대한 이야기들을 채워 넣어서 그것들을 기록하게 했는가? 내적 증거 역시 베드로와 마가의 관계를 암시한다. (1) 두 번째 복음서는 기본적으로 주님을 따르라는 베드로의 요청으로 시작한다. (2) 두 번째 복음서에는 그 뒤에 한 목격자가 있다. 예수님에 대한 이야기들은 현재 시제로 나타나는데, 그것은 그 사건들이 실제 일어나는 것으로 묘사한다. 이 복음서에 약 150개의 역사적 현재가 등장하는

데 비해, 마태복음에는 78개 그리고 누가복음에는 오직 4개의 역사적 현재가 나타난다. (3) 두 번째 복음서는 베드로와 관련해 다른 복음서들에서 찾아볼 수 없는 여러 가지 사실들을 소개하며, 또 베드로에 대한 몇몇 우호적인 사항들은 빠뜨린다(참고. 1:36; 11:21; 13:3; 16:7). (4) 이 복음서는 갈릴리, 특히 베드로가 거주하던 장소인 가버나움에서 행하신 예수님의 사역에 특별히 주목한다.

연대. 두 번째 복음서가 기록된 연대는 주후 44년에서 75년 사이이다. 공관복음서의 저작에 대한 문서 이론에 따르면 마가복음이 복음서들 가운데 가장 먼저 기록되었다(복음 비평 연구와 관련된 문제들에 대해서는 마태복음 주석의 서론을 보라). 최근 학계에서는 모든 신약성경 책들의 저술 연대가 전에 생각했던 것보다 이른 것으로 보는 경향이 있다. 그 근거의 일부는 (주후 70년에 일어난) 예루살렘의 파괴가 신약성경에 언급되지 않았다는 점이다. 그 사실은 여러 복음서에서 매우 중요했을 것이다. 그 일이 정말 일어났다면 분명히 복음서 저자 가운데 한두 사람은 그 사건을 언급했을 것이다. 마가복음의 연대를 예측할 때는 이레니우스가 한 말을 고려해야 한다. "베드로와 바울이 로마에서 복음을 전하며 교회의 기초를 놓고 있을 때 마태 역시 히브리인들 사이에서 그들의 방언으로 복음서를 기록했다. 그들이 떠난 후 베드로의 제자이자 해석자인 마가는 베드로가 설교한 것을 기록해서 우리에게 전달해주었다"(*Against Heresies*, Ⅲ, i, 1). 여기에서 '떠남'이라는 단어는 성경에서 육체적 죽음을 말할 때 사용하는 '엑소더스'(*exodus*)라는 단어이다(참고. 눅 9:31). 그것이 이레니우스가 말하고자 한 것이었다면, 두 번째 복음서는 베드로가 죽은 후 기록되었을 것이다. 유세비우스(Eusebius)에 따르면 마가는 베드로가 로마에서 예수님의 삶에 대해 행한 강연에 근거해 복음서를 썼으며 그 후 베드로의 승인을 받았다. 마가복음은 베드로가 살아 있을 때 은밀하게 돌려보다가 베드로가 죽은 후 마가가 출판했다. 베드로는 몇 년도에 죽었는가? 전통적인 견해에 따르면 베드로는 주후 64년에 시작한 네로 황제의 박해 중에 죽었다. 또 많은 사람들은 베드로가 주후 66년이나 67년에 죽었다고 주장한다. 사람들은 베드로가 죽은 후 예수님과 관련한 베드로의 이야기를 기록해 남기기를 원했다. 마가가 적임자였다. 뿐만 아니라 성령이 그를 감동시키셔서 그 이야기들을 오류 없이 전달할 수 있게 하셨다(참고. 벧후 1: 21). 실제 저술은 주후 67년이나 68년에 이루어졌을 것이다.

수신자. 마가는 이방인 청중을 위해 두 번째 복음서를 쓴 것 같다. 특별히 마가는 로마인들을 염두에 두었을 것이다. 근거는 다음과 같다.

1. 두 번째 복음서는 모든 복음서 가운데 구약성경의 인용 및 암시가 가장 적다(63개). 이방인 독자들은 구약성경에 관심을 갖지 않거나 익숙하지 않았을 것이다.

2. 마가는 마가복음에 나오는 아람어들을 해석한다. 예를 들어 예수님이 십자가에서 외치신 말씀인 "엘리 엘리 라마 사박다니"는 "나의 하나님 나의 하나님 어찌하여 나를 버리셨나이까"로 번역된다(참고. 15:34).

3. 마가는 이야기들과 관련된 지리적 장소들을 설명한다. 그는 13:3에서 감람산이 "성전 맞은편"에 있다고 설명한다.

4. 마가복음에는 유대 율법에 대한 언급이 없다. 율법과 관련해 유대인들에게 중요한 많은 사항들이 있지만, 마가는 그것들을 전혀 언급하지 않는다.

5. 마가는 유대 관습을 설명한다. "유대인들은 손을 잘 씻지 않고서는 음식을 먹지 않는다"(참고. 7:3). 유대인들은 그런 관습을 잘 알고 실행했을 것이다(참고. 14:12과 15:42).

6. 마가는 예수님을 강력한 일꾼, 즉 행함으로써 정복하는 남자로 나타낸다. 로마인들은 사람을 볼 때 말이 아니라 결과에 관심을 가졌다. 예수님의 효과적인 사역이 그분의 혈통이나 주장보다 훨씬 더 중요했다.

마가복음에 도시에 대한 직접적인 언급은 없지만, 전통에 따르면 마가는 이 책을 로마에서 썼다고 한다. 여러 증거들이 이 주장을 지지한다.

1. 마가는 똑같은 의미를 지닌 헬라어가 있었음에도 여러 라틴어 단어를 사용했다. 두 렙돈(12:42), 부셸 대신에 '말'(4:21), 사형 집행인 대신에 '시위병'(6:27), 조세 대신에 '세금'(12:14), 궁전 대신에 '브라이도리온'(15:16), '백부장'(15:39, 44, 45).

2. 마가복음에는 로마 시간 구분인 "밤 사경"이 사용

된다. 유대 시간은 세 가지로만 구분했다.

3. 마가는 예수님의 십자가를 진 구레네 시몬의 아들로 알렉산더와 루포를 언급했다(15:21). 그들은 저자와 그의 독자들이 개인적으로 아는 사람이었다. 바울은 '루포'를 언급하면서 그를 "주 안에서 택하심을 입은 사람"이라고 불렀다(참고. 롬 16:13). 루포라는 이 두 사람이 동일 인물이라는 것은 어느 정도 신빙성이 있다.

목적. 이 복음서를 어떤 계기로 쓰게 되었는지는 알려진 바가 없다. 마가의 삶 가운데 일어난 성령의 역사는 엄청나다. 그러나 베드로가 죽은 후에 로마 교회 내에 그의 훌륭한 가르침을 기록해두려는 바람이 일어났다. 마가는 그 일을 할 수 있는 적임자였다. 베드로는 마가가 그 일을 해낼 수 있도록 준비시키는 수고를 했다(참고. 벧후 1:13-15).

마가복음에는 여러 가지 특징이 두드러지게 나타난다. 첫째, 두 번째 복음서는 행동의 복음이다. 이 복음서에 나오는 사건들은 빠르게 움직인다. 세 구절 중 약 두 구절은 '또'(and)라는 말로 시작한다. 그것은 행동을 강조하기 위한 장치이다. 이것은 마가복음에 나오는 한 핵심어에서 더 찾아볼 수 있다. '곧' 혹은 '즉시'라는 말이다.

둘째, 마가는 예수님을 여호와의 종으로 묘사한다. 그것이 즉각적인 행동을 강조한 이유였다. 종에 대해 생각할 때 사람들은 주로 섬김에 대해 관심을 가진다. 마가복음의 핵심 구절에서는 예수님의 섬김이 강조된다. "인자가 온 것은 섬김을 받으려 함이 아니라 도리어 섬기려 하고 자기 목숨을 많은 사람의 대속물로 주려 함이니라"(10:45).

셋째, 마가복음은 예수님의 기적을 강조한다. 기적은 주님의 종이라는 특성을 반영한다. 왜냐하면 종으로서 그분의 기적이 중요하기 때문이다. 하지만 두 번째 복음서에는 오직 두 개의 기적만 나온다. 그것은 귀가 먹고 말을 더듬는 자를 치유하신 기적(7:31- 37)과 벳새다에서 맹인을 고치신 기적(8:22-26)이다.

넷째, 마가는 흔하고 익숙한 삶의 측면들을 강조했다. 마가는 배를 타고 고기를 잡는 일, 동물, 옷, 집, 동전, 시간 구분 같은 일상적인 모습에 주목했다.

다섯째, 마가복음은 아주 상세하게 기록한 복음이다. 주님의 표정과 몸짓 같은 자세한 사항들이 특별히 주목을 받는다(3:5; 10:16). 5천 명을 먹인 이야기에서 마가만이 '푸른' 잔디라고 생생하게 묘사한다(6:39).

배경. 마가가 기록한 자료는 어디에서 끝나는가? 마가복음이 16:8에서 끝난다는 견해, 16:20에서 끝난다는 견해, 혹은 16:8이나 16:20 뒤에 또 다른 결말이 덧붙여져야 한다는 견해가 있다. 추가된 자료가 수 세기에 걸쳐 상실되었을 수 있지만, 그것은 초기 본문의 일부였다.

마가복음의 끝을 확인할 수 있는 증거는 "어느 것이 가장 좋은 헬라어 본문인가?" 하는 문제로 귀결된다. 그 문제는 다수의 사본이 어떤 결론을 지지하는 것으로 볼 것인가, 또는 어떤 고대 본문이 본래의 헬라어를 더 낫거나 더 충실하게 번역한 것으로 평가할 것인가에 달려 있다. 다수의 사본은 마가복음이 16:20에서 끝나는 것을 지지한다. 더 오래된 사본들(예를 들어, 4세기에 작성된 것으로 추정하는 바티칸 사본과 시내 사본)은 8절에서 끝나는 것을 지지한다.

헬라어를 해석할 수 있는 능력이 없다면 내적 논거를 이해하기 힘들 수 있다. 9-20절의 어휘와 신학은 마가복음 앞부분과 상당히 다르다. 내적 증거는 마가의 사본이 8절에서 끝난다는 주장을 뒷받침하는 것 같다. 하지만 마가복음이 8절에서 끝난다면 9-20절이 추가된 것을 어떻게 설명할 수 있는가? 분명히 그것이 그냥 사라져버리지는 않았을 것이다. 마가복음은 두루마리에 기록되었을 텐데, 마가복음의 결론은 안쪽에 둘둘 말려 있었을 것이다. 그리고 첫 부분이 무슨 이유로 떨어져 나갔거나 아니면 사용하면서 닳아 없어졌을 것이다. 그러다가 수십 년에 걸쳐 마가복음을 복제하면서 8절로 끝나는 것이 너무 갑작스러워 적절한 결론이 아니라고 느꼈을 것이다. 가장 흔한 주장은 사도 요한의 제자인 아리스티온(Aristion)이 아마도 요한의 권위 아래 추가했다는 것이다. 몇몇 사람들은 9-20절이 마가가 쓴 것이 아니라는 점을 인정하면서, 그럼에도 그것들은 모세의 죽음에 관한 신명기 34장과 여호수아의 죽음에 관한 여호수아 24장이 추가된 것과 똑같은 의미에서 사본의 일부라고 판단한다. 9-20절은 똑같은 기준에 해당하는가? 몇몇 사람들은 그렇다고 믿는다.

아마도 마가 자신이 사본에 추가하려고 했지만 그렇게 하기 전에 죽었을 수도 있다. 마가복음의 끝부분에 대한 문제는 사람들이 이 세상에서 육신을 입고 사는 한 해결할 수 없을 것이다.

개 요

Ⅰ. 하나님의 종에 대한 소개(1:1-13)
- A. 선포(1:1-8)
- B. 동일시(1:9)
- C. 인증(1:10-11)
- D. 유혹(1:12-13)

Ⅱ. 하나님의 종임을 드러내시다(1:14-3:5)
- A. 직접적 증언(1:14-15)
- B. 개인적 모집(1:16-20)
- C. 권위를 나타내시다(1:21-3:5)
  1. 마귀의 세력에 대해(1:21-28)
  2. 질병에 대해(1:29-34)
  3. 나아갈 방향에 대해(1:35-39)
  4. 나병에 대해(1:40-45)
  5. 죄 사함에 대해(2:1-12)
  6. 사람에 대해(2:13-14)
  7. 전통에 대해(2:15-22)
  8. 안식일에 대해(2:23-3:5)
     - a. 논란이 된 안식일 문제(2:23-28)
     - b. 안식일에 행한 기적(3:1-5)

Ⅲ. 하나님의 종에 대한 반대(3:6-8:26)
- A. 바리새인들의 결론(3:6)
- B. 많은 무리의 혼란(3:7-12)
- C. 종의 결정(3:13-19)
- D. 예수님의 가족의 개입(3:20-21)
- E. '공식적' 결론(3:22-4:34)
  1. 비난(3:22)
  2. 부인(3:23-30)
  3. 결과(3:31-35)
  4. 가르침(4:1-34)
     - a. 비유로 가르치시다(4:1-12)
     - b. 비유에 대해 설명하시다(4:13-20)
     - c. 비유로 더 가르치시다(4:21-34)
- F. 반대에도 불구하고 종의 신분이 입증되다(4:35-5:43)

1. 사도들에게(4:35-41)
2. 데가볼리 지방에(5:1-20)
3. '종교적' 지도자들에게(5:21-43)
   a. 요청(5:21-24)
   b. 가로막음(5:25-34)
   c. 성취(5:35-43)

G. 나사렛의 거부(6:1-6)

H. 반대와 맞서 싸우는 사역(6:7-13)

I. 통치자들의 반대(6:14-29)
1. 헤롯의 두려움(6:14-16)
2. 헤롯의 행동(6:17-29)

J. 반대를 고려한 종의 가르침(6:30-56)
1. 의도적인 물러나심(6:30-32)
2. 실제 현실(6:33-44)
3. 진짜임을 입증하는 표적(6:45-56)
   a. 물 위를 걸으시다(6:45-52)
   b. 게네사렛에서 일어난 병 고침(6:53-56)

K. 바리새인들의 계속적인 반대(7:1-23)
1. '위반'(7:1-5)
2. 종의 설명(7:6-13)
3. 종의 경고(7:14-23)

L. 종이 반대를 피해 물러나시다(7:24-8:9)
1. 두로 지방으로(7:24-30)
2. 데가볼리 지방으로(7:31-8:9)
   a. 귀 먹은 사람을 고치시다(7:31-37)
   b. 4천 명을 먹이시다(8:1-9)

M. 바리새인들의 마지막 요구(8:10-21)
1. 요구(8:10-11)
2. 종의 설명(8:12-13)
3. 종의 경고(8:14-21)

N. 결론적 기적(8:22-26)

Ⅳ. 주의 종의 가르침(8:27-10:52)

A. 그분의 인격에 관한 가르침(8:27-30)

B. 그분의 계획에 관한 가르침(8:31-9:13)
1. 다가오는 그분의 죽음(8:31-33)
2. 추종자들에 대한 그분의 요구(8:34-38)
3. 다가오는 그분의 나라에 대한 묘사(9:1-10)
4. 그분과 엘리야의 관계(9:11-13)

C. 불가능한 것에 대한 가르침(9:14-29)

D. 다가오는 그분의 죽음에 대한 가르침(9:30-32)
E. 교만에 대한 가르침(9:33-37)
F. 당파심에 대한 가르침(9:38-50)
G. 이혼에 대한 가르침(10:1-12)
H. 믿음에 대한 가르침(10:13-22)
 1. 어린아이와 같은 믿음(10:13-16)
 2. 영생에 대한 믿음(10:17-22)
I. 부에 대한 가르침(10:23-31)
J. 그분의 가까운 미래에 대한 가르침(10:32-34)
K. 하나님 나라의 지위에 대한 가르침(10:35-45)
L. 믿음에 대한 가르침(10:46-52)

V. 하나님의 종을 거부하다(11:1-15:47)
 A. 종의 출현(11:1-26)
  1. 승리의 입성(11:1-11)
  2. 심판의 선언(11:12-14)
  3. 성전 정화(11:15-19)
  4. 심판의 성취(11:20-26)
 B. 종과의 논쟁(11:27-12:40)
  1. 종교 지도자들과(11:27-12:12)
   a. 권위의 문제(11:27-33)
   b. 가르침을 위한 비유(12:1-11)
   c. 지도자들의 반응(12:12)
  2. 바리새인들과 헤롯당(12:13-17)
  3. 사두개인들(12:18-27)
  4. 서기관들(12:28-34)
  5. 종의 반응(12:35-44)
   a. 도전적인 질문(12:35-37)
   b. 경고(12:38-40)
   c. 적절한 예(12:41-44)
 C. 종의 예언(13:1-37)
  1. 제자들의 질문(13:1-4)
  2. 종의 반응(13:5-37)
   a. 다가오는 환난(13:5-23)
    i. 환난의 전반부(13:5-13)
    ii. 환난의 후반부(13:14-23)
   b. 다가오는 승리(13:24-27)
    i. 왕의 귀환(13:24-26)
    ii. 신자들을 다시 모음(13:27)
   c. 결론적 가르침(13:28-37)

i. 무화과나무(13:28-32)

ii. 청지기(13:33-37)

D. 종을 둘러싼 예비적 사건들(14:1-42)

1. 지도자들의 음모(14:1-2)
2. 마리아의 기름 부음(14:3-9)
3. 유다와의 협정(14:10-11)
4. 유월절 식사(14:12-26)

a. 준비(14:12-16)

b. 참여(14:17-21)

c. 입회(14:22-26)

5. 부인할 것에 대한 예고(14:27-31)
6. 겟세마네 동산(14:32-42)

E. 종의 체포와 재판(14:43-15:20)

1. 겟세마네에서의 체포(14:43-52)
2. 공회 재판(14:53-65)
3. 예수님을 부인하리라는 예언의 성취(14:66-72)
4. 두 번째 공회 재판(15:1)
5. 빌라도의 재판(15:2-15)
6. 로마 군인들의 조롱(15:16-20)

F. 종의 십자가 처형(15:21-32)

G. 종의 죽음(15:33-41)

H. 종을 장사 지내다(15:42-47)

Ⅵ. 하나님의 종이 부활하다(16:1-20)

A. 여인들에게 주어진 계시(16:1-8)

B. 종의 나타나심(16:9-14)

1. 마리아에게(16:9-11)
2. 두 제자에게(16:12-13)
3. 열한 제자에게(16:14)

C. 종의 위임(16:15-18)

D. 종의 승천(16:19-20)

주 석

Ⅰ. 하나님의 종에 대한 소개(1:1-13)

A. 선포(1:1-8)

1:1. 마가복음은 **하나님의 아들 예수 그리스도**로 시작한다. 예수님은 죄가 없는 온전한 사람이면서 동시에 온전한 하나님이시다.

1:2-8. 예언대로 예수님보다 앞서 그분의 대사가 나타났다. **이사야**의 이름이 언급되지만(2절), 말라기 3:1 역시 보라. 그들은 모두 세 가지 요인을 제시한다. 전령사, 주님, 광야 등이다. 요한과 예수님이 광야에 나타나신 것은 이사야가 예언을 통해 약속한 구원이 성

취된 것이다. 요한의 사자 역할은 선지자의 예언을 강조하면서 그 길을 준비하는 것이었다. 요한은 **죄 사함을 받게 하는 회개의 세례**를 전파했다(4절). 의식적 정화는 율법이 규정한 것으로 흔하게 실행되었지만, 한 번만 받는 세례는 이방인들이 유대교로 개종한 경우를 제외하고 초기(신구약성경 중간기) 유대교에서 알려진 바가 없다. **세례**라는 명사는 '물에 몸을 잠기게 하거나 물로 적시는 행위'를 의미하며(그것은 '동일화'를 의미하지 않는다), 여기에서 그것은 누군가 회개하고 영적으로 깨끗해져서 오실 메시아 및 그분이 가져오실 나라를 맞이할 준비가 되었음을 나타낸다. 구원하는 믿음을 갖게 된 자들은(마 3:5-12에 대한 주석을 보라) **죄 사함**을 받았다. 요한의 사역은 **온 유대 지방**에서 사람들이 몰려와 세례를 받으면서 그들을 흥분시켰다(5절). 요한은 선지자처럼 옷을 입었다(**낙타털** 옷을 입고 **허리에 가죽띠**를 둘렀다). 그는 광야에서 **메뚜기**[곤충 또는 캐럽 나무의 열매]와 **석청**을 먹었다(6절). 요한이 그것만 먹은 것은 아니었지만 그것은 그의 검소한 생활 방식을 보여준다. 그의 설교는 그보다 훨씬 더 위대한 누군가를 가리켰다. 요한은 **물로** 세례를 주었지만 오실 그분은 **성령으로** 세례를 베푸실 것이다(8절; 고전 12:12-13에 대한 주석을 보라).

B. 동일시(1:9)

1:9. 예수님은 **나사렛**에서 요단강으로 오셔서 요한에게 세례를 받으셨다. 몸을 물속에 완전히 잠그는 것이 유대의 일반적인 의식적 정화 방식이었으며, 요한도 그런 식으로 세례를 베풀었을 가능성이 높다. 예수님은 자신을 자신의 선구자 및 자신이 선포하는 메시지(회개하고 메시아를 맞이할 준비를 하라)와 동일시하셨다.

C. 인증(1:10-11)

(마 3:15-16에 대한 주석도 보라)

1:10-11. 예수님이 곧 물에서 나오시자 하늘이 열리고 성령이 **비둘기같이** 그분에게 내려오셨다. 하늘이 열린 것은 특별한 의미가 있다. 하나님은 수 세기 동안 선지자를 통해 말씀하지 않으셨다. 성부 하나님은 이렇게 선언하셨다. **너는 내 사랑하는 아들이라 내가 너를 기뻐하노라.** 이 말씀은 시편 2:7과 이사야 42:1을 반영한다. 하나님의 세 위격이신 성부, 성자, 성령 모두가 동시에 나타나신다.

D. 유혹(1:12-13)

1:12-13. 앞서 말한 것에 이어 곧 유혹이 찾아온다. 예수님은 **성령**에 이끌려 광야로 나가셨다(강한 단어인 '몰아내신지라'). 이것은 하나님의 뜻 가운데 일부였다. 왜냐하면 예수님은 거기에 **사십 일** 동안 계셨기 때문이다. 예수님은 **사탄에게 시험을 받으셨으며 들짐승과 함께** 계셨다. 그것은 적대적인 환경을 강조한다. **사십**이라는 숫자는 성경에서 시험 기간을 나타낸다(참고. 신 8:2; 민 13:25, 14:33-34). **사탄**은 '대적' 또는 '반대자'를 의미한다. 사탄이 유혹한 구체적 내용은 나오지 않지만, 그 유혹이 끝났을 때 천사들이 와서 예수님께 음식을 제공하고 힘을 북돋우면서 그분을 섬겼다.

II. 하나님의 종임을 드러내시다(1:14-3:5)

A. 직접적 증언(1:14-15)

(마 14:1-12에 대한 주석도 보라)

1:14. 예수님의 사역은 요한이 붙잡혀 있을 때 시작되었다. 요한이 체포된 상세한 내막은 여기에 언급되지 않는다(참고. 6:14-29). 요한이 제거되면서 예수님은 **갈릴리** 지방에서 **하나님의 복음**을 전파하기 시작하셨다.

1:15. 그 복음은 **때가 찼고 하나님의 나라가 가까이 왔으니**라는 선언으로 시작했다. 이스라엘은 다윗의 보좌에서 다스리실 메시아가 오실 것을 알았다. 그러나 거기에 함축된 회개하고 복음을 믿는다는 생각은 하나님 나라의 도입에 관한 문제였다. 이스라엘은 아브라함에 대한 육체적 관계를 신뢰하는 것에서 돌아서서 예수님에 관한 좋은 소식을 믿어야 했다. 회개에는 두 측면이 있지만 행동은 오직 하나이다. 사람이 한 입장에서 돌아서면 곧바로 그는 두 번째 입장으로 향한다.

B. 개인적 모집(1:16-20)

1:16-18. 예수님은 고기를 잡던 **시몬과 안드레** 형제를 만나셨다. 예수님은 그들에게 말씀하셨다. **나를 따라오라 내가 너희로 사람을 낚는 어부가 되게 하리라.** 남자가 가르침을 받기 위해 박식한 랍비를 따르는 것은 흔한 일이었다. 예수님은 여태껏 일어난 어떤 일보다 훨씬 더 큰 과제를 위해 추종자들을 선발하셨다.

1:19-20. 베드로 및 안드레와 함께 고기를 잡는 동업자였을 **야고보와 요한**은(참고. 눅 5:7) 예수님의 부르심을 받자마자 **아버지 세베대를 배에** 버려두고 예수

님을 따라나섰다. 예수님의 주권적인 권위와 이들의 급진적인 순종이 명백하게 드러난다.

C. 권위를 나타내시다(1:21-3:5)

예수님이 사역을 시작하시자, 모든 사람들이 "그는 그가 약속하는 것을 성취할 능력을 갖고 있는가?"라고 질문을 했다. 이 부분에서 예수님은 물질적·영적 영역을 다스리시는 그분의 권위를 보여주신다.

1. 마귀의 세력에 대해(1:21-28)

1:21-22. 가버나움은 갈릴리 바다의 북쪽 해안에 있었다. **안식일**에 예수님은 **회당에 들어가 가르치**기 시작하셨다. 예수님의 말씀을 들은 사람들은 놀랐다. 흔히 자신들의 가르침을 뒷받침하기 위해 유명한 랍비를 인용했던 그 당시 사람들과 달리, 예수님은 자신의 고유한 권위(*exousia*, 엑소시아)를 갖고 가르치셨다.

1:23-28. **더러운 귀신** 들린 사람이 예수님의 권위 있는 가르침에 반발했다. 그 사람이 하는 말을 보면 그가 상당한 지식을 갖고 있음을 알 수 있다. 첫째, 그 귀신은 **나사렛 예수**를 알고 또 예수님이 어느 날 그의 심판자가 될 것이라는 사실을 알았다. 귀신은 물었다. "우리를 멸하러 왔나이까?" 회당에 있던 사람들은 예수님의 가르침에 놀랐지만, 그 귀신은 예수님 때문에 자신이 궁극적으로 파멸될 것임을 알았다. 예수님은 **잠잠하고 그 사람에게서 나오라**고 그 귀신을 꾸짖으셨다. 예수님은 모든 피조물을 침묵시키고 그들의 움직임을 지시할 수 있는 권위를 갖고 계신다. 그 귀신은 떠나면서 그 사람을 넘어뜨리고 **경련**을 일으켰다. 사람들은 예수님이 그분 자신의 권위를 갖고 가르치시는 것과 **더러운 귀신들이** [그분께] **순종하는** 것에 **다 놀랐다**. **예수의 소문이** 퍼져나간 것은 당연하다.

2. 질병에 대해(1:29-34)

(마 8:14-17에 대한 주석도 보라)

1:29-31. 그들은 회당을 나와 시몬 베드로와 안드레의 집에 들어갔다. 베드로의 **장모가 열병으로 누워** 있었다. 예수님은 그녀를 고쳐주셨다. 그녀는 회당에서 온 사람들을 접대하기 시작했다.

1:32-34. 안식일이 끝날 무렵 사람들이 집 바깥에 나타났다. 예수님의 치유에 대한 소문이 빠르게 퍼져나갔다. 많은 사람들이 몸이 아프거나 귀신 들린 지인들을 데리고 왔다. **온 동네가 그 문 앞에 모였**다는 것은 과장법일 것이다. 예수님은 **많은 사람을 고치셨**으며 귀신 들린 사람들을 자유롭게 해주셨다. 육체적 질병과 귀신 들림은 뚜렷이 구별된다. 하지만 예수님은 그 둘 다에 대해 권위를 나타내셨다.

3. 나아갈 방향에 대해(1:35-39)

1:35-39. 몹시 힘든 하루를 보낸 후 다음 날 **새벽** 예수님은 한적한 곳에 가서 기도하셨다. 예수님이 기도하신 내용은 알 수 없다. 베드로와 그의 동료들은 예수님의 **뒤를 따라가**[문자적으로 '추적했다'] 마침내 그분을 만났다. 그들은 **모든 사람이 주를 찾나이다**라고 말했다. 그들의 목표는 예수님이 가버나움으로 되돌아가셔서 치유 사역을 계속하시게끔 하는 것이었다. 그러나 예수님의 주된 사역은 육체적 치유를 하는 것이 아니라 영적 구원을 주는 것이었다. 예수님은 권위를 발휘해 자신이 하시려는 일을 제시하셨다. 예수님은 제자들에게 다른 마을들에 가야 한다고 말씀하셨다. 예수님은 **거기서도 전도하셔**야 하기 때문이었다. 그들은 **온 갈릴리**를 다니면서 전도하고 귀신들을 내쫓으면서 예수님의 권위를 나타냈다.

4. 나병에 대해(1:40-45)

(마 8:2-4에 대한 주석도 보라)

1:40-42. 한 **나병환자**가 와서 예수님 앞에 엎드려 몸을 깨끗하게 해달라고 간청했다. 나병은 의식상 부정한 피부 상태로 진단받은 병이었다. 그것은 한센병으로 알려진 현대의 나병과 다르다. 의식상 부정함 때문에 나병환자는 자유롭게 사회 활동을 할 수 없었다. 이 나병환자가 예수님께 왔다는 것은 사람들이 보기에 대담한 행동이었지만, 그는 예수님이 자신을 고쳐주실 능력이 있음을 확신했다. 예수님은 그를 **불쌍히 여기사** 그의 몸을 만지셔서 병을 고쳐주셨다. 예수님이 하신 말씀, 즉 **내가 원하노니 깨끗함을 받으라**는 말씀은 근본적인 치유가 일어났음을 암시한다. 이런 기적은 그 자리에 있던 사람들에게 전례가 없는 일이었다. 구약은 나병에서 고침을 받은 두 사람에 대해 기록한다. 그들은 모세의 동생 미리암(참고. 민 12장)과 수리아 사람 나아만(참고. 왕하 5장)이다. 그러나 성경은 나병에서 정결해진 사람에게 적절한 제물을 바치라고 가르친다(참고. 레 14:1-32).

1:43-45. 예수님은 병 고침을 받은 사람을 돌려보

내면서 엄중한 경고를 하셨다. **삼가 아무에게 아무 말도 하지 말고 가서 네 몸을 제사장에게 보이라.** 이 사람이 예루살렘에 가서 모세가 명한 정결 규칙을 따르는 것이 중요했다(레 14:1-33). 그의 행동은 종교 지도자들에게 철저한 조사가 필요한 특별한 일이 그들 가운데 일어났음을 알리는 증언이 될 것이었다. 이 사람이 성전에 나타나 나병에서 깨끗하게 나았다고 주장했을 때 소란이 벌어졌을 것이다. 그 사람은 나가서 다른 사람들에게 자신이 깨끗해진 것을 말하기 시작했다. 이것은 그 사람이 제사장들에게 가서 그의 몸을 보여주지 않았다는 말이 아니다. 그러나 그는 자신의 몸이 깨끗해진 것에 대해 몹시 흥분해서 다른 사람들에게 말하지 않을 수 없었다. 무리가 몰려와서 예수님은 **다시는 드러나게 동네에 들어가지 못하셨다.** 예수님은 **바깥 한적한 곳**에 계셨으나, 사람들이 계속 **사방에서 그에게로 나아오더라.**

5. 죄 사함에 대해(2:1-12)

(마 9:1-8에 대한 주석도 보라)

2:1-2. 예수님은 가버나움으로 돌아오셨다. 베드로의 집이었을 것이다. 들어설 자리가 없을 만큼 많은 사람이 모였다. 예수님은 앉아서 귀를 기울이는 사람들에게 하나님의 말씀을 전하셨다.

2:3-7. 네 사람이 침상에 몸이 마비된 사람을 데리고 왔지만 집에 들어갈 수가 없었다. 그들은 지붕에 올라가 짚을 뜯어내고 구멍을 만들어서 친구를 침상 채 내렸다. 예수님은 **그들의 믿음을** 보시고 중풍병자에게 **작은 자야 네 죄 사함을 받았느니라**라고 말씀하셨다. 그의 몸을 마비시킨 육체적 질병은 분명히 죄와 관련되어 있었다. 이 사람의 죄는 바로 그 순간 영원히 용서를 받았다. 하지만 서기관들은 예수님의 말씀이 신성모독이라고 결론을 내렸다. 오직 하나님만이 죄를 용서하실 수 있기 때문이다. 예수님이 바로 그 진리를 말씀하신 것이라면, 그분은 하나님이어야만 할 것이다. 하지만 그들은 예수님이 하나님이실 수 있는 가능성을 받아들이지 못했다. 그리고 예수님은 그들이 무슨 생각을 하는지 아셨다.

2:8-12. 예수님의 질문은 그들이 무슨 생각을 하는지 드러냈다. 그들은 이 이야기에서 나쁜 사람들이었다. 그들은 예수님을 파멸시킬 수 있는 비난거리를 찾으려는 특별한 목적을 갖고 왔다. 그 논의는 두 가지 진술로 이루어졌다. 둘 다 쉽게 진술된 말이었다. 아마도 **네 죄 사함을 받았느니라**라고 말하는 것이 더 쉬웠을 것이다. 그것이 실제로 일어났는지 판단하기가 어렵기 때문이다. 그러나 **일어나 네 상을 가지고 걸어가라**고 말했다가 그 사람이 몸을 움직이지 못하면, 그 말을 한 사람은 분명히 사기꾼이다. 따라서 예수님은 그 중풍병자에게 일어나 그의 상을 가지고 걸어가라고 말씀하셨다. 그 사람이 그대로 엎드려 있으면 예수님은 사기꾼이 되는 것이고, 그분이 하신 말씀은 아무런 의미도 없을 것이다. 그와 같이 신성을 모독한 자는 죽어 마땅할 것이다. 중풍병자는 곧 일어나 예수님의 명령대로 했다. 그 결과 사람들은 놀라면서 하나님께 영광을 돌렸다. **우리가 이런 일을 도무지 보지 못하였다.** 예수님이 행하신 기적은 그들이 도저히 이해할 수 없을 정도로 큰 그분의 권위를 나타냈다.

6. 사람에 대해(2:13-14)

(마 9:9에 대한 주석도 보라. 특히 세리에 대한 묘사를 보라)

2:13-14. 예수님이 갈릴리 바닷가에 나타나시자 큰 무리가 그분께 몰려들었다. 예수님은 가시는 곳마다 **가르치셨다. 알패오의 아들 레위가 세관**에 앉아 있었는데 예수님이 그에게 **나를 따르라**고 말씀하셨다. 그는 부정직하지만 돈이 많이 생기는 직업을 버리고 즉시 일어나 예수님을 따라나섰다. 그는 나중에 마태로 알려졌다(참고. 마 9:9; 10:3). 그가 나중에 이름을 바꾸었는지 아니면 이름이 두 개였는지는 알 수 없다.

7. 전통에 대해(2:15-22)

(마 9:14-17에 대한 주석도 보라)

2:15-17. 레위가 예수님을 따르기로 결정했을 때 그는 친구들을 위해 송별연을 열어 예수님을 소개했다(참고. 눅 5:29-39; 또 마 9:10-13에 대한 주석을 보라). 예수님은 **앉아** 제자들과 더불어 레위의 친구들인 많은 **세리와 죄인들**과 함께 식사를 하셨다. 몇몇 사람들이 이 연회를 지켜보았지만 같이 식사를 하지는 않았다. 그들은 율법 및 자신들의 전통을 지키지 않는 사람들과 함께 식사를 하지 않을 것이다. 그들은 예수님이 정말로 거룩한 사람이라면 어떻게 그런 사람들과 함께 식사를 할 수 있는지 의심했다. 그들은 제자들을

추궁했지만, 그 논란을 알게 된 예수님은 건강한 자에게 의원이 필요한 것이 아니라 병든 자에게 의원이 필요하다는 격언을 말씀하셨다. 예수님은 자신들이 회개가 필요한 죄인이 아니라 의롭다고 여기는 서기관 같은 사람들에게 관심이 없으셨다(참고. 1:15). 예수님은 자신들의 죄를 인정하고 기꺼이 그 죄에서 돌아서려는 사람들에게 관심을 보이셨다.

2:18-22. 요한의 몇몇 제자들과 바리새인들이 예수님께 그들이 관례로 흔히 하는 금식에 대해 질문했다. 모세율법은 속죄의 날에만 금식을 요구했지만(참고. 레 16:29-34; 23:26-32; 민 29:7-11), 1세기에 와서 유대교는 한 주에 두 번 금식을 했다. 그런데 왜 예수님의 제자들은 금식을 하지 않는가? 예수님은 그 시대의 관습과 세례 요한이 사용했던 은유를 들어 말씀하셨다(참고. 요 3:29). 결혼을 축하하는 잔치를 할 때 신랑의 친구들이 금식을 하는가? 예수님은 당신을 연회에 자리한 신랑으로 묘사하시면서 이 즐거운 상황이 바뀔 것이라고 말씀하셨다. 예수님을 **빼앗길** 때가 올 것이며(참고. 사 53:8), **그날에는** 그들은 금식할 것이다. 두 비유가 18절의 질문에 대해 추가 정보를 제공한다. 첫째, 사람들은 낡은 옷에 새 천을 덧대지 않는다. 수선한 옷을 물에 빨면 덧댄 천이 낡은 옷을 잡아당겨 **해어짐이 더하게 되**기 때문이다. 두 번째 비유는 포도주 부대에 대한 것이었다. 발효를 하면 팽창이 이루어진다. 새 포도주 부대는 탄력성이 있어서 늘어난다. 하지만 일단 늘어나면 더 이상 팽창할 수 없다. 따라서 낡은 포도주 부대에 새 포도주를 넣으면 부대가 터지고 만다. 예수님은 당신이 단지 유대교를 개혁하기 위해 오신 것이 아니라 이전에 계시되지 않은 새로운 진리를 전하기 위해 오셨음을 가르치셨다.

8. 안식일에 대해(2:23-3:5)

a. 논란이 된 안식일 문제(2:23-28)

(마 12:1-8에 대한 주석도 보라)

2:23-24. 그들은 **안식일에 밀밭 사이로** 지나갔다. 예수님의 제자들은 가는 도중에 낟알을 털어서 먹었다. 가난한 사람들이 먹을 수 있도록 밭모퉁이 곡물은 추수하지 않은 채로 두었으며, 누구든지 밭에 들어가서 취할 수 있었다(참고. 신 23:24-25). 바리새인들은 그들이 먹는 행위가 적합한지를 따진 것이 아니라 안식일에 그런 행동을 한 것을 문제 삼았다. 그들의 논지는 낟알을 터는 것은 추수하는 것이고, 손바닥으로 곡물을 비비는 것은 탈곡하는 것이며, 겉껍질을 부는 것은 까부르는 행위라는 것이다. 제자들은 안식일에 일을 했으며, 그것은 불법이라는 것이었다(참고. 출 34:21).

2:25-28. 예수님은 성경으로 제자들의 행동을 변호하셨다. 예수님은 사울을 피해 도망치다가(참고. 삼상 21:1-6) 다윗과 그의 동료들이 굶주린 일화를 상기시키셨다. 여기에서 다윗 및 그의 사람들과 다윗의 더 큰 아들 및 그분의 제자들이 비교된다. 다윗은 성막에 와서 제사장에게 음식을 달라고 요청했다. 먹을 수 있는 것이라곤 성소 단에 드렸던 떡밖에 없었는데 그것은 제사장들만 먹을 수 있는 떡이었다(참고. 출 25:23-30). 그럼에도 다윗과 그의 동료들은 그 떡을 먹을 수 있었다. 음식을 먹어야 하는 인간의 필요가 율법을 초월했기 때문이다. 이 일은 **아비아달 때** 일어났다고 기록되어 있다. 실제 대제사장은 아비아달의 아버지인 아히멜렉이었다. 하지만 아비아달이 이스라엘의 역사에서 더 유명한 인물이었다. 이것은 역사적 사건을 구약의 기간에 놓는 유대식 관례였다. 예수님은 **안식일이 사람을 위하여 있는 것이요 사람이 안식일을 위하여 있는 것이 아니니**라고 결론적으로 말씀하셨다. 종교 지도자들은 안식일을 하나님이 의도하신 것보다 훨씬 못한 것으로 만들어버렸다. 안식일에 누리는 안식은 사람들에게 저주가 아니라 복이 되어야 했다. 주님으로서 예수님은 어떤 특정한 날에 무슨 일이 이루어져야 하는지 명령하실 수 있다.

b. 안식일에 행한 기적(3:1-5)

(마 12:9-14에 대한 주석도 보라)

3:1-5. 예수님은 가버나움에 있는 회당에 들어가셨다가 **한쪽 손 마른** 사람을 보셨다. 육체적 장애가 있는 사람은 공동체에서 배척되었다. 기형을 심한 죄를 나타내는 표시로 간주했기 때문이었다. 이 사람이 눈에 띄게 회당에 앉아 있었다는 것은 그가 '미끼'였음을 암시한다. 그들은 예수님이 이 사람을 치유하기를 바라면서 그분을 **주시하고** 있었다. 그래야 예수님을 고발할 수 있기 때문이었다. 예수님은 사람들의 위협에 개의치 않으셨다. 무슨 일을 해야 한다면 예수님은 결과에 상관없이 그 일을 하셨다. 예수님은 그 사람을 불러일으키

시고 그분을 비난하는 자들을 향해 중요한 질문을 하셨다. **안식일에 선을 행하는 것과 악을 행하는 것, 생명을 구하는 것과 죽이는 것, 어느 것이 옳으냐**? 이 종교 지도자들은 무엇이 옳고 무엇이 그른지 알고 있어야 했지만, 그들은 **잠잠**했다. 옳은 일을 하는데 관심을 가져야 하는 종교 지도자들이 안식일에 해를 끼치는 일을 한다는 것은 모순이다. 그들은 어떻게 하면 예수님을 죽일 수 있을까 음모를 꾸몄다. 예수님은 이 사람들을 바라보면서 **노하**셨다. 그리고 그들의 완악한 마음 때문에 크게 슬퍼하셨다. 예수님은 **네 손을 내밀라**고 말씀하셨다. 그 사람이 손을 내밀자 즉각 완전히 낫게 되었다. 예수님은 안식일을 어기지 않으셨다. 예수님은 그 사람을 만지지도 않으시고 그저 말씀만 하셨다. 예수님을 고발하려던 자들은 아무런 비난도 못하고 떠나갔다. 하지만 예수님의 권위는 명백하게 드러났다.

Ⅲ. 하나님의 종에 대한 반대(3:6–8:26)

여호와의 종은 여러 지역에서 일하시면서 그분의 권위를 나타내셨다. 사람들은 그분의 권위를 받아들일 것인가? 그렇지 않았다. 하나님의 종에 대한 반대가 늘어나고 있었다.

A. 바리새인들의 결론(3:6)

3:6. 사람들은 종교 지도자들이 예수님의 발 앞에 엎드려 경배할 것이라고 생각했지만, 정반대의 일이 벌어졌다. 바리새인들은 바깥에 나가서 **헤롯당**과 함께 **어떻게 하여 예수님을 죽일까 의논하니라**. 그들은 안식일에 선을 행하기는커녕 예수님을 어떻게 처치할 것인지 적극적으로 음모를 꾸몄다. 바리새인들과 헤롯당이 연합하는 일은 흔치 않았다. 헤롯당은 로마의 지배를 받는 정치적 현상 유지를 옹호하는 반면, 바리새인들은 메시아가 오셔서 로마의 지배를 철폐하기를 열망했다. 헤롯당이 어떻게 보수적인 순수주의자인 바리새인들과 함께할 수 있었는가? 그들 둘 다 예수님에 대해 의심했기 때문에 적대적인 집단이면서도 기이하게 협력을 할 수 있었다.

B. 많은 무리의 혼란(3:7–12)

3:7–12. 예수님은 가버나움을 떠나서 제자들과 함께 **바다로 물러가**셨다. 예수님이 가시는 곳마다 많은 무리가 따라왔다. **갈릴리**, **유대**, **예루살렘**, **이두매**[에돔]에서 사람들이 나타났다. **요단강** 동쪽과 북쪽에 있는 **두로와 시돈**에서 온 사람들도 예수님을 따랐다. 그들은 **그가 하신 큰일**에 대해 듣고 그분이 약속된 메시아인지 궁금해했다. 그들은 종교 지도자들이 예수님을 알아보지 못했기 때문에 혼란스러워했다. 예수님은 사람들이 몰려와 밀지 못하도록 제자들에게 작은 배를 준비해놓으라고 지시하셨다. 예수님이 많은 사람을 고치시자 그분의 능력에 대한 소문이 퍼져나갔다. 여러 질병에 걸린 사람들이 몰려와 낫기를 기대하면서 **예수를 만지고자** 애썼다. 육체적 질병을 가진 사람들뿐만 아니라 더러운 귀신들에 사로잡힌 사람들도 왔다. 그 귀신들은 예수님의 정체를 알고(참고. 1:23-26) **당신은 하나님의 아들이니이다** 하고 외쳤다. 종교 지도자들은 예수님을 알아보지 못했지만 귀신들은 분명히 알아보았다. 귀신들의 증언으로 사람들이 혼란스러워할 수 있었기 때문에 예수님은 그들에게 조용히 하라고 명령하셨다.

C. 종의 결정(3:13–19)

3:13–15. 예수님은 갈릴리의 한 산에 **오르사 자기가** 제자 삼기 **원하는 자들을 부르**셨다. 예수님은 이 엄선된 사람들을 **자기와 함께 있게** 하시고 **보내사 전도도 하게** 하셨다. 똑같은 메시지를 전하는 열두 제자들은 더 넓은 지역을 담당하고 더 많은 사람들에게 말할 수 있었다. 예수님은 **권능**을 나타내면서 **귀신을 내쫓**으라고 그들을 격려하셨다. 오직 하나님만이 귀신들보다 더 큰 권위를 갖고 계신다.

3:16–19. 열두 '사도들'은 세 구절에서 더 나타난다(참고. 마 10:2-5; 눅 6:14-16; 행 1:13). 어부인 시몬은 예수님을 처음 만났을 때 **베드로**라고 불렸다(참고. 요 1:42). '베드로'는 헬라어로 '바위'를 의미하는데, 훗날 베드로는 초대교회에서 그런 존재가 되었다. 다음에 세베대의 아들인 **야고보**와 **요한**이 나온다. 예수님은 이 두 사람에게 **보아너게**라는 별명을 주셨다. 그것은 "우레의 아들"이라는 의미이다. 이것이 여기에 기록된 이유는 분명하지 않지만(참고. 눅 9:54; 막 9:38), 예수님이 어떤 사람들을 자신의 제자로 부르셨는지 설명하기 위한 것일 수 있다. 이를테면 야고보와 요한처럼 우레 같은 사람들을 제자로 부르셨다. 마가는 이 두 사람의 신분을 더 정확하게 밝힌 것 같다. **야고보**[문자적으로 '야곱']와 **요한**은 흔한 유대식 이름이었다. 형 베드로와

함께 어부 일을 한 **안드레**는 헬라 이름을 가진 두 사도 중 한 사람이었다. 헬라 이름을 가진 다른 한 제자인 **빌립**은 베드로와 안드레의 동네인 벳새다 출신이었다. 예수님이 빌립을 부르시자 그는 나다나엘을 찾아가서 설득했다(참고. 요 1:43-47). 여기에서 빌립과 연결되어 있는 **바돌로매**가 바로 그 사람일 수 있다. 세리 레위인 **마태**(참고. 2:14)는 "하나님의 선물"을 의미한다. '쌍둥이' 디두모, **도마**(참고. 요 11:16)는 "의심 많은" 도마로 알려져 있다. 그는 예수님이 정말 죽은 자 가운데서 살아나셨는지 확실히 알기를 원했다(참고. 요 20:25). 그가 용기 있게 "우리도 주와 함께 죽으러 가자" 하고 말했다는 사실은 거의 언급되지 않는다(참고. 요 11:16). 이목을 끌지 못하는 성경 인물인 **알패오의 아들 야고보**는 '작은 야고보'를 말하는 것 같다(참고. 15:40). 그 이름은 '키가 작은 것'을 의미한다. **다대오**는 '야고보의 아들 유다'나 '가룟 유다가 아닌 다른 유다'를 언급하는 것일 수 있다. 아마도 가룟 유다가 예수님을 배신하자 이름을 바꾼 것 같다. 그다음에는 **열혈당원 시몬**(새번역)이 나온다. 몇몇 사본은 '열심당원'을 '가나나인'으로 번역한다. 하지만 그 용어는 인종적(가나 사람)이나 지리적(가나) 기원과 관계가 없다. 열심당원은 반란을 일으켜 폭력으로 로마 정부를 타도하려는 유대인 극단주의자들을 지칭했다. 그들은 그들이 주창하는 대의를 위해 필요하다면 살인도 마다하지 않았다. 마지막 사도는 예수님을 배반한 **가룟 유다**이다. 히브리어로 이쉬-케리스트라(*ish-keristra*)인 "가룟"은 유대 남부에 있는 한 마을인 '그리욧 사람'을 의미한다. 그것이 맞다면 유다는 유일하게 갈릴리 출신이 아닌 사도였다.

D. 예수님의 가족의 개입(3:20-21)

3:20-21. 예수님이 **집에 들어가셨다**. 이것은 예수님이 가버나움에 있는 베드로의 집에 돌아오셨다는 말이다(참고. 1:29). **무리가 다시 모이므로** 예수님은 식사를 하실 수 없었다. 예수님은 사역에 완전히 몰두하셨다. 예수님의 친족들은 근처에 살고 있던 확대 가족을 언급하는 것으로 보인다. 그들은 예수님과 가족의 평판이 걱정되어 예수님을 데리러 왔다. **이는 그가 미쳤다**고 말하면서 **그를 붙들러 나왔다**.

E. '공식적' 결론(3:22-4:34)

1. 비난(3:22)

3:22. 예수님이 주장하는 바에 대한 조사가 필요했다. 예수님의 행동과 가르침을 조사하기 위해 예루살렘에서 서기관들이 왔다. 그들은 예수님이 **바알세불이 지폈다**고 결론내렸다. 바알세불은 수 세기 전에 에크론에서 숭배하던 바알이었다. 이것은 예수님이 귀신에 사로잡혔으며 그의 능력은 사탄적이라는 의미였다.

2. 부인(3:23-30)

(마 12:22-32에 대한 주석도 보라)

3:23-30. 예수님은 서기관들과 대화를 하시면서 **비유로 말씀하시되**['비유'의 정의에 대해서는 마태복음 13장을 소개하는 주석을 보라]. 자신을 변호하지 않으시고, 자신이 사탄의 능력으로 귀신을 내쫓는다는 비난에 대해 반론을 제기하셨다. 예수님은 **사탄이 어찌 사탄을 쫓아낼 수 있느냐**고 하셨다. 사탄이 사탄을 쫓아낸다면, 그의 나라가 **스스로 분쟁하**지 않겠는가? 예수님은 나라 분열의 비유를 더 진전시켜 말씀하셨다. **만일 집이 스스로 분쟁하면 그 집이 설 수 없고**. 어떤 "집"(가족)이 분쟁한다면, 그 집은 오래가지 못할 것이다. 결론적으로 예수님은 자신이 말씀하신 모든 것을 사탄에게 적용시키셨다. 사탄은 아직 망하지 않았다. 사탄의 나라는 강력하며 그의 귀신들은 적극적으로 활동 중이다. 누군가 먼저 강한 자를 결박하지 않으면 그의 집에 들어가 재산을 빼앗을 수 없다. 먼저 강한 자를 결박해야 침입자가 그 집을 **강탈**할 수 있다. 예수님이 사탄의 귀신들을 쫓아내신다면 그것은 그분이 사탄보다 더 큰 능력과 권위를 갖고 계심을 암시하는 것이다. **내가 진실로 너희에게 이르노니**라는 말은 예수님이 매우 중요한 것을 말씀하신다는 의미이다. 모든 죄가 다 용서를 받을 것이다. 심지어는 예수님 자신에 대한 **모독**도 용서를 받을 것이다. 하지만 **성령**을 모독하는 자는 결코 용서받지 못할 것이다. 그것은 **영원한 죄**이기 때문이다. 종교 지도자들은 하나님의 능력이 역사하고 계심을 알아보아야 했다. 그들은 예수님에 대해 오해했을지 모르지만 그분이 나타내고 계신 신적 능력은 부정할 수 없었다. 그들이 내린 결론은 예수님이 **더러운 귀신**에 들렸으며 그분은 사탄의 능력을 행한다는 것이었다. 그들에겐 아직 생각을 바꿀 수 있는 시간이 있었다. 그러나 그들이 생각을 바꾸지 않으면 그들의 죄는 개인적 · 국가적으로 심각한 결과를 가져올 것이다. 그

들은 자신들의 왕을 거부하고 그분의 나라를 지연시키는 잘못을 저지르게 될 것이다.

3. 결과(3:31-35)

(마 12:46-50에 대한 주석을 보라)

3:31-35. 갑자기 **예수의 어머니와 동생들이 와서**. '예수님의 친족들'(참고. 21절)이 마리아에게 예수님의 행위에 대해 염려스러운 이야기를 했을 것이다. 마리아와 이름을 밝히지 않은 그녀의 아들들은 많은 사람 때문에 집에 들어갈 수 없게 되자 예수님께 **사람을 보냈**다. 그 상황을 알게 된 예수님은 **누가 내 어머니이며 동생들이냐**고 말씀하셨다. 이 수사학적 질문이 지닌 의미는 하나님이 창조 때에 세우신 가족의 가치를 부인하는 것이 아니었다. 그 문제가 끼어들었다는 것은 그것이 다른 일보다 우선해서 예수님의 관심을 차지할 만하다는 것을 암시했다. 예수님은 말씀하셨다. **누구든지 하나님의 뜻대로 행하는 자가 내 형제요 자매요 어머니이니라**. 예수님은 육체적 관계가 자신에게 나아오는 올바른 방법이 아니라고 주장하신다. 하나님 아버지의 뜻에 순종하는 것이 어떤 사람이 예수님과 올바른 관계에 있음을 보여주는 증거가 된다.

4. 가르침(4:1-34)

(마 13:1-23에 대한 주석도 보라)

a. 비유로 가르치시다(4:1-12)

4:1-2. 예수님은 계속해서 가르치셨지만 모여든 사람들이 너무 많아 효과적으로 말씀을 전하실 수 없었다. 예수님은 **배에 올라 앉으시고**(참고. 3:9), 바다에서 해안에 모여든 사람들에게 비유로 가르치셨다.

4:3-9. 아마 그때 예수님은 **들으라**고 말씀하셨을 것이다. 예수님은 가까운 밭에서 그분이 묘사하시는 일을 하는 한 사람을 가리키셨다. 씨를 뿌리면 그 씨는 각각 다른 밭에 떨어진다. **길** 위에 떨어지는 씨는 새의 먹이가 된다. **돌밭**에 떨어지는 씨는 즉시 싹을 틔울 수 있다. 하지만 흙이 얕기 때문에 해가 날 경우 싹이 타버려서 바로 시들고 만다. **가시떨기**에 떨어진 씨는 기운이 막혀 아무런 열매도 맺지 못한다. 하지만 일부 씨는 **좋은 땅**에 떨어져서 다양한 양으로 **결실하였**다. 예수님은 무리에게 자신의 이야기를 주의 깊게 들어보라고 격려하셨다. 그들은 귀로 들었지만 이해는 마음속에서 이루어진다.

4:10-12. 무리를 떠나서 예수님의 추종자들과 **열두 제자**는 예수님께 **그 비유에 대하여** 물었다. 예수님은 추종자들에게 진리를 드러내기 위해 비유로 말씀하셨다고 언급하셨다. 그들은 **하나님 나라의 비밀**에 대해 가르침을 받았다. 여기에서 '비밀'은 이전에 드러나지 않은 진리가 이제 드러나서 그 가르침을 받은 자들이 알 수 있게 된 것을 의미한다. 그것은 하나님이 드러내기로 결정하셨기 때문에 알려지는 것이다. 약속된 다윗 왕국은 비밀이 아니었다. 그러나 그 왕국의 계획에 대한 모든 것이 구약성경에 드러나 있지는 않다. 예수님은 제자들에게 새로운 것들을 가르치셨다. 비유적 가르침은 심판의 측면을 지녔다. 이것은 가혹해보일 수 있지만 역사적 상황을 살펴보면 이해가 간다. 무리들, 특히 종교 지도자들은 예수님이 가르치시는 것을 들었다. 하지만 믿음으로 반응하는 대신 예수님을 거부하고 그분이 사탄의 능력을 받아서 일한다고 결론 내렸다(참고. 3:22-30). 그런 사람들은 진리를 추가로 받지 못할 것이다. 그러나 그들이 예수님을 믿는다면 그들도 구원받을 수 있다.

b. 비유에 대해 설명하시다(4:13-20)

4:13-20. 예수님은 그들이 이해하지 못했음을 아셨다. 그들이 단순한 비유들을 이해할 수 없다면, 더 복잡한 비유들을 어떻게 이해하겠는가? 씨 뿌리는 자는 **말씀을 뿌리는** 자이다. 여기에서는 씨 뿌리는 자가 아니라 네 종류의 땅이 강조된다. **길가에** 뿌려진 말씀은 준비되지 못한 사람들 위에 떨어졌다가 사탄이 그것을 잡아채 가버렸다. **돌밭에** 뿌려진 말씀은 그 말씀을 진리로 알고 기쁨으로 받은 사람들을 나타낸다. 그러나 그것은 피상적이었으며 변화가 일어나지 않았다. 씨 안에 생명이 있기 때문에 싹이 나지만 박해는 뿌리가 없는 식물에 내리 쬐는 뜨거운 해처럼 충격을 가한다. 세 번째 반응은 씨가 **가시떨기에 뿌려**졌을 때 나타난다. 반응을 했지만 가시가 진리를 막아 아무 열매도 맺지 못했다. 가시는 **세상의 염려와 재물의 유혹과 기타 욕심** 등이다. 마지막으로 몇몇 씨는 준비된 마음에 떨어져서 30배, 60배, 100배의 열매를 맺는다. 교리적으로 주장할 수는 없지만 진실한 회심이 열매 맺는 변화된 삶을 낳는다면(참고, 마 7:16, 20; 눅 3:8) 이 네 번째 반응만이 진실한 구원을 나타낸다. 처음 세 반응은 영구적인

변화가 이루어졌음을 나타내는 열매가 없다. 그러나 이 비유의 목적은 진실한 회심과 개혁에 대해 상세히 설명하는 것이 아니다. 이 비유는 사람들이 예수님에 대해 반응한 방식과 그렇게 반응한 이유가 무엇인지 설명하는 것이다.

c. 비유로 더 가르치시다(4:21-34)

4:21-25. 예수님은 계속해서 흔한 물건들을 사용해 말씀하셨다. 사람들은 **등불**을 켜서 **말**이나 **평상** 아래 두지 않는다. 그렇게 하면 불빛이 약해지거나 아예 꺼지는 수가 있다. 불빛이 방을 가득 채울 수 있도록 받침대 위에 등불을 놓는다. 마찬가지로 복음도 비밀스럽게 감추지 말아야 한다. 사람은 그가 받은 빛에 의해 심판을 받는다. 그래서 사람은 자신이 **무엇**을 **듣는가** 주의해야 한다. 하나님은 빛에 적극적으로 반응하는 사람들에게 추가로 계시하신다. 진리에 등을 돌리는 자들은 그 진리마저 **빼앗**길 것이다.

4:26-29. 하나님의 통치는 **사람이 씨를 땅에 뿌림과 같다.** 씨를 뿌린 후에 그는 **밤낮 자고 깨고** 한다. 농부는 인내를 배운다. 그는 씨가 어떻게 싹을 틔우는지 **알지 못하**기 때문이다. 농부는 씨에 생명을 줄 수 없다. 그의 일은 씨를 뿌리는 것이다. 농작물은 단계별로 자란다. **처음에는 싹이요 다음에는 이삭이요 그다음에는 이삭에 충실한 곡식이라.** 인간의 노력이 아니라 하나님의 공급하심으로 추수가 이루어진다. 하나님의 나라가 미래에 완전히 도래하기에 앞서, 현 세대 동안 불가사의하게 이루어지는 것도 마찬가지이다.

4:30-32. **하나님의 나라**는 가장 작은 씨로 알려진 **겨자씨 한 알과 같은** 것으로 묘사된다. 씨는 아주 작지만 큰 식물로 자라 3미터 이상으로 커진다. 여기에서는 겨자씨의 처음 크기와 마지막 크기가 크게 차이가 난다는 점이 강조된다. 자랐을 때 그것은 나뭇가지가 되어 **공중의 새들**을 품을 수 있으며, 또 **그 그늘에 깃들일** 수도 있다. 예수님은 하나님의 나라가 작게 시작하지만 크게 자랄 것이라고 가르치셨다(또 마 13:31-32에 대한 주석을 보라).

4:32-34. 예수님은 청중이 **알아들을 수 있는 대로** 많은 비유를 가르치시고 진리를 전달하셨지만, 제자들에게는 개인적으로 모든 것을 **해석하시더라.** 이렇게 하여 비유의 목적이 성취되었다. 진리는 그분의 추종자들에게 계시되었지만 그것을 거부하는 사람들에게는 감추어졌다(참고. 마 13:10, 36).

F. 반대에도 불구하고 종의 신분이 입증되다 (4:35-5:43)

1. 사도들에게(4:35-41)

(마 8:23-27에 대한 주석도 보라)

4:35-36. 종일 사역을 하신 후 예수님은 **저편으로 건너가자**고 말씀하셨다. 그곳은 예수님을 아직 알지 못하는 지역으로 8킬로미터 정도 떨어진 장소였다. 제자들이 배를 준비해놓았기 때문에(참고. 3:9) 즉시 떠날 수 있었다. **다른 배들**이 그들과 함께했지만 그 배들에 무슨 일이 일어났는지는 알려진 바가 없다.

4:37-38. 그들은 맑은 날씨에 떠났지만 곧 **큰 광풍**이 일어나며 **물결**이 배에 들어왔다. 예수님은 무리들을 상대하시느라 몹시 피곤하셨다. 예수님은 배에 오르신 다음 고물로 가서 곧 잠이 드셨다. 제자들은 자신들이 **죽게** 되었다고 소리를 지르면서 예수님을 깨웠다. 예수님이 배에 계셔도 어려운 상황을 피할 수 없었다. 그러나 예수님이 잠이 드셨다고 해서 추종자들에게 관심이 없으셨다고 할 수 없다. 전지하신 하나님의 아들이 폭풍이 오고 있음을 알고서도 그들을 배에 타도록 하신 것은 예수님이 그 폭풍을 사용해 제자들을 가르치려고 하셨음을 나타낸다.

4:39-41. 예수님은 **바람을 꾸짖으시며** 잠잠하라고 명령하셨다. 또한 바다를 향해 **고요하라**[문자적으로 '입을 닫으라']고 말씀하셨다. 마치 예수님이 그분의 손을 바다 위에 놓으시는 것 같았다. 그 즉시 **아주 잔잔하여지더라.** 예수님은 물리적 요소만 다루고 끝내지 않으셨다. 가장 큰 위험은 제자들의 불신이었다. 예수님은 그들을 꾸짖으셨다. **어찌하여 이렇게 무서워하느냐?** 예수님을 따른 지 몇 개월이 지났는데도 왜 그들은 더 큰 믿음을 갖지 못했는가? 그러자 그들은 **심히 두려워**했다. 그들의 경외심은 폭풍을 두려워하는 것보다 훨씬 더 컸다. 그들은 신적 권능 앞에 서 있었다. 그들은 물리적 요소가 인간의 명령에 반응하는 것을 본 적이 없었다. 예수님의 요점은 폭풍을 잠잠하게 한 사건을 통해 그분이 얼마나 강력한 분인지 드러내시는 것이었다. 심지어는 그분의 신성을 드러내시기까지 하셨다.

2. 데가볼리 지방에(5:1-20)

(마 8:28-34에 대한 주석도 보라)

5:1-5. 예수님과 제자들은 **거라사인의 지방**에 도착하셨다. 그곳은 이방인들이 많이 사는 지역이었다. 무덤 사이에서 살던 귀신 들린 사람이 그들 앞에 나타났다. 귀신 들린 사람은 힘이 장사라 아무도 묶어놓을 수 없었다. 그는 **돌로 자기의 몸을** 해치면서 **밤낮** 비명을 질렀다.

5:6-10. 그 사람은 [예수님에게] **절**했다. 귀신은 **나와 당신이 무슨 상관이 있나이까** 하고 외쳤다. 그는 예수님이 **지극히 높으신 하나님의 아들**이라는 것을 알았다. 그는 계속해서 **원하건대 하나님 앞에 맹세하고 나를 괴롭히지 마소서**라고 소리쳤다. 그는 자신이 예수님의 권위 아래 있는 피조물이라는 점과 자신의 궁극적인 종말이 하나님으로부터 분리되는 것임을 알고 있었다. 예수님은 그 만남을 주도적으로 이끄셨다. **예수께서 이미 그에게 이르시기를 더러운 귀신아 그 사람에게서 나오라.** 예수님은 그 귀신에게 이름을 물으셨다. **내 이름은 군대니 우리가 많음이니이다** 하고 그가 대답했다. 한 로마 군단의 최대 인원은 6천 명이었다. 그 귀신은 계속해서 예수님께 자신들을 그 지방에서 쫓아내지 말아달라고 애원했다. 그들은 거처할 무언가가 필요했다. 그렇지 않으면 그들은 무저갱에 들어가야만 했다(참고. 눅 8:31).

5:11-13. 근처에서 **돼지의 큰 떼**가 먹고 있었다. 귀신들은 더러운 영이고 돼지는 불결한 동물이기 때문에 그들은 자신들의 요청이 받아들여질 것이라고 생각했다. 예수님이 허락하시자 그들은 돼지에게 들어갔으며 돼지 떼는 **바다를 향하여 비탈로 내리달아** 몰사했다. 돼지의 수는 약 2천 마리였다.

5:14-17. 돼지를 치던 사람들은 자신들이 곤란에 처했음을 알았다. 그 돼지들은 그들이 맡아서 가르던 것이었다. 그들은 이제 그 손실을 어떻게 돼지 주인에게 설명할 것인가? 그들은 돌아가서 무슨 일이 일어났는지 말했다. 그러자 많은 사람이 그 일을 직접 보러 왔다. 그들은 예수님과 전에 귀신 들렸던 사람이 제대로 옷을 입고 함께 조용히 앉아 있는 것을 보고 놀랐다. 돼지에 대한 이야기가 여러 번 반복되었다. 돼지들에게 끼친 영향이 그 사람에게 끼친 영향보다 훨씬 더 중요하게 여겨졌던 것 같다. 사람들은 이 불쌍한 사람이 온전하게 된 것에 대해 크게 기뻐해야 했다. 하지만 그 대신 그들은 예수님께 **그 지방에서 떠나시기를** 요청했다. 그들은 예수님이 계속 남아 추가로 재정적인 손해를 볼까 봐 두려워했다.

5:18-20. 예수님이 떠나시려고 하자 구출 받은 사람은 예수님을 따라가며 제자가 되기를 원했다. 하지만 이 사람이 해야 할 더 긴급한 일은 집에 돌아가서 하나님이 그에게 하신 **큰일**을 알리는 것이었다. 그는 이제 소원해졌던 가족에게 돌아가서 하나님이 그의 삶 가운데 하신 일을 증언할 수 있게 되었다. 그는 **데가볼리** 지방에서 예수님을 알리는 중요한 증언자가 되었다. 그는 신실하게 자신의 증언을 전달했으며 그 결과 **모든 사람이 놀랍게 여기더라.**

3. '종교적' 지도자들에게(5:21-43)

(마 9:18-26에 대한 주석도 보라)

a. 요청(5:21-24)

5:21-24. 예수님이 서쪽에 도착하시자 **큰 무리가** 모여 예수님을 환영했다. 회당장 중 한 사람인 **야이로**가 예수님께 다가왔다. 회당장들은 회당을 관리하고 운영하는 책임을 맡고 있었다. 예배드릴 때 누가 기도하고 성경을 봉독할 것인지 결정하는 일을 담당했다. 이 직위는 사람들의 존경을 받았다. 야이로는 예수님의 **발 아래 엎드리어** 도움을 간청했다. 그의 어린 딸이 죽어가고 있었다. 그는 예수님이 **오셔서 그 위에 손을 얹으**시면 아이가 살아날 수 있다고 믿었다. 야이로는 전에 그런 일을 본 적이 있다(참고. 3:1). 예수님은 야이로를 따라 길을 떠나셨는데 **큰 무리**가 뒤따랐다.

b. 가로막음(5:25-34)

5:25-29. 무리 가운데 **열두 해를 혈루증**으로 앓아온 여자가 있었다. 그녀는 그 질병 때문에 의식상 부정한 사람이 되었다(참고. 레 15:25 이하). 그 여자는 **많은 의사에게 많은 괴로움을 받았고** 모든 재산을 썼지만 병세가 더 나빠졌다. 그 여자는 자신의 상태 때문에 예수님을 직접 만날 수가 없었다. 여자는 예수님 뒤에 가서 **그의 옷에 손을 대**기로 했다 (유대인 남자가 걸치는 숄에 달린 장식용 술을 언급하는 것으로 보인다). 예수님은 그녀의 믿음에 보상해주셨다. 그녀가 예수님의 옷에 손을 대자 혈루증이 나았다. 그녀는 믿음의 대상이신 예수님을 통해 자신의 **병이 나은 줄**을 알았다.

5:30-34. 예수님은 당신에게서 **능력**이 나간 것을 느끼셨다. 길을 가다 멈추시고 예수님은 **누가 내 옷에 손을 대었느냐** 하고 물으셨다. 그 질문은 매우 익살스러웠다 제자들은 '주님, 모든 사람이 주님을 만지고 있습니다' 하고 생각했을 것이다. 그러나 예수님은 **이 일 행한 여자**가 앞으로 나와서 무슨 일이 있었는지 밝히기를 원하셨다. 그녀는 두려워하며 앞으로 나와 **엎드려** 경배하면서 **모든 사실을 여쭈**었다. 예수님은 그녀를 **딸**이라고 부르셨는데 그것은 둘 사이에 특별한 관계가 시작되었음을 의미한다. 그녀는 이제 예수님의 자녀로 여겨졌다. 예수님은 **네 믿음이 너를 구원하였으니 평안히 가라 네 병에서 놓여 건강할지어다** 하고 말씀하셨다. 이 여인은 육체적 · 영적 치유를 받았다. 이처럼 누군가 그리스도를 믿을때는 그 사람과 하나님 사이에 평화가 이루어진다(참고. 롬 5:1).

c. 성취(5:35-43)

5:35-37. 야이로의 집에서 사람들이 슬픈 소식을 갖고 왔다. 야이로의 딸이 죽었으니 **선생을 더 괴롭게** 하지 말라는 것이다. 아무것도 할 수 없게 되었다. 하지만 예수님은 그들의 말을 무시하고 야이로에게 두 가지 현재형 명령을 하셨다. 그것은 **두려워하지 말고 믿기만 하라** 혹은 '계속 믿으라'는 것이다. 예수님이 야이로의 딸을 치유하실 수 있었다면 그분은 그녀의 죽음에 대해서도 무언가를 하실 수 있을 것이다. 예수님은 기적을 볼 수 있도록 베드로, 야고보, 요한을 데리고 집에 들어가셨다. 아마도 예수님의 수제자인 이 세 사람에게 특별 훈련을 시키시려는 의도였을 것이다.

5:38-40a. 야이로의 집에 도착해보니, 모여든 사람들이 **울며 심히 통곡**하고 있었다. 예수님은 그들에게 울지 말라고 말씀하셨다. **이 아이가 죽은 것이 아니라 잔다**고 하셨다. 이런 비유적 표현을 통해 예수님은 죽음이 잠처럼 일시적인 상태임을 가르치셨다. 무리가 또 다시 비웃는 모습을 보인 것은 이 사람들 대부분이 진실하지 못함을 나타낸다. 그들은 그저 일을 하기 위해 그 자리에 있었다.

5:40b-43. 예수님은 야이로와 그의 아내와 세 제자를 데리고 방으로 들어가셨다. 그리고 그 소녀의 **손을 잡**으셨다. 예수님은 그녀에게 아람어로 **달리다굼**이라고 말씀하셨다. 그것은 '내가 네게 말하노니 소녀야 일어나라'는 뜻이다. '달리다'는 '소녀'를 다정하게 부르는 말이었을 것이다. **내가 네게 말하노니** 라는 구절은 예수님의 권위를 보여준다. 언젠가 예수님은 모든 사람을 무덤에서 일어나라고 부르실 것이다(참고. 요 5:28-29). 그 소녀는 일어나서 걸어다니기 시작했다. 그 소녀의 나이는 열두 살이었으며, 그 여인이 육체적 질병으로 고생한 기간도 똑같다. 열두 해를 표기한 것은 그 여인과 소녀의 차이를 강조하는 것으로 보인다. 그 여인은 열두 해 동안 비참하게 살았고, 소녀는 열두 해 동안 행복한 어린 시절을 보냈다. 방에 있던 사람들은 **크게 놀라고 놀라거늘**. 하지만 예수님은 두 가지 명령을 내리셨다. 첫째, 예수님은 그들에게 일어난 일을 다른 사람들에게 알리지 말라고 하셨다. 그 일이 알려지면 그릇된 이유로 사람들이 몰려들 수 있기 때문이었다. 둘째, 예수님은 어린 소녀를 동정하시면서 소녀의 부모에게 딸에게 먹을 것을 주라고 말씀하셨다.

G. 나사렛의 거부(6:1-6)

(마 13:54-58에 대한 주석도 보라)

6:1-3. 예수님은 제자들과 함께 가버나움을 떠나서 그분의 고향인 나사렛으로 가셨다. 점차 유명세를 얻고 있는 랍비인 예수님은 안식일에 회당에서 말씀을 전해달라는 부탁을 받으셨다. 그 말씀을 들은 사람들은 예수님의 **지혜**에 **놀라** 그것이 어디서 온 것인지 궁금해했다. 그들은 또 예수님이 행하시는 **권능**에 놀랐다. 그들은 예수님이 여러 해 동안 **목수**로 활동하신 것을 보았다. 그들은 예수님이 **마리아의 아들**이라는 것을 알았으며, 예수님의 형제인 **야고보**, **요셉**, **유다**, **시몬**이 이름이 나오지 않은 누이들과 함께 언급된다. 이 사람들은 "우리는 이 예수를 안다. 그는 보통 사람이다. 그는 우리와 같은 사람이다"라고 말했다. 그들은 예수님에 대해 말하면서 그분을 따르지 않았다.

6:4-6. 예수님의 가족마저도 그분의 메시아적 주장을 믿지 않았다(참고. 요 7:1-5). 하지만 예수님의 가족 중 일부는 나중에 그분의 추종자가 되었다. 사도행전 15:13에 따르면 야고보는 예루살렘 교회의 지도자가 되었으며, 또 자신의 이름을 딴 편지의 저자가 되었다. 야고보의 동생은 유다서를 썼다(유 1:1을 보라). 나사렛이 예수님을 믿지 않았기 때문에 예수님은 그분에게 온 **소수의 병자**만 고쳐주셨다. 예수님은 그들의 믿

지 않음을 이상하게 여기셨다(참고. 마 8:10). 예수님은 나사렛을 떠나 갈릴리 마을들을 돌아다니시면서 가르침을 베푸셨다.

H. 반대와 맞서 싸우는 사역(6:7-13)

(마 10:1-14에 대한 주석도 보라)

6:7-11. 사도들이 사역을 시작할 때가 왔다. 예수님은 **둘씩 둘씩** 보내시며 그들에게 **더러운 귀신을 제어하는 권능**을 주셨다. 그것은 하나님의 권위를 나타내는 것이었다. 그들은 **여행을 위하여 지팡이 외에는 아무것도 가지지 말**아야 했다. 양식이나 배낭 또는 **전대**에 **돈**을 넣어 갖고 가지 말아야 했다. 그들은 **신**을 **신**을 수는 있지만 여벌의 신이나 옷을 갖고 가지 말아야 했다. 예수님이 그들에게 필요한 것을 공급해주실 것이므로 그들은 치밀하게 준비하지 않아야 했다. 가는 마을마다 그들은 임시 숙소를 구해 사역을 마칠 때까지 그 집에 머물러야 했다. 그들은 거부를 당한다고 해서 놀라지 말아야 했다. 그들이 전하는 예수님에 대한 메시지는 틀림없이 반대를 받게 될 것이다. 그러나 그들은 **발 아래 먼지를 떨어버려**야 했다. 그것은 그들이 개인적으로 예수님의 메시지를 거부하지 않았음을 나타내는 행동이었다. 그 사람들은 사자들을 거부하는 것이 아니라 그들을 보내신 예수님을 거부하는 것이었다.

6:12-13. 제자들은 **나가서** 세례 요한 및 예수님과 같은 회개의 메시지를 **전파**했다. 그들의 청중은 전통에 잠겨 있었으므로 하나님이 인류에게 바라시는 것이 무엇인지 올바로 이해해야 했다. 그들은 귀신들을 **쫓아내며** 많은 병자에게 기름을 발라 고침으로써 자신들의 권위를 나타냈다.

I. 통치자들의 반대(6:14-29)

(마 14:3-12에 대한 주석도 보라)

1. 헤롯의 두려움(6:14-16)

6:14-15. 열두 사도가 하는 사역에 대한 소식이 헤롯에게 전달되었다. 그는 갈릴리와 베레아를 다스렸던 안티파스라는 이름을 가진 헤롯 대왕의 아들이었다. 예수님이 널리 알려지게 되자 일부 사람들은 그분이 죽었다가 다시 살아난 **세례 요한**이라고 말했다. 또 다른 사람들은 그분이 **엘리야**, 또는 **옛 선지자 중의 하나와** 같은 선지자라고 말했다.

6:16. 헤롯은 예수님이 죽었다가 다시 살아난 세례 요한이라고 결론을 내렸다. 자신이 요한의 목을 베라고 명령을 내렸었기 때문이다.

2. 헤롯의 행동(6:17-29)

6:17-20. 요한은 헤롯의 결혼을 비난했다. 로마로 가는 길에 헤롯은 헤로디아와 결혼한 이복형제 빌립의 집에 머문 적이 있었다. 이미 결혼했지만 헤롯은 제수와 사랑에 빠져 자신과 함께 이스라엘로 가자고 헤로디아를 설득했다. 그들은 각각 자신들의 배우자와 이혼하고 결혼을 했는데 그것은 모세율법에 반하는 것이었다. 세례 요한은 그들을 비난했다. 모세율법은 이스라엘의 모든 사람에게 똑같이 적용되었다. 통치자들도 예외가 없었다. 헤로디아는 요한에게 몹시 화가 나서 그를 **죽이고자 하였**다. 하지만 헤롯은 비난하는 언동을 막을 생각으로 요한을 붙잡아 옥에 가두었다. 헤롯은 실제로 요한을 **두려워**했다. 요한은 **의롭고 거룩한 사람**이었기 때문이다. 헤롯은 **그의 말을 들을 때** 좋아했지만, 한편으로는 혼란스러워했다. 헤롯은 자기 자신의 죄를 인정하고 회개하지 않았다.

6:21-29. 헤롯은 **대신들과 천부장들과 갈릴리의 귀인들**이 참석한 자신의 생일 잔치를 열었다. 잔치를 하는 동안 **헤로디아의 딸**[살로메]이 손님들을 위해 춤을 추었다. 보통 유대인 엄마라면 딸에게 남자들 앞에서 춤을 추라고 하지 않았을 것이다. 살로메가 춤을 추어 **헤롯과 그와 함께 앉은 자들을 기쁘게** 하자 헤롯은 **무엇이든지 네가 원하는 것을 내게 구하라 내가 주리라** 하고 말했다. 헤롯은 심지어 살로메에게 **내 나라의 절반까지도 주리라**고 약속했다. 이 과장된 진술은 헤롯이 살로메의 지나친 요구라도 들어주려 했음을 말해준다. 살로메는 엄마에게 무엇을 구할지 물어보았다. 헤로디아는 딸에게 **세례 요한의 머리**를 요구하라고 부추겼다. 살로메는 왕에게 가서 요한의 머리를 **소반에** 얹어 달라고 요청했다. 이 말은 들은 왕은 슬퍼했다. 헤롯은 요한을 죽이고 싶지 않았으며, 아내가 자신에게 속임수를 썼음을 깨달았기 때문이다. 맹세를 했기 때문에 왕은 **시위병**을 보내 요한을 처형하도록 했다. 세례 요한의 머리가 살로메에게 전달되었으며 그녀는 그것을 헤로디아에게 갖다주었다. 세례 요한의 몇몇 제자들이 목이 잘린 요한의 시신을 가져다 장사 지내고 예수님께 그 소식을 알렸다(참고. 마 14:12).

J. 반대를 고려한 종의 가르침(6:30–56)

(마 14:13-21에 대한 주석도 보라)

1. 의도적인 물러나심(6:30–32)

사도들은 **예수께 모여** 그들이 한 일에 대해 보고했다. 예수님은 그들에게 휴식이 필요함을 아셨다. **오고 가는** 사람이 많아 **음식 먹을 겨를도 없**었기 때문이다. 그들은 배를 타고서 방해 받지 않고 이야기할 수 있는 **한적한 곳**으로 갔다.

2. 실제 현실(6:33–44)

6:33–36. 하지만 예수님과 제자들이 도착하기 전에 많은 사람이 걸어서 그 해변으로 몰려왔다. 예수님이 돌아오셨다는 소식이 퍼지자 큰 무리가 해변에서 기다리고 있었다. 예수님은 무리에게 사역할 수 있는 기회로 여기셨다. 예수님은 그들이 **목자 없는 양** 같은 것을 보시고 **불쌍히 여기**셨다. 예수님은 종일 그들을 가르치셨다. 날이 어두워지자 제자들은 예수님께 사람들을 주변 마을로 보내 음식을 먹을 수 있게 하시라고 제안했다.

6:37–44. 예수님은 제자들이 듣기에 놀라운 대답을 하셨다. **너희가 먹을 것을 주라**는 것이다. 빌립은 각 사람에게 **먹을 것**을 주려면 2백 데나리온(약 8개월 치 품삯)이 필요할 것이라고 추산했다(참고. 요 6:7). 예수님은 제자들에게 **떡 몇 개나** 있는지 물으셨다. 찾아보니 떡 다섯 개와 물고기 두 마리가 전부였다. 모여든 무리는 **떼로 백 명씩 또는 오십 명씩 푸른 잔디** 위에 앉았다. 예수님은 **떡 다섯 개와 물고기 두 마리를 가지사** 축사하신 다음 그것들을 떼어내 바구니에 담아 제자들에게 건네주셨다. 예수님의 손이 닿으실 때마다 음식이 늘어나는 기적이 일어난 반면, 제자들은 그저 음식을 사람들에게 가져다주는 역할만 했다. 그들은 앞으로 수년 동안 주님을 계속 섬길 것이지만 그들이 사역할 수 있도록 도와주는 공급과 힘은 언제나 주님으로부터 나올 것이다. **다 배불리 먹고** 식사가 끝나고 남은 음식을 **열두 바구니** 거두었다. 음식을 먹은 사람들의 수는 남자만 5천 명이었다. 그 자리에는 여자와 아이들도 있었다(참고. 마 14:21).

3. 진짜임을 입증하는 표적(6:45–56)

(마 14:22-36에 대한 주석도 보라)

a. 물 위를 걸으시다(6:45–52)

6:45–46. 기적을 행하신 후 예수님은 제자들을 **앞서** 갈릴리 바다 북동쪽에 있는 **벳새다로** 보내셨다. 예수님은 무리를 흩어보내시고 **기도하러 산으로** 가셨다.

6:47–50a. 저물매 제자들이 탄 배는 **바다 가운데** 있었다. 그들은 **힘겹게 노 젓**고 있었다. 북쪽에서 바람이 불어와 갈 길을 방해하고 있었다. **밤 사경쯤**[오전 3시에서 6시] 예수님은 제자들에게 합류하기 위해 바다로 가셨다. 예수님은 물을 만드신 분인지라 물 위를 걸을 수 있으셨다. 예수님은 그들을 **지나가려고 하**셨다. 여기에서 **지나가다**(*parerchomai*, 파레르코마이)라는 동사는 70인역에서 여호와가 나타나실 때 사용된다(참고. 출 33:19, 22; 34:6; 왕상 19:11). 흔히 그것을 신의 현현이라고 부르는데, 하나님이 '지나가시는' 구약성경의 인물로 묘사되었다. 이 구절에서 그 동사가 사용됨으로써 예수님의 신성이 암시된다. 제자들이 **다 예수를 보고** 놀라면서 그분이 **유령인가** 생각했다.

6:50b–52. 예수님은 그들에게 **안심하라 내니 두려워하지 말라** 하고 말씀하셨다. '내니'(문자적으로 '나다')는 하나님의 자기 계시를 나타내는 구약성경 공식인 "나는 스스로 있는 자니라"를 반향하는 것일 수 있다(참고. 출 3:14). 예수님이 **배에 올라**가시니 바람이 즉시 멈추었다. 제자들이 **마음에 심히 놀라니**. 그들은 **그 떡 떼시던 일을 깨닫지 못**했다. 그들의 마음은 **둔하여**졌다. 연이어 일어난 기적들을 통해 그들은 예수님이 피조물을 다스리는 권능을 행사하시는 하나님의 아들임을 깨달아야 했다. 예수님은 음식을 만들어낼 수 있으시다. 예수님은 물 위를 걸을 수 있으시다.

b. 게네사렛에서 일어난 병 고침(6:53–56)

6:53–56. 많은 학자는 그들이 폭풍으로 인해 길을 잃어버리고 갈릴리 바다 북서쪽에 있는 **게네사렛**에 도착했다고 믿는다. 그곳 사람들은 예수님을 알았으므로 그곳은 조용한 장소가 아니었을 것이다. 이 사람들 중 일부는 얼마 전 예수님이 5천 명을 먹이셨을 때 그 자리에 있었을지도 모른다. 그들은 예수님께 **병든 자를** 데리고 왔다. 많은 사람이 예수님의 **옷 가**라도 만지려고 애썼다. 혈루증을 앓던 여인이 나은 것을 알았기 때문일 것이다(참고. 5:25). 믿음으로 예수님의 옷에 **손을 대는 자는** 병이 나았다.

K. 바리새인들의 계속적인 반대(7:1–23)

(마 15:1-20에 대한 주석도 보라)

1. '위반'(7:1-5)

7:1-2. 바리새인들과 서기관들이 예수님을 조사하려고 **예루살렘에서** 왔다. **서기관**은 성경적·전통적 율법을 옹호하는 전문가였다. 그들은 율법이나 전통을 위반하는 일을 재빠르게 지적했다. 그들은 이름을 밝히지 않은 제자들이 **부정한 손으로 떡 먹는 것**을 보았다.

7:3-5. **부정한** 손은 '씻지 아니한' 손을 의미했다. 의식적으로 손을 씻는 것은 바리새인들에게 매우 중요한 문제였다. 그들은 조심스럽게 손을 씻은 다음에야 음식을 먹었다. 이것은 율법의 일부가 아니라 유대인 장로들이 만들어서 전해준 전통이었다. 이 관례 외에도 잔과 주전자와 놋그릇을 씻는 관례가 생겨났다. 예수님은 **어찌하여 당신의 제자들은 장로들의 전통을 준행하지 아니하나이까**라는 질문을 받으셨다. 유대인 장로들의 구전에 관한 논의에 대해서는 마태복음 12:1-8에 대한 주석을 보라. 그 무리를 이끄는 우두머리인 예수님은 제자들의 행동에 대해 책임이 있으셨다.

2. 종의 설명(7:6-13)

7:6-7. 예수님은 성경적인 논거를 갖고 공세를 펼치셨다. 예수님은 이사야가 이런 사람들을 **외식하는 자**라고 말했다고 말씀하셨다. 이사야 당시에 그랬던 것처럼 그들은 입술로는 하나님을 경외한다고 말했지만 그들의 마음은 하나님과 상관이 없었다(참고. 사 29:13에 대한 주석). 예수님이 이사야를 언급하신 것은 그분이 유대인 지도자들에게서 받으신 반대가 새로운 일이 아님을 나타낸다.

7:8-13. 그들은 분명하게 진술된 교리를 사람의 생각으로 대체했다. 그들은 **하나님의 계명**은 버리고 **사람의 전통**을 지켰다. 유대인 지도자들의 구전에 관한 논의에 대해서는 마태복음 12:1-8에 대한 주석을, 이 사건에 관한 마태의 설명에 대해서는 마태복음 15:1-9을 보라. 요점을 설명하기 위해 **네 부모를 공경하라**는 다섯 번째 계명이 언급된다(참고. 출 20:12). 종교 지도자들은 소유물을 **고르반** 또는 **하나님께 드림**이라고 말하면서 이 계명을 등한시했다. 부모들은 그런 것에서 혜택을 볼 수 없었다. 따라서 그것은 부모를 돕지 않는 핑계로 사용하기 좋았을 것이다. 하나님께 바친 소유물은 여전히 개인이 갖고 있었을 것이다. 서원함으로써(참고. 민 30:1-2), 그들은 하나님의 명백한 계명을 무시할 수 있었다. 따라서 그들은 자신들의 전통을 통해 **하나님의 말씀을 폐하고** 있었다.

3. 종의 경고(7:14-23)

7:14-16. 예수님은 몸을 더럽히는 것이 진정 무엇인지 지적하셨다. 밖에서 들어가는 것은 아무것도 사람을 더럽히지 못한다. 그것은 안에서 시작해서 밖으로 퍼져나간다. 이것은 그 당시 랍비의 견해를 반박하는 것이었다. 하지만 그것이 성경에서 몸을 더럽히는 것이 무엇인지 규명하는 견해이다(참고. 요 17:9-10; 전 9:3).

7:17-23. 참고. 마태복음 15:10-11에 대한 주석을 보라. 예수님은 무리를 떠나서 가버나움에 있는 베드로의 집에 들어가신 것 같다. 제자들이 예수님께 방금 말씀하신 **그 비유를 묻자온대** 예수님은 **너희도 이렇게 깨달음이 없느냐** 하고 그들을 책망하셨다. 종교 교사들은 부정한 것이 몸에 닿을 때 사람은 더러워진다고 가르쳤다. 예수님은 몸 안에 들어오는 것들은 결코 마음을 건드리지 못하고 위에 들어갔다가 결국에는 몸 밖으로 빠져나간다고 말씀하셨다. 음식은 결코 사람을 더럽히는 근원인 마음을 건드리지 못한다. 예수님의 말씀은 정한 동물과 부정한 동물을 구분하는 레위기의 구별을 공식적으로 종식시키지 않았다. 예수님은 몸을 더럽히는 것의 참 근원이 무엇인지 설명하신 것이다. 악은 마음에서 나온다. **악한 생각**은 본문에서 열두 가지 단어로 묘사된다. 처음 여섯 개는 복수이고, 나머지 여섯 개는 단수이다. 복수 명사들은 갖가지 악한 행동들을 묘사한다. **음란**, **도둑질**, **살인**, **간음**, **탐욕**, **악독** 등이다. 여섯 개의 단수 명사들은 내적 태도를 묘사한다. **속임**, **음탕**, **질투**, **비방**, **교만**, **우매함** 등이다. 이 모든 것은 안에서 나와서 몸을 더럽힌다. 예수님은 종교 지도자들의 위선을 지적하시면서 몸을 더럽히는 것의 참 근원이 무엇인지 분명히 하셨다.

L. 종이 반대를 피해 물러나시다(7:24-8:9)

1. 두로 지방으로(7:24-30)

(마 15:22-28에 대한 주석도 보라)

7:24-30. 예수님은 가버나움을 떠나 두로와 시돈으로 가서 아무도 모르는 곳에 머물러 있으려고 하셨다. 예수님이 오셨다는 소문이 퍼지면서 귀신 들린 딸을 가진 **수로보니게** 족속[이것은 NASB에 나와 있듯이

사람들을 생물학적 특징에 의해 구분하는 인종(race)을 말하는 것이 아니다. 헬라어는 사람들을 그들의 혈통으로 묘사한다]의 한 '이방인' 여인이 예수님을 찾아왔다. 그녀는 예수님의 **발아래에 엎드려 자기 딸에게서 귀신 쫓아내주시기를** 간청했다. 예수님은 **자녀의 떡을 취하여 개들에게 던**질 수 없다고 대답하셨다. 예수님은 바리새인들처럼 이방인을 개와 동등하게 여기신 것이 아니었다. 예수님의 요점은 하나님의 언약 백성으로서 유대인의 특권적 지위(이 비유에서는 '자녀')를 그런 특권이 없는 이방인의 지위(자녀와 똑같은 혜택을 누리지 못하는 '개')와 비교하시는 것이었다. 그 여인은 자신을 방에 있는 한 마리 개로 보았다. 그녀는 예수님을 **주**라고 부르면서, 그분에게 강아지들조차 자녀들이 둘러앉은 식탁에서 떨어지는 부스러기를 먹을 수 있다는 점을 상기시켰다. 그녀는 작은 복을 요청하고 있을 뿐이었다. 그녀의 대답은 그녀가 참으로 겸손한 사람임을 보여주었다. 집에 도착하자 그녀는 딸이 귀신에게서 자유롭게 된 것을 발견했다.

2. 데가볼리 지방으로(7:31–8:9)

a. 귀 먹은 사람을 고치시다(7:31–37)

7:31. 예수님은 두로를 떠나 **시돈을 지나고 데가볼리 지방을 통과하여 갈릴리 호수에 이르**셨다. 그것은 몇 킬로미터가 걸리는 여정이었다. 예수님은 갈릴리 바다의 북쪽 해안을 피하셨다. 그곳은 무리가 기적을 찾고 종교 지도자들이 논쟁을 벌이는 지역이었기 때문이다.

7:32–35. 데가볼리에서 사람들이 **귀 먹고 말 더듬는 자**를 예수님 앞에 데려왔다. 그들은 예수님께 **안수하여** 그를 고쳐달라고 요청했다(참고. 6:5). 예수님은 그 사람을 무리가 없는 곳으로 데려가셨다. 그곳에서 예수님은 **손가락을 그의 양 귀에 넣고** 땅에 침을 뱉으시고 그 사람의 혀를 만지셨다. 이런 행동들은 그 사람에게 예수님이 그의 귀와 혀에 영향을 끼칠 무슨 일을 하시리라는 점을 알렸다. 예수님은 하늘을 올려다보셨는데, 그것은 도움이 위에서 온다는 점을 나타내는 것이었다. 예수님은 **탄식하시며**, 그 사람에게 **에바다**[아람어로 '열리라'를 뜻한다]라고 말씀하셨다. 귀 먹은 사람의 귀가 열리고 그는 **말이 분명하여졌**다. 예수님은 그의 귀 먹은 것만 고쳐주신 것이 아니라 또한 그의 말도 고쳐주셨다.

7:36–37. 예수님은 이 기적을 사람들에게 알리지 말라고 명령하셨지만 이런 사건을 감추기란 어려운 일이다. 사람들은 **심히 놀라** 이르되 예수님이 **모든 것을 잘하였도다**라고 말했다. 예수님은 귀가 먹은 사람도 듣게 하고, 말을 못하는 사람도 말하게 할 수 있으셨다.

b. 4천 명을 먹이시다(8:1–9)

(마 15:32–39에 대한 주석도 보라)

8:1–3. 다시 큰 무리가 먹을 음식이 필요했다. 예수님은 제자들에게 말씀하셨다. **내가 무리를 불쌍히 여기노라**. 일부 사람들은 3일 동안이나 계속해서 예수님의 가르침을 듣고 있었다. 많은 사람이 아주 먼 곳에서 왔으며, 예수님은 그들을 굶주린 채 돌려보내기를 원하지 않으셨다.

8:4–9. 제자들의 대답은 놀랍다. 그들은 얼마 전에 예수님이 남자 5천 명에다가 여자와 어린아이들까지 먹이신 것을 보았기 때문이다(참고. 6:30–44). 일부 사람들은 이 이야기가 그 기적을 왜곡한 것이라고 여기지만, 증거를 살펴보면 이 기적은 전혀 다른 사건이다(참고. 8:19–20에서 예수님이 똑같은 상황에서 두 기적을 언급하시는 것은 그것들이 서로 다른 사건임을 말해준다). 예수님은 그들이 그 사건을 기억하지 못한다고 꾸짖지 않으시고, 그들에게 갖고 있는 음식을 모으라고 말씀하셨다. 그러나 이로 인해 그들은 먹을 것이 터무니없이 부족하다는 사실만 확인하게 되었다. 단 일곱 개의 떡만을 찾아냈기 때문이다.

예수님은 **무리를 명하여 땅에 앉게 하**셨다. 예수님은 **떡 일곱 개**를 가지사 축사하시고 그것을 제자들에게 나누어 주도록 하셨다. 다시 창조자의 손에서 먹을 것이 많아지는 기적이 일어났으며, 제자들은 그 음식을 나누어 주는 일을 했다. **작은 생선 두어 마리**도 나누어 주었는데 그들이 **배불리 먹었다**. **일곱 광주리**를 거두었는데, 그것은 남자 어른 한 사람이 들어갈 만큼 큰 광주리(참고. 행 9:25)였다. 이때 약 4천 명이 음식을 먹었으며, 그 후 예수님은 그들을 **흩어보내셨다**.

M. 바리새인들의 마지막 요구(8:10–21)

(마 16:1–12에 대한 주석도 보라)

1. 요구(8:10–11)

8:10–11. 예수님과 제자들은 바다를 건너 **달마누다**로 가셨다. 그곳은 아마도 현대의 디베랴 근처인 것 같

다. 거기에서 그들은 바리새인들을 만났는데 그 바리새인들은 **그를 시험하여 하늘로부터 오는 표적을 구**했다. 그들은 예수님의 주장을 입증할 수 있는 기적을 보여달라고 했다. 종교 지도자들은 예수님이 이전에 보여주신 모든 기적을 부정한다고 말했다. 그들은 예수님이 사람들 앞에서 기적을 나타내지 못해서 그분에 대한 신망이 떨어지기를 바랐다.

2. 종의 설명(8:12-13)

8:12-13. 예수님은 **마음속으로 깊이 탄식하시며 어찌하여 이 세대가 표적을 구하느냐**고 물으셨다. 그들은 예수님이 이미 행하신 기적들을 받아들여야 했으며 굉장한 뭔가를 구하지 말아야 했다. 예수님은 어떤 표적도 보이지 않으실 것이다. 예수님과 제자들은 그냥 호수 **건너편으로 떠나**가셨다.

3. 종의 경고(8:14-21)

8:14-16. 서두르는 바람에 제자들은 먹을 것을 챙겨 오지 못했다. 그들은 고작 **떡 한 개**만을 갖고 있었다. 예수님은 **바리새인들의 누룩과 헤롯의 누룩을 주의하라**고 엄중히 경고하셨다. 누룩, 발효소는 밀가루와 결합해서 빵 덩어리 전체에 침투한다. 예수님은 제자들에게 **바리새인들**(참고. 8:11)과 **헤롯**의 죄에 대해 경고하고자 하셨다. 바리새인들은 위선으로 유명했고, 헤롯은 정치 권력에 극심한 관심을 갖는 세속적 집단을 대표했다. 제자들은 예수님의 의도를 파악하지 못했다. 예수님이 '누룩'을 언급하셨을 때, 그들은 자신들이 떡을 가져오지 못한 것에 대해 이야기하기 시작했다.

8:17-21. 예수님은 당신이 단순히 떡에 대해 이야기하는 것이 아니라는 점을 분명히 하셨다. 떡을 가져오지 못한 것은 상관없었다. 예수님은 **아직도 알지 못하며 깨닫지 못하느냐 너희 마음이 둔하냐** 하고 말씀하셨다. 예수님은 볼 눈이 없고 들을 귀가 없는 반역적인 백성 가운데 살았던 에스겔을 인용하셨다(참고. 겔 12:2). 예수님이 무리의 영적 상태가 그렇다고 말씀하신 바 있지만(참고. 4:11), 열두 제자는 그런 상태가 되지 말아야 했다. 예수님의 제자들은 눈으로 볼 수 있고 귀로 들을 수 있어야 했다. 예수님은 그들에게 5천 명을 먹이고도 열두 바구니나 먹을 것이 남았던 사건(참고. 6:33-44)과, 4천 명을 먹이고도 일곱 광주리나 먹을 것이 남았던 사건을 상기시키셨다(참고. 8:1-9). 그들은 각 기적에서 일어난 일들을 기억해냈지만 그 일들이 지닌 의미를 이해하지 못했다. 예수님은 **아직도 깨닫지 못하느냐** 하고 말씀을 맺으셨다.

N. 결론적 기적(8:22-26)

8:22-24. 그들은 **벳새다**에 왔다. 그곳은 5천 명을 먹인 기적이 일어난 지역 근처였다. 예수님을 알아본 **사람들이 맹인 한 사람을 데리고** 그를 만져 고쳐주시기를 바랐다(참고. 1:41; 5:41; 6:5; 7:32). 예수님은 그를 **마을 밖으로** 혼자 데리고 나가셨다. 예수님은 그 사람의 눈에 침을 뱉으시고 그의 몸에 안수하시고(참고. 7:31-37), **무엇이 보이느냐** 물으셨다. 그 사람은 **사람들이 보이나이다 나무 같은 것들이 걸어가는 것을 보나이다** 하고 대답했다. 나무와 사람을 알아본 것에 비추어 판단할 때 그 사람은 이전에 시력을 갖고 있었을 것이다. 물론 그 사람이 이전에 다른 감각을 사용해 나무와 사람이 똑바로 서 있는 존재라는 것을 알고 그렇게 비교했을 수도 있다.

8:25-26. 예수님은 그 사람의 눈에 다시 한 번 안수하셨다. 그 사람은 **주목하여** 보고 **나아서** 모든 것을 분명하게 볼 수 있었다. 이 독특한 기적은 단계별로 일어났다. 예수님은 한 번 만지심으로 이 사람을 고칠 수 있는 능력을 갖고 계신다. 하지만 단계별로 일어난 기적이 예수님에 의해 이루어졌기 때문에 거기에는 그만한 이유가 있다고 보아야 한다. 아마도 두 단계를 통해 예수님은 제자들에게 예수님의 인격에 대한 그들의 믿음과 지식이 이 사람의 시력처럼 줄곧 더 확실해지고 있음을 보여주시려 하는 것일지도 모른다. 또 예수님이 두 가지 별개의 기적을 수행하셨을 수도 있다. 첫 번째는 그 사람의 볼 수 있는 능력을 회복시키시고, 두 번째는 그가 본 것을 이해할 수 있는 능력을 회복시키신 것일 수 있다. 예수님은 그 사람을 벳새다로 돌려보내지 않으시고, 그의 집으로 보내 증언을 하도록 하셨다.

Ⅳ. 주의 종의 가르침(8:27-10:52)

A. 그분의 인격에 관한 가르침(8:27-30)

(마 16:13-20에 대한 주석도 보라)

8:27-28. 예수님과 제자들은 갈릴리 바다 북쪽에서 40킬로미터 떨어져 있는 **빌립보 가이사랴**를 향해 가셨다. 여행을 하면서 예수님은 그들에게 물으셨다. **사람**

들이 나를 누구라고 하느냐? 제자들은 이전과 같이 대답했다(참고. 6:14-16). **세례 요한…엘리야…선지자 중의 하나**라는 것이다. 모두 아첨하는 발언이었다.

8:29-30. 예수님은 그들에게 구체적으로 질문을 하셨다. **너희는 나를 누구라 하느냐**. 베드로는 무리를 대표해서 **주는 그리스도**, 하나님의 기름 부음을 받은 자, 메시아라고 대답했다. 여기에는 베드로가 받은 큰 축복에 대해서는 기록되어 있지 않다(참고. 마 16:17-18에 대한 주석을 보라). 예수님은 제자들에게 그분의 신분에 대해 아무에게도 말하지 말라고 경고하셨다. 메시아라는 개념은 구약의 예언과 달리 이스라엘에서 매우 왜곡되어 있었다. 그분의 백성을 구속하실 고난 받는 메시아에 대한 개념은 사실상 사라져버리고 정치적 인물로 대체되었다. 예수님이 참된 개념을 설명해주시기 전까지 제자들은 아무런 말도 하지 말아야 했다. 참된 개념은 그분의 죽음과 부활을 명백히 설명할 것이다.

B. 그분의 계획에 관한 가르침(8:31-9:13)

(마 16:21-17:13에 대한 주석도 보라)

1. 다가오는 그분의 죽음(8:31-33)

(마 16:21-26에 대한 주석도 보라)

8:31-32a. 메시아로서 예수님의 인격에 대한 증언에 이어, 예수님은 제자들에게 다가오는 그분의 죽음에 대해 **비로소 가르치셨**다. 이것은 마가복음에 나오는 세 번의 죽음 예언 중 첫 번째이다(참고. 9:31; 10:33-34). **인자**는 많은 고난을 받고 죽임을 당해야 한다(참고. 사 52:13-53:12). 그분은 **장로들과 대제사장들과 서기관들**, 곧 궁극적으로 인자를 공식적으로 비난할 집단인 공회에게 **버린 바 되**실 것이다. 그러나 사흘 만에 예수님은 **살아나**실 것이다. 예수님은 다가오는 자신의 죽음에 대한 문제를 **드러내놓고** 말씀하셨다.

8:32b-33. 이 계시는 메시아의 행동에 대해 제자들이 이해하는 바와 일치하지 않았다. 베드로가 예수님을 **붙들고 항변**한 것은 놀라운 일이 아니다. 베드로의 반응은 이해 못할 바 아니지만 그럼에도 불구하고 주제넘은 행동이다. 예수님은 베드로의 말과 행동을 그대로 용납할 수 없으셨다. 예수님은 모든 제자를 돌아보셨다. 그들은 아마도 베드로의 항의에 심정적으로 동의하고 있었을 것이다. 예수님은 베드로에게 **사탄아 내 뒤로 물러가라**라고 말씀하셨다. 물론 베드로와 사탄은 같은 인물이 아니었다. 예수님이 책망하신 이유는 베드로가 귀신에 들렸기 때문이 아니라 그가 이 순간에 사탄의 대변인처럼 행동하고 있었기 때문이다. 베드로는 예수님께서 사탄이 앞서 제안한 길을 따르시도록 부추겼다. 즉, 예수님이 십자가 없는 영광을 누리시길 원했다(참고. 마 4:8-9). 베드로의 마음은 하나님의 이익이 아니라 사람의 이익에 가 있었다.

2. 추종자들에 대한 그분의 요구(8:34-38)

8:34. 예수님은 **무리를 불러 누구든지 나를 따라오려거든 자기를 부인하고 자기 십자가를 지고 나를 따를 것이니라**라고 이르셨다. 자기를 부인한다는 것은 사람의 개성을 부인하는 것이 아니라, 자기중심성을 부인하고 예수님을 자신의 삶의 왕좌에 모시는 것을 의미한다. 자신의 십자가를 진다는 것은 유대적 비유가 아니라 마가복음 독자들에게 흔한 모습이었다. 유죄 선고를 받은 범죄자는 종종 십자가 전체나 아니면 가로대를 지고 처형 장소까지 갔는데, 이는 로마가 그를 다스리는 권위를 갖고 있음을 나타냈다. 한 제자가 결정적인 행동으로 자신의 십자가를 질 때 그는 자신의 삶을 다스리시는 그리스도의 권위를 인정하는 것이다. 제자가 예수님을 따를 때 그분의 뜻이 매일 계시되며, 그 제자는 계속해서 따른다.

8:35-38. 네 가지 진술이 예수님의 말씀을 자세히 설명한다. 각각의 진술은 '왜냐하면'(for, 개역개정에는 번역되어있지 않다 — 옮긴이 주)이라는 전치사로 시작한다. 누구인들 자신의 목숨을 구원하고자 하지 않겠는가? 하지만 잘못된 것을 구하면 그는 목숨을 잃을 것이다. 그리스도와 **복음**의 대의를 위해 자신의 목숨을 잃으면 그는 목숨을 구원할 것이다. 예수 그리스도의 인격과 잃어버린 자들의 필요를 이해하는 사람은 좋은 소식을 전하기 위해 그 목숨을 갖고 살아갈 것이다. 수사학적 질문으로 예수님은 **사람이 만일 온 천하를 얻고도 자기 목숨을 잃으면 무엇이 유익하리요** 하고 물으셨다. 이 세상에는 얻을 것이 많이 있지만, 사람이 세상이 제공하는 모든 것을 얻을 경우 어떻게 될까? 그 사람은 얼마나 많은 것을 무덤 너머까지 가져갈 수 있을까? 두 번째 수사학적 질문이 나온다. **사람이 무엇을 주고 자기 목숨과 바꾸겠느냐**는 것이다. 자신의 목숨과 바꿀 수 있는 것은 아무것도 없다. 마지막 진술에서 예수님

은 당신이 심판자로 권능과 영광 가운데 이 세상에 돌아오실 것에 대해 말씀하셨다. 예수님을 구세주로 받아들이지 않은 사람들은 **음란하고 죄 많은 세대**에서 사는 자들의 전형적인 예들이다. 그러므로 예수님이 심판하시기 위해 거룩한 천사들과 함께 하나님 아버지의 영광 가운데 오실 때, 그들은 천년왕국에 들어가지 못할 것이다.

3. 다가오는 그분의 나라에 대한 묘사(9:1-10)

(마 17:1-13에 대한 주석도 보라)

9:1-4. 예수님은 당신의 영광스러운 귀환을 언급하시면서 그 자리에 있는 일부 사람들은 하나님의 나라가 권능 가운데 임하는 것을 볼 것이라고 말씀하셨다. **엿새 후에** 예수님은 베드로, 야고보, 요한을 **높은 산**[아마도 헤르몬산이었을 것이다]에 데리고 가셨는데, 거기에서 예수님은 **그들 앞에서 변형되셨다**(참고. 1절). '변형'은 안으로부터의 변화를 말하는 영어 '변신'(metamorphosis)과 비슷하다. **그 옷이 광채가 나며 매우 희어져서,** 어떤 **빨래하는 자**가 할 수 있는 것보다 더 깨끗하게 되었다. **엘리야**와 **모세**가 거기에 나타나 **예수와 더불어** 그분의 떠나심(참고. 눅 9:31) 또는 죽으심에 대해 말했다. 엘리야와 모세는 선지자와 율법을 대표한다.

9:5-6. 베드로는 **랍비여 우리가 여기 있는 것이 좋사오니 우리가 초막 셋을 짓되 하나는 주를 위하여 하나는 모세를 위하여 하나는 엘리야를 위하여 하사이다**라는 반응을 보였다. 베드로는 이것이 초막절의 성취라고 생각했다(참고. 슥 14:16). 초막절은 이스라엘의 광야 유랑과 그 후에 주어진 땅에서 누린 축복(그것은 천년왕국의 영광을 묘사하는 것이다)을 상기하는 절기 행사였다. 베드로는 그 나라가 왔다고 생각했지만, 그는 실제로 **무슨 말을 할지 알지 못했으며 몹시 무서워했다.**

9:7-8. 한 소리가 들렸다. 이는 **내 사랑하는 아들이니 너희는 그의 말을 들으라**는 것이다(참고. 1:11). **그의 말을 들으라**는 말은 예수님을 신명기 18장에서 약속한 "그 선지자"와 연결한다. 모세와 엘리야는 사라졌다. 예수님은 하나님 계시의 최종적 형태이시다(참고. 히 1:1-2a). 이것이 어떻게 그 나라를 맛보는 것이었는가?(참고. 1절) 첫째, 그것은 예수님이 통치하실 지상에서 일어났다. 둘째, 그날에 예수님이 영화롭게 되실 것처럼 예수님은 영화롭게 되셨다. 셋째, 필요한 모든 나라 백성이 거기 있다. 육체적 몸을 입은 성도들(세 제자), 죽음과 부활을 경험한 성도들(모세) 그리고 죽지 않고 천국으로 갈 성도들(엘리야) 등이다.

9:9-10. 산에서 내려오신 후 예수님은 제자들에게 **인자가 죽은 자 가운데서 살아날 때까지는 본 것을 아무에게도 이르지 말라**고 말씀하셨다. 그들은 계속해서 **죽은 자 가운데서 살아나는 것이 무엇일까** 논의했다. 그들은 아직 메시아의 죽음과 부활에 대해 분명히 깨닫지 못했다.

4. 그분과 엘리야의 관계(9:11-13)

(마 17:10-13에 대한 주석도 보라)

9:11. 엘리야가 나타나자 그들에게 의문이 생겼다. 산에 엘리야가 등장한 것은 그가 오리라는 예언이 이루어진 것인가(참고. 말 4:5-6)? **어찌하여 서기관들이 엘리야가 먼저 와야 하리라 하나이까.**

9:12-13. 예수님은 엘리야가 와서 메시아가 오는 길을 준비해야 한다고 확언하셨다(말 4:5-6). 하지만 그들은 메시아가 **멸시를 당하리라**는 말을 오해했다. 엘리야는 왔지만 주님은 예언된 고난을 반드시 당하셔야만 했다(참고. 시 22:1-18; 69:1-21; 사 52:13-53:12). 세례 요한의 사역은 열방이 믿으리라는 예언을 성취했다(참고. 마 11:14). 두 증인이 나타나서(참고. 계 11:3-12) 예수님의 재림 전에 그 예언을 완성할 것이다.

C. 불가능한 것에 대한 가르침(9:14-29)

(마 17:14-21에 대한 주석도 보라)

9:14-16. 산에서 돌아오신 예수님과 세 제자는 아홉 명의 제자들이 귀신을 내쫓지 못한 사건(18절)을 놓고 서기관들과 논쟁하는 것을 발견하셨다. 무리가 예수님께 **달려와서 인사하였다**(현대인의 성경). 그러자 예수님은 그들에게 무엇을 변론하느냐고 물으셨다.

9:17-19. 한 사람이 나서서 예수님께 자신이 예수님을 찾다가 아홉 제자를 만나서 그들에게 도움을 구하게 되었다고 말했다. 귀신 들린 그의 아들은 말을 못하고 듣지도 못했다(참고. 25절). 귀신은 아이를 사로잡아서 땅바닥에 내팽개쳤다. 그 아이는 입에 거품을 물고, 이를 갈며, 파리해졌다. 제자들은 귀신을 제어하는 권위를 받았음에도(참고. 6:7), 아무것도 할 수 없었다. 예수님은 아홉 제자를 향해 말씀하시면서 그들을

믿음이 없는 세대라고 부르시고 **그를 내게로 데려오라**고 명령하셨다.

9:20-24. 그 귀신은 아이에게 **경련**을 일으키고, 엎드러뜨려서 **구르며 거품을 흘리**게 만들었다. 예수님은 이 아이가 언제부터 이렇게 되었느냐고 물으셨다. 그 아이의 아버지는 **어릴 때부터**라고 대답하면서 귀신이 아이를 죽이려고 **불과 물에 자주 던졌다**고 말했다. 마침내 그는 **무엇을 하실 수 있거든 우리를 불쌍히 여기사 도와주옵소서**라고 말했다. 예수님은 대답하셨다. **할 수 있거든이 무슨 말이냐 믿는 자에게는 능히 하지 못할 일이 없느니라.** 그 아버지는 **내가 믿나이다 나의 믿음 없는 것을 도와주소서**라고 외쳤다. 그는 믿었지만, 믿음이란 결코 완전할 수 없다. 불신은 언제나 잠재적으로 존재한다.

9:25-27. 예수님이 **더러운 귀신을 꾸짖어 이르시되 그 아이에게서 나오고 다시 들어가지 말라**고 명령하셨다. 그 아버지는 틀림없이 큰 힘을 얻었을 것이다. 그의 아들은 자유롭게 되었으며 다시는 귀신에 들리지 않을 것이다. 귀신은 아이가 **심히 경련을 일으키게** 했으며 그 아이는 땅바닥에 쓰러졌다. 어떤 사람들은 그 아이가 죽었다고 생각했다. 하지만 예수님은 **그 손을 잡아 일으키셨다**(참고. 5:41).

9:28-29. 어느 집에서 제자들은 예수님께 **우리는 어찌하여 능히 그 귀신을 쫓아내지 못하였나이까**라고 질문했다. 분명 그들은 전에 귀신들을 잘 쫓아낸 적이 있었다(참고. 눅 10:17). 예수님은 **기도 외에 다른 것으로는 이런 종류가 나갈 수 없느니라**라고 말씀하셨다. 몇몇 사본은 '그리고 금식'이라는 말을 덧붙인다. 아마도 후에 금욕주의를 지지하기 위해 덧붙인 것 같다. 귀신을 내쫓는 일은 과거의 경험에 근거해 자동적으로 이루어지는 것이 아니었다. 예수님의 이름으로 귀신을 제어하는 권위를 받은 제자들조차 하나님의 권능을 받기 위해 기도가 필요했다.

D. 다가오는 그분의 죽음에 대한 가르침(9:30-32)

9:30-31. 예수님과 제자들은 **갈릴리 가운데로 지나서** 가버나움에 도착하셨다(33절). 예수님은 당신이 **사람들의 손에 넘겨져**(참고. 행 2:23) **죽임을 당하고 죽은 지 삼 일 만에 살아나리라는** 것을 **가르치셨다**(참고. 8:31).

9:32. 제자들은 **깨닫지 못**했다. 그들은 죽어가는 메시아를 기대하지 않았으며 또 **묻기도 두려워하더라**. 아마도 전에 예수님이 베드로를 책망하신 일로 인해(참고. 8:33) 그들은 입을 다물고 아무 말도 하지 않은 것 같다. 예수님의 말씀은 그분이 다스리는 나라에 대한 그들의 희망에 찬물을 끼얹었다.

E. 교만에 대한 가르침(9:33-37)

(마 18:1-5에 대한 주석도 보라)

9:33-34. 예수님은 제자들에게 그들이 **토론한** 것이 무엇이냐고 질문하셨다. 그들은 아무 말도 하지 않았다. 그들은 그들 중에 누가 제일 위대한가 하는 문제를 갖고 논쟁을 벌였기 때문이다. 아마도 세 사람이 예수님을 따라가 변형된 모습을 본 것으로 인해 제자들 가운데 경쟁심이 일어난 것 같다.

9:35-37. 예수님은 권위가 있는 자리에 대해 논의하기 시작하셨다(참고. 10:43; 마 23:8; 눅 22:24). **누구든지 첫째가 되고자 하면 뭇사람의 끝이 되며 뭇사람을 섬기는 자가 되어야 하리라.** 하나님 나라에서의 지위는 기꺼이 섬기고자 하는 마음으로 결정된다. 예수님은 **어린아이 하나를** 그들 가운데 앉히셨다. **누구든지 내 이름으로 이런 어린아이 하나를 영접하면 곧 나를 영접함이요 누구든지 나를 영접하면 나를 영접함이 아니요 나를 보내신 이를 영접함이니라.** 하나님 나라에서의 지위는 다른 사람들을 받아들이는 태도에 근거한다. 예수님의 종들이 보여주어야 할 가장 중요한 특징은 겸손과 섬김이다.

F. 당파심에 대한 가르침(9:38-50)

(마 18:7-14에 대한 주석도 보라)

9:38. 요한은 외부인이 예수님의 이름으로 귀신을 내쫓는 장면을 제자들이 목도한 사건을 상기시켰다. 그들은 그가 자기들을 **따르지 아니하므로 금하였**다. 이것은 편협한 배타주의를 보여주는 예이며, 예수님의 주의를 난처한 토론에서 다른 곳으로 돌리려는 것이다. 제자들은 귀신을 내쫓을 수 없었으면서도(참고. 9:14), 그런 일을 하고 있던 사람을 방해했다.

9:39-41. 예수님은 그들이 그 사람을 방해하지 않았어야 했다고 말씀하셨다. 누구든지 예수님의 이름으로 능한 일을 행한 다음에 그분을 비방할 수는 없다. **우리를 반대하지 않는 자는 우리를 위하는 자니라**(참고.

마 12:30). 예수님의 인격과 관련해서는 중립적 입장을 취할 수 없다. 예수님의 이름으로 누군가에게 **물 한 그릇을 주며** 친절을 베푸는 겸손한 행동은 상을 받게 될 것이다. 그런 행위가 예수님의 진실한 추종자들의 전형적인 모습이 되어야 한다.

9:42-43. 예수님은 계속해서 다른 사람들의 기분을 상하게 하는 것에 대해 가르치셨다. 분명 귀신을 내쫓은 그 사람은 제자들의 책망 때문에 기분이 상했을 것이다. 누군가를 실족시키는 것보다 **연자 맷돌이 그 목에 매여 바다에 던져지는** 것이 더 나을 것이다. **작은 자들**이라는 말은 아마도 예수님이 나이가 많든 적든 그분을 따르는 자들을 언급할 때 사용하신 애칭일 것이다. 만약 손으로 누군가를 실족시키면 두 손을 가지고 **지옥 곧 꺼지지 않는 불에 들어가는** 것보다 장애인으로 영생에 들어가는 것이 더 나을 것이다.

9:44-48. 그다음에 발과 눈에 대한 언급이 논리적으로 이어진다. 두 발과 두 눈을 가지고 **지옥에 던져지는 것보다** 한 발이나 한 눈을 가지고 **영생에 들어가는 것이** 더 나을 것이다. 예수님은 신체 절단을 가르치시는 것이 아니었다. 손, 발, 눈을 없애고도 여전히 끔찍한 죄인으로 살 수 있다. 예수님은 죄가 육체의 일부가 아니라 마음에서 기인한다는 점을 지적하신 것이다(참고. 7:18-23). 눈을 뽑거나 손과 발을 자르는 것은 과장된 진술이지만, 어떻게 해서라도 죄를 피하라는 의미이다. 지옥(히브리어로 게헨나, 힌놈의 골짜기)은 진짜 실재하는 장소이다. 힌놈은 예루살렘의 쓰레기 처리장으로(참고. 왕하 23:10), 쓰레기를 모았다가 태우는 곳이었다. 아직 불로 타지 않은 부분에는 벌레들이 우글거렸다. 이사야 66:24은 영원한 고통을 외적인 것(불)과 내적인 것(벌레)으로 묘사한다. 사악한 자가 하나님과 영원히 분리되는 것이 48절에 분명히 제시된다. 44절과 46절은 더 나은 사본들에서 찾아볼 수 없다. 아마도 강조하기 위해 삽입된 것 같다.

9:49-50. **불로써 소금 치듯**이라는 구절에서 불은 43절과 48절에서 말하는 것처럼 심판의 불을 말하는 것이 아니다. **불로써 소금 치듯**은 50절에 나오는 소금과 유사한 것처럼 보인다. 50절에서 소금은 좋은 것처럼 보인다. 49-50절에서 불은 예수님의 추종자들이 박해를 받을 때 일어날 정화 및 순화를 언급하는 것일 수 있다. 그리고 그들은 소금기가 없는 세상과 다르기 때문에 박해를 받을 것이다. 소금기가 있는 그들의 독특성 때문에 박해를 받게 될 것이지만, 그들은 그럼에도 그들 가운데 **소금을 두어야** 한다(그들의 독특한 맛을 유지하다. 다시 말해 마태복음 5:13-16처럼 세상 속에서 그들의 대항문화적 가치와 영향력을 유지하다). 그들은 세상으로부터 적대감을 받을 수 있지만 **서로 화목해야 한다**. 누가 더 위대한가 하는 문제로 논쟁을 벌이는 것은(참고. 9:33) 화목하게 지내라는 예수님의 명령에 비추어볼 때 온당하지 않다. 그들은 지위나 승진을 소리 높여 요구하지 않아야 한다.

G. 이혼에 대한 가르침(10:1-12)

(마 19:1-9에 대한 주석도 보라)

10:1-2. 예수님은 **요단강**을 건너셨다. **무리가 모여들고** 예수님은 그들을 가르치셨다. **바리새인들은 아내를 버리는 것이 옳**은 일인지 질문했다. 이혼은 하나님이 주시는 선물로 간주되었지만, 이방인들에게는 허락되지 않았다.

10:3-9. 예수님은 그들이 권위 있게 여기는 모세가 무어라고 말했는지 물으셨다. 그들은 **모세는 이혼 증서를 써주어 버리기를 허락하였나이다** 하고 대답했다(참고. 신 24:1-4). 이 보호 장치는 아내들을 보호해주었다. 글로 협의를 기록할 것을 요구했기 때문이다. 예수님은 모세가 이혼을 허락했다는 점을 부인하지 않으셨지만, 그것은 그들의 **마음이 완악함** 때문이라고 말씀하셨다. 예수님은 하나님이 창조 때 결혼을 하게 만드셨다는 점을 언급하셨다. 하나님은 **사람을 남자와 여자로 지으셨다**(참고. 창 1:27). **이러므로 사람이 그 부모를 떠나서 그 둘이 한 몸이 될지니라**(참고. 창 2:24). 육체적 하나 됨은 이 세상의 어느 연합과도 다른 연합을 만들어낸다. 오직 죽음만이 이 연합을 끝낸다(하지만 마 19:9에 대한 주석을 보라). **그러므로 하나님이 짝지어 주신 것을 사람이 나누지 못할지니라**. 사람들은 하나님이 맺어 놓으신 평생의 헌신을 **나누지** 말아야 한다.

10:10-12. 예수님과 바리새인들 간에 더 이상 토론은 없었다. 예수님의 가르침이 명백했기 때문이다. 나중에 제자들은 **다시 이 일을 물었다**. 예수님은 **그 아내를 버리고 다른 데에 장가드는 자는 본처에게 간음을 행함**이라고 분명히 말씀하셨다. 어떤 사람들은 간음(참

고. 마 19:9)이나 유기(참고. 고전 7:15)의 경우는 예외가 될 수 있다고 생각한다. 해당 본문들에 대한 주석을 보라. 여자가 남편과 이혼하고 다른 남자와 결혼하는 경우에도 똑같다. 여성들이 이혼하는 경우는 유대인들 가운데 흔하지 않았다. 헤로디아가 안티파스와 결혼하기 위해 빌립과 이혼한 전례는 있다(6:17-20; 마 14:3-5에 대한 주석을 보라).

H. 믿음에 대한 가르침(10:13-22)

1. 어린아이와 같은 믿음(10:13-16)

10:13. 부모들이 **어린아이들을 데리고** 와서 예수님께서 **만져주심을** 바랐다. 이는 예수님이 점차 존경을 받고 계심을 보여주는 것이었다. 제자들은 그들을 **꾸짖**었다. 예수님이 예루살렘을 향해 가시려는 것을 감지했기 때문이다(참고. 눅 9:51). 그곳에 가서 예수님은 십자가 형을 당하실 것이다. 그들은 예수님이 어른들과 시간을 보내시는 것이 더 좋을 것이라고 생각했다.

10:14-16. 예수님은 두 가지 명령을 하셨다. 어린아이들이 오는 것을 용납하고, 그것을 금하지 말라는 것이다. 예수님은 **하나님의 나라가 이런 자의 것**이라고 말씀하셨다. '하나님의 나라'란 사람의 인생을 다스리시는 하나님의 통치를 언급한다. 사람이 어린아이와 같은 믿음으로 하나님의 통치를 받아들이고 하나님을 의지하지 않으면, 그는 하나님의 나라에 들어가지 못할 것이다. 예수님은 팔로 어린아이들을 안으시고 그들을 축복하셨다(참고. 창 48:8-20).

2. 영생에 대한 믿음(10:17-22)

(마 19:16-23에 대한 주석도 보라)

10:17-19. 한 사람이 예수님 앞에 나와 무릎을 꿇고 물었다. **선한 선생님이여 내가 무엇을 하여야 영생을 얻으리이까**(참고. 요 6:28). 여기에서 "선한 선생님"이라는 말은 랍비가 사람에게는 쓰지 않는 단어였다. 예수님은 **네가 어찌하여 나를 선하다 일컫느냐**라고 대답하셨다. 예수님은 당신이 선하다는 점을 부인하시는 것이 아니라, 그 사람이 누구를 상대로 말하고 있는 것인지 이해하도록 도우시는 것이었다. 그는 정말로 예수님을 하나님으로 인식했는가? 그는 예수님의 말씀에 대해 열린 마음을 가졌는가? 예수님은 그 사람이 알고 있던 다섯 개의 계명을 상기시키셨다(참고. 출 20:12-16). 살인, 간음, 도둑질, 거짓 증언, 부모 공경 등이다. 예수님은 탐욕을 빠뜨리셨다. 하지만 일부 사람들은 **속여 빼앗지 말라**는 말이 탐욕과 같은 말이라고 생각한다. 또 다른 사람들은 탐욕이 그 사람의 문제였기 때문에 예수님이 탐욕을 빠뜨리셨다고 생각한다.

10:20-22. 그 사람은 **이것은 내가 어려서부터 다 지켰나이다**라고 대답했다. 그는 어렸을 때부터 이런 계명들을 지켰다고 믿었다. 하지만 그는 무언가가 빠져 있다고 느꼈다(참고. 마 19:20). 예수님은 두 가지 명령을 하셨다. 그는 모든 소유물을 팔아서 얻은 돈을 가난한 자들에게 준 다음 예수님을 따라야 했다. 그 사람은 안색이 변하더니 슬퍼하면서 떠났다. **재물이 많**았기 때문이다. 그는 모든 것을 지켰지만 그의 소유물을 더 귀하게 여겼다.

I. 부에 대한 가르침(10:23-31)

(마 19:24-30에 대한 주석도 보라)

10:23-25. 예수님은 **재물이 있는 자는 하나님의 나라에 들어가기가 심히 어렵도다**라고 말씀하셨다. 제자들은 놀랐다. 부자가 하나님의 나라에 들어갈 수 없다면 누가 들어갈 수 있단 말인가? 예수님은 바늘귀를 통과하는 낙타에 대한 유명한 말씀을 하셨다. 예수님은 문자적인 낙타와 바늘귀에 대해 말씀하셨지만, 이런 묘기를 행하는 것에 대해서는 여러 가지 주장들이 제시되었다.

10:26-27. 제자들은 예수님의 말씀을 알아들었다. **그런즉 누가 구원을 얻을 수 있는가?** 예수님은 사람에게는 불가능한 것이 있지만 하나님으로서는 **다 하실 수 있다**라고 말씀하셨다(참고. 창 18:14). 그것은 사람이 하나님의 나라와 영생에 들어가는 것은 인간의 노력이 아니라 하나님께 달린 것이라는 점을 나타낸다.

10:28-31. 베드로는 예수님께 제자들이 **모든 것을 버리고** 예수님을 따라나섰다는 점을 상기시켰다. 베드로는 이렇게 말하는 것이었다. "우리에게 무슨 유익이 있습니까?" 예수님은 주님을 위하여 소중한 재산과 관계를 버린 자들은(참고. 8:35) **현세에…백배**나 보상을 받을 것이라고 말씀하셨다. 동료 신자들 안에서 다른 소유물과 집, 형제와 자매와 어머니를 갖게 될 것이다. 박해도 있겠지만 보상도 있고 **내세에 영생**도 받게 될 것이다. 부자와 같은 많은 사람들은 두드러진 사람처럼 보이지만 궁극적으로는 꼴찌가 될 것이다(사실상 전혀

받아들여지지 않을 것이다). 제자들처럼 더 초라한 지위를 가진 사람들은 언젠가 자신들이 첫째가 된 것을 발견할 것이다(참고. 마 19:30; 20:16; 눅 13:30).

J. 그분의 가까운 미래에 대한 가르침(10:32-34)

(마 20:17-19에 대한 주석도 보라)

10:32-34. 제자들은 예수님이 목적을 이루기 위해 가시는 모습에(참고. 눅 9:51) 놀라면서 불길한 예감을 느꼈다. 사람들의 반대 때문이다. 예수님은 세 번째로(참고. 8:31; 9:31) 자신이 **대제사장들과 서기관들에게 넘겨지매** 사람들이 그분을 **죽이기로 결의**할 것이라고 말씀하셨다(참고. 14:55-64). 그들은 어떤 사람도 처형할 수 없었지만, 예수님을 이방인들에게 넘겨주어(참고. 15:1) 십자가에 못 박히게 할 것이다. 그들은 예수님을 **능욕하며**(참고. 15:16-18) **침 뱉으며**(참고. 15:19) **채찍질하고**(참고. 15:15) **죽일** 것이다(참고. 15:24, 37). **삼 일 후에** 예수님은 죽은 자 가운데서 **살아나실** 것이다(참고. 16:1). 예수님과 마가는 유대인들이 예수님의 죽음에 전적인 책임이 있다고 말하는 것이 아니다. 그보다 십자가 처형에 대한 인간의 책임은 유대인 지도자들과 이방인 통치자들 및 군인들의 공동 모의로, 하나님의 주권적인 계획에 의해 허락된 사건이었다(참고. 행 2:23; 4:27-28).

K. 하나님 나라의 지위에 대한 가르침(10:35-45)

(마 20:20-28에 대한 주석도 보라)

10:35-36. 야고보와 요한은 예수님께 자기들의 요청을 무조건 들어달라고 요구했다. 하지만 예수님은 그 요청을 받아들이지 않으시고 구체적으로 말해보라고 말씀하셨다.

10:37-40. 그들은 앞으로 올 예수님의 나라에서 그분의 좌우편에 있는 영광스러운 자리를 원했다. 예수님은 방금 예루살렘에 죽으러 간다고 선언하시지 않았던가? 그들의 요청은 예수님이 이미 정리해놓으신 위대함의 문제를 다시 떠오르게 했다(참고. 9:33 이하). 예수님은 그들이 예수님이 마실 **잔을 마실 수 있으며** 예수님이 받으실 **세례를 받을 수 있느냐**고 물으셨다. 여기에서 **잔**은 인간의 죄에 대한 신적 심판을 묘사한다(참고. 시 75:8; 사 51:17-23; 렘 25:15-28, 49:12, 51:7; 애 4:21-22; 겔 23:31-34; 합 2:16; 슥 12:2). 잔을 나누는 것은 경험을 나누는 것을 의미했다. 물에 잠기는 것은 물에 압도되는 것을 의미한다. 예수님은 곧 배신과 죽음을 겪으실 것이었다. 예수님의 질문은 그들이 그분의 발자국을 따르고 또 죽음을 경험할 준비가 되었는지 물으시는 것이다. 그들은 **할 수 있나이다** 하고 대답했다. 예수님은 그들이 그분의 고난을 겪게 될 것이라고 말씀하셨다. 야고보는 순교를 당하고(참고. 행 12:2), 요한은 박해와 추방을 당할 것이다(참고 계 1:9). 하지만 하나님 나라의 지위를 부여하는 권한은 예수님이 아니라 하늘에 계신 아버지의 것이다.

10:41-45. 이 논의에 대해 알게 된 다른 제자들은 **야고보와 요한에 대하여 화**를 냈다. 이어서 종됨에 대한 또 다른 논의가 이루어졌다(참고. 9:35-37). 예수님은 이방인 통치자들이 사람들을 다스리는 권한을 행사하기 좋아한다고 설명하셨다. 하지만 예수님을 따르는 자들은 그렇게 하지 않아야 한다. 크고자 하는 자는 **섬기는 자**가 되어야 하며 으뜸이 되고자 하는 자는 **종**이 되어야 한다. 예수님은 세상에 오시고 자신의 신성을 감추셨을 때, 자신을 낮추시고 종의 역할을 맡으셨다. 예수님은 **섬김을 받으려 함이 아니라 도리어 섬기려 하**고 자신의 목숨을 **대속물**로 주기 위해 오셨다(참고. 사 53:11). 대속물은 포로나 노예를 자유롭게 할 때 지불하는 값이다. 예수님은 **많은 사람**을 위해서('대신해서') 당신 자신을 주셨다. 그것은 많은 사람을 유익하게 하는 한 생명이었다. 죄인이 진 죄의 빚은 사탄이 아니라 하나님께 갚아야 하는 것이었다(참고. 롬 3:23-26). 예수님을 따르는 자들은 그분의 겸손을 본받아야 한다.

L. 믿음에 대한 가르침(10:46-52)

(마 20:29-34에 대한 주석도 보라)

10:46-49. 여리고에서 **바디매오**는 길가에 앉아 구걸을 했다. 예수님이 지나가신다는 소리를 듣고서 바디매오는 **다윗의 자손 예수여 나를 불쌍히 여기소서** 하고 외쳤다. 예수님은 이 메시아적 호칭에 반대하지 않으셨다. 그때 많은 사람이 바디매오를 꾸짖으면서 그에게 **잠잠하라**고 했다. 하지만 바디매오는 그들의 말을 무시하고 계속해서 다윗의 자손이라는 호칭을 사용해 불쌍히 여겨달라고 외쳤다. 예수님은 그에게 앞으로 나오라고 명령하셨다.

10:50-52. 그는 구걸해서 모은 구호물자를 담고 있었을 겉옷을 버리고 **뛰어 일어나** 예수님께 다가갔

다. 예수님은 바디매오에게 무엇을 원하는지 물어보셨다. 그는 예수님을 **선생님**[Rabboni, 랍오니], 즉 '내 주님'이라고 부르면서(참고. 요 20:16) 시력을 회복시켜 달라고 요청했다. 이것은 불합리한 일이 아니었다. 메시아는 맹인에게 빛을 보게 해주실 것이었다(참고. 사 61:1). 예수님은 **가라 네 믿음이 너를 구원하였느니라** 하고 말씀하셨다. 혈루증에 걸린 여인(참고. 5:34)과 다른 사람들의 경우처럼, 믿음은 치유와 영적 상태의 변화를 가져왔다. 바디매오는 회복되었으며, 부자 청년과 달리(참고. 10:22) 예수님을 따랐다. 그는 예루살렘까지 예수님을 따라갔을지 모른다. 그곳에 가서 그는 치유에 대한 제물을 드렸을 것이다.

V. 하나님의 종을 거부하다(11:1-15:47)

A. 종의 출현(11:1-26)

(마 21:1-22에 대한 주석도 보라)

1. 승리의 입성(11:1-11)

11:1-3. 여리고에서 오신 예수님은 감람산에 있는 **베다니**에 들어가셨다. 예수님은 두 제자를 가까운 **벳바게**에 보내 **나귀 새끼가 매여 있는 것**을 '찾아보도록' 하셨다. 사람들이 그들의 행동에 대해 물으면 그들은 **주가 쓰시겠다**고 말해야 한다.

11:4-6. 그들은 나귀 새끼를 발견했지만 그 자리에 **서 있는 사람들**이 시비를 걸었다(참고. 눅 19:33). 예수님이 이르신 대로 말한 후에 제자들은 그 짐승을 가져가라는 허락을 받아냈다.

11:7-11. 그들은 예수님께 **나귀 새끼를 끌고** 왔다. 예수님은 그것을 타고 예루살렘에 들어가셨다. 함께 가는 순례자들은 존경의 표시로 **나뭇가지**와 함께 겉옷을 벗어서 길 위에 펼쳤다. 그들은 **호산나** 하고 소리치기 시작했다. 그것은 히브리어로 "이제 우리를 구원하소서"라는 말이다(참고. 시 118:25-26, 순례자들이 성전에 올라가면서 부르는 시). 그들은 **주의 이름으로 오시는 이여 찬송하리로다 오는 우리 조상 다윗의 나라여 가장 높은 곳에서 호산나** 하고 외쳤다. 예수님의 행동은 메시아적 의도를 지녔으며, 스가랴 9:9의 성취를 나타내는 것이었다. 예수님은 성전, 아마도 이방인의 뜰에 들어가셨다가 베다니로 돌아가셨다.

2. 심판의 선언(11:12-14)

11:12-14. **이튿날** 예수님은 예루살렘을 향해 가셨다. 시장하셨던 예수님은 **잎사귀 있는 무화과나무**를 보셨으나 열매가 없었다. 예수님은 **이제부터 영원토록 사람이 네게서 열매를 따 먹지 못하리라**고 말씀하셨다. 후에 제자들은 예수님이 하신 이 말씀을 저주라고 불렀다(참고. 21절). **아직**(현대인의 성경) **무화과의 때가 아니었지만**(13절), 무화과나무에 잎이 나올 즈음에 그 나무에는 비록 덜 익은 것이라 할지라도 열매가 있어야 했다. 그러므로 이 무화과나무는 잎이 있으나 열매를 맺지 못하는 나무였다. 예수님은 성전 지도자들에게서 분명하게 나타나듯이 영적 위선의 위험성, 즉 참된 변화(열매)가 없는 종교(잎)의 함정을 드러내셨다.

3. 성전 정화(11:15-19)

11:15-16. 그들은 **성전에 들어**갔다. 그리고 예수님은 **매매하는 자들을 내쫓으**셨다(참고. 앞서 일어난 사건으로, 요 2:13-16). 예수님은 **돈 바꾸는 자들과 비둘기 파는 자들**의 상과 의자를 엎으셨다. 그들이 부르는 터무니없는 가격은 성전의 정신에 맞지 않았다. 또 예수님은 빨리 가려고 **물건**을 가지고 **성전 안으로** 다니는 자들을 막으셨다.

11:17-19. 성전은 **만민**이 기도하는 집이다(참고. 사 56:6-7). 하지만 그들은 성전을 **강도의 소굴**로 만들어 버렸다(참고. 렘 7:11). 기도와 예배의 장소가 되어야 하는 곳을 물건을 파는 장소로 만들었다. 예수님이 하신 일을 **대제사장들과 서기관들이 듣고**, 예수님이 대제사장보다 더 큰 권위를 주장하고 계심을 알아차렸다. 그러나 그들은 예수님을 메시아로 여기는 무리 때문에 **그를 두려워**했다. 자신들의 권력을 유지하기 위해 대제사장들과 서기관들은 예수님을 죽여야만 했다. 그날 저녁 예수님과 제자들은 베다니로 돌아가셨다.

4. 심판의 성취(11:20-26)

11:20-21. 화요일 아침에 예수님과 제자들은 이제 뿌리에서부터 말라버린 그 무화과나무를 지나가셨다. 다시는 누구도 영원토록 그 열매를 따먹지 못할 것이다(참고. 14절). 베드로는 **랍비여 보소서 저주하신 무화과나무가 말랐나이다** 하고 말했다.

11:22-26. 예수님은 **하나님을 믿으라**고 제자들을 격려하셨다. 영적 위선의 교훈 외에 예수님은 저주받은 무화과나무를 사용하셔서 믿음의 능력에 대해 가르치

셨다. 이 가르침의 핵심은 믿음의 대상이다. 믿음은 그 믿음 자체가 아니라 주권적인 하나님께 초점을 맞추어야만 한다. 예수님이 감람산에 서 있으셨기 때문에 예수님의 과장법은 명백해진다. 예수님이 믿음의 사람은 **이 산더러 들리어 바다에 던져지라** 할 수 있다고 말씀하실 때 예수님은 감람산 및 그 산에서 24킬로미터 떨어져 있는 사해를 언급하시는 것이었다. 여기에서 '산'은 사람이 가는 길을 가로막는 장애물을 묘사했다(참고. 슥 4:7). 기도는 커다란 장애물들을 제거할 수 있다. 예수님은 **무엇이든지 기도하고 구하는 것은 받은 줄로 믿으라 그리하면 너희에게 그대로 되리라**고 말씀하셨다. 그러나 모든 것이 하늘에 계신 아버지의 뜻에 맞아야 한다. 거기에는 용서하는 마음이 포함된다. 개인 사이의 문제들은 맞서서 해결해야 하며 용서를 추구해야 한다. 26절은 가장 좋은 사본들에는 없지만, 25절의 논리적 결과이다(참고. 마 6:15).

B. 종과의 논쟁(11:27-12:40)

1. 종교 지도자들과(11:27-12:12)

a. 권위의 문제(11:27-33)

(마 21:23-27에 대한 주석도 보라)

11:27-30. 이스라엘의 종교 생활 수호자인 공회 회원들은 성전에서 예수님과 맞섰다. **무슨 권위로 이런 일을 하느냐**? 그들은 예수님이 의기양양하게 예루살렘에 입성하신 것과 성전을 정화하신 일을 언급했다. 그들은 또 **누가 이런 일 할 권위를 주었느냐**고 물었다. 예수님은 **요한의 세례가 하늘로부터냐 사람으로부터냐**는 질문에 그들이 대답을 하면 자신도 그들의 질문에 대답하시겠노라고 맞받아치셨다. 유대인들은 하나님의 이름을 숭배해서 그 이름을 헛되이 사용하기를 꺼렸다. 따라서 '하늘'은 하나님을 언급하는 완곡한 표현이 되었다. 예수님의 질문은 근본적으로 '요한의 권위가 하나님에게서 난 것인가 아니면 사람에게서 난 것인가?' 하는 것이었다.

11:31-33. 종교 지도자들은 예수님이 자신들을 궁지에 몰아넣으셨다는 것을 알아차렸다. 그들이 요한의 권위가 하나님으로부터 났다고 대답하면, 예수님은 **어찌하여 그를 믿지 아니하였느냐**라고 말씀하실 것이다. 그러나 그들은 사람으로부터 났다고 대답할 수도 없었다. **그들이 백성을 두려워**했기 때문이다. 백성들은 요한을 선지자라고 생각했다. 무리가 모여들자 그들은 **우리가 알지 못하노라**고 대답했다. 그들이 대답하기를 거부하자 예수님은 사람이 아니라 하나님으로부터 직접 온 당신의 권위를 드러내기를 거부하셨다. 이것은 모세만이 하나님으로부터 직접 권위를 받았다고 생각한 유대인들에게는 못마땅한 일이었다. 다른 모든 권위는 한 권위에서 다음 권위로 전해졌다(참고. 미시나에 있는 *Pirke Avot* 1:1). 따라서 하나님 아버지로부터 직접 온 예수님의 권위는 그분을 모세와 "같은 선지자"라고 밝히는 것이었다(신 18: 15-19).

b. 가르침을 위한 비유(12:1-11)

(마 21:33-46에 대한 주석도 보라)

12:1-8. 예수님은 **비유**들로 말씀하셨지만, 오직 하나의 비유만 기록되어 있다. 하나만 기록된 이유는 알 수 없다. 한 사람이 포도원을 만들어 많은 열매를 맺을 수 있도록 온갖 일을 다 했다. 그는 그 포도원을 농부들에게 맡기고 여행을 떠났다. 추수 때가 되어 그는 **소출 얼마를 받으려고** 종을 보냈다. 그러나 그들은 **종을 잡아 때리고 거저 보내었거늘**. 포도원 주인은 **다시 다른 종**을 보냈지만 그 역시 두들겨 맞았다. 세 번째 종을 보냈으나 그 역시 맞아 죽었다. 예수님은 **그 외 많은 종**들에게도 그렇게 했다고 덧붙여 말씀하셨다. 마지막으로 포도원 주인의 **사랑하는 아들**을 보냈다. 농부들은 그를 없애버리면 포도원이 자신들의 것이 되리라 생각하고, **이는 상속자니 자 죽이자** 하고 말했다. 살해당한 아들의 시체는 포도원 바깥에 던져버렸다.

12:9-11. 예수님은 지도자들에게 포도원 주인이 어떻게 반응해야 한다고 생각하는지 질문하셨다. 그들은 주인이 와서 **그 농부들을 진멸하고** 포도원을 다른 사람들에게 줄 것이라고 대답했다(참고. 마 21:41). 시편 118:22을 사용해 즉각적인 적용이 이루어진다. 비유적 표현은 **건축자들이 버린 돌**로 바뀐다. 그 돌은 나중에 모퉁이의 머릿돌이 된다. 예수님은 계속해서 **이것은 주로 말미암아 된 것이요 우리 눈에 놀랍도다** 하고 말씀하셨다. 이것은 하나님의 계획이었으며 그 적용은 명백했다. 포도원은 이스라엘이고, 종교 지도자들은 하나님의 종을 함부로 대하고 사랑하는 아들 예수님을 거부하고 죽이는 데 가담한 농부들이었다. 문제는 포도원을 넘겨받는 "다른 사람들"이 누구인가이다. 일부 사람들

은 여기에서 이스라엘을 대체하는 교회를 보지만, 비유는 이스라엘의 종교 지도자들에 대해 다루고 있다. 예수님은 메시아의 거부로 이스라엘(포도원)을 다스리는 지도력이 공회에서 이스라엘의 신실한 남은 자들(참고. 롬 11:1-6), 즉 메시아 예수님을 따르는 유대인들로 바뀔 것이라고 말씀하신 것이다.

c. 지도자들의 반응(12:12)

12:12. 종교 지도자들은 예수님이 **자기들을 가리켜** 말씀하신 것임을 알아차리고 그분을 붙잡으려 했다. 그들은 며칠 전에 예수님께 경의를 표하면서 '호산나'라고 외쳤던 사람들을 두려워했다. 예수님이 갑자기 제거되면 무슨 일이 벌어질까? 그들은 **예수를 두고 가니라**.

2. 바리새인들과 헤롯당(12:13-17)

(마 22:15-22에 대한 주석을 보라)

12:13-15a. **몇몇 바리새인들과 헤롯당**이 **예수님의 말씀을 책잡으려 하여** 그분께 접근해왔다. 이 두 집단은 보통 서로 대립하는 세력이었다. 헤롯당은 언제나 정치적 현상 유지를 꾀하고 로마에 동정적인 반면에, 바리새인들은 메시아가 와서 로마의 억압을 제거해주시기를 고대했다(3:6에 대한 주석을 보라). 그들은 예수님에 대해 아첨하는 말을 했다. 당신은 참되시고 아무도 꺼리는 일이 없으시니 이는 사람을 외모로 보지 않고 오직 진리로써 하나님의 도를 가르치심이니이다. 그리고 그들은 예수님께 **가이사에게 세금을 바치는 것이 옳으니이까 옳지 아니하니이까** 하고 물었다.

12:15b-17. 예수님은 겉으로는 그들이 진지한 질문을 하는 것처럼 보이지만 실제로는 자신을 책잡으려 하는 위선자들이라는 것을 아셨다. 예수님은 문제가 되는 인두세를 낼 때 쓰는 작은 로마 동전인 데나리온 하나를 달라고 말씀하셨다. 그리고 예수님은 **이 형상과 이 글이 누구의 것이냐**라고 물으셨다. 그 당시 통치하던 로마 황제는 티베리우스 가이사였다. 그들은 **가이사의 것**이라고 대답했다. 예수님은 그들에게 **가이사의 것은 가이사에게** 바쳐야 한다고 말씀하셨다. 그들이 로마 동전을 사용한 이후로, 그들은 로마의 권위 아래서 그 혜택을 누렸다. 그러나 예수님은 **하나님의 것은 하나님께** 바치라고 덧붙여 말씀하셨다. 하나님의 권위를 인정해야만 한다. 이런 말을 들어본 적이 없던 사람들은 **매우 놀랍게 여기더라**. 예수님은 신약성경의 다른 곳에서 찾아볼 수 있는 것처럼 하나님에 대한 불순종을 강요하지 않는 한(행 5:29; 롬 13:1-7; 벧전 2:13-14) 정부 권위에 대해 순종할 것을 가르치셨다.

3. 사두개인들(12:18-27)

(마 22:23-33에 대한 주석도 보라)

12:18-23. 그다음에 유대교의 '종교적 귀족'인 사두개인들이 예수님께 질문했다. 그들은 오로지 율법책(모세오경)만을 인정하고, 바리새인들의 전통을 철저하게 반대했다. 바리새인들은 죽은 자의 부활을 믿는 반면에, 사두개인들은 부활을 부인할 뿐만 아니라 이 교리를 율법책에서 찾아볼 수 없다고 주장했다. 이런 사두개인들이 예수님께 와서 역연혼에 대해 말했다(참고. 신 25:5-10). 어떤 사람이 남자 상속자 없이 죽으면 그의 형제가 그 과부와 결혼을 해야 했다. 그들이 결혼해서 남자아이를 낳으면, 그 아이는 죽은 형제의 이름을 따서 명명하고 그의 몫에 해당하는 유산을 상속받을 수 있도록 해야 할 것이다. 그들은 **칠 형제**가 있는 가족을 가정했다. 그 집의 첫째가 자식을 남기지 못하고 죽었다. 둘째가 그 과부와 결혼을 했지만 그도 자식을 남기지 못하고 죽었다. 이런 식으로 똑같은 일이 일곱 형제에게 일어났으며, 마지막으로 그 여인이 죽었다. 이 이야기가 사실인지 아니면 토비트서에서 개조한 것인지는(참고. *Tb* 3:8) 확인할 수 없다. 그들은 부활 때 **그중의 누구의 아내가 되리이까** 하고 질문했다. 그들은 부활을 부인했기 때문에 이것은 터무니없는 예였다. 그들은 부활의 삶을 세상에서 즐기던 쾌락이 증가하는 것으로 상상했으며 남편과 아내의 성적 관계도 그중 하나였다.

12:24-27. 예수님은 그들이 틀렸다고 말씀하셨다. 그들은 **성경도 하나님의 능력도** 알지 못했다. 하나님은 죽은 자도 일으키실 수 있으며, 부활의 삶은 현재 경험하는 삶과 다를 것이다. 부활 후에 인간은 **하늘에 있는 천사들과 같이** 될 것이기 때문에 결혼은 필요하지 않다. 그들은 죽지 않기 때문에 생식이 필요하지 않다. 그들은 부활을 제대로 이해하지 못했다. 예수님은 사두개인들의 권위의 근원인 율법책을 사용하셔서 부활의 교리를 옹호하셨다. 특히 예수님은 가시나무 떨기에서 하나님이 모세와 대화하신 사건을 인용하셨다(참고. 출 3:6). 하나님은 **나는 아브라함의 하나님이요 이삭의 하**

나님이요 야곱의 하나님이로라 하고 말씀하셨다. 사두개인들이 옳다면, 하나님이 말씀하실 때 그 사람들은 죽어서 사라져야 했다. 하나님은 "나는 하나님이었다" 하고 말씀하셔야 했다. 그러나 그들은 살아 있었으며, 그분은 여전히 그들의 하나님이셨다. 사두개인들은 크게 오해했다.

4. 서기관들(12:28-34)

(마 22:34-40에 대한 주석도 보라)

12:28. **서기관 중 한 사람이 예수께서 잘 대답하시는 것을 보았다.** 그는 **모든 계명 중에 첫째가 무엇이니이까** 하고 물었다. 종교 지도자들은 율법책에서 613개의 계명을 찾아냈다. 그중 365개가 부정적이고 248개가 긍정적이었다. 사람들이 나름대로의 이유를 대면서 최고라고 주장하는 많은 계명들이 있었다. 어느 계명이 가장 큰가?

12:29-31. 예수님은 첫째는 사람들이 매일 낭송하는 **이스라엘아 들으라 주 곧 우리 하나님은 유일한 주시라**(참고. 신 6:4)라고 대답하셨다. 사람은 그의 마음과 목숨과 뜻과 힘을 다해 하나님을 사랑해야 한다. 하지만 예수님은 **네 이웃을 네 자신과 같이 사랑하라**는 말씀을 덧붙이셨다(참고. 레 19:18). 1세기 유대교의 몇몇 흐름(예를 들어 열심당원)은 사람은 그의 이웃을 사랑하고 그의 원수를 미워해야 한다고 가르쳤다(참고. 마 5:43). 예수님은 '이웃'은 어려움에 처한 사람을 의미한다고 가르치셨다(참고. 눅 10:29-37). 하나님 사랑과 이웃 사랑이 참으로 가장 큰 계명이다.

12:32-34. 그 서기관은 예수님이 옳다고 말했다. 그는 예수님의 말씀을 반복하면서 하나님의 이름을 대명사로 교체했다(우리말 성경은 하나님을 그대로 표기—옮긴이 주). 하나님과 이웃을 사랑하는 것이 **전체로 드리는 모든 번제물과 기타 제물**보다 더 중요했다. 예수님은 **네가 하나님의 나라에서 멀지 않도다**라고 대답하셨다. 여기에 율법의 참된 의도를 이해하고 예수님을 믿기 일보 직전인 바리새인이 있었다. 자기편에 속한 한 사람을 잃어버리게 된 것을 알아차린 예수님의 반대자들은 질문을 멈추었다.

5. 종의 반응(12:35-44)

a. 도전적인 질문(12:35-37)

(마 22:41-46에 대한 주석도 보라)

12:35-37. 예수님은 메시아의 인격에 대해 질문하셨다. **어찌하여 서기관들이 그리스도**[메시아를 뜻하는 헬라어]**를 다윗의 자손이라 하느냐?** 유대인들은 메시아가 다윗의 가문에서 나와야 한다는 것을 알았다(참고. 사 9:2-7; 11:1-9; 렘 23:5 이하; 30:9; 호 3:5; 암 9:11). 그러나 메시아에 대한 가르침은 이스라엘의 원수들을 타도하러 오는 세속적 해방자라는 피상적인 견해로 변질되어버렸다. 메시아는 또한 신적인 영적 해방자가 되어야 했다. 예수님은 다윗이 선언한 시편 110편을 인용하셨다. **주**[여호와]**께서 내 주**[아도나이]**께 이르시되 내가 네 원수를 네 발아래에 둘 때까지 내 우편에 앉았으라 하셨도다.** 여호와가 아도나이에게 하나님이 그분의 원수들을 정복할 때를 기다리면서 영광스러운 자리인 그분의 우편에 앉아 있어야 한다고 말씀하신다. 다윗은 메시아를 '주'라고 불렀다. 로버트 앨든(Robert Alden)은 "유대 서기관들이 집어넣은 '내 주'라는 히브리 표현에 있는 모음은 인간적 칭호를 나타내지만, 영감된 자음 본문은 인간적 칭호나 신적 칭호로 둘 다 해석이 가능하다"[*Psalms: Songs of Discipleship*, (Chicago: Moody, 1976), 31-32]라고 말한다. 게다가 보통 인간적 칭호로 이해되는 단어인 아도나이조차도 구약에서 가끔 하나님에 대해 사용된다(수 5:14; 사 6:13). 예수님이 '주'로 번역된 단어를 메시아에 대한 언급으로 그리고 신적 호칭으로 이해하셨다는 것은 이 문맥에 비추어볼 때 명백하다. 예수님의 요점은 메시아가 하나님이시라면, 그분은 원수들을 타도하기 위해 다윗의 혈통에서 오는 단순한 인간 이상의 존재가 되어야 한다는 것이다. **많은 사람들이** 예수님이 종교 지도자들을 당혹스럽게 만드시는 것을 보고 즐거워했다. 그들이 제대로 이해했는지 의심스럽지만 그들은 예수님이 권위 있게 가르치신다는 것을 알았다.

b. 경고(12:38-40)

12:38-40. 예수님은 그들에게 서기관들의 행동에 대해 경고하셨다. (예수님의 완전한 비난에 대해서는 마태복음 23장을 보라.) 그들은 **시장에서 문안 받는 것**을 좋아하고 **회당의 높은 자리**, 즉 성경 두루마리가 있는 곳에서 가장 가까운 자리에 앉고 싶어 했다. 그들은 **잔치의 윗자리**를 사랑했다(참고. 눅 14:8). 그들이 하는

가장 나쁜 행위는 사회의 가장 약한 자들, 특히 과부들을 이용해 먹는 것이었다. 그들은 **길게 기도**하면서 경건한 척했지만, 속으로는 지위, 권력 그리고 돈에 관심을 가졌다. 그들은 더 큰 심판을 받을 것이다. 예수님의 비난은 모든 서기관들과 바리새인들에 해당되는 것이 아니라 그들 가운데 있는 종교적 위선자들에 해당되는 것이었다. 랍비적 유대교의 견해를 나타내는 탈무드조차도 서기관들과 바리새인들에 대해 일곱 범주를 인용하고 그중 여섯 개를 위선적이며 예수님이 그들에 대해 묘사하신 것과 아주 비슷한 것으로 여겼다(참고. *b. Sotah 22b*; *J. Berakhot 14b*).

c. 적절한 예(12:41-44)

12:41-42. 예수님은 여인의 뜰에 있는 **헌금함을 대하여** 앉아 계셨다. 예배자들은 표시를 해놓은 그릇에 헌금을 넣었으며, 예수님은 그 모습을 지켜보고 계셨다. 부자들은 큰 액수를 헌금했다. 하지만 **가난한 과부**는 두 렙돈, 즉 '두 개의 작은 동전'을 헌금했다. 그것은 가장 작은 통화로, 한 데나리온의 64분의 1에 해당하는 돈이다. 이것은 성전 당국이 하루치 떡을 사 먹도록 가난한 자들에게 준 금액이었다. 그 과부가 이 동전을 하나님께 바치기로 했다면, 그녀는 최소한 필요한 식량의 절반이라도 사 먹기 위해 하나는 남겨두는 것이 합리적인 듯하다.

12:43-44. 예수님은 제자들에게 이 과부가 다른 **모든 사람보다 많이** 헌금했다고 말씀하셨다. 물론 큰 액수의 헌금을 한 사람들이 있었기 때문에 이것은 양을 말하시는 것이 아니었다. 하지만 다른 사람들은 남은 것을 드렸지만, 이 여인은 희생적으로 **모든 소유**를 드렸다. 그 자리를 떠날 때 그녀는 일거리를 찾거나 또는 하나님이 공급해주시기 전까지는 음식을 사 먹을 돈이 없었다. 그러나 그녀는 하나님이 자신을 먹여주실 것이라고 믿었다. 사람이 드리는 헌금의 총액이 가장 중요한 것이 아니다. 마음을 담고 희생적으로 드리는 것이 하나님께는 더 중요하다.

C. 종의 예언(13:1-37)

1. 제자들의 질문(13:1-4)

(감람산 강화에 대한 서론적 자료와 마 24:1-3에 대한 주석도 보라)

13:1-2. 예수님이 성전을 떠나실 때 한 제자가 성전의 놀라운 **돌들**과 **건물들**에 주목했다. 그 제자는 다가오는 파멸에 대한 예수님의 말씀(참고. 마 23:38-39)을 기억하고 질문을 했다. 예수님은 **돌 하나도 돌 위에 남지 않고 다 무너뜨려지리라**고 대답하셨다. 이 과장법은 다가오는 대규모 파멸을 제시한다. 주후 70년 로마 군단은 성전과 예루살렘을 완전히 파괴시켰다. 감람산 담화가 주후 70년을 내다보지 않는다는 입장에 대해서는 마태복음 24장에 대한 주석을 소개하는 자료와 24:1-2에 대한 주석을 보라.

13:3-4. 그들이 감람산에서 휴식을 취할 때 예루살렘은 그 성 뒤쪽으로 지는 해로 아름다웠다. 제자들은 예수님께 **이런 일**이 언제 일어나며 또 그것들이 성취될 때 나타나는 **징조**는 무엇인지 물었다. 제자들의 질문을 받으신 예수님은 마가복음에서 가장 긴 설교를 하셨다(참고. 마 24-25장; 눅 21:5-36). 그들의 질문은 성전 및 메시아의 나라로 이어지는 종말의 사건들과 관련되었다. 그것은 교회에 관한 질문이 아니었다. 교회는 마가복음에서 결코 언급되지 않는다(하지만 다르게 접근하는 방식으로, 마 24-25장에 대한 주석을 보라).

2. 종의 반응(13:5-37)

a. 다가오는 환난(13:5-23)

i. 환난의 전반부(13:5-13)

(마 24:4-14에 대한 주석도 보라)

13:5-8. 예수님은 제자들에게 그분의 이름으로 **와서** 미혹하게 하는 자들에 대해 경고하셨다. 미혹하게 하는 자들은 심지어 자신들이 메시아라고 선포할 것이다. **난리와 난리의 소문**이 들릴 것이며 **지진**과 **기근**이 있을 것이다. **이는 재난의 시작이니라**. 예수님은 다가오는 종말을 출산으로 묘사하셨다. 출산하기 전에 여인의 산고는 당분간 늘어날 수 있다.

13:9-13. 예수님은 제자들과 미래 세대를 위해 경고하셨다. 종교적 박해와 정치적 억압이 일어날 것이다. 그들은 예수님에 대해 증언했기 때문에 **공회**와 **회당** 앞에 끌려갈 것이다. 또 환난이 일어나는 동안 **복음이 먼저 만국에 전파되어야 할 것이니라**. 관리들 앞에 끌려갈 때 신자들은 무슨 말을 해야 할지 **미리 염려**할 필요가 없다. 성령이 그들을 대신해 말씀하실 것이다. 가족 안에서 또는 친구들 사이에서 박해가 일어날 수 있다. 예수님은 **너희가 모든 사람에게 미움을 받을 것이**

나 **끝까지 견디는 자는 구원을 받으리라**라고 말씀하셨다. 이 맥락에서 끝은 환난의 끝이다(하지만 다른 접근 방식으로 마 10:22에 대한 주석을 보라). 그 시점에 살고 있는 자들은 구원을 받을 것이다. 예수님 안에 있는 신자들은 육체를 가진 실체로서 그분의 나라에 들어갈 것이기 때문이다.

ii. 환난의 후반부(13:14-23)

(마 24:15-28에 대한 주석도 보라)

13:14-18. 환난 한가운데 있음을 나타내는 징조는 **멸망의 가증한 것**이다(참고. 단 9:24-27에 대한 주석을 보라). **가증한 것**은 구약에서 흔히 우상숭배와 연관된 혐오스러운 물체였다. 이 가증한 것이 **서지 못할 곳에**, 성전에 설 것이다(참고. 마 24:15). 다가오는 세계 독재자는 이스라엘과 언약을 맺을 것이다(참고. 단 9:27). 그것은 다니엘의 70이레를 시작한다. 7년의 중간쯤에 그의 참된 특성이 드러날 것이다. 그는 모든 사람에게 자신을 경배하라고 요구할 것이다(참고. 살후 2:3-4에 대한 주석). 유대에 있는 자들은 **산으로 도망**해야 한다. **지붕 위에** 있는 자는 집 안에 있는 무언가를 가지러 들어가지 말아야 한다. **밭에** 있는 자는 겉옷을 가지러 뒤로 돌이키지 말아야 한다. 형편이 어려워질 것이며, 그들은 이동하는 것이 어려워질 **겨울**에 그 일이 일어나지 않도록 기도해야 한다.

13:19-23. 그다음에는 환난이 올 것이다. **하나님께서 창조하신 시초부터 지금까지 이런 환난이 없었고 후에도 없으리라**. 주님이 그 시간을 끝내지 않으신다면 **모든 육체가** 살아남지 못할 것이다. 그러나 하나님이 선택하신 자들(즉, 환란 중에 믿음을 갖게 될 모든 족속 출신의 사람들)을 위하여 그날들은 끝날 것이다(참고. 13:13). 거짓 메시아들이 나타날 것이지만 예수님은 그가 **이적과 기사**를 행하더라도 **믿지 말라**고 경고하셨다(참고. 신 13:1-3). 예수님의 경고를 따라 신자들은 적절하게 반응해야 한다.

b. 다가오는 승리(13:24-27)

(마 24:29-31에 대한 주석도 보라)

i. 왕의 귀환(13:24-26)

13:24-26. **환난으로** 인해 해, 달, 별이 망가지고 말 것이다(참고. 사 13:9; 겔 32:7; 욜 2:1; 암 8:9; 습 1:14-16). 이것은 물리적 힘이 환난의 자연 재앙으로 인해 생기는 새로운 역학의 지배를 받게 된다는 말일 수 있다. 이것은 인자가 **구름을 타고 큰 권능과 영광으로 오는 것**에서 절정에 달한다.

ii. 신자들을 다시 모음(13:27)

13:27. 귀환하실 때 예수님은 천사들을 보내어 **자기가 택하신 자들을…사방에서** 모으실 것이다. 그들은 환난 동안 신자가 된 사람들이다(참고. 13절). 구약 성도들은 아마도 이때 환난 동안 순교한 사람들과 함께 부활할 것이다(참고. 단 12:2, 13). 모여든 이 사람들은 예수님이 개시하실 천년왕국에 들어갈 것이다.

c. 결론적 가르침(13:28-37)

i. 무화과나무(13:28-32)

(마 24:32-35에 대한 주석도 보라)

13:28-29. 예수님은 두 가지 비유로 결론을 내리셨다(3:23에 대한 주석을 보라). 무화과나무의 가지가 연해지고 잎이 나타나면 곧 여름이 된다. 예수님은 **너희가 이런 일이 일어나는 것을 보거든 인자가 가까이 곧 문 앞에 이른 줄 알라**고 선포하셨다. 예수님의 말씀을 들은 사람들은 이 모든 일이 일어나는 것을 보지 못했다. 그것이 예수님의 예언이 주후 70년 예루살렘의 멸망으로 완전히 성취된 것으로 볼 수 없는 이유이다.

13:30-32. 이런 모든 일을 보는 세대가 **지나가기 전에** 이 일이 다 일어날 것이다. 미래 세대는 하나님이 세우신 계획의 절정을 볼 것이다. 오직 하나님 아버지만이 이 일이 이루어질 때를 아신다. 천사도 성육신한 상태에 계신 예수님도 그때를 알지 못한다. **그날과 그때는 아무도 모르나니**(32절)라는 예언적 순간의 중요성에 대해서는 마태복음 24:36에 대한 주석을 보라.

ii. 청지기(13:33-37)

13:33-37. 아무도 그때를 알지 못하기 때문에, 모든 사람이 **주의하라 깨어 있으라**는 경고의 말씀을 듣는다. 두 번째 비유는 **타국으로** 떠나간 사람에 대해 말했다. 주인은 종들에게 그가 없는 동안 책임지고 할 일을 맡겼다. 주인이 돌아올 때 문지기는 깨어 그를 맞이해서 자신의 신실함을 보여야 한다. 예수님은 모든 사람에게 **깨어 있으라**고 경고하셨다. 모든 신자의 삶에는 기대하는 마음이 있어야 한다.

D. 종을 둘러싼 예비적 사건들(14:1-42)

1. 지도자들의 음모(14:1-2)

(마 26:3-5에 대한 주석도 보라)

14:1-2. **유월절**은 매년 이스라엘의 출애굽 구출 사건을, **무교절**은 그들이 급히 떠나온 상황을 상기시켰다(참고. 출 23:14-17, 34:23; 신 16:16). **대제사장들과 서기관들**은 **예수를 잡아 죽일 방도**를 구하고 있었다. 최근에 일어난 사건들과 치열한 논쟁으로 그들은 예수님을 없애버려야 한다는 결론에 이르렀다. 명절은 거사를 일으키기에 가장 좋은 때가 아닐 것이다. 많은 갈릴리 사람들을 포함해서 거대한 무리가 반갑지 않은 폭동을 일으킬지 모른다.

2. 마리아의 기름 부음(14:3-9)

(마 26:6-13에 대한 주석도 보라)

14:3-5. 예수님이 **나병환자 시몬의 집**에서 식사하실 때 한 여인이(참고. 요 12:1-3) 값진 향유인 **순전한 나드**, 즉 향이 좋은 인도산 기름 한 병을 가지고 들어왔다. 그녀는 예수님의 머리에 기름을 쏟아부었다. 몇몇 제자들은 화를 냈는데, 가장 크게 항의한 사람은 가룟 유다였다(참고. 요 12:4). 그는 향유를 **허비**했다고 생각했다. 향유의 가치가 노동자의 1년 치 임금에 해당하는 **삼백 데나리온 이상**이었기 때문이다. 향유를 팔아 **가난한 자들에게** 주는 것이 유월절에 기대할 수 있는 관대한 행위였다(참고. 요 12:5). 유다의 성품에 비추어볼 때, 그의 진짜 관심사는 이기적인 데 있었다(참고. 요 12:6). 그들은 그녀를 **책망하는지라**. 그것은 말들이 힝힝거릴 때 사용하는 단어였다.

14:6-9. 예수님은 그녀를 그냥 내버려두라고 말씀하셨다. 그들 주변에는 항상 가난한 자들이 있어 도와줄 수 있지만(참고. 신 15:11), 예수님은 항상 그들과 함께 있지 않으실 것이다. 그녀는 장례를 준비하기 위해 예수님의 몸에 기름을 부었다. 아마도 예수님의 발치에 앉아 이야기를 들은 그녀는(참고. 눅 10:39) 그분이 곧 죽으실 것이라는 사실을 참으로 이해했을 것이다. **온 천하에 어디서든지 복음이 전파되는 곳에는** 이 은혜가 넘치는 행위도 기억해야 할 것이다. 이 말씀이 읽히는 곳에서는 언제든지 그런 일이 일어날 수 있다.

3. 유다와의 협정(14:10-11)

(마 26:14-16에 대한 주석도 보라)

14:10-11. 유다는 예수님을 팔아넘기기 위해 **대제사장들에게** 가면서 여인의 낭비를 생각하고 있었다. 하지만 이 행동에는 그 이상의 존재가 관련되어 있었다. 사탄이 유다에게 들어간 것이다(참고. 눅 22:3). 예수님의 목표는 분명히 영적인 것이었으며, 권력을 바라는 유다의 소망은 산산조각이 났다. 유다는 자신이 돈이라도 만질 수 있을 것이라고 합리화시켰다. 종교 권력자들은 기뻐하면서 그에게 **돈을 주기로 약속**했다. 그 돈은 종 한 사람의 값(참고. 출 21:32; 슥 11:12)인 은 삼십(참고. 마 26:15)이었다. 유다는 예수님을 넘겨줄 **기회**를 찾기 시작했다.

4. 유월절 식사(14:12-26)

a. 준비(14:12-16)

(마 26:17-19에 대한 주석도 보라)

14:12-16. 예수님과 제자들은 베다니에 머물렀지만, 유월절 어린 양은 예루살렘에서 먹어야만 했다. 제자들은 예수님께 어디에서 식사 준비를 해야 하는지 물었다. 예수님은 두 제자(참고. 눅 22:8)를 예루살렘에 보내시면서 **물 한 동이를 가지고 가는 사람**을 찾으라고 말씀하셨다. 몇몇 제자들은 이것이 미리 계획된 일이라고 생각했지만, 예수님의 전지하심을 나타내는 것일 수도 있다. 제자들은 그의 집까지 따라가서 집주인에게 **선생님의 말씀이 내가 내 제자들과 함께 유월절 음식을 먹을 나의 객실이 어디 있느냐 하시더라**고 말해야 했다. 식사 장소는 **자리를 펴고 준비한 큰 다락방**이었다. 그들은 예수님이 말씀하신 대로 모든 것을 찾아냈다.

b. 참여(14:17-21)

(마 26:20-25에 대한 주석도 보라)

14:17-18. 예수님은 **그 열둘**을 데리고 다락방에 오셨다. 이 식사는 보통 오후 6시에서 자정 사이에 이루어졌다. 음식을 먹을 때 예수님은 충격적인 발표를 하셨다. 그들과 함께 식사하는 사람 중 하나가 예수님을 배반할 것이다.

14:19-21. 제자들마다 **나는 아니지요**라고 말했다. 배신자가 누구인지는 밝혀지지 않았다. 제자들이 유다의 의도를 알았더라면, 그들은 유다가 그 방을 떠나게 하지 않았을 것이다(참고. 요 13:27-30). 배신자는 예수님과 함께 그릇에 손을 넣은 사람이었다(참고. 시 41:9). 아마도 그것은 쓴 나물을 나눠 먹는 행위를 언급하는 것 같다. 누군가와 같이 음식을 먹고 그를 배신하는 것은 기만적인 행위였다. 인자는 하나님의 뜻을

성취하실 것이다. 예수님의 죽음은 창조 전에 계획된 하나님의 섭리 아래 있었다. 그러나 유다 또한 도덕적 책임이 있는 개인으로 자유롭게 행동했다. **그 사람은 차라리 나지 아니하였더라면 자기에게 좋을 뻔하였느니라**. 유다는 불신의 결과로 고통을 당할 것이다.

c. 입회(14:22-26)

(마 26:26-29에 대한 주석도 보라)

14:22-24. 제자들이 먹을 때에 예수님이 [누룩을 넣지 않은] **떡**[또는 맛짜]을 **가지사 축복하시고 떼어 제자들에게 주시며 받으라 이것은 내 몸이니라** 하고 말씀하셨다. 떡이 예수님의 몸이 된 것은 아니지만 그 떡은 예수님의 몸을 대표했다. 이어서 예수님은 **잔**을 잡으셨다. 아마도 그것은 세 번째 잔인 '축복의 잔'이었을 것이다. 예수님은 감사 기도를 하시고 **그 잔을 그들에게 주시니 다 이를 마시매** 예수님이 **이것은 많은 사람을 위하여 흘리는 나의 피 곧 언약의 피니라**고 말씀하셨다. 포도주는 예수님의 피를 대표했다. 언약이라는 단어는 한쪽 당사자이신 하나님에 의해 맺어진 협정을 말했으며, 그것은 예수님의 피로 확정되었다. 유월절 식사 자리에서 먹은 모든 상징적 음식에 비추어볼 때, 예수님의 제자들은 떡과 포도주에 대한 그분의 말씀을 문자적으로 받아들이지 않았을 것이다.

14:25-26. 예수님은 자신이 **포도나무에서 난 것을 하나님 나라에서 새것으로 마시는 날까지 다시 마시지 아니하리라**고 말씀하셨다. 여기에서 하나님 나라는 다가오는 예수님의 지상 나라이다. 식사를 마치면서 그들은 찬송을 했다. 아마도 시편 115-118편의 노래였을 것이다. 그러고 나서 그들은 베다니로 향해 있는 **감람산**으로 걸어가기 시작했다.

5. 부인할 것에 대한 예고(14:27-31)

(마 26:30-35에 대한 주석도 보라)

14:27-28. 예수님은 제자들이 다 그날 저녁 그분을 버릴 것이라고 말씀하셨다(참고. 슥 13:7). 하지만 예수님의 죽음이 끝은 아니었다. 그분은 다시 살아나실 것이다. 그 후에 예수님은 갈릴리에서 그들을 만나실 것이다.

14:29-31. 베드로는 예수님의 말씀에 강경하게 반발했다. 주님을 버린다는 것은 생각조차 할 수 없는 일이었다. 다른 사람들은 도망갈지 모르지만 자신은 결코 도망가지 않을 것이라고 베드로는 주장했다. 예수님은 **닭이 두 번 울기 전에** 베드로가 예수님을 **세 번** 부인할 것이라고 말씀하셨다(참고. 14:72). 하지만 베드로는 자신은 결코 주님을 버리지 않을 것이라고 주장했다. 모든 제자들도 그렇게 말했다.

6. 겟세마네 동산(14:32-42)

(마 26:36-46에 대한 주석도 보라)

14:32-34. 예수님과 열한 제자는 **겟세마네**에 이르렀다. 그곳은 그들에게 잘 알려진 장소였다. 예수님은 여덟 제자를 뒤에 남겨둔 채 **베드로와 야고보와 요한**을 데리고 가셨다(참고. 5:35-43; 9:2-9). 어려운 시간에 예수님은 이 세 제자가 동료애를 발휘해주기를 바라셨다. 예수님은 **심히 놀라시고**, 그분의 영혼은 **심히 고민하여 죽게 되었다**. 십자가가 가까이 다가오고 있었으며, 세상 죄를 지는 엄청난 부담이 그분을 짓눌렀다. 제자들은 **머물러 깨어 있어야** 했다.

14:35-38. 예수님은 **아버지께는 모든 것이 가능하오니 이 잔을 내게서 옮기시옵소서** 하고 기도하기 시작하셨다. 아빠(Abba)는 영어 '아버지'(Dad) 또는 '아빠'(Pa)와 같이 애정 어린 아람어이다. 이 용어는 하나님 아버지와 예수님의 관계가 친밀함을 보여주었다. 예수님은 그 **잔**을 치워달라고 요청하셨다. 그 **잔**은 예수님이 죄를 담당하실 때 그분에게 임하는 죽음과 심판의 모습이었다. 예수님은 하나님 아버지와 분리되는 느낌이 드셨을 것이며, 예수님은 그것을 원하지 않으셨다. 하지만 예수님은 하나님 아버지의 뜻에 순종했다. **나의 원대로 마시옵고 아버지의 원대로 하옵소서**. 예수님이 세 제자에게 돌아오셨을 때 **제자들이 자는 것을 보셨다**. 예수님이 **네가 한 시간도 깨어 있을 수 없더냐**고 하신 말씀은 그분이 기도하신 시간을 나타내는 것일 수도 있다. 예수님은 그들에게 **깨어 있어 기도하라**고 격려하셨다.

14:39-42. 예수님은 전과 똑같은 말씀으로 기도하셨다. 다시 돌아오신 예수님은 제자들이 잠자고 있는 것을 발견하셨다. 깨어 있을 때 그들은 어떻게 반응해야 할지 몰랐다(참고. 9:6). 예수님이 세 번째로 기도하신 구체적 상황에 대해서는(참고. 마 26:44) 알 수 없지만, 예수님은 다시 돌아오셔서 **이제는 자고 쉬라**고 말씀하셨다. 예수님은 그 **때**가 지나가기를 기도하셨지만

(참고. 35절), 결국 오고야 말았다. 예수님은 **죄인의 손에 팔리**실 것이다. 배신자가 동산 바깥에 와 있으며 그들은 곧 만날 것이다.

E. 종의 체포와 재판(14:43-15:20)

1. 겟세마네에서의 체포(14:43-52)

(마 26:47-56에 대한 주석도 보라)

14:43-46. 유다가 무장한 무리와 함께 왔다. 유다가 **열둘 중의 하나**로 불린 것은 그의 행위가 얼마나 끔찍한 것인지를 보여준다. 로마 군인들은 합법적으로 **검**을 갖고 다니는 자들이고, **몽치**를 든 자들은 성전 경비대 중 일부로, **대제사장들과 서기관들과 장로들**을 대표했다. 그들은 상대방이 저항하지 못하도록 로마 군인들을 데리고 왔다. 문하생들은 종종 랍비에게 입맞춤으로 인사를 했는데, 유다는 그것을 **군호**로 삼았다. 유다가 입맞춤한 자는 **잡아 단단히 끌어**갈 것이었다. 그들은 **예수께 손을 대어 잡**았다. 하지만 예수님은 아무런 저항도 하지 않으셨다.

14:47-49. 제자 **중 한 사람**, 아마 베드로가(참고 29절; 요 18:10) 방어하기 위해 칼을 뽑아 들었다. 그 사람은 **대제사장의 종**을 쳐서 귀를 떨어뜨렸다. 예수님은 즉시 제지하셨지만, 그들에게 자신이 **강도**인 것처럼 왜 한밤중에 **검과 몽치를 가지고** 왔느냐고 질문하셨다. 지난 주 내내 예수님은 매일 **성전에서 가르쳤**다. 그때 그들은 왜 예수님을 붙잡지 않았는가? 예수님은 자신의 체포가 **성경을 이루려 함이니라**는 것을 아셨다(참고. 사 53장; 슥 13:7).

14:50-52. 예수님이 체포되셨을 때 제자들은 **다 예수를 버리고 도망하니라**. 하지만 한 사람은 도망가지 않았다. 한 **청년**이 **벗은 몸에 베 홑이불을 두르고** 따라왔다. 신원을 알 수 없는 이 청년은 아마도 마가였을 것이다. 마가는 자신이 이 사건 현장에 있었음을 보여준다. 그는 붙잡혔지만 베 홑이불을 **버리고 벗은 몸으로** 도망갔다.

2. 공회 재판(14:53-65)

(마 26:57-68에 대한 주석도 보라)

14:53-54. 예수님은 대제사장 가야바의 집으로 끌려가셨다. 공회(**대제사장들과 장로들과 서기관들**)가 소집되었다. 이 71명의 남자들은 이스라엘의 최고 통치 조직이었다. 베드로는 **멀찍이** 따라가다가 집 뜰에 들어가서 예수님을 체포했던 자들과 함께 **불을 쬐더라**.

14:55-59. 공회는 예수님의 유죄를 입증할 수 있는 증거를 찾기 시작했다. 그들은 아무도 직접 처형할 수 없었지만(참고. 요 18:31), 로마 관리들에게 처형하도록 권고할 수는 있었다. 그들은 증거를 찾을 수 없었다. **거짓 증언하는 자가 많으나** 증거를 찾을 수 없었으며, **그 증언이 서로 일치하지 못**했다. 모세율법은 의견이 일치하는 최소한 두 명의 증인을 요구했다(참고. 신 17:6; 19:15). 어떤 사람들은 예수님이 **손으로 지은 이 성전을 내가 헐고 손으로 짓지 아니한 다른 성전을 사흘 동안에 지으리라**고 말하는 것을 들었다고 고발했다. 하지만 예수님은 물리적 성전을 무너뜨리겠다고 말씀하신 적이 결코 없다. 예수님은 그분 자신의 몸을 말씀하셨던 것이다(참고. 요 2:21).

14:60-65. 가야바가 최종적으로 예수님께 질문했다. "너는 아무 대답도 없느냐 이 사람들이 너를 치는 증거가 어떠하냐?" 그는 예수님이 당신에게 불리한 무언가를 말씀하도록 유혹했다. 하지만 예수님은 **침묵**하셨다. 구체적으로 명시된 고발이 없었기 때문이다. 가야바는 두 번째 질문을 했다. **네가 찬송 받을 이의 아들 그리스도냐**. 그는 하나님이라는 말 대신에 "찬송 받을 이"라는 완곡한 표현을 사용했다. 예수님의 대답은 명백했다. **내가 그니라**(참고. 출 3:14). 예수님은 이어서 그분의 말씀을 듣고 있는 자들이 언젠가 **인자가 권능자의 우편에 앉은 것과 하늘 구름을 타고 오는 것을 보리라**고 말씀하셨다. 지금 그들이 예수님을 심판하고 있지만, 언젠가 예수님이 그들을 심판하실 것이다. 대제사장은 자신의 옷을 찢었다. 그것은 율법에서 금지한 행동이다(참고. 레 10:6; 21:10). 그는 모든 사람이 **신성모독하는 말을 들었**다고 선언했다. 그리고 그 형벌은 죽음이었다(참고. 레 24:15-16). 그들은 **다 예수를 정죄**했다. 율법을 장악한 그들은 예수님을 범죄자 취급했다. 그들은 예수님에게 **침을 뱉으며** 모욕을 주고 눈을 가리고 **주먹으로 치며** 선지자 노릇을 해보라고 말했다. 예수님이 메시아라면 누가 때렸는지 알 것이라는 조롱이었다. 이것은 그의 눈에 보이는 대로 심판하지 아니하며 그의 귀에 들리는 대로 판단하지 아니한다는 이사야 11:2-4 말씀을 천박하게 잘못 적용한 것이었다. 예수님은 당신을 체포했던 **하인들**에게 넘겨졌는데 그

들 역시 예수님을 하찮게 다루면서 손으로 때렸다.

3. 예수님을 부인하리라는 예언의 성취(14:66-72)

(마 26:69-75에 대한 주석도 보라)

14:66-72 예수님이 산헤드린 앞에 계실 때 베드로는 집 뜰 안에서 시련을 겪고 있었다(참고. 54절). **한 여종이 베드로를 보았다. 너도 나사렛 예수와 함께 있었도다.** 베드로는 무슨 말인지 모르겠다고 대답했다. 그러자 그녀가 **이 사람은 그 도당이라**고 다시 말했다. 베드로는 다시 그 말을 부인했지만 그의 말은 자신을 배신하고 말았다. 곁에 있던 한 사람이 말했다. **너도 갈릴리 사람이니 참으로 그 도당이니라.** 베드로는 극단적인 조치를 취해야만 했다. 그는 **저주하며 맹세**했다. 이것은 베드로가 신성을 모독하는 말을 했다는 것이 아니라 그가 굳은 맹세를 했다는 말이다. 베드로는 주님을 부인하면서 의도적으로 '예수님'이라는 이름을 사용하지 않고, **이 사람을 알지 못한다고** 말했다. 곧 **닭이 두 번째 울었다. 베드로가** 주님의 말씀이 **기억되어**(참고. 30절) **울었더라.**

4. 두 번째 공회 재판(15:1)

(마 27:1-2에 대한 주석도 보라)

15:1. 새벽에 공회가 모였다. 야간 재판은 불법이었다. 그러나 해가 뜬 후에 그들은 자신들이 내린 결론을 공식화했다. 로마인들은 예수님을 신성모독죄로는 처형하지 않을 것이기에 그들은 죄명을 반역죄로 바꾸어 고발하기로 하고(참고. 눅 23:2) 예수님을 빌라도에게 끌고 갔다.

5. 빌라도의 재판(15:2-15)

(마 27:3-26에 대한 주석도 보라)

15:2-5. 가이사가 임명한 다섯 번째 행정장관인 빌라도는 주후 26년에 통치를 시작했다. 그는 예수님께 "네가 유대인의 왕이냐" 하고 질문했다. **네 말이 옳도다**라는 예수님의 대답은 두 가지 방식으로 이해할 수 있다. 일부 사람들은 예수님이 애매모호하게 답하셨다고 말한다. "내가 아니라 네가 그렇게 말했다." 다른 사람들은 예수님이 단호하게 대답하셨다고 믿는다. "네 말이 맞다." 대제사장들은 예수님을 반역죄로 **고발**했지만, 예수님은 아무 대답도 하지 않으셨다(참고. 14:60). 빌라도가 말을 해보라고 부추겨도 예수님은 계속해서 침묵하셨다. 그것은 비난을 받는 자로서 좀처럼 보기 드문 행동이었다.

15:6-11. 로마가 유대인들을 회유하고자 만든 것으로 명절에 요청받은 죄인 한 사람을 풀어주는 관습이 있었다. **바라바**는 살인을 저지른 유명한 폭도였다. 빌라도는 예수님이 선택되기를 기대했다. 빌라도는 대제사장들이 시기 때문에 예수님을 넘겨준 것을 알아차렸다. 그러나 그는 대제사장들이 무리에게 영향력을 행사하는 점을 고려하지 못했다. 새벽 시간인 점에 비추어 보면(15:1), 이 무리는 그냥 몰려든 사람들이 아니라 대제사장들이 예수님을 그들의 뜻대로 처리하기 위해 특별히 손을 써서 모이게 한 사람들이었다. 그들은 바라바를 놓아달라고 요청하기 시작했다.

15:12-15. 빌라도는 예수님의 석방을 명령하지 못하고 자신이 그들의 **왕**을 어떻게 해야 할지 물었다. 그들은 **그를 십자가에 못 박게 하소서** 하고 대답했다. 빌라도는 예수님에게서 아무런 잘못도 찾지 못했기 때문에 그가 무슨 악을 행했는지 물었다. 그러자 그들은 더 크게 **십자가에 못 박게 하소서** 하고 외쳤다. 빌라도는 그들의 뜻을 받아들여 바라바를 풀어주었다. 예수님은 뼈, 납, 또는 놋쇠 조각들이 붙어 있는 가죽 채찍으로 잔인하게 맞고 **십자가에 못 박히게** 넘겨지셨다.

6. 로마 군인들의 조롱(15:16-20)

(마 27:27-32에 대한 주석도 보라)

15:16-20. 예수님은 총독의 거처인 **브라이도리온**으로 끌려가셨다. 아마 무려 600명이나 되는 **군대**가 예수님께 자주색 옷을 입히고 머리에 **가시관**을 씌우고 조롱했을 것이다. 그들은 **유대인의 왕이여 평안할지어다** 하고 소리쳤다. 그들은 **갈대로** 예수님의 머리를 때리고 침을 뱉었다. 그들은 예수님을 조롱하면서 절했다. 예수님이 왕권을 주장하셨기 때문만이 아니라 그들이 유대인을 미워하기도 했기 때문이다. 그들이 자주색 옷을 벗기고 예수님이 원래 입으셨던 옷을 다시 입히고 십자가 처형을 하기 위해 **끌고 나가니라.**

F. 종의 십자가 처형(15:21-32)

(마 27:33-44에 대한 주석도 보라)

15:21. 유죄 선고를 받은 죄인은 처형 장소까지 십자가를 지고 갔다. 매를 맞으신 예수님이 십자가를 지고 갈 수 없게 된 것은 놀라운 일이 아니다. 그래서 **구레네 사람 시몬**이 '강제로 십자가를 지게 되었다'.

15:22-26. 예수님은 **골고다** 또는 **해골의 곳**이라고 부르는 유명한 장소로 끌려가셨다. 영어 단어 '갈보리'는 해골을 뜻하는 라틴어 칼바리아(*calvaria*)에서 나온 것이다. 아마도 거기에 있는 바위가 해골처럼 보였던 것 같다. 아니면 십자가 처형 장소로서 그곳이 해골과 관련이 있었을 것이다. 그들은 고통을 덜어주기 위해 예수님께 몰약을 섞은 포도주를 제공했지만 예수님은 거절하셨다. 십자가 처형에 대한 자세한 내용은 여기에 설명되어 있지 않다. 피해자들은 옷을 벗긴 다음에 팔을 십자가 가로대에 묶거나 못으로 박았다. 그리고 그것을 땅에 박은 기둥 위에 달았다. 피해자들은 호흡이 곤란해지면서 탈수나 질식으로 죽음에 이르렀다. 군인들은 **그 옷을 나눌새** 누가 어느 것을 가질까 하여 **제비를 뽑았다**(참고. 시 22:18). 예수님은 오전 9시경(제삼시)에 십자가에 못 박히셨다. 하지만 요한복음 19:14은 예수님이 십자가에 못 박히신 시간을 제육시로 본다. 마가는 유대 시간(제삼시 = 오전 9시)을 사용한 반면, 요한은 로마 시간(제육시 = 오전 9시)을 사용한 것 같다. 십자가 위에 박아놓은 나무판에는 처형의 이유가 되는 범죄를 기록해놓았다. 네 복음서의 보고에 근거해 판단해보면, "이 사람은 유대인의 왕, 나사렛 예수이다"라고 적혀 있었던 것 같다.

15:27-28. 예수님은 **강도 둘**과 함께 십자가에 못 박히셨다. 아마도 바라바와 관련된 폭도들이었던 것 같다. 더 나은 사본들에는 28절이 없다. 아마도 이 사건들이 구약 예언의 성취라는 점을 보여주기 위해 추가된 절인 것 같다.

15:29-32. 지나가는 사람들이 예수님을 욕하고 조롱했다. 예수님이 **성전을 헐고 사흘에 짓는다**고 했다는 주장이 다시 언급되었다(참고. 14:58-59). 그들은 예수님께 십자가에서 내려오라고 요구했다. 그것은 사실상 불가능한 일이었다. 예수님을 정죄했던 지도자들은 처형이 확실히 되었는지를 확인하러 왔다. 그들은 예수님이 다른 사람들은 구원했는지 모르지만 자기 자신은 구원할 수 없었다고 말했다. 하지만 만일 예수님이 자기 자신을 구원하셨더라면, 모든 인류는 구원을 받지 못하게 되었을 것이다. 예수님이 십자가에서 내려온다면, 그들은 **보고 믿**겠다고 말했다. 하지만 그럴 가능성은 없다. 그들은 예수님이 자신들의 경배를 받을 가치가 없다고 확신했다. 예수님과 함께 처형당한 두 사람은 예수님을 비난했지만, 나중에 한 사람은 예수님이 그분의 나라에 들어가실 때 자신을 기억해달라고 요청했다(참고. 눅 23:39-43).

G. 종의 죽음(15:33-41)

(마 27:45-56에 대한 주석도 보라)

15:33-37. 정오부터 오후 3시까지 **어둠이 온 땅에 임**했다. 그것은 하나님의 심판을 암시한다. 예언을 성취하시면서 예수님은 **엘리 엘리 라마 사박다니** 하고 외치셨다. 그것은 **나의 하나님 나의 하나님 어찌하여 나를 버리셨나이까**라는 뜻의 아람어이다(참고. 시 22:1). 예수님은 세상의 죄를 담당하시면서 하나님 아버지께서 자신을 버리시는 것을 느끼셨다. 지나가는 사람들이 **보라 엘리야를 부른다**고 말했다. 한 사람이 **신 포도주**를 적신 해면을 예수님께 드렸다. 그들은 엘리야가 오는지 보려고 기다렸다.

15:37-39. 예수님은 **큰 소리를 지르시고**(참고. 요 19:30) **숨지시니라**. 예수님이 죽으실 때 **성소 휘장이 위로부터 아래까지 찢어져 둘이 되니라**. 그것은 인간적으로 볼 때 불가능한 일로, 인간이 예수님의 피를 통해 하나님의 임재 가운데 들어갈 수 있는 길이 열린 것을 나타낸다(참고. 히 10:19-20). **백부장**은 **이 사람은 진실로 하나님의 아들이었도다**라고 말했다. 그가 예수님을 '바로 그' 하나님의 아들로 믿은 것인지 아니면 기이한 죽음을 인정한 것인지는 이 본문만으로 알 수 없다. 이 상황에 대한 다른 진술들과 비교해볼 때 그는 예수님의 신성을 단언하고 있는 것 같다.

15:40-41. 예수님의 죽음을 목도한 마지막 증인들 중 일부는 **멀리서 바라보는** 여자들이었다. **막달라 마리아와 또 작은 야고보와 요세의 어머니 마리아와 또 살로메**는 예수님의 사역을 후원했다(참고. 눅 8:1-3). 그 결과 예수님은 일상적인 자질구레한 일들을 하는 수고에서 벗어나실 수 있었다.

H. 종을 장사 지내다(15:42-47)

(마 27:57-66에 대한 주석도 보라)

15:42-45. 예수님은 '금요일'을 뜻하는 헬라어인 **준비일**에 죽으셨다. 따라서 예수님의 시신을 십자가에서 내려 매장하는 일을 서둘러야만 했다. 안식일이 해질 무렵에 시작되기 때문이었다(참고. 신 21:22-23). **존경**

받는 공회원인 아리마대 요셉은 **하나님의 나라를 기다리는** 사람이었다(참고. 요 19:38; 눅 23:51). 그는 담대하게 빌라도에게 가서 예수님의 시신을 달라고 요청했다. 그것은 자신이 예수님의 제자임을 드러내는 행동이었다. 빌라도는 예수님이 돌아가셨는지를 궁금해했다. 십자가에 처형당한 사람들이 여러 날 동안 목숨을 부지할 수도 있기 때문이었다. 백부장이 예수님의 죽음을 단언하자 빌라도는 **요셉에게 시체를 내주는지라**. 빌라도가 시신을 아무 표시도 없는 무덤이나 쓰레기 폐기장에 버리기보다 제대로 매장하도록 허락한 것은 유대인들에게 보복하려는 마지막 시도였는지도 모른다. 빌라도가 그렇게 행동한 이유가 무엇이든 요셉이 자기 무덤에 예수님을 장사 지냄으로써 종이 "죽은 후에 부자와 함께 있을" 것이라는 이사야의 예언은 성취되었다(사 53:9).

15:46-47. 요셉이 물품을 구입하고 예수님의 시신을 장사 지내는 일을 도왔다(참고. 요 19:39-40). 그는 시신을 씻고 **세마포**로 싸서 **무덤**에 넣어두었다. 그리고 들짐승과 도굴범들이 들어가지 못하도록 입구에 돌을 갖다놓았다. 두 마리아가 장사 지내는 모습을 지켜보았다. 그들은 예수님이 매장된 장소를 정확히 알았으며, 나중에 이 장소로 되돌아올 것이다.

Ⅵ. 하나님의 종이 부활하다(16:1-20)

A. 여인들에게 주어진 계시(16:1-8)

(마 28:1-8에 대한 주석도 보라)

16:1-4. 안식일은 아무것도 하지 않는 시간이었다. 안식일이 끝났을 때 두 마리아와 살로메가(참고. 15:40) 향유를 가지고 왔다. 당시 사람들은 부패해가는 육신의 악취를 없애기 위해 시신을 싼 천 위에 기름을 쏟아부었다. 그들은 일요일 해가 뜬 후에 바로 무덤에 도착했다. 입구를 가로막고 있는 큰 돌을 기억하고 있던 그들은 **누가 우리를 위하여 무덤 문에서 돌을 굴려 주리요** 하고 걱정했다. 그들은 유대 지도자들이 무덤을 인봉하는 등 추가 예방 조치를 취해 놓은 것은 알지 못했다(참고. 마 27:62-66). 그들은 **심히** '큰' 돌이 옆으로 치워지고 무덤이 열려 있는 것을 보고 놀랐다.

16:5-8. 그들은 **흰옷을 입은 한 청년을 보았다**. 그는 천사로 그들에게 놀라지 말라고 말했다(참고. 마 28:2-5). 그는 그들이 **나사렛 예수**를 찾고 있다는 것을 알았다. 예수님은 죽으셨지만 다시 살아나셨다. 그는 시신이 놓여 있던 곳을 가리켰다. 그는 여자들에게 가서 **제자들과 베드로에게** 안심시키는 말을 이르라고 지시했다. 베드로는 주님을 부인했지만 용서를 받았으며 여전히 사도단의 일부로 간주되었다. 모든 제자가 도망을 갔지만 그들은 여전히 '예수님의 제자들'이었다. 예수님은 갈릴리로 가실 것이며 그곳에서 그들은 그분을 뵐 것이다(참고. 14:28). 여자들은 **무덤에서 도망했으며 몹시 놀라 떨었다**. 그들은 **무서워하여 아무에게 아무 말도 하지 못했다**. 그들은 아직 천사가 한 말의 의미를 온전히 이해하지 못했다.

B. 종의 나타나심(16:9-14)

(눅 24:13-15에 대한 주석도 보라)

성경학자들은 마가복음의 끝이 어디인가에 대해 의견이 일치하지 않는다. 9-20절은 많은 사람들이 가장 중요하게 평가하는 사본인 두 사본에서 찾아볼 수 없다. 하지만 9-20절은 질이 낮은 신약 사본들 다수에서 찾아볼 수 있다. 일부 사본들은 8절 다음에 추가 절이 덧붙여 있으며, 또 다른 일부 사본들은 20절 다음에 추가 절이 덧붙여 있다. 이런 절들을 포함시킨 것을 지지하는 사본상의 증거는 명백하지 않다. 이 절들은 의심스럽기 때문에 이 부분에서만 찾아볼 수 있는 절에 근거해 어떤 교리를 수립하거나 경험을 주장하는 것은 지혜롭지 못하다. 그럼에도 다음과 같이 이 절들에 대해 논의를 하고 여러 문제들에 대해 의견을 제시하고자 한다.

1. 마리아에게(16:9-11)

16:9-11. 예수님은 **전에 일곱 귀신을 쫓아내어주신 막달라 마리아에게 먼저 보이셨다**. 예수님을 만난 후에 마리아는 예수님의 추종자들에게 알렸다. 그들은 여전히 **슬퍼하며 울고 있었다**. 예수님이 살아 계시고 마리아가 그분을 보았다는 소식을 들었지만 **그들은 믿지 아니하니라**. 이것은 여자의 증언을 높게 평가하지 않았던 그들의 문화를 반영한 것이다.

2. 두 제자에게(16:12-13)

16:12-13. 예수님은 그 후에 **시골로 가는** 두 제자에게 **다른 모양으로** 나타나셨다(참고. 눅 24:13-35). 예수님이 "다른 모양으로" 나타나셨다는 것은 예수님이 처음 나타나셨을 때 그들이 예수님을 알아보지 못했음

을 의미할 수도 있다. 그들이 주님께서 자신들에게 나타나셨음을 알렸을 때 그들 역시 사람들의 불신에 부닥쳤다. 예수님이 부활하셨다는 생각은 모든 제자들의 마음에 영향을 끼치지 못했다.

3. 열한 제자에게(16:14)

16:14. 예수님은 **열한 제자가 음식 먹을 때에 나타나사 그들의 믿음 없는 것과 마음이 완악한 것을 꾸짖으셨**다. 예수님은 자신이 죽은 자 가운데서 다시 살아나실 것을 말씀하시지 않았던가? 그들은 신실한 추종자들이 전하는 보고들을 그대로 믿었어야 했다.

C. 종의 위임(16:15-18)

16:15-18. 예수님은 제자들에게 **너희는 온 천하에 다니며 만민에게 복음을 전파하라**고 명령하셨다(참고. 마 28:19-20). 그리하면 많은 사람들이 믿게 될 것이다. 초대교회에서 예수님을 믿은 다음에 바로 세례가 이어졌다. 하나의 헬라어 관사로 연결된 믿고 세례를 받는 것은 마음속에서 이루어진 내적 행위가 그 믿음을 공적으로 고백하는 행사로 이어짐을 나타낸다. 신약 저자들은 정상적인 환경에서 예수님을 믿는 신자들은 세례를 받을 것이라고 추정했다. 세례가 구원을 받기 위한 필요조건이 아니라는 점은 16절 후반부에 나타난다. 후반부는 믿지 않는 사람은 정죄를 받을 것이라고 선언한다. 제자들이 복음을 선포할 때, 그들(사도들을 말하며 모든 일반 신자를 말하는 것은 아니다, 참고. 행 2:43; 고후 1:12)의 진정성을 입증하는 **표적**이 따를 것이다. 예수님의 이름으로 그들은 **귀신을 쫓아내며**(참고. 막 6:7; 눅 10:1-20), 사자(메신저)가 사탄보다 더 큰 능력을 갖고 있음을 보여줄 것이다. 그들은 **새 방언을 말할** 것이다. (전에 배우지 않은 외국어를 말할 수 있는) 이 능력은 오순절 날에 일어났으며(참고. 행 2:1-12) 후에 교회에서 반복되었다(참고. 행 10:46, 19:6; 고전 12:10). 두 가지 표적은 곤란한 문제들을 야기했다. 처음 두 개를 조건절로 이해하는 것이 가장 낫다. 이를테면 누군가가 강제로 뱀을 집어 올리거나 독약을 마셔야 할 경우에도 그는 해를 입지 않을 것이다. 신약에는 이런 일들을 보여주는 예가 없다. 하지만 바울은 우연히 집어 올린 뱀에 물렸어도 고통을 당하지 않았다(행 28:3-5). 마지막으로 그들은 **병든 사람에게 손을 얹을** 것이며, 그러면 병자가 **나을** 것이다(참고. 행 9:12; 28:8; 약 5:14). 이런 표적은 사도행전 전체에 걸쳐 나타났다.

D. 종의 승천(16:19-20)

16:19-20. 부활 후 사역을 마치시고 **예수께서 하늘로 올려지셨**으며, 제자들은 그 장면을 목격했다. 예수님이 **하나님 우편에 앉으셨**다는 사실은 믿음으로 받아들여야만 한다. 승천은 예수님이 앞에서 언급하셨던(참고. 막 12:13, 36) 시편 110:1의 성취였다. 오순절 날에 베드로는 그 구절을 인용해서 예수님이 하늘에 계신 하나님 아버지의 오른편에 앉으셨다고 말했다(참고. 행 2:33-36). 예수님은 당신이 하나님의 오른편에 앉게 될 것이라고 말씀하셨다(참고. 막 14:62). 승천하셨을 때 예수님이 영광과 권위의 자리인 하나님의 오른편에 앉으신 것은 놀라운 일이 아니다. 이 지위로부터 예수님은 하늘의 새로운 사역에 들어가셨으며, 그분의 지상 사역은 완수되었다. 예수님은 오늘도 추종자들을 통해 지상에서 계속 사역을 하신다. 그들은 **나가 두루 전파**했다. 주님은 또한 **따르는 표적으로** 그들의 증언을 확증하셨다. 교회 초기에 많은 표적이 널리 나타났지만 시간이 지나면서 그것들은 줄어들었다(참고. 히 2:3-4). 극적인 표적은 줄어들었지만 증언은 세계 전역에 걸쳐 계속되었으며 사람들은 섬김을 받으려 함이 아니라 도리어 섬기려 하고 자기 목숨을 많은 사람의 대속물로 주러 오신 하나님의 종을 믿는다.

참 고 문 헌

Barnhouse, Donald Grey. *Mark: The Servant Gospel*. Wheaton, IL: Victor, 1988.

Cole, R. Alan. *The Gospel According to Mark*. Tyndale New Testament Commentary. Leicester, U.K.: InterVarsity, 1989.《마가복음서》, 틴델 신약주석 시리즈(CLC).

Earle, Ralph. *Mark: The Gospel of Action*. Chicago: Moody,

1970.《마가복음》(나침반사).

Grassmick, John D. "Mark," In *The Bible Knowledge Commentary*, edited by John F. Walvoord and Roy B. Zuck. Wheaton, IL: Victor, 1983.《마가복음》(두란노).

Hendriksen, William. *Exposition of the Gospel According to Mark*. Grand Rapids, MI: Baker, 1975.

Hiebert, D. Edmond. *Mark: A Portrait of the Servant*. Chicago: Moody, 1974.

Hughes, R. Kent. *Mark*, 2 vols. Westchester, IL: Crossway, 1989.《종과 구세주로 오신 예수 그리스도》(성산서원).

Ironside, H. A. *Expository Notes on the Gospel of Mark*. Neptune, NJ: Loizeaux Bros., 1948.《마가복음》(복자서원).

Kelly, William. *An Exposition of the Gospel of Mark*, reprint. Sunbury, PA: Believershelf, 1971.

Lane, William L. *The Gospel of Mark*. New International Commentary on the New Testament. Grand Rapids, MI: Eerdmans, 1974.《마가복음》(생명의말씀사).

Martin, Ralph. *Mark: Evangelist and Theologian*. Grand Rapids, MI: Zondervan, 1973.《마가신학》(엠마오).

Morgan, G. Campbell, *The Gospel According to Mark*. Old Tappan, NJ: Revell, 1927.《마가복음 강해》(아가페).

Pentecost, J. Dwight. *The Words and Works of Jesus Christ*. Grand Rapids, MI: Zondervan, 1981.

Ryle, John Charles. *Expository Thoughts on the Gospels: St. Mark*, reprint. Greenwood, SC: The Attic, 1973.《마가복음》(CLC).

Scroggie, W. Graham. *The Gospel of Mark*. Grand Rapids, MI: Zondervan, 1979.

Swete, Henry Barclay. *The Gospel According to St. Mark*. Grand Rapids, MI: Eerdmans, 1956. Reprinted as *Commentary on Mark*. Grand Rapids, MI: Kregel, 1977.

Wiersbe, Warren W. *Be Diligent*. Wheaton, IL: Victor, 1987.《어떻게 주께 봉사하며 살 수 있는가?》(나침반사).

Wuest, Kenneth S. *Mark in the Greek New Testament*. Grand Rapids, MI: Eerdmans, 1950.

● ● ● ●

누가복음

케빈 주버(Kevin D. Zuber)

서 론

저자. 누가복음은 엄밀히 따지면 저자 미상이다. 누가가 실제 저자인지는 여러 증거로 판단할 수 있다.

'누가'라는 이름은 신약에 세 번 나온다. 디모데후서 4:4, 빌레몬서 1:24, 골로새서 4:14 등이다. 누가는 사도 바울의 동료이면서 의사였다. 골로새서 4장에서 누가는 '할례파'와 별도로 언급된다(골 4:10-11을 보라). 교회 전통은 누가가 이방인이었다고 평가한다.

이 복음서를 기록한 사람은 사도행전도 기록했으며(행 1:1-3을 보라), 그는 바울과 함께 여행을 하는 동료였다(다음의 구절에서 '우리'라는 표현을 보라. 행 16:10-17; 20:5-15; 21:1-18; 27:1-28:16). 성찬식 제도의 시행에 대한 설명은(22:19, 20) 바울의 설명(고전 11:23-25)과 비슷하다. 바울의 설명은 세 번째 복음서 저자의 전통적 견해를 지지한다. 그는 예수님의 치유 사역에 특별한 관심을 갖고 있는 것처럼 보인다(눅 4:38과 마 8:14 및 막 1:30을 비교해보라). 또 누가복음/사도행전 본문의 언어는 많이 배우고 70인역 성경을 잘 아는 사람이 구사할 만한 수준이다. 바울의 동역자들 가운데 누가가 누가복음/사도행전 저자의 약력에 가장 적합하다.

이레니우스(약 185년, *Against Heresies*, Ⅲ.i.1), 터툴리안(약 200년, *Against Marcion*, Ⅳ.ii), 오리겐(주후 약 230년, Eusebius, *Ecclesiastical History*, Ⅳ.xxv.3-6), 제롬(주후 약 400년, *De Viris Illustribus*, Ⅷ) 같은 초기 교부들은 일관되게 세 번째 복음서를 누가의 저작으로 본다. 《무라토리 정경》(*Muratorian Canon*, 주후 약 180년)도 "세 번째 복음서"를 "그 의사, 누가"의 저작으로 본다[참고. Walter L. Leifeld, "Luke," EBC, ed. Frank E. Gaebelein (Grand Rapids, MI: Zondervan, 1984), 8:799; Darrell L. Bock, *Luke 1:1-9:50*, BECNT (Grand Rapids, MI: Baker, 1994), 5.《누가복음 1》, BECNT(부흥과개혁사)].

연대. 누가복음이나 사도행전에는 로마인들이 예루살렘을 파괴한 사건(주후 70년)에 대한 언급이 없다. 누가복음과 사도행전이 거의 같은 시기에 기록되었다면 아마도 그 시기는 늦어도 바울이 처음으로 로마 감옥에 투옥된 때(주후 60-63년경) 정도였을 것이다. 누가복음은 네로의 박해(주후 64년)나 야고보의 순교(주후 62년)도 언급하지 않는다. 첫 부분에서 누가는 자신이 여러 자료를 사용한 점을 인정했다(누가 자신은 복음서에 기록된 사건들을 직접 목격한 사람이 아니었기 때문이다). 누가는 (일찍이 주후 50년대에 기록된) 마가복음을 참조했을 것이다. 이런 점들을 고려할 때 집필 시기는 아마도 주후 60-61년일 것이다.

목적. 누가가 복음서를 쓴 목적은(1:1-4의 주석을 보라) (1) 그리스도의 생애에 일어난 사건을 '차례대로 설명하는' 것이다. (2) 이런 사건들이 교회와 어떤 '관련이 있는지'를 보여주는 것이다. (3) 주 예수 그리스도에 대한 구원의 진리를 '모든' 열방에 전파하는 것이다(참고. 24:47).

주제. 복은 "네 가지 문제가 누가 시대의 교회에 특히 논란이 되었다"라고 언급한다(Bock, *Luke*, 1, 2). (1) 이방인들이 구원에 포함되는 문제, (2) 유대 민족이 예수님에 대해 대체로 부정적인 반응을 보이는 문제, (3) "십자가에 못 박히신 예수님의 인격과 가르침이 어떻게 하나님의 계획에 어울리는지"에 대한 문제(Bock, *Luke*, 2), (4) 이 새로운 공동체의 신자들(예수님을 따르는 제자들)은 무엇이 되어야 하는가의 문제이다. "누가복음과 사도행전은 예수님이 모든 사람들의 주님이시므로, 구원이 모든 사람들에게 이를 수 있다고 말한다"(Bock, *Luke*, 3). 하지만 누가복음의 주된 논지는 '예수님은 어떤 분이신가?'하는 단순한 문제를 중심으로 전개된다. 이야기의 거의 모든 요소가 이 문제 및 그것에 대한 아주 중요한 대답(즉 예수님은 메시아, 그리스도이시다)과 관련된다.

개 요

Ⅰ. 누가의 서언(1:1-4)

A. 누가의 저술 동기와 방법(1:1-3a)

B. 누가의 독자들(1:3b)

C. 누가의 목적(1:4)

Ⅱ. 탄생과 어린 시절 내러티브들(1:5-2:52)

A. 선구자의 탄생을 알리다(1:5-25)

1. 신실한 부부에 대한 소개: 사가랴와 엘리사벳(1:5-7)

a. 독재적 통치자(1:5a)

b. '제사장적' 부부(1:5b)

c. 의롭고 흠이 없는 부부(1:6)

d. 잉태를 못하는 부부(1:7)

2. 천사의 알림(1:8-23)

a. 사가랴의 제사장 직무가 중단되다(1:8-12)

b. 천사의 메시지 전달(1:13-17)

c. 사가랴의 의심: 천사의 안심시킴과 (가벼운) 책망(1:18-20)

d. 백성들이 기다리며 이상히 여기다(1:21-23)

3. 엘리사벳의 기쁨(1:24-25)

B. 예수님의 탄생을 알리다(1:26-38)

1. 알림의 때, 행위자, 장소, 수신자(1:26-27)

2. 문안, 반응 및 확언(1:28-30)

3. 예수 그리스도에 대한 메시지(1:31-33)

4. 마리아의 반응, 천사의 설명, 마리아의 순종(1:34-38)

C. 마리아의 엘리사벳 방문(1:39-56)

D. 세례 요한의 탄생 및 사가랴의 노래(1:57-80)

1. 요한이 태어나고 엘리사벳이 이름을 짓다(1:57-66)

2. 사가랴의 노래(1:67-80)

E. 예수님의 탄생: 천사들과 목자들의 방문(2:1-20)

1. 예수님의 탄생(2:1-7)

2. 천사들이 목자를 방문하다(2:8-14)

3. 목자들의 방문(2:15-20)

F. 예수님의 할례 장면(2:21-39)

G. 예수님의 소년 시절(2:40-52)

Ⅲ. 사역으로의 전환(3:1-4:13)

A. 선구자 세례 요한의 준비(3:1-20)

B. 예수님의 준비(3:21-4:13)

Ⅳ. 위대한 갈릴리 사역(4:14-9:62)

A. 갈릴리와 나사렛 회당의 예수(4:14-30)

1. 갈릴리의 예수(4:14-15)

2. 나사렛 회당의 예수(4:16-30)

B. 예수님의 능력 있는 사역(4:31-44; 5:12-26)

C. 예수님이 첫 번째 제자들을 부르시다(5:1-11; 27-28; 6:12-16)

1. 예수님이 시몬(베드로), 야고보와 요한, 레위(마태)를 부르시다(5:1-11; 27-28)

2. 예수님이 열두 제자가 사도가 되도록 부르시다(6:12-16)

D. 예상과 반대되는 예수님의 사역(5:29-6:11)

E. 예상과 반대되는 예수님의 가르침(6:17-49)

1. 평지수훈(6:17-38)

2. 제자들을 위한 세 가지 경고(6:39-49)

F. 예수님의 신분이 드러나다(7:1-8:3)

1. 예수님이 백부장의 종을 고치시다(7:1-10)

2. 예수님이 과부의 아들을 고치시다(7:11-17)

3. 세례 요한과 관련된 세 장면(7:18-35)

a. 예수님에 대해 요한이 질문을 하고 예수님이 대답하시다(7:18-23)

b. 예수님이 요한을 칭찬하시다(7:24-30)

c. 예수님이 그 세대를 책망하시다(7:31-35)

4. 저녁 식사때 기름 부음을 받으신 예수님, 두 빚진 자의 비유(7:36-50)

5. 예수님이 몇몇 여자들에게 섬김을 받으시다(8:1-3)

G. 예수님이 비유로 가르치시다(8:4-21)

1. 땅의 비유(8:4-15)

2. 등불의 비유(8:16-18)

3. 예수님의 참된 가족(8:19-21)

H. 예수님: 주님(8:22-56)

1. 예수님이 풍랑을 잠잠하게 하시다(8:22-25)

2. 예수님이 사람에게서 마귀를 쫓아내어 돼지에게 들어가게 하시다(8:26-39)

3. 예수님이 혈루증 앓는 여자를 고치시고, 어린 여자아이를 다시 살리시다(8:40-56)

I. 예수님의 제자들(9:1-62)

1. 열두 제자의 사명: 제자들을 위한 사명(9:1-10a)

2. 제자들을 위한 교훈: 오천 명을 먹이시다(9:10b-17)

3. 한 제자의 고백(9:18-22)

4. 제자도에 대해: 참된 제자의 정의, 동기, 기대(9:23-27)
5. 변화산 사건: 제자들을 안심시키기 위한 사건과 말씀(9:28-36)
6. 귀신 들린 아들을 고치시다: 제자들에 대한 시험(9:37-42)
7. 예수님의 제자들이 겪은 네 가지 실패(9:43-56)
8. 제자도의 세 가지 실패(9:57-62)

V. 예루살렘으로 가는 여정(10:1-19:27)
A. 사명과 제자도에 대한 강조(10:1-24)
1. 칠십 인의 사명(10:1-16)
2. 제자도에 대한 두 가지 교훈(10:17-24)
a. 제자가 되는 기쁨(10:17-20)
b. '아는' 제자가 되는 복(10:21-24)
B. 질문을 가지고 온 율법 교사와 선한 사마리아인의 비유(10:25-37)
1. 율법 교사의 질문(10:25-29)
2. 선한 사마리아인(10:30-37)
C. 마르다와 마리아(10:38-42)
D. 기도에 대한 가르침(11:1-13)
E. 일련의 충돌(11:14-54)
1. 예수님의 권능에 대한 질문(11:14-36)
a. 사탄인가 하나님인가(11:14-23)
b. 네 가지 설명(11:24-36)
2. 예수님, 바리새인, 화에 대한 강화(11:37-54)
F. 예수님이 자기 제자들에게 경고하시다(12:1-21)
1. 위선에 대한 경고(12:1-3)
2. 사람을 두려워하는 것에 대한 경고(12:4-7)
3. 고백하는 것과 부인하는 것에 대한 경고(12:8-12)
4. 세속성에 대한 경고와 어리석은 부자의 비유(12:13-21)
G. '영원한 관점'에 대한 교훈(12:22-48)
1. 염려하지 마라(12:22-34)
2. 준비되어 있으라, 신실하라(12:35-48)
H. 제자들이 생각해야 할 여섯 가지 심각한 문제(12:49-13:9)
I. 예수님 사역의 여섯 가지 특징(13:10-35)
J. 한 바리새인과 함께 저녁을 드시는 예수님(14:1-24)
K. 제자도에 대한 예수님의 가르침(14:25-35)
L. '잃어버린 것과 찾은 것'에 대한 세 가지 비유(15:1-32)
1. 비유의 배경(15:1-2)
2. 잃어버린 양의 비유(15:3-7)
3. 잃어버린 동전의 비유(15:8-10)
4. 잃어버린 아들의 비유(15:11-32)
a. 첫째 아들(15:12-24)

b. 은혜로운 아버지(15:20b-24)

c. 둘째 아들(15:25-30)

d. 은혜로운 아버지(15:31-32)

M. 제자들과 바리새인들을 위한 비유와 가르침(16:1-31)

1. 정직하지 못한 청지기의 비유(16:1-9)
2. 충성스러운 섬김을 가르치시다(16:10-13)
3. 바리새인들의 사고를 바로잡으시다(16:14-18)
4. 부자와 나사로의 비유(16:19-31)

N. 예수님의 경고, 가르침, 병 고침(17:1-19)

1. 제자들을 위한 말씀(17:1-10)
2. 나병환자 열 명을 고치시다(17:11-19)

O. 하나님 나라와 재림에 대한 예수님의 가르침(17:20-37)

1. 바리새인들의 질문(17:20-21)
2. 제자들에게 주는 교훈(17:22-37)

P. 기도와 의에 대한 두 가지 비유(18:1-14)

1. 과부와 재판관(18:1-8)
2. 바리새인과 세리(18:9-14)

Q. 예수님이 어린아이, 부자 관리, 맹인, 삭개오를 만나시다(18:15-30; 18:35-19:10)

R. 예수님이 죽음과 부활을 예고하시다(18:31-34)

S. 열 므나의 비유(19:11-27)

VI. 예루살렘에서의 사역(19:28-21:38)

A. 승리의 입성(19:29-44)

1. 입성 준비(19:29-34)
2. 입성 자체(19:35-40)
3. 그 성에 대한 예수님의 애가(19:41-44)

B. 예수님과 종교 지도자들(19:45-21:4)

1. 충돌의 시작(19:45-48)
2. 계속되는 충돌(20:1-21:4)

C. 환난과 재림에 대한 예수님의 가르침(21:5-38)

1. 제자들의 질문(21:5-7)
   a. 질문을 촉발시킨 대화(21:5-6)
   b. 두 가지 질문(21:7)
2. 질문에 대한 예수님의 대답: 환난(21:8-24)
   a. 표적들에 유의하라는 경고(21:8-11)
   b. 핍박에 대한 경고와 격려(21:12-19)
   c. 예루살렘에 대한 경고(21:20-24)
3. 질문에 대한 예수님의 대답: 재림(21:25-36)
   a. 대격변의 때(21:25-26)
   b. 인자의 오심(21:27)

c. 소망을 가지라는 격려의 말(21:28)
d. 깨어 있고 기대하라는 경고의 말(21:29-36)
4. 성전 사역 요약(21:37-38)

Ⅶ. 수난과 부활(22:1-24:53)
A. 예수님을 죽이려는 음모(22:1-6)
1. 음모를 꾸미는 사람들(22:1-2)
2. 배신자(22:3-6)
B. 다락방(22:7-38)
1. 유월절 준비(22:7-13)
2. 성만찬 제정(22:14-20)
3. 최후의 만찬 이후의 네 가지 대화(22:21-38)
a. 배신자를 알리시다(22:21-23)
b. 누가 가장 크냐는 것에 대한 논쟁(22:24-30)
c. 예수님이 베드로가 자신을 부인할 것이라고 예고하시다(22:31-34)
d. 예수님이 제자들을 다가올 충돌에 준비시키려 하시다(22:35-38)
C. 세 개의 애끓는 장면(22:39-62)
1. 겟세마네의 기도(22:39-46)
2. 동산에서 잡히시다(22:47-53)
3. 베드로가 뜰에서 예수님을 부인하다(22:54-62)
D. 네 번의 부당한 재판(22:63-23:25)
1. 공회 앞에서의 예수님(22:63-71)
2. 빌라도 앞에 첫 번째로 서신 예수님(23:1-7)
3. 헤롯 앞에 서신 예수님(23:8-12)
4. 빌라도 앞에 두 번째로 서신 예수님(23:13-25)
E. 십자가 처형과 장례(23:26-56)
1. 십자가(23:26-49)
a. 십자가로 가는 길(23:26-32)
b. 십자가 처형(23:33-38)
c. 행악자들과의 대화(23:39-43)
d. 예수님이 당하신 수난의 결론(23:44-49)
2. 무덤(23:50-56)
F. 부활, 위임, 승천(24:1-53)
1. 부활(24:1-46)
a. 무덤에서(24:1-12)
b. 엠마오로 가는 길에서(24:13-32)
c. 예루살렘에서 제자들과 함께(24:33-46)
2. 위임(24:47-49)
3. 승천(24:50-53)

주 석

I. 누가의 서언(1:1-4)

이 '서언'(prologue)은 길고 복잡한 한 문장이다. 서언은 고대 문학작품에서 전형적으로 나오는 것이지만, 누가의 서언은 이례적으로 짧고 지극히 '공식적'이다. 이 서언은 균형을 이루고 있다. "누가가 이 복음서를 쓰는 동기를 밝힌 1:1-2의 전제절('…인지라', 혹은 '이므로')과 저술 목적을 설명한 1:3-4의 귀결절('나도…좋은 줄 알았노니')" 혹은 '그러므로'(Bock, *Luke*, 51)로 균형을 이루고 있다.

A. 누가의 저술 동기와 방법(1:1-3a)

1:1-3a. 누가는 다른 설명들이 있다는 사실을 언급했다. 그것들은 글로 기록되거나 입으로 전달된 것이었다. 누가는 이런 설명들에 대해 부정적인 평가를 내리지는 않지만, 다음과 같이 생각했던 것 같다. (1) 그것들은 아마도 조금 단편적이었다. (그 이야기를 저술하려고 **붓을 든 사람이 많**기 때문이다) (2) 그 글들은 **목격자들**에게서 나온 것이고 따라서 구전으로 전달되었을 가능성이 높기 때문에, 그것들을 글로 기록해둘 필요가 있었다. (3) 그것들은 아마도 분실될 위험에 처해 있었을 것이다. (4) 이런 다른 설명들은 각각 그 자체만 갖고는 불완전했기 때문에 모든 정보를 모은 하나의 설명을 편집하는 작업이 필요했다. 누가는 자기 나름대로 **내력을 저술하**고 그것을 신중하고 정연하게 **써 보내**려고 했다. 누가는 그의 독자(들)에게, **우리 중에 이루어진 사실**에 대한 분명하고 완전한 기록을 제공하려고 했다. 누가는 물론 예수님의 생애에 일어난 사건들을 언급하는 것이었다. **이루어진**이라는 말은 '성취된'이라는 말로 번역할 수 있는데, 그것은 예수님의 생애에 일어난 사건들이 구약에서 하나님이 약속하신 것의 성취라는 점을 말한다.

누가는 자신이 **모든 일을 근원부터 자세히 미루어 살폈다**고 이야기했다. 즉 누가는 **근원**으로 돌아가서, 여러 자료를 점검했으며, 또 아마도 **목격자들**을 찾아서 만나기까지 했을 것이다. 누가가 탄생 내러티브에 기록한 것은 누가복음에만 나오는데, 그것은 그 자리에 있었던 사람들만이 알 수 있는 정보였다. 누가는 예수님의 직계 가족(심지어 마리아까지)과도 이야기를 했을 것이다. 탄생 내러티브의 자세한 내용은 이런 가능성을 그럴듯한 것으로 만든다.

B. 누가의 독자들(1:3b)

1:3b. 많은 고대 문학작품은 서언을 갖고 있으며, 중요한 인물들을 대상으로 쓰였다. 그래서 누가는 자신의 작품을 **데오빌로**, 즉 "하나님의 사랑하는 자"에게 보냈다. 데오빌로는 "헬라인과 유대인이 둘 다 사용하는" 이름이기 때문에 그 사람의 인종적 정체성을 규명하기가 어렵지만(Bock, *Luke*, 64), 그는 아마도 이방인이었을 것이다. 몇몇 사람들은 이것은 일반적인 총칭으로, 누가가 관심은 있지만 성명 미상의 모든 독자에게 말하는 방식이거나, 아니면 "'경건한 그리스도인들'을 상징하는" 것이라고 제안했다(Bock, *Luke*, 63). 하지만 직접적인 말, 즉 **각하**[you]에 비추어 볼 때 상대방이 특정한 개인일 가능성이 높다. 몇몇 사람들은 그는 이미 예수님에 대한 진리를 "알고 있는"(1:4) 이방인으로, 아마도 이미 그리스도인이 된 사람일 것이라고 제안했다. 다른 사람들은 여기에서 "알고 있는"(been taught)이라는 말은 단지 이 사람이 예수님에 대해 "들은 것이 있다는 것"을 의미하며, 따라서 누가는 그가 예수님에 대한 믿음에 이르도록 시도하고 있는 것이라고 제안했다. **각하**라는 말은 (바울이 행 23:26; 24:3; 26:25에서 로마 총독을 부를 때처럼) 로마 고위 관리에 대한 존칭이었다. 따라서 데오빌로는 아마 이 새로운 신앙에 대해 전해 들었지만 아직 믿지 않는 로마 고위 관리였을 것이다.

데오빌로는 더 큰 청중의 원형이었을 것이다. 그리하여 그리스 로마 세계가 인자에 대해 들을 수 있도록 했을 것이다. 어쨌든 누가의 의도는 **데오빌로**에게, 이방인인 그가 어떻게 예수님에 대한 더 큰 내러티브 및 예수님이 하나님의 구원 계획을 성취하신 것과 관련되는지를 설명하는 것이었다. 누가는 책을 쓰면서 더 넓은 이방인 세계를 염두에 두고 있었다. 누가는 모든 열방이 예수 그리스도, 곧 "인자가 온 것은 잃어버린 자를 찾아 구원하려 함이라"는 것을 알기 원했다(19:10). 몇몇 사람들은 데오빌로는 누가가 조사를 하고 책을 쓸 수 있도록 도와준 후원자였다고 제안한다. 하지만 복은 "이 점을 명백하게 밝힐 수 있는 방법은 없다"라고 말한다(Bock, *Luke*, 63).

C. 누가의 목적(1:4)

1:4. 누가는 **각하가** 예수님의 생애에 일어난 사건들과 그분의 가르침에 대해 알고 있는 진리를 **더 확실하게** 하도록 하기 위해 이 과제를 수행했다고 설명했다. 누가는 다른 복음서들이 어떤 식으로든지 결함이 있다고 말하는 것이 아니었다. 누가의 목표는 포괄적인 정확성이었다. 당면한 문제들, 즉 예수 그리스도의 탄생, 삶, 가르침, 죽음, 부활은 영원히 중요하기 때문에 누가는 독자들이 진리를 **더 확실하게** 알게 되기를 원했다.

Ⅱ. 탄생과 어린 시절 내러티브들(1:5-2:52)

A. 선구자의 탄생을 알리다(1:5-25)

누가는 그의 복음을 선구자, 즉 세례 요한의 이야기로 시작했다. 어떤 의미에서 이것은 독자를 구약 끝부분으로 데려가며, 또 예수님의 이야기를 구약의 메시아적 기대와 연결시킨다(참고. 사 40:1-3; 말 4:5-6).

1. 신실한 부부에 대한 소개: 사가랴와 엘리사벳 (1:5-7)

a. 독재적 통치자(1:5a)

1:5a. 누가는 **유대 왕 헤롯**에 대한 언급으로 이야기를 시작하면서, 자신의 내러티브에 나오는 사건들을 더 넓은 세계의 내러티브와 연결시켰다(참고. 2:1-2; 3:1). 누가는 자신이 기록한 사건들의 연대기를 제공하려고 했을 뿐만 아니라, 사실상 "내가 쓰고 있는 문제들은 세계사의 더 큰 내러티브에 위치를 차지하고 있다"라고 말하는 것이었다. 세례 요한과 나사렛 예수는 격동의 시기에 태어났다. 그 시기는 성경의 하나님 앞에서 신실한 삶을 살려고 하는 사람들에게 반드시 우호적인 환경은 아니었다. 그런데도 그와 같은 시기에조차 하나님은 그분의 신실한 백성을 통해 그분의 목적을 이루고자 역사하고 계셨다.

b. '제사장적' 부부(1:5b)

1:5b. **사가랴**["하나님이 기억하셨다"]는 **아비야 반열**에 속한 **제사장**이었다(참고. 대상 24:4-19, 특히 1:10). 이 시기에 성전 제사장직은 24반열로 이루어져 있었다. 엘르아살 자손에서 열여섯 명(아론의 살아남은 아들 중 가장 나이가 많은 아들, 참고. 출 28:1과 레 10장)과 이다말 자손에서 여덟 명(참고. 대상 24:4)이었다. 각 반열은 아론의 이 아들들의 후손 중 한 사람의 이름을 따라 명명되었으며(참고. 대상 24:7-18), **아비야**는 그 명단에서 여덟 번째에 나온다. 각 반열은 "일 년에 두 번, 한 번에 일주일 동안 성전에서" 섬겼다 [Robert H. Stein, *Luke*, NAC (Nashville: Broadman & Holman, 1992), 73]. **사가랴**는 성전에서 수종을 드는 경건한 제사장 계열의 후손이었다(참고. 느 12:4). 마찬가지로 그의 아내 **엘리사벳**["하나님이 신뢰하실 수 있는 분인 것처럼, 내 맹세도 신뢰할 수 있다"라는 뜻을 가진 "하나님은 맹세이시다"]은 **아론의 자손**이었다. 이와 같이 남편과 아내 모두 '제사장적 자격'을 갖추고 있었다. 제사장이 아론의 계열 출신의 젊은 여자와 결혼하는 것은 아주 흔한 일이었다. 레위기(21:7, 14)는 제사장의 아내는 반드시 처녀여야 한다고 명시해놓았다. 사가랴와 엘리사벳은 아론의 후손이었기 때문에, 그들은 태어날 때부터 이스라엘을 섬기는 종으로 예정되었을 것이다.

c. 의롭고 흠이 없는 부부(1:6)

1:6. **이 부부는 하나님 앞에 의인**이라고 묘사되었다. 그들은 '의롭다 함을 받았다'(아마도 바울 신학의 반향일 것이다. 참고. 롬 3-4장). 간단히 말해서, 이 부부는 하나님과 사람들 앞에서 올바르게, 거리낌 없이, 분명하게 살았다. 그들은 **주의 모든 계명과 규례대로 흠이 없이 행**했다(살았다). 누가는 그들이 죄가 없다고 말하는 것이 아니라, 외적 행위로 나타나는 깊은 내적 경건을 지녔다고 말하는 것이다. 그들은 하나님과 '의롭게 되기 위해' 율법의 요구를 지킨 것이 아니라, 그들이 하나님 보시기에 (믿음으로, 롬 3:28) '이미 의롭기' 때문에 율법의 요구를 지키며 살았다. **흠이 없이**라는 단어는 실제로 6절의 끝에 나오며 강조되고 있다.

d. 잉태를 못하는 부부(1:7)

1:7. **엘리사벳이 잉태를 못하므로 그들에게 자식이 없고**라는 진술의 의미를 그 당시 누가의 독자들은 즉시 이해했을 것이다. 이것은 개인적인 비극이었다(창세기에 기록된 사라 및 라헬의 이야기와 사무엘상에 기록된 한나의 이야기를 보라). 생식력은 축복으로

여겨졌다(신 7:14; 시 113:9을 보라). 그리고 불임은 그 반대로 여겨졌다. **두 사람의 나이가 많**았기 때문에 이 신실한 부부에게 자녀와 함께 가정생활을 할 수 있는 가능성은 이제 사라진 것처럼 보였다. 하지만 이 조건은 하나님이 개입하실 수 있는 길을 준비했다. 구약에는 하나님만이 이루실 수 있었던 출생들이 있었다. 이삭과 사무엘을 그 예로 들 수 있다. 하나님은 종종 그분의 일을 하시기 위해 인간의 능력과 세속적인 가능성이 다할 때까지 기다리셨다. 그런데도 이 경건한 부부는 하나님께 신실하게 순종하며 살면서 계속 하나님을 섬겼으며(1:8을 보라), 또 기도했다(1:13을 보라). 사가랴와 엘리사벳은 아주 평범한 보통 사람들로서, 성경적 내러티브에 나오는 많은 다른 사람들처럼, 신실함이 무엇인지 보여주는 탁월한 예이다.

2. 천사의 알림(1:8–23)

a. 사가랴의 제사장 직무가 중단되다(1:8–12)

1:8–10. **마침**이라는 표현은 이야기를 진전시키는 분명한 방식이었다. 사가랴는 정기적인 일정에 따라 **하나님 앞에서 제사장의 직무를 행**하면서 자신의 의무를 수행해나갔다(1:8). 누가는 이때 사가랴에게 특별한 기회가 주어졌음을 주목했다(1:9–10). 그날 섬기는 제사장들이 많았기 때문에(무려 18,000명), 모든 제사장들이 성전 안에 들어가 섬길 수는 없었다. 때문에 섬기는 일을 할 수 있는 영예는 매일 두 번, 해가 뜰 때와 해가 질 때 제비뽑기로 결정되었다. 제사장은 그렇게 섬기는 것을 자신의 최고의 경력으로 간주했으며, 그 기회는 절대 어떤 한 사람에게 두 번 부여되지는 않았다. 겸손한 제사장이 성전에서 매일 분향하는 일을 하는 이때에, 수십 년 동안 매일매일 행해진 그 일을 하는 이 때에, 하나님은 그분의 침묵을 깨시고 구원의 프로그램을 진전시키기로 결정하셨다.

1:11–12. 이 특별한 일을 하고 있을 때, 한 천사가 사가랴에게 나타났다(1:11). 그 천사가 **향단 우편에** 섰다는 사실은 사가랴 자신만이 알 수 있었던 일이었다. 그것은 누가가 주의 깊게 자세히 조사를 했다는 표시이다. 아마도 그 천사는 사가랴의 기도에 대한 응답으로 거기 서 있었을 것이다. **향단**은 성전 기구의 하나로 백성의 기도를 상징했다. 사가랴는 그 천사를 보고 **놀라며 무서워**했다(1:12). 그것은 적절하고 타당한 반응이었다. 천사가 나타난 것은 오늘날과 마찬가지로 사가랴 당시에도 예기치 못한 일이었다.

b. 천사의 메시지 전달(1:13–17)

1:13–14. 사가랴에게 전한 천사의 메시지는 여섯 부분으로 이루어져 있었다. (1) 그를 진정시키는 말, **무서워하지 말라**. (2) 그를 격려하는 말, **너의 간구함이 들린지라**. (3) 기쁜 소식의 말, **네 아내 엘리사벳이 네게 아들을 낳아주리니**. (4) 그에게 지시하는 말, **그 이름을 요한이라 하라**. (5) 그의 개인적 기쁨에 대한 말, **너도 기뻐하고 즐거워할 것이요**. (6) 그의 가족 이외에 많은 사람들의 기쁨에 대한 말, **많은 사람도 그의 태어남을 기뻐하리라**. 사가랴는 이 탄생이 엘리사벳의 불임을 끝내는 것을 넘어서는 중요한 의미를 지닌 사건이라는 점을 분명히 알았을 것이다.

1:15–17. 요한에 대한 천사의 메시지는(1:15) 세 가지 특별한 사항을 나타냈다. 천사는 요한이 (1) 큰 자가 될 것이며, (2) 포도주를 마시지 않을 것이며, (3) 성령으로 충만할 것이라고 말했다. 간단히 말해, 요한은 독특한 인물이 될 것이며, 그는 틀림없이 하나님을 위해 독특하고 강력한 사역에 헌신할 것이다. 1:16–17에 기록된 천사의 메시지는 요한의 사역에 대해 다섯 가지 사실을 나타냈다. 첫 번째 사실과 네 번째 사실은 서로 관련되어 있고, 두 번째 사실과 다섯 번째 사실은 똑같으며, 세 번째 사실은 중심에 위치해 있으면서 사실상 "준비하라! 하나님이 다시 한 번 열방에 대한 그분의 프로그램을 시작하시고 그분의 구원 계획을 진전시키려고 하신다"라고 말한 핵심적인 '구원사적' 사실이라는 것을 주목하라. (1) 요한의 사역은 **하나님께로 많이 돌아오게 하겠음이라**(1:16). 그것은 사람들을 회개로 이끄는 사역이 될 것이다. (2) 요한은 '선구자로' **주 앞에 먼저** 올 것이다(1:17b). 그것은 메시아를 맞이할 준비를 하는 사역이 될 것이다. (3) 요한은 **엘리야의 심령과 능력으로** 섬길 것이다(1:17a). 그것은 능력 및 예언적 성취의 사역이 될 것이다. (4) 요한은 **아버지의 마음을 자식에게, 거스르는 자를…돌아오게** 할 것이다(1:17c; 참고. 말 3:24). 그것은 "개혁의 사역을 통해 일어나는 가족들 간의 화해" 사역이 될 것이다(Bock, *Luke*, 88). (5) 요한은 **주를 위하여 세운 백성을 준비**할 것이다(1:17; 참고. 삼하 7:24). 그것은 "주님의 구

원의 길"에 반응하도록 백성을 준비시키는 사역이 될 것이다(Bock, *Luke*, 91). 이와 같이 천사는 요한의 사역이 하나님에 의해 능력을 부여받고, 다른 사람들을 위해 시행되며, 그리스도께 초점을 맞추게 될 것이라는 점을 나타냈다. 이것은 모든 기독교 사역이 따라야 할 모범이다.

c. 사가랴의 의심: 천사의 안심시킴과 (가벼운) 책망 (1:18-20)

1:18-20. 사가랴의 의심은 심각한 수준은 아니었지만 마리아가 겸손하게 받아들이고 즉시 순종한 것에 비교해볼 때(참고. 1:26-38) 주목할 만하다. 하나님의 약속을 한 치의 흔들림도 없이 누리는 사람들은 하나님의 말씀을 그대로 기꺼이 받아들이는 자들이다. 나타난 천사는 **가브리엘**이었다(참고. 단 10:13, 21). 사가랴는 가브리엘이 자신이 무엇에 대해 이야기하고 있는지 잘 안다는 것을 확인받았다. 가브리엘은 **하나님 앞에 서 있는** 자였으며(1:19a), 또 그와 같은 선포는 분명히 그의 특별 사역이었기 때문이다. 사가랴는 그 메시지의 인간적 '문제들'에 초점을 맞추는 것이 아니라, 그 메시지의 신적 '약속'에 초점을 맞추었어야 했다. 그의 의심 때문에 사가랴는 그 약속이 성취될 때까지 **말 못하는 자가 되어 능히 말을 못하**게 될 것이다. 이것은 천사의 말의 진실성에 대한 표적이며 사가랴의 불신에 대한 책망이 될 것이다.

d. 백성들이 기다리며 이상히 여기다(1:21-23)

1:21-23. 천사와 사가랴 간에 긴 대화가 이어지면서 늦어지자 규정된 제물을 드리고 다시 나타나기를 기다리고 있던 사가랴의 동료 제사장들과 예배자들 사이에서 약간의 염려가 생겨나기 시작했다(1:21). 보통은 제사장이 나타나서 백성들에게 축복을 선언하는 것이 관례였지만, 놀랍게도 사가랴가 나타났을 때 그는 **말을 못하는** 상태였다(1:22a). 이 상황을 통해 백성들은 사가랴가 **환상을 본 줄**을 알게 되었다(1:22b). 사가랴는 틀림없이 자신의 놀라운 경험에 대해 이야기하려고 했지만, 의사소통을 하려는 시도에도 불구하고 그는 **그냥 말 못하는 대로** 있었다(1:22c). 남은 제사장 직무를 다한 후에 사가랴는 **집으로 돌아갔다**(1:23).

3. 엘리사벳의 기쁨(1:24-25)

1:24-25. 세심하고 단순하게 누가는 정말로 **그의 아내 엘리사벳이 잉태**했다고 기록했다(1:24). 이 경우에 초자연적인 '신적 개입'은 없었다. 아마 임신은 인간의 삶과 가족의 정상적인 관계 가운데 이루어졌을 것이다. 그런데도 엘리사벳은 이 임신이 하나님의 은혜라는 것을 분명히 이해했다. **주님께서 나를 돌아보셔서**(1:25a, 새번역). 엘리사벳이 숨어 있었던 이유는 나와 있지 않다. 유산이 두려워서, 아니면 친구와 가족의 불신이나 다른 이례적인 일을 피하기 위해 엘리사벳은 임신 기간이 충분히 경과된 다음에 좋은 소식을 알리고자 했던 것으로 짐작된다. 이 설명에서 누가의 요점은 하나님의 목적을 이루는 역사는 보통 세상의 유력한 자들이나 사회적 '영향을 끼치는 사람들' 가운데서는 잘 보이지 않는다는 것이다. 하나님의 목적을 이루는 역사는 그저 하나님을 섬기고 순종하고 신뢰하는 신실한 자, 약한 자, 천한 자, 어리석은 자들(참고. 고전 1:26-28) 가운데서 겸손하고 개인적이고 사적인 수준에서 일어나며 관찰된다.

B. 예수님의 탄생을 알리다(1:26-38)

1. 알림의 때, 행위자, 장소, 수신자(1:26-27)

1:26-27. 엘리사벳이 임신한 지 **여섯째 달에**(1:26) 그 알림이 이루어졌다. 그것을 알린 자는 전에 나타났던 **가브리엘**이었으며(참고. 1:19a), 위치는 **갈릴리 나사렛이란 동네**였다(1:26). 그 지역은 '주목할 만한 곳이 아니'었다. 그 도시(*polis*, 폴리스)는 실제로는 시골 마을에 더 가까웠으며, 그 당시 나사렛 인구는 최대로 보아도 400명에 지나지 않았다. 그 알림을 받은 사람(마리아)처럼, 그 장소는 예상과 달리 변변치 않고 잘 알려지지 않은 곳이다. 인류 역사상 가장 놀랍고 세상을 바꾸는 사건인 하나님 아들의 성육신은 대도시나 유력한 지역이 아니라 나사렛과 베들레헴의 잘 알려지지 않은 초라한 장소에서 일어날 것이었다. 수신자의 이름이 밝혀진다. 그 이름은 **마리아**이다(1:27c). 그녀의 이름은 '탁월함' 같은 것을 의미했다. 마리아에 대해 제공된 정보의 순서가 특이하다. 일반적으로는 그녀의 이름이 제일 먼저 나오고, 그다음에 그녀와 연계된 사람들, 그러고 나서 더 개인적인 세부 사항이 나와야 할 것이다. 하지만 누가는 그녀를 먼저 **요셉**이라는 남자와 **약혼한**['정혼한'(betrothed)이 더 낫다] **처녀**[두 번 언급되었다. 헬라어 파르테노스(*parthenos*)는 그녀가

결코 성적인 관계를 가진 적이 없다는 분명한 뜻을 지닌다]라고 소개했다. 누가는 마태와 달리(마 1:22-23) 이사야서 7:14의 예언을 언급하지 않지만, 이 사건의 요점은 오해의 여지가 없다. 임박한 탄생은 하나님만이 해내실 수 있으며, 또 메시아 예언의 성취가 되리라는 것이다. 그녀의 약혼자는 **다윗의 자손** 중 한 명으로 소개된다.

2. 문안, 반응 및 확언(1:28-30)

1:28-30. 천사는 두 가지 두운체 용어[카이레(*chaire*), 케카리토메네(*kecharitomene*)]로 말을 시작했다. 마리아는 **은혜를 받은 자여 평안할지어다. 주**[*Kyrios*, 퀴리오스]**께서 너와 함께하시도다**라는 안심시키는 확언의 말을 들었다. 이 말은 실제로 의미가 상당히 풍부하다. 여기에서 **너와 '함께'**는 강조형이다. 사가랴의 반응과는 대조적으로, 마리아의 반응은 두려움이 아니라 사려 깊은 의문이었다. 마리아는 그 말이 지닌 의미를 고려하고 숙고하면서, **이런 인사가 어찌함인가 생각**했다. 천사가 **마리아여 무서워하지 말라**고 한 말(1:30)은 문자적으로 '두려움을 멈추라'는 뜻이다. 또 **네가 하나님께 은혜를 입었느니라**라는 말도 단지 기분 좋은 정서를 전달하는 것이 아니다. 그 말은 어떤 중요한 방식으로 이 '은혜를 입은 자'를 사용하시려는 신적 의도를 나타낸다.

3. 예수 그리스도에 대한 메시지(1:31-33)

1:31-33. 천사의 메시지는 동정녀 탄생과 그 아이의 이름을 밝히는 것으로 시작했다. **그 이름을 예수라 하라**(1:31). 또 그 천사는 그 아이의 초월적 의미에 대해 이야기했다. 그분의 인격[**그가 큰 자가 되고**(1:32a)], 그분과 하나님의 관계[**그가 지극히 높으신 이의 아들이라 일컬어질 것이요**(1:32b, 이것은 그분이 "하나님의 아들"이라고 말하는 한 가지 방법이다)]이다. 그리고 그분의 목적, 즉 **주 하나님께서 그 조상 다윗의 왕위를 그에게 주시리니**(1:32c) 등이다. 이 아이는 다윗의 언약 약속(1:33; 참고. 삼하 7장) 및 이스라엘 민족을 위한 문자적인 지상의 나라에 대해 구약에서 했던 약속의 성취가 될 것이다(또한 마 3:1-4에 대한 주석을 보라).

4. 마리아의 반응, 천사의 설명, 마리아의 순종 (1:34-38)

1:34-38. 천사가 이 아이의 초월적 의미에 대해 이야기하고 있는 동안, 마리아는 첫 번째 요점에 몰두하고 있었다. 즉, 그녀의 임신 문제이다! 사가랴의 반응과는 달리, 마리아의 반응은 불신의 표시가 아니라 단지 과정에 대한 의문이었다. **어찌 이 일이 있으리이까**(1:34). 천사의 설명은 세심하고 단순하고 효과적이었다. 그 아이는 이 처녀의 자손이 될 것이며, **지극히 높으신 이의 능력**이 그녀에게 임할 것이다(1:35). 이것은 그 아이가 (온전히) 인간이면서 (온전히) **하나님의 아들**이 될 것을 나타낸다(1:35c). **거룩한 이**(1:35)는 무엇보다도 이 아이가 죄악에 물든 본성을 지니지 않을 것이며 또 수정되는 순간부터 거룩했다는 것을 나타낸다. 마리아를 격려하기 위해, 천사는 마리아에게 엘리사벳이 임신한 사실을 말하고(1:36), **대저 하나님의 모든 말씀은 능하지 못하심이 없느니라**라는 말로 그녀를 재차 안심시켰다(1:37). 마리아의 겸손한 순종(1:38)은 그녀가 이런 엄청나게 영예스러운 일에 선택받은 이유를 나타낸다.

C. 마리아의 엘리사벳 방문(1:39-56)

1:39-45. 천사에게 들은 말을 확인하기 위해(참고. 1:36) 마리아는 즉시 엘리사벳을 만나러 갔다(1:39-40). 마리아의 인사말을 듣자마자, 엘리사벳과 그녀의 복중의 아이는 성령의 움직이심을 경험했다(1:41, 44b, 67에 대한 주석을 보라). 그래서 엘리사벳은 마리아에게 축복의 말을 하게 되었다(1:42-45). 이 축복은 엘리사벳이 마리아에게 수여된 엄청난 영예 및 마리아가 낳을 아이의 중요성에 대해 알았음을 나타냈다. 즉, 엘리사벳은 그가 자신의 **주**라는 것을 알았다(1:43b). 다시 말해 엘리사벳은 이 아이가 메시아라는 것을 알았다(참고. Bock, *Luke*, 137). 엘리사벳은 또 천사의 메시지를 믿은 마리아를 축복했다(1:45).

1:46-56. 이렇게 천사의 말을 확인하고 나서 마리아는 '송가'(*The Magnificat*)로 알려진 찬양의 노래를 불렀다. 이 노래는 '찬양하는 말'(1:46-47)로 시작한 다음에 '찬양의 이유' (1:48-49a)를 언급하고, '찬양의 대상'(1:49b-55), 다시 말해 구약의 언약 약속의 하나님이신 **능하신 이**(1:49a), 그 이름이 **거룩하신 분**(1:49b)에 집중한다. 그 노래 자체는 구약에 대한 암시로 가득하며(예를 들어, 1:46을 삼상 2:1과, 1:47을 시 35:9과,

1:52을 욥 5:11과, 1:55을 창 17:19과 비교해보라), 하나님의 자비(1:50; 참고. 시 103:17; 54)와 능력(1:51)과 정의 및 공평(1:52-53; 참고. 시 107:9)과 주로 언약적 신실하심(1:54-55)에 대해 하나님을 찬양한다. 마리아가 생각할 때 이 임박한 탄생의 가장 큰 의미는 하나님이 **아브라함과 그 자손에게 영원히** 하신 그분의 언약을 막 성취하려 하신다는 것이었다.

D. 세례 요한의 탄생 및 사가랴의 노래(1:57-80)

1. 요한이 태어나고 엘리사벳이 이름을 짓다(1:57-66)

1:57-66. 엘리사벳의 가족과 친구들은 주님이 그녀에게 특별한 **긍휼**을 베푸셔서 요한이 탄생하게 된 것을 알았다(1:57-58). 할례를 받는 날 이름을 짓는 관습에 맞추어서(참고. 레 12:1-3) 그리고 천사의 지시를 따라(참고. 1:13), 엘리사벳은 아들의 이름을 (친척들이 원하던 대로, 1:59) 아이 아버지의 이름을 따라 **사가랴**라고 하는 대신에 **요한**이라고 지었다(1:60b). 친척들은 계속 자신들의 주장을 내세우면서 사가랴에게 물어보았는데(그들이 사가랴에게 **몸짓**했다는 것은 사가랴가 말만 못한 것이 아니라 귀도 들리지 않았음을 암시한다, 1:62), 놀랍게도 사가랴는 글을 써서 그 아이의 이름을 **요한**으로 하라고 확인해주었다(1:63). 사가랴는 회의자에서 확신자로 바뀌었으며, 즉시 말할 수 있는 능력을 회복하고 **하나님을 찬송하**기 시작했다(1:64). 사람들의 첫 번째 반응은 **두려**움이었다(1:65a). 그 사건이 경외심을 불러일으켰기 때문이었다. 그런 다음 그 사건에 대한 소식이 전 지역에(**유대 산골에**, 1:65b) 퍼져나갔다. 그 사건이 놀랄 만큼 특별했기 때문이었다. 마지막으로 사람들은 이 아이에 대해 궁금해했다. **주의 손이 그와 함께하심**(1:66)이 명백했기 때문이었다. 그는 비범했다.

2. 사가랴의 노래(1:67-80)

1:67-79. 말할 수 있는 능력을 회복하고 **성령으로 충만해진**[누가의 저술에서 항상 사람이 어떤 계시적인 방식으로 말하기 전에 나타나는 현상이다. 참고. Andreas J Kostenberger, "What Does It Mean to Be Filled with the Spirit: A Biblical Investigation," *JETS* 2 (1997), 229-240] 사가랴는 즉시 하나님을 찬양했다. 이 노래(시)는 1:66에 기록된 사람들의 질문, 즉 **이 아이가 장차 어찌 될까**에 대한 대답이었다. 주로 구약의 인용과 암시(예를 들어, 1:68과 왕상 1:48; 시 41:13; 72:18; 1:69과 삼상 2:1, 10; 시 18:2; 89:17; 1:71과 시 106:10; 1:73과 창 22:16; 1:78과 말 4:2; 1:79과 사 9:2)에서 가져온 이 노래는 '사가랴의 노래'(Benedictus)라고 부른다. 하나의 긴 문장(1:68-75)으로 사가랴는 다윗(1:69)과 아브라함(1:73)에게 하신 언약을 성취하신 것에 대해 하나님을 찬양했다. 이 '언약 성취'의 일은 요한이 어느 날 세상에 선언하고 소개할 분, 즉 이 아이(**이 아이여 네가**, 1:76)에 의해 완수될 것이다. 노래의 나머지 부분(1:77-79)에서 사가랴는 구원, 용서, 긍휼, 인도, 평화라는 면에서 오실 분의 사역을 강조했다.

1:80. 요한의 삶은 놀랍게 시작되었으나 여러 해 동안 육체적, 영적으로 정상적인 성장과 발전이 이루어졌다(1:80a). 요한은 1세기 유대교에서 통상 가르치던 길 밖에서 자신의 부르심을 발전시켜 나가기는 했지만(1:80b), 그가 당시 활동하던 사막 종파 중 하나에 가담했을 것 같지는 않다. 세례 요한과 에세네파 및 이른바 쿰란 공동체 같은 집단은 표면적으로 유사하기는 하지만(예를 들어, 금욕 관행, 세례의 중요성, 종말론적인 메시지. 참고. Stein, *Luke*, 129), 요한의 사역은 많이 달랐다. 그의 사역은 개인적이고 독립적이었다(그는 어떤 집단에 소속되지 않았다). 요한의 세례는 독특했다. 그의 세례는 회개의 표시였고(참고. 3:8) 메시아적 공동체로 입회하는 행위였다(그것은 정결 의식 및 개인의 성화를 위한 제도가 아니었다). 요한의 메시지는 오실 메시아 및 그분이 가져오실 구원에 대한 것이었다(참고. 3:6, 그 메시지는 "빛의 아들들"의 다가오는 종말론적 승리에 대한 것이 아니었다).

E. 예수님의 탄생 및 천사들과 목자들의 방문(2:1-20)

1. 예수님의 탄생(2:1-7)

2:1-3. 또다시 누가는 예수님에 대한 자신의 역사를 더 넓은 세계의 역사와 연결시켰다(2:1). 요셉이 고향에 가서 호적을 해야 하는 정확한 이유가 확실하지 않은 것과 마찬가지로, 이 **호적**의 시기와 본질도 확실하지 않다(2:3). **가이사 아구스도**[실제 이름은 옥타비아누스]는 율리우스 카이사르의 큰조카였다. 그는 41

년 동안 로마를 통치했으며 팍스로마나(*Pax Romana*, 로마의 지배에 의한 평화) 이면에 있는 황제였다. 그는 권력을 장악할 때는 약삭빠르고 무자비했지만, 실제로 통치할 때는 현명하고 자애롭기까지 했다. 그는 주전 23년 '아우구스투스'라는 (반신적인) 칭호를 받아들였다(그것은 그의 통치의 시작 및 황제 숭배의 시작을 나타냈다). 그는 주후 14년에 죽었으며 의붓아들인 디베료(티베리우스)가 뒤를 이었다(3:1을 보라).

구레뇨(2:2)는 우리에게 낯선 이름일지 모르지만(이 언급 이외에), 그는 그 시대의 유명 인사였다. 그는 요세푸스(*Antiquities* 17.13.5 단락 355)에 언급되어 있으며, **수리아**[현재 국가보다 훨씬 더 넓은 지역] **총독**이면서 군인이었다.

분명 가이사 아구스도는 그의 통치 기간 동안 여러 가지 정기 인구조사와 특별 인구조사를 실시했기 때문에, 이것이 특이한 일은 아니다. 인구조사의 목적은 세금을 걷기 위해 한 지역의 정확한 인구 기록을 확보하려는 것이었으며, 그 때문에 요셉은 그의 씨족이 사는 고향인 베들레헴으로 가야만 했던 것 같다. 문제는 누가의 인구조사를 (성경 외적 기록에 따른) 그 당시의 인구조사와 맞추려 하는 것이다. 간단히 말해, 우리는 주후 6년에 구레뇨가 시행한 인구조사에 대해 안다(참고. 행 5:37). 하지만 그것은 누가의 인구조사와 일치하지 않는 것 같다. 게다가, (모든 것을 고려했을 때) 예수님이 탄생하신 가장 그럴듯한 시기는 주전 4년에서 6년 사이이다. 하지만 구레뇨는 그것보다 훨씬 늦은 시기에 수리아의 총독이었다. 여러 주석가들이 가능한 해결책들을 제시했지만, 몇몇 주석가들은 간단히 구레뇨가 두 번 수리아의 총독을 했다고 제안했다. 그래서 주후 6년에 있었던 (기록된) 인구조사 앞에 또 한 번의 인구조사가 있었을 수 있다. 다른 주석가들은 누가복음 2:2의 **처음**이라는 단어는(**이 호적은 처음 한 것이라**) '전에' 또는 '앞서'로 이해할 수 있다고 말했다. 그런고로 누가는 이 인구조사가 구레뇨가 시행한 더 유명한 인구조사 전에 이루어졌다고 말하는 것이다. 대체로 여기에 기록된 상황은 아주 믿을 만하며, 우리는 더 구체적인 정보를 얻을 경우 그 문제들을 해결할 수 있을 것이라고 추정할 수 있다. 누가의 정확성을 의심할 이유는 없다(Bock, *Luke*, 903-909을 보라).

2:4-6. 누가에게 중요한 점은 어떤 의미에서 이 칙령이 요셉과 마리아, 즉 약혼한 마리아와 함께 고향을 찾아가는 여행을 하게 했다는 것이다. 마리아는 요셉과 약혼을 하고 아이를 갖고 있었기 때문에 요셉과 동행했다(2:5). 그리고 요셉은 **다윗의 집 족속이므로 베들레헴**을 향해 갔다(2:4). (이 두 사람이 **약혼**만 했다는 사실을 언급한 것은 미묘하지만 명백하다. 즉, 이 아이는 요셉의 아기가 아니다. 이 탄생은 동정녀 탄생이 될 것이다.) 누가는 미가서 5:2을 언급하지 않았지만, 그의 독자들은 (오늘날의 많은 독자들처럼) 이미 그 동네의 이름과 그것이 다윗과 연관되어 있는 중요성에 대해 알았을 것이다. 그들은 (제국을 움직이는) 이교 황제의 칙령이 (성경적 예언을 성취하기 위해 무명의 젊은 두 사람을 잘 알려져 있지 않은 동네로 옮겨가게 함으로써) 하나님의 완전한 계획을 수행해나가는 주권적인 하나님의 수단이라는 점을 이해했을 것이다.

2:7. 1장에서 고조된 기대를 고려할 때, 놀랄 정도로 신중하고 단순하게 누가는 예수 그리스도의 탄생을 묘사했다. **첫아들을 낳아**(2:7a) **강보로 싸서**(2:7b)라는 표현은 신생아를 위한 정상적인 절차를 묘사한 것이다. 갓난아이들은 옷으로 쌌는데, 그렇게 하면 유아의 팔다리가 강해지고 힘이 좋아진다고 생각했다. 하지만 여기에 기록된 **구유에 뉘었다**(2:7c)는 행동은 기대에 완전히 반하고 겉보기에 참으로 어처구니없는 일이었다. 전통과 이야기의 익숙함으로 인해, 많은 불합리한 점이 있다는 점을 잊어버렸다. 하지만 경험이 부족한 젊은 엄마라 할지라도 갓난아이를 동물 여물통에 누인다는 것은 전적으로 부적합한 일로 여겨야 한다. **여관에 있을 곳이 없음이러라**(2:7d)라는 설명은 독자들에게 아기를 구유에 누이게 된 이유를 말해주지만, 그렇다고 해서 구유를 갓난아이를 위한 처소로 사용하는 것이 적절했다는 말은 아니다. 그 장면은 극도로 비천하고 낮은 상황, 전적으로 겸손한 상황을 나타낸다. 그것은 메시아의 도래와 관련해 사람들이 가졌던 기대와 다르다. 누가는 처음부터 이 메시아는 당신을 놀라게 하리라는 점을 알리고 있는 것이다. 이 메시아는 예기치 않은 일을 행하실 것이다.

여관[*katalyma*, 카탈리마]은 '개인 집의 객실'로 번역하는 것이 더 낫다[참고. 똑같은 단어를 사용하고 있는 눅 22:11; 또 '여관' 대신에 판도케이온(*pandocheion*)이라는 다른 단어를 사용한 눅 10:34을 보라]. 마리아와 요셉이 머무르려 했던, 아마도 친척에게 속한 집은 사람들로 가득해서 그들은 그 집에 달린 축사(집에 붙어 있는 차고와 유사한)나 가축을 기르는 데 사용하는 근처 동굴에서 조용히 은신하려고 했다. 어쨌든 거룩한 가족이 여관에서 방을 구하지 못해 예수님이 마구간에서 태어나셨다는 생각은 아마도 정확하지 않을 것이다.

2. 천사들이 목자들을 방문하다(2:8-14)

2:8-14. '기대와 다른' 사건들이라는 주제에 맞추어 누가는 이 탄생의 '좋은 소식'을 첫 번째로 들을 사람들이 목자들이었다고 기록했다. 전통적으로 많은 사람들은 이 선포를 아주 적합한 것으로 생각하게 되었지만, 실제로 목자들은 그와 같은 영광스러운 선언을 들을 가능성이 가장 적은 사람들이었다. 목자들, 특히 밤에 양을 지키는 일을 맡은 목자들은 사회적으로 가장 탐탁지 않은 계층에 속한 사람들이었다. 그들은 평판이 좋지 않고 부정한 사람들로 간주되었으며, "예수님이 오신 목적인, 버림받은 사람들과 죄인들"(참고. Stein, *Luke*, 108)을 대표했다. (처음에, 한) 천사가 나타난 것은 말에 담긴 영광스러운 진리로 이 비천한 목자들에게 깊은 인상을 남기려는 것이었다. **오늘 다윗의 동네에 너희를 위하여 구주가 나셨으니 곧 그리스도 주시니라**(2:11). 세 칭호, 즉 **구주**, **그리스도**, **주**가 이렇게 결합된 것은 신약에서 여기에만 나오며, 그 칭호들은 예수님의 사명, 그분의 왕권, 그분의 권위를 강조한다. 표적, 즉 아이를 둘러싼 환경에 대한 묘사는 그 아기가 있는 곳을 찾아내는 것을 다소 쉽게 만들어 주었을 것이다. 천사들(**천군**, 2:13-14)의 노래는 아이의 위치를 찾아내는 것을 다소 긴급하게 만들었을 것이다.

3. 목자들의 방문(2:15-20)

2:15-20. 누가는 목자들이 아기를 찾기 위해 서둘러 갔다는 것을 강조했다(2:15, 16). 목자들이 아기 예수를 방문한 장면은 누가복음 처음부터 끝까지 나오는 두 가지 주제를 강조한다. 첫째, 이 메시아는 종교적 체제가 '기대했던' 방식으로 오시거나, 섬기거나, 그분의 사명에 종사하시지 않을 것이지만, 비천한 자들, 버림받은 자들, 사회적으로 무시당하는 자들은 그분을 알아볼 것이다. 둘째, 이 메시아는 백성들을 '경탄하게', '놀라게' 할 것이다. 여기에서는 그분이 오신 방식에 의해, 후에는 그분의 가르침과 사역에 의해(참고. 2:33, 47, 48; 4:22; 5:9; 8:25; 9:43-45; 11:14; 20:26; 24:12, 41) 그렇게 될 것이다. 누가는 **마리아는 이 모든 말을 마음에 새기어** 그것들에 대해 거듭 생각했다고 말했다(2:19; 참고. 2:51). 분명 누가가 이 글을 쓸 때 정보를 준 것은 이 사건들에 대한 마리아의 기억이었다.

F. 예수님의 할례 장면(2:21-39)

2:21-24. 누가는 요셉과 마리아가 **할례**(2:21; 참고. 레 12:3)와 (탄생 이후의) **정결 예식**(2:22; 참고. 레 12:1-8)과 (**처음 난** 자의) 드림(2:23-24; 출 13:2, 12)을 충실하게 이행했다고 묘사한다. 마리아가 **산비둘기 한 쌍이나 어린 집비둘기 둘**을 제물로 드린 것(2:24; 참고. 레 12:8)은 그 부부가 부유하지 않았다는 것을 나타낸다.

2:25-39. 이러한 규정된 의식들을 이행하는 동안 아기 예수는 **성전**에서 두 번의 만남을 갖게 된다. 첫 번째 만남은 **시므온**이라는 사람과의 만남이었다(2:25-35). 시므온은 **의롭고 경건하여**(2:25) 성령이 그에게 **주의 그리스도**를 보기까지 살 것이라는 약속을 주신 사람(2:26)이라고 나온다. 아기를 보자마자 시므온은 그 약속(2:29)과 **만민**(2:31), 즉 이방인과 **주의 백성 이스라엘**(2:32) 둘 다의 구원에 대한 주의 약속이 성취되었다는 것을 깨달았다. 시므온은 이 아기에 대한 불길한 경고도 가지고 있었다. 즉, 그의 생명이 이스라엘 민족에게 도전이 될 것이며 마리아에게 슬픔을 가져다주리라는 것이다(2:34-35). 두 번째 만남은 **안나**라는 **여선지자**와의 만남이었다. 안나는 나이가 많으나 독실한 예배자로 묘사되었다. 시므온의 경우와 마찬가지로, 안나가 아기를 보았을 때, 그녀는 그 아기 안에서 **예루살렘의 속량을 바라는 모든 사람**을 위한 약속이 성취되었음을 깨달았다(2:38).

G. 예수님의 소년 시절(2:40-52)

2:40-52. 복음서 중 예수님의 소년 시절에 대해 나오는 유일한 기사인 이 부분에서, 누가는 예수님의 가족이 유월절을 지키고자 예루살렘에 방문했던 때를 기술했다(2:41). 요셉과 마리아는 유월절을 마친 후 나사렛으로 돌아가는 여행객 무리에서 예수님을 찾을 수가

없었다(2:43-44). 그들이 예루살렘으로 돌아가 예수님을 찾았을 때, 그분은 성전에서 선생들과 함께 영적인 문제들을 가지고 토론을 하고 있었다(그리고 그분의 지혜로 그들을 놀라게 하고 있었다, 2:45-47). 부모가 예수님을 찾았을 때, 그의 어머니는 **네 아버지와 내가 근심하여 너를 찾았노라**라고 아들을 꾸짖었다. 하지만 예수님의 설명, 즉 **내가 내 아버지 집에 있어야 될 줄을**(2:49)이란 말은 예수님이 어린 나이에도 자신의 신분에 대해 그리고 자신의 참된 아버지이신 여호와 하나님의 신분에 대해 잘 알고 계셨음을 나타낸다. 누가는 예수님의 '신적 조숙함'을 보여주는 이 사례 외에는, 예수님의 성장과 발전이 그분이 하나님으로부터 누리는 **은혜**(2:40b)와 사랑스러움(favor, 2:52)만 제외하면 완전히 보통 사람과 같았다고 말했다.

Ⅲ. 사역으로의 전환(3:1-4:13)

A. 선구자 세례 요한의 준비(3:1-20)

(마 3:1-13에 대한 주석도 보라)

3:1-20. 누가는 당시의 정치적 종교적 지도자들을 밝히는 것으로 요한의 사역에 대한 묘사를 시작했다(3:1-2). 다시 한 번 예수님의 역사를 더 넓은 세계 역사와 결합시키는 것이다. 요한은 **사가랴의 아들**이라고 나온다(3:2). 사가랴는 앞의 이야기에 나온 사람이다(참고. 1:5-24; 57-80). 요한에게는 **하나님의 말씀이 임**했으며, 그것은 그가 선지자임을 밝혀준다. 요한은 또한 **회개의 세례**(3:3)에 대한 메시지에 의해 그리고 **이사야**의 예언 성취로 인해(3:4-6; 사 40:3-5) 그의 신분이 밝혀진다. 요한의 메시지는 그의 말을 들으러 온 사람들에 맞게 조정되었다. 호기심을 가진 사람들에게(3:7), 주제넘은 사람들에게(3:8), 자기만족에 빠진 사람들에게(3:9) 요한은 경고와 회개의 메시지를 전파했다. 회개하지 않은 사람들(3:10, 12, 14에서 **우리가 무엇을 하리이까**라고 물은 무리, 세리, 군인들)에게 그는 **회개**의 **열매**를 보이라는 실제적인 조언을 해주었다(3:8). 메시아를 바라는 사람들에게 그는 자신에게서 시선을 돌려 자신보다 **능력이 많으신** 분을 바라보라고 가리켰다(3:16). 요한의 사역은 헤롯의 반대에 부딪혔고, 헤롯은 요한을 옥에 가두었다(3:18-20). 세례 요한은 신실한 전파, 그리스도에 초점을 둔 사역, 반대에 직면했을 때 보여야 할 담대함의 전형이었다.

B. 예수님의 준비(3:21-4:13)

(마 3:13-17에 대한 주석도 보라)

3:21-4:13. 예수님의 세례(3:21-22)는 예수님께 하나님 아버지의 승인과 성령님의 권능이 부여됨을 보증해주었다. 마태복음의 계보가 요셉의 왕적 계보(다윗과 솔로몬)를 통한 것으로서 다윗 보좌에서 예수님이 적법하게 다스릴 권리를 확증해준다면, 누가복음에 나오는 예수님의 계보(3:23-38)는 그분의 생득권(아마 마리아를 통한 그리고 나단을 통한 법적 혈통, 3:31b)을 입증해주었다. 그래서 예수님은 다윗의 약속들에 대한 선지자적 법적 권리를 둘 다 가지고 계셨다. 게다가 누가의 계보는 예수님을 사람, 아담과 단단히 결합시켜주었다(3:38). 마태가 아브라함까지만 거슬러 올라간 것에 반해, 누가는 계보를 아담까지 거슬러 올라가기 때문이다. 이것은 예수님이 전체 인류를 위해 보편적인 적절성을 가지고 계심을 강조하려는 것이었다. 시험(4:1-13)은 예수님의 죄 없으심과 사탄에 대한 예수님의 권세를 입증했다. 세 가지 시험(마태복음에 나오는 것과는 순서가 다른, 참고. 마 4:1-11)은 다음과 같았다. (1) 너 자신을 섬기라(4:3-4). (2) 너 자신을 공경하라(4:5-8). (3) 굉장한 구경거리가 되라(주제넘게 되고 너 자신의 중요성을 입증하라, 4:9-12). 예수님은 각 시험을 성경에 호소하심으로써 반격했다(참고. 신 8:3; 6:13; 6:16). 이 사건들은 예수님이 적절한 배경을 갖고, 적절한 자격을 가졌으며, 이제 시작하실 사역에 대한 바람직한 경험을 가진, 꼭 알맞은 분이라는 것을 입증해주었다. 시험에 대해서는 마태복음 4:1-11에 대한 주석도 보라.

Ⅳ. 위대한 갈릴리 사역(4:14-9:62)

A. 갈릴리와 나사렛 회당의 예수(4:14-30)

1. 갈릴리의 예수(4:14-15)

4:14-15. 누가는 예수님의 위대한 갈릴리 사역을 이 시기의 다섯 가지 일반적인 특징을 밝히는 말로 시작했다. (1) 이 사역이 이루어진 장소는 **갈릴리**였다(4:14a). (2) 이 사역을 위한 능력은 **성령**님이었다(4:14b). (3) 이 사역이 미친 영향은 광범위했다. **그 소문이 사방에 퍼졌고**(4:14c). (4) 이 사역의 시행은 **여**

러 회당에서 가르치신 것이었다(4:15a). (5) 이 사역에 대한 반응은 일반적으로 인기 있는 것이었다. 그는 뭇 사람에게 칭송을 받으시더라(4:15b).

2. 나사렛 회당의 예수(4:16-30)

4:16-19. 예수님이 그의 고향 **나사렛**에서 한 경험(4:16)은 방금 언급한 사역의 일반적 특징 중 마지막 것(4:15b)과 극명한 대조를 이루었다. 예수님은 늘 하셨듯이 틈을 보아 회당에서 가르치셨다. 예수님이 읽은 것은 이사야의 두루마리에서 나온 것이며 본문은 이사야서 61:1이었다. 이것은 메시아 본문으로 인정된 곳이었으며 성령의 능력을 받은 여호와의 종에 대해 말했다(참고. 사 42:1-4; 49:1-6; 50:4-9; 52:13-53:12). 예수님의 권능은 여호와의 종으로부터 온 것이었으며, 그분의 사역은 복음을 전파하는 것이었고, 그분의 청중들은 가난한 자, 포로 된 자, 눈먼 자, 눌린 자들이었다. 예수님의 메시지는 복음, 자유, 다시 보게 함, 자유롭게 함이었다. 예수님은 이사야서 61:2의 첫 줄을 읽은 후에 멈추셨다. **주의 은혜의 해를 전파하게 하려 하심이라**(4:19).

4:20-21. 누가의 묘사는 그 장면의 긴장을 능숙하게 전달했다. 예수님은 책을 덮으셨고, 앉으셨고, 침착하지만 단호하게 무리들에게 **이 글이 오늘 너희 귀에 응하였느니라**(4:21b)라고 알려주셨다. 두 가지 핵심 사항을 주목하라. 예수님이 읽기를 멈추신 곳은 의미심장하다. 즉, 이사야 61:2의 나머지 부분은 예수님의 재림 때 일어날 사건들, 즉 심판과 이스라엘의 완전한 회복을 묘사한다(그래서 예수님이 그 구절 전체를 읽으셨다면 그분은 본문이 이루어졌다고 말씀하실 수 없었을 것이다!). 또한 읽기를 멈추시고 본문의 첫 부분을 자신에게(그분의 초림에서) 적용하심으로, 예수님은 사실상 그분 자신이 그 구절의 나머지를 이루실 것이라고(그분의 재림에서) 주장하신다. 여기에서 예수님은 메시아라는 의심의 여지없는 주장을 하고 계셨다. 그분은 공적 사역을 시작하실 때, '예수가 누구인가?'라는 질문에 대답하셨다. 즉, 그분은 메시아이시다!

4:22-30. 예수님은 이 구절을 그분 자신에게 적용하면 칭송과 기쁨을 받게 되리라고 합법적으로 기대하실 수도 있었을 것이다(그분의 임박한 탄생이 마리아와 사가랴에게 그랬던 것처럼). 하지만 예수님은 그분의 현재 사역이 심지어 그분의 고향 사람들에게도 보편적으로 잘 받아들여지지 않을 것임을 아셨다(4:22b). 예수님은 **의사야 너 자신을 고치라** 하는 속담을 인용하셨다. 그 속담은 '너 자신에게 은혜를 베풀어라. 즉, 바로 여기에서, 바로 지금, 네가 가버나움에서 이행했던 것과 같은 기적을 이행하라. 그래서 우리가 네가 이 구절을 성취하는 분이라는 분명한 증거를 볼 수 있게 하라!'는 의미이다. 예수님은 또한 '선지자적 거부'에 대한 구약성경의 두 가지 예를 이용하셨다. 그것은 그들의 반대를 드러냈으며 그들이 예수님을 거부하게 만들었다(4:23-27). 나사렛 사람들은 예수님을 죽이려고 했지만, 예수님은 벗어나셔서 그분의 사역 기지를 가버나움으로 옮기시고(4:29-30, 31), 유대 회당에 가끔씩 방문하셨다(4:44).

B. 예수님의 능력 있는 사역(4:31-44; 5:12-26)

4:31-44. 이 당시 예수님 사역의 특징은 (1) 능력 있고 권위 있는 전파(4:31-32), (2) 마귀적 세력들에 대한 능력을 보여주신 것(4:33-37, 41), (3) 질병에 대한 능력을 보여주신 것(4:38-40, 베드로 장모의 병을 고치신 일에 대해서는 마 8:14-18에 대한 주석을 보라) 등이었다.

5:12-16. 질병에 대한 예수님의 권능이 보인 두 가지 특별한 예가 나환자를 고치신 것(5:12-16)과 중풍병자를 고치신 것(5:17-26)에 기록되어 있다. 첫 번째 경우에 예수님은 **온몸에 나병 들린**(5:12, 이것은 오늘날 '한센병'으로 알려진 것이 아니라 당시 퍼져 있던 수많은 피부 발진과 질병들 중 하나였을 것이다) 사람과 마주쳤다. 이런 상태가 되면 일반적으로 사람들은 혐오감을 느꼈을 것이며 그 사람을 의식상 부정하다고 여겨 사회로부터 그리고 성전에서 예배드리는 일에서 배제시켰을 것이다. **주여 원하시면 나를 깨끗하게 하실 수 있나이다**(5:12c)라는 그 사람의 애처로운 외침은 예수님이 내켜하지 않을지 모른다고 생각했음을 암시하는 것이 아니었다. 오히려 그 말은 그가 예수님이 권위(주), 성향(**원하시면**), 능력(**나를 깨끗하게 하실 수 있나이다**)을 가졌다고 실제로 믿었음을 보여준다. 예수님의 대답은 그분에 대한 나환자의 믿음을 확증해주었다. (1) 예수님은 그에게 손을 대셨다. 이는 놀라운 긍휼의 행동(그 사람은 오랫동안 다른 사람이 손을 만

져보지 못했을 것이다)이다. (2) 예수님은 그에게 말씀하셨다. **내가 원하노니**(5:13b). (3) 예수님은 그를 고치셨다. **나병이 곧 떠나니라**(5:13c). 예수님이 그 사람에게 지시하신 것은 아마 예수님이 율법을 존중하신다는 것을 입증하고(5:14), 그분이 알려지심으로 혼란이 생겨 그분의 사역을 뒤죽박죽 만들어버리는 일을 미연에 방지하기 위해서였을 것이다(마 8:1-4에 대한 주석을 보라).

5:17-26. 질병에 대한 권세의 두 번째 특별한 예, 즉 중풍병자를 고치신 일(5:17-26; 또한 마 9:1-8에 대한 주석을 보라)은 예수님 자신이 **병을 고치는 능력**(5:17c)도 있다는 것을 가르치고 있을 때(누가가 그것을 우리에게 알려준다) 일어났다. 이 말은 그저 독자들에게 병을 고치는 능력이 예수님이 '메시아적 자격'을 지니고 있다는 표시였음을 상기시키려는 것처럼 보인다(참고. 4:18; 사 61:1). 예수님이 가르치고 계실 때, 서너 사람이 한 중풍병자를 침상에 메고 왔다. 무리가 너무 많아 그들이 예수님께 다가가지 못하자(5:18-19a), 그들은 예수님이 계시는 방의 지붕에 구멍을 뚫고 그 사람을 **예수 앞에** 달아 내렸다(5:19b). 예수님은 이 기회를 이용해서 질병에 대한 그분의 능력을 보일 뿐 아니라 죄를 사할 권세도 확증하셨다. 예수님은 중풍병자와 그의 친구들이 원하는 것을 즉시 행하시는 대신, **그들의 믿음을 보시고**(5:20a, 그들이 예수님이 병을 고칠 능력과 권위가 있다고 믿는 것을 보시고) 그 중풍병자에게 **이 사람아 네 죄 사함을 받았느니라**(이 말이 반드시 그 사람의 병이 죄로 인한 것이라고 시사하는 것은 아니다)라고 말씀하셨다. 이 선포는 무리 가운데 있던 바리새인들의 마음속에 반발을 불러일으켰다(그들이 **생각하여**, 5:21a). 그들에게 그런 주장은 신성모독에 해당되었다. **오직 하나님**만이 죄를 사하실 수 있기 때문이다(5:21b). 예수님은 바리새인들이 '생각하는 것'에 합리적인 도전을 제시하셨다. **네 죄 사함을 받았느니라**라고 말하는 것은 **일어나 걸어가라**라고 말하는 것과 똑같이 쉽다는 것이다(5:23). 겉으로 표현되지는 않았으나 예수님이 주장하고 계신 점은 어떤 분이 중풍병자에게 '일어나 걸어가라'라고 말하고 그 중풍병자가 실제로 일어나 걸어갈 수 있다면, 그것은 그분의 능력과 권위, 즉 병을 고치고 '또한' 죄를 사하는 것에 대해 뭔가를 말해준다는 것이다. 또한 예수님은 그 중풍병자를 고치심으로(5:24b-25) 자신에게 죄를 사하는 권세가 있음(5:24a)을 명백히 주장하셨다. 이것은 무리들에게 놀라움, 두려움, 찬양을 불러일으켰다(5:26).

C. 예수님이 첫 번째 제자들을 부르시다(5:1-11; 27-28; 6:12-16)

1. 예수님이 시몬(베드로), 야고보와 요한, 레위(마태)를 부르시다(5:1-11; 27-28)

5:1-11. 예수님은 갈릴리, 바로 호숫가에서 가르치는 사역을 계속하셨다(5:1). 그때 예수님은 시몬(베드로)을 만나셨다. 아마 예수님이 베드로의 배를 연단으로 사용하사 가르침을 베푸셨기 때문일 것이다(5:3). 예수님이 시몬에게 아무것도 잡지 못한 밤 이후에도 계속 고기를 잡으라고 도전하신(5:4-5a) 것은 시몬이 이 사람이 누구인지 깨달았는지를 보려는 시험이었다. 5절은 상당한 역설을 포함하고 있다. 시몬은 어부였으며 낮 시간에 고기를 잡는 것이 아무런 효과가 없다는 것을 알고 있었다(고기들은 더 서늘해지고 어두워진 밤에 나오는 곤충들을 먹고 살았다. 다른 포식성 고기의 눈에 띄어 잡아먹히지 않도록 하기 위해서였다). 즉, 시몬은 고기잡이 전문가였다. 반면 예수님은 목수에 불과했다. 예수님이 고기에 대해 무엇을 아신다는 말인가? 하지만 시몬은 예수님의 말씀을 따랐다. 그리고 그는 순종의 결과로 기적적인 어획고를 얻을 수 있었다(5:6-7). 즉시 시몬은 예수님이 누구신지 알았다. 베드로는 그분을 **주**라고 불렀다(5:8a). 베드로의 반응은 예수님께 떠나시라고 명령하는 것이 아니라, 자신의 하잘것없음에 대한 표현이었다(5:8b). 베드로가 예수님의 존귀하심과 자신의 죄 됨을 인정한 것은 베드로의 자격을 박탈하기는커녕, 바로 그를 제자가 되기에 이상적인 후보로 만들어주었다. 예수님은 베드로를 안심시키셨으며 야고보와 요한에게 그러셨던 것과 마찬가지로(5:10a) 그에게 새로운 임무를 주셨다(5:10b). 그래서 그들은 **모든 것을 버려두고 예수를 따르니라**(5:11). 여기에서 요점은 대단히 단순하다. 제자는 다른 모든 것을 제쳐놓고(필요하다면 문자적으로) 예수님을 따르는 사람이라는 것이다. 게다가 예수님이 시몬을 그가 알기로는 불가능한 어떤 것(낮 동안 고기를 잡는 것)에

서 성공하도록 만드실 수 있다면, 또한 **사람을 취하**는 것(10절)에서도 성공하도록 만드실 수 있다는 암시적 격려가 나와 있다.

5:27-28. 레위(마태)를 부르신 것도 같은 유형을 따랐다. 레위는 세리로 일하는 중이었다(5:27a). 그런데도 예수님은 그를 부르셨다. **나를 따르라**(5:27b). 그리고 레위는 바로 예수님을 따랐다(5:28). 레위의 반응은 즉각적이고 완전했다.

2. 예수님이 열두 제자가 사도가 되도록 부르시다 (6:12-16)

6:12-16. 첫 제자들을 부르신 것은 예수님이 그들을 **사도**(6:13), 즉 예수님의 사역과 교회사에서 독특한 권세를 가지고 보냄을 받은 사람들이라고 인정하심으로써 더 큰 의미를 지닌다. 이 사람들은 온갖 다양한 직업과, 다양한 사회적 경제적 배경과, 다양한 고향 출신이었다. 하지만 그들에게는 적어도 한 가지 공통점이 있었다. 그들은 예수님께 그리고 예수님이 그들에게 하라고 부르신 일에 헌신했다.

D. 예상과 반대되는 예수님의 사역(5:29-6:11)

5:29-6:11. 누가는 예수님의 틀에 박히지 않은 사역을 서너 장면 기록했다(마 9:10-13에 대한 주석을 보라). 첫째, 그는 예수님이 죄인들과 함께 먹었다고 기록했다(5:29). 그분의 행동이 반대를 불러일으켰음에도 그는 그 내용을 담았다(5:30). 예수님이 그렇게 하신 것은 자신의 사역을 병든 자와 접촉해야 하는 의사의 사역으로 보셨기 때문이며(5:31), 자신을 **죄인을 불러 회개시키러** 오신 선지자/전도자로 보셨기 때문이다(5:32). 예수님의 틀에 박히지 않은 사역의 두 번째 특징(또한 마 9:14-17에 대한 주석을 보라)은 예수님이 자기 제자들에게 금식하라고 가르치지 않았다는 것이다(5:33). 예수님은 자신이 사역하는 동안은 금식할 때가 아니라고 설명하셨다(5:34-35). 예수님은 또한 그분의 사역이 그저 '낡은 옷 위의 새 옷 조각'이 아니라, 완전히 새로운 어떤 것이었으며, 그래서 옛 형태의 '경건'은 적절하지 않다고 설명하셨다(5:36-39). 예수님의 틀에 박히지 않은 사역의 세 번째 특징은 예수님이 제자들에게 바리새인들의 율법주의적 관행들을 따르라고 요구하지 않으셨다는 것이다(6:1-5). 마지막으로 예수님은 안식일에 병을 고치셨다(6:6-11). 비록 이것이 바리새인들의 반대를 불러일으켰지만(6:11), 이 사건은 예수님이 율법주의보다 생명을 우선으로 여긴다는 것을 보여준다.

E. 예상과 반대되는 예수님의 가르침(6:17-49)

1. 평지수훈(6:17-38)

6:17-38. 이 부분에서 누가는 누가복음판 산상수훈을 제시했다(마 5-7장에 대한 주석을 보라). 마태는 이 사건을 산 위에서 일어난 것으로 말했다(마 5:1). 반면에 누가는 그것이 평지에서 일어났다고 말했다. 어떤 사람들은 두 가지가 서로 모순된다고 본다. 하지만 그 일이 있었던 곳은 산꼭대기의 평평한 장소였을 것이다. 사람들 세 집단 이 거기 있었다. **그 제자의 많은 무리**(6:17b), **많은 백성**(6:17c)—그중 많은 사람들이 병 고침을 받으러 온 사람들이었다(6:18-19)—그리고 열두 제자였다. 그런데도 예수님의 가르침은 열두 제자를 직접 향했다(6:20a). 첫 번째 부분에서, 소위 '팔복'[6:20b-23, 마카리오스(*makarios*)는 '복이 있다', 혹은 '행복하다'라는 의미이다. 마 5:1-5에 대한 주석을 보라]과 '화'(6:24-26)에서 예수님은 자기 제자들을 위한 태도와 가치관들을 제시하셨는데, 그것은 예상과 반대되는 것이었다. 예수님의 제자들은 슬픔을 낳을 만한 상황들(가난, 상실, 박해)에서 자신을 '복이 있다'고 여겨야 한다. 결국에는 하늘에서 **상**이 있을 것임을 알았기 때문이다. 마찬가지로 그들은 현세적이고 일시적인 안락함, 편안함, 인기를 낳는 상황들에 주의를 기울여야 했다. 두 번째 부분에서(6:27-38; 또한 마 5:43-48에 대한 주석을 보라) 예수님은 '제자로 사는 삶을 위한 규칙' 몇 가지를 규정하셨다. 제자들은 불신자들을 사랑해야 하고, 선대해야 하고, 위하여 기도해야 하고, 관대해야 하고, 자비롭고 판단하지 말아야 한다. 그처럼 사람들의 기대와 반대되는 삶은 (1) 불신자들이 행동하는 방식과 대조되고(6:32-34), (2) **너희 아버지**의 본성과 일치하며(6:35-36), (3) 상을 받게 될 방식이다(6:37-38).

2. 제자들을 위한 세 가지 경고(6:39-49)

(마 6:1-6; 7:7-27에 대한 주석도 보라)

6:39-49. 예수님은 제자들에게 주는 교훈의 결론을 맺으시면서, 그들에게 여러 예시를 사용해서 세 가지 원칙에 의거한 경고를 하셨다. 첫째, 예수님은 '맹인

을 인도하는 맹인'(6:39), 제자와 선생(6:40), 눈에 들보를 넣고는 눈에 티가 있는 사람을 도우려 하는 우스운 장면(6:41-42)을 이용해서, '영적 교만'에 대해 경고하셨다. 둘째, 예수님은 두 유형의 나무(6:43)와 다양한 종류의 열매 맺는 식물들(무화과나무, 포도나무, 6:44)의 실례를 이용해서, '일관성 없는 삶'('못된' 삶을 살면서 '좋은' 열매를 맺으려 하는 것)에 대해 경고하셨다(6:44). '좋은' 것은 '좋은' 것에서만 온다. 셋째로, 예수님은 집의 예시를 사용해서 '영적 주제넘음'(6:46)에 대해 경고하셨다. '주추를 잘 놓은' 집은 오래 지속되지만 '주추를 잘 놓지 않은' 집은 그렇지 못하다(6:47-49). 제자들은 예수님과의 피상적 관계가 재난의 때에도 지속될 것이라고 주제넘게 생각해서는 안 된다.

F. 예수님의 신분이 드러나다(7:1-8:3)

그다음 부분에서 누가는 예수님의 신분에 대한 문제를 더 다루기 위해, 서너 개의 사건과 만남을 예수님의 가르침과 함께 제시한다. 누가는 예수님의 신분을 인지한 사람들과 그렇지 않은 사람들을 대조시켰다. 그 일은 **가버나움**에서 일어났다(7:1).

1. 예수님이 백부장의 종을 고치시다(7:1-10)

(마 8:5-13에 대한 주석도 보라)

7:1-10. 이 병 고침에 대한 기사에서 예상치 못한 요소는 백부장 자신이다. 이 사람, 즉 이방인(아마 로마인)인 백부장은 군사들의 지도자(7:8a)였다. 백부장은 강인하고, 공정하고, 권위 있는 인물이어야 했다. 이 특정한 백부장은 자기의 아픈 종에 대해 염려하는 사랑 많은 주인(7:2), 그의 관할권에 있는 유대 백성의 존경을 받는 **합당**한 사람(7:4), 유대 백성에게 예의 바르며 심지어 친절한 사람(**그가 우리 민족을 사랑하고** 7:5a), 관대한 사람(**우리를 위하여 회당을 지었나이다** 7:5b)으로 묘사되었다. 여기에는 아마 창세기 12:3의 암시적 성취가 나와 있을 것이다. 그 군인은 유대 백성에게 친절했으므로, 주님으로부터 복을 받았다. 게다가 그는 분명 예수님에 대해 전혀 보지 못했고 그저 듣기만 했음에도 예수님께 **오셔서 그 종을 구해**달라고 사람을 보냈다(7:3b). 백부장은 자신이 권위를 가진 자였음에도 자신을 주님이 개인적으로 방문하기에 합당치 못한 자로 간주하면서, 공경하는 태도를 보였다(7:6, 7). 백부장은 큰 믿음 및 예수님의 권세와 능력에 대한 이해를 보여주었다(7:8b). 이로 인해 백부장은 자신이 요청한 것에 대한 응답을 받았을 뿐 아니라 그의 종이 나았으며(7:10), 예수님은 그의 믿음을 칭찬하셨다(7:9). 예수님은 이처럼 권세, 긍휼, 병을 고칠 능력을 가진 분으로 나타나신다. 그것은 모두 메시아의 특성들이다(참고. 사 61:1; 참고. 눅 7:18-23).

2. 예수님이 과부의 아들을 고치시다(7:11-17)

7:11-17. 예수님과 그의 제자들이 나인이라는 마을에 가셨을 때(많은 무리를 뒤에 데리고, 7:11), 그들은 이미 진행되고 있는 장례식(7:12a)을 따라가는 또 다른 큰 무리(7:12c)를 만났다. 상황은 이중으로 비극적이었다. 죽은 사람이 과부의 독자였던 것이다(7:12b). 이것은 그 과부가 아무것도 없다는 것을 의미했다(남편도 없고 아들도 없다는 것은 기대할 수 있는 부양 수단이 아무것도 없다는 뜻이다). 무리들, 슬픈 사건, 절망적인 상황 너머로, 예수님은 **과부를 보셨다**. 예수님은 **불쌍히 여기**셨으며, 그녀에게 말을 건네셨다(7:13a). 분명 이것은 그 슬픈 상황의 예법을 어기는 것이었다. 하지만 예수님의 말은 그 사건과는 더욱 더 일치하지 않았다. 그분은 **울지 말라**[문자적으로는 '울기를 중단하라' 7:13b]고 **하**셨다. 그다음에 예수님은 그 행렬을 완전히 중단시키셨다(7:14a). 예수님은 이 장례 행렬을 우연히 발견하셨으며, 주도권을 쥐시고 전체 상황을 뒤집으셨다. 예수님은 그 청년에게 말을 거시고 그에게 **일어나라**고 명하셨다(7:14b). 예수님이 그 청년을 그의 어머니에게 돌려보냈을 때, 무리는 두려움과 찬양의 반응을 보였다. 무리의 판단은 완전하지 않았다. 즉, 이 사람은 그저 하나님이 그를 통해 자기 백성을 돌보신 **큰 선지자**가 아니었다(7:16). 그분은 완전히 신적인 존재, 하나님의 아들, 죽은 자를 살리실 권세와 능력을 가진 분이었다.

3. 세례 요한과 관련된 세 장면(7:18-35)

(마 11:2-19에 대한 주석도 보라)

세례 요한에 대한 마지막 언급은 3:20에서 나왔다. 거기에서는 헤롯(안티파스)이 "요한을 옥에 가두니라"라고 되어 있었다. 분명 감옥에서 요한은 예수님 사역의 모든 일을 들었을 것이다(7:18).

a. 예수님에 대해 요한이 질문을 하고 예수님이 대답하시다(7:18-23)

7:18-23. 이 질문들은 반드시 요한이 '믿음의 위기'를 겪고 있었다거나 예수님을 의심하기 시작했다는 것을 나타내지는 않는다. 요한은 실제로 질문을 가지고 있었으며, 그는 논리적으로 그리고 적절하게, 대답을 얻기 위해 자기 제자들을 예수님께 보냈다. 요한은 여전히 감옥에 있었지만, 확신을 갖기 원했던 듯하다(아마 그는 메시아가 "갇힌 자에게 놓임을" 주리라는 예언을 생각하고 있었을 것이다. 사 61:1). 그리고 요한은 예수님이 그 일을 할 수 있는 유일한 분이라는 것을 알았다. 요한의 제자들이 예수님이 계시던 곳에 도착했을 때, 우연히도 **마침 그때에**(7:21a) 예수님은 사람들의 병을 고치시고 마귀를 쫓아내고 계셨다. 예수님은 요한의 제자들에게 그들이 본 것[예를 들어, **맹인이 보며**(참고. 눅 4:18과 사 61:1; 29:18), **못 걷는 사람이 걸으며**(참고. 눅 5:17-26과 사 35:6), 질병이 치유되며(눅 5:12-16; 17:11-19과 왕하 5:1-19), **귀먹은 사람이 들으며**(눅 11:14과 사 29:18; 35:5; 42:18), **가난한 자에게 복음이 전파된다**(참고. 눅 4:18과 사 35:5; 61:1). 예수님이 포로 된 자에게 자유를 주는 것에 대해 구약성경(사 61:1)은 언급하지 않았다는 것을 주목하라!]을 가서 요한에게 알리라고 말씀하셨다(7:22a). 이러한 일들은 메시아가 하시리라고 예상되었던 것들이었으며 예수님이 정말로 기다리던 분이었음을 입증했다(7:19, 20).

b. 예수님이 요한을 칭찬하시다(7:24-30)

(마 11:7-15에 대한 주석도 보라)

7:24-30. 예수님은 이 기회를 이용해서 요한을 칭찬하셨다. 예수님은 무리들에게 **너희가 무엇을 보려고 광야에 나갔더냐**(7:24, 25, 26)라는 수사학적 질문을 세 가지로 변형해서 물으셨다. 첫째, **바람에 흔들리는 갈대**는 순응적이고 잘 구부릴 수 있는 것이었다(7:24b). 반면 요한은 변덕스럽거나 생각이 흔들리지 않았다. 둘째, **부드러운 옷 입은 사람**은 왕궁에서 편안하게 살고 있던 세련된 사람이었다(7:25b). 반면 요한은 거친 광야에서 살았다. 그래서 처음 두 질문에 대한 대답은 '아니요!'였다. 요한은 **선지자**였으며 **선지자보다도 훌륭한 자**였다(7:26). 그는 메시아의 선구자였다(7:27). 요한은 겸손했을 뿐 아니라(참고. 요 3:30) 메시아를 위한 자신의 사명을 성취했기 때문에 큰 자였다. 그는 사람들을 메시아 예수께로 향하게 했다. 요한에 대한 예수님의 평가는 일반 백성들에게 잘 받아들여졌으나(7:29) 종교 지도자들은 그것을 거부했다(7:30).

c. 예수님이 그 세대를 책망하시다(7:31-35)

(마 11:16-19에 대한 주석도 보라)

7:31-35. 예수님은 요한을 거부한 종교 지도자들을 책망하셨다(7:31). 예수님이 하신 책망의 요점은 요한의 금욕주의와 회개의 필요성에 대한 단호한 메시지도, 예수님의 병 고침과 소망의 메시지도(그분이 죄인들을 환영하신 것) 자칭 '취향'과 '지혜'의 결정권자인 사람들에게는 만족스럽지 않았다는 것이다. 지도자들은 요한과 예수님을 그들이 원하는 대로 놀지 않을 때 놀기를 거절한 '까다로운 아이들'처럼 여겼다(참고. Liefeld, "Luke," 8:901).

4. 저녁 식사 때 기름 부음을 받으신 예수님, 두 빚진 자의 비유(7:36-50)

7:36-39. 예수님을 받아들인 일반 유대 백성과 예수님을 거부한 지도자들 간의 대조는 예수님과 한 바리새인(7:36a)과의 만남에서 극명하게 드러난다. 예수님은 **한 바리새인**의 식사 초대를 받아들이셨다. 그리고 예수님이 먹고 계실(**앉으셨을** 7:36b) 때, **죄를 지은**(7:37a)이라고만 언급된 한 여자가 그 집으로 왔다. 초대받지 않은 손님들이 잔칫상 주변에 서 있는 것은 이상한 일이 아니었다. 아마 눈에 띄기 위해서거나 저녁 식사를 조금 제공받기 위해서였을 것이다. 하지만 이 여자는 단 한 가지 목적만을 가지고 향유 담은 옥합(7:37b)을 들고 왔다. 그 목적이란 예수님께 경의를 표하려는 것이었다. 누가는 그 일이 저녁 식사에 미친 영향을 강조하기 위해 그 여자의 동작들을 지나치리만큼 세심하게, 상세히 묘사했다. 그녀의 봉헌[**울며**, 문자적으로는 '눈물을 터뜨리며', 그리고 예수님의 발치에 앉아 자기의 눈물로 그분의 발을 **적시고 그 발에 입 맞추고 향유를 부은** 것(7:38)]은 모두 예의범절에 어긋난 것이었다. 그런 행동들은 예수님을 향한 제약받지 않는 애정에서 나온 행동이었다. 그때 그 바리새인은 비판적인 혐오의 반응을 보였다. 그(그리고 분명 다른 사람들)는 예수님이 정말 선지자라면 어떠한 여자(**죄인인**)가 자신을 만지는지를 알았을 것이며(7:39b), 예수님

이 그녀의 헌신을 거절하고 이런 표현을 멈추게 했을 것이라고 마음속으로 생각했다(7:39a).

7:40-50. 예수님은 **시몬**이라는 그 바리새인에게 말해도 좋은지 사실상 허락을 구하시고는(7:40), 이 표현되지 않은 비판에 하나의 비유로 반응하셨다. 그 비유에는 **빚 주는 사람**과 **빚진 자** 둘이 포함되었다(7:41a). 한 사람은 상당한 금액을 빚졌다. 그 빚을 갚으려면 몇 년이 걸렸을 것이다. 그리고 다른 사람은 그보다 덜한 금액을 빚졌다. 그 빚을 갚으려면 몇 주일이 걸렸을 것이다(7:41b). 자비롭게도 빚 주는 사람은 둘 다 탕감해주었다. 예수님이 시몬에게 하신 질문은 **둘 중에 누가 그를 더 사랑하겠느냐**(7:42)라는 것이었다. 시몬이 '많이 탕감함을 받은 자'(7:43)라고 옳은 대답을 했을 때 예수님은 그 비유를 현재 상황에 적용하셨다. 예수님은 시몬이 예수님에 대해 별로 존경을 보이지 않은 반면, 여자는 예수님께 큰 사랑을 보여주었다는 것을 인정하셨다(7:44-46). 그녀의 사랑은 엄청난 것이었다. 반면 시몬은 심지어 일반적인 예의도 갖추지 않았다. 그녀의 헌신은 사랑의 증거였으며, 그 사랑은 용서받은 것에 대한 감사가 겉으로 표현된 것이었다. 예수님이 그녀에게 **네 죄 사함을 받았느니라**(7:48)라고 말씀하셨을 때, 예수님은 그녀가 자신의 행동에 의해 죄 사함을 얻었음이 아니라, 그녀의 행동이 죄 사함 받았다는 사랑의 증거임을 시사하고 계신 것이었다. 예수님의 죄 사함에 함께 저녁을 먹던 무리들이 깜짝 놀랐다(7:49). 예수님은 죄 사함을 선언하시고 그녀의 구원을 확증하셨다(7:50).

5. 예수님이 몇몇 여자들에게 섬김을 받으시다 (8:1-3)

8:1-3. 예수님의 사명에는 많은 여행과 설교(8:1a, b; 참고. 눅 4:18; 사 61:1), 열두 제자의 도움을 받아 그분의 부르심에 충실하신 것(8:1c) 등이 포함되어 있었다. 이 모든 활동에서 몇 명의 여자가 예수님을 후원했다(8:2-3). 여자들은 당시에 그다지 존경받지 못했다. 하지만 예수님은 문화에서 버림받고 짓밟힌 사람들을 사랑하시고 찾으셨다. 예수님은 여자들을 지도자 지위나 그분의 사도로 임명하지는 않으셨지만, 여자들을 존중하고 중시하셨으며, 여자들은 예수님의 사명을 후원함으로 자신들의 감사를 보여주었다(8:3c).

G. 예수님이 비유로 가르치시다(8:4-21)

8:4-21. 누가복음에서 이 두 비유는 예수님의 가르침에 명확하게 적용된다. 예수님을 인정하고 영접하는 사람들은 좋은 땅이다. 그들은 "보고 깨닫"는 사람들이며 그들은 예수님의 말씀을 "어떻게 들을까 스스로 삼가"는 사람들이다.

1. 땅의 비유(8:4-15)

(마 13:1-23에 대한 주석도 보라)

8:4-10. 비유는 세 부분으로 나눠진다. 비유 자체(8:4-8), 예수님이 비유로 가르치신 이유에 대한 제자들의 질문(8:9-10), 비유에 대한 설명(8:11-15)이다. 비유 자체는 단도직입적이다. 씨를 뿌리는 사람은 예수님의 말씀을 듣는 사람들이 흔히 보는 광경이었을 것이다(8:5a). 어떤 씨는 **길가에**(8:5b) 사람들의 발에 **밟히**(8:5c)는 보행자용 도로 가장자리에 떨어져 못쓰게 되어버렸다. 이 씨는 또한 노출되어 있었기 때문에 쉽게 **공중의 새들이** 쪼아 먹었을 것이다(8:5d). 어떤 씨는 (씨 뿌리는 사람은 알지 못했으나) 기반암 위에 얇은 흙이 덮여 있을 뿐인 **바위 위에**(8:6a) 뿌려졌다. 그런 땅은 물을 담고 있을 만큼 깊지 않았으며 거기서 싹이 튼 식물은 **습기**가 없어서 죽어버릴 것이다(8:6d). 어떤 씨는 **가시떨기 속에** 떨어졌다(8:7a). 이것은 잡초씨가 이미 그 안에 섞여 있는 땅이었다(역시 씨 뿌리는 사람은 그것을 알지 못했다). 잡초는 더 공격적이었으므로 좋은 씨와 함께 **자라서** 결국에는 **기운을 막았**다(8:7b). 마지막으로 어떤 씨는 **좋은 땅에 떨어졌**다(8:8a). 이 씨는 잘 자라서 유일하게 풍성한 **결실을 하였**다(8:8b).

예수님은 그분의 말씀을 듣는 자들에게 그분의 가르침에 정말로 귀를 기울이라고 권고하셨다. **들을 귀 있는 자는 들을지어다**(8:8c). 이로 인해 제자들이 두 가지 질문을 하게 되었을 것이다. 첫째, 그 비유는 무엇을 의미했는가(대답은 마지막 부분에 나올 것이다). 그리고 둘째, (암시된 것으로) 왜 예수님은 비유로 말씀하셨는가(참고. 마 13:10-17). 예수님은 사실상 자신의 비유들이 '결실을 맺는 마음'(참고. 8:8)과 '빛이 비추인 마음'(참고. 8:16)을 가진 사람은 정말로 듣고 깨닫는 것이 가능하도록 하는 반면, '굳은 마음'과 '산만한 마음'(참고. 8:5-7)과 '부주의한 마음'(참고. 8:18)을 가진 사람에게는 '보거나, 듣거나, **깨닫는**' 것이 불가능하게 만든다고 대답하셨다.

8:11-15. 예수님은 비유에 대한 설명에서 씨가 **하나님의 말씀**이라는 것을 분명히 하셨다(8:11). 여러 가지 땅은 여러 유형의 마음을 나타낸다. 성경에서 '마음'은 인간의 감정뿐 아니라 사고의 소재지로 이해된다(참고. 렘 17:9-10; 마 9:4; 15:18). 첫째 유형의 땅/마음의 문제는 그 굳음이었다. 그로 인해 사탄의 영향력과 속임수에 취약해졌다(8:12). 두 번째 유형의 땅/마음의 문제는 이 사람들이 그들이 말씀에서 들은 것을 좋아하고 잠시 말씀에 반응을 보인다는 것이었다. 하지만 그들은 얕았으며, 깊은 뿌리가 없었다. 그래서 시험과 시련이 그들을 시들게 했다. 세 번째 유형의 땅/마음은 **이생의 염려와 재물과 향락**(8:14b)과 '섞여' 있었다. 두 번째 땅/마음의 씨는 갑작스럽게 소멸된 것이었지만, 여기에서 실패는 점진적인 것이었다. 좋은 씨는 **염려**[일상생활의 걱정 근심], **재물**[이생의 좋은 것들], **향락**[단순히 감각적인 쾌락만이 아니라 이 현세적이고 일시적인 세상의 즐거움들]에 의해 기운이 막혔다. 좋은 씨의 기운을 막은 것은 반드시 '대단한 문제들'이 아니라 마음을 서서히 덮쳐서 그리스도와 죄와 구원에 관련된 더 심각한 문제들, 즉 영원하고 영적인 문제들을 위한 여지를 남겨놓지 않은 '매일의' 삶이었다. 단 한 유형의 땅/마음(8:15a)만이 **좋은 마음**(8:15b)이었으며, 오직 그런 마음만이 [말씀을] **듣고 지키어…결실**한다. 열매를 맺는 것은 좋은 땅의 표시이며 진정한 삶의 증거이다(마 13:18-23에 대한 주석을 보라).

2. 등불의 비유(8:16-18)

8:16-18. 예수님은 등불의 비유를 사용해서 그분의 가르침이 갖는 세 가지 특징을 드러내셨다. (1) 그 자체는 눈에 완전히 보이는 것이며 (마음/땅의) 빛을 비추는 것이었다(8:16). (2) 그것은 감추인 것을 드러냈다(그것은 사람의 마음이 어떠한 '땅'인지 드러낼 것이다, 8:17). (3) 그것에 주의를 기울여야 한다(8:18).

3. 예수님의 참된 가족(8:19-21)

(마 12:46-50에 대한 주석도 보라)

8:19-21. 누가는 예수님이 자신의 가족을 소홀히 여기지는 않았지만, 다른 사람들보다 더 호의적으로 대하지도 않았다는 것을 간략하게 말했다. 그보다 예수님은 그분의 가르침에 나오는 **하나님의 말씀**(8:21)을 듣고 깨달으며 그 말씀에 순종하는 사람들을 더 좋아하고 그들에게 주의를 기울이셨다.

H. 예수님: 주님(8:22-56)

그다음 부분에서 누가는 예수님의 권능과 권세를 강조하면서, 예수님을 주님으로 묘사했다. 예수님은 풍랑을 잔잔하게 하신 것에서 자연에 대한 그분의 권능을(8:22-25), 거라사의 귀신 들린 자에게서 마귀를 내쫓으셨을 때 초자연적인 것에 대한 그분의 권능을(8:26-39), 혈루증 앓는 여자를 고쳐주시는 것에서 질병에 대한 그분의 권능을(8:43-48), 야이로의 딸을 일으키신 것에서 죽음에 대한 그분의 권능을(8:40-42, 49-56) 보여주셨다. 이 사건들에서는 '두려움'이라는 주제가 두드러지게 나온다. 예수님은 자연적인 것(8:25)과 초자연적인 것(8:37)에 대한 그분의 권능을 보여주셨을 때 '두려움'을 일으키셨다. 예수님은 병 고침의 권능으로 '두려움'을 가라앉히셨다(8:47, 50).

1. 예수님이 풍랑을 잠잠하게 하시다(8:22-25)

(마 8:23-27에 대한 주석도 보라)

8:22-25. 예수님과 제자들은 종종 작은 배를 타고 이동했다. 어부였던 그들에게 익숙한 일이었다. 여기에 묘사된 장면은 흔한 일이었으며(8:22), 항해는 매우 잔잔해서 예수님은 이내 **잠이 드셨다**(8:23a). 하지만 곧 (호수에서 흔히 그랬듯이) **광풍**이 일어났으며(8:23b), 배는 뒤집어질 위험에 처했다(8:23c). 놀랍게도 예수님은 여전히 주무시고 계셨으며, 이 숙련된(하지만 두려움에 사로잡힌) 어부들은 미친 듯이 예수님을 깨웠다(8:24a). 그들이 허둥거리며 예수님을 부르는 것, 즉 **주여 주여**(8:24b)는 누가가 아마 예수님의 인격의 실체를 강조하기 위해 의도적으로 기록한 말일 것이다. 그 실체를 예수님은 이제 곧 입증하실 것이다. 예수님은 정말로 주님이셨다! 잠이 깨자마자 예수님은 **바람과 물결을 꾸짖으셨으며**(8:24c), 바람과 물결은 정말로 **그쳤다**(8:24d). 자연 법칙에 반하는 잔잔함과 그들에 대한 예수님의 부드러운 꾸짖음, 즉 **너희 믿음이 어디 있느냐**(8:25a)라는 말씀은 자연적 바람과 파도보다 그들을 더 불안하게 했다. 그들은 **두려워하고 놀랍게 여겼다**(8:25b). 그들 자신의 질문은 그들로서는 진심에서 나온 것이었지만(8:25c), 누가의 기사에서 그것은

수사학적인 것이었다. 예수님은 주님이셨다.

2. 예수님이 사람에게서 마귀를 쫓아내어 돼지에게 들어가게 하시다(8:26-39)

(마 8:28-34에 대한 주석도 보라)

8:26-39. 파란만장했던 항해는 누가가 **거라사인의 땅**(8:26)이라고 밝힌 곳에서 끝났다. 그곳의 정확한 위치는 논란이 되고 있다. 아마 이곳은 열 개의 로마 도시 공동체인 데가볼리였을 것이다. 그중 아홉 개는 요단강 동쪽에 있었다. 이것이 이방인 지역이었다는 것은 이야기 나중에 등장하는 돼지 떼가 왜 있었는지를 설명해준다. 거기에서 예수님과 제자들은 즉시 한 사람을 만났다. 그의 영적 상태는 비참하고(**귀신 들린 자**), 육체적 상태는 곤궁하며(그는 옷을 입고 있지 않았다), 사회적 상태는 고립된(집이 없었으며 **무덤 사이에** 거하고 있었다, 8:27) 사람이었다. 그 사람은 예수님을 보자마자 예수님을 그분의 신적 아들 됨과 엄위하심을 나타내는 용어로 부르면서 외쳤고, 예수님께 자신을 **괴롭게 하지** 말라고 구했다(8:28). 이러한 말은 실제로는 그를 이전부터 괴롭히던 마귀들의 음성이었다(8:29). 이 사람은 많은 귀신[**군대**(8:30)]이 들려 있었다. 그 귀신들은 분명 육체에서 이탈(**무저갱**에서 궁극적으로 벌을 받는 것의 서곡, 8:31)하는 것을 원하지 않았으나, 그 사람을 떠나라는 예수님의 명령에 저항할 능력이 없다는 것을 알고서(8:29), **돼지** 떼에게 들어가게 해달라고 요청했다(8:32a). 예수님이 허락하시자(8:32b) 그들은 돼지 떼에 들어갔으며, 그 발광한 짐승들은 호수로 급하게 달려가 빠져 죽었다(8:33). 사건에 대한 소식은 빠르게 퍼져나갔다(8:34). 마을 사람들은 이제 귀신에서 해방된 사람, 즉 그들이 모두 잘 알고 있던 사람(8:35)이 해방되고 회복된 것에 놀라기보다는(8:36), 두려워하면서 예수님께 그들 지역을 **떠나가시기를** 구했다(8:37). 이 사람들은 "보아도 보지 못하고 들어도 깨닫지 못한" 많은 사람들 중 일부였다. 마지막 장면에서 누가는 귀신에서 해방된 사람이 예수님과 함께 있기를 구했다고 말한다(8:38). 예수님은 그 요청을 물리치시고, 하나님이 그에게 하신 **큰일**에 대한 메시지를 전파하라는 임무를 그에게 부여하셨다(8:39). 예수님을 물리친 지역이라도 주님의 증인이 그 지역에 남아 있는 것은 중요했다.

3. 예수님이 혈루증 앓는 여자를 고치시고, 어린 여자아이를 다시 살리시다(8:40-56)

(마 9:18-26에 대한 주석도 보라)

8:40-42. 그다음 이야기에서 누가는 실제로 두 번의 병 고침을 기록했다. 하나는 '무심코' 고친 것이며 하나는 분명 '의도적으로' 고친 것이다. 예수님은 가버나움으로 돌아가자마자 환영을 받으셨으며(거라사인들에게 받은 대접과는 대조적으로, 8:37), 야이로(8:41b)라는 사람과 대면하셨다. 그는 **회당장**(8:41a)으로 열두 살 된 죽어가는 **외딸**의 아버지였다(8:42a). 그는 예수님이 오셔서 자기 딸을 고쳐주시기를 간절히 구했다(8:41c). 예수님은 이 요청에 응하셨다. 하지만 늘 곁에 있는 무리들이 예수님의 가는 길을 막았다(8:42c).

8:43-48. 이 군중 가운데는 열두 해(바로 죽어가는 어린 소녀의 나이와 똑같은 기간) 동안 혈루증을 앓고 있던 여자가 있었다(8:43). 여자는 그 병으로 인해 쇠약해져 있었고 의식상 부정했다(참고. 레 15:19-25; 또한 겔 36:17; CD 4.12-5:17; 11QTemple 48:15-17; Josephus, *War* 5.227; *m. Nidda; m. Zabim* 4:1). 누가는 그 여자가 **고침을 받지 못**했다고 기록했다[8:43d, 마가는 그 여자가 자신을 도와주지 못했을 뿐 아니라 사실상 더 중하게 만든 의사에게 자신의 돈을 다 허비했다고 덧붙였다(막 5:26). 의사인 누가는 빼놓은 세부사항이다!]. 그 여자의 계획은 예수님의 옷을 만지면 자신이 나으리라고 믿고서 이를 실행하려는 것이었다(참고. 마 9:21). 이것은 담대한 행동이었다. 그 여자는 거부당하거나 그 이상의 일을 당하는 것도 각오했다. 그 여자의 행동은 공격으로 여겨질 수 있었다. 그녀는 부정했으며 예수님과 다른 사람들을 부정하게 할 수 있었기 때문이다. 그런데도 그녀는 은밀하게 **뒤로 와서**(8:44a) 예수님이 눈치채지 못하게 **그의 옷 가에 손을** 댔다(8:44b). '옷 가'는 율법을 상기시키기 위해 옷 네 모퉁이에 다는 옷 술이었을 것이다(민 15:38-41; 신 22:12). 누가는 독자들이 예수님은 이 여자의 행동을 자연적으로는 도저히 인식할 수가 없었다는 것을 이해하기 원했다. 그 여자는 **즉시** 고침을 받았다(8:44c). 예수님은 그 즉시 자신을 누가 만졌다는 것을 아셨다. 그저 무리가 밀려든 것이 아니라(8:45), 치유의 **능력이**

그분에게서 **나간** 방식으로 만졌다는 것이다(8:46b). **내게 손을 댄 자가 있도다**(8:46a)라는 예수님의 주장은 여자가 자신이 한 일을 인정하게 했다(8:47a). 그녀는 두려움에(그리고 아마 수치심에) 떨면서, 자신의 행동을 고백했으며, 왜 자신이 그렇게 했는지 설명했고(8:47b), 자신이 나음을 받았다고 말했다(8:47c). 예수님은 그 여자가 공개적으로 고백하지 않을 수 없도록 하심으로 그녀의 회복을 완성시키셨다. 이제 그 여자는 자신이 더는 부정하지 않다는 것을 알게 된 다른 사람들과 자유롭게 어울릴 수 있게 되었다. 예수님의 축복(예수님이 어떤 사람을 **딸**이라고 부른 것은 이곳이 유일하다, 8:48)은 그녀의 믿음이 진정한 것이었기 때문에 예수님이 그녀를 완전하게 치유하셨다는 것을 확신시켜 주었다.

8:49-56. 그러는 사이에 야이로는 예수님이 자기 집에 오셔서 자기 딸을 고쳐주시기를 기다리고 있었다. 하지만 아이가 죽었다는 슬픈 소식이 도착했다(8:49). 야이로가 그 소식에 반응하기 전에 예수님이 그를 안심시키고 격려하셨다. **두려워하지 말고 믿기만 하라 그리하면 딸이 구원을 얻으리라**(8:50). 여자 때문에 지체된 것으로 인해 야이로는 속을 태웠을지 모르지만, 이제 예수님이 그 여자를 고쳐주신 것은 야이로에게 격려가 되었다. 예수님이 그 여자에게 믿음과 병 고침에 대해 하신 고별의 말씀은 그 순간 야이로에게 필요한 바로 그것이었다. 즉, 예수님에 대한 믿음(믿는 것)은 '구원을 얻'(made well)는 것으로 이어진다. 예수님은 여자의 병을 고치는 것에서 '수동적 참여자'이셨지만, 여기에서는 예수님이 주도권을 잡으셨다. "야이로가 바라던 타이밍은 아니었을지 모르지만, 사건들은 여전히 [예수님의] 주관하에 있었다"(Bock, *Luke*, 806). 예수님은 핵심층 제자들, 즉 베드로, 야고보, 요한(예수님의 권능이 특별히 나타난 것을 보는 특권을 누린 사람들, 그들은 후에 이 권능이 무엇을 의미했는지 깨달을 것이다)과 아이의 부모만 방으로 데리고 가셨다(8:51). 예수님은 '직업적 애곡꾼들'을 꾸짖으셨다. 그 아이가 죽은 것이 아니라 자고 있을 뿐이라고 설명하시면서(8:52c) 그들에게 **울지 말라**(8:52b)고 명령하셨다. 이 무리가 '비웃었다'(laughter)는 것은 그들이 솔직하지 못하다는 사실을 보여주었다. 그들은 기껏해야 성의 없는 애곡꾼일 뿐이었다. 예수님은 다정하게 아이의 손을 잡고 부드럽게 말씀하셨다. **아이야 일어나라**(8:54)! 예수님은 여자가 예수님을 만졌을 때 부정함과 가까이 계셨다. 이제 예수님은 의도적으로 죽은 시체를 만지셨다. 하지만 예수님의 만지심은 깨끗하게 하고 치유했다. 다시 한 번 그 치유는 '곧' 이루어졌다. **그 영이 돌아와**(8:55a; 참고. 왕상 17:21-22). 그 아이는 실제로 죽었다. 그러고 나서 **곧 일어나**났다(8:55a). 누가는 현실주의적 필치로, 예수님이 그 아이에게 먹을 것을 주라고 명하신 것을 기록했다(8:55b). 예수님이 그 아이를 놀란(그리고 분명 감사한) 부모에게 돌려주셨을 때, 예수님은 그들에게 이 일에 대한 소식을 주위에 퍼뜨리지 말라고 명하셨다(8:56). 아마 사람들이 예수님께 열광하여 그분을 서둘러 왕으로 삼으려고 할까 봐 우려하셨기 때문일 것이다.

I. 예수님의 제자들(9:1-62)

그다음 서너 부분에서 누가 이야기의 초점은 제자들 및 제자도에 대한 것이다.

1. 열두 제자의 사명: 제자들을 위한 사명(9:1-10a)

(마 10:1-18에 대한 주석도 보라)

9:1-5. 누가의 기사와 마태(참고. 마 10:1-14; 14:1-14) 및 마가(참고. 막 6:7-16; 30-34)의 기사 간에 눈에 띄는 몇 가지 차이가 있기는 하지만, 이러한 상이점 중 어느 것도 이 내러티브의 기본적 신빙성을 의심할 만큼 심각한 것은 아니다. 예수님은 분명 이 사명을 선두에서 지휘하셨다. (1) 예수님은 제자들을 부르시고, 그들에게 능력을 부여하시고, 권위를 주셨다(9:1). (2) 예수님은 과제를 설정하셨다. 즉, 귀신을 제어하는 것, 병을 고치는 것, 전파하는 것(9:1b-2)이다. (3) 예수님은 메시지를 주관하셨다. **하나님의 나라를 전파하며**(9:2). (4) 예수님은 사명을 위한 준비물의 범위를 정하셨다(9:3). 이것은 유람이 아니라 일을 하러 가는 여정이므로, 그들은 가볍게 여행해야 했다. (5) 예수님은 그들에게 사명의 절차에 대해 지시하셨다(9:4). 그들은 편안함을 추구하거나 자신의 인기에 관심을 갖지 말아야 했다. 또 그들은 개인적 취향에 따라 좋아하는 것을 취하지 말아야 했다. (6) 예수님은 사명의 조건을 명하셨다(9:5). 그들은 멈춰서 메시지를 가지고 논쟁을 하지 말아야 했다. 또한 그들은 사소한 모욕에 대

해 보복하려 하지 말고 계속 움직여야 했다.

9:6-10a. 제자들의 책임은 예수님의 명령을 따르는 것이었다. 그들은 순종함으로 사명을 성취했다(9:6). 헤롯은 그 사명 때문에 **당황**했다(9:7a). 이는 그 사명이 영향력을 지니고 있었다는 것을 나타낸다. 누가는 헤롯이 그 사건들(**이 모든 일**, 9:7a)에 어떻게 반응했는지 기록했다. 헤롯이 들은 예수님에 대한 이상한 소문들을 분명 제자들도 들었다(9:8; 참고. 9:19). 그것은 그런 소문들이 널리 퍼졌다는 것을 나타낸다. 이 소문들(특히 요한이 죽은 자 가운데서 다시 살아났음을 시사하는 소문들)은 헤롯에게 특히 당황스러운 것이었다. 그가 요한의 목을 베었는데, 이제 요한과 같은 또 다른 사람이 대신 나타난 것처럼 보였기 때문이다(9:9a). 헤롯의 **그를 보고자 하더라**(9:9b)라는 말은 예수님이 헤롯 앞에서 재판을 받을 것에 대한 불길한 암시였다(참고. 23:8-12). 마지막으로 제자들은 이 사명을 성공적으로 완수했다(9:10a). 그들이 돌아왔을 때 그들의 사명에 대한 평판 덕분에 예수님은 큰 관심을 끌게 되었다.

2. 제자들을 위한 교훈: 오천 명을 먹이시다 (9:10b -17)

(마 14:13-21에 대한 주석도 보라)

9:10b-17. 열두 제자의 선교 활동으로 많은 무리가 관심을 갖고 예수님과 제자들을, 심지어 **벳새다**까지(9:10b) 따라왔다. 예수님은 그들을 영접하시면서, 지금까지 해오셨던 일을 계속하셨다. 즉, 가르치고 고치신 것이다(9:11). 무리의 존재는 예수님이 자기 제자들에게 예수님을 신뢰하라고 도전할 기회를 제공해주었다. 그날 날이 저물 때 무리들을 흩어서 먹을 것과 숙소를 찾도록 할 필요가 있다는 사실이 분명해졌다(9:12). 제자들이 예수님께 무리들을 보내라고 권했을 때(대단히 실제적인 제안) 예수님은 제자들에게 도전하셨다. **너희가 먹을 것을 주라**(9:13). 제자들은 자신들이 갖고 있는 것을 볼 때, 그들이 그나마 모을 수 있는 얼마 안 되는 식량으로 무리를 먹이기에는 엄청나게 모자라다고 결론을 내렸다(9:13). 예수님은 이런 결론을 문제 삼지는 않으셨다. 그저 제자들에게 무리를 질서 있게 앉히라고 명하셨고(9:14), 제자들은 그렇게 했다(9:15). 무리를 세어보았을 때 **남자가 한 오천 명**이라는 것은 여자들과 아이들까지 세면 훨씬 더 많다는 것을 의미했다. 누가는 예수님이 하신 의도적인 행동들의 세세한 사항들을 이야기함으로 곧잘 긴장을 조성했다. 예수님은 얼마 안 되는 양식을 **가지사** 하늘을 우러러 축사하시고 그것을 떼셨다. 예수님은 제자들에게 그것을 **주셨다**[NASB에서는 kept giving(계속 주셨다)—옮긴이 주]. 계속적인 행동이라는 것이 가장 중요한 부분이다(9:16). 예수님이 그들에게 명령하신 대로 사람들에게 양식을 나눠 준 것은 제자들이었다. 이 일이 제자들에게 준 교훈은 "너희 자신의 자원을 바라보지 말고 너희가 가진 어떤 자원이든 다른 사람들의 필요를 채우기 위해 사용하시는 예수님의 능력을 바라보고 의지하라"(Stein, *Luke*, 272을 보라)라는 것이었다. 사람들이 배불리 먹고 풍성히 남은 것은 예수님의 메시아적 권능을 두고두고 생각나게 해주었다(참고. 시 105:40; 욜 2:26).

3. 한 제자의 고백(9:18-22)

(마 16:13-20에 대한 주석도 보라)

9:18-20. 누가의 기사에서 베드로의 이 위대한 고백은 기도 시간 동안(혹은 그 직후)에 일어났다. 예수님은 그분이 정말로 묻고자 하시는 질문을 하기 위해 예비적 질문을 하셨다. **무리가 나를 누구라 하느냐**(9:18b). 다시 한 번(헤롯이 알게 되었던 것처럼, 9:7-10을 보라) 예수님에 대한 소문은 터무니없는 것(**세례 요한**)으로부터 기대에 부푼 것(**엘리야**, 이것은 말 4:5의 예언에 비추어 볼 때 이해할 만하다) 그리고 있을 법하지 않은 것(**선지자 중의 한 사람이** 살아난 것, 눅 9:19)에 이르기까지 다양했다. 이 대답들은 사람들이 예수님 안에서 '초월적 존재'를 인식한다는 것을 나타낸다. 하지만 그들은 엉뚱한 착각을 하고 있으며 제자들은 그 사실을 알았다. **너희는**[단호한 말] **나를 누구라 하느냐**(9:20a)라는 예수님의 직접적 질문에, 베드로는 직접적이고 신속하게 대답한다. **하나님의 그리스도시니이다**(9:20b). 누가의 의도는 이 고백이 자신이 무엇을 말하고 있는지 알 수 있는 위치에 있는 사람(친밀하고 신뢰받는 제자)의 결론임을 액면 그대로 받아들이게 하는 것이다. 백성들이 혼란에 빠졌다는 사실은 데오빌로와 누가의 독자들에게, 왜 예수님을 본 수많은 사람들이 예수님을 믿지 않은 반면, 제자들은 예수님에

대해 그렇게 자신만만하게 확신했는지 설명해줄 것이다. 그들은 알 수 있는 위치에 있었다(그리고 뒤이어 나오는 변화산 사건은 그 점을 강화시켜준다).

9:21-22. 놀랍게도 예수님은 즉시 제자들에게 **이 말을 아무에게도 이르지 말라**라고 명하셨다(9:21). 그렇게 하신 이유는 그런 정보가 예수님의 친구들에 의해서든 적들에 의해서든 나쁘게 사용될 수도 있었기 때문일 수도 있지만, 이런 지시의 주된 이유는 그다음 구절에 설명되어 있다. 제자들이 메시아가 오셨다고 알린다면, 사람들은 정치적, 전사적 메시아를 기대했을 것이며, 고난받는 종으로서 행하는 예수님의 사역을 방해하거나 오해했을 것이기 때문이다.

이 중대한 시점에 예수님은 자신의 수난에 대한 몇 가지 예언 중 첫 번째를 말씀하셨다(9:22; 참고. 9:44-45). 예수님은 제자들에게 자신이 **많은 고난을 받아야** 한다고 말씀하셨다(9:22a). "그분을 고난을 '받아야 한다.' 그분에게 고난은 우연이 아니라 받지 않을 수 없는 신적 필연이었다. 십자가는 그분의 소명이었다"[Leon Morris, *The Gospel According to Luke*, TNTC (Grand Rapids, MI: Eerdmans, 1974), 169. 《누가복음서》(CLC)]. 그리고 그분은 십자가에서 할 일, 즉 그분이 행하러 오신 바로 그 일을 성취하는 것에 대해 방해를 받아서는 안 된다.

4. 제자도에 대해: 참된 제자의 정의, 동기, 기대(9:23-27)

(마 16:24-27에 대한 주석도 보라)

9:23. 제자도에 대한 이 이야기들은 그리스도의 삶에 있었던 다른 사건들을 둘러싸고 있었는데, 그 사건들에서 예수님은 사역의 중점을 점점 더 제자들에게 두고 계셨다. 예루살렘을 향한 임박한 방향 전환(참고. 9:51)에 비추어 그리고 그런 방향 전환 직후에, 예수님은 기회를 잡아 제자들에게 예수님을 따른다는 것의 의미에 대해 가르치셨다(9:23a).

참된 제자의 정의는 네 가지로 이해할 수 있을 것이다. 제자는 반드시 '원해야' 하고[**아무든지 나를 따라 오려거든**(9:23b)], '부인'을 실천해야 하며[**자기를 부인하고**(9:23c)], '헌신'을 보여야 하며[**날마다 제 십자가를 지고**: 복종의 행위, "근본적 개념은 서로에 대한 복종이다"(Bock, *Luke*, 853; 9:23d)], '방향'을 받아들여야 한다[**나를 따를 것이니라**(9:23e)]. 제자에게 기본적으로 요구되는 것은 "예수를 따르"는 것이다.

9:24-26. 참된 제자의 동기는 세 가지 원리에서 발견할 수 있다. (1) 궁극적 헌신 역전의 원리이다. 제자들은 자기 자신을 위해서가 아니라 그리스도를 위해서 살아야 한다. **나를 위하여**(9:24). (2) 명백히 불균형한 교환의 원리이다. "이 구절은 본질적으로 속담이다"(Stein, *Luke*, 279). 제자는 (필요하다면) 그리스도를 위해 천하를 버려야 한다(9:25). (3) 상호 거절의 원리이다. 제자는 그리스도를 부끄러워하면 그리스도에 의해 부끄러움을 받게 되리라는 것을 알아야 한다. 즉, 그리스도가 다시 오실 때 **그 사람을 부끄러워하리라**(그런 사람은 참된 제자가 아님이 입증될 것이며 버려질 것이다, 9:26). 참된 제자도는 그리스도에 대한 전적 헌신, 그리스도를 위해 세상을 거절하는 것 그리고 그리스도에 대한 지칠 줄 모르는 충성을 요구한다.

9:27. 참된 제자에게 예상되는 일은 그리스도 안에 있는 생명이다. 예수님이 어떤 사람들이 **죽기 전에**(9:27)라고 말씀하셨을 때, 그분은 이제 곧 변화산 사건을 목격할 제자들을 염두에 두고 계셨다(제자도라는 주제에 대해 더 알려면 9:57-62을 보라.)

5. 변화산 사건: 제자들을 안심시키기 위한 사건과 말씀(9:28-36)

(마 17:1-8에 대한 주석도 보라)

변화산 사건은 예수님이 제자들에게 제기한 질문에 대한 하나님 아버지의 응답이라고 보는 것이 좋을 것이다("너희는 나를 누구라 하느냐", 참고. 9:20). 하나님 아버지의 대답은 가장 잘 아시는 분의 것이었다! 그 사건과 예수님의 정체성에 대한 확증은 예수님에 대한 제자들의 확신을 뒷받침해주었다. 이 사건은 또한 예수님의 사역에서 주요 전환점, 즉 "예루살렘을 향하여 올라"가는(참고. 9:51) 이 순간 예수님께 격려가 되도록 하기 위해서였다.

9:28-29a. 누가는 그 사건들이 베드로의 고백과 그 극적인 선언 이후 예수님의 가르침이 있은 **후 팔 일쯤 되어** 일어났다고 기록했다(9:28). 마가복음과의 외관상 불일치(막 9:2, "엿새 후에")는 날짜를 계산하는 방식이 다르기 때문이었다. 아마 마가는 사건들 '사이에 있는' 날들만 계산했고, 누가는 그날들도 계산했지만

베드로가 고백한 날과 변화산 사건이 일어난 날도 계산했을 것이다. 그 말의 요점(그것은 사실상 그저 "팔일쯤 되어"라고 말할 뿐이다, NIV)은 베드로의 고백(9:20)을 변화산 사건과 결합시키려는 것이다(참고. Stein, *Luke*, 283). 이 중요한 때를 위해 예수님은 베드로, 야고보, 요한을 데리고 가셨다(예수님이 야이로의 집에서 그렇게 하셨던 것처럼, 참고. 8:51). 그들의 역할은 이 초월적 사건을 지켜보고 기록하는 것이었다(참고. 벧후 1:16-18). 이 사건이 어떤 산에서 일어났는지는 나타나 있지 않다. 전통적으로 그 장소로 여겨지는 다볼산이었을 가능성은 별로 없다. 그 산은 가이사랴 빌립보에서 일어난 사건들과 거리가 멀기 때문이다. 오히려 헤르몬산일 가능성이 더 많다. 그곳은 높은 산이었으며 가이사랴 빌립보와 가깝기 때문이다. 이 막간의 일이 처음에 일어난 이유는 기도 때문이었다(9:28b-29a).

9:29b-31. 누가는 "변형되사"(참고. 마 17:2; 막 9:2)라는 말을 빼놓고, 수수께끼를 말하는 것처럼 예수님의 용모 변화만 묘사한다. **용모가 변화되고**[문자적으로는 '다르게 되고'] **그 옷이 희어져 광채가 나더라**(9:29). 그 형상은 출애굽기 34:29-35에 묘사된 모세의 얼굴을 생각나게 했다. "얼굴에 광채가 나나." **광채가** 난다는 말은 신약에서 여기에만 나오며 '빛을 방출한다'라는 개념을 가지고 있다. 아마 '빛나고' 있는 것은 예수님의 몸이었으며 옷의 변화가 아니었음을 나타낸 말일 것이다. 전체 장면은 내세적인, 초월적인, '존귀'(참고, 벧후 1:17)한 영광의 장면이었다. 즉시 (문득) 두 수행원이 예수님과 함께 나타났는데, 그들은 **모세와 엘리야**로 밝혀졌다(9:30b). 이 두 사람은 율법과 선지자를 대표할 것이다. 그들은 예수님이 구약에서 계시된 구원-역사적 프로그램의 연속이라는 것을 나타낸다. 그들이 예수님의 변형 때 나타났다는 것은 예수님이 그들보다 우월하시다는 것을 보여주었다. 즉, 예수님은 그들의 예언에 대한 성취였다. 그들의 대화는 예수님의 다가오는 수난, 즉 그분의 죽음, 장사, 부활에 초점을 맞추고 있었다. 누가는 그것을 예수님이 곧 **예루살렘에서 별세**['탈출'(exodus), 9:31b]**하실 것**이라고 아리송하게 언급했다(9:31c). "성취는 이 구절의 핵심 주제이다. 논의된 사건들은 앞으로 일어날 하나님의 계획의 일부이다"(Bock, *Luke*, 869).

9:32-33. 이때에 지상의 관찰자들인 **베드로와 및 함께 있는 자들**(9:32a)은 잠들었다가(9:32b) 일어나 **온전히 깨어나**게 되었다(9:32c). 그들은 예수님의 영광을, 그다음에 두 사람을 보았다(9:32d). 이 사건을 위해 예수님이 그들을 산으로 데려왔는데, 그들은 거의 그것을 놓칠 뻔했다. 그 사건의 압도적 장려함과 모세와 엘리야를 보는 흥분된 특권으로 인해, 베드로는 말을 하게 되었다. 하지만 그는 아무 생각 없이 그렇게 한 것이었다(**자기가 하는 말을 자기도 알지 못하더라** 9:33c). 베드로의 첫 번째 표현은 다소 나약했지만 부적절하지는 않았다. 그것은 **주여 우리가 여기 있는 것이 좋사오니**(9:33a)라는 말이다. 분명 이것은 베드로의 인생에서 가장 기억할 만한 사건들 중 하나였으며, 충분히 '좋사오니'라고 하고도 남을 만한 것이었다. 초막(장막, 9:33b) 세 개를 짓겠다는 그의 제안은 세 가지 이유 때문에 대단히 부적절한 것이었다. 첫째, **초막 셋**이라고 제시함으로써 베드로는 본질적으로 모세와 엘리야를 예수님과 동격으로 두었다(오직 예수님만이 변형되었다는 것을 무시했다). 둘째, 초막에 대한 제안은 베드로가 '산꼭대기의 순간'이 지속되기 원한다는 것을 나타냈다(하지만 그런 순간들은 섬김에서 눈을 돌려 다른 곳에 주의를 기울이도록 하기 위해서가 아니라, 섬김을 준비하도록 하기 위해 주어진다. 그리고 '산에 머무는 것'은 수단을 목적으로 만드는 셈이 될 것이다. 셋째, 이것은 구약 예언의 성취가 아니었다. 즉, 하나님 나라가 아니었으며, 이것은 예수님의 체류가 끝났음을 나타내는 것도 아니었다.

9:34-35. 베드로가 그의 부적절한 제안들을 끝내기 전에, 하늘의 개입으로 그는 제정신을 차리게 되었다. 첫째, **구름**이 나타났다(9:34). 구름이 갑자기 나타난 것과 베드로와 그의 동료들의 반응은 이것이 통상적인 구름이 아니라는 것을 의미했다. 그것은 다름 아닌 신적 임재의 외적 표현이었다(참고. 출 16:10; 19:9; 왕상 8:10-11). 구름에서 '나는 소리'(9:35a)는 의심의 여지없이 하나님 아버지의 음성이었다(그분은 예수님을 **나의 아들**이라고 하셨으므로, 9:35b). 예수님에 대한 하나님의 호칭은 모든 추측을 제거하고 예수님의 인격에 대한 변치 않을 확신을 제공한다. 즉, 예수님은 그분

의 **택함을 받은 자**(9:35c)이다. 여기에서 하나님 아버지께서는 마리아와 사가랴가 증언했던 것, 예수님 자신이 나사렛 회당에서 주장하셨던 것, 베드로가 최근에 고백했던 것을 확증하셨다. 그것은 바로 예수님이 약속된 분, 메시아, 하나님의 아들이라는 것이다. 하나님 아버지의 마지막 명령, 즉 **그의 말을 들으라**(9:35d)는 이중의 의미를 지니고 있었다. 첫째, '베드로야, 말하는 것을 중단하고 들으라!'는 것이며, 더 넓은 의미로는 '예수님의 말씀을 들으라'는 것이다. 아마 여기에는 신명기 18:15에 대한 미묘한 암시가 있을 것이다. 예수님은 모세와 같은 선지자, 하나님이 모세를 통해 "너희는 그의 말을 들으라"(신 18:15c; 참고. 또한 예수님이 이 예언의 성취라는 것을 나타내는, 행 3:22)라고 명령하셨던 그 선지자이다.

9:36. 극적인 장면은 예수님이 혼자 서 계시면서 끝났다(9:36a). 이 사건의 신비한 본질(그것을 이해하는 일은 예수님의 수난 이후에야 가능할 것이다)로 인해 제자들은 당분간 그것에 대해 잠잠하게 되었다(9:36b).

6. 귀신 들린 아들을 고치시다: 제자들에 대한 시험(9:37-42)

(마 17:14-20에 대한 주석도 보라)

9:37-40. 예수님은 변화산에서 내려오자마자(9:37a) 제자들의 믿음 부족, 그들이 좀처럼 깨닫지 못하는 것, 그들의 교만, 그들의 편협함 등을 보여주는 몇 가지 상황에 직면하셨다. 첫 번째 상황은 아버지와 그의 귀신들린 아들(**귀신이 그를 잡아**)이 관련되어 있었다(9:38, 39). 누가가 묘사한 장면은 혼란스러운 모습이었다. 예수님의 주의를 끌려고 했던 큰 무리(9:37b)는 심란한 아버지가 예수님께 호소하는 것을 방해하고 있었다. 그 아버지는 예수님께 도와달라고 "청하면서"(9:38b), 무리 너머로 소리쳐야 했으며(9:38a), 자기 아들의 딱한 상황을 묘사하고 있었다(9:39). 게다가 그는 제자들이 귀신을 내쫓아주지 못한 것을 애석해하고 있었다(9:40).

9:41-42. 예수님은 방백으로 그분의 분노를 표현하셨다. 그것은 특별히 어느 누구에게도 향하지 않고 전체 집단 일반에게 하신 말씀이었다. **믿음이 없고 패역한 세대여**(9:41a). 예수님에게는 방금 산 위의 멋진 경험을 하고 이 혼란 속으로 내려온 것이 시련이었으며, 그분은 자신의 지상 사명을 끝내기를 간절히 원하셨다. **내가 얼마나 너희와 함께 있으며 너희에게 참으리요**(9:41b). 이 말에는 개인적인 옹졸함이 전혀 드러나지 않았다. 하지만 분명 예수님의 제자들이 그 사람을 돕는 데 실패한 것에 대한 분노, 예수님의 영적 반대자(귀신들)에 대한 피로감, 그 사람과 그의 아들이 처한 곤경에 대한 비통함 등은 있었다. 그런데도 예수님은 즉시 섬길 준비가 되셨다. **네 아들을 이리로 데리고 오라**(9:41c). 예수님의 권능은 예수님이 귀신(그가 아이에게서 떠나기 전에 보여준 것에 의하면 분명히 강력한 귀신, 9:42a)을 꾸짖으신 것에서 분명히 나타났다. 예수님은 아들을 그 아버지에게 도로 주신 것에서 그분의 긍휼을 보여주셨다(9:42b).

7. 예수님의 제자들이 겪은 네 가지 실패(9:43-56)

(마 17:22-23에 대한 주석도 보라)

9:43-45. 귀신을 쫓아낸 것이 무리에게 미친 영향, 즉 놀람(9:43a)과 놀랍게 여김(9:43b)은 예수님에게는 거의 영향을 끼치지 못한 것처럼 보였다. 예수님은 제자들에게 주의를 돌리셨다(9:43c). 네 개의 짧은 장면에서 누가는 예수님의 제자들이 실패한 점들을 기록했다. 첫째, 예수님이 자신에게 임할 수난에 대한 또 다른 예언을 하시면서(9:44; 참고. 9:21-22) 그들의 주의를 기울이게 하려 하실 때조차(**이 말을 너희 귀에 담아 두라**, 9:44a) 그들은 깨닫지 못했다. 하지만 이 경우에 누가는 그것이 **그들로 깨닫지 못하게 숨긴 바 되었음이라**(9:45)라고 기록했다. 이것은 신적 숨김이었다. 그들이 예수님이 그들에게 하신 말씀을 이해했다면, 그들은 모든 동기를 상실했거나 그것을 막기 위해 조치를 취하려 했을 것이다. 그러나 이 모든 일이 일어난 '후에' 그들은 이 예언들을 생각해낼 것이며, 그때에 가서야 예수님의 죽음이 우연이 아니었고 그분이 언제나 주관하고 계셨다는 것을 깨달을 것이다.

9:46-48. 이 네 실패 장면 중 두 번째에서 누가는 제자들 사이에서 **누가 크냐**(9:46; 또한 마 18:1-5에 대한 주석을 보라)를 놓고 일어난 변론을 기록했다. 예수님이 그분 자신의 고난과 죽음을 예언한 직후였기 때문에 그런 변론이 특별히 부적절하다는 것 외에도, 그들의 행동은 겸손하지 않은 형편없는 상태 및 불미스

럽게 과도한 자만심을 보여주었다. 예수님은 단지 변론의 내용뿐 아니라 **그 마음에 변론하는 것을 아시고**(9:47a) **어린아이** 하나를 데려다가 **자기 곁에** 세우심으로(9:47b) 이 충격적인 태도에 맞서셨다. 여기에서 예수님의 요점은 '제자들이 이 어린아이처럼 되어야 한다'는 것이 아니라, '제자들이 이 어린아이를 영접해야 한다'는 것, 즉 이 어린아이를 섬기고 존중해야 한다는 것이었다(9:48a). 즉, 제자들의 교만과 자만심이 '어린아이의 종' 역할을 거부할 정도로 강하면 안 된다는 것이었다. 예수님은 역전의 원리로 이 교훈의 결론을 맺으셨다. 그것은 하나님의 질서에서 위대함에 이르는 길은 이 현재의 질서에서 가장 덜 중요하게 되는 것이라는 원리이다(9:48b).

9:49-50. 제자들의 실패를 나타내는 세 번째 장면에서는 분개한 제자 **요한**(9:49a)이 예수님께 누군가(직접적인 제자 집단에 속하지 않은) **주[예수]의 이름으로**(9:49b) 귀신을 내쫓고 있다고 보고했다. 이름이 나오지 않은 이 사람은 분명, 예수님의 제자들이 최근에 실패한 그 일(참고. 9:40)을 수행할 수 있었다. 게다가 귀신을 쫓아내는 것은 누가 그 일을 행하고 있든지 상관없이, 본질적으로 좋은 일이었다. 요한은 예수님께 **우리가 금하였나이다**(9:49c)라고 알렸다. 그저 그 사람이 제자들 중 한 명이 아니었다는 것 때문이다. 여기에서 실패한 점은 명백했다. '적임자'가 그 일을 하도록 하려고 선을 행하는 일을 중단시키는 것은 비효과적인 것일 뿐만이 아니라, 잘못된 것이다. 예수님은 요한을 바로잡으셨으며 **너희를 반대하지 않는 자는 너희를 위하는 자니라**(9:50)라고 설명하셨다. 사역이 좋은 것이고 옳은 것이고 진실한 것이라면, 그 일은 누가 공훈을 얻든, 방해가 아니라 격려해야 한다.

9:51-56. 제자들이 실패한 네 번째이자 마지막 장면은 사마리아에서 일어났다. 이 경우 예수님이 예루살렘을 향한 여정을 시작하실 때(9:51), 예수님은 제자들을 앞서 사마리아의 마을로 보내서 **예수를 위하여 준비하**게 하셨다(9:52). 거기서 사역을 하시기 위해서였다. 예수님은 예루살렘에 가시는 길이었다. 그래서 사마리아인들(유대인들의 오랜 적수들)은 도움을 주지 않았으며 그들은 예수님이 방문한다는 생각을 잘 받아들이지도 않았다(9:53). 이 무례함에 대해 야고보와 요한이 첫 번째로 보여준 성향은 과도한 보복이었다. 그들은 **불을…하늘로부터**(9:54) 내리기 원했다. 예수님의 책망은 신속하고 날카로운 것이었다. "이것은 예수님의 제자들에게 맞는 행동 방식이 아니다"(Morris, *Luke*, 179). 이러한 보복은 예수님이 지니신 사명의 정신과 의도에 정반대되는 것이었다. 이 제자들을 위한 교훈은 그리스도를 거부하는 사람은 원수가 아니라 선교지라는 것이었다.

8. 제자도의 세 가지 실패(9:57-62)

(마 8:18-22에 대한 주석도 보라)

9:57-62. 이 구절들은 잠재적 제자들에게 말하는 것이다. 매번 '따르다'라는 말이 두드러지게 등장한다. 세 명의 제자 지망생이 예수님을 만났다. 첫 번째 만남에서 제자 지망생은 성급하게 헌신했으나(9:57) 예수님은 그에게 대가를 상기시키셨다. 예수님을 따른다는 것은 **머리 둘 곳이 없**음을 의미했다(9:58). 예수님을 따르는 사람들은 이생에서 집이 주는 편안함을 누리지 못할 수도 있다. 두 번째 만남에서 제자 지망생은 예수님의 부름을 받는다(**나를 따르라**, 9:59a). 하지만 그는 잘못된 우선순위를 보여주었다. **내 아버지를 장사하기 위해**(9:59b) 지체하게 해달라는 것은 그가 장례식에 참석할 필요가 있다는 의미가 아니라 자기 아버지가 죽을 때까지 기다릴 필요가 있다(아마 유산을 받기 위해)거나 관례적으로 긴 기간 동안 이어지는 애도 기간에 참여할 필요가 있다는 의미였다. 이것이 예수님의 대답을 설명해준다(9:60a). 예수님은 슬픔에 젖은 아들에게 냉담한 요구를 하고 계신 것이 아니라, 이 사람에게 어떤 잠재적인 개인의 이득도 버리고 다른 모든(심지어 가족에 대한) 충성과 일시적인 헌신보다 영원한 충성 및 헌신을 더 우선으로 여기라고 요구하고 계신 것이다(9:60b). 세 번째 만남에서 제자 지망생은 분명 그저 자기 가족에게 **작별하**는 것만 원했다(9:61b). 하지만 예수님은 그 사람이 집으로 가면 **주를 따르겠**다는(9:61a) 헌신도가 약화될 것이며 그가 가족 간의 사랑과 유대 때문에 주춤거릴 것을 아셨다. 예수님은 쟁기 잡은 사람의 비유를 사용하여 이 제자 지망생에게, 쟁기 잡은 자가 **손에 쟁기를 잡고 뒤를 돌아보**면(9:62) 밭고랑을 고르게 갈 수 없다는 것을 알라고 권고하셨다. 그러므로 제자는 '뒤를 돌아보면서'(자신의

옛 생활, 옛 친구들, 옛 습관들) 그리스도께 헌신할 수는 없다.

V. 예루살렘으로 가는 여정(10:1-19:27)

A. 사명과 제자도에 대한 강조(10:1-24)

이 부분도 이어서 제자도의 요구 사항들, 의미, 실천을 강조하면서 제자도를 계속 강조한다.

1. 칠십 인의 사명(10:1-16)

10:1-16. 칠십 인의 사명은 열두 제자의 사명(9:1-6을 보라)과 비슷했다(몇몇 중요한 헬라어 사본에서 이 숫자는 서로 일치하지 않는다. 어떤 사본에는 '칠십'이라고 되어 있고 또 어떤 사본에는 '칠십 이'라고 되어 있다. 어떤 독법이든 옳을 것이다. 어떻게 읽든 본문의 의미에 실질적인 차이는 전혀 없다).

예수님이 분명 책임자이시다. 그분이 **칠십 인**을 모으셨고(10:1), 그들에게 동기를 부여하셨으며(10:2), 위험에 대해 경고하셨다(10:3). 그들은 숫자가 적으므로 **추수하는 주인**(10:2b)에게 의지하는 것이 더욱 더 중요했다. 예수님은 그들에게 짐을 적게 꾸려 가볍게 여행하고(10:4), 그들이 만나는 사람들과 평안을 추구하고(10:5-6), 도중에 개인의 편의를 추구하지 말고(10:7), 어떤 음식이 주어지든 받고(10:8), 모든 사람을 값없이 온전하게 섬기고(10:9), 거절을 당한다면 보복을 삼가라(10:10-11)고 지시하셨다. 그들은 궁극적 응보가 그들의 대적들에게 임할 것임을 알아야 했다(10:12). 그래서 그들은 심판의 문제를 주님의 손에 맡길 수 있었다. 예수님은 이 지시들에 대한 여담을 들려주셨다. 즉 고라신, 벳새다(10:13), 가버나움(10:15)이 예수님의 사역과 메시지에 반응하지 않아서 화가 임할 것이라고 선언하신 것이다. 그것은 주님의 심판이 가진 불가피성에 대한 으스스한 경고였을 것이다. 소돔(10:12)과 두로와 시돈(10:14)이 그것을 입증했다. 예수님이 보내신 사람들의 메시지에 주의를 기울일 때가 임박했다. 그들은 예수님을 대변하기 때문이다(10:16). 그리고 예수님을 대변하는 사람들은 거절당하는 것을 기분 나쁘게 받아들여서는 안 된다. 즉, 제자들을 저버리는 자는 그리스도를 저버리는 것이다(10:16). 이 사명은 미래의 복음 선포를 미리 맛보는 것이었다(참고. 24:46-48; 행 1:8).

2. 제자도에 대한 두 가지 교훈(10:17-24)

사명에 관여한 제자들은 예수님의 사명에 대한 단순한 구경꾼이 아니고 참여자이다. 그리고 그들은 예수님의 섬김 안에 있는 기쁨과 축복을 예상할 수 있다.

a. 제자가 되는 기쁨(10:17-20)

10:17-20. 칠십 인은 **기뻐하며** 돌아와 그들이 경험한 것을 보고했다(10:17). 그들은 영적 성취의 기쁨을 알았다(10:17a). 자신에게 주어진 과업을 완수했기 때문이다. 그들은 영적 승리의 기쁨을 알았다(10:17b). 귀신들은 예수님의 이름으로(**주의 이름**, 10:17c) 쫓겨났다. 이 소식에 대한 예수님의 반응은 흥미롭다. 예수님은 그들의 보고에 그들이 알지 못했을 세부적인 것을 추가하셨기 때문이다. 그들이 선교에 종사하는 동안 예수님은 **사탄이 하늘로부터 떨어지는 것을 보았다**(10:18). 이는 비유적인 묘사이다. 복음이 널리 퍼져 나갈 때 원수의 영향력은 줄어든다는 것이다. "복음의 승리로 사탄은 현저한 실패를 겪었다"(Morris, *Luke*, 185). 게다가 그들은 영적 보호와 확신의 기쁨을 경험했다(10:19). "제자들은 하나님의 손안에서 안전하다"(Bock, *Luke*, 1008, 예를 들어 단 3:16-18). 그들은 자신의 구원에 대해 더 큰 확신을 갖게 되었다(10:20).

b. '아는' 제자가 되는 복(10:21-24)

10:21-24. 예수님은 **성령**과 자신의 깊은 관계로부터 나오는 기쁨과 찬양을 표현하시면서(10:21a) **천지의 주재이신** 그분의 **아버지**(10:21b)께 눈을 돌려 하나님이 그분의 계획과 목적(**이것**, 10:21b)을 은혜롭게 나타내신 것에 대해 하나님을 찬양했다. 하나님 아버지는 **지혜롭고 슬기 있는 자들**[그런 사람들에게는 이것이 숨겨져 있었다]에게는 그분의 계시를 주지 않으셨으며, **어린아이들**에게 주셨다(10:21c). 예수님은 그분의 제자들이 '아는' 것을 기뻐하셨다. 제자들은 아들에 대해 '알았다'(10:22). 그들은 **많은 선지자와 임금**(10:24)이 알고자 했던 것들에 대해 '알았다'. 하나님 아버지가 그들에게 알게 하신 것이다. 그렇게 하는 것을 하나님이 기뻐하셨기 때문이며(10:21d) 그들은 그 안에서 복을 얻었다(10:23).

B. 질문을 가지고 온 율법 교사와 선한 사마리아인의 비유(10:25-37)

1. 율법 교사의 질문(10:25-29)

10:25-29. 누가는 이 논쟁의 배경에 대해서는 말하지 않는다. 분명 예수님은 공적인 배경에서 가르치고 계셨다. 그때 **어떤 율법 교사**(10:25a, 모세율법 학교에서 교육을 받은 서기관)가 예수님께 질문을 하나 하면서, 예수님의 가르침에서 흠을 찾으려 했다(**예수를 시험하여 이르되**, 10:25a). 그 질문 자체는 좋은 것이지만(**내가 무엇을 하여야 영생을 얻으리이까**, 10:25b) 분명 그는 "모종의 행위 구원을 생각하고 있었으며, 하나님의 은혜에 대해 전혀 몰랐다"(Morris, *Luke*, 187). 예수님이 대답으로 던진 질문은 둘러대려는 것이 아니라(**율법에 무엇이라 기록되었으며**, 10:26b) 처음부터 인간의 추측을 포함하는 무익한 논쟁과 토론을 제거하기 위해 논의를 제한하려는 것이었다(참고. 딛 3:9). 예수님은 그분의 다음 질문(**네가 어떻게 읽느냐**)에서 율법에 대한 율법 교사 자신의 상대주의적 의견을 묻고 있는 것이 아니라, 역으로 그를 시험하신 것이었다. 이 질문에 대한 옳은 대답과 틀린 대답이 있었다. 율법 교사가 신명기 6:5("네 하나님 여호와를 사랑하라")과 레위기 19:18("네 이웃 사랑하기를 네 자신과 같이 사랑하라")을 인용했을 때(둘 다 눅 10:27에 인용되어 있다), 예수님은 그의 **대답이 옳도다**(10:28a)라고 인정하셨다. 하지만 예수님이 레위기 18:5을 인용하신 것(**이를 행하라 그러면 살리라**, 눅 10:28b)은 율법에 대한 완벽한 순종은 불가능하다는 점을 뼈저리게 느끼게 했다. 이 점에서 율법 교사는 그의 처음 질문에 암시된 '행위를 통한 의로움'(works righteousness)의 본질적 오류를 깨달았어야 했다. 율법 교사는 포기할 생각이 없었다. 그래서 **자기를 옳게 보이려고**(10:29a) 얼버무리면서 다른 질문을 던졌다. **그러면 내 이웃이 누구니이까**(10:29b). 율법 교사는 '계명을 제한'해서 그가 영생을 받을 만큼 충분히 그것을 순종할 수 있도록 만들려 했다. '옳게 보이다'라는 말은 바울의 글에 나오는 '칭의'와 같은 의미를 지닐 수 있다. 누가는 바울의 선교 동료 중 한 명이었으며, 사도의 신학에 푹 빠져 있을 것이기 때문이다. 예수님은 이 전술의 오류를 드러내셨으며, 율법 교사의 질문에 선한 사마리아인의 비유로 대답하셨다.

2. 선한 사마리아인(10:30-37)

이 비유의 서너 가지 중요한 특징(일반적으로 그 구체적 내용은 아니라도 그것의 전통적 제목에 친숙한 사람들에게는 주목을 받지 못하는)은 첫 청중들의 '기대에 반하는' 것이었다고 여겨진다. 배경(예루살렘에서 여리고로 가는 길), 무관심한 등장인물들(제사장과 레위인), 특히 이야기의 주인공(사마리아인)은 모두 유대인 청중들의 기대에 반하는 것이었다. 그런 교훈적 이야기라면 등장인물들이 예루살렘을 향하여 이동할 것으로 예상되었을 것이며, 최초의 청중들은 존경받는 종교 지도자들이 주인공이고 멸시받는 사마리아인은 악당으로 나오리라고 예상했을 것이다.

10:30-37. 예수님이 묘사하는 장면은 신뢰할 수 있는 것이었다. 예루살렘과 여리고 사이의 27킬로미터에 걸친 길(10:30a)은 위험하기로 유명했다(Josephus, *Jewish War*, 4.8.3. §474). 그리고 그 사건은 비극적이었다. 어떤 사람이 **강도**의 습격을 받아 매를 맞고 **거의 죽은** 채 버려졌다(10:30c). **마침 한 제사장**이 나타난 것(10:31)은 이 끔찍한 장면에 한 줄기 소망의 빛을 제공했다. 하지만 애석하게도 그 제사장은 찢기고 상한 사람을 **피하여 지나**갔다. 아마 그는 그 사람이 이미 죽었다고 결론을 내렸으며 의식상 부정하게 될 위험을 감수하기를 원하지 않았을 것이다. 마찬가지로 **레위인**[제사장들의 사역을 돕는 사람]도 그 사람을 피하여 지나갔다(10:32). 이 종교 당국자들을 냉담하고 냉혹한 사람으로 묘사했을 때 청중들은 분명 분개했을 것이다. 그들은 이 존경받는 당국자들이 그렇게 동정심이 없을 수가 있다는 생각에 발끈했을 것이다. **사마리아 사람**이 영웅의 역할을 맡아 등장한 것은 예수님의 청중들을 더욱더 당혹스럽게 했을 것이다. 사마리아인들과 유대인들은 서로 멸시했다(미워하는 이유들에 대해서는 요 4:4-6에 대한 주석을 보라). 미움은 상호적인 것이었지만, 유대 백성은 "그런 사람들은 부정하며 피해야 한다"(참고. Bock, *Luke*, 1031)라고 생각했다. "예수님이 사마리아인을 끌어들인 것은 그처럼 엄청나게 충격적인 것이었다"(Morris, *Luke*, 189-190). 그 사마리아인의 행동은 자비롭고, 헌신적이고, 희생적이었다(10:33-35). (이 비유의 요소 중 어떤 것도 풍유적으로 받아들여서는 안 된다.)

예수님은 율법 교사에게 하는 마지막 질문으로 결론을 맺으셨다. 그 질문은 율법 교사가 얼버무려 넘길 수 없는 것이었다(10:36). 예수님의 비유의 요점(율법 교사의 질문에 대한 대답으로 한, 10:29c)은 누구든 어려움에 처한 사람은 내 이웃이고, 누구든 어려움에 처한 다른 사람을 돕는 사람이 내 이웃이며, 누구든 나를 돕는 사람이 내 이웃이라는 것이다. 예수님은 우리의 이웃은 개인이 도울 수 있는 어려움에 처한 사람임을 나타내셨으며, 이 율법 교사가 했듯이, 하나님 앞에서 "자기를 옳게 보이"기를 바란다면, 반드시 아낌없이 폭넓게 도움을 베풀어야 한다. 하지만 그 사람은 언제나 요구되는 수준만큼 율법을 이행할 수는 없을 것이며, 율법을 지킴으로 "자기를 옳게 보일" 수는 없을 것이다. 공로 의에 관해 말하자면, 하나님은 율법을 순종하는 것과 관련해서는 최대주의자(maximalist)이시다. 율법 교사가 추정하듯이, 최소주의자(minimalist)적 접근은 하나님께 받아들여질 수 없다. 이런 이유로 인류는 율법에 따라 살 수 없기 때문에, 칭의는 믿음을 통한 은혜로 받아야만 한다.

C. 마르다와 마리아(10:38-42)

10:38-42. 두 자매, 즉 마리아와 마르다를 포함하는 짧은 장면은 제자도에 대한 또 다른 교훈의 배경을 제공했다. 누가는 그저 **한 마을**이라고만 언급하므로, 그는 아마 독자가 그 마을이 베다니라는 것과 이 두 여자가 나사로의 누이들임을 알 만큼 그 이야기를 충분히 알고 있으리라고 추정한 것 같다(요 11:1을 보라). 예수님은 마르다의 집에 도착했으며, 마르다는 **예수**님을 **자기 집으로 영접**했다(10:38). 마르다의 동생 마리아는 그 기회를 이용해서 **주의 발치에** 앉아(10:39) 예수님의 가르침을 들은 반면, 마르다 자신은 예수님 같은 중요한 사람이 방문하시자 **준비하는 일**과 격식을 차려 대접하는 일로 분주했다(10:40a). 마르다는 자신의 손님인 예수님에게 호소하면서, 마리아에게 자기 언니를 돕도록 말해달라고 청한다. 주님의 대답은 부드러웠으나[**마르다야 마르다야**("내 사랑하는, 사랑하는 마르다야"), 10:41a] 핵심을 찔렀다. 예수님은 **많은 일**(10:41b), 수많은 사소한 일들에 대한 마르다의 관심을 부드럽게 책망하시면서, 마리아는 가장 중요한 것, 즉 주님의 말씀을 듣는 것(10:42)을 택했다고 말씀하셨다. 예수님의 요점은 예수님과의 관계에서 단순한 형식들(주님에게 저녁을 대접하는 것, 사회적 환경 속에서 주님을 만나는 것 같은)이 생생하고 인격적인 관계를 대신해서는 절대 안 된다는 것이다. (예수님과의 혹은 교회에 속한 다른 제자들과의) 단순한 사회적 접촉이 예수님의 가르침에 진지하게 귀를 기울이는 것을 대신할 수 없다.

D. 기도에 대한 가르침(11:1-13)

11:1-4. 누가는 기도에 대한 짧은 부분을 포함시켰다[마태가 산상수훈에서 기록한 더 상세한 가르침(마 6:9-15)과 유사하다. 그 부분에 해당하는 주석을 보라]. 예수님은 스스로 모범을 보이셔서 기도의 중요성을 가르치셨다(**예수께서 기도하시고**, 눅 11:1). 예수님은 또한 자기 제자들에게 본보기가 되는 기도를 가르치셨다(11:2a). 그것은 그 기도를 그대로 따라 해야 한다는 것이 아니라 기도할 때 모범으로 삼으라는 뜻이다. 그 기도에는 다음과 같은 것들이 포함되었다. (1) **아버지**를 부르는 것(11:2b), 즉 하나님 아버지를 아버지라고 부르는 것은 확신과 존중의 마음으로 기도하는 것이다. (2) 아버지의 이름이 **거룩히 여김을 받으시라**고 간구하는 것(11:2c), 즉 하나님의 이름이 공경을 받도록 하는 것 (3) **나라가 임하시오며**라는 간구(11:2d), 즉 하나님의 최종적 통치와 권위가 이 땅에서 인정받고 실현되라는 것 (4) **일용할 양식**에 대한 간구(11:3), 즉 육체적인 삶을 위해 주님이 약속하신 모든 것이 마련되게 해달라는 것(피조물의 의존에 대한 고백) (5) 하나님이 죄를 **사하여**달라는 간구(11:4a), 즉 영적인 삶을 위해 약속된 것이 마련되게 해달라는 것(영적 의존에 대한 고백) (6) 다른 사람들을 용서하겠다는 약속(11:4b; 또한 마 6:14-15과 18:31-35에 대한 주석을 보라), 즉 다른 사람들 앞에서 겸손할 필요성에 대한 인정 (7) 시험에서 보호해달라는 간구(11:4c), 즉 영적 의지에 대한 고백이다.

11:5-13. 예수님은 기도에 대한 이 가르침 다음에 기도에 대한 비유 및 원리를 말씀하셨다. 이 비유는 기도할 때 끈질기게 기도해야 할 필요성을 가르쳤다(11:5-8). 원리는 기도할 때 확신을 가질 필요성에 대해 가르쳤다(11:9-13). 역동적인 동사들인 **구하라…찾으라…두드리라**는 현재 명령법이다. 즉 '계속해서 구하라, 계속해서 찾으라, 계속해서 두드리라'는 것이다. 신자의 확신은 애정 깊은 부모에 대한 아이의 확신과

같아야 한다. 아이가 필요한 것을 구하고 받기를 기대하는 것은 부모의 입장에서 영예로운 일이다. 하나님은 어린아이와 같은 신자들의 요청에 의해 영광을 받으신다. 그리고 물론 그들의 필요는 기도라는 수단을 통해 공급된다.

E. 일련의 충돌(11:14-54)

예수님이 예루살렘으로 가는 길에 일련의 충돌이 있었다. 누가는 이 충돌이 예수님의 인격을 보여주었을 뿐 아니라 예수님의 권능과 권한도 입증해주었다고 기록했다. 능력과 권한은 종종 도전을 받을 때 가장 잘 드러난다.

1. 예수님의 권능에 대한 질문(11:14-36)

본질적으로 이 사건에서 예수님은 그분의 권능의 근원에 대해 도전을 받으셨다. 우습게도 예수님의 대적들은 예수님이 사탄과 연합했다고 주장했다.

a. 사탄인가 하나님인가(11:14-23)

(마 12:22-27에 대한 주석도 보라)

11:14-16. 여기에서 병 고침과 축사의 기적은 절정이 아니라 이어지는 충돌을 위한 장치였다. 어떤 사람이 귀신에 들렸으며, 그로 인해 말을 못하게 되었다(마 12:22은 그가 또한 눈도 멀게 되었다고 말한다). 그리고 예수님은 그를 구해주셨다. 무리들은 **놀랍게 여겼으나**(11:14), 반대자들은 별로 감명을 받지 않았다. 그들은 예수님이 **바알세불**[가나안 신 바알-세붑을 조롱하는 말장난. 바알세불은 '파리의 주', 즉 똥 더미라는 의미이다]에게 능력을 받았다고 비난했다(11:15). 예수님은 **하늘로부터 오는 표적**(11:16)을 행함으로 자신을 입증하라는 도전을 받았다. 이는 방금 일어난 기적에 비추어 볼 때 다소 역설적인 도전이다.

11:17-23. 예수님은 **그들의 생각을 아셨다**(11:17a). 즉, 예수님은 비난과 도전을 하는 그들의 동기를 알고 이해하셨다. 그리고 예수님의 반응은 엄청나게 단순하셨다. 예수님은 그들의 추론이 비논리적이고(11:17b-18), 일관성이 없으며(11:19), 잘못된 인식에 기초했다고(11:20) 지적하셨다. **강한 자**[사탄, 11:21]와 **더 강한 자**[예수님 자신, 11:22]에 대한 예수님의 짧은 비유는 단순하고도 공격할 수 없는 논리를 사용했다. 그 비유는 영적인 차원의 투쟁(사탄과 그의 세력 대 하나님과 그리스도와 성령님의 권능)이 현세적 충돌과 같은 규칙 및 원리를 따른다는 것을 보여준다. 즉, 더 강한 힘이 이긴다는 것이다(참고. 요일 4:4). 예수님은 반대자들에 대한 경고로 결론을 맺으시는데(11:23), 그것은 사실상 그들에게 역습을 가하는 것이었다. 사탄과 동맹을 맺은 것은 예수님이 아니라 그들이었으며, 그들이 귀신과 동맹했다는 증거는 그들이 예수님을 반대한다는 것이었다. 예수 그리스도와 관련해서 중립을 지키는 것은 불가능하다.

b. 네 가지 설명(11:24-36)

11:24-36. 예수님은 자신의 권능이 하나님으로부터 나왔으며 자신이 하나님을 섬긴다는 것을 입증하기 위해서, 영적인 일들에 대한 네 가지를 설명하셨다. 첫째, 더러운 영들은 함께 일한다(11:24-26). 여기에서 '부분적 개혁'은 부적절하다는 교훈을 얻는다. 둘째, 참된 기쁨은 단순히 예수님을 인정함에서 나오는 것이 아니라 하나님께 순종함에서 나온다(11:27-28). 셋째, 표적들에 대한 진리는 그 표적들을 깨닫지 못할 수 있다는 것이다(11:29-32). 여기에서 '표적을 주시는 분'이 표적들 자체보다 더 중요하다는 교훈을 얻는다. 넷째, 빛에 대한 진리는 '밝은 눈'이 없으면 빛도 소용이 없다는 것이다(11:33-36). 여기에서 예수님이 하나님으로부터 오신 권능, 표적, 빛이라는 것을 '보기' 위해 '열린 눈'(믿음)을 가지고 있어야 한다는 교훈을 얻는다. '빛을 보지' 못하는 사람은 누구든 그로 인해 **어두우리라**(11:34; 또한 마 6:22-23에 대한 주석을 보라)는 것이 드러난다.

2. 예수님, 바리새인, 화에 대한 강화(11:37-54)

11:37-38. 빛에 대한 짧은 담화를 한 후에, 누가는 '어둠 속에' 있던 한 사람의 이야기를 기록했다. 한 바리새인이 점심 식사에 예수님을 초대했으며(11:37a), 이 초대가 진실한 것이 아닐 (가능성이 있는) 것임에도 불구하고, 예수님은 그 초대를 받아들이셨다(11:37b). 그 바리새인이 예수께 배우기 원했는지는 의심스럽다. 그는 예수님을 비판할 기회를 찾고 있었을 가능성이 더 많다. "예수님은 사람들의 주시를 받고 계셨다"(Bock, *Luke*, 1111). 예수님이 식사 자리에 기대어 앉으시자마자, 바리새인은 관습에 어긋난 것을 찾아냈다. 예수님은 바리새인들의 구전에 따라 식사를 위해 **손 씻지 아니하셨다**(11:38). 이것은 위생을 위한 것이

아니라, 외적이고 자기만족적인 경건의 정결 의식으로, 구전에서는 요구하지만 모세율법에서 요구하지는 않는 것이었다.

11:39-41. 바리새인에 대한 예수님의 책망은 바리새인이 소위 예수님의 위법 행위를 발견한 것만큼이나 신속했다. 예수님은 먼저 그들의 실패, 즉 그들이 물건들과 기구들을 외적으로 깨끗이 하는 것에는 지나치게 빈틈없이 관심을 가지나(11:39a) 그들의 내적 부정함에 대해서는 완전히 등한히 하는(11:39b) 위선을 지적하셨다. 예수님은 또한 그들의 실패 원인을 지적하셨다. 예수님은 그들을 **어리석은 자들**이라고 부르셨다(11:40a). 구약 용어에서 그 말은 그들이 "하나님께 눈이 멀어" 있으며 "하나님의 뜻이나 그분의 길에 반응하는 데" 실패했다는 의미였다(Bock, *Luke*, 1113). 예수님은 마지막으로 그들의 실패에 대한 치료법을 말씀하셨다. 그들은 내적 미덕, 즉 사랑, 관대함, 겸손함을 계발할 필요가 있다는 것이다. 이런 것들만이 그들을 하나님 앞에서 참으로 깨끗하게 할 것이다(11:41).

11:42-44. 예수님은 한 바리새인에게 주신 이 특정한 교훈으로부터, 바리새인 집단에게 선언하시는 '화의 강화'(Discourse of Woes)로 넘어가신다(또한 마 23:1-36에 대한 주석을 보라). 여기에서 사용된 '화'라는 말은 저주라기보다 한탄이다. '화 있을진저'라는 말을 그 의미를 드러내는 말로 바꿔 쓰면, '얼마나 통탄할 만한지'가 된다. 첫 번째 화는 '선택적 순종'과 참된 경건의 명령들을 소홀히 하는 것에 대해 선언되었다(11:42). 예수님이 염두에 두고 있던 관행은 '지나치게 세심한 십일조'였다. 그들이 실패한 것은 **공의와 하나님께 대한 사랑**을 소홀히 한 것이었으며, 해결책은 적절한 균형을 발견하고 유지하는 것이었다. 두 번째 화는 교만에 대한 것이었다(11:43). 세 번째는 기만적이고 치명적인 거짓 가르침이었다(11:44). 이 처음 세 가지 화의 전반적인 주제는 위선의 죄였다.

11:45-52. 화 있을진저라는 말들이 나열되는 것을 한 율법 교사가 중단시키면서, 예수님의 고발이 너무 광범위하며 율법 교사들(율법 전문가들)을 모욕한다고 항의했다(11:45). 그러자 예수님은 그다음 화를 **또** 율법 교사들에게로 향하셨다(11:46). 네 번째 화는 율법 교사들에게 선언되었다. 그들은 사람과 하나님과의 관계를 증진시키도록 율법을 해설하는 대신, 율법에 **짐**[추가 규정들 및 계명들]을 덧붙였다. 그것은 일반적인 사람도, 심지어 그들조차도 절대로 **지기** 어렵거나 적절히 준수할 수가 없는 짐이었다(11:46). 다섯째 화는 그들이 **선지자들**을 거짓되게 공경한다고 비난한 것이다(11:47a, 48b). 선지자들에 대한 그들의 공경은 형식주의일 뿐이었다(선지자들의 내용, 즉 하나님의 지혜에 대한 그들의 메시지는 존중하지 않은 채, 그저 선지자들을 상징하는 비문들에 충성을 바치는 것이다). 실제로 그들은 선지자들에 대해 (선지자들을 **죽인**) 자신들의 **조상들**과 똑같은 태도를 지니고 있었다(11:47b-48a). 예수님은 선지자들이 하나님의 사신들이라고 말했을 뿐 아니라 **하나님의 지혜**(11:49a)를 보이는 것에서 선지자들을 보낸 행동, 그러고 나서 그들이 거절당한 것은 누가 하나님의 참된 제자이고 누가 그렇지 않은지 입증하는 데 기여했다고 설명하셨다(11:49-51). 여섯째 화는 율법 교사들이 **지식의 열쇠**(11:52, 율법 자체를 나타내는 완곡어법)를 사람들이 하나님을 아는 길을 열기 위해 사용하지 못하도록 한 것에 대해 선언되었다. 그들은 그것을 사람들이 하나님을 알지 못하도록 막는 일에 사용했다.

11:53-54. **서기관과 바리새인들**(11:53a)에 대한 '화의 강화'는 예수님에 대한 그들의 반대를 견고하게 했으며, 그들은 그에 대한 반응으로 예수님께 점점 더 큰 적대감을 가졌고, 더 날카로운 질문을 던졌으며, 예수님을 책잡으려고 노렸다(11:53b-54).

F. 예수님이 자기 제자들에게 경고하시다 (12:1-21)

예수님에 대한 반대에 비추어 그리고 예수님의 점점 높아가는 인기에 직면해서, 예수님은 제자들에게 몇 가지 예리한 가르침을 주셨다. 즉, 네 가지 경고이다.

1. 위선에 대한 경고(12:1-3)

12:1-3. 예수님은 먼저 자기 제자들에게 **바리새인들의 누룩**(12:1b)에 대해 경고하셨다. 누룩은 널리 퍼져 있는 '외적으로 종교적인' 죄, 곧 위선이다. 헬라어로 '위선자'는 원래 어떤 역할을 '연기하는', '가면'을 쓴 사람(연극이나 극장에서처럼)이었다. 종교적 위선자들은 단순히 종교적인 사람 역할을 하지만, 진실성도 없고, 마음으로부터 나오는 하나님과의 관계도 없다. 예수님

은 두 개의 속담을 가지고, 위선은 근시안적인 것이라고 설명하셨다. 숨겨진 것은 결국에는 드러날 것이기 때문이며(12:2) 속삭인 것은 결국에는 공개될 것이기 때문이다(12:3). 간단히 말해서 어떤 것도 영원히 숨겨지거나 비밀로 남아 있을 수 없다. 위선은 언젠가 있는 그대로 드러날 것이다. 바로 그것이 속임수라는 것이다(참고. 롬 2:16; 참고. 시 139:12).

2. 사람을 두려워하는 것에 대한 경고(12:4-7)

12:4-7. 예수님은 다음으로 자신의 제자들(**내 친구**, 12:4)에게 사람을 두려워하는 것의 위험에 대해 경고하셨다. 이 위험에는 제자들이 종종 노출된다. 결국 믿음을 부인하거나 이미 표현된 확신을 유지하지 못하는 위험이다. 억압은 종종 사람들이 관계를 유지하기 위해 순응하도록 한다. 처음에 나오는 대조(12:4-5)에서 예수님은 자신의 주장을 펼치기 위해 정반대의 극단적 논지를 펴셨다. 사람들을 두려워하지 말아야 한다. 그들이 할 수 있는 최악의 일은 **몸을 죽이**는(12:4) 것이기 때문이다. 하지만 하나님은 두려워해야 한다. 하나님은 죽이고 **지옥에 던져 넣**으실(12:5) 수 있기 때문이다. 극단적 비교로 여기에서 주장하는 점을 놓쳐서는 안 된다. 예수님은 지옥을 가지고 자신의 친구들을 위협하고 계신 것이 아니다. 요점은 사람들은 우리를 돕는 일에서나 상처를 주는 일에서나 제한된 능력을 가지고 있는 반면, 하나님은 심판하는 것에서나 축복하는 것에서나 무제한적인 능력을 가지고 계시다는 것이다. 따라서 제자들은 사람들의 호의를 구하는 것에 관심을 갖기 이전에 하나님의 호의를 구하는 데 관심을 가져야 한다. 예수님은 위로의 말로 대조를 완화시키셨다. 하나님을 두려워하는 자는 하나님께 속한 것들을 돌보시는 하나님을 발견하게 되리라는 것이다(12:6-7). 두 가지 실례가 예수님의 주장을 입증한다. 하나님이 참새를 돌보시는 것은 하나님이 우리를 돌보신다는 확신을 주며(12:6-7), 하나님이 우리를 아신다는 것(그중 어떤 것은 우리 머리털의 수 같은 상당히 사소한 것이다)은 하나님이 우리의 모든 사소하지 않은 관심사들을 알고 돌보신다는 확신을 준다(12:7, 또한 마 10:24-31에 대한 주석을 보라).

3. 고백하는 것과 부인하는 것에 대한 경고(12:8-12)
(마 10:32-33에 대한 주석도 보라)

12:8-12. 세 번째 경고는 위선과 사람을 두려워하는 것에 대한 해결책이다. 예수님은 자신의 친구들에게 **사람 앞에서** 그분을 **시인**하라고 요구하셨다(12:8). 시인한다는 것은 그저 우리의 삶에서 '예수님이 주님이시다'라는 말을 '무관심하게 암송하는 것' 이상이며, 그것을 적극적으로 인정하는 것(삶과 말로)이다. 제자들이 그리스도를 시인하도록 격려하기 위해 세 가지 이유가 제시되었다. 첫째, '상호성의 원리'가 있다. 그리스도가 우리를 시인하시기를(**사자들 앞에서** 우리가 정당하게 하늘에 속한 존재로 인정하시기를, 12:8b) 바란다면, 우리도 사람들 앞에서 그리스도를 시인해야 한다는 것이다(12:8-9). 둘째, 성령을 모독하는 문제가 있다(12:10). 이것은 그리스도에 대해 계시된 진리를 강퍅하게 부인하는 경우인 듯하다. 즉, 불신이다. 성령님이 계시하신 진리를 '영원히 거부하는 것'(참고. Bock, *Luke*, 1143)은 사함을 받지 못할 것이다. 실로 사함을 받을 수가 없다. 셋째, 예수님은 자신의 친구들에게 성령님에 대한 약속을 상기시킴으로 사람들 앞에서 그분을 시인하라고 권하신다(12:11-12). 그리스도께 헌신한 것 때문에 고발당하고 위협을 받을 때, 어떻게 반응해야 할지 염려하거나 초조해할 필요가 없다. 이것은 예수님이 곧 **그때에**(12:12) 성령님이 담대하고 분명하게 증거할 능력을 주실 것이라고 약속하셨기 때문이다.

이 약속된 공급은 '바로 그때를 위한' 것이며, 그때 어떤 말을 할 수 있을지, 어떤 말을 할지 사전에 상상하도록 하기 위한 것이 아니다. 여기에서 약속은 어떤 초자연적이거나 계시적인 정보가 아니라, 통상적 수단(성경 읽기, 공부, 말씀이 전파되는 것을 듣는 것)으로 배운 진리들을 적절한 때에 생각나게 하시리라는 약속일 가능성이 더 많다. 같은 표현, 즉 "염려하지 말라"가 12:22에서 사용되며, 거기에서 약속은 '초자연적 공급'이 아니라 충분한 물질적 공급이 이루어질 것이라는 약속이며, 역시 통상적 수단(직업, 하나님의 풍성한 창조물, 다른 사람들의 관대함)에 의한 것일 가능성이 높다. 이 약속들은 대단히 은사가 있는 사람들이나 특별히 영적인 사람들에게만 주어진 것이 아니라 주님을 신뢰하는 모든 제자들에게 주어졌다.

4. 세속성에 대한 경고와 어리석은 부자의 비유 (12:13-21)

마지막으로 예수님은 자기 친구들에게 세속성(이 세상과 이생의 것들에 대한 과도한 관심)에 대해 경고하셨다.

12:13-15. 이야기는 무리 중 한 사람이 예수님에게 유산을 놓고 벌어진 분쟁에서 중재인이 되어달라는 '건방진 요청'을 하는 것으로 시작된다(12:13). 예수님은 가족 분쟁에 관여해달라는 제안을 즉시 거절하셨다(12:14). 하지만 이 대화를 계기로 예수님은 보다 심각한 관심사를 다루셨다. 즉, 그 분쟁의 핵심에(그리고 분명 두 분쟁자의 마음에) 있는 문제이다. 그것은 탐심의 문제였다(12:15a). 그것은 본질적으로는 더 깊은 병리학인 세속성의 한 표현에 불과하다. 예수님은 탐심, 즉 '더' 가지려 하는 과도한 욕망은 무의미하다고 설명하셨다. 생명은 **소유의 넉넉한 데 있지 않기** 때문이다(12:15b). 생명은 이 일시적 실존에서 모으는 '것들' 이상이 되어야 한다. 이생의 '것들'은 또 다른 초월적 실존을 위한 것이어야 한다. 이생의 '것들'은 그 자체가 목적이 되어서는 절대 안 된다.

12:16-20b. 예수님은 엄청나게 단순하고 실제 삶에 가까운 비유로 이 원리를 예시하셨다. 한 부자가 자신의 밭에 소출이 너무 많아 수확한 것을 다 저장할 수가 없다는 것을 알았다(12:16-17). 그는 분명 초과분을 궁핍한 사람들에게 주려는 생각은 절대 하지 않았다. 그는 스스로에게만 몰두해서 이 '문제'를 어떻게 다룰지 혼자서 궁리했다(12:17, 19a). 그는 자신을 위한 대비를 한 후(12:18), 그리고 자신을 경축한 후(12:19b), 이 남아도는 재산으로 자신이 **여러 해** 즐기기 위한 계획들을 세웠다(12:19). 하지만 그가 전혀 생각해보지 않은 분인 하나님이 이제 그를 주목하셨다. **하나님은 이르시되**(12:20a)라는 말이 일시적 안락함에 대한 장밋빛 묘사를 갑자기 바꿔 놓는다. 하나님은 그 사람을 **어리석은 자**(12:20b)라고 부르셨다. 그는 정말 그랬다. 실제로 자신의 영혼에 대해서는 아무 대비도 해놓지 않았기 때문이다!

12:20c-21. **네 영혼을 도로 찾으리니**(12:20c)라는 말은 문자적으로는 '그들이 너로부터 네 영혼을 요구하리니'라는 의미이지만 신적 수동태의 대체물이며…그의 영혼이 하나님에 의해 요구되었다는[아파이투신(*apaitousin*), '요청하다, 요구하다'라는 의미의 아이테오(*aiteo*)라는 동사에서 나온 말] 의미이다(Stein, *Luke*, 352). 그 부자의 삶은 그의 것이 아니라 선물, 곧 하나님이 그에게 맡기신 것이었으며, 죽을 때 그는 자신의 삶에 대해 하나님께 결산 보고를 해야 했다(참고. Bock, *Luke*, 1153). 하지만 그 결산 보고를 했을 때, 그는 많은 양식을 뒤에 남기고 왔으나 하나님께 대해서는 아무런 대비도 재물도 없었다(12:21). "정말로 어리석은 일은 그 부자가, 미래가 자신의 주관 아래 있다고 쉽게 확신한 것이었다"(Morris, *Luke*, 213). 그 부자는 일시적인 관점을 가졌기 때문에 영원에 대한 대비를 전혀 해놓지 않았다. 재물을 소유하는 것이 하나님의 은총을 보장해주지는 않는다(참고. 약 1:9-11; 5:1-6). 구원을 확보해주는 것은 더더욱 아니다. "재물의 유일한 유산은 그것의 덧없는 성질이다(6:24-25). 관대함으로 사용된 재물만이 하나님의 인정을 받는다"(Bock, *Luke*, 1155).

G. '영원한 관점'에 대한 교훈(12:22-48)

1. 염려하지 말라(12:22-34)

(마 6:25-34에 대한 주석도 보라)

12:22. 어리석은 부자, 즉 일시적 대비책은 많이 가지고 있었지만 영원에 대한 대비는 전혀 없었던 사람의 비유를 말씀하시면서 예수님은 **제자들에게**(12:22a) (**그러므로**) '영원한 관점'을 개발할 필요에 대한 몇 가지 교훈을 말씀하셨다.

예수님은 먼저 제자들에게 단순하지만 강력한 명령을 하신다. "이 부분을 묶어주는 핵심어는 12:22, 25, 26에 나오는 '염려'라는 단어이다[12:29에 나오는 메테오리조(*meteorizo*)라는 동의어도 '염려'(개역개정에는 '근심'—옮긴이 주)라고 번역된다]"(Stein, *Luke*, 353-354). **염려하지 말라**(12:22)는 문자적으로 '염려하는 상태를 멈추라'는 명령이다. 그 반대인 '만족하라'는 뜻도 암시되어 있다(참고. 빌 4:11-12; 딤전 6:6-8).

12:23-34. 예수님은 이어서 그 명령을 할 필요가 있도록 만든 염려에 대해 말씀하셨다. 그것들은 삶의 기본적 필요이며 '매일의 실존'이자 목숨 자체의 관심사인 음식과 의복이다. 예수님은 본질적으로 우리가 염려하지 말아야 하는 이유를 열거하셨다. 첫째, 염려는 **목숨**에 대해 적절한 관점이 결여되어 있음을 보여준다(12:23). 둘째, 염려는 불필요하다. 그 점은 농작물을

경작하거나 창고에 저장하지도 않지만 하나님이 기르시는 새들(12:24)과, 의복을 위한 재료를 모으거나 실을 짜지도 않으면서 솔로몬보다 더 영광스럽게 옷 입는 백합화(12:27)에서 볼 수 있다. 셋째, 염려는 무의미하다. 그것은 그 키를 한 자라도 더할 수 없으며 오히려 시간 낭비이다(12:25-26). 넷째, 염려는 믿음이 없음을 보여준다(12:28c). 다섯째, 염려는 불신자들이 하는 것이며 그들 앞에서 제대로 증거하지 못하게 한다(12:30). 요약하면, 염려하는 것은 믿음의 실패이다.

염려에 대한 해결책은 다음과 같다. 첫째, 제자들은 자신들에게 하늘의 **아버지**(12:30b)가 계시는 것을 알아야 한다. 둘째, 제자들은 **그의 나라를 구**해야 한다(12:31a). 즉, 그의 나라를 위해 살고 영혼을 구하는 일을 해야 한다. 셋째, 제자들은 **무서워 말**아야 하며(12:32a) 그 대신 너희 아버지가 보증하신 말을 믿어야 한다(12:32b). 넷째, 제자들은 '일시적 소유'(12:33)를 떨쳐버리는 한편, 영원한 것(예를 들어 자신의 영혼, 참고. 12:19-21)에 투자해야 한다.

2. 준비되어 있으라, 신실하라(12:35-48)

12:35-38. 예수님은 같은 주제를 계속 말씀하면서, 제자들에게 준비되고 신실하라고 격려하셨다. 이 목적을 위해 예수님은 세 가지 예를 드셨다. 첫째, 제자들은 '주인'이 돌아오는 것에 준비되어 있으면서 등불을 켜고 **허리에 띠를 띠고** 있는 사람들과 같아야 한다(12:35, 36). 주인에게 속한 사람들의 의무는 기다리는 것이다(12:36). 그들의 책임은 깨어 있는 것이다(12:37a). 그들의 어려운 점은 주인이 오는 시간을 알지 못한다는 것이다(12:38). 그들이 받을 상은 '복'과 주인과의 '식탁 교제'이다(12:37).

12:39-40. 준비되어 있으라고 격려하는 두 번째 예에서는 집 주인과 도둑에 대해 묘사했다(12:39-40). 자세한 사항은 나와 있지 않지만, 분명 도둑은 집 주인의 집에 침입했다. 예수님의 상식적 관찰은 집 주인이 도둑이 오는 시간을 알았더라면 그 침입을 막았으리라는 것이다. 이것은 부단히 준비되어 있으라는 권고이다. 제자들은 인자가 다시 오실 때를 알지 못하기 때문이다(12:40).

12:41-46. 준비됨을 격려하는 세 번째 예는 "이 가르침은 누구를 위한 것입니까?"에 해당하는 베드로의 질문으로 인한 것이었다(12:41). 예수님은 베드로의 질문에 직접 대답하지 않으시고(그것은 그 가르침이 누구든 그것을 이해하고 적용하는 사람을 위한 것임을 말한다), 하나의 질문으로 비유를 시작하셨다. **지혜 있고 진실한 청지기가 되어…줄 자가 누구냐**(12:42, 또한 마 24:45-51에 대한 주석을 보라)는 것이다. 이 질문에 대한 긍정적인 대답은 신실한 청지기는 임무를 받고(12:42b), 그 임무를 수행하고(12:43b), 그렇기 때문에 주인에게 복을 받는 사람(12:43a)이라는 것이다. 예수님이 여기에서 언급하신 상(그 모든 소유를 그에게 맡기리라, 12:44)은 그 상이 그가 일시적 섬김에서 만난 도전과 위험들보다 훨씬 더 크리라는 것을 의미하는 과장된 표현이다. "상은 더 영원한 형태의 섬김이다…"(Bock, *Luke*, 1180). 일을 잘한 것에 대한 주님의 상은 더 많은 일이다. 그 질문에 대한 부정적인 대답은 신실하지 않고 어리석은 종은 주님의 지체하심이 무한정 계속되리라고 생각하는 사람, **먹고 마시고 취하**는 사람[12:45, "그런 행동은 12:19의 어리석은 자를 상기시킨다"(Stein, *Luke*, 361)], 주인이 돌아왔다는 사실로 충격을 받을 사람, 심한 벌을 받을 사람이라는 것이다(12:46; 참고. 출 29:17).

12:47-48. 예수님은 그다음에 '준비되지 않은' 종의 두 가지 예를 묘사하셨다. 고의적으로 준비되지 않은 종은 많이 맞는 벌을 받겠지만(12:47), 알지 못하고 준비되지 않은 종은 더 가벼운 벌을 받을 것이다(12:48a). 예수님은 여기에서 서너 '종류'의 그리스도인들(예를 들어 진정 헌신된 그리스도인들, '세속적' 그리스도인들, 가짜, 거짓, 순전히 '신앙고백만 하는' 그리스도인들)을 소개하신 것이 아니었다. 문제는 구원론(구원)이 아니라 '신실함'이다. 비유는 거기에서 염두에 두고 있는 사람들이 그저 주인의 청지기와 종이며 그들은 신실하거나 그렇지 않거나 둘 중 하나라고 추정한다. 예수님은 제자들의 진실함을 '시험'하거나 그들에게 구원이나 영원한 상을 보장해줄 방법을 제시하신 것이 아니다. 비유에서 주인은 다시 올 것이며, 예수님의 제자들은 예수님도 다시 오실 것임을 인식하면서 살아야 한다. 그들이 그런 인식을 갖고 산다면, 그들은 신실할 것이다. 그리고 그 신실함은 상을 받을 것이다. 만일 그들이 무감각하게 그것을 무시한다면, 그들은 신

실하지 않을 것이다. 그리고 벌을 받을 것이다. 비유의 요점은 듣는 사람들에게 상과 벌의 목록을 제공하려는 것이거나, 그 종들과 주인 혹은 제자들과 예수님의 관계에 대한 결론을 내리는 것이 아니라 신실함을 격려하는 것이다. 게다가 비유의 결론부에 나오듯이, 원리는 더 많이 알수록 책임이 더 크다는 것이다. "우리는 모두 책임이 있다"(Morris, *Luke*, 219). 48절은 사람이 본래부터 가지고 있는 은사와 능력에 근거해서 책임과 상의 정도가 다양할 것임을 나타낸다.

H. 제자들이 생각해야 할 여섯 가지 심각한 문제 (12:49-13:9)

12:49-12:59. 예수님은 영원한 관점 및 제자들이 부름 받은 사역과 책임에 비추어, 제자들이 생각해야 할 여섯 가지 일들을 연이어 제시하셨다.

1. 그들은 심판이 올 것이라는 사실을 생각할 필요가 있었다. 첫째, 예수님은 그분이 행하실 심판을 언급하셨으며(**불을 던지러**, 12:49) 이어서 그분 자신이 당할 심판(**받을 세례**, 12:50)을 언급하셨다. 예수님은 두 사건을 한데 결합시키셨는데, 그것은 후자, 곧 예수님이 십자가에서 받으실 고난이 사람들이 전자를 피할 수 있는 유일한 길이기 때문이다(살전 5:9). "하나님의 뜻에 대한 예수님의 헌신은 전적인 것이었다. 예수님은 설사 그것이 예루살렘에서 고난받고 죽는 것을 의미했다 해도(13:32-33) 자신의 세례를 완수하려는 소원에 완전히 지배되셨다"(Stein, *Luke*, 365).

2. 제자들은 예수님을 섬기는 것이 가져올 **분쟁**을 알 필요가 있었다(12:51-53; 참고. 미 7:6). "예수님이 도착하시면서 사람들에게 그리고 사람들 간에 결정과 위기의 기간이 왔다"(Bock, *Luke*, 1192). 이 분쟁은 가장 친밀한 관계들(심지어 가족들 사이)에서까지 일어날 것이다.

3. 그들은 시대의 본질에 대해 분별할 필요가 있었다(12:54-56). 회개의 때는 다가오고 있었다. 그들은 날씨는 분별할 수 있으면서 예수님이 하신 사역의 의미, 즉 **이 시대**(12:56)는 분별할 수 없다고 주장한 위선자들이었다.

4. 그들은 (일시적인) 일들을 재빨리 처리해야(**화해**해야—옮긴이 주) 한다(12:57-59). 여기에서 요점은 제자들이, 주님이 다시 오실 때 일시적인 문제들로 안달하는 모습을 보여서는 안 된다는 것으로 여겨진다. 제자들은 무슨 수를 써서라도 주님이 오시기 전의 마지막 순간을 그저 일시적인 관심사들을 처리하면서 낭비하지 않도록 해야 한다. "하나님 나라가 도래했기 때문에(12:53-56), 삶을 정돈하고 하나님과 화목할 때[였다](12:58)"(Stein, *Luke*, 367). 간단히 말해서 그들은 이 세상 재판관들이 일들을 처리하도록 해서, 자신들은 하늘의 재판관을 마주할 준비가 되어 있도록 해야 한다.

13:1-9. 5. 그들은 **회개**할, 즉 삶의 불확실함 때문에 하나님께 의지할 필요가 있었다(13:1-5). 예수님의 가르침을 듣고 무리 중 일부 사람들이 예수님에게 **빌라도가 갈릴리 사람들**을 무자비하게 처형한 사건을 말해주었다. 분명 그들이 **제물**을 드리고 있을 때에 그렇게 했을 것이다. "그들은 제물을 드리고 있는 중에 죽임을 당했다"(Stein, *Luke*, 370). 알려진 사건 중 여기에서 말하는 정확한 묘사에 들어맞는 것은 없다(참고. Bock, *Luke*, 1205). 예수님은 그 기회를 이용해서 빌라도를 통렬히 비난하거나, 악에 직면해서 하나님을 변호하거나, 심지어 도대체 왜 그런 비극들이 일어났는지에 대한 설명을 하지 않으셨다. 예수님은 이 불운한 사람들의 죽음이 (많은 사람들이 추정했을 것처럼) 그들이 특별히 악명 높은 죄인들이었기 때문이었다는 생각을 거부하셨다. 그들은 다른 누구보다 죄가 더 많지도 더 적지도 않았다. 예수님은 사람들을 기겁하게 하는 말로 "비극적인 결말의 위협은 모든 사람들에게 존재한다"(Bock, *Luke*, 1206)라고 단언하셨다. 예수님은 심지어 또 다른 비극적인(그리고 이 경우 겉으로 보기에는 훨씬 더 납득하기 어려운) 재앙으로 인한 죽음의 사건(13:4)을 언급하시기까지 했다. 예수님의 말씀을 듣는 사람들이 사건들의 (겉보기에 변덕스러운) 긴박성을 헤아리려고 시간을 낭비해서는 안 된다는 점을 한층 강하게 단언하시기 위해서이다. 그보다 그들은, 그들 자신이 죄인이므로 하나님 앞에서 회개해야 하며 이 예측할 수 없고 종종 비극적인 실존 후에 어렴풋이 보이는 영원을 위해 준비되어야 한다. "문제는 언제 죽음이 닥쳐올지 혹은 왜 그런 일이 일어날지가 아니라, 더욱 큰 결과를 가져오는 치명적 운명을 피하는 것이다"(Bock, *Luke*, 1206).

6. 마지막으로 그들은 곧 **열매**[그들의 삶에서 하나님이 역사하신다는 증거를 보이는 것]를 맺을 필요가 있었다(13:6-9; 참고. 미 7:1). 이 비유의 핵심 요점은 주인이 열매 맺지 않는 나무를 찍어버리기 원한다는 것이 아니라 기다리고 다시 한 번 열매를 맺을 기회를 주라는(좀 돌보아주고 손질을 해주면서) 포도원지기의 조언에 더 가깝다. 예수님의 말씀을 듣는 사람들은 아직 그들에게 아무 열매가 없다는(하지만 주님은 오래 참고 계신다는) 경고를 받는다. **무화과나무**는 종종 이스라엘 민족의 상징으로 사용되었다(참고. 마 21:19; 막 11:14). 그래서 무화과나무는 이스라엘 민족과 열매 맺지 못하는 개인들에게 적용될 것이다(참고. Stein, *Luke*, 371). "문자적으로 그 비유의 결말은 열린 결말로, 그것이 나타내는 사람들의 적절한 반응을 기다리고 있다"(Bock, *Luke*, 1210).

I. 예수님 사역의 여섯 가지 특징(13:10-35)

13:10-35. 누가는 이 시점을 이용해서 예수님 사역의 여섯 가지 특징을 보여준다. (1) 예수님은 **안식일**에 여자를 고치심으로 긍휼을 보여주셨다(13:10-13, 안식일 논쟁의 배경에 대해서는 마 12:1-14에 대한 주석을 보라). (2) 예수님은 그분을 비판하는 자들을 제압하심으로 반대를 해결하셨다(13:14-17). (3) 예수님은 하나님 나라의 본질을 드러낸 두 개의 비유에서 교훈을 주셨다[하나님 나라가 '광범위하게 퍼지'고 '널리 침투하는' 것에 관해(13:18-21), 또한 마 13:31-33에 대한 주석을 보라]. (4) 예수님은 **좁은** 길로 **들어가기를 힘쓰라**는 강력한 권고를 하셨다. 그것은 믿음을 통해 하나님과 관계를 맺으며 하나님만을 신뢰하는 것이다(13:22-30; 또한 마 7:13-14에 대한 주석을 보라). (5) 예수님은 자신의 사명을 성취하기 위해 **예루살렘**으로 서둘러 나아가려는 결심을 보여주셨다(13:31-33). (6) 예수님은 예루살렘 **성**에 대한 애도에서 그 성 주민들을 위한 애정을 보여주셨다(13:34-35; 또한 마 23:37-39에 대한 주석을 보라). 여기에서 다시 누가는 예수님이 **예루살렘**으로 가는 길이라고 언급했다(13:22).

J. 한 바리새인과 함께 저녁을 드시는 예수님 (14:1-24)

14:1-6. 예수님은 자신의 대적들과 만나는 것과 심지어 함께 저녁을 먹는 것도 개의치 않으셨다. 예수님은 이런 기회들을 이용해서 그들을 책망하고 교훈하셨다. 여기에서 누가는 예수님이 **한 바리새인 지도자**와 함께 **안식일** 저녁에 참석하신 것을 기록한다(14:1). 그 바리새인은 "회당장(8:41)이나 더 높은 관원"(Bock, *Luke*, 1255)이었다. 십중팔구 **수종병 든 한 사람**[14:2; "'수종병'은 문자적으로는 휘드로피코스(*hydropikos*)로, 아마 신체의 여러 부분이 분비액으로 가득 차는 부종일 것이다", Stein, *Luke*, 386]은 예수님을 시험하기 위해 거기 있었을 것이다. 누가는 예수님이 반대자들의 감시를 받고 있었다고 말한다(**그들이 엿보고 있더라**, 14:1). "그 말은 '몰래 숨어서 지켜보다'라는 의미이다"(Bock, *Luke*, 1256). 분명 예수님이 그들의 구전을 약간 위반한 것에 대해 예수님을 고발할 이유를 찾아내기 위해서일 것이다. 예수님은 그의 반대자들에게 한 가지 질문으로 도전하셨다. "안식일에 병 고쳐주는 것이 합당하지 아니하냐"(14:3; 참고. 6:9; 13:16)라는 것이다. 그들의 침묵은 예수님이 그 사람을 고치기 시작하도록 허용한 셈이 되었다. 예수님은 세 가지 행동으로 그 사람을 고치셨다. **예수께서 그 사람을 데려다가 고쳐 보내**(14:4)신 것이다. 그래서 그 기적은 확고하고, 충분하고, 결정적이었다. 예수님은 이 만남을 간단하고, 상식적 친절함과 인도주의를 나타내는 예로 마무리하셨다(14:5). 그것은 심지어 안식일을 준수하는 일이라도 긍휼보다 아래에 있다는, 논박할 수 없는(14:6) 주장을 한 것이다.

14:7-15. 예수님은 그 기회를 이용해서 다른 손님들에게 결여된 자질인 겸손(14:7-11)과, 그의 주인들에게 결여된 자질인 손대접(14:12-14)에 대해 가르치셨다. 두 인용구의 배후에 있는 간단한 원리는 다른 사람들에 대한 관심이 자신에 대한 관심을 대신해야 한다는 것이다. 다시 한 번 예수님은 자신의 제자들에게 영원한 관점을 생각하라고 가르치셨다. 예수님의 제자들은 **높**임 받기를 기다려야 한다(참고. 14:11). 그리고 그들은 **부활 시에 갚음을 받**기를 기대하면서(14:14) 이생에서 다른 사람들에게 관대하고 잘 베풀어야 한다.

14:16-17. 예수님은 이렇게 가르치신 후에 **큰 잔치**에 대한 비유를 말씀하셨다(14:16-24). 분명 예수님의 가르침은 손님들에게 영향을 미쳤다. 하지만 예수님이 바라시던 영향은 아니었다. 예수님의 말씀에 대한 반응

으로 한 사람이 **무릇 하나님의 나라에서 떡을 먹는 자는 복되도다**(14:15)라고 외쳤다. 그 사람이 '예수님의 가르침이라는 떡'(그는 그것을 의미했어야 했다)을 의미했는지, 아니면 이 유대인들이 (안식일) 저녁에 먹는 떡(그는 아마 그것을 의미했을 것이다)을 의미했는지는 분명하지 않다. 이 사람은 오직 유대인들, 즉 경건한 유대인들만이 이 잔치를 즐기면서 하나님 나라 안에 있을 것이라는 일반적 가설을 표현하고 있었다. 이에 대한 반응으로 예수님은 잔치를 베풀고 손님들을 초대한 어떤 사람의 비유를 말씀하셨다(14:16-17). 스테인은 이렇게 말한다. "두 번 초대를 하는 것이 관례였다. 첫 번째 초대(여기에서처럼 16절)는 '예약을 하는 것'이었으며 두 번째(참고. 17절) 초대는 잔치가 시작된다고 알리는 것이었다"(Stein, *Luke*, 393).

14:18-24. 이 초대받은 사람 중 많은 사람들은 첫 번째 초대를 받아들였다. 하지만 그들은 변명을 하기 시작했으며, 그 변명들은 피상적이고, 진지하지 않고, 심지어 모욕적인 것이었다(14:18-20). "그런 변명들은 그 행사에 비추어 그리고 그들이 전에 기꺼이 오려 했던 것에 비추어, 어설프고, 심지어 모욕적인 것이었다"(Bock, *Luke*, 1273). 그 사람은 이런 무례함에 화가 났으며, 이에 응하여 **가난한 자들과 몸 불편한 자들과 맹인들과 저는 자들**을 초청하도록 자신의 종을 보냈다(14:21). 그래도 여전히 자리가 남아 있었다. 그래서 그 사람은 자신의 종을 그의 이웃 너머까지 보냈다. "이런 버림받은 자들과 고통받는 자들을 발견하려면 수고가 필요했다. 그래서 종은 성을 샅샅이 뒤졌다"(Bock, *Luke*, 1275). 여전히 자리가 남아 있었다. 그래서 주인은 종을 **길과** 들에 나란히 서 있는 **산울타리가**로 보냈다. 그리고 여행자들이 강권함을 받아, 즉 저항할 수 없이 잔치에 이끌려온 반면(14:22-23), 처음에 초대를 받은 사람들은 잔치에 못 들어갔다(14:24). 예수님이 자신은 **내 잔치**(14:24)에 대해 말하고 계셨다고 밝히셨을 때, 이 비유의 의미와 적용은 극적으로 분명해졌다. 이 비유에서 예수님은 잔치 주인들(민족의 지도자들)이 사실상 예수님의 초청(그분을 믿으라는)을 거절했으며, 다른 사람들(이방인들)이 그들 대신 초대될 것이라는 점을 분명히 하셨다. "공식 유대교가 예수님과 그 나라를 거절한 것(14:24)은 이스라엘의 버림받은 자들(4:18; 7:22)과 이방인들(행 13:47-48; 18:6; 28:25-28)이 포함되는 일을 촉진시켰다. 대역전이 일어났다"(Stein, *Luke*, 394, 참고. Bock, *Luke*, 1277).

K. 제자도에 대한 예수님의 가르침(14:25-35)

14:25-35. 큰 무리가 예수님을 따라왔지만(14:25), 예수님은 자신의 제자들을 주목하고 계셨다. "예수님은 그분과의 관계를 심사숙고하고 있는 사람들이 그것이 무슨 의미인지를 알기 원하신다"(Bock, *Luke*, 1283). 그들에게 준 가르침에서 예수님은 참된 제자도의 서너 가지 원리를 조금씩 가르치셨다. '으뜸 충성'(14:26)의 원리는 예수님에 대한 헌신이 다른 모든 것보다 우선해야 한다는 것이다. 제자들이 그들의 친척들을 **미워해야 한다**는 예수님의 말씀은 아마 '그리스도께 대한 그들의 최우선적인 헌신에 비해'라는 개념을 가지고 있을 것이다. 제자도는 근본적으로 충성하라는 부르심이다. 예수님은 가족을 포함한 모든 것들 중에서 첫 번째 자리를 지니고 계셔야 한다(Bock, *Luke*, 1284). 그 다음은 '십자가를 지는'(14:27) 원리이다. 제자는 기꺼이 고난을 받아야 한다(또한 마 10:34-38에 대한 주석을 보라). 이것은 모든 개인적 야망을 제쳐놓고, '비용을 계산하라'(14:28-32)는 세 번째 원리에 몰두하는, 그리스도께 대한 완전한 헌신이다. 우리는 미리 계획을 세워 신중하게 그리스도를 섬겨야 한다. 예수님은 '신중하지 못한 건축자'(14:28-30)—그 건축자는 공사를 시작은 했지만 완성할 수가 없었다—와 '신중한 왕'(14:31-32)—그 왕은 자신이 물리칠 수 없는 적군과 화친을 청했다—의 예를 사용해서 이 원리를 설명하셨다. 그다음에는 '희생'의 원리이다(14:33). 제자는 그리스도를 섬기기 위해 모든 일시적인 유익들을 포기해야 한다. '소금이 되는' 원리(14:34-35a)는 제자들이 세상에 '영향'을 미쳐야 하며 세상이 제자에게 영향을 미쳐서는 안 된다는 것을 드러낸다. 마지막으로 '귀 있는 자는 듣는'(14:35b) 원리는 제자들이 '예수님의 말씀을 듣는' 것 이상을 해야 함을 나타낸다. 그들은 자신들의 매일의 삶에서 이 원리들을 끝까지 따라야 한다.

L. '잃어버린 것과 찾은 것'에 대한 세 가지 비유(15:1-32)

이 장에서 누가는 세 가지 비유를 기록했다. 그중 하나, 즉 탕자는 예수님의 모든 비유 중 가장 잘 알려져 있고 가장 사랑받는 비유 중 하나이다. 비유들의 주된 요점(그것은 그 비유들에 대한 대중적인 교훈들에서는 보통 간과된다)은 종교 지도자들은 예수님이 세리들과 죄인들을 찾으신다는 이유로 예수님을 비판하지 말았어야 한다는 것이다(15:1, 이 구절이 세 비유 모두의 서론이 되는 것을 주목하라). 하나님은 그런 세리와 죄인들을 '찾아낼' 때 기뻐하시며 바리새인들과 서기관들의 심술궂은 태도는 정죄하신다('비유의 거의 절반을 차지하는' 15:25-32에 나오는 아버지와 큰아들 간의 대화에서 보듯이, 또 다른 점은 종종 소홀히 여겨진다). 세 비유 모두의 이차적인, 하지만 분명 중요한 주제는 하나님은 회개하는 죄인들이 하나님께 돌아서고 '발견될' 때 기뻐하신다는 것이다. "하나님께로 가는 길은 회개를 통한다. 하나님의 팔은 하나님의 방식으로 하나님을 찾을 사람에게 열려 있다. 하나님의 팔은 하나님께 달려오고 하나님이 제공하시는 것을 받을 준비가 되어 있는 어린아이를 끌어안으신다"(Bock, *Luke*, 1295). 또 다른 주제는 잃어버린 것을 찾았을 때 오는 기쁨이다.

1. 비유의 배경(15:1-2)

15:1-2. 예수님이 이 비유들을 말씀하신 배경은 비유의 요점을 정리하는 데 중요하다. **세리와 죄인들**, 배척당한 사람들, 버림받은 사람들이 예수님의 말씀을 들으러 오고 있었으며(15:1), 예수님은 그들을 영접하셨다. 이것은 이러한 교제 때문에 예수님을 비판한 **바리새인과 서기관들**을 자극했다. 비유들은 왜 예수님이 그런 사람들을 환영하고 그들과 교제했는지를 설명했다. 각 비유에서 사중적 유형(어떤 물건을 잃어버린다, 그것을 찾는다, 그 물건을 발견한다, 기뻐하는 일이 따른다)이 나타난다. 이 유형은 구원의 유형과 같다(죄인이 버려진다, 그리스도가 그들을 찾으신다, 참고. 19:10). 하나님이 그들을 발견하시고, 기뻐하는 일이 따른다. 회개해야 할 인간의 책임은 탕자의 비유에서만 나온다.

2. 잃어버린 양의 비유(15:3-7)

15:3-4. 잃어버린 양의 비유는 관련된 숫자들로 잘 알려져 있다. 예수님은 그분의 말씀을 듣는 사람들 앞에 가설적인 상황을 제시하신다. 예수님은 **양 백 마리**를 가진 사람을 상상하셨다. 그중 **아흔아홉**은 자신과 함께 안전하고 안정된 상태로 있는 반면, 하나는 없어져버렸다(15:4a). 실생활에서 아흔아홉 마리를 들에 두고 **잃은** 한 마리를 찾으러 나서는 일은 그 아흔아홉 마리에게 너무 위험할 것이다(15:4b). 하지만 잃은 한 마리 양에게 관심을 가진 목자는 바로 그 일을 했다. 그는 잃어버린 양을 찾아내기까지 찾아다녔다(15:4c).

15:5-7. 목자가 그의 **어깨에**(15:5) 양을 메고 가는 애정 어린 묘사는 비유의 요점을 한층 강화시켰을 것이다. 목자는 양을 찾아다니고, 발견하고, 구출한 사람이다. (찾는 것의) 주도권과 (찾아낸 것의) 성취는 목자에게 속한 것이다. 양을 찾아냈을 때, 큰 기쁨이 있었다. 기뻐하는 것에 대한 묘사, 즉 이웃을 부르는 것, 잃어버렸다가 찾아낸 한 마리 양을 놓고 기뻐하는 것은 과장법으로 이해해야 한다. 실제로 이런 상황이 일어난다면 분명 기쁨과 안심을 느끼겠지만(어쨌든 목자는), 예수님이 묘사하고 계신 장면이 실제로 일어날 듯하지는 않다. 목자의 과장된 반응(15:6)은 예수님의 말씀을 들으러 온 세리와 죄인들에 대한 바리새인들과 서기관들의 태도와 대조하려는 것이다. 그들은 죄인들이 주님의 일에 관심을 보였을 때, 황홀해하지는 않는다 해도 최소한 지지는 해주었어야 했다. 하지만 그들은 이 목자가 미칠 듯이 기뻐한 것만큼이나 냉정했다. 예수님은 요점을 말씀하셨다. **하늘**[하나님을 나타내는 환유]은 죄인들이 회개하러 왔을 때(15:7) 지나치게 황홀경에 빠진 목자들과 훨씬 더 비슷하며 비판적인 바리새인들과는 같지 않다는 것이다.

3. 잃어버린 동전의 비유(15:8-10)

15:8-10. 두 번째 비유는 놀랄 만큼 단순하며 첫 번째 비유와 똑같은 기본적인 관점을 반복한다. 잃어버린 어떤 것(동전)을 부지런히 찾으며 궁극적으로는 찾아내며, 찾아낸 사람에게 큰 기쁨이 있었다는 것이다. 잃어버린 양의 비유에서와 마찬가지로 자신의 동전을 찾아낸 여자의 반응, 즉 벗과 이웃을 불러모으는 것은 사실적이지는 않다. 그것은 과장이다. 하지만 그것은 죄인들이 회개할 때 **하나님의 사자들 앞에**(15:10, 하나님 자신을 나타내는 말) 엄청난 기쁨이 있다는 것을 강조하려는 것이다. 이 비유들은 둘 다 잃어버린 자를 찾기 위해 주도권을 쥐는 분은 하나님이시라고 가르친다(참고. 19:10). 사회적, 영적으로 거부당한 자들을 찾으셨던 예수님이 논쟁적인 행동들에서 보인 것과 같다.

4. 잃어버린 아들의 비유(15:11-32)

15:11. 이 비유는 누가복음에만 나오며 많은 사람들이 '스토리텔링'의 걸작이라고 인정한다. 그것은 종종 탕자의 비유라고 알려져 있지만, 예수님이 이 비유를 **두 아들**(15:11)에 대한 언급으로 시작하시는 것을 주목하라. 형도 비유에서 동생만큼 중대한 역할을 한다.

a. 첫째 아들(15:12-24)

15:12-20a. 그 사람의 둘째 아들은 어리석은 반항을 보여주었다(15:12-13). 그는 이기적으로 자기 몫의 유산을 요구하면서, 자신이 무례하고 무정하다는 것을 보여주었다. 사실상 작은아들이 아버지의 유산을 요구했을 때, 그는 기껏해야 물질주의적이고 이기적인 충동을 드러내고 있었으며, 심지어 자기 아버지에게 '아버지가 이미 죽었으면 좋았겠다'고 말했을지도 모른다. 작은아들이 자신의 유산을 받았을 때(15:12) 그는 경솔하게 떠났으며, 죄악 된 일에 돈을 낭비했다(15:13). 둘째 아들은 자신이 불가피한 궁핍에 처한 것을 발견했다(15:14-16). 그는 가난해졌고(15:14), 사실상 종살이를 하게 되었으며(15:15a), 굶주림과 소외를 경험했다(15:16-17). 아마 생애 처음 겪는 일이었을 것이다. 이런 극도의 절망적인 상황으로부터 둘째 아들은 자신의 회복을 위해 필요한 단계들을 취했다(15:17-20a). 그는 **스스로 돌이켰다**(15:17). 즉, 그는 자신의 어리석음과 죄 됨이 그를 이런 궁핍에 처하게 했다는 것을 알게 되었다. 그는 자신이 완전히 회개할 필요가 있다는 것을 깨달았으며(15:18, 21), 자신의 마음 상태와 행동의 결과들을 자백해야 했다. 그는 자신이 아들이라 일컬음을 감당하지 못하겠으며 품꾼의 지위를 기꺼이 받아들이겠다고 결론을 내리면서 진정한 겸손을 보여주었다(15:19). 마지막으로 그는 마음의 의도를 행동으로 옮기기 위해 필요한 조치를 취했다. **일어나서 아버지께로 돌아가니라**(15:20a).

b. 은혜로운 아버지(15:20b-24)

15:20b-24. 그 젊은이가 아직도 멀리 있는 동안 **아버지가 그를 보고**(15:20b)라는 말은 아버지가 아들을 찾고 있었다는 것을 나타낸다. 본문에서는 이것을 말하지 않으며 이 점을 지나치게 강조해서는 안 되지만 말이다. 아버지의 반응은 잃어버린 양을 찾은 목자의 반응 및 잃어버린 동전을 찾은 여자의 반응처럼, '과장된' 것이었다(15:20c). "아버지가 둘째 아들을 환영한 장면을 통해 예수님이 하늘의 아버지가 돌아오는 죄인들을 환영한다는 사실을 가르치고 계심을 의심할 여지가 없다"(Morris, *Luke*, 243). 아버지는 돌아오는 자기 아들에 대한 긍휼 때문에 탕자가 제시하는 조건들을 받아들이려 하지 않을 것이다. 아버지는 심지어 자기 아들이 **품꾼**(15:19b)의 하나로 대해달라고 제안하는 것조차 허용하지 않았다. 완전히 회복될 때까지는 절대로 그렇게 되지 않을 것이다. 아버지는 아들에게 옷을 입히게 했으며(15:22) 그가 돌아온 것을 경축했다(15:23). 아버지가 이렇게 경축하는 것이 마땅하다고 한 것은 아들이 회개하기 전에 상태가 심각했다는 것(**죽었다가…잃었다가**)과 회개 이후 그의 상태가 완전히 회복된 것(**다시 살아났으며…다시 얻었노라**)을 드러냈다(15:24). 아버지의 진술은 비유의 적용을 분명하게 보여주었다. 죄인들은 죽었고 버려졌으나, 그들은 하나님 아버지께 돌아오면 다시 살아나고 회복될 수 있다.

c. 둘째 아들(15:25-30)

어떤 의미에서 이 비유는 마무리되었다. 이 장의 처음 두 비유에서 역설했던 점을 세 번째로 역설했기 때문이다. 즉, 하나님이 회개하고 그분께 돌아오는 죄인들을 찾아내고 영접하신다는 것이다. 하지만 바리새인들의 태도(15:2)는 직접적으로 다룰 필요가 있었다. 형이 서기관과 바리새인들을 나타낸다는 것은 분명하다. 15:1의 전후 문맥에 가장 적절한 것은 비유의 이 절반이며, 그 안에서 비유의 주된 요점을 찾을 수 있다.

15:25-30. 자기 동생이 돌아왔으며 그를 다시 환영하기 위해 잔치가 벌어졌다는 것을 형이 알게 되었을 때(15:25-27), 그 형은 노했고 분개했다(15:28a). **내가 명을 어김이 없거늘**(15:29, 그 말은 아마 틀림없이 사실이 아닐 것이다)이라는 그의 불평은 율법주의적인 바리새인들의 태도를 반영한다. 자기 동생에 대한 그의 비난은 무자비했다[그리고 진실이 아니었다. 작은아들에 대한 이전 이야기를 보면 **창녀**(15:30b)에 대한 언급은 없다]. 형의 용서하고 싶어 하지 않는 태도는 아버지와 뚜렷한 대조를 이룬다. 그리고 형의 태도는 동생의 태도와 뚜렷이 다르지 않았다. 형은 **염소 새끼**를 받아 **벗**들과 함께 **즐기**고 싶었을 것이다(29절). 즉, 아버

지와 함께 있지는 않으면서 아버지로부터 물질적 재산을 누리고 싶어한 것이다. 그 두 아들은 결국 별로 다르지 않았다!

d. 은혜로운 아버지(15:31-32)

15:31-32. 다시 한 번 아버지는 은혜로움과 참음의 화신이었다. 큰아들에게 아버지가 한 간청들은 작은아들의 회개하기 전과 후 상태에 대해 이전에 한 말을 반복한 것으로, 분해서 씩씩거리는 큰아들에게는 대체로 별 효과가 없었다. 아버지와 이 큰아들 간의 대화에 대한 결론은 나와 있지 않다. 예수님은 바리새인들이 자기 나름대로 결론을 맺도록 하셨다. 그들은 예수님이 세리와 죄인들을 영접하신 것에 대해 계속 분개할 수도 있고(참고. 15:2), 혹은 자신들의 원한을 내려놓고 그들 자신이 회개한 죄인들로서 그 잔치에 참여할 수도 있을 것이다. 아마 이 비유들의 적용은 하나님의 백성이 사회의 주변인들에 대한 그들의 태도를 주의 깊게 숙고하는 것으로 나타나야 할 것이다. 예수님이 하신 것처럼 그리고 그것으로 인해 예수님이 비판을 받으신 것처럼, 그들에게 좀 더 의도적으로 다가가도록 주의를 기울여야 한다는 것이다. 우리는 또한 사회적, 영적으로 버림받은 사람들(마약 중독자, 동성애자, 매춘부, 혹은 범죄자들 등과 같은)에게 사역하고 애쓰는 사람들을 비판하거나 그들의 동기에 의문을 제기하지 말아야 한다. 마지막 구절은 세 비유 모두의 요점을 요약한다. 즉, 잃었다가 얻었다는 것이다.

M. 제자들과 바리새인들을 위한 비유와 가르침(16:1-31)

이 장에서 예수님은 자기 제자들과 바리새인들에게, 일시적 가치들과 세상적인 사고방식에 도전하도록 가르치셨다. 여기에 나오는 가르침과 앞 장과의 관계는 분명하지 않다. "이 장의 자료는 대부분 누가복음에만 나오는 것"이며, 그것은 "소유라는 공통의 주제를 다룬다"(Stein, *Luke*, 411). 제자들과 바리새인들 둘 다 세상의 가치들, 원리들, 기준들, 즉 이생에서 잘 어울릴 수 있게 해주는 '사고방식들'이 하나님을 섬기는 사람에게는 적합하지 않으며, 하나님은 그분을 섬기지 않는 사람들을 심판하시리라는 점을 알 필요가 있다.

1. 정직하지 못한 청지기의 비유(16:1-9)

16:1-9. 수수께끼 같은 비유에서 예수님은 제자들에게 그들이 일시적인 지위, 소유, 권세를 사용하는 것에서 지혜로울 필요가 있다고 가르치셨다. 예수님은 고용주에게 불신임받아 막 해고될 참인 청지기에 대해 말씀하셨다(16:1-3). 이 정직하지 못한 청지기는 자신의 미래를 안전하게 지키기 위해 약삭빠르게 자신의 지위를 이용했다. 자기 주인에게 손해를 끼치면서까지 주인에게 빚진 자들의 미결제된 청구 금액을 할인해준 것이다(16:4-7). 놀랍게도 주인은 이 사람을 **칭찬**했다. 그의 정직하지 못한 점에 대해서가 아니라 그가 약삭빠르고 지혜 있게 행동한 것에 대해서였다. 예수님도 그 사람을 칭찬하셨다. 그의 부정직한 거래에 대해서가 아니라, 선견지명과 약삭빠름에 대해서였다(16:9). "그는 자기를 기다리고 있는 심판을 대비해 행동하고 준비한 것에 대해 칭찬을 받는다. 그는 본질적으로 약삭빠른 깡패가 되어 자신의 미래를 신경 쓰고 수습한 것에 대해 칭찬을 받는다"(Stein, *Luke*, 412). 주인은 그것을 좋아하지 않았다. 하지만 그는 그 '약삭빠른 청지기'에게 그가 마땅히 받아야 할 것을 주어야 했다. 즉, 주인보다 그가 한 수 위였다! 예수님은 그분의 제자들에게 부정직하라고 권하신 것이 아니라, 지혜로우라고 권하셨다. 그리고 이 악한 자처럼 일시적인 문제들에 대해서가 아니라, 영원한 문제들에 대해 그렇게 하라는 것이다(참고. 12:33). 우리의 일시적인 재물은 하늘의 보물을 위해 사용되어야 한다.

2. 충성스러운 섬김을 가르치시다(16:10-13)

16:10-13. 예수님은 여전히 제자들에게 말씀하시면서, 섬김에 대한 두 가지 원리(이전 비유와 막연히 관련되어 있는)를 분명히 말씀하셨다. 첫째, '충성됨'의 원리이다. **지극히 작은 것에 충성된 자**에게는 **큰 것**[더 많고 더 큰 것들]을 맡길 수 있다. 그래서 제자들은 더 중요한(영적이고 영원한) 것들을 맡기 원한다면 현세적인 것들(돈과 같은)에서 충성되어야(정직함과 진실함을 보이는 것) 한다(16:10-12). 두 번째 원리는 주인에 대한 것이다. **두 주인을** 섬기는 것은 불가능하다. 그렇기 때문에 제자들은 재물이 아니라 (하나님에 대한 사랑과 충성으로) 하나님을 섬겨야 한다. 즉, 그들은 그저 월급을 받기 위해서나 부자가 되고 싶어서 섬겨서는 안 된다는 것이다(16:13).

3. 바리새인들의 사고를 바로잡으시다(16:14-18)

16:14-18. 예수님은 바리새인들, 즉 **돈을 좋아하는 자들**(16:14)의 탐심과 대조적으로, 그분의 제자들에게 충성될 것을 권하셨다. 바리새인들에게는 그들의 사고방식에 대해 몇 가지 (다소 이질적인) 교정을 해주신다. 그들이 귀중하게 생각하는 것은 하나님이 귀중하게 생각하시는 것과 달랐다(16:15). 율법은 그들이 생각하는 그런 것이 아니었다(16:16). 그리고 그에 대한 예로, 예수님은 이혼에 대한 그들의 견해를 불완전한 것으로 판단하셨다(16:17).

4. 부자와 나사로의 비유(16:19-31)

이것은 일종의 비유나 비유 같은 이야기로 이해하는 것이 가장 좋은 듯하다(참고. Bock, *Luke*, 1363). 어떤 사람들은 이 이야기의 몇 가지 특징을 비유의 전형적인 특징이 아니라고 주장한다. 그것은 실제로 비유라고 판명되지는 않는다는 것이다. 다른 비유들과는 달리, 등장인물 중 한 명의 이름이 나온다. 나사로는 상당히 흔한 이름으로 '하나님이 도우신다'는 의미이다(16:20에 대한 주석을 보라). 이 사람은 요한복음 11장에 나오는 나사로가 아니다. 다른 비유들과는 달리, 이 이야기는 일상생활에서 관찰할 수 있는 예가 아니다(예를 들어, 씨 뿌리는 자가 씨를 뿌리는 것, 여자가 자기 집을 청소하는 것). 그것은 일반적이지 않은 방식으로 내세를 묘사한다. 즉, 심판이나 잔치는 없다(참고. Bock, *Luke*, 1362-1363). 하지만 "이 이야기를 비유적이라고 부르는 것이 전적으로 부정확한 말은 아니다"(Bock, *Luke*, 1363). 성경에서 그것을 보강해주는 분명한 본문들이 없는 것을 생각해 볼 때, 이 이야기가 음부(죽은 자들의 거처, 70인역에서는 '스올') 혹은 죽은 의인이나 악인을 위해 내세에 그에 상응하는 구획이 나눠져 있는 것을 묘사한다는 주장은 추측에 근거한 것이다. 다른 신약 용례들(마 11:23; 16:18; 계 20:13-14)에서 음부는 실재하지만 그 외에는 어렴풋한 장소로, 죽은 악인들이 심판 때까지 있는 곳으로 이해된다. 그리고 거기에 있는 사람들이 죽은 의인들을 볼 수 있다는, 하물며 서로 의사소통할 수 있다는 암시는 없다. "대화는 그저 내세에 낙원에 있는 의인들과 음부에 있는 사람들 사이에 있는 큰 간격을 묘사하는 이야기의 문학적 수단의 일부"(Bock, *Luke*, 1363)라는 복의 주장은 아마 옳을 것이다.

16:19-25. 이 비유에서는 바리새인들의 뒤틀린 가치관과 사고 그리고 영원에 대한 생각 없이 사는 모든 사람들의 어리석음이 드러난다. 예수님은 먼저 두 사람의 현세적 상태, 삶의 환경을 묘사하신다. 한 명은 부자이고 풍족한 삶을 살았다(16:19). 다른 한 명은 그냥 가난한 것이 아니라 궁핍했으며 병에 걸려 있었다(16:20-21). 그들은 서로 가까이 살고 있었지만, 그 가난한 사람은 **부자의 상에서**(16:21) 떨어지는 부스러기를 먹으면서 부자의 **대문** 앞에(16:20b) 살았다. 그들의 삶은 완전히 달랐다. **나사로라 이름하는 거지**(16:20a, '하나님의 도움을 받는' 자)는 죽어 천사들에게 받들려 **아브라함의 품**에 들어갔다(16:22). 그곳은 위로와 축복의 장소였다. 부자는 죽어 **음부**에 갇혔다(16:23). 그들의 환경은 완전히 역전되었다. 부자는 처음에는 구해달라고 요청했으나 그것이 불가능하다는 말을 들었다(16:24, 26). 그들 사이에는 **큰 구렁텅이**가 있었기 때문이다. **구렁텅이**란 여기에서만 나오는 용어로 '다리를 놓을 수 없는 공간'을 묘사한다. "그런 장소가 '놓여 있다'는 신학적 수동태는 하나님이 내세를 의인과 악인이 섞이지 않도록 해놓으셨다는 것을 확고히 한다…그 이미지는 강력하며 우리가 이생에서 어떻게 반응하는가 하는 것이 우리가 내세에 거하는 장소를 정하는 데 결정적임을 시사한다"(Bock, *Luke*, 1373). 부자는 나사로와 자신이 현세에서 속한 상황들이 불공평하다는 것에 더 주의를 기울였다면 이생에서 나사로를 (그리고 아마 죽음에서 그 자신을) 좀 더 높일 수 있었을 것임을 알게 되자, 더 심하게 고통스러워했다(16:25). 이제 그에게는 때가 너무 늦었다.

16:26-31. 그러자 부자는 자신이 뒤에 남겨놓고 온 사람들을 생각하게 되었다. 그는 과거에 그랬듯이 여전히 세상적인 사람처럼 생각하고 있다는 것을 보여주면서, 누군가가 돌아가서 그의 형제들에게 운명에 대해 경고해달라고 구했다(16:27-28). 분명 그 부자는 **만일 죽은 자에게서 그들에게 가는 자가 있으면 회개하리이다**(16:30)라고 추론했다. 즉, 증거들과 인간의 이성으로 분명 자기 형제들을 설득할 수 있으리라는 것이다. 하지만 그는 사실상 그 경고가 성경에서 이미 주어졌으며(**그들에게 모세와 선지자들이 있으니**, 16:29), 추가적 경고들, 즉 심지어 죽은 자 가운데서 살아난 어

떤 사람은 아무 효과가 없을 것이라는 말을 들었다. 비유의 요점은 분명하다. 일시적이고 세상적인 것 그리고 '현세'만을 생각하는 삶에 대한 가치관과 관점들은 영원에 비추어볼 때 부적절하며 어리석은 것으로 입증되리라는 것이다. 부자는 그가 부자였기 때문에 음부/지옥에 간 것이 아니다. 그가 거기 간 것은 그의 삶과 소망이 자신이 가진 세상적 부에 몰두하고 있었으며, 절대 그 부를 "하늘에 보물을 쌓아놓기" 위해 사용하지 않았기 때문이다. 그는 다른 사람들에 대한 관심보다 자신의 세상적 안락함을 우선으로 여겼다. 그것은 그의 마음이 하나님과 올바른 관계에 있지 않다는 것을 나타냈다! 이 비유는 또한 심지어 가장 극단적인 기적들(**비록 죽은 자 가운데서 살아나는 자가 있을지라도**, 31절)이라도 그것을 보는 사람들에게 믿음이나 회개를 일으키는 데 충분하지 않으리라는 것을 나타낸다.

N. 예수님의 경고, 가르침, 병 고침(17:1-19)

1. 제자들을 위한 말씀(17:1-10)

17:1-10. 예수님은 자기 제자들이 예수님을 위해 하게 될 사역을 준비시키기 위해, 그들에게 **실족하게 하는 것**(17:1-3a), 즉 제자들이 죄를 짓도록 하는 사람들과 사물들에 대해 경고하셨다. 이 실족하게 하는 것들은 **없을 수는 없으**며(17:1a), 심한 심판을 받을 것이고(17:1b-2), 피해야 한다(17:3a). 예수님은 그들에게 죄를 범하는(실족하는) 사람들에게 경고하고 회개하는 사람들을 용서하라고 가르치셨다(17:3b-4). 추가로 예수님은 그들에게 믿음을 가르치셨다(17:5-6). 믿음이 능력을 갖도록 만드는 것은 믿음의 크기나 분량이 아니라 믿음의 대상이라는 것이다. 마지막으로 예수님은 그들에게 **종**이 될 준비를 하라고 가르치셨다(17:7-10). 그것은 완전히 주님의 처분에 맡기는 것이다.

2. 나병환자 열 명을 고치시다(17:11-19)

17:11-19. 누가는 다시(세 번째로. 참고. 9:51; 13:22) 예수님이 **예루살렘으로 가실 때에**(17:11)라고 언급했다. 가시는 길에 예수님은 열 명의 나병환자와 마주 대하셨다(17:12). 예수님은 즉시 고치지 않으시고 그들을 '제사장에게' 보내셨는데(17:14) 그것은 나병을 고친 사람들이 취해야 하는 적절한 행동이었을 것이다(참고. 레 13:2, 3; 14:2-32). **그들이** 제사장에게 가다가 **깨끗함을 받**았다(17:14). 하지만 단 한 사람(**그는 사마리아 사람이라**, 17:16, 즉 바리새인적 유대인들에게 우세한 견해로는 하나님께 받아들여질 수 없는)만이 하나님께 영광을 돌리고, 예수님이 그를 고쳐주신 것을 인식하고, 예수님께 감사하기 위해 돌아왔다(17:15). 예수님은 그의 **믿음**을 칭찬하셨다(17:19). 이 이야기의 원리는 낮은 종교적 지위에 있는 사람이라도(예수님 당시 유대인들의 견해에서 사마리아인들이 그랬던 것처럼) 예수님을 인식하고 믿을 수 있었다는 것이다. 하지만 예수님과 그분의 가르침에 가장 호의적이어야 하는 이스라엘 지도자들은 예수님을 받아들이는 것을 내키지 않아 했다.

O. 하나님 나라와 재림에 대한 예수님의 가르침(17:20-37)

1. 바리새인들의 질문(17:20-21)

17:20-21. 바리새인들은 분명 또다시 예수님을 시험하기 위해 **하나님의 나라**가 **임하는** 것에 대해 물었다(17:20a). 예수님의 대답은 하나님 나라가 온다는 사실에 의문을 제기하지는 않았다. 하지만 예수님의 대답은 두 가지 대중적인 개념을 바로잡았다. 첫째, 하나님 나라는 예상할 수 있는 방식으로 (**볼 수 있게**) 임하지 않는다(17:20). 둘째, 하나님 나라는 사람들이 예상한 그대로 임하지 않을 것이다(17:21).

2. 제자들에게 주는 교훈(17:22-37)
(마태복음 24-25장에 대한 주석도 보라)

17:22-37. 하나님 나라에 대한 질문과 대답에 이어 예수님은 자기 제자들에게 하나님 나라에 대해 보다 상세한 가르침을 주셨다(17:22a). 예수님은 하나님 나라를 네 영역에서 가르치셨다. 첫째, 하나님 나라가 오는 시기에 대해서는 인자에 대한 거짓 관찰(17:23)뿐만 아니라 **인자의 날**(17:22)을 보려고 하는 열망도 있을 것이다. 하지만 예수님이 실제로 나타나실 때는 절대 그분을 못 보고 지나치는 일은 없을 것이며(17:24), 예수님은 십자가 사건 이후에야 나타나실 것이다(17:25). 둘째, 예수님은 그들에게 하나님 나라가 올 때 세상의 상태에 대해 가르치셨다. 그것은 노아의 때(17:26-27; 또한 마 24:37-39에 대한 주석을 보라)와 롯의 때(17:28-30)와 같을 것이다. 그것은 갑작스럽고 예상치 못한 대재앙이 올 때까지는 삶이 보통 때처럼, 심지어 일상적인 방식으로 진행되리라는 의미이

다. 셋째, 예수님은 그들에게 하나님 나라가 임하는 것과 관련된 긴급함에 대해 가르치셨다(17:31-33). 그때에는 뒤를 돌아보거나 주저하면 안 된다. 이것은 환난 기간의 후반부에 대한 묘사이며(참고. 단 9:24; 계 19:11; 마 24:29-44), 이스라엘 민족에게 적용된다. 마지막으로 예수님은 하나님 나라가 임하는 목적(17:34-37)은 심판이라는 것을 드러내셨다.

P. 기도와 의에 대한 두 가지 비유(18:1-14)

1. 과부와 재판관(18:1-8)

18:1-3. 이 이야기는 조금 다르게 시작한다. 비유의 적용이 서론에 먼저 나온다는 점에서 그렇다. 삶의 어려움과 제자들이 그리스도를 섬기기 때문에 만나게 되는 어려움에 비추어볼 때, 제자들은 **기도하고 낙심하지 말아야** 한다(18:1). 여기에서 기도에 대한 말은, 비유에 나온 과부가 따를 행동을 법률적 자문이 아니라 기도에 대한 교훈으로 이해해야 한다는 것을 분명히 한다! 특히 제자들은 주님의 재림을 위해 기도해야 하며 그런 기도를 하다가 지쳐서는 안 된다! 비유에 나오는 사람들은 **어떤 도시에** 사는, **재판장**(18:2)과 같은 도시에 살던 **과부**(18:3)였다. 예수님은 재판장을 **하나님을 두려워하지 않**는 사람으로 묘사하셨다. "이것은 재판장에게 삶에서 가장 기본이 되는 자격, 곧 하나님을 향한 경외(참고. 잠 9:10)가 없다는 것을 말한다"(Stein, *Luke*, 444). 게다가 이 재판장은 사람을 무시했다. "이 재판장은 사람들이 어떻게 생각하는지에 대해서 관심을 갖지 않았다. 이 재판장은 긍휼의 마음으로 움직이는 사람이 아니었다"(Bock, *Luke*, 1448). 이런 점에서 재판장은 하나님과 완전히 달랐다(그리고 예수님의 말씀을 듣는 사람들은 이 비유가 어디로 향하고 있을까 궁금했을 것이다). 그 여자는 끈기(**자주 그에게 가서**)와 집요함(**나의 원한을 풀어주소서**)으로 유명하다(18:3).

18:4-5. 과부는 법적인 요구를 하기 위해 날마다 왔다. 처음에 재판장은 **듣지 아니**했다(18:4a). 그는 그녀에게 법적 보호 조치를 취하지 않았다. 재판장은 아마 뇌물을 기다리고 있었을 것이다. 그 과부는 뇌물을 줄 수가 없었다. 하지만 얼마 후에 그는 누그러졌다(**내가 그 원한을 풀어주리라**, 18:5b). 그는 자신이 하나님을 두려워하기 때문이 아니라(그는 하나님을 두려워하지 않았다) 그리고 자신이 사람을 존중하기 때문이 아니라(그는 존중하지 않았다), 단지 그 과부가 계속 와서 그를 지치게 했기 때문이라고 설명했다(딱히 누구에게랄 것도 없이, 18:5). 그 과부가 재판장을 너무 졸랐기 때문에 재판장은 그녀가 원하는 것을 해주었다. 그저 그녀가 졸라대는 것에서 벗어나고 싶어서였다. "'괴롭게 하다'(*hypopiazei me*, 휘포피아제 메)라는 단어는 번역하기가 어렵다. 그 말은 문자적으로는 '눈 아래를 치다, 눈을 멍들게 하다'(BAGD, 858; TDNT 9:50 n. 88)라는 의미이기 때문이다"(Leifeld, "Luke," 1000; 참고. Bock, *Luke*, 1449). 이것은 '어떤 사람을 감정적으로 마모시키다'라는 의미의 비유적인 표현인 듯하다.

18:6-8. 그러고 나서 예수님은 '작은 것에서 큰 것으로' 넘어가는 논증 방식으로 설명하셨다. **주께서 또 이르시되**(18:6). 그런 호감 가지 않고, 화를 잘 내고, 비열한 재판장이 (이 재판장에게는 아무것도 아닌) 비천한 과부의 끈질김에 의해 마음이 움직여 옳은 일을 할 수 있다면, 선하시고, 사랑이 많으시고, 인자하시고, 의로우신 하나님이 그분의 선택받은 사람들("택하신 자들"), 그분의 백성이 **밤낮**[계속해서, 끊임없이] **부르짖**을 때 무엇을 해주실 것인가? "16:1-8에서처럼 예수님은 별로 고상하지 못한 인물을 예로 사용하셨다(참고. 마 13:44; 25:1-3)…불의한 재판장이 마침내 끈질긴 과부의 요청을 들어주었다면, 의로우신 하나님은 밤낮으로 그분께 기도하는 자기 제자들의 간구를 얼마나 더 잘 듣고 응답해주시겠는가"(Stein, *Luke*, 444). 대답은 하나님이 그들의 부르짖음에 응답하는 것을 **오래 참으시**지 않으리라는 것이다(18:7c). 하나님은 **원한을 풀어주**실 것이며(18:7a), 그분은 **속히** 그들에게 응답하실 것이다(18:8). 여기에 나오는 약속은 빨리 응답하시겠다는 것이 아니라, 시기적절하게 응답하시겠다는 것이다.

이 비유에서 예수님은 기도로 하나님께 조를 필요가 있다고 가르치신 것이 아니라 기도하는 사람들, 하나님이 택하신 자들은 시종일관(18:1), 끈질기게(18:5) 그리고 기대하면서 기도해야 한다고 가르치셨다. 이런 식으로 기도하는 사람들에게는 응답이 올 것이다. 아마 그들이 원하거나 기대하는 만큼 빠르게 오지는 않을지도 모르지만, 그 응답이 올 때는 '제때' 왔다고 이해하게 될 것이다.

2. 바리새인과 세리(18:9-14)

18:9-12. 누가는 **비유**(18:9)라는 말로 그다음 이야기를 소개했으며, 또다시 서론부에서 독자들에게 적용거리를 제공했다. 아마 이 교훈은 예수님이 성전에서 실제로 목격하셨으며 이 비유적 형태와 관련된 사건에서 나왔을 것이다. 예수님은 성전에서 기도하던 두 사람이 누구였는지를 밝히셨다(18:10). 하나는 자기 혼자 옳다고 하는 **바리새인**이었다(18:11). 그의 기도는 다른 사람들에 대한 멸시(18:11) 및 자기만족(18:12)으로 가득 차 있었다. 그의 기도는 자기 혼자 옳다고 하는 바리새인들의 전형적인 태도를 반영했다. 그들은 금식과 기도 같은 세심한 행동으로(18:12), 자신들이 하나님과 올바른 관계를 맺을('의롭다 하심을 받을') 수 있다고 생각했다. 다른 하나는 **세리**였다(18:10). 세리는 로마를 위해 세금을 거두는 일을 했던 유대인이었다. 그들은 반역자로 여겨졌으며 배척을 당했다. 종종 그들은 파렴치하고 탐욕스럽게 행동했으며, 지나친 세금을 매기고 이익을 취함으로 동료 유대인들을 이용했다. 로마 당국은 세금을 거두기 위해 개인들과 계약을 맺었다. 할당액을 채우는 한 로마인들은 만족해했다. 하지만 세리는 이윤을 남기기 위해, 세금을 내는 사람들에게 조직적으로 과잉 청구를 했다. 로마인들은 세리에게 수당을 지불하지 않았기 때문이다.

18:13-14. 사람들은 세리들을 배신자이자 도둑으로 보았다. 예수님이 그런 사람을 비유의 '주인공'으로 사용하시는 것은 실로 놀랄 만큼 예기치 않은 전개였을 것이다. 이 세리의 태도는 자신이 합당하지 못하다는 느낌을 전했다(18:13a). 그가 성전 경내에서 **멀리 서** 있었다는 점에서 그렇다. 그는 하나님 앞에서 전적으로 자신을 낮추는 모습을 보여주었다. **감히 눈을 들어 하늘을 쳐다보지도 못하고**. 그는 자기 **가슴을 치**는 행위로 괴로워하며 참회하는 태도를 보여주었고, 그의 기도는 회개하는 마음에서 나오는 자비를 향한 부르짖음이었다(18:13b). 그는 자신을 **불쌍히 여기소서**라고 하나님께 간청했다. **불쌍히 여기**다(*hilaskomai*, 힐라스코마이)라는 말은 70인역에서 속죄하는 것과 관련된 동사들을 번역하기 위해 사용되었으며, 여기에서는 '어떤 희생 때문에 은혜를 베풀다'라는 의미이다. 이 세리는 비유에 나오는 바리새인과는 대조적으로, 하나님과 올바른 관계를 맺기 위해서 하나님께 완전히 의존하고 있었다. 예수님의 결론은 충격적이었다. 저 교만한 사람이 아니라 그 겸손한 사람, 세리가 **의롭다 하심을 받**았다(하나님이 보시기에 의롭다고 여겨졌다). 교훈은 분명했다. 진정한 겸손으로 하나님께 나아오는 사람들만이 하나님의 호의를 얻게 되리라는 것이다. 이 비유는 칭의라는 중대한 진리의 가장 중요한 교훈 중 하나이다(참고. 롬 3:21-28). 세리는 그의 회개하는 믿음에 근거해서 의롭다고 선언되었다.

Q. 예수님이 어린아이, 부자 관리, 맹인, 삭개오를 만나시다(18:15-30; 18:35-19:10)

18:15-17. 예수님과 어린아이들의 첫 만남은 예수님이 다가가기 쉬운 분임을 보여주었으며, 예수님께 다가가기 위해 어떠한 믿음이 필요한지를 보여주었다(18:15-17). 이것은 (뭐든 믿어버리는 어린아이처럼) 경솔하게 쉽사리 믿어야 한다는 의미가 아니라, 무조건적으로 (어린아이가 부모 혹은 다른 책임 있는 어른을 신뢰하는 것처럼) 예수님을 신뢰해야 한다는 것을 의미한다. 그런 어린아이는 어른의 자격 조건을 요구하거나 자기 부모의 자격을 조회하지 않는다. 그 아이는 그저 부모의 권위와 능력을 직관적으로 인식한다.

18:18-27. 예수님과 **관리**의 그다음 만남은 예수님에게 다가갈 수는 있지만, 이 다가감은 올바른 이해를 지니고 있어야 한다는 것을 보여주었다(18:18a, '젊은 부자 관원'이라는 호칭은 그 만남에 대한 세 개의 공관복음서 기사들을 결합한 것에서 나온 말이다. 마 19:22; 막 10:22 그리고 그 사람을 **관리**라고 밝히는 유일한 기사인 여기를 보라). 그 관리의 인사에 대한 예수님의 반응(**네가 어찌하여 나를 선하다 일컫느냐 하나님 한 분 외에는 선한 이가 없느니라**, 눅 18:19)은 예수님이 자신의 신성을 부인하신 것이 아니라, 그 관리의 피상성을 드러내기 위한 질문이었다. 그 관리는 '선함'에 대해 피상적인 이해를 가지고 있었으며, 그렇기 때문에 하나님을 피상적으로 이해하고 있었다. 대화가 계속되면서 그는 율법에 대한 피상적인 이해를 보여주었다(18:20-21). 마지막으로 그 관리는 예수님을 피상적으로 이해하고 있음을 입증했다. 그가 예수님 앞에서 겸손함을 보이거나 예수님을 따르려는 마음을 보이지

않았기 때문이다. 예수님을 따른다는 것은 자신이 이생에서 소유하고 있던 안락함과 안전함을 포기하는 것을 의미했기 때문이다(18:23; 또한 마 19:16-30에 대한 주석을 보라). 예수님이 18:25에서 인용하신 말, 즉 **낙타가 바늘귀로 들어가는 것이 부자가 하나님의 나라에 들어가는 것보다 쉬우니라**에 대해 많은 설명들이 있기는 하지만, 결국 그것은 과장법이 쓰인 표현인 듯하다. 그 자체의 의미는 상당히 분명하다. 즉, 현세적인 기준에서 부자인 사람들은 하나님 나라를 위해 그 부를 포기하기가 대단히 어렵다는 것이다. 이 말은 예수님의 일부 제자들을 당혹스럽게 했다. 사람들은 부자가 이생에서뿐 아니라 내세에서도 이점을 가지고 있다고 생각했다. 부가 하나님의 축복과 은총의 표시로 여겨졌기 때문이다. 예수님의 말씀은 그런 생각이 잘못된 것임을 보여주는 듯했다. 예수님은 심지어 그런 경우에도 오직 하나님의 은혜와 능력만이 현세적인 부의 지배력을 깨뜨릴 수 있다고 대답하셨다(18:27; 참고. Stein, *Luke*, 459).

18:28-30. 부에 대한 이 논의로 베드로는 예수님에게 자신과 다른 사람들이 예수님을 따르기 위해 포기한 모든 것을 상기시켜 드렸다(18:28). 예수님은 베드로와 다른 사람들에게 그런 희생이 반드시 상을 받을 것이라고 확언하셨다(18:28-30).

18:35-43. 예수님과 여리고 도상의 맹인과의 그다음 만남(18:35; 또한 마 20:29-34에 대한 주석을 보라)은 예수님이 실로 메시아, 즉 **다윗의 자손**(18:38b, 39b)이라는 것과 그분의 긍휼을 보이시리라는 것(메시아에 대해 예언되었던 것처럼, 눅 4:18과 사 61:1을 보라)을 보여주었다.

19:1-10. 예수님이 여리고에서 삭개오와 마지막으로 만난 것(19:1)은 예수님이 실로 "잃어버린 자를 찾아 구원하려"(참고. 19:10) 오셨다는 것을 보여주었다. 우리는 삭개오가 예수님의 주목을 받을 만한 사람이라고는 생각하지 않았을지도 모르지만, 그는 세리였으며(18:10을 보라) 부자였다(19:2b). 이러한 말로 누가는 분명 이 시점에서 젊은 부자 관원과의 사건을 독자들에게 상기시키려 했을 것이다(참고. 18:23-24). 그는 또한 **키가 작았다**(19:3b, 사람들은 그를 쉽게 못 보고 지나쳤을 것이다). 그런데도 삭개오는 예수님을 보려는 열망과 결단을 가지고 있었다(19:3a, 4). 예수님은 돌무화과나무 위에 있는 사람을 보셨을 뿐만 아니라 그 사람의 마음속에 있는 열망도 보셨다. 예수님은 그 사람에게 말씀하셨으며 스스로 삭개오의 **집**에 방문하셨다(19:5-6). 예수님이 죄인들을 영접하신 것은 일부 사람들의 마음을 불편하게 했지만(19:7), 삭개오가 메시아를 만남으로 변화되었다는 것이 곧 분명해졌다. 삭개오는 소유의 절반을 가난한 사람들에게 주고 자신이 속여서 빼앗은 사람들에게 배상을 하기로 결심했다(19:8). 재물에 대한 태도의 신속하고 단호한 역전, 즉 그것을 영악하고 세상적인 방식으로 사용하는 것이 아니라 영생을 염두에 두고 기꺼이 사용하기로 하는 것[16:9, 관리가 그렇게 하기를 주저하는 것(18:23), 부자의 삶(16:19)과는 대조적으로]은 **구원**이 삭개오의 **집**에 **이르렀**다는 것을 분명히 보여주었다(19:9).

R. 예수님이 죽음과 부활을 예고하시다(18:31-34)

18:31-34. 이것은 예수님이 앞으로 임할 그분의 수난에 대해 말씀하신 세 번째 예언이었다(참고. 9:22; 43b-45). 예수님은 특히 제자들에게 그 예언을 하셨으며(18:31a) 오해하는 일이 없도록 정확하게 말씀하셨다(18:34). 누가가 이 예언들을 포함시킨 목적은 예수님이 주관하고 계신다는 것, 즉 예수님의 죽음은 역사의 오산이나 우연이 아니었다는 것이다.

S. 열 므나의 비유(19:11-27)

(마 25:14-30에 대한 주석도 보라)

19:11-27. 이 비유는 영원에 비추어 현세적 자원을 사용하는 것에 대한 적절한 태도와 관련된 결론적 교훈이다(예루살렘으로 가는 여정 끝에서 이루어진, 19:11). 이 비유는 두 부분으로 되어 있다. 첫 번째 부분은 **왕위를 받아가지고 오려고 먼 나라로 떠난 귀인**에 대한 것이었다(19:12). 하지만 사람들은 사자를 보내어 **우리는 이 사람이 우리의 왕 됨을 원하지 아니하나이다**(19:14)라고 말했다. 비유 끝에서 이 반역적인 사람들, 즉 주님/왕의 **원수**들이라고 불리는(19:27a) 자들은 죽임을 당할 것이다(19:27b). 물론 그 묘사는 주 예수 그리스도가 떠날 것이지만 (부활 이후에) 그분의 나라를 확립하기 위해 다시 오실 것을 나타내는 묘사이다. 반역자들은 경고를 받아야 한다. "예수님과 관련해서는 중립적 입장이란 없다"(Bock, *Luke*,

1543).

비유의 두 번째 부분은 주인이 그 종들에게 맡긴 것과 관련되어 있다. 열 명의 종은 각각 한 므나(한 달란트의 60분의 일, 혹은 약 석 달 치 품삯에 해당하는 돈의 단위)를 받았으며 그 돈으로 **장사하라**는 지시를 받는다. 즉, 그것을 투자하라는 것이다(19:13b). 주인은 돌아오자마자 회계를 하게 한다. 두 종은 회계 보고를 잘했다. 그들은 자신의 투자로 이익을 남겼으며(19:16, 18), 칭찬(19:17, 19)과 함께 섬길 수 있는 더 큰 기회를 받았다. 지금까지 이 비유는 예수님이 앞에서 몇 번 가르치셨던 원리들(참고. 12:34-48; 16:10-12)을 예시해주었다. 세 번째 종은 **또 한 사람**[*heteros,* 헤테로스]이라고 불리는데, 그 말은 '완전히 종류가 다른 또 다른 사람'이라는 의미이다. 이 종은 돈을 투자하지 않았다. 그는 주인을 두려워하여 그 돈을 숨겼으며 주인이 돌아왔을 때 숨겨두었던 돈을 그대로 돌려주려 했다(19:20-21). 그는 결국 주인으로부터 가차 없는 책망을 들었으며(19:22-23) 갖고 있던 므나도 빼앗겼다(19:24). 그는 주인을 섬길 어떤 기회를 얻기에도 합당하지 않은, 신실하지 못한 종으로 입증되었다(마 25:29-30에 대한 주석을 보라). 이 비유의 교훈은, (예수님이 멀리 계시는 동안) 예수님의 제자들은 영적인 목표들을 성취하기 위해 이 세상의 재화와 기회들을 예수님을 섬기는 데 사용해야 한다는 것이다.

Ⅵ. 예루살렘에서의 사역(19:28-21:38)

19:28. 이것은 9:51에서 시작된 예루살렘까지의 여정이 끝나고 예수님이 하신 지상 사역의 다음 단계가 시작되었음을 표시하는 전환적 구절이다. 예수님은 예루살렘 및 그곳 거민들과 복합적인 관계를 갖고 계셨다. 예수님의 명성은 분명 그 성 주민들에게 퍼져 있었으나(참고. 19:37b), 그들은 예수님의 사명에 대해 진정으로 이해하지 못했다.

A. 승리의 입성(19:29-44)

승리의 입성은 "탁월하게 중요한 사건"[William Hendriksen, *Exposition of the Gospel of Luke* (Grand Rapids, MI: Baker, 1978), 872]이었다. 실제로 누가는 그 성에 가까이 간 것만 기록했으며(참고. 19:37), 실제 입성한 것은 기록하지 않았다.

1. 입성 준비(19:29-34)
(마 21:1-6에 대한 주석도 보라)

19:29-34. 예수님이 감람산(그 자체가 그 성의 바로 동쪽에 있는) 동쪽 **벳바게**[정확한 위치는 알 수 없다]**와 베다니**(19:29a)에 다가가면서 준비가 이루어졌다. 누가는 예수님의 지시(19:29b-31), 제자들의 순종(19:32), 예수님이 그분을 위해 준비되어 있을 것이라고 말씀하신 나귀 새끼의 주인이 잠자코 동의한 것(19:33-34) 등을 기록했다. 전체 묘사를 보면 '예언적 통찰'이나 '신적 전지하심'보다는, 예수님이 드러나지 않은 수단에 의해, 나귀 새끼의 임자들과 더불어 그 동물을 준비시키기로 사전에 협의했음을 나타내는 듯하다. 그 임자들이 그렇게 순순히 나귀 새끼를 데리고 가도록 내준 것은 이것이 사전에 협의된 약속이었음을 시사하는 듯하다. 또한 예수님이 내리신 지시에는 정확한 용어와 막연한 용어가 섞여 있으며(19:30-31), 이 반쯤 은밀한 대화는 짐승을 가지고 오는 실제 사건에서 정확하게 반복된다(19:33). 이 모든 것은 사전에 치밀하게 계획된 사건처럼 보인다. 이 기사에서 누가의 요점은 예수님이 주도권을 쥐셨으며 사건을 완전히 주관하고 계셨다는 것인 듯하다. 게다가 이처럼 사전에 마련해놓으심으로, 예수님은 자신이 메시아적 의식을 갖고 계시다는 증거를 제시하고 계셨다. 예수님은 자신이 무엇을 하고 계시는지를 그리고 그분이 하고 계시는 것이 예언을 성취하고 있다는 것을 아셨다. 특히 예수님은 의식적으로 스가랴 9:9의 예언을 성취하고 계셨다(그곳의 주석을 보라). 누가복음 4:16-21에서 예수님이 이사야 61:1-2a의 예언을 의식적으로 성취하고 계셨을 때 하셨던 것과 마찬가지였다. 예수님은 자신이 메시아라는 것을 알리고 계셨다.

2. 입성 자체(19:35-40)

19:35-40. 이 사건의 모든 세부 사항들(마 21:1-9에 대한 주석을 보라), 즉 예수님이 나귀 새끼를 타신 것(19:35), 길에 겉옷을 편 것(19:36), 소리치는 무리들이 사용한 말(19:37-38)은 메시아적 임재를 나타냈다. 누가만 **왕**(19:38a)이라는 호칭을 사용했다. 그의 청중들에게 예수님이 '왕 같은 인물'임을 알리고(구약의 메시아적인 비유를 인식하고 있지 않을 이방인들을 위해) 예수님이 그 성에 들어가셨을 때 자신을 "민족의

종말론적 소망을 가져오는 왕으로"(Bock, *Luke*, 1559) 제시하셨다는 것을 강조하기 위해서였다. 하지만 무리들이 종말론적 승리(로마인들에게 대하여)를 기대하고 있던 바로 그 순간에, 예수님은 십자가에서(참고. 단 9:24a, "죄를 끝내기 위해, 불법에 대한 속죄를 하기 위해", 그 부분의 주석을 보라) 죄에 대한 종말론적 심판을 가져오려 하셨다. 바리새인들의 책망(19:39)은 그들이 이 사건에 담긴 암시적(메시아적) 주장을 이해하고 있음을 보여주었다. 그들에 대한 예수님의 반응(19:40; 참고. 합 2:11)은 이 주장을 부인할 수 없다는 것을 나타낸다.

3. 그 성에 대한 예수님의 애가(19:41-44)

19:41-44. 누가는 예수님이 성을 보시면서 보인 반응을 기록한다. **우시며**(19:41)라는 표현은 그 감정의 깊이를 잘 전달하지 못한다. 예수님은 "눈물을 터뜨리셨다"(참고. 렘 8:18-21; 9:1). 그분은 보시고… 우시고…이르셨다. 예수님은 왕으로 들어오셨으나 즉시 선지자로서의 역할로 바뀌셨으며 또다시(참고. 눅 13:34-35) 그 성에 대한 심판을 선언하셨다(19:44-45). 이 심판은 주후 70년에 성취되었다(21:10-28은 종말의 사건들을 묘사한다. 주후 70년의 역사적 배경에 대해서는 마 24-25장의 감람산 강화 도입부의 주석을 보라). 사람들이 예수님에 대해 분명히 인식함에도, 예수님은 이러한 것들이 그들의 **눈에 숨겨졌**다는 것을 아셨다(19:42b). 메시아가 누구일 것이며 그분이 무엇을 하실 것인가에 대한 그들 자신의 선입관과 스스로 만들어낸 기대들은 그들이 예수님 안에서 메시아를 보지 못하게 했으며, 그들이 **보살핌 받는 날**(19:44c)을 알지 못하게 막았다.

예루살렘 심판은 반유대주의 역사에 대한 두 가지 문제를 분명히 한다. 첫째, 심판은 유일무이하게 영속적으로 예수님을 십자가에 못 박는 죄를 지은 것 때문이 아니라, 유대 지도자들이 예수님을 메시아로서 '거부한 것' 때문에 임했다. 이것은 역사적으로 유대 백성을 '그리스도를 죽인 자'(Christ-killer)라고 비난하는 것과 모순된다. 둘째, 심판은 영속적으로 방랑하고 핍박받는 유대 백성을 억압하는 것으로서가 아니라, 주후 70년 예루살렘 멸망의 파괴적인 사건들에 의해 성취되었다. 저스틴 마터(Justin Martyr, 유대 백성에 대해 "환란은 정당하게 당신들에게 부과되었다. 당신들은 정당하신 분을 죽였기 때문이다"라고 썼던 변증가, *Dialogue with Trypho*, 16)로부터 시작해서, 교회는 종종 유대 백성에게 이런 거짓된 죄목들을 붙였다. 그것은 누가복음 19:41-44에 나오는 분명한 가르침을 오해한 것이다.

B. 예수님과 종교 지도자들(19:45-21:4)

1. 충돌의 시작(19:45-48)

(마 21:12-13에 대한 주석도 보라)

19:45-48. 승리의 입성 사건 직후에, 예수님은 민족의 종교 지도자들과 충돌을 빚을 만한 행동을 시작하셨다. 예수님은 **성전에 들어가사** 기도와 예배의 장소를 상업적인 일을 하는 곳으로 악용해버린 사람들을 내쫓았다(19:45-46). 예수님은 성전에서 가르치셨으며, 그분의 인기는 **대제사장과 서기관들**의 반대를 불러일으켰다(19:47-48).

2. 계속되는 충돌(20:1-21:4)

20:1-8. 예수님께 대한 반대는 먼저 예수님의 가르침과 권위에 대해 의문을 제기할 기회를 이용해서 일어났다(20:1-2, 또한 마 21:23-27에 대한 주석을 보라). 예수님은 이 질문에 세례 요한에 대한 질문으로 반격하셨다(20:3-4). 예수님은 지도자들이 요한을 믿지 않았다는 것을 아셨다. 그러나 그들은 사람들이 요한을 하나님의 선지자로 간주했다는 것을 알았다(20:6). 때문에 그들은 공공연히 요한을 부인할 수는 없었다. 하지만 그들은 요한을 인정하지 않았다(20:7). 그렇기 때문에 예수님은 자신의 권위에 대한 그들의 질문에 대답하기를 거부했다. 하지만 사실상 예수님은 그 질문에 대답하신 셈이다. 예수님의 권위는 요한을 위임하셨던 그 하나님이자 아버지에게서 왔기 때문이다.

20:9-18. 예수님은 이 만남 다음에 포도원 주인과 그 포도원 주인이 자신의 몫을 받기 위해 대리자들을 보냈을 때 그 대리자들을 존중하지 않았던 몇몇 농부들에 대한 비유를 말씀하셨다(또한 마 21:33-46에 대한 주석을 보라). 그 악한 농부들은 주인이 보낸 사람들을 학대하고 죽였으며 마침내 주인의 아들까지 학대하고 죽였다(20:9-16). 그 후에 주인이 그들을 진멸하고 **포도원을 다른 사람들에게** 주었다(20:16a). 종교 지도자들은 그들이 비유에 나오는 악한 농부라는 것

을 즉시 이해했으며(참고. 20:19) 그 이야기를 거부했다. **그렇게 되지 말아지이다**(20:16b). 전후 문맥과 종교 지도자들의 반응으로 보아, 예수님은 그들을 빗대어 말씀하신 듯하다. 즉, 그 지도자들은 거부를 당했다. 예수님은 이 비유를 이스라엘 민족에게 적용하고 계신 것이 아니었다[그리고 이 비유와 그것의 적용은 '교체 신학'(replacement theology)이라는 개념을 나타내지 않는다. 마 21:43에 대해 주석하고 있는 Anthony J. Saldarini, *Matthew's Christian-Jewish Community* (Chicago: University of Chicago Press, 1994), 59을 보라]. 하지만 예수님은 이 지도자들이 예수님을 거부하면서 **모퉁이의 머릿돌**(20:17), 즉 사실상 메시아(참고. 시 118:22)를 거부했다는 점을 납득시키셨다.

20:19-26. 종교 지도자들이 예수님을 모순에 빠뜨리기 위해, 혹은 예수님이 그분의 인기를 떨어뜨릴 만한 뭔가를 말하게 하도록 꾸며낸 질문들을 던지면서 충돌은 계속되었다. 첫 번째 질문은 세를 바치는 문제였다(20:21-22, 또한 마 22:15-22에 대한 주석을 보라). 예수님의 대답은 세를 바치는 것(**가이사에게** 혹은 어떤 인간 정부에게)이 두 마음을 나타내는 것이 아님을 분명히 하셨다. 오히려 세를 바치는 것과 하나님께 헌신하는 것은 둘 다 하나님께 대한 복종의 표현이었다(참고. 롬 13:1-7).

20:27-40. 이어서 초자연적 내세를 믿지 않는 사두개인들은 예수님에게 칠 형제와 연이어(각 형제가 죽은 후에 한 명씩 한 명씩) 결혼한(율법에 따라) 여자에 대한 터무니없는 시나리오를 제시했다(20:27-31, 또한 마 22:23-33에 대한 주석을 보라). 그들의 질문은 "내세에서 **그중에 누구의 아내가 되리이까?**"(20:33)라는 것이었다. 예수님은 그 대답으로 결혼에 대한 내세에서의 삶은 이생의 삶과 완전히 다르다는 것을 지적하셨다(20:34-36). 그다음에 예수님은 그들이 존중하는 바로 그 성경이 **주를 아브라함…이삭…야곱의 하나님**(20:37b; 참고. 출 3:6)이라고 말한다고 지적하심으로, 그들이 스스로 추론을 하게 했다. 성경이 족장들에 대해 말하는 방식을 보면, 그들이 무대에서 사라진 후에도 여전히 살아 있다는 것을 알 수 있다. 이것은 **하나님은 죽은 자의 하나님이 아니요 살아 있는 자의 하나님이시라**(20:38)는 것을 입증했으며, 그래서 이 족장들은 부활을 고대할 수 있었다(참고. 단 12:2).

20:41-47. 이 시점에서 예수님은 반대자들에게 반격을 하셨으며, 그들에게 한 가지 질문을 하신다(또한 마 22:41-46에 대한 주석을 보라). 시편 110편에서 다윗은 분명 메시아(그리스도)에 대해 언급하면서, 메시아를 **내 주**(20:42; 시 110:1)라고 불렀다. 예수님이 종교 지도자들에게 하신 말씀은 "어떻게 다윗이 메시아(다윗의 자손인)를 **내 주**라고 부른단 말인가?"라는 것이었다. 물론 지도자들은 대답이 없었다. 하지만 예수님은 아브라함과 다윗의 자손으로 "나신 아기"이신 분이 또한 선재하시는 "주신 바 된 아들"(참고. 사 9:6)이라는 것을 알고 계셨다. 이것은 메시아가 다윗의 자손이면서 또한 신적인 주님이 되는 것이 가능하게 해주었다. 그러고 나서 예수님은 자기 제자들에게 서기관들의 이중성과 위선에 대해 경고하셨으며(20:45-47; 또한 마 23:1-36에 대한 주석을 보라) 그것을 과부의 적은 헌금이 주는 교훈(21:1-4)과 대비시키셨다.

21:1-4. 분명 예수님은 어떤 **가난한 과부가 두 렙돈을**, 헌금을 거두기 위해 만들어진 서너 개의 함 중 하나에 넣는 것을 알아차리셨다. "이 동전(*lepta*, 렙타)은 사용되는 것들 중 가장 작은 동전이었다"(Stein, *Luke*, 509). 그리고 헌금으로 받을 수 있는 가장 작은 단위였다. 다른 어느 누구도 그 과부에게 전혀 주의를 기울이지 않고 있었다. 그녀가 드릴 것은 다른 사람들의 많은 헌금에 비해 대수롭지 않고 주목할 만하지 못할 것이기 때문이다. 하지만 예수님은 주목하셨으며 다른 사람들은 **풍족한 중에서** 드렸다고(21:4a), 즉 그들은 자신들이 쉽게 떼어둘 수 있는 것을 드렸다고 말씀하셨다. 하지만 그녀는 **가난한 중에서** 드렸다(21:4b). 즉, 그녀는 자신이 정말로 떼어둘 수 없을 만한 것을 드렸다. 그녀는 **자기가 가지고 있는 생활비 전부**를 희생적으로 드렸다. 이 가난한 과부의 행동은 하나님과 올바른 관계를 맺기 위한 '필요조건'으로 여겨져서는 안 된다. (희생적으로든 아니든) 헌금을 드림으로 하나님과 올바른 관계를 맺게 되는 것은 아니다. 하지만 이러한 행동들은 하나님과 올바른 관계를 맺고 있는 사람의 행동이다. 그들은 이러한 행동으로 자신과 하나님과의 관계를 입증한다.

C. 환난과 재림에 대한 예수님의 가르침(21:5-38)

종교 지도자들과의 이 충돌(같은 날에, 20:1을 보라)이라는 문맥에 누가는 예수님이 제자들에게 재림에 대해 가르치신 것을 포함시켰다. 이 담화 중 많은 것은 예언적이며 환난(마 24-25장에 대한 주석을 보라)의 때와 예수님의 재림 때를 언급한다.

1. 제자들의 질문(21:5-7)

a. 질문을 촉발시킨 대화(21:5-6)

(마 24:1-2에 대한 주석도 보라)

21:5-6. 반대자들과의 공방이 뜸한 동안, 제자들은 잠시 시간을 내어 성전의 아름다움에 감탄하고 있었다(21:5). 성전 자체는 아름다운 흰 대리석으로 장식되어 있었다(Josephus, *Wars*, 5.5.6). 거대한 기초석들(그중 일부는 길이가 9미터에 달했으며 오늘날에도 여전히 그 자리에 있다)은 인상적이었을 것이다. 장식들은 부유한 예배자들이 기증한 것으로(**헌물**, 21:5b), 성전을 엄청나게 호화로운 곳(제자들이 다른 어느 곳에서 보았던 것도 완전히 능가하는 어떤 것)으로 만들어주었을 것이다. 그런데 제자들의 감탄은 곧 깨졌다. 이 구조물이 엄청나고 아름답기는 하지만, 언젠가 완전히 파괴되리라는(**돌 하나도 돌 위에** 남지 않고, 21:6) 예수님의 냉혹한 예언 때문이다[아마 이 예언은 주후 70년 로마가 유대인들의 반역에서 예루살렘을 약탈했을 때 성취되었을 것이다(19:41-44). 하지만 그다음에 나오는 강화의 내용과 배경은 이것이 종말론적 예언이라는 것을 시사할 것이다(참고. Bock, *Luke*, 1663, 마 24:1 전에 나오는 서론적 주석에서 감람산 강화에 대한 여러 해석들을 보라)].

b. 두 가지 질문(21:7)

(마 24:3에 대한 주석도 보라)

21:7. 성전에 대한 예수님의 예기치 못한 충격적인 예언에 제자들은 깊은 인상을 받았을 것이다. "제자들은 예수님의 대답이 중요하다는 것을 인식하고 선생(*didaskale,* 디다스칼레)이신 예수님께 '이런 일'이 언제 있을지 물어보았다"(Bock, *Luke*, 1663). 제자들이 '두 개의' 질문을 했다는 것을 주목하라. 즉, **어느 때에**(21:7a) 그리고 **무슨 징조가**(21:7b)라는 것이다. 사실상 예수님은 첫 번째 질문에 대해 강화 자체에서 대답하셨으며, 그들에게 어떤 '한 가지 표적'에 초점을 맞추고 거기 의지하려 하지 말라고 경고하셨다.

2. 질문에 대한 예수님의 대답: 환난(21:8-24)

예수님은 '앞일을 말하는 예언'의 가치나 적절성을 무시하시지는 않았으나 제자들의 질문에 일련의 '경고'나 교훈의 '말씀'으로 답하셨다.

a. 표적들에 유의하라는 경고(21:8-11)

(마 24:4-8에 대한 주석도 보라)

예수님은 먼저 **징조**에 대한 질문에 관심을 돌리셨다(21:7b). 사실상 예수님은 징조의 상대적인 예언적 가치에 대해 경고하셨다. 제자들은 징조를 사용하는 것에 대해 주의해야 한다(**미혹을 받지** 말라, 21:8a). 예수님은 그들에게 '엉터리 선지자들'(**내 이름으로 와서**), '거짓 그리스도들'(**내가 그라**), '속임수로 날짜를 정하는 사람들'(**때가 가까이 왔다**)에 대해 경고하셨다(21:8b). 심지어 '대격변적' 사건들[**난리와 소요**(21:9b, 10a), **지진…기근…전염병…무서운 일…하늘로부터 큰 징조들**(일식과 월식 같은, 21:10b-11)]도 그들이 거짓으로 인심을 흉흉하게 하는 사람들을 따르게 하거나(21:8c) 낙담하게끔(21:9a) 하지 말아야 한다. 이러한 것들은 계속해서 일어나겠지만 **끝은 곧** 오지 않는다(21:9c). 즉, 예수님은 아직 오지 않으셨다. 예수님이 여기에서 묘사하시는 이 사건들은 환난의 전반부에 일어나는 일들이며(참고. 렘 30:7; 욜 2장; 계 6-19장) 그래서 재림으로 '이끄는' 일들이지만 재림 자체는 아니다.

b. 핍박에 대한 경고와 격려(21:12-19)

(마 24:9-14에 대한 주석도 보라)

21:12-19. 여기에서 예수님은 제자들에게 환난의 본질에 대한 말뿐 아니라 박해에 대한 몇 가지 실제 교훈을 주셨다. 첫째, 제자들은 세상으로부터 박해를 받을 것을 예상해야 했다(21:12b, c, 17b). 둘째, 그들은 **내 이름으로 말미암아**(21:12a, 17a) 증거할 기회(21:13)를 인식해야 한다. 셋째, 제자들은 박해를 견디기로 결심해야 한다(21:14b, **명심하라**). 마지막으로 그들은 보존해주시는 것과 인내에 대한 약속을 주님께 기대해야 한다(21:18-19).

c. 예루살렘에 대한 경고(21:20-24)

(마24:15-28에 대한 주석도 보라)

21:20-21. 환난은 유대 백성과 이스라엘 민족에게 전례 없는 박해와 고난의 때가 될 것이다(21:23b; 참

고. 렘 30:7). 박해의 절정은 예루살렘에 대한 포위 공격과 함께 올 것이다(21:20a; 슥 12:1-9). 여기에서 그리고 예언 역사에서 이 점에 대한 유사한 본문들(참고. 마 24:4-31)에 나오는 묘사로 보아, 이것은 주후 70년에 있었던 로마인들의 예루살렘 파괴에 대한 묘사일 것 같지는 않다(이런 이해에 대한 더 많은 증거로는 마 24장을 소개하는 주석과 마 24:15-16에 대한 주석을 참고하라). 이 포위 공격은 그 성의 **멸망**(21:20b; 참고. 마 24:15)에 대한 서곡이 될 것이다. "멸망의 가증한 것"은 환난 기간의 중심점이다(참고. 단 9:24-27에 대한 주석).

21:22-24. 이러한 일들이 **기록된 모든 것을 이루**기 위해 일어나리라는 말(21:22b)은, 예수님이 종말에 대한 구약 예언들이 문자적으로 이루어지리라고 기대하셨음을 나타낸다. 누가만의 독특한 문구인 **이방인의 때**(21:24b; 참고. Bock, *Luke*, 1680)라는 말은 바벨론 포로(주전 586년경, 참고. 왕하 25장)로부터 시작해서 포로 귀환 이후 시대, 신약시대, 재림 때까지의 교회 시대 그리고 그 이후의 다윗 왕국의 회복(참고. 슥 14:9)에 이르기까지, 이스라엘이 불경한 이방인의 통치 아래 사는 때를 망라한다. 어떤 사람들은 누가복음 21:24에 언급된 사건들이 주후 70년 예루살렘의 멸망으로 한정되어야 하며, 누가가 기록한 감람산 강화는 로마가 예루살렘을 멸망시켰을 때 전부 성취되었다고 주장한다. 이 견해에 대한 비판으로는 마태복음 24장 서론부의 주석을 보라. 마지막으로 그 성이 **이방인의 때가 차기까지 이방인들에게 밟히리라**라는 말이 나온다(21:24b). 그 말도 주전 586년 예루살렘이 바벨론에게 멸망할 때부터 그리스도의 재림 이후 천년왕국 동안 그 나라가 회복될 때(참고. 계 20:1-6)까지를 망라한다.

3. 질문에 대한 예수님의 대답: 재림(21:25-36)

예수님은 마침내 자신의 재림 문제로 넘어가셨다(참고. 마 24:3b).

a. 대격변의 때(21:25-26)

(마 24:29에 대한 주석도 보라)

21:25-26. 예수님은 재림 이전의 날들을 우주적 대격변[21:25a, 26b(참고. 욜 2:30-31; 행 2:19-20a)], 국제적 대격변(21:25b), 지상적 대격변(21:25c), 사회적 대격변(21:26c)의 날로 묘사하셨다(참고. 계 15-19장). "인간들은 두려움에 사로잡힐 것이다"(Bock, *Luke*, 1683).

b. 인자의 오심(21:27)

(마 24:30-31에 대한 주석도 보라)

21:27. 이 전례 없는 대격변의 때에 **인자**(21:28a; 참고. 단 7:13에 대한 주석)가 다시 오실 것이다. 제자들이 그분이 하늘로 올라가심을 본 그대로 그분은 다시 오실 것이다(참고. 행 1:11b과 그 부분 주석). 즉, 육체적으로 **구름**을 타고(21:27b; 참고. 행 1:11a) 오시는 것이다. 그분은 **능력과 큰 영광**(21:27c; 슥 14:4-6; 계 19:11-16)으로 오실 것이다.

c. 소망을 가지라는 격려의 말(21:28)

21:28. 예수님은 환난의 대격변 때 살아남을 것이며 주님이 다시 오실 것을 기다리는 사람들에게 격려의 말을 하셨다. "여기에서 속량이라는 말은 광범위한 의미로 사용된다. 죄의 벌에서 건져냄을 받는 것이 아니라 타락한 세상에서 건져냄을 받는다는 것이다"(Bock, *Luke*, 1687). 예수님의 다시 오심은 세상과 사탄의 세력들을 이기는 궁극적 승리의 표시가 될 것이다.

d. 깨어 있고 기대하라는 경고의 말(21:29-36)

(마 24:32-35에 대한 주석도 보라)

21:29-33. 예수님은 그분의 강화 다음에 몇 가지 경고와 훈계의 말을 하셨다. 무화과나무의 비유는 본질적으로 제자들에게 일단 예수님이 방금 묘사한 사건들이 전개되기 시작하면, 그 사건들은 조금도 수그러들지 않고 예수님이 방금 묘사하신 결론, 즉 재림까지 계속될 것이라고 경고했다. **이 세대**(21:32a)는 이 사건들이 전개되기 시작할 때 살아 있는 세대(예수님이 말씀하고 계시는 대상인 세대가 아니라, 마 24:34에 대한 주석을 보라)를 말하는 것으로 보는 것이 가장 좋다. 예수님의 요점은 다음과 같다. "징조들이 올 때, 그 징조들은 재빨리 진행될 것이다. 여러 대 동안 질질 끌지는 않을 것이다. 그것은 한 세대 안에 일어날 것이다"(Bock, *Luke*, 1692). 말씀의 진실함에 대한 예수님의 강한 확신, 즉 **내 말은 없어지지 아니하리라**(21:33b)는 궁극적 권위에 대한 담대한 주장이기도 하다.

21:34-36. 예수님은 기대하라는 그리고 기대하는 마음으로 살라는 경고로 강화의 결론을 맺으셨다. **너희는 스스로 조심하라**(21:34), **깨어 있으라**(21:36). 본

질적으로 예수님은 자기 제자들에게 인생에서 날마다 닥치는 시련들에 그리고 특별한 스트레스와 심지어 박해의 때에 견디는 방법은 주님의 다시 오심을 기대하면서 사는 것, 즉 "위의 것을 찾"는 것, "위의 것을 생각하"는 것이며, 주님의 다시 오심을 위해 사는 것(참고. 골 3:1-4)이라고 가르치셨다.

4. 성전 사역 요약(21:37-38)

21:37-38. 누가는 독자들에게 예수님이 이 반대와 가르침의 날들 동안 처하셨던 상황을 알려주기 위해, 이 부분 끝에 한마디 말을 추가했다. 성전에서 베푸신 예수님의 가르침은 인기가 있었지만, 이것은 예수님에 대한 반감을 더 높였을 뿐이었다. 예수님이 낮에 성전에서 무리들을 가르치시는 동안 예수님은 비교적 안전했다. 하지만 밤에 무리들이 집으로 갔을 때는 예수님은 감람원(감람산)이라는 안전한 산으로 물러나는 것이 필요하다고 생각하셨다.

Ⅶ. 수난과 부활(22:1-24:53)

A. 예수님을 죽이려는 음모(22:1-6)

(마 26:1-5, 14-16에 대한 주석도 보라)

예수님이 밤에는 성 바깥의 감람산에서 지낼 필요가 있다고 생각하셨다고 말하고 나서, 누가는 이렇게 이동한 이유를 분명히 밝혔다.

1. 음모를 꾸미는 사람들(22:1-2)

22:1-2. 누가는 음모를 꾸미는 사람들이 진지하게 그 음모를 꾸미기 시작한 때를 적어두었다. 때는 **유월절**이었다(22:1). 누가는 그의 비유대인 독자들에게 이 때가 독특한 의미를 지닌 때, 즉 유월절 양을 제물로 바치는 때(참고. 출 12:1-27; 눅 22:7)였다는 것을 알리고 있었다. 음모를 꾸미는 사람들은 사실상 "세상 죄를 지고 가는 하나님의 어린양"(참고. 요 1:29)을 제물로 바칠 준비를 하고 있었다. 음모를 꾸미는 자들은 **대제사장**들과 **서기관**들로 밝혀진다(22:2a). 그들은 예수님을 반대하는 과정에서 보다 정치적인 측면을 나타냈다. 분명 그들은 유월절의 예배자 무리가 그 성에 들어오기 전에 예수님을 제거하고 싶어했다. 그들은 예수님이 전국 각지에서 성으로 오는 사람들에게 더 큰 인기를 얻을까 봐 두려워했으며(22:2c) 그래서 냉담하게 예수님을 죽이겠다고 결정했다(22:2b).

2. 배신자(22:3-6)

22:3-6. 누가는 **사탄이 유다**[**가룟**은 그의 성(姓)이다]에게 동기를 유발시켜 움직이게 만들었다고 즉시 진술했다. 이것은 절대 유다의 무죄를 증명하려는 노력이 아니라, 예수님에 대한 반대의 한 측면이 초자연적이고, 영적이고, 사탄적인 것이었음(유다와 종교 지도자들의 인간적 계획들과 함께)을 강조하려는 것이다. 유다가 **열둘 중의** 하나(22:3b)였다는 말은 이 행동을 더욱 이해할 수 없고 가증스러운 것으로 만들었다. 음모를 꾸미는 자들이 그를 받아들이고(22:4a), **예수를 넘겨주겠다는** 그의 제안을 받아들이고(22:4b), 이 행동에 대해 그에게 보수를 지불하리라는(22:5) 것을 유다가 어떻게 알았는지는 분명히 나오지 않는다. 돈을 주고받는 것이 탐욕이라는 동기를 나타내는 것처럼 보일지 모르지만, 실제로 유다의 행동은 전적으로 비합리적이고 설명할 수 없는 것이었다. 불신 자체가 그런 것과 마찬가지이다. 유다의 계획은 예수님을 넘겨줄 적당한 때, 즉 예수님이 **무리**의 보호에서 고립되어 있는 때(22:6)와 기회를 찾는 것이었다.

B. 다락방(22:7-38)

음모가 예수님의 코앞까지 다가오면서, 다락방의 장면은 처음부터 우울한 측면을 지니고 있었다. 누가의 묘사 내내 모든 장면에는 '의미심장한 느낌'이 있다.

1. 유월절 준비(22:7-13)

(마 26:17-19에 대한 주석도 보라)

22:7-13. **무교절**에 대한 말과 **유월절 양**을 잡는 것에 대한 말(22:7)은 예수님 자신이 "우리의 유월절 양"(참고. 고전 5:7)이라는 것을 알고 있던 독자들에게 이 준비의 중대성과 엄숙함을 더해주었을 것이다. 예수님 자신은 이것이 그분의 마지막 유월절이며 이때가 그분의 마지막 시간이라는 것을 알고 계셨다. 유월절에는 성안에서 먹어야 했다(참고. 2:41; 대하 35:16-19; *Jub* 49:15-16; 참고. Stein, *Luke*, 538). 그래서 예수님은 감람산으로 물러가시는 것이 아닌 다른 방안을 마련해놓으실 필요가 있었다. 누가만 이 유월절 준비를 맡은 두 제자의 이름을 써놓았다. 즉, **베드로**와 **요한**이다(22:8a). 그 준비에는 "어린 양이 구워지는 것을 보는 것…그리고 모든 곁들이는 요리와 포도주를 준비하는 것"(Stein, *Luke*, 538)이 포함되었을 것이다. 그런데

도 제자들의 단 한 가지 질문은 **어디서**(22:9b)라는 것이었다. 예수님이 하신 대답의 세세한 부분들은 이것이 사전에 협의된 만남이며(22:10) 방이 이미 확보되어 있었다는(22:11-12) 것을 나타낸다. 제자들은 모든 것이 **그 하신 말씀대로**(22:13)였다는 것을 발견했다. 예수님은 이처럼 율법에 규정된 경건의 모든 책임들을 이행하신, 율법을 엄수하는 유대인으로 제시되었다. 그것은 또한 예수님이 상황을 주관하고 계셨다는 것, 심지어 예수님이 잡히신 것과 재판을 받으신 것에서도 해당될 강조점이었다. 유월절 이야기의 시간적 전후 관계 문제에 대해서는 Thomas and Gundry, *Harmony of the Gospels*, 320-323을 보라.

2. 성만찬 제정(22:14-20)

(마 26:20-29에 대한 주석도 보라)

22:14. 최후의 만찬 장면에 대한 누가의 서론, 즉 **때가 이르매**(22:14a)는 '의미심장한 느낌'을 준다. 이것은 그저 유월절 경축이 시작되는 '때'가 아니라, 실제로 그리스도의 수난이 시작된 때였다. 하지만 그 장면은 앞으로 올 모든 것에 대한 아무런 암시도 없이 시작되었다. 예수님은 식탁에 **앉으셨으며**(22:14b) **사도들과 함께**(22:14c) 식사와 교제를 나누고 계셨다.

22:15-20. 이런 목가적인 장면에서 예수님은 불길한 말을 꺼내셨다. 그것은 예수님이 전에 제자들에게 전달하려 했던 내용이었다(참고. 9:22). 바로 그분에게 임박한 고난이다(22:15b). 게다가 예수님은 자신이 **이 유월절이 하나님의 나라에서 이루기까지**(22:16) 그들과 또 다른 유월절을 먹지 않을 것이라고 알리셨다. 예수님이 '떡과 잔'에 대한 기념을 제정하신 것은 십자가(예수님의 고난) 및 예수님의 미래의 통치(**하나님의 나라가 임할 때까지**, 22:18b)에 대한 소망에 비추어 그렇게 하신 것이었다. 예수님은 유월절 식사에서 남은 물품을 사용해서, 떡과 포도주를 취하여 그것을 **내 몸**(22:19b)과 **내 피**(22:20c)라고 새로운 의미를 부여하셨다. 떡을 주고(22:19a) 포도주를 **붓는**(22:20b) 것처럼, 예수님의 몸이 주어지고 그분의 생명이 부어졌다. 예수님은 자신의 죽음을 희생적이고 대속적인 것으로 보셨다. 즉, 예수님의 몸은 **너희를 위하여 주는**(22:19a) 것이었으며, 예수님의 피는 **너희를 위하여 붓는**(22:20b) 것이었다. 예수님이 규정하신 행동들, 즉 먹는 것과 마시는 것은 제자들이 이 떡과 포도주에 참여함으로, 예수님에 대한 그들의 믿음 및 예수님이 이제 겪으실 죽음에 대한 그들의 신뢰를 의미한다. "여기에는 깊은 신학적 진리뿐 아니라 큰 사랑이 있다"(Bock, *Luke*, 1725). **너희가 이를 행하여 나를 기념하라**(22:19c)라는 예수님의 명령은 예수님의 인격, 십자가에서 예수님이 행하신 일, 예수님이 다시 오신다는 것을 기억하게 하려는 것이었다. 우리는 "주의 죽으심을 그가 오실 때까지 전하"(고전 11:26)고 있다.

3. 최후의 만찬 이후의 네 가지 대화(22:21-38)

제자들에게는 예수님이 방금 제정하신 의식의 의미를 곰곰이 생각할 시간이 주어지지 않았다. 그날 밤의 사건들은 가차 없이 진전되어, 성찰하거나 생각할 시간이 거의 없었기 때문이다.

a. 배신자를 알리시다(22:21-23)

(마 26:21-24에 대한 주석도 보라)

22:21-23. 최후의 만찬 이후의 첫 번째 대화에서 예수님은 그분을 **파는** 사람이 있을 것이라고 알리셨다(22:22). 제자들은 큰 충격을 받았다. 더욱더 충격적인 점은 파는 것(22:21b, 문자적으로 "파는 과정 중에 있는")이 이미 진행 중이라는 사실이다. 예수님은 이 배반이 예상하지 않았던 것이 아니라 신적 계획으로 이미 **작정된**(22:22a) 길의 일부였다고 설명하셨다(참고. 시 41:9; 55:12-14; 행 2:23). 그런데도 예수님은 배신자가 여전히 그의 범죄에 대해 허물이 있을 것임을 가리키셨다(22:22b). 그 대화는 제자들이 범죄자가 누구일까 추측하는 것으로 결론을 맺는다(22:23).

b. 누가 가장 크냐는 것에 대한 논쟁(22:24-30)

22:24-30. 누군가 곧 예수님을 판다는 사실에 대해 제자들은 불안감을 느꼈지만 그런 마음은 이내 잊혀져 버렸다. 그리고 최후의 만찬 이후에 나눈 두 번째 대화에서 그들은 그들 중 누가 크냐는 것에 대한 어리석은 다툼을 시작했다(22:24). 예수님은 예수님과 그분의 임박한 수난에 대한 그들의 놀라운 무관심을 책망하지 않으시고, 대신 그 기회를 이용해서 그들에게 섬김에 대한 또 하나의 중대한 교훈을 가르치셨다. 이는 예수님의 이타성과 인내를 보여준다. 예수님은 참된 위대함은 다른 사람들이 너를 섬기도록 하는 것이 아니며(22:25), 가장 큰 자는 섬기는 자라고 가르치셨다. 예수

님은 최고의 예로 예수님 자신을 가리키셨다(22:27). 그런데도 예수님은 그들에게 격려가 되는 약속을 하나 주셨으며 그들의 섬김과 희생이 반드시 상을 받을 것이라고 확신시키셨다(22:28-30).

c. 예수님이 베드로가 자신을 부인할 것이라고 예고하시다(22:31-34)

22:31-34. 최후의 만찬 이후 세 번째 대화에서 예수님은 베드로에게 그가 예수님을 부인할 것이라고 알려주셨다. 대화는 사탄이 베드로를 **밀 까부르듯** 하려고(22:31), 즉 그를 심하게 시험하려고 요구했으나, 예수님은 베드로를 위해, 특히 그의 **믿음이 떨어지지 않기를 기도하셨다**고(22:32a) 베드로를 안심시키는 말로 시작했다. 예수님의 말씀은 베드로가 이 사탄의 공격에 전혀 상처를 받지 않을 수는 없겠지만, 그가 **돌이킬**(22:32b, 즉 회개할) 것이며, 그가 다시 다른 사람들을 굳게 할 수 있으리라 기대한다는(22:32c) 것을 나타냈다. 베드로의 대답은 그가 자신이 처한 위험에 대해 전혀 눈치채지 못했으며, 자신을 신실하게 지킬 수 있는 스스로의 능력을 과신하고 있다는 것을 보여주었다. 베드로의 자랑, 즉 **내가 각오하였나이다**(22:33)는 즉시 공허한 것으로 입증되었다. 베드로가 예수님을 부인하리라는, 정신이 번쩍 들게 하는 예언이 성취될 것이기 때문이다(22:34).

d. 예수님이 제자들을 다가올 충돌에 준비시키려 하시다(22:35-38)

22:35-38. 최후의 만찬 이후의 마지막 대화에서 예수님은 다시 한 번 제자들을 그들 바로 앞에 닥친 충돌에 준비시키려 하셨다. 예수님은 먼저 그들에게 예수님이 전에 그들을 준비되지 않은 상태에서 보내지 않았다는 것을 상기시키셨다(22:35). 이제 비유적으로 말하면서(**전대**, **배낭**, **검** 등을 '준비된 것'을 나타내는 비문자적 표현들로 사용하면서), 그들은 스스로 준비되라는 명령을 받는다(22:36). 예수님은 **불법자의 동류로 여김을 받**을(22:37b) 것이기 때문이다. 예수님이 바야흐로 겪을 일은 **기록된**[구약에 예언된] 것이 **이루어졌다**고 여겨야 한다(22:37). 그런데도 그들은 예수님의 부재에 준비되어 있어야 한다. 제자들은 예수님 말씀의 요점이나 앞으로 올 충돌의 성질을 이해하지 못했다. 그래서 그들은 실제 검을 두 개 준비했다(22:38a). **족하다**(22:38b)라는 예수님의 말씀은 무기의 숫자에 대한 말이 아니라 제자들의 오해에 대한 가벼운 좌절의 표현으로 이해해야 한다(참고. Stein, *Luke*, 555). 하지만 **족하다**라는 말은 '충분하다, 수나 양이 적절하다'라는 의미이다. 제자들은 거의 삼 년 동안 예수님과 함께 다닌 후에 검 두 개를 가지고 있었다. 예수님이 일반적으로 무기 소유를 반대하셨다면, 제자들은 예수님과 함께 사역하면서 그렇게 늦은 시기에 검을 가지고 있지는 않았을 것이다. **족하다**는 예수님이 자기 방어를 위한 수단은 반대하지 않으셨다는 것을 나타낼 가능성이 많다.

C. 세 개의 애끓는 장면(22:39-62)

제자들은 성만찬을 제정하고 최후의 만찬 이후의 대화들을 나누고 나서도, 그날 밤에 지금까지 일어난 사건들의 깊은 의미를 깨닫지 못했다. 더구나 예수님이 성 밖으로 이동하시는 중에 일어난 어떤 일도, 곧 엄청나게 충격적인 경험들을 할 것이라고 그들에게 경고하지는 않았을 것이다. 누가는 밤에 감람산으로 피한 것이 **습관을 따라**(22:39; 참고. 21:37) 그렇게 하신 것이라고 말한다. 온갖 감정으로 충만한 세 개의 장면에서 제자들의 세계는 완전히 뒤집어졌다.

1. 겟세마네의 기도(22:39-46)

(마 26:30-46의 주석도 보라)

22:39-40. 누가만 **그곳**(22:40a, 다른 복음서들에서는 '감람유 짜는 기구'라는 의미의 '겟세마네'라고 밝힌다, 마 26:36; 막 14:32)이라고 밝히는 **산**의 서쪽 경사면에 이르자, 예수님은 자기 제자들에게 **유혹에 빠지지 않게 기도하라**[문자적으로는 '계속 기도하라']고 권고하셨다(22:40b). 뒤이어 나오는 사건들은 예수님께 대한 제자들의 신뢰와 헌신을 시험할 것이다. 그들은 하나님의 도움이 필요했다. 인상적이게도 임박한 위기에 대한 예수님의 반응은 기도였다(참고. Bock, *Luke*, 1763). 예수님은 자신의 수난이라는 엄청난 도전에 직면한 바로 그 순간에, 자신의 사람들을 염려하셨다. 누가는 예수님이 베드로, 야고보, 요한을 그분과 함께 기도하기 위해 동산에 데리고 가셨다는 것을 기록하지 않았다(참고. 마 26:37).

22:41. 누가는 예수님의 행동을 여전히 그 장면의 깊은 의미를 전달하는 단순한 말로 기록했다. 첫째, 예

수님은 **돌 던질 만큼**(22:41a) 혹은 그저 '그리 멀지 않은 곳에' 가셨다. **가서**[*apospao*, 아포스파오, '억지로 떼어내다']라는 말은 그저 '떠나갔다'라는 말보다 더 강하다. 그것은 감성의 어조를 더한다(참고. 행 21:1). 둘째, 예수님은 **무릎을 꿇었**다(22:41b). 이 행동 역시 그저 '무릎을 꿇는' 행동보다 더 생생하다. 병행 기사들(참고. 마 26:39; 막 14:35)은 예수님이 '엎드리'셨다고 말한다. '예수님이 무릎을 꿇었다'는 의미에서 그런 것이다. 마지막으로 예수님은 **기도하**기 시작하셨다(22:41c). 이것은 예수님이 그의 마음의 감정들을 토로하셨음을 나타낸다.

22:42-44. 예수님의 기도에는 네 부분이 있다. 첫째, 예수님은 듣고 응답하시는 하나님 아버지의 능력을 인정하셨다. **만일 아버지의 뜻이거든**(22:42b). 둘째, 예수님은 자신의 간구를 전달하셨다. **이 잔을 내게서 옮기시옵소서**(22:42c). 예수님은 자신이 오신 목적에서 벗어나게 해달라고 구하신 것이 아니었으며, 자신이 바야흐로 직면하게 될 고난을 피하고 싶은, 완벽하게 이해할 만한 바람을 표현하고 계셨다. 셋째, 예수님은 그분의 복종을 표현하셨다. **그러나 내 원대로 마시옵고 아버지의 원대로 되기를 원하나이다**(22:42d). 이것은 그저 체념이 아니라 적극적인 복종, 자신을 아버지의 목적과 뜻에 드리는 것이었다. 넷째, 예수님은 자신의 간절함을 전달하셨다(22:44b). 이 기도의 행동은 너무나 강렬해서 누가는 예수님이 **힘쓰고 애썼**다고(22:44a), 즉 그분이 육체적으로 영향을 받았다고 기록했다(**땀이 땅에 떨어지는 핏방울 같이 되더라**, 22:44c). 이것은 혈한증(hematidrosis), 즉 엄청난 스트레스를 받을 때 일어나는 상태(의사인 누가만 기록한)일 수도 있다. 하지만 누가는 비교급 분사(*hosei*, 호세이)를 사용해서, 예수님의 땀이 피**같이** 되었다고 말한다. 그 문구는 아마 단순 비교를 나타내는 것으로, 예수님의 노력이 얼마나 강렬한지 표현하려는 의도였을 것이다. 그로 인해 많은 땀 혹은 뚝뚝 떨어지는 땀이 났다는 것이다. 기도의 강렬함은 예수님께 영적으로도 영향을 끼쳤다. 그래서 천사가 하늘로부터(22:43) 나타나 예수님께 힘을 더했다(아마 격려의 말로, 참고. 단 9:3, 23). 이것은 누가의 기사에서만 나오는 또 다른 세부사항이다.

22:45-46. 제자들에 대한 예수님의 관심으로 시작되었던 이 불가해한 장면은 그렇게 끝난다. 예수님은 돌아오셔서 제자들이 잠든 것을 발견하셨다. 누가는 그 잠이 **슬픔으로 인**한(22:45) 것이라고 말했다. 이는 그들이 예수님이 기도하면서 분투하신 것과 그 기도의 강렬함을 알고 있었음을 나타낸다. 그런데도 예수님은 그들이 주의를 게을리한 것을 책망하셨으며, 그들에게 임박한 위험을 경고하셨다(22:46). 예수님은 그 순간이 중대한 순간임을 이해하셨지만, 제자들은 그렇지 않았다. 하지만 얼마 안 가 그들은 이해하게 될 것이다.

2. 동산에서 잡히시다(22:47-53)

(마 26:47-56에 대한 주석도 보라)

22:47-51. 누가의 기사는 사건들이 순식간에 혼란스럽고 급하게 돌아가는 것을 나타낸다. 한적한 곳에서 일어났던 기도의 장면으로부터 이제 이야기는 잡히시고 재판받으시는 혼란스러운 사건들로 넘어갔다. 잡히신 것에 대한 누가의 기사는 복음서 기자들 중 가장 짧다. 심지어 예수님이 아직 **말씀하실 때에**(22:47a), **대제사장들과 성전의 경비대장들과 장로들**(2:52a)의 무리가 **예수께 입을 맞추려고** 가까이 온 배반자 유다의 인도를 받아(22:47b) 들이닥쳤다. **입을 맞추**는 것(22:48a, 누가는 입을 맞추는 행동 자체는 기록하지 않았다)은 분명 관리들에게 예수님이 잡아야 할 분임을 알려주는 신호였다(참고. 마 26:48-49; 막 14:44). 하지만 그 행동이 나타내는 친밀함과 (거짓) 애정은 그 배신을 훨씬 더 가증스럽게 했다. 유다에 대한 예수님의 책망(22:48)은 직설적이고 주눅이 들게 하는 것이었다. 즉, 이것이 배신자의 비열한 행동이었다는 것에는 의문의 여지가 없었다. 예수님의 이 말씀은 제자들에게 실제로 무슨 일이 일어나고 있는지를 처음으로 나타내주었을 것이며, 그로 인해 주위 사람들은 부적절하고 헛된 반응을 보였다(22:49). **그중의 한 사람**(22:50a, 베드로, 참고. 요 18:10)의 성급한 행동, 곧 대제사장의 종을 쳐서 귀를 떨어뜨린 것(22:50b)은 제자들이 계속 오해하고 있다는 것을 나타냈다(참고. 22:38). 예수님의 즉각적인 책망, 즉 **이것까지 참으라**와 그 사람의 **귀**를 낫게 하신 긍휼의 행동(22:51, 예수님의 사역의 마지막 기적)은 예수님을 고발한 자들의 군사적 행동 및 가혹한 의도들과 대조를 이루었다.

22:52-53. 종교 지도자들에 대한 예수님의 책망은 정죄이면서 감춰진 부분을 밝히는 것이었다. 종의 귀를 낫게 하신 것에 암시된 책망으로는 부족하다는 듯이, 예수님은 그분을 잡기 위한 그들의 방법(**검과 몽치를 가지고**), 그들의 방식(**너희가 강도를 잡는 것 같이**, 22:52), 그들의 위치 선택, 움직인 시기(성전에서가 아니라 **이제**, 22:53)는 모두 그들의 진짜 동기와 의도를 어느 정도 나타낸다고 말씀하셨다. 단도직입적으로 예수님은 그들의 행동을 **어둠의 권세**, 즉 사탄에게서 나온 것으로 돌리셨다(참고. 골 1;13).

3. 베드로가 뜰에서 예수님을 부인하다(22:54-62)

(마 26:69-75에 대한 주석도 보라)

22:54-55. 사건들이 계속 진전되면서, 누가는 예수님이 **대제사장**의 집으로(22:54a) 끌려갔다고 기록했다. 재판 자체가 있기 전에 누가는(다른 세 복음서 저자가 그랬던 것처럼) 베드로가 예수님을 부인한 사건을 기록했다. 복음서 저자들이 "교회의 기둥"(참고. 갈 2:9) 중 한 명의 실패를 충실하게 기록한 것은 그들의 진실성을 증명해준다. 이 장면에서 벌어진 사건들은 읽기가 거의 고통스러울 정도이며, 그 사건들은 예수님의 재판이 일어나는 과정 동안 서서히 전개된다. 첫째, 베드로가 **멀찍이 따라**간 것(22:54)이 나와 있다. 그 말에 어떤 영적 의미가 부여되어 있는지는 의심스럽다. 베드로는 그저 예수님을 잡아가는 무리들 뒤에 처져서 꾸물거렸을 뿐이다. 그다음에 베드로가 한 무리의 현지 사람들과 함께 작은 불 앞에 있는 것이 언급되었다(22:55). 다시 한 번 이것은 단순히 사실에 대한 진술일 뿐으로, 이어지는 장면인 세 번 신분을 확인하는 사건의 배경을 설정하려는 것이다.

22:56-60a. 서로 다른 세 사람이 베드로를 알아보았다. 아마 베드로가 대제사장의 집 밖에서 그들과 함께 두세 시간쯤 함께 앉아 있었기 때문일 것이다. 첫째, 한 **여종**에 불과한 아이가 베드로를 **보고 주목**한 후에(22:56b, 이는 아마도 베드로가 희미하게 타오르는 불빛 속에서 자신을 감추려 애쓰고 있었던 것을 전달하려는 것이었으리라), 베드로**도 그와 함께 있었**던 사람이라고 알아보았다(22:56c). 베드로는 신속하고도 간결하게 그것을 부인했다(22:57). 둘째, **조금 후에**(22:58a) 또 다른 사람이 베드로가 예수님의 제자라고 했다. **너도 그 도당이라**(22:58b). 다시 한 번 베드로는 곧바로 부인했다. 하지만 이제는 조금 더 단호했다. **이 사람아 나는 아니로라**(22:58c). **한 시간쯤 있다가**(22:59a) 또 다른 사람이 더 끈질기게 **참으로** 베드로가 **그와 함께 있었**다고 주장하기 시작했으며, 그는 자신이 알아본 것을 뒷받침하기 위해 베드로가 갈릴리 사람이라고 주장했다(22:59b). 그를 고발하는 사람들의 확신이 커져갈수록 베드로는 더욱더 강력하게 부인했다. 그렇기 때문에 그는 가장 격렬하게 부인하는 말로 반응했다. **이 사람아 나는 네가 하는 말을 알지 못하노라**(22:60a, 누가는 베드로가 저주하는 것을 빼놓았다, 참고. 막 14:71). 그 장면은 고통스러울 만큼 비참한 장면이었다. 하지만 그 비참함은 점점 더해질 것이다.

22:60b-12. 부인하는 말이 아직 끝나기도 전에 베드로는 닭이 우는 소리를 들었다(22:60b). 바로 그 순간 **주께서 돌이켜 베드로를 보시니**(22:61a), 베드로가 겨우 몇 시간 전에 말씀하신(22:61b) 예수님의 말씀(참고. 22:34)이 생각났다. 그때 베드로를 압도한 양심의 고통을 우리는 겨우 짐작만 할 수 있을 뿐이다. 그는 **밖에 나가서 심히 통곡**했다(22:62). "베드로에게 미친 영향은 엄청난 충격을 주었다"(Morris, *Luke*, 316). 이 장면은 읽기가 어렵기는 하지만, 독자들이 이야기 전체의 진실성과 정확성을 재확인하는 데 기여한다. 뿐만 아니라 터무니없는 실패를 한 후라 해도, 회복은 가능하다는 것을 가르치는 데 기여했다. 복음서 저자들은 이야기를 완전하고 충실하게 전하기 위해 어떤 사람의 평판을 손상시키는 것도 개의치 않았다.

D. 네 번의 부당한 재판(22:63-23:25)

예수님의 정체가 재판들의 주요 주제이다. 그것은 역사적 담화들의 주제이기도 하다. 누가는 "예수님은 누구신가?"라고 계속 묻고 대답한다. 역설적이게도 이 이야기들에서 심문자들이 예수님에 대한 진리를 말한다. 누가는 그것을 강조하지 않지만, 분명 이야기들 자체는 이 재판들에 수많은 불법 행위들이 있었다는 것을 보여준다. 누가는 그것을 보고 예수님이 부당하게 고발당하고 처형당했다는 적절한 결론에 이르는 일을 독자에게 맡겨둔다.

1. 공회 앞에서의 예수님(22:63-71)

22:63-64. 누가는 기록하지 않았지만, 분명 모종의 불법적인 재판 전 심문이 있었다(참고. 마 26:59-68; 막 14:55-65). 예수님을 대제사장의 집에 붙잡아 두는 것은 불법이었다. 그분을 때린 것도 마찬가지였다. 예수님이 당한 학대에는 심리적(**희롱**), 육체적 학대(**때리며**, 22:63)가 포함되었으며, 잔인한 장난도 있었다. 그들은 예수님의 눈을 가리고, 그분을 때리고, 그런 다음에는 공격자가 누군지 알아내보라고 조롱했다(22:64). 누가는 단호한 설명을 추가했다. 그들이 '신성모독'(blaspheming)을 했다는 것이다(22:65). 이 모든 일은 예수님이 예언하신 것으로(참고. 9:22, 44), 겉으로 보이는 것에도 불구하고 모든 학대 과정 내내 이 일을 예수님이 주관하셨으며, 그 모든 일은 신적 계획에 따른 것이었음(참고. 마 26:53-54)을 보여준다.

22:65-67. 재판 자체가 진행 중일 때 누가는 누가 그 자리에 있었는지를 적어놓았다. **백성의 장로들**(22:66a)은 아마 공회와 동의어일 것이다(참고. 행 22:5). 재판석에 앉은 사람들 중에는 예수님을 잡으려고 동산에 있었던 사람들(**대제사장들과 서기관들**, 22:66) 중 일부가 있었다. 공정한 재판이 될 리가 없었다! 그다음에 공회의 질문들과 예수님의 대답들이 죽 이어졌다. 첫 번째 질문, 즉 **네가 그리스도이어든 우리에게 말하라**(22:67a)는 전혀 정직하지 못한 것이었다. 나사렛에서 예수님이 단언하신 것으로부터(참고. 4:21) 바로 몇 시간 전에 종의 귀를 낫게 하신 것에 이르기까지, 예수님이 하신 모든 것, 그분의 병 고침과 가르침은 모두 예수님이 메시아라는 것을 입증했다. 예수님의 첫 번째 대답은 그들의 부정직함을 드러냈다. **내가 말할지라도 너희가 믿지 아니할 것이요**(22:67b). 예수님 말씀의 요점은 '증거'도 '이성'도 그들의 마음을 바꾸지 못하리라는 것이었다. 그들은 이미 예수님이 메시아가 '아니라고' 확신하고 있었기 때문이다.

22:68-71. 예수님은 또한 그들과의 '대화'가 쓸데없는 것임을 지적하심으로 그들의 편견을 드러내셨다. 그들은 예수님께 솔직하게 대답하기를 거부할 것이기 때문이다(22:68). 하지만 그들의 부정직과 편견에 직면해서도(그리고 그들이 예수님의 대답을 어떻게 비틀어버릴지 아시면서도), 예수님은 정직하고 그들이 예상했던 것보다 더 완전하게 대답하셨다. 사실상 예수님은 그들에게 "그렇다. 내가 메시아이다. 그리고 언젠가 나는 너희가 만족할 수 있도록 그리고 유감으로 여기도록 그것을 입증할 것이다"라고 말씀하신 셈이다. 예수님은 시편 110:1 일부를 인용하셨으며, **인자**(참고. 7:13-14)라는 메시아적 호칭을 자신에게 적용하셨다. 이것은 공회로 하여금 더욱더 격앙된 질문을 던지게 했다. **그러면 네가 하나님의 아들이냐**(22:70a). 예수님의 준비되어 있고 확신에 찬 대답은 사실상 "그렇다. 내가 하나님의 아들이다"라는 것이었다('내가 그다'라는 말은 문자적으로는 '너희들이 내가 그라고 말하고 있느니라'라는 것이다. 두 표현 모두 같은 개념을 전달한다). 누가는 예수님이 주저 없이 자신이 메시아라는 것과 자신의 신성을 단언하셨다는 것을 전달하기 위해 이것을 기록했다. 이는 누가가 내내 단언해온 진리들이었다(참고. 1:32-35; 3:22; 4:3, 9, 41; 8:28; 9:35; 참고. 행 9:20; 13:33). 공회의 반응은 신속하고 명확했다. "예수님의 대적들에 대한 한, 그들의 목적은…이제 성취되었다"(Stein, *Luke*, 571).

2. 빌라도 앞에 첫 번째로 서신 예수님(23:1-7)
(마 27:11-14에 대한 주석도 보라)

23:1-2. 하지만 공회는 그들이 원하는 판결은 내렸지만, 자신들이 원하는 사형선고를 시행할 권위를 가지고 있지는 않았다. 사형선고를 시행하기 위해서는 또 다른 죄목이 필요했다. 로마 총독 빌라도 앞에 설 만한 죄목이었다(23:1). 그렇기 때문에 예수님을 고발한 자들은 빌라도 앞에서 그들의 전략을 바꿀 것이다. 그들은 예수님을 심문하기보다는 세 가지 죄목으로 그분을 고소하려 했다. 첫 번째 죄목은 예수님이 **우리 백성을 미혹하고** 있다는 것이다(23:2a). 즉, 반란의 정서를 자극하고 있다는 일종의 일반적인 죄목이었다. 두 번째 죄목은 예수님이 로마 당국자들에게 가장 중요한 사안인, 로마 당국에 대한 불복종을 조장하고 있다는 것이었다. 바로 **세금**을 바치는 것이다(23:2b, 이 죄목이 거짓이라는 것은 명백하다, 참고. 20:20-26). 세 번째 죄목은 예수님이 자신을 **왕 그리스도**라 부른다는 것이다(23:2c). 이 마지막 고발은, 유대 백성이 메시아라는 주장은 어떤 것이든 왕이라는 주장으로 여겼다는 것을 드러냈다. 분명 그것은 다윗 언약의 약속들(참고. 삼하 7장; 시 89편)이 문자적으로 성취될 것에 대한 그들의

기대를 반영한다. 그들은 또한 빌라도가 예수님이 로마에 대해 문자적인(무장 및 군사적) 반역을 선동할 생각이 있었다는 결론을 내리기를 원했다.

23:3-4. 빌라도가 관심을 가진 것은 이 마지막 죄목이었다. 그래서 빌라도는 예수님께 직접 질문하면서 그에 대해 더 알아보았다. **네가 유대인의 왕이냐**(23:3a). 예수님의 대답도 마찬가지로 직접적이다. **네 말이 옳도다**(23:3b, 더 완전한 대답으로는 요 18:33-37을 보라). 죄를 인정하신 것처럼 보였지만, 빌라도는 이런 판결을 내렸다. **내가 보니 이 사람에게 죄가 없도다**(23:4).

23:5-7. 고발자들은 쉽게 단념하지 않았으며 빌라도가 무시했던 첫 번째 죄목(반란)을 밀어붙이려고 했다(22:5). 하지만 그들이 갈릴리에 대해 언급하는 것을 듣고, 빌라도는 이 일에 더 관여하지 않고 피할 수 있는 틈이 있는 것을 보았다. 그는 예수님을 마침 유월절을 위해 예루살렘을 방문하고 있었던 헤롯(안티파스, 세례 요한에 대한 처형을 명령했던 갈릴리 통치자, 참고. 13:31)에게 넘겼다.

3. 헤롯 앞에 서신 예수님(23:8-12)

23:8-12. 헤롯 앞에 서신 예수님의 이야기는 누가복음에만 나온다(참고. 행 4:27-28). 이것은 오래전에 이루어졌어야 하는 만남이었다(23:8b). 헤롯은 **이적**, 곧 어떤 기적 **행하심을 볼까** 하여 예수님을 만나려고 했다(23:8c). 그 표현은 헤롯의 마음가짐을 나타내는 단서이다. 즉, 예수님은 멋진 쇼를 할 수 있는 '기적 수행자'라는 것이다. 헤롯은 예수님에 대해 그 이상의 깊은 관심은 없었다. 헤롯은 진지하지 못한 탐구자였으므로(23:9a), 예수님은 그 소송 절차를 진지하게 만들 생각이 없으셨다. 그래서 어떤 대답도 하지 않으셨다(23:9b; 참고. 사 53:7). 이것은 '온유하고 부드러운 예수님'의 침묵이 아니라, 이 피상적인 악한의 유치한 수준으로 자신을 낮출 생각이 없는 우월한 분의 침묵이다. 이 일은 모든 것을 예수님이 주관하고 계셨음을 다시 한 번 보여주는 예이다. 하지만 예수님을 고발한 자들은 다시 한 번 그들의 주장을 힘써 밀어붙였다(23:10). 그들의 행동에 대한 누가의 묘사는 명확했다. 헤롯이 모욕적이고 유치하게 예수님을 조롱한 것(23:11a)은 헤롯을 하나님의 아들 앞에서 기껏해야 상스러운 희롱과 조롱만 생각할 수 있는, 피상적이고 어리석은 인물로 묘사한 것을 더 강화시킬 뿐이었다. 헤롯은 아무런 판결도 내리지 않았으며 예수님을 다시 빌라도에게 돌려보냈다(23:11b). "이 사건에서 정말로 무서운 것은 하나님의 아들을 앞에 두고 헤롯이 오로지 희롱만 할 수 있었다는 것이다"(Morris, *Luke*, 321). 누가는 예수님에 대한 상호 적대감이 빌라도와 헤롯 간의 적대감을 우정으로 바꾸어놓았다고 말했다(23:12). 즉, 친구가 되는 왜곡되고 부도덕한 기초이다.

4. 빌라도 앞에 두 번째로 서신 예수님(23:13-25)

(마 27:15-26에 대한 주석도 보라)

23:13-17. 헤롯이 빌라도에게서 예수님을 처리할 책임을 면제해주지 않았기 때문에, 빌라도는 다시 한 번 유대 종교 당국자들 앞에 섰다(23:13). 그 장면은 세 부분으로 전개된다. 첫째, 빌라도는 (그가 마지막이 되리라고 생각했던) 판결을 내렸다. 다시 한 번, 누가의 이야기에서 불신자가 진리를 진술했다. **내가…이 사람에게서 죄를 찾지 못하였고**(23:14b). 예수님에 대한 죄목들은 실로 근거가 없는 것이었다. 그분은 정말로 결백한 분이었다. 그리고 이것은 빌라도와 마찬가지로 예수님을 처형할 권한을 가진 사람이었던 헤롯의 견해이기도 했다(23:15). 그런데도 빌라도는 지도자들과 무리들을 달래기 위해, (부당하게) 예수님을 때리기로 했다. 그렇지만 그러고 나서는 예수님을 놓아주기로 했다(23:16). 누가는 독자들에게, 빌라도는 예수님이 무죄하다는 것을 발견했을 뿐 아니라 예수님을 풀어주기 위해 인정된 관행인 관용 행위를 이용했다고 알려주었다(23:17, 이 구절은 가장 오래된 몇몇 헬라어 사본에는 나오지 않는다).

23:18-25. 뒤이어 이 장면의 두 번째 부분에서 **무리**(23:18a)는 분명 종교 지도자들에게 자극을 받아서, 빌라도의 판결에 대한 그들의 불만을 표하고 예수님을 없이하고(23:18b) 십자가에 못 박을(23:21) 뿐 아니라, (비극적인 역설에서) 진짜 폭도인 **바라바**(23:18c-19)를 대신 풀어주라고 요구했다. 장면은 앞뒤로 왔다 갔다 한다. 빌라도는 예수님의 결백함에 대한 그의 판결과 예수님을 풀어주려는 그의 의도를 반복하며(23:20, 22), 무리들은 점점 더 예수님을 죽이라고 주장했다(23:21, 23). 이 재판의 마지막이자 비극적인 장면에서, 빌라도는 백성들의 뜻에 휘둘려 항복했다. 그

는 예수님에게 유죄 판결을 내리고(23:24) 폭도를 풀어주었다(23:25). 왜 무리는 그 폭도를 더 선호했는가? 그 폭도의 반란이 두 번 언급되었다는 것은 그들이 반란을 원했음을 나타낸다. 즉, 그들은 로마의 멍에를 벗어 던지러 오신 것이 아니라 죄인들을 구원하러 오신(참고. 19:10) 메시아 예수를 거부하고 있었다.

E. 십자가 처형과 장례(23:26-56)

누가는 십자가 처형과 장사 지내는 것을 일부러 단순하게 말했다. 이 장면에서 비애감을 끌어내려는 감상적인 묘사는 없다(참고. Stein, *Luke*, 588). 그리고 사건들에 대한 신학적 설명, '속죄 이론'도 없다(사 53장을 보라). 사건들의 기록만 있을 뿐이다. 그것은 누가의 주요 주제, 즉 '예수는 누구인가?'라는 질문에 대답하는 것을 고수하기 위함이다.

1. 십자가(23:26-49)

a. 십자가로 가는 길(23:26-32)

(마 27:31-34에 대한 주석도 보라)

23:26-27. 누가의 기사에서 십자가로 가는 길에 대한 부분은 도중에 만난 사람들에 대해 이야기한다. 첫 번째 사람은 **시몬이라는 구레네 사람**(23:26a)이다. 통상 범죄자들은 자신이 달릴 십자가를 처형 장소까지 지고 가야 했다. 하지만 여러 번 매를 맞고 오랜 기간 재판을 받은 예수님은 이 과업을 이행할 수 없을 만큼 약해지셨다. 그래서 시몬이 십자가를 지고 가야 했다(누가만 **붙들어**라는 강압적인 용어를 사용했다, 23:26b). 시몬은 아마 북아프리카(구레네) 출신의 유대인으로 유월절을 위해 예루살렘을 방문했을 것이며 훗날 예수님의 추종자가 되었을 것이다(참고. 막 15:21). 누가는 백성의 **큰 무리**(23:27a)가 예수님을 처형장까지 따라오고 있었다고 말했다. 무리에 대한 누가의 묘사는 모호하다. 때로 무리는 예수님을 지지하는 듯했으나, 또 어떤 때는(재판 기간 동안 그런 것처럼) 반대자들을 지지했다. 다시 한 번 무리는 예수님을 향한 그들의 상반된 감정을 보여주었다. 관심보다는 호기심에서 따르고 있었던 것이다. 그다음에는 예수님과 직업적 애곡꾼인(예수님의 사역 동안 그분을 따랐던 사람들이 아니라) 몇몇 **여자들**과의 짧은 만남이 나온다(23:27b). 그들은 다소 기계적이기는 해도 충실히 그들의 의무를 수행하고 있었다. 예수님은 심지어 자신이 약해진 상태에서도 그 기회를 이용해서 이 여자들과 무리에게 경고의 말을 하신다.

23:28-32. 첫째, 예수님은 자신을 위해 울어준 그 여자들에게 감사를 표하는 대신, 놀랍게도 예수님을 위해 울지 말고, 그들 자신과 자녀를 위해 울라고 권고하셨다. 그들은 모두 예수님을 거절한 것 때문에 심판에 직면할 것이다(23:28). 둘째, 예수님은 그들에게 임할 비극에 대해 예언적인 말씀을 하셨다. 상황이 너무 안 좋아서 아이가 없는 자들이 가장 **복이 있을**(23:29a, b) **날이 이른다고**(23:29a) 예수님은 말씀하셨다. 분명 이 여자들에게는 황량하고 심란한 생각일 것이다. 게다가 그날에 사람들은 그들에게 임할 심판을 직면하기보다는 흙으로 덮이게 되기를, 즉 죽음을 더 바랄 것이다(23:30). 예수님은 호세아 10:8과 이사야 2:19을 인용하셨는데, 두 맥락 모두 심판에 대해 말한다. 마지막으로 예수님은 속담을 하나 제시하셨는데(23:31), 그것은 만일 이런 어처구니없는 일, 즉 무죄한 자(**푸른 나무에도**)를 정죄하는 것이 일어날 수 있다면, 유죄인 사람에게는(**마른 나무에는**) 얼마나 더 심판이 있을 것인지를 의미했다. 예수님이 말씀하고 계시는 전반적인 요점은 이것이다. 그 성의 사람들은 깨어서 이렇게 메시아를 거부함으로 그들이 심판을 받을 위험에 처해 있다는 것을 깨달을 필요가 있다는 것이다. 실제로 그 심판은 주후 70년에 임했다.

누가는 예수님과 함께 **끌려**간 두 행악자에 대한 간략한 기록을 덧붙였다(23:32). 십자가 처형 동안 일어났던 대화의 배경을 제공하기 위해서이다.

b. 십자가 처형(23:33-38)

(마 27:35-44에 대한 주석도 보라)

23:33. 십자가 처형 장소는 수치의 장소(행악자들에게, 23:33b)일 뿐만이 아니라 심지어 그 이름도 **해골이라 하는 곳**(23:33a)일 만큼 불길했다. 그것은 인간의 해골을 닮았거나 ['갈보리'라는 말은 '해골'을 의미하는 라틴어 칼바리아(*calvaria*)의 음역이다. '골고다'는 그에 해당하는 아람어이다] 해골과 관련된 장소, 죽음의 장소, 즉 처형과 무덤들이었을 것이다.

23:34a, b. 십자가에서 나온 세 진술 중 첫 번째(누가가 기록한)는 죄 사함이었다(23:34). 예수님이 직업적 애곡꾼들에게 하신 예언적 대꾸가 다소 불협화음처

럼 보였다면(사람들은 예수님이 애곡 행위를 감사하리라고 생각했을 것이다), 이 죄 사함의 말은 완전히 예상하지 못한 것(전적으로 다른 식으로)이었다. 예수님이 그분의 무죄함을 재주장하고 있을 것이라고 생각할 때(어떤 의미에서 예수님은 여기에서 그렇게 하고 계시다), 예수님은 그보다 그분을 처형하는 자들을 용서해 달라는 기도를 드렸다. **아버지 저들을 사하여 주옵소서**(23:34a). 예수님은 무지가 죄에 대한 핑계라고 시사하고 계신 것이 아니었다(23:34b). 그분은 은혜로움을 보이고 계셨다. 예수님은 자신이 가르치신 것을 실천하고 계셨으며(참고. 6:27-28), 예언을 성취하고 계셨다(참고. 사 53:12).

23:34c-38. 십자가를 둘러싸고서 군인들은 예수님의 옷을 상으로 가지려고 내기를 하고(23:34c; 참고. 시 22:18) 몇몇 집단의 사람들은 예수님을 조롱하며 질타했다. **백성**(23:35a), **관리들**(23:35b), **군인들**(23:36a)의 잔인한 조롱과 경멸 속에서도, 누가는 어떻게든 예수님의 대적들이 예수님에 대해 진리를 말하는 것에 대해 기록했다. 알지 못하는 사이에 그들은 예수님이 그분 자신을 '구원하는 것에 의해서가 아니라' 그분 자신을 '주심으로' 다른 사람들을 구원할 수 있는 분이라고 단언하고 있었다(25:35c; 37b; 참고. 19:10). "예수님의 사역이 지닌 구원하는 성질은 다섯 구절 안에서 네 번 언급된다"(23:35-39; Stein, *Luke* 590). 예수님은 **하나님이 택하신 자 그리스도이시다**(23:35d). 그분은 **유대인의 왕**이시다(23:37a, 38). 이 모든 조롱은 시편 22편의 예언적인 말(참고. 시 22:6-18)을 '성취하고 있었으며' 그 자체가 예수님이 메시아라는 확증이었다. 누가는 그의 독자들이 조롱자들의 조롱과 책망이 옳은 것이었음을 이해하기를 기대한다. 그들은 부지불식간에 누가가 이전 22개의 장들에서 말했던 기독론을 확증하고 있었기 때문이다. 그것은 예수님이 그리스도/메시아라는 것(참고. 1:32-33; 2:11, 26; 4:41; 9:20), 예수님이 유대인의 왕이라는 것(참고. 1:32-33; 2:4; 18:38-39; 19:38), 예수님이 구세주라는 것(참고. 1:47, 69, 77; 2:11; 19:10)이다.

c. 행악자들과의 대화(23:39-43)

23:39-43. 두 행악자들과의 대화에 대한 누가의 기사는 그의 복음서에만 나온다. 마태(마 27:44) 및 마가(막 15:32)와 마찬가지로 누가는 예수님이 그 행악자들에게서 받으신 비방을 기록했다. 하지만 다른 두 사람과는 달리 누가는, 그 비방은 행악자 중 한 명이 한 것이고(23:39a) 다른 한 행악자는 예수님을 변호했다고 기록했다. 다시 한 번 예수님의 인격과 사명(그분이 그리스도시며 다른 사람들을 구원하러 오셨다는 것)이 첫 번째 행악자의 호통을 통해(23:39b) 예수님의 적들의 입에서 나온다. 두 번째 행악자는 세 가지로 반응했다. 첫째, 그는 자신들이 벌을 받는 것이 정당하다는 것을 인정하면서, 조롱하는 행악자를 꾸짖었다(23:40-41a). 둘째, 그는 주님의 무죄를 인정하면서 예수님을 변호했다(23:41b). 셋째, 그는 자신의 믿음을 보이면서 예수님께 요청했다. **예수여 당신의 나라에 임하실 때에 나를 기억하소서**(23:42)라는 단순한 요청으로, 그 행악자는 예수님이 메시아시며 유대인의 왕이라는—그는 예수님이 나라를 가지고 계시다고 예상했으므로—그리고 예수님이 그를 구원할 수 있으리라는 믿음을 단언했다. **나를 기억하소서**. 그 결과 그 행악자는 약속을 받았다. **오늘 네가 나와 함께 낙원**[하늘, 계 2:7]**에 있으리라**(23:43b). 이것은 누가가 기록한 바 예수님이 십자가에서 하신 말씀 중 두 번째였다.

d. 예수님이 당하신 수난의 결론(23:44-49)

(마 27:45-56에 대한 주석도 보라)

23:44-46. **제육 시…제구 시까지**(23:44)는 정오부터 오후 세 시까지였을 것이다. 초자연적 어둠(23:44-45a, 일식이나 다른 자연현상이 일어났다는 암시는 없다)은 우주적으로 중요한 사건이 일어나고 있다는 것을 나타냈다. 성전 성소의 휘장이 찢어진 것은 하나님의 임재로 들어가는 길이 이제 예수님의 희생제사로 열렸다는 또 하나의 초자연적 표시였다(참고. 마 27:51에 대한 주석, 참고. 히 10:19-20). 예수님이 십자가에서 하신 세 번째 말씀(누가가 기록한)과 자신을 아버지의 손에 맡기시는 예수님의 마지막 부르짖음은 시편 31:5을 인용한다. 그 시편에서 의인은 그의 원수들로부터 구해달라고 간청하지만, 그런데도 여호와께 대한 신뢰로 자신을 부탁한다. "예수님의 말씀은 의로운 믿음의 표현이다…예수님은 특히 뛰어난 고난받는 의인이시다." 복은 이 표현에서 "하나님이 그를 돌보아 주시리라는 신뢰에서…예수님은 하나님이 '그를 부활시키'

시리라는 믿음을 표현하고 계시다"(Bock, *Luke*, 1862)라고 주장한다. 그리고 요한복음 19:30, "다 이루었다"에서처럼 예수님은 자신이 죄를 위한 희생적 속죄, 곧 그분이 그 일을 위해 태어나신(참고. 1:77; 2:29-32) 그 일을 성취하셨다고 단언하셨다. "그래서 예수님은 그분의 사명을 끝내신 후에, 자신을 아버지의 손에 맡기고는 마지막 숨을 거두셨다. 어느 누구도 예수님으로부터 그분의 생명을 취하지 않았다. 예수님은 자유롭게 자신의 생명을 드리셨다"(참고. 요 10:18, Stein, *Luke*, 597). 물론 이것은 예수님이 '자살을 하셨다'는 어리석은 개념이 아니라, 예수님이 자유롭게 그분의 성육신을 위한 아버지의 목적에 따르셨으며(참고. 마 1:21; 요 1:29; 갈 1:4) 자신을 기꺼이 희생제물로 드렸다는 개념을 암시한다.

23:47-49. 누가는 예수님의 죽음에 대한 세 가지 반응을 기록했다. 첫째는 **이 사람은 정녕 의인이었도다**(23:47)라는 백부장의 고백이었다. 이것은 의미심장한 말이다. 어떤 백부장이라도 그의 말은 완전히 선입관 없고 참된 것으로 받아들여져야 하는 최고로 진실한 사람이었을 것이기 때문이다. 또한 그는 이 처형을 책임 맡은 사람이었을 것이다(그는 자신이 처형하고 있는 사람을 알 수 있는 지위에 있었다). 마지막으로 그는 이방인이었다. 그래서 그의 증거는 누가의 독자들에게 대단히 중요했을 것이다. 게다가 이것은 행악자의 증거와 같다. 그러므로 '법'의 양쪽에서 다 같은 결론이 나왔다. 즉, 예수님은 무죄였다는 것이다. 두 번째 반응은 무리가 보여준 회한의 반응이었다(23:48). 예수님을 죽이라고 외쳤던 변덕스러운 무리, 단지 **구경하러** 모인 그 사람들이, 모든 사건들을 목격하고 나서는 다 **가슴을 치고** 있었다(23:48c, 누가만 이 공동적인 회한의 행동을 기록했다). 예수님의 죽음에 대한 마지막 반응은 친구들(**아는 자들**) 그리고 갈릴리로부터 예수님을 따라온 신실한 여자들(23:49)에게서 나온 것이다. 그들은 바짝 경계하고 있었다. 그들은 멀리 서 있었으며 마지막 순간에 예수님을 섬길 기회를 기다리고 있었다.

2. 무덤(23:50-56)

(마 27:57-66에 대한 주석도 보라)

십자가 처형 기사와 마찬가지로 예수님을 장사 지낸 기사는 감상적인 꾸밈이 없이 단순하게 기록되어 있다.

23:50-52. 먼저 한 선한 사람이 담대한 요청을 했다. 짧은 지면 안에서, 누가는 이 사람에 대한 서너 가지 핵심적 사실들을 말했다. 그의 이름은 **요셉**이었다(23:50c, 지금과 마찬가지로 그때도 흔한 이름). 그는 **공회 의원**이었다(23:50a, 그것은 이 요청으로 예수님을 반대하던 사람들과 요셉이 불화하게 되었을 것임을 의미했다). 그리고 그는 좋은 자질을 가진 사람이었다(**선하고 의로운 사람**, 23:50b). 그것은 그가 진실한 사람임을 의미했다. 그 증거로 그는 **그들의 결의와 행사에 찬성하지 아니한 자라**(23:51a)고 나와 있다. 그는 예수님에 대한 불의한 재판들과 거짓 고발들을 승인하거나 거기 참여하지 않았다. 게다가 그는 유대인의 동네인 **아리마대** 성읍 출신이었다(23:51b). 그리고 그는 **하나님의 나라를 기다리는 자**였다(23:51c). 즉, 그는 메시아를 기다리고 있었다. 그는 또한 빌라도에게 **예수의 시체**를 달라고 한(23:52) 담대한 사람이었다. 예수님이 처형을 당한 직후에 요셉 자신이 예수님에게 호의적인 사람임을 밝히는 데(실제로 예수님의 제자 중 한 명은 아니라 해도)에는 용기가 필요했을 것이다.

23:53-56. 누가는 사려 깊고 동정심이 풍성한 분위기 속에서 예수님의 장사가 치러진 것을 기록했다(23:53). 전체 장면은 예수님에 대한 깊은 존중과 사랑의 보살핌이라는 느낌을 전달했다. "독자는 예수님에게 보인 존중과 그분을 돌보려는 노력을 주목해야 한다"(Bock, *Luke*, 1878). 마지막으로 무덤에 안치하는 일은 서둘러 진행되었다. **준비일**과 **안식일**의 시작에 대한 말(23:54)은 통상적으로 장사 지내는 준비들은 생략해야 했다는 것을 전달했다. 여자들(참고. 23:49)은 무덤이 어디 있는지를 확인했다(23:49). 장사 지내는 의식을 마무리하기 위해 **향품과 향유**를 준비한 후(23:56) 다시 올 수 있도록 하기 위해서이다.

F. 부활, 위임, 승천(24:1-53)

누가의 기사에서 부활을 둘러싼 사건들은 모두 같은 날 일어났으며, 그것들은 모두 예루살렘 안이나 그 주위에서 일어났다(참고. Stein, *Luke*, 602).

1. 부활(24:1-46)

a. 무덤에서(24:1-12)

(마 28:1-8에 대한 주석도 보라)

24:1-3. 누가는 독자들이 예수님의 장사 의식을 마

무리하기 위해 무덤에 온 사람들이 여자들이었음[**여자들이 가서**, 참고. 23:49, 55]을 알 것이라고 추정했다(24:1). 누가가 여자들이 제일 처음으로 부활에 대해 알았다는 것을 기록한 사실에 주목하라. **안식 후 첫날**이었고 **새벽**이었다는 것(24:1a)은 다른 복음서들에 나오는 기사들과 일치한다. 누가는 전에 돌을 언급하지 않았는데, 이제 그 돌은 **굴려 옮겨**져 있었다(24:2). 여자들은 무덤에 들어가서는 주 예수의 시체를 발견하지 못했다(24:3). 누가의 강조점은 '시체'가 없다는 것에 있었다. 그것은 '몸의 부활'이었다. 게다가 더 자세한 신분 확인의 말인 "주 예수"라는 말은 부활의 의미를 어느 정도 전달했다. 그것은 주권에 대한 예수님의 주장을 입증했다(참고. 행 22:22-36; 엡 1:20-21).

24:4-5a. **두 사람**이 나타났다[24:4a, 누가만 두 사람을 다 언급했다. 마태와 마가는 그중 한 명만 말을 했다. 마가는 한 사람이라고 말하고(막 16:5) 마태는 한 천사라고 말했다(마 28:2-3, 5)]. 그들은 분명 천사였다. 그들이 갑자기 나타난 것, 그들의 옷에 대한 묘사(24:4b), 그들이 여자들에게 줄 수 있는 통찰(참고. 24:5-6)로 알 수 있다. 이것은 23절에서 분명해졌다. 이렇게 천사의 영광이 나타난 것은 놀라운 일이었으며, 여자들은 두려워서 눈길을 돌렸다(24:5a).

24:5b-8. 천사들의 메시지는 엄청난 것이었다. 첫째, 질문이 있었다. **어찌하여 살아 있는 자를 죽은 자 가운데서 찾느냐**(24:5b). 그것은 부드러운 책망이었다. 여자들이 항변을 하기도 전에(결국 그들이 무덤에서 예수님의 시체를 찾는 것은 상당히 이치에 맞는 것이었다) 천사가 덧붙였다. 그분은 **여기 계시지 않고 살아나셨느니라**(24:6a). 곧바로 설명이 이어지면서(24:6a), 이 순간까지 진행된 사건들의 '신적 필연성'(24:7, …**야 하리라**)을 강조한다. 사실상 천사는 여자들에게 "너희는 이 모든 사건들, 즉 수난, 십자가, 부활을 예상했어야 했다. 이것이 예수님이 너희에게 내내 말씀하고 계셨던 것이기 때문이다"라고 말하는 것이다. 누가는 그들이 **예수의 말씀을 기억**했다고 말했다(24:8). 그들을 설득시킨 것은 그들 자신의 눈으로 본 증거, 즉 빈 무덤이나 심지어 천사의 말도 아니었다. 예수님이 다시 살아나셨다는 사실을 깨닫게 한 것은 예수님이 가르치셨고 이제 그분의 부활로 확증된 말씀에 대한 기억이었다.

24:9-12. 여자들은 즉시 성으로 돌아가 제자들에게 **이 모든 것을 알렸다**(24:9). 여자들 중 몇몇 사람들의 이름을 포함시킨 것(24:10)은 누가가 어떻게 복음서에서 여자들의 역할을 부각시켰는가에 대한 또 하나의 예이다. 여자들의 보고는 즉각 받아들여지지는 않았으나(24:11), 베드로가 서둘러 무덤으로 가도록 만들었다. 베드로는 **무덤에 달려**갔다(24:12a). 그가 빈 무덤과 세마포의 증거를 보고 깊은 인상을 받는(**놀랍게 여기며**) 동안 누가가 받은 인상은 베드로가 아직 믿지 않았다는 것이다(24:12b).

b. 엠마오로 가는 길에서(24:13-32)

부활하신 예수님이 엠마오로 가는 두 제자에게 나타난 사건은 누가복음에만 나온다.

24:13-14. **이 모든 된 일**을 서로 이야기하던 그 둘은 그저 그들 중에 있다고만 나온다(24:13a). 즉, 제자들의 숫자에 포함된다는 것이다(열한 제자가 아니라 **다른 이**, 24:9c). 그들은 **그날에**(24:13a), 즉 예수님이 부활하신 날에, 엠마오, 곧 **예루살렘에서** [서쪽으로] **이십오 리 되는** 마을로 가고 있었다(24:13c). 그 정도 거리를 가려면 반나절 정도 걸렸을 것이며, 그들은 가는 길에 서너 시간 동안 대화를 나눌 수 있었을 것이다. 그들은 아마 집을 향해 가고 있으면서(참고. Bock, *Luke*, 1907), 예수님의 수난 및 죽음에 대해 일어난 **이 모든 된 일**들에 대해 이야기하고 있었을 것이다(24:14, '이 일들' 및 관련 문구들은 이 기사에서 핵심 용어이다).

24:15-17a. 그 두 여행자들에게 합류한 분이 예수님이었다는 것은 분명했다(24:15). 하지만 그들은 **눈이 가리어져서 그인 줄 알아보지 못**했다(24:16). "알아보지 못했다"라는 수동형은 "신적 수동태, 즉 '하나님이 그들로 하여금 예수님을 알아보지 못하게 하셨다'"(Stein, *Luke*, 610)는 것이다. 예수님의 질문은 '너희는 방금 무엇에 대해 이야기하고 있었느냐'(24:17a)였다.

24:17b-19a. 그분이 제기하신 질문을 듣고 그들은 도중에 멈춰 섰다(**두 사람이 머물러 서더라**). 너무 직접적인 질문 때문에 그들은 왜 "이 모든 된 일"이 그들의 대화 주제가 되었는지 생각하게 되었다. 그리고 그

것은 그들을 슬프게 했다(**슬픈 빛을 띠고**, 24:17b). 글로바, 즉 두 사람 중 이름이 나오는 한 사람은 약간 의심이 가는 듯한 태도로 대답했다. **된 일**, 성에서 최근에 일어난 사건들을 **혼자만 알지 못하느냐**(24:18). 이 사람들은 쉽사리 믿지 못하면서, 그분이 예수님의 죽음과 같은 충격적인 사건에 대해 듣지 못했다는 것에 놀랐다. 낯선 사람은 질문을 계속 밀어붙였다. **무슨 일이냐**(24:19a).

24:19b-24. 누가는 이 기회를 이용해서 그 이야기를 다시 한 번 되풀이해 말한다. 그러면서 역사적 요약을 제공한다. 누가는 예수님에 대한 가장 적절한 사실들을 모두 포함시키려 신경을 쓴다. 즉, 예수님의 신분: **나사렛 예수**(24:19b), 예수님의 소명: **선지자**(24:19e), 예수님의 일: **말과 일에 능하신**(24:19d), 예수님의 평판: **하나님과 모든 백성 앞에서**(24:19c), 예수님이 거부당하심: **우리 대제사장들과 관리들이 넘겨주어**(24:20a), 예수님의 죽음: **사형 판결에…십자가에 못 박았느니라**(24:20b) 그리고 그들이 예수님의 사명이라고 생각했던 것(그것은 실제로 사명이었다)에 대한 그들의 실망: **이스라엘을 속량할 자**(24:21a) 등이다. 게다가 그것들은 최근의 사건들과 관련되어 있다. **이 일이** 일어난 지가 사흘째였으며(24:21b), 그들은 예수님의 시체가 들어 있지 않은 빈 무덤에 대해 여자들에게 보고를 받았고, **그가 살아나셨다** 하는 천사들의 방문을 받았다(24:22-23). 게다가 지도자들 중 일부는 무덤을 검사했으나 **예수는 보지 못했다**(24:24). 이런 종류의 단순한 역사적 기사는 완전했으나, 그 자체로는 설득력이 없었다.

24:25-27. 놀랍게도 이 시점에서 예수님은 여전히 그들 눈에는 가려져 있으면서, 그들의 어리석은 불신에 대해 그들을 책망하셨다(**미련하고…마음에 더디 믿는 자여**, 24:25a). 그들은 이 '역사'를 성경의 '예언들'에 비추어 이해했어야 했다(24:25b). 예수님은 **이런 고난**(24:26)이 필요했다고 지적하셨으며, 그래서 그분은 그들에게 성경 전체(**모세와 모든 선지자의 글**, 24:27a)를 인내심 있게 훑어주시고 예수님과 그분의 메시아적 사명에 대해 그들이 이해했어야 하는 바[신학]를 설명해주셨다. 그들이 메시아 예언을 이해했다면, 그 예언이 모든 '이런' 일을 설명해주었을 것이다.

예수님이 여기에서 주장하시는 핵심은 구약성경이 메시아의 오심에 대해 예언했는데, 거기에는 두 가지 사건이 포함되었다는 것이다. 그것은 고난(초림)과 영광에 들어가는 것(재림, 참고. 21:27)이다.

24:28-32. 이런 강화를 하는 데는 어느 정도 시간이 걸렸을 것이다. 그것이 결론에 이르렀을 무렵에는 그**들이 가는** 마을에 있었기 때문이다(24:28a). 두 사람은 그 낯선 사람을 초대했으며, 그분은 그 초대를 쉽게 받아들이셨다(24:28b-29). 저녁 식사 때, 특히 예수님이 기도하고 떡을 나눠 주기 시작하실 때(24:30), **그들의 눈이 밝아져 그인 줄 알아 보았**다(24:31). **밝아져**라는 말은 또 다른 신적 수동태이다(참고. 24:16; Stein, *Luke*, 613). 초자연적 모호함이 초자연적 조명으로 대체되었다(아마 누가가 왜 어떤 사람은 믿음에 이르고 다른 사람은 그렇지 않은지를 설명하는 방식일 것이다). **알아보더니**라는 용어는 1:4에서 가르친 "바를 더 확실하게 하려"(*epignos*, 에피그노스) 하는 것과 관련해서 사용되었다(Stein, *Luke*, 613).

두 사람과의 이 만남이 미친 영향은 심오했다. 즉, 불신의 '미련한' 마음에서 이해와 믿음의 **마음이 뜨겁**게 되는 것으로 바뀐 것이다(24:32).

c. 예루살렘에서 제자들과 함께(24:33-46)

24:33-35. 비록 그 두 사람은 예루살렘에서 방금 왔고 때가 늦었지만(참고. 24:29b), 그들은 **곧 그때로**(24:33a) 그 성으로 돌아가 열한 제자를 만나고, 그들의 만남을 다른 사람들에게 알렸다(24:33b). 일단 거기에 가자 그들은 **주께서 과연 살아나셨**다는 것(24:34a)을 알게 되었다. 그것은 베드로(**시몬**, 24:34b)에게 나타나신 것을 통해 확증되었다. 그러자 그 두 사람은 이 소식을 뒷받침해주었다. 그 소식은 그들 자신이 예수님과 만난 것과 관련되어 있었기 때문이다.

24:36-37. 그들이 부활의 진리에 대해 확인하느라 분주한 동안 예수께서 **친히 그들 가운데 서**(24:36a) 계셨다. 누가는 예수님이 어떻게 이렇게 하셨는지를 설명하거나 예수님의 부활체의 성질과 그 부활체가 할 수 있는 일들에 대해 추측하지 않았다. 역설적이게도 여기에는 예수님의 부활이 사실인지를 서로 확인하느라 애쓰는 제자들이 있었다. 하지만 예수님이 실제로 나타나셨을 때는 그들은 **놀라고 무서워**했다(24:37a).

누가는 그들이 **그 보는 것을 영으로 생각**했다고 말했다(24:37b). 그 모든 나타나심들과 증거들을 가지고도 그들은 여전히 부활을 확신하지 못했다. 심지어 부활하신 예수님의 임재조차 그들의 두려움과 합리주의적인 사고를 정복하는 데 충분하지 못했다.

24:38-43. 다시 한 번 약간 역설적인 어조로 누가는 예수님이 어떻게 그들에게 먼저 질문을 하셨는지 말했다. **어찌하여 두려워하며 어찌하며 마음에 의심이 일어나느냐**(24:38). 이 질문들의 취지는 '너희는 너희 자신의 눈을 믿지 않느냐? 너희 자신의 이성을 신뢰하지 않느냐?'라는 것이었다. 물론 요점은 그들이 그렇게 하지 않았다는 것이며 그렇게 해서도 안 된다는 것이었다. 둘째, 예수님은 그들에게 도전하셨다. **내 손과 발을 보고**(24:39a). 이 도전의 취지는 '너희는 너희 자신의 감각들을 믿지 않느냐?'라는 것이었다. 그리고 그들은 자신들이 믿지 않는다는 것을 인정해야 했다. **그들이 너무 기쁘므로 아직도 믿지 못**했기 때문이다(24:41a). 누가는 이것이 몸의 부활이라는 것을 강조하고 있었다. 그 증거는 예수님이 그분의 **손과 발**을 보일 수 있었으며(24:40) 심지어 **생선**을 잡수실 수 있었다는 것이다(24:41b-43). 그것은 '영'(유령에 불과한)에게는 불가능한 일이었다.

24:44-46. 하지만 이러한 것들이 부활에 대한 믿음으로 이끄는 것은 아니다. 빈 무덤을 처음에 보게 된 여자들이 그랬듯이, 제자들의 진짜 믿음은 예수님의 말씀을 통해서 왔다. 예수님은 육체적인 증거와 흔적들을 보이는 것을 중단하시고, 엠마오로 가는 두 사람에게 하셨듯이, 제자들에게 성경이 어떻게 그분에 대해 예언했는지를 말씀하기 시작하셨다(24:44). 3부로 나뉜 히브리어 성경, 곧 **모세의 율법과 선지자의 글과 시편**[시가서의 첫 번째 책]을 이용해서, 예수님은 어떻게 히브리어 성경이 **그리스도**[메시아]**가 고난을 받고 살아날 것**(24:46)을 예언했는지를 보여주셨다. 로버트슨(A.T. Robertson)이 말했듯이, "예수님은 성경에서 자신을 발견하셨다. 그것은 현대 학자들은 할 수 없는 것처럼 보이는 일이다"[A.T. Robertson, *Word Pictures in the New Testament*, Vol. 2 (Nashville: Broadman & Holman, 1930), 294]. 예수님이 **그들의 마음을 열어 성경을 깨닫게 하시고**(24:45) 그래서 그분, 즉 메시아가 어떤 고난을 받았으며 어떻게 그분이 다시 살아나셨는가 하는 것이 모두 구속의 신적 계획을 따른 것임을 깨닫게 하신 것은 (이성이나 증거가 아니라) 성경을 통해 하신 것이었다.

2. 위임(24:47-49)

24:47-49. 이 짧은 강화에서 예수님은 그분의 인격과 사역의 진리에 비추어 전파되어야만 하는 메시지에 재빨리 주의를 돌리셨다. 메시지의 내용은 죄에 대한 것이다. 즉, 죄로부터의 **회개**와 **죄 사함**이다(24:47b). 이것은 **그의 이름으로**(24:47a) 선포되어야 했다. 즉, 예수님의 신적 인격과 권위에 기초해서(참고. 행 2:38; 3:6, 17; 4:7) 그분의 죽음과 죄 사함을 선포해야 했다. 이 메시지를 전파할 현장은 세상이 될 것이다. **모든 족속에게**(24:47c). 사도행전 2:38은 세례를 죄 사함과 연관시키지만(그곳의 주석을 보라), 누가는 여기에서 그렇게 하지 않는다(세례는 말하지 않고 **죄 사함을 받게 하는 회개**라고 쓰면서). 그것은 핵심이 세례가 아니라 회개라는 것을 시사한다. 이 복음 메시지의 수단은 진리에 대한 인간 증인들이 될 것이다(24:48). 이 메시지를 위한 능력은 **내 아버지께서 약속하신 것**[그것은 성령이다, 참고. 행 1:4-5, 8에 대한 주석]이 될 것이다. 그것을 위해 그들은 기다려야 할 것이다(누가의 두 번째 책인 행 1장과 2장을 보라).

3. 승천(24:50-53)

이 복음서는 승천에 대한 단축된 기사로 결론을 맺는다(24:50-53). 승천은 구속의 다음 단계가 시작되기 위해 필요한 것이었다(참고. 승천의 사건들과 의미에 대한 더 상세한 기사는 행 1장을 보라).

누가는 마태 및 마가의 묘사와 유사하지만 핵심적인 방식으로 예수님에 대한 독특하고 생생한 정보를 교회에 제공해서, 우리가 예수 그리스도에 관해 "알고 있는 바를 더 확실하게"(1:4) 알 수 있도록 하는 자신의 목적을 달성했다.

참 고 문 헌

Bock, Darrell L. *Luke 1:1-9:50*. Baker Exegetical Commentary of the New Testament. Grand Rapids, MI: Baker, 1994.《누가복음 1》, BECNT(부흥과개혁사).

______. *Luke 9:51-24:53*. Baker Exegetical Commentary of the New Testament. Grand Rapids, MI: Baker, 1996.《누가복음 2》, BECNT(부흥과개혁사).

Craddock, Fred, *Luke*. Minneapolis: John Knox Press, 1990.《누가복음》(한국장로교출판사).

Green, Joel B. *The Gospel of Luke*. New International Commentary on the New Testament. Grand Rapids, MI: Eerdmans, 1997.

Hendriksen, William. *Exposition of the Gospel of Luke*. Grand Rapids, MI: Baker, 1978.《누가복음》, 헨드릭슨 성경주석(아가페).

Leifeld, Walter L. "Luke." In *Expositors Bible Commentary*, vol. 8. edited by Frank E. Gaebelein. Grand Rapids, MI: Zondervan, 1984.《마태복음 마가복음 누가복음》, 엑스포지터스 성경연구 주석(기독지혜사).

Morris, Leon. *The Gospel According to Luke*. Tyndale New Testament Commentaries. Grand Rapids, MI: Eerdmans, 1974.《누가복음서》(CLC).

Stein, Robert H. *Luke*. New American Commentary. Nashville: Broadman & Holman, 1992.

요한복음

존 하트(John F. Hart)

서 론

저자. 요한복음은 대단히 사랑받는 책이다. 아마 저자가 그저 믿기만 하면 영생을 주신다는 예수님의 약속을 매우 분명하게 제시하기 때문일 것이다.

내적 증거. 이름이 나오지 않은 저자는 그리스도를 목격한 사람이며(1:14; 19:35; 21:24) 자신을 "예수께서 사랑하시는 그 제자"(13:23; 21:7, 20)라고 밝힌다. 그는 또한 열두 사도 중 한 명이었다(마 10:2). 서너 번에 걸쳐 저자는 베드로와 친밀함을 보이는데(20:2-8; 21:7), 공관복음서들과 사도행전에서 사도 요한이 베드로와 친밀함을 보이는 부분과 통한다(마 17:1; 행 3:1-4). 게다가 요한이 쓴 요한계시록과의 유사성들은 사도 요한이 이 책을 썼다는 전통적 견해를 찬성하는 강력한 주장을 든든히 뒷받침한다.

외적 증거. 초대교회 교부 이레니우스(주후 200년 사망)는 요한이 밧모섬(계 1:9)에서 풀려난 후 에베소에 살았을 때 네 번째 복음서를 썼다고 주장했다. 이레니우스는 또한 그가 이 사실을 사도 요한의 제자였던 서머나 감독 폴리캅(주후 155년 사망)에게서 직접 들었다고 주장했다.

연대. 요한복음이 1세기에 쓰였다는 것은 주후 약 125년에 쓰인 요한복음 헬라어 사본 조각(파피루스 52번으로 알려진)이 1920년에 발견됨으로 확증되었다. 원본은 분명 훨씬 더 일찍, 아마 주후 80-90년 무렵에 쓰였을 것이다. 이 연대는 교부들의 증거에 의해 강력한 지지를 받는다. 그런데 요한복음 5:2의 "양문 곁에 히브리 말로 베데스다라 하는 못이 있는데"(현재 시제, HCSB)라는 표현은 로마가 예루살렘을 멸망시키기(주후 70년) 전의 연대를 가리킬 수도 있다.

수신자. 독자는 요한이 믿음으로 인도하고 싶어 했던 비그리스도인들이었을 것이다(20:31). 많은 셈어(히브리어) 표현들에는 그 말에 해당하는 헬라어가 병기되어 있다(예를 들어 1:38, 41). 이는 대상 독자들이 헬라어를 구사했다는 것을 시사한다. 때로 유대적 개념들은 설명하지 않은 채 그냥 놔둔다(예를 들어 "하나님의 어린 양", 1:29). 자연적인 결론은 요한이 이스라엘 밖, 아마 에베소에 살고 있던 헬라어를 구사하는 유대인 비그리스도인들에게 글을 쓰고 있었다는 것이다.

목적과 주제. 영생을 얻기 위해 그리스도를 믿어야 한다는 것은 요한복음의 중심이 된다. 이는 그의 기록 목적과 일치한다(20:30-31). '믿다'(*pisteuo*, 피스튜오)라는 동사는 약 100회 사용되며, '영접하다'(1:11), '알다'(4:42; 6:69), '…에게 오다'(5:40; 6:35), '보다'(6:40), '먹다'와 '마시다'(6:54) 등과 같이, '믿다'와 동의어이며 그것을 상징하는 말들도 무수히 많다. 수많은 다른 동의어 구문들에는 '…을 믿다'(*pisteuo eis*, 피스튜오 에이스)와 '저것을 믿다'(*pisteuo hoti*, 피스튜오 호티) 등이 있다. 신약의 네 번째 복음서는 또한 예수님이 하나님의 신적인 아들이며 예언된 메시아라는 것에 대한 가장 광범위한 증거를 제시한다.

공관복음(마태복음, 마가복음, 누가복음)은 유사한 자료를 많이 담고 있는 반면, 요한복음의 90퍼센트 이상은 요한복음에만 나오는 내용이다. 공관복음의 내용과는 달리, 요한복음에만 나오는 내용(예를 들어 우

사도 요한에 대한 몇 가지 사실

- 요한의 아버지는 세베대였으며, 그의 형은 야고보였다(마 4:21).
- 그들의 불같은 기질 때문에, 예수님은 요한과 야고보에게 '우레의 아들'이라는 이름을 붙여주셨다(막 3:17).
- 요한은 자기 아버지의 어업에 함께 종사했으며(막 1:19-20) 베드로가 동업자였다(눅 5:10).
- 요한은 예수님의 죽음을 목격한 유일한 제자였다(요 19:26).
- 예수님은 십자가에 달리셨을 때, 요한에게 자신이 죽은 뒤에 자신의 어머니를 돌보라고 말씀하셨다(요 19:26).
- 요한은 제자 중 처음으로 빈 무덤을 본 사람이었다(요 20:1-3).
- 요한은 베드로와 함께 초대교회의 지도자였다(행 3-4장; 8:14-17, 25; 갈 2:9).
- 예수님은 그가 오래 살 것이라고 예언하셨다(요 21:20-23).
- 요한은 90대에 이르기까지 살았고, 요한계시록을 썼으며, 사도 중 마지막으로 죽었다.

공관복음과 요한복음 비교

공관복음	요한복음
갈릴리에 초점을 맞춤	유대에 초점을 맞춤
비유가 많음	비유가 거의 없음
'하나님 나라'라는 주제	'하나님 나라'를 단 한 번만 사용
예수님의 계보	계보는 없으나 예수님의 영원한 기원
'나는…이다' 주장이 거의 없음	'나는…이다' 주장이 7회 나옴
'진실로 진실로'를 사용하지 않음	'진실로 진실로'가 25회 나옴
'유대인들'이 16회 언급됨	'유대인들'이 71회 언급됨
그리스도의 죽음 때의 유월절만 언급됨	세 번 혹은 네 번의 유월절, 초막절(7:2), 수전절(10:22)이 언급됨

물가의 여인, 니고데모)은 주로 전도를 위한 것이었다(20:30-31). 구약에서 하나님은 특정 숫자에 하나를 더함으로 완벽함과 완전함을 보여주셨다(시 62:11; 잠 6:16; 단 3:24-25; 미 5:5). 세 개의 공관복음 더하기 하나(요한복음)는 그리스도에 대해, 모든 것을 포함하지는 않았지만 완전한 계시를 암시한다. 위의 표 '공관복음과 요한복음 비교'를 보라.

배경. 1948년 사해 두루마리의 발견은 요한이 이해한 개념 대부분이 헬레니즘이 아니라 유대교에서 유래된 것임을 입증해주었다. 요한복음의 특징들에는 뚜렷한 대조들(예를 들어, 빛/어둠, 생명/죽음), 상징의 사용, 역설(주석 전체를 보라) 등이 포함된다.

'유대인들'이라는 용어는 요한복음에 반복해서 나오며, (1) 일반적인 유대 사람들(예를 들어 18:33) (2) 예루살렘에 있는 적대적인 유대 사람들(예를 들어, 11:54) (3) 예루살렘에 있는 적대적인 유대인 지도자들(대부분의 언급들)을 뜻한다. 요한은 유대인에 대한 부정적인 언급들로 인해 때로 반유대교라는 비난을 받기도 했다. 하지만 몇몇 본문들은 그 용어를 긍정적(8:31; 11:45; 12:11)이거나 중립적인(3:1) 방식으로 사용한다. 요한이 '유대인들'을 부정적으로 제시했을 때도 있었지만, 그 관점은 구약 선지자들이 이스라엘을 비슷하게 공공연히 비난했던 것보다 더 심하지는 않다. 그 선지자들도 요한과 마찬가지로 유대인이었다.

서언(1장) 다음의 2-12장에서는 예수님의 메시아적 신분을 입증하는 일곱 개의 주요 표적이 나온다(2:11에 대한 주석을 보라). 요한은 그리스도가 제자들에게 하신 고별 설교(13-17장)와 그분이 십자가에 달려 처형되신 것(18-19장)을 기술한 후에, 절정에 해당하는 여덟 번째 표적(숫자 + 1: 앞을 보라)을 제시했다. 그것은 그리스도의 부활이다(20:1-29; 참고. 2:18-22). 이 기사 직후에는 요한의 기록 목적(20:30-31)이 나온다. 마지막 결어는 서언과 균형을 이루며 책을 완성한다(21:1-25).

개 요

Ⅰ. 서언(1:1-18)
Ⅱ. 공적 사역: 예수님의 신분을 나타내는 기적적인 표적들(1:19-12:50)
  A. 예수님의 사역에 앞서 일어난 사건들(1:19-51)
    1. 세례 요한의 증거(1:19-34)
    2. 첫 제자들(1:35-51)
  B. 예수님의 사역에 대한 때 이른 환영(2:1-4:54)
    1. 가나 혼인 잔치(2:1-11)
    2. 성전 청결(2:12-25)
    3. 니고데모와의 대화(3:1-21)
    4. 요한의 추가 증언(3:22-36)
    5. 사마리아 여자(4:1-42)
    6. 신하의 아들이 고침을 받다(4:43-54)
  C. 예수님의 사역에 대한 점진적 거부(5:1-12:50)
    1. 이름이 나오지 않은 명절에 일어난 사건들: 오래된 병을 고치시다(5:1-47)
    2. 유월절이 가까웠을 때 일어난 사건들(6:1-71)
      a. 5,000명을 먹이시다(6:1-14)
      b. 물 위로 걸으시다(6:15-21)
      c. 생명의 떡 메시지(6:22-71)
    3. 초막절에 일어난 사건들(7:1-8:59)
      a. 명절 준비와 명절 때의 가르침(7:1-44)
      b. 바리새인들의 회의(7:45-52)
      c. 간음하다 잡힌 여자(7:53-8:11)
      d. 세상의 빛 메시지(8:12-59)
    4. 맹인을 고치시다(9:1-40)
    5. 선한 목자 메시지(10:1-21)
    6. 수전절에 일어난 사건들(10:22-42)

7. 마지막 유월절에 일어난 사건들(11:1-12:50)
    a. 나사로를 다시 살리시다(11:1-54)
    b. 예수님의 발에 향유를 붓다(12:1-11)
    c. 메시아-왕을 소개하다(12:12-19)
    d. 이방인들의 열린 마음과 이스라엘의 몰이해(12:20-50)

Ⅲ. 사적인 사역: 제자들에 대한 예수님의 고별 설교(13:1-17:26)
  A. 제자들의 발을 씻기시다(13:1-20)
  B. 예수님을 배신할 자가 누구인지 밝히시다(13:21-30)
  C. 예수님이 떠나신다는 것을 계시하시다(13:31-14:31)
  D. 포도나무 안에 거하라(15:1-17)
  E. 세상에서 사역하라(15:18-16:33)
  F. 모든 신자들을 위해 기도하시다(17:1-26)

Ⅳ. 수난 사역: 예수님의 죽음이 갖는 희생제사적 본질(18:1-20:31)
  A. 배신과 체포(18:1-11)
  B. 심문과 재판(18:12-19:16)
  C. 십자가 처형과 장례(19:17-42)
  D. 부활과 나타나심(20:1-29)
  E. 기록 목적(20:30-31)

Ⅴ. 결어(21:1-15)
  A. 고기를 많이 잡다(21:1-14)
  B. 베드로와 요한에게 맡겨진 역할(21:15-23)
  C. 진리에 대한 마지막 증언(21:24-25)

주 석

Ⅰ. 서언(1:1-18)

서언에서는 믿어야 하는 유일무이한 분이신 예수님의 탁월성을 보여줌으로써 네 번째 복음서를 소개한다. 예수님은 말씀(1, 14절), 참 빛(9절), 독생자(14, 18절, HCSB), 하나님의 어린 양(29, 36절), 랍비 또는 선생(38, 49절), 메시아(20, 25, 41절), 하나님의 아들(34, 49절), 이스라엘의 임금(49절), 인자(51절)이시다.

1:1. **태초에**(참고. 창 1:1) **말씀**[*logos*, 로고스]**이 계시니라.** 말씀은 영원한 과거에 이미 존재하고 계신다. 요한은 하나님이 말씀하신다는 구약 개념을 취해 그것을 예수님께 적용시킨다. 창세기 1장과 요한복음 1장 간의 유사점들은 요한복음 1장의 '말씀' 배후에 있는 개념이 구약에서 나온 것임을 보여준다. 하나님의 말씀은 모든 생명을 창조하시며(창 1:11, 20, 26), 예수님은 영생을 줄 권세가 있으시다(6:27; 10:28). 예수님이 보내심을 받고 성부 하나님의 뜻을 성취하신 것과 같이(4:34; 6:38) 하나님은 그분의 말씀을 내보내시며, 말씀은 언제나 하나님의 뜻을 성취한다(사 55:11). 구약에서 하나님의 말씀은 하나님의 신적 자기표현이다(시 138:2). 따라서 예수님은 하나님의 신적인 자기표현이시다. 다른 모든 것이 존재하기 전에 **이 말씀이 하나님과 함께 계셨으**므로, 그분은 성부 하나님과 친밀한 교제를 나누셨다. 이것은 신성의 서로 분리된 위격들(삼위일체)을 가리킨다. 하지만 **이 말씀은 곧 하나님이셨**으므로, 하나님의 모든 것은 본질적으로 그 말씀의 모든 것이기도 했다. 이것은 그리스도의 신성, 즉 네 번째

복음서의 주요 주제를 나타낸다.

1:2. 2절은 1절을 미묘하게 반복한다. **하나님과 함께 계셨고**[*pros*, 프로스]라는 헬라어 문구는 예수님과 성부 하나님 간에 언제나 존재했던 사랑의 교제(요한의 또 다른 주제)를 강조한다. 3절이 암시하듯이, **태초에** 일어난 일이 있기 전에는 오로지 하나님만 존재하고 계셨다. 그리고 그 말씀은 인격적으로 하나님과 함께 계셨다.

1:3-4. 말씀은 **만물**, 즉 물질적인 것과 비물질적인 것(예를 들어, 천사들)을 창조하셨다. 성부 하나님이 창조의 주도권을 쥐셨지만, **그로 말미암아**라는 말은 예수님이 창조의 직접적 행위자였음을 확증한다(참고. 롬 11:36; 골 1:16; 히 1:2). 요한은 3a절의 사고를 3b절에서 고쳐 말한다. 그리스도의 창조 역사가 모든 것을 포함한다는 사실을 확증하기 위해서이다. **그 안에 생명이 있었**으므로(4절) 모든 생명은 예수님으로부터 나왔으며 예수님에 의해 주어진다(5:21; 10:28; 17:2). 예수님 안에 있었던 생명은 사람들을 위한 **빛**이었다. 성경에서 빛(이 복음서에서 주제 단어)은 안전함과 해방의 장소이며(시 27:1; 행 13:47), 거룩함, 계시, 진리를 나타내는 표상이다(요일 1:5).

1:5. 요한은 **빛이 어둠에 비치되**[현재 시제]라는 계속 진행 중인 실상을 강조했다. 선과 악, 하나님과 사탄 간에는 영적 전투가 존재한다. 모든 어둠(예를 들어, 사탄, 유다, 믿지 않는 유대인들)은 예수님을 반대했지만, 예수님은 대속을 위한 희생제사적 죽음으로 어둠을 이기고 승리하셨다(참고. 19:30). 그렇기 때문에 **어둠이** 빛을 **깨닫지 못**했다. '깨닫다'(*katalambano*, 카타람바노)라는 헬라어 단어는 12:35("어둠에 '붙잡히지' 않게 하라")에 나오는 비슷한 진술에서 '붙잡다'라는 의미이므로, 1:5에서도 붙잡지 못했다는 뜻으로 받아들이는 것이 가장 낫다(즉, 어둠이 빛을 '정복하지' 못했다는 것이다. NET, ESV).

1:6-8. 메시아의 위대한 선구자가 이제 소개된다. 구약 선지자들의 경우와 마찬가지로 요한은 **하나님께로부터 보내심**을 받았다. 하나님이 세례 **요한**을 '보내셨다'는 것이 이 책의 선교 중심 사고방식을 알린다. **증언**이라는 말은 처음으로 등장하는 것으로(7절), 이 선교라는 주제에 잘 맞는다. 요한의 증언이 가진 목적은, 이 책 자체가 증언하는 것과 마찬가지로(20:30-31) **모든 사람이** 그리스도를 **믿게 하려**는 것이다. 이 책에서는 '믿다'(피스튜오)라는 말이 거의 100회 가까이 나오는데, 여기 나온 것이 그중 첫 번째이다. '믿다'라는 말은 '어떤 것을 신뢰하다' 혹은 '어떤 것에 대해 완전히 설득되다'라는 의미이다(행 28:24; 롬 4:20-21). 세례 요한은 어떤 기적도 전혀 행하지 않았지만(10:41), **그는…이 빛에 대하여 증언하러 온 자라**(8절)는 사실은 그의 위대함을 설명해준다.

1:9-10. **세상에 와서**라는 말은 그리스도의 성육신을 말한다(참고. 6:14; 9:39; 11:27; 12:46; 16:28). 이 문구는 언제 혹은 어떤 의미에서 예수님이 **각 사람에게 비추는**지를 묘사하지는 않는다. 이 문구의 주된 요점은 예수님이 누구신지를 묘사하는 것이다. "각 사람에게 비추는 참된 빛이 세상에 오고 있었다"(NIV, 참고. ESV, NET). 예수님은 창조주이시므로(3-4절), 그분은 일반 계시와 내적인 양심의 증거를 통해 각 사람에게 일정량의 빛을 주셨다[롬 1:18-32; 2:14-1, Leon Morris, *The Gospel of John*, NICNT (Grand Rapids, MI: Eerdmans, 1995), 84]. 어쩌면 예수님은 모든 사람에게 객관적 계시를 주셔서 이를 통해 사람들이 예수님을 받아들이거나 거부하도록 하시는 것일 수도 있다[D.A. Carson, *The Gospel According to John*, PNC (Grand Rapids, MI: Eerdmans, 1991), 124]. **세상은 그로 말미암아 지은 바 되었으되**(10절). 거기에는 식물과 동물들도 포함된다. 하지만 요한복음에서 '세상'[코스모스(*kosmos*), 주제 단어, 요한복음에서 78회, 공관복음에서 15번 사용됨]은 주로 사람들을 가리킨다(예를 들어 3:16-17, 19). 그리고 **세상이 그를 알지 못하였고**라는 말은 대부분의 사람들이 그리스도를 믿지 않았다는 의미이다(17:3). 이 구절에서 '코스모스'에 대한 처음 두 언급은 중립적이다(참고. 17:24; 21:25). 하지만 '코스모스'는 부정적인 의미를 함축하고 있는 경우가 더 많다(세 번째 언급). '세상'은 죄 사함(1:29), 구세주(4:42), 영생(6:33; 8:12)을 필요로 한다. 세상은 하나님(17:25), 예수님(7:7), 신자들(15:18, 19)을 미워하며, 사탄의 지배를 받는다(14:30; 16:11). 신자들은 물리적 세상에 있지만(13:1; 17:11), 그들은 그리스도를 믿는 믿음에 의해 악한 세상 제도로부터 구별되

어 있다(17:6, 17).

1:11-13. 예수님은 성육신을 통해 **자기 나라와 땅에 오셨다**(헬라어에서 '자기'라는 말은 중성 복수이다). 묘하게도 예수님의 **자기 백성**[헬라어로 남성 복수]인 유대 민족은 그들 자신의 메시아를 영접하기를 거절했다. **자들**(12절)이라는 말은 유대 백성을 넘어 확장되는 보편적 약속을 규정한다. 그 약속은 그를 **영접하는**[람바노(*lambano*), '환영하다, 취하다'] 모든 사람에게 주어진다. '그를 영접하다'라는 말은 **그 이름을 믿는다**는 것과 유사한 말이다. 그것은 '영접하다'라는 말과 '믿다'라는 말이 본질적으로 동의어임을 보여준다(참고. 12:48; 13:20; 17:8). 이것은 '…를 믿다'(피스튜오 에이스), 즉 언제나 진정한 믿음을 의미하는 요한의 특별한 구문(3:16, 18, 36; 6:40; 11:25)이 35회 이상 나오는 것 중 첫 번째이다. 하나님의 자녀가 되는 것은 인간적 탄생과는 달리 성령에 의해 생겨나는 영적 '탄생'이라는 결과를 낳는다(13절; 참고. 3:3-8; 벧전 1:3, 23; 요일 5:1, 4). 영적 탄생은 **혈통으로** 되는 것이 아니다. 즉, 그것은 인간적 혈통의 결과가 아니라는 것이다. 또한 그것은 마치 인간의 욕망이 그것을 초래할 수 있는 것처럼 **육정으로** 되는 것도 아니다. 영적 탄생은 또한 **사람**[헬라어로 '남성, 남편']**의 뜻으로** 되는 것도 아니다. 그것은 유대 문화(그리고 대부분의 문화들)에서 흔했던, 자녀를 낳는 일에서 남성들이 지니고 있던 모든 교만을 부정하는 것이다. 선천적인 어떤 것과도 반대로, 영적 탄생은 **하나님**의 행동이다.

1:14. 요한복음 1:1-13과 18절은 그리스도의 신성에 초점을 맞춘다. 그리고 14-17절은 그리스도의 인성을 개략적으로 서술한다. **말씀이 육신이 되어**, 즉 그분이 온전히 인간이 되셨다는 것이다. 그 말씀은 세상에 **거하셨다** 혹은 '장막을 치셨다'(*skenoo*, 스케노오). 구약 성막에 거하셨던 하나님의 **영광**이 이제 하나님의 신약 성전인 예수님 안에 거하게 되었다(참고. 2:19-21). 이로써 예수님이 구약의 예배 제도를 성취하셨다는 요한의 주제를 시작한다(참고. 4:21). **영광**이라는 말은 하나님이 이스라엘에게 자신을 나타내셨던 구약의 비유적 표현들을 참고로 한 것이다(출 16:10; 24:15-17; 33:22). 하지만 또한 그리스도의 성육신, 기적들(2:11; 11:4, 40) 그리고 죽음, 부활, 승천(12:16; 13:31-32; 17:1)도 포괄한다. **독생자**[*monogene*, 모노게네]라는 문구는 요한복음에서 네 번 나오는데 이것이 첫 번째이다(1:18; 3:16, 18). NIV, NET, HCSB는 이 단어를 '단 하나의'(one and only)라고 번역한다. 그것은 성자 하나님의 '탄생'이 아니라, 그분의 독특하심을 주목하기 때문이다. 이삭은 아브라함의 '외아들'(히 11:17)이라고 불리지만, 아브라함의 유일한 아들도 맏아들도 아니었다. 그럼에도 외아들이라고 칭한 것은 그가 분명 아브라함의 '특별한 혹은 독특한 아들'이었다는 의미이다. **은혜와 진리가 충만하더라**라는 말은 성육신("말씀이 육신이 되어")에 비추어 이해해야 한다. 17절을 보라.

1:15-16. 예수님 다음으로 메시아의 선구자인 세례 요한은 진리를 담대하게 증언한 사람의 주요 본보기이다(2:23에 대한 주석을 보라). 구약 선지자들과 마찬가지로 요한은 그의 메시지를 제시하면서 **외쳐** 말했다. 예수님은 세례 요한보다 후에 나셨다(**내 뒤에 오시는 이**). 하지만 그리스도는 요한보다 뛰어나셨다(**나보다 앞선 것**). 예수님이 영원히 선재하시다는 것(**나보다 먼저 계심이라**)에 한 말이다. **그의 충만한 데**(16절)라는 말에 비추어, **은혜 위에 은혜**는 최대화된 은혜나 "하나의 은혜로운 선물 다음에 또 하나의 은혜로운 선물"(NET)이라는 의미이다.

1:17. 바울이 그랬듯이(롬 5:20; 6:14), 요한은 **율법**과 **모세**(유대교가 아니라) 그리고 **은혜**와 예수 그리스도를 대조시켰다. **은혜**[요한복음에서 14, 16, 17절에서만 사용된 말]**와 진리**는 '인자[히브리어로 헤세드(*chesed*)]와 진실[히브리어로 에메트(*emet*)]'(출 33:13, 18-19; 34:6)이라는 구약의 개념을 상기시키며 이스라엘에 대한 하나님의 언약의 신실하심을 가리킨다. 모세는 율법의 간접적 근원이었으며, 예수님은 모든 은혜, 심지어 하나님이 이스라엘에게 보인 은혜(참고. 출 34:6-7)의 근원이었다(요 1:15에 나오는 그리스도의 선재하심을 주목하라). 그래서 궁극적으로 은혜와 진리는 구약성경과 신약성경 둘 다에서 **예수 그리스도로 말미암아** 전달되었다(실현되었다, 문자적으로는 **온 것이라**).

1:18. **본래 하나님을 본 사람이 없으되**(참고. 딤전 6:16). 그렇지만 아브라함(창 18:1), 모세(출 33:18-

23)와 같은 사람들은 성육신 이전의 그리스도의 모습에서 그리스도에 대한 부분적 계시를 받기는 했다. **독생하신 하나님**, "유일하신 하나님"(ESV), 혹은 "유일하신 단 한 분, 그분 자신이 하나님"(NET)은 "단 하나의 아들"(HSCB, TNIV)과는 반대로 되어 있는 다른 헬라어 사본들을 번역한 것이다. 후자가 더 요한답다(참고. 3:16, 18). 하지만 많은 학자들은 사본들이 오래되고 해독이 어렵다는 것(서기관이 아마 '아들'을 '하나님'으로 바꾸지는 않았을 것이다)으로 보아 NASB 번역이 맞다고 생각한다. **아버지 품속에 있**다는 말은 예수님이 하나님 아버지와 갖고 있던 극도의 친밀함을 나타내는 관용적 표현이다(참고. 13:23). 다른 역본들은 그 문구를 "…와 가장 가까운 관계/교제"(TNIV, NET) 혹은 "아버지의 마음에 가까운/밀접한"(NLTse, NJB, NRSV)으로 번역한다.

Ⅱ. 공적 사역: 예수님의 신분을 나타내는 기적적인 표적들(1:19-12:50)

요한복음의 첫 번째 주요 단위는 예수님이 행하신 7개의 표적-기적들(예수님의 부활을 포함하면 8개의 표적. 요 2장 주석의 표를 보라)과 함께 예수님의 공적 사역을 중심으로 하고 있다. 그 표적들은 그리스도이신 그분의 신분을 밝히는 것이다. 19-51절은 서언에서 제시된 진리에 대한 4명의 증인(세례 요한, 안드레, 빌립, 나다나엘)을 제시한다. 그들의 증언은 예수님이 메시아, 인간의 형태로 오셨으며 온전히 하나님이신 성자 하나님이시라는 것이다.

A. 예수님의 사역에 앞서 일어난 사건들(1:19-51)

1. 세례 요한의 증거(1:19-34)

1:19-20. **유대인들이 예루살렘에서** 세례 요한에게 **제사장들과 레위인들을 보내어** 그의 신분에 대해 물었다. 여기에서 '유대인들'은 유대 당국을 말한다(참고. 24절). **네가 누구냐**라는 질문의 배후에는 세례 요한이 오시는 메시아일 수도 있다는 생각이 놓여 있다(참고. 눅 3:15). 선구자 요한은 그것을 격렬히 부인했다(20절). **그리스도**는 히브리어와 아람어로 '메시아'에 해당하는 헬라어이다. 두 용어 모두 '기름 부음을 받은 자'라는 의미이다.

1:21-23. 유대교는 구약에서 이스라엘을 구하기 위해 어떤 위대한 지도자들을 약속했는가에 대해 다양한 견해를 가지고 있었다. **엘리야**는 종말 때 다시 올 것이라고 예언되었다(말 4:5; 마 17:11; 눅 1:17). 또한 모세와 같을 것이라고 예언된(신 18:15, 18) 종말론적인 **선지자**도 있었다(참고. 1:45; 6:14; 7:40). 베드로와 스데반은 이 선지자가 예수라고 주장했다(행 3:22; 7:37). 예수님은 분명 선지자 역할도 하셨지만, 그분은 선지자 이상의 존재였다.

1:23. 세례 요한은(23절) 이사야 40:3에서 말했듯이 문자적으로 **광야에서 외쳤다**(참고. 마 3:2-3; 막 1:3-4; 눅 3:3-4). 요한은 회개를 요구함으로써 사람들의 마음이 믿음으로 그리스도를 받아들이도록 준비시키고 있었다(**주의 길을 곧게 하라**, 참고. 행 19:4). 네 개의 복음서 중에서 요한복음에서만 '회개하다' 혹은 '회개'라는 말을 언급하지 않는다.

1:24-25. 이 사람들이 **바리새인들이 보낸** 자들이라는 것은 하나님으로부터 보냄 받은 자들, 즉 세례 요한 및 예수님 자신(참고. 6, 19, 22, 33절)과 근본적으로 대조된다. 바리새인들(당시 약 6,000명 정도)은 모세율법을 열렬히 따랐지만, 그들은 율법에 성경 외의 전통들을 많이 추가했던 평신도들(제사장들이 아니라)이었다. 그들은 가장 큰 유대 종교·정치적 집단으로, 상당한 영향력을 행사했다. 유대 백성들은 그들을 매우 존경했지만, 예수님은 종종 그들의 위선을 폭로하셨다(참고. 마 23:1-36). 이것은 놀라운 일이 아니다. 심지어 바리새파에서 나온 집단인 후기 랍비들도 그들의 위선을 비판하기 때문이다(Babylonian Talmud *Sotah* 22b). 요한의 **세례를 베푸**는 사역(25절)은 구약성경에서 (상징적인 의미로) 물로 씻는 것을 강조하는 것에서 나왔다(레 13-17장; 민 19장; 시 51:2, 7; 사 4:4). 질문의 형태는 유대인 지도자들이 세례를 오시는 메시아의 표시로 생각했음을 전제한다.

1:26-28. **너희 가운데 너희가 알지 못하는 한 사람이 섰으니**라는 말은 메시아가 쉽게 간과될 수 있으며(사 53:2) 잠재적으로 거부당할 가능성이 있다는 것(10절)을 암시한다. 요한은 자신이 심지어 다른 사람의 **신발** 끈을 푸는 종으로서도 합당치 못하다는 것을 인정했다. **요단강 건너편 베다니**(3:26; 10:40)의 위치는 요단강의 수원지 역할을 할 만한 상당한 양의 물이 있

었던 갈릴리 바다 북서쪽 지역일 수도 있지만, 확실하지는 않다. 이 지역의 이름의 라틴화된 형태는 '바타나이아'(Batanaea)이다. 어쨌든 그것은 예루살렘 부근의 베다니(11:1)와 구분되어야 한다. "요단강 건너편"이라는 말은 이스라엘이 약속의 땅을 정복하기 위해 자리를 잡고 있던 때를 상기시킨다(민 22:1; 신 3:20; 수 1:14-15; 22장). 이스라엘은 이제 새로운 여호수아인 예수님에게 인도받아야 할 상황이었다.

1:29. 연대적으로 **이튿날**이라는 말은 전체 주간의 순서를 설정한다(참고. 29, 35, 43절 그리고 2:1에 나오는 "사흘째 되던 날"). 세례 요한은 예수님을 **하나님의 어린 양**(참고. 36절)이라고 말함으로써 구약의 희생제사 이미지(창 22:8; 사 53:7, 12; 벧전 1:19; 계 5:12), 특히 유월절 양(19:36; 출 12:1-13; 고전 5:7)의 이미지가 성취된 것을 암시했다. 그리스도의 대속적 죽음은 모든 이방인을 포함해서 온 **세상 죄를 지고 가는** 것이고, 이는 유대인 독자들에게 충격적인 계시이다.

1:30. 세 번째로(참고. 15, 27절) 세례 요한은 메시아가 그의 **뒤에** 오실 것임을 확인했다. 예수님이 선구자보다 **앞선** 이유는 **그가** 요한보다 **먼저 계셨**기 때문이다. 세례 요한은 예수님보다 먼저 태어났으므로(눅 1:26-31), 이것은 예수님의 영원성(그리고 그렇기 때문에 신성)을 언급하는 말이 된다. 즉, 그것은 1장의 목적과 조화를 이루는 주제이다.

1:31. 공관복음들과는 달리, 네 번째 복음에 나오는 세례 요한에 대한 기록은 그의 세례의 역할을 중시하지 않는다(22절에 대한 주석을 보라). 대신 초점은 예수님의 참된 신분에 대한 그 선구자의 증거이다. 다른 모든 사람들과 마찬가지로 요한은 처음에는 예수님이 메시아이심을 **알지 못하였**다. 유대인 대담자와의 대화에서(19-27절) 요한은 자신의 신분에 대한 정보를 아주 조금밖에 주지 않았다. 요한의 역할은 예수님을 그들의 메시아로 **이스라엘에 나타내**는 것이다.

1:32-33. 성령이 그리스도께 내려온 것은 예수님이 세례를 받으실 때(요한복음에서는 언급되지 않은) 일어났다. 이 사건의 의의는 성령이 그리스도 **위에 머물렀**다는 것이다. 그 표현은 성령이 메시아에게 머무신다는 이사야의 예언을 상기시킨다(11:1-2; 42:1; 61:1). 메시아는 예수님께 **성령이 내려서 머무는** 것에 의해, 성부 하나님(**나를 보내…신 그이**)으로부터 요한에게 계시되어야 했다(33절). 이 예수님이 **성령으로 세례를 베푸는 이**가 될 것이다(고전 12:13에 대한 주석을 보라). 이것이 요한복음에서 성령 세례에 대한 유일한 언급이다(마 3:11; 막 1:8; 눅 3:16).

1:34. **하나님의 아들**이라는 호칭은 네 번째 복음서에서 오직 예수님에게만 사용되며, 예수님의 신성을 암시하고, '그리스도'(11:27; 20:30-31)라는 말과 대략 동의어이다. 그 말의 배경은 다윗 언약이다(삼하 7:14; 시 2:7의 주석을 보라). 거기에서 하나님은 그분이 택하신 왕-아들의 통치가 끝나지 않을 것임을 약속하셨다(참고. 49절). 유대 백성은 자신이 하나님의 아들이라는 예수님의 주장을 하나님과 동등하다는 주장으로 바르게 이해했다(5:18).

2. 첫 제자들(1:35-51)

1:35-37. **이튿날**에 대해서는 29절을 보라. 예수님의 첫 **제자**들은 원래 세례 요한의 제자였다. 바로 그렇기 때문에 그들은 이스라엘의 한 분 참되신 하나님에 대한 믿음을 가지고 있었다. 그들은 이제 예수님이 그들이 이스라엘에 오리라고 믿었던 그 메시아시라는 것을 깨달았다(참고. 6:37). 예수님이 **거니**시는 동안 **요한이…섰다가**(35-36절)라는 것은 하나님의 움직임이 예수님께 옮겨가고 있었다는 것을 암시한다[Edwin A. Blum, "John", BKCNT (Wheaton: Victor, 1983), 275]. **하나님의 어린 양**에 대해서는 29절을 보라. 그 선구자의 **두 제자가…예수를 따랐**다(37절). 유대 문화에서 제자가 되려면 훈련을 받기 위해 육체적으로 자신의 선생이나 랍비를 따라가야 했다.

1:38. 예수님이 **돌이켜** 두 제자가 자신을 **따르는 것을 보셨**으므로, 그들은 예수님을 은밀히 따를 수가 없었다(2:24-25에서 은밀한 제자라는 주제를 보라). 예수님은 그들에게 **무엇을 구하느냐**라고 물으셨다. 예수님의 질문은 그들의 헌신을 이끌어내기 위한 것이었다. 그들은 그리스도를 따름으로써 삶에서 무엇을 얻기를 바라고 있었는가? 그들은 **어디 계시오니이까**[staying, 머무르시오니까]라고 물었다. 예수님과 함께 '머무른다'[메노(*meno*), '거한다']는 생각은 독자들을 참된 포도나무이신 예수님 안에 거하는 친밀한 관계에 대해 준비되도록 해준다(15:1-17).

1:39. **와서 보라**는 말은 제자들에게 예수님을 더 살펴보라고 권유하는 것이다. 그것은 우리가 본받아야 하는 전도와 제자도의 유형이다. 본문은 그들이 밤새 머물렀다고 종종 추정하기는 하지만, 직접 그렇게 말하지는 않는다. 요한이 로마식 시간 계산법을 사용했는지 유대식 계산법을 사용했는지에 대해서는 논란이 있다(공관복음서들은 유대식 계산법을 사용한다). 로마식 계산법으로 **열 시**는 오전 10시일 것이다(HCSB). 4:6과 19:14에 나오는 시간 표시들은 유대식 계산법에 가장 적합하므로 '열 시'는 오후 4시가 된다(NET, TNIV, NLTse, TEV).

1:40-42. 예수님을 **따르는 두 사람 중의 하나**만 언급된다(참고. 37절). **시몬 베드로의 형제 안드레**이다. 다른 사람의 이름은 나오지 않는다. 그렇지만 아마 사도 요한일 것이다(서론의 '저자' 부분을 보라). **먼저 자기의 형제 시몬을 찾**은(41절) 안드레는 다른 사람들을 그리스도께 데려온 사람이 되었다. 안드레의 고백(**우리가 메시야를 만났다**, 41절)은 요한복음에서 예수님이 그리스도라고 하는 최초의 직접적 선언이다. **메시아**와 **그리스도**에 대해서는 1:20을 보라. 구약에서 하나님은 신적 부르심을 표시하기 위해 개인의 이름을 바꾸셨다(예를 들어, 아브라함, 창 17:5; 이스라엘, 창 32:28). 예수님은 베드로에게 **게바**라는 새로운 이름을 지어주셨다(42절). 그것은 '돌'을 의미하는 아람어 단어였다. 베드로는 예수님이 재판받으실 때 예수님을 부인함에도 불구하고, 초대교회의 견고한 지도자가 될 것이다.

1:43-44. **이튿날**에 대해서는 29절을 보라. 예수님은 **갈릴리로 나가려 하**셨으므로, 원래 갈릴리 출신인 다른 제자를 찾으셨다. 예수님을 따른 네 번째 제자 **빌립은 벳새다** 출신이었다(참고. 12:21). 그곳은 갈릴리 바다 북동 해안에 있는 마을이었다. **안드레와 베드로**(44절)도 벳새다 출신이었다. 벳새다('고기의 집'이라는 의미)는 5,000명을 먹이신 장소였으며(눅 9:10-17) 맹인을 고치신 곳이었다(막 8:22-26). 하지만 이때쯤에는 3명 모두 가버나움에 살고 있었다(막 1:21, 29).

1:45-46. **빌립이 나다나엘을 찾**(21:2)았다. 나다나엘은 아마 다른 기사들에서는 바돌로매라는 이름으로 나오는 제자일 것이다(마 10:3; 막 3:18; 눅 6:14; 행 1:13). **그이를 우리가 만났으니**라는 말은 빌립이 개인적 간증을 시작하는 말이다. 개인적 간증은 사람들을 그리스도께로 데려온다. 빌립은 **모세가 율법에 기록하였고 여러 선지자가 기록한 그이**, 즉 메시아를 언급했다(1:22에 대한 주석을 보라). "율법과 선지자"는 구약 전체에 대한 일반적인 호칭이었다(마 7:12; 22:40; 눅 16:16). 나다나엘은 너무나 하찮아서 구약에서 언급조차 하지 않은 곳인 **나사렛에서 무슨 선한 것**이 날 수 있느냐고 물었다(참고. 7:52). 빌립은 그저 **와서 보라**고만 대답했다. 이는 예수님의 방법을 본받은 것이었다(39절; 참고. 4:29).

1:47. 나다나엘은 구약의 믿음을 지닌 중생한 사람이었다. 그렇지 않다면 예수님은 그에 대해 그가 **참으로 이스라엘 사람이**며(참고. 롬 2:29) 그 속에서 **간사한 것**을 발견할 수 없다고 말씀하지 않으셨을 것이다. 이 믿음은 곧 메시아 예수님에 대한 믿음을 포함할 것이다(49절). 예수님은 유대인들의 족장 야곱에게 주어진 새 이름인 '이스라엘'이라는 이름(창 27:35; 31:26)을 가지고 언어유희를 하신다. 나다나엘은 야곱의 간사함보다는 야곱의 믿음을 예증했다(히 11:21).

1:48. **어떻게 나를 아시나이까**라는 나다나엘의 질문은 사람과 사건들에 대한 예수님의 초자연적 지식이라는 요한의 주제를 시작해주는 표현이다(2:24-25; 5:42; 6:15, 64; 13:1, 3, 11; 18:4; 19:28; 21:17). **빌립이 나다나엘을 부르기 전에** 그리고 나다나엘이 실제로 나타나기 전에 예수님은 **무화과나무 아래**에서 나다나엘을 기적적으로 **보**셨다. 예수님이 나다나엘의 마음을 신적으로 아시는 것을 보고, 나다나엘은 즉각 예수님을 이스라엘의 메시아로 믿게 되었다. 구약에서 무화과나무는 메시아적 왕국이 가져오는 평화와 안전을 상징했다(미 4:4; 슥 3:10). 게다가 '무화과나무 아래 있는 것'이라는 말은 토라 연구를 의미하는 랍비들의 비유적 표현이다[Bab Talmud Erubin 54a, 또한 Midrash Ecclesiastes 5:11과 Midrash Song 6:2; 참고. Jerome H. Neyrey, *The Gospel of John,* NCBC (Cambridge: Cambridge University Press, 2006), 58]. 아마 나다나엘은 예수님이 그를 보았을 때 율법을 연구하느라 바빴을 것이다.

1:49. 나다나엘은 예수님을 처음에는 **랍비** 혹은 선생, 그다음에는 **하나님의 아들**(34절을 보라) 그리고

세 번째로는 **이스라엘의 임금**이라고 불렸다. 이스라엘의 임금으로서 예수님은 앞으로 오는 천년왕국에서 다윗의 보좌에 앉으실 것이다(삼하 7:12-16; 겔 37:21-28). 나다나엘의 진지한 고백과는 대조적으로 유대 백성은 예수님의 생애 마지막 주간 동안 예수님을 왕이라고 잘못 주장할 것이며(12:13), 로마인들은 예수님이 유대인의 왕이라고 주장했다는 이유로 그분을 십자가에 못 박아 죽일 것이다(19:3, 14-21).

1:50. 예수님은 나다나엘의 단순한 믿음을 칭찬하셨다. 그 새 제자는 예수님이 그 자리에 없었음에도 그를 **무화과나무 아래에서 보았**기 때문에 그냥 믿었다. **이보다 더 큰일을 보리라**는 말은 예언이기도 하고 약속이기도 하며, 예수님의 표적, 기적들(2:1-12:50), 특히 부활(2:18-22)을 말한다. 그 말은 가나 혼인 잔치에서 성취되기 시작했다(2:1-11).

1:51. **진실로 진실로**["내가 너희 모두에게 엄숙한 진리를 말하노니", NET]라는 말은 요한복음에서 25회 나오며, 공관복음서에서는 전혀 안 나온다. 그것은 언제나 그리스도께서 하시는 말씀이며, 예수님의 유일무이한 권위를 강조하는 진지한 말씀을 소개하는 말이다. '진실로'에 해당하는 헬라어는 '아멘'(*amen*)으로, 여기에서 영어의 '아멘'(amen)이라는 단어가 나온다(참고. 계 3:14에서 권위 있는 '아멘'이신 예수님). 51절에 나오는 **너희**에 해당하는 헬라어는 이제 복수가 되어, 예수님은 집단을 대상으로 말씀하신다. 제자들은 오는 천국의 '예고편'을 **보리라**(참고. 마 16:28-17:8). 2:11에 대한 주석을 보라. **하늘이 열리고**라는 말은 계시에서 새로운 국면을 말한다(예를 들어 사 64:1; 겔 1:1; 마 3:16; 계 4:1; 19:11). 하늘과 땅 사이를 연결시켰던 야곱의 사다리처럼(창 28:12, 16), 예수님은 인간이 하나님께 다가가고 하나님이 인간과 소통하는 통로가 되실 것이다(14:6; 10:9). **인자**는 인간적 특성과 신적 특성을 둘 다 보이시며, 영원한 지상의 나라를 받으시는 분(예수님)에 대한 메시아적 호칭이다(시 8:4-5; 단 7:13-14).

B. 예수님의 사역에 대한 때 이른 환영(2:1-4:54)

1. 가나 혼인 잔치(2:1-11)

예수님은 자신의 어머니 마리아 및 자신의 제자들과 함께 갈릴리 가나로 가셨다. 유대인들의 혼인식은 잔치 분위기로 가득 찼고 때로는 일주일간 지속되었다.

2:1-2. **사흘째 되던 날**은 예수님이 빌립을 발견한 때로부터 계산한 것이다(1:43; 1:29에 대한 주석을 보라). **가나**는 예수님과 마리아의 고향인 나사렛 북쪽으로 13킬로미터 떨어진 곳이었다. 처음으로 예수님에게 **제자들**[요한복음에서는 절대 '사도들'이라고 부르지 않는다]이 있다고 나온다. **예수의 어머니**[요한복음에서는 절대 이름을 밝히지 않는다] 마리아는 자기 아들이 메시아라는 것을 믿음으로 분명히 알고 있었다(눅 1:26-56; 2:1-51). 분명 마리아는 예수님이 자신의 신분을 드러낼 때가 왔다고 생각했을 것이다. 마리아가 종들에게 지시를 내렸으므로(5절), 그녀는 어느 정도 공식적 책임을 지니고 있었음이 분명하다.

2:3. 마리아는 예수님에게 **저들에게 포도주가** [더는] **없다**고 말했다. 잔치에서 포도주가 떨어지는 일은 유대인들의 손님 대접 기준에 심각하게 어긋나는 것이었다. 마리아의 요청은 그녀가 기적을 기대하고 있었음을 암시한다.

2:4-5. 유대 문화에서 **여자**라는 말은 예의 바른 호칭이었다(참고. 4:21; 19:26). 하지만 예수님은 **나와 무슨 상관이 있나이까**라고 물으심으로 자신의 세상 어머니와 거리를 두셨다(참고. 막 1:24; 5:7). 예수님의 **때** 혹은 '시간'에 대한 언급(4:21에 대한 주석도 보라)은 공관복음에서는 나오지 않지만 요한복음에는 자주 나온다. 처음에는 예수님의 때가 아직 이르지 않았다(2:4; 7:6, 8, 30; 8:20). 하지만 후에는 그때가 왔다(12:23; 13:1; 16:32; 17:1). 그 말은 예수님의 죽음과 부활에서 나타난 영광을 말한다. 4절에서 그때는 **아직 이르지 아니하였**으므로, 주님은 그때의 신적 타이밍을 완전히 알고 계셨다. 이 타이밍은 하나님 아버지의 주권적 계획에 의해 정해졌다(12:27). 마리아는 하인들에게 **너희에게 무슨 말씀을 하시든지 그대로 하라**고 지시했다. 예수님의 뜻에 대한 우리의 반응도 이와 같아야 한다.

2:6-7. 상징적으로 여섯은 유대교의 불완전과 불충분을 잘 나타내며[Andrew T. Lincoln, *The Gospel According to Saint John* (Peabody, MA: Hendrickson, 2005), 129; Andreas J. Köstenberger, *John*, BECNT (Grand Rapids, MI: Baker, 2004), 96] **유대인의 율법**

주의적 **정결 예식**의 특징을 나타내는 것일 수도 있다(참고. 마 15:1-2). 하지만 요한이 '여섯'이라는 숫자를 그렇게 상징적으로 사용하려 한 것인지는 확실하게 알 수 없다. 그런 정결 예식은 위생적 목적이 아니라 종교적 목적을 위한 것이었다. 여섯 개의 **돌 항아리**에는 각 **두세 통**이 들어갔는데 그것은 총 450~680리터에 달하는 양이었다. 예수님의 지시에 따라, 하인들은 큰 **항아리에 물을 채워야** 했다. 그 하인들이 **아귀까지 채웠다**는 말은 메시아를 통해 오는 기쁨(포도주)이 넘칠 만큼 풍성함을 나타낸다(참고. 1:16).

요한복음에 나타난 표적 8개

1. 물을 포도주로 바꾸시다(2:1-11)
2. 신하의 아들을 고치시다(4:46-54)
3. 누운 병자를 고치시다(5:1-15)
4. 5,000명을 먹이시다(6:1-15)
5. 물 위를 걸으시다(6:16-21)
6. 눈먼 자를 고치시다(9:1-41)
7. 나사로를 살리시다(11:1-44)
8. 그리스도께서 부활하시다(2:18-22, 20:1-29)

2:8-10. 하인들은 마리아의 조언과 예수님의 지시에 순종해서, 항아리에서 포도주로 변한 물을 **떠서** 그것을 **연회장에게** 갖다 주어야 했다. 문화적으로 질이 낮은 포도주는 손님들의 감각이 둔해진 마지막에 내었다. 놀랍게도(9절) 연회장은 이제 신랑이 지금까지 내었던 것보다 훨씬 더 좋은 포도주를 맛본다. 예수님은 모든 **사람마다** 하는 일과는 반대되는 행동을 하셨으며(10절), 관습적이지만 비윤리적인 사회적 관행을 바로잡으셨다.

2:11. 이것은 **예수께서** 행하시고 **그의 영광**[하나님의 속성]을 나타내신 **첫 표적**, 기적이었다. 구약 성막에 처음 거했던 신적 영광과 임재(1:14)가 이제 예수님의 모습으로 거하고 있다. 하지만 영광을 가장 크게 나타내는 것은 역설적이게도 앞으로 십자가에서의 낮아지심과 고난에 있게 될 것이다(7:39; 12:16; 13:31, 32; 17:1). 요한복음에 나오는 특별한 단어인 '표적'[세메이온(*semeion*), 공관복음에서는 예수님의 기적들에 대해 '능력'이라는 의미의 디나미스(*dynamis*)를 사용한다]은 사신의 권위와 그의 메시지의 타당성을 입증하기 위한 기적이다. 복음서 저자는 그리스도를 믿게 하기 위해 이 표적들을 기록했다(20:31). **제자들이 그를 믿으니라**라는 말은 예수님과의 가장 초기 접촉들을 통해(3:24을 마 4:12, 17; 막 1:14-16과 비교해보라) 제자들(유다를 제외하고, 6:70-71)이 구원받는 믿음을 가졌음을 보여준다. 유대인의 혼인 잔치는 메시아 나라를 상징했다(사 54:1-8; 62:1-5; 마 8:11; 22:2; 계 19:7, 9). 그리고 포도주는 그 나라의 기쁨과 축복을 상징했다(사 25:6; 렘 31:12; 욜 2:19; 3:18; 마 26:29). 물이 포도주로 변한 기적은 또한 예수님을 창조주(1:3, 10)이며 생명을 주시는 분(1:4; 4:14)으로 계시했고, 예수님이 천년왕국에서 많은 포도주(기쁨과 경축)가 생기게 할 풍성한 비옥함을 제공하실 분임을 보여주었다(암 9:13-15).

2. 성전 청결(2:12-25)

성전 청결은 예수님이 새 시대의 '성전'이심을 보여준다. 새 포도주의 기적(2:1-11)은 사적인 것이 아니었다. 성전 청결은 이스라엘에게 예수님이 메시아이심을 최초로 공적으로 제시한 것이었다.

2:12. 예수님은 가나 산지에서 **가버나움으로 내려가셨다**. 그곳은 가나에서 북동쪽으로 25킬로미터 정도 떨어진 곳이었다. 저자의 언급은 간략하다. 네 번째 복음서는 예루살렘에서 행하신 예수님의 활동에 더 관심이 있기 때문이다. **그 어머니와 형제들**이 언급되는데(참고. 마 13:55; 막 6:3), 요셉은 그리스도가 공적 사역을 시작하기 전에 죽었다. 그 형제들은 이 기적을 목격했지만, 그들은 믿지 않았다(참고. 7:5). 유월절이 가까웠으므로(참고. 13절) 그들은 가버나움에서 **여러 날** 머물지는 않았다.

2:13-14. 이것은 요한복음에서 **유월절**에 대해 명백하게 세 번 언급한 것 중 첫 번째이다(5:1에서 언급한 명절도 아마 유월절이겠지만). 그것은 아마도 예수님의 사역이 3년 반이나 지속되었음을 나타낼 것이다(5:1에 대한 주석을 보라). 공관복음서들은 예수님의 생애 마지막 주간 동안에 두 번째 성전 청결이 있었다고 말한다(마 21:12-13; 막 11:15-17; 눅 19:45-46). **성전**[*hieron*, 히에론]에 해당하는 헬라어는 **돈 바꾸는 사람들이 앉아 있던** 큰 이방인의 뜰을 포함한 성전 구역을

지칭한다. 돈 바꾸는 사람들은 로마와 갈릴리 화폐를 성전에서 쓸 수 있는 화폐로 바꿔 주면서 수수료를 받았다. 유대인 예배자들은 그렇게 바꾼 다음에 성전세를 지불하고 제사에 쓸 짐승들을 살 수 있었다.

2:15. 예수님은 성전 구역 내에서 이루어지던 이 상업 행위를 신성모독으로 보셨다. 성전을 아름답게 꾸밀 기금을 마련하기 위해 가난한 사람들을 착취했으며, 이방인들이 예배드릴 수 있는 유일한 장소인 이방인의 뜰에서 이방인들이 예배를 어지럽게 했기 때문이다(Köstenberger, *John*, 106). 그래서 예수님은 상인들을 **다 성전에서 내쫓으셨다**. 거기에는 짐승들도 포함되었다. 예수님은 또한 돈 바꾸는 사람들의 **상을 엎으셨다**. 그것은 성전을 깨끗하게 하는 상징적 행위였다. 이 행동은 민족을 깨끗하게 하기 위해 메시아가 갑자기 성전에 임하실 것이라는 말라기의 예언을 성취했다(말 3:1-3). 그것은 또한 타락이 그 지경까지 이르도록 허용한 지도자들에 대한 상징적인 심판으로 작용했을 것이다(마 21:12에 대한 주석을 보라).

2:16-18. **내 아버지의 집으로 장사하는 집을 만들지 말라**는 예수님의 명령은 스가랴 14:20-21을 암시했다. 스가랴는 메시아적 나라를 성전에 상인들이 없는 나라로 묘사했다(슥 14:21에서 NASB 각주를 보라). "내 아버지의 집"은, 시편 69:9에서 나온 인용문(17절)이 입증하듯이 분명한 메시아적 주장을 제시한다. **제자들이…기억하더라**는 것에 대해서는 22절을 보라. 시편 68편에서 성전에 대한 다윗의 열심은 메시아가 하나님의 집의 신성함을 보호하기 위해 가질 더 큰 **열심**을 예표한다. 예수님의 행동은 **유대인**들의 분노를 유발했다(18절). 이는 요한복음에서 예수님을 향한 적대감에 대한 최초의 기록이다. **유대인**들[성전의 종교 지도자들]은 예수님이 그런 파괴적인 행동을 하신 권위를 지니고 있음을 입증할 수 있는 **표적**(2:11에 대한 주석을 보라)을 요구했다. 그들의 질문은 이해할 만하다. 어떤 유대 사람이라도 감히 예수님이 하신 것과 같은 일은 하지 않을 것이다. 하지만 예수님은 단순한 사람이 아니셨다.

2:19-22. 예수님은 하나님의 최고의 선지자로서 자신의 죽음(**이 성전을 헐라**)과 자신의 정확한 부활 시기(**사흘 동안에**)를 예언하셨다. **내가…일으키리라**는 말은 예수님을 자신의 부활에 대한 신적 대행자로 제시한다. **성전**[나오스(*naos*), '성소', 19, 20, 21절]은 성전 건물 전체가 아니라, 구약에서 하나님의 임재가 거했던 지성소를 말한다. 성전(나오스) 건설은 주전 18/17년에 완성되었다. **이 성전은 사십육 년 동안에 지었거늘**(20절)이라는 말의 의미는 '이 성소가 사십육 년(즉, 주후 20-30년) 동안 지어져왔다(완성되었다)'는 의미이다. 이 말은 그리스도가 3년 후, 주후 33년에 십자가에 못 박혀 돌아가신 연대를 추정하는 데 도움이 된다. 예수님은 **자기 육체**인 **성전**[나오스], 구약 성소에 거했다가 이제 예수님 안에 거한 영광에 대해 말씀하고 계셨기 때문이다(참고. 1:14). 예수님의 부활에 의해 구약의 메시아에 대한 예언들을 곰곰이 살펴보게 된 그의 **제자들이** 스가랴서 14장과 시편 69편에 나온 이 예언들을 **기억하고**(앞의 2:16-18을 보라), 그 예언들을 자신의 죽음과 부활에 대해 **예수께서 하신 말씀**('성전'을 사흘 동안에 일으키겠다는)과 연결시켰다.

2:23-25. **유월절**은 유월절 자체(하루)와 그 뒤에 따르는 7일간의 무교절을 포함한다. 어떤 사람들은 **많은 사람이…그의 이름을 믿었으나**라는 말을 진정한 믿음이 아닌 것으로 이해한다. 그 이유는 (1) 기적들(**그의 행하시는 표적**)에 기초한 믿음은 불충분하며, (2) **예수는 그의 몸을 그들에게 의탁하지 아니하셨다**(24절)는 것 때문이다. 하지만 요한은 예수님의 표적들이 믿음을 갖게 하기 위함이었다고 단언했다(20:31). 또한 요한은 분명히 진정한 믿음을 말하는 헬라어 문구(**그의 이름을 믿었다**)를 사용했다(참고. 1:12; 3:18; 참고. 20:31). 예수님이 **그의 몸을 그들에게 의탁하지 아니하셨다**는 말은 예수님이 이 새 신자들을 아직 영적 진리에 대해 그 이상의 강화를 들을 만한 준비가 되어 있지 않았다고 간주하셨다는 의미이다. 이것은 '은밀한 제자'라는 요한의 주제를 시작한다(참고. 19:38-39). **그가 친히 사람의 속에 있는 것을 아셨음이니라**(25절)는 요한의 단언은 사람들에 대한 주님의 신적 지식을 강조한다(1:48에 대한 주석을 보라). 인간에 대해 아신다는 것을 보여주기 위해 세 사람과의 만남이 뒤이어 나온다. 유대인 지도자 니고데모, 사마리아 여자, 한 이방인 귀족이다. 각각의 사람 안에서 예수님은 그들의 속에 있는 생각과 필요에 대해 그분이 초자연적

으로 아신다는 것을 보여주셨다. 예수님은 학자 니고데모에게서는 순전히 지적인 것이 아닌 믿음에 대한 필요를 보셨고, 여자에게서는 도덕적 변화의 필요를 보셨으며, 귀족에게서는 아들의 육체적 병 고침에 대한 필요를 감지하셨다.

3. 니고데모와의 대화(3:1-21)

신자들은 예수님과 니고데모와의 만남을 좋아한다. 그것은 '거듭난다'(혹은 더 나은 것으로는 '위로부터 난다')는 놀라운 진리를 보여주기 때문이다.

3:1. **사람이 있으니**라는 말은 2장의 예수님이 "사람의 속에 있는 것을 아심이라"(2:25)라는 것과 직접 연결된다. 그래서 예수님은 니고데모 안에 무엇이 있는지를 아셨다. **바리새인**에 대해서는 1:24의 주석을 보라. **유대인의 지도자**였던 니고데모는 공회의 일원이었다(공회에 대해서는 11:47의 주석을 보라). 니고데모의 친구 아리마대 요셉(참고. 19:38-39)도 이 공회에 있었다(막 15:43).

3:2. 니고데모는 아직 그리스도를 믿지 않았지만, 믿음을 향해 움직이고 있었다. **우리가 당신은 하나님께로부터 오신 선생인 줄 아나이다**라는 그의 말은 유대인들 사이에 있던 진지한 구도자들의 점점 커지는 확신을 반영한다. 많은 사람들이 결국에는 믿음에 이르렀다(12:42). **선생**으로서 예수님의 역할은 유대 백성의 선생인 니고데모의 한계들과 대조를 이룬다(10절).

3:3-4. **진실로 진실로**라는 말에 대해서는 1:51에 대한 주석을 보라. 사람에게는 하나님이 예수님과 함께 계시다는 인식 이상의 것이 필요했다(2절). 그 바리새인은 영적 탄생, 즉 "위로부터 나는 것"(개역개정에는 '거듭나'는 것—옮긴이 주)이 필요했다. '다시'(*anothen*, 아노텐)라는 말은 또한 '위로부터'라는 의미도 될 수 있었다. 그리고 여기에서는 그렇게 이해하는 것이 더 낫다. 예수님은 '위로부터' 오는 영적 탄생에 대해 말했다. 하지만 니고데모는 이것을 육체적인 재탄생['다시 나는 것'(born again)]으로 오해했다. 요한복음은 예수님에 대한 수많은 오해를 기록한다.

3:5. **물과 성령으로 나지 아니하면**이라는 문구에서, '물'은 기독교의 세례를 말하는 것일 수가 없다. 구원 역사의 이 시점에서 니고데모에게는 이것이 무의미했을 것이기 때문이다. 그것은 또한 영생을 위해 세례가 필요하다는 의미도 아니다. 이것은 요한복음에서 영생을 위해서는 오직 믿음만을 요구하는 것과 모순될 것이기 때문이다(1:12; 3:16, 36; 8:24; 20:31. 또한 벧전 3:21에 대한 주석을 보라). 물(5절)은 아마 양수를 통해 태어나는 인간적 탄생을 말하지는 않을 것이다. 고대 사회가 탄생을 그런 식으로 이해했다는 표시는 없기 때문이다. 더 나은 이해는 예수님이 에스겔 36:25-27을 암시한다고 보는 것이다. 그 본문은 하나님이 영적으로 정결하게 하시고("맑은 물을 너희에게 뿌려서") 그분의 영을 주시는 것을 말한다. 그리고 이것은 '새 언약' 본문으로 니고데모는 그 본문을 잘 알고 있었을 것이다(그래서 3:10에서 예수님의 책망이 나오는 것이다). **하나님의 나라에 들어**간다는(5절) 것은 장차 이 땅에 있을 천년왕국에서 산다는 의미이며(계 20:1-6), 그 후에 이 지상의 삶에서 받은 영생을 살아간다는 의미이다. **하나님 나라**에 대해서는 3절과 마태복음 3:1-4에 대한 주석을 보라.

3:6-8. 자신과 같은 종류만 낳을 수 있는 원래 창조와 마찬가지로(창 1:11-12, 24-25), 무엇이든 **육으로 난 것은 육이**다. 그래서 오직 **영**만이 영적인 것을 낳을 수 있다. 예수님은 **바람**을 예로 들어 이 개념을 설명하셨다. 바람이 우리의 눈에 보이지 않고 불가사의할지라도, 우리는 그것이 실재한다는 것을 의심하지 않는다(**네가 그 소리는 들어도**). 새 탄생이라는 성령의 역사도 눈에 보이지 않고 불가사의하지만, 바람처럼 기꺼이 받아들여야 한다.

3:9-10. **니고데모**는 제자가 되었으나 처음에는 그리스도를 말로 증거하지 못했으므로(19:38-40에 대한 주석을 보라), 예수님과 나눈 그의 마지막 말이 9절에 기록되어 있다. 요한은 그의 반응을 포함시키지 않았다. 예수님은 니고데모가 성령에 의한 새 탄생의 필요성을 가르치는 구약성경(예를 들어 삼상 10:9; 겔 11:9; 36:25-27; 렘 31:33)을 알지 못하는 것에 대해 그를 책망하셨다.

3:11-12. **우리는…말하고**라는 말은 (1) 오직 예수님만(편집자적 '우리') (2) 예수님과 구약 선지자들 (3) 삼위일체(가장 좋은 선택이다) 등을 언급하는 것일 수 있다. 삼위일체의 모든 위격들은 그들이 **아는 것과 본 것을 증언하**신다. 하지만 유대인 지도자들은 이 **증언**

을 **받지 아니**했다. 예수님은 이 땅에서 일어난(**땅의 일**) 영적 사건들(새 탄생, 성령의 역사)을 설명하셨으며, 니고데모는 그것을 **믿지 아니**했다. 예수님이 하늘의 보이지 않는 것들(**하늘의 일**)을 말한다 해도 그것은 변하지 않을 것이다.

3:13-14. 사람들에게 하늘에 있는 것에 대해 말하기 위해서는(12절), **하늘에 올라**갔거나 하늘에 있다가 **하늘에서 내려**올 필요가 있었을 것이다. **인자**(1:51에 대한 주석을 보라)는 후자를 행하셨다. 하나님이 **광야에서** 불뱀으로 이스라엘을 심판하셨을 때 **모세**는 놋뱀을 장대 위에 매달아 **든다**(14절; 민 21:4-9). 하나님은 그냥 그 뱀을 바라보기만 하면 누구든 즉시 고쳐주셨다(민 21:9). 심판과 죽음의 도구(뱀)가 생명의 수단이 된다. 그리스도가 죽음의 도구인 십자가에서 들리시는 것도 마찬가지이다. 그리스도를 믿음으로 한 번 '바라보'면 즉시 병 고침을 받고 영생을 얻는다. 이것은 요한복음에 나오는 세 번의 **들리는 것**에 대한 언급 중 첫 번째이다(8:28; 12:32). 예수님이 '들린다'는 것은 육체적으로는 십자가에 들리는 것을, 영적으로는 자신의 죽음을 통해 승귀하심/영화되사 들리는 것을 둘 다 말한다(참고. 8:28; 12:32-34).

3:15. **영생**이라는 말은 요한복음에서 17회 나오는데 여기에서 그 말이 처음 나온다. 이는 신약의 다른 어떤 책보다 4배 더 자주 나오는 것이다. 하지만 '생명'이라는 말은 그것이 '영생'이라는 의미일 때도 자주 쓰인다. 일부 해석자들은 예수님의 말씀이 15절에서 중단되고(참고. NET, NIV, NABRE), 3:16은 예수님이 아니라 요한의 주석이라고 해석한다. 3:16 이하에서 1인칭이 아니라 3인칭이 두드러지는 것은 사실이다. 하지만 예수님은 3:13-15에서 3인칭으로 자신을 가리키셨다. 왜 3:16-18에서 계속 그렇게 하실 수 없단 말인가? 요한복음의 다른 곳에서, 예수님은 1인칭 메시지 안에서도 자신을 3인칭으로 말씀하셨다(5:19-30). 보다 자연스러운 구분은 16절이 아니라 22절에서 시작된다(참고. ESV, HCSB, NIV, CEB).

3:16. 요한복음 3:16은 아마 신약에서 가장 유명한 구절일 것이다. **하나님이 세상을 이처럼 사랑하사**라는 말에는 신자들뿐 아니라 모든 사람이 포함된다. 하나님의 사랑은 감상적인 생각이 아니다. '사랑하사'는 부정과거 시제이며, 전통적으로 십자가를 언급하는 것으로 여겨진다. 그것은 또한 그 다음 문구인 **독생자를 주셨으니**라는 말을 예상한다. 하나님의 사랑은 죄를 위해 죽으시도록 그리스도를 주신 것과 연결되어 있다(갈 2:20; 엡 5:2, 25). **독생자**에 대해서는 1:14에 대한 주석을 보고, **믿는**에 대해서는 1:12에 대한 주석을 보라. **그를 믿는 자마다**라는 말은 '믿는 사람 다' 혹은 '믿는 사람 모두'(everyone who believe)로 번역하는 것이 더 낫다. 그리스도의 죽음은 멸망에서 벗어나며 신자들에게 영생을 주기 위한 것이다. **멸망하**는 것은 '영생'과 대조를 이루며, 의식을 갖고 있는 상태에서 영원히 받는 벌(참고. 막 9:42-48; 계 14:9-11)을 포함한다. 그리스도를 믿는 사람들은 지금, 심지어 이 땅에 있는 동안 **영생을 얻는다**(현재 시제).

3:17. **하나님이 그 아들을 세상에 보내신 것은 세상을 심판하려 하심이 아니요**라는 말은 16절을 부정적으로 반복한다. 성부 하나님의 마음은 처음에 정죄하는 쪽으로 기울어져 있지 않다는 것이다(참고. 요일 4:14; 고후 5:19). 아들은 성부 하나님에 의해 '보내'졌다(5:36; 6:57; 17:21; 20:21). 이것은 요한복음에서 약 40회 나오는 개념이다. 하나님 아버지께 보냄을 받는다는 것은 선교가 그리스도의 중심 초점이라는 표시이다. **구원을 받다** 혹은 '구원'은 요한복음에서 흔하게 나오는 용어가 아니다(7회 사용되었다).

3:18. 사람의 영원한 운명은 하늘에서가 아니라 땅에서 결정된다. 예수님을 **믿는 자는** 누구든 **심판**이나 정죄를 **받지 아니**한다. **믿지 아니하는 자는** 지금 여기에서 **벌써 심판을 받은 것이니라**. 미래의 심판은 사람의 영원한 운명을 확증하지만 그 운명을 결정하지는 않는다. **독생자**에 대해서는 1:14에 대한 주석을 보라.

3:19-21. 예수님은 **세상에** 오신 **빛**이다(참고. 1:4-9). **어둠**은 비그리스도인이나 불순종하는 그리스도인의 악한 행위가 행해지는 숨겨진 장소이다. 빛은 공개와 노출의 장소이다. 불신자는 분명 **빛을 미워하**며 그것을 완전히 피한다. 심지어 그리스도인들이라 해도, 죄를 지으면 하나님의 관점에서 볼 때 그들이 자신들의 죄를 고집하면 빛을 미워하고 있는 것임을 알아야 한다(참고. 약 4:4). 그들 역시 **빛으로 오지 아니하나니**[영생을 위해 그리스도께 '오는' 혹은 그리스도를 믿

는 것과 다른 개념] 이는 그들의 **행위가 드러날까** 그리고 책망을 받을까 **함이**다(참고. 요일 1:6). 다윗 왕은 간음과 살인을 저지른 후, 얼마 동안 자기 죄를 숨겼다(시 32편과 51편에 대한 주석을 보라). 일단 비그리스도인이 믿음으로 나아오면, 그 사람은 이제 **진리를 따르는 자가** 될 수 있고 그러면 그리스도와 교제를 나누기 위해 **빛으로 오나니**[즉, 공개적으로 진리와 동일화한다, 요일 1:7, 9]. 오직 순종하는 그리스도인만이 그 **행위**가 명백하게 되며, 그 행위가 **하나님 앞에서 행한(낳은) 것임을 나타**낼 수 있다.

4. 요한의 추가 증언(3:22-26)

예수님의 메시지에 대한 자신의 대답을 우리에게 한 번도 말해주지 않았던 니고데모(2:23-25; 3:9-10에 대한 주석을 보라)는 이제 담대한 증인이었던 세례 요한과 대조를 이룬다.

3:22-24. **그 후에**라는 시간적 언급은 특이한 것은 없지만, 그 사건들은 요한이 옥에 갇히기 전에 일어났다(참고. 24절). 요한은 예수님이 공적(갈릴리) 사역을 시작하시기 전에 옥에 갇혔다(마 4:12-13, 17; 막 1:14-15). 제자 삼는 일 중 일부는 예수님이 하셨던 것처럼 그들과 **함께 유하**는 것이다. 예수님과 그분의 선구자 요한은 유사하게 **세례를 베푸**는 사역을 했다(참고. 4:2). 그럼으로써 25-26절에 나오는 문제가 생겨났다. 오직 요한복음만이 예수님이 세례를 받으셨다는 것을 언급한다. **거기 물이 많음이라**는 단서에도 불구하고, **애논**과 **살렘**의 위치는 알려져 있지 않다. 그 곳들은 요단강의 위치에 있으면서 사마리아 동쪽 경계선을 형성했을 것이다. 요한복음 4장에서 사마리아의 성읍인 수가에서 이루어진 예수님의 효과적인 사역은 요한이 같은 인근 지역에서 행한 선구적 사역 때문이었을 수도 있다. 그리스도인의 세례는 요한의 세례와 다르다(행 19:3-5). 그것은 부활 때까지는 주어지지 않았기 때문이다(마 28:18-20). 그리스도인의 물세례는 하나님이 신자를 그리스도와 연합시키면서 하신 일을 상징적으로 나타내는 것이다(롬 6:3-4; 고전 12:13의 주석을 보라). 하지만 요한의 세례는 하나님 나라가 오는 것을 예비하여 회개와 영적으로 깨끗하게 하는 것을 나타내는 상징이다.

3:25-26. **요한의 제자**들과 누군지 알 수 없는 **유대인** 간에 벌어진 **정결 예식**에 대한 변론으로 인해 무리가 세례 요한에게 가게 되었다. 그들의 동기(**그들이…가서**)가 순수한 것이었든 질투나 다른 죄들로 더럽혀진 것이었든, 그들이 세례 요한에게 한 말은 요한의 사역을 예수님의 사역과 비교하도록 부추기는 것이었다. **선생님이 증언하시던 이…사람이 다 그에게로 가더이다**. 다른 사람들과의 비교는 지혜롭지 않은 것이다(고후 10:12).

3:27-28. 자기 제자들에게 한 세례 요한의 대답은 모두에게, 특히 사역에 적용할 수 있는 진리를 일반화한다. **만일 하늘에서 주신 바 아니면 사람이 아무것도 받을 수 없느니라**. 가장 직접적으로 그것은 그리스도가 제자들을 모으시는 것에 적용된다(6:37, 39). 요한의 제자들은 요한이 그저 메시아의 전임자일 뿐이라는 공언(1:15, 20, 23)을 증거할 수 있었다. **그리스도**에 대해서는 1:20에 대한 주석을 보라.

3:29-30. 요한은 예수님을 혼인 잔치의 **신랑**에 비유했다(참고. 막 2:19; 마 25:6). 요한의 역할은 **신랑의 친구**['들러리']와 같은 것이었다. 그는 신랑 옆에 **서서** 신랑이 신부에게 서약을 하는 **음성**을 듣고 **크게 기뻐**한다(참고. 고후 11:2; 계 21:9). 요한은 하나님이 주신 그의 역할을 인식하고, 예수님에 대해 **그는 흥하여야 하겠고**라고 겸손하게 말했다. 요한은 또한 그의 사역이 똑같이 계속되지 않으리라는 것을 인식했다. 그는 사실상 **쇠하여야** 한다.

3:31-33. NASB(HCSB, ESV와는 반대로)는 36절까지를 선구자의 말의 인용으로 제대로 기록한다. 예수님이 **위로부터 오시**기 때문에, 예수님은 다른 진리의 선생들 **위에** 계신다. 다른 종교 지도자들은 **땅에 속하여** 있으며 그들의 가르침은 이 땅의(불완전한, 제한된) 것이다. 그리스도는 하나님 아버지의 임재 안에 계셨으므로(1:1), **친히 보고 들은 것**을 증언하실 수 있다(32절). **인쳤느니라**는 **하나님이 참되시다는 것**을 "분명하게 확증했다"(NET)는 의미이다.

3:34-36. 하나님은 아들에게 **성령을 한량없이 주시**므로, 예수님은 메시아를 위한 하나님의 의도를 모두 성취하실 것이다. 아버지께서 아들에게 **만물**을 사랑의 선물로 주시는 것(35절)으로 인해 그리스도는 영생을 주실 수 있는 권리를 지닌다. 영생은 지금 시작된다. 그

것은 **영생이 있고**(36절, 참고. 16절)라는 현재 시제에서 분명히 볼 수 있다. **아들에게 순종하지 아니하는**이라는 말은 '믿는'이라는 말과 대조를 이루며, 그리스도를 믿으라는 명령에 불순종하는 것을 나타낸다(12:36, 50; 행 16:31). **하나님의 진노**는 현재 불신자들 위에 있으며(롬 1:18) 그가 믿기를 거부하는 한 그에게 **머물러 있다**(남아 있다).

5. 사마리아 여자(4:1-42)

니고데모 이야기와 마찬가지로(3:1-21), 예수님이 우물가의 여자와 대화를 나누시는 이야기는 전도적 만남의 귀중하고 멋진 예이다.

4:1-3. 그 이야기는 예수님이 유대를 떠나시게 만든 역사적 상황들을 묘사하는 것으로 시작된다. **제자를 삼고 세례를 베푸시는 것이 요한보다 많다**는 이야기를 **바리새인들이** 들었다는 것을 **주께서 아신지라**. 그 선구자의 말은 성취되고 있었다(참고. 3:30). 네 번째 복음서는 물세례를 **예수께서 친히 베푸신 것이 아니요 제자들이 베푼 것이라**(2절)고 말함으로써 그것을 대단하지 않게 치부한다(참고. 1:6,31). 죽음의 정확한 때가 아직 이르지 않았으므로(참고. 2:4), 예수님은 예루살렘에서 바리새인들과 논쟁을 벌이는 것을 피하기로 하셨다. 그래서 그분은 **다시 갈릴리로 가셨다**(3절).

4:4-6. 유대 백성과 사마리아인들 간의 역사적 긴장 때문에 보통 (하지만 언제나 그런 것은 아니다) 유대 백성들은 여행을 할 때 사마리아를 통과해서 북쪽 갈릴리로 직진하는 길을 피했다. 대신 그들은 사마리아를 동쪽으로 빙 둘러서, 요단강 동쪽의 베뢰아와 데가볼리로 갔다. 유대인들과 사마리아인들은 서로를 멸시했다(참고. 4:9; 8:48). 이렇게 미워한 이유는, 유대인들의 관점에서 볼 때 여러 가지가 있다. 첫째, 사마리아인들은 이방인들과 혈통이 섞여 있었으면서도 자신들이 아브라함의 약속을 '참으로' 받은 사람들이라고 주장했다. 둘째, 사마리아인들은 고레스가 유대 백성을 이스라엘 땅에 다시 돌아가게 한 것에 격렬하게 반대했다. 셋째, 사마리아인들은 그리심산에 모조 성전을 만들고 자신들만의 제사장직과 제사 제도를 채택했는데, 모두 유대 백성들과는 관계없이 취한 행동이었다. 넷째, 셀레우코스 왕조의 왕인 안티오코스 4세가 유대 백성을 종교적으로 박해하는 동안(주전 167년), 사마리아인들은 유대교를 공격한 이교도들과 동맹을 맺었다. 그에 대한 복수로 (주전 134-104년 동안 통치한) 유대인 지도자 요한 힐카누스(John Hyrcanus)는 사마리아 성전을 파괴해버렸다. 이처럼 분명 이 두 집단 사이에는 증오가 흐르고 있었다.

하지만 예수님은 **사마리아를 거쳐야만 하였다**[에데이(*edei*), '필요했다', 공동번역]. 신적 책임에 의해, 예수님은 따돌림 받는 한 사람에게 하나님의 사랑을 보여주시려고 사회적, 문화적, 종교적 관례들을 어기셨다. 예수님은 **수가**에서 멈추셨는데(5절), 그곳은 **야곱의 우물**이 있던 곳이었다(6절). 1,800년이 지난 시점에서도 야곱의 우물에서는 여전히 물이 나오고 있었다. 예수님은 **길 가시다가 피곤하여**[그분이 완전히 인간이시라는 것을 보여주시면서] **여섯 시**(정오, 1:39에 대한 주석을 보라)에 **우물곁에** 앉으셨다.

4:7-8. 유대 문화에서는 여자들이 물을 길었으며(출 2:16) 저녁 때 물 긷는 일을 하는 것이(창 24:11) 관례였다. 이 부도덕한 **사마리아 여자**가 정오에 혼자 **물을 길으러** 왔다는 것은 그 여자가 사람들 눈에 띄지 않으려 했다는 것을 시사한다. 제자들 없이 홀로 계셨던 예수님은(8절) 한 가지 질문을 하시면서 주도권을 쥐고 대화를 시작하셨다. 신자들은 전도를 위한 대화를 할 때 주도권을 잡고 대화를 시작해야 한다. 그리고 종종 처음 시작은 질문으로 하는 것이 좋다. 그 시간 **제자들은 먹을 것을 사야** 했다(8절, 참고. 눅 14:26-33에 나오는 제자도의 대가). 그것은 여자가 '생수'(영생, 10절)를 값없이 제공받게 되는 것과 대조를 이룬다.

4:9. **사마리아 여자**는 예수님이 자신에게 말씀하신 것에 놀랐다. (1) 그 문화에서는 남자들은 여자들, 특히 알지 못하는 여자들에게 말을 하지 않았으며 (2) **유대인은 사마리아인과 상종하지 아니**했기(이것은 여자의 말이 아니라 요한의 말이다) 때문이다. 전통에 따르면, 사마리아 여자가 손을 댄 그릇에서 물을 마시면 예수님은 의식상 부정하게 되었다. 실제로는 예수님이 그 여자에게 주시고 싶어 하신 물은 그 여자를 영적으로 그리고 영원히 깨끗하게 만들 것이다.

4:10. 예수님은 그 여자에게 '생수'를 얻기 위한 세 가지 조건을 알려주셨다. 그 여자는 (1) 영생이라는 값없이 주어지는 **선물**을 알아야 한다. (2) 하나님 대신

이 선물을 주시는 분인 예수님이 누구신지 알아야 한다. (3) 예수님께 그것을 구해야 한다(즉, 그분을 믿어야 한다). 예수님이 생수의 근원이라고 주장하시는 것은 그분이 자신을 구약의 하나님과 메시아로 보셨다는 것을 나타낸다(시 36:9; 렘 2:13; 17:13).

4:11-12. 니고데모와 그 여자는 둘 다 영적 진리와 물리적 실상을 혼동한다. 어떻게 이 미지의 유대인 남자가 그들의 족장 **야곱**보다 **더 크단** 말인가(12절)? 그리고 어떻게 이분이 주시는 물이라는 선물이 야곱이 심지어 **자기 짐승**들까지 마시게 했던 **우물**보다 더 크단 말인가? 그 여자의 질문들은 그녀의 회의주의를 반영한다(**당신이 야곱보다 더 크니이까**)라는 질문의 헬라어 구문은 부정적 대답을 예상한다. 수많은 다른 사람들과 마찬가지로 그 여자는 예수님이 누구신지 인식하지 못했다(1:10, 26, 31, 33).

4:13, 14. 예수님은 반복해서 마셔야 하는 물리적인 물이 주는 일시적 만족과 그분이 주실 **물**이 주는 영구적이고 영원한 만족을 대조시키셨다(14절). 예수님이 주시는 물을 단 한 번만이라도 마시는(즉, 믿는) 사람은 다시는 **영원히 목마르지 아니**할 것이다. 그것은 **그 속에서 영생하도록 솟아나는 샘물**[페게(*pege*), 활동적인 '샘']**이 될** 것이기 때문이다. '솟아나는'(*hallomai*, 할로마이)이라는 헬라어 단어는 못 걷던 사람이 고침을 받고 난 후 '뛰어' 일어났을 때도 사용되었다(행 3:8; 14:10).

4:15-16. 여자는 **그런 물**을 달라고 구했다. 그래서 그녀가 **목마르지도 않고** 다시 **물 길으러** 우물로 **오지도 않게** 해달라는 것이다. 여자의 요청은 영생보다는 이 세상적 만족과 편리함을 더 구하는 것이었다(참고. 6:34). 그 여자는 오시는 메시아에 대해 알고 있었다(25, 29절). **가서 네 남편을 불러오라**는 예수님의 대답(16절)은 궁극적으로 그 여자가 예수님이 메시아임을 인식하도록 하려는 것이었다(참고. 39절).

4:17-18. **나는 남편이 없나이다**라는 그 여자의 대답은 진리를 드러내는 것이기도 하고 숨기는 것이기도 했다. 예수님은 그 여자가 진리를 말한 것에 대해 칭찬하셨다. 하지만 동시에 그녀의 부도덕함을 드러내기도 하셨다. 그 여자는 성인이 된 후에, **다섯** 명의 다른 **남편**들과 결혼하고 이혼했다(18절). 현재 그녀는 자기 **남편이 아닌** 여섯 번째 남자와 간음을 행하고 있었다. 우물가의 여인에 대한 이야기에서는 그녀의 죄에 대해 그 이상은 별로 말하지 않는다.

4:19-20. **내가 보니 선지자로소이다**라는 말은 예수님에 대한 여자의 인식에 진전이 있었음을 나타낸다. 예수님이 그 여자의 결혼 상태에 대해 아신다는 것은 예수님의 선지자적 능력을 보여주었다. 그것은 또한 그 다음에 나오는 것이 주제를 바꾸려는 것이 아님을 시사한다. 대신 그 여자는 새로 알게 된 이 선지자가 예배의 장소에 대해 사마리아인들과 유대인들 간의 해묵은 논쟁을 해결할 수 있을까 궁금해했다(20절). 그것은 **이 산**, 즉 그리심산이었는가, 아니면 **예루살렘**이었는가?

4:21-22. **여자**에 대해서는 2:4에 대한 주석을 보라. 여자가 예수님을 선지자로 간주했다면(19절), 그녀는 또한 미래의 예배에 대한 그분의 예언을 **믿**(었)어야 한다. **때가 이르리라**는 말은 요한복음에서 7회 사용되었으며(4:21, 23; 5:25, 28; 16:2, 25, 32) 여기에서는 예수님의 죽음 및 부활과 함께 시작하는 때를 가리킨다. 비슷한 표현으로 "내 때"에 대해서는 2:4에 대한 주석을 보라. 또한 "그의 때"에 대해서는 7:30; 8:20; 13:1에 대한 주석을 보라. 곧 **아버지**가 그저 예루살렘에서뿐 아니라 어떤 장소에서든 예배를 받으실 것이다. 사마리아인들(**너희는**이라는 말은 헬라어에서 복수로 되어 있다, 22절)은 무지한 가운데 예배드렸다. [성경에서 발견되는] **구원**의 참된 메시지와 공급자(메시아)는 사마리아인이 아니라 **유대인에게서** 나온다. 그런데도 구원받을 대상에는 사마리아인들을 포함해서, 유대의 메시아를 믿는 모든 사람들을 포괄될 것이다.

4:23-24. 선지자 예수님은 또한 이렇게 예배를 변혁시킬 때가 **이때**라고 예언하셨다. **참되게 예배하는 자들은 아버지께 영과 진리로 예배할** 것이다. **영으로**라는 것은 '열심으로' 혹은 '신령한 은사로'라는 의미가 아니다. 24절에서 예수님은 **하나님은 영이시니**라고 설명하셨다. **영과 진리로** 예배한다는 것은 무엇보다도 '하나님을 자신의 삶 속에 놓고' 예배한다는 것, 자신 안에 영이신 하나님이 거하시는 사람으로 예배한다는 것을 의미한다. **진리로**라는 것은 그리스도를 통해 이제 주어진 온전한 진리를 나타낸다(1:14, 17). **아버지께서**

는 이러한 예배자들을 **찾으신다**(참고. 27절). 우리의 예배(24절)는 하나님의 성품에 대응되는 것이어야 한다. **하나님은 영이시며** 우리는 **영과 진리로 예배**해야 한다는 것이다.

4:25-26. 여자는 그들에게 **모든 것을 알려주실**, 오실 **메시아 곧 그리스도**(1:20에 대한 주석을 보라)를 믿었다. 예수님은 이미 그녀의 과거를 폭로하셨으며(29절) 예배에서 철저한 변화가 일어날 것을 예언하셨으므로(23절), 그분이 메시아일지 모른다는 그녀의 소망은 고조되었다. **네게 말하는 내가 그라**(26절)는 문자적으로 '나는…이다. 즉, 네게 말하는 자'라는 의미이다(헬라어에는 술어 혹은 '그'라는 말이 없다). 그 진술은 요한복음에 나오는 예수님의 '나는…이다'(I am) 라는 주장들과 비슷하다. 6:35, 8:24, 58에 대한 주석을 보라. "나는…이다"라는 말은 독자적으로 존재하시는 구약의 하나님의 이름을 상기시키며(출 3:14-15; 사 41:4, 43:10, 13) 예수님의 신성을 암시한다.

4:27. **제자들**은 1세기 유대교에서 여자들을 대하는 태도에 영향을 받아서 **예수께서 여자와 말씀하시는 것을 이상히 여겼다**. 그들의 놀라움은 그들이 예수님과 소통하기를 거부하지 않았더라면(**묻는 자가 없더라**) 사라졌을 것이다. **무엇을 구하시나이까**에 대한 대답은 예수님이 아버지께서 찾으시는 바로 그것을 찾고 계신다는 것이었다(23절). 그것은 바로 참되게 예배하는 자들이다.

4:28-30. 그 여자는 그리스도를 만난 것이 기뻐서 **물동이를 버려두고 동네로** 들어갔다. 예수님이 그 여자에게 그녀가 **한 모든 일을 말한** 것(29절)은 사마리아인들이 볼 때 오실 메시아가 지닌 초자연적 지식이었다(25절). 그녀가 주저한 것(**이는 그리스도가 아니냐**)은 여자가 남자들을 '가르치는' 것을 조심해야 했기 때문이다. 그 여자의 증거에 의해, 사마리아인들은 **예수께로** 오기 시작했다(30절). 육체적으로 또한 영적으로 온 것이다.

4:31-33. **제자들**은 육체적 필요에 초점을 맞춘 반면(**랍비여 잡수소서**), 예수님은 영적 필요에 관심을 가지셨다. **내게는 너희가 알지 못하는 먹을 양식이 있느니라**라는 말은 예수님의 참된 내적 양식에 대한 제자들의 무지를 드러냈다(마 4:4). 그것은 예수님이 잡수실 필요가 없었다는 말은 아니다. 예수님은 정말로 그분을 강하고 힘나게 하는 사역을 위해 기꺼이 잠시 동안은 음식 없이 지내셨다. 제자들은 여전히 주님을 깊이 알지 못했다(참고. 14:9). 그들은 물리적 유추를 통해서 영적 진리를 전달하려는 예수님의 시도를 다시 한 번 오해했다.

4:34-35. 제자들의 혼란으로 예수님은 그들을 가르칠 기회를 갖게 되었다. 예수님의 영적 **양식**은 그분을 **보내신 이의 뜻을 행하며**(5:30; 6:38-40; 8:29) **그의 일을 온전히 이루는 이것**이다(9:4; 17:4). **넉 달이 지나야 추수할 때가 이르겠다**는 말은 속담일 수도 있고 아니면 문자적으로 한 해의 그때(12월, 4월에 있을 겨울 추수가 있기 전)를 말하는 것일 수도 있다. 예수님을 따르는 자들은 많은 대중들(즉, 나아오고 있는 사마리아인들, 30절)을 **희어져**[익어서] **추수하게 된 밭**으로 보아야 한다.

4:36-38. 심지어 지금도(**이미**), 미리, 이 땅에서, 다른 사람들을 그리스도를 믿는 믿음으로 인도하는 제자는 **삯**, 곧 보상이나 복을 **받고** 있다. '삯'(*misthos*, 미스도스)은 (미래의) '상'(마 5:12; 6:1-2; 10:41-42)이라고 번역된 것과 같은 단어이다. 미래의 상에 대한 바울의 동일한 가르침(고전 3:6-15)은 주님으로부터 나온 것이다. 씨를 뿌리는 것과 거두는 것은 둘 다 영적 추수를 위해 필요했다. 그래서 뿌리는 자와 거두는 자는 시기와 경쟁 없이 **함께 즐거워**할 수 있다. **다른 사람들은 노력하였고**는 구약시대의 선지자들과 이전에 사마리아에서 사역했던 세례 요한을 나타내는 말일 것이다(참고. 3:23).

4:39-40. **그 동네**(수가, 5절)에서 **많은 사마리아인이 예수를 믿었다**. 빌립이 후에 그 지역을 방문했을 때(행 8장) 더 많은 사마리아인들이 믿었다. 아마도 그 이전에 예수님과 세례 요한이 미친 영향 때문이었을 것이다. 그러므로 목사가 큰 성공을 누릴 때, 그와 회중은 그런 결과를 낳기까지 그 이전에 와서 기도하고 사역했던 사람들이 큰 역할을 했다는 것을 인정할 필요가 있다.

니고데모와는 대조적으로(3:9에 대한 주석을 보라) 그 사마리아 여자는 그리스도에 대해 담대히 증언했다. 예수님은 신적 전지하심으로 여자가 행한 **모든 것을**

묘사하셨다. **사마리아인들**의 요청에(40절) 예수님은 수가에서 **이틀**을 머무셨다. 아마 예수님은 그 사마리아 여자의 집에 머무셨을 것이다(참고. 행 16:14-15).

4:41-42. 예수님이 수가에 머물기로 결정하신 것이 지혜로운 것이었음이 분명해졌다. **예수의 말씀으로 말미암아 믿는 자가 더욱 많아**졌기 때문이다. 하나님의 말씀은 믿음에 대한 자극제이다(롬 10:17; 갈 3:2,5). 그 여자가 받는 상(참고. 36절)은 자신이 증거한 대상들이 이제 그들 자신의 믿음을 증거하는 것을 듣는 것이었다. 그리스도를 **믿는 것**은 **그가 참으로 세상의 구주신 줄** 아는 것이다. "세상의 구주"라는 말에는 이방인들도 포함된다.

6. 신하의 아들이 고침을 받다(4:43-54)

4:43-45. 예수님은 사마리아인들 가운데서 이틀간 성공적인 사역을 마친 후, 계속해서 원래 가시려던 목적지(3절) **갈릴리**로 향하셨다. 그곳은 수가에서 걸어서 사흘 걸리는 곳이었다. 사마리아의 반응과는 대조적으로(44절) 예수님은 **선지자**(참고. 19절)**가 고향에서는 높임을 받지 못한다**고 **하**셨다. 그 고향은 예수님의 경우에는 갈릴리와 유대였다(참고. 1:11,46). **갈릴리인들이 그를 영접**했는데(45절), 그저 놀라운 치유자로 영접한 것이었다(구원받는 믿음을 갖지는 않았다. 여기에서 사용된 '영접하다'에 해당하는 헬라어는 1:12에 사용된 단어와 달랐다). 그들은 유월절 **명절**에 예수께서 **예루살렘에서 하신 모든 일**[기적들, 2:23]을 직접 **보았**기 때문이다.

4:46. 예수님은 **다시 가나에** 가셨다. 이때쯤 동네 사람들은 어떻게 예수님이 **물로 포도주를 만드**셨는지 알았을 것이다(2:1-11). **왕의 신하**는 아마 갈릴리 분봉왕 헤롯 안티파스(주전 4년-주후 39년) 치하의 고위층 공직자 혹은 군사 관원이었을 것이다. 마태복음 8:5-13에 나오는 백부장의 하인을 고친 이야기와 그 병행 구절들은 다른 사건을 나타낸다. 그 신하는 아마 이방인이었을 것이므로 요한은 예수님의 메시지가 유대인에게(3장), 그다음에 사마리아인에게(4장), 마지막으로 이방인에게(참고. 행 1:8) 이동하는 것을 제시했다. 이것은 예수님의 메시지와 사역이 모든 민족 집단에게 적절하다는 것을 의미한다. 그 신하의 **아들**은 **가버나움에서** 심한 열병으로(52절) **병들었**다. 그래서 그 신하는 예수님의 도움을 구하기 위해 가나까지 32킬로미터를 왔다.

4:47-48. 그 신하는 예수님께 **내려오셔서 내 아들의 병을 고쳐주소서**라고 간청했다. **그가 거의 죽게 되었**기 때문이다. 표적들은 믿음으로 이끌도록 되어 있지만(2:11, 23; 7:31; 20:30-31), 믿기 전에 하나님께 표적을 달라고 요구하는 것은 비난받을 만한 것이다. 그것은 하나님을 자신의 주님으로 삼기보다는 하나님을 자신의 종으로 만들려는 것이다. **너희**[헬라어로 복수형]**는 표적과 기사를 보지 못하면 도무지 믿지 아니하리라**(48절)는 말은 신하(**예수께서 이르시되**)와 갈릴리 유대인들이 예수님이 그리스도임을 선뜻 믿으려 들지 않는 것에 대응하시는 것이었다.

4:49-50. 그 신하는 예수님의 대응에도 단념하지 않고 도와달라고 반복해서 요청했다. 그의 간구에 대한 응답은 믿음을 요하는 것이었다. **가라 네 아들이 살아 있다**(50절)는 말은 예언이면서(19, 44절) 또한 치유이기도 했다. "네 아들이 살아 있다"는 말은 선지자 엘리야를 생각나게 한다. 엘리야는 사르밧 여인의 아들이 살아났다고 선언했다(왕상 17:23). 하지만 예수님은 더 위대하신 선지자로서 심지어 직접 그 자리에 있지 않으시면서도 신하의 아들을 고치셨다. 믿음의 본질은 **예수께서 하신 말씀**을 믿는 것이다. 그것이 바로 그 신하가 했던 일이다. 그의 믿음은 그가 가버나움으로 **가더니**라는 것에서 분명하게 나타났다.

4:51-53. 그 아버지는 가버나움(가나에서 약 25~32킬로미터 떨어진)에 채 도착하기도 전에 그의 아들이 건강하다는 소식을 듣게 되었다. 가나에서 **내려가는** 길에(390미터 낮아짐), **그 종들이 오다가 만나서 아이가 살아 있다 하거늘**. 이것이 단순한 우연의 일치가 아니라는 것을 확증하기 위해(52절), 그 신하는 자기 아들이 **낫기 시작한 때**를 물었다. 그는 **열기가 떨어진** 것이 전날 오후 1시(**일곱 시**)라는 것을 알게 되었다. "일곱 시"에 대해서는 1:39에 대한 주석을 보라. 예수님이 바로 그때에 자기 아들을 고쳐주신 것을 확신하고서(53절), **자기와 그 온 집안이 다 믿**었다. 거기에는 병 고침 받은 아들도 포함되었다. 신약시대에는 온 가족이 다 함께 믿음으로 나오는 일이 흔했다(참고. 행 11:14; 16:31; 18:8). '생명'이라는 단어가 이 이야기에

서 세 번 등장하므로(50, 51, 53절) 이 기적은 모든 생명의 메시아적 근원이신 예수님을 가리킨다(1:4).

4:54. 신하의 아들이 나은 것은 예수님이 행하신 두 번째 표적이 아니라(참고. 2:23; 3:2; 4:45) **예수께서 유대에서 갈릴리로 오신 후에 행하신 두 번째 표적**이었다. 이 사건은 독자들을 완전히 한 바퀴 돌아서 다시 가나로 가게 한다(2:11; 4:46).

C. 예수님의 사역에 대한 점진적 거부(5:1-12:50)

5-12장에서 요한은 메시아이신 예수님이 어떻게 안식일의 주님이신지 그리고 유월절과 초막절 같은 유대 절기들의 형상들을 성취하시는지를 설명했다. 예수님을 반대하는 움직임이 점점 커지면서(참고. 5:16, 18) 마치 예수님이 재판에 회부되어 자신을 변호하는 증언을 할 필요가 있는 것과도 같았다(5:31-36; 8:13-17). 표적들은 그런 증거들을 제공했다. 역설적이게도 예수님에 의해 재판에 회부된 것은 바로 예수님을 대적하는 자들이었다.

1. 이름이 나오지 않은 명절에 일어난 사건들: 오래된 병을 고치시다(5:1-47)

5:1. 요한이 언급하는 **명절**은 그것이 안식일에 해당되었다는 것 외에는 확인되지 않는다(9절). 확실히 알 수는 없지만, 그것은 아마 십중팔구 유월절이었을 것이다. 모든 남자들은 해마다 성전에서 거행되는 세 절기, 즉 유월절, 오순절, 초막절(출 24:13-17; 신 16:16)에 참석해야 했기 때문이다. **예수께서 예루살렘에 올라가시니라**.

5:2-3a. **예루살렘에 있는**이라는 구절이 현재 시제인 것은 그 글이 주후 70년과 예루살렘 멸망 이전에 쓰였음을 밝히는 데 도움이 된다(서론의 '연대'를 보라). 네 번째 복음서가 그 시기 이후에 쓰였다면, **양문**은 파괴되었을 것이며 저자는 과거 시제를 사용했을 것이다("예루살렘에 '있었던' 양문"). **양문**["양의 문", 참고. 10:7]과 **베데스다**["긍휼의 집"]는 아마 영적, 상징적 의미를 가지고 있었을 것이다. 그 못은 예루살렘 북동쪽에 있었다. 그것은 두 개의 사다리꼴로 된 못으로 사면에 있는 덮개로 씌운 보도(**행각**) 및 못들을 분리시켜 주는 다섯 째 행각으로 둘러싸여 있었다.

5:3b-4. 3b-4절은 몇몇 중요한 초기 사본에는 나오지 않는다. 하지만 모리스(Morris)는 (*John*, 267-268) "그것이 사람들이 거기 있었던 이유를 설명한다는 것을 의심할 이유가 전혀 없다(참고. 7절)"라고 썼다. 즉, 왜 수많은 병자들과 다리 저는 사람들이 정기적으로 그 못에 왔는가 하는 것이다. 외적 증거는 이 구절들을 빼놓는 것을 지지한다. 이 구절들에서 나온 많은 것이 7절에 반복되며, 그로 인해 3b-4절은 필요 없게 된다. 그리고 그렇게 빼놓은 것이 해석하기 더 어렵기 때문에 원래 본문에 이 구절들이 있었다면 필사자가 그것을 일부러 제거했을 것 같지는 않다. 분명 그 구절들은 왜 사람들이 거기 모여 있는지를 설명하기 위해 덧붙여졌다.

다른 한편, 3b-4절을 포함시키는 것을 지지하는 이유로 첫째, 터툴리안(주후 200년)은 자신이 이 구절들을 알았다는 증거를 제시한다. 이는 그 구절들이 파피루스 66과 파피루스 75(각각 주후 200년경과 400년경)에 이미 포함되었다고 연대를 추정할 수 있다는 의미이다. 둘째, 3b-4절이 없다면, 7절을 쉽게 이해할 수가 없다. 많은 것이 설명되지 않은 채로 있게 된다. 셋째, 그 구절들은 필사자가 그것이 이교의 미신을 반영한다고 생각했기 때문에 삭제했을 가능성이 매우 높다. 1세기에 헬라의 치유의 신 아스클레피오스(Asclepius)가 이 장소와 관련되었다. 그래서 이 연대 이후에 필사자는 혼란이나 혼합주의를 피하기 위해 이 구절들을 제거했을 수도 있다. 레이몬드 브라운(Raymond Brown)은 이렇게 말한다. "하지만 이 고대의 그럴듯한 구실은 그 못에 대해 널리 보급되어 있는 전통의 정확성을 반영할 것이다"(*John*, 207). 모든 것을 고려해볼 때, 3b-4절은 아마 요한이 쓴 것이 아니었을 것이다. 구약에서 **천사**(4절)는 성육신 이전의 그리스도였다. 분명 드문 경우에 주의 천사가 **물을 움직이게** 해서 먼저 거기 들어간 사람을 은혜로 고쳐주었다. 요한은 이미 천사의 역할을 예수님의 역할과 대조시킨 바 있다(1:51). 이제 '그' 주의 천사(예수)가 단 한 명을 고쳐주기 위해 몸소 거기 계셨다.

5:5-7. 수많은 병자들 중에서(3절) 예수님은 **서른여덟 해** 된 병자를 고르셨다. 그 숫자는 이스라엘이 광야에서 38년 동안 방황했던 것을 상기시킨다(신 2:14). 예수님은 그분의 초자연적 지식으로(참고. 1:47; 2:25; 4:39) **병이 벌써 오래된 줄 아셨다**(6절). **네가 낫고자**

하느냐라는 예수님의 질문은 그 사람이 전혀 나을 수 가 없음을 나타낸다. 그 질문은 또한 그 사람의 마음이 믿음으로 준비되도록 하려는 것이었다. 그 병자는 대답 대신 불평을 했다. 그는 몸이 마비되어 있었으므로, 스스로 **못에** 들어갈 만큼 충분히 빨리 움직일 수가 없었으며(7절), **물이 움직일 때에** 그를 못에 넣어주는 사람이 아무도 없었다.

5:8-9. 그 치유는 **일어나**[에게이로(*egeiro*), 일어서다]라는 말로 마무리되었다. 그 말은 부활에 대해 사용되는 용어이다. 그다음에 나오는 대화에서 예수님은 마지막 날에 그분의 생명을 주시는 능력에 대해 이 단어를 사용하실 것이다(21절). 하지만 주님은 또한 **네 자리를 들고 걸어가라**고 명하셨다. 아무런 믿음도 표현되지 않았지만(그 사람은 심지어 자신을 고쳐준 사람이 누군지조차 알지 못했다) 치유는 즉각적이었다(9절). 공관복음서들에서 믿음은 치유로 이어졌다(예를 들어 마 8:5-13; 9:2-7, 20-22, 27-29; 15:22-28; 막 9:17-27). 하지만 요한복음에 기록된 세 번의 기적적인 치유(여기, 4:46-54; 9:1-38)는 그의 독자들을 믿음으로 이끌기 위해 기록된 것이라고 요한은 말했다(참고. 20:30-31). 지금 나온 이야기는 모든 기적들이 그것을 받는 사람에게 믿음을 가져오지는 않을 것임을 보여준다. 그것은 또한 성자 하나님께서 은혜를 받을 자격이 없는 사람들에게 은혜를 보여주신다는 것도 나타낸다. **이날은 안식일이니**라는 말은 독자들이 그 다음에 나오는 논쟁에 대한 준비를 하게 해준다.

5:10-11. 그 중풍병자도 유대인이었으므로, **유대인들**이라는 말은 유대 지도자들을 말하는 것이 분명하다(서론을 보라). 자리 등의 물품을 안식일에 들고 가는 것은 **옳지 아니**했다. 그것은 모세율법에 부가된 유대 전승들을 어기는 것이었기 때문이다. 미시나에는 안식일을 어기는 39가지 일의 유형이 묘사되어 있다. 매듭을 묶는 것과 푸는 것 등과 같은 일이었다(참고. *m. Sabb.* 7:2). 질문을 받았을 때 그 고침 받은 사람은 그를 **낫게** 한 분이 그에게 **자리를 들고 걸어가라** 한 분과 같은 사람이었다고 대답했다(11절). 그 사람은 자신이 안식일을 범했다는 비난의 화살을 자신에게서 예수님께로 돌리려 하고 있었던 듯하다. 그래서 11절에 나오는 그의 말은 예수님을 곤란에 처하게 하고 그들의 책망을 회피하려는 것이었다.

5:12-14. 더 질문을 받자 고침을 받은 사람은 예수님의 이름을 밝히지 못한다(13절). 그 사람은 자신의 새로운 상황에 초점을 맞춘 나머지 그리고 분명 감사한 마음이 전혀 없었기에 **예수께서** 사람들에게 알려지지 않기 위해(참고. 6:15) **사람**들을 지나 **피하셨**다는 것을 알지 못했다. 하지만 후에 **예수께서** 베데스다 못 바로 남쪽에 있는 **성전에서 그 사람을 만나**셨다(참고. 9:35). **다시는 죄를 범하지 말라**는 말은 그 사람의 질병이 38년 전의 어떤 확인할 수 없는 죄의 결과였을 것임을 나타낸다(참고. 9:2-3). 예수님은 그의 과거의 삶을 아셨다(참고. 4:39). 그가 죄의 삶을 살면, 그 결과 더 **심한** 육체적 질병이나 심지어 육체적 죽음을 겪을 것이다(참고. 잠 2:18; 11:19).

5:15-16. **그 사람이 유대인들에게 가서…예수라 하니라**. 이 구절들을 11절과 같이 살펴볼 때, 그 고침받은 사람은 계속 자신은 안식일을 범한 죄를 경감 받고 그 죄를 온전히 예수님께 지우려 했던 것처럼 보인다. 그 고침을 받은 사람이 믿음에 이르게 되었을 것 같지는 않다(참고. 11:45-46). 그가 고한 결과 유대인 지도자들은 **예수를 박해**하게(즉, 예수님이 율법을 어기는 자라고 비방하게) 되었다. 예수님이 안식일에 이 병을 고친 것 때문이 아니라, **안식일에 이러한 일**[복수]을 반복적으로 **행하신다 하여** 그런 것이다.

5:17-18. 안식일은 창조(창 2:2-3; 출 20:8-11)와 구속에서(신 5:15) 하나님이 일하신 것을 기념했다. 예수님이 **내 아버지께서 이제까지 일하시니**[즉, 아기들이 안식일에도 태어난다. 하나님은 안식일에 우주를 계속 유지하신다] **나도 일한다**고 말씀하시는 것은 예수님이 창조주이자 구속주이신 아버지와 마찬가지로 모든 생명과 구원의 근원이라는 것을 암시한다. **더욱**(18절)이라는 말은 유대 당국이 심지어 이 이전에도 **예수를 죽이고자** 했다는 것을 보여준다(참고. 막 3:6). 예수님을 죽이려는 음모들은 요한복음에서 자주 언급된다(7:1, 19, 25, 30; 8:37, 40; 10:39; 11:8). 죄목은 안식일을 범했다는 것만이 아니었다. 예수님은 **하나님을 자기의 친아버지라 하여 자기를 하나님과 동등으로 삼으셨다**. 이는 요한복음에서 신성에 대한 가장 명백한 주장 중 하나이다.

5:19. 요한은 예수님의 긴 대답을 기록하기 시작했다. 그것은 두 부분으로 나뉘어 있다. 예수님은 하나님 아버지와 동등하시지만 하나님께 종속되어 있다는 것(19-30절) 그리고 자신의 권위를 입증하시는 예수님의 증거이다. 예수님은 본질적으로 하나님 아버지와 동등하시지만, 그분이 하시는 일 중 어느 것도 하나님 아버지의 주도권과 상관없이 독자적으로 행하시는 것은 없다. **아버지께서 하시는 일을 보는** 그 일을 예수님이 행하신다는 것은 하나님 아버지와 예수님의 독특하고 친밀한 관계를 단언한다(1:1; 17:5). **아버지께서 행하시는 그것을 아들도 그와 같이 행하느니라**. 아버지의 뜻을 정확하게 본받아 행하고, 완벽하게 하나 됨 가운데 일하신다는 것이다. 요한의 목적은 여기에서 고등 기독론을 제시하려는 것이다. 어떤 사람들은 이 부분을 그리스도인의 삶의 모범으로 이해한다. 즉, 하나님이 어디에서 역사하시는지 보고 그다음에 거기에서 하나님께 합류해야 한다는 것이다. 하지만 요한의 목적은 분명하게 기독론적이다. 즉, 성자가 성부의 신적 권위를 공유한다는 것을 입증하기 위해서이다(22-23절).

5:20-21. **아버지께서 아들을 사랑하사**. 요한복음 3:35("아버지께서 아들을 사랑하사")에서 '사랑하사'는 헬라어 동사 아가파오(*agapao*)이다. 하지만 5:20("아버지께서 아들을 사랑하사")에서 '사랑하사'는 다른 동사인 필레오(*phileo*)이다. [필레오는 헬라어 코이네(*Koine*)에서 '입 맞추다'라는 의미가 될 수 있긴 하지만] 요한복음에서 그 두 단어는 본질적으로 동의어이며, 여기에서도 다른 곳에서도 의미상 구분을 보여달라고 강요할 수는 없다. 그 사실은 21:15-17에서 예수님에 대한 자신의 사랑에 대해 베드로가 예수님과 대화를 나눌 때 상당한 함축을 지닌다. 요한복음 다른 곳에서 아들에 대한 아버지의 사랑은 언제나 헬라어 아가파오이다(참고. 3:35; 10:17; 15:9; 17:24). 아버지의 사랑으로 인해 하나님은 그리스도께 **자기가 행하시는 것을 다 보이신다**. **더 큰일**이란 아들에게 주신 바 **죽은 자들을 일으키고**(21절) **자기가 원하는 자들**, 즉 믿는 자들을 **살리는** 권리를 말한다.

5:22-23. 구약에서처럼 하나님 아버지는 생명을 주시고 죽은 자들을 일으키신다. 그래서 그분은 심판을 하실 권리가 있으시다. 아버지는 아들에게 죽은 자들을 일으키는 권리를 주셨으며, 또한 **심판을 다 아들에게 맡기셨다**. 이것은 삼위일체의 각 위격들이 별개이면서도 완벽하게 하나로 연합되어 있다는 것을 보여준다. **모든 사람**은 반드시 **아버지를 공경하는 것같이 아들을 공경**해야(23절) 혹은 예배해야 한다. 그것은 하나님 아버지의 신적 권위와 함께 그리스도의 신적 권위를 입증하는 것이다.

5:24-25. 영생을 얻기 위해서는 그리스도를 **보내신** 하나님을 반드시 믿어야 한다. 이슬람은 이 하나님을 거부하며, 유대교는 하나님을 괘씸할 정도로 잘못 이해하고 있다. **영생을 얻었고** 또한 **사망에서 생명으로 옮겼느니라**는 하나님의 처리가 즉각적으로 일어난다는 것을 전달한다(3:36에 대한 주석을 보라). **심판에 이르지 아니하나니**에 대해서는 3:18에 대한 주석을 보라. **때가 오나니 곧 이때라**(25절)에 대해서는 4:21, 23에 대한 주석을 보라. **하나님의 아들의 음성을 듣고 살아나게 될 죽은 자들**은 영적으로 죽은 불신자들이었다가(엡 2:1, 5; 골 2:13) 믿음으로 나아와(듣는, 25절) 영생을 얻는 사람들이다. 그들, 즉 믿은 후 죽은 사람들은 미래의 부활에 참여하게 될 것이다(28절에 대한 주석을 보라).

5:26-27. **아버지께서 자기 속에 생명이 있음같이라**는 말은 예수님이 생명의 근원이라고 주장하시는 또 다른 비교를 시작한다(참고. 1:3-4; 14:6). '바로 그렇게'(NASB)라는 말이 비교를 마무리한다. 아버지와 마찬가지로 예수님은 안식일에 대해서뿐 아니라(참고. 17-18절) 생명에 대해서도 권위를 가지고 계시다. 영원한 과거 동안, **아버지는 아들에게도 생명을 주어 그 속에 있게 하셨다**. 예수님의 **심판하는 권한**은 **인자됨으로 말미암아** 주어진 것이다(27절). 사람은 주로 하나님의 아들로서가 아니라 인자로서의 예수님에 의해 공정하게 심판을 받을 것이다(참고. 1:51; 단 7:13-14).

5:28-29. **때가 오나니**는 미래의 부활을 말한다(**무덤 속에 있는 자가 다…나오리라**). 이 본문에서 모든 그리스도인들은 **선한 일을 행한 자**(29절)로 간주된다. 즉, 그들은 예수님을 믿는 믿음을 발휘했으며(3:36에서 믿는 것과 불순종하는 것 간의 대조를 보라), **생명의 부활**로 나올 것이다. 하지만 믿지 않는 자들 모두 역시

영원의 관점에서 간주된다. 그리스도를 거부하는 사람들이 많은 칭찬할 만한 일들을 한다 해도, 그 행동들은 하나님의 영광을 향한 것이 아니며 성령의 능력으로 행한 것이 아니다. 그리스도를 받아들이지 않는 사람들은 **악한 일을 행한 자**로 여겨지며 **심판의 부활**로 간다.

5:30-32. **내가 아무것도 스스로 할 수 없노라**는 말에 대해서는 19절을 보라. 예수님이 아버지로부터 듣는 것에 대해서만 심판하신다면 그분의 **심판**은 **의로**울 것이다. 하나님은 의로우시기 때문이다. 아들은 자신의 **뜻대로 하려 하지 않**는다(4:34; 6:38; 7:28; 8:29). 예수님은 아버지의 뜻을 완벽하게 알며 계속해서 그 뜻을 구한다. 모세율법에서 적절한 법적 절차는 두 세 명의 증인을 요구했다(신 17:6; 19:15; 민 35:30). 예수님은 율법에 순종해서, 그분의 **증언**(31절)만으로는 인간 법정에서 **참되**다고 입증될 수 없다는 데 동의하셨다. 하지만 그분은 **따로** 증언하시는 이인 아버지께서 그분을 위해 **증언**하실 것을 믿고 있었다(32절).

5:33-34. **너희가 요한에게 사람을 보내매**라는 말에 대해서는 1:19-28에 대한 주석을 보라. 예수님은 세례 **요한**이 메시아이신 그분의 신분에 관한 **진리에 대하여 증언하였**다는 것을 인정했다. 하지만 예수님이 받은 권위 있는 증언은 인간적 증언이 아니었다(34절). 그리스도가 아버지의 참된 증언(32절)에 대해 **이 말을 하**실 필요가 있었던 것은 예수님의 말을 듣는 사람들(그리고 요한의 글을 읽는 사람들)로 **구원을 받게 하려 함이**었다.

5:35-36. 요한은 **등불**이었다. 그것은 메시아를 위해 준비해야 하는 '등불'에 대한 예언을 성취하는 것이었다(시 132:17). 요한이 전파하는(**비추이는**) 동안, 유대 백성들은 **한때 그 빛에 즐거이 있기를 원하였**다. 요한이 왕국을 확립하고 로마를 타도할 메시아적 통치자를 가져오리라고 바라면서 그렇게 한 것이다. 하지만 예수님이 호소하신 **더 큰** 증거는 **아버지께서** 그분에게 **주사 이루게 하시는 역사**[복수형, 그분의 가르침들, 기적들 그리고 후에는 그분의 죽음과 부활]였다(참고. 4:34; 17:4).

5:37-38. **아버지**는 구약성경에서(참고. 39절), 예수님이 세례 받으실 때 하늘에서 들린 음성을 통해(마 3:17; 막 1:11), 성령이 그리스도께 비둘기같이 내려오신 것을 통해(요 1:32-33) **증언하셨**다. 하지만 이 유대인 지도자들(16, 18절)은 **아무 때에도** 영적으로 **그 음성을 듣지 못하였고** 믿음으로 **그 형상**[즉, 본성]**을 보지 못하였**다. 그것은 그들이 아들을 믿지 않은 것에서 입증된다(38절).

5:39-40. 바리새인들은 율법을 알지 못하는 사람들은 저주를 받은 자들이라고 주장했다(7:49). 그들이 **성경을** 연구한 이유는 그저 성경에 대한 지식을 통해 그들이 **영생**을 가진다고 생각했기 때문이다. 그들은 자기 의에 눈이 멀어서, 성경이 예언한 참 메시아를 놓쳤다. 이러한 실패는 그들이 단지 진리를 모르는 것뿐 아니라, **영생**을 얻기 위해 그리스도께 **오기를 원하지 아니**한다는 것을 의미했다.

5:41-42. **나는 사람에게서 영광을 취하지 아니하노라**는 그들이 예수님께 영광을 드리지 않아서 예수님이 실망하셨다는 반대자들의 억측을 바로잡는다. 그리스도는 모든 자기 의를 버리셨으며, 백성들로부터가 아니라 하나님으로부터 **영광**을 구하셨다(1:14; 2:11에 대한 주석을 보라). '영광'이라는 말은 요한복음에서 약간 다른 강조점들을 지닌다. 여기에서 '영광'은 '찬양', '공경', '인정'을 의미한다. 바리새인들은 토라에 대한 그들의 지식에 의해 동시대 사람들에게 찬양을 받으려 했다. 예수님은 성육신에서 그분의 신적 영광을 기꺼이 내려놓으셨다(17:5; 또한 2:7에 대한 주석을 보라). 이제 이 땅에서 예수님은 완전히 겸손해지고 아버지의 뜻에 순종하심으로 하나님으로부터 영광을 구하셨다(17:4). 그리스도를 믿는 진지한 믿음과는 반대로, 종교 제도들은 당시 사람들에게 미신적으로 영광을 구하려고 했다. 사람들에게 영광을 구하는 것과 **하나님을 사랑하는 것**(42절)은 상호 배타적이다.

5:43-44. **내 아버지의 이름으로**라는 말은 예수님이 하나님의 최고의 대리인이라는 것을 의미한다. 하나님을 사랑하는 것(42절)의 가장 중요한 행동은 그분이 보내신 대리인을 **영접**하는 것이다. **만일 다른 사람이 자기 이름으로 오면 영접하리라**는 말은 장차 유대인들이 짐승(단 9:27; 계 13:1-8)이나 거짓 선지자(계 13:11-17), 심지어 주후 132-135년에 로마에 대항해서 두 번째 반란을 일으킨 시몬 바르 코크바(Simon bar Kokhba)를 영접할 것을 가리킨 것이다. **서로 영광을**

취하는 것은 그리스도를 믿는 믿음을 심각하게 방해한다(참고. 12:42-43). 그리스도를 믿는 믿음을 위해서는 **유일하신 하나님께로부터 오는 영광**(즉, 영화/부활, 참고. 롬 5:2; 8:21)을 구해야 한다.

5:45-47. 장차 있을 심판에서 그리스도는 유대인 지도자들에게 심판을 할 필요는 없다. 그들의 영생을 위해(39절) **바라는 자 모세**[즉, 그가 쓴 오경]가 그들이 예수님을 자신이 예언한 메시아로 인식하지 못한 그들의 죄를 증언할 것이다. 모세는 메시아에 대해 자주 예언했다(참고. 창 3:15; 49:10; 출 12:21; 민 24:17; 신 18:15; 참고. 요 1:45; 3:14; 8:56). 누구든지 **모세**가 기록한 성경을 **믿는** 사람(그리고 그럼으로써 여호와를 믿는 사람)은 예수님을 메시아로 믿었을 것이다(46절, 또한 6:37에 대한 주석을 보라).

요한복음 5장에 나오는 예수님에 대한 다섯 증인

- 세례 요한(33절)
- 예수님 자신의 역사(36절)
- 아버지(37절)
- 성경(39절)
- 모세(46절)

2. 유월절이 가까웠을 때 일어난 사건들(6:1-71)

요한복음 6장에서 예수님은 5,000명을 먹이셨고, 갈릴리 바다에서 폭풍우를 잠잠하게 하셨으며, 가버나움에서 무리를 먹이신 기적의 의미를 설명하셨다. 5,000명을 먹이신 것은 4복음서 모두에 기록된 유일한 기적이다. 그 사건은 5장에 기록된 다른 사건들이 일어난지 약 반년 후인 봄에, 유월절 직전에(4절) 일어났다. 예수님은 방금 모세가 예수님에 대해 말했다고 주장하셨다(5:39, 46-47). 그다음 사건들에서 요한은 예수님이 어떻게 이 주장들을 예시하셨는지 보여주었다. 5장에서 병을 고치심으로 예수님이 자신의 참된 신분, 곧 생명을 주는 분이라는 것에 대한 강화를 하게 되었던 것처럼(5:21, 24, 26), 6장의 무리를 먹이는 기적으로 인해 생명의 떡이신 예수님의 신분에 대한 강화가 이루어졌다.

a. 5,000명을 먹이시다(6:1-14)

6:1-2. **그 후에**라는 시간적 언급은 막연하지만, 예수님이 예루살렘에서(5장) 갈릴리로 미확인된 이동을 하신 것을 알려 준다. **갈릴리 바다 건너편**이란 동쪽 해안을 말한다. 요한만 갈릴리 바다를 남서 해안에 있는 주요 동네의 이름을 따서 지은 이름인 **디베랴** 호수라고 밝혔다(참고. 21:1). 예수님은 약간의 휴식을 취하고(막 6:30-32) 방금 세례 요한을 죽인 헤롯 안티파스를 피하기 위해(눅 9:7-10) 동쪽 편으로 가셨다. 예수님이 **병자들**에게 행하신 기적적인 **표적**들(2절)로 인해 호기심에 찬 큰 무리들이 예수님을 따랐다.

6:3-4. **산**은 골란 고원의 경사진 언덕을 말할 것이다(참고. 16절의 '내려가서'). 랍비들이 흔히 그랬듯이 예수님은 **제자들과 함께 앉으**셨다. 아마 가르치기 위해서였을 것이다(마 5:1; 13:2; 막 4:1; 9:35). 그것은 가르침을 위해 랍비들이 취하는 일반적인 자세였다. 이 **유월절**(4절)은 예수님이 십자가에 처형되시기 1년 전이었을 것이다. 유월절은 이스라엘이 모세를 통해(참고. 32절) 애굽 사람들에게서 해방된 것을 기념했으며, 이 절기 동안에는 메시아에 대한 소망이 고조되었다.

6:5-7. 예수님은 **어디서 떡을 사**는가에 대해 빌립에게 말씀하셨다. 빌립은 원래 그 지역에 살았기 때문이다(1:44). 그 질문은 그를 **시험**하기 위한 것이었다(6절). 하나님은 광야에서 그분의 백성에게 만나를 공급하셨으므로, 빌립은 메시아가 무리를 위해 똑같은 일을 하시리라는 것을 알았어야 했다. 예수님은 최후의 방편으로 5,000명을 먹이신 것이 아니라, **친히 어떻게 하실지를 미리 아**셨다. 한 데나리온(은전)은 하루치 품삯이었으며, 이백 데나리온(7절)은 약 8개월 치 품삯이었다. 빌립의 대답은 인간의 해결책으로는 불가능하다는 사실을 확증시켰다.

6:8-9. 마가복음 6:38에 따르면, 예수님은 제자들에게 얼마나 많은 떡을 입수할 수 있는지 보라고 명하셨다. **시몬 베드로의 형제 안드레**[빌립처럼, 둘 다 벳새다 출신이었다, 1:44]는 **보리떡 다섯 개와 물고기 두 마리를 가지고 있는 한 아이**(9절)가 거기 있다고 말했다. 예수님은 아무것도 없는 상태에서 음식을 공급할 수도 있으셨지만, 어린 아이의 보리떡(요한복음에서만 그 떡이 보리로 만든 것이라고 밝힌다)이 많아

지는 방식을 선택하셨다. 그것은 선지자 엘리사가 행한 기적(왕하 4:42-44)을 의도적으로 반복하는 것이었다. 엘리사 선지자는 스무 개의 보리떡으로 백 명을 먹였으며, 자신이 하나님께 보냄을 받은 사람임을 입증했다. 예수님은 무리를 먹이신 기적에 의해 자신이 하나님에게서 보냄을 받은 '그' 선지자임을 보여주셨다(신 34:10-12에 대한 주석을 보라).

6:10-11. 유월절(4절)은 봄이었기 때문에, **그곳에 잔디가 많**았다. 선한 목자이신 예수님은 그분의 잃어버린 유대인 양들을 무성한 풀밭으로 인도하셨다(참고. 10:1-16; 마 10:6). **오천 명쯤**이라는 숫자(그 숫자는 반올림되었다)는 남자 어른만 헤아린 것이었다(마 14:21은 여자와 어린이도 언급한다). 사람들의 총수는 만 오천 명, 많게는 2만 명이었을 것이다. 예수님은 떡과 물고기를 나눠주시기 전에(11절), 음식에 대해 **축사**하신다(참고. 23절).

6:12-13. 그리스도는 언제나 우리의 필요를 남아돌 만큼 공급하신다. 사람들은 모두 **배불렀으며 남은** 조각이 많이 있었다. '남은'이라는 말은 헬라어 페릿슈오(*perisseuo*)로, 문자적으로는 '풍성함'을 뜻한다(참고. 13절; 10:10). 요한은 상징을 사용하는 것을 좋아하므로, **열두 바구니**(13절)는 이스라엘의 열두 지파를 위한 메시아의 충분하심을 상징할 것이다. 여기에서 남은 떡만 언급한 것은 그것만이 그다음에 나오는 생명의 떡 가르침과 관련되기 때문이다(32-58절).

6:14-15. 모세는 광야에서 하늘로부터 내려온 만나로 이스라엘 사람들을 먹였다. **사람들이 예수께서 행하신 이 표적을 보**았을 때(2:11에 대한 주석을 보라), 그것은 그들에게 신명기 18:18의 "내가…너[모세]와 같은 선지자 하나를 그들을 위하여 일으키고"라는 말을 생각나게 했다. 그들은 영적인 것을 도외시하고는 그리스도를 **억지로 붙들어 임금으로 삼**기로 결정했다(15절). 이는 공관복음 병행 구절들에서는 언급되지 않은 점이다. 예수님은 인정과 권세에 대한 유혹에 저항하고, **다시 혼자 산으로 떠나가시니라**.

b. 물 위로 걸으시다(6:15-21)

6:16-17. 요한은 예수님이 물 위를 걸으신 것을 명확하게 표적이라고 부르지는 않았지만, 그가 그것을 표적으로 제시했다는 것에는 의심의 여지가 거의 없다. 공관복음서에 따르면, 예수님은 제자들에게 자신이 기도하는 동안 그분보다 먼저 가버나움으로 가라고 지시하셨다(마 14:22-23; 막 6:45-46). 그래서 **저물매**, 제자들은 그들의 여정(6~8킬로미터)을 떠났다. **이미 어두웠고**(17절)라는 말은 물리적 환경을 묘사한다. 하지만 **예수는 아직 그들에게 오시지 아니하셨더니라**는 문구가 추가되면서, 그 절은 "또한 상징으로 가득한 것이 될 수 있다. 3:2; 13:30과 마찬가지로 밤의 어둠과 예수님의 부재는 강력하게 연결되어 있다"(Carson, *John*, 274).

6:18-19. 갈릴리 바다는 갑자기 폭풍우가 치는 것으로 유명하다. 서쪽에서 불어오는 시원한 지중해 바람이 호수로 내려오는 몇 개의 골짜기를 통과하면서 깔때기 모양으로 되어 종종 뜨거운 내륙의 공기와 충돌하며, 그 결과 강한 바람이 생겨난다. 바람이 더 세지면서 제자들은 자신들이 겨우 십여 리 정도밖에 노를 젓지 못해(19절), 바다 한가운데에 있는 것을 발견했다(막 6:47). 그들은 폭풍우는 무서워하지 않았다. 하지만 그들은 **예수께서 바다 위로 걸어 배에 가까이 오심을 보고** 그들이 유령을 보고 있다고 생각하여(막 6:49) **두려워**했다. 요한은 예수님이 물 위를 걸으신 것을 '표적'이라고 부르지 않았다(2:11에 대한 주석을 보라). 그것은 예수님의 메시아적 영광을 자기 제자들에게 사적으로 보여주신 것이었다.

6:20-21. 예수님이 물 위를 걸으신 것은 신성에 대한 예수님의 독특한 주장인 **내니**[It is I, 문자적으로 '나는…이다']라는 말과 결합되어 있다. 35절과 8:58에 대한 주석을 보라. 구약에서 바다는 종종 혼란과 무질서를 나타냈다. 그것을 제어하신 분은 하나님이었다(참고. 욥 1:4-15; 시 65:5-7; 93:1-4). 그들은 바다 한가운데 있었으므로 **배는 곧 그들이 가려던 땅에 이르렀더라**라는 말은 초자연적 의미를 지닌다.

c. 생명의 떡 메시지(6:22-71)

6:22-24. 제자들이 예수님을 기꺼이 영접하는 것(21절; 참고. 1:11-12)은 디베랴로부터 바다를 가로질러 **바다 건너편**[동편]**에 서 있던 무리**들의 반응과 대조를 이루었다(참고. 26, 36, 41-42, 52절). 그들은 결국에는 제자들이 예수님 없이 가버나움(바다의 북서쪽 해안에 있는)으로 떠난 것을 발견했다. 하지만 그들은

예수님이 그 지역에 없다고 판단했다. 무리는 지금쯤에는 충분히 줄어들어서(예수님은 그들을 해산시켰다, 마 14:22; 막 6:45) 바다 남서쪽 해안의 **디베랴에서** 온 작은 **배들** 안에 모두 들어갈 수 있었다(23-24절). 그들은 **예수를 찾으러 가버나움으로** 갔으며, 분명 모두 가버나움 회당에 빽빽이 들어찼다(59절). 1976년 감라(Gamla, 가버나움에서 동쪽으로 16킬로미터 떨어진 곳)에서 당시의 회당을 발견했는데 그곳은 약 300명을 수용할 수 있었다. 가버나움 회당도 아마 비슷한 규모였을 것이다.

6:25-27. 예수님은 배를 타지 않으셨고 도보로 가버나움에 그렇게 빨리 갔을 수는 없었을 것이기 때문에, 사람들은 뭔가 범상치 않은 일이 일어났다는 것을 알았다. **언제 여기 오셨나이까**라는 그들의 질문은 그들의 혼란을 표현했다. 예수님은 자신이 언제 도착하셨는지는 설명하지 않으셨으며, 그들이 예수님을 찾는 동기를 말씀하셨다(26절). 그것은 그들이 **표적을 본**[그것은 그들을 믿음으로 이끌 수 있었을 것이다, 20:30-31] **까닭이** 아니요 그들이 떡을 **먹고 배부른** 까닭이었다. 두 종류의 음식을 구분해야 한다(27절). 즉, **썩을 양식**과 **영생하도록 있는 양식**이다. 유대인들은 모세가 광야에서 준 만나는 단 하루만 지나면 상해 버렸다는 것을 상기했다(출 16:19-21). **인치신 자**라는 말에 대해서는 3:33에 대한 주석을 보라. 그리스도에게 있는 하나님의 인은 성령이다(1:32-33; 3:34; 행 10:38).

6:28-29. 영원한 양식을 위해 '일하라'는 명령(27절)으로 인해 사람들은 **우리가 어떻게 하여야 하나님의 일을 하오리이까**라는 질문을 하게 되었다. 예수님은 그들이 말한 "하나님의 일"(works of God, 복수형)을 **하나님의 일**[work of God, 단수형]로 재규정하셨다. 그 일은 아들을 **믿는 것**이다(29절). 그리스도는 '일'에 대한 이런 언어유희로 영생은 일을 통해 얻는 것이 아니라고 단언하셨다(엡 2:8-9; 롬 4:4; 딛 3:5). 심지어 모세가 이스라엘 사람들에게 만나를 준 것도 그들이 물리적 떡으로만 사는 것이 아니요 영적인 떡으로 사는 것임을 배우도록 하려는 의도였다(신 8:3).

6:30-31. 가버나움의 무리들은 예수님의 이전 표적들(2절)과 무리를 먹이신 기적을 본 회의주의자들, 무리를 먹이신 기적을 보지 못한 다른 사람들(참고. 디베랴로부터 온 배에 있던 사람들, 23-24절)로 구성되어 있었다. 그들은 함께 물었다. **그러면 우리가…당신을 믿도록 행하시는 표적이 무엇이니이까**. 그들은 예수님이 모세와 같은 선지자라면 예수님은 엄청난 기적을 행할 수 있을 것이라고 생각했다. 예수님은 풀이 무성한 언덕 중턱에서 5,000명을 위해 한 끼 식사를 제공하셨고, 모세는 광야에서 40년간 한 민족에게 **만나**(31절)를 먹였다. 예수님은 이 세상 것인 물고기와 떡을 사용하신 반면 모세는 **하늘에서 그들에게 떡을 주었다**(시 78:24에서 나온 인용문). 후에 랍비들 또한 모세가 광야에서 이스라엘에게 만나를 먹이는 것과 미래의 메시아 간의 연관을 보았다. 미드라시(성경에 대한 옛 랍비들의 해설)에서 볼 수 있는 것과 같다. "처음 구속자(모세)가 그랬던 것처럼, 나중의 구속주(메시아)도 그럴 것이다…처음 구속자가 만나가 내려오게 했던 것처럼…나중 구속주도 만나가 내려오게 할 것이다"(Ecclesiastes Rabbah 1:9).

6:32-33. 모세가 광야에서 준 떡은 일시적인 것이었다. 그런 의미에서 그것은 **하늘로부터** 온 **떡**이 아니다. 대신 하늘의 **참 떡**을 주시는 분은 **내 아버지**라고 예수님은 말씀하셨다. '참'은 일시적이고 육체적인 것과 반대되는 개념으로 영적이고 영원한 것을 의미한다. 무리를 먹이신 기적은 참된 **하나님의 떡**(33절)이신 예수님을 가리켰다. 이 떡은 훨씬 더 우월하다. 그것은 그저 유대인들에게 일시적 생명을 주는 것이 아니라 **세상에** 영원한 **생명을 주**기 때문이다.

6:34-36. 수가의 여인은 물리적인 물을 계속 공급해달라고 잘못 구했다(4:15). 마찬가지로 이 듣는 자들은 끝없이 이어지는 물리적 떡을 구했다(**이 떡을 항상 우리에게 주소서**). 35절(**나는 생명의 떡이니**)은 요한복음에 나오는 일곱 개의 '나는…이다'(I am) 진술 중 첫 번째를 포함하고 있다(참고. 20절; 4:26). **주리지 아니할 터이요**와 **영원히 목마르지 아니하리라**는 헬라어에서 강조체로 되어 있으며, 영생이 영구적 소유물임을 보여준다. 30절에서 유대인들은 예수님에게 그들이 표적을 본다면 믿을 것이라고 말했다. 예수님은 이 말에 반박하시면서(36절) 그들이 예수님과 그분의 표적들을 **보고도** 여전히 **믿지 아니**했다고 설명하신다.

예수님의 일곱 가지 '나는…이다'(I am) 주장들

"나는 생명의 떡이다"(6:35, 48, 51).
"나는 세상의 빛이다"(8:12; 9:5).
"나는 문이다"(10:7, 9).
"나는 선한 목자이다"(10:11, 14).
"나는 부활이요 생명이다"(11:25).
"나는(내가) 길이요 진리요 생명이다"(14:6).
"나는 참포도나무이다"(15:1).

6:37. **아버지께서** 아들에게 **주시는 자는 다** 그분에게 올[즉, 믿을] **것이다**. 요한복음에서는 비슷한 진술들이 자주 언급된다(6:39; 10:29; 17:2, 6, 9, 24; 18:9). '주시는 것'은 '오는 것'에 선행되는 신적 택하심을 말할 수도 있고(참고. 엡 1:3-6) 아니면 한 분 참되신 하나님을 참으로 찾는 사람들이 예수님을 확실히 영접하는 것을 말할 수도 있다(참고. "모세를 믿었더라면 또 나를 믿었으리니", 5:46; 참고. 1:35-51; 5:24, 38; 10:27-29). **내가 결코 내쫓지 아니하리라**는 그다음 구절들에서 명료하게 설명된다. **내쫓지**[헬라어로는 두 단어로, 첫 번째 단어는 '내가 물리치다'라는 동사 에크발로(*ekballo*)에서, 두 번째 단어는 '밖으로'라는 부사 엑소(*ekso*)에서 왔다]라는 말은 예수님이 어떻게 사람들을 받으실 것인지 말하는 것이 아니라, 어떻게 예수님이 그분을 믿은 사람들을 보존하실지를 말한다. 맹인은 회당에서 쫓겨났지만(역시 '에크발로'와 '엑소', 9:34), 그는 언제나 그리스도 '안에' 있을 것이다.

6:38-40. 그리스도가 이 땅에 오신 목적은 그분을 **보내신** 아버지의 **뜻**을 행하려는 것이었다(4:34; 5:30; 8:29). 예수님은 아버지께 대한 자신의 완전한 순종에 기초해서 **내게 주신 자 중에 내가 하나도 잃어버리지 아니하고 마지막 날에 다시 살리**겠다고 약속하셨다(39절). "마지막 날"은 부활과 최후의 심판을 말한다. 40절은 39절을 힘주어 반복한다. 신자를 궁극적으로 안전하게 지키는 것에 대해 이보다 더 분명하게 단언하는 구절은 찾을 수 없다. 우리의 영원한 안전은 예수님이 **아버지의 뜻**을 성취하는 것에 달려 있으며, 예수님은 그 일에 절대 실패하지 않으실 것이다.

6:41-42. **수군거리**는 것은 이스라엘이 광야에서 반역하던 것을 생각나게 한다(출 16:2, 7-9, 12). **유대인들**은 자신이 **하늘에서 내려온 떡**이라는 예수님의 주장에 걸려 넘어졌다. '내려온'이라는 말은 성육신의 언어이다(1:14; 갈 4:4; 빌 2:7-8). 그들은 예수님의 **부모**와 그 혈통을 잘 알았기 때문에(참고. 막 6:3; 눅 4:22), 인간의 몸을 입고 오신 하나님이라는 예수님의 참된 본성을 보지 못했다(참고. 1:14).

6:43-44. 회의론자들의 무리는 예수님이 하늘로부터 내려왔으며 아버지가 그들을 예수님께 '주셨기' 때문에 예수께 오고 있다는 주장(37절)에 대해 수군거렸다. 예수님은 그들의 불평을 책망하시기도 하고, 그들의 무지를 바로잡기도 하셨다. 그리스도를 **보내신 아버지께서** 그 사람을 **이끌지 아니하시면 아무도** 예수님께 올 수 없었다. 혼자 내버려두면 아무도 하나님이나 그리스도를 절대 찾지도 않을 것이다(롬 1:18-23과 3:9-18에 대한 주석을 보라). 하나님은 그리스도의 메시지를 듣는 모든 사람들이 이끌리도록 하셨다(12:32). 하지만 그 이끌림은 영원히 지속되지는 않는다(참고. 12:40).

6:45-46. 예수님은 **선지자의 글**에서 인용하심으로 하나님께 모든 사람이 이끌린다는 것(참고. 12:32)을 확증하셨다. 이사야 54:13은 천년왕국에서 사람들은 **다 하나님의 가르치심을 받**을 것이라고 선포했다(사 2:3; 미 4:2). '가르치심'은 하나님이 어떻게 사람들을 '이끄는'지를 분명히 밝힌다(44절). 하지만 하나님께 이끌리거나 하나님의 가르치심을 받는 것으로는 충분하지 않다. **아버지께 듣고** 실제로 **배운 사람마다** 다 예수님께 **오느니라** 혹은 예수님을 믿는다. "아버지께 배운" 사람은 아들에게 주어질 것이다(37절). 46절은 1인칭에서 3인칭으로 바뀌기 때문에, NET는 그것을 요한이 삽입구로 말한 것이라고 간주한다. 하지만 예수님은 여기에서 그분이 실제로 아버지를 봄으로써 아버지께로부터 배운 유일한 분이심을 설명하기 위해, 자신에 대해 3인칭을 사용하실 수도 있다(참고. 5:19; 10:11; 17:1-2).

6:47-48. **진실로 진실로**라는 말은 듣는 사람들에게 그다음에 나오는 말의 중요성을 드러낸다. 믿기만 하는 자는 **영생을 가졌**다. 이 진리와 근본적으로 대조를 이루는 것은, 다른 모든 종교는 영생을 얻기 위해, 혹

은 무엇이 되었든 '최종 결과'에 이르기 위해 어느 정도의 노력을 요구한다는 점이다. **내가 곧 생명의 떡이니**(48절; 참고. 35, 51절)라는 그리스도의 주장은 영원한 생명을 유지하는 데 있어 예수님의 역할을 비유적으로 표현하기 위해 가장 기본적인 영양소의 공급원 중 하나를 이용한다.

6:49-51. 예수님은 **너희 조상들**이라는 말을 언급함으로, 그의 대적들을 **광야에서 만나를 먹었**고 그래도 **죽었**던 반역적인 이스라엘 사람들과 동일화한다. 이 장에서 몇 번 나오는 것 중 첫 번째로(50-54, 56-68절), 예수님은 우리가 이 떡을 **먹어**야 한다고 직접 언급하셨다(50절). 이 **떡**을 **먹**는 것은 그리스도를 믿는 것을 나타내는 비유이다. 이런 생각은 이 장의 주요 관심사이다(29-30, 35-36, 40, 47, 64, 69절). 육체적 생명을 위해 떡을 섭취하는 것처럼 영생을 위해 믿음으로 그리스도를 '섭취해야' 한다. **살아 있는 떡**(51절)을 먹는 사람은 **영생**할 것이다. 떡은 이제 예수님이 모든 사람을 위해(**세상의 생명을 위한**) 십자가에서 자발적으로 주실(**내가 줄**) 그분의 '살'이나 몸으로 규정된다. 여기에는 포도주도 잔도 언급되지 않으므로(마 26:27; 고전 10:16; 11:26-28), 분명히 성만찬에 대한 암시는 아니다.

6:52-53. 예수님의 살을 먹는다는 그분의 유추는 의도적인 것이었다. 어떤 사람의 살을 먹는 것은 혐오할 만한 일이다. 마찬가지로 죄인 된 인류는 그리스도를 믿을 필요가 있다는 것에 혐오감을 느낀다. 믿지 않는 유대인들은 예수님을 다시 오해하고서(참고. 34절), **이 사람이 어찌 능히 자기 살을 우리에게 주어 먹게 하겠느냐**라고 묻는다. 예수님은 **인자의 살을 먹을** 필요성에(53절) 추가로 혐오스러운 이미지를 더하셨다. **인자의 피를 마시**라는 명령이다. 그리스도는 '먹는 것'과 '마시는 것'이라는 비유적 표현으로, 믿음으로 그리스도의 죽음을 자신의 자아와 동화시킬 필요성을 전달하도록 도와주셨다.

6:54-56. **내 살을 먹고 내 피를 마시는 자**라는 말이 성찬식이나 성만찬을 말하는 것일 수는 없다. 요한은 (1) 성례에 주의를 거의 기울이지 않으며(성만찬은 이 책에서 한 번도 언급되지 않는다) (2) 믿음만을 **영생을 가지**는 유일한 수단으로 만들었고 (3) 예수님의 말씀을 문자적, 물리적으로(성례적 견해에서처럼) 해석하는 것은 오해라는 것을 보여주었기(요한복음에서 흔한 문학적 특징) 때문이다. **참된**에 대해서는 32절을 보라. 우리의 몸이 완전히 흡수하는 음식처럼, 믿음으로 그리스도의 **살을 먹고** 그분의 **피를 마시는** 사람은 그리스도 **안에 거하고** 그리스도 또한 **그의 안에** 거하신다. 56절에서 그리스도 안에 '거하는 것'에는 믿음의 순간 시작되는 예수님과의 지속적인 교제가 포함된다. 하지만 15:1-11이 보여줄 것처럼 그리스도 안에 '거하는 것'에는 지속적인 순종이 포함된다(15:10). 그래서 15:4은 그리스도와의 이 교제에 남아 있으라고 혹은 그 교제를 계속하라고 명할 것이다.

6:57-59. 이 부분은 성경에서 단 한 번 하나님이 **살아 계신 아버지**라고 불리는 곳이다. 아들은 아버지로부터 그의 생명을 끌어낸다(**내가 아버지로 말미암아 사는 것**). 마찬가지로 신자의 영생은 아들에게 의존하고 있다(**나를 먹는 그 사람도 나로 말미암아 살리라**). 58절은 49절을 재진술한다. **조상들이 먹고도 죽은 그것과 같지 아니하여**라는 말은 예수님이 "살아 계신 아버지"를 언급한 것과 대조를 이룬다. 요한은 우리에게 생명의 떡에 대한 예수님의 메시지는 **가버나움 회당**에서 일어났다고 알려주었다(59절). 구약성경을 상당히 잘 알고 있는 성인 남자들은 회당 예배에서 말을 할 수 있었다(눅 4:16; 행 13:15, 42; 17:2).

6:60-61. 그리스도의 **제자 중 여럿**은 영생을 얻기 위해 예수님의 살을 먹고 그분의 피를 마실(즉, 그리스도를 믿을) 필요가 있다는 가르침을 받아들이기가 어렵다고 생각했다. '듣다'(**누가 들을 수 있느냐**)라는 말은 '받아들이다'(NIV, HCSB)로 번역하는 것이 더 낫다. **예수**(61절)는 **제자 중 여럿이** 자신의 주장에 대해 **수군거리는** 것을 초자연적으로 **아**셨다(헬라어로 '그분 자신 안에서 아셨다'). **걸림**[*skandalizo*, 스칸달리조]이라는 말은 믿음에 '장애를 유발하는 것', '충격을 주거나 분노를 유발하는 것'을 의미한다. 십자가(참고. 51절)는 사람의 자기 의에 대한 고집에 주로 공격을 가한다(고전 1:23; 갈 5:11).

6:62-63. **그러면 너희는 인자가…올라가는 것을 본다면 어떻게 하겠느냐**라는 말은 그 올라감이 이루어질 수단인 십자가 처형(참고. 61절)과 부활이 더 믿

기 어려울 것임을 암시한다. **인자가 이전에 있던 곳이**라는 말은 사람들의 기분을 상하게 하는 것 중 하나이다. 그것은 그리스도의 선재하심을 가르치기 때문이다(참고. 1:1). **영**은 영원한 '생명'을 주는(개역개정에는 **살리는**—옮긴이 주) 분이다. **육**[죄 및 자기 의와 연관된 인간 본성]은 영생을 얻는 것과 관련해서, 혹은 예수님이 누구신지 평가하는 데 있어 **무익하다**. 예수님이 십자가 처형에 의해 죽으신 것에 대한 진리는 인간적 관점('육')에서 볼 때는 생각할 수도 없는 일처럼 보인다. 하지만 성령은 육적 추론이 아니라 예수님이 하신 말을 통해 역사하신다.

6:64-65. 예수님은 개인들을 지적하지 않으시고 말씀하셨다. **너희 중에 믿지 아니하는 자들이 있느니라. 예수께서**는 그분의 전지하심으로(참고 61절; 또한 1:47; 2:24-25; 6:15) **믿지 아니하는 자들이 누구**인지 **아셨다**. 여기에 대응되는 말인 **자기를 팔 자가 누구인지**라는 말은 유다가 불신자임을 밝힌다(참고. 6:71; 13:11). **내 아버지께서 오게 하여 주지 아니하시면 누구든지 내게 올 수 없다**(65절)라는 말은 인간이 가진 믿음의 신적 측면을 다시 보여준다. 하나님이 어떤 사람의 마음속에 믿음을 가져다주지 않으시면, 그 사람은 하나님을 믿지 않을 것이다. 구원에서 '원동력'(즉, '이끄는 분', 44절)은 하나님이시다.

6:66-67. 그리스도의 **제자 중에서 많은 사람이 떠나가고** 더는 그분을 그들의 선생/랍비로 따르지 않았다(즉, 더는 그분과 함께 다니고 그분의 가르침을 배우지 않았다). 예수님의 전체 제자들은 큰 집단이 아니었을 것이다(전체 무리의 숫자를 추산한 것에 대해서는 6:22-24의 주석을 보라). 이 따르는 자들은 제자도의 조건들을 거부하고 있었던 것이 아니라 오직 그리스도 안에서만 발견되는 영생의 조건들을 거부하고 있었다(30, 35-36, 40, 47, 64, 69절). 그러나 유다는 계속 제자로 있었다(70-71절). 하지만 절대 믿지도 않았다. 예수님은 **열두 제자에게** 질문을 하셨지만(67절), 이것은 예수님의 다른 모든 제자들이 떠났음을 의미하지는 않는다. 예수님의 질문은 그분의 가장 가까운 추종자들에게 믿음의 고백을 요구했다.

6:68-69. 베드로의 자발성은 증거로 귀결된다. **주여…우리가 누구에게로 가오리이까**라는 말은 영생을 얻는 것에서 그리스도의 배타적인 역할을 올바로 평가한다(참고. 14:6). 오직('오직'이라는 말은 문맥에 암시되어 있다) **주께**만 **영생**으로 이끄는 **말씀이 있다**. 베드로는 다른 사람들의 대표로서 말한 것이다(69절). **우리가 주는 하나님의 거룩하신 자이신 줄 믿고 알았사옵나이다**. '믿다'라는 말의 동의어로서 '알다'에 대해서는 4:42을 보라. 이 열한 제자에게 그리스도를 믿는 믿음은 적어도 2:11에서 이미 시작되었다.

6:70-71. 베드로는 열두 제자가 모두 믿었다고 생각했다("우리가 믿고", 69절). 예수님은 그를 바로잡으셨다. **내가 너희 열둘을 택하지 아니하였느냐 그러나 너희 중의 한 사람은 마귀니라**. 예수님은 (떠난 제자들 중에가 아니라) 열둘 중에 **마귀**, 혹은 사탄에게 조종을 받는 자가 있다고 말씀하셨다. 이것은 **유다**(71절)에 대한 첫 번째 언급으로, 그는 **가룟 시몬의 아들**이라고 나오며 그럼으로써 다른 사도(눅 16:16) 및 예수님의 형제(마 13:55)와 구분된다. 유다와 그의 아버지는 둘 다 **가룟**이라고 불리므로, '유다'는 그들의 출신지인 "그리옷 사람"(수 15:25)에 해당하는 히브리어를 헬라어로 음역한 것일 듯하다(Carson, *John*, 304).

3. 초막절에 일어난 사건들(7:1-8:59)

a. 명절 준비와 명절 때의 가르침(7:1-44)

7:1-2. **그 후에**라는 말은 유월절(6:4) 이후 약 6개월쯤 될 때를 표시한다. 예수님은 갈릴리에 머무셨다. **유대에서** 유대 당국이 예수님을 **죽이려 함이**었기 때문이다(참고. 19-20, 25, 30, 32, 44절). 유대인들의 **초막절**(2절)은 장막절, 수장절이라고도 불리는 것으로, 넓은 잎으로 된 초막을 만들어 유대인 가족들이 들이나 지붕 위에서 야영을 하며 지켰다. 그것은 가을 추수 후에 8일간 지키는 것으로(9월이나 10월), 이스라엘이 광야에서 방랑하는 동안 장막에서 살았던 것을 기념하는 것이었다(레 23:33-43).

7:3-5. 예수님에게는 4명의 동생이 있었다(마 13:55; 막 6:3). **그 형제들** 일부 혹은 전부(2:12)는 예수님께 유대로 가라고 지시했다. 그래서 예수님이 **행하는 일**을 그분의 **제자들도 보게** 하라는 것이다. 그들의 세상적 제안(4절)은 예수님에게 개인적 유익을 위해 **스스로 나타나기**를 구하라고 시험했다. 그러나 예수님은 그 시험을 극복하셨다(10절). 예수님이 메시아시라고

주장한다면, 그들의 생각으로는 예수님이 이제 자신을 **세상에 나타내야** 한다. 요한의 설명적 해설(5절)은 그 자신의 **형제들까지도 예수를 믿지 아니함**을 나타낸다(참고. 1:11). 예수님의 형제들은 부활 이후에야 믿음을 가지게 되었다(행 1:14).

7:6-7. 예수님은 적절한 타이밍을 의식하고 계셨다. **내 때는 아직 이르지 아니하였거니와**라는 예수님의 말(그리고 8절; 2:4에 대한 주석을 보라)은 언제, 어떻게 자신을 메시아로 제시하실지에 대한 예수님의 관심을 반영한다. 그것은 예수님의 명성이 아니라 그분의 죽음으로 이끌어야 했다. **너희 때는 늘 준비되어 있느니라**는 말은 예수님의 형제들이 생명에 대한 위협 없이 언제나 명절에 갈 수 있었음을 의미한다. 세상의 불신자들은 악을 행하며, 똑같은 일을 행하는 다른 사람들을 사랑한다. 하지만 세상은 예수님을 **미워**한다. 예수님이 **세상의 일들을 악하다고** 증언하기 때문이다.

7:8-9. 논란이 되고 있기는 하지만, 더 나은 사본들에는 '아직'이라는 말이 들어 있으며(NASB에는 빠져 있다), **나는 이 명절에 '아직' 올라가지 아니하노라**(8절: NKJV, HCSB, NIV)라고 되어 있다. 유대인 남자들은 모세율법에 의해 명절에 참석해야 했다(출 23:17; 34:23; 신 16:16). 예수님은 율법을 어긴다는 인상을 남기지는 않으실 것이다. '올라가다'라는 말은 같은 헬라어 단어가 예수님의 승천에 대해 사용된다는 점에서(3:13; 6:62; 20:17) 두 가지 의미를 지니고 있다. 때는 예수님이 잔치에 올라갈[즉, '오를'(예루살렘은 해발 750미터이며, 거기 이르려면 지형적으로 '올라'갔다)] 때가 아니었다. 또한 예수님의 죽음, 부활, 승천의 때도 아니었다(7:30). 며칠 동안 더, 예수님은 때 이른 죽음을 피하기 위해 **갈릴리에 머물러** 계셨다.

7:10-11. 예수님은 **그 형제들이 명절에 올라간** 때까지 기다리셨다. 후에 **자기도 올라가시되 나타내지 않고** 가셨다. 인간적 영광을 구하라는 시험에서 승리하신 것이다(참고. 4절). 처음에 사람들의 눈에 띄지 않고 있기로 하신 것이 지혜로운 선택이었다는 것은 유대 당국(11절)이 예수님을 죽이려고(참고. 1절) **명절 중에 예수를 찾은** 사실로 확증된다.

7:12-13. **수군거림이 많아**라는 말은 불신이 사람들을 분열시켰음을 나타내며(참고. 6:41, 61), 그 절기의 주제인 이스라엘의 광야 방랑—그 방랑 기간 동안 백성들도 믿음이 부족하여 원망했다(출 15:24; 민 14:2; 또한 7:1-2에 대한 주석을 보라)—을 생각나게 한다. **어떤 사람**은 예수님을 반드시 메시아라고 보지는 않았지만, **좋은 사람**이라고 판단했다. **어떤 사람은 무리를 미혹한다**[그것은 사형에 처할 수 있는 죄였다, 신 13:9-10]라고 말했다. **유대인들을 두려워하므로 드러나게 그에 대하여 말하는 자가 없더라**(13절). 이 진술이 암시하듯이, '수군거림'(12절)은 또한 억누른 대화라는 함축을 지닌다. 예수님에 대한 우호적인 의견을 드러나게 표현하면 보복을 당할 수 있을 것이다.

7:14-15. 예수님은 **명절의 중간**을 **성전에 올라가 가르치**기 시작할 만한 준비된 때(참고. 6절)로 택하셨다. 유대인 지도자들은 예수님이 그렇게 성경을 면밀히 파악하고 계시는 것에 대해 **놀랍게 여겼**다(**이 사람은…어떻게 글을 아느냐**). 예수님은 공식적으로 랍비에게서 성경을 **배우지** 않으셨기 때문이다(참고. 행 4:13).

7:16-17. 유대인들은 예수님의 가르침이 예수님 자신의 것임이 분명하다고 추론했다. 예수님은 **내 교훈은 내 것이 아니요 나를 보내신 이의 것이니라**라고 반박하셨다. 이 사실은 확증될 수 있었다. **사람이** 하나님 아버지의 **뜻을 행하려 하면**(17절), 즉 영생을 위해 그리스도를 믿으려 하면(6:40a), **이 교훈이 하나님께로부터 왔는지 내가 스스로 말함인지 알리라**. 믿음은 하나님의 증거가 진짜임을 입증하고 내면화한다(요일 5:10). 말씀은 그것을 믿을 때, 생명을 주는 씨로(벧전 1:23), 성령을 통해 하나님의 약속들이 참이라는 확신을 가져다준다(참고. 히 11:1).

7:18-20. **스스로 말하는 자**[거짓 메시아와 같은]는 **자기 명예를 구하되 보내신 이의 영광을 구하는 자라**는 말은 예수님 자신과 하늘에서 이 땅으로 오신 그분의 사명을 말한다. **참되니 그 속에 불의가 없느니라**는 성품과 동기에서 죄가 없다는 예수님의 주장이다. 예수님의 의와는 대조적으로, 유대 당국자 **중에는 율법을 지키는 자가 없다**(19절). 어느 누구도 율법을 지키지 않는다(롬 3:19-20). 예수님을 **죽이려**[살해하려] 하는 것(참고. 1절)은 실제로는 제6계명(출 20:13)을 어기는 것이다. **무리**(20절)는, 하나님 아버지가 자기 아들을

통해 말씀하시는 것을 인식하는 대신, 어리석게도 예수님을 **귀신**이 들렸다고 비난했다(참고. 8:48; 10:20; 마 12:24).

7:21-22. **내가 한 가지 일**[deed, 문자적으로는 '일'(work), '기적'과 동의어, 참고. 10:25, 32, 37-38]을 **행하매**라는 말은 안식일에 중풍병자를 고치신 것을 말한다(5:1-9). 예수님은 다른 기적들도 행하셨다(2:23; 3:2; 7:31). 그러나 이 병 고침은 **안식일**에 일하지 말라는 율법을 어긴 것으로 여겨졌다. 하지만 유대인 자신들은 율법을 성취하기 위해, 그들이 할례를 받을 때(대개 남자 아이들이 여덟째 날에, 레 12:3)마다 안식일에 '일했다'. 그들이 일관성이 있다면, 그들은 예수님이 안식일에 '일한다'고 정죄하지 않았을 것이다.

7:23-24. 예수님은 안식일에 신체의 한 부분에는 관심을 보이지만(**할례**) 어려움에 처한 사람 전신(**내가 사람의 전신을 건전하게 한 것**)에 대한 관심은 보이지 않는 것은 모순된다고 추론하셨다. 그리스도를 반대하는 자들은 그들의 전통에 눈이 멀어서, 그들에게 옳은 것처럼 '보였지만'(**외모로 판단하지**) 실은 예수님을 **공의롭게 판단**한 것이 아니다(24절).

7:25-27. 예루살렘 거민들은 당국이 예수님을 죽이려고 계획한 것을 알고 있었지만(참고. 1, 20절), 혼란에 빠져 있었다. 예수님은 **드러나게 말하**고 있었다(26절). 하지만 당국자들은 예수님과 대결하지 않았다. 그들은 생각을 바꿔 이제 예수님이 그리스도라고 은밀히 생각하고 있을까? 그들은 니고데모와 아리마대 요셉(참고. 12:42; 19:38-39) 같은 일부 **당국자들이 참으로** 예수님이 **그리스도**임을 알았다는 사실은 거의 몰랐다. 하지만 무리는 **우리는 이 사람이 어디서 왔는지 아노라 그리스도께서 오실 때에는 어디서 오시는지 아는 자가 없으리라**라고 자신 있게 추론했다. 메시아의 기원에 대한 또 다른 견해로는 42절을 보라.

7:28-29. 주님의 대답은 마치 '그래서 너희는 **나를 알고 내가 어디서 온 것도** 알고 있다고 생각하느냐?'라고 말씀하시는 것처럼 비꼬는 것일 수도 있다. 예수님은 자신의 신분에 대해 앞에서 언급한 묘사들을 반복하셨다. (1) 예수님은 스스로 **온 것이 아니라** 아버지의 권위에 의해서 오셨다. (2) 예수님을 **보내신 이는 참되시나** 그들은 그분을 **알지 못**했다. (3) 예수님은 아버지를 아셨다. 예수님은 아버지**에게서 났고**(1:1, 18) **그가** 그분을 **보내셨음**이기 때문이다.

7:30-31. 무리들 대부분은 당국자들과 함께 주님을 **잡고자** 했으나, 그들은 잡을 수가 없었다. 요한은 예수님이 잡히지 않도록 한 인간적(6:15; 10:39) 수단과 신적 수단(7:30, 44; 8:20) 둘 다에 대해 묘사했다. **그의 때**에 대해서는 2:4과 4:21에 대한 주석을 보라. "그의 때가 아직 이르지 아니하였음이라"는 똑같은 문구가 8:20에도 나오며, 13:1에서 "그의 때가 이른 줄"이라는 문구는 예수님의 죽음의 '때'로 주제를 전환시킨다. 사람들은 메시아가 모세처럼 기적을 행하기를 기대했다(참고. 출 4:21과 신 18:15, 18을 비교해보라). 그러므로 표적들 때문에(20:30-31), **무리 중의 많은 사람이 예수를 믿**었다. 요한은 그들의 구원받는 믿음을 지칭하기 위해 그의 특별한 문구인 '(그분을) 믿다'라는 말을 사용했다(1:12에 대한 주석을 보라).

7:32. **대제사장들**[거의 모두가 사두개인 출신]이 **바리새인들**과 함께 언급된 것은 공회 모임이 있었다는 것을 암시한다('공회'에 대해서는 11:47에 대한 주석을 보라). 대제사장들은 십자가 처형에서 더 두드러진 역할을 맡았다(18:3, 35; 19:6, 15, 21). '바리새인들'에 대해서는 1:24에 대한 주석을 보라. **보냄을 받은 아랫사람들**은 성전 경찰이었다.

7:33-34. 새로 신자가 된 사람들은 "그리스도께서 오실지라도 그 행하실 표적이 이 사람이 행한 것보다 더 많으랴"(31절)라고 추론했다. 하지만 그들은 틀렸다! 가장 큰 기적, 즉 예수님의 죽음과 부활은 아직 일어나지 않았다(**내가…나를 보내신 이에게로 돌아가겠노라**). 부활 이후에 아들은 그의 아버지께로 돌아가실 것이다. **너희가 나를 찾아도**(34절; 참고. 7:36; 8:21; 13:33) **만나지 못할 터이요**라는 말은 (1) 빈 무덤, 혹은 (2) 이스라엘이 예수님을 거부한 후에 계속해서 메시아를 찾을 것임을 말한다.

7:35-36. 그리스도의 대적들은 그분의 말씀(34, 36절)을 로마 전역에 있는 헬라어를 사용하는 유대인들(**헬라인 중에 흩어져 사는 자들**)에게로 사명을 띠고 가려는 의도라고 잘못 해석했다. 그들은 그럴 수는 없을 것이라고 생각했지만, 예수님은 실제로 그런 사명을 염두에 두고 계셨다. 예수님이 부활하신 후에(33절),

예수님의 메시지는 로마제국 전역에 있는 유대인들과 이방인들 둘 다에게로 갈 것이다.

7:37. 탈무드에 따르면(*Sukk*. 4.9), 제사장은 초막절(2절) 동안 날마다 샘에서 물을 공급받는 실로암 못에서 물을 성전으로 가져가, 오실 메시아를 기대하면서 그 물을 제단에 붓곤 했다(참고. 슥 14:16-19). 예수님은 **누구든지 목마르거든 내게로 와서 마시라**고 선포하셨다. 즉, "나를 믿으라"(38절)는 것에 대한 비유적인 표현이다. 예수님은 자신이 성전에 있는 참된 샘물, 영생을 가져오는 샘이라고 선언하고 계셨다(참고. 사 12:3; 55:1). 또한 초막절(장막절)은 모세가 광야에서 바위를 쳐서 주어진 물의 공급을 기념했다. 예수님은 생명을 주는 물을 공급한 이 반석이라는 이미지를 성취하셨다(고전 10:4). 본질적으로 예수님은 초막절이 의미한 것을 성취하신다고 주장하셨다.

7:38-39. 초막절은 이스라엘의 절기 중 가장 즐거운 것이었다. 성경에서 나온 인용문은 몇 개의 메시아적 구절들(예를 들어 사 44:3; 55:1; 58:11; 슥 14:8)을 요약한다. **나를 믿는 자는**이라는 말은 아마 그 앞 구절과 함께 보아야 하는 것으로(참고. NET, NLT, TEV), **그 배에서 생수의 강이 흘러나오리라**라는 구절을 기독론적으로 해석하도록 해준다. 그리스도는 즐거운 생수(영생)의 넘쳐흐르는 근원이다. 그 구절은 신자가 영생과 **성령**(39절)을 받으면서 내적으로 큰 기쁨을 경험하리라고 가르치고 있는 것일 가능성이 많다. 이것은 예수님이 사마리아 여자에게 이전에 하신 말씀과 조화를 이룬다. "내가 주는 물은 그 속에서 영생하도록 솟아나는 샘물이 되리라"(4:14). '생수'에 대해서는 4:10을 참고하라.

7:40-42. 요한은 메시아에 관한 갖가지 관점들을 기록했다. (1) 어떤 사람은 예수님이 **그 선지자**(신 18:15)였으나 메시아는 아니라고 생각했다(1:21; 6:14에 대한 주석을 보라). (2) **어떤 사람은 그리스도라 하며**(41절). 이들은 신자들이었다(참고. 11:27; 20:31). (3) 어떤 사람들은 메시아의 출생지가 알려질 수 없다고 생각했다(참고. 27절). (4) 또 어떤 사람들은(42절) 메시아가 **베들레헴**에서 나올 것이라고 주장했다. 다윗이 베들레헴 출신이었기 때문이다.

7:43-44. 그리스도로 **말미암아 무리 중에서 쟁론이 되는** 것은 놀라운 일이 아니다. 예수님은 오늘날에도 여전히 사람들 가운데서 쟁론이 일어나게 하신다. 유대 지도자들이 예수님을 **잡고자**(44절) 하는 것에 대해서는 30, 32절을 보라.

b. 바리새인들의 회의(7:45-52)

7:45-46. **대제사장들과 바리새인들이** 보냈던 **아랫사람들** 혹은 성전 경비대는 빈손으로 공의회 모임(공회, 32절)에 돌아왔다. 설명이 순서대로 나온다. **어찌하여 잡아오지 아니하였느냐**라고 유대인 지도자들이 물었다. 성전 경비대는 대답했다(46절). **그 사람이 말하는 것처럼 말한 사람은 이때까지 없었나이다**. 그들의 반응은 예수님이 사람이지만, 또한 다른 사람들보다 더 위대한 누군가라는 것을 인정했다(참고. 1:1, 18).

7:47-49. 바리새인들은 그 아랫사람들을 비판했다. **너희도 미혹되었느냐**? 묘한 것은 가장 미혹된 사람들은 바로 바리새인들이라는 것이다. **당국자들이나 바리새인 중에 그를 믿는 자가 있느냐**? 니고데모의 반응(참고. 50절)은 그가 그리스도를 믿는 당국자 중 한 명이었으며, 다른 사람들도 곧 믿을 것임을(12:42) 시사한다. 하지만 이 순간에는 겁먹은 제자였던 그는 자신의 믿음을 터놓고 고백하지 않았다(참고. 3:9; 19:38). 바리새인들은 교만한 우월감과 긍휼의 부족함으로 인해 **무리**를 무지하고 **저주를 받은 자**라고 정죄했다.

7:50-51. 요한은 3:1-9 이래로 언급되지 않았던 **니고데모**를 점차 성장하는 믿음의 한 예로 사용했다. 전에 니고데모는 예수님을 밤에 은밀하게 방문했다. 이제 그는 유대인 지도자들이 취하고 있는 법적 절차들에 의문을 제기함으로 조심스레 예수님을 공개적으로 변호하고 있었다. **우리 율법은 사람의 말을 듣고 그 행한 것을 알기 전에 심판하느냐**. 그 질문은 그의 동료들이 율법이 요구하는 대로 그 상황을 철저히 조사하고 있지 않았음을 암시했다(신 1:16-17; 17:2-5; 19:15-19). 바리새인들은 방금 무리들이 율법을 알지 못한다고 판단했다. 역설적이게도 니고데모는 그들이 율법의 초보적 요구 사항 중 하나를 빠뜨린 것에 대해 그들에게 설명을 요구했다. 그것은 바로 공평함이다("재판장은 자세히 조사하여", 신 19:18).

7:52. 바리새인들은 조롱을 일삼았다. **너도 갈릴리에서 왔느냐**라는 말은 그들의 편견을 드러낸다. 그들

은 멸시받는 **갈릴리**에서는 **선지자가** 나지 **못**한다고 생각했다. 하지만 요나(왕하 14:25)와 나훔(나 1:1)은 갈릴리 출신이었다. 더욱 묘한 것으로, (마 4:12-16에 인용된) 이사야 9:1-2은 메시아가 갈릴리에서 일어날 것이며 '이방에 빛을 가져'올 것이라고 예언했다.

c. 간음하다 잡힌 여자(7:53-8:11)

7:53-8:2. 가장 믿을 만한 사본이라고 생각되는 것에 기초해서, 복음주의자들을 포함한 상당수의 학자들은 간음한 여자 이야기(7:53-8:11)가 원래 본문의 일부가 아니라고 믿는다. 이야기를 포함시킨 것에 찬성하는 근거로는 다음과 같은 것들이 있다. 첫째, 약 1,350개의 요한복음 사본들이 그 이야기를 포함한다. 둘째, 이야기는 전후 문맥과 조화를 잘 이룬다. 성전에서 한 여자가 예수님께 끌려왔다. 이 사건이 일어날 만한 적절한 곳은 여자들의 뜰밖에 없는데, 그곳은 8:20에 묘사된 곳이다. 초막절은 이제 끝났으므로(7:37, 53), 사람들은 장막에서 살다가(7:1-2에 대한 주석을 보라) **다 각각 집으로 돌아**갔다. 이것은 7:53이 이 사건이 정당성을 지닌다는 것을 뒷받침한다. 갈릴리에서는 선지자가 나지 못한다(52절)는 공회의 주장에 대한 특유의 역설로, 요한은 예수님이 **감람산으로 가시니라**(8:1)고 말했다. 모든 선지자 중 가장 위대한 선지자이신 예수님이 요한계시록을 제외하고 신약에서 가장 위대한 예언을 하실 곳은 바로 감람산이었다(마 24-25장; 막 13장; 눅 21장). **아침에**[2절, 오르트로스(*othros*), '새벽에', '동틀 녘에']라는 말은 상징적으로(참고. 21:4) 예수님의 모습으로 도덕적 빛이 들어오기 시작하는 것을 묘사한다(7:52에 대한 주석을 보라). 8:12에 의하면 예수님은 "세상의 빛"이신 분이다. 이것은 요한복음의 빛/어둠이라는 주제를 계속 이어간다. "다 각각 집으로 돌아"(7:53)간 것과는 대조적으로, 예수님은 **성전으로**, 그의 아버지의 집으로 가셨다(참고. 2:16, 거기에서 예수님은 성전을 자기 아버지의 집이라고 부르셨다).

이 사건을 포함시키는 것에 불리하게 작용하는 요소가 몇 가지 있다. 첫째, 그것은 종종 주장되는 것처럼 전후 문맥과 잘 맞지 않는다. 7:52에서 바리새인들은 예수님이 갈릴리 출신이라는 것 때문에, 자신이 선지자라는 예수님의 주장에 의문을 제기했다. 그리고 8:12에 나오는 예수님의 진술은 그들의 논증에 대한 대답 역할을 한다. 이 경우 그 사건은 본문에 불필요하게 끼어든 것이다. 둘째, 예수님이 '아침에' 성전에 오신 것(8:2)과 그분이 "세상의 빛"(8:12)으로 떠오른 것 간의 상징적 연관은 분명하게 본문에서 나온 것이 아니다. 셋째, 문체와 유형이 전형적인 요한의 글 형식이 아니다[상세한 것으로는 Daniel B. Wallace, "Reconsidering 'The Story of the Woman Taken in Adultery' Reconsidered," *NTS* 39 (1993): 290-296을 보라]. 넷째, 이 당시에 유대 백성은 자신들의 권위로 사람을 처형할 자율권이 없었다. 로마가 최종 심판자였으며, 아마 이것을 허용하지 않았을 것이다. 스데반을 돌로 쳐서 죽인 것은 사법적인 처리가 아니라 폭도들의 행동이었다. 하지만 이 이야기에는 스데반을 살해한 것과 관련된 '폭도의 행동' 느낌은 없다. 이로 보아 이 이야기는 역사적으로 정확한 것 같지는 않다. 다섯째, 8:12에 나오는 세상의 빛이라는 예수님의 말씀은 초막절 마지막 날에 하신 말씀이었을 가능성이 더 많다(7:37). 그날에는 언제나 성전산에서 거대한 횃불 의식이 있었다. 메시아가 세상에 빛을 가져오실 분이라는 것에 대한 상징이었다.

마지막으로 외적인 사본 증거는 그 이야기를 뺄 것을 강력하게 지지한다. 사실상 모든 알렉산드리아 사본들, 즉 대부분의 학자들이 가장 오래되고 가장 덜 훼손되었다고 간주하는 사본들은 그것을 빼놓으며, 사실상 (대다수의 학자들이 훨씬 이후의 것이며 일반적으로 더 훼손되었다고 간주하는) 모든 비잔틴 사본들은 그것을 포함시킨다. 하지만 사본들이 그 이야기를 포함시킬 때마저도, 그 이야기의 위치는 각 사본들에서 '이리 갔다가 저리 갔다가' 한다. 이것은 심지어 그 이야기를 포함하는 사본들 가운데서도, 그것에 대해 큰 의심이 있음을 나타낸다.

이야기가 원래 본문에 포함되지 않는다는 증거들이 많지만, 그 증거가 빈틈없이 완벽한 것은 아니며, 이 이야기는 요한복음을 소중히 여기는 사람들에게 사랑을 받기 때문에, 여기에 그에 대한 주석을 제공한다.

8:3-5. 사람들은 율법 교사로서의 예수님께 이의를 제기하고 있었으므로, 율법 해석자인 **서기관들이 바리새인들**과 함께 왔다. 그들은 함께 **간음하다가 현장에서 잡힌 여자**를 예수님께 **끌고** 왔다(4절). 상대방 남

자는 끌고 오지 않은 사실에 비추어볼 때, 유대인 지도자들은 그들의 악의적 의도와 율법이 요구하는 공정함을 무시하는 것을 드러냈다(참고. 7:50-51). **모세율법**에 따르면(5절), 단지 **이러한 여자**뿐 아니라, 모든 간음하는 자들(남자나 여자)은 돌로 쳐서 죽여야 했다(레 20:10; 신 22:22).

8:6-7. 서기관과 바리새인들은 예수님을 **시험**하고 있었다. 만약 예수님이 그 여자를 간음한 여자로 규정하여 돌로 치라고 하셨다면, 그분은 사건을 재판하고 처형을 시행하는 로마 정부의 독점적 권위를 무시하는 자가 될 것이다(참고. 18:31). 반대로 그 여자를 그냥 보내주기로 하신다면, 그분은 모세율법을 불순종하는 자가 될 것이다. 예수님은 **몸을 굽히사 손가락으로 땅에** 뭔가를 쓰신 후에 **일어나**(7절) 율법이 명한대로(신 17:7) **죄 없는 자가 먼저 돌로 치라**고 말씀하신다. 하지만 율법은 또한 악의적 의도로 위증의 죄를 지은 증인을 대신 돌로 쳐서 죽일 것을 요구했다(신 19:16-19).

8:8-9. 예수님이 무엇을 쓰신지는 밝혀져 있지 않다. 보다 중요한 것은 예수님이 **몸을 굽히사** 손가락으로 쓰셨다는 것과(6절) 두 번 쓰셨다는(8절) 것이다. 하나님은 시내산에서 내려오신 후(출 19:11, 20) 십계명을 그분의 손가락으로 두 번 쓰셨다(출 31:18; 34:1, 4; 신 9:10). 예수님은 손가락으로 두 번 쓰심으로, 자신이 여기에서 하나님 아버지가 율법 수여자로서 이스라엘을 위해 성취하신 것과 똑같은 역할을 성취하고 계셨음을 상징적으로 보여주셨다(1:1; 5:18; 8:58; 20:28). 그러자 **그들이 어른**, 즉 양심이 자신을 더 오래 짓누른 사람들로 **시작하여** 하나둘 떠났다(9절).

8:10-11. 율법에 따르면, 사람은 증인이 2명 이상 있어야만 사형에 처할 수 있었다(8:17; 신 17:6; 19:15). 하지만 이제 그 여자를 돌로 쳐서 죽이도록 **정죄**할 증인이 아무도 없었다. 예수님은 여자를 풀어주어 모세율법에 온전히 순종하셨다. 증인이 아무도 없었기 때문이다(11절). **나도 너를 정죄하지 아니하노니**. 이 경우에서처럼 죄 사함은 언제나 **다시는 죄를 범하지 말라**는 명령보다 먼저 나오며, 그 명령의 가장 큰 동기를 형성한다.

d. 세상의 빛 메시지(8:12-59)

8:12. **예수께서 또 말씀하여**라는 말은 바리새인들에게 하신 말씀이다(8:3, 7). 초막절 기간에 커다란 일곱 가지 촛대들이 성전 단지를 밝히면서, 광야에서 방황하는 동안 이스라엘 백성을 인도했던 불을 기념하고(민 9:15-23) 열방에 빛을 가져올 메시아를 기다렸다. 성전에서 7일간 극적으로 빛이 밝혀진 후에, 예수님은 **나는 세상의 빛이니**(1:4-5, 9; 참고. 6:35 주석에 나오는 "예수님의 일곱 가지 '나는…이다' 주장들")라고 선언하셨다. 사람이 그리스도를 믿고 그분을 **따르**면(참고. 8:31), 그 사람은 **어둠에 다니지 아니**할 것이다(요일 1:5-10).

8:13-14. 율법은 진리에 대해 여러 명의 증인을 요구했다(17절). 하지만 단 하나의 증언이라 해서 반드시 잘못된 것은 아니었다. 그래서 예수님은 주장하셨다(14절). **내 증언이 참되니 나는 내가 어디서 오며 어디로 가는 것을 알거니와**. 예수님이 하늘의 기원을 가진 것, 세상에서의 사명, 하나님 아버지께로 돌아가시는 것은 그분의 증언이 정당하다는 것을 인정해주었다. 하지만 바리새인들은 예수님의 영광스러운 기원이나 궁극적 운명을 인정하지 않았다.

8:15-16. 예수님은 바리새인들이 그분의 주장들을 **육체를 따라**, 즉 인간적 가치관에 따라 판단하는 것에 대해 비판하셨다. **나는 아무도 판단하지 아니하노라**라는 예수님의 대답은 예수님이 하신 다른 진술들(5:22, 27; 9:39)과 모순되는 듯이 보이나, 여기에서 예수님의 말씀은 심판이 초림의 주요 목적이 아니라는 것을 의미했다(3:16-17). 하지만 예수님의 주장들을 거부하면 예수님과 그의 아버지의 심판을 초래했다(**내가 혼자 있는 것이 아니요**, 16절). 율법과 마찬가지로(17절) 두 증인, 즉 예수님과 하나님 아버지가 최종 심판을 증언하고 시행하실 것이다.

8:17-18. 예수님은 **너희 율법**이라고 말씀하시면서(참고. 10:34; 18:31), 율법으로부터 거리를 두신다. 예수님은 새 언약(마 26:28; 막 14:24; 눅 22:20)으로 모세율법(참고. 1:17; 7:19)을 대신하실 것이기 때문이다. 바리새인들은 **두 사람의 증언이 참되다**는 데 동의했다(신 17:6; 19:15; 민 35:30). 그래서 예수님은 두 증인을 제시하셨다(18절). 예수님 자신과 아버지, 즉 어떤 인간 증인들보다 훨씬 더 위대한 증인이시다.

8:19-20. "네 아버지가 어디 있느냐"라는 유대인 지도자들의 질문은 심각한 영적 문제점을 드러냈다. 그것은 그들이 하나님 아버지를 알지 못했다는 것이다. "나를 알았더라면 내 아버지도 알았으리라"라는 말은 하나님을 참으로 아는 것은 아들을 인격적으로 아는 것에서 온다고 주장한다. 20절에 따르면, 예수님의 "세상의 빛" 메시지(12절)는 헌금함이나 그 근처에서 (NIV, NET) 이루어졌다(참고. 막 12:41-42; 눅 21:1-2). 거기는 여자들의 뜰이 있는 곳이었다("성전 지역" 그림을 보라). 여자들의 뜰은 여자들을 포함한 모든 유대인들(하지만 이방인들은 안 된다)이 모일 수 있는 성전 내 지역이었다. 그것은 또한 헌금함이라고 불렸다. 이 뜰에는 13개의 헌금 상자가 있었기 때문이다. 각 상자는 나팔 모양을 하고 있었다(*m. Seqal*. 6.5). **그의 때가 아직 이르지 아니하였음이러라**에 대해서는 7:30을 보라.

8:21. 요한복음에서 세 번째로 예수님은 자신이 가신다고 설명하셨다(7:33; 8:14, 21). 예수님이 죽으신 후에, 같은 유대인 지도자들이 예수님을 찾을 것이다(7:34에 대한 주석을 보라). 하지만 그들은 그들의 죄 가운데서 죽겠고 영원한 심판을 받을 것이다. 사람은 죽기 전까지만 영생을 위해 그리스도를 믿을 수 있다(히 9:27).

8:22-23. 유대인 질문자들은 예수님이 그분의 죽음을 암시하고 계신다고 제대로 이해했다. 하지만 예수님이 **자결**하려는 것이 아닌가 생각했다. 역설적이게도 예수님은 자살을 하지는 않으실 것이지만, 기꺼이 자신의 생명을 내어 주실 것이다(10:11, 15, 18). 그들의 기원은 그들과 예수님과의 차이를 설명해주었다(23절). 그들은 **아래에서** 났고 예수님은 **위에서** 났으며, 그들은 **이 세상에** 속해 있고(자연적, 죄 된, 인간적 영역) 예수님은 **이 세상에 속하지 아니하고** 아버지로부터 보냄 받았다는 것이다.

8:24. 이 구절에서 주님은, 계속 불신 상태로 있는 사람들은 그들의 **죄 가운데서 죽으리라**라고 두 번 진술하셨다. 불신자는 죽을 때 아무것도 변하지 않는다. 그는 영원토록 죄인으로 남는다. **내가 그인 줄**[에고 에이미(*ego eimi*), "나는…이다"]이라는 말은 네 번째 복음서 특유의 그리고 예수님이 자신의 신성을 명백하게 스스로 선포하신 것에 중대한 용어들을 포함한다(28, 58절에 대한 주석을 보라). 어떤 사람들은 '에고 에이미'라는 문구가 신성을 언급하지 않으며 암시적 완결을 지니고 있다고 이의를 제기했다. 이를테면 "너희가 내가 주장하는 그인 줄을 믿지 않으면" 혹은 "너희가 내가 이 세상에 속하지 않고 위에서 났다는 것을 믿지 않으면" 너희는 여전히 너희 죄 가운데 있으리라는 것이다. 하지만 이런 번역들은 별로 설득력이 없다. 그 문장은 문법적 목적어를 포함하지 않기 때문이다. 다른 가능성, 예수님이 그분 자신의 신성을 주장하고 있다는 것이 훨씬 더 설득력이 있다.

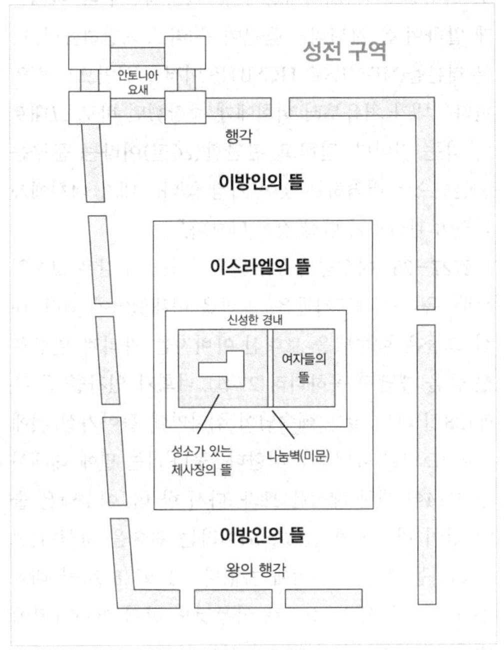

'에고 에이미'라는 문구는 아마 출애굽기 3:14(나는 스스로 있는 자이니라)에 대한 언급은 아닐 것이다. 70인역은 "스스로 있는 자가 나를 보내셨다"는 말을 '에고 에이미'보다는 헬라어 호 온(*ho on*, '존재하시는 분이 나를 보내셨다')으로 번역하기 때문이다. 그것은 70인역에서 '에고 에이미'를 이사야서에서 하나님의 자신을 드러내신 것에 대해 사용된 문구(참고. 사 41:4; 43:10, 13, 25; 46:4; 48;12)인 아니 후(*ani hu*, "내가 그니라")에 대한 번역으로 일관되게 사용한 것에서 나온 것일 가능성이 더 높다. 예를 들어, 이사야 43:10에서 여호와는 "이는 너희가 나를 알고 믿으며 내가 그인 줄(아니 후) 깨닫게 하려 함이라"고 말씀하신다. 예수님은 하나님이 구약에서 자신의 신분을 밝히시는 말을 자신에게 적용하셨다.

8:25-26. 전에 예수님의 대적들은 "네 아버지가 어디 있느냐"(19절)라고 물었다. 이제 그들은 **네가 누구냐**라고 묻는다. 예수님은 내가 처음부터 너희에게 뭐라고 말하였느냐?(개역개정에는 **나는 처음부터 너희에게 말하여 온 자니라**—옮긴이 주)라고 대답하셨다. 다른 역본들(NIV, ESV, HCSB)은 이것을 선언으로 번역한다. "내가 처음부터 너희에게 주장했던 바로 그대로다"라는 것이다. **말하고 판단할**(26절)이라는 문구는 중언법으로 번역하는 것이 가장 좋다. "내가 너희에게 대하여 판단하여 말할 것이 많으나."

8:27-28. 예수님의 주장들은 수수께끼 같은 것이었으나, 유대인 지도자들은 그 말을 이해했어야 했다. 대신 그들은 예수님을 보내신 **아버지를 가리켜 말씀하신 줄을 깨닫지 못하더라**(27절). **너희가 인자를 든 후에**(28절)라는 말은 예수님이 십자가에 돌아가실 것에 대한 또 다른 예언을 제시한다. '들다'라는 말에 대해서는 3:14에 대한 해석을 보라. 다시 한 번, 예수님은 술어 없이 **내가…인 줄**(*I am*)이라는 진술을 하셨다[그(He)라는 말은 헬라어에는 없다]. 4:26; 8:24에 대한 주석을 보라. **내가 스스로 아무것도 하지 아니하고**에 대해서는 5:19, 30에 대한 주석을 보라.

8:29-30. 하나님은 절대 예수님을 **혼자 두지** 않으셨다. 예수님은 **항상** 아버지가 **기뻐하시는 일**을 행하셨기 때문이다(4:34; 5:30; 6:38-40). 다시 한 번 그리스도의 죄 없으심이 암시되어 있다(7, 46절; 참고. 고후 5:21; 히 4:15). 예수님의 말씀(**이 말씀을 하시매**)은 **많은** 유대 사람들이 예수님을 **믿게**[피스튜오 에이스(*pisteuo eis*), 진정한 믿음을 나타내는 요한의 독특한 문구, 1:12; 3:16, 18, 36; 6:40; 11:25, 26] 했다.

8:31-32. 33-59절 때문에 어떤 사람들은 믿은 사람들(30-31절)이 참된 믿음을 가지지 않았다고 생각한다. 하지만 새로 신자가 된 사람들과 전체 무리를 반드시 구분해야 한다. 요한은 예수님의 말씀이 33-59절에 나오는 반항적인 무리가 아니라 오직 **자기를 믿은 유대인들에게**(31절)만 말씀하신 것이라는 점을 밝힌다. 영생은 오직 믿음으로 얻는다. 하지만 참 **제자**가 되려면 그리스도인들은 그리스도의 가르침에 거해야 한다(6:66; 15:1-5에 대한 주석을 보라). 신자들이 순종할 때(32절) 그들은 경험적으로 **진리를 알** 것이며, 이 **진리가** 그들을 **자유롭게** 할 것이다. 이 자유는 칭의가 아니라, 성화와 관련된 것이다(참고. 17:17, 19). 이 해방은 지적인 성취가 아니라, 하나님의 능력 부으심에 의해 죄로부터 자유를 얻는 것으로, 예수님과의 계속적인 믿음의 관계를 통해 실현된다(36절).

8:33. **그들**이라는 말의 선행사는 30-32절이 아니라, 앞의 본문에 나오는 '그들'(19, 25, 27절)에서 찾을 수 있으며, 좀 더 광범위한 믿지 않는 유대인 청중들을 말한다(13, 22절). 많은 유대인들은 그들이 육체적으로 **아브라함**의 후손이라는 것에 의지했다. 나라가 바벨론, 바사, 그리스, 로마의 지배를 받았음에도, 유대 백성은 자신들이 정치적으로나 영적으로 자유로운 백성이라고 생각했다. 하지만 예수님은 영적으로 죄로부터 자유로워지는 것에 대해 말씀하고 계셨다.

8:34-36. 그리스도를 제외하고는 '사람마다 죄를 범하'므로(롬 3:10-19, 23), **사람마다** 다 **죄의 종**이다(벧후 2:19; 롬 6:16, 20). 예수님은 실생활에서 나온 예를 가지고 이 개념을 설명하셨다. **종**은 주인이 다른 가족에게 팔 수 있으므로, 그는 **영원히 집에 거하지 못한다**(35절). 하지만 **아들은 영원히 거한다**. 예수님은 하나님의 **아들**이시므로, 그분은 참으로 영적인 의미에서 사람을 **자유롭게**(36절) 할 수 있다(**참으로 자유로우리라**). 죄의 벌로부터(칭의)나 죄의 권세로부터(성화)나 자유롭게 하는 것이다.

8:37-38. 예수님은 그들이 **아브라함의** 육체적 **자손**이라는 그들의 주장에 동의하셨다. 하지만 그들에게는 아브라함의 믿음이 없었다(참고. 롬 4:12, 16). 대신 그들은 예수님을 **죽이려** 하고 있었다(5:18에 대한 주석을 보라). 그리스도의 말은 영적으로 반역적인 그들의 마음 안에는 **있을 곳이 없었다**. 예수님은 자신이 들은, 하지만 또한 **아버지**와 함께 있는 동안(그분이 성육신하시기 이전에) **본 것을**(38절) **말하셨다**. 이에 부응하여 그들은 그들의 **아비**[마귀, 44절]**에게 들은 것을 행했다**.

8:39-40. "너희 아비"(38절)에 대한 예수님의 언급

에 비추어, 유대인 지도자들은 **우리 아버지는 아브라함이라**고 대답했다. 유대 전통에서 비유적으로 누구든 다른 사람을 본받는 사람은 '자녀'로 간주되었다(참고. 벧전 3:6). 예수님은 **아브라함의** 참된 영적 **자손**은 예수님을 **죽이려 하**지 않을 것이라고 주장하셨다(40절; 참고. 37절). 예수님의 요점은 아브라함이 하나님으로부터 진리를 들었을 때, 그것을 받아들였다는 것인 듯하다. 하지만 예수님을 통해 하나님의 진리를 들은 종교 지도자들은 심지어 그 아들을 죽이려고 할 정도로 그것을 거부했다.

8:41. 다시 한 번(참고. 38절), 그리스도는 명확한 설명(그것은 44절에 가서야 나온다) 없이 **너희 아비**에 대해 말씀하셨다. **우리가 음란한 데서 나지 아니하였**다는 말은 (1) 그들이 아브라함의 불법적 자손이라는 것을 부인하는 말, 혹은 (2) 예수님의 탄생에 대한 명예훼손적 말일 수 있다. 헬라어에서는 '우리'라는 말이 강조체로 되어 있으며, 그것은 두 번째 의견을 지지한다(48절에 대한 주석을 보라).

8:42-43. 예수님은 하나님의 계시였으므로, **하나님이** 그들의 **아버지였으면** 그들은 **하나님께로부터 왔**던 분인 예수님을 **사랑하였**을 것이다. 그리스도는 그분을 사랑하기 위한 또 다른 동기를 주셨다. **나는 스스로 온 것이 아니요 아버지께서 나를 보내신 것이니라**. 따라서 예수님을 사랑하는 것은 그분을 보내신 아버지를 사랑하는 것과 같다. 사람들이 이 유대 지도자들처럼 그리스도께 반응하지 않는다면, 그들은 그분의 **말**을 들을 줄을 그리고 영적으로 깨달을 줄을 **알지 못할 것**이다(43절).

8:44. 사람은 영적으로 하나님이나 **마귀** 중 하나를 아버지로 둔다. 마귀는 역사의 **처음부터 살인한 자**였다. 사탄은 가인을 부추겨서 그의 동생을 죽이게 했다(창 4:8; 요일 3:12). 더 중요한 것은, 에덴동산에서 그의 거짓말(창 3:4-5)이 전체 인류에게 죽음을 가져왔다(롬 5:12). 그래서 사탄은 **거짓의 아비**[창조자]이다.

8:45-47. 이 유대인 지도자들은 마음이 미혹을 당한 상태였다. 따라서 그들은 **진리**를 믿는 것이 불가능했다. 오직 진리만 말씀하신 예수님은 **너희 중에 누가 나를 죄로 책잡겠느냐**라고 물으셨다(46절). 그리스도 안에서는 어떤 죄나 잘못도 발견할 수 없다. **하나님께 속한 자는 하나님의 말씀을 듣**기 때문에(47절), 유대인 지도자들의 저항은 그들이 이스라엘의 지도자로서 실패했으며, **하나님께 속하지 아니하였음**을 입증했다. 바울이 썼듯이 "육에 속한 사람[비그리스도인]은 하나님의 성령의 일들을 받지 아니하나니…그는 그것들을 알 수도 없나니"(고전 2:14).

8:48. 예수님의 대적들은 예수님의 질문들에 대답하기보다는 예수님을 **사마리아 사람**이라고 부르고 그분이 **귀신이 들렸다**고(즉 미쳤다고, 10:20; 참고. 7:20; 8:52) 선언하면서, 다시 한 번 비방하는 반응을 보였다. 유대인 지도자들은 예수님을 서출 유대인으로 간주되었던(참고. 41절) 사마리아 사람과 연관시켰다. "사마리아 사람"에 대해서는 4:4에 대한 주석을 보라. 하나님을 신성모독한 죄로 예수님을 사형에 처해야 한다는 것이 그들의 의견이었다(10:33, 36; 마 9:3; 26:65). 하지만 유대인 지도자들은 역설적이게도 예수님이 귀신 들렸다고 주장하면서, 성령에 대한 신성모독의 죄를 범했다(마 12:31; 막 3:28-29).

8:49-51. 예수님은 귀신 들렸다는 고발을 부인하신 후에, 자신이 자기 **아버지를 공경**한다고 설명했다. 하지만 그들은 아버지를 공경한 분(예수님)에게 모욕을 주고 있었다. 이것은 모순이 아닌가? 그리스도는 그분 자신을 위해 영광을 구하고 있지 않았다(50절). 그런데도 그리스도의 영광을 **구하고** 그리스도를 위해 **판단하시는 이**가 계신다. 강력한 감정으로(**진실로 진실로**) 예수님은 **사람이** 그분의 **말**을 **지키면**(즉, 믿으면) 영원히 **죽음을 보지 아니하리라**고 주장하셨다(51절).

8:52-53. 유대인 대적자들은 그리스도를 다시 오해하여, **아브라함**과 **선지자들**이 죽었다고 판단했다. 그러면 어떻게 예수님이 **사람이 영원히 죽음을 맛보지** [혹은 경험하지] **아니하리라**고 약속하실 수 있다는 말인가? 그들은 예수님이 아브라함이나 선지자들보다 더 클 수가 없다고 추론했다(53절). 여기에 또 하나의 요한의 역설이 표면으로 드러난다(참고. 4:12). 예수님은 단지 아브라함과 선지자들보다 더 큰 분이 아니었다. 그분은 그들의 하나님이셨다!

8:54-55. 예수님은 그분의 주장들이 자신에게 영광을 돌리는 것이 아니라고 부인하셨고 그들의 위선을 지적하셨다. **내게 영광을 돌리시는 이는 내 아버지시**

니 곧 너희가 너희 하나님이라 칭하는 그이시라. 너희는 그를 알지[*ginosko*, 기노스코] 못하되 나는 아노니[*oida*, 오이다]라는 절(55절)은 '알다'에 대해 두 개의 다른 헬라어 단어를 사용한다. 첫 번째 단어는 일반적으로 습득한 지식을 의미한다. 두 번째 단어는 습득에 의하지 않은 지식을 말한다. 그들은 아버지에 대한 참된 지식을 얻는 데 실패했다. 하지만 그리스도는 이미 그분을 아셨다. 아마 하나님과의 친밀한 교제 때문이었을 것이다(참고. 1:18).

8:56-57. **아브라함**은 그가 메시아의 **때**를 보리라는 하나님의 약속을 **즐거워**했다. 이것은 아브라함이 그의 자손(즉, 메시아, 갈 3:16)을 통해 "땅의 모든 족속이 복을 얻을 것이라"(창 12:3; 17:17; 22:18)는 약속을 받았을 때 일어났다. 아브라함은 25년 후 이삭이 태어났을 때, 메시아를 '보았다'. 그는 언약적 약속의 성취를 예상했고 메시아가 오시는 것을 기대했으며 **기뻐**했다. 아브라함은 또한 이삭을 묶는 것을 통해 그리스도의 죽음과 부활에 대한 예시를 증거했다(히 11:19).

8:58-59. **아브라함이 나기 전부터 내가 있느니라**['내가 있었느니라'가 아니라, 에고 에이미(*ego eimi*)]는 신성과 영원성에 대한 주장이다(4:26과 8:24에 대한 주석을 보라). 유대 지도자들의 반응은 예수님이 신성을 주장하셨다는 것을 입증한다. 그들은 **돌을 들어 치려** 했다(59절). 하지만 **예수께서 숨으**셨다. 영적으로 유대 지도자들은 눈이 멀어 있었다. 그리고 예수님이 성전에서 나가신 것은 하나님의 구약 영광이 성전에서 떠난 것을 다시 보여준다(겔 10-11장).

4. 맹인을 고치시다(9:1-40)

자신이 "세상의 빛"(8:12)이라는 예수님의 이전 주장은 맹인의 이야기에서 상징적으로 상세히 설명되어 있다(참고. 5절). 맹인은 어둠 속에서 살았지만, 예수님이 그를 고쳐주심으로 빛을 볼 수 있게 되었다.

9:1-2. 예수님은 성전을 떠나셨으며(8:59) **예수께서 길을 가실 때에 날 때부터 맹인 된 사람을 보신지라**(참고. 12절). 맹인을 고치는 것은 메시아 특유의 표적이었다(마 11:5; 눅 7:22). **누구의 죄로 인함이니이까 자기니이까 그의 부모니이까**라는 제자들의 질문(2절)은 그들이 질병은 개인의 죄나 부모의 죄의 결과라는 잘못된 신앙을 갖고 있음을 보여준다. 많은 동방 종교들에서 가르치는 업보의 계율에서도 비슷한 잘못된 개념이 발견된다. 그런데 그 사람이 육체적으로 맹인된 것은 모든 사람이 날 때부터 영적으로 맹인이라는(고후 4:4) 것을 묘사한 것이다.

9:3-5. 주님은 많은 장애들은 죄의 결과가 아니라는 진리를 확증함으로 제자들을 바로잡아주셨다. 하나님의 주권적 계획에서 그 사람의 눈이 먼 것은 **그에게서 하나님이 하시는 일**을 **나타내**도록 허용해주었다. 수많은 사람들이 오랜 세월 동안 이 이야기를 읽으면서, 이렇게 하나님의 일을 나타내는 것이 점점 더 많아졌다. **밤이 오리니 그때는 아무도 일할 수 없느니라**(4절)는 십자가 처형 때를 언급한다. 그때 제자들은 흩어질 것이며 그리스도는 가르치지도 기적을 행하지도 않으실 것이다. 이것은 **내가 세상에 있는 동안에는 세상의 빛이로라**(5절)라는 예수님의 말씀으로 입증된다.

9:6-7. 예수님은 병을 고치기 위해 준비하면서 **땅에 침을 뱉어 진흙을 이겨 그 맹인의 눈에 바르셨다**. 진흙(*pelos*, 펠로스)은 이야기의 중심이다(6, 11, 14-15절). 그리스도는 **그의 눈에 진흙**을 바르심으로, 상징적으로 자신이 토기장이이신 하나님이라고 주장하셨다(참고. 롬 9:21; 욥 10:9; 33:6). 그분은 눈 밝은 자와 맹인을 지으시는 분이시다(출 4:11). 예수님은 전에 자신을 **실로암 못**(7절; 7:37에 대한 주석을 보라)으로 상징된, 생명을 주는 물로 제시하셨다. 게다가 그 사람이 실로암('보냄을 받은'이라는 의미의) 못에서 자기 눈을 씻은 것처럼, 사람들은 보냄을 받은 분(4:34; 5:23, 37; 7:28; 8:26) 안에서 영적 씻음과 '시각'을 발견할 것이다. 이 기적은 예수님의 구원하시는 사명을 행동으로 보여준 상징이었다.

9:8-9. 맹인 **걸인**의 신원에 대한 혼란은 무리들이 예수님의 신원에 대해 겪은 혼란과 유사하다. 그 맹인은 자신의 신원을 밝히면서(9절), **내가 그라**['에고 에이미']고 말했다. 그것은 예수님이 자신의 신원을 밝히시기 위해 사용하신 바로 그 헬라어 문구이다(8:58). 듣는 사람들이 맹인의 말을 올바로 인식했다면, 그들은 영적 맹인을 고치시는 '나는…이다'이신 분을 정확하게 보는 문이 열릴 것이다.

9:10-12. 이 사람이 이전에 맹인이었던 사람이라면, 그가 보게 된 것에 대한 설명이 필요했다. 사실들은

명명백백하다(11절). 그 맹인은 자신을 고쳐준 사람이 **예수라 하는** 사람이었으며, 그분이 **진흙을 이겨** 그의 **눈에 바**른 것을 알았다. 그다음에 예수님은 그에게 **실로암에 가서 씻으라**고 말씀하셨다. 그가 순종하여 **씻었더니** 그는 **보게 되었**다. 우리가 개인적으로 그리스도를 만난 것에 대한 단순한 간증보다 더 설득력 있는 것은 별로 없다. 그는 고침을 받을 당시에 맹인이었으므로, 전에 맹인이었던 사람은 질문을 받았을 때(12절) 예수님이 어디로 가셨는지 알지 못했다.

9:13-14. 그 사건은 색다른 것이었기 때문에, 그 걸인을 아는 사람들(9절)은 그를 **바리새인들**[바리새인들에 대해서는 1:24에 대한 주석을 보라]에게 데리고 갔다. 먼저 그 맹인은 바리새인들 앞에 나아왔다(13-17절). 그다음에 그의 부모들이 면담을 했다(18-23절). 마지막으로 그 맹인이 두 번째로 심문을 받았다(24-34절). 5:9에서처럼 요한은 그 치유가 **안식일**에 일어났다고 말했다(14절). 유대 전통에서는 안식일에 생명의 위협을 받지 않는 사람의 병을 고치는 것과(*m. Yoma* 8:6) 가루 반죽을 만드는 것(*m. Sabb*. 7:2), **진흙**을 이기는 것과 유사한 일들이 금지되었다.

9:15-17. **바리새인들**은 상황을 들었지만, 그들은 전에 맹인이었던 사람을 그들 자신이 직접 심문하면서 **그가 어떻게 보게 되었는지를 물었**다. 그들은 그 사람에게서 얻은 정보를 예수님을 비판하는 데 사용했다(16절). **이 사람이 안식일을 지키지 아니하니 하나님께로부터 온 자가 아니라**고 말한 것이다. 사람들이 고침 받은 사람을 놓고 의견이 갈린 것처럼(참고. 8-9절), 예수님을 놓고 바리새인들 **중에 분쟁이 있었**다(7:12, 40-44; 10:20-21). 하지만 그 논쟁은 그 맹인이 자신을 고쳐주신 분에 대해 더 이해하는 데 기여했다. 질문을 받았을 때(17절), 그는 예수님이 **선지자**라고 확신하게 되었다.

9:18-19. 바리새인들은 예수님이 하나님으로부터 와서 맹인을 고쳤다고 믿기보다는, 그 사람이 과연 애초에 **맹인이었다가 보게 된** 것이 맞는지 의문을 품었다. 그의 **부모를 불러 묻**기 전까지 그랬다. 그들이 한 질문들(19절)을 보면 바리새인들은 사람을 잘못 본 것일지 모른다는 희망을 품었던 것 같다. 맹인이 고침을 받은 것을 불신하는 것은 예수님의 성품과 신분을 불신하는 것이었다.

9:20-21. **그 부모가** 기본적 사실들을 자세히 이야기하면서 **대답**했다. 그는 그들의 **아들**이었으며, **맹인으로 난** 사람이었다. 하지만 그들은 그가 어떻게 고침을 받았고 누가 그를 고쳐주었는지 대답하는 것은 피했다(21절). 자기 아들에게 물어보라는 것이었다. 그는 책임있는 대답을 할 수 있을 만큼 충분히 나이가 들었기 때문이다. **그가 장성하였으니**라는 말은 아들이 빠르면 열세 살 정도일 수도 있었으며, 십대 후반이나 이십대 초반 이상은 아니었으리라는 것을 시사한다.

9:22-23. 부모가 대답을 회피한 것(참고. 21절)은 **유대인들**[즉, 바리새인들]**이 누구든지 예수를 그리스도로 시인하는 자는 출교하기로 결의하였**기 때문이다. ('그리스도'에 대해서는 1:20에 대한 주석을 보라.) 회당에서 출교를 당하는 것(22절; 12:42; 16:2)은 심각한 사회적, 경제적 결과를 가져왔을 것이다. 이 당시 유대인들이 그리스도를 고백하는 사람들을 공식적으로 금지했는지 확인할 수 있는 성경 외적 증거는 없지만, 신약 나머지 부분(예를 들어 사도행전)에 나오는 그리스도인들에 대한 심한 박해는 사도의 해석을 지지해준다.

9:24-25. 바리새인들은 전에 맹인이었던 사람을 **두 번째** 심문하면서, 그에게 **하나님께 영광을 돌리라**고 요구했다. 이 구약 관용구는 '하나님이 너의 증인이시니, 진리를 말하라'는 의미이다(수 7:19; 삼상 6:5). 바리새인들은 **우리는 이 사람이 죄인인 줄 아노라**라는 말로 맹인의 간증을 억지로 바꾸려 했다. 대신(25절) 그는 **한 가지** 그가 아는 것은 자신이 **맹인으로 있다가 지금** 볼 수 있다는 것이라고 담대하게 고백했다.

9:26-27. 바리새인들은 마침내 그 맹인이 고침을 받았다고 믿게 되었다(참고. 18절). 하지만 그들은 여전히 누구든 안식일을 범하는 사람은 죄인이라고 주장했다(24절). 전에 맹인이었던 사람은 이미 답한 질문들에 또 다시 대답해야 하자 화가 났다. 그는 비꼬는 말로 물었다(27절). **어찌하여 다시 듣고자 하나이까 당신들도 그의 제자가 되려 하나이까**.

9:28-29. 그 고침 받은 사람은 진리에 대한 바리새인들의 저항에 직면했다. 그래서 유대인들은 **너는 그의 제자이나**라고 조롱 투로 말했다. 가야바가 후에 그렇

게 하듯이(11:49-52), 바리새인들은 자기도 모르는 새에 그 고침 받은 사람이 제자가 될 것이라고 예언한 것이다(38절). 그들은 자신들은 **모세의 제자**라고 주장했으며, 예수님의 지상적 신분에 대해 알지 못한다고 주장했다. 예수님의 지상적 신분을 오해한 것으로 인해(참고. 7:41-42; 마 2:5-6; 눅 2:15), 그들은 예수님의 천상적 기원도 알지 못하게 되었다.

9:30-33. 유대인 지도자들은 예수님이 맹인을 고치신 것에 대해 놀랐어야 했다. 오히려 맹인은 바리새인들이 치유자이신 예수님의 기원에 대해 모르는 것에 놀랐다. 그는 건전한 구약 신학을 가지고 추론했다. **하나님이 죄인의 말을 듣지 아니하신다**(31절). 그분은 오직 **경건하여 그의 뜻대로 행하는 자**의 말만 들으신다(시 66:18; 145:19; 잠 28:9). 그는 또한 구약 역사로부터 어느 누구도 **맹인으로 난 자의 눈을 뜨게** 한 사람은 일찍이 없다고 논했다(32절). 어떤 알려진 성경적 혹은 성경 외적 유대 자료들도 맹인이 고침 받은 것을 기록하지 않는다. 이것은 오실 메시아와 관련된 능력이었다(사 29:18; 35:5; 42:7, 18; 61:1). 고침 받은 사람은 예수님이 아무것도 스스로 하실 수 없다고 결론을 내렸다(33절). 이것은 예수님 자신이 하셨던 바로 그 주장이다(5:19, 30; 8:28).

9:34. **네가 온전히 죄 가운데서 나서**라는 말은 예수님이 논박하셨던 편견에 사로잡힌 유대적 관점에 대해 다시 말하며 그것을 더 강화한다(2-3절). 22절에 비추어, **쫓아내어 보내니라**는 말은 회당에서 출교시킨 것을 말한다.

9:35-36. 예수님은 그 고침 받은 사람을 찾아내사(참고. 10:1-16에 묘사된 선한 목자) **네가 인자를 믿느냐**라고 물으셨다. 메시아적 칭호로서 '인자'라는 말에 대해서는 1:51에 대한 주석을 보라(참고. 12:34과 단 7:13-14). 그 사람은 실로암에서 씻으려고 예수님을 떠났을 때 맹인이었으므로, 아직 그리스도를 보지 못했다. 그는 메시아가 누구신지 알기만 한다면(참고. 4:10) 그분을 기꺼이 믿으려 했다(36절).

9:37-38. **네가 그를 보았거니와**라는 말은 예수님이 그 사람의 눈이 먼 것을 고친 분이라는 것을 가리켰다. 요한복음에서 두 번째로 예수님은 자신의 메시아적 신분을 한 개인에게 나타내셨다(참고. 사마리아 여자, 4:26). **지금 너와 말하는 자가 그이니라**. 예수님에 대한 그 사람의 지식은 사람(11절)이라는 것에서, 선지자(17절), 하나님께로부터 온 사람(33절), 마침내는 믿어야 하고(38절) 하나님 자신처럼 절해야(worshiped) 하는 인자(참고. 4:21-24)라는 것으로 진척되어갔다.

9:39-41. 예수님이 **이 세상**에 가져온 **심판**은 죄에 대한 정죄로, 그것은 사람들을 믿음으로 이끌 것이다. 이 심판은 **보지 못하는 자들은 보게** 하는 것, 즉 영적으로 눈먼 사람들이 믿고 영적인 시력을 얻도록 하는 것이다. 그와 대구를 이루는 것은 **보는 자들은 맹인이 되게 하려 함이라**, 즉 자기 의에 빠진 '보는' 사람들의 마음이 완고하게 되도록 하는 것이다(참고. 12:39-40). 예수님은 자신을 그들에게 메시아로 분명하게 계시하셨기 때문에 바리새인들이 실제로 어느 정도 '본다'라고 인정하셨다(40-41절). 그들이 완전히 **맹인이 되었더라면**, 그들은 그분을 거부하는 **죄가 없으려니와**. 하지만 그들은 본다고 주장했다. 그렇기 때문에 예수님은 그들이 그리스도를 거부한 **죄**가 그대로 있다고 선언하셨다. 유대 지도자들은 더 큰 책임이 있었다. 선택받은 백성의 지도자로서 하나님의 계시를 맡은 자들이라는(롬 3:1) 그들의 특권적 지위 때문이었다.

5. 선한 목자 메시지(10:1-21)

10장의 사건들은 9장의 사건이 있은 지 거의 석 달 후에 일어났지만(참고. 7:2, 37은 가을의 초막절과 관련되어 있다, 10:22에 나오는 수전절은 12월에 거행되었다), 요한은 그 두 장에 나오는 사건을 중단 없이 이어놓았다(참고. 10:21에 나오는 맹인에 대한 언급). 10장은 예수님과 그분을 따르는 자들을 양과 그의 목자와 비교하는 확대된 비유이다.

10:1. **진실로 진실로**라는 말에 대해서는 1:51에 대한 주석을 보라. 바리새인들(참고. 9:40)은 이스라엘의 거짓 목자(지도자)들이다(참고. 겔 34:1-10; 렘 23:1-4). 한 유대 가정에는 양 우리 하나에 서너 마리의 양 떼가 있었을 것이며, 단 하나의 통로를 지키기 위해 밤에 문지기를 세웠을 것이다. 목자는 자신의 양 떼를 데리고 나와 풀을 뜯기기 위해 **문을 통하여 양의 우리에** 들어갈 것이다. **절도**범은 양을 훔치기 위해 살금살금 돌 벽을 넘어가야 했다.

10:2-3. 구약에서 목자는 이상적인 지도자와 왕의

이미지였다. 하나님은 최고의 목자이셨으며(시 80:1; 사 40:10-11) 메시아는 왕이며, 목자였다(겔 34:23-24; 37:24; 렘 23:1-5; 마 2:6). 예수님은 목자로서 **문으로 들어**간다. 즉, 예수님은 합법적인 목자이며, 그분은 메시아 예언을 성취하신다. 신랑의 들러리가 신랑과 함께 서 있는 것처럼(3:29), **문지기는 그를 위하여 문을 열고**(3절)라는 말은 예수님의 선구자로서 세례 요한의 역할을 묘사할 수도 있다(1:6-8). 하지만 대부분의 해석자들은 '문지기'라는 말에 어떤 상징적 의미도 부여해서는 안 된다고 주장한다. 양의 우리는 이스라엘을 나타낸다(참고. 16절). **양**, 곧 이스라엘의 한 분 참되신 하나님을 믿는 사람들은 예수님의 **음성**이 참된 메시아의 음성임을 인식한다(참고. 5:37-38, 46-47; 8:47). "인도하여 내느니라"라는 말은, 그 비유 내에서는 목자가 먹을 것과 물을 발견하기 위해 그들을 데리고 나가는 것을 의미한다. 비유의 영적 측면에서, 그것은 예수님이 그분의 양을 위해 영적 양식을 제공하는 것을 의미한다.

10:4-6. 이스라엘에서 목자는 그들의 양을 몰아가기보다는 인도할 것이다(**앞서 가면**). 양은 자기 목자의 음성에만 반응했다. 그들은 타인의 음성은 따르지 않을 것이다(5절). 바리새인들이 예수님께 불리하게 설득시키려는 말을 맹인이 거부한 것과 마찬가지이다. 예수님은 바리새인들에게 **이 비유**로 말씀하셨다(6절). 하지만 그들은 그들의 눈멀음 때문에 **알지 못**했다(9:40-41). 그들은 자신들이 하나님의 참된 양이라고 생각했다.

10:7-8. 바리새인들은 예수님의 비유를 알지 못했으므로(6절), 예수님은 비유적 표현을 약간 바꾸었다(7-10절). 1-6절에서 예수님은 목자였다. 여기에서 예수님은 **나는 양의 문**이라고 주장하셨다(6:35 주석에서 "예수님의 일곱 가지 '나는…이다' 주장들"을 보라). 양 우리는 영생을 가진 모든 사람들을 나타낸다. 예수님은 양 우리로 들어갈 수 있는, 즉 영생을 가질 수 있는 유일한 수단('문')이다(9-10절; 14:6). 구약에는 참된 선지자들이 많이 있었다. 그래서 **나보다 먼저 온 자는 다 절도요 강도니**라는 말은 그 거짓 지도자들(바리새인들을 포함해서)과 자신들이 하나님께 가는 길이라고 주장한 메시아들을 말한다. 하나님의 **양들**[참된 구약 신자들]은 **듣지 아니하였느니라**.

10:9-10. **누구든지**라는 말은 예수님을 믿는 믿음은 모든 사람이 지닐 수 있다는 것을 확증한다. **구원을 받고**라는 말은 절도와 야생동물로부터 보호받는 것을 의미하는 비유법이다. 하지만 그것은 영생을 묘사한다(참고. 10절). **들어가며 나오며**[양단법]라는 말은 **꼴을 얻으리라**는 말과 함께, 평생 동안의 완전한 공급과 안전을 묘사한다(참고. 4:14; 6:35). **도둑**과는 반대로 그리스도는 신자들이 지금과 내세 둘 다에서 영원한 **생명을 얻게 하**기 위해 **온** 것이다. 영생은 정적인 속성이 아니다. 일단 영생을 받고 나면, 순종을 통해 그것이 넉넉하게 될 수 있으며 그래서 **풍성히** 경험할 수 있다(참고. 벧후 1:11). **도둑질하고 죽이고 멸망시키려는 것**을 위해 오는 **도둑**은 보통 생각하듯이 사탄이 아니라, 예수님보다 먼저 와서 당시 이스라엘을 이끌었던 거짓 선생들이다(8절).

10:11-13. **나는 선한 목자라**는 말은 세 번째 예시(네 번째 "나는…이다" 진술)를 시작한다. 예수님은 선한 목자이다. 그분은 **양들을 위하여** 자발적으로 **목숨을 버리**기 때문이다(15, 17-18절; 15:13). 도둑은 교활하게도 자신(양이 아니라)에게만 관심을 갖는 반면, **삯꾼**(12절)은 무관심하고 자기 보존적이다. **양도 제 양이 아니**기 때문이다. '제'(owner)라는 말은 그리스도께서 양을 속하기 위해 그분의 피로 사신 것을 암시한다(고전 6:20; 7:23). 삯꾼은 두려움에 밀려서 일하며 **양을 돌보지 아니**한다(13절). 목자는 양들에 대한 사랑에 의해 움직인다.

10:14-15. **선한 목자**이신 예수님은 그분의 양들과 상호적이고 친밀한 관계를 맺으신다(**나는 내 양을 알고 양도 나를 아는 것이**). 놀랍게도 이 관계는 **아버지**와 아들이 나누는 관계처럼 인격적이고 친밀하다(15절). **양을 위하여** 목자가 죽는 것은 대속적 죽음, 한 생명을 위해 다른 생명을 버리는 것이다(고후 5:21; 벧전 2:24; 3:18). 이것은 '위하여'(*hyper*, 하이퍼)라는 헬라어에 의해 더 명확해진다. 그것은 이 문맥에서 예수님의 죽음이 '우리 대신'일 뿐 아니라 '우리를 위한' 것이라는 개념을 지닌다.

10:16-17. **이 우리**[이스라엘]**에 들지 아니한 다른 양들**이란 그리스도를 믿게 될 그리고 **한** 새로운 **무리가**

요

되어 한 목자에게 있을 이방인들을 말한다(갈 3:28; 골 3:11). 요한복음의 보편적 관점(1:9, 29; 3:16-17; 4:42; 6:33, 51; 8:12; 9:5; 12:47)은 이런 해석을 뒷받침한다. 이 본문은 **아버지께서** 아들을 **사랑하**신다고 직접적으로 진술한다(17절). 아들에 대한 아버지의 사랑이 아버지가 아들에게 '주시는' 결과를 가져온 것과 마찬가지로(3:35; 17:24), 세상에 대한 아들의 사랑도 그분이 세상에 '주시는' 결과를 가져온다(3:16; 갈 2:20; 엡 5:2).

10:18. **내가** [내 생명]을 **스스로 버리노라**(18절)는 11, 15, 17절을 반복한다. 예수님은 죄가 없으셨으므로(8:46; 14:30; 고후 5:21), 예수님이 자발적으로 죽으려 하지 않으셨다면, 그분은 절대 죽지 않으셨을 것이다. 예수님은 또한 자신이 아버지의 명령에 따라 그분 자신의 부활을 스스로 이루심으로 그의 생명을 **다시 얻을 권세**가 있다고 선언하셨다. 이 구절에 따르면, 예수님은 죽은 자 가운데서 스스로 부활하실 권세를 가지고 계셨다. 그것은 단지 인간으로서는 불가능한 일일 것이다. 아버지(행 2:32; 4:10; 롬 10:9)와 아들(2:19)은 둘 다 예수님의 죽음과 부활에서 적극적으로 활동하셨다.

10:19-21. 다른 두 경우에(7:43; 9:16) 그리스도의 가르침을 놓고 **분쟁**이 일어났다. 그리고 다른 두 경우에(7:20; 8:48, 52), 유대인들은 예수님이 **귀신** 들렸다고 말했다(20절). 예수님에 대해 호의를 품고 있는 사람들은 심지어 귀신 들린 사람 속에 있는 귀신이라도 **맹인의 눈을 뜨게** 할 수는 없다고 생각했다(9:1-41의 맹인).

6. 수전절에 일어난 사건들(10:22-42)

10:22-23. **수전절**[현대의 '하누카', '봉헌'에 해당하는 히브리어]은 히브리 달력으로 기슬르월 25일에 8일 동안 거행된 절기였다. 기슬르월은 우리 달력으로 12월에 해당된다. 그 절기는 성전이 수리아왕 안티오코스 에피파네스에 의해 더럽혀진 후에 그 성전이 회복된 것(주전 165년)을 경축했다. 상징적으로 예수님은 하나님의 참된 성전을 회복시키시는 분이며, 이스라엘의 참된 지도자(목자)이시다. 그 연대는 아마 주후 32년 12월 18일로, 예수님이 십자가에 달리시기 대략 석 달 반 전이었을 것이다. **솔로몬 행각**은 성전 단지의 동쪽 벽을 따라 늘어서 있었다.

10:24. **에워싸고**라는 말은 문자적으로는 그를 '둘러쌌다'는 의미이다(NET, NKV, HCSB). 유대인 지도자들의 **그리스도이면 밝히 말씀하소서**라는 질문에는 예수님에 대해 신성모독죄의 증거를 더 얻으려는 그들의 진짜 의도가 숨어 있었다(참고. 8:25). '그리스도'에 대해서는 1:20에 대한 주석을 보라.

10:25-26. **내가 너희에게 말하였으되 믿지 아니하는도다**라는 말은 예수님이 그들에게 그분의 참된 신분을 감추지 않으셨음을 보여준다. 근본적 문제는 기꺼이 믿으려 하지 않는 마음이다. **일**들 혹은 표적(기적)들은 그분이 메시아라는 분명한 증거를 주었다. **너희가 내 양이 아니므로 믿지 아니하는도다**(26절)라는 말은 예수님이 그들을 선택받은 사람들 중에 있지 않은 것으로 거부하신 것을 말할 수도 있을 것이다. 보다 그럴듯한 것은 예수님이 그들의 현재 상태를 말씀하고 계셨다는 것이다(참고. 그분이 후에 그들에게 믿으라고 호소하신 것, 37-38절; 참고. 8:47).

10:27-28. 이 지도자들은 자신들이 메시아를 진지하게 믿기 원한다고 생각해서는 안 된다. 메시아를 믿기 원하는 사람들은 참 메시아의 **음성**[예수님]을 **들으며** 그분을 **따르는**(즉, 믿는) **양**들이었다. 메시아는 자기 양들의 믿음 때문에 그들에게 **영생**을 주신다(28절). 그리스도의 양은 **영원히 멸망하지 아니할 것이다**(헬라어에서 강조체로 되어 있음). 선한 목자는 그의 양을 '하나도' 잃어버리지 않는다. **그들을 내 손에서 빼앗을 자가 없느니라**는 말은 양의 행동을 제외한, 목자의 능력을 강조한다.

10:29-30. **그들을 주신 내 아버지**에 대해서는 6:37에 대한 주석을 보라. **아무도** 아들(28절)이나 **아버지 손에서** 아들의 양을 **빼앗을**[하르파조(*harpazo*), 12절에 나온 것과 같은 단어] **수 없느니라**. 이 통합된 안전은 아버지와 아들 간의 통합을 가리킨다. **나와 아버지는 하나이니라**(30절). '하나'라는 말은 남성형이 아니라 중성형으로, 아버지와 아들이 신분이라는 면에서가 아니라 본질과 목적 면에서 하나라는 것을 확증한다. 다시 말해, 예수님은 완전한 신적 존재이시다. 하지만 그분은 성부 하나님과는 별개의 신적 인격이시다.

10:31-32. 유대 당국은 예수님이 그분의 정체성에 대해 모호하다고 주장했다(24절). 하지만 이제 그들은

율법에서 지시한 대로(레 24:16) 신성모독에 대해 다시 **돌로 치려** 한다(참고. 8:59). 예수님은 그분의 대적들에게 그들이 말하는 죄목에 대해 물으셨다. 예수님이 그들에게 보여주신 모든 놀라운 기적들 중에, 그들은 어떤 일로 그분을 **돌을 들어 치려** 하는가? 이 비꼬는 말은 그들의 악한 예단(豫斷)을 흔들려는 것이었다.

10:33. 이것은 요한복음에서 처음으로 유대인들이 예수님을 **신성모독**이라고 직접 비난한 것이다. 그들은 예수님이 자신을 **하나님이라** 하는 **사람**이라고 비난했다. 역설적이게도 예수님은 자신이 사람이 되신 신성의 제2위라고 주장하고 계셨다(1:14; 갈 4:4; 빌 2:6-7; 딤전 3:16).

10:34-36. 예수님은 자신을 변호하면서, 시편 82:6을 인용하셨다(**율법에 기록된 바**). 여기에서 '율법'은 구약 전체를 말한다(참고. 1:45; 12:34; 15:25; 마 7:12; 롬 3:21). 예수님의 논증은 다음과 같다. 시편 82:6에서 심지어 죄인 된 이스라엘 지도자들도 **신**이라는 호칭을 받았다. 그들이 하나님의 말씀을 말하고 하나님 아래에서 정의를 시행하는 신적 책임을 맡았기 때문이다. 성경에는 오류가 없다(**성경은 폐하지 못하나니**). 그러므로 성육신하신 하나님의 말씀으로서 하나님의 말씀을 전하는(1:1, 14) 그리고 정의를 수행하는(5:22, 27, 30) 신적 사명을 지니고 **거룩하게 하사 세상에 보내신**(36절) 그리스도가 신적인(죄 없는) "하나님의 아들"이라고 불리는 것은 얼마나 정당한가.

10:37-38. 예수님은 유대인 지도자들 앞에 그분이 아버지와 하나라는(30절) 증거로 그분의 **일** 혹은 기적들을 제시하신다. 예수님은 **만일 내가 내 아버지의 일을 행하지 아니하거든 나를 믿지 말려니와**라고 말씀하시면서, 그들에게 도전하셨다. 하지만 예수님이 실제로 그런 일을 하셨다면(38절), 그들이 그분의 주장들에 걸려 넘어질지라도, 그들은 **그 일**이 하나님 아버지로부터 온 것임을 **믿어**야 했다. 그러면 그리스도를 믿는 믿음이 기적을 믿는 믿음에 따를 것이다(참고. 니고데모, 3:2).

10:39-42. **그들이 다시 예수를 잡고자 하였으나**라는 말은 그리스도의 사역 초기에 시작된 것인 유대인들의 반대라는 낯익은 주제를 반복한다(5:18; 7:1, 19, 25, 30; 8:37, 40; 11:8). **그 손에서 벗어나 나가시니라**는 말 배후에는 예수님의 죽음에 대한 하나님의 주권적인 타이밍이 있다. 하지만 사도는 또한 명기하지 않은 기적을 암시하고 있을 수도 있다(참고. 6:21; 8:59; 21:6). 예수님(40절)은 **요단강 저편**(1:28에 대한 주석을 보라) 베뢰아(요단강 동쪽)로 가셨다(참고. 11:54; 12:36). 예수님이 공적 사역을 처음 시작하신 장소(**요한이 처음으로 세례 베풀던 곳**)에서 공적 사역을 마무리하시기 위해서이다. 그 장소는 사람들이 그리스도에 대한 그 선구자의 증거를 상기하도록 했으며(41절), **거기서 많은 사람이 예수를 믿으니라**. 사도행전과 마찬가지로 그분이 예루살렘에서 떠나가셨을 때에야 그리스도의 메시지가 성취되었다.

7. 마지막 유월절에 일어난 사건들(11:1-12:50)

a. 나사로를 다시 살리시다(11:1-54)

11장의 사건은 수전절(12월)과 십자가 처형(4월) 사이의 어느 때에 일어난다. 예수님은 그동안 다른 사람들도 죽음에서 다시 살리시기는 했지만(과부의 아들, 눅 7:11-17; 야이로의 딸, 마 9:18, 23-25), 나사로를 다시 살리신 것은 예수님이 자신의 죽음과 부활 전에 마지막으로 행하신 가장 극적인 표적(기적)이 되었다.

11:1-2. 이곳의 **나사로**를 누가복음 16:19-26에 나오는 거지 나사로와 혼동하면 안 된다. 이 나사로는 요한복음에만 언급된다. **베다니**[1:28의 베다니가 아니다]는 예루살렘 동쪽으로 3.2킬로미터 떨어져 있었으며(18절), 감람산 부근에 있었다(막 11:1). 2절의 삽입구적인 말은 12:1-8을 예상하도록 한다. 아니면 독자들이 초기의 기독교적 가르침을 통해 예수님의 발에 **향유를 붓던 마리아**에 대해 잘 알고 있음을 가정한 것이다(예를 들어, 막 14:3-9; 참고. 눅 10:38-42).

11:3-4. **누이들**은 나사로에 대한 주님의 사랑을 알고 있었다. 그래서 그들은 **예수께 사람을 보내어** 자기 오라버니의 병을 알렸다. 누가 그 전갈을 해주었는지는 나와 있지 않다. 예수님은 **이 병은 죽을병이 아니라고** 대답하셨다(4절). 대신 그 상황은 **하나님의 아들이 이로 말미암아 영광을 받게 하려 함**이었다(참고. 9:3). 역설적이게도 예수님은 이 기적적인 치유에서 영광만 받게 되지는 않으실 것이다(40절). 예수님은 또한 부분적으로는 나사로를 살리신 것(그로 인해 예수님은 종교 지도자들의 과대망상적 공포를 불러일으켰다)으로

인한 그분의 십자가 처형(참고. 11:47-53)에 의해서도 영광을 받으실 것이다.

11:5-6. 이 이야기에서는 나사로에 대한 예수님의 사랑이 강조된다(3, 5, 36절). 하지만 그의 누이들에 대한 사랑도 표현되어 있다. 특히 **마르다**가 두드러지는데, 아마 그녀가 맏이이기 때문에 혹은 그녀가 20절 이하에서 처음으로 말하기 때문일 것이다. 예수님은 나사로가 병들었다는 말을 들으시고는(6절), 의도적으로 **그 계시던 곳에 이틀을 더 유하신다**. 그것은 분명 자비로움이 없는 것처럼 보였을 만한 반응이었다. 이것은 나사로가 죽을 때까지 기다리려는 것이 아니었다. 나사로는 예수님께 그가 병들었다는 말이 들렸을 때쯤에 죽었다(11, 14절).

11:7-8. 나사로가 병들었다는 전갈을 받은 지 이틀 후에(6절), 예수님은 **유대** 베다니로 다시 가기로 하셨다. 그곳은 베뢰아보다 더 위험한 지역이었다(10:40에 대한 주석을 보라). 예수님이 지체하신 이유는 나사로를 죽게 하기 위한 것이 아니었다. 예수님은 나사로가 죽었다는 사실을 이미 알고 계셨다(14절). 그러나 이틀을 지체함으로 그 기적은 더욱 더 부인할 수 없는 것이 되었다. 10:31, 39에 비추어볼 때 제자들의 반응은 인간적이며 현실적이었다. 그들은 **랍비여 방금도 유대인들이 돌로 치려 하였는데 또 그리로 가시려 하나이까**(8절)라고 말했다(참고. 5:18; 7:1, 19, 25, 30; 8:37, 40; 10:39). 그들은 왜 예수님이 다시 거기 가려 하시는지 의아해했다.

11:9-10. 아버지의 뜻을 행할 만한 제한된 시간만 남아 있었다(참고. 9:4). 일은 낮의 12시간 동안 했다. 그리고 어두워지면 일을 중단했다. 하지만 아직 낮일 때 일을 그만하는 것은 지혜롭지 않았다. 예수님이 사역했던 '낮' 시간은 아직 다 끝나지 않았다. 그리고 예수님이 때 이르게 일을 중단하는 것은 잘못일 것이다. 그래서 예수님은 위험에도 불구하고 나사로와 그의 가족에게 사역을 계속하기로 결심하시는 것이다. 10절은 이해하기 어려운 구절이다. 하지만 예수님은 궁극적으로 그분이 사역할 수 있는 시간이 다할 것이며 배신당하고 십자가에 달리실 '밤'에 직면하게 될 것임을 의미하시는 듯하다. 그때는 예수님에게는 아무런 빛도 없이(**빛이 그 사람 안에 없는** 고로라는 말의 의미) 밤에 걸어 다니는 사람과 비슷한 큰 고통의 때가 될 것이다. 예수님은 그분의 사역이 아직 끝나지 않았다고 단언하심으로 자기 제자들을 위로하셨다. 하지만 그 일이 언젠가는 끝날 것이라고 재단언하셨다.

11:11-13. 유대로 가는 것에는 잠재적 위험이 내포되어 있었다(8절). **우리 친구 나사로**라는 말은 제자들이 예수님과 그 여정에 동행하려는 동기를 더 부여해주었다. 하지만 예수님이 나사로가 **잠들었도다**라고 말씀하셨을 때, 제자들은 다시 예수님의 말씀을 오해했다(12절). '잠'은 구약에서 죽음을 나타내는 대단히 흔한 비유였다(왕상 2:10; 11:43; 단 12:2). 그런데도 제자들은 예수님이 **잠들어 쉬는 것을 가리켜 말씀하심인 줄 생각하는지라**(13절). 그리고 이것은 나사로가 회복될 것에 대한 좋은 징조였다.

11:14-16. 제자들의 혼란으로 인해 즉각적인 대답이 필요했다. **나사로가 죽었느니라 내가 거기 있지 아니한 것을 너희를 위하여 기뻐하노니**(14-15절)라는 것이다. 그리스도는 왜 기뻐하셨는가? 열한 제자는 이미 예수님이 그리스도라는 것을 믿었다(2:11; 6:69). 이제 나사로가 죽었으므로, 주님은 나사로를 다시 살리고 그분이 "부활이요 생명"(25절)이라는 제자들의 믿음을 강화할 수 있으셨다. 신약에서 요한만 **도마**(16절)를 **디두모**라고도 하는 자('쌍둥이'라는 의미, 20:24; 21:2)라고 언급했으며, 그에게 중대한 역할을 부여했다. **우리도 주와 함께 죽으러 가자**라는 도마의 말은 궁극적으로 제자들과 모든 신자들이 그리스도와 함께 영적으로 죽어야 한다는 점에서 역설적이다(롬 6:6, 8; 골 2:20; 딤후 2:11).

11:17-19. 예수님이 마을 밖에 도착했을 때, 예수님은 자신이 이미 알고 있던 것(11-14절)에 대해 들었다. 즉, **나사로가 무덤에 있은 지 이미 나흘이라**는 것이다. 요한은 이스라엘의 기후에서는 부패가 이미 시작되었다는 것을 강조하기 위해 **나흘**이라는 말을 써놓았을 수도 있다. 심지어 가장 속 좁고 반항적으로 흠을 잡는 사람이라도 부활이며 생명이신 예수님, 죽은 사람을 심지어 그의 시체가 무덤에서 썩기 시작한 후에도 새로운 생명으로 다시 일으킬 수 있었던 분에게 도전을 받을 것이다. 이것은 왜 예수님이 베뢰아에서 이틀을 더 기다리셨는지(6절) 설명해줄 것이다. 팔레스타인 밖에

있는 그의 독자들에게 요한은 **베다니**는 예루살렘에서 **오 리쯤**만 떨어져 있다고 언급했다(18절). 그렇기 때문에 **많은 유대인**(19절)이 예루살렘과 주변 지역들로 갈 수 있었으며, 그들은 오라비를 잃은 **마르다와 마리아**를 위로하러 올 수 있었다. 이들은 아마 그 가족의 친구와 친척들로 나사로를 장사 지내는 일을 도운 사람들이었을 것이다(34절).

11:20-22. 마르다와 마리아에 대한 누가의 묘사(눅 10:38-42)는 요한이 제시하는 묘사와 일치한다. **마르다**는 행동하는 여인이었다. 그래서 **예수께서** 베다니 근처로 **오신다는 말을 듣고** 그녀는 **나가 맞이**했다. 마리아는 참을성이 더 많았다. 그녀는 **집에 앉**아서 그리스도께서 오시기를 기다렸다. 마르다는 예수님이 베다니에 계셨더라면 그분의 친구인 나사로를 고쳐주셨을 것이라 믿었다(21절). 22절에서 그녀는 또한 예수님이 하나님 아버지께 구한다면 자신의 오라비를 부활시킬 수 있으리라는 확신을 표현했다(**그러나 나는 이제라도 주께서 무엇이든지 하나님께 구하시는 것을 하나님이 주실 줄을 아나이다**, 참고. 41-42절).

11:23-24. 마르다의 명확한 확신(22절)은 간접적인 요청이었다. 그리고 예수님은 그에 응답하셨다. **네 오라비가 다시 살아나리라**. 이 약속에 대해 마르다는 그녀의 믿음에 대한 놀라운 진술로 반응했다. **마지막 날 부활 때에는 다시 살아날 줄을 내가 아나이다**. 마르다는 구약의 가르침에 따라(욥 19:25-27; 시 17:15; 사 26:19; 단 12:2), 자기 오라비가 다시 부활할 것을 확실히 알았다. 우리도 다른 신자들의 부활에 대해 이런 확신을 가질 수 있다.

11:25-27. 예수님은 그저 부활시킬 능력을 가지고 계신 것만이 아니었다. **나는 부활이요 생명이니**라는 그분의 주장은 그분을 부활과 모든 생명의 근원으로 만든다(6:35 주석의 "예수님의 일곱 가지 '나는…이다' 주장들"을 보라). **무릇 살아서**(26절)라는 말은 육체적 생명을 말한다. 그다음에 **나를 믿는 자는**이라는 말이 나오기 때문이다. 오직 이생에서만 우리는 그리스도를 믿을 기회를 가진다(히 9:27). **이것을 믿느냐**라는 말은 '나를 믿는'(25, 26절)이라는 말과 유사하다. 그리스도에 대한 신약의 진리들을 믿는 것은 그리스도의 인격을 '믿는(혹은 신뢰하는)' 것과 구분해서는 안 된다. **주는 그리스도시요 하나님의 아들**이시라는 마르다의 고백(27절)은 요한의 기록 목적(20:31)이 나올 것을 예상할 수 있다. 결론적으로 예수님이 '그리스도, 하나님의 아들'이심을 믿는 것은 예수님이 나의 부활이요 영생이라는 것을 믿는 것을 의미한다.

11:28-29. 예수님은 대화를 마무리하면서 마르다에게 가서 **그 자매 마리아**를 그분께 오라고 말하라고 청했다. 마르다는 자기 자매에게 **가만히** 말했으므로, 그녀는 아마 예수님이 마리아와 사적인 대화를 하기 원하신다고 이해했을 것이다. **선생님**이라는 것은 유대인 랍비이신 예수님에 대해 사용된 호칭이었다(참고. 1:38; 3:2; 20:16). 하지만 그 호칭은 복음서 외에서는 예수님에 대해 사용되지 않는다. 모세오경 이후에 선생의 역할은 성령이 맡으신다(14:26; 15:26). 마리아가 **급히 일어나**(29절) 예수님께 간 것은 그녀의 존경과 믿음을 보여준다.

11:30-31. 아마 무리를 피하기 위해 예수님은 베다니 밖에 그냥 계셨던 것 같다. 마리아가 예수님이 어디 계신지를 알도록 하기 위해, 예수님은 **마르다가 맞이했던 곳에** 머물러 계셨다. 마리아와 마르다를 위로하기 위해 온 위로자들(31절)은 마리아가 예수님을 만나러 갈 때 따라갔다. 이 유대인 친구들은 마리아가 **곡하러 무덤에 가는 줄로** 생각했다. 유대인 애도자들은 보통 죽은 자들의 무덤에서 애곡했다.

11:32-35. 마리아는 정기적으로 예수님 **발** 앞에 있는 모습이 발견된다(11:2; 12:3; 눅 10:39). 마르다는 주로 가르침을 필요로 했으나(참고. '선생님', 28절), 마리아는 긍휼을 필요로 했다. 마리아는 전에 마르다가 한 것과 똑같은 말(21절)을 반복했다. 이것은 마르다와 마리아가 그 상황에 대해 논의했음을 암시한다. 하지만 마르다와는 달리, 마리아는 감정에 압도되었다(33절과 35절에 나오는 우는 것에 대한 서로 다른 헬라어 단어를 보라). 예수님이 마리아와 다른 사람들이 우는[클라이오(*klaio*), '흐느끼다', 33절] 것을 보았을 때 예수님은 **심령에 비통히 여기시고**[엠브뤼마오마이(*embrimaomai*), '분개한, 성난'] **불쌍히 여기**셨다.

'예수님은 누구에게 혹은 무엇에 분개하셨는가?'라는 질문이 생긴다. 가장 좋은 단서들은 19절에 나오는 마리아와 마르다를 위로하러 온 '유대인'(아마도 저명한 유대인 지도자들)에 대한 언급에서 발견된다. 그들의 애도에서 표현된 것처럼, 그들은 심지어 예수님 앞에서도 하나님의 권능에 대한 깊은 불신을 지닌 것처럼 보인다. 불신은 37절에서도 나타난다. 그리고 이에 대해 예수님은 33절에서 보인 것과 비슷한 반응을 보이셨다. 38절에서도 이 상황은 예수님을 분노하게 했다. 거기에서는 33절에서와 같은 단어가 사용된다('비통히 여기다', '엠브뤼마오마이'). 예수님의 분노는 (특히 예수님을 통해) 하나님이 하실 수 있는 일에 대한 그들의 믿음 없음을 향한 것인 듯하다. 주님은 이것을 너무나 비통히 여겨서, 그들의 불신에 **눈물을 흘리셨다**. 예수님이 우시는 두 가지 중대한 예(이것과 눅 19:41)가 유대 백성의 불신에 대한 반응이었던 것을 주목해보라.

11:36-37. 예수님이 감정을 보이신 것은 애도자들 간의 분열의 원인이 되었다(참고. 7:43-44; 9:16; 10:19-21). 어떤 사람들은 그것을 예수님이 나사로를 **얼마나 사랑하셨는가**를 나타내는 증거로 보았다. 하지만 다른 사람들(37절)은 예수님의 고칠 수 있는 능력이나 기꺼이 고치려는 마음에 의문을 품었다. 그들은 예수님이 맹인을 고치셨다면 나사로도 **죽지 않게**(그들이 평가하기로는 더 작은 기적인) 할 수 있었어야 한다고 생각했다. 이런 의심은 45-46절에 나오는 뚜렷한 불신으로 이끌었다.

11:38-40. **예수께서 다시 속으로 비통히 여기**셨다(문자적으로는 '분노하셨다', 33절에 사용된 것과 똑같은 헬라어 동사). 이번에는 무리의 불신 때문이었다. 무덤은 보통 바위를 수직이나 수평으로 잘라내어 굴을 만들었다. 크고 둥근 돌로는 입구를 막았다. **돌을 옮겨 놓으라**는 명령은 믿음을 요구했다(39절). **마르다**는 나사로가 죽은 지 **나흘이 되었고**(참고. 17절) 부패가 시작되었으므로 **냄새가** 날 것이라고 반대했다. 예수님은 마르다에게 대답하셨다. 하지만 모두에게 말씀하신 것이다(40절). **내 말이 네가 믿으면 하나님의 영광을 보리라 하지 아니하였느냐**. 예수님은 전에 그분의 제자들과 두 자매가 보낸 사람들에게 이 말씀을 하셨다(3-4절). 이 말은 그 사람들이 두 자매에게 돌아가 전했을 것이다.

11:41-42. 그다음에 예수님은 하나님 아버지께 공개적으로 기도하셨다. **감사하나이다**라는 말은 기도할 때 감사하시는 예수님의 습관을 생각나게 한다(참고. 6:11, 23). 그리스도는 나사로를 다시 살려달라고 하나님 아버지께 미리(말로 하지 않은 혹은 기록되지 않은) 간구를 드리셨다. 그것은 **내 말을 들으신 것을**이라는 말에서 분명히 나타난다. 또한 **항상 내 말을 들으시는 줄을**(42절)이라는 말은 예수님과 하나님 아버지의 신성불가침한 연합에 의해, 예수님이 기도하신 모든 기도가 언제나 긍정적으로 응답된 것은 아닐지라도(겟세마네 동산에서 예수님이 하신 기도에서처럼), 응답되었다는 것을 보여준다. 일이 일어나기 전에 그리스도는 그분이 나사로를 다시 살리실 것이라는 절대적 확신을 표현하셨다.

11:43-44. 예수님은 **큰 소리로 부르셨다**. 그것은 신적 권능을 귀에 들리게 보여주고 계신 것이었다(참고. 계 1:15; 14:2). 자기 양들의 이름을 부르는 선한 목자처럼(10:3), 그리스도는 **나사로**에게 개인적으로 직접 **나오라고** 부르셨다. 기적의 일부는 나사로가 **수족을 베로 동인** 채로 걸을 수 있었다는 것이었을 것이다(44절). 예수님은 사람들에게 그를 **풀어놓아 다니게 하라**고 명하셨다.

11:45-46. 예수님이 기적적으로 나사로를 부활시키신 결과, **많은 유대인이 그를 믿었**으며 영생을 얻었다. 이 구절에서 요한이 '유대인'이라는 말을 긍정적으로 사용한 것은 그가 반유대적이지 않다는 것을 보여준다. 종교 지도자들(46절)과 구별되는 이 유대인 집단에 대해서는 18-19, 32-33, 35-36절을 보라. 나사로가 부활하기 전에 어떤 사람들은 예수님이 기적을 행할 수 있는 능력이 있는지에 대해 의심했다(37절). 이제 믿은 사람들과는 대조적으로(46절), **그중에 어떤 자**[분명 믿지 않은 사람들]는 바리새인들에게 갔다. 바리새인들은 예수님을 죽이려 하고 있다고 알려진 사람들이었다(5:18; 7:19, 25; 8:37, 40).

11:47-48. **대제사장들과 바리새인들** 중 일부는 산헤드린이라는 예루살렘 공회의 일원이었다. 공회는 71명으로 구성되어 있었으며 이스라엘의 모든 종교적 관행들을 관장했다. 공회원들은 예수님이 많은 표적을 행하고 있다는 것을 부인하지 않았다. 하지만 그들은 예수님의 세력을 약화시키지 않고 계속하도록 허용하면

(48절) 로마인들이 그를 믿게 된 대중들을 폭도로 간주할 것이라고 생각했다. 그러면 로마는 그들의 **땅**[성전이나 그들의 중요한 지위]과 그 민족을 파괴할 것이다.

11:49-50. **가야바**는 주후 18-36년에 **대제사장**으로 다스렸다(가야바에 대해 더 알려면, 마 26:3-5에 대한 주석을 보라). 그는 공회의 우유부단함에 화가 나서, 모든 유대 백성이 로마인들의 손에 죽기보다는 **한 사람** 예수가 **백성**을 위해 **죽**는 것을 추천했다(50절). 가야바의 의도는 정치적 타산이었지만, 그는 부지불식간에 하나님이 자기 아들을 희생시키신 바로 그 의도를 표현했다. 한 사람 예수님의 생명을 모든 사람의 죄를 위해 대속한다는 것이다. 역설적이게도 유대인들은 민족의 소멸을 막기 위해 그리스도를 십자가에 못 박아 죽였지만, 로마인들은 주후 70년에 예루살렘과 성전을 파괴했다.

11:51-53. 가야바가 그런 선언을 한 것은 그저 **스스로 함**이 아니었다. 가야바는 **그해의 대제사장**이었기 때문에 부지불식간에 **미리 말**한 것이었다. 가야바의 예언으로 인해 그가 선지자가 된 것은 아니었으며 그가 또 다시 예언한 것이 기록된 적도 없다. 그는 대제사장으로서 통치하는 권세를 가지고 있었기 때문에(참고. 롬 13:1), 무의식적, 섭리적으로 하나님께 사용된 것이다. '그해'라는 말은 그리스도가 죽은 해를 말한다. 가야바는 그리스도의 죽음이 오직 그분 자신의 민족만을 위한 것이라고 생각했으나, 하나님의 목적은 유대 **민족만 위할 뿐 아니라** 이방인도 위한 것이었다(참고. 10:16). 하나님의 계획으로, 믿게 될 유대인들과 이방인들은 **모아 하나**의 집단이나 무리가 될 것이다(참고. 엡 2:11-12). 그들은 모두 오직 믿음에 의해 **하나님의 자녀**이기 때문이다(참고. 1:12). 십자가 처형보다 몇 주일 전에 있었던 이 모임에서 유대인 지도자들은 이미 예수를 **죽이려고 모의**했다.

11:54. 다시 한 번 예수님은 **유대인 가운데 드러나게 다니**는 것을 삼가심으로 이른 죽음을 맞지 않도록 경계하셨다(참고. 10:40; 12:36). 대신 예수님은 **빈들 가까운 곳**에 머무셨다. 그곳은 약간의 보호를 제공해주었을 것이다. **에브라임**은 보통 예루살렘 북동쪽 20-24킬로미터 떨어진 마을로 여겨진다.

11:55-57. 이것은 그리스도의 생애에서 마지막 **유월절**이었다. 그때에 그분은 십자가에 달리실 것이다. 멀리 살고 있던 **많은** 사람들이 **자기를 성결하게 하기 위하여** 일찍 **예루살렘으로** 갔다(참고. 2:6; 18:28). 구약에서 여러 경우에 여호와는 예배를 위해 자신을 정결하게 하라고 지시하셨다(창 35:2; 출 19:10, 11). 그리고 이것은 유월절에 적용되었다(대하 30:16-20). 하지만 백성들은 성결 대신에(56절), 대화와 호기심에 휘말렸다. 공회의 결정은 예수님이 잡히실 근거로 이어졌다. 무리들 전체에 말이 퍼졌다(57절). **누구든지 예수 있는 곳을 알거든 신고하여 잡게 하라**는 것이다. 하지만 실제로 잡히시는 일은 일주일이 넘는 시간 동안 일어나지 않을 것이다.

b. 예수님의 발에 향유를 붓다(12:1-11)

12장은 예수님의 생애 마지막 주간을 시작하며, 예수님의 공적 사역의 절정을 이룬다. 마리아가 예수님께 향유를 부은 것은 마태복음 26:6-13과 마가복음 14:3-9에도 기록되어 있다(그 부분의 주석을 보라). 누가복음 7:36-50에 나오는 것은 같은 사건이 아니다.

12:1-3. 때는 **유월절 겨우 엿새 전**[즉, 토요일]이었다. 아마 안식일이 끝난 후의 저녁이었을 것이다. **베다니**에 대해서는 11:1에 대한 주석을 보라. 자기 성품에 맞게(2절; 11:20에 대한 주석을 보라), **마르다는 일을 하고**[*diakoneo*, 디아코니오] 있었다. 같은 헬라어가 조금 후에 그리스도를 따름으로 그분을 '섬기는' 것에 대해 사용될 것이다(26절). 나사로는 예수님과 **함께 앉은 자 중에** 있었다. 당시에는 낮은 침상이나 바닥에, 머리는 낮은 식탁으로, 발은 바깥쪽을 향하고 한쪽으로 눕는 것이 관례였다(13:23에 대한 주석을 보라). 마리아(3절)는 예수님의 발에 **지극히 비싼 향유**를 대량으로[헬라어로 리트라(*litra*), 로마의 근, 약 300그램] 부었다. 그리고 최고로 겸손한 행동으로 **자기 머리털로 그의 발을 닦**았다. 보통 장사 지낼 때는 연고를 발라 시신이 썩는 냄새를 가렸다. 그러므로 예수님의 발에 향유를 부은 것은 예수님의 다가올 죽음을 예언한 것이다. 향유 바른 것을 닦는 일은 보통 장사 지낼 때는 전혀 하지 않을 것이므로, 이 행동은 예수님이 썩지 않고 다시 사실 것을 예견한 행동일 수도 있다(11:2에서 향유를 붓는 것과 닦는 것 둘 다를 보라).

12:4-5. 마리아의 최고의 헌신적 행동은 **가룟 유다**

요

와 대조를 이룬다. 유다는 의식적으로 **예수를 잡아줄** 사람이었다. 논란이 되고는 있지만, 이런 대조는 마리아가 의식적으로 예수님의 다가올 죽음을 위해 향유를 부었음을 암시할 수도 있다. 유다는 **향유를 어찌하여** [대략 평균 1년 치 품삯에 해당하는] **삼백 데나리온에 팔아 가난한 자들에게 주지 아니하였느냐**라고 물었다(5절). 공관복음서들에서는 다른 제자들이 유다와 합세하여 비싼 향유를 낭비하는 것에 대해 분개한다(마 26:8; 막 14:4).

12:6. 유다는 **가난한 자들을 생각**하는 것처럼 말함으로 그의 도둑질을 숨겼다. 열한 제자는 예수님의 사역에 사람들의 재정적 기부금을 담고 있는 **돈궤**를 유다에게 맡겼다(마 27:55; 눅 8:3). 향유를 팔아서 유다에게 맡겼다면, 그는 **훔쳐**갈 돈이 더 많았을 것이다.

12:7-8. 7절은 '그 여자를 내버려두라. 그녀는 나의 장례할 날을 위해 그것을 간직했다(**간직하게 하라**가 아니라, NET)'라고 이해할 수 있을 것이다. 이렇게 장례 준비로 향유를 붓는 행동은 마리아가 아마 그리스도가 곧 죽으실 것임을 인식한 단 몇 사람 중 한 명이었으리라는 사실을 나타낸다(참고. 마 26:12; 막 14:8). **가난한 자들은 항상 너희**[복수]**와 함께 있거니와**라는 예수님의 말씀(8절)은 2,000년간 변치 않는 사실이었다. 그리스도가 다시 오실 때까지 자선을 베풀 기회는 절대 끝나지 않을 것이다. **나는 항상 있지 아니하리라**라는 말은 단 엿새 후로 다가온 예수님의 죽음을 가리켰다.

12:9. 예수님의 명성이 높다보니 호기심으로 그분을 찾는 자들이 있었다. 유월절을 위해 예루살렘에 온(11:55) **유대인의 큰 무리**[이 경우 통치자들이 아니라 일반 대중들]가 또한 예수님을 보기 위해 베다니에도 왔다. 하지만 그들은 부활한 나사로도 보고 싶어 했다.

12:10-11. 하나의 죄는 다른 죄로 이끈다. **대제사장들**은 예수님을 죽이려고 모의했을 뿐만이 아니라, 이제 **나사로까지 죽이려고 모의**했다. 나사로는 그리스도의 메시아적 권능에 대한 살아 있는 증거로 우뚝 서 있었으므로 그도 제거되어야 했다. 너무나 많은 유대인들이 **가서 예수를 믿었**다. '가서'라는 말은 유대인들이 유대 지도자들을 '버리고' 있다는 의미이거나(HCSB) 아니면 유대 백성들이 예수님께로 '옮겨가고' 있다는 의미일 수 있다(NIV).

c. 메시아-왕을 소개하다(12:12-19)

12:12-19에 묘사된 사건은 전통적으로 승리의 입성(기독교 역사에서는 종려 주일)으로 알려져 있으며, 네 복음서에 모두 나와 있다(마 21:1-11; 막 11:1-10; 눅 19:28-40의 주석을 보라). 나사로의 부활로 생겨난 관심(11장)으로 인해 그날을 더욱 강력하게 경축했다.

12:12-13. **그 이튿날**이라는 말은 그날이 유월절 **명절**과 예수님의 죽음 전의 일요일임을 밝혀준다. 무리가 예루살렘으로 들어오는 예수님을 맞이하기 위해 흔든 종려나무 **가지**는 메시아(왕)의 승리나 개선을 상징했다. **호산나**라는 말은 히브리어로 '지금 [우리를] 구원하소서'라는 의미였으나 찬양의 표현으로 사용되었다. 사람들은 유월절 식사 때 부르는 시인 시편 118편에서 나오는 말을 외쳤다. 예수님이 **이스라엘의 왕**이시라는 그들의 외침(참고. 1:49)은 그들이 종려나무를 메시아에 대해 말하는 것으로 이해했음을 보여주었다.

12:14-15. 유감스럽게도 무리 중 많은 사람들은 예수님을 영적 구세주가 아니라 정치적 해방자로만 생각했다. 예수님은 전사처럼 말을 타고 오시는 대신, 나귀, 곧 짐을 싣는 짐승을 택했다. 구약 예언은 메시아-왕(슥 9:9의 주석을 보라)이 **나귀 새끼를 타고 시온의 딸**(15절, 예루살렘 사람들을 나타내는 일반적인 구약 관용구)에게 오신다고 밝혔다. 나귀는 또한 평화와 겸손의 상징이었다(삼하 19:26).

12:16. **제자들**은 예수님께 배웠지만 메시아에 대한 구약 예언들을 여전히 완전히 **깨닫지 못**했다. **예수께서 영광을 얻으신**(참고. 7:39) 부활 후에, 부활하신 주님은 히브리어 성경의 메시아적 의미를 그들에게 가르치셨다(눅 24:25-27, 44-46을 보라). 더구나 후에 성령은 그들이 예수님의 삶의 세세한 사항들을 상기하고 그것을 **예수께 대하여 기록된** 구약 예언들과 맞춰 보도록 도우셨다(16:13-14).

12:17-18. **나사로를 무덤에서 불러내어 살리실 때에 함께 있던 무리**는 18절의 무리와 구분된다. 전자의 집단 대부분은 나사로의 부활을 목격했으며 예수님과 이 기적에 대해 계속 **증언**했다. **예수를 맞은 무리**는 이 기적을 목격하지 않았지만 예수님을 만나러 갔다. 그들은 예수님이 어떻게 나사로를 다시 살리셨는지 들었음

이러라.

12:19. 예수님의 인기가 높아지자 바리새인들은 서로를 비판하게 되었다. **너희 하는 일이 다 쓸데없다 보라 온 세상이 그를 따르는도다.** 그들은 많은 유대인 무리들이 예수님께 돌이키고 있다는 의미였지만, 요한은 예수님을 보러 온 헬라인들(20절, 아마 명절을 지키려고 예루살렘에 온 하나님을 경외하는 이방인일 것이다)에게서 이 말이 역설적으로 '성취'되는 것을 보았다.

d. 이방인들의 열린 마음과 이스라엘의 몰이해 (12:20-50)

헬라인들(즉, 이방인들)이 예수님께 온 것은 유대인들에 대한 예수님의 사역이 절정에 이르렀음을 나타내며, 네 번째 복음서의 첫 번째 주요 부분(1:19-12:50)을 마무리한다. 그 부분은 기적을 행하고 사람들을 가르치시는 예수님의 공생애를 주로 다루었다. 요한은 곧 예수님이 다락방에서 제자들에게 사적으로 하신 사역에 집중할 것이다(13-17장).

12:20-22. 갈릴리에서 예루살렘으로 온 유대인들과 함께 **헬라인 몇**—이스라엘의 하나님을 믿기 위해 이교 신앙을 버린 이방인들("하나님 경외자들")—이 있었다. 그들이 할례를 받지는 않았을 것이다. 그렇게 되면 그들은 유대인으로 완전히 받아들여지고 헬라인이라 불리지 않았을 것이기 때문이다. 이 헬라인들은 먼저 **빌립에게** 갔다. 아마 빌립이 헬라 이름을 가지고 있고 그가 갈릴리 **벳새다** 출신이기 때문이었을 것이다. 그들은 (열 개의 이방인 도시가 있었기 때문에 그런 이름을 갖게 된) 데가볼리의 이방인 영토에서 왔을 것이다. 그곳은 갈릴리 동쪽과 남쪽에 있는 곳이었다. 이 헬라인들은 예수님을 **뵈옵고자** 했다. 요한에게 예수님을 '보는' 것은 종종 믿음을 나타내는 말이었다(1:39, 46; 4:29; 8:56; 9:39). **빌립은 안드레**에게 말했고, 그들은 함께 예수님께로 갔다. 빌립과 안드레는 사람들을 예수님께 데려온 것으로 알려져 있었다(참고. 1:41, 45).

12:23-24. 네 번째 복음서에서 지금까지 예수님의 '때'는 미래로 표현되었다. 이제 그 '때'가 왔다고 말한다. 유대인들이 예수님을 거부하는 것이 최고조에 이르렀을 때, 이방인들은 예수님을 찾고 있었다. 헬라인들이 온 것은 예수님의 죽음의 **때**가 이제 **왔**다는 표시였다(참고. 7:33-35). 아마도 마침내, 이 시점에서 이방인들을 포함시키기 위해 문이 살짝 열렸기 때문일 것이다. 그것은 요한복음에서 이전에는 분명하게 나타나지 않았던 그 무엇이었다. '때'에 대해서는 2:4과 4:21에 대한 주석을 보라. 예수님은 그분의 죽음과 부활을 통해 **영광**을 **얻**을 것이다. **진실로 진실로**(24절)라는 말에 대해서는 1:51에 대한 주석을 보라. 예수님은 그분의 죽음을 **한 알의 밀**이 먼저 **죽지**[즉, 그것이 생명이 없는 것처럼 땅에 묻히지] 아니하면 생명을 생산할 수 없다는 역설에 비유하셨다. 그것이 '죽을' 때, 그 '죽음'으로부터 큰 수확이 나온다.

12:25-26. 예수님은 그분을 따르는 자들에게 자아에 대해 죽는 원리를 적용하셨다. 자신을 위해 사는(**자기의 생명을 사랑하는**) 사람은 누구든 영원한 상을 위해 이 세상의 삶을 살아갈 수 있는 잠재 가능성을 파괴한 것이다(참고. 마 16:24-27; 막 8:34-38; 눅 9:23-26). 하지만 그가 **이 세상에서 자기의 생명을 미워하**면, 즉 자기 중심적인 선택들을 거부하면, 그의 생명은 영원 속에서 보상을 받을 것이다. **사람이 나를 섬기려면 나를 따르라**(26절)는 말은 그리스도를 따르는 것에 섬김이 포함됨을 보여준다. 더구나 주 예수를 섬기기 위해 제자는 반드시 예수님과 가까이 행하고 그분과 동행해야 한다. 그래서 예수님이 어디로 이끄시든 그분을 **섬기는 자도 거기 있**을 것이다. 하나님의 종들이 받을 보상에는 하나님 아버지로부터 받는 칭찬과 **귀히 여기시**는 것이 포함된다(마 25:21, 23). 그것은 오는 세상에서 지도자의 책임을 맡는 결과를 가져온다(눅 12:44; 19:17; 계 2:26, 27).

12:27-28. 예수님의 마음은 그분이 후에 동산에서 고뇌를 겪을 동안과 매우 비슷하게(마 26:38; 막 14:34), 십자가에서 인류의 죄를 지시는 것을 묵상할 때 **괴로**워졌다. 예수님은 자신의 죽음의 **때**로부터 자신을 **구원**해달라고 아버지께 기도하실 수도 있었을 것이다. 하지만 그것은 세상에서 그분이 수행해야 할 전체 사명에 반대되는 일일 것이다. 그래서 예수님은 대신에 (28절) 아버지께서 영광스럽게 되기를 기도하셨다. 이것은 그리스도의 삶에서 **하늘에서 소리가 나**는 세 경우 중 마지막이다(마 3:17; 17:5). 그 소리를 통해 아버지께서는 아들에 대한 그분의 만족을 표현하셨다.

12:29-30. **무리** 중 일부는 계시를 받을 준비가 되

어 있지 않았으며, 그저 **천둥이 울었다**고 생각했다. 다른 사람들은 그 음성 배후에 약간의 영적 실상이 있다고 생각했다. **천사가** 그리스도께 뭔가를 **말하였다**고 생각한 것이다. 하지만 예수님이 설명하셨듯이, 이 소리가 난 것은 그분을 **위한 것이 아니요** 사람들을 **위한 것**이었다. 예수님에게는 아버지가 자신을 영광스럽게 하시리라는 증거가 필요하지 않았다(28절). 하지만 아버지는 은혜롭게도 무리에게 예수님의 권위와 아들 됨에 대해 더 확증해주셨다. 그런데도 사람들은 그 의미를 깨닫지 못했다.

12:31. 죄 사함 외에도 십자가는 **세상**에 대한 **심판**을 성취했으며(**이제**라는 말에서 암시된 것으로), **이 세상의 임금**인 사탄(참고. 14:30; 16:11; 엡 2:2; 고후 4:4)을 물리쳤다. 십자가가는 사탄을 **쫓**아냈다. 이것은 마치 마귀가 하늘에서 쫓겨난 것처럼 공간적인 개념이 아니었다(참고. 계 12:10). 대신 사탄의 권세가 영원히 망가졌으며, 그의 운명은 정해졌다. 그리스도가 재림할 때 사탄은 완전히 멸망한다(계 20:10).

12:32-33. 그리스도가 **모든 사람을** 그분 자신에게로 **이끌겠노라**는 생각은 오직 유대 민족뿐만이 아니라, (모든 사람 하나하나에 해당하는 것은 아니지만) 모든 종족 집단을 이끌겠다는 의미일 수도 있다. 헬라인에 대한 언급(20절)은 이것을 지지할 수 있다. 하지만 반대로 요한은 그의 책 전체를 통해 보편적 관점을 보였으며(1:29; 3:16, 17; 4:42; 6:33, 51) "모든 [사람]"은 보통 모두를 포함한다(1:7, 9; 2:24; 5:23, 28; 10:29; 17:2). 십자가의 메시지를 듣는 사람은 모두 그 메시지에 의해 구세주께 '이끌릴' 혹은 더 가까이 가게 될 것이다. 하지만 이것은 보편적 구원에 대한 약속이 아니다. 요한과 예수님은 사람이 믿어야 한다는 것을 분명하게 했다(참고. 3:16). **들리면**(32절; 참고. 3:14; 8:28)이라는 말은 예수님의 죽음의 방법(즉, 십자가 처형)을 말한다. **이렇게 말씀하심은 자기가 어떠한 죽음으로 죽을 것을 보이심이러라**는 말이 확증하는 것과 같다. '들리다'는 말은 또한 그리스도의 죽음에 의해 그리스도께 임할 영광을 묘사한다(12:23; 13:31-32; 17:1).

12:34. **무리**는 **율법**에서 메시아가 오셨을 때 그분이 그들의 왕으로서 **영원히** 살아 **계신다**고 말한다고 이해했다. 여기에서 '율법'은 아마 10:34에서처럼 전체 구약을 의미할 것이다. 많은 구약 본문들은 메시아의 통치가 영원할 것임을 말했다(삼하 7:13; 시 89:35-37; 사 9:7; 단 7:13-14).

12:35-36. 예수님은 그분 자신이 그들 가운데 조금 더 오래 있는 **빛**이라고 말씀하심으로 그들의 질문(34절)에 대답하셨다. 유대 백성은 **빛이 있을 동안에 다녀 어둠**[영적 무분별함]**에 붙잡히지 않게** 해야 한다. 36절은 "빛 가운데 거하라"는 말을 **빛을 믿으라** 그리고 신자로서 **빛의 아들**이 되라는 것으로 규정한다. 예수님이 **그들을 떠나가서 숨으시니라**(참고. 10:40; 11:54)는 말은 이스라엘의 믿지 않음으로 인해 그들이 바야흐로 눈이 멀게 될 것임을 상징적으로 예언한다(37-40절).

12:37-38. 예수님은 **많은 표적을 행하셨다**. 하지만 대다수의 사람들은 기적들이 그리 설득력이 있다고 생각하지 않았다. 그 결과 사람들은 예수를 **믿지 아니**했다. 요한은 하나님의 고난받는 종에 대해 잘 알려진 메시아 본문(사 53:1)을 이제 그리스도 안에서 이루어진 것으로 인용했다(38절). **주의 팔**은 예수님의 표적들에서 나타난 하나님의 권능을 나타내는 비유적 표현이다(37절). 구약 예언의 수사학적 질문들은 이스라엘의 남은 자만이 메시아의 메시지를 믿을 것임을 시사한다.

12:39-40. 이스라엘이 믿기를 거절한 것(37절)은 결국에는 마음이 완고하게 되는 것으로 이어졌다(**그들이 능히 믿지 못한 것**, 하지만 42절을 보라). 집합적으로 이스라엘은 하나님이 **눈을 멀게 하셨다**(40절). 그들의 불신에 대한 심판으로 그렇게 하신 것이다(롬 11:11-24에 대한 주석을 보라). 모든 사람이 불신 때문에 눈이 멀어 있었다(고전 2:14; 고후 4:4). 이사야의 사역과 마찬가지로(사 6:9-11) 예수님의 가르침은 유대 백성을 믿음으로 이끌기보다는 그들을 둔감하게 했다. 이 구절들은 어렵고, 우리 신학에 도전을 줄 것이다. 36절에서 예수님은 유대 백성들에게 믿으라고 명하셨다. 그래서 그들은 믿는 것에 대해 도덕적으로 책임이 있었다. 37-38절은 그들이 믿지 않았다고 말한다. 불신의 죄를 범한 것이다. 39-40절은 '왜' 그들이 믿지 않는지 말한다. 즉, 하나님이 **그들의 마음을 완고하게 하**사(롬 9:14-18에 대한 주석을 보라) 이스라엘이 죄와 불신에서 **돌이켜** 하나님께 **고침을 받지 못하게** 하셨

기 때문이다. 죄(이 경우에는 불신)에 대한 신적 주권과 인간의 책임 간의 상호 교환은 불가해한 것이며 전자가 후자를 상쇄하지도 않는다. 두 교리 모두 똑같이 사실이다. 그리고 어떤 본문은 둘 중 하나를 강조할 수도 있을 것이다. 여기에서 요한은 그들의 불신보다 하나님의 주권을 강조했다. 하지만 다른 곳에서는 그들의 도덕적 책임이 1순위이다. 하나님의 주권과 인간의 죄에 대해서는 로마서 9:22-23에 대한 주석들과 로마서 9:30을 소개하는 주석들을 보라.

12:41. 이사야가 **주의 영광을 보고 주를 가리켜 말**했을 때, 선지자는 구약의 하나님 여호와를 말하고 있었다(사 6:3). 하지만 요한은 여호와의 영광이 또한 성육신 이전의 그리스도의 영광임을 나타냈다(참고. 1:1, 14; 8:58; 10:30; 20:28). 이것은 42절에 나오는 인칭대명사에서 확증된다. "'그를' 믿는 자가 많되".

12:42-43. **그러나** 이스라엘의 눈이 멀었음에도 불구하고, **관리**[단지 무리들만이 아니라] **중에도 믿는 자가 많되**. '관리들'은 공회원들이었다. 니고데모와 아리마대 요셉은 요한복음에서 예수님을 메시아로 믿었다고 나오는 두 명의 관리이다(3:1; 19:38-39). 새로 믿음을 가진 이 초기 단계에서 이 관리들은 **출교**를 당할까봐 두려워서 그리스도를 **드러나게 말하지 못**했다(참고. 9:22). 사람의 **영광**에 대한 그들의 사랑(43절)은 그들의 증거를 와해시켰다. '은밀한 제자'라는 주제에 대해서는 19:38-40을 보라.

12:44-46. 그다음 구절들에서 예수님은 그분의 공적 사역의 마지막 가르침을 베푸셨다. 예수님이 언제 어디에서 이 말씀을 전하셨는지는 분명하지 않지만, 그 말은 여기에서 예수님이 이스라엘에게 하신 선포의 절정으로 나온다. 이어서 이 책은 메시아가 그분의 제자들에게 하신 사적인 사역으로 넘어갈 것이다(13-17장). **예수께서 외쳐**라는 말은 이 가르침의 중요성을 보여준다. **나를 믿는 자는 나를 믿는 것이 아니요**라는 말은 "'오직' 나만 믿는 것이 아니요"라는 의미이다. 아들과 아버지가 하나라는 것이 이 구절들에서 세 번 반복된다. 두 번째는 45절에 표현되어 있다. **나를 보는 자는 나를 보내신 이를 보는 것이니라**. 예수님은 하나님의 완전한 계시이며 표현이다(1:18; 14:9). **세상의 빛**이신 예수님(46절; 1:4-9; 3:19-21; 8:12; 12:35)과 그분을 믿을 필요성은 요한이 이 책 다른 곳에서 강조한 주제들이다(서론의 '목적과 주제'를 보라).

12:47-48. 심판(3:17-19; 5:22-30; 16:8, 11)과 예수님의 말씀(4:41, 50; 5:24; 6:63, 68; 14:23; 15:7)도 요한복음의 주요 주제이다. 미래의 모든 심판은 예수님께 주어졌다(5:22, 27). 하지만 세상에 오신 예수님의 목적은 그때에 **심판**하려 함이 아니라, 그 대신 **세상을 구원하려 함**이다(3:17; 8:15). 마지막 심판은 복음 메시지에 대한 사람의 반응에 의해 스스로 자초한 것이며 이생에서 정해지는 것이다(3:18; 5:24; 12:48). 그렇기 때문에 만일 어떤 사람이(48절) 예수님의 **말을 받지 아니하**면, 그분의 말씀이 **마지막 날에 그를 심판하리라**(최후의 심판, 참고. 6:39-40). 예수님의 '말'은 말씀이신 예수님의 신분과 결합되어 있다(1:1, 14).

12:49-50. 예수님은 그분이 자신의 권위로 혹은 자의로 **말한 것이 아니**라는 것을 반복해서 분명하게 하셨다(5:30; 8:28, 42; 12:49; 14:10). 그래서 영생에 대한 예수님의 메시지는 아버지의 메시지이기도 하다. **그의 명령이 영생**(50절)이라는 말은 하나님이 모든 사람에게 믿으라고 명하시며, 믿는 것은 영생으로 이끈다는 의미이다. 네 번째 복음서에서 예수님의 공적 사역이 메시아를 믿을 필요성에 대한 말로 끝나는 것은 매우 적절하다.

Ⅲ. 사적인 사역: 제자들에 대한 예수님의 고별 가르침(13:1-17:26)

예수님의 고별사가 요한복음의 두 번째 주요 부분을 구성한다. 예수님의 제자들에 대한 이 사적인 가르침들은 다락방에서 시작되었다. 하지만 14:31에서 예수님과 남은 열한 명의 제자들은 다락방을 떠났으며, 예수님이 계속 그들을 가르치고 기도하시던 예루살렘 거리들을 이리저리 다녔다. 마지막으로 17:26에서 그들은 예루살렘을 떠났으며, 기드론 골짜기를 건넜다.

A. 제자들의 발을 씻기시다(13:1-20)

13:1. 요한복음에 인용된 세 번의 유월절 중에서 이 유월절이 공관복음서에 기록된 유일한 **유월절**이다. **예수님**은 자신이 죽으실 때가 왔다는 것을 확실하게 아셨다(참고. 12:23). 그러나 제자들은 그렇지 못했다. 예수님은 **자기 제자들**, 심지어 유다까지도 **끝**[*telos*, 텔로

스]까지—그분이 "다 이루었다"('텔로스', 19:30)라고 외치셨던 십자가까지—**사랑하시니라**. 요한복음에서 이 시점까지는, 그분의 때가 아직 오지 않았다고 나왔다(2:4; 7:30; 8:20). 이제 **때가 이르렀다**고 나온다. 즉, 세상을 떠나 **아버지께로 돌아가실**이라는 말에 묘사된 대로 예수님의 죽음, 부활, 승천의 때가 이르렀다는 것이다.

13:2-5. 예수님을 배신하겠다는 생각은 유다의 독창적인 생각이 아니었다. **마귀가 벌써** 그의 믿음 없는 **마음에** 그런 생각을 **넣었더라**(참고. 6:71; 12:4). 다시 한 번(참고. 1절) 예수님은 자신의 우주적 권세(참고. 마 28:18), 그분의 기원, 그분의 목적지에 대한 완전한 자의식을 갖고 계심을 보여준다(3절). **자기가 하나님께로부터 오셨다**는 것은 예수님이 종의 역할을 맡기 위해 **겉옷을 벗**은 것으로 상징되었다(4절). 이스라엘에서는 사람들이 걸을 때 발이 더러워졌다. 손님의 발을 씻는 것은 주인이 제공하는 일반적인 호의였으나, 그 일은 집안의 종이 했다. 집의 우두머리가 그런 일을 하는 경우는 절대 없었다. 예수님은 사회적 관습을 깨고, 자기 제자들의 종이 되셨다. 예수님이 '벗었다'(took off) 그리고 '입었다'(put on)라고 말하는 대신, 요한은 예수님이 자신의 겉옷을 제쳐두었다[laid aside(NASB), 티데미(*tithemi*), 4절] 그리고 취했다[took up(NASB), 람바노(*lambano*), 13:12]라고 말했다. 그것은 앞에서 예수님의 죽음에 대해 사용된 단어들이다(10:17-18: 개역개정에는 '버릴', '얻을'이라고 번역—옮긴이 주).

13:6-8. 제자들 중 일부는 예수님이 그들의 발을 씻으실 때 그에 따랐다. 하지만 예수님이 **시몬 베드로에게 이르**셨을 때, 베드로는 주님의 자신을 낮추시는 행동에 의문을 제기했다. 예수님은 베드로가 부분적으로 이해했음을 아셨다(**네가 지금은 알지 못하나**, 7절). 발을 씻는 것의 의미는 **이후에는**, 즉 다락방 가르침 후에는 그리고/또는 부활 후에는 분명하게 될 것이다. 베드로는 헬라어로 강한 부정어를 사용해서, 여전히 저항했다(8절). **내 발을 절대로 씻지 못하시리이다**라는 것이다. 예수님은 베드로가 예수님이 그의 발을 씻기시는 것을 거절한다면, 베드로는 메시아와 **상관이 없**을 것이라고 대답하셨다. 예수님과의 지속적인 협력 관계나 교제는 신자가 자신의 죄를 고백할 때 반복해서 깨끗하게 되는 것에 달려 있다(요일 1:9).

13:9-11. 베드로는 주님과 친교를 나누려는 열심으로, 예수님께 자신의 몸 전체를 씻어달라고 청했다. 두 가지 다른 씻음에 대해 예수님이 베드로에게 주신 가르침을 간과해서는 안 된다. **이미 목욕한**[*louo*, 루오] **자는 발밖에 씻을**[*nipto*, 닙토] **필요가 없느니라**. 왜냐하면 그는 **온몸이 깨끗하**기 때문이다(10절). 목욕은 중생이라는 완전하고 반복될 수 없는 씻음을 나타낸다. 발을 씻는 것은 구원 후에 그리스도와의 친밀함을 위해 필요한 반복되는 씻음을 묘사한다(참고. 15:14). 이 친밀함은 빛 가운데 행하는 것과 죄를 고백하는 것을 요구한다(요일 1:6-9을 보라). 사도는 **다는 깨끗하지 아니하다**라는 예수님의 말씀(11절)을 유다를 지목하는 것으로 해석했다. 유다는 믿지 않았으므로 그는 깨끗하지 않았다. 즉, 중생하지 않았다.

13:12-15. 예수님이 다시 **옷을 입으**신 것은 부활 때 그분이 영화되시는 것을 예고했다. 그리스도는 그들의 주의를 끌기 위해 수사학적 질문을 하신 후에, 그분이 당연히 그들 위에 있다고 말씀하셨다. 그들은 예수님을 **선생이라 또는 주라**(13절) 불렀다. 그것은 계속 진행 중인 제자도에 적절한 용어들이다. 종은 그의 주인 위에 있지 않으므로(마 10:24), 제자들은 그들의 선생이신 예수님처럼 자신을 낮추고 다른 사람들을 섬겨야 한다. **서로 발을 씻어주는 것**(14절)에는 그들의 형제자매를 위해 자기 목숨을 버리는 것이 포함되었다(10:11, 14, 17; 15:13; 요일 3:16). 발을 씻는 것은 하나의 의식으로가 아니라 주님이 모범을 보인 모든 형태의 겸손한 섬김의 **본**(15절)으로 제시되어 있다(참고. 딤전 5:10).

13:16-17. **종**은 그를 소유한 **주인**보다 절대 더 큰 특권을 갖고 있지 않으며, 사신은 **보낸 자보다** 절대 더 권위가 있지 않으므로, 논리상 제자들은 그들의 주님이 그들의 발을 씻으면서 했던 것처럼 겸손하게 섬김으로 자신을 낮추지 않으면 안 된다. "보냄을 받은 자"[아포스톨로스(*apostolos*), 문자적으로는 '사도'(apostle)]라는 말은 열한 제자의 사도적 사명을 암시한다. 제자들은 순종하기 전에 예수님이 말씀하신 **이것을 알**아야 한다(17절). 아는 것은 순종의 선행조건이다. 하지만

복이 있는 것이나 영적으로 행복한 것은 섬김에 대한 그리스도의 명령에 순종할 것을 조건으로 한다.

13:18. **내가 너희 모두를 가리켜 말하는 것이 아니니라**는 말은 유다를 향한다. 예수님은 유다를 포함해서 자신이 **택한 자들**에 대해 모든 것을 아셨다. 예수님은 불시에 유다에게 배신을 당하지 않으셨다. '택한'이라는 말은 여기서 구원을 위한 선택을 말하는 것이 아니라, 예수님의 열두 제자를 택한 것을 말한다(참고. 6:70). 제자들을 택한 것은 시편 41:9이 **응하게 하**는 결과를 낳았다. 시편에서 다윗의 친한 친구 아히도벨(**내 떡을 먹는 자**)이 다윗을 배신했다(**발꿈치를 들었다**는 말은 경멸을 나타내는 문화적 표시이다). 후에 아히도벨은 스스로 목매어 죽었다(삼하 16:20-22; 17:23). 그것은 유다가 어떻게 더 위대한 다윗(메시아)을 배신하고 후에 스스로 목매어 죽을지(마 27:5; 행 1:18) 예시한다.

13:19-20. 유다에 대한 예언은 일단 그것이 이루어지면 예수님의 신적 지위, 주권, 전지하심에 대한 제자들의 믿음이 더 커질 것이라고 예수님은 단언하셨다. **내가 그인 줄 믿게 하려 함**에 대해서는 4:26과 8:28에 대한 주석을 보라. 주님은 복음을 세상에 전파하는 것에 대해 생각하고 계셨다. 제자들은 그 과업을 수행해야 한다. 하지만 보냄 받은 사람은 아무것도 아니다(**내가 보낸 자**, 20절). 권위는 그들을 보내시는 주님께 있다. 그러므로 누구든 그리스도가 보내신 자를 **영접하는 자**는 그리스도 자신(참고. 1:12)과 하나님 아버지도 영접하는 것이다.

B. 예수님을 배신할 자가 누구인지 밝히시다 (13:21-30)

13:21-22. 세 번째로, 죄 없으신 예수님은 **심령이 괴로우셨다**(참고. 11:33; 12:27). 그리스도는 전에 자신이 배신을 당할 것이라고 암시하기는 하셨지만(6:64, 71; 13:11), 이제 배신자는 열두 제자 중 **하나**가 될 것이라고 직접적으로 **증언**하신다. 요한은 제자들이 **누구에게 대하여 말씀하시는지 의심하더라**(22절)라고 지적함으로, 다시 한 번 제자들의 무지를 강조했다. 유다는 그다음에 나오는 대화에 진지하지 않게 참여했음이 분명하다(참고. 마 26:22; 막 14:19; 눅 22:23).

13:23-25. 사랑하시는 제자, 아마 요한(서론의 '저자' 부분을 보라)은 **예수의 품**, 혹은 가슴**에 의지하여 누웠는지라**. 문화적인 식사 방식(12:2에 대한 주석을 보라) 때문에 그런 것만이 아니라, 이것은 왼쪽으로 의지하여 눕는 것이 의식의 일부였던 유월절 식사였기 때문이다. 이것은 저자가 자신을 예수께서 **사랑하시는** 자라고 밝힌 다섯 번 중 첫 번째이다(19:26; 20:2; 21:7, 20). 각각의 언급은 예수님의 죽음과 부활 사건 안에서 나왔다. 예수님 옆에는 유다와 요한이 있었다(둘 다 명예로운 자리이다). 하지만 요한은 예수님과 **베드로** 사이에 있었다(24절). 그래서 베드로는 요한에게 그 배신자의 정체가 누구인지 물어보게 했다. 이렇게 의지하고 있는 위치에서 **그대로 의지하여**(25절), 요한은 예수님께 말할 수 있었다.

13:26-27. **예수**님은 배신자의 정체를 요한에게만 나타내셨다(21:20에 대한 주석을 보라). 어떤 사람이 **떡 한 조각을 적셔서** 다른 사람에게 주는 것은 우정과 존경의 표시였다. 유다의 가증스러운 성품은 그 자신의 책임이었다. 그를 **가룟 시몬의 아들**이라고 부르는 것은 그가 평범한 한 인간임을 보여주었다. 하지만 유다가 **조각을 받은 후 곧 사탄이 그 속에 들어간지라**(27절). 떡이 유다에게 들어간 것처럼 마귀도 들어갔다. 예수님은 그 상황을 완전히 주관하시고서, 유다에게 그의 비열한 행동을 **속히 하라**고 하심으로 자신에 대한 배신을 재촉하셨다.

13:28-30. 놀랍게도 **무슨 뜻으로** 예수님이 유다에게 그가 하려는 일을 속히 수행하라고 말씀하셨는지 이해하는 **자가 없**었다. 유다는 제자들의 여행 사역을 위해 혹은 그들이 만나는 궁핍한 사람들을 위해 제자들이 받은 기금을 맡고 있었다(참고. 12:6). 그래서 제자들은 예수님이 유다를 유월절 명절에 필요한 어떤 **물건을 사거나 가난한 자들에게 무엇을 주**러 보내셨다고 생각했다(29절). 밤중에 자선을 베푸는 것은 유월절의 일부였다. 그 후에 유다가 **나가니**(30절), 저자는 절정에 이르는 말을 한다. **밤이러라**. 즉, 어둠이 문자적으로나 상징적으로나 내려앉았다. 요한은 그것을 기록하지 않았지만, 유다가 떠난 지 어느 정도 시간이 지난 후에 예수님은 성만찬을 제정하기 시작하셨다(마 26:26-29; 막 14:22-25; 눅 22:15-20).

C. 예수님이 떠나신다는 것을 계시하시다

(13:31-14:31)

13:31-32. 다시 한 번 예수님은 자신이 죽으실 정확한 때를 아신다는 것이 드러난다. **지금 인자가 영광을 받았고.** 이것은 네 번째 복음서에서 '영광을 받다'(*doxazo*, 독사조)라는 말이 23회 사용된 것 중 첫 번째이다(공관복음서에서는 14회 사용된다). 때로 그것은 자신의 지위를 구축하는 것(8:54; 참고. 5:41, 42; 8:50), 예수님(12:28; 14:13)이나 신자(15:8; 21:19)가 하나님의 평판을 높이는 것, 혹은 하나님의 일을 성취하심으로 예수님의 평판이 높아지는 것(11:4; 17:4; 참고. 2:11)을 말한다. 여기에서는 예수님이 죽음, 부활, 승천하심으로 말미암아 하나님으로부터 높은 지위를 받았음을 나타낸다(11:4; 12:16, 23; 13:31, 32; 17:5). 예수님의 기적들은 그분의 영광을 나타내 보였다(2:11). 하지만 예수님의 영광이 가장 잘 나타났을 때는 최고로 연약한 때, 즉 그분의 십자가 죽음에서였다. **하나님이 예수님으로 말미암아 영광을 받으셨으며**(32절), **하나님도 자기로 말미암아** 예수님께 **영광을 주실** 것이다. 그리스도의 죽음은 그 순간으로부터 몇 시간 이내에 일어났으므로, 십자가 처형은 곧 예수님께 **영광을** 줄 것이다.

13:33. 유대인 선생은 자기 제자들을 **작은 자들**이라고 불렀다. 모든 복음서를 통틀어 그리스도는 이 호칭을 여기에서 단 한 번 사용하신다. 요한은 후에 그 용어를 채택했다(요일 2:1, 12, 28, NASB). 예수님은 유대 당국에게(7:34; 8:21) **너희는 내가 가는 곳**[십자가, 승천]**에 올 수 없다**고 말씀하셨다. 이제 예수님은 자기 제자들에게 같은 것을 말씀하고 계셨다(하지만 14:3을 보라).

13:34-35. 구약에서는 다른 사람들을 사랑하라고 명령했다(레 19:18, 34; 신 10:19). 예수님이 명령하신 사랑은 **새 계명**이었다. 그것은 예수님을 따르는 자들에게 그저 사랑하라고만 명하는 것이 아니라, 예수님이 그들을 사랑하신 것처럼 희생적으로 사랑하라고 명하기 때문이다. 바울은 율법의 이 한 측면을 그리스도의 법이라고 칭했다(고전 9:21; 갈 6:2). 사랑은 제자도의 주요한 표시 중 하나이므로, 다른 사람들은 예수님의 **제자인 줄 그들이 서로 사랑하**는 것에 의해 **알리라**[판정하리라].

13:36-38. 베드로가 예수님이 어디로 가시는지 물었을 때, 그리스도는 베드로에게 **내가 가는 곳에 네가 지금은 따라올 수 없으나**[오우 뒤나사이(*ou dynasai*), 문자적으로는 '할 능력이 없다'] **후에는**, 그 자신의 죽음으로 **따라오리라**고 약속하셨다. 베드로는 자신은 주를 위해 자기 목숨을 기꺼이 **버리겠나이다**라고 충동적으로 자랑했다. 마가복음 14:31에 따르면, 모든 제자들이 같은 주장을 했다. 역설적이게도 베드로를 위해 죽으실 분은 예수님이 될 것이다. 그다음에 베드로가 그의 죽음까지 예수님을 따라갈 것이다(그러나 **지금은** 아니다, 요 21:18-19). 점잔 빼며 우는 **닭**은 자랑스럽게 말하는 베드로의 주장과 어울리며, 예언적 책망이 된다. 베드로는 그 예언에 대해 아무 대답도 하지 않았으며, 이 담화에서 그가 예수님을 부인할 때까지(18:17) 다시는 말하지 않았다.

14:1. 예수님이 배신당하고 떠나신다는 생각(13:21-38)은 제자들을 대단히 낙담시켰을 것이다. 예수님은 그들을 위로하시기 위해, **너희**[복수]**는 마음에 근심하지 말라**고 지시하셨다. 제자들은 믿음으로 그들의 마음을 진정시킬 수 있었다(**하나님을 믿으라 그리고 또 나를 믿으라**). 두 번 나오는 '믿다'라는 동사는 철자가 같다(*pisteuete*, 피스튜에테). 하지만 그 철자는 두 동사를 사실에 대한 진술(직설법 동사, '너는 믿는다')로 만들 수도 있고, 명령(명령법 동사, '믿으라!')으로 만들 수도 있다. 아니면 그 둘을 합쳐놓은 것(하나는 진술이고 하나는 명령일 수 있다)으로 만들 수도 있을 것이다. 첫 번째 문구는 또한 질문일 수도 있을 것이다('너희는 하나님을 믿느냐?'). 그것은 복잡한 문제이다. NET 성경(p. 2073. n.8)의 논법은 거의 정확할 것이다. "(예수님은) 바야흐로 그분의 백성에게 메시아가 아니라고 거절을 당하게 될 것이다. 제자들은 이 사건들을 통해 믿음이 흔들리고 그분이 메시아이며 주님이라는 사실을 의심하게 될 것이다. 저자는 제자들이 이때에는 그것을 예견하지 못했다는 점을 분명하게 밝힌다. 부활 이후에 재단언될 필요가 있는 것은 예수님과 성부 하나님 간의 동일화이다(참고. 20:24-29). 그래서 첫 번째 '피스튜에테'는 서술법으로, 두 번째는 명령법으로 보는 것이 좋다. 따라서 '너희는 하나님을 믿는다. 또 나도 믿으라'라는 번역이 나오게 된다."

14:2-4. **거할 곳이 많은** 자신의 **아버지 집**에 대한

예수님의 가르침은 아름다운 장식이 많이 있는 1세기의 부잣집 이미지를 연상시킨다. 예수님이 **다시 와서** 제자들을 자신에게로 **영접**하지 않는다면, 그들을 위해 **거처를 예비하러 가**지 않으실 것이다(3절). 이 '오시는 것'은 재림이 아니라 환난 전 휴거일 가능성이 있다(마 24:36-44; 살전 4:13-17에 대한 주석을 보라). 재림 때 예수님은 이 세상에 머물기 위해 다시 오시기 때문이다(슥 14:3-4; 마 24:29-31; 계 19:11-21). 그렇다면 이것은 휴거에 대한 예수님의 두 번째 계시가 된다(마 24:36-44은 며칠 전, 아마 유월절 주간의 화요일에 하신 말씀일 것이다). 예수님은 그분이 있는 곳에 우리도 같이 있기를 깊이 원하신다(참고. 살전 4:17). 제자들은 예수님이 그들을 아버지의 집으로 데리고 가실 **길**을 알았다(4절). 예수님은 그들에게 십자가를 반복해서 말씀하셨다.

14:5-6. 도마는 예수님의 논리에 의문을 제기했다. **주여…우리가…그 길을 어찌 알겠사옵나이까**. 예수님은 요한복음에 나오는 여섯 번째의 **내가…이니**[I am] 주장으로 그들의 믿음을 단언하셨다(6절). 예수님은 하나의 길이 아니라 하나님께로 이르는 **그 길**이다. 예수님은 참될 뿐만 아니라 **진리**이시다. 진리는 그리스도 안에서 유형화되었다. 그리고 영원한 **생명**도 마찬가지이다(1:4). 먼저 그리스도를 믿는 믿음에 의해서가 아니면 영생을 위해 **아버지께로 올 자가 없느니라**.

14:7. 열한 제자는 비록 거듭나기는 했지만(2:11; 14:10-11), 그리스도와의 참된 친교를 시작하지 않았다. 그들은 예수님이 누구신지를 완전하게 이해하지 못했다. 그들은 예수님이 아버지께로 가는 유일한 길 혹은 접근법이라는 것(6절)을 지금까지는 생각하지 못했다. 그들이 그리스도를 친밀하게 **알았더라면**(참고. 빌 3:10). 그들은 아버지도 친밀하게 알았을 것이다. 하지만 그들은 그렇지 않았다(9절). **이제부터는**은 그 순간 이후를 가르키는 말이다. 고별 설교(13-17장)를 통해, 그들은 아버지에 대한 친밀한 앎(**알았고**)과 완전한 영적 시각(**보았느니라**)을 얻을 수 있었다.

14:8-9. **빌립**은 **아버지를 우리에게 보여주옵소서**라는 요청에서, 예수님이 방금 언급하신 하나님 아버지에 대해 대단히 낯설어하는 모습을 보여주었다. 예수님은 제자들과 3년을 지냈지만, 그들은 그분을 완전히 알지 못했다(9절). 그리스도를 '아는' 혹은 '보는' 것(**나를 본 자는**)은 하나님 자신을 온전히 인식하는 것(**아버지를 보았거늘**)이다. 하나님 아버지는 아들이신 예수님 안에서 완전하게 계시된다. 하지만 하나님의 아들이신 그리스도는 하나님 아버지와 각각의 위격이라는 견지에서 서로 별개이다. 이 중요한 점에 대해서는 1:1, 18에 대한 주석을 보라. 예수님의 이 주장은 신성에 대한 엄청난 선언과 다르지 않고, 그것은 삼위일체에 대한 신약의 가르침으로 이어진다.

14:10-11. 예수님이 **아버지 안에 거하고 아버지께서** 예수님 **안에 계시**다. 즉, 신성 내에서의 거룩하고 영원한 교제와 하나 됨이다. 예수님이 **이르는 말**은 절대 그분이 **스스로**, 아버지와 독자적으로 하시는 것이 아니다. **아버지께서 그리스도 안에 계셔서 그의 일을 하시는 것이라**. 아버지와 아들이 서로 안에 거하는 것은 삼위일체가 분리될 수 없다는 것을 강조하면서도, 구별됨을 주장한다. 제자들이 예수님의 **일로 말미암아** 예수님을 **믿는**다면, 그들은 아버지와 아들 간의 이 영속적인 관계의 진리를 볼 것이다.

14:12. 예수님이 신자들이 할 것이라고 말씀하시는 **그보다 큰일**이란 무엇인가? 이는 예수님이 **아버지께로 감**으로 인해, 즉 예수님의 승천 이후 성령이 주어졌을 때 가능하게 되었다. "그보다 큰일"은 오순절에 일어났으며, 이후로도 줄곧 사람들이 그리스도를 믿는 믿음을 가질 때 일어났다.

14:13-14. 제자들이 예수님보다 더 큰일을 하리라는 약속은 이제 예수님의 이름으로 하는 그들의 기도와 직접적으로 연결되었다. **너희가 무엇을 구하든지**[아이테오(*aiteo*), 열등한 존재가 우월한 존재에게 하는 요청]라는 말은 다락방 가르침에서 처음으로 기도라는 주제를 시작한다(15:7, 16; 16:23-24, 26). 그것은 또한 그리스도인들에게 처음으로 그리스도를 통해(**내 이름으로**) 아버지께 기도할 것을 명한다(15:16; 16:23-24, 26). 예수님의 이름으로 하는 기도는 그 기도를 드리는 사람이 예수님이 기도하는 사람과 하나님 아버지 간의 유일한 중보자이심을 안다는 것을 시사한다(6절). 기도는 주로 개인의 유익을 위해서가 아니라, 예수님을 위해 드려야 한다(참고. 시 25:11). 그래서 우리는 마치 예수님이 그것을 구하시는 것처럼

기도로 구할 수 있다. 이것은 우리의 기도가 예수님의 뜻, 성품, 목적에 따라 드려져야 한다는 것을 의미한다(요일 5:14-15). 하지만 **내게 구하면**(14절)이라는 말은 또한 하나님의 아들에게 한 기도 역시 정당함을 인정한다(참고. 행 7:59; 고후 12:8). **내가 행하리라**는 약속은 기도에 대한 다른 조건들과 반드시 조화를 이루어야 한다(예를 들어 시 66:18; 약 4:3; 벧전 3:7; 요일 5:14-15).

14:15-17. 예수님의 **계명**을 **지키**는 것은 예수님께 대한 헌신의 시금석이다. **또 다른 보혜사**[파라클레토스(*parakletos*), 16절], 즉 성령이 오순절 때 오시는 것은 예수님 자신이 '파라클레토스'라는 것을 암시한다. 이 헬라어는 신약에서 다섯 번 나오는데, 모두 요한이 사용한다(14:16, 26; 15:26; 16:7; 요일 2:1). 이 문맥들에서 '파라클레토스'가 다양한 기능을 갖고 있기 때문에, 그 말을 단 하나의 용어로 번역하기는 어렵다. 그 말은 종종 "위로하거나, 격려하거나, 그를 위해 중보함으로 돕는 사람"을 의미한다(L&N, 1:141). 대부분의 역본들은 그 말의 의미를 어느 정도 내포한다[참고. '돕는 분'(Helper): ESV, NKJV, '상담자'(Counselor): NIV, HCSB, '변호자'(Advocate): NET, NRSV, '친구'(Companion): CEB, 그러나 요일 2:1에서 그 용법은 법적 의미에서 '변호자'라는 뜻이다]. 성령은 신자와 **영원토록 함께** 계시면서 그의 구원을 굳게 지켜주신다. 그리스도가 진리를 구현하시는 것처럼(14:6), 성령은 **진리**를 촉진하고 전파하는 **영**이시다. 그리스도처럼(1:10-11), **세상은** 성령도 **능히 받지 못하나니**. 성령이 **너희와 함께 거하심이요**라고 말씀하심으로, 예수님은 구약의 성령과 구약 성도들의 관계를 묘사하셨다. 즉, 성령은 그들과 '함께' 계셨다. 하지만 그때는 성령이 오순절(그분이 너희 **속에 계**실 때) 후에 그러시는 것처럼 그들 안에 거하시지는 않았다.

14:18-19. 그리스도는 그분의 제자들을 영원히 **고아와 같이**, 즉 무력한 상태로 **버려두지** 아니할 것이다. 그리스도는 그분의 부활 후 40일 동안(16:16-24), 그리고 후에는 성령의 오심을 통해 그들에게 **오리라**고 약속하셨다. 그리스도가 죽으신 후에, **세상은 다시** 그분을 **보지 못**할 것이다(19절). 하지만 열한 제자와 다른 제자들은 볼 것이다. 부활체의 나타나심은 신자들에게만 이루어졌다(참고. 고전 15:6). 그분의 부활은(**내가 살아 있고**) 우리의 부활을 보장한다(**너희도 살아 있겠음이라**).

14:20-21. **너희가 내 안에 내가 너희 안에 있는 것**이라는 말은 순종에 의해 유지되는, 신자와 그리스도의 지속적인 친밀함을 말한다(21절; 참고. 15:1-11). 21절은 15절의 사랑이라는 주제로 다시 돌아가며, 그것을 20절에 나오는 예수님과 신자의 상호 내주함과 연관시킨다. 그저 **계명**을 '가지고 있기만'(has: 개역개정에는 이 말이 번역되어 있지 않다—옮긴이 주) 하는 자가 아니라 **그 계명을 지키는** 자가 **나를 사랑하는 자**이다(참고. 15절). "나를 사랑하는 자"라는 말은 열한 제자보다 더 광범위한 말이다. 예수님은 순종함으로 그분을 사랑하는 각 신자에게 그분의 마음을 점점 더 **나타내**겠다고 약속하셨다(2:23에 대한 주석을 보라).

14:22-23. 이것은 열두 제자 중 한 명인 **유다**[배신자 **가룟** 유다가 아니다]가 복음서에서 유일하게 말을 한 경우이다. 그 유다는 공관복음서들에 나오는 다대오일 것이다(마 10:3; 막 3:18). 유다는 왜 주님이 자신을 제자들에게는 **나타내시고** 세상에는 **아니하려 하시**는지 물었다. 유다는 메시아가 그분의 지상 나라를 공개적으로 설립하시는 것에 대해 생각했다. 유다의 질문에 예수님은 이전에 가르치셨던 것, 곧 예수님과 그분의 아버지가 주시는 사랑을 온전히 경험하려면 예수님의 말씀에 순종해야 한다는 것을 거듭 말씀하셨다(23절). 그러면 아들과 아버지가 그들의 **거처**[그들의 집]를 그 순종하는 성도들과 **함께하**실 것이다. 예수님이 자신을 나타내시는 것은 그분이 주시는 성령을 통해 그리고 15장에서 더 설명하는 영속적인 혹은 우정 관계를 통해 올 것이다.

14:24. 주님은 그러고 나서 23절과 반대되는 말씀을 선언하셨다. **나를 사랑하지 아니하는 자는 내 말을 지키지 아니하나니**. 예수님의 '말'(복수)에 대한 언급은 그분의 계명들을 생각나게 하며(21절), 이제 **너희가 듣는 말**[단수]과 동일시된다. 우리는 그리스도의 개별적 명령들과 가르침들, 특히 서로 사랑하라는 지시들(13:34, 35)을 지키지 않고 그리스도의 말씀에 순종한다고 주장할 수는 없다.

14:25-26. **내가…이 말을 너희에게 하였거니와**

(14:25; 15:11; 16:1, 4, 25, 33)라는 말은 예수님이 다락방에서 사도들과 **함께 있는** 동안 주신 가르침들을 말한다. 예수님은 또한 **성령 그가** (바울을 포함해서) 사도들에게 **모든 것**[신약 나머지 부분]을 **가르칠** 것이라고 약속하셨다(26절). '보혜사'(Helper, 헬라어 남성명사)와 '그'(헬라어 남성명사)는 성령이 하나의 인격임을 시사한다. 성령은 사도들이 그리스도의 가르침을 기록할 때 그들의 기억을 인도하실 것이다(**내가 너희에게 말한 모든 것을 생각나게 하리라**. 참고. 2:17-22; 12:16; 20:9). "내가 이 말을 너희에게 하였거니와"라는 말과 "내가 너희에게 말한 모든 것을 생각나게 하시리라"라는 말은 이 구절의 구체적 약속을 사도들에게로 국한시킨다. 그 결과 예수님에 대한 신약의 기록이 완전하고 무오하게 되었다.

14:27-28. 예수님은 제자들에게 그분의 **평안**을 주겠다고 약속하셨다. 그것은 **세상이 주는** 불완전하고 덧없는 평안보다 훨씬 우월한 것이다. 제자들은 다시 주님의 떠나심과 약속된 귀환에 대해 듣는다(28절). 제자들은 예수님이 그냥 머물러 계시기를 이기적으로 바라는 대신, 그분이 **아버지께로 감을 기뻐하였**어야 한다. 그리스도와 아버지는 본질과 본성상 동등하면서(10:30) 또한 구별된 위격들이시다. 하지만 그리스도의 성육신과 인성에서 **아버지는** 더 우월한 본질을 가진 것은 아니나, 기능상 아들보다 더 크시다. 아버지와 아들은 그들의 위격에서는 구별되지만 똑같이 신적인 분이시다. 하지만 예수님이 아버지께 복종하고 순종하며, 아버지의 뜻을 행하러 오셨다는 관점에서 볼 때 **아버지는** 아들보다 **크심이라**.

14:29-31. 그리스도는 그분의 죽음과 부활을 예언하셨다(13:31-32). **일이 일어**났을 때에 제자들이 **믿게 하려** 함이다. 성취된 예언은 믿음을 확립한다. **이 세상의 임금**인 사탄은 불신자들의 생각과 마음을 장악한다(8:44; 참고. 눅 4:6; 엡 2:2; 6:11-12; 요일 5:19). 신자들은 신적 보호를 받긴 하지만(17:15), 그들은 사탄에게 시험을 받는다(고후 2:11; 엡 4:27; 벧전 5:8). 하지만 마귀는 십자가에서 패했으며 궁극적으로 멸망을 당할 것이다(12:31에 대한 주석을 보라). 예수님은 마귀가 곧 온다고(참고. 12:31; 16:11), 즉 유다 안에서(참고. 13:27), 동산에서 그를 배신하러 올 것이라고 말씀하셨다. 죄 없는 메시아이신(8:46; 히 4:15; 요일 3:5) 예수님은 **그**[사탄]**는 내게 관계할 것이 없**다고(즉, 그가 주장할 수단인 죄가 없다고) 선언할 수 있었다. **세상이** 그리스도가 **아버지를 사랑하는 것**을 **알게** 하기 위해, 예수님은 **아버지께서** 그분에게 **명하신 대로** 모든 것을 하셨다. 거기에는 십자가 처형 및 그것으로 이끄는 모든 사건들이 포함된다. **여기를 떠나자**는 명령과 함께 제자들은 다락방을 떠났다. 18:1에서 그들은 그 성을 떠날 것이다.

D. 포도나무 안에 거하라(15:1-17)

15:1-2. 이스라엘은 하나님의 신실하지 않은 포도나무였다(사 5:1-7; 겔 17:5-10; 마 21:33-41). 하지만 예수님은 **참**되고 신실한 **포도나무요** 그분의 **아버지는 농부라**. 6:35 주석에 나오는 "예수님의 일곱 가지 '나는…이다' 주장들"을 보라. 이 광대한 비유의 다양한 요소들이 무엇을 의미하는지 밝힐 때 두 가지 견해가 우세하다.

첫째, 열매 없는 가지와 열매가 많은 가지는 둘 다 참된 신자들을 말한다. 이 견해는 **무릇 내게 붙어 있…는 가지**라는 문구로 뒷받침된다. 이는 진정한 신자이다. 신약 다른 곳에서는 불신자들을 어떤 의미에서든 한 번도 "내(그리스도) 안에" 있다고 말한 적이 없다. 요한복음에서 "내 안에"라는 말은 지속적인 교제를 나타내며, 바울의 서신서들에 나오는 "그리스도 안에"라는 말과는 똑같지 않다. **제거해버리시고**라고 번역된 동사는 '들어 올리다'라고 번역해도 아무 문제가 없는데, 그것은 열매가 없는 가지의 성장을 자극하는 농부의 행동을 나타낸다(하나님이 열매 없는 신자가 열매를 맺도록 돕는 것). 이스라엘의 포도 재배 시기 중에서 늦은 가을은 죽은 가지들을 제거하는 때였다(6절). 봄철(다락방 메시지와 예수님의 죽음이 있었던 때)은 생산성을 제고하기 위해 열매 없는 가지들을 땅에서 '들어 올리는' 계절이었다. 열매를 맺는 가지(즉, 열매 맺는 신자)는 더욱더 열매를 많이 맺을 수 있도록 가지치기(신적 훈련)를 받는다.

두 번째 접근은 비유들을 이런 식으로 이해한다. 여기에는 두 종류의 가지가 나온다. 열매 없는 가지는 제거해버리고[아이로(*airo*)는 요한복음에서 이런 의미로 자주 사용된다, 참고. 2:16; 11:39, 41; 17:5; 20:1, 2,

13, 15], 밖에 버려져, 마르고, 태워진다(6절). 열매 없는 가지는 유다처럼 예수님과 관련을 맺지만[**내게 붙어 있어**(in Me)], 예수님과 참으로 연결되어 있지는 않으며 그래서 열매가 없는 사람을 나타낸다. 다른 범주는 열매를 맺고, 가지치기를 받고, 거하고, 더 많은 열매를 맺는 사람이며(2, 4-5절), 참된 신자를 나타낸다. 이 견해는 '아이로'라는 말의 일반적 의미와 두 종류의 가지를 대조하는 것으로 뒷받침된다. 첫 번째 견해에서는 두 가지가 같은 취급을 받는다. 즉, 열매를 많이 맺는 결과를 가져오도록 양육을 받는 것이다. 하지만 예수님은 그들을 대조시키려는 듯이 보인다. 이는 열매 맺지 않는 가지를 버리고 태우는 것에 의해 강조된다. 마지막으로, 16절에서 예수님은 제자들이 열매를 맺도록 하기 위해 그들을 택하셨다. 이는 열매가 없다면 그들은 그분에게 (구원적, 선택적 의미에서) 택하심을 받지 않은 것이며, 그래서 심판(불에 탐)에 직면할 것임을 시사한다.

대다수의 학자들은 두 번째 견해를 선호한다. 하지만 두 견해 모두 그리스도와의 친밀함을 유지하고(그분 안에 거하고) 그 관계에 맞게 열매를 맺을 필요가 있다는 공동 관심사를 공유한다.

15:3-5. '깨끗하다'(*katharos*, 카타로스)라는 말은 2절에 나오는 '가지를 치다'[카타이로(*kathairo*), 개역개정에는 "깨끗하게 하시느니라"—옮긴이 주]라는 말과 관련된 헬라어이다. 예수님이 그날 밤 그들에게 **일러준 말로**, 열한 제자는 희생적 섬김을 위해 '깨끗해졌다' 혹은 '가지치기를 했다'(13:12-17). **내 안에 거하라**(4절)는 말은 열매를 맺기 위해 그리고 그리스도가 신자 안에서 역동적으로 사시는 생생한 연합을 위해 필요한 조건을 설명한다(참고. 엡 3:17). **가지가 포도나무에 붙어 있지 아니하면** 자기 혼자 **스스로 열매를 맺을 수 없**는 것과 마찬가지로, 신자들도 그리스도 안에 **있지**[친밀한 상태를 유지하지] **아니하면 그러하리라**, 곧 열매를 맺을 수 없으리라.

15:5-6. 그리스도는 **포도나무**, 곧 생명의 근원이며, 신자들은 **가지**, 곧 열매가 맺히는 곳이다. 그리스도가 신자 안에 거하기 전에 신자는 그리스도 **안에 거하**여야 한다. 예수님을 따르는 자들은 열매를 맺으라는 것이 아니라 거하라는 명령을 받는다. 거하지 않는 신자는 **가지처럼 밖에 버려져 마르나니**(6절). 앞의 15:1-2에 대한 주석에서 언급한 첫 번째 견해에 따르면, 그 본문은 상징을 포함한 비유적인 것이다(참고. "가지'처럼'"). 그래서 **불**과 **사르느니라**는 지옥에 대한 언급이 아니다. 그 말들은 (1) 이 가지들의 쓸모없음(마 5:13) 그리고/또는 (2) 현재의 신적 징계와 미래의 평가에서 신자들이 받을 책망(고전 3:13-15; 요일 2:28)을 상징한다. 두 번째 견해에 따르면, 열매를 맺지 않는 가지는 그리스도 안에 거한 적이 한 번도 없고, 열매를 맺은 적이 한 번도 없으며, 포도나무로부터 제거되어 태워지는(즉, 지옥에서 하나님의 영원한 심판에 직면할) 불신자들을 나타낸다. 하지만 이 두 번째 견해는 그럴듯하지가 않다. 그 포도나무에 전혀 붙어 있지 않았던 가지 같은 것은 없기 때문이다. 포도나무에서 전혀 생명을 갖지 않았던 '가지들'은 존재하지 않으며 그것들을 절대 '사를' 수 없다.

15:7-8. **내 말이 너희 안에 거하면**이라는 말은 거하는 것에 대한 또 하나의 조건을 추가한다. 그리스도의 가르침을 내면화할 필요성이다(참고. 골 3:16). 그러면 신자들은 그들이 **원하는 것을 무엇이든지 구**할 수 있으며, 그들의 기도는 응답받는다. 그들은 하나님의 뜻에 따라 기도할 것이기 때문이다. 어떤 신자들에게는 열매가 없을 것이며(2, 6절), 그들은 완전한 의미에서 '제자'가 아니다(8:31에 대한 주석을 보라). 신자들이 **열매를 많이 맺**을 때(8절), 그들은 다른 사람들에게 그들이 예수님의 **제자**임을 입증한다(NASB). 사랑은 그 증거이다(13:34-35; 15:12-13, 17).

15:9. **아버지께서 나를 사랑하신 것같이**라는 말은 제자들에 대한 아들의 사랑을 아들에 대한 아버지의 사랑과 놀랍게 비교한다. "내 안에 거하는 것"은 이제 **나의 사랑 안에** 거하는 것으로 규정된다(참고. 유 1:21; 계 2:4). '거하는 것'은 예수님과 맺는 사랑의 관계이다.

15:10-11. 이 특정한 조건 진술의 구문[이안(*ean*) '만일'이라는 말에다가 부정과거 가정법 동사 '지키다'를 더한 3급 조건절]은 실제로 그 행동이 성취될 가능성의 현실성이나 정도에 대한 진술은 하지 않고, 그 행동을 가설적인 것, 생각해보아야 할 어떤 것으로 추정한다. 그 개념은 '사람들이 내 계명을 지킬 때, 그들은

내 사랑 안에 거한다'라는 것이다. **내 계명**은 신약에 나오는 그리스도의 새로운 가르침들, 특히 희생적으로 사랑하라는 명령을 말한다(참고. 마 5:21-48; 요 13:34에 대한 주석을 보라). 신자들은 그리스도의 기쁨이 그들 안에 거하도록 하지 않고서 그리스도가 그들 안에 거하시게 할 수는 없다(11절). 그들이 거할 때, 그들의 **기쁨**이 **충만하게** 될 것이다. 하지만 거하는 것을 잃어버릴 때, 기쁨도 잃어버리게 될 수 있다.

15:12-13. 사랑하라는 명령은 성취해야 하는 초자연적 구성 요소를 요구하고, 믿음을 요구하며, 하나의 감정이라기보다는 선택에 더 가깝다('사랑'의 정의에 대해서는 고전 13:1-3에 대한 주석을 보라). 신자들에게 우선순위는 먼저 **서로 사랑하**는 것이다. 모든 신자는 하나님의 가족의 일부이기 때문이다. 사랑에는 책망이 포함될 수도 있다(갈 6:1-2). **친구를 위하여 자기 목숨을 버리**는 것보다 **더 큰 사랑은** 절대 없을 것이다. 예수님은 이 원리를 맨 먼저 자신의 죽음에 적용하고 계셨다. 하지만 이차적으로는 예수님을 따르는 모든 사람들에게 적용하셨다(참고. 요일 3:16).

15:14-15. **너희는 곧 나의 친구라**는 말은 그리스도 안에 거한다는 것과 유사한 말이다. 둘 다 친밀함(우정)을 낳기 때문이다. 이 우정은 순종을 조건으로 한다. **너희는 내가 명하는 대로 행하면**이라는 말이 보여주는 것과 같다. 여기에서 조건 진술은 사람이 예수님의 명령에 순종하면, 그런 사람은 예수님의 친구라고 추론하는 것이 옳다는 것을 나타낸다. 야고보는 우리에게 아브라함이 믿음에 의해 하나님 앞에서 갖게 된 의로운 지위에서 나오는 그의 행위(단지 그의 믿음만이 아니라)가 그를 하나님의 벗으로 만들었다고 알려주었다(약 2:22-23). **이제부터는**이라는 말은 신자가 종처럼 취급되었던 구약으로부터의 시대적 변화를 표시한다(참고. 갈 4:1-5). 그리스도의 고별 설교에서 나타난 새 계시(**내가 내 아버지께 들은 것을 다**)를 이제 예수님의 제자들에게 **알게 하였**다. 2:23과 14:21에 대한 주석을 보라.

15:16-17. **내가 너희를 택하여**라는 말은 열한 제자들이 구원을 위해 택함 받은 것과 예수님이 그들을 예수님의 사도가 되도록(눅 6:13; 행 1:2) 그리고 대위임령을 수행하도록(마 28:18-20) 선택하신 것 둘 다를 말한다. 예수님은 그들을 **가서 열매를 맺게** 하기 위해 **세웠**다. 그 열매란 다른 사람들을 그리스도께 데려오는 사랑(참고. 17절)이다(참고. 행 2:41-47; 4:32-35). 이 **열매가 항상 있**을 것이다. 구원은 영구적인 선물이기 때문이다. **무엇을 구하든지**라는 말은 사람들을 그리스도께 인도하기 위해 필요한 모든 것을 구하는 것을 말할 것이다. **내 이름으로 아버지께 구하**는 것에 대해서는 14:13에 대한 주석을 보라.

E. 세상에서 사역하라(15:18-16:33)

15:18-19. 제자들은 세상에서 "가서 열매를 맺게"(16절)하기 위해 택하심을 받았으므로, 그들은 자신들이 직면하게 될 반대에 대해 경고를 받아야 한다. **세상**, 곧 사탄이 지배하는 악한 영적 질서(12:31; 14:30; 16:11)는 신자들을 **미워**한다. 그들은 예수님과 동일시되며 세상은 그리스도의 제자를 **미워하**기 전에 **먼저** 예수님을 **미워**했기 때문이다. 이렇게 말씀하시면서 예수님은 모든 신자들에게 그분과 함께 박해를 받으라고 명하셨다. 열한 제자(그리고 그것을 적용하면, 모든 신자들)는 그리스도의 사도로서 사명을 감당하도록 **세상에서** 택함을 받았다(16절; 6:70; 13:18; 눅 16:13; 행 1:2, 24). 세상이 그리스도의 제자를 미워하는 것은 예견된 일이다.

15:20-21. 예수님은 사도들에게 **종이 주인보다 더 크지 못하다**(13:16)라고 하신 말을 **기억하라**고 명하셨다. 제자들은 그의 주인처럼 대우를 받을 것이다. 부정적으로는 사람들이 주인을 **박해하였은즉** 제자도 **박해할 것**이다. 긍정적으로는 그들이 주인의 **말을 지켰**으면 그들은 제자들의 **말도 지킬** 것이다. 제자는 그의 주인이 가르친 바로 그것을 가르칠 것이기 때문이다. 그리스도를 따르는 자들을 거부하는 것(21절)은 그런 사람들이 메시아를 **보내신 이를 알지 못함**이라는 것을 드러낸다.

15:22-23. 메시아가 유대 백성에게 **와서** 하나님의 성품을 드러내면서 그들에게 **말하지 아니하였더라면**, 그들은 계속 자신들이 하나님을 믿는다는 신념에 대해 의심하지 않았을 것이다. 하지만 예수님이 등장하시면서, 그들이 하나님을 거부하는 죄를 지었다는 것이 분명해졌다. 그들은 예수님을 거부했기 때문이다. 이제 그들은 그들의 메시아를 거부한 **그 죄를 핑계할 수 없**

었다. 예수님을 거부하고 그렇기 때문에 **미워하는** 자는(23절) 무의식적으로 **또** 하나님 **아버지를** 거부하고 **미워하느니라.**

15:24-25. 예수님이 **아무도 못한 일을 그들 중에서 하지 아니하였더라면 그들에게 죄가 없었으려니와.** 나중의 문구는 유대 백성이 그들의 메시아를 거부하는, 구체적인 죄를 짓지는 않았으리라는 것을 의미한다. 예수님의 말씀(22절)과 **일** 때문에, 민족이 그들의 메시아를 버린 것은 핑계할 수 없는 일이 되었다. 예수님의 기적들은 **아무도 못한 일**로, 심지어 선지자들도 하지 못했던 것이었다(참고. 7:31; 9:32). **율법에 기록된 바**라는 말이 구약 전체를 가리킨다는 것에 대해서는 10:34에 대한 주석을 보라. 예수님은 시편 69편을 메시아적으로 성취된 것으로 인용하셨다(참고. 2:17). 자신의 죄는 아무것도 없이 미움을 받는 다윗은 **이유 없이** 미움을 받은 죄 없으신 메시아를 나타낸다.

15:26-27. 제자들이 증언하기 위해 세상으로 갈 때, 세상은 우정이 아니라 미움으로 반응할 것이다(18-25절). 예수님은 이제 그들이 증거할 때 성령이 도우실 것이라고 약속하셨다. **보혜사**에 대해서는 14:16에 대한 주석을 보라. 예수님은 **아버지께로부터** 성령을 **보낼** 것이라고 말씀하셨다. **진리의 성령**(14:17에 대한 주석을 보라)은 증거에 필수적이다. 예수님은 열한 제자에게 약속하셨다(27절). **너희도 처음부터 나와 함께 있었으므로 증언하느니라.** 사도적 증거를 할 수 있는 조건은 세례 요한이 아직 자유롭고 그의 사역을 활발히 할 때부터 예수님과 함께 있었다는 것이다. 요한의 사역 시기는 예수님과 짧게 겹친다(행 1:21-22). 사도행전에서 그리스도는 교회 안에서 임재하는 성령의 증거를 통해 그분의 사역을 계속하셨다.

16:1. **내가 이것을 너희에게 이름은**이라는 말은(14:25에 대한 주석을 보라) 박해에 대해 미리 경고한 것(15:18-21)을 다시 말한다. 그리스도의 경고가 없었으면, 제자들은 **실족**했을[스칸달리조(*skandalizo*), 제자가 되기를 중단하도록 만드는 믿음의 실패, 참고. 6:61]것이다.

16:2-3. 두 종류의 박해가 예언된다. **출교**(참고. 9:22; 12:42)와 순교를 당하는 것이다. 가해자들은 그들이 그리스도의 제자들을 죽이고 자신들이 **하나님을 섬기**고 있다고 **생각**할 때 최고의 자기기만에 이를 것이다(참고. 행 7:58-60). 그런 박해들(**이런 일**, 3절)은 **아버지**와 아들을 둘 다 알지 못해서 일어나는 것이다.

16:4-5. 앞으로 다가올 박해의 때(2절)는 이제 **그**[박해자들의] **때**라고 불린다. 그 용어는 박해자들이 제자들에 대해 가질 승리의 환상을 암시하며, 예수님의 '때'(2:4과 4:21에 대한 주석을 보라), 십자가의 궁극적인 승리의 때와 역설을 이룬다. 주님은 사역의 **처음부터** 제자들과 몸소 함께 계셨으며 학대의 공격을 정면으로 받으셨다. 예수님은 죽음과 부활 후에 아버지께로 **가시며**(5절) 더는 이 세상에 계시면서 그들을 돕지 않을 것이다. **너희 중에서…묻는 자가 없고**라는 말은 13:36 및 14:5과 명백한 모순을 이룬다. 하지만 베드로와 도마의 질문은 피상적이고 계속 이어지지 않았다.

16:6-7. 예수님이 떠나시는 것에 대해 제자들의 **마음에 근심이 가득하였다.** 하지만 예수님이 떠나는 것은 그들에게 **유익**이다(7절). 그 유익에는 다음과 같은 것이 포함될 것이다. (1) 예수님이 떠나시지 않으면, 죄를 덮어주실 그리스도의 죽음이 없다. (2) 성령의 편재하시는 사역은 그리스도의 육체적 임재보다 더 클 것이다. 혹은 (3) 그리스도의 떠남은 성령의 사역(전 세계적 선교, 성령의 세례 등)의 시작을 알릴 것이며, 완전히 영적인 경험을 가져올 것이다(참고. 7:37-39).

16:8-11. 성령이 **와서** 신자들 안에 거하실 것이다. **세상을 책망하시**는(잘못을 드러내고 입증하시는) 그분의 사역은 그들과(마 5:13-14) 신약성경을 통해 전달될 것이다. 성령은 세상이 다음과 관련해서 잘못되었음을 입증한다. (1) **죄**에 대하여(9절). 성령은 예수님을 죽인 것에 대해 그리고 일반적인 죄에 대해 세상의 죄를 드러낼 것이다. 이것이 필요한 것은 **그들이 나를 믿지 아니함** 때문이다. 불신은 세상의 첫째 되는 죄이며, 다른 모든 죄로 이끈다. (2) **의**에 대하여(10절). 그리스도의 죽음과 부활(**내가 아버지께로 가니**)은 구세주의 의로움을 입증하며 세상의 '종교적' 의가 거짓되었다는 사실을 확증한다. (3) **심판**에 대하여(11절). 십자가에서 **이 세상 임금이 심판을 받았다**(12:31에 대한 주석을 보라). 세상의 임금이 심판을 받았다면, 세상도 심판을 피할 수 없다.

16:12-13. 예수님은 제자들에게 이르고 싶은 것이

많으나, 그분은 그들이 성령을 선물로 받기 전에는 **감당하지** 혹은 이해하지 못할 진리들을 드러내는 것은 삼가셨다. 아들이 아버지에게 종속되어 있는 것과 마찬가지로 성령은 아들에게 종속되어 있다. 그래서 성령은 **스스로 말하지 않**을 것이다. 성령은 오직 그리스도로부터 **들은 것**을 말한다(13절). 성령은 사도들에게 **장래 일을 알리실** 것이다. 이것은 예언(예를 들어, 그리스도는 요한계시록을 계시하신다, 계 1:1)이나 모든 신약 진리를 말할 수 있다.

16:14-15. 성령은 언제나 그분 자신이 아니라 아들의 **영광을 나타**낼 것이다. 그리스도보다 성령을 더 지나치게 강조하는 사역들은 부적절하다. 성령은 또한 예수님께 속한 진리들을 **가지고** 제자들에게 알리실 것이다. 삼위일체의 세 위격들은 진리를 대등하게 공유한다. 그래서 **아버지께 있는 것은 다** 그리스도께 속해 있으며(15절), 성령은 그리스도로부터 진리를 **가지고** 사도들의 글을 통해 그 진리를 우리에게 전달하신다.

16:16. 7-15절에서 예수님은 그분이 안 계시는 동안 성령이 그들의 보혜사가 될 것이라고 가르치셨다. 이제 16-24절에서 예수님은 그분이 가셨을 때 제자들이 느낄 슬픔이라는 주제로 돌아오신다(5-6절). 몇 시간 안 되어(**조금 있으면**, 13:33; 14:19) 그리스도는 죽으실 것이고 사도들은 그분을 **보지 못**할 것이다. 그 다음에 **또 조금 있으면**, 그들은 예수님을 보게 될 것이다. 이것은 재림이 아니라 부활에 대한 언급이다.

16:17-18. **제자 중에서 조금 있으면** 그들이 예수님을 **보지 못**할 것이고 **또 조금 있으면** 그들이 그분을 보리라는 예수님의 말씀(16절)에 대해 혼란스러워하는 사람이 있었다. 그들은 또한 곧 **아버지께로 가니**(10절, 참고. 14:2-3, 28)라는 예수님의 이전 말씀에 대해서도 어리둥절해했다. **또 말하되**(18절)라는 말은 개인적인 논의가 이어졌으며 그날 밤 예수님의 가르침은 연속해서 이어진 설교가 아니었다는 것을 시사한다.

16:19-20. **예수께서…아시고**라는 말은 주님의 초자연적 지식을 암시한다(2:24-25; 13:1, 11; 19:28). 그것은 그다음에 나오는 **서로 문의하느냐**라는 수사학적 질문에도 암시되어 있다. 20절에서 예수님은 그분 자신의 질문에 대답하셨다. **진실로 진실로**(1:51에 대한 주석을 보라)는 예수님의 말씀이 진지한 것임을 먼저 알려준다. 예수님이 앞으로 십자가에 달리실 것에 대해 제자들이 느끼게 될 슬픔과는 철저하게 대조적으로(20절), **세상은** 죄 된 기쁨으로 **기뻐하리라**. 이 타락한 기쁨은 인간의 마음이 부패함을 드러낸다. 하지만 열한 제자의 **근심**은 오래가지 않을 것이며 부활에 의해 오래 지속되는 **기쁨이 되리라**.

16:21-22. 주님이 말씀하신 짧은 비유는 제자들에게 올 감정적 변화들을 보여주었다. 구약은 메시아에게로 이끄는 시대(초림과 재림 둘 다)를 **해산하는 여자**의 고통으로 묘사했다. **그때가 이르렀으므로**라는 말은 자신의 '때'에 대한 예수님의 말씀(2:4; 13:1)과 유사하다. 자기 **아기를 낳으면** 여자가 느끼는 **기쁨**과 마찬가지로, 메시아의 부활에 제자들의 **마음이 기쁠** 것이다(22절). **너희 기쁨을 빼앗을 자가 없으리라**는 말은 주님의 부활을 확증해줄 증거를 가리킨다.

16:23-24. **그날에는 너희가 아무것도 내게 묻지 아니하리라**는 말은 예수님의 죽음이 이해될 부활 이후의 때를 기대한다. **너희가 무엇이든지 아버지에게 구하는 것을 내 이름으로**라는 말에 대해서는 14:13에 대한 주석을 보라. **지금까지는**(24절)은 신자들이 예수님의 이름으로 기도하는 신약시대를 지칭한다. 기도는 찬양이나 감사로만 제한되지 않는다. 예수님은 신자들이 **구**할 수 있고 그들이 **받으리**라고 반복해서 가르치셨다(참고. 마 7:7-8). 응답받은 기도는 **기쁨이 충만하**게 되는 결과를 가져온다.

16:25-28. 일관된 기도는 제자들의 이해가 결여되어 있다면 예수님의 이름으로 드릴 수가 없었다(24절). 예수님은 **비유로** 일렀다(예를 들어 해산하는 여인, 21절; 포도나무 가지, 15:1-8). 하지만 부활 후에는(**때가 이르면**), 예수님은 그들에게 **아버지에 대한 것을 밝히 이**를 것이다(참고. 눅 24:27; 행 1:3). 그날 저녁에 여섯 번째로(26절) 예수님은 제자들에게 **내 이름으로 구**하라고 가르치셨다(14:13-14; 15:16; 16:23-24, 26; 또한 14:13에 대한 주석을 보라). 예수님은 제자들을 **위하여 아버지께 구**할 필요가 없으셨다. 아버지는 이미 그들에게 대단히 호의적이셨다(27절, **아버지께서 친히 너희를 사랑하심이라**). 하나님은 모든 사람을 사랑하신다(3:16). 하지만 여기에서 아버지의 사랑은 그분에 대한 신자의 사랑에 좌우된다(**너희가 나를 사랑**

요

하…므로). 이것은 아버지가 순종하는 신자들과 가지는 더 깊은 친밀함을 표현한다(14:21-22에 대한 주석을 보라). 우리 원수들에 대한 우리의 사랑(마 5:44)이 순종하는 자녀에 대한 우리의 사랑과 다른 것처럼, 아버지는 신자에 대해 특별한 사랑을 가지고 계시다. 예수님은 그분의 신적 기원(**내가 아버지에게서 나와**), 그분의 성육신(**세상에 왔고**), 그분의 죽음과 부활(**다시 세상을 떠나**), 승천(**아버지께로 가노라**)을 묘사함으로, 그분의 전체 사명을 요약하셨다(28절).

16:29-30. 예수님은 그분의 말씀이 분명해지게 될 미래의 날에 대해 말씀하셨다(25절). 제자들이 얼마나 예수님의 말씀을 제대로 이해하지 못했는지는 앞으로 그들이 다 예수님을 버릴 때 드러날 것이다(31절, 막 14:27, 50), 하지만 그들은 **지금은 밝히 말씀하시고… 우리가 지금에야…아나이다…하나님께로서 나오심을 우리가 믿사옵나이다**(30절)라고 주장했다. 제자들은 이제 자신들이 분명하게 이해했다고 생각했다. 그리고 그들은 예수님의 기원이 하늘에 있다는 것에 대한 '확신에 찬' 믿음을 고백했다. 하지만 그들의 믿음은 곧 흔들릴 것이었다. 예수님은 그들의 지나친 확신에 맞설 필요가 있으셨다.

16:31-33. 그리스도는 **이제는 너희가 믿느냐**라는 질문에서 제자들의 자기 과신을 인식하셨다. 예수님은 그들이 믿음으로 행동하는 대신(32절), 다 두려움에서 **흩어지고**(참고. 슥 13:7; 마 26:31) 예수님이 아무도 돕는 사람 없이 잡히시고 십자가에 달리시도록 **혼자 둘** 것이라고 예언하셨다. 오직 **아버지**만 예수님과 함께 계실 것이다. 그날 저녁 예수님의 말씀(**너희로 내 안에서 평안을 누리게 하려 함이라**, 33절)은 제자들이 다시 예수님 안에 거할 때 그들을 평안으로 이끌 것이다(15:1-11). 이 평안은 미래의 **환난**에도 불구하고 누릴 수 있을 것이다. **내가 세상을 이기었노라**라는 그리스도의 약속은 제자들이 **담대**하도록 이끌 것이다. 예수님이 자기 제자들에게 하신 마지막 말은 승리의 어조로 끝난다(참고. 롬 8:37-38; 고전 15:54-57).

F. 모든 신자들을 위해 기도하시다(17:1-26)

17장의 구절들은 성경에 나오는 예수님의 가장 긴 기도이다. 그것은 때로는 그리스도의 대제사장적 기도라고 불린다. 예수님은 먼저 자신을 위해(1-5절), 그 다음에 자신의 제자들을 위해(6-19절), 마지막으로 모든 신자들을 위해(20-26절) 기도하셨다.

17:1-3. 예수님은 **눈을 들어 하늘을 우러러보심**으로 기도를 시작하셨다. 그것은 하나님 아버지에 대한 예수님의 확신을 시사하는 일반적인 유대의 관습이었다(참고. 11:41; 막 7:34). 예수님의 첫 번째 요청은 아버지께서 그의 아들을 **영화롭게** 해달라는 것이었다(13:31에 대한 주석을 보라). 이것은 이기적인 것이 아니었다. 이 기도의 목적은 그 보답으로 **아들로** 아버지를 **영화롭게 하게** 하는 것이었기 때문이다. 예수님은 **만민을 다스리는 권세**를 위임 받으셨다(2절). 거기에는 **영생을 주는** 권세와 심판하는 권세가 포함된다(5:27). **아버지께서 아들에게 주신 모든 사람**이라는 말에 대해서는 6, 9, 24절과 6:37-39에 대한 주석을 보라. **영생은 유일하신 참 하나님과…예수 그리스도를** 둘 다 인격적으로 **아는** 것(믿음)으로 규정된다.

17:4-5. 예수님은 하나님이 그에게 **하라고 주신 일** [지상 사역]을 **이루어** 하나님을 **영화롭게 하였다**. 이 구절들에서 '영화롭게 하다'라는 동사는 '다른 사람의 빛나는 위대함을 명백히 나타내다'라는 의미이다. 이 경우에는 하나님과 그리스도이다. 이 일은 십자가에서 예수님이 "다 이루었다"(19:30)라고 외치셨을 때 마무리되었다. 아버지께서 아들을 영화롭게 해달라는 요청(1절)은 5절에서 반복된다. 이 영광은 예수님이 **창세 전에** 하나님과 **함께 가졌던** 그 **영화**와 똑같을 것이므로(참고. 1:1-3), 예수님의 부활과 승천(승귀)이 이 '일'에 포함된다. 1-5절에 나오는 '영화'와 '영화롭게 하다'라는 말은 약간 다른 뉘앙스를 지닌다. (1) 아들은 그의 '때', 즉 십자가와 부활에서 영화롭게 될 것이다(1절). (2) 십자가/부활은 그것이 모든 믿는 사람들에게 영생을 주는 아들의 권위를 완성하리라는 점에서 아버지를 영화롭게 할 것이다(2절). (3) 아들은 이 땅에서 그분의 일을 하심으로 아버지를 영화롭게 했다(4절). (4) 아들은 승천과 영원한 미래에서 하늘에서 아버지와 함께 영화롭게 될 것이다(17:5a). (5) 아들이 미래에 얻을 영화는 그분이 영원 전에 아버지와 함께 가졌던 영화와 같을 것이다(17:5b).

17:6-8. 하나님의 **이름**을 나타낸다는 것은 하나님의 성품과 속성들을 드러낸다는 의미이다. 제자들(그

리고 모든 신자들)은 아버지로부터 아들에게 선물로 주어지며(참고. 2절) **세상 중에서** 아들이 영적으로 취한 것이다. 이것은 구원의 신적 측면을 표현한다. 제자들은 또한 믿음으로 반응했다(**그들은 아버지의 말씀을 지키었나이다**). 이것은 인간적 측면이다. 그들의 믿음에는 아버지가 아들에게 **주신 것이 다**(7절) 원래 아버지께 속한 것임을 이해하는 것이 포함되었다. 예수님의 추가적인 말은 제자들의 믿음을 강조했다(8절). **그들은…받고…참으로 아오며…믿었사옵나이다**.

17:9-11. 9-11절에서 예수님은 자기 제자들을 위해 기도하셨다. **내가 그들을 위하여 비옵나니**라는 말은 본래 열한 제자를 가리킨다(참고. 6, 8절). 아버지께 속했던 것이 이제는 아들의 전능하신 돌보심 안에 있다(**내게 주신 자들**, 참고. 2절). 아버지와 아들이 공유하는 신적 지위는 **내 것은 다 아버지의 것이요 아버지의 것은 내 것이온대**(10절)라는 말에서 전달된다. 예수님이 떠나신 후에 사도들의 하나 됨은 공격을 받을 것이다. 그래서 예수님은 **아버지의 이름으로 그들을 보전하사**(11절)라고 기도하셨다. 사람의 이름은 그 사람의 성품을 나타낸다. 아버지가 그분의 이름으로 사도들을 '보전'하신다는 것은 그들 가운데서 그의 아들이 아버지에 대해 계시한 진리 전체를 간직하시리라는 의미였다(참고. 6절). 그 결과 열한 제자들은 완전히 하나가 될 것이다(**그들도 하나가 되게**). 사도들의 이 하나 됨은 아버지와 아들의 나무랄 데 없는 하나 됨을 본받는 것이며(**우리와 같이**), 그 자체가 신약성경의 조화됨을 증거한다.

17:12-13. **내게 주신 아버지의 이름**은 그리스도의 또 다른 놀라운 주장이다. 예수님께 주신 이름은 "나는…이다"(8:24, 58에 대한 주석을 보라)라는 것이다. 예수님은 자신을 "나는…이다"라고 밝히심으로, 아버지 자신의 이름으로 자신을 계시하셨다. "빛의 아들"(12:36)이라는 용어와 마찬가지로, **멸망의 자식**이라는 말은 지옥으로 가도록 예정되어 있다는 것이 아니라 멸망에 '속한'다는 의미이다. **성경을 응하게 함이니이다**라는 말은 시편 41:9을 암시한다(참고. 13:18). 유다는 적어도 세 개의 구약 예언(시 69:25; 109:8; 참고. 행 1:20)을 성취했다. 12절에서 예수님은 그분이 이 땅에서 "그들과 함께 있"었던 때를 말했다. **지금 내가 아버지께로 가오니**(13절)는 12절과 대조를 이룬다. 그 말은 예수님이 기도로 아버지께 가는 것이 아니라, 장차 승천하실 것을 말한다(11, 12절).

17:14-16. 제자들에게 전달하는 내용은 이제 끝났다(**내가 아버지의 말씀을 그들에게 주었사오매**). 예수님은 아버지께 **세상이 그들을 미워하였**다는 것을 상기시킨다. 그들이 그들의 구세주와 동일화되었기 때문이다. 하지만 그리스도는 **그들을 세상에서 데려가시기를**(15절) 구하는 대신, 아버지께 그들을 **악에 빠지지 않게 보전하시기를** 구했다(11, 15절). 이 문구는 '그들을 악으로부터 보전해주옵소서'라고 번역할 수 있을 것이다. 하지만 요한의 용법은 그것이 '악한 자'(evil one), 즉 사탄이라는 관점을 강력하게 지지한다(요일 2:13, 14; 3:12; 5:18, 19). 바울도 악한 것으로부터의 보호를 언급했다(고전 10:13; 고후 12:9). 16절은 14b절을 반복하면서 우리와 그리스도의 새로운 관계가 그리스도가 우리를 보호해달라고 요청하시는 것의 토대임을 보여준다. 15a절과 그것이 요한계시록 3:10에 함축하는 바에 대해 더 알려면, 요한계시록 3:10에 대한 주석을 보라.

17:17. **거룩하게 하옵소서**는 하나님의 용도를 위해 '구별하다'라는 의미이며, 18절에 따르면, 하나님의 용도는 세상에 대한 선교이다. 모든 죄는 어떤 점에서 속는 것을 포함한다. 거룩하게 되는 것이나 거룩함에서 자라는 것(롬 6:22; 딤전 4:3)에는 거짓을 진리로 대체하는 과정이 포함된다. 하나님의 **말씀**은 이 **진리**의 근원이다. 성경은, 마치 성경이 적절히 따르는 다른 기준이 있기라도 하듯이 그저 '참된' 것만은 아니다. 모든 성경은 "하나님의 감동으로" 된 것이기 때문에(딤후 3:16을 보라) 진리의 근원이다. 예수님이 진리이신 것과 마찬가지이다(14:6).

17:18-19. 거룩하게 되는 것(17절)은 세상으로부터 고립되는 것이 아니라 세상으로 가는 사명이다. 아버지가 그리스도를 **세상에 보내신** 것같이, 그리스도 역시 그분의 제자들을 **세상에** 보내셨다(참고. 15:6; 마 28:18-20). 예수님은 **그들을 위하여 내가 나를 거룩하게 하오니**라고 기도하셨다. 그것은 예수님이 어떻게 아버지의 뜻(즉, 예수님의 사명을 성취하여 십자가로 가는 것)을 위해 그분 자신을 구별하셨는지를 의미한

다. 그리스도인에게 주어지는 모든 명령은 심지어 **진리로 거룩함을** 얻는 것조차도, 반드시 그리스도가 먼저 모범을 보이셨다.

17:20-21. 그리스도는 제자들의 말, 즉 그들의 설교와 성경 기록으로 **말미암아** 그분을 **믿는 사람들도** 위해서 기도하셨다. 그리스도의 기도는 특별히 모든 믿는 자들이 하나가 되게 해달라는 것이었다(**그들도 다 하나가 되어**, 21절; 참고. 11절). 그 기도는 모든 신자가 그리스도의 한 몸에 있게 되는 성령 세례를 통해 가장 중요하게 응답된다(참고. 10:16; 고전 12:13; 롬 12:5; 갈 3:28; 엡 4:4). 다른 곳의 신자들도 하나된 삶을 살아가라는 명령을 받는다(13:34-35; 롬 12:16; 고전 1:10).

17:22-23. 예수님은 아버지와 아들 간의 하나 됨과 유사한 하나 됨을 위해 기도하셨다(**우리가 하나가 된 것같이 그들도 하나가 되게**). 예수님의 기도에 대한 완전한 응답은 하늘나라에 가서, 모든 신자들이 **온전함을 이루어 하나가 되는**(23절) 때까지 오지 않을 것이다. 하지만 예수님의 기도가 응답되지 않았다고 주장하는 것은 예수님이 사명에 실패했다거나 예수님의 기도가 아버지의 주권적인 뜻에 맞지 않았음을 시사하는 것이다. 기독교 신앙의 핵심 사항들(예를 들어, 성경의 권위, 믿음으로 말미암아 은혜로 구원받음, 그리스도의 신성, 하나님의 삼위일체, 그리스도의 부활, 재림)에서는 모든 신자들 간에 근본적인 하나 됨이 있는 반면, 세부적인 것들은 분명 논란이 된다고 주장하는 것이 더 낫다. 하지만 신자들이 부차적 문제들에 대해 의견이 분분해질 때 문제가 일어난다. 그리스도인들은 **세상**에 복음을 전하기 위해 그리스도 안에 있는 그들의 지위상 하나 됨을 실천해야 한다(11, 21절에 대한 주석을 보라). 신자들에 대해서는 하나님이 자신의 아들을 **사랑하심**같이 **그들도 사랑하셨**다는 것보다 더 충격적인 진리는 없다.

17:24. 예수님은 하나님을 **아버지**라고 부르셨다. **아버지께서 내게 주신 자**(참고. 2절). 예수님이 하신 기도의 직접적인 결과로, 모든 신자는 그리스도가 계시게 될 곳인 하늘에서 그리스도와 **함께** 있을 것이다(참고. 14:2-3).

17:25-26. 예수님은 앞으로 부당한 취급을 받을 것을 아셨음에도, 하나님을 사랑이 많으시고(24절) **의로우신 아버지**라고 불렀다. 예수님이 아버지를 **알았**기 때문이다. 예수님이 그들에게 아버지를 **알게** 하시겠다는 것(26절)은 오순절 이후 성령의 역할을 가리킨다(14:26; 16:3-4). 그 결과로 사랑이 제자들의 삶을 지배하고(**나를 사랑하신 사랑이 그들 안에 있고**) 그리스도가 **그들 안에** 있게 될 것이다(참고. 15:1-11).

Ⅳ. 수난 사역: 예수님의 죽음이 갖는 희생제사적 본질(18:1-20:31)

요한은 하나님의 아들로서 십자가를 지기로 한 예수님의 비할 바 없는 결심을 제시하는 일에 집중하고자 예수님이 겟세마네에서 겪으신 고뇌의 상세한 사항들(그것에 대해서는 마 26:30-46; 막 14:26-42; 눅 22:39-46에 대한 주석을 보라)은 빼버린다. 요한은 또한 빌라도 앞에서 받은 재판에 관한 세부 사항들을 더 많이 포함시켰다. 예를 들어, 요한복음에서 예수님과 빌라도는 대화를 나눈다(18:33-38; 19:9-11). 하지만 공관복음에서 예수님은 잠잠하신 것으로 묘사되어 있다(마 27:14; 막 15:5; 눅 23:9). 요한은 또한 서너 개의 메시아 예언들이 성취된 것을 인용했다(19:24, 28, 36, 37).

A. 배신과 체포(18:1-11)

18:1. **제자들과 함께…가시니**라는 요한의 말은 그들이 다락방이 아니라 예루살렘을 떠난 것으로 이해하는 것이 가장 좋다(참고. 14:31). 그들은 예루살렘 동쪽에 있는 **기드론 시내**를 건너 겟세마네라고 불리는 동산으로 갔다(참고. 마 26:36; 막 14:32에 대한 주석). 겟세마네는 '감람즙 짜는 틀'이라는 의미로, 감람산 기슭에 있었다. 성육신 이전의 그리스도는 사람들과 교제를 하기 위해 에덴동산에 들어오셨다(창 3:8). 이제 그분은 이 잃어버린 교제를 회복하기 위해 자신의 죽음과 부활로 이끄는 동산에 들어오셨다(19:41; 20:15).

18:2-3. **유다**는 그 동산을 쉽게 발견했다. 그는 그 **곳을 알았**기 때문이다. 실제로 그곳은 가끔 예수께서 아마 기도를 하기 위해, 제자들과 모이시는 곳이었다. 이방인이었던 **군대**(6절)는 600명으로 된 파견대였으나, 전원이 다 배치되지는 않았을 것이다. 종교적 관습과는 반대로, 유대인 **아랫사람들**은 기꺼이 이방인 군

인들과 손을 잡았다(또한 마 26:51을 보라). **등과 횃불**은 야간 수색을 위한 것이었으며, **무기**는 심한 저항을 예상해 준비한 것이었다.

18:4-6. 예수님은 비록 **그 당할 일을 다 아**셨지만, 임박한 위험들에서 물러나지 않으셨다. 대신 예수님은 자기 원수들을 맞으러 **나아가**셨다. **너희가 누구를 찾느냐**고 물으시고 **나사렛 예수라**는 대답을 들으심으로(5절), 그리스도는 자기 제자들이 풀려날 수 있게 하셨다. 예수님의 대답인 **내가 그니라**['그'라는 말은 헬라어에는 없다]는 예수님이 신성을 주장할 때 같은 용어를 사용하시는 것을 생각나게 한다(4:26; 6:35; 8:58에 대한 주석을 보라). **예수께서 그들에게 내가 그니라 하실** 바로 **그때에**(6절), 예수님의 대적들은 **땅에 엎드러지는지라**. 병사들이 쓰러지는 것은 예수님의 신적 권능을 맛본 것에 대한 반응이었다. 마음만 먹으셨다면, 예수님은 이 신적 권능을 충분히 발휘하사 자신이 잡히시고 십자가에 달리시는 것에서 벗어날 수 있었을 것이다. 하지만 예수님은 이 권능을 억제하셨다. 그럼으로써 자신이 십자가에 기꺼이 스스로 가신다는 것을 보여주었다(10:17-18).

18:7-9. 예수님은 재차 **누구를 찾느냐**고 물어보셨다. 그리고 **내가 그니라**라는 예수님의 대답(5, 8절)과 요한의 증언이 이어졌다. 이 말로써 예수님은 자신의 제자들을 위해 중보하셨으며(참고. 17장에 나오는 예수님의 기도) 또한 그들의 대속물 역할을 하셨다(참고. 19장에 나오는 예수님의 죽음). 그들은 "나사렛 예수"만 찾았기 때문이다. 예수님은 **나를 찾거든 이 사람들이 가는 것은 용납하라**(8절)고 요청하셨다. 8절은 제자들이 예수님의 시련 내내 그분과 함께 머물러 있지 '않는' 것이 예수님이 바라시는 바였음을 나타낸다. 그래서 그들이 예수님을 버린 것은 알려진 것처럼 도덕적, 영적 실패가 아니었다. 하지만 베드로가 예수님을 부인한 것은 부적절한 행위였다. **말씀을 응하게 하려 함이러라**(9절)는 문구는 저자가 구약성경 다른 곳에 대해서도 사용한다(12:38; 13:18; 15:25; 19:24, 36). 하지만 여기에서는 전에 말한 예수님의 말씀(17:12)이 성취되면서, 예수님의 말씀을 성경과 같은 수준에 둔다.

18:10-11. 베드로는 다른 곳에서 드러난 그의 성품에 충실하게(13:8, 37; 21:7; 마 16:22), 아마 그의 옷 밑에 숨겨놓았던 그의 짧은 칼(*machaira*, 마카이라)을 빼어 **대제사장의 종을 쳐서 오른편 귀**를 베었다. (**그 종의 이름은 말고라**는 것을 요한이 아는 것을 포함해서) 이런 세부적 사항들은 요한이 대제사장과 그의 종을 개인적으로 알았다는 것을 시사한다(참고. 15절). 베드로의 오해와는 반대로(11절) 예수님은 **아버지께서 주신 잔**[예수님의 십자가 처형에 대한 비유]을 마셔야 한다.

B. 심문과 재판(18:12-19:16)

18:12-14. 여섯 단계에 걸친 예수님의 재판 중 첫 번째 단계는 밤에 일어났다. 예수님은 **결박하여 먼저 안나스에게** 끌려갔다(13절). 베드로와 요한을 제외하고, 제자들은 모두 흩어졌다(16:32; 마 26:31). 안나스는 주후 6-15년에 대제사장으로 다스렸다. 하지만 그는 그 이후의 대제사장들에게도 계속해서 영향력을 끼쳤다. 그의 사위 **가야바**는 주후 18-36년에 **대제사장**이었다. **그해**는 그리스도의 죽음이 예언된 해를 말한다(단 9:24-26). 가야바는 **한 사람이 백성을 위하여 죽는 것**의 이해타산을 예견한 사람이므로(14절; 참고. 11:49-52), 하나님은 주권적으로 그 사람을 그리스도의 죽음이 미리 정해진 해 동안 대제사장의 지위에 두셨다(참고. 롬 13:1).

18:15-16. 재판 장면에서는 두 명의 제자만 언급된다. **베드로와 또 다른 제자**[아마 요한]이다. 그는 **대제사장** 안나스와 **아는 사람**이었다(15, 16절에 두 번 언급되었다). 요한의 아버지 세베대는 부유했었던 것 같다(예를 들어, 그에게는 종들이 있었다, 막 1:20). 그래서 요한은 안나스 및 가야바와 접촉하게 되었을 것이다. 그들도 부유했기 때문이다. 그래서 요한은 **예수와 함께 대제사장의 집 뜰에** 자유롭게 들어갔다. 하지만 베드로가 들어오도록 허가를 받기 위해서는 협상을 해야 했다(16절).

18:17-18. 베드로가 그리스도를 부인하게 한 첫 번째 시험은 예상하지 못한 곳에서 왔다. 즉, **여종**이었다. 그 여종은 베드로에게 당신은 예수님의 **제자** 중 하나가 아니냐고 물었다. 여종의 질문은 부정적인 대답을 예상했으며(**너도…아니냐**) 베드로에게 그것을 부인하도록 더욱더 부추겼다. 베드로는 거기 있는 **종과 아랫사람들** 앞에서 예수님의 제자로 밝혀질까 봐 두려워했

다(18절). **그때가 추운** 고로라는 요한의 말은 육체적, 영적 분위기를 둘 다 표시해준다.

18:19-21. **대제사장** 안나스 앞에서 받은 심문은 비공식적인 공판 전 절차였다. 안나스는 허물을 발견하려 하는 마음에서 **예수에게 그의 제자들…에 대하여** 물었다. 반란죄를 씌울 만큼 충분한 수의 제자들이 있었는지를 알아내기 위해서였다. 안나스는 또한 예수님께 **그의 교훈에 대하여** 물었다. 신성모독의 근거들을 발견할까 하는 생각에서였다. 예수님은 자신은 어떤 비밀한 계획이나 숨겨진 가르침도 없었다고 대답하셨다. 예수님은 **내가 은밀하게는 아무것도 말하지 아니하였거늘**(20절)이라는 말로, 자신을 구약의 하나님과 동일시하셨다(사 45:19; 48:16). 추가로(21절) 안나스가 찾으려 했던 예수님의 가르침에 대한 정보는 예수님이 가르치신 것을 들은 사람들로부터 쉽게 구할 수 있었다.

18:22-24. 사전 조사의 불법적 성질 외에도 안나스 **곁에 섰던 아랫사람 하나가** 부당하게 **예수를** '쳤다'. 그 아랫사람의 행동과 **네가 대제사장에게 이같이 대답하느냐**라는 그의 질문은 대제사장에 대한 그의 아첨하는 투의 존경을 보여준다. 예수님은 그에 대한 대답으로 율법이 요구하는 대로(8:17; 신 17:6; 19:15) 증인들을 데리고 오라고 하셨다. 예수님이 행했다는 **잘못한 것을 증언**하도록 하기 위해서이다. 이 점과 함께 요한은 **안나스가** 예수를 여전히 **결박한 그대로 대제사장 가야바에게 보내니**라고 썼다(24절). 안나스는 더 이상 법적 권위를 가지고 있지 않았지만(13-14절을 보라), 안나스와 가야바는 둘 다 요한복음에서 대제사장이라고 불린다(13, 15, 16, 22, 24, 26절; 참고. 눅 3:2).

18:25-27. 안나스는 제자들이 가한 위협에 두려워했으나, 역설적이게도 **베드로는** 그 곁에서 그리스도를 부인하고 있었다. 공관복음에 따르면 **사람들이 묻되**라는 말에는 문을 지키던 여종(17절; 막 14:69), 다른 여종(마 26:71) 그리고 신원을 알 수 없는 또 다른 사람(눅 22:58)이 포함되었다. 다른 사람들도 **너도 그 제자 중 하나가 아니냐**라는 질문을 같이 던졌을 것이다. 베드로는 두 번째로 그리스도를 부인했다. **베드로에게 귀를 잘린 사람의 친척**이 그가 동산에서 베드로가 예수님과 함께 있는 것을 확실히 봤다고 했을 때, **베드로는** 세 번째로 **부인**했다. 바로 그때 **닭이** 울면서, 예수님이 전에 하신 예언이 성취되었다(13:38). 예수님은 여섯 단계의 재판을 거칠 것이며, 각 단계에서 신실하실 것이다. 베드로는 세 번의 시험을 받았는데, 각 시험마다 실패했다.

18:28-29. 유대인 지도자들은 예수님을 **새벽**에 **관정**[총독의 궁전]으로 끌고 갔다. **그들은** 뜰에는 갔지만 관정에는 들어가지 않았다. 의식상 **더럽힘을 받지 아니하**기 위해서였다. 그들의 몸은 더럽혀지지 않았겠지만, 마음은 더럽혀졌다. 유월절 식사 자체는 이제 끝났다(13:1-2). **유월절 잔치를 먹고자**라는 말은 실제 유월절 식사 자체를 말하는 것이 아니다. 그것은 예수님과 모든 유대 백성이 이미 다 먹었다. '유월절'은 기념 식사뿐 아니라, 그 뒤에 따르는 일주일간의 '무교절'이라는 경축 기간도 포함할 수 있다(민 28:16-19; 눅 22:1을 보라). 종교 지도자들은 의식상 더럽게 되지 않기 위해 빌라도가 사는 곳에 들어가지 않으려 할 것이다. 그들은 스스로를 의식상 정결하게 지킴으로써 유월절 다음에 나오는 무교절 동안 경축하고 섬길 수 있었다. 어떤 사람들은 예수님이 유월절 식사 '전에' 식사를 하셨다고 주장한다. 하지만 그렇지 않다. 주후 26-36년에 유대 총독이었던 **빌라도는 밖으로 나가서** 유대인 지도자들에게 그리스도에 대한 그들의 죄목을 받는다. 빌라도에 대해 더 알려면, 마태복음 27:1-2에 대한 주석을 보라.

18:30-32. 유대 지도자들은 빌라도의 잔인함 때문에 그를 미워했으므로 그들은 멸시하는 듯한 태도로 대답하면서, 그리스도에 대한 공식적 죄목을 요청하는 빌라도에게 직접적 대답을 피했다. 유대 지도자들이 예수님을 신성모독으로 고발한다면(참고. 10:33, 36), 빌라도는 관심이 없을 것이다. 그의 대답은 이것이 사실임을 보여주었다(31절). **그를 너희 자신이 너희 법대로 재판하라**는 것이다. 하지만 공회는 공식적인 로마의 승인이 없이는 예수님을 죽일 권세가 없었다. 유대 지도자들 자신이 예수님을 죽인다면, 예수님은 모세율법에 따라 돌에 맞아 죽을 것이다(레 24:16). 이런 행동을 하는 자들은 폭도로 간주될 것이며 로마법에 어긋난다. 하지만 **자기가 어떠한 죽음으로 죽을 것을 가리켜 하신** 예수님 자신의 예언을 **응하게 하려**(32절; 참고. 3:14; 8:28; 12:32, 33), 예수님은 로마의 법체계에

따라 십자가에 처형당하셔야 했다.

18:33-34. 빌라도는 예수님이 유대의 왕이라고 주장하셨다는 것을 아마 알고 있었을 것이다. 이것이 정치적인 것이라면, 황제는 빌라도에게 책임을 물을 것이다. 그래서 그는 다시 **관정**에 들어가 **예수**님께 직접 묻는다. **네가 유대인의 왕이냐**? '왕'에 대한 빌라도의 질문이 그 자신의 시점에서 나온 것이라면(**네가 스스로 하는 말이냐**, 34절), 예수님의 대답은 '아니다'가 될 것이다. 하지만 유대인들이 그 질문의 출처라면, 예수님은 실제로 유대인의 왕이다.

18:35-37. 궁극적으로 빌라도는 자신들의 '왕'에 대한 유대인들의 논쟁에 관심이 없었다. **대제사장들이** 예수님을 빌라도에게 **넘겼**다. 그래서 빌라도는 예수님에게 그분이 이런 죄목을 받을 만한 **무엇을 하였느냐**고 물을 필요가 있었다. 이것은 그리스도께 그분의 **나라**에 대해 규정할 기회를 주었다(36절). 그 나라의 기원과 원리들은 **이** 악한 **세상** 체계(*kosmos*, 코스모스) **에 속한 것이 아니**었다. 그렇지 않다면, 그분의 **종들이** 반란을 일으켰을 것이다. 빌라도는 **그러면 네가 왕이 아니냐**라고 되물었다(37절). 총독은 진리를 찾고 있었으며, 예수님은 그것을 확증해주셨다. 즉, 예수님은 왕이었다. 그분이 이 땅에 오신 이유는 **진리에 대하여 증언하려**는 것이었다. **진리**의 영향 아래 있는 모든 사람들은 예수님의 가르침에 반응할 것이다.

18:38-40. 빌라도는 진리이신(14:6) 예수님을 간과하고서, **진리가 무엇이냐** 하고 빈정거리듯이 물었다. 그러고는 **유대인들에게** 나갔다. **진리가 무엇이냐**는 것은 일반적으로 심오한 신학적, 철학적 질문으로 여겨진다. 하지만 빌라도는 그저 예수님에 대한 소송과 관련된 진리에 대해 수사학적 질문을 하고 있었으며, 그것은 '그 진리가 무엇이냐?'라고 번역할 수 있다. 빌라도는 이제 그들에게 **나는 그에게서 아무 죄도 찾지 못하였노라**(세 번 중 첫 번째, 참고. 19:4, 6)라고 말했지만, 곧 그리스도의 무죄에 대한 진리를 회피할 것이다. 그런 경우 로마 총독의 역할에 대해서는 마태복음 27:11-14에 대한 주석을 보라. 빌라도는 예수님과 종교 지도자들 사이를 서너 번 왔다 갔다 하기 때문에 때로 우유부단하다는 비난을 받는다. 하지만 실제로는 그렇지 않다. 그는 그저 자신이 판결을 내리는 데 도움이 될 만한 사실들을 수집하는 자신의 일을 하고 있었을 뿐이다. **유월절**에 사면을 해주는 **전례**에 대한 성경 외적 증거는 아직 없다(39절, 하지만 *m. Pesach* 8:6과 마 27:15-23에 대한 주석을 보라). 하지만 공관복음은 이것이 빌라도의 관행이었음을 뒷받침한다(마 27:15; 막 15:6). **바라바**(40절)는 유명한 폭도이며 살인자였다(막 15:7; 눅 23:19). **강도**에 해당하는 말은 또한 '혁명가'(NET, HCSB)를 의미할 수 있다. 아람어로 '아비(아버지)의 아들'에 해당하는 바라바는 풀려난 반면, 참된 하나님 아버지의 아들인 예수님은 십자가에 못 박혔다.

19:1-3. **빌라도**는 무리의 동정을 얻어내어 예수님을 석방하려는 마음에, 예수님을 **채찍질**하라고 명한다. 그러면서 알지 못하는 새에 메시아 예언을 성취하고 있었다(참고. 사 50:6; 53:5). 로마의 채찍은 세 개의 가죽끈에 금속 조각을 매단 것이었다. 채찍질을 하면 희생자의 살이 반복해서 찢어져 죽음에 이를 수도 있었다. **가시나무 관**(2절)을 예수님의 **머리**에 씌우고, **자색 옷**을 그분에게 입혔다. 유대인의 왕이라는 예수님의 주장을 조롱하는 것이었다. 상처를 내는 가시와 **손으로 때리**는 것(3절) 때문에 예수님의 얼굴은 상하고 피가 흘렀을 것이다(참고. 사 52:14; 53:2, 3).

19:4-5. 두 번째로(참고. 18:38) 빌라도는 **그가** 그리스도**에게서 아무 죄도 찾지 못**했다고 말한다. 예수님에게 **가시관을** 씌우고 **자색 옷을** 입혀서(5절) 데리고 나온 것은 예수님께 굴욕을 줌과 동시에 무리의 의도를 바꾸려는 빌라도의 필사적인 계획이었다. **보라 이 사람이로다**라는 빌라도의 선포는 인류의 애처로운 대표이신 예수님을 조롱한 것이다. 하지만 요한은 이 말을 기록하면서, 모든 독자들이 인간의 몸을 입으시고(1:9, 14) 인류를 대신하여 희생하신 그분을 주의 깊게 보기를 바랐다.

19:6-7. 유대 지도자들은 제지에 아랑곳하지 않고 냉정하게 그를 **십자가에 못 박으소서** 그를 **십자가에 못 박으소서** 하고 소리를 질렀다. 세 번째로(참고. 18:38; 19:4) 빌라도는 **나는 그에게서 죄를 찾지 못하였노라**고 주장했다. 빌라도가 예수님의 무죄를 세 번 반복한 것은 네 번째 복음서의 강조점 중 하나를 나타낸다. 즉, 예수님이 그분에게 씌워진 죄목에서 무죄하다는 것이다. 로마인들은 자신들이 정복한 지역에서 그

들 자신의 종교법을 시행하도록 허용했다. 그래서 유대 지도자들이(7절) 예수님을 죽일 것을 고집한 이유는 예수님이 자기를 하나님과 대등한 **하나님의 아들이라 함**으로 신성모독에 대한 그들의 율법(레 24:16)을 범했기 때문이었으며, 빌라도가 예수님을 십자가에 못 박은 것은 그가 유대인 지도자들의 압력에서 벗어나 자신의 자리를 안전하게 지키려 했기 때문이었다. 하지만 이 경우에 정의를 지키는 것은 빌라도의 책임이었으며, **그에게서 죄를 찾지 못하였노라**(6절)는 의견에 따라 빌라도는 예수님을 풀어줄 의무가 있었다(또한 19:14-16에 대한 주석을 보라).

19:8-9. 빌라도는 이교적인 로마의 믿음에 사로잡혀(참고. 행 14:11), 예수님이 땅에 온 신일 수도 있다는 말을 들었을 때 **더욱 두려워**했다. 빌라도의 아내가 꾼 두려운 꿈은 그의 염려를 더해주었다(참고. 마 27:19). 빌라도는 다시 예수님을 **관정**(9절, 성전산 북서쪽 모퉁이에 있는 안토니아 성채)에 데려갔으며 예수님께 내밀하게 **너는 어디로부터냐**라고 물었다. 총독은 예수님의 세상적 기원이 갈릴리라는 것을 알고 있었다(눅 23:6-7). 예수님은 하늘에서 내려온 신이었는가? **예수께서 대답하여주지 아니하시는지라**. 이는 메시아 예언을 성취하는 것이었다(사 53:7).

19:10-12. 빌라도는 예수님의 침묵에 짜증이 나서 뽐내며 위협했다. **내가 너를…십자가에 못 박을 권한도 있는 줄 알지 못하느냐**. 하지만 빌라도는(11절) **위에서** 그에게 **주지 아니하셨더라면** 예수님을 십자가형에 처할 지상의 **권한이** 없었다(참고. 잠 8:15; 롬 13:1). 빌라도는 예수님을 놓아주고 싶어 했다. **이러하므로** 그의 죄는 예수님을 빌라도에게 **넘겨준 자**의 죄보다는 덜했다. 그 사람은 예수님을 빌라도에게 보내 유죄 판결을 받게 한, 대단히 영향력 있는 대제사장인 가야바를 말한다(18:30, 35). 그러므로 그 대제사장의 **죄는 더 크다**. 아는 것이 많을수록 책임이 더 크기 때문이다. 그러나 더 큰 죄가 있다는 것은 더 작은 죄도 있음을 나타낸다. 따라서 빌라도의 죄를 면해주고 그가 예수님의 죽음에 책임이 없다고 하는 것은 옳지 않다(참고. 행 4:27-28). 마지막으로 무리는 빌라도가 예수님 안에서 아무 죄도 보지 못하여서 예수님을 풀어주려는 것에 저항했다(12절). **이 사람을 놓으면 가이사의 충신이 아니니이다**.

19:13. 빌라도는 절차를 공식적인 것으로 만들기 위해, 사법적 결정을 내리는 약간 높은 단인 **재판석에 앉아 있었다**. 그 단은 **돌을 깐 뜰**(참고. ESV, NIV)에 있었다. 이제 그 '돌길'에서, 많은 사람들이 '걸림돌'(사 8:14; 롬 9:33; 벧전 2:8)이신 메시아에 걸려 넘어질 것이다.

19:14-16. **유월절의 준비일**은 유월절 주간의 안식일(금요일) 전날을 의미하며(참고. 19:31), 안식일은 일몰 때 시작되었다. 금요일은 '준비일'이라고 불렸다. 유대 백성은 금요일 일몰 전을 안식일을 준비하는 데 사용하곤 했기 때문이다. 요한은 이제 **때는 제육 시**[정오]라고 말했다. 하나님의 어린 양(참고. 1:29)이 제물로 막 바쳐지려 할 때에, 유대 전통은 제사장들이 유월절 양을 성전에서 잡기 시작했다는 것을 시사한다. 예수님이 사역하시는 동안 유대 백성은 유월절 날짜인 니산월 14일(레 23:5)을 두 가지 다른 방식으로 계산했다. 예수님, 예수님의 제자들, 바리새인들은 일출부터 다음 일출까지를 하루로 치는 갈릴리 방식을 따랐다.

예수님이 십자가에 처형되던 해의 니산월 14일은 그들에게는 화요일 아침에 시작되었으며, 그들은 목요일 이른 저녁에 유월절 식사를 했다. 사두개인들은 그날을 일몰부터 다음 일몰까지로 계산했다. 니산월 14일은 화요일 일몰 때 시작되었으며, 유월절 양은 금요일 오후에 제물로 바쳐졌다. 그들의 유월절 식사는 그날 저녁 일몰 전에 했다. 공관복음서들은 첫 번째 방식을 염두에 두고 쓰였다. 요한복음은 두 번째 방식의 관점에서 쓰였다. 이것은 예수님이 목요일 저녁에 유월절을 기념했지만(13:1-2), 금요일 유월절 식사를 대비하여 성전에서 유월절 양을 잡고 있는 동안에 십자가에 달리신 것을 설명해준다.

보라 너희 왕이로다라는 빌라도의 말에 대해, 요한은 그리스도를 **없이 하소서**라는 것과 **그를 십자가에 못 박게 하소서**라는 세 번의 냉혹한 대답을 기록했다(15절). 이번에는 빌라도가 그들을 조롱했다. **내가 너희 왕을 십자가에 못 박으랴**. 예수님을 신성모독으로 고소했던 같은 유대인들이 이제 **가이사**가 그들의 유일한 왕이라고 주장하면서 스스로 신성모독을 했다. 빌라도는 유대인 지도자들의 요구에 굴복했다(16절). 그리하여 십자가 처형이 시작되었다. 빌라도의 행동은 완전히 무책임한 것이었다. 정의가 시행되도록 하는 것은 총독으로서 그가 할 일이었으나, 그는 자신의 의무를 포기하고 유대인 지도자들을 달래기 위해 그의 권위 아래 있는 로마 군사들이 예수님을 십자가에 못 박도록 허용했다(23절을 보라).

C. 십자가 처형과 장례(19:17-42)

19:17-18. 로마의 십자가 처형에서 전통적으로 그렇게 했듯이, 예수님은 **자기의 십자가**[즉, 가로대]를 지셨다. 공관복음서들은 구레네(북동 아프리카의 한 도시) 시몬이 곧 예수님을 위해 그분의 십자가를 지도록 뽑혔다고 기록한다(마 27:32; 막 15:21; 눅 23:26). 목적지는 **해골이라 하는 곳**이었다. '갈보리'(Calvary)라는 말은 해골을 의미하는 라틴어 칼바리아(*calvaria*)에서 나온 것이다. 오늘날 옛 예루살렘 성 밖에 있는 고든의 갈보리(Gordon's Calvary, '동산 무덤'이라고도 알려진)가 종종 예수님이 십자가에 처형된 곳과 무덤이 있는 곳으로 여겨진다. 하지만 갈보리를 성묘 교회로 볼 만한 역사적, 고고학적 증거가 상당히 있으며, 동산 무덤으로 볼 만한 증거는 사실상 없다. 예수님에게 더 모욕을 주기 위해, 둘 다 행악자인(눅 23:33) **다른 두 사람**(18절)도 예수님 **좌우편** 십자가에 못 박았다. 그들 중 한 명은 믿음을 갖게 되었다(눅 23:39-43).

19:19-22. **빌라도가 패를 써서**. 그 패는 유대 백성과 예수님을 조롱하려고 쓴 것이었으나 무심코 진리를 공표했다. **나사렛 예수 유대인의 왕**이라는 것이었다. 지나가는 많은 **유대인들이 이 패를 읽**었다. 이것이 가능했던 이유는 **예수께서 못 박히신 곳이 성에서 가까운 도로**에 있었기 때문이다. 예수님의 신분에 대한 이런 증언은 광범위한 영향을 미쳤다. 그것은 유대인들과 로마인들(이방인들)이 읽는 3개의 주요 언어(**히브리어**나 아람어, **로마어**, **헬라어**)로 기록되었기 때문이다. 유대인 지도자들(21절)은 **자칭 유대인의 왕**이라고만 쓰라고 주장하면서, 빌라도의 표현에 격렬히 반대했다. 이런 항변은 빌라도를 완고하게 만들었다. **내가 쓸 것을 썼다**(22절)라는 빌라도의 대답은 현대의 말로 하면 '싫으면 그만둬!'라는 의미이다.

19:23-25a. **예수를 십자가에 못 박은 군인들**은 예수님의 **옷을 취하여 네 깃에 나눠 각각 한 깃씩 얻었**다. 분명 네 명의 군인이 십자가 처형을 수행했을 것이다(요한만 기록하고 있는 세부 사항이다). 하지만 **속옷은 호지 아니하고 위에서부터 통으로 짠 것**이었다. 구약 대제사장은 호지 아니한 옷을 입었을 것이므로(Josephus, *Ant*. 3.161-62), 어떤 사람들은 이것을 그리스도가 십자가상에서 대제사장적 사역을 하시는 것을 상징한다고 보았다. 군인들은 예수님의 옷은 나누기로 했으며, 호지 아니한 속옷은 그냥 통으로 놓아두고 대신 **누가 얻나 제비뽑**았다(24절). 그 자체로 그들은 부지불식간에 시편 22:18에 나오는 **나누고…제비뽑나이다**라는 두 진술을 성취했다.

19:25b-27. 세 명이 아니라 네 여자가 **십자가 곁에** 섰다. 그 **이모**를 **글로바의 아내 마리아**와 같은 인물로 보아야 할 것 같지는 않다. 그렇게 되면 예수님의 어머니와 이모 둘 다 이름이 마리아가 되기 때문이다. **막달라 마리아**에 대해서는 20:1과 누가복음 8:2에 대한 주석을 보라. 예수님의 이모는 마태복음 27:56에 나오는 "세베대의 아들들의 어머니"와 같은 사람일 것이다. 그러면 예수님의 어머니가 요한의 이모가 된다. 만일 그렇다면, 예수님이 **사랑하시는 제자** 요한(26절, 서론의 '저자' 부분을 보라)에게 자기 어머니를 돌보도록 지시하신 것은 상당히 자연스럽다. **여자**라는 말이 공손한 호칭이라는 것에 대해서는 2:4의 주석을 보라. 요한은 주님의 지시에 즉시 순종했다(**그때부터**, 27절).

19:28-30. 오직 요한만이 **성경을 응하게 하려 하사** 예수님이 **내가 목마르다**라고 외치셨다고 기록했다. 예수님은 육체적으로 목말랐다(시 22:15; 69:21). 피를 많이 흘리면, 마치 땀을 많이 흘린 것처럼 몸에서 탈수 현상이 일어나 강한 갈증을 느끼게 된다. **우슬초**(29절)는 유월절에(출 12:22) 문설주에 양의 피를 뿌리기 위해 사용되었으며, 예수님이 유월절 양이라는 것을 강조했을 것이다. 예수님은 전에 통증을 가라앉히는 포도주(몰약 혼합물)를 거부하셨다(참고. 막 15:23, 하지만 또한 마 27:33-37의 주석을 보라). 하지만 이제는 그냥 **신 포도주**를 받으셨다(30절). 요한복음에 나오는 예수님의 마지막 말씀인 **다 이루었다**라는 말은 속죄가 이제 완성되었음을 확증해주었다. 그리스도 자신이 **영혼이 떠나가**셨으므로, 그리스도는 아무도 그분의 생명을 빼앗지 않으리라는 그분의 예언을 성취하셨다(10:11,

15, 17, 18).

19:31. **준비일**에 대해서는 19:14에 대한 주석을 보라. 십자가 처형은 종종 여러 날을 끌었다. 십자가에 못 박힌 사람이 팔의 긴장을 풀고 질식을 막기 위해 못 박힌 발을 고통스럽게 디뎌 위로 밀어 올렸기 때문이다. 희생자의 **다리를 꺾**는 것은 죽음을 앞당겼다.

19:32-34. 군인들이 예수님과 함께 십자가에 **못 박힌** 두 사람의 **다리를 꺾**은 것은 그리스도의 독특한 죽음과 대조를 이룬다. 군인들은 그리스도가 **이미 죽으신 것**을 보았으며(33절), 그렇기 때문에 그분의 죽음을 앞당기기 위해 **다리를 꺾**을 필요가 없었다. 아주 확실하게 하기 위해 **그중 한 군인이 창으로 옆구리를 찌르니**(34절) **피와 물이 나오더라**는 것은 예수님의 심장이 더는 기능을 하지 않았다는 것을 나타냈다. 요한은 상징적 목적들을 위해서도 이러한 세부 사항들을 포함시켰을 것이다. 그리스도의 옆구리에서 나온 물은 7:37-39에서 예언된 성령에 대한 약속을 상징했으며, 피는 유월절 양의 희생을 상기시켰다. 후대의 랍비 전통에 따르면(*m. Pesahim*, 5:3, 5을 보라), 희생제물로 바친 짐승에서 나온 피는 죽을 때 그 시체에서 아낌없이 흐르게 해야 했다. 다른 전통은 제사장이 짐승의 심장을 찔러 그 짐승이 출혈로 죽도록 할 것을 요구했다(*m. Tamid* 4:2을 보라, 이런 언급들에 대해서는 요 19:34에 대한 NET 주를 보라). 요한이 여기에서 기록한 것은 이 전통들의 초기 형태를 반영하고 있을 가능성이 있다.

19:35-37. 그리스도의 죽음이 절정에 이르렀을 때, 요한은 그의 보고가 **참**이라는 것에 대한 개인적 증언을 불쑥 끼워 넣는다(참고. 20:31-32). 독자들에게 **너희로**[헬라어에서 강조체] **믿게 하려 함이라**고 말하는 것이다. 요한은 그리스도의 죽음이 사실이라는 또 다른 증거로, 두 개의 메시아 예언들의 성취를 인용했다(36절). 첫째, 성경은 메시아의 뼈가 **꺾이지** 않을 것이라고 예언했다(시 34:20). 그것은 유월절 양에게서 예표되었다(출 12:46; 민 9:12). 둘째로(37절), 이스라엘은 언젠가 메시아에게 그들 곁으로 돌아오라고 요청할 것이며 그들은 그분을 찔린 분으로 볼 것이다. 그래서 스가랴 12:10은 메시아가 그분의 초림 때 찔릴 것임을 나타낸다. 하지만 그분의 재림 때 믿음으로 **그들이 그 찌른 자를 보리라**(참고. 계 1:7에 나오는 슥 12:10에 대한 인용과 슥 12:10에 대한 주석).

19:38-40. **아리마대 요셉**은 네 복음서 모두에 언급되어 있는데(마 27:57; 막 15:43; 눅 23:50-51) **제자이나…그것을 숨**긴 사람이었다(3:9; 7:47-51; 12:42-43에 대한 주석을 보라). 유대인 지도자들이 **두려워** 요셉은 전에 그의 믿음을 담대하게 고백하지 못했다. 하지만 그는 오랫동안 그런 채로 있지는 않았다. 요셉은 빌라도에게 예수의 시체를 가져가기를 구했을 때 이 두려움을 정복했다(막 15:43). **니고데모**(39절)와 요셉이 연관된 것은 니고데모 역시 은밀한 제자였음을 암시한다. 하지만 지금은 빌라도 앞에 담대하고 공개적인 입장을 취했다. 니고데모가 **일찍이 예수께 밤에 찾아왔던** 사람이었다고 상기시키는 것은 니고데모의 믿음이 감춰진 것이었음을 강조한다. 하지만 니고데모의 믿음은 이제 그가 요셉과 함께 동료 공회원들에게 반대하여 공공연하게 행동하도록 했다. 니고데모는 간단하게 시체를 방부 처리하기 위해 **몰약**을 그리고 향기를 내기 위해 **침향**을 가져왔다. **백 리트라**는 '칠십 오 파운드'(ESV, 약 34킬로그램)라고 번역하는 것이 더 낫다. 로마의 리트라(*litra*)는 16온스가 아니라 약 12온스(약 340그램)였기 때문이다.

19:41-42. 부유한 아리마대 요셉은 **아직 사람을 장사한 일이 없는 새 무덤**의 소유주였다(마 27:57, 60). 이것은 부활 후에 예수님의 시체가 같은 무덤에 놓여 있는 다른 시체와 혼동될 수 없었다는 것을 보여준다. 그리스도가 장사된 것은 예언을 성취했다. "그들은 그[메시아]를 악인들과 함께 장사하려 했으나 그는 결국 부자의 무덤에 있게 되었다"(NET, 사 53:9). **준비일**(42절)에 대해서는 14절에 대한 주석을 보라.

D. 부활과 나타나심(20:1-29)

요한의 부활 기사는 빈 무덤에 대한 구체적인 세부 사항들과 함께 네 복음서 중 가장 광범위하다. 먼저, 막달라 마리아, 베드로, 요한이 예수님의 부활을 확증했다(1-18절). 그다음에 예수님이 닫힌 방에서 제자들(도마를 제외한)에게 나타나셨다(19-23절). 마지막으로 예수님은 제자들에게 다시 나타나셨으며 도마에게 그분의 부활의 증거를 확인시키셨다(24-29절).

20:1. **막달라 마리아**는 처음에 십자가 처형 때 지

켜보던 사람으로 소개되었다(19:25). 예수님은 그녀를 심한 귀신 들림에서 구해주셨으며, 이후 그녀는 예수님을 따르면서 예수님을 섬기고 그분의 사역을 후원했다(마 27:55; 눅 8:1-3). 무덤에 도착하자, 마리아는 예상치 않게도 무덤 입구에 있던 큰 둥근 돌이 옮겨진 것을 보았다.

20:2-3. 마리아는 **베드로**와 요한, 곧 **예수께서 사랑하시던 그 다른 제자**[서론의 '저자' 부분을 보라, 참고. 18:15-16; 19:26; 21:7, 20]를 찾으러 **달려**갔다. 마리아가 급히 달려간 것에 대한 설명은 그녀가 무덤 안에서 천사를 보았다는 것(막 16:5)과 혹시 유대 당국(사람들)이 예수님의 시체를 **가져**가지 않았나 의심했다는 것이다. **우리가 알지 못하겠다**라는 마리아의 표현은 요한이 다른 여자들이 마리아와 함께 있었음을 알고 있었다는 것을 보여준다(참고. 마 28:1; 막 16:1; 눅 24:10). 마리아의 말에 근거해서, **베드로와 그 다른 제자**(3절)가 빈 **무덤**으로 갔다.

20:4-5. 베드로와 요한이 무덤으로 달려갔을 때, 요한(**그 다른 제자**, 참고. 2절)이 **더 빨리 달려가서 먼저** 도착했다. 그는 구부려(바위로 된 무덤의 입구는 보통 낮았다) 안쪽을 보았다(5절). **세마포 놓인 것을 보았**을 때, 뭔가가 그가 들어가는 것을 막았다. 아마도 경의감이나 시체와 접촉하는 것과 관련된 의식상의 부정함에 대한 두려움이었을 것이다. 하지만 베드로는 그 제자처럼 주저하지 않았다.

20:6-7. 요한은 무덤에 들어가기 전에 베드로가 도착하기를 기다렸으므로, 베드로는 **세마포가 놓**인 것을 보았을 때 요한이 그것의 위치를 움직이지 않았다고 확신할 수 있었다. 요한이 지체함으로 빈 무덤의 세마포에 대한 두 명의 믿을 만한 증인을 확보할 수 있었다. 나사로를 동여매었던 베와는 대조적으로(11:44), 예수님의 **머리를 쌌던 수건**(7절)**은 딴 곳에 쌌던 대로** 따로 놓여 있었다. 확실하게 말할 수는 없지만, 예수님은 그 세마포를 통과해서 나오셨으며 그것을 자신이 누웠던 바로 거기에 두고 나오셨을 것이다. 이렇게 정돈되어 놓여 있는 것은 시체가 약탈된 것이 아니라 부활했다는 증거이다. 또한 수건이 따로 놓여 있는 것으로 보아 예수님을 장사 지낸 곳에서 발견되었다고 알려진 수의는 진짜라고 믿기가 어렵다.

20:8-10. **그 다른 제자**(2절) 요한은 베드로 다음으로 무덤에 들어갔다. 그는 예수님이 죽은 자 가운데서 살아나셨다는 것을 **보고 믿었다**(새번역). 열한 제자(그들)는 메시아가 **죽은 자 가운데서 다시 살아나야 하리라 하신** [구약] **말씀을 아직 알지 못**했다(9절). 후에 베드로는 시편 16:10이 부활을 예언했다고 설교했다(행 2:24-28). 베드로와 요한은 **자기들의 집으로 돌아**갔으므로(10절), 요한은 그리스도가 부활하신 것을 당시 자신의 집에 머물고 있던(19:27) 예수님의 어머니 마리아에게 알렸을 것이다. 가룟 유다를 제외한 제자들은 다 갈릴리 출신이었으므로, 예루살렘에 있는 제자들의 집은 유월절을 지내기 위해 가족이나 친구들과 함께 있던 임시 숙소였을 것이다.

20:11-13. 예수님이 부활 후 첫 번째로 나타나신 것은 한 여자 막달라 마리아에게였다. 이것은 (1) 부활의 역사성을 확증하고(어떤 1세기 작가라도 그 일이 실제로 일어나지 않았다면 그런 중대한 역할을 여자에게 맡기는 이야기를 만들어내지는 않았을 것이다), (2) 예수님의 사역에서 여자들의 중요성을 강조한다. 마리아는(1절을 보라) 돌아왔으나 **무덤 밖에 서서 울고**[클라이오(*klaio*), 문자적으로는 '울부짖고'] **있었다**. 여전히 울면서 그녀는 **구부려 무덤 안을 들여다보니 흰 옷 입은 두 천사**가 있는 것을 보았다. 천사들만 있는 것을 보고 마리아는 예수님의 시체가 도둑맞은 것이 아니고 뭔가 초자연적인 일이 일어났음을 의식했어야 했다. 천사들이 **예수의 시체 뉘었던 곳에** 앉아 있다는 것도 예수님의 부활을 입증했다. 천사들은 마리아에게 예수님이 다시 살아나셨다고 설명하지 않았다(13절). 그들은 그저 **여자여 어찌하여 우느냐**라고 물었을 뿐이다. 마치 슬퍼할 만한 이유가 없다는 것을 시사하는 듯했다. 마리아는 천사들에게 대답하면서, 시체를 도둑맞았다는 자신의 이론을 설명했다. 마리아의 슬픔은 곧 기쁨으로 바뀌었으며, 예수님이 16:20-22에서 제자들에게 준 약속을 성취할 것이다.

20:14-16. 마리아가 **뒤로 돌이**켰을 때, 그녀는 자기 뒤에 서 계신 분이 누구인 줄 알아보지 못했다. **여자여**(15절)라는 말에 대해서는 2:4에 대한 주석을 보라. 예수님은 천사들이 한 질문(13절)을 반복하셨으나 **누구를 찾느냐**라는 말을 덧붙이셨다. 마리아는 그 음성

이 **동산지기**의 목소리라고 생각했다. 아마 그가 시체를 다른 곳에 놓았을 것이다. 하지만 예수님이 다정하게 그녀의 이름을 부르시자(16절), 마리아는 그분이 예수님이라는 것을 알았다. 그녀는 종종 예수님을 주님이라고 불렀지만(2, 13, 18절), 그분을 **랍오니**[다른 곳에서는 막 10:51에서만 나온다, NASB]라고 불렀다. 그것은 **선생님**이라는 의미이다. '선생님'은 복음서들에서 예수님을 부르는 가장 일반적인 형태의 호칭이다. 하지만 그 말은 승천 이후에는 예수님에 대해 한 번도 사용되지 않는다(참고. 11:28).

20:17-18. 마리아는 자신과 그리스도의 지상적 관계를 고수하면서, 예수님을 **붙들고** 있었다. 어떤 사람들은 17절에서 마리아가 그리스도를 만지지 말라는 불가사의한 요구가 예수님이 지옥으로 내려갔으며 그분이 아직 자기 아버지의 임재 안에 있지 않다는 것 때문이라고 본다. 더 간단하고 더 가능성 있는 설명은 마리아가 열렬히 예수님을 붙들고 있었다는 것이다. 그렇기 때문에 예수님은 그녀에게 자신을 놓으라고 권하셨다. 그분은 아직 떠나는 것이 아니었기 때문이다(**나를 붙들지 말라 내가 아직 아버지께로 올라가지 아니하였노라**). 예수님은 좀 더 오랫동안, 승천하시기 전에 40일간 그들과 함께 계실 것이며, 후에 더 의미 있는 시간을 가질 수 있을 것이다. 예수님이 승천하신 후에는 성령을 통해, 그들과 영원히 함께 계실 것이다. 예수님은 마리아가 그분을 붙드는 대신에, 제자들에게 가서 그들에게 자신이 본 것과 예수님이 말씀하신 것을 말해주기 원하셨다. 마리아는 제자들에게 **내가 내 아버지 곧 너희 아버지, 내 하나님 곧 너희 하나님께로 곧 올라간다**고 말하라는 지시를 받았다. 첫 번째 문구는 예수님 자신과 하나님 아버지와의 독특한 관계에 초점을 맞추었다(**내 아버지…내 하나님**). 동시에 두 번째 문구(**너희 아버지…너희 하나님**)는 제자들을 예수님 자신과 하나님과의 유사한 친밀함으로 이끌었다. 이것은 또한 예수님이 그분의 제자들을 **내 형제들**이라고 부르시는 것으로도 표시된다.

20:19-20. 때는 부활 날의 일요일 **저녁**이었다. 제자들은 여전히 유대 당국을 **두려워하**고 있었으며, 그들이 모인 곳의 **문들**을 단단히 **닫았다**(NIV, ESV, '잠갔다'). **유대인들을 두려워하여**라는 말에 대해서는 7:13; 12:42-43; 19:38을 보라. 기적적으로 **예수께서 오사 가운데 서셨다**. **너희에게 평강이 있을지어다**라는 예수님의 말씀은 통상적인 히브리 인사말이다. 못자국이 난 **손과** 상처 난 **옆구리**를 보고, 제자들이 **기뻐하더라**(20절). 그것은 예수님이 다락방에서 하신 약속(16:20-22)을 성취하는 것이었다.

20:21-23. 예수님은 평강을 두 번째로 선언하시면서(참고. 14:27; 16:33), 제자들에게 그분의 증인이 되라고 위임하셨다(4:38; 13:20; 눅 24:46-49; 마 28:18-20). **아버지께서 나를 보내신 것같이 나도 너희를 보내노라**. 예수님은 제자들에게 **숨을 내쉬셨는데**(22절), 이는 앞으로 오순절 때 받을 성령님을 상징했다. 예수님이 **숨을 내쉬며** 제자들에게 **성령을 받으라**고 말씀하신 것은 아마 상징적 행동이었을 것이다. 이때에 예수님이 성령을 주시고 제자들이 받았을 것 같지는 않다. 예수님은 전에 그분이 그들을 떠나기까지는 성령이 그들에게 오지 않을 것이라고 말씀하셨으며(7:39; 16:7), 심지어 승천 직전에 예수님은 그들에게 성령이 오기를 기다리라고 지시하셨다(행 1:4, 5, 8).

예수님이 죽으시기 전에, 유월절 성찬을 기념할 때 나누었던 떡과 포도주는 실제로 그분의 몸과 피를 주시는 것을 암시했다. 마찬가지로 예수님이 숨을 내쉬신 것은 성령을 받으라는 명령과 결부해서, 성령님이 오순절에 오시는 것을 암시했다. 헬라어에서 '숨'과 '성령'은 같은 단어이며(*pneuma*, 프뉴마), 예수님의 숨은 아마 그분이 승천 이후에 성령을 보내실 것을 상징했을 것이다. 제자들이 이때에 성령을 '받거나' 성령이 그들에게 '내주하시고', 오순절 때 후속 경험으로 성령 '세례를 받았을' 것 같지는 않다. 이렇게 미리 하는 위임과 사도들(그리고 모든 신자)에게는 믿는 사람에게 '죄가 사하여'졌다고 선언하거나(23절) 믿지 않는 자에게 그들의 '죄가 그대로 있으리라'고(사함을 받지 않았다고) 선언할 권위가 주어졌다.

20:24-25. **도마**는 **열두 제자**[가룟 유다는 자살했으므로 지금은 열한 명이다, 마 27:5]와 함께 있지 않았다. **디두모**[요한만 이 이름을 세 번 언급한다, 11:16; 20:24; 21:2]는 '쌍둥이'라는 의미이다. 아마 요한은 도마의 쌍둥이를 개인적으로 알았을 것이다. 도마는 계속해서 의심을 거두지 않았다. 도마는 **주를 보았**던 여자

들 및 다른 모든 제자들의 증언을 거부했다(25절). 도마는 자신이 직접 자기 **손가락을 그 못 자국에 넣으며** 자기 **손을** 예수님의 **옆구리에 넣어보지 않고는** 믿지 않겠노라고 고집했다.

20:26-27. **여드레를 지나서**, 즉 부활 후 일주일이 지난 일요일에, 예수님은 **제자들**과 **도마**에게 나타나셨다. 환경은 예수님이 전에 나타나셨을 때와 똑같이(19-23절) **문들이 닫혔**을 때였다. 제자들은 여전히 담대하지 못했다. 그들은 오순절 때 그 담대함을 받을 것이다. 도마는 자신이 다른 제자들에게 예수님의 손과 그분의 **옆구리**를 만지는 것에 대해 했던 말과 똑같은 말(27절; 참고. 25절)을 예수님이 그에게 하시는 것을 들었을 때 분명 충격을 받았을 것이다.

20:28-29. 요한의 글은 **나의 주님이시요 나의 하나님이시니이다**라는 도마의 고백과 함께 절정에 이른다. 도마의 입에서 나온 이 선언보다 믿음에 대한 더 위대한 단언은 없을 것이다. 그와 함께, 요한은 서론에 나왔던(1:1, 14, 18) 그리스도의 신성에 대한 주제를 반복했다. **너는 나를 본 고로 믿느냐**(29절)라는 말은 하나의 진술('너는 나를 본 고로 믿었다', NKJV, NIV)로 표현하는 것이 더 낫다. 예수님은 그분이 하나님 아버지와 마찬가지로 온전히 신적 존재이시라는 도마의 호칭을 긍정하셨으며, 부활한 주님을 보지 못하겠지만 그럼에도 믿을 미래의 신자들을 **복되도다** 하셨다.

E. 기록 목적(20:30-31)

20:30-31. 자신의 책에 대한 사도의 목적은 전도를 위한 것이다. 그리스도가 행하셨으나 **이 책에 기록되지 아니한 다른 표적**['표적'이라는 말에 대해서는 2:11에 대한 주석을 보라]**도 많이** 있으므로, 요한은 전도, 특히 유대 백성의 전도를 위해 자신의 내용을 주의 깊게 선택했다. **예수께서 하나님의 아들 그리스도**[이 호칭들은 그분의 인성, 왕권, 신성을 나타낸다. 또한 1:20, 34에 대한 주석을 보라]**이심을 믿는**다는 것은 예수님만이 영생과 부활을 주심을 온전히 확신한다는 의미이다(참고. 11:25-27에 대한 주석을 보라). 기록 목적을 책 끝이 아니라 여기에 둔 것은 눈으로 보지 않고도 예수님의 죽음/부활을 믿는 사람들에게 주시는 예수님의 축복을 강조한다(30절). 그것은 또한 부활이 이 책의 가장 큰 표적임을 보여준다.

V. 결어(21:1-15)

요한복음의 결어에서 저자는 그리스도를 믿는 독자들에게, 세상을 향한 그리스도의 사명에 함께 참여하라고 도전했다.

A. 고기를 많이 잡다(21:1-14)

21:1-3. **그 후에**가 언제인지는 연대적으로 명확하지 않다(참고. 20:26). 천사는 제자들에게 갈릴리에서 예수님을 만나라고 말했다(마 28:7). 그들이 고기 잡으러 가는 것은 **디베랴 호수**에서 일어났던 요한복음의 유일한 다른 사건, 즉 5,000명을 먹이신 사건을 상기시킨다(6:10-14). 그때에 예수님은 아버지께서 그에게 이끌지(*helko*, 헬코) 않으시면 아무도 그분께 올 수 없다고 가르치셨다(6:44; 참고. 12:32). 21:6과 11에서, '헬코'는 제자들이 그들의 그물을 끌어 올리는 것에 대해 사용된다. 고기를 잡으러 가는 것은 예수님이 어떻게 제자들의 선교를 통해 사람들을 그분께로 이끄실지 보여준다. 초대 그리스도인 독자들은 이 이야기에서 누가복음 5:1-11과 유사한 점들을 탐지해냈을 것이다. **세베대의 아들들**은 베드로의 고기잡이 동역자인(눅 5:10) 야고보와 요한이다(마 4:21).

21:4-5. 예수님은 **날이 새어갈 때에** 나타나셨다. 그분의 말씀에 의해 제자들에게 빛 가운데서 자신을 나타내셨다(1:14). 첫째, 예수님은 그들을 **얘들아**라고 부르시면서 그들에게 말씀하셨다. 예수님은 그들과 더불어 제자도 관계를 맺으셨다. 그 관계에서 그분은 그들의 '아버지'였다(참고. 요일 2:18). **너희에게 고기가 있느냐**[you do not have any fish, do you?, 직역하면 '너희에게 고기가 없지?'—옮긴이 주]라는 예수님의 질문(5절)은 그분이 그 대답을 신적 지혜로 미리 알고 계심을 암시한다(참고. 17절).

21:6-7. 초자연적인 어획량은 예수님의 부활 이후에 기록된 예수님의 유일한 기적이다. **그리하면 잡으리라**는 그분의 약속은 제자들이 순종하기에 충분한 것이었다. 그들의 순종은 너무나 물고기가 많아 **그물을 들 수 없**는 것으로 보상을 받았다. 도마와 마찬가지로(20:28) 요한은 예수님을 **주님**이라고 밝혔다. 베드로는 주님을 부인한 후에, 다시 사람 낚는 어부로 부름을 받기 전에 가졌던 원래 직업으로 돌아갔다. 이 기적은 제자들에게 사람 낚는 어부가 되라는 그들의 처음 부

르심을 생각나게 하려는 것이었다. 그 부르심은 누가복음 5:1-10에서는 또 다른 엄청난 어획고와 연관되어 있었다. 이 기적은 그 부르심을 되풀이했다. **겉옷을 두른 후에**[일을 위해 **벗고 있다가**—'일을 위해'라는 말은 헬라어에는 없다]라는 문구는 '그는 자기 겉옷 끝자락을 찔러 넣었다(그는 그 아래 아무것도 입지 않았기 때문이다, NET)'라고 번역할 수 있을 것이다. 그렇게 자주 물 주위에서 일하는 사람이 바다에 뛰어들어 물가로 헤엄치기 위해 겉옷을 입을 것 같지는 않다. '입다'(헬라어로 *diazonnumi*, 디아존뉘미)는 '옷을 몸에 둘러 묶다'는 의미일 수 있고, '벗다'(헬라어로 *gymnos*, 김노스)라는 말은 '겉옷 아래 다른 아무것도 입지 않다'라는 의미일 수 있다.

21:8-11. **숯불**(9절, 다른 곳에서는 18:18에서만 사용된 단어)은 베드로가 그리스도를 부인한 것을 생각나게 한다. 그 일은 대제사장의 뜰에 있는 비슷한 불가에서 일어났다. 이 숯불에서 베드로가 곧 회복되는 것은 그가 이전의 불에서 예수님을 부인한 것과 용서의 깊이가 얼마나 중한 것인지를 예수님이 그에게 각인시키기 위해서였을 것이다. 베드로의 지도력은 **그가 그물을 끌고 와서 육지에 올랐다**는 것에서 분명하게 나타난다. 153이라는 숫자는 색다른 것이다. 요한은 그 숫자가 상징적이라는 표시를 하지 않는다. 하지만 그런 정확한 숫자는 저자 요한(직업상 어부인)이 직접 사건을 목격한 사람임을 입증한다.

21:12-14. 제자들이 예수님과 함께 먹는 것은 예수님이 부활하셨다는 강력한 증거이다(행 10:41). **예수님은** 또한 **생선**과 함께 **떡을 가져다가 그들에게 주시**면서, 생명의 떡 메시지와 무리를 먹이신 것(6:11)을 그들에게 상기시키신다. 이것도 그분이 누구신지를 그들이 확신하도록 확증해주었다. 저자는 이것을 예수님이 **세 번째로 나타나신 것**이라고 지칭했다. 두세 증인이 진리를 확증한다는 유대 율법에 맞게(참고. 8:17), 요한은 예수님의 부활체가 나타나신 것에 대한 세 번의 기사를 제시했다. 하지만 후에 다른 나타나심이 많이 일어났다(고전 15:5-8).

B. 베드로와 요한에게 맡겨진 역할(21:15-23)

21:15-17. 다음에 나오는 그리스도와 베드로 간의 삼중 대화는 그 사도가 그리스도를 세 번 부인한 것(18:15, 25, 27)과 대응을 이루었다. 그리스도는 두 번에 걸쳐 베드로에게 나를 사랑하느냐고(*agapao*, 아가파오) 물으셨다. 베드로는 다른 헬라어 단어[필레오(*phileo*), 5:20-21에서 그 두 단어에 대한 논의를 보라]를 사용해서 그의 사랑을 두 번 단언했다. 십자가 처형을 당하시기 전 베드로와 예수님 간에 나누었던 마지막 중대한 대화에서 예수님은 '아가파오'가 "자기 목숨을 버리는 것"(15:13-23)이라는 뉘앙스로 말씀하셨다. 예수님은 또한 자기 제자들에게 그분이 자신의 목숨을 버릴 그 사랑을 언급하시면서 "내가 너희를 사랑한 것같이"(13:34; 참고. 15:13, 12, 17) 서로 사랑하라(아가파오)고 명하셨다. '필레오'와 '아가파오'는 아마 이 문맥에서 의미가 다르지 않을 것이다(즉, '필레오'는 어떤 '피상적인, 열등한 사랑'을 말하는 것이 아니다. 그 단어는 5:20-21에서 아들에 대한 아버지의 사랑에 대해 사용되며, '아가파오'는 12:43에서 사람들의 환호를 경솔하게 갈망하는 것에 대해 사용될 수 있기 때문이다). 요한복음에서 그 단어들은 둘 다 '사랑'을 의미할 수 있다. 하지만 그 단어들은 약간 다른 기준을 지닐 수 있다. '아가파오'는 희생을 포함하는 사랑의 측면을 말하는데, 그것은 요한복음에서 '필레오'와는 연관되지 않은 측면이다. 다시 말해, 요한은 '아가파오'의 이전 용법들에서 본 것처럼, 예수님이 본을 보이시고 자기 제자들에게 요구하신 자기희생적 사랑에 대한 헌신을 베드로에게서 끌어내기 위해, 예수님이 '아가파오'를 사용하셨다는 것을 적어놓았을 수도 있다.

네가 이 제자들이 나를 사랑하는 것보다 **나를 더 사랑하느냐**라는 질문은 베드로가 자신은 예수님을 너무 사랑해서 설사 다른 제자들은 그렇지 않을지라도 자신은 예수님을 위해 목숨을 버리겠다고 자신만만하게 약속했던 것(13:37; 막 14:29)과 대응을 이룬다. 예수님은 베드로에게 그가 전에 주장했던 것, 즉 주님을 위해 자기 목숨을 버리겠다는 것을 여전히 주장하겠느냐고 묻고 계신다. 베드로는 자신이 뜰에서 예수님을 여러 번 부인했던 것을 기억하면서, 다시 그 약속을 하기를 주저한다. **내 양을 먹이라**와 **내 양을 치라**(16절)는 양을 위해 자기 목숨을 버린다는 예수님의 가르침(10:15, 17)을 생각나게 하며, 아가페(*agape*)의 희생적 뉘앙스와 꼭 들어맞는다. 베드로는 잘 몰라서 '아가파오'가 아니라 '필레오'로 대답했다. 그는 예수님이 다락방에서 말씀하신 '아가페'의 희생적 강조점을 아직 이해하지 못했기 때문이다. **세 번째**로(17절) **예수님은 네가 나를 사랑하느냐**고 물으신다. 이제는 베드로 자신이 사랑에 대해 사용한 바로 그 단어(필레오)를 사용해서 물어보신다. 베드로가 오해에서 벗어나 자기희생적 '아가페'에 대한 예수님의 원래 명령을 기억하기 바라는 마음에서 그런 것이다. 그 대신에 **베드로가 근심하**였다. 예수님이 세 번 그에게 물어보셨기 때문이다.

세 번 질문하고 대답하는 방식은 주님이 13:38에서 예언하셨고 18:15-27에서 성취된 바, 베드로가 세 번 예수님을 부인한 것을 생각나게 한다. 확실히 알 수는 없으나, 베드로의 괴로움은 그가 예수님의 세 번째 질문과 베드로가 세 번 부인한 것 간의 유사점을 인식했기 때문이었을 수도 있다. 예수님이 이 세 번째 질문에서 '필레오'를 사용하신 것은 또한 베드로가 예수님을 부인하는 동안 아무것도 분명하지 않았을 때 예수님에 대한 베드로의 사랑이 어땠는지를 면밀히 조사해 보는 것일 수도 있다. 그래서 예수님이 던진 처음 두 질문에 나오는 '아가파오'는 아마 베드로가 예수님과 그분의 백성을 위해 기꺼이 희생하려 하는지 살펴보려는 것이었으며, 반면 세 번째 질문에서 '필레오'를 사용하신 것은 베드로에게 그가 예수님을 부인하는 동안 분명 예수님에 대한 애정이 결여되었던 것을 성찰하지 않을 수 없도록 하려는 것이었다. 베드로를 매우 고통스럽게 했던 것은 바로 주님의 이 세 번째 질문이었다. 하지만 이에 대해서 확실하게 알 수는 없다.

21:18-19. 예수님은 이제 베드로가 그리스도가 하셨던 것과 마찬가지로 자기 목숨을 버릴 것임을 예언하셨다. 베드로는 그의 **팔을 벌릴** 것이다. 그것은 십자가 처형을 시사한다. **베드로가 어떠한 죽음으로 하나님께 영광을 돌릴 것을 가리키심이러라**는 말은 그리스도의 십자가 처형에 대해 말하는 다른 진술들(12:33; 18:32)과 유사하다. 다른 사람들이 베드로를 죽이기 위해 **띠 띠울** 것이다(NET, HCSB, '너를 결박하다'). 그리스도는 고난을 받으리라 예상할 수 있음에도, 베드로에게 **나를 따르라**고 명하셨다(참고. 1:43; 12:26).

21:20-22. **돌이켜 예수께서 사랑하시는 그 제자**를 보느라, 베드로는 신체적으로 그리고 영적으로 그리스도에게서 눈을 뗐다. 하지만 요한은 예수님을 **따르**고 있었다. 베드로는 따를 것인가? **주님 이 사람은 어떻게 되겠사옵나이까**라는 베드로의 질문은 베드로가 그의 삶에 대한 그리스도의 뜻을 놓고 갈등하고 있다는 것을 드러냈다. 다른 신자들이 사역이나 삶에서 더 잘나가는 듯 보일 때, 주님의 제자는 **나를 따르라**는 주님의 명령에 초점을 맞춰야 한다.

21:23. 예수님의 말씀에 대한 오해가 **형제들에게** 퍼졌다. 요한이 **죽지 아니하겠다**라는 것이었다(참고. 마 28:11-15). 요한은 예수님이 하신 정확한 말씀을 인용함으로써(참고. 22절), 주님의 재림이 임박했음을 강조했다. 예수님은 그분이 어떤 순간이라도 다시 오신다고 예언하셨지만(14:3에 대한 주석을 보라, 또한 마 24:36-41에 대한 주석을 보라), 그 일은 예수님 자신의 죽음과 부활, 성령을 주시는 것(행 2장), 복음이 처음에 널리 전파되는 것(행 1:8), 베드로가 노년에 죽는 것(21:18-19) 등과 같은 특정한 예언된 사건들 이후까지는 일어날 수가 없었다. 네 번째 복음서가 쓰일 때쯤에는(60년대 후반이나 80년대, 서론의 '연대' 부분을 보라), 이 일들은 이루어졌으며, 예수님은 요한이 죽기 전이나 후에 오실 수 있었다.

C. 진리에 대한 마지막 증언(21:24-25)

21:24-25. 저자는 마지막 말에서 **참된 증언**으로 **이 일들을 기록**했다고 주장했다. 요한이 **우리는…아노라**고 말할 때, 그는 아마 자기 자신을 말했을 것이다[**아노라**라는 말이 시사하듯이]. 예수님의 삶에 대해 철두철미하게 하나도 빠짐없이 기록한 기사는 없다. 그런 '성경'이 **낱낱이 기록된다면, 이 세상이라도 이 기록된 책을** 다 두기에 부족할 것이다. 분명 과장법이다. 하지만 그의 책에서 복음서 저자는 예수님이 그분을 믿는 사람들에게 용서를 베푸시는 구세주임을 증명하려 했으며, 예수님이 실로 메시아, 하나님의 아들이시라는 풍성한 증거를 포함시켰다.

참고 문헌

Blum, Edwin A. "John." In *The Bible Knowledge Commentary, New Testament*, edited by John Walvoord and Roy Zuck, 267-348. Wheaton, IL: Victor, 1983. 《요한복음》, BKC 강해주석(두란노).

Beasley-Murray, George R. *John*. Word Biblical Commentary. Edited by David A. Hubbard. Waco, TX: Word Books, 1987. 《요한복음》, WBC 성경주석(솔로몬).

Bruce, F. F. *Gospel of John*. Grand Rapids, MI: Eerdmans, 1983, 1994. 《요한복음》(로고스).

Carson, D. A. *The Gospel According to John*. Pillar New Testament Commentary. Grand Rapids, MI: Eerdmans, 1991.

Keener, Craig S. *The Gospel of John: A Commentary*. Peabody, MA: Hendrickson, 2003.

Köestenberger, Andreas J. *John*. Baker Exegetical Commentary on the New Testament. Grand Rapids, MI: Baker, 2004.

Laney, J. Carl. *John*. Moody Gospel Commentary. Chicago: Moody, 1992.

Lincoln, Andrew T. *The Gospel According to Saint John*. Peabody, MA: Hendrickson, 2005.

Morris, Leon. *The Gospel of John*. New International Commentary on the New Testament. Grand Rapids, MI: Eerdmans, 1995. 《요한복음》, 뉴인터내셔널 성경주석(생명의말씀사).

Michaels, J. Ramsey, *John*. New International Bible Commentary. Edited by W. Ward Gasque. Peabody, MA: Hendrickson, 1988-1999.

Neyrey, Jerome H. *The Gospel of John*. New Cambridge Bible Commentary. Cambridge: Cambridge University Press, 2006.

Tenney, Merrill C. "John." In *The Expositor's Bible Commentary*. Grand Rapids, MI: Zondervan, 1981. 《요한복음》, 엑스포지터스 성경연구 주석(기독지혜사).

● ● ● ●

사도행전

윌리엄 마티(William H. Marty)

서 론

사도행전은 기독교의 기원에 대해 누가가 쓴, 두 부분으로 된 저작의 두 번째 책이다. 사도행전에서 누가는 예수님을 따르는 자들이 예수님의 죽음, 부활, 승천 이후에 무엇을 했는지를 기록함으로 기독교의 흥미진진한 이야기를 이어나갔다. 성령의 주권적 인도 아래, 교회는 예루살렘에서 로마까지 확장되었으며, 이스라엘 안에서만 이루어지던 운동이 온 세상을 대상으로 한 믿음으로 진전되었다. 베드로는 유대인들의 믿음 운동이 성장하게 만든 일차적 행위자였으며, 이방인에게 증거하는 일도 시작했다. 바울은 기적적으로 회심한 후에, 소아시아와 유럽에서 유대인들과 이방인들 둘 다에게 성공적으로 복음을 전했다.

사도행전이라는 제목은 헬라어 프락세이스(*praxeis*)를 번역한 것이다. 세속 헬라어에서 '프락세이스'라는 말은 위대한 개인들의 영웅적인 업적을 요약하기 위해 사용되었다. 사도행전에서 누가는 각각 유대 교회와 이방인 교회의 기둥인 베드로와 바울에게 초점을 맞추었다.

저자. 누가가 세 번째 복음서와 사도행전 둘 다를 썼다는 전통적 견해는 니케아 이전 교부들인 이레니우스(2세기, 약 202년), 터툴리안(약 160-220년), 알렉산드리아의 클레멘트(약 150-215년), 오리겐(185-254년) 등의 외적 증거에 의해 이의 없이 입증된다. 이는 누가가 저자라는 것이 교회 역사 초기에 확증되었음을 나타낸다. 그에 더하여, 최초의 신약 책 목록인 무라토리 정경(Muratorian Canon, 주후 약 175년)에서도 누가를 저자로 밝혔다[Simon J. Kistemaker, *Acts*: NTC (Grand Rapids, MI: Baker, 1990), 20].

외적 증거에 더하여 내적 증거도 누가가 저자임을 밝힌다. 첫째, 저자는 바울과 함께 여행한 동료였다. 그는 16:10-17; 20:5-21:18; 27:1-28:16에서 '우리'라는 1인칭 복수 대명사를 사용했다. 둘째, 다른 사람이 사도행전의 다른 부분들을 썼을 수도 있지만, 내용과 문체의 유사성은 책 전체를 같은 사람이 썼다는 것을 시사한다. 셋째, 누가복음 1:3과 사도행전 1:1에서 데오빌로를 언급하는 것은 두 책을 같은 저자로 연결시킨다. 두 책 모두 하나님이 어떻게 그분의 신적인 구속 계획을 이루고 계시는지, 그리스도의 삶과 교회 성장에서 성령의 역할, 그리스도의 사역과 교회 메시지의 보편적 영향 등을 강조한다. 마지막으로 질병에 대한 묘사와 의학 용어를 사용한 것은 저자가 의사임을 가리킨다(4:10; 28:6을 보라). 골로새서 4:14을 통해 우리는 누가가 의사라는 것을 안다. 그러므로 누가가 세 번째 복음서와 사도행전 둘 다를 썼다고 결론을 내리는 것이 합리적이다.

세 번째 복음서 서언을 통해 우리는 누가가 유능한 역사가였다는 것을 안다(눅 1:14의 주석을 보라). 누가의 의도는 데오빌로에게 그리스도의 삶과 교회의 기원에 대한 정확하고 믿을 만한 기사를 제공하는 것이었다. 두 책 모두에서 우리는 그리스도와 교회에 대해 꾸며낸 이야기가 아니라, 사실에 입각한 역사를 보게 된다.

연대. 사도행전에서 바울에 대한 마지막 언급은 그가 가택 연금 상태에 있음을 나타낸다(28:20). 이것은 이 책을 쓴 가능한 가장 이른 연대가 주후 62년이라는 것을 시사한다. 그해에 바울이 가택 연금에서 풀려났기 때문이다. 이 책이 쓰일 수 있는 가장 늦은 연대는 주후 70년이었다. 그때가 바로 로마인들이 예루살렘을 멸망시킨 해이다(이에 대해서는 마 24장을 소개하는 주석을 보라). 누가의 복음서와 사도행전이 그 후에 쓰였다면, 예루살렘 멸망에 대한 예수님의 예언(눅 19-20장)은 예언이 아니라 역사가 될 것이다. 게다가 사도행전에 기록된 몇몇 사건들은 예루살렘에서 일어났는데, 그렇다면 누가가 그 성의 멸망에 대해 언급하지 않았을 리 만무하다. 사도행전은 네로가 로마를 불태운 것(주후 65년), 그리스도인들의 핍박(주후 65년)이나 바울의 처형(약 주후 68년) 등은 언급하지 않는다. 이러한 증거로 보아 이 책은 주후 약 62-64년의 이른 연대에 쓰였을 가능성이 높다.

수신자. 세 번째 복음서와 사도행전은 데오빌로에게 써서 봉헌됐을 것이다(1:1). 누가는 그의 복음서 서언에서 그를 "데오빌로 각하"(1:3)라고 칭했다. 이 호칭은 데오빌로가 정부 관리였음을 시사한다. 누가는 그 말을 둘 다 로마 총독이었던 벨릭스(23:26; 24:3) 및 베스도(26:25)와 관련해서 사용했기 때문이다.

데오빌로의 신원이나 영적 상태를 아는 것은 불가능하지만, 그는 아마 이방인 신자였을 것이다. 많은 학자들이 데오빌로를 누가가 복음서와 사도행전을 쓰기 위해 연구 조사하고 실제로 쓰도록 비용을 댄 후견인이나 후원자로 본다. 그것은 '데오빌로에게 경의를 표하여' 쓰였지만, 교회 전체에 배포될 것이다. 똑같이 믿을 만한 또 다른 가능성은, 데오빌로가 이방인 구도자로서 그 책은 그를 기념하여 쓰였지만 사실은 그리스-로마 사회를 위해 고안되었다는 것이다. 확실한 점은 누가가 데오빌로에게 그리스도의 삶과 초대교회의 역사에 대해 정확한 역사적 기사를 제공하기 원했다는 것이다(눅 1:4). 누가의 목적은 분명 이방인인 데오빌로에게, 교회가 유대 백성에게 국한되지 않고 실로 온 세상을 위한 믿음이 되는 것이 신적 계획이었음을 확신시키는 것이었다. 오로지 유대적인 배경에서 시작된 교회가, 사실상 모든 민족을 위한 하나님의 구속 목적의 성취였다. 이 목적을 위해 누가는 분명 더 광범위한 청중을 위해 사도행전을 썼을 것이다.

목적. 누가는 그의 복음서 서언에서 자신이 글을 쓴 목적을 진술했다. 그는 데오빌로에게 기독교의 진리를 확신시키기 위해 글을 썼다(눅 1:4). 우리는 데오빌로가 무엇을 배웠는지, 그리고 왜 누가가 그에게 그리스도의 삶과 교회 성장에 대해 추가 정보를 줄 필요가 있다고 생각했는지에 대해서는 추측만 할 수 있을 뿐이다. 누가는 아마 데오빌로만 위해서가 아니라 그가 대표하는 집단인 그리스-로마 사회를 위해 기독교 신앙의 진리와 진실성을 변호하려고 글을 쓰고 있었을 것이다. 사도행전의 내용으로 볼 때, 누가는 책을 쓰면서 네 가지 목적을 솜씨 있게 엮어놓은 듯하다.

역사적 목적. 예수님을 따른 최초의 제자들은 유대인이었으며, 최초의 교회는 유대인들의 교회였다. 하지만 모든 민족 출신의 사람들을 구원하는 것은 언제나 하나님의 의도였다. 누가는 그리스도를 따르는 것이, 처음에는 오로지 유대인에게 국한되었으나 이후 어떻게 보편적인 믿음이 되었는지를 설명했다. 예수님은 승천하신 후 그분을 따르는 사람들이 예루살렘과 유대와 사마리아와 땅 끝까지 이르러 증거하도록 능력을 부여하기 위해 성령을 보내셨다. 누가는 교회가 초자연적으로 성장한 이야기에서, 어떻게 예수님의 최초의 제자들이 성령의 주권적 지도 아래 예루살렘으로부터 로마에 이르기까지 용감하게 복음을 전했는지를 보여주었다. 누가는 구원의 복음이 모든 사람들, 즉 유대인과 이방인, 남자와 여자, 부자와 가난한 자를 위한 것임을 강조했다. 존 스토트가 말했듯이 "예수님은 세상의 구세주이시다. 그분의 사랑의 범위를 넘어서는 사람은 아무도 없다"[*The Message of Acts*, BST (Downers Grove, IL: InterVarsity, 1990), 31.《사도행전 강해》(IVP)].

비평적 학자들은 사도행전의 역사적 신빙성에 의문을 품었다. 어떤 사람들은 누가가 사도행전에 나오는 몇몇 이야기들을 만들어냈다고 주장하며, 또 어떤 사람들은 누가가 유능한 역사가가 아니었다고 비난했다. 하지만 증거는 역사가로서 누가의 정확성과 사도행전의 역사적 신빙성을 입증해준다. 누가는 그의 복음서 서언(눅 1:1-4)에서 그의 목적은 믿을 만한 역사적 기사를 제시하는 것이라고 진술했다. 누가복음과 사도행전은 두 권으로 된 하나의 저작이므로 우리는 누가의 방법론이 사도행전에서도 적용되리라 추정할 수 있다. 누가는 의사였다(골 4:10). 이는 그가 교육을 받았다는 의미이다. 누가복음과 사도행전에 나오는 헬라어는 학식과 교양이 있는 사람의 문체를 반영한다. 주의 깊게 환자를 보도록 훈련받은 사람인 의사가 그리스도와 교회의 역사를 부주의하게 쓰지는 않을 것이다.

누가는 바울의 여행 동료였다. 그것은 바울의 여행 기사들에서 '우리'라는 말을 사용한 것으로 드러난다(16:10-17; 20:5-21:18; 27:1-28:16을 보라). 이것은 누가 자신이 기록한 일부 사건들은 눈으로 직접 목격했다는 것을 의미하며, 그는 바울과 친밀한 관계를 맺었기 때문에 추가 정보를 얻기 위해 바울과 인터뷰를 할 기회가 있었을 것임을 뜻한다. 문체의 유사함은 책 전체를 한 명의 저자가 썼음을 시사한다.

누가는 이스라엘 지역에 대해 잘 알고 있었으며, 여러 표시로 보아 누가복음과 사도행전 둘 다를 쓰기 위해 연구 조사를 하면서 이스라엘 지역을 직접 여행했다는 것을 알 수 있다. 두 책 모두 지리와 풍습을 잘 알고 있음을 나타낸다.

변증적(정치적) 목적. 누가는 다소 정치적인 변증가였다. 처음에는 새로운 믿음 공동체가 유대교의 일부로 여겨졌다. 그렇기 때문에 로마제국에서 그 지위를 보호받았다. 교회가 성장함에 따라, 누가는 로마인들에게 그들이 새로운 운동을 두려워할 이유가 전혀 없음을 납득시키려고 했다. 그들은 반로마적 정서를 자극시키는 폭도들이 아니었다. 이것은 누가가 복음서와 사도행전을 분명 정부 관리였던 데오빌로에게 봉헌한 이유를 부분적으로 설명해줄 것이다. 누가는 데오빌로에게 기독교는 로마의 통치를 타도하려고 위협하는 파괴적 운동이 아니라는 것을 확신시키고 싶어 했다.

누가는 로마 행정부의 판결들에 대한 기사에서 기독교의 법적 지위(*religio licita*)를 변호했다. 로마법을 어겼다는 비난을 받았을 때, 누가는 로마 당국이 그리스도인들은 시민 불복종의 죄를 짓지 않았다는 결론을 내렸다는 사실을 강조했다. 아가야 지방 총독이었던 갈리오는 일부 유대 반대자들에게 로마인들은 유대법 문제에 관심이 없다고 경고했다. 바울과 그의 동료들은 로마법을 어기지 않았으므로, 갈리오는 바울에 대한 어떠한 고소도 들으려 하지 않았으며, 그를 고소한 사람들을 법정 밖으로 쫓아냈다(18:12-17). 바울은 유대 지도자들이 바울을 기소하기 위해 고용한 변호사인 더둘로를 제대로 잘 논박했다(24:1-27). 유대 왕 아그립바는 바울의 변론을 들은 후, 바울이 가이사에게 항소하지 않았다면 석방될 수 있었을 것이라고 결론을 내렸다(26:1-32). 누가는 몇몇 로마 관리들의 회심을 기록함으로 기독교가 체제 전복적 운동이 아니라는 간접적 증거를 제시했다. 백부장 고넬료(10장), 구브로 총독 서기오 바울(13장), 멜리데섬에서 가장 높은 사람인 보블리오의 부친(28장)까지 모두 신자가 되었다.

전기적 목적. 이 책을 면밀히 검토해보면 바울의 사도직이 적법한 것이었음을 입증하기 위해 누가가 바울을 베드로와 비교한 것이 드러난다. 베드로가 그랬던 것처럼 바울은 못 걷는 사람을 고쳤다(참고. 3:1-8; 14:8-10). 두 사람 다 마술사를 꾸짖었다(참고. 8:9-24; 13:6-12). 둘 다 죽었던 신자를 살렸다(참고. 9:36-41; 20:7-10). 하나님은 베드로에게 환상을 보이사 고넬료에게 가라고 하셨으며(10:9-23), 바울을 환상을 통해 마게도냐로 인도하셨다(16:6-10). 하나님은 두 사람 다 감옥에서 기적적으로 풀어주셨다(참고. 12:3-19; 16:9-34). 누가는 베드로의 사역과 바울의 사역 간에 유사한 점들을 꾸며내지는 않았다. 하지만 그는 바울의 사도직이 신적 임명에 의한 것이라는 증거로 의도적으로 그 둘을 동일시한다. 하나님은 유대인들의 사도인 베드로를 통해 역사하셨던 것과 같은 방식으로, 이방인들의 사도 바울을 통해 초자연적으로 역사하셨다(갈 2:6-8을 보라).

신학적 목적. 누가는 그의 독자들에게 성령이 어떻게 교회의 탄생에서 그리고 교회의 일을 통해 일하셨는지를 신학적으로 설명한다. 이 네 가지 목적은 믿음의 진리와 진실성을 입증하는 데 기여했다.

영향. 사도행전은 신약에서 세 번째로 긴 책이다. 누가복음과 사도행전은 합해서 신약의 거의 삼분의 일을 차지하며, 그 규모는 바울의 글과 요한의 글을 둘 다 넘어선다.

이 책은 두 권으로 된 저작의 두 번째 책이다. 원래 누가복음과 사도행전은 하나의 시리즈였다. 하지만 그

두 책은 1세기 말 무렵 요한복음이 공관복음 다음에 놓이게 되면서 분리되었다. 사도행전은 누가복음의 속편으로, 부활하시고 승천하신 주님이 어떻게 성령 충만한 증인들을 통해 하나님 나라를 계속 진척시켜 가시는지를 보여준다.

사도행전은 우리에게 바울(사도행전에 나오는 바울의 이야기가 없었다면 그는 우리에게 거의 완전히 낯선 사람이었을 것이다)을 소개해주며, 바울의 서신들을 역사적 배경에 맞게 위치를 정하는 데 유용한 배경 지식을 제공한다.

누가는 또한 어떻게 유대교에 기원을 둔 하나의 운동이, 인종적으로 다양한 보편적 교회를 만들어내면서, 열방에 복음을 가지고 가라는 신적 명령을 성취했는지를 설명한다.

지리는 교회의 이야기에서 중대한 요소이다(1:8). 1:1-6:7에서 누가는 예루살렘에서 교회가 탄생하고 성장한 것에 대해 묘사했다. 6:8-9:31에서는 유대와 사마리아에서 교회의 증거가 어떻게 이루어졌는지를 설명했다. 9:32-28:31에서 누가는 이방인들을 대상으로 한 바울의 사역이 정당하다는 것을 입증하며, 바울의 전도 여행들과 그를 유대교의 수도 예루살렘과 이교의 수도 로마로 가게 한 사건들을 강조했다.

지리에 더하여 누가는 기독교 성장의 중대한 단계들에서 숫자적 요약들을 제공했다(2:41, 47; 6:7; 9:31; 12:24; 16:5; 19:20을 보라). 그 요약들은 교회 성장이 그야말로 초자연적인 것이었음을 강조한다. 사도행전 초반부에서 예루살렘의 예수님 제자들은 120명에 달했다(1:15). 하지만 누가가 그의 이야기를 마칠 때쯤에는 로마제국 전역에 수없이 많은 신자들이 있었으며, 바울은 감옥에 갇혀 있었지만, 복음은 사슬에 매이지 않았다. 바울은 제국의 수도에서 하나님 나라의 복음을 담대하게 선포했다(28:30-31).

사도행전을 연구하는 사람들에게 한 가지 중요한 질문이 남아 있다. '사도행전에서 교회와 그리스도인들을 위해 영구히 규범적이고 구속력이 있는 것이 무엇인지 어떻게 알 수 있는가?'라는 것이다. 많은 사람들은 세례와 같은 관행들을 뒷받침하기 위해 사도행전을 근거로 삼지만, 방언을 말하는 것과 같은 사도행전의 다른 관행들도 구속력이 있다는 것을 부인한다. 그런 구분을 하는 데 어떤 해석학적 근거가 있는가? 모든 사람이 만족하도록 이 질문을 하는 것은 어렵다. 하지만 사도행전에 나오는 어떤 관행이 그저 '기술되어 있는' 것이 아니라 '규정되어 있는' 것인지 아닌지 입증하는 데 도움이 되는 세 가지 질문이 있다.

첫째, 그 행동은 사도행전에 나오는 주요 인물이 가르치거나 명령한 것인가? 세례의 경우, 대답은 '그렇다'라는 것이다(2:38; 22:16과 10:48에 나오는 사실상의 명령을 보라). 방언을 말하는 것의 경우, 대답은 '아니다'라는 것이다. 개인들이 방언으로 말하도록 코치를 받거나 명령을 받은 적은 전혀 없다.

둘째, 사도행전에는 어떤 행동을 규정하는 것이 누가의 의도임을 시사하는 일관된 유형이 있는가? 세례와 관련해서는 일관된 유형이 개인들이 믿었고 신자로서 세례를 받았다는 것이다. 하지만 방언을 말하는 것과 관련해서는 분명한 유형이 없다. 2장에서는 불의 혀와 바람 소리 등의 현상이 포함되었다. 하지만 사도행전에서 방언이 나오는 다른 경우들에는 이런 것들이 빠져 있다. 2장에는 8:17이나 19:6과 같은 안수에 대한 언급은 없다. 그리고 10:46에서 방언의 은사는 그들이 믿는 순간 그들에게 임한 반면, 2, 8, 19장에서는 그것이 한동안 신자로 있던 사람들에게 임했다. 8장에서 그 은사는 이미 세례를 받은 사람에게 임했으나, 10장에서는 그것이 세례를 받지 않은 사람들에게 임했다. 이처럼 사도행전에서는 방언과 관련해서 분명한 유형이 없다. 그래서 사도행전이 방언을 교회에 구속력 있는 것으로 제기한다는 개념을 변호하기가 어렵다(불가능하지는 않다!).

셋째, 신약의 나머지 부분은 사도행전에서 발견되는 행동을 정당화해주는가? 예를 들어, 신자의 세례는 다른 곳에서도 가르친다(롬 6:3-4; 골 2:9-12; 갈 3:27; 벧전 3:21). 방언도 그렇다(고전 12-14장). 하지만 고린도전서 13:8-13은 방언이 그치지 않았다고 생각하기 어렵게 만든다(그 부분의 주석을 보라). 사도행전에 나오는 관행에 대한 또 다른 예인 장로가 다스리는 형태의 교회 정치는 사도행전 20:17-35에서 바울이 에베소 장로들에게 준 가르침으로 정당화될 수 있을 것이다. 하지만 그것은 목회서신들에서 나온 명백한 교훈들에 의해 상당히 보강된다(딤전 3:1-7; 딛 1:5-9).

동일한 세 질문이 사도행전에 나오는 어떤 관행에 대해서도 적용될 수 있다. 사도행전 1장은 교회 지도자들을 선정할 때 제비를 뽑는 방식으로 해야 한다고 가르치는가? 사도행전 4-5장은 교회의 사회주의적 경제 모델을 가르치는가? 사도행전 9장은 신자가 주님을 위한 자신의 사역을 확인하기 위해 계시적 인도를 기대해야 한다고 가르치는가? 이 세 가지 질문은 누가가 어떤 관행을 교회에 규범적인 것이 되도록 한 건지 아닌지를 결정하는 데 도움이 된다. 이 질문에 대한 유용한 논의로는 Walter L. Liefeld, *Interpreting the Book of Acts*, Guides to New Testament Exegesis (Grand Rapids, MI: Baker, 1995), 113-127을 보라[《사도행전의 해석》(합동신학대학원출판부)]. 그러나 라이펠드(Liefeld)는 이 책에서 여기에 제시된 것과 같은 세 가지 질문을 명시하지는 않는다.

개 요

Ⅰ. 교회의 설립: 예루살렘(1:1-6:7)
- A. 선교에 대한 누가의 책 서언(1:1-2)
- B. 제자들의 선교 준비를 위한 수단(1:3-26)
- C. 선교의 개시(2:1-47)
  - 1. 오순절의 능력(2:1-13)
    - a. 성령 강림(2:1-4)
    - b. 무리의 반응(2:5-13)
  - 2. 오순절의 선포(2:14-47)
    - a. 요엘에 대한 언급(2:14-21)
    - b. 그리스도에 대한 언급(2:22-36)
      - (1) 그리스도의 권능의 삶(2:22)
      - (2) 그리스도의 죽음과 부활(2:23-32)
      - (3) 그리스도가 높임을 받으시다(2:33-36)
    - c. 무리의 반응(2:37)
    - d. 베드로의 호소(2:38-40)
    - e. 삼천 명의 구원과 교제(2:41-47)
- D. 선교의 어려움(3:1-6:7)
  - 1. 외적 박해: 베드로와 요한이 잡히다(3:1-4:31)
    - a. 치유 사역(3:1-11)
    - b. 베드로의 메시지(3:12-26)
    - c. 공회의 위협(4:1-31)
  - 2. 내적 부패: 아나니아와 삽비라의 속임수(5:1-11)
  - 3. 외적 박해: 사도들이 잡히다(5:12-42)
  - 4. 내적 다툼: 헬라파 과부들을 소홀히 하다(6:1-7)

Ⅱ. 교회의 확장: 유대와 사마리아(6:8-9:31)
- A. 스데반: 유대인들을 대상으로 증거하다(6:8-8:3)
  - 1. 스데반이 잡히다(6:8-7:1)

a. 스데반의 삶의 배경(6:8-10)
b. 스데반에게 씌워진 죄목(6:11-7:1)
2. 스데반의 설교(7:2-53)
a. 하나님의 계시의 넓이(7:2-8)
b. 하나님의 사신들을 거부하다(7:9-53)
3. 스데반이 돌에 맞아 죽다(7:54-8:3)
a. 그가 본 광경(7:54-56)
b. 그가 경험한 고난(7:57-58)
c. 그가 보여준 확고부동(7:59-8:3)
B. 빌립: 사마리아인들을 대상으로 증거하다(8:4-40)
1. 사마리아성에서(8:4-25)
a. 빌립의 설교와 능력(8:4-8)
b. 사마리아인들의 반응과 시몬의 반응(8:9-13)
c. 사도들이 오다(8:14-25)
2. 내시와 함께 수레에서(8:26-40)
C. 사울: 이방인들을 대상으로 증거하다(9:1-31)
1. 그리스도인들에 대한 그의 적의(9:1-2)
2. 그가 주님을 만나다(9:3-7)
3. 주님을 위해 그가 장차 할 사역(9:8-31)
Ⅲ. 교회의 확장: 로마제국으로(9:32-28:31)
A. 베드로를 통해 이방인들에게 한 선교(9:32-11:18)
1. 애니아와 도르가를 위한 기적들(9:32-43)
2. 고넬료와 그의 집의 구원(10:1-11:18)
a. 베드로를 자극하기 위한 환상(10:1-33)
b. 고넬료에게 전하기 위한 메시지(10:34-42)
(1) 메시지의 서론(10:34-35)
(2) 메시지의 본론(10:36-42)
c. 메시지의 결론: 믿음의 필요성(10:43)
d. 메시지의 결과(10:44-11:18)
(1) 고넬료의 집이 구원을 받다(10:44-48)
(2) 유대 신자들 간의 논쟁(11:1-18)
B. 안디옥으로(11:19-12:25)
1. 안디옥에서 바나바와 사울을 통한 선교(11:19-30)
2. 안디옥에서 복음이 풍성한 열매를 맺다(11:19-24)
3. 바나바가 사울을 새로운 일꾼으로 모집하다(11:25-26)
4. 유대의 불우한 사람들에 대한 관심(11:27-30)
5. 유대에서 신자들이 받은 박해(12:1-25)
a. 기도를 통해: 베드로가 구조되다(12:1-19)
b. 응보를 통해: 헤롯 아그립바 1세가 죽다(12:20-25)

C. 소아시아로: 첫 번째 전도 여행(13:1-15:35)
  1. 선포의 순회 여행(13:1-14:28)
    a. 사울과 바나바를 파송하다(13:1-3)
    b. 사울(바울)과 바나바의 여정(13:4-14:28)
      (1) 안디옥에서 실루기아로 구브로의 살라미로(13:4-12)
        (a) 엘루마의 반대(13:4-8)
        (b) 엘루마가 맹인이 되다(13:9-12)
      (2) 바보에서 밤빌리아 버가로(13:13)
      (3) 버가에서 비시디아 안디옥으로(13:14-50)
        (a) 안디옥에서 전한 바울의 메시지(13:14-41)
        (b) 안디옥에서 전한 메시지에 대한 반응(13:42-50)
      (4) 안디옥에서 이고니온으로: 갖가지 반응들(13:51-14:5)
      (5) 이고니온에서 루스드라로(14:6-20a)
        (a) 신원에 대한 오해(14:6-18)
        (b) 이고니온과 안디옥에서 온 반대자들(14:19-20a)
      (6) 루스드라에서 더베로: 호의적인 반응(14:20b-21a)
      (7) 같은 길을 되짚어오다:
        더베에서 다시 루스드라, 이고니온, 비시디아 안디옥을 통해 버가로(14:21b-23)
      (8) 버가에서 앗달리아로 수리아 안디옥으로: 첫 번째 전도 여행의 결론(14:24-28)
  2. 확증을 위한 회의(15:1-35)
    a. 문제가 되는 것(15:1-6)
    b. 연설들(15:7-21)
      (1) 베드로: 사실들에 대한 선언(15:7-11)
      (2) 바나바와 바울: 사실들을 입증하다(15:12)
      (3) 야고보: 선지자들과의 상관관계(15:13-21)
    c. 이방인 교회들에게 보내는 편지(15:22-35)
D. 에게해 지역으로: 두 번째 전도 여행(15:36-18:22)
  1. 팀 선정(15:36-16:3)
  2. 유럽으로 인도받다(16:4-10)
  3. 빌립보에서의 증거(16:11-40)
  4. 데살로니가에서의 증거(17:1-9)
  5. 베뢰아에서의 증거(17:10-15)
  6. 아덴에서의 증거(17:16-34)
  7. 고린도에서의 증거(18:1-17)
  8. 안디옥으로 돌아오다(18:18-22)
E. 아시아와 헬라로: 세 번째 전도 여행(18:23-21:16)
  1. 바울을 통한 갈라디아와 브루기아에서의 증거(18:23)
  2. 아볼로를 통한 에베소와 고린도에서의 증거(18:24-28)
  3. 바울을 통한 에베소에서의 증거와 예루살렘으로 가는 길(19:1-21:16)

a. 에베소에서(19:1-41)
(1) 요한의 제자들에게 증거하다(19:1-7)
(2) 더 많은 청중에게 증거하다(19:8-41)
b. 마게도냐, 헬라, 아시아에서(20:1-5)
c. 드로아에서(20:6-12)
d. 밀레도에서(20:13-38)
e. 두로와 가이사랴에서(21:1-14)
(1) 두로에서(21:1-6)
(2) 가이사랴에서 그리고 예루살렘으로(21:7-16)
F. 로마로: 죄수 바울(21:17-28:31)
1. 예루살렘에서 그의 증거(21:17-23:30)
a. 투옥 전(21:17-30)
(1) 바울과 유대인 신자들의 만남과 그들의 제안(21:17-25)
(2) 바울에 대한 유대인 지도자들의 고소 및 붙잡힌 바울(21:26-30)
b. 투옥 후(21:31-23:30)
(1) 바울 체포와 유대인들에게 말하라는 요구(21:31-40)
(2) 무리 앞에서 바울의 연설(22:1-21)
(3) 로마 시민권을 가지고 있다는 바울의 주장(22:22-29)
(4) 바울이 공회 앞에 출두하다(22:30-23:9)
(a) 바울과 대제사장(22:30-23:5)
(b) 바울이 바리새인들과 사두개인들을 자극하다(23:6-9)
(5) 바울의 생명을 빼앗아가려는 음모(23:10-30)
2. 가이사랴 바닷가에서 바울의 증거(23:31-26:32)
a. 바울의 도착과 숙소 할당(23:31-35)
b. 벨릭스 총독 앞에서 바울의 변명(24:1-21)
(1) 유대인 지도자들의 고발(24:1-9)
(2) 바울의 대답(24:10-21)
c. 바울이 벨릭스 총독 앞에 선 후에 한 경험(24:22-27)
d. 바울이 벨릭스 총독 앞에서 변론하다(25:1-12)
e. 바울이 헤롯 아그립바 2세 왕 앞에서 변론하다(25:13-26:32)
(1) 변론의 서언(25:13-27)
(2) 변론의 특별한 점들(26:1-29)
(3) 변론의 결과: 바울의 결백함에 대한 선언(26:30-32)
3. 로마로 가는 길에 바울이 증거하다(27:1-28:15)
a. 배를 타고(27:1-44)
b. 멜리데에서 그리고 다시 로마로 가는 길(28:1-15)
4. 로마에서 바울이 증거하다(28:16-31)
a. 그 증거의 배경(28:16-22)
b. 그 증거의 내용(28:23)

c. 그 증거의 결말(28:24-31)
(1) 결단의 필요에 대하여(28:24-27)
(2) 바울의 청중에 대하여(28:28)
(3) 시간에 대하여(28:30)
(4) 강조점에 대하여(28:31)

주 석

I. 교회의 설립: 예루살렘(1:1-6:7)

A. 선교에 대한 누가의 책 서언(1:1-2)

누가는 책의 주요 주제들을 소개한다. 예수님의 증인들이라면 타협할 수 없는 메시지인 부활, 땅 끝까지 증거하라는 명령, 성령의 주권적 지시와 능력 아래 교회 성장을 위한 전략, 증인들이 주님의 명령에 순종하는 것 등이다. 예수님은 사도들에게 하나님 나라를 진척시키기 위한 신적 전략들을 주셨다.

1:1-2. **내가 먼저 쓴 글**에 대한 누가의 언급은 사도행전을 세 번째 복음서와 연결해준다. 누가복음과 마찬가지로 사도행전도 데오빌로에게 쓴 것인데(참고. 눅 1:3), 데오빌로라는 이름은 '하나님을 사랑하는 자'라는 의미이다. 어떤 사람들은 이것이 모든 신자들(예수님이 다락방 강화에서 친구라고 부르셨던, 요 15:14)에 대한 영적 호칭이라고 주장한다. 하지만 '각하'(눅 1:3)라는 호칭은 데오빌로가 정부 관리로(23:26; 24:3; 26:25) 누가의 후견인 역할을 해서 누가가 그의 복음서와 그 후편을 연구 조사하고 쓰는 동안 비용을 부담했던 사람임을 밝히는 것일 수도 있다. 다른 가능성은 데오빌로가 이 새로운 신앙에 대해 질문을 한 로마 관리이며, 따라서 그리스-로마 사회 안에서 그 신앙을 변호하기 위해 쓴 책의 수령자라는 것이다. **무릇 예수께서 행하시며 가르치기를 시작하심**이라는 말은 누가복음에 기록된 예수님의 행동과 사역을 말한다. 예수님은 부활하신 후에 **성령으로** 그분의 사도들에게 명하심으로 그분의 지상 사역을 계속하셨다. '성령으로'라는 말은 예수님이 성령의 능력으로 제자들에게 가르침을 전달하신다는 말이 아니라, 제자들이 세상에 증거하는 일에서 능력을 부여하시기 위해 성령을 주시겠다는 예수님의 약속을 예견한다.

B. 제자들의 선교 준비를 위한 수단(1:3-26)

1:3. 누가는 예수님이 승천하시기 전에 그분의 가르침에서 강조하신 두 가지 중요한 진리에 초점을 맞추었다. 첫째, 예수님은 고난을 받으신 후에, 그의 제자들에게 나타나셨으며 그들에게 자신이 살아 계시다는 **확실한 많은 증거**를 주셨다. **확실한 증거**[*tekmerion*, 테그메리온]라는 말은 신약의 내용 중 이 부분에서만 사용되며, "어떤 것이 결정적인 방식으로 확증되거나 입증되도록 하는 것"(BDAG, 994; L&N, 1:339을 보라)이라는 의미이다. 그것은 매우 신뢰할 수 있어서 공식 재판에 사용될 수 있는 증거를 말한다. **사십 일 동안**이라는 말은 예수님이 그분의 제자들에게 그저 한 번이나 두 번이 아니라 여러 번에 걸쳐 나타나셨음을 의미한다. 부활의 메시지는 '복음'에 매우 중대하기 때문에, 예수님이 자신의 제자들에게 그분이 살아 계시다는 것을 확신시키는 일은 절대적으로 필요했다.

둘째, 예수님의 공생애 기간 동안, 예수님의 가르침을 지배한 것은 '하나님 나라'라는 주제였다. 이제 복음을 세상에 가져가기 위한 준비로, 예수님은 다시 그 나라에 대해 가르치셨다. '하나님 나라'라는 주제는 사도행전 전체에 걸쳐 있다. 사도행전은 예루살렘 성에서 하나님 나라에 대한 예수님의 가르침으로 시작하며(1:3), 바울이 로마 성에서 하나님 나라에 대해 가르치는 것으로 끝난다(28:31). '하나님 나라'에 대한 설명으로는 마태복음 3:1-4에 대한 주석을 보라.

그리스도인들은 하나님 나라가 정확하게 언제 시작하고 성취되었는가에 대해 논쟁을 벌인다. 복음서들, 특히 마가복음은 예수님이 그 나라를 시작하셨다고 분명히 밝힌다(막 1:15과 마 13:10-17에 대한 주석을 보라). 하지만 그 나라가 완전히 확립되는 것은 미래의 일이다. 메시아 나라가 그저 교회와 동일시할 수 있는 영적인 나라일 뿐이라면, 베드로가 유대 백성을 대상으로 한 설교에서 미래의 문자적이고 지정학적인 나라에 대한 이스라엘의 소망을 계속 강조하는 것은 이상하게 보인다(1:6과 3:19-21에 대한 주석을 보라).

1:4-6. 예루살렘은 위험한 곳이었으나, 예수님은 자기 제자들에게 그 성에서 하나님이 약속하셨고(참고. 욜 2:28-32; 겔 36:24-28) 예수님이 그들에게 그들이 받을 것이라고 가르치셨던(요 14:16-17) 성령을 기다리라고 명령하셨다. **성령으로**[성령 '안에서'가 더 낫다] **세례를 받으리라**는 말에 대해서는 마태복음 3:5-12; 고린도전서 12:12-13에 대한 주석을 보라.

사도들은 **주께서 이스라엘 나라를 회복하심이 이때니이까**라고 물었다. 사도들은 당연히 예수님의 가르침을 히브리어 성경에서 유대 백성에게 약속된바(사 2:2-4; 렘 31:27-34; 암 9:11-15을 보라) 이스라엘을 위한 메시아 나라의 완전하고 즉각적인 수립을 말씀하시는 것으로 해석했다. 제자들은 메시아의 통치 아래에서 그 나라가 회복되는 것에 대해 이스라엘에게 주어진 약속들이 교회를 통해서 완전한 의미로 성취되지는 않았다고 바르게 이해했다. 현재 시대(그리스도의 재림 이전) 교회와 하나님 나라 간의 관계에 대해서는, 마태복음 13:10-17에 대한 주석을 보라.

1:7-8. 예수님의 대답에서 제자들이 회복의 때에 집착하는 점만 제외하고는, 그들의 질문이 잘못되었다고 시사하는 것은 아무것도 없다. 이스라엘은 메시아 아래에서 완전히 회복될 것이다. 하지만 예수님은 이 일이 언제 일어날지 명시하지 않으셨으며, 그 대신 그 나라가 수립되기 전에 예수님의 제자들이 전념해야 하는 사명을 제시하셨다.

어떤 사람들은 구약에서 땅의 회복에 대해 이스라엘에게 주어진 약속들은 그리스도 안에서 교회를 위해 성취되었다고 믿는다. 그렇기 때문에 그들은 예수님의 말씀을 사도들이 그 나라의 본질, 정도, 타이밍을 오해한 것에 대한 책망으로 본다. 이에 반해 다른 사람들은 미래에 그리스도께서 천 년 동안 이 세상을 다스릴 때 이스라엘이 문자적으로 그 땅에 회복될 것이라고 믿는다. 이 해석에 따르면, 예수님은 사도들이 문자적 나라를 기대한 것에 대해 책망한 것이기보다는 그들이 **때와 시기**를 알려고 하는 것을 책망하셨다. 이 견해는 좀 더 그럴듯하다. 예수님은 이스라엘을 위한 미래의 나라가 있으리라는 것을 사실상 부인하지 않으셨기 때문이다. 오히려 예수님은 제자들이 그저 그 일이 언제 올지 알지 못하는 것뿐이라고 주장하셨다. 더구나 이 견해는 베드로가 그리스도의 재림 때 미래에 "만물을 회복"하실 것이라는 기대를 계속 가지고 있는 것으로 뒷받침된다(참고. 3:19-21).

예수님은 하나님 나라 선교를 더 명확하게 하기 위해, 자신의 제자들에게 성령을 주시겠다고 약속하셨다. 그 약속은 요한복음 14:16, 25에 나오는 예수님의 이전 약속을 확증했다. 그것이 성취되면 증인들에게 복음을 선포할 수 있는 초자연적 권능이 주어질 것이다.

예수님은 사역의 모든 지리적 경계들을 제거하심으로, 자기 제자들의 시야를 넓혀주셨다. 예수님은 열방이 예루살렘으로 오기를 기다리는 대신(사 2:2; 51:11; 미 4:1-2을 보라), 제자들에게 열방으로 가라고 위임하셨다. 돌이 연못에서 던져진 곳으로부터 넓게 퍼져나가는 잔물결처럼, 복음은 그것이 시작된 예루살렘으로부터 유대와 사마리아 그리고 궁극에 가서는 땅 끝까지 사방으로 퍼져나갈 것이다. 사도행전의 맥락에서 땅 끝은 로마에 대한 언급이 될 수 있을 것이다. 물론 로마로 국한되어서는 안 되지만 말이다.

1:9-14. 예수님은 사도들에게 위임하신 후에, 구름에 싸여서 하늘로 올라가셨다. 하나님은 광야에서 이스라엘을 인도하셨으며, 구름 속에서 성막 위에 머물러 계셨다. 그리고 예수님이 변화산에서 그분의 신성을 드러내실 때, 예수님은 구름에 둘러싸여 있었다. 그렇다면 예수님이 하나님의 임재를 상징하는 것인 구름에 가려서 하늘로 돌아가는 것은 적절했다. 어리둥절한 사도들은 두 천사가 나타나 그들에게 예수님은 가신 그대로 다시 오실 것이라고 약속하시기까지는 마치 천문학자들이 모여 대회라도 하는 듯이 하늘을 쳐다봤다. 이 약속(11절)은 재림을 제대로 이해하는 데 주축이 되는 중요한 말이다. 과거주의자들은 재림이 주후 70년에 이미 일어났다고 믿는다. 이 견해에 따르면, 예수님이 이 땅에 재림하시는 것은 육체적인 것이 아니라 그보다는 이스라엘과 예루살렘에 대한 심판으로 오시는 것이었다(마 24-25장을 소개하는 주석을 보라). 하지

만 사도행전 1:11에 비추어 과거주의자들의 견해는 지지할 수 없다. 예수님은 눈에 보이게, 육체로, 실제로 감람산에 내려오실 것이다. 예수님이 올라가신 것과 유사하게 오시는 것이다(슥 14:1-5에 대한 주석을 보라). 승천은 그리스도의 삶과 사역에 대한 하나님의 승인과 재림의 확실성을 보장해준다.

주님이 명령하셨던 것처럼(참고. 1:4), 사도들은 용감하고 순종하는 마음으로 예루살렘으로 돌아갔다. 예루살렘에서 그들은 한 다락방에 모였다. 그곳은 아마 마가의 집에 있었을 것이다(12:12을 보라. 하지만 확실하게 알 수는 없다). 이 방이 예수님이 잡히시던 날 밤에 예수님과 제자들이 사용했던 그 방이었을 것 같지는 않다. 그 장소에 대해서는 다른 단어들이 사용된다(막 14:15과 눅 22:11-12에서). 남자들이나 여자들이나 다 기도했다. 누가는 효과적인 기도를 위해 두 가지 필수 사항을 말해주었다. **마음을 같이하여 오로지 기도에 힘쓰더라**. 그들은 '한마음과 목적으로'[호모티마돈(*homothymadon*), BDAG, 706] 기도했다. 그리고 그들은 기도에 '힘썼다'[프로스카르테레오(*proskartereo*), '어떤 활동을 고집하다', 어떤 것에 '분주하게 관여하다', BDAG, 706]. 그들은 끊임없이 한마음으로 연합하고 기도했다. 기도에 대한 이런 헌신은 주님이 곧 성령을 보내실 것이며 그들이 곧 그분의 증인이 되리라는 전적인 확신을 나타냈다.

1:15-20. 베드로는 120명을 헤아리는 초대 신자들의 지도자로 등장했다. 베드로의 짧은 연설에는 두 가지 중요한 요점이 포함되어 있었다. 베드로는 심지어 그리스도의 배신과 잡히심을 둘러싼 비극적 사건들까지도 성경이 응한 것임을 인식했다(16절). 그는 구약의 영감을 단언했다. **성령이 다윗의 입을 통하여…미리 말씀하셨다**는 것이다. 베드로는 유다가 그리스도를 배신한 것(1:20)과 유다를 대신할 사람이 필요하다는 것을(21-22절) 설명했다. 베드로는 유다에게 구체적으로 적용하기 위해 표현을 좀 바꿔서 두 개의 시편에서 나온 인용문을 결합시켜놓았다(20절에서 시 69:25과 시 109:8). 베드로는 다윗의 원수들에게 선포된 저주를 유다에게 적용시켰으며(시 69:25), 이것을 다윗을 배신한 악인을 정죄하는 시인 시편 109:8과 결합시켰다. 어쩌면 베드로는 이 본문들이 유다에 대한 직접적 예언들임을 의미하지는 않았을 것이다. 그보다 이 본문들에 묘사된 악인들에 대한 저주가 그저 한 악인인 유다에게 적용된다는 의미일 것이다[신약이 구약을 사용하는 네 가지 방법에 대해서는 Michael Rydelnik, *The Messianic Hope: Is the Hebrew Bible Really Messianic?* (Nashville: B&H Publishers, 2010), 95-111을 보라. 특히 '적용적 성취'의 설명에 대한 104-108을 보라].

유다의 죽음에 대한 누가의 기사(18-19절)는 유다가 어떻게 죽었고 누가 '피밭'을 샀는지에 대해 두 가지 외견상의 모순들을 제기한다. 마태는 유다가 스스로 목매어 죽었다고 기록했으며(마 27:5), 누가는 유다가 몸이 곤두박질쳐서 배가 터졌다고 썼다(1:18). 가장 간단한 설명은 유다가 목을 맨 후에 밧줄이나 나뭇가지가 부러져, 중동의 타는 듯한 열기로 부푼 그의 시체가 땅에 떨어질 때 터져버렸다는 것이다. 더 중요한 것은 마태와 누가가 서로 다른 진술을 하는 이유이다. 유대인 독자들에게 글을 쓰고 있는 마태에게는 자살을 하는 것과 나무에 달리는 것 둘 다 유다가 저주받은 자임을 나타낼 것이다(신 21:23). 반면에 그리스-로마 사회에서, 자살을 하는 것은 양심의 가책을 보여주는 명예로운 길로 여겨질 것이다. 그래서 누가는 유다의 시체가 훼손된 것을 강조했다. 즉, 그것은 그 문화에서는 저주로 여겨질 것이다. 두 기사에 나오는 사건들은 조화를 이룰 수 있고 이루어야 하지만, 두 저자 모두 유다가 메시아를 배반한 것 때문에 하나님의 저주 아래 있다는 것을 보여주려 애썼다는 사실에 주목하는 것이 가장 중요하다.

마태는 대제사장들이 밭을 샀다고 말했으며(마 27:6-7) 누가는 유다가 밭을 샀다고 말했다(1:18). 하지만 유다가 그 밭을 샀다고 말하는 것은 모순이 아니다. 그것은 대제사장들이 유다에게 준 돈으로 산 것이었기 때문이다. 그 밭은 '아겔다마'(아람어), 즉 '피밭'(19절)이라고 불린다. 대제사장들은 유다가 예수님을 배신한 것에 대해 자신들이 지불한 돈으로 그것을 샀으며 유다가 같은 밭에서 자살을 했기 때문이다.

1:21-22. 예수님은 열두 제자에게 그들이 이스라엘의 열두 지파를 통치할 것이라고 약속하셨기 때문에(마 19:28; 눅 22:28-30), 베드로는 유다를 대신할 사

람을 세울 것을 추천했다. 유다를 대신할 사람에 대한 추천에서, 베드로는 사도의 기본 자질과 할 일을 제시했다. 첫째, 예수님의 세례부터 승천에 이르기까지 예수님과 관련을 맺는 것이 사도의 자질이었다. 둘째, 베드로는 그리스도의 부활을 증거하는 것이 사도의 일차적인 일이라고 말했다(1:21-22).

1:23-26. 두 명의 후보자가 기준을 충족했다. 즉, **바사바**[히브리어] 혹은 **유스도**[라틴어]라 하는 **요셉과 맛디아**였다. 그들은 하나님이 그들의 마음(하나님의 뜻을 행하려고 하는 그들의 바람)을 아신다는 것을 인식하고 기도했으며, 하나님께 그분의 뜻을 보여달라고 구했다. 제비 뽑는 것은 하나님의 뜻을 결정하는 구약의 방법이다(참고. 출 28:30; 신 33:8; 스 2:63). 그 원리는 잠언 16:33에 기술되어 있다. "제비는 사람이 뽑으나 모든 일을 작정하기는 여호와께 있느니라"는 것이다. 제비는 맛디아가 유다를 대신하는 것이 하나님의 선택임을 보여주었다. 어떤 사람들은 맛디아를 뽑은 것이 잘못이라고 비난했다. 그들이 하나님의 뜻을 결정하기 위해 구약의 방법을 사용했기 때문이다. 이 견해를 고수하는 사람들은 바울이 열두 번째 사도라고 주장한다. 하지만 본문에서 하나님이 맛디아를 택한 것을 승인하지 않으셨음을 시사하는 내용은 아무것도 없다. 사실상 누가는 2:14과 6:2에서 이 집단을 열두 사도라고 칭했다. 열두 사도는 이스라엘의 사도들이었을 것이며, 그래서 그들은 언젠가 이스라엘을 다스릴 것이다. 바울은 할례를 받지 않은 자들, 혹은 이방인들의 사도였으며, 그 자체로 열두 사도 중 한 명이 아니었다[참고. Richard N. Longenecker, "The Acts of the Apostles," in *John, Acts*, EBC, ed. Frank E. Gaebelein (Grand Rapids, MI: Zondervan, 1981), 265].

성령에 대한 약속, 신자들에게 온 세상에 증인이 되라고 위임한 것, 유다를 대신할 사람을 택한 것 등은 예수님이 그분을 믿는 사람들의 삶에서 초자연적 사역을 계속하기 위한 무대를 제공했다. 오직 한 가지 요소만 빠져 있었다. 그것은 바로 성령이다.

C. 선교의 개시(2:1-47)

1. 오순절의 능력(2:1-13)

a. 성령 강림(2:1-4)

사도행전 2장은 네 부분으로 나눌 수 있다. (1) 성령이 주어짐(1-13절), (2) 성령이 주어지는 현상을 설명하는 베드로의 메시지(14-36절), (3) 베드로의 메시지에 대한 반응(37-41절), (4) 초대교회에 대한 묘사(42-47절) 등이다.

높임을 받으신 주 예수님은 부활하신 지 약 6주 후에 그리고 승천하신 지 단 며칠 후에 그분의 제자들에게 성령을 부어주심으로 그들에게 초자연적으로 권능을 부여하시겠다는 약속을 성취하셨다.

2:1. 오순절은 '50일째'라는 의미이다. 초실절 이후 50일째 되는 날이었기 때문이다(레 23:16). 오순절은 원래는 세 개의 추수 절기 중 하나였다. 하지만 초기(신구약 중간 시대) 유대교에서 그날은 시내산에서 율법이 주어진 것을 기념하는 날로 지켜졌다. 하나님이 출애굽 50일 이후에 이스라엘에게 율법을 주신 것으로 여겨졌기 때문이다. 오순절은 우리 달력으로는 5월이나 6월이 될 것이다. 하나님이 율법과 대비시키기 위해 오순절에 성령을 주셨을 수도 있다. 율법은 이스라엘을 죄에서 억제하는 외적 수단이었다. 하지만 새로운 교회 시대에는 성령이 신자들이 의롭게 살도록 내적 권능을 제공하실 것이다(렘 31:33; 겔 36:26-27).

2:2-3. 처음으로 성령이 주어질 때에는 강한 바람과 빛나는 불의 현상이 수반되었다. 바람은 여호와의 권능을 상징했으며(참고. 왕상 19:11에서 여호와가 엘리야에게 나타나신 것), 불은 그분의 임재를 상징했다(참고. 왕상 19:12과 출 3:2에서 여호와가 엘리야와 모세에게 나타나신 것). 성령이 **각 사람에게 하나씩 임하여 있더니**라는 누가의 진술은 의미심장하다. 모든 신자(남자들과 여자들)가 성령으로 충만함을 받았다. 아무도 배제되지 않았다는 것이다(고전 12:7을 보라). 그에 더하여, 구약시대에 선택적이고 일시적으로 성령이 주어진 것과는 대조적으로(삼손: 삿 14:19, 16:20; 사울: 삼상 10:10; 16:14을 보라), 신약시대에 성령은 영구적인 선물이었다(요 14:16).

2:4. 성령이라는 내적이고 보이지 않는 선물은 방언이라는 외적이고 눈에 보이는 현상에 의해 나타났다.

구약시대에 성령이 주어진 것은 종종 선지자적 선포에 의해 확증되었으나(예를 들어, 엘닷과 메닷: 민 11:26-29; 사울: 삼상 10:6-12), 말라기의 사역 이후 예언의 영은 그쳤다(그것을 뒷받침하는 것으로 *1 Macc*

9:27; *4 Ezra* 14:44; Josephus, *Against Apion* 1.41을 보라). 하지만 유대인들은 메시아 시대가 오는 것과 함께, 하나님이 다시 한 번 그분의 영을 주시고 백성들이 예언할 것을 기대했다(욜 2:28-32; 겔 36:25-27). 그 소망은 오순절 날 실현되었다. **그들이 다른 언어들 [*heterais glossais*, 헤테라이스 글로싸이스]로 말하기를 시작하니라.**

이 현상을 이해하기 위해서는 네 개의 질문에 대답할 필요가 있다.

첫째, 제자들은 외국어로 말했는가? 아니면 그들은 자신들이 아는 언어로 말했지만 듣는 사람들이 그것을 자신들의 언어로 들었는가? 2:4에 나오는 '말하다'(*lalein*, 라레인)라는 부정사로 판단할 때, 제자들은 다른 언어들로 말했다. 그러나 청중들은 성령으로부터 제자들이 그들 자신의 언어로 말하는 것을 이해할 수 있는 특별한 능력을 받지 못했다.

둘째, 그것은 외국어였는가 아니면 황홀경 상태에서 하는 말이었는가? 아마도 그것은 제자들이 공식적으로 배우지 않은 이 세상의 외국어였을 것이다. 2:6, 8에서 '방언'이라는 말은 헬라어 디알렉토스(*dialektos*)로, 그것은 '어느 나라 혹은 지역의 언어'를 의미하며, 황홀경 상태에서 하는 말이 아니다(BDAG, 232). 또한 7-11에 나오는 15개의 인종적 지역들은 외국어라는 것을 시사한다.

셋째, 그 현상의 목적은 무엇이었는가? 사도행전에서 방언으로 말하는 것은 하나님의 구속 프로그램에서 새 시대가 시작되었음을 나타내는 '표적'이었다. 그것은 새 신자들에게 그들이 성령의 선물을 받았다고 확증해주는 것이 아니었다. 16절에서 베드로는 그 은사가 선지자 요엘이 예언한 것을 성취했다고 말했다(욜 2:28-32). 방언의 목적과 본질에 대한 더 상세한 논의로는 고린도전서 14장 주석의 '예언과 방언' 중 관련 주석을 소개하는 부분을 보라.

넷째, 방언은 모든 신자들이 표준적으로 하는 경험인가 아니면 초대교회의 탄생 및 성장과 관련된 독특한 현상인가? 증거는 후자를 지지한다. 그 현상은 사도행전에서 명백히 단 세 번만 언급된다(2:4에서는 유대인들 사이에서, 10:45-46에서는 이방인들 사이에서 그리고 19:6에서는 요한의 제자들 사이에서). 사마리아인들(행 8장)과 바울(행 9장)은 그들이 성령을 받은 후에 방언을 했을지는 모르지만, 그것이 진술되어 있지는 않다. 누가는 다른 수십 번의 회심 경험들을 말하면서, 방언을 언급하지 않았다. 게다가 사도행전에 나오는 주인공들 중 누구도 다른 사람들에게 그들이 어떻게 방언을 할지 혹은 방언을 해야 하는지 말아야 하는지에 대해 명령하거나 가르치지 않았다(사도행전에 나오는 많은 관행들, 예를 들면 세례 같은 관행들의 경우는 그렇지 않다). 이 사실은 누가가 방언을 교회에 영속적으로 표준적인 혹은 구속력 있는 것으로 이해하도록 한 것이 아니라는 생각을 지지한다. 사도행전은 일관되게 일어나야 하는 것이 아니라 일어난 사건을 그저 기록한 것이다. 방언 현상은 사도행전에 나오는 많은 경험들과 마찬가지로 하나의 독특한 사건으로, 신자들이 열방에 복음을 가져가도록 능력을 부여하기 위해 오신 성령님의 시대가 시작되었음을 알리는 것이다.

b. 무리의 반응(2:5-13)

2:5-13. 어떤 사람들은 제자들이 자기의 방언으로 말하는 것을 듣고 놀랐다. 또 다른 사람들은 무슨 일이 일어났는지 파악할 수가 없어서, 제자들이 술에 취했다고 결론을 내렸다. 증인들을 장악한 성령은 마치 그들이 술에 취한 것처럼 보이게 만들었다. 즉, 그들 자신의 행동을 통제하지 못하는 것이다. 분명 제자들이 방언으로 말할 때, 그들은 이미 알고 있는 언어로 말했다. 하지만 듣는 사람들은 그들이 자신들이 사용하지 않던 언어로 말하는 것을 들었을 때, 제자들이 취했다고 잘못 생각했다.

2. 오순절의 선포(2:14-47)

a. 요엘에 대한 언급(2:14-21)

2:14-21. 2:14부터 시작해서 베드로는 어떻게 그 일이 예언을 성취했는지 설명했으며, 그다음에 예수님이 주님이시며 그리스도시라는 증거를 제시했다.

베드로는 그의 동족들(유대인들)에게 말했으며, 술 취했다는 비난을 논박했다. 유대인들의 하루는 오전 6시에 시작되었다. 그리고 제삼시는 오전 9시였다. 오전 9시에 술에 취할 수 있는 사람은 도저히 치료가 불가능한 알코올중독자들뿐일 것이다.

베드로의 관점에서 보면, 성령을 주신 것은 요엘서 2:28-32(이 부분의 주석을 보라)의 약속을 성취한 것이었다. 논쟁의 여지가 있긴 하지만, 오순절 날을 요엘의 예언이 부분적으로만 성취된 것으로 해석하는 것이 가장 좋은 듯하다. 즉, '이미, 아직'의 성취이다. '이미'와 '아직' 간의 구분은 18절과 19절에 나온다. 성령을 주신 것은 성령의 사역 시작을 표시했으나, 주님의 날에 일어나는 사건들의 완전한 성취는 아니다. **주의 크고 영화로운 날이 이르기 전에**라는 문구에 대한 설명은 요엘서 2:30-31에 대한 주석을 보라. 베드로는 그리스도가 하늘로부터 다시 오실 때 이스라엘에게 하신 하나님의 모든 약속들이 성취되리라고 예상했다(참고. 3:20-21). 또 다른 가능성은 요엘 2:28-32이 미래의 환난 시기에 있을 사건들에서 성령의 역사를 예언하는 반면, 사도행전 2:14-21은 그저 그것을 성령의 역사에 적용하는 것이라고 인식하는 것이다. 그 적용은 마지막 날에 성령의 권능의 역사에 많은 색다른 표적들이 따를 것과 마찬가지로, 여기에서 교회가 탄생할 때 사도들이 방언을 하는 것에서 성령의 색다르고 명시적인 역사가 분명히 나타났다는 것이 될 것이다.

b. 그리스도에 대한 언급(2:22-36)

(1) 그리스도의 권능의 삶(2:22)

2:22. 예수님의 기적적인 역사들은 그분이 메시아시라는 것을 입증했다. 베드로는 예수님의 역사를 묘사하기 위해 세 가지 다른 용어를 사용했다. **권능**[miracles]이라는 말은 예수님의 역사에 담긴 초자연적 요소를 밝혀 준다. **기사**[wonders]라는 말은 증인들에게 그 권능이 미치는 영향을 묘사한다. 그리고 **표적**[signs]이라는 말은 그 권능의 목적을 나타낸다. 어느 누구도 베드로의 진술에 항변하지 않았다는 것은 대단히 중요하다. 그 자리에 있던 많은 사람들이 예수님의 기적적인 역사를 눈으로 목격했기 때문이다. 예수님은 지상 사역을 하시는 동안, 그분의 신적인 능력을 사용하사, 병자를 고치고, 맹인에게 시력을 회복시키시고, 귀신을 쫓아내시고, 심지어 죽은 자를 살리심으로 그분의 메시아적 주장들이 믿을 만한 것임을 입증하셨다. 예수님의 기적들이 의심스러운 것이었다면, 누군가가 예수님의 역사에 대한 베드로의 주장에 이의를 제기했을 것이다.

(2) 그리스도의 죽음과 부활(2:23-32)

2:23. 십자가 처형은 우연히 일어난 일이 아니었다. 그리스도는 **하나님께서 정하신 뜻과 미리 아신 대로 죽임을 당하셨다**. 뜻[*boule*, 불레]은 하나님의 뜻과 관련하여 사용될 때, 하나님의 변하지 않는 목적을 말한다(BAGD, 182, 히 6:17을 보라). 하지만 베드로는 그리스도의 죽음에 유대인과 이방인을 둘 다 관련시켰다. 롱게네커(Longenecker)는 신약 어디에도 예수님의 죽음보다 기독교 역사의 역설을 더 뚜렷하게 보여주는 것은 없다고 말한다. 십자가 처형은 하나님의 목적과 미리 아심에 의해 결정되었지만, 그것은 그들의 자유의지를 행사한 악인들의 힘을 빌려 집행되었다(Longenecker, "Acts," 207). 성경은 하나님의 주권과 인간의 자유에 대한 역설을 가르치지만 그것에 대해 설명하지는 않는다.

2:24-28. 불경한 사람들의 의도에도 불구하고, 하나님은 예수님을 죽은 자 가운데서 다시 살리셨다. 예수님이 사망에 매여 있는 것은 불가능했다. 더구나 예수님의 부활은 다윗의 선지자적 말씀에 나오는 예언을 성취했다. 베드로는 시편 16:8-11, 특히 **이는 내 영혼을 음부에 버리지 아니하시며 주의 거룩한 자로 썩음을 당하지 않게 하실 것임이로다**(2:27)라는 말을 인용했다. 거기에서 다윗은 자신의 부활에 대한 확신을 선언했다. 다윗은 하나님이 그의 '거룩한 자', 곧 미래의 메시아가 무덤에서 썩도록 허용하지 않으실 것임을 알았기 때문이다. 시편 16편은 16:10b에서 발견되는 1인칭이 아닌 단 하나의 구문('나를'이 아니라 "주의 거룩한 자를")만 제외하고는, 처음부터 끝까지 1인칭 대명사를 사용한다. 그것은 다윗과 베드로 둘 다 시편 16편에서 다윗 아닌 다른 사람 그리고 다윗이 자신의 부활에 대한 소망을 두는 분의 부활을 언급하는 것을 보았음을 시사한다.

2:29-32. 이 본문은 다윗 아닌 다른 사람을 언급하는 것임이 분명하다. 다윗은 예루살렘에 장사되어 있기 때문이다. 베드로는 다윗을 선지자라고 부른다. 다윗은 하나님이 그의 후손 중 하나가 죽은 자 가운데서 살아나시고 또한 영원히 다스리실 것이라는 그분의 약속을 성취하시리라고 확신에 차서 예언했기 때문이다(시 132:11-12; 참고. 삼하 7:12-13). 부활에 대한 성경적 증거에 더하여, 베드로는 개인적 증거를 제시했다. 그는 **우리가 다 증인이로다**라고 말했다. 2:31에서 베드로는 2:27에서 나온 주제를 반복한다. 하지만 31절에서

시편 16:10a은 이제 자신의 부활을 위한 '거룩한 자'에 대한 다윗의 확신보다는, 예수님의 부활에서 예수님께 적용된다. 하지만 부활에 대한 다윗의 소망이 거룩한 자의 부활에 근거하고 있다면, 다윗이 장차 부활할 것에 대해 말할 수 있는 것은 거룩한 자 자신에게 적용될 수 있다.

(3) 그리스도가 높임을 받으시다(2:33–36)

2:33–36. 예수님은 높임을 받으셨다. 이를 통해서 그분이 메시아라는 것이 입증되었다.

2:33. 예수님은 높임을 받으심으로써, 약속된 성령을 보내실 권위를 갖게 되셨다. 그리스도는 언제나 신적 권위에서 나온 권리들을 지니고 계셨지만 하나님이 그를 높이심으로 비로소 신성의 능력과 권위를 발휘할 권리를 받게 되셨다.

2:34–35. 베드로는 다시 성경적 증거를 위해 다윗의 말을 인용했다. 시편 110:1의 요점은 다윗이 아니라 예수님이 유일무이한 영광과 권위의 위치인 하나님 우편에 앉으신 분이라는 것이다. 어떤 사람들은 베드로가 시편 110:1을 인용한 것이, 예수님이 이미 다윗의 보좌에서 다스리고 계시다는 것을 나타낸다고 주장한다. 하지만 베드로는 시편 110:2은 인용하지 않았다. 그 구절은 메시아가 '장차' 온 세상을 주님으로서 다스릴 것임을 분명히 밝히는 구절이다. 베드로는 현재 시대 동안 메시아의 특정한 기능(다윗의 보좌에서 다스리는 것과 같은)을 표현하기 위해서가 아니라, 메시아로서 예수님의 높임을 받으신 지위를 입증하기 위해 그 시편을 인용했다.

2:36. 36절은 베드로의 설교에서 최고의 부분이다. 예수님의 기적적 역사들, 예수님의 부활, 예수님이 높임을 받으신 것은 그분이 **주**[하나님에 대한 일반적 호칭이며 사도행전에서 예수님께 적용되는 호칭, 4:33; 8:16; 15:11; 16:31; 21:13; 28:31을 보라]**와 그리스도**[이스라엘과 모든 인류를 구하시는 메시아, '기름 부음을 받은 분']라는 것을 압도적으로 나타낸다. 이것은 하나님의 삼위일체 되심을 이해하지 못하는 유대인 청중들에게는 충격적인 결론이었다. 베드로의 결론은 초대 교회의 높은 기독론을 반영한다. 그것은 예수님에 대한 역사적 증거 때문에 하나님이시라고 믿는 것이었다. 그들의 기독론은 그들이 아는 것이 소망적 사고가 아니라 참이라는 개인적 확신에 기초했다.

c. 무리의 반응(2:37)

2:37. 베드로의 청중들이 감정적인 충격을 경험한 것은 놀라운 일이 아니다. **마음에 찔려**라는 표현은 염려나 후회로 인한 날카로운 통증을 느끼는 것에 대해 비유적으로 사용된다(BDAG, 415). 그들은 그저 지적으로 납득했을 뿐 아니라, 그들의 딜레마를 영적으로 깨달았다.

d. 베드로의 호소(2:38–40)

2:38. 동족의 고뇌에 찬 질문에 대한 베드로의 대답은 좋은 소식이다. 하지만 회개, 죄 사함, 세례 간의 관계에 대해 몇 가지 논쟁적 문제들을 제기한다. 유대인들은 회개와 세례를 강조하는 요한의 메시지를 잘 알고 있었다(마 3:5-12에 대한 주석을 보라). **회개하여라**는 명령법 동사에 대해, 루(Louw)와 나이다(Nida)는 이렇게 쓴다. "영어에서는 회개의 초점이 되는 요소가 어떤 사람이 죄 때문에 경험하는 슬픔이나 회한이지만, 강조점(헬라어에서 '회개하다'와 '회개'라는 말)은 보다 구체적으로, 어떻게 생각해야 하고 말해야 하는가에 대해서, 생각과 행동 둘 다에서의 전적인 변화인 듯하다. 초점이 태도에 있는지 행동에 있는지는 상황마다 다소 다르다"(L&N, 509). 베드로는 듣는 사람들에게 그들이 예수님을 십자가에 못 박는 일에 참여한 것과 그것을 승인한 일에 대해 그들의 생각을 바꾸도록 명하고 있었다. 대럴 복(Darrell Bock)은 회개와 믿음이 같은 동전의 양면이라고 말한다. 우리는 다른 어떤 것에 의지하는 것을 물리치지 않고는 죄 사함을 위해 그리스도께 의지할 수가 없다. 하지만 그는 믿음과 회개 사이에는 구분이 있다고 제의한다. "회개는 죄 사함의 필요성이라는 출발점을 강조하는 반면, 믿음은 그 결과 갖게 되는 신뢰 및 이 죄 사함이 그 선물을 주시는 분인 하나님께로부터 온다는 이해이다(20:21)" [*Acts*, BECNT (Grand Rapids, MI: Baker, 2007), 142]. 베드로는 두 가지 새로운 요소들을 소개했다. 첫째, 그는 세례를 이제 **예수 그리스도의 이름으로** 받아야 한다고 말했다. 이것은 주와 그리스도이신 예수님께 헌신하고 그분과 동일화되는 것을 의미한다. 왜 삼위 하나님의 이름이 세례에 사용되지 않는가에 대한 설명으로는, 마태복음 28:18-20에 대한 주석을 보라. 둘째, 베드로는 그

들에게 **성령의 선물**을 약속했다. 이것은 2:33에서와 같이 성령 자신을 말하는 것이며("약속하신 성령"은 성령 자신이다), 성령이 신자들에게 주는 '은사들'(gifts)이 아니다.

어떤 사람들은 죄 사함을 받기 위해서는 회개와 세례가 둘 다 필요하다고 믿는다(세례적 중생). 하지만 이 견해는 성경의 전반적인 가르침과 일관되지 않는다. 게다가 누가복음 24:47; 사도행전 3:19; 10:43; 13:38; 26:18에서 **죄 사함**[아페시스(*aphesis*), 각 구절에서 '죄 사함'으로 번역된 같은 헬라어]은 적절하게(즉, 믿음으로 혹은 회개로) 반응하는 사람들에게 '세례 없이' 약속된다. 그 문장의 문법적 구조는 세례가 구원에 필수적이라는 개념을 지지하지 않는다. **회개하라**는 명령은 **너희가 죄 사함을 받으라**에서 '너희'라는 말과 마찬가지로 복수이다('너희는 모두 회개하라'). 그것은 회개와 죄 사함 간에 밀접한 연관이 있음을 보여준다. 다른 한편 세례를 받으라는 명령은 3인칭 '단수' 동사로, 세례가 죄 사함과 직접 연관되어 있지는 않다는 것을 암시한다. 10:47-48과 16:33에서처럼 세례는 그리스도 안에서 구원을 발견한 사람들의 적절한 반응이지만, 그것이 구원을 가져오는 '수단'은 아니다.

어떤 사람들은 회심 후에 성령의 두 번째 역사를 믿는다. 보통 그것은 방언 말하는 것을 뜻한다. 하지만 전후 문맥은 성령을 받는 것이 한 번의 경험임을 시사한다. 믿은 3,000명의 사람들이 방언을 말한다는 언급은 없으며(명백히 이것은 침묵 논법이긴 하지만 때로 침묵은 '귀청이 터질 것같이 외친다'), 안수가 성령을 선물로 다른 사람들에게 전달하는 수단으로 언급되지도 않았고, 다른 사람들이 방언을 할 수 있도록 하는 수단으로 언급되지도 않았다.

분명 사도들은 오순절 날 그들이 성령을 받기 전에도 신자들이었다. 그런데도 이것은 모든 신자들이 반드시 구원 경험을 한 후에 성령을 받아야 한다고 가르치지 않는다. 그보다 묘사된 사건들은 성령이 구약에서 일하신 방식에서, 성령이 신약 교회에서 일하시는 방식으로 넘어가는 것을 보여준다. 구약에서 성령은 특정한 과업을 이루기 위해 제한된 시간 동안 일부 신자들에게 권능을 부여하고자 그들에게 임하셨다. 신약에서 성령은 모든 신자들에게 영원히 내주하신다(요 14:16-17). 사도들에게 성령이 내려오신 것은 이제 성령님이 새로운 방식으로 일하신다는 표시였다.

회심의 세 가지 요소는 (믿음을 암시하는) 회개, 세례, 성령의 선물이다. 어떤 사람이 (본질적이고 내적인) 믿음과 회개로 죄로부터 돌아서고 (비본질적이고 외적인) 세례를 받으면, 하나님은 그의 죄를 사하실 것이며, 그는 성령을 선물로 받을 것이다.

2:39. **모든 먼 데 사람**이라는 표현은 흩어진 유대인들이나 이방인들을 말할 것이다. 베드로가 고넬료에게로 인도한 환상을 받기 전에는 하나님의 구속 프로그램에 대한 이해가 제한되어 있었다는 것에 비추어볼 때, 전자일 가능성이 더 높아 보인다. 하지만 글을 쓸 때에 누가는 그것을 어떤 인종 집단에게든 제한 없이 이방인에게 복음을 선포하는 것에 대한 예언으로 이해했을 것이다.

주 우리 하나님이 얼마든지 부르시는 자들이라는 말은 하나님의 선택의 목적들을 말한다. 그로 인해 사람들은 구원을 위해 그리스도께로 이끌린다. 요엘은 그의 예언에서, "누구든지 주의 이름을 부르는 자"(2:21)에게 구원을 약속했다. 베드로는 하나님이 구원의 부르심에 대해 주권적이라는 것을 나타내고 있었다.

2:40. 기록된 메시지는 베드로가 말한 것의 요약일 뿐이다. 베드로의 일차적 관심은 주의 날의 임박한 심판이다. 베드로의 말을 듣는 사람들이 그 **패역한 세대**의 멸망을 면하기 원한다면, 그들은 예수님을 주와 그리스도(메시아)로 인정해야 했다. 현재 세대를 **패역**하다고 표현하는 것은 그들이 도덕적, 윤리적으로 부패했다는 것을 의미한다(BDAG, 930을 보라).

e. 삼천 명의 구원과 교제(2:41-47)

2:41. 반응은 놀라웠다. 삼천 명이 믿고 세례를 받았다. 믿은 사람들은 새로운 종파를 시작한 것이 아니라 기존의 120명에 더해졌다. 120명에서 3,000명으로 성장한 것은 그야말로 초자연적인 일이었다. 세례는 유대 백성에게 낯설지 않았다. 1세기까지는 율법에 규정된 정결 의식(레 8:6; 15:31-33)이 유대 백성을 위한 정교한 목욕 의식 제도로 이어졌다. 그래서 세례 요한의 회개의 세례는 요한이 설교하는 것을 들으러 광야로 나갔던 많은 유대 사람들이 이해하고 받아들일 수 있었다(마 4:25). 그들에게 베드로가 회개하고 세례를 받

으라고 명령한 것은 그들이 죄에서 회개하고 예수님을 따르는 일을 시작한 것에 대한 외적 표시로 이해되었을 것이다.

2:41-42에서 누가는 예수님의 최초 제자들이 나눈 공동체 삶에 대해 간결하고 생생하게 묘사했다. 이 첫 신자들은 자신들이 신실한 이스라엘의 남은 자라고 제대로 보았다. 이 시점에서 그들은 알지 못했지만, 뭔가 전적으로 새로운 것, 즉 예수 그리스도에 대한 그들의 공동적 믿음, 서로에 대한 그들의 이타적인 사랑, 복음을 선포하려는 그들의 결심에 의해 서로 결합된 초자연적 공동체였다. 이것이 보편적인 교회, 유대인과 이방인으로 구성된 한 새사람의 시작이었음을 드러내려면, 사도들(엡 3:5a), 바울(엡 3:5b-6), 예루살렘 공의회(행 15장)의 사역이 있어야 할 것이다(참고. 엡 2:11-22; 3:1-13과 그 부분에 해당하는 주석들을 보라).

2:42. **힘쓰니라**[*proskartereo*, 프로스카르테레오]라는 말은 '어떤 것을 행하기를 고집하기 위해 큰 노력을 발휘하다'라는 의미이다. 그것은 계속적이고 습관적인 행동을 나타낸다. 누가는 1:14에서 120명이 기도에 '힘쓴 것'을 묘사하기 위해 그리고 6:4에서는 사도들이 기도와 말씀 사역에 힘쓰는 것을 말하기 위해 같은 단어를 사용한다. 초기 신자들은 어떤 것에 힘썼는가? 그들의 우선순위는 무엇이었는가?

사도의 가르침이라는 말은 교회가 사도들에게 배웠기 때문에 권위 있는 것으로 여겼던 자료를 말한다. 그 내용은 분명 예수 그리스도의 삶과 가르침, 특히 그분의 삶과 죽음과 부활의 구속적 측면들에 초점을 맞추고 있었다.

교제[*koinonia*, 코이노니아]는 무심하지 않고 친밀한 공동체 정신을 말한다. 그리스도인의 교제에는 성부, 성자, 성령과의 관계와 다른 신자들과의 수평적 관계가 포함된다. 후자가 여기 사도행전 2장에서 누가의 초점이었다. 정관사는 첫 신자들이 별개의 알아볼 수 있는 집단을 형성했음을 시사한다.

떡을 떼며라는 말은 심한 굶주림을 만족시키기 위해 식사를 하는 것 이상이었다. 그것은 친밀한 교제를 나눌 기회였다. 거기에는 아마 성만찬과 공동 식사 둘 다 포함되었을 것이다(2:46; 20:7; 고전 10:16). 식사 때 그들은 서로와의 친교를 기념했다. 성만찬 때 그들은 부활하신 그리스도와 그들의 친교를 기념했다.

기도는 복수로 되어 있으며 공동 기도를 시사한다. 초대교회는 자신들에게 하나님의 지속적인 도움이 필요하다는 것과 찬양의 중요성을 인식했으며 또한 기도에 힘썼다.

행

2:43. **기사와 표적**은 하나님이 교회 안에서 역사하고 계시다는 증거를 주었다. 사도행전에 나오는 기적들이 아픈 사람들을 구조해주기도 했지만, 사도들 및 그리스도의 몸을 이루는 다른 지체들에게 주어진 복음 메시지에 확신을 주는 데도 중요한 역할을 했다(14:3). 대부분 표적과 기사들은 사도들의 손을 통해 일어났다(2:43; 3:16; 5:12; 15:12; 19:11-12). 그것은 적절한 현상이었다. 신약은 표적과 기사를 행함이 참된 사도임을 입증하는 것으로 여기기 때문이다(고후 12:12; 히 2:3-4). 사도행전에 나오는 유일한 예외는 스데반(6:8)과 빌립(8:6)으로, 그들은 사도들에게 안수를 받고는(6:5-6) 사도적 특사(혹은 대표단) 역할을 했으며 그럼으로써 표적과 기사를 행했다.

2:44-45. 그들의 영적 연합은 자발적이고, 긍휼에 찬 나눔에서 나타났다. 이것은 사회주의나 공산주의가 아니었다. 그 목적은 필요를 채우려는 것이지 부를 재분배하는 것이 아니었다.

2:46. 초기 신자들은 자신들을 신실한 이스라엘의 남은 자 중 일부로 여겼다. 그래서 그들은 계속해서 성전에서 예배를 드렸다. 그들은 또한 각 사람의 집에서 보다 비공식적인 분위기에서 모였다.

2:47. 이 당시에 교회는 핍박의 위협을 받거나 내적 문제로 분열되지 않았다. 내적으로는 기쁨과 관대함의 정신이 있었다. 외적으로는 사람들에게 인기와 존경을 누렸다. **주께서 구원받는 사람을 날마다 더하게 하시니라**. 그들의 성장은 초자연적이고 빨랐다. 그리스도는 "내가…내 교회를 세우리니"(마 16:18)라고 약속하셨으며, 그분은 자신의 약속을 지키셨다. 누가는 승리의 어조로 교회 설립에 대한 묘사의 결론을 맺는다.

D. 선교의 어려움(3:1-6:7)

1. 외적 박해: 베드로와 요한이 잡히다(3:1-4:31)

a. 치유 사역(3:1-11)

이 부분은 못 걷게 된 거지를 고치는 것과 이 기적에 대한 긍정적 반응 및 부정적 반응을 다룬다. 사도들

이전에 예수님이 그렇게 하신 것처럼 사도들은 그들의 메시지가 진짜임을 입증하기 위해 기적을 행하는 권능을 가지고 있었다. 하지만 중대한 차이가 있었다. 그리스도는 그분 자신의 권위로 치유하셨지만, 베드로와 다른 사람들은 '예수님의 이름으로' 치유했다. 그들의 권능은 그들 자신의 것이 아니었다. 그 권능은 부활하신 주님에게서 나온 것이다.

사도행전 3장에 나오는 사건들의 유형은 사도행전 2장과 비슷하다. 기적 같은 사건이 사람들의 주의를 끌었다. 그러면 베드로가 사람들이 흥분한 틈을 타서 예수님이 여호와의 종이라고 선포했다. 하지만 결과는 달랐다. 교회는 사람들이 후회하고 회개하는 것을 보는 대신, 부활의 메시지 때문에 공격을 받았다.

3:1-3. 모든 경건한 유대인들이 그랬듯이, 베드로와 요한은 기도하러 성전으로 갔다. **제구시**는 오후 3시이며, 매일 세 번 드리는 기도 시간 중 두 번째 시간이었다. 그들은 날 때부터 육체적 장애를 지닌 한 사람을 만났다. 그는 걷지 못했기 때문에, 성전 구역에 들어가는 것이 허용되지 않았다. 그래서 그는 성전 입구 **미문이라는** 곳에 앉아 사람들에게 구걸을 했다. 이 문이 어떤 것인지 확인하기는 쉽지 않다. 누가는 니카노르 문(Nicanor Gate)에 '미문'이라는 이름을 부여했을 수도 있다. 그 문은 성전 구역 밖에서 이방인의 뜰과 여자들의 뜰로 들어가는 입구였다. 가난한 사람들에게 구제금을 주는 것은 경건한 행동으로 여겨졌으므로, 그 불구자는 전략적으로 예배를 드리러 성전에 오는 사람들이 직접 보이는 곳에 앉아 있었다.

3:4-7. 베드로와 눈이 마주쳤을 때, 그 사람은 돈을 받기를 기대했으나 처음에는 실망했다. 베드로의 대답은 고전적인 것이었다. "은과 금은 내게 없거니와 내게 있는 이것을 네게 주노니"라는 것이다. 베드로는 더 큰 선물을 그에게 주었다. **나사렛 예수 그리스도의 이름으로** 베드로는 그 사람을 고쳐주었다. 그 고침은 즉각적이고 완전했다. **…의 이름으로**라는 표현은 어떤 사람이 다른 사람의 대리인 역할을 한다는 것 이상을 의미한다. 예수님의 이름은 그 사람을 고치신 예수님이라는 분의 신원을 밝혀주었다. 베드로는 권능의 근원이 아니라, 그 대행자일 뿐이었다. 치유의 요점은 일차적으로 증거에 의거한 것이었다. 예수님은 죽지 않으셨다. 그분은 살아 계시다.

3:8. 그 사람의 환호하며 기뻐하는 반응은 지나친 것이 아니라 정상적인 것이었다. 그가 뛰고 하나님을 찬양하는 것은 이스라엘이 예수님을 메시아로 인정한다면 경험하게 될 일을 극적으로 보여주었다. 이사야는 다가오는 메시아 시대에 "저는 자는 사슴같이 뛸 것이며"(사 35:6)라고 예언했다.

3:9-11. 그 기적은 은밀한 가운데 이루어진 것이 아니라 공개적인 것이었다. 치유에 대해서는 의심의 여지가 없다. 그리고 그것은 믿지 않는 유대인들의 많은 무리를 끌어들이는 효과를 가지고 있다.

b. 베드로의 메시지(3:12-26)

3:12-26에서 누가는 기적적 치유에서 나타난 권능의 근원을 설명했다. 베드로는 오순절 날 그가 했던 것처럼 그 기회를 포착해서 예수님이 하나님의 영광을 받으신 종이라는 것을 선포했다. '종'이라는 주제는 베드로의 메시지를 처음과 끝에서 묶어준다(3:13, 26). '종'이라는 주제의 배경은 이사야서의 종의 노래에서 나온다(사 40-53장). 브루스(F. F. Bruce)는 구약 예언의 어떤 본문도 이사야서의 '종의 본문'들보다 신약의 사고와 언어에 더 큰 영향을 끼친 것은 없다고 말한다[*The Book of Acts*, NINCT (Grand Rapids, MI: Eerdmans, 1979), 89.《사도행전》, 핸드릭슨 패턴 주석 시리즈(아가페)].

3:12-15. 베드로는 그의 동족들에게 자신의 개인적 권능으로 그 사람을 고쳐주었다는 모든 오해를 재빨리 일소시켰다. 베드로는 이스라엘이 하나님의 백성에 대한 하나님의 약속들의 성취인 예수님을 거부한 것이 얼마나 비극적인 것인지 강조했다.

베드로는 **아브라함과 이삭과 야곱의 하나님**(13절)을 언급함으로 그의 백성과 동일화되었다. **하나님이 그의 종 예수를 영화롭게 하셨느니라**라는 말은 부활과 승천을 말한다. 십자가 처형은 정의를 희화화한 것이었다. 유대인 지도자들과 그들을 따르는 폭도들은 폭력적인 범죄자에게 우호적인 판결을 내렸으며, **거룩하고 의로운 이**를 십자가에 처형하라고 고집했다. 이 두 호칭은 구약에서 하나님에 대해 사용되었으며(레 11:44-45; 19:2), 메시아에 대해서도 사용되었다. 다윗은 시편 16:10에서 "주의 거룩한 자를 멸망시키지 않으실 것임이니이다"(참고. 2:27)라고 썼다. 선지자들은 메시아를 '의로운' 자라고 밝혔다. 이사야는 "나의 의로운 종이 자기 지식으로 많은 사람을 의롭게 하며(의롭다고 선언하며)"라고 말했다(사 53:11; 또한 사 32:1; 슥 9:9을 보라). 구약에서 나온 이 두 호칭에 더하여 베드로는 **생명의 주**(참고. 5:31)라는 새로운 호칭을 소개했다. **주**[*archegos*, 아르케고스]라는 용어는 생명의 근원이라는 의미에서 '창시자'(Author)를 의미할 수 있다(히 2:10, BDAG, 138-139). 예수님이 생명의 주관자이시자 생명의 근원이라고 말하는 것은 타당하다.

3:16-18. 베드로는 그 치유의 공로를 자신이 차지하지 않았다. 부활 후에 예수님의 이름은 하나님의 이름과 똑같은 권능을 소유했다. 그 못 걷게 된 사람이 고침을 받기 전에 영적 상태가 어떠했는지는 본문에 진술되어 있지 않다. 그가 고침을 받은 것은 믿음의 결과가 아니었으며, 그는 심지어 고침 받으리라는 기대조차 하지 않았다. 사도행전에 나오는 기적들의 일차적 기능은 기독론적인 것이다. 즉, 예수님이 살아 계시며 그래서 이스라엘의 약속된 메시아임을 입증하는 것이다.

3:17-23의 주요 주제는 유대 백성이 회개할 필요가 있다는 것이다. 베드로는 무리와 그들의 지도자들이 로마 사람들에게 그리스도를 못 박으라고 주장할 때 알지 못하여서 그렇게 했다고 인정했다(3:17). 이렇게 인정했다고 해서 그들이 자신들의 행동에 대해 책임이 없었다는 의미는 아니다. 베드로는 여기에서 '무지의 죄'와 '고의적인 죄'를 구분했다. 그의 말을 듣는 사람들은 그 구분을 이해할 것이다. 율법 아래에서는 속죄는 인간의 연약함에 기초한 '잘못해서'(in error, '무심코 저지른' 죄라는 것보다 더 나은 번역) 지은 죄(예를 들어 거짓말, 도둑질, 사기 등을 포함해서, 민 15:24; 레 6:1-7)에 대해서는 유효하지만, 하나님에 대한 고의적이고 계산된 반역의 죄(민 15:30-36), 구약에서 '성령을 모독하는 죄'라고 불리는 유형의 죄에 대해서는 유효하지 않다.

그들의 행동은 고난 받는 메시아에 대한 예언을 이루기는 했지만(3:18), 그들의 무지는 더 변명할 수 없었다. 베드로는 그의 동포들에게 '회개하라'고 도전했다. 그것은 지정의를 포함하는 마음의 변화를 요구한다. 베드로는 그들이 예수님에 대한 그들의 마음을 바꿀 것을 역설하고 있었다. 그들은 예수님을 거짓 선지자로 무시하는 대신 메시아, 하나님의 기름 부음 받은 종으로 믿어야 했다.

3:19-21. 베드로는 두 가지 약속을 했다. 개인적인 죄 사함과 민족적인 회복이다. **없이함을 받으라**[wiped away]는 말은 '완전히 제거하다'라는 의미이다. 고대의 글에서는 잉크가 파피루스에서 마르기 전에 젖은 천으로 그것을 닦아내어(wipe off) 제거할 수 있었다. 이 비유적 표현은 하나님이 죄를 씻을 때 죄의 얼룩도 제거하신다는 의미이다.

새롭게 되는 날과 **만물을 회복하실 때**라는 말은 다른 신약 본문들에서는 나오지 않으며 베드로가 이스라엘의 영적·민족적 회복을 생각하고 있었음을 시사한다. 70인역에서는 회복이라는 명사와 같은 어원에서 나온 동사들이 이스라엘이 민족적 존재로서 종말론적으로 회복되는 것에 대해 사용된다(렘 15:19; 16:15; 겔 16:55; 호 11:11, Longenecker, "Acts," 297). 그리스도는 그분의 부활과 승천 사이의 40일 동안 제자들에게 하나님 나라에 대해 가르치셨지만, 베드로와 사도들은 여전히 그리스도께서 이 땅에 눈에 보이게 다시 오시는 것과 함께 시작될 문자적, 지정학적 메시아 나라를 기대하고 있었다. 베드로는 메시아 예수님이 다윗의 보좌에서 중생한 그들과 세상을 다스리시는, 중생한 이스라엘을 위한 문자적인 나라를 기대하고 있었다. 베드로에 따르면, 이 제안은 이스라엘을 위한 것이며 민족이 믿음으로 예수님을 그들의 메시아와 주로 믿기로 할 때면 언제나 성취될 것이다(참고. 슥 12:10; 마 23:37-39; 롬 11:25-27의 주석을 보라).

3:22-23. 베드로는 또한 계속된 불신의 결과들에 대해 경고했다. 22절에 나오는 인용문은 신명기 18:15에서 나온 것이며, 거기에다가 베드로는 레위기 23:29-30을 더했다. 신명기는 모세와 같은 선지자에 대한 약속과 그를 거부한 것에 대한 경고를 담고 있다. 그 선지자는 여기에서와 사도행전 7:37 둘 다에서 나사렛 예수로 밝혀진다. 예수님은 모세가 예언한 '그' 선지자 이상이었다. 하지만 예수님은 지상 사역 많은 부분에서 모세가 했던 것처럼 선지자적 역할을 다하셨다. 선지자적 계시를 제공하시고, 하나님과 교통하시며, 기적들을 수행하신 것이다(신 34:10-12을 보라). 레위기 본문은

속죄일을 준수하기를 거절하는 사람들은 이스라엘로부터 '완전히 끊어질'(개역개정에는 "멸망 받으리라"—옮긴이 주) 것이라고 경고한다. 구약의 배교자들처럼 이스라엘의 메시아를 거부하는 사람들은 하나님 백성의 공동체에서 추방될 것이다.

3:24-26. 베드로는 이스라엘의 민족적 유산에 호소하는 것으로 결론을 맺었다. 이스라엘의 선지자적 유산과의 연속성을 보여주지 못하는 운동은 어떤 것이든 성공할 가능성이 거의 없었다. 그래서 베드로는 유대인 동족들에게 예수님이 하나님의 약속된 종이라는 것을 확신시키기 위해 예언의 음성에 호소했다. 그는 먼저 사무엘과 다른 모든 선지자들을 참조했다. **사무엘 때부터 이어 말한 모든 선지자도 이때를 가리켜 말하였느니라**라는 베드로의 말은 첫 번째 선지자인 사무엘로부터 그 이후의 모든 선지자들의 초점은 메시아를 계시하는 것이었음을 나타낸다. 이것은 후대 랍비들의 공식 견해인 "모든 선지자들은 오직 메시아의 날에 관해서만 예언했다"(*Berakot* 34b)와 비슷하다.

그다음에 베드로는 아브라함에게 복을 주시고(개인적), 그로 큰 민족을 이루게 하시며(민족적), 그를 통해 모든 인류에게 복을 가져가시겠다는(전세계적) 약속을 그의 동족들에게 상기시켰다(창 12:1-3을 보라). **씨**라는 말은 단수로, 예수님이 아브라함의 궁극적 씨이며, 족장 아브라함에게 하신 하나님의 약속을 성취하신다는 것을 나타낸다. 베드로는 그의 유대인 청중들에게 하나님이 그분의 종을 먼저 그들에게 보내셨다는 것을 상기시켰다. 하나님의 구속 계획에는 이방인들이 포함되어 있기는 했지만, 하나님은 유대 백성에게 그분의 은혜를 수령하는 우선권을 부여하셨다(롬 1:16의 주석을 보라).

못 걷게 된 사람을 고친 것과 그 이후의 설교는 유대 백성을 대상으로 한 초기 복음 선포의 본보기이다. 롱게네커에 따르면, "누가는 그것을 예루살렘의 초기 회중들이 이스라엘 백성 전체에게 예수님의 메시지를 선포한 방법을 보여주는 본보기로 포함시켰던 듯하다"(Longenecker, "Acts", 296). 그 메시지는 부활하시고 높임을 받으신 주님이요 메시아이신 예수님을, 그리고 바로 그렇기 때문에 그분이 신적 권능의 직접적 근원이 되었다는 것을 강조했다. 이 이야기의 요점은 못 걷게 되었던 사람이 육체적으로 고침을 받았다는 것이 아니라, 그 치유를 가져온 권능의 근원이다. 누가의 목적은 치유 사역의 모범을 제시하려는 것이 아니라 예수님이 이스라엘의 메시아와 주님이시라는 증거를 제시하는 것이었다. 이 견해는 사도행전 4장에서 그 못 걷게 되었던 사람이 공회 앞에서 자신이 "예수의 이름으로" 고침을 받았다는 구체적 증인이 되었을 때 뒷받침된다. 이는 예수님이 죽은 것이 아니라 살아 계시며, 그분이 실제로 하나님의 영광을 받으신 종이며 구세주시라는 것을 입증한다.

예수님의 권능과 권위에 대한 이 같은 강조는 사도행전 4:1-31에서도 계속된다. 베드로와 요한이 여전히 말하고 있는 동안, 종교 지도자들이 도착해서 그들이 부활에 대해 가르친다는 이유로 그들을 잡아갔다. 베드로와 요한은 단지 어부였을 뿐이지만, 그들은 성령이 충만했으며 부활의 확실성으로 고무되었다. 그들은 이스라엘에서 가장 권세 있는 종교 지도자들에게 위협을 당하지 않을 것이며 당할 수도 없었다. 베드로는 공회의 지시에 대해 예수님이 하나님의 구속 계획의 '모퉁잇돌/머릿돌'이라고 주장하는 메시지로 대답했다.

c. 공회의 위협(4:1-31)

4:1-3. 3장에 나온 기적의 여파로 교회가 받게 된 공식적 박해에 대한 누가의 진술은 4:1-4에서 베드로와 요한이 잡히는 것으로 시작된다. 체포대에는 **제사장들과 성전 맡은 자와 사두개인들**이 포함되었다. 모두 로마인이 아니라 유대인이었으며, 성전과 관련된 일에서 권위를 가지고 있었다. 사두개인들은 합리주의자였으며(요 11:49을 보라) 부활을 믿지 않았다. 그들이 부활의 소망을 거부했다는 것이 체포의 동기였다. 베드로와 요한은 밤새 갇혀 있었다. 해가 지기 전에 재판을 할 만한 충분한 시간이 없었기 때문이다.

4:4. 누가는 이 시점에서 교회 성장을 수적으로 요약해주었다. 종교 지도자들의 적대감에도 놀라운 성장이 일어났음을 강조하기 위해서이다. 총 5,000명에는 남자만 포함되었으며 여자들과 어린아이들은 포함되지 않았다(TNIV의 번역과는 달리). 총계는 분명 더 많았다(1세기 예루살렘 인구와 관련해서 교회 규모에 대한 변론으로는 Longenecker, "Acts", 287을 보라).

4:5-6. 사도행전 4:5-12은 두 사도의 재판에 대한

세부적 사항들을 제시한다. 베드로와 요한은 이스라엘의 '대법원'인 공회의 심문을 받았다. 공회원은 총 71명이었다(회원 70명과 대제사장). 공회는 '통치자' 혹은 '대제사장', '장로', '서기관'(율법 선생)들이 포함되었다.

안나스는 실제 대제사장이 아니라, 당시 대제사장이었던 가야바의 장인이었다. 가야바와 안나스에 대해 더 알려면 마태복음 26:3-5에 대한 주석을 보라. 요한과 알렉산더가 누구인지는 알 수 없다.

4:7. 당국은 병 고침을 부인하지는 않았다. 그들의 질문은 누구의 권위로 병 고침이 일어났는가 하는 것이다.

4:8-12. 베드로의 용기는 그의 배경(어부)과 그의 청중(이스라엘에서 가장 지적이고 권력 있는 사람들)을 생각해볼 때 다소 놀라운 것이었다. 베드로의 용기는 성령님에게서 왔다(4:8). 그는 두 가지 놀라운 주장을 했다. 첫째, 기적에 대한 것이었다. 그 사람은 예수 그리스도의 이름으로 고침을 받았는데, 그리스도는 죽은 것이 아니라 살아 계신 분이다. 둘째, '버린 돌'인 예수님이 '모퉁잇돌'(NASB) 혹은 '머릿돌'(NIV)이 되었다는 것이다. 베드로는 시편 118:22을 인용했다. 그 구절이 지닌 메시아적 의미 때문이다. 지금은 시편이 이스라엘의 포로 생활 이후에 수집되었다고 인정된다. 포로 시대 이후 시기에, 시편의 중심인물인 다윗 계열의 왕은 더 이상 보좌에 있지 않았다. 이런 인식에 비추어 브레바드 차이즈(Brevard Childs)는 통찰력 있게 묻는다. "실로 왕권 제도가 파괴된 지 오랜 세월이 지났던 때인 최종 편집 때, 하나님의 메시아 외에 다른 어떤 이 세상 왕이 마음에 떠올랐겠는가?"[*Introduction to the Old Testament as Scripture* (Philadelphia: Fortress, 1979), 516]. 그래서 세일해머(Sailhamer)는 시편 118:22에 묘사된 모퉁잇돌에 대해 이렇게 말한다. "그는 여호와의 이름으로 오는 복이 있는 자이다(26a절). 그 시편 자체는 그분이 누구인지 밝히지 않지만 시편 내의 더 광범위한 문맥을 보면, 그는 다윗 집의 약속된 씨, 메시아임이 분명하다. 바로 이런 이유로 이 시편은 신약에서 자주 언급된다"[마 21:42; 막 12:10-11; 눅 20:17; 행 4:11; 엡 2:20; 벧전 2:7, John H. Sailhamer, *The NIV Compact Bible Commentary* (Grand Rapids, MI: Zondrvan, 1994), 342]. 그 말이 함축하는 것은 명백하다. 유대 지도자들은 하나님 나라 프로그램의 필수 불가결한 분인 예수님을 거부했다는 것이다. 다른 누구에게서 구원을 찾는 것은 소용없다.

4:13. 4:13-22에서 누가는 두 사도의 사역 및 메시지와 관련해서 공회의 사법적 결정을 기록했다. 공회는 두 학문 없는 범인의 용기에 놀랐다. 두 사도는 그들의 민족 지도자들에게 용감하게 도전했던 예수님의 제자라는 것이 분명했다.

4:14. 공회 앞에서 심문을 받는 자리에는 두 사람이 아니라 세 사람이 있었다. 병 나은 사람이 그 자리에 있었기 때문에, 종교 당국은 베드로와 요한을 논박할 수가 없었다. 예루살렘 사람들은 그들이 기적을 행했다는 것을 알았다(4:15-22).

4:15-22. 종교 지도자들은 그 사도들을 위협할 수는 있었으나 그들을 침묵시킬 수는 없었다. 베드로와 요한은 두 가지 이유로 인해 자신들에게 강요된 제한에 반대했다. 책임은 궁극적으로 사람이 아니라 하나님께 있었다. 그들은 자신들이 목격한 것을 증거하지 않을 수 없었다.

공회는 베드로와 요한을 놓아주지 않을 수 없었다. 그 걷지 못하던 사람이 예수의 이름으로 나았다는 것을 부인할 수 없었기 때문이다. 백성들은 기적적 치유를 확신했으며 그로 인해 하나님을 찬양했다. 그 사람이 **사십여 세나 되었**으며 평생 못 걸었다는 말은 그 기적이 지닌 능력을 강조한다. '기적'(miracle, 22절)이라는 말은 '표적'으로 번역하는 것이 더 낫다(개역개정에는 '표적'으로 되어 있다—옮긴이 주). 그 병 고침은 육체적으로 병을 고치고, 궁극적으로는 영적으로 구원하시는 예수님의 경외할 만한 능력을 가리키는 '표적'이다.

4:23. 4:21-23에서 누가는 교회가 공회의 위협에 어떻게 반응했는지 보여준다. 그들은 기도했다! 그들의 기도에서, 유대인 신자들은 하나님을 대주재라고 칭했다[**대주재여**(*despota*, 데스포타), 이 말은 자기 밑에 있는 다른 사람들에 대한 완전한 권능과 권위를 가진 사람을 나타내는 말로, 하나님의 주권을 강조한다]. 이 구절들에 나오는 기도는 다섯 가지 영역에서 하나님의 주권에 대한 그들의 확신을 반영했다.

4:24. 주님은 피조 세계의 주재이시다. 그분은 존재하는 모든 것의 창조주이시다. 그분이 그들과 함께 계

셨으며 그들에게 모든 반대를 극복할 용기를 주셨다.

4:25-26. 주님은 하나님 나라를 반대하는 악한 자들의 적대감에 대한 주재이시다. 그들은 다윗이 시편 2:1, 2에서 말한 것을 기억하면서, 역사 내내 하나님 나라가 사람의 나라를 위협했을 때는 땅의 왕들이 하나님께 저항하려고 헛되이 시도했었다는 것을 깨달았다. 결국 하나님이 이기실 것이며 그분의 나라가 확립될 것이다.

4:27-28. 주님은 그리스도와 그분의 십자가 처형에 대한 음모를 주재하신다. 그들은 예수님의 십자가 처형이 하나님의 미리 정해진 계획에 따른 것임을 이해했다. 이 구절들은 유대 백성이 그리스도를 죽인 자라는 종래의 비난이 틀린 것임을 나타낸다는 점에서 의미심장하다. 오랜 세월 동안 기독교계는 오직 유대인들만이 그리고 모든 유대인들이 언제나 그리스도를 죽인 죄를 지었다고 단언해왔다. 하지만 이 기도는 유대인 왕(**헤롯**), 로마인 총독(**본디오 빌라도**), 몇몇 **이방인**들(로마 군인들), 공회를 구성하는 몇몇 유대 백성들과 폭도들(**이스라엘 백성**) 등이 포함된 죄의 음모가 있었음을 나타낸다. 게다가 이 사람들은 그들의 악한 행동에 대해 충분히 책임이 있지만, 하나님의 주권적 계획 아래에서 행동했다. 하나님의 **권능과 뜻대로 예정하신** 그것을 행한 것이다.

4:29-30. 주님은 신자들의 초자연적 용기와 치유의 능력에 대한 주재이시다. 기적적 치유는 그들의 메시지와 사역이 정당함을 입증해주는 표적이었다.

4:31. 주님은 그들을 성령으로 충만하게 하는 것의 주재이시다. 하나님은 그들의 기도에 응답하셨으며 그들이 새롭게 성령에 충만하게 해주셨다. 그들은 계속해서 흔치 않은 용기로 하나님의 말씀을 선포했다.

4:32-35. 이 짧은 문단에서 누가는 초대교회 내에 성령의 능력으로 인한 결과 중 하나를 묘사했다. 예수님이 누구신지에 대해 증거하고 예수님에 대해 그들이 말한 것이 정당함을 입증하기 위해 기적을 수행할 놀라운 용기가 있었을 뿐만이 아니라, 성령은 또한 교회 안에 놀라운 연합과 사랑이 생겨나게 하사 그들이 서로 가진 자원을 후하게 나누는 일이 일어났다. 그 나눔은 강압적인 것이 아니라 자발적인 것이며, 율법이 아니라 사랑에 의해 행하지 않을 수 없는 것이었다["땅이 그대로 있을 때는 네 땅이 아니며 판 후에도 네 마음대로 할 수가 없더냐"(5:4)라는 베드로의 질문을 주목하라]. 그것은 마음에서 우러나온 관용이었다. "사도들의 발 앞에 두매"라는 표현은 그들이 자신들의 자원을 사도들이 관리하게 두었다는 의미이다.

4:36-37. 누가는 **위로의 아들**이라는 의미의 바나바라는 별명을 가진 요셉에게 초점을 맞췄으며, 바나바의 세 가지 특징을 제시했다. 첫째, 바나바는 성전에서 섬김으로 제사장들을 도왔던 지파인 레위족 사람이었다(민 3:5-14을 보라). 둘째, 바나바는 구브로 출신이었다. 그래서 그는 이스라엘 영토 출신 유대인이기보다는 헬라 말을 사용한 유대인이었다. 그는 첫 번째 전도 여행 때 바울과 함께 구브로로 돌아갔다. 셋째, 바나바는 밭을 소유할 정도로 부유했다. 그는 그 밭을 팔아 교회에 드렸다.

2. 내적 부패: 아나니아와 삽비라의 속임수 (5:1-11)

아나니아와 삽비라의 부정직함과 죽음은 바나바의 관대함 및 진실함과 생생한 대조를 이룬다. 아나니아와 삽비라의 죄는 아간의 죄(참고. 수 7:25)와 비슷하다. F. F. 브루스는 구약과 신약 내러티브 둘 다에서 속임수는 하나님 백성의 승리의 전진을 가로막는다고 말한다(*Acts*, 110). 브루스는 또한 두 본문 간의 언어학적 연관을 밝힌다. 그는 5:2에 나오는 **감추매**[에노스피사토(*enosphisato*), '최상의 부분을 취하다', '횡령하다'] 라는 말은 70인역에서 여호수아 7:1에서 사용하는 것과 같은 단어라고 말한다. 거기에 보면 "이스라엘 자손들이" 온전히 하나님을 위해 구별되어 바쳐진 물건 일부를 자신들이 쓰려고 "가졌음이라"라고 말한다[에노스피사토(*enosphisanto*), Bruce, *Acts*, 110]. 아간의 죄가 온 이스라엘에게 재앙을 함축한 것과 마찬가지로, 초대교회의 하나 됨과 돌봄은 아나니아와 삽비라의 죄 때문에 위험에 처했다. 하나님은 부정직함과 횡령이 있을 때 언제나 사형에 처하게 하거나(아간) 누군가를 죽게 하지는(아나니아와 삽비라) 않으시지만, 이스라엘이 그 땅에서의 역사를 시작할 때 그리고 교회가 시작될 때 하나님이 이 죄들을 엄중하게 다루신다는 것을 보여주기 위해, 두 경우 모두 그렇게 행동하셨다.

5:1-2. 아나니아와 삽비라는 아마도 바나바가 보인

모범에 자극되어 재산을 팔았을 것이다. 하지만 아나니아는 약속한 대로 그것을 전부 교회에 드리는 대신 그 돈의 얼마를 감추었으며 그의 아내도 그 사실을 알았다.

5:3-4. 성령은 베드로가 초자연적으로 그들의 부정직함을 알도록 해주셨다. 아나니아는 교회에 거짓말을 했지만, 3절에서 베드로는 그가 성령께, 4절에서는 하나님께 거짓말을 했다고 비난했다. 베드로의 비난이 지닌 신학적 함축은 하나님이 성령 충만한 신자 개인들을 통해 공동적 교회 안에 거하신다는 것이다. 아나니아는 성령이 충만한 것이 아니라 사탄이 가득했다. '가득했다'(*eplerosen*, 에플레로센)라는 동사는 통제나 영향이라는 개념과 관계가 있다. 그것은 에베소서 5:18의 "성령으로 충만함을 받으라"에서 사용된 것과 같은 동사이다. 아나니아는 성령보다는 사탄의 영향을 받고 있었다. 탐욕의 죄는 분명 사탄이 아나니아에게 영향을 미칠 기회를 주었다. 누가는 5:4에서 아나니아에게도 책임을 지우기는 했다. 그리고 마귀의 영향이 있었다고 해서 교회의 교제와 돌봄을 해치는 죄였던 이 행동에 대한 책임이 면제되는 것은 아니었다.

5:5-6. 아나니아는 그의 죄가 폭로되었을 때, 엎드러져서 죽었다. 그의 죽음은 심리적 쇼크가 아니라 신적 심판이었다. **혼이 떠나니**라고 번역된 동사는 어떤 사람이 신적 심판으로 쓰러지는 맥락에서만 사용된다(참고. 5:5, 10. 또한 헤롯이 신으로 예배를 받았기 때문에 하나님이 그를 죽게 하신 12:23을 보라, Longenecker, "Acts," 314). 더위로 급속히 부패되기 때문에 시체는 장사 지내기 위해 재빨리 치워졌다.

5:7-10. 잠시 후에 베드로는 삽비라와 대면했다. 삽비라는 자기 남편이 죽은 것을 알지 못했다. 베드로는 삽비라에게 그들이 드린 돈이 그들이 번 금액 전체인지 물었다. 남편이 그랬듯 삽비라도 거짓말을 했으며 베드로의 발 앞에 엎드러졌다. 남편의 시체와 마찬가지로 그녀의 시체도 장사 지내기 위해 재빨리 치워졌다.

5:11. 아나니아와 삽비라에게 임한 신적 심판이 미친 영향은 무엇인가? 누가는 **온 교회**가 **다 크게 두려워**했다고 말한다. 사도행전에서 처음으로 누가는 **교회**[*ekklesia*, 에클레시아]라는 말을 사용했다. 세속 헬라어에서는 일반적으로 사람들의 모임을 칭하는 말이다. 누가의 역사에서 이렇게 이른 시기에는, 교회라는 말이 아마 예를 들어 20:28에서 그 말이 지니고 있었을 만한 완전히 발달한 전문적 의미를 지니고 있지는 않았을 것이다. 이 상황에서 심리적 두려움이라는 요소가 의심할 바 없이 존재하기는 하지만, **두려워**했다는 것은 감정적 반응이기보다는 주님께 대한 경외나 존경이다. 이 사건은 그리스도의 몸 안에서 그리고 '그 몸을 상대로 한' 죄에 대한 놀라운 경고 역할을 한다. 이것은 하나님이 신자들을 심하게 그리고 돌연히 처리하는 유일한 예이기는 하지만, 아나니아와 삽비라에게 임한 심판은 하나님이 죄를 얼마나 심각하게 생각하시는지를 보여준다. 주님은 신자들이 진리 안에서 그리고 진실하게 주님을 공경하고 섬기기 원하시며, 그렇게 하지 못하면 그분이 교회에 의도하시는 조화와 돌봄의 흐름을 붕괴시킬 수 있다(엡 4:25-28을 보라).

3. 외적 박해: 사도들이 잡히다(5:12-42)

이 본문은 사도행전 앞부분에 나오는 외적-내적 반대의 주기에서 세 번째 요소를 제시한다. 그 주기란 외적 반대(행 3-4장에 나온 못 걷는 사람을 고친 것의 여파로 베드로와 요한이 잡힌 것)—내적 반대(아나니아와 삽비라를 포함하는 사건). 외적 반대(이 본문에서는 사두개인들의 시기로 인한 박해)—내적 반대(행 6장에서 헬라파 유대인 과부들을 소홀히 한 것으로 인한 문제)이다.

아나니아와 삽비라와 관련된 기적적인 사건들은 교회 안팎의 사람들 모두에게 두려움을 주었다(5:11). 그 두려움으로 인해 많은 사람들이 교회 내의 사도들과 다른 사람들을 존경하게 되었다(5:12-16의 주제). 하지만 모든 사람이 그렇게 호의적으로 감명을 받은 것은 아니다(5:17의 주제). 처음에 사두개인들은 위협을 해서 베드로와 요한을 침묵시키려 했다(행 4장). 그다음에 그들은 더 대담한 조처를 취해 모든 사도들을 잡으라고 명령했다. 그들은 사도들을 처형하려 했지만, 가말리엘은 보다 합리적인 반응을 주장했다. 공회는 사도들을 죽이지는 않았으나, 그들에게 채찍질을 하라는 명령을 내렸다.

5:12. 하나님은 계속해서 표적과 기사로 사도들의 사역을 확증해주셨다. 신자들은 "솔로몬 행각", 곧 이방인의 뜰 동쪽에 있는 지역에서 만났다. 그들은 유대

인이었기 때문에, 그들이 성전 안에서 계속 예배를 드리는 것은 온당한 것이었다.

5:13-14. **그 나머지는**이라는 문구는 신자들을 가리킬 수도 있고 불신자들을 가리킬 수도 있다. 이 구절 후반부에서 '백성'과 대조되는 것으로 보아, 그들이 아나니아와 삽비라에게 임한 심판과 공회의 경고 때문에 사도들과 교제를 맺는 것에 대해 우려하는 신자들이었다는 견해를 지지할 수 있다. 하지만 누가는 일부 사람들이 조심하고 우려했지만, 주님은 계속해서 남자들과 여자들을 더하시면서 그분의 교회를 성장시키셨다는 점을 지적했다.

5:15-16. 누가는 자신이 글을 쓰는 유형에 따라, 사건들에 대한 일반적인 묘사에서 구체적인 예로 넘어갔다. 누가는 베드로의 그림자가 병든 사람들과 귀신 들린 사람들에게 덮인 예를 통해 베드로의 병 고침의 능력에 초점을 맞추었다. 고대사회에서 어떤 사람의 그림자는 그 사람의 연장으로 여겨졌다. 어떤 사람의 그림자가 시체에 닿으면 그 사람은 마치 실제로 그 시체를 만진 것처럼 부정하게 될 것이다[상세한 것에 대해서는 Craig S. Keener, *The IVP Bible Background Commentary: NT* (Downers Grove, IL: InterVarsity, 1993), 335을 보라]. 사람들의 기대는 부분적으로는 미신에 근거하고 있을지 모르지만, 하나님은 이것을 통해 베드로의 사도적 사역이 진짜임을 입증하도록 역사하셨다. 베드로와의 간접적 접촉을 통한 이 치유의 기적은 예수님의 겉옷 가(마 9:20)와 바울의 손수건이나 앞치마(19:11-12)를 만짐으로 치유의 기적이 일어난 것과 유사했다. 이런 상호 관계는 사도행전에서 베드로, 바울, 예수님의 사역 간의 몇 가지 의도적 유사성 중 하나이다. 누가의 목적은 무엇보다도 베드로와 바울을 둘 다 참된 사도로 인증하는 것이었다.

5:17-18. 사도들이 두 번째로 잡힌 것은 불가피했다. 그들은 공회에 공개적으로 도전했기 때문이다. 일부 비판가들은 이것이 사도들이 잡히고 공회 앞에서 재판을 받은 동일한 역사적 사건에 대한 두 번째 기사라고 주장했다(첫 번째 기사에 대해서는 4:1-31을 참고하라). 보다 정확한 것은 그 두 번의 잡힘이 실제로 일어났으며, 그럼으로써 당시 유대 율법의 한 측면을 반영한다는 것이다. 유대 율법은 다음과 같은 것을 요구했다.

> 사형이 아닌 경우, (랍비 훈련을 받아 아마도 율법을 알 만한 사람들과 구별되는) 일반인들에게는 증인들 앞에서 법적 훈계를 해주어야 했으며, 그들이 적절한 경고를 받은 후에 다시 범죄에 빠졌을 때에만 그 죄에 대해 처벌할 수 있었다. 그렇기 때문에 사도행전 4:1 이하는 공회가 사도들을 '학문 없는 범인'(13절)이라고 판단한다는 것을 진술하며 그들이 어떻게 예수의 이름으로 더는 말하지 말라는 법적 경고를 받았는지 말한다(17절). 하지만 사도행전 5:17은 어떻게 공회가 사도들에게 그들이 처음에 받은 경고를 상기시키고(28절) 그들이 '분파적' 방식을 고집한 것 때문에 그들을 채찍질하도록 넘겨주었는지(40절) 말한다(Longenecker, "Acts," 300).

사도들은 그들의 설교에서 부활을 강조했기 때문에, 사도들이 사람들의 호감을 얻었을 때 사두개인들의 마음에 시기가 가득하게 된 것은 놀라운 일이 아니다. 시기는 자신보다 더 유능한 '다른 사람의 성공에 대한 강렬한 부러움'이며, 종종 어떤 사람이 다른 사람에 대한 애정이나 존경으로 인해 자신을 밀어내지 않을까 하는 두려운 느낌을 포함한다. 사도들은 인기가 많았으나, 사두개인들은 그렇지 못했다.

5:19-26. 누가는 그들이 **주의 사자**에 의해 풀려났다고 말했다. 하나님이 사도들을 풀어주기 위해 천사를 보내신 것은 묘한 일이다. 사두개인들은 천사를 믿지 않았으므로 또한 그 사도들은 공공 감옥에 갇혀 있었다. 그렇기 때문에 모든 사람이 그들이 탈출했다는 것을 알았다.

천사는 두 가지 임무를 띠고 있었다. 첫째, 천사는 사도들을 풀어주었다. 어떻게 그 천사가 경비대의 주의를 끌지 않고 옥문을 열었는가 하는 것이 기적의 일부였다. 둘째, 그 천사는 그들에게 계속해서 **이 생명의 말씀을 다**['부분'이 아니라] 전하라고 지시했다. 3:15에서 베드로는 예수님을 "생명의 주(창시자)"라고 불렀다. 그래서 여기 나오는 **생명**은 예수 그리스도로부터 오는 새롭고 영원한 생명이다. 사도들은 그 신적 명령에 순종하여, 성전으로 되돌아가 사람들이 아침 기도를 하러 왔을 때 그리스도 안에 있는 새 생명을 계속해서 가르쳤다(미완료 시제).

이 사건이 지닌 유머를 도저히 놓치고 지나갈 수는 없다. 공회가 다음 날 사도들을 재판하기 위해 다시 모였을 때, 그들은 그 성의 감옥에서 '탈주'가 일어났었다는 경비대의 보고에 충격을 받았다. 경비대는 사도들을 다시 잡았다. 하지만 어떠한 폭력도 피했다. 백성들이 격렬한 반응을 보일까 두려웠기 때문이다.

5:27-28. 재판 때 공회의 자리 배열은 피고인을 위협하게끔 구성되어 있었다. 공회원들이 반원형으로 앉았으며, 피고인이 그들을 대면하여 중앙부에 있었다. 대제사장은 사도들에게 이전에 확증시켰던 제한들을 상기시켰으며, 사도들의 두 가지 죄목을 말했다. 첫째, 그는 그들이 **너희 가르침을 예루살렘에 가득하게** 했다는 죄를 씌웠다. 그들은 공회의 엄한 명령에 저항해서 그리스도를 공개적으로 선포했다. 둘째, 그는 그들이 **이 사람의 피를 우리에게 돌리고자** 했다고 말했다. 명백한 사실들에도 공회는 그리스도의 십자가 처형에서 그들이 져야 할 책임을 받아들이기를 거부했다.

5:29-32. 사도들은 사람보다 하나님을 순종하기로 결심함으로 공회를 곤경에 빠뜨렸다. 공회는 그들이 하나님을 순종하는 일에 헌신하고 있다고 주장했으므로(5:29과 5:32b을 보라), 자신들이 주님을 반대하는 것으로 인식되기를 원하지 않았다. 누가는 베드로가 공회에 전한 메시지의 세 가지 핵심적 사항을 기록했다. (1) 베드로는 예수님을 십자가[문자적으로는 '목재'(wood) 혹은 '나무'(tree), 이것은 신 21:23에 대한 숨겨진 암시로 바울이 갈 3:13에서 분명하게 밝힌 개념이었을 것이다]에 달아 죽이는 일에 그 지도자들을 관련시켰다. (2) 예수님에 대한 인간적 견해와는 반대로, 하나님은 예수님을 하나님 우편(최고로 영예로운 자리)으로 높이심으로 예수님이 옳다는 것을 입증하셨다. 예수님은 '주' 혹은 '지도자'라는 그분의 지위 때문에, 이스라엘에게 회개와 죄 사함을 주실 수 있었다. 구약시대 자기 백성의 구세주이셨던 하나님과 마찬가지로 예수님은 이제 이스라엘의 주님이셨다. 하지만 그들이 죄 사함을받기 위해서는 회개할 필요가 있었다. 복이 말하듯이, "하나님께 순종해야 할 필요가 있는 사람들은 사도들이 아니라 그 지도자들이었다"(Bock, *Acts*, 248). (3) 사도들은 그리스도의 죽음과 부활을 눈으로 목격한 사람들이었으며, 그리스도에 대해 증거하도록 증인들에게 권능을 주신 분은 성령이었다.

5:33-39. 가말리엘은 이전에 힐렐의 학생이었다. 힐렐은 주후 20년에 죽었으며 헤롯 대제 시절에 공회 지도자였던 사람이다. 가말리엘은 당시 가장 존경받는 바리새인 지도자 중 한 사람이었다. 유대 율법을 편집한 미시나는 그에 대해 이렇게 말한다. "장로인 라반(Rabban: 랍비보다 높은 지위의 인물에 대한 존칭—옮긴이 주) 가말리엘이 죽은 후로, 율법은 더 이상 존경받지 못했다. 그리고 정결과 절제도 동시에 자취를 감춰버렸다"(*Sotah* 9:15). 바울은 사도행전 22:3에서 가말리엘이 한때 그의 선생이었다고 진술했다. 바리새인들이 일반적으로 그랬듯이 가말리엘은 일어나는 모든 일을 하나님이 주관하고 계신다고 믿었다. 하지만 가말리엘은 또한 자유의지도 믿었다. 가말리엘은 공회에게 하나님의 뜻에 반대해서 그들의 자유의지를 행사하지 말라고 주의를 주었다. 아마 그는 "너희 조상들의 하나님 여호와와 싸우지 말라 너희가 형통하지 못하리라"라는 역대하 13:12 같은 본문을 생각하고 있었을 것이다.

가말리엘은 궁극적으로 실패했던 로마에 대한 두 개의 반역 이야기를 요약했다. **드다**가 누구인지는 확실하지 않다. 그의 신원은 심각한 역사적 문제를 제기한다. 주후 약 43-46년에 단명한 반란을 이끈 드다라는 사람이 있었다(Josephus, *Ant*. 20.97-98). 하지만 이 사람을 가말리엘의 말에 나온 사람으로 보기에는 시기적으로 너무 늦다. 가말리엘의 이 말은 이 반란이 일어나기 적어도 수년 전에 한 것이다. 누가의 기록에서 가말리엘은 **드다**를 **유다**보다 더 앞에 둔다. 그래서 우리가 다른 곳에서는 알 수 없는 드다를 누가가 생각하고 있었을 수도 있고, 요세푸스의 기록이 잘못되었을 수도 있고, 아니면 심지어 '드다'가 그 사람의 이름(아마 '데오도투스', '데오도루스', '데오도티온' 등 일부 유대 백성 가운데서 대중적이었던 헬라 이름)의 다른 형태일 수도 있었다[상세한 것으로는 다음을 보라. Colin J. Hemer, *The Book of Acts in the Setting of Hellenistic History* (Winona Lake, IN: Eisenbrauns, 2001), 162n. 5]. 가말리엘이 말한 것처럼 드다가 유다보다 연대적으로 앞선다면, 이 두 사람은 모두 헤롯 대제의 죽음 이후에 일어난 반란에 참여했을 것이다. 그때는 엄청난 사회, 정치적 불안의 시기로 다른 반란도 일어났다고 알려져 있다. 그 반란 중 하나는 **유다**의 지휘 아래 일어났는데, 유다는 **호적할 때에**[아마 주후 6/7년] 반란을 이끌었다. 이 반란이 하나님에게서 나온 것이 아님은 분명하다. 하지만 가말리엘은 기독교에 대해 별로 확신하지 못하고 있었다.

더 큰 문제는 가말리엘의 조언에 관한 것이다. 기독교가 하나님의 운동이라면 공회는 그것을 중단시킬 수 없으리라는 그의 말은 옳은 것이었는가? 그리고 하나님으로부터 나오지 않았다면 그 운동은 성공하지 못할 것인가? 가말리엘의 말은 옳기도 하고 틀리기도 했다. 분명 하나님이 이 새 운동과 함께하신다면, 심지어 로마인들이라도 그것을 통제할 수 없을 것이라는 그의 주장은 분명 옳았다. 게다가 역사는 어떤 운동이 신적 간섭 없이 인간의 노력과 결단을 통해 성공할 수 있다는 것을 보여준다. 하지만 사도행전에서 교회의 진전에 대한 누가의 관점으로 볼 때, 가말리엘의 말은 옳았다. 교회는 예루살렘으로부터 로마로 진전해나갔다. 누구도 중단시킬 수 없었다. 그것이 하나님의 운동이었기 때문이다.

5:40-42. 공회는 제자들을 채찍질하라고 지시했으며 그들에게 예수의 이름으로 말하지 말라고 명령했다. 유대의 채찍질은 납으로 된 채찍을 사용하는 것이었다. 그들은 가슴에 13회, 등에 26회 총 39(40에서 하나를 뺀 수)회 채찍질했다. 공회는 증인들이 예수님이 이스라엘의 메시아라는 것을 증거하지 못하도록 막으려 했으나, 결국 그들은 그렇게 할 능력이 없었다.

4. 내적 다툼: 헬라파 과부들을 소홀히 하다(6:1-7)

누가가 이 부분에서 서술하는 마지막 위협은 분명 행정적 실수의 결과였다. 교회 내 한 과부 집단이 날마다 음식을 분배받는 것에서 빠졌다. 이것이 교회가 폭발적 성장을 따라잡지 못한 것일 뿐이었다면 아무도 교회를 비난하지 않을 것이다. 하지만 문제의 원인은 더 깊은 것이었다. 그것은 문화적 차별로, 잠재적으로 교회를 헬라파 유대인과 히브리파 유대인으로 갈라놓는 것이었다.

6:1. 누가는 6:1에서 문제를 소개했다. 예루살렘 교회 교인들 가운데는 헬라파 유대인들도 있었고 히브리파 유대인들도 있었다. 헬라파 유대인들의 특징에 관한 증거는 다양하며, 그들이 누구였는지에 대해 독단적으로 결론을 내릴 수는 없다. 가장 좋은 표지들은 그들이 유대 밖에서 왔을 것이며 모국어인 헬라어로만 의사소통이 가능하고, 히브리파 유대인들보다는 율법과 성전을 그들의 신앙에 다소 덜 중심적인 요소로 보았으리라는 것이다. **헬라파 유대인**이라는 단어는 9:29에서도 사용되었다. 그것은 그들이 바울을 반대하는 유대교에 열심이 있는 사람들이었음을 나타낸다. 히브리파 유대인들은 히브리어를 말했다. 하지만 많은 사람들은 당시의 공용어로 헬라어를 알고 있었을 것이며, 아마 헬라 문화에 더 심하게 저항했을 것이다. 헬라파 유대인들은 그들의 과부들이 날마다 음식을 분배받을 때 푸대접을 받는다고 불평했다. 이 문제는 부분적으로는 폭발적 성장의 결과였다. **제자가 더 많아졌는데**.

6:2-4. 열두 사도는 그들이 이 문제에 주의를 집중한다면 기도와 가르침이라는 그들의 주된 사역에서 주의를 딴 데로 돌리게 될 것이라고 지혜롭게 예상했다. 그들은 교회에게 과부들을 돌보는 일을 감독하도록 일곱 명을 택하라고 권했다. 이 본문은 초대교회에서 집사의 직무를 구체적으로 확증하지는 않지만, '집사'(deacon)라는 말은 1절에 나오는 '구제하다'(serving, NASB에는 serving of food라고 되어 있다—옮긴이 주)라는 명사(*diakonia*, 디아코니아)와 2절에 나오는 '섬기다'(to serve, '접대'라는 말이 NASB에는 to serve table이라고 되어 있다—옮긴이 주)라는 동사(*diakoneo*, 디아코니오)와 관련이 있다.

사도들은 그 해결책을 교회에 부과하지 않았다. 오히려 그들은 모든 제자들에게 다른 사람들이 그 성품을 아는 일곱 명의 평판 높은 사람을 택하라고 요청했다. 과부를 섬기는 일은 세상적인 일처럼 보이지만, 선택받은 사람들은 **성령과 지혜가 충만**해야 한다. 이것은 그들이 성령의 인도에 순종하고 하나님의 뜻과 일관된 결정들을 내리기 위해 충분한 경험과 지식을 갖고 있어야 함을 의미한다.

6:5-7. 선택받은 사람들의 이름으로 판단해볼 때, 최초의 집사들은 히브리파 유대인이기보다는 헬라파 유대인들이었다. 교회는 헬라파 유대인 과부들을 간과했으므로, 그들은 의도적으로 헬라파 유대인들이 그 사

역을 맡도록 했다. 누가는 공회에 그리스도를 선포하는 일에서 핵심 인물이 된(7장) **스데반**과 사마리아인들에게 복음을 전하는 일에 도구가 되었던(8장) **빌립**을 소개했다.

더 큰 집단이 한 결정을 사도들이 기도와 상징적인 안수를 통해 확증해주었다. 스데반과 빌립은 이미 성령이 충만하고 지혜가 있는 사람이었다. 안수한 것은 사도들이 그들을 과부들을 대상으로 한 이 사역에서 그들의 대리인으로 위임했다는 것을 나타냈다. 게다가 사도적 대리인 스데반과 빌립은 둘 다 복음을 전파하는 일에서 사도의 사절 역할을 했으며 그럼으로써 기사와 표적을 행할 수 있었다(6:8; 8:6).

교회가 이 문제를 다루는 것을 통해, 세 가지 유용한 원리를 분별할 수 있다. (1) 급속한 성장은 교회의 자원을 요구할 것이며 교회는 그들의 필요를 채울 준비가 되어 있어야 하고 그것을 위해 기꺼이 재조직되어야 한다. (2) 어떤 이유에서든 궁핍한 사람들을 간과하는 것은 교회에서 받아들일 수 없다. 그리스도를 믿는 믿음은 모든 인종적, 문화적 차이를 초월한다. (3) 사역에서 교회 지도자들은 기도와 말씀 가르치는 일에 초점을 맞춰야 한다.

누가는 교회의 놀라운 성장에 초점을 맞춤으로 교회에 대한 이야기의 첫 번째 부분을 요약했다. 메시지(하나님의 말씀)는 예루살렘으로부터 바깥으로 계속해서 성공적으로 전진해 나아갔다. 하나님은 예루살렘에서 제자들의 숫자가 늘어나게 하셨다. 그리고 주목할 만한 수의 제사장들이 믿음에 순종하게 되었다. 교회의 놀라운 탄생과 성장에 대한 설명은 그리스도가 살아 계시다는 것과 그분이 약속하신 그대로 자기 제자들에게 성령을 부어주셨다는 것이다.

Ⅱ. 교회의 확장: 유대와 사마리아(6:8-9:31)

A. 스데반: 유대인들을 대상으로 증거하다 (6:8-8:3)

1. 스데반이 잡히다(6:8-7:1)

a. 스데반의 삶의 배경(6:8-10)

이 부분(6:8-9:31)은 교회의 이야기에서 새로운 부분을 소개한다. 누가는 세 사람에게 영감의 스포트라이트를 돌렸다. 스데반, 빌립, 바울이다. 교회의 전 세계적 선교를 준비하면서 이 사람들은 각각 서로 다른 인종 집단에게 증거했다. 스데반은 헬라파 유대인들에게, 빌립은 사마리아인들에게, 바울은 이방인들에게 복음을 전하도록 신적 선택과 위임을 받은 것이다.

신자들은 사람보다는 하나님께 순종하기로 결심했기 때문에, 그리스도의 제자들 중 한 명이 자신의 헌신에 대한 궁극적 대가를 치르는 것은 불가피했다. 공회가 스데반을 돌로 치도록 몰아간 분노를 이해하기 위해서는, 유대교를 보존한 전통적 믿음 세 가지를 판별하는 것이 필요하다. 그것은 땅, 율법, 성전이다. 첫째, 유대인 지도자들은 하나님이 아브라함과 그의 후손들에게 그들 자신의 것이라 부를 나라를 약속하셨다고 믿었다(창 12:1-3). 문제는 하나님이 이 땅 안에서만 활발하게 역사하실 수 있다고 생각하는 것이었다. 둘째, 지도자들은 하나님이 이스라엘에게 모세를 통해 율법을 주셨다고 바르게 이해했지만, 그들은 자신들이 율법의 수호자라고 혼동하고 있었다. 셋째, 그들은 성전이 하나님이 거하시는 신성한 곳이라고 믿었다. 하지만 그들이 성전에 계시는 하나님의 임재가 축복과 보호를 보장한다고 믿은 것은 잘못이었다. 스데반은 그의 연설에서 땅, 율법, 성전에 대한 그들의 잘못된 개념에 도전했으며, 그들이 그들 자신의 메시아 예수를 거부했다고 비난했다.

6:8. 스데반은 **은혜와 권능**이 충만했다. 그 결합은 역설적인 것처럼 보인다. 하지만 그 둘은 관련이 되어 있다. 은혜와 권능은 스데반에게 매력적인 성품과 힘 있는 정신을 부여한 하나님의 공급품이었다. 한 인기 있는 설교자가 진술했듯이 스데반은 "부드럽지만 강인"했다. 그는 기적들에서 그의 권능을 보여주었다. 교회의 광범한 발전에서 하나님이 히브리파 유대인인 사도들을 통해서 하셨던 것과 똑같은 방식으로, 헬라파 유대인인 스데반을 통해 기적적으로 역사하셨다는 것은 의미심장하다. 스데반이 그렇게 할 수 있었던 것은 사도들이 그에게 안수했기 때문이다(6:5). 그래서 스데반은 사도적 대리인 역할을 할 수 있었다.

6:9-10. 그렇지만 스데반은 그의 은혜로운 성품과 권능의 사역에도 불구하고, **자유민들…의 회당**으로부터 격렬한 반대에 직면했다. 자유민들의 회당은 전에 종이었으나 자유를 얻고 예루살렘에서 회당을 구성한

외국 출신의 유대인들로 구성되어 있었다. 나와 있지는 않지만, 그들은 아마 이스라엘의 메시아이신 예수님에 대한 스데반의 거리낌 없는 믿음에 기분이 상했을 것이다. 그래서 그들은 스데반에게 공개적으로 도전했다. 하지만 그들은 스데반의 **지혜와 성령**으로 인해 좌절했다. 스데반의 논증은 타당했으며, 성령은 메시아에 대한 그의 메시지가 참이라는 것을 깨닫게 해주었다.

b. 스데반에게 씌워진 죄목(6:11-7:1)

6:11-12. 이 자유민들은 그들에게 동조하는 일부 사람들에게 스데반을 고소하라고 설득했다. 스데반이 모세와 하나님에 대해 신성모독의 죄를 지었다는 것이었는데, 둘 다 사형에 해당하는 죄였다(출 22:28; 레 24:11-16). 스데반은 공회 앞에 강제로 끌려갔다.

6:13-14. 구체적 죄목들은 예수님이 성전과 율법에 대해 하신 말씀을 다소 오해한 것이었다. 예수님은 그 둘 다 끝날 것이라고 경고하셨다. 그 고발들이 구체적으로 어떤 것과 관련되어 있었는지는 알 수가 없다. 증인들이 설득을 당해 스데반에 반대하는 증언을 했기 때문이다.

6:15-7:1. 스데반의 얼굴은 천사의 얼굴과 같았다. 그것은 그가 주님의 임재 안에 서 있는 사람의 모습을 지니고 있었다는 의미이다. 대제사장의 질문(7:1)에 대답할 때, 스데반은 (1) 땅, (2) 율법, (3) 성전 문제에 대한 그의 동포들의 자신만만한 믿음에 도전하면서 광범위한 유대 역사를 개관했다. 그들의 지나친 자신감은 잘못된 개념에 뿌리박고 있었다. 구약에서 이스라엘에게 합법적으로 약속되었던 세 가지 복을 다 소유하는 것은, (특히 그들의 메시아와 그분의 백성에 대한) 그들의 죄 된 행동이나 태도에 상관없이 하나님의 은총이 그들에게 머물러 있음을 나타낸다는 것이었다. 스데반은 이스라엘이 약속의 땅에 있다는 사실이 하나님의 은총의 증거라는 오해를 논박하기 위해 아브라함과 요셉에게 초점을 맞췄다.

2. 스데반의 설교(7:2-53)

a. 하나님의 계시의 넓이(7:2-8)

7:2-8. 아브라함이 아직 메소보다미아에 있을 때 하나님은 아브라함을 부르셨으며 그에게 땅을 주시겠다고 약속하셨다. 아브라함은 그의 생애 동안에 약속된 땅을 한 자락도 받지 못했지만, 그는 하나님을 믿었다. 아브라함은 계속해서 놀라운 믿음을 보여주었다. 하나님은 아브라함의 후손들이 그 땅을 유업으로 받기 전에 400년간 종이 될 것이라고 말씀하셨다. 하나님은 할례 의식으로 아브라함과 맺은 그분의 언약을 확증하셨다. 스데반의 요점은, 하나님은 아브라함이 그 땅에 살았기 때문이 아니라 그가 믿고 순종했기 때문에 아브라함에게 복 주셨다는 것이었다.

b. 하나님의 사신들을 거부하다(7:9-53)

7:9-16. 아브라함과 마찬가지로 요셉도 다른 나라에 있을 때 하나님이 그를 높여주셨다. 요셉의 형제들은 시기심 때문에 요셉을 종으로 팔았다. 하지만 하나님은 애굽에서 요셉을 축복하셨다. 그는 바로에 의해 애굽 전체를 다스리는 통치자로 등용되었다. 기근이 약속된 땅에서 그들의 생존이 위협당할 때, 야곱은 곡식을 사 오도록 자기 아들들을 애굽으로 보냈다. 하지만 그들은 두 번째 방문할 때까지 요셉이 그들의 형제라는 사실을 알지 못했다. 독단적으로 주장하려는 것은 아니지만, 스데반은 예수님이 두 번째 오실 때 이스라엘이 예수님을 메시아로 인식하는 것에 대한 예시임을 암시할 수도 있다. 요셉의 형제들이 처음 애굽에 왔을 때 요셉의 신원에 대해 알지 못했으나 두 번째 왔을 때는 알게 되었던 것처럼, 이스라엘은 예수님이 처음 오셨을 때는 그분을 알아보지 못했으나 두 번째로 오실 때는 알아볼 것이다.

스데반의 요점은 그 땅이 지상의 '마법의 왕국'이 아니라는 것이었다. 지리적 위치가 하나님의 복을 결정하는 것이 아니라 믿음과 순종이 결정한다.

7:17-29. 이 부분에서 스데반은 율법과 모세에 대한 오해에 대해 다루었다. 이것은 자기변호가 아니라 동족들의 이 지도자들에 대한 영적인 고발이다. 스데반은 그들이 애굽에서 종이 되었을 때, 여호와께서 그들을 구원하러 모세를 일으키셨다는 것을 공회에 상기시켰다. 하지만 그들은 모세가 그들의 관리와 재판장이 되는 것을 거부했다(7:27-29, 35). 위험한 시대에 태어난 모세는 평범한 어린아이가 아니었다. 그는 하나님의 큰 은총을 받았으며, 하나님은 섭리적으로 모세가 궁전에서 살고 애굽의 교육을 받을 수 있게 하셨다.

하지만 모세는 한 이스라엘 사람을 학대하는 애굽인을 죽였을 때 미디안으로 도망하지 않을 수 없었다. 그는 또한 서로 싸우고 있던 두 이스라엘 사람 간에 중재를 하려 했다. 자기 이웃을 해치고 있던 사람은 모세에게 감사하는 대신, 모세를 거부했으며, **누가 너를 관리와 재판장으로 우리 위에 세웠느냐**(7:27)라고 빈정거리며 물었다. 그 사람이 모세가 애굽 사람을 죽였던 것처럼 자기를 죽이려 하느냐고 물으면서 모세를 비난했을 때, 모세는 그 백성이 그의 지도력을 받아들이지 않을 것임을 깨달았으며, 미디안으로 도망갔다.

7:30-35. 여호와는 약속의 땅이 아니라 미디안에서 모세에게 나타나셨다. 그분은 불타는 떨기나무에서 신의 현현(하나님이 눈에 보이게 나타나는 것)으로 오셨으며, 자신을 이스라엘 족장들의 하나님이라고 밝히셨다(참고. 출 3:1-6). 하나님은 모세에게 애굽으로, 그들을 속량하는 자로서 그를 거부했던 그 동일한 백성에게로 돌아가라고 명하셨다.

두 번에 걸쳐 스데반은 여호와가 **천사**로 나타났다고 말했다(7:30, 35). 이 말은 여호와가 천사와 같은 형태로 눈에 보이게 나타났다는 것일 가능성이 많다. 율법이 천사들을 통해 전달되었다는 유대 전통(Bock, *Acts*, 295)은 신약의 다른 곳인 히브리서 2:2과 갈라디아서 3:19에서 확증된다.

7:36-38. 심지어 기적적인 표적들을 통해 하나님이 모세를 선지자로 확증하신 후에도, 그들의 조상들은 그에게 순종하기를 거부했다. 스데반은 그 점을 직접 주장하지는 않았지만, 모세와 예수님 간의 비교를 암시하기 위해 신명기 18:15을 인용했다. 예수님은 하나님이 이스라엘에게 보내겠다고 약속하신 모세와 같은 선지자였다. 그들의 조상들이 모세를 거부했던 것과 마찬가지로, 당시의 지도자들은 두 번째 모세인 예수님을 거부했다. 하지만 광야에서 40년간 머무르다가 자기 백성을 구하러 돌아온 모세처럼, 예수님은 이스라엘을 구하러 두 번째로 오실 것이다. **광야 교회**라는 문구는 마치 구약에 교회가 존재했던 것처럼 교회라는 엄밀한 의미에서 '에클레시아'(교회, 회중, 모임)라는 단어를 사용하지는 않는다. 예를 들어, 사나운 폭도들에 대해 비전문적인 의미로 그와 똑같은 단어(에클레시아)가 사용되는 것을 보라(19:32). 분명 이것은 교회를 의미하는 것이 아니다. 스데반의 연설에서 그 단어는 단지 광야에서 방황할 때 이스라엘의 '모임'을 언급하는 말로 사용되었다.

7:39-43. 자신들이 토라의 참된 수호자라는 그들의 견해와는 반대로, 그들은 실제로는 하나님께 대한 반역의 역사를 가지고 있었다. 그들은 금송아지를 만들었으며 **몰록**과 **레판** 같은 다른 신들에게 제물을 바쳤다. 모세를 거부했던 그들의 선조들과 마찬가지로, 스데반 시대의 유대인 지도자들은 그들의 해방자이며 선지자이신 이스라엘의 메시아를 거부했다.

7:44-50. 스데반은 성전 건축으로 이어지는 사건들을 짧게 개관했다. 하나님은 모세에게 광야에서 성막('회막', 출 27:21)을 짓기 위한 지시를 내리셨다. 다윗은 여호와께 은혜를 입었다. 하지만 그에게는 하나님의 처소를 짓는 것이 허용되지 않았다. 대신 다윗의 아들 솔로몬이 하나님을 위해 **집**을 지었다. 솔로몬의 성전은 장엄한 것이었으나, 그는 하나님이 사람이 만든 집에 거하시지 않는다는 사실을 알았다(왕상 8:27). 스데반은 이사야 66:2을 인용하면서, 모든 피조 세계가 하나님의 성전이라고 선언했다. 예루살렘에 있는 물리적 구조물은 이스라엘을 향하신 하나님의 역사를 제한하지 않았다.

7:51-53. 스데반의 연설은 이스라엘의 지도자들에게 용감한 도전이었다. 스데반은 그 지도자들이 모두 중생하지 않은 사람들, **목이 곧고**, 다른 관점을 보기 위해 머리를 돌릴 수 없는 사람들 그리고 **할례를 받지 못한** 이방인들보다 나을 바 없는 사람들이라고 비난했다. 스데반은 그들을 **마음과 귀에 할례를 받지 못한 사람들**(51절)이라고 불렀다. 그들의 육체적 할례와 대조시키기 위해서이다. 문자적 할례는 그것을 받는 사람들에게 진지한 믿음이나 '영적 할례'를 받도록 자극하기 위한 것이었다. 이것은 예레미야가 이스라엘에게 한 것과 같은 도전이었다(렘 4:4; 9:25). 그들이 **마음에 할례를 받지 못했**다는 것은 그들과 하나님과의 관계 안에 영적 생명이 없다는 의미였다. 그들이 영적으로 살아 있었다면, 그들은 예수님을 메시아로 인식했을 것이다. 그러나 그들은 선지자들을 박해했던 자기 조상들처럼 **의인**을 잡아주고 살인했다(52절). '의인'이라는 호칭은 메시아적인 것이며(사 53:11) 예수님의 무죄함과 그들이 지은 죄의 심각함을 강조한다. 이것은 교회가 오랫동안 주장했던, 유대 백성 전체가 그리스도를 죽인 자

라는 비난을 긍정하는 것이기보다는 예수님에 대한 음모에서 공회의 역할(이방인들과 함께)을 밝히는 것이다(4:27-28에 대한 주석을 보라). 스데반의 마지막 진술은 극히 담대한 선언이다. 그가 배반한 유대인이라는 비난과는 반대로 스데반은 공회가 율법을 불순종한다고 고발했다. 그것은 그에게 가해진 것과 동일한 죄목이었다(6:13을 보라).

3. 스데반이 돌에 맞아 죽다(7:54-8:3)

a. 그가 본 광경(7:54-56)

7:54. 공회의 행동은 린치를 행하는 무리와 닮아 있었다. 그들은 스데반의 메시지가 그들의 마음을 찔렀기 때문에 분노했다. **이를 갈거늘**이라는 말은 강렬한 분노를 나타낸다.

7:55-56. 누가는 스데반이 **성령 충만**하였다고 말함으로 그의 증거를 지지해주었다. 하나님은 스데반이 하나님의 영광을 얼핏 보고, **예수께서 하나님 우편에 서신 것**을 보도록 허용하심으로 스데반이 옳다는 것을 입증하셨다. 하나님 우편에 계신 예수님의 위치는 그분이 신적 권위를 지닌 곳에 있도록 해주었으며, **인자**라는 호칭은 예수님이 땅의 모든 나라들에 대해 주권적이고 영원한 권세를 받으셨다는 것을 확증해주었다(단 7:13-14을 보라). 그래서 비록 공회는 (주로 공식적인 사법기관으로서가 아니라 성난 폭도로서) 스데반을 정죄했지만, 예수님은 스데반의 신적 대변자가 되어주셨다, 공회는 스데반이 유죄라고 판결했다. 그러나 신적 재판관인 예수님은 스데반이 무죄이고 공회가 유죄라고 선언하기 위해 서 계셨다. 예수님이 하나님 우편에 앉아 계시기보다(참고. 엡 1:20) 서 계셨다는 것은 약간의 목회적 의미를 지니고 있을 것이다. 예수님은 스데반을 하늘로 환영해 들이기 위해 서 계셨다. 그런 생각은 죽음의 두려움을 다소 덜어줄 수는 있겠지만, 사법적 해석이 일차적인 것이었다고 보아야 한다.

b. 그가 경험한 고난(7:57-58)

7:57-58. 공회의 몸짓은 그들이 맹목적이었으며 통제할 수 없는 분노가 극에 달해 있었음을 나타냈다. 아마도 곁에서 재판을 지켜보고 있던 사람들이 이 순간 개입했으며 린치를 가하는 폭도를 형성했을 것이다. 그들은 스데반을 성 밖으로 내치고 신성모독에 대한 벌로(레 24:14; 신 17:5-7) 돌로 쳐서 그를 처형했다. 누가는 사울이 스데반을 처형한 자들을 지지하면서 그 자리에 있었다고 말함으로, 후에 초대교회 이야기에서 주요 등장인물이 된 사울을 소개했다.

c. 그가 보여준 확고부동(7:59-8:3)

7:59-60. 스데반은 교회의 첫 번째 순교자가 되었다. 그는 끔찍한 죽음을 겪었지만, 누가는 그가 **자니라**라고 말했다. '잠'은 신자의 죽음을 나타내는 일반적인 완곡 어법이며, 언제나 부활의 소망을 포함한다(참고. 살전 4:13-18). 스데반은 십자가 처형을 당하지는 않았지만, 그가 죽은 방식은 주님이 죽은 방식과 유사했다.

스데반의 말과 예수님의 말씀 비교

스데반	예수님
주 예수여 내 영혼을 받으시옵소서.	아버지 내 영혼을 아버지 손에 부탁하나이다(눅 23:46).
주여 이 죄를 그들에게 돌리지 마옵소서.	아버지 저들을 사하여 주옵소서 자기들이 하는 것을 알지 못함이니이다(눅 23:34).
이 말을 하고 자니라.	이 말씀을 하신 후 숨지시니라(눅 23:46).

이 유사점들은 교회를 통한 예수님의 지속되는 역사를 나타내며(1:1), 누가의 복음서가 예수님이 시작하신 일에 대한 기록이고 사도행전은 예수님이 계속해서 하시는 일—특히 스데반의 순교에서 보여진—에 대한 기록임을 시사한다.

8:1a. 누가는 스데반의 이야기를 결론 맺기 전에 다시 사울에게 초점을 맞추었다. 스데반의 연설은 사울로 하여금 메시아 예수를 따르는 이 사람들이 전통적인 유대교에 위협적 존재였으며 무슨 수를 써서라도 막을 필요가 있다는 것을 확신시켜주었다. 스데반의 연설은 그 말을 듣는 사람들을 분노하게 했다. 그것은 1세기 유대교의 중심 교의에 도전했고, 공회가 거부한 메시아를 인정했으며, 유대교 지도부의 권위에 위협을 가했기 때문이다. 그렇기 때문에 그들은 예수님을 따르는 유대인들을 열심히 공격했다. 박해로 인해 신자들은 흩어졌다. 하지만 바람에 날리는 씨처럼 그들은 성장하고 숫자가 늘어났다. 그들은 가는 곳마다 말씀을 전했다. 성

령은 빌립을 사마리아와 가사로 인도하셨다. 박해하는 이들의 적대감이 폭발함으로 인해 예수님을 따르는 자들은 먼 지역에서 안전을 추구하게 되었다.

8:1b-2. 대부분의 유대인 신자들은 **사도 외에는** 예루살렘을 떠나지 않을 수 없었다. 누가는 사도들이 왜 제외되었는지는 말하지 않았다. 그들을 대중이 매우 높이 평가하므로 쫓아내면 유대인 지도자들에게 더 큰 골칫거리가 생겨났을 수도 있고, 아니면 그들이 여전히 예루살렘에 남아 있는 신자들을 돌보기 위해 머물렀을 수도 있다. 어쩌면 그들은 헬라파 유대인들이 아니었기 때문에 떠나지 않았을 수도 있다. 그들은 공회에 의해 박해에 직면했지만, 경건한 사람들은 돌에 맞은 스데반의 시체를 장사함으로 그에게 경의를 표했다.

8:3. 사울은 이 새로운 신앙에 의해 기존 유대교가 위협을 받으며, 그래서 새 신앙[메시아적 유대교, 아카(*aka*), 기독교]을 격퇴할 필요가 있음을 깨달았다. 누가는 그를 야수로 묘사했다. **잔멸할새**라는 말은 야수가 짐승의 시체를 갈기갈기 찢어놓는 것에 대해 사용하는 말이다[John B. Polhill, NAC (Nashville: Broadman Press, 1992), *Acts*, 212]. 사울은 사납고 잔인했다. 심지어 여자들도 교회를 향한 그의 포악한 공격을 피할 수 없었다.

사마리아에서 빌립이 행한 사역은 교회에 중요한 진전을 가져다주었다. 교회는 전 세계적 사역을 대체로 염두에 두지 않았지만, 교회가 흩어지게 만드신 하나님의 섭리적 손길 아래에서, 대위임령을 성취하도록 강제로 내몰리고 있었다.

유대인들과 사마리아인들은 서로 멸시했다. 그 적대감은 주전 722년에 앗수르가 사마리아를 정복한 것과 정복민들을 다른 곳으로 이전시켰던 앗수르의 정책에서 비롯되었다. 앗수르인들은 유대인들을 북 왕국에서 추방했고 그 지역에 이방인들이 들어오게 했다. 사마리아인들은 유대인들과 이방인들 간의 결혼에서 나온 후손들이었다. 이 두 집단 간의 적대감은 세월이 갈수록 깊어졌다. 사마리아인들은 그리심산에 경쟁적으로 성전을 세웠으며, 그들의 예배 형식을 발전시켰고, 심지어 그들만의 약간 수정된 모세오경을 갖고 있기까지 했다. 그래서 인종적 긴장은 종교적 불화와 복합적으로 섞여 있었다. 마카베 지도자 중 한 명인 존 히르크라누스(John Hyrcranus, 주전 104년 사망)는 주전 127년에 사마리아 성전을 파괴함으로 그 불화를 부채질했다.

B. 빌립: 사마리아인들을 대상으로 증거하다(8:4-40)

1. 사마리아성에서(8:4-25)

a. 빌립의 설교와 능력(8:4-8)

8:4-5. 누가는 빌립의 설교 주제만 기록했다. 그것은 메시아였다. 그 점은 대단히 중대하다. 빌립은 사마리아 사람들을 위해 메시지를 바꾸지 않았으며, 그는 그들에게 유대교로 개종하라는 것이 아니라 예수를 따르는 자가 되라고 호소했다.

8:6-8. 빌립은 사도는 아니었지만, 기적을 행하는 능력을 지니고 있었다. 그의 능력은 색다르기는 했지만 한편으로는 가능한 것이였다. 사도들이 그에게 안수했으며(6:5), 이제 빌립은 스데반처럼 사도적 대리인 역할을 했기 때문이다. 기적들은 사마리아인들에게 전한 그의 메시지가 믿을 만한 것임을 입증해주었다. 사마리아인들은 사도행전 이야기에서 복음을 받은 새로운 인종 집단이다. 빌립의 사역에 대한 묘사는 **그 성에 큰 기쁨이 있더라**라는 긍정적인 어조로 끝난다. 폴힐(Polhill)은 누가의 진술이 지닌 중요성을 기록한다. "복음은 최고의 평등 장치이다. 복음에는 혼혈인도, 신체적 불합격자도 없으며, 인간의 편견이 들어설 여지도 없다. 모든 사람을 받아들이고, 모든 사람에게 기쁨이 있다. '온 백성에게 미칠 큰 기쁨'(눅 2:10)이다"(Polhill, *Acts*, 215).

b. 사마리아인들의 반응과 시몬의 반응(8:9-13)

8:9-13. 시몬 같은 사람들은 고대사회에 흔했다. 점성술사, 점쟁이, 마술사들이 백성들에게 큰 영향력을 발휘했으며 안락한 삶을 누렸다. 시몬은 마술적 능력으로 사람들에게 감명을 주었으며, 자신이 **큰 자**라고 주장했다. 그의 마술은 인상적이었다. 사마리아인들은 그를 **크다 일컫는 하나님의 능력**으로 간주했다. 그것은 그가 신적 능력의 통로라는 의미였으며, 반드시 그가 하나님 자신이라는 의미는 아니었다. 자신을 높이는 그의 자기중심주의는 그리스도를 전파했던 빌립과 뚜렷한 대조를 이루었다. 누가가 이 이야기를 포함시킨 이유는 분명하지 않다. 이 이야기가 그의 책에서 무슨 목적에 기여하는가? 아마 요점은 빌립의 능력이 더 우월

하다는 것을 강조하려는 것이거나, 시몬은 자신에게 영광을 돌리기 위해 노력했는데, 빌립의 의도는 오직 예수님에게만 영광을 돌리는 것이었음을 강조하기 위해서였을 것이다.

남녀 사마리아인들은 믿고 세례를 받았다. 시몬도 믿었으며 세례를 받았다. 이 시점에서 시몬이 예수님의 인격보다는 빌립의 능력에 더 관심을 가진 것처럼 보이기는 하지만 그의 믿음이 의심스럽다고 생각할 만한 이유는 없다.

c. 사도들이 오다(8:14-25)

8:14-17. 예루살렘 교회가 **하나님의 말씀**에 대한 사마리아인들의 반응에 대해 들었을 때, 그들은 조사를 해보기 위해 베드로와 요한을 보냈다. 누가가 빌립이 전파한 메시지를 **하나님의 말씀**으로 규정하는 것에 주목하라. 빌립은 사도가 아니었다. 그는 헬라파 유대인이었다. 하지만 그의 메시지는 **하나님의 말씀**이었다.

베드로와 요한은 많은 사마리아인들이 믿기는 했지만, 성령을 받지는 않았다는 점을 발견했다. 그들은 기도했으며 이 새로운 회심자들은 안수를 통해 성령을 받았다. 두 단계 회심이 교회의 표준 혹은 영속적인 유형이라는 표시는 없다. 이 일은 유대인 신자들과 사마리아인 신자들 간의 하나 됨을 확증하기 위한 것으로써, 역사적으로 예외적인 상황이었다. 사마리아인들은 빌립의 전도와 그리스도를 믿은 후 사도들의 안수로 약속된 성령을 받았다. 하지만 회심이라는 최종적 복은 빌립을 통해서 온 것이 아니라 베드로와 요한을 통해서 왔다. 이것은 사마리아 신자들을 사도들의 산하에 있게 하고 교회의 연합을 보장하는 효과를 지니고 있었다. 그렇지 않았다면 사마리아인들은 유대 백성을 향한 그들의 역사적 적대감 때문에 분리된 한 집단으로 남아 있었을 것이다.

17절은 사마리아인들이 방언을 했다고 명백하게 진술하지 않는다. 하지만 성령을 받았다는 어떤 외적 표현이 있었으며, 방언이 그 표시였다고 생각하는 것이 합리적이다. 사마리아인들에게서 성령이 나타난 것은 회심 이후의 성령 세례와 그 증거로서 방언이 있었다고 확증하기보다는, 유대인들로 구성된 사도적 교회에게 사마리아인들이 이제 그리스도의 몸에 포함되었음을 알려주는 데 기여했다.

이것은 베드로가 교회 성장의 도구가 된 두 번째 사례였다(2:14-41; 참고. 마 16:16-20). 베드로가 오순절 날에 그의 유대인 동족들에게 사역했던 것처럼, 그는 이제 사마리아인들에게 믿음의 문을 열어주었다.

8:18-25. 시몬은 일어난 일에 흥미를 느꼈으며 성령을 돈 주고 사려 하는 어리석은 실수를 저질렀다. '성직 매매'(simony)라는 말은 성령의 은사를 돈 주고 사려는 그의 잘못된 시도에서 나온 말이다. 그의 요청은 두 가지 중대한 오해를 드러냈다. 첫째, 그는 성령을 돈으로 살 수 있는 선물이라고 오해했다. 둘째, 그는 성령이 조종할 수 있는 어떤 힘이라고 생각했다. 성령은 하나님이 참된 신자에게 주시는 선물이며, 그분은 이기적 목적을 위해 이용할 수 있는 힘이 아니라 하나의 인격이시다.

베드로가 시몬을 엄중히 비난한 것은 시몬의 믿음이 진정한 것인가에 대해 몇 가지 의문을 제기한다. **네 은과 네가 함께 망할지어다.** '망하다'라는 말은 때로는 '영원한 멸망'을 의미한다(참고. 요 3:16). 서너 가지 요소들이 시몬의 믿음이 가짜라는 것을 시사한다. 첫째, 성령에 대한 그의 관심은 순전히 이기적인 것이었다. 이익을 위해 권능을 원했다. 둘째, 시몬에게 회개하라고 하는 베드로의 권고(22절)는 보통 불신자들에게 하는 것이었다. 셋째, 8:23에서 시몬을 **악독이 가득하며 불의에 매인 바 되었**다고 묘사한 것은 그를 불신자로 여긴 것이다. 넷째, 누가는 시몬이 믿었다고 말했지만, 시몬이 성령을 받았다고 말한 적은 결코 없다.

2. 내시와 함께 수레에서(8:26-40)

8:26. 주의 사자는 빌립에게 예루살렘 남쪽 가사로 가라고 지시했다. 사자에 대한 언급은 하나님이 빌립 및 교회를 세우는 프로그램을 인도하고 계시다는 것을 확증한다(참고. 5:19; 10:3; 12:7, 23; 27:23).

8:27-28. 빌립은 순종했으며 에디오피아 내시를 만났다. 그는 간다게 여왕의 관리였다. 후궁들을 관리하고 국고 담당자로 일하는 사람들은 종종 거세를 했다. 이것은 그가 유대교를 믿는 것에 대해 의문을 야기한다. 하지만 이사야 56:3-5은 하나님이 은혜롭게 모든 사람, 심지어 고자에게도 구원을 주신다고 말한다. 그가 신체적으로는 내시가 아니었을 수도 있다. 그 용어는 문자적으로 내시가 아닌 사람들에게도 '정부 관

리'를 의미하기 때문이다. 에디오피아 내시가 예루살렘을 방문했고 이사야서를 읽고 있었던 것으로 판단해볼 때, 그는 아마 적어도 유대교로 전향한 이방인 개종자였을 것이다. 그래서 그의 회심은 복음이 이방인들에게 확장되었다는 정확한 표시는 아니었다. 이방인의 회심은 사도행전 10장에 나오는 고넬료 이야기에서 정확하게 나타난다. 그것은 복음이 토착 유대 백성들로부터(행 2장) 스데반의 사역에서 헬라파 유대인들에게로(6:8-9), 빌립의 사역과 함께 사마리아인들에게로(8:5), 이 유대교로 전향한 이방인 개종자에게로 계속해서 확장되어가는 것을 반영한다. 에디오피아 관리는 아마 오순절을 지내고 고향으로 돌아가는 길이었을 것이다.

8:29. 성령은 빌립에게 내시의 수레에 함께 타라고 지시하셨다. 빌립은 그 내시가 선지자 이사야의 글을 읽고 있지만 본문을 이해하지 못한다는 것을 알게 되었다. 빌립은 관리가 이사야서를 이해하도록 돕는 안내자가 되었다.

8:32-35. 본문은 이사야 53:7-8로 그것은 고난 받는 종을 희생제물인 어린 양과 비교한 것이다. 그 어린 양의 생명은 불공정한 재판에 의해 빼앗겼다. 본문은 그 내시에게는 혼란스러운 것이었다. 그는 이사야가 이사야 자신에 대해 말하고 있는지 혹은 다른 어떤 사람에 대해 말하고 있는지 알고 싶어 했다. 빌립은 그 본문이 예수님에 대한 것이라고 설명했으며, 그리스도의 인격에 대한 증거에 집중했다. 빌립은 가장 분명하고 강력한 구약의 메시아 예언을 설명하면서, 예수님이 죄를 위해 제물로 바쳐진 대상이라고 밝혔다.

8:36-38. 그들이 물로 왔을 때, 내시는 그가 세례를 받을 수 있는지 물었다. 37절에는 본문상의 문제가 있기는 하지만, 그것은 그 내시가 유대교로 개종한 자로서, 세례 의식을 입문식으로 이해했음이 분명하다는 것을 보여준다. 그 구절이 덧붙여진다면, 그것은 초대교회가 세례를 믿음의 고백 역할을 하는 입문식으로 보았음을 나타낸다(Bock, *Acts*, 345, 348).

내시는 수레를 멈추었고, 세례 예식을 위해 두 사람 다 물로 들어갔다. 그것은 아마 몸을 물속에 담그는 침례였을 것이다. 여기에서 세례는 사도행전 나머지 부분에 나오는 것과 같다. 세례 받은 사람은 예수님의 제자로 규정된다.

8:39. 주의 영이 **빌립을 이끌어간지라**. 엘리야를 옮겨간 것과 비슷한 방식으로 그렇게 한 것이다(왕하 2:16). 하지만 본문은 성령이 빌립을 아소도로 육체적으로 옮겨갔다고 진술하지는 않는다. 내시는 선지자들이 엘리야를 찾았던 것처럼 빌립을 찾지는 않았다. 대신 그는 **기쁘게** 그의 여행을 계속했다. 그리스도를 통해 그가 하나님과 새롭게 맺은 관계 때문이었다.

8:40. 빌립은 아소도(예루살렘에서 서쪽으로 56킬로미터 떨어진 곳)로부터 가이사랴(해안가에 있는, 88킬로미터 떨어진 곳)에 이르기까지 '복음'을 전했다.

빌립과 내시의 이야기는 교회 성장에 대한 누가의 기사에서 대단히 중요하다. 내시의 회심은 복음이 지리적, 인종적으로 더욱더 진전된 것을 나타냈다. 교회는 예루살렘으로부터 남쪽과 서쪽으로 퍼져나가고 있었다. 그 내시는 원래 유대교 개종자였겠지만, 그리스도의 제자로서 그의 나라로 계속 갔다. 몇몇 전통들은 그 내시가 에디오피아 출신이었으며 그 나라에서 교회를 시작했다고 가르친다.

C. 사울: 이방인들을 대상으로 증거하다(9:1-31)

1. 그리스도인들에 대한 그의 적의(9:1-2)

스데반의 메시지는 사울에게 그 새로운 신앙이 유대교에 위협을 준다는 것을 확신하게 했다. 사울의 관점에서 볼 때, 그리스도를 따르는 자들은 유대교를 타락시키려고 위협하는, 변절한 유대인들이었다. 사울은 광신자의 열심으로 이 새 신앙을 막는 일에 전념했다. 사울의 종교적 광신의 열정은 그가 공회에 안전한 곳을 찾아 다메섹에 가 있던 신자들을 송환해서 처벌하게 해달라고 요청한 것에서 볼 수 있다.

9:1-2. 스데반을 잔인하게 처형한 것도 그리스도의 제자들에 대한 사울의 증오를 만족시켜주지 않았다. 사울은 여전히 **위협과 살기가 등등하여** 마구 휘저으며 돌아다니고 있었다. 그의 목표는 예수님을 믿는 모든 유대인 신자들을 처형하는 것이었다. 사울은 마치 현상금 사냥꾼 같았다. 그는 신자들을 체포하여 재판에 넘길 수 있도록, 공회에게 그들을 예루살렘에 데려갈 수 있는 공식 권한을 요청했다. 사울이 다메섹에서 그런 행동을 하기 위해 공회의 허락이 필요했던 이유는 다메섹의 정치적 감독권과 관련되어 있었다. 그 성은 로마

제국이 아니라 파르티아 휘하에 있었다. 파르티아인들은 그들 제국 내 유대인들과 관련된 모든 일들을 공회의 권위에 위임했다. 그래서 사울은 (그가 인식하기에) 유대교를 타락시키는 대상에게 그가 어떠한 행동을 취할 수 있도록 허가하는 공회의 공문이 필요했다. 수리아 다메섹에 있는 신자들에 대한 언급은 새 메시아 신앙이 이스라엘 땅의 경계선 너머까지 퍼졌음을 나타낸다. 신자들을 **그 도**를 따르는 사람들이라고 지칭하는 것은 독특한 도덕적·영적 생활 방식을 말했다. 의미심장하게도 이것은 유대교의 할라카(유대교 관례 법규집), 즉 '행하는 도'라는 의미의 히브리어 용어로, 랍비들이 모세율법을 설명하고 적용하는 것에 사용되었던 것과 대조를 이룬다. 이 신자들은 '할라카'를 따르는 대신, 메시아의 도를 따른다.

2. 그가 주님을 만나다(9:3-7)

9:3-4. 사울은 다메섹으로 가는 도중 빛 때문에 눈이 멀어 땅에 엎드러졌다. 사도행전 26:13에 따르면, 그 빛은 해보다 더 밝았으며, 그 밝음은 사울뿐 아니라 그와 함께 가던 사람들까지도 삼켜버렸다.

사울은 **네가 어찌하여 나를 박해하느냐**라고 묻는 소리를 들었다. 그 질문의 어법은 놀라운 것이다. 사울은 예수님을 따르는 자들을 공격했다. 하지만 주님은 **네가 어찌하여 나를 박해하느냐**라고 물었다. 예수님을 따르는 자들을 핍박하는 것은 예수님을 핍박하는 것이다. 그 개념은 아마 당시 바울(사울)의 머릿속에는 없었을 것이지만, 이 계시는 바울이 교회를 비유할 때 선호하는 표현인 '그리스도의 몸'이라는 신학적 비유의 기원이었을 수 있다(참고. 엡 1:22-23; 골 1:18).

9:5. 사울은 **주여 누구시니이까**라고 대답했다. 사울의 질문은 그가 자신이 누구와 말하고 있는지 몰랐다는 것을 나타낸다. '주'라는 말은 히브리어로나 헬라어로나 그저 '님'(sir)을 의미한다. 그분이 주 예수님이라는 것을 알았다면, 사울은 그분이 누구인지 묻지 않았을 것이며 주님이 **나는 네가 박해하는 예수라**고 말씀하실 필요도 없었을 것이다. 이 대답은 마치 번개가 치는 것처럼 사울의 마음을 쳤을 것임이 분명하다. 짧은 순간에 사울은 예수님과 그분의 제자들에 대해 자신이 믿는 모든 것이 잘못되었다는 것을 깨달았다. 예수님이 살아 계신다면—그분은 분명 살아 계셨다(그리고 살아 계시다)—그분은 분명 이스라엘의 메시아시며, 따라서 잘못은 예수님을 따르는 자들이 아니라 사울 자신에게 있었다.

9:6. 사울은 일어난 일을 성찰해보기 위해 시간이 필요했다. 그래서 주님은 그에게 다메섹에 가서 더 지시를 받으라고 명하셨다.

9:7. 누가는 바울과 함께 가던 동료들(*aner*, 아넬, **사람들**)에 대한 삽입구를 끼워 넣었다. 그들 또한 소리를 들었으나 그것을 이해하지 못했다(참고. 22:9). 하지만 그들은 다메섹 도상에서 사울에게 뭔가가 일어난 것을 목격했다.

3. 주님을 위해 그가 장차 할 사역(9:8-31)

9:8-9. 사울의 동료들은 그를 호위해서 다메섹으로 갔다. 사울은 삼 일 동안 눈이 먼 채로 있었으며, 그 기간 동안 그는 금식했고 자신의 상황에 대해 분명 신중하게 성찰했다. 사울이 눈이 먼 것은 그 자신의 영적 상황을 보여주기 위한 것이었다. 즉, 그는 영적으로 눈먼 상태였다.

9:10-12. 주님은 아나니아에게 **환상 중에** 말씀하셨다. 그것은 사도행전에서 색다른 정보를 전달하는 일반적인 방식이다[참고. 10:1-3(고넬료); 10:9-23(베드로); 16:9-10(바울)]. 이 각각의 상황에서 하나님은 예상하지 않았던 지시를 하셨으며 용기 있는 순종을 요구하셨다. 아나니아는 구체적으로 **직가라 하는 거리**의 한 집으로 가라는 지시를 받았다. 거기에서 그는 사울을 발견할 것이다. 사울은 **기도하는 중**이었으며 또한 **다시 보게** 되는 것에 대한 환상을 보았다.

9:13-14. 아나니아가 이의를 제기한 것은 놀라운 일이 아니다. 그는 사울이 주의 **성도**를 박해한 것에 대해 들었다. 우리는 여기에서 사도행전 내용 중 처음으로 신자들을 **성도**, 곧 그리스도의 이름을 위해 따로 구별된 사람들로 지칭하는 것을 보게 된다(13절; 참고, 26:10). 성도라는 용어는 사도행전에서 단 한 번만 더 사용되지만, 바울은 그의 서신서들에서 그리스도를 지칭하기 위해 그 용어를 자주 사용했다(예를 들어 롬 1:7).

9:15-16. 주님은 아나니아에게 사울이 이제 다른 사람이 될 것임을 확신시키셨다. 롱게네커는 사울에게서 일어날 극적인 변화들을 설명한다. (1) 그는 핍박자

가 아닌, 주님의 **택한 그릇**이 될 것이다. (2) 그의 사명은 이스라엘에만 국한되지 않고, 이방인들과 유대인들 둘 다를 위한 것이 될 것이다. (3) 그는 개인적 탁월함과 영광 대신, 자신이 다른 사람들에게 가했던 것과 같은 고난을 경험할 것이다(Longenecker, "Acts," 373을 보라).

9:17-31. 아나니아는 순종했다. 하나님은 사울을 다시 보게 해주셨으며 안수를 통해서 그에게 성령의 선물을 주셨다. 이것은 사울이 예수님의 참된 제자가 되는 순간이었다. 그의 **눈에서 비**늘 같은 것이 벗어진 것은 그가 새로운 이해와 믿음을 가졌다는 상징이었다. 아나니아는 그를 **형제 사울**이라고 불렀지만(17절), 이것은 사울이 이미 신자였기 때문이 아니라, 아나니아가 그를 동료 유대인으로 대했기 때문이었다(롬 9:3). 사울은 즉시 **세례를 받**았으며 다시 힘을 얻었다.

중개자를 통해 사울에게 성령이 주어진 사건은 사도행전에 나오는 모든 신자들에게 기계적으로 해당되는 것은 아니었다. 서신서들은 사람이 믿을 때 성령이 주어진다고 가르친다(고전 12:7, 13; 갈 3:2; 4:6에 대한 주석을 보라). 이것은 어떤 규범에 속하지 않은 경험이므로, 아나니아에게 사울이 성령을 받았기 때문에 참된 신자라는 증거를 제공하기 위한 것이었다. 방언을 말하는 것에 대한 언급은 없었다. 그러므로 설사 방언을 했다 해도, 누가는 그것을 사울의 회심에 결정적인 역할을 한 것으로 여기지는 않을 것이다.

사울은 즉시 예수가 하나님의 아들이심을 선포했다. 사울이 얼마나 악독하게 그리스도인들을 박해했는지 아는 사람들은 그가 이제 예수님이 이스라엘의 메시아라고 주장하는 것을 보고 놀랐다. **힘을 더 얻어**라는 표현은 육체적으로 강하다는 것이 아니라 사울의 증거가 효과적임을 의미한다. 사울이 예수가 메시아라는 것을 효과적으로 입증했기 때문에 그분의 대적들은 완전히 당혹감에 빠졌다.

다메섹의 유대인 지도자들은 사울의 논증에 논박할 수가 없어서, 그를 죽이기로 공모했다. 사울은 유대교 투사이며 옹호자로서 다메섹에 왔었다. 하지만 이제 그는 도망자처럼 그 성을 몰래 빠져나가지 않을 수 없었다. 고린도후서 11:32-33에서 바울은 그가 겪은 역경의 긴 목록에서 광주리를 타고 다메섹에서 도망한 것을 열거한다.

사울은 예루살렘으로 다시 돌아왔다. 하지만 충분히 이해할 수 있듯이, 바나바가 그들에게 사울의 회심 경험을 납득시킬 때까지 교회는 그를 두려워하고 영접하기를 거부했다.

다메섹에서 그랬듯이, 사울은 예수의 이름을 담대하게 전했다. 하지만 다시 한 번 광적인 반대에 직면했다. 예루살렘 신자들이 사울의 생명이 위협을 당하는 것을 알게 되었을 때, 그들은 사울을 다소로 보냈다. 사울은 바나바가 수리아 안디옥에서 자기를 도와 사역해달라고 그를 부를 때까지 거기 있었다.

누가는 사울의 회심 기사를 교회 성장에 대한 긍정적 보고로 결론지었다. 교회는 평안과 든든함을 경험했다. 교회는 박해를 두려워하는 것이 아니라 주를 경외하여 살아가면서, 성령께 위로를 받았으며 계속해서 수가 더 많아졌다.

누가는 바울의 회심 경험에 대해 세 번 이야기했다(9, 22, 26장). 이는 누가의 관점에서 볼 때, 그것이 초대교회의 발전에서 가장 중요한 사건이었다는 것을 나타낸다. 이스라엘 출신의 유대인이었던 베드로와 달리, 바울은 헬라파 유대인이었다. 바울은 랍비로 훈련받았으며 구약을 알았다. 하지만 바울은 또한 헬라어를 말했으며 헬라 문화를 이해했다. 바울은 복음을 이방인들에게 전하기에 이상적인 사람이었다. 바울은 그의 전도여행들에서 후에 복음을 로마제국 전역에 있는 유대인 및 이방인들에게 전할 것이다.

하지만 바울은 열두 사도 중 한 명이 아니었다. 그래서 그는 계속해서 자신의 사도직을 변호하지 않을 수 없었다. 바울이 이방인의 사도로 부름을 받은 것에 대한 논쟁 때문에, 하나님은 처음에 이방인들에 대한 사역의 문을 여는 데 베드로를 사용하셨다. 그것이 누가의 이야기 다음 단계에서 그의 초점이었다. 이것은 또한 베드로에게 천국 열쇠를 주겠다는 예수님의 약속을 성취했다(마 16:16-18). 베드로는 처음에는 유대인들에게 전파했으며(행 2장), 사마리아인들을 안수함으로 그들을 교회 안으로 맞아들였고(8:14-17), 그다음에 고넬료와 그의 집에 전파함으로써 이방인들에게로 가는 문을 열었다(행 10장).

Ⅲ. 교회의 확장: 로마제국으로(9:32-28:31)

A. 베드로를 통해 이방인들에게 한 선교 (9:32-11:18)

1. 애니아와 도르가를 위한 기적들(9:32-43)

누가는 하나님이 어떻게 편견의 장벽을 뚫고 그분의 증인들이 세상에 복음을 가져가도록 준비시키시는지 설명했다. 누가는 처음에는 이방인들에게 믿음의 문을 열어준 베드로에게 초점을 맞췄으며, 그다음에는 이방인의 사도가 된 바울에게 초점을 맞췄다. 둘 다 그들의 특정한 사역에 이상적으로 잘 맞았다. 베드로는 열두 사도 중 한 명이었으며 유대인 회중들에게 신뢰를 얻고 있었다. 그래서 이방인들에 대한 그의 사역은 바울의 사역보다 논쟁을 덜 일으켰을 것이다. 한편으로, 바울은 헬라파 유대인이었으며 이방인 사역에 더 마음이 열려 있고 자격을 갖추고 있었다. 베드로는 이방인 사역을 위한 문을 열어주었으며, 바울은 그 문을 통과해서 걸어갔다. 룻다와 욥바에서 베드로가 한 사역은 유대인만을 대상으로 한 전도 활동에서 모든 종족 집단에게 하는 선포로 베드로의 사도적 권위가 더 멀리까지 뻗어 나간 것을 보여주었다.

9:32-42. 룻다에서 베드로는 애니아의 병을 고쳤으며, 욥바에서는 다비다('도르가'라고도 알려진)를 죽은 자 가운데서 다시 살렸다. 이는 복음의 능력이 지리적 위치에 얽매여 있는 것이 아니라는 증거를 제시해주었으며, 이방인에게 복음의 문을 열어주는 사도로서 베드로의 권위를 확립하는 데 기여했다.

9:43. 누가는 베드로가 욥바에 있는 동안 무두장이 시몬의 집에 머물렀다는 것을 지적했다. 경건한 유대인은 절대 무두장이의 집에 머물지 않았을 것이다. 죽은 짐승을 다루는 것은 그 사람을 의식상 더럽게 만들었을 것이기 때문이다. 베드로가 기꺼이 시몬과 함께 머문 것은 베드로의 사고에 변화가 일어나고 있었음을 보여준 것일 수도 있다. 베드로는 오래된 유대의 의식 전통에 구애받지 않았다. 그래서 이방인인 고넬료에게 사역하라는 부르심에 자유롭게 반응했다. 하지만 본문은 베드로가 환상을 경험할 때까지는 그의 마음의 변화를 분명하게 밝히지 않는다.

2. 고넬료와 그의 집의 구원(10:1-11:18)

a. 베드로를 자극하기 위한 환상(10:1-33)

하나님을 경외하였으나 유대교로 완전히 개종하지는 않았던 고넬료의 회심은 교회의 새로운 모범이 되었다. 베드로가 고넬료와 그의 가족에게 증거한 것은 이방인들에게 직접 사역하는 것에 합법성을 부여했으며, 그들이 성령을 받은 것은 이방인들이 먼저 유대교로 개종하지 않고도 예수님을 따르는 제자가 될 수 있다는 것을 보여주었다.

10:1. 로마 **백부장** 고넬료는 지중해의 큰 항구인 **가이사랴**에 주둔하고 있었다. 헤롯 대제는 항구를 건설하고 카이사르의 이름을 따라 그 항구의 이름을 지었다. 로마인들은 가이사랴를 그들의 유대 행정 수도로 만들었다. 백부장이었던 고넬료는 100명으로 구성된 군대 단위를 지휘했다. 100명은 로마 군대에서 기본적인 전투 단위였기 때문에 백부장은 주의 깊게 선정되었다. 고넬료는 성품이 좋고 용기가 있으며, 전투에서 사람들을 이끌 능력을 가진 사람이었을 것이다.

10:2. 고넬료는 이방인이었지만, 하나님의 사람이었다. 그는 **경건하**다고 소개된다. 그것은 고넬료를 포함해 그의 가족 모두가 하나님을 공경했다는 의미이다. 둘째, 고넬료는 하나님을 경외하는 자(God-fearer)였다. 이 용어는 하나님을 믿고 유대교의 도덕적, 윤리적 가르침을 받아들였지만 완전히 개종하지는 않은 사람을 의미한다. 고넬료는 유대인들에게 존경을 받기는 했지만, 여전히 이방인으로 여겨졌을 것이다. 그가 백성[Jewish people]을 **많이 구제**했다는 것은 경건한 이방인들이 유대 백성을 사랑하고 축복했다는 누가의 관점을 반영한다(참고. 눅 7:1-10; 특히 5절; 창 12:3). 기도의 사람이었던 그는 **하나님께 항상 기도**했다. 누가에게 기도는 경건함의 상징이었다. 고넬료는 예외적인 로마 관리였을 뿐만이 아니라, 또한 예외적인 하나님의 사람이었다. 11:14에 비추어 판단해보면, 그는 경건한 사람이기는 했지만, 구약이나 신약적 의미에서 '구원받지'는 않았으며 구원받기 위해 그리스도를 믿을 필요가 있었다.

10:3-6. 오후 기도 시간 동안 주님은 사자를 통해 고넬료에게 말씀하셨으며 그에게 베드로를 부르러 사람을 보내라고 명하셨다. 고넬료는 사자가 나타난 것에 놀라기는 했지만, 그 하늘의 사신에게 의문을 품지 않았다. 사실상 고넬료는 그 사자를 '주여'라고 불러 존경

을 보여주었다.

10:7-8. 고넬료는 명령을 받는 것보다는 명령을 내리는 것에 더 익숙했지만, 그 사자의 지시에 순종해 하인 두 명을 욥바로 보냈다.

10:9. 베드로가 있는 장면으로 바뀐다. 베드로도 기도하는 중에 환상을 보았다. 정오는 정해진 기도 시간이 아니었다. 하지만 왜 베드로가 정오에 기도하고 있었는지는 나오지 않는다. 그는 개인적으로 기도하려고 집 밖의 계단을 올라 **지붕**으로 갔다.

10:10-16. 때는 정오 무렵이었으므로 베드로는 **시장**했다. 베드로는 **황홀한 중**[헬라어로 엑스터시스(*ekstasis*)]에 들어갔으며, 보자기 같은 것이 하늘에서 내려오는 것을 보았다. 그는 **베드로야 일어나 잡아먹어라** 하는 소리를 들었다. 베드로는 시장했다. 하지만 그 명령은 충격적이면서 불쾌한 것이었다. 몇몇 짐승들은 정결했으나 다른 짐승들은 모세율법의 범주에 따르면 부정했다(레 11장). 베드로는 항변했다. 하지만 주님은 그를 꾸짖으셨다. 율법을 주신 하나님이 환상 속의 모든 짐승들이 깨끗하다고 선언하셨다. 그 명령은 **세 번** 반복되었다. 베드로가 오해하지 않았다는 것을 확증하기 위해서이다. 그는 환상과 신적 명령의 의미를 알지 못해 **의아해**했다.

그 환상은 음식 율법에 대한 것이 아니라 하나님이 백성들을 어떻게 여기시는지에 대한 것이었다. 베드로는 고넬료의 집에서 그 환상을 해석했다(10:28을 보라). 그것은 전에 유대인들과 이방인들을 분리해놓았던 영적 장벽들이 제거된 새 시대가 도래했음을 알렸다. 환상이 없었다면 베드로가 고넬료가 보낸 사신을 만나 그들과 함께 가이사랴로 가지는 않았을 것이다. 단 몇 분 동안 지속된 환상을 보고 베드로는 그것이 설사 그가 평생 지녀온 많은 편견들과 반대되는 것이라 해도 하나님께 순종하기로 결심했다.

10:17-30. 베드로와 고넬료의 만남은 유대인들과 이방인들 간의 인종적 장벽들이 어느 정도였는지 보여주었다. 다음과 같은 사항을 주목해보라. (1) 고넬료가 보낸 사신은 베드로가 그들을 집 안으로 초대할 때까지 바깥뜰에 서 있었다(10:17, 23). (2) 고넬료는 베드로가 유대인인 것을 알고 그에게 경의를 표하여 엎드렸다(10:25). (3) 베드로는 유대 사람들은 보통 이방인들과 교제하지 않지만, 하나님이 그에게 어떤 사람도 깨끗하지 않다고 여기지 말아야 함을 보여주셨다고 단언했다(10:28). (4) 베드로는 고넬료에게 왜 자신이 고넬료의 요청에 응했는지 설명했다(10:28b-29).

10:30-33. 천사 방문자 때문에 고넬료는 그들의 만남이 신적 계획에 의한 것임을 확신했다. 주님의 임재 안에 모여 유대인 사도가 말하고, 이방 로마인 고넬료와 그의 가족은 베드로의 메시지를 들을 준비가 되어 있었으며 간절히 들으려 했다.

b. 고넬료에게 전하기 위한 메시지(10:34-42)

베드로의 메시지는 개략적으로 다음과 같이 세 부분으로 말할 수 있다.

(1) 메시지의 서론(10:34-35)

10:34-35. 그 환상 때문에 베드로는 하나님이 사람들을 인종 때문에 차별하지 않으신다는 것을 깨달았다. 이것은 새로운 계시가 아니다. 즉, 열방에 대한 하나님의 사랑은 히브리어 성경에서도 가르친다. 아브라함의 언약은 열방에 궁극적인 복을 제공하기 위해 주어졌다(창 22:18). 요나 선지자는 니느웨의 악하고 반역적인 사람들에게 회개를 전파하기 위해 보냄을 받았다(욘 1:2). 그리고 하나님은 수리아의 나아만 장군의 병을 고치기 위해 엘리사를 사용하셨다(왕하 5:14). 새로운 발견은 하나님의 이전 계시와 관련된 것이 아니라 베드로의 새로운 이해와 관련된 것이었다.

이 구절들이 하나님이 그분을 경외하고 의를 행하는 사람은 설사 그들이 예수님을 믿지 않더라도 구원하실 것임을 보여준다고 주장하는 경우가 있다. 만일 그렇다면, 왜 주님은 베드로에게 고넬료에게 예수님을 전파하라고 지시하셨는가? 그 대답은 고넬료는 그의 경건함에도 아직 구원받지 않았다는 것이다. 사도행전 11:13-14에서 천사가 고넬료에게 베드로를 찾으러 사람을 보내어 그가 "너와 네 온 집이 구원받을 말씀을 네게 이르"게 하라고 지시했다고 나온다. 사도행전 10:34-35의 요점은 예수님을 믿는 믿음과 별개로 하나님을 경외하고 선을 행하면 구원을 받을 수 있다는 것이 아니다. 그보다 국적에 상관없이 하나님을 찾는 사람들은 하나님께 환영을 받으며 하나님은 그분의 주권으로 그런 사람들에게 더 큰 빛을 주신다는 것이다.

(2) 메시지의 본론(10:36-42)

한 로마인 집에 대한 베드로의 설교(사도행전)	로마인들에 대한 마가의 복음(마가복음)
서론 10:36-37 • 선지자적 메시지 10:36 • 세례 요한 10:37	서론 1:1-8 • 선지자적 메시지 1:1-3 • 세례 요한 1:4-8
공적 사역 10:38 • 요한의 세례 • 성령의 기름 부음 받음 • 선한 일을 행함	공적 사역 1:9-10:52 • 요한의 세례 1:9 • 성령의 기름 부음 받음 1:10 • 선한 일을 행함 1:11-10:52
수난 사역 10:39-42 • 예수님의 죽음 10:39 • 예수님의 부활 10:40 • 증인들에게 나타나심 10:41 • 제자들에게 위임하심 10:42	수난 사역 11:1-16:20 • 예수님의 죽음 11:1-15:47 • 예수님의 부활 16:1-8 • 증인들에게 나타나심 16:9-13 • 제자들에게 위임하심 16:14-20

베드로가 전한 메시지의 본론은 세 가지 사항에 주목함으로 요약할 수 있다. 10:36-39a에서 베드로는 메시아 예수의 삶과 사역에 대한 있는 그대로의 사실들을 열거한다. 10:39b에서 베드로는 예수님의 사역과 그분의 십자가 처형에 대한 유대인 지도자들의 격렬한 반응을 말했다. 10:40-43a에서 베드로는 부활을 그리고 이 위대한 행동들을 선포하도록 위임받은 부활의 증인들이 있다는 것을 강조했다.

10:36-39a. 전통에 의하면 베드로는 마가복음에 기록된 정보의 출처였다. 그리고 의미심장하게도 이 설교는 마가복음과 같은 개요를 따른다.

10:39b-42. 베드로는 먼저 고넬료에게 좋은 소식, **예수 그리스도로 말미암아 화평의 복음**(36절)을 전파하는 것으로 시작했다. 이 문맥에서 복음은 좋은 소식이다. 예수 그리스도를 믿는 믿음으로 말미암아 죄 사함을 받는다는 약속은 모든 사람, 즉 유대인과 이방인 둘 다를 위한 것이었기 때문이다. 그다음에 베드로의 메시지에는 요한의 세례(10:37), 그리스도의 사역과 역사(10:37), 그리스도의 죽음(10:39), 그리스도의 부활(10:40a), 그리스도가 택하신 증인들에게 나타나신 것(10:40a-41), 그리스도가 그분의 증인들에게 위임하시는 것(10:42) 등이 포함되었다. 하나님의 이러한 행동들은 새로운 것이 아니었다. 그 행동들은 히브리어 성경에 기초한 것이기 때문이다(10:43a). 베드로는 특정한 구절을 언급하지는 않았지만, 유대인과 이방인을 나누어놓았던 율법이라는 장벽은 새롭게 개발된 것이 아니었으며, 선지자들이 예상한 것이었다.

c. 메시지의 결론: 믿음의 필요성(10:43)

10:43. 베드로는 예수를 믿는 사람들이 **다 죄 사함을 받는다**고 말함으로 그의 메시지를 끝냈다. 베드로가 말하고 있을 때 오순절 날 일어났던 사건들이 반복되었다. 하지만 이번에는 그것이 '이방' 사람들을 복 주는 데 기여했다.

d. 메시지의 결과(10:44-11:18)

(1) 고넬료의 집이 구원을 받다(10:44-48)

10:44. 베드로의 설교는 복음을 듣고 믿은 이방인들에게 성령이 내려오시면서 중단되었다.

10:45. 오순절에 그랬던 것처럼 그 자리에 있던 유대인들은 놀랐다. 이번에는 성령이 권능으로 내려오신 것 때문이 아니라 성령이 이방인들에게 주어진 것 때문이었다. 성령이 이방인들에게 직접 주어진 것은 이방인들이 이스라엘의 메시아의 제자가 되기 위해 유대교로 개종할 필요가 없다는 것을 입증해주었다.

10:46a. 성령을 받은 사람들이 오순절 날의 유대인들처럼 **방언을 말했다**는 사실은 베드로의 유대인 동료들에게 하나님의 구원 계획이 이방인들을 포함한다는 증거로 작용했다.

10:46b-47. 오순절 날 그랬던 것처럼, 베드로는 그 상황을 이용해서 이방인들에게 성령이 예기치 않게 부어진 것을 설명했다. 베드로는 이방인들이 성령 세례를

받았으니, 그들은 예수님의 이름으로 **물로 세례**를 받을 수 있다고 말했다. 초대교회 때 물세례라는 외적 행동은 회심 경험에서 성령의 내적 역사를 나타내는 증거였다.

10:48. 베드로는 이방인 개종자들에게 **예수 그리스도의 이름으로 세례를 베풀라**고 명했다. 그들은 유대교로 개종하지 않고 예수 그리스도의 제자가 되었다. 이 시점에서 이방인들은 메시아에 대한 그들의 믿음을 통해 유대인 신자들과 하나로 연합되었다.

사도행전 10장은 '이방인 오순절'이라고 불린다. 누가는 오순절 날 성령이 오신 것과 고넬료의 회심을 밀접하게 대비했다. 두 집단 모두 성령이 그들에게 '내려오신다'(10:44; 11:15-행 2장에 나오는 사건들을 말하면서 언급된다). 둘 다 방언을 말했다(10:46; 2:4). 사도행전 2장과 10장에서 둘 다 방언을 '들었다'(2:6; 10:46). 그리고 둘 다 "하나님의 큰일을 말"했다[10:46, "하나님 높임"(*megalunonton ton Theon*, 메갈루논톤 톤 데온); 2:11, "하나님의 큰일"(*megaleia tou Theou*, 메갈레이아 투 데우)]. 이 유사점들이 시사하는 것은 누가가 유대 백성이 오순절 날 경험한 것과 이방인들이 가이사랴에서 경험한 것을 직접적으로 연관시켰다는 것이다. 그 경험과 그것에 대한 누가의 기록은 초대 (유대인) 교회가 이방인들 역시 하나님의 백성에 포함될 수 있다는 것을 입증하는 데 필요했다.

(2) 유대 신자들 간의 논쟁(11:1-18)

11:1-3. 고넬료와 그의 집의 회심은 예루살렘에 있는 유대인 신자들의 눈에도 띄었다. 할례 집단은 베드로를 비난했다. 베드로가 이방인들(**무할례자**)과 연관을 맺고 고넬료에게 먼저 할례를 주지 않은 채 그에게 세례를 준 것 때문이었다.

베드로는 고넬료에게 자신이 한 사역을 두 가지로 변호했다.

11:4-14. 베드로는 **보자기 환상**을 상세히 말했으며 고넬료와의 만남이 하나님의 주권적 섭리에 의한 것이었다고 주장했다.

11:15-17. 베드로는 성령이 이방인들에게 임한 것이 자기 사역의 적법성을 확증해주었다고 말했다. 성령은 **처음**[교회의 처음을 말한다] 유대인 신자들에게 하셨던 것과 같은 식으로 이방인들에게 임하셨다. 이것은 보편적 교회가 아브라함이나 아담과 더불어 시작된 것이 아니라 사도행전 2장에서 오순절에 시작되었다는 것을 보여주었다.

11:18. 예루살렘에 있던 유대인 신자들은 베드로의 설명을 받아들였으며 **이방인**들이 유대교에 어떠한 충성을 보이지 않아도 그들을 보편적 교회에 받아들이는 것을 확증했다.

초기에 베드로는 예수님이 메시아이시며 하나님의 아들이라고 선포했다. 그리스도는 베드로를 사용하사 교회를 세우실 것이라고 예언하셨다(마 16:17-19). 그리스도가 예언하신 것처럼 베드로는 유대인(행 2장), 사마리아인(행 8장) 그리고 이제 이방인들(행 10장)에게 터가 되는 사역 도구가 되었다. 고넬료와 그 집의 회심은 어떻게 믿음의 문이 이방인들에게 열렸는지 보여주었으며, 이방인들에 대한 바울의 사역에서 기초가 되었다. 고넬료와 같은 하나님 경외자들은 바울이 복음을 전파한 성들에서 기독교 교회의 핵심이 되었다.

B. 안디옥으로(11:19-12:25)

1. 안디옥에서 바나바와 사울을 통한 선교 (11:19-30)

일단 예루살렘 교회가 고넬료가 유대교로 개종할 필요 없이 회심한 것을 공식적으로 인정하자, 교회는 전세계의 이방인들에게 선교하기 위한 준비를 갖추게 되었다. 하지만 두 가지 장벽이 여전히 가로막고 있었다. 지리적 위치와 박해였다. 누가는 사도행전 11:19-12:25에서 하나님이 어떻게 그 둘을 모두 극복하도록 도우셨는지 묘사했다.

이 본문은 예루살렘보다는 안디옥을 초대교회의 선교 중심지로 확립한 세 가지 사건에 초점을 맞춘다.

2. 안디옥에서 복음이 풍성한 열매를 맺다 (11:19-24)

11:19-21. 누가는 스데반의 죽음 이후 박해를 받아 흩어진 신자들의 활동을 요약했다. 일부 사람들은 유대인들에게 전파했으나, 다른 사람들은 용감한 발걸음을 내디뎌 인종적, 문화적 경계선을 넘어갔다. 그들은 헬라인들에게 전파했으며 안디옥에 교회를 설립했다.

주의 손은 하나님의 권능을 말한다. 그것은 수많은 헬라인들이 믿음으로 응답한 주된 이유이다.

11:22-26. 예루살렘 교회는 이방인 교회의 상황을

살펴보기 위해 바나바를 안디옥에 보냈다. 바나바는 '권면의 아들'이라는 의미인 자신의 이름에 걸맞게 살았다. 그는 새로 회심한 사람들에게 전심으로 주와 함께 머물러 있으라고 권했다. 바나바는 **착한 사람이요 성령과 믿음이 충만한 사람**(24절)이라고 묘사된다. **착한**이라는 말은 바나바가 건전한 성품을 가지고 있다는 의미로, 그 말은 누구에게든 해당될 수 있었다. 하지만 바나바는 또한 성령이 충만했으며 믿음의 사람이었다. 성령이 그에게 다른 사람들을 무너뜨릴 도전들을 극복할 힘과 능력을 주셨다. 더욱 많은 수의 사람들이 주(예수)께 더하여졌다.

3. 바나바가 사울을 새로운 일꾼으로 모집하다 (11:25-26)

안디옥 교회의 폭발적 성장 때문에 바나바는 도움이 필요했다. 하지만 바나바는 예루살렘으로 돌아가는 대신, 다소로 가서 바울을 안디옥으로 데려왔다. 그 두 사람은 안디옥에서 1년 동안 가르쳤다. 그들은 분명 어떻게 예수님이 구약성경의 약속들을 성취하셨는지 설명했을 것이다.

신자들은 안디옥에서 처음으로 '그리스도인'이라고 불렸다(11:26). 그리스도인이라는 말은 *Christ*와 '…를 따르는 자', 혹은 '…의 축소 복제'를 의미하는 접미사 *-iani*가 합해진 것이다. 그렇다면 그리스도인은 그리스도를 따르는 자이거나 '그리스도의 축소판'이다. 이 말은 신약에서 단 세 번만 사용되며, 세 번 모두 경멸의 의미로 나온다. 사도행전 26:28에서 아그립바는 바울에게 그가 자신을 이 비천한 그리스도인 중 한 명으로 만들려 하고 있느냐고 물어 바울을 조롱했다. 베드로전서 4:16에서 베드로는 그리스도의 이름으로 치욕을 당하는 사람들(벧전 4:14)을 '그리스도인'으로 고난을 받는 사람들이라고 불렀다. 아마 그들을 지칭했던 조롱하는 용어를 사용해서 그랬을 것이다. 여기 11:26에서도 그 용어는 경멸을 담고 있는 듯하다. 사도행전에서 제자들은 스스로를 그 도를 신봉하는 자라고 불렀기 때문이다(참고. 9:1-2). 이 비방은 궁극적으로 명예로운 칭호가 되었다. 기독교가 유대인이 아니라 이방인들에게로 퍼져나갈 때, '제자'라는 말은 빠져버렸다. 제자도는 유대적인 개념에 가까웠기 때문이다.

4. 유대의 불우한 사람들에 대한 관심(11:27-30)

11:27. 선지자인 유대 신자들이 예루살렘에서 안디옥으로 왔다. 구약 선지자들이 그랬듯이 그들은 하나님으로부터 직접 계시를 받고 선포했다. 거기에는 다가오는 사건들에 대한 예언도 포함되었다. 하지만 적어도 이 맥락에서는 구약 선지자들과는 달리, 그들은 먼 미래에 전개될 하나님의 계획들과 관련된 묵시적 유형의 사건들은 예언하지 않았다. 대신 여기에서 그들은 가까운 미래에 일어날 사건들을 예언했다. 심한 기근을 예언한 아가보 같은 사람이다. 주후 130년대 중반에 죽은 로마 역사가 수에토니우스(*Lives of the Emperors: Claudius* 18.2)는 글라우디오 치세(주후 41-54년) 내내 가뭄으로 인해 지중해에 널리 퍼져 있던 기근에 대해 말했으며, 요세푸스[*Ant*. 20.5(lines 51-52)]는 주후 46-47년 동안의 보다 국지적인 기근에 대해 기록했다. 후자가 아가보가 경고한 기근일 것이다(참고. Hemer의 논의, 164-165). 로마제국의 이곳저곳에서는 국지적인 기근들이 일어나는 경우가 흔했다. 기근에 대한 아가보의 예언과 갈라디아서 2:1-10 간의 관계에 대해서는, 해당 주석을 보라. 하지만 누가의 초점은 자연재해 자체가 아니라 기근에 대한 예언이었다. 그 계시는 예루살렘 대신 안디옥에서 주어졌으며 안디옥의 이방인 사역의 적법성을 확립하는 데 도움이 되었다.

11:28-30. 예루살렘으로부터 안디옥으로 이동하는 것은 아가보의 예언에 대한 교회의 반응을 통해 추가로 확증되었다. 교회는 기금을 모았으며 바나바와 사울에게 그 헌금을 예루살렘에 가지고 가도록 지시했다(갈 2:1). 그래서 안디옥은 유대 교회를 계속 존경했으며, 예루살렘 교회의 기둥들이 바울에게 한 요청, 즉 이방인의 사도인 바울이 언제나 "가난한 자들"을 기억해 달라는 요청이 나올 것을 예상했다(갈 2:10). '가난한 자'라는 말은 예루살렘의 유대 신자들에게 주어진 고대의 이름(*Evionim*, 에비오님)이었다.

5. 유대에서 신자들이 받은 박해(12:1-25)

a. 기도를 통해: 베드로가 구조되다(12:1-19)

비록 안디옥이 교회의 전 세계적 선교 중심지가 되기는 했지만, 이 장에 나오는 사건들은 하나님이 유대 백성을 버리지 않으셨음을 확증해주었다. 롱게네커가 말하듯이 "누가는 이방 세계를 향한 기독교 선교에 대한 묘사로 넘어가기 전에, 예루살렘에 있는 신자들을 위한 하나님의 역사를 얼핏 보게 하는 두 가지를 더 제시한다…누가는 비록 그가 이제 이방 세계 내에서 복음의 진척들을 묘사할 참이지만, 하나님이 예루살렘 기독교는 끝나게 하셨다거나 유대 사회에서 하나님의 활동은 끝났다고 생각하지 말아야 한다는 점을 역설하고 싶은 것 같다. 이방인들을 위한 신적 활동들은…유대 그리스도인들을 위한 신적 무활동이나 유대인들에 대한 무관심(그것은 이방인 그리스도인들을 종종 괴롭혔으며 끔찍한 재앙들을 가져왔던 이단이다)을 의미하지 않는다"(Longenecker, "Acts," 405-406). 그렇기 때문에 이 장에서 야고보는 순교자로 죽는다. 하지만 베드로는 기적적으로 옥에서 풀려났다. 헤롯 아그립바 1세는 교회가 전진하는 것을 중단시킬 수 있었다. 자신에게 영광을 돌리는 신성모독적 행동 때문에 하나님은 그의 생명을 취해 가셨다.

유대인들에게 멸시를 당했던 할아버지 헤롯 대제와는 달리 헤롯 아그립바 1세는 인기가 많았으며, 로마인들과 유대인들을 둘 다 진정시키려 했다. 정의보다는 유화 정책을 펴려는 그의 정책과 일관되게 그는 야고보를 처형하고 베드로를 잡아들이라는 명령을 내렸다.

기독교 신앙의 가장 큰 신비 중 하나는 '왜 하나님이 어떤 신자들은 위험과 죽음에서 건져주시고 다른 사람들은 그렇게 하지 않으시는가'이다. 헤롯이 야고보를 처형한 것과 베드로가 기적적으로 풀려난 것은 '하나님 주권의 신비'에 대한 생생한 예를 제시한다.

12:1-2. 야고보는 순교자의 죽음을 맞이한 최초의 사도였으며, 요한의 형제였다. 그들은 세베대의 아들이었으며(마 4:21) 불같은 성격으로 유명했다(눅 9:54). 헤롯은 아마 종교적이기보다는 정치적인 동기로, 교회에 대해 미쳐 날뛰었을 것이다. 문자적 표현은 '몇 사람에게 폭력적 손을 들어'라는 것이다. 그의 의도는 그리스도인들에게 악을 행하는 것이었다. 야고보는 **칼로 죽임**을 당했다(참수되었다).

12:3-4. 베드로는 교회의 지도자였기 때문에, 헤롯은 유대인 지도자들이 그의 죽음을 기뻐하리라는 것을 알았다. 그는 베드로를 잡으라고 명령했다. 유월절 후에 공개재판을 하고 처형하려는 것이었다.

12:5. 교회는 간절히 기도했다. 우리는 그들이 정확히 어떻게 기도했는지 알 수가 없다. 그 이야기 뒷부분을 보면 교회는 베드로가 풀려나리라고 기대하지 않았다는 것이 명백하기 때문이다(12:14-16).

12:6-16. 베드로가 자고 있는 동안, 주의 사자가 감옥에 나타났다. 베드로의 쇠사슬이 벗겨졌으며, 그 사자는 파수들, 잠긴 문들을 지나 감옥 밖으로 베드로를 호위해갔다. 처음에 베드로는 자신이 경험하는 것이 환상이라고 생각했다. 하지만 거리에 있게 되자, 그는 자신이 실제로 구조되었다는 것을 깨달았다. '사자'(angel)라는 말은 문자적으로는 사신을 의미하므로, 이 경우 하늘의 사신이 아니라 인간 사신이 베드로를 자유로 이끌었다는 주장이 있었다. 이 견해는 잦아들었는데, 그 사자가 나타날 때 비친 초자연적인 빛(분명 그래서 베드로는 이것이 환상이라고 생각하게 되었다, 7절), 초자연적으로 쇠사슬이 베드로에게서 벗어진 일(7절), 그들이 감옥을 떠날 때 문들이 기적적으로 열린 것(10절) 때문이다. 사자는 베드로를 섬기기 위해 보냄받은 하늘의 존재였다(히 1:14).

천사는 떠났으며 베드로는 신자들이 기도를 하고 있는 집으로 갔다. 그는 문을 두드렸으며, 로데가 대답했다. 로데는 베드로를 알아보았다. 하지만 다른 사람들은 그녀가 **미쳤다**고 생각했다. 로데는 베드로가 온 것을 계속 주장했다. 그들은 문을 열고 베드로가 서 있는 것을 보며 놀랐다. 베드로는 주께서 어떻게 자기를 구해주셨는지 설명한 후에, 자신이 풀려난 것을 야고보(주님의 형제)에게 알리라고 말하고는 예루살렘을 떠났다. 이전 어느 때 혹은 이 시점에, 야고보는 예루살렘 모임의 지도자가 되었다. 교회가 탄생할 때 이 역할을 맡았던 베드로는 여기에서 야고보의 지도력을 인식했다. 이것은 예루살렘 공의회의 지도자로 야고보가 담당할 역할을 예시했다. 베드로는 그 회의에서 그저 증인 역할만 했다(행 15장).

12:17-19. 베드로가 빠져나간 것은 파수꾼에게는 불가사의한 일이었다. 헤롯은 그들을 심문했으며 **죽이라고** 명했다. 파수꾼들은 죄수들의 안전에 책임이 있었으며, 죄수가 탈옥하면 때로 처형을 피하기 위해 자살을 하기도 했다(16:27, 빌립보 간수).

b. 응보를 통해: 헤롯 아그립바 1세가 죽다 (12:20-25)

12:20-23. 누가는 베드로가 극적으로 풀려난 것과

대조되는 헤롯의 처참한 종말을 묘사했다. 역사적 상황은 복(*Acts*, 430)이 잘 묘사한다. "헤롯은 식량 공급을 놓고 두로 및 시돈과 분쟁 중이었다. 이 두 베니게 도시는 그 지역으로부터 식량과 상업을 필요로 하며, 오랜 기간 동안 교역에 종사해왔다…헤롯은 교역이 어디서 이루어질지 통제할 수 있었다. 그래서 그가 베리투스(베이루트)나 가이사랴 같은 다른 항구를 이용한다면, 그것은 두로와 시돈을 재정적으로, 어쩌면 양식이라는 견지에서도 궁지에 몰리게 할 수 있었다." 분명 헤롯은 그 도시들에 대해 격노하게 되었으며, 그들로부터 온 대표단은 상황을 바로잡기 위해 가이사랴에 있는 헤롯에게 왔다. (아마 헤롯이 가이사 글라우디오의 생일을 경축하는 것과 연관해서) 일단 합의에 이르자 헤롯은 연설로 경축하려 했다. 그것은 누가와 요세푸스[Ant. 19.8.2(lines 343-350)] 둘 다 입증한다. 백성들은 헤롯을 신으로 찬양하는 반응을 보였다. 이런 유형의 아첨은 이방인들이 종종 통치자들과 고관들에게 듬뿍 퍼붓는 것이었다. 그러나 유대인들은 이런 영예를 하나님께만 돌렸다. 헤롯은 그들의 찬양을 거절하지 않았다. 사실상 헤롯은 그것을 즐거워한 듯하다. 주님은 그의 사자에게 헤롯을 심판하라고 명하셨으며, 그는 모종의 고통스럽고 끔찍한 장 질환으로(**벌레에게 먹혀**) 죽었다. **죽으니라**라는 말은 문자적으로는 '혼이 떠났다'(breathed his last, 참고. 5:5)는 말로, 신적 심판에 대해 사용되었다.

12:24. 헤롯은 교회 지도자들을 제거하려 했지만, 결국 자신이 제거되었다. 그의 죽음은 하나님의 말씀이 계속 전진할 수 있게 해주었다.

하나님의 주권은 신비이다. 야고보는 처형되지만 베드로는 기적적으로 풀려났다. 하나님이 왜 야고보를 구하기 위해 간섭하지 않으셨는지는 유한한 인간으로서는 이해할 수 없는 신비이다. 그 신비는 오늘날도 계속된다. 우리는 여전히 왜 하나님이 어떤 신자들은 위험과 심지어 죽음에서도 구해주시지만 다른 사람들은 그렇게 하지 않으시는지 알지 못한다. 고난 받고 죽는 그리스도인들, 순교자로 죽는 사람들은 악명 높은 죄인들이 아니다. 그들은 경건하며 주님을 사랑한다. 하지만 주님은 원수들이 그들을 핍박하도록 허용하신다. 오늘날 세계의 여러 곳에서 그리스도인들은 그들의 신앙 때문에 고난 받고 죽는다. 하지만 스토트(Stott)는 우리에게 폭군들의 승리는 일시적이라는 것을 상기시켰다. 그는 이렇게 말했다. "폭군들은 교회를 억압하고 복음 전파를 방해하면서 잠시 자랑하고 미친 듯이 날뛰도록 허용될 수 있다. 하지만 그들은 지속되지 못할 것이다. 결국 그들의 제국은 깨어질 것이며 그들의 권세는 굴욕을 당할 것이다"(*Acts*, 213).

우리는 교회가 기도하지 않았다면 베드로에게 무슨 일이 일어났을지 알지 못한다. 우리는 심지어 그들이 베드로가 석방되기를 기도하고 있었는지도 확신할 수 없다. 그들은 베드로가 그들이 모여 있는 집 문에 갑자기 나타났을 때 당혹스러울 정도로 놀란 것처럼 보였기 때문이다. 하나님의 주권과 마찬가지로 기도 역시 어느 정도 신비이다. 성경은 우리가 기도해야 하며 기도는 실제로 변화를 일으킨다고 분명히 말한다. 하나님은 기도에 응답하신다. 하지만 일부 사람들이 믿고 가르치는 것과는 반대로, 우리는 엄청난 분량의 믿음을 가질 필요가 없다. 그저 하나님이 우리의 기도를 들으시며 그분의 주권적이고 변치 않는 목적들에 따라 응답하신다는 것을 믿기에 충분한 믿음만 있으면 된다.

12:25-13:3에서 안디옥 교회는 두 유대인 남자 바울과 바나바를 이방인을 대상으로 한 최초의 선교사로 위임했다. 이로써 그들은 세상에 복음을 가지고 가라는 예수님의 명령을 성취했다.

12:25. 누가는 11:30로부터 이야기를 이어나갔다. 바나바와 사울은 예루살렘 교회에 부조금을 전달한 후에 안디옥으로 다시 돌아왔다. 그들은 바나바의 사촌인 요한 마가를 함께 데리고 왔다. 이렇게 요한 마가를 이야기에 소개하는 것은 그가 첫 번째 전도 여행에서 맡을 역할에 대해 준비시켜준다.

C. 소아시아로: 첫 번째 전도 여행(13:1-15:35)

1. 선포의 순회 여행(13:1-14:28)

a. 사울과 바나바를 파송하다(13:1-3)

헤롯의 위협이 제거되자 교회는 자유롭게 첫 번째 선교 노력를 펼칠 수 있었다. 최초의 이방인 선교가 예루살렘이 아니라 안디옥에서 시작된 이유는 예루살렘의 반이방적 편협함과는 아무 관련이 없었다. 처음에 복음은 예루살렘으로부터 안디옥으로 전파되었다. 그래서 의도적으로 안디옥의 다른 헬라파 유대인들에게 복음을 전한 사람들은 헬라파 유대인들이었다(11:19). 안디옥 교회는 처음에 헬라파 유대인들로 구성되어 있었다(11:20-21). 추가로 예루살렘 교회는 안디옥에서의 사역에 대해 듣고 살펴보기 위해 바나바를 보냈으며, 바나바를 통해 안디옥 교회에 대한 승인을 해주었다(11:22-24). 궁극적으로 안디옥의 주요 선생들은 둘 다 유대인인 사울과 바나바였다(11:25-26). 안디옥에서 선교가 시작된 이유는 이 시점에서 사울이 안디옥에서 사역하고 있었으며 그가 할례 받지 않은 사람들의 사도가 되도록 하나님이 택하신 그릇이었기 때문이

바울의 첫 번째 전도 여행

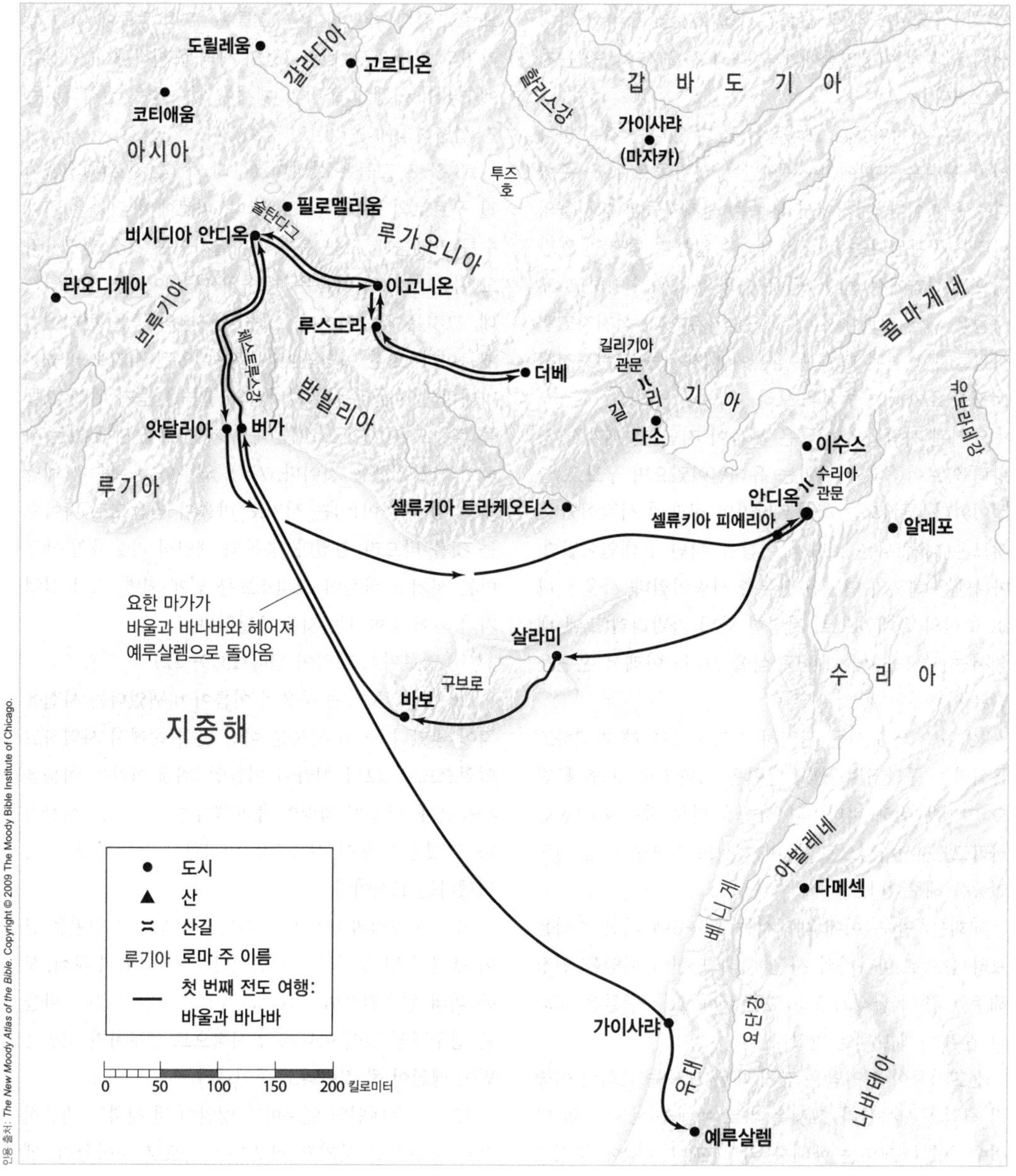

다. 그렇기 때문에 하나님은 주권적으로 안디옥 교회가 두 유대인 사울과 바나바를 이방인들에게 복음을 전도하기 위해 보내도록 지시하셨다. 성령의 지도 아래 교회는 선교사들을 파송했으며, 그들은 바나바의 고향인 구브로를 향해 항해했다. 그들이 갈라디아를 향해 출발할 때, 마가는 팀을 떠났으며 예루살렘으로 돌아갔다. 바울과 바나바는 네 개의 전략적 성, 즉 비시디아 안디옥, 이고니온, 루스드라, 더베에서 복음을 전파하면서 갈라디아를 순회했다. 그들은 안디옥으로 돌아와 하나님이 어떻게 이방인들에게 믿음의 문을 열어주었는지 보고했다.

13:1. 선지자들과 교사들이 둘 다 있다는 것은 하나님이 안디옥 교회에 은사를 받은 사람들로 복을 주셨다는 증거이다. 여기에서 본문은 선지자들과 교사들의 사역이 구분된다는 것을 시사하지 않는다. 하지만 일반적으로 신약에서 선지자들은 순회 사역을 수행하고, 교사들은 지역 교회에서 신자들을 가르친다. 선지자였던 사람들과 관련된 다른 특징들에 대해서는 고린도전서 14장을 소개하는 주석을 보라.

열거된 사람들의 이름은 복음이 지닌 전 세계적 영향력을 보여준다. **바나바**는 유대인이었으며 구브로 출신이었다. **루기오**는 북아프리카의 구레네 사람이었다. **시므온[니게르]**은 로마식 이름을 지닌 유대인이었다. **마나엔**은 헤롯과 연관된 상류층 사람이었다. **사울**은 다소 출신의 유대인으로, 저명한 랍비 가말리엘(그에 대해서는 5:33-39에 대한 주석을 보라) 아래서 훈련을 받은 사람이었다.

13:2-3. 선교사를 위임하는 것은 교회가 기도하고 금식하는 동안 일어났다. 성령은 교회에게 첫 번째 전도 여행을 위해 바나바와 사울을 **따로 세우라고**(봉헌하라고) 지시하심으로 첫 번째 전도 여행을 위한 신적 인증을 해주셨다.

교회는 '안수'(이에 대해서는 6:5-6에 대한 주석을 보라)함으로 바나바와 사울에 대한 신적 위임을 인정해주었다. 더 금식하고 기도한 후에 그 사람들은 교회의 권위 아래 보냄을 받았다.

선교사들이 위임받은 것에 대한 묘사는 교회의 이중적 책임을 시사한다. 그것은 바로 예배와 선교로, 둘 다 필수적이다. 교회는 예배를 위해, 또한 세상에 증거하기 위해 모여야 한다.

b. 사울(바울)과 바나바의 여정(13:4-14:28)

(1) 안디옥에서 실루기아로 구브로의 살라미로 (13:4-12)

(a) 엘루마의 반대(13:4-8)

13:4-14:28에서 누가는 13:4-12에 나오는 바보로부터 시작해서 선교자들이 순회했던 지역을 제시했다.

13:4-5. 그 선교사 팀은 먼저 바나바의 고향인 **구브로**로 갔다(참고. 4:36). 그들은 그 섬 동쪽에 있는 살라미의 **여러 회당**에서 그들의 사역을 시작했다. 회당은 예수님이 어떻게 구약의 메시아 약속들을 성취하셨는지 설명하기에 논리적인 장소였다.

13:6-8. 그들은 살라미로부터 약 144킬로미터 떨어진 구브로의 수도 **바보**로 갔다. 바보에서 그들은 **바예수**를 만났는데, 그는 유대인 **마술사**이며 **거짓 선지자**라고 나온다. 그의 이름은 "예수의 아들"이라는 의미였는데, 그것은 역설적이다. 그는 예수님의 종을 반대했기 때문이다. 또한 이방인이며 **총독**이었던 **서기오 바울**이 바나바와 바울로부터 하나님의 말씀을 듣기 위해 그들을 불렀으나(아마 그 때문에 누가는 그를 **지혜 있는 사람**이라고 칭했을 것이다, 7절), 엘루마(바예수에 해당하는 헬라어 이름)는 서기오 바울이 믿음으로 나아오는 것을 막으려 힘썼다. 총독의 개인적 마술사인 엘루마는 서기오 바울이 그리스도를 믿게 되면, 그가 실업자가 되어야 한다는 것을 깨달았다.

(b) 엘루마가 맹인이 되다(13:9-12)

13:9-11. 누가는 사울의 이름이 바뀌었다는 사실을 적어 놓았다. 이제 사울은 이방 문화 속에서 사역하고 있었으므로, 그의 헬라어 이름인 '바울'이라는 이름을 사용한다. 바울이 **성령이 충만**했다는 것도 의미심장하다. 그것은 바울이 신적으로 인정받고 영감을 받아 사역했다는 표시이다.

바울은 속임과 배반으로 가득한 엘루마가 심판을 받아 맹인이 될 것이라고 선언했다. 그는 **마귀의 자식, 모든 의의 원수**였으며, 진리를 왜곡시키려 애썼다. 바울은 영구적인 것이 아니라 일시적으로 엘루마가 천벌을 받아 맹인이 될 것이라고 선언했다.

13:12. 유대인인 엘루마가 맹인이 된 것과는 대조적으로 이방인인 서기오 바울은 믿음으로 나아왔다. 엘

루마에게 임한 심판 때문이 아니라, 주의 가르침 때문이었다. 엘루마가 맹인이 된 것과 서기오 바울의 회심은 초대교회에 일어날 변화의 시작을 보여주었다. 즉, 이스라엘은 점점 더 복음을 거부하고, 이방인들은 점차 더 수용할 것이다. 바울은 후에 로마서 11장에서 복음을 이방인 세계에 가져갈 시간을 주기 위해 하나님이 유대 백성의 마음을 완악하게 하셨고, 이방인들이 처음에는 메시아 예수님을 더 받아들이는 경향이 있을 것이라고 말했다(참고. 롬 11:11-24에 대한 주석). 바보에서 바울이 한 경험은 그가 유대인과 이방인들에게 하는 사역에서 평생 겪을 일을 예시해주었다. 바울의 복음 메시지는 유대인들에게는 대체로 거부될 것이지만 이방인들에게는 받아들여질 것이다. 신학적 관점에서 볼 때, 이 사건은 로마서 9-11장에 나오는 유대인들의 불신에 대한 바울의 논의의 신학적 배경을 제공해주었다. 거기에서 바울은 이방인들이 복음에 반응을 보이는 것과 유대인들의 불신 문제에 대한 질문에 대답했다. 그것은 유대 백성을 위한 하나님의 구속 계획이 실패했다는 의미인가? 절대로 그렇지 않다! 그보다 바울의 설명에 따르면, 유대인들의 불신은 이방인들에게 믿음의 문을 열어주었다. 그런데도 엘루마가 일시적으로 맹인이 된 것은 하나님의 프로그램에서 교회가 이스라엘을 대체했다는 가르침을 뒷받침하기 위해 인용할 수는 없다. 로마서 11:25-32에 대한 주석을 보라.

이 심판의 행동은 마술사 시몬에 대한 베드로의 심판 선언과 비슷했다(행 8장). 이런 비교는 바울의 사도직이 합법적이라고 확증하는 역할을 한다. 열두 사도 중 한 명이었으며 유대인들의 사도였던 베드로와 마찬가지로, 바울은 이방인들의 사도로서 동일한 사도적 권위를 지니고 있었다.

(2) 바보에서 밤빌리아 버가로(13:13)

13:13. 그들이 버가라는 항구도시에 이르렀을 때, 요한 마가는 예루살렘으로 돌아갔다(참고. 11:30). 마가가 예루살렘으로 돌아간 것에 대해서는 수많은 이유들이 제시되었다. 요한 마가와 고참 동료들 간에 어떤 근본적인 교리적 불화가 조성되었다기보다, 아마 그는 이 선교 팀 사역의 혹독함에 기가 질렸을 것이다.

(3) 버가에서 비시디아 안디옥으로(13:14-50)

(a) 안디옥에서 전한 바울의 메시지(13:14-41)

13:14-15. 안디옥에서 바울은 먼저 유대인에게, 그 다음으로 이방인에게 전파함으로써 사역의 유형을 확립했다. 바울은 유대인 인구가 꽤 많은 모든 도시에서 이 전략을 따랐다. 16:13에 따르면, 빌립보에서 바울은 (아마 유대 사람들을 위한) "기도할 곳"을 찾고 있었던 듯하다. 그래서 심지어 빌립보에서도 그는 먼저 유대 사람들을 찾아냈다.

회당장들은 **율법과 선지자의 글**을 읽은 후에, 바울과 바나바에게 말을 해달라고 청했다. 당시에는 구약의 처음 두 부분, 즉 **율법과 선지자**의 글을 읽고, 그런 다음에 해석을 하는 것이 관례였다. 회당장들은 분명 바울과 바나바가 성경을 설명할 자격을 갖추고 있다고 여겼다. 그래서 그들은 방문객이었지만 말을 해달라는 요청을 받았다. 바울은 그 기회를 이용해서 어떻게 하나님이 이스라엘에게 하신 약속이 그리스도 안에서 성취되었는지 설명했다.

바울의 메시지는 유대 백성을 준비시키기 위해 하나님이 하신 역사적 준비들(13:16-22)과 예수님이 실제로 오셨을 때 실제로 무슨 일이 일어났는지(13:23-37)를 망라했다. 바울은 예수님과 관련된 역사적 사실들에 대한 이러한 개관의 결론으로, 그의 말을 듣는 사람들에게 죄 사함을 위해 예수님을 믿으라고 도전했다(13:38-41).

13:16. 바울은 유대인들과 하나님 경외자들, 곧 하나님은 믿지만 유대교로 개종하지는 않은 사람들 두 집단 모두에게 말했다. 주요 주제는 13:39에 제시되어 있다. 모세의 율법을 지킴으로가 아니라, 믿음으로 의롭게 된다는 것이다.

13:17-41. 바울은 그의 메시지에서 출애굽(모세)부터 통일 왕국(다윗)까지의 이스라엘 역사를 간략하게 개관했다. 13:17-23에서 그의 주요 목적은 그리스도를 다윗과 연결시키는 것이었다. **하나님이 약속하신대로 이 사람의 후손에서 이스라엘을 위하여 구주를 세우셨으니 곧 예수라**(23절)는 것이다. 다윗이 하나님을 위해 집을 지으려 했을 때, 선지자 나단은 다윗에게 영원한 왕조를 약속했다(다윗 언약에 대해서는 삼하 7:6-16에 대한 주석을 보라). 바울은 예수님을 다윗의 약속된 씨로 밝혔다.

바울은 13:24-25에서 다윗으로부터 세례 요한으로

건너뛰었다. 바울이 전한 메시지에서 주요 주제는 요한이 메시아가 아니며, 요한의 사명은 메시아가 오시는 것에 대해 민족을 준비시키는 일임을 강조하는 것이었다. 대부분의 유대인들은 요한에 대해 호의적으로 생각했으며, 여기에서 바울의 목적은 청중들이 예수님에게 호의적인 생각을 갖도록 예수님을 세례 요한과 연관시키는 것이었다.

13:26-30에서 바울은, 이스라엘 지도자들이 회당에서 성경을 읽었지만 선지자들의 메시지를 이해하지 못했으며 구세주는 죄가 없음에도 그분을 정죄했다고 말했다. 유대인 지도자들과 빌라도가 예수님을 정죄하고 그분을 죽이려고 공모했던 것과는 반대로, 하나님은 그 예수님을 죽은 자 가운데서 다시 살리셨으며, 예수님의 제자들은 부활의 증인이었다.

13:31-37에서 바울은 그리스도의 부활을 입증하기 위해 세 개의 구약 본문에 호소했다. 시편 2편은 제왕 시편이며, 7절은 메시아와 하나님을 친밀하게 연결시킨다. 그분은 하나님의 아들이시다. 바울은 34절에서 이사야 55:3을 언급하며, 다윗에게 하신 약속은 죽은 자 가운데서 다시 사신 예수님을 통해 그들에게 주어졌다고 알렸다. 베드로가 사도행전 2장에 나온 그의 연설에서 했던 것처럼, 바울은 시편 16:10을 인용했으며, 다윗이 다윗 자신에 대해 말하고 있었을 수는 없다고 주장했다. 그의 무덤이 예루살렘에 있기 때문이었다. 이 본문들에 대한 바울의 호소는 임의적인 것이 아니었다. 첫째, 포로기 이후에 수집된 것인 시편은 일반적으로, 특히 제왕 시편들은 장차 나타날 다윗의 왕적 후손, 곧 메시아를 내다보았다. 그래서 바울이 설명했던 그대로 시편 2편에서 하나님은 다윗에게 말씀하고 계시는 것이 아니라, 그보다 메시아를 그분의 아들이라고 부르셨다. 마찬가지로 시편 16:10은 미래의 어떤 개인이 무덤 속에서 썩음을 경험하지 않을 것이라고 예언했다. 다윗을 말하는 것이 아니라, 미래에 나타날 다윗 계열의 메시아를 말하는 것이었다. 이것은 모두 다윗 언약(삼하 7:12-16)과 조화를 이룬다. 그 언약에서 하나님은 자비롭게 다윗에게 미래의 후손, 메시아, 영원한 집과 보좌와 나라를 가질 분을 약속하셨다(사 55:3).

바울의 요점은 13:38-39에 나온다. 죄 사함과 의롭게 됨은 예수님을 믿음으로 되는 것이며 **모세의 율법**을 지킴으로 되는 것이 아니다. 죄 사함과 의롭게 됨은 둘 다 법정적 의미를 지니고 있다. **죄 사함**은 어떤 사람의 죄에 대한 법적 처벌이 취소된다는 의미이며, 의롭게 됨은 어떤 사람이 하나님과 올바른 관계라고 선언되는 것을 의미한다. 바울은 하나님이 완전한 죄 사함을 주시고 어떤 사람을 완전히 의롭다고 선언하시는 것은 예수님의 속죄의 죽음과 부활에 대한 믿음을 통해서만 가능하다고 주장했다.

이 본문은 '바울에 대한 새 관점'에 정면으로 도전하는 듯하다. 새 관점을 지지하는 사람들은 바울이 유대교에 동의하지 않는 부분은 그들이 율법을 이방인들과 구별되도록 지켜주는 장벽으로 사용한다는 것이었으며, 유대인들은 율법이 하나님과의 지위를 얻는 수단이라고 믿지 않았다고 주장한다. 하지만 바울이 그의 메시지에서 반박한 내용은 의롭다 함을 위해 율법을 사용하는 것이다. '바울에 대한 새 관점'에 대해 더 자세히 알려면, 로마서 주석의 서론을 보라.

바울은 13:40-41에서 그리스도를 거부한 것에 대한 심판을 엄중히 경고하면서 결론을 내린다. 그는 하박국 1:5에 나온 인용문을 사용해서, 그의 청중을 바벨론 포로 때 멸망당한 이스라엘 사람들과 비교한다. 현 세대의 유대 백성도 하나님이 예수 그리스도를 통해 역사하고 계시다는 것을 믿지 않으려 한다면 심판을 경험할 것이다. 그 비교에서 핵심 개념은 하나님의 역사이다. 사도행전 문맥에서 하나님의 역사에는 예수 그리스도의 속죄의 죽음과 부활, 성령 충만한 증인들을 통해 교회를 세우시는 하나님의 역사가 포함되었다.

(b) 안디옥에서 전한 메시지에 대한 반응 (13:42-50)

13:42-43. 바울의 메시지에 대한 반응으로, 어떤 사람들은 바울에게 다음 안식일에 다시 말해달라고 부탁했으며, 많은 유대인들과 유대교에 입교한 사람들은 심지어 바울 및 바나바와 같이 시간을 보내기 시작했다. 그들은 계속해서 하나님의 은혜를 의지하고 절대 모세 율법에 따라 사는 삶으로 되돌아가지 말라는 권면을 받았다.

13:44-45. 바울이 다음 안식일에 말했을 때, 바보에서 일어난 사건들이 반복되었다. 유대인 지도자들은 많

은 청중들이 호의적 반응을 보이자, **시기가 가득했으며** 바울을 비방('모독')하기 시작했다.

13:46-47. 바울과 바나바는 복음이 유대 백성과 일차적 관련이 있었으므로(요 4:22; 롬 1:16에 대한 주석을 보라), 먼저 유대 공동체에 복음을 전파할 필요가 있었다고 말하면서 반대를 책망했다. 바울은 그들이 그의 메시지를 거부한 것으로 인한 두 가지 결과를 선언했다. 첫째, 그들은 **영생을 얻기에 합당하지 않은 자로 자처했다**. 이 부분과 48절에는 사도행전에서 구원의 내용이 **영생**의 소망이라고 묘사하는 유일한 언급이 나온다. 둘째, 바울은 유대 백성의 거부가 이방인을 대상으로 한 그의 사역을 정당화해주었다고 말한다. 어떤 사람들은 이것을 바울의 사역과 메시지가 유대 백성들로부터 오로지 이방인들에게만 선포하는 것으로 옮겨갔다고 해석했다. 하지만 바로 다음 성(이고니온, 14:1-2)에서 바울은 다시 한 번 유대 사람들에게 먼저 갔다. 훨씬 전에 선지자 이사야는 하나님의 종의 사역이 전 세계적으로 퍼질 것이라고 예언했다(사 49:6; 42:6). 이사야에서 나온 인용문(41절)은 예수님이 하나님의 기름 부음을 받은 종이라는 것을 나타낸다.

13:48-49. 유대인들과는 대조적으로 이방인들은 기뻐했으며 **영생을 주시기로 작정된 자는 다 믿더라**. 하나님이 이스라엘을 그분의 특별한 백성으로 택하신 것처럼, 하나님은 이제 이방인들에게 주권적으로 영생을 주셨다. 게다가 누가는 어느 누구도 자신을 구원할 수 없다는 것을 보여주었다. 사람들은 하나님의 은혜로운 선택으로만 구원받는다. 어떤 반대도 **주의 말씀**을 중단시킬 수 없었다. 복음은 전체 지역에 영향을 미쳤다. 누가는 메시지를 **주의 말씀**이라고 말했다(48-49절). 사도의 설교가 성경이라고 말하기 위해서가 아니라 그들의 메시지가 하나님으로부터 왔다는 것을 나타내기 위해서이다. 바울은 갈라디아서 1장에서 복음이 그가 만들어낸 메시지가 아니라 자신이 하나님에게 받은 것이라고 말했다.

13:50. 이방인들의 반응으로 인해 바울은 더 큰 반대를 받게 되었다. 일부 유대 사람들이 상류층 여자들(아마 이방인들)과 그 성의 이방인 지도자들을 선동해서 바울과 바나바를 박해하게 했으므로 그들은 그 지역을 떠나지 않을 수 없었다.

(4) 안디옥에서 이고니온으로: 갖가지 반응들 (13:51-14:5)

13:51-52. 심판을 상징하는 행동으로, 바울과 바나바는 **발의 티끌을 떨어버리고** 비시디아 안디옥 남동쪽으로 144킬로미터 떨어진 이고니온으로 갔다.

공회에서 채찍질 당할 때 기뻐했던 사도들처럼(참고. 5:40-42), 제자들은 기쁨과 성령이 충만했다. 박해가 있음에도 하나님의 말씀을 담대히 선포하는 기쁨과 용기는 사도행전에서 성령의 증거들이다.

14:1-2. 이고니온에서도 바보와 비시디아에서 보았던 것과 같은 일부 유대 사람들의 갖가지 반응과 적대감이 반복되었다. 선교사들이 회당에서 말할 때, **유대와 헬라** 둘 다의 허다한 무리가 믿었다. 하지만 일부 믿지 않는 유대인들은 이방인들의 마음을 **선동하여**, 그들이 바울과 바나바를 반대하게 했다. NASB에서 **악감을 품게 하거늘**[embittered]이라고 번역된 단어는 문자적으로는 "어떤 사람이 다른 사람에 대해 나쁘게 생각하도록 하다, '화나게 하다, 기분 나쁘게 하다'"(BDAG, 502)라는 의미이다. 바울과 바나바는 유대인들과 헬라인들에게 그들이 전하는 메시지의 진실성을 너무나 효과적으로 납득시켰기 때문에, 유대인들은 선교사들을 막기 위해 이방인들의 도움을 구했다.

14:3-5. 선교사들은 표적과 기사로 그들의 메시지가 믿을 만한 것임을 입증했지만, 사람들은 여전히 나뉘어 있었다. 어떤 사람들은 유대인들의 비방을 믿었으나, 다른 사람들은 사도들 편이었다. 누가는 바나바와 바울을 둘 다 사도라고 불렀다. 그것은 사도의 사역을 열두 사도를 넘어서까지 확장하는 것이었다.

(5) 이고니온에서 루스드라로(14:6-20a)

(a) 신원에 대한 오해(14:6-18)

이방인들과 유대인들이 둘 다 선교사들을 돌로 치려 했을 때, 바울과 바나바는 더 남쪽의 **루가오니아** 지역, 루스드라와 더베 성으로 도망했다.

14:6-10. **루스드라**에서 누가는 바울이 어떻게 구약을 알지 못하는 이방인들에게 말씀을 전파하는지에 대한 본보기를 기록했다. 베드로가 장애를 가진 사람을 고쳤던 것처럼(행 3장), 바울은 날 때부터 육체적인 장애가 있는 사람을 고쳐주었다. 누가의 목적은 하나님이 유대 백성 사이에서 베드로가 행한 사역에 역사하셨던

것과 똑같은 권능으로 이방인들 사이에서 바울이 행한 사역에도 역사하고 계신다는 것을 보여줌으로, 이방인들에 대한 바울의 사도직이 진짜임을 입증하는 것이었다. 이 이야기와 베드로가 장애를 가진 사람을 고친 이야기 간의 차이점은, 바울은 그 사람이 **구원받을 만한 믿음**이 있는 것을 보았다는 것이다. 진술되어 있지는 않지만, 그가 육체적으로 고침을 받은 것은 영적 구원에 대한 묘사였다.

14:11-13. 미신적인 이방인들은 바나바와 바울이 **제우스**와 **헤르메스**라고 잘못 믿었다. 그 지역에 내려오는 이야기에 따르면, 이 신들은 그곳을 방문해서 그들을 환대한 사람들에게는 복을 주고 그렇지 않은 사람들의 집은 파괴했다고 한다. 심판 받기를 원하지 않았던 그 지역 신당 제사장은 그들을 숭배하기 위해 제물을 가지고 왔다.

14:14-15. 바나바와 바울은 격렬히 항의했다. 그들은 떠돌아다니는 현자들이 그랬던 것처럼 루가오니아인들을 이용해먹으려 하지 않았다. 대신 바울은 그 기회를 틈타 루가오니아인들에게 하나님에 대해 말했다. 누가는 바울이 전한 메시지의 요약만 밝혀 놓았다. 바울은 이방인들에게 설교할 때, 유대인들에게 했던 것과는 다른 방침을 취했다. 바울은 자신의 메시지를 상황화했지만, **복음**의 본질적 내용은 바꾸지 않았다.

바울은 그의 메시지를 복음, 좋은 소식을 알리는 것이라고 불렀다. 이교 세계의 메시지는 '나쁜 소식'이었다. 사람들은 운명과 그들 신들의 변덕스러움을 두려워하면서 살았다. 어느 누구도 자신의 영원한 운명이 어떻게 될지, 혹은 심지어 죽음 이후에 삶이 있는지 확실히 알지 못했다. 사람들은 자신들의 타락한 인성으로 인한 죄 된 경향들에서 자신을 구할 능력이 없었다. 무력하고 절망적인 이교도들에게 복음은 '좋은 소식'이다.

하나님은 모든 것을 창조하신 분이므로, 바울은 루가오니아인들에게 회개하라고, 우상숭배로부터 유일하시고 살아 계신 하나님을 믿는 믿음으로 '돌아오라'고 호소했다(참고. 딤전 1:19). 바울의 논증은 자연에서 나온 것이다. 그것은 신학적이거나(로마인들) 성경적이거나(안디옥) 철학적인(아덴 사람들) 것이 아니었다.

14:16-17. 바울은 점진적 계시에 기초해서 구원의 계획을 제시하려고 했다. 과거에는 **하나님이 모든 민족으로 자기들의 길들을 가게 방임하셨**다는 말은 하나님이 천지를 만드신 후에 자신의 피조물을 버려두셨다거나, 하나님이 그분의 섭리적, 주권적 통제력을 계속적으로 발휘하지 않으셨다는 의미는 아니다. 바울의 요점은 하나님이 전에는 이스라엘 아닌 나라들에게 자신에 대한 직접적 계시를 주지 않으셨으며, 그들이 모세율법과 비슷한 '특별히 계시된 법' 아래 살도록 부르지 않으셨다는 것을 말하는 듯하다. 하지만 하나님은 그들에게 '일반 계시', 즉 창조 세계에 나타난 하나님 자신에 대한 증거를 제공하셨다. 그것은 17절에 열거된 하나님의 공급을 통해 볼 수 있었다. 하나님은 생명을 유지하심으로 그분의 섭리적 선하심을 통해 자신의 존재에 대한 증거를 계속해서 제공하셨다. 하나님은 모든 사람에게 **비**, **결실기**, **음식**을 주신다. 비슷한 논증으로는 로마서 1:18-32과 그 부분의 주석을 보라.

14:18. 바울의 메시지는 루가오니아 사람들이 선교사들을 신으로 숭배하는 것 자체를 단념시키지는 못했다.

바울은 루스드라 사람들이 선택을 해야 한다는 것을 분명히 말했다. 그의 진술은 상대주의에 대한 암시를 포함하고 있지 않다. 모든 것의 창조주이신 오직 한 분 살아 계신 하나님이 계시이다. 다른 어떤 신을 섬기는 것은 우상숭배이다. 루가오니아인들은 회개할 필요가 있다. 바울이 계속할 수 있었다면, 그는 분명 예수 그리스도가 구속사의 절정이라고 진술했을 것이다. 하지만 그는 안디옥에서 유대인들에게 설교했던 것과는 다른 식으로 그 결론에 도달했을 것이다.

(b) 이고니온과 안디옥에서 온 반대자들 (14:19-20a)

14:19-20a. 폭력을 행하는 무리를 닮은 일부 유대인들이 안디옥에서도 이고니온에서도 와서 바울을 돌로 쳤다. 본문의 표현은 바울이 의식이 없을 뿐이었으며 죽지는 않았음을 시사한다. 하지만 그 폭도들은 바울이 죽었다고 생각했다.

(6) 루스드라에서 더베로: 호의적인 반응 (14:20b-21a)

14:20b. 바울은 겁쟁이가 아니었다. 그는 의식을 되찾고 나서 밤에 다시 그 성으로 들어갔다. 그다음 날 바울과 바나바는 약 96킬로미터 떨어진 더베를 향해 떠났다. 바울은 용감했을 뿐 아니라 강인했다.

14:21. 누가는 더베에서 바울이 행한 사역을 요약해서 말했다. 바울은 '복음'을 전했으며 많은 사람을 **제자**로 삼았다.

(7) 같은 길을 되짚어 오다: 더베에서 다시 루스드라, 이고니온, 비시디아 안디옥을 통해 버가로(14:21b–23)

선교사들은 왔던 길을 되짚어 루스드라, 이고니온, 비시디아 안디옥으로 갔다.

14:22–23. 바울과 바나바는 새로 회심한 사람들에게 마음을 **굳게** 하라고 **권**했다. 바울은 잔인할 정도로 솔직했다. 그는 그리스도를 따르는 일이 쉽지 않을 것이라고 경고했다. 신자들은 말로 하는 학대와 신체적 박해(환난)를 예상해야 한다. 하지만 바울은 그들에게 신실하라고 권했다. 디모데후서 3:12에서 바울은 "무릇 그리스도 예수 안에서 경건하게 살고자 하는 자는 박해를 받으리라"라고 썼다.

그들은 각 교회에서 초대교회의 영적 지도자인 장로를 임명했다. 디모데전서 3장과 디도서 1장은 장로들의 자격에 대해 말한다. 새 신자들을 기도와 금식으로 주께 부탁한 후에, 그들은 비시디아를 거쳐 버가에서 말씀을 전파하고, 앗달리아로부터 배를 타고 수리아 안디옥으로 갔다.

(8) 버가에서 앗달리아로 수리아 안디옥으로: 첫 번째 전도 여행의 결론(14:24–28)

14:24–28. 그들의 일은 완수되었다. 독립적인 교회들이 설립되었기 때문이다. 그들은 자신들이 이룬 일에 대한 공을 하나님께 돌렸으며 하나님이 **이방인들에게 믿음의 문을 여신 것**에 특별히 놀랐다.

첫 번째 전도 여행의 보다 중대한 특징은 이방인들이 하나님의 백성에 포함된 것이었다. 선교사들은 하나님의 구속 계획에 유대인들뿐 아니라 이방인들도 포함한다는 것을 우연한 계기로 발견했다. 성령이 교회에게 바울과 바나바를 위임하도록 지시하셨기 때문에, 이방인들에게 복음을 전하는 새로운 선교 전략을 인증하사, 그들이 유대교와 상관없이 그리스도께로 나아올 수 있도록 하신 분은 하나님 자신이었다. 즉, 그것은 예루살렘 공의회에서 도전을 받고 해결될 정책이었다.

2. 확증을 위한 회의(15:1–35)

a. 문제가 되는 것(15:1–6)

15:1–4. 첫 번째 전도 여행의 결과, 이방인들의 회심은 할례가 구원 경험을 유지하는 데 필수적인 부분이라고 주장했던 유대 전통주의자 집단에게 경종을 울렸다. 문제는 이방인들이 하나님의 언약 백성에 참여하는 것에 대한 것이 아니었다.

이 전통주의자 집단이 유대에서 안디옥으로 와 할례가 구원에 필수 요소라고 가르쳤을 때, 바울과 바나바는 이것이 하나님의 은혜에 대한 위협이라고 제대로 보았다. 항의자들과의 열띤 토론 후에, 바울과 바나바는 예루살렘으로 가서 교회에 그 문제를 해결해달라고 요청했다. 이 문제를 다룬 모임은 '예루살렘 공의회'라고 불렸다. 이 극도로 중요한 회의에 대한 누가의 기사는 초대교회가 이방인 신자들을 위한 율법 문제를 어떻게 해결했는지 설명한다. 예루살렘 공의회와 바울이 갈라디아서를 쓴 시점 간의 관계에 관해서는 엄청난 토론이 있다. 갈라디아서가 공의회 이전에 쓰였는지 이후에 쓰였는지는 분명하지 않다. 이 문제들에 대해서는 갈라디아서 서론의 '연대'를 보라. 갈라디아서는 예루살렘 공의회 직전에 쓰였을 가능성이 높다. 그 일이 이미 일어났다면 바울은 공의회의 결정을 인용했을 것이기 때문이다.

15:5–6. 어떤 사람들이란 "바리새파 중에" 속한 사람들을 말한다(참고. 15:5). **유대로부터** 온 **어떤 사람들**이 누구였는지는 분명하지 않다. 그들은 예루살렘 교회로부터 온 믿는 사신들로 사도들과 장로들의 의견을 잘못 전한 유대 사람들이었을 수도 있고(5, 6절), 아니면 유대적 배경을 가진 거짓 선생들이었을 수도 있다. 그들의 신원이 어떻든, 그들은 이방인 신자들이 하나님의 언약 백성에 어울리는 일원으로서 할례를 받고 율법의 다른 측면들을 믿어야 한다고 주장했다. 그들은 모든 이방인들이 하나님과 올바른 관계를 맺기 위해 유대인이 되어야 한다고 주장했다. 할례는 어떤 사람이 이스라엘의 일원이라는 것을 밝혀 주는 신체적 표적이었으므로(창 17장을 보라), 그 관행은 모세율법을 고수하는 데 핵심이 되었다. 이방인들이 유대교로 개종하고 율법에 순종해야 한다고 주장한 이 유대인들은 후에 갈라디아서에서 율법주의자로 책망을 받는다. **다툼과 변론**(2절)이라는 말은 이것이 엄청나게 논쟁적인 문제였음을 나타낸다. 특히 이미 그리스도를 믿은 이방인들

에게 할례와 율법 준수를 요구하지 않은 바울과 바나바의 관행에 비추어볼 때 그랬다. 바울의 반대자들은 바울이 유대인 메시아를 따르는 사람들에게 그들이 하나님의 율법을 순종할 필요가 없다는 메시지를 전달하는 것으로 이해했다.

바울의 관심사는 실용적인 것, 즉 복음에 할례를 더하면 복음의 성공을 방해하리라는 것이 아니었다. 그보다 바울의 관심사는 신학적인 것이었다. 할례를 요구사항으로 추가하면 은혜의 메시지에 행위를 더하게 되리라는 것이다. 이방인들이 율법에 복종하도록 강요하는 것은 은혜의 복음을 은혜와 행위가 혼합된 메시지로 왜곡시키게 될 것이다. 바울과 바나바는 이 가르침에 이의를 제기했으며, 대표단과 함께 예루살렘으로 가서 논쟁을 해결하도록 임명받았다. 15:1에서 제시하는 논쟁은 5절에서 확장되며, 7절부터 다루어진다. **바리새파 중에 어떤 믿는 사람들**(5절)은 신자들로 판명된다.

b. 연설들(15:7–21)

(1) 베드로: 사실들에 대한 선언(15:7–11)

15:7-11. 베드로는 고넬료에 대한 그의 사역을 보고하면서(7-11절), 문제의 핵심을 밝힌다. 구원은 율법의 행위로가 아니라, **주 예수**의 역사를 통해 은혜로 주어진다(11절). 고넬료의 경우에서 보듯이, 이방인이라도 방언을 말했으며, 세례를 받았다. 모세율법이 요구하는 행위가 없다는 이유로 어떻게 그들이 하나님과 진정 올바른 관계가 아니라고 생각할 수 있단 말인가?

(2) 바나바와 바울: 사실들을 입증하다(15:12)

15:12. 바나바와 바울은 초자연적 관점을 제시하면서 이방인을 대상으로 한 그들의 사역을 보고했다. 하나님은 기적적인 **표적과 기사**로 이방인 가운데서 행한 그들의 사역을 확증해주셨다. 하나님이 고넬료의 집과 더불어 베드로를 통해 해주셨던 것과 마찬가지이다. 8절을 보라. 그것은 "우리에게와 같이"(행 2장에서) 이방인들에게 성령을 주신 기적적 표현을 암시한다.

(3) 야고보: 선지자들과의 상관관계(15:13–21)

15:13-21. 야고보는 아모스 9:11-15에서 나온 인용문으로 그 문제를 하나님의 포괄적인 구속 계획과 관련시켰다. 하지만 야고보는 선지자들(15절)을 언급했으며, 그는 아모스 9장만 인용했지만, 선지자들에게서 나온 다른 본문들은 이방인들을 '이방인으로서'('유대인으로서'가 아니라) 하나님의 백성에 포함시킬 것을 예측했다(예를 들어, 사 2:2; 45:20-23; 렘 12:15-16; 호 3:4-5; 슥 2:11; 8:22, 또한 바울이 롬 15:8-13에서 이방인들의 포함이라는 주제에 대한 다른 본문들을 인용하는 것과 그 부분 주석을 보라). 다윗의 왕조를 다시 일으킨다는 것은 하나님이 다윗(삼하 7장)과 아브라함(창 12:1-3)에게 하신 약속들을 말한다. 그것은 예수님의 죽음, 부활, 승천, 복음 전파의 결과로 최초로, 부분적으로 성취된 약속들이며, 그 모든 사건들은 '메시아 시대'가 임재하는 것을 알렸다. 야고보가 아모스서를 인용한 것은 주로 이방인들이 유대인이 되지 않고도 하나님의 백성에 포함되는 문제에 관한 것이며, 교회 안에서 교회를 통해 다윗의 왕국이 회복되는 문제(언약 신학자들이 주장하듯이)에 관한 것이 아니다. 로버트 소시(Robert L. Saucy)[*The Case for Progressive Dispensatioalsim: The Interface Between Dispensational and Non-Dispensational Theology* (Grand Rapids, MI: Zondervan, 1993), 79]는 이렇게 쓴다. "아모스는 메시아 시대를 고대했다. 그 시대는 이방인들이 이스라엘의 일부가 되지 않고도 구원받는 것을 포함했다. 이 시대는 예수님과 함께 이르렀으며, 하나님의 일은 율법을 지키지 않고도 구원이 이방인들에게 임하는 것을 나타낸다." 아모스는 하나님의 구속 프로그램의 일부로 장차 이방인들이 구원받을 것을 예언했다. 하나님의 계획은 유대인 뿐 아니라 **남은 사람들이 찾게** 하려는 것이다.

야고보의 관점은 베드로, 바울, 바나바가 보고한 실제적 경험들에 덜 의지하고, 구약 선지자들의 가르침에 더 의지한다. 하나님의 구속 목적이 이방인들을 포함한다면, 유대인 신자들은 이방인들이 하나님의 언약 백성에 포함되는 것을 막는 장벽을 세우지 말아야 했다. 야고보는 공의회가 율법주의자들의 견해를 거부하고 이방인들에게 율법을 강요하지 말 것을 권했다.

c. 이방인 교회들에게 보내는 편지(15:22–35)

15:22-35. 야고보는 또한 공의회에게 이방인들에게 편지를 보낼 것을 권했다. 유대인들에게 특히 불쾌감을 주는 관행들을 금해달라고 이방인들에게 요청하는 편지이다(15:2-21). 공의회는 이방인들에게 (1) **우상의 제물**과 (2) **음행** (3) **목매어 죽인 것**이나 그 안에

많은 양의 피가 있는 고기를 먹는 것을 **멀리**해달라고 요청했다.

이방인들에게 금해달라는 것에 대한 요청은 이 제한들의 본질에 대한 의문을 제기한다. 이 제한들은 본질적으로 모세율법의 의식상 측면들을 되풀이하는 것이었는가? 만일 그렇다면, 공의회는 이방인들에게 율법을 부과하지 않는다는 자신의 결정과 모순된 행동을 하고 있었다. 최선의 해결책은 그 제한들을 이교 신전의 제의적 예배와 관련시키는 것이다. 거기서 예배자들은 짐승들을 목매어 죽이고, 그 짐승들의 피를 마시기 위해 경동맥을 자르며, 우상들에게 바쳐졌던 고기를 먹고 성전 매음으로 마무리했다. 이 해석은 우상숭배에 참여하는 것에 대해 바울이 고린도인들에게 준 가르침과 일관된다(고전 10:14-22). 그 의도는 이교 신앙과 새로운 믿음의 혼합주의를 막는 것이었다. 이방인들은 유대교로 개종할 필요가 없지만, 이교의 우상숭배는 떠나야 했다(참고. 살전 1:9). 이것은 "안식일마다 회당에서"(15:21) 토라와 우상숭배에 대한 토라의 엄격한 규정들을 읽는 유대 사람들 사이에서 교회의 증거를 보존해줄 것이다.

그 결정이 중요한 이유는 세 가지가 있다. 첫째, 이방인들에게 유대교로 개종할 것을 요구하지 않음으로써, 그것은 오직 믿음으로 말미암아 은혜로 구원받는다는 교리를 보호했다. 둘째, 그것은 이교가 참신앙과 섞이지 않도록 하여 교회의 순수성을 보존했다. 셋째, 메시아적 믿음은 우상숭배를 용납하지 않음으로써 유대 백성들 앞에서 메시아적 믿음의 증거를 유지하는 중요한 선례를 남겼다.

그 결정의 지혜로움은 안디옥의 이방인 교회가 보인 반응에서 반영되었다. 바울과 바나바가 예루살렘 교회의 두 존경받는 사람인 유다 및 실라와 함께 안디옥 교회에 보낸 편지를 읽었을 때, 신자들은 기뻐했다. 잠재적으로 분열을 가져올 수 있는 율법이라는 문제가 공식적으로 해결되었으며, 연합이 보존되었다.

유다와 실라는 이방인 교회의 믿음을 강화시키는 메시지로 그 교회를 섬겼으며, 그다음에 예루살렘으로 돌아갔다(34절은 많은 사본에서 빠져 있다). 바울과 바나바는 안디옥에 남아 **주의 말씀**을 가르쳤다. 그 두 사람은 모세율법에 대한 논란으로 방해를 받지 않고 이방인 사이에서 그들의 사역을 계속했다.

D. 에게해 지역으로: 두 번째 전도 여행 (15:36-18:22)

1. 팀 선정(15:36-16:3)

15:36-16:3. 바울과 바나바는 첫 번째 전도 여행 때 시작된 교회들을 다시 방문하기로 결정했다. 하지만 그들은 요한 마가를 데리고 갈지 말아야 할지에 대해 의견이 달랐다. 바나바는 요한 마가와 사촌지간이었으므로 그를 데려가기 원했을 것이다. 이것은 '위로의 아들'이라는 바나바의 성품과 완벽하게 조화를 이룬다. 그가 요한 마가에게 다시 한 번 기회를 주려고 했다는 것이다. 하지만 바울은 반대했다. 마가가 첫 번째 전도 여행 때 그들을 떠났다는 말이 바울의 견해를 지지해 준다. 이것은 심각한 불화였으며 그저 의견 차이가 아니었다. **심히 다투어**[*paroxysmos*, 파록쉬스모스]라는 표현은 "논쟁에서 표현된 격앙된 상태"(BDAG, 780)를 의미한다. 두 사람 다 자신의 입장을 격렬히 변호했으며, 결국 갈라서게 되었다. 로마서 8:28에서 약속하신 것처럼, 하나님은 이런 불화에서도 선을 이루셨다. 이제 하나가 아닌 두 개의 강력한 팀이 되었다!

바나바와 마가는 사도행전에서 다시 언급되지 않지만, 바울은 후에 바나바에 대해(고전 9:6; 골 4:10), 또한 마가에 대해(딤후 4:11) 긍정적으로 말했다.

디모데의 할례(16:1-3)는 예루살렘 공의회의 결정이 이방인이 할례를 받지 않는 것에 국한되어 있었으며 유대인들에게는 해당되지 않았다는 것을 보여주었다. 디모데의 어머니는 유대인이었으며 그래서 디모데는 아브라함 언약의 외적 표적으로서 할례를 받아야 했다(창 17:9-14). 바울은 사역을 위해서 디모데에게 할례를 받으라고 요구했다. 이로써 유대인들의 기분을 상하게 하는 일을 피했으며, 유대인 신자들에게 아브라함의 언약이 지속된다는 것을 인정했다.

여기에서 바울의 행동은 갈라디아서 2:3-5에 나오는 그의 입장과 모순되는 듯이 보인다. 그는 디도가 억지로 할례를 받게 하지 않았다. 하지만 그 두 상황은 다르다. 디모데는 유대인이었지만 갈라디아서 2:3은 디도를 헬라인이라고 말한다. 따라서 그는 이방인이었다. 디도에게 할례는 부적절했으며 이는 오직 믿음으로 의롭게 되는 것에 의문을 갖게 했다. 바울이 디모데에게

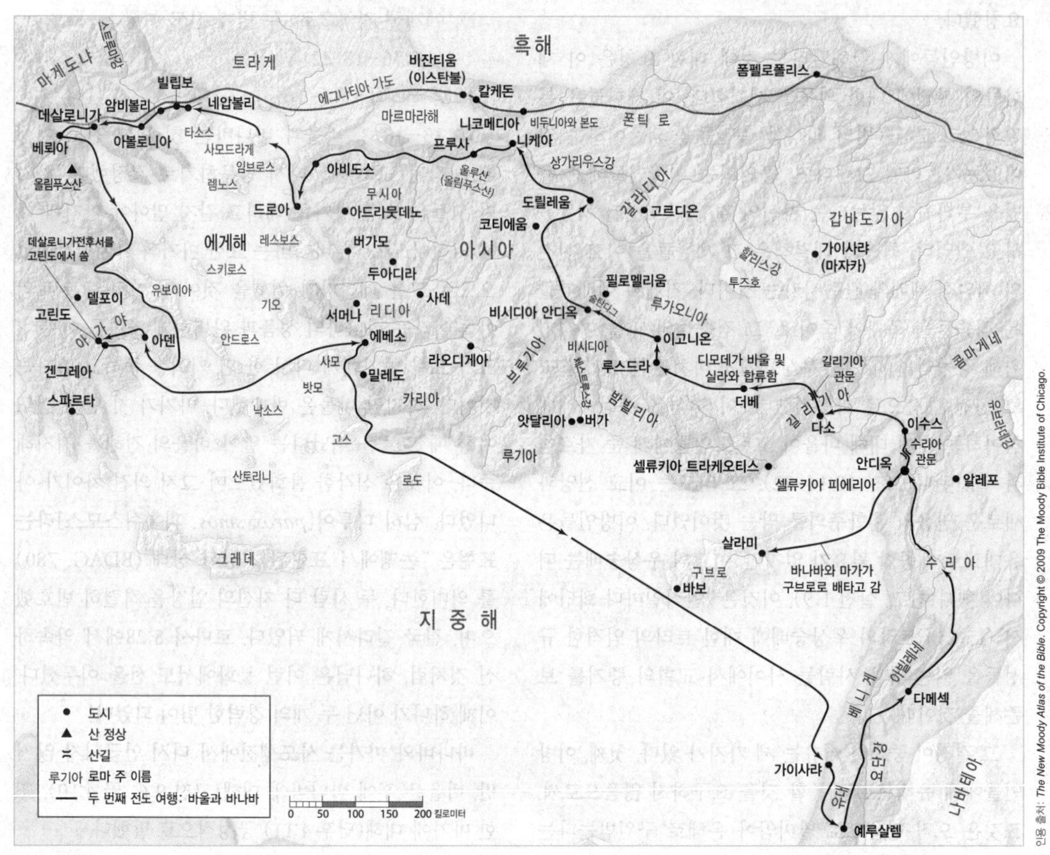

할례를 행한 것은 구원의 전제 조건으로서가 아니라 아브라함 언약의 외적 표시로 그렇게 한 것이었다. 바울은 절대 복음을 타협하지 않을 것이다. 하지만 그는 사역의 효율성을 위해 생활 방식의 문제는 타협을 했다. 바울은 몇 사람이라도 구원하기 위해 기꺼이 여러 사람에게 여러 모양이 되었다(고전 9:9-23). 더구나 바울은 디모데와 같은 유대인 신자가 하나님이 이스라엘과 맺으신 언약 관계의 외적 표시를 유지하기를 기대했을 것이다.

바울은 더베와 루스드라의 신자들에게 예루살렘 공의회의 결정을 알려줌으로 교회들을 굳건하게 하는 그의 사역을 계속했다. 모세의 율법에 대한 공의회의 결정과 디모데에게 할례를 행하기로 한 바울의 결정이 지혜로웠다는 것은 교회들의 긍정적 반응과 그 교회들이 성장한 것으로 입증되었다.

2. 유럽으로 인도받다(16:4-10)

16:4-5. 첫 번째 전도 여행에서 누가는 새로운 집단의 사람들, 즉 이방인들에게 믿음의 문을 여신 주님의 주권에 초점을 맞추었다. 두 번째 전도 여행(주후 51-52년)과 세 번째 전도 여행(주후 53-56년)에 대한 기사에서 누가는 바울과 그의 동료들을 새로운 지리적 장소들로 인도하시는 성령의 주권을 보여주었다. 누가가 두 번째와 세 번째 전도 여행을 뚜렷하게 구분하지 않은 것을 주목하라. 그는 세 번째 전도 여행에 대한 이야기를 18:23에서 거의 우연히 시작했다.

사도행전 16:6-10은 바울과 그의 동료들이 어떻게 마게도냐에서 복음을 전파하기로 결심했는지 설명한다. 이것은 바울의 가장 전략적인 결정 중 하나였다. 그것은 교회가 서쪽으로 유럽 대륙까지 퍼져나가는 결과를 가져왔기 때문이다.

16:6. 바울은 첫 번째 전도 여행 때 브루기아와 갈라디아에 설립한 교회들을 재방문한 후에 아시아, 아마 에베소에서 사역하려 했을 것이다. 하지만 **성령이** 바울과 그의 동료들이 아시아로 들어가는 것을 막았다. 누가는 어떻게 그렇게 하셨는지는 말하지 않는다. 하지만 성령이 선교사들에게 다른 계획을 가지고 계셨다는 것은 분명하다.

16:7-8. 바울은 다시 돌아오는 대신, 북쪽으로 방향을 바꾸었다. 하지만 다시 **예수의 영**이 그가 비두니아로 들어가는 것을 막으셨다. 바울은 서쪽으로 방향을 틀어 무시아를 지나 드로아로 갔다. 성령이 예수의 영으로 바뀐 것은 초대교회가 예수님의 신성을 이해했음을 보여준다. 드로아는 소아시아 북서쪽 연안이나 현재 터키의 일부에 자리하고 있었다. 그곳은 해안 도시였으며 그리스로 떠나는 출발점이었다.

16:9-10. 드로아에서 바울은 한 마게도냐 사람이 그에게 마게도냐로 와달라고 부르는 것을 환상으로 보았다. 바울은 마게도냐인의 환상에 대한 그의 반응이 얼마나 중요한 것인지 예상할 수 없었다. 그 환상은 교회 역사에서 중대한 전환점이 되었다. 하나님의 부르심에 대한 바울의 순종은 복음이 서쪽으로 이동하도록, 그래서 아시아와 유럽이라는 두 대륙의 교량이 되어 새로운 믿음이 전 세계적인 것이 되도록 만들었다.

롱게네커는 하나님의 부르심에 대한 신자의 반응은 절대 사소한 문제가 아니라고 상기시킨다. "실로 이 경우처럼, 중대한 문제들과 밝혀지지 않은 축복이 그것에 달려 있을 수 있다"("Acts," 458). 그것은 길을 건너가는 것일 수도, 나라를 건너가는 것일 수도, 전 세계를 일주하는 것일 수도 있을 것이다. 사람들의 영원한 운명이 우리가 기꺼이 성령의 재촉하심에 순종하고 우리에게 쾌적한 곳을 벗어나 이동하려는 열린 마음에 달려 있을 수 있다.

3. 빌립보에서의 증거(16:11-40)

16:11-49에서 누가는 바울이 빌립보에서 그의 에게해 작전을 시작했다고 기록했다. 빌립보는 에그나티아 가도(로마제국을 동서로 가로지르는 주요 도로)상에 있는 전략적 도시였다.

16:11-15. 그 선교사들은 드로아에서 배를 타고 **사모드라게**[네압볼리로 약 절반쯤 가는 길에 있는 섬]로, 그다음에 **네압볼리**[빌립보에서 16킬로미터 떨어진 항구 도시]로 갔다. 어느 시점에서 누가는 바울 및 실라와 합류했다. 그것은 **우리**라는 복수 대명사로 알 수 있다.

빌립보는 알렉산더 대왕의 아버지 필립 2세의 이름을 따서 주전 356년 무렵에 지어졌으며, 마게도냐 주의 중요한 도시로 발전되었다. 로마 통치 아래에서 그곳은 제국의 주보다는 원로원 주였기 때문에 그 도시는 상관(magistrates)을 선출했다(20, 22, 35-38절을 보라).

안식일에 선교사들은 **기도할** 곳으로 갔다. 분명 유대인 공동체는 작았다. 그리고 회당 대신 기도할 곳만 있었다(어떤 사람들은 기도할 곳이 회당 안에 있었다고 생각한다). 여자들이 기도하기 위해 거기 있었다. 여자들이 예배에 참석하는 것은 제한되어 있었으나, 기도하는 것은 허용되었다. 바울이 여자들에게 말하고 있는 동안, 주님은 루디아의 마음을 열어주사 복음에 반응하게 하셨다. 루디아는 두아디라의 사업하는 여자로, 당시에 **자색 옷감** 장사였다. 자색은 왕족과 부자들의 색으로, 당시에 자색 옷은 극히 비쌌다. 연체동물(조개류)로부터 얻을 수 있는 염료를 생산하기가 어려웠기 때문이다. 루디아의 이름은 그녀가 이방인이라는 것을 나타낸다. 그래서 그녀는 아마 하나님 경외자(하나님을 믿고 유대교의 도덕적, 윤리적 가르침은 따르지만 완전한 개종자는 아닌 이방인)였을 것이다. 그녀는 분명 독신이며 아마도 과부였을 것이다. 그녀는 자기 집안의 가장이었으며, 가족이 그녀의 인도에 따라 복음에 반응했기 때문이다. 루디아의 회심이 진정한 것이었다는 증거는 그녀가 사도 무리를 대접했다는 것이다. 베드로가 그랬듯이(10:48을 보라), 바울과 그의 동료들은 이방인 회심자의 집에 머물렀다.

16:16-18. 그다음 안식일에 바울은 **점치는 귀신 들린** 여종을 만났다. **점치는 귀신**[문자적으로는 '비단뱀(python)의 영', 퓌도나(*pythona*)]이란 귀신에 씌었다는 의미이다. '비단뱀'은 아폴로 신전의 신탁을 지켰던 신비한 뱀이나 용이었다. 그 '비단뱀'은 아폴로가 죽였다고 한다. 하지만 전설에 따르면 '비단뱀의 영'은 계속 살아 있었으며, 그 영을 소유한 사람들에게 미래를 예언하는 능력을 주었다고 한다. 그 여종은 귀신이 들렸을 뿐만이 아니라, 종이었으며, 자기 주인의 이익을 위해 착취를 당하고 있었다.

그 여종은 바울과 그의 동료들을 따라다니면서 반복해서 그들을 **지극히 높은 하나님의 종**이라고 밝혔다. 바울은 두 가지 이유로 여종의 말에 반대했다. 첫째, 그 여종의 말이 맞기는 했지만, 다신론적 문화임을 감안할 때 그 여종이 그들을 유일하신 참 하나님의 사신으로 인정했다는 의미는 아니었다. 둘째, 바울은 누구든 자신이 그 여종의 마술적, 마귀적 능력에 연루되어 있다고 생각하는 것을 원하지 않았다.

그 여종의 계속적인 장광설은 바울을 **괴로워하**게 했다. 그래서 바울은 그의 사도적 권위를 이용하여 그 여종을 귀신 들린 것에서 구해주었다. 바울은 **예수의 이름으로** 여종을 구했다. 그것은 예수님이 마귀의 권세들보다 우월하다는 증거를 제시한 것이다. 그 여종은 마귀의 손에서 해방되었다. 명백하게 언급되지는 않았지만 그 여종이 회심했다는 것은 본문에 암시되어 있다.

16:19-24. 여종의 주인들은 여종의 회심이 기쁘지 않았다. 그것은 수입이 없어지는 것을 의미했기 때문이다. 그들은 바울과 실라를 붙잡아 그들이 평화를 깨뜨렸다고 고발했다. 로마 풍속을 어긴 것(21절)에 대한 죄목이 무엇을 의미하는지는 분명하지 않다. 그것은 분명 수입이 없어진 것 그리고 배타적인 기독교에 반해 로마 종교가 포용적이라는 사실과 관련되어 있을 것이다. 바울과 실라가 사역을 계속하도록 허용되었다면, 그것은 빌립보 경제와 로마의 종교적 관용 정책에 영향을 미쳤을 것이다.

상관들은 공정한 재판 없이 바울과 실라를 잡아 벌했다. 그들은 매(뼈나 금속 조각이 달린 가혹한 채찍이 아니라)로 맞았으며 감옥에 갇혔다. 벌에는 공개적으로 옷을 벗기고 매로 치는 과정이 포함되어 있었을 것이다. 하지만 로마법에 의하면, 로마 시민은 매로 때리거나 채찍으로 치면 안 되었다(Cicero, *In Verrem* 5.62를 보라). 왜 바울이 여기에서 이 특권에 호소하지 않았는지는 분명하지 않다. 바울은 날 때부터 로마 시민이었기 때문이다. 하지만 그에게 호소할 기회가 주어지지 않았을 수도 있다.

16:25-26. **한밤중에** 바울과 실라가 기도하고 찬양하는 동안, 그들은 기적적으로 자유의 몸이 되었다. 하나님은 베드로를 풀어주기 위해 하셨던 것처럼 천사를 보내주는 대신, 지진을 이용하셨다. 지진은 자연적 현상이기는 하지만, 하나님이 그 사건 배후에 계셨다.

16:27-30. 지진이 일어나자 간수가 깼다. 그리고 옥문들이 열린 것을 보았을 때, 간수는 죄수들이 도망한 것으로 생각했다. 그는 죄수들의 안전에 대한 책임을 지고 있었기 때문에, 처형을 당할 위험에 처했다. 그래서 결국 자결할 준비를 했다. 죄수가 도망하도록 놔둔 간수는 처형하는 것이 로마법이었다.

간수는 자신이 발견한 것을 보고 상상 이상으로 놀랐다. 사도행전 5장과 12장에서 사도들이 했던 것처럼 도망하는 대신, 바울과 실라와 다른 모든 죄수들이 그 자리에 그대로 있었다. 간수가 막 자결하려는 것을 보고, 바울은 **크게 소리 질러 이르되 네 몸을 상하지 말라 우리가 다 여기 있노라 하니**.

간수는 숭배하려는 것이 아니라 두려움에 바울과 실라 앞에 무릎을 꿇었다. 간수는 그들을 **선생들이여**[문자적으로는 '주여']라고 불렀다. 그들이 분명 신과 같은 사람들이라고 결론을 내린 것이다. 그가 던진 질문은 그의 생명을 구원하려는 것이 아니었다. **선생들이여 내가 어떻게 하여야 구원을 받으리이까?** 그는 죄수들이 도망하지 않았다는 것을 이미 알고 있었다. 아마 그는 여종의 (방해되지만) 정확한 말로부터(Longenecker, "Acts," 465), 혹은 선교사들이 투옥된 후 그들로부터 그의 영적 필요를 인식할 만큼 복음 메시지를 충분히 들었을 것이다.

16:31. 구원을 위한 간수의 부르짖음(16:30)과 바울의 신속하고 간결한 대답은 복음에 대한 적절한 반응의 진수를 보여준다. **주 예수를 믿으라 그리하면 너와 네 집이 구원을 받으리라**. 바울은 간수에게 주 예수께 완전히 의지하여 죄의 결과로부터 건져냄을 받으라고 촉구했다. **네 집**이라는 말은 그가 구원받을 때 그의 집이 자동적으로 구원받는다는 의미가 아니다. 그 진술은 그가 믿으면 그리고 그의 온 집이 믿으면, 그들이 모두 구원을 받으리라는 의미이다.

16:32-34. 간수의 가족이 모두 믿었기 때문에 그의 집은 구원을 받았다. 그것은 그의 **집**이 그리스도를 믿는 믿음을 행사하기에 충분한 연령에 이른 사람들로 구성되어 있었으며, 유아들은 세례 받은 사람들 가운데 없었다는 것을 시사한다. 모두가 믿은 후에 즉시 세례를 받았다. 세례가 구원하는 것은 아니지만, 그것은 죄

로부터 깨끗하게 된 것을 상징하며, 주께 대한 복종에 한 발 더 나아가는 단계이다. 누가는 그들의 신앙이 진짜임을 나타내는 이중적 증거를 제시했다. 첫째, 그들은 바울과 실라에게 그들의 집을 개방했다. 둘째, 그들은 기쁨이라는 선물을 경험했다. 그들이 **크게 기뻐하니라**.

16:35-40. 상관들은 바울과 실라를 그 성읍에서 빨리 그리고 조용히 내보내기 원했다. 자신들이 재판 없이 그들을 잡아 벌을 줌으로써 로마법을 어겼기 때문이다. 하지만 바울은 이 행정관들이 문제를 간단히 처리하도록 놔두지는 않으려 했다. 그들은 공개적으로 벌을 받았으므로, 바울은 상관들이 자신들의 권위를 오용했음을 공개적으로 인정하지 않을 수 없도록 하기 위해 자신의 로마 시민권이라는 수단을 사용했다.

바울은 '받은 만큼 되갚기' 위해 그의 시민권을 사용하지는 않았다. 그가 상관들에게 그들의 잘못을 인정하라고 강요한 것은 새로운 신앙이 공인되지 않은 불리한 종교적 운동이 되지 않도록 보호하기 위해서였다. 바울은 또한 떠나기 전에 루디아의 집 신자들을 격려하기 위해 그들을 만났다. 바울은 아마 그들이 그리스도를 믿는다는 이유로 상관들이 그들을 벌하지 않을 것이라고 안심시켰을 것이다.

빌립보의 회심자들은 서로 완전히 달랐다. 루디아는 성공적인 여사업가였다. 귀신 들린 여종은 주인의 이익을 위해 착취당하던 종이었다. 빌립보 간수는 로마라는 조직의 한 톱니바퀴로, 생명을 잃을까 두려워하고 있었다. 문화적, 경제적으로 다양한 배경 출신의 이 세 사람의 회심은 복음의 보편적 호소력과 권능을 증거해준다.

오늘날처럼 사회적, 윤리적으로 다양성이 넘치는 때에, 신자들도 모든 사람에게 복음을 선포함으로 사람들을 분열시키기보다는 연합시키는 그리스도의 권능의 모범을 보일 필요가 있다.

누가는 17:1-9에서 데살로니가에서 바울이 행한 사역의 간략한 요점만 제시해주었다. 바울은 회당에서 사역하려 했으나 유대인들의 반대 때문에 베뢰아로 피하지 않을 수 없었다. 바울과 그의 팀이 보여준 용기는 놀라운 것이었다. 그들은 빌립보에서 학대를 당한 후에, 약 110킬로미터를 걸어 데살로니가에 가서 선교 활동을 계속했다. 하지만 매를 맞아 그들의 몸에 생긴 상처는 아직 치유되지 않은 채였다.

4. 데살로니가에서의 증거(17:1-9)

17:1. 바울은 빌립보로부터 에그나티아 가도를 따라 **데살로니가**로 갔다. 그곳은 자신들이 선택한 읍장이 있는 자유도시였으며(6절) 마게도냐의 수도였다. 그 도시는 알렉산더 대왕이 죽은 후 마게도냐 통치자 중 한 명인 카산드로스(Cassander)가 주전 315년에 세웠으며, 필립 2세의 아내이자 알렉산더 대왕의 이복누이인 그의 아내의 이름을 따라 이름을 지었다. 바울이 방문할 당시 인구는 100,000명이나 되었을 것이다.

바울은 데살로니가를 복음 전파를 위해 전략적인 위치로 여겼다. '좋은 소식'은 에그나티아 가도를 따라 동쪽과 서쪽으로 전파될 수 있었으며, 거기다가 그 성의 회당은 그리스도의 삶, 죽음, 부활이 어떻게 성경을 성취했는지 설명하기 위한 접촉점을 제공해주었다.

17:2-3. 바울은 먼저 회당에 감으로써 사역을 위한 그의 개인적 전략(관례)을 따랐다. 바울은 첫 번째 전도 여행에서 유대인 동포들의 반대에 직면했지만, 먼저 유대인에게 복음을 선포하고 그다음에 이방인에게 선포하는 전략을 고수했다(참고. 13:46-48과 롬 1:16에 대한 주석을 보라). 그것은 지혜로운 전략이었다. 그의 사역 중 가장 큰 효과는 히브리어 성경과 메시아라는 개념에 대한 지식을 가진 사람들, 즉 유대 백성과 이방인 하나님 경외자들에게 나왔을 것이다.

바울은 예수님이 메시아라는 자신의 메시지를 증명하기 위해 구약에 호소했다. 세 안식일이라는 언급이 바울이 데살로니가에 3주간 동안만 있었다는 말인지 아니면 회당에서 그의 사역이 3주 연속 이루어졌다는 말인지는 분명하지 않다. 사역의 열매로 보아 후자가 맞는 듯하다. 그래서 바울은 회당에서 3주 동안의 사역을 중단한 후에도 전도 활동을 했다. 어떻든 그는 분명 교회를 조직할 만큼 그 도시에 오래 있었다.

누가는 바울이 어떻게 그의 주장을 펼쳤는지 설명하지 않았다. 하지만 바울의 설교에 대한 누가의 요약은 초대교회의 핵심 메시지를 우리에게 알려준다. 첫째, 예수님의 고난과 죽음은 비극적이고 예상하지 못한 사태 전환이 아니었다. 구약은 메시아의 고난과 부활을 둘 다 예언했다. 둘째, 죽은 자 가운데서 살아나신 이 예수가 이스라엘의 약속된 메시아이다.

17:4. 유대인들도 믿었지만, 바울의 가장 큰 성공은

이방인들이었다. 회심자들 가운데는 **적지 않은 귀부인**이 있었는데, 그들은 몇몇 읍장들의 아내들이었을 것이다.

17:5-7. 일부 유대인 지도자들은 시기를 하게 되었다. 그들은 바울이 유대 백성, 이방인들, 심지어 여자들까지 설득해서 신자가 되게 한다고 분개했다. 그들은 폭도들을 선동해서 바울과 그의 동료들을 찾으러 야손의 집으로 가게 했다. 그들은 바울을 찾지 못하자 야손과 다른 새 신자들을 읍장들 앞으로 끌어냈다.

죄목은 중대한 것이었다. 그 유대인 지도자들은 야손과 다른 신자들을 첫째, 정치적 선동죄로 고소했다. **천하**를 어지럽게 한다는 것은 과장법이다. 하지만 그것은 이 새 신앙이 로마제국에 중대한 영향을 미쳤다는 것을 시사한다. 아마 그들은 바울이 빌립보에서 잡혔다는 소식을 들었을 것이다. 둘째, 그들은 그리스도가 왕이라고 주장함으로써 가이사의 칙령에 도전하고 있었다. 예수님이 가이사에 필적하는 황제라고 주장하는 것은 사형에 해당하는 죄였다. 사도들이 그리스도를 왕으로 선포했다면, 그들은 다른 종류의 나라에 대해 말하고 있었다. 우리는 데살로니가 서신들로부터 바울이 예수님의 재림을 강조했다는 것을 안다. 아마 바울은 장차 올 메시아 나라에 대해 말했을 것이다. 그 죄목들은 종교적인 것이기보다는 민사적, 정치적인 것이었다. 유대인 지도자들은 로마인들이 종교적 문제는 무시할 것이지만 민사적 소요를 일으키거나 반란을 주창하는 사람에 대해서는 누구에게든 강력한 행동을 취하리라는 것을 알았기 때문이다.

17:8-9. 선동자의 행동은 효과가 있었다. 읍장들은 **야손과 그 나머지 사람들**에게 **보석금**을 내게 했다. 야손은 분명 데살로니가 회당의 지도자로 바울의 사역을 통해 그리스도를 믿은 사람이었다. 야손은 아마 부유했을 것이다. 그의 집은 회중들이 모이고 바울 및 그의 팀이 묵을 수 있을 만큼 상당히 컸기 때문이다. 그리고 야손은 바울이 떠난 후에 분명 교회 지도자가 되었을 것이다. 전통적인 견해는 '보석금'이 바울이 현 읍장이 통치하는 동안에는 데살로니가로 돌아오지 않겠다고 보증하는 담보물이라는 것이었다. 하지만 야손과 새로 설립된 회중의 다른 구성원들(그들, 이것은 엄밀하게 바울 아닌 다른 사람들을 나타내는 말)도 그 소요에 관련되어 그들을 위해 보석금을 지불했을 가능성이 있다. 보석금은 바울이 그가 데살로니가로 돌아오지 못하도록 막았다고 말한, 사탄의 장애물이었을 수도 있다(살전 2:17-18을 보라).

데살로니가에서 바울의 사역은 예수님이 메시아라는 그의 메시지가 구약에 근거한 것임을 강조했으며, 논리적이고 설득력 있는 형식으로 증거를 제시했다. 바울이 데살로니가전서 2:1-4에서 설명한 것처럼, 그는 사람들을 조종하거나 속여서 신자가 되도록 하려 하지 않았다.

5. 베뢰아에서의 증거(17:10-15)

17:10. 더 이상의 문제를 피하기 위해 신자들은 바울과 실라를 밤의 어둠을 틈타 베뢰아로 보냈다. 바울은 데살로니가에서 남서쪽으로 70킬로미터 정도 떨어진 베뢰아에 도착했을 때, 즉시 회당으로 갔다.

17:11. 바울은 베뢰아 사람들이 성경 연구 방법의 모범이 될 줄은 몰랐을 것이다. 누가는 바울의 설교에 대한 베뢰아 사람들의 반응을 삼중적으로 묘사했다. 첫째, 그들은 바울의 가르침에 어느 정도 열린 마음으로 다가갔다. 데살로니가 사람들보다 **더 너그러워서**라는 표현은 베뢰아 사람들이 바울의 메시지를 평가하는 데 있어 객관적이었음을 의미한다. 그들은 바울의 메시지를 그들의 선입관이 아니라 성경의 기준으로 판단했다. 둘째, 그들은 또한 성경을 **간절한 마음으로** 받았다. 그들은 배우려 하는 욕구를 가지고 있었다. 마지막으로 그들은 **이것이 그러한가 하여 날마다 성경을 상고**했다. 그들은 바울의 메시지를 그것이 참인지 스스로 결정하기 위해 주의 깊게 평가했다.

17:12-15. 그들의 반응은 데살로니가에서 일어난 것과 비슷했다. 사회적, 정치적 지위가 높은 사람들을 포함해서 많은 여자들과 남자들이 믿었다.

하지만 바울이 복음을 전파하는 것을 모든 사람이 기뻐한 것은 아니었다. 데살로니가에서 온 같은 유대인 지도자들은 바울이 베뢰아에서 **하나님의 말씀**을 전하는 것을 발견하자, 그 일을 중단시키기 위한 조치를 취했다. 성경에 대한 누가의 언급(11절)과 바울의 메시지를 **하나님의 말씀**이라고 하는 것은 복음이 신적 기원을 가지고 있다는 것을 확증했다(참고. 13:5; 15:35; 16:32). 바울은 갈라디아인들에게 복음을 변명할 때도 같은 주장을 했다. 복음은 바울이 만들어낸 것이 아니다. 그는 복음을 주님으로부터 받았다(갈 1:11-17).

데살로니가에서 온 유대인 대적들은 사람들을 선동해서, 바울이 실라와 디모데를 베뢰아에 남겨놓고 아덴으로 가지 않을 수 없게 만들었다. 바울이 통상 아덴을 들고나는 여행 수단인 배를 타고 아덴으로 갔는지 아니면 육로로 갔는지는 분명하지 않다.

6. 아덴에서의 증거(17:16-34)

아덴에서 바울은 이교 철학자들의 맹목적 지혜에 직면했다. 바울은 혼자였지만 겁을 내지 않았다. 그는 하나님의 영광에 대한 열심이 있었으며, 그의 복음 메시지가 지닌 능력을 확신했기 때문이다.

17:16. 바울이 처음으로 본 것은 마음을 괴롭히는 장면이었다. **마음에 격분하여**라는 말은 '대단히 심란한'이라는 의미의 동사 '파룩쉬노'(*paroxuno*)로, 우상이 널리 침투해 있는 것을 본 바울의 마음에서 주님을 위한 질투가 났음을 시사한다. 아덴 사람들은 유일하신 참 하나님을 주님으로 예배하는 대신, 생명이 없는 우상들에게 절하고 있었다. 바울이 그리스도를 선포하도록 자극한 것은 이 내적 분노였다.

17:17. 바울은 회당에서 그리고 장터에서 그의 말에 귀를 기울이는 사람이면 누구에게든 전파했다. 바울이 예수 그리스도는 유일무이하신 분이며 다른 신들을 숭배하는 사람들은 살아 계신 하나님께로 돌이켜야 한다고 믿은 것은 분명하다.

17:18. 바울은 로마제국 내에서 인기 있는 두 가지 철학과 대결했다. 그것은 에피쿠로스와 스토아 철학이었다. 에피쿠로스 철학을 따르는 사람들은 고통 없는 삶을 추구하는 것이 옳다고 믿었다. 그들은 신들이 존재한다고 생각했으나, 그 신들이 인간으로부터 완전히 초연하다고 믿었다. 인간과의 상호작용은 신들을 방해했으며, 에피쿠로스 가르침에 충실하게 신들이 복되고 방해받지 않는 삶을 누리고 있었기 때문이라는 것이다. 에피쿠로스 철학자들은 영혼이 육체보다 더 미세한 원자로 구성되었지만 영혼도 물질적인 것이며 죽으면 썩을 것이라고 믿었다. 그래서 내세의 이론이 들어설 여지가 없었다. 그들은 동요하지 않는 평온한 삶을 높이 평가했기 때문에, 사람이 신들을 화나게 할 수 있다거나 신들로부터 벌이나 심판에 직면할 수 있다는 개념을 거부했다. 그런 개념들은 사람의 생각을 어지럽게 하고 삶을 혼란하게 하기 때문이다. 그것이 부활과 장차 있을 심판에 대한 바울의 언급에 그들이 강하게 반발한 이유이다. 그들을 현대적 의미에서 쾌락주의자라고 부르는 것은 오해를 부르는 말이다. 쾌락에 대한 그들의 개념은 지독한 자기 탐닉보다는 삶에서 동요를 피하는 것을 포함했다. 외설적 즐거움을 추구하는 것은 행복한 삶에 역효과를 가져올 수 있었다 [행 17장과 교차되는 에피쿠로스학파에 대한 요약으로는 N. Clayton Croy, "Hellenistic Philosophies and the Preaching of the Resurrection (Acts 17:18; 32)," *Novum Testamentum* 39 (1997), 21-39를 보라]. 스토아학파의 설립자는 제논(Zeno, 주전 342-270, 키프로스 출신)이다. 스토아학파는 하나님이 만물에 스며들어 있으며, 인간 안에서 이성적인 것은 하나님의 표현이라고 믿었다. 신학적으로 그들은 범신론자로 간주될 것이다. 스토아학파에 따르면, 이성이나 로고스가 우주를 지배했다. 하지만 사람들은 그들이 자발적으로 하는 행동에 대해 책임이 있었다. 그들은 쾌락에 대한 에피쿠로스학파의 철학을 거부했으며, 대신 미덕을 강조했다.

에피쿠로스 철학자들과 스토아 철학자들은 바울과 쟁론한 후에 바울이 **말쟁이**이며 **이방 신들을 전하는 사람**이라고 결론을 내렸다. **말쟁이**라는 말은 이런저런 잡동사니 정보를 주워듣고는 마치 자신이 그 주제에 전문가인양 그것을 선언하는 행태를 말한다(Bock Acts, 561-562). 바울이 **이방 신**들의 선생이라는 죄목은 그가 자신들이 이해하지 못하는 신들에 대해 이야기하고 있다는 의미였다.

17:19-21. 그들은 바울을 **아레오바고**로 데려갔다. 그곳은 아덴 사람들이 상호 관심사에 대한 의견을 주고받는 곳이었다. 바울은 잡혀간 것이 아니라, 그들에게 그가 믿는 것에 대해 더 알려줄 기회를 얻었다. 누가는 무엇이 그들의 관심을 사로잡았는지는 구체적으로 말하지 않았다. 그저 그들의 관점에서 볼 때 그것이 **새로운 가르침**이며 **이상한 것**이었다고 말했을 뿐이다. 21절에 나오는 누가의 편집자적 설명은 아덴 사람들이 부적절한 문제들에 대한 쓸모없는 토론으로 많은 시간을 낭비했음을 암시한다.

17:22-23. 아덴 사람들이 범사에 **종교심이 많다**는

바울의 서론적인 말은 비판이기보다는 칭찬이었다. 바울은 자기 청중들을 설득하여 그의 메시지에 귀를 기울이도록 하기를 바랐기 때문이다. 그는 **알지 못하는 신에게** 세워진 단을 언급함으로 아덴 사람들에게 깨달음을 주었다. 아덴에는 알지 못하는 신에게 바친 단이 아마 여러 개 있었을 것이다. 하지만 바울은 단 하나의 단만 언급함으로, 그의 청중들이 한 분 하나님께 초점을 맞추도록 영향을 미쳤다(Bock, *Acts*, 565). 바울은 이어서 그들이 예배하였으나 그들 자신이 알지 못한다고 인정한 그 신을 알게 해주었다.

17:24-26. 바울은 창조로부터 시작했다. 하나님은 존재하는 모든 것의 창조주이시며 초월적인 분이시다(17:24-25). 하나님은 사람이 만드신 전에 거하시지 않으며 독립적이시다. 그분은 생명의 근원이며 생명을 유지하시는 분이시다(17:26-29). 바울은 이 부분에서 아담을 인류의 단 하나의 근원으로 암시했다. **인류의 모든 족속을 한 혈통으로 만드사**. 하나님은 창조자이시기 때문에 주권적이시다. 그분은 역사 시절들와 국가의 경계들을 주장하신다(**연대를 정하시며 거주의 경계를 한정하셨으니**). 창세기 10-11장이 바울의 말에 대한 구약의 배경이었을 것이다. 하지만 그는 그것을 정확하게 인용하지는 않았다. 그것은 헬라 철학자들에게는 별로 의미가 없었을 것이기 때문이다.

17:27-31. 27절에서 바울은 23-26절에서 하나님에 대해 그가 관찰한 것의 요점을 나타냈다. 하나님은 주권적 창조주로서, 사람들이 그분을 찾도록 하신다. **더듬어 찾아**와 **발견하게**라는 말은 인간의 노력을 통해 하나님을 발견할 가능성이 대단히 희박하다는 것을 시사한다. **더듬어 찾아**라는 말이 시사하는 것은 눈먼 사람이 자기 길을 발견하기 위해 이리저리 더듬는 모습이다(Bock, *Acts*, 567). 이것은 하나님은 가까이 계시지만 아덴 사람들이 그 하나님을 발견할 가능성은 매우 낮다는 것을 의미한다. 그들의 전략에는 결함이 있기 때문이다. 하나님에 대해 상당히 많은 부분은 창조물을 객관적으로 살펴봄으로 파악할 수 있지만(참고. 롬 1:18-32에 대한 주석), 바울은 하나님을 완전히 파악하려면 복음의 보강된 진리, 회개라는 적절한 반응, 예수 그리스도의 부활과 권위의 타당성에 대한 인정(참고. 30-31절에 나오는 바울의 결론적 말)이 요구된다는 점을 분명히 했다. 이러한 추가적 요소들이 없이는 하나님은 발견되지 않을 것이다.

우리가 그[하나님]를 힘입어 살며 기동하며 존재하느니라(28절)라는 말은 헬라 시인 에피메니데스(Epimenides, 그레데 출신의 철학자, 시인, 선각자, 주전 600년경)의 크레티카(*Cretica*)라는 제목의 시에서 나온 말일 것이다. 같은 시가 디도서 1:12에 인용되어 있다. **하나님의 소생**이라는 말은 다른 스토아 시인 아라투스(Aratus)의 진술을 암시한다. 이것은 범신론이 아니다. 바울은 사람들이 하나님의 형상을 따라 지음을 받은 살아 있는 존재라면, 하나님도 살아 있는 존재라고 주장했다. 그 하나님은 사람이 나무나 돌로 만든 물체가 아니다(29절). 헬라 시인들에 대한 이 두 언급은 바울이 하나님에 대한 그들의 견해를 찬성한다는 의미가 아니라, 이교 시인들이 쓴 것 중 일부가 계시된 진리와 부합한다면 그의 논증을 지지하기 위해 이교 시인들을 이용하는 것에 주저함이 없었다는 것을 의미한다.

바울은 아덴 사람들과 공통 기반을 확립하고 나서, 앞으로 올 심판에 비추어 그들이 회개할 필요성을 강조했다. **알지 못하던 시대에는 하나님이 간과하셨거니와**(30절)라는 말은 무지를 핑곗거리로 삼을 수 있다는 의미가 아니다. 하나님의 자비는 과거에 하나님이 인류가 마땅히 심판을 받아야 함에도 보통 그들에게 '이 생에서' 심판을 내리지 않으신 이유였다. 다시 말해, 하나님은 우상숭배를 하는 사람들의 죄에 대한 심판으로 언제나 그들에게 일시적인 멸망을 내리지는 않으셨다. 하지만 이제 그들이 하나님에 대해 알았기 때문에, 그들은 무지를 이유로 내세울 수는 없었다. 회개하기를 거부하면, 그들은 영원한 벌을 받을 것이다. 이방인에게 말할 때, 회개하라는 명령은 생명 없는 우상들에게서 돌이켜 살아 계신 하나님을 믿는 믿음을 가지라는 의미이다(살전 1:9). 폴힐(Polhill)은 이렇게 쓴다. "참음의 때는 이제 끝났다. 그들의 무지가 이제 끝났기 때문이다. 이제 그들은 바울의 선포를 통해 한 분 참되신 하나님을 알았다. 그분은 더 이상 '알지 못하는 하나님'이 아니다. 그리고 그들이 그들의 잘못된 예배 안에 계속 있고 천지에 대한 하나님의 유일한 주권을 인정하지 않는다면, 그들의 죄는 더 이상 무지의 죄가 아니라 독단적인 죄가 될 것이다"(*Acts*, 376).

바울은 예수 그리스도의 이름을 언급하지는 않았다. 하지만 부활은 그분이 심판을 할 권세가 있음을 입증한다고 선언했다. 바울은 정확한 심판의 때를 제시하지는 않았지만, 하나님이 **그날을 작정**하셨다고 말했다. 그것은 그날이 확실하다는 의미이다. 예수님이 천하를 **공의로** 심판하시리라는 것은 그분의 심판이 공의로울 것이라는 의미이다.

17:32-34. 반응은 나뉘었다. 대부분의 사람들은 **부활**이라는 개념을 조롱했다. 하지만 소수의 사람들은 신자가 되었다. 헬라인들 사이에서 죽음에 대해 널리 보급되어 있는 견해는 육체와 영혼의 완전한 절멸이거나 죽음 이후에 영혼이 일시적으로 살아남아 있다는 것이었다. 에피쿠로스학파도 스토아학파도 불멸을 믿지 않았다. 하지만 그들은 바울의 메시지를 거부했을 뿐 아니라 그를 조롱했다(**조롱도 하고**). 죽음에 대한 일반적인 그리스-로마의 견해에 대해 더 알려면 고린도전서 15:12에 대한 주석을 보라.

하지만 바울의 사역은 완전한 실패는 아니었다. **몇 사람이 그를 가까이 하여 믿으니**(34절). 누가는 두 신자의 이름을 밝힌다. 아레오바고 관리 디오누시오와 다마리라 하는 여자였다. 이 두 사람에 대해서 확실하게 알려진 것은 아무 것도 없다. 두 사람의 이름을 제시하는 것은 누가의 이야기에 신빙성을 부여하며 누가가 예수님의 삶과 초대교회에서 여자들이 차지하던 위치를 강조한 것과 일관된다.

어떤 사람들은 바울이 아덴에서 한 사역에 대해 그를 비판했다. 그들은 고린도전서 1:18-25을 근거로 바울이 자신의 실수를 인정했다고 주장했다. 바울은 특별 계시와 십자가가 아니라, 자연 신학과 헬라 철학에 초점을 맞추었다. 이런 평가는 너무 가혹하다. 어떤 사람들은 실제로 신자가 되었다. 믿기를 거부한 사람들은 바울과 부활에 대한 그의 진술을 거부한 것이다. 바울이 자기의 메시지를 상황화하려는 시도가 잘못된 것이기 때문에 그를 거부한 것은 아니다.

바울이 아덴에서 한 사역에서는 두 가지 진리가 드러난다. 첫째, 바울은 그리스도와 복음의 유일무이함을 믿었다. 사람들은 그들의 절실한 필요를 따름으로써 그리스도를 발견하지는 않을 것이다. 그들은 어둠 속에서 "더듬어 찾"을 것이다. 사람들은 '복음' 안에서만 그리스도를 발견할 것이다. 둘째, 여기에서뿐 아니라 누가가 바울의 설교를 요약하는 다른 곳들에서도, 바울이 그의 청중들에게 복음을 전하기 위해 자신의 메시지를 상황화했음은 분명하다. 바울은 복음을 희석시키거나 오염시키지 않았다. 하지만 그는 자신이 그리스도께 데려오기 원하는 사람들의 문화적, 역사적 상황 안에서 복음을 선포하려고는 했다. 바울이 자신의 메시지를 희석하기를 거절한 것은 30-31절에서 볼 수 있다. 바울은 분명 자신의 말이 영생과 미래의 심판을 거부하는 에피쿠로스 철학자들과 하나님의 초월성을 거부하는 스토아 철학자들에게 직접적인 모욕이 되리라는 것을 알았을 것이다. 상황화는 복음을 전파하는 데 있어 중요하다. 하지만 교리적 진리가 문화적 적절성이라는 제단 위에서 희생되어서는 안 된다.

바울은 아덴을 떠날 때 아덴에서 서쪽으로 64킬로미터 떨어진 고린도로 갔다. 대륙을 남쪽과 연결시키는 좁은 지협상에 있는 위치 때문에 고린도는 '그리스의 시장'이 되었다. 고린도에서 바울은 주후 50년 봄부터 52년 가을까지 사역했으며, 18:12-17에 나오는 갈리오에 대한 언급은 사도행전 전체에 대한 가장 분명하면서도 논란의 여지가 없는 역사적 표지가 된다.

7. 고린도에서의 증거(18:1-17)

18:1. 고린도는 상업뿐만 아니라 음란과 부패로 인해 악명이 높았다. 그곳은 대단히 악한 도시였다. 도시 중심에서 약 1.6킬로미터 떨어진 곳에 있는 높은 산 아크로폴리스가 고린도를 지배했으며, 아프로디테의 신전이 아크로코린트 위에 자리 잡고 있었다. 한때 천 명의 제의적 여사제들이 신전에서 소위 '성창'(聖娼)으로 일했으며 저녁에는 도시로 와서 매춘 활동을 했다. '신 고린도', 즉 바울 시대에 존재했던 고린도는 그렇지 않았다. 하지만 그곳은 1세기 동안 수많은 이유들로 인해 도덕적으로 부패했다(고린도전서에 대한 주석 서론을 보라). 바클레이(Barclay)는 "모든 남자가 고린도로 여행을 할 여유가 있는 것은 아니다"라는 헬라 속담을 인용한다[William Barclay, *The Acts of the Apostles* (Daily Study Bible), Philadelphia: Westminster, 1955, 145]. 하지만 고린도에서 바울은 하나님의 은혜가 탐욕과 정욕을 누르고 승리하는 것을 목격했다. 고린도의 배경과 위치에 대해 더 알려면 고린도전서 주석 서론의

'수신자'를 보라.

18:2-3. 바울은 때로 경제적 자립을 위해 천막 만드는 사람으로 일했다(살전 2:9). 때문에 그가 역시 유대인이며 **천막을 만드는** 자인 **아굴라**와 **브리스길라**를 만난 것은 놀라운 일이 아니다. 그들은 주후 49년에 발효된 글라우디아 칙령 때문에 로마를 떠나야만 했다. 그 칙령은 모든 유대인들(신자든 아니든)을 로마에서 추방하는 것이었다. 예수에 대한 그들의 논쟁 때문에 도시에 소동을 유발했다는 것 때문이었다.

18:4-6. 바울은 회당에서 먼저 자신의 동족들에게 복음을 선포하면서 그의 사역을 시작했다. 실라와 디모데가 마게도냐 교회로부터 후원금을 가지고 도착했을 때, 바울은 사역에 전임으로 헌신할(개역개정에는 '**붙잡혀**'—옮긴이 주) 수 있었다. 바울은 또한 디모데가 새 교회에 대해 가져온 소식에 대한 반응으로 데살로니가전서를 썼다(데살로니가전서 서론과 살전 3:6에 대한 주석을 보라).

강렬한 반대로 인해 바울은 회당에서의 사역을 그만둘 수밖에 없었다. 바울은 상징적 동작으로 그의 옷에서 먼지를 **털었다**. 이것은 유대인들 가운데서 흔한 관행으로, 그들은 여행을 갔다가 집으로 돌아올 때 종종 자기 신발과 옷에서 먼지를 털어냈다. 이방인 땅에서 묻어왔을 수도 있는 어떤 '부정한' 물질을 제거해서 그들의 집이나 마을이 의식상 부정하게 되는 것을 피하기 위해 그렇게 한 것이다. 바울은 유대인들이 그들 자신의 운명에 대해 책임이 있다고 선언했다. **너희 피가 너희 머리로 돌아갈 것이요**(참고. 겔 3:14-21). 그들의 반대는 바울이 이방인을 대상으로 사역하는 것을 정당화해주었다(하지만 롬 11:13-14에 대한 주석을 보라).

18:7-8. 바울은 고린도를 떠나는 대신, 하나님을 경외하는 자인 **디도 유스도**의 집으로 그의 사역 장소를 옮겼다. 디도 유스도는 바울이 그의 사역을 계속하기 위해 그의 집을 이용하도록 해주었다. 하나님은 바울의 용기와 끈질김을 높이 보셨다. 회당장 **그리스보**와 그의 집은 믿고 세례를 받은 **수많은 고린도 사람**들 가운데 하나였다.

18:9-11. 바울은 위대한 영웅이 아니라 인간이었다. 고린도에서 그는 두려움에 거의 압도될 뻔했다. 바울은 고린도서에서 "내가 너희 가운데 거할 때에 약하고 두려워하고 심히 떨었노라"(고전 2:3)라고 썼다. 주님은 바울에게 환상 가운데 말씀하셨으며 두 가지 약속을 하셨다. 주님은 바울에게 신적 보호를 약속하셨다. **내가 너와 함께 있으매**. 바울은 빌립보에서 그랬던 것처럼 매를 맞지 않을 것이다. **이 성중에 내 백성이 많음이라**는 그리스도가 사람들을 구원하시겠다는 약속이다. 바울은 하나님의 말씀에 순종했다. 그는 고린도에서 18개월 동안 하나님의 말씀을 전파했다. 그의 두 번째 전도 여행에서 머물렀던 다른 어떤 도시에서보다 더 오래 머문 것이다.

18:12-13. 회당에서 온 일부 유대인 대적들은 바울이 율법을 어기고 있다고 비난함으로 그의 사역을 붕괴시키려 했다. 바울은 **갈리오 총독** 앞에서 심문을 받았으며 공판을 위해 **법정**[*bema*, 베마]으로 끌려갔다. 갈리오 사건은 사도행전 연구자들에게 가장 확실한 연대 표시가 되며, 역사가로서 누가의 정확성에 신빙성을 부여해준다. 남부 서바나에서 탄생한 갈리오는 주후 51-52년 무렵에 약 18개월 동안 아가야 총독이었다. 갈리오는 유명한 정치가이자 철학자인 세네카(Seneca)의 형제였으며, 정당한 자격으로 대단히 존경받는 율법 전문가였다. 갈리오의 결정은 기독교가 전파되는 데 엄청나게 중요했으며 또한 세속 정치적 영역들에서도 존중되었다. **법정**은 고린도 시장에 있는 높은 단으로 공개적 심문을 위해 사용되었다. 바로 거기에 정치적, 사법적 지도자가 앉아 자신이 감독한 사건의 판결을 내리고는 했다.

죄목은 본질적으로 분명 종교적이었다. **이 사람이 율법을 어기면서 하나님을 경외하라고 사람들을 권한다**(더 나은 말로는 '꾀다', '그릇 인도하다', LSJ, 115)라는 말에서, **율법**은 아마 모세율법을 말할 것이다. 그래서 바울이 로마법을 어긴 것으로 고소를 당하거나 그런 죄가 있다면, 갈리오는 여기에서 한 것처럼 그 고소에 대해 행동을 취하기를 거부하지는 않았을 것이다.

18:14-15. 갈리오의 결정은 극히 중요하다. 그는 그 불평이 종교적인 것이며 정치적인 것이 아니라고 결론을 내렸으며, 그 죄목들이 입증되지 않았다고 규정했다. 바울이 하고 있었던 것은 **부정한 일**['중죄']이나 **불량한 행동**['정치적 비행', 이러한 정의들에 대해서는 Bruce W. Winter, *After Paul Left Corinth: The*

Influence of Secular Ethics and Social Change (Grand Rapids, MI: Eerdmans, 2001), 279을 보라]이 아니었다.

유대교는 로마법 아래에서 합법적 지위를 누렸지만, 로마는 유대교에서 일어나고 있던 이 새 믿음에 대해 어떠한 결정을 내리지 않았다. 유대교에 대한 로마의 정책은 유대 백성에게 상당한 자율성을 부여하는 것이었다. 그런 자율성은 유대인들이 로마의 방해를 피하기 위해 고집했던 것이다. 갈리오는 이 상황에서 이 정책을 기반으로 행동했다. 갈리오의 결정은 로마가 초기의 기독교를 유대교의 부분집합으로 보리라는 것을 강조했다. 따라서 유대인 불신자들과 유대인 혹은 이방인 신자들 간의 논쟁은 두 당파 간의 내적 논쟁으로 다루어져야 한다. 로마는 관여하지 않으리라는 것이다.

18:16-17. 갈리오는 무리들에게 흩어지라고 명했다. 유대인 반대자들은 갈리오의 결정에 화가 나서 폭력을 썼다. 그들은 소스데네를 공격했다. 그는 아마 고린도전서 1:1에 나오는 신자 소스데네였을 수도 있다. 하지만 그것은 흔한 이름이었으므로 같은 사람이 아니었을 수도 있다. 정확하게 누가 그를 때렸으며, 왜 그랬는지는 알 수 없다. 이 소스데네가 신자였다면, 그는 아마 최근에 예수님을 믿었을 것이다. 유대인 대적들이 자신들의 좌절감을 그에게 퍼부었기 때문이다. 아니면 그리스보가 그리스도를 믿은 후(참고. 8절), 그의 자리를 대신한 소스데네가 바울을 상대로 한 소송의 선봉에 서 있었는데, 그가 너무나 처절하게 실패를 해서 그의 유대인 동료들이 좌절감에 싸여 그를 두들겨 패고 있었을 수도 있다. 아니면 그가 갈리오의 반유대적 행동으로 인해 대담해져서 그 기회를 이용해 자신들의 증오심을 분출했던 이방인들에게 매를 맞았을 수도 있다. 갈리오가 유대인들을 증오했다는 것은 세속 역사에서도 알 수 있다. 때문에 그가 소스데네가 이방인들에게 매를 맞는 것을 무시했을 수도 있다. 하지만 확실하게 알 수는 없다. 갈리오는 폭력을 무시했는데, 그것은 다소 놀라운 일이다. 로마인들은 평화를 유지하는 데 관심이 있었기 때문이다.

그리스도는 요한복음 10:16에서 자신에게 다른 양들이 있다고 말씀하셨다. 바울의 전략은 이방인들의 구원을 위해 이스라엘의 불신을 이용하시는 하나님의 주권적 계획을 확증했다.

롱게네커는 갈리오의 결정이 심오한 것이었다고 말한다("Acts," 486). 그것은 예수님을 믿는 이 새로운 믿음이 파괴적 운동이 아니라는 추가 증거이며, 갈리오의 사법적 결정은 교회가 로마의 반대를 두려워하지 않고 자유롭게 복음을 선포하며 확장하도록 중요한 선례를 제공했다.

에베소는 에게해를 둘러싼 지역에서 바울이 방문한 여섯 째 주요 도시였다. 하지만 바울은 에베소에서 장기간의 사역을 시작하기 전에 안디옥으로 돌아왔으며, 그가 안디옥에 있는 동안 누가는 다시 에베소로 시야를 돌려 이야기를 전개한다. 아볼로가 에베소에 왔으며 회당에서 말씀을 전했다. 하지만 그는 성령의 은사와 사역에 대한 이해가 부족했다. 아볼로는 브리스길라와 아굴라에게 더 가르침을 받은 후에, 아가야에서 사역을 하기 위해 에베소를 떠났다. 아볼로가 성령에 대해 잘 모른 것은 이 이야기를 바울이 요한의 제자들을 만난 것과 연결시킨다(19:1-7).

8. 안디옥으로 돌아오다(18:18-22)

18:18. 세부 사항들과 동기를 확실하게 알 수는 없지만, 바울은 분명 일시적 서원, 아마도 나실인의 서원을 했다(민 6:1-21). 자신이 이스라엘에서 멀리 떨어진 이방 지역들에서 전도를 하고 있지만 하나님께 대해 그리고 이스라엘을 위해 계속적으로 섬긴다는 것을 상징하는 행동으로 그렇게 한 것이다. 보통 나실인의 서원은 예루살렘 성안에서 했으나, 그 사람이 후에 예루살렘으로 간다면 다른 곳에서 하는 것도 허용되었다(*m. Nazir* 1:1-9:5을 보라). 서원 기간 동안 그는 머리를 깎지 않고, 포도주나 포도 열매로 만든 것을 무엇이든 마시지 않았으며 죽은 것은 무엇이든 만지지 않았다(참고. 민 6:1-21). 이제 서원이 끝났으므로, 바울은 예루살렘을 향해 떠나기 전에 아덴과 가까운 겐그레아에서 머리를 깎았다. 성전 단 위에 그의 머리카락과 규정된 제물을 드리기 위해서이다. 제물을 드리는 것은 또한 고린도에 있는 동안 하나님의 은혜로 영적 승리를 얻은 것에 대해 하나님께 감사하는 한 방편이기도 했다. 이제는 그리스도의 제자이기는 했지만, 바울은 이것이 유대인으로서 그의 정체성과 모순된다고 보지 않았으며, 그의 유대적인 문화적, 종교적 관행들을 절대 버리지 않았다(참고. 28:17).

18:19-22. 예루살렘으로 가는 길에 바울은 에베소에서 잠시 멈췄다. 회당에서 기독교에 대한 자신의 의견을 진술한 후에, 바울은 가이사랴와 예루살렘을 거쳐 안디옥을 향해 떠났다. 하지만 그는 하나님의 뜻이면 돌아오겠다고 약속했다. 바울의 여행에 대한 누가의 기록은 바울이 자신의 계획을 세우지만 언제나 그 계획의 타이밍을 하나님의 뜻에 따르는 성령 충만한 사람이었다는 것을 보여준다.

E. 아시아와 헬라로: 세 번째 전도 여행 (18:23-21:16)

1. 바울을 통한 갈라디아와 브루기아에서의 증거 (18:23)

18:23. 별다른 대대적 선전 없이, 사도행전 18:23은 바울의 세 번째 전도 여행이 시작되었음을 명시한다. 2400킬로미터 이상, 약 4년이 걸리는 여정이었다. 바울은 첫 번째 전도 여행 때 제자가 된 사람들을 굳건하게 하기 위해, 갈라디아와 브루기아 지역을 통과해서 가는 노선을 취했다. 바울이 그 지역들에 있는 신자들에게 사역하는 동안, 하나님은 아볼로를 통해 에베소에서 바울의 사역을 준비하게 하셨다.

2. 아볼로를 통한 에베소와 고린도에서의 증거 (18:24-28)

18:24-25. 아볼로는 교육의 중심지로 높이 평가받는 도시인 알렉산드리아 출신이었다. 그것은 그가 어떻게 좋은 교육을 받게 되었는지 (**언변이 좋고**) 설명하는 데 도움이 된다. 거기에는 강력한 성경적 배경(**성경에 능통한 자라**)이 포함된다. **열심으로**(25절)라는 표현은 모호하다. **요한의 세례만 알 따름**이라는 문구가 아볼로가 성령이 오신 것과 성령의 세례에 대해 알지 못했다는 것을 의미한다면(본문의 내용이 무슨 의미인지는 확실히 알 수 없다), **열심으로**[fervent in spirit]라는 말이 성령(Holy Spirit)을 의미하는 것 같지는 않다. 아마 그것은 자신의 일에 대한 진심에서 우러난 아볼로의 열심을 묘사한 단어일 것이다. 아볼로는 오류를 가르친 죄를 범한 것이 아니라, 그저 오순절과 관련된 사건들의 완전히 세세한 사항들을 잘 알지 못하고 있었을 뿐이다. 아볼로는 **예수에 관한 것을 자세히** 말하며 가르치고 "회당에서 담대히"(26절) 말했으므로, 그가 불신자였을 것 같지는 않다. 그가 구약적 의미에서, 혹은 더 정확하게 말하면 '오순절 이전적' 의미에서 구원받았으며, 누가가 아볼로에 대한 이 이야기와 19장에서 요한의 열두 제자에 대한 이야기를 포함한 것은, 율법 시대와 은혜 시대 사이의 과도기에 속해 있는 신자들이 메시아 예수에 대해 들었을 때 그분을 받아들일 것이며, 그러고 나서 메시아를 믿은 사람들에게 약속된 온전한 새 언약의 축복들을 받을 것임을 나타내기 위해서였다고 생각하는 것이 합리적일 듯하다. 아볼로의 지식이 부족한 부분은 예수님의 사역과 죽음의 세세한 부분들이 아니라, 오순절 때 성령이 오신 것 그리고 그와 관련된 성령의 세례와 연관된 문제들이었을 듯하다. 아볼로는 **일찍이 주의 도를 배워 열심으로 예수에 관한 것을 자세히 말하며 가르쳤다**. 아볼로와 요한의 제자들에게 일어난 일이 수많은 다른 상황들에서도 반복되어 왔을 것이다. 그러나 사도행전에서는 이에 대한 다른 표시들은 없다.

18:26-28. 브리스길라와 아굴라는 아볼로가 말하는 것을 들은 후에, 그가 부족한 점을 인식했지만 그의 잠재력도 인식했다. 그들은 아볼로를 당혹스럽게 하기를 원하지 않아서, **하나님의 도를 더 정확하게** 알려주었다. 아볼로에게 메시아의 이야기를 전부 다 알려준 것이다. 거기에는 분명 성령을 주신 것도 포함되었다. 누가는 브리스길라의 이름을 먼저 나열함으로 초대교회에서 여자들의 역할을 강조한다. 브리스길라는 아마 아볼로를 주로 가르친 사람이었을 것이다. 그런데 누가가 그녀를, 남녀가 함께 모인 교회라는 배경에서 여자가 남자를 가르칠 자유가 있다는 것을 나타내는 본보기로 삼았다는 표시는 없다. 아볼로를 가르친 것은 교회라는 배경 안에서 이루어진 것이 아니었으며, **풀어 이르더라** [에크티데미(*ektithemi*), "주의 깊게 상세히 설명함으로 정보를 전달하다"(BDAG, 310), "어떤 것을 제시하다"]는 11:4과 28:23에도 사용된 말로, "교회적 특징을 나타내는 가르침에 적절한, 권위 있는 혹은 권면하는"이라는 의미를 지니지는 않는다(딤전 2:12에 대한 주석을 보라).

아볼로는 일단 예수님이 하신 모든 것을 완전히 파악하고 나자, 훨씬 더 효과적인 변증가가 되었다. '형제들'은 그가 아가야로 가도록 격려했다. 아가야에서 그는 신자들에게 훨씬 더 큰 확신을 불어넣어 주었으며,

훨씬 더 효과적으로 유대 백성에게 예수님이 이스라엘의 메시아라고 설득했다. 아마 이때에 아볼로는 아가야 지역에 있는 고린도에서 시간을 보냈을 것이다(고전 3:5 이하에 대한 주석을 보라).

3. 바울을 통한 에베소에서의 증거와 예루살렘으로 가는 길(19:1–21:16)

a. 에베소에서(19:1–41)

(1) 요한의 제자들에게 증거하다(19:1–7)

누가가 사도행전에서 종종 그렇게 했듯이, 그는 일반적이거나 서론적인 이야기를 한 다음에 같은 주제를 전개하기 위해 구체적 상황을 제시한다. 그래서 누가는 아볼로의 이야기를 계속하는 대신, 다시 주인공인 사도 바울에게로 돌아와 바울이 요한의 제자들과 만난 것에 대해 말한다. 아볼로도 그랬겠지만, 그들은 성령의 선물을 받지 못했다. 그래서 바울은 그의 사도적 권위를 사용해 예수의 이름으로 그들에게 세례를 주고 그들에게 성령의 선물을 전해준다.

19:1-3. 바울은 요한의 제자들을 만났을 때, 그들에게 믿을 때에 성령을 받았느냐고 물어보았다. 여기에서 **믿을 때에**[*pisteusantes*, 피스튜산테스]라는 부정과거 분사는 부정과거 주동사인 **받았느냐**와 동시에 일어난 행동을 나타낸다. 보통 부정과거 분사는 단어 순서상 문장의 주동사 앞에 올 때, 주동사가 나타내는 행동 이전의 행동을 말한다. 하지만 주동사 뒤에 올 때는 그것은 보통 주동사의 행동과 동시에 일어나는 행동을 나타낸다[엡 1:20; 5:26; 골 2:13; 딤전 1:12에서처럼, Stanley E. Porter, *Verbal Aspect in the Greek of the New Testament, with Reference to Tense and Mood*, vol. 2 of SBG (New York: Lang, 1989), 381-384을 보라]. 바울이 이 질문을 표현하는 방식은 그가 성령을 통상 예수님을 믿은 이후가 아니라 믿을 때 주어지는 것으로 보았음을 암시한다. 이 사람들은 분명 메시아가 오시는 것을 준비하기 위해 회개하고 세례를 받으라는 요한의 부름에 반응했으나, 성령의 선물이 주어졌다는 것은 알지 못했다. 아볼로와 마찬가지로 그들은 과도기의 신자였다(18:24-28의 주석을 보라).

이 제자들은 신자들이었는가? 어떤 사람들은 아니라고 말하며 1절에 나오는 '제자들'이라는 말 앞에 정관사가 없다는 것을 그 근거로 든다. 하지만 '어떤'이라는 말은 "어떤 구원받지 않은 제자들"을 나타내는 것이 아니라, 참 제자들을 다른 참 제자들과 구분하기 위해 사용된다(참고. 9:10; 12:1; 16:1, 9, 14, 16; 18:24; 마 16:28). 이 12명은 요한의 세례를 받았다. 그것은 "회개의 세례"였다(마 3:5-12에 대한 주석을 보라). 그 일은 그들이 그 시점에 구약적 의미에서, 혹은 보다 정확하게는 "세례 요한"적 의미에서 구원받았음을 시사한다. 그들은 분명 예수님의 사역, 죽음, 부활과 관련된 그리고 오순절과 관련된 세부적인 것들에 대한 지식은 부족했다. 그것은 모두 요한의 사역이 끝난 후에 일어난 일들이었다. 그들은 분명 메시아가 오셨으며, 그분이 나사렛 예수라는 것을 알지 못했다. 게다가 **우리는 성령이 계심도 듣지 못하였노라**라는 문구는 아마 그들이 오순절 사건들 및 성령이 부어진 것에 대해 알지 못하고 있음을 말할 것이다(심지어 요한조차 마 3:11에서 성령에 대해 가르쳤으며, 유대인들도 구약에서 성령에 대해 알았다. 참고. 예를 들어 슥 4:6). 확실히 알 수는 없지만 이 사람들은 아볼로와 마찬가지로 아마 구약적 의미에서 신자들이었을 것이다. 누가는 그들의 이야기를 함으로써 구약 신자로서는 구원받았지만 아직 메시아 예수 안에 있는 구원의 온전한 사실들과 축복들에 대해서는 들어보지 못한 일부 고립된 사람들이 있었음을 나타냈다. 그들도 믿음으로 예수님을 받아들였고 새 언약의 모든 유익들을 받았다.

19:4-7. 바울은 예수의 이름으로 그들에게 세례를 줌으로 그들의 믿음을 완성시키기 위한 행동을 취했으며, 바울이 그들에게 안수할 때 하나님이 그들에게 성령을 선물로 주셨다. 그 사람들은 성령을 받았다는 증거로 예언도 하고 방언도 했다. 그들이 예수님을 받아들인 시점과 성령을 받은 시점 간에는 실제로 짧은 시간적 간격이 있었던 듯하다. 이 색다른 사건(참고. 고전 12:13)은 믿음 안에서의 분열을 막기 위해 일어났을 것이다. 사도가 성령을 받도록 그들에게 안수하지 않았다면, 그들은 자신들이 교회보다 더 이전부터 있었던 신자들의 무리라고 여겼을 수도 있다. 그들은 따로 분리된 믿음의 공동체를 형성했을 수도 있으며 사도들의 권위 아래로 들어 오지 않고 그들이 메시아의 보편적 몸의 일부라는 것을 인정하지 않았을 수도 있다.

그 현상은 오순절 때 믿은 유대인들, 사마리아인들,

고넬료 집의 이방인들의 경험과도 유사하다. 이 제자들 집단은 또 다른 집단의 표본 역할을 했다. 구약적 의미에서는 구원받았지만 예수에 대한 완전한 이야기는 들어보지 못한 집단이다. 이 모든 대표적 집단들이 성령을 받았으므로, 사도행전에는 방언을 말하는 것에 대한 더 이상의 언급은 없었다. 방언을 말하는 것이 부분적으로는 초대교회 때 복음이 이 별개의 다양한 집단들에게 잠입해 들어갔다는 것을 입증하는 수단이었다고 결론을 내리는 것이 타당하다(방언의 다른 측면들에 대해서는 고전 14장 주석을 보라). 이것이 확증되었으므로, 방언이 계속해서 교회의 통상적 경험이 될 필요는 거의 없었다.

그 이야기는 바울의 사도권에 대한 또 다른 확증이었다. 사마리아인들에게 성령을 전해주는 도구였던 베드로와 마찬가지로, 바울은 요한의 제자들에게 성령을 전해주는 사도적 권위를 가지고 있었다.

(2) 더 많은 청중에게 증거하다(19:8-41)

에베소에서 바울의 사역은 그의 메시지에 호의적인 성향을 가지고 있었던 요한의 제자들에 대한 사역 이상의 것을 포함하고 있었다. 하나님은 부도덕의 중심지였던 고린도에서 바울에게 승리를 주셨던 것처럼, 우상숭배의 중심지인 에베소에서도 바울에게 승리를 주셨다. 누가는 두 개의 대조적인 장면에서 그 이야기를 말한다. (1) 회당과 두란노 서원에서 행한 바울의 사역(8-10절), (2) 바울의 능력과 유대인 축사자들의 능력 없음(11-20절)이다.

19:8-9a. 바울은 먼저 유대인에게, 그다음에 이방인에게 가는 그의 전략에 맞게, 먼저 회당에서 그의 사역을 시작했다. 바울은 석 달 동안 하나님 나라에 대해 유대인들에게 강론하고 권면했다. **하나님 나라**에 대한 메시지는 예수님의 설교에서 주요 주제였다(마 3:1-4에 대한 주석을 보라). 하지만 회당에서의 사역은 불가능하게 되었다. **어떤 사람들은 마음이 굳어 순종하지 않았**기 때문이다. **마음이 굳어**[*skleryno*, 스클레뤼노]라는 말의 개념은 "단호하게 정보에 저항하는"(BDAG, 930)이다. 이 유대인 집단은 복음에 저항적이었다. 그들은 **이 도를 비방하**면서 바울의 메시지를 헐뜯었다. **도**라는 말은 유대 사람들과 세상이 예수님을 따르는 새로운 방식을 말한다(참고. 9:1-2에 나오는 주석). 바울은 에베소를 떠나는 대신, 두란노 서원으로 장소를 옮겼다.

19:9b-10. 두란노(Tyrannus)라는 이름은 폭군(tyrant, 극히 딱딱한 선생)이었던 한 철학자의 별명에서 왔을 것이다. 한 헬라어 사본에 따르면 바울은 제5시~제9시(오전 11시~오후 4시)까지 가르쳤을 것이다. 이것이 정확하다면, 이때는 모든 일을 중단하고 사람들이 자유롭게 바울의 가르침을 들으러 오곤 했던 '낮잠' 시간이었다. 누가는 그리스도께 너무나 헌신되어서, 아침에는 일하고 오후에는 말씀을 전했던 바울의 모습을 제시하고 있다.

하나님은 바울의 지칠 줄 모르는 노력을 존중하셨다. 누가는 두 해 동안 **아시아에 사는 자는 유대인이나 헬라인이나 다 주의 말씀을 듣더라**라고 말했다. 바울이 에베소에서 행한 사역의 결과, 골로새 교회와 라오디게아 교회가 시작되었으며, 아마 요한이 요한계시록에서 언급한 다른 교회들도 시작되었을 것이다.

19:11. 주님은 바울이 **놀라운** 기적들을 행하도록 능력을 주심으로 바울의 사역을 확증하셨다. 누가는 바울의 기적들을 묘사하기 위해 **놀라운**[extraordinary, 튀쿠사스(*tychousas*)]이라는 말을 사용함으로 그것이 심지어 사도행전에 기록된 다른 기적들과 비교해볼 때도 예외적인 것이었음을 암시했다. 바울은 주 예수 그리스도의 사도로서, 아데미 여신 숭배와 연관된 제의적 마술보다 더 큰 능력을 부여받았다.

19:12. 베드로의 그림자에 의해 간접적으로 병 고침을 받았던 사람들처럼(5:15), 사람들은 바울의 **손수건**이나 **앞치마**에 접촉함으로써 간접적으로 병 고침을 받았다. 그것들은 바울이 천막 만드는 일을 하면서 사용한 물건들이었다. **손수건**은 땀이 흐르는 것을 막기 위해 머리에 두르는 띠를 말할 것이며, **앞치마**는 허리에 두르는 허리띠를 말할 것이다. 누가는 또한 질병과 악귀를 물리치는 것을 분명하게 구분했다.

19:13-16. 바울의 능력에 감명을 받은 한 무리의 유대인 마술사들이 "주 예수"의 이름을 마술 주문으로 사용하려 했다. 하지만 그들은 그리스도의 인격은 알지 못했다. 그래서 그들은 그리스도의 능력을 가지지 못했다. 그들이 어떤 사람에게서 악귀를 쫓아내려 했을 때, 마귀 중 하나가 그들을 꾸짖었으며 악귀 들린 자가 그들을 공격했다. 그들은 심하게 매를 맞았을 뿐 아니

라, **상하여 벗은 몸으로 그 집에서** 도망치는 굴욕도 당했다.

그 사건은 바울의 능력과 사도직을 유대인 마술사들이 부활하신 예수님의 능력을 이용하려 했으나 효과가 없었던 것과 대조시켰다. 바울은 또 한 명의 1세기 순회 협잡꾼이 아니었다. 그는 주 예수 그리스도의 사도였다. 심지어 마귀도 이것을 알았다. **내가 예수도 알고 바울도 알거니와 너희는 누구냐**라고 마귀는 물었다.

19:17-20. 예수의 이름의 능력을 오용하려다 실패로 끝난 이 시도의 결과는 아나니아와 삽비라의 이야기와 비슷했다. 그들은 사기를 치려는 '서툰' 시도 때문에 심판을 받은 사람들이었다. 일어난 일에 대한 소식이 유대인들과 헬라인들 둘 다에게 알려졌을 때, 에베소의 미신적인 이교도들은 예상대로 반응했다. 그들은 두려움에 사로잡혔으며 예수의 이름을 높였다. 이것은 그들이 신자가 되었다는 의미가 아니라, 그저 자신들이 알지 못하는 능력을 경외의 눈으로 바라보았다는 의미이다.

하지만 어떤 사람들은 실제로 신자가 되었으며, 그들은 마술에 대한 자기 책을 불태움으로 자신들의 믿음에 대한 증거를 눈에 드러나게 제시했다. 은 오만은 큰돈이었다. "은 하나"는 약 하루치 품삯이었다. 마술에 대한 책을 태운 것은 그들의 회심에 대한 희생적이고 강력한 공개 진술이었다.

20절에 나오는 누가의 진술은 중대하다. 다른 1세기 순회 강사였던 스게와의 일곱 아들과는 달리 그리고 잘 속아 넘어가는 사람들을 등치기 위해 가짜 기적들을 행하는 현대의 파렴치한 사역자들과는 달리, 바울 안에서 기적이 일어나게 역사하시는 하나님의 힘(*kratos*, 크라토스)은 진짜였다. 그것은 사치스러운 생활을 유지할 기금을 조달하기 위해 재정적 이득을 얻으려는 것이 아니라 하나님의 말씀을 널리 전파하기 위한 것이었다.

누가는 에베소에서 바울이 행한 사역에 대한 묘사로 에게해 주위의 전략적 도시들에서 교회가 성장한 것에 대한 이야기의 결론을 맺는다. 누가는 복음이 새로운 지역들로 들어가는 것에 대해 사실에 입각한 생생한 이야기를 해주었다. 반대와 핍박에 직면했지만, 복음이 전파되었으며, 사람들은 믿음을 갖게 되었고, 교회가 설립되었다. 성령은 섭리적 환경들 및 초자연적 계시를 통해 바울을 인도하고 권능을 부여하셨다. 할 일이 많이 남아 있었지만, 증거는 압도적이었다. 즉, 주 예수님이 교회를 통해, 특히 하나님의 은혜의 사도이며 이방인들에게 그리스도의 사신인 바울을 통해 역사하고 계셨다는 것이다.

우상을 숭배하는 것은 새로운 현상이 아니다. 아데미 숭배는 에베소 도시에서 위세를 떨치고 있었으며, 에베소 주민들은 아데미 여신에게 엄청난 신전을 지어서 바쳤다. 전설에 따르면, 아데미 형상은 하늘에서 그 신전이 있는 위치로 떨어졌다고 한다. 실제로는 하늘에서 떨어진 것은 유방이 여러 개 달린 여자를 닮은 운석이었을 가능성이 높다. 하지만 미신에 빠진 에베소인들은 여신을 기념하기 위해 그 장소에 신전을 세웠다. 그들은 풍요의 여신 아데미를 숭배하면 행운을 가져다준다고 여겼으며, 광대한 로마제국 모든 지역으로부터 순례자들이 에베소로 왔다.

종종 그렇듯이 종교는 경제적 착취를 위한 구실이 되었다. 은장색 조합은 작은 아데미 형상들을 만들어 여신을 숭배하러 온 순례자들에게 팔았다.

바울의 사역은 너무나 강력해서, 복음은 은장색들의 경제적 이익에 위협이 되었다. 은장색 중 하나인 데메드리오는 아데미의 영광을 변호한다는 구실로 항의 시위를 조직했다. 그 항의 시위가 폭동으로 확대될 때, 서기장이 개입해서 항의 시위자들에게 바울을 고소하려면 적절한 법적 절차를 따라야 하며 죄를 범할 위험이 있는 것은 바로 그들이라고 경고했다. 서기장의 말은 설득력이 있었다. 그는 더 이상의 폭력 없이 무리를 해산시켰다.

19:21. 이 구절은 그리스도를 온 세상에 전파하려는 바울의 꿈을 드러낸다. 예루살렘은 유대교의 중심지였으며 로마는 이교의 중심지였다. 하지만 이 두 전략적 도시에서 복음을 전파하는 것은 바울의 계획이었을 뿐 아니라, 그의 신적 운명이었다. '영'(*pneuma*, 프뉴마)이라는 말은 '바울의 영'(NET, NIV, TNIV)보다는 '성령'(ESV, RSV, HCSB를 보라)에 대한 언급으로 해석하는 것이 가장 좋다(개역개정에는 'in the Spirit'이 번역되어 있지 않다—옮긴이 주). 바울은 계획을 세웠으나 성령이 그 계획을 확증해주시는 것에 따랐다. 보아

야 하리라라는 말은 바울이 로마로 갔다가(21절) 그다음에 서바나로 가는 것을 도덕적 필연으로, 하나님이 그를 사도적 직무를 위해 택하신 것에 대한 성취의 일부로 보았음을 시사한다(참고. 로마서 서론의 '연대'와 '수신자' 그리고 롬 15:24-28에 대한 주석).

19:22. 바울은 예루살렘으로 돌아올 준비를 하면서, 디모데와 에라스도를 마게도냐로 보냈다. 그들은 분명 바울이 예루살렘으로 가지고 가려고 계획한 헌금을 모을 책임이 있었다(고후 8:4; 9:1에 대한 주석을 보라).

19:23. 23절의 이 주제는 주요 쟁점이 바울에 대한 것이 아니라 복음에 대한 것이었음을 시사한다. 누가는 그것을 다시 도, 곧 길이요 진리요 생명이신(참고. 요 14:6) "예수를 따르는 도"(참고. 9:1-2에 대한 주석)라고 규정했다.

19:24-27. 아마 은장색들의 지도자였을 **데메드리오**는 항의 시위를 조직했을 것이다(24-25절). 그와 다른 은장색들은 **아데미**의 작은 신상(*naos*, 나오스) 모형을 이교도 순례자들에게 팔아 생계를 꾸렸다(24절). **아데미**[로마의 다이아나 여신]는 풍요의 여신이었다. 고대 세계의 7대 불가사의 중 하나인 그 신전은 주전 6세기에 처음 세워졌다. 그것은 주전 356년 알렉산더 대왕이 태어나던 날 밤에 한 젊은이 헤로스트라투스(Herostratus)에 의해 불타버렸다. 그 신전은 전 세계에서 받은 헌물로 대단히 화려하고 호화롭게 다시 건축되었다. 크기는 길이 130미터, 넓이 66미터, 높이 18미터 이상에 127개의 대리석 기둥으로 장식되어 있었다. 이 신전은 은행 역할도 했다. 상인들, 왕들, 온 도시 전체가 그들의 금과 은을 그 신전에 맡겼다. 아데미 여신이 그것을 안전하게 지켜주었기 때문이다. 그것은 당시 헬라 세계에서 가장 큰 건물이었다. 오늘날에는 외로운 하나의 기둥이 이 장엄한 구조물의 위치를 표시해준다. 신전에는 제국 전역에서 숭배자들이 몰려들었다. 아데미의 헌신적 추종자들은 아데미를 신[헤 테아(*he Thea*), 호 테오스(*ho Theos*)는 그리스도인들이 하나님에 대해 사용하는 전형적인 헬라어 단어였다], '구주', '주'라고 불렀다. 아데미에 대한 현존하는 기도들이 남아 있는데, 아데미에게 운동 경기에서 승리를 달라고, 사랑하는 사람을 병에서 고쳐달라고 요청하는 것이다. 예배자들은 아데미 여신이 그들을 번영하게 해주리라 믿으면서 은으로 된 신상을 가지고 왔다.

데메드리오는 세 가지 고발을 한다. 모두 기독교가 은장색들의 경제적 이익에 위협이 되는 것과 관련되어 있었지만, 아데미 숭배를 변호한다는 구실로 그런 속내를 감추고 있었다. 첫째, 기독교는 그들의 생업에 위협이 되었다(25절). 그들의 수입은 우상들을 파는 것에 달려 있었다. 둘째, 이 사람 바울은 에베소뿐 아니라 아시아 전역에 있는 많은 사람들에게 사람의 손으로 만든 것들은 신이 아니라고 권유했다(26절). 진술되어 있지는 않지만, 바울은 분명 그들이 우상으로부터 돌이켜 한 분 참되신 하나님을 섬겨야 한다고 설교했다. 셋째, 그의 설교는 은장색들의 수입을 위태롭게 했을 뿐 아니라, 아데미의 위엄이 떨어질 수 있었다(27절). **떨어지다**[*kathaireo*, 카싸이레오]라는 동사는 '허물다' 혹은 '정복하다, 파괴하다'라는 의미이다(BDAG, 488). 기독교는 에베소와 세계의 아데미 숭배에 중대한 위협이었다.

19:28-29. 은장색들은 분노가 가득하여 아데미 찬양을 크게 외쳤다. 작은 무리였던 것이 감당할 수 없는 무법의 큰 폭도의 무리가 되어 바울의 여행 동료 두 명을 강제로 붙잡고 원형경기장으로 달려 들어갔다. 그곳은 25,000명 정도를 수용할 수 있는 거대한 곳으로, 웬만한 농구 경기장보다 더 컸다.

19:30-31. 바울은 자신의 안전은 상관하지 않고, 그 폭도들에게 말을 하려고 했다. 하지만 그의 제자들과 **아시아 관리** 몇 명이 그를 말렸다. 그들은 1년 임기로 황제 숭배와 그 신전의 일을 감독하는 부유층의 유력한 사람들이었다. 그들이 바울에게 동조한다는 것은 놀라운 일이다. 아마 그들은 잘 교육받은 사람들로서 더 넓은 마음을 가지고 있었으며, 바울의 메시지가 심각한 위협이라고 보지 않았을 것이다. 아시아 관리들은 극장에 대한 권한을 가지고 있었으나, 폭도들을 제어할 수가 없었다. 대신, 그들은 바울이 자신의 생명을 위험에 빠뜨리지 않도록 막으려 애썼다. 바울에 대한 그들의 관심은 바울이 일부 사회 고위층 사람들에게 효과적인 영향을 끼쳤다는 것을 나타낸다.

19:32-34. 폭도들은 광신적이 되고 혼란에 빠져서, 그들 중 많은 사람들은 자신들이 왜 폭동을 일으키고 있는지 알지 못했다(32절). **알렉산더**(33절)는 누군지

도저히 알 수가 없다. **유대인들이 권하여 앞으로 밀어내니.** 어쩌면 그는 새로운 유대인 신자로, 그가 혼란스러운 무리에게 그 모임이 무엇에 대한 것인지 억지로 말하게 하기 위해서 뽑혔을 것이다. 그보다 그는 아마 바울의 메시아주의와 그들의 유대교 사이를 구별하기 원했던 유대인 불신자였을 가능성이 더 많다. 유대인들도 아데미를 숭배하지 않았고, 바울은 유대인이었으므로 알렉산더는 유대인 대중들을 바울과 떼어놓으려고 뽑혔을 수도 있다. 이방인들이 그리스도인들을 박해할 때 믿지 않는 유대인들이 에베소의 이방인들에게 박해를 당하지 않도록 하기 위해서이다. 확실하게 말할 수 있는 것은 없다. 하지만 무리가 알렉산더가 유대인이라는 것을 깨달았을 때, 그들은 **크다 에베소 사람의 아데미여**라고 열렬히 외치면서 다시 한 번 폭발했다.

19:35-37. 약 두 시간 동안 완전한 혼란이 있은 후에, **서기장**이 법과 질서를 지키라고 간청했다. **서기장**은 기록을 보관하는 사람, 등록 계원, 신전 기금의 회계관이었다. 그는 그 도시의 최고위 관리로 강력한 도시 관리자처럼 일했으며 로마 당국의 연락관이었다. 그는 각 지방에서 선출된 관리로서, 그 도시에서 무슨 일이 일어나고 있었는지 민감하게 알았을 것이다. 그것은 바울의 일이 아데미 신전의 번영과 인기에 미친 달갑지 않은 영향력과 관련되어 있었기 때문이다. 서기장의 말에는 두 가지 중요한 사항이 포함되어 있었다. 첫째, 그는 에베소 사람들에게 그들이 아데미의 형상이 하늘로부터 떨어진 신전의 수호자라는 전설을 상기시켰다. 그의 논증은 증거에 기초한 것이 아니라, 에베소인들의 경험과 믿음과 헌신에 기초하고 있었다. 그는 바울과 그의 동료들이 고발을 당할 만한 범죄를 저지르지 않았다는 것과 그들이 실제로 신전의 물건을 도둑질하지도 여신을 직접 비방하지도 않았다는 것을 강조했다.

19:38-41. 둘째, 서기장은 데메드리오와 다른 은장색들의 행동이 불법적인 것이었으며 그들이 어떤 일을 추구하고자 하면 법정에서 고발을 할 수 있다고 책망했다(38-39절). 법적인 행동 방침을 따르라는 서기장의 요청은 그가 그 도에 동조했기 때문이 아니라(참고. 9:1-2에 대한 주석) 로마의 개입에 대한 두려움으로 인한 것이었다. '자유도시'로서 에베소의 지위는 오로지 로마의 호의에 좌지우지되었으며, 서기장은 그 도시의 특권들을 박탈당하는 것을 막고 싶어 했다. 그의 말은 설득력이 있었으며 모인 사람들을 해산시켰다.

에베소에서 일어난 폭동은 복음이 이교에 미친 강력한 영향에 초점을 맞추었다. 신자들의 변화는 너무나 철저해서 그들은 우상숭배 문화를 직접 공격하지는 않으면서도 자신들의 우상숭배적 생활 방식을 버렸다. 서기장의 말은 복음의 무죄를 증명해주었으며, 그것이 로마제국 내에서 합법적인 운동이라는 것을 보여주었다. 그 새로운 신앙은 로마의 통치를 타도하려 하는 폭력적인 운동이 아니었다. 보통 율법에 대한 문제들로 자극된 유대인들의 반대와는 대조적으로, 이방인들의 반대는 우상숭배와 경제적 문제들에 대한 위협에서 나온 것이었다.

b. 마게도냐, 헬라, 아시아에서(20:1-5)

20:1-3. 바울은 이방인 교회들을 든든하게 하면서 마게도냐와 헬라를 통과해서 다녔다. 하지만 그는 생명에 위협을 느껴 여행 계획을 바꾸지 않을 수 없었다. 바울은 겐그레아에서 수리아까지 배를 타고 가는 대신 마게도냐를 거쳐 돌아갔으며 빌립보에서 드로아로 배를 타고 갔다. 바울은 유대인들로부터 위협을 받았을 뿐만 아니라 강도를 만날 수도 있는 상황에 놓였다. 유대 교회들을 위한 헌금을 가져가고 있었기 때문이다(참고. 롬 15:25-27과 그 부분 주석). 겐그레아항은 유대인들이나 도둑들이 바울을 공격하기 쉬운 장소였을 것이다. 누가는 바울이 어디에서 **석 달 동안 있었는지**(3절) 명시하지는 않았으나, 그곳은 아마 고린도였을 것이며, 아마 이 기간 동안 그는 로마서를 썼을 것이다(로마서 주석 서론의 '연대'와 '수신자'를 보라).

20:4-5. 바울의 여행 동료들의 이름에서 우리는 그들이 헬라인이라는 것을 알 수 있다. 그들은 바울이 예루살렘의 유대인 신자들에게 가지고 가던 헌금을 낸 이방인 교회들을 대표했다. 바울의 여행 동료들은 외진 곳에 있는 주로 이방인 교회들의 대표단이었다. 소바더(아마 롬 16:21에 나오는 소시바더와 같은 사람일 것이다), 아리스다고(19:29; 27:2; 골 4:10을 보라) 그리고 세군도는 마게도냐 교회 출신이었다. 아시아 교회들의 대표는 두기고(엡 6:21-22; 골 4:7-8; 딤후 4:12; 딛 3:12)와 드로비모(21:29; 딤후 4:20)였다. 갈라디아 교회들은 아마 더베 출신이었을(14:20-21) 가이오를 보

냈다(이 점에 대해서는 F. F. Bruce, *The Book of Acts*, 382와 주 16-20을 보라). 그들이 바울과 동행한 것은 아마 바울을 보호하고 상당히 많은 금액의 헌금을 잘 전달하도록 호위하기 위해서였을 것이다.

c. 드로아에서(20:6-12)

바울의 팀은 배를 타고 드로아로 갔다. 바울은 육로로 빌립보에 가서 누가와 만난 다음 함께 배를 타고 드로아로 갔다. 드로아에서 바울은 무교절을 기념했는데, 거기에는 작은 무리의 신자들이 모여 있었다. 그들에게는 아마 격려가 필요했을 것이다(16:40을 보라). 바울은 예수님을 믿는 자신의 믿음이 유대인으로서 자신의 정체성과 모순된다고 생각하지 않았으므로 유대 관행들을 계속 준수했다.

20:6-12. 사도행전 2:42-47에서 누가는 유대인 신자들을 묘사했었다. 여기에서 그는 이방인 회중을 묘사한다. 많은 사람들은 이것을 일요일 예배(**그 주간의 첫날에**, 7절)의 모범을 확립하는 것으로 본다. 하지만 누가는 언제나 유대적 시간 계산법을 사용했으며, 그로 보아 이 모임은 첫날 저녁에 일어났을 가능성이 더 크다[**말이 밤중까지 계속**된 것과(7절) 방에 **등불이 많이** 있었다는 것(8절)을 주목하라]. 그들은 토요일 밤(유대인들의 한 주간이 시작되는 첫날)에 만났다. 평민 노동자들과 노예들이었던 신자들은 일을 쉬는 날이 없었을 것이며 낮 동안에는 일을 해야 했기 때문에 저녁에 만났다. 그들은 함께 식사를 나누었다. 거기에는 성찬식을 거행하는 것이 포함되었다. 예배 의식은 시간에 얽매이지 않았다. 그래서 바울은 밤중까지 설교했다. 그는 그다음 날 떠나려고 계획하고 있었기 때문이다. 교회는 개인의 집 다락방에서 모였으며, 방을 밝히기 위해 사용된 등불들(8절) 때문에 실내 공기는 숨이 막힐 듯이 답답했을 것이다. 그 결과 **유두고**가 잠이 들었으며 3층 창에서 떨어져 죽었다(9절). '유두고'라는 이름은 '운이 좋은 자'라는 의미이며, 그는 정말로 운이 좋았다. 그의 **생명**['영혼', 프시케(*psyche*)]이 아직 **그에게** 있다는 바울의 말은, 그가 떨어질 때 죽었지만, 바울이 그를 안은 후에 그의 생명이 회복되었다는 의미이다(10절). 하나님은 베드로를 사용하사 다비다를 죽은 자 가운데서 일으키신 것과 같이(9:36-43) 유두고의 생명 또한 회복시켜주셨다. 바울은 날이 새기까지 머물렀으며(11절), 사람들을 격려해주고 교회를 떠났다. **사람들이 살아난 청년을 데리고 가서 적지 않게 위로를 받았더라**(12절). 대조는 생생하다. 많은 경우 유대인들과 이방인들 둘 다 바울의 사역 때문에 격노했다. 루스드라에서 바울은 돌에 맞았다. 하지만 신자들에게, 특히 이방인들에게 바울은 환영받고 사랑받았다.

왜 누가가 이 짧은 사건을 세 번째 전도 여행에 대한 그의 보고 결론부에 포함시켰는지 설명하기는 어렵다. 복은 이 사건으로 인해 바울이 훌륭한 사람들의 무리에 속하게 되었다고 말한다. 사람들을 죽은 자 가운데서 살리신 예수님(눅 7:11-15; 8:49-56; 요 11:38-44), 엘리야와 엘리사(왕상 17:19-22; 왕하 4:34-35) 등과 나란히 있게 되었다는 것이다(*Acts*, 620). 그리고 아마 누가는 바울이 그들과 마찬가지로 하나님의 축복을 받았음을 보여주려 했을 것이다. 또한 누가는 비록 바울은 예루살렘에서 이제 곧 잡힐 것이지만, 범죄자가 아니었다는 것을 보여주기 위해 이 내용을 포함시켰을 것이다. 하나님은 분명 바울을 사용하셨고 인정하셨다.

d. 밀레도에서(20:13-38)

20:13-16. 누가와 바울의 다른 여행 동료들은 앗소로 가는 배를 탔다. 바울은 육로로 갔다. 누가는 왜 바울이 걷기로 했는지는 설명하지 않았다. 아마 안전을 위해 그리고 예루살렘과 로마로 가는 그의 여행에서 앞에 무엇이 놓여 있을지 곰곰이 묵상할 시간을 갖기 위해 그랬을 것이다. 앗소에서 바울은 다시 그의 동료들과 합류했다. 그리고 그들은 함께 미둘레네로 배를 타고 갔으며 그다음에 기오와 사모로 갔다. 여행의 각 부문은 하루씩 걸렸다. 고대의 해상 여행은 일반적으로 그랬다(Bock, *Acts*, 621). 바울은 기오에서 사모로 가는 배를 탔는데, 그는 오순절 안에 예루살렘에 도착하기 원했기 때문에 그 배는 에베소에서 멈추지 않았다. 이 장소들에 대해서는 두 번째와 세 번째 전도 여행 지도를 보라.

바울은 목자의 마음을 가진 교회 설립자였다. 그는 사람들이 그리스도를 믿는 구원의 믿음에 이르기를 원했다. 하지만 그는 또한 성경 지식을 지니고 그리스도께 온전히 헌신한 신자들을 키워내길 원했다. 이 과업을 위해 바울은 하나님의 말씀을 가르치고 새로 회심한 자들을 든든하게 하면서, 자신의 안락함을 기꺼이 희생하고 심지어 자신의 생명까지도 기꺼이 감수했다.

밀레도에서 바울은 마지막 메시지를 전달하기 위해 에베소 교회의 장로들을 불렀다(20:17-38). 에베소 장로들에게 준 그의 메시지는 사도행전에서 신자들을 향해 한 것으로 유일하게 기록된 연설이다. 그의 목적은 교회 지도자들이 바울이 없을 때 사역을 하도록 준비시키려는 것이었다. 바울은 앞에 놓인 위험을 알고 있었다. 하지만 그는 자신의 개인적 안전보다 교회의 미래에 더 관심이 있었다. 바울은 에베소에서 그가 한 사역의 본질을 회고하고 장로들이 그의 본을 따르도록 권면했다. 그들은 말씀을 가르쳐야 했으며 교회를 거짓 선생들로부터 보호해야 했다. 바울은 장로들에게 그들이 다시는 그를 보지 못할 것임을 알려주는 절절한 작별의 말로 설교를 마무리했다.

20:17-18a. 바울은 에베소 남쪽으로 약 48킬로미터 떨어진 밀레도에 도착한 후에 장로들을 그곳으로 불렀다. 그들이 바울로부터 전갈을 받은 후에 밀레도에 도착하려면 하루 반 정도가 걸릴 것이다.

바울의 가르침은 전반적으로 장로들이 하나님의 온전한 뜻을 선포하고, 교회를 거짓 선생들과 거짓 교리로부터 보호하며, 겸손한 섬김의 본을 보일 필요성을 강조했다. 바울은 자신과 그가 과거에 했던 사역을 그들에게 진리를 가르칠 때 부지런하고 겸손하게 행한 것의 본보기로 사용했다(20:18b-21). 바울은 또한 그의 현재 동기에 기초해서 그들을 위한 본보기를 제공했다. 그 동기란 어떤 대가를 치르더라도 사역의 모든 측면을 다 이행하려는 것이었다(20:22-24). 마지막으로 20:28-31에서 바울은 그들에게 장차 양 떼를 보호하기 위해 깨어 있을 필요에 대해 경고했다(31절). 그리고 그들에게 자신이 이것을 행할 필요성에 대해 경고했던 것을 상기시켰다.

20:18b-19. 바울은 에베소인들에게 사역하면서, 투명하게 그들이 따를 모범을 제시했다. 그는 마치 노예처럼 겸손하게 섬겼다. 겸손(19절)이라는 단어는 '경의, 복종, 예속의 태도'를 의미한다. 교회를 인도하는 사람은 기꺼이 그들의 평판과 계획을 희생해야 하며, 자기 사람들을 섬기면서 기꺼이 손을 더럽힐 생각을 해야 한다. 어거스틴은 다음과 같은 말로 겸손의 위대함을 포착했다.

"하나님의 방식을 배울 사람들에게 필요한 것은 첫째도 겸손, 둘째 겸손, 셋째도 겸손이다"(Kistemaker, *Acts*, 725에 인용).

바울은 민감하면서도 동정심이 많았다. 그는 자기 원수들에게 박해를 받을 때(20:19) 그리고 에베소인 회심자들을 놓고 고뇌하면서(20:31)도 눈물을 흘렸다.

20:20-21. 바울은 담대하게 설교하고 가르쳤다. 큰 용기와 확고한 헌신을 가지고 바울은 복음 메시지를 공적으로 그리고 사적으로(**각 집에서나**) 선포했다. 그의 메시지는 유대인들에게나 헬라인들에게나 같았다. 그는 모두에게 회개하고 주 예수 그리스도를 믿으라고 명했다. 유대인들에게 이 말은, 율법을 준수함으로 하나님의 은총을 구하는 것으로부터 예수님을 메시아로 인정하는 것으로 돌이킨다는 뜻이었으며, 이방인들에게는 우상을 섬기는 것에서 죄 사함을 위해 그리스도께로 돌이키는 것을 의미했다.

20:22-24에서 바울은 또한 자신의 현재 동기에 기초해서 그들을 위한 모범을 제시했다. 그것은 어떠한 대가를 치르더라도 사역의 모든 측면을 이행하려는 것이었다(20:22-24). 바울의 사역은 성령의 지시를 받은 것이며 하나님의 은혜로 말미암은 것이다.

20:22-23. 바울은 **성령에 매여** 예루살렘으로 갔다. **성령**은 바울의 인간 영(내적 충동)을 말할 수도 있고 아니면 성령(Holy Spirit)을 말할 수도 있다. 23절에 나오는 성령에 대한 언급은 바울의 영보다는 성령으로 보는 것을 더 지지한다. 바울은 자신이 이제 경험하게 될 일을 모르지 않았다. 성령이 그에게 투옥될 것(**결박**)과 고난(**환난**)에 대해 미리 경고하셨다.

20:24. 자기보호는 바울의 최우선순위가 아니었다. 그는 자신의 생명을 복음을 전파하는 자신의 책임에 비해 별로 귀하게 생각하지 않았다. 바울은 자신의 사역을 '경주'[**달려갈 길**, 드로몬(*dromon*)]에 비교했다. 경주를 마치는 일에 초점을 맞춘 운동선수처럼, 바울은 그의 **사명**[*diakonia*, 디아코니아], 즉 하나님의 은혜의 '복음'을 선포하는 것을 마치기로 결심했다.

20:25-27. 바울은 분명하게 장로들에게 주의를 돌려 그들에게 어떻게 그들의 사명을 시행할지에 대한 행군 명령을 내렸다. 바울은 장차 무슨 일이 일어날지 정확하게 알지 못했기 때문에, 장로들에게 그들이 그를

다시는 보지 못할 것이라고 말했다. 바울은 로마에서 2년간 가택 연금을 당한 후에 에베소인들을 다시 보기는 했다. 하지만 이 시점에는 자신이 그 지역으로 돌아올지 알지 못했다. 그래서 그의 관심사는 그가 없는 동안 장로들이 사역을 하도록 준비시키는 것이었다.

바울은 구약의 파수꾼 이미지에 의지해서, 자신이 모든 사람의 피에 대하여 깨끗하다고 선언했다(겔 3:16-27을 보라). 바울은 용감하게 "하나님의 뜻을 다" 선포했다. 따라서 그는 복음을 거절하거나 왜곡한 사람들의 어떤 죄도 지지 않았다. 그는 신실하게 자신의 책임을 다했다.

28-31절에서 바울은 장로들의 사역을 자기 양 떼를 보호할 책임을 지닌 목자에 비교했다. 양에게는 목자가 필요하다. 그들에게는 그들이 물과 초장을 찾도록 도와줄 목자가 필요하다. 이리가 양을 끊임없이 위협했으며, 양들은 무방비하기 때문에, 그들을 보호해줄 목자가 있어야 한다.

20:28. 바울은 장로들이 부단히 방심하지 말아야 하는 세 가지 이유를 제시했다. 첫째, 그들은 **성령**의 임명을 받았다. 바울은 성령이 어떻게 그들이 임명된 것을 드러내셨는지 설명하지는 않았다. 둘째, 교회는 하나님의 것이었다. 그것은 바울이나 다른 어떤 개인에게 속한 것이 아니다. 셋째, 하나님은 **자기 피로**, 혹은 더 나은 표현으로는 "자기[아들]의 피로" 교회를 사셨다. '자기'(His own)라는 말은 하나님 아버지가 아니라 예수님을 말한다. 여기에서 예수님이 하나님이라고 불렸을 수도 있다. 예수님은 신약 다른 곳에서 테오스(*Theos*)라는 호칭으로 불리셨다(예를 들어 요 1:1, 18; 롬 9:5). 하지만 신약 저자들은 예수님의 신성에 대한 이러한 무조건적인 진술들을 엄밀하게 인간적인 속성들(이르테면 피 같은)과 혼합시키는 것을 피하는 데 주의를 기울였다. 예를 들어, 우리는 '하나님의 십자가' 혹은 '하나님이 갈보리에서 십자가에 못 박히셨다', 혹은 '하나님이 죽었다가 다시 사셨다'와 같은 진술들은 절대 찾을 수 없다[이 본문에 대한, 그리고 이러한 이해에 대한 상세한 논의는 Murray J. Harris, *Jesus as God: The New Testament Use of Theos in Reference to Jesus* (Grand Rapids, MI: Baker, 1992), 137-141을 보라]. 그리고 그분은 영이시므로 피가 없으시기 때문에 그 말이 하나님 아버지의 피를 언급하는 것일 리는 없다. 바울의 이 말은 장로들에게 그들이 감독하는 교회가 그들이 아니라 하나님께 속해 있다는 것을 암시적으로 상기시켰을 것이다.

감독자[*episkopoi*, 에피스코포이]라는 말은 세속 헬라어에서 "어떤 것이 올바른 방식으로 이루어지도록 보호하거나 반드시 그렇게 되도록 하는 책임(을 맡은 사람들)"을 의미했으며, 교회에서는 감독과 지도력을 가진 사람들을 묘사하기 위해 그 단어를 사용했다(BDAG, 379). 그것은 장로[프레스뷔테로이(*presbyteroi*), 17절]라는 말과 사실상 동의어이다. 장로라는 말은 문자적으로는 '나이 든 남자'라는 의미이지만, 육체적 영적 성숙함으로 인해 교회 지도자가 된 사람을 지칭하는 전문적인 의미를 지니고 있었다. 이 용어들은 둘 다 같은 직무, 곧 '목사'의 직무를 의미한다. '목사'(*poimen*, 포이멘)라는 말은 사도행전 20장에서는 사용되지 않지만, 관련된 동사인 *poimaino*(포이마이노, '목양하다')라는 말은 28절에 나온다(개역개정에는 '보살피게'—옮긴이 주). 이것은 목사가 장로나 감독과 다른 직무가 아니라, 목사는 또한 교회에서 장로이며 감독이라는 것을 시사한다.

20:29-30. 장로들은 이중의 책임을 지닌다. 그들은 양 떼에게 하나님의 말씀을 가르침으로 그들을 먹여야 한다. 그리고 그들은 양 떼를 거짓 가르침으로부터 보호해야 한다. 거짓 선생들에 대한 경고는 예언적이다. 서신서들은 거짓 선생들이 언제나 외부자들은 아니었다는 것을 드러낸다. 종종 그들은 내부자들이었다(벧후 2:1-3을 보라). 거짓 선생들은 무자비했으며 이중의 위험을 제기했다. 그들은 진리를 왜곡시키려 할 것이며 신자들을 꾀어 그들을 따르게 하려 할 것이다.

20:31. 바울의 마지막 권고는 경계하라는 것이다(**일깨어**). 바울은 그들에게 자신이 보인 본을 상기시켰다. 바울은 그들의 선생이자 목사였다. 삼 년간 바울은 끊임없이 그들을 위해 눈물을 흘리면서까지 에베소의 양떼들을 돌보았다(**밤낮 쉬지 않고**).

바울은 이 사람들에 대한 교훈의 결론을 맺으면서, 그들을 하나님께 맡겼으며 종의 사역의 본질을 자신의 삶으로 다시 한 번 보여주었다(20:32-35).

20:32. 바울은 장로들을 하나님께 부탁했다. 비록

바울은 더 이상 그들과 함께 있지 않겠지만, 그들은 혼자가 아닐 것이다. 하나님이 그들과 함께 계실 것이다. 그리고 하나님의 은혜로 그들은 약속된 기업을 받을 것이다. **기업**[*kleronomian*, 클레로노미안]은 신자들을 위해서 하늘에 간직해놓으신 그들의 영원한 구원이다(벧전 1:4).

20:33-35. 바울은 탐욕스러운 사기꾼이 아니었다. 그는 순수한 동기를 지닌 진실한 사람이었다. 바울은 다른 사람의 돈(**은이나 금**)이나 소유(**의복**)를 탐하지 않았으며, 에베소에 있는 동안 바울은 자신이 쓸 것을 스스로 충당했다. 언제나 그런 것은 아니었지만, 때때로 바울은 천막을 만들었으며(18:2-3), 때로는 교회들로부터 후원을 받고 전임으로 사역에 힘썼다(18:5).

바울은 궁핍한 사람들을 돕는 일에 모범을 보였다. 1세기의 많은 순회 강사들이나 21세기의 텔레비전 전도자들과는 대조적으로, 바울의 주요 관심사는 자신이 아니라 다른 사람들이었다. 바울은 다른 사람들을 돌보면서 **주는 것이 받는 것보다 복이 있다**고 말씀하셨던 주 예수의 가르침을 따랐다. 이 말은 복음서에 기록되어 있지는 않지만, 예수님의 가르침 및 가난한 자들에게 하신 사역과 일관성을 지닌다.

20:36-38. 바울은 떠나기 전에, 기도하기 위해 장로들과 함께 무릎을 꿇었다. 유대인들의 전통적인 자세는 하늘을 향해 손을 올리고 서는 것이었다(딤전 2:8을 보라). 이 경우 무릎을 꿇는 것은 더 인격적이고 감정이 풍부한 작별을 시사한다. 여러분이 다시는 나를 보지 못하리라는 바울의 말을 듣고 그들은 울며 입을 맞추었다. 분명 장로들은 바울을 한 명의 사람으로 사랑했으며 그를 그저 신적 권위를 지닌 준엄한 사도로만 생각하지는 않았다. 이런 상황에서 입을 맞추는 것은 문화적으로 적절했으며, 존중의 마음과 그들이 사랑하는 사도를 다시는 보지 못하리라는 슬픔의 마음을 나타내는 표시였다. 장로들은 비탄에 잠긴 채 바울을 배에까지 전송했다.

사역은 엄숙한 책임이며, 교회는 하나님의 양 떼이다. 그리고 지도자들은 목자로 부름을 받는다. 이 역할은 겸손, 진실함, 하나님의 말씀을 가르치는 것에 대한 헌신, 양을 거짓 선생들(이리들)로부터 보호하는 것 등을 요구한다. 이 모든 일은 하나님의 은혜가 없이는 불가능할 것이다. 하나님 아버지의 사랑과 은혜로 인해 하나님의 아들은 교회를 위해 자신의 피를 흘리셨으며, 하나님의 은혜에 의해 하나님의 아들은 신실하게 양 떼를 목양하는 사람들을 지지해주실 것이다.

e. 두로와 가이사랴에서(21:1-14)

(1) 두로에서(21:1-6)

사도행전 21장에서 누가는 예루살렘과 로마로 가는 바울의 여정을 계속 서술했다(19:21을 보라). 도중에 바울은 해로로 두로와 가이사랴에 방문했다. 그곳들에서 바울은 예루살렘으로 가는 것의 위험에 대해 경고를 받았으며, 그의 제자들은 그를 설득해서 가지 않게 하려 했다. 하지만 바울은 신적 사명을 받은 사도였다. 그는 주 예수 그리스도를 위해 고난을 받고 심지어 죽을 준비가 되어 있었다.

21:1-3. 바울은 혼자가 아니었다. **우리**에는 누가 및 바울과 함께 여행하던 다른 사람들이 포함되어 있다. **우리가 그들을 작별하고**라는 말은 에베소 신자들을 떠나는 정서적 비탄을 전달하지 않는다. **작별하고**[*apospasthentas*, 아포스파스덴타스]라는 동사는 그것이 고통스러운 작별이었음을 나타낸다. 그들은 연안을 따라 배를 타고 갔으며, 고스, 로도, 바다라에서 잠시 멈췄다. 바다라에서 바울과 그의 동료들은 베니게로 가는 큰 배로 갈아탔다. 그 배는 짐을 풀기 위해 두로에서 상륙했다. '바울의 세 번째 전도 여행' 지도를 보라.

21:4-6. 바울과 그의 동료들은 두로에 상륙해서 이레를 머물렀다. **성령의 감동으로** 제자들은 바울에게 예루살렘으로 가지 말라고 경고했다. **성령의 감동으로**라는 표현은 인간의 영을 말할 수도 있고 성령을 말할 수도 있는데, 후자가 더 선호된다. 바울을 기다리고 있는 것이 무엇인지 알려면 미래에 대해 알아야 했기 때문이다. 또한 10-11절에서 바울에게 경고한 아가보는 선지자라고 나오는데, 그것은 그가 성령으로부터 바울의 미래에 대한 계시를 받았음을 시사한다.

어떤 학자들은 바울이 받았고 무시했던 '성령의' 두 번의 경고에 기초해서, 바울이 어떤 예언들은 구약 선지자들의 메시지보다 더 낮은 차원의 권위를 가지고 있는 것으로 보았으며, 어떤 예언들은 무시할 수 있었다고 주장한다. 하지만 본문은 실제로 "바울, 성령이 당신은 예루살렘으로 가지 말라고 말씀하신다"라고 말하

바울의 세 번째 전도 여행

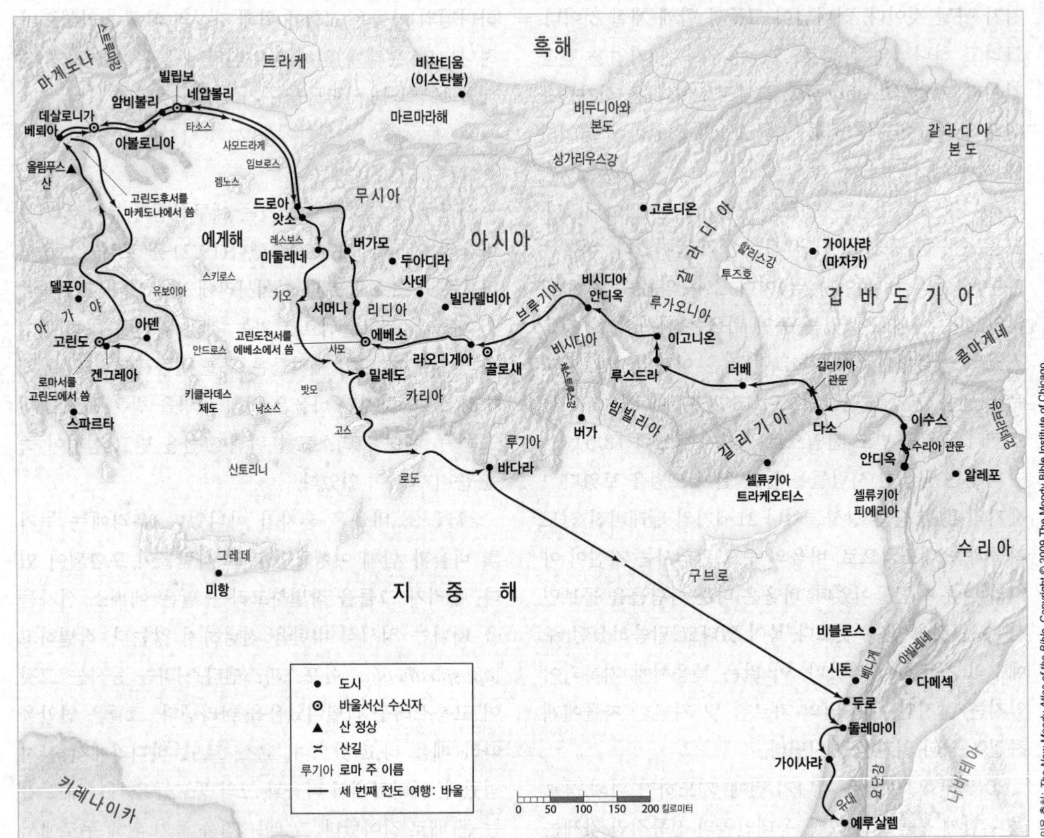

지 않는다. **성령의 감동으로 바울더러…하더라**라는 말은 제자들이 예언적 계시에 의해 바울을 기다리고 있는 것이 무엇인지 알았으며, 바울에 대한 사랑 때문에 바울에게 가지 말라고 간청했다는 의미로 보아도 무방하다. 즉, 그 호소가 계시적 메시지의 일부는 아니라는 것이다. 또한 사도행전 21:11에 나오는 아가보의 예언, 즉 유대인들이 바울을 결박할 것이라는 예언에는 오류가 포함되어 있었다. 바울을 결박한 것은 유대인이 아니라 로마인이었기 때문이다(21:31-33). 하지만 처음에 바울을 잡은 사람들은 유대인들'이었으며'[21:30; 21:36에 나오는 "그를 없이하자"(Away with him!)라는 외침은 유대 백성이 그에 대한 통제권을 로마인들에게 넘기는 것을 시사한다는 것을 유의하라], 바울이 사도행전 26:21에서 그 사건을 이야기할 때, 그는 자신을 붙잡은 것이 유대인들이었다고 말했다. 이 점들은 신약의 예언이 구약의 예언과 똑같은 효력이 있으며, 오늘날 교회에 무시할 수 있거나 오류가 있는 2류 예언은 없다는 것을 시사한다. 바울은 21:4, 10-13을 성령의 금지로 간주하지 않고, 성령의 계시 활동에 기초해서 예루살렘에서 그를 기다리고 있는 것에 대한 예언으로 간주했는데, 그것이 옳다. 바울은 제자들 및 그들의 가족들과 함께 기도한 후에, 예루살렘으로 가는 여정을 계속해나갔다.

(2) 가이사랴에서 그리고 예루살렘으로(21:7-16)

21:7-14. 가이사랴로 가는 길에 바울은 **돌레마이**에 하루 머물렀으며 신자들의 안부를 물었다(7절). 누가는 교회가 어떻게 설립되었는지는 설명하지 않았다. 하지만 그 교회는 아마 스데반이 순교한 후 박해가 있는

동안 흩어진 사람들이 전한 복음을 통해 생겨났을 것이다(참고. 11:19-20). 바울은 **전도자**이며 헬라파 과부들에게 음식을 나누어 주는 일을 감독하도록 선택된 일곱 명 중 한 명인(참고. 6:1-7) **빌립**과 함께 머물렀다. 누가는 다른 설명은 없이 빌립에게 **예언하는 자인 처녀 딸 넷**이 있었다고 말했다. 누가의 의도는 아마 성령의 은사가 유대인과 이방인 모두에게 그리고 남자와 여자 모두에게 주어졌다는 것을 확증하려는 것이었으리라. 하지만 바울이 예루살렘에서 잡히고 이방인들에게 넘겨질 것이라고 상징적으로 예언한 사람은 **아가보**였다(10-14절).

다시 한 번 바울의 동료들은 인간적 본성에 따라 반응했다. 그들은 바울에게 예루살렘으로 가지 말라고 권했다. 바울은 아가보의 예언을 다르게 이해했다. 그는 그것을 앞으로 일어날 일에 대한 예언으로 보았으며 가지 말라는 뜻으로 보지 않았다(아가보에 대해서는 또한 앞의 21:4-6에 대한 주석을 보라). 사실상 바울은 그들의 간청이 그의 **마음을 상하게** 한다고 말했다. 그것은 사명을 성취하려는 그의 결심에 대한 공격을 생생하게 묘사한 말이다. 바울의 친구들은 단념하고 하나님의 뜻에 맡겼다(**주의 뜻대로 이루어지이다**). 그들은 다른 결과를 기대했지만, 바울이 하나님의 뜻을 추구해야 한다는 것을 인정했다.

바울은 예루살렘으로 감으로써 하나님의 뜻에 불순종하여 행동하고 있었는가? 몇 가지를 보면 그렇지 않다는 것을 알 수 있다. 첫째, 바울 자신은 그가 하나님의 뜻 안에 있다고 진심으로 믿었다(20:22-24을 보라). 둘째, 그는 오랫동안 자신이 예루살렘에 가야 한다는 느낌을 지니고 있었다(19:21; 20:3). 그래서 이것은 성급하거나 죄 된 결정이 아니었다. 셋째, 바울은 자신이 증거할 때 큰 고난을 당하리라는 말을 들었다(9:15-16). 그래서 예루살렘에서 고난을 받는 것은 그를 향한 하나님의 뜻에 반대되는 결과가 아닐 것이다. 넷째, 하나님은 바울에게 절대 거기 가지 말라고 말씀하신 적이 없으며, 그보다 무엇을 예상해야 할지에 대해 그에게 경고하셨다(20:23). 마지막으로 23:11은 바울이 예루살렘에서 행하고 말한 것에 대해 하나님의 승인을 받았다는 것을 암시한다. 성령이 사도가 예루살렘에 가기를 원하지 않으셨다면, 위대한 사도가 성령의 인도에 의식적으로 불순종했다고 생각하기는 어렵다.

21:15-16. 가이사랴의 몇 신자들이 바울 및 그의 동반자들과 함께 육로로 예루살렘으로 가는 여행에 합류했다. 그들은 구브로 출신의 이방인 회심자인 나손의 집에 머물렀다. 그는 이방인들을 포함한 무리를 접대하는 것에 거리낌이 없을 것이다.

이 두 경고보다 더 명확한 것은 없었을 테지만 예루살렘으로 가는 마지막 여정에 오르신 그리스도처럼, 바울은 앞에 무엇이 놓여 있는지 알았다. 그러나 위험과 고난이 예상된다는 이유로 바울이 하나님의 일을 하지 못하게 막을 수는 없었다. 신자들에게는 때로 하나님의 뜻에 순종해서 친구들의 조언을 거절해야 할 상황이 오기도 한다. 그 친구들은 선의를 갖고 있기는 하지만, 하나님의 영이 강력하게 인도하시는 것을 이해하지 못한다.

바울이 예루살렘에 도착했을 때, 그는 유대인 회중에게 하나님이 어떻게 이방인에 대한 그의 사역을 복 주셨는지 보고했다. 지도자들은 하나님이 하신 일에 감사하기는 했지만, 바울에게 이방인들 사이에서 그가 행한 사역이 모세율법에 대한 그의 충성에 의심을 품게 했다는 것을 알린다. 오늘날 많은 그리스도인들은 바울이 율법에 대한 충성을 입증하기 위해 유대 의식에 참여하기로 한 것이 놀랍다고 생각하지만, 사도행전의 맥락에서 그것은 완벽하게 이해가 된다. 바울은 예수님을 유대인의 메시아로 믿는 믿음이 유대적이 되는 것과 반대된다고 여긴 적이 결코 없으므로 일관되게 유대 관습을 지켰다. 그는 디모데에게 할례를 행했고(16:3), 유대인의 서원을 행했으며(18:18), 유월절을 지켰고(20:6), 속죄일을 지켰고(27:9), 유대 율법(28:8)과 관습(8:17)에 대한 절대적 신실함을 선언했다. 재판을 받을 때 바울은 절대 자신을 그리스도인이라고 말하지 않았다. 그저 유대인(21:39; 22:3)이며 바리새인(23:6; 26:5-6)이라고 말했을 뿐이다. 바울의 행동들은 유감스럽게도 오해받았으며 폭동의 원인이 되었다. 로마인들은 바울이 유대인 테러리스트라고 생각해서 그를 잡았다. 하지만 그가 로마 시민이라는 것을 알게 되자 그를 보호하기 위해 구금했다.

F. 로마로: 죄수 바울(21:17-28:31)

1. 예루살렘에서 그의 증거(21:17-23:30)

a. 투옥 전(21:17-30)

(1) 바울과 유대인 신자들의 만남과 그들의 제안 (21:17-25)

21:17-20. 바울은 이방인들 사이에서 그가 행한 사역의 놀라운 성공을 보고했다. 하나님이 행하신 일은 바울이 이방인의 사도로 신적 임명을 받았다는 것을 확증해주었다. 이번에는 유대인 장로들이 바울에게 어떻게 수만 명의 유대인들이 믿고 율법에 열성을 가지고 있는지 말했다. 17절은 형제들이 **우리를 기꺼이 영접하거늘**이라고 말한다. 아마 이때에 바울은 지중해 세계 전역에 흩어져 있는 주로 이방인 회중들로부터 모은 여러 교회의 헌금 수입을 전달했을 것이다(고전 16:1-3; 롬 15:26-27; 고후 8-9장에 대한 주석을 보라. 참고. 행 24:17). 바울은 유대의 가난한 자들과 박해받는 신자들을 위한 거액의 구제 기금을 가지고 도착했다. 그가 기꺼이 영접을 받은 것은 당연하다!

21:21. 모든 사람이 이방인 가운데서 행한 바울의 사역에 대해 열광했던 것은 아니다. 일부 사람들은 바울이 유대인들에게 모세율법을 버리라고 가르친다는 소문을 퍼뜨렸다. 죄목은 두 가지였다. 하나는 그가 유대인들에게, 그들의 **아들들에게 할례를 행**할 필요가 없다고 말한다는 것이었다. 하나님은 아브라함과 맺은 언약의 육체적 표시로서 할례를 제정하셨다(창 17장). 둘째, 그는 유대인들이 **관습을 지**킬 필요가 없다고 말한다는 것이다. 사도행전에서 바울은 자신이 언제나 유대 관습을 지켰다고 말했다. 그는 단지 이방인 신자들에게 이 관행들을 강요하는 것을 거절했을 뿐이다. 그것은 예루살렘 공의회가 확증한 결정이었다(행 15장).

21:22-24. 바울이 기꺼이 여러 사람에게 여러 모습이 된 것에 비추어(고전 9:19-23에 대한 주석을 보라), 지도자들은 그 죄목이 사실이 아님을 믿는다고 말했다. 하지만 의심을 없애버리기 위해, 장로들은 바울에게 나실인의 **서원**(민 6:1-21을 보라)에 참여할 것을 제안했다. 바울이 율법을 존중한다는 것을 보여주기 위해서이다. 일시적인 나실인의 서원은 30일간 지속되었다. 하지만 바울은 아마 그 서원의 마지막 며칠에만 참여했을 것이다. 바울은 이방인 지역에서 사역하고 있었으므로, 그는 그 서원을 마치고 있던 **네 사람**에게 요구되는 제물을 위한 비용을 지불하는 것에 더하여 **결례**[정결 의식]를 행하라는 요구를 받았다.

21:25. 야고보는 바울이 서원에 참여한 것이 율법 대 은혜에 대한 예루살렘 공의회의 결정 및 이방인들에게 그들이 이전에 지키던 이교적 관행을 버리라는 요구를 무효로 하는 것이 아님을 분명하게 했다.

(2) 바울에 대한 유대인 지도자들의 고소 및 붙잡힌 바울(21:26-30)

21:26. 바울은 이 서원에 참여했다는 것 때문에 비판을 받아왔지만, 그의 행동들은 그의 사역 철학과 일관된 것이었다. 복음이 문제가 되지 않을 때에는 바울은 기꺼이 여러 사람에게 여러 모양이 되었다(참고. 고전 9:20-21). 이러한 적응은 약함이 아니라 강함을 나타내는 것이다. 그것은 어리석은 타협이 아니라 지혜로운 양보이다.

바울은 나실인의 **서원**에 참여함으로 이방인을 대상으로 한 그의 사역에 대해 불필요한 논쟁이 일어나지 않기를 바랐지만, 서원을 마치려 할 때 그가 한 행동은 폭동을 불러일으켰다. 성난 폭도들은 바울을 붙잡고 그를 때렸다. 로마인들이 개입하지 않았다면 바울은 죽임을 당했을 것이다. 질서가 회복된 후에, 바울은 그의 동족들에게 말할 수 있도록 허락해달라고 청했다.

21:27-30. 아시아로부터 온 유대인들은 바울에 대해 두 가지 비난을 했다. 첫째, 그들은 바울이 **각처에서** 모든 사람에게 유대 백성, 율법, 성전을 비방하여 가르쳤다고 주장했다. 이것은 명백히 과장이며 잘못된 것이다. 그것은 스데반에 대한 비난과 비슷했다. 스데반도 율법과 거룩한 곳을 반대하여 말한다는 이유로 비난을 받았다. 율법과 성전은 유대교의 문화적, 영적 기둥들이다. 누가는 정확한 죄목을 기록하지 않았다. 하지만 바울의 가르침은 전통적 유대교에 직접적인 위협으로 여겨졌다.

두 번째 비난도 심각한 것이었다. 그들은 바울이 이방인 **드로비모**를 성전 지역에 데리고 갔다고 주장했다. 이방인들은 성전 안뜰을 둘러싸고 있는 바깥뜰까지만 들어오는 것이 허용되었다. 라틴어와 헬라어로 된 비문들은 불법 침입한 이방인은 누구든 사형에 처할 것이라고 경고했다. 바울이 고의로 성전의 신성함을 어겼을 가능성은 거의 없다. 그 고발은 거짓이었다.

이런 사태의 전환에서 역설적인 점은 바울이 자신을

신실한 유대인이라고 믿었으며, 그의 동족들에게 예수님이 그들의 메시아적 소망의 성취라는 것을 설득시키려 했다는 것이었다. 그는 자신의 노력에 대해 부당한 이유로 고발되었으며 생명의 위협을 받았다.

b. 투옥 후(21:31-23:30)

(1) 바울 체포와 유대인들에게 말하라는 요구 (21:31-40)

21:31-33. 폭동이 일어났다는 소식이 로마 군대의 **천부장**[천 명의 군사를 맡은 장교]에게 들렸다. 성전 구역에 있던 몇몇 유대인들은 바울을 난폭하게 붙잡았으며(21:30), 순식간에 군중이 모여드는 장면이 형성되었다. **천부장**은 질서를 회복하기 위해 재빨리 행동했다. 그는 바울을 잡고 두 쇠사슬로 그를 결박하라고 명령했다. 바울이 폭동을 일으켰다고 생각했기 때문이다. 아가보가 예언했듯이, 유대인들의 적대감은 바울이 이방인에게 결박당하도록 했다(21:11).

21:34-36. 천부장이 폭동의 원인을 찾아내려 했을 때, 유대인 반대자들은 감정적으로 너무나 흥분해서 뒤죽박죽으로 대답했다. 천부장은 바울을 보호하기 위해 자기 군사들에게 그를 영내로 데려가라고 명했다. 그 상황은 또다시 역설적이었다. 유대 백성은 바울을 죽이려 했으나, 바울은 로마인들에게 구조되었다. 바울의 경험은 30년 전 그리스도가 잡히시고 재판받으셨던 것과 다소 비슷했다. 그때도 일부 유대인이 "이 사람을 없이하소서"(눅 23:18; 요 19:15을 보라)라고 외쳤다.

바울의 용기와 그리스도께 대한 헌신은 그의 변론에서 분명하게 나타났다. 바울은 그저 자신의 결백함만 항변한 것이 아니라, 그 기회를 포착해서 그가 예수님에 의해 변화된 것과 이방인에게로 부르심 받은 것에 대한 간증을 했다.

21:37-40. 바울이 무리에게 말하도록 허락해달라고 구할 때, 헬라어를 사용하자 천부장은 놀랐다. 그래서 천부장은 바울이 분명 애굽인 폭도임에 틀림없다고 결론을 내렸다. 애굽에서는 헬라어를 일상적으로 사용했기 때문이다.

놀라기는 했지만, 그 사령관은 바울의 요청을 허락했으며, 바울은 무리들에게 히브리어로 말했다. 많은 주석가들은 누가가 말한 "히브리 말"이 아람어를 가리킨다고 생각한다. 아람어는 바울이 실제로 사용한 말로, 1세기 유대인들이 공통적으로 사용한 언어였다.

(2) 무리 앞에서 바울의 연설(22:1-21)

22:1-2. 바울이 무리에게 히브리어로 말할 때, 그들은 그가 이방인이 아니라 그들 중 한 명이라는 것을 보고 조용해졌다.

22:3-5. 바울은 그가 가진 유대인으로서의 유업, 메시아 예수에 의해 변화된 것, 이방인의 사도로 부르심 받은 것에 초점을 맞췄다. 첫째, 바울은 그의 유업을 언급했다. 그는 다소에서 나고 자랐고, 힐렐 학파의 가장 유명한 선생 중 한 명인 가말리엘 문하에서 바리새인으로 훈련받았다(힐렐의 배경에 대해서는 마 19:3에 대한 주석을 참조하고, 가말리엘에 대해서는 행 5:33-39에 대한 주석을 보라). 바울은 하나님에 대해 열심이 있었으며, 다메섹에서 유대인 신자들을 잡아 그들이 재판을 받도록 예루살렘으로 데려오라는 공식 허가를 받았다. 바울의 요점은 그가 율법에 열심이 있었으며, 그의 동족들이 지금 그를 박해하는 것과 똑같이 자신도 유대인 신자들을 박해했다는 것이었다.

22:6-11. 바울은 또한 메시아 예수에 의해 자신이 변화된 것을 말했다. 다메섹으로 가는 도중 그는 밝은 빛을 보고 눈이 보이지 않게 되었다. 그는 어떤 소리가 **사울아 사울아 네가 왜 나를 박해하느냐**라고 말하는 것을 들었다. 그는 그 하늘의 메신저가 **나사렛 예수**라는 것을 깨달았다. 나사렛 예수라는 말은 유대 백성이 예수님의 인간적 기원을 강조하기 위해 사용하던 일반적인 호칭 중 하나였다. 바울이 여기에서 그 호칭을 사용한 것은 인간 예수가 이제 부활하신 주님이요 메시아시라는 증거이다. 주님은 바울에게 그가 다메섹에서 하도록 임명된 일을 발견하게 될 것이라고 알려주셨다. 바울과 함께 가던 사람들은 뭔가 색다른 일이 일어났다는 것은 알았지만 바울이 했던 경험의 의미는 이해하지 못했다. 그들은 바울을 영내로 이끌고 갔다.

22:12-16. 바울은 그의 부르심에 대해 말했다. 그는 율법을 존중하는 경건한 유대인 아나니아가 어떻게 하나님께 사용되어 바울의 시력을 회복하는 것을 도와주고 모든 사람에게 증인이 되라는 그의 신적 부르심을 알려주었는지 말했다. 바울은 부활하신 주님을 직접 본 사람으로서, 사도가 될 자격이 충분했다(참고. 1:22; 고전 9:1).

바울은 예수님의 이름을 부름으로 자신의 믿음을 표현했기 때문에, 영적 깨끗함의 외적 표현으로 세례를 받으라는 지시를 받았다. 초대교회에서 세례는 회심의 상징이고 필수 불가결한 증거였다(롬 6:1-4; 벧전 3:18-20에 대한 주석을 보라). 하지만 사람을 구원하는 것은 세례가 아니라 예수님을 믿는 믿음이다(참고. 16:31; 엡 2:8-9).

22:17-22. 바울은 그가 예루살렘에 돌아갔을 때 무슨 일이 일어났는지에 대해 새로운 정보를 제공해주었다. 그는 신실한 유대인으로서, 기도하러 성전에 갔으며(17절) **황홀한 중에**[엑스터시스(*ekstasis*), 이 말에서 '황홀경'(ecstasy)이라는 말이 나온다] 신적 인도를 받았다. 바울의 경험은 유대인들의 반항을 불러일으킬 것이다. 유대인들은 하나님이 때로 환상들을 통해 선지자들에게 말씀하셨다는 것을 알았다(참고. 사 6:1-13). 바울의 경험은 또한 베드로의 환상과 다소 비슷했다(10:10; 11:5, 거기에서도 '엑스터시스'라는 말이 사용된다).

지금 바울의 고발자인 사람들과 마찬가지로, 바울은 한때 신자들의 원수였으며 잘못을 저질렀다. 주님은 바울에게 예루살렘을 떠나라고 경고하셨다(18절). 바울의 동족들은 그의 증거를 거부할 것이기 때문이다. 모든 사람이 예수님을 따르는 유대인들을 박해한 사람이라는 바울의 명성에 대해(19절) 그리고 특히 스데반이 돌에 맞아 죽은 것에 대한 증인으로서 그의 역할(20절)에 대해 알고 있었기에 그런 것이다. 여기에서 스데반과 관련해서 사용된 **증인**이라는 말은, 헬라어에서 '순교자', 즉 자신의 신앙 때문에 죽는 증인이라는 완전한 의미에서 '마르투스'(*martus*)라는 말이 처음으로 사용된 경우일 것이다.

대신 주님은 바울의 삶과 사명을 극적으로 뒤집으셨다. 그는 이방인들에게 가라는 명령을 받았다(21절). 바울의 증거가 정점에 이르자 유대인 청중들은 도저히 참고 견딜 수가 없었다. 그들은 분노가 폭발해서 바울이 살 만한 가치가 없다고 소리쳤다. 바울의 말은 그들을 격노하게 했다. 그들은 이것을 바울이 이방인들을 성전의 금지된 구역에 데려온 이유라고 이해했기 때문이다. 즉, 그들이 바울에게 잘못 부과한 죄목이었다.

(3) 로마 시민권을 가지고 있다는 바울의 주장 (22:22-29)

22:22-24. 천부장은 바울이 일부러 무리를 선동한다고 생각해서, 바울을 채찍으로 치게 하는 조처를 단행했다. 아마 그 채찍은 가죽 끈에 뼈와 금속 조각들이 달려 있었을 것이다(마 27:24-26에 대한 주석을 보라). 이러한 채찍질은 로마 시민이 아닌 사람들에게만 사용되었다. 그것을 맞는 사람은 불구가 되거나 심지어 죽을 수 있었기 때문이다. 그래서 그것을 로마 시민인 바울에게 사용하는 것은 부적절했다.

22:25-29. 바울은 불필요한 벌을 참고 견디기보다는 **로마** 시민으로서 자신의 권리를 주장했다. 이것은 천부장을 충격에 빠지게 했다. 그는 자신이 **시민권**을 많은 돈을 주고 사야 했다는 것을 드러냈다. 로마제국의 여러 시기에 시민권을 사는 것이 가능했다. 하지만 그것은 대단히 비쌌으며, 대부분의 사람들은 꿈도 꿀 수 없었다. 한편 바울은 나면서부터 로마 시민이었다. 시민이라는 바울의 지위는 그의 환경을 즉시 변화시켰다. 로마인들은 이제 심각한 문제에 직면했다. "부당하게 잡힌 로마 시민을 우리가 어떻게 다루어야 하는가?"라는 것이다. 바울이 자신의 시민권에 호소한 것은 그가 자신의 신앙을 위해 기꺼이 고난 받고 죽으려 하는 것과 모순되지 않았다. 이 특정한 상황에서 바울은 복음을 선포하고 하나님 나라를 진척시키기 위해 그의 시민권을 사용하는 것이 유리하다고 보았다. 바울은 아마 그의 시민권이 그를 로마로 데려다 주리라는 것을 인식하지는 못했을 것이다. 하지만 그는 적어도 현재 처한 상황에서 그것이 자기 동족들에게 증거할 기회를 주리라는 것을 알았다.

바울의 변론은 서너 가지를 강조했다. 첫째, 그는 배교자가 아니라 신실한 유대인이었다. 둘째, 예수를 메시아로 믿는 그의 믿음을 둘러싼 환경들은 초자연적인 것이었으며 하나님이 이스라엘에게 약속하신 것과 일관된 점이 있었다(참고. 롬 11:1-2에 대한 주석). 셋째, 그가 이방인에게 보냄을 받은 것은 유대인들이 복음과 신적 계시를 거부한 것에 따라 정당하게 인정되었다.

주님과 스데반이 그렇게 했던 것처럼, 바울은 공회 앞에서 예외적인 용기를 보여주었다. 하지만 그는 처형당하는 대신, 로마인들에게 구조되었다.

(4) 바울이 공회 앞에 출두하다(22:30-23:9)

(a) 바울과 대제사장(22:30-23:5)

22:30. 천부장은 끈질겼다. 그는 로마법을 유지하는 데 전념했기 때문이다. 그는 왜 유대인들이 바울을 격렬히 반대하는지 **진상**을 알려고 했다. 그다음 날 그는 공회를 소집하라고 명하고 바울을 제사장들과 공회 앞에 데려왔다.

23:1-2. 바울은 구체적인 죄목에 대해 대답하려 하지 않았다. 대신 그와 하나님과의 관계를 기초로 해서 변론을 펼쳤다. 그는 **범사에 양심을 따라 하나님을 섬겼**다. 바울은 공회보다 하나님이 그를 어떻게 판단하실까 하는 것에 더 관심이 많았다. 바울은 예수님을 따르는 유대인이었지만, 그는 하나님의 이름을 더럽히는 그 어떤 일도 행하지 않았다.

그의 주장은 대제사장을 격앙시켰다. 대제사장은 바울이 신성모독의 죄를 범했다고 생각하여 바울의 **입**을 치라고 명했다.

23:3. 바울의 반응은 놀라웠다. 그는 대제사장을 **회칠한 담**이라고 부르면서 모욕했다. 그 비유적 표현은 무너지고 바스러지는 담(겔 13:10-16)의 진짜 상태를 감추기 위해 겉에 회칠을 하는 것에서 온 것이다. 바울이 함축하는 것은 더 이상 분명할 수가 없었을 것이다. 제사장 옷을 입고 있는 대제사장은 위선자였다. 예수님은 이스라엘의 종교 지도자들을 회칠한 무덤이라고 부르셨다(마 23:27).

23:4-5. 곁에 선 사람 한 명이 바울에게 상기시켰듯이, 하나님이나 하나님 백성의 지도자를 욕하는 것은 율법에 어긋나는 행위였다(출 22:28). 바울의 반응은 아리송했다. **형제들아 나는 그가 대제사장인 줄 알지 못하였노라**. 바울은 심지어 출애굽기 22:28을 인용하기까지 했다. 이것은 바울이 자신이 대제사장에게 말하고 있다는 것을 알았으며 그 비방이 의도적이고 역설적이었음을 시사한다. 어떤 사람들은 바울이 여러 이유로 인해 대제사장을 알아보지 못했다고 주장했으나, 도저히 그랬을 것 같지는 않다. 대제사장이었던 아나니아는 폭식가, 도둑, 로마와 공모하는 자로 악명이 높았다. 바울은 "나는 그런 사람이 이스라엘의 대제사장이 될 수 있는지 알지 못했다"라고 빈정거리며 말하고 있었다.

(b) 바울이 바리새인들과 사두개인들을 자극하다 (23:6-9)

23:6-9. 바울은 대제사장이 반응을 하기까지 기다리지 않았다. 그는 공세를 취했다. 바리새인들과 사두개인들이 둘 다 그 자리에 있다는 것을 인식하고서(**알고**), 그는 부활에 대한 격한 논쟁을 부추겼다. 바울은 바리새인이었으며 부활에 대한 그의 소망에 호소했다. 사두개인들은 부활을 부인했다. 누가는 또한 사두개인들이 천사와 영도 부인했다고 말했다(8절). 이 주장에는 약간 문제가 있다. 사두개인들이 천사나 영들을 믿지 않았다는 다른 증거는 없기 때문이다(여러 견해들에 대한 논의로는 Bock, *Acts*, 671-672을 보라).

그 두 유대 종파는 신랄하고 격렬한 논증을 하게 되었다. 바리새인들은 바울의 옹호자가 되었다. 그들은 예수님이 살아 계시다는 바울의 주장을 받아들이지는 않았지만, **우리가 이 사람을 보니 악한 것이 없도다**라고 말했다.

(5) 바울의 생명을 빼앗아가려는 음모(23:10-30)

23:10. 천부장은 세 번째로 바울을 구해주었다. 논쟁이 물리적 폭력으로 전락했을 때, 그는 바울을 보호하고자 자기 사람들에게 바울을 영내로 데리고 가라고 명했다. 폭도들은 너무나 난폭해서 군사들이 바울을 영내 안전한 곳으로 데리고 가야 할 것 같았다.

잠언 16:9은 "사람이 마음으로 자기의 길을 계획할지라도 그의 걸음을 인도하시는 이는 여호와시니라"라고 말한다. 바울이 처한 상황은 암담했다. 동료 유대인들은 그를 죽이고 싶어 했다. 로마인들은 그가 혁명가라고 생각했으며 그를 붙잡았다. 바울은 거짓말과 폭력의 희생자였다. 그의 생명은 위험에 처해 있었다. 로마에서 증거하려는 바울의 꿈이 실현될 가능성은 거의 없어보였다. 하지만 주님은 여전히 주권적인 분이셨다.

23:11. 신의 현현(하나님이 물리적으로 나타나시는 것)에서 주님은 바울에게 그가 예루살렘으로 오기로 한 결정이 옳은 것이었다고 안심시켜주셨다. 그는 제국의 수도 로마에서 복음을 선포할 기회를 갖게 될 것이다. 주님은 밤에 바울에게 오셨고 바울 곁에 서서 그를 안심시키셨다. 주님은 바울을 얼굴을 맞대고 대면하지는 않으셨다. 바울은 두려워할 만한 이유가 충분히 있었지만, 그는 겁쟁이가 아니었다. 주님은 바울에게 담대하라고 말씀하셨으며 예루살렘과 로마에서 복음을 선포하려는 바울의 바람(19:21을 보라)이 주님의 뜻이

라는 것과 그 일이 이루어지리라는 것을 확증하셨다. 23:11에 나오는 약속은 사도행전에서 이 시점부터 나오는 이야기를 지배한다. 누가는 주님이 어떻게 그분이 택하신 종 바울이 로마로 가는 길에 그를 보호하기 위해 섭리적, 초자연적으로 역사하셨는지 강조했다.

23:12-15. 40명의 유대인 집단이 공모해서 바울을 죽이려 했다. 그들은 본질적으로 "내가 이 일을 하는 데 실패하면 하나님이 나를 저주할지어다"라고 맹세하는 자살 서약을 했다. 그들이 동맹한 내용은 예루살렘의 좁은 거리에서 매복하여 바울을 습격하는 것이었다. 하지만 하나님은 악인의 계획들을 좌절시킬 수 있으시며 때로 좌절시키신다. 그리고 이 상황에서 하나님은 바울의 생질을 통해 섭리적으로 개입하셨다.

23:16-22. 바울의 생질은 그 동맹 계획을 발견해서 바울에게 말했다. 그가 그 계획을 발견한 것은 마치 '운 좋은 일'이었던 것처럼 보일지 모르지만, 그것은 바울을 보호하시는 주님의 주권적인 섭리였다. 누가는 바울의 생질이 어떻게 암살 계획을 알게 되었는지는 설명하지 않는다. 하지만 생질은 바울에게 경고했으며, 바울은 백부장 중 한 명에게 그의 생질을 천부장에게 데려가달라고 부탁했다. 바울의 생질은 천부장에게 그 계획을 알렸으며, 천부장은 바울의 생질에게 그들이 만난 것을 비밀로 하라고 주의를 주었다.

여기에 나오는 대조는 믿을 수 없으리만큼 역설적이다. 바울은 자신의 동족들에게 위협을 받았으나 이방인들에게 보호를 받았다. 이 유대인 반대자들은 맹목적이었으며 광신적 열심에 사로잡혀 있었다. 불신자였던 로마 천부장은 통제력이 있었고 합리적이었다. 이것은 긴박한 상황이었다. 더 이상 큰 모험은 있을 수 없었다. 바울의 생명은 위험에 처해 있었다. 바울이 죽는다면, 새로운 신앙은 심한 타격을 받을 것이다. 바울의 적들이 이긴다면, 바울은 처형되고, 로마는 기독교가 불법 종교라고 선언할 것이다. 하지만 주님은 바울에게 다른 결과가 있을 것이라고 안심시키셨다(23:11을 보라).

바울의 생질이 천부장에게 바울을 암살하려는 계획을 알린 후에, 로마인들은 그를 보호하기 위한 조치를 취했다. 그들은 바울을 유대에서 로마 통치의 중심지이며 더 안전한 곳이었던 가이사랴로 옮기기 위해 파견대를 조직했다.

23:23-24. 예루살렘으로부터 96킬로미터 떨어진 가이사랴로 이송하는 동안 매복의 위험성이 있었기 때문에, 천부장은 바울을 호위하기 위해 보병, 기병, 창병으로 구성된 파견대를 준비하도록 지시했다. 그는 또한 더 비밀히 움직이기 위해 밤에 이송을 하도록 명했다.

23:25. 누가가 어떻게 그의 정보를 손에 넣었는지는 알 수 없다. 하지만 그는 편지나 적어도 편지 중 일부의 사본을 기록했다.

23:26. 천부장 글라우디오는 주후 52-60년까지 로마의 유대 군사 총독이었던 벨릭스에게 편지를 썼다. 안토니우스 벨릭스(아마 주후 10년 이전에 태어난)는 노예로 태어났다. 그는 마르크 안토니의 딸이었던 안토니아 미노르의 아들이었으며, 후에 아마 글라우디오 황제로부터 자유를 얻었을 것이다. 그는 사회적으로 버림받은 사람이었다. 주후 52년에 행정 장관이라는 지위를 획득했으나 그의 영향력 있는 형 팔라스의 상당한 도움을 힘입고, 그의 전임자 벤티디우스 쿠마누스를 내쫓기 위해 비밀리에 상당 금액을 건넨 후에야 그 지위를 얻을 수 있었다. 벨릭스는 도덕적으로 비열하고 잔인했다. 천부장 글라우디오가 보낸 편지는 예루살렘에서 자신이 문제를 해결하기보다는 바울을 가이사랴로 이송하는 이유를 설명하는 것이었다.

23:27-30. 편지의 목적은 바울의 이송을 설명하는 것이었지만, 그 편지는 놀랄 만큼 자기 잇속만 차리는 것이었다. 글라우디오는 뻔뻔하게 자신을 선하게 보이도록 만들려 했다. 영어 본문에는 인칭 대명사 '나'라는 말이 여덟 번 사용된다. 이 편지의 다른 중요한 특징은 그것이 로마 시민인 바울에게서 시민 불복종의 혐의를 벗겨주었다는 것이다. 죄목에는 로마법이 아니라 유대법에 대한 문제들이 포함되었다.

2. 가이사랴 바닷가에서 바울의 증거(23:31-26:32)

a. 바울의 도착과 숙소 할당(23:31-35)

23:31-35. 파견대 전체가 가이사랴에서 남동쪽으로 40킬로미터 떨어진 안디바드리까지 바울을 수행했다. 안디바드리까지 가는 길은 여정에서 가장 위험한 부분이었다. 그곳의 지형은 반 산지였으며 매복에 적합했다. 안디바드리가 지난 후에는 지대가 훤히 트여 있고 평평하고 덜 위험했다. 그래서 그들이 안디바드리에 이르렀을 때, 보병대는 예루살렘으로 돌아갔다. 군사들은

그들의 죄수를 벨릭스에게 넘겨주었으며, 벨릭스는 바울이 길리기아 사람임에도 그의 사건을 재판에 부치기로 결정했다. 이런 결정은 다소 이상한 것이다. 사건들은 보통 고발된 주에서 재판을 했기 때문이다. 게다가 가혹한 구금을 당하는 대신, 바울은 기본적으로 벨릭스의 관저, 곧 75년 전에 헤롯 대제가 자신을 위해 지은 왕궁[궁(Praeorium), 총독의 공식 거처]에서 가택 연금을 당했다. 이런 전개는 우연 이상의 것이었다. 그들은 바울에게 그가 로마에서 증거하리라는 하나님의 약속을 성취하시는 하나님의 주권적인 섭리를 드러냈다(참고. 23:11).

바울의 공판 당시 벨릭스는 5년간 유대 총독이었다. 벨릭스는 로마법을 지지할 책임을 지고 있었지만, 부적절하고 잔인한 통치자로 악명이 높았다. 하지만 바울은 변론을 하면서 예수 그리스도를 믿는 믿음의 윤리적 요구로 벨릭스에게 담대히 도전했다.

b. 벨릭스 총독 앞에서 바울의 변명(24:1-21)

(1) 유대인 지도자들의 고발(24:1-9)

24:1a. 24:1-8은 바울에 대한 고발이 이루어졌던 상황을 요약함으로 누가의 이야기를 계속해 나간다. 바울에 대한 반대가 얼마나 강렬했는지는 대제사장 아나니아가 가이사랴에 오고 바울에 대한 사건을 법정화하기 위해 영향력이 큰 변호사를 고용한 것에 반영되어 있다.

24:1b-3. 더둘로가 한 말의 서두는 생색을 내는 듯한 아첨으로 가득했다. 그는 벨릭스의 태평한 통치와 개혁들을 찬양했다. 총독에게 영향을 끼쳐 호의적 판결을 받아낼까 하는 바람에서 그런 것이다. 국내의 불안은 벨릭스 치하에서 실제로 더 악화되었다.

24:4-6. 더둘로는 바울에 대해 세 가지 고발을 했다. 첫째, 로마인들이 시민들의 소요를 용인하지 않았다는 것을 알고서, 그는 바울이 말썽꾼이라고 말했다. **전염병 같은 자** 혹은 공적 골칫거리라는 것이다. 둘째, 그는 **나사렛 이단**의 우두머리이다. 로마인들은 아직 기독교와 합법적 종교인 유대교를 구분하지 않았으므로, 더둘로는 새로운 이단(sect)에 대한 벨릭스의 의심을 일으키기 위해 예수에 대한 이 새로운 믿음을 아리송하게 묘사했다. 예수님은 나사렛 출신이었다. 그렇기 때문에 그 묘사는 정확했다. 하지만 그것은 벨릭스가 잘 알고 있었을 만한 일이 아니었다. 게다가 바울은 이 선동적인 운동의 우두머리였다. 셋째, 그는 바울이 성전을 더럽게 했다고 고발했다. 사두개인들은 로마인들과 협력하던 사람들로서, 성전 내 질서를 유지할 책임이 있었다. 그 때문에 그들이 바울을 잡은 것이다. 그들은 평화를 유지하려 했지만 바울은 폭동에 불을 당겼다. 그 죄목은 잘못된 것이었지만 더둘로는 로마인들이 조치를 취하기를 바랐다. 이 세 가지 죄목은 모두 교묘하게 고안된 것이었다. 갈리오 치하에서 예수를 믿는 믿음은 공식적, 법적으로 유대교의 하위 당파로 여겨졌으며, 그렇기 때문에 로마는 그것을 불법으로 보지 않을 것이다. 하지만 팍스로마나('로마가 확립한 평화')를 교란시키는 것은 어떤 것도 묵인되지 않을 것이었으며, 폭동의 기미만 있어도 로마를 격노하게 할 것이다. 더둘로의 고발은 유대인 지도자들과 바울의 종교적 논쟁은 최소화하고, 로마인들이 가장 관심을 가질 만한 사항들을 강조했다.

24:7-9. 더둘로는 바울이 로마법을 어긴 것처럼 보이도록 사건을 구성하려 했으나, 어떤 확실한 증거도 제시하지는 못했다. 아마 그 때문에 더둘로는 벨릭스에게 바울을 더 신문하도록 권했을 것이며, 그 자리에 있던 모든 유대인 대적들은 바울을 말로 공격하는 데 가담했을 것이다.

바울은 자신을 변호하면서 그 죄목들을 부인했으며, 자신이 하나님의 약속들에 대한 소망을 가지고 있는 유대인이라고 주장했다. 벨릭스는 바울이 결백하다는 것을 알았지만, 바울을 2년간 약간의 자유가 허락된 감옥에 가두라고 명령했다. 벨릭스는 바울이 자기에게 뇌물을 주기를 바라면서, 또한 바울과 더불어 예수를 믿는 믿음에 대해 이야기했다. 바울은 그 기회를 이용해서 벨릭스에게 그리스도를 따르는 것이 요구하는 도덕적 기준들을 제시했다.

(2) 바울의 대답(24:10-21)

24:10-13. 바울은 사실 자신은 하나님을 예배하러 예루살렘에 왔으며, 시민 불복종에 관여되지 않았고, 유대인들은 그에 대한 죄목을 입증할 수 없다고 주장했다.

24:14-16. 그는 자신이 자신을 고발한 사람들과 같은 하나님을 섬기지만 그의 유대인 대적들이 이단 분파라고 주장한 **도를 따라**(참고. 9:1-2에 대한 주석을

바울의 로마까지의 여정

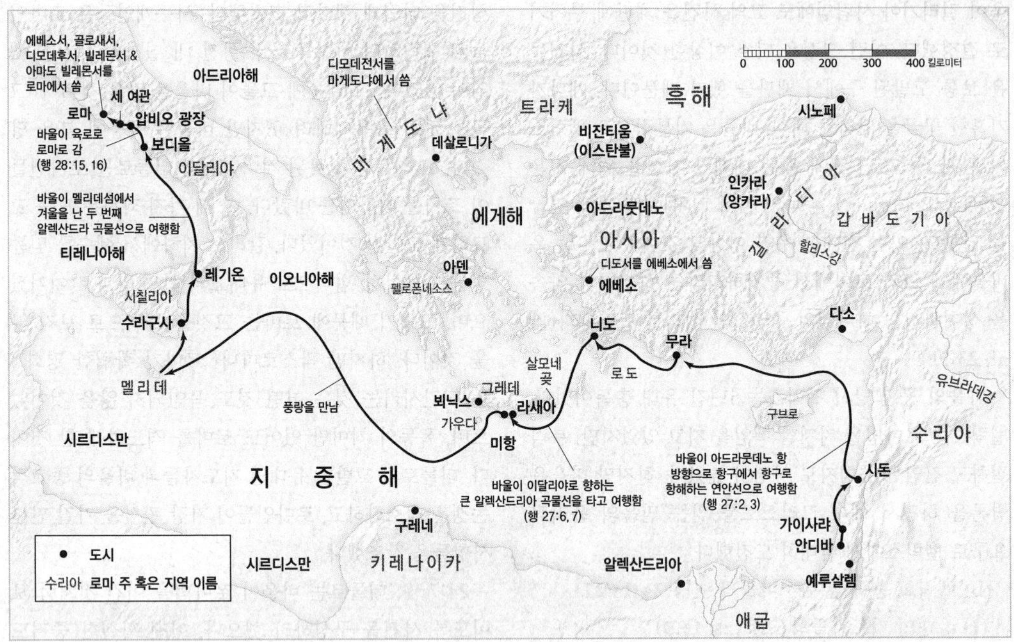

보라) 섬긴다고 말했다. 바울은 예수님을 핵심으로 하는 자신의 새로운 메시아적 유대교가 이스라엘을 위한 하나님의 약속들과 일관된다고 주장했다. 바울의 요점은 이 논쟁의 성격이 정치적인 것이 아니라 종교적인 것이라는 점이었으며, 이 점을 강조함으로 그는 수년 전 갈리오가 내린 결정을 반영했다. 바울은 그의 고발자들이 그랬던 것처럼, 모세율법과 선지자를 믿었으며 의인과 악인 둘 다의 부활에 대한 소망을 가지고 있었다. 그는 하나님과 사람 앞에서 양심에 거리낌이 없도록 힘썼다. 바울은 변절한 유대인도, 전복 운동의 우두머리도 아니었다.

24:17-18. 바울은 복음에 대한 변론 후에, 자신을 변호했다. 그는 그리스도의 제자였지만, 자신이 가지고 있던 유대적 유산을 버리지 않았다. 또한 유대 민족을 **내 민족**이라고 부름으로 그들과 동일화되었다. 그는 성전에 갔을 때 정결 의식을 행함으로 하나님을 높였다.

24:19-21. 바울은 그를 고발한 자들이 심지어 그에 대한 고발을 변론할 때 그 자리에 있지조차 않았다고 의심한다. 24:1에 따르면 유대인 지도자들은 예루살렘에 왔으나, 아시아에서 온 유대인들(18절), 곧 바울이 이방인을 성전에 데리고 갔다고 고발하여 바울에 대한 폭동을 부추겼던 사람들(21:27-28)은 그 자리에 없었다. 바울의 유일한 죄는 그가 부활을 믿었다는 것이다. 그런 믿음은 종교적인 것이며 로마법에 따라 불법으로 규정하거나 유대인들의 소망에 따라 이단이라고 정의할 수 있는 것이 아니었다.

c. 바울이 벨릭스 총독 앞에 선 후에 한 경험 (24:22-27)

24:22-23. 벨릭스는 도에 관한 기본적인 사실들을 이해하고 있었지만(참고. 9:1-2에 대한 주석), 바울을 잡은 글라우디오 루시아가 예루살렘에서 오기까지 자신의 판결을 미뤘다. 벨릭스는 바울을 감시하라고 명했지만, 바울의 친구들이 방문해서 그에게 필요한 것을 공급하는 특권을 주었다.

24:24. 벨릭스의 아내 드루실라(주후 38년경에 태어난)는 명목상 유대인이었기 때문에, 벨릭스는 아마 그녀가 바울이 말하는 것에 관심이 있을 것이며 적어도 그녀가 도에 관한 논쟁에서 더 객관적인 의견을 줄 수 있을 것이라고 생각했다. 그녀는 헤롯 아그립바 1세(행 12장에 나오는 야고보를 죽인 헤롯)의 막내딸이었으

며, 헤롯 일가의 일원으로서 아마 이 새 운동에 대해 벨릭스보다는 더 많이 알았을 것이다.

24:25-26. 바울은 벨릭스의 부도덕함과 부패함에 대한 평판을 알고 있었으므로, 총독에게 증거하면서 **의와 절제와 장차 오는 심판**을 강조했다. 이 세 가지 용어는 개인적 도덕에 초점을 맞추고 있었으며 벨릭스의 총독직과 관련된 문제들에는 초점을 맞추지 않았다. 벨릭스의 반응을 보면 그가 바울이 말한 것으로 인해 괴로워했다는 것은 분명하다. **두려워하여**(25절)라는 말은 보다 흔하게 사용되는 포보스(*phobos*)가 아니라 엠포보스(*emphobos*)이며, 보다 강렬한 감정적 반응을 나타낸다. 벨릭스는 회개하는 대신 앞으로 바울을 만나겠다는 생각으로 그를 보냈다. 하지만 벨릭스는 더 많은 것을 아는 데 관심이 있는 것이 아니라 뇌물에 관심이 있었다. 불법이었지만 로마 관리들은 종종 정치범들에게 뇌물을 받았다.

24:27. 벨릭스는 정당한 절차를 무시하고 유대인들의 지지를 얻으려는 마음으로 바울을 이태 동안 구류해두었다. 바울이 감옥에 갇힌 지 두 해가 끝날 때, 베스도가 벨릭스의 뒤를 이어 유대 총독이 되었다(주후 58년경). 벨릭스는 지역을 제대로 다스리지 못한 것에 대해 해명하도록 로마로 소환되었다. 하지만 그는 자기 형제 팔라스의 도움으로 심한 벌을 면했다. 이 시점 이후로는 벨릭스에 대해 알려진 것이 없다. 베스도는 보다 효율적이고 공정한 통치자라는 평판을 지니고 있었다. 하지만 누가는 그를 정의롭게 통치하는 것보다는 유대인 지도자들을 진정시키는 데 더 관심이 있는 사람으로 묘사했다. 처음에 베스도는 바울을 예루살렘으로 돌려보내라는 예루살렘 지도부의 요청을 들어주지 않았다. 하지만 결국 그는 정치적 정의보다는 온정주의적 편의를 택했다. 그는 바울을 공회 앞에서 심문하도록 예루살렘으로 돌려보내기로 결정했다.

바울은 여전히 그를 암살하려는 계획들이 있는 것을 알고 있었다. 그래서 그는 가이사에게 상소했다. 이러한 상소는 로마 시민권자의 특전이었다. 어떤 범죄로 고발된 모든 로마 시민은 가이사 앞에서 재판을 받도록 상소할 수 있었다. 가이사에게 상소한 바울의 관심사는 그의 개인적 운명에 대한 것 이상이었다. 그는 복음을 전하는 교회의 자유에 관심을 갖고 있었다. 바울의 무죄가 증명된다면, 교회의 무죄가 증명될 것이다.

d. 바울이 벨릭스 총독 앞에서 변론하다(25:1-12)

바울은 분명 자신이 예상했던 것과는 다른 환경이었지만, 이제 그의 꿈의 두 번째 부분을 성취할 입장에 놓여 있었다. 그 꿈이란 로마에서 복음을 전파하는 것이다. 하지만 로마로 이송되기 전에, 바울은 그 기회를 이용해서 베스도와 아그립바 둘 다에게 증거했다.

25:1-3. 누가는 25:1-12에서 바울이 베스도 총독 앞에서 심문을 받는 것을 기록했다. 새 총독 베스도가 예루살렘으로 왔을 때, 종교 지도자들이 가장 먼저 한 불평은 바울에 대한 것이었다. 그들은 베스도에게 바울을 예루살렘으로 이송해달라고 청했다. 하지만 누가는 그들의 진짜 동기가 매복해서 바울을 기다리는 것이었음을 드러냈다.

25:4-5. 베스도는 거절했다. 그는 유대 종교 지도자들에게 적절한 법적 절차를 따르라고 요구했으며 가이사랴로 가서 거기에서 바울을 상대로 한 그들의 소송 사건을 변론하라고 요구했다.

25:6. 베스도가 가이사랴로 돌아가자마자, 그는 심문을 하기 위해 바울을 소환했다. 그는 '베마', 곧 사법적 권위자가 자신이 감독한 법정 사건에서 판결을 내리기 위해 앉는 높은 재판석에 앉았다.

25:7-8. 바울의 고발자들은 그를 둘러싸고 수많은 **중대한 사건으로** 고발하되 능히 증거를 대지는 못했다. 바울은 자신이 율법, 성전, 가이사에게 도무지 죄를 범하지 않았다고 부인했다. 그는 명예로운 유대인이며 또한 로마 시민이었다. 가이사에 대한 그의 충성과 관련된 죄목이 아마 가장 중대한 죄목이었을 것이다. 베스도가 바울이 말썽꾼이라고 판단했다면, 그는 바울을 제소할 것이다.

25:9. 베스도는 민사상 판결을 내리는 대신, 정치적 판결을 내린다. 그는 바울을 예루살렘으로 돌려보냄으로 종교 지도자들에게 선심을 쓰려 했다.

25:10-11. 바울은 항변했다. 그는 자신이 유대인들에 대해 어떤 죄도 짓지 않았다고 주장했다. 자신이 범죄자라면 바울은 기꺼이 사형까지도 받아들일 것이다. 하지만 자신이 결백하다면, 바울은 가이사에게 상소할 권리가 있었다.

25:12. 베스도는 자신의 법률 고문들과 상의한 후

에, 바울의 요청을 존중해주었다. 여기에는 바울의 안녕 이상의 것이 걸려 있었다. 바울은 새 운동의 법적 지위를 보호하는 데 관심이 있었다. 하지만 그의 상소는 또한 로마에서 복음을 전파하려는 그의 바람으로 인한 것이기도 했다. 후자의 동기는 사도행전 결론으로 뒷받침된다. 거기에서는 바울이 하나님 나라에 대해 거침없이 가르쳤다고 말한다(참고. 28:31).

e. 바울이 헤롯 아그립바 2세 왕 앞에서 변론하다 (25:13-26:32)

(1) 변론의 서언(25:13-27)

헤롯 아그립바 2세가 그의 여동생 버니게와 함께 새 총독에게 경의를 표하기 위해 도착했을 때, 베스도는 유대교에 대해 더 풍부한 지식이 있는 두 사람으로부터 바울에 대한 조언을 들을 기회가 생겼다는 것을 알아차렸다. 아그립바 2세는 아그립바 1세의 아들이었으며(12:1-23을 보라), 헤롯 대제의 증손자였다. 그는 주후 50년 무렵부터 칼키스(Chalcis, 현대의 북부 시리아)에서 분봉 왕으로 다스렸으나, 결국에 가서는 갈릴리와 예루살렘까지 손에 넣었다. 그는 유대 관습들을 잘 알고 있었으며, 그래서 베드로가 그랬던 것처럼 가끔 로마 사람들의 자문 역할을 했다. 버니게는 그의 여동생으로 두 번째 남편이 주후 48년에 죽으면서 과부가 되었다. 그 이후에 그녀는 아그립바 2세와 함께 살았다. 그녀는 근친상간 관계를 부인했지만 아마 그런 관계였을 것이다.

25:13-16. 베스도는 자신이 벨릭스로부터 물려받은 문제를 설명했다. 그가 예루살렘에 있을 때, 유대 지도자들은 바울이 처형당하기를 원했다. 하지만 로마법은 피고인이 자신을 고발한 사람들과 대면해서 만나는 것을 허용하지 않았다.

25:17-19. 베스도는 바울이 가이사랴에 이송된 것에 대한 세세한 사항은 빼놓았다. 바울의 고발자들이 바울에 대한 소송을 제기했을 때, 베스도는 죄명들을 듣고 놀랐다. 예수라 하는 이가 죽은 것을 살아 있다고 바울이 주장한 일에 대한 논란이었다. 그 고소는 분명 민사적인 것이 아니라 종교적인 것으로, 베스도가 판결을 내릴 수 없는 죄목이었다.

25:20-22. 베스도가 바울을 예루살렘으로 돌려보내 재판을 받게 하기로 결정했을 때, 바울은 가이사에게 상소했다. 베스도는 바울을 가이사에 보낼 수 있을 때까지 구금해놓았다. 아그립바는 이 사건에 흥미를 느껴 이 사건을 심리하게 해달라고 청했다. 심리는 그다음 날로 정해졌다.

25:23. 접견 장소에 들어온 이들과 바울의 모습은 대조되었다. 아그립바와 버니게는 왕이 입는 자주색 옷과 금으로 장식을 한 채 들어왔으며, 수많은 수행원들이 동행했다. 군대 사령관들이 그 자리에, 아마 정장 제복을 착용하고 그 자리에 있었으며, 시의 유력한 사람들은 가장 좋은 옷을 입고 거기 있었을 것이다. 죄수들은 아마 사슬에 매인 채 들어왔을 것이다. 바울에 대한 초기 묘사를 보면, 그는 키가 작고, 피부가 거칠고, 육체적으로 인상적이지 않았다.

25:24-27. 베스도는 아그립바 및 거기 있는 다른 사람들에게, 바울의 사건에 대해 그들의 의견이 필요한 이유들을 설명했다. 예루살렘과 가이사랴의 유대 종교 지도자들은 바울을 사형에 처해야 한다고 고소했었다. 하지만 베스도는 그들의 고소를 입증할 만큼 충분한 증거를 발견하지 못했다. 게다가 바울은 가이사에게 상소했다. 그리고 베스도는 그에게 어떤 죄목을 부과해야 할지 몰랐다. 베스도는 바울의 사건이 터무니없는 것임을 인정했다. 그는 이미 죄목이 민사적인 것이 아니라 종교적인 것이라고 판단했다(참고. 25:19). 베스도는 아마 그의 평판에 관심이 있었을 것이다. 그가 바울을 신빙성 있는 죄목도 없이 가이사에게 보낸다면 그는 어리석어 보일 것이다.

(2) 변론의 특별한 점들(26:1-29)

26:1. 베스도는 아그립바의 의견을 물었으므로, 바울에게 말하도록 허락한 사람은 아그립바였다. 바울은 그의 **변명**['아폴로게오마이'(*apologeomai*), 이 말에서 '변증'(apology)이라는 말이 나왔다]을 시작할 때, 왕에 대한 존중의 표시로 손을 들었다(Bruce, *Acts*, 296).

26:2-3. 바울은 먼저 자신이 헤롯 아그립바 2세 앞에서 변명하는 것을 특권으로 여긴다는 말로 시작했다. 바울은 왕을 깔보는 듯한 태도로 대하지 않았다. 특히 **당신이 유대인의 모든 풍속과 문제를 아심이니이다**라는 말은 정확하다. 아그립바는 유대 풍습을 잘 알고 있었으며 분명 바울의 사건을 평가할 때 공회보다 더 객관적이었기 때문이다.

바울의 변론은 서언(2-3절), 서술(4-18절), 확증(19-20절), 반박(21절), 결론적 호소(22-23절)라는 전형적인 수사학적 형태를 따랐다(Bock, *Acts*, 713). 바울은 공식적인 변론을 하고 있었지만, 부활에 대한 그의 이야기에 초점을 맞추었다(참고. 8절과 23절).

26:4-8. 바울은 평생토록 유대인이었으며 심지어 율법의 가장 엄한 요구에 따라 산 바리새인이었다. 바울은 두 번에 걸쳐 자신을 유대인들과 동일시했다. **우리 조상**(6절)과 **우리 열두 지파**(7절)라고 말한 것이다. 바울은 자신이 철저히 유대적이며, 부활에 대한 그의 소망은 하나님이 그분의 택하신 백성에게 하신 약속과 똑같은 것이라고 주장했다.

26:9-11. 바울은 자신을 신실한 유대인으로 여겼으므로, 전에는 나사렛 예수의 이름을 대적해야 한다고 생각했다. 바울은 예수님을 믿지 않는 유대인의 관점에서 언급했다. 다메섹 도상의 경험 이전에, 바울은 예수님이 주님이나 메시아가 아니라고 생각했다. 예수님은 비천한 나사렛 마을 출신이었다. 예루살렘에서, 바울은 대제사장들로부터 유대인 신자들을 옥에 가두라는 권한을 받았으며, 그는 그들을 사형에 처하는 쪽에 찬성 투표를 했다. 그는 유대인 신자들이 분명 예수님을 부인함으로 강제로 **모독하는 말**을 하게 했다. 그는 신자들에게 심히 격분하여 이스라엘 밖의 성들에까지 그들을 추적했다.

26:12-15. 하지만 다메섹으로 사명을 띠고 가는 동안 바울은 자신의 삶을 바꿔놓은 만남을 갖게 되었다. 그는 해보다 더 밝은 빛을 보았으며 히브리 말로 **사울아 사울아 네가 어찌하여 나를 박해하느냐**라고 묻는 소리를 들었다. **가시채**는 기둥이나 두꺼운 판자에 뾰족한 못을 박아 소나 말이 수레를 끌도록 제어하는 데 사용하는 것이었다. 그 비유적 표현은 예수님에 대한 저항이 고통스럽고 쓸모없다는 것을 암시한다. 사울이 자신에게 말하는 분이 누구인지 묻자, 주님은 자신을 **네가 박해하는 예수**라고 밝히셨다. 그 의미는 이보다 더 분명할 수가 없다. 예수님이 사울에게 말씀하시는 분이라면, 예수님은 분명 살아 계시다. 그리고 그분이 살아 계시다면 그가 주장한 것이 분명 맞는 것이었다. 그분은 메시아이시다.

26:16-18. 바울은 자신의 사명은 이방인에게 증인이 되는 것이라고 설명했다. 바울의 사명은 삼중적이었다. (1) 불신자들의 **눈을 뜨게** 하는 것, (2) 그들을 어둠에서 빛으로, 사탄에게서 하나님께로 돌아오게 하는 것, (3) 증거를 해서 그들이 **죄 사함**과 **거룩하게 된** 무리 가운데서 **기업**을 얻을 수 있게 하는 것이다. 때로 **거룩하게 된**이라는 동사는 특정한 과업에 '봉헌된', '헌신된', '하나님을 위해 구별된'이라는 의미를 지니며, 하나님을 위해 구별된 그리스도인으로서 개인적 정결함에서 자란다는 실제적 의미를 지니고 있다(요 17:17; 딤후 2:21을 보라). 하지만 종종 이 말은 본질적으로 '구원받은'이라는 말과 동의어이며(20:32; 고전 1:2; 6:11에서처럼) 여기에서도 그런 의미이다. 이런 초자연적 변화를 경험한 사실상의 원인은 '믿음'이었다. 물론 바울은 자신의 회심 경험을 이런 식으로 묘사함으로, 베스도와 아그립바가 둘 다 죄를 깨닫고 회개하기를 바랐다.

26:19-21. 바울은 그의 유대인 대적들이 그가 하늘에서 보이신 것에 순종했기 때문에 그를 죽이려 했다고 말했다. 바울은 자신의 설교를 간략하게 요약했다. 그는 백성들에게 **회개하고**[문자적으로는 생각을 바꾸고 그리고 사도행전 문맥에서는 예수님에 대한 생각을 구체적으로 바꾸고, 참고. 3:13-19; 특히 3:19] **하나님께로 돌아**오라고('하나님을 향해 돌아서라'는 의미인 히브리어의 회개 개념에 기초해서) 그리고 **회개에 합당한 일**[회개의 열매는 변화된 삶과 그에 수반되는 선한 행동이므로]을 하라고 도전했다. 이것은 행위에 의한 구원이 아니라 변화된 삶은 진정한 믿음의 불가피한 결과라는 실제적 진리이다.

26:22-23. 바울은 자신의 메시지가 선지자들과 모세의 메시지와 일관된다고 주장했다. 초기(신구약 중간기) 유대교가, 메시아가 고난을 받아 죽고, 죽음을 정복하리라고 믿었다는 증거는 거의 없다. 하지만 바울은 비록 구체적인 본문들을 인용하지는 않았으나, 구약이 고난 받는 메시아와 부활이라는 개념을 예언했다고 주장했다. 바울은 이사야 52:13-53:12과 시편 16:10 같은 본문들을 염두에 두었을 것이다. 예수님이 엠마오 도상의 두 사람의 생각을 바로잡아주신 것은 구약에 대한 바울의 이해를 지지해준다(참고. 눅 24:25-27).

26:24. 베스도는, 자신이 유대교에서 대단히 높은 수

준의 훈련을 받았다는 바울의 생각이 엉뚱하다고 말했다. 실제적이고 합리주의적인 로마인들은 내세를 믿지 않았다. 롱게네커는 베스도의 고발이 지닌 초시간적 진리에 대해 이런 통찰을 가지고 있다. "예로부터 대대로 베스도의 반응은 초자연적인 것에 마음을 열기에는 자연적인 것에 너무 갇혀 있는, 영원히 지속되는 생명에 대해 신경 쓰기에는 '실제적인' 것에 너무 제한되어 있는 사람들에게서 그대로 되풀이되어왔다"(Longenecker, "Acts," 554).

26:25-27. 바울은 미쳤다는 비난을 부인하고, 아그립바에게 지지해달라고 호소한다. 바울은 아그립바가 예수님의 죽음과 부활에 대해 들었다고 확신했다. 게다가 아그립바는 분명 선지자들을 믿었다. 아그립바에게 직접 질문함으로써, 피고인 신분의 바울은 설득자 바울이 되었다.

26:28. 바울의 직접적인 질문은 아그립바를 화나게 했다. 아그립바의 반응은 그가 결단에 가까웠음을 암시하는 식으로 해석되어 왔다. "네가 거의 나를 설득해서 그리스도인이 되게 했다"(KJV). 그의 반응은 실제로는 다소 냉소적이었다. "네가 나를 설득해서 그리스도인이 되게 하려는가?" 아그립바는 바울이 그렇게 짧은 논증으로 자신이 아그립바를 그리스도인이 되도록 설득할 수 있다고 생각하는 것을 조롱하고 있었다(11:26에서 '그리스도인'에 대한 주석을 보라).

26:29. 바울의 대답은 약간의 역설을 포함하고 있었다. 그는 그 자리에 있는 모든 사람이 그와 같이 되기를, 즉 영적으로 자유롭기를, 하지만 결박을 당한 죄수는 아니기를 바랐다.

(3) 변론의 결과: 바울의 결백함에 대한 선언 (26:30-32)

26:30-32. 아그립바, 베스도, 버니게, 그 자리에 있던 다른 사람들은 방을 떠나 그 사건에 대해 논의했다. 모든 사람들은 바울이 사형에 해당하는 죄를 짓지 않았다는 데 동의했다. 누가는 바울과 기독교 둘 다 치안 방해죄의 혐의를 풀어주기 위해 아그립바의 말을 기록했다.

바울은 하나님의 증명된 종(사도)이었다. 로마로 향하는 바울의 여정을 기록하면서, 누가는 주권적인 주님이 어떻게 그분의 택하신 종 및 바울과 함께 있는 사람들을 보호하셨는지 보여주었다.

3. 로마로 가는 길에 바울이 증거하다(27:1-28:15)

a. 배를 타고(27:1-44)

바울은 베스도와 아그립바 앞에서 심문을 받은 후에, 백부장의 감독 아래에 있게 되었으며 로마로 향하는 배에 탔다. 그 여정은 그들이 겨울을 나기 위해 미항에서 더 안전한 항구로 항해하려 할 때까지는 평온했다. 그때 배가 강력한 폭풍우를 만났다. 선원들이 희망을 포기했을 때, 바울은 용감한 그리스도인으로 등장하여 선원들에게 아무도 생명을 잃지 않을 것이라고 안심시켰다. 배는 암초에 걸려 침몰했지만, 사람들은 모두 멜리데섬에 안전하게 상륙했다.

27:1-3. 바울은 아무것도 예상할 수 없었던 환경 속에서 로마로 가는 여정을 시작했다. 그가 로마로 이송되기 위해 백부장에게 넘겨졌을 때, 하나님은 두 사람을 사용하여 그분이 상황을 주권적으로 주관하고 계신다고 확신시켜주셨다. 우리라는 대명사는 누가가 그와 함께 있었음을 나타낸다.

데살로니가 출신 신자인 **아리스다고** 역시 바울과 함께 여행했다. 골로새서 4:10에서 바울은 아리스다고를 그와 "함께 갇힌" 자라고 불렀다. 그는 분명 로마까지 내내 바울과 함께 여행했다. 누가도 아리스다고도 무료 여행권을 갖지 못했다. 그래서 그들은 아마 자기 경비를 지불했을 것이다. 게다가 죄수와 함께 여행하는 것은 위험했다. 두 사람은 분명 주님과 바울에게 헌신되어 있었을 것이다.

바울과 다른 죄수들은 백부장 율리오의 감독 하에 있게 되었는데, 율리오는 황제와 각 주가의 연락 장교 역할을 했던 특별한 사람들의 집단인 아우구스투스(황제) 연대에 속해 있었다.

그들은 드로아 인근 에게 해 북동 연안의 항구인 **아드라뭇데노**에서부터 항해했다. 지중해를 직접 가로질러 항해하는 대신, 그들은 북쪽 **시돈**으로 갔다. 아마 짐을 내리고 식량을 싣기 위해서일 것이다.

하나님의 섭리로 죄수들의 안전을 책임진 백부장은 친절했으며 잔인하지 않았다. 그는 바울이 항해에 필요한 식량을 제공한 바울의 친구들이 방문하도록 허락했다. 승객들과 죄수들은 자신들의 식량을 스스로 책임졌다.

27:4-6. 그들이 시돈을 떠났을 때, 항해는 어려워졌다. 강한 겨울**바람**이 배의 전진을 막았다. 그래서 그들은 북서풍으로부터 보호받기 위해 구브로 북쪽으로 항해해갔다. 그들은 길리기아와 밤빌리아를 지난 후에 무라를 향해 갔다. 그들이 무라에 이르렀을 때, 백부장은 죄수들을 로마로 향하고 있는 알렉산드리아 배로 옮겨 타게 했다. 그 배는 아마 곡식을 운반하고 있었을 것이다. 애굽은 로마의 곡창지대였다.

27:7-8. 그들이 서쪽으로 항해해가면서 항해는 점점 더 어려워졌다. 하지만 그들은 마침내 그레데섬의 **미항**에 도착했다. 여기에서 논쟁과 주저함이 있었다.

27:9-12. 미항으로 오는 길에 대단히 많은 시간을 허비했으므로, 배를 타고 가는 것이 위험하게 되었다. **금식**에 대한 언급은 이때가 한 해 중 어느 시기인지 밝혀준다. **금식**은 속죄일의 일부였으므로 때는 9월말이나 10월이었다. 겨울이 다가오고 있었다. 대부분의 항해는 11월부터 3월까지는 중단되었다.

바울은 경험이 많은 여행자였다. 그는 선장과 선원들을 **권하**기 시작했다. 겨울을 나기 위해 머물고 다른 항구에 가려 하지 말라고 "강하게 권한" 것이다. 그러나 선장은 **겨울**을 지나기 위해 다른 항구로 항해해 가야 한다고 백부장을 설득했다. 그는 **한쪽은 서남을, 한쪽은 서북을** 향하고 있는 보호받는 항구인 뵈닉스를 추천했다. 그곳은 미항보다 배를 더 잘 보호해줄 것이다.

27:13. **남쪽**에서 약한 바람이 불어왔을 때, 그들은 가능한 한 해안선을 가까이 끼고 뵈닉스로 항해하기 위해 닻을 감았다.

27:14-15. 항구를 떠나기로 한 것은 잘못된 결정이었다. 그들은 얼마 가지 않아 **유라굴로라는 광풍**에 뱃전이 부딪혔다. 그 바람은 두려워하던 '북동'풍이었다. 누가는 그 힘을 **광풍**[튀포니코스(*typhonikos*), "태풍 같은 성질의"]이라고 묘사한다. 그것은 너무 강력했으며, 선원들은 배를 제어할 수 없게 되었다. 결국 바람에 가는대로 두고 **쫓겨**갔다.

27:16-17. 바람은 배를 40킬로미터 남쪽에 있는 가우다섬으로 몰고 갔다. 섬 남쪽에서 그들은 배 뒤에 끌고 가던 거루를 잡을 수 있을 만큼 바람으로부터 충분히 '피할 곳'(shelter: 개역개정에는 이 말이 번역되어 있지 않다 — 옮긴이 주)을 발견했다. '우리'라는 말이 사용된 것으로 보아 승객들 중 일부가 선원들을 도왔을 것이다.

그들은 또한 선체를 안전하게 지키기 위해 줄을 사용했다. 폴힐은 그들이 배의 목재를 보다 안전하게 하기 위해 줄을 사용했을 만한 네 가지 방법을 열거한다 (*Acts*, 521, n.23). 첫째, 그들은 선체 외부에 배 밑으로 가로방향으로 줄을 걸었을 수도 있다. 둘째, 그들은 선체 외부에 배 밑으로 세로 방향으로 줄을 걸었을 수도 있다. 셋째, 배 안쪽으로 가로 방향으로 줄을 걸었을 수도 있다. 뱃머리에서 고물까지 안쪽으로 세로 방향으로 줄을 걸었을 수도 있다.

선원들은 배가 **스르디스에 걸리**지 않도록 미친 듯이 애썼다. 그 여울들은 배의 무덤으로 악명 높은, 북아프리카 연안에서 떨어져 나온 치명적인 모래톱의 연속이었다. 배는 그들이 출발한 곳으로부터 약 640킬로미터 떨어져 있었다(Bock, *Acts*, 735-736).

27:18-20. 풍랑이 일어난 이튿날에, 그들은 짐(아마 곡식 일부, 참고. 27:38)을 **풀어버리**기 시작했다. 풍랑이 사흘째 계속되자, 선원들은 절망에 사로잡혀 **기구**를 배 밖으로 내버렸다. 누가는 어떤 장비를 버렸는지는 구체적으로 말하지 않았다. 목적은 배를 더 가볍게 해서, 뱃전을 더 높이 올리고 배의 양측을 넘어 부딪치고 있었던 파도로부터 물이 덜 들어오게 하려는 것이었다.

그들의 노력은 어느 것도 성공하지 못했다. 풍랑은 배를 가차 없이 계속 공격했다. 여러 날 동안 해도, 별도 보지 못한 후에, 그들은 모든 소망을 잃어버리고 바다에서 죽을 것이라고 체념하기에 이르렀다.

27:21-26. 절망적인 상황에서 바울이 용기와 상식을 갖고 등장했다. 배는 여러 날 동안 바다에서 이리저리 흔들리고 있었으므로, 배에 탄 모든 사람들은 식욕을 잃었다. 어떤 사람도 '그러게 내가 뭐랬어!'라고 말하는 사람을 달갑게 여기지 않는다. 하지만 그것이 바로 바울이 한 말이었다. **여러분이여 내 말을 듣고…하였더라면 좋을 뻔하였느니라**.

바울은 그들에게 어느 누구도 바다에 빠지지 않을 것이라고 안심시켰다. 바울은 자연을 통제할 수 있는 신적인 사람은 아니었다. 배는 잃어버릴 것이다. 하지만 생명에는 손상이 없을 것이다. 바울은 이것을 어떻

행

게 알았는가. 하나님이 보낸 사자가 그에게 나타났다. 천사는 바울에게 그가 **가이사 앞에 서**게 될 것이라고 말했다. 그리고 바울을 보호하는 것이 하나님의 의도였으므로, 하나님은 또한 바울과 함께 있는 모든 사람들을 보호하실 것이다. 그 사자의 안심시키는 말은 바울에게 하나님이 전에 바울이 예루살렘과 로마에서 증거하리라고 계시하신 것을 성취하시겠다는 약속이었다.

바울은 사람들에게 **안심하라**고 촉구한다. 그러려면 바울이 하나님과 그분의 말씀에 대해 가지고 있던 것과 같은 믿음이 필요할 것이다. 우리는 선원들이나 군사들 중 누가 신자가 되었는지는 알지 못한다. 하지만 일부 사람들이 신자가 되었을 것이라고 추정하는 것이 합리적이다.

바울의 구원 연설은 배를 잃어버릴 것이라는 두 번째 경고로 끝났다. 그는 배가 정확히 어떻게 파선할 것인지 보여주었다. 그것은 **한 섬에 걸리**게 될 것이다. 그것은 놀라운 예언이다. 그들이 현재 있는 장소에서 멜리데섬과 마주치는 것은 "모래사장에서 바늘을 찾는 것"(Bock, *Acts*, 738)과 같은 일이었기 때문이다.

27:27-29. **열나흘째** 되는 밤에, 풍랑은 배를 **아드리아 바다**[아드리아해, 즉 이탈리아의 동쪽 해안을 형성하는 수역]로 밀고 갔다. 폴힐은 이 지역을 그리스와 이탈리아 사이에 있으며, 남쪽으로는 그레데와 멜리데까지 뻗어있는 이오니아해와 중앙 지중해라고 본다(*Acts*, 524-525). 풍랑으로 인해 배는 가우다로부터 멜리데까지 760킬로미터 정도를 밀려왔다.

자정쯤 되어, 사공은 자신들이 육지 가까이 왔다는 것을 느꼈으며 물을 재어보기 시작했다. 여기에는 배 밖으로 추가 달린 줄을 던지는 것이 포함되었다. 첫 번째로 잰 물의 깊이는 37미터(현대인의 성경, **스무 길**)이었고 두 번째는 28미터(현대인의 성경, **열다섯 길**)이였다. 그들은 분명 육지에 가까이 가고 있었다. 배가 계속 육지 방향을 향하도록 하기 위해, 그들은 고물(배 뒤쪽)로 닻 넷을 내리고 **날이 새기를 고대**했다. 그들은 환한 곳에서 그들의 위치를 파악하고 싶어 했다.

27:30-32. 사공들은 배부르게 먹었다. 그들은 배의 이물(앞쪽)에서 닻을 내리는 체하면서 거룻배에서 배를 버리려고 했다. 바울은 그들이 무엇을 하고 있는지 알았으며 백부장에게 경고했다. **이 사람들이 배에 있지 아니하면 너희가 구원을 얻지 못하리라**. 바울의 말은 지금까지 옳았다. 그래서 군인들은 거룻줄을 끊어 그것이 배로부터 떠내려가게 했다.

27:33-34. 바울은 엄청난 믿음의 사람이었을 뿐 아니라 상식을 가진 사람이기도 했다. 배를 구하려 애쓰고 있었던 사람들은 14일 동안 배불리 먹지 못했고 제때 식사를 하지도 않았다. 바울은 배 위에 있는 모든 사람들에게 **음식 먹기**를 권했으며 그들이 살아남을 것이라고 안심시켰다. **너희 중 머리카락 하나도 잃을 자가 없으리라**라는 표현은 해를 당하지 않고 보존되는 것을 나타내는 히브리어 표현이다(삼상 14:45을 보라).

스토트는 바울의 조언이 그가 균형 잡힌 그리스도인임을 보여준다고 말한다. "그렇다면 여기에 우리가 그를 통합된 그리스도인으로 애정을 느끼게 해주는 바울의 성품이 있다. 그는 영성을 온전한 정신 상태, 믿음, 행위와 결합시켰다. 그는 하나님이 그분의 약속을 지키실 것이라고 믿었으며, 완고한 이교도들 무리 앞에서 은혜를 말할 용기를 가지고 있었다…얼마나 대단한 사람인가! 그는 하나님의 사람이며 행동의 사람, 성령의 사람이며 상식의 사람이었다"(*Acts*, 392).

27:35-38. 바울은 먼저 **축사하고** 떡을 먹음으로 다른 사람들도 먹으라고 권면했다. 이것은 성찬식 식사가 아니었다. 성찬식 식사는 배 위에 있는 사람들에게 파선에서 살아남기 위해 필요한 영양분을 제공하지는 못할 것이다. 276명 모두 바울의 조언을 따라 먹었다. 이와 같은 배들은 600명까지 수용할 수 있었다. 그래서 276명은 대표적인 숫자가 아니었다(Bock, *Acts*, 740). 그들은 자신들이 죽지 않으리라고 확신하고, 남은 곡식을 배 밖으로 던져서 배를 더욱더 가볍게 했다.

27:39-44. 동이 트자마자 사공들은 육지를 발견했으며 가능하다면 배를 대기로 했다. 그들은 닻줄을 끊었고, 키를 풀어놓았으며(대부분의 배에는 배를 조정하기 위해 사공이 작동시키는 가로대와 연결된 두 개의 노가 달린 장치가 있었다. 하지만 바람이 그들을 바닷가 쪽으로 데려가리라는 희망으로 이것을 제거했다), 앞돛(배 앞에 있는 작은 돛)을 올려 배를 육지로 인도하도록 했다. 하지만 그들은 육지에 이르기 전에 암초와 부딪쳤다. 이물은 암초에 걸려 움직일 수 없었으며, 배는 큰 물결로 인해 깨어져갔다. 군인들은 배가

부서지면 죄수들이 도망칠지 모른다는 것을 깨닫고, 죄수들을 죽이려 했다. 죄수들이 도망치면 그들이 책임을 져야했기 때문이다.

백부장은 바울을 구하기 위해 개입했다. 그는 헤엄칠 줄 아는 사람들은 바닷가로 헤엄치고, 나머지는 널조각이나 배 파편에 의지해서 떠가라고 명령했다. 그렇게 해서 모두 안전하게 육지에 닿았다.

b. 멜리데에서 그리고 다시 로마로 가는 길 (28:1-15)

바울이 사역으로부터 오랜 막간의 시간이 있은 후에, 하나님은 바울을 통해 그 사도가 전에 경험했던, 하지만 바울이 가이사랴에서 바다에 갇혀 있는 동안 보류되어 있던 능력의 역사를 재개하셨다. 이것은 멜리데 사람들에게 엄청난 축복임이 입증되었으며, 본문은 그것을 말하지 않지만, 그 기적들은 분명 바울의 증거에 큰 효력을 더하는 데 기여했다. 추가 효과는 난파당한 사람들이 그들의 여정을 계속할 수 있도록 도움을 받은 것이었다.

28:1. 사공들과 승객들이 일단 바닷가에 도착하자, 그들은 자신들이 있는 곳이 **멜리데**섬이라는 것을 알게 되었다. 그곳은 시칠리아에서 80킬로미터 정도 남쪽에 있었다. 길이 28킬로미터, 넓이 13킬로미터에 이르는 섬인 멜리데는 주전 1000년경에 페니키아인들에 의해 처음 식민지가 되었으나, 주전 218년에 로마인들에게 점령당했다. 하지만 그 섬사람들은 자신들이 뽑은 총독이 있었으며 상당한 자율을 누렸다.

28:2-3. 누가는 그 섬 사람들을 **원주민**[바르바로이(*barbaroi*), 의성어로 거기에서 '야만인'(barbarian)이라는 영어 단어가 음역되었다]이라고 밝혔다. 이 용어는 그들이 야만인이라는 의미는 아니다. 그것은 그들이 헬라어를 말하지 못했으며, 그들이 말하는 언어가 헬라어를 말하는 사람들에게는 '바-바-바-바'라고 하는 것처럼 들렸다는 의미이다. 하지만 그들은 사려 깊고 도움이 되었다. 그들은 물에 젖은 생존자들을 위해 불을 피웠으며, 바울은 연료로 삼기 위해 나무 모으는 것을 도왔다. 하지만, 바울이 불에 나무를 더 넣고 있을 때, 뜨거움을 못 견딘 **독사**가 나무에서 나왔으며, 그것이 바울의 손을 물었다. 독사(*echidna*, 에키드나)는 뱀의 종류를 밝히는 것이 아니라 보통 독이 있는 뱀을 말한다(BDAG, 419). 오늘날 멜리데에 독뱀들이 없다는 관찰이 이 기사의 진정성을 침해하지는 않는다. 1세기에는 멜리데에 독뱀이 있었을 수도 있다.

28:4-5. 섬사람들은 바울이 반드시 죽을 것이라고 생각해서, **그가 분명 살인한 자**이며, 배의 파선에서는 살아남았지만 이제 자신이 마땅히 받을 벌을 받고 있다고 결론을 내렸다. 이것이 신적 공의이다. **공의**[헬라어 디케(*dike*)]에 대한 언급은 헬라의 '정의의 여신', 즉 로마 시대에 종종 균형을 이룬 저울추를 가지고 있는 것으로 묘사되었던 신에 대한 언급이기는 하지만, 정의라는 이론적 개념은 아니다. 바울은 죽지 않았다. 하나님은 바울을 위한 계획을 가지고 계셨다. 그리고 주권적인 주님은 그분의 택하신 종을 보호하셨다.

28:6. 바울이 상당한 시간이 흐른 후에도 죽지 않았을 때, 섬사람들은 **돌이켜 생각하여** 바울이 분명 **신**이라고 어리석게 판단했다. 실제로 바울은 하나님의 보호 아래에 있었다. 그 보호는 뱀 독의 치명적 위험에서 기적적으로 바울을 지켜주었다.

28:7-10. 섬에서 가장 **높은**[*protos*, 프로토스] **사람**은 **보블리오**였다. 그는 바울과 그의 동반자들(아마 누가와 다른 신자들)에게 삼 일 동안 손 대접을 했다. 보블리오의 부친은 열병과 이질로 아팠다. '몰타열'은 멜리데에만 국한되지 않은 흔한 질환이었으며, 병에 걸린 염소의 소독되지 않은 젖을 마신 것이 원인이었다(Longeneker, "Acts," 565). 바울은 보블리오의 아버지를 위해 기도하고 안수함으로 그의 병을 낫게 했다. 이것은 사도행전에서 치유가 기도와 안수 둘 다에 의해 일어난 단 한 번의 경우이다. 사도행전에서 다른 수많은 경우들에서 그런 것처럼, 기적은 바울에게 더 큰 사역을 할 수 있는 기회를 주었다. 누가는 광범위한 치유 사역보다는 의료 행위를 위한 진료소를 세워서 바울을 돕기 시작한 듯하다. 이것은 세 가지로 시사되어 있다. 첫째, 누가는 그들의 일을 묘사하기 위해 두 개의 다른 동사를 사용한다. 즉 '이아사토'[*iasato*, '병이 낫다'라는 의미의 '이아오마이'(*iaomai*)에서 나온, 8절]와 '에데라퓨온토'[*etherapeuonto*, '병을 낫게 하다' 혹은 여기에서는 수동태로, '병 고침을 받다'라는 의미의 '데라퓨오'(*therapeuo*)에서 나온 말, 9절]이다. 첫 번째 경우 그 단어는 기적적인 병 고침을 말할 것이며, 두 번째 경

우는 의료적 수단을 사용해서 치료하는 것을 말할 것이다. 둘째, 사람들은 바울과 누가 둘 다에게 감사를 표했다['우리'를 **대접하고**, 10절]. 셋째, 섬사람들은 **후한 예로** 그들을 대접했다. 그 말은 누가와 같은 의사에게 하듯 전문가에게 비용을 지불하는 것에 대해 사용되는 문구이다.

사도가 감옥에 갇힌 지 2년 후에, 이것은 하나님이 여전히 바울과 함께하신다는 재단언이었다. 기적들이 바울에게 그가 가이사에게 상소하는 것이 옳은 결정이었음을 확증해주었을 수도 있다. 이 섬사람들은 로마로 가는 여정의 마지막 구간에서 그들에게 선물과 적절한 쓸 것을 주어 감사를 표했다.

28:11. 멜리데에서 석 달 있은 후에, 바울과 그의 동료들은 애굽의 알렉산드리아에 등록되어 있는 **알렉산드리아 배**를 탔다. 그 배의 머리 장식에는 두 신이 있었다. **디오스구로**[Twin Brothers], 곧 카스토르(Castor)와 폴룩스(Pollux)는 뱃사람의 보호자로 여겨졌다(Polhill, *Acts*, 535). 이 둘은 제우스와 제우스에게 강간당한 레다라는 여자의 가공의 아들들이었다. 라틴어로 그들은 '제미나이'(Gemini)라고 불렸으며, 자비로운 한 쌍으로, 특히 여행자와 선원들에게 호의적인 경향이 있는 존재로 생각되었다.

28:12-13. 그들은 멜리데에서 시실리섬의 수라구사로 배를 타고 갔으며 거기에서 사흘을 머물렀다. 수라구사로부터 그들은 레기온(이탈리아의 '발끝' 혹은 '장화'의 저 남쪽에 있는)으로 갔으며 그다음에 **보디올**로 갔는데, 둘 다 이탈리아 본토에 있었다.

28:14-15. 바울은 로마로 가기 전에 로마에서 220킬로미터 떨어진 보디올의 신자들과 함께 머물라는 초대를 받았다. 바울과 그의 동료들은 그 초대를 받아들여 이레를 머물렀다. 보디올에 교회가 있다는 것은 복음의 영향이 어느 정도까지 퍼져나갔는지 보여준다. 바울은 이탈리아에 간 적이 한 번도 없다. 따라서 거기 있는 교회는 바울이 시작한 것이 아니었다. 누가는 그들이 보디올에 머문 이유를 제시하지 않지만 아마 휴식을 취하기 위해서였을 것이다. 그들은 로마까지 남은 길을 걸어서 갈 것이다.

바울이 보디올을 떠났을 때, 신자들이 로마에서 와서 **압비오 광장**과 **트레이스 타베르네**에서 그를 만났다. **압비오** 광장은 로마 남쪽으로 68킬로미터 떨어진 곳이며, 로마로 바로 이어지는 주요 도로인 압비오 길 선상에 있었다. **트레이스 타베르네**는 압비오 광장 북쪽으로 16킬로미터 떨어져 있었으며 로마로부터는 52킬로미터 떨어져 있었다(Polhill, *Acts*, 537).

바울은 누가의 영웅이었다. 하지만 그는 여전히 한 명의 사람일 뿐이었다. 바울도 로마로 가까이 갔을 때 분명 염려했을 것이다. 로마제국 권력의 아성에서 천막 만드는 유대인에게 무슨 일이 일어날까? 누가는 바울이 **하나님께 감사하고 담대한 마음을 얻으니라**라고 말했다. 바울의 마음을 격려해줄 일이 일어났다. 그것은 바울이 로마에 발을 들여놓기도 전에 로마의 신자들이 수십 킬로미터를 걸어서 바울을 만나러 왔다는 것이다. 바클레이(Barclay)는 바울이 자신은 혼자가 아니라는 것을 깨닫고 격려를 받았다고 말한다.

4. 로마에서 바울이 증거하다(28:16-31)

a. 그 증거의 배경(28:16-22)

바울이 로마에 도착했을 때 하나님은 그와 함께 계셨다. 바울은 죄수였으나, 존중을 받았으며 제한된 자유를 받았다. 바울은 자신의 특권을 사용해서 그의 유대인 동족들을 두 번에 걸쳐 만났으나 반응은 실망스러웠다. 첫 모임에서 그들은 중립적이었다. 그들은 바울에 대해 긍정적이든 부정적이든 어떤 보고도 받지 않았다. 그들은 그가 믿는 것에 대해 더 듣기를 원했다. 두 번째 모임에서 일부 사람들은 예수님이 이스라엘의 소망의 성취라는 것을 납득하여 믿게 되었지만, 대부분은 믿기를 거부했다. 바울은 그들의 불신을 예언의 성취이며 이방인에 대한 그의 선교를 정당화해주는 것으로 인식했다. 사도행전은 시작했을 때와 마찬가지로 하나님 나라 선포로 끝난다. 하지만 그것을 전하는 메신저는 달랐다. 예수님이 그분의 제자들에게 하나님 나라에 대해 가르치는 대신, 바울이 하나님 나라와 주 예수 그리스도에 대해 가르쳤다.

28:16. 바울과 그의 동료들이 로마에 들어갔을 때, 바울은 로마 경비대에게 가혹한 대우를 받지 않았다. 그는 한 경비대원에게 사슬로 매여 있었지만, 그의 개인 방에서 지내는 것이 허용되었다. 바울은 자신의 사명 일부를 성취했다. 그는 혁명가로 취급받거나 로마를 위협하는 인물 여겨지지 않았으며, 바울이 대표하는

기독교 믿음도 마찬가지였다. '우리'라는 표현은 16절에서 끝난다. 그것은 누가가 바울을 버린 것이 아니라, 어딘가에서 사도의 특사로 일하기 위해 바울을 떠났을 것임을 나타낸다(골 4:10-15, 특히 14절).

28:17-22. 바울은 자기의 동족을 소집하기 위해 오랫동안 기다리지는 않았다. 겨우 사흘 후에 그는 **유대인 중 높은 사람들**과의 모임을 요청했다. **높은 사람들**이라는 말은 사회적, 종교적으로 높은 지위를 가진 유대인을 말한다. 바울은 먼저 그들에게 자신이 죄수가 아니라고 확신시켰다. 예루살렘에 있던 유대인들은 바울이 모세율법을 반대했다고 고발했다. 하지만 바울은 그의 동족들에게 자신은 동족의 원수가 아니며 유대 관습을 반대하지 않는다고 확신시켰다. 바울의 관점에서 보면, 그는 예수님을 이스라엘의 메시아로 믿었지만, 이것은 분명 그가 더 이상 유대적이 아니라는 의미는 아니었다. 하지만 유대 종교 지도자들의 불평 때문에 바울은 로마인들에게 넘겨졌다.

바울은 자신이 로마 당국(벨릭스, 행 24장 그리고 베스도와 헤롯 아그립바 2세, 행 25장)과 어떻게 상대했는지 이야기했다. 그 통치자들은 심문을 하고 난 후 바울을 풀어주고 싶어 했다. 그들은 바울이 로마법을 어겼다고 확신시키는 어떤 증거도 듣지 못했다. 바울이 **나를 심문하여 죽일 죄목이 없으므로**(18절)라고 말했을 때, 그는 예루살렘의 종교 지도자들이 그를 그저 처벌하거나 감옥에 가두는 것이 아니라, 처형시키기 원했다는 것을 드러냈다. 바울은 그들이 이의 신청을 했기 때문에 가이사에게 상소하지 않을 수 없었다.

바울은 그 지도자들에게 자신이 자기 동족에게 반대하는 것은 아무것도 없다고 확신시켰다(19절). 로마인들은 바울에게 반대하는 것이 전혀 없었으며, 그는 자신의 동족에게 반대하여 행한 것이 전혀 없었다. 그는 자신의 동족들이 예수님을 그들의 메시아로 받아들이는 것에 대한 것 외에는 그들과 불일치하는 의견이 전혀 없었다(Stott, *Acts*, 398). 바울이 모임을 소집한 목적은 지도자들과 교제하고 자신이 왜 죄수가 되었는지 설명하기 위해서였다. 그는 **이스라엘의 소망**을 믿는 것 때문에 쇠사슬에 매여 있었다. 이 문구는 메시아가 오실 것이며 이스라엘에게 하신 하나님의 약속들을 성취할 것이라는 소망을 말한다. 바울의 요점은 메시아에 대한 이 소망이 나사렛 예수가 오신 것과 함께 이미 성취되었다는 것이다. 그는 단지 이스라엘의 소망이 이미 왔다는 것을 믿기 때문에 감옥에 갇혔으며 그가 유대교의 어떤 본질적인 교의를 부인했기 때문에 갇힌 것이 아니었다.

그들은 바울에 대해 어떤 특별한 것도 듣지 못했지만, 새 믿음에 대해서는 들은 바 있다. 그래서 그들은 **이 파**에 대한 바울의 의견을 듣기 위해 두 번째 모임을 갖자고 요청했다. **파**[sect, 하이레시스(*hairesis*), 이 말에서 '이단'(heresies)이라는 말이 나온다]라는 말은 "자신의 독특한 교의를 주장하는 집단, 종파, 당파, 학벌"(BDAG, 27)을 의미한다. 그것은 히브리어의 '미님'(*minim*), '미닛'(*minut*, 즉 종류, 종, 이교도, 이단)에 해당하는 헬라어로, 랍비 문헌에서는 예수님을 따르는 유대인들에 대해 이 말이 사용되었다. 그것은 그들이 이 새 믿음을 유대교 내의 한 운동으로 간주했지만, 위험하고 잠재적으로 오류라고 공포된 운동으로 보았다는 것을 암시한다.

b. 그 증거의 내용(28:23)

28:23. 만나기로 정한 날에, 훨씬 더 많은 유대인들이 바울이 세를 얻은 집에 왔다. 바울은 예수님이 어떻게 **하나님의 나라**에 대한 이스라엘의 소망을 성취하셨는지 설명했다. 그는 **모세의 율법과 선지자의 말** 둘 다에 호소했다. 그가 유대인들에게 예수님이 이스라엘의 메시아적 기대 및 하나님 나라의 기대에 대한 성취라고 설득하려 했다면, 예수님을 히브리어 성경과 연관시키는 것이 반드시 필요했다. 그것은 오랜 시간에 걸친 모임이었다. 바울은 아침부터 저녁까지 말했다.

c. 그 증거의 결말(28:24-31)

(1) 결단의 필요에 대하여(28:24-27)

어떤 사람들은 납득을 했으나, 대부분은 믿기를 거부했다. 나누어진 반응은 사도행전 내내 기독교 메시지에 대한 전형적인 유대인들의 반응이었다(참고. 13:42-45; 17:1-5, 11-14; 19:8-10).

28:24-27. 로마의 유대인들은 바울과 의견만 맞지 않았던 것이 아니다. 그들은 **서로 맞지 아니**했으며, 바울이 유대인들에게 그들의 완고한 조상들과 같은 잘못을 저지르는 것을 경고한 뒤에는 유대인들이 바울을 떠나기 시작했다. 바울은 이사야 6:9-10을 인용했는데

(26-27절), 거기에서 영감을 받은 선지자는 그의 세대에게 그의 메시지를 거부한 것에 대해 신적 응보가 있을 것이라고 경고했다. 그 경고의 배경은 이사야가 그의 선지자적 사역으로 부르심을 받은 것이었으며, 그때 여호와는 그 선지자에게 그가 완고한 저항에 부딪히게 될 것이라고 미리 경고하셨다. 이스라엘은 선지자의 메시지를 거부했다. 그들의 마음이 **우둔하여**졌기 때문이다. **우둔하다**[*epachynthe*, 에파퀸테]라는 단어는 문자적으로는 '살찌게 되다, 영양 상태가 좋다'는 의미이다. 비유적 의미는 "무감각하게 만들다 혹은 역겹게, 우둔하게 만들다"(BDAG, 790)라는 것이다. 그 결과는 그들이 **그 귀로** 듣거나 **그 눈으로** 보지 못하는 것이었다. 바울은 그의 동족들에게, 그들이 선지자를 통한 하나님의 메시지를 고의로 거부함으로 신적 응보를 받게 된 이사야 때의 유대 백성같이 될 위험에 처해 있다고 말했다. 이사야가 했던 것처럼 바울은 주의 말씀을 신실하게 선포했지만, 그들이 그것을 거부하면서 하나님의 심판 아래 있게 될 것이다. 이것은 그들이 절대 주님께 돌아올 수 없고 영적으로 회복될 수 없는 지점을 지날 것임을 의미했다('고쳐줄까', 27절).

(2) 바울의 청중에 대하여(28:28)

28:28-29. 바울은 유대인들이 바울의 메시지를 받아들이기를 거부한 것이 그가 **이방인에게로** 향한 것을 정당화해주었다고 말했다(28절). 하나님의 은혜로운 구속 계획은 그분이 택하신 백성의 불신으로도 좌절될 수 없다. 그들의 불신은 바울에게 이방인들에게 복음을 제시할 기회를 주었다. 바울은 로마서 11장에서 하나님의 구원 계획의 지혜를 개진했다(그 부분 주석을 보라). 그는 이방인들이 복음에 반응한 것은 이스라엘이 시기하도록 하여 결국에는 하나님의 택하신 백성의 구원으로 이끌 것이라고 말했다(롬 11:1, 25-27). 복이 지적하듯이, 사도행전 28:28은 하나님이 유대 민족을 영원히 버렸다고 진술하는 것이 아니라, 다만 복음이 이방인들에게 전파될 것이며 이방인들이 반응을 보일 것이라고 말하는 것뿐이다. 그것은 적어도 이방인들이 처음에는 유대 백성들보다 더 나은 반응을 보일 것이라는 의미이다(*Acts*, 756-757; 사본상의 증거는 29절을 원래 본문에 포함시키는 것을 지지하지 않는다. 그 정보는 25절에 이미 나와 있다. 그러므로 그 구절을 원래 본문에서 제외시켜도 잃는 것은 아무것도 없다).

(3) 시간에 대하여(28:30)

28:30. 주님이 바울을 보호하시겠다는 약속을 이루셨다는 것은 바울이 죄수로서 유별난 자유를 누린 것에서 알 수 있다. 바울은 감방에 갇혀 있지 않았다. 두 해 동안 그는 **자기 셋집**에 살았으며 방문자들을 영접할 수 있었다. '다'라는 말에는 유대인들과 이방인들이 포함되었다. 누가는 바울이 어떻게 자신의 셋집을 유지할 수 있었는지는 설명하지 않는다. 아마 그는 빌립보인들과 같은 그리스도인들의 헌금으로 세를 지불했을 것이다. 바울은 죄수로 있는 동안 빌립보서를 썼으며 그들의 관대한 후원에 감사했다(빌 4:15-20).

(4) 강조점에 대하여(28:31)

28:31. 사도행전은 승리의 어조로 끝난다. 하나님의 말씀은 **모든 것을 담대하게 거침없이** 제국의 수도 로마에서 선포되고 있었다. 바울이 그의 두 번째 투옥 동안 증언했듯이, 메신저는 매여 있었을지 몰라도 메시지는 그렇지 않았다(딤후 2:9).

사도행전은 또한 시작했던 것처럼 하나님 나라를 선포하면서 끝난다. 사도행전 1장에서는 부활하신 주님이 그분의 제자들에게 하나님 나라에 대해 가르치셨다. 배경은 예루살렘이었다. 30년 후, 바울은 하나님의 나라와 주 예수 그리스도에 대해 가르쳤다. 배경은 달랐다. 이제는 로마였다. 예수님의 증인들은 예수님이 명령하신대로 했다. 그들은 성령이 충만해서 예루살렘과 유대와 사마리아와 전 세계에 복음을 선포했다.

누가는 바울에게 어떤 일이 일어났는지 알려주지 않는다. 그것은 이 책이 바울이 석방되기 전에 쓰였음을 나타낸다. 바울이 투옥된 환경으로 보아 그는 선동죄의 혐의가 풀렸을 것이다. 바울은 열심 있는 혁명가가 아니었다. 그는 헌신되고 용감한 주 예수 그리스도의 제자였다. 바울은 누가의 개인적 영웅이었으나 그것은 오직 하나님이 그와 함께 계셨기 때문에 가능했다. 복은 옳았다. 실제로는 "하나님이 사도행전의 주인공이시다…"(*Acts*, 760)라는 것이다. 주 예수 그리스도는 그분의 교회를 세우고 계신다. 그리고 지옥의 모든 세력들은 그것을 무력화할 수 없다.

참 고 문 헌

Bock, Darrell L. *Acts*, Baker Exegetical Commentary on the New Testament. Grand Rapids, MI: Baker, 2007.

Bruce, F. F. *The Book of Acts*. The New International Commentary on the New Testament. Grand Rapids, MI: Eerdmans, 1979. 《사도행전》, 핸드릭슨 패턴 주석 시리즈(아가페).

Hemer, Colin. *The Book of Acts in the Setting of Hellenistic History*. Winona Lake, IN: Eisenbraun's 1990.

Kistemaker, Simon J. *Acts*. The New Testament Commentary. Grand Rapids, MI: Baker, 1990.

Liefeld, Walter L. *Interpreting the Book of Acts*. Guides to New Testament Exegesis. Grand Rapids, MI: Baker, 1995. 《사도행전의 해석》(합동신학대학원출판부).

Longenecker, Richard N. "The Acts of the Apostles." In *John, Acts*. Vol. 9 of The Expositor's Bible Commentary. Edited by Frank. E. Gaebelein. Grand Rapids, MI: Zondervan, 1981. 《요한복음 사도행전》, 엑스포지터스 성경연구 주석(기독지혜사).

Polhill, John B. *Acts*. The New American Commentary. Nashville: Broadman Press, 1992.

Stott, John R. *The Message of Acts*. Edited by John R. W. Stott and J. A. Motyer. Downers Grove, IL: InterVarsity, 1990. 《사도행전 강해》(IVP).

Witherington Ⅲ, Ben. *The Acts of the Apostles: A Socio-Rhetorical Commentary*. Grand Rapids, MI: Eerdmans, 1998.

로마서

마이클 밴래닝햄(Michael G. Vanlaningham)

서 론

저자. 바울서신으로 분류한 서신 전부를 사도 바울이 썼다는 의견에 동의하지 않는 사람들이 있지만, 로마서가 그의 서신이라는 데 이견을 내는 이는 없다. 지난 200년 동안 가장 비판적인 학자들조차도 로마서 저자가 바울이라는 데 동의한다.

연대. 로마서 15장에 따르면, 바울은 예루살렘, 로마, 스페인 이 세 지역을 여행 일정에 포함시켰다(15:23-29). 바울은 지중해 지역의 이방인 교회들이 모은 헌금을 전해주기 위해 예루살렘으로 갔다가(행 19:21; 20:16; 롬 15:25-27), 이어서 로마로(행 19:21; 롬 1:11-13; 15:24, 28), 그다음 스페인(롬 15:24, 28)으로 가고자 하는 뜻을 분명히 밝혔다. 사도행전의 구절들은 바울의 3차 전도 여행을 설명하는 부분에 나온다. 로마서를 쓸 때 그는 아마 그리스에 있었을 것이다(행 20:2-3). 필시 그가 이전에 본거지로 삼았던 고린도에 있었을 가능성이 크다. 바울은 고린도에서 남동쪽으로 11킬로미터쯤 떨어진 겐그레아에 살았던 뵈뵈(16:1)와 가이오(롬 16:23; 고전 1:14)같이 고린도나 그 인근에 살았던 몇몇을 추천한다. 이 점으로 미루어 보아 이 서신을 고린도에서 기록했음을 알 수 있다.

바울이 고린도 거리를 걸어다니다 그곳의 부도덕함을 본 다음 로마서 1장에서 세상의 부패에 대해 쓴 것이나, 그 유명한 고린도산 도자기를 만들어내던 고린도의 상업 지구를 거닐면서 로마서 9:20-21에서 그릇과 진흙에 대해 쓴 것을 생각해보면 아주 흥미롭다. 이 책의 저작 연대는 주후 57년으로 추정하는 것이 가장 타당하다.

수신자. 바울은 로마에 있는 그리스도인들에게 보내려고 이 서신을 썼다. 바울 당시 로마의 인구는 백만에서 4백만 명 사이였다. 이렇게 부정확한 것은 상당수 노예를 인구조사에 포함하지 않았기 때문이다. 인구의 60퍼센트 정도가 노예였을 것이고, 바울은 "예수 그리스도의 종 바울"이라는 말로 서신을 시작하면서, 교회 내의 상당수 노예들과 바로 신뢰 관계를 구축했을 것이다. 4만 명에 이르는 막대한 규모의 유대 공동체는, 로마 경제는 물론 정치와 예술에까지 영향을 미쳤을 것이다.

바울의 편지를 받은 사람들은 이미 신자들이었다. 물론 첫 몇 장에 그리스도를 떠난 인류가 겪은 고난에 대한 이야기가 나오기는 하지만, 독자들을 복음화하기 위해 이 점을 강조한 것 같지는 않다. 오히려 "예수 그리스도의 것으로 부르심을 받은…로마에서 하나님의 사랑하심을 받고 성도로 부르심을 받은"(1:6-7) 이들에게 편지를 썼고, 그곳의 참된 신자들에게 영향을 미치려는 의도에서였다.

바울이 이방인 신자들을 주 대상으로 했는지, 유대인 신자들을 주 대상으로 했는지, 아니면 둘 다인지에 대해서는 논란이 있다. 어떤 부분은 분명 교회 내 이방인들을 대상으로 한다(1:5-6; 11:13; 15:7-9, 14-21). 반면 또 어떤 부분은 유대 신자들을 향해 말한다(2:17; 4:1; 6:14-15; 7:1, 4; 또 16:3, 7, 11에 나오는 목록에서 유대인의 이름을 보라). 가장 그럴듯한 견해는, 바울은 둘 다를 향해 썼는데, 가끔 특별히 한 그룹을 향해 말한 다음 다시 다른 그룹을 향해 말했다는 것이다(1:7; 11:12-24; 14:1-5:13).

목적. 바울은 로마서를 쓴 이유를 분명하게 밝히지는 않지만, 몇 가지 암시는 있다. 1:5과 16:26은 거의 동일한 구절로써 이 서신의 '북엔드' 역할을 한다. 여기서 바울은 자신이 사도로 위임받은 사실(1:5)과, 복음은 "모든 민족이 믿어 순종하게" 하기 위한 것(16:25-26)이라고 말한다. 스페인 사역의 정당성을 보여주고, 로마 그리스도인들의 후원을 이끌어내고 싶었던 바울의 목적이 이러한 '북엔드'에 녹아 있다. 이외에도 그는 그들을 섬기며 그들과 함께 있기를 원했고(1:10-13), 또한 그들에게 도움을 요청하고 싶어 했다(15:24).

이 서신의 목적 선언문이라 할 수 있는 내용은 15:15-16에 있다. 바울은 여기에서 그들에게 어떤 진리들을 일깨우고자 편지를 썼다고 적는다. 바울 자신이 사도로 위임받았다는 사실과(15:15), 더불어 그 대상이 주로 이방인이라는 사실(15:16-20) 이 두 가지를 일깨우기 위한 것이다. 이어서 사도는 그의 여행 일정표를 제시했다. 그는 스페인 사역을 위해 재정 지원을 받고자 로마를 방문할 계획이었다(15:24, 26-29). 이처럼 바울은 서신을 이용해서 교회에게 교리를 쉽고 분명하게 설명하고, 나아가 교회가 잃어버린 자를 복음화해야 한다는 새로운 긴장감을 심어주었다. 이를 통해 로마 교회는 바울의 스페인 선교를 후원하고자 하는 동기가 생겼을 것이다.

그가 뜻한 이 중요한 목적에 이 서신의 다양한 요소들이 어떻게 들어맞는지 보자. 1-3장은 인류에게 복음이 얼마나 절실한지 보여준다(1:16-17). 인간 개개인이 죄를 범한 결과로 하나님의 정죄 아래 있게 되었고, 누구도 자신의 노력으로는 그 신분을 바꿀 수 없다. 그러나 감사하게도 소망이 있다. 하나님이 우리에게 그분의 의를 부어주신다. 그 아들이 대신한 속죄의 죽음을 믿는 이들에게 값없이 주신다(3:21-31). 그리고 족장 아브라함은 행위가 아니라 믿음으로 구원받았다. 이에 그는 믿음의 본질과 중요성을 보여준 인물이다(4장).

5-8장에는 하나님과 올바른 관계를 맺음으로써 얻는 놀라운 결과들이 나온다. 이는 비그리스도인 세계에 필요한 내용이므로 그리스도인들은 이를 널리 알려야 한다. 9-11장은 이스라엘의 문제를 다룬다. 혹자는 이런 주장을 할지도 모른다. 하나님이 구약에서 이스라엘에게 약속을 하신 뒤에 교회에 대한 계획에 초점을 맞추심으로써 그 약속을 어기셨다면, 그리스도 안에서 하신 약속을 이루시리라는 것을 어떻게 믿을 수 있을까? 또한 하나님의 약속을 믿을 수 없다면 복음 전도를 해야 할 이유가 없지 않은가?

이에 바울은 하나님이 늘 그러셨듯이 이스라엘에게 하신 약속을 '지키셨으며', 따라서 그리스도 안에서 하신 약속도 지키시리라 신뢰할 수 있다고 주장한다. 12-16장의 주요 주제는 교회의 하나 됨이다. 세상의 갈등 때문에 망가진 교회는, 아주 오랫동안 선교라는 모험을 지속하기에 부적절했던 것 같다. 교회의 하나 됨을 통한 바울의 목표는 그들이 하나님께 영광을 돌리는 것이다(그분의 이름을 널리 알리고 그분의 명성을 높이는 것). 그는 그 목표를 위해 기도한다(15:5-6).

바울에 대한 새 관점

중요하게 부연 설명할 것이 있다. 1970년대 후반 이후로 바울에 대한 '새 관점'이라고 불리는 바울 신학에 대한 논쟁이 있었다. 샌더스(E. P. Sanders)는 《바울과 팔레스타인 유대교》(*Paul and Palestinian Judaism*)라는 책에서, 바울 신학과 1세기 유대교의 관계를 탐구한다. 그는 하나님이 은혜로 이스라엘을 택하셔서 그분의 언약 백성으로 삼으셨기 때문에, 즉 구원하셨기 때문에, 유대교에 엄청난 은혜가 있었다고 주장한다. 그들은 그 관계 안으로 '들어가기' 위해서가 아니라 그 관계 '안에 있기' 위해 율법(*nomos*, 노모스)을 지켰다. 샌더스는 이 믿음을 묘사하기 위해 '언약적 율법주의'(즉, 율법을 신실하게 준수함으로써 언약 안에 거하는)라는 어구를 만들어냈다. 놀랍게도 그는 이것이 그리스도 안에 있는 구원에 대한 '바울의' 견해라고 주장한다. 즉 그리스도인은 택함을 받음으로 구원받지만 선행(바울이 미심쩍어하는 것)으로 그 신분을 유지한다는 것이다.

샌더스는 "그렇다면 바울은 유대교가 사실 그렇지 않은데도 왜 율법주의적이라 비난하는가"라고 문제를 제기했다. 샌더스에 따르면, 바울에 대한 전통적인 이해와는 반대로 바울은 유대교가 그렇지 않은데도 율법주의적이라 잘못 표현했거나, 더 이상 존재하지 않는 유대교의 한 형태, 즉 어쨌든 그리스도를 배제했기 때문에 결함이 있다고 믿었던 유대교의 한 형태를 비난했다는 것이다. 샌더스가 옳다면 사도 바울의 유대교 비난을 이해하기 위해서는 새로운 해석학적 밑그림이 필요하다. 그러나 샌더스는 이를 설명할 수 있는 그 어떤 밑그림도 제시하지 않고, 사도 바울이 유대교를 비판할 때 정확히 어떤 말을 하는지에 대해서도 분명하게 언급하지 않는다.

던(J.D.G. Dunn)의 주장은 이런 공백에서 시작했다. 던은 바울이 유대교를 잘못 표현했거나 유대교가 그리스도를 배제시킨다는 이유로 거부했다는 샌더스의 주장을 받아들이지 않았다. 던은 바울이 유대교를 민족주의적으로 지나치게 편협하다고 보았다고 주장했다. 바울이 반대했던 '율법의 행위'(그뿐 아니라 특히 할례, 절기와 음식 규정 준수)는 유대 백성의 정체성을 보여주는 표지였다. 그들은 그것을 통해 그들의 독특성과 하나님의 언약 백성으로서의 특권적 지위를 지켰다.

던에 따르면, 바울은 실제로 언약적 율법주의를 반대했다. 사도 바울이 "율법의 행위로 그[하나님]의 앞에 의롭다 하심을 얻을 육체가 없나니"(3:20, 28; 참고. 갈 2:16; 3:2, 5, 10)라고 쓴 것으로 보아 그는 이 율법의 행위를 반대한 듯하다. 유대 백성들은 그 행위들로, 이방인들을 하나님의 언약 백성에서 제외시키는 엘리트주의와 고립주의를 영속시켰기 때문이다.

그리스도가 오심으로 하나님의 구속 계획에 변화가 일어났다. 구원은 더 이상 언약 백성의 정체성 표지를 행하는 유대 백성에게만 국한되지 않았고, 믿는 모든 이에게 열렸다. 그러므로 언약 공동체에 들어가기 위해서 이방인들에게 이런 행위들을 하라고 요구하는 것은 옳지 못하다. 이 때문에 바울은 그러한 엘리트주의는 물론, 이방인 개종자들에게 '율법 행위'를 부과하는 것을 반대했다. 이는 갈라디아에서의 신학적 파란의 중심에 있던 문제이기도 했다. 그러나 던 역시 샌더스와 마찬가지로 '율법의 행위'를 입회 조건이나 율법주의적 행위로 보지 않는다.

새로운 시각을 내놓은 세 번째 주요 인물은 라이트(N.T. Wright)이다. 바울에 대한 그의 접근 방식은 던과 상당 부분 비슷하지만, 미묘한 차이가 있다. 던처럼 라이트도 샌더스에게 힘입은 바가 크다. 그는 바울의 구원관은 하나님의 언약적 신실함에 들어가는 방법보다는, 그 언약 안에 있다는 확신과 관련이 있다고 주장한다. 라이트가 생각하기에 '칭의'란, 그리스도 안에서 죄인을 의롭다고 하시는 하나님의 선언과 그분이 그 신분을 가능하게 하신 것에 관한 것이라기보다는, 하나님의 신실하심을 힘입어 언약 안에 있게 된 사람들에 대한 하나님의 인정 및 그 신분에 대한 그들의 확신과 관련이 있다. 라이트가 보기에 '의'란, 하나님의 의가 죄인에게 전가된 것이라기보다는 하나님의 결정으로 인해 죄인이 무죄 선고를 받는 것이다. '율법의 행위'는, 자신의 노력으로 하나님과 올바른 관계를 맺으려는 시도라기보다는, 은혜로 언약 안에 있게 된 사람이 그 은혜에 반응하여 보이는 행동이다.

샌더스와 던과 라이트는 몇 가지 이유에서 비판을 받는다. 첫째, 1세기 유대교에서 샌더스가 이해하는 은혜의 범위가 부분적으로는 옳지만 상당 부분은 옳지 않다. 초기 유대교는 샌더스가 인식했던 것보다 훨씬 더 신인 협동적이었고, 이를 뒷받침하는 엄청난 증거들이 있다. 일부 문헌은 하나님의 은혜를 인정하지만, 상당수의 문헌들이 구원 '안에 있기' 위해서는 율법을 지켜야 한다고 단언한다. 이처럼 샌더스는 행위가 구원에 결정적인 역할을 한다고 주장한다.

둘째, 던은 바울이 유대인들을 비난한 까닭은 이방인들을 하나님의 언약 백성에 들어오지 못하게 한 '율법의 행위' 때문이라고 주장한다. 그러나 바울은, 그리스도가 오심으로 산산조각 난 유대인들의 배타주의 때문이 아니라, 행위로 율법을 지키지 못한 그들을 거듭 비난했다. 이로 인해 그들은 심판에 직면한다(2:2-3, 22-23, 25-27; 4:1-12).

셋째, 라이트는 샌더스와 던이 내놓은 견해의 문제점을 그대로 이어받았다. 하지만 이는 칭의가 '죄인에게 무언가를 한다'고 말하는 로마서 구절들로 인해 무너진다. 칭의를 단순히 하나님께서 누군가가 언약 백성에 포함되었음을 인정하는 표현이라고 볼 수는 없다. 예를 들어, 로마서 5:1은 칭의가 하나님과의 화평을 '낳는다'고 언급한다. 의는 사실 그리스도를 믿는 개인들에게 '전가된' 것이다. 로마서 4:7-8에서 바울은 '사함을 받은 불법, 가리어짐을 받은 죄, 주께서 인정하지 않으시는 죄'와 전가된 의를 연결시킨다.

마지막으로 그리고 좀 더 일반적으로, 유대인이든 이방인이든 구원은 모세 언약(모세율법)이 '아니라' 아브라함 언약을 통해 약속되어 있다. 언약적 율법주의가 타당하지 못한 까닭은, 정확히 말하면 모세 언약은 유대 백성이든 다른 누구든 지킬 수 없기 때문이다(신 31:29을 보라). 또 그것을 하나님과의 올바른 관계에 들어가기 위한 것이라 표현하든 그 안에 있기 위한 것이라 표현하든, 그것은 구원을 받도록 만들어진 것이 아니었기 때문이다(참고. 3:19-20; 4:15; 7:5; 8:3). 아브라함 언약의 복을 받아들이기만 하면 유대인이든 이방인이든 모두 구원을 얻는다. 그리고 그 일은 믿음을 통해서만 일어나고(창 15:6; 롬 4:13-17; 갈 3:6-14), 여기서 믿음이란, 십자가를 지신 '그리스도를' 믿는 것을 말한다. 모세 언약을 따르는 행위만으로는 하나님과 올바른 관계를 맺기에 충분하지 못하다. 바울은 로마서와 갈라디아서에서 이것을 유대교의 결정적인 약점으로 다룬다.

개 요

Ⅰ. 죄: 하나님과 올바른 관계를 맺어야 할 필요성(1:1-3:20)
- A. 복음의 영향력(1:1-17)
- B. 복음의 필요성(1:18-3:20)

Ⅱ. 이신칭의: 하나님과 올바른 관계를 맺는 수단(3:21-4:25)
- A. 의는 하나님에게서 나온다(3:21-26)
- B. 의는 믿음으로만 가능하다(3:27-4:25)

Ⅲ. 많은 복: 하나님과 올바른 관계를 맺을 때의 결과(5:1-8:39)
- A. 그리스도인들은 하나님 안에서 자랑할 수 있다(5:1-11)
- B. 그리스도인들은 안심하고 살 수 있다(5:12-21)
- C. 그리스도인들은 죄의 전제 통치에서 벗어난 삶을 살 수 있다(6:1-7:25)
- D. 그리스도인들은 성령 안에서 산다(8:1-39)

Ⅳ. 변증: 유대인 그리고 하나님과 올바른 관계를 맺는 것에 관련된 문제들(9:1-11:36)
- A. 하나님은 이스라엘에게 하신 약속을 어기지 않으셨다(9:1-29)
- B. 하나님은 이스라엘을 속이지 않으셨다(9:30-10:21)
- C. 하나님은 이스라엘을 버리지 않으셨다(11:1-10)
- D. 이스라엘은 영원히 잃어버린 바 되지 않는다(11:11-36)

V. 적용: 하나님과의 올바른 관계에서 얻은 유익(12:1-15:33)
A. 그리스도인들의 영적 헌신에 미치는 영향(12:1-2)
B. 그리스도의 몸 안에서 사는 그리스도인들의 삶에 미치는 영향(12:3-13)
C. 세상과의 관계에서 그리스도인의 삶에 미치는 영향(12:14-13:14)
D. 더 약한 다른 그리스도인들과의 관계에서 그리스도인의 삶에 미치는 영향(14:1-15:13)
E. 바울의 사역 지원에 미치는 영향(15:14-33)
Ⅵ. 바울의 마지막 명령들(16:1-27)
A. 그리스도인 사역자들에게 감사하라(16:1-16)
B. 분쟁을 일으키는 사람들을 피하라(16:17-20a)
C. 그리스도인 지도자들의 격려를 받으라(16:20b-23)
D. 하나님께 영광을 돌리라(16:25-27)

주 석

I. 죄: 하나님과 올바른 관계를 맺어야 할 필요성 (1:1-3:20)

A. 복음의 영향력(1:1-17)

1:1-3. 바울은 자신이 왜 복음을 선포하는지 그리고 사도로서 자기 사역의 목적이 무엇인지 간단히 요약하며 서신을 시작한다. **부르심**이란, 인간이 스스로 그 지위를 갖는 것과는 대조적으로 효력이 있는 신적 부르심을 가리킨다. **사도**는 특별한 전령으로, 그의 임무는 구약과 연속성이 있는 **복음**을 널리 퍼뜨리는 것이었다. **다윗의 혈통**이신 예수 그리스도는 다윗 왕좌를 주장하실 수 있었다. 하나님은 다윗과의 언약에서 다윗의 아들이 영원히 이스라엘을 다스리고 이스라엘을 안전하게 보호할 것이라고 약속하셨다(삼하 7:8-17; 대상 17:1-15). 다윗의 혈통 중 이런 자격을 갖춘 이는 아무도 없었다. 그러나 마태복음 1:1은 그가 누구인지 밝힌다. "'다윗의 자손' 예수 그리스도의 계보라."

1:4-5. 예수님은 **능력으로 하나님의 아들로 선포되셨**다. 부활은 본질의 변화가 아니라 역할의 변화를 알리는 신호이자, '능력을 지니신 하나님의 아들'(시 2:7; 행 13:33; 히 5:5)로 나타나는 신호였다. 바울에게 사도의 직을 내리심은 사람들이 **믿어 순종하게** 하기 위한 것이었다. 16:26에 이와 거의 동일한 표현이 나온다. 이 반복의 의미에 대해서는 서론의 '목적'을 보라.

1:6-7. 이 절에서 알 수 있듯이 독자들 대부분이 이방인이다. 그들의 민족적 배경보다 더 중요한 것은, **예수 그리스도의 것으로 부르심을 받은 하나님의 사랑하심을 받고 성도로 부르심을 받은** 그들의 영적 지위이다.

바울은 이 서론에서 자신의 사도 위임장과 사도로 위임받은 목적이 무엇인지 제시한다. 그는 이방인들에게 복음을 전하여 그들이 믿음을 갖고 그리스도인들처럼 하나님의 영광을 위해 살도록 하기 위해 사도의 직을 임명받았다. 우리의 열정도 바울의 열정과 같기를 소망한다!

1:8-15. 바울은 로마를 방문한 이유를 말한다. **어떤 신령한 은사를 너희에게 나누어 주어 너희를 견고하게 하려 함**이며(11절), **너희 중에서도 다른 이방인 중에서와 같이 열매를 맺게 하려 함**이다(13절). **또 헬라인이나 야만인이나…다 내가 빚진 자라서**(14절) 그렇다. **신령한 은사**가 무엇인지는 명시하지 않았다. 바울은 그들이 어떤 도움을 필요로 하는지 알아야 그들의 유익을 위해 어떤 은사(들)를 사용할지 명시할 수 있었을 것이다. 14절은 왜 그가 그토록 로마인들과 사역하고자 하는지 그 근거를 제시한다. 그는 **빚진** 자였고, 자신에 대한 하나님의 주권적인 계획을 반추하며 그렇게 하기를 **원했**다(행 9:15; 22:21; 26:16-20; 고전 9:16-23).

1:16-17. 로마서의 주제 절이라 할 수 있다. 그러나 이 절들은 9-16장보다는 1-8장과 더 잘 어울린다. 바울은 16절에서 복음 전하기를 간절히 원하는(1:15) 이

유를 설명한다. 첫째는 **내가 복음을 부끄러워하지** 않기 때문이요, 둘째는 **이 복음은…하나님의 능력**이기 때문이다. **능력**은 '강력한 힘, 효력이 있고 변화시킬 수 있는 힘과 능력'을 의미한다. 그리스-로마 배경에서 볼 때 **구원**은, 화재가 난 집이나 물에 빠졌을 때 구조받는다는 의미로 사용하던 단어였다. 여기서는 하나님이, 죄로 인해 빚어진 영원한 결과에서 죄인들을 구조하시는 것을 의미한다. '믿음'은 어떤 사람이나 그가 하는 말을 신뢰하거나 의지하는 경우에 사용했다. 바울은 그것을 누군가가 구원을 위해 그리스도를 의지하는 경우에 사용한다. **먼저는 유대인에게요 그리고 헬라인에게로다**는 그리스도의 복음이 유대인들에게 잘 맞는다는 묘사인 듯하다(1:2-3을 보라). 복음이 역사적으로 먼저 유대인에게 왔고, 그런 다음 유대인들을 통해 전해진 것이 사실이지만(요 4:22을 보라), 여기 16-17절에서 바울의 논지는 역사적이라기보다는 신학적('능력', '구원', '모든 믿는 자' 등의 단어에 주목하라)인 듯하다. 또한 로마서 1:2-3은 복음이 구약에 뿌리를 두고 있으므로 특별히 유대인과 관련이 있음을 보여주는 듯하다.

17절에서는 복음이 하나님의 능력(1:16)인 '이유'를 설명한다. **복음에는 하나님의 의가 나타나서**이다. **하나님의**['하나님에게서 비롯된'] **의**라는 어구에 대해 논란이 많다. 하나님이 언약에 신실하시다는 것인가? 혹은 심판 날에 자기 백성의 정당성을 선언하시거나 보증하시는 하나님의 행동을 의미하는 것인가? 당연히 그 단어에는 이런 요소들이 포함되어 있다. 그러나 이런 요소들은 하나님의 의가 '무엇인지'보다는 하나님의 의가 '하는 일'을 나타낸다. 더 나은 견해는, **하나님의 의**란 하나님이 하시는 모든 일을 가능하게 하는 하나님의 윤리덕(倫理德)이라는 것이다. 그 일에는 (다른 여러 가지 중에서도) 사람들을 그분과의 제대로 된 관계로 이끄시는 것은 물론, 사람들을 그들의 죄에 따라 심판하시는 것이 포함되어 있다. 하나님의 윤리덕에는, 죄인들을 심판하시는 하나님의 공의는 물론, 그리스도 안에서 그들을 구원하시는 그분의 사랑이 있다. 바울은 3:21-26에서 그것을 분명히 밝힐 것이다. 율법을 지킴으로써 자신의 의를 확보하려는 노력은 옳은 해법이 아니다. 하나님은 그분의 아들을 믿는 이들에게 그분의 의를 주신다. 이 의는 **나타나서**['완전히 드러나서'] **믿음으로 믿음에 이르게** 한다. 다소 난해한 이 어구를 이해하는 가장 좋은 방법은 교리적으로 보지 않는 것이다. 고린도후서 2:16에 ("사망으로부터 사망에 이르는"과 "생명으로부터 생명에 이르는") 이 어구와 아주 유사한 구조인 '~으로부터'와 '~에 이르는'이라는 표현이 나온다. 거기서 그 어구들은, 바울의 사역이 잃어버린 자들은 죽음에 이르게 할 것이고, 믿는 자들은 생명에 이르게 할 것을 암시한다. 로마서 1:17에서 그 구조는, 아마도 그리스도를 믿는 믿음이 하나님의 의를 얻을 수 있는 유일한 길임을 지적하는 것 같다.

바울은 그 내용을 뒷받침하기 위해 하박국 2:4을 인용한다. 이 구절은 "믿음으로 의롭게 된 사람은 살리라"(구원을 얻으리라)로 번역해야 한다. 그는 갈라디아서 3:11에서도 같은 절을 활용한다. 거기서는 영생을 얻는 법(율법의 행위를 통해서가 아닌)을 뒷받침하기 위해 그 구절을 인용한다.

B. 복음의 필요성(1:18-3:20)

1:18. 18절에서는 구원이 믿음으로만 가능한(1:16-17) 이유를 설명해준다. 사람들이 하나님 앞에 바로 설 수 없는 까닭은 죄가 그러한 시도를 방해하기 때문이다. 그러므로 하나님 앞에 바로 서는 일은 그리스도를 의지해야만 가능하다. **나타나나니**는, 1:17에서 하나님의 의가 믿는 이들에게 나타난다고 할 때 사용한 것과 같은 단어이다. 인류를 향한 하나님의 진노가 '완전히 드러난' 까닭은, 사람들이 **불의로 진리를 막았기** 때문이다. 바울은 하나님이 인류를 정죄하시는 한 가지 이유를 소개하는데, 바로 사람들이 그분에 관한 진리를 알면서도 그것을 거부하는 잘못을 범하는 것이다.

1:19-20. 이 구절에서는 사람들이 하나님에 대한 지식을 억누르고 있다는 바울의 주장에 대한 증거를 제시하려 한다. 이 지식은 **그들 속에** 보인다. 20절에서 그 주장의 근거를 내놓는다. 바울이 하나님의 **보이지 아니하는 것이** '분명히 보인다'고 말할 때 그는 어떤 역설을 말하는 것이다. 만물은 하나님의 능력과 신성을 드러낸다. 따라서 사람들이 창조 질서를 통해서 얻을 수 있는 그분에 대한 지식을 억누른다면, 그분이 그것에 대해 심판하실 때 **그들이 핑계하지 못할** 것이다. 만물 속에 있는 하나님의 빛에 올바르게 반응하는 사람은 '하나도 없다'.

1:21-23. 1:20에서 시작한 주제, 즉 사람들이 핑계하지 못한다는 주제를 이어간다. 그들은 하나님을 **영화롭게도** 아니하며, 하나님께 감사하지도 않고, 피조물을 조물주보다 더 경배하기로 선택했다. 바울은 사람들이 하나님의 진리를 거짓으로 '바꾸었다'고(1:23, 25, 26) 세 번 말하고, 하나님이 **그들을** 그 행위들에 '내버려두셨다'고(1:24, 26, 28) 세 번 말한다. 그 행위들은, 이생에서 그들을 향해 그분이 심판을 내리신 것이다. 하나님의 기준을 거부하고 불순종함으로써 사람들은 고통을 겪는다. 그들의 죄가 곧 형벌을 부른 것이다.

1:24-25. **그러므로** 하나님을 알려 하지 않은 인간들의 행동이 어떤 결과를 낳는지 논리적으로 제시한다. 먼저 **하나님께서 그들을** 수치스러운 종교적 관행에 **내버려두셨다**(1:25). 거짓 종교들은, 추종자들이 두려움에 떨며 살게 하고, 그들의 삶의 격을 떨어뜨리고(**그들의 몸을 서로 욕되게** 하는 것) 종국에는 그들을 하나님의 심판 앞에 서게끔 만든다.

1:26-27. 사람들은 "하나님의 진리를" 우상들로 '바꾸었다'(1:25). **이 때문에 하나님께서 그들을** 이번에는 동성애 행위에 '내버려두셨다'. 어떤 사람들은 바울이, 하나님이 동성애자로 창조하지 않으신 이들이 동성애 행위를 하는 것만 잘못으로 몰아간다고 주장한다(이는 근본적으로 하나님이 일부 사람들을 동성애자로 창조하셨다는 생각을 바탕에 둔 말이다. 하지만 이는 과학에서든 성경에서든 근거가 없는 주장이다). 또 어떤 사람들은 하나님이 그리스-로마 종교에서 행하던 종교의식적인 동성애를 금하시는 내용이라고 주장한다. 본문에서 말하는 바는 둘 다 아니다. 동성애 행위가 그분에 대한 지식을 거부한 이들에게 임한 심판의 한 형태임을 나타낸다. 그것이 하나님이 내리신 심판의 한 형태라면, 하나님의 백성은 그런 행위를 해서도 안 되고 용납해서도 안 된다.

1:28-32. 사람들은 타고난 성 역할을 '바꾸었고'(1:26), 창조 세계 안에서 그분에 대해 알 만한 것을 버렸다(1:28). 그래서 **하나님께서 그들을** 이번에는 심판의 한 형태인 사회적 문제들(불의, 추악, 탐욕)에 '내버려두셨다'.

2:1-2. **그러므로**(1절)는 바울이 1:18-19에서 언급한 하나님의 심판, 즉 인류 전체를 아우르는 심판과 연결된다. **네가 핑계하지 못할**[즉 '변호하지 못할'] 것은, 1:20에 나오는 개념을 가져온 것이다. 거기서 사람들은 심판 날에 하나님 앞에서 어떤 변호도 하지 못한다. 모든 사람이 피조물에서 얻을 수 있는 하나님에 대한 지식을 거부했기 때문이다. 하나님의 심판이 이런 사람들에게 **공정하게**[새번역, 문자적으로는 '진리대로'] 임한다. 그 심판은 '진리대로', 그들이 실제로 어떻게 살았느냐는 사실에 따라 임한다.

2:3-5. 도덕적인 사람들은 주제넘은 생각을 한다. 그들은 원칙적인 삶을 살려 하고, 로마서 1장에 나오는 이들처럼 행동하지 않으며, 정말 선하게 살려고 노력했기 때문에 가끔 하는 도덕적인 실수는 하나님이 눈감아주실 것이라 여긴다. 그들의 삶에는, 1장에 나오는 것처럼 선하게 살려 하지 않는 이들의 삶이 그런 것과 마찬가지로 하나님의 **심판**이 실제적으로 나타나는 경우가 많지 않다. 그래서 그들은 이렇게 현재적 심판이 많이 없는 것은 하나님이 인정하셔서라고 오인하고, 그것을 그분의 종말론적 심판을 피하리라는 증거로 잘못 생각한다. 하나님이 그들에게 그분의 진노를 크게 발하시지 않는 것은, 그들이 그분의 선하심을 인지하고 그분을 의지하게 하기 위해(**회개**) 하나님이 계획하신 것이다. 그런데도 그들이 회개하지 않는다면, **하나님의 의로우신 심판**에 직면할 것이다(5절).

2:6-11. 6절은 바울이 5절에서 시작한 문장을 이어간다. 하나님이 **각 사람에게 그 행한 대로 보응하시되라**는 말은, 2장 나머지 부분을 이해하는 열쇠와 같다. 하나님은 각자가 도덕률대로 얼마나 잘 살았는지에 기초하여 심판하신다. 각자가 자신의 삶에서 무엇을 '하느냐'가 중요할 뿐, 규율을 지켜 사람들에게서 받는 갈채와 존경은 헛되다. 하나님은 각 사람이 어떻게 행하느냐에 기초하여 **영생**(7절)을 주시거나 **진노와 분노**(8절)를 내리신다.

구원은 항상 그리스도를 믿는 믿음을 통해서 은혜로만 가능하다. 이와 같은 바울의 한결같은 논지에서 보면, 이러한 해석은 충격적이다(참고. 1:16-17; 3:21-26). 학자들은 바울이, 선행으로 자신의 거듭남을 드러내는 참 신자들을 말하는 것인지, 또 바울이 확실히 이런 믿음을 견지했는지에 대해 이견이 많다(참고. 갈 5:16-19, 24; 6:8). 그러나 여기서 바울은 '예수님을 믿는 것과는 별개로' 하나님과 올바른 관계를 맺는 데 필요한 것을 설명했다. 바울이 5-11절에서 신자를 지칭한다는 분명한 암시는 없다. 그는 사람들이 **진리를 따르지 아니하고**(8절; 참고. 1:18, 여기서 믿지 않는 이들은 '진리를 막는다') **불의를 따른**다고(참고. 1:29; 여기서 그들은 '모든 불의가 가득했다') 분명히 말했다. 죄를 범한 모든 사람이 진노를 받는 것은 마땅하다. **먼저는 유대인에게요 그리고 헬라인에게라**(9, 10절)라는 어구는 둘 다 심판받을 가능성이 있음을 암시한다. 혹은 그리스도를 믿는 것과는 별개로 구원의 면에서 두 그룹이 근본적으로 동등함을 시사한다. 그러나 유대인들은 하나님의 계획에서 그들이 가진 특권 때문에 의와 관련해서나 심판과 관련해서나 우월한 위치에 있다(참고. 1:16에 대한 주석과 암 3:2; 눅 12:48).

2:12-13. **무릇**(12절)은, 하나님이 모든 사람을 그들의 행위에 근거하여 공평하게 심판하시는 것과 관련한 바울의 설명을 소개한다. 죄악 된 행동을 한다면 그 사람에게 율법이 있든 없든 심판을 받는다(13절).

2:14-16. 14절은 바울이 모세율법이 없는 이방인들도 하나님의 심판으로 멸망하리라고 주장하는 근거를 제시한다는 신호이다. 이방인들의 출생 환경에 근거해 볼 때 그들에게는 율법이 없지만, 그들은 때로 **본성을 따라 율법이 명하는 바를 행**한다(새번역). 율법이 명하는 바란, 예식적인 측면(붉은 어린 암소를 희생제물로 드리는)이라기보다는, 도덕적 요구들(이웃 사랑, 거짓 증언하지 않기 등)을 가리키는 것 같다. 율법이 없는 이들이 모세율법이 규정한 것들을 행할 때(**율법의 행위**, 15절), **자기가 자기에게 율법이** 된다. 다시 말해, 이방인들이 율법과 겹치는 자기만의 도덕률을 가지고 있음을 시사한다. 하나님은 인간을 창조하실 때 옳고 그름에 대한 의지도 주셨다(참고. 1:32). 아담의 타락으로 그 의지에 손상이 가기는 했지만, 그것이 완전히 없어지지는 않았다. 어떤 사람의 도덕률은 '모든 사람을 공평하게 대하라'이거나 '모두에게 친절하라'와 같이 기초적인 수준일 수도 있다. 그러한 도덕률은 하나님이 인간에게 심으신 도덕성, 율법에 분명하게 나와 있는 도덕성을 불완전하게 반영한 것이다. 문제는 어떤 문화가 인정하는 어떤 도덕률이든, '누구도' 그대로 따라 살지는 '못한다'는 것이다. 결과적으로 **그 양심이** 그들이 자신의 도덕률을 얼마나 잘 따랐는지에 대한 **증거가 되며**, 심판의 날에 그들을 고발하거나 변호할 것이다. 각자의 양심이 "네가 이렇게, 또 이렇게…했을 때 너의 도덕적 기준을 지켰다"라고 말할 것이다. 그러나 양심은 또한 "너는 여기, 여기, 여기서 그것을 어겼다!"라고 말할 것이다. 하나님은 **사람들의 은밀한 것**, 즉 그들의 양심이 그들에게 하는 말을 아신다. 그래서 그분은 심판 날에 그러한 양심의 고발들을 정죄의 증거로 사용하실 것이다.

이방인들에게는 구약 율법이 없었다. 그런데도 그들은 죄인이며 아울러 하나님의 정죄하심을 피할 수 없다. 예수님에 대해 전혀 듣지 못한 사람이라도 피조물 속에 나타난 하나님의 빛에 바르게 반응하고, 자신의 종교에 진실하고, 다른 사람들에게 친절하다면, 하나님이 그에게 영생을 주실 것이라 주장하는 사람들이 있다. 그러나 바울은 그렇지 않다고 역설한다. 그러한 이방인은 그 자신의 도덕규범을 잣대 삼아도 여전히 죄인이며, 결국 죄인으로서 하나님의 심판과 분노에 직면할 것이다.

2:17-24. 바울은 하나님과 언약 관계에 있는 이들, 즉 유대인들의 악함으로 주의를 돌리기 시작한다. 그는 유대인들이 누렸던 특권에 주목했지만(17-20절) 또한 그 특권에 합당하게 살지 못한 그들의 실패도 눈여겨보았다. 바울의 논지는, 유대인 개개인이 도둑질을 했거나 간음을 저질렀다는 것이 아니라, 유대인 전체가(그리고 이 전체는 개개인들로 이루어져 있다) 그러한 악한 행동을 함으로써 세상에 빛을 비추는 하나님의 도구가 될 자격을 잃었다는 것이다. 그러나 더 나쁜 것은 그들의 악함으로 **하나님을 욕되게** 한(23절) 것이다. 그리스도인이라 고백하지만 추악한 삶을 사는 이방인들에 대해서도 같은 말을 할 수 있다. 그들은 당시 믿지 않았던 유대인들이 그랬던 것만큼 지금 하나님의 명성에 손상을 입히고 있다.

2:25-29. 이후의 유대인 세대들은 **할례**(25절)가 실제로 영생을 보장해준다고 보았다[참고. 고대 랍비의 주석들 *Gen R.* 48(30a); *Exo R.* 19(81c); Tanhuma B, *hayye Sarah* 60b.8]. 아마 바울 당시에도 그랬을 것이다. 할례받은 유대인이 살면서 짓는 죄는 할례의 유익을 없애버렸다. 반대로 이방인이 율법을 지키고 죄를

범하지 않았다면, 하나님의 언약 백성에게 주어진 유익을 얻을 것이다. 다시 한 번 바울의 논지를 짚어보자면, 유대인이든 아니든 불순종하면 정죄를 받고, 죄를 짓지 않고 순종하면 구원을 얻는다는 것이다(26-27절). 바울은 **무릇**(28절)으로 할례가 구원을 보장해주지 못하는 이유를 설명하기 시작한다. 바울은 2장에서만 신자들을 언급하는데, 이 경우에는 유대 신자들만을 말한다. 그의 논지는, 육체에 할례를 행해 율법의 조문을 지킨다고 해서 하나님과 올바른 관계가 맺어지는 것이 아니라, 그분이 마음에 영적인 수술을 하심으로써 올바른 관계가 형성된다는 것이다(29절). 바울이 이 절들에서 참으로 믿는 유대인들에 대해서만 말하고 있음을 주목하라. 이방인 신자들은 염두에 두지 않는다. 이방인 그리스도인이 새로운 이스라엘이라는 개념은 이 부분에서는 생소한 것이다.

3:1-2. 바울이 2장에서 말했듯이, 유대인과 이방인 둘 다 죄 때문에 같은 위험에 처해 있다면, 유대인이 되는 것에 어떤 유익이 있는가? 바울은 유대인이 이방인들보다 역사적인 이점이 있음을 인정한다. **그들이 하나님의 말씀**[히브리어 성경]**을 맡았다**는 것이 바울이 언급하는 하나의 이점이다(다른 것들에 대해서는 9:4-5을 보라).

3:3-4. 바울은, 하나님이 모든 유대인을 구원하겠다고 약속하셨다 믿는 많은 이들의 생각을 바로잡기 위해 애쓰고 있다. 이에 대응하여 바울은 하나님의 약속에는 구원의 약속만이 아니라 심판의 약속도 포함되어 있다고 썼다(참고. 신 30:15-20; 렘 16:10-15). 그는 다윗이 밧세바와의 죄를 고백하는 시편 51:4을 인용한다. 거기서 다윗은 하나님이 그 죄에 대해 그를 벌하시는 정의로운 분임을 인정했다. 유대인이든 이방인이든 죄인이 법정에 서서 변론을 할 때는 언제든, 재판관은 '항상' 의롭다 여김을 받고 재판에서 이길 것이다. '판단받으시다'라는 동사는 여기에서처럼 중간태일 때, 종종 '법정에 가다'나 '법적인 분쟁을 하다'를 의미하며, 여기서도 그런 의미인 듯하다(그래서 NIV; HCSB).

3:5-7. 바울은 가상의 상대자의 주제넘은 말에 대해 또 다른 논증을 제시한다. 이는 '디아트리베'(diatribe)라 불리는 수사학적 기교이다(5절; 디아트리베의 다른 예들로는 2:3; 3:1; 6:1-2, 15; 9:19; 11:1, 11을 보라). "나의 **불의**[도덕적 타락]는, 하나님이 도덕적으로 얼마나 탁월하시고 고결하신지를 보여준다. 그러므로 내 죄악이 하나님을 더 선하게 보이게 함으로써 그분에게 유익을 준다면, 그는 부당하지도 않으시고 불공평(이 구절에서는 **불의**를 의미하는 것 같다)하지도 않으시므로 나를 정죄하지 않으실 것이라는 생각에 어떤 사람이 반대할까!" 그러나 유대인이 이러한 논증을 사용할 수 있다면 이방인들도 그럴 수 있다. 그들의 삶도 틀림없이 더 타락했고 하나님을 더 선하게 보이도록 할 수 있기 때문이다. 그러므로 하나님이 이방인들(**세상**, 6절)을 심판하시는 것은 불공평할 것이다. 그러나 유대인들은 하나님이 이방 세상을 심판하실 것이라는 기대를 '즐겼고'(*Sir* 36:1-10), 이 점에서 바울의 말에 수긍하지 않을 것이다.

3:8. 어떤 사람들은 바울이, 하나님께 스스로를 더 영광스럽게 할 기회를 드리기 위해 더 죄를 지어야 한다고 가르친다고 비난했다. 하나님이 죄에 맞서기 위해 은혜를 더 주신다는 것이다. 이에 대해서는 5:20-6:2에서 이와 관련한 주석을 보라. 그러나 이는 바울의 견해를 잘못 표현한 것이다. 그리고 바울이 그러한 믿음을 가지고 있었다고 말하는 유대인 적대자들은 **정죄 받아** 마땅하다.

3:9-18. **우리는**[유대인들] 저들보다(이방인들) **나으냐**는 질문은 3:2에 나오는 **하나님의 말씀**을 받은 이점을 되돌아보는 것 같다. 유대인들에게는 이점이 있었지만, 거기에 적절하게 반응하지 않으면 그들이 구원이라는 면에서 이방인들보다 나을 것이 없다. 바울은 인류가 보편적으로 곤경에 빠져 있다는 주제를 뒷받침하기 위해 구약의 몇몇 구절을 짜깁기했다. 10-12절은 인류가 하나님을 거절했음을 묘사한다(시 14:1-3로부터). **하나님을 찾는 자도 없고**(11절)라는 말을 제대로 이해해야 한다. 이 말은 창조 세계에 나타난 하나님의 빛에 긍정적으로 반응하는 '누군가'에 대한 여지를 허용하지 않는다. 하나님이 사람들을 찾지 않으시면, 자유의지를 허락받은 이들 중 그분을 찾는 사람은 하나도 없다. 13-14절은 말에서 나오는 해로움을 설명하고, 15-17절은 행동에서 나오는 해로움을 설명한다. 바울은 인류의 영적 질병의 포괄성을 나타내는 구약의 몇 구절을 대충 인용한다(13절=시 5:9; 140:3b; 14절=시 10:7).

바울은 15-18절에서 이사야가 유대 백성의 죄에 대해 쓴(사 58:1, 14) 이사야 59:8을 인용함으로써 세상이 처한 곤경에 다시 한 번 그들을 포함시켰다.

3:19-20. **율법이 말하는 바**(19절)는 이방인들도 포함한다. 모든 사람이 제대로 지키지 못하는 어떤 도덕률 아래 있기 때문이다(참고. 2:12-16). 그러므로 모든 사람이 **하나님의 심판 아래에** 있다("기소되어 유죄 판결을 받을 대상이다"). **율법의 행위**에 대한 언급(20절)은 놀랍게도 논란을 많이 일으켰다. 로마서 서론의 '바울에 대한 새 관점'에 나오는 던에 대한 요약과 비판을 보라. **율법의 행위**란 사람이 하나님과 올바른 언약 관계에 있도록 율법이 요구하는 행위를 가리킨다. 바울은 3:28에서 다시 **율법의 행위**를 언급했지만, 3:27에서는 단수 명사 '행위'를 썼고, 4:2에서도 단수를 썼으며, 4:4-5에서는 어원이 같은 동사 '일하다'를 썼다. **율법의**라는 어구가 없이 쓰이는 **행위**는, 누구든 하나님과 올바른 관계를 맺거나 그 관계를 유지하기 위해 할 수 있는 일반적인 (종교적) 행위를 가리키지만, **율법의 행위**는 유대인의 관점에서 본 종교적 행위를 가리킨다. 그들은 모세율법을 기준으로 종교적 행위의 정의를 내렸기 때문이다. 율법을 행하는 것으로는 구원을 얻지 못한다. 율법을 주신 이유는 이스라엘에게 죄가 무엇인지 알려주어(**율법으로는 죄를 깨달음이라**) 하나님의 심판을 피하고, 중간에서 그분의 은혜를 세상에 알려주는 도구가 되도록 하기 위해서였기 때문이다. 모세율법 자체는 '구원'을 위한 것이 아니었다. 구원은 하나님이 아브라함과 언약을 맺으실(창 15:6) 때 하신 약속에 응하여 그분께 믿음으로 반응할 때 온다. 모세율법을 지키는 것만으로는 절대로 구원받을 수 없다(갈 3:6-4:7에 대한 주석을 보라).

II. 이신칭의: 하나님과 올바른 관계를 맺는 수단 (3:21-4:25)

A. 의는 하나님에게서 나온다(3:21-26)

3:21-26. 로마서의 논증은 **그러나 이제는**(21절, 새번역)을 시작으로 중요한 전환을 맞는다. 바울은 인류가 처한 영적으로 애석한 상황을 자세히 설명한 후에 어떻게 하나님과 올바른 관계를 맺을 수 있는지에 대한 논의를 시작했다. 율법을 지킴으로 자기 의를 확보하는 것은 아무 소용이 없다. 하나님은 오직 아들을 믿는 이들에게 자신의 의(그분의 윤리덕, 1:17에서 '의'에 대한 주석을 보라)를 주시리라 약속하셨다.

그러나 이제는은 '십자가 이후에는'이라는 시간적 의미를 내포한다. **하나님의 의**에 대해서는 1:17을 보라. 이 **의**는 항상 **율법과 상관없이**(새번역) 있다(참고. 창 15장에서 가져온, 롬 4장에 나오는 아브라함의 예). 유대인들은 구약을 잘못 해석하여 율법을 그릇된 우선순위에 두고 하나님 앞에서 의를 얻는 수단으로 여겼고, 그것을 위한 아브라함 언약의 중요성은 무시했다. 이 의는 **율법과 상관없이** 오지만 **율법과 선지자들에게 증거를 받은 것**이었다. 다시 말해, 히브리어 성경에는 믿는 이들에게 하나님이 그분의 의를 부어주심을 가리키는 예언적인 요소가 담겨 있다(바울이 참조할 구절들을 보라. 합 2:4; 창 15:6; 시 32:1-2; 렘 31:33-34; 겔 36:25-27; 사 53:4-6). **하나님의 의는 예수 그리스도를 믿음으로**[문자적으로 "예수 그리스도'에 대한'(of) 믿음/예수 그리스도'의'(of) 충만함"이다. 헬라어로는 *pisteos Iesou Christou*이다] 말미암는다(22절). 이는 신자들이 '예수 그리스도를 믿는 믿음'(목적 소유격, 전통적인 견해)을 의미하거나, 십자가에서 죽으신 '예수님의 신실하심'(주격 소유격)을 의미한다. 두 번째 견해도 반대까지는 아니지만, 구문론으로 볼 때는 적절하지 않다. 전통적인 견해가 더 바람직하다. 보통 '피스티스'(*pistis*, 믿음)는 한 사람이 누군가를 의지하는 것을 가리키며, 문맥이 명쾌할 때에만 '신실함'이라는 의미로 쓰인다. 또한 '믿음'이라는 단어 다음에 삼위일체 중 한 위격이 소유격으로 나오는 비슷한 구조를 가진 구절들이 있는데, 거기서 믿음은 신성을 가지신 분에게로 향해 있지, 신성을 가진 이의 '신실'을 가리키지 않는다(참고. 막 11:22; 행 3:16; 빌 1:27; 골 2:12; 살후 2:13; 약 2:1; 계 2:13). **그리스도를 믿음**이라는 어구는 예수님을 믿음의 대상으로 이해해야 함을 시사한다. 뿐만 아니라 문맥상으로 확실한 증거가, 이는 예수 그리스를 믿는 신자들의 믿음을 가리킨다는 견해를 지지한다(3:22c, 26-28 그리고 4장 전체; 갈 2:16). '그리스도에 대한 믿음'이 목적 소유격이라면 **모든 믿는 자**는 불필요한 중복이 아니다. 이 어구는 모든 민족의 각 개인들이(유대인과 이방인, **차별이 없다**) 믿음으로 구원받을 수 있다는 요점을 더해주기 때문이다. **차별**이 없다는 것은, 그리스도를 믿음으로 받는 구원하고만 관련이 있는 것이 아니라, 죄의 결과와도 관련이 있다(23절). **이르지 못하더니**란 '부족함'(고전 1:7; 8:8)을 의미한다. 바울은 하나님의 영광을 종종 계시된 하나님의 완전함과 그분의 불멸성과 연결시킨다(롬 1:23; 2:7-10; 5:1-5; 딤전 1:17). 따라서 **하나님의 영광**에 이르지 못한다는 것은, 죄로 인해 아담과 그의 후손은 하나님의 영원한 광채를 박탈당했음을 가리키는 것 같다. 그러나 초기(신구약 중간기) 유대교에 따르면, 아담은 하나님의 형상으로 지음 받은 자로서 그 자신의 특별한 영광을 소유하고 있었다. 타락으로 인해 그 특별한 영광을 잃어버렸지만(*Apoc. Mos.* 20:2; 21:2, 6; 2 *Apoc. Bar.* 56:5-6; *Gen. Rab.* 12.6.1), 하나님은 장차 의로운 이들에게 그 영광을 회복시켜주실 것이다(CD 3:20; 1QS 4:6-8, 14-15, 22-23; *4 Ezra* 2:39; 7:97-98; 8:51-52; *2 Apoc. Bar*. 51:3, 10; *1 Enoch* 108:12-15; 롬 8:30). 그러나 초점은 '하나님'의 영광에 있다.

의롭다 하심을 얻은(24절)은 22b절과 연결되는 것 같고, 23절이 '차별이 없는 것'의 어두운 면을 본 반면, 이는 '차별이 없는 것'의 긍정적인 면을 반복해서 말하는 것 같다. **의롭다 하심**[*dikaioo*, 디카이오]이라는 동사는 재판 용어로, 어떤 기소를 당했든 간에 판사가 그 사람의 무죄를 선언하는 경우에 사용했다. 죄인은 하나님의 법을 어긴 죄로 마땅히 기소당한다. 그러나 죄인이 구원받기 위해 그리스도를 믿을 때 하나님은 그에게 죄가 없다고 선언하실(즉 그분은 그들을 '의롭다 하신다', *dikaioo*)뿐 아니라, 그리스도를 통해 그분과 맺은 관계로 인해 기준을 지킨 자라 선언하신다(8:4; 고후 5:21). 이러한 하나님의 선언으로, 그 죄인은 하나님과의 관계를 '바로잡고' 재판관 하나님이 내리신 호의적인 판결에 기초하여 '의'[디카이오수네(*dikaiosune*), '의롭다 하심을 얻는다'라는 디카이오와 어원이 같은 단어]의 지위를 얻는다. 이는 법적으로만 그렇게 간주되는 것이 아니다. 재판관이 범죄자로 기소당한 한 개인을 무죄라고 선언할 때, 그 선언은 기소당한 그 사람에게 엄청난 영향을 미친다. **은혜**란, 한 후원자가 다른 사람에게 호의를 베푸는 자애로운 성품이다. **속량**은 '몸값을 지불함으로써 누군가를 자유롭게 해주는 행동'을 의미하며, 이는 주인이 종에게 자유를 줄 만큼의 돈을 지불할 때 사용했다. 신자들의 몸값으로 예수님의 피를 지불했다(엡 1:7에 대한 주석을 보라). **화목제물**(25절)에는 대개 신적 존재의 진노를 막는 희생 제물이 포함되어 있었다. 그러나 70인역에서는 이 단어를 그 위에 피를 뿌림으로써 죄 사함을 받고 진노를 막는, 언약궤의 뚜껑인 '속죄소'를 가리킬 때 사용했다(참고. 레 16:2, 13-15). 속죄소가 아니라 예수님의 피투성이 십자가가 계속해서 하나님의 진노를 달래는 역할을 한다. **믿음**은 '어떤 사람의 말이나 행동을 포함하여 그 사람을 의지하는 것'을 의미한다. 죄를 사함 받기 위해 예수 그리스도만 의지할 때 그는 하나님으로부터 의롭다 하심을 받는다. 예수님은 하나님의 **의로우심**(1:17에 대한 주석을 보라)을 **나타내려**고(혹은 '증명하려고') 죽으셨다. 하나님의 의로우심은 25-26절에서 더 좁은 의미로, 그분의 도덕적 성품의 한 면인 정의나 공정함을 가리킨다. 그리고 그것이 밝히 드러나야 했다. 재판관이 범죄자에게 유죄 판결을 하지 않고 풀어주었거나, 대신 그 범죄자의 애완견을 감옥에 보냈다면, 그 재판관은 불의하고 불공평하고 정의롭지 못할 것이다. 그러나 구약에서 하나님은 죄인들을 용서하시고 동물들을 그 죄에 대한 희생제물로 삼겠다 하셨다(레 16장; 참고. 히 9:15; 10:4에 대한 주석을 보라). 예수님의 죽음이 하나님의 **의로우심**을 지키지 않았다면, 그렇게 하신 하나님은 불의하신 분일 것이다. 예수님이 죽으심으로 하나님은 **자기의 의로우심**을 그대로 유지하시면서 죄에 대한 분노를 터뜨리셨고, 아들의 속죄 사역을 구약의 성도들에게 적용하셨다. 이를 근거로 그들은 용서를 받았고 그분은 계속해서 **의로우심**을 유지하셨다. 이 모든 것은 구약의 성도들에게뿐만 아니라 **지금 이때**(26절, 새번역)에도 적용된다. 예수님의 죽음으로 하나님은 여전히 **의로우시지만**, 오늘날 예수님을 믿는 죄인들을 용서하시는 것도 가능해졌다(그분은 여전히 **의로우시며** 또한 **예수 믿는 자를 의롭다 하려** 하신다).

B. 의는 믿음으로만 가능하다(3:27-4:25)

3:27-31. 이 절들에서 바울은 3:21-26의 내용에서 논리적으로 귀결되는 원리를 제시하며, 4장에서는 아브라함의 구체적인 예로 그 원리를 실증한다. 이어지는 도표에 그 상관관계를 제시했다.

원 리	그 원리에 대한 구체적인 실례
3:27 자랑은 있을 수 없다.	4:1–3 아브라함은 자랑할 것이 없다.
3:28 행위가 아니라 믿음으로 의롭다 하심을 받는다.	4:4–8 아브라함은 행위가 아니라 믿음으로 의롭다 하심을 받았다.
3:29–30 하나님은 믿음을 보시고 모든 이를 의롭다 하신다.	4:9–12 아브라함은 하나님이 믿음을 보시고 모든 사람을 의롭다 하심을 보여준다.
3:31 믿음이 율법을 '세운다'.	4:13–25 아브라함의 믿음이 율법을 '세웠다'.

칭의가 하나님의 은혜에서 나오는 선물이라면(3:22-26), 사람이 그것을 얻거나 유지하는 자신의 능력을 **자랑**하는 일은 **있을 수가 없다**(27절)는 것이 이치에 맞다. **법**이라는 단어가 좀 모호하지만 여기서는 비유적인 의미('근거, 규범, 기준, 원리')일 뿐, 구약의 율법을 가리키는 것 같지는 않다. 29-30절에서 바울은 유일신론을 언급함으로써 구원에 이르는 유일한 한 가지 길에 대한 자신의 논증을 강화했다. 칭의가 유대 율법으로만 가능하다면, 하나님은 유대인만의 하나님이며, 이방인은 그분과의 관계에서 배제된다. 그러나 구원은 믿음을 통해 은혜로써 얻는 것이므로, 여기에서 질문이 생긴다. "믿음으로 말미암아 율법을 파기하느냐?"(31절) 바울이 **율법을 굳게 세우느니라**라는 말을 무슨 의도로 했는지에 대해서는 논란이 있지만, 하나님이 약속하신 모든 복을 누릴 수 있는 유일한 길은 오직 믿음뿐이다. 율법이 그 복들을 증언했지만(3:21), 그것은 율법을 지키는 것으로 얻을 수는 없다(참고. 3:19-20; 4:13-15). 믿음이 **율법**을 굳게 세우기는 하지만, 31절을 인용하여, 믿음이 율법을 무효화하지 않으므로 율법이 여전히 구속력 있다는 생각을 지지할 수는 없다. 오히려 믿음은 모세오경의 가르침을 무효화하지 않고, 사실 믿음으로 의롭다 하심을 입는다는 내용이 포함되어 있는 그 율법의 가르침을 굳게 세운다. 그 내용은 아브라함과 관련한 율법의 가르침에 분명히 나와 있다(참고. 창 15:6; 롬 4:1-22).

4:1-3. 바울은 4:1부터 시작해서 믿음을 자랑해서는 안 된다는 3:27에 나오는 원리의 실례로 아브라함을 제시한다. **육신으로**(1절)라는 어구는 아브라함이 유대인의 육체적인 **조상**임을 의미한다. '육체의 영역'에서 구원과 관련된 그 무엇을 발견했다고 언급하는 것은 아니다. 바울은 아브라함을 3:27-31의 원리에 대한 실례로 쓸 때, 창세기 15:6(롬 4:9, 22)을 몇 차례 언급한다. **그에게…여겨진 바 되었느니라**(3절)라는 어구는 "어떤 사람의 유익을 위해 '그가 갖고 있지 못한' 무언가를 부여하다"라는 뜻의 히브리어 어구[하샵(*hashab*) 다음에 전치사 *le*가 붙은 것]를 번역한 것이다[참고. 레 7:18; 민 18:27, 30; 삼하 19:19(MT 19:20); 시 106:31(MT 106:30)]. 하나님은 아브라함이 하나님이 받으실 만한 이가 되도록 그를 **의**롭다고('윤리적', 1:17에 대한 주석을 보라) 여기셨다. 믿음은 하나님과 바른 관계를 맺게 해 주는 행위가 아니다. 믿음은 '다른 사람의 행위'(십자가를 진 그리스도의 행위)에 의지하는 것이며, 하나님이 주시는 선물이다(행 18:27; 엡 2:8; 빌 1:29).

4:4-8. 여기서 바울은 믿음으로 의롭다 하심을 받는다는 3:28의 원리를 탐구한다. 행위에 따라 구원의 여부가 결정된다면(4절), 이는 구원에 따르는 어떠한 '보수'를 우리가 치르기를 하나님이 바라신다는 의미가 된다. 그러나 바울은 앞에서 **의로 여겨지는** 것은 선물(5절)이라고 분명히 했다(3:24). 시편 32편과 창세기 15장 둘 다 같은 히브리어 동사 '하샵'(*hashab*)을 사용하는데, NASB에서는 이를 다르게 번역했다[창 15:6에서는 '여겨졌다'(reckoned)로, 시 32:2a에서는 '(죄를) 지우다'(impute)로 되어 있다]. 바울은 일반 원리를 논증하기 위해 공통된 단어(여기서는 '여겨지다')가 있는 구절들을 연결시키는 랍비식의 해석 방식[게제라 세바(*Gezerah Shevah*)라고 불리는]을 사용했다. 하나님이 아브라함의 믿음을 근거로 그를 의로 여기셨다면, 다윗도 하나님이 그를 의로 '여기실' 혹은 '간주할' 믿음을

가졌음에 틀림없다. 바울은 의롭다 여기심을 받는 데에는 죄 사함 또한 포함한다는 것을 강조하기 위해 시편 32:1-2을 인용한다. 이는 창세기 15:6에서는 찾을 수 없는 점이다.

4:9-12. 바울은 3:29-30에 있는 또 다른 원리를 분석한다. 그것은 하나님이 모든 사람(유대인과 이방인)을 믿음으로 의롭다 여기신다는 것이다(9절). 아브라함은 이방인(**무할례**)이었을 때 의로 여겨졌다(10절). 더 나아가 **할례의 표**(11절)를, 아브라함이 **믿음**으로 의롭다는 지위를 얻은 **인**[증거 혹은 무언가를 비준하는 것; 고전 9:2]으로 묘사한다. 아브라함의 믿음이 그의 할례보다 먼저 있었다(창 15:6과 창 17:9-14 비교). 할례는 그의 의에 아무런 기여도 하지 못했다. 할례는 (인간의 노력과는 별개로) 하나님이 그분의 약속을 성취하실 것이라는, 아브라함이 그분을 믿었다는, 하나님이 아브라함의 믿음을 근거로 그를 의롭다 여기셨다는 표였다. 아브라함이 이방인이었을 때 구원받았으므로 그는 믿는 이방인들의 영적 조상이다. 또는 그는 할례 받은 신자였으므로, 믿는 유대인들의 조상이기도 하다(12절).

4:13-17. 3:31에서 바울은 믿음이 율법의 진정한 가르침을 굳게 세운다는(그 부분의 주석을 보라) 원리를 제시했고, 4:13-25에서 그것의 실례를 보여준다. **율법으로 말미암은 것이 아니요**(13절c)에 대해서는 14-17절에서 전개하고, **믿음의 의**(13절d)에 대해서는 18-25절에서 전개한다. **아브라함…에게…하신 언약**(13절; 창 12:1-3)은, **율법**(14절)을 행하는 것으로는(그것을 수단으로) 절대 성취할 수 없다. 모든 사람이 율법에 순종하지 못함으로 하나님의 진노의 대상이 된다(15절). 그러므로 약속을 받는 것이 율법을 지키는 능력에 달려 있다면, 계획 전체가 불행한 결말을 맞을 것이다. **율법이 없는 곳에는 범법도 없느니라**라는 구절은, 약속을 얻는 일이 율법을 통해 오지 않는 이유에 관한 바울의 설명을 이어간다. 여기서 그의 논지는 3:20("율법으로는 죄를 깨달음이라")의 논지와 유사하다. 율법은 하나님의 약속을 쉽게 성취하기 위해서가 아니라, 어떤 것이 **범법**['법이나 관습에 의도적으로 불순종하는 행위'] 인지 규정하기 위해 있다. 바울의 말은 율법이 없을 때 죄도 없고 심판도 없다는 의미가 아니었다(참고. 2:12-16; 5:13-14에 대한 주석). 그는 율법의 기능을 설명했고, 그 기능은 그것을 하나님의 약속과 대립시키는 것이다. **이런 까닭에**(16절, 새번역) **약속**은 **은혜로 주셔서**(새번역) **믿음**으로 실현된다(3:21-26을 보라). **이는** 하나님이 세우신 계획의 목적을 제시한다. 하나님은 율법에 순종함으로써가 아니라 믿음을 통하여 은혜로 구원을 이루고자 하신다. **모든 후손**, 유대인과 이방인에게 똑같이 약속이 이루어지도록 하신다는 것이다. 17절은 아브라함이 한 민족 유대인의 조상이자, **많은 민족**[창 17:5을 인용하며]의 조상임을 보여준다. 이는 영적인 하나님의 백성이 하나뿐이라고 말해주지만, 그렇다고 해서 혈통의 차이 자체가 없어지지는 않는다. 아브라함이 믿은 **하나님은 죽은 자를 살리시**는 분이다. 이는 아브라함과 사라에게 생식 능력이 없었던 것을 가리키는 듯 보이지만, 죽은 자의 부활, 특히 예수님의 부활(24절)에 대한 섬광을 포함할 수도 있다. 하나님은 **없는 것을 있는 것으로 부르**신다. 이는 이스라엘이라는 위대한 민족과 이스라엘이 전 세계에 미치는 영향력을 가리키는 것으로, 하나님이 아브라함에게 약속을 하실 때는 아직 현실이 되지 않았다.

4:18-25. 바울은 하나님의 약속을 얻는 일은 '율법으로 말미암는'(13c절; 참고. 14-17절) 것이 아님을 확고히 한다. 그런 다음 그는 18-25절에서 약속이 '믿음의 의'(13d절)를 통해 온다는 생각을 전개시키며, 17-21절에서는 '믿음'을, 22절에서는 '의'를 강조한다. **바랄 수 없는 중에 바라고**(18절)란, '아브라함이 인간의 기대와는 정반대를 바랐다'는 의미이다. 19절은 18절에 대한 설명이다. **자기 몸이 죽은 것 같고 사라의 태가 죽은 것 같음**이라는 어구를 보면, 바울이 17절에서 **죽은 자를 살리시**는 하나님에 대해 했던 말이 떠오른다. 어떤 사람은 바울에게 반박하며, 아브라함은 의심하며 흔들렸다고 말할지도 모른다(20절). 그러나 그는 사라가 아들을 낳으리라고 하나님이 분명히 말씀하신(창 17:19) 후에는 흔들리지 않았다. **견고하여져서**보다는 '강해져서'가 더 좋은 번역일 것이다. **확신하였으니**(21절)에는, 하나님은 약속하신 바를 이루실 수 있는 그런 하나님이라는 아브라함의 확신이 담겨 있다.

바울은 22절에서 시작하여 '의'라는 주제에 대해 창세기 15:6c을 분석한다. 22절에 대해서는 4:3에 대한 주석을 참고하라. 바울은 23-25절에서 아브라함의 경험이 그 자신을 넘어 다른 이들과도 관련이 있음을 보여준다. 신자들은 아브라함과 동일한 믿음 그리고 동일한 믿음의 대상(하나님)을 가진다. 하나님과 올바른 관계를 맺는 데 율법을 지키는 행위는 아무런 영향을 끼치지 못하는 것도 둘 다에게 같다. 그리스도인들은, 아브라함과 사라의 몸을 되살리심으로 '죽은 자를 살리신' 하나님을 믿었던 아브라함처럼, **예수 우리 주를 죽은 자 가운데서 살리신 이를 믿는다. 우리를 의롭다 하시기 위하여 살아나셨**다는 것은, 부활이 없이는 누구도 예수님의 죽음이 신자들의 **범죄**에 대한 값을 지불하셨음을 알지 못한다는 것과, 이제 그들은 **의롭다** 하심을 받았다는 것을 의미한다.

Ⅲ. 많은 복: 하나님과 올바른 관계를 맺을 때의 결과 (5:1-8:39)

A. 그리스도인들은 하나님 안에서 자랑할 수 있다 (5:1-11)

5:1-8:39에서 바울은 의롭다 하심을 받은 신자들에게 주어지는 혜택에 관해 이야기한다. 이 부분은 로마에 있는 신자들에게 자신의 스페인 사역을 후원하도록 동기를 부여하려는 그의 목적과 잘 들어맞는다. 믿지 않는 이들에게는 이러한 특권이 전혀 없으므로, 로마의 신자들은 그들에게 복음을 선포하려는 바울을 도와주어야 한다.

5:1-2. **그러므로**(1절) 3:21-4:25에서 추론한, 신자는 **하나님과 화평을 누린**다는 사실을 소개한다. **누리자**라는 동사와 관련된 사본상의 문제가 있기는 하지만 ['우리가 누린다'라는 직설법인지, 청유형(명령형) 가정법 '누리자'인지], 아마 직설법일 것이다. 바울은 로마서 6장에서 명령을 시작한다(신자들에게 청유형 가정법을 쓴 경우로는 롬 13:13; 14:13, 19을 보라; 6장부터 22개의 명령형 동사가 있다). 그 이전 장에는 없다(잘못된 생각을 한 사람의 말에 나오는 3:8의 청유형 가정법과, 순전히 수사학적인 3:4의 명령법을 제외하면). 바울은 **하나님과 화평을 누리**도록 애쓰라고 권고하기보다는, 로마서 전반부에서 아주 두드러진 교리적인 진술을 계속한다. 하나님은 그분이 **의롭다 하신** 이들과 평화를 확립하셨다. **하나님의 영광**(2절)에 대해서는 3:23에 대한 주석을 참고하라.

5:3-5. 바울은 이러한 사슬(인내, 연단, 소망)이 완성되리라는 믿음을 가져야 한다고 전제했을 가능성이 있지만, 여기서 그에 대해 아무런 언급도 하지 않았으며, 본문을 그렇게 해석해서는 안 된다. 그의 논지는 로마서 8:29-30과 비슷하게, '하나님이' 환난을 통해 기독교적 **인내**와 **연단**(4절)과 **소망**(4절)을 낳으시리라는 것 같다.

5:6-10. 6절에서는 하나님이 그리스도의 사랑을 통해 어떻게 그분의 사랑을 부으셨는지에 대한 설명을 시작한다. **의인**과 **선인**(7절)의 차이는, **선인**은 다른 사람에게 유익한 무언가를 실제로 한다는 것이다. 나는 나에게 잘해주는 사람을 위해 죽을 수는 있을 것이다. 하지만 아무리 의롭다고 해도 나를 위해 아무것도 해주지 않는 이를 위해 죽지는 않을 것이다. 만약 하나님이 '중대한' 무언가를 하셨다면(죄인들이 **그의 피로 말미암아 의롭다 하심을** 받은 것, 9절, 이는 **원수**가 **하나님과 화목하게** 된 것과 병행된다, 10절), 그분이 '다소 덜 중요한' 일도 하시리라 기대할 수 있다[죄인들을 **진노하심에서** 구원하시는 것(9절), 이는 **그의 살아나심으로 말미암아 구원**하시는 것과 병행한다(10절)].

5:11. 신자들은 '하나님의 영광'(2절)과 환난(3절)뿐 아니라 **하나님 안에서** 자랑한다.

B. 그리스도인들은 안심하고 살 수 있다(5:12-21)

앞에 나온 내용과의 관련성이 명확하지는 않지만, 바울은 5:1-11에서 자세히 설명한 소망의 근거를 제시하는 듯하다. 신자가 소망을 가질 수 있는 까닭은, 예수님이 아담의 타락으로 인한 부정적인 결과를 뒤집으셨기 때문이다.

5:12. '…들어왔나니'는 이어지는 '이와 같이'(*kai houtos*, 카이 호우토스)로 결론을 이어간다. '원죄'라는 단어를 사용한 것은, 모든 사람이 아담 안에서 아담과 함께 죄를 지었으므로 아담의 죄와 죄책이 우리의 죄와 죄책이라는 것을 설명하기 위해서이다. 다만, 바울이 원죄에 대해 가르치는 것 같지는 않다. 몇 가지 이유가 있다. 첫째, **모든 사람이 죄를 지었으므로**[*eph' ho*, 에프 호]라는 어구는 '~에 근거하여'라는 의미이며, 아담의 행위 때문에 영적 죽음의 상태, 육체적 죽음이 들어왔으므로 모든 사람이 죄를 지음을 알려준다. 둘째, **죄를 지었으므로**라는 동사는 의도적이지 않은 죄나 대

리인 자격으로 범하는 죄가 아니라, '항상' 개인의 의도적인 행위를 가리킨다. 셋째, **죄를 지었으므로**라는 동사는, 과거에 일어났던 행동이 아니라 으레 일어나는 행동에 대한 일반적인 진리를 묘사하는, '격언적' 표현인 듯하다(2:12; 3:23을 보라. 여기서도 '죄를 짓다'라는 동사를 사용하지만 격언적인 의미가 있다).

5:13-14. 13절에서 바울은 모세율법이 존재하지 않았던 시절에 죄를 지을 수 있었음을 설명한다. 아담과 모세 사이에 죄가 **세상에 있었**다(13절)는 것은, 사람들이 고의적인 죄 때문에 홍수로 죽었다는 사실로 알 수 있다. **율법이 없었을 때에는 죄를 죄로 여기지 아니하였느니라**라는 말로 바울이 말하고자 하는 바는, 3:20과 4:15에서와 거의 똑같다(4:15에 대한 주석을 보라). 사람들은 명백한 명령을 분명하게 위반하지 않았을 때조차도 죄를 범하고 하나님의 진노를 겪을 것이다(2:12-16에 대한 주석을 보라). '죄로 여기다'는 상업적인 용어로, '집계하다', '계산하다', 혹은 심지어 '장부에 달아놓다'로 하는 것이 더 나은 번역일 것이다(참고. 몬 1:18). 율법은 죄를 **범죄**['범법'이 더 나은 단어이다. 4:15과 같은 단어]로 만든다(14절). 이는 죄와 죄의 결과를 강화시킨다. '그러나 율법이 죄를 야기하지는 않는다.' 죄의 기원은 아담에게 있지 율법에 있지 않다. **아담의 범죄와 같은 죄를 짓지 아니한 자**들이라는 어구는, 일반적으로 상상하듯 바울이 '원죄'에 대해 가르치는 것이 아님을 시사한다.

아담은 분명한 명령을 지키지 않았다. 아담과 모세 사이에 있는 이들은 그렇게 하지 않았다. 그들은 아담 안에서 아담과 함께 죄를 짓지 않았다. 신학적으로 **모형**은, 당시의 역사적 상황에서 유용한 기능을 했던 구약의 사람 혹은 물건, 사건이다. 그러나 더 위대하고 더 영적으로 강력한 상황이나 사람을 예시하기 위해 하나님이 계획하신 것이기도 했다. 이 경우에 아담은 인류의 창시자 역할을 했고 그의 행동이 인류에게 심원한 영향을 끼치므로 그리스도의 '모형'이었다. 물론 예수님은 아담보다 우월한 '모형'이다.

5:15-19. 여기서(15-17절) 바울은 아담과 예수님의 '차이들'을(**이 은사는 그 범죄와 같지 아니하니**, 15절) 보여준다. 그 차이들은 예수님과 비교되는 아담이 행한 행동의 결과에서 나타난다. 18-19절에서는 예수님과 아담의 '유사성들'을 보여준다. 그러한 유사성들은 첫 번째 아담과 두 번째 아담이 한 행동의 결과에서 포괄적으로 찾을 수 있다.

바울은 원죄에 대해 가르치는 것도 아니고, 그리스도의 의가 전가되는 것에 대해서도 가르치지 않는다. 그는 아담의 죄가 '어떻게' 인간을 오염시켰는지, 그리스도의 의가 '어떻게' 신자들에게 적용되는지 전부 제외시킨다. 그는 그저 아담의 죄가 그 안에 있는 모든 이를 '오염시켰고', 그리스도의 선물이 '그분 안에 있는' 이들을 위해 그것을 역전시킨 사실만을 말한다. 이는 신자들이 내세울 엄청난 자랑거리이다.

5:20-21. 바울은, 율법을 죄를 식별할 때 정보를 제공하는 것으로만 여긴다(참고. 3:20; 4:15; 5:13). 그리고 그렇게 식별하는 과정에서 결국 죄가 더욱 강화된다. 이것이 아마 **범죄**에 대한 지식을 **더하게 하려** 한다는 말의 의미일 것이다(참고. 또한 갈 3:19). 한편 로마서 7:7-13을 보면, 율법은 죄를 양적으로 증가시키기도 한다. 바울의 논지는, 아담 때문에 인류에게 죄가 들어온 이후에 주어진 율법이 전혀 상황을 호전시키지 못했다는 것이다. 하나님의 풍성한 **은혜**만이, 믿는 이들에게 **영생**을 줄 수 있다.

C. 그리스도인들은 죄의 전제 통치에서 벗어난 삶을 살 수 있다(6:1-7:25)

6:1-2. 하나님이 은혜를 풍성하게 주심으로(5:20) 영광을 받으시도록 하기 위해, 혹은 신자가 은혜를 더 깊이 체험하기 위해 계속 죄 가운데서 사는 것이 타당하다고 잘못 생각하는 사람이 있을 수 있다. 바울은 영적으로 둘 다 가능하지만, 도덕적으로는 둘 다 이성적이지 못하다는 것을 보여준다. 죄는 신자의 삶을 망치기 때문이다. **죄에 대하여 죽은**(2절)이란, 예수님이 십자가에서 죽으셨을 때(참고. 6:10), 신자는 영적이지만 진정한 의미에서 그분과 함께 죽었음을 가리킨다(참고. 갈 2:19-20; 골 2:20; 3:1-3; 딤후 2:11; 벧전 2:24에 대한 주석).

6:3-4. **합하여**에는, 세례가 특히 그리스도 예수와 '관련한' 세례, 또 훨씬 좁게는 그의 죽으심과 관련한 것임을 가리키는 지시적 의미가 담겨 있다. 바울은 4절에서 세례와 구원 체험을 밀접하게 연결시키지만, 세례를 받았다고 해서 구원받는 것은 아니다. 세례는 그리

스도인의 회심에서 그리스도와 연합한 측면, 특히 그리스도의 죽으심 안에서 그분과 연합한 측면을 묘사한다. 세례는 구원받는 믿음을 외적으로 표현한 것이며, 그리스도와 함께 죽는 것에 대한 엄숙한 상징이다. 이는 우리로 **또한 새 생명 가운데서 행하게** 하기 위해 하나님이 하시는 일이다(4절; 참고. 7:6, 여기서는 성령이 이 '새로운 것'을 주신다고 말한다).

6:5-7. **그의 죽으심과 같은 모양**은, 신자가 그리스도와 함께 죽는 체험이 그분의 죽으심과 똑같은 것이 아님을 나타낸다. 신자는 육체적으로 십자가에서 죽는 것이 아니라, 그리스도를 믿을 때 그리스도의 죽음이 주는 혜택을 체험한다. 이러한 그리스도와의 연합은 장차 신자가 그분과 함께 **부활**할 것을 보증한다. **옛 사람**(6절)은 죄 된 옛 본성을 가리키는 것이 아니다. 왜냐하면 바울은 이 단락에서 십자가에 못 박힌 것은 신자의 '본성' 즉 일부가 아니라, 전인(全人)임을 분명히 하기 때문이다. 이는 그 신자가 아담 안에, 죄의 지배하에 있었음을 가리킨다. 그 사람은 예수님의 십자가에서 그분과 함께 못 박혀서 더 이상 존재하지 않는다. 그 신자는 이제 더 이상 죄 아래 '아담 안에' 있지 않고, '그리스도 안에' 있다. **죄의 몸**은 죄의 소유가 되어 죄의 지배와 다스림을 받던 신자의 몸을 가리킨다. **죽어**란, '무력한 상태가 되다'라는 의미이다. 결과적으로, 죽은 종은 더 이상 종이 아니므로(7절), 신자들은 더 이상 **죄에게 종노릇 하지** 않는다.

6:8-10. 신자는 예수님의 죽으심 안에서 그분과 연합했다. 그 죽으심은 죄의 세력을 부수는 것과 관련하여 겪은 죽으심이다(**그가…죄에 대하여…죽으심**, 10절). 예수님은 죽은 자 가운데서 살아나셨고, 신자는 그 점에서도 그분과 연합하였다. 예수님의 상태가 되돌릴 수 없는 것이라면(예수님은 **다시 죽지 아니하시고 사망이 다시 그를 주장하지** 못한다, 9절), 신자의 상태 역시 되돌릴 수 없다. 죄는 더 이상 신자를 지배하는 주인이 아니다.

6:11. 여기서 바울은 처음으로 진짜 명령을 하는데, 이는 로마서 전체에 최우선으로 적용할 만한 주제이다. **여길지어다**란, 무언가를 '~로 간주하다, 추정하다, 추산하다. 고려하다, ~라고 생각하다'라는 뜻으로, 여기서는 '한 사람이 가진 사실에 근거한 신중하고 냉철한 판단'을 의미한다. 신자는 에베소서 4:22과 골로새서 3:9(그곳의 주석들을 보라)에서 그런 것처럼, '옛 죄된 본성을 죽이라'는 명령을 받는 것이 아니다. 이는 회심의 순간에 하나님이 그에게 하신 일이기 때문이다. 오히려 신자들은 이러한 심원한 사실을 이해하라는 명령을 받는다. 그렇게 하지 못하는 것 또한 죄이다(참고. 약 4:17).

6:12-14. 바울은 계속해서 이 진리들을 적용한다. 앞에서는 **죄**를 노예를 부리는 주인으로 의인화했다면, 여기서는 **지배**하는(12절) 왕으로 의인화했다. '내주다'는 70인역에서 상급자를 섬기는 경우에 사용했다(왕상 10:8; 왕하 5:25; 잠 22:29). 그리스도인들은 더 이상 아담 안에, 노예 주인인 죄의 폭정 아래 있지 않고, 대신 이제 그리스도 안에, 충성을 다해야 하는 하나님의 다스림 아래 있다. 14절은 7장에서 자세하게 전개된다(그곳의 주석들을 보라).

6:15-20. 신자가 **법 아래에 있지 아니하**므로, 살고 싶은 대로 자유롭게 살 수 있다고 생각하는 사람이 있을지 모른다. 그러나 죄를 위해 사는 삶은 결국 **사망**으로 이어진다(16절). 많은 이들이 바울이 여기서 영원한 죽음을 가리키며, 그리스도인이라 고백하지만 죄 가운데 사는 이는 그리스도인이 아니라고 믿는다. 이런 생각도 가능하지만, 사람들이 생각하는 것처럼 바울이 여기서 종말론에 중점을 둔 것 같지는 않다. 바울은 회심 이전 신자의 경험과 회심 이후 그 삶이 어떠한지, 혹은 '어떠해야 하는지'를 왔다 갔다 하며 검토한다. **사망**은 구원받지 못한 이들의 경험이지만, 바울의 말에는 신자를 향한 경고 역시 암시되어 있다. 이 절에서 **사망**은 진정한 신자가 경험할 수 있는 것이며, 이는 신자를 영원히 지옥에 두는 것이 아니라, **부정**[도덕적 추잡함]과 **불법**[혹은 무정부 상태, 19절]과 수치(21절)를 낳는다. 믿지 않는 이가 자신의 죄로 인해 영원한 정죄를 받는 것은 사실이며, 그는 또한 이생에서도 이러한 실제적인 결과를 경험한다. 신자라 해도 역시 그러하며, 그것이 여기서 바울이 말하고자 하는 논지이다. 그리스도인이 믿지 않는 이처럼 죄 가운데 사는 것은 도덕적으로 어리석으며, 그렇게 하는 신자는 이생에서 믿지 않는 이들이 받는 것과 같은 종류의 '사망', 다시 말해, 부정, 무질서, 수치를 당하게 될 것이다.

6:21-23. **열매**[benefit, 21절]는 문자적으로 '과실'(fruit, 참고. 7:4)이다. 그리스도인들이 믿지 않는 이들처럼 행한 것을 **부끄러워하**는 것은 마땅하다. 신자들이 그렇게 하는 이유가 무엇인가? 21절에서 죄악 된 비그리스도인의 삶의 **열매**는 수치와 **사망**이었다. 그러나 하나님이 신자를 죄에서 자유롭게 하실 때의 그 결과는, **거룩함에 이르는** 것(이생에서 좀 더 거룩하게 되는 과정)과 궁극적으로 **영생**이다(22절). 신자건 아니건, 어떤 사람이 죄를 지으면 그는 **사망**에 이르고, 이는 마땅한 결과이다. 이 사망은 6:19-21에서 바울이 명시했듯이 이생에 오는 도덕적 타락과 고생이다. 그 사람이 받을 만한 것과는 대조적으로 하나님은 신자들에게 값없이 **영생**을 주신다.

7:1-4. 로마서 7장에서 바울은 6:14에서(그곳의 주석을 보라) 시작한 주제를 전개해나간다. 모세율법이든 다른 법이든, 법은 살아 있는 동안만 사람을 **주관한다**(1절). 그러나 바울은 신자는 그리스도와 함께 죄에 대해 죽었다고 썼다(6:2, 6, 8, 11; 그곳의 주석을 보라). 그 죽음은 또한 율법에 대한 죽음이었다(2-4절). 간혹 바울이 죽음만이 결혼 관계를 끝낸다고 말했다는 것을 근거로 들면서 이혼은 모두 잘못되었다는 개념을 뒷받침하는 근거로 이 구절을 인용하곤 한다. 로마서 7:1-4을 이런 식으로 이해할 수는 있지만, 예수님이 그러셨듯이(마 19:1-9에 대한 주석을 보라) 바울 자신도 이혼을 허용하는 듯 보이므로(고전 7:12-16) 그것은 그럴 것 같지 않다. 더욱이 바울은 그저 결혼, 배우자의 죽음, 이혼을, 그리스도와 함께 죽어 죄에서 자유롭게 되는 것에 대한 실례로 사용한다. 바울은 이혼에 대한 의무적인 가르침을 주려는 것이 아니었다. 그러므로 이 본문을 이혼에 대한 바울의 대표적인 입장이라 이해하는 것은 문제의 소지가 있다.

7:5-6. 이 두 절은 7장 나머지와 8장을 미리 보여준다. 이는 특히 7장을 제대로 이해하는 데 아주 중요하다. **육신**(5절)은 죄를 지으려는 성향에 기여하는 인간 속성의 복합체로, '죄악 된 옛 본성'으로도 알려져 있다. **육신**은 뒤이어 나올 때에도[7:14, 18, 25; 8:3(첫 번째 나올 때), 4, 5(2회), 6, 7, 8, 9, 아마도 12, 13] 이러한 의미를 지니며, 이 절들에서 각각은 7:5의 용례에서 시사하듯이 구원받지 못한 비그리스도인의 상태를 가리킨다. 7:5-6이 7장의 나머지 부분과 8장 전체를 미리 내다보기 때문에, 또 7:5의 '육신'은 구원받지 못한 상태를 가리키기 때문에, 7장과 8장에서 그 단어가 나오는 다른 경우에 '육신'은 동일한 의미로 이해해야 한다. 문맥이 명백하게 그렇지 않은 경우를 가리키는 경우를(아래에 언급되어 있듯이) 제외하고 말이다. **율법으로 말미암는 죄의 정욕**은 7-12절에서 전개할 주제이다. **사망**은 14-25절에서 전개할 주제이다. **그러나 지금은**(6절, 새번역)은 그리스도와 함께 죽었기 때문에 더 이상 '육신에' 있지 않은(즉, 더 이상 구원받지 않은 상태에 있지 않은), 더 이상 율법 아래 있지 않은 신자의 현재 상태를 가리킨다. 그리스도인들은 이제 **성령이 주시는 새 정신**(새번역, 6:4을 보라)으로 의를 섬긴다('종이 되다'가 더 나은 번역이다; 6:18, 22을 보라). 성령 안에서의 삶에 대한 언급은 로마서 8장의 주제를 미리 내다본 것이다.

7:7-13. 5절과 6절은 율법이 악함을 나타내지 않는다. 율법은 죄가 무엇인지 알려주며(7절), 이는 중요한 일이다(참고. 3:20; 4:15; 5:20). 바울은 '활유법'(*prosopopoeia*, 프로소포페이아)이라 불리는 수사학적 기법을 활용하여 논지를 밝히려 한다(비슷한 것으로, 참고. 고전 13:1-3, 11-12). 그러나 바울이 누구 흉내를 내는지 밝혀내는 일은 어렵다. 다만 이에 대한 몇 가지 해석이 있다. 첫째로, 바울이 아담의 경험을 묘사하기 위해서 혹은 둘째로, 율법을 받기 전 이스라엘의 경험을 묘사하기 위해 '나'를 활용할 가능성이 있다. 셋째로, 신자들 사이에서 죄가 아주 강력한 힘을 발휘해서 그리스도인들은 도덕적 실패를 예상하고 그것을 불가피한 것으로 받아들여야 한다고 말하는 듯싶다. 이런 경우 바울이 그리스도인의 삶에 대해 아주 비관적이라 할 수 있으며, 로마서 6장과 8장에 비추어볼 때 이는 있음직하지 않은 입장이다. 넷째로, 바울의 '나'는 율법을 지킴으로써 스스로 거룩해지려는 신자를 가리킬 수도 있다. 그리스도인의 삶에 대해 이런 식으로 접근하는 것 역시 실패할 수밖에 없다. 그러나 신자가 죄를 이기신 성령의 능력을 의지한다면 거룩하게 되는 일이 가능하다. 다섯째로, 믿지 않는 이들이 자기 힘으로 자신의 도덕규범을 따름으로써 죄의 권력을 정복하려 하는 것은 쓸데없음을 묘사한다는 견해이다. 여기서는 이

견해를 취해 아래에서 주장을 이어가고자 한다. 바울의 '나'는 자서전적이지만, 스스로 도덕규범을 지키려 했으나 실패한 모든 구원받지 못한 이들의 경험을 대변한다. 유대인들에게 그 도덕규범은 모세율법이다. 이방인들에게 그것은 그들의 문화가 취한 인생에 대한 다른 철학이다(예를 들어 '페어플레이 규칙', 황금률, '모든 것에 중용을'). 바울은 2:12-16에서(그곳의 주석을 보라) 이방인들은 그들의 도덕규범을 가지고 있지만 그에 따라 살지 못한다고 썼다. 이러한 실패는 곧 그들이 유죄판결을 받을 만한 죄인들이라는 증거가 된다. 물론 바울은 7장에서 주로 믿지 않는 유대인의 경험에 대해 말하지만(7:1, **내가 법 아는 자들에게 말하노니**), 그가 말하는 바는 자신의 도덕규범을 지키지 못하는 믿지 않는 이방인들에게도 동일하게 해당된다.

바울은 이 장의 '나'와는 반대로 양심의 가책을 받지 않을 만큼(그것은 '확고했다', 참고. 빌 3:2-6) 충분히 율법을 지켰으므로 바울의 '나'는 자서전적이 아니라는 것이 일반적인 주장이다. 그러나 바울의 율법 준수는 때로 동기가 순수하지 못했고(갈 1:10), 회심 이전 그의 양심은 흔히 생각하듯 확고하지 않았다(딛 3:3-6).

율법은 선한 것이지만(7절), 그것은 연약하며, '육신 가운데' 있는 이, 즉 믿지 않는 사람이(7:5에 대한 주석을 보라) '이생에서'(영원의 상태가 아니라, 6:14과 일치하여) 죄의 권세를 부수는 데 도움을 주지 못한다(8절). 여기서 믿지 않는 이를 장악한 하나님께 반대하는 세력으로 여겨지는 **죄**는, 그 사람을 하나님께 반역하도록 이끈다. **율법이 없으면 죄가 죽은 것임이라**는 말은, 죄가 실제로 존재하지 않는다는 의미가 아니다. 오히려 죄는 항상 활동하지만, 거듭나지 않은 인간의 마음이 하나님의 율법을 마주할 때 더욱 활기를 띠게 된다(**죄는 살아나고**, 9절; **죄가…나를 속이고, 나를 죽였다**, 11절). **계명이 이르매** 죄가 활기를 띠었다는 말은, 사람이 자신의 도덕규범이 함축하는 바와 그것을 실현하지 못할 때의 결과를 온전히 파악하기 시작할 때 오는 '도덕적 각성'을 가리키는 것 같다. **죄는 살아나고**[혹은 '갑자기 활발해지고'] **나는 죽었도다**. 바울이 염두에 두고 있는 죽음에 대해서는(즉, 도덕적 타락과 좌절에 대해서는 13-24절을 보라. 율법은 선한 것이지만(12절), 죄는 아주 강력해서 선한 율법을 믿지 않는 이들을 죽이는 무기가 될 수 있다(10-11, 13절). 죄는 사람들이 율법을 어기고 도덕적 영적 사형선고를 하도록 영향을 미치기 때문이다.

7:14-20. 14-25절은 7:5d에서 소개한 사망이라는 주제를 전개시킨다. 사망은 13절, 24절에서 '수미 쌍관'(*inclusio*, 인클루지오)을 형성하며 두 번 나온다. 이는 바울이 '사망'으로 무엇을 의미하는지 명확하게 해준다. 6:15-23에서처럼(그곳의 주석을 보라), 사망은 생물학적 생명이 멈추거나 영적으로 혹은 영원히 하나님과 분리되는 것이 아니라, 도덕적으로 좌절하고 타락하는 것을 가리킨다.

7-13절은 부정과거 시제 동사가 지배적이어서 전통적으로 바울이 주님을 알기 전 그의 과거 경험을 성찰하는 것으로 이해한다. 반면 14-25절에서 바울은 대부분 현재 시제 동사를 사용했고, 이는 때로 신자로서 바울의 현재 경험을 묘사하는 것으로 해석 가능하다. 그러나 이 장에서 현재 시제 동사는 바울의 '강조점'을 가리킨다고 이해하는 편이 더 낫다. 그가 말하려는 주요 논지는, '율법이 어떻게 죄 된 욕망을 불러일으키느냐'(7-13절)가 아니라, 죄와 죄의 결과로 인해 오는 믿지 않는 이들의 도덕적 좌절과 타락을(14-25절에서 '정죄'가 아니라 **사망**으로 불리는) 탐구하는 것이다. 14-25절의 현재 시제는 이러한 강조점을 나타낸다. 이러한 해석은, 죄와 사망으로부터의 자유를 탐구하는 로마서 6장 대부분(참고. 6:2-14에 대한 주석과), 이 주제를 반복하는 로마서 8:1-13이 뒷받침한다.

바울이 **나는 육신에 속하여**(14절; 또 18절의 **내 육신**)라고 말할 때, '그리스도인으로서의' 그의 경험을 가리킬 가능성은 전혀 없다. 그리스도인은 회심 이후로는 '육신에 있지' 않기 때문이다(참고. 5절). **죄 아래에 팔렸도다**라는 것은, 믿지 않는 이의 경험이다. 그리스도인들은 더 이상 죄의 종이 아니기 때문이다(참고. 6:7, 18, 22). 이 사람은, 회심 전 바울처럼 율법을 사랑하여 율법에 순종하려 매진했지만 그렇게 할 수 없는 무능함에 좌절하고(15-17절) 죄의 종이 된 믿지 않는 자이다. 바울은 '육신적인 신자들'이라는 범주를 말한 적이 있지만(고전 3:1-4에 대한 주석을 보라), 로마서 7:5의 '육신'과 14, 18절에서의 **육신**의 용례는, 고린도전서 3장과는 다르다. 여기서 그것은 구원받지 못한 상태를 묘사하지만(7:5의 "우리가 육신에 있을 때에는"은, 바울이 그리스도인들은 더 이상 '육신에' 있지 않다고 믿고 있음을 보여준다. 이는 7:5-6에서 '전에는 대 이제는'이라는 대조로도 보여준다), 고린도전서 3:1-3의 '육신'의 용례는, 구원받지 못한 이들처럼 행동하는 참 신자들을 묘사한 것이다.

원함(18절)과 **내가 원하는 바 선**(19절; 참고. 21절)은, 율법을 지키고자 하는 욕망을 가리킨다(22-23절). 그러나 바울은 이미 신자는 '율법에 대해 죽었다'(2-4절)고 주장했다. 이는 '나'가 비그리스도인을 가리킴을 뒷받침하는 또 다른 요소이다. 믿지 않는 이들로 순종하지 못하게 하고 도덕적 좌절(이 단락에서 **사망**)에 이르게 만드는 것은 그 안에 있는 죄이다. 23절에서 **법**은, 모세율법을 가리키는 것이 아니라, 3:27에서처럼 '규칙'이나 '원칙'을 의미한다. **누가 나를 건져내랴**[혹은 '나를 구해내랴']는, 자신의 구원자가 누구인지 아는 신자가 할 수 있는 말이 아니다. 또 이미 그리스도 안에서 구원을 받은 이에게 미래 시제는 맞지 않다. **이**(24절)는, **사망**이 아니라 **몸**을 수식하는 것 같다. 믿지 않는 이의 역할을 하는 바울은, 23절에서 그의 '지체'(신체 기관)를 언급했고, 거기서 그 지체들은 죄와 사망의 지배를 받는다고 말했다. 이 **사망의 몸**[안팎의 전인격, 참고. 6:6; 12:1]은, 죄의 폭정에 의해 악화된 믿지 않는 이를 가리킨다. 그런 다음 바울은, 마치 더 이상 그의 역할극을 계속할 수 없다는 듯이, 사람들을 구원받지 못한 비참한 상태에서 구해내기 위해 예수님을 보내신 하나님에 대한 찬양을 불쑥 내뱉는다. 여기서 바울은 그리스도인으로서 말한다. 그는 1인칭 단수형 '나'를 버리고, 2인칭 복수형 **우리**를 사용한다. 이는 그가 비그리스도인 역할에서 잠시 벗어났음을 나타낸다. 그러나 그는 그런 다음 바로 그 역할로 돌아가서 7:25b, c에서 그의 논의를 반복한다.

D. 그리스도인들은 성령 안에서 산다(8:1-39)

8:1-4. 바울은 믿음을 통해 은혜로 받는 구원의 또 다른 유익을 계속 설명한다. 그리스도를 믿는 이들에게는 성령의 능력 안에서 살아가는 비할 데 없는 특권이 있다. 성령은 1:4, 2:29, 5:5, 7:6에만 언급했는데, 8장에서는 열아홉 번 언급한다. **그러므로**(1절)는 바울이 7장, 특히 7:24에서 쓴 내용에 근거한 논리적 결론을 소개하는 것 같다. **정죄함**은 유죄 판결을 내리는 것과 그에 뒤따르는 형벌 둘 다를 포함한다. 7:14-25과 비그리스도인 '나'가 경험하는 도덕적 좌절과 타락을 볼 때, 또 공포스러운 비그리스도인의 삶에서 해방되었다는 8:1-11의 선언에 근거해볼 때, 여기서 **정죄함**은 특별히 신자가 이생에서 죄의 치명적인 권세로부터 해방받는 것에 초점을 둔다. 2절의 **법**의 의미에 대해서는 3:27에 대한 주석을 참고하라. 3절은 로마서 7장을 간략하게 요약했는데, 믿지 않는 이들이 죄의 권세를 이기도록 돕는 면에서 율법은 연약하다는 주제이다. 이곳과 8:4-5(2회), 6-9, 12-13에 나오는 **육신**의 의미에 대해서는 7:5에 대한 주석을 참고하라. **죄 있는 육신의 모양**은, 예수님의 성육신으로 인해 예수님과 인간이 밀접하게 연결되지만 그분의 몸과 다른 모든 사람의 몸의 차이는 그대로이다. 예수님은 진짜 육신을 지니셨지만 그것은 죄 있는 육신이 아니었다. **육신에 죄를 정하사**란, 예수님이 몸의 희생을 통해 죄에 대한 심판을 선언하시고 그 권세를 깨뜨렸음을 의미한다. 율법은 정죄만 할 수 있을 뿐 죄를 '처형할' 수는 없다. **우리에게…이루어지게 하려 하심이니라**(4절)란, 그리스도가 죽으신 목적을 나타낸다. 우리가 율법을 행하는 것으로는 하나님과 올바른 관계를 맺지 못한다. 율법은 우리가 지키는 것이 아니며, 예수님이 완벽하게 율법을 지키심으로써 우리 안에서 율법의 요구가 이루어지게 하신다. '우리가 행하도록' 율법을 만든 것이 아니다. 그리스도인들은 이생에서 더 이상 **육신을 따르지** 않으며, 더 이상 육신의 지배 아래 있지 않다(참고. 7:5, 14, 18에 대한 주석). 이 절에서 육신을 따르는 이들은 육욕적인 그리스도인들이 아니라 믿지 않는 이들이다.

8:5-11. 이 절들은 믿지 않는 이들의 가치관과 경험(**육신을 따르는 자**, 5절. 믿지 않는 이들을 나타내는 육신의 의미에 대한 설명으로는 7:5에 대한 주석을 보라. **육신의 일을…생각하는** 이들, 5, 6절; **육신에 있는 자들**, 8절)과 그리스도인들의 가치관과 경험(**영을 따르는 자**, 5절, **영의 생각**으로, 6절)을 대조한다. 그리스도인들은 **생명과 평안**(6절)을 경험한다. 반면 육신을 따르는 자들은 **사망**을 거둔다(참고. 6:15에 대한 주석). 7-8절은 로마서 3:9-20과 함께 전적 타락 교리(인간은 하나님께 순종할 능력이 없고 그분에 대해 반감을 가지고 있

다는 것)에 대한 핵심 구절이다. 바울은 8:5-8에서 '육욕적인 그리스도인'이라는 범주를(이에 대해서는 고전 3:1-4을 보라) 언급하는 것이 아니다. 바울은 모든 신자를 **육신에 있지 아니하고 영에 있는** 이들이라는 범주에 둔다. 성령이 모든 신자 속에 거하시기 때문이다(9절). 신자는 죄의 절대 권력과 형벌에서 해방되지만, 죄는 여전히 죽음을 통해 신자의 몸에 지배권을 행사한다(10절). 여기서 **죽은**이라는 단어는 생물학적 생명이 정지하는 것을 가리킨다. '영원한 영적인 죽음'을 의미하지는 않는다. **영은 살아 있는 것이니라**보다는, '성령은 생명이시니'가 더 나은 번역이다. 여기서 **영**은 인간의 영보다는 이 단락의 영웅이신 성령에 대한 언급으로 이해하는 것이 더 나으며, 그분은 '생명이시기' 때문이다. 그분은 살아 계시며 생명을 주시는 영이다. 신자들이 육체적으로 타락하여 죄를 짓곤 함으로 육체적으로 죽을지라도 그럼에도 불구하고 성령은 그들에게 영원한 부활 생명을 주신다(11절). 이는 **의로 말미암아** 일어난다. 그 의미는, '신자들이 그리스도 안에서 의롭게 되었기 때문에 생명이시고, 생명을 주시는 성령을 소유한다'는 것이다.

8:12-13. 이 두 절에서 **육신**은 죄를 지으려는 성향에 기여하는 인간 속성의 복합체, '죄악 된 옛 본성'을 가리킨다(참고. 7:5에 대한 주석). 신자는 더 이상 '육신에' 있지 않을지라도(7:5) 여전히 육신을 지니고 있다. 더 이상 '아담 안에' 있지 않을지라도(6:1-10) 여전히 아담으로부터 물려받은 몸을 가지고 있는 것처럼 말이다. 신자가 **육신대로** 비그리스도인처럼 살면, 즉 육체의 욕망을 채우면(갈 5:16), 그는 **반드시 죽을** 것이다(6:15-23; 7:13-24에서처럼 도덕적 좌절과 타락을 경험한다. 그러나 영원한 영적 죽음은 아니다). **영으로써…살리니**는 신자가 '이생에서' 누리는 풍성한 경험을 가리키는 듯하다. 만약 그리스도인이 성령의 능력으로 살며, **몸의 행실을 죽이면**, 풍성한 삶을 경험할 것이다. 그러나 신자가 죄 가운데서 살면(**육신대로**, 즉 '믿지 않는 이처럼'. **육신**에 대해서는 7:5에 대한 주석을 보라), 풍성한 삶이 아니라 '죽음 같은 삶'을 경험할 것이다. **살리니**가 영원한 생명(이를 종종 그렇게들 이해한다)을 가리킨다면, 8:13은 행위를(다시 말해, **몸의 행실을 죽임**으로써) 통한 구원에 대해 가르친다. 그러나 그것은 바울이 이 단락에 대해 해석한 것 같지는 않다. 물론 바울이 진정한 구원은 삶의 변화를 가져올 것이라고 가르치기는 하지만(예를 들어 롬 8:29; 고전 16:22; 갈 5:18-25; 엡 2:10; 빌 2:13; 딛 2:14), 로마서 8장에서 바울의 논지는 종말론적이기보다는 실제적이다. 그리스도인이 믿지 않는 이처럼(**육신대로**) 산다면, 그는 '이생에서' 믿지 않는 이가 받는 것, 즉 바울이 여기서 '죽음'이라 부르는 도덕적 타락과 좌절을 경험할 것이다. **영으로써**는, 신자들의 삶에서 일어나는 성화는 율법을 지킴으로써 오는 것이 아니라 성령을 의지하며 성령과 협력함으로써 온다는 것을 나타낸다.

8:14-17. **하나님의 영으로 인도함을 받는**(14절)은, 12-13절에 비추어볼 때, 일상적인 결정의 순간들에 그분의 뜻을 아는 것(예를 들어, 어떤 자동차를 살지)과 관련이 있기보다는, 죄를 피하고 몸의 행실을 죽이는 면에서 성령의 영향력과 관련이 있다. 두 번 나오는 **영**(15절)은, 14, 23절에서 신자들을 하나님의 자녀로 만드시는 성령의 사역에 비추어볼 때, 성령에 대한 언급으로 이해하는 것이 가장 적절하다. 성령은 두려운 구속이 아니라 아들 됨을 선물하신다. **아빠**는 보통 우리말의 '아빠'로 해석하지만, 이는 성인이 존경하는 어른에게도 사용할 수 있는 단어이다. 우리말의 '아빠'는 원래 의미보다 어린애 같은 허물없음의 의미가 조금 더 담겨 있다. 부유한 로마인 가정에 아이들의 보호자 역할을 하는 남자 종이 있었던 것[파이다고고스(*paidagogos*)라 불리는]과 같이, 하나님은 그분의 영을 주셔서 자녀들을 인도하고(*ago*, 아고) 그들이 죄의 문제를 피하도록 돕게 하신다. **성령**은 신자가 하나님께 속해 있음을 그 신자의 영'에게' **증언하신**다. 마치 신자가 성령의 증언에 무언가를 보태는 듯이, 성령이 신자의 영과 '더불어' 증언하신다고 말하는 것은 이상하다. 오히려 신자가 말씀을 공부할 때나 자신의 삶이 변화되는 것을 볼 때(참고. 8:13), 성령은 그가 하나님께 속해 있다는 사실을 그 마음에 분명하게 심어주신다. 신자들이 하나님의 자녀라면 그들은 그분의 상속자이며(17절), 하나님 자신 혹은 하나님이 그들을 위해 비축해두신 것, 혹은 둘 다를 상속받을 것이다. 그러나 그리스도인이 영광에 이르는 길은 예수님이 걸으신 길과 같은 길이며, 그분의 길은 다른 사람들을 위해 자기를

희생하는 고난의 길이다. 아마도 바울은 그가 복음을 들고 스페인에 이르도록 하기 위해 로마 교회가 감수해야 할지도 모르는 희생을 염두에 두었던 것 같다.

8:18-25. 바울은 하나님의 상속자가 되는 것과 관련한 미래의 일과 고난이라는 주제를 계속 다룬다. 그리스도의 재림 때 신자들은 예수님과 함께 땅으로 돌아와 하나님의 영광을 볼 것이다(18절). 그러나 그들 또한 영광을 얻을 것이다(21절). 그 영광은, 마치 달의 영광이 햇빛을 반사할 때 생기듯이 예수님의 영광을 반사한 것이다. 19-21절은 창세기 3장에 대한 바울의 주석이다. 예수님이 그분의 백성과 함께 땅으로 돌아오실 때, 세상이 저주에서 벗어날 것이다. 이 단락에서 생명이 없는 피조물은 창조 세계의 회복을 고대하는 존재로 의인화되어 있다. **피조물이…탄식하며**(22절)는 아마 인간의 생명과 재산을 앗아가는 자연재해를 가리킬 것이다. **해산의 고통을 겪고 있다**(22절, 새번역)는 것은, 자연재해가 영원하지 않으며, 재림 이후에는 지속되지 않음을 나타낸다. 신자들은 세상에 재앙이 일어나는 것을 볼 때, 마치 여성의 산통이 일시적인 것처럼 그 재앙이 일시적임을 기억한다. 산통 끝에 결국 아기가 태어나고, 행복이 뒤따른다. 주님이 다시 오실 때도 그러할 것이다.

피조물만 탄식할 뿐 아니라(22절), **성령의 처음 익은 열매를 받은**[혹은 '받았기 때문에'] 신자들도 속으로 **탄식한다**(23절). **처음 익은 열매**란 구약의 헌물을 암시하는 듯하다(참고. 레 23장). 첫 열매를 바치는 것은 주님에 대한 신뢰를 보여주는 일이었다. 그분이 첫 수확을 주셨다면 이후에도 풍성히 주시리라 신뢰할 수 있다는 것이다. 하나님은 현재 신자들에게 성령을 주심으로, 처음 구원 경험과 영원의 세계에서 경험할 그 끝 사이에는 깨지지 않는 연관 관계가 있음을 확실히 해주셨다. 성령은 우리 구원의 첫 할부금이자, 우리를 구원하시기 위한 하나님의 남은 사역을 보증하는 약속의 계약금이다. 신자들에게는 성령이 계시기 때문에 그들을 기다리는 것을 미약하게나마 경험하며, 그 결과로 그들은 탄식한다. 신자들 또한 탄식한다. 수많은 하나님의 자녀들이 어려움에 맞닥뜨릴 때 탄식하며 말한다. "예수님이 '지금 당장' 돌아오시면 얼마나 좋을까!" 불신자들은 그러한 감정을 표현하지 않는다. 그러나 신자들은 그렇게 함으로써 신자들의 유토피아는 이생에 있지 않음을 불신자들에게 알릴 수 있다. 그들은 **양자 될 것을…기다리며** 탄식한다. 15절을 보면, 양자 됨은 이미 성취되었으며, 분명히 그렇다. 그러나 온전한 완성은 미래에 이루어진다('지금, 아직 아니'라는 개념에 대한 고전적인 본문). **우리 몸의 속량**은 모든 죄, 악, 고난을 물리칠 때 올 부활을 가리킨다. 그리스도인이 하나님의 자녀로 입양되는 일이 이루어지지만(15절) 지금은 온전히 이루어지지 않았다면(23절), **소망** 가운데 **참음**[확신에 찬 기대]이 필요하다(24-25절).

8:26-27. **이와 같이**, 즉 신자들이 고난당할 때 소망이 그들을 지탱시켜주듯이, **성령도** 그들이 기도할 때 그들의 **연약함을 도우**신다(26절). 그 **약함**은 어떻게 기도해야 할지 알지 못해서이다. **말할 수 없는 탄식**은 모순어법이지만, 하나님의 자녀를 대신한 성령의 '탄식하는 무언의 기도'가 어떤 것인지 묘사해준다. **말할 수 없는**이란, '입 밖에 내지 않는', '형언하기 힘든', '말로 표현 불가능한', '말로 표현할 수 없는'을 의미한다. 그러나 어떤 경우든 이 탄식은 들리지 않으므로, 방언으로 말하는 것과는 다르다. 또 **성령께서 친히**(새번역) 이 중보 사역을 하신다. 반면 방언으로 말하는 것은 신자의 참여가 필요하다(참고. 고전 14:14). 또 모든 신자가 방언을 하지는 않으며(고전 12:30), 그러므로 '모든 신자가' 성령의 이 기도 사역을 확신할 수 있다. 하나님이 모든 사람의 모든 생각을 아신다면, 그분은 그분의 자녀들을 위한 성령의 기도를 충분히 이해하실 수 있다(27절). **성령이 하나님의 뜻대로…간구하심이니라**라는 말에는, 바울이 28절에서 할 말의 근거가 담겨 있다. 성령이 신자들을 위해 기도하신다면, 하나님의 애정 어린 뜻을 그들이 알아차릴 것이다. 성령만 간구하시는 것이 아니라 성자 역시 간구하신다(34절). 그리고 삼위일체의 두 위격의 중보 사역은, '그 무엇도 우리를 하나님의 사랑에서 끊을 수 없음'을 보증하며, 또 신자들이 절대 그들의 구원을 잃지 않을 것임을 보증한다.

8:28-30. 신자들은 어떻게 기도해야 할지 항상 아는 것은 아니지만(26절), **우리는 모든 것이 합력하여 선을 이**룬다는 것을 안다(28절). 28절의 주어가 무엇인지는 명확하지 않다. 그 주어는 3인칭 단수형 동사에 내포되어 있고('그가 합력하다' 혹은 '그것이 합력

하다' 중 하나), '모든 것'이 주어가 될 수도 있기 때문이다(KJV, NET를 보라). 그러나 그분의 백성을 부르시고 구원하시는(29-30절) 하나님의 적극적인 역할로 볼 때, 하나님을 주어로 보아야 한다. 하나님은 주권을 가지고 계시면서도 사랑이 많으시기에 **모든 것**을 포괄적으로 이해해야 한다. 신자들이 겪는 비극적인 상황조차도 그들의 삶을 생각하시는 그분의 애정 어린 계획의 일부이다. 그분은 그런 상황에서도 선['도덕적으로도, 실제적으로도 유익한 것']을 이루시기 때문이다. **하나님을 사랑하는 자**는 **부르심을 입은 자**로도 정의할 수 있다. 따라서 **하나님을 사랑하는 자**는 탁월한 신자 그룹이 아니라 '모든' 신자가 속해 있는 범주이다. **그의 뜻**은 29-30절에 설명해놓았다. **미리 아신**(29절)이란, '누군가와 사랑의 관계에 들어가도록 미리 결정하다'라는 의미이다(참고. 행 2:23; 롬 11:2; 벧전 1:2, 20). 기능상의 반의어는 로마서 11:2에 나온다. 거기서 '미리 알다'라는 동사는 '버리다'의 반의어이다. '버리다'가 로마서 11:2에서 적극적인 의미를 갖는다면, 그 반의어(하나님의 미리 아심)도 적극적이고 결단력 있는 미리 아심이다. 다시 말해, 그분의 미리 아심은 단순한 예측(다음에 일어날 일에 대한 기초적이고 소극적인 지식—이에 대해서는 행 26:5; 벧후 3:17에 나오는 사람의 예측을 보라)이 아니라, '어떤 일을 일으키시는, 결단력 있는' 미리 아심이다. 그분의 미리 아심은 미리 아시는 것을 '일어나게 하는' 것이다. **미리 정하셨으니**란, '사전에 결정하다', '미리 결정하다'라는 의미이다. **미리 아신**은 어떤 특정 신자를 받아들이는 초기의 결정을 강조하는 반면, **미리 정하신**은 그분의 적극적인 미리 아심의 궁극적이고 영원한 목적을 가리킨다. 즉, 그 목적은 신자들이 그들의 영원한 '목적지'('예정설'에서처럼)로 가면서 **그 아들의 형상을 본받**는 것이다. 거룩하게 되는 것은, 바울의 다섯 개 항목에는 빠져 있지만, 29절의 뒷부분에서는 포함한다. **그 아들의 형상을 본받**는 일은, 그리스도가 다시 오시는 날에 일어날 일뿐 아니라 그렇게 다시 오시기 전 기나긴 기간에 일어나는 일과도 관련이 있을 것이다. **맏아들**은 '먼저 창조된'이라는 의미보다는 '탁월한'이라는 의미이다. 70인역에서 동일한 단어를 하나님이 만드신 첫 민족이 아니라 탁월한 민족인(출 4:22) 이스라엘에 사용했다. 또 지금까지 살았던 왕 중 최초의 왕이 아니라, 다른 모든 왕과 비교되는 탁월한 왕 다윗을 가리킬 때에도(시 89:27) 사용했다. **많은 형제 중에서**는, 하나님의 뜻(28절)에는 예수님의 사역을 통해 구속, 인류의 회복을 발견한 수많은 이들이 포함됨을 보여준다. 바울은 이 어구를 통해 특히 스페인으로 가는 그를 도움으로써 복음을 널리 알려야 하는 로마인들의 의무를 살짝 상기시켜준다(참고. 로마서 서론의 '목적). **부르시고**(30절)는 하나님의 효과적인 부르심을 가리킨다. 이 부르심은 신자가 하나님의 미리 아심과 예정된 계획을 경험하는 것이다(참고. 1:1, 6, 7). **의롭다 하시고**에 대해서는 3:24에 대한 해설을 참고하라. **영화롭게 하셨느니라**[하나님과 함께 영원히 그분의 영광을 경험하는 것]는, 다른 네 개의 동사가 그렇듯 부정과거 시제로 되어 있다. 이 시제는 각각의 행동을, 그 내적인 작동 방식이나 그 행동이 어떻게 일어나는지는 염두에 두지 않고, 온전하고('완성된'이 아니라) 나누어지지 않는 전체로써 포괄적으로 제시한다. 하나님의 계획에서 그분은 개개인 신자들을 미리 아시고 미리 정하시고 부르시고 의롭다 하시며 영화롭게 하셨다. 하나님이 신자를 미리 아시고 미리 정하시고 부르시고 의롭다 하신다면, 그 신자는 영광스럽게 되지 못할 일이 절대 없을 것이다.

8:31-39. 로마서 8장은 **하나님이 우리를 위하**심(31절)을 보여준다. **누가 우리를 대적하리요**는 그리스도인들에게 원수가 없음을 드러내는 말이 아니다. 바울의 논지는, 그 원수는 하나님이 그리스도인들에게 등을 돌리도록 잘해낼 수가 없다는 것이다. 하나님이 구원을 이루시기 위해 **자기 아들을**(32절) 희생하셨다면, 영생을 비롯하여 8장에서 설명하는 다른 모든 것을 주시리라 신뢰할 수 있다. **고발**(33절)이란, 어떤 사람이 죄를 범하였으므로 기소와 처벌을 받아야 함을 주장할 때 사용하는 법정 용어이다. 그러나 하나님이 그리스도 안에서 신자들을 선택하셨고(**하나님께서 택하신 자들**), 누구도 그분께 그들을 정죄하기를 종용할 수 없다. **의롭다 하신**에 대해서는 3:24에 대한 해설을 보라. **예수는** 죄를 위해 **죽으셨고**(34절, 새번역), 죄의 문제를 처리하셨다. 그것은 누구도 스스로 할 수 없는 일이었다. 그분은 죽은 자들 가운데서 **다시 살아나**셔서 죄와 죽음을 물리치셨다. 그분은 그분을 믿는 모든 이에게 영

생을 주신다. 그분은 **하나님 우편에 계**심으로써 자신에게 하나님의 권위가 있음을 드러내시며, 또 그분의 백성에게서 그분이 등을 돌리도록 할 수 있는 더 높은 권위는 없음을 드러내신다. 또 예수님은 그리스도인들이 항상 아버지의 사랑 안에 거하도록 **우리를 위하여 간구하**신다. 35-36절은, 박해로 인한 죽음의 가능성(칼)을 비롯한 눈에 보이는 위협들도 신자를 하나님의 사랑에서 끊을 수 없음을 보여준다. 그 반대로 이런 것들에도 불구하고 신자는 **넉넉히 이**긴다('우리는 이기고도 남는다'). 38-39절을 보면 보이지 않는 위협들도 신자를 하나님의 사랑에서 떼어놓을 수 없다. 바울은 **다른 어떤 피조물이라도…끊을 수 없으리라**는 어구로 그 목록을 마무리한다. 이는 마귀'와' 신자 둘 다를 포함한다. 어떤 진정한 신자가 때로 자기 앞가림도 할 수 없거나 수입 지출의 균형을 맞출 수 없을지도 모르지만, 그가 하나님의 미리 아심과 그들을 영화롭게 하심을 포함하는 하나님의 영원한 뜻을 망친다는 것은 상상도 할 수 없다. 신자는 그렇게 능력이 있지 않고, 성령과 구세주가 그렇게 무능하지도 않다.

Ⅳ. 변증: 유대인 그리고 하나님과 올바른 관계를 맺는 것에 관련된 문제들(9:1-11:36)

A. 하나님은 이스라엘에게 하신 약속을 어기지 않으셨다(9:1-29)

하나님은 신자 사랑하는 일을 절대 멈추지 않으시며, 그들이 그리스도와 맺은 관계에 기초하여(롬 8장) 그들에게 하신 약속을 지키실 것이다. 다만 하나님이 더 이상 이스라엘을 사랑하지 않으시는 듯한 모습과 그분이 유대인들에게 하신 구약의 약속을 어기신 것 같은 상황을 볼 때, 그 주장이 힘을 잃는다. 9-11장에서 바울은 하나님이 항상 그분의 약속을, 이스라엘에게 하신 약속까지도 지키시는 분이며, 따라서 신자들에게 하시는 약속도 지키실 것이라 신뢰할 수 있음을 증명하며, 하나님의 성품을 변증한다.

9:1-5. 바울은 그의 동족의 영적 상태에 대해 심히 괴로워했다. **저주를 받아**[아나테마(*anathema*), 3절]란, '저주를 당하다'라는 의미로 여기서는 종말론적 심판을 가리킨다. 로마서 9장은 민족 전체를 역사 속에서 그분의 뜻을 이루시는 데 활용하시려는 하나님의 주권적인 선택에 대한 것이라고 많은 학자들이 주장한다. 그러나 동료 유대인들 대신 자신이 영원한 저주를 당하고 싶다는 바울의 바람에 비추어볼 때, 그럴 것 같지 않다. 더 나은 해석은, 하나님의 택하심에는 영생을 얻도록 하는 선택 혹은 그 반대의 선택 또한 포함되어 있다는 것이다.

4-5절에 나오는 일부 특권들에는 과거적 요소와 함께 미래적 요소들도 있다. 예를 들어, 이스라엘의 **양자 됨**은 하나님이 그분의 언약의 복을 받는 자로 이스라엘을 택하신 것에 바탕을 둔다(참고. 출 4:22; 렘 31:9). 그러나 이스라엘의 **양자 됨**에는 유대인 신자들을 위한 영광스러운 미래적 요소도 있다(사 43:6; 45:11; 63:16-17; 64:8-12; 호 1:10; 말 3:17, 종말론적 맥락에 있는 모든 구절을 보라).

이는 하나님이 유대인들과 아직 관계를 끝내지 않으셨음을 시사하며, 로마서 9, 10, 11장의 주요 요점이다. 이러한 복들에 담긴 미래적 함의를 통해 바울은, 하나님이 이스라엘과의 관계를 깨지 않으시며 아직 그 백성들에게 하신 모든 약속을 지키실 것이라는 소망을 갖게 되었다. 5절은 신성을 가지신 **그리스도**가 성육신하셨다가 절대 주권을 가지고 계시지만, 또한 영원한 환호를 받으실 만한 분임을(**세세에 찬양을 받으실**) 보여준다. 바울의 고뇌는, 유대인들이 (아직!) 높임을 받으신 그들의 메시아를 비롯하여 하나님이 그들에게 약속하신 모든 것을 경험하지 못했다는 인식에서 나온 것이다. 9:4-5에 나오는 각각의 특권들은 현재 이스라엘에게 속한 것으로(9:4a의 현재 시제 '~이라'를 주목해보라), 이러한 특권들이 해지되지 않았음을 암시한다. 그러나 그들이 이러한 복들을 경험하느냐는 그리스도를 믿는 믿음에 달려 있다.

9:6-13. 바울은 하나님이 '참된' 이스라엘을 향한 그분의 약속을 지키실 것이라 주장했다. **이스라엘에게서 난 그들이 다 이스라엘이 아니요**(6절)에 대한 설명은 7-13절에 있다. 참된 유대인은 단순히 아브라함의 후손이 아니라, '하나님이' 구원을 포함하여 '언약적 복의 수혜자로 택하신' 그의 민족적 후손인 유대인이다. 6절에서 바울은 이방인을 염두에 두지 않는다. 바울은 당시 하나님이 이스라엘을 대하신 방식이 그분이 항상 아브라함의 자손들을 대하신 방식임을 보여주는 데 관

심이 있으며, 이방인 그리스도인들을 염두에 두고 있지는 않다고 말한다. 바울의 요점은, '참이스라엘'은 그리스도를 받아들인 아브라함의 민족적 자손, '신실한 남은 자들', 더 폭넓은 민족적 이스라엘 내의 좁은 하위 집합인 아브라함의 민족적 자손들로 이루어져 있음을 보여주는 것이다. **오직 이삭으로부터 난 자라야 네 씨라 불리리라**(7절)는, 창세기 21:12을 인용한 것이니 그곳의 해설을 보라. **약속의 자녀**(8절)는 참이스라엘, 아브라함의 참자손으로 이루어져 있다. 이들은 이스마엘이 아니라 이삭처럼 하나님의 복을 받을 자로, 택함 받은 이들이다. 9절에 대해서는 창세기 18:10에 대한 해설을 보라. 그러나 이삭과 이스마엘은 어머니가 달랐다. 아마 하나님은 그러한 근거에서 둘을 구별하신 것 같다. 하지만 야곱과 에서는 쌍둥이로 한 어머니에게서 태어났다(10-11절). **택하심을 따라 되는 하나님의 뜻**은 9장과 11장에서 두드러진 주제이며(9:15, 17, 18, 19-21, 22-24; 11:1-2, 4-6, 23, 28-29, 30-32을 보라), 구원이 그분의 주권적인 뜻에 달려 있음을 나타낸다. 12절은 창세기 25:23을 인용한 것이다. 그곳의 해설을 보라. **내가 야곱은 사랑하고 에서는 미워하였다**(말 1:2과 그곳의 주석을 보라)는 어구에서 **미워하였다**는 때로 '덜 사랑한다'(눅 14:26)는 의미이지만, 여기서는 그런 경우가 아니다. 말라기 1:2을 보면 그 말에 더 적극적인 의미가 있음을 알 수 있다. 하나님은 에서를 거부하심으로써, 즉 그를 아브라함 언약의 복에서 배제시킴으로써 에서를 **미워하였다**. 이는 하나님이 고의적으로 에서와 그의 후손들을 저주하신 말라기 1장이 뒷받침한다. 야곱을 향한 하나님의 사랑은, 약속하신 복을(구원을 포함해) 받도록 그를 적극적으로 택하시는 데서 드러났다. 창세기 25:23과 말라기 1:2 둘 다 하나님이 각 개인을 선택하신 것으로 시작한다. 그들의 후손인 백성 전체가 아니었다. 그리고 그 두 구절 다, 바울의 주제는 그들을 그분의 언약 안에 포함시키거나 배제시키기로 하나님이 주권적으로 선택하셨음을 보여준다.

9:14-16. 이 절들에서 하나님의 선택적인 사랑(13절)을 더 자세히 전개한다. **하나님께 불의['불공평']가 있느냐 그럴 수 없느니라**(14절)는, 구원받는 이들을 자유롭게 택하시는 하나님에게서 바울은 불공평함을 보지 못했다는 의미이다. 하나님은 모든 사람을 정죄하시고 누구도 구원하지 않으시는 면에서 더할 나위 없이 공정하시다. 그분이 몇몇을 구원하기로 택하신 것은 그분이 불공평해서가 아니라, 그분이 우리에게 은혜를 주시는 것이다. 15절은 출애굽기 33:19을 인용한 것이다. 거기서 하나님은 모세에게 그분의 기본적인 속성 중 하나를 드러내신다. 그분은 자유롭게 선택하신 이들 누구에게나 그분의 **긍휼**과 **불쌍히 여김**을 기꺼이 보여주신다. 이렇듯 그것(그분의 긍휼과 불쌍히 여김을 보여주심)은 **긍휼히 여기시는 하나님**께 달려 있다(16절). 하나님은 구원받을 자를 결정하신다. 족장들의 직계 자손과 바울 당시의 유대인들이 이에 해당한다. 하나님은 늘 하시던 대로, 다시 말해 주권적이고 은혜롭게 아브라함의 물리적 후손 중 일부를 구원을 포함한 아브라함 언약의 복을 받을 자로 택하셨다(이삭과 야곱에서 드러났듯이). 그리고 다른 이들은 거기서 제외시키시며(이스마엘과 에서의 경우에서 분명히 드러났듯이), 유대인들을 대하셨다. 이는 그분이 이스라엘에 대한 언약을 계속 이행하심을 보여준다.

9:17-18. 여기서 바울은 바로를 실례로 사용하며 "내가…에서는 미워하였다"(13절)에 암시된 개념을 전개시킨다. 출애굽기는 바로의 완악한 마음을 열일곱 번이나 언급한다. 그중 첫 두 번은 하나님이 그의 마음을 완악하게 만들기로 결정하신 탓이다(출 4:21; 7:3). 그 본문에서 바로가 네 번 자기 마음을 완강하게 했다고 말하는데(출 7:4; 8:15, 32; 9:34), 그중 한 구절(8:15)은 하나님이 바로의 완악함 배후의 추동력임을 나타내며, "바로가…그의 마음을 완강하게 하여…여호와께서 말씀하신 것과 같더라"라고 말한다. 하나님은 **내가…너로 말미암아 내 능력을 보이고 내 이름이 온 땅에 전파되게** 하시려고 바로의 마음을 완악하게 하셨다. 바로의 완고함 때문에 하나님은 자그마치 열 가지 재앙으로 애굽인들을 공격하셨다. 때문에 40년 후 여리고 성 주민까지도 그분의 능력에 대한 이야기를 들었고 기억했다(수 2:9-11). 이는 이스라엘의 완고함 때문에 복음이 암암리에 이방 땅에 전해진 것을 함축한다.

9:19-21. 19절은 이렇게 바꾸어 말할 수 있다. "하나님이 어떻게 사람들의 죄악 됨에 대해(바로 혹은 이스라엘의 완악한 마음처럼) 그들을 심판하실 수 있을까? 그들은 '그분이' 주권적으로 그들에게 시키신 일을

한 것 아닌가?" 바울은 이 질문에 대답하지 않고 대신 그런 질문에 담긴 분노나 오만함을 꾸짖는다. **반문**(20절)이란, '대응하여 비판하는 것' 혹은 '적대적으로 답하는 것'을 의미하며, 누가복음 14:6에 이 말이 나온다. 거기서 율법교사들과 바리새인들은 안식일에 병을 고치는 것에 대해 예수님께 반박할 수 없었다("그들이 이에 대하여 '대답하지' 못하니라"). 사도가 대답을 하지 않은 까닭은, 죄에 대한 하나님의 섭리는 신비이기 때문이다. 진흙 **덩이**(21절)는 모든 인류를 가리키는 비유적 표현이다. **토기장이**[하나님]는 인류 가운데서 **귀히 쓸 그릇**을 정하시고(문맥상, 그분의 긍휼과 불쌍히 여김을 받는), 또 다른 것은 **천히 쓸**[즉, 그분의 긍휼과 불쌍히 여김에서 배제된] 용도로 정하신다.

9:22-23. 이 두 절의 문장 구조는 복잡하지만 이런 식으로 이해해야 할 것 같다. 그러나 만일 하나님이 엄청난 인내심으로, 멸망을 위해 준비하신 진노의 그릇을 오래 참으셨다면,

- 그분이 기꺼이 그분의 진노를 보이기로 하셨기 때문에
- 그리고 그분의 능력을 알리기로 하셨기 때문에
- 그리고 이전에 영광을 위해 준비해놓으신 긍휼의 그릇에게 그분의 영광이 얼마나 풍성한지 알리기로 하셨기 때문이다.

그렇다면 네가 그것에 대해 무슨 말을 할 것인가(바울의 문장은 미완성이다. 22절을 시작하는 '만일'에 대해 '그렇다면'을 쓰지 않았으므로, 이 마지막 어구는 문장을 문법적으로 완성시키기 위해 덧붙인 것이다)?

하나님은 믿지 않는 이들에게 구원받을 여분의 시간을 주시기 위해서가 아니라, 바로의 예처럼 **그의 진노를 보이시고 그의 능력을 알게 하고자**, 그럼으로써 죄를 관용하지 않으시는 거룩한 이인 그분에게 영광을 가져오는 더 큰 기회를 가지시려고 인내하신다(22절에서는 **오래 참으심**으로 번역했다). 22-23절에 나오는 원리에 대한 구체적인 실례인 바로와 관련하여, **보이시고**와 **능력**이라는 단어의 용례에 대해서는 17절을 보라. 멸하기로 준비된 그릇에 대해 그분의 진노와 능력을 보이시는 것은, **영광 받기로 예비하신** 이들을 향한 그분의 심오한 은혜를 보여주시기 위함이다. 하나님의 심판이라는 정신이 번쩍 드는 배경에서 보지 않으면 하나님의 구원하시는 은혜를 올바로 인식하는 것은 불가능하다. **멸하기로 준비된**은, '스스로 멸망을 준비하는 이'로 번역할 수도 있지만, 수동태로 보는 편이 더 낫다. 22절에 준비를 하는 주체를 언급하지는 않았지만 문맥을 보면 하나님이 분명하다(9:13, 15-16, 18, 19-21). 로마서 9장은 죄인들을 정죄하시는 하나님의 주권적인 역할을 강조한다면, 로마서 10장은 각 개인이 결국 정죄에 이르는 자신의 죄에 대한 책임을 동일하게 진다는 것을 분명히 해준다.

성경은 하나님의 주권이 세상의 죄, 악 고통에까지 이른다고 가르친다. 하나님은 바로의 완악한 마음과 이스라엘이 저지른 불신앙의 죄 배후에 계셨다. 그러나 어느 경우에도 그들의 죄에 대해 '그분이' 도덕적으로 비난을 받아서는 안 된다. 하나님의 주권과 인간의 자유의지와 도덕적 책임의 관계에 대해 변호하는 논리적이고 모순되지 않는 논의로는 존 파인버그(John S. Feinberg)의 *No One Like Him*(Wheaton, IL: Crossway, 2001), 625-734을 보라. 다소 대중적인 수준으로는 웨인 그루뎀(Wayne Grudem)의 *Systematic Theology*[(Grand Rapids, MI: Zondervan, 1994).《조직 신학》(은성)], 315-354을 참고하라.

9:24-26. 하나님은 유대인뿐 아니라 **이방인**(24절)도 구원하기로 선택하셨다. 바울은 9:25에서 호세아 2:23을, 9:26에서는 호세아 1:10을 인용했다(호세아서의 주석을 보라). 바울은 유비를 통해 변절자 유대인의 회복에 대해 했던 말을 이방인에게 적용했다. 바울은 하나님이 직접 한 민족을, 그리스도의 사역으로 그분과 화해한 유대인과 이방인 둘 다로 이루어진 단 하나의 민족을 빚고 계셨음을 나타내는 데 이 절들을 사용했다. 그러나 호세아에서 인용한 절들은 '교회가 이스라엘에게 주어진 약속을 성취하고 있다'거나 '교회가 새로운 이스라엘'임을 나타내지는 않는다. 바울 같은 유대인 신자들이 호세아의 예언을 성취하고 있었고, 이후 이스라엘 전체가 하나님과 화해할 것이기 때문이다(참고. 11:25-26).

9:27-29. 바울은 이스라엘의 상황으로 돌아왔다. 27-28에서 바울은 이사야 10:22-23을 인용했다. 거기서 이사야는 소규모 남은 자들만이 구원받을 것이라고 강조했고, 그것은 바울 당시(9:6-13)에 이루어지고 있

던 상황이었다. 이사야는 또한 하나님이 여전히 회개하지 않은 자들을 **온전히, 그리고 조속히**(새번역, '완전하게 그리고 최종적으로'가 더 좋다) 심판하신다고 언급했다. 바울은 이사야 1:9을 인용했다. 이는 하나님이 반역과 심판에 넘어가지 않은 이들을 보호하심을 보여주는 구절이다. 이 구약의 구절들은 바울이 9:6-23에서 했던 말을 뒷받침한다. 하나님은 이스라엘에게 하신 약속을 지키셨고, 그분이 늘 하시던 것과 똑같이 이스라엘의 남은 자를 통해서 그렇게 하고 계셨다. 남은 자는, 하나님이 구원을 포함해 그분과 올바른 언약적 관계를 맺도록 아브라함의 실제 후손 전체가 아닌 일부를 선택하신다는 것을 의미한다.

B. 하나님은 이스라엘을 속이지 않으셨다 (9:30-10:21)

많은 신자들이 로마서 9장 때문에 괴로워하는 것은 이해할 만하다. 그러나 바울은 9:30에서 시작해 10장에 걸쳐 더 익숙한 교리, 즉 인간의 책임에 대한 교리를 전개해나간다. 9장에서 이스라엘이 예수님을 거절한 까닭은, 하나님이 그들의 마음을 완고하게 하셨기 때문이다. 10장에서 이스라엘이 예수님을 거부한 까닭은 그들이 그렇게 하기로 자유롭게 선택했기 때문이다.

9:30-10:4. **이방인들이 의를 얻었으니 곧 믿음에서 난 의요**(30절)는 9:16의 실례이다. 그러나 이스라엘은 의를 얻지 못했다. 그들은 '의를 위한 법(law for righteousness)을 따라갔기' 때문이고(31절, 이것이 **의의 법을 따라간**보다 더 나은 번역이다), **믿음**이 아니라 **행위**로 의를 추구했기 때문이다(31-32절). 바울은 33절에서 이사야 28:16을 인용했다. 10:11의 용례에 근거해볼 때, 그것은 예수님에 대한 언급, 즉 메시아이다. 9:3에서처럼 바울은 그의 동족이 그리스도 안에서 구원을 발견하기를 간절히 바라는 마음을 표현했다(10:1). 이는 바울이, 민족들이 역사 속에서 어떤 역할을 할지와 관련한 하나님의 선택이 아니라, 구원을 얻도록 하기 위한 하나님의 선택에 대해 쓰고 있음을 보여주는 또 다른 구절이다. 10:3에 대해서는 빌립보서 3:2-12에 대한 해설을 참고하라. **율법의 마침**은, 예수님이 죽으심으로써 율법 아래에서 사는 시대를 끝내셨음을 나타낸다. 결승선이 경기의 목표이자 끝인 것처럼, 율법이 예수님을 고대하고 그분을 가리켰으므로 예수님은 율법의 목표이다. 또 그분은 율법이 삶을 지배하던 시대를 끝내셨으므로 율법의 끝이시다(마 5:17-19; 롬 3:21-26; 갈 3:10-4:11에 대한 주석을 보라).

10:5-13. 바울은 5절에서 레위기 18:5을 언급하며(그곳의 해설을 보라) 믿지 않는 이스라엘을 질책한다(레 18:5을 언급한 비슷한 요점으로는 느 9:29; 겔 18:9; 20:11을 보라). 그는 만약 어떤 사람이 율법을 지킴으로써 하나님과 올바른 관계를 구축하고 있다고 주장한다면, 그는 실제로 율법을 지킬 '때에만' 살(영생을 얻을) 것임을 지적한다. 그러나 바울은 이미 1-3장에서 그것의 무용성을 실증했다. 6-8절에서 바울은 신명기 9:4과 30:11-14을 인용했다. 거기서 모세는 백성들에게 여호와께 순종하라고 명령했다. 모세 시대에 하나님이 자비롭게도 유대인들이 쉽게 율법을 접하여 순종할 수 있게 해주셨던 것처럼, 바울 시대에도 그분은 복음에 다가가기 쉽게 해놓으셨다. 9-10절은 종종 구원받기 위해서 그리스도를 공개적으로 말로 고백해야 한다는 생각을 뒷받침할 때 인용한다. 고백은 구원하는 참믿음의 결과요 그 증거이며(참고. 딤전 6:12; 딛 1:16), 고백이 없다는 것은 구원이 없음을 나타낼 수도 있다. 사도는 대부분의 설교에서 그리스도의 부활을 강조한다(참고. 행 2:14-40; 3:12-26; 10:34-43; 13:16-41; 17:16-31). 구원하는 믿음은, '부활하신 그리스도'에 대한 믿음이다(**하나님께서 그를…살리신 것을…믿으면**, 9절). 11-13절에서 바울은 이사야 28:16을 다시 인용하며(참고. 9:33), 12-13절에서 '믿는 누구든지'가 함축하는 바를 확장시킨다. 13절에서 바울은 복음의 보편적인 유효성을 강조하며 요엘 2:32을 인용했다.

10:14-17. 이 절들은 어떤 질문들을 제기한다. 그에 대한 최종적이면서 확실한 답은 18절에 있다(**그렇지 아니하니**). 유대인들이 복음을 받아들이기 위해서는 전하는 이들을 모집해야 하며(14c절), 보내심을 받아야 하며(15a절), 믿음의 말씀이 선포되어야 하며(14b절), 메시지를 듣도록 해야 하며(14b, 17-18절), 그 메시지를 이해해야 한다(19-20절). 그렇다면 문제가 무엇인가? 문제는 그들이 그것을 믿지 않은 것이다(16-17절). 바울의 논지는, 유대인들에게 복음을 가져다주시기 위해 하나님이 할 일을 충분히 하지 않으셨다고 비난하는 일은 없어야 한다는 것이다. 10장에서 문제는,

이스라엘이 복음을 믿지 않으려 한 데 있다. 세계 복음화를 북돋기 위한 동기부여 구절로 로마서 10:14-15을 종종 사용한다. 그러나 그 문맥을 보면, 바울이 유대인을 염두에 두고 있음이 분명하며, 바울 당시에도 복음이 지중해 세계 전역의 유대 공동체에 폭넓게 잠식해 있었음을 알 수 있다. 그러나 유대인들을 향한 사명을 완수하지는 못했다.

10:18-21. 18절에서 바울은 피조물이 어디서나 하나님의 위엄을 널리 알린다고 말하는 시편 19:4을 인용했다. 이와 마찬가지로 복음 역시 유대인들과 나머지 세상에 충분히 폭넓게 전파되었다. 그것이 **온 땅에 퍼졌고…땅 끝까지** 이르렀다고 말할 수 있을 만큼 말이다(18절). 그는 이스라엘이 그 내용을 알았고(16-18절), 그 복음을 민족들 가운데 널리 퍼뜨려 그들로 그것을 받아들이게 하려는 하나님의 계획을(19b-20절) 알았다고 주장했다. 바울은 신명기 32:21b(19절)을 인용해 하나님이 이방인들에게 구원을 주기로 결정하셨고 그분이 그렇게 하실 때 이스라엘이 그것을 질투하리라는 점을 지적하려 했다. 그는 또 10:20에서 이사야 65:1을 인용했다. 거기서 이사야는 하나님이 이방인들과 함께 다시 한 번 유대인들을 자신에게로 되돌리실 것이라 예언했다(사 66:18-21). 이방인들 역시 구원받는다는 것이 여기서 바울의 주요 논지이다. 바울 당시에 하나님은 소수의 믿는 유대인과 다수의 이방인들로 이 일을 하셨다. 21절에서 사도는 이스라엘에 믿지 않는 이들이 많이 있음을 말하기 위해 이사야 65:2을 인용했다. 이사야 65:2은 이스라엘이 자신의 메시아를 받아들이기를 완강하게 거부한 것과, 또 하나님이 그분의 은혜로운 구원 제안을 철회하려 하지 않으시는 것 둘 다를 강조한다.

C. 하나님은 이스라엘을 버리지 않으셨다(11:1-10)

로마서 9장에서 바울은, 하나님이 아브라함의 자손 일부를 약속의 자녀로 선택하시고 다른 이들은 완고하게 하셨다는 주제를 소개했다. 10장에서는 그리스도를 믿어야 함을 강조했다. 11장에서는 이 모든 주제를 엮어서 하나님의 계획 안에서 혈통적 이스라엘에게도 여전히 미래가 있다고 주장한다.

11:1-6. 혹자는 바울이, 하나님이 이스라엘의 불순종과 완고함 때문에 이스라엘을 거부하셨다고 믿었다고 생각할지 모르지만, 그것은 바울이 말하는 바를 오해한 것이다. 다시 한 번 바울은 눈에 보이지 않는 반대자에게 대답하면서 두 번 단호하게 **하나님이 자기 백성을 버리신** 것은 아니라고 말한다(1-2절). 그는 하나님이 유대인들을 영원토록 완전하게 버리시지 않았다는 교과서적 예로 자신을 인용한다(1절). **버리지**(2절)는 **미리 아신**의 기능적인 반대어로, 하나님의 미리 아심은 단순한 예견이 아니라 적극적이고 미리 아신 것을 이루시는 것임을 보여준다.

바울은, 자신의 중요성에 대해 지나치게 과장된 생각을 하고 자신이야말로 하나님께 여전히 신실하며 유일한 유대인이라 보았던(3절) 엘리야의 기록을 언급했다(왕상 1:10, 14, 18을 인용하며). 그러나 하나님은 영적으로 신실한 칠천 명의 남은 자를 보존하고 계셨다(4절). 바울 당시와 교회사 내내 신실한 유대인 남은 자들과 일하고 계셨던 것처럼 말이다. 이러한 보존은, 유대인들의 **행위로 말미암지** 않았고(6절) 하나님이 **은혜로 택하심**에 근거하여 이루어졌다(5절).

11:7-10. 유대인 대다수는 하나님과 올바른 관계를 맺지 못했다. 오히려 그들은 완고해졌다(7절; 참고. 또한 롬 9:17-18). 그러나 택함 받은 이들은 하나님의 은혜에 근거하여 그것을 이루었다. 하나님이 그분의 백성의 일부를 완고하게 하셨다는 것만큼 충격적인 사실이 있다. 바로 히브리어 성경의 세 부분인 율법, 선지서, 성문서 모두에 하나님이 과거에 그분의 백성을 주기적으로 완고하게 하셨다고 말하는 구절이 담겨 있다는 점이다. 따라서 바울 당시에 일어난 일은 변칙이 아니었다. **하나님이 오늘까지 그들에게 혼미한 심령을 주셨다**(8절)는 것은 이사야 19:10을 인용한 것이다. **오늘까지…보지 못할 눈**은 신명기 29:4을 인용한 것이다. 9절은 시편 69:22-23을 인용한다. 하나님은 늘 유대인들을 대하셨던 그대로 유대인들과 계속 상호작용을 하고 계셨다. 바울은 이러한 전례를 언급함으로써, 하나님이 바울 당시에 이스라엘에게 하신 약속을 어기지 않으셨음을 지적한다.

D. 이스라엘은 영원히 잃어버린 바 되지 않는다 (11:11-36)

11:11-16. 바울의 독자들은 11:1-10로부터, 이스라엘이 계속 진행 중인 하나님의 계획에서 영원히 떨어

져나갔다고 결론지었을지도 모른다. 그러나 그것은 바울이 의미한 바가 아니다. **실족**(11절)은 이스라엘의 일시적인 영적 후퇴를 가리키지만, 이스라엘의 상태가 영원한 **넘어짐**은 아니었다. 하나님이 이스라엘을 완고하게 하시고 이스라엘이 예수님을 자신들의 메시아로 믿지 않으려 한 것은, 복음이 이방인들에게도 전파되도록 시간을 주시기 위해 하나님이 미리 정해놓으신 것이다(11, 12, 15절). 바로의 완고함의 결과로 하나님의 명성이 널리 퍼진 것처럼(참고. 9:17-18에 대한 주석), 이스라엘이 복음을 거부함으로 그분의 명성이 바울 당시의 이방인들에게 널리 퍼지고 있었다. 이방인들이 유대인의 메시아를 받아들이고 그에 따른 복을 받았을 때, 그것을 통한 하나님과 바울의 목표는, **이스라엘로**[유대인들] **시기 나게**[문자적으로, '그들에게 질투심을 유발하여' 이방인을 따라하게 하려고] 하는 것이었다. 바울은 유대인들이 그리스도께 나아오도록 하는 데 강한 부담감을 가졌다. 그들이 그렇게 할 때 세상이 영적인 활기와 생명을 뿜어낼 것이기 때문이다(12, 15절; 참고. 사 27:6). **그들을 버리는 것과 그 받아들이는 것**(15절)은 하나님의 일시적인 버림과 장차 그들을 받아들이시는 것을 가리킬 수 있다. 그러나 11, 12절에 나오는 '그들의 넘어짐'과 하나님이 그들을 버리지 않으셨다는 바울의 주장(11:1-2)에 비추어 더 나은 해석은, 그 구절이 하나님과 그분이 그리스도를 통해 하신 일에 대한 이스라엘의 거부를 가리킨다는 것이다. **죽은 자 가운데서 살아나는 것**(15절)이라는 어구는, 이스라엘의 회복과 그에 따른 세상을 향한 복이 영원한 상태 바로 직전 보편적인 부활의 때에 일어남을 가리킬 수 있다. 그러나 비슷한 구절이 4:17(하나님이 "죽은 자를 살리시며")과 6:13("너희 자신을 죽은 자 가운데서 다시 살아난 자같이 하나님께 드리며")에 나오며, 오히려 이는 바울이 그저 이스라엘이 미래에, 그 시기는 확실하지 않지만 미래에 영적인 생명을 누리리라는 사실을 말하고 있었음을 암시한다. 16절은 이스라엘이 하나님의 은혜로 회복되리라는 바울의 주장에 힘을 보탠다. **처음 익은 곡식 가루와 떡 덩이**가 무엇인지는 의견이 분분하다. **뿌리**와 **가지**가 무엇을 가리키는지도 마찬가지이다. 11:28-29에 근거해볼 때, **처음 익은 곡식 가루**와 **뿌리**는 아마 하나님의 언약 약속을 받은 유대 족장들을 가리킬 것이다. 하나님이 그들에게 하신 약속은, 그들의 민족적 후손이 그분과 올바른 관계에 있게 되리라는 것이었다(참고. 창 12:1-3). 그러나 이러한 행복은 미래에 이루어질 것이다.

11:17-24. 바울은 이스라엘의 영적인 상황과 기다리는 회복에 대해 계속 나무 유비를 사용한다. '꺾인 가지'(17절)는 믿지 않는 유대인을 가리킨다. 이들은 한때 구원받았다가 구원을 잃어버린 사람들이 아님을 주목해야 한다. 바울의 유비는 그들이 나무에서 **꺾이었다**고 하지만, 사실상 그들은 처음부터 전혀 그 나무의 일부가 아니었다. **돌감람나무** 가지는 이방인 신자들을 가리킨다. 접붙임은 그들의 구원을 가리킨다. **뿌리의 진액**은 하나님이 족장들에게 약속하신 언약의 복을 가리킨다. 그 복이 아브라함, 이삭, 야곱을 지탱시켰고 지지했으며, 그러한 언약의 약속이 **참감람나무**를 낳았다. 꺾이지 않은 참감람나무 가지들은, 하나님이 그리스도를 믿음으로 말미암는 구원을 포함하여 그분의 언약의 복들을 받는 자로 선택하신 유대인들을 가리킨다. 이방인 신자들은 아브라함 언약의 영적인 측면들과 새로운 언약을 **그들과 함께 받는** 이들이 되었다. 이방인 신자들이 아브라함 언약으로부터 유익을 얻기 때문에 반유대주의는 터무니없다(18절). 대부분의 유대인은 하나님의 언약의 복을 함께 받지 못했고, 대부분의 이방인들은 그것을 받았다. 그러나 그것이 이방인 신자들이 본질적으로 유대인들보다 우월했다는 의미는 아니었다(19절). 그러므로 바울은 이방인 신자들에게 유대인들을 **향하여 자랑하지 말라**고 경고한다(18절). 이방인 신자는 다음과 같이 생각해서는 안 된다. '나는 하나님의 복에 접붙임되었지만 대부분의 유대인은 그렇지 못해. 그러므로 그것은 내가 더 우월하다는 의미야. 하나님이 그들보다 나를 더 좋아하신다는 의미야.' 하나님과 올바른 관계를 맺는 열쇠는 어떤 인종적 혹은 종교적 우월성이 아니라 **믿음**(20절)이다. **너는 믿으므로 섰느니라**는 "너는 다른 무엇이 아닌, 믿음'으로만' 선다"는 의미이다. 그러나 바울은, 이방인들이 그리스도를 믿음으로 하나님께 나아오지 않는다면 그들 역시 구원받지 못할 것임을 분명히 한다(21-22절). 그리고 유대인들이 그리스도를 믿기 시작하면 그들이 구원받을 것임을 분명히 한다(23절). 바울은 언젠가 유대인들이 그리스

도께 나아올 즐거운 가능성을 표현했다. 하나님은 이방인들이 유대인의 영적 복을 받는 독특한 과정을 능숙하게 처리하셨다. 바울은 그것을 **본성을 거슬러…접붙임을 받았**다고 불렀다(24절). 다시 말해, 더 오래된 참감람나무가 제대로 된 열매를 생산하지 못했다면, 더 생산성 높은 나무의 가지를 더 오래된 나무의 가지나 줄기에 접붙일 수 있고, 그러한 가지들은 조만간 좋은 열매를 맺을 것이다. 그러나 '누구도' 돌감람나무 가지를 잘라 그것을 참감람나무에 접붙이지는 '않을' 것이다. 그러한 돌감람나무 가지들은 원하는 품질의 열매를 생산하지 못할 것이다. 그러나 이것이 하나님이 이방인 신자들을 통해 하신 일이다. 17-24절은 이방인 신자들이 '유대화되었다'는 의미가 아니다. 그들은 유대인들의 영적인 복을 누렸지만 여전히 '돌감람나무 가지'이다. 그들은 '참감람나무'로 변화되지 않는다.

11:25-27. **신비**(25절)란 구약에 암시되었지만 신약에서 온전히 계시된 진리 혹은, 구약에서는 완전히 알려지지 않았지만 신약에서 계시된 진리일 수 있다. 여기서는 후자의 의미이다. 구약성경은 이방인들이 하나님의 한 민족 안에 포함된다는 이야기를 엄청나게 많이 하고 있기 때문이다(참고. 사 2:2-4; 66:18-24에 대한 해설). 그러나 그러한 이방인들이 이스라엘의 대대적인 회복 이전에 그 한 민족 안에 포함된다는 생각은 구약에 나타나지 않는다. **더러는 우둔하게 된** 것은, (다수의) 이스라엘 일부가 하나님의 주권적인 선택에 근거한 구원을 받지 못하고, 바울 같은 소수(신실한 남은 자)가 믿었음을 의미한다. **이방인의 충만한 수**는, '하나님이 유대인들의 완고함을 제거하시기 이전에 구원하기로 결정하신 이방인들 전체'를 가리킨다. **온 이스라엘이 구원을 받으리라**(26절)는 로마서 9, 10, 11장의 절정이다. 70인역의 용례에 따르면, **온 이스라엘**은 단일한 모든 유대인을 가리킨 적이 없다(참고. 군인들만을 지칭한 대상 19:17, 사무엘을 장사한 이들만을 지칭하는 삼상 25:1). 바울은 장차 모든 유대인이 구원받으리라는 의미로 말하지 않았을 가능성이 크다. **온 이스라엘**은 이스라엘 민족 대다수, 모든 지파와 세계 전역 각지에서 온 유대인들을 가리키는 것으로 이해해야 할 것이다. 이스라엘의 구원 시기에 대해서는 스가랴 12:10, 마태복음 23:37-39, 사도행전 3:19에 대한 주석을 참고하라. 이 구절들은 이스라엘의 구원이 환난의 시기 동안, 재림하는 중이 아니라 재림 이전에 일어나며, 그분의 재림에 꼭 필요한 전조임을 가리킨다. 더욱이 **온 이스라엘**은 예전부터 모든 이스라엘을 가리켰던 적이 한 번도 없었다. 70인역에서 이 어구를 사용했을 때 그것은 '어떤 주어진 시점의'(예를 들어 민 16:34; 대상 11:10; 15:25; 대하 10:3) 유대인들 대표를 가리켰고, 바울의 용례에서도 동일하다. 바울에게(그리고 우리에게) 미래였던 어떤 특정한 시점에, 유대교의 모든 진영으로부터 엄청난 수의 유대인이 그리스도께로 돌아올 것이다. 바울은 교회사 내내 신자가 되었던, 교회 안으로 들어온 유대인을 가리키는 것이 아니다. 사실 종종 그렇게 이해하기는 하지만, **이스라엘**은 그리스도 안에 있는 유대인과 이방인으로 구성된 '교회'를 지칭한 적이 없다. 11:25에서 **이스라엘**은 분명 이스라엘 민족을 가리킨다. 바울이 26절에서 교회를 의미하기 위해 그 용어를 재정의한 암시는 없다. 더욱이 28절에서 **그들**은 26절에 나오는 **온 이스라엘**을 조상으로 두고 있으며, 28절에서 교회는 고려하고 있지 않다. 바울은 장차 온 이스라엘이 구원을 받으리라는 확신의 근거를 제시하고자, 11:26b, c, 27a에서 이사야 59:20-21을, 11:27b에서 이사야 27:9을 인용했지만, 그 구절들이 이 회심의 시기를 제시하는 것 같지는 않다. 이 구약의 구절들을 이스라엘의 구원의 때를 가리키는 것으로 보는 사람들도 있지만(구원자가 시온에서 올 때, 즉 재림 때), 온 이스라엘의 구원은 재림보다 앞서 일어나야 함은 앞에서 이미 논증했다. 따라서 이사야 59:20-21과 27:9은 구약으로부터 구원이 일어날 시기를 규명하기보다는 온 이스라엘에 구원의 확신을 준다. 이스라엘의 구원은 그분의 재림 때가 아니라 그분의 초림 때 일어난 메시아 예수의 죽음에 근거한 것이다.

11:28-32. 바울 시대에 수많은 유대인이 복음의 **원수**였지만, **조상들로 말미암아**[하나님이 아브라함과 이삭과 야곱에게 주신 약속으로 인해, 참고. 창 12:1-3; 15:6; 17:7-8] 그들은 여전히 하나님의 선택받은 민족이고 언젠가 회복될 것이다(28절). **하나님의 은사와 부르심**(29절)은, 소위 영구적이고 기적적인 영적 은사를 가리키는 것이 아니다. 문맥상 바울은 **후회하심이 없는**(29절) 하나님의 언약 약속을 말하고 있었다. 30절에

서 바울은 이방인 신자들을 향해 말한다. 대부분의 유대인들의 완고함 때문에 이방인들에게 복음을 받아들일 시간과 기회가 주어졌다. 31절은 다시 한 번 유대인들의 불순종이 영구적이지 않음을 지적한다. 미래에 이방인들의 확실한 수가 하나님만이 아시는 때에 구원받을 때, 하나님은 이스라엘의 완고함을 제거하시고 그들에게 **긍휼**(31절)을 보이실 것이다. 자신의 은혜와 긍휼을 보이시는 것이 하나님의 뜻이다. 그분은 그렇게 하시기 위해 **모든 사람을 순종하지 아니하는**['완고함'과 동의어] **가운데 가두어**두신다. 이는 **모든 사람에게**, '예외 없이 모든 개인'이 아니라 '차별 없이 모든 무리(예를 들어, 유대인과 이방인)에게' **긍휼을 베풀려** 하심이다.

11:33-36. 이 부분을 마무리하는 송영은 그분의 **풍성함**, 아마도 자비의 풍성함(32절), 그분의 **지혜**[인상적인 솜씨], **지식**[아마도 9-11장에 분명히 두드러졌던 그분의 미리 아심]을 지극히 높인다. **그의 판단**은, 잃어버린 자들에 대한 종말론적 정죄를 가리키는 것이 아니라 그분의 심의 과정을 가리킨다. 34절은 이사야 40:13-14을 인용하여, 하나님이 그분의 계획을 실행하실 때 완벽하게 독자적으로 하시는 것은 물론, 하나님이 어떻게 결정하시는지, 무엇을 결정하시는지 완전히 아는 일이 아무 소용이 없음을 강조한다. 35절은 욥기 41:3을 인용하여, 여기서조차 사람은, 은혜를 받을 만한 이들에게 은혜를 주시는 상호성을 통해서가 아니라 그분의 은혜에 근거하여 하나님의 긍휼의 '풍성함'(11:32-33)을 경험한다는 사실을 나타낸다. **주에게서**(36절)는, 그분이 우주 만물의 근원임을 나타낸다. **주로 말미암고**는 그분이 만물을 존재하게 하시고 생기게 하시는 분임을 나타낸다. 그리고 **그에게**는, 그분이 창조 세계에 존재하고 일어나는 모든 것의 목적임을 의미한다. 이 모든 것이 그분이 **영광을 세세에** 받으시는 데 기여한다.

V. 적용: 하나님과의 올바른 관계에서 얻는 유익 (12:1-15:33)

A. 그리스도인들의 영적 헌신에 미치는 영향 (12:1-2)

12:1-2. 12장에서 바울은, 하나님을 향한 올바른 반응에서 출발해 하나님과의 올바른 관계가 실제적으로 미치는 영향을 논의하는 데로 넘어간다. 1-11장에서 자세히 설명한 **하나님의…자비하심**(1절)에 비추어, 바울은 로마의 신자들에게 **산 제물**로서의 역할을 잘하라고 권한다. **드리라**['다른 사람을 섬기기 위해 그 앞에 서는 것', 참고. 롬 6:13]는 사실 명령이다. 부정과거 시제는 한 번의 헌신이 아니라, 하나님이 마음대로 사용하시도록 자기 자신을 완벽하고 포괄적으로 맡기는 것을 가리킨다. 죽은 동물 제사와는 달리 그리스도인들은 지속적으로 하나님을 섬기며 살아야 한다. **영적**[로기코스(*logikos*), 여기서 영어 단어 'logical'이 파생되었다]이란, '합리적인', '타당한', '사려 깊게 충분히 생각하는'이라는 의미이다. **본받다**(2절)란, '어떤 형식이나 선례에 따라 모양이 형성되는 것'을 의미한다. 다시 말해, 그것은 **이 세대**[*aion*, 아이온] 곧 '일시적인 시대'의 어떤 형식이나 선례를 의미한다. 그리스도인의 **마음**은 세상을 닮지 말고 하나님의 말씀에 계시된 대로 하나님의 뜻의 중요성과 유익을 올바로 인식하기 위해 새로워져야 한다.

B. 그리스도의 몸 안에서 사는 그리스도인들의 삶에 미치는 영향(12:3-13)

12:3-8. 바울은 12:3에서 시작하여, 하나님과의 올바른 관계가 사회에 미치는 영향 쪽으로 관심을 돌린다. **믿음의 분량**(3절)은 '측량 도구, 다시 말해 구원하는 믿음'을 의미하는 것 같다. 모든 신자는 믿음으로 구원받는다. 각자가 자신을 어떤 '척도'나 '기준'에 따라 측정해보면, 자만심이 사라질 것이고 몸의 다양한 지체가 서로 돌보는 데 더 유익하도록 함께 수고할 것이다(4-5절). 몸은 특히 각 지체가 자신들의 영적 은사를 사용할 때 도움을 얻는다(6-8절). **예언**(6절)은 '강력한 설교'나 '다른 사람들의 죄를 깨닫게 하는 것'이 아니었다. 예언자는 직접 계시를 받아 그분의 백성들에게 권위를 가지고 말하는 하나님의 대언자요, 그분의 대변자였다(출 7:1-2; 신 18:18, 20; 렘 23:16; 예언에 대해 더 보려면, 고전 12:10과 고전 14장 전체에 대한 주석을 보라). 예언자는 '믿음이라는 기준에 따라'(HCSB) 혹은 '기독교 신앙에 맞추어' 예언해야 한다. 즉 예언들이 이전에 계시된 진리와 모순되어서는 안 된다. **섬기는 일**(7절)은 신자들을 돌보기 위해 실제적인 면에서

수고하는 것을 가리킨다. **가르치는** 것은 지식이나 기술, 이 경우에는 성경 진리를 체계적으로 나누어 주는 것이다. **권면**(8절, 새번역)에는, '위로'(참고. 고후 1:3-7)와 '성경적으로 살라고 권하는 것'(롬 12:1)이라는 이중적인 의미가 있다. **구제**는 그리스도인과 교회의 필요에 대해 이중적인 동기 없이(**성실함**의 의미) 재원을 기쁘게 기부하는 것을 가리킨다. **다스리는 자**는 교회를 감독하고 지도한다[참고. 딤전 3:4-5, 여기서 이 단어를 '다스리다'(manage)로 번역했다. 딤전 5:17, 여기서는 '다스리다'(rule)로 번역되어 있다]. **부지런함**은 '열심, 노고, 속도'를 의미한다. **긍휼**은 고난당하는 이들에게 동정이나 친절을 보이는 것을 포함한다. 영적 은사에 대해 더 보려면 고린도전서 12-14장에 대한 주석을 보라.

12:9-13. 사람들은 주로 자기 재능의 테두리 안에서 섬겨야 하지만, 때로 더 광범위하게 도와주어야 한다. 이 단락은 그 일을 어떻게 해야 하는지 설명한다. **사랑**(9절)의 행동은, 만약 내키지 않는 마음이 있거나 이기적인 태도를 숨기고 있다면 거짓일 수 있다. **미워하고**란, '강한 반감이나 혐오감'을 의미한다. **속하라**는, '무언가를 접착제로 붙이다'라는 의미이다. **존경하기를 서로 먼저 하며**란, 자기 자신보다 먼저 '다른 사람의 명성을 소중히 여기거나 높이는 일에 열심을 내는 것'을 의미한다. **게으르지** 않는 것(11절)은, '가치 있는 일을 성취하는 데 해이해지지 않는 것'을 의미한다. **부지런함**에 대해서는 12:8을 보라. **뜨거워진 마음**(새번역)은 문자적으로는 '끓어오르는, 펄펄 끓는'을 의미하지만 여기서는 열심과 열정을 갖는 것을 의미한다(참고. 행 18:25). **성령으로**(새번역)란, 내면의 성향을 가리킬 수도 있지만, 성령으로부터 오는 진정한 열정을 가리키는 것 같다. **소망 중에 즐거워하며**(12절)는 '소망 때문에 즐거워하는 것'을 가리킨다. **공급하며**(13절)는 '코이노네오'(*koinoneo*)라는 동사에서 온 것으로, '나누다'라는 의미이다. 이 문맥에서는 다른 사람들이 심한 궁핍 가운데 있을 때 돕기 위해 자신의 자원을 나누는 것이라는 의미이다.

C. 세상과의 관계에서 그리스도인의 삶에 미치는 영향(12:14-13:14)

12:14-21. 바울은 그리스도의 몸 안에서의 삶을 이야기하는 데서, 신자가 그들을 박해하는 믿지 않는 이들에게 어떻게 대응해야 하는지로 옮겨간다. 이러한 권고 대부분은 그리스도인들과의 관계에서도 적용이 가능하다. **축복**(14절; 참고. 마 5;44)은 누군가에게 '하나님이 은총을 부어주시기를 구하는 것'을 의미하고, **저주**는 그 반대이다. 15절은 신자들끼리의 상호작용으로 제한해서는 안 된다. 그리스도인이 비그리스도인 친구와 함께 축하하거나(적절하게) 슬퍼하는 것을 막는 것은 없다. 바울은 16절에서 그리스도인들끼리의 관계에 대해 말할 수도 있지만, **서로 마음을 같이하며**는 동일하게 믿지 않는 친구들과 '공동으로 무언가를 가지라'는 명령일 수도 있다. 바울은 이미 그리스도인들 사이에서도 오만을 금했다(참고. 12:3). 이는 로마의 신자들에게 믿지 않는 지인들을 향해 영적 자부심을 갖지 말라고 권고한 것일 수도 있다. **모든 사람 앞에서 선한 일을 도모하라**(17b절)는, 신자들은 믿지 않는 이들이 칭송할 만한 일들을 하고 그것을 귀하게 여겨야 함을 나타낸다(열심히 일하는 것, 가난한 이들에게 기부하는 것). 신자들은 때로 믿지 않는 이들이 협조하지 않아 화목이 불가능할지라도 **모든 사람과 더불어 화목하려** 해야 한다(18절). 바울은 19절에서 신명기 32:35을 인용해 신자들에게 상처를 준 이들에게 하나님이 복수하시도록 하라고 그들에게 명령했다. 신자들은 20절의 명령을 지켜야 했다(이는 잠 25:21-22을 인용한 것이다). **숯불을 그 머리에 쌓아놓으리라**는 구절은 난해하지만, 잠언 25장은 타는 숯을 가득 채운 냄비를 들고 다님으로써 후회나 회개를 표현한 고대 애굽의 관습을 가리키는 것 같다. 어떤 경우든 14, 17, 19, 21절을 고려해 바울의 말을 구속적 관점에서 이해해야 한다.

13:1-7. 바울은 그리스도인들이 세속 세계와 어떻게 상호작용해야 하는지에 대한 논의를 계속하고 있지만, 여기서 그의 초점은 위에 있는 권세들과의 관계로 옮겨간다. **복종**(1절; 참고. 엡 5:22, 24; 딛 3:1-2)은 자신을 다른 사람의 '권위 아래에 두는 것'을 의미하지만, 바울의 명령은 맹목적으로 순종하라는 뜻이 아니다. 성경에 보면, 종교 권세자들이나 세속의 지도자들이 성경의 분명한 지침들을 위반하라고 요구할 때 하나님의 백성들이 소극적으로 저항한 예들이 많이 있다(예를 들어 단 3, 6장). 바울은 위에 있는 권세들에게 복종해

야 하는 이유를 제시한다. 그 권세는 '하나님이 정하신' 것이기 때문이다(참고. 행 17:24-26). 하나님이 최고 권력자이시므로 이 땅의 정부들은 모두 그분이 존재하도록 정하신 것이다. 그러나 죄에 대한 그분의 섭리의 경우처럼 정부 지도자들이 유포시킨 죄와 악과 고난에 대한 도덕적 과실은 하나님이 아니라 그들에게 있다(참고. 롬 9:22-23에 대한 주석). **그러므로**(2절), 하나님이 모든 나라와 정부를 세우셨기 때문에 세속 정부에 저항하는 것은 하나님을 **거스르는** 것이며 그렇게 하면 **심판을 받**을(새번역) 것이다. 즉, 하나님의 반대와 권세자들의 공식적인 심판 둘 다를 받는다(4-5절). 3절은 반역자들에게 심판이 임하는 이유를 설명한다. 정부는 시민들의 안전과 안보를 지키므로 그들을 반대해서는 안 된다(3-4절). **칼을 가지**는 것(4절)은 '사형 집행'을 의미할 수도 있고, 혹은 그저 '범죄자를 처벌하는 것'을 의미할 수도 있다. 그러나 만약 정부가 사형선고가 적절하다고 결정한다면, 이 단락에서 볼 때 정부에게는 그것을 집행할 권리가 있다. **양심을 따라**(5절)란, 그리스도인이 하나님이 정부의 존재 배후에 계심을 안다면, 정부에게 순종하지 않는 것은 결국 양심을 어기는 일이라는 의미이다. **주되**(7절)는 마태복음 22:21에서 예수님이 사용하신 것과 같은 단어이다.

13:8-14. 바울은 이 부분에서 좀 더 일반적인 명령들을 하지만, 그의 주안점은 여전히 그리스도인이 세상에서 어떻게 행동하는가에 있는 것 같다. **아무에게든지 아무 빚도 지지 말라**(8절)는, 융자나 대출을 금하는 것이 아니다. 율법도 또 예수님도 그것을 허용하시기 때문이다(레 25:35-36; 마 5:42; 눅 6:35). 바울의 논지는 신자가 모든 사람에게 계속 **사랑**을 보여야 하고, 이 의무는 절대 끝나지 않는다는 것이다. '사랑하라'는 동사는 '아주 가까운 관계에 있는 이들에게 따뜻함과 애정을 보이는 것'을 의미한다. 또한 즐겁게 열심히 다른 이들, 원수들(마 5:44)의 필요까지도 채워준다는(참고. 고전 13:1-3에 대한 주석) 뉘앙스도 있다. 사랑은 **율법**을 다 이룬다. 9-10절에서 바울은 신자들이 다른 사람들을 사랑할 때 일어나는 일을 묘사한다. 그러나 율법을 지켜야 한다고 지시하지는 않는다(참고. 롬 7:1-4; 10:4). 아브라함에게는 모세율법이 없었고 그가 의식적으로 그 율법을 지킨 적 또한 없었다. 그런데도 그는 하나님을 믿음으로 그의 삶에서 율법의 요구들을 다 이루었다(창 26:5과 그곳의 주석을 보라). 물론 그 요구들을 다 이룸으로써 구원받은 것은 아니지만 말이다(창 15:6). 바울은 마지막 때를 거론하면서 사랑하라는 명령을 긴박하게 제시한다(11절). **자다**란, 신자가 피해야 하는 영적 무감각을 가리킨다. 예수님은 그리스도인 각자에게 자신의 영적 상태에 대한 책임을 물으실 것이다. **밤**(12절)은 현재의 영적인 암흑 시대를 가리킨다. **낮**은 예수님과 그분 나라의 침투, 아마도 '주의 날'을 가리키는 것 같다. **빛의 갑옷**은, 원수들을 보고 피할 수 있도록 영적인 보호와 조명을 제공해준다. 신자 자신의 **육신**(14절, '육신'에 대해서는 롬 7:5-6; 8:12-13에 대한 주석을 보라) 또한 원수 가운데 하나이다. **방탕**(13절)은, '술 취함과 불법적인 성행위를 특징으로 하는 소란스러운 모임'을 의미한다. **호색**[sensuality]은, 보통 성적 범죄를 포함하며 어떤 도덕적 규제도 없는 생활 방식을 가리킨다. **옷 입고**(14절)는, 의복을 입는 것(막 5:15; 행 12:21)에 사용하곤 하며, 이와 상당히 비슷한 방식으로 신자는 어디를 가든 마치 옷을 입고 있듯이 그리스도를 입어야 한다.

D. 더 약한 다른 그리스도인들과의 관계에서 그리스도인의 삶에 미치는 영향(14:1-15:13)

14:1-3. 바울은 13:13에서는 '다툼과 시기'를 다루었고, 여기서는 다툼을 야기할 수 있는 구체적인 일을 다루었다. 바울은 1-3절에서 로마인들이 하기를 바라는 것을 제시했고, 4-9절에서는 그것에 대한 신학적 근거를 제공했다. **연약한 자**는, 거짓 신에게 바쳤던 고기를 먹는 것은 우상숭배 행위라 느꼈던 유대인 신자들이었다. 그래서 그들은 **채소만** 먹었다(2절). 당시에는 신들을 공경하여 음식을 바쳤고, 여분은 제사장들의 보수와 성전 유지 비용을 마련하기 위해 시장에서 팔았다. 이방인 신자들은 이 고기를 먹을 수 있다는 신념(**믿음**)이 있었다. 바울은 더 강한 이방인 신자들에게 유대인 신자들과 친하게 지내라고 지시했지만, 그들에게 더 강한 형제의 입장을 강제하지 말라고 했다(1절). 그들은 유대인 신자들을 **업신여**겨서는('경멸하는 것', '못마땅한 것에 대해 무시하거나 엄격한 태도를 갖는 것') 안 되었다. 마찬가지로 유대인 신자들은 이방인 형제들을 **비판**해서는(여기서는 '다른 이에게 비호의적인 생각

을 폼다', '비난하다, 흠을 잡다') 안 된다. 하나님이 그들을 **받으셨**기 때문이다.

14:4-9. 여기서 바울은 1-3절의 권고에 대한 신학적 기초를 제공했다. **비판**(4절)은 특히 우상에게 바쳤던 고기를 먹는다는 이유로 이방인 신자들을 비판했던 유대인 신자들을 향한 것이었다(참고. 3절에서의 '비판'). 이방인 그리스도인들은 동료 유대인들의 하인이 아니라, **남의**, 즉 하나님의 **하인**이었다. 그러므로 유대인 신자들은 이방인 신자들에게 그들이 무엇을 해야 한다고 지시할 수 없었다. 성경이 그 문제에 대해 침묵했으므로 **각각 자기 마음으로 확정**해야 했다(5절). 즉 어떻게 할지 자신의 신념을 따라야 했다. **날**은, 유대인 신자들이 안식일과 축제일들을 계속 지켰음을 나타낸다. 비록 더 이상 그렇게 하라는 율법의 의무 아래 있지 않았음에도 불구하고 말이다(참고. 롬 6:14-15; 7:1-3; 10:4). 이방인들은 그것들을 준수해야 한다고 느끼지 않았다. 두 가지 태도 다 받아들여졌다. 각 그룹은 그들의 행위로 하나님을 기쁘시게 하려 했다(6절). 그러나 아이러니하게도 각기 의견이 다를 때 서로를 헐뜯었다. 7-9절은, 로마의 유대인 신자들과 이방인 신자들에게 예수님만이 그분의 부활 권세에 근거해 어떤 문제에 대해 성경이 침묵할 때 신자들이 어떻게 행동해야 할지 규정할 권리를 가지고 계심을 상기시켰다. 그러나 성경이 어떤 행동을 분명하게 금할 때, 교회는 심히 악한 삶을 사는 이들을 '비판해야' 한다(참고. 고전 5:1-5, 9-13에 대한 주석).

14:10-12. 바울은 3-4절의 명령을 되풀이했다(참고. '비판'과 '업신여김'). **심판대**[*bema*, 베마]란, 세속 권세자들이 형사사건을 판결하는 높은 단이었다(예를 들어 마 27:19; 요 19:13; 행 18:12; 25:6). 이것이 운동 경기의 승자에게 상을 주는 장소를 가리키는 경우는 절대 없다. 벌은 '베마'에서의 판결에 따라 주어지고, 신자에 대한 하나님의 평가에 따라 주어지지만, 심판과 형벌은 어떤 일이 일어나느냐와 또 일어난 시간의 측면에서 볼 때 별개의 일이다. 사실 10-12절에서 영원한 벌이 부과된다는 언급은 없다. 단지 각 사람이 하나님께 직고할 뿐이다(**모든 혀가 하나님께 자백하리라 하였느니라**). 언젠가, 각 신자는 자기 삶을 하나님께 직고할 것이다(고후 5:10과 고전 3:10-17에 대한 주석을 참고하라). 거기에 함축된 의미는, 신자들은 의견이 서로 다를 때 심하게 비난해서는 안 된다는 것이다. 그들이 무언가 잘못했을 때 하나님이 그 일들을 다루시리라 신뢰할 수 있다. 그것은 그분에게 맡겨야 한다. 이러한 심판은 신자의 영원한 운명과 관련이 없지만, 분명 그의 형벌에 영향을 미칠 것이다(고전 4:1-5에 대한 주석을 보라). **찬양**[엑소몰로게오(*exomologeo*), 11절, 새번역]보다는 '잘못을 시인하다'가 더 나은 번역일 것이다(참고. 70인역 대하 6:24; 마 3:6; 약 5:16). 바울은 하나님만이 최후 심판의 날에 심판하심을 인정한 이사야 45:23을 인용했다.

14:13-23. 1-12절에서 바울은 약한 자와 강한 자 둘 다에게 말했지만, 여기서는 더 강한 이방인 신자들을 염두에 두고 있다. 때로 **거칠 것**(13절)은, 더 강한 형제가 도리에 맞게 자신의 자유를 행사할 때 더 약한 형제가 느끼는 분노로 이해할 수도 있다. 물론 이런 의미로도 해석 가능하다. 하지만 **거칠 것**은 이방인 신자가 유대인 신자에게 자신의 기준을 어기고 양심에 반하는 죄를 지으라고 하는 압력으로 이해하는 편이 더 낫다(참고. 22-23절). 14절에서 바울은 강한 자의 편을 들었지만, 강한 자들의 행동이 약한 자(유대인 신자들)에게 해를 끼칠 수 있음을 분명히 했다(15절). **근심하게 되**다란, '괴로워하다, 슬퍼하다'라는 의미이며, 심지어 '격노하다'라는 의미일 수도 있다. 여기서 **망하게 하다**(*apollumi*, 아폴루미)란, '한 사람을 영원히 몰락하도록 지옥으로 보내다'라는 의미가 아니다. 어떤 신자도 다른 신자에게 그렇게 할 수는 없기 때문이다. **망하게**는 종종 '손상을 끼치다', '망치다', '해를 입히다'를 의미하곤 한다(마 9:17; 눅 21:18; 약 1:11). 약한 형제가 자기 기준을 어기도록 더 강한 형제가 꼬드길 때 약한 형제가 해를 입는다.

그러므로(16절)는 14-15절에 대한 바울의 결론을 소개한다. 이방인 그리스도인이 고기를 먹는 것은 **선한 것**이었지만, 그가 만약 유대인 신자도 자신의 양심의 명령에 반하게 먹어야 한다고 주장한다면, **선한 것**이 악으로 바뀔 것이다. **하나님의 나라**(17절)는 교회 안에서 교회를 통하여 드러나지만, 교회가 하나님 나라와 동일할 수는 없다. **의**는 수평적, 사회적 의미를 가지는 '올바른 행동'이다. **마시는 것**은 21절에 나오는 포도

롬

주를 마시는 것을 미리 다루고 있다. 성전에서 신에게 바치는 술로 포도주를 사용했고, 유대인 신자들은 고기를 먹지 않았던 것처럼 포도주를 사 먹으려 하지 않았다. **만물이 다 깨끗하되**(20절)는 바울이 그랬듯이 유대인 신자와 이방인 신자가 똑같이 고기를 먹을 수 있었음을 나타낸다. 22절에서 바울은 더 강한 형제들에게 약한 이들이 양심을 어기는 행동을 하도록 강제해서는 안 된다고 권고했다. **의심하고 먹는 자는 정죄되었나니**(23절; 또한 22절)란, 하나님이 이 그리스도인을 지옥으로 보내시리라는 의미가 아니다. 22절에서처럼 약한 형제의 양심은 죄책감을 느낄 것이다. **믿음을 따라** 하지 않았기 때문에, 다시 말해 약한 이들에게는 자기도 먹을 수 있다는 확신이 없었기 때문이다. 어떤 사람이 성경이 분명하게 금하지 않은 어떤 행위를 한다고 해서 죄를 짓는 것은 아니다. 그러나 어떤 신자가 양심을 어긴다면, 그것은 죄이다. 하나님은 그분의 백성들이 죄를 피하기 위해 민감한 양심을 갖기를 바라신다(딤전 1:5, 19; 히 5:14).

15:1-6. 14:1-12에서 바울은 다른 신자들을 정죄하지 않아야 한다고 썼다. 14:13-23에서는 로마의 신자들에게 성경이 요구하지 않는다면 다른 이들에게 그들의 관행을 강요하지 말라고 권했다. 그리고 15:1-13에서는 다른 이들을 섬기신 예수님을 본받아야 한다고 주장했다. 1-2절은 더 강한 이방인 신자들을 향해 썼다. 그들은 그들의 관행을 유대인 신자들에게 강요해서는 안 되었다. 그들은 **자기를 기쁘게 하지 아니**하신 예수님의 본을 따라야 했다(3절). 하나님의 백성들이 그리스도인의 자유에 근거해 어떤 활동, 때로는 미심쩍은 활동들에 참여할 권리를 주장하는 경향은 항상 있었다. 그러나 바울은 하나 됨을 위해 기꺼이 그러한 권리들을 포기하라고 권한다. 바울은 시편 69:9을 인용했다. 거기서 **주**는 하나님을 가리키고 **내게**는 예수님을 가리킨다. 하나님을 향한 모든 인류의 반항적인 행동(**비방**)은, 예수님이 죄를 속하기 위해 죽으셨을 때 최고의 자기희생 행위인 십자가에서 예수님께 얹혔다. 로마의 신자들은 그분의 본을 따라야 했고, 다른 이들을 배려하며 행동해야 했다. 히브리어 성경은 어느 정도는 **우리의 교훈을 위하여**(4절) 존재한다. 신자들은 자기만을 기쁘게 하려는 욕심으로 살지 않았던 과거 사람들의 본을 보아야 한다. 더불어 성경을 통해 현재에 인내하며 미래에 대해 자신감을 가질(**소망**) 수 있게 된다. 5:3-5에 대한 주석을 보라. 그런 다음 바울은 앞 절들에서 권했던 하나 됨에 관련한 소망을 기록했다. 성경이 인내와 위로를 주지만(5절), 궁극적으로 이것들은 하나님으로부터 온다(5절). 인내와 위로는 특히 하나 됨과 관련이 있다. 이는 이 교회가 로마와 세계에서 **하나님 곧 우리 주 예수 그리스도의 아버지께**(6절) 제대로 영광을 돌리려면(하나님의 명성을 높이는 것) 없어서는 안 되는 것이다. 교회의 하나 됨은 복음 전도의 노력을 더 강화시킬 것이고, 바울의 선교 사역을 후원하는 면에서도(로마서 서론의 '목적'을 보라) 그 교회에 역량과 활기를 더해 줄 것이다.

15:7-13. **서로 받으라**(7절)는 바울이 로마서의 이 부분을 시작할 때 했던 명령과 같은 명령이다(참고. 14:1). 그러나 여기서는 예수님을 다르다고 여겨지는 이들을 받아들이신 최고의 본으로 언급했다(참고. 5:6-10). 예수님은 **조상들에게 주신 약속들을 견고하게 하시려고** 죽음으로써 유대인들을 섬기셨다(8절; 참고. 창 12:1-3에 대한 주석). 예수님의 속죄의 죽음은 유대인들이 아브라함 언약의 온전한 복을 경험할 수 있는 유일한 수단이다(참고. 롬 4:13-17; 11:27-29; 갈 3:1-18). 그러나 그분의 죽음은 또한 이방인들에게 길[**긍휼**]을 제공하심으로써 그들을 섬겼다. 그들은 이로 말미암아 구원을 공유한 것에 대해 **하나님께 영광을 돌리게** 될 것이다(9절). 바울은 9절에서 시편 18:49을, 10절에서 신명기 32:43을, 11절에서 시편 117:1을, 12절에서는 이사야 11:10을 인용했다(참고. 각각의 구약 구절들에 대한 주석). 이 절들은 구약에서 이방인들도 유대인들과 함께 주님을 알게 되리라는 예상을 공통으로 하고 있다. 바울은 로마 교회에 대한 또 다른 소망을 표현했다(13절). 예수님의 이타적인 사역으로 인해 그들은 7-13절에 표현되어 있는 확실한 기대(**소망**)를 갖게 되었다. 그것은 유대인들이 모든 언약의 복들을 받고, 이방인들이 하나님의 긍휼을 입어 그분의 백성으로 여겨지리라는(물론 '유대인처럼' 되지는 않으면서) 것이었다. **기쁨**은 영적인 소망이 이루어지는 것을 보리라는 행복한 기대와 관련이 있으며, **평강**은 **믿음 안에서**[그분을 신뢰하면서] 그분이 약속을 이루실 것을 확신할 때

온다. 교회의 하나 됨을 비롯하여 그분의 자녀들에게 영적인 복을 주시려는 하나님의 모든 뜻은 **성령의 능력으로** 이루어진다. 그리스도인의 삶과 자유에 대한 사도의 논의에 딱 맞는 마무리가 아닌가!

E. 바울의 사역 지원에 미치는 영향(15:14-33)

15:14-21. 바울은 그가 14:1-5:13에서 권한 하나 됨을 성령께서 일구실 것을 확신했을 뿐 아니라, 로마의 그리스도인들이 그 과정에서 **서로 권하**면서 성령과 협력하리라 확신했다(14절). 그러나 성령께서 그분의 일을 하시고 그들이 그분과 협력하겠지만, 바울은 또한 그들이 더 효과적으로 "하나님 곧 우리 주 예수 그리스도의 아버지께" 영광을 돌릴 수 있도록(15:6) 하나 됨을 촉진하라고 썼다. 15-16절은, 이 서신의 목적에 가장 가까운 진술이다. 그는 그들이 수많은 교리적 진리들을 떠올리기를 바라며 이 서신을 썼다. 그 진리들은, **하나님께서** 사도의 직분과 관련해 그에게 주신 은혜를 알리도록 그에게 동기를 준 진리들이었다. 그의 소명은 주로 이방인들에게 복음을 전하는(16-20절) 것이었다(참고. 로마서 서론의 '목적'). 로마서 15:16-21은 사도로서 자신의 '사역 철학'을 가장 완벽하게 진술했다. 그의 목적은 이방인들을 하나님께 제물로 드리기 위해 그들에게 다가가는 것이었다. 이사야 66:18-20은, 마지막 때에 이방인들이 예루살렘과 주님께로 줄지어 올 것임을 보여준다. 그리고 바울은 자신의 사역을, 그 마지막 사건을 미리 드러내는 데 기여했다. **이방인들의 순종**(18절)은 1:5과 16:26과 병행하며, 바울의 사역 목적은 물론 로마서를 쓴 배후의 이유가 나타나 있다. 바울이 사역을 잘할 수 있었던 것은, **그리스도께서** 그를 **통하여** 이루신 일 그리고 그를 진정한 사도로 지명한 **표적과 기사의 능력**을 비롯한(참고. 고후 12:12) **성령의 능력** 덕분이다. **표적과 기사**를 나타낸 데에 한 사람이 사도임을 증명하려는 의도도 있다면, 그것들이 하나님의 백성 가운데서 흔한 일이었을 것 같지는 않다. 예수님과 성령님이 바울 안에서 일하시고 그가 이룬 모든 일의 근원이었음에도 불구하고, 그는 **그리스도의 복음을 편만하게** 전함으로써 그의 역할을 했다(19절). 일을 이루시는 하나님의 능력과 그분의 백성의 자발적인 수고 사이에는 아주 멋지면서도 신비로운 연관성이 있다. 그러나 바울은 그의 사역을 통해 맺힌 열매는 하나님이 하신 일이라고 말한다. **일루리곤**은 지금의 크로아티아와 보스니아-헤르체코비나에 해당한다. 사도행전은 **일루리곤**을 분명하게 언급하지 않지만, 바울은 아마도 3차 전도 여행 때 에베소를 떠난 이후(행 19장) 그리스에 도착하기 전에(행 20:1-2) 이곳에 갔던 것 같다. 그곳은 바울이 로마로 가기 전에 이르렀던 북서쪽으로 가장 먼 지역이었다. 바울은 이방인들을 향한 사도로서의 소명에 따라 이전에 가보지 않았던 지역을 복음화하려 했으며(20절), 하나님이 민족들 사이에서 고난 받는 종의 명성을 전파하신 것과 관련한 이사야 52:15을 인용해 그것이 옳음을 보여준다.

15:22-29. 바울은 이 단락에서 자신이 여행하고 사역하는 의도를 제시했다. 그가 로마 교회로 가는 길이 막혔던 까닭은 아마도 사역의 요구 때문이었던 것 같다(22절). 바울은 1:13에서도 막혔던 것을 언급했는데, 이 절은 15:22과 연결된다. 1:14-5:21이 삽입어구일 가능성이 아주 약간 있다. 참으로 엄청난 탈선이다! 그러나 바울은 그저 로마 방문 계획을 반복했을 가능성이 더 크다. 그의 여행 계획에 대해서는 서론의 '연대'를 참고하라. 바울의 계획은, 그가 전도 여행 때 세운 이방인 교회들로부터 모은 헌금을 전해주는 것이었다. 이는 거의 20년 동안 그가 해온 사역이었다(참고. 행 11:27-30과 갈 2:1-10, 주후 37-38년경). 이 이방인 교회들이 유대에서 박해를 받고 있던 유대인 신자들에게 물질을 **연보하**는 것은('유대감을 세우는 것'이 더 나은 번역이다, 26절) 옳은 일이었다. 이방인들은 자신들에게 복음이 전파된 것에 대해 영적으로 **빚진** 자들이기 때문이다(27절). 이러한 빚은 오늘날에도 여전히 남아 있으며, 교회들은 유대인들에게 복음을 전하는 수고를 하는 이들에게 재정을 지원함으로써 바울의 논지를 적용할 수 있다. 그러고 나서 그는 로마로 가서 그들로부터 스페인으로 계속 가는[24절, **후원을 얻어**(새번역)란 '여행을 해야 하는 사람을 실제적으로 지원하는 것'을 의미한다] 데 필요한 재정을 지원받을 계획을 세웠다. 로마서를 쓴 여러 가지 목적 중 하나는 선교사가 자금을 모으는 것이다.

15:30-33. 바울은 로마의 신자들에게 세 가지 기도 부탁을 했다(30절). 그는 예루살렘에서 그에게 해를 입힐 유대인 반대자들로부터 하나님이 그를 보호해주시

도록 기도해달라고 부탁했다(31a절). 하나님은 바울을 보호하셨지만, 아마 바울이 기대했거나 선호했던 방식은 아니었던 것 같다(참고. 행 21:27). 두 번째로 그는 유대 신자들이 헌금을 호의적으로 받아들이기를 기도했다(31b절). 그러했다는 유일한 암시가 사도행전 21:17에 나오는데 이마저도 약간 아리송하다. "형제들이 우리를 기꺼이 영접하거늘." 당연하다! 바울은 그들을 위해 한 상자 가득 구제금을 가지고 나타났다. 세 번째로 그는 로마의 신자들에게 잘 도착하게 해달라고 기도했다(32절; 참고. 행 28장).

Ⅵ. 바울의 마지막 명령들(16:1-27)

A. 그리스도인 사역자들에게 감사하라(16:1-16)

16:1-16. 로마서를 마무리하는 '보조적인' 절들이다. 여기에는 교회가 복음 전도 사역을 더 효과적으로 할 수 있도록 교회를 강하게 하는 다른 권고들이 있다. **문안**[아스파조마이(*aspazomai*), 3절]이라는 단어는 '안부를 전하다'라는 의미가 아니라, '경의를 표하다', '경례하다'(막 9:15; 명사에 대해서는 마 23:7을 참고하라)라는 의미이다. 바울은 명령형 동사를 사용해 로마의 신자들이 이를 '행하기'를 기대했다. 바울은 25명의 이름을 열거했다[17명은 남자, 8명은 여자; 두 명은 이름을 밝히지 않은 여자(13, 15절) 그리고 두 가정(10-11절)]. 적어도 그들 중 일부는 주님과 교회를 섬기는 면에서 뛰어났다는 공통점이 있다(참고. 2-3, 6-7, 9, 12절, 12절은 두 번). 바울은 그 교회에게 그들이 한 수고를 인정하고 그들에게 감사하라고 권했다. 바울은 어떻게 그가 아직 가보지도 못한 교회 사람들을 이렇게 많이 알았을까? 클라우디우스 황제 치하에서는 신자든 아니든 유대인들 모두 주후 49년경 로마에서 추방당했다(참고. 행 18:2). 그는 바로 이러한 상황에서 고린도에서 아굴라와 브리스가를 만났고, 아마도 16장에 나오는 다른 이들을 만났을 것이다. 교회가 경의를 표해야 하는 이들 중 하나는, 고린도에서 남동쪽으로 11킬로미터 가량 떨어진 **겐그레아**에 거주하는 **뵈뵈**였다. 하지만 그녀는 아마도 바울의 서신을 갖고 로마로 가는 길이었을 것이다. 바울은 그녀를 **일꾼**[디아코노스(*diakonos*), '집사']과 **보호자**(2절)라고 불렀다. 어떤 사람들은 이런 이름을 근거로 그녀가 교회 목회자 중 하나였다고 결론 내린다. 그러나 그럴 것 같지는 않다. 바울은 공식적인 교회 직책을 맡은 이들에 대해 말하는 것이 아니며, '디아코노스'는 종종 '일꾼'(참고. 마 20:26)이라는 비전문적 의미로 쓰인다. 그러나 그녀가 전문적인 의미에서의 '집사'였다 하더라도 집사들에게는 주로 교회를 인도하거나 가르치는 사역을 맡기지 않았다. 보호자는 간혹 '다스리는 자', '지도자', '우두머리'를 의미하지만 주로 '후원자, 자신의 자원으로 다른 이들을 돕는 자'라는 의미다. 여기서는 후자의 의미가 더 바람직하다. 바울이 예수님 아닌 다른 이를 자신을 다스리는 자로 불렀을 리 없기 때문이다.

또 다른 문제는 **사도들에게 존중히 여겨졌던 유니아**(7절)라는 여성과 관련이 있다. **유니아**는 바울처럼 사도였고 상당한 권위를 행사했을 가능성이 있지만, 문법 구조는 그 의견에 반대한다. 그 어구는 '존중받는' 혹은 '뛰어난'(*episemos*, 에피세모스)이라는 단어 + 전치사 '엔'(*en*), '~안에' 혹은 '가운데' + 사람이나 그룹을 지시 대상으로 하는(이 경우 '사도') 여격의 단어로 이루어져 있다. 대개 헬라어에서 이러한 구조는 존경받는 사람이 속해 있지 않은 다른 그룹에서 높은 존경을 받았던 개인이나 그룹을 가리킬 때 사용했다. 다시 말해, 사도들이 **안드로니고와 유니아** 둘 다를 아주 귀하게 여겼거나, 그들이 사도들 사이에서 유명했지만 둘 다 사도는 아니었음을 암시한다.

B. 분쟁을 일으키는 사람들을 피하라(16:17-20a)

16:17-20a. 바울은 스페인으로 가는 그의 모험을 지원하려는 교회의 마음을 방해할 수 있는 몇 가지를 제시했다. 로마의 그리스도인들은 거짓 가르침을 퍼뜨리는 이들, 자기 욕망의 노예가 된 이들에게서 **떠나야** 했다(17-18절). 그들의 가르침은 **분쟁**을 일으켰으며('통일된 그룹을 두 개 혹은 그 이상 화합을 이루지 못하는 그룹으로 분리시키는 것'), **거치게** 했다('분노와 적의를 불러일으키는 것'). 바울은 그들이 진리에 계속 **순종**하리라 확신했다(19절). 교회에 평강을 세우시는 이는(16:20) 사탄이 아니라 하나님이셨다. 사탄은 아마 몸을 붕괴시키기 위해 그 가까이 분열을 일으키는 교사들을 두었을 것이다. 사탄을 비롯한 천사들을 심판할 신자들이 맡은 역할에 대해서는 고린도전서 6:3을 보라.

C. 그리스도인 지도자들의 격려를 받으라 (16:20b-23)

16:20b-23. 바울의 가장 중요한 조력자 몇몇이 로마 교회에 대해 생각하고 있던 바는 그곳 신자들에게 큰 격려가 되었다. **누기오**(21절)는 사도행전 13:1에 나오는 '구레네 사람 루기오'와 동일한 유대인 신자일 수도 있지만, 확신할 수는 없다. **야손**은 바울이 데살로니가에서 사역하는 동안 회심하고 바울에게 숙소를 제공한 이와 동일 인물 같다(행 17:5-19). **소시바더**는 3차 전도 여행의 끝 무렵 바울이 로마로 가는 길에 동행했던 '소바더'라 불리는 사람과 동일 인물일 가능성이 있다(행 20:4). **더디오**(22절)는 바울의 대필자(비서)였다. 그는 바울의 말을 받아써 기록했다. **가이오**(23절)는 바울이 세례를 준 고린도의 첫 회심자들 중 하나일 가능성이 있다(고전 1:14). 그리고 아마 사도행전 19:29에 나오는 에베소 출신 가이오나, 20:4에 나오는 더베 출신 가이오와는 다른 인물일 것이다. **에라스도**는 고위급 공무원이 분명하며, 1929년 고린도에서 발견된 비문에 고린도 시장이었던 에라스도에 대한 언급이 있다. 이 사람이 바울이 말한 에라스도라 말하기는 어렵지만 당시 그런 이름은 드물었다. **구아도**는 신약성경의 다른 데는 등장하지 않는다.

D. 하나님께 영광을 돌리라(16:25-27)

16:25-27. 바울의 송영은 길고 두서없지만, 그 구조에 따라 짐작해보면 아래와 같이 풀어 쓸 수 있다.

"(25절) 이제 그분께, (27절로 뛰어넘어 가서) 유일하게 지혜로우신 하나님께, 예수 그리스도로 말미암아 영광이 영원무궁하도록 있기를 빕니다. (다시 25절로 돌아와서) 그분은 여러분을 세워주실 수 있는 분이며, 그 세워줌은 복음, 즉 예수 그리스도에 대해 내가 전파한 것과 동일한 복음으로 말미암습니다. 이 복음은 또한 오랫동안 감추어져 있던 신비의 계시와 동일합니다(26절). 그러나 이 신비가 이제 나타내신 바 되었습니다. 뿐만 아니라 하나님은 나의 복음에 따라 여러분을 세워주실 뿐 아니라(참고. 25절), 또한(27절) 우리의 영원하신 하나님의 명을 따라 자신들이 받은 계시를 주었던 선지자들의 성경 말씀처럼 여러분을 세워주십니다. 그 선지자들의 성경은 모든 민족이, 구원받은 믿음을 통하여 더 순종하는 이들이 되도록 그들에게 알려졌습니다. 그 순종은 구원하는 믿음으로 말미암습니다. (27절을 되풀이하며) 그분께 예수 그리스도로 말미암아 영광이 영원무궁하도록 있기를 빕니다. 아멘!"

이 송영은 세 가지 요점을 강조한다. 첫째, 복음은 히브리어 성경과 연속성이 있다. 하지만 우리가 그 복음을 온전히 이해할 수 있었던 것은, 하나님이 그리스도의 삶과 죽음 그리고 바울과 다른 전도자들의 복음 전도 사역을 통해 나타내신 덕분이었다. 둘째, 이 복음으로 인해 신자들은 강해졌고 모든 민족이 행동하는 믿음을 갖게 되었다. 셋째, 하나님은 예수 그리스도의 복음을 통해 그분 자신에게 영광을 영원히 가져오신다. 이 복음이 그처럼 심오한 변화를 낳고, 나아가 그분의 비길 데 없는 위대함을 나타낸다. 이런 이유들로 인해 로마인들은 복음을 널리 알리고, 바울이 스페인에서 그 일을 하려 할 때 그를 후원해야 한다. 이 송영의 내용에 대해 더 자세한 논의를 살펴보려면 참고 문헌에 나오는 무(Moo)와 슈라이너(Schreiner)의 주석을 찾아보라.

바울은 **모든 민족이 믿어 순종하게** 되는 것을 다시 언급하며 그의 서신을 마무리했다(참고. 1:4-5에 대한 주석 그리고 서론의 '목적'). 로마서의 주요 주제 중 하나는, 로마의 교회가 바울의 스페인 전도 여행 계획을 후원함으로써 복음 전파에 참여해야 한다는 것이다. 잃어버린 이들에게 다가가는 긴급함과 열정을 잃어버린 오늘날, 모든 교회와 신자가 이 서신을 공부해야 한다. 복음을 하나님의 능력으로 이해할 때, 하나님께 영광을 돌리고자 하는 열망과 영혼들을 향한 열정이 더 깊어질 것이다.

참 고 문 헌

Bruce, F. F. *Romans*. Tyndale New Testament Commentaries. Downers Grove, IL: InterVarsity, 1998. 《로마서》, 틴델 신약주석 시리즈(CLC).

Cranfield, C. E. B. *Romans: A Shorter Commentary*. Grand Rapids, MI: Eerdmans, 1985.

Hendriksen, William. *Exposition of Paul's Epistle to the Romans*. New Testament Commentary. Grand Rapids, MI: Baker, 1981.

MacArthur, John. *Romans 1-8* and *Romans 9-6*. MacArthur New Testament Commentary. Chicago: Moody, 1991, 1994.

Moo, Douglas J. *The Epistle to the Romans*. New International Commentary on the New Testament. Grand Rapids, MI: Eerdmans, 1996. 《로마서》, NICNT(솔로몬).

Morris, Leon. *The Epistle to the Romans*. Pillar Commentaries. Grand Rapids, MI: Eerdmans, 1988.

Murray, John. *The Epistle to the Romans*. Grand Rapids, MI: Eerdmans, 1997. 《존 머리 로마서 주석》(아바서원).

Osborne, Grant R. *Romans*. InterVarsity Press New Testament Commentary. Downers Grove, IL: Inter-Varsity, 2004.

Schreiner, Thomas R. *Romans*. Baker Exegetical Commentary on the New Testament. Grand Rapids, MI: Baker, 1998. 《로마서》, BECNT(부흥과개혁사).

Witherington Ⅲ, Ben. *Paul's Letter to the Romans: A Socio-Rhetorical Commentary*. Grand Rapids, MI: Eerdmans, 2004.

고린도전서

마이클 밴래닝햄(Michael G. Vanlaningham)

서 론

저자. 신뢰할 만한 모든 학자들이 고린도전서의 저자를 바울로 본다.

연대. 바울이 2차 전도 여행을 하는 동안(주후 50년 4월경부터 주후 52년 9월경까지) 처음 고린도에 닿은 사건에 대해서는 사도행전 18장의 주석을 보라. 바울은 3차 전도 여행(주후 52년 후반 혹은 53년 초반부터 주후 57년 5월에 걸친)을 시작하며 에베소로 돌아갔다. 그곳에서의 사역은 아주 효과적이었고, 그는 거의 3년 동안 그곳에 머물렀다(주후 53년 가을에서 55년 봄까지로 추정. 이 점에 대해서는 행 18:18-23을 참고하라). 이때 고린도전서를 썼고, 주후 55년쯤으로 보인다.

수신자. 1. 고린도는 새로운 도시였다. 이 도시에 대한 의미 있는 역사 기록은 주전 146년으로 거슬러 올라간다. 당시 고린도는 로마에 맞선 반란에 실패하고 로마 장군 루키우스 무미우스 아카이쿠스(Lucius Mummius Achaiacus)에 의해 파괴되어 거민들 모두 노예로 팔렸다. 아프로디테 여신을 위한 천 명의 신전 창기들이 있었다는 이야기가 전해지는데, 아마도 이곳 '옛 고린도'와 관련된 것 같다. 그러나 스트라보(Strabo, 주후 1세기의 그리스 지리학자이자 역사학자, 원래는 터키 출신)는 고린도에 관한 이런 언급에 의문을 제기한다. 한 세기가량 폐허 상태이던 이 도시를 주전 46년에야 율리우스 카이사르(Julius Caesar)가 자신을 위해 복무했던 퇴역 군인들의 은퇴지로 거론했고, 주전 44년에야 복구 작업을 시작했다. 그곳은 문화적으로 또 지리적으로 그리스였지만, 공식적인 로마 식민지가 되었고, 주전 27년에 아가야 지방의 수도로 지정되었다. 1세기 그곳의 인구는 6만 명에서 20만 명으로 추산되며, 조금 더 명확한 수는 아직까지 알 수 없다.

2. 고린도는 부유한 도시였다. 고린도는 고린도 지협(펠로폰네소스반도와 그리스 북부 지방을 연결하는 좁고 긴 땅)에 자리 잡았기 때문에 육로들을 장악하고 있었으며, 서쪽으로 고린도만, 동쪽으로 에게해에 접해 있는 사로니코스만 양쪽으로 들어오는 배들을 지원하는 두 개의 항구가 있었다. 그 지협은 아주 좁아서(6킬로미터가량) 배들을 통나무 위로 굴려 간신히 통과시켰다. 그래도 펠로폰네소스반도를 돌아 항해하는 것보다는 덜 비싸고, 덜 위험한 길이었다. 이 도시는 상업과 사람들의 왕래로 부유해졌다. 주요한 산업으로는 청동, 타일, 토기가 있었다.

고린도는 또 올림픽을 제외하면 가장 큰 운동경기 축제였던 이스머스 경기를 주관했다. 이스머스 경기는 바다의 신이자 고린도의 수호신 포세이돈을 기념하는 의미에서 2년에 한 번씩 열렸으며, 육상, 레슬링, 복싱, 전차 경주 등을 했다.

3. 당시 고린도는 악하고, 부도덕한 곳으로 악명이 높았다. 고대 헬라어에서 '코린티아조마이' (*korinthiazomai*)라는 동사는 '간음하다'라는 의미였고, '코린티아스테스'(*korinthiastes*)는 매춘부와 노는 사람을 의미했다(LSJ, 981). '고린도 여자아이를 고용하다'는 곧 '매춘부를 고용하다'라는 의미였다. 이를 가장 잘 보여주는 것은, 바울이 고린도에서 쓴 로마서이다. 로마서 1:18-32의 일부 내용은 그가 그 도시에서 목도한 성적 범죄들에서 나왔을 가능성이 있다.

목적. 바울은 몇 가지 상황 때문에 이 서신을 썼다. 앞서 그는 명확히 해두어야 하는 것들에 대해 그들에게 편지를 보낸 바 있다(5:9, 11). 그는 교회를 해롭게 한 다양한 문제들에 대해, 고린도에서 에베소에 있는 바울을 찾아온 '글로에의 집' 편으로 보고를 받았다(분열에 대해서는 1:10-11을 보라. 주의 만찬의 오용에 대해서는 11:17-34이 가능할 것이다. 부활에 대해서는 15장을 보라). 또 고린도인들은 몇 가지 주제들에 대한 그의 생각을 문의하며 그와 서신을 주고받았다(7:1 그리고 아마도 7:25; 8:1; 12:1; 어쩌면 16:1, 12도 가능하다). 고린도전서는 이런 이슈들을 다루기 위해 쓴 것이다.

이 서신을 보고 알 수 있는, 고린도 교회의 구성원들이 보인 모든 것을 포괄하는 단 하나의 문제가 있다면, 그것은 걷잡을 수 없고 오만한 자기과시이다. 1-4장의 당파들은 자신의 제자들을 확보하려는 데서 나온 것 같다(참고. 1:18 주석에 있는, '고린도전서 1-4장의 배경'). 바울은 5:2에서 교회에 부도덕이 자리 잡게 만든 그들의 오만을 꾸짖었다. 그들은 자신의 이익을 위해 서로를 고발했고(6:7-8), 매춘부를 쓸 수 있는 권리를 주장했다(6:12-13). 어떤 사람들은 결혼을 해서는 안 된다거나, 결혼 관계에서 성관계를 삼가야 한다는 자신들의 신념을 따르라고 다른 이들을 압박했다(참고. 7:37-38). 그들은 다른 이들에게 닥칠(8:9-13) 혹은 자기 자신에게 닥칠(10:6-12) 해로움은 아랑곳하지 않고 그리스-로마 신들을 위한 성스러운 식사에 계속 참여하는 것을 정당화했다. 여성들은 아마도 좀 더 자율성을 누리기 위해서나 교회 생활에서 두드러져 보이고 싶어서, 하나님이 정하신 남자들의 권위를 축소시키려 했던 것 같다(11:2-16). 고린도인들 중 일부는 더 좋은 음식과 음료를 즐기기 위해 성찬과 관련이 있는 연회에서 고의로 가난한 이들을 제외시켰다(11:17-22). 그들은 사랑 없이, 교회를 세우려는 생각 없이 자신의 영적 은사들을 사용했다(12-14장). 부활에 대한 그들의 견해는, 그들의 의심스러운 도덕률 상당 부분을 정당화해주었다(6:14; 15:32-33). 그리고 그들은 예루살렘의 가난한 이들을 위한 헌금에 선뜻 나서지 않았다(참고. 16:1-3 그리고 바울이 고후 8-9장에서 '두 장 전체를 할애해' 이 문제를 다루어야 했음에 주목하라). 바울 당시의 그리스-로마 세계에는 스스로를 과시하는 웅변가들(전문적인 문학작품에서 '수사학자'라 불렸던)이

고린도와 주변 지역

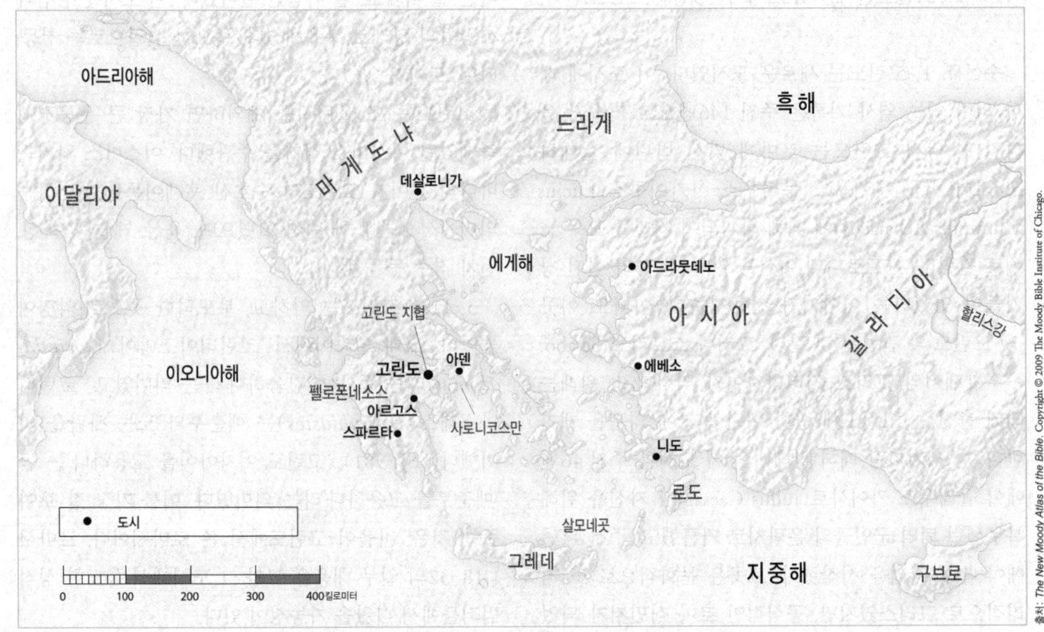

가득했으며, 사람들이 구할 수 있는 어떤 수단으로든 자신의 사회적 지위를 높이고 육체적 만족을 추구하는 것이 흔했다. 고린도인들이 바울의 사역을 통해 그리스도께 나아왔을 때, 그들은 그리스도인이 되기 이전에 가졌던 스스로를 과장하는 가치관 상당 부분을 교회로 끌고 들어왔다. 그래서 그러한 태도가 그들의 교회에 뿌리를 내렸다. 고린도 교회가 영적으로 진보하기 위해서는 고린도인들이 그들 문화의 가치관과 우선순위를 버리는 법을 배워 자기 자신보다는 다른 이들의 진보를 도우며 살아야 했다. 다시 말해 그들의 상황은 우리의 상황과 다르지 않았다.

개 요

Ⅰ. 서신에 대한 바울의 서론(1:1-17)
  A. 모든 그리스도인은 하나님께 속해 있다(1:1-3)
  B. 모든 그리스도인은 하나님으로 인해 풍성해진다(1:4-9)
  C. 모든 그리스도인은 그리스도를 소유한다(1:10-17)
Ⅱ. 첫 번째 문제: 교회의 분열(1:18-4:21)
  A. 첫 번째 권고: 하나님이 세우신 것을 나누지 말라(1:18-2:5)
  B. 두 번째 권고: 모든 신자를 동등하게 여기라(2:6-3:4)
  C. 세 번째 권고: 하나님을 교회의 으뜸으로 여기라(3:5-4:21)
Ⅲ. 두 번째 문제: 교회의 도덕적 결함(5:1-6:20)
  A. 첫 번째 권고: 권징을 하라(5:1-13)
  B. 두 번째 권고: 동료 그리스도인을 고발하지 말라(6:1-11)
  C. 세 번째 권고: 도덕적으로 온전해지도록 힘쓰라(6:12-20)
Ⅳ. 세 번째 문제: 결혼 생활의 의무와 중요성(7:1-40)
  A. 첫 번째 권고: 결혼 생활을 유익하게 여기라(7:1-7)
  B. 두 번째 권고: 결혼 생활의 의무를 다하라(7:8-16)
  C. 세 번째 권고: 현재의 결혼 상태에 대한 만족감을 키우라(7:17-24)
  D. 네 번째 권고: 독신 생활의 유익을 강조하라(7:25-40)
Ⅴ. 네 번째 문제: 우상에게 바친 음식을 먹는 일에서 그리스도인의 자유와 관련된 문제들(8:1-11:1)
  A. 첫 번째 권고: 사랑으로 그리스도인의 자유를 조절하라(8:1-13)
  B. 두 번째 권고: 그리스도인의 자유를 기꺼이 포기하라(9:1-27)
  C. 세 번째 권고: 하나님이 징계하시기 전에 그리스도인의 자유를 제한하라(10:1-22)
  D. 네 번째 권고: 다양한 상황에 적합하게 행동을 조절하라(10:23-11:1)
Ⅵ. 다섯 번째 문제: 교회 예배의 혼란(11:2-14:40)
  A. 첫 번째 권고: 성별의 구분을 유지하라(11:2-16)
  B. 두 번째 권고: 성찬의 오용을 바로잡으라(11:17-34)
  C. 세 번째 권고: 영적 은사들을 신중하게 사용하라(12:1-14:40)
Ⅶ. 여섯 번째 문제: 죽은 자의 부활을 부인함(15:1-58)
  A. 첫 번째 권고: 부활에 대한 증거를 숙고하라(15:1-11)
  B. 두 번째 권고: 죽음에서의 부활이 없을 때의 결과를 숙고하라(15:12-19)

C. 세 번째 권고: 하나님의 계획에서 부활의 중심성을 숙고하라(15:20-28)

D. 네 번째 권고: 죽음에서의 부활 때문에 그리스도인의 삶에 목적의식이 생김을 숙고하라(15:29-34)

E. 다섯 번째 권고: 부활한 몸의 영광스러움을 숙고하라(15:35-50)

F. 여섯 번째 권고: 죽음에서의 부활로 귀결되는 기적적인 변화를 숙고하라(15:51-58)

Ⅷ. 일곱 번째 문제: 가난한 신자들을 위한 헌금(16:1-4)

Ⅸ. 서신의 결론: 개인적인 말(16:5-24)

주 석

Ⅰ. 서신에 대한 바울의 서론(1:1-17)

A. 모든 그리스도인은 하나님께 속해 있다(1:1-3)

1:1-3. 일반적으로 이 서신의 저자를 **바울**이라(1절) 생각한다. 아주 급진적인 학자들만이 이를 부인한다. **부르심을 받은**이란 긴급한 소환을 가리킨다. 하나님은 그렇게 부르셔서 바울에게 사도라는 직책을 주셨다. **소스데네**는 사도행전 18:17에 나오며 거기서 '회당장'이라 불린다. 그는 당시 유대인 신자였거나 이후에 신자가 되었을 것이다(참고. 그곳의 주석). **하나님의 교회**(2절)는 소유를 의미하는 소유격으로 이해하자. 교회가 하나님께 속해 있다는 사실은 1-4장에 나오는 바울의 논의에 나타나 있다. 거기서 그는 하나님을 배제하고 자신들을 중심으로 당파를 형성한 이들을 꾸짖는다. **은혜와 평강이 있기를**(3절)은 두 가지 인사를 조합한 것이다. 로마 세계는 은혜로 인사를 했고, 유대 세계는 평강으로 인사를 했다. 이는 바울이 이방인들을 위한 유대 사도로서 두 문화를 통합했음을 보여준다. 하나님은 십자가를 통한 과분한 용서(**은혜**)는 물론, 인간과 하나님 사이의 영적 적대감을 극복하심으로써 개인적인 온전함 그리고 하나님과의 화해(**평강**) 둘 다를 허락하셨다. 뿐만 아니라 고린도인들은 내면의 평강이 많이 필요했다. 이는 하나님의 은혜로만 얻을 수 있는 것이다(신자들의 삶에서 계속 나타나는 능력으로써의 은혜에 대해서는 고전 15:10에 대한 주석을 보라).

B. 모든 그리스도인은 하나님으로 인해 풍성해진다 (1:4-9)

1:4-9. 바울은 선택받은 소수가 아니라 고린도의 모든 신자들이 소유한 복을 묘사하며, 심지어 여기서도 교회 내의 분열을 다루기 시작했다. **너희에게 주신 하나님의 은혜로**(4절)는 바울이 그들에 대해 감사하는 근거이다. 여기서 **은혜**는 '호의', '받을 만한 수준보다 더 좋은 대우를 받는 것'을 의미한다. 5절은 바울이 4절에서 언급한 은혜의 본질을 확장시킨다. **모든 언변과 모든 지식에 풍족하므로**란, 교회 안에서 각종 영적 은사들이 풍성하게 주어진 것을 가리킨다. 그들의 은사 때문에 빚어진 엄청난 문제들에 비추어볼 때 바울의 말은 좀 아이러니하다. **그리스도의 증거가 너희 중에 견고하게 되어**(6절)란, 영적 은사들은 그리스도에 관한 진리의 메시지를 견고하게 하는 데 기여함을 암시한다. **우리 주 예수 그리스도의 나타나심**은 세상 끝날에 일어날 것이다. **견고하게 하시리라**['법적으로 안전하도록 완벽하게 마무리하다']와 **책망할 것이 없는**['고발당한 죄를 범하지 않은 것', 골 1:22]은 재판할 때 사용되었다. 이는 아마 **우리 주 예수 그리스도의 날에** 하나님 앞에 서 있는 신자의 의로움을 가리키는 듯싶다. 구약에서(참고. 욜 2:31; 3:14; 습 1:14-18) '주의 날'은 종말론적 격변과 심판의 때였다. 신약에서 그것은 교회의 마지막 때를 뒤잇는 듯 보이며(참고. 살전 4:13-5:11에 대한 주석), 교회가 구원받는 때를 가리킨다(고전 5:5; 살전 5:4-5, 9-10; 빌 1:6). 바울이 그것을 **우리 주 예수 그리스도의 날**이라 부른 것은 아마 하나님이 세상을 심판하시는 권세를 예수님께 위임하셨기 때문인 것 같고(살후 1:7-10), 또 예수님이 그날 환난의 시기에서 그분의 백성을 구하시기 때문인 것 같다.

C. 모든 그리스도인은 그리스도를 소유한다 (1:10-17)

1:10-17. 여기서 바울은 신자의 영광스러운 혜택에 대한 논의를 끝내고 이제부터는 교회 내의 심각한 문

제들을 다룰 것임을 시사한다. **분쟁**[시스마(*schisma*), 여기서 '분립'을 뜻하는 영어 단어 'schism'이 파생했다] 이란, '공존할 수 없는 야망으로 인한 불화와 분열'을 의미한다. 바울은 그들이 **온전히 합하**기를 바랐다. 이는 '정돈되도록 무언가를 조정하다'라는 의미의 동사이다. 가끔은 뼈를 이어 맞추는 것, 혹은 정당의 화해에도 사용하곤 했다. 바울은 **글로에의 집**(11절) 편으로 그곳의 불화에 대한 정보를 들었다. 글로에의 집 사람들은 어디에 살았는지, 사회적 지위가 어떠했는지 등 아무것도 알려진 바가 없지만, 에베소로 여행을 가서 바울에게 고린도의 문제를 알려준 것은 확실하다. **분쟁**은, '분열을 낳는 격렬하고 호전적인 논쟁'을 의미한다. 그는 12절에서 어떤 논쟁을 의미하는지 설명했다. 어떤 그룹이 바울의 추종자였고 아볼로와 게바의 추종자였는지, 또는 바울이 공개하지 않으려고 이런 파당을 이끈 이들의 이름 대신 이 지도자들의 이름을 사용했는지는 확실하지 않다.

1-4장의 나머지 부분에서 바울이 쓴 대부분의 내용은 이 문제를 바로잡으려는 것이다(참고. 3:5-9, 21-23). 그의 기본 논지는, 교회 전체가 하나님의 모든 비범한 일꾼들을 누려야 하며 그들에 대해 '그 일꾼들이 아니라 그분에게 영광을 돌려야' 한다는 것이다. **나는 그리스도에게 속한 자**라는 것은 모든 고린도 신자들에게 적용된다. 하지만 이 그룹은 스스로를, 인간 지도자나 교사를 따르지 않음으로써 진실로 그리스도를 따르는 유일한 자들이라 생각하며 독실한 체했다. 문제는 일부 사람들이 바울이나 게바나 아볼로가 줄 수 있는 혜택에서 유익을 얻거나 그것을 따르려 하지 않고, 또 이러한 지도자들을 지지한 이들과 교제를 나누지 않으려 했다는 것이다. **그리스도께서 어찌 나뉘었느냐**(13절)라는 말은 이렇게 바꿔 말할 수 있다. "모든 신자가 속해 있는, 부활하시고 권위가 있으신 그리스도가 오로지 한 그룹에만 할당됩니까?" 바울은 모든 사람이 예수님께 충성을 바치도록 관심을 자신에게서 돌리려 애썼다. '곱슬곱슬한'이라는 의미의 **그리스보**(14절)는 바울의 고린도 사역 초기에 회심한 회당장인 것 같다(행 18:8). **가이오**는 로마서 16:23에 나오는 이와 같은 사람일 수 있다. 로마서는 아마 고린도에서 썼을 것이고, **가이오**는 고린도에서 바울과 신자들을 너그럽게 환대한 것으로 유명하다. **스데바나 집 사람**은, 고린도로부터 바울이 고린도전서를 쓸 때 살았던 에베소로 왔으며, 바울이 그에게 세례를 베푼 것을 기억나게 했을 것이다. 바울이 **세례를 베풀**도록 보내심 받은 것이 아니라 **복음을 전하**도록 보내심 받았다는 것은, 기독교 세례가 복음의 필수 요소는 아님을 시사한다. **말의 지혜**[cleverness of speech, 17절]는 글자 그대로 '말의 지혜'(wisdom of words)이다. 바울은 이 어구로, 인상적인 언변과 지성으로 추종자를 얻으려 했던 이들과의 논쟁을 시작했다. **그리스도의 십자가가 헛되지 않게 하려 함이라**는 말에서, 사람들이 많은 수사학자들의 생계 수단이었던 수사학적 지혜와 교묘한 기술 때문이 아니라 십자가의 공로에 근거해 십자가를 받아들여야 한다는 바울의 생각을 알 수 있다. 바울은 고린도인들에게 복음을 전하면서 자신의 탁월함이 십자가의 능력이나 지혜를 절대 가리지 않기를 바랐다. 그렇게 하는 것은 십자가를 **헛되**게 하는('무언가의 능력이나 중요성을 줄어들게 하는 것') 것이기 때문이었다.

고전

Ⅱ. 첫 번째 문제: 교회의 분열(1:18-4:21)

A. 첫 번째 권고: 하나님이 세우신 것을 나누지 말라 (1:18-2:5)

1:18-25. 18절에서는 십자가의 능력에 대한 바울의 설명을(17절) 발전시켜나간다. **미련한 것**은 세속적인 헬라어에서 무미건조하거나 지루한 것에, 심지어 겨울에 동물들의 둔한 모습을 표현할 때도 사용하곤 했다. 십자가형은 1세기에 일반적으로 혐오감의 대상이었으며 상류 사회에서 십자가를 언급하는 것은 실례였다. '구역질 날 정도로 어리석은'이 1세기 그 단어의 의미에 가깝다. 그러나 이 어리석은 십자가에 **하나님의 능력**이 있다. 19절에서는 십자가가 세상 지도자들의 지혜를 무너뜨린 하나님의 능력이라는 성경의 증거를 소개한다. 이사야 29:14에는 종말론적이고 메시아적인 함의가 담겨 있다(참고. 사 29:14에서 사 9:6의 '기묘자라, 모사라'라는 메시아 예언과 관련지어 '기이한'을 사용한 것; 28:29)[Roy E. Ciampa, and Brian S. Rosner, "1 Corinthians", in *Commentary on the New Testament Use of the Old Testament*, eds. G. K. Beale and D. A. Carson (Grand Rapids, MI: Baker, 2007), 697-698을

고린도전서 1-4장의 배경

고린도전서 1-4장에 나오는 바울의 논의를 입증해줄 문화적 배경을 두고 의견이 분분하다. 바울은 유대의 지혜 전통에 대응하고 있었을 가능성이 있다. 이 경우 게바 당의 일부는 그리스도와 은혜에 맞서 모세와 율법을 지지하는 운동을 했을 것이다. 어쩌면 바울은 영지주의에 대응했을 수도 있다. 영지주의로 인해 교회 내 일부 사람들은, 영적 지식을 갖지 못한 사람들과는 달리 자신들은 영적 지식을 가졌다고 자랑했다. 그 결과 이러한 파벌이 생겨났다. 그리스-로마 수사학에서 1-4장의 배경에 대한 더 나은 설명을 찾을 수 있다. '수사학'은 '궤변'(sophistry)과 거의 동의어이며, '수사학자'는 '궤변론자'(sophist)와 거의 동의어이다.

정치, 종교, 법, 사업 분야에서 성공하려면, 수사적 기술을 연마해야 했다. 궤변론자들은 수사학을 가르치기 위해 학교를 세웠다. 학교에서는 웅변, 논증, 설득 기술, 목소리 음색 개발 교육을 했고 심지어 오락 교육도 했다. 수사학자들은 도시의 시민들에게 깊은 인상을 줄 수 있을 때에만 이러한 학교를 세울 수 있었다. 그래야 이후 그곳에서 교육을 받도록 아이들을 보내고 그 특권을 얻기 위해 상당한 액수를 지불할 것이었기 때문이다. 어떤 특정 궤변론자의 교육을 받은 이들은 그의 '제자'[마쎄테스(*mathetes*), 복음서에 나오는 제자들과 같은 단어]가 되었고, 여러 면에서 스승을 따라 했다. 제자는 다른 모든 사람들에 맞서 스승을 옹호하며 지지했고, 이로 인해 경쟁하는 궤변론자들의 지지자들 사이에 말싸움과 몸싸움이 일어나곤 했다.

바울은 고린도의 파당을 책망할 때 몇 가지 전략을 세웠다. 그는 자신이, '말의 지혜'(문자적으로 '말의 지혜', 1:17)나 '말과 지혜의 아름다운 것'(2:1, 이는 그리스-로마의 궤변론자들이 자주 쓰던 용어였다)으로 사람들에게 깊은 인상을 주어 자신을 따르고 지지하도록 하려는 궤변론자가 아니라고 말했다. 따라서 그들은 자신들의 그리스도인 영웅을 지지하는 데 지나친 열성을 보여서는 안 되었다. 이는 결국 교회의 분열을 낳는다(4:6). 바울은 그들에게 고린도라는 세속에 있는 사람들처럼 '사람을 따라'(3:3) 행하지 말고, 그리스도인 지도자들은 교회 전체를 위한 선물이며(교회의 일부만을 위한 선물이 아니라; 3:21-32), 이 영웅들은 하나님의 일꾼에 지나지 않으며(4:1-5), 그들이 언젠가는 죽을 자신들의 챔피언에게 주는 열정을 받으실 만한 존재는 오직 하나님뿐임을 인식하라고 권했다(3:6-9). 고린도전서와 관련된 궤변에 대한 정보를 얻으려면 다음 책들을 참고하라. Bruce W. Winter, *After Paul Left Corinth: The Influence of Secular Ethics and Social Change* (Grand Rapids, MI: Eerdmans, 2001), 31-43; 같은 저자, *Philo and Paul among the Sophists: Alexandrian and Corinthian Responses to a Julio-Claudian Movement* (Grand Rapids, MI: Eerdmans, 2002); 같은 저자, "Rhetoric", in *A Dictionary of Paul and His Letters*, ed. Gerald F. Hawthorne et al. (Downers Grove, IL: Inter-Varsity, 1993), 820-822; Jeffrey S. Lamp, *First Corinthians 1-4 in Light of Jewish Wisdom Traditions: Christ, Wisdom and Spirituality*, SBEC (Lewiston: Mellen, 2000), 81-115; Duane Litfin, *St. Paul's Theology of Proclamation: 1 Corinthians 1-4 and Greco-Roman Rhetoric*, SNTMS (Cambridge: Cambridge, 1994), 109-243.

보라]. **지혜**[*sophia*, 소피아]라는 단어는 신약에 51회 나오는데, 바울이 28회, 고린도전서 1-4장에 16회[소포스(*sophos*)라는 어원이 같은 형용사를 10회 더 사용했다] 나온다. 논란이 되고 있기는 하지만 바울은 **지혜**를 궤변론자들의 수사학 기술과 연결시킨 듯하다. 그들은 추종자를 얻기 위해 그 기술을 활용했다. 고린도 교회의 일부 사람들은 교회에서 높은 자리에 있기 위해 비슷한 기술을 사용했던 것 같다. 그러나 바울 역시 하나님과 예수님 그리고 자신의 복음 메시지와 관련해서 **지혜**라는 단어를 쓴다(예를 들어, 1:21, 24, 25, 30; 2:6, 7). '인상적인 능력'이 '소피아'의 의미이며, 이 번역은 세상의 지혜(수사학 기술)와 하나님의 지혜 둘 다에 들어맞는다.

더 나아가 **지혜 있는 자**(20절)를 두 가지 용어로 정의할 수 있다. 하나는 유대인들을 위한 것이고, 다른 하나는 그리스의 현자들을 위한 것이다. **선비**[scribe]는, 율법의 전문적인 측면에 해박한 지식을 가지고 특히 바리새인들을 가르쳤던 유대 율법 전문가인 듯하다. **변론가**[*syzetetes*, 쉬제테테스]는, 그리스-로마 궤변론자들 사이에서 흔했던 전문 토론자와 논객을 가리킬 때 사용했다. 하지만 하나님은 그들의 인상적인 능력을 어리석은 것이라 말씀하신다. 21절에서 하나님이 세상의 인상적인 능력을 얼마나 어리석게 보시는지 자세히 설명한다. 또한 하나님이 세상의 지혜를 어리석게 만드신 이유를 설명한다(세상이 그분을 인정하지 않았기 때문에). 그리고 **하나님께서…믿는 자들을 구원하시기를 기뻐하셨도다**라는 어구는, 그분이 세상의 지혜를 어떻게 어리석게 만드셨는지(복음 메시지의 어리석음을 통해) 제시한다. 더 나아가 22절에서는 믿지 않는 유대인과 이방인 세상이 하나님이나 그분의 복음을 인정하지 않았다는 사실을 더 자세히 말한다. 그것은 **유대인은 표적을 구하**기 때문이다. 그들은 메시아의 도래에는 표적과 기사가 수반되며, 그분이 심지어 모세보다도 더 화려하게 일하실 것이라 믿었다. 아마도 그들은 큰곰자리가 오리온의 다리를 물기 위해 달려가는 것이나, 북두칠성이 다른 쪽으로 기우는 것 등을 바라고 있었던 듯하다. 결과적으로 그들은 예수님이 행하신 표적을 인정하지 않았고, 최고의 표적인 부활의 타당성조차 인정하지 않았다. 그들은 예수님의 죽음을 **거리끼는 것**으로 여겼다(23절). 어떻게 범죄자로 십자가에 못 박힌 이가 그들의 메시아일 수 있단 말인가? **헬라인은 지혜를 찾으나**는, 헬라인들이 하나님을 인정하지 않았던 이유를 보여준다. 십자가에 못 박힌 목수는 전혀 인상적이지 않으며 **미련**(23절)하다! 그러나 세상이 구하는 것과는 대조적으로 바울은 **십자가에 못 박힌 그리스도**를 전했다(23절). 모든 인간의 판단과는 달리 그분의 삶과 죽음과 부활에서 **하나님의 능력**과 **하나님의 지혜**[인상적인 능력]가 나타났다. 바울은 25절을 통해 이 땅에 선포된 복음이 하나님의 능력과 지혜임을 확실히 했다. 바레트(K. Barrett)는 이렇게 썼다. "하나님이 십자가에 못 박힌 그리스도 안에서 하신 일은 지혜와 능력에 대한 인간의 생각과는 정반대이다. 하지만 나아가 그것은 인간의 지혜와 능력이 이루지 못한 일이기도 하다. 십자가는…인간을 속박된 상태에서…구해낸다."[*The First Epistle to the Corinthians*, HNTC (New York: Harper & Row, 1968), 56].

1:26-31. 26절에서는 인간보다 더 지혜롭고 더 강한, 하나님의 능력 있는 '어리석음'과 '약하심'에 대해 설명한다(25절). 고린도 교회의 구성은, 세상이 약하다 여기는 이들을 통해 하나님의 능력이 나타나신 증거이다. 하나님은 그들을 위해 위대한 일을 하셨고 그들을 통해 위대한 일을 하고 계셨다. 27-28절은, 약한 것들과 미련한 것들을 택하시고, 사용하시고, 복을 주심으로써, **지혜 있는 자**들과 강한 자들을 **부끄럽게**['혼란스럽게 하다', '망신을 주다'] 하시려는 하나님의 계획을 보여준다. 이는 **아무 육체도 하나님 앞에서 자랑하지 못하게** 하시려는 것이다(29절; 참고. 31절). 하나님만이 공로를 인정받으셔야 한다(31절). 바울이 이것을 강조한 이유 중 하나는, 고린도의 파당을 이끄는 지도자들이 세상의 궤변론자들처럼 자신에게로 관심을 끌려는 것을 그만두고 세상과 교회에서 하나님의 우월성을 인정하도록 하기 위함이었다. 그들은 그들 자신의 인상적인 능력을 통해서가 아니라, **하나님으로부터 나서 그리스도 예수**(30절) 안에 있게 되었다. 신자들은 예수님과 연결됨으로써 그분 안에서 **하나님의 지혜**, 그분의 '인상적인 능력'을 인지하고, 그분의 **의로움과 거룩함과 구원**을 받아들인다. **의로움**[신자들에게 주어진 하나님의 도덕적 성품; 롬 1:17; 3:21-31에 대한 주석을 보라]은, '그리스도 안'에 있기 때문에 신자들에게 임한다. 많은 이들이 '전가된 의'라는 개념을 부인하고, 바울이 정확히 그 용어를 사용한 적이 없기는 하지만, 그는 그러한 생각을 하고 있다(고후 5:21; 빌 3:9). **거룩함**은 '하나님께로 구별되고 성별된 상태'를 의미하며, 그것과 함께 실제로 거룩한 삶을 기대할 수 있다. **구원**은 '대가를

지불하고 노예나 전쟁 포로의 처지에서 자유로워지는 것'이다. 신학적으로 이는 예수님의 피로 죄의 형벌과 권세로부터 죄인이 구원받는 것을 가리킨다.

2:1-5. 1절은 하나님의 '약하심'이 세상의 강함보다 강하다는 1:18-25의 생각을 이어간다. **말과 지혜의 아름다운 것**에 대해서는 1:18 주석의 '고린도전서 1-4장의 배경'을 보라. 2-5절에서 바울은 자신의 의도는 복음 메시지를 똑바로 군더더기 없이 전달하는 것임을 지적했고, 그럼으로써 자신은 궤변론자를 반대한다는 입장을 드러냈다. **성령의 나타나심과 능력**에 대해서는 1:6에 대한 해설을 보라. 만약 그가 수사학적 기술을 활용해 그들에게 복음을 전했다면, 그들은 십자가 자체의 경이로움 때문이 아니라 그 기술 때문에 그리스도를 받아들였을 것이다.

B. 두 번째 권고: 모든 신자를 동등하게 여기라 (2:6-3:4)

이 부분에서 바울의 주요 논지는, 모든 신자가 파벌들의 엘리트주의적 사고방식에 대응하기 위해서는 성령의 조명하시는 사역을 누려야 함을 강조한다.

2:6-13. 6절은 바울이 하나님에게는 지혜가 전혀 없다고 말하는 것 같다(1:25)는 오해를 바로잡는다. **온전한 자들**이란, 통찰력 있는 소수가 아니라 모든 신자를 가리킨다. 바울이 **온전한 자들**이라는 단어로, 세속적인 신자와 대조되는 '성숙하거나 영적인 그리스도인'을 의미했을 가능성도 있지만, 2:1-14에는 오로지 두 가지 범주의 사람들만 있다. 즉 완전히 세속적인 이들(**이 세상…통치자들**, 6절; 육에 속한 사람, 14절)과 그리스도인들이다(여기 나오는 1인칭 대명사들과 동사들을 보라). 더욱이 바울이 성숙하지 않은 신자들이라 해서 그리스도에 관한 영적 진리를 전하지 않았을 가능성이 거의 없다. 여기서 **온전한 자들**은, 그가 세상이 아닌 예수 그리스도를 믿는 모든 사람을 가리킬 때 사용한 단어이다. **비밀**(7절, 새번역)은 '지금은 알려진, 밝혀지지 않았던 비밀'을 의미한다. 구약에는 **비밀**을 예고해(**미리 정하신**)놓았지만, 바울이 신학적인 의미로 **비밀**을 사용할 때는 역사적인 성취와 성령의 조명하시는 사역이 필요한 복음 메시지를 의미했다. 하나님은 **우리의 영광을 위하여**, 신자들에게 임하는 심오한 구원의 은총들을 주시기 위해 이 모든 일을 하셨다. 신자들(**온전한 자들**)은 그리스도 안에서 하나님의 지혜를 제대로 이해했지만, 로마와 유대 통치자들은 그러지 못했다(6, 8절). 이는 구약시대에 이사야가 예견한 상황이다(참고. 고전 2:9에 인용된 사 64:4과 65:17). 성령은 그리스도 안에 있는 하나님의 계획을 모두 다 아시고, 그 진리의 진짜 의미를 신자들에게 드러내실 뿐 아니라 그들이 그분을 받아들이도록 설득하신다(10-12절). 성령은 통치자들을 위해 이런 일을 하신 것이 아니지만, 그래도 그들에게는 자기 과실에 대한 책임이 있다(죄와 관련하여, 하나님의 책임과 주권의 관계에 대해서는 롬 9:22-23에 대한 주석을 보라). 성령은 사실에 기반한 내용을 제공하시고(그분은 신자들이 예수님에 관한 사실들의 온전한 의미를 알도록 도우신다), 그 사실에 따라 행동하고자 하는 욕구를 주신다(자연에 속한 사람들과 달리 그러한 것들을 받아들이려는, 14절). **영적인 일은 영적인 것으로 분별하느니라**라는 어려운 구절[Archibald Robertson, and Alfred Plummer, *First Epistle of St. Paul to the Corinthians*, 2d ed. ICC (Edinburgh: T&T. Clark, 1914), 47에 나오는 유용한 요약을 보라]은 아마도 '영적인 내용을 전달하기 위해 영적인 내용(즉, 복음 메시지)을 영적인(수사학적이지 않은) 방법이나 형식과 결합하는 것'을 의미하는 것 같다(참고. Litfin, *St. Paul's Theology of Proclamation*, 218). 바울은 복음을 제시할 때 세상적인 방법이 아닌 정직하게 전함으로써 자신이 의도한 영적 결과를 낳았음을 분명히 했다.

2:14-16. 14절은 신자들과 **육에 속한 사람**[프쉬키코스(*psuchikos*), 여기서는 성령의 다스림이 아니라 '순전히 인간의 충동의 지배를 받는, 사고방식이나 행동이 자연 그대로인 사람'을 의미]을 대조하는 신호이다. **영적으로**는 성령이 주시는 도움을 가리킨다. **분별**은 '세심한 조사에 기초하여 결정을 내리는 것'이다. **신령한 자**(15절, '성령을 소유하고 성령에게 속한 사람')는 모든 신자를 가리킨다(2:6에 대한 주석을 보라). 바울은 3:1에서 세 번째 범주의 사람들, 즉 세속적인 신자들에 대한 논의를 시작할 것이다. 그러나 여기서 그가 잡고 있는 논지는 다음과 같다. 믿지 않는 이들(**육에 속한 사람**, 14절)과 대조되는 모든 신자(**신령한 자**, 15절)가 신자들을 위한 성령의 조명하시는 사역으로 인해 그리

스도와 관련된 영적 진리를 접하고 그것을 이해할 수 있는 능력을 갖는 것이다. **자기는 아무에게도 판단을 받지 아니하느니라**란, 믿지 않는 이들에게는 신자들이 어떤 생각을 하고 또 행동하는지 충분히 이해할 역량이 없다는 의미일 가능성이 높다. 이 문맥에서 **그리스도의 마음**(16절)은 그리스도에 관한 지식을 포함한다. 그것은 성령이 신자들에게 알려주신 것이며 바울이 강조했던 바이다(참고. 2:6-13; 사 40:13). 이사야는 그 종을 통해 이스라엘을 구하시려는 하나님의 불가해한 계획을 묘사했다. 고린도의 파벌들이 모든 신자가 성령으로부터 이러한 은총을 받음을 인식한다면, 그들의 문제는 줄어들 것이다.

3:1-4. 바울은 고린도인들의 세속성 때문에 그들이 마치 그리스도의 마음(2:16)을 갖지 못한 것처럼 대해야 했다. **신령한 자들**(1절)은 성령이 그 특징인 이들이지만, 바울은 이 교회가 **육신에 속한 자**[*sarkinos*, 사르키노스], 즉 믿지 않는 이들처럼 행동한다고 주장했다. 바울은 때로 믿지 않는 이들을 가리키며 **어린아이들**이라는 단어를 사용했지만(롬 2:20; 갈 4:3), 구원받은 이들을 가리키기 위해 그 단어에 **그리스도 안에서**라는 단서를 붙인다. 비록 그들이 믿지 않는 이들처럼 행하기는 했지만 말이다. **젖**(2절)은 그들을 구원한 복음의 기본 사실을 가리킨다. **단단한 음식**(새번역)은 같은 복음 중에서 조금 더 깊은 뜻을 담은 부분일 것이다. 이는 그들로 세상처럼 되지 않고 더 연합하도록 해줄 것이다[참고. 빌 2:5-11, 여기서 예수님의 희생(젖)은 다른 이들의 섬기는(단단한 음식) 본이다]. **육신에 속한**(3절)은 '죄 된 본성의 지배 아래서 거듭나지 않은 사람으로 생각하거나 행동하는 것'을 의미하며, [구원받지 않은] **사람을 따라 행함**과 유사하다. 이는 바울이 완전히 세속적인 사고방식을 묘사하기 위해 사용한 어구이다(롬 3:5; 고전 9:8; 15:32; 갈 1:1).

C. 세 번째 권고: 하나님을 교회의 으뜸으로 여기라 (3:5-4:21)

3:5-9. 여기서 바울은 그들이 교회 영웅들을 지나치게 높이는 입장을 누그러뜨리려 한다. 아볼로와 바울의 성공의 열쇠는 **주께서 각각 주신** 것(5절) 때문이었다. 바울은 그들의 진보에서 하나님의 역할을 강조하고자 **자라나게 하셨으니**(6절)라는 어구에 미완료 시제를 사용했다. 그러나 또한 인간 일꾼들의 중요성을 축소해서 말하기 위해 부정과거형 동사(**심는, 물 주는**)를 사용했다. 이는 7절에 분명히 나타나 있다. 바울과 아볼로는 **한가지**였다(8절). 이는 아마도 이들이 교회 발전에 동일한 수준의 상대적인 (비)중요성을 가진 이들임을 가리키는 듯하다. 그들은 동일한 지위에 있지만 별개의 상을 받을 것이다(**상**은 '한 사람이 마무리한 일에 대해 받는 보수'를 의미한다). 영원한 상을 얻기 위해 하나님을 섬기는 것은 합당한 동기이다. 예수님도 바울도 그것을 막지 않았다(마 5:12, 46; 6:1, 4; 고전 9:17; 계 22:12). 바울과 아볼로의 동일한 지위의 한 측면(8a절)은, 그들이 하나님이 고용하신('그들 둘 다 하나님이 일하실 때 그분과 함께 일한 것'이 아니라) **동역자**였다는 것이다. 하나님은 밭과 집의 소유주이시며 또한 고용주이시다.

3:10-15. 하나님의 집(교회; 9절)을 세우기 위해 수고했던 이들이 그것에 대한 책임을 질 것이다. 바울은 자신의 사역이 성공한 것은 하나님의 **은혜**['(하나님의) 너그러우심에 의해 나오는 예외적인 결과', 하나님의 능력과 대략 같은 뜻; 참고. BDAG, 1080] 덕분이라 말했다(10절). **건축자**[*architekton*, 아르키텍톤]는 건물 설계자이자 공사 감독관이었다. 바울은 **예수 그리스도**(11절)라는 올바른 터를 닦아두었지만, 고린도의 공격적인 지도자들을 향해 그 터 위에 어떻게 집을 지을지 주의하라고 경고했다. 고린도전서 1-4장의 맥락에서 **금, 은, 보석**(12절)은 화합을 낳은 사역을 가리킨다. **나무나 풀이나 짚**은 개인적인 권력 강화와 분열을 퍼뜨린 관행을 가리킨다. 장차 다가올 주의 **날**에, 하나님은 그분이 그것의 부정적인 영향을 알고 계심(13절)을 드러내시고 또한 그들을 부정적으로 평가하실 것이다. **불**은 하나님이 받으실 만하지 않는 것을 소멸시키는 하나님의 심판을 상징한다(참고. 슥 13:9). 고생스럽게 일했지만 불화를 낳은 이들도 **구원을 받긴** 하지만(15절) 가까스로 받을 것이다(**불 가운데서 받은 것 같으리라**는, 어떤 재난에서 구사일생으로 살아나는 것을 묘사한 것이다). 그는 **해를 받**을 것이다. **상**(14절)은 영광스러운 환경(그분의 나라)에서 만족하며 예수님을 섬길 기회가 확장되는 것 그리고 "잘하였도다. 착하고 충성된 종아"라는 칭찬이다(마 25:21,

23; 고전 4:5에 대한 주석을 보라). 로마서 14:10-12과 고린도전서 5:10에 대한 주석 그리고 James Rosscup, *Paul's Teaching on the Christian's Future Reward, with Special Reference to 1 Corinthians 3:10-17* (Unpublished Ph.D. Dissertation, University of Aberdeen, 1976), 464-465을 참고하라.

3:16-17. **너희가 하나님의 성전**(16절)이란, 그리스도인 개인의 몸에 해를 가하는 악덕이 아니라 하나님과 그분의 **성령**이 거하시는 곳인 공동체적인 교회에 대한 말이다. 두 번 나오는 '멸하다'(17절; NASB에는 '더럽히면'과 '멸하시리라' 둘 다 destroy로 되어 있다—옮긴이 주)라는 단어는 '해를 끼치다', '파멸시키다', '심각한 해를 가하다'를 의미한다. 만약 그들이 불협화음을 조장해 교회에 해를 끼친다면, 하나님은 그들을 엄히 훈육하실 것이다. 그러나 그들이 영원한 정죄에 직면할 것이라는 의미는 아니다.

3:18-23. **이 세상에서 지혜 있는**(18절)이란, 궤변론자의 전형적인 특징이지만 교회에서는 있을 곳이 없는 인상적인 능력을 가리킨다. 하나님이 보시기에 **지혜로운 자가 되려면**, 세상이 찬양하는 화려함을 거부하고 세상의 눈에 어리석은 자가 될 수 있어야 한다. 19절에서 바울은 욥기 5:13을 인용했다. 이 구절은 가난한 자들을 억압함으로써 자신의 이익을 추구한, 교활한 자의 운명을 뒤집으시는(욥 5:12) 하나님을 피할 수 없음을 표현한다. 이는 고린도의 상황과 비슷했다. 그는 또 시편 94:11을 인용했다(20절). 이 구절은 의기양양해하며 하나님의 백성을 짓밟는 사악한 이들에게 내리실 하나님의 심판을 강조한다(참고. 시 94:2-7, 9-11). 이와 같이 고린도의 오만한 이들도 그들이 일으킨 문제에 대해 해명할 것이다. 고린도의 아이러니 중 하나는 모든 신자가, 하나님이 교회 전체에 복이 되도록 주신 각각의 지도자들로부터 유익을 얻을 수 있었다는 것이다(21-22절). 모든 신자는 바울이나 아볼로나 게바가 아니라, **그리스도의 것**이다(23절). 그들은 오직 그분에게만 충성해야 한다. 그러나 **그리스도는 하나님의 것**이다. 바울은 예수님이 기능적으로 하나님께 종속되어 있다고 묘사했지만, 그의 말이 예수님이 신적 본성을 지니지 않으셨다는 의미는 아니다. 바울의 논지는, 예수님이 십자가에서 죽으심으로 겸손히 하나님을 섬기심으로써, 겸손이나 섬김을 위한 겨를이 없어 보이는 고린도인들의 본이 되신다는 것이다.

4:1-5. 바울은 고린도인들 각각이 가진 특권에서, 교회가 지도자들을 어떻게 보아야 하는지에 대한 논의로 옮겨간다. 그들은 **일꾼**['도우미', '조력자']이자 **맡은 자**[steward, 주인의 가정에서 권위를 가진 종]이며(1절), 자신의 낮은 지위로는 상급자와의 관계 밖에서는 거의 존경을 얻지 못하는 노동자이다. 그리고 바울의 처지가 그러했다. 고린도인들은 종을 주인으로 오해했다. **충성**은 '믿을 수 있는 사람'(2절)을 의미한다. 교회 지도자는 교회에 대한 의무가 있지만(딤전 5:19-20), 일차적으로 하나님에 대한 의무가 있다(고전 4:3-4). 그의 일은 교회 다니는 사람에게 감동을 주는 것이 아니라 하나님을 기쁘시게 하는 것이다. 바울은 자기 평가를 하려 하지 않았다. 하나님만이 사역자가 하는 일을 객관적으로 아시기 때문이다. 그러나 간혹 자신의 실적을 분석해 **자책할 아무것도 깨닫지 못**한다고 말하기도 한다(4절). 그리스도를 섬기는 이들은 자신에게 너무 엄하거나 너무 관대하거나 하는 경향이 있는데, 분명 둘 다 문제가 있다. 자신의 사역에 대한 포괄적이고 객관적인 평가 그리고 확실히 다른 사람의 사역에 대한 그러한 평가도 미래의 어느 날에 주께 맡겨야 한다(3:10-15에 대한 주석을 참고하라). 하나님은 교회가 연합하는 데 도움이 되도록 그분을 신실하게 섬긴 사람을 칭찬하실 것이다. 이러한 칭찬은 신자가 장차 받을 상의 일부분이다(3:14에 대한 주석을 보라).

4:6-7. 고린도의 파당 지도자들은 추종자들의 말을 덜 들어야 했고, 추종자들은 그들의 지도자들을 향한 불필요한 열정을 버려야 했다. 바울이 어떤 의미로 **기록된 말씀**(6절)이라 말했는지는 확실하지 않지만, 이는 겸손한 종의 리더십을 가져야 한다는 성경의 가르침을 가리키는 것 같다. 고린도의 어떤 파당도 다른 파당보다 우월하지 않았다. 적어도 하나님의 평가에서는 그랬다. 이 신자들과 그들의 지도자들은, 그들의 영적 풍요로움의 원천이 아니었다. 따라서 그들에게는 자랑할 이유가 없었다.

4:8-13. **배부르며**(8절)는 오만한 이들에게 흔히 사용하는 용어였고, 현자는 왕의 특권을 가진 자로 여겨졌다[고대의 참고 문헌으로는, David E. Garland,

1 Corinthians, BECNT (Grand Rapids, MI: Baker, 2003), 137]. 그들이 그들의 위대한 지혜와 수많은 영적 복들을 하나님 나라가 그들에게 도래했다는 신호로 생각해서 **왕**이라는 단어를 사용하지는 않았을 것이다. 9-13절에서 바울이 그들에게 이와 같은 반응을 보인 것은, 그들 자신을 부풀리는 면이나 또 추종자들을 향한 욕구의 면을 가리켜 '왕처럼 살고 있는 것'이라 한 듯하다. 반면 그와 다른 사도들은 하층민 대우를 받았다(**더러운 것**과 **찌꺼기**, 13절). 바울의 진술에서 알 수 있듯이 당대의 교회는 완전히 성장한 하나님 나라가 아님을 간접적으로 보여준다. 신자들은 미래의 천년왕국(계 3:21)에서 예수님과 함께 다스릴 것이다. 그러나 바울은 여기서 그들이 지금 다스리고 있다고 말하지는 않는다(참고. 15:50). 그리스도인들은 교회 안에서 자신의 작은 왕국을 세우려 하기보다는, 혹은 자신만이 중요하다는 생각에 빠져 인기 경쟁에서 이기려 하기보다는, 다른 이들을 위해 기꺼이 손을 더럽히는(**친히 손으로 일을 하며**, 12절) 겸손한 일꾼이어야 한다. 뿐만 아니라 그들은 세상의 무시도 세상의 공격도 기꺼이 감당해야 한다(12-13절). 진지한 종의 리더십은 일반적으로 그다지 화려하지 않다.

4:14-21. 바울은 바울 자신이 농장 노동자(3:6-9), 건축가(3:10-17), 가정의 일꾼(4:1-5)이라는 비유와 함께 고린도인들에게 한 가지 비유를 더 사용한다. 자신을 그들의 **아버지**로 비유한다(14-15절). **스승**(15절)은 '보호자'를 의미한다. 다소 부유한 그리스-로마 가정에서는 흔히 남자 청년 종이 그 집의 아들이 어디를 가든 동행하면서 그 아이가 일을 저지르거나 문제에 맞닥뜨리지 않도록 도왔다. 바울은 **복음으로써** 그들을 **낳았**고, 변화를 요구할 권위를 갖고 있다. 자녀가 부모를 닮듯이, 바울은 그들에게 자신의 본을 따르라고(**나를 본받는 자가 되라**, 16절) 권한다. **이 일 때문에**(17절, 새번역) 그들이 바울의 본을 더 잘 따르게 하기 위해 바울은 자신이 에베소에 있는 동안(행 19:22) 그들에게 **디모데를…보내었**다. 그러나 아직 도착하지는 않은 것 같다(고전 16:10). 어떤 사람들은 바울에게 의지하지 않고 자기 계획을 펼칠 수 있으리라 생각하며 우쭐해졌다(18절). 그러나 그는 하나님이 허락하실 때 그들에게 갈 계획이며, 그가 그렇게 할 때 그는 '지혜로운' 자들에게 어떤 **능력**이 있는지, 즉 그들이 어떤 가치 있는 일을 이루었는지, 혹은 그들이 그저 말만 떠벌리는 이들인지(19절) 확인할 작정이었다. 20절은 교회가 하나님 나라와 동등하다는 의미가 아니다. 교회는 현 시대에 하나님 나라의 영적 모습들을 드러내지만, 그 나라는 장차 도래할 절정의 순간을 기다리고 있다[참고. 고전 6:9-10; 15:50; 갈 5:21; 엡 5:5; 골 1:12-13; 참고. Robert L. Saucy, *The Case for Progressive Dispensationalism: The Interface Between Dispensational and Non-Dispensational Theology* (Grand Rapids, MI: Zondervan, 1993), 106-110]. 그러한 모습들 중 하나가 바울과 다른 이들의 사역을 통한 그리스도인들의 영적 진보였다. 이는 고린도의 지도자들과 그들의 추종자들이 하는 사역에서 분명히 드러나야 했다. 바울은 그들이 오만한 태도를 바꾸어 자신과 반목하지 않기를 바랐다(21절).

Ⅲ. 두 번째 문제: 교회의 도덕적 결함(5:1-6:20)

A. 첫 번째 권고: 권징을 하라(5:1-13)

5장과 6장에서 바울은 또 다른 문제에 대해 글로에의 친구들(1:11) 혹은 다른 방문객들(16:17)에게서 들은 소식에 응답했다. 이번에는 교회 내의 교만과 음행에 관련된 문제이다(5-6장).

5:1-2. 바울은 4:18-19에서 교만의 문제를 다루었다. 하지만 여기서는 그 교만이 음행, 특히 계모와 동침한 남자를 숨겨주고 잘난 체하는 가운데 드러났다(2절). **없는 것이라**라는 말은 원문에는 없다. 오히려 '허용되지 않는다'를 추가하는 것이, 고대 세계에도 이런 죄가 있었지만 용서하지 않았다는 증거에 더 잘 맞는다. 율법은 이런 관계를 금했다(레 18:8; 암 2:7). 고린도 교회는 이 죄를 엄하게 다루지 않음으로 **교만하여**졌다(2절).

5:3-5. 3절에서 그 음행한 남자를 내보내야 한다는 설명을 시작한다. **영으로는 함께 있어서**란, 성령보다는 바울 자신의 영을 가리키는 것 같다(4절은 문자적으로 "너희와 내 영이 모여 있을 때"이다). 바울은 사도로서 그들을 생각하고, 그들을 위해 기도하며, 그들이 권징을 할 때 자신이 그곳에 있을 수 있기를 바라며 '그들을 돕고' 있었다. [사탄에게 내주기로] **판결**(5절, 공동

번역)했다는 말은 원문에 없다. 바울의 의도는 '너희가 다 결정해야 한다'와 가깝다. **이런 자를 사탄에게 내주라**(5절)는 말은, '이 사람을 교회에서 내보내 그를 사탄의 영역, 곧 세상으로 보내라'는 의미이다(딤전 1:20). 바울서신에서 **육신**은 종종 죄 된 본성을 가리킨다. 신자도 여전히 이 본성을 갖고 있다(롬 8:13; 13:14; 골 3:5; 그리고 롬 7:5-6에 대한 주석을 보라). **육신은 멸하고**는 이 사람이 권징의 결과로 육신의 욕망을 채우는 것을 억제함으로써, 비유적으로 육신을 '죽인 것'을 가리키는 듯하다. 사탄의 역할은 그 사람이 죄를 더 짓도록 자극하는 일인 듯하다. 그러나 결국 바울은 그가 죄를 짓느라 에너지를 다 소진하거나 지쳐서 회개하기를 바랐다. **영은…구원을 받게 하려 함**은, 한 사람이 성령에 의해 살아날 때 하나님을 향해 호의적인 마음을 갖는, 그 사람의 무형적인 부분을 말하는 것 같다. **사탄**은 이 사람의 구속받은 **영**(요 10:28-29)을 건드릴 수 없다. 그러나 이는 그가 회개하지 않으면 실제로 구원받지 못할 것임을 가리킬 수 있고 바울은 그를 '형제라 일컫는 자'라 부른다(11절). **주 예수의 날**에 대해서는 1:8에 대한 주석을 보라.

5:6-8. 바울은 2절에서 자랑이라는 주제를 가져왔다. **누룩이 온 덩어리에 퍼지는 것**(6절)은 '미꾸라지 한 마리가 온 웅덩이를 흐려놓는다'는 속담과 비슷하다. 바울은 **누룩**을 언급함으로써 그 교회를 유월절 축제에 비유했다. 히브리인들은 그 축제를 준비하며 **묵은 누룩을 내버릴** 것이다(7절; 참고. 출 12:15-19; 13:7). 고린도인들도 '집을 청소'해야 했다. **너희는 누룩 없는 자라**는 말은, 바울은 이 고린도인들을 진정으로 거듭난 이들로 보았음을 가리킨다. 비록 때로 잘못된 행동으로 그들의 진정한 지위에 대한 의심을 사기도 했지만 말이다. 7-8절은, 바울의 비유에서 유월절 축제는 이미 시작되었고 그들은 축제를 놓칠 위험에 처해 있음을 나타낸다. 즉 그들의 공동체가 **악하고 악의에 찬 누룩**에 감염되었다면, 그리스도인의 삶과 그분 안에서 즐거워하는 그들의 축제를 빼앗길 것이다. 바울은 그들에게 **우리의 유월절 양 곧 그리스도께서 희생되셨**음을 상기시킴으로 그의 예를 마무리 짓는다. 이는 애굽의 속박에서 벗어나기 위한 방편으로 바쳤던 깨끗하고 흠 없는 양을 떠올리게 해준다(출 12:1-13, 28-29). 이스라엘 백성들이 그들의 집 문설주에 피를 발라 하나님의 심판을 면했듯이, 신자들은 믿음으로 죄 없는 메시아의 피를 그들의 마음에 바름으로써 하나님은 그들을 영원한 심판에서 제외시키신다.

5:9-13. 문제의 **편지**에 대해서는 고린도전서 서론을 참고하라. 그들은 **음행하거나**[포르노스(*pornos*), '성적인 부도덕 행위에 관여한 사람'], **탐욕을 부리거나**['더 많이 가지고 싶어 하고' 그것을 얻기 위해 비윤리적으로 행동하는 이들], **속여 빼앗거나**('심히 굶주려서' 무언가를 얻기 위해 갈취하는 이들) **모욕하거나**['다른 이들에게 무례하게 말하는 이들, 다른 이들의 성품을 비방하는 이들'] **술 취하거나**[알코올의 남용은 고대 세계의 주요한 사회 문제였다] 했던 신자라 **일컫는 자**들과 사귀어서는 안 되었다. **사귀**다(11절)란, '다른 이들과 사회 활동을 같이하며 행동을 같이하는 것'을 의미한다. 바울은 더 나아가 **그런 자와는 함께 먹지도** 말라고 말한다. 교회가 권징하는 것은 항상 구원을 위해서이며, 그래서 추악한 죄에 연루된 이들과 교제를 끊으라 가르친다. **안에 있는 사람들이야 너희가 판단하지 아니하랴**(12절)에서 알 수 있듯이 바울은 그들이 이러한 죄를 저지른 신자들을 마땅히 **판단하**기를 기대했다. 비판하지 말라는 예수님의 명령과 교회 권징의 관계에 대해서는 마태복음 7:1-2에 대한 주석을 보라. 권징을 하지 않는 이유에 대해서 이런저런 핑계들을 많이 대지만, 결국 권징은 교회의 순결함과 영향력을 유지하는 중요한 도구일 수 있다.

B. 두 번째 권고: 동료 그리스도인을 고발하지 말라 (6:1-11)

6:1-8. 고린도인들은 음행한 신자를 판단해야 한다. 하지만 세상의 법정에 판결을 맡겨서는 안 된다. **성도**는 예수님의 재림 이후 단 한 번이라도 믿지 않은 **세상**과 **천사**들을 심판하실 때 예수님과 함께할 것이다(2-3절; 참고. 계 2:26-27; 3:21; 20:4; 마 19:28; 롬 16:20). 그러므로 바울은 그들이 그들의 법적 분쟁[2, 4절의 **사건**, **송사**(새번역)보다 더 나은 번역]은 해결할 수 있으리라 생각했다. 분쟁을 해결할 만한 **지혜 있는 자**가 없다는 것은, 그들에게 생각만큼의 지혜가 없다는 증거였다. 고린도인들은 세상 법정에서 동료 신자를 공격함으로써 그리스도의 이름을 더럽히지 않기 위해 기꺼이 **불**

의를 당하거나 **속는**['사기를 당하여 무언가를 빼앗기는 것'] 편을 택해야 했다(7-8절).

6:9-11. 여기서 바울은 신자들이 그들의 사건을 판단할 때 세상의 법정보다 우위에 있다는 주제를 발전시켜 나갔다. **불의한 자**(9절)는 천년왕국에서 그리스도와 함께 다스리거나 통치하지 않을 비그리스도인들을 가리킨다. 그들의 특성은 9-10절에 나와 있다. 여기에는 **여성 노릇을 하는 사람들**[새번역, 동성애 행위에서 '성적으로 여성의 역할을 하는 남자들']과 **동성애를 하는 사람들**[문자적으로 '다른 남자를 침대로 끌고 가는 남자들'; 참고. Robert A. J. Gagnon, *The Bible and Homosexual Practice* (Nashville: Abingdon, 2001), 303-332]도 포함된다. **탐욕을 부리는 자, 모욕하는 자, 술 취하는 자, 속여 빼앗는 자**에 대해서는 5:11에 대한 주석을 참고하라. 거기서 그들은 구원을 받는다. 하지만 교회의 권징을 받을 사람으로 묘사해 놓았다. **너희 중에 이와 같은 자들이 있더니**란, 그리스도를 믿기 전 고린도인들의 전형적인 모습이었던 불의한 자를 가리킨다. 그들은 더 이상, 불의한 이교도 재판관들을 비롯한 불의한 자들과 같은 범주에 있지 않으므로, 세상의 법정보다 구속받은 의로운 이들 사이의 분쟁을 해결하기에 더 적합했다. **씻음…을 받았느니라**(11절)는 중간태 동사로, 여기서는 세례에 대한 고린도 신자들의 열정적인 동의를 암시하는 듯하다. 세례가 곧 구원은 아니지만, 세례는 구원받을 때 하나님이 이미 그들을 죄의 오염으로부터 깨끗케 하셨다는 사실을 드러내는 심오한 표지 역할을 한다(세례의 의미에 대해서는 롬 6:3-4에 대한 주석을 보라). **거룩함**은 여기서 '죄와 분리되어 하나님께로 따로 구별된 신분을 가진 이'를 의미한다. 바울은 신자가 성령과 협력하여 자신을 죄에서 분리시키고 개인적인 거룩함 가운데 자라난다는 실제적인 의미에서 **거룩함**을 받았다고 말했을 수 있다(롬 6:19, 22을 보라). 그러나 그는 또한 하나님이 구원의 때에 믿는 개인을 죄에서 분리시켜 자신에게로 구별되도록 '위치적으로' 거룩하게 되는 것을 말했을 수도 있다. 고린도 교회의 유감스러운 영적 상황(그들의 음행, 6:12) 때문에 여기서 **거룩함**은 위치적인 의미를 갖는다('신적' 수동태에 주목하라. 즉 하나님에 의해 **거룩함…을 받았느니라**). 이교도 재판관들과는 달리 고린도인들은 죄에서 떠나 하나님께로 구별되었다. 그러므로 그들은 그분의 뜻에 잘 맞출 수 있어서 분쟁을 더 잘 해결할 수 있다. **의롭다 하심**은 하나님이 고린도인들을 의롭다고 선언하셨음을 가리킨다(**의롭다 하심**을 받음의 효력에 대해서는 롬 3:24에 대한 주석을 보라). 이 용어는 또한 이들이 그들의 법적 논쟁을 다룰 때 비그리스도인 재판관들보다 의로운 결단에 더 잘 이를 수 있었음을 암시한다. 현대 사회에서 그리스도인들이 다른 신자들을 고소하는 끔찍한 일이 자주 있는 것은, 바울의 명령을 완전히 무시하거나 잘못 받아들였기 때문이다.

고전

C. 세 번째 권고: 도덕적으로 온전해지도록 힘쓰라 (6:12-20)

6:12-20. 바울은 5:1-13에서 교회에 영향을 미친 음행의 한 측면을 살펴보았다. 여기서는 다른 측면을 바라본다. **모든 것이 내게 가하나**(12절)에는, 더 이상 율법의 제제 아래 있지 않은 사람으로서 바울의 믿음이(롬 7:1-4) 반영되어 있는 것 같다. 그러나 고린도인들 일부는 그것을 잘못 사용했다. 부자들은 자신들의 부를 '허용되는 모든 것'을 할 수 있는, 특히 식욕과 성욕을 만족시키는 기회를 얻은 것으로 여겼다. **음식은 배를 위하여 있…으나 하나님은 이것저것을 다 폐하시리라**(13절)라는 말은, 죽음을 가리키는 듯하다. 물론 부활 때 배와 먹을 수 있는 능력을 다 가질 것이지만 말이다(참고. 눅 21:41-43). 바울 당시에 대부분의 믿지 않은 그리스-로마 세계가 그렇게 생각했음에도 불구하고, **몸은 음란을 위하여 있지 않다**. 재정적인 면에서 엘리트 계층은 보통 '콘비비아'(*convivia*)라 불리는 연회를 열었는데, 여기에는 창녀들과의 성적인 행위가 포함되어 있었다. 또 아들이 열여덟 살이 되면 아버지가 그 아들을 위해 파티를 열고 창녀를 고용했다[토가 비릴리스(*toga virilis*)라고 불린 통과의례]. (참고. Winter, *After Paul Left Corinth*, 76-93). 신자의 **몸**은 **주**를 섬기고 누리기 위한 것이다. **지체**(15절)는 '신체의 부속물', '팔 다리'를 의미하며, 그리스도인들은 그분의 팔과 다리(롬 12:4-5; 고전 12:12-14)임을, 즉 그들이 '그분에게' 속해 있음을 암시한다. **그리스도**에게 속한 **지체를 떼어다가**(새번역) 그것을 창녀에게 주는 것은 옳지 않다. 상상도 할 수 없는 일이기 때문이다. 이

는 매춘 행위에 예수님도 연루시키는 것이다. 바울은 16절에서 창세기 2:24을 인용했다. 그러나 그것은 어떤 사람이 창녀와 성관계를 맺을 때 그와 결혼하는 것임을 암시하기 위함이 아니다. 바울의 요지는, 결혼 관계 안에서 성관계는 삶을 공유함을 육체적으로 표현하는 일이라는 것이다. 창녀와 관계를 가지는 것은, 영적 관계를 맺고 있는 주님 대신 그녀와 삶을 공유하는 것이다(16-17절). 신자는 음행에 직면할 때 **피해야**[프게테(*pheugete*), '도망자'처럼, 18절] 한다. **음행하는 자는 자기 몸에 죄를 범하느니라**라는 말은, 신자의 몸이 **주를 위하여** 있다는(13절), 그는 그리스도의 지체 중 하나라는(15a절) 그리고 그는 **그리스도의 지체를 떼어다가** 창녀에게 주어서는 안 된다는(15b절, 새번역) 맥락에서 이해해야 한다. 신자 자신의 **몸에 대한 죄**는, 그 몸을 예수님을 섬기고 영화롭게 하도록 그분이 사용하시도록 내어드리지 않고 대신 창녀에게 주는 것이다 [Gordon D. Fee, *The First Epistle to the Corinthians*, NICNT (Grand Rapids, MI: Eerdmans, 1987), 262-263]. 19절에서 바울의 요지는, 신자는 그리스-로마 신들이 자신들의 신전을 소유하고 그 안에 사는 것처럼, 성령을 통해 그들 안에 거하시는 하나님께 속해 있다는 것이다. 하나님이 신자들을 '소유하신다.' 그들은 그리스도의 피로 '값으로 산' 것이다(20절). 그는 각자 자신의 육체적 몸으로 **하나님께 영광을 돌리라**고(세상에서 하나님의 명성을 높이며 살라고) 요구한다. 오늘날 많은 사람들이 창녀를 찾는 것은 구원받지 못한 증거라고 말하지만, 바울은 고린도인들의 신앙에 진정성이 있음을 전제하고 오히려 그들과 그리스도의 관계에 근거하여 그들에게 권고한다.

Ⅳ. 세 번째 문제: 결혼 생활의 의무와 중요성 (7:1-40)

A. 첫 번째 권고: 결혼 생활을 유익하게 여기라 (7:1-7)

7:1-7. 바울은 7장에서 결혼에 관한 그들의 질문에 답했지만, 6장에 나오는 음행이라는 주제가 이어진다. 결혼 관계는 음행을 피하는 데 도움이 될 수 있다. 그러나 고린도인들 일부는 결혼 관계 안에서의 성적 만족보다는 금욕주의를 선호했다. 그들의 금욕주의 성향에 대한 가장 그럴듯한 이유는 바울이 7:26에서 언급한 환난에서 나온 것 같다(그곳의 주석을 보라). 그리스도인들에게는 아주 어려운 때여서 일부 그리스도인들은 결혼을 바람직하지 않게 생각했고, 부부 사이 성관계 역시 하나님께 집중하지 못하게 한다고 생각했다. 바울이 결혼 관계 안에서의 성관계를 비난하지 않은 것으로 보아(7:2-6, 28, 36) **남자가 여자를 가까이 아니함이 좋으나**(1절)는, 아마 고린도인들의 표어였을 것이다. 그는 부분적으로는 그 표어에 동의했지만 2절에서 단서를 달았다. **여자를 가까이…함**은 성관계에 대한 완곡한 표현으로(창 20:6; 룻 2:9; 잠 6:29), 이 문맥에서는 결혼 관계 안에서 이루어지는 행위를 말한다. **두고**(2절)란 '성관계를 갖다'(막 6:18; 요 4:18; 고전 5:1; 7:29)를 완곡하게 표현한 것으로, 아내를 '얻다'라는 의미가 아니다. **그 아내에 대한 의무를 다하고**(3절)는 놀라운 말이다. 당시 문화에서 성적 만족을 남자의 특권으로 여겼기 때문이다. 그러나 바울은 배우자 각각이 상대방에게 다가갈 수 있어야 한다고 주장했고, 어느 쪽도 상대방에게서 부부 관계의 권리를 지속적으로 빼앗을 권리는 없다고 주장했다(4절). 금욕은 일시적으로 그리고 서로 기도를 위해 결단한 시간 동안만(혹은 다른 영적 훈련을 하는 동안) 적절하지만, 그런 경우에도 금욕이 의무적이지는 않았다(6절). 7절은, 바울이 그랬듯 독신으로 지내는 것에 만족하는 것을 가리킨다. **은사**는 **절제**(9절)와 동의어이지만, '영적 은사'라 부를 수는 없다. 바울에 따르면, 그 사람의 상황이 어떠하든, 독신에 만족하든 결혼을 했든 그것은 하나님이 주신 은사이다.

B. 두 번째 권고: 결혼 생활의 의무를 다하라 (7:8-16)

7:8-9. 바울은 7절에서 소개한 독신이라는 주제를 확대시켰다. **결혼하지 아니한 자들**(8절)은 모든 범주의 홀로 있는 사람들을 가리키지만(11절에 나오는 이혼 여성과 암시적으로는 남성; 32, 34절에 나오는 결혼한 적이 없는 이들 혹은 이혼이나 사별로 다시 혼자가 된 이들), 바울은 **과부**들을 강조했다. 그들이 재혼하는 데는 상당한 사회적 압력이 있었기 때문이다. 바울은 그들이 계속 독신으로 있기를 바랐지만(8절), 결혼은 죄가 아니었고, 바울은 디모데전서 5:14에서 젊은 과부가 자제할 수 없다면 재혼하라고 권했다. **타는**

것은 '양심과 충돌하는 내면의 욕정의 불'이다[Frederic Louis Godet, *Commentary on First Corinthians* (Grand Rapids, MI: Kregel, 1977 reprint of the 1889 T&T. Clark Edition), 331]. 자의는 아니지만 독신이 된 이들에 대해 바울은 그들의 외로움과 성적 욕구 불만을 측은히 여기며, 하나님은 그들이 순결을 유지하고 그분 안에서 기쁨을 찾는 데 필요한 힘을 주실 것이라고 하며 안심시키려 한다.

7:10-11. 바울은 고린도의 부부들에게로 관심을 돌렸다(10절). **내가 아니요 주시라**라는 말은 바울이 이혼에 대한 예수님의 가르침을 알고 있었음을 나타낸다(참고. 마 5:32; 19:1-9에 대한 주석). 그러나 사도의 말이 영감을 받지 않았거나 권위가 없다는 뜻은 전혀 아니다. 여자가 **남편에게서 갈라서**는('이혼', 눅 16:18) 일은 흔치 않았지만(10절), 전례가 없는 일은 아니었다(막 10:12). 여자가 이혼을 했다면, 남은 생애 동안 혹은 남편이 죽을 때까지 독신으로 지내거나(롬 7:1-4; 고전 7:39) 남편과 화해해야 했다. 아마 바울은 남편에게도 같은 요구를 했을 것이다(11절).

7:12-16. 바울은 이 단락에서 신자들에게 믿지 않는 배우자와 이혼하지 말라고 가르쳤다(12-13절). 배우자의 종교가 다른 신자들은, 아마 결혼 후에 신앙을 갖게 되었을 것이다(참고. 7:39에 대한 주석). 바울은 타종교인과의 결혼에 대한 예수님의 어떤 가르침도 알지 못했지만, 하나님으로부터 영감을 받은 사도로서 바울의 말은 구속력이 있다(12절). 14절에는 결혼 관계를 그대로 유지해야 하는 이유가 나온다. **아내로 말미암아 거룩하게 되고**는, 아마 믿지 않는 배우자와 아이들이 신자와 연결되어 있으므로, 구원을 받지 못해도 하나님이 주시는 특별한 복을 받도록 '구별됨'(**거룩하게 되**다)을 가리킬 것이다. **깨끗하지 못**한 것은 '신성과 접촉하지 못하는 것'을 의미한다(BDAG, 34). 그러나 믿지 않는 배우자가 신체적으로, 지리적으로('정서적으로'만이 아니라) 결혼 관계를 포기한다면, 하나님은 더 이상 그 신자가 결혼한 상태에 있다고 여기지 않으신다. 이 원리에 근거할 때, 신자에게서 버림을 받은 그리스도인 배우자 역시 이혼과 재혼을 허용하는 것이 합리적이다. **구애될**[*douloo*, 둘로오]이라는 동사는 바울 당시에 결혼에 대한 비유로 널리 사용했다[Anthony C. Thiselton, *1 Corinthians: A Shorter Exegetical and Pastoral Commentary* (Grand Rapids, MI: Eerdmans, 2006), 303을 보라]. 따라서 **구애될 것이 없**는 것은 사실상 과부나 홀아비처럼 **자유로워**지는 것(39절)과 동등했다. 이 경우 버림받은 신자는 이혼과 재혼을 할 자유가 있다. **그러나 하나님은 화평 중에서 너희를 부르셨느니라**(15절)라는 말은, 다음과 같이 받아들일 수 있다. "믿지 않는 이가 떠나기를 원한다면 억지로 계속 있게 하지 말라. 이혼이 화평을 가져다줄 것이다." 바울은 믿지 않는 이가 떠났다면 이혼과 재혼을 허용했지만(15a, b, c절), 그의 일차적인 바람은 그들이 결혼 관계를 유지하며 서로 **화평** 가운데 사는 것이다(15d절)(10-13, 17, 20, 24, 27을 보라). 결혼 관계를 유지해야 하는 또 다른 이유는(16절), 믿지 않는 배우자가 신자의 영향을 통해 그리스도를 믿게 될 수도 있기 때문이다.

C. 세 번째 권고: 현재의 결혼 상태에 대한 만족감을 키우라(7:17-24)

7:17-24. 18-23절의 주요 논지는 할례 받은 상태나 노예 상태 그대로 있으라는 것이 아니라 결혼한 그 상태로 있으라는 것이다. 15절에서처럼 그들은 하나님이 **부르신**(17-18, 20-22, 24절에 나오는 **부르심**을 보라) 어떤 상태든(결혼을 했든 홀로 있든) 그대로 있어야 한다. 바울이 **무할례자가 되지 말며**라고 썼을 때(18절), 그는 그리스 가치관을 받아들인 유대 남자가 그리스-로마 사회에 맞추려는 목적으로 자신의 할례 상태를 뒤바꾸기 위해 할 수 있는 작은 수술을 가리키는 것 같다. 바울의 요지는, 만약 하나님이 유대인인 어떤 사람을 부르셨다면, 그는 계속 유대인으로 남아 있어야 하고(그리스도를 믿는다 하더라도), 이방인을 부르셨다면 그 역시 그대로 남아 있어야 한다는 것이었다. 그러나 바울은 21절에서 이 명령에 단서를 달았다. 종들에게 할 수 있다면 자유롭게 되라고 권한 것이다. 비록 그 선택은 주인에게 달려 있긴 하지만 말이다[참고. Murray J. Harris, *Slave of Christ: A New Testament Metaphor for Total Devotion to Christ*, NSBT (Downers Grove, IL: InterVarsity, 1999), 59-61). **사람들의 종이 되지 말라**(23절)는 명령은, 성경이 노예제도를 묵인한다는 비평가들의 말이 틀렸음을 입증한다.

D. 네 번째 권고: 독신 생활의 유익을 강조하라 (7:25-40)

7:25-31. 여기서 바울은 미혼 남녀의 욕구로 관심을 돌린다(**처녀**, 25절). 바울의 **의견**에 대해서는 7:12에 대한 주석을 보라. **임박한 환난**(26절)은 약하게는 주후 40년대 중반부터 50년대 초반까지 세 차례에 걸친 지중해 지역의 극심한 곡물 부족을 가리킬 수도 있고, 강하게는 주후 51년에 일어난 대지진(Winter, *After Paul Left Corinth*, 215-232에 이 상황에 대한 자세한 논의가 나온다)을 가리킬 수도 있다. 이러한 고난들로 인해 일부 고린도인들은, 결혼을 안 한 사람이 배우자와 아이들을 돌보아야 하는 의무를 짊어지게 되면 삶이 힘들고, 결혼한 이들은 성관계로 인해 주님께 집중하지 못하게 될 것이라 주장했던 것 같다. 아내[구네(*gune*), 27절]는 종종 그저 '여자'를 의미할 수도 있다(마 9:20, 22; 15:22, 28; 막 14:3; 고전 7:34). 또 바울이 25-26, 28절에서 미혼들에게 쓰고 있으므로, 이 문맥에서 '매였다'는 것은 약속을 가리킨다. **그때가 단축하여진 고로**(29절)는, 하나님이 현 시대를 영원히 지속되게 하지는 않으시리라는 의미이다. 결혼과 마찬가지로(참고. 마 22:30에 대한 주석) 현 시대도 끝에 이를 것이다(31절). **없는 자같이 하며**는, 결혼한 이들에게 배우자로 인해 주님께 집중하지 못하게 되는 상황을 피하라는 바울 방식의 권고이다. 결혼한 신자들이 '주님께 하듯' 배우자를 섬기고 보살피면, 그들의 초점은 배우자를 돌보는 동시에 하나님께 맞추어진다. 바울은 29-31절의 추구를 금하지 않지만, 그의 말은 고린도인들을 삼킬 정도로 일상사에 연루되는 것에 대한 경고이다. 결혼하고, 울고, 기뻐하고, **매매하고**, **세상 물건을 쓰는** 것을 다 허용하지만, 단 신자의 정신을 빼놓지 않을 정도까지이다.

7:32-35. 독신은 환난의 때에 유익할 뿐 아니라 염려하지 않도록 해줄 수 있다. **시집가지 않은 자**(34절)는 과부와 이혼녀를 포함하지만(7:8에 대한 주석을 참고하라) 이 절들의 주 초점은 **처녀**에 있다. 바울은 그들에게서 결혼할 기회를 빼앗는 것이 아니라(35절), 온전히 **주를 섬기게 하려**는 것이었다(섬기는 것은 '오로지 다른 누군가에게 초점을 맞추고 헌신하는 것'이다).

7:36-38. 이 절들은 약혼한 남자가 독신으로 살 것을 고려하는(RSV, TNIV, NIV, ESV) 가상의 상황을 가리킨다. 딸(NASB, 개역개정에는 '약혼녀'로 번역—옮긴이 주)의 결혼을 곰곰이 생각하는 아버지에 대한 내용이 아니다. 이러한 견해를 뒷받침하는 몇 가지 요소가 있다. 첫째, 25-35절의 독신들에게 주는 지침이라는 맥락에서, **누가**[any man]는 결혼하지 않은 누군가일 것이다. 둘째, **행동이 합당하지 못한**이라는 표현을 고대에 남자와 여자의 관계에 사용할 때는 성적으로 잘못된 행위를 가리켰다. 따라서 36절이 아버지의 심사숙고를 가리킬 가능성은 거의 없다. 셋째, **약혼녀의 혼기도 지나고**는, '그가 성에 눈을 떴다면'(RSV, "그의 열정이 강렬하다면")이 더 나은 번역이다. NASB에서 **혼기도 지나고**로 잘못 번역한 형용사 '후페라크모스'(*huperakmos*)는 실제로 '성적으로 활발한', 혹은 '성적으로 성숙하여 그 영향을 느끼는'이라는 의미였고, 남자든 여자든 나이 든 경우를 가리키지 않는다. 결과적으로, 넷째, '그가 성적으로 활발하다면'(다시 한 번 말하지만, '**약혼녀의 혼기도 지나고**'로 잘못 번역된)이라는 그 어구에 나오는 동사의 주어는 '약혼녀'가 아니라 '그'이다. 바울이 36절에서 약혼한 남자에게 이야기하고 있었으므로(**누가 자기의 약혼녀에 대한 행동이**…), 이 어구의 주어는 '약혼녀'보다는 '그'가 더 가능성이 있다. 다섯째, **그같이 할 필요가 있거든**, 약혼한 남자가 스스로를 자제할 수 없어 성적으로 부적절한 행동을 금방이라도 할 것 같으면, 그는 **원하는 대로** 해야 하며, 그가 **원하는** 것은 분명 그의 약혼녀와 성관계를 갖는 것이다. 결혼은 행복한 전제 조건이다. 여섯째, NASB의 번역 "그녀로 결혼하게 하라"는 좋지 않은 사본에 기초한 것으로, "그들로 결혼하게 하라"가 더 나은 번역이다(RSV; TNIV; NIV; ESV; 개역개정). 이것이 '약혼한 청년'에게 말하고 있다는 견해에 더 잘 들어맞는다. 바울이 만약 딸의 결혼에 대해 심사숙고하는 아버지에게 썼다면 "'그녀로' 결혼하게 하라"라고 썼을 것이기 때문이다. 일곱째, 37절은 독신으로 있겠다는 이 남자의 결심, 결혼 반대 지지자들이나 바울의 강압에 의하지 않은 결단이 담겨 있다(이 단락에 대한 그리스-로마 배경에 대해서는 Winter, *After Paul Left Corinth*, 243-249을 보라). 여덟째, **약혼녀를 그대로 두기로**는 '여자의 처녀성을 보호하다'라는 의미로, 결혼

하여 관계를 갖지 않겠다는 결심을 표현한 것이다(참고. Fee, *1 Corinthians*, 353-354). '가미조'(*gamizo*)라는 동사는(NASB에서 "결혼을 시키다") 다른 데서(마 24:38) 사역동사의 의미('결혼을 시키다', '누군가를 결혼하게 하다')를 갖지만, '*-izo*'로 끝나는 동사들은 고대 헬라어에서 사역의 의미가 희박해졌고, '가미조'는 아마 '가메오', 즉 '결혼하다, 남편이나 아내로 맞이하다'와 동의어인 것 같다(BDAG, 188).

7:39-40. 바울은 여기서 다시 한 번 과부들에게 지침을 준다(참고. 이전의 8절). 과부들은 자유롭게 재혼할 수 있지만 **주 안에서만**(39절), 즉 다른 신자와만 할 수 있다. 이는 그리스도인은 다른 그리스도인과만 결혼해야 한다는 생각을 지지하는 신약에서 가장 강력한 구절이다. **그냥 지내는 것이 더욱 복이 있으리로다**에 대한 이유는 바울이 26, 28, 32-35절에서 제시한다. 하나님의 **영**의 감동을 받은 사도로서 바울이 가진 **생각**의 중요성에 대해서는 7:12에 대한 주석을 보라.

V. 네 번째 문제: 우상에게 바친 음식을 먹는 일에서 그리스도인의 자유와 관련된 문제들(8:1-11:1)

A. 첫 번째 권고: 사랑으로 그리스도인의 자유를 조절하라(8:1-13)

8:1-3. 바울은 고린도에서 온 또 다른 질문, 즉 **우상의 제물을 먹는 일**(1, 4절)을 다루었다. 우상에게 바쳤던 음식은, 흔히 우상을 공경하는 성스러운 식사로 여기고 먹었다. 누군가가 그러한 식사에 초대를 받으면, 참석은 당연시되었고, 이런 시간에 영적 사회적 사업적 유대가 강화되었다. 그러한 초대를 지속적으로 거절하는 일은 비사교적 행위라 여겨졌고, 결국 상업적인 자멸로 이어질 수 있었다. 고린도인들이 더 이상 이 신들에게 경배하지 않음에도 계속 그 초대에 가려 했던 이유를 이해할 만하다.

바울의 주된 관심은, 고린도인들이 신전에 갈 자유가 있다는 신학적 근거를 주장하면서도 그들을 우상숭배에서 떠나도록 이끄는 것이었다. 다른 한편 바울은 로마서 14-15장에서, 정결한 음식을 먹는 것과 관련하여 유대인 신자들과 이방인 신자들 사이의 분열에 직면했다(롬 14:1-9에 대한 주석을 보라). 1절과 4절은 아마 바울이 부분적으로 동의한 고린도인들의 표어였을 것이다. 그들의 **지식**은 신들이 존재하지 않는다는 인식과 관련이 있었고, 그들은 신이 아닌 존재를 존경한다는 뜻으로 바쳤던 음식을 먹는 것은 죄가 아니라 믿었다. 진정한 지식은 **사랑**의 속박을 받으며 오만으로 이어지지 않고 서로 덕을 세운다(1절). 3절은 하나님에 대한 신자의 사랑보다 그를 향한 하나님의 선택적 사랑이 선행함을 암시하며, 둘 다 우상숭배에 추파를 던지는 것을 배제한다.

고전

8:4-6. 고린도인들은 삼위일체 하나님이 유일한 참 하나님이시며 우상들은 존재하지 않는다고 올바로 이해했다. 그러나 이것이 신전에 가서 우상의 음식을 먹어도 된다는 의미는 아니었다. 우상들은 존재하지 않지만(즉, '제우스' 같은 것은 없다), 마귀들이 거짓 종교들을 활성화시키므로, 신전에 들어가 신이 아닌 존재를 공경하며 성스러운 음식을 먹는 일을 감행하는 것은 '귀신과 교제하는 데' 참여하는 것이었다(참고. 10:20에 대한 주석).

8:7-13. 고린도의 일부 이방인 신자들은 그들이 회심 전에 그랬던 것처럼 신전에 가는 것을 우상숭배와 연결지었다. **음식은 우리를 하나님 앞에 내세우지 못하**지만(8절), 그 생각에는 심각한 경고들이 필요했다. 우상의 음식을 먹는 것은 중립적인 행동이 아니었다. **약한 자**들은 지식이 있는 이들의 영향으로 우상숭배로 들어갈 수 있었다(10절). 바울은 약한 자들에게 절대 '강하게' 되라고 권하지 않았다. 그는 그들의 약함을 괜찮다 여겼기 때문이다. 이로 인해 그들은 우상숭배를 멀리할 수 있었던 것이다. 멸망(11절, **멸망하나니**)은 종종 '손상을 입다', '망하다', '해를 입다'를 의미한다(마 9:17; 눅 21:18; 약 1:11). 또 이 장들에서 멸망은, 사역의 효율성이 줄어든 것(9:19-27), 하나님의 징계로 있을 수 있는 죽음(10:1-13), 귀신과 교제하는 것(10:20)이다. 약한 양심을 가진 이에게 해를 입히는 것은 **그리스도에게 죄를 짓는 것**이다(12절). 그분의 몸의 지체에게 해를 입히는 것이기 때문이다. **나는 영원히 고기를 먹지 아니하여**란, 우상에게 바쳤던 고기를 먹는 것을 의미하며, 정결하지 않은 음식을 먹는 것과는 다른 상황이다(고전 9:19-23에 함축된; 참고. 롬 14:14; 갈 2:11-14). 이는 허용했다. **내 형제를 실족하**게 하는 것(13절)은, 그리스도인으로서의 나의 자유로운 합당한

행동에 반대하는 이를 괴롭히는 것이 아니다. 약한 형제는 다른 신자가 양심에 거스르는 행동을 하도록 꾀인다면 실족하고 만다.

B. 두 번째 권고: 그리스도인의 자유를 기꺼이 포기하라(9:1-27)

9:1-7. 바울은 고린도인들이 다른 이에게 해로운 어떤 활동도 해서는 안 된다고 자세히 설명했다(8:9-13). 그리고 9장에서는 자신을 그에 대한 주요한 본으로 활용했다. 바울은 사도였지만(1-2절), 사도가 누릴 만한 권한을 포기했다(4-6절). **내가…예수 우리 주를 보지 못하였느냐**는 사도에 대한 중요하지만 암시적인 자격 요건을 제시한다. 예수님을 직접 대면하지 않으면 사도가 될 수 없었다. 이는 오늘날 교회에 사도가 존재한다고 믿는 일을 어렵게 만드는 요소이다(또한 고전 15:1-11에 대한 주석을 보라). 5절은 바울이 고린도전서를 쓸 때 결혼을 했다는 의미가 아니다(7:7-8을 보라). 그러나 그가 홀아비였을 가능성은 있다. 랍비와 산헤드린 회원은 보통 결혼을 했지만, 바울도 결혼을 했는지는 확실하지 않다. 바울은 자신의 권리를, 각자 노동을 해서 수확을 얻는 군인, 농부, 목자, 사제(참고. 13절)와 비교했다(7절).

9:8-14. 바울은 회심자들로부터 후원을 받을 수 있는 자신의 권리를 정당화하기 위해 **사람의** 논증으로 하지 않고, **율법**을 활용했다(8절). 신명기 25:4(70인역)(9절)은 농사에 이용한 동물들에게도 자비를 베풀라고 주장했지만, 이는 가난한 이들이나 밭에서 일하는 이들을 향한 자비를 다루는 더 넓은 문맥 안에 있다(신 24:19-22). 바울이 교회를 '심었으므로'(고전 3:6-9), 그는 거기에서 나오는 수익금 일부를 누려야 한다. **하나님은 소들을…염려하**시지만, 신명기의 주요점 그리고 바울의 요점은, 한 사람이 수고에 대한 보상을 받는 것이었다. 바울은 10-12a절에서 이러한 개념을 분명하게 표현했다. 그러고 나서 마지막으로 12b절에(그리고 15절) 바울의 주요 논지가 나온다. 그는 복음이 널리 알려지는 데 방해되지 않도록 이러한 권리들을 포기했다. 그러나 고린도인들은 다소 방종한 태도를 보였다. 뿐만 아니라 바울은 제단에서 섬기는 사제들도 언급했다(13절; 참고. 민 18:8-24). 그들은 생계를 유지하기 위해 성전에 가져오는 다양한 희생제물과 헌금의 일부를 남겨두었다. 14절을 간혹 설교자에게 '설교한 대로 실천하라'고 명령하는 것으로 이해하지만, 바울의 주장은 말씀 사역을 하는 이들은 그가 섬기는 이들로부터 후원을 받아야 한다는 것이다. 교회는 목회자들이 그렇게 할 때 그들이 동일한 목표를 위해 자신들의 수입을 지출한다는 것을 기억해야 한다. 자기 가족의 필요를 공급하는 것, 유사시에 대비하는 것, 재정적인 안정을 확립하는 것, 은퇴 계획을 세우는 것 등이다.

9:15-18. 바울은 돈만을 위해 사역하는 이들 속에 속하기보다는 차라리 **죽고** 싶어 한다(15절). **자랑**[*kauchema*, 카우케마]이라는 명사는(15절과 16절) 고린도후서 1:14; 갈라디아서 6:4; 빌립보서 1:26; 2:16; 히브리서 3:6에서 '크게 기뻐하다'라는 뜻을 내포하고 있다. 보상 없이 사역하는 바울의 정책은, 큰 기쁨을 얻는 이유였다. 여기에는 그 일이 하나님이 그에게 **부득불** 하라고(16절) 하신 일이므로 그가 그 일을 했다는 의미가 있다. 그러나 그는 부득불 할 일이라 그것을 값없이 한 것이 아니었다. 17절을 이렇게 바꿔 말할 수 있다. "내가 그렇게 요구받지 않았을 때 자의로 복음을 전했다면, 나는 보기 드문 경우일 것이고 나의 복음 전파에 대한 보상을 받아야 합니다. 그러나 실제로 나는 내 의지와 다르게 하나님의 택하심을 받았습니다. 나는 그분 집의 종이며 그분을 위해 일하는 것 외에 다른 선택권이 없습니다. 그런 상황 아래 주어진 보상이 없습니다." **그런즉** 바울은 **상**을 받을 만한 **무엇**을 했는가(18절)? 그것은 **그가 복음을 전할 때에 값없이 전하고 복음으로 말미암아 그에게 있는 권리를 다 쓰지** 않은 것이었다. 로버트슨(Robertson)과 플러머(Plummer)는 이렇게 썼다. "[마치 바울이 말하는 것처럼] 내가 얻을 보수가 무엇인가? 보수를 거절한 기쁨이 아닌가"(*1 Corinthians*, 190).

9:19-23. 19-22절에서 바울은 9:18(그가 자신의 권리를 다 사용하지 않은 것)에 대한 개인적인 실례를 제공했다. **얻고자**(19절)란 '투자를 통해 획득하다 혹은 얻다'라는 의미로, 이 문맥에서 **구원하고자**(22절; 참고. 또한 벧전 3:1)와 동의어로 보인다. **유대인**(20절)은 자신들의 민족성이라는 견지에서 유대인들을 바라보며, 자신들의 종교의 견지에서 **율법 아래에 있는** 자들을 바라본다. **내가 율법 아래에 있지 아니하나**에 대해서는,

로마서 6:14; 7:1-4에 대한 주석을 보라. **율법 없는 자**(21절)는 이방인을 가리킨다. 바울은 더 이상 모세의 613개 명령 아래 있지 않고, **그리스도의 율법** 아래에 있었다(21절; 참고. 갈 6:2에 대한 주석). **약한 자들**(22절)은 약한 그리스도인들(참고. 8:9-13)이 아니라, 유대인이든 이방인이든 바울이 20-21절에서처럼 그리스도께 이르도록 **얻고자** 했던 비그리스도인들이었다(롬 5:6). 바울은 복음의 내용을 전혀 바꾸지 않으면서 청중의 문화에 맞게 의사소통 방식을 조정한 '상황화'를 실천했다. 이는 오늘날에도 선교와 복음 전도의 본으로 남아 있다. **복음에 참여하고자 함**(23절)은, 바울은 혼자만 복음의 은총을 소유하고 누리고 싶어 하지 않았음을 의미한다. 그는 가능한 한 많은 사람들이 그와 함께 천국에 가도록 할 작정이었다. **참여하**는 자란, '서로 소유나 관계를 공유하는 사람'을 의미하며, 두 사람이 공통적으로 가지는 것에 강조점이 있다. 바울은 그가 사람들에게 복음을 전함으로써 구원을 얻기를 바란다는 의미로 말한 것이 아니었다. 그것은 행위로 얻는 구원이며 이 절은 그런 의미인 것 같지 않다.

9:24-27. 바울은 다른 사람을 위해 자신의 권리를 포기해야 하는 것과 운동경기 사이에서 유사점을 찾는다. 바울은 고린도에서 3년마다 열렸던 이스머스 경기를 염두에 둔 듯하다. 이는 아덴에서 열린 올림픽 다음으로 유명했다. 경기 참가자들은 10개월간 훈련을 했다는 증거를 제시해야 했고, 경기 시작 30일 전부터 체육관에서 훈련을 해야 했다. 그러고 나서야 경기에 참가할 수 있었다. 이기는 자만이 상, 즉 **썩을 승리자의 관**(25절)을 얻는다. 1세기에 이 관은 샐러리로 만들어서 상을 수여하자마자 시들곤 했다. 바울은 절대 그저 몇 바퀴를 뛰거나 허공을 치지 않았다(26절). 그가 한 모든 일은 복음을 얻기 위해 계산된 것이었다. **몸을 쳐**(27절)로 번역한 헬라어는, '나가떨어질 정도의 타격을 가하다'라는 의미이다. **복종하게 함**에는, 구경꾼들의 환호 가운데서 승리자가 패배한 상대팀을 이끌고 경기장을 도는 관행이 반영되어 있는 것 같다. 바울은 자신의 **몸**이(그의 존재 안팎) 주님을 섬기는 데 가장 효과적이 되도록 복종시키기로 결단했다. **자신이 도리어 버림을 당할까**란, 바울이 적절하게 자신을 제어하지 않으면 자신의 구원을 잃을까 두려워했다는 의미가 아니다. 여기서 버림을 당하는 것이란, 위대한 복음 사역을 '효과적으로' 섬길 기회를 박탈당하는 것을 가리킨다. 효과적인 섬김은 스스로를 내려놓는 절제, 자기희생을 포함한다. 이것들 어느 것도 고린도 신자들의 특성이 아니었다. 제멋대로 하는 그리스도인들은 주님을 효과적으로 섬길 것 같지 않다.

C. 세 번째 권고: 하나님이 징계하시기 전에 그리스도인의 자유를 제한하라(10:1-22)

10:1-5. 1절은 이스라엘의 실격과 9:24-27에서 언급한 내용을 연결시킨다. **다**[all]는, 1-4절에서 출애굽에 참여한 모든 유대인이 그 복을 누렸음을 강조하며 다섯 번 나온다(개역개정에는 네 번 나온다—옮긴이 주). **구름 아래에**(출 13:21; 14:18, 24)와 **바다 가운데로**는 초자연적인 인도와 구원을 암시한다. **모세에게 속하여…세례를 받고**(2절), **신령한 음식**(3절, 만나), **신령한 음료**(4절)는 그리스도인의 세례와 성만찬과 병행한다. 하나님은 이스라엘 백성을 위해 이 놀라운 일을 행하셨지만, 그분이 자비하시다고 해서 옆길로 새는 그들을 심판하지 않으신다는 것은 아니었다. 성경의 기록은 그들이 죄를 지었고 그분이 그들을 징계하심을 보여준다. **세례를 받고**(2절)는 '동일시되다'라는 의미도 아니고, 성례전적 의미가 있지도 않다. 이스라엘 백성이 홍해를 건넜을 때 그들은 젖지 않았기 때문이다. 홍해를 건넌 것은 그들이 모세를 의지했음을 나타내는 것이다. 이는 그리스도인의 세례가 구원하시는 분 예수 그리스도를 가리키는 것과 똑같다(참고. 롬 6:2-4에 대한 해설). 바울은 고린도 교회와 병행됨을 강화하기 위해 이를 '세례'라 불렀다. **신령한**(3-4절)은 **음식**과 **음료**의 구성 요소가 아닌 그 기원을 가리킨다. 물은 광야 체류의 시작과 마지막에 바위에서 얻었다(출 17:6; 민 20:1-13). 그 바위가 움직였다는 언급은 없지만 말이다. 바울은 아마 그들이 광야에서 지내는 동안 하나님이 지속적으로 물을 공급하신 것에 주의를 끌려고 했던 것 같다. 그것은 궁극적으로 **그리스도**에게서 온 것이었다. 출애굽기 17:5에서 하나님은 호렙산에서 모세와 아론 앞 바위에 서 계셨고, 민수기 20:6에서는 모세가 바위를 치기 직전에 주님의 영광이 그들에게 나타났다. 바울은 이를 그리스도의 현현, 예수님이 성육신 이전에 구약에 나타나신 것으로 이해했던 것 같다. 이스라엘 백성과 고린

도인들 둘 다 예수님을 통해 구원을 경험했다. **그러나**(5절) 뒤에는 '결정적인 말'이 이어진다. 하나님이 이스라엘 백성에게 하신 모든 일에도 불구하고, 그들은 **광야에서 멸망을 받았다**. 바울은 그들의 영원한 운명이라는 문제는 탐구하지 않았다. 그는 그저 극단적으로 행동한 이스라엘 백성이 하나님의 징벌로 죽었다고, 그래서 그분을 섬길 기회를 박탈당했다고 말하는 것으로 충분했다(참고. 9:24-27).

10:6-13. 바울은 고린도인들에게 히브리인들과는 다른 결과를 바랐다. 바울은 하나님이 이스라엘을 벌하신 네 가지 죄악 된 사건을 인용했다. 7절의 금송아지 우상숭배(출 32:4-6), 8절의 모압 여자들과의 음행(민 25:1-9), 9절의 뱀의 공격을 받았을 때 여호와를 시험한 것(민 21:4-9), 10절의 하나님이 고라를 가혹하게 대하신 것에 대해 투덜거린 것(민 16:1-50, 특히 16:41)이다. 민수기 25:9은 24,000명이 염병으로 죽었다고 말하지만 바울의 숫자는 그가 썼듯이 **하루에** 죽은 이들을 가리킨다. **깨우치다**(11절)는, '지혜롭지 못하거나 죄악 된 행동의 결과에 대한 경고'를 의미한다. **말세**가 오고, 하나님은 모형론적으로 옛 히브리어 성경과 그분의 주권적인 계획의 일부로 고린도인들이 맞닥뜨린 상황을 연결시키신다. 하나님이 이러한 연결을 끌어오셨으므로 고린도인들은 유대 백성이 넘어졌듯이 넘어질지도 모른다(12절). 고린도인들이 대면한 **시험**[혹은 아마도 '테스트', 13절]에는 신전에 가지 않아서 발생할 사회적, 정치적, 재정적 배척을 피하기 위해 신전으로 돌아가는 것이 포함되어 있었다(참고. Garland, *1 Corinthians*, 357; 467-468). **하나님은 미쁘사**는, 그분이 정하신 시험들은 그 시험들을 통과하기 위해 그분이 주시는 힘과 비례함을 확실히 해준다. **피할 길**은, 시험이 완벽하게 제거되는 것이 아니고, 그것을 **감당**할 능력이다. 고린도인들은 계속 신전으로 돌아가려는 힘을 느꼈을 것이다. 그러나 하나님은 그들이 올바로 행하도록 도우실 것이다. 이 문맥에서 그것은 **우상숭배하는 일을 피하**는 것이다(14절).

10:14-22. 바울은, 성만찬 및 예루살렘 성전의 희생제사에 참여하는 효과와 그리스-로마 신을 공경하는 뜻의 식사 효과를 비교함으로써 계속 경고한다. 성만찬의 요소들은 예수님과의(16절) 교제[**참여함**, 코이노니아(*koinonia*)]와 다른 신자들과의(17절) 교제를 깊게 했다. 예루살렘 성전에 바쳤던 것을 먹는 것이 하나님과의 더 친밀한 교제를(**제단**은 '하나님'에 대한 환유적 표현; 참고. 신 14:22-27) 갖게 해주었던 것과 똑같이 말이다(18절). 이와 마찬가지로 거짓 신의 신전에서 이교도 친구들과 함께 먹는 것은, 그들과 그 신과 유대를 형성하는 일이었다. 바울은 이러한 거짓 신은 존재하지 않는다고 주장했다(19절; 참고. 8:4-6에 대한 주석). 그러나 **귀신**(20절)은 그러한 신들이 실존한다고 믿도록 숭배자들을 속인다(신 32:17을 보라). 이러한 그리스도인들이 신전에 갈 때 그들은 **귀신**(20절)과 **교제하는 자**('다른 사람과 어떤 임무나 모험을 같이하는 사람', '동반자')가 되었다. 귀신들이 그러듯이 그들은 거기 있는 동안 무심코 거짓 신들을 예배했고, 이는 우상숭배 행위였다. **그러면**(22절) 만약 누군가가 계속 신전에 가겠다고 한다면, 그 사람은 하나님으로 질투하게 하시려는 것인가? 그런 일은 없을 것이다. 아내가 자기 남편에게 질투심을 유발시키려면 그녀는 그를 쥐고 흔들 수 있어야 한다. 그래야 남편은 아내가 다른 사람에게 애정을 품는 일에 두려움을 느낄 것이다. 그러나 바울의 요지는, 신자들에게는 하나님에 대해 그러한 종류의 영향력을 행사할 힘이 전혀 없다. 또 하나님의 백성들이 영적으로 간음함으로 인해 하나님이 질투하신다면 그분은 그들을 벌하신다(신 32:21-24). 여기서 바울의 명령들은 예루살렘 공의회와 그에 뒤이어 보낸 편지의 결정들과 꼭 들어맞는다(참고. 행 15:23-29). 거기서는 이방인 신자들의 우상숭배를 금했다['우상에게 희생제물로 바친 것들(음식을 포함하여)'을 비롯하여 제의적 성행위, 행 15:29].

D. 네 번째 권고: 다양한 상황에 적합하게 행동을 조절하라(10:23-11:1)

10:23-30. 여기서는 우상에게 바쳤던 고기를 먹을 수 있는 적절한 상황에 대해 썼다. 23절에 대해서는 6:12-13에 대한 주석을 보라. 24절에 대해서는 8:9-13에 대한 주석을 보라. **양심을 위하여**(25절)는 신자들의 양심을 가리키지만 27-29절에서는 믿지 않는 이들의 양심을 염두에 두었다("'불신자' 중 누가 너희를 청할 때에", 27절; 29절은 27-28절이 불신자의 양심에 대한 것임을 나타낸다). 25-30절에서 바울은 우상에게 바쳐

던 고기를 먹는 것을 규제하는 네 가지 지침을 제시했다. 첫째, 신자가 자기 집에서는(신전이 아니라; 위의 10:6-22에 대한 주석을 보라) 시장에서 판매되는 고기를 먹을 수 있다(25절). 만약 그것이 우상에게 바쳤던 것임을 알지 못했다면 그는 그냥 그것을 먹고 그것에 대해 **묻지** 말아야 한다. 주님께서 그것을 주셨기 때문이다(26절). 둘째, 27절을 보면 신자는 불신자의 집에서 우상의 고기를 먹을 수 있다. 그러나 신전은 안 된다. 셋째, 28절을 보면 불신자가 신자에게 그 고기는 우상에게 바쳤던 것이라 알려준다면, 신자는 불신자의 양심을 **위하여** 자제해야 한다. 만약 불신자가 그리스도인의 외견상 우상숭배 행위가 자신의 우상숭배를 정당화해준다고 느낀다면, 혹은 그가 신자가 위선적이라 느끼거나 한 분이신 참 하나님의 존재에 대한 그의 믿음이 느슨해진다면, 불신자의 양심이 손상되거나 그의 영적 진보가 지연될 수도 있다. 넷째, 그리스도인이 먹는 것에 대해 비그리스도인이 비난한다면(**판단을 받다**, 아마도 위선자로) 그 신자는 자제해야 한다(29절). 30절에서 바울은 29절의 생각과는 반대되는 생각을 제시한다. "만일 내가 감사함으로 참여하는 자유를 포기한다면, 나는 감사하는 그것에 대해 비방을 받지 않을 것이다." 바울은 23-30절을 요약하며, 신자는 신전에서만 아니면 우상에게 바쳤던 고기를 먹을 수 있다고 주장한다. 그러나 만약 이 음식을 먹음으로 누군가가 해를 입을 수 있다면 자제해야 한다. 그래서 바울은 한바퀴 돌아 8장으로 돌아간다. 이 절들에 대한 이러한 접근에 대해서는 Garland, *1 Corinthians*, 497-499을 보라.

10:31-11:1. **하나님의 영광을 위하여** 무언가를 하는 것은, 사람들이 그 행동에서 그분을 보고 그분의 명성을 높이도록 행동하는 것이다(마 5:16). 그리스도인들이 믿지 않는 이들 가운데서(10:32) 더 바울처럼 행동한다면(11:1), **많은 사람**이 더 **구원을 받**을 것이다(10:33). 때때로 신자들이 말씀과 상반되는 듯한 취미활동(육체적 쾌락과 욕구에 영합하는 음란한 영화)을 고집한다. 그러면 그것으로 인해 그들은 악의 영향력에 약해질 수 있고, 지나치게 자신에게만 몰두하여 다른 사람을 잘 섬기지 못할 수 있다.

Ⅵ. 다섯 번째 문제: 교회 예배의 혼란(11:2-14:40)

A. 첫 번째 권고: 성별의 구분을 유지하라(11:2-16)

11:2-9. 11:2에서 시작해 14장까지, 바울은 그들의 교회 모임에 관련된 문제들에 대한 새로운 관심사들을 다룬다. 그들은 바울을 본받는 정도까지 나아질 수 있었지만, 전반적으로 그가 고린도에 있었을 때 그들에게 가르쳤던 **전통**을 받아들였다(2절). **그러나**(3절)는 그들이 수준 이하의 다른 영역을 조절해야 함을 알려주는 신호이다. **머리**는 거의 모든 물체의 맨 끝, 사람의 머리, 모임의 리더를 가리킬 수 있다. 어떤 사람은 머리가 '근원'을 의미한다고 주장한다[참고. Catherine Kroeger, "Head", in *A Dictionary of Paul and His Letters*, ed. Gerald F. Hawthorne et al. (Downers Grove, IL: Inter-Varsity, 1993), 375-377; Berkley Mickelesn, and Alvera Mickelsen, "What Does Kephale Mean in the New Testament?" In *Women, Authority and the Bible*, ed. Alvera Mickelsen (Downers Grove, IL: InterVarsity, 1986), 97-110; Fee, *1 Corinthians*, 502-505]. 그러나 헬라어에서 그 단어를 명백하게 이런 의미로 사용한 예가 없으며, 이 단락에서도 거의 맞지 않는다. 예를 들어, '머리'가 '근원'을 가리킨다고 주장하기 위해서는 '머리'가 같은 절에서 세 가지 다른 의미를 가져야 한다. 그래서 그리스도는 모든 사람(**각 남자**)의 생물학적, 영적 생명의 근원이며, 남자는 하나님이 그것으로부터 여자를 만드신 실체이며, 하나님은 그리스도를 보내시거나 성육신하게 하신 근원이시다. 이는 의미론적으로 가능성이 없다. 머리는 비유적으로 '권위를 가진 사람', '리더'로 이해하는 것이 더 바람직하다[이와 다른 관점에 대해서는 다음을 참고하라. Wayne Grudem이 쓴 기사: "Does *kephalē* ('Head') Mean 'Source' or 'Authority Over' in Greek Literature? A Survey of 2,336 Examples", *Trinity Journal* 6 NS (1985): 38-59; "The Meaning of *kephalē*: A Response to Recent Studies", *Trinity Journal* 11 NS (1990): 3-72; reprinted as an appendix to *Recovering Biblical Manhood and Womanhood*, ed. John Piper and Wayne Grudem (Wheaton, IL: Crossway, 1991) 425-468; "The Meaning of (kephalē) ("Head"): An Evaluation of New Evidence, Real and Alleged", Journal of the Evangelical Theological Society (March 2001): 25-65]. **여자의 머**

리는 남자요는 이 문맥에서, 교회에서 남성이 리더십을 갖고 여성이 복종하는 것을 말한다. **남자**와 **여자**가 '남편'과 '아내'를 가리키지는 않는다(ESV와는 반대로). 바울은 공동체인 교회의 상황에서 말하는 것이며(4-5절), 남편과 아내는 서로에게서 나오지 않는다(8, 11절). 아버지가 아들에게 권위를 행사한다는 면에서 **그리스도의 머리는 하나님**이요(참고. 요 14:28), 아들은 아버지의 신적 속성을 다 공유하시면서 아버지께 복종하고 아버지의 뜻을 이룬다(요 5:30; 6:38; 히 10:9). 로마의 남자들은 그들의 신에게 예배를 드릴 때 머리에 무언가를 썼지만, 그리스도인 남자가 그렇게 하는 것은 **그 머리**[예수님]**를 욕되게 하는** 것이다. 암시적으로 그분을 로마의 우상들과 같은 범주에 놓는 것이기 때문이다. **예언**에 대해서는 14:1-3에 대한 주석을 보라. 5절에서는 여자가 교회 모임에서 어떻게 기도하고 예언해야 하는지에 대한 논의를 시작한다. 존경받는 여자들은 사실상 모든 공공장소에서 머리에 그들의 옷의 일부나 숄을 썼고, 그것은 그들이 한 남자(남편이든 아버지든 또 다른 누구든)에게 속해 있으며 도덕적으로 부끄럽지 않다는 표시였다. 머리에 무언가를 쓰지 않는 것은 남자들의 접근을 기꺼이 받아들이겠다는 의미였다. 그러한 도발적인 차림으로 교회에 오는 것은, 머리된 이들을 부끄럽게 함으로써 **그 머리**의(그녀의 남자 리더) 품위를 떨어뜨릴(욕되게 할) 수 있다. 마치 다른 이들을 해롭게 하는 부정적인 십대가 부모를 부끄럽게 할 수 있듯이 말이다. 왜 이 여자들은 머리에 쓴 것을 벗었을까? 바울은 교회에서 남자의 머리 됨에 관해 언급하며 이 논의를 시작했고, 남자들이 머리에 무언가를 쓰지 않고 예배를 드려야 하므로, 여자들이 머리에 쓴 것을 벗음으로써 남자들과 동등함을 추구했을 가능성이 있다. 그러나 그들은 이렇게 함으로써 스스로를 부도덕하다는 평판을 얻는 사람과 함께 **여자로서…머리를 민 것과 다름이 없**는 범주에 두게 된다(고대 자료로는, Garland, *1 Corinthians*, 521; Winter, *After Paul Left Corinth*, 128-129을 보라). 6절은, 머리에 아무것도 쓰지 않은 여자는 음행한 여자처럼 보인다는 강력한 진술에 신빙성을 더해준다. 간음한 여자의 남편들은 종종 아내의 머리를 아주 짧게 깎곤 했다. 여자들이 남자처럼 되기 위해 머리에 쓴 것을 벗고자 한다면, 그들은 결국 평판이 좋지 않은 부도덕한 여자들처럼 보일 것이다. 차라리 더 나아가 머리를 밀어버리고 문제를 해결하는 편이 나을지도 모른다. 그것을 원하지 않는다면, 그들은 머리에 무언가를 다시 쓰고 존경받는 여자처럼 행동해야 한다. 7절은, 남자가 머리에 아무것도 쓰지 않아야 하는 근거를 제시한다(4-5절). 남성과 여성의 대표자로서 아담과 하와 둘 다 하나님의 형상으로 지어졌다(창 1:26-27). 그러나 남자에게는 경작하고 지키는(혹은 '그분을 예배하고 순종하는'이 더 나은 번역이다) 임무를 주셨고(창 2:15을 보라), 그 남자의 임무는 특별히 하나님을 향해 있었다. 반면 여자의 임무는 그렇지 않았다(창 2:18). 여자는 남자가 그러한 임무를 수행할 때 그를 돕도록 창조되었다. 남자는 **하나님의 형상과 영광**이다. 즉 남자는 이 땅에서 하나님의 대행자(그분의 **형상**)로서 그분께 명예를 드리기 위해(**영광**) 그분과 함께 땅을 다스리고 통치하며, 하나님을 섬긴다. 여기서 '명예'는 아마도 '영광'이라는 의미일 것이다. 11:14-15에서 '부끄러움'이 '영광'과 반대이기 때문이다[참고. Thomas R. Schreiner, "Head Coverings, Prophecies and the Trinity: 1 Corinthians 11:2-16", in *Recovering Biblical Manhood and Womanhood: A Response to Evangelical Feminism*, ed. John Piper and Wayne Grudem (Wheaton, IL: Crossway, 1991), 133]. 하나님보다 우위에 있는 이는 없으므로, 따라서 그분을 대신하는 남자는 종속되었다는 문화적 표지 없이, 다시 말해 머리에 쓴 것 없이 예배를 드려야 한다. 그러나 **여자는 남자의 영광이니라**는, 여자는 남자를 돕는 역할을 하고 그럼으로써 그를 명예롭게 하고 종속됨의 표지를 가져야 함을 나타낸다(참고. 10절). 8절에서 여자가 남자의 영광인(7절) 이유 두 가지 가운데 하나를 소개한다. 창조 질서, 즉 남자가 먼저, 여자가 두 번째로 그에게서 나온 것은 남자가 리더십에서 우선함을 암시한다(또한 딤전 2:13을 보라). **또**(9절)는 두 번째 설명, 즉 성별의 목적을 제시한다. **여자는 남자를 위하여**, 남자를 돕기 위해 창조되었다(창 2:18). 이 역시 남자가 리더십에서 우선임을 암시한다.

11:10-16. **그러므로**(10절)는 여자들이 머리에 무언가를 써야 하는 것에 대해 바울이 6-9절에서 제시하는 이유를 다시 지적한다. '아래에 있는 표'라는 단어들은

헬라어에는 없고, **권세…를 가지다**(동사 *echo*, '가진다' + 명사 *exousia*, '권위' + 전치사 *epi*, '~위에')는 다른 데서 무언가를 '통제하다'를 의미한다(막 2:10; 눅 5:24; 19:17; 계 11:6; 17:18; 16:9; 20:6). 그 어구는, 여자가 자신의 머리를 제어하여 머리에 무언가를 써야 한다는 의미이다. **천사들로 말미암아**는 아리송하지만, 아마 상징적으로 고린도 여인들의 순종하지 않은 행동 때문에 불쾌했을 천사들을 가리키는 듯하다. 아마도 다른 천사들과 함께 사탄의 반역 행위 때문에 선한 천사들이 교회 내의 적절한 복종에 깊이 관심을 기울였을 것이다. 바울이 7-9절에서 여자를 덜 중요하게 보아서 11-12절에서 이렇게 말했다고 생각하는 것은 잘못이다. 교회에서 여자들은 남자들이 필요하고 남자들은 여자들이 필요하다. 이것이 **주**님(예수님, 11절)과 **하나님**(12절)이 인류에게 가지신 계획과 일치한다.

13절은 여자가 머리에 무언가를 쓰는 것에 대한 새로운 논쟁을 시작한다. 이는 **본성**에서 나온 것이다(14절). **본성**은 문화적 관습에 반영된 대로 '사물의 질서 정연한 혹은 확립된 질서'(BDAG, 1070)를 의미할 것이다. 1세기 고린도에서 남자가 **긴 머리**를 하는 것은 자기에게 **부끄러움**이 되었다. 남자가 머리가 길면, 스스로 여성화되려 한다며 부정적으로 생각했다. 긴 머리는 여성들에게만 타당하다 여겼다(5-6절; 참고. 고대의 자료에 대해서는 다음을 보라. Garland, *1 Corinthians*, 531). 긴 머리는 그녀의 존경할 만함(5-6절에 대한 주석을 보라)과 여성다움의 표지라는 점에서 **자기에게 영광이 되었**다. 하나님이 영광스러운 대상을 **가리는 것**으로 그녀에게 긴 머리를 **주셨**다. 남자들을 위한 것이 아니었던 것이다. 더불어 여자가 하나님이 이러한 존경할 만한 여성의 표지로 주신 것을 거부하는 것은, 그리스도인 여성으로서 자신의 정체성과 역할을 거부하는 것이었다. 스파르타의 군사들이나 나실인의 경우에서 그렇듯, 긴 머리가 남자들에게 늘 수치였던 것은 아니라고 이의를 제기하는 사람이 있을 수 있다. 그러나 바울은 스파르타 사람이나 나실인들에게 이 글을 쓴 것이 아니었다. 긴 머리가 특정 성과 연결되어 있지 않은 문화들에서, 신자들은 어떤 것이든 그들 문화에서 남성과 여성의 표지들을 받아들여야 한다. 그것들을 흐리게 하거나 약하게 해서는 안 된다.

이런 의문이 생긴다. '예배에 참여하는 여자들은 오늘날에도 머리에 무언가를 써야 하는가?' 대답은 '아니다. 문화가 그렇게 기대하지(아미쉬나 보수적인 메노파 공동체의 경우처럼) 않으면 그러지 않아도 된다'이다. 1세기 그리스-로마 세계에서 존경받는 여자들은 항상 공공장소에서 머리를 가렸고, 교회에서도 가려야 했다. 오늘날 여자들이 교회에서 머리를 가려야 한다면 언제나 한결같이 가려야 한다. 이 단락은 머리를 가리리라 기대할 수 없는 환경에서 어떻게 적용해야 할까? 아마도 가장 적당한 적용은, 여자가 도덕성에 의심을 살 만한 모습을 피하기 위해 그리고 교회에서 남성 리더십을 존중함을 드러내는 여성적인 방식으로 얌전하게 옷을 입는 것인 듯하다.

고전

B. 두 번째 권고: 성찬의 오용을 바로잡으라 (11:17-34)

11:17-22. 바울은 11:17-34에서, 그들의 교회 모임과 관련된 두 번째 문제, 즉 성만찬의 오용 문제를 다루었다. **분쟁**[스키스마타(*schismata*), 18절]은 '공존할 수 없는 야망으로 인한 불화와 분열'을 의미한다(참고. 1:10). **파당**(19절)은 '반대 그룹으로 사람들이 나뉜 것'을 의미한다. 하나님의 섭리로 하나 됨에 관련한 이러한 문제들이 발생함으로써, 그 교회는 화합을 추진했던 신자들과 따를 만한 신자들을 알아볼 수 있었다. 그 교회는 주의 만찬을 위해 순조롭게 **함께** 모였지만(20절), 실제로 그들의 행동은 주의 만찬이 상징하는 바를 받아들이지 않았다. 실제로 그들은 연회를 열었지만 그것을 주의 만찬이라 부를 수 없었다. **이는**(21절)은 20절에 나오는 그들의 가식 일색인 주의 만찬에 대한 바울의 평가가 옳음을 보여준다. **각각 자기의 만찬을 먼저 갖다 먹으므로…시장하고…취함이라**(21절)에는, 저녁 파티가 열릴 때 평범한 그리스-로마에서 흔히 나타나는 모습이 나타난다. 보통 가장 좋은 음식과 음료는 파티 주최자와, 그가 자신의 사회적 지위 향상을 위해 깊은 인상을 주려 하는 고위층 손님들을 위해 따로 두거나 그들이 먹었고, 나머지는 질이 낮은 음식을 먹었다. 더욱이 연회 이후에는 과도한 음주가 이어지곤 했다[참고. Ben Witherington, *Conflict and Community in Corinth: A Socio-Rhetorical Commentary on 1 and 2 Corinthians* (Grand Rapids, MI: Eerdmans, 1995),

191-193; Thiselton, *1 Corinthians*, 890]. 고린도 교회에 있었던 **시장**한 자들은 빈궁한 자들이었다(22절). 이는 가난한 이들이나 아마도 자기 의무에 얽매여 있었을, 그리고 그들이 모임에 도착했을 때에는 다른 이들이 **먼저** 먹었기 때문에(21절) 그들을 위한 음식이 없다는 사실을 깨달은 노예들을 가리킨다. 주의 만찬과 관련된 식사 모임은 과식을 하는 장소가 아니었다. 가난한 이들을 배려하지 않는 모습은 용서할 수 없는 일이었다(22절).

11:23-26. 23절에서는 바울이 그들을 **칭찬하지** 않는(22절) 이유를 설명한다. **주께 받은**은, 바울이 인용하려는 말이 예수님에게서 비롯되었음을 가리킨다. 그러나 그 말씀을 그에게 직접 계시하셨는지 아니면 그리스도인 전령들을 통해 들었는지는 확실하지 않다. 23-25절에 대해서는 마태복음 26:26-29, 마가복음 14:22-24, 누가복음 22:19-20에 대한 주석을 보라. 26절은, 주의 만찬이라는 사실에서 바울의 추론을 제시한다. **그가 오실 때까지 전하는**은, 주의 만찬이 예수님의 속죄의 죽음을 극을 상연하듯 선포하는 것이라 단언한다. 신자들이 주의 만찬에 거듭 참여해야 함에도 불구하고, 예수님은 온전한 하나님 나라에서야 비로소 그들과 함께하실 것이다. 주의 만찬은 깊이 기념하는 것이며('단순한' 기념이 아님을 주목하라!), 하나님의 아들의 극심한 고통을 당하신 몸과 흘리신 피를 되돌아보는 신자들을 강하게 하며 거룩하게 해주시는(구원하시는) 은혜를 전달해준다.

11:27-34. 주의 만찬은 그토록 심오한 예식이다. **그러므로**(27절) 신자들은 세심하게 주의 만찬에 접근해야 한다. **합당하지 않게**와 **주의 몸과 피에 대하여 죄를 짓는**은, 티슬턴(Thiselton, *1 Corinthians*, 890)에 따르면, 이 문맥에서 "주의 만찬이 선포하는 것을 무시한 채, 기념의 식사를 사회적 여흥이나 지위 상승의 기회로 활용하면서도 그와 동등함을 주장함으로써 그리스도에게 죄를 짓는 것이다". **그러니**(28절, 새번역) 합당하지 않게 참여하지 않으려면, 자신이 성찬의 의미를 바로 알고 주의 만찬에 임하는지 스스로를 점검해야 한다. 29절은 자기 성찰에 관한 28절의 바울의 경고를 강화시켜준다. **심판**(새번역)은 영원한 정죄를 가리키지는 않는다. 주의 만찬에 부적절하게 참여했지만 피로 사신 바 된 신자들이 영원한 정죄를 받으리라고 바울이 이해했을 가능성은 거의 없기 때문이다. 바울은 이러한 신자들에게 더 행복한 결과가 있다고 생각한 것 같다(31-32절). **몸**은, 예수님이 죽으실 때 주신 '몸과 피'를 상징하는 주의 만찬의 두 요소에 대한 제유법(전체를 부분으로 나타내는 것)이다. **몸**은 아마 그리스도의 몸인 교회를 가리키지는 않을 것이다. 가장 가까운 27절에서 **몸**의 용례가 주의 만찬을 가리키기 때문이다. 그러나 제대로 된 목표로 주의 만찬에 오면, 그리스도의 몸인 교회의 지체를 돌보는 일에 방해가 되지 않을 것이다. **그러므로**(30절) 다시 말해 몇몇 사람들이 주의 만찬을 오용했기 때문에 그들은 자신들에 대한 **심판**을, 즉 육체적 질병과 죽음(죽음을 완곡하게 표현한 **잠자는**에 대해서는 살전 4:13-15을 보라)을 포함하는 **심판**을 마셨다. 만약 주의 만찬을 위한 모임에 갈 때 자신의 동기를 세심하게 살피고 바르게 참여한다면, 그는 **판단을 받지 아니**할 것이다(31절; 참고. 또한 28절). **그런데**(32절, 새번역) 바르게 참여하지 못하고 **판단을 받는** 경우, 그 판단은 믿지 않는 세상에 대한 판단과는 다르다. 하나님은 이생에서도 믿지 않는 자들의 죄로 인해 그들을 심판하시고(참고. 롬 1:24-32에 대한 주석), 이는 또한 영원한 정죄로 이어진다. 그러나 이생에서 신자들이 하나님의 '심판'을 받을 때(**약하**게 되거나 **병**이 들거나 죽게 되는 이들에 의해 입증됨, 30절) 그분의 행동은 처벌만을 위한 것이 아니라(**정죄함**, 불신자들의 현재 그리고 종말론적 마지막이듯) 교정하고 구원하시기 위함이다(**우리가…징계를 받는 것이니**). 시장함을 채우고 사회적 기쁨이나 지위 향상을 위한 장소가 있기는 했다. 그러나 주의 만찬 때 그렇게 하는 것은 옳지 않았다(33-34절).

C. 세 번째 권고: 영적 은사들을 신중하게 사용하라 (12:1-14:40)

12:1-3. 바울은 그들의 교회 모임 안에서의 문제를 계속해서 다룬다. 1절의 신령한 것(*pneumatikon*, 프뉴마티콘)은 '성령과 관련된 것, 성령에 기인한 것, 성령과 부합하는 것'을 의미한다(BDAG, 837을 보라). 그 단어는 아마 중성일 것이다('신령한 것, 신령한 활동'). 바울은 은사들과 그 각각의 사역들에 대해 논의하기 때문이다. 믿지 않는 이들은 **예수는 저주를 받아라**(새

번역, 3절)라고 말할지도 모르지만, 진정한 기독교의 검증 기준은 **예수를 주시라**라고 하는 진실한 고백이다. 꼭 말로 하지는 않더라도 말이다. 그 고백은 가장 기적적인 영적 은사를 발휘하는 것 못지않은 '프뉴마티콘'이다.

12:4-11. 진정한 그리스도인은 모두 예수님의 주되심을 고백한다(3절). 그러나 그것이 그들 사이에 아무런 구별도 없다는 의미는 아니다(4절). **여러 가지**(5-6절)는 '어떤 암시적인 대조점이나 차이에 기초하여 나뉘고 분류되는 것'을 의미한다(L&N, 1:567). 4절의 **은사**[*charismaton*, 카리스마톤]는 이런 은사들을 맡기시는 하나님의 은혜로우신 역할을 강조한다. 이는 자신의 은사와 관련해 일부 고린도인들이 보인 오만을 줄이려는 것이다. '영적 은사'는 하나님이 교회를 강하게 하여 교회가 세상에서 그분의 뜻을 이룰 수 있도록 신자들에게 주신 특별한 능력(단지 어떤 사역이나 역할이 아니라)이다. **직분**(5절)은, 신자들이 그들의 은사를 사용할 때 다른 사람들을 섬기는 눈에 보이는 행동을 묘사한다. **사역**(6절)은 '그렇게 하는 능력에 초점을 둔 행동의 성취'를 의미한다. 기적적인 은사만이 아니라 모든 은사가 은혜로 주어진 것이며 다른 사람을 섬기기 위해 의도된 것이며 신적 능력에 의해 움직인다. 4-6절에는 모든 은사의 근원이시며 그 은사들의 열매이신 삼위일체에 대한 바울의 믿음이 나타난다(**모든 것을…이루시는 하나님**, 6절). 고린도인들은 자신들의 능력이나 생산성을 자랑할 수 없었다. 7절은 은사들의 단 하나의 목적인 **공동 이익**(새번역, 13:1-7; 14:4, 6, 12, 17, 19, 26)을 확실히 해준다. 은사들은 본래 자신을 세우기 위해 계획된 것이 아니다. 바울은 **각** 신자가 은사를 가지고 있다고 가르쳤다. 여기서 그것은 **성령을 나타내심**['상세하게 밝힘']이라 불린다. 성령께서 자신을 알리시는 방법 가운데 하나가 영적 은사를 사용하는 신자들을 통해서이다. 8절은 7절을 확실하게 해준다. **지혜의 말씀**은, 그리스도를 통한 하나님의 구속 계획에 대해 성령이 계시해주는 통찰일 수 있다(참고. 1:30; 2:6-13). **지식의 말씀**은, 신적 계시를 통해서만 어떤 사실들을 아는, 세상과 영적 진리의 진정한 특성에 관한 사실들을 아는 계시의 은사일 수 있다(**지식**과 방언, 예언과 계시의 관계에 대해서는 13:2, 8-12; 14:6을 보라). 베드로는 이 은사를 통해 아나니아와 삽비라의 속임수를 알았을 것이다(행 5:1-11). 그러나 이 은사들의 특성은 확실하게 알 만큼 충분히 알려져 있지는 않다(확실성의 부족을 보여주는 것으로, *1 Corinthians*, 593에서 **지식의 말씀**에 대한 Fee의 주석을 보라). **믿음**(9절)은 불가능한 것을 이루시는 그분을 굳게 신뢰하는 것이다(참고. 막 9:23; 마 17:20; 행 27:25; 고전 13:2). 복수로 되어 있는 **병 고치는 은사**는 다양한 개인들이 다양한 때에 행할 수 있는 다양한 종류의 병 고침을 가리킬 것이다. **능력 행함**(10절)은 **병 고치는** 것과 겹치는 듯 보이고, 자연의 기적들과 귀신을 쫓아내는 것이 포함된다. **예언함**에 대해서는 14:1-3에 대한 주석을 참고하라. **영들 분별함**은, 어떤 발언이나 기적이 마귀에게서 온 것인지 밝혀내는 능력이다. **각종 방언**에 대해서는 14:1-3을 참고하라. **방언들 통역함**에 대해서는 14:27을 보라. **성령**은 **각** 신자에게 그분의 주권적인 결정에 기초해(신자의 간구가 아니라) 은사들을 주신다(11절). 기적적인 영적 은사들의 영속성에 대해서는 13:8-13에 대한 주석을 보라.

12:12-13. 12절에 대해서는 로마서 12:4-5에 대한 주석을 보라. 13절에서는 신자들이 어떻게 몸의 지체가 되는지 묘사한다. **한 성령으로 세례를 받아**라는 구절은 마태복음 3:11; 마가복음 1:8; 누가복음 3:16; 요한복음 1:33; 사도행전 1:5; 11:16에 나온다. 거기서 예수님은 세례를 주시는 분이고, 성령님은 세례자가 아니라 예수님이 신자를 그 속에 담그시는 '요소'이다. 여기서는 **세례**를 비유적으로 사용한다. 신자가 세례를 받을 때 물속에 들어가듯이, 예수님은 회심의 순간에 영적으로 신자를 성령 안에 두시고, 신자가 그리스도의 **한 몸**에 속하도록 하신다. 12-13절에서 **다**[all]가 세 번 나온 것은(개역개정에는 두 번 나온다—옮긴이 주), 모든 신자가 성령 안에서 예수님에 의해 **세례를 받음**을 나타낸다. 이 절은, 회심 이후의 성령 세례라는 개념을 받아들이기 어렵게 만든다. **마시게 하셨느니라**는, 성령의 내주를 가리킨다. 다른 데서는 성령을 받아들임을 물을 흡입하는 것에 비유한다(요 4:13-14).

12:14-26. 모든 신자가 같은 방식으로 몸에 속하지만(13절), 그렇다고 해서 다양하지 않은 것은 아니다(14절). **발**과 **귀**가 손이나 눈처럼 능숙하지는 않지만,

이동과 듣기는 꼭 필요하다. 한 사람의 손과 머리는 보통 아무것도 덮여 있지 않지만, **덜 귀히 여기는** 지체들(아마도 몸통과 허벅지)은 **아름답지 못한 지체**가 그렇듯이(아마도 은밀한 부분) 옷을 입음으로 '귀히 여김'을 받는다. 토마스(Thomas)는 이렇게 쓴다. "우리의 신체적인 몸이 습관처럼 '은밀한' 부분들에 특별한 노력과 주의를 기울인다면, 영적인 몸에는 얼마나 더 그렇겠는가?" [Robert L. Thomas, *Understanding Spiritual Gifts: A Verse-by-Verse Study of 1 Corinthians 12-14*, 2nd ed. (Grand Rapids, MI: Kregel, 1999), 52]. **하나님**은 다른 사람들이 열등하다고 보는 지체들조차도 귀히 여기신다(24절).

12:27-31. 27절에서는 인간의 몸의 유비를(14-26절) 그리스도의 몸에 적용한다. 모든 은사가 필요하지만(14-26절) 그 은사들이 모두 똑같이 유익하지는 않다(28-31절). **첫째는…둘째는…셋째는**(28절)은, 교회에 끼치는 유익에 따라 첫 세 은사의 등급을 매긴다. **사도**는 예수님과 개인적으로 접촉한 사람들로, 부활하시던 때에 그분을 보았고(고전 9:1-2; 눅 24:48; 행 1:8, 21-23), 그분에게서 직책을 임명받았다. 사도의 수가 정확히 몇인지는 알 수 없다. 그것은 초대교회가 거짓 사도들로 몸살을 앓은 데서 드러난다(고후 11:13). 그것은 "그는 열두 명 중 하나가 아니니 진짜 사도가 아니야"라고 말할 수 있었다면 존재하지 않았을 일이다. 그들은 국지적인 권위와는 대조적으로 교회 전체에 막대한 권위를 행사했다. 이러한 자격 요건에 근거해볼 때, 오늘날 교회에도 그들이 존재할 가능성은 없다. 때로 '사도'를 교회의 보냄을 받은 사자나 선교사들을 가리키는 비전문적인 의미로 사용하곤 한다(빌 2:25; 고후 8:22-23). 그러나 그것은 여기서 바울이 의미하는 바가 아니다. **선지자**에 대해서는 14:1-3에 대한 주석을 보라. **교사** 그룹은 이전에 진리를 드러내보였고(아마도 구약으로부터 혹은 사도와 선지자들로부터 받은), 그 지식을 체계적으로 교회에 전했다. **그다음은**은, 바울이 계속해서 은사의 등급을 매기고 있음을 나타낸다. 그러나 그 등급은 좀 더 일반화되어가며, 개인보다는 기능으로 옮겨간다. **능력을 행하는** 것에 대해서는 10절을 보라. **병 고치는** 것에 대해서는 9절을 보라. **돕는 것**은, 고난을 받는 이들에게 제공되는 다양한 종류의 구제책을 가리킨다. **다스리는 것**은, '이끄는 능력', 다른 이들의 지원을 통해 성경의 목표를 이루는 역량을 의미한다. **각종 방언**에 대해서는 14:1-3에 대한 주석을 보라. 29-30절에서 바울은 일련의 수사학적 질문들을 했다. 각각은 다 부정적인 답변을 기대하는 것이다. 모든 신자가 성령 안에서 예수님이 주시는 세례를 받지만(13절), 모든 사람이 방언을 말하지는 않는다(30절). 따라서 방언은 성령 세례의 표지일 수 없다. **사모하라**(31a절)는 14:1, 12을 고려한 명령이지만 11, 18절과 모순되지 않는다. 하나의 집단인 그들은 중요한 은사들을 가진 신자들을 찾아야 했다(28절). 만약 바울이 사랑과 은사들의 개별적 가치를 밝히려 했다면 사랑이 이길 것이다(31b절). 그러나 바울은 13장에서 두 가지를 연결시킨다.

13:1-3. 1-3절에서 바울은 성령의 은사를 건설적으로 사용하기 위해 사랑이 꼭 필요함을 보여준다. **천사의 말**은 방언이 '하늘의 언어'임을 지지하기 위해 간혹 인용한다. 하지만 천사가 말을 한다는 기록이 나올 때마다 그들은 땅의 외국어를 사용한다. **사랑**은 "한 사람이 다른 사람에 대해 마음에서 자연스레 우러나오는 애정으로, 상대방에게 우호적인 관심을 드러내며 자기희생적이 되게 한다" [Joseph A. Fitzmyer, *First Corinthians: A New Translation with Introduction and Commentary*, AYB, vol. 32 (New Haven: Yale, 2008), 489].

13:4-7. 바울은 이 단락에서 사랑의 특성을 제시했다. 이 특성들에 대한 단어를 연구하려면 보다 전문적인 주석들을 보라.

13:8-12. 여기서 바울은 사랑의 영속성을 영적 은사들과 비교하여 가르쳤다. **예언**과 **방언**에 대한 논의는(8절), 14:1-3에 대한 주석을 보라. **지식**은 '지식의 말'(12:8)이다. **폐하고**는, '끝나다', '그치다', '폐지되다'라는 의미이며, 10절과 11절에도 나온다. **부분적으로**(9절)는 은사의 내용이나 이해의 불완전함을 가리킨다. **온전한 것**(10절)은 신자의 죽음, 혹은 정경의 완성, 혹은 재림 후의 상황일 수 있다. 더 나은 견해는 교회의 '상대적으로 성숙한 상태'이다. **온전한 것**[*to teleion*, 토텔레이온]은 죽음에 대해서도, 재림 이후의 완벽함에도 사용되지 않았고, 고린도인들은 그것을 정경에 대한

언급으로 이해하지도 않았을 것이다. 바울은 종종 그 단어를 어린아이 같은 상태나 미성숙과 대조되는 문맥에서 상대적으로 성숙한 것을 말할 때[고전 2:6 그리고 3:1; 13:10(아마도); 14:20; 특히 영적 은사와 교회의 성숙을 다루는 문맥에 있는 엡 4:13-14을 보라; 참고. 히 5:13-14] 사용하곤 했다[Thomas, *Understanding Spiritual Gifts*, 123-132; F. David Farnell, "When Will the Gift of Prophecy Cease?" *BibSac* 150 (April-June 1993): 191-195]. 교회가 상대적으로 성숙한 경지에 이르렀을 때 **방언**과 **예언**과 **지식**이 그쳤다. 바울은 정확히 언제 이런 일이 일어났는지 말하지 않았지만, 크리소스톰(Chrysostom, 주후 407년에 사망)과 어거스틴(Augustine, 주후 430년 사망)은 기적적인 영적 은사가 그쳤다고 말했다. 그리고 그들 당시에는 공의회가 교회의 몇 가지 중대한 이슈들을 해결했는데, 어쩌면 이것이 교회가 '상대적으로 성숙'해지는 계기가 되었을 수 있다. 다만 이것은 순전히 추측이다. 11절에서 바울은 교회의 성숙과 자신의 성숙을 비교했다. 그의 어린아이 같음은 **부분적**인 것이 존재할 때(즉 교회에 **방언**, **예언**, **지식**이 있었을 때)와 병행한다. **내가…버렸노라**는 8절, 10절에서와 같은 동사이다. 12절은, '어린아이 같은' 것들(세 가지 은사)을 버리는 이유를 설명한다. **희미하나**는 아마 '흐릿하게, 불분명하게'를 의미할 것이며, **부분적으로**(10절을 보라)와 동의어이다. 교회가 성숙함에 따라 바울은 이런 은사들의 내용을 더 명확하게 이해하리라 기대했다. **거울**은 윤이 많이 나는 놋쇠로 만들기는 했으나 기껏해야 불완전한 상을 보여줄 뿐이다. **얼굴과 얼굴을 대하여**는, 일반적으로 거의 '하나님을 얼굴과 얼굴을 맞대고 보는 것'으로 해석된다(창 32:30; 출 33:11; 신 5:4; 24:10; 삿 6:22; 겔 20:35). 그러나 12절에서는 하나님을 언급하지 않고, 바울은 12절에서 12b, c, d절로 비유를 이어간다. 사람이 거울을 볼 때 그는 하나님이 아니라 그 자신을 보고, 바울 당시에 거울에 비친 상은 흐릿했다. 바울은 언젠가 그 상이, 형편없는 거울이 아닌 실제로 자신을 보는 것처럼 분명해질 것이라고 말한다. **주께서 나를 아신 것같이**는, 한 사람이 다른 사람이 그를 아는 것과 똑같이, 즉 불완전한 거울로 흠이 있는 상을 보지 않고 정확하게 볼 수 있는 상태를 가리킨다. 이는 하나님이 신자를 아는 것을 말하지 않는다. '하나님과 얼굴과 얼굴을 맞대고 보는' 것에 대한 출애굽기 33:11 또한 '얼굴과 얼굴을 맞대고' 말하는 친구들에 대해 말하며, 그것이 12c, d절의 의미이다. 어떤 사람들은 이러한 의견이 12절을 사소하게 만든다고 비난하지만, 그것이야말로 논점을 잘못 짚고 하는 말이다. 12절이 하나님과 얼굴과 얼굴을 맞대고 보는, '완벽함'에 대한 것이고, '파루시아' 이후의 상태라 추정하는 것이야말로 그것을 사소하게 만드는 것이다.

13:13. **그런즉**은 13절에 나오는 **믿음**, **소망**, **사랑**의 영속성과 8절에 나오는 **방언**, **예언**, **지식**의 일시적인 속성의 대조를 시작한다. '그런즉 이제'[뉘니 데(*nuni de*), '이제'는 개역개정에서 번역하지 않았다—옮긴이 주]는 보통 바울서신에서 일시적인 의미를 나타낸다(다음 구절들에서 그 어구를 보라. 롬 3:21; 6:22; 7:6, 17; 15:23, 25; 고전 15:20; 고후 8:22; 엡 2:13; 골 1:22; 3:8; 몬 1:9, 11; 그러나 고전 12:18과 15:20은 예외일지도 모른다). '이제'는 현대 교회 시대를 의미한다('이제'의 동일한 용례에 대해서는 참고. 롬 11:30-31). **믿음**, **소망**, **사랑**은 교회 시대 어느 때에 그친 **방언**, **예언**, **지식**과는 대조적으로 전 시대에 걸쳐 **항상 있다**(그것들이 '계속 남아 있다', '머무르다'). 13:10-13을 묘사한 도표 '교회의 성숙 상태'를 보라. **사랑**은 은사의 사용을 주도하는 데 가장 중요하다는 면에서, 또 믿음과 소망과는 다르게 서로에 대한 사랑과 하나님에 대한 사랑이 영원까지 계속된다는 면에서 세 가지 덕목 중 제일이다.

14:1-3. **사랑**(1절; 고전 13:1-3에 대한 주석에서 사랑의 정의를 보라)은 아주 중요하지만 **신령한 은사들**(새번역) 역시 그렇다. 어떤 은사들은 다른 은사들보다 중요하며, 바울은 예언을 당시 교회에 일반적으로 유용한 가장 유익한 은사로 말했다. **신령한 은사를 열심히 구하십시오**(새번역)는, 13:8-13과 기적적인 은사들은 이미 그쳤을 가능성을 고려하여 읽어야 한다. 이어서 방언보다 예언이 우월하다고 설명한다. **하나님께** 말하는 것은, 들리는 것만큼 긍정적이지 않을 수 있다. 하나님이 방언을 말하는 자에게 방언 메시지를 주셨는데, 하나님께 다시 그 메시지를 말하는 것은 무의미할 것이고 교회에 거의 유익이 없을 것이다. 말하는 자조차 자신이 하는 말을 이해하지 못할 것이다. **영**은 '영

교회의 성숙 상태

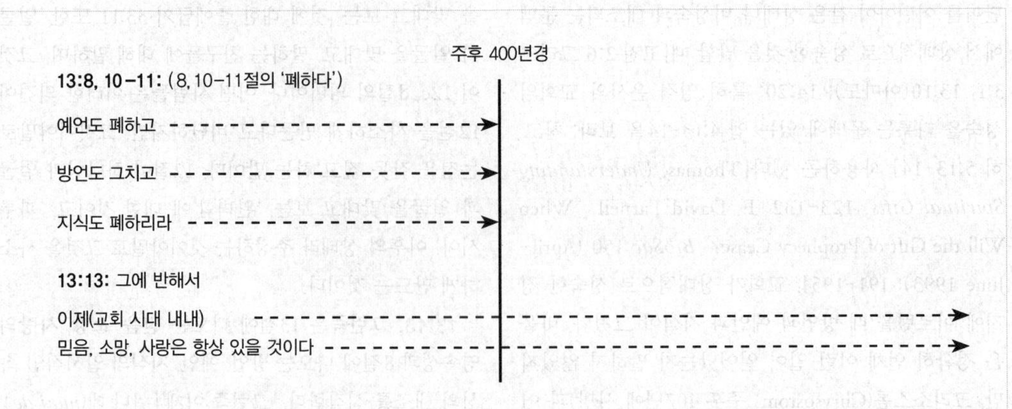

적 은사'의 준말로[12, 14절에서 같은 단어 프네우마(*pneuma*)를 보라], '비밀을 말하는 그의 영적 은사를 통해'라는 의미이다. 그러나 예언은 **덕을 세우며 권면하며 위로한**다. 이것이 영적 은사들의 목적이다(참고. 14:4, 5, 12, 17, 19, 26, 31).

14:4-6. 방언을 말하는 자는 **자기의 덕을 세운**다(4절). 교회의 덕을 세우는 영적 은사의 목적에 비추어볼 때(14:4, 5, 6, 12, 14, 17, 19, 26), 자신의 덕을 세우는 일은 이 은사나 다른 은사를 부적절하게 사용하는 것이다. **나는 너희가 다 방언 말하기를 원하나**(5절)는, 고린도인들에게 타당한 소원이었다(그럼에도 불구하고 참고. 12:30). 그러나 만약 기적적인 은사들이 중단되었다면 이는 오늘날 적용이 불가하다. 해석할 수 없는(혹은 '통역되다'가 더 낫다) **방언**은 별 소용이 없다. 사도만큼의 권위를 가진 사람이 사용했더라도(**내가 너희에게 나아가서**), 모임의 자국어로 전달하는 다른 언어적 은사가 훨씬 유익하다. 해석 가능한 방언의 말은 사실상 예언과 같은 힘을 가졌다.

14:7-12. 바울은 해석 불가능한 방언의 무가치함을 설명하기 위해 세 가지 비유를 들었다. 악기 연주 소리를 듣고도 음색을 구분하지 못하면(7절), 전투를 알리는 나팔이 소리를 제대로 내지 못하면(8절), 또 만약 외국어를 알아듣지 못한다면, 그 세 가지 모두에 제대로 된 반응을 나타내지 못할 것이다. 이것을 방언에 적용해 방언도 곧 **교회의 덕을 세우**지 못할 것이다(12절). 10-11절은 방언의 은사를 염두에 두지 않는다. 여기서 바울은 이 땅의 외국어를 이해하는 어려움에 대해 언급한다.

14:13-19. 모든 영적 은사의 목적은 '교회의 덕을 세우는 것'(12절)이다. 그러므로 바울은 방언을 말하는 자들에게 누군가가 그들의 방언 메시지를 그들의 모국어로 해석하도록 기도하라고 명령했다(13절). 따라서 이 절을 이렇게 읽을 수 있다. "방언으로 말하는 사람은 누군가 자신의 기도를 해석하게 하라"(14:26-28을 보라). 이어서 14절은 방언 해석이 왜 중요한지를 설명했다. **나의 영**[즉, '방언을 말하는 나의 영적 은사']에 대해서는 14:2의 **영**에 대한 주석을 보라. **나의 마음은 열매를 맺지 못하리라**는 개인적으로 덕을 세우는 측면이 아니라(이에 대해서는 14:2, 4을 보라), 다른 사람들 안에서 열매를 맺지 못하는 측면을 말한다. **내가…기도하고…찬송하고…축복할**(15-16절)은 다른 은사들을 암시하는 것이 아니다. 여전히 그는 방언으로 말한다. 다만 **마음**이라는 다른 방식을 활용한다. **마음**은, 지적 능력으로 이루어낸, 모국어로 전달되는, 구두로 말하는 행위이다(또한 19절의 **마음**을 보라). 바울은 두 가지 대안, 즉 방언으로 기도하거나 찬송하는 것 혹은 마음으로 기도하거나 찬송하는 것을 제시하고 있지 않다. 오히려 그는 계속해서 하던 말을 한다. 그의 방언과 기도, 찬송은 마음으로 하는 것이다. 16절에 나오는 그의 논지가 이를 뒷받침한다. 즉 통역이 없으면 기도나 찬송을 확인할 수 없다는 것이다. **알지 못하는 처지에 있는 자**(16절)는 '어떤 지식이나 활동 영역에서 전문 지

예언과 방언

14장은 고린도인들이 예언과 비교해 소중히 여겼던 방언의 열등함을 다룬다. 예언의 은사에는 대변자가 직접적인 신적 영감을 받는 것까지 뒤따른다. 그 은사는 권면과 위로를 주었고(고전 14:3), 가르침의 은사와 공통되는 요소가 있었다. 그 은사는 미래에 대한 예언의 기능도 포함했다. 또 구약의 예언자와 신약의 사도들보다는 덜했지만 나름의 권위도 암시되어 있었다. 예언자들은 다른 예언의 타당성을 분별할 수 있었고, 다른 사람의 생각과 동기를 알아차리는 능력이 있었다. 예언자들은 대부분 특정 지역에 거주했지만, 어떤 예언자들은 돌아다니기도 했다. 신약성경의 예언 대부분이 구두였지만 어떤 예언은 기록되었다. 예언의 은사는 일시적이었고, 오늘날 교회에 널리 퍼진 의미의 형태(13:8-13에 대한 주석을 보라)로 더 이상 존재하지 않을 것이다[Robert L. Thomas, "Literary Genre and Hermeneutics of the Apocalypse", *The Master's Seminary Journal* 2 (Spring 1991): 82-85에서 수정]. 점점 많은 수의 학자들이 예언을 재정의한다. 첫째, 구약의 예언자들보다 낮은 수준의 권위를 가진 것으로, 둘째, 틀리기 쉬우며 잘못된 메시지로 그리고 셋째, 오늘날 교회에 계속해서 존재하는 것으로 본다[D. A. Carson, *Showing the Spirit: A Theological Exposition of 1 Corinthians 12-14* (Grand Rapids, MI: Baker, 1987), 특히 91-100; Wayne Grudem, *The Gift of Prophecy in the New Testament and Today*, 2nd ed. (Wheaton: Crossway, 2000)를 보라].

첫 번째 논지에 대해서 보자면, 고린도전서 14:29에서 다른 예언자들이 예언 메시지를 평가하는 것이, 그들이 구약의 예언자들이나 그들의 메시지에 비해 낮은 수준의 영감 혹은 권위를 가졌음을 나타낸다고 여겨진다. 그러나 구약 예언들도 평가를 받았다(신 3:1-11; 18:22). 따라서 신약 예언자들과 그 메시지를 평가했다고 해서 그들의 권위가 낮은 수준이라는 의미가 아니다. 두 번째 주장과 관련해서는 사도행전 21:11에 나오는 아가보의 예언, 즉 유대인들이 바울을 결박하리라는 예언에 실수가 있었다고 주장한다. 바울을 결박한 이들은 로마인들이었기 때문이다(행 21:31-33). 그러나 처음 바울을 붙잡은 이들은 유대인'이었고'(행 21:30; 행 21:36에서 유대인들이 그를 붙잡는 것을 로마인들에게 넘김을 암시하는, "그를 없이하자!"라는 외침에 주목하라), 바울이 사도행전 26:21에서 그 사건을 다시 말할 때 그는 그를 체포한 이들은 유대인이었다고 말했다. 예언의 지속성에 관한 세 번째 논지에 대해서는, 고린도전서 13:8-13에 대한 주석을 보라. 이러한 논지들에 대해 중요한 세부 내용을 다루는 일은 이 주석의 범위를 넘어서는 것이다. 다음의 중요한 시리즈 기사를 보라. F. David Farnell: "Prophecy Rediscovered? A Review of The Gift of Prophecy in the New Testament and Today", *BibSac* 149 (January-March, 1992): 83-96; "The Current Debate about New Testament Prophecy." *BibSac* 149 (July-September, 1992): 277-303; "The Gift of Prophecy in the Old and New Testaments." *BibSac* 149 (October-December, 1992): 387-410; "Does the New Testament Teach Two Prophetic Gifts?" *BibSac* 150 (January-arch, 1993): 62-88; "When Will the Gift of Prophecy Cease?" *BibSac* 150 (April-June 1993): 171-202.

방언을 말하는 것은, 배운 적 없는 이 땅의 외국어를 말하는 초자연적인 능력이었다(행 2:7-12). '천상의 기도 언어'(13:1에 대한 주석을 보라)나 '황홀경의 말'이 아니었다. 방언에는 몇 가지 기능이 있었지만, 방언을 말할 때마다 그 모든 기능이 적용되는 것은 아니다. 첫째, 훗날 헬라어나 아람어로 복음을 제시하는 이들에게 일종의 '전-전도적' 도구로(행 2:13) 주의를 끄는 수단이었다. 둘째, 그리스도인 복음 전도자들, 특히 사도들의 메시지를 입증하는 역할을 했다(행 2:32-36; 롬 15:17-19; 고후 12:12; 히 2:3-4). 셋째, 사도들에게 새로운 민족 그룹이 성령을 받았다는 증거가 되었다(아마도 행 8:15-17; 10:44-46. 그리고 행 11:15의 고넬료의 '이방인 오순절'과 행 2장의 오순절의 분명한 상관관계를 보라; 행 19:1-7). 넷째, 불신자들은 방언을 표적으로 여겼다(고전 14:20-22에 대한 주석을 보라). 다섯째, 그것은 개인적인 덕을 세웠다(14:4). 이 점은 많은 이들이 생각하는 방언의 긍정적인 결과이다. 하지만 14장의 문맥에서 방언은 한편으로는 영적 은사를 이기적으로 잘못 사용할 때 쓰이기도 한다. 여섯째, 방언은 통역할 때(혹은 '해석할 때') 교회 전체의 덕을 세운다(고전 14:5, 26). 일곱째, 그것은 성령 세례의 표지는 아니었다(12:13, 30에 대한 주석을 보라). 여덟째, 해석 가능한 방언은 사실상 예언과 같이 받아들였다. 아홉째, 아마도 방언으로 말하는 것이 더 이상 교회에서 보편적인 현상은 아닐 것이다.

식이나 체계적인 정보를 습득하지 못한 사람, 비전문가, 일반인, 아마추어'(L&N, 1:329)를 의미하며, 많은 은사를 알지 못하는 신자, 혹은 불신자를 가리킬 수도 있다. 23-24절에 비추어볼 때 **알지 못하는 처지에 있는 자**는 방언으로 말하는 자가 사용한 언어를 알아듣지 못한 이를 가리키는 듯하다. 바울은 그가 거듭 강조했던 논지, 즉 방언을 비롯한 모든 은사를 통해 다른 사람의 덕을 세워주어야 한다는 논지로 되돌아왔다(17절). 방언으로 말하는 목적은 하나님과의 소통에 도움을 주어 기도 생활을 강하게 하는 것이라 주장하는 사람들이 있다. 그것이 그 은사의 유익 가운데 하나일 수도 있으나, 바울은 방언의 기본적인 용도는 통역을 통해 다른 이들을 축복하는 데 있다고 말했다. 바울은 그의 기도 시간에 **너희 모든 사람보다 방언을 더 말했다**. 그러나 **방언**은 또한 익숙하지 않은 언어로 대화를 나누고 복음을 전할 수 있게 해주며 그의 선교 활동에 없어서는 안 되는 것이었을 수 있다(물론 바울이 사도행전에 이렇게 했다는 암시는 없지만 행 2장은 그 가능성을 열어둔다). **나는…다른 사람을 가르치기 위하여**(새번역)는, 다른 사람을 돕되 자기중심적인 방식으로 영적 은사를 사용해서는 안 됨을 보여준다.

14:20-25. 바울은 해석 불가능한 방언은 무익하다는 것을 더 설명하기 위해 이사야 28:11-12을 인용했다. 이번에는 믿지 않는 이들과 관련이 있다. 이사야 28:1-13에서 이스라엘은 자신들의 교만과 능력에 취해 있으며, 이사야의 싫증 나는 심판의 메시지에 대해 그를 질책한다. 그들이 이사야의 말을 듣지 않으려 했기에 하나님은 그들이, 그들을 물리칠 외국인들이 하는 외국어를 들을 것이라고 말씀하셨다. 슬프게도 주전 721년 앗수르인들이 이스라엘을 멸했을 때에도 침략자들의 '더듬는 입술'이 이스라엘 백성을 회개하게 하지 못했다. 앗수르어의 기호는 그야말로 기호였을 뿐 심판의 표지는 아니었다. 치암파(Ciampa)와 로즈너(Rosner)는("1 Corinthians", 742) 바울이 어떻게 이사야서를 고린도인들에게 적용했는지 보여준다. "이사야 28:11-12의 경험이 청중의 회심으로 이어지지 않고 오히려 하나님과 그분의 백성이 멀어졌다고 표현했듯이, 바울은 교회에서 방언 사용이 불신자들의 회심으로 이어지지 않고 오히려 그들이 더 멀어지게 되었음을 보여준다." 22절은 앗수르의 방언이 악한 이들에게 임박할 심판의 표지였던 이사야 당시의 **방언**과 **예언**에 대한 말이다. 그러나 그들은 회개하지 않았다. 이사야의 예언은 경건한 남은 자들을 위한 것이었다(Carson, *Showing the Spirit*, 115). 고린도인들의 경우에도 상황은 그다지 다르지 않았다. 고린도 교회에서 방언을 말하는 것을 보았던 불신자들도 회심하지 않을 것이다(**믿지 아니하는 자들이 들어와서 너희를 미쳤다 하지 아니하겠느냐**, 23절). 그러나 예언자들과 믿지 않는 이들이 함께 쓰는 언어로 **다 예언을 하면** 전망은 훨씬 낙관적이다(25절).

14:26-28. 바울은 고린도 교회의 방언 사용 규칙을 정했다. 26절은 다양하게 참여하여 자유롭게 진행되는 교회 모임에 대한 증거이다. 나누는 모든 이들의 목적은 다른 이들의 **덕을 세우기** 위함이었다. **두 사람이나 많아야 세 사람**만이(27절) 차례차례 방언으로 말하도록 허용했고, 누군가의 **통역**['한 언어에서 다른 언어

로 통역하는 것', 고전 12-14장의 방언이 이 땅의 외국어라는 생각을 지지하며]이 꼭 필요했다. 그렇지 않으면 방언을 하는 사람이 말할 수 없었다. **자기와 하나님께** [방언으로] **말할 것이요**(28절)는, 방언을 말하는 자가 방언 메시지 내용에 대해 그가 영으로 찬송하고, 기도하고, 축복하고, 감사하고 있는지 알 만큼(14-16절) 충분히 알았음을 전제한다. 또한 그가 이해한 만큼 그는 그것에 대해 묵상해야 했다.

14:29-33a. 바울은 방언으로 말하는 일에 규칙을 정할 뿐 아니라 예언을 어떻게 전달해야 하는지에 대해서도 규칙을 정했다. 그 규칙에는 몇 가지 실천 사항이 있었다. 첫째, 말하는 예언자의 수를 제한한다(**둘이나 셋**, 29절). 둘째, 다른 예언자들이 그 내용에 담긴 메시지를 평가했다(29, 30절, 예언자들을 평가하는 것에 대해서는 참고. 신 13:1-11; 18:22; 롬 12:6). 셋째, 한 예언자가 계시를 전하는데 다른 예언자가 그 순간 하나님으로부터 메시지를 받았으면, 말하는 예언자는 최신 계시를 받은 이에게 양보했다(30절). 하나님이 그에게 더 새롭고 더 적절한 정보를 주셨다 믿었기 때문이다. 넷째, 방언처럼 예언도 질서 정연하게 해야 했다. 질서 정연함이 하나님을 닮은 것이고, 그분에게 영광이 되기 때문이며(33a절), 그럼으로써 **모든 사람으로 배우게 하고 모든 사람으로 권면을 받게 하기** 때문이다.

14:33b-40. 이 절들에서 바울은 예언을 다른 예언자들이 어떻게 평가해야 하는지 규칙을 정했다. **모든 성도가 교회에서 함과 같이**는, 바울이 모든 교회에 기대하는 바를 다룬(**교회에서**가 33b절과 34절에 나온다) 34-40절에 꼭 맞는 서론 역할을 한다. 그러나 하나님이 질서 정연한 하나님이시라는 말(그분은 교회 안팎 상관없이 질서 정연하시다)과 구문론적으로 아주 잘 연결되지는 않는다. **잠잠하라**(3절)는 불공평하게 제한하는 듯 들리지만, 바울은 통역자가 없을 때에는 방언 말하는 자들에게 잠잠하라고 명령했고(28절), 다른 예언자들이 새로운 메시지를 전할 때는 앞서 말하는 예언자들에게 잠잠하라고 명령했다(30절). '잠잠하라'(*sigao*, 시가오)는 동사를 세 절(28, 30, 34절)에서 다 사용했다. 이는 생각처럼 여자들에게 불공평한 내용이 아니다. **여자**[*gune*, 구네]는 특별히 아내를 가리키지만(35절, "집에서 자기 남편에게 물을지니"), 바울이 교회 모임에 대해 논의하고 있으므로, 미혼 여성들 역시 포함한다('구네'가 11:2-16에서 교회 내의 모든 여성에게 사용된 것을 보라). **그들에게는 말하는 것을 허락함이 없나니**는 문맥 안에서 이해해야 한다. 문맥적으로 가장 좋은 견해는, 여자는 예언의 말을 평가하는 일에 관여해서는 안 되었다는 것이다. 바울은 예언의 은사를 가진 여자가 교회 모임에서 그 은사를 사용할 수 있고(11:5), 예언의 말을 평가하는 역할을 할 것이라(29, 32절) 생각할 수 있음을 분명히 했다. 그러나 실상 그들은 그렇게 할 수 없었고 **오직 복종**해야 했다. 이 말은 여자를 비하하는 것처럼 들리지만, 바울은 앞에서 예언자들이 다른 예언자들에게 통제를 받는다(32절)고도 말했으므로, 여자만이 복종해야 하는 것은 아니다. 바울이 언급하는 **율법**은 아마 창세기 2:15-25일 것이다('율법서' 모세오경에서 가져온). 바울은 교회 내 여성의 역할에 대해 논의할 때 이 구절을 두 번 언급했다(참고. 고전 11:8-9; 딤전 2:13; 이 절들에 대한 주석을 보라). **만일** 예언의 본질에 대해 **무엇을 배우려거든**(35절; 참고. 31절의 '배우다'과 같은 단어) **집에서 자기 남편에게 물어**야 했다. **교회에서** 말하는 것을 제한한 것에 대해서는 34절에 대한 주석을 보라. 34-35절은 여러 고대 사본에서 여기에 있거나 40절 다음에 나온다. 그래서 어떤 이들은 바울이 이 절들을 쓰지 않았다고 주장한다(Fee, *First Corinthians*, 699-711; Barrett, *First Epistle to the Corinthians*, 333). 그러나 34-35절이 전혀 없는 사본은 없고, 40절 다음에 나오는 몇몇 (열등한) 사본을 다른 방법으로 설명한다[본문 비평 문제에 대한 유용한 요약으로는 D. A. Carson, "'Silent in the Churches': On the Role of Women in 1 Corinthians 13:33b-36", in *Recovering Biblical Manhood and Womanhood*, ed. John Piper and Wayne Grudem (Wheaton, IL: Crossway, 1991), 141-144을 보라]. 모든 교회가 해야 할 일을 고린도인들도 해야 했다(36절). 그들이 세운 기준이 하나님 말씀의 근원은 아니었다. 또 하고 싶은 것은 무엇이든 할 수 있는 독특한 교회도 아니었다("말씀이 **너희에게만 임한 것이냐?**"). 그들 역시 다른 모든 교회처럼 동일한 제한을 받았다. **방언 말하기를 금하지 말라**(39절)는 말을, 오늘날 방언을 말하는 관행을 지지하기 위해 인용할 수 없다.

이는 바울 당시에만 적절한 말이다. 방언, 예언, 지식이 중단되었다면(13:8-13에 대한 주석을 보라) 39절은 현대 교회에 적용할 수 없다.

Ⅶ. 여섯 번째 문제: 죽은 자의 부활을 부인함 (15:1-58)

A. 첫 번째 권고: 부활에 대한 증거를 숙고하라 (15:1-11)

15:1-11. 바울은 그들이 보낸 편지를 통해서인지(7:1), 방문자들의 보고를 통해서인지(16:17), 부활에 관련한 그들의 질문을 어떻게 알았는지는 설명하지 않았다. 바울과 고린도인들은 예수님의 부활에 대해 같은 생각을 가지고 있었다(1-11절). **내가 너희에게 전한 복음**(1절)의 내용은, 3-5절에서 **이는**으로 시작하여 이어지는 네 개의 절에 나온다(아래를 보라). 고린도인들은 바울의 복음을 믿었고 구원을 받았다(1-2절의 **너희가 받은, 선 것, 구원을 받은**). 그러나 최종적인 구원을 위해서는 구원하는 믿음으로 끝까지 견디어야(**굳게 지키고**) 한다(마 10:21-22; 골 1:23; 히 3:6, 14에 대한 주석을 보라). 그러나 만약 예수님이 죽은 자 가운데서 살아나지 않으셨다면, 그들이 **헛되이** 믿은('좋은 결과를 얻지 못한', '아무 소용 없는') 것이다. 다시 말해 그들은 불행한 결말을 맞이할 운명이며, 그들 믿음의 기초가 없어져버린다(참고. 14절). **내가 받은 것**(3절)은, 바울이 목격자들로부터 받은 그리스도의 죽음과 부활에 대한 역사적인 세부 지식들을 가리킨다. 그러나 갈라디아서 1:11-12은, 다메섹 도상에서 예수님이 바울에게 그러한 사실들을 직접 계시해주셨음을 암시한다. 바울은 기본적으로 복음과 관련된 두 가지 특징을 제시했다. 첫 번째 특징은, **그리스도께서 우리 죄를 위하여 죽으셨다**는 것이다. 그런 다음 바울은 이 첫 번째 특징을 두 가지 방향의 증거로 뒷받침한다. 그는 메시아의 죽음을 뒷받침하는 성경의 증거(**성경대로**, 아마도 사 53:6)와 역사적인 증거(**장사 지낸 바 되셨다가**, 4a절)를 인용한다. 복음의 두 번째 특징은 그리스도께서 죽은 자 가운데서 **다시 살아나**셨다는 것이다(4b절). **다시 살아나사**의 동사는 완료시제로, 바울은 고린도인들이 당면한 필요, 즉 부활을 믿어야 할 필요와 관련하여, 복음의 가장 중요한 특징으로 여겼던 것에 주의를 끌기 위해 더 강조되거나 두드러지는 시제를 사용했다. 그런 다음 바울은 이 두 번째 특징을 두 가지 방향의 증거로 뒷받침한다. 다시 한 번 그는 메시아의 부활의 증거로, 성경의 증거(**성경대로**, 4c절, 아마도 시 16:10; 사 53:10-11)와 역사적 증거(수많은 제자들에게 **보이시고**, 5-8절)를 가리킨다. 바울이 예수님이 **성경대로 사흘 만에 다시 살아나셨**다고 썼을 때 어떤 성경 구절을 염두에 두고 있었는지 말하는 것은 불가능하다. 아마도 그는 요나 1:17(마 12:40에서 사용된)이나 호세아 6:2을 생각하고 있었을 것 같다. 누가복음 24:24, 34에 따르면 예수님은 **게바에게 보이시고**, 누가복음 24:33; 요한복음 20:19-23; 마태복음 28:16-20에서 후에 **열두 제자에게**(5절) 나타나셨고, 누가복음 24:44-49에서 **오백여 형제에게**(6절) 나타나셨다. **야고보**(7절)는 주님의 형제였던 것 같지만 고린도전서 15장에만 이 사람이 나온다. **모든 사도**는 부활하신 예수님이 처음 나타나셨을 때 보지 못한(요 20:26-29) 도마도 포함하는 듯싶다. 8절은 바울이 구원받고 사도직에 임명된 비정상적인 과정을 설명해준다. **만삭되지 못하여 난**은 일반적으로 "정상적인 임신 기간을 어긴 출생"(낙태로 인한 것이든, 자연적인 조산이나 유산이든)을 가리키며(BDAG, 311), 아마도 예수님이 갑자기 강압적으로 바울을 부르신 것을 묘사한 듯하다. 제자들은 3년 동안 예수님 밑에서 점진적으로 훈련을 받았지만, 바울은 그렇지 않았다. 바울은 스스로를 제자 그룹에 속하기에 충분하다고 보았지만, 나머지 제자들과는 다르고 자신이 신자를 박해한 것 때문에 자신을 사도 중에 **가장 작은 자**로 보았다(9절). 10절은 구원하는 **은혜**와 '섬기는' **은혜**를 연결시킨다. **은혜**는 은혜를 베푸는 사람(이 경우에는 하나님)이 다른 사람에게 호의를 베풀 수 있도록 해주는 자애의 성품을 나타낸다. 구원은 착한 일을 해서 얻는 것이 아니다. 구원이 선행을 낳는다. 대표적인 예로 사도 바울을 들 수 있다. 10절에서 **은혜**라는 단어를 세 가지 다른 방식으로 사용했다. 첫째, 하나님의 **은혜**[자비]는 바울을 그의 모습, 즉 예수님을 대신하는 위대한 사도로 만드셨다. 둘째, 바울 안에서 하나님의 구원하시는 **은혜가 헛되지**['결과가 없다는 의미에서 공허한 것'; 참고. 14절에 나오는 같은 단어] 않음을 증명했다. 셋째, 오히려 능력을 주시는 **은혜**는 주님을 섬기도록 바울에게 권능

을 주셨다. 11절은 이 장 전체에서 중요하다. 고린도인들이 예수님의 부활과 복음의 기본적인 사실을 믿었음을 보여주기 때문이다.

B. 두 번째 권고: 죽음에서의 부활이 없을 때의 결과를 숙고하라(15:12-19)

그리스-로마 세계는 몸의 부활이라는 개념을 몰랐다. 라이트는 이렇게 썼다[N.T. Wright, *The Resurrection of the Son of God* (Minneapolis: Fortress, 2003), 82. 《하나님의 아들의 부활》(크리스천다이제스트)].

> 고대 이교도 세계에서는 죽은 이들은 어떻게 생각했을까? 한때 인간의 몸을 입었지만 이제는 영혼, 그림자, 혹은 유령(*eidola*, 에이돌라)인 존재들로 죽은 이들을 생각했다. 그들은 어디에 있었는가? 하데스에 있었을 가능성이 높다. 또는 '행운의 섬'(Isles of Blessed), 혹은 타르타로스에 있었을 것이다. 그저 상상컨대, 전혀 다른 몸으로 환생했을 수도 있다. 그들은 간혹 살아 있는 사람에게 나타났을지도 모른다. 또는 아직도 그들의 무덤 부근 어딘가에 살고 있을지도 모른다. 그러나 그들은 기본적으로 다른 세계에 있었다.…[많은 이들이 보기에] 영혼은 그 몸에서 순조로이 벗어났다[육체적으로 많은 고통을 겪었지만 제대로 된 의료적 도움을 받지 못했기 때문에]… 어떤 종류의 생명은 죽음 이후에 지속되었을지도 모른다. 그러나 적어도 이론상으로는 현존하는 생명이 그럴 수 있는 만큼 풍요롭고 만족스러웠을 것 같지 않았다.

헬라인들에게 죽음은 해결책이 없는 문제였다. 고린도인들의 문화적, 종교적 환경에서는 부활이 전혀 새로운 개념이었다. 그들이 부활을 이해하느라 힘들어한 것은 당연했다. 그들은 영혼의 불멸성을 믿었지만 몸은 그렇지 않다고 믿은 반면, 기독교의 소망은 사람을 이루고 있는 무형적인 요소(혼, 영, 마음)와 물질적인 요소(몸) 둘 다 불멸하리라는 것이었다. 부활한 몸의 특성에 대해서는 35-50절에 대한 주석을 참고하라.

15:12-19. 12-32절에서 바울은 1-11절의 예수님의 부활에서 얻는 논리적인 결론을 제시했다. 만약 예수님이 죽은 자들 가운데서 살아나셨다면, 그분 안에 있는 모든 사람도 그럴 것이다. 그러나 고린도인들이 그리스도인의 육체적 부활에 전반적으로 의문을 제기하며, 그들의 부활 교리가 '유연해진' 지점은 정확히 여기였던 것 같다. 그래서 바울은 12-19절에서 그리스도 안에 있는 이들도 다 부활한다는 사실을 부인하면 어떤 일이 일어나는지를 제시했다. **죽은 자 가운데서 부활이 없다**(12절)는 말은, 고린도인들이 믿었던 그리스도의 부활이 아니라 신자들의 부활을 가리킨다. 예수님이 죽은 자 가운데서 살아나셨다면, 다른 이들 역시 살아나는 것이 가능하다. 바울은 그들이 잘못 생각하고 있음을 보여주기 위해 잠시 '흉내 내기 놀이'를 한다. 그리스도 안에 있는 사람 누구도 살아나지 못한다면, 아마 부활 같은 것은 없을 것이고 예수님 역시 죽은 자 가운데서 다시 살아나지 못했을 것이다(13절). 그러나 11절이 가리키듯이 고린도인들은 그러한 생각을 거부했을 것이다. 부활이 없다면 **우리가 전파하는 것도 헛것이요**['공허한', '성과가 없는'; 참고. 10절], 즉 아무런 열매도 없을 것이다. **또 믿음도 헛것이다**. 아무것도 얻지 못한다는 의미이다(구원과 같은 것; 17절). 그리스도의 부활이 없다면, 다른 모든 종교가 그렇듯 기독교도 타당하지 않고, 바울의 메시지는 거짓이다(15절). 16절은 앞에 나오는 것과 이어지는 내용의 열쇠이다. 바울은 부활과 관련해 그리스도와 그분의 백성 사이에 서로 뗄 수 없는 상관관계가 있음을 지적했다. 신자들이 부활하지 않는다면, 그들의 부활하지 않음은 예수님 역시 부활하지 않으셨다는 증거가 될 것이다. 그러나 그분이 부활하셨다면 그들 역시 그럴 것이다. 17절은 고린도인들이 옳다면 어떤 일이 일어날지 보여준다. 그들은 구원받지 못할 것이고, 죽은 신자들은 **망하였고**(영원히 '헤아릴 수 없는 파멸을 겪는 것', 18절), 모든 그리스도인이 영원하지 않은 것을 위해 금욕의 삶을 선택한 것이 가엾다(19절). 라이트는 이렇게 썼다. "성경 전체에서 죄와 죽음이 밀접하게 연결되어 있으므로 그 논리는 단순하다. 하나님이 예수님의 부활로 죽음을 이기셨다면, 죄의 권세는 깨졌다. 그러나 그분이 그리하지 못하셨다면 죄의 권세도 깨지지 않았다"(*The Resurrection*, 332).

C. 세 번째 권고: 하나님의 계획에서 부활의 중심성을 숙고하라(15:20-28)

고전

15:20-28. 12-19절에서 그리스도인 모두가 부활한다는 사실을 부인하는 사람들에게 부활에 대한 논의를 논리적으로 전개해간다. 반면 20-28절에서는 예수님의 부활 진리를 논리적으로 전개한다. 이 부활은 인류를 위한 하나님의 계획에서 항상 가장 중요한 특징이다. **첫 열매**라는 이미지(20절)는 이어질 풍성한 수확을 기대하며 주님께 첫 수확물을 바치는 것을 가리킨다(출 22:28; 23:19; 34:26; 레 23:10-11; 민 15:18-21). 이는 유월절 다음 날부터 49일을 센 첫날인 초실절에서 나온 이미지이다. 수확물의 첫 열매는, 다가올 나머지 수확물을 기대하며 하나님을 위해 따로 떼어놓았다. 예수님의 부활은 그분을 따르는 이들의 부활을 기대하는 첫 열매이다. **첫 열매**는 또한 때로 따라올 것에 대한 담보 혹은 보증의 뉘앙스를 갖곤 한다. 그분의 부활은 **잠자는**[죽은] 신자들의 부활을 예시하며 보증한다. 21-22절은 **첫 열매** 이미지로 바울이 의미한 바를 설명해준다. 아담과의 연합이 인류에게 죽음을 가져온 것과 같이, **그리스도 안에서** 모든 사람이 부활에 참여할 것이다.

모든 사람이 삶을 얻으리라가 보편적인 구원을 가르쳐주는 것은 아니다. 부활하여 영생의 복을 받는 일은, 그리스도 안에서 **모든 사람**에게만(22절) 그리고 **그리스도에게 속한 자**(23절)에게 주어진다. 모든 참된 신자가 부활하지만(22절), 그들이 모두 동시에 부활하지는 않을 것이다(23절). **차례**[order]는 때로 군사 용어로써, 특정 중대나 사단, 군인들이 질서 정연하게 정렬한 모습을 나타낼 때 사용하곤 했다. 부활한 이들의 차례는 **첫 열매인 그리스도** 다음에 계속해서[**다음에**는 에페이타(*epeita*); 참고. 15:6-7] 엄청난 시간(적어도 2,000년) 이후에 **그가 강림하실 때에 그리스도에게 속한 자**에게로 이어진다. 어떤 사람들은 바울이 말한 **강림**[*parousia*, 파루시아]은, 환난의 시기 이후에 오는 재림 때 일어날 환난 이후의 휴거에 대한 묘사라고 주장한다. 그러나 '파루시아'는 '임재'(참고. 16:17, 고린도전서에서 유일하게 다른 용례)를 의미할 수 있고, 데살로니가전서에서도 같은 예로 사용했다. 토머스(Thomas)는 이렇게 썼다. "'파루시아'라는 단어는 여러 가지 의미를 나타낸다. 그러므로 [적어도 데살로니가전서에서] 그 단어는 방문은 물론 장기간의 체류를 포함하는 개념이다. 이는 '임재'라는 '파루시아'의 다소 드문 의미로 볼 때 충분히 가능하다(참고. 고전 16:17; 고후 10:10; 빌 2:12). 이렇게 장기간 체류하는 동안 내린 성도들에 대한 평가가 있을 것이다[참고. (살전) 2:19; 5:23]. 그것이 여기[살전 3:13]에서 염두에 둔 측면이다.…이 심판을 그리스도의 공중 재림과 완벽하게 별개로 생각할 수 없다(4:15-17). 왜냐하면 이 강림이 그것의 시작을 알리는 표지이기 때문이다. 그러나 그것은 도착 자체와는 어느 정도 분리된 하늘에서의 시기로 생각해야 한다"[Robert L. Thomas, "1 Thessalonians", in EBC , ed. Frank E. Gaebelein (Grand Rapids, MI: Zondervan, 1978), 269]. 고린도전서 15:23에서 '파루시아'의 용례는, 환난의 시기 끝 재림 이전에 하늘에서 교회와 함께하는 주님의 '임재'를 가리키며, 환난 전 휴거설을 지지한다.

24절의 **그 후에는**[에이타(*eita*), 15:5, 7; 딤전 2:13을 보라] 역시 시간의 경과 이후 계속해서 이어지는 사건들을 나타낸다. 소시(Saucy, *Progressive Dispensationalism*, 281)는 이렇게 썼다. "연속되는 사건들의 출발점에서 볼 때, 그분의 강림이 그분의 부활과 별개인 것처럼 **마지막**은 그리스도의 강림과는 별개이다. 바울이 만약 그리스도의 강림 때 그 '마지막'이 일어났다고 말할 작정이었다면, 그는 두 번째 '그 후'의 자리에 다른 부사['그때'를 뜻하는 토트(*tote*)]를 사용했을 것이다"(유사하게 Godet, *First Corinthians*, 785). 바울은 신자의 부활과 이 절의 **마지막** 사이에 천년왕국이 있다고 확언하지는 않지만, 그의 말은 그것을 감안하고 있다. 이어지는 절들을 보면 전천년설의 틀 안에서 쉽게 이해할 수 있다. **마지막**은 환난의 시기에 있는 성도들의 부활이나(참고. 계 20:4c, d), 마지막 심판을 위한 불신자들의 부활을(계 20:12; 요 5:28-29; 행 24:15) 가리킬 수도 있다. 그러나 **마지막**[*telos*, 텔로스]은 일반적으로 생각할 수 있는 '나머지'(부활한 이들의)를 의미하는 것은 아니다[참고. Murray J. Harris, *Raised Immortal: Resurrection and Immortality in the New Testament* (Basingstoke: Marshall Morgan & Stock, 1983), 175]. 아마 천년왕국의 마무리를 가리키는 듯싶다.

바울은 25절과 27절에서 예수님이(25절에서 3인칭 대명사는 모두 예수님을 가리킨다) 그분의 백성들과

(인류에 대한 언급, 시 8:4의 '사람'을 주목하라) 그 나라의 모든 땅을 함께 통치하고 다스리심으로써 인류를 향한 하나님의 뜻을 어떻게 이루시는지 보여주기 위해 시편 8:4-6을 인용했다. 또한 시편 110:1도 암시했다. 이 구절이 다른 단락에서는 그분의 현재 자리인 하늘에 계신 그리스도를 가리키는 듯 보이기도 한다(예를 들어, 행 2:30-36). 그러나 여기에서는 미래의 천년왕국에서 그분이 하실 일을 가리킨다. 이를 지지하며 **왕 노릇하다**(25절)라는 단어는, 누가복음 1:33, 19:14; 데살로니가후서 2:12; 요한계시록 11:15, 17에 나오는 미래에 예수님이 어떤 일을 하실지 묘사해준다. 원수를 발아래 두시는 일 또한 그분이 하늘에 계신 현재가 아니라, 맨 나중에 **원수인 사망이 멸망 받을**(26절) 미래에 일어날 것임(계 20:7-15을 보라)을 암시하면서 말이다(Saucy, *Progressive Dispensationalism*, 282-288을 보라). 27-28절의 대명사가 누구를 받는 것인지는 분명하지 않다. 다만 그 절들을 이런 식으로 읽으면 될 듯싶다. "하나님이 만물을 그의 발아래 두셨다. 그러나 그것이['그'가 아니라] '만물을 아래에 두신다'고 말할 때, 만물을 예수님의 발아래 두신 하나님은 제외하는 것이 분명하다. 만물이 하나님께 복종할 때, 아들 역시 만물을 예수님께 복종하게 하신 분께 복종할 것이다. 그래서 하나님이 만유 안에 계신 만유의 주가 되실 것이다." 예수님이 그분의 지상 메시아 통치가 끝나 하나님께 천년왕국을 넘겨주실 때, 이는 영원이 시작된다는 신호일 것이다. 거기에는 끝이 없을 것이다. 예수님의 지상 보좌, 다윗의 보좌, 천 년간의 보좌가 하나님의 영원한 보좌와 완벽하게 어우러질 것이다. 그래서 성부 하나님과 성자 하나님이 함께 최고의 주권자로 여겨질 것이다(참고. 계 22:3).

D. 네 번째 권고: 죽음에서의 부활 때문에 그리스도인의 삶에 목적의식이 생김을 숙고하라(15:29-34)

15:29-34. **죽은 자들을 위하여 세례를 받는**(29절)이라는 어구를 논의한 글은 그 글들에 파묻힐 정도로 많다. 해석들 중에는 신자들이 세례 받지 않은 다른 신자들이 최종적인 구원을 받도록 그들을 위해 세례를 받는 것이라는 해석도 있고, 새로운 회심자가 세례를 받아 죽은 신자들을 대신한다는 해석, 또는 신자들이 세례 받지 않고 사망한 그리스도인들을 위해, 그리스도가 그들의 죄를 깨끗이 씻으셨음을 죽은 신자들에게 증명하기 위해 세례를 받는 것이라는 해석도 있다. 많은 사람이 그중에서 핀들레이(G. G. Findlay)의 견해를 선호한다["1 Corinthians." *In The Expositor's Greek Testament*, ed. W. Robertson Nicoll, (Grand Rapids, MI: Eerdmans. 1979 reprint), 931]. "바울은 그리스도인들의 죽음으로 생존자가 회심하는, 아주 흔하고 실제로 평범한 경험을 언급한다. 그들은 먼저 '죽은 자들을 위해'(그들의 사랑하는 죽은 자들) 그리고 그들을 다시 만난다는 소망으로 그리스도께 나아간다. 예를 들어, 죽어가는 엄마가 '천국에서 만나자!'는 간청으로 아들의 마음을 사로잡는 경우가 있다. 이러한 간청들 그리고 그로 인한 흔히 있는 유익한 효과는 '부활 신앙'에 대한 강력하고 감동적인 증거이다". **위하여**[즉, **죽은 자들을 위하여 세례를 받는**]는, 세상을 떠난 신자의 소원을 이루며 '돕기 위해서'라는 의미이다. 세례는 회심에 대한 소중한 이미지이다(참고. 롬 6:1-4에 대한 주석). 그리스도인인 사랑하는 이들과 다시 만나기를 소망하며 신자가 되어 그 이후 세례를 받는 이들은, 부활에 대한 그들의 믿음을 보여준다. 부활이 없다면 그들의 소망은 이루어질 수 없기 때문이다.

30-32절에는 바울이 전도 여행 동안 겪은 시련들이 나온다. 그러한 시련은 그리스도와 그분의 백성들의 부활이 사실이 아니라면 아무런 의미가 없다. **에베소의 맹수**(32절)에 대해서는 고린도후서 1:8-9에 대한 주석을 보라. **내일 죽을 터이니 먹고 마시자**라는 말은 이사야 22:13을 인용한 것으로, 앗수르에게 멸망당하기 전날 회개하지 않은 유대 백성들의 모습을 요약한 말이다. 그들에게는 의미 있는 미래가 없었기 때문에 파티를 선택했다. 고린도인들의 경우에도 부활에 대한 믿음이 없으면, 이생에서의 육체적 쾌락에서 궁극적인 만족을 찾을 것이다. 33절에서 바울은 메난드로스(Menander, 그리스의 희극 작가, 주전 291년 사망, 이 행은 그의 희곡 〈Thaïs〉에서 나온 것이다. 이 희곡은 단 몇 행만 현존하는데, 창녀들과 음행에 관한 것으로 보인다)를 인용했다. **악한 동무**는 부활을 부인한 고린도인들의 친구들이거나, 나쁜 교리를 가진 '이들과 사귀는 것'일 수 있다. 어느 쪽이든 미래의 부활을 부인하는 일은, 그리스도인의 도덕성을 부패시킨다. 몸은 영원하

며, 그 몸이 주님과 함께하는 더 놀라운 경험을 하게 된다면, 현재 몸을 사용할 때 최종적으로 다가올 운명을 염두에 두어야 할 것이다. 장차 일어날 일에 대한 생각은 책임감을 갖게 한다(참고. 3:10-17; 롬 14:10-12). 바울은 특히 6:14에서 그들의 음행을 바로잡고자 부활 교리를 이용했다. 그들은 마치 술에 취해 인사불성인 것처럼(34절) 부활에 대한 생각이 혼란스러웠다. **똑바로 정신을 차리고**(새번역). 죽은 자를 다시 살리시는 **하나님의** 능력을 **알지 못하는 자**들도 있었다.

E. 다섯 번째 권고: 부활한 몸의 영광스러움을 숙고하라(15:35-50)

15:35-50. 35절에 나오는 두 질문에 대한 답이다. 36-41절은 **죽은 자들이 어떻게…살아나며**라는 첫 번째 질문에 대한 대답이고, 42-50절은 두 번째 질문 **어떠한 몸으로 오느냐**에 대한 답이다.

어리석은 자여(36절)라는 말은, 첫 번째 질문에, 몸이 부패해버린 상태에서 무덤에서 나온다는 추론을 포함한다는 것을 바울이 알았음을 암시한다. 하지만 이는 참으로 어리석은 생각이다. 그래서 바울은 육의 몸을 씨에 비유했다(36-37절). 마치 씨에서 나올 식물을 기대하며 씨를 땅에 묻듯이 부활을 기대하며 신자의 몸을 장사 지낸다. 사람들은 식물이 아닌 씨를 파묻는다. 씨와 거기서 나오는 식물 사이에는 연속성이 있지만, 식물은 씨와는 다르다. 신자의 육의 몸과 부활한 몸도 그렇다. 이는 장사된 육의 몸 안에 부활 몸의 '씨'가 있다는 의미는 아니다. 혹은 타고난 몸은 무덤에 그대로 있고 신자가 부활할 때 두 번째 몸을 받는다는 의미도 아니다. 같은 몸이 소생하지만, 그 몸은 하나님의 설계에 따라 영원의 상태로 변형된다(38절). 사람들의 몸과 동물들과 천체들이(**해**, **달**, **별**, 40-41절) 다르지만 모두 아주 멋진 것처럼(39절) 부활한 몸에는 그 자체의 아름다움이 있을 것이다.

바울은 35절에 나오는 두 번째 질문, 부활한 몸의 특성에 관련한 질문에 답한다. **육의 몸은 썩고**, **욕된 것과 약한 것으로 심긴다**(42-44절). 44절의 **육**[*psuchikon*, 프쉬키콘]이라는 단어는, 신자의 안과 밖을 다 가리키지만 밖[몸, 소마(*soma*)]에 더 초점을 두었다. 이는 자연 세계의 존재라는 시각에서 생각한 것이다. **신령한 몸**이라는 말은, 부활한 몸이 영으로 구성되어 있다는 의미는 아니다. **신령한**[*pneumatikos*, 프뉴마티코스]은 '성령의 영향을 받고 성령에게서 생기를 얻는' 몸을 묘사한 것으로, 여기서는 부활 이후 성령이 완벽하게 하신 신자의 인간 영일 것이다. 해리스(Harris, *Raised Immortal*, 121)는 42-44절을 이렇게 해설한다. "바울은, 부활한 신자는 늘 신체의 부패, 굴욕, 약함을 특징으로 하는 이생의 몸 대신에 늙지 않고, 모양과 형태가 아름답고, 무한한 에너지와 완벽한 건강을 가진 하늘의 몸을 입을 것이라고 말한다. 일단 부활의 변화를 경험한 사람은 지속되는 회춘이 어떤 것인지 알게 된다. 그는 죽지 않으시는 하나님의 영이 거하시는 완벽한 그릇을, 그의 변화된 인격에 변함없이 빠르게 반응을 보이는 몸을 가질 것이기 때문이다." **아담**(45절)은 그 안에 있는 모든 이들이 그렇듯 육의 몸을 받았다. 그러나 또한 **마지막 아담**이신 예수님이 계시다. 그분은 영원한 영적인 왕국에 완벽하게 들어맞는 부활한 몸을 가지고 계시며, 그분의 백성들에게 그 부활 생명을 주신다. 47-49절은 46절에 대한 설명이다. 즉, 아담이 먼저 왔고, 흙으로 창조되었고, 자연적인 세상에만 맞는 생명을 가졌고, 그의 몸은 그 몸의 재료인 흙으로 돌아갔다. 아담의 후손들도 그와 동일한 몸을 가진다. 그러나 아담 이후에 그리스도께서 오셨고, 그분은 부활로 하늘에 맞는, 하늘에서 설계된 몸을 가지셨고, 그분의 백성도 똑같이 부활한 몸을 가질 것이다. 이와 마찬가지로 신자들은 먼저 육의 몸을 가지고, 그다음 부활한 몸을 받는다. **혈과 육은 하나님 나라를 이어받을 수 없고**(50절)는, 부활 몸이 형체가 없다는 의미도 아니고, 부활하기 전 신자의 육의 몸과 연속성이 없다는 의미도 아니다. 바울의 말은, 땅의 영역만을 위해 설계된 몸과 부활이라는 변형을 겪지 않은 몸을 지닌 죽을 운명의 인간들은 **썩지 아니하는 것을 유업으로 받지 못**한다는 뜻이다. 하나님 나라가 성도들을 위한 미래의 유업이라면, 대부분의 무천년설주의자들이 주장하듯 교회가 하나님 나라와 같을 수 없다.

F. 여섯 번째 권고: 죽음에서의 부활로 귀결되는 기적적인 변화를 숙고하라(15:51-58)

15:51-58. 바울은 35-50절에서 신자는 부활에 앞서 죽음을 맞이할 것이라고 언급했다. 그는 부활이 일어날 때 일부 신자들이 살아 있을 것이라 설명하면서

그들이 겪을 일에 대해 묘사한다. **비밀**은 숨겨져 있었지만 이제는 밝혀진 진리를 가리키며, 마지막 때 살아 있는 신자와 죽은 신자들의 변모는 구약에는 나오지 않는 교리이다. **잠잘 것**은 죽음에 대한 완곡한 표현이다(살전 4:13-15에 대한 주석을 보라). **변화**는 '어떤 것의 특성이나 성격을 달라지게 함으로써 차이를 만들어 내는 것'을 의미하며(L&N, 1:590), 부활할 때(휴거로도 알려진) 죽은 신자들과 살아 있는 신자들이 **순식간에 홀연히** 변모하는 일을 가리킨다.

마지막 나팔은 마태복음 24:31의 나팔 소리와 요한계시록 11:15에서 언급한 심판의 나팔 소리와 관련이 있다. 이는 각각 재림과 이 땅에 예수님의 나라가 세워지는 것을 알려준다. 이것은 교회의 휴거를 대환난 이후 재림의 때에 둔다. 휴거와 재림은, 7년간의 환난을 사이에 두고 일어나는 별개의 사건이다. 이 의견을 지지하는 두 사건 간 차이가 있다. 신자들은 마지막 때 땅에서 물러난다. 그 외에 땅의 삶은 정상이고, 예수님은 그분의 천군들과 함께 오지 않고 신자들이 그분과 함께 하늘로 돌아간다(참고. 살전 4:16-17; 5:3; 요 14:2-3). 그러나 예수님은 재림 때 땅에 있는 그분의 백성들에게 오실 것이고, 인과 나팔과 대접 심판으로 인해 땅에 극심한 고난이 있을 것이다. 그분은 전쟁을 위해 군대와 함께 오셔서 땅에 계속 계실 것이다(슥 14:4-5; 행 1:11-12; 마 24:30-31; 25:31-32; 계 19:11-21). 오히려 **마지막 나팔**은 안식의 날을 시작하는 나팔절(레 23:24-25)이나, 중대한 모임이나 축제의 성회에 백성들을 소환하기 위해 사용하는 나팔, 혹은 군대에서 여러 가지 신호로 사용하는 나팔을 암시할 수도 있다. 마지막 용도의 경우, '첫 나팔'은 전쟁에 나갈 군인들을 모집하기 위해 불었고, '마지막 나팔'은 전쟁이 끝날 무렵 군대를 재소집한다는 뜻이거나, 전쟁이 끝났으니 이제 집으로 돌아가도 좋다는 뜻의 해산을 알리며 불었다[참고. Gerhard Friedrich, "(*salpigx salpizo, salpistes*, "Trumpets")," in *Theological Dictionary of the New Testament*, ed. Gerhard Friederich (Grand Rapids, MI: Eerdmans, 1971), 73-74, 78-81, 85-88; Renald E. Showers, *Maranatha, Our Lord, Come! A Definitive Study of the Rapture of the Church* (Bellmawr, NJ: The Friends of Israel Gospel Ministry, Inc., 1995), 259-269]. 바울이 어떤 의미를 염두에 두었는지는 확신할 수 없지만, 군사적 해석 쪽이 더 그럴듯하다. 고린도인들은 다른 견해보다 군사적 의미를 더 쉽게 이해했을 것이고, 바울은 23절에서 부활에 대해 군대라는 맥락에서 흔히들 사용하는 용어 **차례**를 사용했다. **반드시**(53절)는 신자들이 하나님 나라에서 영원히 살도록 부활이 꼭 일어남을 가리킨다(50절). '입다'(53-54절)는 옷을 입을 때 쓰는 평범한 용어였고, 부활한 몸의 물질성을 암시한다. 부활한 몸은 **사망**이 모든 신자에게 패배할 때 **죽지 아니함**을 부여받는다. **사망을 삼키고 이기리라**는 이사야 25:8을 인용한 것으로, 여기서 이사야는 하나님이 그분의 백성을 구원하러 오실 때 사망을 삼킬 것이라 예언한다. 55절은 호세아 13:14을 인용한 것이다. 거기서 하나님은 죽음과 스올에게 에브라임의 심판 때 그분을 도울 준비를 하라고 말씀하신다. 그러나 부활에는 더 이상 심판도, 무덤도, 죽음도 없을 것이다. **사망**(56절)이라는 영적 상태는 **죄**의 행동과 육체적 죽음을 낳는다. **죄**는 사망의 '쏘는 것'이다. 사람들이 **죄**를 지으면 그 결과는 육체적 죽음이며, 불신자들의 경우에는 영적 죽음도 의미한다. **율법**이 **죄의 권능**인 까닭은 거듭나지 않은 마음이 **율법**을 마주할 때 **죄**가 하나님에 대한 반역을 선동하기 때문이다(롬 7:7-12에 대한 주석을 보라). 예수님이 우리 죄를 위해 십자가에서 죽으셨을 때(15:3), 그분은 사망을 무력화시키며 사망의 쏘는 것을 받으셨다. 그분의 백성은 죄의 지배에서 구원하는 데 아무 소용도 없는 율법의 체제와 상관이 없었다(롬 6:14-15; 7:1-12). 그리고 현재 죄의 통치와 미래의 죄의 정죄를 이기는 데 하나님의 권능을 이용할 수 있는 은혜의 영역으로 옮겨졌다. **수고가 헛되지** 않는 것(58절)에 대해서는 29-34절에 대한 주석을 보라.

Ⅷ. 일곱 번째 문제: 가난한 신자들을 위한 헌금 (16:1-4)

16:1-4. 바울은 "주의 일에 더욱 힘쓰는 자들"(15:58)과 관련된 권고를 쓰면서 부활에 대한 논의를 마무리 지었다. 그리고 그 일에는 가난한 신자들을 위한 헌금이 포함되어 있었다. **성도를 위하는 연보**(1절)는 바울이 거의 20년 동안(그가 이 구호 활동에 처음 관여한

행 11:27과 갈 2:10의 연대를 주후 38년, 고린도전서를 쓴 시기를 주후 55년이라 추정하면) 생각했던 것이고, 복음 전도 사역 다음 순위에 둔 일이었다. 그들의 헌금은 체계적이어야 했고(**매주 첫날에**), 모든 신자가 참여해야 했으며(**너희 각 사람이**), 각자의 수입에 비례해야 했다(**수입에 따라**)(2절). 매주 예배 때 모으라고 하기보다는 개인적으로 얼마를 헌금할지 예산을 세우라고 말한다. **너희 각 사람**이라는 어구는, 문자적으로 '너희 각자 혼자서'로, 이 모든 것을 개인이 알아서 결정한다는 뜻이다. 이 절들에 의무적인 십일조에 대한 암시는 없다. 고린도인들과 헌금에 대해서 더 보려면 고린도후서 8-9장을 참고하라. 바울은 자신이 도착하기 전에 모금을 마무리하기를 원했다. 아마도 바울이 강요해서라는 느낌 없이 그들이 익명으로 혹은 자유롭게 헌금하도록 하기 위해서였을 것이다. 그들은 예루살렘으로 기금을 전달할 신뢰할 만한 사람을 골라야 했다. 바울은 그들과 함께 **겨울을 지낼** 생각이었으며(6절), 더불어 바울이 그곳에 가는 것보다 더 빨리 돈을 예루살렘으로 보내기를 원해서였다(3-4절).

Ⅸ. 서신의 결론: 개인적인 말(16:5-24)

16:5-12. 고린도전서 이후 바울과 고린도인들의 접촉에 대해서는 고린도후서 서론을 보라. 바울은 **에베소**에서(8절) 고린도전서를 썼고, 3차 전도 여행 기간에 **마게도냐**에 있는 그들을 방문할 계획이었다. 바울은 에베소에서 그들에게 **디모데**를 보냈다(행 19:22; 참고. 고후 4:17). 그러나 그는 아직 도착하지 않은 듯 보인다. 디모데는 바울의 대리자로서 그곳의 도덕적, 교리적 문제들을 다루기 위해 가는 것이었다. 그래서 바울은 그들이 디모데를 냉대할까 염려스러웠다.

16:13-18. **너희 모든 일을 사랑으로 행하라**(14절)는, 자기중심주의와 교만으로 괴로워하는 이 교회에 매우 의미 있는 권고였다. **사랑**에 대해서는 13:1-3에 나오는 정의를 보라. **스데바나**(15절)에 대해서는 1:10-17에 대한 주석을 보라. **아가야의 첫 열매**에서 **스데바나**가 고린도의 첫 회심자 중 하나였음을 알 수 있다. 신실한 그리스도인 사역자들을 어떻게 대하는 것이 좋은지에 대해서는 로마서 16:1-16에 대한 주석을 보라. **스데바나, 브드나도, 아가이고**는 바울을 찾아 고린도에서 에베소로 왔고, **너희의 부족한 것을 채웠다**(17절). 그들은 바울에게 다과를 제공했다(18절). 고린도인 전체는 지리적으로 사도와 너무 멀리 떨어져 있어서 이와 같은 일을 할 수는 없었다.

16:19-24. **아시아의 교회들**에는 **아굴라와 브리스가**['브리스길라'의 단축어]를 포함하여 에베소 교회가 포함되어 있었을 것이다(19절). 이 부부에 대한 이야기는 사도행전 18:2-26과 로마서 16:3에 대한 주석을 보라. 그 집에 있는 교회는 에베소에서 그리스도인들이 작은 가정 단위로 모였음을 보여준다. 그렇다고 이 말을 이유로 들어 더 큰 규모로 모였을 가능성을 배제시킬 수는 없다. **교회**는 건물이 아니라 사람으로 이루어져 있다. **저주를 받을지어다**[아나테마(*anathema*), 22절]는 영원히 저주를 받는, 영원한 지옥살이를 가리킨다(참고. 롬 9:3; 갈 1:8,9). **우리 주여 오시옵소서**[maranatha, 마라나타]의 의미에 대해서는 논란이 있다. 이는 아람어이고, 만약 바울이 '마란 아타'(maran atha)로 썼다면, 이것은 서술문이다("주님이 오신다"). 그러나 그가 '마라나타'로 썼을 가능성이 높고, 그러면 소원으로 "우리 주여 오시옵소서"로 나타났을 것이다(참고. 계 22:20에 나오는 비슷한 의미의 헬라어. 그리고 은혜의 오심에 대해서는 *Didache* 10:6). 서신에 적힌 모든 책망에도 불구하고 바울은 그들을 사랑했고, 또한 그 점을 그들에게 분명히 밝혔다(24절). 사역에는 때로 단호함이 필요하다. 하지만 그 단호함은 오직 사랑에서 비롯한 것이어야 한다.

참 고 문 헌

Blomberg, Craig. *1 Corinthians*. The NIV Application Commentary. Grand Rapids, MI: Zondervan, 1995. 《고린도전서》, NIV 적용 주석(솔로몬).

Findlay, G. G. "1 Corinthians." *In The Expositor's Greek*

Testament, vol. 2, ed. W. Robertson Nicoll. Grand Rapids, MI: Eerdmans, 1979 reprint.

Garland, David E. *1 Corinthians*. Baker Exegetical Commentary on the New Testament. Grand Rapids, MI: Baker, 2003.

Godet, Frederic Louis. *Commentary on First Corinthians*. Grand Rapids, MI: Kregel, 1977 reprint of the 1889 T. & T. Clark edition.

Gromacki, Robert G. *Called to be Saints: An Exposition of 1 Corinthians*. Grand Rapids, MI: Baker, 1977.

Grosheide, F. W. *Commentary on the First Epistle to the Corinthians*, The New International Commentary on the New Testament. Grand Rapids, MI: Eerdmans, 1953.

Kistemaker, Simon J. *1 Corinthians*. The New Testament Commentary. Grand Rapids, MI: Baker, 1993.

Lenski, R. C. H. *The Interpretation of St. Paul's First and Second Epistles to the Corinthians*. Minneapolis: Augsburg, 1937 and 1963.《고린도전서》(백합).

MacArthur, John. *1 Corinthians*. The MacArthur New Testament Commentary. Chicago: Moody, 1984.

Robertson, Archibald, and Alfred Plummer. *First Epistle of St. Paul to the Corinthians*, 2nd ed. The International Critical Commentary. Edinburgh: T. & T. Clark, 1914.

Thiselton, Anthony C. *The First Epistle to the Corinthians: A Commentary on the Greek Text*. The New International Greek Testament Commentary. Grand Rapids, MI: Eerdmans, 2000.

______. *1 Corinthians: A Shorter Exegetical and Pastoral Commentary*. Grand Rapids, MI: Eerdmans, 2006.《고린도전서》(SFC출판부).

Witherington, Ben. *Conflict and Community in Corinth: A Socio-Rhetorical Commentary on 1 and 2 Corinthians*. Grand Rapids, MI: Eerdmans, 1995.

고린도후서

데이비드 우달(David L. Woodall)

서 론

저자. 문체나 신학적 관점이 바울이 저자라는 주장을 뒷받침하며, 다양한 종파의 신학자들이 이러한 주장을 지지한다.

고린도후서가 처음부터 끝까지 하나의 작품이라는 이 책의 통일성에 의문을 제기하는 학자들이 몇 있다. (1) 고린도후서 2:14-7:4을 별도로 삽입했다는 주장이 있다(2:13에서 7:5로 바로 연결하는 것이 흐름상 자연스럽다). 2:14은 역경 가운데서 드리는 바울의 찬양과 새 언약의 사역에 관한 여담으로 보는 것이 가장 바람직하다. (2) 고린도후서 6:14-7:1을 다른 사람의 글이라고 보는 견해도 있다. 그러나 그 부분은 바울에게 대한 고린도인들의 사랑을 어떻게 드러낼 수 있는지 알려준다고 보는 것이 가장 바람직하다. (3) 어떤 사람들은 10-13장의 격한 어조가 1-9장의 평화적인 특성과 잘 맞지 않는다는 이유로, 이 장들을 따로 썼다고도 말한다. 바울은 디도로부터 처음 소식을 들은 이후 1-9장을 썼고, 이후 좀 더 어려운 문제들에 대해 듣고 얼마 후에 10-13장을 썼다고 가정하는 것이 불가능하지는 않다. 그러나 이 부분이 분리되어 있었다는 사본상의 증거는 없다. 이 주석은 고린도후서가 통일성을 띤다는 전제하에 논지를 펴나가려 한다.

배경. 고린도인들과의 서신 교환을 이해하기 위해서는 세 번의 고린도 방문과 그 교회에 보낸 네 번의 서신 그리고 세 번의 여행 계획(아래의 서신들에 명시된)을 포함한 역사적인 배경을 알아야 한다. 바울은 2차 전도 여행 기간 처음으로 고린도를 방문하여(방문 A) 18개월 동안 머물렀다(행 18:1-18, 주후 50년 가을부터 주후 52년 봄까지). 그리고 바울은 3차 전도 여행 중에 에베소에서 2년 동안 사역했다(행 19:8-10). 이 기간에 고린도 교회의 여러 문제를 서면과 구두로 보고 받았다. 이에 그는 두 개의 서신, 즉 '고린도서신 A'(고전 5:9-11에 언급된)와 'B'(우리가 지금 고린도전서로 알고 있는 서신)로 응답했다. 바울은 '고린도서신 B'에서 앞으로 있을 여행 계획(여행 계획 A)을 알렸다. 즉 그는 마게도냐를 지난 다음 그들과 잠시 함께 있을 것이었다(고전 16:5-9을 보라). 그러나 이 계획을 실현하지는 못했다. 디모데는 바울에게 반대자들이 교회에 침투했고, 문제들이 배가되었음을 알렸다. 이로 인해 바울은 그의 계획을 바꿔 즉시 그들을 방문했다(방문 B). 바울은 마게도냐까지 가서 고린도로 돌아옴으로써 그들이 두 번 방문의 혜택을 누리기를 바랐다(고후 1:15-16, 여행 계획 B). 그러나 '방문 B'는 엄청난 고통을 주었다(고후 2:1). 바울은 이때 반대자들로부터 개인적인 공격을 당했고(고후 2:5-10; 7:12), 교회는 바울에게 거의 힘을 보태지 않았다. 바울은 결국 다시 계획을 바꿔 패배감과 절망감을 안은 채 에베소로 돌아왔다(여행 계획 C).

바울은 에베소에서 고린도 교회에 엄중히 권고하는 서신을 써서(고린도서신 C, 이는 구할 수 없다), 이를 디도 편에 보냈다. 이 서신에서 바울은 고린도인들을 향한 자신의 마음을 전하면서 그들이 회개하기를 촉구했다. 이는 바울을 반대했던 주동자를 벌하기 위해서였다(고후 2:3-4, 9; 7:8-12).

이후 바울은 서신을 받은 고린도인들의 반응을 알기 위해 드로아로 가서 디도를 찾아 마게도냐에 이르렀다(2:12-13). 디도의 환대와 아울러 기쁜 소식이 그를 기다리고 있었다(2:14). 주동자가 회개했고, 고린도인들 대부분이 이제 바울에게 호의적이었다(7:5-7, 11). 그러고 나서 바울은 고린도인들에게 네 번째 서신(고린도서신 D)인, 우리가 보고 있는 고린도후서를 썼다. 이는 주후 55년경, 그의 세 번째 방문(12:14; 13:1, 방문 C)을 기대하며 디도로부터 들은 소식에 응답하여 쓴 것이었다. 이 방문은 성공적이었다. 이후 바울은 석 달 동안 고린도에 머물면서(행 20:1-3) 로마서를 썼다. 이처럼 바울은 자신이 사역했던 이들을 절대 포기하지 않았다.

목적. 고린도후서에서 바울은 자신을 향해 새로이 날을 세우는 이들을 향해 자신의 사도적 사역을 변호한다. 바울이 다수를 향해(2:6) 고린도후서를 쓴 까닭은 회개한 이들을 용서함으로써 그들 믿음의 관대함을 보여주라고 권고하기 위해서였다. 또 회개하지 않으려는 이들은 멀리하고, 예루살렘의 가난한 유대인 신자들을 위한 헌금을 모으라고 권하기 위한 것도 있었다.

아울러 바울은 여전히 자신을 반대하는 소수의 반대자들에게 회개를 촉구하는데, 반대자들의 세 가지 특성이 이 서신에 명확히 나타난다. (1) 11:21b-22에 나오는 바울의 응답으로 보아 그들은 유대인이었다. (2) 그들이 그리스도인들이라 주장했기 때문에 교회는 그들의 말을 들어주었다(10:7; 11:23). 하지만 바울의 응답을 보면 그는 그들의 그런 주장을 미심쩍어 했음을 알 수 있다. 그들은 다른 복음을 전파하고 있었고(11:4), 사실 사탄의 일꾼이었다(11:13-15). (3) 그들은 구원의 조건으로 그리스도인의 교제에서 필수 요소로 모세율법을 지키라고 강조했다는 점에서 유대주의자였다[Murray J. Harris, *The Second Epistle to the Corinthians*, NIGTC (Grand Rapids, MI: Eerdmans, 2005), 77-87].

바울은 사역하는 내내 예루살렘에 살면서 가난에 시달리는 유대인 그리스도인들을 염려했다. 바울은 안디옥에서 사역하는 동안 기근이 왔을 때 그들에게 재정적인 지원을 해주었다(행 11:27-30). 그는 또 예루살렘 교회의 지도자들에게 가난한 이들(예루살렘의 유대인 신자들을 가리키는 전문용어, 갈 2:9-10)을 계속 기억하겠다고 약속했다. 바울은 이방인 교회들을 세울 때, 예루살렘의 가난한 유대인 신자들을 위해 헌금을 많이 모아야 한다고 느꼈다. 그는 고린도인들에게 이 헌금에 동참하라고 권했고(고전 16:1-4), 디도가 그것을 주도했다(고후 8:6). 불행히도 그 모금은 반대자들의 잠입으로 중단되었다. 디도는 엄중히 권고하는 서신(고린도서신 C, 현존하지 않는)을 전달하고 나서 이제 다시 모금을 시작해야겠다고 느꼈다. 고린도후서 8-9장에는 자신이 도착하기 전에 자발적인 헌금을 마무리하라는, 고린도인들을 향한 바울의 권고가 담겨 있다. 바울은 유대인 신자들을 깊이 사랑했고, 그래서 그들의 경제적 상황을 진심으로 염려했다. 그런 상황에서 헌금을 독려한 것은 이방인 회심자들과 예루살렘에 있는 예수님의 유대인 제자들 사이의 유대감을 돈독히 하기 위해서였다(롬 15:27). 마침내 헌금 모금을 완료해 예루살렘에 전해주었다(행 21:17-20a).

개요

- I. 과거의 고린도 사역(1:1-7:16)
  - A. 고린도인들을 향한 인사(1:1-11)
    1. 서론(1:1-2)
    2. 하나님을 향한 찬양(1:3-7)
    3. 아시아에서 당한 고난(1:8-11)
  - B. 새로운 여행 계획(1:12-2:13)
    1. 일관성(1:12-22)

2. 여행과 서신 교환(1:23-2:4)
3. 용서(2:5-11)
4. 드로아로의 여행(2:12-13)
C. 바울이 자신의 사역을 변호하다(2:14-7:4)
1. 사역자로서 자격이 충분한 바울(2:14-3:6)
2. 새 언약 사역의 영광(3:7-4:6)
3. 예수님과 함께 살고 함께 죽음(4:7-5:10)
4. 화목하게 하는 직분(5:11-6:2)
5. 바울의 일관성과 호소(6:3-13)
6. 믿지 않는 이들과 거리 두기(6:14-7:1)
7. 바울의 새로운 호소(7:2-4)
D. 고린도인들의 회개로 기뻐하는 바울(7:5-16)
Ⅱ. 현재의 고린도 사역(8:1-9:15)
A. 헌금을 마무리하라(8:1-15)
B. 기금을 관리하라(8:16-9:5)
C. 보람을 얻으라(9:6-15)
Ⅲ. 미래의 고린도 사역(10:1-13:13)
A. 자신의 권위를 변호하는 바울(10:1-18)
B. 바울이 스스로를 칭찬하는 이유(11:1-12:13)
C. 고린도인들을 염려하는 바울(12:14-21)
D. 바울의 마지막 경고(13:1-10)
E. 결론(13:11-13)

주 석

Ⅰ. 과거의 고린도 사역(1:1-7:16)

A. 고린도인들을 향한 인사(1:1-11)

1. 서론(1:1-2)

1:1-2. 바울은 저자와 수신자 둘 다를 명시했는데 이는 고대 서신의 전형적인 형식이다. 바울의 사도 사역은 **하나님의 뜻**에 근거한 것으로, 이는 그에게 유일무이한 권위를 주었다. 그러므로 그의 반대자들이 그랬듯이 바울의 권위를 부인하는 것은 하나님의 권위를 부인하는 것이었다. 그는 디모데(이 서신을 함께 보내는 이)와 함께 이 서신을 고린도와 아가야 전역에서 모임에 힘쓰는 신자들에게 보냈다.

2. 하나님을 향한 찬양(1:3-7)

바울은 전형적인 감사 대신 계속되는 고난 중에 받은 위로에 대해 하나님을 찬양했다. 바울의 반대자들은 바울이 고난을 받는다는 이유로 그의 사도직을 미심쩍어했다. 그러나 바울은 고난이 없는 것이 아니라 고난 중에서 받는 위로가 진정한 사도의 표지라고 주장했다. 핵심 동사 '파라칼레오'(*parakaleo*, **위로하사**, **받는 위로로써**, **위로하게**, 1:3-7에 네 번 나온다)와 행위를 나타내는 명사 '파라클레이시스'(*paraklesis*, **위로**, 여섯 번)는 사람에게 위안을 주는 것을 가리킨다. 여기서 그 위안은 하나님과의 관계에서 나오며, 그분의 위로 사역을 경험한 이들에게서 나온다.

1:3-4. 바울이 환난 중에도 하나님을 찬양할(**찬송**의 의미) 수 있었던 이유는 하나님의 성품에 있다. 그분은 (1) 하나님이시자 예수님의 아버지이시고, (2) 고

난 중에 자비의 아버지이시고, (3) 진정한 위로의 근원이시며, (4) 어려울 때 실제로 위로하시는 분이다. 또한 고난에는 목적이 있다. 그리스도인들은 하나님의 위로를 경험한 이후 환난 중에 있는 이들을 위한 사역을 할 수 있다. 고난 중에 고독 속으로 숨어버리는 것은 고난 가운데 있는 하나님의 목적을 부인하는 것이다.

1:5. 이제 고난은 **그리스도의 고난**으로 정의된다. 이는 모든 인간들이 일반적으로 겪는 고난이 아닌 적대적인 환경에서 그리스도를 섬김으로써 겪는 고통을 가리킨다. 바울은 어떤 식으로든 고난이 죄를 대속한다고 암시하지 않았다. 그리스도인들이 하나님으로부터 받은 위로를 다른 이들에게 전할 수 있는 근거는 무엇인가? 고난이 클수록 위로도 많아지기 때문이다.

1:6-7. 바울은 고린도인들의 영적인 **구원**을 위하여 고난을 견뎠다. 바울의 견고한 소망은, 고린도인들이 바울의 반대자들을 거부하고 고난을 견디며 그를 따르는 것이었다.

3. 아시아에서 당한 고난(1:8-11)

1:8-9. 바울은 자신이 **아시아에서** 당한 극심한 **환난**을 알려줌으로써 고난 가운데서 받는 위로의 실례를 보여주었다. 극심한 괴로움으로 인해 그는 사역을 계속할 수 없었고, 끝내 **살 소망까지 끊어**졌다. 그 고난이 정확히 어떤 것이었는지는 언급이 없다. 해리스(Harris)는, 긴 논의 후에 그 환난은 만성질환이 갑자기 심하게 재발한 것이었다고 결론내린다(*Second Corinthians*, 164-182). 그 환난이 정확히 무엇인가와는 상관없이 그 목적은 분명했다. 시련은 그리스도인들이 계속 하나님을 의지하도록 하기 위해 온다.

1:10-11. 바울은 하나님이 우리를 구원하신다고 확신했다. 그는 과거의 경험에 비추어 하나님이 거의 죽어가는 그를 **건지실** 것이라고 담대하게 선언했다. 또한 고린도인들도 함께 기도하자고 권고한다. 고린도인들이 바울과 함께 기도함으로써, 바울과 함께 구원에 대해 감사할 수 있기 때문이다. 이때 하나님께 무엇을 어떻게 해달라고 기도해서는 안 된다. 기도에 반응하시는 분은 하나님이시다.

B. 새로운 여행 계획(1:12-2:13)

1. 일관성(1:12-22)

어떤 그리스도인들은 바울이 여행 계획을 바꾼 것을 두고 그가 일관성이 없다고 말하기도 한다. 그러나 그들은 예수 그리스도에 대한 그의 말을 믿었듯이 여행 계획에 대한 그의 말도 믿어야 한다.

1:12. 바울은 일상생활에서 일관성을 유지했다. 모든 사역자는 바울의 생활 방식을 본받아야 한다. 그런 삶의 특징은 솔직함(**거룩함**보다 원문에 충실한 이해)과, 하나님의 은혜에서 기인한 것이었다.

1:13-14. 바울의 이전 서신들을 볼 때, 그들이 읽고 이해한 것이 바울이 의도한 전부였다. 바울은 서신 이면에 동기를 숨기거나 하지 않았다. 비록 그들이 현재는 바울의 일관성에 대해 부분적으로 인정하지만, 그들이 예수님 앞에 섰을 때는 완전히 인정하기를 바울은 바랐다. 바울은 또한 자신도 그들을 온전히 인정하기를 바랐다.

1:15-16. 바울의 최초 계획은 에베소에서 마게도냐로 간 다음 고린도에 가는 것이었다(고전 16:2-8). 그러나 생각처럼 되지 않았다. 바울은 고린도인들이 그의 일관성을 인정하리라 확신하면서, 에베소에서 먼저 고린도로 갔다가 마게도냐로 간 다음 다시 고린도로 돌아가 거기서 유대 여행을 위한 재정적인 지원을 받으려 했다. 그가 두 번 방문함으로 그들은 두 번 은혜를 얻을 것이다. 그러나 이 계획 역시 실천에 옮기지 못했고, 바울은 먼저 마게도냐로 가는 원래 계획대로 움직였다. '그렇다', '아니다', '그렇다'라는 이러한 변동으로 인해('그렇다. 나는 에베소에서 마게도냐를 거쳐 너희에게 갈 것이다.' 그런 다음 상황 때문에 최초 계획을 조정한 후 '아니다. 나는 에베소에서 마게도냐를 거쳐 너희에게 가지 않을 것이다'가 된 다음, 상황이 다시 변해 '그렇다. 나는 에베소에서 마게도냐를 거쳐 너희에게 갈 것이다'가 된다) 고린도의 반대자들이 비판의 목소리를 높였다.

1:17. 바울은 반대자들이 만들어낸 두 개의 질문을 밝히고 거기에 답했다. (1) 그가 이런 계획들을 세울 때 변덕스러웠는가? 아니다. (2) 바울은 겉으로는 '그렇다'고 말하면서 그 의미는 '아니다'였으므로, 충동적으로 계획을 바꾸었는가? 아니다.

1:18-20. 인간은 속이기를 일삼으나 이와는 대조적으로 **하나님은 신실하시다**(새번역). 그분은 메시아에 대한 약속을 그리스도를 통해 성취하셨다. 즉 **예**[yes]

가 되었다. 또 바울은 사람들에게 그리스도께 '예'라고 말해야 한다고 계속해서 주장했다. 바울은 절대 한 입으로 두말을 하지 않았다. 이렇게 말하면서 다른 의미를 가지고 있지 않았다. **실루아노**[실라]와 **디모데**는 바울의 일관성을 보여주는 증인들이다. **우리가 아멘** 한다는 말은, 그리스도가 하나님의 약속의 성취임을 바울과 고린도인들이 그리스도인으로서 긍정한다는 말이다. 고린도인들이 이것을 긍정했으므로, 그들은 분명 상대적으로 사소한 그의 여행 계획에 관한 말의 일관성을 인정해야 한다. 하나님은 일관성으로 영광을 받으신다. 일구이언은 복음을 부인하는 것이다.

1:21-22. 바울은 하나님이 자신을 위해 해주신 네 가지 일을 이야기함으로써 자신의 일관성을 변호한다. (1) 하나님은 그와 그리스도의 관계를 계속 확증해주신다(**우리를 너희와 함께…굳건하게 하시고**는, 고린도인들도 이러한 확증을 받음을 의미한다). (2) 하나님은 그의 회심 때 섬김의 직무를 맡긴다는 의미로 비유적으로 그에게 **기름을 부으셨**다. (3) 그리고 그를 그분의 것이라 **인치시**고 (4) 앞으로 다가올 복의 **보증**으로 그에게 성령을 주심으로 그렇게 하셨다. 이 모든 것이 바울에게 사실이었으므로, 그의 사역이 위선적이라는 것은 모순일 것이다. 이러한 하나님의 네 가지 사역은 모든 그리스도인의 삶에서 지속적으로 일어나며, 이를 위해서는 최고의 일관성이 필요하다.

2. 여행과 서신 교환(1:23-2:4)

1:23-24. 바울은 자신의 일관성을 변호한 후에, 왜 계획했던 대로 고린도로 돌아가지 않는지 목적을 밝혔다. 그것은 그들의 '아픔을 덜어주기' 위해서였다(메시지 성경). 그는 하나님께 이 의도에 대해 증언해달라고 청했고, 그 이유가 정직하다는 데 **목숨**을 걸었다. 그렇다면 그가 덜어주려 했던 그들의 아픔은 무엇이었을까? 아마도 바울은 그들이 해오는 공격에 지나치게 응수하고 싶지는 않았던 듯싶다. 몇몇 사람들의 주장과 반대로, 바울은 해를 입히는 것을 즐기는 믿음 왕국의 독재자가 아니었다[고린도인들은 어쨌든 그리스도를 신뢰하며 **튼튼히 서 있었**다(새번역)]. 그는 오히려 기쁨을 누리는 협력자였다. 사역자는 신자들에게 고통을 주는 것을 즐기지 않는다.

2:1-2. 1-5절은 사역 중에 겪는 아픔을 강조한다. 회중이 반항하거나 그들을 목회적으로 꾸짖을 때 사역자는 아플 수밖에 없다. 바울은 고린도인들을 고통스럽게 하는 다른 방문을 하지 않기로 결심했다. 그는 자신에게 기쁨을 준 그 사람들을 더 아프게 하고 싶지 않았다(**내가 근심하게 한 자**는 포괄적인 표현으로, 특정 인물을 가리키는 것이 아니다). 그렇다고 고통을 피하고 행복만을 추구하면서 사역하라는 의미는 아니다.

2:3-4. 바울은 만나는 것을 피하는 대신 고통스러운 서신을 쓰기로 결심했다. 계획을 변경한 목적은, (1) 그들을 향한 날카로운 보복이라는 불필요한 고통을 피하기 위해서였다(바울은 그들이 바울의 기쁨을 그들의 기쁨으로 만들며, 긍정적으로 반응하리라고 확신했다). 그리고 (2) 바울의 사랑을 전하기 위해서였다. 신실한 사역자는 절대 사람을 포기해서는 안 된다. 죄를 다룰 때는 **사랑**에서 나오는 **걱정**과 **눈물**로 임해야 한다. 이러한 사역이 삶을 변화시킨다.

고후

3. 용서(2:5-11)

바울의 눈물 어린 서신에 보면, 그는 이름이 밝혀지지 않은 한 사람의 징계를 요청했다(고후 7:12에 나오는 **불의를 행한 자**). 그는 바울의 권위를 부인한 사람이었다. 이 사람은 아마 고린도전서 5:1에 나오는 근친상간의 죄를 범한 사람은 아니었을 것이다. (1) 고린도전서 5장의 죄는 사실상 성적인 것이었고, 여기서의 죄는 바울의 권위를 거부한 것이다. (2) 고린도전서 5장에서 불의를 당한 그룹은 교회 전체이며, 여기서 불의를 당한 사람은 바울이다(고후 2:5).

2:5. 어느 한 개인이 바울을 공격했다. 하지만 교회 전체가 어느 정도의 슬픔을 겪었다. 개인적인 죄라는 것은 없다.

2:6-8. 교회의 **많은 사람**이 바울이 바랐던 징계를 행했으며, 불의를 행한 자가 회개했다(참고. 고후 7:8-12). 그러니 이제 **벌**을 멈추고, 고린도인들은 심히 비통해하는 불의를 행한 자를 **위로**하고 **사랑**해야 했다. 교회에서 징계를 행하는 목적은 항상 회복이다.

2:9. 바울은 징계하기를 권하면서 고린도인들이 그의 권위에 순종하는지 **시험**하려(새번역) 했다. 교회의 많은 사람이 그 징계를 행함으로써 **순종**했고 시험에 통과했다.

2:10-11. 이제 바울은 바울이 이미 그러했듯이 회

개한 죄인을 용서하라고 요청했다. 용서하라고 한 바울의 동기는 (1) 고린도 공동체의 유익을 위해서, (2) 징계 상황에도 항상 **앞에** 계시는 그리스도의 인정을 받기 위해서 (3) 그 회중을 향한 사탄의 공격을 막으려는 마음에서였다. 원수는 교회를 파멸시키기 위해 용서가 부족한 상황을 이용한다.

4. 드로아로의 여행(2:12-13)

2:12-13. 바울은 고통스러운 방문을 결행하고 눈물어린 서신을 보낸 다음, '낙심한' 상태에서 에베소에서의 사역을 그만두고(참고. 고후 7:5-6) **드로아**로 떠났다. 그는 그리스도에 대한 복음을 전하겠다는 분명한 목적을 가지고 드로아에 왔다. 또한 주께서 성공의 **문**, 즉 성공의 가능성을 활짝 열어주셨다. 하지만 그는 기어이 그 기회를 거부하고 **마게도냐**로 발길을 옮겼다. 이 같은 행보에서 그가 고린도에서 벌어지는 상황에 얼마나 괴로워했는지 알 수 있다. 디도로부터 아무 소식이 없었다는 것은 나쁜 소식으로 해석할 수 있다.

C. 바울이 자신의 사역을 변호하다(2:14-7:4)

바울은 디도를 언급함으로써 이러한 고난 중에 하나님으로부터 받았던 위로를 묵상했다. '긴 여담'이라고 평가하곤 하는 이 부분에서 바울은 종종 고난을 수반하기도 했던 새 언약 사역의 특징을 광범위하게 성찰함으로써, 본인 사역의 진정성을 변호했다. 7:5에서 여행에 대한 이야기를 재개할 때, 독자는 '디도의 옴'(7:6)과 고린도인들이 그의 사역에 보인 반응(7:7)으로 하나님이 바울을 위로하셨음을 깨닫는다.

1. 사역자로서 자격이 충분한 바울(2:14-3:6)

2:14. 바울은 고난 가운데서 하나님께 감사했다. **이기게 하시고**라는 표현은 비범한 전적을 세운 장군을 위해 로마 황제가 후원했던 개선 행진을 떠올리게 한다. 장군은 포로로 잡은 적군들을 로마 시민들 앞에 공개적으로 전시했다. 하나님은 다메섹으로 향하던 바울을 사로잡으셔서 지금 그를 **그리스도**를 위한 사역으로 인도하고 계셨다. 고린도인들의 승리주의와는 대조적으로 바울은 자신의 고난을 하나님이 복음의 **냄새**를 널리 퍼뜨리는 데 사용하시는 수단으로 이해했다.

2:15-16a. 구약의 희생제사를 연상시키는 바울의 고난의 **향기**에 그리스도의 고난이 반영되어 있었으므로, 그것은 인간을 두 진영으로 나눈다. 즉, 바울의 고난과 그의 메시지를 받아들이는 이들은 진정한 신자들인 반면, 그것을 거부하는 이들은 **망하는 자들**이다. 바울을 거부하는 것은 그의 복음 메시지와 그리스도 안에서만 오는 승리를 거부하는 것이다.

2:16b-17. 복음 사역을 감당할 충분한 능력을 갖춘 이는 누구일까? 돈을 위해 설교했던 최근에 도착한 반대자들과는 대조적으로, 바울은 이 사역을 하기에 충분한 자격을 갖추고 있었다. 그는 (1) 순수한(순전한) 동기로 돈을 받지 않고 설교했고, (2) **하나님께** 위임을 받았고, (3) **하나님 앞에서** 책임을 지고 있었고, (4) **그리스도**와 연합했기 때문이다.

3:1-3a. 반대자들이 **추천서**를 가지고 왔지만, 바울은 스스로를 추천했던 것 같다(참고. 고후 1:12; 2:17). 바울은 다음과 같이 응답했다. (1) 자신이 이전에 그리 말했던 오만해서가 아니었다. (2) 그에게 공식 편지가 필요하지 않았던 까닭은 고린도인들의 회심이 그의 추천서였기 때문이다. 즉, 그것은 그의 사역의 진정성을 보여주는 그의 마음에 새겨진 편지였다(2절). 이 비유적인 편지는 **그리스도**가 보내시고 바울이 전달한 것이었다(3a절). 그것이 더 우월한 까닭은 (1) 그것은 외적인 것이 아니라 내적인 것이고, (2) 몇몇 사람이 아닌 모두 볼 수 있고, (3) 사람이 아니라 그리스도가 쓰신 것이기 때문이다.

3:3b. 모세에 의해 시작된 옛 언약은 외적인 것으로, **돌판에** 새겨져(출 31:18) 있었다. 그에 반해 구약의 예언자들은 그리스도에 의해 시작되는 미래의 새 언약을 예언했다. 그것은 내적인 것으로, 성령께서 반응하는 **육의 마음판**(렘 31:31-33; 겔 11:19; 36:26-27)에 쓰신다. 이러한 예언자의 약속은 예수님이 죽으시고(눅 22:20) 성령이 부어지면서(행 2:1-21) 성취되었다. 새 언약이 옛 언약을 대신했다. 그러므로 고린도인들의 회심은 바울을 통해 성령이 사역하신 증거였다.

3:4-6a. 하나님 앞에서 **이 같은 확신**[즉, 하나님이 보증하시는 그의 사역의 타당성(2:16-17)과 고린도인의 회심으로 나타난 그 타당성의 증거(3:1-3)]을 가질 수 있는 근거는 바로 그리스도이다. 바울은 그들이 이러한 확신을 오해하지 않도록, 새 언약 사역을 향한 그의 충분한 자격은 그 자신이 아니라 **하나님으로부터** 난 것이라 설명했다.

3:6b. 현재의 새 언약은 과거의 옛 언약과 대조적이다. **율법 조문**은 돌판에 새겨진 율법을 가리킨다. 이 외적 규범은 삶에서 지켜야 할 계명들이었다. 하지만 백성들은 계명대로 순종하지 못했고, 불순종의 결과는 반역자들에게 임하는 죽음이었다(출 32:27-28). 구약 율법에 오류는 없었다. 거기에는 하나님의 거룩한 성품이 나타나 있고, 십계명 대부분을 신약에서도 반복한다. 여기서 바울은 외적 규범을 지키는 일이 사람들에게 얼마나 힘든 일인지 강조한다. 그러나 새 언약의 특징은 성령이 내적으로 사역하신다는 점이다. 사람들은 성령의 도우심으로 마침내 하나님의 뜻을 행할 수 있다. 순종의 결과는 **살리는** 것이다. 이와 같은 율법 조문과 성령의 대조를, 문자적 해석과 성경에 대한 영적 해석의 대조로써 이해해서는 안 된다.

2. 새 언약 사역의 영광(3:7-4:6)

바울은 출애굽기 34:29-35에 대한 계속되는 설명에 기초하여, 새 언약 사역의 영속성에 대해 점점 더 강하게 주장했다.

3:7-8. 출애굽기 32:27-28에서 옛 언약에 불순종하면 **죽음**(새번역)이 답이었다. 하지만 거기에도 분명 하나님의 영광이 있었다. 그것은 모세의 빛나던 얼굴에서 분명히 나타난 바 있는 영광이었다(출 34:29). 반역했던 이스라엘은 소멸되지 않기 위해 그 영광을 당당히 바라볼 수 없었다. 모세는 자비로운 마음에 이스라엘 앞에 설 때 자신의 얼굴을 수건으로 가려 그들이 죽지 않도록 했다[구약성경은 그 영광이 **없어**졌다고 언급하지 않았다. 다만 수건으로 가려 "영광이 효력을 잃게" 했다(NET). 참고. Scott Hafemann, *2 Corinthians* (NIVAC), Grand Rapids, MI: Zondervan, 2000, 144-163, 그리고 아래 13절에 대한 주석을 보라]. 두 언약 모두에 동일한 정도의 하나님의 영광이 반영되어 있다. 하지만 그 결과는 다르다. 반역한 이스라엘은 죽었지만 믿은 고린도인들은 살았다.

3:9-10. 반역한 이스라엘이 죽은 까닭은, 율법이 죄에 대해 **유죄 선고**(새번역)를 했기 때문이다(갈 3:10-14에 대한 주석을 보라). 그리고 이스라엘은 이 유죄 선고를 피하기 위해 모든 율법을 다 지킬 수 없었다(신 29-31장을 보라. 옛 언약 아래 있던 이스라엘은 궁극적으로 그리스도 안에서 성취되는 하나님의 약속을 믿음으로만 하나님과 올바른 관계를 구축했다). 그러나 고린도인들이 살았던 까닭은, 성령께서 **의**를 가져오시고 촉진시키시기 때문이다. 그러므로 하나님의 영광은 그 결과로 인해 새 언약 안에서 **더욱 넘친**다. 이런 식으로 비교해보면, 옛 언약 사역은 끝나는 것이 분명하다. 새 언약 사역과 비교해볼 때 그것은 지금 **영광 될 것이 없다**.

3:11. 이처럼 하나님의 영광을 가리는 옛 언약을 계속해서 따를 수는 없었고, 그리스도가 이루어낸 새 언약이 옛 언약을 대체했다. 이는 곧 하나님의 영광을 온전히 드러내는 영원한 언약으로 '남아 있다'.

3:12-13. 이 장의 나머지 부분은 고린도인들을 위해서 출애굽기 34:29-35의 의미를 강조한다. 바울에게는 새 언약이 계속 남아 있다는 확신에 찬 **소망**이 있었다. 때문에 그는 **담대히** 용기 있게 복음을 선포했다. 수건으로 얼굴을 가리고 이스라엘에게 말했던 모세와 대조되는 모습이다. 수건의 목적은 반역한 이스라엘이 **결국**[텔로스(*telos*), 여기서는 멸망의 결과를 가리킨다]을 경험하지 않게 하기 위해서였다. 그 **결국**은, 하나님께 반역한 '목이 곧은' 백성들에게 임하는 것이다(출 34:33-35). 새 언약은 바울의 복음을 받아들인 사람만이 구원받을 수 있다고 말한다. 유대인들이 구원을 받을 다른 길은 없다.

3:14-16. 그렇다면 왜 그토록 많은 이스라엘 백성이 그리스도를 거부했을까? 그들의 **마음**이 계속 완고했기 때문이다(롬 11:7-27에 대한 주석을 보라). **모세의 글**[즉, 옛 언약]을 읽을 때 여전히 그들의 마음에는 **수건**[여기서 이스라엘의 완고함을 나타내는 것]이 남아 있었던 것이다(15절). 그 완고함은 그들이 그리스도를 구세주로 받아들일 때에만 사라진다. 모세가 하나님의 영광을 보기 위해 수건을 벗곤 했듯이(출 34:34), 이제 유대인들도 회개하고 예수님 안에서 하나님의 영광을 보아야 한다. 그때야 비로소 그 완고함의 수건이 벗겨져나갈 것이다(16절). 모세는 회개함으로 **주님**[출 34:34의 인용구에서 성부 하나님을 가리킴]**께로 돌아서는 사람**(새번역)의 전형이었다. 모세가 하나님의 임재 앞에서 수건을 벗었던 것처럼 사람들도 하나님께로 돌아갈 때 마음의 완고함을 벗어던진다.

3:17. **주는 영이시니**라는 말이 성부와 성령을 한 위

격으로 동일시한다는 의미는 아니다. 바울은 신약의 신자들에게 출애굽기 34:34의 의미를 설명하고 있었다. 모세는 유일하게 회막에서 주(야훼)께로 돌아갔다. 그러나 지금 신약의 신자들은 회심으로 그 영에게 돌아간다. 그 결과로 오는 **자유**는 하고 싶은 것은 무엇이든 하는 독립 상태를 가리키는 것이 아니다. 완고한 마음에서 해방된다는 의미이다.

3:18. 유대인 불신자들과는 대조적으로(3:14) 그리스도를 따르는 이들은 유대인이든 이방인이든 이제 모두 **수건을 벗은 얼굴**을 하고 있다. 이것은 완고한 마음에서 해방된 것을 나타내는 바울의 표현이다. 출애굽기 기사에서 반역한 이스라엘과는 달리 그리스도인들은 하나님의 영광을 보고도 살 수 있다. 이 영광을 깊이 생각하는 이들은 계속해서 하나님의 영광을 드러내는 그리스도의 형상으로 변화한다(그들이 회심할 때의 처음 **영광에서** 미래의 궁극적인 **영광에**). 이 변화는 지금 **영**을 통해 역사하시는 하나님으로부터 온다. 바울은 그리스도를 진실로 따르는 모든 이는 계속되는 신앙의 성장을 경험하리라 기대했다.

4:1-2. 바울은 이 영광스러운 새 언약의 **직분**을 받았고, 또 이 직분을 수행하는 동안 하나님이 그에게 **긍휼하심**을 보이셨기 때문에 포기하려 하지 않았다(참고. 4:16). 자신들의 삶에 나타난 하나님의 긍휼하심과 그리스도 안에 나타난 하나님의 영광을 분명하게 바라보는 이들은, 고난의 시기에도 복음 사역을 끝까지 할 수 있다. 바울은 반대자들에게 응답할 때, **부끄러워서 드러내지 못할**(새번역) 일들을 버림으로써 그의 담대한 사역을 변호했다. 그는 소극적으로는 속임수를 버리고 구약성경을 왜곡하지 않았고, 적극적으로는 예수님에 대한 **진리**를 분명하게 제시했다.

4:3-4. 이 진리가 영광스럽기도 하고 선명하다면, 왜 모든 사람이 그 진리에 반응하지 않을까? 그러나 사탄은 믿지 않는 이들이 **복음**에서 나오는 **광채**를 인식하지 못하도록 그들의 **마음을 혼미하게** 한다. 사탄은 십자가에서 패했다(골 2:15). 그런데도 아직 **이 세상의 신**으로 언급된다. 이 현시대 동안, 믿지 않는 이들에 대한 제한된 통치권을 그가 가지고 있기 때문이다. 이 시대의 신자들은 하나님을 보여주는 **형상**으로 그분의 영광을 반영하시는 그리스도 안에서 하나님의 영광을 본다. 믿지 않는 이들도 복음이 분명하게 제시될 때 이해할 수 있지만, 그들은 마음이 혼미해진 나머지 그것을 어리석다고 평가한다(고전 1:18; 2:14).

4:5-6. 이 구절은, 바울이 높임을 받은 **주**이신 역사의 **예수**를 선포하는 이유와 고린도인들을 섬기는 이유를 설명해준다. 복음을 접한 이들은 복음이 그들에 대한 것이 아님을 깨닫는다. **어두운 데서 빛**을 창조하신 **하나님**(창 1:3)이 다메섹으로 향하는 바울을 빛과 마주하게 하셨고(행 22:6-11), 바울은 그리스도 안에서 하나님의 영광을 분명히 보았다. 하나님의 일하심을 통해서만 사람들은 **그리스도**의 인격 안에서 **하나님의 영광**을 감지할 수 있다.

3. 예수님과 함께 살고 함께 죽음(4:7-5:10)

4:7. 복음 사역이 이토록 영광스럽다면 왜 바울은 그렇게 많은 고난을 겪었는가? 그리스도의 복음은 귀중한 **보배**이다. 하지만 그것을 깨지기 쉬운 **질그릇** 같은 인간들이 전하기 때문이다. 이러한 대조에 담긴 하나님의 뜻은, 하나님의 능력이 인간의 약함 안에서 드러나게 하는 것이다. 하나님께서 이러한 대조의 상황을 만드신 뜻은, 인간의 약함 안에서 하나님의 능력이 드러나게 하시는 것이었다. 진정한 사역자는, 복음의 변화시키는 능력이 하나님으로부터 온다는 것이 분명해지는 지점까지 깨지는 사람이다.

4:8-9. **사방으로**라는 어구에서 극대화되는 네 가지 대조는, 사역에서의 고난과 극복하게 하시는 하나님의 능력 사이의 관계를 실례로 보여준다. (1) **욱여쌈을 당하여도**[이 동사는 막 3:9에서 군중들이 예수님을 밀어붙일 때 사용했다. 이는 반대자들에게 시달리는 모습을 묘사한 것이다] 피할 길이 없이 구석으로 몰려 있다는 의미에서 **싸이지** 않는다. (2) 어려운 상황에 어떻게 대응해야 할지 어찌할 줄을 모른다는 의미에서 **답답한 일을 당하여도** '절대 실패자가 되지 않는다'(BDAG, 345). (3) 다른 사람들의 추적을 당해도 절대 하나님으로부터 **버린 바 되지** 않는다. (4) 신체적 학대로 **거꾸러뜨림을 당하여도** 절대 육체적 죽음으로 **망하지** 않는다(참고. 행 14:19-10에 나오는 루스드라에서의 바울의 경험).

4:10-12. 이러한 대조는 그리스도의 삶과 비슷하다. **예수의 죽음**은 예수님이 겪으신 끊임없는 고난을

가리킨다. 이는 바울의 고난에서 재현되었다. 고난의 목적은 **예수**님이 전하신 **생명**이 바울의 육체적인 **몸**에서 현실이 되도록 하기 위함이다. 바울은 예수님 때문에(11절), 또 자신의 사역이 고린도인들에게 구원을 가져다주었기 때문에(**생명은 너희 안에서**, 12절), 고난이 닥친다 하더라도 끝까지 견디며 사역할 수 있는 힘을 얻었다.

4:13. 바울은 고난의 시기에 하나님을 신뢰하고자 하는 시편 116편의 저자와 **같은** 마음을 가졌다. 고난이 시편 저자를 죽음의 지점까지 몰고 갔을 때에도(시 116:5, 8), 그는 "내가 크게 고통을 당하였다"(시 116:10)고 말할 때에도 하나님을 믿었다. 믿음은 상황에 상관없이 선포로 이어진다.

4:14-15. 바울이 사역을 계속한 이유는 그가 미래의 영광을 알았기 때문이다. 예수님의 부활은, 예수님이 돌아오실 때 바울도 죽은 자 가운데서 살아날 것을 보증해준다(고전 15:20, 23). 이 일이 일어날 때 바울은 하나님의 임재 가운데 고린도인들과 함께 설 것이다. 긍휼이 많은 사역자였던 바울은 그의 사람들을 위해, 더 고귀한 목적을 위해 고난을 견디었다. 그 목적이란, 하나님을 향한 감사가 더 넘침으로 더 많은 사람이 복음에 반응하여 그분의 영광이 더 커지는 것이다.

4:16. 바울은 사역을 그만두지 않았다. 고난으로 인해 그의 **겉사람**[다른 사람들이 보았던 그의 현재 인간성의 측면]은 파괴되고 있었으나 그의 **속사람**[회심 때 심겨져 다른 사람들에게 보이지 않았던 그의 인간성의 측면]은 성령의 공급하심으로 인해 계속 성장했다.

4:17-18. 현재의 고난과 그 고난이 낳는 상상할 수도 없는 **영광**을 대조함으로써 성장 과정을 자세히 보여준다. 그 영광은, 부활의 몸으로 절정에 달하지만 현 시대에서는 부분적으로만 경험할 수 있는 미래의 복들을 가리킨다. 그리스도인이 이 크고 **영원한** 영광을 이해하면 현재 겪는 고난은 그것과 비교할 때 **잠시 받는** 작은 것일 뿐이다. 바울에게는 삶을 바라보는 영적인 시각이 있었기 때문에 이렇게 말할 수 있었다. 그는 **잠깐**의 고난이나 육체적으로 쇠퇴(육체적 감각으로 분명하게 **보이는 것**)하는 몸은 바라보지 않는다. 그는 오직 **영원한** 영광(육체적 감각으로는 **보이지 않는 것**)에만 주목한다.

5:1. 바울이 사역을 하는 동안 육체적인 고난과 죽음의 위기가 점점 증가했다. 그러나 절망으로 이어지지는 않았다. 그는 신자들이 육체적으로 죽을 때, 즉 **집**이 **무너질 때, 하나님께서** 지으시는 영원히 지속되는 부활의 몸(미래의 **집**)에 대한 확신이 더욱 굳건해짐을 알았다. 바울은 이 부분에서 세 가지 인간의 상태를 고찰했다. 즉, (1) **장막 집**으로 설명 가능한 현재 존재하는 육체적 상태, (2) 신자가 부활의 몸 없이(벗은 상태라 지칭되는 상태) 주님과 함께 있는 죽음과 재림 사이의 중간 상태, (3) 마지막 때에 시작되는, 신자들이 부활의 몸을 받는 부활 상태이다.

5:2-4. 첫 번째 상태의 특징은 고통을 수반하는 탄식이다. 바울은 죽음을 경험하지 않고 두 번째 상태로 들어가는(고전 15:50-55) 주 예수의 날이 이를 때까지 살아 있기를 간절히 바랐다. 그때 신자들은 죽음과 두 번째 상태를 경험하지 않고 죽을 몸에서 부활의 몸으로 변화할 것이다.

5:5. 하나님은 회심 때 신자들에게 **성령**을 주신다. 이 성령은 그리스도인들을 부활의 몸으로 준비시키기 위해 하나님이 고난을 통해 일하신다는 보증이다.

5:6-8. **몸으로 있**는 것(살아 있는 것에 대한 관용어)은 주와 따로 있는 것이다. 바울은 주님과의 관계가 **보는 것**이 아닌 **믿음**으로만 표현될 때에도(7절) 용기가 있었다. 그러나 그는 **몸을 떠나** 있는 것(육체적 죽음에 대한 관용어)이 중간 상태에서 주님의 임재 속으로 들어가는 것임을 알았기 때문에 주와 함께 있기를 더 원했다(8절). 그렇다고 바울이 자살을 하고 싶어 하거나 육체적 몸을 경멸했다는 말은 아니다. 그가 죽음에 직면해서도 소망을 잃지 않았던 까닭은, 죽음이 주님과의 관계에 새 국면을 열기 때문이다.

5:9-10. 바울은 미래에 주님과 맺을 관계를 기대하며, 현재 상태에서 그리스도를 기쁘시게 하고자 했다. 바울에게 이것은 고난 중에서도 사역을 계속하는 것을 의미했다. 바울은 또한 그와 모든 그리스도인이 **그리스도의 심판대 앞에 나타나게 되어** 평가를 받으리라는 기대로 힘을 얻었다. 이 일은 **심판대**[*bema*, 베마] 앞에서 일어난다. 심판대는 판결을 기다리는 사람 앞에 있는 높은 단으로 재판부가 자리한 곳을 가리킨다[빌라도가 "재판석에 앉았을 때에" 예수님은 빌라도 "앞에 서" 계

셨다(마 27:11-19). 또 바울은 고린도에서 "갈리오의 법정 앞에" 서 있었다(행 18:12-17)]. 평가의 목적은, 영원한 운명을 결정하는 것이 아니라, 육체적 **몸**이 행한 일들을 밝히고 그 일들이 **선**한지 **악**한지 평가하는 것이다. 선한 행위에 대한 보상은 칭찬이며(고전 4:5), 악한 행위에 대한 보응은 칭찬을 받지 못하는 것이다(고전 3:15).

4. 화목하게 하는 직분(5:11-6:2)

5:11. 그러므로 사람들을 설득하는 바울의 복음 전도 사역의 동기는, 그리스도를 경외하는 마음과 또 자신의 사역을 긍정적으로 평가받으려는 마음이었다. 하나님께서 그의 동기를 명확히 아셨고, 바울은 고린도인들 또한 하나님의 시각을 갖기를 소망했다.

5:12. 바울은 자신에 대해 과장하기보다는 자신의 동기에 대해 씀으로써 내면보다는 **외모**를 자랑하는(그럼으로써 고난을 받는 바울을 거부하는) 반대자들에게 고린도인들이 자신을 변호할 수 있도록 했다. 마음의 내적인 동기가 외모보다 더 중요하다.

5:13. 고린도인들은 바울에게 다양하게 반응했다. 어떤 사람들은 그가 **미쳤**다고, 그러한 고난을 참아내느라 제정신이 아니라고들 수군거렸다. 그런가 하면 그의 **정신이 온전하**다고 굳게 믿는 이들도 있었다. 어떻든지 바울은 자신이 아닌 **하나님**과 고린도인들을 위해 사역했다.

5:14-15. 바울은 **그리스도의 사랑** 안에서, 즉 그를 향한 그리스도의 사랑 안에서 사역의 두 번째 동기를 찾았다. 이 사랑은 그리스도께서 그분을 믿는 이들의 죄의 대속물로 죽으셨을 때 나타났다. 그리고 이는 두 가지 결론으로 이어진다. (1) 그리스도께서 죄에 대해 죽으신 것은, 모든 그리스도인이 죄에 대해 죽은 것이다(롬 6:1-7에 대한 주석을 보라). (2) 이를 통해 그리스도인들은 그리스도를 위해 살겠다는 동기를 얻는다(롬 6:11-14에 대한 주석을 보라). 그리스도의 죽음은 믿어야 할 사실 그 이상이다. 그것은 우리가 살아가야 할 삶의 모본이다.

5:16-17. 바울은 그리스도의 죽음과 관련하여 두 가지 결과를 묘사했다. (1) 그의 회심 경험은 그리스도인들과 그리스도에 대해 새로운 시각을 갖게 했다. 바울이 그들을 **육신을 따라** 인간적인 시각으로 평가했던 시절은 지나갔다. 그리스도의 죽음은 그리스도인들을 단지 어떤 인종, 사회, 경제 그룹에 속한 이가 아니라 영적 형제자매로 여겨야 한다. 또 예수님은 메시아의 권리를 주장한 분이라기보다는 메시아로 여겨야 한다. (2) **이전** 율법 시대는 그리스도의 죽음으로 끝이 났고, 구원 역사에 **새로운** 시대가 도래했다. 사람들이 그리스도인이 되었을 때, 그들은 **그리스도 안**에 있고 모든 것을 새로운 시각으로 본다.

5:18-19. 이 구원 역사의 새로운 시대에 **하나님**은 인류를 **자기와 화목**하게 하시기 위해 **그리스도**의 삶에서 일하셨다. '화목'은 바울의 핵심 용어이다. 그것은 그리스도의 십자가 사역을 통해 인간과의 깨진 관계를 회복된 관계로 바꾸시는 하나님의 행위이다. 아담의 죄는 인간과 하나님의 완벽한 관계를 깨뜨렸고 인간을 하나님의 원수로 만들었다(롬 5:10). 바울이 보기에 인간은 너무나 죄가 많아서 인간 스스로는 자신을 하나님과 화목하게 할 수 없었다. 대신 하나님이 그리스도의 십자가 죽음을 통해 인간과 화목하시고자 역사 속에서 주도권을 쥐고 행하셨다. 그러나 이는 모든 인간이 자동적으로 화목하게 된다는 의미는 아니다. 메시지를 들어야 하고, 그리스도를 믿음으로(롬 5:1-2) 그 메시지를 받아들여야 한다(롬 5:11). 그러면 신자들은 죄의 형벌에서 벗어나며, 그들의 **죄를 그들에게 돌리지 않는다**. 하나님은 화목하게 된 신자들에게 화목하게 하는 말씀을 전하는 임무를 주신다.

5:20. 바울은 **그리스도의 사도**가 되었으므로 바울의 권면은 하나님의 권면을 대신했다. 전도의 열정이 담긴 바울의 간청은, 믿지 않는 이들이 복음 메시지를 받아들임으로써 **하나님과 화목**하게 되는 것이었다(고후 5:11). 이 간청은 NASB의 "우리가 너희에게 간청하노니"가 암시하듯(헬라어 본문에는 대명사 **너희**가 없다. 개역개정에는 '우리가 너희에게'를 번역하지 않았다—옮긴이 주) 고린도인들을 향한 것이 아니었다. 청중은 믿지 않는 세상이다.

5:21. 권면의 내용을 분명하게 설명했다. 그리스도는 **죄**를 범하지 않으셨지만 자발적으로 대속자가 되어 죄의 형벌을 받으심으로써 **죄**를 속하기 위한 제물이 되셨다(**우리를 대신하여 죄로 삼으신**의 가능한 의미). 그분은 다른 사람들의 죄 때문에 벌을 받으셨다. 그분이

죽으신 까닭은 믿는 이들이 하나님 앞에서 의롭게 설 수 있도록 하기 위해서였다. 죄가 없으신 분이 죄인들을 살리기 위해 죽으셨다.

6:1-2. 교리적인 부분(5:11-6:2)은 실제적인 권고로 마무리한다. 바울은 화목하게 하는 말씀을 전하기 위해 **하나님과 함께 일**했다. 고린도인들은 이 메시지를 받아들여 하나님과의 올바른 관계에서 오는 혜택을 입었다. 이제 화목하게 된 그들은 바울을 비롯한 다른 사람들과도 화목해야 한다. 그리스도인들이 그리스도 안에 있는 그들의 지위에 맞게 살지 않는 것은, 하나님이 죄 사함과 화목을 가져오시기 위해 그리스도 안에서 이루신 특별히 새로운 사역(5:18-19)인 **은혜를 헛되이** 받는 것이다. 이렇게 행동하는 이유는 이사야 49:8에 근거가 있다. 하나님은 종종 그분의 백성을 돕기 위해 역사 속으로 들어오시기 때문에 받는 사람들은 반응해야 한다. 하나님에게는 이스라엘을 바벨론 포로 생활에서 구원하신 그분의 **날**이 있으셨던 것처럼, 고린도인들이 죄의 속박에서 구원받을 **날**이 있었다. **지금**을 강조한 것은, 그리스도의 죽음으로 시작된 구원 역사의 새 시대를 가리킨다.

5. 바울의 일관성과 호소(6:3-13)

6:3-4a. 바울은 일관성을 가진 사람이었고, 또한 이를 권면했다. 그는 스스로 **거리끼**게 행함으로 인해 그것이 자신의 복음 사역에 흠을 남기지 않으려고 노력했다. 그의 삶에 이와 같은 메시지가 반영되어 있었다. 바울은 **하나님의 일꾼으로**, 그는 고난 중에도 **견디는 것**으로 자신의 일관성을 증명했다. 이 덕목은 이어지는 온갖 시련에도 적용되며, 모든 사역자에게 아주 중요한 자질이다. 복음에 헌신한 이들은 박해 중에도 굳건히 서 있을 것이다.

6:4b-5. 바울은 세 가지 항목의 세 그룹으로 자신이 당했던 어려움들을 나열했다. (1) 고난에 대한 일반적인 용어(**환난**, **궁핍**, **고난**), (2) 바울이 다른 사람들에게 당한 것들(**매 맞음**, **갇힘**, **난동** 혹은 폭동), (3) 사역을 위해 바울이 택한 고난(**수고로움**, **자지 못함**, **먹지 못함**).

6:6-7. 바울은 하나님이 하셨음을 드러내는 성품 자질을 통해 자신을 추천했다. 그것은 곧 **깨끗함**, **지식**, **오래 참음**, **자비함**, 진실한 **사랑**(이것들은 **성령**의 열매이다) 그리고 진실한 말(이는 **하나님의 능력**을 증거한다)이다. 바울은 또한 의로우신 하나님으로부터 공격(**우**)과 방어(**좌**) 둘 다를 위한 영적 **무기**를 받았다. 기독교 사역은 반대자들에 대한 공격과, 원수의 공격에 대한 방어가 필요한 전쟁과 같다.

6:8a. 바울의 성품은 상황에 관계없이 한결같았다. 인정의 의미에서 **영광**을 받든, 추종자들로부터 **칭찬**을 받든(새번역), 무시의 의미에서 **욕됨**을 당하든, 반대자들로부터 **비난**을 받든 상관없었다.

6:8b-10. 바울을 반대한 이들은 바울에 대해 그들 나름의 평가를 했다. 일곱 가지 표현이 그들의 세속적인 평가와 하나님의 평가를 대비시킨다. (1) 바울은 속이는 자 **같으나** 진실했다. (2) 반대자들은 그를 가짜라 여겼지만, 하나님과 진정한 그리스도인들은 그를 진짜라 여겼다. (3) 종종 죽음의 순간까지 갔지만 그는 여전히 살아 있었다. (4) 고난으로 징계를 받았지만 그는 처형당하지 않았다(참고. 바로 앞의 두 가지를 상기시키는 시 118:17-18). (5) **근심하는 자 같으나** 바울은 **항상 기뻐**했다. (6) 물질적으로 **가난한** 삶을 선택했지만 그는 복음을 통해 **많은 사람을 부요하게** 했다. (7) 상대적으로 이 세상에서 **아무것도** 없었지만, 그는 영원한 **모든 것을 가**졌다.

6:11-13. 바울은 고린도인들에게 자신의 사역을 추천한 후, 솔직한 말로 마무리했다. **넓어진 마음**과 **좁아진** 혹은 옹졸한 마음의 대비는, 바울과 고린도인들의 삶에 나타난 애정의 강도와 관련이 있다. 그들을 향한 바울의 어마어마한 애정은 분명해졌지만 바울을 향한 그들의 **마음**[affection]은 부족했다. 바울이 그들에게 행한 일에 대한 보답으로, 그는 사랑하는 자녀들인 그들에게 자신에 대한 애정으로 화답하라고 권했다.

6. 믿지 않는 이들과 거리 두기(6:14-7:1)

6:14a. 구별됨에 대한 이 고전적인 논의는, 고린도인들이 바울에게 그들의 마음을 어떻게 열 수 있는지 보여준다. 즉, 그것은 **믿지 않는 자와 멍에를 함께 메지** 않음으로써 할 수 있다. 고린도인들에게 보낸 편지에서 **믿지 않는 자**는 항상 교회 밖의 비그리스도인들이다(고전 6:6; 7:12-15; 10:27; 14:22-24; 고후 4:4). 바울은 모든 믿지 않는 자들과의 분리를 옹호하는 것도 아니고(고전 5:9-11; 7:12-15), 고린도에 있는 그의 반대자들에 대해 말하는 것도 아니었다. 이 단락의 어휘는,

그의 관심이 구체적이었음을 분명히 보여준다. 즉 고린도인들은 이교도 신전에서 불신자들과 함께 식사를 해서는 안 되었다[고전 8-10장; Paul Barnett, *The Second Epistle to the Corinthians* (NICNT), Grand Rapids, MI: Eerdmans, 1997, 341-343에 나오는 주석을 보라]. 이 구절을 신자들은 신자들과만 결혼해야 한다거나, 그리스도인들이 불신자들을 사업 파트너로 두어서는 안 된다는 식으로 단순하게 적용해서는 안 된다. 우상숭배를 피하고, 우상숭배가 바울을 향한 고린도인들의 애정에 심각한 손상을 입히지 않도록 하라는 것이 주 요점이다.

6:14b-16a. 다음 다섯 개의 진술이 바울이 한 명령의 첫 번째 이유를 전해준다. 신자들이 이 상황에서 이교도들과 거리 두기를 해야 하는 이유는, 그들의 가치관이 철저하게 나뉘어 있기 때문이다. (1) **의**를 행하는 이들과 악을 행하는 이들 사이에 공통된 가치관(**함께하며**, 문자적으로 공통된 목표와 행동을 포함하는 제휴)이 없다. (2) **빛**의 영역에 속한 이들과 **어둠**의 영역에 속한 이들 사이에 친밀한 **사귐**[따뜻하고 애정 어린 관계]은 없다. (3) **그리스도**의 지체들과 사탄[**벨리알**, *Belial*]의 지체들 사이에 함께 일하는 **조화**는 없다. 그리스도를 믿는 이들과 믿지 않는 이들이 같은 것에 헌신하지는 않는다. (5) 교회의 예배(신자들은 이제 집합적으로 **살아 계신 하나님의 성전**이다)와 이교 신전의 예배 사이에 공통된 근거가 없다.

6:16b-18. 바울이 준 명령의 두 번째 이유는, 성경에 근거한 것이었다. (1) 하나님은 이스라엘이 우상숭배를 멀리할 때 그들과 특별한 관계를 맺으셨다(레 26:1-2, 11-12). (2) 바벨론에서 주님의 그릇을 운반했던 이들은 우상숭배와 **떨어져**(새번역) 있어야 했고, **부정한** 우상들을 **만지지** 말아야 했다(사 52:11). (3) 이스라엘이 우상을 거부했을 때 그들은 하나님과 특별한 가족 관계를 누렸다(삼하 7:14; 참고. 신 32:15-21). 고린도인들이 우상을 피한다면 그들과 바울의 관계는 훨씬 따뜻해질 것이다.

7:1. 바울은 이 구약의 **약속**에 근거하여 우상 숭배의 외적, 내적(**육과 영**) 더러운 것에서 자신을 깨끗하게 하라고 권면했다. 이렇게 **거룩함을 온전히 이루**는 행위는 하나님을 깊이 경외함을 나타낸다.

7. 바울의 새로운 호소(7:2-4)

7:2-3. 바울을 향한 그들의 사랑은 고린도인들이 스스로를 깨끗케 할 때 깊어질 것이다(참고. 6:11-13). 그들이 이렇게 해야 하는 까닭은, 바울이 그들에게 영적으로나 재정적으로 **불의를 행하지** 않았기 때문이다. 바울은 그들이 다 그에게 불의를 행했다고 암시함으로써(그 비판들은 그의 반대자들을 향한 것이었던 것 같다) 고린도인들을 **정죄하려고** 이런 말을 한 것이 아니었다. 그들은 그것을 알았다. 바울이 **이전에** 그들이 지금 살아 있을 때나 나중에 죽었을 때에도 그의 마음에 있다고 말했기 때문이다.

7:4. 바울은 새 언약 사역의 우월성을 논하고 자신의 사역을 변호한(2:14-7:4) '긴 여담'의 중요한 결론으로, 사역의 주제 네 가지를 되풀이해서 말했다. 그것은 곧, (1) 고린도인들과의 솔직한 의사소통, (2) 고린도인들을 다른 이들에게 자랑하는 것, (3) 고난 가운데 하나님이 주신 위로, (4) 고난 가운데서 누리는 기쁨이다.

D. 고린도인들의 회개로 기뻐하는 바울(7:5-16)

7:5. 여기서 바울은 2:13에서 갑자기 끝난 그의 여행 이야기를 계속했다. 그가 드로아에서 **마게도냐로** 여행했을 **때에도** 그는 여전히 **편하지** 못했다. 육체적인 질병에, 불신자들과의 외적인 다툼과 잠시도 쉬지 못하게 하는 고린도의 상황과 관련한 내적인 두려움이 더해졌다. 사역의 압박은 긍휼 많은 사역자에게 깊은 영향을 미친다.

7:6-7. 그러나 바울의 낙심은 곧 기쁨으로 바뀌었다. (1) 고린도에서 **디도**가 도착했고, (2) 디도가 고린도인들에게서 위로를 받았고, (3) 고린도인들이 그를 그리워하고, 또 그들이 그를 대한 방식을 비통해하며 상황을 바로잡고자 하는 **열심**이 있었기 때문이다. 하나님은 고난 가운데 위로를 주시기 위해 사람들의 삶 속에서 일하신다.

7:8-10. 바울은 디도의 보고를 듣고, 고린도인들이 그의 엄중히 권고하는 서신을 읽고 비통해했음을 알았다(현존하지 않는 고린도서신 C, 서론의 '배경'을 보라). 이 소식을 듣고 바울은 마음이 아팠지만 편지 보낸 일을 **후회하지 아니**하였다. 그 편지로 경건한 슬픔을 경험한 그들이 회개했기 때문이다. 그들이 **아무 해도 받지 않았**다는 것(9절)은, 그들이 그 편지 때문에 어떠

한 손상도 입지 않았다는 의미이다. 고난의 유익은 고난에 대한 반응에서 나온다(10절). 경건한 슬픔은 변화와 **구원**이라는 영적 유익으로 이어지지만, 세상적인 슬픔은 영적인 해로움을 낳는다. 사역자들은, 그 결과로 인한 슬픔이 변화로 이어지리라는 소망을 가지고 죄를 지적해야 한다. 경건한 지도자들의 경책을 받는 이들은 회개해야 한다.

7:11. **하나님의 뜻대로 하게 된 이 근심**에서 일곱 가지 성품 자질이 흘러나왔다. 즉 (1) 바울의 명령을 따르고자 하는 **간절**함, (2) 바울이 제기한 비난에 대해 결백을 입증하려는 욕구, (3) 바울에게 불의를 행한 사람을 향한 **분**, (4) 사도의 권위에 대한 새로운 존경, (5) 바울의 귀환에 대한 **사모**, (6) 바울의 소원을 이루고자 하는 열심, (7) 잘못을 행한 이를 벌하고자 하는 욕구이다. 진정한 회개는 행동을 낳는다.

7:12-13a. 바울이 엄중히 권고하는 편지를 쓴 데는 세 가지 목적이 있었다. 처음에 그의 목적은 (1) 그를 개인적으로 공격한 **불의를 행한 자**의 처벌을 요구하는 것이었고, (2) **불의를 당한 자**, 즉 바울 자신의 회복을 꾀하기 위해서였다. 그러나 돌이켜 생각해보면, 그의 주요한 목적은 (3) 그를 향한 그들의 헌신을 드러내도록 하는 것이었다. 바울은 이 목적을 성취했고, 이를 통해 큰 위로를 받았다.

7:13b-14. 이제 관심은 바울의 반응에서 고린도인들의 회개에 대한 디도의 반응으로 옮겨간다. 고린도인들은 디도가 그들을 위해 사역한 이후 그를 **안심**하게 했다. 이는 바울이 기뻐할 훨씬 더 큰 이유였다. 고린도인들이 우호적으로 반응할 것이라고 바울이 디도를 안심시킨 바 있었고, 그들은 그렇게 했다. 바울이 **부끄럽지 아니하**였던 이유는, 바울이 그들에게 선포한 복음 진리와, 디도와 관련하여 그가 언급한 내용의 진실성이 잘 어울렸기 때문이다.

7:15-16. 고린도인들을 향한 디도의 **사랑하는 정**(새번역)은, 그가 그들의 **순종**을 기억하고 그것을 바울에게 전했을 때 훨씬 커졌다. 그들의 **순종**은, 디도가 방문한 동안 그들이 하나님을 두려워하며 그를 대한 방식에서 드러났다. 바울은 고린도인들이 디도와 그의 엄중히 권고하는 편지에 긍정적으로 반응함으로써 그가 고린도인들을 새롭게 신뢰하게 되어 기쁘다는 주제를 되풀이하면서 이 부분을 마무리했다.

Ⅱ. 현재의 고린도 사역(8:1-9:15)

A. 헌금을 마무리하라(8:1-15)

8:1-2. 바울은 과거 사건에 비추어 자신의 사도직을 변호하는 데서 예루살렘의 가난한 유대인 신자들을 위한 헌금 모금으로(참고. 롬 15:26-27에 대한 주석) 관심이 옮겨갔다. 그는 하나님이 마게도냐 교회들에게 주신 **은혜**를 알리며, 고린도인들에게 헌금을 마무리하라고 권했다. 이 은혜는 마게도냐인들이 헌금을 할 수 있도록 하나님이 영적인 면에서 하신 일을 말한다('구원하는 은혜'와 '섬기는 은혜'의 상관관계에 대해서는 고전 15:10을 보라). 헬라어 '카리스'(*charis*, grace)는 고린도후서 8-9장에 열 번 나오며, 몇 가지 다른 뉘앙스를 갖는다(Harris, *Second Corinthians*, 559-560). 즉 (1) 헌금하는 일을 가능하게 해주신 것(8:1; 9:8, 14), (2) 베푸는 **은혜** 혹은 기회(8:4), (3) 모금 자체인 **은혜로운 일**(새번역, 8:6, 7, 19), (4) 주님의 은혜로운 성품(8:9), (5) 하나님을 향한 감사 표현(8:16; 9:15)이다. 그들이 헌금한 것은 외적 압력 때문이 아니라 내적 은혜 때문이었다. 마게도냐인들(최소한 빌립보, 데살로니가, 베뢰아 **교회들**을 포함하여, 행 20:1-6)은 고난을 겪는 중에도 큰 **기쁨**이 있었고, **극심한 가난**에 시달리면서도 그들의 재정 능력에 넘치도록 헌금했다.

8:3-5. 마게도냐인들이 헌금하는 데는 세 가지 정황이 있었다. 바울은 (1) 그들이 **자원하여** 희생적으로 헌금했고, (2) 구제 사역에 참여할 기회를 얻기 위해 바울에게 간절히 구했고(**참여함**은 유대인 신자들과의 적극적인 교제를 가리킨다, 4절), (3) 그들의 헌금은 먼저 주님께 다시 헌신하고 바울의 영적 리더십에 헌신한 결과였다고(5절) 증언했다. 그들이 바울의 권위에 순종하는 것은 **하나님의 뜻**이었다. 가난에 시달리는 마게도냐인들이 이렇게 헌금할 수 있다면, 분명 비교적 부유한 고린도인들도 헌금할 수 있다. 마게도냐인들의 태도는 오늘날 신자들에게도 경제적 상황에 상관없이 헌금하도록 도전한다.

8:6. 바울은 마게도냐인들의 예상 밖의 관대함에 기초하여 **디도**에게 고린도로 돌아가 반대자들이 도착하기 전에 시작했던 모금을 마무리하라고 권했다. 디도는

바울의 '권함'을 받아들였다(8:16-17).

8:7. 고린도인들은 바울이 함양시켜주었던 간절함(혹은 열심)과 사랑을 비롯하여 여러 영역에서 은사가 있었다(고전 1:5). 고린도인들은 모금을 함으로써 이 덕목들을 실천해야 했다. 하나님이 주시는 풍성한 은혜를 경험한 이들은 또한 풍성히 나누어야 한다.

8:8-9. 바울은 그들에게 헌금을 하라고 강요하지 않았다. 그가 고린도인들의 열심을 마게도냐인들의 열심과 비교한 것은 모금을 통해 그에 대한 그들의 사랑이 진정한지를 확인하기 위해서였다. 그러나 무엇보다 헌금의 궁극적인 이유는 그리스도께서 본을 보이셨기 때문이다. 그분은 하늘의 모든 부유함을 누리셨음에도 불구하고 성육신하심으로 자발적으로 **가난하게 되셨다**. 그리스도인들은 이러한 나눔을 통하여 영적 부요함을 누린다. 헌금은 그리스도의 **은혜**에 대한 반응이다.

8:10-12. 고린도인들에게는 모금과 관련한 독특한 역사가 있었다. 그들은 **일 년 전** 디도가 왔을 때 바울의 가르침에 반응을 보였다. 그래서 헌금을 하고자 **원하였을 뿐 아니라** 실제로 헌금을 **먼저** 시작했다. 이 때문에 바울이 이 이슈에 대한 자신의 심정을 털어놓는 것이 적합했다. 그들의 원하는 마음은 중단되지 않았고 모금이 진행되었다. 이제 그들은 그들의 원하는 마음을 다시 한 번 행동으로 옮겨 모금을 재개해야 했다(11절). 그들은 힘대로(**있는 대로**, 마게도냐인들이 힘에 지나도록 했음에도 불구하고, 8:3) 이 일을 해야 했다. 크레이그 블롬버그[Craig Blomberg, *1 Corinthians*, NIVAC (Grand Rapids, MI: Zondervan, 1995), 85]는 이것을 '등급이 있는 헌금'이라 부른다. 헌금의 비율은 자산에 비례하여 증가해야 한다. 바울은 수입의 10퍼센트로 헌금을 제한하지 않는다.

8:13-14. 바울이 원하는 바는, 고린도인들이 마게도냐인들처럼 가난하게 되고, 예루살렘의 유대인 신자들은 부유해지는 것이 아니다. 모든 사람이 동일한 액수의 돈을 소유하는 경제적 평등이 되도록 그들의 재산을 나누어야 한다는 것도 아니다. 대신 그들은 **균등하게 하려**고 헌금해야 한다. 이미 교회 안의 유대인과 이방인 사이에 존재하던 영적 균등함을 기반으로 말이다. 당시에 고린도인들은 물질적으로 풍요로웠고, 예루살렘의 유대인 신자들은 가난했다. 그러나 그들은 이방인들과 그들의 영적(롬 15:27) 축복을 나누었다. 모든 사람이 나눌 때 균등의 목표를 성취할 수 있다. 그리스도인들은 영적으로 자신들을 지원하는 이들에게 물질을 나누어야 한다.

8:15. 출애굽기 16장의 만나 단락에서 나온 인용문은, 나누라는 바울의 권면을 뒷받침해준다. 광야에서의 경험은 하나님이 자신을 신뢰하는 이들에게 공급하시며, 자기만을 위해 저장을 해서는 안 된다는 것을 이스라엘에게 가르쳤다[Richard Hays, *Echoes of Scripture in the Letters of Paul* (New Haven: Yale University Press, 1989), 88-91]. 광야에서는 균등함이 기적적으로 실행되었다(얼마를 모으든 상관없이 모두 한 오멜씩 가졌다). 교회에서는 균등함이 신자들의 행동으로 실현된다. 하나님이 공급하신다는 이유로 헌금을 안 하지는 않는다.

B. 기금을 관리하라(8:16-9:5)

8:16-17. 바울은 고린도인들에게 헌금을 재개하라고 권한 후에 관리 문제를 짚는다. 그는 기금을 모으고 전달하는 일을 도울 두 명의 형제와 디도에 대한 추천서를 제시했다. 바울이 하나님을 찬양한 것은, 그분이 디도의 삶에 역사하셔서 모금과 관련하여 바울이 가졌던 것과 동일한 바람을 주셨기 때문이다. 디도의 간절함에 대한 증거로 바울은 (1) 그가 돌아가라는 바울의 권고를 받아들였음과 (2) 그가 강요를 받아 그렇게 한 것이 아니라 **더욱 간절함으로** 그렇게 했음을 지적했다.

8:18-19. 디도는 누군지 여전히 알 수 없는, 이름이 밝혀지지 않은 형제와 돌아갈 것이다. 디도가 그를 소개할 것이다. 이 동료 신자가 추천을 받은 까닭은 (1) 그가 **복음** 사역으로 인해 마게도냐 **교회**에서 많은 존경을 받았기 때문이고, (2) 고린도로부터 예루살렘으로 모금을 전달하는 바울과 동행하도록 마게도냐 **교회의 택함**을 받았기 때문이다. 모금은 두 가지 목적을 위해 관리했다. (1) 먼저 하나님을 향한 찬양이 더 넘쳐나도록 하기 위해 그리고 (2) 유대인 그리스도인들을 돕고자 하는 바울의 **원** 혹은 간절함을 확실하게 하기 위해서였다.

8:20-21. 바울은 거액의 모금을 기대했고, 재정적인 면에서 책임 있게 행동하려 했다. 바울은 기금의 일부를 횡령하려 했다는 비난을 받지 않도록 **조심**하기 위해

형제들과 동행했다. 그들은 바울이 비난의 여지가 없음을 확실히 해줄 것이었다. 교회의 기금을 다룰 때에는 **주** 앞에서 그리고 특별히 교회 구성원들 앞에서 다 공개해야 한다.

8:22. 두 번째로 이름이 명시되지 않은 전달자는 고린도에서 모금을 할 때 디도를 도울 것이다. 바울은 동료 신자로(영적 **형제**) 그를 교회에 추천했다. 그는 여러 때에 여러 면에서 사역을 향한 열심을 가지고 있었음을 바울이 검증했다. 고린도의 상황을 들은 이후 그의 열심은 더 커졌다.

8:23. 바울은 대표단에 관련한 질문을 예측했다. 그들이 디도에 관해 질문한다면, 그는 고린도인들에 대해 바울이 한 것과 동일한 헌신을 했고 모금을 위해 그와 함께 일한다고 할 것이다. 그들이 다른 형제들에 대해 질문한다면, 그들은 헌금의 진실성을 확실하게 하기 위해 마게도냐 교회로부터 온 **사자들**[혹은 비전문적인 의미에서 '사도들']이며 그들의 삶에서 그리스도를 영화롭게 하는 이들이라고 할 것이다.

8:24. 바울은 고린도인들을 향해 다음 내용을 권함으로써 추천서를 마무리했다. 즉, 대표단과 그들을 보내는 **교회**에게 (1) 그들의 사랑과 (2) 그들에 관한 바울의 주장이 진실임을 보이라고 했다. 그들은 그 대표단을 받아들이고 모금에 참여함으로써 그렇게 할 것이었다.

9:1-2. 이 단락은 왜 바울이 그가 고린도에 도착하기 전에 모금을 마무리하도록 그 형제들을 보내는지 설명함으로써 8:16-24의 생각을 계속 이어나간다. 바울은 헌금을 하려는 고린도인들의 의사를 알았기 때문에 편지의 이 부분이 불필요해 보일 수도 있다. 바울은 디도가 일 년 전에 그 시도를 시작했으므로 **아가야**[고린도를 포함한 주]는 헌금할 준비가 되어 있다고 계속 마게도냐인들에게 자랑했다. 그리고 이 고린도인들의 열심은 마게도냐인들이 헌금을 하는 동기가 되었다.

9:3-4. 그러나 선한 의도가 항상 원하는 결과를 낳는 것은 아니며, 고린도인들은 그들의 열심을 행동으로 옮길 격려가 필요했다. 그래서 디도와 두 형제들이 세 가지 목적을 가지고 고린도로 보냄을 받았다. 즉 (1) 고린도인들의 의향에 대한 바울의 **자랑**이, 그 행동을 마무리하지 못함으로 **헛되지 않**도록 하기 위해, (2) 모금이 마무리되었음을 확인하기 위해(바울은 그럴 것이라고 대표단에게 계속 말했다), (3) **마게도냐인들**이 바울과 함께 고린도에 가서 모금을 완료하지 못했음을 알게 될 때 모든 사람에게 올 **부끄러움**을 피하기 위해서였다.

9:5. 그러므로 세 명으로 구성된 대표단의 목적은, 고린도인들이 바울 도착 전에 모금을 완료하여 그들의 약속을 이행하도록 동기를 주는 것이었다. 이는 그들의 관대하고 자발적인 선물이, 바울이 강요하여 급조한 인색한 선물이 아니라 거기에 유대인 신자들을 축복하려는 그들의 바람이 반영되어 있음을 보여줄 것이다.

고후

C. 보람을 얻으라(9:6-15)

9:6. 바울은 이전에 그가 관대한 선물과 인색한 선물을 구분했던 것을 기반으로 관대한 헌금의 유익을 밝힘으로써 헌금에 대한 마지막 고찰을 나눈다. 바울은 추수의 양은 파종의 양과 정비례 관계에 있다는 농사의 원리를 이용하여 새로운 주제를 시작한다. 관대한 헌금은 넉넉한 수확을 낳는다는 것이다. 이것이 헌금의 첫 번째 유익이다.

9:7. 모든 사람은 헌금의 양에 대해 자기를 돌아보아야 한다. 내면의 마지못해 하는 태도와 외적인 **억지로 하**는 태도는, 하나님의 사랑을 구하는 즐거움으로 바뀌어야 한다. **하나님은 즐겨 내는 자를 사랑하**신다. 즐겨 내는 자는 하나님이 즐거이 나누어 주시는 것처럼 나누고, 그럼으로써 억지로 나누는 사람이 흉내 낼 수 없는 식으로 세상에 그분의 은혜로우심을 드러낸다.

9:8-9. 9:6의 원리에 대한 설명이 이제 나온다. 너그럽게 나누는 그리스도인들은 하나님이 그에 대한 보답으로 그들에게 너그럽게 주심을 알아야 한다. 나누는 그리스도인들은 계속 하나님이 주시는 자원을 받는다. 그러므로 그들은 축적하는 일에 급급하지 않고 훨씬 더 잘 나눌 수 있다. 나누는 자(9절의 **그가 흩어 가난한 자들에게 주었으니**는, 하나님보다는 나누어 주는 인간을 가리킨다)는 시편 119:9에 나오는 가난한 이들에게 나누는 의로운 사람처럼 된다. 이 의로운 행위는 **영원토록** 기억될 것이다. 그렇다고 하나님이 나누어 주는 그리스도인들을 다 부유하게 해주셔야 한다는 뜻은 아니다. 신약에서 나눔에 대한 보상은 미래지향적이며(예를 들어, "너희를 위하여 보물을 하늘에 쌓아두라",

마 6:20), 물질적인 번영을 비축하기보다는 **모든 착한 일**(9:8)과 **의**(9:9-10)의 자원을 풍성히 갖는 데 초점이 있다.

9:10-11a. 하나님은 나누는 데 필요한 자금을 **주시고**, 그로 인해 생기는 **먹을 양식**을 주신다. 나누는 자의 의가 나눔의 **열매**를 맺을 때, 하나님은 궁핍한 이들이 얻을 유익을 더 배가시켜주신다. 원리는 분명하다. 하나님은 궁핍한 이들에게 나누어 주는 신자들에게 물질적 이득을 주신다. 그분은 **모든 일에**[물질적으로, 영적으로] 나누는 이들을 넉넉하게 하셔서 그들이 더 너그럽게 나눌 수 있게 하신다(그들을 부유하게 하시는 것이 아니라).

9:11b-12. 너그러운 헌금에서 두 가지 부가적인 유익이 온다. 즉, 받는 이의 재정적인 필요가 채워지고 감사가 하나님께로 향한다.

9:13. 바울은 그 헌금이 이방인들의 회심을 **입증했기 때문에**(새번역) 예루살렘의 유대인 신자들이 하나님께 영광을 돌릴 때를 기대하고 있다. 구체적으로 예수님을 따르는 유대인들은 (1) **복음을…믿은** 데서 나온 이방인들의 **복종** 그리고 (2) **그들**[유대인 신자들]과 궁핍한 **모든 사람**을 향한 이방인들의 관대함으로 인해(참고. 갈 6:10) 하나님께 영광을 돌릴 것이다. 이러한 기대는 바울이 예루살렘에 도착했을 때 현실이 되었다(행 21:17, 20a).

9:14-15. 예루살렘에서 헌금을 받은 이들은 하나님께 감사하는 것에 더하여 고린도인들을 위해 기도할 것이고, 그들을 만나기를 사모할 것이다. 하나님의 은혜가 그들을 움직여 관대하게 나누도록 하셨기 때문이다. 이 모든 유익이 가능한 까닭은, 그리스도의 인격과 사역 때문이다. 그것은 하나님이 주시는 **말로 다 형언할 수 없는 선물**(새번역)이다. 그리고 이에 대해 모든 사람이 하나님께 감사해야 한다.

Ⅲ. 미래의 고린도 사역(10:1-13:13)

A. 자신의 권위를 변호하는 바울(10:1-18)

10:1. 바울은 다음번 방문을 기대하며, 또 고린도의 반대자들과의 문제를 점점 더 인식하며, 이 서신을 그의 사도적 권위를 열정적으로 변호하면서 마무리했다. 바울은 계속해서 자신의 사역을 변호하고 고린도인들을 권면하는데, 이는 이 서신의 '통일성'이라는 면을 뒷받침한다(참고. 3:1; 4:2; 5:12; 6:4; 10:12, 18; 12:11에서 추천에 대한 계속되는 설명). 그는 **온유**와 **관용**으로 그리스도의 본을 따르는 이로서 그 교회에 호소했다. 하지만 반대자들은 그가 두 얼굴을 가지고 있다며 비난했다. 바울이 그들과 같이 있는 동안에는 굽실거리지만(부정을 행하는 자들을 처리하지 못하는 것) **떠나 있으면** 요구를 많이 한다는 것이었다(참고. 10:10).

10:2a. (개역개정은 NASB와 어순이 다르므로 이 부분은 2절 하반절에 대한 주석이다—옮긴이 주) 바울은 직접 그렇게 할 권위가 있다는 **담대한 태도로** 징계를 하려는 마음이었다. 그러나 그는 이런 일이 벌어지지 않게 해 달라고 청했다. 아직 회개하고 순종할 시간이 있었다.

10:2b-4. (개역개정의 2절 상반절에 대한 주석이다—옮긴이 주) 바울의 반대자들과 그들 편에 있는 자들은 바울이 **육신에 따라** 행하고 있다고, 다시 말해 그의 행위에 초자연적인 능력이 전혀 없다고 주장했다.

바울은 육체적인 존재로 살고 있음을 인정했지만(**육신으로 행하나**, 3절), 그가 반대자들과 벌이려는 싸움은 하나님의 능력을 나타내는 증거가 될 것이다(**육신에 따라…아니하노니**). 그는 반대자들의 **진**, 즉 반대 주장을 무너뜨리는 **무기**[명시되지는 않았다, 참고. 엡 6:13-17]를 사용할 것이다.

10:5-6. 그의 전투 계획을 3단계로 짰다. (1) **진**을 무너뜨린다. 그 진은 사람들로 하여금 하나님에 대한 참된 지식을 갖지 못하게 하는 잘못된 추론과 오만한 논증을 말한다. (2) 복음을 따르도록 잘못된 생각들을 **사로잡는다**. (3) 바울이 방문할 때 여전히 복종하지 않는 이들을 **벌한다**.

10:7. 바울은 고린도인들에게 그의 사역과 관련한 사실들을 보라고(NASB의 "주를 보라") 명령했다. 반대측 지도자(**사람이 자기가…자기가…자기**)는 그리스도와 특별한 관계에 있다고 주장했지만(이것은 **자기가** 하는 자신의 주장이었다. 이는 바울이 후에 거부한 주장이다. 참고. 고후 11:13-15), 바울 역시 그렇게 주장할 수 있다.

10:8. 바울은 회심 때 예수님이 그에게 주신 권위를 훨씬 더 자랑했지만, 최후의 심판 때 부끄러워하지 않

을 것이다. 그의 자랑이 주 안에 있었기 때문이다. 그의 사역의 주요 목적은 교회를 허무는 것이 아니라 세우는 것이었다.

10:9-11. 반대자들은 바울이 단호한 편지들을 통하여(외모와 언변이 인상적이지 않았던 고린도 사역과는 대조적으로, 10절) 그 교회를 허물고 있다고 비난했다. 그러나 세우고자 하는 바울의 사명을 그의 엄중한 권고의 글에도 적용해야 했고, 이는 무너뜨려 그들을 두렵게 하려는 것이 아니라 궁극적으로 그들의 유익을 위한 것이었다. 그의 반대자들은 세우고자 하는 그의 사명이 그가 함께 있을 때는 행동을 통해서 그리고 그가 없을 때는 편지를 통해서 성취된다는 것을 깨달아야 했다(11절). 편지글의 강력한 말들은 함께 있을 때 그가 행한 강력한 행동과 일맥상통한다. 교회를 세우는 데는 때로 단호한 꾸지람도 필요하다.

10:12. 12-18절은 반대자들의 부정적인 자랑과 바울의 긍정적인 자랑을 비교한다. 그들은 어리석게도 성경의 기준과는 별개로 그들의 문화적 하위 집단에 있는 다른 사람들과 **자기**를 비교함으로써 **자기를 칭찬**한다. 바울은 풍자적으로, 그는 **감히** 그렇게 **할 수 없**었다고 주장했다.

10:13-15a. 바울은 교회를 세우기 위해 이방 땅(고린도라는 **범위**)으로 가라고 하나님이 정해주신 임무(**한계**)를 기준으로 **자랑**을 했다. 이는 예루살렘 지도자들도 알았던 임무였다(갈 2:7-9). 바울은 고린도도 그가 할당받은 곳임을 보이며, 그가 **그리스도**에 관한 **복음**을 가지고 그들에게 '처음'(개역개정에는 번역하지 않은 부분이다—옮긴이 주) **나아간** 것을 고린도인들에게 상기시켰다(14절). 바울보다 후에 들어와서는 바울이 심은 것을 수확하려 했던 반대자들과는 대조적으로, 바울은 교회를 세우는 자로서 다른 이들의 **수고**를 밟고 일어서려 하지 않았다.

10:15b-16a. (개역개정은 NASB와 어순이 달라서 이 부분에 16절 하반절에 대한 주석이 담겨 있다— 옮긴이 주) 바울은 고린도 **지역을 넘어** 서쪽 지역으로 가서 교회를 세울 것이라 확신했다(로마와 스페인으로, 롬 15:22-29에 대한 주석을 보라). 이러한 확장은 (1) 고린도인들이 하나님에 대한 **믿음**이 자랄 때, (2) 이방인들을 향하라는 하나님이 주신 그의 **활동 범위**에 따라(새번역) (3) 이미 있는 것보다 **더욱** 풍성하게 (4) 고린도인들의 재정적인 지원 **가운데서** 일어날 것이다.

10:16b-18. 바울은 다른 사람이 시작한 사역 안에서 **자랑하**려 하지 않았다(그의 반대자들이 고린도에서 했듯이). 그의 자랑은 주 예수 안에 있었다. 그분은 그에게 임무를 주셨고 이방 땅에서의 성공을 허락해주셨다(렘 9:24). 인정받는 사역자의 표지는, 스스로의 칭찬(반대자들이 했듯이)이 아니라 주님의 칭찬이다.

B. 바울이 스스로를 칭찬할 수밖에 없었던 이유 (11:1-12:13)

11:1. 바울은 스스로를 칭찬하는 행위를 비난한 후에 그가 비난했던 그 일에 어쩔 수 없이 참여했다. 상황이 그렇게 만들었다. 그가 자랑을 한다면, 반대자들처럼 어리석은 자일 것이다. 그러나 그가 자랑을 하지 않는다면, 반대자들이 승리한 것처럼 보일 것이다. 그는 길을 벗어난 고린도인들을 되찾기 위해, 또 그 노력의 어리석음을 보이기 위해 어리석은 자랑에 참여한다. 1-21a절은 21b-23a에 나오는 바울의 어리석은 자랑을 위해 고린도인들을 준비시킨다. 바울은 고린도인들이 자신의 **좀 어리석은** 자랑을 참아주기를 바랐고 또 그렇게 명령했다[11:1b는 "너희가 과연 나를 용납하느니라"(개역개정 난외주)보다 '나를 참아주라'라는 명령법이 더 나은 번역이다].

11:2-6. 2-6절은 바울이 어리석은 자랑을 하는 세 가지 이유를 제시한다. (1) 고린도인들은 그리스도께 서약한 **처녀**이며, 그들의 영적 아버지인 바울은 마지막 때 그들과 그 남편의 관계가 절정에 이를 때까지 **한 남편**에게 계속 **정결**하도록 하려는 **하나님의 열심**[이는 하나님과 모든 신실한 사역자들의 특징이다. 참고. 출 34:14]을 가지고 있었다. 그래서 바울은 자신의 두려움을 누그러뜨리기 위해서라도 자랑해야 했다. 교활한 반대자들이 고린도인들의 생각에 영향을 끼쳐 이 정결한 헌신을 하지 못하게 할 수도 있었다. 또 그렇게 함으로써 하와를 공격했던 사탄처럼 할 수도 있었다. (2) 고린도인들이 이미 바울이 그들의 회심 때 선포했던 것과는 다른 **예수**, **다른 영**[성령에 대한 잘못된 묘사를 가리키는 것], **다른 복음**에 관한 반대자들의 메시지를 받아들였기 때문에 바울은 자랑하지 않을 수 없었다. 이 다른 복음의 내용에는 아마 구원의 필수 요소로 행위를

높이 평가하는 율법주의가 반영되어 있었던 것 같다. 그들이 침입자들의 어리석음을 받아들였다면 그들은 분명 교회 설립자의 어리석은 자랑도 받아들일 수 있을 것이다. (3) **지극히 크다는 사도**들은 예루살렘의 열두 사도를 가리킬 수 있다. 반대자들은 그들에게 충성했고, 바울은 그들보다 열등하지 않다고 주장했다. 그러나 어리석은 자랑의 문맥에서 볼 때, 바울은 풍자적으로 '최고의 사도들'(NIV)이라 주장했던 반대자들을 가리키고 있다. 어느 쪽을 받아들이든, 즉 **지극히 크다는 사도들**이 정당한 예루살렘 사도들이든 바울에게 반대하는 적대자들이든, 요점은 동일하다. 적어도 바울은 그들과 동등하다는 것이다. 고린도인들이 바울에게 귀를 기울여야 하는 까닭은, 진짜 사도들은 분명 스스로를 높이는 이들보다 **부족하**지 않기 때문이다. 바울은 반대자들이 주장했던 대로 현란한 언변에서는 **부족하**다고 인정했다. 그러나 그는 복음의 내용, 고린도인들이 여러 다른 상황에서 목도했던 사실에 초점을 두었다(고전 2:1-5에 대한 주석을 보라). 수사학적 꾸밈보다는 내용이 더 중요했다.

11:7-12. 바울은 자신에 대한 어리석은 자랑을 하기에 앞서 고린도인들로부터 재정 후원을 받지 않으려 한 네 가지 의도를 드러냈다(11:7-12). 고린도에서 사역하는 동안 바울은 육체노동을 함으로써 스스로를 낮추었다. (1) 이는 고린도인들이 복음을 받아들일 때 그들을 **높이**기 위함이었다. 또한 그리스도의 본을 따르는 것이었으며(8:9), 다른 이들을 위해 자신을 부인한 진정한 사역자들의 본을 따른 것이었다. 그러나 아이러니하게도 사례를 요구한 반대자들의 영향을 받은 고린도인들은 이를 **죄**로 보았다. (2) 바울의 목표는, 그들과 같이 사역하는 동안 보상을 받지 않고 고린도인들을 **섬기**는 것이었다(8-9절). 그는 이 목표를 달성하기 위해 처음에는 **다른 여러 교회에서…탈취**했다. 이는 그들로부터 재정적으로 후원받은 일을 비유적, 반어적 표현한 것이다. 그는 장막을 만들 재료가 동이 나자 마게도냐에서 온 형제들을 통해(아마도 실라와 디모데, 참고. 행 18:5) 교회들로부터 계속 후원을 받았다. 그는 (3) 그가 고린도인들에게 사역하는 동안 그들에게 재정적으로 **폐를 끼치지** 않기를 원했다(9절). 10-11절에서 바울은, **그리스도**로부터 온 진리가 그의 삶에 깊이 스며들어 있어서 그는 그의 **자랑**, 다시 말해 **아가야**[고린도를 포함한 더 큰 지역] 전역에서 보수를 받지 않고 복음을 전하며 그리스도인으로서 적절한 만족감을 가진 것에 대한 자랑을 그만두려 하지 않았다고 언급했다. 바울에게는 일관성 있는 선교 전략이 있었다. 그것은 어떤 교회들에게 사역을 하는 동안에는 그들로부터 후원을 받지 않고, 다른 지역으로 떠날 때 그 교회들로부터 후원을 받는 것이었다(Harris, *Second Corinthians*, 765-766). 바울은 그가 후원을 받지 않는 것은 그들을 사랑하지 않는다는 표시라고 주장했던 반대자들에게 반박하기 위해서, 그가 거절한 마지막 이유를 밝혔다. 그것은 (4) **하나님이** 잘 **아시**듯이 그가 그들을 사랑했기 때문이다(11절). 반대자들은 바울이 고린도인들에게서 재정 후원을 받음으로써 자신을 그들의 수준으로 낮추기를 원했다(12절). 이는 그들이 바울과 동등하다고 **자랑할 기회**가 되었을 것이다. 바울은 이러한 어리석은 게임을 하지 않으려 했다.

11:13-15. 바울은 그의 반대자들이 그와 동등함을 자랑할 수 있었던 이유를 설명했다. 그들이 그리스도인들이라 주장했음에도 불구하고(고후 10:7; 11:23), 고린도에서 그들의 사명은 **거짓**되고 속이는 것이었다. **사탄**처럼 그들은 의롭고 진실해 보였으나 그것은 가장이었을 뿐이다(14절). 그들은 그리스도인이 아니라 사탄의 일꾼이었다(15절). 마지막 심판 때 그들의 가면이 벗겨질 것이고 그들의 행위는 악으로 밝혀질 것이다. 진정한 사역자는 가면을 쓰지 않는다.

11:16. 반대자들은 어리석은 자랑을 통해 일부 고린도인들을 압도했고, 바울도 길을 벗어난 고린도인들을 되찾기 위해 동일한 행동에 참여하려 했다. 그러나 바울은 자랑을 하기 전에 **다시** 그것의 어리석음을 강조했다(11:16-21a; 참고. 11:1). 그들은 그를 **어리석은 자**로 보아서는 안 된다. 그런데 그들이 그렇게 하면, 그들은 바울의 허풍쟁이 반대자들에게 귀를 기울였던 것과 똑같이 바울의 말도 들어야 했다.

11:17-19. 21b절에서 시작되는, 곧 바울이 주제에서 잠시 벗어나 할 **자랑**은 사실 **어리석은** 것이었고 주의 지시를 따른 것이 아니었다. 고린도인들이 그로 하여금 자랑하지 않을 수 없게 한 것이지, 그 충동은 주님으로부터 온 것이 아니었다. 반대자들(**어리석은 여러**

사람, 17-18절)은 **육신을 따라**, 즉 외적인 기준만으로 자신들의 사역을 변호했고, 고린도인들은 그들의 '지혜'로 아니러니하게도 그들을 **기쁘게** 용납했다(19절). 둘 다 어리석은 행동이었지만 바울은 고린도인들이 그것에 귀를 기울였기 때문에 반대자들의 패를 따랐다.

11:20-21a. 바울은 반대자들의 '강한' 행동과 그의 '약함'을 대비하며 이 부분을 마무리 지었다. 그들은 자기들의 강함을 내세워 고린도인들을 종으로 삼아서는 그들을 재정적으로 집어삼키고, 그들의 돈을 빼앗고, 자신을 높이고, 비유적인 의미에서 그들의 뺨을 쳤다. 아이러니하게도 고린도인들은 강한 지배의 과시를 참아낸 반면, 바울이 연약한 종으로 섬기는 것을 거부했다.

11:21b-23a. 바울은 외적인 것에 초점을 두는 것이 **어리석**고 무모함을 여전히 알고 있었지만, 결국 그의 혈통에 초점을 맞춤으로써 어리석은 자랑을 했다. 바울과 반대자들 둘 다 (1) 순수 혈통의 유대인의 문화, 언어와 연결된 **히브리인**이었고, (2) 하나님의 택하심 받은 백성인 **이스라엘인**이었고, (3) 아브라함 언약의 상속자들인 **아브라함의 후손**이었다. 유대 혈통에 대한 이러한 자랑을 듣고 고린도인들은 그 반대자들을 **그리스도의 일꾼**으로 인정했다. 바울은 그들이 이와 같이 불리지 않기를 바랐다(참고. 11:13).

11:23b-27. 바울은 간단히 어리석은 말을 한 이후, 그가 당한 엄청난 양의 고난 목록을 제시했다. 이는 반대자들과는 대조적으로 그를 진정한 사도로 규정해주는 바로 그것이었다. 진정한 사역자들은 자신들의 업적이 아니라 고난 가운데서 받은 주님의 위로를 자랑한다. 바울이 생각하는 진정한 자랑은 이런 것이었다. 즉 사역을 하는 동안 엄청난 **수고**를 한 것, 몇 번 **옥에 갇힌** 것, 수없이 맞은 것, **사십에서 하나 감한 매**[신 25:2-3에 규정된 양을 넘지 않도록 사십에서 줄인 것, 24절]라는 할라카(*Halakha,* 유대 법)의 최대 형벌에서 알 수 있듯이 몇 번 **죽음**과 마주한 것(23b절), 로마 권세자들로부터 **태장으로 맞은** 것(행 16:22), **돌로 맞은** 것(행 14:19-20), 24시간 동안 망망대해에서 표류했을 때를 포함하여 **파선한** 것, 여행할 때 강물과 강도, 또 **시내**, 광야, **바다** 등 지면의 모든 곳에서 유대인(행 9:23)과 이방인(16:16-24; 19:21-20:1)으로부터 겪은 **위험**, 거짓 형제들(고린도에 침투한 이들같이, 26절)이다. 바울이 선교사이자 장막 짓는 자로서 한 **수고**와 고생은, **여러 번 자지 못하고**, **주리며**, **목마르고**, **굶고**, **춥고**, **헐벗은** 것이었다(27절).

11:28-29. 바울은 외적으로 겪은 고난만큼 내적으로 **모든 교회**, 특히 그가 세운 교회들을 **위하여 염려**했다. 반대자들은 고린도인들을 영적으로 **약하**게 만들었고, 이는 바울에게도 영향을 미쳤다. 고린도인들이 **실족하게 되**었을 때 바울은 반대자들에 대해 화가 불같이 일어났다. 바울의 외적 고난과 내적 염려는 복음을 위해 약간의 고난만 받고, 섬기는 사람들을 위해 최소한의 염려만 하는 사역자들에게 도전이 되어야 한다.

11:30-31. 반대자들은 **자랑하**는 것이 꼭 필요하다고 믿었으므로, 바울 역시 고린도인들을 되찾기 위해 **자랑**을 계속했다. 그러나 바울은 강점을 자랑하는 대신 약점만을 자랑할 것이다. 바울이 찬양하는 하나님은, 다메섹에서의 기이한 사건들에 대한 이후의 자랑과 셋째 하늘이 거짓말이 **아니**었음을 **아신**다.

11:32-33. 아라비아에서 이방인들을 향한 바울의 복음 전도 사역으로 인해(갈 1:16-17), **아레다** 왕은 **다메섹에서** 그의 **고관**에게 바울을 **잡으**라고 지시했다. 그러나 바울은 광주리를 타고 창문을 통해 도망쳤다(행 9:23-25). 이는 강함의 예가 아니라 약함의 예이다. 교회의 박해자가 박해를 받았고 광주리를 타고 초라하게 후퇴했다.

12:1. 반대자들은 계속되는 계시에 관한 **자랑**이 사도직을 확인하는 데 **부득불**이라고 주장했다. 그래서 바울은 다메섹 사건에서 그 역시 주님으로부터 주요한 계시를 받았음을 밝히는 데로 옮겨갔다. 그는 그렇게 함으로써 자랑으로 얻는 것이 없음을 보여주었다. 그는 놀랄 만한 계시를 받았지만 겸손한 약함을 보여주었다.

12:2-4. 바울은 그의 계시를 돌려 말하기 위해 3인칭으로 그의 경험을 기록했다(7-8절에서는 1인칭으로 되돌아가긴 했지만). 하나님이 그리스도를 따르는 한 사람을 갑자기 **셋째 하늘**, 즉 **낙원**으로 이끌고 가셨다. 그곳은 신자들이 **주와 함께 있는** 곳(고후 5:8)이다. 바울이 육체적 몸으로 올라갔는지 아니면 몸 없이 환상의 상태에서 올라갔는지는 하나님만이 아신다(고후 5:1-3). 단순한 말로는 그 계시의 내용을 충분히 설명할 수가 없다(**말로 표현할 수 없는 말**은 '인간이 표현

할 수 없는' 말이나, '너무 거룩해서 표현되어서는 안 되는' 말을 가리키는 듯하다. 참고. BDAG, 134). 바울은 이 환상에서 너무나 놀라운 것을 본 나머지 다른 사람들에게 그것들을 충분히 전달할 수 없었을 것이다. 이 환상의 시기, 즉 고린도후서를 쓰기 14년 전이라는 시기를 볼 때, 이 경험을 이전에 사도행전이나 바울서신에 기록한 다른 환상과는 연결시킬 수 없다(Harris, *Second Corinthians*, 835-836을 보라).

12:5-6. 바울이 받은 예외적인 계시는 진짜였고(반대자들의 거짓말과는 대조적으로), 사람들이 **자랑**할 수 있는 유형이었다. 그러나 바울은 자랑하려 하지 않고 오히려 그 계시에서 온 **약한 것**들을 자랑하기로 했다. 이렇게 한 이유는 사역자를 적절하게 평가하기 위해서이다. 사람들이 사역자의 행동에서 **보는** 것, 그의 가르침에서 **듣는** 것에 사역의 진정성이 있기 때문이다.

12:7. 바울은 그 계시의 네 가지 측면을 자세히 설명했다. (1) 그 체험 이후 하나님은 그 계시의 결과로 바울에게 **육체**의 **가시**를 주셨다(만성질환으로 이해하는 것이 가장 적절하다. 1:8에 대한 주석을 보라). (2) 가시를 주신 이유는 바울이 그 체험 때 받은 기이한 계시 때문이었다. (3) 하나님이 가시를 주신 목적은, 바울이 그 체험에 대한 행복감에 도취되지 않도록 해 오히려 바울에게 유익하게 하기 위함이었다. (4) 그와 동시에 사탄은 그 가시를 통해 바울에게 고통을 주기 위해 마귀를 보냈다. 영적 전투는 14년 동안 격렬했다.

12:8-9a. 그 가시가 강렬하게 재발한 **세** 시기 동안 바울은 그것을 제거해주시기를 예수님께 기도했다(Harris, *Second Corinthians*, 164-182). 바울의 간청은 거절당했지만 하나님은 훨씬 더 큰 것을 주셨다. 그 가시로 인해 바울은 자신의 약함을 인정하게 되었고, 또 약함 가운데서 하나님의 **은혜**[하나님이 무언가를 가능하게 해주시는 것]를 발견했고, 그 가시와 함께 사역을 계속할 힘을 찾았다. 이것이 바로 약함을 고백하는 것이고, 여기서 견디어낼 **힘**이 나온다.

12:9b-10. 그 경험으로 바울은 새로운 시각을 갖게 되었다. 그는 하나님의 능력이 그를 에워쌀 수 있도록, 그의 **약한** 것들[다양한 경우의 언어적 **능욕**, 재난, **박해**, 심한 **곤고**를 포함하는 복수형]을 **기쁨으로** 인정하고 즐거워했다.

12:11-13. 교회에 잠입한 '**최고의 사도들**'(참고. 11:5에 대한 주석)에게 반한 어떤 고린도인들은 바울에게 등을 돌렸다. 이로 인해 바울은 사도로서 그가 그의 대적들보다 **부족하지** 않음을 보여주지 않을 수 없었다. 비록 그가 그리스도 없이는 아무것도 아님에도 불구하고 말이다(고전 15:8-10). 그의 사도 됨은, 하나님의 능력의 표지인 기적적인 표적으로 진정성이 입증되었지만(12:12), 그가 고난을 견디는 동안 이 일이 일어났다. 초대교회 사도들은 기적을 행하는 특별한 능력을 부여받았다. 이는 그들이 진정한 사도임을 입증해줄 뿐 아니라 그들이 전하는 메시지의 진실성을 증명해준 것이었다. 그때나 지금이나 기적적인 능력이 모든 신자의 특권은 아니었다. 그가 고린도인들을 다르게 대했던 유일한 영역은, 그들이 하려는 재정적 후원을 계속 거절한 것이었다(12:13; 참고. 11:7-11). 아이러니하게도 바울은 **이 공평하지 못한 것**에 대해 용서를 구했다.

C. 고린도인들을 염려하는 바울(12:14-21)

12:14-15. 바울은 그의 **세 번째** 고린도 방문을 준비하면서 계속해서 후원을 거절하고 그들에게 재정적인 부담을 주지 않으려 한 두 가지 이유를 설명한다. (1) 그는 그들의 돈이 아니라 그들의 영적 상태에 관심이 있었다. (2) 어린**아이**는 부모를 위해 돈을 **저축**해서는 안 된다. 사역자들은 절대 회중으로부터 후원을 받을 권리를 행사해서는 안 된다거나(고전 9:3-14; 고후 11:8-9), 아이들이 나이가 들어가는 부모를 돌보아서는 안 된다는(딤전 5:8) 의미는 아니다. 바울은 그들의 영적 아버지로서, 그의 어린 회중들이 영적인 삶을 살 수 있도록 무조건적으로 헌신하고 있음을 표현했다. 그의 **사랑**이 보답을 받지 못하더라도 말이다. 진정한 사역자는 회중이 잘 반응하지 않을 때에도 **기뻐하며** 더 깊이 헌신한다.

12:16-18. 바울은 과거에 그들에게 재정적인 **짐**을 지우지 않았음에도, 어떤 사람들은 바울이 동료들을 통해 자신을 위한 돈을 모으려는 기만적인 계획을 가지고 있었다고 생각했다. 모금한 돈은 그에게 갈 것이다. 그러나 이러한 속임수에 대해서는 17절에서 단호히 부인했다. 고린도인들은 그것에 대한 어떤 증거도 찾을 수 없었다. 사실 바울은 모금을 활성화시키기 위해 **디도와 한 형제를 보내었다**(18절). 그들은 바울과 같은

사고방식을 가지고 같은 방식으로 행동했다. 그리고 고린도인들도 그것을 알았다.

12:19. 만약 고린도인들이 바울의 주요한 관심이 자신의 취약한 자아상을 변호하는 것이라 생각했다면, 그들이 잘못한 것이다. 그의 관심은 그들의 덕을 세우는 것이었다. 바울이 자신에 대한 변호를 통해 이루고자 했던 것도 바로 이것이다.

12:20-21. 바울은 곧 있을 방문과 관련하여 세 가지 두려움이 있다고 말하며 그의 염려를 표현했다. 고린도인들은 다음과 같은 것들을 가지고 있었을 것이다. (1) 우선 20b-21절에 나열한 계속 진행되던 문제들(**내가 원하는 것**이 아닌 것)이 있었다. 그러면 바울은 엄격한 태도로 가야 할 것이다. (2) 또 반대자들과의 불화와 관련한 계속되는 문젯거리들(20b절)이 있었고 (3) 비도덕적인 생활 방식을 계속하는 이들과 관련한 이슈들(21절)이 있었다. 진정한 사역자는 스스로를 낮추고, 영적 자녀들의 죄를 슬퍼한다.

D. 바울의 마지막 경고(13:1-10)

13:1-3a. 바울은 임박한 그의 **세 번째** 고린도 방문 기간 동안, 신명기 19:15에 기록된 공정성의 기준을 따를 것이다. 고린도인들의 죄에 대해서는 수많은 증인들이 있었다(디모데, 디도, 다른 회개한 신자들). 바울은 두 번째 방문 때 고린도의 죄인들에게 경고했고, 이 서신에서 다시 그들(12:20-21)과 교회의 나머지 사람들에게 경고했다(2절). 그러나 경고의 시간은 끝나고 처벌의 시간이 다가왔다[이 문맥에서 **가면**(if)이, 바울이 오는 것을 의심하고 있다는 암시를 주지는 않는다]. 엄한 처벌은 반대자들이 요구했던 사도의 권위의 극적인 **증거**일 것이다(그러나 그들이 가장 기대하지 않았던, 3a절).

13:3b-4. 바울이 약함을 체험하고 나서(고난 그리고 편지로 고린도인들을 경고한 것) 강함이 이어진 것(예상되는 사도의 징계, 3b절)은 그리스도의 본과 비슷했다. 그분은 '약한' 상태에서 **십자가에 못 박히셨으나 하나님의 능력**이 나타남으로 부활하셨다. 사역에는 항상 고난 중의 약함과 부활의 능력 안에 있는 강함 사이의 긴장이 있다.

13:5-6. 고린도인들은 바울을 검증하는 대신 그들의 행동이 그들의 믿음의 내용과 조화되는지 스스로를 **검증해야**(새번역) 했다. 바울은 이러한 **시험**이 **예수 그리스도께서** 그들 **안에 계신** 것, 곧 그들이 진정한 신자임을 밝혀주리라 기대했다. 비록 몇몇 사람들의 행동은 그들이 진짜 그리스도인이 아님을 나타낼 가능성도 있다는 것을 받아들이기는 했지만 말이다. 그리스도인의 고백은 그리스도인의 행동으로 증언되어야 한다고 바울은 주장했다. 그들이 그 시험을 통과했을 때 그들은 바울, 그들의 그리스도인 아버지인 바울 역시 그 시험을 통과했음을 **알** 것이다. 그들의 진정한 회심이 바울의 사도직의 진정성을 입증했다.

13:7-8. 고린도인들이 바울의 유일한 관심은 자신을 변호하는 것뿐이라고 생각하지 않도록, 바울은 비록 그들이 사도인 그를 계속 거부할지라도 오로지 그들이 악을 거부하고 **선**을 행하도록 기도한다(다시 말해 그들이 회개하고 거짓 교사들을 거부하도록). 사역은 우리의 지위가 아니라 다른 사람들을 위한 것이다. 바울의 관심은 복음 메시지의 **진리**에 있었다(8절). 엄한 징계든 회개를 기뻐하는 것이든 바울의 행동은 이 진리와 조화를 이룰 것이다.

13:9-10. 바울은 비록 그가 징계를 행하지 않음으로 '약해' 보이더라도 고린도에 도착해 있는 동안 **기뻐**할 것이다. 그가 **기뻐하**는 까닭은, 고린도인들이 회개함으로 그리스도인으로서의 삶이 '강해졌기' 때문이다. 이는 그의 기도에 대한 응답이며 그들이 '온전히' 회복된 것이다. 이 부분을 **쓰는 것**[reason]은 고린도인들이 회개하도록 도전하기 위함이었다. 이 일이 일어나면 바울은 엄한 징계로 그의 사도적 권위를 행사할 필요가 없을 것이다. 대신 그는 그들을 세우는 주요한 역할을 할 것이다.

E. 결론(13:11-13)

13:11a-11c. 이 책의 메시지를 다섯 개의 명령으로 간략하게 요약할 수 있다. (1) 어려움에도 불구하고 **기뻐하라**. (2) 모든 사람을 온전히 회복시키라. (3) 고난 가운데서 **위로를 받으라**. (4) 진리에 대해 동일한 태도를 가지고 살라. (5) **평안**을 추구하라. 이를 이루기 위해 그들은 **사랑**과 **평강**이 특징이신 하나님의 도우심을 받아야 할 것이다.

13:11d-12. 마지막 인사는 공동체에 초점을 맞추고 있다. 고린도인들은 **거룩하게 입맞춤**하는 그들 문화

의 형식으로 서로 문안할 수 있어야 한다. 그것에 그리스도로부터 오는 화해가 드러나기 때문이다. 마찬가지로 마게도냐 교회들도 인사를 전함으로써 그리스도인의 사귐을 보여주었다. 그리스도인의 사귐의 특성을 방해하는 장벽은 없어야 한다.

13:13. 축도는 삼위일체적이다. 바울은 진정한 신자들 모두(새번역)가 계속 **그리스도로부터** 오는 **은혜**를 경험하고, 또 **하나님으로부터** 나오는 **사랑**과 **성령**이 일으키시는 서로와의 **교통**을 경험하기를 기도한다.

참 고 문 헌

Barnett, Paul. *The Second Epistle to the Corinthians*. New International Commentary on the New Testament. Grand Rapids, MI: Eerdmans, 1997.《고린토전서》,《고린토후서》(한국신학연구소).

Barrett, C. K. *The Second Epistle to the Corinthians*. New York: Harper & Row, 1973.《고린도후서》, 국제성서주석(한국신학연구소).

Blomberg, Craig. *1 Corinthians*. NIV Application Commentary. Grand Rapids, MI: Zondervan, 1995.《고린도전서》, NIV 적용주석(솔로몬).

Bruce, F. F. *1 and 2 Corinthians*. Grand Rapids, MI: Eerdmans, 1971.

Carson, D. A. *From Triumphalism to Maturity*. Grand Rapids, MI: Baker, 1984.

Furnish, Victor Paul. *Ⅱ Corinthians*. Anchor Bible Commentaries. New York: Doubleday, 1984.

Garland, David E. *2 Corinthians*. New American Commentary. Nashville: Broadman & Holman, 1999.

Hafemann, Scott J. *2 Corinthians*. NIV Application Commentary. Grand Rapids, MI: Zondervan, 2000.《고린도후서》, NIV 적용주석(솔로몬).

Harris, Murray J. *The Second Epistle to the Corinthians*. New International Greek Testament Commentary. Grand Rapids, MI: Eerdmans, 2005.

Hays, Richard. *Echoes of Scripture in the Letters of Paul*. New Haven: Yale University Press, 1989.

Hughes, R. Kent. *2 Corinthians*. Wheaton: Crossway Books, 2006.

Martin, Ralph. *2 Corinthians*. Word Biblical Commentary. Nashville: Thomas Nelson, 1986.《고린도후서》, WBC 성경주석(솔로몬).

Scott, James M. *2 Corinthians*. Peabody, MA: Hendrickson Publishers, 1998.

갈라디아서

제럴드 피터먼(Gerald W. Peterman)

서 론

로마의 속주 갈라디아는 소아시아(오늘날의 터키) 중앙에 위치해 있었다. 사도행전은 바울이 2차 전도 여행 기간에(행 13:13-14:28, 주후 48년경) 비시디아 안디옥에서 강력한 그리고 논란도 많았던 사역을 했다고 말한다. 그 결과 "주의 말씀이 온 지방에 두루 퍼"졌다(행 13:49). 바울이 이후에 제자들을 굳건하게 하고자 갈라디아를 지나 여행한 것으로 보아(행 18:23) 바울은 2차 전도 여행 때 아마 그곳에서 복음을 전하고 교회를 세웠을 것이다. 갈라디아의 교회는 더베, 루스드라, 이고니온, 비시디아 안디옥 등의 도시들에서 온 신자들로 구성되었을 것이다.

저자. 이 서신은 저자로 바울을 두 번 언급한다(1:1; 5:2). 그의 서신 몇몇에 나타나듯이 마무리 부분에 친필로 쓴 후기가 나온다(6:11; 참고. 고전 16:21; 살후 3:17; 몬 1:19).

연대. 연대를 결정하는 데는 복잡한 문제가 있다. 그것은 지리와 바울이 갈라디아서에서 묘사한 사건들의 연대, 사도행전에 나오는 임무와 관련이 있다. 다음 이유들 때문에 이 서신의 연대를 주후 49년으로 추정한다. 첫째, 갈라디아서 2:1-10에서 바울은 기근 구제를 위한 방문에 대해 말한다(행 11:30). 바울이 갈라디아서 2:1-10에서 설명한 것은 사도행전 15장의 예루살렘 공의회가 아니다. 둘째, 서신을 받는 교회들은 남 갈라디아에 있었다('수신자'를 보라). 이 교회들은 1차 전도 여행 때 세워진 것으로(행 13:13-14:28), 그것은 대략 주후 48년의 일이다. 바울은 그들이 복음을 버리려는 유혹을 아주 빨리 받은 것에 충격을 받았으므로, 저술 시기는 주후 49년 즈음일 수 있다. 셋째, 바울은 아마 주후 35년경에 그리스도께 나아왔을 것이고, 갈라디아 2:1-10에 나오는 사건들은 이 서신이 쓰이기 전에 일어나야 한다. 그러므로 '십사 년'(2:1)이라는 언급은 모든 것을 포함한 것임에 틀림없다. 즉, 이전에 언급한 '삼 년'(1:18) 더하기 11년이다. 그러면 주후 49년이 나온다(35+14).

수신자. 서신 수신자에 대해서는 의견이 많다. 선호하는 의견은, 바울이 남 갈라디아에 세운 교회들에게 이 서신을 썼다는 것이다. 그러나 일부 학자들은 수신자들이 북 갈라디아에 있었다는 입장을 고수한다. 북 갈라디아 이론을 고수하는 이유들과 그 이유들이 가진 문제점은 다음과 같다.

첫째, 바울은 '처음에는'(the first time, 갈 4:13) 갈라디아인들에게 복음을 전했다고 말했다. 이 언급은 바울이 두 번째로 그들을 방문한 이후에 편지를 썼고, 두 번째 방문은 북 갈라디아만일 수 있음을 암시한다(행 16:6; 18:23). 그러나 그 용어를 더 낫게 번역한 것은 '처음에'(at first)로, 이는 그가 교회를 세울 때의 방문을 언급하는 것으로 볼 수 있다. 그렇다면 이것은 서신에 나오는 복음 선포와 대비될 것이다. 둘째, 사도행전 16:6과 18:23에 따르면 바울은 2차 전도 여행 때 북 갈라디아를 거쳐 갔다. 이는 사실이지만, 교회들을 세웠다는 암시는 없다. 셋째, '갈라디아인'은 남쪽이 아니라 북쪽에 있는 인종에 적절한 용어이다. 그러나 바울은 인종 집단보다는 로마의 속주를 가리키기 위해 '갈라디아'를 사용했을 수 있다. 넷째, 갈라디아서 2:1-10과 사도행전 15장은 아주 비슷해서 이 둘이 같은 사건(이방인들, 예루살렘, 복음, 할례 등의 사안들)을 묘사해야 한다. 만약 그렇다면 갈라디아서 2장은 사도행전 15장 이후에 쓰였고, 서신을 받는 교회들은 2차 전도 여행 때 북 갈라디아에 세워졌을 것이다. 그러나 사도행전 15장의 사건은 공개적이었고, 갈라디아서 2장의 대립은 사적이었다. 이렇듯 이 둘은 하나가 아닌 두 가지 다른 회의였다. 다섯째, 사도행전 13-14장에서 누가는 세워진 교회들을 묘사하기 위해 '갈라디아'라는 용어를 사용하지 않았다. 그러나 이는 침묵 논법이다. 뿐만 아니라 바울과 누가가 다른 용어를 사용했을 수도 있다. 남 갈라디아 입장을 더 지지하자면, 바울은 이 서신에서 수신자들이 바나바를 알고 있음을 암시하며 바나바를 언급했다(갈 2:1, 9, 13). 그런데 바나바는 남 갈라디아에서는 바울과 함께 있었지만(행 13-14장), 북 갈라디아에서는 함께하지 않았다(행 15:36-40).

목적. 골로새서처럼(골로새서 서론의 '주제'를 보라) 바울은 거짓 가르침을 막기 위해 이 서신을 썼다(참고. 갈 1:6-9; 3:1-5; 5:7-12). 어쨌든 사도는 문제가 있다는 소식을 들었고(갈라디아인들은 직접적으로 말하지 않았다), 그는 교회들에게 그가 최초에 전한 진짜 복음으로 되돌아오라고 요청하기 위해 이 서신을 썼다. 그러나 골로새서와는 다르게 그는 직접 갈라디아에 교회들을 세웠고 그들에게 특별한 애정을 가지고 있었다.

바울은 반대자들에게 말한 것이 아니라, 갈라디아인들에게 반대자들에 대해 말하고 있었으므로, 이 거짓 가르침의 근원에 대해서는 충분히 그리고 분명하게 언급하지 않는다. 우리는 한쪽 편 화자만 알 뿐이다. 그러나 서신의 몇몇 부분에 거짓 교사들의 견해를 암시해 놓았다. 첫째, 어떤 사람들이 갈라디아에 와서 왜곡된 복음을 제시했다(1:7). 그들은 바울의 권위 혹은 아마도 심지어 그의 사도직에도 도전했을 것이다(1:10-24). 그들은 갈라디아 신자들에게 할례(5:2-3)와 절기들(4:10)을 비롯하여 구약 율법의 어떤 측면들을 받아들이라고 요구했다. 그들은 이기적인 동기(6:12a, 13)에서, 또 그리스도의 십자가를 위해 박해받는 것을 피하려고(6:12b) 이런 일들을 했다.

그렇다면 그 거짓 교사들은 '그리스도인 유대 율법주의자들'이라 할 수 있다. 첫째, 그들은 그리스도의 진정한 제자라는 의미에서가 아니라(행 11:26), 어느 정도 예수님을 받아들였다는 의미에서 '그리스도인'이라 부를 수 있다. 그들이 그분을 거부한다면 십자가를 위해 박해를 받을 수 없었다. 둘째, 그들은 모세율법을 따른다는 면에서 '유대인'이라 부를 수 있다. 셋째, 그들은 이방인 회심자들에게 율법을 지키라고 요구했기 때문에 '율법주의자들'이었다.

주제. 갈라디아서에는 몇 가지 주제가 나온다.

1. 참된 복음 그리고 바울이 그 복음을 만남. 갈라디아서에는 사도행전을 제외하고 1차 전도 여행 이전의 바울의 삶에 대한 정보가 가장 많다. 그는 유대교에서 뛰어난 인물이었고(1:13-14), 율법에 열심이었으며(1:14; 참고. 행 22장), 흠잡을 데 없는 자격을 갖추고 있었다(빌 3:4b-6). 그러나 그의 인생은 철저하게 변화되었다(1:15-24).

2. 복음, 율법, 하나님의 구원 계획. 이 서신의 흐름을 보면 이전에 바울의 복음을 받아들인 갈라디아인들이 그리스도인 유대 율법주의자들의 위협을 받고 있다. 그들은 갈라디아인들에게 최소한 할례(5:2-3)와 몇몇 절기들(4:10)을 비롯한 구약의 관행들(3:2-4)을 지킬 것을 강요했다. 바울은 이 유대 율법주의자들의 메시지를 다른 복음, 즉 거짓된 복음(1:6-9)으로 보았다. 따라서 바울은 갈라디아서에서도 로마서에서처럼 하나님의 계획 안에서 율법의 역할, 하나님의 은혜로서의 복음 그리고 은혜와 이신칭의의 복음이 구약에 나타난 하나님의 이전 계시와 어떻게 일치하는지 등을 가르친다.

3. 유대인과 이방인. 바울은 위 내용과 밀접한 관련이 있는 것으로 복음과 율법에 대해 설명할 때, 하나님의 계획 안에서 유대인과 이방인의 관계를 다루어야 했다. 물론 에베소서와 로마서에서 이 주제를 더 자세히 다룬다. 예수님은 철저히 유대인의 메시아이다(4:4-5). 그럼에도 갈라디아서에서 예수님은 유대인 신자들뿐만 아니라 이방인 신자들에게도 복을 가져다주신다(성령, 자녀로 입양). 사실 메시아 예수님은 유대인 신자들에게 복을 가져다주심으로 그들을 섬기셨다. 그러므로 그 복은 이방인들에게도 이를 수 있다(롬 15:8-9;

갈 4:4-7).

4. 성령과 그리스도인의 삶. 바울은 갈라디아인들에게 믿음으로 구원받는다는 것의 증거 중 하나가 성령 받는 것임을 상기시켰다(3:1-5). 구약에 예언했듯이 그분은 새 언약의 약속된 복이셨다(행 2:33; 갈 3:14; 엡 1:13). 갈라디아서에서 독특한 것은 성령을 따라 걸으라는 명령(5:16; 참고. 롬 8:4)과 성령의 열매에 대한 가르침(5:22-23)이다. 로마서와 공통된 것으로는, 하나님의 자녀로 입양되는 것과 성령을 받는 것의 밀접한 관계이다(4:6; 롬 8:14-17). 바울은 성령을 따라 걷는 것이란 무엇을 말하는지 6:1-10에서 약간의 지침을 주었다.

개 요

Ⅰ. 인사(1:1-5)

Ⅱ. 서론: 단 하나의 진정한 복음에 대한 선언(1:6-9)

Ⅲ. 단 하나의 진정한 복음에 대한 전기 형식의 변호(1:10-2:21)

- A. 바울의 동기와 이 복음의 기원(1:10-12)
- B. 복음을 알기 전 바울의 삶(1:13-14)
- C. 복음이 침투하여 바울의 삶을 변화시키다(1:15-20)
- D. 바울이 수리아와 길리기아에서 복음을 전하다(1:21-24)
- E. 바울과 예루살렘의 기둥들이 동일한 복음을 소유하다(2:1-10)
- F. 안디옥에서의 대립(2:11-14)
- G. 칭의, 율법, 유대인, 이방인(2:15-21)

Ⅳ. 단 하나의 진정한 복음에 대한 성경적 변호(3:1-5:12)

- A. 한 복음에 대한 갈라디아인들의 경험(3:1-5)
- B. 믿음과 아브라함의 자손(3:6-9)
- C. 율법, 행위, 저주, 그리스도(3:10-14)
- D. 언약의 약속과 아브라함의 자손(3:15-18)
- E. 율법의 목적(3:19-22)
- F. 믿음이 오다(3:23-4:11)
- G. 개인적인 호소(4:12-20)
- H. 하갈과 사라의 비유(4:21-5:1)
- I. 복음의 자유(5:2-12)

Ⅴ. 단 하나의 진정한 복음에 대한 실제적인 변호(5:13-6:10)

- A. 율법주의나 허용이 아닌 자유(5:13-15)
- B. 성령 대 육체(5:16-18)
- C. 육체의 일(5:19-21)
- D. 성령을 따라 걷는 걸음(5:22-26)
- E. 그리스도의 법을 성취하다(6:1-10)

Ⅵ. 결론: 요약과 작별 인사(6:11-18)

- A. 바울이 직접 쓴 큰 글자(6:11)
- B. 율법주의자들의 동기(6:12-13)

C. 십자가의 의미(6:14-15)

D. 축복의 말(6:16)

E. 마지막 호소와 축도(6:17-18)

주 석

I. 인사(1:1-5)

1:1. **사도**는 교회(빌 2:25; 고후 8:23) 혹은 하나님의(참고. 롬 1:1; 고전 12:28) 대리인으로 '보냄을 받았거나' 위임받은 사람이다. 바울은 자신의 사도 됨이 하나님이 뜻하신 바라고 주장했다(그러므로 그의 복음도 그러하다. 6-9절 주석을 보라). 그것은 사람에게서 나온 것도 아니고(**사람들에게서 난…아니요**) 단순히 인간 매개자로 **말미암은** 것도 아니다. 아들이신 **그리스도**와 **하나님 아버지**로부터 위임 받은 것이다. 심지어 바울은 이 서신의 앞부분에서도 중요한 내용 중 하나를 미리 알려주었다. 그가 선포한 복음 메시지가 지어낸 것이라는 비난에 대해 자기 자신을 변호하는 것이었다. 복음은 그가 새롭게 만들어낸 것이 아니다. 그는 복음을 하나님으로부터 받았다. 바울은 잠시 주제에서 벗어나 그 아버지에 대해 이야기했다. 로마서 4:24에서처럼 그분을 복음의 가장 중요한 요소인 부활을 가져오신 분으로 표현한다(참고. 고전 15:4).

1:2. 독특하게도 바울은 이 서신을 (갈라디아의) 몇몇 **교회들**에게 보낸다(서론의 '수신자'를 보라). 따라서 이는 회람 서신이다.

1:3-5. 바울은 늘 하듯이 **은혜**와 **평강**을 빈 이후(고전 1:1-3에 대한 주석을 보라) 두 요소를 언급하며 그리스도의 속죄라는 주제로 잠시 벗어난다. 첫째, 그리스도의 죽음은 그분의 백성(**우리 죄**)을 대신한 희생이었고, 둘째, 그것은 앞으로 올 진노(롬 5:9; 살전 1:10)뿐 아니라 **이 악한 세대에서** 우리를 **건지시**기 위함이었다(참고. 롬 12:2; 엡 5:16).

다음 절들에서 거짓 복음에 대한 경고를 계속할 것이므로, 1-5절은 진정한 복음의 몇몇 핵심 요소들을 요약해준다. 곧 **죄**, **은혜**, 속죄(**자기 몸을 주셨으니**), 부활, 건지심, **평강**이다. 뿐만 아니라 이 절들에 삼위일체론의 시초가 있다. 바로 아버지와 아들의 연합 사역은 물론 각각의 사역을 보여주기 때문이다(아버지의 뜻, 아들의 속죄, 아들을 살리신 아버지, 두 분에게서 나오는 **은혜**와 **평강**).

II. 서론: 단 하나의 진정한 복음에 대한 선언(1:6-9)

1:6-7. 무언가(**다른 복음**)를 향해서 떠난 사람들은 한 인격, 즉 하나님을 떠난 것이었다. 갈라디아인들을 부르신 분은 바로 그 하나님이시다. 바울의 글에서 부르심은, 보통 사람들을 자신에게로 효과적으로 이끄시는 하나님의 사역을 말한다(참고. 롬 8:30). 그러나 갈라디아인들은 **다른 복음**으로 옮겨가고 있었다. **다른 복음**이라는 용어는, 다른 데서는 고린도후서 11:4에만 나온다. 거기서 바울은 그것을 가르치는 이들을 사탄의 일꾼이라 불렀다(고후 11:14-15). 바울이 보기에 다른 복음은, 기독교를 조금 수정한 것이 아니었다. 따라서 가볍게 다룰 만한 것이 아니었다. 이는 사탄이 왜곡한 것이므로 마땅히 거부해야 했다. 바울은 빌립보서 1:12-18에서처럼 반응하지 않았다. 거기서는 동기는 잘못되었지만 진정한 복음이 선포되었다. 갈라디아서에서 말하는 것은 **다른**[another] 복음, 완전히 다른 종류의 복음이다. 다시 말해, 복음이라 할 수 없고, 더구나 진짜처럼 우리 안에서 일하지 않는다.

율법주의자들은 분명 누구도 **교란**시키지 않았다고 주장하겠지만 바울은 더 잘 알았다. **어떤**이라는 단어에서 알 수 있듯이 반대자들이 정확히 누구인지 바울은 확인할 수 없었다. '교란'에는 바울의 신학적 관점이 반영되어 있다. **왜곡**[메타스트레포(*metastrepho*), 새번역]은 신약에서 이곳과 사도행전 2:20에만 나오며, "변화로 말미암는 차이에 초점을 두면서 어떤 상태의 변화를 일으키는 것, '변화되는 것, 바뀌는 것, 달라지게 하는 것, 변형시키는 것'"을 의미한다(L&N, 1:155; 또한 약 4:9에 대한 다양한 번역본을 보라).

1:8-9. 진리와 능력은 특정한 사람이나 존재에게 있는 것이 아니라, 진정한 복음에 있다. 이 문장은 가정법이다. 불가능한 일이기는 하지만, 만약 바울이나 거룩한 천사가 다른 복음을 전한다 해도 그것으로는 구원받을 수 없다. 진정한 복음만이 구원할 수 있다. 다른 복음은, 사람들이 실제로 여전히 잃어버린 바 된 상태에서도 자신은 구원받았다고 생각하게 해준다. 사안이 이렇게 심각했기 때문에 바울은 반대되는 복음을 전하는 이들을 향해 **저주를 받을지어다**[아나테마(*anathema*), 이는 신약에서 멸망으로만 향해 있는 것을 말한다; 참고. 롬 9:3; 고전 16:22; 그리고 행 23:14; 막 14:71에 나오는 동사 형태와 비교하라]라고 말한다.

Ⅲ. 단 하나의 진정한 복음에 대한 전기 형식의 변호(1:10-2:21)

바울이 이전에 갈라디아인들에게 전한 복음이 도전을 받고 있었으므로, 그는 복음과 함께 자신 또한 변호해야 했다. 자신이 갈라디아인들에게 그 복음을 전했기 때문이다. 바울은 변호를 통해 복음이 하나님으로부터 온 것이라는 사실, 자신의 생애에 나타난 그 복음의 능력, 자신이 다른 사도들과는 별개로 복음을 알게 된 것을 강조한다. 그가 다른 사도들과는 별개로 그 복음을 알게 되었음에도, 그와 다른 사도들 모두 그것에 동의했다. 이 요점들은 바울이 갈라디아의 신자들과 신뢰성을 회복하고 굳건히 하는 데 아주 중요했다.

A. 바울의 동기와 이 복음의 기원(1:10-12)

1:10-12. 바울은 10a절에서 두 개의 수사학적 질문을 했다. 그것은 기본적으로 둘 다 "나는 사람이 아니라 하나님을 기쁘게 하려 한다"라는 뜻을 전달한다. 아마도 율법주의자들이 바울이 사람을 기쁘게 하기 위해 율법에서 자유로운 복음을 선포했다고 고발한 듯싶다. 그러나 예수님이 말씀하셨듯이 한 사람이 두 주인을 섬길 수 없으므로, 바울은 사람을 기쁘게 하려 하면 그리스도를 섬기지 못하게 된다고 말했다. 11절에 바울의 주안점이 나온다. 그의 복음은 신적이고, 초자연적이고, 계시된 것이다. 다음 몇 절은 복음이 사람에게서 기원한 것이 아니라는 요지를 뒷받침한다.

그 복음은 예수 그리스도가 바울에게 계시되었을 때 왔다(목적격적 소유격, '예수 그리스도에 대한 계시'). 다시 말해, 그리스도가 계시의 내용이다[이는 바울이 흔히 쓰는 표현이다. "그의 아들을 전하기"(16절), "그리스도를 전파"(빌 1:15-17)]. 다메섹으로 가는 길에서의 만남과 이후 사흘 동안의 금식이 그것을 명확하게 해주었다.

B. 복음을 알기 전 바울의 삶(1:13-14)

1:13-14. 바울은 유대교에 아주 익숙했고 또 유대교에 깊이 헌신하여 출세도 했으므로(**앞서 있었으며**, 새번역), 그는 그것을 버릴 이유가 없었다. 또 그가 그리스도인들을 **박해**한 것으로 보아 그는 그리스도인들의 메시지에 전혀 공감하지 않았다. 그런 다음 복음이 그의 모든 것을 변화시켰다. 바울은 그가 전통을 알고 지키는 일에 다른 이들보다 열심이었음을 그들에게 상기시켰다. 사도행전 7:58; 9:1-30을 참고하라.

C. 복음이 침투하여 바울의 삶을 변화시키다(1:15-20)

1:15-20. 계속되는 바울의 전기 형식의 논의는 네 부분으로 나눌 수 있다. 바울이 그리스도를 믿게 된 상황(15-16a절), 그가 다른 이들로부터 메시지를 받았다는 말을 부인한 것(16b-17절), 다른 사도들과의 관계와 관련한 간단한 이야기(18-19절), 그가 그의 복음의 기원에 대해 진실을 말하고 있다는 엄숙한 단언(20절)이다. 여기서는 부인하는 것이 중요했다.

첫 번째로, 바울은 그가 그리스도를 믿게 된 상황을 묘사했다(15-16a절). 그는 하나님의 때에 따로 구별되었다(참고. 렘 1:5; 사 49:1-6). 하나님은 바울에게 그분의 아들을 계시하셨다(참고. 1:12b; 고후 4-6장). 그래서 바울은 다메섹으로 가는 도중 계시를 통해 예수님을 보았다(고전 9:1). 하나님은 이방인들 가운데서 그분을 전파하도록 바울을 택하셨다. 바울이 이방인 사역에 초점을 둔 것은 이 계시와 밀접한 관련이 있다(16절; 참고. 행 9:15). 물론 그의 사역은 율법에서 자유로운 복음을 선포하는 데 기초해 있다.

둘째, 바울은 그가 사람으로부터 복음을 받았다는, 혹은 직접 복음을 창안했다는 말을 부인했다(16b-17절). 이 두 번째 요지와 관련하여 그가 중요하게 하는 말은, 의논하지 않았다는 것이다[프로사나티데미(*prosanatithemi*), 신약에서 두 번 사용했으며(이곳과 2:6) 누군가와 '어떤 사안을 처리하다'라는 의미이다].

바울은 복음의 내용 또한 사도들에게서 전해들어 아는 것이 아니라고 주장한다. 바울은 신적인 계시를 받았다. 그는 그 진리를 분명히 하기 위해 다른 이들과 의논할 필요가 없었다. 바울은 사도행전 9:19-20의 이야기에 세부 내용을 덧붙였다. 바울은 예루살렘과 의논하는 대신 **아라비아**에서 사역을 한 다음 3년 동안 **다메섹**[아라비아의 끝에 있는]에서 섬겼다. 그리고 박해 때문에 다메섹에서 도망쳐야 했다(고후 11:32-33).

셋째, 바울은 회심한 이후 전도 여행을 시작하기 전의 상황에 대하여 다른 데서는 나오지 않는 정보가 담긴 간단한 이야기를 했다(18-19절). 그는 다메섹으로 가는 길에서의 체험 3년 이후 예루살렘을 방문했다. 바울은 공손하게 다른 사도들을 방문했지만, 그의 주안점은 적어도 그가 선포했던 메시지를 어떻게 받게 되었는지와 관련해서는 그들과 상관없음을 주장하는 것이었다. 이 방문은 15일간의 여정이었고, 그 목적은 복음을 배우려는 것이 아니라 **게바**[베드로]를 알기 위함이었다. 바울은 **야고보 외에** 다른 사도들과는 소통하지 못했다(참고. 베드로와 야고보만을 언급하는 고전 15:1-7). 예수님의 형제 중 첫째였던 야고보는(막 6:3) 사도였지만 열두 사도에는 속하지 않았다(참고. 고전 15:7). 덜 전문적인 넓은 의미에서 '사도'는 지역 교회의 인정받는 일꾼들을 가리켰다(빌 2:25; 고후 8:23). 그러나 열두 사도와 바울은 부활의 증인으로서 위임을 받았고, 유일무이한 권위와 능력을 가지고 있었다(고후 12:12).

넷째, 바울은 자신이 **거짓말**을 하는 것이 아니라고 주장했다(20절; 그리고 살전 2:5; 고후 11:31을 보라). 그는 반대자들에게서 고소를 당하고 있었던 것이 확실하기 때문에 이렇게 주장해야 할 필요가 있었다. 이 서두의 절들에서 바울이 말한 내용을 감안해보면, 그들은 바울이 복음 메시지를 날조하고 그것을 하나님으로부터 받았다는 거짓말을 한다고 주장한 것이다.

D. 바울이 수리아와 길리기아에서 복음을 전하다 (1:21-24)

1:21-24. 바울이 **수리아와 길리기아**[현대의 터키와 레바논의 남동쪽]로 출발한 것은, 그가 진정한 복음을 다른 사람에게서 들은 것이 아니라는 또 다른 증거이다. 그는 멀리 떨어져 있어서 **유대**의 다른 사도들이나 신자들과 소통하지 못했다. 그들은 서로 **얼굴로는 알지 못**했다. 다만 바울에 대한 소식은 들은 터였다. 유대의 신자들과 다른 지역의 신자들을 박해했던 사람이 그 **믿음을 지금 전한다**는 사실을 들었던 것이다. 바울은 이 **믿음**[*pistis*, 피스티스]이라는 단어를 자신의 서신들에서 몇 가지 다른 의미로 사용한다. 이는 '구원을 위해 한 개인이 그리스도를 신뢰하거나 의지하는 것'(롬 3:28; 엡 2:8), 혹은 '신실함'(롬 4:5), 또 여기서 사용한 것처럼 '믿는 그것', 즉 사람이 믿는 복음의 내용이나 기독교 교리(참고. 3:23; 빌 1:27)를 의미할 수 있다. 여기서 강조점은 믿음의 내용에 있지만, 믿음의 행위(믿는 것)가 배제되어 있지는 않다. 유대의 교회들이 바울의 변화로 **말미암아 하나님께 영광을 돌리**고 있었으므로, 그의 복음을 암암리에 인정했음이 분명하다.

E. 바울과 예루살렘의 기둥들이 동일한 복음을 소유하다(2:1-10)

2:1-5. 바울은 유대에 있는 교회 및 사도들과의 관계를 더 진전시키기 시작했다. **십사 년**(1절)은 바울이 회심한 이후 두 번째 **예루살렘**을 방문하기까지 걸린 총 기간이다(갈라디아서 서론의 '연대'를 보라). 몇 가지 이유를 근거로 판단했을 때, **계시**(2a절)는 사도행전 11:28에서 아가보가 기근에 대해 한 예언인 것 같다. 첫째, 사도행전 11:30은 아가보의 예언이 바나바와 사울(바울)의 파송으로 이어진다고 구체적으로 언급한다. 둘째, 유대인들을 향한 이방인들의 경제적인 의무는 바울에게 특별히 중요했다(롬 15:26-27; 고후 8-9장). 셋째, 사건들이 일어난 시기로 볼 때 갈라디아서 2장의 방문과 사도행전 11:27-30에 언급한 여행을 동일한 사건으로 보는 것이 가장 잘 맞아떨어진다. 그 단락에 적힌 것과 같이 바울은 예루살렘 교회에 경제적 원조를 제공하기 위해 예루살렘 여행을 계획한 것이었다. 바울은 자신이 선포한 복음 진리를 의심한 적이 없었다. 그런데도 그는 이방 교회와 유대 교회 사이에 차이가 있는지 알아보기 위해 그의 **복음을 그들에게**[교회의 리더들] **제시**했다. 신자들의 하나 됨은 그에게 아주 중요했다. 하지만 그러한 차이가 그의 복음을 **헛되**게 만들 것이었기 때문이다. 이슈는 복음의 내용에 대한 합의가 아니었다. 만약 그랬다면 그는 합의되지 않는 부분이 있었음을 알았을 것이고, 그것은 바울이 14년 동

안 거짓 복음을 선포했다는 의미일 것이다(다시 말해, 그의 사역이 **헛되**었을 것이다).

바울의 복음은 확인을 받았다. 진짜로 인정받은 것이다(2:7-9을 보라). 3-4a절은 통사론에는 맞지 않지만, 말하고자 하는 바는 다음과 같다. "몇몇 **거짓 형제**들이 디도로 하여금 억지로 할례를 받게 하려 했지만, 그는 **할례를 받**지 않았다." 디도는 이방인이었고, 바울은 그가 할례를 받을 필요가 없다고 보았다. 그러나 디모데는 유대인(어머니로 인해)인 터라 그에게 아브라함 언약의 징표로 할례를 행하는 것은 적절했다. 그렇게 함으로써 전도 여행을 갔을 때 유대인들을 불쾌하게 하는 것을 피하기 위해서였다(참고. 행 16:3).

2:6-10. 바울은 그와 예루살렘 사도들의 근본적인 차이는 복음의 내용에 있지 않고, 사역의 초점에 있다고 주장했다. 바울이 1:6-9에서 말했듯이 복음 진리는 인간의 영향력이나 **유력**함에 달려 있지 않다. **저 유력한 이**들조차 바울의 복음을 고치거나 덧붙일 필요가 없었다. 그와 그들 모두 같은 복음을 '맡았다'(참고. 살전 2:4). 그러나 차이가 있었다. 예루살렘의 대표인 베드로의 경우에는(7절) 주 대상이 유대인(할례자)이었다. 반면 바울의 경우에는 **이방인**이었다(8절; 참고. 롬 11:13). 바울의 사역은 허가를 받았다기보다는 하나님의 사역으로 인정받았다[그의 사역은 바울에게 **주신 은혜**였다(9a절); 참고. 엡 3:8]. 더 나아가 일의 구분을 마지못해 한 것이 아니라 평화롭게 했다[그들은 바울에게 **친교의 악수**를 했다(9b절)]. 유대 지도자들이 바울에게 한 유일한 요청은 바울도 이미 **힘써 행하**던 것으로, 바로 **가난한 자들**[예루살렘 교회의 유대인 신자들에 대한 고대의 별명; 참고. 롬 15:26-27]을 돕는 일을 계속하는 것이었다.

F. 안디옥에서의 대립(2:11-14)

2:11-14. 더 나아가 바울은 **안디옥**에서 **게바**[베드로]를 꾸짖음으로써 그의 독립성을 보여주었다. 주인공들을 정확히 밝히는 일은 일부 바울 학자들 사이에 논란이 있긴 하지만, 그래도 상황을 분명하게 하는 데 도움이 된다. **야고보에게서 온…이들**은 아마 예루살렘에서 온 유대인 그리스도인일 것이다. **이방인**은 이방인 그리스도인이었다. **남은 유대인들**은 아마 안디옥 출신 유대인 신자들일 것이다. **할례자들**은 아마 베드로가 멀어지고 싶지 않았던 예루살렘의 비그리스도인 유대인 그룹일 것이다. 바울은 베드로의 일관성 없는 행동에 대해 그를 직접(**대면하여**, 11절) 마주했다. 베드로가 '야고보에게서 온 어떤 이들'(12b-13절)이 이를 때까지만 이방인들과 식탁 교제를 했기 때문이다. 유대인들은 레위기 11장에 나오는 유대교 율법에 기초하여 깨끗하지 않은 음식을 먹게 될까 두려워 이방인들과 함께 식사를 하지 말라고 가르침을 받았다[주전 150년경에 기록된 희년서(*Jubilees*) 22:16; 주전 125년경의 사해사본 4Q394-399 B.I.1-3; Josephus, *Ant*., 13.245 (13.8.3)를 보라. 이는, 유대인들이 이방인 자신들과 따로 떨어져 살면서 이방인들과 스스로를 분리하려고 고집했던 것을 이방인들이 비판했음을 언급한다].

이 이야기에 대해 마이클 버드(Michael Bird)는 이렇게 쓴다. "베드로의 거리 두기는 그가 메시아 공동체에서 이방인들의 동등한 지위를 부인했음을 보여준다. 또 이방인들이 그 지위를 얻으려면 유대화되어야 한다는 요구를(함축되었든, 말로 표현되었든) 대변한다. 바울이 베드로를 거부한 것은, 하나님의 구원 역사에 있었던 이방인들처럼 이방인들이 구원받는 데는 그리스도를 믿음으로써 충분하다는 것과 관련이 있다"[*The Saving Righteousness of God: Studies on Paul, Justification, and the New Perspective* (Eugene, Oregon: Wipf & Stock, 2007), 131-132]. 베드로의 이러한 일관성 없는 행동은 다른 이들에게도 퍼져서 바울의 전도 여행 동반자였던 **바나바**까지도 유혹을 받았다. 바울은 베드로가 자신의 확신 때문이 아니라(2:1-10을 보라) 두려움 때문에(따라서, **외식**) 이런 일을 했다고 생각했다.

바울이 베드로를 책망한 까닭은 그의 행동이 **복음의 진리**[그리스도를 믿음으로 유대인과 이방인이 함께 언약 약속을 받는 것; 참고. 엡 2장]를 부인하는 것이라 보았기 때문이다. 그의 수사학적 질문은 다음과 같은 선언처럼 작용했다. "당신이 이전에 이방인들과 함께 식탁 교제를 하며 이방인처럼 행동한 까닭에 지금 그들이 유대의 관습을 받아들이려는 시도조차 하지 않는 것입니다."

G. 칭의, 율법, 유대인, 이방인(2:15-21)

이 부분은 앞의 모든 내용을 요약하고, 앞으로 나올

내용의 주요 요점을 말해준다. 모세율법은 칭의도, 성화도 낳지 못한다. 더 나아가 칭의는 예수 그리스도에 대한 믿음이라는 동일한 근거에서 유대인과 이방인 둘 다에게 온다.

2:15-16. 바울과 베드로의 논쟁에 대한 기록이 계속 이어진다. 여기서 **죄인**은, **유대인**과는 대조적으로 모세율법이 없는 이들(**이방인**)을 가리킨다. 그러나 **율법**을 가지지 못한 이들이나 **율법**[**행위**]을 행하지 못한 이들도 의롭다 함을 얻을 수 있다. '의롭다 함을 받다'라는 이 단어는 갈라디아서를 이해하는 데 아주 중요하다(2:17; 3:8, 11, 24; 5:4).

'의롭다 함을 받다'라는 동사는 '옳음을 보여주다'라는 의미이다(눅 7:29; 롬 3:4; 약 2:24). 그러나 바울은 주로 '의롭다 함을 받다'를 법적인 의미로, '재판관 앞에서 옳다는/올바르다는 인정을 받다'라는 의미이거나 '무죄 선언을 받다'라는 의미로 사용했다(롬 3:28; 4:5; 8:30; 고전 6:11). 바울이 보기에 재판관은 하나님이시다. 그러므로 '의롭다 함을 얻다'는 말은, 하나님과 올바른 관계에 있다는 말이며, 그분 앞에서 무죄하다는 것이다. '칭의'는 이 사건을 부르는 명사이다. 사람이 하나님과 올바른 관계에 있을 때 그는 칭의를 받은 것이다.

칭의는 **믿음**으로만 가능하다. 그래서 바울과 베드로가 특권층인 **유대인**이었음에도 그들(**우리**)은 예수를 **믿었**다. 따라서 모든 사람(**육체가 없느니라**는 특정 민족뿐만이 아닌 모든 인류와 관련이 있다. 참고. 시 143:2)이 그래야 한다. 바울은 강조를 위해 이 믿음을 세 번 대조하며 반복했다.

어떤 번역에서는 16절을 '그리스도의 신실하심을 통해서'[피스티스 크리스토우(*pistis Christou*); NET, TNIV 난외주; 참고. KJV]라고도 한다. 하지만 이러한 번역은 옳지 않다. 이에 대해서는 먼저 바울이 '믿음'(*pistis*, 피스티스)이라는 명사를 통해 나타내려고 했던 바가 주로 동사 '믿다'[피스테우오(*pisteuo*), 참고. 3:6-7; 롬 4:3, 9]로 설명된다는 것을 지적해야 한다. 두 번째로, 만약 바울이 구원의 근거로 그리스도의 신실하심을 언급하고자 했다면, 화해나 칭의가 예수님 자신이 가진 믿음 혹은 신실함에 근거해 있다고 주장하는 것같이, 그렇게 말할 더 명확한 방법들이 있다. 그러나 바울은 어디에서도 이와 같은 내용을 언급한 적이 없다('예수 그리스도'는 어디에서도 '믿다/충실하다'라는 동사의 주어인 적이 없고, 절대 '믿음'이라는 단어로 수식을 받지 않는다). 그리고 세 번째로, 이 표현(*pistis Christou*)은 율법의 행위라는 어구와 대조된다. **율법의 행위**는 인간의 행위를 의미하므로 독자들은 그 대비를 보고, 2:16에서의 **믿음** 역시 예수 그리스도의 행동이라기보다는 인간의 행동(다시 말해, 그것은 그리스도를 향한 인간의 믿음이다)을 의미하리라 예상한다.

따라서 2:16은 갈라디아서에서 이 단어를 처음 사용한 예처럼(*pistis*. 1:24에 대한 주석을 보라) "사람이 의롭게 되는 것은…그리스도 예수를 믿음으로 말미암는 줄"로 번역하는 것이 더 낫다. 이 믿음에는 지적인 요소가 있지만, 단순한 지적인 동의 이상이어야 한다. 그것은 죄 사함(행 10:43)과 하나님과의 화해(롬 5:11)를 주시는 예수님에 대한 인격적인 신뢰여야 한다. 1:3-5에 이 믿음의 내용을 요약해놓았다(**죄**, **은혜**, 속죄, 부활, **건지심**, **평강**; 참고. 고전 15:1-3). 그러나 '그리스도에 대한 믿음'이라 읽고 이 믿음에 그 내용들이 담겨 있음을 인식하는 편이 더 간단하다.

2:17-18. 의롭다 하심을 받기 위해 그리스도를 믿으면 그 사람은 새 언약 아래 있게 된다. 그것은 언약에서 더 이상 구약 율법의 계명을 지키라고 요구하지 않는다는 뜻이다. 따라서 회심은 율법의 요구 사항에서 우리를 자유롭게 한다. 또 율법의 요구를 지키지 않는 이는 15절의 좁은 의미에서의 **죄인**[**죄인**=율법이 없음]이라는 유대인의 시각에서 자유롭게 만드는 것이라 말할 수 있다. 그렇다고 그리스도께서 **죄**[더 넓은 의미에서]를 격려하신다는 의미는 아니다. 아이러니하게도 **범법자**[율법에 불순종하는 이를 가리키는 전문용어]는 율법을 여전히 의무라 여기는 사람이다. 바울의 시각에서 율법은 순종할 수도 없고 범법으로 이어지기 때문이다(롬 3:20; 4:15; 갈 6:13). 베드로는 처음에 율법을 **헐었**다(음식법을 버림으로 이방인들과 함께 먹을 수 있었다). 그러나 이후 그 법을 다시 받아들였다(그것을 '다시 세웠다').

2:19-21. 그리스도인들은 더 이상 구약 율법의 계명을 지켜야 할 의무가 없다. 그리스도의 죽으심 안에서(**함께 십자가에 못 박혔나니**; 참고. 롬 6:3; 골 3:3에 대한 주석) 그분과 연합함으로써 **율법에 대하여 죽었**기

(죽음은 분리를 함축한다. 이 경우 율법과의 분리를 의미한다; 참고. 롬 6:10; 7:1-4에 대한 주석) 때문이다. 바울이 그리스도와 함께 죽은 것은, **율법으로 말미암아** 된 것이었다. 율법의 저자가 죽음을 요구했기 때문이다(3:10-13). 예수님은 율법이(율법으로 말미암아) 요구한 이 형벌을 받으셨다. 우리가 그분과 함께 죽었으므로 율법에 따라 우리도 죽는 것이다.

역설적이게도 이 죽음이 진정한 생명을 낳는다(**하나님에 대하여 살려 함이라**; 참고. 롬 7:1-6에 대한 주석). 새 언약 아래서 신자들 **안에서 사는** 것은 율법이 아니라 **그리스도**이시기 때문이다. 우리는 인간의 삶(**육체 가운데**)을 살지만, **믿음 안에서** 산다. 요한복음 3:16에서처럼 아들이 우리를 **사랑하사** 자신을 **버리셨**다. 모든 신자가 그래야 하듯이(엡 3:14-19) 바울은 개인적으로(**나를**) 이 사랑을 받아들였다. 21절은 베드로의 행동(이방인들과의 교제를 피한 것)이 '은혜를 폐한' 것임을 함축한다. **율법**에 순종함으로써 **의**[사람이 하나님과 올바른 관계를 맺기 위해 필요한 것. 참고. 롬 3:21-22; 고전 1:30]가 가능하다고 전했기 때문이다.

Ⅳ. 단 하나의 진정한 복음에 대한 성경적 변호 (3:1-5:12)

바울은 갈라디아인들에게 직접 말하는 데로 나아갔다. 이전 부분과 연결된 표현은 십자가 죽음이다(2:21과 3:1에 언급한). 복음에 대한 갈라디아인들의 경험 그리고 구약성경 이 두 가지 모두가 그들을 위협하는 다른 복음이 무가치함을 증명한다.

A. 한 복음에 대한 갈라디아인들의 경험(3:1-5)

이 첫 번째 단락은 이어지는 성경 강해에 대한 서론 역할을 한다. 갈라디아인들은 아주 좋게 시작했다. 그들은 진정한 복음과 성경에 완전히 동의했다. 그래서 바울은, 그들이 성경의 가르침에서 떠날 수도 있다는 사실에 실망감을 표하고 나서 믿음으로 의롭다 함을 얻는 것은 구약성경과 온전히 일치하는 것임을 보여주기 위해 구약성경을 강해했다.

3:1. 바울은 갈라디아인들에게 깊은 관심을 보이며 그들을 날카롭게 꾸짖었다(참고. 고전 3:1). 그의 말[어리석도다(3절; 딤전 6:9), **꾀더냐**(1절), 신약에서 이곳에만 나옴]은, 그들이 복음을 오해할 심각한 위험에 빠져 있음을 암시한다. 그들은 다시 **그리스도께서 십자가에 못 박히신 것**을 보아야 했다. 의가 율법에 순종함으로 온다면, 그분은 '헛되이'(2:21) 십자가에 못 박히신 것이기 때문이다.

3:2-5. 그런 다음 바울은 아주 중요한 **한 가지만**(새번역) 즉, **성령**을 겨냥한 일련의 수사학적 질문을 했다. 성령은 새 언약에 약속된 복으로(겔 26:27; 욜 3:1; 참고. 렘 31:31-34), **율법**에 순종함으로써가 아니라 오직 복음을 **듣고** 믿음으로써 받는다(**믿음**; 참고. 3:14). 바울은 앞에서 믿음과 율법이 상호 배타적이라고 말했다(2:15-16). 그 두 가지와 아주 유사하게, **성령**과 **육체**[신적 능력 부여 대 단순한 인간의 힘 혹은 노력]도 마찬가지로 상호 배타적이다. 율법과 **육체**는 능력이 없으므로(롬 7:5; 8:3) 그것들을 이용해 영적으로 성장(**마치다**)하려는 것은 부질없다(**헛되다**). 갈라디아인들의 상황은 위험했다. 하지만 바울은 **과연**(4절)이라는 말로, 갈라디아인들의 괴로움이 **헛되**지 않을 가능성을 드러냈다.

B. 믿음과 아브라함의 자손(3:6-9)

3:6-9. 3:1-5과의 연결점은, '어떻게 하나님의 복을 받을까?'라는 질문이다. 갈라디아인들은 믿음으로 구약에서 약속한 복인 성령을 받았다(3:2b). 마찬가지로 아브라함은 믿음으로 복, 즉 **의**를 받았다.

아마도 율법주의자들이었던 바울의 반대자들은, 아브라함의 자손이 되는 복은 율법을 지켜야 가능하다고 주장했던 것 같다. 반면 바울이 보기에는 신뢰(**믿음으로 말미암은 자들**)를 그 특징으로 하는 이들이 아브라함의 자손이었다. 바울은 그 복이 행위가 아니라 **믿음**으로 옴을 보여주기 위해 창세기 15:6로 갔다. 이는 구약에서 믿음과 의를 연결한 첫 구절이다. 더 나아가 창세기 12:1-3에서 하나님은 아브라함의 자손을 통해 **모든 민족이**(새번역) 복을 받으리라고 약속하셨다. 이처럼 '복을 받는' 일이 **모든** 이들(**이방인**까지도)에게도 가능하므로 그것은 모세율법으로 올 수 없다. 모세율법은 이방인들이 아니라 이스라엘에게 주어진 것이기 때문이다. 복은 행위에 의지하는 이들이 아니라, 아브라함이 그랬듯이 하나님을 신뢰하는 이들에게 임한다.

C. 율법, 행위, 저주, 그리스도(3:10-14)

3:10-14. 이 단락은 왜 복이 행위에서 오지 않는지

설명해준다. 바울은 그가 기본 원리라 생각한 구약의 핵심 구절을 인용했다. 요지는, 믿은 아브라함에게 온 복과는 대조적으로 율법은 복이 아니라 저주를 낳는다(참고. 신 30:15-20; 고후 3:7-9). 10-14절의 논리는 이렇게 흘러간다.

1. **율법**의 복은 율법에 순종하는 이들에게 약속되어 있다(12절, 레 18:5 인용).

2. 바울이 말하지 않은 것은, 실제로 그 복은 절대로 받지 못한다는 것이다. **행위**에 의지하는 이들은 **율법 책에 기록된 대로 모든** 것을 행할 수 없다(참고. 롬 3:20; 4:15; 5:20; 6:14).

3. 따라서 율법에 의지하는 이들은 모두 **저주 아래** 있다(10절, 신 27:26 인용).

4. 위 3번의 진리가 사실임이 확인되었다. 하박국 2:4은 복은 믿음으로 온다고 말하기 때문에(참고. 롬 1:16-17), 율법에 순종함으로 복이 올 수 없다.

5. **그리스도께서**는 십자가에 못 박히심으로써 신자들을 **율법**의 형벌(**저주**; 13절, 신명기 21:23 인용)에서 **속량**하셨다[엑사고라조(*exagorazo*)는 위험한 상황에서 누군가 혹은 무언가를 돈을 주고 빼내는 것을 가리킨다; 참고. 4:5].

6. 따라서 **성령**을 포함하여(참고. 3:2) **아브라함**에게 약속된 **복**은 **이방인**들이라도 **믿음**을 가진 이들 모두에게 온다(14절).

D. 언약의 약속과 아브라함의 자손(3:15-18)

3:15-18. 약속과 관련하여 생각의 흐름이 이어진다(참고. 3:14). 바울은 방금 아브라함에게 약속된 복이 믿음으로 온다고 말했다. 여기서 우리는 아브라함 언약과 관련된 약속들은, 모세 언약(율법)보다 우위에 있음을 알 수 있다. 질적으로 우수할 뿐 아니라 시간적으로도 앞서 있기 때문이다.

바울은 평범한 **사람**의 삶에서 예를 끌어냈다. 인증받은 계약(**언약**, 15절)은 법적 구속력이 있다. 그것을 무시하거나 수정할 수 없다. 이와 마찬가지로 율법은 **유업**(18절; 가문, 고귀한 이름, 땅)을 받기 위해 조항을 '더할' 수 없다. 율법은 두 가지 이유에서 이런 것들을 줄 수 없다. 첫째, 약속은 **하나님이** 은혜로 **주신** 것이었다(참고. 창 12:1-3; 15:18-21). 둘째, 약속은 율법이 오기 **사백삼십 년** 전에 정해진 것이었다(17-18절; 참고. 출 12:40). 바울이 보기에 율법과 언약은 섞일 수 없었다(18a절). 유업이 율법을 순종하는 데서 **난 것이면**, 그것은 하나님의 약속을 **헛되게** 할 것이다.

하나님은 아브라함과 그 **자손**, 즉 그의 가문(창 13:15; 17:8)에게 약속을 하셨다. 구약과 신약에서 **자손**은 집합명사이다. 복수형을 사용할 때에는 다양한 자손들을 함축할 것이다(막 4:31). 그러나 유일한 **한** 하나님의 가족이 있다. 아브라함의 자손(단수형)은 그리스도이며(16절), '그 안에 있는' 모든 이가 아브라함의 자손에 속한다(29절).

E. 율법의 목적(3:19-22)

모세율법은 의도치 않게 3:15-18에서처럼 나쁘게 보일 수 있어서 바울은 이어지는 단락에서 그 기능을 논했다. 그는 율법에 관한 두 가지 질문을 던진 다음(19-20절, 21-22절), 율법의 일시적인 속성을 언급한다(23-25절).

세부적인 내용들을 다루기 전에 바울의 설명을 이런 식으로 요약할 수 있다. 바울의 반대자들은 모세 언약(율법)을 우위에 두었는데, 이는 옳지 않다. 이로 인해 갈라디아인들은 아브라함 언약의 중대성과 목적을 잘못 알았다. 이를 바로잡기 위해 바울은 이 두 언약을 합법적인 유언장에 비유했다. 바울 시대에 한 사람의 '유서와 유언'은 법적 구속력이 있었기 때문에 결코 사소한 것이 아니었다. 아브라함 언약이 먼저 왔고(17절), 이는 구원을 가져오는 면에서 더 무게가 있다. 그러나 만약 바울의 반대자들이 옳다면, 율법이 사실상 아브라함 언약을 없애버렸을 것이다. 바울은 율법이 왔지만 아브라함 언약을 외면하지 못했음을 보여주었다(3:15-18). 율법을 주신 하나님의 목적은 절대로 율법을 통한 구원이 아니었다. 율법은 보호자(전통적으로 '교사' 혹은 '가정교사'로 번역; NIV 1984, "우리를 인도하는 책임을 맡은", 3:24)와 같았다. 이들은 부유한 가정의 아들들과 동행했던 남자 종으로, 그 아들들이 성장할 때까지 그들의 행동을 규제하고, 신변을 보호했다("매인 바 되고…갇혔느니라", 3:23, NIV 1984). 율법의 목적은 절대 구원이 아니었다. 하나님은 이스라엘이 한 민족으로서 죄와 하나님의 일시적인 심판을 피하는 법을 알게 하여, 세상에 그분을 드러내 보이는 역할을 완수할 수 있도록 하기 위해 율법을 주셨다. 유대인들은 율법을 지킴으로써가 아니라 아브라함처럼 믿음을 통해 구원받았다. 그리스도인이 되는 그 믿음은 예수 그리스도의 속죄의 죽음을 믿는 것이다. 이 은혜가 왔으므로 신자들은 더 이상 율법 아래 있지 않다(3:23-4:7).

3:19-20. 율법은 죄(**범법**; 참고. 롬 3:20; 7:7)를 깨닫도록 하기 위하여 약속에 단순한 부록으로(**더하여진**) 왔다. 율법의 역할은 일시적이었다. **자손**, 즉 그리스도가 **오시기까지**였다(참고. 3:23). 구약성경은 율법을 베푼 **천사들**을 분명하게 언급하지 않는다. 그것은 신약의 견해이다(참고. 행 7:53; 히 2:2). 구약은 율법이 '하나님의 손'(출 31:18; 신 9:10)으로 기록되었다고 말한다. 이는 매개자를 말하는 비유적인 방식일 가능성이 있다. 출애굽기 8:19에서 요술사들은, 하나님이 하나님의 '손가락'(개역개정 난외주) 역할을 한 모세를 통해 일으키신 이 재앙에 놀랐다. 또한 누가복음 11:20에서 예수님은 '하나님의 손'으로 귀신을 쫓아내셨다. 이를 마태복음 12:28에서는 성령이라 말한다. '하나님의 손'은 하나님이 매개자를 통해 일하시는 것을 나타내는 표현일 수 있다. 본문이 그런 경우라면, 신약의 저자들이 주장하듯, 율법을 주시는 데 관여한 '하나님의 손' 즉 매개자를 천사들로 표현하는 것이 가능하다. 그러나 19절에서는 모세를 분명하게 율법의 **중개자**(새번역)라 부른다(또한 출 20:19; 신 5:5을 보라). 중개자는 각 **편**, 즉 하나님과 이스라엘의 뜻을 전달했다. 따라서 율법은 쌍방의 협정이었다. **하나님은 한 분이시니라**는, 율법을 주신 것과 달리 아브라함에게 하신 언약이 일방적이었음을 암시한다. 뿐만 아니라 만약 율법을 기록한 이가 천사들이고, 모세가 중개했다면, 그것은 아브라함 언약과는 달리, 두 가지 이유에서 그분의 백성들을 향한 하나님의 직접적인 행동이 아니다.

3:21-22. 율법은 약속을 성취할 수 **없고**, 즉 의(**생명**)를 **줄**(새번역) 수 없고, 그렇게 의도된 것도 아니다. 오히려 그 역할은 고통스럽지만 귀중했다. 율법과 모든 **성경**은 사람들이 죄인임을 드러낸다. 사실 사람들은 죄에 사로잡혀 있다거나 죄에 갇혀 있다(**가두었으니**; 참고. 롬 11:32)고 묘사할 수 있다. 율법의 목표는, 행위로는 죄에서 벗어날 소망이 없음을 보여주어 **약속**이 믿음으로만 온다는 사실을 확실히 해주는 것이다.

F. 믿음이 오다(3:23-4:11)

3:23-25. 바울은 율법의 일시적인 기능을 더 설명했다. **우리**(23절)는 유대인을 가리킨다. 그들은 그들의 삶이 율법의 규제를 받았다는 점에서 **율법 아래에** 있었다(참고. 고전 9:20). 여기서 믿음(23절에 두 번, 25절)은 단순히 인간이 하나님을 신뢰하는 것일 수 없다. 바울은 아브라함이 이미 그런 믿음을 가졌음을 보여주었기 때문이다(3:6-9; 참고. 롬 4:3). 오히려 **믿음**은 1:23에서처럼 사실상 복음과 거의 동등하다. 복음이 옴으로 율법의 규칙들은 역할을 다했다.

초등교사[ESV의 '후견인' 혹은 '보호자'가 더 나은 번역이다. 파이다고고스(*paidagogos*)는 이곳과 고전 4:15에만 나온다]는 미성년자들을 감독했다. 아이들이 성년이 되면 후견인 역할은 끝났다(25절; 4:1-2). 따라서 후견인의 역할이 일시적이었던 것처럼 율법의 역할도 그러했다. 24절 앞부분은 목적을 이야기하는 것이 아니라(NASB의 "우리를…인도하는"은 원문에 없다) 시간을 표현한 것이므로 ESV의 "그리스도께서 오실 때까지 우리의 후견인이 되어"가 더 나은 번역이다.

3:26-29. 바울은 3:15-18에서 율법주의자들이 누가 아브라함의, 또 하나님의 자손('자손', 16절; 또한 29절을 보라)인가에 대한 질문을 제기했음을 암시했다. 지금 복음의 시대에는 유대인들만이 하나님의 자손은 아니다(**아들**; 참고. 출 4:22; 신 14:1; 호 11:1). **믿음으**로 이방인들도 **다** 자녀가 될 수 있다. 모두 자녀일 수 있는 것처럼 다 **그리스도의 것**일 수 있다(29a절).

바울은 회심에 대한 약칭으로 세례를 사용했다. **세례를 받은** 자는 공개적으로 그리스도를 고백함으로써 내적인 믿음의 증거를 보였고(참고. 롬 10:9-10; 고전 12:3), 기독교 세례를 받은 자만이 신자들이었기 때문이다. 그가 다른 데서 그렇게 했듯이(엡 4:24; 골 3:10), 옷을 갈아입는 것으로 표현한 바울의 비유(27절; **옷 입었느니라**)는 회심이 새로운 사람이 되는 일을 수반함을 실례로 보여준다. 28절은 모두 다 동등한 입장이라 말한다(**그리스도…안에서 하나**). 모두 동등하게 그리스도께 오도록 환영받는다. 그러나 모든 영역에서 모두가 다 동등한 것은 아니다. 만약 **유대인**, **헬라인**, **종**, **자유인**, **남자**, **여자**가 더 이상 존재하지 않았다면, 바울은 "먼저는 유대인에게요"(롬 2:9-10)와 "종들아…상전에게 순종하기를"(엡 6:5)과 "아내들이여, 자기 남편에게 복종하기를"(엡 5:22) 같은 명령을 할 수 없다. 마찬가지로 교회 사역에서 남자와 여자의 역할 차이가 없다면, 바울은 감독은 남자들(딤전 3:1-2)이어야 하고 여자들은 가르치는 리더가 되지 말아야 한다고(딤전 2:12) 말할 수 없다.

아브라함의 자손이 되는 일은 **약속대로** 일어나므로, 율법대로 되지 않는다. 그것은 하나님이 은혜로 하신 일로, 믿음으로 받아들이면 된다.

4:1-7. 바울은 **유업을 이을 자**가 미성년자일(**어렸을**) 때의 예를 사용하여 율법의 역할은 하나님의 백성이 미성년자들일 동안에만 있으며, 그 시기는 끝났음을 더 설명했다. 아직 성장하지 않은 아이는 먼저 기초를 배워야 한다. 이 문맥에서 배워야 하는 기초(**초등학문**, 3절)는 모든 삶의 규제책이며 죄를 밝혀주는 구약 율법이었다. 더 나아가 그것은 **후견인**과 **청지기**로 불렸다(2절, 바울은 이 단어들을 동의어로 사용했다). 그리고 모든 이는 당연히 기초에서 떠나야 할 때가 온다.

때가 차매(4절)라는 어구는 하나님께 무언가를 하게 했다는 말이 아니다. 오히려 아버지께서 미리 그 **때**를 정하셨다. 때가 완료(**차매**, 4절)되어 **아들**이 오셨다. 그분의 오심이 역사의 중심이다. **아들**은 속량하실 자격을 충분히 갖추셨다(5절; 그리고 3:13에 대한 주석을 보라). 그분은 온전한 인간(**나게 하시고**)이시며 온전한 유대인(**율법 아래에**란 유대인들의 위치이다, 롬 2:12; 고전 9:20-21)이셨기 때문이다.

율법 아래에 있는 자들과 **우리**는 둘 다 유대인을 가리킨다. 하나님의 가족이라는 **명분을 얻**는 것은 원래 유대인만의 축복이었는데(롬 9:4), 이제 그 축복은 이방인에게도 임한다(**너희**, 6절; 대명사는 복수형). 양자됨과 밀접하게 관련된 것이 바로 성령을 받는 것이다(참고. 롬 8:14-17). **영**은 하나님의 자녀(**아들**)가 되었다는 확신을 주며, 이를 통해 신자들은 하나님과의 친밀한 관계(**아빠**)를 인지하고 고백하게 된다. 이 진리가 각 독자에게 개인적인 것이 됨으로써, 6절의 복수형(**너희**, **우리**)에서 7절의 단수형으로 변화가 있다. **네가 이후로는 종이 아니요**. 바울이 '**자녀**'(1, 3절; 개역개정에는 '어렸을 때'라고 되어 있다—옮긴이 주)에서 **아들**(6-7절)로 편하게 바꾼 것은, 이 문맥에서 그 용어가 한쪽 성만을 가리키는 것이 아니기 때문이다(참고. 3:28; 롬 8:14-16).

4:8-11. **하나님**을 '**알게**' 되었다는 것은 회심을 나타내는 표현이다(요 17:3). 반면 하나님을 알지 못했다는 것은 회심하지 않은 이들이나 이교도들에게 해당되는 말이다(렘 5:4; 살전 4:5). 그리스도를 알기 전에(**그 때에**) 갈라디아인들은 그들이 신이라 잘못 생각했던(**하나님이 아닌 자들**, 참고. 고전 8:5) 존재의 **종**이었다. 그러나 모든 것이 변했다. 바울은 9절에서 자신의 잘못을 바로잡은 것이 아니다. **오히려**[rather, 개역개정에는 '더욱이'로 번역했다—옮긴이 주]는 '더 중요하게'로 번역하는 편이 더 낫다. 다시 말해, 무지한 갈라디아인들이 깨달음을 얻은 것은 하나님이 주도권을 쥐고 행하신 덕분이었다.

두 가지 상황이 여러 면에서 다름에도 불구하고 바울은 율법 아래에서의 유대인의 유아기(참고. 4:1-7)와 갈라디아인들의 이전 이교도 생활에서 유사점을 이끌어낸다. 그는 그 두 상태를 다 종이라 불렀다. 둘 다 초등학문 아래 있었고(9절; 그리고 4:3을 보라), 둘 다 구원에 이를 수 없었다(**약하고**). 갈라디아인들이 율법을 준수하는 데로 돌아가는 것은, **다시** 이교도로 돌아가는 것과 같았다. 10절에 나오는 용어들(**날**, **달**)은 일반적으로 유대의 종교 달력이 요구하는 바를 가리킬 것이다(안식일, 절기들).

11절에서 바울은 구원의 상실을 암시하지 않았다. 문제는 그의 처음 사역(**수고**)이 그들을 진정으로 구원하는 믿음에 이르게 할 것인가이다.

G. 개인적인 호소(4:12-20)

이 부분에서 바울은 자신과 갈라디아인들의 과거 관계를 상기시키면서 그들에게 진정한 복음으로 다시 돌아오라고 호소한다. 그와 그들이 잘 아는 사건들이 무엇인지는 지금 우리로서는 알 수 없다(13절의 **육체의 약함**, 15절의 **너희의 복**).

4:12a. **되기를**은 이 서신에서 첫 번째 명령이다. 바울은 늘 해오던 대로(고전 9:19-23) 그들처럼 되었다. 즉, 율법에서 자유로워졌다. 그는 그들에게 자기처럼 **되기**를 권했다. 즉, 율법에 대해 죽고 그리스도 안에서 살라고 말이다(참고. 2:19-21; 또한 롬 7:1-6에 대한 주석을 보라).

4:12b-16. **처음**[the first time, 13절]은 '처음에'(at

first, ESV)로 번역하는 것이 더 낫다. 이 표현은 이 서신을 통한 **복음** 선포와 대조하기 위한 것이다. 확실히 알기는 불가능하지만 바울의 **육체의 약함**은 눈병으로, 다양한 질병 때문에 생길 수 있는 눈의 염증이었던 것 같다(참고. 15절; 6:11). 그로 인해 바울은 간간이 갈라디아 지역에서 멈추어야 했고, 그래서 설교할 기회가 주어졌다. 그의 질병을 갈라디아인들이 자칫 불쾌해할 수도 있었지만(**시험**, 14a절), 예상과는 달리 그들은 그의 '육체에 있는' 것을 업신여기거나 피함으로써(14a절) 바울에게 **해롭게 하지 아니하였다**(12b절). 오히려 그들은 그를 존경하며 환대했다(**천사와 같이…그리스도 예수와 같이**, 14b절). 그가 그들과 함께 있는 것은 기쁨이었다(**복**, 15a절). 그들은 그를 위해 큰 희생도 했을 것이다(**눈이라도 빼어…주었으리라**, 15b절).

이러한 아주 긍정적인 과거를 말함으로써(12-15절) 16절은 좀 더 강렬해진다. 그것은 질문이 아니라 반어적이고 신랄한 말이다. "그렇다면, 내가 너희에게 진리를 선포했으므로 내가 너희의 원수가 되었구나"(기고자의 번역). 바울이 그토록 강렬하게 말한 것은 사람들의 관심을 끌고, 나아가 갈라디아인들이 하려는 행동이 얼마나 불합리한 것인지 보여주기 위해서였다. 그렇게 해서 그들이 정신을 차리도록 하려는 의도에서였다.

4:17-18. 바울은 자신의 동기와 율법주의자들의 동기를 대조했다. 그들은 갈라디아인들을 속여서, 바울과 그의 복음에서 갈라디아인들을 갈라놓으려(**이간시켜**) 했다. 바울은 이 서신에서 그리고 그들을 **대하였을** 때(18절)에도, 그들의 유익을 위하여(**좋은 뜻으로**, 새번역) 갈라디아인들을 **열심으로 사모**했다.

4:19-20. 바울은 솔직함과 감정적인 투명함과 깊은 애정을 내보였다. 그는 그들의 영적 부모로서(**나의 자녀들아**) 해산하는 수고를 하는 여인처럼 그들을 두고 고뇌했다(참고. 고전 4:14-15; 살전 2:7). 20절은 ESV의 번역("너희와 함께 있을 수 있다면 얼마나 좋을까")이 더 낫다. 그들과 **함께** 있으면 직접 소식을 듣고 더 많은 시간을 갖게 될 것이다. 그저 그들에게 이야기하는 것이 아니라 그들과 함께 이야기할 수 있을 것이다.

H. 하갈과 사라의 비유(4:21-5:1)

4:21-23. **율법 아래**에라는 구절에 대해서는 3:22과 4:4을 보라. 바울은 구약성경 전체를 의미하며 '율법'이라는 단어를 사용했다(롬 3:19; 고전 14:21). 따라서 여기서 그가 가리키는 것은 창세기 16-21장과 이사야 54:1이다. 바울은 독자들에게 창세기에 나오는 기본적인 사실들을 상기시켰다. 즉 하갈은 종이었고, 사라는 **자유**로웠다. 이스마엘은 정상적인 인간의 행위(**육체**)를 통해 태어났지만, 이삭은 하나님의 행위(**약속**)로 태어났다. 바울이 이전에 육체와 약속을 대비해 설명한 내용은 3:3, 17-18을 보라.

4:24-27. 그다음으로 바울은 **비유**[analogy, NASB의 allegorically(풍유적으로)보다 더 나은 번역이며 원래 단어의 의미이다. 이 단어는 신약에서 여기서만 나온다]라는 단어로 창세기의 사실들을 적용한다. 바울은 풍유적인 해석을 지지하지도 않았고, 하갈과 사라에 대한 창세기 이야기의 역사성을 부인하지도 않았다. 오히려 그는 예를 들어가며 그의 논지를 설명했다. 그가 앞에서 논리와 주해로 말했던 바를(3:6-18; 4:1-7) 이야기로 입증했다. 바울이 보기에 사라와 하갈이라는 창세기의 두 어머니는 두 언약, 두 예루살렘, 두 가지 유형의 혈통으로 비유할 수 있었다. 첫째, 언약과 관련하여 바울은 이미 새 언약이 옛 언약보다 우월함을 암시했다. 그래서 이삭의 출생을 이스마엘의 출생과 비교했다. 둘째, **지금** 반역한 **예루살렘**이 있다(참고. 마 23:37). 그 도시는 그 민족을 나타내곤 한다. 그 민족은 하나님을 거절했고 예언자들을 죽였다(눅 13:34-35). 그러나 이외에 다가올 의로운 예루살렘(**위에 있는 예루살렘**, 참고. 히 11:10; 12:18-24; 계 21:2)이 있다. 이사야 66:7-11은 구속받은 예루살렘을 하나님의 백성의 어머니로 묘사한다. 셋째, **종노릇**으로, 즉 죄로 이어지는 자연적 혈통이 있는 반면, 자유로 이어지는 영적 혈통이 있다. 이 영적 혈통은 하나님의 초자연적인 사역을 통하여 생겨나며(이삭의 탄생이 그랬던 것처럼), **잉태하지 못한 자**가 '많은 자녀'를 가진 것처럼 예기치 않은 기쁨을 준다(사 54:1).

4:28-30. **육체**를 따라 난 자와 **성령**을 따라 난 자의 대비는 바울의 이전 대비와 조화를 이룬다. 아마도 박해는 창세기 21:9에 나오는 이스마엘의 놀림을 말하는 것 같다. 내쫓김을 당한 이들은 율법주의자들이다. 바울은 율법과 자유 사이에 괴리가 있음을 암시했다.

4:31-5:1. 결론적으로 첫째, 신자들은 거듭남으로

갈

(**자유 있는** 여자의 혈통으로) **자유**를 얻는다고 바울은 반복해서 말했다. 이러한 거듭남은 그들의 구세주의 사역을 통해(**그리스도**) 일어난다. 둘째, 그는 갈라디아인들에게 하나님 앞에서 용납되는 수단으로 율법을 취해서는 안 된다고 경고했다. 그렇게 하면 자유를 박탈당할 것이다(**종**).

I. 복음의 자유(5:2-12)

5:2-4. 그리스도께서 주시는 한 가지 **유익**은(5:2) 율법으로부터의 자유이다(4장). 아무래도 율법주의자들은 갈라디아인들에게 **할례**를 받아들이는 것은 **율법 전체**를 순종할 **의무**를 의미한다고 말하지 않은 것 같다. 물론 그 경우 그 사람은 율법으로부터 자유롭지 못하다. 마찬가지로 복음을 믿는다고 고백하지만 **율법 안에서 의롭다 함을 얻으려 하는** 이들은, 그들이 그리스도로는 부족하다고 여김을 암묵적으로 보여준다. 따라서 그들은 **은혜에서** 율법주의로 돌아간 것이다(4절). **끊어지고**는 너무 과하다. '멀어지고'가 더 나은 번역이다(NIV). 바울은 구원의 상실을 묘사하는 것이 아니다. 오히려 그는 그들이 율법으로 의롭다 함을 얻으려 한다면, 은혜로 구원받지 못하고, 받을 수도 없다고 주장했다. 그러면 그들은 구원의 수단인 은혜를 내버린다는 의미에서 **떨어진** 자가 되어 구원받지 못할 것이다.

5:5-6. 2-4절에 묘사한 거짓된 접근과는 대조적으로 바울은 제대로 된 접근을 제시했다. 첫째, 구원은 율법에 순종할 것을 요구하지 않는다. 그것은 **성령**으로 말미암는다(참고. 3:2-3). 그것은 행위로 말미암는 것이 아니라 **믿음**으로 말미암는다(참고. 2:16). 더 나아가 바울서신들에서 첫째, **의**는 보통 하나님이 받아들이시는 상태이다(롬 3:22; 4:13; 10:5). 둘째, 소망은 보통 목표이다. 다시 말해 느낌이 아니라 소망하는 무언가이다(행 28:20; 고후 3:12; 엡 1:18). 따라서 5b절을 이렇게 표현할 수도 있다. "우리는 우리의 현재 의가 우리에게 줄 미래의 소망을 기다리고 있습니다." 더 나아가 기독교적 삶은 율법에 순종할 것을 요구하지 않는다. 따라서 유대교로 개종할 때 필요한 **할례**는 중요하지 않다. 중요한 것은 **사랑**을 통해 표현되는 **믿음**, 즉 계속 그리스도를 신뢰하는 것이다. 신약이 종종 사랑을 태도나 동기로 보긴 하지만(롬 5:7-8; 고전 4:21; 13:3), 여기서 바울은 사랑의 다른 측면, 즉 경건한 행동(요일 3:18)의 측면을 염두에 두고 있다. 조셉 피츠마이어(Joseph Fitzmyer)는 고린도전서 13:1-3에 대한 주석에서, 사랑을 "다른 사람을 향한 한 사람의 자발적인 마음속의 애정으로, 상대방에 대한 계속되는 관심으로 표현되며 자기희생을 하게 한다"[*First Corinthians*, The Anchor Yale Bible Commentaries, (New Haven, CT: Yale University Press, 2008), 489]라고 정의한다.

5:7. 바울은 3:1-5에서처럼 간청했다. 갈라디아인들은 좋은 길로 잘 따라가고 있었다. NASB와는 반대로 7b절은 율법주의자들의 성공을 말한다고만은 할 수 없다. 따라서 7절은 이렇게 표현하는 것이 더 낫다. "너희가 잘 달리고 있는데, 진리를 순종하지 못하도록 누가 끼어들었느냐?"

5:8-10. 신약에서 여기에만 나오는 **권면**이라는 단어는 중립적인 단어가 아니므로 '거짓된 미사여구'로 표현하는 편이 더 낫다. 바울은 오류가 퍼져나가는 것을 나타내기 위해 **누룩**의 비유를 사용했다(9절; 참고. 고전 5:6). 율법주의자들의 거짓된 가르침을 그냥 내버려두면, 그것은 **온** 교회에 침투하여 해를 입힐 수 있다. 바울이 갈라디아인들에 대해 우려하긴 했지만(3:1-5), 그는 복음을 믿은 이들이 그의 **생각**(새번역)을 '품게' 되리라 확신했다. 바울서신에서 심각한 우려와 함께 확신이 나오는 경우는 흔하다(참고. 고후 7:16과 11:3 비교). 바울은 율법주의자들의 정체에 대해서는 확실히 알지 못했지만(**누구든지**), 그들의 **심판**에 대해서는 확신했다(10절).

5:11-12. 율법주의자들이 갈라디아인들을 **요동하게** 했던 것처럼(10절) 그들은 또한 바울에 대해 부정확하게 말했다. 그들은 분명, 바울이 그리스도가 오시기 전과 후 둘 다 **할례**가 필요하다고 전했다고 주장했다. 그러나 사실 그리스도인으로서 그는 오로지 **십자가**만 전했다. 이에 대한 증거는 그가 **십자가**를 불쾌하게 여겼던(**걸림돌**) 이들에게 '박해를 받았다'는 사실이다.

마지막으로 바울은 율법주의자들을 어지럽게 하는 자들로 일축해버렸다. 마가복음 9:43-45에 나오는 예수님의 명령이 그렇듯이 율법주의자들에게 스스로 '베어버리라'고 한 바울의 요구는 문자 그대로 실행할 수 없는 것이었다. 오히려 그것은 갈라디아인들에게 율법주의자들과의 관계를 끊으라는 권유와 같다.

V. 단 하나의 진정한 복음에 대한 실제적인 변호 (5:13-6:10)

이 부분에서 바울은 율법으로부터의 자유는 도덕적 무질서로 이어진다는 오해를 바로잡음으로써 복음이 율법을 무시한다는 비난에 대해 복음을 변호했다. 바울은 계속 반대편에 있었다. 율법으로부터 자유로운 상태에 있으면(2-12절) 성령께서 경건한 삶을 살도록 도덕적 지침과 능력 둘 다를 공급하신다는 것이다(13-21절). 이러한 생활 방식에서 두드러지는 특징은 사랑과 섬김이다(5:6을 보라). 바울은 자유가 그들에게 **사랑으로 서로 종노릇**하도록 의무를 지운다고 말했다(13절). 그러나 사랑은 어디에서 비롯되는가? 바로 성령의 열매이다. 이는 율법이 할 수 없는 것이다(5:6, 16-22; 사랑의 구체적인 표현에 대해서는 6:1-10을 보라). 비그리스도인들은 그런 사랑을 복제할 수 없다. 그들에게는 성령이 계시지 않고, 그들은 죄 된 본성의 지배를 받고 있으며, 율법으로부터 도움을 받지 못하기 때문이다. 오히려 파괴적인 행동이 그들 관계의 특징이다(5:17-21). 바울의 논지는, 율법으로 사는 삶의 무익함을 강조하는 것이었다. 율법은 구원할 수도 없고, 사람을 사랑과 거룩함에서 자라게 할 수도 없다.

A. 율법주의나 허용이 아닌 자유(5:13-15)

5:13-15. 그리스도인들에게는 도덕적 의무가 있다. 바울이 다른 데서 말했듯이(참고. 롬 6:1-15) 율법에서 자유로워졌다고 해서 '죄 된 본성'(그래서 NIV와 NASB의 **육체**보다 더 나은 번역, 참고. 롬 7:5; 8:3-8)을 위한 기회가 생겼다는 의미가 아니다. **육체**는 죄를 지으려는 성향에 기여하는 인간 속성의 복합체(참고. 롬 7:5에 대한 주석), 즉 죄 된 옛 성품을 가리킨다. 신자도 여전히 육체를 입고 있다(롬 8:12-13; 13:14). 그러나 더 이상 '육신에' 있지 않다(롬 7:5). 다시 말해, 그는 더 이상 믿지 않는 이들이 그렇듯 육신의 절대적인 지배 아래 구원받지 못한 상태에 있지 않다. 그가 아담의 자손이지만 더 이상 '아담 안에' 있지 않은 것처럼 말이다(롬 6:1-10에서 그리스도 '안에', 그리스도'와 합하여' 있는 것을 강조함을 보라). **자유**로 부도덕에 연루되는 대신 자유를 올바로 사용하면 다른 사람들을 섬기게 된다. 만약 어떤 사람이 **율법**을 존중하는 문제로 염려한다면, 그리스도인들은 절대 율법을 '행하라거나' '실천하라는' 말을 듣지 않는다고 말해주어야 한다. 대신 그들이 **사랑**할 때 성령이 주시는 힘으로 율법의 진짜 목적을 이룬다(그것을 성취한다, 참고. 롬 13:8-10).

15절은 갈라디아인들이 갈등을 겪고 있다고 바울이 전제했음을 보여준다. 따라서 그는 섬김이 필요할 뿐 아니라 섬기지 않는 것, 즉 이기적으로 다른 이들에게 해를 끼치는 것은 자멸하는 일이라 경고했다.

B. 성령 대 육체(5:16-18)

5:16-17. 바울은 더 자세히 설명했다. 하나님의 **성령**과 죄 된 성품(**육체**)은 서로 반대되므로, **성령**을 따르면(성령을 따라 행하면) 분명 죄 된 **소욕**을 피할 수 있을 것이다. 그렇게 피하는 것이 불완전할지라도 말이다. 갈라디아서 3:3에서처럼 제3의 대안은 없다. 따라서 5:17c는 한 사람이 두 주인을 섬길 수 없다고 말하는 마태복음 6:24과 같다. 바울은 생활 방식을 나타내기 위해 종종 구약의 관용어와 비슷한(창 5:24; 왕하 20:3; 시 1:1) '행하다'(walk)라는 동사를 사용했다(롬 8:4; 고전 3:3; 골 2:6; 살전 2:12). **성령을 따라 행하라**는 약속이 포함된 명령이다. 만약 성령을 따라 행한다면, 육체의 소욕을 채우지 않으리라는 것이 논리적으로 따라온다. **성령을 따라 행하라**는 명령은 "하나님의 영으로 인도함을 받는 사람은 곧 하나님의 아들이라"(롬 8:14, NIV 1984)와 "너희가 만약 성령의 인도하시는 바가 되면 율법 아래 있지 아니하리라"라는 사실에 기초해 있다. 신자들은 성령을 소유하고 있다는 그 사실 때문에, 성령 안에서 행하며 육체의 욕망을 채우지 않을 수 있다. **너희는…이루지 아니하리라**는 사실 부정과거 시제 동사로, "너희는 **육체의 욕심**을 이루려 하지 않을 것이다"로 번역하는 편이 더 낫다. 그 동사는, 하나님의 자녀는 믿지 않는 이들처럼 **육체**가 특징인 삶을 살지 않으리라는 바울의 기대를 나타낸다. 성령이 신자의 삶에 거하시며 일하시기 때문이다.

신자에게는 '지금 이루어졌지만 아직 오지 않은' 여러 영적 사실들이 있다. 우리는 하나님의 자녀로 입양되었지만(롬 8:15) 하나님의 자녀로의 입양을 기다리고 있다(롬 8:23). 우리는 죄에 대해 죽었으며(롬 6:2, 7), 그렇게 여겨야 한다(롬 6:11). 이와 마찬가지로 그리스도인들은 성령의 인도를 받아 성령 안에서 행함으로 육체의 소욕을 이루는 모습을 보이지 않지만, 그들은 죄 없이 완벽한 상태가 아니다. '아직 오지 않은' 온전한 미래의 속량을 기다리고 있고, 또 '현재의 악한 세대'가 여전히 영향력을 행사하고 있기 때문이다. 그러므로 과거형(부정과거)으로 **육체의 욕심을 이루지 아니하리라**라고 한 것은, 신자가 최대한 제한을 받지 않고, 포괄적으로 육체의 욕망을 채우며 살지는 않으리라는 것을 나타낸다.

5:17-24에서 **육체**는 죄를 지으려는 성향에 기여하는 인간 속성의 복합체를 가리킨다. 이는 또한 '옛 죄된 성품'으로도 알려져 있는 것으로, 죄를 범하는 연약함과 반역을 포함하여 신자들조차 여전히 아담의 후손이기에 가지고 있는 속성이다. 믿지 않는 이들에게는 육체를 따라 사는 것이 유일한 대안이다. 신자들과 불신자들 둘 다 육체를 가지고 있으며 신자들과 불신자들 둘 다 5:19-21에 나오는 것과 같은 행동들을 할 수 있다. 그러나 만약 바울이 하나님의 자녀들은 성령이 그들 안에 거하시며 그들을 인도하시기 때문에 계속해서 육체를 특징으로 사는 삶을 살지 않으리라 기대한다면, 그리스도인이 때때로 이런 행동을 하는 것과 불신자들이 그것들을 습관처럼 행하는 것 사이에는 차이가 있다(21b절을 보라).

17절은 16절에서 바울이 한 명령의 근거를 제시한다. 육체와 성령 사이에 종말론적 전투가 있다. 신자는 매일 한쪽 편을 들어야 한다("성령을 따라 행하라", 16절). 한 사람이 두 주인을 섬길 수는 없다. 그리고 이 두 육체와 성령은, **너희가 원하는 것을 하지 못하게** 하려는 이 목표를 두고 전투를 한다. 즉, 신자가 성령 안에서 행하며 성령을 따르려 한다면, 육체가 이 바람에 맞서 싸운다. 반대로 신자가 육체를 따르려 한다면, 성령이 이 바람에 맞서 싸운다. 바울은 이 단락에서 그 싸움은 무승부로 끝나지 않음을 분명히 한다. 성령은 신자들 안에서 그분의 열매를 맺는다.

5:18. **그런데**(새번역)는 성령과 육체의 싸움에 소망이 있음을 알려준다. 신자들이 이제 성령을 소유하고 새 언약에 속해 있다면 그들은 종살이 아래, 무익한 율법 아래 있지 않다(롬 7:7-25에 대한 주석을 보라. 여기서는 믿지 않는 이들이 죄의 권력을 물리치도록 돕기 위해 율법의 무력함을 다룬다). 신자들에게는 율법이 주지 못하는 이용 가능한 신적 자원이 있으므로, 이 싸움에 아주 낙관적으로 임할 수 있다. 그들은 율법 아래가 아니라 성령 안에서 행하므로 육체는 불리한 입장에 있다. 그러나 그들은 성령이 인도하신다. 성령이 주도권을 쥐시고 신자들에게 능력을 주시고 그들을 준비시키신다(**너희가…성령의 인도하시는 바가 되면**).

18절은, **성령**을 따르면 어느 시점에 모든 율법에서 자유로워진다는 의미가 아니다. 바울은 그리스도인들이 모세율법 아래 있지 않음을 분명히 한다(롬 7:1-4; 갈 3:23-4:3). 그러나 신약의 신자는 '그리스도의 법' 아래 있다(고전 9:21; 갈 6:2; 그리고 6:1-2에 대한 주석을 보라). 여기서 **율법**과 **성령**은 모세**율법**이든 **성령**에 기초한 새 언약이든, 그 아래에서 살며 그것의 지배를 받는 두 가지 언약을 나타낸다. 성령의 인도는 5:24에서 육체를 십자가에 못 박는 것이나 5:25에서 성령으로 사는 것처럼 회심에 객관적으로 따라오는 것이다. 이것의 주관적인 측면은, 신자들이 죄에서 떠나 성령의 인도하심을 따르는 것이고(5:18), 성령의 능력 안에서 행하는 것(5:16)이다. 율법은 경건한 삶을 위한 능력과 동기를 줄 수 없다.

C. 육체의 일(5:19-21)

5:19-21a. 19절에서는 신자들이 5:16의 명령 이행에 도움이 되는 실제적인 고려 사항들을 알려준다. 바울이 한 말은 이러하다. "분명히 하자. 이 명령을 이행하기 위해 너희는 훌륭한 신학적, 윤리적, 객관적 조언이 필요하다. 성령을 따라 행하는 것이란 어떤 것들, 곧 육체를 특징으로 하는 것들을 피하는 것을 의미한다. 그것들이 어떤 것인지 혹시 궁금하다면, 여기 대표적인 목록이 있다." 그 목록에는 성 윤리(**더러움**: 성적 죄로 인해 더럽혀진 것, **호색**: 억제하지 못한 욕정), 영적인 것[**우상숭배**, **주술**(*pharmakeia*, 팔마케이아): 사람들, 악령, 혹 하나님도 조작하기 위해 마술을 사용하는 것 또는 종교적 황홀경 체험으로 유인하기 위해 약물을 사용하는 것], 관계들(**원수 맺는 것**: 다양한 유형의 적개심, **분쟁**: 분열을 야기하는 호전성) 그리고 사회적인 죄(**술 취함**, **방탕함**: 죄악 된 쾌락을 위해 배회하는 것)와 관련된 문제들이 포함된다. **음행**[*porneia*, 포르네이아]은 간음, 사통, 수간, 동성애를 포함한 비정상적인 성행위를 가리키는 일반적인 용어이다(참고. 마 5:32; 행 15:20; 고전 6:18). 다른 악덕 목록들에 대해서는 로

마서 1:29-31; 고린도전서 6:9-10을 보라. 바울이 **그와 같은 것들**이라는 어구를 포함한 것은, 그가 모든 것을 총망라했다기보다는 대표적인 목록을 의도했을 가능성을 나타낸다.

5:21b. 바울은 이전에 그들과 함께 있을 때 했던 엄한 경고를 반복했다. 계속해서 악한 생활 방식으로 사는 이들(**이런 일을 하는**)은, 현재 신비롭게 임해 있는 **하나님의 나라**에 속해 있지 못하다는 증거이다(골 1:13; 그리고 마 13:10-17에 대한 주석을 보라). 따라서 미래의 **하나님의 나라**, 즉 천년왕국과 이후 영생의 장소를 **유업으로 받지** 못할 것이다(참고. 고전 6:9-10; 15:50; 엡 5:5).

D. 성령을 따라 걷는 걸음(5:22-26)

5:22-23a. **열매**는 보통 선행을 가리키는 이미지이다(잠 8:19; 사 5:1-7; 욘 15:1-8). 이 덕목들은 수동적이지 않으며 적극적으로 추구할 수 있고, 추구해야 한다(고전 14:1; 딤후 2:22; 벧전 3:11). 바울은 신자들의 삶에서 이러한 덕목들을 만들어내시는 성령의 역할을 강조하기 위해 열매 이미지를 사용했다. 우리가 적극적으로 성령을 따를 때, 율법이 아니라 성령께서 이런 덕목들과 다른 덕목들을 만들어내신다.

바울의 목록은 성품(**오래 참음**: 평정심을 유지하면서 사람이나 상황을 참아내는 것, **절제**: 악한 소욕대로 행동하지 않도록 스스로를 저지하며 억누르는 것)과 관계(**자비**: 은혜롭고 너그러운 것, **온유**: 사람들을 대할 때 힘이나 권력을 최소한으로 사용하는 것)를 강조한다. 5:19-21에서처럼 바울은 모든 것을 총망라했다기보다는 대표적인 목록을 의도했을 가능성이 있다(참고. 골 3:12-15). 바울은 행위로 인한 구원을 지지하는 것이 아니다. 이 열매(들)는 불완전하더라도 그 안에 성령이 거하시는 모든 신자에게서 나타난다. 그럼으로써 그 신자가 하나님 나라에 속할 것임을 증명해준다.

5:23b. 이 구절은 수사학적이다. 바울이 다른 데서 말했듯이(딤전 1:8-9) 율법은 경건하지 못한 삶을 규제하는 데 필요하다. 22-23절에 묘사한 덕목들은 **법**이 요구하는 것을 넘어선다. 따라서 의무적으로 그렇게 살아야 하는 것은 아니다.

5:24. **육체**(5:16-18에 대한 주석을 보라)는 신자들의 과거에 속한 것이다(3:3, 5:17; 참고. 또한 롬 7:5-6; 8:9-13). 바울이 종종 그리스도와 함께 십자가에 못 박히는 것(수동태)에 대해 말하기는 하지만(롬 6:6; 8:13; 갈 2:19; 골 3:5), 여기서 능동태 동사는 '육체를 십자가에 못 박았느니라'라는 구절이 신자의 회개 즉, 옛 생활을 버린다고 언급함을 암시한다. 육체를 십자가에 못 박는 일은 회심 때 일어난다. 예수님이 십자가에 못 박히셨고, 신자들은 그분과 함께 십자가에 못 박힌다(롬 6:2-10에 대한 주석을 보라). 그러므로 어떤 의미에서 그들은 그 육체를 십자가에 못 박았다. 회심은 일회적인 사건이지만, 하나님의 백성들은 날마다 자신이 죄에 대해 죽었다고 여기며 살아야 한다(롬 6:11). 여기에 긴장감을 가지고 보아야 할 것이 있다면, 그것은 로마서 6장과 비슷하다. 우리는 그리스도와 함께 죽었다(롬 6:2, 사실에 대한 진술). 그리고 우리는 우리 자신을 죽었다고 여겨야 한다(롬 6:11, 명령). 갈라디아서 5장에서 육체를 십자가에 못 박는 것은, 로마서 6장에서 죄에 대해 죽는 것과 신학적으로 동등하다. 우리가 회심할 때 육체는 십자가에 못 박혔다(즉, 죄에 대해 죽었다). 바울이 능동태 동사 **십자가에 못 박았**다를 사용한 까닭은, 독자들에게 그들이 구원받을 때 이런 일이 실제로 일어나며, 그리스도를 믿는 믿음은 결국 이 십자가에 못 박는 일로 이어진다는 것을 알기 원했기 때문이다. 육체의 절대적인 권력은 구원을 위해 그리스도를 믿는 순간 파괴되었다. 이는 육체에 맞서 싸울 때 큰 격려가 될 것이다.

5:25-26. '성령으로 사는' 것이란, 새 생명을 갖는 것이요, 구원과 동등한 것이다. 25a절을 이렇게 다시 쓸 수 있다. "성령이 우리를 살리셨으므로…." 즉, 성령께서 생명을 주셨다면 우리는 당연히 그분을 따라야(성령으로 행할지니) 한다. 그분을 따르는 것에는 육체적인 습관(**헛된 영광을 구하**는 것, **투기**)을 버리는 것도 수반된다.

E. 그리스도의 법을 성취하다(6:1-10)

이 부분은 성령을 따라 행하는 것이 어떤 모습인지 더 많은 지침을 준다. 바울은 스스로에 대한 책임(1b, 3, 7-8절)과 다른 사람들에 대한 책임(1a, 2, 6절) 사이를 왔다 갔다 한다.

6:1-2. 모든 사람이 미혹당하기 쉽다. 따라서 약함으로 인해 누군가가 죄(**범죄**)에 빠졌을 때는 온유하

고 조심스럽게 회복시켜야 한다. 인생의 어려움들[**짐**(*bare*, 바레), 말 그대로든 비유적이든 무거운 무게, 참고. 마 20:12; 행 15:28; 계 2:24]은 홀로 견디기에는 때로 너무 힘겹다. 복음에는 연약한 이들을 위한 자기 희생의 개념이 들어 있다(롬 5:6; 참고. 행 20:35). 그래서 그리스도인들은 그러한 행위를 본받기 위해 **그리스도의 법**을 따른다(참고. 고전 9:21). 이 어구는 예수님이 사셨던 삶의 원리를 가리킬 수도 있고, 모든 율법의 요약인 사랑의 계명을 가리킬 수도 있고(레 19:18; 마 22:39; 롬 13:8-10), 모세율법을 대체하는 새로운 토라로써 예수님의 가르침을 가리킬 수도 있다. 이 세 가지는 겹치므로 굳이 구분할 필요는 없다. 그러나 바울이 예수님의 가르침을 잘 알았고, 그리스도의 법을 모세율법과 대조하여 제시하고 있으므로 마지막 견해가 가장 가능성이 있다.

6:3. 2절에 묘사한 사랑을 하는 데 가장 방해가 되는 것은, 자신이 연약한 다른 이들보다 우월하다고 잘못 '생각하는' 자만심이다.

6:4-5. 3절에서 경고한 자만심을 막기 위해서는 자기 평가를 위해서만이 아니라 자신을 **남**과 비교하기 위해서 스스로를 **살펴**야 한다[도키마조(*dokimazo*), 검사하다, 증명하다. 참고. 고전 11:28; 고후 8:8; 빌 1:10; 딤전 3:10]. 각 사람이 자신에 대해 책임이 있으므로 이러한 자기 성찰이 필요하다[자신의 **짐**(*phortion*, 포르티온), 참고. 마 11:30; 34:4; 행 27:10].

6:6. 바울이 다른 데서 말했듯이(고전 9:3-14; 딤전 5:17-18; 참고. 마 10:10) **가르치는** 사람은 경제적 후원을 받을 권리가 있다. 하나님의 **말씀**을 가르치는 교사들을 후원하는 것은 그들의 '짐'(2절)을 나누어 지는 한 방법이다. 바울은 종종 경제적인 협력을 나타내기 위해 '나누다'[새번역, 코이노네오(*koinoneo*), 코이노니아(*koinonia*)]라는 단어 그룹을 사용했다(롬 12:13; 15:27; 고후 9:13; 빌 4:15; 딤전 6:18). 하나님의 사람들은 하나님의 말씀 사역에 헌신한 이들에게 충분한 보수를 지불할 의무가 있다.

6:7-8. 심고 거두는 것에 관련한 잠언(참고. 시 126:5; 잠 22:8; 호 10:12-13; 고후 9:6; 약 3:18)을 보면, 행동에는 원인과 결과가 있다. 인과관계를 무시하는 것은 하나님을 '업신여기는' 일이다. 5:17에서 그랬듯이 육체/썩어질 것, 성령/영생의 오직 두 길만이 있다. **썩어질 것**[*phthora*, 프토라]이라는 단어는 말 그대로 부패(고전 15:43; 골 2:22), 혹은 욕정과 같은 도덕적 악들(벧후 1:4), 혹은 이 경우 지옥에 가는 영원한 멸망(벧후 2:12)을 가리킬 수 있다. **자기의 육체**를 위하여 심는 것에는 몇 가지 예를 들자면 할례(5:2)를 비롯하여 행위로 구원을 얻으려는 것(3:2a), 육체의 악한 행동들(5:19-21), 투기(5:26), 자만심(6:3) 같은 것들이다. **성령을 위하여** 심는 것은, 믿음(3:2b), 자유 가운데 있는 것(5:1), 성령의 열매(5:22-23), 짐을 지는 것(6:2), 교회에서 말씀을 가르치는 이들에게 경제적 후원을 하는 것(6:6) 같은 일들을 포함한다. 신자들이 육체를 위하여 심으면, 영원한 운명은 그대로일지라도 이 생에서 바울이 묘사한 도덕적 부패와 같은 것을 거둘 것이다.

6:9-10. 우리의 수고가 언제 열매를 거둘지는 하나님이 결정하신다. 우리 사람에게는 끈기(**포기하지 아니하는 것**)가 필요하다. **모든 이**에게 **착한** 일을 해야 하지만, 바울은 다른 신자들의 필요를 아낌없이 채워주는 것에 더 높은 우선순위를 두었다(**믿음의 가정들**, 참고. 고전 3:9-17; 엡 2:19-22; 딤전 3:15). 사회정의가 중요하지만, 우선순위는 그리스도의 몸에 속한 이들을 돌보는 일이다.

Ⅵ. 결론: 요약과 작별 인사(6:11-18)

A. 바울이 직접 쓴 큰 글자(6:11)

6:11. 바울은 보통 필경사의 도움을 받아 글을 썼지만(참고. 롬 16:22), 종종 **직접**(새번역) 친필로 인사를 덧붙이곤 했다(고전 16:21; 살후 3:17). 큰 글자가 시력의 문제를 간접적으로 시사할 수도 있지만(참고. 4:15; 고후 12:7), 마무리 부분에 집중하게 하려는 의도일 가능성이 더 있다.

B. 율법주의자들의 동기(6:12-13)

6:12-13. 갈라디아인들을 잘못된 길로 이끈 이들에게는 순전히 외적인(**육체로**), 교만한(**자랑**), 또 이기적인(**박해**를 피하려 한) 동기가 있었다. 한편으로 그들은 메시아 예수를 믿었고, 이방인들이 그분을 믿는 것을 환영했다. 그러나 다른 한편으로 그들은 할례를 요구했고 **율법**에 순종하는 면에서 부족했다(참고. 롬 2:17-

24; 3:23; 8:3). 그들은 유대교로 개종한 갈라디아인들을 얻은 것을 **자랑**하고 싶어 했고, 따라서 십자가에 못 박힌 메시아라는 개념을 거부했던 유대인들의 박해를 피하려 했던 것으로 보인다.

C. 십자가의 의미(6:14-15)

6:14-15. 여기 극적인 대조가 있다. 바울은 빌립보서 3:4-6에서처럼 단순히 외적인 것, 즉 **할례**나 할례를 받지 못한 것은 아무것도 아니라고 주장했다. 대신 바울에게는 고문하고 처형하는 굴욕적인 수단인 **십자가**가 자랑할 이유였다. 십자가는 두 가지 결과를 가져왔다. 세상적인 시각에서의 단호한 탈피(**세상이 나를 대하여 십자가에 못 박히고**)와 진정한 영적 생명(**새로 지으심을 받는 것**, 참고. 고후 5:17)이다.

D. 축복의 말(6:16)

6:16. **규례**는 15절에서 말하는 진리이며, 규례를 **행하는** 것은 성령을 따라 행하는 것(5:16)과 동등하다. **하나님의 이스라엘**이라는 어구는 신약에서 이곳에서만 나오며(그러나 시 125:5을 보라), 아마도 교회 시대 내내 메시아를 믿을 이스라엘 민족을 가리키는 것 같다. 이 어구는 거의 일반적으로 하나님의 계획에서 교회가 이스라엘을 대체함을 입증하는 것으로, 혹은 교회가 새로운 이스라엘임을 드러내는 것으로 여겨진다. 그러나 이 말은 너무 간단해서 이 많은 신학적 무게를 견딜 수 있을 것 같지 않다. 이 문제에 대해 로버트 소시(Robert L. Saucy)는 이렇게 썼다.

> 갈라디아서의 메시지를 믿음으로만 의롭다 하심을 받는다는 것뿐 아니라 이방인들의 구원을 위한 바울의 사역을 변호하는 것으로 본다면, 바울이 이방인들을 '하나님의 이스라엘'이라 부르며 자신의 논증을 마무리했을 것 같지 않다. 바울은 이방인 회심자들을 노예로 만들려 했던 유대주의자들을 강하게 비난했다. 이로 보아 바울은 참된 이스라엘의 타당성을 인정하려 했다는 가능성이 훨씬 크다. 따라서 그 어구에서 언급한 대상이 현재 바울의 규례를 따라 행하는 교회의 유대인들이든, 종말론적 구원을 받을 '온 이스라엘'이든(롬 11:26), '하나님의 이스라엘'을 유대인에 대한 언급으로 보는 것이 사도의 언어와 그의 전반적인 신학과 갈라디아서의 메시지와 더 잘 맞는다[*The Case for Progressive Dispensationalism: The Interface Between Dispensational and Non-Dispensational Theology* (Grand Rapids, MI: Zondervan, 1993), 201].

이 외에도 **하나님의 이스라엘**이 믿는 유대인을 가리킨다는 것을 암시하는 몇 가지 요소들이 있다. 첫째로, 헬라어 연계 접속사 '카이'(*kai*)는 일반적으로 연결하거나 접속할 때(단순한 '~과' 혹은 '~와 또한') 쓰이므로, 이 절을 메시아를 구세주로 여기는 유대인들을 위한 특별한 축복으로 보는 것이 그 쓰임에 맞는다. 바울은 이 기준을 따르는 이들'과' 하나님의 이스라엘을 축복했을 것이다. 이러한 번역이 그 접속사를 번역하는 가장 일반적인 방식이다. 이를 교회를 지칭하는 것으로 보려면, '카이'를 설명적 표현('~까지도')으로 번역하는 그 접속사의 흔치 않은 용례를 가져와야 한다. 그러면 번역은 '그 기준을 따르는 이들, 하나님의 이스라엘까지도' 축복하는 것이 될 것이다. 이에 대해서는 루이스 존슨(S. Lewis Johnson)이 정확하게 언급했다. "일반적인 용례가 합리적이라면 굳이 흔치 않은 문법적 용례를 가져오는 것을 피해야 한다"["Paul and the Israel of God" in *Essays in Honor of J. Dwight Pentecost*, ed. Stanley D. Toussaint and Charles H. Dyer (Chicago: Moody, 1986), 187].

두 번째 논증은, '이스라엘'이라는 단어의 의미와 그 단어가 지칭하는 것에 근거해 있다. 73회 사용한 예 중에서 이는 아브라함과 이삭과 야곱의 물리적인 자손을 지칭하지 않는 유일한 경우일 것이다. 바울이 다른 모든 경우에 그것을 말 그대로 이스라엘 백성을 지칭하는 데 사용했는데, 여기서는 그 단어를 '영적인' 의미로 사용했을 것 같지 않다. 때로 로마서 9:6과 11:26의 '이스라엘'이 영적 이스라엘로서의 교회를 지칭한다고 주장하기는 하지만 그곳의 주석을 보라.

셋째, '하나님의 이스라엘'을 남은 신실한 유대인 신자들을 지칭하는 것으로 이해하는 것이 문맥에 훨씬 잘 맞는다. 바울은 하나님 앞에서 의롭다 하심을 받기 위한 조건으로 믿음 외에 할례를 요구했던 이들을 꾸짖었다. 그러므로 서신 말미에서 그의 가르침을 지지했던 갈라디아에 있는 모든 이들을 축복하고 싶었을 것이다. 일부는 바울의 날카로운 꾸짖음을 모든 유대인 신자에 대한 공격으로 보았을 수도 있다. 그래서 바울은 분명한 축복을 덧붙였다. 이 축복은 그의 가르침을 받아들인 이들만이 아니라 그에게 동의한 유대인 신자들을 위한 것이기도 했다. 그들이 '하나님의 이스라엘', 이스라엘의 충성된 유대인 남은 자였다(Johnson, "Paul and the Israel of God," 192).

E. 마지막 호소와 축도(6:17-18)

6:17-18. 바울은 자신의 권위와 헌신적인 섬김을 강조하기 위해 사역을 하며 얻은 흉터(참고. 고후 11:23-30)를 자신이 예수의 소유임을 보여주는 흔적[스티그마(*stigma*), 신약에서 이곳에만 나옴]이라 언급했다. 서신 전체에서 은혜와 율법주의가 철저하게 대비된다(1:6-9, 14-16; 2:15-16; 3:1-5). 바울은 은혜를 구하는 기도로 서신을 시작했던 것처럼(1:3), 마무리도 비슷하게 했다(참고. 고전 16:23; 고후 13:14; 빌 4:23).

참 고 문 헌

Anders, Max. *Galatians, Ephesians, Philippians, Colossians*. The Holman New Testament Commentary. Nashville: Holman Reference, 1999.《Main Idea로 푸는 갈라디아서, 에베소서, 빌립소서, 골로새서》, 메인 아이디어 시리즈(디모데).

Fitzmyer, Joseph. *First Corinthians*. The Anchor Yale Bible. New Haven, CT: Yale University Press, 2008.

Fung, Ronald R. K. *The Epistle to the Galatians*. Grand Rapids, MI: Eerdmans, 1988.

George, Timothy. *Galatians*. The New American Commentary. Nashville: Broadman & Holman, 1994.

Johnson, S. Lewis, Jr. "Paul and the Israel of God." In *Essays in Honor of J. Dwight Pentecost*, edited by Stanley D. Toussaint and Charles H. Dyer. Chicago: Moody, 1986.

MacArthur, John. *Galatians*. The MacArthur New Testament Commentary. Chicago: Moody, 1987.

McKnight, Scot. *Galatians*. The NIV Application Commentary. Grand Rapids, MI: Zondervan, 1995.《갈라디아서》, NIV 적용주석(솔로몬).

Schreiner, Thomas R. *Galatians*. Zondervan Exegetical Commentary on the New Testament. Grand Rapids, MI: Zondervan, 2010.

Witherington Ⅲ, Ben. *Grace in Galatia: A Commentary on Paul's Letter to the Galatians*. Grand Rapids, MI: Eerdmans, 1998.

● ● ● ● ●

에베소서

제럴드 피터먼(Gerald W. Peterman)

서 론

저자. 에베소서의 저자는, 자신을 "하나님의 뜻으로 말미암아 그리스도 예수의 사도 된 바울"이라 밝힌다(고전 1:1; 골 1:1을 보라). 사도는 그가 선호하는 호칭이다(롬 1:1; 고후 1:1; 딤전후). 그러나 몇몇 서신들에서는 자신을 종이라 지칭하고(빌 1:1), 또 다른 곳에서는 그저 바울(살전후)이라 지칭한다.

연대. 에베소서는 옥중서신(빌립보서, 골로새서, 빌레몬서와 함께)이라 불린다. 바울의 쇠사슬(6:20; 참고. 빌 1:13; 골 4:3; 몬 1:9, 13)과 그가 주 안에서 갇힌 자 된 것(3:1; 4:1)을 언급하기 때문이다. 그러나 다른 서신들과는 달리(골 4:10) 에베소서에서는 함께 갇힌 자들을 언급하지 않는다. 어쨌든 바울은 당시 감금되어 있었다. 그가 2년 동안 가이사랴 감옥에 있었을 때 이 서신을 썼을 수도 있다(행 23:23-33; 24:47). 그러나 아마도 바울이 로마에서 가택 연금 상태로 있는 동안 이 서신을 쓴 것 같다(행 28:30). 그 이유는 첫째, 에베소서와 골로새서는 내용과 단어 선택 면에서 상당한 유사성이 있다. 이는 두 서신을 거의 같은 시기에 썼음을 암시하는데, 골로새서는 로마에서 썼을 가능성이 아주 높다(골로새서 서론을 보라). 더 나아가 두기고가 두 서신을 전달한다(엡 6:21-22; 골 4:7-9). 상대적으로 협소한 가이사랴 감옥에 비해 로마는 골로새서 4:10-14에 언급된 상당수의 동역자들과 잘 들어맞는다. 로마에서 썼다면 바울은 주후 60-62년경에 이 서신을 썼을 것이다.

수신자. 이 서신은 사도행전에 나온 대로(행 20:31) 바울이 3년 동안 사역했던 에베소에 보낸 것인가? 만약 그렇다면 이는 온통 신자들의 구체적인 필요나 문제들만을 말하는(고전 7:1; 살후 3:11-13) 바울의 다른 서신들과는 달리 다소 일반적이고 비인격적으로 보인다. 게다가, 첫째로 에베소서 3:1-7은 독자들이 바울의 소명과 사역에 익숙하지 않음을 전제하는 듯 보인다. 둘째로 대부분의 성경의 난외주가 보여주듯 이 서신의 여러 고대 사본에는 '에베소에'(1:1)라는 어구가 없다. 따라서 에베소서는 에베소를 주된 혹은 첫 번째 수신자로 보면서 소아시아에 사는 모든 그리스도인을 대상으로 썼다고 보는 것이 가장 좋을 것 같다.

에베소는 소아시아 서쪽의 항구도시로, 주전 27년 아우구스투스 황제가 그 지방의 수도로 삼았다. 아마도 인구가 25만이 넘는, 그 지방에서 가장 중요한 도시였을 것이다. 따라서 그곳은 교회를 세우는 사역을 했던 바울에게 당연한 선택지였다. 사도행전 19:10은, 바울이 그곳에서 아주 효과적인 사역을 했으며 그 결과로 2년여 사이 아시아에 사는 모든 사람, 유대인과 헬라인 모두 주의 말씀을 들었다고 전한다. 바울이 에베소에 있었던 시기는 대략 주후 52-55년에 걸쳐 있다.

주제.

1. 교회의 하나 됨. 모든 신자는 하나님이 주신 하나 됨을 누린다. 그들은 이 하나 됨을 인지하고 지키기 위해 애써야 한다(4:1-6). 지체 간에는 거짓 없이 서로 진실해야 한다(4:25). 바울서신 중에서 에베소서는 로마서 다음으로 이방인들에게 주목한다. 놀라운 은혜로 인해 그들은 예전에 이스라엘만 누리던 복을 함께 누

린다(2:11-22).

2. 그리스도의 고난보다는 그분의 높아지심. 물론 바울이 그리스도의 십자가와 피를 언급하기는 하지만(1:7; 2:13, 16), 에베소서에서는 '십자가에 못 박히다'라는 의미의 동사나(참고. 고전 1:23; 고후 13:4; 갈 3:1), 그리스도의 고난에 대한 어휘들(참고. 고후 1:5; 골 1:24; 행 3:18)은 사용하지 않는다. 대신 바울은 그리스도의 높아지심, 즉 부활하시고, 영화롭게 되시고, 하나님 우편에 앉으신 것(1:20-23)을 강조한다. 만물은 이 높아지신 구세주께 속해 있다(1:22).

3. 공동체 생활과 윤리. 이 서신의 거의 절반에 걸쳐 신자들이 세상이 보는 앞에서 어떻게 살아야 하는지를 다룬다. 아내와 남편들에게 하는 말(5:22-33)은 아주 중요하며, 분량 면에서 또 결혼을 그리스도와 교회에 대한 이미지로 다룬다는 면에서 신약성경의 독특한 부분이다. 또 공동체의 사랑과 조화(4:25-32), 순결한 생활 방식(5:1-14), 종과 주인 사이의 적절한 관계(6:5-9)에 대한 권면도 나온다. "성령으로 충만함을 받으라"(5:18)는 명령은 에베소서 특유의 명령이다.

4. 실현된(미래에 이루어질 일과는 대조되는) 종말론. 신약성경에서는 우리가 이미 얻은 혹은 실현된 복과, 여전히 미래인 복 둘 다를 언급한다. 예를 들어, 신자들은 지금 하나님과 화평을 누리는(롬 5:1) 그분의 자녀이다(롬 8:16). 그러나 우리는 양자 될 것을 기다리며, 기다리는 동안 탄식한다(롬 8:23). 물론 바울이 미래에 성취될 일을 언급하기는 한다(1:14; 2:7; 4:30; 5:5; 6:13). 그러나 그는 에베소서에서 실현된 종말론을 강조한다. 또 하나의 예로, 신자들은 이미 영적인 복을 받았고(1:3) 이미 그리스도와 함께 일으키심을 받아 그분과 함께 앉아 있으며(2:6) 이미 한 몸으로 연합되었으며(4:4) 이미 주 안에서 빛이다(5:8).

5. 영적 전투로서의 삶. 이 마지막 주제는 다른 주제들과 밀접하게 연결되어 있다. 다른 서신들도 원수의 활동(고후 11:14; 벧전 5:8)을 경고하기는 하지만, 에베소서만이 악의 세력을 물리치는 일에 많은 시간을 할애한다. 그리스도는 이미 모든 통치와 권세와 능력과 주권 위로 높임을 받으셨다(1:21). 신자들은 이미 어두운 세상에서 하나님의 빛이다(5:6-11). 의미심장하게도 바울은 열한 절을 할애하여(6:10-20) 신자들에게 어떻게 영적 전투를 준비해야 하는지 말한다. 그렇게 함으로써 하나님의 전신 갑주에 대한 유일무이한 단락을 제시했다(참고. 사 59:17; 살후 5:18).

개 요

- Ⅰ. 인사(1:1-2)
- Ⅱ. 하나님의 뜻을 찬양하다(1:3-23)
  - A. 그리스도 안에 있는 복(1:3-14)
  - B. 기도와 하나님의 능력에 대한 여담(1:15-23)
- Ⅲ. 하나님의 뜻을 선포하다(2:1-3:21)
  - A. 부활: 죽음에서 생명으로(2:1-10)
  - B. 화해: 유대인과 이방인이 하나 되다(2:11-22)
  - C. 계시: 하나님의 메시지를 맡은 바울(3:1-13)
  - D. 경배: 기도와 송영(3:14-21)
- Ⅳ. 하나님의 뜻을 적용하다(4:1-6:20)
  - A. 교회에서 하나님의 뜻을 적용하다(4:1-5:14)
    - 1. 교회의 하나 됨(4:1-6)
    - 2. 교회를 위한 다양한 은사(4:7-16)
    - 3. 교회의 새로운 삶(4:17-24)

4. 교회를 위한 윤리적 가르침(4:25-5:2)
5. 어둠 가운데 빛인 교회(5:3-14)
B. 관계에서 하나님의 뜻을 적용하다(5:15-6:9)
1. 개론: 성령을 따라 행하라(5:15-21)
2. 구체적인 명령: 가정 내의 관계(5:22-6:9)
a. 결혼 관계(5:22-33)
(1) 아내(5:22-24)
(2) 남편(5:25-30)
(3) 신비로운 결혼(5:31-33)
b. 자녀와 부모(6:1-4)
(1) 자녀(6:1-3)
(2) 아버지(6:4)
c. 종과 주인(6:5-9)
(1) 종(6:5-8)
(2) 주인(6:9)
C. 영적 전투에서 하나님의 뜻을 이루다(6:10-20)
1. 강건하라(6:10-13)
2. 굳게 서라(6:14-17)
3. 기도하라(6:18-20)
V. 결론: 마지막 인사, 축도(6:21-24)

주 석

I. 인사(1:1-2)

1:1-2. 바울은 자신을 서신을 보내는 이로, 더 나아가 예수 그리스도의 보내심을 받은 이(사도)로 소개한다. 에베소의 신실한 성도들(한 그룹)에게 은혜와 평강을 기원하며 보낸 서신이다(참고. 롬 1:7; 빌 1:2).

II. 하나님의 뜻을 찬양하다(1:3-23)

바울은 서신의 서두에서 하나님이 메시아 예수를 따르는 그분의 백성들에게 주시는 엄청난 부요함을 소개한다(1:3-14). 이어서 그의 독자들이 그리스도 안에 있는 그들의 영광스러운 **기업의 풍성함**을 이해하기를(1:18) 구하는 기도로 자신이 한 말에 대한 반응을 보인다(1:15-23).

A. 그리스도 안에 있는 복(1:3-14)

이 절들에 담긴 찬양을 보면 하나님이 그리스도 안에서 그분의 백성을 위해 하신 모든 일을 이야기한다. 하나님은 그분이 주신 복들로 인해 찬송을 받으셔야 한다(참고. 시 103편). 여기에는 몇 가지 주제가 있다.

첫째, 하나님의 주권이다. 하나님은 창세 전에(4절) 그분의 백성을 예정하시고 택하셨다(4-5, 11절). 그분은 자신의 계획을 드러내기로 하시고(9절) 그분의 뜻에 따라 모든 일을 하셨다(11절).

둘째, 삼위일체이다. 이 부분에 나오는 복들은 하나님의 영과 관련이 있다(3절; 참고. 고전 12:1,7). 신자들은 성령으로 인 치심을 받는다(13절). 성부 하나님은 모든 복을 주시고, 아들 안에서 그 복을 주신다. 따라서 그리스도 안에서(3절) 혹은 그 안에서(11절)라는 어구가 이 단락에 11회 나온다(개역개정에는 9회 나온다—옮긴이 주). 성부, 성자, 성령은 항상 조화를 이루어 일하신다.

셋째, 여러 가지 은혜이다. 그리스도인들은 모든 신령한 복을 받는다(3절). 바울의 목록에는 선택, 양자됨, 흠 없게 하심, 죄 사함, 하나님의 뜻을 아는 것, 성령 등 온갖 은혜로운 선물들이 들어 있다(7절).

1:3-6. 이 부분은 하나님을 찬양하라는 요청으로 시작하며, 대략적인 이유를 곧바로 제시한다. 신자들은 영적 세계(하늘, 3b절; 그리고 1:20; 2:6; 3:10; 6:18을 보라)에 속한 모든 신령한 복을 받았다. 4절은 택함으로 시작하는 구체적인 복을 언급한다. 택함은 정말 놀라운 복이다. 어떤 개인을 그분의 소유로 삼는 하나님의 사랑의 선택과 관련이 있기 때문이다. 택함은 인간의 믿음이나 행동에 달려 있지 않다(롬 9:10-13). 택함은 **창세 전에** 일어나기 때문이다(참고. 요 17:24; 벧전 1:20; 계 13:8).

택함은 흠이 없게 하시려는 목적이 있다(4b절). 택함을 받기 위해 인간이 할 수 있는 일은 없다. 흠이 없게 하시는 것은 오직 하나님의 일이다. 영원 전부터 하나님은 우리를 흠이 없게 하시려 택하시고, 실제로 역사 속에서 그리스도의 죽으심으로 우리를 그렇게 만드신다(5:27; 골 2:22; 유 1:24).

또 다른 복은 예정이다. 하나님은 영원 전부터 일어날 일을 결정하신다(롬 8:29-30; 고전 2:7; 행 4:28). [아버지께서] **우리를 예정하사**(5절)라고 말하는 것은 그분이 우리를 선택하셨다고 말하는 것과 거의 똑같다. 하나님은 영원 전부터 우리가 믿으면(참고. 요일 3:1) 우리를 아들로 삼기로 예정하셨다(롬 8:29; 갈 3:26). 게다가 이러한 모든 복은 거저 주시는 은혜이다(6절; 참고. 7b-8a절). 그것들은 모두 그리스도 안에서, 그리스도를 통해서 온다(3, 5-6절). 그리고 그분이 부어주시는 **은혜**로 인해 예배(**찬송**, **영광**)하게 되는 것이 하나님의 뜻이다.

1:7-10. 예정은 영원 전에 이루어졌지만, 이 절들은 지금 오는 복들을 다룬다. 첫째로, **속량**은 속박이나 위험에서 해방되는 것과 관련이 있다[애굽에서 해방된 이스라엘(출 15:13), 억압에서 풀려난 다윗(시 119:134)]. 그러나 모든 사람이 죄에서 **속량** 받아야 한다. 죄는 우리를 종으로 만들고(요 8:34; 롬 6:6, 17), 우리를 진노를 받을 존재로 만들기(2:3; 롬 1:18) 때문이다. 이러한 **속량**은 오직 예수 그리스도를 통해서만 온다. 신약성경은 보통 **피**라는 단어를 그리스도의 죽음을 가리키는 데 사용한다(행 20:28; 롬 3:25; 골 1:20을 보라).

두 번째 복은 **죄 사함**이다. 신약의 다른 데서는 죄 사함을 구원으로 여긴다(4:32; 행 2:38; 10:43; 롬 4:7-8). 하나님의 은혜로 죄 사함을 받았으니 더 이상 자신의 죄에 대한 대가를 치를 필요가 없다는 의미이다.

세 번째 복은 하나님의 뜻을 아는 것이다. **비밀**은, 이전에는 숨겨져 있었지만 이제는 드러난 하나님의 계획의 어떤 측면을 가리킨다. 신약 가운데 에베소서에서 이 단어가 가장 많이 나온다(3:3, 4, 9; 5:32; 6:19; 참고. 롬 11:25; 고전 1:26-27). 그분의 뜻은 역사 전체에 대한(**때가 찬**, 9b절) 그분의 계획(**경륜**)과 관련이 있다. 그분은 메시아 예수를 역사 전체의 초점으로 삼으시고, 예수 안에서 그리고 예수를 통해 온 창조 세계의 조화를 회복하려 하신다.

1:11-12. 11절의 **우리**와 12절의 **우리**는 밀접한 관련이 있다. 12절의 **우리**는 **그리스도께 맨 먼저 소망을 둔**(새번역) 이들로, 유대 신자들을 의미한다. 유대인 그리스도인들이 맨 처음 복음을 믿고 성령을 받았음을 복음서들과 사도행전을 통해 알 수 있다(참고. 행 13:46). **우리가…기업이 되었으니**(11절; NASB는 we have obtained an inheritance)라는 어구는 한 단어를 번역한 것이다. 이 단어에 대한 구약성경의 배경으로 보나 또 이 단어가 수동태이므로 "우리가 그의 기업이 되었으니"(we were made His inheritance, HCSB)로 번역하는 편이 더 낫다. 다시 말해, 믿는 이스라엘이 구약에서의 그 역할을 성취하기 시작했고 하나님의 몫 혹은 기업으로 여겨지는 영적 복을 받는다는 것이다(출 15:17; 신 9:29).

하나님께서 이스라엘을 그분의 기업으로 택하신 목적은, 그들이 그분을 영화롭게 하도록 하기 위함이었다. 구약에 이 목적이 암시되어 있지만(사 43:7; 44:23) 불순종 때문에 온전히 이루어지지 않았다. 이제 복음 안에서 그 목적이 성취되었다. 그분이 주권자이시기 때문이다. 다시 말해, 하나님이 **모든 일을 그의 뜻의 결정대로** 하시기 때문이다(11절).

1:13-14. 그러나 하나님의 기업은 이스라엘에 국한되지 않는다. 여기서 **너희도**는 이 서신의 주요 청중

인 이방인들을 가리킨다(2:11; 3:1). 그들이 듣고 믿었기 때문에(참고. 롬 10:14) 그들 역시 성령의 복을 받았다. 성령에 대해서 보자면 첫째, 그분은 인이 되신다. 고대 세계에서 인은 소유권을 지키기도 하고 알리기도 했다(참고. 겔 9:4-6). 따라서 하나님의 소유가 된 이들은 절대 안전하고, 틀림없이 영생(**기업**)을 얻을 것이다. 둘째, 그분은 **약속**의 성령이시다. 구약성경이 그분이 임하실 것이라 약속했기 때문이다(겔 36:25-27; 욜 2:28-29). 셋째, 성령은 **보증**이라 불린다(참고. 고후 1:22; 5:5). 그분은 장차 완료될 것, 다시 말해 하나님 소유로의 속량(말 3:17; 벧전 2:9)을 보장하는 확실한 보증금이다. 마지막으로 유대인들이 그러했듯이 이방인들 역시 **그의 영광을 찬송**해야 한다.

B. 기도와 하나님의 능력에 대한 여담(1:15-23)

이 단락에서는 하나님이 그리스도 안에서 신자들을 위해 주신 것들을 그들이 어떻게 이해해야 하는지 말한다(이전 단락을 보라). 이 단락은 세 부분으로 나누어진다. 첫째, 서두 부분에는 감사와 기도의 이유(15-16절)가 나오고, 둘째, 기도 내용을 알려주고(17-19절), 셋째, 주제에서 잠시 벗어나 하나님의 능력에 대해 이야기한다(20-23절).

1:15-16. **이로 말미암아**는 앞의 찬양 부분을 가리킨다(1:3-14). 따라서 두 가지 요소가 바울의 기도에서 원동력이 되었다. 즉, 과거와 현재에 행하신 하나님의 놀라운 역사(3-14절), 에베소인들의 믿음과 사랑이다(15절). 그러나 바울이 그들의 믿음과 사랑에 대해 감사하는 것으로 보아, 그는 그들의 믿음과 사랑 역시 하나님이 하신 일로 보았다.

1:17-19. 바울은 신자들이 하나님이 그들을 위해 하신 일(3-14절에 묘사된)을 이해하기를 간구한다. **영광의 아버지**는 특정 구절을 인용한 것이 아니라 구약의 표현을 사용한 것이다(시 29:3; 24:7). '지혜의 영'은 성령을 가리킨다(참고. 사 11:2; 고전 2:6-16). **지혜와 계시의 영**을 받는 것은 하나님을 아는 것 그리고 영적 진리를 이해하는 것과 관련이 있다. 신자들에게 이미 성령이 내주하신다(1:13; 롬 8:9-11). 그럼에도 그들이 계속 하나님에 대한 것들을 이해하도록 그들 안에서 그분의 사역이 일어나야 한다(고전 2:12). 이 같은 바울의 지식과 통찰력의 원천은 구약성경에서 비롯한다(대상 28:9; 렘 24:7; 호 2:20). 그는 단순히 아는 것에서 그치지 않고, 올바른 관계에서 올바른 사고를 해야 한다고 가르친다.

신자들이 이해해야 할 세 가지가 있다. 첫 번째, 그분은 그들을 부르시며 **소망**을 주셨다(18절; 참고. 골 1:5). 구원(살전 5:8), 부활(고전 15:52-55), 영생(딛 3:7)과 같이 확실한 것을 **소망**으로 주신 것이다. 두 번째, 신자들은 **그 기업의 영광**을 이해해야 한다. 이는 신자들이 받는 것(다시 말해 하나님이 부여하시는 것)이 아니라 하나님이 받으시는 것, 즉 그분의 소유가 된 백성을 가리킨다. 따라서 바울은 신자들이, 하나님이 그들에게 두신 놀랍도록 대단한 가치를 알게 해달라고 기도한 것이었다. 세 번째, 그들은 하나님의 **능력**을 알아야 한다(19절). 그것은 신자들을 영광으로 이끌 수 있는 비할 데 없는 능력이다. 이러한 능력을 언급하며 바울은 잠시 주제에서 벗어난다(20-23절).

1:20-23. 하나님의 가장 위대한 능력은 그리스도의 부활과 영화롭게 되심에서 나타났다. 이 사건은 영원히, 우주적으로 의미가 있다. 그것이 죽음을 이긴 그리스도의 승리는 물론 만물에 대한 그분의 계속되는 권위를 나타내기 때문이다. 하나님의 **오른편**(20절)이라는 그리스도의 자리는 은혜와 영광과 능력의 자리이며(왕상 2:19; 렘 22:24; 시 44:3), 그분이 그곳에 계심으로써 신자의 현재와 미래가 결정된다(2:4-7; 히 7:25을 보라).

권위가 있는 그리스도의 자리를 네 가지로 묘사했다(21절). (1) 모든 다른 보좌나 능력(악한 세력; 참고. 골 1:16) 위, (2) 모든 다른 이름 위(참고. 빌 2:9-11), (3) 만물이 그의 발아래 있으며(시 8:6; 고전 15:27; 히 2:6-9을 보라), (4) 그분이 머리이시다. 다시 말해, 그분은 교회(HCSB), 즉 그분의 몸(22절; 참고. 고전 12:12-27)을 위해 만물을 통치하시는 권세를 가지고 계시다. 교회가 그리스도의 **충만함**이라 말하는 23절 후반부는, 신적 능력과 영광을 가리키는 것 같고(골 1:19; 2:9을 보라), 여기서는 수동태이다. 다시 말해, 교회는 그분이 그분의 영광과 능력을 채우시는 곳이다.

Ⅲ. 하나님의 뜻을 선포하다(2:1-3:21)

하나님은 그분의 위대한 능력으로(1:20-23) 첫 번째, 죄인들을 영적으로 다시 살리셨다. 죽음에서 생명으로 바꾸셨다(2:1-10). 두 번째, 유대인과 이방인을 화해시키셨다. 서로 멀리 떨어져 있던 그들을 하나가 되게 하셨다(2:11-18). 세 번째, 이방인들의 사도인 바울에게 교회의 신비를 드러내심으로써 그를 그 메시지를 맡은 자로 삼으시고, 그에게 이방인들을 향해 그 메시지를 선포하는 권세를 주셨다(3:1-13).

A. 부활 : 죽음에서 생명으로(2:1-10)

2:1-3. 첫 번째 하나님의 뜻은, 영적으로 죽은 이들을 그리스도 안에서 산 자로 바꾸시는 것이다. 서두에서 바울은 나쁜 소식을 전한다. 그리스도 없는 삶은 죄로 인해 하나님과 분리되어(죽음) 있다. 이러한 죄악된 삶은, 세 가지 영향을 받으며 그것들을 따르는 삶이라 불린다. 첫째, **세상**(2절)은 사회의 악한 태도와 관습과 관련이 있다. 둘째, **통치자**(새번역, 2절)는 사탄, 즉 하나님께 불순종하는 이들 가운데서 역사하는(2절) 악한 자(6:16)이다. **공중**은 '하늘', 즉 보이지 않는 영적 세계(1:3, 20; 3:10; 6:12을 보라)를 말하는 다른 방식이다. 셋째, **육체**(3절)는 잘못된 것들을 갈망하는(그러한 것들에 대한 욕망) 자기중심적인 인간 본성을 가리킨다(참고. 요일 2:16, 그리고 롬 7:5-6에 대한 주석). 죄로 **죽은** 각 사람은(5절), 죄를 향한 하나님의 거룩한 진노와 죄에 대한 형벌을 받게 되어 있다.

2:4-7. 위 내용과는 대조적으로 여기에는 좋은 소식이 있다. 하나님은 죄를 향한 거룩한 진노와 함께 죄인들을 향한 자비로운 **사랑**도 가지고 계시다(4절). 여기에서 묘사한 죄인들의 회심은 1-3절과 극명한 대조를 보인다. 구원은 죄로 인해 맞이할 죽음에서 그리스도 안에서의 생명으로 옮겨가는 것이다. 첫째로, 새 생명은 하나님의 **은혜**로만 오며(5절), 진노를 피하는 것도 포함됨을 주목하라. 둘째로, 이 모든 일은 그리스도께서 이전에 하신 일과 높아지심 때문에 그리고 하나님이 신자들을 그리스도와 연합시키셨기 때문에(6절) 일어난다. 따라서 4-7절은 1:20-23을 되돌아본다. 그리스도께서 다시 살아나셔서 하늘에 앉아 계시기 때문에 신자는 인정받고 보호받는 온전히 새로운 지위를 얻는다. 셋째, 죄에게 닥칠 앞날이 있었으므로(진노), 구원하는 은혜로 다가올 미래가 있다. 아직 **오는 여러 세대**에 임할 더 풍성한 은혜가 있다(7절).

2:8-10. 이 부분은 은혜로 인한 구원을 부연 설명하는 방식으로 다시 언급하면서 5절을 상기시킨다(참고. 롬 3:24). **너희에게서 난 것이 아니요**(8절)라는 어구는 앞의 진술 전체, 즉 은혜에 의해 믿음으로 말미암는 구원이 사람에게서 난 것이 아님을 가리킨다. 그것은 하나님의 **선물**이다. 구원은 **믿음**에 의한 것으로, 인간이 노력(**행위**, 9절; 참고. 롬 3:20; 갈 2:16)해서 얻은 것이 아니다. 하나님의 목적은 인간의 자랑을 없애는 것이다(참고. 롬 3:27).

그에 반해서 행위는 구원을 낳지 못하지만, 구원은 선행을 낳는다(10절; 참고. 빌 1:11). 신자들은 하나님의 창조물[**만드신 바**(*poiema*, 포이에마), '만들어진 것'을 의미하며 다른 데는 롬 1:20에 나온다]로, 하나님이 목적하신 선한 일을 하도록(문자적으로, **행하게**) 지음받았다. 그리스도가 없을 때 우리는 죄 가운데서 행했지만(1절), 이제 그분과 함께 하나님이 예정하신(**전에 예비하사**. 참고. 롬 9:23) 선한 일을 하며 살아간다.

B. 화해 : 유대인과 이방인이 하나 되다(2:11-22)

바울은 유대인과 이방인을 향한 하나님의 뜻을 제시하면서 하나님과 유대인들 둘 다로부터 멀리 떠나 있던 이방인을 묘사한다(2:11-12). 이어서 그들이 주님은 물론 유대인들과 화해하는 것을 묘사한다(2:13-18). 결국 그는 믿는 유대인과 이방인이 하나의 새로운 몸, 즉 교회 안에서 하나가 됨을 보여준다.

2:11-12. 그리스도께서 성육신하기 전, 이방인들은 끔찍한 고난을 겪었다. 첫째, 그들은 하나님 앞에서 어떤 언약도 받지 못한 이교도들이었으므로, 유대인들은 그들을 **할례를 받지 않은 무리**로 폄하했다[할례는 하나님이 아브라함 및 모든 유대인과 맺으신 언약의 외적 표지였다(창 17:1-27)]. 둘째, 그들은 여러 면에서 멀리 떠나 있었다. 그리스도에게서(그들은 메시아에 대한 소망이 없었으므로), 하나님이 함께 일하시는 사람들에게서(이스라엘), 하나님이 앞으로 주실 복에 대해 말하는 언약에서 멀리 떠나 있었다. 셋째, 그들이 가진 소망도 그리고 신들도 모두 거짓이었다. 바울은 이러한 과거 문제들을 상기시킴으로써 이방인들이 현재의 복을 더 잘 이해할 수 있도록 도왔다.

2:13-18. 2:4에서 그랬듯이 여기서도 극명한 대조가 나온다. 이전에 멀리 떠나 있던(크게 벗어나 있던)

이방인 신자들이 그리스도의 죽으심으로(**피**, 13절; 참고. 1:7) 하나님께 가까워졌고, 이제 하나님과 평화를 누린다(롬 5:1).

뿐만 아니라 모세율법은 유대인과 이방인 사이에 사회적, 신학적 **담**(14절)을 세웠고, 서로를 **원수**로(15-16절) 만들었다. 그러나 새 언약을 위한 속죄제물이 되신 그리스도의 죽음은 옛 언약(즉 모세율법)을 무효로 만들었다(**소멸하시고**, 16절). 그리스도의 목표는 이방인들을 이스라엘 안으로 들어오게 하는 것이 아니라 두 민족을 하나의 새로운 인류(**사람**, 15절)로 창조하셔서 둘 사이에 평화를 이루시는 것이다. 그래서 평화를 이루시는 분인 그리스도께서는 미가 5:5에 인용한 것처럼 우리의 화평이라 불리신다. **먼 데**와 **가까운 데**(17절)는 이사야 57:19에서 나온 것으로, 에베소서에서는 각각 이방인과 유대인을 가리킨다. 예수님의 지상 사역이 유대인만을 목표로 했으므로, 그분이 **먼 데 있는 너희에게** 오셔서 전하셨다는 언급은 아마도 오순절 이후 그분의 사역을 이어간 그분의 대사들인 사도들과 관련이 있는 것 같다. 로마서 5:1-2에서처럼 하나님과 화평을 이룬다는 것은, 그분의 임재 가운데(**나아감**)로 환영받으며 나아갈 수 있다는 의미이다. 그러나 유대인이든 이방인이든 이제 율법이 규정하는 희생제사와 율법으로 나아가는 것이 아니라, 둘 다 성령을 통해 아버지께 나아간다(참고. 롬 8:15-16; 갈 4:6).

2:19-22. 여기서는 이방인과 유대인이 교회로, 즉 '새사람'으로 통합된 것을 네 가지 이미지로 강조한다. 먼저 정치적인 것부터 시작한다. 이방인들은 더 이상 **외인**(19절)이 아니라 그리스도를 따르는 자로서, 예수 안에서 유대 신자들과 함께 **동일한 시민**이다. 이방인들이 '이스라엘 연방'(참고. 2:12)에 속했다는 의미가 아니라, 유대인과 이방인이 이제 교회 안에서 하늘의 시민권을 함께 가지고 있다는 의미이다(빌 3:20). 또한 그들은 하나님의 가족 구성원(**권속**)이다. 바울은 가족에 대한 이야기에서 건축물(**건물**) 이미지로 옮겨간다(참고. 고전 3:9-17; 벧전 2:4-5). 20절은 **사도들과 선지자들이 터**를 세웠다는 의미일 수도 있고, **사도들과 선지자들** 자신이 **터**라는 의미일 수도 있다. 후자가 더 가능성이 있다고 보는데(참고. 마 16:18), 그들에게 맨 처음 복음을 선포했기 때문이다. 어떤 사람들은 **선지자들**을 구약의 선지자들을 가리키는 것으로 보기도 하지만 그럴 것 같지 않다. 만약 바울이 구약의 선지자들을 가리키는 것이었다면, 단어 순서를 바꾸었을 것이다(선지자들과 사도들). 또한 그는 교회의 선지자들을 말하고 있음을 시사하며, "그리스도의 비밀을 이제 그의 거룩한 사도들과 선지자들에게…나타내"셨다고 설명한다(3:4-5). 마지막으로 그는 하나님이 교회에 주신 은사들 목록을 나열할 때 '사도'와 '선지자' 둘 다를 언급한다(4:11). 이는 이방인들이 이스라엘로 통합된 것이 아니라 '한 새사람'(2:15), 즉 교회 속에 있게 되었다는 면에서 중요하다. 모퉁잇돌이신 그리스도(참고. 사 28:16)는 건물에 속한 다른 모든 돌의 배치를 결정하는 절대적인 기준이다(21-22절).

엡

바울은 건축물 이미지에서 자연스럽게 하나님이 거하시며 예배를 받으시는 성전으로 옮겨갔다. 하나님은 이미 그분의 보편 교회인 성전에 거하신다. 그러나 건축물 이미지는 여전히 계속된다(**지어져 가느니라**, 22절). 따라서 이방인들이 멀리 떠나 있던 것은 그들이 이 새로운 피조물, 즉 교회에 속함으로써 해결된다. 여기서 메시아를 따르는 유대인과 이방인이 서로 화해한다.

C. 계시: 하나님의 메시지를 맡은 바울(3:1-13)

3:1. 바울은 기도로 시작한 듯했지만, 2절에서 중단했다. 잠시 벗어나 하나님이 그를 이방인들을 위해 위임하신 이야기를 하기 위해서였다. 그의 기도는 14절에서 다시 이어진다.

3:2-7. 이 부분은 바울에게 주신 은혜에 대해 언급한다. 그것은 곧 이방인들을 위한 은혜요, 이 은혜는 **직분**(2절, 새번역)으로 왔다. 바울서신에서 이 단어는 돈과 전혀 관련이 없다. 여기서 그것은 사역을 위한 바울의 위임(참고. 고전 4:1-2; 9:17; 골 1:25)을 가리킨다. 이는 뒤에서 이야기하겠다(8-12절). 바울이 다메섹으로 가던 길에 **그리스도의 비밀**(4절)이라고도 불리는 비밀(3절)을 계시하셨다(행 9:1-9; 갈 1:12). **비밀**은 이전에는 숨겨져 있던(참고. 1:10) 하나님의 계획의 한 측면으로, 이 문맥에서는 사실상 복음에 담긴 특별한 진리와 거의 동등하다(이방인이 포함되는 것). 이전 세대에는 그리스도의 복음이 알려지지 않았지만, 그래도 새로운 것이 아니다. 구약성경이 예견했기 때문이다(롬 1:2; 갈 3:8). 다른 한편, 유대인과 이방인이 동등하게

연합하는 일은 오직 복음 시대에만 있었다.

바울은 그 비밀에 대해 에베소인들에게 **먼저 간단히**(3절) 말했다. 아마도 1:9-10, 혹은 2:11-22을 가리키는 듯싶다. 비밀의 구체적인 내용은, 앞 문장의 장절에서 드러난 대로 지금껏 이스라엘만을 위해 예비되었던 특권, 즉, 기업, 가족(**지체**, 6절), 약속(죄 사함, 성령)을 이방인들도 교회 내에서 함께 가진다는 것이다.

바울은 이 영예를 자신이 취하지 않았고, 하나님의 은혜와 능력으로 이 복음의 일꾼이 되었음을 강조했다(7절; 참고. 1:19; 3:16). 그래서 3:1-8에는 '선물, 주다, 은혜'라는 단어가 일곱 번 나온다(참고. 2, 7, 8절).

3:8-12. 바울이 자신을 **지극히 작은 자**(참고. 고전 15:9; 딤전 1:15)라 칭한 것은, 그리스도인이 되기 전에 자신이 박해자였기 때문인 것 같다(갈 1:13). 그런 그에게 하나님이 은혜를 주셨다. 이 은혜에는 두 가지 측면의 임무가 들어 있었다. 첫 번째, 바울이 이방인들을 향해 복음을 선포하는 것이었다(8절). 그는 추상적인 것이 아니라 한 인격, 즉 주 예수님, 측량할 수 없는 부요함을 지닌 한 인격(고후 8:9)을 전했다. 두 번째, 바울은 하나님이 어떻게 그분의 계획을 실천하기로 하셨는지 '드러내도록' 부르심을 받았다. 여기서 하나님의 계획은 **비밀의 경륜**(9절)이라 불리며, 이는 곧 하나님이 교회를 운영하시는 방식을 가리킨다. 이것이 **비밀**로 불리는 까닭은, 유대인과 이방인의 온전한 하나 됨이 과거 세대에는 **감추어**졌지만 이제 드러났기 때문인 것 같다. 따라서 바울이 맡은 임무의 두 번째 측면에는 2:11-18에 묘사한 대로 유대인과 이방인의 화해를 전하는 것이 포함되어 있는 것 같다.

나아가 이 임무에는 목표가 있었다. 하나님의 아주 다양한 지혜를 알리는 것이었다. 하나님의 **각종 지혜**(10절)는 1:3-14에 나오는 영적 복의 목록에 분명히 드러나 있다. 10절에서 놀라운 측면은 드러난 것이 무엇인가가 아니라 어떻게, 누구에게 드러나느냐 하는 것이다. 첫째, 하나님의 지혜가 다민족 교회의 존재 자체를 통하여 드러난다. 둘째, 악한 영적 세력(**통치자들과 권세들**, 참고. 1:21)이 하나님이 미움과 분열을 심는 그들의 일을 뒤집어엎고 계심을 알게 된다. 항상 그렇듯이 이 **영원**한 뜻은 그리스도를 통해 성취된다(11절).

3:13. 바울에게 그의 위임은 고난을 의미했다(고전 4:9-13; 고후 11:23-33). 바울은 다른 이들에게 복음을 전하려고(참고. 골 1:24) 그들을 위해(**나의…환난**) 고난을 당했다. 그것은 영원한 **영광**을 약속해준다(롬 8:17, 30; 살전 2:12).

D. 경배: 기도와 송영(3:14-21)

3:14-15. **이러므로**는 그리스도 안에서 유대인과 이방인이 화해한 것을 가리킨다(2:11-22). 고대 세계에서 **이름**은 그 사람의 성품과 특성을 드러냈으므로, 바울의 기도는 모든 민족을 낳으시고, 잘 아시고, 이름을 지으시고, 그들에 대한 주권을 행사하시는 아버지께 드려지는 것이다.

3:16-19. 이 기도에는 두 가지 기본적인 요청이 담겨 있다. 즉, 능력(16-17절)과 지식(18-19절)에 대한 요청이다. 하나님은 이러한 요청을 들어주시기에 차고 넘치는(**풍성함**) 자원을 가지고 계시다(참고. 20절).

먼저 능력에 대해서 살펴보자. '속사람'(NIV; 참고. 롬 7:22; 고후 4:16)은 17절의 **마음**과 유사하며, 자아가 있는 곳을 가리킨다(지, 정, 의). NASB와는 반대로 17절은 16절의 목표가 아니라, 그것에 대한 설명이다. 다시 말해, 영적 능력은 내주하시는 그리스도에게 있다. 예수님은 분명 모든 그리스도인 안에 거하신다(롬 8:9-10). 이러한 내주는 회심에서 오는 복이다. 그러나 3:17의 '계심'은 성화와 관련이 있다. 예수님은 우리 안에 거처를 정하시고, 우리 안에서 '편하게' 계신다. 이 일은 **믿음으로 말미암아** 일어난다. 우리가 그분을 믿을 때 그분은 우리를 그분의 거처로 삼으신다.

두 번째, 지식에 대해서 살펴보자. 18절과 19절은 서로 병행한다. 따라서 **너비…깊이**(19절)는 그리스도의 어마어마한 사랑을 나타내는 공간적이며 시적인 표현이다(18절; 참고. 롬 8:35-39). 그분의 사랑에 대한 지식은 지적이면서도 인격적이고(참고. 빌 2:1-2), 개인적이면서도 공동체적이다. 이 지식의 목표는 **충만하게** 되는 것이다. 이것은 하나님이 우리에게 원하시는 존재가 되는 것을 말한다(참고. 4:13).

3:20-21. 마무리 짓는 송영은 독자들을 격려하고 하나님을 찬양한다. 이 송영은 1:19을 연상시키며, 그분에게는 그러한 담대한 요청을 들어주실 능력은 물론 그 이상을 주실 **능력**이 있으심을 기억한다. 두 번째, 홀로 **영광**을 받으시기에 합당하신 그분에게 영광을 돌린

다(참고. 롬 16:25-27; 계 4:11).

Ⅳ. 하나님의 뜻을 적용하다(4:1-6:20)

기본적으로 에베소서 1-3장은 교리적 진리를 다룬다. 반대로 에베소서 4-6장은 적용을 다룬다. 서신은 하나님이 하신 일에서 그리스도인들이 해야 할 일로 옮겨간다. 후자는 항상 전자에 기초를 둔다(참고. 롬 12:1-2). 바울은 신자들에게 교회에서(4:1-5:21), 그들의 관계에서(5:22-6:9), 영적 전투에서(6:10-20) 하나님의 뜻을 적용하라고 권면한다.

A. 교회에서 하나님의 뜻을 적용하다(4:1-5:14)

1. 교회의 하나 됨(4:1-6)

4:1. 1-3장은 하나님이 주시는 풍성한 복들(1:3-14), 부르심(1:19), 다시 살리시고 화해시키시는 놀라운 사역(2:11-22)을 묘사했다. 이제 4:1은 이어지는 모든 내용을 소개한다. 하나님이 우리에게 복을 주셨으니 그리스도인들은 **부르심에 합당하게 행하여야**, 즉 합당하게 살아야 한다는 것이다. 행동을 묘사하는 단어 '행하다'(walk)는 바울이 아주 좋아하는 표현으로 이 부분에서 여러번 나온다(4:1, 17; 5:2, 8, 15).

4:2-3. 이 절들은 관계와 관련된 용어를 강조하며(오래 참음, 용납) **합당**한 삶을 설명한다. 하나님은 성령을 통해 이미 하나 되게 하셨다(참고. 2:11-22). 그리스도의 몸 안에서 화합은 하나님의 뜻이다. 따라서 그리스도인들은 하나님의 뜻에 따라 살아야 하고, 하나 됨을 유지하기 위해 애써야 한다.

4:4-6. 하나 됨은 기독교의 기본 진리를 전제로 한다. 그리스도의 몸은 유일한 '한 몸'이며, 각 교회의 성도들은 그 한 몸 됨을 그 지역에서 표현한 것이다. 또한 하나님의 영도 한 분이시고, 그 성령을 통해 모두가 한 몸으로 세례를 받았다(고전 12:13). 구원 메시지(복음)도 하나이고, 이 복음에 한 **소망**, 즉 영생이 있다.

세상에는 거짓 주가 많다(고전 8:5). 그러나 예수님은 무엇보다도 한 분이신 주님이시다. **주도 한 분**이시므로 두 가지 결과가 뒤따른다. 첫째, 모든 사람이 고백하는 공통된 신념인 **믿음도 하나**이다. 둘째, **세례도 하나**이다. 이는 신자들을 그리스도께로 연합하게 해주는 것이다(롬 6:2-4; 갈 3:27-28).

하나님도 한 분이시므로(신 6:4; 딤전 2:5) 그분은 교회 안의 유대인과 이방인 모두(만유)의 아버지이시고 하나님이셔야 한다. 따라서 그분은 둘 다를 다스리시고, 그들 안에서 그들을 통해서 일하신다.

2. 교회를 위한 다양한 은사(4:7-16)

이 부분에서 서신은 하나 되라는 요청과 그것을 위한 기초에서, 각 지체가 이 하나 됨을 이루기 위해 갖고 있는 다양한 은사들로 옮겨간다. 그들이 은사를 사용하는 목적은 **믿는 것…에 하나가 되**기 위함이다(13절).

4:7. 이 하나 됨 안에서 **각 사람**은 그리스도의 **은혜**로 가능한 섬김을 행한다. 그분은 그분이 하고자 하시는 대로 은혜를 주신다. 즉, 영적 재능을 허락하신다(참고. 고전 12:11).

4:8-10. 바울이 시편 68편(4:8에서)을 인용한 까닭은, 예수님의 승리와 높아지심이 시편에서의 승리와 비슷한 또 하나의 예이기 때문이다. 아마도 그가 시편을 사용한 것은 민수기 18:6-14의 영향을 받았기 때문인 것 같다. 거기서 하나님은 그분의 백성들에게 레위인과 제사장들을 섬기는 이로 주셨다. 어떤 전통은 9절을 지옥으로 내려가는 것을 언급(벧전 3:19에 대한 오해에 근거하여)했다고도 하지만, 그것은 성육신을 가리킬 가능성이 더 높다. 예수님이 올라가시기(부활 후 높임을 받으시기) 전에 내려오셨다. 다시 말해, 육신이 되셨다(요 1:14). **땅 아래 낮은 곳**[lower parts of the earth]은 땅 자체를 가리킨다('the city of Chicago'라고 할 때 '그 도시'가 '시카고'인 것처럼).

그리스도께서 높아지심(참고. 빌 2:9-11)으로 그분이 **만물을 충만하게** 하신다(10절). 1:23과 빌립보서 2:9-11에 비추어볼 때, 여기서 충만은 공간의 개념이 아니라 주권을 행사하시는 것을 가리킨다.

4:11-13. 그리스도께서는 주권을 행사하시는 동안 은사들을 나누어 주신다. 영적 은사 목록은 로마서 12:6-8; 고린도전서 12:8-10, 28-30; 베드로전서 4:10-11에 나온다. 각 목록은 모든 은사를 다 망라한 것이라기보다는 대표적인 은사만을 나열한 것이다. 독특하게도 11절은 **목사**[문자적으로 '목자'. 참고. 렘 23:1-2; 벧전 5:2]를 언급한다. 고린도전서 12장과는 달리 에베소서의 은사들은 하나님의 백성들이 교회(**몸**, 12절)를 세우는 섬김을 행하도록 자격을 갖추게 해주는[NASB에는 **준비시켜서**(새번역), 12절] 사람들이다.

엡

이 세움에는 세 가지 중첩되는 목표가 있다. 첫째, 두 가지 측면에서 하나가 되는 것이다(**믿는 것과 아는 일**, 13절). 둘째, 성숙함(14절)이다. 셋째, 그리스도를 닮아 가는 것이다(15-16절; 참고. '충만하신 것', 3:19). 13절은 어떤 은사들이 아니라 세우는 과정 자체를 언제까지 지속해야 하는지 알려준다. 또한 그 과정은 그리스도가 돌아오실 때, 온 교회가 하나 될 때까지 이어진다.

4:14-16. 두 가지 방식으로 성숙을 묘사한다. 첫째, 14절에 비추어볼 때 그것은 교리적 진리라는 필수 영역에서의 안정이다. 둘째, 거짓 가르침의 동기는 악의적이다. 반면에 성숙은 **사랑**에서 나오고(15절), 진리를 선포한다(15절의 **참된 것을 하여**보다 나은 번역이다. 참고. 갈 4:16). 신자들은 진리를 선포함으로써 그리스도를 닮은 모습으로 자라간다(그에게까지 자라는 것. 참고. 살후 1:3; 골 1:10). 이는 개인적인 것이 아닌 온 **몸**의 성장이다(16c절).

3. 교회의 새로운 삶(4:17-24)

이 절들은 독자들에게 합당한 삶을 살라고 요청하며(참고. 4:1-3), 그것은 옛 삶이 아니라(22절) 새로운 삶이라고(23-24절) 주장한다. **말하며, 증언하노니**(17a절)를 덧붙여 그 요청이 얼마나 중요한지 강조한다.

4:17-19. 첫 번째, 합당하지 않은 삶을 묘사한다. 독자들은 이방인이지만, 이교도(이방인)처럼 살아서는 안 된다. 그들의 이전 삶의 특징은 정신적, 영적 실수(**어두워지고…무지함**), 하나님과 멀리 떨어져 있음(참고. 2:12; 골 1:21), 진리에 대한 완강한 거부(**굳어짐…감각 없는**), 도덕적 타락(**더러운 것**) 등이었다. 이처럼 하나님에 대한 무지함은 각종 부도덕한 행위로 이어진다.

4:20-24. 두 번째, 합당한 삶이 어떤 것인지 묘사했다. 그것은 '그리스도를 배워야'(신약에서 이곳에만 나온다) 할 책임을 포함하므로 개인적이다. 그분을 배우는 일이란, 그분을 받아들이는 것(참고. 골 2:6), 그분에게 귀 기울이는 것, 그분의 **진리**를 환영하는 것(참고. 요 14:6), 온전히 새로운 사고방식을 개발하는 것[**마음**(새번역). 참고. 롬 12:2] 등이다. 그리스도를 따르는 이들은 이미 새로워졌음에도(고후 5:17) **새사람을 입으라**는 명령을 받는다(24절; 참고. 골 3:10). 그분의 가르침을 삶에 적용하라는 말이다. 바울서신의 다른 데서도 사실과 명령 사이에 동일한 긴장이 존재한다. 신자들은 이미 그리스도와 함께 죽었고(롬 6:8; 골 3:3), 그들은 자신을 죽은 자로 여겨야 한다(롬 6:11; 참고. 골 3:5). 그들은 구원을 받았지만, 이 구원을 이루어야 한다(빌 2:12-13).

반대로 만약 새사람을 입었다면, 타락한 옛 사람은 버려야 한다.

4. 교회를 위한 윤리적 가르침(4:25-5:2)

이전 단락에서는 옛 삶과 새 삶에 대해 전반적으로 이야기했다. 이번 단락에서는 어떤 새로운 습관이 옛 습관의 자리를 차지해야 하는지 이야기한다. 두 단락은 **진리**라는 단어(24, 25절; 개역개정에는 25절에 '참된 것'이라 되어 있다—옮긴이주)와 **버리고**(22, 25절)라는 어구로 연결되어 있다. 25-32절에 대한 주석은 이 단락의 두 가지 주요한 주제인 말과 분노를 차례로 다룰 것이다.

4:25-32. 첫 번째, 말과 관련하여 바울은 스가랴 8:16을 인용하여(**참된 것을 말하라**), 거짓말이 있던 자리에 진리가 와야 한다고 권면한다. 특별히 진리를 요구하는 까닭은 신자들은 낯선 이들도 아니고, 우리의 원수들도 아니고 한 몸이기 때문이다(참고. 고전 12장). **더러운 말**[부패한(29a절), 참고. 마 7:17-18]은 신자들을 해롭게 할 뿐 아니라 하나님의 성령을 근심하게 한다(30절). 성령은 우리에게 인을 치시고(참고. 1:13-14), 우리를 하나로 만드신다(고전 12:12-13). 더러운 말은 하나님의 은혜를 세우고 전달하는 말로 바뀌어야 한다(29b절).

두 번째, 첫 번째와 밀접하게 연결된 분노가 있다. 분노는 위험하다(잠 9:22; 마 5:22). 그럼에도 불구하고 시편 4:4이 보여주듯 모든 분노가 죄는 아니다. 그러나 곪았거나 억제되지 않은 분노(**악독…노함…비방하는 것**, 31절)는 사탄에게 활동할 기회를 준다. 사탄은 그리스도의 몸을 분열시키고 복음을 훼방하기 때문이다.

바울은 분노와 관련하여 세 가지 명령을 주었다. (1) 분노는 재빨리 다루어야 한다(26절). (2) 분노를 친절로 바꾸어야 한다(32절). 친절은, 취하는 데서(**도둑질하는**) 벗어나 일하고(**수고하여**) 나누어 주는 데서 드러난다(28절). (3) 악독함이나 악담 대신 용서를 베풀어야 한다.

5:1-2. 은혜를 받으면 그 은혜를 나누어 주게 된다.

따라서 하나님의 죄 사함을 받은 이들은 그분을 본받아야 한다(바울서신에서 자주 나오는 주제이다, 고전 4:16; 11:1; 살전 2:14; 살후 3:7-9). 여기서는 본받음을 다른 사람을 사랑하는 것으로 암시적으로 정의한다. 사랑의 으뜸 되는 본인 그리스도의 죽음은 구약의 희생 제사를 연상시키는 말들로 묘사했다(출 29:18; 레 2:2; 참고. 빌 4:18).

5. 어둠 가운데 빛인 교회(5:3-14)

4:17-5:2이 옛 생활과 새 생활을 대조했다면, 이 부분 역시 신자들과 불신자들의 행동을 대비하며 가르침을 준다. 그 차이는 낮과 밤이 다른 것과 같다.

5:3-7. **음행**(3절; 그리고 고전 5:1; 살전 4:3을 보라), **더러운 것**(참고. 롬 1:24; 갈 5:19), **탐욕**(롬 1:29) 모두 적절하지 못한 갈망과 관련이 있다. 이것들은 피해야 할 뿐 아니라, 그것에 대해 찬성하며 이야기하지도 말아야 한다(**이름조차도 부르지 말라**). 하나님의 백성에게 맞는 것은 감사(20절; 골 3:15; 살전 5:18)이다. **더러운 말**(새번역), **어리석은 말**, **희롱의 말**을 해서는 안 된다(4절).

음행하는 자나 더러운 자나 탐하는 자(5절)는 가끔씩 이런 죄들에 빠지는 신자가 아니라, 그러한 생활 방식에 빠진 불신자이다. 그는 **우상숭배자**이므로(참고. 골 3:5) **하나님의 나라** 밖에 있다(참고. 고전 6:9-11). 그리스도와 하나님의 나라라는 독특한 어구에는 시간을 초월한 개념이 있는 것 같다. 습관적으로 죄를 짓는 죄인은 현재의 그리스도의 나라에 속하지 못하고(골 1:13), 회개하지 않으면 오실 하나님의 나라에 참여하지 못할 것이다(참고. 고전 15:24). 무익한 논증(**헛된 말**, 6절)으로 에베소인들을 속이려 했던 이는 아마도 눈이 멀어 그러한 죄가 진노를 불러온다는 것을 알지 못하는 외부인인 것 같다(참고. 롬 1:18; 골 3:6). 바울의 명령에 따라 진노를 피해야 한다. 그들과 함께하는 자가 되지 말라.

5:8-12. 신자들이 회심 전에는 그저 '어둠 가운데서 산' 것 정도가 아니다(참고. 요 12:46; 요일 2:9). 그들이 곧 **어둠**이었다(8절). 그러나 이제 그들은 **빛**이므로(참고. 마 5:14) 그들의 삶은 그에 맞게 달라져야 한다. **빛의 자녀**처럼 살면 경건의 열매(참고. 갈 5:22-23), 다시 말해 **착함**[*agathosune*, 아가도수네], **의로움**[*dikaiosune*, 디카이오수네], **진실함**[*aletheia*, 알레테이아]을 보이게 될 것이다(9절). 이 세 가지는 겹치기는 하지만 첫 번째(참고. 롬 15:14, 갈 5:22)는 다른 이들의 행복에 대한 관심과 관련이 있고, 두 번째(참고. 롬 6:13; 빌 1:11)는 하나님의 기준에 맞추는 것과 관련이 있고, 세 번째(참고. 1:13; 4:15)는 인간의 거짓됨과 대조되는 신적 실재를 따르는 것과 관련이 있다.

10-11절은 그러한 삶의 세 가지 측면을 더 묘사해준다. 첫째, 빛으로 사는 것이란, 매일 하나님을 기쁘시게 하는 선택들을 분별하는 것(HCSB)을 의미한다(10절; 참고. 롬 12:2; 빌 1:10). 둘째, 그것은 죄를 피하는 것이다(11a절). 그러한 행위에는 열매가 없기 때문이다. 셋째, 때로 '폭로하다'(새번역)라는 동사가 사람을 목적어로 둘 수 있기는 하지만(요 16:8; 딤전 5:20), 여기서는 악한 행동들을 폭로하는 것을 가리킨다. 따라서 빛으로 사는 것이란, 죄는 악이므로 죄를 폭로하는 것을 의미한다(11b절).

5:13-14. 이 절들의 주제도 여전히 어둠에서 빛으로의 변화인 듯 보이지만(8a절), 복음 전도적인 관심으로의 변화가 있다. 신자들이 악을 폭로할 때 일부 불신자들은 회개하고 어둠에서 빛으로 변화된다. 이러한 변화 즉, 회심을 잠자는 자를 깨워 죽은 자들 가운데서 일어나는 것으로 묘사했다(14절; 참고. 2:1-4; 살전 5:6). 14절에서 바울은 이사야서의 두 구절을 합하여 다시 표현한 것 같다(26:19; 60:1-2).

B. 관계에서 하나님의 뜻을 적용하다(5:15-6:9)

바울은 4:1부터 교회 내에서의 행실을 다루었는데, 지금은 개인적인 관계에 대해 이야기한다. 먼저 그는 그 주제를 전반적으로 다룬 다음(5:15-21), 구체적으로 배우자(5:22-33), 자녀와 부모(6:1-4), 주인과 종(6:5-9)의 관계를 다룬다.

1. 개론 : 성령을 따라 행하라(5:15-21)

5:15-18. 신자들은 지혜롭게 살라는 명령을 받는다. 지혜로운 삶을 세 가지로 묘사했다. 첫째, 지나가는 악한 시대에 시간(세월)을 잘 사용하는 것이다(16절; 참고. 고전 7:31; 갈 1:4). 둘째, 하나님의 뜻이 무엇인지 알려고 하는 것이다(17절; 참고. 10절). 하나님의 뜻은 한 개인의 인도주의적 측면의 문제가 아니라 주로 도덕을 다룬다. 셋째, 18절에서 바울이 사용한 어휘는 신

약에서 오직 여기에만 나온다. 바울은 신자들이 무엇으로 충만해져야 하는지가 아니라, 누구로 충만해져야 하는지를 말한다("성령으로 충만함을 받으라", NET). 지혜로운 사람들은 알코올의 지배를 받지 않고 성령의 인도를 받는다(18절).

5:19-21. 여기에는 성령 충만이 어떻게 나타나는지를 말해주는 네 개의 종속절이 있다. 첫째, 이 충만함은 노래로 서로 가르치고 격려하는 것을 의미한다(19a절; 참고. 골 3:16). 둘째, 예수님께 진정한 찬양(**마음으로**)을 드리는 것을 의미한다(19b절). 셋째, 성령의 인도를 받는 이들은 감사하는 자로 유명해진다(20절; 골 3:17). 넷째, 이어지는 예들이 보여주듯 성령은 신자들이 그들 위의 권위를 가진 이들을 제대로 인정하고 존중하도록(**복종**) 이끄신다(21절). 모든 신자가 권위의 자리에 있는 것은 아니므로, 21절은 모든 그리스도인이 다른 모든 그리스도인에게 복종해야 한다고 가르치는 것이 아니다.

다음 부분에는 복종과 권위를 특징으로 하는 세 가지 관계의 예가 나온다(아내와 남편, 부모와 자녀, 주인과 종).

2. 구체적인 명령: 가정 내의 관계(5:22-6:9)

a. 결혼 관계(5:22-33)

첫 번째 명령들은 결혼 관계와 관련이 있다. 바울은 결혼의 신비를 다루는 것은 물론 아내와 남편 둘 다를 향해 명령한다.

(1) 아내(5:22-24)

5:22-24. 아내들은 남편에게 **복종**해야 한다. 남편에게 권위가 있기 때문이다(23절). 1:22과 4:15에서 **머리**는 이런 의미를 갖는다(참고. 고전 11:3; 골 1:18; 참고. 고전 11:2-9에 대한 주석). 복종 혹은 순종을 하려면, 리더십 아래에 있는 자신의 자리를 인정해야 한다(참고. 롬 13:1). 복종이 열등함을 암시하지는 않는다. 그리스도께서도 아버지께 복종하시기 때문이다(고전 15:28). 예수님은 머리이시기도 하지만 그분은 또한 구세주이시다(23b절). 이는 그분의 리더십의 특징이 희생적인 섬김임을 암시한다(남편들도 그래야 하는 것처럼, 25-28절). 남편(25-27절)과 아내(24절) 둘 다 그리스도와 교회(24절)를 그 모델로 삼는다. 따라서 아내는 (**범사에**) 복종의 마음을 가지고 있어야 한다.

(2) 남편(5:25-30)

아내들이 복종해야 함에도 불구하고 남편들에게 이끌라는 명령이 아닌 사랑하라는 명령을 한다. 이 사랑에는 그리스도의 본(25b-27절)과 한 몸 관계(28-30절)라는 두 가지 기초가 있다.

5:25-27. 그리스도의 사랑은 우리의 이해 수준을 넘어선다(3:19). 그분이 교회의 유익을 추구하신 것같이(25b-27절) 남편들도 희생이 따른다 하더라도 기꺼이 아내를 위해 최선을 다해야 한다. 그리스도께서는 교회를 자신의 소유로 따로 구별시키기 위해(**거룩하게 하시고**, 26c절) 죽으셨다. 이 거룩하게 됨은 점진적인 것이 아니라, 위치적인 것이다(참고. 고전 6:11). 이는 깨끗케 하심, 즉 죄 사함을 통해 일어났다. 복음 메시지(**말씀**)는 영을 깨끗하게 한다. 그리스도의 목표는 그분이 다시 오실 때 교회가 도덕적으로, 영적으로 아름다운(**영광스러운**, 문자적으로는 영예로운) 모습을 갖는 것이다(참고. 고후 11:2).

5:28-30. 일반적으로 사람들은 당연히 스스로를 보살핀다. 그렇다면 남편과 아내가 한 몸이므로(31절에서 이후에 바울이 창 2:24을 인용한 것으로 보라) 남편은 자신을 보살피는 것과 같이 아내를 사랑해야 한다. 아내의 유익이 곧 남편의 유익이다(28b절). 동일한 친밀함과 보살핌이 그리스도와 그분의 몸인 교회에 존재한다(29b-30절).

(3) 신비로운 결혼(5:31-33)

5:31-33. 31절에 인용한 창세기 2:24은 5:28-30을 뒷받침하는 동시에 심원한 비밀을 드러낸다(**크도다**, 32절). 1:10에서 언급했듯이 **비밀**은 이전에는 숨겨져 있었지만 지금은 복음 안에서 드러난 하나님 계획의 어떤 측면을 가리킨다. 몇몇 구약의 구절들이 하나님을 자기 백성의 남편으로 언급하지만(사 54:5-8; 호 1-3장; 렘 31:31-32), 32절은 그 비밀이 그리스도와 그분의 몸인 교회와의 예상치 못한 연합임을 분명히 한다. 이것이 그리스도인의 결혼에 나타나 있다.

5:22-32의 명령들을 33절에 요약해놓았다. 남편과 아내는 **사랑**하고 존경해야 하는 각자의 책임이 있다.

b. 자녀와 부모(6:1-4)

(1) 자녀(6:1-3)

6:1-3. 부모를 공경하는 일은 아주 중요하다(잠

6:20; 마 15:4). 그래서 바울은 이 요구의 타당함(1b절)과 구약에(2절) 근거하여 부모에게 순종하라고 요구한다. 신약은 몇 살까지 이 명령을 적용해야 하는지 구체적인 나이를 언급하지 않지만, 문맥에서는 부모의 교육을 받는 이들(4절)은 순종하라는 뜻을 함축하고 있다. 아마도 '주 안에서'는 동사 '순종하다'에 붙어야 할 것 같다. '그리스도 안에서 사는 삶의 일부로써 순종하라는' 의미인 것이다.

모세의 다른 명령들에도 약속이 주어져 있기는 하지만(신 12:28; 28:1-3) 이것은 십계명 중 약속이 주어진 첫 번째 계명이다. 시편의 비슷한 문장에서처럼(3:1-2) 에베소서 6:3도 건강과 번영을 보장하는 것이 아니라 부모의 지혜로운 조언을 잘 따르면 아이가 위험을 피해 잘 자랄 수 있다고 가르친다.

(2) 아버지(6:4)

6:4. 앞에서 바울은 부모에 대해 말했다[고네이스(*goneis*), 1절]. 그러나 여기서는 구체적으로 아버지들에게 명령하기 위해 단어를 바꾸어 사용했다[파테레스(*pateres*), 4절]. 고대에는 아버지가 자녀의 교육을 책임졌다. 아버지들은 자녀에게 상처를 주어 '노엽게 하는' 일을 피해야 한다(굴욕, 학대, 폭력). 나아가 자녀들을 훈련시켜야 하고(**훈계**), 특별히 기독교적인 방식과 말로 그들을 인도해야 한다(**교훈**).

c. 종과 주인(6:5-9)

그리스-로마 세계에서 종들은 가족의 일부였다. 그래서 바울은 가족에 대한 그의 가르침 속에 믿는 종들과 주인들의 관계도 포함하여 다룬다.

(1) 종(6:5-8)

6:5-8. 노예제도와 관련하여 보자면 첫째, 바울 당시에는 기한을 정해두고 종살이를 했던 것으로 보인다. 인종에 근거하지 않았던 것이다(Hoehner, *Ephesians*, 801). 둘째, 바울은 노예제도 시행을 명령한 것이 아니라, 그것을 규제하기 위해 논한 것이었다.

바울은 이러한 위험 부담을 안고 소극적으로, 또 적극적으로 명령한다. 종들은 성실해야 하며, 사람만을 기쁘게 해서는 안 되고, 옳지 못한 동기를 피해야 한다(6절). 나아가 존경(5절)과 기쁜 마음(7a절)으로 행해야 하며, 하나님을 섬기는 것이라 여겨야 한다(5c, 6b, 7b절). 이는 모두 이와 같이 행했을 때 공평한 보상과 공정한 심판을 전제에 두고 내린 명령들이다(8절).

(2) 주인(6:9)

6:9. 종에게 주인에 대한 의무가 있듯이 주인에게도 종에 대한 의무가 있다. **이와 같이**는 5-8절의 기독교적 태도를 가리킨다. 주인들은 욕하고, 폭력을 행하고, 조작하는 일을 일삼아서는 안 된다(9b절).

C. 영적 전투에서 하나님의 뜻을 이루다(6:10-20)

그리스도인의 행위에는 우주적 의미가 있다. 우리는 사람들과만 상호작용을 하는 것이 아니라, 보이지 않는 영적 세계와도 상호작용을 하기 때문이다. 신약의 다른 구절들도 영적 전투를 언급하기는 하지만(고후 10:3-5; 약 4:7; 벧전 5:8), 이렇게 길고 상세하게 기록한 곳은 이 부분뿐이다.

1. 강건하라(6:10-13)

6:10-13. 우리의 부르심에 합당하게 사는 것이란(4:1), 우리의 능력이 아니라 하나님의 능력으로 사는 것을 의미한다(참고. 삼상 30:6; 슥 10:12). 바울은 두 번 나오는 자신의 기도에서 힘과 능력을 언급했다(1:19; 3:16). 이제 신자들은 하나님이 주시는 갑옷을 활용하여(전신 갑주는 이 단락과 눅 11:22에만 나온다) 하나님의 능력으로 살아가라는 명령을 받는다.

갑옷과 관련하여 보자면 첫째, 우리는 악한 영적 세력에 대항하여 **씨름해야**[12절. 신약에서 이곳에만 나오는 단어이다. 팔레(*pale*)는 전투 혹은 육탄전을 가리킨다] 하기 때문에 하나님의 갑옷이 필요하다. 신약은 그들의 **간계**(11절; 참고. 4:14)에 적어도 다음과 같은 것들이 포함될 수 있음을 알려준다. 음행으로의 유혹(고전 7:5), 속이려는 시도(고후 2:11; 11:13-14), 악독을 이용(엡 4:27), 사역을 방해함(살전 2:18) 등이다

둘째, 우리는 복음에 변함없이 충성하기 위해 갑옷을 입는다. 우리는 갑옷을 입고 굳게 **서서**(11, 13절) **대적한다**(13절). 두 동사 모두 적으로부터의 공격을 암시하며, 바울이 앞에서 분명히 말했던 바, 즉 신자들이 이미 승리를 얻었고 모든 복을 받았음을 암시한다(1:3-13과 2:4-10을 보라).

2. 굳게 서라(6:14-17)

6:14-17. 바울은 이 서신을 쓸 때 가택 연금 상태였던 것으로 보인다(3:1 그리고 행 28:16에 대한 주석을 보라). 그래서 그는 신자들을 위한 하나님의 은혜로운

대비책을 그려 보이기 위해 로마 군인들의 장비를 활용한 것 같다. 하나님의 **갑주**(13절)에 대한 구약의 근거는 이사야 11:4-5과 59:17에 있다.

고대 세계에서 '띠를 띠는'(14절) 일은 아주 힘든 활동에 대비해 하는 행동이다(잠 31:17; 벧전 1:13). 따라서 정도를 벗어난 세상에서 하나님의 **진리**로, 즉 그분이 선포하신 그 말씀으로(참고. 1:13; 4:21) 허리띠를 띠는 것은 기본이다. 둘째, 여기에서의 **의**는 신분과 관련이 있는 듯싶다. 우리의 행위에 근거한 **의**는 쓸모없다(참고. 빌 3:8-9). 하나님은 우리에게 그리스도의 의를 주신다(참고. 고전 1:30; 고후 5:21). 셋째, 바울은 이사야 52:7에 의지하여 우리는 **평안**을 가져다주는(15절) 복음 선포를 준비하며 살아야 한다고 명령했다. 넷째, **믿음** 자체가 우리의 **방패**[투레온(*thureon*), 전신을 가리는 큰 방패를 가리킨다]이다(16절). 적이 공격할 때 하나님을 믿는 믿음이 우리를 보호해준다. 다섯째, 우리의 **투구**는 **구원**이다(17절). 매일의 전투에서 우리가 확신을 가질 수 있는 것은, 하나님이 이미 다가올 심판에서 우리를 값없이 구해주셨음을 알기 때문이다(롬 6:23). 마지막으로 하나님의 **말씀**이 **성령**께서 공급하시는 우리의 공격 무기이다(참고. 히 4:12). 이렇듯 올바로 이해하고 정확하게 선포한 성경은 악을 돌려세우고, 본거지를 무너뜨리고(고후 10:4), 사람들을 어둠에서 구해낸다(행 6:7).

위에 묘사한 과정(10-17절)에서 알 수 있듯이 기도는 매우 중요하다. 그런데도 신자들은 자신들의 갑옷을 위해 '기도하지' 않는다. 갑옷을 입는 것은, 세상과 마귀의 유혹에 맞서 우리를 보호해주는 도덕적 선택, 즉 우리의 생활 방식이라 할 수 있다.

3. 기도하라(6:18-20)

6:18-20. 영적 전투에서 기도는 꼭 필요하다. 첫째, 우리는 **항상** 기도해야 한다(참고. 눅 18:1; 롬 12:12; 행 2:42). 둘째, **성령 안에서** 기도하는 것은 그분의 인도를 받으며 하나님의 뜻에 따라 기도하는 것을 말한다(참고. 롬 8:26-27). 이것이 방언 기도를 가리키는 것은 아닌 듯하다. 셋째, 기도는 초점을 잃기가 쉽다. 그러므로 우리는 계속 **깨어** 있어야 한다. 넷째, 우리 자신을 위해서만이 아니라 모든 하나님의 백성(**성도**)을 위해 기도해야 한다. 다섯째, 죄인들이 회개할 때 하늘에서 기뻐한다. 따라서 우리는 복음이 **담대**하고 분명하게 선포되도록 기도해야 한다(19-20절).

V. 결론: 마지막 인사, 축도(6:21-24)

6:21-24. 바울의 동역자 가운데 하나인 두기고(행 20:4; 딤후 4:12)가 이 서신을 전달했고, 따라서 개인적인 격려를 하고 말로 소식을 알릴 수 있었다(21-22절). 바울은 대부분의 서신보다는 좀 길지만 공통된 요소들이 담긴 축도로 마무리했다(참고. 롬 16:25-27; 고후 13:13). 그는 축도를 통해 독자들에게 **평안**과 **사랑**과 **믿음**과 **은혜**로 복 주시기를 하나님께 구한다(23-24절).

참고 문헌

Anders, Max. *The Holman New Testament Commentary: Galatians, Ephesians, Philippians, Colossians*. Nashville: Holman Reference, 1999.《Main Idea로 푸는 갈라디아서, 에베소서, 빌립소서, 골로새서》, 메인 아이디어 시리즈(디모데).

Boice, James M. *Ephesians: An Expositional Commentary*. Grand Rapids, MI: Baker, 2006.《에베소서》(비전북).

Bruce, F. F. *The Epistles to the Colossians, to Philemon, and to the Ephesians*. Grand Rapids, MI: Eerdmans, 1984.

Hoehner, Harold J. *Ephesians: An Exegetical Commentary*. Grand Rapids, MI: Baker, 2002.

Klein, William W. "Ephesians." Vol. 12. of the The Expositor's Bible Commentary, edited by T. Longman, III, and D. E. Garland. Grand Rapids, MI: Zondervan, 2005.

MacArthur, John. *Ephesians: New Testament Commentary*. Chicago: Moody, 1986.

O'Brien, Peter T. *The Letter to the Ephesians*. Grand Rapids, MI: Eerdmans, 1999.

Stott, John R. W. *The Message of Ephesians*. Downers Grove, IL: InterVarsity, 1979.《에베소서 강해》, BST 시리즈(IVP).

빌립보서

제럴드 피터먼(Gerald W. Peterman)

서 론

저자. 이 서신의 저자가 바울이라는 사실에 대해 논란은 없다. 1:1에서 바울 스스로 자신을 저자로 언급한다.

연대. 당시 바울은 로마의 죄수로 옥에 갇혀 있었다(1:13). 그런데 그는 어디에 투옥되어 있었을까? 가이사랴일 가능성이 있지만(행 23:23), 가장 가능성 있는 장소는 다음과 같은 이유들 때문에 로마인 것 같다. 첫째, 빌립보서 1:13에서 '모든 시위대'를 언급하는데, 이는 황제의 개인 경호원이었을 가능성이 가장 높다. 둘째, '가이사의 집'에서 온 그리스도인들이 빌립보인들에게 문안한다(4:22). 가이사의 집은 로마에 있었던 것이 거의 확실하다. 셋째, 사도행전 23:35에 언급한 감금은 빌립보서 1:19-26에 나타난 순교를 연상시킬 만큼 심각해 보이지 않는다. 이것이 옳다면 주후 60-62년 사이에 빌립보서를 썼을 것 같다.

주제. 이 서신은 여러 면에서 다른 서신들(갈라디아서)보다 긍정적이다. 바울은 그들과 친하고 긍정적인 관계를 맺은 것처럼 보인다(아래를 보라). 하지만 이 성도들은 중요한 도전들에 직면해 있었다. 그리스도인들은 그들의 상황을 통해 자신의 삶에 적용할 수 있는 몇 가지 원리와 본을 얻을 수 있을 것이다.

(1) 바울과 빌립보인들의 관계. 신약성경에 따르면, 바울을 재정적으로 후원한 회중은 단 하나였다. 바로 빌립보인들이다(4:15을 보라). 바울은 그들을 가리켜 매우 독특한 표현들을 썼다. 그와 그들이 복음 전하는 일에 동역자 관계에 있고(1:5), 그의 마음에 그들을 품었고(1:7), 그들이 그의 면류관(4:1)이라고 말했다.

(2) 그리스도에 대한 찬송. 골로새서가 그렇듯(골 1:15-20) 빌립보서에도(2:5-11을 보라) 예수님의 성육신 이전의 영광, 그분이 인간의 몸을 입으심, 그분의 낮아지심과 죽음을 묘사한 찬양시가 담겨 있다. 그 찬양시에 기독론에 대한 많은 내용이 담겨 있다. 바울은 그것을 윤리적으로 적용한다. 예수님은 경건한 겸손과 사랑과 순종의 본이시다.

(3) 고난, 기쁨의 마음가짐, 하나 됨. 많은 독자들이 빌립보서를 기쁨의 서신으로 알고 있다('기쁨'이라는 단어군이 14회 나온다). 그러나 두 가지 다른 주제가 이 단어들과 밀접한 관련이 있다. 첫째, 이 서신에는 마음가짐이나 기독교적 사고방식과 관련한 단어들이 아주 많다. 그래서 신자들은 복음을 위해 한마음으로 힘쓰라는(1:27), 한마음을 가지라는[2:2. 이 단어 프로네오 (*froneo*)는 10회 나온다], 그리스도의 마음을 가지라는(2:5), 세상적인 사고방식을 가진 이들을 경계하라는(3:19), 도덕적인 것들에 마음을 두라는(4:8) 권면을 받는다. 둘째, 기뻐하고 그리스도의 마음을 가지라는 권고를 하는 이유는, 빌립보인들이 고난과(1:28-30) 내적 갈등(4:2)을 겪고 있었기 때문이다.

(4) 그리스도인의 만족. 신약성경의 다른 데서도 만족을 언급하기는 하지만, 여기서 가장 자세하게 다룬다(4:10-13). 바울은 만족을 배웠다고 가르쳤다. 또한 그것은 재정에 대한 우리의 태도와 관련이 있고, 그리스도의 능력으로만 이룰 수 있다고 가르쳤다. 이와 마찬가지로 신약의 다른 곳에서 이 주제를 언급할 때에도(눅 3:14; 딤전 6:6-8; 히 13:5; 고후 9:8) 만족은 항상 보수, 돈, 음식, 옷과 관련이 있다.

배경. 사도행전 16:12에 따르면 빌립보는 '마게도냐 지방의 첫 성이요, 또 로마의 식민지'였다. 이곳은 바울과 그의 선교단이 '마게도냐인들의 요청'(행 16:9-10, 주후 49-52년경)에 응하여 처음으로 머문 곳이었고, 바울이 유럽에서 처음으로 교회를 세운 곳이었다. 이곳의 인구는 거의 만 명에 달했는데 그중에는 로마 시민들이 많았다. 아우구스투스 황제가 주전 31년 이곳 인구에 퇴역 군인들 상당수를 더했기 때문이다. 빌립보는 로마의 통치를 받고 로마를 닮아가는 것을 자랑스러워했다. 이에 대한 암시가 적어도 네 군데 나온다. 첫째, 사도행전을 보면 빌립보에는 유대인 인구가 아주 적어서 회당이 없었음을 암시한다(행 16:13). 둘째, 빌립보의 몇몇 사람들은 복음이 요구하는 바가 반로마적이라며 반대했다(행 16:20-21). 셋째, 바울이 자신이 로마 시민임을 언급하자 즉시 그를 존중했다(행 16:37-39). 넷째, 빌립보서는 바울이 '시민'이라는 단어군을 사용한 유일한 서신이다(1:27의 '생활하라', 혹은 '시민 노릇 하라'; 3:20의 '시민권').

개 요

Ⅰ. 개인적인 내용: 바울, 빌립보인, 그의 상황(1:1-26)
- A. 빌립보인들에게 전하는 바울의 개인적인 인사(1:1-2)
- B. 바울과 빌립보인들과의 개인적인 관계(1:3-11)
  1. 빌립보인들에 대한 바울의 감사(1:3-8)
  2. 빌립보인들을 위한 바울의 기도(1:9-11)
- C. 자신의 상황에 대한 바울 개인의 평가(1:12-26)
  1. 복음이 선포된 것에 대한 기쁨(1:12-18a)
  2. 그리스도께서 높임을 받으시는 것에 대한 기쁨(1:18b-26)

Ⅱ. 가르침: 신자는 어떻게 살아야 하는가?(1:27-2:30)
- A. 합당한 삶으로의 부르심(1:27-30)
- B. 겸손으로 하나 되라는 부르심(2:1-11)
  1. 겸손으로 하나 되라는 권면(2:1-4)
  2. 그리스도의 겸손의 본(2:5-11)
- C. 순종하는 삶으로의 부르심(2:12-30)
  1. 계속해서 순종하라는 권면(2:12-18)
  2. 계속해서 순종하는 본(2:19-30)
     - a. 디모데(2:19-24)
     - b. 에바브로디도(2:25-30)

Ⅲ. 권면: 율법주의에 대한 경고와 교정(3:1-4:1)
- A. 거짓 교사들에 대한 경고(3:1-3)
- B. 바울의 삶의 본(3:4-4:1)
  1. 바리새인이었던 바울의 이전 삶(3:4-6)
  2. 메시아 안에서 바울의 새로운 삶(3:7-11)
  3. 영생을 궁극적인 목표로 삼은 바울(3:12-16)
  4. 최고의 모델을 본받으라(3:17-4:1)

Ⅳ. 적용: 빌립보인들에게 하는 바울의 실제적인 조언(4:2-9)

A. 같은 마음을 품으라(4:2-3)
B. 기독교적 사고방식을 개발하라(4:4-9)
V. 결론: 빌립보인들의 동역에 감사하다(4:10-23)
A. 개인적인 묵상(4:10-13)
B. 도덕적 칭찬(4:14-17)
C. 신학적 해석(4:18-20)
D. 마지막 작별 인사(4:21-23)

주 석

I. 개인적인 내용: 바울, 빌립보인, 그의 상황(1:1-26)

A. 빌립보인들에게 전하는 바울의 개인적인 인사(1:1-2)

1:1-2. 바울의 서론은 전형적인 형식이다. 이 서신은 그리스도의 종 바울과 디모데가 빌립보에 있는 성도들(신자들)에게 쓴 것으로, 바울은 그들에게 **하나님 우리 아버지와 주 예수 그리스도**로부터 오는 은혜와 평강이 있기를 바란다. 바울이 독특하게 **감독들과 집사들**을 포함시킨 것은(다른 서신들의 시작 부분에서는 언급하지 않는다), 두 리더 그룹을 대상으로 하고 있어서이고, 아울러 이들과 함께 빌립보 회중의 분열을 해결하고자 한다는 의미인 듯하다(4:2-3을 보라).

B. 바울과 빌립보인들과의 개인적인 관계(1:3-11)

1. 빌립보인들에 대한 바울의 감사(1:3-8)

1:3-8. 바울과 빌립보 교회의 관계를 알 수 있는 첫 번째 측면은, 바울이 그들에게 고마워한다는 점이다. 3절에서부터 그가 감사하는 근거가 나온다. 비록 여러 번역들이 3절을 시간적으로 번역하지만("내가 너희를 기억할 때마다", NIV), 헬라어 전치사 '에피'(*epi*)가 여격과 같이 쓰이는 경우에는 인과관계로, 즉 "너희가 항상 나를 기억한 것으로 인해 나의 하나님께 감사하며"로 번역하는 편이 더 낫다. 바울이 서론에서 감사를 표한 것은 최근 빌립보인들이 바울에게 재정 후원을 했기 때문이다. 바울은 나중에 그것을 '생각하는 마음'(4:10, 새번역)이라 불렀다. 바울이 기뻐하며 감사하는 두 번째 이유는, 빌립보인들이 **복음을 위한 일에 참여하고 있기 때문**이었다(5절). 이 같은 어구는 바울서신에서 오직 여기에만 나온다. 그들은 복음을 믿었을 뿐 아니라 전파하기 위해 바울과 함께 일했다.

복음 전파를 위해 이렇게 한 교회의 신자들이 바울과 동역하는 일은 흔하지 않았으므로, 바울은 빌립보인들에게 특별한 애정을 가지고 있었다. 그리고 그들의 후원을 막 받고 나서 그는 그들을 향한 애정을 표현했다.

2. 빌립보인들을 위한 바울의 기도(1:9-11)

1:9-11. 바울과 빌립보인들의 관계를 알 수 있는 두 번째 측면은, 그들을 위한 그의 기도였다. 바울의 기도에는 공통 주제들이 있다. 사랑(살전 3:12), 성장(골 1:10), 지혜와 지식(엡 1:17), 선행(골 1:10) 등이다. 여기서 바울은 그 신자들이 지혜로운 **사랑**을 갖도록 기도했다. 그리하여 그들이 **지극히 선한 것을 분별**할 수 있기를 바랐다. 지혜로운 사랑은 분별을 낳는다. 이러한 분별은 **지극히 선한** 선택을 할 수 있게 하므로, **진실하여 허물없**는 삶을 낳을 것이다(10-11절). 항상 그렇듯이 목표는 하나님의 영광이었다. 이 주제는 1:20과 2:11에 다시 나온다.

C. 자신의 상황에 대한 바울 개인의 평가(1:12-26)

바울은 개인적인 부분에서 벗어나 빌립보인들을 향한 그의 마음을 표현하면서 자신의 상황을 돌아본다. 바울은 자신의 투옥 이외에 혹시 더 일어날 수 있는 위험을 언급하긴 했지만, 이 부분에는 불평이 없다. 오히려 그의 삶과 고난은 복음을 배경으로 한 것임을 보여준다.

1. 복음이 선포된 것에 대한 기쁨(1:12-18a)

1:12-14. 사실 바울의 투옥은 **복음 전파에 진전**이 되었다. 바울은 두 가지 면에서 이러한 진보를 보았다. 첫째, **모든 시위대**[로마에 주둔해 있던 황제의 경호원]

빌

와 그 밖의 모든 사람이 그의 매임이 그리스도 안에서 일어난 일임을 알았다. 이 두 그룹 안에는 수백 명, 어쩌면 수천 명의 불신자들이 있었을 수 있다. 둘째, 많은 다른 그리스도인들이 복음을 선포하도록 격려를 받았다. 바울이 보기에는 복음 선포야말로 복음을 진전시키는 일이었다.

1:15-18a. 그러나 모든 사람이 바른 동기를 가지고 복음을 **전파**하지는 않았다. 어떤 이들은 **투기와 분쟁으로…그리스도를 전파**했다(15절). 바울의 **매임**에 **괴로움을 더하게 할 수** 있기를 바라면서 말이다. 정확히 그들이 어떻게 바울에게 괴로움을 주려 했는지는 분명하지 않다. 아마도 그들은 바울이 갇혀 있는 동안 좌절하고 불평하기를 바랐을 것 같다. 또한 그들은 자유롭게 사역을 했으므로 자신들이 바울보다 우월하다고 생각했다. 반면 바울은 구금되어 있었으므로 그들보다 열등하다고 여겼다. 그러나 바울에게는 그리스도를 선포하는 것만이 중요했고, 그들이 복음을 선포한다는 소식을 들었을 때 크게 기뻐했다.

2. 그리스도께서 높임을 받으시는 것에 대한 기쁨 (1:18b-26)

바울의 성찰은 더 일반적인 데로, 혹은 철학적인 데로 방향이 바뀐다. 죄수인 그는 사형에 직면할 수도 있었다. 하지만 그에게 중요한 것은 살든 죽든 오직 **그리스도가 존귀하게 되**는 것이었다.

1:18b-20. 바울은 로마에서 그리스도가 전파되는 것을 보며 누리는 일시적인 기쁨에서(1:15-18a), 최종적인 **구원**을 확신하며 기쁨을 단언하는 데로 나아갔다. 아마도 바울은 매임에서 풀려나는 것을 염두에 둔 것이 아니라, 그가 암시한 구절에 있는 욥의 경우처럼(욥 13:16) 중요하고도 유일한 법정, 즉 하나님의 법정에 서기 전에 받을 구원을 고대했던 것 같다. 하나님은 그가 살아 있든 죽었든 그를 지지해주실 것이다. 이는 또한 그의 간절한 기대와 소망과 잘 들어맞는다. 그 소망은 바로 **살든지 죽든지 내 몸에서 그리스도가 존귀하게 되**는 것이다.

1:21-24. 바울은 자신이 처한 상황에도 불구하고 그가 가진 소망에 대한 가르침을 요약한 다음 그것을 자신에게 적용했다. 그는 그리스도를 염두에 두고 자신의 삶과 죽음을 검토했고, 나아가 위대한 신학적 선언을 했다. **내게 사는 것이 그리스도니 죽는 것도 유익함이라**(21절). 그런 다음 그는 이것이 어떻게 사실일 수 있는지 분석했다. 첫째, 사는 것이 그리스도인 까닭은, 바울의 삶은 그리스도의 복음을 위한 즐겁고 **보람된 일**이었기 때문이다(22a절, 새번역). 그래서 그는 **육신으로 사는** 것, 즉 그가 살아 있는 것이 빌립보인들에게 복이 될 것임을 확신했다(24절). 둘째, 죽는 것도 유익한 까닭은, 그것은 **그리스도와 함께 있는** 것을 의미하기 때문이다(23절; 참고. 살전 4:17). 이것이 현재의 인간 삶보다 **훨씬 더 좋은 일**이다(23b절). 23절은 죽을 때 영혼은 부활 때까지 잠들어 있지 않고 곧바로 하나님의 임재 가운데로 감을 암시한다.

무엇을 택해야 할는지 나는 알지 못하노라 내가 그 둘 사이에 끼었으니(22b-23a절)라는 바울의 말은 이해하기가 어렵다. 겉으로 보기에 그는 둘 다 이로운 상황에서 갈피를 잡지 못하고 있는 것 같다. 즉, 복음을 선포하라는 하나님의 부르심(고전 9:16)과 주님과 함께 편히 있고 싶은 마음(고후 5:8) 사이에서 말이다. **나는 알지 못하노라**라는 그의 말로 보아 이 두 대안과 관련하여 주님께 구체적인 계시를 받지 못한 듯싶다.

1:25-26. 그런데도 바울은 지혜로운 사랑을 실천하며(1:9) 빌립보인들과 **함께 거할** 것을 **확실히** 알았다. 그의 목표는 그들이 그리스도 안에서 자라가는 것이었다. 이 절들은 1:27-30을 고대하며 이어주는 역할을 한다. 바울은 자신의 직무(1:12-26)와 빌립보인들의 직무(1:27-30)를 같은 맥락에서 다룬다.

Ⅱ. 가르침: 신자는 어떻게 살아야 하는가? (1:27-2:30)

여기서부터 이 서신의 핵심 부분이다(1:27-2:18). 1:27-2:18에는 고난(1:29; 2:8, 17), 기쁨(2:8, 18), 마음가짐과 사고방식(1:27; 2:2, 5), 순종과 행함(1:27-2:8, 12)이라는 주제들이 있다.

A. 합당한 삶으로의 부르심(1:27-30)

1:27-28. 합당한 삶은 바울서신에서 주요한 주제이다(엡 4:1; 살전 2:12; 살후 1:11). 그가 살았던 합당한 삶을 살짝 엿볼 수 있었다(1:12-26). 1:27에서 그는 빌립보인들에게 동일한 삶을 살라고 청한다.

바울은 자신이 빌립보인들과 '함께 거할' 것을 확실

히 알긴 했지만, 때로 그들을 보기도 했고 또 그러지 못하기도 했다(27b절; 롬 1:13; 살전 2:18을 보라). 상황이 어떻든 바울은 중요한 권면을 했다. **그리스도의 복음에 합당하게 생활하라**(27a절)는 것이다. 그런 다음 합당한 생활 방식을 세 가지로 묘사했다. 첫째, 합당한 삶은 믿음을 버리는 것이 아니라 믿음에 **굳게 서**는 것이다(새번역). 둘째, **복음의 신앙을 위하여 협력하는 것**이다. 하나 됨(**한마음**)으로 그 협력을 나타내야 한다. 여기서 **신앙**은, '기독교 신앙'이라는 어구에서처럼 믿음의 내용을 의미한다(참고. 갈 1:23; 3:23). 셋째, 합당한 삶은 어떤 일에서도 **대적하는 자들**로 인해 **두려워하지** 않는 것이다. 복음을 향한 이 극명하게 대조되는 반응은 대적하는 자들이 멸망하리라는 **징조**(새번역, '증거')이지만, 반면에 빌립보인들은 구원받으리라는 징조라고 바울은 덧붙였다. 그리고 이 모든 것은 하나님에게서 온다.

1:29-30. 복음에 대적하는 자들을 언급하다 보니 고난이라는 주제가 이어서 나온다. 빌립보인들이 고투에 직면해 있다는 사실은, 하나님이 불쾌해하신다는 징표가 아니었다. 오히려 하나님의 주권적인 자비하심으로 빌립보인들이 그리스도를 '믿게' 되었듯이, 하나님은 그들에게 **그를 위하여 고난도 받게** 하셨다(행 5:41; 롬 8:17). 바울이 고난을 선물로 볼 수 있었던 까닭은 첫째, 고난을 통해 진정한 성품과 소망이 생겨나기 때문이다(롬 5:4). 둘째, 고난을 통해 미래의 영광을 얻기 때문이다(롬 8:17). 셋째, 복음을 위해 고난 받는 이들은 예수님이 가신 길을 따라가는 것이므로, 그들의 삶에서 예수님의 삶을 보여주고 있기 때문이다(그리스도의 고난, 골 1:24; 고후 1:8-11).

더 나아가 바울은 그와 그들이 **같은 싸움**을 하고 있다고 말함으로써(30절) 그들과 자신을 동일시했다. 그들은 이전에 그가 고난당하는 것을 '보았고'(행 16:19-40), **이제도** 그의 서신을 통해 그것을 '듣는다.'

B. 겸손으로 하나 되라는 부르심(2:1-11)

바울은 이어서 빌립보인들에게 겸손으로 하나가 됨으로써 그의 기쁨을 충만하게 해야 한다고 가르친다. 바울은 권면으로 시작한 다음(2:1-4) 겸손의 최고의 본이신 예수님의 본을 제시했다.

1. 겸손으로 하나 되라는 권면(2:1-4)

바울은 1:27-30에서 합당한 삶을 살라고 요청한다. 이어서 그 신자들에게 **다툼**과 **허영**(3절)에서 떠나 하나 됨(**마음을 같이하여 같은 사랑…뜻을 합하며 한마음을 품어**, 2절)을 이루라고 요청했다. 이 하나 됨은 오직 **겸손**을 통해서만(3절) 얻을 수 있으며, 그들이 **그리스도 안**에서 경험하는 **권면**, **사랑**, **교제**가 그 기초가 된다(1절).

2:1-2a. 여기서 일련의 조건절('있거든')은 **권면**, **사랑**, **교제**, **긍휼** 등 표준적인 그리스도인의 경험에 의지한다. 권면, 사랑 그리고 그리스도와의 교제와 성령과의 교제를 즐기는 이들은 서로 조화를 이루며 살아야 한다. 2b-4절에 이러한 하나 됨을 묘사했다. 바울은 **나의 기쁨을 충만하게 하라**[NASB에는 이 어구가 2a절에 나오지만 개역개정에서는 4절에 나온다 — 옮긴이 주] 고 말했다. 그들과 관련하여 그가 온전한 기쁨을 누리지 못하는 한 가지 이유는 그들이 분열했기 때문이다.

2:2b-4. 하나 됨에는 적극적인 측면과 소극적인 측면이 있다. 적극적인 면에서 볼 때 하나 됨은 **마음을 같이하고**, **뜻을 합하고**, 자신이 받은 것과 **같은 사랑**을 겸손히 전해주는 것이다. 소극적인 면에서 볼 때 그것은, 무슨 일이든지 **다툼**이나 **허영**으로 하지 말고 **자기 일**만을 돌보지 않는 것이다.

2. 그리스도의 겸손의 본(2:5-11)

바울은 빌립보인들이 그의 가르침에 순종하는 것을 돕기 위해 그들에게 사랑과 겸손의 본들을 제시했다(참고. 2:19-30). 최고의 본은 바로 그리스도이시다. 그러나 이 절들이 일차적으로 예수님을 본으로 제시하기는 하지만 그리스도의 신성과 인성에 관해 귀한 가르침을 주기도 한다. 그리고 한편으로 보면 그리스도를 본으로 제시한 바울의 설명은 훨씬 더 칭송을 받음으로써 그가 설명하고자 하는 논지를 가려버렸다.

2:5. 그리스도를 따르는 것은 어떤 **마음**[attitude, NASB] 혹은 마음가짐을 취하는 일이다. 이 **마음**[attitude]은 헬라어 단어 '프로네오'(*phroneo*)를 번역한 것으로, 이 책의 주제어이며 열 번 나온다[1:7; 2:2(두 번); 3:15(두 번), 19; 4:2, 10(두 번)]. 일반적으로 이 단어는 '근본적인 성향이나 태도에 초점을 두면서 신중하게 계획을 세우기 위해 자신의 능력을 활용하는 것'을 의미한다.

2:6-8. 삼위일체의 두 번째 위격이신 성자는 영원 전부터 **하나님의 본체**이셨다(6a절). **본체**는 때로 '무언가의 본질 혹은 특성'을 의미한다. 이는 단지 외모를 의미하는 것이 아니다. 오히려 이후에 이 단어(7절)를 **하나님과** 동등함(새번역)이라는 표현과 나란히 사용한 것으로 보아 하나님의 본체라는 말은 예수님이 사실상 하나님이심을 의미한다(NIV).

그분은 하나님과 동등함을 **취할 것**(6b절)으로 여기는 대신 '자기를 비우셨다'(7a절). **취할 것**이라는 어구는 헬라어 '하르파그모스'(*harpagmos*, 신약에서 이곳에만 나온다)를 제대로 번역하지 못한 것이다. 그 표현은 두 가지 잘못된 의미 중 하나를 함축하고 있기 때문이다. 잘못된 의미는 (1) 예수님은 하나님과 동등하지 않으시므로 그것을 취해야 할 것(얻어야 할 것)으로 여길 수 있다는 것, 혹은 (2) 예수님은 하나님과 동등하시지만, 그 동등함을 유지하기 위해 그것을 취해야 할 것으로 여기지 않으셨다는 것이다. 이 어구에 대해서는 HCSB의 번역이 더 좋다. 거기서는 '하르파그모스'를 '그분이 자신의 유익을 위해 무언가를 사용하는 것'으로 해석한다. 다시 말해, 예수님은 이기적인 목적을 위해 하나님과 동등한 신분을 이용하지 않으신다.

성자께서 자기를 비우셨다고 해서 그분이 더 이상 하나님이 아니시거나 자신의 신성을 포기하신 것은 아니었다. 잠깐 동안 그분의 신적 속성을 독립적으로 행사하기를 포기했다는 것도 아니다(마치 삼위일체에 그런 일이 일어날 수 있다는 듯이). 사실 그 절은 그분이 무언가를 포기했다고 말하지 않는다. 대신 너무도 영광스럽고 능력 많으신 그분이 예상치 못한 일을 하셨다. 그분이 **종의 형체를 가지**신 것이다(7b절). 다시 말해, 비움은 새로운 역할을 맡음으로 일어난다. 그분은 성육신 때문에(**사람들과 같이**, 7c절) 종이 되실 수 있었다. 더 나아가 그분은 가장 끔찍한 죽음의 지점, 즉 **십자가에 죽으심**까지(8절) 자신을 낮추셨다.

2:9-11. 자기를 낮춘 이들이 높임을 받을 것이다(마 23:12; 약 4:10). 처형당하는 지점까지 자신을 낮추신 예수님도 그분의 아버지에 의해 **지극히 높임을 받으셨**다. 성자에게는 **모든 이름 위에 뛰어난 이름**이 주어졌다. 이는 '주'(*kurios*, 큐리오스)라는 칭호이거나 더 가능성 있는 '예수님'일 수 있다(10a절; 엡 1:20-22). 바울은 이사야 45:23을 암시하며, 최후의 심판 날 기꺼이 하든 마지못해 하든 예수님의 이름 앞에 **모든 무릎이 꿇**을 것이고, **모든 입으로** 그분의 주 되심을 **시인**할 것이라고 말한다.

C. 순종하는 삶으로의 부르심(2:12-30)

그리스도께서 죽기까지 순종하셨듯이(2:8) 빌립보인들도 순종해야 했다. 1:27에서 시작한 가르침을 이 단락에서 마무리한다. 바울은 앞부분에서도 권면에서 본으로 옮겨갔듯이 여기서도 그렇게 한다. 바울은 그가 그들과 함께 있게 될지 확실하지 않음을 언급하고 나서, 그들에게 순종하라고 권한 다음(2:12-18) 순종하며 산 이들의 살아 있는 본을 제시한다.

1. 계속해서 순종하라는 권면(2:12-18)

2:12-13. 빌립보인들이 **항상 복종**함으로 스스로를 입증했기 때문에, 바울은 그들에게 그들의 **구원을 이루라**고 청했다. 이는 구원을 얻기 위해 일하는 것이 아니다. '농부가 땅을 갈다'(work the soil)라는 표현처럼 그들은 값없이 받은 것(**구원**)을 가지고 열매를 맺게 해야 했다(참고. 1:11). 빌립보인들이 행하라는 명령을 받기는 했지만, 그들은 하나님이 그들 안에서 행하게 하실 때만 행할 수 있다(13절). 하나님은 의지(**소원**)와 성취(**행하게**) 둘 다를 가져오시며 일하신다. 그래서 바울은 두 가지 신학적 진리를 단언했다. 첫째, 인간이 책임을 질 수 있는 어떤 선택들을 한다 해도 하나님이 주권적으로 관장하신다. 성경은 흔히 이 둘을 나란히 놓는다(창 50:20; 레 20:7-8; 사 10:5-15; 행 4:27-28). 하나가 다른 하나를 없앨 수 없다. 둘째, 하나님은 우리의 감정을 변화시키기 위해 우리 안에서 일하신다(참고. 고후 7:11; 8:16; 갈 5:22).

2:14-16. 빌립보인들이 하나님께 순종하고 하나님을 기쁘시게 일은 **원망**과 **시비**를 피하는 것이다. 바울의 목표는 그들이 이미 은혜로 받은 것을 실천하는 것이었다. 즉, '흠이 없고 순전한 자녀'로 나타나는 것이었다. 그들은 이러한 순전함으로 **생명의 말씀**을 밝히고 붙들[NASB의 **굳게 잡다**(새번역)보다 더 나은 번역이다] 것이다. 이곳에 있는 바울의 명령과, 백성들 가운데 원망이 가득했던 광야에서 이스라엘이 겪은 실패를 비교해보라(출 15:24; 16:2; 신 32:5).

끝까지 견디는 것이 필수 조건이다(마 24:13; 고전

9:24-27; 히 6:11-12; 10:36). 그래서 바울은 그리스도의 재림을 배경으로 삼아 그 명령을 한다(참고. 1:6; 고전 1:8). '그때'는 비밀들이 밝혀질 **날**(16절)을 가리킨다(롬 2:16). 빌립보인들이 그때까지 견디는 것이 그에게 기쁨을 줄 것이고(**자랑**), 그들에게 행한 그의 사역이 **헛되지** 않음을 증명할 것이다.

2:17-18. 바울은 이 부분을 시작할 때 그랬던 것처럼 기쁨을 주는 자신의 고난을 언급하며 이 서신의 핵심 부분을 마무리했다. 그는 과거에 그들과 함께 수고했기 때문에(16절) 비록 그의 죽음이 **제물**을 마무리 짓는 **전제**처럼 사소한 일로 여겨지더라도 즐거워했다(딤후 4:6을 보라). **너희 믿음의 제물과 섬김**이라는 어구는 그들의 **믿음**을 위한 바울의 **섬김**으로 이해할 수 있다. 그러나 2:30에 비추어볼 때 더 가능성 있는 것은, **믿음**에서 우러나온 빌립보인들의 **섬김**이다.

2. 계속해서 순종하는 본(2:19-30)

순종의 삶을 살라는 바울의 권면을 실천한 본보기로, 디모데와 에바브로디도를 인용한다. 앞에서 바울은 예수님을 본으로 제시하고(2:6-11), 그 이후에 빌립보인들에게 자신을 본받으라고 요청했다(3:17). 여기서도 따라야 할 본이 되는 존경할 만한 그리스도의 두 종이 나온다(29절). 또한 이 단락은 1:12-26에 나오는 바울의 이야기를 다시 이어나간다.

a. 디모데(2:19-24)

2:19-24. 바울은 세 가지 점에서 디모데를 칭찬했다. 첫째, 그와 바울은 **뜻을 같이**했다(20a절). 그들은 같은 마음을 가졌다. 그들 둘에게 가장 중요한 것은 복음 전파였다. 둘째, 디모데는 빌립보인들을 **진실로 생각**했다(20b절; 참고. 2:1-4). 셋째, 디모데의 **연단**[혹은 더 나은 번역인 '인품'(도키메, *dokime*). 롬 5:3-5]이 '복음을 위한 수고'에 바울과 함께한 그의 겸손한 섬김에서 드러났다(22절). 디모데는 **자기 일을 구**한(21a절) 다른 이들(1:17)과 대조적이었다.

b. 에바브로디도(2:25-30)

2:25-30. 바울은 디모데를 빌립보로 속히 보내기를 원했다. 그러나 디모데를 보내기에 앞서 **에바브로디도**를 보냈다. 에바브로디도는 바울의 **쓸 것**을 위해 빌립보인들이 **사자요 돕는 자**로 바울에게 보냈던 사람이다(25b절; 참고. 4:18). 바울은 세 가지 점에서 에바브로디도를 칭찬했다. 첫째, **나의 형제요…함께 군사 된 자**라고 부르며, 그를 복음 사역의 완벽한 동역자로 여겼다(4:3; 롬 16:3; 살전 3:2을 보라). 둘째, 에바브로디도는 자신의 사역을 대하는 태도와 감정 모두 바람직했다. 그는 빌립보인들 모두를 **간절히 사모**했고, 자신의 병을 염려해서가 아니라 빌립보인들이 **자기가 병든 것을 들은** 일로 **근심**했다. 이렇듯 그는 자신의 유익만을 구하지 않고 다른 사람의 유익을 구한 본이었다. 셋째, **그리스도의 일을 위하여 죽기에 이르러도 자기 목숨을 돌보지 아니**했다. 이 점에서 그는 구주를 섬기며 기꺼이 죽으려 한(2:17) 바울과 아주 비슷했다.

빌

Ⅲ. 권면: 율법주의에 대한 경고와 교정(3:1-4:1)

앞에서 바울은 그리스도, 디모데, 에바브로디도라는 긍정적인 본들을 제시했다. 그러나 그리스도를 안다고 주장하는 이들 모두가 본받을 만하지는 않다. 3장은 빌립보인들에게 율법주의적 거짓 교사들에 대해 경고한다. 이들은 그리스도를 안다고 주장했지만, 이방인들도 구원받기 전에 할례를 받아야 한다고 말하며 반대 교리를 가르쳤던 이들이다.

A. 거짓 교사들에 대한 경고(3:1-3)

3:1. 3:1은 이 서신의 결론이 아니라 중간 지점이므로, **끝으로**는 더 나아가(TNIV)로 번역하는 편이 더 낫다. **기뻐하라**는 명령이 2:18에 나오기는 하지만(1:4; 2:17, 28을 보라) 이는 바울이 **주 안에서**(4:4을 보라)를 붙인 첫 번째 경우이다. **같은 말**은 아마 유대주의자들과 관련한 바울의 이전 경고를 가리킬 것이다(3:18을 보라).

3:2-3. 바울의 세 가지 경고는 강력하며, 한편으로는 아이러니하다. 첫째, 유대인들의 흔한 표현과는 반대로, **개들**(마 15:26과 대조하라)은 이방인들이 아니라 율법주의적 유대인 거짓 교사들이다. 둘째, 할례를 받으라고 하지 않은 바울의 복음으로 인해 그가 행악자가 된 것이 아니다. 오히려 거짓 교사들이야말로 **행악하는 자들**이었다. 그들이 새 언약에서는 중요하지 않은 문제(행 16:3; 고전 7:19)인 할례를 이방인들에게 필요조건으로 만들었기 때문이다(참고. 행 15:1-5; 갈 5:2-6). 셋째, 거짓 교사들이 할례를 권장했음에도 불구하고, 바울은 실제로 그들이 육체를 훼손시켰다고 말

했다(HCSB, NASB의 '거짓 할례'보다 더 나은 번역이다. 개역개정에는 **몸을 상해하는 일**이라고 번역했다—옮긴이 주). 이와는 반대로 신자들은 진짜 할례파이다. 다시 말해, 그들은 마음의 할례라는 오랫동안 기다렸던 약속을 경험한 이들이다(신 10:16; 30:6; 렘 4:4; 6:10; 9:26; 31:31-34).

신자를 정의하는 세 가지 어구가 더 있다. 첫째, 그들은 새 언약 아래서 살고 있으므로, **하나님의 영으로 예배한다**(새번역, 요 4:23; 겔 36:27을 보라). 둘째, 그들은 종교적 행위나 유산을 자랑하지 않고, **그리스도 예수로 자랑**한다. 셋째, 구원하는 믿음의 특성 자체에 맞게 그들은 **육체를 신뢰하지 아니**한다. 그들은 육체적인 할례나 구원을 이루는 어떤 인간적인 능력도 신뢰하지 않는다. 이는 할례를 구원의 조건으로 보았던 바리새적 유대주의와 큰 차이점이다.

B. 바울의 삶의 본(3:4-4:1)

바울은 자신이 그리스도를 의지하는 자로 변화된 것을 빌립보인들을 위한 교훈으로 사용한다.

1. 바리새인이었던 바울의 이전 삶(3:4-6)

3:4-6. '육체를 신뢰하지 않았던' 신자들과는 대조적으로 그리스도를 만나기 전 바울에게는 육체를 신뢰할 이유들이 있었다. 모세율법에 따라(**팔 일**, 레 12:3) **할례**를 받은 것, 순수 유대 혈통인 것(**이스라엘**, **베냐민**, **히브리인**, 5b-d절), 바리새인인 것(5e절), 하나님을 향한 모범적인 **열심**(6a절; 그리고 롬 10:4을 보라), 두드러진 업적(**흠이 없는**, 6b절)이 그 이유이다. **흠이 없는**이란 '죄가 없는'을 뜻하는 것이 아니다. 오히려 그와 동시대를 사는 사람들은 모두 구약에 대한 바리새인들의 해석에 비추어 그의 생활 방식을 보았고 그가 의인임을 입증했다(참고. 눅 1:5-6).

3:4-6에는 바리새인 사울이 그리스도를 만나기 전 교회를 핍박했음에도 불구하고 깨끗한 양심으로 하나님을 섬긴 것이 나타난다(참고. 요 16:2). 바울은 다메섹으로 가는 길에서의 체험 이후(행 9:1-22) 이전에 깨끗하다 여겼던 자신의 양심이 실제로는 눈이 먼 것이요 반항이었음을 알았다(행 22:3-5; 딤전 1:15-16; 딛 3:3).

2. 메시아 안에서 바울의 새로운 삶(3:7-11)

3:7-11. 그리스도를 만나고 바울의 시각이 바뀌었다. 그는 이전의 확신과 혈통을 **해**[거부한]로, **배설물**[스쿠발라(*skubala*), 아주 열등한 것: 신약에서 이곳에만 나오며 대변, 여물 혹은 쓸모없는 쓰레기를 가리킨다]로 여겼다. 이와 비교할 때 그리스도를 아는 것은 **가장 고상했다**(8절). 바울은 그리스도를 얻기 위하여 그의 이전 확신을 버렸다(잃어버렸다). 그는 그리스도를 얻는 것을 세 가지로 묘사했다. 첫째, 그것은 **그 안에서 발견**되는 것이다. 곧 그분과 연합하는 것이다. 둘째, 그것은 그 자신의 노력으로 **의**를 얻지 않는 것이다. 인간의 노력으로 하나님이 받으실 만한 도덕적 위치에 이르려 하지 않는 것이다. 그러한 의는 하나님 앞에서 아무 쓸모도 없다. 셋째, 그것은 그리스도를 **믿음으로 말미암은…의**를 갖는 것이다(9절; 롬 1:17; 3:22).

~자 하여(10b절)라는 구절로 보아 그리스도를 얻는 목적 두 가지가 더 있음이 분명하다. 첫째, 그분의 **부활**과 그분의 **고난**과 그리스도를 아는 지속적인 친밀함을 위해서이다. 이는 자아를 죽이는 평생의 과정이다(**그의 죽으심을 본받아**, 10절). 둘째, 로마서 8:17에서 그리스도와 함께 받는 고난이 그리스도와 함께 받는 영광으로 이어지는 것처럼 여기서도 영광, 다시 말해 **부활**의 몸(11절)은 그리스도를 얻는 최종적인 목표이다(롬 8:23).

3. 영생을 궁극적인 목표로 삼은 바울(3:12-16)

바울의 급진적인 변화는 그가 목표에 이르렀다는 인상을 줄 수도 있다. 그러나 12-16절은 이러한 잘못된 결론을 반박한다.

3:12-14. 이 절들은 두 부분으로 나뉜다. 첫째, 바울은 부인했다. 바울은 완벽을 주장했던 율법주의적 반대자들에 맞서 자신은 **이미…온전히** '이룬'(12절) 것도 아니고 상을 **잡은**(13절) 것도 아니라고 말했다. 둘째, 바울은 긍정적인 선언을 했다. 바울은 현재 시각을 계속해서 **달려가는** 것으로(12절), 과거는 **잊어버린**(13b절) 것으로 묘사했다. 과거는 과거의 실패와 죄들을 가리키는 것이 아니라, 율법주의적이었지만 아주 성공적이었던 자신의 신앙생활을 가리킨다. 더 나아가 그는 **상**을 얻기 위하여(고전 9:24) **앞에 있는 것을 잡으려** 하고 있다(13b절). 이 모든 일은 **예수께 붙잡힌 바 되었으므로**(12절, 새번역) 일어났다.

위에서 부르신 부름의 상은 영생이다. 이는 하나님이 복음으로 부르실 때 약속하신 선물이다. 끝까지 견디는 모든 신자에게 이 상을 주신다. 이 진리와, 신적 주권과 인간의 책임 사이의 긴장에 대해 성찰하다 보면 두 가지 결론에 이른다. 첫째, 하나님의 은혜로 말미암아 믿음만 있으면 구원받을 수 있다(행 16:31). 신약은 믿는 모든 이(현재 시제임을 주목하라) 그리고 믿는 이들만 구원을 얻는다고 거듭 단언한다(요 3:16-18; 5:22-24; 롬 10:9-10; 요일 5:10). 믿음이 없는 사람이 구원받는다는 어떤 암시도 없다. 둘째, 신약에는 끝까지 견뎌야 한다는 말 때문에 불안감이 조성된다는 언급이 전혀 없다. 오히려 12-14절과 고린도전서 9:24-27은 바울이 스스로 끝까지 견디리라 확신했음을 분명하게 보여 준다.

3:15-16. 성숙한 이들(NASB, **온전히 이룬 자들**. 참고. 고전 2:6)은 바울이 묘사한 **생각**을 가지고 있어야 한다. 그러나 그 신자들의 일부는 **달리 생각**했던 것 같다. 만약 그렇다면 하나님은 잘못되어 있는 이들에게든 그들을 바로잡는 이들에게든 그것을 '나타내실' 것이다. 어떤 경우든 빌립보인들은 그들이 받은 진리(**단계**, 새번역)에 따라 **그대로** 행해야 한다.

4. 최고의 모델을 본받으라(3:17-4:1)

3:17-19. 바울은 다른 모든 이들(디모데와 에바브로디도 같은)이 이미 그렇게 하고 있는 것처럼 신자들에게 그를 본받으라고 권했다. 이 세 사람을 비롯한 다른 많은 이들은 따라야 할 여러 본을 제시한 것이 아니라 하나의 **본**[티포스(*typos*), 17절; 롬 5:14; 고전 10:6; 살후 3:9을 보라]을 제시했다. 이와는 반대로 바울을 본받지 않고 **그리스도의 십자가의 원수**였던 이들이 있었다(18절). 이들은 아마 명목상으로만 그리스도인이었을 것이다. 따라서 그들의 최종적인 운명은 **멸망**이었다. **멸망**은 '물건 혹은 사람(여기에서처럼)의 완전한 파멸과 파괴'를 의미한다. 그러나 전멸을 가리키지는 않고, 보통 영원한 심판을 가리키는 신약 용어이다(마 7:13; 롬 9:22; 빌 1:28; 벧후 3:7; 계 17:8을 보라). 바울은 이러한 원수들의 특징을 세 가지로 묘사했다. 첫째, 주님 대신 그들의 **배**[appetite, NASB, 문자적으로 '배'(belly)]가 그들의 신이었다. 그들은 자아를 숭배했던 것이다. 둘째, 그들은 하나님께 영광을 돌리는 대신 수치스러운 행실들을 자랑했다. 셋째, 참되고 고귀한 것들에 거하기보다는(4:8) **땅의 일**만 **생각**했다.

3:20-4:1. 그리스도인들은 특정 나라나 정부에 충성하는 일을 우선시해서는 안 된다. 따라서 국수주의에 빠지지 않도록 주의해야 한다. **우리의 시민권은 하늘에 있고**, 시민권은 나라를 암시한다. 성경 내러티브 전체에서 주의 나라는 부분적으로 현존해 있고 부분적으로 전투를 벌이고 있다(대상 28:5; 시 2편; 103:19; 행 4:25-26). 그리스도의 초림으로 인해 그 나라는 독특한 방식으로 임재해 있다. 사무엘하 7:12-16의 약속을 이루실 왕의 이름이 알려져 있다. 그래서 바울은 신자들이 아들의 나라로 옮겨졌다고까지 말할 수 있었다(골 1:13). 신자들은 그 왕의 다스림 아래서 산다는 면에서 하늘의 시민이다. 그러나 최종적인 나라, 전투가 필요없는 나라는 아직 오지 않았다(마 25:31-34; 딤후 4:18; 계 5:9-10).

따라서 그리스도인은 살면서 구세주를 기다려야 한다(살전 1:10). 그분이 돌아오실 때 그분은 **우리의 낮은 몸**을, 고통과 질병, 죽음에 종속되어 있는 육체적 몸을 그분의 영광의 몸과 같이 **변하게** 하실 것이다(고후 5:1-5을 보라).

Ⅳ. 적용: 빌립보인들에게 주는 바울의 실제적인 조언 (4:2-9)

이 부분에서 바울은 빌립보인들이 행해야 하는 두 가지 실제적인 것을 다룬다.

A. 같은 마음을 품으라(4:2-3)

4:2-3. 바울은 하나 되라는 다른 요청을 했고(1:27-30; 2:1-4), 복음에 초점을 두고(3:17-19) 불필요한 다른 산만한 것들에 초점을 두지 않는(1:12-18) 본으로 자신을 제시했다. 이렇게 해서 **유오디아**와 **순두게**의 갈등을 다루기 위한 준비 작업을 마쳤다. 그들은 **같은 마음을 품어야 했다**(문자적으로, '같은 생각을 하라'. 2:5을 보라). 이 여성들은 바울과 함께 **복음에…힘쓰던** 이들이었고, 그의 **동역자들**이었다. 그들은 갈등을 해결하기 위해 신자들 가운데 이름이 밝혀지지 않은 **진정한 동지**(새번역)의 도움이 필요했지만, 그래도 그들은 진짜였다. 그들의 이름은 하나님이 택하신 모든 이의 이름과 함께 생명책에 기록되어 있다(시 62:28; 눅 10:20; 계 3:5을 보라).

B. 기독교적 사고방식을 개발하라(4:4-9)

4:4-7. 그리스도인들은 다음 네 가지 사실에 근거하여 기뻐하고, 또 염려하지 않는다. 첫째, **주 안에서**, 즉 그분이 누구이시고 그분이 어떤 일을 하셨는지 앎으로써 기뻐한다(4절; 시 33:1; 35:9). 그분은 '가까이' 계시다(5절. 이는 아마 '도와줄 준비가 된'이라는 의미일 것이다. 한편 '곧 오신다'는 의미일 수도 있다). 둘째, 계속해서 내면에 초점을 맞추면 염려만 늘어난다. 대신 신자들은 자신들 밖을 봐야 하며, 만나는 모든 사람에게 친절(HCSB, NASB의 **관용**보다 더 나은 번역이다)해야 한다. 셋째, **기도**로 이 모든 것을 하나님께 가져가면 염려는 없어진다. 우리는 기도를 통해 우리의 모든 필요와 염려를, 우리를 돌보시는 능력 많으신 하나님께 맡긴다(벧전 5:7; 엡 3:20). 염려는 **감사**를 통해서도 줄어든다(6절; 골 3:15). 감사를 통해 과거에 하나님이 신실하셨던 것을 떠올리기 때문이다. 넷째, 하나님의 **평강**이 신자들을 지키시기 위해 그들 안에서 역사한다. 이 평강(그리스도의 사랑처럼, 엡 3:19)은 사람의 **지각**을 넘어서며, 극한 시련 속에서도 신자들을 '지킬' 수 있다(7절).

4:8-9. 습관, 태도, 생활 방식은 마음에서 나오므로 신자들은 덕목들에 집중해야 한다(3:19과 대조하라). 바울은 **경건하며, 옳으며, 사랑 받을 만하며** 등 그러한 것들의 일부 목록을 제시했다. 그러나 이는 모든 것을 총망라한 것이 아니라 대표적인 것들일 뿐이다. 그래서 그는 무엇이든 **칭찬할 만한**(새번역) 것들을 포함시켰다. 빌립보인들은 바울에게서 칭찬 받을 만한 것들을 '배웠다'. 그러므로 이제 그들은 그를 본받아 삶에서 그것들을 '행해야' 한다(9절; 3:17을 보라).

V. 결론: 빌립보인들의 동역에 감사하다(4:10-23)

앞에서 바울은 이 교회가 그와 함께 복음에 **참여**한 일을 언급했다(1:5). 그들은 재정적 후원이라는 특별한 방식으로 참여했다. 그리고 바울은 그들의 선물에 세 가지 방식으로 반응했다.

A. 개인적인 묵상(4:10-13)

4:10-13. 바울의 첫 번째 반응은, 빌립보인들이 **생각**을 보여준 일로 크게 기뻐한 것이다(10절). 그들은 다른 때에도 도움을 주었다(16절). 그러나 최근에는 **기회가 없었다**. 기회가 없었던 것은 그들이 너무 가난해서였을 것이다(고후 8:1-2). 선물 덕분에 자신이 처한 어려운 상황을 해결했다는 안도감으로 바울이 기뻐한 것은 아니었다. 오히려 그는 온갖 재정적 **형편**에서 **자족하기를 배웠다**(11절; 그리고 눅 3:14; 딤전 6:6-8; 히 13:5을 보라). 이러한 형편이란 **비천**, **풍부**(prosperity, 12a절), **풍족**(abundance, 12b절, 새번역), **궁핍**(12b절)한 상황 모두를 포함한다. 이는 신자들이 궁핍할 때뿐 아니라 **풍부**할 때에도 자족하기 위해 애써야 함을 보여준다. 부유함이 자칫 기만을 낳을 수도 있기 때문이다(마 13:22). 진정한 자족은 첫째, 자연스레 생겨나는 것이 아니다. 시간이 지나면서 배워야 하는 항목이다. 둘째, 그것은 인간적인 것이 아니다. 즉, 타고난 것이 아니다. 그것은 우리에게 **능력을 주시는** 분에게서 오는 초자연적인 것이다(13절).

B. 도덕적 칭찬(4:14-17)

4:14-17. 바울이 빌립보인들의 선물에 대해 보인 두 번째 반응은 칭찬이다. **너희가…잘하였도다**(14절). 그것은 단순한 헌금 이상이었다. **괴로움**을 겪는 바울과의 연대를 보여준 것이었다(문자적으로, '괴로움에 함께 참여함'). 더 나아가 그는 그들이 유일무이했음을 상기시키며 그들을 칭찬했다(15절). '주고받으며'(신약에서 독특한 표현이지만 행 20:35을 보라) 그의 **일에 참여한** 다른 **교회**가 하나도 없었다. 그 관계는 상호적이었다. 그는 복음을 '주었고', 재정 후원을 '받았다'. 그들은 목회적 돌봄을 '받았고', 그에게 물질적 **쓸 것**을 '주었다'(16절). 그 신자들은 바울이 다음 사역을 위해 머문 **데살로니가**에 있을 때에도 도움을 주었다(행 17:1).

17절에서 바울은 생길 수 있는 오해를 바로잡았다. 그가 원한 것은 **선물**이 아니었다. 그의 마음은 빌립보인들이 그들의 순종과 관대함으로 인해 얻을 영적 유익(그들의 **장부**에 늘어가는 **유익** 혹은 열매, HCSB, 새번역)에 있었다(잠 19:17을 보라).

C. 신학적 해석(4:18-20)

4:18-20. 바울은 그들이 **에바브로디도** 편에 보낸 모든 것이 도착했음을 알렸다(**풍부한지라**, 18절). 그런 다음 구약의 희생제사를 연상시키는 어휘들로 그들의 선물을 가리켜 **받으실 만한 향기로운 제물**(레 1:9; 2:2; 19:5; 민 15:3-7; 엡 5:2을 보라)이라고 묘사했다. 그들

은 감옥에 갇힌 가난한 선교사에게 선물을 보낸 것이었지만, 이는 **하나님을 기쁘시게 한** 예배였다(참고. 히 13:16). 그들이 그의 쓸 것을 채워주었으므로, 바울은 그들에게 **하나님**이 그들의 **쓸 것을 채우시리라**는 약속을 상기시켰다(19절; 그리고 마 6:33을 보라). 나누어 주는 그리스도인의 순종과 하나님의 풍성한 공급하심 둘 다 그분에게 **영광**이 된다(20절).

D. 마지막 작별 인사(4:21-23)

4:21-23. 바울은 빌립보에 있는 이들과 인사를 나누었다. **가이사의 집**을 언급한 것으로 보아 바울이 이 서신을 쓸 때 로마에 있었던 듯싶다. 서신은 하나님으로부터 오는 가장 귀한 선물이자, 그분의 아들 **주 예수 그리스도**를 통해서 오는 **은혜**가 그들 모두(**너희**는 복수이다)와 함께 있기를 구하는 기도로 끝난다.

참 고 문 헌

Bruce, F. F. *Philippians*. Peabody: Hendrickson Publishers, 1989.

Carson, D. A. *Basics for Believers: An Exposition of Philippians*. Grand Rapids, MI: Baker, 1996.《그리스도인의 정의》(국제제자훈련원).

Fee, Gordon D. *Paul's Letter to the Philippians*. Grand Rapids, MI: Eerdmans, 1995.

Fowl, Stephen E. *Philippians*. Grand Rapids, MI: Eerdmans, 2005.

Hansen, G. Walter. *The Letter to the Philippians*. Grand Rapids, MI: Eerdmans, 2009.

Hughes, R. Kent. *Philippians: The Fellowship of the Gospel*. Wheaton: Crossway, 2007.

MacArthur, John. *Philippians*. Nashville: Thomas Nelson, 2007.

O'Brien, Peter T. *The Epistle to the Philippians*. Grand Rapids, MI: Eerdmans, 1991.

Silva, Moisés. *Philippians*, 2nd ed. Grand Rapids, MI: Baker, 2005.

Thielman, Frank. *Philippians*. Grand Rapids, MI: Zondervan, 1995.《빌립보서》, NIV 적용주석(솔로몬).

B. 헛된 철학을 넘어서는 그리스도의 우월성(2:8-15)
C. 율법주의 종교를 넘어서는 그리스도의 우월성(2:16-23)
Ⅳ. 실제: 그리스도의 우월성을 적용(3:1-4:6)
A. 그리스도의 우월성은 진정한 그리스도의 제자를 변화시켜야 한다(3:1-17)
1. 위의 것을 찾다(3:1-4)
2. 과거의 죄에서 돌아서다(3:5-11)
3. 그리스도를 닮은 덕목을 입다(3:12-17)
B. 그리스도의 우월성은 가정 안에서의 관계에 영향을 미쳐야 한다(3:18-4:1)
C. 그리스도의 우월성은 기도의 동기가 되어야 한다(4:2-4)
D. 그리스도의 우월성은 외인들 앞에서의 행동에 영향을 주어야 한다(4:5-6)
Ⅴ. 결론(4:7-18)
A. 두기고가 칭찬을 받다(4:7-9)
B. 바울의 조력자들이 문안하다(4:10-14)
C. 바울이 마지막 지침을 주다(4:15-17)
D. 바울이 작별 인사를 하다(4:18)

주 석

Ⅰ. 서론(1:1-14)

그리스-로마 세계의 서신들과 바울서신들이 흔히 그렇듯이 이 서신은 개인적인 상황들과 서론으로 시작한다. 글쓴이와 받는 이들을 밝히는 인사와 감사의 말이 있고, 독자들을 위한 기도가 있다.

A. 인사(1:1-2)

1:1-2. 이 서신은 복음을 선포하라는 위임을 받고 보냄을 받아 **하나님의 뜻으로…사도**가 된 바울 그리고 바울의 동료 사역자요 **형제**인 디모데가 골로새에 있는 **성도들 곧…신실한 형제들**[두 그룹이 아니라 한 그룹]에게 보내는 것이다.

B. 감사(1:3-8)

1:3-8. 골로새 교회 설립자는 바울과 **함께 종 된 사랑하는**(7절; 계 6:11을 보라) **에바브라였다**(7절; 4:12; 몬 1:23을 보라). 그는 바울에게 이 교회의 존재와 그들의 **믿음**과 **사랑**을 '알렸다'(8절). 그래서 바울은 그들을 직접 보지는 못했지만 그들의 믿음과 사랑을 '듣고' 기도 중에 골로새인들에 대해 감사를 드렸다. 5절은 구두점으로 4절과 분리시키기보다는 4절에 붙어 있어야 한다. 그들의 **믿음**과 **사랑**은 그들을 위하여 **하늘에 쌓아둔 소망**에 근거해 있다(참고. 고전 13장; 갈 5:5-6; 살전 1:3에 나오는 **믿음**, **소망**, **사랑**). 따라서 소망은 감정이나 갈망처럼 주관적인 것이 아니라 객관적인 것, 즉 바라는 그것인 영생이다.

소망은 진리를 특징으로 하는 메시지(**말씀**)에 담겨 있고, 메시지는 곧 좋은 소식(복음)이다. 바울은 골로새인들을 괴롭히던 거짓 가르침과 싸우기 위해(2:8, 16-19) 이 **복음**이 그들에게만 유일무이한 것이 아님을 상기시켰다. **복음**은 **온 천하**에 퍼져 그들에게까지 이른 것이었다. 바울은 그들이 복음을 받아들인 것(그들의 **믿음**)을 하나님의 **은혜**를 깨달은 것으로 묘사했다.

C. 기도와 여담(1:9-14)

1:9-14. 골로새 교회의 믿음에 대해 들은 바울은 그들을 위해 쉬지 않고 기도한다. 바울이 한 기도의 공통된 주제는 **아는 것**과 **지혜**(엡 1:18-19)이며, 이 **총명**함으로 **주께 합당**한, 즉 복음에 합당한 삶을 산다(10절; 빌 1:9-10을 보라). 그는 합당한 삶을 네 가지로 묘사했다.

첫째, 합당한 삶은 **열매**를 맺는다(마 7:17; 요 15:8). 다시 말해, 그것은 **선한 일**을 한다. 둘째, 합당한 삶은 하나님을 **아는 것**에서 성장하여 하나님과 그분의 뜻을 훨씬 더 잘 알게 된다(엡 1:17). 셋째, 합당한 삶은 하나님의 **능력**으로 **강하게 된다**(새번역. 엡 3:16). 이는 보여주기 위해서가 아니라 **견딤**과 **오래 참음**에 이르기 위함이다(11절). 넷째, 합당한 삶은 **빛**의 장소라 불리는 하나님의 나라에서 **성도**와 함께 영생(**기업**)을 누리는 복을 얻은 것에 대해 **기쁨으로**(11절) **감사한다**(12절).

이 시점에서(13절) 바울은 기도에서 잠시 벗어나 기업을 공유하는 것이 무슨 의미인지를 묘사한다. 우리가 복음을 믿을 때, 하나님은 우리를 **흑암의 권세**에서 건져내신다. 우리는 이렇게 건짐을 받아 **그의 사랑의 아들**에게 속한 **나라**로 옮겨진다. 중간 지대는 없다. 흑암 속에 있거나 아들의 나라 안에 있다. 한편 '지금'과 '아직 아니' 사이의 긴장이 있다. 바울이 보기에 그 나라는 현존해 있으면서(롬 14:17; 고전 4:20) 아직 오지 않았기 때문이다(살전 2:12; 딤후 4:18). 그러므로 왕 예수의 다스림 아래 사는 교회가 그 나라와 완전히 똑같지는 않다. 전투가 없는 하나님의 최종적인 나라가 아직 오지 않았기 때문이다(마 25:31-34; 고전 15:25-28; 딤후 4:18; 계 5:9-10; 하나님 나라의 개념에 대해서는 마 3:1-4; 13:10-17에 대한 주석을 보라).

마지막으로 속량을 낳는다(롬 3:24; 고전 1:30을 보라). 속량이란 속박에서 풀려나는 것으로, 죄 사함으로도 정의할 수 있다(엡 1:7).

Ⅱ. 교리: 그리스도의 우월성을 선포(1:15-2:3)

그리스도 안에서의 속량에 이어 그리스도에 대한 영광스러운 묘사로 이어진다. 이 그리스도 찬가는 빌립보서 2:6-11과 비교해보면 유익할 것이다.

A. 창조 세계를 넘어서는 그리스도의 우월성 (1:15-17)

1:15-17. **하나님**은 '보이지 않으시지만', 하나님의 **형상**[아이콘(*eikon*), 그림과 조각에 사용하는 단어로, 원형을 표현하는 것이다. 참고. 막 12:16; 롬 8:29; 히 10:1]이신 그분의 아들(요 14:9) 안에서 보이실 수 있다(고후 4:4을 보라). 이후에 1:19과 2:9에서 말했듯이 아들은 하나님이 누구신지 정확히 표현하고 드러내 보인다(히 1:3을 보라). 아들은 '만물보다 먼저 나신 이'(HCSB)이다. 이는 그분이 존재하시게 된 때가 있었다는 의미가 아니라, **먼저 나신 이**의 역할을 하신다는 의미이다. 즉, 그분이 만물을 다스리신다(참고. 출 4:22; 렘 31:9; 히 1:6; 계 1:5). 그분이 만물을 다스리시는 것은 당연히 **만물**이 그분의 계획과 능력에 의해(**그로 말미암고**) 그의 영광을 **위하여 창조되었**다는 사실에서 나온다(16절; 요 1:3). **만물**에는 사람과 동물처럼 **보이는** 것들과, 영과 천사처럼 **보이지 아니하는** 것들이 있다. 더 나아가 영적 존재들을 **왕권들**, **주권들**, **통치자들**, **권세들**로 묘사한다. 이 구절은 아마도 골로새인들이 숭배하라는 유혹을 받고 있던 천사들(2:18을 보라)은 다 예수님의 권위 아래 있으므로 그럴 만한 존재가 아니며 따라서 그런 존중을 받아서는 안 된다는 사실을 보여주기 위해 여기에 있는 것 같다.

바울은 그리스도의 과거와 현재의 사역에 대해 포괄적으로 언급하면서 이러한 생각들을 마무리한다. 그분은 우주를 창조하실 때 **만물보다 먼저** 계셨다. 그리고 지금 여전히 그 안에 **함께** 서 있는 **만물**을 붙드시며 창조 세계 안에서 활동하신다(히 1:3).

B. 교회를 넘어서는 그리스도의 우월성 (1:18-2:3)

1. 교회의 머리이신 그리스도(1:18-20)

1:18-20. 그리스도께서 우주를 다스리시듯이 그분은 교회에 대한 모든 권위를 갖고 계시며[그분이 **머리**이시다. 케팔레(*kephale*)라는 단어는 지도자들을 비유적으로 표현할 때 사용했다. 사 9:14-15; 시 17:44; 고전 11:3; 엡 5:23], 교회를 생겨나게 하신(**근본**) 분이다. 죽은 자 가운데서 다시 살아났다가 결국 다시 죽은 나사로와는 달리(요 11장) 예수님은 첫 번째로 영광스러운 몸을 입고 다시 살아나신 분이며, **죽은 자들 가운데서 먼저 나신 이**시다. 그분은 부활 생명을 주시는 권위를 가지신 분이다.

그리스도께서는 원래의 창조 세계와 새 창조 세계 둘 다의 으뜸이시다. **아버지께서…예수 안에** 온전하고 완벽한 신성(**충만**)이 자리 잡는(**거하게**) 것을 기뻐하셨기 때문이다. 그래서 신-인이신 그리스도는 **십자가** 위에서 피 흘리며 죽으심으로써 하나님과 **만물**을 **화목하게** 하는 일에 유일무이하게 적합하신 분이다. 만물의 화목은, 각각 그리고 모든 존재가(**땅에 있는 것들이나 하늘에 있는 것들이**) 하나님과의 바른 관계로 회복된다는 의미라기보다는, 그분이 우주에 정연한 질서와 주되심을 회복하신다는 의미로 보는 것이 가장 좋다.

2. 교회의 화목자이신 그리스도(1:21-23)

1:21-23. 바울은 화목이라는 주제에서 골로새 교회가 하나님과 화목하게 된 것을 그 교회에 상기시키는 데로 옮겨갔다. 그리스도와 교회의 화목에는 네 가지 측면이 있다. 첫째, 그리스도가 없을 때에는 모든 사람이 **멀리 떠나…원수**가 되었고 **악한 행실**을 행했다. 멀리 떠나 있음은 타락의 결과이다(창 3장; 엡 2:1-7). 둘째, 그리스도의 **죽음** 그리고 그분에 대한 우리의 신뢰가 하나님과의 화목을 가져온다(그분과 올바른 관계를 맺는 것). 셋째, 하나님의 목표는 그리스도 안에서 자신과 화해한 이들이 **거룩하고 흠 없고 책망할 것이 없는** 자가 되는 것이다. 넷째, 화목에는 믿음이 필요하다. 21-23절 구조의 두 측면은 믿음이 그 본질상 '굳건함'(새번역)을, 계속해서 **복음의 소망**을 붙들고 있음을 보여준다(5절). (1) 바울은 그들이 믿음에 **거하**면 하나님이 그들을 자기와 **화목하게** 하신다고 말했다. 현재가 과거를 바꿀 수 없으므로 현재의 믿음을 낳고, 그 믿음 안에서 드러난 것이 바로 과거의 화목케 함이다(참고. 요 8:31-32; 히 3:14). (2) 바울이 사용하는 조건절(만일로 시작하는 구조)은 독자들이 끝까지 견지할 확신을 암시한다(또한 빌 3:12-14에 대한 주석을 보라).

3. 바울 사역의 근원이신 그리스도(1:24-2:3)

그리스도의 우월성은 창조 세계와 교회뿐 아니라, 그분이 사도 바울을 고난과 선포와 격려의 사역으로 부르신 데서도 분명히 드러난다.

1:24-27. 바울은 자신의 사역에 대해 이야기하면서 교회를 위한 그의 고난들을 기뻐했다. 그 고난들이 **그리스도의 남은 고난**을 '채워'주었기 때문이다(24절). 그리스도께서는 높아지셨음에도 불구하고 고난 받는 그분의 제자들을 통해 계속해서 **고난**을 감당하고 계신다(행 9:4). 그러므로 어떤 의미에서 그리스도의 **고난**은 끝나지 않는다(그것들은 '남아' 있다). 다만 이러한 고난들이 죗값은 아니다. 이렇듯 사역자로서 바울의 사역은(23, 25절) **고난**을 의미했다. 그는 **교회**를 위해 **고난**을 기쁘게 견디어낸다. 그는 하나님이 그에게 **하나님의 말씀을** 전파하는 임무(**직분**)를 주셨으므로 그의 몫을 감당하고 있다. 여기서 그 **말씀**은 **비밀**로 불린다. 비밀이란, 이전에는 감추어져 있다가 지금은 드러난 하나님 계획의 어떤 측면을 말한다(2:3; 롬 11:25; 엡 3:3). 또한 그 **비밀**을 이렇게도 설명할 수 있다. 그리스도께서는 신자들 안에도 거하시고(너희 안에, 27절), 아울러 이전에 하나님의 백성에 속하지 못했던 **이방인**들 가운데에도 거하신다는 것이다(엡 2:11-13).

1:28-29. **우리**는 바울과 에바브라 같은 사역자들을 가리킨다. 바울은 그들이 그분을 전파하는 사역을 행한 것으로 묘사했다. 이 전파에는 다섯 가지 측면이 있다. 첫째, 그리스도가 그들 메시지의 중심이다. 둘째, 선포의 한 가지 특징은 모든 사람을 '권하는' 것이다. 즉, 잘못된 믿음과 관행을 바로잡는 것이다. 셋째, **가르침**으로 옳은 믿음과 행위를 안내하는 것이다. 넷째, 선포의 목표는 모든 사람을 **그리스도 안에서 완전한 자로 세우려**는 것이었다. 다섯째, 이 모든 행위는 인간의 힘만으로는 불가능하다. **능력으로 역사하시는 이의 역사**와 **힘**이 필요하다.

2:1-3. 바울은 정서적으로 자신의 사역과 분리되어 있지 않았다. 그는 고난을 겪었고, 자기 **얼굴을 보지 못한 자들**에게까지도 그가 얼마나 **힘쓰는지** 말하는 것을 부끄러워하지 않았다. 그가 그렇게 힘쓴 것에 대해 말한 것은, 자랑하기 위해서가 아니라 다른 이들이 '위안을 받도록' 하기 위함이었다. 이러한 위로는 '**사랑** 안에서 가르침을' 받은 데서 기인한다. 고린도전서 2:16에서 이 단어를 사용했을 때의 의미처럼 말이다(NASB의 **연합하여**보다 '가르침'이 더 나은 번역이다). 가르침을 통해 더 깊은 깨달음(**확실한 이해**)을 얻는다. 나아가 사실뿐만 아니라 인격에 대한 지식, 곧 **하나님의 비밀인 그리스도**를 아는 더 깊은 목표를 위해 가르친다. 영적인 **지혜**와 **지식**은 보물이며(사 33:6), 다른 데서 찾아서는 안 된다. 그것들은 그분 안에서만 찾을 수 있기 때문이다.

Ⅲ. 논쟁: 그리스도의 우월성을 변호(2:4-23)

바울은 그리스도의 우월성에 대해 선포한 다음 골로새 교회를 위협하는 문제로 주의를 돌렸다. 그리스도의 탁월성을 위협하는 거짓 가르침들이 있었으므로 바울은 그것들을 다루어야 했다.

A. 교묘한 말을 넘어서는 그리스도의 우월성

(2:4-7)

2:4-5. 여기서 바울은 처음으로 그리스도에 관한 그의 가르침(1:15-20; 2:1-3)이 그 교회의 문제를 다루었다고 분명하게 주장했다. 그 문제는 바로 **교묘한 말**로 그들을 속이려 한 거짓 가르침이었다. 그 신자들이 힘들어했음에도 불구하고 바울이 '기뻐한' 것은, 그 교회가 기본적으로 **질서 있게 행**하고 굳건함으로 건강했음을 보여준다.

2:6-7. 바울은 교묘한 거짓말에 속지 말라는 경고를 하면서, 골로새인들에게 그들이 진실이라 알고 있는 것을 적용하라고 권한다. 바울에게는 믿는 것과 행하는 것 사이에 괴리가 없었다. **그리스도 예수를…받은** 이들 모두, 즉 그분을 그들의 **주**로 고백한 이들(롬 10:9; 고전 12:3)은 모두 그분의 주 되심 아래서(**그 안에서**) 살아야(**행하되**) 한다. 이러한 삶을 네 개의 구로 묘사했다. **뿌리를 박으며, 세움을 받아, 굳게 서서, 넘치게 하는** 것이다. 앞의 세 가지는 기초가 되시는 그리스도에게 깊이 정통하여 붙어 있는 것을 가리키고, 마지막 어구는 그분이 하신 일에 대해 지속적으로 **감사**(1:3; 3:15-17; 4:2)하는 것을 가리킨다.

B. 헛된 철학을 넘어서는 그리스도의 우월성 (2:8-15)

2:8-10. 바울은 그리스도 안에 뿌리를 박는 것이란, **세상의 초등학문**을 따르는 거짓 가르침들(**철학과 헛된 속임수**)을 경계하는 것이라고 독자들에게 상기시켰다. '세상의 초등학문'보다는 HCSB의 '세상의 근원적인 힘들'이라는 번역이 더 낫다. 다음과 같은 이유에서다. '힘'들(*stoicheia*, 스토이케이아)은 사람들을 지배하고 파괴시키려 하는 악한 영적 존재들로 보는 것이 가장 좋다. 첫째, 이곳과 갈라디아서 4:3-9에서 '스토이케이아'는 종으로 삼는 힘들로 의인화되어 있다. 둘째, 이 문맥에서 '스토이케이아'는 그리스도께서 공개적으로 부끄럽게 하신(15절) '통치자들과 권세들'인 것 같다. 셋째, 신약은 보통 이단적인 기독교의 가르침과 마귀를 연결시킨다(마 24:24; 고후 11:14-15; 요일 4:1-3; 참고. 고전 10:19-20).

골로새인들이 대면했던 거짓 가르침들은 그리스도보다 사람의 전통에 기초해 있었다(8절). 골로새인들과 모든 신자는 다른 모든 복 가운데에서도 죄 사함(1:14)과 화목(1:22)과 새 생명(2:13)을 가지고 있다는 점에서, **그 안에서 충만하여졌다**(10절). 그분 **안에는 신성의 모든 충만이…거하므로** 그들에게는 영적 풍요의 다른 근원이 필요없다(1:19를 보라). 따라서 온전한 하나님이시며 온전한 인간이신 **그는** 근원적인 힘들을 포함한 **모든 통치자와 권세의 머리이시다**.

2:11-15. 바울은 그리스도 안에 있으면 네 가지 유익을 얻으리라 말했다. 첫째, 진정한 **할례**, 즉 새로운 마음이다. 그것은 문자적인 것이 아니라(**손으로 행하는** 것이 아니라) 영적인 것, 곧 성령이 행하시는 것이다(신 10:16; 렘 9:26; 겔 36:27; 롬 2:25-29; 빌 3:3을 보라). 옛 언약 아래에서 이스라엘은 인종적 공동체였다. 그래서 남자아이들 모두에게 할례를 행했다. 그러나 교회는 고백 공동체이다. 성령(새로운 마음)은 믿는 이들에게만 주어지는 선물이다(행 2:38; 5:32; 10:44-45; 롬 8:9). 따라서 11-12절에는 유아세례가 할례를 대체해야 한다는 어떤 증거도 없다. 둘째, 그리스도와 **함께 장사되고…함께 일으키심**을 받았다는 것은, 옛 생명에서 새 생명으로 옮겨졌음을 말하는 한 가지 방식이다(롬 6:1-4). 바울은 '세례'를 회심의 시점을 가리키는 표지로 사용했다. 지역 교회와 새 신자 모두 세례를 그리스도를 주로 고백했던 때로, 또 그분 안에 있는 이 믿음을 행동으로(물 세례를 받기로 함으로) 보여주었던 때로 되돌아볼 수 있었다(참고. 고전 12:3b). 따라서 세례가 중요함에도 불구하고 세례는 살리지 못하고(13절), 구원을 주지 못한다. 셋째, 신자들은 그리스도와 **함께** 새 생명(**살리시고**)을 얻는다(13절). 새 생명은 우리가 훌륭해서 받은 것이 아니다. 오히려 우리가 **범죄와 무할례**[영적으로 멀리 떠나 있는 상태의 상징으로, 문자적으로 할례를 받지 못한 상태를 가리킴]로 **죽었던** 무력한 상태에 있을 때 그것이 우리에게 온다. 네 번째 유익은 **범죄**를 용서받은 것이다(13절). 범죄는 명령을 어기는 것에 해당하는 특정 단어이다. 따라서 14절은 구약 율법을, **우리에게 불리한 조문들이 들어 있는 빚 문서**라(새번역) 부르며 그것을 언급한다. 불순종 때문에 빚을 지게 되었지만 **십자가**로 인해 이 빚이 '제하여졌다'. 그리스도는 이 십자가 위에서 그분의 백성을 구원하셨을 뿐 아니라, **통치자들과 권세들**[악한 영적 세력들]을 이기시고 그들을 **구경거리로 삼으셨다**(15절).

C. 율법주의 종교를 넘어서는 그리스도의 우월성 (2:16–23)

이 절들에서 그 교회를 위협했던 거짓 가르침들이 모두 드러난다. 처음에는 경고가 나오고(16-19절), 그 다음 명령의 역할을 하는 수사학적 질문이 나오며(20-22절), 마지막으로 짧은 반응이 나온다(23절).

2:16–19. 첫째, 골로새인들은 그들에게 구약 율법(예를 들어, 먹고, 마시는 것, 안식일)에 순종하라고 요구하는 이들을 경계해야 한다. **그림자**일 뿐인 율법은 그리스도와 **장래 일**을 고대한다(히 10:1). 그분이 **실체**(새번역), 즉 그림자를 드리운 실물이다(17절). 우리는 그분을 바라본다. 그분만이 우리의 심판자이시다. 둘째, 골로새인들은 **꾸며낸 겸손과 천사 숭배**로 알려진 금욕적인 종교를 요구하며 그들을 '정죄한'(NLT) 이들을 경계해야 했다(18절). 세 가지 오류가 이 거짓 교사의 특징이다. 즉, (1) 거짓된 **환상**(새번역), (2) 인간적인 오만함(**헛되이 과장, 육신의 생각**), (3) **머리**이신 그리스도에게서 떠난 것(19절)이다. 이와는 반대로 진정으로 신앙이 '자라려면' 그리스도를 '붙들어야' 한다.

2:20–22. 바울은 그리스도에 대한 독자들의 경험에 호소했다. 즉, 그들은 **그리스도와 함께 죽었**고 따라서 '근원적인 힘들'(HCSB, 2:8-10에 대한 주석을 보라)에서 자유로워졌다. 이 힘들은 단순한 **사람의 명령**을 따르는 율법주의적 종교를 종용한다(22절). 골로새인들은 그리스도와 연합했으므로(참고. 2:12-13) **규례에 순종**해서는 안 된다(20절). 이 규례들은 아마도 어떤 것을 **먹고 마시는**(2:16) 것을 삼가라고(**붙잡지 말라!**) 요구했던 것 같다.

2:23. 바울은 인간적인 시각에서는 그러한 금욕적인 **자의적 숭배**가 **지혜 있는 모양**으로 보일 수 있음을 인정했다. 그러나 외적인 모양은 기만적이다. 어떤 **것들**(먹고 마시는 것, 2:16)을 금하고 **몸을 괴롭게 하는** 것은 사실 **육체의 욕망**(새번역)과 싸울 때 아무 쓸모도 없다. 그렇다면 그러한 싸움에 어떤 행동이 쓸모 있을까? 다음 단락에 나온다.

Ⅳ. 실제: 그리스도의 우월성을 적용(3:1–4:6)

바울은 골로새인들을 위협했던 거짓 가르침에 대해 날카로운 비판을 한 후 유일한 대안을 내놓는다. 그리스도의 우월성이 그들을 붙들고, 그들의 삶과 관계와 공적인 행동을 변화시키는 것이다.

A. 그리스도의 우월성은 진정한 그리스도의 제자를 변화시켜야 한다(3:1–17)

바울은 그리스도인의 변화된 삶을 묘사하는 것으로 시작한다. 그들은 '그리스도 안에' 있다. 따라서 금욕적 규율로 사는 것이 아니라 새로운 활력으로 살아야 한다. 이렇게 진정한 그리스도인으로 살기 위해서는 다음 세 가지를 지켜야 한다.

1. 위의 것을 찾다(3:1–4)

3:1–4. '~으면'이라는 표현이 불확실함을 암시하지는 않는다. 오히려 골로새인들은 실제로 그리스도와 함께 **죽었고** 그와 **함께…살리심을 받았**으므로(2:12을 보라), 땅의 **것**들에 초점을 두어서는 안 된다는 데 힘이 실려 있다(2절). 그들은 고귀하고, 올바르고, 탁월한 것들(빌 4:8)과 가장 중요하게는 하나님 **우편**으로 높임을 받으신 그리스도께 초점을 두어야 한다(빌 2:9-11). 그들의 **생명**은 아래에서 나오는 힘에 기초한 것도 아니고, 그 힘의 지배를 받지도 않는다. 그 생명은 **그리스도와 함께 하나님 안에 감추어**져 있다(3절). 따라서 안전하다. 그분이 곧 **생명**이시다(요 14:6). 그리스도 예수의 재림 때(살후 1:7-10을 보라) 그분은 겸손과 고난 가운데에서가 아니라, **영광 중에 나타나**실 것이다. 신자들은 그리스도와 단단히 연합되어 있으므로 그분의 미래의 영광은 그들의 영광이기'도' 하다(롬 8:17, 30).

2. 과거의 죄에서 돌아서다(3:5–11)

그리스도인의 삶의 특징은 **전에 행하**던 **것**들을 회개하는 것이다(7절). 그래서 바울은 추구해야 하는 영광스러운 것들에서(3:1-4) 벗어버려야 하는 부끄러운 것들을 이야기한다(3:5-11).

3:5–8. 죄에 맞선 전투는 마음에서 시작한다. 신자들은 자신이 **음란**, **부정**과 같은 것들(롬 6:11)에서 분명하게 분리되었다고(죽었다고) 여겨야 한다(개역개정은 그냥 '죽이라'로 번역했다—옮긴이 주). 5절과 8절에 나오는 죄 목록은, 모든 것을 망라한 것이라기보다는 대표적인 것들이다(참고. 갈 5:19-21). 이 목록은 탐욕스러운 죄들(**악한 정욕**)과 관계적인 죄들(**분함**, **부끄러운 말**)을 강조하며, 그러한 행동들은 **진노**를 받을 만하다고 지적한다(6절). 바울은 **탐심**이 **우상숭배**라는 말을

특히 많이 했다(5절; 엡 5:5을 보라). 누구도 두 주인을 섬길 수는 없다(마 6:24). 한편 욕정이든 권력이든 돈이든 우리 마음을 사로잡아 우상이 될 수 있다.

3:9-11. 바울은 그의 명령에 대한 근거로(**~었으니**) 그리스도께 회심하라고 호소한다. 아울러 그들의 구원 경험을 옷을 입는 것에 비유하는 유비를 사용했다. 인간적인 측면에서 골로새인들은 자신을 믿는 데서 복음을 믿는 데로 옮겨갔다(1:5-6). 다시 말해, 그들은 **옛 사람을 벗어버리고 새사람을 입었**다(9-10절). 하나님이 복음 가운데에서 일하시므로, 이 동일한 믿음은 신적 측면에서도 묘사할 수 있다. 믿음으로 인해 일어나는 초자연적인 변화를 강조하면서 말이다(**새롭게 하심**, 10절). **옛 사람**은 죄의 지배를 받는 온전한 사람이며(롬 6:5-7에 대한 주석을 보라), **새사람**은 그리스도 안에서 다시 태어난 온전한 사람이다.

전자는 거짓말이 그 특징인 반면, 후자는 진리가 그 특징이며 계속 '새로워진다'(롬 8:29; 고후 3:18). 두 가지를 말해야겠다. 첫째, 옛 사람에서 새사람으로의 회심은 단 한 번의 결정적인 일이지만, 도덕적인 노력을 지속적으로 해야 한다. 그래서 바울은 **거짓말을 하지 말라**고 명령했다(9절). 둘째, 여기 보면 새로운 개인들만이 아니라 새로운 공동체, 즉 한때 사회적 편견으로 격하게 분리되어 있던 이들(**헬라인**, **유대인**)로 이루어진 공동체가 나온다. 그리스도가 중요한 **모든 것**이시며, 그분은 **모든** 사람들 안에서 일하시기 때문이다(이상 새번역).

3. 그리스도를 닮은 덕목을 입다(3:12-17)

3:12-14. 그저 죄를 피하기만 해서는 안 된다(3:5-11). 앞장서서 덕목을 **입**기도 해야 한다. 악한 행위를, **하나님이 택**하시고 사랑하시는 사람들에게 적합한 행위로 적극적으로 바꾸어야 한다. 신자들이 아버지의 사랑을 **받는 자**라면, 그들은 그분이 사랑하시는 이들을 사랑해야 한다(12-17절). 그 목록이 모든 것을 망라한 것은 아니다. 관계를 유지할 때 일반적으로 필요한 정서들을 포함하고 있다(**오래 참음**, **용서**; 참고. 갈 5:22-23). 이 모든 것 위에 **사랑**(고전 13:1-3, 13에 대한 주석을 보라)이 있는 까닭은, 그것이 '함께 묶어주어 성숙하게 해주는 것'(**온전하게 매는 띠**)이기 때문이다.

3:15-17. 14절에서 시작된 변화는 개인적인 관심에서 그룹에 대한 관심으로 이어진다. **몸**(15절)과 **피차**(16절)를 언급하면서 다음 네 가지를 이야기한다. 첫째, 그리스도의 복음으로 인한 **평강**이 성도들(**몸**)을 **지배해야**(새번역, '심판 역할을 하다') 한다. 둘째, 공동체적 **감사**가 아주 중요하다. 그런데 이를 너무 자주 경시한다. 감사는 여기 여러 절들에서 세 번 나온다. 셋째, 복음(**그리스도에 대한 말씀**)을 지혜롭게 가르치고, 애정을 담아 소중히 여기고, 즐겁게 노래하고, 올바르게 적용할 때(**가르치며**, **권면하고**, **노래를 부르며**), 그 복음이 신자들 가운데 **풍성히** 거한다. 넷째, 이 모든 것이 **예수의 이름으로**, 즉 중재자이신 그분을 통해서 그리고 주이신 그분의 권위 아래에서 행해진다.

B. 그리스도의 우월성은 가정 안에서의 관계에 영향을 미쳐야 한다(3:18-4:1)

바울은 덕목에 관한 개괄적인 지침(3:12-17)을 다룬 다음 구체적인 관계에서 져야 하는 책임에 대해 이야기한다.

3:18-19. 첫 번째, 그리스도를 위한 삶은 결혼 관계에 영향을 미친다. 아내들에게 주어진 **복종하라**는 명령은 열등함이나 굴종을 암시하는 것이 아니다. 남편을 리더로서 존중하는 것(엡 5:33)이 옳다(**마땅하니라**)는 뜻이다. 에베소서 5:22-24에 대한 주석을 보라. 남편은 줄기차게 분노(빈정거림)할 것이 아니라 **사랑**으로 대해야 한다(19절). 바울은 다른 데서 그러한 사랑은 그리스도의 본을 따라야 함을 분명히 했다(엡 5:25).

3:20-21. 두 번째, 그리스도의 우월성 아래에서 사는 삶은 자녀와 부모 관계에 영향을 주어야 한다. 구약 율법에 따라(신 5:16) 자녀는 부모에게 순종해야 한다(20절). 대개의 **아비**들은 자녀의 노력을 심하게 비판함으로써 **자녀를 노엽게** 하는데, 이런 행동을 하지 말아야 한다(21절). 그처럼 가혹한 처사는 자녀가 오래 참음을 함양하는 일을 방해한다.

3:22-4:1. 세 번째, 그리스도와 맺은 종-주인 관계에 충성해야 한다(빌레몬서 서론에 있는 신약시대의 노예제도에 관한 해설을 보라). 22-25절에서 종들에게 '순종하라'(22절)와 '일하라'(23절)는 두 가지 명령을 내린다. 이 같은 명령을 내리는 동기는 기독교에만 있는 독특한 것이다. 기독교에서 만물의 주인은 인간이 아닌 주님이시다. 그러므로 주님을 두려워하는 마음에

서 순종하고, 또한 성실해야 한다. 마찬가지로 **일도 그리스도를 위해** 하는 것이다(24절). 따라서 진심으로(**마음을 다하여**) 해야 한다. 인간 주인이 아니라 **주**께서 공평한 재판관임을 '아는' 것으로 인해 이러한 동기는 더욱 굳건해진다. 한편 종들은 땅의 기업이 없다. 그러나 신자는 하늘의 기업을 받는다. 그것은 주님의 임재 안에서 누리는 영생의 **상**이다(24절). 또한 불순종에도 결과가 따른다(25절). 우리는 24절과 25절 진리 둘 다를 확신해야 한다. 신약은 보통 구원이 오직 은혜로만 온다고 가리킨다(롬 3:24; 엡 2:8-9). 하지만 신자들이 장차 상을 받느냐의 여부(그들의 영원한 운명이 아니라)는 그들이 어떻게 사느냐에 달려 있다(롬 14:10-12; 고후 5:10).

복음이 종의 동기를 변화시키듯이 주인의 동기 또한 변화시킨다. 종의 주인은 **하늘**에 계신 **상전** 앞에서 자신의 행동을 점검해야 한다. **의와 공평**(1절)이 있다면 어떤 종류의 학대나 억압도 없을 것이다. 비록 바울의 가르침이 실제 종과 주인을 향한 것이지만, 이차적으로 적용하면 현재의 노동자와 고용주 관계와도 관련지을 수 있다. 노동자는 존경의 마음과 적절한 동기로 열심히 정직하게 일해야 한다. 고용주는 압제를 없애고 의롭고 공평한 직장을 만들어야 한다.

C. 그리스도의 우월성은 기도의 동기가 되어야 한다(4:2-4)

바울은 구체적인 관계를 다루고 난 뒤 다시 그리스도의 우월성이 회중 전체에게 어떻게 영향을 미쳐야 하는지 설명을 시작한다. 이는 기도(2-4절)와 외인들과의 관계 두 가지로 나뉜다(5-6절).

4:2-4. 바울은 효율적인 기도에 방해가 되는 세 가지를 다룬다. 헌신의 부족(**힘을 쓰십시오**, 새번역), 나태한 접근(**깨어 있으라**) 그리고 간청은 가득하지만 **감사**는 없는 기도이다. 그는 자신의 선포 사역을 위해 기도해달라고 요청한다(3절). 첫째로 좋은 기회를 위해서이다(문, 참고. 고전 16:9, 고후 2:12). 아마도 그러한 기회들은 그가 투옥되면서 줄어들었을 것이다(3절, 이 서신에서 그의 감금에 대한 최초의 언급; 4:10, 18을 보라). 둘째, 바울처럼 경험 많은 선교사도 그가 **그리스도의 비밀**을 분명히 말할 수 있도록 해달라는 기도를 부탁했다(1:27; 2:2을 보라).

D. 그리스도의 우월성은 외인들 앞에서의 행동에 영향을 주어야 한다(4:5-6)

4:5-6. 복음에 대한 증언은 아주 중요하다. 그러므로 불신자들(외인)을 향한 행동에서 **지혜**와 **기회**를 붙잡는(새번역) 모습을 보여야 한다(엡 5:15-16). 바울 서신에서 이곳에만 **대답**이라는 단어를 사용했다. 이는 아마도 기독교에 대해 묻는 호기심 많은 외인들이 있었음을 암시하는 것 같다(벧전 3:15). 바울은 그들을 향해 차갑게 혹은 지루하게 대답해서는 안 되며, 오히려 각 사람을 위해 정교하게 만든 요령(**은혜**)과 재치 혹은 묘미(**맛을 냄**)가 세심하게 섞인 대답을 해야 한다고 주장했다.

V. 결론(4:7-18)

A. 두기고가 칭찬을 받다(4:7-9)

4:7-9. 바울은 투옥되어 있을 때조차도(10절) 자신이 처한 상황을 서신에 세세히 쓰는 것을 좋아하지 않았다(참고. 빌립보서와 에베소서). 대신 바울의 **여기 일**(9절)은 교회에 이 서신을 가지고 간 **두기고**(행 20:4; 엡 6:21; 딤후 4:12)와, 두기고와 동행한 빌레몬의 종 **오네시모**(몬 1:10, 15-16)가 직접 설명할 것이다.

B. 바울의 조력자들이 문안하다(4:10-14)

4:10-14. 바울에게는 문안 인사를 한 여섯 명의 **함께 역사하는 자들**이 있었다. 첫 번째 세 명은 유대인 그리스도인들이다(할례파). 사도행전 19:29, 20:40, 27:2에 따르면 바울과 함께 여행한 데살로니가의 마게도냐 사람 **아리스다고**, 오래전 1차 전도 여행 때 바울과 바나바를 도왔던 **마가**(행 12:25; 13:13; 15:37; 또한 딤후 4:11을 보라), 이곳에만 나오는 **유스도라 하는 예수**이다. 두 번째 그룹 세 명은 **에바브라**, **누가**, **데마**이다. 에바브라는 앞에서도 그랬듯이 그의 사역으로 인해 칭찬을 받는다(1:7). 바울의 칭찬을 통해 효과적인 기도가 얼마나 힘든 일인지 알 수 있다. 에바브라가 골로새인들을 위해 자주 기도하는 일에 '애썼기' 때문이다(12절). 누가는 다른 데서 바울의 동반자로 나오지만(몬 1:24; 딤후 4:10), 신약에서 이곳에서만 **의사**로 불린다(14절). 전통과 여러 가지 내적 증거(누가복음과 사도행전 서론을 보라)를 볼 때, 누가는 그의 이름이 담긴 복음서와 사도행전의 저자이다. 따라서 그는 성경 저

자 가운데 유일한 이방인일 것이다. 데마는 디모데후서 4:10과 빌레몬서 1:24 외에는 나오지 않는다.

C. 바울이 마지막 지침을 주다(4:15-17)

4:15-17. 바울은 골로새인들에게 **라오디게아**[골로새에서 16킬로미터 서쪽에 있는 도시]에 있는 신자들에게 문안하라고 요청했다. 분명 그는 그곳 교회에도 서신을 썼다(16절). 그러나 그 서신은 남아 있지 않다. 그는 또 다른 데서는 나오지 않는 **눔바**에게 인사를 전했다. 집에서 모이는 교회들은 흔했고, 신약에 몇 번 나온다(행 16:15; 롬 16:5; 고전 16:19; 몬 1:2). 바울은 또한 골로새인들에게, 라오디게아인들에게 보낸 편지도 읽고 그다음에 골로새인들에게 보낸 이 편지를 라오디게아인들에게도 읽게 하라고 명령했다. 이는 신약의 서신들이 여러 곳을 순회했음을 보여준다.

마지막으로 바울은 빌레몬의 집에서 만난(몬 1:2) 그 교회의 지체 **아킵보**에게 그의 권면을 전달해달라고 요청했다. 그는 그가 받은 직분에 대해 격려가 필요했다. 안타깝게도 신약에는 어떤 직분을 맡았는지나 왜 그것을 이루지 못했는지에 대한 다른 증거가 없다.

D. 바울이 작별 인사를 하다(4:18)

4:18. 바울은 진본임을 입증하기 위해 흔히 했듯이(고전 16:21; 갈 6:11; 살후 3:17), 친필로 쓴 **문안** 인사를 덧붙였다. **생각**하는 것은 기도 중에 기억하는 것을 의미하는 것 같다. **은혜**를 구하는 축도는 바울서신에서 흔하며(롬 16:24; 고전 16:23; 갈 6:18), 복음의 가장 중요한 측면을 요약해준다(1:6).

참 고 문 헌

Anders, Max. *Galatians, Ephesians, Philippians, Colossians*. The Holman New Testament Commentary. Nashville: Holman Reference, 1999.《Main Idea로 푸는 갈라디아서, 에베소서, 빌립소서, 골로새서》, 메인 아이디어 시리즈(디모데).

Bruce, F. F. *The Epistles to the Colossians, to Philemon, and to the Ephesians*, 2nd ed. Grand Rapids, MI: Eerdmans, 1984.

Garland, David E. *Colossians, Philemon.* Grand Rapids, MI: Zondervan, 1998.

Hughes, R. Kent. *Colossians and Philemon: The Supremacy of Christ.* Wheaton: Crossway, 1989.

Lightfoot, J. B. *Colossians and Philemon*. Edited by Alister McGrath and J. I. Packer. Wheaton: Crossway, 1997.

MacArthur, John. *Colossians and Philemon: New Testament Commentary*. Chicago: Moody, 1992.

Moo, Douglas J. *The Letters to the Colossians and to Philemon*. Grand Rapids, MI: Eerdmans, 2008.

O'Brien, Peter T. *Colossians-Philemon*. Nashville: Thomas Nelson, 1982.《골로새서 · 빌레몬서》, WBC 성경주석(솔로몬).

Still, Todd D. "Colossians." Vol. 12 of the *The Expositor's Bible Commentary*, edited by T. Longman, Ⅲ, and D. E. Garland. Grand Rapids, MI: Zondervan, 2005.

데살로니가전서

케빈 주버(Kevin D. Zuber)

서 론

저자와 연대. 바울이 두 명의 동료를 열거하고 있기는 하지만 주요 저자가 사도 바울인 것은 분명하다(1:2, 5; 2:1, 6; 3:1; 4:1; 5:12의 '우리'와 2:18; 3:5; 5:27; 살후 3:17의 '나'를 비교하라). 연대와 관련하여 보자면, 누가는 사도행전 18:12에서 바울이 고린도에 있는 동안 갈리오가 아가야(그리스 남부에 있는 지역. 갈리오에 대해 더 알려면 행 18:12-13에 대한 주석을 보라) 총독이 되었다고 기록했다. 고대 비문에는 그의 재임 기간이 주후 51년 7월에서 주후 52년 6월로 적혀 있다. 바울은 아마 주후 50년, 갈리오의 재임이 시작되기 전에 그곳에 도착했을 것이다. 그리고 주전 51년 초반에 데살로니가전서를 쓰고 같은 해 후반에 데살로니가후서를 썼을 것 같다. 이 두 서신은 바울의 '정경 서신' 중 가장 초기 글이기는 하지만(더 앞선 것은 갈라디아서밖에 없다), 주제와 논점들마다 원숙한 신학과 일관성 있는 교리가 담겨 있다. 바울이 이 서신들을 쓸 당시는 그리스도인이 된 지 10년 반이 지나서였고, 복음을 전하는 선교사로 사역한 지는 거의 10년째였다. 그는 초신자가 아니었다. "그의 신학은 충분히 발전했고, 이 서신들을 쓰기 전 그의 사역에서 검증되었다"[Charles C. Ryrie, *First & Second Thessalonians*, EBC (Chicago: Moody, 2001), 7].

주제와 목적. 바울은 디모데로부터(3:6을 보라) 그리고 아마도 다른 방법으로 데살로니가 신자들의 믿음과 신실함에 대한 소식을 듣고 이 서신들을 썼을 듯싶다. 바울은 그곳에서 자신이 당했던 신랄한 박해를 그들도 똑같이 받는 것을 알고 매우 염려했다. 그러나 얼마 뒤 그들이 잘하고 있다는 사실을 알고 안도했으며, 그들로 인해 거듭 감사했다(참고. 1:2-3; 2:13; 3:9; 2:13). 그래도 어떤 쟁점들은 다룰 필요가 있었다. 박해를 받고, 더구나 그들 중 일부가 죽었다는 사실은 마지막 때 그리고 고난의 시기와 주님의 재림에 관한 문제들과 연결되어 혼란을 낳았다. 그들은 휴거를 놓쳤을까?(4:13) 환난의 시기가 시작된 것일까?(5:1-11; 살후 2:1-12) 다른 사람들은 여전히 적절하지 못한 행동을 일삼았고(4:1-8), 또 다른 이들은(다양한 이유에서) 여전히 게으름과 게으름이 낳은 폐해들에 빠져 있었다(4:9-12; 살후 3:6-15). 그래서 바울은 위로하고 가르치고 권면하기 위해 이 서신들을 썼다.

배경. 데살로니가(현대의 살로니카)라는 도시는 전략적인 위치에 있었다. 에게해의 테르마만 북서쪽 모퉁이에 자리 잡은 데살로니가의 원래 이름은 테르마였다. 주전 315년 알렉산더 휘하 장군 중 하나인 카산드로스가 이 도시에 재정착하여 아내(알렉산더의 이복누이)의 이름을 따라 그곳의 이름을 데살로니가로 바꾸었다. 로마 시대에 이곳은 '자유도시'로 로마 총독이 아니라 그 도시 자유민들의 대표인 '읍장'이 다스렸다. 데살로니가는 로마의 속주 마게도냐의 수도로, 로마제국의 정치적 특혜를 받았다. 또한 이 도시는 내륙 무역과 해상 무역의 중요한 교차로였다. 로마의 동서를 연결하는 고속도로였던 에그나티아 가도가 바로 이 도시를 지나갔다. 남쪽으로부터의 해상 무역(북아프리카, 이집트, 팔레스타인)은 내륙으로 들어가기 위해 데살로니가 항구를 통해 들어왔을 것이다. 1세기 때 이 도시의 인구는

20만 명가량이었고, 빌립보와는 달리 큰 유대인 공동체가 있었다.

한편 불행히도 이곳은 수많은 신전이 있는 전형적인 이교 도시이기도 했다. 바울은 이 서신에서 그것들을 매우 완곡하게 언급했다. 예를 들어, "우상을 버리고 하나님께로 돌아와서"(1:9), "우리가 밤이나 어둠에 속하지 아니하나니"(5:5)와 같은 표현이다. 이는 야간 입회식과 주술 연합을 두었던 세라피스라는 이교 집단을 가리켰을 가능성이 있다.

바울의 데살로니가 사역 이야기는 사도행전 17:1-10에 나온다(그곳의 주석들을 보라). 사역은 잘 시작했지만 반대 세력 때문에 바울과 그의 동료들은 갑자기 그 도시를 떠나야 했다. 사도행전의 기사는 바울이 '세 안식일'(행 17:2b) 동안 그 도시에 있었다고 언급했다. 이를 근거로 어떤 사람들은 바울이 이곳에 대략 삼 주 동안 머물렀다고 주장하기도 했다. 그러나 이 서신들을 보면 바울이 그들에게 꽤 많은 양을 가르쳤고, 그들은 충분히 훈련을 받았음을 알 수 있다(그들이 알고 배웠던 것에 대한 몇몇 언급들을 보라, 1:5; 2:5; 4:1; 5:1-2; 살후 2:5 그리고 그들의 회심에 대한 중요한 증거는, 1:6-9; 2:13-14; 3:7-8; 4:10에 있다). 더욱이 바울은 일자리를 구하고 재정적으로 독립할 만큼(2:9) 오랫동안 그곳에 있었다. 두 서신은 또한 바울이 회당 밖에서(참고. 1:9) 이방인들에게 사역할 때는 그들이 우상숭배를 버리도록 이끌었고, 그가 정서적으로 그들에게 '밀착되어' 있었음을(2:8, 19) 보여준다. 그들의 관계는 아주 깊어서 바울은 그들에게 무척 '엄한' 교훈을 주기도 했다(살후 3:6).

빌립보서에서 바울은 그가 데살로니가에서 사역하는 동안 빌립보인들에게서 선물을 받았다고 말했다. "데살로니가에 있을 때에도 너희가 한 번뿐 아니라 두 번이나 나의 쓸 것을 보내었도다"(빌 4:16). 따라서 그가 데살로니가에 머문 기간은 몇 주가 아니라 몇 달로 계산해야 할 것 같다.

개 요

Ⅰ. 데살로니가인들을 향한 바울의 인사(1:1)

Ⅱ. 데살로니가인들에 대한 바울의 감사(1:2-10)

- A. 기도하고 기억하며 감사하다(1:2, 3b)
- B. 앎으로 인한 감사(1:3a, 4-10)
  1. 하나님이 데살로니가인들을 택하시다(1:3-5)
  2. 데살로니가인들이 바울을 본받다(1:6-7)
  3. 데살로니가인들이 복음을 전파하다(1:8-9)
  4. 데살로니가인들이 예수님을 기다리다(1:10)

Ⅲ. 데살로니가인들 가운데서 이루어진 바울의 사역(2:1-16)

- A. 바울의 순수한 동기(2:1-6)
  1. 반대 가운데서도 담대한 바울(2:1-2)
  2. 사역 가운데서 순수한 바울(2:3-6)
- B. 바울의 순수한 정서: 유순함과 애정(2:7-8)
- C. 바울의 순수한 삶(2:9-12)
  1. 바울은 그들에게 부담이 되지 않으려고 열심히 일했다(2:9-10)
  2. 바울은 그들을 돕기 위해 분명하게 가르쳤다(2:11-12)
- D. 바울의 순수한 가르침(2:13-16)
  1. 말씀이 신자들을 세워주었다(2:13)

2. 말씀이 불신자들을 정죄한다(2:14-16)
Ⅳ. 데살로니가인들을 염려한 바울(2:17-3:13)
A. 그들과 떨어져 있는 바울(2:17-20)
B. 그들을 위한 바울의 희생: 디모데를 보내다(3:1-5)
C. 그들로 인한 바울의 기쁨(3:6-10)
D. 그들에게 주는 바울의 가르침(3:11-13)
Ⅴ. 바울이 데살로니가인들에게 준 확고한 권면(4:1-12)
A. 권면에 대한 서론(4:1-2)
B. 권면한 내용(4:3-12)
1. 성적인 면에서 순결하라(4:3-8)
2. 다른 사람을 다정하게 섬기라(4:9-10)
3. 개인적인 일들을 부지런히 하라(4:11-12)
Ⅵ. 종말론과 관련하여 데살로니가인들을 격려한 바울(4:13-5:11)
A. 사망한 신자들과 관련하여 격려를 받으라(4:13-18)
1. 자는 자들의 부활을 약속하신 예수님(4:13-14)
2. 부활의 순서(4:15-17)
3. 부활로 인한 위로(4:18)
B. 주의 날을 피한 것에 대해 격려를 받으라(5:1-11)
Ⅶ. 합리적이고 영적인 삶을 위한 바울의 권면(5:12-22)
A. 교회 지도자들과의 관계(5:12-13)
B. 그리스도인 친구들과의 관계(5:14-15)
C. 박해하는 자들에 대한 태도(5:16-18)
D. 성령과의 관계: 성령을 소멸하지 말라(5:19-22)
Ⅷ. 데살로니가인들을 향한 바울의 마무리 말(5:23-28)
A. 데살로니가인들을 위한 기도(5:23-24)
B. 데살로니가인들에게 주는 지침(5:25-28)

주 석

Ⅰ. 데살로니가인들을 향한 바울의 인사(1:1)

1:1. 바울서신에 전형적으로 나오는 몇 가지 요소가 이 서론에는 나오지 않는다. 데살로니가전후서는 "바울이 자기 이름과 혹은 함께 보내는 사람의 이름에 어떤 설명도 덧붙이지 않은 서신이다"[Michael D. Martin, *1, 2 Thessalonians*, NAC (Nashville: Broadman & Holman, 1995), 47]. 그의 '사도직'(참고. 갈 1:1; 엡 1:1; 골 1:1)이나 '일꾼'이 된 것(참고. 롬 1:1; 빌 1:1) 혹은 그의 '권위'에 대한 어떤 언급도 없다. 실루아노(혹은 실라, 참고. 행 15:40; 참고. 벧후 5:12)와 디모데('믿음 안에서' 바울의 '참 아들', 참고. 딤전 1:2; 딤후 1:2)는 2차 전도 여행 때 바울의 동료였다(참고. 행 16:1-3에 대한 주석). 바울은 그 교회가 **하나님 아버지와 주 예수 그리스도 안에** 있다고 말했다(1b절). 이 교회의 성도들 중 일부는 회당에서 나온 이들(유대인)이었고, 일부는 '우상을 버리고 하나님께로 돌아온' 이들(이방인)이었다.

바울의 인사는 헬라 인사의 요소들과 히브리 인사

의 요소들이 섞여 있다. 바울은 전형적인 헬라어 '카레인'(*charein*, "문안하노라!")을 대신해서 독특한 기독교 용어인 '카리스'(*charis*, 은혜)와 보통 유대식 인사인 샬롬(**평강**)을 결합했다(바울이 헬라어 인사와 히브리 인사를 결합한 것에 대해서는 고전 1:1-3에 대한 주석을 보라).

Ⅱ. 데살로니가인들에 대한 바울의 감사(1:2-10)

A. 기도하고 기억하며 감사하다(1:2, 3b)

1:2, 3b. 바울은 모든 복의 근원이신 하나님께 감사했다. 그는 정기적으로 함께 **우리가…감사하며 기도할 때에** 그리고 지속적으로[**항상, 끊임없이**(3절), 2절의 기도에 적용할 때 이해하기가 가장 쉽다] 기도했고, '타인 중심적'이었다(**너희 모두로 말미암아**).

B. 앎으로 인한 감사(1:3a, 4-10)

1. 하나님이 데살로니가인들을 택하시다(1:3-5)

1:3a, 4-5. 바울은 감사의 이유와 근거를 말했다. 그는 그들이 가진 덕목들과 그것의 속성들로 인해 감사했다. '믿음, 사랑, 소망'이라는 세 가지 덕목은 사도 바울이 가장 좋아하는 3요소이다(5:8; 고전 3:13; 참고. 골 1:4-5을 보라). "믿음, 사랑, 소망은 여기서 논리적인 순서로 되어 있다. '믿음은 과거에 의존하며, 사랑은 현재 역사하고, 소망은 미래를 바라본다'"[D. Edmond Hiebert, *The Thessalonian Epistles* (Chicago: Moody, 1971), 47; Hiebert cites J. B. Lightfoot, *St. Paul's Epistles to the Colossians and to Philemon* (Grand Rapids, MI: Zondervan, 1959 reprint of 1879 ed.), 134]. 믿음은 십자가 위의 그리스도를 되돌아보고, 사랑은 아버지의 우편에 계신 그리스도를 우러러보고, 소망은 자기 백성을 위해 오실 그리스도를 고대한다. 여기서 강조점은 각각의 덕목에 첨부된 '속성'들, 즉 **믿음**에서 흘러나오는 **역사**, **사랑**이 동기가 된 **수고**, **소망**에 근거한 **인내**에 있다. "바울의 강조점은 이 덕목들에만 있는 것이 아니라 오히려 그것들이 무엇을 양산하는가[속성들]에 있다"(Hiebert, *Thessalonian Epistles*, 47).

마무리 절인 **우리 주 예수 그리스도에 대한…우리 하나님 아버지 앞에서는**, '어디서' 이러한 덕목과 속성들을 드러내야 하는지 보여준다. 데살로니가인들은 믿음과 사랑과 소망으로 그리스도와 연합했고, 그 관계로 인해 아버지 앞에서 적절한 역사, 수고, 인내를 드러내 보였다.

바울은 또한 그들이 택하심을 받은 것에 대해 감사했다. 이는 그리스도의 사랑(**하나님의 사랑하심을 받은 형제**, 엡 2:4을 보라)과 그분의 주권(**택하심**, 벧후 1:10을 보라, "너희 부르심과 택하심")에 근거한 것이었다. 그들의 택하심은 분명 데살로니가인들이 복음에 긍정적으로 반응한 데 기초해 있었다(1:5a의 **이는**, '왜냐하면'이 더 낫다. "너희를 택하심을 아노라. 왜냐하면…"). 그것은 그들이 복음을 하나님의 말씀으로 받아들인 데서(1:5a, 6; 참고. 1:13), 또 복음 선포자들을 받아들인 데서(1:5c) 분명히 나타났다. 이 **복음**은 말로 선포되었지만(참고. 롬 10:17), 단지 **말**만이 아니라(5b절) **능력**(참고. 고전 2:4-5)으로도 전해졌다. 이 능력이란, 성령이 이끌어내시는(고전 2:10-13) 내재된 복음의 초자연적 능력을 말한다. 바울과 그의 동료들은 이 복음을 **큰 확신**으로 선포했고, 그것은 데살로니가인들 안에 **큰 확신**을 낳았다.

2. 데살로니가인들이 바울을 본받다 (1:6-7)

1:6-7. 그다음 바울은 그들이 바울을 본받은 것, 특히 그가 세상에 복음을 전하기 위해 애쓰는 것을 본받은 것에 대해 감사했다. 데살로니가인들은 **말씀을 받았**을 때 그것을 진리로 받아들였다. 그리고 즉시 그 사도와 **주를**[사도들이 그리스도를 '본받았던' 것처럼, 참고. 고전 11:1] **본받은 자**[미메타이(*mimetai*), 영어 단어 'mimic'(흉내 내다)이 이 단어에서 파생되었다]가 되었다. 그들은 **많은 환난**[틀립시(*thlipsis*), '심한 압박'] **가운데서** 이 말씀을 받았다. 환난은 심한 박해를 가리킨다. 그러나 그들은 견디어냈고(참고. 1:3; 3:8), 그들의 증거는 북쪽으로 **마게도냐**[빌립보]와 남쪽으로 **아가야**[아덴]까지 퍼졌다. 그들은 다른 신자들에게 **본**[튀폰(*typon*), 금속으로 동전을 만들어내는 주형(鑄型)에 찍어낸 '형태', '흔적', '자국' 혹은 밀랍에 찍힌 도장]이 되었다.

3. 데살로니가인들이 복음을 전파하다(1:8-9)

1:8-9. 그들이 바울을 본받은 모습 그리고 본이 되는 회심과 사역은 널리 **울려 퍼졌다**[엑세케타이(*exechetai*), 신약에서 이곳에만 나온다(새번역)]. 이

단어에는 '트럼펫을 강하게 부는 소리' 혹은 '사방팔방으로 퍼져나가는 소리 같은' 천둥이 울리는 소리라는 뜻도 있다[Charles A. Wanamaker, *The Epistles to the Thessalonians*, NIGTC (Grand Rapids, MI: Eerdmans, 1990), 83). "'울려 퍼졌다'(*exechetai*)라는 동사는, 큰 소리가 울려 퍼져 잔향이 남았다는 의미를 가지고 있다." "완료 시제는 그 강한 소리의 지속적인 영향력을 나타낸다"(Hiebert, *Thessalonians,* 63). 그러나 바울은, 데살로니가인들을 향한 복음의 영향력이 초자연적인 속성을 가졌다는 점을 강조하기 위해 완료 시제를 사용했을 수도 있다.

마지막으로 바울은 그들이 확실하게 하나님께로 회심한 일을 감사한다. 9절은 회심의 본질을 보여주는 절이다. 신약에서는 "**돌아와서**라는 동사 '에피스트레포'(*epistrepho*)를 죄인들의 회심에는 정반대 방향으로 돌아서는 것이 있음을 나타내기 위해 사용했다"[(John MacArthur, *First & Second Thessalonians*, MNTC (Chicago: Moody, 2002), 27]. 그 단어는 "데살로니가인들의 삶에 들어온 급진적인 변화를 나타낸다"(Hiebert, *Thessalonians*, 67). 또 "마음 혹은 행동 방침을 바꾸다"라는 의미이다(BDAG, 382). 진정으로 회심한 데살로니가인들은 헬라 이교의 죽은 거짓 우상들을 섬기는 대신, **살아 계시고 참되신 하나님을 섬기기** 시작했다. "바울이 택한 '둘류에인'(*douleuein*)이라는 단어는 [노예로] 섬긴다는 의미로, 이는 노예 중에서도 가장 힘이 드는 경우이다"(MacArthur, *Thessalonians*, 27). "현재 부정사 형태(*douleuein*)는, 그것이 하나님을 향한 지속적이고, 완전하고, 전심을 다한 섬김의 삶이라는 것을 의미한다"(Hiebert, *Thessalonians*, 69).

4. 데살로니가인들이 예수님을 기다리다(1:10)

1:10. 바울이 주께 감사했던 또 다른 이유는 데살로니가인들이 임박한 주님의 재림에 민감했음을 알았기 때문이다. 그들은 그의 **아들…을…기다리**기 시작했다. '기다리다'라는 말은, "어떤 장소나 상태에서 미래의 어떤 사건에 대한 기대를 가지고 머물러 있는 것"을 의미한다(L&N, 1:729). 워렌 위어스비(Warren Wiersbe)는 이렇게 썼다. "1:10에서 '기다리다'로 번역한 단어(신약에서 이곳에만 나온다)는 '인내와 확신으로 기대하며 누군가를 기다리는 것'을 의미한다. 이는 활동과 견딤을 포함한 기다림이다"[Warren Wiersbe, *Be Ready*, BSC (Colorado Springs: David C. Cook, 2010), 32].

바울은 확신에 찬 어조로 말했다(서신 후반부에 나오는 그의 가르침을 예고하며). 예수님은 '죽은 자 가운데서 살아나신'(참고. 고전 15:20-28) 분이고, 데살로니가인들은 그들 역시 다시 살아나리라 믿었다(참고. 4:16-17). 그분의 오심이 신자들을 **장래의 노하심에서** 건지실 것이다(그들은 환난을 겪을 필요가 없을 것이다. 참고. 5:9-10에 대한 주석). 데살로니가인들은 짐짓 위험하고 긴장되는 상황에 처해 있었는데도 이상적으로 반응했고, 이 때문에 바울은 감사했다.

살전

Ⅲ. 데살로니가인들 가운데서 이루어진 바울의 사역(2:1-16)

바울이 이 서신을 쓴 목적 가운데 하나는 데살로니가인들과의 좋은 관계를 확고히 하고, 그와 그의 동역자들을 당시 이 도시 저 도시를 떠돌아다녔던 정직하지 못하고 부도덕했던 순회 철학자들과 구별하기 위해서였다. 그래서 바울은 데살로니가인들과의 관계에서 그가 순수했음을 짧게 변호했다. 이 부분에서는 바울이 데살로니가 사역에서 보여준 사도의 사역 철학이 분명히 드러난다.

A. 바울의 순수한 동기(2:1-6)

1. 반대 가운데서도 담대한 바울(2:1-2)

2:1-2. 먼저 바울과 그의 동료들이 데살로니가로 오기 전 빌립보에서 받았던 가혹한 대우에 비추어볼 때, 그와 동료들의 담대함은 아주 인상적이다(행 16:19에 대한 주석을 보라). 그는 2:1에서 그의 사역이 효과가 있었다고 말했다. 데살로니가인들이 그리스도를 따르게 되었으므로 바울과 그의 동료들이 온 것은 **헛되지 않았**다(참고. 1:9-10). 그러고 나서 그는 그가 사역을 했던 상황에 대해 말했다. 바울과 그의 동료들은 박해를 받은 이후 데살로니가에서 사역을 시작했다. 그들은 **빌립보**에서 매를 맞고(**고난**) 옥에 갇혔다가(**능욕**) 강제 퇴출당했다(참고. 행 16:19-24, 37). 그렇게 계속 **반대**(새번역)에 부딪혔음에도 불구하고 그들은 담대했다. 바울은 자신의 사역이 자기 잇속만 차리고 편리만 추구하는 사역이 아니었음을 데살로니가인들에게 상

기시키고 있었다. 바울과 실라는 빌립보에서 당한 매질 때문에(행 16:22-23) 등에 상처 딱지가 남아 아팠을 것이다. 그럼에도 다시 복음 선포를 시작한 것은 참으로 인상적이다.

2. 사역 가운데서 순수한 바울(2:3-6)

2:3-6. 바울은 사역을 하는 그들의 순수한 동기를 떠올렸다. 그것은 하나님 앞에서 그가 가진 책임감에서 나온 것이었다. 그의 가르침은 진실했고(**간사함…에서 난 것이 아니요**), 순수했으며(**부정**에서 난 것이 아니었다), 진짜였고(**속임수**가 아니었다), 하나님의 인정을 받았으며[**하나님께 옳게 여기심을 입어**(4a절), **하나님이 증언하시느니라**(5절)] 이기적이거나 사람을 기쁘게 하려는 의도가 없었다. 바울은 거짓 교사들의 여섯 가지 특징을 명시했다. 이는 그나 그의 사역에서는 찾아볼 수 없는 것이었다. 첫째로, 그는 '사람을 기쁘게 하는 자'("아양을 떠는 것, 환심을 사고, 비위를 맞추고, 아첨하는 것", BDAG, 129; 참고. 갈 1:6-9)가 아니었다. 둘째로, 그는 '아첨하는 자'("누군가의 허영을 채워주는 수단으로 칭찬하는 것, 즉 '아첨하는 말, 아첨'", L&N, 1:430; 환심을 사기 위해, 그들에게 영향을 끼치기 위해, 그들에 대한 권력을 잡기 위해 다른 사람들을 칭찬하는 사람, 참고. Martin, *1, 2 Thessalonians*, 74)가 아니었다. 셋째, 그는 탐욕스럽지(돈을 벌기 위해 이기적으로 행하지) 않았다. 넷째, 그는 **탈**[프로파시스(*prophasis*), '망토', 누군가나 무언가를 숨기거나 감추기 위해 사용하는 것]을 쓰지 않았다. 다섯째, 그는 영광을 구하는 사람이 아니었다('영광을 구하는 것'이란, 명예, 영예, 다른 사람의 존경을 추구한다는 뜻이다. 그러한 사람들은 '박수를 받기 위해 산다'). 그리고 여섯째, 그는 '취하는 사람'이 아니었다. 여기서 바울은 약간 미묘하게 말한다. "내가 너희를 향해 내게(그리고 다른 이들에게) 존경을 보이라고 주장할 수 있었음을, 그것을 (가시적으로) 드러내보이라고 요구할 수 있었음을 너희는 안다"(ESV는 6b절에 "우리가 요구할 수 있었다"라는 문구를 넣었다).

바울은 또한 그의 삶과 사역에 대해 세 가지 진술을 했다. 첫째로, 그는 사람을 기쁘게 하는 것이 아니라 **오직…하나님을 기쁘시게 하는** 자였다. 둘째로, 그는 하나님이 **우리 마음을 감찰하시는** 분임을 알았다(참고. 고전 4:1-5). 하나님이 우리의 마음을 아시고, 감찰하시고, 심판하심을 아는 사람이라면(참고. 렘 17:10), 그는 다른 사람들로부터 진실되이 섬길 것이라는 신뢰를 받을 수 있다. 마음은 영혼, '생각과 감정과 의지와 동기가 모여 있는 진짜 인격'이다(MacArthur, *Thessalonians*, 40). 셋째, 그는 **하나님이** 그의 사역을 **증언**하심을 알았다(참고. 롬 1:9).

B. 바울의 순수한 정서: 유순함과 애정(2:7-8)

2:7-8. 바울은 어머니의 보살핌과 애정의 이미지를 떠올려주며, 자신의 사역이 유순한 사역이었음을 그들에게 상기시켰다. 바울과 그의 동료들은 **유순**했다[7절, '온화한, 친절한, 배려하는'을 뜻하는 에피오이(*epioi*)]. 다양한 사본들에 비슷한 단어인 '아기'(*nepioi*, 네피오이)가 쓰인 경우도 있다(NET, NLT, TNIV를 보라). 그러나 사본상의 증거는 불확실하다. 괜찮은 사본들이 '아기'라는 단어를 지지하기는 하지만, '온화한'이 전체적인 비유에 더 잘 맞는다. "**유순한**이라는 단어가 이 절의 중심에 있다. 그것은 누군가에게 친절하다는 의미이며, 수용, 존경, 긍휼, 결함에 대한 관용, 인애, 온순함, 충성 등 여러 다른 덕목들을 포함한다"(MacArthur, *Thessalonians*, 45). **부드럽게**(공동번역) 보살핀다는 뜻의 탈포(*thalpo*)는 엄마가 아기를 안아 '따뜻하게 해주거나' 암탉이 날개로 병아리를 품을 때처럼 '따뜻하게 해주는 것'이라는 뜻이 있다. 이는 주 예수님이 이스라엘을 향한 그분의 돌보심을 나타낼 때 사용하신 이미지이다(참고. 마 23:37). 두 번째 이미지는 어머니들의 자기희생이다(8절). 이 절은 애정에 대한 표현으로 시작하고 마무리한다.

C. 바울의 순수한 삶(2:9-12)

1. 바울은 그들에게 부담이 되지 않으려고 열심히 일했다(2:9-10)

2:9-10. 바울은 또한 그의 사역 활동을 상기시키며, 그의 활동과 삶과 사역의 다섯 가지 특징을 언급했다. 그는 자비량으로 열심히 일했으며(9절), 바른 행실을 보였고(10절), 그들을 권면했고(11절), 분명한 목적이 있었다(그의 사역이 효과적임을 입증하기 위해, 12절). 바울은 설교하고 가르칠 때뿐 아니라, 스스로를 부양하기 위해 장막을 만드는 일도 열심히 했다. 바울은 **거룩하고**[호시오스(*hosios*), '하나님과의 관계에서나

그분을 섬기는 일에서 양심적인 것'], **옳게**[디카이오스(*dikaios*), '의롭게', 전반적으로 '의롭게 사는 것'을 목표로] 행동했고 따라서 흠이 없었다.

2. 바울은 그들을 돕기 위해 분명하게 가르쳤다 (2:11-12)

바울은 또한 아버지가 자녀에게 하듯 그들을 권면했다(11절). 바울은 데살로니가인들을 **권면하고**[파라칼레오(*parakaleo*), '옆에서 요청하다', 가르치거나 가르침을 적용한다는 뜻이다], **위로하고**[파라뮤테오마이(*paramutheomai*), '위로와 위안으로 격려하는 것'], 경계했다[마르튀로마이(*marturomai*), 여기서 영어 단어 'martyr'(순교자)가 파생됐다. '증인'을 의미하며, 진지하고 진심 어린 호소를 덧붙인다는 뜻이 있다]. 바울은 데살로니가인들이 **합당히 행하**기를 원했다. 고귀하고, 올바르고, 하나님을 경외하며, 즉 그들의 '부르심'(**너희를 부르사**는 다시 한 번 택하심의 개념을 시사한다)에 어울리게, 하늘의 **영광**에 대한 소망을 보이며(하늘로 가게 되어 있는 이처럼 사는 것) 살기를 바랐다.

D. 바울의 순수한 가르침(2:13-16)

1. 말씀이 신자들을 세워주었다(2:13)

2:13. 다시 바울은 데살로니가인들이 복음을 받아들인 것에 대해 하나님께 감사했다. 데살로니가인들은 바울과 그의 동료들이(**우리에게**) 선포한(말로, 들을 수 있도록) 말씀을 들었다. 인간 대행자들을 통해 전해진 말씀(**사람의 말**)을 들었지만 그것을 그 이상으로 여기며 들었다. 바울이 복음을 전할 때 선포했던 것은 **하나님의 말씀**이었다(참고. 2:2, 8, 9; 참고. 행 8:14; 고전 15:1-3). 이는 그가 적어도 자신이 가르친 내용의 일부를 하나님의 영감을 받은 것으로 보았음을 시사한다. 그래서 데살로니가인들은 그 **하나님의 말씀을 받았고**[파랄라본테스(*paralabontes*), 객관적으로 인식하고], 받아들였고[에덱사스데(*edexasthe*), 마음에 새겼고], 믿었다. 이는 그들의 지혜나 인지 능력 때문이 아니었다. 스스로 진짜임을 증명하는 하나님의 말씀이 죄를 깨닫게 하고, 그들에게 바울의 메시지가 진리임을 확신하도록 했다(참고. 고전 2:4-5; 골 1:6). "'역사한다'는 동사는 초자연적인 차원에서 효과적으로, 효율적으로, 생산적으로 일하는 것을 의미한다(참고. 고전 12:6; 빌 2:13)"(MacArthur, *Thessalonians*, 58).

2. 말씀이 불신자들을 정죄한다(2:14-16)

2:14-16. 그러나 데살로니가인들을 변화시켰던 같은 메시지가 세상의 반대를 받았고, 바울은 데살로니가인들 역시 반대를 경험했다고 말했다. 그들은 박해를 받았다는 점에서(참고. 1:6) 유대에 있는 최초의 유대인 교회들을 **본받은 자**가 되었다. 유대의 유대인 신자들이 그들의 민족, 유대 종교 지도자들의 반대를 겪었듯이 데살로니가인들도 **동족**의 반대에 직면했다. 그러나 **주 예수와 선지자들**과 달리 그들은 아직 순교를 당하지는 않았다.

어떤 사람들은 바울이 여기서 '받아들일 수 없는 반-유대주의 입장'을 견지하고 있다고 주장했다[Ernest Best, *A Commentary on the 1st and 2nd Epistles to the Thessalonians*, HNTC (New York: Harper and Row, 1987), 122]. 동족을 향한 바울의 사랑과 염려를 보건대(롬 9:1-3) 그럴 것 같지는 않다. 오히려 바울이 언급한 **유대인**은 민족 전체가 아니라 유대인 종교 지도자들인 듯싶다. 그렇게 볼 수 있는 까닭은 첫째로, 바울은 이방인들이 데살로니가인들을 반대했을 때 유대인 신자들을 반대한 유대인 지도자들을 말하며 민족 내부의 갈등을 언급하기 때문이다. 따라서 바울이 유대인 전체를 가리켰을 리가 없다. 둘째, 바울이 유대인들이 범했다고 말한 죄들은, 복음서에서 민족 전체가 아니라 유대 지도자들에게로 한정되어 있다. 예를 들어, 유대 지도자들은 예수님을 죽일 계획을 세우고(요 11:47-53), 그분을 빌라도(눅 23:2)와 헤롯(10절) 앞에서 고발했고, 무리를 선동했다(마 27:20; 막 15:11). 셋째, 여기서 바울은 포도원 농부의 비유에 나오는 죄들을 묘사한다(마 21:33-46). 이 비유의 끝부분에서 유대 지도자들은 예수님이 민족 전체가 아니라 자신들에게 말하고 계심을 인정했다. [자세한 논의를 위해서는, "Was Paul Anti-Semitic? Revisiting 1 Thessalonians 2:14-16," *Bibliotheca Sacra* 165 (January-March 2008): 75-84을 보라.] 바울은 유대 지도자들이 **하나님을 기쁘시게 하지 아니**했다고, **모든 사람에게 대적이 되었**다고, 구원의 복음 선포를 **금하**였다고, 그래서 그들은 그들의 죄로 인해 심판의 **노하심**을 당할 위험에 처해 있다고 말했다. 데살로니가인들에게 이것을 지적하는 이유는, 그들을 박해하는 이방인 지도자들도 이런 처지에 놓여 있기 때문이다.

Ⅳ. 데살로니가인들을 염려한 바울(2:17-3:13)

A. 그들과 떨어져 있는 바울(2:17-20)

2:17-18. 바울은 데살로니가인들을 보고자 하는 개인적인 바람을 절박하게 표현했다(**나 바울**). 그들과 어쩔 수 없이 물리적으로 떠나 있었던 바울은(**떠난**), **마음** 이상으로 그들과 함께 있고자 하는 **열정**이 더 커졌다. 그는 그들과 '얼굴과 얼굴을 맞대고' 보기를 원했다. 하지만 이러한 바람은 (어떤 일인지 나타나지는 않지만) **사탄**에 의해 좌절되었다. **막았도다**는 군사 용어로, 군대의 이동을 막기 위해 장애물이나 걸림돌을 놓는 것이다. 그리스도인들이 직면하는 진짜 영적 반대에 대해 세심하게 경계하는 일을 놓쳐서는 안 될 것이다.

2:19-20. 바울은 데살로니가인들에게 왜 그토록 애정이 있는지 자세히 설명하면서 종말론으로 전환했다. 데살로니가인들은 미래의 **소망**을 품게 하는 원인이요, 현재 **기쁨**의 궁극적인 원천이고, 그가 보상, 즉 그의 **면류관**[승자의 화관, 참고. 고전 9:25]을 기대하는 근거였기 때문이다. 이 모든 것이 **그가 강림하실 때 주 예수 앞에서** 온전히 실현될 것이다. 그때 신자들이 재회하고, 상을 받을 것이다(그리스도의 '심판대' 앞에서, 참고. 고후 5:10; 상들에 대해서는 마 6:1; 24:45-47; 25:19-23을 보라). **강림**[파루시아(*parousia*) '임재하는 것']은, 주의 재림의 구체적인 측면들(참고. 4:15), 혹은 주의 날의 시작과 관련된 더 폭넓고 다면적인 사건을 가리키기 위해 사용된 단어이다(참고. 마 24:37; 계 19:11-20:6). "이 서신은 지금 이 절 외에도 '끌어 올림'을 나타내기 위해 세 번 '파루시아'를 사용한다(3:13; 4:15; 5:23)"(MacArthur, *Thessalonians*, 74). 로버트 토머스(Robert L. Thomas)는 **강림**이라는 단어가 가리키는 것에 대해 이렇게 썼다. "'파루시아'라는 단어의 복합적인 의미로 볼 때, 그 단어는 방문을 위한 도착은 물론 장기간의 체류를 포함하는 개념이다. 이는 '파루시아'의 여러 의미 가운데 다소 드문 '임재'라는 의미로 볼 여지가 충분하다(참고. 고전 16:17; 고후 10:10; 빌 2:12). 그분은 장기간 체류하면서 성도들을 평가할 것이다(참고. 2:19; 5:23). 그것이 여기 데살로니가전서 3:13에서 염두에 둔 측면이다. 이 심판은 그리스도의 공중 재림과 완벽하게 별개로 생각할 수 없다(4:15-17). 왜냐하면 이 강림이 심판의 시작을 알리는 표지이기 때문이다. 그러나 그것은 어느 정도는 도착 자체와 구분된 하늘에서의 시기로 생각해야 한다"[Robert L. Thomas, "1 Thessalonians," in EBC, ed. Frank E. Gaebelein (Grand Rapids, MI: Zondervan, 1978), 269].

B. 그들을 위한 바울의 희생: 디모데를 보내다(3:1-5)

3:1-5. 바울은 데살로니가인들이 염려되어 견딜 수가 없었다. 그는 **참다못하여** 디모데에게 그들을 **굳건하게 하고**, 또 그들의 믿음을 **위로**하는 임무를 맡겼다(**우리…디모데를 보내노니**). 이 임무는, 바울이 **아덴에 머물기**로 한 것으로 보아(3:1b) 자기희생적이었다. 바울은 이렇게 데살로니가인들을 향한 깊은 애정을 드러냈고, 또한 그가 다른 사람들을 위해 기꺼이 불편을 감수한다는 것을 보여주었다. 이 임무는 빌립보서 2:19-24에 따르면, 바울의 **형제 곧…하나님의 일꾼**[독특한 호칭]인 디모데가 기꺼이 보냄을 받아 섬기려 한 동료였음을 나타낸다. 이 임무를 준 까닭은 박해가 불가피하다 해도 그 박해가 혼란을 야기하고 파괴적일 수 있음을 바울이 알았기 때문이다. 그는 **미리** 그들을 준비시켰다. 바울은 그의 **수고를 헛되게**['공허한', '무익한', '보람 없이'] 할까 두려워했는데, 그것은 그들이 구원을 잃을 수 있다고 말하는 것도 아니고, 하나님의 말씀이 '헛됨'을 입증할 것이라 생각하는 것도 아니다(참고. 사 55:11). 그는 신앙고백을 한 몇몇이 '거짓 형제들'로 입증될까 봐, 박해 때문에 그들이 고백한 신앙을 버릴까 봐 염려했다.

C. 그들로 인한 바울의 기쁨(3:6-10)

3:6. 데살로니가인들에 대한 바울의 기쁨과 디모데가 가지고 온 긍정적인 소식이 6-10절의 주제이다. 보고 내용은 전반적으로 **기쁜 소식**이었다. 그들의 **믿음과 사랑**이 견고했고, 그들은 여전히 바울과 그의 동료들에게 우호적이었으며, 그들 역시 바울을 간절히 보고 싶어 했다. 여기서 '소망'을 언급하지 않은 것은 의미심장할 수 있다(참고. 1:3). 디모데의 보고는 몇몇 사람들이 이미 죽은 가족, 연인들이 '끌어 올림'을 놓칠까 봐(참고. 4:13-18) 염려하고 있으며, 또 다른 이들은 그들이 환난의 시기('주의 날', 5:1-11)에 들어갔다고 생각한다는 사실을 드러내주었다. 아마도 그들은 '믿음과 사

랑'을 잘 지킨 만큼 '소망'의 문제에서는 그렇게 잘하고 있지 못했던 것 같다.

3:7–10. 소식을 전해 들은 바울과 그의 동료들은 안도하고(**위로를 받았노라**), 데살로니가인들의 믿음을 더 굳게 확신했다(**우리가 이제는 살리라**). 데살로니가인들은 '굳게 서서'[스테케테(*stekete*), 8절] 물러서지 않았다. 이로 인해 바울은 더욱더 감사하고, 더욱 큰 기쁨을 경험하고, 더 기도하고, 다시 한 번 그들과의 교제를 향한 새로운 열망을 표현했다. 바울이 그들의 **믿음이 부족한 것을 보충하**기를 원한다고 한 것은, 그들의 믿음에 결함이 있어서가 아니라 그들이 알고, 적용하고, 실천해야 할 것들이 더 있다는 의미였다. "그들이 가지고 있던 믿음에 결함이 있었던 것이 아니라, 여전히 그것을 보충하고 풍성해질 필요가 있었다"(Hiebert, *Thessalonians*, 152).

D. 그들에게 주는 바울의 가르침(3:11–13)

3:11–13. 디모데의 보고에 대한 바울의 반응에 이어 데살로니가인들을 위한 그의 기도가 나온다. 그는 데살로니가인들에게 돌아가게 해주시기를 기도했다. 그의 근심이 누그러졌음에도 불구하고 그는 여전히 그들에게 가기를 바랐다. 그는 또한 그들의 사랑이 커지기를 기도했다. 이는 그가 반복할 주제이다(참고. 4:9-10). 또 그들이 **거룩함**에 기초를 두도록 기도했다. 이는 언제나 신자들의 중요한 목표이다(참고. 4:1-8). 그는 그리스도의 재림을 염두에 두고 이 모든 기도를 드렸다. 그것은 아직 전개되지 않은 주요한 주제이다. 그는 그가 '기도한' 것으로 데살로니가인들을 '가르쳤다.'

V. 바울이 데살로니가인들에게 준 확고한 권면 (4:1–12)

A. 권면에 대한 서론(4:1–2)

4:1–2. 데살로니가인들이 3:11-13에서 바울이 기도한 사랑과 흠이 없음을 경험하는 방법 중 하나는, 순결한 삶을 살기로 헌신하는 것이다. 4:1-12에서 그리고 실제로 이 책의 나머지 부분 전체에서 바울의 권면은 순결과 관련이 있다. 1-2절에서 시작한 순결에 대한 바울의 가르침은, 세 가지 근본적인 요점과 함께 제시되었다. 첫 번째는, 이것은 그들이 이미 받은 가르침이었다는 것이다. **우리에게 배웠으니…우리가…준 것을 너희가 아느니라…우리가 너희에게 미리 말하고**(1-2, 6절). 두 번째로 이 가르침은 필요했고 긴급했다. **우리가…구하고 권면하노니**(1절). 바울이 권면하기 전에 부탁의 말로 시작함을 주목하라. "두 단어를 동일시하지 않고, 앞의 것은 부드럽고 친절한 부탁으로, 뒤의 것은 권위 있는 사도의 호소로 보는 것이 최선이다"(Thomas, "1 Thessalonians," 11:270). **우리가…경고한 대로**(6절, 새번역)라는 어구는, 바울이 다루는 문제들이 하찮거나 사소하지 않음을 보여준다. 세 번째로 이 가르침은 예수 그리스도의 권위로 주어졌다. **주 예수**["즉, 그분의 권위로"] **안에서**['를 대신하여' 혹은 '의 이름으로'] **너희에게…권면하노니**[MacArthur, *Thessalonians*, 97]. **주 예수로 말미암아…무슨 명령으로**(2절). "바울의 명령은 인간이 임의적으로 승인했거나 또는 어떤 멀리 있는 교회의 권위에서 나온 것이 아니었다(참고. 갈 1:1, 15-16; 벧전 1:20-21). 오히려 그것들은 주 예수의 권위에서 나왔으므로 그 명령에 대한 순종은 의무였다(참고. 마 7:21; 요 15:14-17; 요일 2:3-5)"(MacArthur, *Thessalonians*, 98).

B. 권면한 내용(4:3–12)

1. 성적인 면에서 순결하라(4:3–8)

4:3–8. 이 절들의 주요한 개념 혹은 주제는 **거룩함**이다. 이 단어는 4:3, 4, 7에서 세 번 나온다. 이 거룩함(*hagiosmos*, 하기오스모스)은 "죄에서 떨어져 나와 하나님의 거룩함을 향해 구별되는 것으로 이해해야 한다. …하나님은 신자들이 악하고, 육욕적이고, 순결하지 못한 모든 것에서 분리되기를 원하신다"(MacArthur, *Thessalonians*, 103-104). 더 나아가 **너희의 거룩함**을 **이것**, 즉 **하나님의 뜻**으로 명시한다(3절).

바울은 거룩함의 세 가지 측면을 말했다. 첫째, 그는 거룩함의 일반적인 개념을 제시했다. **행하는 바**(1절)는 '그리스도인의 삶을 사는 것'에 대해 잘 알려진 비유이다. 이는 '페리파테오'(*peripateo*)라는 동사로, '걸어다니다'라는 의미이며(마 9:5; 11:5; 요 6:66; 계 2:1), 신자든 누구든 일상생활에 대해 비유적으로 사용되었다(막 7:5; 갈 5:16, 25; 엡 2:2; 4:1; 참고. 고후 5:7, 참고. Mounce, *Expository Dictionary*, 772). 둘째, 그는 거룩함에 대한 소극적인 개념을 제시했다. 그들은 **음란**을 버려야 했다(3절). '버리다'라는 단어는 '전혀 행하지 않거나 관여하지 않는 것'을 의미한다. "이 경우 [그것의 의미는] 하나님의 말씀의 원칙을 위반하는 어떤 생각이나 행동에도 절대로 가까이하지 않는 것이며, 그 결과로 어떤 형태의 불법적인 성행위도 하지 않는 것이다(요 8:41; 행 15:20, 29; 21:25; 고전 5:1; 6:13, 18; 고후 12:21; 갈 5:19; 엡 5:3; 골 3:5; 계 2:21; 9:21). 성적인 죄를 완벽하게 버리는 것은 모든 신자에게 가장 중요한 의무이다(MacArthur, *Thessalonians*, 104, 105). 셋째로, 거룩함과 관련하여 바울은 적극적인 개념을 제시했다. 각 사람은 '자기의 그릇을 소유하고' NASB, 4절, 개역개정에서는 '아내 대할 줄'이라고 되어 있다—옮긴이 주) 있다. 다시 말해 이는 개인적인 책임이다(**각각**). 그릇은 남자의(혹은 여자의) 몸을 가리킬 수도 있고(참고. MacArthur, *Thessalonians*, 106), 혹은 한 남자의 아내를 가리킬 수도 있다(참고. Thomas, "1 Thessalonians," 11:271). 신약에서 '소유하다'(*ktaomai*, 크타오마이)라는 동사는 항상 '얻다' 혹은 그와 유사한 단어로 번역한다(마 10:9; 눅 18:12; 21:19; 행 1:18; 8:20; 22:28). 더욱이 '그릇'(*skeuos*, 스큐오스)은 베드로전서 3:7에서 아내를 이야기할 때 사용하며, 의미는 아마도 '자신의 그릇 즉 아내를 얻는 것'일 것이다. 바울은 음란의 강한 유혹을 받는 데살로니가인들에게 성적인 죄를 미연에 방지하는 방법으로 결혼을 하라고 권한다.

배우자를 찾는 과정에는 네 가지 특징이 있다. 첫째, **거룩함과 존귀함으로**(4절, 두 명사 다 같은 전치사 '으로'에 걸리며 한 덩어리로 봐야 한다) 행해야 한다. 여기서 **거룩함**은 음란을 피함으로써 '성결하고, 거룩하고, 하나님께 성별되는 과정을' 의미한다. **존귀함**은 찾고 있는 사람과 배우자를 얻는 과정에 대한 '존중'을 가리킨다. 배우자를 찾는 방법에는 올바른 것과 잘못된 것이 있다. 둘째, 배우자를 얻는 일은 **색욕**을 따르지 말고(5절) 해야 한다. 다시 말해, "그리스도인들은 경솔한 열정과 억제되지 않은 육체적 충동만으로 진행되는 이교도 성행위의 수준까지 떨어져서는 안 된다"(MacArthur, *Thessalonians*, 109). 셋째, 그 과정이 **하나님을 모르는 이방인**(5절)의 과정과 같아서는 안 된다. 넷째, 배우자 찾는 일을 진실되게 해야 한다. 그 과정에서 그리스도 안에 있는 우리 형제자매들에게 죄를 지어서는 안 된다(**분수를 넘어서**, 6절). '해하다'란, "탐욕으로 인해 누군가를 이용하는 것"을 의미한다(L&N, 1:757). 자신의 비정상적인 성적 만족을 위해 다른 사람을 이용함으로써 그 혹은 그녀를 해하는 일을 해서는 안 된다. 그러한 행동은 비열할 뿐 아니라 하나님의 징계를 부를 것이다.

또한 바울은 이 절들에서 거룩함[하기오스모스(*hagiosmos*), '죄와 분리되는 것, 거룩함으로 따로 구별되는 것']이 왜 그토록 중요한지 설명했다. (1) 구별되는 것은 하나님을 기쁘시게 한다(1절). (2) 성적인 죄에서 분리되는 것은 하나님의 뜻이다(3절). (3) 구별되는 것은 신자들이 하나님을 안다는 증거이며, 따라서 그들이 왜 구별되어야 하는지 **하나님을 모르는 불신자들**(**이방인**)보다(5절) 더 잘 안다는 증거이다(참고. 벧전 1:15-16). (4) 구별되는 것은 주의 심판을 피하는 유일한 길이다. **주님께서 이런 모든 일을 징벌하시는 분이시기 때문이다**(6b절, 새번역; 참고. 마 18:6-7). (5) 구별되는 것은 하나님이 우리를 부르신 자리이다. **하나님이 우리를 부르심은 부정하게 하심이 아니요**(7절). 이는 하나님이 신자들을 '순결'로 부르셨다는 말이다. 바울은 **너희에게** 주신 **그의 성령**이라는 선물을 언급하면서 마무리했다(8b절). 여기서 그는 거룩해지는 '방법'을 암시적으로 보여주었다. "너희는 성령을 따라 행하라. 그리하면 육체의 욕심[욕정, KJV]을 이루지 아니하리라"(갈 5:16).

2. 다른 사람을 다정하게 섬기라(4:9-10)

4:9-10. 바울은 음란에 대한 엄한 가르침에서 이 서신의 앞부분에서 다룬 주제를 반복하면서(참고. 1:3; 3:12) 형제 사랑에 대한 권면으로 방향을 바꾸었다. 음란은 이기적이고 자기 잇속만 차리는 반면, 형제 사랑은 다른 사람의 유익을 추구하고, 다른 사람에게 관심을 가지고, 다른 사람을 섬긴다. "**형제 사랑** [*philadelphia*, 필라델피아]은 원래 혈족을 향한 애정을 가리키지만, 신약에서는 항상 그리스도인의 애정을 가리킬 때 사용한다(롬 12:10; 히 13:1; 벧전 1:22; 벧후 1:7)"(MacArthur, *Thessalonians*, 117). 데살로니가인들은 사랑에 대해 알고 있던 바를 떠올려야 했다. 또 성육신과 그리스도의 희생적인 죽음(참고. 요 3:16)에서 분명하게 나타난 사랑에 대해 **하나님의 가르치심**을

받았던 것을 기억해야 했다. 그리고 그 사랑을 계속 실천하되, **더욱 그렇게 행하여야** 했다.

3. 개인적인 일들을 부지런히 하라(4:11-12)

4:11-12. 올바르고 생산적인 삶을 살라는 바울의 권면은, 디모데의 보고를 듣고 염려가 되어 드러낸 반응인 것 같다(참고. 3:6). 몇몇 사람들이 주의 재림 약속을 과하게 받아들여 일을 그만두고 다른 교회 지체들의 일상생활에 간섭했던 듯싶다. 그처럼 태만한 인생관과 분열을 일으키는 행위에 대해 바울은 네 가지 해결책을 내놓았다. (1) **조용하게 살기를 힘쓰라**(새번역). 즉, 불필요한 갈등은 피하라. (2) **자기 일에 전념하라**(새번역)(참고. 5:13). 즉, 참견하기 좋아하는 사람이 되지 말라(참고. 살후 3:11). (3) 자기 **손으로 일하기를 힘쓰라**(11c절). 즉, **아무 궁핍함이 없게 하**기 위해(12b절) 다른 사람의 빵을 먹지 말고 스스로를 부양하라(참고. 살후 3:8). (4) **단정히 행하라**(12a절). 즉, 믿지 않는 이들(**외인**)에게 선한 증거가 되어라.

VI. 종말론과 관련하여 데살로니가인들을 격려한 바울(4:13-5:11)

A. 사망한 신자들과 관련하여 격려를 받으라 (4:13-18)

1. 자는 자들의 부활을 약속하신 예수님 (4:13-14)

4:13-14. 바울은 데살로니가인들과 사역하는 동안 그들에게 마지막 때의 사건들과 주 예수 그리스도의 오심에 대해 가르쳤다. 그 사역 이후 디모데가 방문할 때까지의 기간 동안에(참고. 3:2, 5) 일부 신자들이 죽었고 교회는 박해를 겪었다. 첫 번째 상황으로 인해 일부 사람들은 먼저 죽은 가족들이 주님의 재림을 놓쳤다고 생각했다(참고. 요 14:1-3; 엡 5:27). 또 두 번째 상황으로 인해 다른 어떤 사람들은 그들이 이미 '주의 날'로 알려진 환난의 시기에 들어갔다고 생각했다(참고. 욜 2:30-32; 슥 14:1; 말 4:1, 5의 주석을 보라). 그래서 바울은 이어지는 두 단락에서 그러한 오해들을 다루었다. 이 두 가지 오해는 바울이 데살로니가인들에게 주의 오심이 '임박했다'고, 언제라도 일어날 수 있다고 가르쳤기 때문에 생긴 것 같다.

4:13-18. 먼저 바울은 성도들이 모이는 것, 즉 교회가 '끌어 올림을 받는' 초자연적인 사건에 대해 가르쳤다. 그러자 가족들의 죽음을 두고 '그 신자들은 이 영광스러운 사건을 놓친 것인가?'라는 의문을 품게 됐다. 여기서 바울의 목적은 논쟁적이 아니라 목회적이었다. 바울은 세상이 슬퍼하는 것처럼 형제들이 가족을 잃은 것을 **슬퍼하지 않**도록 지식을 주고 그들을 위로하고자 했다. 그들에게는 **소망**이 필요했다(13절). 이 소망의 근거는 예수님의 죽음(속죄를 보장하는, 참고. 벧전 2:21-25; 사 53장)과 부활(예수님의 의롭다 하심을 확인해주는, 참고. 롬 4:25)이다. 바울은 그들의 가족들은 **자는** 것일 뿐이라고 강조하며 말했다(다시 깨어날 죽음을 나타내는 완곡어법으로 세 번 사용했다). **예수 안에서 자는** 그러한 신자들(14절)은 영원히 잃어버린 바 되어 죽은 것이 아니라 '주와 함께' 있다(참고. 고후 5:8). 바울이 죽은 신자들의 상태를 '잠자는'(이는 그들의 몸과 관련되어 있다) 것으로, 또 의식이 있는 것으로(그분의 임재 가운데) 생각했음은 분명하다. 이러한 관점은 '잠들어 있는 영혼'에 대한 어떤 생각도 부인하며, 어떻게 사망한 이들이 그분과 함께 돌아올(14절) 뿐 아니라 '먼저 일어날' 수 있는지(16절) 설명하는 데 도움이 된다. 현재 그분과 함께 있는 그들의 비물질적 속성(혼, 영)은 그들의 몸과 합해져 그분과 함께할 것이다. 그때 그들의 몸이 부활할 것이며 변화될 것이다.

2. 부활의 순서(4:15-17)

4:15-17. 바울은 '끌어 올림을 받는' 사건이 어떻게 펼쳐질지 설명했다. 15-17절에 열거한 일련의 독특한 단계들이 있다. 그는 그의 가르침이 그리스도의 가르침에 근거해 있음을 단언하며(마 24:36 이하에 대한 주석을 보라), 연속되는 사건들을 자세히 소개했다. 데살로니가인들은 그것이 **주의 말씀**이었으므로 바울이 가르친 것을 확신할 수 있었다. (이는 복음서 기록으로 보존되지 않은 예수님의 몇몇 전통적인 가르침이나 바울에게 직접 계시된 일부를 가리킬 수도 있지만, 마태복음 24:36 이하에 나오는 예수님의 가르침에 기초했을 가능성이 더 많다.) 그런 다음 바울은 신약에 나오는 내용 중에서 교회의 '휴거'에 대한 가장 분명한 가르침을 전해주었다. 그는 관련된 사람들, 사건의 계획, 자신의 가르침의 요지를 다루었다. '휴거'라는 단어는 이 단락에 대한 라틴어 번역에 기초한 것이다. 라틴어 번역은,

라틴어 동사 '라피오'(*rapio*, '움켜잡다', '난폭하게 가져가다')를 사용한다[참고. Alan Hultberg, "Introduction," in *Three Views on the Rapture*, 2nd ed. (Grand Rapids: Zondervan, 2010), 11]. 바울이 17절에서 사용한 동사인 헬라어 '하르파조'(*harpazo*)를 번역하기 위해 이를 사용했다.

관련된 사람들은 **그리스도 안에서 죽은 자들**(16절), 다시 말해 죽은 신자들로도 정의되는, **예수 안에서 자는 자들**(14절)은 물론 **우리 살아남아 있는 자들**(15, 17절) 모두이다. 바울은 **그리스도 안에** 있는(16절) 신약의 신자들, 즉 죽었거나 살아 있는 그리스도인들과 교회 지체들을 염두에 두고 있다. 바울은 살아 있다고 해서 죽은 이들보다 특혜를 누리는 것은 아니라고 교회 지체들에게 주장하고 싶어 했다. 그리스도께서는 그분 안에서 죽은 이들의 살아 있는 영혼과 그들의 부활한 몸이 다시 연합하도록 하실 것이다(참고. 고전 15:51-58). 바울은 살아남은 이들에 자신도 포함시켰다(**우리**). 이는 바울 자신이 살아 있는 동안 휴거가 일어날 수도 있다고 믿었음을 보여준다. 사실 휴거는 언제 어느 때든 일어날 수 있다. 그에게 그것은 금방이라도 일어날 수 있는 일이었다. 바울은 예수님, **그리스도**이시며 또한 **주**이신 주님을 이 일을 행하시는 분으로 밝혔다. 이는 재림 때 천사들이 "그의 택하신 자들을…모으리라"라고 말한 마태복음 24:31에 묘사한 사건과는 대조된다. 따라서 '파루시아'와 관련된 두 가지 별개의 사건이 있다. 즉, 휴거와 그리스도의 재림(혹은 '계시')이다. 마태복음 24:3-35에 대한 주석을 보라.

주께서…하늘로부터 내려오실 때(16절; 참고. 행 1:11; 요 14:1-3에 대한 주석) 신자들의 휴거와 연관된 사건들이 연속해서 일어날 것이다. 그런 다음 세 가지 독특한 소리가 있을 것이다. 첫째는 **호령**[군대의 '명령' 같은]이고, 둘째는 **천사장의 소리**[성경에 이름이 나온 유일한 천사장은 미가엘이다. 참고. 단 12:1-3; 유 9절]이고, 셋째는 **하나님의 나팔 소리**(16절; 참고. 또한 고전 15:52에 대한 주석)이다. 이 소리들이 정확히 어떤 소리인지는 분명하지 않지만, 그 목적은 신자들을 불러들여 복스러운 소망(참고. 딛 2:13)이 막 실현되려 함을 알려주려는 것으로 보인다. 그런 다음 **그리스도 안에서 죽은** 자들의 영혼이 그들의 부활한 몸과 재결합한다. 죽을 때 신자의 비물질적 속성(그의 영혼)은 의식을 가진 상태에서 주님의 임재 속으로 가고 그 임재를 누린다(빌 1:21, 23을 보라).

그러나 성경은 영혼의 불멸성만을 가르치지 않는다. 성경은 육체와 영혼, 온전한 인간 전체의 불멸성을 가르친다. 마지막 때 신자의 영혼은 다시 한 번 부활한 그의 몸과 결합할 것이고, 신자는 이 상태에서 영원을 경험할 것이다. 그러고 나서 살아 있는 신자들은 부활한 그 성도들과 함께 **끌어 올려**질(17절) 것이다. 이 사건의 속성은 '하르파조'라는 단어에 나타난다. 그것은 "제거하거나 장악하기 위해 갑자기 움켜쥐거나 잡는 것, 잡아채는 것…[혹은] 가지고 가는 것"(BDAG, 134)이다. 또 "강력하고 저항할 수 없고 폭력적이기까지 한 행동"을 묘사한다(MacArthur, *Thessalonians*, 136). '하르파조'는 '강제로 취하는 것' 혹은 '낚아채는 것'을 묘사할 때 사용한다(참고. 마 11:12; 요 10:12; 행 8:39). 이 사건이 일어나는 위치를 **구름 속**과 **공중**으로 묘사한다(4:17b; 참고. 행 1:9).

'영접하다'(17절)에 해당하는 '아판테시스'(*apantesis*, 17절)라는 단어에 특정한 유형의 만남과 관련이 있는 전문적인 의미가 있다고 주장하는 일이 종종 있다. 어떤 도시에서 온 대표단이 시찰 나온 고관을 만나는 경우를 말하는 것이다. 그 만남에서 대표단은 그 도시 밖으로 나와 고관을 맞이하러 가서 그 고관이 도시 안으로 들어올 때 호위한다고 한다. 꽤 많은 이들이 이러한 주장에 동조한다[예를 들어, Best, *The First and Second Epistles to the Thessalonians*, 199; Martin, *1, 2 Thessalonians*, 153 n. 86; Gene L. Green, *The Letters to the Thessalonians*, Pillar (Grand Rapids, MI: Eerdmans, 2002), 226; Anthony A. Hoekema, "Amillennialism", *The Meaning of the Millennium: Four Views*, ed. Robert G. Clouse (Downers Grove, Illinois: InterVarsity, 1977), 183, 216 n. 19; Wanamaker, *The Epistles to the Thessalonians*, 175과 여러 다른 글들을 보라]. 이러한 견해는 1929-1930년에 에릭 피터슨(Erik Peterson)이 쓴 단 하나의 작품을 전제에 두고 나왔다[Erik Peterson, "Die Einholung Des Kyrios," *Zeitschrift für systematische Theologie* 7, (1929-1930), 682-702]. 단순히 인용 횟수가 증가했을 뿐인

데 그것을 근거로 이곳 데살로니가전서 4장에 나오는 용어가 이러한 전문적인 의미를 가리킨다는 것이 '상식'이 되어버렸다. 그러나 피터슨의 작품을 연구해보고, 고대 헬라 문헌에서 '만나다'라는 단어의 용례를 분석해보면, 그러한 전문적인 의미는 사실이 아님이 드러난다.

마이클 크로스비(Michael R. Crosby)는 말했다. "바울 시대를 중심으로 몇 세기 동안 쓰여진 작품들을 《헬라어 유의어 사전》[*Thesaurus Linguae Graecae*(*TLG*)]을 사용하여 컴퓨터에서 검색해보면, 91쪽에 걸쳐 ['아판테시스' 그리고 이 단어와 관련된 형태] 그 형태가 담긴 구절을 인용한 경우가 나온다. 그런데 그중 공식적인 영접을 묘사한 경우는 아주 적다. 예를 들어, 유대인 필로(Philo Judaeus)는 이 단어들을 27회 사용하지만 고관을 만나는 경우를 묘사한 적은 한 번도 없다. 마찬가지로 요세푸스(Josephus)도 그 단어들을 92회 사용하지만 공식적인 영접을 묘사한 경우는 10회뿐이다. 70인역에서 그 명사['아판테시스'와 관련된 형태]는 군대들의 적대적인 대면을 표현한다. 그러나 사실상 어떤 종류의 만남에도 그것을 사용한다"[Michael R. Crosby, "Hellenistic Formal Receptions and Paul's Use of *APANTHSIS* in 1 Thessalonians 4:17," *Bulletin for Biblical Research* 4:1994, 19(15-34)]. 더 나아가 신약에서 이 단어를 사용한 경우에도, 즉 열 처녀 비유가 나오는 마태복음 25:6, 10이나 로마의 그리스도인들이 바울을 영접한 것을 묘사한 사도행전 28:15에서도 소위 '전문적인 의미'와 들어맞는 경우는 없다. 사실 사도행전 28:15의 만남이나 마태복음 25장의 신부 들러리와 신랑의 만남에서, 시찰 나온 고관에 대한 헬라식 공식 영접의 '공식적인 특성'은 전혀 없다.

이 부분에 나오는 사건을 묘사하기 위해 두 비유 중 하나를 선택할 수도 있다. 이는 시의 관원들이 귀빈이나 전쟁 영웅을 맞이하러 나온 다음 다시 그 도시로 돌아가는 경우이거나, 아버지 집으로 신부를 데려가겠다는 요한복음 14:1-3에 나오는 약속을 지키며 신부를 되찾아오는 신랑의 경우일 수 있다. 그 아버지 집에서 열리는 혼인 잔치로 공식적인 결혼식을 마무리할 것이다(참고. 계 19:7-9). 첫 번째 경우는 그리스도와 교회의 관계를 묘사하기 위해 다른 어디에서도 나오지 않는 비유이다. 사실 본문은 주님과 성도들이 '그 도시', 곧 비유에서 땅이 가리키는 그 도시로 돌아온다고 시사하지 않는다. 그저 그들이 **항상** 그분과 함께 있다고 말할 뿐이다. 두 번째 경우는, 몇몇 다른 핵심 본문들과 함께 그 사건에 대한 더 다채로운 설명을 제공한다. 몇몇 다른 본문들에서 이미 잘 알려진, 신부인 교회와 신랑인 그리스도 비유를 활용하면서 말이다.

이 사건이 환난의 시기 이전에 온다는 주장에 대해서는 이렇게 말할 수 있다. (1) 바울이 이미 데살로니가인들에게 예수님이 '장래의 노하심에서 우리를 건지실' 것이라고 약속했다(1:10). 이것은 신자를 지나쳐가고 불신자가 당면할 '노하심'이다(참고. 2:16). 그것은 '어린양의 진노'로(계 6:16), 즉 환난의 시기에 임할 종말론적 진노로 이해하는 것이 가장 좋다. (2) 환난의 시기는 다니엘의 70주이다(참고. 단 9:24-27). 이는 다니엘의 백성과 예루살렘이 관련된 때(9:24a), '야곱의 환난의 때'(렘 30:7)이며, 예수님이 마태복음 24장에서 묘사하신 것처럼 '유대적 성격'이 두드러진 때[참고. Leon Wood, *The Bible and Future Events* (Grand Rapids: Zondervan, 1973), 76], 땅의 '족속들'과 이스라엘 '족속'에 대한 심판의 때이다. 따라서 교회는 "환난의 목적에 맞지 않는다"(참고. Wood, *Future Events*, 76). (3) 위에서 언급했듯이 데살로니가전서 5장과 신약의 다른 단락들에서(롬 13:11-12; 딛 2:13; 참고. 약 5:7-8) 사도는 자신이 '끌어 올림을 받은' 이들 가운데 있으리라 믿었던 것이 분명하다. 그는 자신을 **우리 살아남은 자들** 가운데 두었다. 그는 주의 재림이 '임박했다고' 믿었다. 그리고 '휴거'는 어느 때든 일어날 수 있다. 휴거가 '어느 때든' 일어날 수 있다면, 환난의 시작을 알리는 표지, '진통'(참고. 마 24:8)은 휴거 전에 올 수 없다. (4) 마태복음 24:29-31에 묘사한 사건, 즉 재림은 여기에 묘사한 것과 같은 사건이 아니다. 여기서 자기 백성을 자기에게로 데려가려 오신 분은 주님이시지만 마태복음 24:31에서 그것은 선택받은 천사의 임무이다. 또한 재림을 묘사하는 다른 본문들을 바탕으로 볼 때(참고. 욜 2:12-16; 슥 14:1-5; 계 19:11-21), 두 사건 사이에 뚜렷한 차이들이 있다. 여기서 그분은 **공중에서** 오시지만 그때 그분은 감람산으로 오신다. 여기서 올 것은 위로와 주님과의 교제이지만, 거기서는 심판(참고. 마 24:36-41; 고전 15:51-58에 대한 주석을 보라)이다.

그 사건의 결과는 복스러운 소망, 즉 **우리가 항상 주와 함께 있는 것**이다.

3. 부활로 인한 위로(4:18)

바울은 이 가르침의 요지를 전하며 서신을 마무리했다. 그는 메시지를 통해 그들을 **위로하면서** 교회에 평강과 소망을 주고자 했다(18절).

B. 주의 날을 피한 것에 대해 격려를 받으라 (5:1-11)

5:1-11. 그러고 나서 바울은 그들에게 주의 날에 대해 가르쳤다(욜 2:30-32; 슥 14:1; 말 4:1, 5; 마 24:4-41에 대한 주석을 보라). 그가 새로운 주제로 방향을 돌린 것은, '페리 데'(*peri de*), 즉 '~에 관하여는'으로 나타난다(참고. 4:9; 참고. 고전 7:1; 8:1; 갑작스럽게 시작하는 주의 날을 묘사하는 다른 종말론적 단락에서 이 어구를 어떻게 사용했는지는 마 24:36-41에 대한 주석을 보라). 데살로니가의 몇몇 사람들은 너무도 혹독한 핍박을 받은 까닭에 자신들이 이미 환난의 시기에 있다고 생각했다(참고. 마 24:3-35; 계 5-6장에 대한 주석). 그들은 가르침을 잘 받았고 **자세히** 알고 있었다. 그런데도 바울은 마지막 때의 **때**[단순한 연대표]**와 시기**[시대 혹은 계절]를 바로잡는다.

바울은 실제로 **주의 날**이 갑자기, 마치 **밤에 도둑같이** 모두가 **평안하다, 안전하다** 할 그때에(2b, 3a절) 올 것이라고 말했다. 몇몇 사람이 그러듯이 **그들이**[그때 살아 있는 사람들] "평안하다, 안전하다"고 말할 것이라고 하는 것은, 이것이 환난의 시기가 아니라 환난이 시작되기 전에 있음을 강력히 주장하는 것이다. 누구도 환난의 시기에 그렇게 말할 것 같지는 않다. 더욱이 이날은 갑자기 올 것이고(산고와 함께), 엄청난 **멸망**을 가져올 것이다(예수님이 말씀하신 같은 논지에 대해서는 마 24:36-51에 대한 주석을 보라). 환난에 직면한 사람은 누구도 **피하지** 못할 것이다. 그러나 바울은 데살로니가인들의 염려에 답하면서 이것이 데살로니가인들이나 교회 시대의 어떤 신자에게도 **임하지** 않을 것이라고 말했다. 신자들은 **밤이나 어둠에 속하지 아니하고, 빛의 아들이요 낮의 아들**이다. 실제로 신자들은 그날 그곳에 있지도 않을 것이다. 그분은 우리가, 즉 그분의 교회가 노하심에서 구원받을 것이라(끌어 올려짐으로, 참고. 4:13-18) 약속하셨다. **하나님께서는 우리를 진노하심에 이르도록 정하여 놓으신 것이 아니다**(9절, 새번역; 참고. 1: 10; 살후 2:13). 더욱이 예수님이 **우리를 위하여 죽으셨을 때**(10a절) 그분은 궁극적인 노하심을 이미 가지고 가셨다.

어떤 사람들은 신자들이 노하심을 겪지 않으리라는 약속은 환난의 시기에 있는 신자들에게도 적용되어야 한다고, 혹은 적용될 것이라고 주장할 수도 있다. 이러한 견해는 환난의 시기에 있는 신자들이 순교할 것이라는 주장과 대치된다(참고. 마 24:9; 계 6:9). 그 순교는 '어린 양의 진노'(계 6:16)로 인해 세상에 임할(계 6장의 인 심판) 전 세계적인 파괴, 죽음, 멸망의 일부일 것이다. 다시 말해 신자들은 절대 신적 노하심을 직접 받지는 않지만, 환난의 시기에 사는 신자들은 그 노하심의 영향을 받을 것이다. '교회 시대' 성도들과 환난의 시기 성도들의 차이는 '약속'뿐이다. 즉, 교회는 '노하심으로부터' 약속된 구원을 받고, 그 성도들은 '노하심을 통하여' 구원받을 것이다(참고. 계 6:11).

환난 후 휴거설을 견지하는 더글라스 무(Douglas J. Moo)는 여기서의 어휘는, 데살로니가인들이 주의 날이 올 때 그곳에 있을 것을 암시한다고 의견을 밝혔다[Douglas J. Moo, *Three Views on the Rapture*, rev. ed., (Grand Rapids, MI: Zondervan, 1996), 204-205]. 왜 그들에게 주의 날이 도둑같이 온다고 경고하는가? 왜 그들에게 깨어 있으라 하는가? 실제로 바울의 요지는 '그들에게 경고하기'보다는, 그들의 현재 경험과 주의 재림을 겪을 이들의 경험을 대조하는 것이다. 다시 한 번 그들은 자신들이 겪는 박해가 그들이 이미 그날에 있다는 의미가 아닌지 염려했다. 바울은 이렇게 말했다. "아니다. 너희는 이미 그날에 있을 수가 없다. 그날은 (도둑같이) 갑자기 올 것이기 때문이고 그것이 일어나지 않았기 때문이다. 그것은 '창세로부터 지금까지 이런 환난이 없었고 후에도 없을 것처럼'(마 24:21) 파괴적일 것이므로(**멸망**), 그것은 일어나지 않았기 때문이다. 또 그것은 그날의 심판으로 가차 없이 이어질 여인의 산고 같은 것이며(마 24:6-8에 나오는 예수님의 묘사를 떠올리며, 그러한 산고에는 전쟁, 기근, 지진이 포함되어 있다) 그것은 일어나지 않았기 때문이다." 4

절과 5절에서 바울은 데살로니가인들에게 '깨어' 있으라고 말하기보다는 그들의 부르심과 그 자리에 '일관성 있게' 있으라고 말한다. 그들은 **깨어 정신을 차리고**(6절) 있어야 했다. 그날에 들어갈 준비를 하기 위해서가 아니라, 그저 이것이 **빛의 아들이요 낮의 아들**(5절)이 사는 삶의 본질이기 때문이다.

마지막으로 데살로니가인들은 자신감을 가져야 했다. 그들은 자신의 **구원**이 완성됨을 볼 것이고, 그분과 **함께 살게** 될 것이다(9-10절). 바울이 이같이 말한 것은 데살로니가인들을 **권면**하기 위함이요, **덕을 세우**기 위함이었다. 이 말씀은 그들이 붙잡아야 할 종말론적 약속일 뿐만 아니라, 현실의 삶에서도 적용해야 한다.

Ⅶ. 합리적이고 영적인 삶을 위한 바울의 권면 (5:12-22)

A. 교회 지도자들과의 관계(5:12-13)

5:12-13. 바울은 서신을 마무리 지으면서 5:12-22에 간단한 경고를 남겼다. 종말과 관련된 가르침(4:13-5:11; 5:23) 사이에 끼워넣었는데, 임박한 예언적 사건들 못지않게 그리스도인들의 관계 또한 매우 중요함을 짚어주었다. 그는 데살로니가인들에게 그들의 지도자들에게 복종하고 감사히 여기라고 가르쳤다(5:12-13). **알고**는 문자적으로 이 지도자들을 '아는 것'이지만, 교회의 지체들을 위한 그들의 **수고**['탈진할 정도로 애쓰는 것']에 대해 진실하게 감사한다는 의미도 포함한다.

B. 그리스도인 친구들과의 관계(5:14-15)

5:14-15. 바울은 또한 다른 이들에게 빌붙어서 살아서는 안 된다고 경고했다. **게으른**이란 무질서하고 죄악 된 삶으로써 성경적인 그리스도인의 생활과 '맞지 않는'다. 이렇게 어긋난 생활 방식을 고수하는 신자들을 애정을 가지고 부드럽게 대면하는 일은, 교회 지도자들만이 아니라 '모든' **형제**의 책임이다.

C. 박해하는 자들에 대한 태도(5:16-18)

5:16-18. 이 절들은 데살로니가인들의 역사적 정황에 매우 적절해 보인다. 곧 그들에게 가혹한 박해가 닥칠 상황이었지만, 바울은 그들에게 **기뻐하고**, **기도하고**, **감사하**라고 명령했다(이 동사들이 명령형임을 주목하라). "이 문장에는 전치사나 접속사가 없다. 간결하면서도 단호한 이 명령은 내면의 본질이 어떠해야 하는지를 묘사하며, 듣는 이의 시선을 사로잡아 마음에 큰 울림을 남긴다"(Heibert, *Thessalonian Epistles*, 239). **항상**[*pantote*, 판토테] **기뻐하라**는 말은 자연스럽게 즐거워지는 상황이 아니더라도 모든 상황에 기뻐하라는 의미이다. **쉬지 말고**[*adialeiptos*, 아디알레이프토스] **기도하라**는 말은, 끊임없이 간구하라는 말이 아니라 일관성은 물론 '계속 되풀이되는' 기도를 의미한다. "그리스도인은 살면서 기도는 간헐적으로 하겠지만, 기도의 마음은 끊임이 없어야 한다"(Heibert, *Thessalonian Epistles*, 241). **범사에 감사하라**는 말은, '모든 것에 대해 감사하라'는 말이 아니라, 과거의 상황을 바라보며 "모든 것이 합력하여 선을 이루"는(롬 8:28) 것을 알라는 말이다. 예수님은 비슷한 고난에 맞닥뜨린 이들에게 비슷한 가르침을 주셨다(**기뻐하라**와 **감사하라**는 명령은, 마태복음 5:12의 기뻐하고 즐거워하라와 유사하다. 또 "너희를 박해하는 자를 위하여 **기도하라**"는 마 5:44에서 주님이 가르치신 것이다).

D. 성령과의 관계: 성령을 소멸하지 말라 (5:19-22)

5:19-22. 바울이 무엇 때문에 이 절들을 썼는지는 확실히 알 수 없지만, 데살로니가에는 고린도의 문제와는 상반된 문제가 있었던 것으로 보인다. 고린도인들은 성령의 은사를 사용하는 면에서 주체할 수 없을 만큼 활발했던 반면, 데살로니가의 일부 사람들은 지나칠 정도로 조심했다. 그들은 성령을 소멸하고('무언가 혹은 누군가가 기능을 하지 못하게 하다', '억압하다, 질식시키다, 진압하다') 있었다(19절). 20절에서 그것이 무슨 의미인지 설명한다. 어떤 사람들은 마귀가 위조할 수 있다는 이유로 **예언**을 경시했다. 따라서 분별이 필요하다. 그것이 21-22절의 요지이다. 예언들은 교회 내 다른 예언자들의 평가를 받아야 했다(고전 14:1-3에 대한 주석의 '예언과 방언' 그리고 고전 14:29-33a에 대한 주석을 보라). 뿐만 아니라 예언 메시지와 관련하여 교회 지체들은 주님으로부터 온 **좋은 것을 취해야** 한다. 그러나 악한 예언 메시지는 **어떤 모양이라도 버려**야 한다. 데살로니가전서 5:22이 일반적인 행동들과 연관이 있을 것 같지는 않다(즉, 모든 그리스도인이 누군가가 적절하지 않다고 여길 수 있는 모든 행동을 줄여야 한다는 뜻). 오히려 문맥을 볼 때, 하나님으로부터

오지 않은 듯이 보이는 예언은 받아들이거나 적용하지 말라는 말이다. 이 절들을 적용하자면, 지역 교회에서 영적 은사를 발견하고 사용하는 것은 허용되며, 합당한 이유가 있을 때에만(성숙하지 못함, 분열) 그렇게 하는 것을 허용하지 말아야 한다. 예언의 은사가 더 이상 교회에 존재하지 않는 것과 관련해서는 고린도전서 13:8-13에 대한 주석을 보라.

Ⅷ. 데살로니가인들을 향한 바울의 마무리 말 (5:23-28)

A. 데살로니가인들을 위한 기도(5:23-24)

5:23-24. 바울은 종말론이라는 주제를 염두에 두고 그의 마지막 기도를 나누었다. 그가 그들에게 바라는 것은, 그들의 온전한 구원(참고. 4:1-8), 혼과 몸의 온전한 보전 그리고 주 예수 그리스도가 오실(*parousia*, 파루시아) 때 최종적으로 그들의 정당함이 입증되는 것이다(흠 없게). 이 일의 정점, 온전한 성취가 확실한 것은, 그분이 미쁘시고, 그가 또한 필요한 모든 일을 이루실 것이기 때문이다.

B. 데살로니가인들에게 주는 지침(5:25-28)

5:25-28. 바울은 자신을 위해 기도하고 아울러 모두와 거룩한 입맞춤이라는 친밀함의 표현을 나누라는 마지막 당부를 했다(참고. 롬 16:16; 벧전 5:14). '입맞춤'은 애정과 하나 됨을 전하는 공동체에서 흔한 표현이었다. 오늘날에도 어떤 문화에서는 이 같은 표현을 선호하지만, 다른 문화에서는 기피하기도 하는 방법이므로 사도는 해당 문화에 맞는 표현을 찾아야 할 것이다. 바울은 또한 이 서신을 모두에게 읽어주어, 그 내용을 교회 전체가 듣고 알도록, 또 모두가 경고를 듣고 격려를 받도록 그리고 주님의 은혜가 사귐의 기초가 되도록 하라고 요청했다.

참 고 문 헌

Fee, Gordon D. *The First and Second Letters to the Thessalonians*. New International Commentary on the New Testament. Grand Rapids, MI: Eerdmans, 2009.

Green, Gene L. *The Letters to the Thessalonians*. Pillar New Testament Commentary. Grand Rapids, MI: Eerdmans, 2002.

Heibert, D. Edmond. *The Thessalonian Epistles*. Chicago: Moody, 1971.

Hendriksen, William. *I and II Thessalonians*. New Testament Commentary. Grand Rapids, MI: Baker, 1955. 《데살로니가전후서》, 신약성경주석(아가페).

MacArthur, John. *1 & 2 Thessalonians*. MacArthur New Testament Commentary. Chicago: Moody, 2002.

Martin, D. Michael. *1, 2 Thessalonians*. New American Commentary. Nashville: Broadman & Holman, 1995.

Morris, Leon. *The First and Second Letters to the Thessalonians*. New International Commentary on the New Testament. Grand Rapids, MI: Eerdmans, 1959.

Ryrie, Charles C. *First & Second Thessalonians*. Everyman's Bible Commentary. Chicago: Moody, 2001.

Thomas, Robert L. "1 Thessalonians." In *Expositor's Bible Commentary*, vol. 11, edited by Frank E. Gaebelein, 227-298. Grand Rapids, MI: Zondervan, 1978.

__________. "2 Thessalonians." In *Expositor's Bible Commentary*, vol. 11, edited by Frank E. Gaebelein, 299-337. Grand Rapids, MI: Zondervan, 1978.

Walvoord, John F., and Mark Hitchcock, *1 & 2 Thessalonians*. Chicago: Moody, 2012.

데살로니가후서

케빈 주버(Kevin D. Zuber)

서 론

데살로니가전서의 서론을 보라.

개 요

Ⅰ. 그들의 현재 상황에 대한 바울의 반응(1:1-12)
   A. 바울은 친절하게 반응했다(1:1-2)
   B. 바울은 감사로 반응했다(1:3-10)
   C. 바울은 기도로 반응했다(1:11-12)
Ⅱ. 장차 있을 일에 대한 바울의 경고(2:1-17)
   A. 배교가 있을 것이다(2:1-3a)
   B. 적그리스도가 있을 것이다(2:3b-10)
   C. 미혹이 있을 것이다(2:11-12)
   D. 신자들은 구원받는다(2:13-14)
   E. 신자들은 건전한 가르침으로 격려를 받는다(2:15)
   F. 신자들은 하나님의 위로를 받는다(2:16-17)
Ⅲ. 현재의 책임에 대한 바울의 권면(3:1-15)
   A. 그리스도인은 쉬지 말고 기도해야 한다(3:1-5)
      1. 보호를 구하는 기도(3:1-3)
      2. 헌신에 대한 기도(3:4-5)
   B. 그리스도인은 애정을 품고 징계해야 한다(3:6-15)
Ⅳ. 결론: 바울의 소원과 축도(3:16-18)

주 석

Ⅰ. 그들의 현재 상황에 대한 바울의 반응(1:1-12)

A. 바울은 친절하게 반응했다(1:1-2)

1:1-2. 여기에서 바울은 데살로니가전서에 나오는 인사 형식을 따라 인사를 전했다(참고. 살전 1:1에 대

한 주석).

B. 바울은 감사로 반응했다(1:3-10)

1:3-4. 바울은 **하나님께 감사**를 표했고, '자랑한다'고 말했다. 즉, 다른 교회에다가 데살로니가인들에 대한 자랑을 경건하게 한다고 말했다. 바울은 그들을 자랑스러워했다. 데살로니가인들과 관련하여 더 다루어야 하는 몇몇 문제들이 있긴 했지만, 그들은 분명 데살로니가전서의 가르침과 권면과 명령에 제대로 반응했다. 바울은 데살로니가인들의 **믿음**, 나아가 그 믿음이 **더욱 자라**난 것에 대해(살전 3:3에 따르면 그는 그것을 염려했다), 그들이 **서로**에게 가진 상호적이고 성장하는 **사랑**에 대해(그는 살전 4:9-10에서 이것에 대해 썼다), 또 모진 박해에 직면해서도 변함없었던 그들의 **인내와 믿음**에 대해(데살로니가전서에 나오는 또 다른 주제) 감사를 표했다.

1:5-10. 바울은 그들이 옳다 인정함을 받을 것이며 **합당한 자로 여김을 받**을 것이라고 확신을 줌으로써, 데살로니가인들에 대한 격려를 이어갔다. "'합당히 여김을 받는다'고 되어 있는 수동태 부정사는 법정 용어로, '합당하게 만들다'나…'합당하다'라기보다는 '합당하다고 평가받다, 자격이 있다고 여겨지다'라는 의미이다(Heibert, *Thessalonian Epistles*, 285). 이는 행위에 근거한 구원이 아니다. 박해를 받는 어려움 속에서도 그들이 보인 인내와 믿음은, 하나님이 변호하실 때(**공의로운 심판**으로 번역한) 그들이 미래의 **하나님의 나라**에 합당하다고 여겨지는 증거(**표**)가 된다. 다시 말해, 그들이 엄청난 도전들 가운데서 믿음을 유지한 것은 하나님이 그들을 하나님 나라에 두기로 하셨다는 증거였다. 바울 당시에 구원받은 신자들 외에 누가 이러한 고난을 겪었을까? 미래의 **하나님의 나라**에서(1:5) 그분이 심판을 행하실 때(1:7-8), 그들은 **환난**[박해]에서 벗어나 **안식**을 찾고 공의가 실현됨을 볼 것이다(1:6-7). 바울은 여기서 이 신자들이 미래의 하나님 나라에 갈 자들이며, 교회가 하나님 나라와 동일시될 수 없음을 시사한다. 하나님 나라는 현재 나타나 있지만 온전히 실현되지는 않았고, 절정의 도래를 기다리고 있다. **너희로 환난을 받게 하는 자들, 하나님을 모르는 자들, 복음에 복종하지 않는 자들**에게는 **영원한 멸망의 형벌**이 주어질 것이다. 이것은 소멸이 아니다(참고. 마 25:46, **영원한**이라는 단어는 '영생'처럼 지속되는 무언가를 가리킨다). 그들은 영원히 **주의 얼굴**에서 떨어져나가 있을 것이며, 그것은 하나님의 **공의로운 심판**에 따른 결과이다. 그것은 신자들을 박해하고 **환난을 받게** 한 이들을 **환난으로 갚으시**는 하나님의 정당한 보응이다. **주 예수께서…나타나실 때** 심판이 있을 것이고, 그때 주께서 원수들에게 **형벌**을 내리실 것이다. 예수님이 환난의 시기 끝에 심판자로 돌아오실 때(참고. 마 13:24-30; 24:29-51; 계 19:11-15) 모든 **성도**가 이 사건을 목격할 것이고, **모든 믿는 자들**이 그것을 보고 놀랄 것이다.

환난 전 휴거가 온다는 입장의 주요한 문제 가운데 하나는(살전 4:13-5:11에 대한 주석을 보라), 데살로니가후서 1:7에서 그리스도인들에게 약속한 '안식'과 관련이 있다. 그것은 "주 예수께서 능력의 천사들과 함께 하늘로부터 불꽃 가운데에 나타나실 때" 온다고 나와 있다. 많은 신자들이 신자들에게 임하는 이러한 안식(1:7)과 불신자들의 심판(1:6, 9)이 환난 후 그리스도의 재림 때 일어난다고 생각한다. 또 그들은 이때 환난 후 교회의 휴거도 일어난다고 생각한다. 그러나 환난 전 휴거설과 잘 들어맞는, 이 단락을 이해하는 더 나은 방법이 있다. 이 단락의 주안점과 관련된 그 시기는, 악한 이들이 최종적으로 멸망하는 시기로, 아마 재림 이후일 것이다. 1:9에서 심판은 문자적으로 '형벌을 당하는 것, 즉 영원한 멸망'을 가리킨다. 살아 있는 불신자들이 재림 때 심판을 마주할 것이지만, 불신자들의 영원한 형벌은 재림보다는 요한계시록 20:11-15의 '크고 흰 보좌 심판'과 관련이 있어 보인다. 데살로니가후서 2:7-8과 동일한 많은 요소들(불, 천사들의 존재, 그리스도의 원수에게 내릴 영원한 형벌, 그분의 백성들에게 임할 최종적인 안식)이 요한계시록 14:10-11; 20:11-15에도 있다. 바로 이 시점에 모든 갈등이 해결되고 그분과 함께하는 온전한 안식이 올 것이다(계 21:1-8을 보라). 환난의 시기 동안 순교당한 이들은 쉬라는 말을 듣지만(계 6:9-11), 하나님이 그들을 핍박한 이들에게 보복하시기를 기다리며, 그들 역시 긴장을 경험할 것이다. 또한 천년왕국 동안에도 반역과 죄가 있으므로(계 20:7-10을 보라), 온전한 안식은 영원의 상태가 시작될 때에야 온다. 요한계시록에 따르면 신자들의 궁극적인 안식과 불신자들의 영원한 심판은, 그때 확실시된다. 그렇다면 바울은 데살로니가후서 1장에서 동일한 연속적 사건들을 마음에 그렸던 것 같다.

C. 바울은 기도로 반응했다(1:11-12)

1:11-12. 이 다가올 날을 염두에 둔 데살로니가인들을 위한 바울의 기도는, 하나님이 그들을 부르심에 **합당한** 자로 여기시고, 그들의 거룩함(**선**)과 믿음이 자라게 하시며, 그들 가운데서 계속 그분의 일을 하시기를 구하는 것이다. 늘 그렇듯이 목표는 **주 예수**의 영광이다.

Ⅱ. 장차 있을 일에 대한 바울의 경고(2:1-17)

A. 배교가 있을 것이다(2:1-3a)

2:1-3a. 바울은 데살로니가인들에게 영향을 준 어떤 거짓 가르침을 언급했다. 이 가르침은 신의 말씀 혹은 예언의 **영**, 권위 있는 **말** 혹은 다른 사도에게서 온 **편지**를 가지고 있다고 주장하는 사람에게서 나왔을 것이다. 당시에는 인정받은 권위자들의 이름을 사용한 위조 편지들이 흔했다. 이 거짓 가르침에서 휴거가 일어났고 주의 날이 시작되었다고 단언한 것으로 보인다. 거짓 가르침은 데살로니가인들을 혼란스럽게 했고 속일 기세였다. 하지만 이 사건들 중 어느 것도 시작되지 않았다. 바울은 이 거짓 가르침과 맞서기 위해 그리고 그날(환난의 시기)이 아직 오지 않았음을 증명하기 위해 주의 날의 핵심 요소들을 언급했다. 그는 그날이 올 때 먼저 배교가 일어날 것이라고 말했다. 이는 단순히 믿음에서 떨어져 나가는 일이 많아지는 것이 아니라, 어떤 주요한 운동 같은 것을 말하는 것이다. 이례적으로 배교가 늘어날 것이다.

B. 적그리스도가 있을 것이다(2:3b-10)

2:3b-10. 그다음 **불법의 사람**(3b절)이 나타날 것이다. 바울은 이 바로잡는 가르침을 강화하기 위해 그의 이전 가르침을 상기시켰다(2:5). 그러고 나서 바울은 **그것을 막는 자**가 물러날 것이라고 말했다. 다시 말해, 죄와 반역을 제지하는 하나님의 능력이 잠시 잠잠할 것이다(2:6-7). **불법한 자**가 오는 것을 **막는 자**의 정체에 대해서는 많은 의견들이 있었다. 이러한 '불법한 자'와 그의 능력은 사탄에게서 온 것이므로, 사탄을 저지할 수 있는 능력이 있는 유일한 분이 그분이라 추정하는 것은 합리적인 듯 보인다. 제지하는 일이 다른 데서는 성령께서 하시는 것으로 나와 있으므로(참고. 창 6:3), 바울이 여기서 염두에 두고 있는 제지자는 성령이라 추정하는 것이 합당한 것 같다.

바울은 또한 이 속이는 자, 즉 **불법한 자**의 종말이, 주의 말씀, 즉 **그 입의 기운으로**, 또 그분이 **강림하여 나타나심**으로 온다고 말했다(8절). 이 **불법한 자**는 다니엘 7:8의 '작은 뿔', 다니엘 9:26의 '장차 올 왕', 요한계시록 13:1-10, 18의 '짐승'과 동일한 자이다. 그는 적그리스도, 즉 장차 이 땅에서 벌어질 환난의 시기에 사악한 모습으로 나타날 실제 인물이다. 그는 자신이 신성을 가졌다고 주장하면서 자신을 숭배하라고 할 것이다. 이는 뻔뻔스러운 주장이다[그에게는 '거짓 메시아' 혹은 '모조 그리스도'라는 뜻으로 '대신'이라는 의미의 '적'(*anti*, 안티)이 붙었을 것이다]. 또 그는 다니엘과 예수님의 예언처럼(4절; 참고. 단 9:27; 마 24:15; 참고. 계 13:1-8) **성전에 앉**을 것이다. 그러나 바울의 주요 논지는 불법한 자가 아직 나타나지 않았다는 것이다. 바울은 요지를 확실하게 하기 위해 이자의 능력은 사탄에게서 나올 것이며 거짓 **표적과 거짓 기적**을 드러낼 것이라고 말했다. 그러한 드러냄은 결국 속임수와 멸망으로 귀결될 것이고, 그래서 그것들을 진짜로 받아들인 이들은 **멸망**할 것이다. 바울은 경고를 덧붙여 사탄에게 속은 이들은 이미 불리한 입장에 있을 것이라고 말했다. 그들은 하나님이 주신 **진리의 사랑을 받지 아니**했기 때문이다. 데살로니가인들은 경고를 받지만 염려하지 않는다.

휴거의 시기에 대해 특정한 입장을 지지하는 것이라 해도 데살로니가후서 2:1-10의 증거는 빈약하다. 그러나 환난 전 휴거 입장은 자신들의 견해를 뒷받침하기 위해 본문에서 몇 가지 특징을 찾았다. 첫째로, 2:2에서 바울은 주의 날의 도래와 관련하여 그들이 받았던 가르침에서 흔들리지 말라고 권고했다. 만약 바울이 교회가 주의 날에 오는 재난을 겪을 것이고(대환난이라고도 알려진) 그러한 재난 이후에 휴거가 온다고 가르쳤다면, 데살로니가인들이 주의 날이 도래하여 지속되고 있다는 이 가르침으로 인해 두려워했을 것 같지 않다. 그러나 그들은 두려워했다. 이는 바울이, 주의 날에 그들이 교회의 휴거를 통해 땅에서 벗어날 것이므로 땅에 있지 않을 것이라고 가르쳤음을 암시한다.

본문의 두 번째 요지는, 이 단락에 환난 전 휴거설 입장이 나타남을 지지한다. 바울은 그들이 주의 날 가운데 있지 않다고 안심시켰다. 그는 주의 날의 임재를 알려주는 핵심 사건 두 가지가 없음을 언급했다. 하나는, 주의 날이 시작되기 전에 '배교'와 '불법한 자의 나타남'이 일어나야 한다. 그러고 나서야 주의 날이 이를 것이라고 말하는 3절에 그 흔적이 있다(이는 예를 들어 NASB, ASV, KJV, NKJV, NIV, RSV, NRSV, ESV에서 공통된 흔적이다). 그러나 문장 구조가 더욱 그런 해석을 암시한다. 3절은 불완전한 '만약…그렇다면' 문장이다. 여기에는 '만약' 부분만 있고, 그다음에 나와야 하는 '그렇다면' 부분은 없다. 가장 좋은 해석은, 2절에서 '그렇다면' 부분을 찾는 것이다. 가장 가능성 있는 후보는 '주의 날이 이르지[않는다]'라는 것이다. 그렇다면 3절은 이렇게 읽어야 한다. "너희는 누구에게도 어떤 식으로도 속지 말라. 첫 번째로 배교가 오지 않는다면, [두 번째로] 불법한 자가 나타나지 않는다면, 주의 날이 오지 않은 것이기 때문이다."

그 구조는, 배교와 불법한 자의 나타남이 주의 날의 시작보다 먼저 있어야 한다고 암시하기보다는, 두 사건 중 배교가 먼저 일어나고 그런 다음 불법한 자가 나타나며, 두 사건이 다 있을 때에야 주의 날이 도래했음을 알게 될 것이라고 말하는 듯 보인다. 데살로니가인들은 주의 날이 아직 시작되지 않았음을 알 수 있었다. 주의 날이 올 때 일어나는 두 사건, 주의 날이 왔음을 알리는 두 사건, 즉 배교도 없었고, 불법한 자도 나타나지 않았기 때문이다. 요지는, 이 두 사건이 주의 날 '전에' 일어나는 것이 아니라, 주의 날 '동안' 일어나 주의 날이 왔음을 알려준다는 것이다.

C. 미혹이 있을 것이다(2:11-12)

2:11-12. 믿지 않는 세상은 하나님의 진리를 거부하고(10절), 쉽게 속아 넘어갈 것이기 때문에 하나님은 또한 그들이 **거짓 것을 믿게** 하시려고 **미혹의 역사**[deluding influence, 11절]를 보내심으로써 그들을 심판하실 것이다. 진리가 아닌 거짓과 죄를 택하고 **불의를 좋아하는** 이들은 영적인 것들을 분별할 수 없고(참고. 고전 2:14), 사탄의 속임수의 희생자가 될 것이다.

D. 신자들은 구원받는다(2:13-14)

2:13-14. 바울은 염려하고 있던 배교와 반대가 있을 현실을 고려하여 몇 가지 개인적인 말을 했다. 바울은 그들로 인해 **하나님께 감사**한다고 말함으로써 그들에게 그들의 부르심을 상기시키고(참고. 살전 1:4), 거룩함을 추구하고(참고. 살전 4:1-8) 믿음 안에서 계속 굳게 서 있으라는 격려를 전했다(참고. 살전 3:7-8).

E. 신자들은 건전한 가르침으로 격려를 받는다 (2:15)

2:15. 현재의 거룩함과 미래의 구원을 향한 소망(2:13)은 데살로니가인들이 **굳건하게 서라**(15절)는 바울의 경고에 집중할 때 이루어질 것이다. 바울은 또한 그것을 이루는 도구에 대해 한 단어를 포함시켰다. 즉, 그들은 **전통**['신앙의 규율', 예수 그리스도에 대한 진리]을 **지켜야** 했다. 그는 처음 직접 그곳에 갔을 때 혹은 그의 이전 **편지**로 이 전통을 그들에게 '가르쳤다'(참고. 행 17:1-10).

F. 신자들은 하나님의 위로를 받는다(2:16-17)

2:16-17. **우리 주 예수 그리스도와…하나님 우리 아버지께** 드리는 그의 기도(분명 삼위일체적인)는 그들이 안전함을 다시 한 번 일깨워줄 것이고(하나님의 사랑과 은혜 가운데서), 위로를 줄 것이고(박해를 당할 때나 개인적인 상실의 때에도), 주께서 오실 때까지 그들이 계속해야 할 일과 삶과 증거를 위해 그들의 **마음을 굳건하게** 하는 데 기여할 것이다.

Ⅲ. 현재의 책임에 대한 바울의 권면(3:1-15)

A. 그리스도인은 쉬지 말고 기도해야 한다(3:1-5)

1. 보호를 구하는 기도(3:1-3)

3:1-3. 위대한 사도는 데살로니가 신자들만을 위해 기도하지 않았다. 그 역시 기도가 필요했다. 기도해달라는 그의 요청(**우리를 위하여 기도하기를**)에는 바울이 가장 귀하게 여겼던 말씀 선포가 성공하고 말씀이 신속하게 퍼져나가는 일이 드러나 있다. 그것은 또한 바울이 가장 두려워했던 **부당하고 악한 사람들**의 반대도 보여주었다.

2. 헌신에 대한 기도(3:4-5)

3:4-5. 그가 **주 안에서** 가진 **확신**(4절)과 그들에 대해 가진 확신은, 그가 그들을 신뢰하고 있음을 보여준다. 그들은 그의 권면(**명한 것**)을 충실히 따랐고 즉시

대응했다. 그러나 그가 진정으로 확신하고 자신하고 있었던 것은 주님의 신실하심과 보호하심이었다. 주님의 신실하심과 보호하심이 그리스도인의 헌신, 구체적으로는 **하나님의 사랑**과 **그리스도의 인내**를 낳는다. 이는 결국 그들이 굳건히 서도록 할 것이며(참고. 2:15) 그들은 궁극적인 거룩함에 이를 것이다(참고. 살전 5:23-24).

B. 그리스도인은 애정을 품고 징계해야 한다 (3:6-15)

3:6-15. 바울은 핵심 그룹에게 게으른 자들과 관련한 세 가지 예리한 명령을 했다. 1. 그들에게서 **떠나**야 하고 그들과 **사귀지 말**아야 한다(6,14절). 다시 말해, **게으르게 행하**는 자들과는(6절) 협력도 하지 말고 사귐도 갖지 말아야 한다. 게으르게 행하는 자들이란, 무절제한 삶으로 교회 내에 무질서를 야기시키는 이들을 의미한다(고전 5:9-13에 대한 주석을 보라). 2. 그들은 그런 사람을 **특별히 조심**해야 한다(14절, 새번역). 다시 말해, 그러한 사람이 징계 중에 있다고 공개적으로 알려야 한다. 이렇게 해야 하는 이유는, 징계를 받고 있는 사람들을 **부끄럽게** 하고(14절) 그들이 후회하며 회개하도록 만들기 위해서이다(참고. 마 18:15-20). 3. 그들은 그 사람에게 **권면**해야 한다(15절). 그를 마치 **원수**인 양 보지 말고, 주 안에서 형제자매로 회복되게 해야 한다.

바울은 게으른 자들이 따라야 할 본으로, 또 그 핵심 그룹이 게으른 자를 판단하는 기준으로 자신의 개인적인 훈련과 자급자족의 예를 알려주었다. 바울은 훈련했고, 자급자족했고, 양심적이었다. 그는 부지런하고 열심히 일하는 본이었다(7-9절). 더 나아가 그는 게으른 자들에게 직접 명령을 주었다. 첫째, 그는 그 문제를 언급했다. 어떤 사람들은 일을 해서 자립하려고 하지 않았다(11절). 아마도 주의 재림이 임박했으니 그러한 일을 할 필요가 없다고 여겼기 때문인 듯싶다. 둘째, 그는 일하지 않는 자는 먹지도 말라는, 격언처럼 들리는 어구로 해결책을 제시했다(10절). 어떤 사람이 게으르거나 태만하면 나머지 사람들은 그를 먹이거나 해서 그가 계속해서 게으름을 피우도록 해서는 안 된다. 마지막으로, 그는 주의 재림의 임박함과 상관없이 신자들은 부지런히 살아야 하고 그분을 섬기는 일에서 **낙심**해서는 안 된다(13절)고 명한다.

살후

Ⅳ. 결론: 바울의 소원과 축도(3:16-18)

3:16-18. 데살로니가인들을 향한 바울의 마지막 말에는 평강을 구하는 기도가 포함되어 있다. 이는 박해를 당하는 데살로니가인들에게 필요한 것이었다. 또 자신이 저자임을 입증하는 개인적인 말도 포함되어 있다. 이는 이 서신의 가르침과 권면을 강화하는 역할을 것이다. 그리고 은혜를 구하는 축도가 있다. 이는 데살로니가인들이 주님의 오심을 기다리며 살아갈 때 의지하기 위해 필요한 것이었다(참고. 2:16).

참 고 문 헌

데살로니가전서의 참고 문헌을 보라.

디모데전서

존 쾨슬러(John M. Koessler)

서 론

저자와 연대. 바울이 디모데전서를 썼다는 것이 디모데전서 1:1에 분명히 언급되어 있음에도 불구하고, 수많은 비판적인 학자들이 이 서신을 2세기에 쓰인 것으로 본다(디모데후서와 디도서도 함께). 그들은 이 서신들에 나오는 독특한 어휘, 교회 구조에 대한 관심, 사도 바울의 다른 서신들에 공통으로 나오는 주제들이 디모데전서에는 분명하게 드러나지 않는다는 점, 서신에 묘사된 사건들을 사도행전에 나오는 연대순에 맞추기 어렵다는 점 등을 근거로 이러한 주장을 펼친다. 하지만 신약 학자 도널드 거스리[Donald Guthrie, *New Testament Introduction* (Downers Grove, IL: InterVarsity, 1970), 584-622.《신약서론》(크리스천다이제스트)]는 다음과 같은 사실들을 지적하며 이러한 반대에 응답했다.

(1) 어휘의 독특성은 상황과 주제의 차이로 설명할 수 있다. 바울이 목회서신에서 이러한 여러 용어들을 사용했다고 해서 이 용어들이 2세기에만 있었던 것은 아니다. 이 서신들에서 다루는 여러 교리적 쟁점들이 2세기 영지주의와 잘 들어맞긴 하지만, 이제는 1세기에 이러한 개념들이 생기기 시작했음을 전반적으로 인정하고 있다.

(2) 사도행전에도 초대교회의 리더십 구조에 대한 증거가 있다. 바울은 장로들을 임명했고, 빌립보서에서는 교회의 직책들을 언급했다(행 14:23; 빌 1:1). 각 도시에 감독 한 명을 두었던 2세기 모델을 반영한 리더십 구조를 아는 이들이, 이 서신을 2세기 것이라고 추정했을 뿐이다. 본문의 어떤 표현도 반드시 그러한 결론을 내려야 한다고 암시하지 않는다.

(3) 목회서신의 내용은 이 서신을 받을 수신자의 상황에 따라 결정되었다. 바울의 다른 서신들에 포함된 모든 신학적 주제가 디모데전서에도 나오리라 기대하는 것은 합리적이지 못하다. 일부 '빠진' 주제들은 어휘에 암시되어 있다.

(4) 사도행전이 바울의 순교에 대한 기록을 담지 않고 그의 석방으로 끝난다는 사실은 사도의 사역에 대한 누가의 보도가 완전하지는 않았다는 증거이다. 사도행전에 묘사된 전도 여행의 구조에 맞지 않는 사건들은, 사도행전 말미에 묘사된 2년간 진행된 '가택 연금' 이후에 일어났을 것으로 보인다. 도널드 거스리는 바울이 석방 이후에 드로아, 밀레도, 그레데를 방문했지만 마게도냐와 그리스에서의 사역에 집중했다고 본다. 그는 리쿠스 계곡, 빌립보와 니고볼리를 방문한 다음에 마게도냐에서 다시 잡혔을 것이다(Guthrie, *New Testament Introduction*, 598-599). 이를 근거로 가장 보수적인 학자들은 이 서신이 주후 63-66년 사이 어느 때쯤 쓰였다고 추정한다.

목적과 주제. 바울은 하나님의 집에서 어떻게 행하여야 하는지 알려주려고 디모데에게 이 편지를 썼다(3:14-16). 아울러 이 서신은 교회의 조직 구조와 사역에 대해서도 자세히 설명해준다.

디모데전서에서 바울은 자신이 마게도냐로 가 있는 동안 에베소에 남아 있던 디모데에게 여러 지침을 주었다. 디모데의 일차적인 책임은, 거짓 교훈을 가르치던 이들의 거짓을 밝히는 것이었다(1:3-4). 그에 더하여 바울은 모임에서의 처신과 교회 지도자 임명 문제를 다루었다(2:9-15; 3:1-13). 이러한 관심들은 수많은 관계적인 쟁점들과 윤리적 지침들로 상세히 설명되어 있다. 디모데의 책임에 대한 전반적인 그림은, 회중들 각각의 목사이기보다는 더욱 폭넓은 권위를 가진 모습이다. 디모데는 바울 대신 리더들의 리더로 섬겼다. 십중팔구 디모데는 바울이 없는 동안 에베소의 가정 교회들을 감독하는 이로 활동하며, 처음으로 홀로 교회 사역을 감당했을 것이다.

배경. 디모데는 바울의 2차 전도 여행 기간에 "루스드라와 이고니온에 있는 형제들에게 칭찬받는 자"였을 때(행 16:2) 바울을 만났다. 디모데의 아버지는 이방인이었고 아마도 신자가 아니었을 것이다. 하지만 디모데의 외할머니와 어머니는 신실한 신자였다(딤후 1:5). 어떤 사람들은 디모데가 선천적으로 소심하고 위장에 문제가 있었다고 생각한다(딤후 1:7; 딤전 5:23). 그렇기는 하더라도 바울은 디모데가 다른 이들을 돌보는 능력에서 아주 월등하다고 묘사했다(빌 2:20). 바울은 이 젊은 후배의 사역 능력을 충분히 확신했기 때문에 그를 문제 많은 교회들에 보냈다(고전 4:17; 16:10). 나이가 어린 디모데는 그의 권위를 확실히 해야 함을 기억해야 했다(딤전 4:12).

디모데는 그의 멘토 바울처럼 일정 기간 투옥되었다가 석방되었다(히 13:23). 교회 역사가 유세비우스(Eusebios, 주후 265-339년경)는 디모데가 에베소의 초대 감독이 되었다고 말했다. 유세비우스는 이 서신에 나타난 디모데에게 부여된 임무들의 성격에 근거하여 이러한 결론을 도출한 듯하다.

개 요

Ⅰ. 바울이 디모데에게 전하는 당부(1:1-20)
- A. 디모데를 향한 바울의 인사(1:1-2)
- B. 거짓 가르침의 위험(1:3-11)
- C. 바울이 경험한 은혜(1:12-17)
- D. 디모데를 향한 행군 명령(1:18-20)

Ⅱ. 모임을 위한 규정(2:1-15)
- A. 모임에서의 기도에 대한 지침(2:1-8)
- B. 모임에서의 여성을 위한 지침(2:9-15)

Ⅲ. 지도자 임명을 위한 지침(3:1-16)
- A. 감독 직분의 자격 요건(3:1-7)
- B. 집사 직분의 자격 요건(3:8-13)
- C. 교회의 본질과 사명(3:14-16)

Ⅳ. 교회가 직면한 위협과 방어(4:1-16)
- A. 교리적인 변절과 금욕주의로부터 오는 위협(4:1-5)
- B. 거짓 가르침에 대한 디모데의 반응(4:6-10)
- C. 사역자로서 디모데의 책임(4:11-16)

Ⅴ. 모임에서의 관계들을 위한 지침(5:1-6:2)
- A. 다양한 연령 집단들을 대하는 방법(5:1-16)
- B. 장로들을 대하는 방법(5:17-25)
- C. 종과 주인의 관계(6:1-2)

Ⅵ. 경건의 우선순위(6:3-16)

A. 거짓 교사들의 사악한 성향(6:3-5)
B. 경건과 만족의 소중함(6:6-10)
C. 경건의 추구(6:11-16)
Ⅶ. 마지막 명령(6:17-21)
A. 부자들에게 전하는 당부(6:17-19)
B. 디모데에게 전하는 마지막 당부(6:20-21)

주 석

Ⅰ. 바울이 디모데에게 전하는 당부(1:1-20)

A. 디모데를 향한 바울의 인사(1:1-2)

1:1-2. 바울 당시의 일반적인 편지는 보내는 이와 받는 이를 밝힘으로써 시작했다. 바울은 자신의 권위를 강조하는 방식으로, 이러한 구성을 바꾸었다. 그는 권위를 가진 전령으로서의 자신의 역할과, 신자의 구원을 위한 성부와 성자 두 분의 역할 또한 강조하며, 자신을 **사도**로 밝혔다. 디모데는 출생이 아닌 **믿음 안에서** 낳은 사도의 **참 아들**(2절)이었다. 이 표현에는 각각 상대방에게 느꼈던 깊은 애정이 나타나 있다.

B. 거짓 가르침의 위험(1:3-11)

1:3-11. 둘 사이에 있었던 애정에도 불구하고 바울은 디모데에게 그와 함께 마게도냐로 가는 대신 **에베소에 머물라**고 권했다(3절). 바울의 어조에는 **다른**[거짓] **교훈**으로 인한 에베소 상황의 긴박함이 드러나 있다. 그 거짓 교사들은 **신화와 끝없는 족보**를 강조했다(4절). 여러 구약 인물들의 사건을 각색한 종교 우화들과 거기에 수반된 신학적 추론들은 초기 유대교 문학에서 흔했고, 2세기 영지주의 이단의 특징이기도 했다. 바울의 **교훈**(5절)에는, 디모데가 거짓 교사들을 판단할 수 있도록 하는 비교 기준이 담겨 있었다. 건전한 교훈의 목표는 **사랑**이다. 그 결과로 그것은 **마음**과 **양심**에 영향을 미칠 것이고, **거짓이 없는 믿음**을 낳을 것이다. 구약의 중요 인물들에 대한 수많은 꾸며낸 이야기들은 행위 구원을 강조했다. 그것들에 사로잡히면, 그리스도를 믿는 **믿음**에 근거하여 하나님이 사람들과 관계를 맺으시겠다는 그분의 **경륜**에서 벗어날 것이다(예를 들어, *2 Apoc. Bar.* 14:12-14, 2세기 초; *4 Ezra* 14:27-36, 1세기 후반). 거짓 교사들은 다른 목표가 있었고, 진리에서 **벗어나 헛된 말**에 빠짐으로써(6절) 뜻한 바를 이루지 못했다. 그들의 말은 신학적으로 결함이 있었으며, 도덕적으로 효과적이지 못했다.

에베소의 거짓 교훈은 율법주의적이었다. 바울은 그것을 지지하는 이들은 **율법의 선생**(7절)이 되고 싶어 했다고 말했다. 그들은 구원을 받으려면 할례가 반드시 필요하다는 것과 음식물 규정을 강조했다(참고. 4:3). 바울은 율법 자체의 타당성을 부인하지는 않았다. 율법은 **선한 것**이지만(8절), 적법하게 쓸 때에만 그렇다. 월터 리펠드(Walter L. Liefeld)는 이렇게 주장한다. "율법을 합당하게 사용하는 것이란, 주어진 문화에서 어떤 형태로 있든 죄를 지적하는 것이다"[Walter L. Liefeld, *1 & 2 Timothy and Titus*, NIVAC(Grand Rapids, MI: Zondervan, 1999), 67. 《목회서신》, NIV 적용주석(솔로몬)]. 거짓 교사들이 그리스도를 믿는 이들에게 모세율법에 순종하라고 요구했다면, 그들은 율법의 진정한 목적을 왜곡한 것이다. 9절의 **율법**이, 모세율법보다는 율법의 원리를 가리킨다고 생각하는 사람들이 있다. 이 문맥(가장 눈에 띄는 것으로, 그들이 율법의 선생이 되고자 했고 구약의 족보에 관심이 있었던 것은 유대 가르침의 특성이다. 참고. 딛 1:10, 14; 3:9)은 바울이 하나님의 율법을 적절히 사용할 것을 분명하게 말하고 있음을 시사한다. 거기에는 사람들에게 죄가 무엇인지 알려주는 것이 포함되어 있다(롬 3:20). 10절과 이전 절들에 나열되어 있는 정죄를 받게 되는 행동 목록에는, 율법의 도덕적 심판이 암시되어 있다. 거짓 교사들의 교리는 누구도 참으로 의롭게 만들 수 없었다. 복음의 도덕 기준도 율법의 기준과 동일하다. 둘 다 10-11절에 묘사된 행위를 정죄한다. 그러나 복음에는 율법이 갖지 못한 능력이 있다(참고. 롬 7:7-12; 갈 5:1-6, 13-23에 대한 주석). 신자들은 더 이상 모세율법에 담긴 계명을 지켜야 할 의무가 없지만, 이제 그리스도의 새 언약의 법 아래서 살아간다(고전 9:20-21; 그리고 롬 6:14; 7:1-4; 10:4에 대한 주석을 보라).

C. 바울이 경험한 은혜(1:12-17)

1:12-17. 바울은 그리스도 예수를 선포하기 위해서만이 아니라 그분의 능력을 경험하기 위해 부르심을 받았다(12절). 그는 권위에서나 교리적인 충실성 면에서나 거짓 교사들과는 달랐다. 이 두 가지는 서로 연관성이 있다. 바울의 임명은 하나님이 그를 **충성되다**고 판단하신 결과로 왔다. 사도는 또한 그의 사역이 하나님의 은혜로 말미암았음을 밝혔다(14절). 그리스도는 그가 **알지 못하고 행하였**기 때문에 그에게 긍휼을 보이셨다. 그의 알지 못함이 그의 죄책을 면해주지는 않았지만, 그렇다고 해서 그가 죄 사함을 받을 가능성의 문을 닫아버리지는 않았다(알지 못하고 지은 죄와 다 알면서 반항적으로 범한 죄들에 대한 구약의 이해를 참고하라. 레 5:15-19; 민 15:27-31; 그리고 눅 23:34). 이러한 면에서 그는 거짓 교사들과 구별되었다(참고. 행 20:20). 바울은 부르심을 받을 만하지 않았다. 하나님의 은혜, 믿음, 사랑이 그에게 엄청나게 부어진 결과였다(**넘치도록 풍성하였도다**, 14절).

바울은 자신의 변화는 '믿음'에 기초한 '은혜' 때문임을 밝혔다. 그러나 삶에서 일어나는 급진적인 변화는 거짓 교사들이 주장하듯, 율법을 지키는 것과는 관련이 없다. 바울의 경험은 복음이 죄인들을 위한 것이라는 증거였다(15절). 거짓 교사들의 교리는, 하나님을 떠나서도 의롭게 행동할 수 있는 능력이 있다고 전제했다. 바울은 자신을 시험 케이스로 보았다. 바울은 자신을 하나님의 긍휼을 입을 만하다고 보기보다는, 죄인 중에 **괴수**라고 여겼다(15절). 바울의 경험은 율법과 대비되는 복음의 능력을 드러내보였다. 하나님은 그리스도를 **믿어 영생**을 얻도록 은혜를 주신다. 이 송영에 언급된 **왕**(17절)은, 사도가 그분을 **보이지 아니하시**는 분으로 묘사한 것으로 보아, 구체적으로 성부 하나님을 가리키는 것 같다. 몇몇 사람들은 바울이 익숙한 예배 자료에서 이것을 끌어왔다고 주장했다.

D. 디모데를 향한 행군 명령(1:18-20)

1:18-20. 비록 바울은 이 '예언'의 정확한 내용에 대해 자세하게 말하지 않았지만, 그것이 디모데의 위임과 관련 있는 것은 분명하다(18절). 아마 그 예언이 주어졌을 때, 디모데의 사역과 은사가 정확히 어떤 것이었는지 계시되었을 것이다(참고. 행 13:1-3). 19절에서 말하는 **믿음**은, 디모데가 구원을 위해 그리고 **선한 싸움**을 싸우려고 그리스도를 의지하는 것을 가리킨다. 주관적인 믿음은 **착한 양심**의 증거인 의로운 행동을 낳는다. 이러한 책임을 무시하면 영적 파선으로 이어진다. **사탄에게 내준**(20절)이라는 어구는 교회의 징계로 말미암아 오는 결과를 암시하는 것 같다. 다른 데서 바울은 파문이 영적으로 함의하는 바에 대해 이야기했다(고전 5:3-5에 대한 주석을 보라).

Ⅱ. 모임을 위한 규정(2:1-15)

A. 모임에서의 기도에 대한 지침(2:1-8)

2:1-8. 사도는 디모데에게 주는 개인적인 당부에서, 교회의 관례에 대한 명령으로 방향을 바꾸었다. 회중의 책임에 대한 그의 목록에서 첫 번째는 기도하라는 요청이다. 교회의 중보적 기도는 환경에도 영향을 미치고 개인에게도 영향을 미친다. 교회가 세상의 지도자들을 위해 기도함으로써 그 지도자들이 교회를 괴롭히지 않을 것이고, 교회의 지체들은 자유롭게 **고요하고 평안한** 삶을 살 수 있을 것이다(2절). 그럼으로써 신자들의 삶에 **경건과 단정함**이 보일 것이다. **우리 구주 하나님**(3절)이라는 호칭은 목회서신에만 나온다(1:1; 4:10; 딛 1:3; 2:10; 3:4). 다른 데서 바울은 그리스도를 구세주로 언급하기도 했다(엡 5:23; 빌 3:20; 딤후 1:10; 딛 1:4; 2:13; 3:6). 하나님의 바람은 모든 사람이 복음의 초대를 받게 되는 것이다(4절). 예수님의 대속적 죽음은 모든 사람을 구원할 수 있고, 그럴 능력이 있고, 그렇게 하기에 충분하지만, 그것은 신자들만 경험할 수 있으며, 그들에게만 실재하고, 유효하다. 교회를 우호적으로 여기는 안정된 정부는 교회가 복음을 널리 퍼뜨리도록 허용할 것이다.

복음이 제시하는 범위는 포괄적이지만 그 수단은 배타적이다. 복음의 효과는 오직 **하나님과 사람 사이에 유일한 중보자**이신(5절) 예수 그리스도를 통해서만 온다. 더 나아가 바울은 구세주의 중보 사역을 **대속**

물['어떤 사람을 노예에서 해방시키기 위해 지불하는 값']로 묘사했다. 이는 그것이 사실상 구속적이며 대리적임을 나타낸다(6절). 바울은 자신의 사역의 성격을 세 단어로 묘사했다(7절). **전파하는 자**는 복음의 전령으로서의 그의 역할을 강조한다. **사도**는 그의 교리적·교회적 권위를 강조한다. **이방인의 스승**은 그의 선교적 책임을 강조한다. **각처에서 남자들**(8절)이라는 어구는, 남자와 여자 둘 다를 포함할 수도 있다. 그러나 다음 절에서 여자들을 언급하는 것은, 바울이 여기서 특별히 남자들을 염두에 두었음을 암시한다. 기도할 때 손을 드는 것은 관례였다(시 63:4; 134:2; 141:2). 이는 하나님에 대한 경외를 상징하기도 하고, 위로 들어 올려 펼친 손이 그렇듯 하나님께 마음을 연 삶을 상징하기도 한다.

B. 모임에서의 여성을 위한 지침(2:9-15)

2:9-11. 9-15절의 교훈은, 이것이 비록 작은 가정 모임일지라도 계속 교회의 공적 공동체적 모임이라는 맥락에서 주어진다. 모임에서 기도하는 여자들은 **소박함**['천하고 부적절한 것을 혐오하는 태도']과 **정절**['모든 욕정과 욕구를 늘 절제하는 것']로 단정하게 옷을 입어야 한다. 베드로는 바울이 꾸밈의 수단으로 **선행**을 강조한 것을 그대로 반복했다(벧전 3:3-4). 이러한 경고들은 부유한 여자들의 전형적인 모습인 사치스러운 옷과 머리 모양에 초점을 맞추었다. **조용히** 배우라는 명령은, 다른 본문에서는 남자들도 포함하여 분열을 일으키는 행위의 문제를 다루는 문맥에서 나왔다(살후 3:12; 참고. 고전 14:28; 살전 4:11).

2:12-15. 더 나아가 바울은 여자가 **가르치는 것과 남자를 주관하는 것**을 금함으로써(12절) 11절에서 순종하라는 명령이 의미하는 바를 설명했다. 문장 구조와 폭넓은 문맥 둘 다가 암시하는 바를 볼 때, 바울은 여자들의 가르침을 모두 금하는 것이 아니라, 특별히 감독 혹은 장로의 직책과 관련된 성경에 대한 권위 있는 가르침을 금하고 있다(참고. 3:1-7).

바울은 이렇게 금하는 두 가지 이유를 제시하는데, 두 이유 모두 그것이 단순히 문화적인 문제가 아님을 보여준다. 첫째, 그는 이러한 금지를 남자와 여자의 창조 순서와 연결 지었다. 이는 남성 리더십이 남자와 여자에 대한 하나님의 원래 창조 계획이었음을 나타낸다. 바울은 그것을 금하는 두 번째 이유로, 최초의 여자가 속은 것을 언급한다(14절). 이는 여자들이 선천적으로 더 잘 속고 교리적 실수를 더 자주 범한다는 뜻이 아니다. 오히려 최초로 일어난 역할의 붕괴가 야기한 파괴적인 결과를 보여주려는 것이다. 헬라어 본문은 문자적으로 여자들이 아이를 낳음으로써 '구원'을 얻을 것이라고 말하고 있지만, '보호받다'(preserved, NASB)가 더 나은 의미이다. 이는 경건한 여성은 해산할 때 절대 어려움을 겪지 않으리라는 의미가 아니다. 여성이 아내의 의무에 초점을 맞출 때 거짓 교훈의 영향으로부터 '보호받을' 것이라는 의미이다(5:14-15에 나오는 여자의 역할을 보라. 여기에는 딤전 2:15과 비슷하게, 주님께 계속 신실하고 그리스도인의 삶에 헌신하는 수단으로써 '아이를 낳는 것'에 대한 격려가 포함되어 있다). 더욱이 목회서신에서는 구원과 행위 사이에 밀접한 관계가 있다(딤전 4:16; 5:8-10, 16, 24-25; 6:3, 12-14, 17-19; 딤후 2:11-13; 3:6; 4:8; 딛 2:11-14; 3:6-8을 보라). 물론 이 행위는 구원의 원인이 아니라, 구원의 증거이며 열매이다. 여자는 자기 가정을 섬기는 데 집중함으로써 거짓 교훈에서 스스로를 지킬 수 있을 뿐만 아니라, 이 생에서도 장차 올 구원의 상당 부분을 경험할 수 있다.

Ⅲ. 지도자 임명을 위한 지침(3:1-16)

A. 감독 직분의 자격 요건(3:1-7)

3:1-7. 여자들이 가르칠 수 없고 남자들 위에 권위를 행사해서도 안 된다면, 남자들이 그것을 해야 할 것이고, 그 책임은 주로 감독들에게 주어진다. 1절의 **감독**[*episkopos*, 에피스코포스]이라는 단어는 '장로'(*presbyteros*, 프레스비테로스)라는 단어와 동의어이다(행 20:17, 28; 딛 1:5, 7; 벧전 5:1에서 같은 직책에 대해 이 단어를 사용한 것과, 행 20:28과 벧전 5:2에서 '보살피다' 혹은 '양무리를 치다', '감독하다'에 대해 그 동사들을 사용한 것을 보라). 따라서 목사, 장로, 감독은 같은 직분이다. 다른 문맥에서는 부정 대명사 **어떤**(새번역)을 써서 남자와 여자 둘 다를 총괄하여 가리키기도 한다. 그러나 3:2에서 이 사람을 남편으로 묘사한 것은, 바울이 구체적으로 남자를 염두에 두었음을 의미하며, 따라서 **감독**의 직분은 남자에게 국

한된다. **책망할 것이 없으며**(2절)는 아주 중요한 자격 요건으로, 이어지는 내용을 통해 상세히 설명된다. **한 아내의 남편**이라는 말은, 장로는 1세기 그리스-로마 세계에 흔했던 혼외 관계에 연루될 수 없음을 가리킨다. 그러나 그 어구가 이혼한 남자를 자동 실격시키지는 않는다. 성경은 하나님이 죄로 여기지 않는 어떤 상황하에서는 이혼(과 재혼)을 허용하고 있기 때문이다(마 19:1-9; 고전 7:12-16에 대한 주석을 보라). **절제하며**[그의 삶과 사역에 대해 '자제력이 있고', '진지하며']와 **신중하며**['판단이 냉철한']는 그 후보가 자신과 어떤 관계를 맺고 있는지를 보여주며, **단정하며**['질서가 잡힌'] **나그네를 대접하며**는 다른 이들과 어떤 관계를 맺고 있는지를 보여준다. **가르치기를 잘하며**는, 하나님의 말씀에 능숙함을 가리키며, 이 단락에서 감독의 역할에 대한 하나뿐인 힌트를 제시한다. 감독의 직분을 맡을 후보생은, 술을 마시는 것이나 분노 표현에서 적절히 조절하는 태도를 보여주어야 한다(3절). 에베소의 거짓 교사들은 분열을 일으켰는데 탐욕이 그 동기였다. 다음 절에 나오는 실제적인 이유와 더불어 4절의 자격 요건은 결혼을 금한 거짓 교사들을 겨냥한 듯하다(참고. 4:3). 물론 바울은 5절에서 그것에 대한 이유를 제시하고 있지만 말이다. 자신의 자녀나 자기 집을 '다스리지'('인도하다, 주재하다'; 참고. 5:17에 나오는 동일한 단어 '다스리다') 못하는 사람은 장로로 섬길 자격이 없다. 이 삽입 어구는, 회중을 다스리는 일에는 양육이 포함됨을 보여준다. '돌보다'는 선한 사마리아인이 여리고로 가는 길에 주었던 도움을 묘사하기 위해 사용한 것과 같은 단어이다(눅 10:34-35). 교회의 리더들은 영적 성숙함이 필요하다. **새로 입교한 자**(6절)로 번역된 단어는 동시대 헬라어로 쓴 글에서 새로 심긴 무언가를 가리킬 때 종종 사용되었다. 영적인 면에서 초보자들은 교회의 직분자로 임명해서는 안 된다. 그들은 특히 영적 자만에 취약하기 때문이다. **평판**(새번역)은 문자적으로는 '증거'이다. 교회의 지도자는 모임에 속한 이들에게 존경받는 것으로는 충분하지 않다. 경고의 예로 사탄을 지목한 앞의 절과는 달리, **마귀의 올무**는 지도자가 교회에서 자신의 중요한 자리를 자랑스러워하도록 유혹하는, 마귀가 리더에게 놓는 덫을 가리킨다. 하나님은 교만한 자를 반대하시며(약 4:6), 사람들은 그를 존경하지 않을 것이다(약 4:10).

B. 집사 직분의 자격 요건(3:8-13)

3:8-13. 바울이 집사의 자격 요건을 나열하긴 했지만(8절), 이 직분의 성격에 대해 자세히 말하지는 않았다(참고. 빌 1:1). 그러나 집사라는 칭호는 교회에 속한 이들을 향한 실제적인, 섬김 위주의 수고를 암시한다. 어떤 사람들은 그 기원을 일곱 명을 임명한 데서 찾지만(참고. 특히 행 6:2), 그렇게 끼워맞출 수는 없다. 집사들이 꼭 가르치는 능력을 소유할 필요는 없었어도 교회 교리는 확실히 이해하고 있어야 했다(9절). **비밀**은 감추어져 있었지만 하나님이 드러내신 것을 가리키며, **믿음**은 드러난 것의 내용이다. **깨끗한 양심**은 집사가 이러한 진리들을 실천하는 자임을 가리킨다. 집사들은 먼저 그 직분에 합당함을 입증해야 했다(10절). 바울이 그 과정을 자세히 묘사하지는 않지만, 그 표현은 거기에 다른 이들의 평가, 아마도 감독이나 교회 전체의 평가가 포함되어 있음을 시사한다. **여자들**(11절)은 집사의 아내를 가리킬 수도 있고 집사로 섬긴 여자를 가리킬 수도 있지만, **이와 같이**를 통해 바울이 '여성 집사', 소위 '여집사'를 말하고 있음을 알 수 있다. 장로의 아내 자격 요건은 제시하지 않으면서 집사 아내의 자격 요건을 제시하는 것은 어색하다. 어떤 사람들은 뵈뵈가 로마 교회에서 이러한 지위의 여성 집사 역할을 했을 것이라고 생각한다(롬 16:1). 집사들도 도덕적인 순결함과 가정의 리더십이라는 면에서 감독들과 같은 기준을 충족해야 한다(12절; 그리고 2절과 4절을 보라). 집사의 역할이 겸손한 것이긴 하지만 훌륭하게 섬기는 이들은 **아름다운 지위와…큰 담력**(13절)을 얻는다. 이는 예수님이 제자들에게 하신 경고, 즉 하나님의 나라에서 최고의 지위는 섬기는 이들이 받을 것이라는 경고를 상기시킨다(마 23:11; 눅 22:26-27).

C. 교회의 본질과 사명(3:14-16)

3:14-16. 바울은 마게도냐 여행 이후에 다시 에베소를 방문하기를 바랐다(14절). 그러나 그는 마게도냐를 떠난 이후 니고볼리에서 겨울을 보냈다(딛 3:12). 바울이 그의 여행 계획대로 움직일 수 있었는지는 확실하지 않다. 그는 니고볼리로 가기 전에 에베소로 돌아갔을지도 모른다. 15절에서 바울은 이 서신의 목적을 보여주었다. 그는 지역 교회에서 어떻게 **행하여야**

할지를 디모데에게 가르치기 위해 이 서신을 쓰고 있었다. 교회를 어떻게 다스려야 할지에 대한 많은 지침들을 설명하면서 말이다. 그는 또 교회의 중요성에 대해서도 설명했다. 교회는 **하나님의 집**이다(15절). 이는 교회의 가족적인 측면을 강조한다(참고. 4절과 5절). 교회는 또한 **진리의 기둥과 터**이다. 이는 진리를 지키고 선포하는 교회의 책임을 강조한다. 그리고 그 교회는 바울이 디모데를 통해 그들에게 주었던 명령을 잘 지켰기 때문에, 에베소에서 **진리**를 지킬 때에 더 강건해질 것이다. 16절에 나오는 고백의 말은 15절에 언급된 진리를 요약해준다. 성육신 신학을 요약한 이 말은 교회의 초기 찬송에서 왔다는 것이 많은 사람들의 생각이다. 불신자들은 예수님이 성육신하심으로써(**육신**) 이루신 일을 거부했다. 그래서 하나님은 **영**의 능력으로 그분을 부활시키심으로 그분을 **의롭다** 하셨다(참고. 롬 1:4). 천사들은 부활 때와 승천 전후에 그분을 보았지만, 교회는 그들에게 복음을 전파하지 않고 **만국**에 전파한다. 또한 땅에 있는 이들이 그를 믿었지만 그분은 더 이상 땅에 거하지 않으시고 **영광 가운데** 계신다. 그러나 그분은 그분의 나라를 세우시기 위해 언젠가 땅으로 돌아오실 것이다.

Ⅳ. 교회가 직면한 위협과 방어(4:1-16)

A. 교리적인 변절과 금욕주의로부터 오는 위협(4:1-5)

4:1-5. 바울은 아직 오지 않은 심한 배교에 대해 자세히 설명했다. 이러한 배교는 사실 교리적일 것이며 사탄으로 인한 것이다(1절). 그는 이 배교 배후에 있는 이들의 특징을, 윤리 기준이 없는 위선적인 거짓말쟁이라고 표현했다. 그들은 **양심이 화인을 맞아서**(문자적으로는 '불로 지지다') 자기기만에 빠져 있다(2절). 그가 수동태 완료 분사를 사용한 것은, 이러한 배교가 이미 시작된 것으로 보고 있음을 나타낸다. 배교자들의 가르침을 보면, 결혼에 대한 무분별한 경멸과 유대의 음식 규정이 섞여 있었다(3절). 바울은 영구적인 독신의 삶은 그리스도를 위해 '처녀'로 있을 은사를 소유한 이들에게만 적절하다고 생각했다(참고. 마 19:11). 고린도전서 7:7에서 바울은, 결혼과 독신을 '은사'로 묘사했다. 그러나 이는 영적 은사가 아니라, 하나님이 그 신자로 하여금 그렇게 할 수 있게 해주시는 삶의 형태이다. 4절은 음식은 물론 결혼에도 적용할 수 있다. 그러나 여기서는 구체적으로 음식을 겨냥한 듯 보인다. **하나님의 말씀**으로 거룩해지는 것(5절)은, 하나님이 창조하신 것은 선하며 모든 음식이 깨끗하다는(참고. 창 1:25, 31; 막 7:19) 성경의 분명한 선언을 가리킬 수 있다. 여기서 **기도**는 식사 전에 감사하는 일반적인 습관을 가리키는 것 같다(막 8:6).

B. 거짓 가르침에 대한 디모데의 반응(4:6-10)

4:6-10. 디모데는 이런 것들을 알고 그것들을 교회에 알려줄 책임이 있었다(6절). 이는 디모데 자신의 영적 건강에도 꼭 필요한 일이었다. 교리는 영적 생명력의 적이 아니다. 많은 이들이 7절을 금식이나 고독 같은 영적 훈련의 관습을 지지하기 위해 사용한다. 그러나 이 문맥은 교리와 관련이 있다. 디모데는 믿음을 자라게 해주는 진리에 주의를 기울임으로써, 또 거짓 교사들 사이에서 유행했던 추측에 근거한 우화들을 피함으로써(1:4-5에 대한 주석을 보라), 경건에 이르도록 자신을 **연단**해야 했다. 이곳과 앞의 절에서 **연단**(8절)으로 번역된 헬라어는 둘 다 '체육관'(gymnasium)이라는 단어의 어근에서 나온 것이다. 육체적인 운동과 비교해볼 때, 경건은 더 큰 유익을 준다. **미쁘다 이 말이여**(9절)는 여기서 세 번째 나오는 것으로, 디모데후서와 디도서에도 나온다(1:15; 3:1; 딤후 2:11; 딛 3:8). 이는 이어지는 내용이 경험이라는 불의 시험을 견뎌냈음과 전적으로 신뢰할 수 있음을 알려준다. 하나님은 모든 사람을 보호하시고 그들을 부양하신다는 면에서(70인역에서 '구세주'에 대한 이러한 의미는 삿 3:9; 왕하 13:5; 느 9:27을 보라) **모든 사람…의 구주**(10절)이시다. 바울은 '하나님이 모든 사람의 구주가 되실 가능성이 있다'거나 '각종 사람들' 혹은 '예외 없이 모든 사람'이라고 쓰지 않았다. **특히**는 '최고 수준의', '비범한 수준의'라는 의미이다(5:17; 딤후 4:13; 딛 1:10을 보라). 하나님은 **특히**, 최고 수준으로 신자들에게 영원한 구원을 주심으로써 신자들을 부양하고 그들을 보호하신다. 그리스도의 은혜를 경험한 이들은 특히 그분의 선하심에 소망을 두어야 한다.

C. 사역자로서 디모데의 책임(4:11-16)

4:11-16. 바울은 디모데의 사역에 관련한 일련의

명령들로 이 장을 마무리했다. **명하고 가르치라**(11절)는, 두 가지 구별된 행동이라기보다는 동일한 말씀 사역의 양 측면이다. 몇몇 사람들은 디모데의 나이를 들먹이며 그의 권위에 이의를 제기했을지도 모른다(12절). 그래서 바울은 디모데가 리더십의 신뢰성을 세워야 하는 다섯 가지 기본 영역(**말**, **행실**, **사랑**, **믿음**, **정절**)을 정해주었다. 인도하는 권위는 직분이 부여할 수 있지만, 리더십의 신뢰성은 생활 방식에 달려 있다. 바울은 공적인 하나님의 말씀 사역의 세 가지 핵심 요소를 강조했다(13절). 즉, 성경을 읽는 것, 듣는 이에게 적용하는 것(혹은 **권하는 것**), 가르치는 것이다. 이것이 설교의 모든 측면이다.

13절을 볼 때, **은사**(14절)는 권하고 가르치는 디모데의 사역과 관련이 있는 것 같다. 이 은사는 예언을 '통하여' 주어졌다. 이는 안수받을 때 함께 주어진 것이다. 장로들의 안수는, 디모데가 이 사역을 위해 위임을 받았으며 성령 충만을 받았음을 뜻한다. 내주하시는 성령은 구원받을 때 신자들에게 오신다. 그리고 아마도(확실하지는 않지만) 신자는 그때 성령의 은사를 받는 것 같다. 예를 들어 갓난아기가 유전적으로 뛰어난 사이클 선수가 되는 데 필요한 모든 것을 소유하고 있는 것과 다르지 않아 보인다. 그러나 나중에 사이클 선수가 될 갓난아기처럼, 영적 은사들도 그리스도 안에서 수년간 성장한 이후에만 드러날 것이다. 설교하거나 가르치는 것과 같은 어떤 은사들은 훈련을 통해 진보할 수 있다. 구약의 브살렐의 사역이 이에 대한 좋은 예이다. 하나님의 영으로 충만해져 온갖 기량과 능력과 기술을 갖게 된 그와 오홀리압은 다른 이들에게 같은 기술을 가르쳤다(출 35:30-34). 그러나 이 단락을, '두 번째 복' 혹은 회심 후의 성령 세례와 연결되어 받는 일부 기적적인 은사를 지지하기 위해 인용할 수는 없다(행 2, 8, 10, 19장에 대한 주석을 보라). 영적 은사를 받은 이들에게는 책임도 따른다(4:15). 영적 은사를 소유한 이들은 열심히 은사를 활용함으로써 하나님이 주신 이러한 기량들을 더 잘 발휘할 수 있다. 디모데는 그에게 맡겨진 교리뿐만 아니라 그 자신에게도 많은 주의를 기울여야 했다(16절). 바울은 생활 방식이 구원받았음을 확증해주는 역할을 한다고 보았다. 일관되지 못한 삶은 복음과 모순되며, 다른 이들에게 걸림돌이 된다.

V. 모임에서의 관계들을 위한 지침(5:1-6:2)

A. 다양한 연령 집단들을 대하는 방법(5:1-16)

5:1-2. 이 절에서 '꾸짖다'로 번역된 단어는 동시대 자료를 볼 때 바로잡는다는 의미보다는 벌을 주려는 심한 꾸짖음을 가리키는 문맥에서 쓰인다. 다른 데서 바울은 적절한 꾸짖음이 하나님의 말씀 사역을 하는 이들의 의무라고 말했다(딤후 4:2). 가족 관계는 이 절들에 언급된 다양한 연령 그룹들과의 관계에서 본이 된다(2절). 사도는 젊은 지도자가 특히 취약할 수 있는 영역을 강조했다.

5:3-8. **존대하라**(3절)란, 누군가를 최고로 존경하는 태도를 가리킨다. 그러나 이 장의 문맥은 이 존경이 너그러운 재정 지원으로 드러남을 시사한다(참고. 17절, '배나 존경'). 성경적인 의미에서 참 과부는, 참으로 궁핍하고 경건한 성품을 지니고 있다. 교회의 과부를 지원할 책임은 먼저 그들의 **자녀나 손자들**에게 있다(4절). 이는 하나님을 경배하고 있음을 표현하는 것인 동시에 의무이다. 바울은 이러한 재정 지원을 빚진 것으로 묘사했다. 과부가 교회에서 지원을 받으려면 그 전에 어떤 자격 요건을 충족시켜야 한다(5절). 그 과부는 하나님께 소망을 두고 기도하는 모습을 보여주어야 한다. 바울의 표현은, 이러한 것들을 지속적으로 하고 있음을 강조한다. 참 과부의 반대편에는 **향락을 좋아하는 자**가 있다(6절). 다른 데서 이 명사의 동사 형태는 호화롭고 제멋대로 사는 이들을 가리킨다(약 5:5). 이 명령들(주로 5절과 6절)은 과부들에게만 해당되는 것이 아니다. 디모데는 온 교회가 '책망받을 것이 없는 데'(참고. 3:2) 목표를 두도록 그들에게 **명하여야** 한다(7절; 참고. 딤전 1:3; 4:11; 6:13, 17). 바울이 요약한 원리(8절)는 배교라 할 수 있는 것을 정죄한다. 로마 문화에서 **가족**은 확대 가족과 종들도 포함할 수 있었다. 여기서는 바울이 그 용어를 좁은 의미로, 직계가족을 가리키는 데 사용하고 있음을 암시한다.

5:9-16. 공인을 받은 과부는 교회에서 지원을 받을 수 있었다(9절). 이는 사도행전에 묘사된 관습과 비슷한 것 같다(행 6:1). 정절과 대접이라는 자격 요건은 감독과 집사에게 요구되었던 것을 상기시킨다(3:2, 12). 어떤 사람들은 10절이 교회에서 섬겼던 과부들의 직책을 가리킨다고 생각한다(참고. 12절). 그러나 또한 이

사역은 비공식적이었을 가능성도 있다. 월터 리펠드는, **명부**(9절)가 있었다는 것은 이것이 아마도 공식적이었고 "재정 지원을 받을 자격이 있는 공개적으로 인정받은 그룹"이었음을 가리킨다고 주장한다(Liefeld, *1 & 2 Timothy, Titus,* 181). 그것은 교회의 직분이 아니었다. **발을 씻기는** 것은 문자적인 의미일 수도 있지만, 다양한 섬김의 상징이기도 하다.

젊은 과부(11절)는 재혼이 가능한 대안이 될 수 있는, 충분히 젊은 이들이었다. **정욕**으로 번역된 단어는, 격한 감정에 해당하는 헬라어 단어와 '~에 맞서는'을 의미하는 전치사가 결합된 것이다. 이는 그리스도에 대한 헌신과 충돌하는 욕망들이다. 그들이 결혼 관계 외에서 그러한 욕망들에 따라 행동했거나, **처음 서약을 저버렸기**(새번역) 때문에 그리스도에 대한 헌신과 충돌이 생겼을 것이다. 여기에 언급된 **정죄** 또는 심판(12절)은 재혼이 죄이어서가 아니라, '처음 서약'을 위반했기 때문에 받는 것이다. 이 약속의 정확한 성격은 분명하지 않지만, 아마 결혼으로 마음이 나뉘지 않고 그리스도를 섬기겠다는 서약이 들어 있을 것이다(참고. 고전 7:32-34). 젊은 과부를 목록에 포함시키지 않는 실제적인 이유들이 있었다(13절). 어떤 사람들은 이 절에 나오는 젊은 과부의 특성에 대한 바울의 묘사를 놓고 바울이 여성들을 저급하게 보는 시각이 드러나 있다고 주장한다. 그러나 문제는 성별보다는 어떤 삶의 정황이 빚어낸 결과인 것 같다(참고. 살후 3:6-12). 바울은 이 문제에서 그가 선호하는 바를 표현했지만(5:14), 그렇게 명령하지는 않았다. 만약 젊은 과부가 결혼하여 아내로서의 의무에 집중한다면, 그들은 거짓 교사들의 유혹을 피할 수 있을 것이다(14-15절; 그리고 2:15에 대한 주석을 보라).

돌아간은 바울이 앞에서 헛된 말에 빠진 거짓 교사들을 언급할 때 사용했던 것과 같은 단어이다(딤전 1:6). 기본적으로 가정은 많은 이들을 섬긴다. 이 섬김은 단지 하나님이 그분을 섬기도록 여성들을 부르신 것에만 국한되지 않는다(고전 7:34). 한 가정 안에서 과부들을 돌보아야 하는 의무(16절)가, 과부가 된 친척들에게 상당 부분을 나눌 여유가 있는 교회의 여성들에게만 주어져 있는 것은 아니다(행 6:1-5이 보여주듯이). 여자를 지목한 것은 여자들이 과부의 필요에 더 민감하기 때문이다.

B. 장로들을 대하는 방법(5:17-25)

5:17-22. **장로들**은 3:1에 언급된 감독들과 동의어이다(참고. 행 20:17, 28; 벧전 5:1-2). 모든 장로가 **다스리**지만(즉, 이끌거나 운영하지만), 모두가 **말씀과 가르침에 수고하는** 것은 아니다(17절). 이 절은 권위를 가지고 교회를 감독하는 이들이 **장로들**[집사가 아니라]이라는 생각을 지지한다. 주요 역할에 가르침이 포함되어 있지 않은 장로들과는 대조적으로, 말씀을 가르치는 일을 가장 열심히 하는 이들은 **배나 존경**을 받아야 한다. 이는 충분한 보수를 가리킨다(5:3). 다른 데서 바울은 이것을 권리로 묘사했고(고전 9:4), 여기서는 설교하고 가르치는 이들이 넉넉한 사례를 받아야 한다는 그의 주장을 뒷받침하려고 구약 율법에 의지했다(18절; 그리고 신 25:4을 보라). 바울은 사소한 것에서 중요한 개념을 주장하려고 신명기 25:4에 나오는 격언을 활용했다. 농부를 도와주는 소가 먹을 만한 자격이 있다면, 교회의 일을 지도하는 장로는 얼마나 더 그래야만 하겠는가? 그는 또한 성경 누가복음에서 그리스도의 말씀을 인용했다(눅 10:7; 참고. 또한 마 10:10). 이는 누가복음이 이미 존재했으며, 성경으로 인정받았음을 시사한다. 교회 지도자들에 대한 어떤 **고발**도(19절), 직접적인 죄의 증거를 제시할 수 있는 **두세 증인**의 입증이 있어야 한다. 이 기준은 모세율법에서 나온 것이다(민 35:30; 신 17:6; 19:15). 예수님도 교회에서 죄를 다루는 과정을 설명하실 때 이러한 조건을 반복해서 말씀하셨다(마 18:16). 예로 든 장로의 역할 때문에라도, 개인적으로 대면한 이후에도 계속 **죄를 짓는**(새번역) 교회 지도자들은 공개적인 '꾸짖음'을 받아야 한다(20절). 능동태 현재 분사는 지속적으로 죄를 짓는다는 개념을 시사한다. **나머지 사람들**은 아마 다른 장로들을 가리킬 것이다. 이러한 명령들은 **편견이 없이**(21절) 따라야 한다. 이는 모세율법에 나오는 기준이다(신 1:17; 10:17). **하나님…앞에서**라는 바울의 말은, 하나님이 그러한 절차들에 증인이 되심을 상기시킨다. 어떤 사람들은 **안수**(22절)를, 교회 직분으로의 임명이나 사역의 위임을 뜻하는 것으로 생각한다(4:14; 참고. 행 6:6). 또 어떤 사람들은 그것을 회개에 뒤이은 사죄선언 혹은 회복을 언급하는 것으로 본다. 어느 쪽이든

경솔히 하는 것은 교회에 해를 끼칠 뿐이다. 안수를 통해 사역자로 회복되었음을 알리는 의식은 성경에 나오지 않는다. 바울은 아직 성품과 영적 성숙이 입증되지 않은 이들을 교회 직분자로 임명하는 것에 대해 디모데에게 경고하고 있는 것 같다.

5:23-25. 바울은 디모데에게 위장을 위해 포도주를 적절하게 마시라고 권했다(23절). 포도주를 마시는 것이 본질적으로 잘못된 것은 아니다. 예수님도 분명히 사회적 상황에서 포도주를 마셨기 때문이다(눅 7:33-34). 성경은 포도주를 과도하게 마시는 것을 정죄한다(잠 20:1; 23:31-32). 24-25절은 앞의 절과는 관련이 없어 보인다. 이 절들은 22절과 살짝 연결되어 있을 가능성이 있다. 이는 하나님은 다른 사람들이 보지 못하는 것을 아신다는 확신을 준다. 숨겨진 죄는 심판 날에 드러날 것이다. 마찬가지로 **선행**(25절)도 심판 전에 드러난다. **그렇지 아니한 것**도 선행이나 악행과 동일하게 적용될 것이다. 은밀하게 행한 선행이 언젠가 밝혀질 것이고, 숨겨진 모든 죄가 결국 드러날 것이다.

C. 종과 주인의 관계(6:1-2)

6:1-2. 종들이 주인을 **공경**해야 한다는 명령을 노예제도를 지지하는 것으로 보아서는 안 된다. 고린도전서에서 바울은 자유로워질 기회를 얻은 이들은 그렇게 해야 한다고 말했다(고전 7:21-22). 그는 종들에게 복음을 위해 주인들에게 복종하라고 권했다. 초대교회에서는 종들과 주인들이 나란히 함께 예배를 드렸다. 믿는 종들은 가정 교회에 속해 있었을 것이다(참고. 롬 16:5; 고전 16:19; 골 4:15; 몬 1:2). 그리스도 안에서 누리는 평등함 때문에 몇몇 사람들은 마땅히 해야 하는 것보다 주인들을 덜 공경하려는 유혹을 받았다(갈 3:28).

Ⅵ. 경건의 우선순위(6:3-16)

A. 거짓 교사들의 사악한 성향(6:3-5)

6:3-5. 바울은 거짓 교리를 가르치는 이들의 성품과 영적 건강 및 경건을 고취하는 교리를 가르치는 이들의 성품을 대조함으로써, 이 서신의 서두에 나왔던 주제로 되돌아갔다(3절). 이 서신 내내 교리의 실체는 신학적인 내용뿐만 아니라 도덕적 영향력으로 평가된다. 거짓 교사들은 자만, 호전성, 건전한 교리를 이해하지 못하는 무능력이 특징이다(4절). 거짓 교사들은 논쟁만을 조장하는 모호한 질문들에 끌린다. 거짓 교사의 말과 성향에 그의 진짜 동기가 드러난다. **진리를 잃어버려**(5절)란, 거짓 교사들 당사자들이 속임을 당함을 가리킨다. 그들은 주로 탐욕에 끌린다. 여기에 담긴 함의는 거짓 교사들의 행동이 그들의 동기를 드러낸다는 것이다. 건전한 교훈은 교회의 유익에 마음을 두지만 거짓 교사들은 자기 이익만 추구한다.

B. 경건과 만족의 소중함(6:6-10)

6:6-10. 바울은 6절에서, 다가올 삶의 유익에 대해 말했을 수도 있다. 그러나 문맥의 어떤 요소도 이러한 해석을 하게 하지 않는다. 오히려 그는 경건과 함께 오는 만족과 거짓 교사들의 채울 수 없는 탐욕을 대조시키고 있을 가능성이 더 크다. 직접적인 인용은 아니지만, 7절은 구약에 나오는 다른 구절들과 비슷하다(욥 1:21; 시 49:17; 전 5:15). 그리스 역사가 플루타르코스(Plutarch)도 그러한 생각을 표현했다. 그것은 하나님이 만물을 소유하고 계심과 우리가 그분에게 의존함을 지적해준다. 먹을 것과 입을 것에만 한정된 삶의 기준(8절)은 현 시대에 충분하지 못한 듯 보인다(적어도 개발도상국에 있는 이들에게는). 바울은 더 많이 가지는 것이 잘못이라고 말하는 것이 아니다. 우리가 더 많이 요구할 수 없다고 할 뿐이다. 그는 정말 필요한 모든 것을 하나님이 공급하실 것으로 확신했다. 많은 신자들이 **부하려 하고**(9절), 그 목표에 너무 집중한 나머지 결국 **파멸과 멸망에 빠지게** 된다(영원한 유죄 판결을 언급하는 것은 아니다). 바울은 '돈이 일만 악의 뿌리'라고 쓰지 않았다(10절). 그는 사실 **돈을 사랑함**이 문제라고 말했다. 그것은 부에 대한 갈망이자 어떤 수단을 통해서라도 부를 얻으려는 적절하지 못한 강박이며, 이로 인해 많은 이들이 진리에서 떠나게 된다.

C. 경건의 추구(6:11-16)

6:11-16. 디모데조차도 그러한 유혹들의 영향을 피하지 못했다. 바울은 이러한 위협들을 다루는 이중적인 전략을 제시했다(11절). 디모데는 탐욕을 **피하고**, **의**, **경건**, **믿음**, **사랑**, **인내**, **온유**라는 더 부요한 것을 추구해야 했다. 이 두 명령을 나란히 둔 것은, 유혹이 따라다니지만 거룩함을 추구하는 하나님의 사람을 그려 보이기 위함이다. 이 모든 것은 성령께서 값없이 주신다

(갈 5:22-23). 그러나 바울이 명령법을 쓴 것은 어느 정도의 책임을 함축한다. 이러한 자질들은 하나님이 값없이 주시지만 자동적이지는 않다. 순종의 노력이 필요하다. 디모데는 거짓 교사들에게 대응하면서, 믿음의 싸움을 '싸워야' 했다(12절). 여기서 바울은 개인적인 믿음의 전투를 하라고 권했다. 이 절의 표현은, 영적 삶에는 어느 정도의 분투가 포함됨을 분명히 해준다.

디모데는 단독으로 일하지 않았다. 그는 하나님의 위임을 받았고 그분 앞에서 자신의 임무에 대해 설명할 책임이 있다(13절). 바울의 표현은 우리가 하나님 앞에서 섬김의 일을 하고 있음을 상기시켜준다. 바울은 예수님의 심판을 언급함으로써, 디모데의 **선한 증언**과 그리스도의 증언을 연결시킨다. 어떤 사람들은 **이 명령**(14절)을, 바울이 이 서신에서 디모데에게 하라고 당부한 모든 일을 가리키는 것이라고 생각한다. 또 어떤 사람들은 그것을 처음 디모데에게 사역을 하라고 하신 부르심이나, 그리스도의 일반적인 명령들과 연결시킨다(예를 들어 요 13:34). 그러나 **이 명령**은 인접 문맥, 즉 11-12절의 준엄한 명령들을 가리킬 가능성이 크다. 그 명령들은 다 도덕적으로 순결해야 한다는 단 하나를 강조한다. 14절에 언급된 그리스도의 돌아오심은 이 명령을 실천할 주요한 동기 역할을 한다. 이 절에서 시기에 대한 바울의 강조는, 아버지만이 **그날과 그때**를 아신다는 예수님의 말씀과 조화를 이룬다(마 24:36). **정한 때**(새번역)는 하나님의 때이다. 이 찬양의 송영(16절)에서 바울은 하나님의 세 가지 속성을 강조했다. 하나님은 죽지 않으시고, 볼 수 없고, 가까이 가지 못한다. 출애굽기 33:20에 따르면, 이 끝의 두 가지는 서로 관련되어 있다. 죄 된 인간이 그분에게 가까이 갈 수 없기 때문에 하나님을 볼 수 없다. 우리를 볼 수 없는 하나님께 가까이 가게 하시고 그분을 볼 수 있게 하실 수 있는 분은 그리스도밖에 없다(히 4:16; 요 14:9).

Ⅶ. 마지막 명령(6:17-21)

A. 부자들에게 전하는 당부(6:17-19)

6:17-19. 부자가 되고 싶은 욕망이 타락으로 가게 한다면(참고. 6:9-10), 부를 소유하는 것 자체가 유혹거리이다(17절). 그 유혹들 중 최고는 거만해질 가능성과 자신이 가진 부에 소망을 두려는 유혹이다. 어떠한 경우이든 그 해결책은 우리가 하나님을 의지함을 인정하는 것이다. 물질적으로 부요한 이들이 하나님에 대해 가난해질 수 있다. 바울이 부자들에게 **나누어 주기를 좋아하며 너그러운** 자가 되라고 명령하고 있긴 하지만(18절), 나누어 주는 일이 순종을 대신하지는 못한다. 그들은 **선을 행하**기도 해야 한다. 모든 신자는 자신의 삶과 소유에 대해 청지기 역할을 해야 한다. 바울은 부를 거부하는 대신, 부자들에게 그들의 우선순위를 재정비하라고 권했다(19절). 진정한 부는 영원하며, **장래에 자기를 위하여 좋은 터를 쌓**은 이들이 소유한다. 진정한 부는 영생과 함께 오는 보상이다.

딤전

B. 디모데에게 전하는 마지막 당부(6:20-21)

6:20-21. 디모데는 '그에게' **부탁한**(20절) 가르침을 지켜야 했다. 이는 청지기직을 나타내는 어휘이다. 은행에 예금을 하는 것과 같은 방식으로, 진리가 디모데에게 맡겨졌다. 그는 진리에 주의를 기울여야 했고, 바울이 **헛된 말**이라고 이름 붙인, 거짓 교사들의 추론을 무시해야 했다. 특히 디모데는 '믿음에서 벗어난'(문자적으로는 과녁을 벗어난) 이들에게서 나온 메시지를 조심해야 했다(21절). 그들은 거짓된 지식을 가지고 있으므로 거짓 복음을 주장한다.

참 고 문 헌

목회서신 전체

Barclay, William. *The Letters to Timothy, Titus, and Philemon.* Philadelphia: Westminster, 1960. 《디모데전후, 디도, 빌레몬》, 바클레이 성경주석(기독교문사).

Calvin, John. *The Second Epistle of Paul to the Corinthians and the Epistles of Paul to Timothy, Titus, and Philemon,* trans. T. A. Smail. Grand Rapids, MI: Eerdmans, 1979.

Elicott, Charles J. *The Pastoral Epistles of St. Paul.* London: Longman, Greens, Reader, and Dyer, 1864.

Fee, Gordon D. *1 and 2 Timothy, Titus.* New International Bible Commentary. Peabody, MA: Hendrickson, 1988.

Guthrie, Donald. *The Pastoral Epistles.* Tyndale New Testament

Commentaries. Grand Rapids, MI: Eerdmans, 1990.《디모데전후서, 디도서》, 틴델 신약주석 시리즈(CLC).

Hendriksen, William. *Thessalonians, Timothy, and Titus*. New Testament Commentary. Grand Rapids, MI: Baker, 1984.《데살로니가 전후서》,《목회서신》, 헨드릭슨 성경주석(아가페).

Kent, Homer. *The Pastoral Epistles*. Winona Lake, IN: BMH Books, 1995.

Köstenberger, Andreas J. "The Pastoral Epistles." Vol. 12, rev. ed. of The Expositor's Bible Commentary, edited by Tremper Longman III and David Garland, 489-625. Grand Rapids, MI: Zondervan, 2006.

Lea, Thomas D. and Hayne P. Griffin, Jr. *1, 2 Timothy, Titus*. New American Commentary. Nashville: Broadman, 1992.

Liefeld, Walter L. *1 & 2 Timothy and Titus*. NIV Application Commentary. Grand Rapids, MI: Zondervan, 1999.《목회서신》, NIV 적용주석(솔로몬).

Oden, Thomas C. *First and Second Timothy and Titus*. Louisville: John Knox, 1989.《디모데전후서, 디도서》, 현대성서주석(한국장로교출판사).

Wilson, Geoffrey B. *The Pastoral Epistles*. Carlisle, PA: Banner of Truth, 1982.

디모데전서

Hiebert, D. Edmond. *First Timothy*. The Expositor's Bible Commentary. Chicago: Moody, 2001.

Stott, John R. W. *The Message of 1 Timothy and Titus*. The Bible Speaks Today. Downers Grove, IL: InterVarsity, 2001.《디모데전서, 디도서 강해》, BST 시리즈(IVP).

디모데후서

Hiebert, D. Edmond. *Second Timothy*. The Expositor's Bible Commentary. Chicago: Moody, 2001.

Moule, H. C. G. *The Second Epistle to Timothy*. Grand Rapids, MI: Baker, 1952.

Stott, John R. W. *The Message of 2 Timothy*. The Bible Speaks Today. Downers Grove, IL: InterVarsity, 1984.《디모데후서강해》, BST 시리즈(IVP).

Warfield, Benjamin Breckinridge. *The Inspiration and Authority of the Bible*. Phillipsburg, NJ: Presbyterian and Reformed, 1948.

디도서

Hiebert, D. Edmond. *Titus and Philemon*. The Expositor's Bible Commentary. Chicago: Moody, 1957.

Stott, John R. W. *The Message of 1 Timothy and Titus*. The Bible Speaks Today. Downers Grove, IL: InterVarsity, 2001.《디모데전서, 디도서 강해》, BST 시리즈(IVP).

디모데후서

존 쾨슬러(John M. Koessler)

서 론

저자와 연대. 바울은 머지않아 처형될 것을 예상하며 디모데후서를 썼다(딤후 4:6-8). 그는 주후 67년 로마에서 참수되기 직전에 이 서신을 쓴 것이 틀림없다. 이 서신을 바울이 쓴 것으로 여기면서도, 비판적인 학자들은 바울의 다른 글에 나오는 어휘와 주제가 이 서신의 표현들에 드러나지 않는다고 주장한다. 아울러 그들은 디모데후서에서 사도적 전통 보존의 중요성을 강조한 면을 들어 교회가 생긴 이후 시기에 더 잘 맞는다고 주장한다(참고. 1:13; 2:2, 11-13).

이러한 차이의 일부는 서신에서 다루는 문제들의 성격으로 설명할 수 있다(디모데전서 서론을 보라). 또 바울이 이 서신을 기록할 대필자(서기관)를 사용한 것으로 설명할 수도 있다. 디모데후서 4:11에 따르면, 누가는 바울이 투옥되어 있던 마지막 시기에 그와 함께 있었다. 폴리캅(Polycarp, 주후 70-160년경)과 로마의 클레멘트(Clement of Rome, 주후 90-100년경)는 목회서신을 잘 알고 있었던 것으로 보이며, 이레니우스(Irenaeus, 주후 175-195년경 사이에 글을 쓴)는 분명 바울을 저자로 인정했다.

이 서신은 디모데에 대해 몇 가지 추가적인 세부 사항을 밝혀준다. 우리는 사도행전을 통해 그의 "어머니는 믿는 유대 여자"(행 16:1)였음을 안다. 디모데후서 1:5에서는 그의 어머니와 외할머니의 이름과 함께 그들 둘 다 "거짓이 없는 믿음"의 여인들이었음을 알게 된다.

주제. 디모데에게 보낸 바울의 두 번째 서신은, 사역이 끝날 시기가 가까워지면서 사도가 염려하고 있는 바를 보여준다. 디모데후서의 독특한 특징 중 하나는 개인적인 성격을 담고 있다는 것이다. 디모데전서와 디도서에 나오는 여러 주제가 여기에서도 반복되지만, 이 서신에서 그것들은 바울의 고난이라는 렌즈를 통해 나타난다. 사도행전에는 바울의 처형 기록이 없다. 사도행전은 그가 5년쯤 전(주후 60-62년)에 로마에 감금되어 있었다는 말로 끝난다. 이 서신은 바울의 마지막 시기에 가장 가까운 기록이다. 디모데후서의 어조는 암울하지만 절망적이지는 않다. 바울의 동료들은 대부분 떠났다. 일부는 그를 버렸고, 일부는 사역을 위해 떠났다. 겨울이 가까워오고 있었기에 사도는 디모데에게 몇 가지 개인에게 필요한 것들을 가져다 달라고 부탁했고, 또 그의 이전 동료였던 요한 마가를 가능한 한 빨리 데려오라고 부탁했다(4:9-13). 바울의 어조에 긴박함이 표현된 까닭은, 그가 자신의 안위를 염려했기 때문이 아니라 디모데가 늦지 않게 오기를 원했기 때문이다. 그가 요청한 겉옷이 옥에 갇혀 있는 바울을 따뜻하게 해줄 것이긴 했지만 말이다.

사도는 체포로 이어진 상황에 대해 깊이 생각했다. 구리 세공업자 알렉산더, 그러니까 디모데전서 1:20에서 바울이 "사탄에게 내준" 이와 동일 인물이었을 알렉산더는 바울에게 '해를 많이 입혔다'(4:14). 비록 사도가 더 자세히 이야기를 하지는 않지만, 그 표현은 알렉산더가 그를 당국자들에게 넘겨준 사람임을 시사한다. 바울은 디모데에게 이 사람을 경계하라고 경고했다.

바울은 또한 미래를 바라보며 곧 일어난 배교의 위협을 보았다. 바울이 경험했던 것들과 디모데가 당면할 위험들은, 아직 오지 않은 "고통하는 때"(3:1)의 전조일 뿐이었다. 거짓 교사들이 교회에 미치는 영향력이 커가는 것에 대한 특별한 염려가 있다(3:6). 디모데는 이미 에베소에서 비롯된 이러한 위험을 잘 알고 있었다. 바울은 에베소 교회 지도자들에게 그가 떠난 후에 "사나운 이리"가 교회에 침투하여 '양 떼를 아끼지 아니할 것'이라고 경고했다(행 20:29).

배경. 디모데후서의 한 가지 중요한 특징은 초대교회의 성경관이 분명히 나타나 있다는 것이다. 어떤 사람들은 축자영감설을 19세기 교리 논쟁이라는 맥락에서 전개된 새로운 것이라고 주장하면서 비판했다. 그러나 디모데후서 3:16은 모든 성경이 "하나님의 감동"으로 되었다고(문자적으로는 하나님이 숨을 불어넣으셨다고) 선언한다. 이는 성경의 성격을 드러내는 성경의 가장 중요한 선언 가운데 하나이다.

신학자 워필드(B. B. Warfield)는 그러한 표현은 성경이 '신적 산물'임을 나타낸다고 올바르게 언급했다[B. B. Warfield, *The Inspiration and Authority of the Bible*(Phillipsburg: Presbyterian and Reformed, 1948), 153]. 하나님이 그들에게 능력을 주심으로 그들이 마음에 자극을 받아, 의미 있지만 오류 가능성이 있는 말을 쓴 것이 아니다. 또 우리는 그것을 단순한 인간의 말로, 즉 설교가 행해질 때 하나님이 어떻게든 향상시켜 주시는 단순한 인간의 말로 생각해서도 안 된다. 성경 말씀은 하나님의 말씀, 곧 하나님이 숨을 불어넣으신 말씀이다.

이는 사람이 성경을 받아 적었음을 의미하는 것이 아니라(참고. 눅 1:3), 모든 성경을 하나님의 진리로 여겨야 한다는 의미이다. 그것은 원리뿐만 아니라 실제에도 적용된다. 성경이 일어났다고 말하는 모든 일은 본문이 말하는 대로 일어났다. 이는 서신의 저자가 누구이냐의 문제를 다루는 데에 중요한 의미가 있다. 실제로는 그렇지 않은데 성경 본문이 바울이 디모데에게 이 서신을 썼다고 주장한다면, 그것은 하나님의 말씀일 수 없다.

개 요

Ⅰ. 디모데를 향한 바울의 감사(1:1-7)
- A. 바울이 디모데에게 인사하다(1:1-2)
- B. 디모데가 지닌 믿음의 유산(1:3-7)

Ⅱ. 바울의 고난 경험(1:8-18)
- A. 복음을 위한 고난(1:8-14)
- B. 감옥에서의 고난(1:15-18)

Ⅲ. 은혜 안에서 강해지다(2:1-10)
- A. 은혜와 가르침으로 강해지다(2:1-2)
- B. 어려움을 통해 강해지다(2:3-4)
- C. 인내를 통해 강해지다(2:5-10)

Ⅳ. 하나님의 견고한 토대(2:11-26)
- A. 신실함이라는 토대(2:11-13)
- B. 진리라는 토대(2:14-19)
- C. 순결함이라는 토대(2:20-26)

Ⅴ. 말세의 특징(3:1-4:5)
- A. 배신의 위협(3:1-9)
- B. 성경의 해결책(3:10-17)
- C. 거룩한 임무(4:1-5)

Ⅵ. 바울의 마지막 인사(4:6-22)
A. 바울의 삶의 제물(4:6-8)
B. 죄수의 간청(4:9-18)
C. 마지막 작별 인사(4:19-22)

주 석

Ⅰ. 디모데를 향한 바울의 감사(1:1-7)

A. 바울이 디모데에게 인사하다(1:1-2)

1:1-2. 바울은 자신이 권위를 부여받은 그리스도의 전령이라고 밝혔다. 이는 사람들이 뽑은 지위가 아니라, **하나님의 뜻으로 말미암**은 임명이었다. 바울은 **그리스도 예수 안에 있는 생명**을 전하는 자였다. 다른 데서 바울은 디모데를 동역자, 형제, 종이라고 묘사했다(롬 16:21; 고후 1:1; 빌 1:1; 살전 3:2). 여기서는 그를 사랑하는 **아들**[문자적으로는 '아이']이라고 불렀다(2절).

B. 디모데가 지닌 믿음의 유산(1:3-7)

1:3-7. 바울은 하나님을 향한 자신의 헌신이 가진 특징을 섬김으로 묘사했다(참고. 행 24:14). 이러한 예배의 유산은 그의 **조상**으로부터 바울에게 전해 내려왔다. 그리스도를 향한 바울의 헌신은 조상들의 진실한 믿음과 같은 것이었다. 4절은 앞 절에 언급된 간구의 내용을 조금 더 설명해주는 것 같다. 그 간구에는, 바울이 디모데와 새로운 사귐을 갖기를 갈망한다는 것이 표현되어 있다. 아마도 바울은 자신의 석방이나 디모데의 방문을 위해 기도했던 것 같다. 디모데가 받은 영적 유산은 **거짓이 없는 믿음**(5절)을 낳았다. 바울은 이것을 그 속에 있는 믿음이라고 묘사했다. 비슷한 표현이 14절에서 성령에 대해 말할 때 그리고 골로새서 3:16에서 "그리스도의 말씀"에 대해 말할 때 사용되었다. **은사**(6절)는 아마 디모데의 사역을 가리킬 것이다(참고. 딤전 4:14). 성령께서 임재하신다고 해서 은사 발휘에 열심을 내야 하는 우리의 책임이 면제되는 것은 아니다. 디모데는 타고난 **두려워하는 마음**(7절)으로 고심했다. 그러나 성령의 능력은 그것을 상쇄하기에 차고도 넘쳤다. 성령은 절제할 힘은 물론 하나님과 다른 사람들을 **사랑**할 **능력**을 공급해주신다.

Ⅱ. 바울의 고난 경험(1:8-18)

A. 복음을 위한 고난(1:8-14)

1:8-14. 바울의 투옥으로 디모데는 보복에 대한 두려움도 생겼고 꺼리는 마음도 일어났다. **우리 주를 증언**(8절)하는 것이 복음이다. 복음을 부끄러워하는 것은 그리스도를 부끄러워하는 것이다. 그리스도께 나아온 이들이 그렇게 한 까닭은 아버지께서 그들을 부르셨기 때문이다. 이 **거룩하신 소명**(9절)은 하나님의 **뜻**과 **은혜**에 기초한 것이다. 예수 그리스도의 오심은 하나님의 은혜가 최고의 모습으로 나타난 것이다(10절). **썩지 아니할 것**은 그리스도 안에 있는 이들에게 오는 **생명**의 한 측면이다. 고린도전서에서 바울은 이 썩지 않는 것을 부활 생명의 특성으로 본다(고전 15:42, 50, 53, 54). **선포자, 사도, 교사**(11절)는 서로 관련은 있지만 동일한 단어가 아니다. 선포하고 가르치는 이들 모두가 사도는 아니지만, 말씀 사역은 사도의 필수적인 역할이었다(행 6:2; 참고. 고전 12:29). 바울은 자신이 하나님께 의탁한 것(12절)을 언급하는데, 그것이 무엇인지에 대해서는 주석가들마다 의견이 다르다. 어떤 사람들은 그것이 바울의 구원을 가리킨다고 생각한다. 또 어떤 사람들은 복음 혹은 바울의 사역을 언급한 것이라고 본다. 그러나 이 절에서 의탁된 것은 하나님보다는 바울의 것이다. 그렇다면 그것은 그의 삶이나 사역을 가리킨다. 사도의 가르침은 그 내용과 소통 방식 둘 다 디모데에게 기준이 되었다(13절). 이는 가르치는 모든 이에게 동일하게 적용된다. 사도의 교리는 틀을 제공해주고, 예수 그리스도는 정신을 주신다. 진리를 소유한다는 것은 거룩한 신뢰를 한다는 의미이다. 하나님의 종은 **우리 안에 거하시는 성령**의 도우심을 의지해야 한다(14절). 내주는 다스림을 암시한다.

B. 감옥에서의 고난(1:15-18)

1:15-18. 이 사건들이 언제 일어났는지는 분명하지 않다. 소아시아에서 바울이 당한 고난은 사도행전 19장과 고린도후서 1:8에 언급되어 있다. 에베소는 이 지역에서 가장 중요한 도시였다. 부겔로와 허모게네는 성경의 다른 데서 언급되지 않는다. **오네시보로**는 에베소에서 바울과 알게 되었다. 그는 대접을 통해 사도의 사역을 후원했다. **오네시보로의 집**을 언급한 것은 그가 많은 종을 소유한 사람이었음을 나타내는 것 같다. 오네시보로는 로마에 있는 바울을 찾아다님으로써 그에 대한 친절을 보여주었다(17절). 이는 아시아에서 사도를 버린 이들과(15절) 뚜렷하게 차이가 난다. 사도는 오네시보로가 에베소에서 보인 친절에 대해 보상받기를 기도한다(18절). 이곳과 12절에서 사용된 **그날**은 그 일이 미래에 일어날 것을 나타낸다. 이는 교회가 모든 위협에서 구원받는 때(12절)와 주께서 신실함에 대한 상을 주시는 때(18절)를 가리키므로, 마지막 때라고 이해하는 것이 가장 나을 듯하다.

Ⅲ. 은혜 안에서 강해지다(2:1-10)

A. 은혜와 가르침으로 강해지다(2:1-2)

2:1-2. 하나님의 은혜는 그 은혜를 경험한 이들에게 주시는 능력의 원천이다. 디모데는 그 은혜를 통해 사역을 완수할 수 있을 것이다. 바울이 명령형을 사용한 것은 인간의 책임을 암시한다. 이 은혜는 구원의 은혜가 아니라 하나님이 능력을 부여하시는 은혜이다(참고. 고후 12:9). 디모데는 그가 받은 진리의 청지기 역할을 했다. 바울이 자기 가르침의 공개적인 특성을 강조한 것은, 은밀한 지식을 소유했다고 주장한 거짓 교사들의 가르침과 의도적으로 대조한 것일 수 있다.

B. 어려움을 통해 강해지다(2:3-4)

2:3-4. 디모데는 가르치라는 명령은 물론 고난받으라는 명령도 받았다. 이는 디모데후서 1:8의 명령이 반복된 것이다. 군사 비유는 바울이 아주 좋아했던 것이다(고전 9:7; 빌 2:25; 몬 1:2). 군 복무는 개인적인 자유를 제한한다. 이와 같이 그리스도를 위해 사역하는 이들의 주된 관심사가 일상적인 일들(문자적으로는 '이 생의 관심사들')이어서는 안 된다.

C. 인내를 통해 강해지다(2:5-10)

2:5-10. 바울은 또한 그리스도를 섬기는 것을 운동경기의 엄격함에 비유했다(5절). 그리스도의 종과 운동선수 둘 다 규칙을 지켜야 한다. 그리스도를 위한 수고는 수확을 기대하며 **수고하는 농부**의 노력과 비슷하다(6절). 이 비유는 섬기는 이들의 기대를 강조한다. 이 비유들은 바울이 명령한 대로 행할 동기를 주었다. 바울은 예수님이 총명을 주실 것이라고 약속했다(7절). 복음에 대한 아주 간단한 이 요약(8절)은 그분을 **죽은 자 가운데서 다시 살아나신** 분으로 묘사하며, 그리스도의 신성을 강조한다. 이스라엘의 메시아라는 왕으로서의 직무는 **다윗의 자손**(새번역, 문자적으로는 '다윗의 씨')이라는 묘사에 암시되어 있다. 바울은 자신의 개인적인 상황에서 즐거운 역설을 보았다(9절). 그의 갇힘이 복음의 자유를 방해하지는 못했다(참고. 엡 6:20; 빌 1:13). 바울은 그룹과 개인 둘 다에 대해 택함 받은 자라는 표현을 사용했다(롬 8:33; 엡 1:4; 골 3:12; 살전 1:4; 롬 16:13). 이 범주에 속한 이들은 그리스도를 통해 구원과 영광을 받는다. 바울은 하나님의 주권과 그의 복음 전도 노력에 대해 적절한 균형을 유지했다. 그는 구원받도록 예정된 이들도 구원받으려면 복음을 들어야 하며, 하나님이 신자들의 증거를 불신자들이 듣고 믿는 수단으로 정하셨음을 깨달았다.

Ⅳ. 하나님의 견고한 토대(2:11-26)

A. 신실함이라는 토대(2:11-13)

2:11-13. **미쁘다 이 말이여**(11절)는 초기의 찬송이나 고백의 말에서 온 것일 수 있으며, 신자와 그리스도의 연합을 강조한다. 그리스도와의 연합은 고난 그리고 죽음까지도 견뎌낼 동기가 된다. 12절을 보면, 제자들에게 보좌를 약속하신 그리스도의 말씀(마 19:28; 눅 22:30)이 떠오른다. 그는 그분을 부인하는 이들을 그분이 부인하실 것이라고 경고했다. 하나님은 자신이 하신 말씀을 지키실 것이다. 그분은 그분의 모든 약속을 이행하실 것이며, 그분이 위협하신 대로 실행하실 것이다. 바울의 주요한 강조점은 구원하시는 하나님의 신실함에 있지만, 하나님은 그분을 부인하는 불신자들을 심판하시는 데도 마찬가지로 신실하실 것이다(마 10:32-33에 대한 주석을 보라).

B. 진리라는 토대(2:14-19)

2:14-19. 교회로 하여금 이것들을 **기억하게** 하라는

것이 이 절의 기본적인 명령이다(14절). 특히 디모데는 말씀에 관한 모호한 논쟁의 위험을 경고해야 했다(참고. 딤전 1:3-11; 4:7에 대한 주석). 바울은 일꾼의 책임을 강조했다. 그는 그 일의 성격을 **진리의 말씀을 옳게 분별**하는(15절) 것으로 묘사했다. 이 표현은 건전한 해설 혹은 정통성을 의미한다. 14절에 나오는 사도의 경고는 신성모독적이고 **헛된 말**(16절)과 관련이 있다. 이러한 거짓 교사들은 오로지 경건하지 않은 영역에서만 진보를 이루어낼 것이다. 거짓 교훈은 일단 교회 안에 들어오면 부식시키며 퍼져나가 영향을 미친다. 후메내오(17절)는 디모데전서 1:20에서 알렉산더와 함께 파문되는 자로 언급되어 있다. 빌레도는 이곳에만 언급되어 있다. 그들은 부활 교리와 관련된 잘못을 범했다(18절). 그들은 부활이 이미 일어났다고 말함으로써 장차 있을 몸의 부활을 부인했다. 또 그리스도의 육체적 부활 역시 부인했을지도 모른다(참고. 고전 15:12-19). 하나님의 진리라는 견고한 **터**(2:19)는, 후메내오와 빌레도의 거짓 가르침에 의해 세워진 것과 대조된다. 인침은 그리스도에게 속한 이들의 안전과 책임을 강조한다.

C. 순결함이라는 토대(2:20-26)

2:20-26. 나무 그릇과 질그릇(20절)의 용도는 동일했다. 바울은 거짓 교사들과 그들의 교리를 받아들인 이들에 대한 비유로 사용했다(참고. 롬 9:21). 거짓 교리에서 돌아선 이들은 귀히 쓰는 그릇에 해당한다(21절). 바울은 이를 조건절(누구든지 자기를 깨끗하게 하면)로 표현함으로써, 거짓 교훈을 받아들인 이들도 자신을 진리로 거룩하게 할 가능성이 있음을 암시했다. 성적 유혹(22절)은 청년의 정욕의 한 영역일 뿐이다. 대안(**의**, **믿음**, **사랑**, **화평**)은 자동으로 오는 것이 아니다. 거기에 이르기 위해서는 꾸준히 그것들을 추구해야 한다.

거짓 교사들의 교리가 사변적이기만 한 것은 아니었다. 전투적이기도 했다(23절). 디모데는 반대자들과의 **어리석고 무식한** 변론을 피해야 했다. 디도서 3:9에서 "어리석은 변론"은 족보와 율법에 대한 논쟁과 관련이 있다. 그러한 논쟁은 지적인 것처럼 보이지만 무식하다(문자적으로는 '멍청한' 혹은 '교육을 받지 못한'). 주의 종(24절) 디모데는 그를 거부하는 이들에게 대응할 때, 하나님의 온유와 인내를 드러내야 했다. **가르치기를 잘하며**는 기술 못지않게 성품을 강조한다(참고. 딤전 3:3; 딛 1:7). 잘못된 방식으로도 올바른 것을 가르치는 일이 가능하다(2:25). 그러나 회개는 인간의 설득이 낳은 결과가 아니다. 그것은 하나님에게서 오는 선물이다. 이 두 이미지, 즉 일시적으로 정신을 잃은 사람과 올무에 걸린 이들(26절)은 거짓 교훈이 제기한 인지적·영적 도전에 사로잡힌 이들이다. 마음을 다루어야 하지만, 문제의 뿌리는 영적이다.

V. 말세의 특징(3:1-4:5)

A. 배신의 위협(3:1-9)

3:1-9. 거짓 교리가 진보하는 것은 **말세**(1절), 즉 그리스도의 초림으로 시작되어 그분의 재림으로 끝이 나는 시기를 드러내는 표지이다. 이 목록에 있는 악들(2절) 가운데 그 어느 것도 말세에만 있는 것이 아니지만, 말세가 가까워지면서 이 악들의 영역이 넓어지고 강도가 커진다(참고. 롬 1:29-31). **무정하며**(3절)는, 특히 가정 안에서 애정이 없는 것을 가리킨다. **원통함을 풀지 아니하며**는 조약을 맺지 않을 사람을 가리킨다. **모함**은 마귀처럼(문자적으로는 '악마 같은') 비방하는 것이다. **사나운** 이들은 동물처럼 다른 이들을 사납게 공격한다. 바울은 하나님을 거부하는 죄 속으로 가는 인류의 하향곡선을 추적했다(4절; 참고. 롬 1:23-25). 바울이 5절에서 묘사한 이들은 진정한 거룩함의 근원을 거부했다. **능력**은 '실재'와 동의어이다(참고. 고전 4:19-20). 성령은 그러한 능력의 열쇠이다(행 1:8; 롬 15:13; 엡 3:16). 거짓 교사들이 옹호하고 실천한 종교는 진정한 복음을 통해서만 가능한, 성령의 변화시키시는 능력을 원하고 있었다.

여기에 묘사된 거짓 교사들은 유혹에 약한 여자들을 목표로 삼는 영적 포식자들이었다(6절). **어리석은 여자**로 번역된 헬라어는, 특별히 부유하고 한가한 이들을 가리키는 것 같다. 자신의 죄로 괴로워했던 이 여자들은 그 속박에서 벗어나게 해주는 어떠한 가르침, 혹 그것이 거짓 가르침이라도 붙들었을 것이고, 거짓 교사들은 이 여자들의 후원을 받아 부자가 되기를 바랐을 것이다. 이러한 교사들에게 희생된 이들(7절)은 결코 진리의 지식에 이르지 못하는 헌신된 학생들이었다. 그들의 근본적인 문제는 영적인 데 있었다. 얀네와 얌브레(8절)는 유대 전통에서(참고. CD 5:17-19) 바로의 궁정 마술사들에게 붙인 이름이었다(출 7:11). 바울은 하나님에게서 거부당한 부패한 반역자들을 거짓 교사로 묘사한다. 거짓 교사들이 교회에 침투했지만 그들의 진보는 일시적이었다(3:9). 거짓 교사들은 얀네와 얌브레에 비교된다. 이는 그들이 약하고 효력이 없는 메시지를 선포하는 동일한 어리석음을 가졌음을 암시한다.

B. 성경의 해결책(3:10-17)

3:10-17. 10절의 **따르며**(새번역, 개역개정의 경우, 11절의 "보고 알았거니와"에 해당한다—옮긴이 주)는 '조사하다', '바짝 뒤따르다', '본받다'라는 의미일 수 있다. 디모데는 이 모든 것을 행했고, 이는 거짓 교사들과 반대되는 모습이었다. 바울은 1차 전도 여행 때(11절), 이고니온에서 도망했다가 루스드라에서 죽게 내버려졌다. 안디옥으로 돌아온 후에는, 거짓 교사들이 예루살렘으로부터 와서 구원받으려면 할례가 꼭 필요하다고 가르쳤다(행 14-15장). 12절의 강조는 바울이 루스드라, 이고니온, 안디옥 교회들에게 했던 권면의 주제를 상기시켜준다(행 14:22). **악한 사람들과 속이는 자들**(13절)은 두 개의 구별된 범주가 아니라, 동일한 사람들에 대한 두 가지 묘사일 것이다. **속이는 자**라는 단어는 신약에서 이 구절에만 사용되지만, 고전 헬라어에서는 마술사나 마법사를 가리켰다. 이는 8절의 얀네와 얌브레에 대한 언급과 잘 어울린다. 두 속성은 거짓 교사들의 특징이었다. 이 절에는 9절과 아이러니하게 병행되는 부분이 있다. 14절에 나오는 바울의 명령은 디모데를 가르친 교사들의 성품과, 성경의 신뢰성에 기초해 있다. 그가 디모데의 경험 중 관계적인 면에서 시작했다는 것은 의미가 깊다. 디모데의 훈련은 가정에서 시작되었다(참고. 1:5). **어려서부터**(15절)는 문자적으로 '유아기부터'이며, 보살핌이 필요한 아이를 묘사한 것일 수 있다. 디모데에게 그리스도를 처음 소개한 이가 누구인지는 알 수 없지만, 그의 어머니와 외할머니가 그에게 성경을 소개했고, 이것이 그리스도에게로 가는 길이 되었다.

성경은 하나님의 **감동으로**[문자적으로는 '하나님이 숨을 불어넣으신'] 된 것이므로, 하나님의 말씀이다. 이는 역사적인 사실과 교리 둘 다에서 오류가 없음을 암시한다. 찰스 라이리는 성경의 영감을 이렇게 정의한다. "하나님이 사람들을 감동시키셔서 그들이 성경에 그분의 메시지를 썼다"[Charles Ryrie, *Basic Theology*(Wheaton: Victor, 1987), 71]. 하나님은 인간 저자의 인성, 스타일, 어휘를 제거하시지 않으면서 그분의 영을 통해 성경 집필을 감독하셨다. 그 결과는 하나님의 말씀이었다. 그것을 분명히 하려면 그 절을 이렇게 번역해서는 안 된다. "모두 감동을 받은 성경이 또한 유익하니"[NEB; Daniel B. Wallace, *The Basics of New Testament Syntax*(Grand Rapids, MI: Zondervan, 2000), 139을 보라]. 성경은 믿는 이들을 가르치기 위해, 믿지 않는 이들을 책망하기 위해, 또 엇나간 이들을 바로잡기 위해 사용할 수 있다. **교훈**은 가르치는 사역의 교리적인 영역을 가리킨다. 이 단어에 뒤이어 나오는 세 단어는, 성경의 구체적인 적용에 초점을 맞춘다. **책망**은 논박 혹은 설득과 관련된 단어 그룹 중 하나이다. 이는 긍정적인 대안을 가리키는 **바르게 함**과 **교육**으로 보완된다. **바르게 함**은 타락한 이를 이전의 건전한 상태로 회복시키는 것을 암시한다. **교육**은 좀 더 예방적이고, 모든 신자를 의로 가르치는 것을 의미한다. 성경은 거짓 교사들이 제기하는 도전에 맞서도록 디모데를 준비시키기에 충분하고도 남는다. 성경은 또한 그리스도인답게 살도록 구비시켜, 디모데로 하여금 선한 일에 능숙해지도록 할 것이다. '갖추게 하다'로 번역된 헬라어의 어근은 무언가를 유용하게, 적합하게 혹은 적절하게 하는 것을 가리킨다. 성경은 하나님이 그분에게 속한 이들에게 기대하시는 삶을 사는 데 필요한 모든 정보를 제공해준다.

C. 거룩한 임무(4:1-5)

4:1-5. 하나님의 말씀을 소유하는 일에는 책임이 뒤따른다. 바울은 앞의 절들에 나오는 권면에 뒤이어 디모데에게 그러한 은사와 함께 오는 청지기 역할을 상기시켰다. 바울은 그리스도를 **심판하실** 분으로(1절) 묘사하고, **그가 나타나실 것과 그의 나라**를 언급함으로써 디모데에게 그가 이 임무에 대해 책임이 있음을 상기시킨다. 2절의 주된 명령은 **말씀을 전파하라**이다. 경책, 경계, 권함, 가르침, 복음 선포(5절을 보라)는 모두 이 사역의 여러 측면들이다. 거짓 선지자들이 우세하지 못하리라는 바울의 이전의 약속(3:9, 13)이 자기

만족(3절)에 이르게 할 수는 없다. 사도는 건전한(문자적으로는 '건강한') 교리가 용인되지 않을 때를 내다본다. 설교자들은 그들이 가르치는 것에 대해 하나님께 설명할 책임이 있다. 또 교회는 자기가 들은 것에 대해 책임이 있다. **귀를 즐겁게 하는 말**(새번역)만을 원하는 이들은, 거짓 교사들과 결탁한다. **신중하여**(5절)라고 번역된 동사는 원래 '포도주를 삼가는 것'을 의미하지만, 여기서는 더 폭넓은 의미가 있다. 디모데는 침착함을 잃지 않고 고난에 대비하며 그리스도를 전파해야 했다.

Ⅵ. 바울의 마지막 인사(4:6-22)

A. 바울의 삶의 제물(4:6-8)

4:6-7. 바울의 죽음이 임박했지만 희생제사는 이미 시작되었다. 전제는 유대와 이교의 희생제사가 공통적으로 가진 특징이었다(참고. 민 15:5; 28:7, 14). '떠남'은 죽음에 대한 익숙한 완곡어법이다. 바울은 사역에 수반된 보상과 분투를 강조하려고 비유를 바꾸었다(7절). 그것은 목표 때문이 아니라 실행되는 방식 때문에 **선한 싸움**이었다(참고. 2:5; 고전 9:27). 의는 **의로우신 재판장**(8절)이 주시는 면류관이며, 그리스도의 나타나심을 고대하는 모든 이의 소망이다.

B. 죄수의 간청(4:9-18)

4:9-15. 사도의 마지막 편지는 디모데에게 **속히**(9절) 오라는 가슴 아픈 간청으로 마무리된다. 이러한 다급한 기색은 곧 닥칠 바울의 처형과 동역자들과의 갑작스러운 이별 때문으로 설명할 수 있다. **데마**(10절)는 탈선자였는데, 골로새서 4:14과 빌레몬서 1:24에 언급된 이와 같은 사람인 듯하다. **그레스게**와 **디도**는 더 고상한 이유로 떠났다. 그럼에도 불구하고 바울이 완전히 혼자인 것은 아니었다. **누가**가 남아 있었다(11절). 디모데에게 **마가**를 데려오라고 청한 것은 문맥에 비추어볼 때 의미가 깊다. **마가**는 1차 전도 여행 때 밤빌리아에서 바울과 바나바를 버리고 떠났다(행 13:13). 이로 인해 결국 바울과 바나바는 헤어지게 되었다(행 15:38-39). **두기고**(12절)는 바울이 신뢰한 사절 중 한 명이었으며 이 서신의 전달자였을 것이다(행 20:4; 엡 6:21; 딛 3:12). 바울은 그를 "사랑받는 형제요 신실한 일꾼이요 주 안에서 함께 종이 된 자"(골 4:7)로 여겼다. **겉옷**(13절)은 개인적인 안위를 위한 것이었던 반면(참고. 21절), **책**은 연구를 위한 것이었다. 그는 디모데가 여행을 할 충분한 시간이 있기를 기대했다. 사도는 자신의 죽음이 임박했음을 감지했지만 그렇다고 즉시 죽음을 맞지는 않으리라는 것을 알았다. **알렉산더**(14절)는 에베소에서 일어난 폭동과 관련해 언급되어 있지만(행 19:33), 그가 여기에 언급된 이와 동일 인물일 것 같지는 않다. 바울은 알렉산더가 **해**를 입혔다고 명시했지만, 하나님이 그 잘못을 바로잡기를 기대했다. 알렉산더에 대한 바울의 불평은 개인적인 것이라기보다는 사역과 관련되어 있었다. 그는 사도의 메시지를 **심히 대적**했다(15절). 어떤 사람들은 바울이 체포된 것이 알렉산더 탓이라고 주장하는데, 그것은 확실하지 않다. 그가 어떤 일을 했든 알렉산더는 디모데에게 위협이 되기에 충분할 만큼 힘이 있었다.

4:16-18. 이 **변명**이 언제 있었는지는(16절) 학자들마다 의견이 다르다. 문맥을 고려했을 때, 이 서신을 쓸 당시의 투옥과 연결되어 있다고 보는 것이 가장 좋을 것 같다. **처음**이란 2부로 되어 있는 재판의 처음, 조사 부분을 가리킨다. 바울은 재판을 받을 때 그를 버린 자들에게 '허물이 돌아가지 않기를' 기도하면서, 스데반이 표현했던 자애로움을 상기시켰다. 사도는 스데반의 순교를 목격했었다(행 7:59-8:1). 17절의 내용 또한 스데반의 경험과 비슷하다(행 7:55-56). 그러나 **사자의 입에서 건짐**을 받았다는 바울의 말은, 그에게 해를 입힌 자들(여기서 그들이 누구인지 밝히는 것은 불가능하다)에게서 건짐을 받았음을 은유적으로 표현한 것이다. 또 그것은 다니엘 6:7-24에 대한 암시이다. 바울은 하나님이 그를 죽음에서도(18절) 건져주시리라 기대했다. 이는 석방에 대한 기대가 아니라 궁극적인 고통에서 지키시리라는 기대이다. 바울이 아직 자신이 **천국**에 들어간 것으로 보지 않았다는 것은 의미심장하다.

C. 마지막 작별 인사(4:19-22)

4:19-22. 바울은 몇몇 다른 편지에서 그랬듯이, 개인적인 인사를 나열하며 이 서신을 마무리했다. 브리스가와 아굴라는 고린도에서 그와 사역뿐만 아니라 일도 같이 한 동역자였다(행 18:2-3; 참고. 그들이 로마에 있었던 것, 롬 16:3). **오네시보로**는 바울이 투옥되어 있는 동안 도움을 주었다(1:17). **에라스도**(20절)는 바

울이 3차 전도 여행 때 아시아에 머무는 동안 마게도냐로 가는 디모데와 동행했다(행 19:22). **드로비모**는 에베소 출신으로, 우연히 그곳에서 일어난 폭동의 원인이 되었다(행 21:29). 모두가 그를 버리고 누가만 그와 함께 있다는 바울의 이전 언급에 비추어볼 때(11절과 16절), 이 인사 목록(21절)은 모호하다. 11절에서는 바울의 사역 동료들을 언급했을 것 같고, 여기서는 지역의 신자들을 언급했을 것 같다. 바울의 마지막 말은 축도로서 아주 적합하다(22절). 하나님의 임재와 그분의 은혜의 약속에 대한 확신이 바울의 인생과 그의 설교의 주제였다. 사도는 마지막까지 자신이 아니라 다른 사람을 생각했다.

참 고 문 헌

디모데전서의 참고 문헌을 보라.

디도서

존 쾨슬러(John M. Koessler)

서 론

저자와 연대. 바울이 디도에게 쓴 서신은 디모데에게 보낸 두 개의 서신과 함께 목회서신으로 분류된다. 이 서신은 디모데전서와 공통된 부분이 상당히 많다. 특히 교회 지도자 임명에 관한 지침, 거짓 교훈에 대한 경고, 윤리를 강조한다는 면에서 그렇다. 다른 목회서신처럼 디도서도 교회가 아니라 개인에게 보낸 것이다. 그러나 대부분의 명령은 교회 생활에 초점이 맞추어져 있다. 비판적인 학자들은 디도서의 저자가 바울이라는 데 의문을 제기한다. 디도서의 어휘, 교회 지도자 임명에 대한 지침, 윤리에 대한 강조 때문이다(디모데전서 서론을 보라). 디모데전서와의 유사성을 볼 때, 이 서신은 주후 63-66년 사이에 쓰였을 것이다.

우리는 디도에 대해 아는 바가 거의 없다. 바울은 그를 믿음 안에 있는 "참 아들"이라고 묘사했다(1:4). 이는 그가 디도에게 그리스도에 대한 믿음을 소개했음을 암시할 것이다. 그러나 사도는 그가 회심시킨 것 같지 않은 디모데를 언급할 때에도 비슷한 표현을 썼다(딤전 1:2; 참고. 딤후 1:5). 디도는 사도행전에 언급되지 않지만, 우리는 그가 할례 문제를 해결한 예루살렘 공의회에 바울, 바나바와 동행했음을 안다(갈 2:1; 참고. 행 15:1-29). 바울은 그 방문 때 지도자들이 헬라인이자 아마도 안디옥 출신이었을 디도에게 할례를 받으라고 강요하지 않았다고 말했다(갈 2:3). 이는 그가 다른 사도들과 같은 복음을 전했다는 그의 주장을 뒷받침하는 중요한 증거였다.

바울은 디도를 어려운 환경 가운데로 보냈다. 바울은 3차 전도 여행 중 문제가 많은 고린도 교회의 상황을 염려하면서, 그를 경책하는 편지에 대해 후속 조치를 하도록 디도를 보냈다(고후 7:6-8). 고린도후서 8:23에서 바울은 디도를 동료요 동역자로, 또 바울을 대신하여 행하는 그의 권위를 나타내기 위해 사도에 해당하는 헬라어를 사용하며 사자라 언급했다. 디도는 관계 면에서 좋은 역량을 소유한 듯 보인다. 고린도 교회는 바울을 대할 때와는 다르게 그를 대했다. 디도는 그 교회에 진정한 애정을 느꼈다(고후 7:15; 8:16-17).

목적과 주제. 디도서는 그레데에서의 디도의 사역 방향을 제시해준다. 교회가 세워졌지만 아직 지도자들이 임명되지 않았다. 디도는 남은 일을 '정리'하도록(1:5) 보냄을 받았다. 교회가 지도자들로만 이루어져 있지는 않지만 지도자들이 없으면 그 기능을 온전히 수행하지 못했다. 그레데의 교회 역시 약탈을 일삼는 거짓 교사들과 씨름하고 있었다(1:10). 이런 사람들을 훈계하고 이들과 맞서라는 바울의 당부는 그레데에서 디도가 맡은 책임 중에서 설교가 중요한 측면임을 나타낸다.

거짓 교사들이 야기한 문제들 외에도 그레데에는 문화적인 문제가 있었다. 디도서 1:12에 나오는 그레데의 가치관에 대한 사도의 가혹한 묘사는 그 문화에 속임수, 잔인성, 무절제의 경향이 있었음을 보여준다. 디도서에는 디모데전후서와 동일한 관심사들이 많이 나타나 있다. 저자는 경건한 지도자들을 임명하고 건전한 교리와 경건한 삶을 가르치는 것이 중요함을 강조했다.

디도서는 디모데전서에 묘사된 교회의 조직 구조를 확고히 해준다. 또 교회의 교리와 생활 방식을 연결하고, 질서가 잡힌 교회의 모델을 제공해준다.

개 요

Ⅰ. 바울이 디도에게 그의 사명을 일깨우다(1:1-16)
A. 바울이 디도에게 인사하다(1:1-4)
B. 디도는 장로들을 임명해야 한다(1:5-9)
C. 디도는 거짓 교사들을 잠잠하게 해야 한다(1:10-16)
Ⅱ. 건전한 교리의 표지들(2:1-15)
A. 관계에서의 존경과 존중(2:1-10)
B. 의롭고 경건한 삶(2:11-15)
Ⅲ. 그리스도인 공동체의 표지들(3:1-11)
A. 모두를 향한 겸손(3:1-2)
B. 선을 행하는 일에 헌신(3:3-8)
C. 회중이 하나 되는 것(3:9-11)
Ⅳ. 마지막 인사(3:12-15)
A. 계획과 명령(3:12-14)
B. 마무리하는 축도(3:15)

주 석

Ⅰ. 바울이 디도에게 그의 사명을 일깨우다 (1:1-16)

A. 바울이 디도에게 인사하다(1:1-4)

1:1-4. 바울은 **하나님의 종**으로서 권위 아래 있었다(1절). 그러나 그는 또한 **예수 그리스도의 사도**로서 권위를 행사했다. 이 부르심은 그를 교회 그리고 진리와 연결했다. 진리의 목표는 경건이다. **영생의 소망**(2절)이라는 어구는 경건으로 이어지는 믿음과 지식을 가리키는 것 같다. 믿음에 영생의 소망이 포함되어 있고, 이 소망은 경건한 삶의 동기가 된다. 바울은 복음 메시지를 나타내신 하나님의 때를 강조했다(3절; 참고. 갈 4:4; 히 1:1). 복음은 영생에 대한 옛 약속을 아주 선명하게 다시 표현해준다. 디도는 **믿음 안에서** 바울의 **참 아들**이었다(4절; 참고. 딤후 1:2). 이 표현은 바울이 디도에게 그리스도에 대한 믿음을 소개했음을 나타낼 수 있다. 디도는 바울이 안디옥에서 이방인들에게로 초점을 바꾸었을 때 회심한 것 같다.

B. 디도는 장로들을 임명해야 한다(1:5-9)

1:5-9. 그레데에 교회를 세우는 일은, 디도가 각 성에 장로들을 임명해야 마무리된다(5절). **정리하고**로 번역된 헬라어 단어는 부러진 팔다리를 바로 맞추는 경우에 사용되었다. **장로들**이 어떤 이들이었는지 그리고 그들과 '목사'와 '감독'의 관계에 대해서는 디모데전서 3:1에 대한 주석을 보라. 바울의 자격 요건 목록(1:6)은 디모데전서 3:2-7과 비슷하다. 이 절에서는 책망할 점이 없는 것이 강조되고, 그다음 절에서는 도덕적 순결과 절제가 그 증거로 제시된다. **한 아내의 남편**에 대해서는 디모데전서 3:2에 대한 주석을 보라. 교회를 이끄는 이들은 먼저 그들의 가정에서 역량을 증명해야 한다(참고. 딤전 3:5). 이러한 지도자들은 하나님의 청지기 역할을 한다. 8절은 앞에 나열된 소극적인 속성에 대해 적극적인 대안들을 소개한다. 자격을 갖춘 지도자는 하나님이 보시기에 의로우며, 다른 사람들이 보기에 경건하다. 교회 지도자들은 다른 이들이 진리에 반대할 때에도 그 진리를 계속 **그대로 지켜야** 한다(9절). **미쁜 말씀**은 이 진리의 성격을 설명하며, **교훈**은 교회에 전달된 교리 전체를 가리킨다.

C. 디도는 거짓 교사들을 잠잠하게 해야 한다

(1:10-16)

1:10-16. 바울은 할례가 구원에 꼭 필요하다고 가르친 이들을 책망했다(10절). 그들은 반항과 탐욕에 이끌려 기만적이고 공허한 메시지를 선포했다. '입을 막다'(11절)로 번역된 헬라어는, 문자적으로 '입막음하다'라는 의미이다. 디도는 이러한 교사들의 입을 막는 조치를 취해야 했다. 거짓 교사들은 **가정들을 온통** 뒤엎었다. 아마도 가정생활과 상반되는 교리 혹은 그들이 약한 가정을 먹잇감으로 삼았기 때문일 것이다(참고. 딤후 3:6). 12절에서 바울은 그레데의 에피메니데스(Epimenides, 주전 6세기 혹은 5세기)를 **그레데인 중의 어떤 선지자**로 인용했다. 이는 그가 하나님을 대신해 말했다기보다는 그레데의 대변인이었다는 의미이다. **그레데인들은 항상 거짓말쟁이며**라는 그의 생각은 아주 널리 퍼져서, '그레데화되다'(*kretizo*, 크레티조)라는 헬라어 동사는 '거짓말하고 속이다'라는 의미를 지니게 되었다. 성경의 기준과 모순되는 문화적 가치관은 도전을 받아야 한다(13절). 교회 지도자들은 급하게 분을 내어서는 안 되지만(7절), 신랄한 꾸짖음이 필요할 때가 있다. 이 **유대의 허탄한 이야기**(14절)가 정확히 무엇인지는 명확하지 않다. 디모데전서 1:5-7에 대한 주석을 보라. **사람들의 명령**은 율법주의의 한 형태를 암시한다. 정결함은 교회와 모세율법을 묶으려 하는 이들의 주요 관심사였다(15절). 바울의 가르침은 그리스도의 가르침을 상기시키며, 믿음의 우선순위를 강조한다(막 7:19). 그러한 가르침을 옹호하는 이들의 성품에서 분명히 드러나듯이, 유대의 율법주의에는 도덕적 능력이 없다(16절).

Ⅱ. 건전한 교리의 표지들(2:1-15)

A. 관계에서의 존경과 존중(2:1-10)

2:1-10. **교훈**(1절)은 신학적인 내용은 물론 도덕률을 포함하는 간결한 가르침이다. **늙은 남자**(2절)를 향한 바울의 명령은, 절제와 품위의 중요성에 초점을 둔다. 그들은 마땅히 받아야 하는 존경에 합당하게 살아야 한다. 마찬가지로 **늙은 여자**(3절)는 존경의 본이 되는 데 주도적이어야 한다. 늙은 여자들은 **선한 것을 가르치는** 중요한 임무를 맡는다. 늙은 여자들은 아내와 어머니가 되어 **젊은 여자들**(4절)의 멘토 역할을 한다. 일반적으로 여자들을 향한 신약의 명령은 남편을 존경하라는 것이지만(엡 5:33; 벧전 3:1), 여기서 늙은 여자들은 **남편**을 **사랑**하라고 젊은 아내들을 가르치는 임무를 맡는다. 교회는 여자들의 멘토 역할을 비하하듯 다루어서는 안 된다. 바울은 여자들이 남자 위에서 권위를 행사하거나 가르치는 것을 제한했지만(딤전 2:12), 그들은 다른 여자들을 가르칠 수 있고 가르쳐야 한다. 디도서 2:4-5은 늙은 여자들이 교회 내의 가정생활에 대한 기준을 세울 때 따를 커리큘럼을 제시한다. 바울은 결혼한 여자들의 특징을 주부로 표현했다. 이는 교회의 직분을 맡은 이들에게 요구되는 자질들과 같은 자질이 상당 부분 필요한 책임이다. 집 밖에서 일을 하는 여자라 할지라도(바울 당시에는 아주 드문 일이었다) 가정에서의 의무를 다해야 한다.

젊은 남자들에게 주는 바울의 명령(6절)은 덜 자세하며, 한 영역에 초점을 맞추고 있다. **신중**하라는 말은 도덕적 덕목에 특별한 강조점을 두며, '침착한 것'을 의미한다. 디도는 이 영역들에서 솔선수범해야 했다(7절). 그의 행동, 교리, 삶의 방식이 본이 된다. **바른 말**(8절)이라는 어구는 개인적인 대화보다는 그의 가르침과 더 관련이 있을 것이다. 이 절들은 교회에서 가르치는 것과 그 지체들의 삶의 방식이 일치해야 한다고 말한다. 바울이 말하는 건전한 교리에는 둘 다가 포함되어 있다. 종들(9절)은 로마 가정의 흔한 특징이었다. 그리스도 안에서 얻은 자유로 인해 몇몇은 믿지 않는 주인에 대해 분개하게 되었다. 또 다른 이들은 믿는 주인들을 이용하려는 유혹을 받았다(참고. 딤전 6:1; 엡 6:5; 골 3:32). 바울이 종들을 향해, 주인을 존경하며 복종하라고 요구하는 이유는(10절) 문화적이기보다는 구원과 관련이 있었다. 목표는 문화적인 현 상황을 유지하는 것이 아니라, 복음을 진척시키는 것이었다.

B. 의롭고 경건한 삶(2:11-15)

2:11-15. 11절의 주장은, 앞의 두 절에 비추어볼 때 특히 날카롭다. 그리스도인 종들의 자발적인 복종은 하나님의 은혜가 사회의 모든 계층을 위한 것임을 보여주는 급진적인 증거였다. 여기서 **양육**(12절)이라고 번역된 헬라어에는 훈련의 개념이 담겨 있다. 은혜는 그저 우리에게 해야 할 것이나 하지 말아야 할 것을 말해주기만 하는 것이 아니라, 어떻게 그것을 지킬 수 있는

지 보여준다. 13절에는 그리스도의 신성이 분명하게 선언되어 있다. 그분은 **하나님**이시며(성부 하나님의 모든 신적 속성을 가지고 계시지만 성부와는 구별된 위격, 참고. 요 1:1-18) 또한 **구주**이시다. 바울은 그리스도의 재림을 **복스러운 소망**이라고 부른다. 그리고 거기에는 책임이 뒤따른다. 복스러운 소망은 현 시대에 경건하게 살고자 하는 동기를 준다. 예수님의 죽음(14절)은 우리를 죄책과 죄의 권세에서 깨끗하게 하시기 위한 구속의 제물이었다. 이 절은 그리스도가 하신 사역의 포괄적인 결과를 강조한다. 그분은 우리를 모든 악에서 구원하시고 우리가 순종에 열심을 내도록 해주신다. 그레데에서의 디도의 가르치는 사역에는 권면과 책망이 포함되어 있었다. 누구도 그를 '업신여기게 하지 말라'는 명령(15절)은 디도의 품행을 다루고 있을지도 모른다. 또한 그의 생활 방식에 대한 함의도 담고 있었다.

Ⅲ. 그리스도인 공동체의 표지들(3:1-11)

A. 모두를 향한 겸손(3:1-2)

3:1-2. 통치자들과 권세 잡은 자들에게 복종하라는 명령(1절)은, 이 절에서 순종과 선행에 대한 바울의 요청의 배경 역할을 한다. **모든 사람**(2절)을 향한 교회의 말에 모욕이나 비방이 없어야 하고, 우리의 관계들에 평화가 나타나야 하며, 몸가짐은 온유라는 특징을 보여야 한다. 온유와 친절은 예수님의 사역의 특징이었다(마 11:29; 고후 10:1).

B. 선을 행하는 일에 헌신(3:3-8)

3:3-8. 신자들도 한때 불신자들이었다. 속고, 종노릇하고, 악독이 가득한 어리석은 반역자였다(3절). 신자들이 그들의 과거를 잊어버리면 잃어버린 자들에 대한 인내를 잃어버린다. 자비는 죄악 된 인류를 향한 하나님의 자애로운 성향을 묘사한 것이다(4절; 참고. 롬 11:22; 엡 2:7). **사람 사랑하심**이라고 번역된 헬라어는 일반적으로 통치자들의 아량을 묘사하기 위해 사용되었다. 바울은 거듭 경건한 행위를 강조했지만, 그러한 행위가 우리의 구원의 근거임을 부인하는 데도 단호했다. **중생의 씻음과 성령의 새롭게 하심**(5절)은 **그의 긍휼하심**이 어떻게 드러나는지 묘사한다. 중생은 그리스도의 사역의 결과로 오는 새로운 탄생이며 성령이 주신다. 더 나아가 이는 "새롭게 하심"으로 묘사되기도 한다. 이는 바울이 로마서 12:2에서 "마음을 새롭게 함"이라고 말할 때 사용했던 것과 같은 단어이다. 세례식은 중생과 새롭게 됨을 상징적으로 드러내는 예식이다. 하나님의 영은 우리의 중생과 새롭게 됨을 이루시는 분이며(6절), 이는 예수 그리스도로 말미암아 주어진다(참고. 요 15:25; 16:7). 성령은 또한 우리 안에 거하신다고 묘사된다(딤전 1:14; 참고. 롬 8:11; 고전 3:16; 6:19; 갈 4:6; 엡 2:22). 그리스도의 은혜로 **의롭다 하심을 얻는** 모든 이가 그분을 소유한다(7절). 그분의 임재는 우리의 **영생**의 기업의 보증이 되신다(고후 1:22). **이 말이 미쁘도다**(8절)는 앞의 절들을 가리킬 것이다. 영생의 확실성은 **선한 일을 힘쓰**려는 강력한 동기가 된다(기독교 윤리와 영원한 생명의 관계에 대해서는 고전 15:29-34에 대한 주석을 보라). 믿음과 행위는 믿음이 선행하는 한 충분히 양립할 수 있다.

C. 회중이 하나 되는 것(3:9-11)

3:9-11. **어리석은 변론, 족보 이야기, 율법에 대한 다툼**(9절)은 모두 거짓 교사들의 특성이었다(1:10-16; 참고. 딤전 1:4; 6:4; 딤후 2:16-17, 23; 그리고 딤전 1:3-5에 대한 주석을 보라). 그것들은 교회를 세워가는 대신 불화를 만든다. **분파를 일으키는 사람**(10절, 새번역)이 항상 거짓 가르침을 신봉하는 것은 아니다. 이는 교회의 분열을 일으키는 파당의 구성원을 묘사한 것일 수도 있다(참고. 고전 1:12; 11:18-19). 첫 번째, 두 번째 훈계는 대면과 책망의 과정이 이행됨을 암시한다(마 18:15-18에 대한 주석을 보라). 반복되는 훈계 이후에도 분열을 일으키는 사람이 고집을 부리는 것은 왜곡된 사고를 하고 있다는 증거이다(11절). 그가 분열을 고집하는 것은 죄이며, 죄가 있음을 드러내는 행위이다.

Ⅳ. 마지막 인사(3:12-15)

A. 계획과 명령(3:12-14)

3:12-14. 바울의 표현은 그가 이 서신을 쓸 때 자유로운 상태였음을 시사한다(12절). 바울은 디도의 자리에 **아데마**나 **두기고**를 염두에 두고 있는 것 같다. **니고볼리**는 그리스의 서쪽 해안에 위치했으며, 로마의 식민지였다. **세나**(13절)는 이곳에만 언급되어 있다. **아볼**

로는 에베소에 있는 동안 수사학 기술로 유명해진 알렉산드리아 출신이다. 브리스길라와 아굴라가 그가 복음을 보다 정확하게 이해하도록 도와주었다(행 18:24-28). **세나와 아볼로**를 돕는 일은(13절), 그들의 여행에 필요한 자금 혹은 생필품을 제공하는 것을 의미했다(14절). 바울은 그레데의 신자들이 이 일에 기여하기를 기대했다.

B. 마무리하는 축도(3:15)

3:15. **나와 함께 있는 자가 다라**는 어구는 바울의 여행 동료를 가리키는 것 같다. 그레데에 대해 그가 했던 쓴소리에도 불구하고, 그 교회에는 애정을 품고 그를 바라보는 이들이 몇몇 있었다. 그들에게(그리고 우리에게) 그는 은혜의 축도를 해주었다.

참 고 문 헌

디모데전서의 참고 문헌을 보라.

빌레몬서

제럴드 피터먼(Gerald W. Peterman)

서 론

저자. 의심할 여지없이 이 서신은 사도 바울의 저작으로, 적어도 한 부분은 친필로 쓰기도 했다(즉, 서기관을 쓰지 않고, 19절). 그러나 서신을 쓴 계기에 대해서는 논란이 있다. 최소한 빌레몬이 골로새에 사는 노예의 주인이었던 것은 분명하다. 그는 오네시모의 주인이었는데, 오네시모는 빌레몬에게 잘못을 했다(18절에 대한 주석을 보라). 이 외에도 두 가지 중 한 상황이 가능해 보인다. 오네시모는 골로새에서 도망쳐서 로마에서 바울을 우연히 만났을 수 있다. 그렇지 않으면, 그 노예가 주인에게서 떠나 중재자로 바울을 찾았을 수도 있다.

수신자. 바울은 빌레몬서에서 독특하게도 이인칭 단수(예를 들어 2, 4-8, 10, 12-14절)와 이인칭 복수(3, 22절은 두 번, 25절)를 번갈아 사용했다. 더 나아가 이 서신은 빌레몬 앞으로 보낸 것이기도 하지만 그 교회 앞으로 보낸 것이기도 하다(2절). 따라서 이 서신은 개인적이기도 하고 공적이기도 하다. 회중의 지도자였을 것으로 보이는 빌레몬의 지위에 비추어볼 때, 이는 놀랄 일이 아니다. 지도자로서 그의 인간관계들은 공적으로 중요한 문제였다(참고. 살전 3:1-7).

이 서신은 골로새서와 밀접한 관련이 있다. 문안 인사에 언급된 사람들 대부분이(골 4:10-14) 빌레몬서에도 나온다(23-24절).

연대. 바울의 투옥을 언급하고 있는 점으로 보아(10절), 전통적으로 빌레몬서는 바울이 가택 연금되어 있는 동안 로마에서 쓴 것으로 이해한다(행 28:16). 그렇다면 이 서신은 주후 60-62년경에 쓰였을 것이다. 다른 지역의 가능성에 대해서는 골로새서 서론을 보라.

영향. 빌레몬서는 신약성경에 세 가지 면에서 밀접한 영향을 주었다. 첫째, 다른 서신들은 교회의 지체들 사이의 긴장이나 불화를 언급하지만(예를 들어 빌 4:2-3), 이 서신은 대부분 화해를 끌어내려는 데 할애되어 있다. 그러나 바울은 구체적인 행동을 명령하지 않는다. 빌레몬, 그 교회 그리고 성령님이 최선의 행동 방침을 결정하도록 내버려둔다. 여기서 많은 실제적인 적용점을 찾을 수 있다. 둘째, 복음에는 사람과 사회를 변화시킬 능력이 있다. 이전에는 무익했으나 이제는 유익한(11절) 오네시모가, 노예에 불과했던 존재에서 그리스도 안에서 형제가 된다. 그의 새로운 지위는 환영을 받는다(17절). 이는 급진적인 사회적 변화이다. 셋째, 이 서신은 우리에게 재치와 긍휼의 본을 보여준다. 우리는 여기서 바울이 무력한 한 사람에게 주기 위해 자신이 얻은 모든 존경을 사용하는 것을 본다.

배경. 1세기 사회에서 노예제도는 기본이었고 용인된 요소였다. 우리는 그러한 관행을 부당하고 야만적이라고 보지만, 고대 그리스-로마의 노예제도는 적어도 네 가지 면에서 미국의 노예제도와 달랐음을 염두에 두어야 한다. 첫째, 그것은 인종과 관련이 없었다. 노예들은 어느 나라, 어느 인종 출신일 수 있었다. 둘째, 노예제도는 대체로 영구적이지 않았다. 많은 이들이 10년 내에 자유를 얻었다. 일부는 돈을 모아 자유를 살 수도 있었다. 또 어떤 이들은 자유를 얻었을 때 로마 시민권을 획득하기도 했다. 셋째, 많은 이들이 파산으로 인해 노예가 되었다. 빚을 갚을 수 없을 때 자신을 노예로 팔면 채권자의 의무가 사라졌다(어떤 의미에서 일종의 자유를 얻는다).

넷째, 정부의 소유이든 부자의 소유이든 많은 노예들이 오히려 가난한 자유인들보다 훨씬 더 안락한 삶을 살았다.

개 요

Ⅰ. 바울의 인사: 바울이 빌레몬에게(1-3절)
Ⅱ. 바울의 감사: 내가 네 사랑과 믿음으로 인해 하나님께 감사하노니(4-7절)
Ⅲ. 바울의 간청: 오네시모를 벌하지 말라(8-16절)
Ⅳ. 바울의 요구: 네 손실을 내가 보상하겠다(17-20절)
Ⅴ. 바울의 결론과 작별 인사: 나는 네가 순종할 것을 확신하노라(21-25절)

주 석

Ⅰ. 바울의 인사: 바울이 빌레몬에게(1-3절)

1. 다른 서신들에서와는 달리 바울은 자신을 사도로도(고전 1:1; 롬 1:1), 그리스도의 종으로도(빌 1:1) 언급하지 않는다. 이 서신에서 그는 **갇힌 자**이다. 노예 오네시모처럼 사회적으로 약하고 의존적인 존재이다. 빌레몬서의 인사에 **디모데**가 언급되기는 하지만, 디모데는 공동 저자가 아니다. 바울은 계속 일인칭 단수를 사용했다.

2-3. 빌레몬이 주된 수신자이긴 하지만, **압비아**[아마도 빌레몬의 아내였을]와 **아킵보**[다른 데서는 알려지지 않은] 그리고 빌레몬의 집에서 모이는 교회 역시 인사를 받았다(참고. 롬 16:3, 5; 고전 16:19; 행 16:15). **빌레몬**은 바울의 조력자가 아니었다. 동역자였던 그와 바울은 둘 다 하나님을 섬겼다(롬 16:3; 고후 1:24; 빌 2:25; 골 4:11).

Ⅱ. 바울의 감사: 내가 네 사랑과 믿음으로 인해 하나님께 감사하노니(4-7절)

4-5. 감사와 기도는 바울서신의 공통된 요소이다(참고. 엡 1:15-16; 빌 1:3-4). 그 감사는 하나님이 사람들 가운데서 하신 일들에 근거한 것이다. 여기서 감사는 빌레몬의 사랑과 믿음으로 인한 것이다(5절). 5절이 교차대구법 형식임을 알기까지는 이 구절이 좀 특이해 보인다. 즉, 5절은 a-b-b′-a′형식으로 되어 있다. 사랑(a)은 성도들(a′)을 향한 것이고, 믿음(b)은 예수님(b′)을 향한 것이다.

6. NIV의 번역('적극적으로 네 믿음을 나누는')과는 반대로, 이 절은 복음 전도에 대한 것이 아니다. 6절의 난제를 해결하려면 '코이노니아'(*koinonia*, NASB의 **교제**; 참고. 고후 8:4; 빌 1:5; 히 13:16)라는 단어의 정의, '코이노니아'와 **믿음**의 관계 파악 그리고 일을 완수하는 것과 관련이 있는 형용사 '에네르게스'[*energes*, NASB의 **더욱 깊어져서**(새번역), NLT의 '행동으로 옮기다', 이외에는 고전 16:9; 히 4:12에만 나온다]에 대한 정의가 필요하다. 신약에서는 **교제**와 **믿음** 둘 다 능동적이다. 따라서 NLT의 의미가 가장 가까운 것 같다. "그리고 우리가 그리스도 안에서 가진 모든 선한 것들을 그대가 이해하고 경험함으로써, 그대의 믿음에서 우러나오는 관대함을 행동으로 옮기기를 기도합니다."

7. 빌레몬의 사랑과 믿음(6절) 그리고 그가 이전에 행한 선한 일들(7절)은 8절과 그 이후에 나오는 요청의 기초가 된다. 그는 다른 사람들에게 기쁨을 주었듯이(7절), 오네시모를 영접함으로써(17절을 보라) 바울에게도 기쁨을 주어야 했다(20절).

Ⅲ. 바울의 간청: 오네시모를 벌하지 말라(8-16절)

8-12. 바울은 거의 명령을 하지 않았다. 오히려 7-8a절에서처럼 신자들을 설득했고, 그들 안에 있는 가장 선한 것에 호소했다(여기서는 빌레몬의 사랑에 호소한다). 그런 다음, 바울은 상황을 자세히 설명했다. 세 가지 특징이 두드러진다. 첫째, 그의 나이와 투옥을 언급함으로써 빌레몬의 존경과 긍휼을 끌어낸다(9절). 둘째, 그는 오네시모의 회심을 언급했다(**낳은 아들**, 10절). 세부적인 내용은 이후에 중요해진다(16절). 바울은 다른 데서 그의 회심자들에게 '아버지가 된 것'에 대해 말했다(고전 4:15). 바울은 언어유희를 사용하여(**무익하였으나 유익하므로**, 11절) 이 회심이 변화임을 분명히 했다. 셋째, 아마도 짧은 시기 동안 바울은 오네시모를 향한 경건한 애정이 깊어졌다(참고. 살전 2:8). 이러한 애정 때문에 그를 돌려보내는 일이 고통스러웠다(12절).

13-14. 죄수를 섬기는 일은 그리스도인의 덕목이다(마 25:36). 복음을 위해 갇힌 것에 대해서는 빌립보서 1:13과 디모데후서 2:8-9을 보라. 더 나아가, 종이 주인의 대리인 역할을 했으므로, 바울은 오네시모의 사역을 빌레몬의 사역으로 보았다. 바울서신의 다른 데서처럼(참고. 고후 9:7; 롬 12:8b), 그는 선행(여기서 **너의 선한 일**은 '너의 선한 행동'을 의미한다)을 의무로(**억지같이**) 하도록 명령하지 않는다. 오히려 선행은 열심을 다해 자의로 해야 한다.

15-16. 바울은 하나님의 주권에 대한 그의 강경한 입장을 드러내며, 하나님의 섭리가 오네시모가 도망한 이유라고 제시한 다음, 두 가지 날카롭게 대조되는 것을 언급했다. 첫째, 그 종이 잠깐 자리를 비운 것은 그가 영원히(다시 말해 영생을 얻어) 돌아올 것과 비교조차 되지 않으므로 문제가 되지 않는다. 둘째, 삶의 모든 영역에서(**육신과 주 안에서**) 오네시모는 이제 우선적으로 종이 아니라 **사랑받는 형제**(7절에 나오는 것과 같은 칭호)이다.

Ⅳ. 바울의 요구: 네 손실을 내가 보상하겠다 (17-20절)

17. 바울은 10절에서 그가 간구하고 있음을 언급하지만, 구체적인 내용은 결국 여기에 나온다. 다시 말해, 바울을 존경하고 영접했던 것처럼 빌레몬은 오네시모가 왔을 때도 그렇게 대해야 했다. 이 요청의 근거는 동역자 됨에 있다. 동역자는 함께 사역하는 사람이다(1절). 즉, 복음을 받아들일 뿐만 아니라 그 복음을 전파하는 사람이다.

18-20. 바울의 표현을 보면, 논의를 위해 오네시모가 그의 주인에게 잘못을 했다고 추정하고 있다. 그러나 그가 어떻게 했는지는 확실하게 알 수 없다. 어떤 경우이든 바울은 그의 친필로 주의를 집중시키며(참고. 고전 16:21), 자신이 보상하겠다고 진지하게 약속했다(18b-19a절). 그러나 그것은 바울이 갚을 필요가 없는 빚이다. 그가 빌레몬을 그리스도께로 인도했기 때문이다. 그러므로 빌레몬은 이미 바울에게 그의 생명이 구속을 받는 큰 빚을 졌다. 이 세 사람은 그리스도 안에서 가족이므로(20절), 오네시모에게 보인 형제 사랑은 그 종에게 기쁨을 줄 뿐만 아니라 바울에게도 기쁨을 준다(참고. 7절; 고전 12:26).

Ⅴ. 바울의 결론과 작별 인사: 나는 네가 순종할 것을 확신하노라(21-25절)

21-22. 빌레몬은 하나님께 순종하는 사람이었으므로(예를 들어 5-7절), 바울은 확신을 품고 요청했다. 바울은 빌레몬이 **내가 말한 것보다 더** 순종할 것이라고 말한다(21절). 이는 아마도 빌레몬이 그 종 오네시모를 자유롭게 해줄 것임을 암시하는 것 같다. 그러나 확실하지는 않다. 오히려 이 표현은, 빌레몬이 그 종을 다시 한 번 바울과 함께 섬기도록 그에게 돌려보냈으면 하는 바울의 바람을 나타낼지도 모른다. 순회하며 교회를 세우는 사람이었던 바울은 그리스도인의 환대에 의존했다(22a절). 그는 빌레몬의 회중이(22절의 **너희**는 복수이다) 그를 위해 기도하고 있으리라 확신했다.

23-25. 이곳의 인사에 대해서는 골로새서 4:10-14을 보라. 바울은 가장 귀한 보물인 그리스도의 **은혜**가 그들과(**너희**는 복수이다, 참고. 갈 6:18) 함께 있기를 구하는 기도로 마무리했다.

참고 문헌

Bruce, F. F. *The Epistles to the Colossians, to Philemon, and to the Ephesians.* 2nd ed. Grand Rapids, MI: Eerdmans, 1984.

Garland, David E. *Colossians, Philemon.* Grand Rapids, MI: Zondervan, 1998.

Hughes, R. Kent. *Colossians and Philemon: The Supremacy of Christ.* Wheaton: Crossway, 1989.

Lightfoot, J. B. *Colossians and Philemon.* Edited by Alister McGrath and J. I. Packer. Wheaton: Crossway, 1997.

MacArthur, John. *Colossians and Philemon.* New Testament Commentary. Chicago: Moody, 1992.

Moo, Douglas J. *The Letters to the Colossians and to Philemon.* Grand Rapids, MI: Eerdmans, 2008.

O'Brien, Peter T. *Colossians–Philemon.* Nashville: Thomas Nelson, 1982. 《골로새서 · 빌레몬서》, WBC 성경주석(솔로몬).

Still, Todd D. "Colossians." Vol. 12 of The Expositor's Bible Commentary, edited by T. Longman III and D. E. Garland. Grand Rapids, MI: Zondervan, 2005.

히브리서

로널드 사우어(Ronald Sauer)

서 론

저자. 히브리서 저자가 누구인지는 알려져 있지 않다. 하지만 히브리서 저자는 그리스 문화의 영향을 받은 유대인 그리스도인으로서 문학적 능력이 탁월했다. 그가 구사하는 헬라어는 신약의 모든 문서 중 학문적으로 가장 뛰어났다. 히브리서 저자는 이전에 독자들 가운데 있었고(13:19), 그들을 잘 알며, 과거와 현재의 지도자들을 비롯하여 그들의 역사에도 친숙하고, 거리낌 없이 자신의 속내를 털어놓으며(5:13), 그들에게 목회자의 심경을 밝힌다(6:1, 9). 바울의 문체와 어휘와는 사뭇 달라서 바울이 썼을 가능성은 매우 희박하다. 누가, 바나바, 아볼로 혹은 바울과 동역했던 다른 사람들, 나아가 (아길라와 함께 있었을) 브리스길라 혹은 마리아를 저자로 볼 수도 있겠다. 다만 11:32의 남성 단수 분사인 '말하다'(tell)는 이러한 이해에 심각한 걸림돌이 된다. 오늘날 우리는 히브리서의 저자가 누구인지 아무도 모르지만 최초 수신자들은 알았다.

연대. 이 서신이 주후 70년 이전에 쓰였다는 추론을 가능케 하는 두 단서가 있다. 첫째, 예루살렘 성전은 주후 70년에 파괴되었다. 이 서신에서 현재시제가 반복적으로 사용되는 것으로 보아, 성전 파괴 후 갑자기 중단된 레위 지파의 예식이 이 서신을 쓸 당시에는 진행된 듯하다. 예컨대 이스라엘의 대제사장은 여전히 임명되고 있고(5:1) 땅에서는 제사장들이 "율법을 따라 예물"(8:4)을 드리고 있다. 제사장은 지성소에 계속 들어간다(9:7, 25). 따라서 그들이 장막에서 섬기듯(13:10) '그들은 해마다 늘…같은 제사를 드린다'(10:1). 둘째, 저자는 유대인의 메시아가 유대교보다 탁월함을 드러내고자 하므로, 히브리서가 주후 70년 이후에 쓰였다면 그가 그해에 일어난 대재앙에 무관심하고 그것을 언급하지 않았을 가능성은 매우 낮다. 구약을 아는 저자는 그 레위 지파의 예식이 수반되는 첫 언약이 "낡아지고 쇠"하며 또한 '없어져가는'(8:13) 것으로 확신한다. 성전 파괴는 옛 언약과 레위 지파의 제사가 막 끝나려는 참이라는 저자의 주장을 뒷받침하는 결정적 증거가 되고도 남았을 것이다. 이는 하나님이 그 언약과 제사가 중단되게 하셨다는 사실에서 드러난다.

13:24에서 저자는 자신의 수신자들에게 "이달리야에서 온 자들도 너희에게 문안하느니라"라고 말한다. 이는 좌절을 느끼게 할 만큼 여러 해석을 낳는다. 첫째는, 저자가 이달리야를 방문하여 거기서 사귄 사람들을 대신해 이런 인사를 했을 가능성이 있다는 해석이다(이 경우 저자는 이달리야에 있었지만 서신의 도착지는 명시되어 있지 않다). 둘째는, 저자가 이달리야에서 온 사람들과 함께 다른 지역에 있었을 수도 있다는 해석이다(이 경우 저자가 있는 위치는 모르지만 서신은 이달리야로 보내졌다). 확신할 수는 없지만, 유대인의 종교적 관례들이 지나치게 강조되는 것을 보면 저자가 이달리야에서 유대에 있는 사람들에게 썼을 것이라는 추론이 가능하다.

수신자. 서신을 받는 사람들이 유대인이라는 근거는 다음 단서들이다. (1) '조상들'(1:1)과 "아브라함의 자손"(2:16)이라는 표현은 유대인의 혈통을 암시한다. (2) 6:1-2의 유대인 선조들과 9:15의 "이는 첫 언약 때에 범한 죄에서 속량하려고 죽으사"라는 말씀 또한 그러하다. (3) 서신의 논증은 이론의 여지가 없는 권위이자 성령의 말씀으로 간주되는(3:7) 구약에 근거한다. (4) 수신자들이 유대인의 성경을 아주 세세한 부분까지 알고 있다는 것이 전제된다. 그리고 (5) 새 언약이 옛 언약보다 탁월하다는 서신의 주장은 예수님에 대한 신앙을 버리고 그분이 없는 유대교로 돌아가라는 유혹을 받는 유대인들을 염두에 둘 때 더 잘 설명될 수 있다.

수신자들은 영적으로 과거에 비해 만족스러운 진전을 이루었다. 그들은 꽤 오랫동안 믿음 생활을 했고(5:12), 칭찬을 받을 만큼 모진 박해를 잘 견뎠고(10:32-34), 뛰어난 리더십을 지닌 사람들에게 훌륭한 가르침을 받았고(13:7), 다른 신자들을 사랑으로 섬겼다(6:10). 하지만 자신들의 믿음으로 인해 마침내 유대인의 박해를 받게 되자 수신자들은 예수님이 과연 메시아일까 의심했다. 게다가 그들은 또 다른 모진 박해가 곧 일어날 것을 감지했음에도 "듣는 것"이 둔해졌다(더디 이해했다, 5:11). 그들은 낙담했고(12:12-13), 예수님이 유대인의 메시아라는 자신들의 믿음을 버리고 유대교로 회귀하는 것을 고민했다. 저자는 전 세계 모든 유대인을 염두에 두고 이 서신을 쓰지는 않았다. 수신자들은 특정 공동체였다. 그들에게는 모든 그리스도인이 경험하지 못한 독특한 역사가 있기 때문이었다(6:10; 10:32-34). 그들의 회중은 동질적으로 보였고, 그들을 다시 방문하고자 하는 저자는 그들을 잘 알고 있었다(13:19). 그들의 현 주소는 이달리야이지만 옛 주소는 로마이지 않았을까 싶다. 주후 49년 로마의 유대인들은 무혈 박해를 받았고 로마에서 추방당했다. 독자들은 "아직 피 흘리기까지는 대항하지 아니"했지만(12:4) "소유를 빼앗기는"(10:34) 아픔을 겪었다. 그리고 자신의 고향과도 같은 로마를 어쩔 수 없이 떠난 것처럼 보인다(13:14). 반면에 수신자들이 성전과 성전 예식에 친숙한 것을 보면, 그들이 유대 또는 예루살렘에서도 살았을 것으로 추측하게 된다. 따라서 저자는 이달리야에서 이스라엘의 유대인 신자들에게 이 서신을 썼을 것이다.

목적. 독자들을 궁지로 모는 긴박한 위험은 무관심도, 단순한 구습도, 이교신앙도, 영지주의도 아니었다. 임박한 위험은 오히려 배교였다(3:12). 배교는 의도적으로(10:26) 영원히 메시아 예수를 거부하는 것이다(6:6). 독자들의 경우, 그것은 예수 없는 유대교 신앙으로 돌아가거나 그 안에 머무는 것을 뜻했다. 저자가 서신을 쓴 것은, 성경적으로 계시된 유대교라 할지라도 유대인의 메시아가 그보다 탁월하시기에 메시아 예수에 대한 신앙을 굳게 붙들라고 독자들에게 권면하기 위해서였다(4:14). 분명 저자는 유대교를 깎아내리기보다 유대교의 존재 이유가 다가올 메시아를 가리키는 데 있음을 나타내고자 했다. 그는 독자들이 유대교가 가리키는 실체를 맛보았으므로 다가올 좋은 일들의 그림자로 회귀하지 말라고 권면한다(10:1).

이 책의 다섯 경고 구절들(2:1-4; 3:7-4:16; 5:11-6:20; 10:26-31; 12:18-29, 개요를 보라)은 독자들 가운데 예수님을, 즉 언약을 완성하고 성취하시는 분, 또는 바울의 표현대로 구원을 가져오시는 분으로 온전히 받아들이기 위해 메시아 예수를 버려야겠다고 생각한 자들에게 경고한다. 그 구절들에 대한 해석에서 드러나겠지만, 이 서신의 몇몇 독자들은 하나님의 심부름꾼인 천사들(1:5-7, 13-14), 구약의 제사장직(5:1-4), 옛 언약인 모세율법(7:11, 19; 8:13; 9:9) 그리고 땅의 성소(9:24)에 대한 집착을 버리지 못했다. 그들은 예수님을 자신들의 메시아로 받아들여야 했다. 그분은 하나님의 아들이요(4:14), 언약과 구원을 완성하고(10:12-14), 새 언약을 세우고(8:6), 하늘의 성소에 들어가서 섬기는(9:11-15) 대제사장의 전형(5:10; 7:14)인 이스라엘의 왕이시기 때문이다. 경고 구절들은 몇몇 사람이 아직 예수님에게서만 발견되는 언약의 완성으로 줄곧 나아가지 못했음을 보여준다. 그렇게 하지 못한다면 그들은 예수께서 세우신 새 언약에서 배제될 것이다(즉, 구원받지 못할 것이다).

서신의 의도는 두 가지이다. (1) 신학적으로 볼 때 예수의 메시아 되심은, 하나님 말씀이 최종적이자 절정을 이루고, 단지 그분을 가리키는 구약 신앙보다 우월함을 나타내는 것이다. 예수님은 모세의 옛 언약보다 "더 좋은 언약"(8:6)에 의해 개시가 선포된 '더 탁월한 사역'을 하신다(8:13). (2) 실제적으로는 독자들이 메시아를 버리고 오직 성전 예배로 돌아가지 못하게 할 뿐만 아니라, 그들이 "믿는 도리"(4:14)를 "굳게 잡고" 그로 인해 그리스도에 대한 신앙 가운데 인내하고 "완전한 데로 나아"가도록(6:2) 격려하는 것이다. 서신의 핵심인 5:1-10:18은 예수님의 대제사장 사역에 관심을 둔다. 그분은 '우리를 위하여 간구하기 위해'(7:25) "하늘에 들어가사…하나님 앞에 나타나"신다(9:24). 13:22에서 저자는 자신의 서신을 "권면의 말"이라고 일컫는다. 따라서 헬라어의 권유가정법(~합시다)이 11회 나온다. 이 권유가정법으로 저자는 자신의 여러 힘든 사역에 독자들의 동참을 촉구한다.

주제. '뛰어난'(better, 개역개정에는 '더 나은', '더 좋은' 등으로 해석되어 있다—옮긴이 주)이라는 핵심어가 13회 나온다. 예를 들어, 메시아 예수는 '천사'(1:4)보다, 구약성경의 모든 주요 인물들보다 뛰어나시다. 제사장이신 그분은 이스라엘의 다른 제사장들보다 더 좋은 제물을 드리셨다. 그러므로 그분의 피는 더 나은 것들(12:24), 이를테면 우리의 더 낫고 영구한 소유(10:34)에 대해 말한다. 예수님은 "더 좋은 약속"(8:6)에 기초한 더 좋은 언약(7:22)의 중보자이시고, 우리에게 "더 좋은 소망"(7:19)을 주신다. 하나님이 "우리를 위하여 더 좋은 것을 예비하셨"고(11:40), 이는 부분적으로 "더 좋은 부활"(11:35)이기 때문이다. 저자가 이 단어를 사용하는 것은 유대인의 메시아 예수가 그분을 가리키는 유대교보다 훨씬 뛰어난 분임을 나타내기 위해서이다.

개 요

- Ⅰ. 탁월한 사람(1:1-7:28)
  - A. 예수님은 선지자들보다 뛰어나시다(1:1-4)
  - B. 예수님은 천사들보다 뛰어나시다(1:5-2:18)
    - 1. 그분은 신성 면에서 천사들보다 뛰어나시다(1:5-14)
      - • 첫 번째 삽입 경고: 복음에서 떠나 표류할 위험(2:1-4)
    - 2. 그분은 인성 면에서 천사들보다 뛰어나시다(2:5-18)
  - C. 예수님은 모세보다 뛰어나시다(3:1-6)
    - • 두 번째 삽입 경고: 복음을 불신하게 될 위험(3:7-4:16)
  - D. 예수님은 아론보다 뛰어나시다(5:1-7:28)
    - 1. 예수님은 완전한 자격을 갖추신 대제사장이시다(5:1-10)
      - • 세 번째 삽입 경고: 복음을 저버릴 위험(5:11-6:20)
    - 2. 그분은 영원한 대제사장이시다(7:1-28)
- Ⅱ. 탁월한 사역(8:1-10:18)
  - A. 뛰어난 언약(8:1-13)
  - B. 뛰어난 성소(9:1-12)
  - C. 뛰어난 제사(9:13-10:18)
- Ⅲ. 탁월한 삶(10:19-13:25)
  - A. 교제를 권면하다(10:19-25)
    - • 네 번째 삽입 경고: 복음의 가치를 깎아내릴 위험(10:26-31)
  - B. 인내를 권면하다(10:32-12:13)
  - C. 성화를 권면하다(12:14-17)
    - • 다섯 번째 삽입 경고: 복음을 거부할 위험(12:18-29)
  - D. 섬김을 권면하다(13:1-21)
  - E. 마지막 인사(13:22-25)

주 석

I. 탁월한 사람(1:1-7:28)

A. 예수님은 선지자들보다 뛰어나시다(1:1-4)

1:1-4. 뛰어난 사신이 전하는 메시지가 더 중대하다는 전제 아래, 이 부분은 예수님이 구약의 선지자들보다 탁월하심을 간접적으로 보여준다. 이 비교는 그분의 계시가 그들의 계시보다 우월함을 가리킨다. **옛적에** 하나님은 유대인 **조상들에게** 진리를 드러내셨다. 그분은 **여러 부분에서**('다양한 시대에', HCSB) 조금씩 그리고 여러 다양한 **모양으로** 그렇게 하셨다(1:1). 최근 들어 하나님은 다시 **말씀하셨**다. 하지만 이번에 **우리에게** 계시를 주실 때에는 한낱 인간 선견자들이 아닌 신을 대변하는 '그분의 아들'(1:2a)을 통해서 하셨다. 예수님이 유대교 선지자들을 능가하심은 다음 일곱 진술에 나타난다. (1) 유대교 선지자들이 아닌 그분이 신에 의해 **만유의 상속자**로 세움을 받았다. (2) 하나님은 자기 아들로 **말미암아 모든 세계를 지으**셨지만 구약의 선견자들은 피조 세계의 일부에 불과하다. (3) 예수님은 신의 **영광**을 발하시고 하나님과 '정확히' 동일한 **본체**를 지니신다. 게다가 (4) 하나님의 아들은 물질계를 **붙드시**고 보존하시며, (5) (선지자들의 타락을 비롯한) 인간의 **죄를 정결하게** 하셨다. 그러고 나서 (6) 그분은 어떤 선지자가 할 수도 없고 감히 하려고도 하지 않았던 일을 하셨다. 하늘에서 하나님 **우편에 앉으**신 것이다(1:3). 마지막으로, (7) 하나님의 아들은 **천사보다** 뛰어나시다. 그분의 이름이 천사들의 이름보다 **더욱 아름다운** 것처럼 말이다(1:4). 이 일곱 진술 중 선지자들에게 해당되는 것은 하나도 없다. 하나님의 아들은 그들보다 뛰어나시고 그분의 메시지는 선지자들의 메시지보다 더 중대하다.

B. 예수님은 천사들보다 뛰어나시다(1:5-2:18)

이 부분은 예수님이 천사들보다 탁월하심을 입증한다. 그분은 하나님인 동시에 인간이시기 때문이다. 저자의 논증은 영적 이탈의 위험에 대한 경고와 분리된다.

1. 그분은 신성 면에서 천사들보다 뛰어나시다 (1:5-14)

1:5-14. 이 단락은 예수님이 천사들보다 훨씬 뛰어나시다는 1:4의 주장을 정당화한다. 그 근거는 구약에서 인용한 일곱 본문이다. 둘은 그분의 이름(그분의 정체)을, 다섯은 그분의 인성(그분이 하신 일)을 다룬다. 5절은 (1) 뛰어난 이름임을 밝히는 두 메시아 본문, 즉 시편 2:7과 사무엘하 7:14을 인용한다. 이 두 구절에서 하나님은 예수님을 **내 아들**로 부르시는데, 천사들은 결코 이렇게 불리지 않는다. 삼위일체 첫 두 위격의 관계는 친밀한 부자관계이다. (2) 성부가 이 아들을 **이끌어 두 번째로 세상에 들어오게 하실 때**['때마다'로 옮기는 게 더 낫다, 6절], 신명기 32:43은 하나님의 **모든 천사들은 그에게 경배**하라고 지시한다(신 32:43의 사해사본과 70인역에서는 "하늘아, 주의 백성을 찬양하여라. 모든 신들아, 주를 섬겨라!"라고 번역, 표준새번역 난외주). 6절의 **다시**는 한갓 연결사가 아니다[즉, '또다시'가 아니다. 여기에 기고자의 주장을 뒷받침하는 또 다른 구약 인용이 있다; 참고. KJV; RSV]. 그 단어가 이처럼 연결사의 의미로 사용될 때(히 1:5; 2:13에 두 번; 4:5; 10:30을 보라) 바로 뒤에 구약성경 인용이 나온다. 하지만 여기서 그 단어는 **이끌어**라는 동사와 밀접한 연관이 있는 듯하며, 인용 이전의 다른 자료가 뒤따른다. 그리고 **다시**라는 단어 뒤에 히브리어 동사가 나오면 그 단어는 동사를 수식한다(4:7; 5:12; 6:1,6을 보라). 저자가 아들의 등장을 예상하고 고려하려고 사용한 이 요점들은, **이끌어**의 가정법('그분이 이끄실 때마다')과 더불어 그가 메시아의 초림을 보는 것이 아니라 그분의 재림으로 시선을 돌리고 있었음을 시사한다. 재림이 일어나면 하나님은 뭇 천사들에게 소리 높여 메시아를 찬양하라고 명하실 것이다(**모든 천사들은 그에게 경배할지어다**). 요점은 천사들의 경배를 받는 그분이 경의를 표하는 저 천사들보다 뛰어나시다는 사실이다. (3) 시편 104:4에 따르면, 성부는 **바람을 자기 사신으로, 불꽃으로 자기 사역자를 삼으**신다. 천사들은 하나님이 그들에게 바라시는 대로 **바람**과 **불꽃** 등으로 변신할 수 있는데, 이는 **어제나 오늘이나 영원토록 동일하신**(히 13:8) 아들과 대비된다. 그리고 천사들은 **사역자들**('특별한 행정 업무에 종사하는 자들')이다. 하지만 **아들**은 종이 아니다. 그분은 왕이시다(8절). 섬기는 자들은 만유 위에 계시는 그분보다 지위가 낮다. (4)

천사들은 종에 불과하지만 (1:8에서 인용한) 시편 45:6은 아들을 **하나님이여**로 일컬으며, 그분을 그 **보좌**가 **영영**한 통치자로 선보인다. 꽤 많은 불법 통치자들과 달리 그분의 통치(**규**)는 공평하다. 1:9에 인용된 시편 45:7은 그분이 **정의를 사랑하**시고 **악을 미워하**신다고 말하면서 아들이 의로운 통치를 하실 것으로 약속한다. 이처럼 고결한 품성을 지니셨기에 그분은 자기 백성을 더없이 공평하게 대하실 수 있다. 이런 까닭에(**그러므로**) **하나님**은 그분의 천사 **동류들보다 뛰어**난 예수가 통치하도록…'기름 부으셨다'[이 동사에서 히브리어 '메시아'라는 칭호와 헬라어 '크리스토스'(*Christos*)라는 단어가 파생되었다]. (5) 시편 102:25에 따르면, **땅**과 **하늘**은 아들의 **손으로 지으신 바**이다(히 1:10). 즉, 그분은 천사를 비롯한 만물을 창조하셨다. 천사들은 놀랄 만한 일들을 행한다. 하지만 우주와 천사들을 지으신 아들과는 비교가 안 된다. (6) 천사와 같은 존재들에게는 영원한 미래만이 있다. 그들은 창조된 때로부터 오로지 미래를 향해 영존할 뿐이다. 하지만 아들은 전적으로 영원하시다. 그분의 존재는 영원 전에 시작하여 다가올 영원 속으로 그리고 그것을 초월하여 펼쳐진다. 시편 102:26-27은 아들을 가리켜 이렇게 말한다. **주는 영존할 것이요**(1:11)…**주는 여전하여 연대가 다함이 없으리라**(1:12). 마지막으로, (7) 시편 110:1에 의하면, 하나님 **우편에** 앉는 영광(히 1:13)은 어떤 천사에게도 확대되지 않고 성자께만 허락되었다. 류폴드(H. C. Leupold)에 따르면, 하나님은 이 자리를 독생자 몫으로 두시면서 "성자의 지위와 권세를 성부 자신과 동일하게 하여 사실상 아들의 신성을 선포하셨다"[H. C. Leupold, *Exposition of Psalms*(Grand Rapids, MI: Baker, 1969), 771.《시편》, 반즈 성경주석(크리스찬서적)]. 14절은 천사들의 위엄이 섬기라고 보냄을 받은 종의 위엄에 불과하지만 성자의 위엄은 성부 자신의 위엄과 동일하다는 언급으로 끝난다.

• 첫 번째 삽입 경고: 복음에서 떠나 표류할 위험 (2:1-4)

2:1-4. 이 절들은 다섯 경고 구절들 중 첫 번째에 해당된다(2:1-4; 3:7-4:16; 5:11-6:20; 10:26-31; 12:18-29; 서론을 보라). 저자는 자기주장을 펼치면서 독자들에게 자신이 하는 말에 주의를 기울이라고 강하게 촉구하려고 수시로 엄밀한 의미의 논증에서 잠시 벗어난다. 이는 독자들이 지시 불이행에 따른 끔찍한 결과에 직면하지 않도록 하기 위해서이다. 경고 구절들이 겨냥하는 자들과 그들의 영적 상태에 대한 설명은 5:11-6:8에 대한 주석을 참조하라. 분명 수신자들의 상당수는 예수께서 주신 모든 것을 알고 있고 그것들에 깊은 인상을 받았을 텐데도, 그분과 그분이 개시를 알린 새 언약에서만 찾을 수 있는 복들을 아직 받아들이지 않았다. 그들이 이를 행하지 않으면(그들이 **이같이 큰 구원**을 등한히 여기면, 3절), 하나님의 심판을 피하지 못할 것이다. 이 경고 구절들을 비롯한 모든 경고 구절들은, 그리스도를 믿었지만 그들의 구원을 잃을 수도 있는 사람들보다는 예수님 앞에 나오기를 끝내 거부할 경우 심판을 받게 될 불신자들을 다룬다.

1장에 나타난 대로, 아들이 구약의 선지자들과 천사들보다 탁월하심을 회고하면서 **그러므로**를 사용해 의무라는 형식으로 표현된 결론을 이끌어낸다. 즉, **우리가 들은** 예수께서 말씀하신 진리에 **우리는 더욱 유념하여야** 한다. 그렇게 유념하는 것은 **흘러 떠내려가지 않도록** 하기 위함이다(2:1). 신의 진리에서 흘러 떠내려가는 것은 곧 하나님에게서 흘러 떠내려가는 것이다. 2절의 ~**거든**이라는 단어는 예수님의 메시지에 더 큰 주의를 기울여야 할 이유를 제시한다.

구약시대에 **천사들을 통하여** 전해진 신의 **말씀**은 **견고**한 것으로 입증되었다. 그 계시에 대한 **모든** 의도적 '범죄'와 비의도적 '불순종'은 공정하면서도 철저한 벌을 받았다. 그것이 사실일진대, **우리가 이같이 큰 구원을 등한히 여기면** 신의 심판을 결코 '피할 수 없을' 것이다. 예수님의 더 큰 메시지를 받아들이면 더 큰 복을 받지만 거부하면 더 큰 벌을 받는다(2:3). 천사들이 전하는 **말씀**을 무시하면 심판이 임하지만 성자가 전하시는 복음을 거부하면 결과는 훨씬 더 끔찍하다.

이 구원이 '얼마나 큰지' 보여주는 몇몇 요소들이 있다. 이 구원은 처음에 '주 예수를 통해' 선포되었다. 그 다음에 구원의 진정성이 우리에게 확증되었다. 마지막으로, **하나님도 표적들과 기사들과 여러 가지 능력과 성령이 나누어 주신 것**들로 복음의 진실성을 함께 증언하셨다(2:4). 십중팔구 이는 사도 시대에 사도들이 전한 메시지를 확증한 능력들을 언급하는 것이지(참

히

고. 고후 12:12; 행 2:43; 5:12), 하나님이 이 시대가 끝날 때까지 복음을 확증할 표적들과 기사들을 일관되게 나타내신다는 말은 아닐 것이다. 이 첫 경고 본문의 진수는 우리가 예수님의 메시지에 지속적이며 더 큰 주의를 기울여야 한다는 것이다.

2. 그분은 인성 면에서 천사들보다 뛰어나시다 (2:5-18)

이 단락은 예수님이 천사들보다 뛰어나시다는 논의를 마무리한다. 1:5-14에서 저자는 신성 면에서 예수님이 천사보다 뛰어나신 분이라고 했다. 2:5-18에서는 인성 면에서 이 천상의 존재들보다 예수님이 네 가지 자기 역할에서 뛰어나신 분이라고 소개한다. 그 역할은 세상 통치자(2:5-9), 구원자(2:10), 우리 형제(2:11-13) 그리고 대제사장(2:14-18)이다.

2:5-9. **~니라**(for, 2:5)는 예수님을 통치자(주의 보좌, 주의 나라의 규, 하나님이 주께 기름 부으셨다)로 묘사하는 1:8-9이 타당함을 보여준다. 이 타당성의 일부는 하나님이 **장차 올 세상을 천사들에게 복종하게** 하시지 않았다는 것이다. 6-8절은 신이 기름 부으신 세상 통치자가 누구인지 밝히는 시편 8편을 인용한다. 그 통치자는 하나님이 **잠시 동안 천사보다 못하게 하시며…관을 씌우시며**(2:7) **만물을 그 발아래에 복종하게 하신**(2:8a) **사람**이다(2:6). 하나님은 아담과 그 후손들에게 땅을 다스리도록 위임하셨다. 하지만 인간의 타락으로 피조 세계는 그 통치자에게 반기를 들었다. 지금 우리는 **만물이 아직 그에게 복종하고 있는 것을 보지 못하고** 있다(2:8b). 그러나 예수님은 **하나님의 은혜로 말미암아 모든 사람을 위하여 죽음을 맛보셨다**(2:9). 그리하여 그분은 인간이 죄와 죽음으로 인해 잃어버린 것, 즉 세상 통치권을 그들에게 돌려주셨다. 그 결과 하나님은 예수님에게 **관**을 씌우셨고 인간은 다시금 땅을 다스릴 수 있게 되었다.

2:10-13. 자신의 구속의 죽음으로 예수님은 또 다른 역할을 맡으셨다. 인간 **구원의 창시자**가 되신 것이다(2:10). 하나님의 **많은 아들들**이 그분의 죽으심으로 구원받았다. 예수님은 **고난을 통하여** 온전하게 되셨는데, 이는 그분이 온전한 대제사장으로서 자격을 갖추고 역할을 감당하시도록 정해진 방편이었다. 5:9과 7:28에서 사용되는 **온전하게** 하심은 그리스도의 도덕심 고양이 아니라, 그분이 자신의 고난과 죽음을 통해 온전한 중보자가 되시도록 하기 위함이다(마 26:36-46에 대한 주석을 보라). 인류와 예수님은 **다 한 근원에서** 났고 동일한 하늘 '아버지'가 있으므로…그분은 그들을 자기 **형제라 부르시기를 부끄러워하지 아니하신다**(히 2:11). 형으로서 하나님 자녀들과의 친밀함을 즐기시는 그분은 천사들보다 훨씬 더 큰 위엄을 지니시는데(2:12-13), 그들과 신자들의 관계는 종의 관계이다(1:14을 보라).

2:14-18. 그분의 인성 면에서 예수님은 인간과 관련된 또 하나의 역할을 아직 가지고 계신다. 하늘 자녀들이 **혈과 육에 속하였**기에 예수님도 **같은 모양으로 혈과 육을** 지니셨다. 이는 자신의 **죽음을 통하여 마귀**가 사람들에 대해 잡은 세력을 **멸하시**기 위함이었다(2:14). 그리하여 예수님은, **죽기를 무서워하므로** 여러 종류의 도덕적 **종노릇**에 매인 자들을 자유롭게 하셨다(2:15). 이제 그분이 **붙들어주시**는 자는 **천사들이** 아니라 **아브라함의 자손**[들]인데(2:16), 이들은 이 서신을 받은 유대인 신자들을 가리킨다. 예수님은 **범사에 형제들과 같이 되심**으로써 그들의 **대제사장**이 되셨다. 이는 **백성의 죄를 속량**하기 위해서였다(2:17). 이제 그분은 **시험받는 자들을 능히 도우실 수 있다**(2:18). 천사들은 이런 식으로 인간을 도울 수 없으므로 그렇게 하실 수 있는 그분만이 그들보다 뛰어나시다.

C. 예수님은 모세보다 뛰어나시다(3:1-6)

3:1-4. 여기서 예수님은 위대한 입법자보다 탁월하신 분으로 소개된다. 예수님과 모세를 비교하는 이유는 네 가지이다. (1) 유대 백성은 모세를 구약에서 가장 뛰어난 인물이자 하나님의 진리를 가르치는 가장 탁월한 교사로 보았다. (2) 모세는 하나님의 실질적 대변자로서 모세오경은 그의 펜에서 나왔다. (3) 모세는 공식 제사장은 아니었지만 여러 행사에서 이스라엘의 중재자 역할을 가장 효과적으로 수행했다(예를 들어, 출 32:10-14). 그리고 (4) 모세 추종자들의 광야 실패는 예수 추종자들에 대한 논의의 서막이다. 독자들은 예수님을, 그들이 **믿는 도리의 사도**[즉, 모세와 같은 사신]이시자 **대제사장**[다시금, 모세와 같은 큰 중재자]으로 **깊이 생각하라**는 요청을 받는다(히 3:1). 그들은 예수님이 하나님께 부여받은 온갖 사명에서 그분에게 **신실**

하셨음을 숙고해야 한다(3:2a). 주님의 신실하심과 비슷한 예로는 **하나님의 온 집에서** 또한 신실했던 모세(3:2b)가 있다. 둘 다 하늘에 신실했지만 예수님이 **모세보다 더욱 영광을 받을 만하시**다. 이는 **집 지은 자가 그 집보다 더욱 존귀함 같다**. 사람들은 아름다운 집을 칭찬하지만 진짜 칭찬은 그 집을 지은 사람에게로 간다(3:3).

4절은 예수님이 더욱 영광을 받으실 만한 첫째 이유를 제시한다. 집은 땅에서 생기는 것이 아니라 '누군가 짓는다'. 마찬가지로, **만물을 지으신 이는 하나님**이시다. 그리스도는 신의 창조 대리인이시고(1:2, 10), 모세는 그 일부에 불과하다. 창조주는 자신의 피조물보다 더 많은 영광을 누리신다.

3:5-6. 예수님이 탁월하신 둘째 이유는, 모세는 **하나님의 온 집에서** 신실한 종으로 섬겼지만(3:5) 그리스도는 **하나님의 집을 맡은 아**들이시기 때문이다(3:6a). 가정에서 아들은 종보다 훨씬 더 귀한 대접을 받는다. 저자는 **우리가 소망의 확신을 굳게 잡고 있으면**(3:6b) 자신과 자기 독자들이 하나님 가족의 일원이라고 주장한다. 저자와 독자들이 현재 하나님 가정의 일원임은 그들이 신앙을 지속할 때 드러날 것이다. 6절의 '만일'(if, 개역개정에는 정확히 표현되어 있지 않다—옮긴이 주)로 시작되는 종속절('만일' **우리가 소망의 확신과 자랑을 끝까지 굳게 잡고 있으면**)은 동사의 '그러면'(then, 개역개정에는 정확히 표현되어 있지 않다—옮긴이 주) 부분[그러면(조건문에서 이해한다면) **우리는 그의 집이라**]에 대한 증거와 결과를 제시한다. 이것이 이른바 '추론에 대한 증명'(evidence-to-inference) 조건이다. 동사의 '만일' 부분은 증거를 제시하고, 시간순으로 '만일' 부분보다 앞서 나오는 '그러면' 절의 결과를 포함한다. 이러한 조건문에 대해서는, 요한복음 5:31; 8:31; 15:14; 로마서 2:25; 고린도전서 13:1; 야고보서 2:17; 히브리서 12:8 및 요한일서 2:15을 또한 보라. 히브리서 3:6에서 저자와 독자들의 인내는 그들이 '그분의 집'의 일원임을 나타내는 증거를 제시한다. 메시아 예수를 굳게 잡지 못하면 그들은 하나님의 집의 일원이 아니라는 반증이다. 저자와 독자들이 '그분의 집'이라는 것은, 둘 다 자신들의 확신을 끝까지 굳게 잡고 있음보다 선행하고 그것을 확증한다는 사실이다. 이러한 문장 구조 및 그것과 3:6, 14절의 관련성에 대한 깊은 논의는 Fanning, "A Classical Reformed View," 209-218, in Herbert W. Bateman, ed., *Four Views on the Warning Passages in Hebrews*(Grand Rapids, MI: Kregel, 2007)를 보라. 이와 동일한 주석이 3:14의 조건문에 적용된다(**우리가 시작할 때에 확신한 것을 끝까지 견고히 잡고 있으면 그리스도와 함께 참여한 자가 되리라**).

- **두 번째 삽입 경고: 복음을 불신하게 될 위험 (3:7-4:16)**

3:7-19. 이 단락은 다음 경고 구절의 절반에 해당하며 부정적인 내용을 담고 있다. 이 경고 구절의 주제는 대체로 다른 경고 구절들과 동일하다. 그것은 메시아 예수와 그분이 이루시는 언약의 완성을 굳게 붙잡고 믿으라는 것이다(참고. 3:12, 19). 이 경고들의 본질과 경고를 받는 자들의 영적 상태에 대한 설명은 2:1-4, 5:11-6:8에 대한 주석을 보라. 이 단락에서 주어지는 엄밀한 경고에 뒤이어 다른 절반에서는 권면이 나온다(4:1-16). 전반부의 경고와 후반부의 권면 둘 다 독자들에게 복음을 끝까지 굳게 잡으라고 촉구한다. 그리고 하늘에 계신 독자들의 대제사장은 그들이 인내할 수 있도록 은혜를 아낌없이 부어주실 준비가 되어 있다(4:14-16).

3:7에서는 **그러므로**로 경고를 시작한다. 인내하면 하나님 가정의 일원이 된다고 단언하는 3:6b을 회고하면서 이 접속사는 히브리서 3:7b-11의 시편 95편을 인용하여 경고를 소개한다. 이 시편은 모세 세대의 광야 실패를 되새긴다. 이 서신의 독자들은, '만일' 그들이 복음에서 **그의 음성을 듣거든**(3:7b) **광야에서 시험하던 날에** 그랬듯이 그들의 **마음을 완고하게 하지 말라**(3:8)는 지시를 받는다. **마음을 완고하게 하**는 것은 신의 뜻에 계속 저항하여 말씀도 하나님의 성령도 결국 자신에게 더 이상 어떤 영향도 미치지 않게 하는 것을 뜻한다. 모세의 백성들이 하나님을 **시험**한 곳은 '광야'였다(3:9). 하나님을 시험하는 것은 의도적으로 그분의 뜻에 반대로 행동하는 것이고, 인간의 불순종이 갈 데까지 갔을 때 그분의 경고대로 벌을 받게 됨을 목격한다는 뜻이다. 그러므로 주님은 그 **세대**에 노하셨고(3:10), 그분이 **맹세**하신 바와 같이 그들은 약속의 땅

가나안에 들어가지 못할 것이다(11절). 3:12에서 저자는 독자들에게 시편 95편을 상기시킨다. 그들은 이스라엘의 실패에서 교훈을 얻어야 한다. **삼가 혹 너희 중에 누가 믿지 아니하는 악한 마음을 품고 살아 계신 하나님에게서 떨어**지는 일이 있어서는 안 된다는 교훈 말이다.

서문과 히브리서 2:1-4 및 5:11-6:8에 대한 주석에서 주목한 대로, 다른 경고 구절들뿐만 아니라 이 경고 구절 또한 메시아 예수와 그분이 세우신 새 언약에 대한 가르침에 감명했지만 옛 언약에 대한 미련을 버리지 못해 그분을 포기할까 고민하는 자들을 염두에 두었다. 예수님을 믿으면 용서받을 수 있는데도 **믿지 아니하는 마음**을 계속 품는다면 그들은 하나님의 영원한 안식에서 배제될 위험을 불러오는 셈이다. 그 대신 그들은 아직 영적 기회가 있는 동안에 매일 피차 권면하여 **죄의 유혹으로 완고하게 되**는 것을 피해야 한다(3:13). 14절은 인내하라는 이 권면이 타당함을 보여준다. 그리스도를 따르겠다는 이전의 결단은 다가올 시대에 인내함으로써 그 진정성이 입증될 것이기 때문이다(3:6의 유사한 조건문에 대한 주석을 보라). 인내하지 못함은 매우 허투루 믿었다는 증거이다. **믿지 아니하는 악한 마음**이라는 표현은 그리스도를 진심으로 따르는 사람들에게는 결코 사용되지 않을 것이다.

3:16-18에서 저자는 하나님의 음성을 듣거든 마음을 완고하게 해서는 안 됨을 분명히 한다. 이는 저자가 이스라엘의 광야 실패를 되새기는 다섯 질문을 하면서 확인된다. (1) 젖과 꿀이 흐르는 더없이 좋은 땅에서 멋진 삶을 살게 해주시겠다는 약속을 들었음에도 그분을 격노하시게 한 자는 누구인가? 답은 거역하리라고는 꿈에도 생각하지 않았던 자들인데, 3:16의 다음 질문에 나온다. (2) 그들은 모세의 탁월한 영도 아래 **애굽에서 나온 모든 사람이 아니냐**? (3) 하나님이 **누구에게 노하셨느냐**? 17절의 질문에 답이 나온다. (4) **그들의 시체가 광야에 엎드러진 범죄한 자들에게가** 아니냐. (5) 마지막 질문과 이에 대한 답은 3:18에 나온다. **하나님이 누구에게 맹세하사 그들이** 가나안에 **들어오지 못하리라 하셨느냐 곧 순종하지 아니하던 자들에게가 아니냐**. 결론을 내린다면, 이스라엘이 가나안에 들어가지 못한 것은 '불신' 때문이었다(3:19). 둘째 경고 구절의 이 단락은 서신의 몇몇 독자들에게 구원하는 믿음이 있는지 의문을 제기한다.

4:1-16. 이 단락은 서신의 둘째 경고 구절의 나머지 반으로 긍정적 내용을 담고 있다. 여기서는 이스라엘이 가나안 안식에 들어가지 못한 것(3:11-19)에서 독자들이 저지를 수 있는 유사한 실패로 화제를 바꾼다. 모세는 애굽에서 종살이하던 이스라엘 백성을 구출한 후 광야를 지나 가나안으로 데려가려 했다. 하지만 불신으로 말미암아 그들은 저 아름다운 약속의 땅에 들어가지 못했다. 마찬가지로, 서신의 수신자들은 자신들이 그리스도로 말미암아 도덕적 속박에서 벗어난 후 하늘의 가나안 안식을 향해 지금 이 죄 많은 세상이라는 자신들의 광야를 지나고 있다고 말한다. 그들은 하늘의 안식에 들어가지 못할 것인가? 요컨대 하늘 안식에 들어간다는 약속은 아직 유효하므로 저자는 독자들에게 그것을 붙잡으라고 촉구했다(우리에게도 촉구한다)고 이 단락은 주장한다. 핵심어는 **안식**으로, 여덟 번 나온다(1절에 한 번, 3절에 두 번, 4, 5, 8, 10, 11절에 각각 한 번). **안식**에는 두 상이한 의미가 담겨 있다. 하나는 문자적 의미이고, 다른 하나는 비유적 의미이다. 문자적 의미의 안식은 실제 가나안 땅에서의 육체적 삶에 관심을 둔다. 가나안에 들어가면 광야의 떠돌이 생활이 끝나거나 그것으로부터 쉼을 얻게 된다. 비유적 의미의 안식은 영적인 것으로, 그리스도 안에서 거듭난 삶이다. 영적 가나안에 들어가면 죄는 힘을 잃고 신의 호감을 사려는 노력은 중단된다. 강조점은 그리스도께 의지하는 순간 펼쳐지는 새 삶이라는 이 안식의 시작, 이 땅에서 영적 삶을 사는 내내 그 안식을 누리는 것, 혹은 그것이 하늘의 영원한 안식에서 절정을 이루는 것에 둘 수 있다.

4:1을 소개하는 **그러므로**는 이스라엘의 광야 실패를 독자들에게 적용한다. **그의 안식에 들어갈 수 있다**는 신의 **약속**은 아직 유효하다. 이것이 사실일진대, 저자는 독자들에게 자신과 함께 건강한 '두려움'에 참여하라고 독려한다. 이처럼 두려움을 권면하는 것은 그들 중 단 한 사람도 이 구원의 안식에 이르지 못하는 일이 없게 하기 위함이다. 이는 마비시키는 두려움이 아니라, 하늘을 자연스레 그들의 소유로 해주겠다는 자신감 넘치는 만족에서 나오는 권면이다. **~이라**(4:2)는 두려

움을 바라는 이유를 제시한다. 모세 세대가 젖과 꿀이 흐르는 땅에 대한 놀라운 소식을 들은 것처럼 저자와 독자들은 **복음 전함을 받았다**. '하지만' 이 낙관적 **말씀은 그들에게 유익하지 못했다**. 그들이 그것을 믿지 않았기 때문이었다. 광야 세대와의 유사점에 비추어보면 수신자들의 다수도 구원하는 '믿음'이 없었다. 3절에서 **~으니**는 신의 약속이 유익하게 되려면 그것을 믿어야 한다는 원리를 긍정과 부정의 두 방식으로 세운다. 긍정적 측면에서, 그리스도를 따르는 순간 **이미 믿는 우리**는 이제 영적 삶과 관련된 이 **안식에 들어가**기 시작한다. 부정적 측면에서, 믿기를 거부한 자들에게 하나님은 자신이 **맹세**하신 바와 같이 **그들이** 가나안의 **안식에 들어오지 못**할 것이라고 말씀하셨다. 믿음은 안식으로 인도하지만 불신은 접근을 막는다. 이스라엘이 들어가지 못한 것은 안식을 손에 넣을 수 없었기 때문이 아니었다. 안식은 **세상을 창조할 때부터** 손에 넣을 수 있었다.

그렇다면 신의 안식은 가나안의 삶 그 이상이다. 말 그대로의 안식은 그것의 영적 대응물의 한 형태에 불과하다. 하나님의 안식은 그러므로 과거의 쟁점일뿐더러 현재와 미래의 쟁점이기도 하다. 창세기 2:2의 인용은 신의 안식이 창조의 **일곱째 날에** 에덴동산의 인간에게 주어졌음을 나타낸다(히 4:4). 마찬가지로 시편 95:11의 인용은 수 세기 후 이 시편의 원래 독자들이 이 안식을 얻을 수 있었음을 보여준다(히 4:5). 6절은 이 장의 처음 다섯 절을 다음과 같이 요약한다. 신의 안식을 누린다는 **복음**을 들은 이전 세대들은 **순종하지 아니함으로 말미암아 들어가지 못하였다**. 그러나 거기에 들어갈 자들이 **남아 있다**는 저 동일한 약속이 상정되어 있다(4:9을 보라). 그렇기 때문에 하나님은 **다시 어느 날을 정하**신다. 즉, 그분은 약속을 갱신하여 또 다른 기회를 주신다. 그 기회는 **오늘**, 지금 이 시간이다. 사람들에게 **마음을 완고하게 하지 말라**고 훈계하는 것은 그 때문이다(4:7).

모세 세대는 가나안 입성에 실패했지만 여호수아는 자기 세대를 가나안으로 인도했다. 그러나 그 안식이 약속을 소진시키지는 않았다. 그랬더라면 하나님은 그 다음 세대를 위해 **다른** 기회의 **날에** 대해 **말씀하지 아니하셨**을 것이다(4:8). 이전 세 절로부터 4:9의 **그런즉**은 **안식할 때가 하나님의 백성에게 남아 있**다고, 즉 최종적이고 온전한 하늘의 안식이 남아 있다고 결론짓는다. 10절은 이 안식에 대해 상세히 설명한다. 이 영원한 하늘의 안식에 이미 **들어간 자는 하나님**이 일곱째 날에 **자기의 일을 쉬심과 같이 그도 자기의** 땅의 **일을 쉰다**. 4:11의 **그러므로**는 4:9-10로부터 권면으로 표현된 결론, 곧 **저 안식에 들어가기를 힘쓸지니**를 끌어낸다. 이는 독자들에게 몇 가지 일을 하라는 요구이다. 첫째, 자신이 메시아 예수를 진심으로 따르는지 스스로 점검해야 한다. 둘째, 지금 신의 **안식**[하나님의 평강, 기쁨, 능력, 열매 맺음, 자족]을 맛보려는 노력을 기울여야 한다. 셋째, 인내를 가능케 하는 하늘의 은혜를 잡아야 한다. 이 권면을 따르면 이스라엘의 **순종하지 아니하는 본에 빠지**는 것을 피하게 될 것이다. 12절의 **~나니**는 4:11의 힘쓰라는 권면을 강화한다. 이 확증은 문맥상으로 4:3, 5, 7에 인용된 시편 95편을 특별히 언급하는 '하나님의 **말씀**'을 통해 이루어진다. 안식을 약속하되 마음이 완고해짐을 경고하는 이 신의 **말씀**은, 그것이 사람을 안식으로 인도하거나 들어가지 못하게 한다는 점에서, 사람을 구원으로 안내하거나 정죄를 받게 한다는 점에서 양날의 칼에 비유된다.

하나님의 말씀이 지시하는 대상은 둘 중 하나이다. 그것은 성경 혹은 하나님의 말씀이신 예수 그리스도를 가리킬 수 있다. 예수 그리스도가 하나님의 말씀이라는 이해는 11절의 심판의 맥락에 들어맞는다. 왜냐하면 **말씀**이신 예수님은 살아 있고 활력이 있고 예리하고 찔러 쪼개어 **마음의 생각과 뜻을 판단**할 것이기 때문이다(12절). **지으신 것이 하나도 그**[하나님의 말씀] **앞에 나타나지 않음이 없**다. 하지만 그분은 각 사람 마음속에 있는 모든 것을 알고 계시며, 각 사람은 (**우리의 결산을 받으실**, 13절) 예수님께 책임져야 한다. 반면에 **말씀**이 성경을 지칭한다면 그것은 네 가지로 기술된다. (1) 말씀은 **살아 있**다. 즉, 유효하다. 안식에 대한 약속이 여전히 유효하듯 실패에 대한 경고 역시 시행 중이다. (2) 말씀은 **활력이 있**다. 성경은 신의 축복 혹은 벌을 내리는 자신의 목표를 완수한다. (3) 말씀은 **좌우에 날선 검보다도 예리**하다. 말 그대로 칼은 **관절**과 **골수**라는 인간의 물질적 구조에 침투할 수 있다. 하지만 성경은 인간의 물질과 비물질(**혼과 영**) 둘 다에 침투할

히

수 있다. (4) 말씀은 **마음의 생각과 뜻을 판단**할 수 있다. 인간의 마음속에 감추어진 **생각**과 동기만큼 접근하기 어려운 것은 없다. 하지만 신의 **말씀**은 이 내면의 생각들에 침투하고 그 모두를 평가하며 속내를 밝히 드러낸다. 이제 죄인은 **하나님의 말씀**에 비추어 그 어느 때보다 자신의 실상을 더 잘 볼 수 있다.

11, 12d 및 13절의 심판 주제에 비추어 그리고 그가(13절) 말씀을 그 선행사로 가질 가능성에 비추어 하나님의 말씀을 예수님을 지칭하는 것으로 이해하는 것이 가장 무방할 것이다. 12절 또한 성경에 적용될 수 있기는 하지만 말이다. **지으신 것이 하나도 그**[하나님의 말씀이신 예수] **앞에 나타나지 않음이 없다**. 우리 모두는 그분의 **눈앞에 벌거벗은 것같이**[완전히 투명한 채로] 선다. 하나님이 주시는 안식에 들어가기 위해 우리가 힘써야 할 책임이 있는(**우리의 결산을 받으실**) 분은 이 전지하신 재판장이시다. 신자라고 공언하는 사람은 이 쟁점에 대한 자신의 힘씀에 관해 다른 이들을 속일 수는 있어도 하나님은 속이지 못한다.

이 둘째 경고 구절은 인내로써 예수님에 대한 믿음을 지키라는 촉구이다. 4:14-16에서 경고가 끝날 무렵, 그대로 계속하라는, 말하자면 **믿는 도리를 굳게 잡으라**(14절, 히브리서에서 믿음을 갖고 믿음으로 인내하는 것과 동의어)는 이 요구를 되풀이한다. 하지만 그것은 자신의 노력만으로 되지 않는다. 예수님을 따르는 자들은 신의 은혜가 필요하고, 그들의 하늘에 계신 대제사장은 신자들에게 열심히 은혜를 베푸신다. 안식에 들어간다는 약속이 여전히 유효하면서도 실패 가능성이 있음을 되돌아보면서 4:14의 **그러므로**는 **우리가** 기독교 신앙의 **믿는 도리를 굳게 잡**으라고 강력히 촉구한다. 우리의 큰 **대제사장이** 하늘에서 우리를 위해 간구하시고 그분이 **우리의 연약함을 동정하**실 수 있기에(4:15) 인내할 수 있다. 신자들은 우리가 **때를 따라 돕는 은혜를 얻기 위하여** 기도할 때 **은혜의 보좌 앞에** 나아가야 한다(4:16). 신자들은 약속의 땅을 기다리면서 인내할 수 있다. 그리고 필요할 때 아낌없이 베푸시는 그분의 은혜로운 도움으로 인내할 수 있게 된다.

D. 예수님은 아론보다 뛰어나시다(5:1-7:28)

이 부분에서 예수님은 이스라엘 최초의 대제사장이었던 아론과 그의 모든 후계자보다 뛰어나신 분으로 소개된다. 이 논증은 두 부분으로 나뉜다. 첫째, 예수님이 더 뛰어난 자격을 갖추신 대제사장이시라는 5:1-10이다. 둘째, 예수님이 멜기세덱처럼 영원한 대제사장이시라는 7:1-28이다. 이전에 예수님은 세 번이나 **대제사장**으로 언급되셨다(2:17; 3:1; 4:15).

1. 예수님은 완전한 자격을 갖추신 대제사장이시다(5:1-10)

5:1-4. 5:1을 시작하는 **~나니**는 그분의 제사장직을 자세히 설명한다. 대제사장직을 맡기 위해 충족시켜야 할 두 자격이 여기에 제시된다. (1) 대제사장에게는 불쌍히 여기는 마음이 있어야 한다(5:1-3). 그리고 (2) 신의 지명을 받아야 한다(5:4). 첫째 조건에 관하여, **대제사장마다 사람 가운데서 택**한다. 천사들은 대제사장이 될 자격을 얻지 못한다. 주님이 성육신하신 이유가 이 때문이기도 하다. 하지만 인간이라는 사실만으로는 충분치 않다. 대제사장은 따뜻한 마음도 있어야 한다. 자신도 도덕적 **연약**함에 휩싸여 있음에 유념하면서 죄인들을 **용납할** 수 있어야 한다(5:2). 자신이 도덕적으로 연약하기에 **그는** 먼저 **자신을 위하여**, 그다음에 **백성을 위하여 속죄제를 드려야** 한다(5:3). 둘째 조건에 관하여, 어떤 사람도 '자신'을 대제사장직에 임명할 수 없고, **오직 아론과 같이 하나님의 부르심을 받은 자라야** 한다(5:4).

5:5-10. 제사장직을 맡기 위한 두 자격이 확인되자 5:5-8은 예수님이 이 자격들에 부합되실 뿐만 아니라 이 요건 충족에서 아론의 능력보다 뛰어나심을 역순으로 보여준다. 신의 지명에 관하여, 그리스도는 **스스로 대제사장**이 되시지 않았다(5:5). 예수님을 지명하신 분의 신원은 두 구약 본문의 인용으로 확인된다. 첫째 본문은 하나님이 장차 자신의 아들을 왕으로 세우실 것이라고 기술하는 시편 2:7이다(히 5:5). 이 시편은 신 같고 왕 같은 성자가 보좌에 오르실 때 하나님의 주권이 열방에 미치게 될 것임을 강조한다. 이 시편은 메시아가 두 상이한 칭호를 갖고 계심을 밝힌다. 그것은 기름 부음 받은 자(시 2:2)와 하나님의 아들(시 2:12)이다. 둘째 본문인 시편 110:4은 메시아 시편에 속하는 것으로, 여기서 하나님은 왕 같은 메시아, 그리고 왕의 직임과 제사장의 직임 둘 다를 수행하는 **영원한 제사장**이라고 선언하셨다. 히브리어 시편 110:3

은 사실상 해독 불가여서 많은 이들이 70인역의 해석인 "아침 동이 틀 때에 내가 너를 낳았다"를 선호한다[Michael Rydelnik, *The Messianic Hope*(Nashville: B&H, 2010), 174-175]. 이렇게 독해하면 히브리서 5장의 이 시편들이 어떻게 연결되는지 명확히 설명될 것이다. 즉, 시편 2편은 낳은 아들을 강조하고, 그다음에 시편 110편은 3절에서 비슷한 용어를 사용한 후 4절에서 그분을 영원한 제사장으로 부른다. 아론은 적법한 대제사장이었지만 일개 대제사장에 불과했다. 예수님은 대제사장이자 왕이셨다.

둘째 요건에 관하여, 예수님은 의심할 여지없이 긍휼히 여기시는 마음을 가지셨다. 뒤이어 주님이 이 땅에 사시는 동안(말 그대로 **육체에 계실 때에**) 있었던 한 특정한 사건이 주는 교훈이 나온다. 육체에 계실 때에 예수님은, **자기를 죽음에서 능히 구원하실** 수 있었지만 그렇게 하기를 거부하신 이에게 **심한 통곡과 눈물로 간구와 소원을 올렸**다(5:7). 이는 예수님이 체포되어 십자가에 달리시기 전 겟세마네 동산에서 눈물 흘리신 것을 가리킨다(마 26:36-46; 막 13:32-42; 눅 22:39-46). 그 당시 예수님은 신의 아들이었음에도 고난을 면제받으시지 않았다. 오히려 **그분**은 아버지의 뜻에 순종하고 **고난**받으면서(5:8) 더 많은 긍휼을 베푸는 법을 '배우셨다'. 이는 그분이 십자가를 지기 전에는 순종이 무엇인지 몰랐고, 고난받기 전에는 순종하지 않으셨다는 뜻이 아니다. 성육신을 통해 고난과 죽음이 따르는 인간의 몸을 입으신 예수님은 타락한 세상의 인간으로서 순종의 의미가 무엇인지를 몸소 터득하셨다(마 26:36-46에 대한 주석을 보라). 그처럼 극심한 고난을 겪으시면서 그분은 타인을 긍휼히 여기시는 마음이 더 커졌는데, 이는 아론의 연민을 능가하고도 남았다. 이 역경을 통해 예수님은 온전하게 **되셨**다. 즉, 자신의 지상 사역을 위해 신의 힘으로 준비하고 실질적 능력을 갖추신 것이다. 그 지상 사역의 대부분은 인류에게 **영원한 구원의 근원**이 되고(5:9), **하나님께 대제사장이라 칭하심을 받**는 일이었다(5:10; 또한 2:10에 대한 주석을 보라).

• 세 번째 삽입 경고: 복음을 저버릴 위험 (5:11–6:20)

5:11. 세 번째 삽입 경고는 질책으로 시작된다. 여기서 저자는 서신의 주된 신학적 주제, 즉 예수님의 대제사장 사역을 막 꺼냈다. 하지만 그는 5:11-6:20에서 계속되는 세 번째 경고에 들어가려고 이 논의를 잠시 보류하는 깜짝쇼를 연출한다. 그 골자는 이렇다. '메시아 예수가 주시는 온전함에 이르도록 분발하자.' 5:11에서 저자는 대제사장 예수에 관해 **할 말이 많**다고 독자들에게 알린다. 하지만 그는 주제가 **설명하기 어렵**다고 실토한다. 그들이 **듣는 것이 둔하여**졌기 때문이다.

5:12. 12절을 시작하는 **~으므로**는 독자들의 영적 퇴보를 비난하는 근거를 제시한다. 그 비난은, 지금쯤 **너희가 마땅히** 다른 이들의 **선생이 되었을 터인데**, 그럼에도 **하나님 말씀의 초보**(말 그대로 '시작의 초보') 에 대한 단기 연수를 원했다는 점이다(이 부분은 6:1에 반복된다). 이 **초보**는 독자들의 그리스도 신앙에 대한 기본 사실들을 나타내지 않는다. 혹은 저자가 그들에게 초보를 뒤에 남기라고 촉구하지 않을 것이다(6:1). 오히려 초보는, 유대인인 그들이 익히 알고 있을 구약의 가르침을 지칭한다. 초보를 구약에 기초하는 것으로 보는 또 다른 증거는 6:1-2의 초보에 대한 서술에 있다. 이 구절의 다양한 요소들은 아마도 구약 기초 아니면 신약 기초를 언급하겠지만, 구약 현상들을 가리킬 가능성이 높다(아래 6:1-6에 대한 논의를 보라). 따라서 저자는 히브리서 독자들이 기독교 진리의 기초에서 좀 더 성숙한 영성으로 이동할 것이 아니라 구약 신앙에서 신약 신앙으로 이동해야 한다고 제안하고 있다. **젖**은 **하나님 말씀의 초보** 및 어린아이와 관련해 이전의 더 이상 쓸모없는 언약과 이 언약에 계속 미련을 둔 자들을 언급한다. 온전한 새 언약의 가르침과 실체 및 메시아를 만날 수 있게 되었음에도 초보(젖)로 돌아가려 한다는 것은 상상할 수 없다.

5:13-14. 분명 이 어린아이들은 젖이 더 필요하다고 생각했겠지만, 저자가 보기에 그들에게 필요한 것은 옛 언약에 대한 낡은 진리를 재탕하는 일이 아니었다. 만일 그렇다면 저자는 틀림없이 젖을 주었을 것이다. 하지만 저자는 젖 대신 그들에게 꼭 필요한 것(**단단한 음식**), 즉 메시아 예수가 진실로 탁월하신 분임을 알려주고자 한다. **경험하지 못한**은 '무언가를 할 능력이나 지식의 결여'를 뜻하는데, 이 경우에는 아마도 이 맥락에서 메시아 예수 안에서 발견되는 온전함에 관한

메시지를 나타낼 **의의 말씀**을 이해할 능력이나 지식의 결여를 뜻할 것이다.

저자는 예수님을 그들의 메시아로 온전히 믿기보다는 단지 믿음의 구약 기초를 신뢰하는 몇몇 독자들이 참된 신자가 아닐 수도 있다는 가능성을 염두에 두고 **어린아이**(5:13)라는 비유적 표현을 사용했다. 어린아이들은 그리스도 안에서 새 언약의 온갖 축복을 받은 자들에 대한 비유적 표현인 **장성한 자**[즉, '어른'; 14절]와 대비된다. **장성한**[*teleion,* 텔레이온]이라는 단어는 히브리서에서 여기와 9:11에만 나오는데, 9:11에서 이 단어는 '영적 성숙'을 뜻하지 않는다. 히브리서의 다른 관련 단어들[헬라어로 텔레이오테스(*teleiotes*), 6:1; 텔레이우(*teleioo*), 2:10; 5:9; 7:19, 28; 9:9; 10:1, 14; 11:40; 12:23; 텔레이오테스(*teleiotes*), 12:2; 텔레이오시스(*teleiosis*), 7:11]은 새 언약과 연관된 사람들 및 요소들 그리고 그 언약을 제정한 온전하신 분을 비롯하여 언약의 최종적이고 온전하며 탁월한 영적 유익들을 명백히 나타낸다. '온전함'이라는 단어는 옛 언약의 '불완전함', 그 언약 안에서 활동하는 자들(예를 들어 제사장들) 그리고 아직도 그 언약에 뿌리내린 사람들(히브리서의 몇몇 독자들)과 은연중 대비된다.

저자의 관심은 신자들에게 영적 성숙을 기하라고 격려하는 것이 아닌, 모세 언약을 고수하면서 아직도 '믿음이 불완전한' 자들에게 온전하신 대제사장 예수를 통해 구원을 비롯한 새 언약의 온전하고 완전한 '언약 내용'을 받아들이라고 격려하는 일이다. 메시아 안에서 발견되는 새 언약의 축복을 누리는 자들이 **단단한 음식**을 소화할 수 있다. 말하자면 그들은 (자신의 **지각을 사용함으로 연단을 받아 선악**의 가르침을 **분별하**기 때문에) 히브리서 내용에 명시된 바와 같이 새 언약이 옛 언약보다 탁월하다는 주장의 타당성을 이해한다.

'젖', '어린아이', '단단한 음식'이라는 표현이 고린도전서 3:1-4에도 나오는 것을 보면, 히브리서 5:11-14은 신자들이 세속주의에서 떠나 더 큰 영적 성숙으로 가야 한다고 말하는 듯하다. 하지만 바울은 불신자들과 관련해(롬 2:20; 갈 4:3) '어린아이'(*nepios,* 네피오스)라는 단어를 이따금 사용하는데, 이 단어는 여기서 감각을 뜻하는 것으로 추정된다. 그리고 고린도 교인들은 불신자들처럼 행동하고 '있었다'(고전 3:1, 3, 4). 그럼에도 불구하고 바울은 고린도 교인들을 "그리스도 안에" 있는 '어린아이들'(고전 3:1)로 불렀는데, 이는 그들이 사실상 신자임을 바울이 알고 있었음을 나타낸다. 그러나 그러한 꼬리표는 히브리서 5장에서 발견되지도 정당한 것으로 인정되지도 않는다. (5:11-14에 대한 위 해석의 일부에 대해서는 Craig A. Hill의 미발간 논문 "The Use of Perfection Language in Hebrews 5:14 and 6:1 and the Contextual Interpretation of 5:11-6:3"에 공을 입었다.)

6:1-3. 히브리서 6:1-8은 난해하기로 악명 높다. 세 가지 주된 해석이 있다. 첫째, 여기서 말하는 자들은 참된 신자들이지만 배교하면 자신의 구원을 잃을 것이라는 해석이 있다. 이런 주장을 하는 이들은 구원을 잃은 사람들이 다시 구원받을 수 없다는 해석을 인정하지 않을 것이다. 무엇보다 예수님은 아버지께서 자기에게 주신 자 중에 하나도 잃어버리지 않을 것이라고 약속하셨다(요 6:37-40). 둘째, 히브리서 6:1-8의 경고는 순전히 가설에 불과하다는 해석이다. 그러나 이 구절이 한갓 가설에 지나지 않음을 저자와 독자들이 알았다면 이 경고의 위력은 상당히 약화될 것이다. 더욱이 이 경고가 가설임을 저자는 알았지만 독자들이 사실로 믿었다면 저자의 진실성은 도마 위에 오를 것이다. 셋째이자 선호하는 해석을 살펴보자. 1-8절에서 말하는 사람들은 예수님이 메시아라는 진리에 매우 친숙했지만 아마도 박해로 인해(참고. 10:32-36) 그분에게 등을 돌려 옛 언약과 연관된 공동체와 관습으로 돌아가고픈 유혹을 받고 있는 자들이다. 바꿔 말하면, 6:1-8은 가르침을 잘 받고 얼추 신앙고백도 했을 테지만 이 유대인 신자들의 공동체와 맺은 인연을 끊는 것과 예수 없는 유대교로 돌아가는 것 사이에 있는 불신자들을 묘사한다. 5:11-14과 관련된 위 주장들과 아래 주장들을 보라.

그러므로(6:1)는 히브리인들 가운데 너무 오랫동안 온전치 않은 신앙 가운데 있었던, 말하자면 예수님을 믿기 직전에 이르렀지만 완전한 결단을 내리지 못한 자들이 있음을 시사한다. 따라서 그들은 박해를 받게 되자 자신들의 껍데기뿐인 신앙을 버리는 문제로 고민하고 있었다. 뒤이어 그들이 메시아 예수를 온전히 믿도록 동기를 부여하는 데 필요한 가르침이 나온다. 그들은 **그리스도의 도의 초보**를 버리라는 명령을 받는데, 여기서 그것은 구약에서 발견되는 바와 같이 '메시아에 관한 기초 교리'로 옮기는 편이 더 낫다. 그들은 **완전한 데**['온전함'이나 '완전함'이 더 좋다]**로 나아가야** 한다. 5:14에 대한 주석을 보라. **나아갈지니라**는 진정한 수동형 동사이다(하나님의 영향으로 영적 온전함이나 완전함을 '향해 태어날지라'). 이 권면은 메시아 공동체를 버리고 성전 예배로 돌아가는 문제로 고민하는 독자들을 염두에 둔다. 그들은 구약에 기초한 믿음에서 메시아 예수에 대한 완전한 혹은 온전한 믿음으로 나오라는 요구를 받는다.

저자는 독자들이 두고 가야 할 여섯 기본 요소들을 기술한다. 이 요소들이 불완전한 구약 신앙이 아닌, 기독교 신앙의 토대를 기술한다는 주장이 제기될 수 있다. 그러나 이 주장은 그 요소들 모두에 해당되지 않는다. 여섯 중 다섯이 구약의 토대 혹은 신약의 가르침들을 나타낼 수 있다 하더라도 히브리서에서 사용되는 '세례들에 관한 교훈'이라는 구절(6:2)은 기독교의 세례가 아닌 구약의 정결 의식(참고. 9:2)을 나타낼 수 있을 뿐이다. 게다가 이것들이 신약의 가르침이라면 저자는 그들에게 이 가르침들을 두고 가라고 권하지 않았을 것이다(6:1). 그러므로 목록 전체는 구약의 관습과 신앙을 나타내는 것으로 봐야 할 것이다. 그렇기에 저자는 이 유대 백성에게 신약 신앙의 토대에서 영적 성숙으로가 아닌, 구약 신앙에서 신약 신앙으로 이동하라고 촉구한다. 그들의 구약 이해로 믿음의 기초가 놓였지만, 그들은 구약 위에 터를 세우고 온전하신 그리고 완벽함을 가져오신 분을 전적으로 신뢰해야 했다.

그들이 버려야 할 여섯 요소 중 첫째는 **죽은 행실을 회개함**이다. 9:14에 **죽은 행실**이 나오는 것으로 판단했을 때, 이는 아마도 [죽은 행실이란 '죽음을 가져오는 행실'(참고. 신 30:15-20)이고 그렇기에 양심을 더럽힌다고 생각하는] 토라에 대한 불순종을 나타내는 것이리라. 이 히브리인들은 죽은 행실에서 돌아서는('회개' 의식) 법을 구약에서 배운 바 있다(참고. 겔 14:6; 호 14:1-2). 그들은 회개를 죄에서 돌아서는 것으로 이해했지만 메시아 예수를 전적으로 믿겠다는 결단은 미루고 있었다. 둘째 토대인 **하나님께 대한 신앙**은 신약의 의미에서 구원을 얻기 위한 '그리스도를 믿음'이 아니다. 이는 하나님의 약속 성취를 기다리는 '신실함' 혹은 '한결같음'을 나타내는 것으로 구약에서 매우 빈번히 강조하는 자세이다(참고. 합 2:4과 이 구절에서의 '믿음'의 의미). 그러나 하나님은 이미 메시아 예수를 보내셨다. 더 이상 하나님이 약속하신 구원자가 올 것을 충직하게 기다릴 필요가 없어졌다.

셋째 토대는 '세례들에 관한 교훈'이다(9:10에 나오는 '씻는 것'이라는 말도 여기서처럼 신약의 세례가 아닌 레위기의 여러 정결 의식을 가리킨다). 넷째는 제물로 바치는 짐승에 손을 얹는 **안수**로, 이는 율법 규정에 따라 희생되는 짐승과 동일시하는 상징적 행위이다(예를 들어 레 4:1; 16:21). 다섯째 기초 요소는 **죽은 자의 부활**에 대한 믿음으로, 이는 구약에서 가르치는 약속이다(참고. 단 12:2; 사 26:19). 구약 신앙의 여섯째이자 마지막 토대는 **영원한 심판**으로, 이는 구약에 뿌리내린 공통된 가르침이다(참고. 창 18:25; 출 34:6-7; 사 33:22; 단 7:9-14).

이 독자들 중 몇몇이 **완전한 데로** 나아가는(6:2) 것을 하나님이 허락하시지 않으려는 몇몇 정황들이 있다. 이 정황들은 6:4-6에서 상세히 설명된다.

6:4-6. ~**고**는 메시아 예수 안에서 발견되는 모든 온전함에 교인이 이르기를 하나님이 허락하시지 않으려는 배경에 대해 설명한다. 4-6절은 참으로 구원받은 자들의 체험을 나타내는 것으로 종종 해석된다. 이 해석이 가능하지만 꼭 그렇게 해석해야 하는 것은 아니다. 그리고 히브리서에서 *tel*-로 시작되는 단어들('온전한'이나 '완벽한', 위의 5:14에 대한 설명을 보라)의 의미에 비추어볼 때, 이 절들을 그럼에도 불구하고 실제 구원에 이르지 못하는 좋은 일들을 묘사하는 것으로 보는 편이 더 낫다.

어떤 사람의 특징을 4-6절의 다섯 분사(**빛을 받고**, 하늘의 은사를 **맛보고**, 참여한 바 **되고**, 말씀을 **맛보고**, 또한 **타락한**)로 나타낸다면, 그리고 그가 여전히 돌아서기를 택한다면 하나님은 이 사람이 오직 메시아 안에서 발견되는 영적 완전함을 향해 태어나는 것을 허락하시지 않을 것이다. 4절에서 동일한 관사의 지배를 받는 이 다섯 분사들 모두 다섯 특징 전부가 조건부나 가설적이 아닌 사실인 개인들을 뜻한다. **빛을 받고**는 육신이 된 말씀을 통해 각 사람에게 비추는 영적 빛에 대해 요한복음 1:9에서 사용한 단어와 똑같다. 분명 모든 사람이 그 빛에 올바로 반응하는 것은 아니지만 말이다. 히브리서 6:4-6에서도, 요한복음 1:9에서도 그것은 온전히 구제를 베푸는 의미를 요구하지 않는다. **하늘의 은사를 맛보고** 또한 이 구절에 묘사된 자들이 구원받을 것을 요구하지 않는다. **맛보고**[*geuomai,* 게우오마이]는 히브리서 2:9에서 예수님이 죽음을 **맛보려** 함과 같은 의미로 사용되지만, 예수님이 쓸개 탄 포도주를 맛보시고 마시고자 하시지 않았다는 마태복음 27:34에서는 좀 더 피상적 의미로 사용된다. 히브리서 독자들 중 더러는 메시아 신앙을 충분히 즐겼음에도 그것을 버릴 생각을 하고 있었다.

성령에 참여한 바 되고는 이 공동체의 모든 사람이 성령의 내주하심을 받고 구원받았다는 인상을 준다. 그러나 **참여한 바**[*metochos,* 메토코스]는 서로 협력하여 고기를 잡는 저 어부들의 이야기가 나오는 누가복음 5:7과, 천사들이 하나님 아들의 **동류**라 불리는 히브리서 1:9에서도 사용되었다[이 주장에 대해서는 John MacArthur, Jr., *Hebrews: An Expository Commentary.* MacArthur New Testament Commentary (Chicago: Moody, 1983), 144을 보라]. 그것은 천사들이 하나님의 아들에 내주하지 않듯이 성령이 '내주'하시거나 성령을 '가진' 사람을 의미하지 않는다. 그것은 이 경고 부분이 겨냥한 수신자들이, 성령이 이 메시아 공동체에 현현했을 때 그 자리에 있었음을 시사한다. 이들은 또한 **하나님의 선한 말씀을 맛보**았다(6:5; '맛보았다'에 대해서는 6:4에 대한 주석을 보라). 이는 하나님의 말씀이 이 믿음의 공동체에서 역사하는 것을 그들이 체험했음을 나타낸다. 그들은 또한 **내세의 능력**을 체험했다[이는 공동체에서 일어나는 다양한 기적들(2:4을 보라)이 **내세**를 뜻하는 천년왕국 시대에 보편화될 것임을 나타낸다]. 여섯 축복 중 그 어느 것도 언급된 자들이 실제로 구원받았음을 나타내지 않는다. 그들은 구원의 문턱에 이르렀을 뿐이다.

또 다른 특징은 '하나님이 영적 완성을 향해 탄생하는 것을 허락하시지 않을'(6:1, 3) 자들, 말하자면 **타락한** 자들에 해당된다. 이 분사는 '헌신을 완수하지 못하고, 타락하고, 배교하는'(BDAG, 770) 자들을 묘사한다. 이 맥락에서 그것은 메시아 예수가 없는 유대교로 돌아가고 싶은 나머지 이 신자들 집단을 저버리는 불신자들을 가리킨다. 저자는 그들에 대해 **다시 새롭게 하여 회개하게 할 수 없**다고 말한다. 메시아 없는 구약 신앙으로 돌아가는 배교를 고민하는 자들은 (적어도 피상적으로는) 이전에 예수를 믿었다. 지금 믿음에서 돌아선다면 그들을 다시금 **회개**의 지점으로 되돌리기는 불가능할 것이다(여기서 **회개**라는 단어는 메시아 예수에 대한 전적인 믿음으로 나아오는 것을 가리키며 6:1의 **죽은 행실을 회개함**이라는 구절과는 다른 의미로 쓰인다; 6:1에 대한 주석을 보라). 그들은 **하나님의 아들을 다시 십자가에 못 박아**['그들이 십자가에 못 박아'가 더 낫다] **드러내놓고 욕되게** 하기(즉, 그들은 예수님을 십자가에 못 박고 욕되게 하는 일에 가담한 자들에 동조한다) 때문에 나중에 새롭게 될 수 없다. '십자가에 못 박다'는 거의 보편적으로 무심코 해석되는 부사적 분사이다(**그들이 십자가에 못 박아**). 시간 분사가 될 수도 있다('그들이 십자가에 못 박는 동안' 그들은 새롭게 되어 회개에 이를 수 없다). 그러나 **~없나니**라는 단어가 메시아에 노출되는 깊이와 그 온전한 빛에도 불구하고 그분을 부인하는 것과 결합되면 가벼운 느낌을 지지하는 것처럼 보인다. 그들이 배교한다면 다시금 결코 **회개**의 지점으로 돌아오게 할 수 없을 것이다.

그렇기는 하지만 하나님만이 돌아올 수 없는 지점을 아신다. 그리고 신자들은 그분의 손이 닿지 않는 사람이 혹 있을 수 있다고 생각해서는 절대 안 된다. 신자들은 모든 사람, 심지어 배교한 것처럼 보이는 사람들까지도 메시아 예수께로 돌아오라고 계속 호소해야 한다. 그러나 본문의 이 시점에서 저자는 외면하려는 찰나에 있는 자들에게 메시아 예수, 곧 자기에게 나오는 자들을 모두 온전하게 하시는 완전하신 대제사장을 믿으라고 권면한다. 히브리서 6:4-6은 또한 12:16-17에서의 경험에서 유사한 것을 찾는 듯하다. 히브리서 6장과 용서할 수 없는 죄 사이의 대비에 대해서는 마태복음 12:31-32에 대한 주석을 보라.

6:7-8. 자기 독자들에게 경고한 저자는 이제 설명을 시작하면서 농사에서 실례를 든다. **땅**은 개인을 나타낸다. **비**는 그가 복음을 들을 수 있는 기회를 상징한다. **채소**는 복음과 복음에서 비롯되는 하나님의 축복에

대한 적절한 반응을 나타낸다. 그러나 **가시와 엉겅퀴**를 내는 땅은 복음을 듣지만 적절히 반응하지 않는 자를 의미한다. 벌레가 들끓는 땅은 종종 불살라 밭갈이를 하여 생산성을 높이듯 진리를 접했으나 믿지 않는 자들은 결국 심판을 받을 것이다.

6:9-12. 질책하고 권면하고 경고하고 무서운 실례를 들었던 저자가 이제 격려의 말을 건넨다. 이 부분은 6:4-8의 배교자들과 극명한 대비를 이룬다. 저자가 **이같이** 불길하게 **말하나**, 독자들의 경우에 저자는 6:8의 가시와 엉겅퀴처럼 '저주'받고 '불사름'이 되는 것보다 그들에게는 **더 좋은 것이 있음을 확신**한다(6:9). 그가 독자들에게서 분명히 목격하는 **좋은 것**은 '구원에 속하는' 미덕이다. 저자는 그들 대부분이 진정으로 구원받기를 소망하고, 둔하거나(5:11) 게으르지만(6:12) 믿음으로 그리스도께 나오는 자들을 낙관한다. 6:10을 시작하는 ~**하사**는 이 낙관론의 근거를 제시한다. **하나님은** 독자들이 예전에 **성도**[참된 신자들]**를 섬긴 것과 이제도** 그들을 **섬기고 있**을 때 드러난 그들의 **행위와 사랑**을 잊지 않으실 것이다(6:10). 형제 사랑은 영적 삶을 살고 있다는 확실한 증거이다(요일 3:14). 저자는 독자들 대부분에게서 이를 똑똑히 목격하고 있다. 그들이 구원은 받았어도 저자는 그들의 영적 성장이 탐탁지 않다. 그는, 그들 **각 사람**이 자신들의 **소망**에 대한 완전한 확신을 얻기 위해 다른 사람들을 사랑으로 섬길 때 이미 보여준 것과 **동일한 부지런함**을 나타내기를 원한다(히 6:11). 그들은, 신이 그들에게 맹세하신 모든 것을 소유하게 될 그날이 올 것으로 더욱 확신하려면 필요한 도덕적 노력을 기울여야 한다. 구원에 대한 자신감을 이처럼 크게 하려는 의도는 그들이 자신들의 영적 의무를 이행할 때 **게으르지** 않도록 하기 위해서이다. 더 정확히 말하면, 저자는 독자들이 **믿음과 오래 참음으로 말미암아 약속들을 기업으로 받는 자들을 본받는 자** 되기를 원한다(6:12). 그러나 히브리서의 몇몇 독자들은 믿음이 없어 그리스도 안에서 안식하지 못할 위험에 처했다.

6:13-20. 저자가 위와 같이 격려하는 근거는 하나님이 약속을 충실히 지키신다는 그의 자신감이다. 이 단락은 인내하는 믿음만이 결국 신이 약속하신 축복을 틀림없이 받게 한다는 6:12의 주장을 확실히 한다. 이는 유대인의 조상 아브라함의 사례를 통해 확인된다. 그는 하나님의 약속을 믿은 성경 인물 중 대표적 사례이다. 창세기 12:2에서 장차 그가 많은 후손의 아비가 될 것이라고 **하나님이 아브라함에게 약속하실 때에**(13절) 그분은 약속에 맹세를 더함으로써 이 약속을 보증하셨다. 창세기 22:17에서 하나님은, 여호와께서 그의 자손을 **번성하게 하고 번성하게** 하시겠다고 아브라함에게 장담하면서 맹세하셨다(6:14). 족장에게 하신 이 신의 맹세는 그에게 **오래** 참도록 용기를 불어넣었고 마침내 약속된 자손을 **얻는** 결과를 낳았다(6:15).

6:16을 시작하는 ~**나니**는 고대사회에서 맹세가 그 대상에게 부여하는 의미를 설명한다. 맹세는 통치자나 왕 같은 권위자 앞에서 하는 것이 관례였다. 만일 어떤 사람이 자신의 맹세와 동떨어진 삶을 산다면 그러한 권위자는 자기 힘으로 그를 벌할 수 있었다. 따라서 적절한 권위자에 의해 진실성이 확인된 맹세는 **다투는 모든 일**을 끝내고 맹세 대상자의 온갖 의심을 떨쳐버릴 것이다. 하나님은 자신의 약속보다 아브라함을 **충분히** 축복하시고자 **그 뜻이 변하지 아니함을 나타내시려고 그 일을 맹세로 보증하셨**다(6:17). 하나님이 이렇게 하시는 뜻은, **이 두 가지 변하지 못할 사실**, 즉 신의 약속과 맹세에 대한 보증으로 말미암아 아브라함과 그의 자손들이 **큰 안위를 받**아 **앞에 있는 소망**을 고집하도록 하기 위함이다(6:18). **이 소망**은 틀림없다. 신이 그들에게 약속하신 모든 축복을 언젠가 받게 될 것이라는 기분 좋은 확실성이다. 그러한 **소망**은 **영혼의 닻**이기도 하다. 닻은 배 위에서 던진다. 선원은 닻을 보지 못하지만 그것은 바다 밑으로 던져져 단단히 박힌다. 그러면 폭풍이 몰아쳐도 배는 단단히 고정된다. 마찬가지로 신자의 소망은 **휘장** 뒤에 있는 하늘의 성소 **안에 들어가**게 하고(6:19), 하나님께 의지하게 한다. 여기서 예수님은 **우리를 위하여 들어가셨**다(6:20). 신의 약속들이 하나님의 성품에 달려 있고 그분의 맹세에 의해 확정되는 만큼 그 약속들의 성취는 절대적으로 확실하다. 예수님은 **앞서 가신** 분으로서 우리보다 먼저 하늘에 들어가셨다. 복음은 우리도 장차 거기에 들어갈 것이라고 약속했다. 이 약속은 반드시 성취될 것이다. 이 소망, 이 확실성을 신자는 자신 있게 간직할 수 있다.

2. 그분은 영원한 대제사장이시다(7:1-28)

예수님의 대제사장 사역에 대한 논의는 5:1-10에서 시작되었다. 그러나 5:11-6:20의 세 번째 경고 구절은 그에 대한 지속적 논의를 잠시 보류했다. **멜기세덱의 반차를 따른 대제사장**에 대한 5:10의 매듭짓는 말은 6:20의 끝맺는 말에서 되풀이되는데, 이는 세 번째 경고가 끝났음을 보여준다. 7:1에서 저자는 이 제사장 주제를 다시 꺼낸다. 7장은 멜기세덱이 그러하듯 예수님을 영원한 제사장으로 소개한다. 이 본문은 세 부분으로 나뉜다.

7:1-10. 첫째 부분은 예수님의 인성을 자세히 기술한다. 이 구절의 ~**이라**는 예수님이 어떻게 "멜기세덱의 반차를 따른 [영원한] 대제사장"(5:10; 6:20)이 되셨는지 설명한다. 처음 세 절(7:1-3)은 헬라어로 딱 한 문장이다. 문법상의 주어는 **멜기세덱**(7:1)이고, 주된 술부는 **항상 제사장으로 있느니라**(7:3)이다. 그렇듯이 멜기세덱은 **하나님의 아들과 닮은**(7:3) 자로 소개된다. 둘 다 영원한 제사장이다. 둘이 닮았음을 보여주기 위해 저자는 구약으로 시선을 돌린다. 그는 히브리서 7:1-2a에서 멜기세덱에 관한 다섯 가지 역사적 사실을 선보이려고 창세기 14장을 끌어들인다. 이어서 7:2b-10에서 그 사실들의 대부분을 해석한다. 이 다섯 역사적 사실들을 상술하면 이렇다. (1) **멜기세덱**은 [고대 이스라엘] **살렘 왕**(7:1, 2)이자 (2) **지극히 높으신 하나님의 제사장**(7:1)이었다. 그는 왕의 자리와 제사장의 자리를 둘 다 차지했다. (3) 그는 메소포타미아의 여러 왕을 죽이고 돌아오는(창 14:17-24) 족장 **아브라함을 만났다**(7:1). (4) **그리고** 멜기세덱은 **그에게 복을 빌었다**(7:1). 마지막으로, (5) **아브라함**은 전리품의 **십분의 일**을 멜기세덱에게 주었다(7:2a). 이제 처음 두 세부 내용을 해석해보자. (1) **그 이름을 해석하면 먼저는 의의 왕**인 멜기세덱은 살렘 성읍을 다스리는, 도덕적으로나 정치적으로 의로운 왕으로 밝혀졌다. 멜기세덱과 예수님 둘 다 죄인들을 하나님과 화해시키는 제사장의 역할을 하면서 그들이 하늘의 평안을 얻도록 돕는다.

나머지 역사적 사실들에 대한 해석을 잠시 유보하면서 7:3은 멜기세덱에 관해 언급되지 않은 정보의 중요성을 간단히 언급한다. 창세기의 여러 페이지에서 그는 **아버지도 없고 어머니도 없고 족보도 없고 시작한 날도 없고 생명의 끝도 없**는 자로 등장한다(7:3). 저자는 창세기가 멜기세덱에 관해 드러내는 것만큼이나 그에 관해 드러내지 않는 것에서도 큰 의미를 발견한다. 창세기는 족보이다. 창세기는 아버지와 주요 인물들의 탄생과 죽음을 기록하고 있다. 멜기세덱에 관한 이 정보가 누락된 것은 섭리 가운데 의도된 모형(type)으로 보인다. 모형이란 신이 의도한 역사적 실례로서 그에 상응하는 실재가 미래에 일어날 것이라는 예표이다. 멜기세덱의 모형에 해당되는 것은 **하나님의 아들**의 현실에도 해당된다. 인성 면에서 예수님은 어머니(마리아)와 족보가 있었지만, 신성 면에서는 **아버지도**, **어머니도 족보도** 없었다. 멜기세덱의 모습은 신성에서 비롯된 예수님의 모습에 해당된다. 즉, 그분은 시작한 날도, 생명의 끝도 없다. 멜기세덱이 죽었다는 말은 창세기에 단 한 번도 나오지 않으므로 그는 **항상 제사장**으로 있다. 이 말은 사실상 예수님께도 해당된다.

4절에서는 멜기세덱에 관한 다섯째 역사적 메모를 들추면서 저자는 그에 관한 정보 해석을 재개한다. 위의 (5)와 관련해 멜기세덱의 위엄은 **아브라함이 모든 것의 십분의 일을** 그에게 **나누어 주었다**(7:2)는 점에서 드러난다. 정치적으로나 종교적으로 우월한 사람에게 십일조를 바치는 것은 고대사회의 관례였다. 아브라함은 멜기세덱에게 십분의 일을 주면서 그의 탁월함을 간파했다. 그리하여 저자는 멜기세덱의 탁월함을, 유대인의 족장 아브라함에게서 그의 자손으로, 나아가 특별히 레위 지파의 제사장들에게로 확대하면서 **그가 얼마나 높은가를 생각해보라**(7:4)고 독자들에게 호소한다. 레위 지파의 제사장들도 십분의 일을 받는다. 그렇다면 그들은 멜기세덱과 어깨를 나란히 하는가? 그렇지 않다. 그들은 자신의 유대인 동족에게서 **십분의 일**을 거둘 수 있는 법적 권리가 있다. 하지만 그러한 법적 허가가 필요 없는 멜기세덱은 레위 지파 제사장들의 근원인 **아브라함에게서 십분의 일**을 취할 정도로 위엄이 있었다(7:6).

이제 7절은 멜기세덱에 관해 창세기에서 조금씩 수집한 넷째 역사적 사실, 즉 **낮은 자가 높은 자에게서 축복을 받는**다는 사실을 해석한다. 멜기세덱이 아브라함보다 더 높다는 사실은 저자가 줄곧 구성해온 요점이었다. 그의 우월함은 족장들에게서 유래하는 모든 레위 지파 제사장들에게까지 또한 확대된다. 사실, 그들은 멜기세덱처럼 **십분의 일**을 받지만 그와 달리 **죽을 자들**이다(7:8). 멜기세덱의 죽음에 침묵함으로써 성경은 그가 유형적으로 혹은 비유적으로 **산다**는 것을 **증거**한다(7:8). 그리고 그들의 열등함은 다섯째 역사적 사실이라는 또 다른 각도에서 다시 목격된다. **또한** 손자 **레위도 아브라함으로 말미암아** 멜기세덱에 **십분의 일을 바쳤다고 할 수 있다**(7:9). 7:10에서 **~이라**는 결속(여기서는 조상과 후손의 끈끈한 관계)으로부터 논증을 펼친다. 아브라함이 멜기세덱에게 십분의 일을 바쳤을 때 그는 **이미 자기 조상의 허리에** 있었다. 레위는 말 그대로 이러한 행동에 아브라함과 함께 참여하지 않았다[저자가 ~ **수 있나니**(so to speak)를 문자적 의미가 아닌 비유적 의미로 사용했음에 주목하라]. 하지만 아브라함이 유대 백성의 시조라면 레위를 비롯한 모두가 아브라함보다 열등하고 멜기세덱은 그들 모두보다 우월한 존재라고 볼 수 있다.

멜기세덱을 그리스도의 현현(Christophany), 곧 성육신 이전의 그리스도의 모습으로 보는 시각도 있다. 하지만 이는 여러 이유로 가능성이 매우 희박하다. 첫째, 멜기세덱이 **하나님의 아들과 닮**았다(3절)는 것은, 그가 성육신 이전의 하나님의 아들이었다 할지라도 특이한 진술이다. 둘째, 멜기세덱은 7:4에서 **사람**이라 불리는데, 이것이 예수님을 나타낸다 하더라도 있음직하지 않은 꼬리표이다. 셋째, 멜기세덱은 **족보**가 있었다(7:6, 비록 이 족보가 성경 다른 어느 곳에서도 언급되지 않지만 말이다). 넷째, 멜기세덱은 살렘에 오랫동안 거주하면서 왕 노릇을 한 반면(7:1-2), 그리스도의 현현은 대체로 짧았다. 다섯째, 시편 110편은 그리스도의를 멜기세덱과 '비교'하는데, 이는 그들이 동일 인물이 아님을 나타낸다(이 주장에 대해서는 Kent, *Hebrews,* 126-127을 보라).

7:11-25. 예수님의 인성에 대해 논한 저자는 **있었으면**이라는 단어를 사용하여 시선을 그분의 제사장직으로 돌린다. 7:4에서 저자는 왕이자 제사장인 이 멜기세덱이 **얼마나 높은가를 생각해보라**고 호소한다. 멜기세덱의 위대함은 그가 레위 지파의 제사장들보다 우월하다는 데서 부분적으로 드러난다(7:5-10). 이 탁월함은 **멜기세덱의 반차**(5:10; 6:20; 7:11)를 따르지만 그보다 훨씬 더 뛰어나신 예수께서 이제 보이실 것이다. 제사장직을 수행하시면서 예수님은 **온전함**을 가져오시는데, 이는 죄인이 하나님과 이상적인 관계를 맺게 하는 것이다. 이것은 **레위 계통의 제사 직분으로 말미암아** 이루어진 것이 아니다. **율법**은 아무것도 온전하게 하지 못하면서(7:19) 이처럼 부적절한 제사장직을 허용했다. 율법은 보증서를 허락하고 제사장직을 만들었지만 사람들을 하나님과 적절히 화해시키지 못했다. 그리하여 멜기세덱은 닮았지만 아론(레위)은 닮지 않은 **다른 한 제사장을 세울 필요가** 생겼다. 7:12의 ~은즉은 이 필요성을 더욱 확대한다. **제사 직분이 바뀌어졌은즉** 새 제사장직을 보증하는 **율법**도 반드시 **바꾸어**져야 한다. 7:13의 **~이라**는 새 보증서가 필요함을 입증한다. 새 제사장은 **한 사람도** 제사장으로서 **제단 일을 받들지 않는 다른 지파**에 속한다. 예수님은 **유다로부터** 나셨고(7:14), 모세율법은 결코 그 지파의 어느 누구에게도 제사장직을 수행할 수 있는 권위를 허락한 적이 없었다. 제사장직을 제정하는 새 권위의 필요성은 **더욱 분명**해졌다(7:15). **멜기세덱과 같은 별다른 한 제사장**이 이미 취임했기 때문이었다. 이 시점에서 저자는 새 제사장이신 예수께서 어떻게 멜기세덱을 닮으셨는지 분석하기 시작한다. 그는 예수님의 제사장직이 레위 지파의 제사장직보다 우월한 이유를 네 가지 제시한다. 첫째, 예수님의 제사장직은 기초가 더 굳건하다. 그분은 **육신에 속한 한 계명의 법을 따라** 제사장이 되신 것이 아니다(7:16). 이는 육신의 결함이 있는 자는 제사장으로 섬기지 못하게 되고, 제사장이 되려면 자기 아버지가 레위 지파 출신이어야 한다는 것 둘 다를 나타내는 듯하다. 더 정확히 말하면, 예수님의 제사장직은 **불멸의 생명의 능력**(7:16)이 보증한다. 둘째, 주님의 제사장직은 그에 상응하는 레위 지파의 제사장직보다 더 효과적이다. 후자의 법적 보증은 **연약하고 무익하므로 폐**한다(7:18). 하지만 예수님의 제사장 사역은 **더 좋은 소망**이므로 죄인들로 하여금 실제로 **하나님께 가까이 가**게 할 수 있다(7:19). 셋째, 레위 지파는 **맹세 없이** 제사장이 되었다(7:21). **그러나** 예수님은 **자기에게…네가 영원히 제사장이라고 말씀하신 이로 말미암아 맹세로** 제사장이 되셨다(시 110:4). 주님이 맹세

하심으로 맹세는 굳건해지고, 하나님은 **뉘우치지 아니하신다**(7:21). 그리고 넷째, 그리스도의 제사장직은 후계자가 없다. 레위 지파 제사장들은 **죽음으로 말미암아 항상** 직무를 수행하지 **못하게** 된다(7:23). 그러나 **예수는 영원히 계시므로 그 제사장 직분도 갈리지 아니한다**(7:24).

7:26-28. 이 결론 부분은 예수님을 모범적 제사장으로 소개하면서 그분의 탁월하심을 드러낸다. 죄를 범한 인간에게 꼭 필요한 것은 예수님이다. 이러한 대제사장은 **거룩**하시다. 즉, 하나님에 관하여, 그분을 숭배하고 기쁘시게 한다. 이러한 대제사장은 **악이 없**으시다. 즉, 사람들에 관하여, 예수님은 그들에게 어떤 상처도 입히지 않았고 나쁜 영향도 끼치시지 않았다. 이러한 대제사장은 **더러움이 없**으시다. 즉, 자기 자신에 관하여, 사람들과 어울렸지만 도덕적으로 때가 묻지 않으셨다. 이러한 대제사장은 죄인에게서 떠나 계신다. 즉, 자신의 생각과 삶이 죄에서 벗어났다는 점에서 그들과 다르시다. 이러한 대제사장은 **하늘보다 높이 되셨다**. 즉, 자신의 위치로 볼 때 하나님과 친밀하고 그분의 권위를 공유할 정도로 두 분 사이에는 벽이 없었다. 예수님은 **먼저 자기 죄를 위하고…날마다 제사드리는 것과 같이 할 필요가 없**으시다(7:27; 참고. 레 9:7). 예수께 제사가 필요 없는 것은 그분이 자신을 드린 제사에 기초하여 **영원히 온전하게 되신** 제사장(7:28)이시기 때문이다. 28절은 26-27절을 요약한다. 대제사장은 모두 다 죄인인 까닭에 자신을 위해, 온 백성을 위해 제사를 드려야 했다. 하지만 이 새 제사장은 죄가 없으시고, 거룩하시고, 흠이 없으시고, 구별되시고, 또한 영생의 능력을 지니셨기에 자리를 잠시 맡으신 후 내려놓으시지 않는다. 예수님은 **하늘보다 높이 되셨**기에(26절) 더없이 높은 곳에서 중재하신다. 그리고 이 모두가 그분을 **영원히 온전**하신 대제사장이 되게 한다.

Ⅱ. 탁월한 사역(8:1-10:18)

뒤이어 히브리서의 다음 주요 부분이 나온다. 저자는 **지금**(8:1)이라는 단어를 사용하여 예수님이 구약의 주요 인물들에 비해 우월하시다는 것을 선보이는(1-7장) 것에서 그분이 **더 아름다운 직분을 얻으셨다**(8:6)는 것으로 화제를 돌린다. 전제는, 뛰어난 일꾼이 뛰어난 제품을 만들어낸다는 것이다.

A. 뛰어난 언약(8:1-13)

8:1-6. 이 절들은 히브리서의 둘째 주요 부분의 서두를 장식한다. 이 서두는 제사장과 관련된 세 주제, 즉 제사(8:3), 성소(8:4-5) 및 언약(8:6)을 소개한다. 이 셋을 중심으로 제사장의 사역이 돌아간다. 이제 세 주제에 대해 자세히 논할 것인데, 언약(8:7-13), 성소(9:1-12) 및 제사(9:13-10:18)처럼 역순으로 소개한다. 논의를 진행하기에 앞서 저자는 처음 일곱 장의 '요점'을 다음과 같이 간추리고 정리한다. 그 일곱 장에 묘사된 대로 **이러한** 믿기지 않을 만큼 위대한 **대제사장이 우리에게 있다**. 그분은 **하늘에서** 하나님의 **우편에 앉으**실 정도로 위대하다. 예수님은 앉아 계시지만 그렇다고 빈둥거리시는 것은 아니다(8:2). 그분은 **섬기는 이**로서 자기 안에 있는 신자들을 위해 중보하신다. 제사장의 주된 책임들 중 하나는 제사를 드리는 일이었다(8:3). 자신의 대제사장 임무를 완수하실 때 예수님은 **무엇인가 드릴 것이** 있었다. 십자가 죽음을 통해 그분은 자신을 단 한 번 제물로 드리셨다.

다음으로 저자는 제사에서 제사장이 섬기는 장소인 성소로 화제를 돌린다(8:4). 이 절은 예수님이 **땅에** 계시지 않음을 인정한다. 그렇다면 그분의 제사장 역할은 끝날 터이다. 땅의 성소에서 역할을 수행하는 레위 지파 제사장들이 **있음이라**. 하지만 그 성소는 예수님이 제사장으로 섬기는 하늘 성소의 **모형**과 **그림자**에 불과하다(8:5). 마지막으로, 저자는 제사장 사역의 셋째 주요 요소인 언약에 대해 말한다(8:6). 그리스도는 **더 좋은 언약의 중보자**이시기에 그분의 직분은 **더 아름다운 직분**이다.

8:7-13. **~더라면**은 예수님이 **더 좋은 언약**에 기초하여 직분을 수행하신다는 8:6의 주장이 타당함을 보여준다. 이 타당성은 옛 언약과 새 언약의 비교로 나타난다. 모세의 **저 첫 언약**은 **무흠**하지 않았다. 무흠했더라면 **둘째 것**이 필요하지 않았을 것이다. 8:8의 **~시되**는 이전의 언약이 흠이 없다는 생각과 다른 주장을 한다. 모세 언약은 '거룩하고 의롭고 선했기에'(롬 7:12) 그 자체로 문제가 없었다. 오히려 하나님은 그 언약을 지키지 못한 자기 백성의 잘못을 지적하셨다. 비난의 화살은 언약에서 언약을 만드는 데 동참한 백성들

로 절묘하게 이동한다. 이렇게 바뀌는 이유는 히브리서 8:9에 제시된다. 8:8을 시작으로 8:12까지 예레미야 31:31-34이 인용된다. 예레미야 선지자를 통해 하나님은 유대 백성들과 더 좋은 **새 언약**을 세우시겠다고 알렸다. 히브리서 8:9은 이 새 언약이 출애굽 이후 **그들의 열조와 맺은 언약과 같지 아니**할 것이라고 선언한다. 새 언약이 옛 언약과 다른 것은 백성들이 저 첫 **언약**을 지키지 못했기 때문이다. 이제 10절은 이 새 언약이 어떤 모습일지 말해준다. 그 언약은 어떤 목적을 달성하려는 신의 계획에 주로 달려 있을 것이다. 이 목적을 이루겠다는 결단은 다음과 같은 하나님의 단호한 의지로 표명된다. '나는 이런저런 일을 행하겠다.' '나는 행하겠다'(I will)라는 표현은 8:8-12에 일곱 번 나온다. 그 약속 중 몇 가지를 나열함으로써 이 신의 책임은 새 언약의 성격과 함께 자세히 소개된다. (1) 자신의 **법을 그들의 생각에 두고 그들의 마음에 이것**을 기록하시면서 하나님은 자기 백성에게 그 법을 이해시키고 그 법을 지키겠다고 다짐하게 하실 것이다(8:10). (2) 주님은 **그들에게 하나님이 되고 그들은** 주님에게 **백성이** 될 것이다. 이는 일방적인 관계가 아닌, 어느 쪽에서 보더라도 상호 헌신하고 애정 어린 관계가 될 것이다. (3) 메시아를 따르는 사람들은 **작은 자로부터 큰 자까지 다** 주님을 알 수 있게 될 것이다(8:11). 이처럼 더 가까운 사이가 되는 것은 하나님이 **그들의 불의를 긍휼히** 여기고 **그들의 죄를 다시 기억하지 아니**하실 것이라는 사실 때문이다(8:12). **새 언약**에 대한 예레미야의 예언이 지니는 의의는 **첫 것이 낡아**졌음을 뜻한다. 첫 언약은 맡은 임무를 다했지만 이제는 낡아져 **없어져**간다(8:13).

8:8, 10의 **이스라엘 집**과 **유다 집**에 대한 언급에 기초하여 몇몇 주석가들은 '이스라엘과 유다의 집'이라는 용어가 교회를 가리킨다고 주장한다. 이는 하나님이 생각하시기에 교회가 이스라엘을 대체했음을 나타낸다. 하지만 어느 구절에서도 이 대체신학을 단언하지 않는다. 필시 이 절들은 이 서신의 유대인 신자들이 그 일부인 이스라엘의 신실한 남은 자들과 함께 하나님이 새 언약을 시작하심을 드러낼 것이다. 새 언약의 영적 약속들만을 지금 손에 넣을 수 있다. 나라에 대한 약속은 장차 다가올 천년왕국에서 성취될 것이다. 그럼에도 불구하고 여호와께서 이 언약을 개시하신 결과, 오늘날 이방인 신자들은 아브라함에게 하신 약속의 영적 유익들에 접붙임 되어 새 언약의 영적 유익을 얻는다(롬 11:17-24; 고후 3:6).

B. 뛰어난 성소(9:1-12)

9:1-12. 9장의 첫 부분은 언약의 비교에서 성소의 비교로 화제를 돌린다. 그 이유는 제사장들이 자신의 임무를 수행하는 곳이 성소이기 때문이었다. 성소의 비교는 나아가 레위 지파의 제사장 직분이 열등함을 드러낸다. 이 제사장들은 땅의 성소에서 섬겼지만(9:1-10) 예수님은 하늘의 성소에서 섬기신다(9:11). 9:1에서 저자는 **첫 언약**이 열등하기는 해도 제사장의 사역을 가능케 하고 그 사역이 '땅의 성소'에서 수행되게끔 했다는 공로는 인정한다.

저자는 9:1에서 성소 전체를 언급하지만 9:2에서는 성소의 몇몇 부분을 기술하기 시작한다. 엄밀한 의미의 성소는 **장막**이며, 이는 반으로 나뉜다. 첫째 반은 '바깥쪽' 방으로 **성소**라 일컫는다. **둘째 휘장 뒤에 있는**(9:3)이라는 구절은 **지성소**라 일컫는, 장막의 나머지 반을 묘사한다. 반면에 다음 절(9:4)은 지성소의 가구를 나열한다. 이스라엘의 **제사장**들은 날마다 **첫 장막**에 여러 차례 들어가 임무를 수행한다(9:6). 9:7의 '오직'이라는 단어는 **둘째** 장막과 첫째 장막의 날카로운 대비를 나타낸다. 그 안으로 **대제사장**만이 **일 년에** 딱 **한 번** 들어간다. 이는 **자기와 백성의 허물을 위하여** 제사를 드리기 위함이다. 제사장이 섬기는 이 물리적 성소는 가르치는 장치였다. **성령**이 그것을 통해 **보이신** 교훈은 분명했다. 하나님의 임재 '안으로 들어가는 길'은 제한되어 있다는 것이었다(9:8). 이스라엘 사람들은 성소의 뜰은 밟을 수 있지만 성소에는 들어갈 수 없었다. 제사장들은 날마다 즐겨 성소에 들어갔지만 더 이상은 갈 수 없었다. 대제사장은 지성소에 들어가는 것이 허락되었지만 그 특권은 1년에 딱 한 번으로 제한되었다.

9:9에서 저자는 이 지상 구조물의 전형적 의미를 이렇게 천명한다. 그것은 그 당시까지 하나님께 다가가는 것이 제한되었음을 나타내는 **비유**였다. 게다가 그 안에서 **드리는** 온갖 **예물과 제사**는 또한 훗날 갈보리에서 드리게 될 진정한 제사의 실례였다. 그러므로 그것들은

섬기는 자를 그 양심상 온전하게 할 수 없었다. 예물과 제사가 죄인을 깨끗하게 할 수 없었던 이유는, 그것들이 먹는 것과 외적 정결에 관심하는 **육체의 예법**에 대해 언급하기 때문이다. 이 모든 것은 **개혁할 때까지**, 즉 메시아가 오셔서 죄인들로 하여금 거룩하신 하나님과 바람직한 관계를 맺게 하셔서 도덕적으로 바로잡으실 때까지 맡겨두신 것이다(9:10). 이스라엘의 땅의 성소와 제사장 직분은 장차 올 좋은 것들의 전조가 되었다. 하지만 **그리스도께서 대제사장으로** 오셔서 이 예견된 좋은 것들을 자기를 따르는 자들에게 주셨다. 더욱이 **대제사장**으로 오신 그분은 성소에도 들어가셨지만 그것은 **손으로** 지은 땅의 성소가 아니었다. 그 대신 예수님은 **이 창조에 속하지 아니한 더 크고 온전한 장막**, 곧 하늘의 성소로 들어가셨다(9:11). 하나님은 모세에게 하늘의 참된 성소, 즉 그분의 보좌가 있는 곳의 모양을 보여주셨는데, 이는 땅의 성소를 지을 때 참고하라는 것이라고 모세오경은 말한다(출 25:9, 40). 메시아가 하늘의 장막으로 들어가시는 토대는 짐승의 피가 아닌 **자기의 피**였다. 그 결과 예수님은 **영원한 속죄를 이루셨다**(9:12).

C. 뛰어난 제사(9:13-10:18)

9:13-28. 히브리서의 교리 부분은 여기서 절정을 이룬다. 레위 지파의 허다한 제사와 그리스도의 단 한 번의 제사가 이 단락에서 비교된다. 전자는 죄를 없애지 못했지만 후자는 해냈다. (NASB를 기준으로—옮긴이 주) 9:12의 마지막 단어는 **속죄**이다. 유대 백성은 이 개념에 친숙했지만 그들이 아는 속죄는 연례적이었다. 그리하여 9:13의 **~거든**은 예수님이 연례적이 아닌 영원한 속죄를 실제로 이루셨다는 앞 절의 주장이 사실임을 입증한다. 13-28절은 예수님이 단 한 번 드린 제사가 일궈낸 다섯 업적을 나열하는데, 어느 것을 들더라도 영원한 구원이 실제임을 나타낸다. 하지만 다섯 업적을 다 합치면 그런 영구한 도덕적 구원은 인류를 위해 확보된 것임이 분명해진다.

레위 제사장들이 드리는 짐승의 **피**와 그들의 **재**로 구성된 제사는 의식상 **부정한 자**들에게 뿌렸을 때 이 예식을 통해 **육체**(자기 몸)의 더러움이 제거되었다(9:13). 특히 시체를 만진 자는 붉은 어린 암소의 재로 섞은 물로 깨끗하게 해야 자기 몸이 이 의식을 통해 정결하게 될 것이다(민 19:13, 20을 보라). 육체의 더러움이 그대로 남아 있으면 동료 유대인 집단에서 배척당하고 더럽다는 꼬리표가 늘 따라다녔다. 하지만 이는 외적·육체적 정결에 불과했다. 이에 반해 **그리스도의 피**는 첫째, 원치 않는 어린 암소 제사보다 '**훨씬 더**' 효과가 있었다. **양심을 죽은 행실에서** 깨끗하게 하는 예수님의 제사(9:14)는 붉은 어린 암소를 바쳐 외적 더러움을 제거하는 제사와 대비된다. 둘째, 그분의 구속의 '죽음'으로 **새 언약**은 효력을 발휘한다(9:15). 이는 **첫 언약 때에 범한 죄에서 속량하**는 데 극히 중요했다. 당사자가 '죽어야' 그의 마지막 유서와 유언(즉, 그의 '언약', 9:16-17)이 **유효**하듯 신의 **첫 언약**과 뒤이은 새 언약 둘 다 '피로 세웠다'(9:18). 이 '피 흘림'은 필요했다. 하나님이 세우신 원칙에 따르면 그것 없이는 사함이 '없기' 때문이다(9:22). 셋째, 짐승 제사는 땅의 성소를 깨끗이 하는 데 충분한 반면, 예수님의 '더 좋은' 제사는 하늘의 성소를 정결하게 했다(그러니까 9:23의 **하늘에 있는 것들**은 아마도 메시아의 제사장 직분과 죄를 없애줄 제사의 필요성을 나타낼 것이다). 넷째, 주님의 죽으심으로 제사는 더욱 강력한 효력을 발휘하여 그분은 **손으로 만든 성소**가 아닌(9:24) **바로 그 하늘**로 들어가실 수 있었다. 짐승의 피로는 이스라엘 대제사장이 땅의 지성소에 들어갈 수 있을 뿐이었다. 십자가에서 자신을 드리신 제사로 예수님은 **우리를 위하여 하나님 앞에** 나타나셨다. 다섯째, 구약 제사와 대비되는 그분의 제사로 **죄**가 제거되었다(9:26). 그러므로 예수님이 이 땅에 **두 번째** 나타나실 때 그분은 **많은 사람의 죄를 담당하**는 것이 아니라 우리를 **구원**에 이르게 하실 것이다(9:28). 9장을 마감하는 9:26-28에 등장하는 과도기적 표현 **단번에**는 10장에서 **단번에 정결하게 되어**(2절), **단번에…거룩함을 얻었노라**(10절), 그리고 **한 번의 제사로 그가 영원히 온전하게 하셨느니라**(14절)와 비슷한 표현들로 이어진다. 이 모든 표현은, 죄를 없애시려는 예수님의 단 한 번 제사가 다시는 되풀이할 필요가 없을 정도로 영원히 유효함을 주장하면서 10:1-18을 준비시킨다.

10:1-18. 이 부분은 그리스도의 제사와 내면의 죄를 씻는 데 비효과적인 레위 지파의 무수한 제사(10:1-4)를 비교한다. 모세율법은 **장차 올 좋은 일**(10:1)을

예언했을 뿐이지 이 복들은 가져오지 못했다. 그 때문에 이 율법은 **해마다 늘 드리는 같은 제사로는**(10:1) **섬기는 자들**(10:2)로 하여금 결코 하나님과 이상적 관계를 맺게 할 수 없었다. 반복 그 자체는 그 제사들이 효력 없다는 증거이다. 이를 확인시켜준 저자는, 만일 이 제사들이 저 바람직한 관계를 가능케 해주었더라면(10:2) **제사드리는 일**을 그쳤을 것이라고 주장한다. 이는 **섬기는 자들이 단번에 정결하게 되어 다시 죄를 깨닫는 일이 없**을 것이기 때문이다. 그 대신에 이 연례 제사는 백성에게 자기 죄를 상기시켰다(10:3). 매년 드리는 제사의 효력이 제한적인 까닭은 **황소와 염소의 피**가 능히 **죄**를 없애지 못하기 때문이다(10:4). 위의 히브리서 9:13-14에 언급된(주석을 보라) 민수기 19장의 붉은 어린 암소 제사는 외적으로 정결하게 했다. 그러나 여기서 저자의 관심은 죄 된 행위에서 비롯되는 영적 오염으로부터 내면을 정화하는 일이다.

짐승의 피와 인간의 도덕적 실패 사이에는 실제 연관이 없다. 짐승의 본성은, 범죄 가해자(인간)는 물론이려니와 범죄 피해자(신)의 본성과도 다르다. 구약 제사는 예표 역할은 했지만 구원 역할은 하지 못했다. 짐승 제사 또한 온갖 정성을 쏟았다 할지라도 개인 구원에는 실패했다. 율법의 의식과 관련된 측면들로는 단 한 사람도 구원하지 못했기 때문이었다(롬 3:20을 보라). 하지만 누군가 아브라함처럼 이스라엘의 하나님을 믿었을 때 그 신자는 의롭다고 인정되었다. 제사는 믿음으로 하나님과의 관계가 회복된 신자가 삶으로 드리는 것이지 그 자체가 관계 회복의 수단은 아니었다. 믿음으로 하나님이 요구하시는 제사를 드렸을 때 그분은 그의 죄를 깨끗하게 하겠다고 말씀하셨다. 그리고 내면에 신뢰하고 회개하는 자세가 없다면(레 16:29, 31의 "스스로 괴롭게 하고"를 보라. '스스로 고통받으며'가 더 낫다) 최선의 경우 아무것도 아니고, 최악의 경우 하나님께 혐오스러운 것이었다(시 40:6-10; 51:10-18; 사 1:11-15; 미 6:6-8을 보라). 제사를 드렸다고 해서 하나님이 흡족해하신 것은 아니다. 하지만 구약의 신자들은 신약의 신자들처럼 죄 씻음이 필요했다. 그리고 구약에서 하나님은 신자가 드리는 짐승 제사를 죄 씻음의 방편으로 삼으셨다. 믿음으로 드리는 제사는 하나님의 용서를 낳았다(레 1:4; 4:26-31; 16:20-22; 17:11; 시 25, 32, 51, 103, 130편; 사 1:18; 겔 18:22; 히 9:13을 보라).

믿음으로 의롭게 된 자가 드리는 제사는 하나님의 도덕적 의지에 신자가 보이는 반응의 중요한 부분이었다. 그리고 이 제사는 물건을 구입할 때 신용카드가 하는 역할과 다소 비슷한 역할을 수행했다. 가게 운영을 할 때, 신용카드로 구매하면 물건은 팔리고 거래는 끝난다. 하나님을 믿는 구약 신자에게 짐승 제사는 죗값을 치르기에 충분했다. 제사를 드린 신자는 하나님이 자기를 용서했고 관계를 회복시키셨다는 확신이 있었다. 그러나 황소와 염소의 피로는 인간의 도덕적 실패를 구속할 수 없기에 그분의 독생자가 죽어야 궁극적으로 죗값이 치러짐을 하나님은 아셨다[이 해석에 대해서는 John S. Feinberg, "Salvation in the Old Testament," in *Tradition and Testament: Essays in Honor of Charles Lee Feinberg,* edited by John S. Feinberg and Paul D. Feinberg(Chicago: Moody, 1981), 70-72을 보라].

그리하여 구원을 이루기에 비효율적인 레위 지파의 제사는 예수님의 제사로 대체되었다. 예수님은 자신의 첫 등장에서 성부가 이 레위 지파의 제사에서 완전한 '기쁨'을 맛보지 못하셨음을 인정했다(10:6). 짐승 피의 효력은 제한적이었으므로 하나님이 이러한 제사를 무한정 원하시지 않고 예수님 자신을 **위하여 한 몸을 예비하셨**음을 그리스도는 또한 아셨다(10:5). 자신의 신적 사명을 인지하신 메시아는 이렇게 약속하셨다. 나는 **하나님의 뜻을 행하러 왔나이다**(10:7, 9). 그리고 하나님이 예수님을 통해 이루시고자 하신 바는 첫째 언약을 폐하고 둘째 언약을 세우는 것이었다(10:9).

이 마지막 몇 절(10:5-9)은 시편 40:6-8에 대한 주석이다. 그 시편에서 다윗은 **두루마리 책에** 기록된 내용이 장차 구속자로 오실 메시아에 관한 것임을 기억한다. 그는 일인칭이자 구속자의 목소리로 글을 쓰면서 율법책(토라)을 언급한다. 토라의 메시지가 강조하는 것은 토라의 그 많은 제사가 아닌, 상전을 기꺼이 섬기겠다는 의지의 표현으로 자기 귀를 뚫은 종(출 21:6)에게서 보듯이 하나님이 정말로 이스라엘의 섬김을 바라셨다는 사실이다. 그렇기에 히브리서 본문은 '당신이 나를 위해 파낸 귀'라고 말한다. 히브리서 주석에서 저자는 이 절을 인용하면서, 제유법(부분으로 전체를 나타내는 방법)을 사용한다. 즉 자기 주인의 말을 듣고 순종하는 귀가 주님의 종 메시아의 몸 전체를 나타낸다.

예수님이 자기 아버지의 뜻을 실천하신 결과는 히브리서 10:10에 나타난다. **이 뜻을 따라 예수 그리스도의 몸을 단번에 드리심으로 말미암아 우리가 거룩함을 얻었노라**. 단번에는, 예수님의 단 한 번 제사가 영원히 유효하다고 옹호하는 10:11-18에서 확대된다. 유대인 제사장은 **매일 서서 섬기며** 되풀이해서 **같은 제사를 드리되**, 이 제사는 **언제나 죄**를 없게 하지 못한다(10:11). 서 있는 제사장과 달리, 10:12의 **오직**은 자신의 한 제사를 드리신 후 하나님 **우편**에 앉으신 예수님의 다른 자세를 가리킨다. 10:14의 **~니라**는 예수님이 앉으신 이유를 말한다. **한 번의 제사로** 그분은 죄인들이 하나님과의 관계를 영원히 회복하게 하셨다. 레위 지파 제사장들은 서서 제사를 드리고 또 드렸지만 죄는 끄덕도 하지 않았다. 예수님은 앉아 계신다. 제사를 드리는 자신의 제사장 임무가 끝났기 때문이다. 이제 그분은 중보 기도에 신경 쓰실 수 있다. 그런데 하나님은 그리스도의 제사에 흡족해하시는가? 이에 대한 성령의 증언(10:15)은 예레미야 31:34에서 하나님이 하신 **또 그들의 죄와 그들의 불법을 내가 다시 기억하지 아니하리라**(10:17)라는 말씀을 인용하여 질문에 답한다. 영원히 사하시겠다는 이 신의 맹세로부터 10:18은 **다시 죄를 위하여 제사드릴 것이 없느니라**라고 결론짓는다. 결코 죄를 없앨 수 없었던 짐승 제사는 이 시대에 더 이상 드릴 필요가 없다. 예수님도 두 번 다시 제사를 드리실 필요가 없다. 천년왕국의 성전에서 회복될 제사는 그리스도의 죽으심을 기념하는 것으로 드리게 될 것이 분명하다(겔 40:38-43의 주석을 참고하라).

Ⅲ. 탁월한 삶(10:19-13:25)

예수님은 탁월한 사역을 하시기에(8:1-10:18) 그리스도인의 삶을 더 좋게 만드실 수 있다. 이것이 서신의 마지막 부분이다. 이 부분은 교제(10:19-25), 인내(10:32-12:13), 성화(12:14-17) 및 섬김(13:1-25)과 관련된 네 가지 주요 권면을 중심으로 돌아간다. 이 넷은 서로를 기초로 삼고 서로 연결된다. 하나님 및 자신들의 영적 가정과 신실한 교제를 나눔으로써 신자들은 인내할 힘을 얻게 되고, 인내는 거룩함을 함양한다. 거룩함은 차례로 사람 섬김을 풍요롭게 한다. 이 네 권면 사이에 배치된 것은 마지막 두 삽입 경고 구절이다.

A. 교제를 권면하다(10:19-25)

10:19-25. **그러므로**(10:19)는 신자들의 죄를 다시 기억하시지 않겠다는 하나님의 맹세(10:19)에 소급하면서 세 하위 권면들로 표현된 추론을 이끌어낸다. 하나님께 **나아가자**(10:22)와 **굳게 잡고**(10:23), **돌아보아**(10:24)가 그것이다. 이 삼중의 권면은 우리가 하나님께 다가가고(10:19) 우리에게 하나님의 집을 다스리는 대제사장이 있다(10:21)는 두 가지 이유로 강화된다. 기도할 때 신자들은 하늘의 **성소에 들어갈 담력**을 얻었다(10:19). 이 들어감은 신자들의 영성 수련이 아닌, 이보다 훨씬 더 확실한 무언가, 즉 **예수님의** 제사(**피**)로 얻게 된 구속으로 획득된다. 10:20에 더 언급된 이 들어감은 **새로운**[즉, 전에는 손에 넣을 수 없었던] **살**[즉, 효과가 있는], **길**[즉, 무언가를 하는 방식. 특히 여기서 하나님 앞에 나타나는 방식]이다. 이 들어감을 예수님은 **그의 육체**[즉, 제사에서 자기 몸을 바치신 것] **가운데로 우리를 위하여 열어놓으셨다**. 그렇기에 그분은 이제 하나님의 백성 공동체를 **다스리는** 우리의 **큰 제사장**이시다(10:21).

사실이 그러하므로 10:22에서 저자는 기도 가운데 하늘 보좌로 '가까이' 가는 일에 동참하라고 독자들에게 촉구한다. 여기서 기도할 때의 두 가지 자세는 (1) **참마음**으로(즉, 성심껏) 그리고 (2) **온전한 믿음**으로(즉, 신의 응답을 확신하면서)이다. 그들의 **마음이 뿌림**을 받고 그들의 **몸이 맑은 물로 씻음**을 받아 그리스도를 따르는 사람이 된 후에 독자들은 하나님께 수시로 나아갈 수 있을 것이다. **몸은 맑은 물로 씻음을 받으라**는 말은 세례를 나타내는 것이 아닌 듯하다. 정화의 상징일 뿐이다. 더 정확히 말하면, 그것은 메시아의 제사로 가능케 된 영적 정화를 나타내는 비유적 표현이다(참고. 요일 1:9). 에스겔 36:25에서 사용되는 비슷한 비유적 표현은 새 언약으로 이루어진 정화를 가리킨다. 신실하게 기도하면 다음 호소인 **우리가 믿는 소망을 굳게 잡고**(10:23)에 부응할 수 있게 된다. 흔들리는 유대인 신자들에게 저자는 신의 약속들에 대한 믿음을 사실로 받아들이라고 권면한다. 그 약속들이 주는 복을 신자가 갖게 될 때까지 소망은 참고 기다린다. 신자들의 기다림은 헛되지 않을 것이다. **약속하신 이는 미쁘**셔서 맹세하신 온갖 복을 내려주시기 때문이다. 그리스도를 따르는 사람은 외톨이가 아니라 새 공동체의 일원이다. 그래서 10:24은 서로 돌아보는 사회적 의무에 대해 말한다. 이 공동체에서 **사랑과 선행을 격려**하기 위해서이다. 상호 간의 배려는 그들이 **모이기를 폐하는** 것으로는 표현될 수 없고, 오직 서로 **권하**는 것으로만 가능하다(10:25).

• 네 번째 삽입 경고: 복음의 가치를 깎아내릴 위험 (10:26–31)

10:26–31. 10:26은 모이기를 폐하지 말라는 이유를 제시하면서 서신의 넷째 경고 구절을 소개한다. 한때 이 서신의 수신자들과 사귐을 가졌던 어떤 이들은 걸핏하면 그들의 영적 공동체를 멀리하곤 했다. 이는 복음을 **아는 지식을 받은 후**(10:26) 짐짓 죄를 범하게 만들 수 있다. 여기서 의도적인 것으로 보이는 도덕적 실패는 일반적 범법 행위도 아니고 살인, 간통 혹은 절도와 같은 특정한 중죄도 아니다. 그 실패는 정황상 메시아 공동체 구성원들과의 사귐에서 떠난 것으로 묘사된다. 예수님을 수박 겉핥기로만 알았던 누군가가 그분을 메시아로 믿기를 거부하면서 이처럼 사귐을 끊으라고 부추긴다. (경고 구절들이 겨냥하는 자들의 영적 상태에 대한 설명은 2:1-4, 특히 5:11-6:8에 대한 주석을 보라.) 메시아의 제사를 집요하게 일축하는 자는 예수님의 제사가 주는 유익들을 받지 않겠다고 하기 때문에 그의 **죄를 다시 속죄하는 제사가 없다**. 레위 지파의 제사장들은 이 고의적인 죄를 속하는 제사를 드릴 능력이 없고, 하늘의 대제사장은 그런 제사를 드릴 의향도 없으시다. 그 대신에 그리스도에게 등을 돌리는 자들을 기다리고 있는 것은 **오직** 신의 무서운 **심판**과 그들을 **태울 불**이다(10:27). 모세율법을 어기는 자들은 종종 처형당하곤 했다(10:28). 그러나 영적 변절자에게는 '더 무거운 형벌'이 기다리고 있다. 그의 배교는 **하나님의 아들을 짓밟고**, **언약의 피**를 더 이상 효험이 없는 그저그런 것으로 깎아내리며, **은혜의 성령**을 욕되게 하는 것으로 기술된다. 육체적 죽음보다 더 끔찍한 것은 영원한 죽음뿐이다. 저자는 이 형벌이 더 끔찍함을 입증하고 그것이 얼마나 확실한지를 보여준다(10:30). 교회가 **원수 갚는 것이 내게 있으니 내가 갚으리라 그리고 주께서 그의 백성을 심판하리라**(신 32:35-36)고 경고하신 '그분'의 신원과 결단을 알기 '때문이다'. 이 복수하시는 신의 말씀은 진심이고 자신의 위협을 실행에 옮기실 것이다. 하나님은 자신의 참된 추종자들을 학대하는 자들에게 죗값을 물으시고, 자기 백성 중에서 신앙고백을 허투루 하는 자들을 벌하실 것이다. 저자는 이 더 끔찍한 형벌에 대해 나름 평가하면서 이 경고를 끝맺는다(10:31). 사실 그 경고가 **살아 계신 하나님의 손**에서 오기 때문에 **무서운** 것이다. 믿음을 부인하는 이들의 신원에 대해서는 6:6에 대한 주석을 보라.

B. 인내를 권면하다(10:32–12:13)

독자들은, 이전에 그리스도와 동행하면서 잘 해낸 것처럼 이번에도 역경을 잘 이겨내라는 강력한 권면을 받았다. 그들이 예전에 잘 해냈다면 이번에도 잘할 수 있다. 구약의 많은 신자들이 삶의 질고를 이겨내고 하나님과의 관계를 돈독히 유지했기 때문이다. 메시아가 오시기 이전의 이 신자들은 그분이 오신 이후의 신자들보다 영적 자원이 훨씬 더 적었다. 왜냐하면 하나님이 예수님을 따르는 사람들에게 더 좋은 것을 주셨기 때문이었다(11:40). 그렇기에 신자들은, 역경이 성품을 빚고 행동을 하나님의 뜻대로 만드는 하늘의 방편들 중 하나임을 유념하면서 자신들 앞에 놓인 경주를 인내로써 해야 한다(12:3-11). 따라서 낙심하는 자들은 피곤한 손과 연약한 무릎을 더 튼튼하게 하는 한편, 자신들의 메시아를 따르는 영적 여정을 다시 시작해야 한다(12:12-13).

10:32–39. 저자는 이 부분을 시작하면서 **전날**에 수신자들이 **고난의 큰 싸움을 견디어**냈을 때 예수님을 메시아로 따르기로 결단했음을 상기하라고 그들에게 호소한다(10:32). 이 힘든 시기에 그들은 종종 비방을 받고 육체적 고통(**환난**, 10:33)을 겪었다. 그뿐만 아니라, 그들은 **갇힌 자**를 동정하고 자기 **소유를 빼앗기는 것**도 기쁘게 **당하였다**(10:34). 그들의 인내 실적과 인내하는 법에 대한 지식을 고려하여 10:35은 그들에게 **담대함**, 즉 자신들로 하여금 단호히 괴로움을 참아낼 수 있게 하는 저 마음가짐을 버리지 말라고 충고한

다. 담대함을 유지해야 하는 이유는 그것이 **큰 상**을 주기 때문이다. 여기서 큰 상이란 그들이 평안을 유지하고 훗날 신의 상급을 받게 되는 것을 말한다.

당분간 그들은 **인내**해야 한다. 그 이유는 그들이 **하나님의 뜻을 행한 후에** 그분이 **약속하신 것을 받기 위함**이다(10:36). 하나님은 그들이 그리스도에게 충실하되 끝까지 그렇게 하기를 바라신다. 그들은 얼마나 오래 인내해야 하는가? **잠시 잠깐**이면 된다. 곧 예수님이 **오실** 것이다(10:37). 그러면 더 이상 인내하지 않아도 된다. 어떻게 인내하는가? **의인은 믿음으로 말미암아 살** 것이다(10:38). 즉, **믿음으로** 산다는 것은 인내함으로 그리스도인의 온갖 의무를 감당할 수 있게 해주시는 하나님의 아들을 끊임없이 의지하는 자세이다. 끊임없이 의지하지 못하는 것은 신앙을 고백하는 사람이 배교하여 **뒤로 물러가**는 것을 뜻한다. 그렇게 되면, 아주 축소해서 말하더라도, 하나님은 **그를 기뻐하지 아니하실** 것이다. 저자는 자신과 자기 독자들이, 진실한 **믿음**을 가지고 있고 예수님이 재림하실 때 영생(**영혼을 구원**한다는 의미)을 얻게 될 저 집단에 속해 있다고 확신한다(10:39).

11:1-40. 수신자들은 자신들에게 인내가 필요하고 (10:36), 인내할 수 있는 방편이 믿음이라는 말을 듣는다(10:38). 그런데 믿음이란 무엇인가? 저자와 독자 둘 다 같은 생각을 하고 있음을 확실히 하고자 11:1은 믿음을 정의한다. 믿음에 대한 정의가 한갓 이론이 아님을 입증하기 위해 저자는 구약 신자들의 이야기를 들려줌으로써 믿음이 무엇인지 분명히 보여준다. 그들은 히브리서 독자들이 해야 할 일을 했다. 즉, 믿음으로 인내한 것이다. 히브리서 11장에 나오는 구약 인물들의 공통분모는, 그들 모두에게 인내하지 않을 이유, 하나님을 만나기 이전의 삶으로 돌아갈 이유가 충분했음에도 아무도 그렇게 하지 않았다는 사실이다(11:15을 보라). 그렇다면 핵심 구는 19회나 나오는 **믿음으로**이다.

11:1-2. 프롤로그. 여기서는 **믿음**의 정의를 정식으로 내리지 않고 **믿음**이 하는 일을 기술한다. 두 부분에서 기술한다. 첫째, **믿음은 바라는 것들의 실상**, 즉 그리스도의 재림, 죽은 자들의 부활과 영화, 승천 등과 같은 미래 사건들에 대한 확실성이다. 둘째, 믿음은 **보이지 않는 것들의 증거**, 즉 죄 사함, 신자들에 내주하시는 성령님, 중보자 그리스도 및 기도 중에 하나님께 다가감 등과 같은 비가시적인 것들에 대한 설득이다. 이 특징들은 현실과 동떨어지지 않았다. 일상에서 믿음을 소유하고 실천하자 **이로써** 신은 우리 선조들의 삶이 믿음에 기초하고 있음을 '인정하셨다'.

11:3-12. 첫 번째 '믿음으로' 시리즈. 11:1의 믿음의 특징들이 자기 독자층에게 친숙한 것임을 나타내고자 저자는 11:3의 서두를 창세기 1장으로 장식한다. **믿음으로 모든 세계가 하나님의 말씀으로 지어진 줄을 우리가 아나니**. 물질계가 창조될 때 이를 목격한 사람은 없었다. 성경은 천지창조를 하나님의 작품으로 돌리고, 우리는 이를 믿는다. 히브리서 11:3을 시작으로 믿음을 드러낸 개인들이 속속 등장한다. 창세기 4장부터, 하늘이 피의 제사를 요구한다는 신의 계시에 따라 **믿음으로 아벨은 가인보다 더 나은 제사를 하나님께** 드렸다(11:4), 그리고 **가인**은 하나님이 동생 아벨의 제사를 받으시자 몹시 화를 냈다(창 4:5-7에 대한 주석을 보라). 창세기 5장부터, **믿음으로 에녹은 하나님을 기쁘시게** 했다(11:5). **믿음으로**라는 이 표현은, 에녹이 자신에게 계시된 신의 모든 진리가 사실에 입각하고 있음을 믿고, 자신의 성품과 행실을 그 진리에 순응시키며, 또한 하나님을 의지하고 살았음을 뜻한다. 그러한 믿음이라면 능히 하나님을 기쁘시게 할 수 있다(11:6). 창세기 6-9장에서 **노아**는 **아직 보이지 않는** 홍수에 대한 경고를 받자 그것을 마음에 새겼다(11:7). 그의 믿음은 **집**을 구원할 **방주**를 짓는 것에서 드러났다. 창세기 12장에서 아브라함은 장차 **땅을 받게** 될 것을 **믿음으로** 확신하면서 갈 바를 알지 못하고 집을 떠났다 (11:8). 그곳에 도착한 후, **믿음으로** 그는 **약속의 땅에** 수십 년을 **거류**하면서 여호와께서 그 땅을 주시기를 기다렸다(11:9). 창세기 21장에서, **믿음으로** 신에게 충실한 아브라함의 아내 **사라**는 불임이었지만 **잉태할 수 있는 힘**을 얻었다(11:11). 그 결과, 이 연로한 불임 부부에게서 **하늘의 허다한 별**처럼 많은 후손이 태어났다 (11:12).

11:13-16. 사설 주석. 이 짤막한 여담에서 저자는 지금까지 언급한 구약의 믿음의 사람들에 대한 자신의 관점을 선보인다. 그들 모두 신이 약속하신 '온갖 축복을 받지 못한 채 믿음을 따라 죽었다'(11:13). 하지만

그들은 이 약속들을 **멀리서** 서서히 보았다. 즉, 그것들은 천국에서 성취될 것이다. 살아갈 날이 얼마 남지 않자 이 신자들은, 자신들이 **땅에서** 나그네임을 고백하면서 약속들을 **환영**하거나 다음 생애에서 성취될 것을 기쁘게 믿었다(11:13). 사실, 그들은 본향을 '찾고' 있었다(11:14). 하지만 그 본향은 땅이 아닌(11:15) **하늘에** 있었다(11:16). 의심할 여지없이 아브라함은 하나님이 그와 언약을 맺으시며 말씀하신 땅에 대한 약속이 다가올 천년왕국에서 마침내 말 그대로 실현될 것으로 기대했다. 그럼에도 불구하고, 그는 세상을 떠나면서 현세 너머 하늘의 본향을 바라보았다.

11:17-31. 두 번째 '믿음으로' 시리즈. 여기서는 구약에서 선택된, 11:1에서 정의한 믿음을 삶과 행동으로 보여준 다른 개인들에 대한 소개가 이어진다. 아브라함이 부활 교리를 어느 정도 믿었는지는 분명치 않지만 하나님에 대한 그의 신앙은 그분이 목숨을 되살리실 것이라는 가능성을 망라했다. 하나님은, 어떤 다른 아들이 아닌 이삭이 자손이 되어 그를 통해 많은 민족을 이루시겠다는 약속이 성취될 것이라고 아브라함에게 약속하셨다(창 21:12, 히 11:18에서 인용). 그러나 아브라함은 하나님의 지시대로 이삭을 번제로 바치기 위해 길을 떠났다(창 22:2-4). 하나님이 능히 이삭을 죽은 자들 가운데서 다시 살리실 것이라는 아브라함의 믿음은 창세기 22:5에서 그가 **내가 아이와 함께 예배하고** [내가 아이와 함께] **너희에게로 돌아오리라** 고 말한 데서 드러난다. **임종 시에**(11:22) 요셉은 장차 이스라엘 자손들이 **떠날 것을 말하고 자기 뼈**를 가나안에 묻으라고 **명하였**다(창 50장). 요셉은 자기 백성이 애굽을 떠나 약속의 땅을 차지하게 될 것을 믿음으로 자신에게 납득시켰다. 자신이 유대 백성을 구원하게 될 것이라는 확신 때문에(출 2장) 모세는 애굽 왕궁에서 잠시 죄상의 낙을 **누리는 것보다** 히브리 노예들과 함께 **고난받**는 길을 택했다(11:25). 그는 하나님의 뜻과 무관한 **애굽의 보화**가 줄 수 있는 것보다 그분의 뜻대로 받는 고난이 **더 큰 재물**을 가져다줄 것으로 확신하면서 다가올 **상**을 바라보았다(11:26). 그렇기에 모세는 애굽 왕자의 안락한 삶을 택하기보다 장차 메시아를 배출하게 될 백성들과 하나가 되고 그로 인해 수반되는 비난을 감수하기로 작정한 것이다. 이스라엘의 광야 생활 40년은 불신의 연속이었다. 이 때문에 그 시기에서 얻을 수 있는 교훈에 대한 언급은 없다. 저자는 **여리고를 도니 성이 무너**진 여호수아 6장으로 나아간다. **칠 일 동안** 나팔을 불며 성 주위를 도는 것만큼 무의미하고 현실과 동떨어진 일은 없을 것이다. 그러나 그 성벽은 하나님의 능력에 대한 **믿음으로** 무너졌다. **기생 라합**은 도덕적으로 흠이 있었지만 **믿음으로** 깨끗하게 되었고, 자기 동족과 함께 **멸망하지 아니하였**다(11:31). 하나님은 라합이 사는 여리고 성에 대해 그렇게 하셨듯이 그녀의 마음을 움직이셨다.

11:32-38. 신속한 '믿음으로' 조망. 이 시점에서 저자는 상세한 설명을 계속하기가 어렵다고 판단한다. 그래서 그는 믿음의 사람들을 언급할 때 개별적으로보다는 집단적으로 하겠다는 뜻을 밝힌다. 이에 따라, 저자는 사사들(**기드온, 삼손** 등)과 왕족들(**다윗**), 선지자들(**사무엘**)의 사례를 든다. 그들의 **믿음으로** 하나님은 그들을 통해 놀라운 일들을 해내셨다. 그들은 기드온처럼 소수의 병력으로 나라들을 '이겼다'(사 7장). 다윗과 솔로몬처럼 '의를 행했다'. 족장들처럼 '약속을 받았다'(창 12, 15, 17장). 다니엘처럼(단 3장) '사자들의 입을 막았다'(11:33). 사드락과 메삭, 아벳느고처럼 '불의 세력을 멸했다'(단 3장). 엘리아가 이세벨에게서(왕상 19장), 엘리사가 여호람에게서 '칼날을 피했다'(왕하 6:30-38). 삼손처럼 '연약한 가운데서 강하게 되었다'(삿 16:28-30). 골리앗에 맞선 다윗처럼 '전쟁에 용감하게 되었다'(삼상 17장). 그돌라오멜을 보낸 아브라함처럼(창 14장) **이방 사람들의 진을 물리**쳤다(11:34). 사렙다 과부(왕상 17:17-24)와 수넴 여인(왕하 4:14-17)처럼 **여자들은 자기의 죽은 자들을 부활로 받아**들였다. 그들 모두는 승리자의 범주에 속한다.

승리하지는 못했지만 그들 못지않게 중요한 신자들에 대한 언급이 히브리서 11:35-38에 나온다. 저자는 성경과 신구약 중간기 문헌들에 나오는, 매번 큰 승리를 거두지는 못했지만 믿음으로 싸운 인물들을 나열한다. 한나와 한나의 아들들 이야기(마카베오하 7장)에서, 그들은 '심한 고문을 받았지만' 하나님을 탓하면서까지 '구차히 풀려나기'를 원치 않았다. 이는 '그들이 더 좋은' 풀려남, 곧 하나님이 무덤에서 행하시는 '부활'을 얻을 것으로 확신했기 때문이었다. 히브리서

11:36의 **또 어떤 이들**은 비극을 겪었지만 고결함을 꿋꿋이 지킨 유형을 소개한다. 이 충실한 신자들은 바스훌에 사로잡힌 예레미야처럼 **조롱과 채찍질**을 당했다(렘 20:2, 7). 예레미야는 또한 애굽에서 유대교 전통에 따라 '돌에 맞았다'. 다른 전승들에 따르면 이사야는 '톱으로 켰고', 우리야 선지자는 '칼로 죽임'을 당했다(렘 26:23). 반면에 마카베오 시기의 어떤 이들은 **양의 가죽을 입고 유리하여 궁핍과 환난과 학대**를 받았다(11:37). 이들 모두는 믿음으로 그 모진 시련과 고난을 신이 그들에게 부여하신 운명으로 받아들이고, 믿음으로 찬란한 미래에 대한 소망을 간직했다.

11:39-40. 에필로그. 위에서 언급한 구약의 신자들은 **다 믿음으로 말미암아** 신의 인정을 받았다. 그럼에도 불구하고, 그들은 메시아의 오심을 통해 주시겠다고 **약속된** 모든 것을 **받지 못하였다**(11:39). 그 이유는 **하나님이 우리를 위하여 더 좋은 것을 예비하셨**기 때문이다. 이를테면 그것은 더 좋은 소망, 더 좋은 언약, 더 좋은 약속, 더 좋은 대제사장, 더 좋은 하나님께 나아감, 더 좋은 제사, 더 좋은 소유 그리고 더 좋은 부활이다. 그들이 우리와 연합할 때라야 이 놀라운 축복 속으로 들어가는 것이 하늘의 계획이었다. 마침내 구약 신자들이 손꼽아 기다리던 메시아가 오셨다. 이제 이 땅에 체류하는 동안 메시아 예수를 따르는 사람들과 저 하늘 도성에 있는 구약 신자들 둘 다 이 복들을 만끽한다.

12:1-13. 10:32에서 시작된 인내하라는 권면은 인내해야 할 일곱 가지 이유를 제시하면서 여기서 끝난다. 12장을 여는 **이러므로**는 11장의 인내한 구약 신자들에 대한 소개를 되돌아보면서 우리 또한 믿음으로 인내해야 함을 독자들에게 말하고 있다. 12:1의 주안점은 **인내로써 우리 앞에 당한 경주를 하며**이다. 저자는 그리스도인의 삶을 사는 것을 경주를 하는 것에 비유한다. 이 둘 사이에 유사점이 있기 때문이다. 둘 다 출발점과 결승점이 있으며, 노력을 요한다. 또한 선수들이 달리는 노선에는 각자 선이 그어져 있으며, 둘 다 훈련을 요한다. 그리고 저마다 마지막에 상을 받는다. 이 도덕적 **경주**는 굴하지 않고 계속하라는 강력한 주문을 받으며 **인내**('힘든 가운데서도 끝까지 버틸 수 있는 능력')**로써** 해야 한다. 이 구절은 신자의 영적 삶이 백 미터 단거리 경주가 아닌, 여러 어려움이 따르는 마라톤임을 나타낸다.

인내해야 할 첫째 이유는 **우리에게 구름같이 둘러싼 허다한 증인들이 있**기 때문이다. 이는 땅에서 하는 일을 지켜보는 천사들이 아닌, 자신의 믿음 생활을 통해 인내의 가치를 계속 보여주거나 입증하는 구약 신자들(11장)을 가리킨다고 봐야 할 것이다. 오늘날 신자들은 그들의 믿음을 본보기 삼아 쉬지 말고 정진해야 한다. 옛날에 인내한 신자 한 명만 있었더라도, 이것은 인내가 가능함을 보여주기에 충분할 것이다. 그러나 무수히 많은 신실한 사람들이 있다. 그들은 삶을 통해 인내가 가능함을 보여주었다. 이런 의미에서 그들은 **증인**이다.

인내할 때 가장 중요한 것은, 인내를 더 힘들게 만드는 **모든 무거운 것** 혹은 도덕적 장애물을 **벗어버리**는 것이다. 특히 **얽매이기 쉬운** 불신의 **죄**를 없애는 것이 매우 중요하다. 신자들은 **예수를 바라봄**으로써(12:2), 즉 그분이 인내할 수 있게 해주신다고 믿음으로써 **경주**한다. 그리스도는 신뢰하기에 적절한 대상이시다. 그분이 우리 **믿음**의 근원이 되시는 **주**이시자, 그 믿음을 심오하고 성숙하게 만드는 **온전하게 하시는** 분이기 때문이다. 게다가 그분은 신자들이 지금 마땅히 해야 할 일을 하셨다. 즉, 그분은 **참으셨**고, 현재 **하나님 보좌 우편에** 앉으셔서 자기를 따르는 자들을 중보하며 도우신다. 인내해야 할 둘째 이유는 다른 많은 사람들뿐 아니라 예수님도 독자들보다 **죄인들이 이같이 자기에게** 훨씬 더 크게 **거역한 일**(12:3)을 **참으셨**기 때문이다. 그러므로 수신자들은 **피곤하여 낙심하지 않**아야 할 것이다. 끝까지 버텨야 할 셋째 동기는 서신의 독자들이 이제까지 해온 것보다 더 잘 인내할 수 있게 하기 위함이다. 그들은 아직 자신들의 **피를 흘리기까지는** 악의 세력에 **대항하지 아니**하였다(12:4). 인내가 필요한 넷째 이유는 신의 징계 때문인데, 이는 하나님이 우리의 아버지, 우리는 그분의 아들이라는 증거이다(12:5-6). 그분의 **징계하심**('행동이 나아지도록 벌하는 것')을 **경히** 여겨선 안 된다(12:5). 오늘날 많은 교회가 등한시해온 진리가 있다. 그것은 하나님이 사랑하는 아버지로서 자기 자식들이 그분에게 더 자주 순종하고 그분을 좀 더 지속적으로 기쁘시게 하는 법을 배우도록 이따금 그들에게 회초리를 드신다는 사실이다. 이 처벌은 영원한 운명과 관련되기에 교훈과 성장은 늘 염두에 두지만 정죄할 의도는 결코 없다. 하나님은 그 **사랑하시는** 자를 **징계하**신다(12:6). 징계는 신의 교훈과 훈련과 바로잡음과 꾸짖음 및 인도이다. 이 모두는 하나님 자녀의 성품과 행동이 적절하게 되도록 하기 위함이다.

그리스도께 늘 충실해야 할 또 다른 이유는 신의 **징계**인 시련과 곤경을 '참아내야' 하기 때문이다(12:7). 하늘은 온갖 형태의 역경을 효과적인 도구로 삼아 신자들의 삶에 꼭 필요한 일을 수행한다. 인내심을 가져야 할 여섯째 이유는 우리 **육신의 아버지**의 징계가 간혹 결함이 있기는 해도 우리가 그것을 받아들였기 때문이다. 우리는 하늘 **아버지**의 온전한 징계에 더욱더 **복종**해야 한다(12:9). 그분이 언제나 **우리의 유익을 위하여** 매를 드시기 때문이다(12:10). 인내의 마지막 동기는, 신의 징계를 받아들이면 **그의 거룩함에 참여**하고(12:10) 더없이 충만하게 살 수 있기 때문이다(12:9). 물론 지금의 **징계는 즐거워 보이지 않고 슬퍼 보인**다(12:11). **후에** 그것은 의로운 성품과 행동이라는 바람직한 **열매** 또는 결과를 낳고야 만다. 그렇지만 슬프게도, 신의 징계가 모든 신자에게 유익한 것은 아니다. 유익을 얻는 자는 징계로 말미암아 **연단받은**, 즉 징계를 하나님이 주신 것으로 받아들이고 그것을 인내하며, 하늘이 그들 안에서 필요한 모든 일을 하도록 허용한 자들뿐이다. 하나님이 징계로서 손수 사용하시는 시련들은 원래 유익한 것이기에 12:12의 **그러므로는 피곤**하고 **연약**한 신자들에게 그들의 주님을 섬기면서 자신을 **일으켜 세우고** 경주를 다시 시작하라고 호소한다. 자기 **발을 위하여 곧은길을** 만들 때 그들은 복음이 규정하는 대로 살아야 한다(12:13). 이는 영적으로 '다리를 저는 자'들이 상태가 더 악화되어 어그러지거나 그들의 메시아 신앙에 금이 가는 일이 없고 영적으로 고침을 받기 위해서이다.

C. 성화를 권면하다(12:14-17)

12:14-17. 도덕적 **의**를 맺으면(12:11) 거룩함을 추구하라고 호소하기가 수월해진다. 그러나 저자는 독자들에게 **모든 사람**의 도움으로 **화평함**을 **따르**라고 촉구하기 시작한다. 보이는 **화평**은 신자들 사이의 조화와 일치, 마음의 큰 평온, 12:3-13의 시련과 징계로 인한 걱정에서 벗어나는 것과는 거리가 멀었다. 그러나 수신자들은 특히 **거룩함**을 따라야 한다. 이 성장의 미덕은 꼭 필요하다. 그것이 **없이는 아무도** 하늘에서 그리고 영원토록 **주를 보지 못**할 것이기 때문이다.

집단적으로 화평함과 거룩함을 추구할 때 독자들은 세 가지 위험한 상황에 직면하지 '않도록' 해야 한다. 첫째, 그들은 회중 가운데 '한 사람'도 '하나님의 구원하시는 은혜에 이르지 못하는 일이 없도록' 해야 한다(12:15). 그리스도를 믿는다고 공언하는 것으로는 부족하다. 그들은 가능한 모든 수단을 써서 각자 그 은혜를 실제로 소유하도록 보장해야 한다. 둘째, 그들은 **쓴 뿌리**가 조금도 나지 않게 해야 한다. 이는 분개하는 태도가 아니다. 이 표현은 '너희 중에 독초와 쑥의 뿌리가 생겨나는 일이 없게 하라'는 신명기 29:18에 대한 암시에 가깝다. 여기서 **독초와 쑥의 뿌리**는 여호와를 버리고 거짓 신들을 섬기는 이스라엘 사람을 가리킨다. 그러므로 히브리서 12:15에서 그것은 그리스도를 버리는 배교자를 비유적으로 나타낸다. 그리스도의 몸에서 그런 개인은 문제를 일으키고 많은 이들을 더럽힐 수 있다. 그리고 셋째, 회중은 **한 그릇 음식을 위하여 장자의 명분을 판 에서**와 같은 사람이 그들 가운데 절대 없게 해야 한다(12:16). 그는 훨씬 질이 떨어지는 무언가, 말하자면 자기 믿음을 부인할 때 생겨날지도 모를 한갓 외적 예식 혹은 일시적 안전을 얻으려고 메시아가 물려주신 자신의 영적 장자의 명분을 박탈당하는 배교자를 예증한다. 믿음을 저버리면, 훗날 자신의 잃어버린 **축복**을 되찾고자 했으나 **버린 바가 되어 회개할 기회를 얻지 못**한 에서처럼 될 것이다(12:17).

- **다섯 번째 삽입 경고: 복음을 거부할 위험 (12:18-29)**

12:18-34. 에서의 전철을 밟지 말라고 독자들에게 간곡히 당부한 저자는 이제 다섯 번째 삽입 경고로 시선을 돌린다. 유대인 신자들을 향한 이 경고를 확실히 하고자 저자는 12:22-24의 새 언약신앙을 일곱 겹으로 묘사하는데, 이는 12:18-19에서 옛 언약신앙을 일곱 겹으로 그려내는 것과 대조된다. 비교해보면 시내산 언약의 영광스러운 본질은 훨씬 더 영광스러운 새 언약에 필적할 수 없는 것으로 드러난다. 탁월한 것을 퇴짜 놓고 그보다 못한 영광을 취하는 것은 에서처럼 물물교환을 하는 것과 같다. 두 언약의 비교는 **너희는…곳**

에 이른 것이 아니라(12:18-19)는 저자의 말로 시작된다. 이는 유대인 독자들 대부분이 한날 옛 언약에서 실제로 돌아섰고 배교 직전에 있지 않았음을 의미한다. 비교가 한창일 때 반대가 천명된다. **너희가 이른 곳은 시온산**(12:22)이라는 말은 그들이 약속된 메시아에 대한 새 언약신앙 안으로 편입되었음을 뜻한다.

두 신앙에 대한 일곱 겹의 묘사는 이러하다. (1) 둘 다 종종 예배드리는 장소인 산에 비유된다. 옛 언약은 '만질 수 있는 것'으로 표현된다(12:18). **이는 짐승이라도 그 산에 들어가면 돌로 침을 당하리라**라는 12:20 말씀에서처럼 시내산을 가리킨다. 옛 언약에 대한 묘사들은 시내산에서의 두렵지만 영광스러운 율법 수여에서 비롯된다(참고. 출 19:18-20; 20:18). 반면에 새 언약신앙은 **살아 계신 하나님의 도성인 하늘의 예루살렘**으로 더 밝혀지는 시온산(12:22)으로 불린다. (2) 옛 언약은 '타오르는 불'(12:18)에 비유되는데, 이는 시내산에 내려온 장엄한 쉐키나[Shechinah, 신의 어좌(御座)] 영광을 나타낸다(출 19:18). 이에 반해 새 언약의 둘째 묘사는 그들의 천상의 모임에 독자들이 참여하는 것을 크게 기뻐하는(HCSB는 '축하 모임을 여는'이라는 뉘앙스를 나타내는데 이는 타당하다) '허다한 천사들'이다. (3) 옛 언약은 **침침함**(12:18)이라 불리는데, 이는 옛 언약을 주려고 시내산에 내려온 영광스럽지만 두려운 연기를 생각나게 한다(출 19:18).

새 언약신앙은 **하늘에** 시민으로 **기록된**(12:23), 선택된 사람들의 **모임**이라 불린다. (4) 옛 언약신앙은 **흑암**(12:18)과 관련 있는데, 이는 시내산 언약이 주어졌을 때 이스라엘을 뒤덮은 두려움의 이미지이다(출 20:18). 새 언약신앙의 효과는 이와 정반대로, 지금 우리의 성부이시며 **만민의 심판자이신 하나님**(12:23)과 관계를 맺게 해준다. (5) 첫 언약은 '회오리바람'(즉, **폭풍**, 12:18)으로 기술되는데, 이는 하나님이 본래 영광스럽지만 두려움을 일으키시는 분이라는 구약의 묘사이다(출 19:18-20; 20:18; 사 29:6; 30:30; 겔 13:10-16; 38:22). 이와 대항시키는 것은 새 언약이 죄인들을 **온전하게 된 의인의 영들**에게(12:23) 이끄는 일이다. 즉, 세상을 떠난 구약과 신약의 신자들을 이제 하나님과의 이상적 관계 안에서 하나가 되게 하는 일이다. (6) 옛 언약은 멀리서 하나님이 다가오심을 알리는 **나팔 소리**(12:19; 출 20:18)에 비유된다. 이에 반해 새 언약의 메시아 신앙은, 죄인들 곁으로 바싹 다가가 인간이 되셨고 그들의 죄를 속하려고 자신을 기꺼이 제물로 드리신 **예수**님과 연관이 있다(12:24). 마지막으로 (7) 신명기 4:10-12에 따르면, 모세와 이스라엘 백성은 무서운 큰 나팔 소리를 들었고(출 19:19), 하나님의 쩌렁쩌렁한 음성을 들었다(신 4:10-12, 여기서는 히 12:19의 **말하는 소리**로 불린다). 저자는 점층법을 사용한다. 만일 하나님이 유대 백성과 대화를 나누셨을 때 극심한 공포가 시내산을 덮었다면, 땅의 사건들에 의해서만 반영되는 (22-24절에 보이는) 하늘의 현실로부터 **말씀하신 이**(25절)를 거부할 경우 그 결과가 얼마나 끔찍할지는 상상하고도 남을 것이다. 하지만 이 새 언약신앙을 묘사하는 용어들은 영성, 영광, 확신, 접근, 특권 그리고 영원이다. 독자들이 후자(새 언약신앙)를 버리고 전자(옛 언약신앙)를 취한다면, 그들 역시 더 큰 것을 빼앗기고 더 작은 것을 갖게 될 것이다. 이들 유대인 신자는 더 크고 더 영광스러운 새 언약을 세우신 약속된 메시아에 대한 신앙을 어떻게든 유지해야 했다. 한때 영광을 자랑했던 시내산 언약은 메시아 신앙의 더 큰 영광 앞에서 빛이 바랬다.

12:25-29. 이 부분은 마지막 경고 본문에 대한 서신의 결론을 포함한다. 저자는 '말씀하신 그분', 메시아의 진리를 더 잘 드러내시고 메시아의 더 좋은 축복을 주시는 그분을 거역하지 말라고 독자들에게 엄히 이른다(12:25). 이스라엘은 시내산에서 그들에게 경고한 그(모세)를 거역했을 때 처벌을 피하지 못했다. 하물며 우리가 하늘로부터 경고하시는 이를 배반한다면 신의 처벌을 피하는 게 가당키나 할까. **하물며**(12:25)라는 단어는 시내산에서처럼 **또 한 번 땅만 아니라 하늘도** 진동하는 신의 음성에 대한 예언으로 타당성이 입증된다(12:26). 미래에 일어날 이 진동은, 일시적인 것이 '없어져' 영원한 것이 '남게 될'(12:27) 최후 심판으로 설명된다. 신자들이 영원한 나라의 시민권을 수속 중임을 고려할 때 그들은 **은혜**를 받아, 이것으로 **하나님을 기쁘시게 섬길** 수 있어야 한다. 그러한 섬김은 **경건함**[즉, '하나님을 온전히 숭배하고 두려워하는 일에 조심하는 것']과 **두려움**['신에 대한 깊은 존경심', 12:28]으로 해야 한다. 그처럼 숭배하는 태도는 큰 칭찬을 받아

마땅하다. **우리 하나님은 소멸하는 불**(12:29), 곧 그 분을 거역하는 불경한 자들을 벌하고 소멸하실 분이기 때문이다.

D. 섬김을 권면하다(13:1-21)

12장을 닫으면서 저자는 독자들에게 "하나님을 기쁘시게" 섬겨야 할 의무를 상기시켰다(12:28). 그렇다면 문제는 이것이다. 기쁘시게 섬기는 것의 요소는 무엇인가? 이 부분은 인정받는 사역을 위한 구체적 지침을 내림으로써 그 질문에 답한다.

13:1-6. 섬김의 첫째 측면은 사랑의 의무와 관련된다. 앞의 6:10에서 저자는 자기 독자들이 동료 신자들을 '계속 섬기고 있음'에 감사를 표했다. 13:1에서 그는 그들에게 **형제 사랑하기를 계속하**라고 촉구한다. 서로에게 경건한 사랑을 나타내는 착한 일을 하고 있는 그들은 이 일을 중단해서는 안 된다. 13:2에서 저자는 손님에 대한 사랑으로 화제를 돌린다. 여기서 서신의 수신자들 또한 손님을 사랑하지 않고 있다. 그들은 **손님 대접하기를**, 즉 손님 사랑하기를 잊어서는 안 된다. 신자는 믿음의 공동체 안팎에 있는 사람들을 두루 사랑해야 한다. 즉, 자기가 아는 사람은 물론이려니와 모르는 사람에게도 관심을 보여야 한다. 이렇게 하는 이유는 **부지중에 천사들을** 손님으로 **대접한 이들이 있**기 때문이다. 이에 대한 구체적인 사례는 창세기 19장에 나온다. 여기서 롯은 천사로 가장한 두 나그네에게 환대를 베푸는데 그들이 나중에 그의 목숨을 구해주었다. 요점은 환대를 받는 사람보다 환대를 하는 사람이 종종 더 큰 복을 받는다는 사실이다. 13:3에서 저자는 고난당하는 사랑에 초점을 맞춘다. 독자들은 **갇힌 자와 학대받는 자를 생각하라**는 말을 듣는다. 그들은 자신들을 불행한 처지에 놓인 피해자처럼 생각하여 동정어린 사역을 해야 한다. 13:4에서 저자는 결혼 이후의 사랑을 다룬다. **모든 사람은 결혼을 귀히 여겨**야 한다. 이 관계를 귀히 여길 수 있는 한 방법은 혼전 및 혼외 관계를 자제하여 남편과 아내 사이의 성적 약속을 더럽히지 않는 것이다. 성적으로 부도덕한 자들을 **하나님이 심판하**실 것이기 때문이다. 13:5에서 저자는 돈을 사랑하는 것에 대해 말한다. 신자는 '돈을 사랑하지 않는 삶'을 살아야 하고, 하나님이 그에게 주신 물질을 **족한 줄로** 알아야 한다. 그런 기준은 타당하다고 인정된다. 하나님이 자기 백성을 **결코 버리지 아니하고 떠나지 아니하**겠다고, 즉 그들이 재정적으로 휘청거리지 않게 하겠다고 친히 약속하셨기 때문이다. 이 부분은 구주에 대한 사랑이 담긴 6절로 끝난다. 하나님이 우리를 버리시지 않겠다는 약속에 힘입어 신자들은 저마다 이렇게 말할 수 있다. **주는 나를 돕는 이시니 사람이 내게 어찌하리요**. 하나님은 신실하시며 우리를 도우시는 동반자가 되신다. 우리의 사랑도 이와 같아야 한다.

13:7-17. 기쁘게 섬기는 것의 둘째 측면은 회중의 특정한 의무들과 관련된다. 독자들은 그들을 인도해주던 자들을 **생각하**고 또한 **그들의 믿음을 본받**아야 한다(13:7). 이는 사리에 맞는다. 그들을 인도하던 자들이 믿는 대상이 독자들이 믿는 대상인 **예수 그리스도**였기 때문이었다. 독자들을 인도하던 자들이 예수 그리스도를 믿었던 **어제**나, 독자들이 그분에게 속내를 털어놓아야 하는 **오늘**이나, 그분은 **동일하시다**(13:8). 예수님은 독자들을 인도하던 자들을 위해 하신 일을 독자들을 위해서도 하실 것이다. 신앙 공동체의 둘째 의무는 음식과 관련된 어떤 규제들을 옹호하는 것과 같은 **다른 교훈에 끌리지** 않는 것이다(13:9). **~로써**는 이러한 책임, 곧 신자들의 도덕적 삶은 '음식이 아닌 은혜로 굳게 해야 한다'는 주장이 타당함을 보여준다. 이 더없이 중요한 신의 은혜는 우리의 **제단**(13:10), 즉 예수님의 제사에서 얻는다. 예수님을 믿지 않는 저 유대인 제사장들은 이 제사에 참여할 권한이 없다. 그 이유는 다음 비유로 설명된다. 제사장들은 성전에서 **짐승의 육체**를 제물로 드린 후 그 **육체**를 예루살렘 성 밖에 버렸다(13:11). 마찬가지로 그들은 또한 예수님을 거부했다. 그래서 그분은 **성문 밖에서 고난을 받으셨다**(13:12). 요점은 메시아 예수를 거부하는 자들은 그분의 제사와이를 통해 주어지는 신의 은혜에 참여할 수 없다는 것이다. 예수께서 예루살렘 밖에서 십자가에 달리셨다는 사실은 셋째 의무, 곧 종교적으로 용납되는 **영문 밖으로** 그분에게 나아가는 것으로 이어진다. 독자들은 레위 지파의 제도를 버리고, 히브리어 성경의 제사 제도를 완성하신 그들의 메시아와 자신들을 온전하면서도 공개적으로 동일시하라는 권면을 받는다. 게다가 그들은 그런 동일시에 따르는 어떤 **치욕**도 기꺼이 감수해야 했다(13:13). 예수께서 받으신 것과 똑같

은 치욕을 받겠다고 결단한다면 피난민처럼 집을 떠나야 할지도 모른다. 그것이 고통스럽기는 하겠지만 감내할 수 있으리라. 우리가 여기에는 영구한 도성이나 살아갈 곳이 없어 장차 올 하늘의 도성을 지향하기 때문이다(13:14; 참고. 11:13-16). 넷째 의무는, 특히 박해와 수치를 당할 때 하나님께 **찬송의 제사**(13:15)를, **선을 행하고** 우리의 소유 중 일부를 궁핍한 자들에게 나누어 주는 제사를 드리는 일이다(13:16). 마지막 책임은 지금 그들을 **인도하는 자들**과 관련 있다. 독자들은 그들에게 **순종**['공동체를 이끄는 자들을 따를 때 진심으로 협조하는 것']**하고 복종**['책임 맡은 자들의 권위 앞에 무릎 꿇고 따르는 것', 13:17]해야 한다. 이를 통해 인도하는 자들은 '근심이 아닌 즐거움으로' 그들의 영적 삶을 보살필 수 있게 될 것이다. 근심으로 하면 독자들한테 손해이다. 회중 인도는 이만저만 힘든 것이 아니며, 공동체는 인도하는 자들과 함께 생산적이고 즐겁게 사역해야 할 책임이 있다. 그렇게 하지 못하면 다툼이 생기고 교회는 더디 진보하게 될 것이다. 인도하는 자들이 누가 보더라도 거짓 교사 또는 도덕적 악한이 아니라면 회중은 그들의 인도를 받아야 마땅하다.

13:18-21. 기쁘게 섬기는 것의 셋째 측면은 기도 의무와 관계있다. 경건하고 학구적인 저자는 분투하는 청중에게 '자기'를 위해 기도해달라고 겸손히 요청한다(13:18). 기도 제목은 섭리 가운데 **더 속히** 그들을 방문하는(그들에게 '돌아가는') 것이다(13:19). 저자를 위한 독자들의 기도는 13:20-21에서 독자들을 위한 저자의 기도로 바뀐다. 그는 독자들을 위해 기도하면서, **평강의 하나님이 모든 선한 일에** 그들을 **온전하게** 하셔서 그들이, 특히 끝까지 인내함으로써 그분의 **뜻을 행하게** 해달라고 탄원한다. 하나님은 **양들의 큰 목자**로서 그리고 새 언약을 세운 메시아의 죽음을 가리키는 **영원한 언약**으로 드리신 메시아의 피를 통해 그들에게 공급하실 것이다(렘 31:31-34; 마 26:28).

E. 마지막 인사(13:22-25)

저자는 자신의 짤막한 **권면의 말**을 마음에 새기라고 회중에게 권한다(13:22). 그들은 디모데가 얼마 전에 감옥에서 풀려났고 저자와 함께 그들을 방문하게 될지도 모른다는 이야기를 듣는다(13:23). 13:24에서 상호 인사를 교환하고, 서신은 하늘의 은혜가 독자 모두에게 내려지기를 기원하며 끝난다(13:25).

참고 문헌

Allen, David L. *Hebrews*. New American Commentary. Nashville: Broadman & Holman, 2010.

Bateman, Herbert W., ed. *Four Views on the Warning Passages in Hebrews*. Grand Rapids, MI: Kregel, 2007. See the fine introductory article by Herbert W. Bateman Ⅳ ("Introducing the Warning Passages in Hebrews: A Contextual Orientation"), and the articles and responses by Grant R. Osborne("A Classical Arminian View"), Buist M. Fanning("A Classical Reformed View"), Gareth Lee Cockerill("A Wesleyan Arminian View"), Randall C. Gleason("A Moderate Reformed View"), and George H. Guthrie("Conclusion").

Bruce, F. F. *The Epistle to the Hebrews*. New International Commentary on the New Testament. Grand Rapids, MI: Eerdmans, 1990.

Feinberg, John S. "Salvation in the Old Testament." In *Tradition and Testament: Essays in Honor of Charles Lee Feinberg*. Edited by John S. Feinberg and Paul D. Feinberg. Chicago: Moody, 1981, 39-77.

Guthrie, Donald. *Hebrews*. Tyndale Old Testament Commentaries. Downers Grove, IL: InterVarsity, 2009.

Guthrie, George H. *Hebrews*. NIV Application Commentary. Grand Rapids, MI: Zondervan, 1998. 《히브리서》, NIV 적용주석(솔로몬).

Hill, Craig A. "The Use of Perfection Language in Hebrews 5:14 and 6:1 and the Contextual Interpretation of 5:11-6:3." Unpublished paper.

Hughes, Philip Edgcumbe. *A Commentary on the Epistle to the Hebrews*. Grand Rapids, MI: Eerdmans, 1987. 《히브리서 상하》, 반즈 성경주석(크리스찬서적).

Kent, Homer A. Jr. *The Epistle to the Hebrews: A Commentary*. Grand Rapids, MI: Baker, 1972.

MacArthur, John, Jr. *Hebrews: An Expository Commentary*. MacArthur New Testament Commentary. Chicago: Moody, 1983.

Newell, William R. *Hebrews: Verse-by-Verse: A Classic*

Evangelical Commentary. Grand Rapids, MI: Kregel, 2005.

O'Brien, P. T. *The Letter to the Hebrews*. Pillar. Grand Rapids, MI: Eerdmans, 2010.

야고보서

존 하트(John F. Hart)

서 론

이 짤막한 서신은 '믿음으로 의롭게 된다'는 바울의 가르침과의 갈등설로 유명세를 탔다. 그 주제가 부와 세속이라는 것을 고려할 때 야고보서는 신약성경 중 21세기 교회, 특히 서구 교회와 가장 밀접하게 연관 있는 책이 아닐까 싶다.

저자. 저자는 자신에 대해 말할 때 "하나님과 주 예수 그리스도의 종 야고보"[글자 그대로 '야곱'(Jacob), 이아코보스(*Iakobos*). 'James'는 이 이름을 영어식으로 표기한 것이다]라고만 밝힌다. 이름이 널리 알려진 딱 두 사람만이 서신을 쓰는 데 필요한 권한을 행사했다. (1) 이 책이 주후 44년, 그가 죽기 전에 쓰였을 것으로 전제하면 저자를 세베대의 아들이자 사도 요한의 형제인 사도 야고보(마 4:21; 10:2; 행 1:13a)로 볼 수 있다. (2) 책의 저자를 흔히 주님의 형제인 야고보(막 6:3)로 보는데, 이는 그가 예루살렘 교회 지도자로서 명성을 얻었기 때문이다(행 12:17; 15:13; 21:18). 유세비우스와 오리겐 같은 초대교회 지도자들은 대체로 이 견해를 지지한다.

야고보는 마리아와 요셉 사이에 태어난 다른 아들 네 명 중 맏이로 보인다(마 13:55; 막 6:3). 그는 예수님이 부활하시기 전까지는 예수님을 그리스도로 믿지 않았다(행 1:14). 어떤 이들은 부활 후 주님이 특별히 모습을 보이신 사람이 야고보라고 생각한다(고전 15:7).

연대. 주님의 형제가 책을 썼다면 그 시기는 틀림없이 그가 세상을 떠나기 전인 주후 62년이었을 것이다 (Josephus, *Ant*. XX.9.1에서 계산한 연대). 이른 시기는 사도행전(15장)이나 서신들(예를 들어 갈라디아서)에 나타나는 유대인/이방인 논쟁에 대한 언급이 전혀 없다는 점으로 뒷받침된다. 예루살렘 공의회(주후 49년) 이전에 쓰였다면 저작 시기는 대다수 복음주의자들이 동의하는 주후 45-48년으로 앞당길 수 있다. 1:1의 흩어짐이 대략 주후 34년으로 추산되는, 사도행전 8:1의 유대인 신자들이 흩어진 것을 가리킨다면 책을 쓴 시기는 주후 35-36년으로 더 앞당길 수 있다. 야고보서는 아마도 신약에서 최초로 쓰인 책일 것이다.

이름이 덜 알려진 몇몇 다른 서신들(베드로후서와 요한이삼서, 유다서)과 마찬가지로 야고보서는 4세기 말까지 성경으로 널리 받아들여지지 않았다. 그 이유는 초대교회의 우선 관심사가 복음서와 바울서신이었기 때문이다. 사도 야고보가 원저자라는 인식이 없었기에 이 서신은 처음에 널리 인정받지 못했다.

수신자. 독자들이 지중해 지역에 거주했음을 잘 보여주는 세부 내용들이 많다(3:12; 5:7). 시리아의 안디옥(참고. 갈 2:12)과 이스라엘 땅도 거론되어왔다. 이 유대인 신자들은 박해로 말미암아 자신들의 터전에서 쫓겨났다(1:1). 독자들 중 더러는 자신의 믿음으로 인해 학대받고 있었다(2:7; 5:1-4). 그들은 재정적 어려움을 겪게 되면서 부를 우선시하고(4:13), 부자들을 부러워하며(2:2), 세상과 벗이 되고 싶은 유혹에 빠졌다(4:4).

저자는 그리스도를 믿는 유대인이라는 자기 독자들의 독특한 정체성을 잘 알고 있어 그들의 삶의 정황을 이해할 수 있었다(1:1의 주석을 보라). 독자들은 스스로 지혜를 가졌다고 생각했지만 실상은 그와 달랐다. 하나님은 후히 주시는 분이기에 지혜가 부족한 사람은 기도를 통해 그것을 받을 수 있을 것이다(1:5). 하지만 독자들은 기도와 담을 쌓고 있었다(4:2). 그들은 하나님을 인색하시고(1:16-17) 긍휼을 베푸시지 않는 분으로 생각했다(5:11). 그 결과 독자들은 자신들이 마음속에 그린 하나님처럼 긍휼이 없는 사람이 되었다(2:6, 15-16). 돈에 쪼들리자 그들은 하나님이 자신들을 시험하고 있다는 착각에 빠졌다(1:13, 16). 그들이 자신들의 시련에 잘못 대응하면서 나타난 결과는 분열하고 심판하는 영(4:1, 11; 5:9), 교만(4:6, 16) 그리고 위선(1:26; 3:17)이었다.

야고보는 성숙하고[헬라어로 텔레이오스(*teleios*)] 온전해지려면 시련에 직면하여 굴하지 않는 것이 매우 중요함을 보여줌으로써 이 잘못을 바로잡았다(1:4). 아브라함이 자신의 믿음에 행함을 더하니 그의 믿음이 온전해졌다[즉, 성숙해졌다. 헬라어로 텔레이우(*teleioo*), 2:22]. 자기 혀를 다스리는 사람은 누구든 온전하거나 성숙한(*teleios*, 3:2) 사람이다. 장차 다가올 세상을 다스릴 그리스도인들은 "믿음에 부요"한(2:5) 자들이 될 것이다.

저자는 독자들의 신앙이 진실함을 단 한 번도 의심하지 않았다. 저자는 독자들을 '형제들', '사랑하는 형제들' 혹은 '내 사랑하는 형제들'로 일컬었는데, 이 호칭은 모두 19회 나온다. 성숙함과 '부요한 믿음'이라는 지배적인 주제는 독자들의 믿음을 미숙한(그러나 참된) 신앙으로 규정하는 데 도움이 된다(2:17의 주석을 보라). 독자들은 믿음과 행함이 일치하는 성숙한 그리스도인이 되어야 했다.

주제. 핵심 주제로는 시련과 유혹, 고난에 대한 신자의 반응(영적 성장을 위해 믿음에 행함을 더할 필요성, 혀를 다스리는 것의 가치, 부와 현세적 소유), 가난한 자들에 대한 성경의 관점(기도에서 믿음의 중요성) 그리고 지혜에 대한 성경의 이해를 들 수 있다. 야고보서는 시련과 기도라는 주제를 중심으로 구성되어 있는데, 이 주제는 문학적 '받침대'처럼 책의 시작과 끝을 장식한다(1:2-12; 5:10-17). 종말론(예언) 또한 야고보서의 주제를 이룬다(1:12; 2:5; 5:1-3, 7-9). 간단히 말해, 시련을 기쁘게 인내하면 신앙이 성숙해지고 결과적으로 예수님이 재림하실 때 상을 받게 된다는 것이 야고보서의 교훈이다.

이 서신을 관통하는 어조는 명령법이다. 서신은 예수님의 가르침을 자주 암시한다. 야고보서와 산상수훈 사이에는 유사점이 많다(아래 표 참조). 아브라함과 욥, 엘리야 같은, 유대인에게 친숙한 영웅들을 인용한다.

야고보서와 산상수훈의 유사점

야고보서	마태복음
1:2	5:11-12
1:4	5:48
1:5	7:7
1:17	7:11
1:20	5:22
1:22	7:24
1:23	7:26
2:5	5:3, 5
2:10	5:19
2:11	5:21-22
2:13	5:7
2:15	6:25
3:12	7:16
3:18	5:9
4:2	7:7
4:3	7:7-8
4:4	6:24
4:8	6:22
4:11-12	7:1
4:13-14	6:34
5:2	6:19-20
5:9	5:22; 7:1
5:10	5:11-12
5:12	5:34-37

개 요

I. 인사(1:1)
II. 프롤로그: 믿음의 시련(1:2-18)
  A. 시련에 대한 온전한 대비(1:2-8)
  B. 시련을 바라보는 적절한 관점(1:9-11)
  C. 시련 뒤에 계시는 관대하신 하나님(1:12-18)
III. 금언: 순종은 빨리 하고, 말하기는 더디 하며, 성내기도 더디 하라(1:19-20)
IV. 본론: 시험받을 때의 경건한 반응(1:21-5:6)
  A. 시험받을 때 빨리 순종하기(1:21-2:26)
    1. 참된 순종의 본질(1:21-27)
    2. 차별 대우의 죄(2:1-13)
    3. 착한 행실의 가치(2:14-26)
  B. 시험받을 때 더디 말하기(3:1-18)
    1. 혀의 힘(3:1-12)
    2. 참된 지혜의 본질(3:13-18)
  C. 시험받을 때 더디 성내기(4:1-5:6)
    1. 세속을 따름: 성냄의 근원(4:1-6)
    2. 겸손: 세속을 따름에 대한 해결책(4:7-10)
    3. 비방: 성냄의 부산물(4:11-12)
    4. 자만심: 세속을 따름에 수반되는 것(4:13-17)
    5. 심판: 세속을 따름에 수반되는 결과(5:1-6)
V. 에필로그: 시험에 관한 마지막 적용(5:7-18)
    1. 고난당할 때 인내를 촉구하다(5:7-11)
    2. 고난당할 때 절망에 대한 해결책(5:12-18)
VI. 결론: 불순종하는 자들을 회복시키다(5:19-20)

주 석

I. 인사(1:1)

1:1. **야고보**[서론의 '저자'를 보라]는 하나님의 **종**[둘로스(*doulos*), 노예]으로, '종'이라는 용어는 성부께 기꺼이 복종하신 그리스도를 지칭할 때 사용했다(빌 2:7). 그는 **흩어져 있는** 유대인 그리스도인들(**열두 지파**, 눅 22:30을 보라)에게 편지를 썼는데, **흩어져 있**는은 사도행전 8:1의 흩어짐을 가리키는 듯하다. **문안**[*chairo*, 카이로]은 '크게 기뻐한다'는 뜻이다.

II. 프롤로그: 믿음의 시련(1:2-18)

A. 시련에 대한 온전한 대비(1:2-8)

1:2-3. 독자들은 자신들의 시험을 **온전히**['조금'이 아닌] **기쁘게 여겨**야 한다. 시험은 예측 불가능하고('당한다'는 '빠진다'는 뜻이다) 매번 같지 않다(**여러 가지**이다). **믿음의 시련**은 어떤 사람의 믿음의 수준을 드러내고 힘을 불어넣으려는 의도를 지닌다. **시련**은 누군가의 믿음에서 '승인된 부분'으로 옮길 수도 있다. 인내를 만들어내는 것은 단지 시련을 겪은 믿음이 아니

다. 성숙함을 만들어내는 것은 누군가의 믿음에서 승인된 혹은 참다운 부분이다.

1:4-8. 신자들은 하나님과 협력해 인내가 유익한 결과를 낳게 해야 한다. **온전하고**[텔레이오스(*teleios*), 2회]와 **구비하여라**는 단어는 성숙함이라는 주제를 선보인다(서론을 보라). 성숙할 때 신자들은 영적으로 **조금도 부족함이 없다**(참고. 고전 2:15; 히 5:14). 시험받을 때 신자들은 종종 **지혜**나 '삶의 기술'이 **부족하다**(5절). '지혜'는 원래 지식이 아니라 힘든 상황에서 나타나는 경건한 행동이다(참고. 3:15). 해결책은 **하나님께** 그것을 **구하는** 것이다. 독자들은 하나님을 인색하고 비난하는 분으로 생각했을지 모르나 그분은 **모든 사람에게 후히 주시고 꾸짖지 아니하**신다. 시험에 대처할 능력을 달라는 기도는 후하면서도 자발적인 응답을 받는다. **믿음으로** 구하고 **조금도 의심하지 말아야 한다**(6절). 신약에서 의심은 흔히 죄로, 믿음에 반하는 것으로 여기기 때문이다(참고. 마 14:21; 롬 14:23). **바람에 밀려 요동하는 바다 물결**이라는 이미지는 미숙한 자들의 불안정을 묘사한다. 의심하는 **사람**은 지혜로운 **무엇이든지 주께 얻기를 생각하지 말아야** 한다(7절). 그는 **두 마음**을 품었기 때문이다(참고. 4:8). 의심하는 자는 그리스도이냐 세상이냐를 놓고 저울질하는 까닭에(1:27; 4:4) **모든 일에 정함이 없**게 된다.

B. 시련을 바라보는 적절한 관점(1:9-11)

1:9-11. 기쁨은 신자들이 자신들의 상황을 어떻게 '여기느냐'에 달려 있다. 그리스도를 따르는 가난한 자(**낮은 형제**)는 하나님이 시험을 통해 애정 어린 손길로 그의 성품을 더 좋게 빚으시는 것이므로 자신의 시험을 **자랑**하거나 뽐내야 한다. 이것이 **높음**이다. **부한 자는 자기의 낮아짐**(10절), 즉 자신이 언젠가 죽을 운명임을 자랑해야 한다. 부한 자는 아름다우나 잠시 후 떨어질 **풀의 꽃**과 다르지 않다. 아마 야고보는 부한 자의 육체적 죽음을 염두에 둔 모양인데, 그 죽음은 그가 **행하는 일에** 갑자기 찾아올지 모른다. 그렇게 되면 부는 아무 보탬이 안 된다.

C. 시련 뒤에 계시는 관대하신 하나님(1:12-18)

1:12. **복이 있다는** 것은 (특히 시험을 통해 성품을 더 좋게 빚으시는 것을 언급한다, 1:4) 이 세상과 내세 둘 다에서 '하나님께 후한 상을 받는 것'을 의미한다(마 5:11-12). **시험을 참고** 하나님 앞에서의 최후 평가에서 마침내 **시련을 견디어낸** 신자는 생명의 면류관을 받는다. **생명의 관**은 충성하는 그리스도인들(참고. 계 2:10), 즉 그분을 사랑하는 자들(참고. 2:5)이 장차 받게 될 상이다. 풍성하고 격이 높아진 이 영생의 상은 죽음이나 환란을 견디어낸 자들에게 수여된다. "천국은 전적으로 은혜의 선물이다. 반면에 그것은 지복(至福)의 정도가 우리가 그리스도라는 토대 위에 성품과 섬김이라는 구조물을 얼마나 충실하게 세웠는지에 따라 좌우됨을 인정한다"[Michael Green, *The Second Epistle of Peter and the Epistle of Jude*, TNTC(Grand Rapids, MI: Eerdmans, 1968), 76].

1:13. **~다 하지 말지니라**는 어구는 '혀'라는 주제를 절묘하게 소개한다(3:1-12을 보라). **하나님은 악에게 시험을 받지도 아니하시고**는 '하나님은 악인에게 시험을 받으시면 안 된다'로 옮길 수 있다. 유대 그리스도인들은 이스라엘이 하나님을 시험하다가 어떤 심판을 받았는지를 상기했다(민 14:22; 시 78:18).

1:14-15. 사탄은 모든 신자를 유혹한다. 하지만 각 **사람이** 결국 **시험을 받는 것은 자기 욕심에 끌려 미혹될 때이다**. 유혹은 그것이 잉태한즉 낳지 않는 한 죄가 아니다. **죄가 장성**한다는 것은 '다 자랐다'(full-grown, NIV, ESV)는 뜻이다. 불신자가 어떤 죄를 짓든지 그것은 영원한 죽음(지옥)을 가져온다. 그러나 '다 자란' 죄는 육체적으로 이른 죽음을 가져온다(잠 10:27; 엡 6:2-3).

1:16-17. 유혹은 하나님에게서 오지 않지만 **온갖 온전한 선물**은 그분에게서 온다. 하나님은 태양과 같은 **빛들의 아버지** 혹은 창조자이시다(창 1:14-16; 시 136:7). 별들은 **변함**이나 **회전하는 그림자**가 있을지 모르나 하나님은 없으시다(히 13:8). 그분은 어떤 사람이든 죄를 지으라고 '절대' 간청하시지 않는다.

1:18. 온갖 선물 중 가장 온전한 것(17절; 롬 6:23)은 새로운 탄생이다(**그가 우리를 낳으셨느니라**). 그것은 **자기의 뜻을 따라** 주권적으로 시작된다. **첫 열매**인 그리스도인들은 피조물의 구속을 고대하는 첫 수확이다(롬 8:20-21).

Ⅲ. 금언: 순종은 빨리 하고, 말하기는 더디 하며, 성

내기도 더디 하라(1:19-20)

1:19-20. 이 금언은 시험받을 때 갖춰야 할 필요한 성품의 세 자질을 열거하고 서신의 본문을 요약한다(서론을 보라). **듣기는 속히**(1:22-2:26을 보라)는 하나님께 순종하기를 게을리하는 것에 대응한다. **말하기는 더디**(3:1-18을 보라)는 혀가 짓는 죄를 바로잡는다. **성내기도 더디**(4:1-5:12을 보라)는 시험당할 때의 감정 폭발을 피한다. 사람의 성냄은 습관적인 죄(마 5:22)로, 자신 혹은 다른 사람에게서 하나님의 **의를 이루지 못**한다(참고. 3:18; 5:6, 16).

Ⅳ. 본론: 시험받을 때의 경건한 반응(1:21-5:6)

A. 시험받을 때 빨리 순종하기(1:21-2:26)

1. 참된 순종의 본질(1:21-27)

1:21. 21절은 서신의 본론을 시작한다. 거룩함(의, 20절)은 **모든 더러운 것과 넘치는 악을 내버림**으로써 함양된다. 성화의 목표는 **너희 영혼을 구원**하는(참고. 5:20) 것인데, '너희 생명(생명들)을 구원하는'이 더 나은 번역이다. 구약(70인역)에서 이 구절은 육체적 죽음에서의 구원을 뜻한다(예를 들어 창 19:17; 삼상 19:11). 예수님도 이러한 의미로 사용하셨지만(막 3:4; 눅 6:9), 다음과 같이 영적 의미를 덧붙이셨다. 그리스도께 복종함으로써 신자는 세속을 따름에서 자기 생명을 구하고(롬 6:15-23에 대한 주석을 보라), 그리스도인의 풍성한 삶을 맛볼 수 있게 되고, 영원한 상을 위해 그것을 지킨다(마 16:24-27; 막 8:34-38). 야고보는 두 개념을 사용한다. 즉, 성화는 때 이른 육체적 죽음에서 신자들의 생명을 구하고(10-11, 14-15절) 미래에 상을 준다(12절; 2:12-13).

1:22-25. '말씀을 받는다'(21절)는 것은 **말씀을 행하는 자**가 됨으로써 이제 명확해진다. 성경의 진리를 '듣기만 하는 신자'들은 자기기만에 빠진다(참고. 7절; 갈 6:3; 요일 1:8). 진리에 따라 행동하지 않는 신자는 **거울로 자기의 생긴 얼굴을 보는 사람**(23절)과 같다. 야고보는 이제 막 우리의 영적 탄생을 언급했으므로(23절) **자유롭게 하는 율법**(25절) 안에 있는 우리의 새로운 자아를 넌지시 말할 것이다. 그리하여 말 그대로 '우리가 태어날 때의 얼굴'인 **생긴 얼굴**은 신자의 영적 탄생과 부합한다. 그리스도인은 새로운 탄생(18절)으로 변형되는, 자신의 새로운 자아를 하나님의 말씀이라는 거울에서 본다(고후 3:18, NASB). 그러나 거울에서 '떠난'(24절) 신자는 슬프게도 그리스도 안에 있는 **그 모습이 어떠했는지를 잊어**버린다(24절; 참고. 벧후 1:9). **자유롭게 하는 율법**(25절)은 하나님이 죄로부터 신자들을 자유하게 하는 수단인 '법' 혹은 '원리'(갈 2:4; 5:1, 13; 벧전 2:16), 즉 그들 안에서 새로운 자아를 창조하는 복음이다(고후 5:17; 엡 4:24; 골 3:10). '복을 받는 것'에 대해서는 12절을 보라.

1:26-27. 사람의 혀를 제어하거나 실제적 필요를 채우지 않는 경건한 헌신은 **헛것**이거나 공허하다. **고아와 과부를 돌보**는 것(27절; 참고. 신 10:18; 시 146:9)은 그들을 '보살피는'(look after) 것을 뜻한다(NIV). 불행한 자들을 부양하는 것은 **자기를 지켜** 세속에 물들지 말라는 명령과 연관된다. 우리 마음은 우리 보물을 따라간다(마 6:21). 그렇기에 지갑을 열어 다른 이들을 도우면 돈이 최고라는 잘못된 물질관에서 마음을 지킬 수 있다.

2. 차별 대우의 죄(2:1-13)

2:1-4. 1:19의 금언에는 "**듣기는 속히**" 하라는 명령이 포함된다. 이 구절에서 하나님의 말씀 "듣기는 속히" 한다는 것은 다른 무엇보다도 부자들에 대한 편애를 거부한다는 뜻이다. 야고보는 사회적 약자에게 친절을 베푸는 것이 참된 종교라고 지적했다(1:27). 그리고 그의 지적은 부자들과의 영합을 거부하는 것과 관계있다(2:1-13). 독자들의 억압적인 상황을 고려할 때 그들은 그런 차별 대우에 특히 민감할 것이다(참고. 1:1-12). 말하자면 그들은 부자들의 재정 지원을 기대하기 때문에 그들을 편애하고자 하는 유혹에 빠질지 모른다. 차별은 지워야 할 세속의 얼룩 중 하나이다(1:27). 그리스도가 아닌 다른 어떤 사람을 **편애**하거나 공경하는 것은 전적으로 그분(**우리 영광의 주**)께 속하는 영광을 우습게 아는 처사이다. 야고보는 차별 대우의 실례로 독자의 **회당** 혹은 교회 모임에 들어와 '시선을 한 몸에 받는' 어떤 부자를 든다(2-4절; 참고. 고전 14:23-25). 돈이나 명망 혹은 재정적 안정에 대한 욕구 자체가 그것들에 내재된 **악한 생각**, 곧 어려운 때임 감안하더라도 이해는 되지만 받아들일 수 없는 충동을 부추겼을지 모른다.

약

2:5. 부자들은 자기들의 돈에 의지하지만(마 19:23), **세상에서 가난한 자**들은 **믿음에 부요하게** 된다. **나라를 상속으로** 받는 것은 마지막 때 천국에 들어가 천국을 만끽하는 것과 동의어일지 모른다. 어떤 이들은 이 어구를 충실한 신자들이 앞으로 다가올 세상에서 높은 자리에 오를 것임을 뜻하는 것으로 해석한다(눅 12:43-44; 행 20:32; 골 3:24; 계 2:26). **자기를 사랑하는 자**들에 대해서는 1:12을 보라.

2:6-7. 야고보는 다음과 같은 정황에서 독자들이 어떻게 **가난한 자를 업신여**길 수 있었는지 묻는다. (1) 하나님은 친히 가난한 자들을 귀히 여기신다(2:5). (2) 부자들은 거짓 고발로 신자들을 억압하며 **법정으로 끌고** 간다. 그리고 (3) 부자들은 그리스도인들이 아주 소중히 여기는 예수님의 **아름다운 이름**을 욕되게 한다(2:1; 2:7).

2:8-9. 예수님은 **네 이웃 사랑하기**(레 19:18, 34)를 최우선 명령으로 삼으셨다(마 22:39; 막 12:31). 이 명령은 그것이 지닌 탁월함과 더불어 왕이신 주 예수께서 재가하셨기에 '최령'이다. 자기 이웃을 사랑하라는 구약의 명령(8절; 레 19:18)은 특히 가난한 자들에 대한(레 19:15) **차별**(9절)을 금했다.

2:10-13. 모세율법은 나눌 수 없는 한 덩어리이다. 율법 한 가지를 어기면 **온 율법**을 어기는 것과 같은 처벌을 받는다. 그러나 율법이 한 덩어리이기는 하지만 그 안의 모든 계명이 동등하다는 뜻은 아님에 주목하라. 예수님은 가장 큰 계명들(마 22:36-40)과 율법의 '더 중한 바'(마 23:23) 둘 다를 언급하셨다. **범한**[guilty]이라는 단어는 여기서 죄책감이 아닌 하나님의 사법적 기소를 나타낸다. '한 분'(참고. 약 2:19) 하나님이 **간음**과 **살인** 둘 다에 대해 반대 의견을 말씀하셨다(11절). 둘 중 어느 하나를 범하면 **율법을 범한 자**가 된다. 차별 대우의 죄는 간음과 살인의 죄로 승격된다. 그리스도인들은 자신들이 사함 받았음을 기억하면서 **말도 하고 행하기도** 해야 한다(12절). **자유의 율법**에 대해서는 1:25의 주석을 보라. **긍휼을 행하지 아니하는** 그리스도인들의 평가나 **심판**(13절)은 엄격할 것이다(참고. 3:1). 긍휼로 다른 사람을 대하면 이 긍휼이 엄중한 평가를 '이긴다'(누르고 이긴다, 참고. 마 5:7, 12). 13절은 야고보와 모든 그리스도인 교사들이 심판을 받는 3:1과 함께 수미 쌍관을 형성하기 때문에 이 심판은 신자들에게 국한된다. 장차 이루어질 그리스도인들에 대한 하나님의 평가에 대해서는 로마서 14:10-12과 고린도전서 3:10-17을 보라.

3. 착한 행실의 가치(2:14-26)

2:14. 야고보에게 **듣기는 속히**(1:19) 하는 것은, 다른 사람들을 유익하게 하는 착한 일을 하라는 하나님의 명령에 신속히 따르는 것을 의미했다. 그러나 야고보서 독자들은 오직 믿음으로 자신들이 하나님 앞에서 의롭다 하심을 받는다고 스스럼없이 주장하면서 착한 행실을 등한시했다. 야고보는 하나님 앞에서 의롭게 되는 것이 믿음으로만 가능하다는 것에 동의했다. 그러나 신자들이 좀 더 성숙해지려면 그들의 믿음에 행함을 더해야 한다. 그러면 그들은 다른 사람들이 보기에 자신들의 행실로 의롭게 될(옳다고 불릴) 것이다(참고. 마 5:16). 쓸모 있는 일은 하지 않으면서 자신에게 **믿음이 있노라** 하는 사람은 자신의 믿음을 말하기가 쉽다고 생각한다. 성경 교사들이 이에 해당될지 모른다. **그**[그로 옮긴 영어 성경의 that은 헬라어에는 없다] **믿음이 능히 자기를 구원하겠느냐**는 헬라어로 부정 답변을 요하며('믿음은 자기를 구원할 수 없지요?'), 오직 믿음으로 의롭게 되는 것과 모순되는 듯 보인다(롬 3:27-28; 4:4-5; 갈 2:16; 엡 2:8-9). 그러나 야고보는 '구원하다'를 뜻하는 헬라어 동사 '소이조'(*soizo*)를 탄력적으로 사용한다. 이는 야고보가 '영원한 심판에서 구원받는'을 의미하지 않는 방식으로 그 단어를 사용하는 5:15에서 분명해진다. 문맥상 14절의 '구원하다'는 2:13과 3:1에서 언급된, 하나님의 엄중한 평가('심판')를 신자가 이기는 것과 동일하다(수미 쌍관, 1:21의 '구원하다'에 대한 주석을 보라). 그리하여 "믿음(만)이 능히 자기를 구원하겠느냐?"라는 구절은 자비를 베풀지 않는 신자가 자신에 대한 최후 평가에서 까다로운 심사 기준을 통과할 수 있을지 묻는다.

2:15-16. 한 그리스도인 **형제나 자매**가 '옷'이 없어 '헐벗고' **일용할 양식이 없어** 목숨이 위태로운 지경에 처한다면 어떻게 될까? 행운을 빈다는 말은 그들에게 아무짝에도 쓸모없는 사탕발림이다. 참된 믿음이 있노라 하면서 시험당할 때 그 믿음이 무기력하다면 이와 다를 바 없다. **무슨 유익이 있으리요**는 구원하는 믿음

이 행함과 연결될 때 현세에 큰 유익이 있음을 특히 암시한다.

2:17. 결론(**이와 같이**)은, **행함**이 없는 **믿음은 죽은** 믿음이라는 것이다. 이런 믿음은 그저 '믿음일 뿐' 활력이 없다. '죽은 믿음'은 연약하고 혼수상태에 빠진(미숙하지만 그럼에도 존재하는) 믿음이다(참고. "죄가 죽은 것", 롬 7:8, 또한 서론의 '수신자'를 보라). 그리스도에 대한 믿음이 참되다 할지라도 그 믿음이 행동으로 나타나지 않으면 시험을 당하는 현세에서 아무 실질적 유익이 되지 못함을 야고보는 강조하는 듯하다. '죽은 믿음' 또한 자기 생명을 '구하지' 못한다(1:21에 대한 주석을 보라).

2:18-19. **어떤 사람은 말하기를**이라는 구절은 가상의 반대자를 선보인다. 가상의 반대자를 소개하는 다른 두 신약 구절에서 영감을 얻은 저자는 자신에게 대적하는 자의 어리석음을 언급하는 것으로 응답한다(참고. 롬 9:19-20; 고전 15:35-36). 이로 인해 반대자가 야고보에게 하는 말이 19절까지 지속될 가능성이 있으며[참고. Richard Francis Weymouth, *The New Testament in Modern Speech*, ed. Ernest Hampden-Cook(Boston: Pilgrim Press, 1903)], 20절부터는 **아아 허탄한 사람아**로 시작되는 야고보의 반응이 이어진다. 18절에서 반대자가 이렇게 응수한다. **네 믿음을 내게 보이라 나는 행함으로 내 믿음을 네게 보이리라**. 믿음은 행함을 통해서 볼 수 없다고 반대자는 주장한다. 어떤 이가 먼저 교리를 말하고, 그다음에 그 믿음에서 도출되게 마련인 행함을 보여주려 할지 모른다. 다른 어떤 이는 반대로 할 수 있으리라. 그는 먼저 착한 행실을 말하고 이어서 그 행실 뒤에 틀림없이 있을 교리를 보여줄 수도 있을 것이다. 반대자는 둘 다 불가능하다고 생각한다. 야고보가 다음과 같이 교리로 시작한다고 상상해보자. "나는 하나님이 사랑의 하나님이라고 믿어(교리). 그래서 나는 희생적 사랑으로 다른 사람들을 대하지(선행)." 반대자는 이렇게 대꾸할 것이다. "하! 내가 아는 많은 사람들은 다른 이들을 희생적으로 사랑하지만 하나님은 조금도 믿지 않거든. 그러니까 행함은 믿음의 대상을 보여주지 않아!" 반대자는 야고보에게 이렇게 말한다. "야고보 선생, '당신은 하나님이 한 분이심을 믿는군요'(교리). 그리고 '선생은 잘하고 있습니다'(즉, 착한 일을 하고 있습니다). 하지만 '귀신들도 하나님이 한 분이심을 믿는답니다'(교리). 그런데 착한 일은 하지 않지요. 그자들은 심판이 두려워 그저 '떨'뿐이죠." 반대자의 주장은 이렇게 끝난다.

2:20. 이제 야고보가 나설 차례이다(18-19절은 반대자의 생각이다). 반대자의 말은 '어리석고' 지혜가 부족하다(1:5; 3:13-17). 그리스도인 교사들(3:1)은 기질상 종종 말을 잘 듣지 않는다. 마찬가지로, 야고보는 자기 반대자가 진리를 '알려는 마음이 있는지' 의심스럽다. 그 진리란, **행함이 없는 믿음**은 영생은 보장하지만 다른 이들의 실제적 필요를 채우고 현세에서 자신을 위한 축복을 맛보거나 영원한 상을 얻는 데는 **쓸모없다**는 것이다.

2:21-23. 아브라함이 처음에 하나님을 믿었고, 오직 믿음으로 하나님 앞에서 의롭다 하심을 받았다(창 15:6; 롬 4:1-5, 9-12; 갈 3:1-6). 그는 죽은 자를 능히 살리시는 하나님을 믿었다(롬 4:17-21). 창세기 22장에서 아브라함은 처음에 하나님을 믿어 의롭다 하심을 얻은 후 30년이 지나 **그 아들 이삭을 제단에 바쳤**다(창 22:11; 히 11:19). **네가 보거니와**[2인칭 단수]는 믿음이 행함에서 나타날 수 없다는 반대자의 주장을 바로잡는다. 아브라함의 믿음은 두 눈으로 똑똑히 볼 수 있었다. **행함으로 의롭다 하심을 받**는 것은 하나님 앞이 아닌(롬 3:20; 갈 3:11) 사람들 앞이다(참고. 마 5:16).

게다가 **의롭다 하심을 받는**은 이따금 '어떤 사람이 옳다는 것을 나타냄'을 뜻하며(참고. 눅 7:29, 35; 롬 3:4; 딤전 3:16), '어떤 이가 죄인으로 기소되었지만 무혐의로 밝혀져 영생을 얻게 된다는 하나님의 선언'으로서 바울이 말한 의미를 항상 뜻하는 것은 아니다. 아브라함의 **믿음**은 **그의 행함과** 협력하거나 **함께** 일함으로써 믿음이 **온전하게**[*teleioo*, 텔레이오오], 즉 성숙하게 되었다. 아브라함이 행함으로 하나님을 새롭게 만나는 복을 누릴 수 있게 되었으므로 그의 행함은 실제적 의미에서 그의 믿음에 깊이를 더했다(참고. 창 22:15-19). 그리고 그는 사람들 사이에서 대단한 명성을 얻었다(**하나님의 벗이라 칭함을 받았다**, 23절; 참고. 대하 20:7; 사 41:8). 신자가 믿음과 선한 행실을 결합하는 것은 하늘에 이르기 위한 것이 아니라, 현세에서는 영적 축복을 누리고 다가올 세상에서는 성부께 영광을 얻기 위함이다.

2:24. **여러분이 아는 대로**[You see(2인칭 복수), 새번역]는 독자들을 대상으로 삼는다. **~만은**[alone, 헬라어로 모논(*monon*)]은 '믿음으로'(by faith)가 아니라 **의롭다 하심을 받고**라는 동사(justified)를 수식한다. 즉, '사람은 믿음으로 단지(*monon*, 모논) 의롭다 하심을 받는(즉, 자기의 의로움이나 거룩함을 다른 이들에게 나타낸다. 위 21절의 **의롭다 하심을 받고**에 대한 주석을 보라) 것이 아니라 행함으로 의롭다 하심을 받는다'. 야고보는 의롭다 하심을 받는 두 방식에 주의를 환기한다. '하나님 앞에서 믿음으로'와 '사람들 앞에서 행함으로'가 그것이다. 하나님 앞에서는 믿음으로만 의롭다 하심을 받는(의롭다고 선언되는) 반면, 사람들 앞에서는 자신의 행함으로 의롭다 함을 받는다(자신의 경건함을 보여준다).

2:25. 믿음으로(히 11:31) **기생 라합**은 유대인 정탐꾼들을 받아들여 자기 집에 숨겨주었다(수 2:1-24). 그녀는 그들을 밀고할 수도 있었지만 **다른 길로 나가게** 하여 자신의 새로운 믿음에 행함을 더했다. 라합은 이스라엘의 하나님을 믿었다(수 2:11). 라합이 그 믿음에 따라 행동하지 않았더라면 그녀는 여리고 성이 파괴될 때 목숨을 잃었을 것이다('너희 영혼을 구하라'를 주제로 하는 1:21에 대한 주석을 보라). 그 대신 라합은 자신의 믿음대로 행했고 정탐꾼들을 숨겨주어 화를 면했으며 유대 백성들 가운데서 하나님의 축복을 맛보았다.

2:26. '육체'가 생동감 넘치려면 영혼이 있어야 한다. 행함이 믿음에 활력과 에너지를 주기 때문에 그리스도에 대한 '믿음'에는 행함을 더해야 한다. '죽은 믿음'에 대해서는 2:17을 보라.

B. 시험받을 때 더디 말하기(3:1-18)

1. 혀의 힘(3:1-12)

3:1. 3장은 그의 서신 본론의 둘째 부분을 소개한다(1:19을 보라). 시험받을 때 혀는 고삐 풀린 말처럼 되어 자만심, 성냄 및 거짓 지혜를 드러낼 수 있다. 혀는 긍정적 측면(2-5b절)과 부정적 측면(5b-12절)이 있다. 많은 유대인 그리스도인들은 성경교사가 되고 싶어 했다. 성경교사였던 야고보는 다른 모든 교사와 함께 그리스도의 심판대에서 **더 큰 심판을 받을 줄** 알고 있었다(1:12, 20; 2:12-13에 대한 주석을 보라).

3:2. **우리**(야고보 자신도 포함)는 다 **실수** 혹은 죄가 많다(잠 10:19). **온전한 사람**이 된다는 것은 '성숙해지는' 것을 의미한다. 가장 길들이기 힘든 인체기관인 혀(1:26)에 **굴레를 씌울 수 있다면 몸**의 나머지도 통제할 수 있을 것이다.

3:3-4. 말의 입에 물린 **재갈**이나 큰 배의 **지극히 작은 키**처럼, 작은 것들이 그보다 훨씬 더 큰 것들을 지배할 수 있다. **뜻**[헬라어로는 호르메(*horme*)]에는 '충동'의 뉘앙스가 실려 있다. 선장의 변덕처럼 충동적인 말은 한 사람의 삶을 난파시킬 수 있다.

3:5-6. 혀는 다른 이들을 격려하는 것과 같은 유익한 큰 것들을 자랑한다(잠 10:21; 12:18). 혀를 잘못 사용하는 것은 작은 불이 거대한 숲을 태우고 망가뜨리는 것과 같다. 소문 하나가 많은 교회를 무너뜨릴 수 있다. 죄는 대체로 말로 시작되기 때문에 혀는 곧 **불의 세계**이다(6절). 혀는 파경에 이르듯 **삶의 수레바퀴를 불사른다**.

3:7-8. 땅에서 하늘에 이르기까지 **여러 종류의 짐승과 새**는 사람이 길들여왔다. 땅에서 바다에 이르기까지 다양한 종류의 **벌레**[파충류]와 **바다의 생물**도 인간이 다스려왔다. 분명 야고보는 여기서 과장법을 사용하고 있다. 길들여지지 않은 생물 종들도 있을지 모른다. 그의 요점은 동물 왕국을 뜻대로 다스리는 것과 대조적으로 **혀는 능히 길들일 사람이 없다**는 것이다. 혀는 새장에 가둘(다스릴) 수 있지만 잠시도 **쉬지 아니**한다. 신자들은 혀를 새장에서 나오게 할 엄두를 내지 못한다.

3:9-10. 우리는 교회에서 기도할 때나 개인적인 기도에서 혀로 **우리 주 아버지를 찬송**한다. 잠시 후 신자들은 그 혀로 **하나님의 형상대로 지음을 받은**(창 1:26-27; 9:6) 인간을 **저주**할지 모른다. 이는 위선이자 어불성설이다. 하나님은 찬송을 받으시지만 하나님의 형상을 지닌 인간은 저주받는다. 이 구절은 죄가 불신자를 비롯하여 사람들 안에 있는 하나님의 형상을 파괴하지 못했음을 가르친다. 그러므로 모든 사람을 존경으로 대해야 할 것이다.

3:11-12. 자연 자체는 끝이 갈라진 혀의 불합리를 나타낸다. **무화과나무**와 **포도나무**는 딱 한 종류의 열

매를 맺는다. 하나님은 나무들이 각기 종류대로 열매를 맺게 하셨다(창 1:11-12, 24-25). 자연에서 나무나 식물 혹은 샘이 만들어내는 것에 일관성이 있듯이 하나님의 백성은 시종일관 선하게 말하는 법을 배워야 한다.

2. 참된 지혜의 본질(3:13-18)

3:13-14. 야고보는 혀에 대한 경고를 계속하면서 참으로 경건한 지혜가 교회라는 정황에서 혀의 파괴력을 줄이는 데 어떻게 일조할 수 있는지 기술했다. 지혜는 말(3:1-12)이 아닌 행동(13-18절)에서 가장 잘 드러난다. 지혜로운 사람은 선행으로 말미암아 지혜를 보일 것이다. **온유함**[헬라어로 프라우테스(*prautes*), '조금도 눈에 거슬리지 않도록 친절하게 대하고 행동하는 것']은 그리스도의 성품[헬라어로 프라우스(*praus*), 마 11:29]을 생각나게 한다. **독한 시기**[**시기**는 '적의와 냉대라는 강렬한 느낌'이 있다]와 **다툼**['치열한 경쟁에서 비롯되는 반감'] 같은 죄(14절)는 **진리를 거슬러 거짓말하**기 위해 감쪽같이 숨길 수 있다.

3:15-16. 다툼이 있는 지혜(14절)는 (1) **땅 위**의 것으로, 인간의 총명에 의해 제한되고, (2) 엄밀하게 인간적인 가치와 특징 그리고 성령의 부재(고전 2:14; 유 19절) 둘 다를 강조하는 용어인 **정욕의 것** 혹은 '정신과 관련된'[soulish, 헬라어로 프시키코스(*psychikos*)] 것이며, 또한 (3) **귀신의 것**[사탄의 역사]이다.

3:17-18. 하늘의 지혜는 **첫째 성결하고**['도덕적 결함이나 더러움이 없는', 이 맥락에서 조화를 촉진하고 위선에 맞서는], **다음에 화평하고 관용하고 양순**하다(하나 됨에 필요하다, 참고. 4:1). 야고보는 밭에 씨 뿌리는 비유를 들어 교회에서 의가 자라는 것에 대해 말한다. **의의 열매**를 거두기 원한다면(18절) 씨는 적합한 환경, 즉 **화평**으로 **심어**야 한다. 성내면 하나님의 의가 '자랄' 수 없다(참고. 1:20). 그러므로 씨를 뿌리는 자는 **화평하게 하는 자**가 되어야 한다.

C. 시험받을 때 더디 성내기(4:1-5:6)

1. 세속을 따름: 성냄의 근원(4:1-6)

4:1. 4장이 다루는 '더디 성내기'는 화평을 추구하는 일을 보완해준다(3:18). 이는 야고보서의 금언에서 주어진 시험을 다루는 데 필요한 세 가지 자질 중 마지막이다(나머지 둘은 '순종은 빨리', '말하기는 더디'이다. 1:19을 보라). 이 신자들 가운데서 일어나는 다툼의 근원은 그들의 **지체**, 즉 신체 일부(롬 6:13, 19; 7:23) **중에서 싸우는** 세상의 **정욕**이었다.

4:2-3. 독자들의 **욕심**이나 탐냄은 물질적인 것을 얻기 위해서이다. 미움이 **살인**에 버금가는 이상(마 5:21-22; 요일 3:15) '살인'을 문자적으로 해석할 필요는 없다. 신자들은 자신들의 말로 서로를 파괴할 수 있다. 신자들이 탐심에 사로잡혀 누군가를 죽일 수도 있다. 신자들은 바라는 것을 **얻지 못**하더라도 그것 때문에 **다투고 싸우는** 것이 아니라 그것을 위해 기도해야 한다. 구하여도 받지 못함은 기도하지 않거나 **정욕으로 쓰려고** 기도하기 때문일 것이다(3절).

4:4. 야고보서 독자들은 영적으로 간음한 사람들이었다(참고. 렘 3:8-9; 호 1:2). 즉, 그들은 하나님께 충성하지 않았고 교회의 조화를 깨면서까지 자신들의 욕망을 충족시키고자 세상과 '영적 불륜관계'를 맺었다. **누구든지 세상과 벗이 되고자 하는**[헬라어로 불로마이(*boulomai*), '무언가를 소유하거나 경험하고픈 욕구 그리고 그것을 얻으려는 계획 세우기'] **자**는 하나님의 벗이 될 수 없다(참고. 2:23). 그리스도인이 세속을 따르면 그리스도와의 영적 친밀감(우정)을 잃고(요 15:1-8) 충성의 대상을 성부에서 세상으로 바꾼다는 의미에서 **하나님과 원수**가 된다.

4:5. 야고보서 독자들은 성경이 하는 말에 목적이 없고 하나님이 그들의 불순종을 벌하시지 않을 것으로 생각했다. 야고보는 출애굽기 20:5을 다른 말로 바꾸어 표현한다. 5절의 뒷부분은 이렇게 번역하는 것이 더 낫다. "하나님이 (거듭남으로 말미암아) 우리 속에 거하게 하신 성령이 (우리가 하나님께 충실하기를) 시기하기까지 사모하신다."

4:6-10. 6절의 **그러나**는 자기중심적인 신자가 어떻게 바뀔 수 있는지를 소개한다. 세상이 어떤 쾌락을 주든(1-3절) 하나님의 **더욱 큰 은혜**는 그 쾌락들에 저항할 힘을 준다. '은혜'는 '하나님의 선한 뜻이 실제로 부여되는 것'을 뜻하는데, 여기서는 경건한 삶을 살도록 하나님이 주시는 능력으로 표현된다(참고. 엡 4:29). 하나님은 **교만한 자를 물리치시고** 벌하시기까지 한다. 하지만 신의 호의와 개인적 동기부여(**은혜**)는 **겸손한 자**에게 주어진다(잠 3:34).

2. 겸손: 세속을 따름에 대한 해결책(4:7-10)

4:7-10. 세속적 그리스도인들은 하나님께만 충실하고 순종하겠다는 다짐으로 그분에게 **복종**해야 한다. 그러면 그들은 **마귀를 대적**할 수 있고(벧전 5:9), 마침내 그는 그들에게서 피할 것이다(눅 4:13). 세속을 따름과 그로 인한 교회 혼란을 해결하는 길은 **하나님을 가까이**하는 것이다(8절). 그분은 이에 화답하여 신자들을 **가까이**하실 것이다. **손을 깨끗이 하라**는 신자들이 그들의 이기적이고 죄악 된 행실을 없애는 것을 가리킨다(사 1:16). 그리고 **마음을 성결하게 하라**는 더럽고 이기적인 동기를 깨끗하게 하는 것을 뜻한다. **두 마음을 품은**에 대해서는 1:8을 보라. 죄로 인해 깨지면 그리스도를 따르는 자들은 **애통하며 울**게 마련이다(9절; 참고. 마 5:4). 다른 이들을 희생하면서 '제멋대로 할' 때 생기는 세상적인 **웃음**과 **즐거움**은 기독교와 어울리지 않는다. 그런 경향이 생기면 대신에 **애통하며 울어**야 한다. 죄로 말미암아 한탄하려면 신자들은 **주 앞에서** 자신을 **낮추어**야 한다(10절). 하나님은 낮추는 자를 현세와 (혹은) 내세에서(참고. 벧전 5:6) **높이시**겠다고 약속한다(10절). 다른 이들을 희생하면서 자신의 갈망을 채우겠다는 생각을 접고 그들을 섬기겠다고 다짐할 때('낮춘다'는 것의 의미) 하나님은 신자가 그리스도의 몸에서 귀히 여김을 받게 하실 것이다.

3. 비방: 성냄의 부산물(4:11-12)

4:11-12. 야고보는 시험받을 때 성내는 것과 그것이 그리스도의 몸에 미치는 파괴력을 다스려야 한다고 계속 경고했다. 어떤 그리스도인이 **형제** 그리스도인을 **판단**한다면 그는 사랑이라는 최고의 법을 간접적으로 **비방**하는 것이다(레 19:16-18; 마 22:39). 사랑이 '그리스도의 법'의 본질인 까닭이다(참고. 갈 6:2; 최고의 법에 대해서는 2:8-9을 보라). 그는 또한 사랑하라는 그리스도의 명령이 자기 밑에 있거나 자기가 **최고의 법**(2:8)을 제쳐둘 충분한 권한이 있다고 생각하면서 그리스도의 **법을 판단**한다(고전 9:21; 갈 6:2). 그런 힘은 오직 한 분에게만 있다(4:12). **재판관**이신 하나님은 **구원하기**도 하시고 **멸하기도** 하신다. 즉, 징계 차원에서 인간의 물리적 삶을 보존하거나 그것을 취하실 수 있다(막 3:4; 눅 6:9). 교회에서의 일치를 촉진하는 겸손은 부분적으로 자신을 최고의 법에 복종하거나 순종하려는 의지이다.

4. 자만심: 세속을 따름에 수반되는 것(4:13-17)

4:13-17. 야고보는 이기적이고 세속적인 욕망이 특히 말을 통해 어떻게 교회를 분열시켰는지 논했다. 욕망에 빠진 모습은 주제넘은 사업 관행을 통해서도 드러날 수 있다. 야고보는 이 구절에서 그 주제를 다룬다. 다른 **도시에 가서 장사하여 이익을 보겠다는** 자신만만한 계획(13절)은 주제넘고 세속적인 것이었다. 그리스도인의 급료는 자신만의 쾌락, 그 이상의 목적을 지닌다(엡 4:28). 미래는 자신 있게 예측하면서 **내일 일**을 알지 못하는 것(14절)은 어리석은 일이다(눅 12:16-21). 인생은 잠깐 보이다가 없어지는 **안개**이다. 인간은 **주의 뜻이면**(15절; 행 18:21; 고전 16:7)을 말함으로써 하나님의 주권을 인정하고 그것에 의지한다. 그로 인해 세속적 사업 방식을 피하게 된다. 하나님을 배제하는 사업 계획(13-15절)을 짜면, 마치 자기 능력으로 이익을 낸다는 듯 **허탄한 자랑**을 하게 된다(16절). 자랑은 주 안에서 할 수 있지만(1:9; 갈 6:13-14), 그러한 자기 자랑은 다 악한 것이다. 사람이 **선을 행할 줄 알고도**(17절; 예컨대 **주의 뜻이면**이라고 말하는 것과 같은, 15절) **행하지 아니하면 죄**가 된다. 이 실패는 종종 '태만 죄'라고 불린다.

5. 심판: 세속을 따름에 수반되는 결과(5:1-6)

5:1-3. 야고보는 교회에서 세속을 따르는 것과 이기주의의 문제를 다루었다. 하지만 5:1-6에서 그는 똑같이 세속을 따르는 믿지 않는 부자들의 운명을 기술했다. 신자들이 부자 불신자들에게 임할 심판에 귀를 기울이다 보면 다른 이들을 향한 자신들의 분노를 부채질하던 세속적 욕망들이 완전히 바뀌고 분노가 사그라질 것이다. 4장에서는 신자들을 대상으로 말하는 반면['형제들/형제'(4:11)의 사용과 그들이 하나님의 주권을 이해한다는 추정에 주목하라], 여기서는 야고보가 부유한 신자들에게 말하고 있다는 분명한 암시가 없다. 이 구절에서 부자들의 몇몇 행동이 세상에 더 물든 신자들에게도 해당될 수 있기는 하겠지만 말이다(특히 5:4). **들으라**고 말하는 야고보에게서 구약 선지자의 이미지가 떠오른다. 믿지 않는 **부자** 집단은 악하게 살면서 사회적 부당 행위를 저지른다. 주님이 다시 오실 때 이 불법을 행하는 부자 불신자들에게 큰 **고생**

이 임할 것이다(참고. 사 13:6; 겔 30:2-3). **불같이 너희 살을 먹으리라**(3절)는 그리스도의 재림 직전과 직후에 있을 심판을 암시한다(계 17:16; 18:3-19). **말세**(last days, 복수형)라는 용어는 그리스도의 재림에 차츰 다가가는 교회 시대 전체를 포함한다(딤후 3:1; 벧후 3:3).

5:4-6. 4절의 **만군**(Sabaoth)은 '군대'를 뜻하는 히브리어 단어의 음역이다. 믿지 않는 부자들은 마치 살육을 기다리며 (물질주의를 통해) 자신들의 **마음을 살찌게** 한 짐승과 같다. 그리스도와 그분의 하늘 군대가 사악한 자들을 멸망시키는 아마겟돈은 **살육의 날**이 될 것이다(계 19:11-21). 부자들은 가난한 신자들의 임금을 체불하거나 의로운 신자들을 거짓 고소하여 그를 죽음으로 내모는 법적 장치를 사용함으로써 가난한 신자들을 **정죄하고 죽였**을지(6절) 모른다.

V. 에필로그: 시험에 관한 마지막 적용(5:7-18)

1. 고난당할 때 인내를 촉구하다(5:7-11)

5:7-8. 7절에서 야고보는 자신의 결론을 시작하고 시험받을 때의 인내라는 중심 주제로 돌아간다. **형제들아**는 사악한 부자들의 학대에 시달릴 것으로 생각되는 이들을 다시금 격려하라고 그리스도인 독자들에게 호소한다. 이스라엘에서 '초'가을과 '늦'봄에 내리는 '비'는 풍작에 필요했다. 하나님의 사람 수확(**땅에서 나는 귀한 열매**)은 현재진행형이다. 그러나 야고보는 여기서 이 신자들이 역경 가운데 길이 참으면 큰 상(상에 대해서는 고전 3:14에 대한 주석을 보라)을 받게 될 것이라고 강조하는 것 같다.

5:9-11. 심판을 면하려면(롬 14:10-12; 1:12; 2:12에 대한 주석을 보라) 신자들은 서로 **원망**하거나(9절) 투덜대서는 안 된다. **심판주가 문 밖에 서 계시니라**는 그리스도의 임박한 재림을 상징한다(살전 4:13-5:11에 대한 주석을 보라). 신자들은 **고난**을 이겨내고 오래 참으면서 반응하는 법에 대한 **본**이 필요하다(10절). 구약 **선지자들**(히 11:32-38)은 대부분 하나님의 메시지를 전할 때 오래 참으면서 고난을 이겨냈다. **복되다**(11절)에 대해서는 1:12에 대한 주석을 보라. **주께서** 욥에게 **주신 결말**은 그의 고난이 끝났고 그의 가정과 재물이 회복된 것이다(욥 42:10-17).

2. 고난당할 때 절망에 대한 해결책(5:12-18)

5:12. 시험받을 때 사람은 진실을 감추려고 **하늘**이나 **땅**과 같이 덜 중요한 것으로 경솔히 서약하거나 맹세하려는 경향이 있다. 말은 그 자체로 진실해야 한다(**너희가 그렇다고 생각하는 것은 그렇다**고 해야 한다). 한편으로 맹세 자체를 못 하게 해서는 안 된다. 다른 한편으로 진실을 말하기 위해 신자에게 맹세하라고 강요해서는 안 된다. 속인 것을 회개하지 않으면 신자는 지금 하나님의 **정죄**[징계]를 받게 되고, 장차 심판대에 섰을 때 그리스도께서 모른다고 하실 것이다(2:12, 13을 보라).

5:13-16. 곤란을 당해서도 견고함을 잃지 않아 장차 상을 받게 될 것을 생각하면서(11절) 야고보는 신자들이 고난(참고. 10-11절의 고난의 주제)받을 때 꿋꿋하게 참아내는 데 도움이 될 또 다른 관례를 소개한다. 그것은 장로들에게 기도를 요청하는 일이다. **고난당하는** 자가 있으면 그는 믿음으로 **기도**해야 한다(참고. 1:6). 고난에서 벗어난 자가 있으면 그는 **즐거워하고 찬송할** 수 있다(참고. 엡 5:18-19). **병든**[*astheneo*, 아스테네오]은 '몸이 병든 것'(예를 들어, 요 5:3; 딤후 4:20을 보라)을 뜻하지만 간혹 영적·윤리적·정서적 혹은 도덕적 약함(예를 들어, 롬 4:19; 고전 8:11-12; 고후 11:29; 살전 5:14을 보라)을 나타낸다. 이 구절에서는 후자의 의미로 쓰였을 가능성이 높다. 그 이유는 아래에서 밝힐 것이다[Daniel R. Hayden, "Calling the Elders to Pray," *Bib Sac* 139(1982): 258-266]. 영적으로 약한 신자들은 **교회의 장로들을 청**하여 '자신들을 위해 기도해달라'고 해야 한다(참고. 행 20:35). 기름 **바르**기는 자기 몸을 고쳐달라고 하나님께 탄원할 때 간혹 사용되었다(막 6:13). 하지만 그것은 기쁨을 상징하기도 하고 축하 목적으로도 사용했으며 상쾌함을 주었다(시 23:5; 눅 7:38, 46; 요 12:3). 여기서는 후자의 의미를 선호한다. 장로들의 짧은 **믿음의 기도**(15절; 참고. 1:5-7)는 영적으로 혹은 정서적으로 **병든**[캄노(*kamno*)는 히 12:3에서 몸의 질병이 아닌 '피곤하여'에 대해 사용된다] 자를 **일으킬**[말 그대로 '구하다'를 뜻하는 소이조(*soizo*). '구조하다, 구제하다'가 더 나을지 모른다] 것이다. ('그것이 주님의 뜻이라면'이나 '그가 충분한 믿음을 갖고 있다면' 등과 같은) 어떤 단서

도 달지 않은 채 야고보가 말한 **주께서 그를 일으키시리라**의 의미는 아마도 육체적 질병의 치유보다는 고난을 받아온 자들의 영적·도덕적 회복을 나타내는 것이 아닐까 싶다. 하지만 낙심한 신자의 용기 회복을 위한 장로들의 믿음의 기도가 늘 확실한 응답을 받는다고 볼 수는 없을 것이다. 어쩌면 그 사람은 죄를 지었을지 모른다. 그리고 그가 교회 장로들을 청하고 그들이 기도를 하더라도 그는 장로들의 기도를 따라 주님께 반응하지 않는다. 이 구절이 육체적 치유보다 영적 치유를 다룬다면 '연약한' 신자의 믿음이 자기를 구원하는 데 모종의 역할을 하는 것처럼 보인다. 그래서 연약해진 신자가 '구원받지' 못하는 예외적 상황이 생길 수도 있는 것이다. 이는 잠언의 약속들처럼 '일반적 약속'일지 모른다. 예를 들어, 대개 "유순한 대답은 분노를 쉬게" 한다(잠 15:1)와 같은 구절 그리고 야고보서의 많은 부분이 잠언과 비슷하다.

5:15-16. 누군가 **죄**를 범해 영적으로 연약해졌다면 그 죄는 그가 장로들의 기도를 통해 영적 회복을 구할 때 **사하심을 받**을 것이다(15절). 이는 모든 육체적 질병이 죄로 인해 생긴다는 말은 아니다. 하지만 여기서 죄 사함에 대한 언급은 야고보가 영적·정서적 혹은 도덕적 회복을 논하고 있음을 이해하는 데 도움이 된다. **너희 죄를 서로 고백하는**(16절) 일을 반드시 사람들 앞에서 행할 필요는 없다(마 5:23-24). 그러나 여기서는 그것이 장로들을 개입시키는 회복 과정의 일환처럼 보인다. '병이 낫다'(*iaomai,* 이아오마이)는 몸의 치유를 말할 때 이따금 사용되지만(예를 들어 눅 5:17; 요 4:47; 행 9:34) 영적 회복에 대한 비유로 사용되기도 한다(마 13:15; 요 12:40; 행 28:27; 히 12:13; 벧전 2:24). 야고보가 영적 강화를 분명히 강조하는 것에 비추어 여기서는 비유적 의미를 선호한다.

5:17-18. **엘리야**는 선지자였지만(10절) **우리와 성정이 같은**[헬라어로 호모이오파테스(*homoiopathes*)는 말 그대로 '비슷한 고난을 받는'을 뜻한다] 사람이었다. 비가 오게 해달라는 엘리야의 기도는 이스라엘을 우상숭배로부터 되돌릴 터였다(왕상 18:37; 참고. 약 4:4-5). 이 에피소드를 또다시 언급하는 것은 고난으로 말미암아 도덕적으로 연약해진 신자의 회복을 돕는 데 교회 지도자들의 기도가 힘이 된다는 것을 야고보가 강조하고 있음을 암시하기 위해서이다. 이 구절이 몸의 치유에 관한 것이었다면 야고보는 사르밧 과부 아들의 소생(왕상 17:17-24)을 육체적 치유의 대표적 사례로 주목했을지 모른다(Hayden, "Calling the Elders to Pray," 265). 하지만 그는 큰 유익을 가져온 엘리야의 기도의 능력에 초점을 맞추었고, 그렇게 함으로써 연약한 자의 회복을 돕는 장로들의 기도가 발휘하는 효력과 유사함을 보여주었다.

Ⅵ. 결론: 불순종하는 자들을 회복시키다 (5:19-20)

5:19-20. 야고보서는 긍휼을 행하라는 호소로 끝난다(2:13; 3:17). **너희 중에 미혹되어 진리를 떠난 자**는 야고보가 다루기 힘든 신자를 회복시키는 일에 관심이 있음을 보여준다. **누가 돌아서게 하면**은 어떤 신자가 죄의 길로 잘못 들어선 다른 신자의 영적 회복을 돕고자 사랑으로 그와 대면하는 것을 나타낸다. **그의 영혼을 사망에서 구원할**은 영원한 죽음이 아닌 육체적 죽음을 가리킨다(1:21에 대한 주석을 보라). **사망**에는 도덕적 부패, 역경 그리고 죄의 결과로 신자가 기독교의 풍성한 삶을 누리지 못하는 것과 같은 관념이 또한 포함될지 모른다(롬 6:15-23에 대한 주석을 보라). **허다한 죄를 덮을 것임이라**는 사랑이 하나님의 사하심을 가져온다는 잠언 10:12(참고. 벧전 4:8)을 넌지시 언급한다.

참 고 문 헌

Blue, J. Ronald. "James." The Bible Knowledge Commentary: New Testament, edited by John F. Walvoord and Roy B. Zuck. Wheaton: Victor, 1983.

Davids, Peter H. "James." *New Bible Commentary: 21st Century Edition*, edited by D. A. Carson et al. Downers Grove, IL: InterVarsity, 1994.《IVP 성경주석》(IVP).

Guthrie, George H., and Douglas J. Moo. *Hebrew-James: Zondervan Illustrated Bible Backgrounds Commentary.*

Edited by Clinton E. Arnold. Grand Rapids, MI: Zondervan, 2007.

Hiebert, D. Edmond. *The Epistle of James.* Chicago: Moody, 1979.

Hodges, Zane C. *The Epistle of James. Proven Character through Testing.* Dallas: Grace Evangelical Society, 1994.

Nystrom, David P. *James.* NIV Application Commentary. Grand Rapids, MI: Zondervan, 1997.

베드로전서

루이스 바비에리(Louis A. Barbieri)

서 론

저자. 신약성경에서 베드로전서보다 더 이른 시기에 혹은 외적으로 더 명확히 저자를 입증하는 서신은 없다. 이레니우스의 초기 증언은 이 서신을 베드로와 결부시킨다. 내적으로 저자는 첫머리(1:1)에서 자기 이름을 밝히고 예수 그리스도에 관해 여러 차례 넌지시 말한다. 5:2의 "너희 중에 있는 하나님의 양 무리를 치되"는 장로들에게 하는 명령으로, 이는 요한복음 21:15, 17에서 예수님이 베드로에게 내리신 명령을 생각나게 한다. 베드로전서 5:5의 "겸손으로 허리를 동이라"라는 표현은 요한복음 13:3-5에서 주님이 수건을 허리에 두르고 몸소 제자들의 발을 씻기신 장면을 떠오르게 한다. 베드로전서 5:7의 "너희 염려를 다 주께 맡기라"는 마태복음 11:30의 예수님의 가르침을 반영한다. 또한 베드로전서와 사도행전에 기록된 베드로의 메시지 사이에는 언어와 문법 구조에서 유사점이 많이 발견된다. 진보적 학자들 다수가 베드로의 저작설을 의심하지만 보수적 학자들은 이 서신을 예수 그리스도의 제자인 시몬 베드로가 썼다고 믿는다.

연대. 베드로전서가 쓰인 시기를 논할 때 두 가지 중요한 요소를 고려해야 한다. 첫째, 교회 전승에 따르면 베드로는 주후 67년 혹은 68년 무렵에 죽었다. 둘째, 네로 황제의 기독교 박해는 주후 64년에 시작된 것으로 생각한다. 박해에 대한 언급이 잘 정리되지 않은 것으로 보아 베드로전서의 저작 연대는 주후 65년경으로 보는 것이 타당할 듯하다.

수신자. 베드로는 오늘날의 터키에 있는, 로마의 다섯 속주였던 본도, 갈라디아, 갑바도기아, 아시아 및 비두니아에 흩어져 있는 거듭난 사람들에게 서신을 보냈다. 베드로를 "할례자의 사도"로 삼으셨다(갈 2:7-8)는 언급 때문에 베드로전서의 독자들을 주로 유대인이라고 믿는 사람들이 있다. 베드로가 자기 독자들이 '흩어진'(1:1) 유대인들 중 일부라고 말할 뿐만 아니라 구약의 본문들을 빈번히 인용하는 것을 고려할 때 그런 결론을 내릴 법도 하다. 하지만 베드로가 자기 독자들이 "알지 못할"(1:14) 때에 있었고 "무법한 우상숭배"(4:3-5)에 빠졌다고 말하는 것을 보면 그런 결론을 재고해야 할지 모른다. 이런 표현들은 유대인을 기술할 때는 보통 사용하지 않는다. 독자들 가운데 이방인이 있다면 베드로는 그들이 "거류민과 나그네"(2:11)로 세상에 흩어져 있다고 생각했을 것이다. 로마의 다섯 속주에는 이방인들이 더 많았겠지만, 이들 지역의 어디를 가나 유대인들을 만날 수 있었을 것이다. 바울은 주로 이방인에 초점을 맞춰 사역하면서도 도시에 갈 때마다 사역에 앞서 회당을 먼저 찾았다. 베드로는 주로 유대인을 대상으로 사역했지만 어느 정도는 이방인 가운데서도 사역했음에 틀림없다. 베드로전서의 수신자는 유대인과 이방인이 뒤섞여 있었다. 그렇지만 유대인이 주된 독자였다고 결론지어도 좋을 것이다. 이 서신에서는 두 집단을 다루지만 어떤 구절들은 유대인의 정황에 주로 초점을 맞추는 것처럼 보인다(예를 들어 2:9-12).

목적. '그리스도인'으로 불리는(행 11:26), 그리스도를 따르는 사람들이 유대교와 구별되는 신앙을 키워가고 있음이 더 분명해지고 있었다. 로마인들은 유대교 관습에 관대했지만, 기독교가 유일무이하다면 그것은 더 이상 승인받은 국가 '종교'가 아니었다. 그 결과 예수님을 따르는 자들에 대한 공식 박해가 시작되었다. 베드로가 서둘러 이 서신을 쓰게 된 것은 박해가 이처럼 커졌기 때문이었다. 서신을 읽으면 박해가 매우 조직적이고 광범위하기보다는 산발적이고 지역적이라는 인상을 받게 된다(참고. 1:6; 3:13-14; 4:12). 베드로가 서신을 쓴 목적은 5:12에 잘 나타나 있다. 그는 권면을 주고 하나님의 참된 은혜를 간증하고자 펜을 들었다.

배경. 5:13은 베드로가 자신의 첫 서신을 쓸 당시 '바벨론'에 있었음을 분명히 보여준다. '바벨론'의 위치는 교회사를 이야기할 때마다 항상 논란의 대상이었다. 세 가지 가능성이 대두되었다.

(1) '바벨론'은 애굽의 도시였다. 애굽에 있는 바벨론은 로마 군대가 주둔하는 작은 군사기지였다. 베드로와 이 서신에 언급된 자들이 과연 그 지역을 방문했을지는 의문이다. 이 입장을 견지해온 것은 북아프리카의 콥트정교회뿐이다.

(2) '바벨론'은 오늘날의 이라크에 있는 유프라테스강에 위치했다. 이 가능성에 대한 가장 설득력 있는 주장은 그것이 본문의 통상적인(문자적인) 이해와 맞아떨어진다는 것이다. 게다가 요한이 요한계시록을 쓰기 전에 바벨론을 한 번이라도 상징적으로 사용했다는 증거는 역사적으로 없는 것 같다. 베드로 및 그와 연관된 자들이 한 번이라도 고대 바벨론을 방문했다는 증거 역시 없다.

(3) '바벨론'은 로마의 도시였다. 믿을 만한 교회 전승에 따르면, 베드로는 로마에 가서 사역하다가 결국 순교자가 되었다. 박해가 심해지고 있었다면 베드로가 제국의 도시에서 자신의 실제 위치를 숨기고자 '바벨론'을 상징적으로 사용했을 가능성이 있다. 그리스도인들은 로마의 사악함과 박해가 고대 이스라엘 압제자들이 행한 일과 다를 바 없다고 생각했다. 베드로의 서신이 엉뚱한 주소로 갔다면 '바벨론'의 상징적 사용으로 그가 있는 곳이 비밀에 붙여질 수 있었을 것이다. 5:13의 주변 진술들이 상징적 해석을 뒷받침할지 모른다. 베드로가 마가(아마도 요한 마가)를 자기 '아들'로 언급하기 때문이다. 베드로에게 아들이 있다는 언급은 성경에 없다.

베드로전서의 몇몇 두드러진 특징은 다음과 같다.

(1) 바울의 저서들, 특히 에베소서와 비슷한 점이 많다.

(2) 3:18-22에 대한 베드로의 설명은 신약에서 가장 난해한 대목 중 하나이다.

(3) 신자들의 고난은 물론이고 예수 그리스도의 고난도 강조한다. 예수님의 고난은 장마다 언급된다(참고. 1:11, 19-21; 2:21-24; 3:18; 4:13; 5:1).

(4) 주님의 재림을 강조한다(참고. 1:3, 13, 21; 3:15).

(5) 구약의 인용과 암시가 많다.

개 요*

- Ⅰ. 서문(1:1-2)
  - A. 저자(1:1a)
  - B. 수신자들(1:1b-2)
- Ⅱ. 찬송(1:3-12)
  - A. 새 탄생(1:3a)
  - B. 산 소망(1:3b)
  - C. 영광스러운 유업(1:4)
  - D. 전능하신 보호자(1:5-12)
- Ⅲ. 하나님 앞에서의 행동(1:13-2:12)
  - A. 거룩함(1:13-16)

B. 사랑(1:17-25)
C. 성장(2:1-8)
D. 찬양(2:9-12)
Ⅳ. 사람들 앞에서의 행동(2:13-4:19)
A. 그리스도인과 정부(2:13-17)
B. 그리스도인과 사업(2:18-25)
C. 그리스도인과 가정(3:1-7)
D. 그리스도인과 사회(3:8-22)
E. 그리스도인의 본보기(4:1-19)
Ⅴ. 교회의 행동(5:1-11)
A. 목사의 행동(5:1-4)
B. 교인(사람들)의 행동(5:5-11)
Ⅵ. 결론(5:12-14)

*내용 개요는 Elvis E. Cochrane, *The Epistles of Peter*(Grand Rapids, MI: Baker, 1965)를 참고했다.

주 석

Ⅰ. 서문(1:1-2)

A. 저자(1:1a)

1:1a. **예수님이 붙이신 별명 베드로**(참고. 요 1:42)는 그가 그리스도의 인성을 고백한 후 재확인되었다(참고. 마 16:18). 그는 예수님을 부인했지만 그의 반석 같은 성품은 교회에서 드러났다. 그는 예수님을 섬기며 선포하라고 보내심을 받은 **사도**였다. 이 사명으로 그는 서신을 쓸 권한을 갖게 되었다.

B. 수신자들(1:1b-2)

1:1b. 수신자들이 '택하심을 받았다'는 것은 하나님이 그들을 선택하셨음을 나타낸다. 그리고 흩어진 **나그네**는 그들이 세상에서 차지하는 위치를 강조한다. 신자의 참된 본향은 하늘이다. 이 땅에 사는 동안 그는 '흩어져' 있다. 특별히 베드로는 오늘날의 터키에 해당하는 다섯 속주에 있는 사람들에게 서신을 썼다.

1:2. 베드로는 "택하심을 받은"을 세 어구로 말한다. 선택은 **하나님 아버지의 미리 아심**에서 비롯된다. 이는 그분이 계획하신 일의 일환으로, 성령의 거룩하게 하시는 사역을 통해 완성되고 예수님의 **피**에 기초하며 구원과 지속적인 정화에 적용된다. 마지막 인사는 신자들의 삶에 **은혜**와 **평강**이 더욱 많아지기를 기원한다.

Ⅱ. 찬송(1:3-12)

A. 새 탄생(1:3a)

1:3a. 베드로는 예수님을 하나님이자 메시아로 소개하면서 **우리 주 예수 그리스도의 아버지**를 찬송한다. **긍휼**로 하나님은 우리를 **거듭나게** 하셨다. 긍휼로 하나님은 받아 마땅한 벌을 거두신다(참고. 1:23). 예수님은 니고데모와 함께 '위로부터 나는'(요 3장) 것에 대해 말씀하셨다. 두 가지 언급 모두 신분이 바뀌고 중생 혹은 새 탄생이라 불리는 하나님이 주시는 삶에 참여하는 것을 나타내는데, 거기서 하나님은 영적으로 죽은 자를 취하여 영적 삶을 새로이 부여하신다. 베드로는 영생이 시작되는 곳에서 찬송을 시작한다.

B. 산 소망(1:3b)

1:3b. 새 탄생의 첫째 결과와 기독교적 삶의 첫째 특징은 **소망**이다. 이 소망은 부활하신 구주에 기초하고 있기에 '살아 있다'.

C. 영광스러운 유업(1:4)

1:4. 신자는 영광스러운 **유업**을 기대한다. **썩지 않**

고, **더럽지 않고**, 또한 **쇠하지 아니하는**[헬라어로는 한 단어]이라는 이들 세 부정 수식어는 유업이 땅의 것이 아님을 보여준다. 유업은 소멸되거나 닳아서 없어질 수 없다. 내부에 결함이 없고 변하지 않는다. 그것은 주님이 오셔서 완전한 소유가 이루어질 그날을 기다리며 **간직**된다.

D. 전능하신 보호자(1:5-12)

1:5. 신자는 이 영광에 들어가지 않았기에 거류민으로 살아간다. 그럼에도 하나님은 그를 보호하신다. 베드로는 **하나님의 능력**과 신자의 **믿음**을 결합한다. 둘 다 최종 **구원**이 **나타**날 때까지 계속된다. 그때까지 신자는 하나님의 든든하신 보호 안에 거한다.

1:6-9. 삶이 (우리의) '믿음의 증거'를 낳는 **여러 가지 시험**을 가져온다 할지라도 신자는 오히려 기뻐한다(6절; 참고. 약 1:3). 인간은 불을 사용해 금을 정제한다. 하나님은 시험을 통해 참된 믿음과 이름뿐인 믿음을 구별하신다. 인간은 금을 소중히 여기지만 그것은 소멸하므로 믿음은 금보다 더 귀하다. 피조물보다 더 오래 지속될 것이기 때문이다. 믿음의 연단은 예수께서 다시 오실 때 **칭찬과 영광과 존귀를 얻게 할** 것이다(7절). 베드로는 예수님을 뵌 적이 있지만 그의 독자들은 그렇지 않다(8절). 그럼에도 하나님의 역사를 통해 그의 독자들은 그분을 사랑했다. 부활하신 그리스도를 믿음으로 말미암아 그들은 이 땅에서 천국을 맛보며 **말할 수 없는 영광스러운 즐거움**으로 기뻐했다. 땅에 사는 동안 시험은 피할 수 없지만, 언젠가 약속된 **구원**이 이루어질 것이다(9절).

1:10-12. 베드로의 생각은 **구원**이라는 단어에 그리고 하나님의 **은혜**를 경탄한 구약 **선지자들**에 오래 머무른다(10절). 선지자들은 누가 예언을 성취할지 혹은 언제 그분이 오실지(**누구를 또는 어떠한 때를**) 몰라 **연구하고 부지런히 살폈**다. 하지만 성령의 감독을 통해 그들은 자신들이 장차 오실 메시아가 **고난과 후에 받으실 영광**을 미리 증언하고 있음을 알았다(11절). 영광은 고난 이후에 온다. 선지자들은 이 증언이 자신들을 위한 것이 아니라(12절) 먼 훗날 올 자들을 위한 것임을 또한 알았다. **복음**이 선포되자 성령의 역사가 뒤따랐다(참고. 1:2). 이 **구원**은 **천사들도 살펴보기를 원하는** 것이다. 타락하지 않은 천사들은 구원이 필요 없다. 타락한 천사들(마귀들)은 사악함에 대한 신념을 더욱 굳게 한다. 그들은 땅의 신자들을 관찰함으로써 구원에 대해 배운다.

Ⅲ. 하나님 앞에서의 행동(1:13-2:12)

A. 거룩함(1:13-16)

1:13-16. 베드로는 잠시 메시지를 전한 후 적용으로 시선을 돌린다(13절). 하나님이 하신 일에 비추어 이것은 관계에 어떤 영향을 미치는가? 그는 먼저 신자들과 하나님의 관계에 대해 언급한다. **너희 마음의 허리를 동이고**[문자적으로는 '묶다']는 진지한 숙고를 묘사한다. 이제 곧 몹시 힘든 일을 하게 될 사람들은 자신들의 길게 늘어진 옷의 맨 아래를 잡아 벨트 안으로 접어 넣는다. 요즘 식으로, "자, 이제 팔을 걷어붙입시다"가 될 것이다. 신자는 **근신하**거나 도덕적으로 깨어 있어야 한다. 더구나 그들은 예수님과 함께 올 **은혜**, 곧 확실한 소망을 **온전히 바라**야 한다. 히브리어 특유의 표현인 **순종하는 자식**(14절)은 독자들에게, 전에 알지 못할 때에 따르던 그들의 사욕을 **본받지**(참고. 롬 12:2) 말고 '순종의 자식'이 되라고 훈계한다. 그러나 (그들을) **부르신 거룩한 이**처럼(15절) 독자들은 거룩한 자가 되어야 한다. 베드로는 성경에 호소한다. **내가 거룩하니 너희도 거룩할지어다**(16절; 참고. 레 11:44; 19:2; 20:7). 하나님에 대한 참된 헌신은 거룩한 삶에서 나타난다.

B. 사랑(1:17-25)

1:17-21. 그들의 아버지이자 심판자이신 하나님과의 이 새로운 관계에서 신자들은 **두려움**, 즉 건강한 경외심으로 지내야 한다(17절). 구원에는 **은이나 금같이 없어질**['부패될 수 있음' 혹은 '썩음'] 것과 상관없는 큰 희생이 따랐다(18절). 그 희생은 유월절 어린 양(출 12:1-13)을 암시하는 **흠 없고 점 없는 어린 양**(19절)과 같은 예수님의 **보배로운**[매우 귀중한 무언가, 매우 존경받는 무언가를 시사하는] **피**였다. 이는 **창세전부터**(20절) 시작된 하나님의 계획으로, 인간은 하나님이 실행하기로 작정하신 계획과 무관함을 나타낸다. 하나님이 창세전부터 이 계획을 염두에 두셨다면 상의할 대상이라고는 오로지 그분 자신이었을 것이다. 하지만 인류 구원이 포함된 이 계획은 예수님이 나타나실 때

까지 보류되었다. 그분은 죽으셨지만 하나님은 그분을 죽은 자 가운데서 살리시고, 신자들의 소망이 있는 하늘로 돌아가게 하셨다(21절).

1:22-25. 베드로의 독자들이 구원하는 믿음으로 반응하자 그들의 삶에 변화가 일어났다. 베드로는 그들의 영혼을 **깨끗하게** 된('구별되다', '거룩하게 하다'라는 의미) 것으로 묘사한다. 이 거룩하게 하심은 완전무결한 **사랑**으로 이어져야 한다(22절). 이 자질은 주변 사람을 사랑할 때 밝히 드러난다. 이 사랑은 **거짓이 없어**야, 즉 꾸밈이 없어야 하고 뜨거워야 한다. 이는 경기에서 전력을 다하는 운동선수들에 대해 사용하는 표현이다. 독자들은 썩지 아니할 씨, 곧 **살아 있고 항상 있는 하나님의 말씀**을 통해 **거듭났다**(23절; 참고. 1:3). 이사야 40:6-8은 원래 하나님이 바벨론 포로 후 유대 백성을 고국으로 돌아가게 하고 자신의 약속을 성취하실 것이라는 말로 그들에게 기운을 북돋우고자 쓴 것이다. 이사야를 통해 하신 약속은 떠돌이 생활을 하는 베드로의 독자들(1:1을 보라)에게도 똑같이 용기를 북돋울 것이다. 게다가 박해받는 유대인 신자들인 그들은 구원이 확실할 뿐만 아니라 그들 역시 언젠가 고국으로 돌아가게 되리라는 약속을 받았다. **주의 말씀은 세세토록 있어** 이 약속은 틀림없이 성취될 것이다. **말씀**(25절)은 헬라어로 레마(*rhema*)인데, 이는 입으로 내뱉은 말씀을 뜻한다. 이 말씀이 베드로의 독자들에게 '전해진' 것이다.

C. 성장(2:1-8)

2:1-3. 신자들은 따로 격리되어 살지 않으므로 그들이 주위 사람들을 사랑하고자 한다면(참고. 1:22) 버려야 할 행동들이 있다. '버림'(1절)은 코트 치우기를 연상시키는데, 그 시제(aorist, 헬라어 문법의 부정과거—옮긴이 주)는 확실한 행동을 암시한다. 버려야 할 자질들에는 온갖 종류의 악한 행동을 암시하는 단어인 **모든 악독**이 포함된다. **모든**[온갖 형태의] **기만과 외식과 시기**는 버려야 한다. **기만**은 낚시 용어로 '미끼로 유혹하다'라는 뜻이다. 이는 베드로의 고백을 감안할 때 놀라운 일이 아니다. **외식과 시기**는 기만의 형태이다. **외식**은 배우들이 마스크를 쓴 채 말하는 극장에서 비롯되었다. 관객들은 배우의 실제 얼굴을 단 한 번도 보지 못했다. 연기를 위해 써야 했던 가면으로 감추어진 얼굴만 볼 수 있었다. **모든 비방하는 말**은 없애야 한다. 질투에 사로잡히면 질투의 대상을 종종 비방한다. 그 대신 베드로는 **갓난아기들같이 순전하고 신령한 젖을 사모하라**고 권면한다. **이는…너희로 구원에 이르도록 자라게 하려 함이**다(2절). 이 권면이 반드시 베드로의 독자들이 최근에 개종했음을 의미하지는 않는다. 신자들은 갓난아기가 하루하루 조금씩 자라는 것과 같은 그런 성장을 기대해야 한다. **사모**는 시냇물을 찾기에 '갈급한' 사슴을 묘사할 때 쓰는 표현이다(시 42:1, 70인역은 41:1; 15:23; 고후 7:7을 보라). 신자는 복음에 대한 응답을 통해 **주의 인자하심을 맛보았**다(3절; 참고. 시 34:8). 그는 말씀을 먹고 살면서 성장한다.

2:4-8. 베드로는 시편 34편에 대한 암시를 계속하는데, 이 시편은 신실한 자들이 사귐을 즐기려면 주님께 가까이 나아갈 것을 요구한다. 그래서 그는 **예수께 나아가**는 것이 중요하다고 강조한다(4절). 그리스도는 죽은 자들 가운데서 살아나셨기에 **산 돌**이시다. 모두 다 그분을 영접하지는 않지만, 하나님이 보시기에 그는 **보배로운**[크게 존경받는] 존재이다. 예수님을 인정하는 자들은 **거룩한 제사장**이 되는 **신령한 집**에서 하나가 된다(5절). 예수님은 자기 교회를 세우시겠다고(5절과 같은 동사) 말씀하셨다(참고. 마 16:18에 대한 주석). 그 교회는 땅에 세운 건물이 아니라, 그분이 머리가 되시는, 눈에 보이지 않는 전 세계적인 몸이다(참고. 고전 12:12-13; 엡 4:4; 골 1:18). 그 몸에 있는 모든 사람은 제사장 역할을 한다. 하나님은 이 제사장이 **예수 그리스도로 말미암아** 드리는 **신령한 제사**를 받으실 것이다. 이는 하나님이 예견하시고 미리 정하신 것이다. 베드로는 돌에 대한 은유를 사용해 몇 구절을 인용한다(6-8절; 참고. 사 8:14, 28:16; 시 118:22). 예수님을 믿는 자들은 그분에게 최고의 경의(**보배**)를 표한다. 믿기를 거부하는 자들은 이 돌이 심판의 도구임을 알게 된다. 그들이 믿지 않자 하나님은 자신이 예비하신 심판을 그들이 받게끔 정하셨다(참고. 예수님이 이 동일한 시편을 인용해 자기를 거부하는 대제사장들과 바리새인들에게 적용한 마 21:42-46). 하나님이 정죄받는 자들을 미리 정하실 수 있다는 가능성에 대해서는 로마서 9:14-23에 대한 주석을 보라.

D. 찬양(2:9-12)

2:9-12. 하나님이 거부하시는 자들과 달리(2:8을 보라) 베드로의 독자들은 **택하신 족속**(9절)이다. 이는 아마도 유대인 신자들, 즉 그 역할이 더 이상 한 지파에 국한되지 않는 **왕 같은 제사장**을 가리킬 것이다. 그들은 구별된 집단인 **거룩한 나라요, 그의 소유가 된 백성**이다. 많은 학자들에 의하면, 이 절은 하나님의 계획에 따라 교회가 이스라엘을 대체하고, 교회가 '새 이스라엘'이며, 이스라엘 민족은 이스라엘을 대체하는 교회 안으로 편입될 때라야 하나님의 계획에서 중요성을 지님을 보여준다. 하지만 베드로는 주로 유대인 신자들에게 편지를 쓰고 있고, 이들 용어는 현재 이스라엘의 남은 자들에게, 지금의 교회 시대에 살고 있는 유대인들에게 딱 들어맞는다. 이 전문용어는 교회에 편입됨으로써 이스라엘의 일부가 되는 이방인들이 아닌 구속받은 이스라엘 민족과 관련되며 대체신학을 뒷받침하는 데 사용할 수 없다. 어떤 것들은 그것들을 소유한 사람으로 말미암아 가치를 지닌다. 하나님의 목적은 신자들이 **너희를 어두운 데서 불러내어 그의 기이한 빛에 들어가게 하신 이의 아름다운 덕을 선포하는**(9절) 것이다. 하나님의 **아름다운 덕**은 신자들을 통해 나타날 그분의 미덕들, 그분의 탁월한 자질들이다. 그들은 하나님에게서 멀어졌지만 긍휼을 통해(참고. 1:3) 그분 가족의 일원이 되었다(10절). **거류민과 나그네**로 흩어져 살던 이 유대인 신자들은 이제 하나님을 찬양하는 삶을 살아야 한다. 이는 독자들이 **육체의 정욕**(11절, 인간의 타락한 본성에서 비롯되는 욕망, 인간의 영혼을 거슬러 싸우는 욕망을 나타내는 용어)을 **제어**[제지]할 때 가능할 것이다. 분명히 베드로는 이 유대인 신자들에게 **이방인 중에서** 그들의 **행실을 선하게** 가지라(12절)고 강력히 권고한다. **선한**은 '착한' 혹은 '정직한'을 암시한다. 다른 적절한 표현은 '매력적인'이 될 것이다. 매력적인 신자라 해도 악인이라는 비방을 받을지 모른다. 하지만 최종적으로 셈하는 **오시는 날**이 다가오고 있다. 그날에 악인들은 자신들이 비방했던 신자들의 성품이 진실함을 인정할 것이다.

Ⅳ. 사람들 앞에서의 행동(2:13-4:19)

A. 그리스도인과 정부(2:13-17)

2:13-17. 하나님이 하신 모든 일에 비추어(참고. 1:3-12) 신자들이 땅에서 맺는 관계에 영향을 끼치는 실제적 암시들이 있다. 첫째, 베드로는 행정 당국을 언급한다. 신자들이 **인간의 모든 제도**에 **순종**해야('스스로 지위를 낮춰야') 한다는 것이 성경의 원리이다(13절). **주를 위하여** 이렇게 하는 것이다. 베드로는 예수님의 사례를 떠올릴 수 있었을 것이다. 인간 예수는 늘 권위에 순종하셨다. 권위는 하나님이 정하신 것이므로 사람 또한 그것에 순종해야 한다(롬 13:1-7에 대한 주석을 보라). **악행하는 자를 징벌하고 선행하는 자를 포상하**는 것(14절)은 하나님이 정하신, 정부의 과제이다. 악으로 말미암아 정부는 이 지시들을 완벽히 수행하지 못한다. 권위에 순종함으로써 신자는 **어리석은 사람들의 무식한 말을 막**을 수 있을 것이다(15절). 그들은 격렬한 비판을 지속할 힘을 얻지 못할 것이다. 행정 당국에 대해 책임감 있게 행동할 때 신자들은 자신들이 하나님의 종(16절)임을 기억하면서 거리낌 없이 행동하게 된다. 하지만 이 원리에 대한 예외 사항이 사도행전 5:29에 나온다. 당국이 하나님께 불순종하라고 하자 신자는 '사람보다 하나님께 순종하는' 것 외에 달리 대안이 없다고 말한다. 17절은 적절한 교훈이다. '뭇사람을 공경하고, 그리스도 안에 있는 형제들을 하나님의 사랑으로 사랑하고, 하나님을 두려워하고, 땅의 최고 지도자를 존대해야 한다.'

B. 그리스도인과 사업(2:18-25)

2:18-20. 베드로는 가장 모멸적이고 짜증 나는 일을 맡은 '집안 노예'를 뜻하는 **사환들**[*oiketes*, 오이케테스]에게 말한다. 그들은 **범사에…순종**하라(18절)는 지시를 받는다. 이런 자세는 **까다**롭거나 힘들게 하는 자들뿐만 아니라 **선하고 관용하는** 주인들을 대할 때에도 요구된다. 이런 태도를 보이면 하나님과 사람 둘 다 좋게 여긴다(19절). 하지만 내적 변화가 없으면 학대받을 때 참아내기가 어렵다(20절).

2:21-25. 부당한 대우를 받은 사람의 대표적 사례는 예수님이시다(21절). 그분의 사례는 부당한 대우를 받고 있는 어떤 신자에게든 용기를 북돋아준다. 예수님은 **죄를 범하지 아니하시고 그 입에 거짓도 없으셨다**(22절). 흥미롭게도, 베드로는 예수님을 3년 가까이 따라다녔지만 자신이 받은 부당한 대우를 얘기할 때 이사야서의 구절(사 52:13-53:12의 고난받는 종)을 떠올

렸다. 그는 예수님이 받으신 대우를 기술할 때 자기 말로 하지 않고 선지자의 말을 인용했다. 그분은 학대받으셨을 때 복수하지 않으셨다. 그분의 죽으심으로 말미암아 구원받은 자들도 똑같이 해야 할 것이다. 그분은 거짓 고소하는 자들에게 침묵을 지키셨다. 그분은 자기 문제를 **공의로 심판하시는** 이, 곧 아버지에게 맡기셨다(23절). 예수님은 죄를 지으셔서 고난받으신 것이 아니었다. 그분은 **친히 나무에 달려 그 몸으로 우리 죄를 담당하셨**다(24절). 그분이 신자들로 하여금 (**죄에 대하여** 죽고 **의에 대하여** 살게 하시려고, 롬 6:1-14에 대한 주석을 보라) 대신 죽으셨기에 그들은 죄 사함을 받았다. 예수님의 추종자들이 얻는 유익은 그분의 고난과 죽음을 통해서 왔다. 예수님을 따르는 자들은 자기 양을 돌보고 지키시는 목자 아래 이제 하나가 된다.

C. 그리스도인과 가정(3:1-7)

3:1-6. 남편이 신자이든 불신자이든 아내는 종이 하는 것처럼(참고. 2:18-25) 순종해야 한다. 베드로는 믿지 않는 남편들을 강조한다. 그들이 **말씀을 순종하지 않**을지도 모른다고 말하기 때문이다(1절). 이런 남편은 아내의 말보다는 경건한 삶(2절)을 통해 주님께 인도할 수 있을 것이다. 아내는 **머리를 꾸미고 금을 차고 아름다운**[야하고 사치스러운] **옷을 입는**(3절) 것과 같이 외모에 지나치게 신경 쓰지 말라는 권고를 받는다. 강조점은 **마음에 숨은 사람**(4절)과 같은 심오한 것에 두어야 한다. 외모에 집착하면 실패하지만 내면을 가꾸면 반드시 빛을 발하고 하나님 앞에 값진 것이 된다. 베드로는 이 원리를 따른 사람으로 창세기의 **사라**를 든다(5-6절). 아내 사라를 누이라고 두 번이나 거짓말한 아브라함은 그리 대단한 남편이 아니었다. 하지만 사라는 남편의 권위를 존중함으로써 하나님에 대한 소망을 나타냈다. 사라처럼 하면 그녀와 동일한 반열에 오르게 된다.

3:7. 베드로는 남편들에게 **지식을 따라** [그들의] **아내와 동거하**라고 조언한다. 아내가 불신자일지도 모른다는 암시는 없다. 베드로는 자기 아내를 이해하려면 시간과 에너지를 많이 쏟으라고 남편들에게 권고한다. 아내를 대할 때 결코 성적 대상으로만 보지 않는, 좀 더 폭넓은 이해가 필요하다. 경건한 남편은 자기 아내의 기분, 감정, 욕구, 두려움 및 소망을 이해하고자 애쓸 것이다. 그는 아내 말에 진심으로 귀를 기울이고 애정을 나타내며 기쁨을 줄 것이다. **연약한** 그릇이라는 어구는 다양하게 해석된다. 그러나 베드로는 아내들이 (대개) 남편들보다 육체적으로 더 연약해서 필요한 경우 남편의 도움을 받아야 하고, 어떤 아내들이 삶이 주는 압박과 해야 할 일들로 쓰러질 수 있음을(이런 일은 일부 남자들에게도 일어나기는 하지만) 남편들에게 상기시켰을 것이다. 필시 그는, 아내들이 남편들에게 순종하라는 부름을 받은 자로서 위치가 더 연약하다는 사실을 남편들이 이해해주기를 촉구하고 있는 것이다. 더욱이 남편들은 자기 아내를 **생명의 은혜를 함께 이어받을 자**(참고. 갈 3:28)로 더 존중해주어야 한다. 이는 남편들이 자기 아내가 영적으로 동등함을 인정해야 한다는 뜻이다. 자기 아내를 존대하지 않으면 남편이 기도하더라도 막힐 것이다. 자기 아내를 적절히 존중하지 않으면 죄책감으로 인해 남편들은 기도가 잘 되지 않을 것이다. 아니면, 자기 아내를 돌보지 않음으로써 그분에게 불순종하는 남편들의 기도에 하나님이 응답하시지 않을 수도 있을 것이다.

D. 그리스도인과 사회(3:8-22)

3:8-12. 베드로는 2:13-3:7의 순종이라는 주제에 기초해 일반적 권면을 계속한다. 신자들은 동료 신자들에게 동정심이 있어야 한다(8절). 동정심과 이기심은 공존할 수 없다. 가족 간의 사랑은 교회의 관습이 되어야 한다. 친절을 베풀고 겸손을 보이면 관계가 돈독해져 악이나 모욕이 끼어들 여지가 없다(9절). 복을 비는 것이 으뜸이 되어야 한다. 이 자질들을 강조하고자 베드로는 시편 34:12-16(10-12절)을 인용해 자신이 사랑하고 가치를 발견할 수 있는 삶을 살기 원하는 어떤 사람을 기술한다. 이 사람은 입을 단속하고 악에서 떠나며 열심히 화평을 찾음으로써 선을 행해야 한다. 주님은 그런 사람을 기뻐하시지만 또한 악한 자들을 살피고 심판하신다.

3:13-17. 신자들은 반대에 부딪히고 역경에 처하게 마련이다. 누군가 **의를 위하여 고난을 받으면** [그는] **복 있는 자**이다(13-14절). 이 역설적 진술은 예수님의 말씀을 반영한다(참고. 마 5:10-12). **복 있는**은 누군가 '기뻐한다'는 뜻이 아니다. 그것은 그가 '엄청난 특권을 받는다'는 뜻이다. 하나님이 그를 좋게 여기시기 때문

이다(마 5:1-6에 대한 주석을 보라). 어떤 사람이 신자에게 정말로 해를 끼칠 수 있는가? 신자는 두려워하기보다 [자기] **마음에 그리스도를 주로 삼아 거룩하게** 해야 한다(15절). '거룩하게 하다'(*hagiazo*, 하기아조)는 '축성하다' 혹은 '무언가를 따로 떼어놓다'를 뜻하지만, 여기서는 '무언가 혹은 누군가를 거룩한 것 혹은 거룩한 분으로 숭배한다'라는 의미가 있다. 신자가 고난을 겪을 때, 그는 자기를 박해하는 자들로 인해 두려워하거나 **근심**하기보다는 그리스도를 경외하는 마음을 품고 그분을 대신해 계속 담대히 말해야 한다. 그는 사람들이 자기에게 어떻게 할지보다는 그리스도를 기쁘시게 하는 일에 더 관심을 가져야 한다. 마음속에서 이를 인정하더라도 신자는 **대답할**['공식적 방어'를 뜻하는 아폴로기아(*apologia*)라는 단어를 번역한 것으로, 여기에서 '변증론'(apologetics)이라는 영어 단어가 파생되었다] 말을 준비해야 한다. 그러나 **항상**과 **묻는 자에게**라는 단어는 언급 대상을 일반적이고 포괄적인 것으로 만든다. 함축적 질문뿐만 아니라 직접적 질문도 있음을 기억하자. 베드로는 증언하라는 요구를 받았을 때 부인했다(참고. 요 18:17, 25-27). 증언은 항상 **온유**['태도와 행동이 부드러운 것'으로 그 반대는 '가혹함'이다]와 **두려움**[포보스 (*phobos*), 여기서는 '깊은 존경심'을 의미]으로 해야 한다. 내뱉는 말보다 대답하는 자세가 더 중요할지 모른다. 그리스도인의 한결같은 선한 행동은 고소하는 자들을 종종 침묵하게 할 것이다. 하지만 선을 행하다가 받는 고난은 하나님의 뜻일 수 있다(16-17절).

3:18-22. 부당한 고난을 당한 대표적 사례는 단연 예수님이시다(18절). 그분은 자신의 죄가 아닌 다른 **죄를 위하여 단번에** 고난받으셨다. 그분은 사람들을 하나님 앞으로 인도하고자 **불의한 자**를 위해 죽으신 **의인**이셨다. 그분이 **육체로는 죽임을 당하**셨다는 것은 폭력을 시사한다. 그러나 **영으로는 살리심을 받으셨다**는 것은 성령이 부활에 일조했음을 암시하거나(롬 1:4; 8:11에 대한 주석을 보라) 인간 예수의 정신을 나타내는 듯하다. 두 견해 모두 가능성이 있지만 아마도 예수님의 부활에서 성령이 하신 역할을 가리킬 것이다. (예수님의 영은 죽지 않았다. 따라서 **살리심을 받**을 필요가 없었다). 예수님이 사역하실 때마다 하나님의 삼위가 협력했음을 강조하는 것은 그 때문이다. 여기서 베드로는 한참 옆길로 빠지는데, 이는 아마도 신약에서 가장 난해한 구절일 것이다. 성령의 역사를 통해 예수님은 가셔서 **옥에 있는 영들**[그들에 대해서는 20절에서 설명]**에게 선포하**셨다. 그들은 노아가 방주를 짓는 데 걸린 100년 동안 살아 있던 사람들이었다(참고. 창 5:32; 7:6). 예수님은 성령의 협조로 노아를 통해 말씀을 전했지만 사람들은 거부했고 그들은 익사했다. 이제 그들은 옥에 갇힌 채 최후 심판을 기다리는 **영들**[육체에서 분리된 영혼들]이다. 노아 가족의 구원은 복음에 대한 비유로 해석된다. 믿음으로 방주에 들어간 자는 구원을 체험했다. 오늘날 믿음으로 그리스도 안에 들어가는 자들은 구원을 발견한다(1:5, 9을 보라). **물은… 하는 표니**[NASB의 "Corresponding to that"은 분사구문으로서 직역하면 '그것(물)에 상응하여(해당하여)'가 된다. 그리고 'Correspond to~'라는 동사구의 주어는 주절의 주어와 같은 'baptism'이다. 개역개정에서는 "물은…하는 표니"로 의역한 것 같다—옮긴이 주]는 세례가 구원의 필수라는 그릇된 주장을 하는 자들이 종종 간과하는 대목이다. 노아와 그의 가족은 베드로가 서신을 보내는 신자들에 해당된다. 노아 당시, 홍수로 인한 물은 하나님의 심판을 나타냈다. 그 물은 세례 주는 물에 상응한다. 하지만 홍수로 인한 물이 아무도 구원하지 못했듯이 세례 주는 물 역시 그러하다[노아는 **물로 말미암아 구원을** 얻었지만(20절), 물에 의해 구원 얻은 것이 아니다]. 세례는 죽으시고 부활하신 그리스도와 연합함으로써 하나님의 심판을 피하는 것에 대한 심오한 상징이다(롬 6:1-10에 대한 주석을 보라). 믿음으로 노아는 방주에 들어갔고 방주는 심판의 물위로 떠올랐다. 베드로의 믿는 독자들은 믿음으로 그리스도 안에 있고(참고. 1:5, 9) 그분의 **부활하심**으로 말미암아 구원받는다(참고. 1:5, 9의 믿음의 맥락에서 1:3의 부활에 대한 언급). 노아가 방주 안에 있음으로써 구원받았듯이 신자들 또한 세례 주는 물에 의해서가 아니라 그리스도 안에 있음으로써 구원받는다. 베드로는 세례로 구원받는 것이 아님을 더 직접적으로 나타낸다. 구원의 수단은 세례 받는 순간 **육체의 더러운 것을 제하여 버림**이 아니라 **하나님을 향한 선한 양심의 간구**이다. **간구**는 '서약'을 뜻했는데, 이는 아마도 어떤 이가

물로 세례 받기 전에 하는 증언일 것이다. 하지만 세례 또한 부활을 묘사한다. 그리스도 안에 있는 신자가 살리심을 받았기 때문이다(참고. 롬 6:4). 베드로는 부활 이후 재림과 승천에 이르기까지 예수님의 역사를 계속 들려준다. 하나님이자 인간이신 그분은 지금 하나님 우편에 앉아 계신다. 거기서 **천사들과 권세들**이 그분의 다스림에 복종한다.

E. 그리스도인의 본보기(4:1-19)

4:1-6. 우리는 이전 부분에서 그리스도께서 **육체**로 고난받으셨다는 교훈을 얻었다(1절). 신자들은 그리스도의 마음으로 고난에 임해야 한다. 그리스도에 대한 신실함을 잃지 않는 개인들은 박해 상황에서도 악을 범하지 않았다. 그들은 자신들의 삶에서 자기 뜻을 펼치시는 하나님의 손길을 보았다. 그들은 이전에 **음란과 정욕과 술 취함과 방탕과 향락과 무법한 우상숭배**(3절)를 비롯한 죄악 된 정욕 가운데 살았다(2절). 그들이 새로운 길로 들어섰기에 옛 친구들은 그 변화를 눈치채지 못할 것이다. 그리하여 불신자들은 지금 구원받은 그들의 이전 친구들을 비방한다(4절). 그 시기는 각각 다르겠지만 하나님은 산 자와 죽은 자 둘 다를 심판하실 것이다(5절). 복음에 대한 반응이 심판의 성격을 규정한다. 6절에서 **~으니**는 5절에서 언급된, 죽은 자들에 대한 심판이 확대됨을 선보인다. 복음은 인간을 구원하기 위해 **전파되었다**. **육체로는 사람으로**['사람으로'(as men)에서 전치사 'as'는 말 그대로 '~에 따라'를 의미한다—옮긴이 주] **심판을 받**는다는 것은 현세의 죄로 말미암아 육체적 죽음을 맛본다는 것을 뜻하리라. 설령 그것이, 불신자들이 신자들의 믿음에 대해 '인간의 평가 혹은 기준에 따라' 그들을 정죄하는 것을 나타낼지도 모르지만 말이다. 복음을 믿고 나중에 죽은 자들은 그럼에도 불구하고 **영으로는 하나님을 따라 살게**[이는 영생을 주시는 성령을 가리키는 것 같다. 롬 8:10-11에 대한 주석을 참고하라] 될 것이다.

4:7-11. 심판을 언급하면서 베드로는 천국을 선포하는 세례자 요한이 사용한 표현(참고. 마 3:2)인 **만물의 마지막이 가까이 왔으니**(7절)를 떠올렸다. 주님의 재림을 막을 수 있는 것은 없다. 그러므로 신자들은 **정신을 차리고** 결단력 있게 **기도하며** 특히 **뜨겁게 서로 사랑**해야 한다(8절). **뜨겁게**(8절)는 '끊임없는 강렬한 활동'을 뜻하는 것으로, 이기기 위해 전력을 다하는 운동선수들에 대해 이따금 사용되었다. 사랑은 **허다한 죄를 덮**는다. 사랑은 용서하고 또 용서할 준비가 되어 있고, **대접하기를 원망 없이 하는**(9절) 것으로 자신을 드러낸다. 어떤 사람이 믿음을 갖게 되자 가족 간의 관계가 깨졌다. 순회 선교사들은 거처가 필요했다. 시간이 얼마 남지 않았기에 영적 은사의 사용(10절)도 매우 중요하다. 베드로는 두 종류의 은사, 곧 말하는 은사와 섬기는 은사를 제시한다. 은사를 받은(참고. 고전 12:18-31) 사람은 자기가 **하나님의 여러 가지 은혜를 맡은 청지기**[다른 사람의 일과 소유를 관리하는 임무를 맡은 사람]임을 깨닫고 그것을 활용해야 한다. 하나님은 자기 백성 모두에게 영적 은사를 맡기셨다. 맡은 자들은 그분을 대신해 은사들을 활용해야 한다. 말하는 은사는 **하나님의 말씀**(11절), 곧 성경에 기초해야 한다. 섬기는 은사는 **하나님이 공급하시는 힘으로** 활용된다. 은사에 상관없이 최종 결과는 똑같다. **범사에 하나님이 영광을 받으시게** 하는 것이다. **영광과 권능**은 그분의 것이다. 하나님을 영화롭게 하지 못하는 은사 활용은 그 숨은 동기를 드러내 없애야 한다.

4:12-19. 신자들은 세상에서 시험을 받더라도 결코 이상히 여기지 말아야 한다(12절). 시험은 신자들을 연단하려고 오며 **그리스도의 고난**을 **나타**낸다(13절). 구주가 고난받으셨는데 신자들이 '난 아니겠지'라고 생각하면 안 된다. 신자가 **그리스도의 이름으로 치욕을 당하면** 역설적 진리가 나타난다. **영광의 영 곧 하나님의 영**이 (그 사람) **위에** 있기 때문에 그가 **복이 있**다(14절; 참고. 마 5:11)는 것이다. 예수님이 성령의 인치심을 받았으므로 그분의 이름으로 고난받는 하나님의 백성은 성령의 특별한 기름 부으심으로 그분의 소유가 된다. 쉐키나 영광이 이스라엘 성막과 성전에 머물렀듯이 성령은 오늘날 신자들 안에 거하신다(참고. 고전 6:19-20). 신자들은 **살인이나 도둑질이나 악행이나 남의 일을 간섭하는** 것과 같은 잘못을 저질렀기 때문에 고통받는 것이 아니다(15절). **그리스도인**으로서 받는 고난은 부끄러워할 것이 아니라 하나님을 영화롭게 할 기회로 삼아야 한다(16절). 신약에는 '그리스도인'이라는 용어가 세 번 나오는데 여기 나오는 것이 그 중 하나이다(참고. 행 11:26; 26:28). '그리스도인'으

로 밝혀지는 사람은 구원의 축복을 소유한 자로 부각된다. 그러한 신분으로 인해 당사자가 그리스도에게 속한 것으로 드러나기 때문이다. 1세기 당시 그리스도인이라는 이름은 불신자들의 놀림감이었을 것이다. 베드로는 하나님의 집, 곧 교회에서 심판을 시작할 때가 되었다고 믿었다(17절). 베드로는 구원에 대가가 따른다는 잠언 11:31을 인용했다(18절). 예수 그리스도 안에 있는 신자에 대한 심판은 거듭난 신자들이 예수 그리스도의 심판대 앞에 서게 될 때에 대해 말한다(참고. 고후 5:10; 롬 14:10; 아마도 고전 3:10). 이 심판의 목적은 신자가 회심 이후 자신의 삶에서 한 일들을 평가해 그에 합당한 상을 주려는 것이다(참고. 고전 3:11-15). 어떤 상을 받든, 가령 여러 구절에 언급된 면류관과 같은 상(참고. 고전 9:25; 살전 2:19; 딤후 4:7-8; 약 1:12; 벧전 5:4)은 장차 구주의 발 앞에 놓일 것이다(참고. 계 4:10). 예수님이 의인들을 위해 죽으셨다면 하나님의 길을 거부하고 그분의 심판을 받는 자가 받을 마지막 유산이 어떠할지는 도무지 표현할 길이 없다. 신자가 받는 고난은 하나님의 뜻에 따른 것이다. 하지만 그는 선을 행하실 **미쁘신 창조주**(19절)께 자기 영혼을 **의탁**했다(돈을 예치한다는 은행 용어). 이는 억울함이 아닌 신뢰로 이어진다.

V. 교회의 행동(5:1-11)

A. 목사의 행동(5:1-4)

5:1-3. 베드로는 교회를 이끌어가기에 충분한 영성과 연륜을 갖춘 사람을 뜻하는 장로들[1절, 프레스비테로스(*presbyteros*), 딤전 3:1에 대한 주석을 보라]에게 권한다. 그의 권면은 **그리스도의 고난을 목격한 함께 장로 된 자로서** 하는 것이다. 증인은 구경꾼일 뿐 아니라 증언하는 사람이기도 하다. 베드로는 **나타날 영광**, 곧 마지막 때 교회에 드러날 예수님의 영광에 그들과 함께 참여할 것이다. 그는 **너희 중에 있는 하나님의 양 무리를 치라고**(2절), 즉 그들에게 맡긴 양 무리를 돌보라고 권면한다. 예수님은 베드로에게 세 번이나 그분의 양을 보살피라고 말씀하셨다(참고. 요 21:15-17). 그러한 돌봄은 **억지**[임무나 의무라는 생각으로 무언가를 어쩔 수 없이 해야 한다는 느낌]로가 아닌 **하나님의 뜻을 따라 자원함으로**[무언가를 강요받지 않고 기꺼이 하려는 자세] 해야 한다. 하나님은 사람을 이런 식으로 대하신다. 그분의 종들은 교회를 이끌 때 그분을 본보기로 삼아야 한다. 장로는 언제나 자발적으로 섬겨야 한다. 그렇게 하도록 부르심을 받았기 때문이다. 장로는 자기가 나서지 않으면 일이 처리되지 않을 것이라는 두려움 때문에 맡은 책임을 수행하려 해서는 안 된다. 하나님이 자신의 뜻을 이루시는 방식은 다양하다. 장로는 또한 **더러운 이득**[부끄럽고 억제되지 않은 탐욕]**을 위하여** 하지 말고 **기꺼이** 해야 한다. 장로는 양들을 사랑하고 금전적 이득에 관심을 두면 안 된다. 그가 보살피는 자들도 책임이 있다. 그들은 바울이 디모데에게 한 말을 기억해야 한다(참고. 딤전 5:17-18; 또한 고전 9:9). 장로는 자기가 이행하는 책임에 비추어 공평한 임금을 받아야 하기 때문이다. 그는 주님의 자리를 넘볼 것이 아니라, 자신이 **양 무리의 본**(3절)이 됨을 입증해야 한다. 양을 몰아붙이지 말고 이끌어야 한다.

5:4. **목자장이 나타나실 때에** 장로인 목자는 자기 사역에 대해 설명할 것이다. 이는 목자로 하여금 기쁨과 열정으로 맡은 일을 이행하도록 동기를 부여해줄 것이다. 고대 세계에서는 승리를 거두면 상으로 관을 수여했다. 자기에게 맡겨진 양 무리를 충실하게 돌보는 장로인 목자는 **시들지 아니하는 영광의 관**을 받을 것이다. 이 관은 양들이 아닌 주님이 친히 주신다(상에 대한 개념에 대해서는 마 25:21, 23; 고전 3:10-15; 4:5에 대한 주석을 보라).

B. 교인(사람들)의 행동(5:5-11)

5:5. 나이가 **젊은 자들**은 [그들의] **장로들에게 순종**하라는 권면을 받는다. 젊은 사람들이 인내하기란 종종 힘들지만, 나이 든 사람과 기독교 지도자를 존경하는 일은 언제 봐도 흐뭇하다. 모든 젊은이는 **서로 겸손으로 허리를 동이라**는 충고를 듣는다. '동이다'는 수건을 허리에 두르고 제자들의 발을 씻기신 예수님을 언급할 때 사용된다(참고. 요 13:3-10). 겸손은 자신에 대한 생각을 눈곱만큼도 하지 않을 때 나타난다. 겸손한 행동은 성경에서 강조하기 때문에 필요하다. '하나님은 교만한 자를 비웃으시며 겸손한 자에게 은혜를 베푸신다'(잠 3:34; 약 4:10에 대한 주석을 보라). 교만은 으뜸가는 죄였고(딤전 3:6) 겸손의 만년 훼방꾼이다.

5:6-10. 베드로는 몇 가지 실제적 권면을 제시한다. **겸손하라 때가 되면 너희를 높이시리라**(6절). 신자는 하나님이 자신의 때에 그를 높이실 주재자 주님이심을 깨닫고 의도적으로 자신을 복종시키는 훈련을 해야 한다(참고. 눅 14:11). 이는 현세에서 하나님의 백성 앞에서는 가능할지 모르나 아마도 영원으로 들어갈 때까지는 어려울 것이다. 이에 개의치 않고 하나님은 겸손하지 않은 자는 누구든 결코 높이시지 않을 것이다. 개인의 권리를 내려놓고 남을 섬김으로써 겸손이 염려를 낳지 않을 것이라는 말인가? 시편 55:22을 따라서 베드로는 일어나는 염려를 다 주께 맡기라고 신자들에게 권면한다. 그들은 그분이 자신들을 돌보신다는 것을 알기 때문이다. 거의 모든 종교에서 숭배자들은 섬기는 신들의 환심을 사야 한다. 신자는 하나님이 그를 사랑하고 돌보시겠다는 약속을 알고 있다.

하지만 근신은 타당한 것으로 인정된다. **대적**[문자적으로, '소송 상대'] **마귀**[문자적으로, '비방하는 자' 혹은 '고소하는 자']가 **우는 사자같이 두루 다니며 삼킬 자를 찾**기 때문이다(8절). 사탄은 사람들의 파멸을 꾀하지만 (자기) '믿음이 굳건한'(9절) 자의 저항을 받을지도 모른다. 예수님은 성경을 무기 삼아 마귀와 싸우셨다. 베드로는 사탄이 오늘도 활개 치는 것을 알기에 사탄이 천 년 동안 결박될 온전한 메시아 왕국에 교회가 아직 들어가지 않았음은 분명해 보인다(참고. 계 20:2-3).

세상의 모든 신자는 고난을 받는다. 특정 신자만 받는 것이 아니다. 하지만 고난이 끝나면 은혜가 풍성하신 하나님은 자기 자녀들을 온전하게 하고 굳건하게 하고 강하게 하고 터를 견고히 하는 것을 비롯한 자신의 목적을 완수하실 것이다(10절). **온전하게** 한다는 것은 '무언가를 하기에 적합하거나 충분한 상태로 만드는 것'을 뜻한다. **굳건하게** 한다는 것은 '어떤 이를 더 강하고 더 꾸준한 상태가 되게 하는 것'을 뜻한다. **강하게** 한다는 것은 '어떤 이를 더 유능해지고 덜 약해지게 만드는 것'을 뜻한다. **터를 견고하게** 한다는 것은 '실천 혹은 믿음을 위한 기반을 튼튼히 하는 것'을 뜻한다. 하나님은 신자들이 세상과 마귀의 손아귀에 놓여 고난을 받는 동안 그들을 강하게 하시겠다고 약속한다. 마침내 하나님은 **그리스도 안에서 자기의 영원한 영광**으로 만물을 바로잡으실 것이다.

5:11. (기도일 수도 있는) 짤막한 찬가로 글을 마무리하면서 베드로는 **권능이 세세무궁하도록 그에게 있을지어다 아멘**이라고 말한다. 신약에서 하나님에 대해서만 사용되는 **권능**이라는 단어는 통제하고 지배력을 얻고 그것을 유지할 수 있는 능력을 말한다. 그러한 능력은 지금부터 영원까지 하나님의 것이다.

Ⅵ. 결론(5:12-14)

5:12. 베드로는 원고를 쓴 **신실한 형제 실루아노**[실라일 수도 있는]를 언급한다. 12-14절을 베드로가 직접 썼는지는 알 수 없다. 그의 짤막한 권면은 독자들이 하나님에 대한 믿음과 소망을 굳건히 하도록 하기 위해 쓴 것이다. 그리하여 그들은 그분의 은혜 안에서 든든히 설 터이다.

5:13. 베드로는 자신과 함께 있는 두 사람을 언급한다. '그녀'(NASB의 'She', 개역개정은 '교회'로 옮겼다—옮긴이 주)와 **마가**인데, 흔히들 베드로의 아내와 둘째 복음서를 쓴 요한 마가로 생각한다. 만일 이 서신이 엉뚱한 이의 손에 들어간다면 아마 **바벨론**은 그리스도인들은 알지만 불신자들 사이에서는 모르는 인물을 나타낼 것이다. 교회 전승에 따르면 베드로는 로마에서 순교했다. 요한은 로마를 염두에 두고 이 인물을 사용했을지 모른다(그러나 계 14:6-20에 대한 주석을 보라). 베드로가 순교하기 전부터 로마는 이교도적 우상숭배에 빠진 화려한 도시의 상징으로 정평이 났었다.

5:14. 마지막으로 **사랑의 입맞춤**을 권하면서, 베드로는 신자들에게 교회라는 몸 안에서 서로 애정과 선의를 보이라고 격려한다. 입맞춤은 연합과 사랑의 표시였다. **그리스도 안에 있는 너희 모든 이에게 평강이 있을지어다**는 히브리인들의 축복기도를 나타낸다. 참된 평강은 그리스도 안에 있는 자들만 누릴 수 있다. 그분을 떠나서는 베드로가 이 서신에서 말하는 축복을 누릴 사람은 아무도 없다.

참 고 문 헌

Blum, Edwin H. "1 Peter." In *The Expositors Bible Commentary*, Vol. 12, edited by Frank E. Gaebelein. Grand Rapids, MI: Zondervan, 1981.

Clowney, Edmund P. *The Message of 1 Peter*. Bible Speaks Today. Downers Grove, IL: InterVarsity, 1989. 《베드로전서 강해》, BST 시리즈(IVP).

Davids, Peter H. *The First Epistle of Peter.* New International Commentary on the New Testament, Grand Rapids, MI: Eerdmans, 1990.

Goppelt, Leonhard. *A Commentary on 1 Peter.* Grand Rapids, MI: Eerdmans, 1993.

Grudem, Wayne A. *The First Epistle of Peter.* Tyndale New Testament Commentaries. Grand Rapids, MI: Eerdmans, 1988.

Hiebert, D. Edmond. *1 Peter*. Winona Lake, IN: Brethren Missionary Herald, 2002.

Kelly, J. N. D. *Commentary on the Epistles of Peter and Jude*. Harper's New Testament Commentaries. Peabody, MA: Hendrickson, 1969.

MacArthur, John. *1 Peter.* MacArthur New Testament Commentary. Chicago: Moody, 2004.

Marshall, I. Howard. *1 Peter.* InterVarsity Press New Testament Commentary. Downers Grove, IL: InterVarsity, 1990.

McKnight, Scot. *1 Peter*. NIV Application Commentary. Grand Rapids, MI: Zondervan, 1996. 《베드로전서》, NIV 적용주석(솔로몬).

Schreiner, Thomas. *1 Peter.* New American Commentary. Nashville: Broadman & Holman, 2003.

베드로후서

루이스 바비에리(Louis A. Barbieri)

서 론

저자. 신약에서 베드로전서만큼 외적으로 강력하게 저자를 입증하는 책이 없는 반면, 베드로후서처럼 신약 정경 전체에서 저자를 입증하는 외적 증거가 가장 미미한 책도 없을 것이다. 순교자 저스틴, 이레니우스, 이그나티우스 및 로마의 클레멘트 같은 교부들은 일찍이 이 책을 넌지시 언급했다. 오리겐(250년경)은 처음으로 베드로의 이름을 이 서신과 관련지었는데, 그는 이것이 논란의 여지가 있다고 말한다. 그러나 짧은 서신일수록 저자를 입증하는 외적 증거는 빈약한 경우가 많다.

이 서신의 저자로 베드로를 가장 유력한 후보자로 꼽는 내적 요소들은 많다. 확실히 베드로가 쓴 것으로 인정받는 서신(베드로전서)의 널리 알려진 인사를 모르는 위조범은 없을 테지만, 저자는 이 서신을 시작하면서 자신을 "시몬 베드로"로 언급한다. 저자가 베드로의 삶에 관해 알고 있는 많은 것들(참고. 1:16-18)은 복음서 이야기에서 사실로 드러난다(참고. 막 9:2-8; 마 17:1-8; 눅 9:28-36). 저자는 또한 자신의 임박한 죽음이 예견된 것이라고 하면서(참고. 요 21:18-19) 그 죽음을 기다리고 있다(1:13-15). 저자는 사도 바울이 쓴 책들과 바울에 대해 잘 알고 있는 듯하다(3:15-16). 첫째 서신에 대한 언급이 있고(3:1) 베드로전서와 주제가 비슷하기 때문에(종말론, 홍수 및 그리스도인의 자유와 같은 쟁점들) 같은 사람이 이 두 서신을 썼다는 결론을 내리게 된다.

왜 어떤 이들은 베드로후서의 베드로 저작설에 반대하는가? 어떤 이들은 한 위조범이 유다서에서 단순히 자기 자료를 빌려와서 이 책과 유다서가 비슷하다고 믿는다. 하지만 베드로후서가 유다서보다 먼저 쓰였음은 분명해 보인다. 베드로후서는 거짓 선생들이 교회 안으로 들어올 것이라고 말하는 반면(2:1), 유다서는 그들이 교회 안에 들어와 있다고 말한다(유 1:3-4). 다른 이들은 저자가 3:2에서 '실족했고' 그가 "너희의 사도들"을 언급할 때 자신을 사도 집단에 포함하지 않았다고 믿는다. 하지만 저자의 표현은 그런 해석을 요구하지 않는다. 더욱이 저자는 1:1에서 자신을 '예수 그리스도의 사도'로 부른다.

두 서신의 글 쓰는 스타일은 누가 봐도 다르다. 베드로가 첫째 서신을 쓸 당시 조력자 실루아노가 옆에서 거들었다는 이야기가 나오지만(참고. 벧전 5:12), 둘째 서신에는 누가 옆에서 거든다는 말이 없다. 베드로가 구사하는 정확한 갈릴리 헬라어의 특징을 더 잘 보여주는 것은 둘째 서신일 것이다.

마지막으로, 저자가 예수 그리스도를 지나치게 많이 언급하는 바람에 자신을 사도 베드로와 결부시키지 못한다고 몇몇 비평가들은 말한다. 그런데 얼마나 많이 언급해야 지나치게 많은 것인가? 저자가 예수님을 단 한 번도 언급하지 않았거나 몇 차례만 언급했더라면 비평가들은 몇 차례 언급했다는 이유로 베드로의 저작설을 일축했을 것이다. 반대를 무릅쓰고 내릴 수 있는 최상의 결론은 시몬 베드로라는 동일 인물이 신약에서 그의 이름을 흔히 볼 수 있는 두 서신을 썼다는 것이다.

연대. 베드로후서의 저작 시기를 이야기할 때 명심해야 할 몇 가지 요소가 있다. 사도 베드로가 실제로 이 책을 썼다면 그는 자기 죽음이 임박한 것으로 믿었다고 말했을 것이다(1:13-15). 이 서신이 베드로가 같은 집단을 향해 쓰는 둘째 서신이며(3:1), 그가 사도 바울과 바울서신들에 대해 잘 안다고 언급하는(3:15-16) 것으로 보아 시간이 흘렀음을 짐작케 한다. 이 모든 것에 비추어 저작 시기를 주후 67년 혹은 68년으로 보면 무리가 없을 것이다.

수신자. 3:1에서 둘째 서신을 언급하기 때문에 이 서신이 베드로의 첫째 서신을 받은 바로 그 집단에 발송되었다는 결론을 쉽게 내릴 수 있다. 그러므로 이 서신은 지금의 터키로 알려진 곳의 전역에 흩어져 있는 유대인(디아스포라) 신자들에게 주로 보내졌다.

목적. 베드로후서 3:17-18의 진술은 그가 이 서신을 쓴 목적이 두 가지라는 결론으로 이어진다. 첫째는 거짓 선생들에게 경고하는 것이며, 둘째는 영적 성장을 격려하는 것이다.

개 요

- Ⅰ. 서문(1:1-2)
  - A. 저자(1:1a)
  - B. 수신자들(1:1b)
  - C. 인사(1:2)
- Ⅱ. 그리스도인의 삶의 특징(1:3-21)
  - A. 시작(1:3-4)
  - B. 지속(1:5-11)
  - C. 선언(1:12-21)
- Ⅲ. 그리스도인의 삶에서의 경고(2:1-22)
  - A. 거짓 선생들의 특징(2:1-3)
  - B. 거짓 선생들에게 적용되는 구약의 내용(2:4-9)
  - C. 거짓 선생들의 미래(2:10-22)
- Ⅳ. 그리스도인의 삶에서의 확신(3:1-16)
  - A. 베드로의 목표(3:1-2)
  - B. 베드로의 훈계(3:3-7)
  - C. 베드로의 확언(3:8-16)
- Ⅴ. 결론(3:17-18)

주 석

Ⅰ. 서문(1:1-2)

A. 저자(1:1a)

1:1a. **시몬 베드로라는** 독특한 서명은 베드로가 이 글의 실제 저자임을 입증한다. 위조범이라고 해도 베드로전서의 유명한 서문을 바꾸지는 않을 것이다. 베드로는 자기가 원하는 방식으로 시작할 수 있었을 것이다. 그는 자신을 **종**[*doulos*, 둘로스]**이며 사도**로 불렀는데, 종은 겸손을 나타내고 사도는 이 서신을 쓸 권한을 뒷받침한다.

B. 수신자들(1:1b)

1:1b. 이 서신은 베드로전서의 수신자들을 비롯하여(참고. 3:1) **우리 하나님과 구주 예수 그리스도의 의**를 통해 생기는 **믿음**을 가진 신자들에게 쓰는 것이다. 이 절에서 **믿음**은, 그것이 믿음의 내용(참고. 유 1:3) 혹은 예수 그리스도 안에 있는 신자를 구원하는 믿음일 수도 있음을 암시하는 관사가 없다. 여기서 후자(예수 그리스도 안에 있는 신자를 구원하는 믿음)를 선호하는 것은 베드로가 우리 하나님이시자 구주, 곧 두 사람이 아닌 한 사람 예수 그리스도를 통해 생기는 믿음에 대해 말하고 있기 때문이다.

C. 인사(1:2)

1:2. 이 인사는 베드로전서와 동일하다. **앎**을 삽입하는 것은 의미심장하다. 베드로가 참된 앎을 가졌다고 주장하는 사람들에게 편지를 쓰고 있었기 때문이다. 하나님의 은혜와 평강을 체험하는 것은 **하나님**에 대한 **앎**에 달려 있다. 신자가 앎을 얻으면 그의 삶에서 은혜와 평강이 더욱 배가된다.

Ⅱ. 그리스도인의 삶의 특징(1:3-21)

A. 시작(1:3-4)

1:3-4. 저자는 부르심에 기초한 거룩한 삶을 살라고 독자들에게 호소한다. **신기한 능력**은 얻은 것이 아니라 주어진 것이며, 그것은 경건에 필요한 모든 것을 공급한다. 이는 하나님의 **영광과 덕**이신 예수 그리스도의 부르심을 통해 온다. 인간 예수는 마음을 끄신다. 그분의 능력은 반응을 일으킨다. **신성한 성품**에 참여하는 자가 되게 하겠다는 약속을 비롯한 **보배롭고 지극히 큰 약속**이 신자들에게 주어졌다. 신자들은 하나님이 되는 것이 아니라 그분에게서 오는 의를 소유하고(롬 1:17; 3:21-26에 대한 주석을 보라), **정욕 때문에** 생기는, 세상에서 **썩어질 것**을 피할 수 있게 해주시는 하나님과 교제를 나눈다.

B. 지속(1:5-11)

1:5-7. 그리스도 안에서 새 삶을 시작한 베드로는 **믿음**(5절)으로 시작되는 그리스도인의 삶의 구체적 덕목들로 자신을 무장하라고 독자들에게 충고했다. 그리고 그는 날마다 하나님을 신실하게 따른다. 신자들이 성장함에 따라 하나님의 은혜는 '힘씀'('최선을 다하는 것')을 요구한다. 힘씀은 **덕**(참고. 1:3)으로 이어지는데, 이는 지정된 목적을 완수하는 것에 대해 쓰이는 헬라어 단어이다. 하지만 그리스도인의 삶은 믿음과 실제적 선함 그 이상이다. 또한 **지식**이 있는데, 그리스도인은 그것을 두려워할 필요가 없다. 왜냐하면 진리는 명철로 이어질 것이기 때문이다. 다음은 헬라어로 '격정을 다스림'을 뜻하는 단어인 **절제**이다. 이는 내주하시는 성령의 다스림에 신자들이 굴복할 때 생긴다. 절제로부터 어려운 일을 견뎌낼 수 있는 능력인 **인내**가 생겨난다. 인내에 **경건** 혹은 하나님과 동료들에 대한 경의가 더해진다. 이는 이전 덕목의 외부 작용인 **형제 우애**로 이어진다(참고. 요일 4:20). 그리스도인의 진보의 절정은 **사랑**[헬라어로 아가페(*agape*)], 곧 사랑받는 자 안에 지고선이 실현되기를 의도적으로 바라는 마음이다(고전 13:1-3에 대한 주석을 보라).

1:8-11. 그리스도에 대한 참된 지식이 있는 신자는 이처럼 열매 맺는 자질들을 갖추게 마련이다. 성장하기를 거부하는 자는 눈이 멀고 자신이 용서받았음을 고의로 잊어버린 사람이다. 베드로는 열심을 내라고 당부하면서 자기 독자들에게 그들이 받은 소명, 곧 하나님의 주권적 부르심과 신자의 책임의 아름다운 어우러짐을 추구하라고 격려했다. 그리스도인의 소명과 그리스도인의 삶은 바늘과 실의 관계와 같다. 자신의 소명을 확인하면 두 가지 결과가 따른다. 첫째, 그는 **언제든지 실족하지 아니하리라**(10절). 이는 말이 절대 넘어지지 않을 것 같음(horse's surefootedness)을 묘사하는 은유이다. 베드로가 자신의 주님을 부인했음에도 불구하고 회복된 사례(참고. 요 21:15-17)는 신자가 자기 구원을 잃을 정도로 실족하는 일은 결코 없을 것임을 시사한다. 그 대신에 신자는 자신의 평생 목표, 곧 구주의 **영원한 나라**(11절)에 들어가는 것을 마침내 성취할 것이다. 구원은 결코 행위로 얻지 못하지만 베드로가 요약한 경로(참고. 5-6절)를 따르는 신자는 천국에서 자기 구주를 만나는 특별한 영광을 누릴 것으로 기대한다(참고. 딤후 4:7-8, 18; 행 7:56).

C. 선언(1:12-21)

1:12-15. 신자들이 성장하려면 정보가 필요하다. 베드로는 자신이 예전에 배운 것들, 곧 독자들이 알지만 최근에 숙고하지 않은 진리들을 그들에게 **생각나게** 해야겠다는 의무감이 들었다. **진리에 서 있는**(12절)

그리스도인이라 할지라도 심각한 죄와 잘못을 저지를 수 있다. 그래서 베드로는 그들의 기억을 **일깨**우고 싶어 했다. 주님의 계시대로(참고. 요 21장) 베드로는 자신의 죽음이 **임박한** 줄을 알았지만(14절) 그들의 기억을 일깨우는 것이 그의 숭고한 사명이었다. 베드로는 자기가 **떠난** 후에 자기 지식이 활용되도록 힘쓰고 있었다. 베드로가 로마를 비롯한 여러 도시에서 전도했음은 문서로 충분히 입증된다. 그의 공적 사역은 크게 인정받았다. 그러나 베드로가 요한 마가와 함께 사역하는 데 인생 말년을 보냈다는 교회사의 증언도 있다(마가복음 서론을 보라). 여기서 그는 자기 독자들에게 쓴 것을 배제하지 않고 자기와 함께 사역한 마가(참고. 벧전 5:13)를 특별히 언급할 수 있을 것이다. 둘째 복음서(마가복음)는 흔히 '베드로가 전하는 복음'으로 불린다. 베드로는 예수님에 대한 자신의 기억으로 마가복음을 채워가고 있었다. 그 복음서를 쓰는 과정은 이미 시작되었는지도 모른다. 하지만 베드로가 죽은 뒤 예수 그리스도와 그분의 가르침에 대한 그의 기억들을 반드시 글로 남겨야 한다는 강력한 요구가 교회 안에 분명히 있었을 것이다.

1:16-21. 이 진리들은 우화가 아니기 때문에 보존할 필요가 있었다. 베드로는 예수님이 변형되실 때 그분의 **크신 위엄을 친히 본 자**였다(참고. 마 16:28-17:8에 대한 주석). 그때 그분의 영광이 나타났고 하나님은 이렇게 말씀하셨다. **이는 내 사랑하는 아들이요 내 기뻐하는 자라**(17절). 베드로가 온전한 말로 진술하지 않았다는 것은 진정성을 뒷받침하는 또 다른 주장이다. 위조범이었다면 복음서들에 알려진 온전한 진술을 바꾸지 않았을 것이다. 이를 통해 **예언**(19절)이 사실로 드러나거나 더 분명해졌다. 제자들이 보기에 성경은 결코 인간 의지의 산물(20절의 '**사사로이 푸는** 것'의 그럴듯한 의미는 그 환상들이 선지자들과 함께 시작된 것도, 그들에게서 그 의미를 도출한 것도 아니라는 점이다. 참고. NIV, NET, TNIV)이 아니었다. 그 대신 사람들은 자신들이 **성령의 감동하심을 받은**['납득되는', '특정한 방향으로 이끌리는'] 대로 하나님의 계시를 **말한** 것이다. 바울에 의하면, 성경은 하나님이 '숨을 내쉰' 것이다(딤후 3:16에 대한 주석을 보라). 그 과정에서 저자들은 성령의 감동을 받았고 그들이 선택한 단어들은 하나님이 전해졌으면 하고 바라신, 바로 그 메시지를 만들어냈다. 그리스도인의 믿음은 **교묘히 만든 이야기**(16절)가 아니라 선지자들을 통해 전해져(20-21절) 마침내 성경에 기록된 성령의 계시에 기초한다.

Ⅲ. 그리스도인의 삶에서의 경고(2:1-22)

A. 거짓 선생들의 특징(2:1-3)

2:1-3. 분위기가 확 바뀌면서 베드로는 교회에 침투하는 이단의 가르침에 대해 엄히 경고했다. **거짓 선생들**이 올 것이라고 해서 놀랄 필요는 없다. 그들이 예전에 이스라엘 **백성 가운데** 일어났었기 때문이다(1절). **멸망하게 할 이단**이 오는데, 그중 최악은 구속을 완성하신 주님을 부인하는 것이다. 결과적으로 그들은 **임박한 멸망을 스스로 취**하고(1절), 다른 이들을 꾀고, 기독교적 대의의 가치를 떨어뜨린다(2절). 그들이 **탐심**으로써 '많은 이들'로 이득을 삼는다. 하지만 하나님의 심판이 임할 것이다. 이 거짓 선생들이 **백성 가운데** 그리고 **너희 중에도** 일어나지만, 하나님은 참된 신자들과 가짜 신자들뿐만 아니라 참된 선생들과 가짜 선생들도 구별하실 수 있다. 이는 2:20-22의 배교하는 자들의 정체를 밝히는 중요한 요소이다. 그들은 참된 신자들이 아니다. 배교자들은 신자가 아니기에 그들이 **자기들을 사신** 주님을 부인하는 것은 메시아의 구속적 죽음이 택함 받은 자들은 물론이고 잃어버린 자들도 염두에 두었음을 나타낸다. 예수님이 죽음을 통해 모든 사람을 '샀다'고 해서 그들 모두가 거듭날 것이라는 말은 아니다. 그리스도께서 십자가에서 자신을 대신해 죽기로 작정하셨음을 개개인이 믿을 때 비로소 그분의 사역은 각 사람 안에서 꽃을 피운다.

B. 거짓 선생들에게 적용되는 구약의 내용 (2:4-9)

2:4-9. 저자는 창세기를 인용해, 하나님이 죄인은 확실히 심판하시지만 자신이 택한 사람은 기억하신다는 것을 보여준다. 일례로 **천사들**을 들 수 있는데, 아마 그들은 루시퍼를 따르다가 죄를 지었을 것이다(참고. 사 14장; 겔 28장; 계 12:4). 그런데 이 천사들은 절대 빠져나올 수 없는 **지옥에 던져**졌다[헬라어로 타르타루(*tartaroo*)]. 이는 이 절이 악마의 기원을 기술할

수 없음을 나타낸다. 왜냐하면 이 천사들 중 어느 누구도 타르타루스(Tartarus, 그리스 신화에서 말하는 지옥 아래의 밑바닥 없는 못 혹은 지옥—옮긴이 주)를 결코 떠나지 않기 때문이다. 베드로는 하나님의 아들들이 사람의 딸들과 동거했다는 창세기 6장에 대해 생각하고 있었을지 모른다(창 6:1-4에 대한 주석을 보라). 요점은 분명하다. 하나님은 죄를 벌하신다. 둘째 실례는 **노아** 당시의 **옛 세상**이다. 하나님은 여덟 사람만 구하고 나머지는 죄다 멸망시키셨다. 심판은 확실하지만 하나님은 자기가 택하신 사람을 돌보셨다. 마지막으로 **롯**이 건짐을 받는 **소돔과 고모라** 이야기가 나온다(7-8절). 롯은 **무법한 자들의 음란한 행실로 말미암아 고통당**했다. 베드로후서는 다른 어느 곳에서도 발견되지 않는 사실들을 선보인다. 롯은 주변 환경으로 인해 '상했음'에도 소돔에 그대로 남았다. 아마 베드로는 롯이 그 도시에 대한 하나님의 증인임을, 롯이 사악한 도시에 사는 자들과 구별됨을 암시하고 있었을 것이다. 하나님이 **롯을 건지셨**고 그를 소돔의 불의한 자들과 구별하셨듯이 그분은 자기 백성을 구하셔서 그들을 파국이 불가피한 거짓 선생들과 구별하실 것이다(참고. 2:17-22에 대한 주석). 베드로의 결론은 이렇다. [그분이 노아의 가족과 롯을 구하신 것에서 실증되듯이] **주께서 경건한 자는 시험에서 건지실 줄 아시고** 또한 [마귀와 사악한 세상, 소돔과 고모라의 경우에서처럼] **불의한 자는 형벌 아래에 두어 심판 날까지 지키**신다.

C. 거짓 선생들의 미래(2:10-22)

2:10-13a. 거짓 선생들은 하나님의 섭리에 따른 지배를 받는다. 그들은 **육체를 따라 행하**고(베드로가 13b-16에서 이 특징을 전개시키는 것을 보라) **주관하는 이를 멸시**한다(이는 10b-13a에서 전개된다). 거짓 선생들은 **주관하는 이**를 경멸하는데, 이는 그들이 **영광 있는 자들**[문자적으로, '영광들' 혹은 '영광스러운 이들'. 이는 타락했지만 지금도 하나님의 창조능력을 입증하는 악한 천사 같은 존재들을 가리킨다]을 무시하는 것을 보면 알 수 있다. 악한 천사들보다 더 우월한 착한 **천사들**(11절)조차도 타락한 천사들을 맹렬히 비난하지 않는다. 이는 거짓 선생들의 도를 넘는 교만을 여실히 보여준다. 그들은 자기 욕망을 따르는 사나운 짐승과 같다(12절). 그들은 파멸될 것이며, 삶을 통해 상을 받는 것이 아니라 빼앗긴다. 그들이 받는 상은 기대와 딴판이다(13a절). 그들은 불의를 심고 그대로 거둘 것이다.

2:13b-16. 여기서 베드로는 2:10a에 소개된 거짓 선생들의 육체를 따라 행함이라는 주제를 전개했다. 사회규범을 거스르는 거짓 선생들은 대낮에 즐기고 논다(13b절). 개개인을 성적 대상으로 여기는 그들은 세상의 **점과 흠**이다(13절). 그들의 욕망은 끝이 없다. 그들은 죄의 노예이다. 고삐 풀린 욕망에 사로잡힌 그들은 더 많은 것을 추구한다. 그들은 '저주받은 어머니를 둔 자녀들'을 뜻하는 히브리어 특유의 표현인 **저주의 자식**으로 간주된다. 베드로는 앙심을 품고 왜곡하는 것이 아니라 사실대로 기술하고 있었다. 그들은 의도적으로 바른길을 떠나 **발람의 길**(15절)을 따랐기에 하나님의 저주 아래 놓였다. 이 발람은 이스라엘을 저주하도록 고용된 이방인 선지자였다. 그는 불의의 삯을 사랑했다. 그의 주된 관심은 자기가 받을 삯이었지만(참고. 벧전 5:2) 그의 조언은 하나님과 무관했다. 그는 모압 족속을 부추겨 이스라엘 사람들과 육체관계를 맺게 했고, 이로써 유대 국가는 도덕적으로 타락했다. 거짓 선생들도 동일한 죄를 범했다. 그들이 성적인 것들에 사로잡혀 자신들을 따르는 자들을 파멸시켰기 때문이었다(참고. 13절).

2:17-22. 10-16절에서 거짓 선생들의 특징을 묘사한 베드로는 17-22절에서 그들이 다른 사람들에게 끼치는 파괴적 영향을 기술하기 시작한다. 그들은 **물 없는 샘이요 광풍에 밀려가는 안개**이다(17절). 이는 공허한 고백과 말라비틀어진 삶을 묘사한다. 물 없는 샘, 혹은 조짐은 보이지만 비를 내리지 않는 폭풍이 무슨 소용 있나? 거짓 선생들은 그들의 이교도 배경에서 **겨우 피한** 새 개종자들(18절)에게 도덕적 구속으로부터의 자유를 약속하지만(19절) 그들은 예의를 모른다. 얄궂게도 거짓 선생들 자신은 **멸망**에 의해 **종이** 된다. 그들은 말로 현혹한다. 20절의 대명사 **그들**의 가장 가까운 선행사는 그들의 속임수에 놀아나는 자들이 아니라 19절의 거짓 선생들이다. 거짓 선생들은 어느 정도 주를 알기에 그들은 그리스도인들이 그랬듯이 **세상의 더러움을 피**했다(1:3-4에서 참된 신자들에 대해 사용하는 비슷한 용어들을 보라). 거짓 선생들은 여러 면에서

참된 신자들과 비슷하지만 베드로는 그들이 참된 신자들과 뚜렷이 구별되고(위의 2:1, 4-9에 대한 주석을 보라), 하나님도 이 둘의 차이를 알고 계시다는 점에 주목했다. 그분은 참으로 의로운 자들은 구원하시지만(2:7-9을 보라) 거짓된 자들은 심판하실 것이다. 이들은 자신들의 '종교적' 유대로 세상의 타락시키는 영향에서 어느 정도 벗어나면서 영적이라는 인상을 주었다. 하지만 평생 변함없이 성장하는 모습은 보이지 않는다(참고. 1:5-11). 오히려 그들은 다시 세상의 더러움에 빠져들어 더 나쁜 상태(더 큰 도덕적 타락과 종말론적 심판 둘 다, 2:4-10; 참고. 마 12:45 이하 예수님의 말씀)를 초래한다. 의의 길을 모르는 편이 그 길을 저버리는 것보다 낫다. 기독교는 **도**[道, 21절]로 알려졌다. **도**를 알지만 거기에서 돌아서면 심각한 결과를 가져온다. 성경은 사악한 자들이 받을 형벌에 등급이 있을 것임을 시사한다. 그들 모두가 하나님에게서 분리될 테지만 그분을 알면서도 거부한 자들은 더 큰 비난을 받을 것이다. 거짓 선생들을 묘사하는 두 '속담'(참고. 잠 26:11)은 그들이 스스로 택한 운명에 굴복하게 될 것임을 보여준다(22절). **개**는 속의 더러운 것을 토했지만 그 토한 것에 돌아갔다. 돼지는 씻었다가 **더러운 구덩이**에 도로 누웠다. 베드로는 여러 단어를 사용해 거짓 선생들을 묘사했다. 베드로는, 종교적 의복으로 자신을 가장해 새 개종자들을 잘못 이끄는 자들이 정말 걱정되었다.

Ⅳ. 그리스도인의 삶에서의 확신(3:1-16)

A. 베드로의 목표(3:1-2)

3:1-2. 베드로는 **사랑하는** 자들에게 돌아가 이것이 자신의 **둘째 편지**라고 말했다. 그가 편지를 쓰는 것은 **거룩한 선지자들**에게서 들은 것과 예수께서 **사도들**을 통해 전하신 말씀을 그들에게 상기시키기 위해서였다.

B. 베드로의 훈계(3:3-7)

3:3-6. **조롱하는 자들이 와서**(3절) 주님의 재림을 부인할 것이다(4절). 이 인간들은 제멋대로 살면서 이렇게 묻는다. **주께서 강림하신다는 약속이 어디 있느냐?** 우주는 변하지 않으므로 그리스도의 재림은 있을 수 없다고 그들은 믿는다. 베드로는, **그때에 세상은 물이 넘침으로 멸망하였으되**(6절, 참고. 창 6-8장) 그들이 대재앙과도 같은 사건을 기꺼이 잊었다고 응수한다. '변하지 않는' 세계에 대변혁이 일어났다.

3:7. 현재의 피조 세계는 보존되어왔고 이제 다른 심판을 기다린다. 세상은 물을 통해 하나님의 말씀으로 멸망했다. 우주의 멸망이라는 또 다른 심판은 불을 통해 **그 동일한 말씀으로** 이루어질 것이다.

C. 베드로의 확언(3:8-16)

3:8-10. 주님이 더디 오시는 것은 인간의 관점에서만 문제가 된다. 하나님과 인간은 시간관이 다르다. **하루가 천 년 같고 천 년이 하루 같다**(8절)는 구절은 시편 90:4을 반영한다. 하나님의 시간관은 인간에게 신비이다. 인간의 시간은 때로는 쏜살같이, 때로는 느릿느릿 간다. 하나님이 더디 일하시는 것처럼 보이지만 **주의 약속은** 결코 **더디**지 않다(9절). 그분의 지체는 인내심의 구체적 사례로 보아야 한다. 하나님은 악인들의 멸망을 기뻐하시지 않는다. 그분의 긍휼로 **너희**는 회개할 시간을 얻는다. 문맥상으로 **너희**는 일반 사람이 아닌 신자들을 나타내며(3:1, 2, 8에서 신자들을 언급할 때 이인칭 복수 동사와 대명사를 사용하는 것을 보라), 구원을 위해 택함 받은 자들이 죽기 전에 혹은 그분이 오시기 전에 믿음으로 나오도록 시간을 충분히 준다. 9절의 의미는 이렇다. 하나님은 '너희에 대해 오래 참으시되 (하나님이 택하신) 너희 중 어느 누구도 멸망하지 않고 너희 중 모두가 회개에 이르기를 바라신다'.

하지만 멸망시키는 물이 느닷없이 들이닥친 것처럼 주의 날은 **도둑같이 올** 것이다(마 24:36-41; 살전 5:1-4에 대한 주석을 보라). 그날이 오면 땅과 그중에 있는 모든 일이 **뜨거운 불**(참고. 3:7)에 휩싸일 것이다. 몇몇 학자들은 주의 날이 오면 이 땅은 불에 타 없어져 새 하늘과 새 땅으로 대체될 것이라고 주장한다. 그들은 또한 천년왕국에 대한 언급이 없음에 주목하면서 이 구절이 천년왕국설을 반박하는 것이라고 주장한다. 이에 대응하여 베드로가 실제로 천년왕국에 대한 분명한 언급을 일절 배제하지만 그렇다고 해서 이른바 천년왕국이 없다고 말하는 것은 침묵으로부터의 논증이다. 다음은 미래의 천년왕국을 변론한다. (1) 베드로가 천년왕국을 분명히 언급하지 않은 것은, 세부 사항을 모두 포함하지 않고 종말을 단순히 파노라마처럼 보여주면서 마지막 때의 사건들을 한데 모은 결과이다. (2)

이 본문에서 **주의 날**이라는 구절을 사용해 천년왕국을 암시한다. **날**에는 이 세상을 끝내며, 구약에 따르면 그 안에 메시아 왕국의 개념이 들어 있다(아래 언급한 내용을 보라). **주의 날**에는 두 부분이 있다. 첫째, 저녁이 있다. 저녁은 예언자들이 큰 환난의 시기라고 말하는 심판의 때이다(참고. 욜 2:1-2; 암 5:18-20; 습 1:14-15; 살전 5:1-11). 그리고 주의 날에는 그 뒤를 따르는 날, 곧 환난 이후 메시아 예수님께서 이 땅을 천 년 동안 다스리시는 전 세계적으로 엄청난 축복이 되는 때가 있다(욜 3:17-21; 습 14:6-9). **주의 날**이 완료되면, 즉 천년왕국이 완료되면 이 세상은 불에 풀어질 것이다. (3) 베드로는 지속적 가치가 있는 것을 강조해왔기에 천 년에 대해 분명히 언급하지 않고 단순하고 파노라마와 같은 종말 시나리오를 선보였다. 이 천 년은 끝나겠지만(고전 15:20-28에 대한 주석을 보라), 새 하늘과 새 땅은 영원토록 있을 것이다.

3:11-16. 베드로의 적용은 믿음의 내용과 삶의 방식이 연결됨을 보여준다. 이 사건들은 신자들에게 어떤 영향을 끼치는가? 이 사건들은 무관심이나 절망이 아닌 주님의 오심에 대한 기대감에 찬 소망으로 이어져야 한다. 그날이 이르면 약속대로 새 시작이 있을 것이다(참고. 1:4; 사 65:17 이하; 66:22). 지금의 하늘과 땅은 **뜨거운 불**에 풀어지고 **새 하늘**과 **땅**이 나타날 것이다(12절; 계 21:1 이하에 대한 주석을 보라). 거기에 의가 있을 것이다. 오직 의가 살아남을 것이므로 신자들은 의롭게 살고, 하나님 앞에서 **점도 없고 흠도 없이 평강** 가운데서 나타나라는 권면을 받는다(14절). 참된 신자가 이러한 특징들을 나타내면 그는 경건치 않게 사는 사람들과 확연히 구별될 것이다. 주님이 더디 오시는 것은 사람들에게 **구원**에 이를 시간을 주시려는 그분의 방식이다(15절). 이 관념들은 바울서신에도 소개되었다. 베드로가 바울을 **우리가 사랑하는 형제**로 부른 것은 그가 바울을 사랑한다는 표지였다. 그들은 의견이 갈릴 때도 있었지만(참고. 갈 2:11-14에 대한 주석) 베드로는 바울의 저작들이 성경의 권위를 지니고 있음을 인정했다. 바울의 책들 중에 **알기 어려운**(16절) 것이 더러 있다는 생각에는 오늘날 신약을 연구하는 학생이나 학자 모두 동의한다. 무식하고 굳세지 못한 사람들이 **다른 성경**과 같이 그것도 억지로 풀다가 **스스로 멸망에 이르렀다**. 분명 베드로는 바울의 말을 '성경'으로 인정했다.

V. 결론(3:17-18)

3:17. 이 서신의 수신자들은 베드로에게 그리고 바울의 여러 서신을 통해 거짓 가르침을 조심하라는 말을 들었다. 독자들은 거짓 가르침을 어느 정도 알고 있었을 것이다. 그들은 사악한 자들의 주장에 대해 자신을 '지켜야' 할 책임이 있다. 오류는 여러 매력적 모습으로 나타나며, 경험 있는 신자라 할지라도 미혹되어 오류를 범할 수 있다.

3:18. 베드로의 결론은 시작과 마찬가지로 성장이다. 현재시제 명령법 동사인 **자라가라**는 '언제나 성장하는 것을 네 습관으로 만들라'로 옮길 수 있다. 자라가지 않으면 정체된다. 성장은 언제나 **우리 주 곧 구주 예수 그리스도의 은혜와 그를 아는 지식**에서 이루어져야 한다. 그리스도에 대해 알면 알수록 그분의 은혜를 더 많이 받게 된다. 그리스도를 아는 지식은 오류를 막는 안전장치가 된다. 성장은 성경에 투자한 시간과 정비례하는 법이다. 영광이 그리스도의 것임을 상기시킨다면 이는 끝맺음으로 적절하다. 거짓 선생들은 스스로 영광을 구했지만 영광은 실로 **이제와 영원한 날까지** 그분의 것이다. 아멘.

벧후

참 고 문 헌

Blum, Edwin A. "2 Peter." In Vol. 12 of *The Expositor's Bible Commentary*, edited by Frank E. Gaebelein, 257-293. Grand Rapids, MI: Zondervan, 1981.

Green, Michael. *The Second Epistle General of Peter and the General Epistle of Jude*. Tyndale New Testament Commentaries. Grand Rapids, MI: Eerdmans, 1968.

Hillyer, Norman. *1 and 2 Peter, Jude*. New International Bible Commentary. Peabody, MA: Hendrickson, 1992.

Kelly, J. N. D. *Commentary on the Epistles of Peter and Jude*. Harper's New Testament Commentaries. Peabody, MA:

Hendrickson, 1969.《베드로전후서 유다서》, 헨드릭슨 패턴 주석(아가페).

Kistemaker, Simon. *Exposition of the Epistles of Peter and the Epistle of Jude*. New Testament Commentary. Grand Rapids, MI: Baker, 1987.

Lloyd-Jones, D. Martyn. *Expository Sermons on 2 Peter*. London: Banner of Truth, 1983.《베드로전후서 강해》(CLC).

MacArthur, John. *Second Peter and Jude*. MacArthur New Testament Commentary Series. Chicago: Moody, 2005.

Moo, Douglas J. *2 Peter and Jude*. The NIV Application Commentary. Grand Rapids, MI: Zondervan, 1996.《베드로후서 · 유다서》, NIV 적용주석(솔로몬).

요한일서

로널드 사우어(Ronald Sauer)

서 론

저자. 저자가 자기 이름을 밝히진 않았지만 저자는 사도 요한이 분명하다. 몇 가지 요소가 이를 뒷받침한다. (1) 전승: 초대교회의 많은 지도자들이 이 서신을 요한이 쓴 것으로 여겼다. (2) 서간체의 암시들: 저자는 자신을 멀리서 예수님을 지켜본 많은 목격자 중 하나일 뿐 아니라 그분과 아주 친했고 그분과 독특한 체험을 하는 특권을 받은 자로 묘사했다. 그는 예수님에 관해 들었고 보았으며 손으로 만지기까지 했다(1:1). (3) 문학 양식: 이 서신의 한정된 어휘와 단순한 문법, 신학 사상 모두 요한의 다른 저작들을 닮았다. 요한일서 곳곳에서 이 사도의 지문이 묻어난다.

연대. 요한일서는 주후 90-95년경 에베소에서 작성한 것으로 추정된다. 초대교회 전승에 따르면 요한이라는 노인이 에베소에 있는 교회를 섬겼다.

수신자. 서신의 마지막 말은 "너희 자신을 지켜 우상에게서 멀리하라"(5:21)이다. 이 경고는 유대인이 아닌 이방인들, 곧 이스라엘이 아닌 에베소와 같은 이교도 땅에 거주하던 자들에게 보내졌음을 시사한다. 하지만 이 서신을 에베소에 있는 교회에만 보냈을 것 같지는 않다. 이 서신에 보내는 사람과 받는 사람, 그들의 지리적 위치를 밝히는, 편지에 흔히 있는 서문이 없기 때문이다. 게다가 요한일서는 특정 개인들에게 안부를 전해달라는 관례적 요청 없이 끝난다. 예수 그리스도의 이름 외에 유일하게 언급되는 다른 이름은 가인이다(3:12). 이 모두는 요한일서가 회람(回覽)이었음을 암시한다. 말하자면 이 서신은 저자와 개인적으로 친분이 두터운 사람들이 출석하는, 에베소와 그 주변에 있는 교회들에 발송한 것이다.

2:26에서 요한은 독자들에게 자기가 펜을 들어 이 서신을 쓰게 된 절박한 연유를 밝혔다. "너희를 미혹하는 자들에 관하여 내가 이것을 너희에게 썼노라." 아마도 그는 영지주의의 태동을 화제로 삼았던 것 같다. 그 기본 전제는 정신과 물질이 날카롭게 대비되는 이원론이다. 말하자면 정신적인 것은 신성하고 선하지만 물질적인 것은 창조(그러나 하나님에 의해서가 아닌)되었고 악한 것으로 여겼다. 영지주의의 이 근본 전제는 역으로 기독교의 두 영역, 즉 정설(올바른 교리)과 정행(올바른 행동)에 손을 댔다.

정설과 관련해 영지주의는 성육신을 부정했다. 하나님과 같은 순수한 정신은 인간의 몸과 같이 악한 물체와 어떤 관계도 가질 수 없기 때문이었다. 그리하여 영지주의는 이 문제에 대한 두 가지 가능한 해결책을 제시했다. 그리스도 가현설(假現說)을 주장하는 영지주의자들은 예수의 인성을 부정했다. 그는 인간처럼 '보였을' 뿐이었다. 이는 그리스도의 인성을 희생하여 그의 신성을 보존하려는 시도였다. 다른 해결책은 게린도파 영지주의(Cerinthian Gnosticism)였다. 이 영지주의는 지상의 예수가 인간에 지나지 않았고, 그가 세례 받을 때 하늘의 '그리스도' 혹은 '로고스'가 내려왔지만 그가 십자가에 달리기 전에 떠났다고 주장했다. 이는 예수의 신성을 희생하여 그의 인성을 보존하려는 시도였다. 정행과 관련해 영지주의 이단은 죄와 도덕적 행동 둘 다에 대한 관념이 부적절했다. 영지주의자들 가운데 더러는 "우리가 범죄하지 아니하였다"(1:10) 또

더러는 '우리가 죄 없는'(1:8) 본성을 지녔다고 주장했다. 그들에 의하면 죄는 악한 육체의 문제였으며 그들은 필시 거기에서 해방되었을 것이다. 죄는 고결한 정신에 영향을 끼치는 물질이 아니었고, 그들은 자기 지식을 이용해 그러한 정신 안으로 들어갔다고 전해진다. 그래서 도덕적 행동은 논의가 불필요한 쟁점이었다.

목적. 저자가 이 서신을 쓴 목적은 다섯 가지였다. 첫째, 그는 "너희를 미혹하는 자들"(2:26)의 교리와 관행을 반박하고자 했다. 둘째, 독자들이 이단의 영향을 받고 있으므로 요한은 그들이 죄를 계속 범하지 않게 하려고 서신을 쓴다고 말했다. 셋째, 사도의 진리를 재확인하려는 저자는 너희도 "우리와 사귐이 있게 하려 우리가 보고 들은 바"(1:3)를 선포하고자 했다. 넷째, 그는 이것들을 쓰는 것이 "(자기의) 기쁨이 충만하게 하려"(1:4)는 개인적 목적 때문임을 인정했다. 다섯째이자 중요한 것은, 그가 독자들에게 그들의 구원을 재확인시키고자, 즉 "너희로 하여금 너희에게 영생이 있음을 알게 하려"(5:13)고 썼다는 사실이다.

어떤 이가 구원받았다고 공언(주장)할 때 그 진정성 여부는 세 가지 시험으로 증명할 수 있다. (1) 도덕적 시험은 하나님의 계명을 지키느냐의 여부이다. "우리가 그의 계명을 지키면 이로써 우리가 그를 아는 줄로 알 것이요"(2:3). (2) 사회적 시험은 형제를 사랑하느냐의 여부이다. "우리는 형제를 사랑함으로 사망에서 옮겨 생명으로 들어간 줄을 알거니와"(3:14). (3) 신학적 시험은 성육신 교리를 받아들이느냐의 여부이다. "예수께서 그리스도이심을 믿는 자마다 하나님께로부터 난 자니"(5:1). 이 기독교 공동체에서 떨어져나간 자들(2:19을 보라)은 위의 세 가지 특징 중 어느 하나도 포용하지 않았는데, 이는 그들이 하나님과 사이가 멀어졌음을 나타낸다. 그러나 요한은 이 세 가지가 자기 독자들에게 해당된다면 '그들이' 분리론자가 아니라 제대로 하고 있음을 그들에게 재확인시켰다.

주제. 요한일서의 주제는 구원의 확신이다. 요한은 "너희로 예수께서 하나님의 아들 그리스도이심을 믿게 하려 함이요 또 너희로 믿고 그 이름을 힘입어 생명을 얻게 하려"(요 20:31)는 목적으로 복음서를 썼다고 말했다. 요한복음은 사람들을 그리스도 안에 있는 구원의 믿음으로 인도하기 위해 쓰였다는 점에서 복음주의적이었다. 그에 반해 요한일서의 주된 목적은 독자들에게 그들이 구원받았음을 재확인시키는 것이다. 말하자면 그들에게서 떨어져나간 이단자들(2:19을 보라)이 아닌, 신자들이 그리스도 안에서 어떻게 영생을 갖게 되었는지를 재확인시킨다(5:13). 요한일서는 확신의 서신이다. 따라서 핵심어는 요한일서에 37회 나오는 '알다'이다.

개 요

- Ⅰ. 프롤로그(1:1-4)
  - A. 요한이 전한 메시지의 내용(1:1-2)
  - B. 요한서신의 목적(1:3-4)
- Ⅱ. 예수 메시지의 논제에 의해 검증받는 비정통 주장들(1:5-2:2)
  - A. 예수 메시지의 논제(1:5)
  - B. 첫째 비정통 주장: 그리스도를 알되 죄 가운데 살아간다(1:6-7)
  - C. 둘째 비정통 주장: 죄악 된 본성이 없다(1:8-9)
  - D. 셋째 비정통 주장: 죄를 범하지 않는다(1:10-2:2)
- Ⅲ. 구원의 세 가지 확신을 논하다(2:3-29)
  - A. 도덕적 확신: 순종은 신자의 영적 수준을 나타낸다(2:3-6)
    - 1. 순종은 구원받았음을 나타낸다(2:3)

2. 불순종은 구원받지 못했음을 나타낸다(2:4)
3. 순종은 하나님을 사랑하게 한다(2:5)
4. 순종은 그리스도를 닮게 한다(2:6)

B. 사회적 확신: 그리스도인들에 대한 사랑은 구원을 나타낸다(2:7-17)
1. 사랑은 자신이 새 시대의 빛 가운데 있음을 나타낸다(2:7-11)
2. 새 시대의 사람들은 죄로 가득한 시대를 정복한다(2:12-17)

C. 신학적 확신: 성육신 교리를 믿다(2:18-29)
1. 이단자들은 성육신 신앙을 버렸다(2:18-19)
2. 참된 신자들은 성육신의 진리를 포용한다(2:20-21)
3. 이단자들은 성육신을 거부한다(2:21)
4. 이단자들에게는 하나님이 없다(2:22-23)
5. 참된 신자들은 진리 안에 거해야 한다(2:24-29)

Ⅳ. 구원의 세 가지 확신에 대한 확장(3:1-4:6)

A. 도덕적 확신: 순종과 의로운 삶(3:1-10)
1. 하나님의 사랑과 거듭남(3:1)
2. 도덕적 순결과 거듭남(3:2-3)
3. 도덕적 불결과 불법(3:4)
4. 도덕적 불결과 예수님의 사역(3:5-10)
   a. 신자들은 의롭게 행동한다(3:5-7)
   b. 신자들은 마귀처럼 죄를 짓지 않는다(3:8)
   c. 신자들은 하나님의 씨를 가졌다(3:9-10)

B. 사회적 확신: 형제 사랑(3:11-24)
1. 신자들은 다른 신자들을 사랑한다(3:11-24)
2. 불신자들은 신자들을 미워할 것이다(3:15)
3. 신자들은 다른 신자들을 위해 희생한다(3:16-18)
4. 신자들은 다른 신자들을 사랑함으로써 확신을 얻는다(3:19-24)

C. 신학적 확신: 성육신 교리를 고수하다(4:1-6)
1. 분별의 필요성(4:1-4)
2. 이단의 근원(4:5-6)

Ⅴ. 구원의 세 가지 확신을 통합하다(4:7-5:12)

A. 사회적 확신: 형제 사랑(4:7-21)
1. 신자들을 사랑하라는 명령(4:7-8)
2. 신자들을 사랑하는 것의 사례(4:9-12)
3. 신자들을 사랑하도록 힘을 주신다(4:13-16)
4. 신자들을 사랑하는 것에서 비롯되는 영적 성장(4:17-18)
5. 신자들을 사랑하기 위한 자극(4:19-21)

B. 도덕적 확신: 명령에 순종하다(5:1-5)
1. 신학적·사회적 및 도덕적 확신을 통합하다(5:1-3)
   a. 성육신을 믿는 자들이 거듭나다(5:1a)

b. 성육신을 믿는 자들은 하나님께 대한 순종의 행위로 다른 신자들을 사랑한다(5:1b-3)

2. 신학적·사회적 및 도덕적 확신이 승리를 가져온다(5:4-5)

C. 신학적 확신: 성육신 교리를 고수하다(5:6-12)

1. 신자들은 성육신에 대해 믿을 만한 증거가 있다(5:6-11)

2. 신자들은 구원에 대한 확신이 있다(5:12)

Ⅵ. 에필로그: 다섯 가지 확실성으로 안심시키기(5:13-21)

A. 확실성 1: 구원에 대한 확신(5:13)

B. 확실성 2: 하나님은 기도를 통해 필요를 채우신다(5:14-15)

C. 확실성 3: 하나님은 기도를 통해 다른 사람들을 도우신다(5:16-17)

D. 확실성 4: 악한 자에게서 벗어나다(5:18-19)

E. 확실성 5: 그분에 대한 우리의 앎은 참되다(5:20-21)

주 석

Ⅰ. 프롤로그(1:1-4)

A. 요한이 전한 메시지의 내용(1:1-2)

1:1-2. 이 절들은 세 가지 목적을 달성한다. (1) 이 두 절은 저자가 말하는 주제가 하나님의 영원히 살아 있는 **말씀**, 곧 예수님임을 알린다. (2) 이 두 절은 저자가 그리스도의 사역에 깊이 관여했기에 사도의 권위를 지닌다고 말한다. (3) 이 두 절은 서신을 쓴 두 가지 목적을 밝힌다.

그리스도는 영원 전 **태초부터** 있는 **말씀**이시다. 저자에 의하면, 예수님이 땅에서 사역하시는 동안 **우리** 사도들은 그분의 가르침을 '들었고', 그분이 궁핍한 자들을 섬기는 것을 '눈으로 보았고', 그분의 행동을 유심히 바라보았고, '손으로 (그분을) 만지기'까지 했다. 요한은 영원한 **생명**을 주시는 예수님 안에서 육신이 된 하나님의 **말씀**에 관해 썼다(1절). 죽을 수밖에 없는 존재인 사도들이 어떻게 신과 같은 그리스도를 그처럼 듣고 보고 만질 수 있었을까? 그게 가능했던 것은 태곳적에 **아버지**와 친밀한 관계를 누리셨던 그리스도가 **우리에게 나타**났기 때문이다(2절).

B. 요한서신의 목적(1:3-4)

1:3. 저자가 예수를 보고 들은 자신의 체험을 직접 '들려주고' 싶어 한 것은 그의 독자들이 성도들과는 수평적 **사귐**을, **아버지와 그의 아들**과는 수직적 **사귐**을 '갖게 하기 위해서'였다.

1:4. **이것을 쓰는** 둘째 목적은 요한의 **기쁨이 충만하게 하려** 함이다. 이 목적은 저자에게 중요하다. 자기 독자들이 비정통 가르침을 접하면서 진리에 대한 그들의 확신이 약화되어 하나님과 그리스도인 공동체 둘 다와 맺은 관계가 손상될 수 있기 때문이었다. 관계가 손상되면 그들의 기쁨이 작아질 것이다. 요한은 사도의 진리를 진술하고자 한다. 독자들이 그 진리를 고수하면 그들의 수평적이며 수직적 관계가 유지되어 기쁨이 커질 것이다.

Ⅱ. 예수 메시지의 논제에 의해 검증받는 비정통 주장들(1:5-2:2)

A. 예수 메시지의 논제(1:5)

1:5. 요한이 '예수님에게서 들은 메시지'의 개요는 두 부분으로 구성된다. 긍정적 측면에서, **하나님은 빛**이시거나 더없이 거룩하시다. 부정적 측면에서, **그에게는 어둠**이나 죄가 **조금도 없으시다**(5절). 이 개요 혹은 논제는 이제 1:6-2:2의 세 가지 잘못된 주장을 평가한다. 각각의 이단적 주장에 뒤이어 요한이 그것을 부정하고 다음에 해독제를 제시하거나 사태의 진상을 밝힌다.

B. 첫째 비정통 주장: 그리스도를 알되 죄 가운데

살아간다(1:6-7)

1:6-7. 영지주의자의 최초 주장은 그들이 **하나님과 사귐**이나 관계가 **있다**는 것이다. 거짓 교사들은 그렇게 말하면서도 도덕적 **어둠**과 죄 **가운데** '걸어'(살아)간다. 그들의 주장은 따라서 이렇게 반박된다. 그들은 **거짓말을 하고** 복음의 **진리**에 따라 살고 있지 않다(6절).

적절한 관점은 **빛 가운데 행하**는 것이다. 이는 신자들이 거룩하게 살고자 기독교 진리에 따라 처신한다는 뜻이다. 이렇게 할 때 두 가지가 따른다. (1) **우리는 서로**, 즉 하나님 및 신자들과 **사귐**[관계]**이 있다**. 그리고 (2) **예수의 피**가 무심코 지은 어떤 **죄**에서든 **깨끗하게 하**신다(7절). 이 사실 둘 다 영지주의자들에게는 해당되지 않았다.

C. 둘째 비정통 주장: 죄악 된 본성이 없다(1:8-9)

1:8. 다음으로 이단은 **죄** 된 본성이 **없다**고 주장한다. 이는 거짓 선생들이, 자신들의 죄악 된 본성이 제거되었다고 믿었거나, 죄 가운데 태어난 후 도덕적 진보를 이루어 더 이상 죄를 지을 수 없게 되었거나 둘 중의 하나를 의미한다. 어느 경우이든 그들은 자신을 **속이고** 있었다.

1:9. **우리**의 죄 된 행동을 **자백하**는 것은 죄 짓는 성향을 인정하는 것이다. 우리가 자백할 때 하나님은 **미쁘시고**[믿을 만하시고] **의로우사**[정당하게 능력을 행사하셔서] **우리 죄**로 인한 **모든** 더러움에서 우리를 깨끗하게 하시는 분으로 드러난다. 9절은 신자가 자신의 특정한 행동이 죄 된 것임을 인정하기 때문에 지속적 성화가 가능하다는 표지로 흔히 해석된다. 이는 이 절에 대한 폄하가 아니다. 하지만 그것은 요한의 반영지주의적 의도를 지닌 요소들 중 하나로도 볼 수 있다. 영지주의자들은 자신들이 죄를 지었거나 죄 된 본성을 지녔다고 믿지 않았으므로 어떤 죄를 지었다는 자백('무언가 사실에 입각하거나 진실임을 인정하는 것', 특히 이 구절의 맥락에서는 자신의 잘못을 시인하는 것)은 전혀 하지 않았다. 그러니까 그들은 구원받지(**우리 죄를 사하시며 우리를 모든 불의에서 깨끗하게 하실**) 못할 터이다. 그렇다면 9절은, 죄 사함을 받으려면 자신의 죄악 됨을 인정하고 시인해야 한다고 설명하는 '구원'과는 관련되지만 '성화'와는 거리가 먼 절로 볼 수 있을 것이다.

D. 셋째 비정통 주장: 죄를 범하지 않는다 (1:10-2:2)

1:10. 이단의 마지막 주장은 **범죄하지 아니하였**고 범법 행위를 저지른 적이 단 한 번도 없다는 것이다. 신과 인간의 거래는 인간이 죄를 지었다는 전제에 기초한다. 이를 부인하는 것은 **하나님을 거짓말하는 이로 만드는** 것이다(10절).

2:1-2. 이 셋째 주장에 대한 적절한 시각은 두 가지 도덕적 극단을 피한다. (1) 너그러움. 죄 고백(1:9)은 그리스도인이 살면서 짓는 죄가 일반적인 것임을 암시하지 않는다. 요한은 자기 독자들이 조금도 **죄를 범하지 않게 하려**고 서신을 썼다. (2) 가혹함. **누가 죄를 범하여도** 그는 절망적이지 않다. **그리스도가 아버지 앞에서 그를 대언**하시기 때문이다(1절). 예수님은 우리의 결백을 주장하시지 않는다. 즉, 그분은 우리가 범법 행위에서 자유롭다고 말씀하시지 않는다. 그분은 또한 우리의 장점을 옹호하시지 않는다. 즉, 그분은 우리의 덕과 선행이 신의 호감을 사고 그것을 유지하기에 충분하다고 말씀하시지 않는다. 오히려 그분은 **우리 죄를 위한 화목제물**이다. 그분의 속죄는 우리의 도덕적 실패로 인한 죗값을 치르라는 하나님의 정당한 요구를 충족시켜 죄 사함을 확보한다(2절).

Ⅲ. 구원의 세 가지 확신을 논하다(2:3-29)

A. 도덕적 확신: 순종은 신자의 영적 수준을 나타낸다(2:3-6)

1. 순종은 구원받았음을 나타낸다(2:3)

2:3. '그를 안다'는 것은 그리스도를 믿게 되었음을 의미한다. 이 일이 우리 삶에 일어났음을 '우리가 아는' 방식은 **그의 계명을 지키면**[순종하면]이다. 순종은 거듭남의 수단이 아닌 열매나 증거 혹은 결과이다.

2. 불순종은 구원받지 못했음을 나타낸다(2:4)

2:4. **그를 아노라** 하면서 **그의 계명을 지키지 아니하는 자**는 잘못되었다. **진리**는 '그 사람 안'에 있지도 않고 그에게 영향을 끼치지도 않는다. 요한의 말을, 진정으로 구원받은 개개인도 습관적으로 죄를 짓는다는 뜻으로 해석해서는 안 된다. 그는 2:1-2에서, 신자들이 죄를 짓지만 예수님의 피가 그 경우에도 그들을 대언

한다는 것을 명백히 했다. 그러나 어떤 사람이 하나님과의 관계가 원만하다고 공언하면서도 끊임없이 불순종하고 죄의 실재를 부인하고 신자들에게 혐오감을 주고 성육신을 믿지 않는다면, 이 모든 것에 비추어 그가 구주를 구원하시는 분으로 받아들였다고 보기 어렵다.

3. 순종은 하나님을 사랑하게 한다(2:5)

2:5. 그 반대로, 순종하는 신자에게서는 **하나님**에 대한 **사랑**이 **온전하게** 된다(즉, 성숙해진다). 설령 온전하지 않더라도 하나님께 순종하고 그분을 사랑한다면 이로써 '우리는 우리가 하나님'과 참되고 올바른 관계 **안에** 있음을 '안다'.

4. 순종은 그리스도를 닮게 한다(2:6)

2:6. 순종하면 결국 그리스도를 닮게 된다. 자기가 그와의 관계 **안에 산다고** 고백하는 자는 그분이 행하시는 대로 따라 해야 한다. 보이지 않는 하나님과 맺은 관계의 진정성은 보이는 행동에서 나타난다.

B. 사회적 확신: 그리스도인들에 대한 사랑은 구원을 나타낸다(2:7-17)

1. 사랑은 자신이 새 시대의 빛 가운데 있음을 나타낸다(2:7-11)

2:7-11에서 요한은 이 시대가 지나감을 염두에 두고 다른 신자들을 사랑하는 일이 중요한 까닭을 탐색하기 시작했다(2:18의 종말론적 주제를 보라). 앞으로 다가올 온전한 메시아 시대의 시작을 알리는 이 시대에서 다른 신자들에 대한 사랑은 그리스도인의 삶을 구성하는 가장 중요한 요소는 아닐지라도 매우 중요한 요소이다. 그런 사랑을 드러내면 자신이 아버지와 올바른 관계에 있다는 뚜렷한 표지가 된다.

2:7-8. 저자는 자기 독자들에게 **새 계명**이 아닌 **옛 계명**, 곧 그들이 복음을 접했던 **처음부터** 되풀이해서 '들었던' 계명을 준다(7절). 이는 7절에 기술된 **옛 계명**이 어떤 의미에서 '새롭다'는 것을 인정한다. 예수님은 "네 이웃 사랑하기를 네 자신과 같이 사랑하라"(레 19:18)라는 구약의 명령을 "내가 너희를 사랑한 것같이 너희도 서로 사랑하라"(요 13:34)라는 명령으로 수준을 높였다. 그런 사랑은 '참'되어 독자들의 '삶에서' 나타나고 있다. '왜냐하면' 그들의 도덕적 어둠은 사라지고 거룩함의 **참빛**이 환히 비추고 있기 때문이다(8절). 그들이 메시아 시대의 **빛** 가운데 있다는 주된 지표들 중 하나는 그들이 다른 그리스도인들을 사랑한다는 점이다.

2:9-10. 9절은 7-8절의 '명령'이 특히 다른 신자들을 사랑하라는 신의 권고임을 보여준다. 구원받았다고 주장하지만 영지주의자들이 그러했듯이 그리스도인 **형제를 미워하는 자**는 거듭나지 않은 삶의 **어둠에** 남아 있다(9절). 그러나 동료 그리스도인을 **사랑하는 자는 빛 가운데 거**한다. 그는 복음을 받아들였고 구원받았으며 삶이 점차 거룩해지는 특징을 나타낸다. 그에게는 **올무**에 걸려 죄에 빠지게 하는 도덕적 '이유'가 없다(10절, 새번역). 어떤 사람이 다른 그리스도인들과 사귐을 지속하고 그들을 사랑한다면 그는 이로 말미암아 영지주의자들이 범한 배교라는 죄를 피하게 될 것이다.

2:11. 저자는 '자기의' 그리스도인 **형제를 미워하는 자**로 묘사되는 영지주의 이단자에 관한 세 가지 사실을 여기서 단언한다. (1) 그는 **어둠**에 있다. 즉, 구원받지 못했다. (2) 죄의 **어둠에 행하며** 살아간다. 그리고 (3) **갈 곳을 알지 못**한다. 즉, 자신의 영원한 운명을 인지하지 못한다. 이 비극적 상황이 연출되는 이유는 죄의 **어둠이** 이단자의 도덕적 판단을 하는 **눈을 멀게** 했기 때문이다.

2. 새 시대의 사람들은 죄로 가득한 시대를 정복한다(2:12-17)

2:12-15. 대부분의 인간 가족 구성원과 마찬가지로 하나님의 가족 구성원도 저마다 성숙도가 다르다. 서신의 최초 수신자는 **자녀**들이다. 이들은 갓 개종했거나 신앙이 미숙하다. 요한은 그들이 예수의 구속으로 말미암아 **사함을 받았**다고 확신시킨다(12절). 서신을 받는 둘째 집단은 **아비**들이다. 이들은 나이가 들었고 영적으로 성숙한 신자들이다. 그들은 그리스도, 곧 **태초부터** 계신 이를 익히 '알고 있다'. 마지막 집단은 영적으로 성장 과정에 있는 **청년**들이다. 그들은 마귀를 **이기었**다(13절). 여기서 요한이 각 집단에게 한 말은 기본적으로 같다. 그는 이렇게 말했다. '13절에서 여러분이 구원받은 것에 관하여 내가 **쓴 것**은 진심이었기에 철회하지 않을 것이다'(14절). 요한이 2:12-13에서 '쓰다'라는 동사의 현재시제를 써서 자기 메시지의 진수와 그 결과를 강조했지만, 2:14에서는 그 동사의 부정과거형을 써서 12-13절에 함축된 의미를 분석했을 가

능성도 있다. 2:12 앞에서 요한은 그라포(*grapho*, '나는 쓴다')라는 동사를 현재시제로만 썼는데(1:4; 2:1, 7, 8을 보라), 이는 필시 자기 서신의 주된 요점을 눈에 잘 띄는 곳에 두어 강조하려는 의도일 것이다. 하지만 2:13 뒤에서 그는 오로지 그 동사의 부정과거형만을 썼다(2:14, 21, 26; 5:13을 보라). 요한이 그렇게 한 것은 자신의 명령이 끼칠 실질적 영향의 사례를 들거나 자신의 기본 요점에 대해 더 상세히 말하기 위해서였을 것으로 추정되며 이는 현재시제로 강조되었다. 요한은 1:1-2:11에서 자기 서신의 중심 주제들(2:18-23에 전개된 1:1-2에서의 예수님의 성육신에 대한 올바른 이해, 3:1-10에서 전개된 1:6-8; 2:4-5에서의 하나님께 대한 순종, 3:11-24에서 전개된 2:7-11에서의 그리스도인들에 대한 사랑)을 소개했다. 그리스도인들은 **이 세상**이나 **세상에 있는 것들**을 사랑해서는 안 된다. **세상**은 하나님에게 반대하는 가치와 사고방식, 삶을 나타낸다. **누구든지** 죄악 된 **세상을 사랑하면** 그에게는 **아버지**의 **사랑**이 없다(15절).

2:16-17. 세속을 따르는 형태는 '아버지께로부터 오지 않았기에' 그것은 그분의 뜻에 반하며 그분은 그것을 승인하시지 않는다. 세속을 따름의 사례들은 이렇다. (1) **육신의 정욕**, 곧 자기 내면에서 일어나는 악한 욕망. (2) **안목의 정욕**, 곧 경험하지 않고 생기는, 보이는 것이 불러일으키는 탐욕. (3) **이생의 자랑**, 곧 자기 소유물이나 업적 혹은 사회적 지위를 거들먹거리는 교만(2:16). 사람이 **정욕**을 품는 이 죄악 된 **세상**은 **지나가고** 있다. 즉, 잠시 있다가 사라진다. 그러므로 세속적인 것들은 오래 못 가기 때문에 신자들이 그것들을 갈망하는 것은 부질없는 짓이다. **하나님의 뜻을 행하는** 신자는 **영원히** 살기에 신은 영원한 것만을 신자가 애착을 가질 수 있는 적법한 대상으로 승인하신다(17절). ('하나님의 뜻을 행하는 것'에 대해서는 마 7:21에 대한 주석을 보라.)

C. 신학적 확신: 성육신 교리를 믿다(2:18-29)

이전에 선보인 두 가지 '시험'을 통해 요한은 신자에게 그와 하나님의 관계가 원만하다고 안심시킬 수 있었다. 첫째는 도덕적 시험이었다. 하나님을 안다고 주장하는 자들은 그분에게 순종하는 삶을 추구함으로써 그 앎을 나타낸다. 둘째는 사회적 시험이었다. 하나님을 안다고 주장하는 자들은 그분이 사랑하시는 것, 즉 다른 신자들을 사랑한다. 이 특징들을 드러내는 자들에게 요한은 그들이 하나님과 올바른 관계에 있다고 확신시켰다. 그가 제시한 셋째는 신학적 시험이었다. 이 시험은 그리스도의 성육신 교리에 대한 적절한 이해와 관련이 있다.

1. 이단자들은 성육신 신앙을 버렸다(2:18-19)

2:18-19. '탁월하기 그지없는' **적그리스도**(2:18)는 '불법을 행하는 자'이다(막 13:14; 살후 2:1-12에 대한 주석을 보라). 성경은 적그리스도의 출현이 이 시대의 **마지막 때**임을 암시한다고 가르친다. **지금도 많은 적그리스도가 일어났다**. 요한은 **적그리스도**의 선구자들이 있음을 보여주고 있었다. 이들은 그리스도인이라고 공언했지만 예수 그리스도의 신분에 관한 정통 기독교의 가르침은 거부했다. 여기서 18절의 **적그리스도**는 우리에게서 '나간 자들', 곧 교회를 버린 자들로 밝혀진다. 그들의 변절로 그들은 교회의 천국 탄생을 공유하지 않은 것으로 '드러났다'(19절).

2. 참된 신자들은 성육신의 진리를 포용한다 (2:20-21)

2:20-21. 그들은 분리파들의 잘못된 교리뿐 아니라 변절을 통해서도 그들의 거짓된 본성을 꿰뚫을 수 있다. 그들이 **거룩하신 자에게서 기름 부음을 받**기 때문이다(20절). 말하자면 그들은 주 예수 그리스도께서 주신 성령을 받았기 때문이다(참고. 요 14:26; 15:26). 성령이라는 이 선물과 그분의 가르치는 사역(참고. 27절)에 힘입어 그들은 진리를 실제로 '알게' 되었다(20절). 바꿔 말하면 성령이라는 이 선물에는 성령의 깨닫게 하시는 사역이 포함된다. 이 깨닫게 하심으로 신자들은 성령을 받지 못한 자들에게 없는 진리에 대한 통찰, 즉 진리에 대한 인식과 진리의 적용을 얻게 되었다. 그것은 더 많은 것을 주었다. 기름 부음은, 이 깨달음을 얻지 못한 자들에게 결여된 진리에 대한 참된 지식과 진리의 인지적 내용(cognitive content, 인지하거나 발견하거나 배운 것의 총계 혹은 범위—옮긴이 주), 진리의 정보와 사실들에 관한 지적 이해를 그들에게 허락했다(참고. 고전 2:6-12). 따라서 요한은 설명을 계속했으며 '진리를 알지 못하는' 사람들에게 쓰는 헛수고를 하지 않고 '진리를 아는' 자들에게 썼다. 요한의 독자들은

떠난 자들(참고. 2:19)에게 없는 '인지적 내용', '지적 정보'를 가졌다.

3. 이단자들은 성육신을 거부한다(2:21)

2:21. 저자는 독자들에게 그들이 복음의 **진리**를 '알고' 있음을 상기시켰다. 그리고 신학적 **거짓**은 이 **진리**에서 나지 **않기 때문**에 그들은 분리파들의 잘못된 교리를 파악할 수 있는 필요한 기준들이 있었다.

4. 이단자들에게는 하나님이 없다(2:22-23)

2:22-23. 22절은 18절의 '적그리스도'가 19절의 분리파들이라고 밝힌다. 두 집단은 다름 아닌 동일한 집단이다. 그들은 역사적 지상 **예수**께서 바로 하늘의 신적인 **그리스도**이심을 부인한다. 이 이단자들은 **아버지와 아들** 둘 다의 신성을 거부한다. 예수님이 하나님의 **아들**임을 부인하는 자는 **아버지**와 관계가 '없다'. 거꾸로 **아들**을 고백하는 것은 그분의 신분을 인정하는 것이다. 그리고 이것은 어떤 사람이 예수님은 물론이고 '아버지와도' 올바른 관계를 누린다는 증거가 된다.

5. 참된 신자들은 진리 안에 거해야 한다(2:24-29)

2:24-26. 독자들에게는 하나님과의 관계를 유지할 수 있는 객관적(24절)이고 주관적(2:27)인 안전장치가 있다. 객관적 안전장치는 그들이 복음을 접하면서 **처음부터 들은** 성육신의 진리 안에 '거하는' 것이다(24절). 다음 절은 진리를 간직해야 할 이유를 제시한다. 그것은 '하나님이' 자신과 관계를 맺고 있는 자들에게 **하신** [**영원한 생명**의] **약속**을 실현하기 위해서이다. 요한이 신실한 자들에게 이처럼 권면하는 것은 거짓 교사들(요한의 그리스도인 독자들을 **미혹하는 자들**)이 그들을 미혹하려 애쓰기 때문이다. 적그리스도(2:18)와 변절자들(2:19)은 진리를 거부했기에 독자들에게 그렇게 하도록 악영향을 끼칠 수 있다.

2:27-29. 주관적 안전장치는 회심할 때 **받은** 성령의 **기름 부음**이다. 성령은 '가르치셨고' 독자들을 진리 및 하나님과의 관계를 지속할 수 있게 하신다(27절). 하지만 여기서 진리 **안에**, 주님과 관계 안에 '거해야' 할 또 다른 동기가 부여된다. 부정적으로는 교회의 휴거에서 **그가 강림하실 때에 그 앞에서 부끄럽지 않게** 하는 것이고, 긍정적으로는 그날에 **담대함**을 얻는 것이다(28절). 주님의 다시 오심은 신자들에게는 경사스러운 일이 되어야 하는데, 그들이 "이 세상에서" 그리스도의 성품을 드러내고 그리스도처럼 행동했다면 그렇게 될 것이다(4:17). 참된 신자들 누구에게나 영원한 생명이 예정되어 있다. 그리고 그 누구도 그분이 하셨던 것처럼 의롭게 살지 못했기에, 참된 신자들도 **그가 강림하실 때에** 일말의 '부끄러움'을 느낄 것이다. 하지만 구원받은 참된 신자들이라 할지라도 마음 내키는 대로 살아왔다면 그분 앞에서 부끄러워 움츠러들 것이다. 진리를 간직하고 주님과의 관계를 유지하면 의로운 삶을 살게 된다. 하나님 가족의 일원이냐 아니냐는 가족 간의 닮음으로 알 수 있다. 하나님은 '의로우시다'. 그러므로 의를 **행하는 자마다 그에게서** 났음을 알 수 있다(29절).

Ⅳ. 구원의 세 가지 확신에 대한 확장(3:16-4:6)

A. 도덕적 확신: 순종과 의로운 삶(3:1-10)

3장은 변함없이 의로운 삶을 사는 자마다 그가 하나님에게서 났음을 입증한다는 단언으로 끝난다(2:29). 3장의 첫 단락은 거듭남이 의로운 행동으로 이어진다는 이러한 생각을 다시 시작하고 펼친다. 더 중요한 것은, 올바른 삶이 하나님 가족의 일원임을 증명한다는 점이다. 그 반대 역시 사실이다. 죄악 된 삶은 사탄 가족의 일원이라는, 즉 마귀의 영향과 지배를 받는다는 증거이다. 가족 간의 닮음은 가족의 일원임을 나타낸다.

1. 하나님의 사랑과 거듭남(3:1)

3:1. 거듭남은 '아버지께서 우리에게 베푸신 어떠한 사랑'의 결과이다. 그 사랑으로 신자들은 하나님의 **자녀라 일컬음**을 받는다.

2. 도덕적 순결과 거듭남(3:2-3)

3:2-3. 신자들이 **지금**은 세상 사람들에게 **하나님의 자녀**로 보이지 않지만 영광스러운 장래에 우리가 **어떻게 될지는 아직 나타나지 아니하였다**. 예수님의 재림을 보는 순간 **우리가 그와 같게** 될 것이다(2절). 이는 신자들이 그분처럼 신성을 지니게 되는 것이 아니라 순수성에 더하여 영광스러운 부활의 몸에서 그분을 닮게 된다는 뜻이다. 주님의 날에 신자들은 죄악 된 본성과 그것에서 비롯되는 나쁜 행동에서 완전히 해방되어 완전하면서도 온전한 성화를 이룰 것이다. 바로 이 시점에서 삼위일체 하나님의 완전히 바꾸시는 사역이 신자들에게서 완성되고 그다음에 그들은 '그와 같이' 될

것이다. 다시 오시는 예수님을 뵙고 그분과 같이 될 것이라는 **이 소망을 가진 자마다** 이제 불완전하지만 점진적으로 자기를 **깨끗하게** 한다(3절).

3. 도덕적 불결과 불법(3:4)

3:4. 예수님처럼 깨끗하게 되는 신자들과 달리(3절) 이 절은 죄를 짓는 자들에 대해 이야기한다. **죄는 불법**이거나 하나님의 도덕법을 어기는 것이다. 습관적으로 죄짓는 자들은 신의 기준을 무시하고 자기가 만든 잣대를 사용한다.

4. 도덕적 불결과 예수님의 사역(3:5-10)

a. 신자들은 의롭게 행동한다(3:5-7)

3:5-7. 예수님은 우리 죄를 없애시려고 인간의 몸을 입으셨다. 오직 **그에게는 죄가 없**기에 그분은 우리 죄를 제거하실 수 있다(5절). 따라서 그분과의 관계 안에 거하지 않는 자는 끝까지 죄를 짓는다. 이 주제에 대해서는 아래 3:8의 주석을 보라. 죄가 없으신 분과 관계를 맺고 있다고 주장하면서도 고의적으로 끊임없이 죄를 범하는 것은 용어상의 모순이다(3:6). 독자들은 어느 누구에게서든 미혹을 받아 죄짓는 일이 없게 해야 한다. 의를 행하는 자만이 예수님처럼 의롭다는 것이 진리이다(7절).

b. 신자들은 마귀처럼 죄를 짓지 않는다(3:8)

3:8. **마귀는 처음부터** 죄를 짓기 시작했고 지금도 계속 죄를 짓는다. 마찬가지로 끈질기게 계속 **죄**를 짓는 자는 **마귀에게 속**했다. 즉, 마귀의 영향과 지배를 받는다. 예수님은 **마귀의** 영향력을 **멸하려** 오셨다(8절). "하나님께로부터 난"(9절) 자는 집요하게 계속 죄를 짓지 않는다. 말하자면, 신자의 거듭나지 않은 옛 삶과 그가 그리스도 안에서 거듭난 삶은 다르다. 그리스도인도 죄를 짓지만 더 이상 마귀처럼 끊임없이 짓지는 않는다.

c. 신자들은 하나님의 씨를 가졌다(3:9-10)

3:9-10. 신자들이 더 이상 마귀처럼 끊임없이 죄를 짓지 않는 이유가 있다. **하나님의 씨**, 즉 성령 안에서의 삶에 대한 주님의 원리가 **그의 속에 거**하기 때문이다. 거듭나면 몰라보게 달라진다(9절). 하지만 삶의 방식으로서 의를 행하지 않는 자는 누구든 **하나님께 속하지 아니하**였다. 이는 '자기의' 그리스도인 **형제**를 **사랑**하지 않는 자에게 특히 그러하다(10절).

B. 사회적 확신: 형제 사랑(3:11-24)

요한은 (분리파들이 아닌) 자기 독자들이 하나님과 올바른 관계에 있다는 표지인 의에 대한 탐구에서 또 다른 지표인 그리스도인 형제에 대한 사랑으로 갑자기 화제를 바꿨다. 그 연관성에 대해 도널드 버딕(Donald W. Burdick)은 이렇게 쓴다. "의와 사랑이라는 두 개념은 서로 무관하지 않다. 사실 이 둘은 같은 것을 언급하는 두 가지 방식으로 볼 수 있을 것이다. 예수님(마 22:34-40)과 바울(롬 13:8-10) 둘 다 의와…사랑의 관계를 명백히 진술한다"[Donald W. Burdick, *The Letters of John the Apostle*(Chicago: Moody, 1985), 259]. 2:9-11을 보면, 다른 신자들을 사랑하지 않는 자는 도덕적 어둠 가운데 있다(신적인 것들을 모르기 때문에 살면서 죄와 잘못을 저지른다). 3:11-24에서 요한은 신자들에게 적대적인 자들의 특징을 두드러지게 묘사했다. 그들은 가인 같았고(12절) 영적으로 사망 상태에 있었으며(14절) 영생이 없었다(15절). 이는 하나님 앞에 정죄받은 분리파들의 특징이었다.

1. 신자들은 다른 신자들을 사랑한다(3:11-24)

3:11-14. 기독교 '메시지'의 진수는 우리가 **서로 사랑해야** 한다는 것이다(11절). 그리스도인들은 **가인**같이 하면 '안' 된다. 그는 **악한 자**의 영향을 받았고 그의 부추김으로 자기 **아우를 죽였**다(12절). **형제**라는 용어는 12절의 가인과 아벨 이야기에서 비롯되지만 지금은 영적 가족에게 적용된다. 가인이 아벨을 미워했듯이 **세상**의 많은 사람들도 신자들을 미워할 것이다(13절). 신자들은 천차만별이다. 그리스도인들이 자기 형제들을 사랑하면 이는 영적 **사망에서 옮겨** 영적 **생명으로 들어간** 증거이다. 요한은 '여러분이 여러분의 형제를 사랑하지 않으면 구원받은 게 아니다!'보다는 '여러분이 그리스도인 형제를 사랑하면 이는 여러분이 구원받았다는 확신들 중 하나이다'라는 것을 강조하고 있다. 다른 신자들을 **사랑하지 아니하는** 사람은 영적 **사망에 머물러 있**다. 즉, 아직도 구원받지 못한 상태이다(14절).

2. 불신자들은 신자들을 미워할 것이다(3:15)

3:15. 하나님의 자녀를 사랑하지 않는 것은 영적으로 죽었다는 증거이다. 적대감을 노골적으로 드러내든 애정 표현을 미적지근하게 하든 **미워하는 자마다** 영생**이 그 속에 거하지 아니하는 살인하는 자**에 비유된다.

3. 신자들은 다른 신자들을 위해 희생한다 (3:16-18)

3:16-19. 예수님은 **우리를 위하여 목숨을 버리셨다. 그러니 우리도 형제들을 위하여 목숨을 버리는 것이 마땅하다**(16절). 애정을 표현하는 흔한 방식은 궁핍한 자들을 물질적으로 돕는 것이다. **세상의 재물**을 가진 신자가 믿음을 운운하면서 돕기를 거부한다면 **하나님의 사랑이 그 속에** 없는 것이다(17절). 신자들은 **말과 혀**, 그러니까 말로만 **사랑하지 말고 행함**[행동]**과 진실함**[현실]**으로**(18절) 해야 한다. 다른 사람들을 정말로 사랑하면(18b절) 우리는 **우리가 진리에 속한 줄을** 안다(즉, 우리가 참된 신자임을 안다).

4. 신자들은 다른 신자들을 사랑함으로써 확신을 얻는다(3:19-24)

3:19-24. 요한이 서신을 보낸 공동체에서 떨어져나간 자들은 그리스도인들을 사랑하지 않았다. 그러므로 행동, 특히 다른 그리스도인들에게 행동으로 사랑을 표현하는 것은 구원받은 **우리 마음을 굳세게** 할 것이다(19절). 참된 신자는 그 양심(마음)이 지나치게 예민할 수도 있어 주기적으로 자신을 책망하게 될지도 모른다(20절). 그러나 요한은 실수할 수 있고 종종 잘못을 범하는 **우리 마음**[우리 양심]**보다** 하나님은 **크셔서** 우리 구원에 대해 더 권위 있는 평결을 내리실 수 있음에 주목했다. **하나님은** 우리에 관한 **모든 것을 아시**고 모든 것을 고려하신다. 어떤 나쁜 고발에서 벗어난, **책망할 것이 없**는 양심에 힘입어 우리는 우리 자신이 구원받고 **하나님 앞에서** 기쁘게 하는 방식으로 사는 것에 **담대함을 얻**는다(21절). 깨끗한 양심은 기도 응답이라는 또 다른 결과를 낳는다. 순종하는 신자들은 하나님의 뜻에 따라 **무엇이든지 구하는 바를 그분에게서 받을** 것이다. 예수님의 구속은 기도의 토대이지만 순종은 기도 응답의 조건이다(22절). 하나님의 명령들은 두 부분으로 구성되는 주된 명령으로 요약된다. 하나는 **예수 그리스도를 믿**는 것이고, 다른 하나는 **서로 사랑하**는 것이다(23절). 신의 **계명**을 지키는 것은 하나님과의 관계 **안에** 거한다는 증거이다. 예수님이 신자와의 관계 안에 '거하신다'는 증거는 신자의 삶 속에 살아 계시고 역사하시는 **성령으로 말미암아** 나타난다. 이 증거는 신자들로 하여금 '의를 행하도록'(2:29) 힘을 주시고, **예수 그리스도를** 믿으라고 설득하시고(23절), **그의 계명**을 지키라고 격려하시고(24절), '형제를 사랑하도록'(3:14) 이끄시는 성령에게 있다.

C. 신학적 확신: 성육신 교리를 고수하다(4:1-6)

3:23-24의 몇몇 생각들은 4장에서 더 전개된다. 예를 들어, 3:23의 믿으라는 계명은 믿지 말아야 할 것에 관해 독자들에게 경고하는 4:1에서 균형을 이룬다. 그리고 3:24은 성령이 그리스도인들에게 그들과 예수님의 관계를 확인시킨다고 공언한다. 하지만 그것은 주의를 요하는 듯하다. 4:1의 **영들**이 **거짓 선지자**들에게 지대한 영향을 끼치기 때문이다. **진리의 영**과 **미혹의 영**이 있다(4:6). 둘 다 선생들에게 영향을 미친다. 요한일서 저자는 선생들이 하나님에게서 왔는지 그렇지 않은지를 독자들이 파악하도록 **영들을 분별**할 수 있는 두 가지 기준을 그들에게 제시한다(4:1). 첫째 기준은 고백이다. 즉, 선생은 성육신 교리를 기반으로 예수를 시인하는가? 둘째 기준은 회중이다. 하나님의 백성은 선생들이 하는 말에서 하나님의 음성을 듣는가? 마지막으로, '서로 사랑하라'는 3:23의 명령에 대해서는 4:7-21에서 더 논할 것이다.

1. 분별의 필요성(4:1-4)

4:1. 사도는 자기 독자들이 **영을 다** 믿지 못하게 했다. 이 표현은 인간 선생들에게 영향을 끼치는 초자연적인 영적 존재를 가리킨다. 선생들이 전하는 교리는 다른 교회 지도자들과 100퍼센트 정통이라고 인정받는 선생들의 검증을 받아야 한다. '그들(가르치는 자들)이' **하나님께 속하였나 분별하**는 것은 지도자들과 정통 선생들의 책임이다. 그러한 분별은 **많은 거짓 선지자**들이 지금 이단을 퍼뜨리고 있으므로 매우 중요하다.

4:2-3. '이것'은 선생이 신의 영감을 받았는지 교회가 알아볼 수 있는 '유일한' 기준은 아니지만 하나의 기준을 제시한다. 그는 하늘의 신성한 **그리스도**께서 이 땅에 인간 **예수** 안에서 **육체로** 오셨음을 사람들 앞에서 시인한다(2절). 그러나 **예수**께서 하늘에서 내려오셔서 육체를 입으신 메시아라고 전하지 **않는** 선생을 인도하는 **영마다 하나님**에게서 보내심을 받은 것이 '아니다'. 교사가 성육신 교리를 부인하는 것은 그가 신의 영감을 받지 않았고 하나님의 진리를 전하지 않음을 알 수 있는 충분한 검증이 된다. 더 심각한 것은, 바

로 이 영이 장차 나타날 개인적인 적그리스도에게 생기를 불어넣을 것이라는 점이다. **지금 벌써 세상에 있는** 그 영은 겉으로 그럴싸한 선생들을 격려하고 있다(3절). 사탄은 이 땅에서 예수님과 성령을 어설프게 흉내 내고 있다. 예수님은 육체로 계시다가 하늘로 올라가셨고, 그 후에 성령을 보내셨다. 하지만 지금 세상에 있는 **적그리스도의 영**은 나중에 적그리스도라는 물리적 존재가 그 뒤를 이을 것이다.

4:4. 참된 가르침을 전하는 참된 선지자라면 청중 또한 그에게 귀를 기울이게 마련이다. 요한의 독자들은 **하나님께 속하였**다. 즉, 진실한 그리스도인이다. 독자들은 거짓 선생들의 이단 사상을 받아들이지 않음으로써 그들에게 지적으로 '이겼다'. 왜냐하면 독자들 **안에** 계신 성령이 **세상에 있는** 사탄보다 '더 크기' 때문이다.

2. 이단의 근원(4:5-6)

4:5-6. 이단자들은 믿지 않는 **세상**의 일부이고 이 세상의 영향을 '받는다'. 따라서 **그들의 말**과 가르침은 하나님이 아닌 **세상**에서 온다. 이 거짓 선지자들은 **그들의 말을 듣는**, **세상**의 거듭나지 않은 사람들로 확인된다(5절). 정통 교사들은 **하나님께 속하였**다. 요한과 요한을 닮은 독자들은 하늘에서 파송되었다. **하나님을 아는** 자는 **우리**[즉, 정통 선생들]**의 말을 듣는다**. **하나님께 속하지 아니한** 저 청중은 **우리의 말을 듣지 아니**한다. 말하자면, 불신자들은 하나님의 진리를 전해도 듣고 싶어 하지 않으며, 그 진리를 받아들이고 그것에 따라 사는 것을 거부한다.

V. 구원의 세 가지 확신을 통합하다(4:7-5:12)

A. 사회적 확신: 형제 사랑(4:7-21)

이 부분에서 논의의 흐름은 3:23에 언급된 주제와 연결된다. 이 구절에는 "예수 그리스도의 이름을 믿고"와 "서로 사랑하라"라는 하나님의 이중 계명이 들어 있다. 독자들은 믿음과 사랑을 불어넣으시는 '성령'(3:24)에 힘입어 그 계명을 지킨다. '성령'은 4:13에 또 나온다. 독자들이 다른 이들을 사랑하고 성육신의 진실성을 확신하는 것은 그분에게서 비롯된다(4:14-15). 이 서신은 믿는다고 공언하는 그리스도인이 그것에 의해 자신이 구원받았음을 알 수 있는 세 가지 시험을 제시한다. 그러나 저자가 보기에 이들 시험은 별개로 존재하기보다 신자들을 안심시키려고 서로 협력한다. 그리하여 4:7-5:12은 요한이 이전에 진술하지 않았던 방식으로 이 세 가지 시험을 통합하거나 혼합할 것이다.

1. 신자들을 사랑하라는 명령(4:7-8)

4:7-8. 저자는 자기 독자들에게 **서로 사랑하자**라고 권면하면서 세 가지 이유를 말한다. (1) **사랑**의 궁극적 근원은 **하나님**이시다. 신자가 다른 이들을 사랑한다는 것은 그들이 하나님과 관계를 맺고 있음을 시사한다. 신자가 하나님을 사랑하면 그는 하나님이 사랑하시는 것을 사랑할 것이다. 이 맥락에서 그것은 특히 다른 신자들이다. 이는 그리스도인들이 사랑해야 하는 둘째 이유에서 암시된다. (2) **사랑하는 자마다 하나님으로부터 났**다. 다른 사람들을 사랑하는 것은 거듭남의 원인이 아닌 결과이다. 천국 가족의 일원인 신자는 가족의 특징인 사랑을 나타낸다. (3) **하나님을** '아는' 자는 그분을, 애정 표현을 아주 후하게 하시는 신적 인간으로 알게 된다. 그렇다면 신자들 역시 사랑해야 한다는 결론이 나온다(4:7). **사랑하지 아니하는 자**는 결코 회심한 것이 아니다. **하나님은 사랑이**시라는 사실이 이 주장을 정당화한다. 하나님의 사랑을 받고 그분과 관계를 맺은 후에 자기가 받은 그 사랑을 다른 이들, 전적으로는 아니지만 특히 다른 그리스도인들에게 보이지 않는 것은 말이 안 된다(8절).

2. 신자들을 사랑하는 것의 사례(4:9-12)

4:9-12. **하나님의 사랑**은 이렇게 '나타났다'. 하나님은 성육신을 통해 **자기의** '유일한 아들'을 죄 많은 **세상에** 보내셨다. 이렇게 하신 것은 그로 **말미암아** 죄인들을 **살리려 하심이**었다(4:9). 우리가 하나님을 사랑한 것이 아니라 그분이 먼저 우리를 사랑하신 것은 **사랑**의 완벽한 본보기이다. 그 사랑으로 말미암아 **하나님은 우리 죄를 속하기 위**한 죗값으로 그분의 **아들을 보내셨다**(4:10; 또한 2:2에 대한 주석을 보라). **하나님이 이같이 우리를 사랑하셨**다. 우리가 그분을 사랑할 때까지 기다리지 않고 먼저 우리를 사랑하셨다. 하나님이 우리에게 자신의 최고(그분의 아들)를 주셨기에 신자들은 **서로 사랑하는 것이 마땅하다**(11절). 신자들이 **서로 사랑할** 때 그것은 (1) **하나님이 우리 안에 거하시고**[이는 우리가 보이지 않는 하나님과 관계를 맺고 있다는 증거이다], (2) **그의 사랑이 우리 안에 온전히**

이루어지는 것(우리가 다른 이들에게 신의 사랑을 드러내는 것)을 보여준다. '온전히 이루어지는'으로 번역되는 헬라어 단어는 텔레이우(*teleioo*)이다. 이 단어는 어떤 것이 자기 목표에 도달해서 불완전한 상태를 더 나은 상태로 대체함을 뜻한다. 하나님이 사랑을 베푸시는 것은 죄인이 그 사랑을 받아들이고 이어서 자기 동료들에게도 똑같이 사랑을 나타내도록 하기 위함이다. 다른 이들을 사랑하지 못하는 죄인의 온전하지 못한 상태는 그들을 점차 사랑하는 도덕적 상태로 지금 바뀌는 중이다. 그리고 다른 이들에게 베푸는 사랑은 또한 (3) 어느 때나 **하나님을 본 사람이 없으되** 그리스도인이 서로 사랑하는 것을 통해 그들이 그분을 알게 됨을 보여준다(12절).

3. 신자들을 사랑하도록 힘을 주신다(4:13–16)

4:13–16. **우리가** 하나님과의 관계 **안에 거하는** 것을 '아는' 한 방법은 그분이 '우리에게 주신 성령'을 통해서이다. 성령은 우리 안의 사랑을 발전시켜 형제들에게 베풀게 하신다(13절). 성령은 우리더러 성육신에 대한 사도의 증언을 믿음으로 받아들이라고 격려하신다(15절). 사도 요한과 그의 사역을 돕는 동료들은 **아버지가 아들을 세상의 구주로 보내신 것을 보았고** 증언한다(14절). 요한이 영지주의 이단에 맞서 싸운 역사적 정황을 고려할 때 누군가 나사렛 예수가 하나님의 아들이심을 부인한다면 그는 구원받은 것이 아니다. 거꾸로 누군가 이 땅의 역사적 **예수**가 하늘의 **하나님 아들이라 시인하면** 이는 **하나님이 그**와의 관계 **안에 거하시고 그가** 그분과의 관계 **안에** 거하는 것을 보여준다(15절). 성육신 교리를 받아들임으로써 요한과 그와 생각이 비슷한 사람들은 **하나님이** 그들에게 '나타내시는 사랑을 알고 믿었다'. 구원받았다는 세 가지 증거를 여기서 언급한다. (1) 진리를 알게 됨, (2) 진리를 믿음 그리고 (3) 다른 이들을 향한 사랑 **안에** 거하거나 그들에게 **사랑**을 나타냄(16절).

4. 신자를 사랑하는 것에서 비롯되는 영적 성장 (4:17–18)

4:17–18. 그리스도인의 사랑은 **온전히 이루어**져야(17절, "사물의 불완전한 상태를 반대가 없는 상태로 극복하거나 대체하는 것", BDAG, 996) 한다. 즉, 서서히 성장해 다른 이들을 사랑하는 마음이 더욱더 커져야 한다. 사랑이 커질 만큼 커지면 신자는 자신이 하나님과 올바른 관계에 있다는 확신을 얻으며 심판 날에 담대할 수 있게 될 것이다. 신자는 그날을 기다리며 벌벌 떨지 않는다. 그날이 와도 자신의 영원한 운명에 관해 조금도 두려워하지 않을 것이다(그리스도 안에 거하려 하지 않는 저 신자들은 수치를 느낄 것으로 예상하겠지만 말이다. 2:28에 대한 주석을 보라). 이 담대함이 생기는 것은 예수께서 몸소 사랑을 베푸셨듯이 신자들 역시 이 세상에서 사랑을 나타내기 때문이다(17절). 다른 신자들에게 사랑을 베풀수록 신의 심판에 대한 두려움은 그만큼 줄어든다. 실로 원숙해지는 **사랑**은 **두려움을 내쫓**고 그것에 당당히 맞선다. 다가올 심판을 **두려워하는** 제자는 자신의 **사랑 안에서** 성숙해지지 않았다(18절).

5. 신자들을 사랑하기 위한 자극(4:19–21)

4:19–21. 이 부분은 **우리가** 그분과 다른 신자들을 **사랑**한다고 공언한다. 우리가 사랑하는 이유는 그분이 **먼저 우리를 사랑**하셨기 때문이다. 우리의 사랑은 그분의 사랑에 대한 반응이다(19절). 하나님을 사랑한다고 말하면서 자기 **형제를 미워하**는 신자는 **거짓말하는 자**이다. 더 쉬운 일('보이는 형제를 사랑하는 것')을 할 수 없다면 더 어려운('보이지 않는 하나님을 사랑하는 것') 일도 할 수 없다(20절). 그리스도인이 사랑해야 하는 또 다른 이유는 그렇게 하라는 하나님의 **계명** 때문이다. 제자는 **하나님**과 자기 **형제** 둘 다에게 사랑을 나타내야 한다(21절).

B. 도덕적 확신: 명령에 순종하다(5:1–5)

요한은 서신의 구원에 대한 세 가지 시험을 계속 통합한다. 이 부분에서 사회적 시험과 도덕적 시험을 연결하되 강조점은 도덕적 시험에 있다. 이 부분에 대한 촉매는 4:21의 "하나님을 사랑하는 자는 또한 그 형제를 사랑할지니라"라는 계명이다. 이는 이론에 불과한가? 아니다. 그 계명은 하나님이 세우신 법으로 그리스도인의 체험에서 생겨났다. 이 구절들에서 저자는 하나님의 계명들은 '무거운 것이 아니고'(3절) 신자들은 거듭났기에 그 계명들에 순종할 수 있다고 주장한다(5:4). 계명을 지키는 것은 하나님을 사랑한다는 증거이다(5:3). 그러할진대 순종하는 신자는 자기 형제를 사랑하라는 계명을 무시할 수 없다. 그러므로 하나님께 순종한다면 이는 다른 신자들을 사랑하라는 그분의 명령에 순종하는 셈이다.

1. 신학적·사회적 및 도덕적 확신을 통합하다(5:1-3)

a. 성육신을 믿는 자들이 거듭나다(5:1a)

5:1a. 나사렛 **예수께서** 하늘의 **그리스도이심을 믿는 자마다 하나님께로부터 난** 자이다. 자녀가 이 땅의 자기 부모를 사랑하듯 신자는 하늘의 자기 아버지를 사랑할 것으로 기대된다. 그리고 가정에서 같은 부모에게서 태어난 자식들이 자기 형제자매를 사랑하는 것은 일반적이며 그렇게 기대한다. 그러니까 하나님의 자녀는 성부의 다른 자녀들을 사랑해야 한다. 여기서 거듭남은 믿음('믿는 자')과 사랑을 결합한다.

b. 성육신을 믿는 자들은 하나님께 대한 순종의 행위로 다른 신자들을 사랑한다(5:1b-3)

5:1b-3. 신자들에게는 자신들이 '하나님의 자녀를 사랑하는지 알 수 있는' 시금석이 있다. 바로 그들이 **하나님을 사랑할 때**이다. 그리고 신자들은 **그의 계명들**을 지킬 때 자신들이 그분을 사랑하고 있음을 안다(2절). 하나님의 명령에 순종한다 하면서 다른 이들을 사랑하지 않으면 그들과 관계를 유지하기가 어렵다. 4:20에서 요한은 자신의 그리스도인 형제를 사랑하는 것이 하나님을 사랑하는 증거라고 가르쳤다. 5:2에서 그는 이 진리의 필연적 결과 혹은 다른 측면을 보여준다. 즉, 하나님 사랑이 형제 사랑을 입증한다는 것이다. 하나님 사랑과 형제 사랑은, 어느 한쪽에 대한 사랑이 나머지 다른 한쪽에 대한 사랑을 증명할 만큼 떼려야 뗄 수 없다. 그 반대도 사실이다. 어느 한쪽만 사랑하면 그것은 절름발이 사랑이다. 형제 사랑이 하나님 사랑의 실체를 입증한다면 하나님 사랑은 형제 사랑의 가치를 증명한다. 하나님 사랑은 형제 사랑의 가장 강력한 동기이다. 그리스도인이 하나님 사랑을 나타내는 한 가지 방식은 그분의 계명을 지키는 일이다. 순종한다면 그리스도인 형제를 사랑하지 않을 수 없다. 그들을 사랑하는 것이 계명 가운데 하나이기 때문이다(요일 4:21). 3절의 **이것이니**는 앞 절에서처럼 사랑과 순종이 동일한 것임을 정당화한다. 우리의 **하나님 사랑은 이것이니, 곧 우리가 그의 계명들을 지키는** 것이다. 하나님이 자기가 주신 계명들을 지킬 힘을 주시는 바로 그 이유로 **그분의 계명들은 무거운 것이** '아니라' 합당한 것이다.

2. 신학적·사회적 및 도덕적 확신이 승리를 가져온다(5:4-5)

5:4-5. **하나님께로부터 난** 사람은 악한 **세상을 이긴다**. 신이 내면에 심으신 본성과 새 생명으로 인간은 서서히 그리고 좀 더 성공적으로 죄를 이길 수 있다. 신자는 죄에 대한 투쟁에서 점진적 승리를 거두지만 이 땅에 사는 동안 죄에서 완전히(온전히) 벗어나기는 요원하다. 2:1에서 "만일 누가 죄를 범하여도"라고 말한 것은 이 때문이다. **승리**의 즉각적인 수단은 **믿음**, 즉 우리가 육체 가운데 올바로 살 수 있게 도우려 육체를 입으신 그분을 의지하는 것이다(4절). 그리스도인의 삶에서 승리라는 덕목은 다른 모든 덕목과 마찬가지로 성격상 점진적이다. 성숙해질수록 신자는 점점 더 승리하는 삶을 살게 된다. 4절의 이기는 자는 여기서 더 정확히 밝혀지는데, 이는 그의 믿음의 내용이다. **세상을 이기는 자**는 성육신을 '믿는 자'뿐이다(5절).

C. 신학적 확신: 성육신 교리를 고수하다(5:6-12)

신이 인간이 되었다는 성육신 신앙은 터무니없어 보인다. 지적 신앙은 신뢰할 수 있는 목격자들과 그들의 믿을 만한 증언에 의존한다. 따라서 이 단락에서는 성육신을 목격한 세 명의 객관적 진술(5-8절)과 한 명의 주관적 진술(11절)을 살펴본다. 요한은 이 네 목격자들의 궁극적이며 신적인 근원(9절), 이 모든 증거의 수용과 거부에 따른 중요성(10절) 그리고 결론(12절)을 제시했다.

1. 신자들은 성육신에 대해 믿을 만한 증거가 있다(5:6-11)

5:6-7. **예수 그리스도가 임하셨**다는 것은 그분이 지상에 33년 동안 계셨음을 나타낸다. 그분이 **물과 피로 임하셨**다는 것은 예수님의 지상 사역의 두 종착역을 나타낸다. 물은 그분의 공적 사역이 시작되었음을 알리는 세례를, **피**는 공적 사역을 마감한 그분의 죽음을 가리킨다. 세례와 죽음은 성육신에 관한 첫째 증거를 가리키는 것으로, 이 증거는 신이 이 두 사건에 제시하신 것이다. 그리스도가 세례를 받으실 때 성령이 하늘에서 내려와 그분에게 임하셨다. 그리고 하나님은 예수를 일컬어 "내 사랑하는 아들"(마 3:17)이라고 하셨다. 그분이 십자가에 달리셨을 때 해가 빛을 잃는 초자

연적 현상(마 27:45), 지진(마 27:51), 성전 휘장이 둘로 갈라짐(마 27:51), 일부 성도들의 부활(마 27:52-53) 및 특이한 목격자, 곧 예수님을 십자가에 못 박은 후 그분이 하나님의 아들임을 인정한 로마 병사(마 27:54)가 있었다.

5:7-8. 요한이 성육신에 대해 인용한 둘째 증거는 성령의 사역과 관계있다. 6절에서 **성령**은 사람들에게 성육신의 실체를 납득시키려 온갖 증거를 대면서 증언하신다. 6절에서 확실히 밝혀진 유일한 목격자는 성령이시다. 그래서 요한은 7-8절에서 세 증거 모두를 되풀이해, 그렇지 않았더라면 개별적으로 이루어졌을 세 증거에 더 무게를 실었다. **증언하는 이가 셋이니 성령과 물과 피라**는 내용은 6절에 이미 언급되었다. 이 '세 증언'의 각각은 **합하여 하나**이다. 그리고 각 증언은 성육신이 사실임을 보여주는 증거를 제시한다.

흠정역의 7-8절에 본문의 변형이 나온다. 7절의 "증언하는 이가 셋이니"라는 전통적인 단어들에 뒤이어 '하늘에서', '아버지', '말씀', '성령'이라는 단어들이 추가된다. 그러고 나서 8절에 "이 셋은 합하여 하나이니라"에 '땅에서'라는 단어가 추가된다. 이 변형들은, 요한이 실제로 쓰지는 않았지만 필사 과정에서 추가된 것으로 보이는 네 가지 요소가 있다. 첫째, 이 변형들은 4세기 말의 질이 떨어지는 헬라어 사본에만 나온다. 둘째, 이 변형들은 헬라의 어떤 교부도 인용하지 않는다. 하지만 그들이 이단과의 삼위일체 논쟁에서 그 변형들을 사용했을 가능성은 있다. 셋째, 이 변형들은 고대 문헌들(신약을 쓸 때 사용된 헬라어 외에 다른 언어들. 이를테면 시리아어, 콥트어, 아르메니아어, 에티오피아어, 아랍어로 작성된 신약의 사본들)에 대부분 안 나온다. 그리고 넷째, 이 변형들이 진짜라면 누락시킬 타당한 이유가 없다.

5:9-11. 물과 피, 성령은 성육신에 대해 강력한 증거를 제시한다. 넷째 증거는 **하나님** 자신의 **증거**이다. 신의 증거는 **사람들의 증언보다 더욱 크다**. 더 권위 있고 더 정확하고 더 믿을 수 있고, 더 중요하고 더 받아들일 만한 자격이 있기 때문이다. 이 신의 증거는 자기 **아들에 대하여** 증언했다는 사실에 관심을 둔다(9절). **하나님의 아들**에 대한 증거를 믿고 받아들이는 자는 이제 **자기 안에 증거가 있다**(10절). 신의 증언은 더 이상 신자가 들은 무언가에 그치지 않는다. 거듭날 때 시작되는 이 새롭고 영적인 **영생**(11절)은 신자의 삶에서 현실이 되었다. 바로 그때 이 신자는 하늘의 평안과 기쁨, 능력을 맛보기 시작한다. 하지만 영지주의자들이 그랬듯이 그것을 일축하는 자는 그 **아들에 대하여** 하신 신의 증언(10절)을 믿지 않으므로 하나님을 **거짓말하는 자로 만**들었다. 내적 **증거는 이것이니**, 곧 **하나님이 우리에게 영생을 주셨**다는 것이다. 죄인의 회심에 따른 삶의 변화야말로 성육신의 실재에 대한 강력한 증거이다. 변화된 삶은 하늘이 그 **아들**을 주었고, 그 안에서 **이 새 '삶'**이 발견됨을 확인해준다(11절).

2. 신자들은 구원에 대한 확신이 있다(5:12)

5:12. 하나님의 **아들**과 관계가 **있는 자에게는** 11절에서 말하는 **영생**이 있다. 그러나 **하나님의 아들**과 그런 관계가 **없는 자에게는 그 생명이 없**다. 서신 곳곳에서 그랬듯이 여기서 요한의 격려는 그가 서신을 보낸 공동체에서 떨어져나갔던 자들의 정황에 비추어 해석해야 한다. 저 분리파들은 하나님의 아들이 없으므로 영생과 거리가 멀었다. 배교자들이 이 신자들에 대해 무슨 말을 했을지와 상관없이, 아울러 그들이 영적인 것들에 관해 잘못 생각하고 있다고 배교자들이 어떻게 비난했을지와 상관없이, 요한은 신자들에게 그들이 옳고 그리스도 안에서 약속된 온갖 축복, 특히 영생을 가졌다고 안심시켰다.

VI. 에필로그: 다섯 가지 확실성으로 안심시키기 (5:13-21)

요한일서는 확언의 서신이다. 따라서 저자가 신자들이 확언할 수 있는 다섯 가지 실재를 언급하는 가운데 확신의 어조로 서신이 끝나는 것은 적절하다.

A. 확실성 1: 구원에 대한 확신(5:13)

5:13. 요한은 자기 독자들에게 **영생이 있음을 알게 하려 하나님의 아들을 믿는 너희에게** 이 서신을 썼다. 신자들이 확신할 수 있는 다섯 가지 실재 중 첫째는 그들이 구원을 얻었다는 것이다.

B. 확실성 2: 하나님은 기도를 통해 필요를 채우신다 (5:14-15)

5:14-15. 또 다른 확실성은 기도 응답에 대한 놀라운 **담대함**이다. **우리가** 하나님의 **뜻대로 무엇을 구하**

면 그분은 **들으시고 우리**에게 응답하실 것이다(14절). 신자의 기도가 성경에 부합하거나 성령의 인도하심을 받을 때 그 기도는 하나님의 뜻과 합해진다. 우리는 그분이 자기 뜻에 따른 간구를 들으시고 존중하신다는 것을 알기에 우리는 그분에게 기도로 구한 그것을 얻게 될 것임을 안다(15절).

C. 확실성 3: 하나님은 기도를 통해 다른 사람들을 도우신다(5:16-17)

5:16-17. 셋째 확실성은 다른 이들을 위한 기도에 관한 것이다(16절). **형제**는 믿는다고 공언하지만 진실한 신자는 아니며, 영원한 **사망**[즉, 지옥]**에 이르지 아니하는** 어떤 **죄**를 계속 짓는 것으로 드러난다. 이를 통해 요한은 영원한 사망에 이르는 죄가 아니라면 그 어떤 죄도 사함을 받고 영원한 사망을 피할 수 있다고 말하려 했을 것이다. **사망에 이르는 죄**는 2:19에 언급된 죄, 곧 배교이다. 이는 이전에 복음을 믿는다고 고백한 후 교회를 버리고 복음을 부인하는 것을 말한다. 요한일서의 맥락에서 사망에 이르는 죄에는 예수 그리스도의 성육신과 죄 없는 삶, 구속의 죽음과 관련된 정통을 고의적으로 끈질기게 거부하는 것이 포함된다. 분리파들은 그런 죄를 범했다.

사함 받을 수 있는(즉, **사망에 이르지 아니하는**) 죄의 범주에 관해 그리스도인이 기도 가운데 **구하면** '하나님이' 영적(영원한) **생명**[즉, 구원]을 저 죄인에게 '주실 것이다'. 동사 '주실 것이다'는 금언적 미래(gnomic future)로서 이는 더러 예외는 있겠지만 그 행동이 대체로 실현될 것임을 의미한다. **이에 관하여 나는 구하라 하지 않노라**는 요한이 배교에 가담한 자를 위해 절대 기도해서는 안 된다고 말하는 것이 아님을 나타낸다. 이 구절의 언어는 배교한 어떤 분리주의자이든 그를 위한 기도는 15절과 16a절에 약속된, 믿음으로 드리는 기도에 흔히 나타나는 결과를 얻게 될 것이라고 요한이 장담할 수 없음을 나타낼 뿐이다. 그럼에도 불구하고 요한은 예수님이 돼지 앞에 진주를 던지는 것(마 7:6)에 관해 하신 말씀과 병행하려는 것처럼 보인다. 그들에게 간증하든, 말씀을 가르치든 (여기서처럼) 그들을 위해 기도하든, 저항하는 자들을 섬기려는 지속적인 노력에는 큰 목적이 있는 것 같지 않다. 설령 기독교를 거부한 것으로 확인된 자를 위한 기도가 중단되더라도 신자는 하나님이 그런 자의 마음속에 여전히 역사하셔서 그를 회심시키실 수도 있다는 소망을 붙잡을 수 있다.

16절은 한 진정한 그리스도인이 심각한 죄를 계속 짓다가 때 이른 죽음을 맞이한다는 것으로 종종 설명된다. 이런 해석은 가능하지만 다음 이유로 설득력이 떨어진다. 첫째, 이 서신은 진실한 그리스도인이라면 죄를 끊임없이 지을 수 없다고 말한다(3:6, 9-10; 5:18). 둘째, 중보 기도에 대한 응답으로 하나님은 집요한 죄인에게 **생명**[회심하는 불신자에게 신이 부여하는 새로운 영적 생명을 뜻하는 헬라어 조에(*zoe*)]을 주실 것이다. **형제**가 그리스도인이라면 그는 이미 이 **생명**을 갖고 있다. 그것은 그에게 다시 줄 수 없다. 셋째, 눈에 보이는 **사망**에 대한 가장 탁월한 해석은 그 반대인 **생명**으로 가능하다. 이 **생명**이 영생이라면 사망 또한 육체적 사망이 아닌 영원한 사망이어야 한다. **모든 불의가 죄**이기는 하지만 모든 죄가 반드시 영원한 사망으로 이어지는 것은 아니다. 어떤 죄도 하나님의 은혜의 손길이 닿지 않게 할 수 없다. 죄 사함을 위해 그리스도를 믿으면 영원한 사망을 피할 것이다. 그러나 그리스도를 죄가 없고 십자가에 달리신 성육신하신 하나님의 아들로 받아들이기를 집요하게 거부하면 영원한 사망에 이를 것이다. 그래서 교회는 기도 제목이 많은 것이다(17절).

D. 확실성 4: 악한 자에게서 벗어나다(5:18-19)

5:18-19. 넷째 확실성은 신의 가족 안에서 구성원의 안전과 관련된다. **하나님께로부터 난 자**는 **죄**를 계속 짓지 않는다(3:8에 대한 주석을 보라). 이는 하나님의 독생자가 신자를 **지키시**거나 도덕적으로 보호하시기 때문이다. 결과적으로 마귀(**악한 자**)는 **그를 만지**거나 마음대로 할 수 없다. 즉, 그와 하나님의 관계를 손상시켜 신자의 구원을 위태롭게 할 수 없다. 저자와 그의 독자들은 **하나님께로부터** 났다. 즉, 그들은 그분에게 속해 있다. 사탄이 그들을 '만질' 수 없지만 믿지 않는 **온 세상**은 '악한 자의' 영향력과 지배 아래 놓여 있다(19절).

E. 확실성 5: 그분에 대한 우리의 앎은 참되다 (5:20-21)

5:20-21. 저자는 예수님이 오셔서 **우리에게 지각을**

요일

주셨다고 주장한다. 이는 그분이 성육신하시면서 영적 진리, 나아가 하나님 자신까지도 인류에게 계시하셨음을 뜻한다(요 1:18). 그 목적은 우리로 **참된** 하나님을 알고 그분과 관계를 맺게 하기 위함이다. **우리는 참된** [진실한] 하나님과의 관계 **안에** 있고, 이 관계는 **그의 아들 예수 그리스도로** 말미암아 유효하게 되었다(20절). 주님은 "참된 자"(20절)이시기에 독자들은 **우상**들과 거짓 신들**에게서** 자신을 '지켜야' 한다. 18절에서 하나님의 아들은 신자들을 보호하시지만 그들 또한 우상을 멀리하여 "참된 자"에게 충실해야 할 책임이 있다.

요컨대, 이 서신의 목적은 그리스도인이라고 공언하는 자들에게 그들이 하나님의 참된 자녀임을 확실히 알게 하여 안심할 수 있도록 세 가지 확신을 주는 것이었다. 이 세 가지는 도덕적 확신(그리스도의 명령에 순종하는 것), 사회적 확신(그리스도인 형제를 사랑하는 것) 그리고 교리적 확신(성육신을 믿는 것)이다. 이 서신은 오늘날에도 의미가 있다. 그릇된 구원관을 주장하는 이단자들이 있는가 하면 자신들이 구원받았다고 착각하는 자들도 교회에 적지 않다. 참된 그리스도인들이 더러 자신의 구원을 의심하는 것은 흔히 있는 일이다. 이단자들, 믿는다고 공언하는 불신자들 그리고 진짜 신자들, 이 세 집단 모두 요한이 선보인 구원에 관한 시험을 자신들에게 적용한다면 그의 서신에서 얻는 바가 있을 것이다.

참 고 문 헌

Akin, Daniel L. *1, 2, 3 John*. The New American Commentary. Nashville: Broadman & Holman, 2001.

Bruce, F. F. *The Epistles of John.* London: Pickering & Inglis, 1970.《요한 1·2·3서》, 헨드릭슨 패턴 주석(아가페).

Burdick, Donald W. *The Letters of John the Apostle: An In-depth Commentary.* Chicago: Moody, 1985.

Law, R. L. *The Test of Life: A Study of the First Epistle of St. John.* Edinburgh: T & T Clark, 1909.

MacArthur, John. *1–3 John.* The MacArthur New Testament Commentary. Chicago: Moody, 2007.

Marshall, I. H. *The Epistles of John.* The New International Commentary on the New Testament. Grand Rapids, MI: Eerdmans, 1964.《요한서신서》, 틴델 신약주석 시리즈(CLC).

Stott, John R. W. *The Epistles of John: An Introduction and Commentary.* Tyndale New Testament Commentaries. Grand Rapids, MI: Eerdmans, 1964.

Yarbrough, R. W. *1–3 John.* Baker Exegetical Commentary on the New Testament. Grand Rapids, MI: Baker Book House, 2008.

요한이서

로널드 사우어(Ronald Sauer)

서 론

저자. 문학적 관점에서 볼 때 요한일서의 저자가 요한이서를 썼음은 분명하다. 두 서신의 어휘, 문법, 양식 및 신학이 같기 때문이다. 사도 요한이 손을 댄 흔적이 두 서신에 고스란히 남아 있다.

연대. 요한은 업무나 사역 차 도시를 방문하는 순회 그리스도인들을 접대하는 것에 나름 관심을 가지면서 주후 95년 에베소에서 이 서신을 썼다. 고대 세계에서 현대식 호텔의 안락함은 딴 나라 얘기였다. 여관은 혀를 내두를 정도로 더럽고 벼룩이 들끓었으며 평판 또한 나빴다. 여관 주인들은 탐욕의 화신이었다. 이런 이유로 여행을 다니는 그리스도인들은 지역 교회 교인들의 집에 머무는 것이 관례였다. 예를 들어, 바울은 빌립보에서 루디아에게(행 16:15), 데살로니가에서 야손에게(행 17:7), 고린도에서 가이오에게(롬 16:23) 그리고 가이사랴에서 빌립에게(행 21:8) 환대를 받았다. 하지만 그런 환대는 쉽게 오용될 수 있었다. 기독교 전도자로 위장해 순회하는 거짓 교사들도 환대해야 하는가? 저자는 누구를 환대하고 누구를 거절해야 할지 그리고 왜 그래야 하는지에 관해 지침을 내렸다.

수신자. 따라서 서신을 받는 이는 지역 교회, 아니면 지역 교회의 어느 여신도일 것으로 생각해왔다. 두 입장을 선호하는 다음 이유들이 제시되었다. (1) 수신자는 "택하심을 받은 부녀"로서 "진리를 아는 모든 자"의 사랑을 받는다(1절). 도처의 그리스도인들은 아마도 이 특정 교회의 개인보다 교회에 대해 더 잘 알고 있을 것이다. 하지만 재력을 갖춘 유명한 여자라면 사람들이 모를 리 없었다. 그리고 "진리를 아는 모든 자"라는 표현은 그녀를 아는 사람이 도처의 '모든' 신자가 아니라 그녀가 다니는 교회의 신자들에 불과함을 나타내려는 의도일 수 있다. (2) 6, 8, 10절 및 12절의 2인칭 복수는 수신인이 특정 개인이 아닌 여러 사람, 즉 교회를 언급하는 것을 나타낸다. 하지만 서신을 받는 사람은 한 무리의 사람들, 즉 "택하심을 받은 부녀와 그의 자녀들"이다. 이는 그 자체로 수신인이 2인칭 복수임을 설명하기에 족하다. (3) 거짓 선생들을 조심하라는 서신의 경고는 가족보다는 교회가 들어야 할 것 같다. 그러나 순회 이단자들에게 환대를 베푸는 것이 몸에 밴 가족이라면 이 경고는 지역 회중은 물론이고 그들에게도 해당될 수 있다. (4) "서로 사랑하라"라는 명령은 가족보다 교회에 더 잘 맞는다. 하지만 악감정은 교회와 가족 둘 다 힘들게 할 수 있다. 더구나 저자는 가족이 사랑을 오용하여 거짓 선생들을 접대하는 것을 문제 삼기에 앞서 사랑의 적절한 활용을 강조하고 있는지도 모른다. (5) 신약에는 교회를 여성(벧전 5:13)과 아내(엡 5:22-23) 혹은 그리스도께 중매된 처녀(고후 11:2)로 의인화하는 대목이 있다. 마찬가지로, 여기서 "택하심을 받은 부녀"가 지역 교회라면 누가 13절에서 말하는 그녀의 "택하심을 받은 자매"가 될 것인가? 자매 교회? 그뿐만 아니라, 5절에서 2인칭 단수("부녀여, 내가 네게 구하노니")가 1인칭 복수("서로 사랑하자")로 바뀌는 것은 그 대상이 교회와 그 구성원들보다는 어느 여성과 그녀의 자녀들일 가능성이 더 큼을 보여준다. 그렇다면 자녀들이 있는 어느 특정 여성을 수신인으로 보는 것이 본문을 가장 자연스럽게 해석한 이해이다.

목적. 얼마 전에 저자는 이 여성의 자녀들을 길에서 마주친 적이 있다. 그는 그 자녀들이 그리스도인으로서 모범적인 삶을 살고 있음을 알고는 기쁜 마음에 이를 그녀에게 알리고자 글을 썼다. 하지만 그 자녀들은 자기 엄마가 순회하는 이단 교사들에게 진심 어리지만 잘못된 환대를 베풀고 있다고 요한에게 알렸다. 그래서 그는, 모든 이에게 그리스도의 사랑을 계속 나타내되 이단 사설로 미혹하는 자들을 더는 돕지 말라고 이 여성에게 당부하고자 펜을 들었다. 핵심어는 '진리'(1, 2, 3, 4절)와 '사랑'(1, 3, 5, 6절)이다. 사랑은 진리에 순종할 때 생긴다. 진리를 따르면 하나님과 인간을 사랑하게 된다.

개 요

Ⅰ. 프롤로그(1-3절)
Ⅱ. 그리스도인의 길(4-6절)
Ⅲ. 그리스도인의 위험(7-11절)
Ⅳ. 에필로그(12-13절)

주 석

Ⅰ. 프롤로그(1-3절)

1-3. 개인에게 편지를 쓰면서 자신을 사도라고 밝힐 필요가 없다고 생각한 저자는 대신 **장로**라는 용어를 사용했다. 나이와 직임, 위엄과 관련된 이 용어는 저자를 자상한 아버지의 입장에서 말하는 것으로 묘사한다. 그는 **택하심을 받은 부녀**, 곧 구원을 위해 신이 선택한 여인과 **그의 자녀들**에게 편지를 썼다. 사도가 이 가정에 형제애를 나타내는 것은 **진리** 때문이다. 복음의 진리를 포용하는 것은 하나님의 사랑을 체험하는 것으로, 이는 신자가 타인을 더욱 사랑하게끔 한다. 저자는 하나님에게서 난 자는 성부뿐 아니라 그분에게서 난 자도 사랑한다고 다른 책(요일 5:1)에서 썼다. 더욱이 진리의 계시는 서로 사랑하라는 명령을 포함한다(요일 4:21; 요이 5절). **진리**는 지금 **우리 안에 거**하고 **영원히 우리와 함께할** 것이다(2절). **진리**에 응답하면 또한 **은혜**와 **긍휼**과 **평강이** 모두 **하나님**께로부터 와서 **우리와 함께** 있을 것이다.

Ⅱ. 그리스도인의 길(4-6절)

4-6. 요한은 이 부녀에게, 그녀의 **자녀들 중에** 기독교 진리에 따라 사는(**행하는**) 자를 자기가 일찍이 보게 되어 기쁘다는 말을 전했다(4절). 사도는 **서로 사랑하**라는 **계명**을 계속 지키라고 그녀에게 권면했다(5절). 이 **사랑**은 하나님의 **계명을 따라** 사는 것과 동등하고 모든 **계명**을 요약한다(6절). 이 사도는 기독교 사랑이 주님의 명령에 순종함으로써 나타난다고 확신했다(요 14:15, 21; 요일 5:2).

Ⅲ. 그리스도인의 위험(7-11절)

7-9. 이 부분은 원인 접속사 **~나니**로 시작된다. 이 단어는 5-6절을 뒷받침한다. 5-6절에서 순종과 사랑을 새로이 권면한 것은 거짓 선생들 때문이었다. 그들은 진리를 왜곡하고 잘못된 가르침으로 기독교의 사랑과 순종에 흠집을 내고 있었다. **미혹하는 자가** 수신인의 공동체에서 잘못된 가르침을 전하고 있었기 때문에 저자는 그녀에게 보낸 서신에서 사랑의 의무를 상기시킨다. 그들은 나사렛 **예수** 그리스도가 **육체로 오심**을 부인하는 잘못을 범하고 있었다. 성도들이 그런 꾐에 빠지면 진리에서 멀어지고 그로 인해 형제 사랑에서도 멀어질 수 있다(7절).

신약은 잘못된 가르침이 신자들 사이에 말다툼을 일으키고(딤후 2:14), 경건함을 잃게 만들며(딤후 2:16),

신자들의 믿음을 무너뜨릴(딤후 2:18) 수 있다고 경고한다. 이 많은 이단자들 때문에 '스스로 삼가라'는 주의를 준다. 의도는 두 가지이다. 하나는 **우리가 일한 것**, 즉 기쁨과 화평 등을 잃지 않기 위해서이다. 다른 하나는 심판 날에 **온전한 상을 받**기 위함이다(8절). 이 상에는 신의 지시대로 산 것에 대한 영원한 명예와 보상뿐 아니라 "잘하였도다 착하고 충성된 종아"라는 주님의 칭찬이 일부 포함된다. **그리스도**의 성육신 **교훈 안에** 거하지 않는 선생은 누구든 하나님과 관계가 '없다'. 그는 '지나치다'. 말하자면 정통 기독교 교리에서 벗어난 것들을 옹호한다. 하나님이 육신이 되셨다는 **교훈 안에 거하는 그 사람은 아버지와 아들을 모**신다(9절).

10-11. 요한은 **이 교훈**을 인정하지 않는 거짓 선생들을 대하는 법에 대해 두 가지 지침을 내렸다. 첫째, **그를 집에 들이지도** 말라. 즉, 잠자리와 먹을 것을 제공하는 환대를 베풀지 말라는 것이다. 그렇다고 해서 진리에 대한 토론을 위해 집에 들어오는 것까지 막으라는 것은 아니다. 그들이 순회하면서 거짓 교훈을 전하는 동안에는 숙박을 제공하지 말라는 뜻이다. 둘째, '환영합니다'라고 말하지 **말라**. 혹은 **인사**함으로써 그를 격려하지 말라(10절). 이단 순회 전도자에게 숙소와 음식을 제공하고 맞아들이는 것은 거짓 교훈을 퍼뜨리는 **그 악한 일**을 인정하고 그 일에 참여하는 것이다. 마찬가지로 오늘날 그리스도인이 사이비 종교 집단이나 비정통 교회 혹은 거짓 선생에게 돈을 기부하는 행위는 그들이 잘못된 교리와 관습을 전파하는 것을 격려하고 도와주는 것이나 다름없다.

Ⅳ. 에필로그(12-13절)

12-13. 요한은 이 부녀와 논의할 다른 것이 **많으나** 글로 쓰지 않기로 했다. 그들이 언젠가 만나 **대면하여 말하**면 그들의 **기쁨**이 커질 것이다(12절). **네 자매의 자녀들**[혹은 수신인의 조카딸들과 조카들]이 그녀에게 안부를 전했다. **자녀들**과 **자매**를 교회 대표자로 보기는 어려울 것이다. 하지만 이들이 교회를 나타낸다면 누가 이 부녀의 **자매**일까? 따라서 이 **자매**는 말 그대로 해석해야 한다. 아마도 이 **자매**가 자기를 기억해달라고 요청하지 않은 것은 그녀가 다른 곳에 살았거나, 죽었거나, 없었거나 아니면 어떤 이유에서 저자를 만나지 못했기 때문일 것이다.

참 고 문 헌

요한일서의 참고 문헌을 보라.

요한삼서

로널드 사우어(Ronald Sauer)

서 론

저자. 요한일서와 요한이서의 저자가 이 서신도 썼음은 확실해 보인다. 세 서신 모두 동일한 헬라어 양식과 문법으로 쓰였고 사용된 기본 어휘도 같다. 세 서신의 주제는 모두 진리와 사랑이다.

수신자. 이 서신의 수신자는 요한이 세운 교회에 출석하는 가이오이다. 이 교회에서 그는 순회 전도자들에게 환대를 베푸는 사역을 활발히 펼치고 있었다. 그런데 이 선교사들이 가이오가 교회의 저명한 지도자인 디오드레베의 훼방을 받고 있다고 요한에게 보고했다. 이 이름은 세속 역사에는 언급되지 않으며, 신약의 요한삼서에만 나온다. 디오드레베는 외부 영향력의 유입을 철저히 막으려고 순회 선교사들에게 도움을 주지 말라고 했다. 그는 이렇게 하여 자기 교회를 더 잘 통제할 수 있었다.

목적과 주제. 핵심어는 '진리'이다(1, 3, 4, 8, 12절). 그리고 진리는 기독교적 대의를 지지하는 그리스도인들을 옹호한다. 그래서 요한은 복음의 선교 사역을 지지할 의무와 특권이 신자들에게 있다고 주장하면서 가이오에게 성도들을 환대하는 섬김을 계속하라고 격려하는 글을 썼다. 그리하여 서신의 주제는 기독교적 환대로 설정된다. 비록 디오드레베가 요한의 권위를 인정하지 않았지만 사도는 가까운 장래에 방문하여 그의 문제를 적절히 다룰 것이다.

개 요

Ⅰ. 서문(1-2절)
Ⅱ. 가이오를 칭찬하다(3-8절)
Ⅲ. 디오드레베를 비난하다(9-10절)
Ⅳ. 데메드리오를 확증하다(11-12절)
Ⅴ. 결론(13-14절)

주 석

Ⅰ. 서문(1-2절)

1-2. **장로** 요한은 그가 **사랑하는 가이오**에게 편지를 썼다[가이오라는 이름은 로마에서 흔했다. 따라서 고린도의 가이오(롬 16:23), 더베의 가이오(행 19:29)

가 있었다고 해서 놀랄 일은 아니다. 요한삼서의 가이오는 이 두 사람이 아닌 듯하다]. 요한이서 1:1과 마찬가지로 여기서도 요한은 자신을 **장로**로 불렀다. 이 용어는 나이와 위엄, 직임에 대해 말하며 요한을 자상한 아버지처럼 지시를 내리는 사람으로 묘사한다. 디오드레베와 달리 저자는 기독교 계시를 고려하는 의미인 **진리**의 영역**에서** 가이오를 **사랑**하였다. 즉, "우리가 사랑함은 그가 먼저 우리를 사랑하셨음이라"(요일 4:19). 2절에서 가이오에게 **사랑하는**이라고 한 것은 그 때문이다. 이 용어는 가이오에게 그가 하나님의 사랑뿐 아니라 요한의 사랑도 받는 자임을 확인시켰다. 가이오는 영적으로 성장하고 있었다. 하지만 요한은 **그가 범사에 잘되고**, 특히 육체적으로 **강건하기를** 간구했다. 이는 친구를 위해 경건하게 행복을 빌고 기도하는 사례로서 모범이라 할 만하다.

Ⅱ. 가이오를 칭찬하다(3-8절)

3-4. 3절은 자신의 서신을 받는 사람이 잘되고 있다는 2절의 저자의 확신에 대한 근거를 제시한다. 그 근거는 선교 사역에서 돌아온 **형제들**이 요한에게 보낸 보고서였다. 그들은 요한에게 수신인의 상태가 양호함을 알렸다. 그는 가이오의 행동이 **진리**에 대한 충실함, 특히 그의 영적 생활 방식(**진리 안에서 행**하는 것)에서 비롯되었음을 알고 **심히 기뻐하**였다. 요한은 자신의 영적 **자녀들**이 **진리 안에서 행한다**는, 곧 자신들의 성품과 행동을 기독교 **진리**에 맞춘다는 말을 듣고 뛸 듯이 기뻐했다(4절). **내 자녀**들은 요한이 감독하고 자상하게 돌보는 자들에 대해 그가 흔히 쓰는 표현이다(요일 2:1).

5-8. 가이오가 (디오드레베에게?) 비난받았을 것으로 짐작한 요한은 이제 그가 형제들, 나아가 순회 전도자인 **나그네 된 자들**을 섬기는 일에 **신실함**을 주목하면서 그를 격려하였다(5절). 다른 이들은 가이오의 **사랑**을 높이 평가하면서 그것을 **교회 앞에서 증언하였**다. 가이오는 이 나그네 된 자들을 피부에 와닿게 정성으로 섬김으로써 그들에 대한 형제애를 보여주었다. 요한은 그에게 이 순회 전도자들을 계속 도우라고 용기를 북돋아주었다. **그들을 전송**한다는 표현은 초기 선교에 대한 전문용어로 추정되며 거기에는 재정 지원이 포함되었다(참고. 행 15:3; 롬 15:24; 고전 16:6; 16:11; 딛 3:13). 이 전도자들은 예수님의 **이름**을 전하기 **위하여** 전도 여행을 '떠났지만' **이방인에게** 물질적 지원을 결코 요청하지 않았고 지원 또한 거의 받지 않았다(7절). **그러므로**[이 전도자들이 자신들을 후원해주는 자들을 적절히 선별해야 하므로] 요한은 집을 떠나 복음을 전하는 **이 같은 자들을 우리** 신자들이 **영접하는 것이 마땅하다**는 결론을 내렸다. 전도자들을 지원하는 목적은 예나 지금이나 같다. **진리**를 전하는 일에 그들과 **함께 일하는 자**가 되기 위해서이다.

Ⅲ. 디오드레베를 비난하다(9-10절)

순회 전도자들을 관대하게 받아들인 가이오를 칭찬한 요한은 이어서 디오드레베 얘기를 꺼냈다. 그는 가이오와는 딴판으로, 사도를 받아들이지 않고 그가 보낸 자들도 푸대접했다.

9. 이전에 가이오의 **교회**에 편지를 썼다고 말한 요한은 지금의 서신을 언급하지 않았다. 디오드레베가 그것을 이미 거부했기 때문이었다. 또한 이 서신은 요한일서나 요한이서를 언급하지 않았다. 이 두 서신의 쟁점이 교리상의 오류였기 때문이었다. 어쩌면 이는 순회 전도자들에게 도움을 주라고 그들에게 권면하는 서신인데 분실되었을지도 모른다. 그 서신은 디오드레베가 거부하고 숨겼었다. 그렇기에 요한은 디오드레베가 자기를 영접하지 않았다고 말할 수 있었다. 디오드레베가 요한을 거부한 것은 교리상의 잘못이 아닌 그의 부풀린 자아 때문이었다. 디오드레베는 그리스도를 그들 가운데 첫째로 모시기보다 자기가 **으뜸이 되기를 좋아**했다. 그래서 그는 사도의 권위를 **받아들이지** 않았다(9절, 새번역).

10. 9절에서 디오드레베의 성격상의 문제(자만)를 다룬 요한은 여기서 그의 행동을 문제 삼을 참이다. 이변이 없는 한 요한은 언젠가 그를 찾아가 만날 것이다[NASB에서처럼 가상적 상황을 나타내는 '내가 가면'이 아닌 '내가 갈 때'; 헬라어 단어 에안(*ean*)은 '~할 때마다'로 옮길 수 있는데, 유일한 불확실성은 만일의 사태가 아닌 방문 시기이다; 참고. 4절]. 다음에 요한은 디오드레베가 **행한 일**을 폭로할 것이다. 그의 행위는 (1) 요한을 **악한 말로 비방하**고(혹은 주절거리고), (2)

순회하는 **형제들**을 쌀쌀맞게 대함으로써 요한의 권위에 도전하고, (3) 환대를 베풀고 '싫어 하는' 교회 사람들에게 훼방을 놓아 결과적으로 그들을 **교회에서** 내쫓은 것이다.

디오드레베의 공격에는 몇 가지가 수반된 것으로 보인다. 그는 교회에 압력을 행사해 회중에게 순회 전도자들을 도와주라고 권면한 사도 요한의 이전 서신을 묵살하게 했다. 그는 장로나 목사라기보다 잘난 척하기 좋아하는 선동 정치가에 가까웠다. 그는 요한과 같은 외부인의 영향이 교회에 미치지 않기를 꾀했다. 자신이 교회 일과 사역을 쥐락펴락할 수 있겠다는 계산에서였다. 마지막으로, 그는 자신의 가르침이나 리더십 외에 그 어떤 가르침이나 리더십도 허용하지 않았다. 오늘날 교회에서도 디오드레베와 같은 인간을 심심치 않게 보게 된다. 권위를 빼앗고 그리스도의 제자가 아닌 자기 제자로 삼으려는 작자들을 조심하라.

Ⅳ. 데메드리오를 확증함(11-12절)

11-12. 가이오는 디오드레베의 반항하고 푸대접하는 **악한** 행실이 '아니라' 데메드리오의 **선한** 행실을 본받아야 한다. 이렇게 권면하는 것은 **선을 행하는** 것이 몸에 배면 '하나님의' 자녀로 인정받기 때문이다. 그와 반대로 끊임없이 **악**을 행하는 자는 하나님을 **뵈옵지 못**했다. 즉, 구원받지 못했다(요일 3:5, 9-10; 5:18을 보라). 이 절에서 분사들(선을 행하거나 악을 행하는 자)은 습관적이거나 특징적인 행동을 나타낸다. 이는 끊임없이 선을 행하는 자들은 자신이 구원을 체험한 참된 신자임을 드러내지만, 끊임없이 악을 실천하는 자들은 그들의 삶에서 결코 하나님을 체험하지 못했고 거듭나지 않았음을 스스로 보여줌을 시사한다.

11절에서 요한은 순회 전도자들을 받아들이라고 요청했지만 12절에서는 가이오가 영접하고 칭찬해야 할 인물로 데메드리오를 꼽았다. 이유는 세 가지이다. (1) 그는 **뭇사람에게 증거**를 받았다. (2) **진리**가 그를 칭찬했다. 여기서 **진리**를 의인화하여, 진리가 말할 수 있다면 그 역시 데메드리오의 삶이 그 자신의 기준에 부합된다고 증언할 것임을 뜻한다. (3) 요한은 개인적으로 그의 착한 성품을 증언했다.

Ⅴ. 결론(13-14절)

13. 요한은 다른 쓸 '내용이 많지만' **먹과 붓**(요이 1:12의 "종이와 먹"과 비슷한 어구)으로는 하지 않겠다고 한다.

14. 그는 **속히** 가이오를 '볼' 계획을 세웠다. 그때가 되면 사도는 디오드레베를 꾸짖을 테지만(10절) 가이오와는 **대면하여** 그가 이 서신에서 밝히지 않기로 한 저 내용들을 말할 것이다(13절). 요한은 히브리어 특유의 표현이자 예수님이 자기 제자들에게 사용하신(요 20:19) **평강이 네게 있을지어다**로 가이오에게 작별 인사를 했다. 요한과 함께 있는 **친구**들도 가이오에게 문안함으로써 요한이 가이오에게 하는 요청과 자신들을 결부시킨다. 그리고 요한은 가이오가 자기 **친구**들의 **이름을 들어 문안**함으로써 디오드레베의 반대에도 불구하고 그 교회에 요한을 지지하는 사람들이 있음을 보여주고 싶어 했다.

이 짤막한 개인 서신은 오늘날 참된 기독교적 미덕의 특징으로서 전 세계에 복음을 전하는 전도자들을 계속 지원하고 환대해야 할 필요를 크게 일깨워준다.

참 고 문 헌

요한일서의 참고 문헌을 보라.

유다서

루이스 바비에리(Louis A. Barbieri)

서 론

저자. 이 짧은 서신의 저자는 자기가 야고보의 형제(1절)라고 주장하지만 자신을 사도로 분류하지는 않는다(17절). 문체는 야고보서와 비슷하다. 유다를 저자로 지목하는 외적 증거는 의외로 일찍부터 있었고 강력했으며, 이 책을 정경으로 인정하기에 부적합하다는 징후는 나타나지 않았다. 복음서를 보면 예수님에게 야고보와 유다라는 형제가 있었다(마 13:55; 막 6:3). 그러므로 야고보의 형제이자 예수 그리스도의 형제인 유다가 이 책의 실제 저자임을 의심할 이유는 없다.

연대. 유다의 몇몇 독자들은 사도들의 말을 들었을 정도로 아주 운이 좋았던 것 같다(17-18절). 유다서는 여러 면에서 베드로후서와 비슷하지만 이 서신 이후에 쓰였을 것이다. 베드로후서는 거짓 선생들이 올 것이라고 경고(벧후 2:1-2)하지만, 유다서는 그들이 이미 와 있다고 말한다(4절). 유다의 이름이 예수님의 형제들의 목록에서 마지막에 나오므로 가족들 중 그가 나이가 가장 어렸을 것으로 추정한다. 유다서가 예루살렘 멸망을 직접 언급하지 않더라도 그 역사적 사건은 그의 책망과 무관했을 것이다. 이 책이 주후 80년의 10년간 어느 시기에 쓰였을 것으로 봐도 무방하다.

유다서와 베드로후서 사이에 언어상의 유사점이 꽤 많다 보니(참고. 예컨대 유 4절과 벧후 2:3; 유 7절과 벧후 2:6; 유 12절과 벧후 2:17) 이 두 서신이 문학적으로 서로 의존한다고 말하는 이들이 많다. 가능한 이야기이다. 어느 저자가 다른 저자에게 무엇을 빌리거나 공유했는지 확인할 길은 없지만, 문학적으로 의존했다고 해서 두 서신 중 어느 하나가 받은 영감이 약화되는 것은 아니다. 영감의 핵심은 서신들이 작성된 과정이 아니라 최종 결과물 자체이다. 두 서신의 문학적 의존에 대한 간결하지만 유용한 논의에 대해서는 다음을 보라. D. A. Carson and Douglas J. Moo, *An Introduction to the New Testament*(Grand Rapids, MI: Zondervan, 2005), 655-657[《신약 개론》(은성)].

수신자. 유다는 유대 역사에서 일어난 사건들을 자주 암시하며, 자기 독자들이 신구약 중간기 및 묵시문학에 대해 기본 지식이 있을 것으로 가정한다. 이를 고려할 때 이스라엘 땅에 거주하면서 지역 교회에 모여 사귐을 가진 것으로 보이는 유대인 형제들에게 유다서가 발송되었다는 결론이 가장 설득력 있다.

목적. 유다의 원래 의도는 그리스도 안에 있는 신자들이 일반적으로 받은 구원에 관해 그들에게 편지를 쓰는 것이었다(3절). 그런데 거짓 교사들이 신자들 가운데로 슬그머니 들어와 진리를 왜곡하기 시작했다. 일이 이렇게 되자 유다는 그들이 받은 믿음을 위해 힘써 싸울 것을 촉구하는 편지를 썼다.

주제. 이 책에는 몇 가지 두드러진 특징이 있다.

(1) 성도들과 거짓 선생들을 대하는 자세가 날카롭게 대비된다.

(2) 두 서신 모두 간결하고 생생하며 실천을 강조한다는 점에서 유다서는 야고보서를 빼닮았다.

(3) 유다서는 세 어구를 한 묶음으로 빈번하게 사용한다. 예를 들면, 1절에서는 부르심을 받은, 사랑을 받

은, 지키심을 받은. 2절에서는 긍휼, 평강, 사랑. 5-7절에서는 이스라엘, 죄를 지은 천사들, 소돔과 고모라. 11절에서는 가인, 발람, 고라.

(4) 유다서는 묵시문학을 이용한다. 9절의 언급은 《모세승천기》(*The Assumption of Moses*)에서, 14절과 15절의 언급은 《에녹서》(*The Book of Enoch*)에서 따온 것으로 보인다. 그렇다고 이 두 책이 영감받은 성경임을 뜻하는 것은 아니다. 정경이 아닌 책들에도 사실적인 내용들이 들어 있다. 유다가 이 비성경적 자료들을 인용하는 것은, 그가 영감을 받아 본문으로 가져온 내용들이 틀림없는 사실임을 의미할 뿐이다.

개 요

Ⅰ. 서문과 축복(1-2절)
- A. 저자와 수신자들(1절)
- B. 축복(2절)

Ⅱ. 유다가 주제를 설정한 이유(3-4절)
- A. 저자의 의도와 하나님의 지시(3절)
- B. 주님이 이끄시는 이유(4절)

Ⅲ. 배교에 대한 심판의 역사적 사례들(5-7절)
- A. 이스라엘의 불신(5절)
- B. 어떤 천사들(6절)
- C. 소돔과 고모라(7절)

Ⅳ. 현재의 거짓 교사들(8-19절)
- A. 그들의 악한 본성과 행실(8-10절)
- B. 그들의 '옛' 교리(11절)
- C. 그들의 성품에 대한 묘사(12-13절)
- D. 그들에게 선포된 선지자의 심판(14-15절)
- E. 그들의 특징(16절)
- F. 사도들의 경고(17-19절)

Ⅴ. 신실한 자들을 위한 프로그램(20-23절)
- A. 성경 공부(20a절)
- B. 기도(20b절)
- C. 그분의 사랑 안에 거하는 삶(21a절)
- D. 그분의 오심을 기다리는 삶(21b절)
- E. 신중하게 영혼 구하기(22-23절)

Ⅵ. 짤막한 찬가(24-25절)
- A. 그분의 은혜가 우리에게(24절)
- B. 우리가 그분에게 드리는 예배(25절)

주 석

Ⅰ. 서문과 축복(1-2절)

A. 저자와 수신자들(1절)

1. 유다는 자신을 **예수 그리스도의 종**[말 그대로 '노예', 헬라어로 둘로스(*doulos*)]이자 **야고보의 형제**(참고. 마 13:55-56)로 소개한다. 그는 한때 예수님의 신성을 믿지 않았지만(참고. 요 7:2-5) 이제는 헌신적인 추종자가 되었다. 그의 형 야고보는 예루살렘 교회의 지도자였다(참고. 행 12:17; 15:13). 유다의 독자들은 하나님 아버지의 **부르심을 받고** 예수 그리스도에 의해 그리고 그분을 위해 **지키심을 받은** 거듭난 개개인으로 밝혀진다.

B. 축복(2절)

2. 유다는 세 가지 자질, 곧 **긍휼**과 **평강**, **사랑**이 자기 독자들의 삶에 흘러넘치기를 기도했다. **긍휼**은 고통받는 자를 불쌍히 여기는 마음으로 하나님과 인간 둘 다에 사용된다. **평강**은 평온함과 고요, 안식을 말한다. **사랑**은 사귐이 깊은 사람들 사이의 진한 애정이다. 거듭난 개개인 모두가 참으로 이런 자질들을 드러낸다면 세상은 어떤 모습이 될까?

Ⅱ. 유다가 주제를 설정한 이유(3-4절)

A. 저자의 의도와 하나님의 지시(3절)

3. 유다는 원래 **우리가 일반으로 받은 구원**에 관해 쓸 생각이었다. 하지만 그 대신 그는 독자들에게 **믿음의 도를 위하여**(딤전 4:1) 화내지 말고 **힘써 싸울** 것('무언가를 위해 엄청난 노력을 쏟는 것')을 촉구하는 서신을 썼다. 이 믿음이 **단번에**[혹은 완전히, 전적으로] 전수된 것이라는 유다의 말은 사도들이 전했던 진리의 본체가 있음을 암시한다. 예수님은 다락방에서 제자들에게 성령이 그들에게 모든 것을 가르치고 진리로 인도할 것이라고 약속하셨다(참고. 요 14:26; 16:12-15). 초대교회 당시에도 일반적으로 인정된, 알려진 신앙의 내용이 있었다.

B. 주님이 이끄시는 이유(4절)

4. 거짓 교사들은 교회 안으로 슬그머니 들어왔다. **홀로 하나이신 주재 곧 주를 부인하는 경건하지 아니하는** 자들의 침투는 예견된 것이었다(참고. 벧후 2:1-2). 이 사람들은 공공연히 죄를 지어도 하나님의 은혜만 있으면 문제될 것이 없다고 생각했다.

Ⅲ. 배교에 대한 심판의 역사적 사례들(5-7절)

A. 이스라엘의 불신(5절)

5. 경건치 않은 자들이 간혹 잘나가는 것처럼 보이지만 유다는 성경 역사에서 세 가지 사례를 들어 불순종하는 거짓 교사들의 결말이 어떠한지 보여주었다. 첫째, 애굽에서 구원받은 이스라엘은 하나님이 가나안 족속과의 싸움에서 그들에게 승리를 주시겠다는 약속을 **믿지** 않았다(참고. 민 14장, 특히 11절). 결국 그 세대는 광야에서 죽었다.

B. 어떤 천사들(6절)

6. 둘째, 타락한 천사들, 즉 사탄을 따라 하나님께 반기를 든 천사들(겔 28:11-19; 계 12:3-4) 혹은 사람의 딸들과 동거한 창세기 6장을 언급하는 것으로 보이는 하나님의 아들들은 최후 **심판**을 기다리는 동안 **영원한 결박으로 가두**어졌다(참고. 벧후 2:4에 대한 주석).

C. 소돔과 고모라(7절)

7. 셋째, **소돔과 고모라**는 성경에서 말하는 사악한 **음란**에 대한 전형으로(창 19장), 하나님은 불과 유황으로 그들을 심판해 파멸시키셨다(창 19:23-29). 구약의 이 반역들에 대한 하나님의 심판은 거짓 교사들이 유념해야 할 '사례'이다.

유

Ⅳ. 현재의 거짓 교사들(8-19절)

A. 그들의 악한 본성과 행실(8-10절)

8-10. 과거의 거짓 교사들과 마찬가지로 현재의 거짓 교사들도 **권위를 업신여기**고 '그 알지 못하는 것'을 비방한다(10절). 미가엘이 모세의 시체를 놓고 마귀와 다툴 때처럼(9절), 천사와 같은 존재들도 이렇게까지는 하지 않는다(8절; 벧후 2:10-11에 대한 주석을 보라). 이러한 생각이 《모세승천기》에서 왔는지는 모르지만 유다가 그것을 인용했다는 것은 이야기가 사실임을 뜻한다. 유다는 미가엘의 꾸짖음이 사적 감정이 아닌 하나님의 지시에 따른 것임을 강조한다(10절).

B. 그들의 '옛' 교리(11절)

11. 구약의 추가 사례들은 이 거짓 교사들의 행동이 새삼스러운 것이 아님을 보여주었다. 그들은 질투로 인해 죄를 지은 **가인**(창 4:8), 탐욕으로 인해 죄를 지은 **발람**(민 31:16; 참고. 25:1-9) 그리고 반역으로 말미암아 죄를 지은 **고라**(민 16장)의 전철을 밟았다. 이들은 저마다 자의적으로 행동했고, 하나님이 세우신 권위와 질서에 복종하기를 거부했다.

C. 그들의 성품에 대한 묘사(12-13절)

12-13. 유다는 거짓 교사들의 성품을 묘사했다. 그들은 자신을 위하는 일에만 관심을 두었다. 그들은 **구름과 가을 나무, 바다 물결**처럼 축복을 약속했지만 비도 내리지 않고 열매도 열리지 않았다. 오로지 해변을 어지럽히는 거품뿐이었다. 그들은 **유리하는 별**과 같았다. 이는 영원히 예비된 캄캄한 흑암으로 돌아갈, 죄 지은 천사들(참고. 6절)을 가리킬 것이다.

D. 그들에게 선포된 선지자들의 심판(14-15절)

14-15. 유다는 신구약 중간기의 《에녹1서》(주전 3세기와 주후 1세기 사이에 수집한 여러 자료에서 편집된 책) 1:9에서 어떤 예언을 인용했다. 이 책이 정경은 아니었지만 유다는 거짓 교사들에게 분명히 적용된 그 책의 말들을 믿었다. 에녹은 아담의 **칠 대손**[그 당시 유대 사람들이 했듯이 전부 통틀어 셈하면 아담, 셋, 에노스, 게난, 마할랄렐, 야렛 및 에녹이다. 창 5:1-24]이었다. 그러한 지정이 창세기에는 나오지 않지만 말이다. 유대인의 생각에 일곱이라는 숫자는 완전을 의미했다. 그들은 하나님과 동행한 에녹을 그런 관점에서 생각해왔다. 그는 주님이 **경건하지 않은** 자들을 심판하시기 위해 '그분의 수많은 거룩한 자들'과 함께 오신다고 분명히 예언했다. 거짓 교사들은 주님이 재림하실 때 자기가 행한 **경건하지 않은 일들**에 대해 해명할 것이다.

E. 그들의 특징(16절)

16. 거짓 교사들의 특징은 주목의 대상이었다. 이들은 **원망하고 불만을 토하**며 자기 **정욕**에 사로잡히고 자신들을 도울 수 있는 자들의 자아를 **아첨하**는 말로 부풀렸다. 이런 특징들은 거짓 교사들이 하나님의 백성은 섬기지 않고 언제나 자기 잇속을 챙길 궁리만 하고 있음을 보여준다.

F. 사도들의 경고(17-19절)

17-19. 책의 첫째 명령에서 유다는 자기 독자들에게 **기억**할 것을 상기시켰다. 거짓 교사들이 들어올 것을 **우리 주 예수 그리스도의 사도들**이 예언했다(행 20:29-30; 딤전 4:1; 딤후 3:1-5; 4:3-4). 이들 **분열을 일으키고 조롱하는** 자들은 불신자임이 분명했다. 그들에게는 **성령이 없**었다. 자신의 삶에 성령이 있는 것은 거듭났다는 확실한 징후이다. 성령이 없다는 것은 거듭나지 않았고 아직 죄 사함을 받지 않았음을 뜻한다(참고. 롬 8:9).

V. 신실한 자들을 위한 프로그램(20-23절)

A. 성경 공부(20a절)

20a. 믿지 않는 거짓 교사들과는 대조적으로 신자들은 자신을 (그들의) **지극히 거룩한 믿음 위에** 세우라는 권면을 받는다. 이전에 유다는 자기 독자들에게 믿음을 위해 싸우라고 충고했다(3절). 그리고 믿음은 성경을 통해 계시되고 끊임없는 주의를 요하지만, 저자는 여기서 그들에게 믿음에 자라가라고 격려했다.

B. 기도(20b절)

20b. 저자는 또한 자기 독자들에게 **성령으로 기도**하라고 용기를 북돋았다. 이 기도는 혀로 말하는 것이 아니라 하나님의 말씀에 따라 성령의 권세 아래 있고 또한 성령이 인도하고 활기를 북돋우는 그런 기도를 가리킨다(엡 6:18).

C. 그분의 사랑 안에 거하는 삶(21a절)

21a. 저자는 신자들에게 **하나님의 사랑 안에**서 자기를 지키라는 충고를 덧붙였다. 신자들은 성령이 기운을 북돋우는 기도에 초점을 맞추고 믿음 안에서 계속 세워져감으로써 이를 실행한다(참고. 20절). 신자들을 먼저 끌어들인 하나님의 사랑(1)은 다른 이들에게 표현되어야 한다(2). 예수님이 요한복음 15:19에서 하신 말씀은 여기에 적용된다. '내가 너희를 세상에서 택하였다.'

D. 그분의 오심을 기다리는 삶(21b절)

21b. 더욱이 신자들은 **영생에 이르도록** 우리 주 예수의 오심을 기다려야 한다. 그리스도가 재림하시면 약속하신 영원한 상태가 실현될 것이다.

E. 신중하게 영혼 구하기(22-23절)

22-23. 그날이 올 때까지 신자는 자기가 받은 긍휼

을 다른 이들과 계속 나눠야 한다. 어떤 **의심하는** 자들은 사랑을 통해 그리스도께 인도되어야 한다. 어떤 이들은 그들의 평범한 인생행로를 이탈하게 해야 한다. 비유적 의미에서 그들이 불에서 건져냄을 받기 때문이다. 그들의 옷은 **육체로 더럽**혀질지 모른다. 신자는 불신자의 죄는 미워하더라도 죄인을 사랑하고 진리를 가지고 그에게 다가가기를 모색해야 한다.

Ⅵ. 짤막한 찬가(24-25절)

A. 그분의 은혜가 우리에게(24절)

24. 유다는 능히 (우리를) **보호하사 거침이 없게 하**시는 분으로 결론을 내렸다. 더욱이 그분은 [우리로] **그 영광 앞에 흠이 없이 서게 하실** 수 있다. 그리스도는 죄인들을 불러 천국에 적합한 인물로 바꾸시고 그들이 그분 앞에 설 때까지 지키실 수 있다. 이것은 '큰' **기쁨**을 주는 확신이다.

B. 우리가 그분에게 드리는 예배(25절)

25. **예수 그리스도**로 말미암아서만 성취될 수 있는 **영광과 위엄, 권세**는 진실로 그런 분에게 속한다. 마지막 진술은 이 자질들이 언제나 하나님께 속하는 것이 옳다고 주장한다. 아멘. 그렇게 될지어다!

참 고 문 헌

베드로전서와 베드로후서의 참고 문헌을 보라.

요한계시록

다니엘 그린(Daniel D. Green)

서 론

저자. 이 서신의 저자는 자신을 요한으로 밝힌다(1:1, 4). 그리고 초대교회는 이 요한이 사도 요한이라는 것에 거의 만장일치로 합의했다. 이러한 사실은 요한의 이름에 대한 설명이나 변호 없이 나타나는 것으로 뒷받침된다. 게다가 저자는 구약에 대한 지식이 해박한 유대인으로 추정된다. 그는 또한 서신을 보낸 일곱 교회에 대해 속속들이 알고 있고, 그 교회들에 당당히 권한을 행사한다. 요한이 저자일 리 없다고 말하는 비평가들은 설득력 있는 대안을 제시하지 못했다.

요한은 이카로스해의 밀레도에서 약 56킬로미터 떨어진 밧모섬에서 이 서신을 썼다. 로마가 관할하는 이곳은 국가 정치범들의 유배지였다. 언덕과, 화산으로 형성된 바위투성이 지역은 삭막한 풍경을 연출했다. 초대교회 전승에 의하면 요한은 이 섬의 광산에서 강제노역을 했다.

연대. 저작 시기에 대해서는 두 가지가 제시되었다. 이른 시기를 저작 연대로 보는 입장은 네로가 통치하던 주후 54-68년을 이야기한다. 본문에서 박해는 크게 강조하지만 주후 70년에 있었던 성전과 예루살렘 파괴는 언급하지 않는 것으로 이 입장을 뒷받침한다. 또한 네로 통치 당시 요한이 계시록을 썼다고 진술하는 무라토리단편(Muratorian Fragment, 주후 170-190년에 쓰인 것으로 추정된다. 현존하는 신약성경 관련 문헌 중 가장 오래된 것으로, 신약성경의 정경 성립 과정을 이해하는 데 매우 중요한 자료이다. 18세기 초에 발견되었으며, 이것을 발견한 이탈리아인 L. 무라토리의 이름을 따서 지었다—옮긴이 주)이 외적 증거로 이를 뒷받침한다. 하지만 도미티아누스 통치 당시보다 더 늦은 시기(주후 95년)에 쓰인 것이라고 대체로 합의해왔다. 이는 교부 이레니우스(주후 185년)의 증언과 일곱 교회에서 뚜렷이 드러나는 영적 타락이 시간이 갈수록 더 심각해질 공산이 크다는 우려로 뒷받침된다. 이 견해는 전 세계적인 징벌을 기술하는 책에서 예루살렘이라는 특정 지역에 대한 심판을 언급할 필요가 없다고 여긴다.

수신자. 요한은 오늘날 터키로 알려진 소아시아의 유서 깊은 일곱 교회에 편지를 썼다(다음 쪽의 지도를 보라). 이들 교회의 구성원들에 대해서는 2:1-3:22에서 지도상 시계 방향순으로 언급한다. 즉 에베소, 서머나, 버가모, 두아디라, 사데, 빌라델비아, 라오디게아 교회순이다. 이는 전령이 일곱 교회에 서신을 전하려고 방문한 순서일 것이다. 방문 순서를 그렇게 정한 것은 사도의 심적 부담 때문이었을 수 있지만, 어떤 이들은 주요 직통로를 이용하는 상대적으로 용이한 접근성이 계기가 되었을 것으로 추정한다.

일곱 교회에는 유대인과 이방인이 뒤섞여 있었을 것이다. 그들의 출신 배경은 사업주, 장인, 공무원, 주부 및 노예 등과 같이 사회·경제적으로 다양했을 것이다. 그들은 음란과 우상숭배에 푹 빠진 이교도들 가운데서 살았다. 초강대국 헬라와 로마는 수 세기 동안 그들의 도시를 지배했고 과중한 세금을 물렸으며 도시 안에 군사기지를 세웠다.

목적. 이 책의 목적은 박해받는 그리스도인들을 위로하

아시아의 일곱 교회

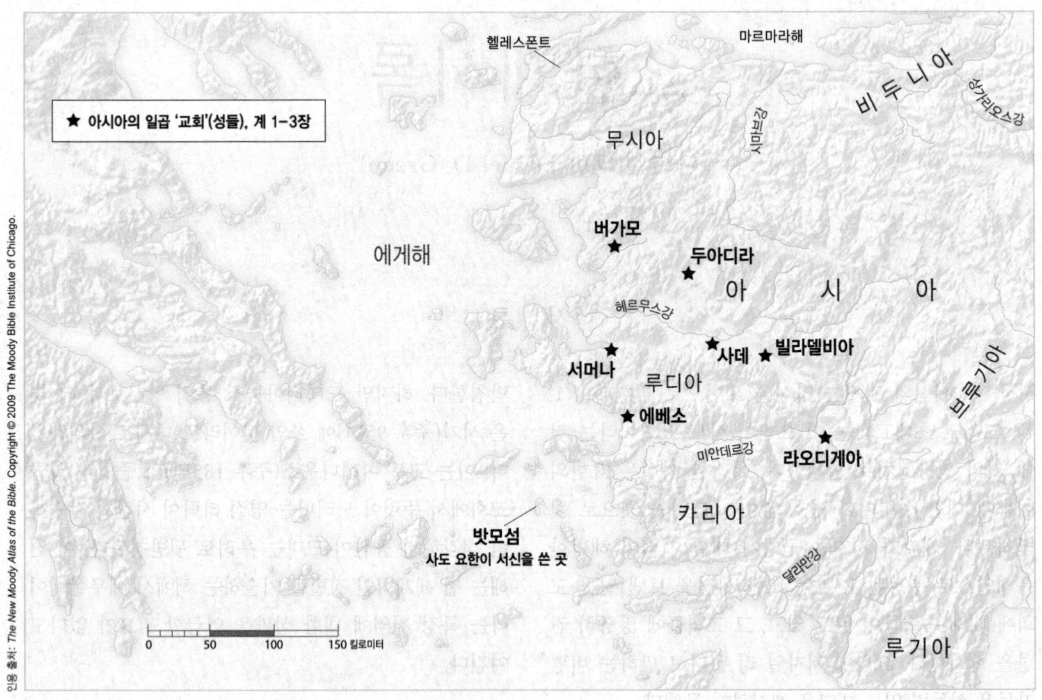

는 한편, 사탄이 부추기는 땅의 사람들을 상대로 그리스도가 거두신 궁극적 승리를 고려하여 그리스도인들에게 믿음으로 인내하라고 권면하는 것이다. 이 논지는 이기는 자(승리자, 정복자)라는 주제의 빈번한 등장으로 뒷받침된다. 일곱 교회 각각은 박해 상황에서 배교의 유혹을 뿌리치는 자들이 받을 상을 구하라는 권면을 받는다(2:7, 11, 17, 26; 3:5, 12, 21). 게다가 마지막 때에 사탄(12:11)과 짐승(15:2)에 저항하는 자들이 그러하듯 어린 양이신 그분은 이기신다(5:5; 17:14). 이기는 자들은 영생을 상속받을 것이다(21:7). 이 강조점을 이해하는 것이 책을 제대로 해석하는 지름길이다. 요한계시록이 장차 땅에서 일어날 사건들에 대해 많은 통찰을 주지만, 원래는 믿음과 격려가 절실히 필요한 자들을 위해 쓰였다. 예언과 관련된 모든 정보는 중심 주제를 뒷받침하기 위해 제공된다. 원래 독자들이 로마 제국의 우상숭배에 저항하면서 믿음을 지킨다면, 그들은 마침내 정당성을 인정받을 것이다. 요한계시록이 기본적으로 말세에 관한 책이라고 마땅히 이해하는 자들은, 다가올 사건들의 세부 사항에 대한 그들의 타당한 관심을 이처럼 강조하는 것을 놓치지 않도록 주의해야 한다.

주제. 요한계시록은 목회적 관심에서 저술되었지만 신학적으로도 풍성하다. 요한계시록의 '기독론'은 그리스도를 하늘과 땅을 다스리는 분(1:5, 14-20; 5:7-14; 11:15-16; 14:1; 15:2-4; 19:11-16; 20:1-6; 21:14; 22:3), 적들은 말살하지만(6:1-8, 15-17) 믿는 자들은 구원하시는(6:9-10; 7:10; 21:27; 22:17) 어린 양 그리고 선한 목자이자 자기 백성의 시선을 한 몸에 받는 분(7:17; 21:22-23; 22:3-5)으로 묘사한다. 아버지 '하나님의 진노' 또한 두드러진다(11:13, 19; 15:2, 7-8; 16:5-20; 18:4-8, 20; 20:11-15). '큰 환난'(6:1-18:24)의 공포와 '하늘의 본연지성(physical nature) 및 영적 활동'(4:1-5:14; 7:9-17; 14:1-5; 19:1-10; 21:1-22:5)은 성경의 다른 어느 책에서보다 이 책에서 더 많이 언급된다. '사회 및 경제 정의'에 대한 암시들도 있다(17:1-18:24). 권력과 경제적 이익의 남용도 심판 대상이다. 요한복음 및 요한서신과의 연속성은 목자(요 10:10-11; 계 7:17), 세상 제도의 위험과 궁극적 파괴(요 16:33; 요일 2:15-17; 계 17:1-18:24), 사탄의 죽음(요 12:31; 계 12:7-9) 및 사람들 가운데 있는 하나님의 장막(요 1:14; 계 21:3)과 같은 주제들을 공유하는 것에서도 눈에 띈다.

이 서신은 상징주의 및 세상을 발칵 뒤집는 종말에 관한 예언과 같은 묵시문학의 뚜렷한 특징들을 드러낸다. 하지만 저자의 신분을 밝히는 것은 묵시문학에서 드문 일이다. 더 중요한 것은 요한 자신이 이 글을 예언으로 밝힌다는 점이다(22:7, 19). 그것은 분명 순수한 상징주의와 거리가 멀다. 그것은 종말론이며 서간체 요소들이 포함된 예언 내러티브로 이해해야 한다.

자료의 구조에 대해서는 학자들의 의견이 갈린다. 그럴듯한 제안은 블레이싱[참고. Craig A. Blaising, et al., *Three Views of the Millennium and Beyond*(Grand Rapids, MI, Zondervan, 1999), 206.《천년왕국이란 무엇인가》(부흥과개혁사); Alan Johnson, *Revelation*, vol. 7, EBC, ed. Frank E. Gaebelein(Grand Rapids, MI, Zondervan, 1981), 414-415; Mark Wilson, *Charts on the Book of Revelation: Literary, Historical and Theological Perspectives*(Grand Rapids, MI: Kregel, 2007), 31]에게서 찾을 수 있다. 이 주석은 1:19이 암시하는 개요를 따를 것이다.

이 책을 해석하기 위한 다섯 가지 지속되는 격자(grid)가 있다. '완전한 과거 성취론적' 견해는 요한계시록에 기술된 많은 사건들이 요한 생전에 일어났으므로 교회가 직면하고 있는 사건들을 동시대적으로 기술했다고 본다. 일반적으로 이 견해를 지지하는 자들은 이른 저작 시기를 고수하기 때문에 네로의 파란만장한 통치 당시에 사건들이 일어나는 것으로 기술되었다고 본다. 성취가 5세기 말까지 여전히 이루어진다고 보는 사람도 더러 있기는 하지만 말이다. 따라서 짐승(13장) 및 일곱 언덕(17장)과 같은, 하나님 백성의 대적들과 관계된 이미지들을 로마 및 그 이교도 예배와 나란히 한다. 몇몇 극단적 지지자들은 티투스 황제가 예루살렘을 침략한 주후 70년에 그리스도가 재림하셨다고 믿는다. 이 견해는 17세기 초에 전개되었고 최근 들어 다시 지지를 얻고 있다.

'실증주의적' 견해는 이 책에 묘사된 사건들을 요한의 때로부터 현재에 이르기까지의 역사의 파노라마로 본다. 이 접근법의 한 형태는 2장과 3장의 일곱 교회를, 신약의 열정적인 교회(에베소, 서머나)가 오늘날의 배교로 바뀌는 것을 기술하는 것으로 이해한다. 이 입장의 큰 약점은 새로운 성장에 비추어 자료를 끊임없이 재해석해야 할 뿐 아니라 유럽 중심의 시각에서 교회사를 본다는 것이다.

'이상주의적' 견해는 이 책의 세부 사항들을 현재의 교회 시대까지 지속되는 선과 악의 투쟁에 대한 일반적 서술로 본다. 책의 세부 사항들을 과거나 미래의 어느 특정한 사건들과 연관 지으려는 시도는 별로 없다. 영적으로 해석하려는 이 접근법은 그리스도와 그리스도의 왕국에 반대하는 세력들에 대한 그분의 궁극적 승리에 초점을 맞출 뿐이다.

'과거 성취론적/미래 성취론적' 견해('절충적' 견해로도 알려짐)는 요한계시록을, 특히 요한 및 그의 독자들과 관련 있는 동시에 그들이 처한 1세기 상황이 미래와 어떻게 유사한지를 보여주는 것으로 해석한다. 이 접근법의 어려움 중 하나는 4장 이후 사실상 요한계시록의 모든 부분에서 다수의 지시 대상(1세기의 성취와 미래, 종말론적 성취)을 봐야 한다는 사실이다. 이것이 요한의 접근법이라고 가정한다면, 그는 자기 독자들이 요한계시록에서 세속적이고 참고가 될 만한 근거를 다양하게 찾을 수 있으리라고는 별로 예상하지 않았던 것 같다. 이 접근법은 또한 이 책의 의미와 그 중요성(요한계시록과 요한의 원래 독자들 및 특정 세대에 국한되지 않는 교회와의 관련성)을 혼란스럽게 만드는 경향이 있다.

'미래 성취론적' 견해는 원래 독자를 위한 책의 목적에 초점을 맞추는 한편, 6-22장이 문자적으로 미래에 실현될 것으로 여전히 생각한다. 따라서 6-22장의 세부 사항들은 장차 사건들이 실제로 일어날 때 완성될 것이다. 이 주석에서 받아들이는 견해이다.

몇몇 현대적 접근법에 대한 개관은 다음을 보라. C. Marvin Pate, et al., *Four Views on the Book of Revelation*, Grand Rapids, MI: Zondervan, 1998, 17-34[《요한계시록을 이해하는 4가지 견해》(아가페)].

개 요

- Ⅰ. 과거의 일들(1:1-20)
  - A. 일곱 교회에 대한 인사(1:1-8)
  - B. 요한의 밧모섬 환상(1:9-20)
- Ⅱ. 현재의 일들(2:1-3:22)
  - A. 에베소 교회에 보내는 말씀(2:1-7)
  - B. 서머나 교회에 보내는 말씀(2:8-11)
  - C. 버가모 교회에 보내는 말씀(2:12-17)
  - D. 두아디라 교회에 보내는 말씀(2:18-29)
  - E. 사데 교회에 보내는 말씀(3:1-6)
  - F. 빌라델비아 교회에 보내는 말씀(3:7-13)
  - G. 라오디게아 교회에 보내는 말씀(3:14-22)
- Ⅲ. 미래의 일들(4:1-22:21)
  - A. 하늘에 계신 아버지와 어린 양(4:1-5:14)
    - 1. 보좌에 대한 환상(4:1-11)
    - 2. 어린 양에 대한 환상(5:1-14)
  - B. 인에 담긴 심판들(6:1-8:5)
    - 1. 처음 여섯 인에 담긴 심판들(6:1-17)
      - a. 첫째 인: 정복(6:1-2)
      - b. 둘째 인: 전쟁(6:3-4)
      - c. 셋째 인: 인플레이션과 기근(6:5-6)
      - d. 넷째 인: 죽음(6:7-8)
      - e. 다섯째 인: 순교(6:9-11)
      - f. 여섯째 인: 우주 대변동(6:12-17)
    - 2. 시련을 겪는 신실한 자들에 대한 막간(7:1-17)
      - a. 땅에서 섬기는 유대인 신자 144,000명(7:1-8)
      - b. 하늘에서 경배하는 나라들(7:9-17)
    - 3. 일곱째 인에 담긴 심판(8:1-5)
  - C. 나팔을 통한 심판들(8:6-11:19)
    - 1. 처음 여섯 나팔(8:7-9:21)
      - a. 첫째 나팔: 지구의 파멸(8:7)
      - b. 둘째 나팔: 바다의 파멸(8:8-9)
      - c. 셋째 나팔: 물의 오염(8:10-11)
      - d. 넷째 나팔: 빛의 파괴(8:12)
      - e. 다섯째 나팔: 마귀의 고통(8:13-9:12)
      - f. 여섯째 나팔: 죽음(9:13-21)
    - 2. 작은 두루마리와 두 증인에 대한 여담(10:1-11:14)
      - a. 작은 두루마리(10:1-11)

b. 두 증인(11:1-14)
3. 일곱째 나팔(11:15-19)
D. 일곱 이적(12:1-14:20)
1. 첫째 이적: 여자(12:1-6)
2. 둘째 이적: 하늘의 전쟁(12:7-12)
3. 셋째 이적: 공격받은 이스라엘이 보호받다(12:13-13:1a)
4. 넷째 이적: 바다에서 나온 짐승(13:1b-10)
5. 다섯째 이적: 땅에서 올라온 짐승(13:11-18)
6. 여섯째 이적: 시온산에 선 어린 양(14:1-5)
7. 일곱째 이적: 반역자들에 대한 심판(14:6-20)
E. 하늘의 막간(15:1-8)
F. 일곱 대접에 담긴 심판(16:1-21)
1. 첫째 대접: 참기 힘든 상처(16:1-2)
2. 둘째 대접: 피로 변한 바다(16:3)
3. 셋째 대접: 피로 변한 민물(16:4-7)
4. 넷째 대접: 불에 탄 땅(16:8-9)
5. 다섯째 대접: 어둠(16:10-11)
6. 여섯째 대접: 마귀의 공격(16:12-16)
7. 일곱째 대접: 전 세계적인 황폐화(16:17-21)
G. 큰 성 바벨론의 파멸(17:1-18:24)
1. 파멸의 세부 사항(17:1-18)
2. 파멸을 애도하다(18:1-24)
H. 그리스도의 재림(19:1-21)
1. 하나님의 종들의 축하(19:1-10)
2. 그리스도의 재림(19:11-21)
I. 천 년(20:1-5)
J. 새 하늘과 새 땅(21:1-22:5)
K. 메시지의 결론(22:6-21)

주 석

I. 과거의 일들(1:1-20)

A. 일곱 교회에 대한 인사(1:1-8)

1:1-3. 요한계시록의 내용은 **예수 그리스도**에 의해 계시되었다(1절). 이 계시는 하나님 아버지께서 주셨는데, 예수님을 시작으로 천사와 사도 자신에게 그리고 마침내 소아시아의 일곱 교회에 전해졌다. 예언이 적힌 두루마리를 여러 회중에게 읽어주는 자와 그 가르침을 듣고 순종하는 자들 모두에게 축복이 약속되었다. **때가 가까움**(3절)은 순종하며 살아야 할 동기를 부여한다. 그리스도는 언제든 오실 수 있다. 그분이 오시면 그동안 살아온 삶에 대해 사람들에게 책임을 물으실 것이다. 지구 역사의 마지막 단계를 선보이는 날이 되기 전에 반드시 일어날 사건들은 없다.

1:4-8. 요한은 삼위일체 하나님의 이름으로 일곱

교회에 인사를 한다. **이제도 계시고 전에도 계셨고 장차 오실 이**로 말미암아(4절)라는 말은 성부의 영원하심을 묘사한다. 하나님은 시간의 구속을 받으시지 않기에 영원히 계신다. **일곱 영**은 천사들을 나타낼 수 있지만 그분의 영적 온전함을 묘사할 가능성이 더 크다. 이 책에 54회 나오는 일곱이라는 숫자는 흠이 없거나 완전한 것과 관계있다. 어떤 이들은 숫자 일곱을 이사야 11:2에 대한 암시로 보지만 11:2에는 딱 여섯 가지 속성만 나온다. 숫자 일곱은 일곱 교회에 대한 그분의 지대한 관심 그리고 성령을 통한 돌봄을 나타낼 공산이 더 크다. 예수님은 **충성된 증인, 죽은 자들 가운데에서 먼저 나신 이** 그리고 **땅의 임금들의 머리**(5절)가 되신다고 한다. 그분은 장차 일어날 일들을 계시하시므로 믿을 수 있다. 5절의 둘째 구는 그분의 부활이 우선임(고전 15:23)을 나타내는 것으로, 이는 "그가 강림하실 때" 모든 그리스도인이 부활할 것을 예견한다(살전 4:13-18). 그리스도가 현재 하늘로부터 세상을 다스린다는 사실은 도미티아누스 황제와 로마 관리들의 모진 학대를 받았던 1세기 교회에 위로가 되었을지 모른다. 그분은 통제권을 잃지 않으셨다. 그분은 십자가에서 피를 흘리심으로써(구속의 표현) 그들을 죄에서 해방시키셨다. 또한 **하나님을 위하여** 그들을 **나라와 제사장**으로 삼으셨다(6절). 교회와 이스라엘은 뚜렷이 다른 하나님의 백성이지만 그럼에도 비슷한 점들이 있다. 구약의 이스라엘이 육체를 가진 하나님의 백성, 제사장 나라(출 19:5-6)인 반면, 교회는 하나님께 영적 제사를 드리는 신자이자 제사장들의 영적 나라이다. 하나님이 보시기에 자신들의 지위가 중요했다는 것은 이교도 예배와 거짓 제사장들에 둘러싸인 초대교회 신자들에게 용기를 북돋았을 것이다. 이로 말미암아 요한은 찬양하지 않을 수 없었을 것이다. 그리고 그는 영원히 다스리시는 분께 드리는 짤막한 찬가를 글로 쓴다. **보아라, 그가 구름을 타고 오신다**(7절, 새번역)는 다니엘 7:13-14과 스가랴 12:10의 요소들이 결합된 인용문을 시작한다. 이는 어떤 이의 주장대로 주후 70년에 일어난 로마의 예루살렘 침략으로 좁혀질 수 없다. 요한이 '족속'을 보편적 의미로 생각하기 때문이다(5:9; 7:9; 11:9; 13:7). 메시아 예수님이 다시 오시면 그분은 자신에게 반기를 든 유대인과 이방인들에게 큰 실망을 안기실 것이다. 이 단락은 시작과 마찬가지로 하나님이 자신의 위대함을 진술하시는 것으로 끝난다. 헬라어 알파벳의 처음과 마지막인 **알파와 오메가**는 그분의 통치권(사 44:6-7)과 영원하심 둘 다를 강조한다.

B. 요한의 밧모섬 환상(1:9-20)

1:9-11. 요한은 교회들을 자신과 함께 고난받는 자들로 인정함으로써 그들을 위로했다. 요한은 그들처럼 예수님에 관한 진리를 말해서 대가를 치렀다(9절). 밧모섬의 삭막한 환경에서 글을 쓴(서론을 보라) 요한은 **성령에 감동되었다**(10절). 이는 요한이 예수님께 환상을 받을 때 주님이 그를 예언자의 자리로 이끄셨음을 가리킨다. **주의 날**이라는 구절은 일요일을 뜻하는 것으로 흔히 해석한다. 여기서는 요한이 환상에 이끌려 '주님의 날'을 보았음을 나타낼 공산이 크다. 혹은 주님에 대해 쓰인 단어가 형용사(Lord's)이므로 그것은 '주님다운 날'(Lordly day)이나 주님의 임재로 가득한 특징을 지닌 날을 나타낼지도 모른다. 그렇기는 해도 그는 환상 가운데, 자신이 본 환상을 글로 써서 일곱 교회에 전하라는 지시를 받았다.

1:12-16. 요한의 환상은 다음으로 지고의 장엄함에 초점을 맞추었다. 예수 그리스도는 그분의 천국 광채 가운데 나타나셨다. 그분은 세상에 빛이 될 일곱 교회(20절)인 **일곱 금 촛대** 가운데 서셨다(12절). 사도는 그분의 외모를 다양하게 묘사했다. 그분은 왕과 제사장에 걸맞은 옷을 입으신 채 불 켜진 램프를 지키고 계셨다. 메시아이신 그분은 이제 성부와 함께 영화롭게 되셨다(요 17:4-5). '**흰 털**'(14절)은 그분의 지혜를 상징하고 존경심을 불러일으키며 불꽃같은 눈은 순결과 심판을 암시한다. 그분의 대적들이 그분 입에 있는 칼로 죽임을 당하지 않으면 그분의 **주석** 같은 **발**(15절)은 언제든 그들을 짓밟으실 수 있다(사 11:4).

여기에 나타난 높이 들리신 예수님에 대한 묘사는 다니엘 7장의 "옛적부터 항상 계신 이"에 대한 묘사와 비슷하다. 아들은 요한복음 17:4-5의 "…창세전에 내가 아버지와 함께 가졌던 영화로써 지금도 아버지와 함께 나를 영화롭게 하옵소서"라는 자신의 기도가 응답되어 영화롭게 되셨기에 그분은 여기서 아버지의 영광을 가지신 것으로 묘사되는 것 같다. 그분의 얼굴은 자기의 온전하신 영광으로 빛났고, 그분의 말씀은 압도하는 힘이 있었다. 이 묘사의 다른 부분들은 일곱 교회에 보낸 편지에서 되풀이되는데(예를 들어, 그분의 불꽃같은 눈에 대해서는 2:18을 참고하라), 이는 교회의 필요에 기초한 그분의 권세와 능력의 다른 모습으로 교회를 격려하려는 뜻인 것 같다. 가장 큰 위안은 그분의 손에 들린 **일곱 별**(16절)의 모습이다. 이 별들은 20절에 등장하는 '천사들'(NASB)이다. 여기서는 '전달자'(개역개정에서는 '사자')로 옮길 수도 있겠다. 천사들보다는 전달자라는 번역이 더 낫다. "일곱 별"이라는 단어가 영들보다는, 아주 위험한 때(단 12:3)에 하나님의 손에 잡힌 이 교회들의 책임 있는 인간 지도자들을 나타낼 공산이 매우 크기 때문이다. 이 전달자들은 교회를 영적으로 감독해야 할 책임이 있는 것으로 보이기에 이들이 천사일 가능성은 낮다. 그리고 하나님이 인간 대리인(요한)을 내세워 천사들과 소통하실 가능성도 똑같이 낮아 보인다. 게다가 그 이미지는 동전에 새겨진 일곱 별로 상징되는 도미티아누스 황제 숭배를 신랄하게 비판하는 것일지도 모른다.

1:17-18. 요한은 장엄한 임재 앞에서 잠시 전율했다. 하지만 그리스도는 그에게 손을 얹고 안심시키셨다. 그분은 자신의 영원한 부활 생명을 언급하시면서 사망과 운명을 자기가 주관한다고 말씀하셨다.

1:19-20. 예수님은 12-16절까지의 상징들에 대한 일반적 해석과 더불어 자신이 장차 계시할 일들에 대한 개요를 요한에게 설명하셨다.

Ⅱ. 현재의 일들(2:1-3:22)

이 본문에서 일곱 교회를 다루는데, 그들은 다음 사항들을 포함하는 공통 구조를 갖고 있다. (1) 인사, (2) 칭찬, (3) 고쳐야 할 것들, (4) 회개하라는 권면 그리고 (5) **이기는** 자들에게 상을 주시겠다는 약속. 1:4-20에 언급된 그리스도의 성품의 어떤 측면은 대부분의 교회에 용기를 북돋워준다.

A. 에베소 교회에 보내는 말씀(2:1-7)

2:1-7. **에베소** 교회는 영적 유산이 풍부했다. 많은 사람들이 사도 바울의 전도로 회심할 때 주술적 관행을 회개했기 때문이다(행 19-21장). 한때 사람들로 북적대던 이 항구도시는 삼림 벌채로 인한 토사로 덮이면서 예전의 활기를 잃었다. 사업상의 손실을 보상하고자 시에서는 여신 아르테미스의 신전에서 풍요를 비는 의례와 광신적 성매매를 포함한 종교 관광업으로 눈을 돌렸다. 예수님은 그런 환경에서 섬김을 지속한 에베소 교회를 칭찬하셨다. 1:16에서 예수님은 오른손에 일곱 별이 있고 일곱 금 촛대 사이를 거니시는 분으로 묘사되었는데 여기서 그것이 재현되었다. 이 묘사는 그분이 에베소 교회와 친밀했지만 그들이 그 친밀함을 버렸음을 내비친다(4절). 에베소 교회는 교리의 온전함을 지켰으며 성경을 가지고 그들을 시험한 거짓 선생들을 용납하지 않았다. 그들은 또한 **니골라 당의 행위**를 거부했다(6절). 니골라 당은 초기 성직자 계층으로 볼 수도 있으나 난잡한 성행위를 부추긴 집단일 가능성이 더 크다. 이레니우스 및 터툴리안과 같은 교부들은 그들을 도덕률 폐기를 부르짖는 영지주의자들과 동일시했다. 에베소 교회는 교리의 순수성은 지켰지만 주님에 대한 진실한 사랑은 버렸다. 이 냉담함을 바꾸지 않는 한 그들은 목회의 유용성이 사라질 위기에 처할 터였다. 믿음을 버리라는 유혹을 이겨낼 자들을 기다리는 것은 천국의 멋진 미래, 곧 **하나님의 낙원**(7절)이었다.

B. 서머나 교회에 보내는 말씀(2:8-11)

2:8-11. **서머나**는 당시로서는 꽤 큰 규모인 20만 명의 인구를 자랑하는 아름답고 중요한 항구도시였다. 서머나는 과학과 의학의 중심지이자 저명한 작가인 호머의 출생지였다. 또한 1세기 당시 황제 숭배의 중심지역으로 그 주민들은 1년에 한 번 제우스 신에게 분향해야 했다. 사망을 이기신(1:17의 예수님에 대한 묘사가 여기서 되풀이된다) 그리스도를 힘입는다면 그들은 박해로 말미암는 죽음을 이기고 **생명의 관**(영생, 10절)을 받을 것이다. 서머나 교회는 박해받고 재정적 손실을 입는 상황에서 그 깊은 영성(**네가 부요한 자니라**, 9절)으로 칭찬받았다. 아마 그들은 믿음을 지키느라 돈을 벌 수 있는 기회를 잃었을 것이다. 적대적 유대인들, 곧 **사탄의 회당**은 그들의 삶을 힘겹게 했고, 마귀는 몇 사람을 옥에 던지라고 부추겼다. 일곱 교회 중 책망을 받지 않은 교회는 서머나가 유일했다. **죽도록 충성하라**(10절)는 말은 신자들이 어느 정도 박해를 각오해야 하는지 보여준다. 어떤 상황이건 배교는 변명의 여지가 없었다. 이는 믿음을 버리라는 유혹에 노출된 오늘날의 신자들에게 정신이 번쩍 들게 하는 교훈이 될 것이다.

신앙고백으로 박해를 받은 서머나 교인들은 **생명의 관**으로 상징되는 영생을 얻을 터이다. 그와 같이 **이기는 자**들은 **둘째 사망**(11절), 곧 지옥을 맛보지 않을 것이다.

C. 버가모 교회에 보내는 말씀(2:12-17)

2:12-17. **버가모**는 로마의 중요한 완충국이었고, 이는 몇 세기 전의 마그네시아 전투에서 로마가 승리를 거둔 요인이었다. 버가모 사람들은 카이사르와 로마의 정신을 숭배했고 예수님에게서 **사탄이 사는**(13절) 지역이라는 평판을 얻었다. **좌우에 날선 검을 가지신 이**(1:16의 이 묘사를 보라) 예수 그리스도는 자기 백성을 죽인 자들을 심판하실 터인데(13절; 참고. 19:15의 그분이 자기 대적들을 심판하시는 수단인 검), 이는 이들 신자에게 용기를 불어넣을 요소이다. 버가모 교회는 도미티아누스 황제(주후 89-96년)가 주도한 박해 당시 믿음을 지킨 안디바의 본을 따라, 순교할 위기에 직면했음에도 끝까지 용기를 잃지 않아 칭찬을 받았다. 기독교 전승에 의하면, 요한은 안디바를 버가모의 주교로 임명했고, 주후 92년 안디바는 이교도 제단에서 화형당했다. 그럼에도 버가모 교회는 그릇된 가르침과 사악한 일들의 유입을 허용함으로써 큰 손상을 입었다. **발람**(14절)에 관해서는 민수기 22:1-25:16; 31:15-16에 대한 주석을 보라. 요한은 이 교훈을 버가모 사람들 가운데 있는 니골라인들의 왜곡된 교리와 나란히 한다. 예수님은 이교도 의례에서 쌍둥이처럼 따라다니는 성적 문란과 우상숭배(그리스도인의 우상숭배 참여에 대해서는 고린도전서 8장과 10장에 대한 주석을 보라)에 대해 신자들에게 회개하라고 하셨다. 그렇지 않으면 그분은 **검**(16절)으로 그들과 싸우실 것이다. 이기는 자들은 **감추었던 만나**(17절), 즉 영적 축복을 받을 것이다. 광야 이야기와의 유사점이 여기서 계속된다. 모세 세대의 백성이 하늘에서 내린 양식으로 생명을 유지했듯이 그리스도인들도 위에서 내리는 영의 양식으로 살아간다. 끝까지 인내한 자들에게 두 가지가 약속되었다. 천국 잔치의 초대장으로 추정되는 **흰 돌**과 하나님 및 그들 자신에게만 알려진 **새 이름**이 그것이다. 현대 교회는 자신의 정통을 강조함에도 교인들의 성 윤리가 일관되지 않는 이유를 깊이 생각해야 한다. 그리스도를 따르는 사람들은 하나님을 두려워하고 영광스러운 미래를 기대하며 살아야 한다.

D. 두아디라 교회에 보내는 말씀(2:18-29)

2:18-29. **두아디라**는 알렉산더 대제 사후 그의 장군들 중 하나였던 셀레우코스가 세운 중요한 커뮤니케이션 센터였다. 훗날 마게도냐의 군 수비대가 그곳에 주둔했고, 이로 인해 주민들이 지역 후원 전사들을 숭배하게 되었다. 두아디라의 활기찬 상업은 청동과 식물 뿌리에서 골라 모은 귀중한 자색 염료가 그 근원이었다. 루디아라는 독실한 여성 사업가는 이 도시 출신으로 교회 설립에 중요한 역할을 했다(행 16:11-15, 40). 1:14-15에서의 예수님 묘사, 즉 **눈이 불꽃 같고**[모든 이의 **뜻과 마음**(23절)을 살피고 이세벨과 그녀의 꾐에 넘어간 자들의 은밀한 부도덕 행위를 볼 수 있는 그분의 능력을 강조하고]와 **발이 빛난 주석과 같은**(자기 대적들을 심판하는 도구인, 제련된 금속과 같은 그분의 힘과 순결을 암시하는 듯하다)이 여기서 재현된다. 이 묘사는 두아디라의 신자들이 자신들의 죄악 된 행동을 돌아보게 하는 계기가 될 것이다. 예수님은 그들의 전반적 영적 성장을 칭찬하셨고 몇몇 뛰어난 자질들도 언급하셨다. 그분은 버가모에서 범한 죄와 비슷한 죄를 짓도록 두아디라 교인들을 꼬드긴 거짓 여선지자 **이세벨**(20절)을 그들이 상식 밖으로 용납한 문제를 언급하며 즉시 주의를 환기하셨다. 이 거짓 선생의 이름은 이스라엘의 아합 왕과 결혼 후 이스라엘을 부추겨 바알과 아세라를 섬기게 만든 악명 높은 시돈 공주의 이름을 상징적으로 따서 지었다(왕상 16:30-33; 21:25-26). 주님은 이세벨과 그녀의 추종자들이 회개하지 않으면 **병상**에 던지고 **큰 환난**에 처하게 하겠다고 으름장을 놓으셨다(22절, 새번역). 하나님은 모두를 아시고, **사탄의 깊은 것**(24절)에 참예하지 않는 자들에게 은혜를 베풀겠다고 약속하셨다. 취미로 주술을 행하지 않는 자들은 이겨서 만국을 다스리는 권세를 받을 것이다(26-27절). 이 시편 2편에 대한 언급으로 유쾌한 진리가 드러났다. 믿음으로 끝까지 인내한 신자들은 천년왕국에서 그리스도와 함께 통치할 것이다. 그들은 또한 **새벽 별**(22:16)이신 예수님을 친숙하게 알 것이다. 그분은 은하계 전체에서 가장 밝은 별이시고(참고. 민 24:17에 대한 주석), 다니엘 12:3에서처럼 자신의 충실한 신자들이 메시아 왕국에서 밝게 빛나게 하실 것이다[Robert L. Thomas, *Revelation 1-7: An Exegetical*

Commentary(Chicago: Moody, 1992), 2:510, 1:235]. 고대 로마도 어떤 다른 세력도 하나님의 백성에게 궁극적 승리를 거두지 못할 것이다.

E. 사데 교회에 보내는 말씀(3:1-6)

3:1-6. 금과 은으로 화폐를 만들고 이를 보급하는 과정에서 거두어들인 수익은 상업의 전성기를 지났을 도시인 **사데**의 주요 수입원이었다.

질책은 이 교회에 보낸 서신의 특징을 이루었다. 교회의 영적 평판은 기대와 달랐는데, 교인들이 영적 삶을 살고 있다는 징후가 보이지 않았기 때문이었다(1절). 그분의 영적 완전하심을 나타낼 **일곱 영**(1:4)을 가지신 예수님은 그들의 **온전**하지 않은(2절) 영적 **행위**가 탐탁지 않으시다. 회개하지 않으면 예수님은 그들에게 느닷없이 들이닥치실 것이다(3절). 주전 549년 바사의 고레스가 뒤쪽 성벽을 올라 사데 성읍을 점령했듯이 말이다. 그렇지만 몇몇 신자들은 자신들을 더럽히지 않아 칭찬받았다(4절). 이는 그들이 도덕과 교리의 순수성을 지켰음을 나타내는 것으로 짐작된다. 이기는 자들(5절)에게는 예수님과의 사귐, 신실함에 대한 눈에 보이는 이미지인 흰옷이 약속되었다. **생명책**은 비유적으로 해석하는 것이 좋다. 진실한 신자들은 하나님이 마음으로 아신다. 이를, 모든 사람이 하나님과의 긍정적 관계로 시작하다가 악랄한 죄를 지었을 때만 그 관계가 깨짐을 암시하는 것으로 억지 해석하면 안 된다. 오히려 그것은, 예수님이 아버지와 천상의 무리들 앞에서 기꺼이 자신과 그들을 동일시하실 신실한 자들의 안전을 강조한다.

F. 빌라델비아 교회에 보내는 말씀(3:7-13)

3:7-13. 필라델포스 아탈로스 2세는 버가모의 왕으로 통치하던 주전 159년에 **빌라델비아**를 세웠다. 주전 17년에 있었던 지진 후 로마가 재정 지원을 하자 시민들은 이름을 잠시 네오카이사레아로 바꾸기도 했다. 빌라델비아는 아시아로 가는 문화적 관문으로 여겨졌다. 예수님은 이 관문의 중요도를 이용하셔서 자신을, **열면 닫을 사람이 없고 닫으면 열 사람이 없는**(7절) 분으로 나타내신다. 그분은 자기 왕국에 들어올 자를 주관하신다. 그분은 이사야 22:22을 암시하는 **다윗의 열쇠**를 갖고 계신다. 구약의 정황상 이는 셉나가 이스라엘에서 신실한 엘리아김의 자리를 빼앗지 못할 것이라고 하나님이 그에게 확약하셨다는 기록이다. 마찬가지로 **사탄의 회당**(9절)은 이 교회에 복을 주시려는 하나님의 뜻을 좌절시키지 못할 것이다. **사탄의 회당**의 정체를 밝히기는 쉽지 않다. 어쩌면 그것은 복음에 반대함으로써 자신도 모르게 사탄의 종노릇을 하게 된 유대인 불신자들을 가리키는 가혹한 표현일지 모른다. 어쩌면 그들은 할례받았던 (**자칭 유대인이라 하나 그렇지 아니**한) 이방인이었을지도 모른다. 또한 그들은 자신의 그릇된 주장을 다른 이방인들에게 강요하려 한다. 중요한 것은 2천 년 동안 지속되어온 교회의 반유대주의라는 배경지식을 빼고 이를 독해하는 일이다. 저자 자신이 유대인이었으므로 그는 자기 동족들의 미래가 찬란할 것으로 본다. 그들의 정확한 신분이 무엇이든간에 **자칭 유대인이라 하나 그렇지 아니하고**라는 구절은 그들이 메시아 안에서 영적 의무를 다하지 못했음을 나타낸다(롬 2:28-29). 그들이 같은 혈통이라는 사실로만 예수님과 연결되는 것은 비극이었다.

미래의 어느 시점에서 그리스도를 거부하는 자는 유대인이건 이방인이건 모두가 하나님 자녀들의 발 앞에 절하고 신자들의 승리를 인정할 것이다. 이는 어쩌면 천년왕국이 시작되기 전의 양과 염소에 대한 심판 때 일어날지 모른다(마 25:31-46). 신실한 빌라델비아 교회는 성경을 따르고 예수님을 부인하지 않았다. **내가 또한 너를 지켜 시험의 때를 면하게 하리니**(10절)는 그분이 그들에게 하신 약속이다. 이 구절의 의미에 대해 폭넓은 논의가 이루어져왔고 다음의 세 가지 주요 해석이 나왔다. (1) 10절은 빌라델비아 교인들에게 한정된 약속이므로 미래에 광범위하게 적용할 수 없다. 이 견해는 **온 세상**이라는 구절이 나오기 때문에 설득력이 없어 보인다. (2) 10절은 신자들이 큰 환난을 겪겠지만 보호받을 것이라고 그들에게 확약한다. 이 견해는 요한복음 17:15의 유사한 문법으로 뒷받침된다. 그렇다면 [환난 후 휴거론자들(posttribulationists)의 주장대로] 신자들은 세상에 남아 있지만 악에서 보전된다. 마치 그들이 환난 중에 땅에 남더라도 하나님의 진노에서 보전되거나 장차 진노의 대상이 되지 않듯이 말이다. 요한복음 17:15a은 신자들이 그리스도의 승천 이후 "세상에서['밖으로'(*ek*, 에크)] 데려"감을 받지 않는다는 것을 보여주는 반면, 그들은 다만 "악에서['밖으로'(*ek*, 에크)] 보전"된다('보호받는다', 요 17:15b). 요한복음 17:15은 신자들이 결코 '악 안에' 있지 않고 '그리스도 안에' 있음을 보여준다. 요한계시록 3:10의 비슷한 표현으로 판단했을 때, 그리스도인들은 마찬가지로 **시험의 때**에 있지 않을 것이다. 말하자면 그들은 앞으로 닥칠 환난 동안 땅에 없을 것이다. (3) 10절은 그리스도인이 앞으로 닥칠 환난 동안 없을 것이라고 확약한다. 이것이 가장 자연스러운 해석이자 에크(*ek*)라는 단어의 가장 단순한 번역이다. 비록 10절이 앞에서 말한 환난 동안 다른 부류의 새 개종자들이 있어야 한다고 요구하기는 하지만 말이다. 이 신실한 교회는 책망 대신 끝까지 인내하여 **면류관**을 상으로 얻으라는 격려를 받았다(11절). 저마다 또한 하나님과 함께하는 영생을 암시하는 **성전에 기둥**(12절)이 될 것이다. 기둥은 성읍에 지진이 빈번히 일어나는 동안 종종 쓰러지지 않고 서 있는, 성전의 마지막 부분이었다. 문자적으로 하늘의 도성인 **새 예루살렘**은 그들의 궁극적 운명이 될 터이다.

G. 라오디게아 교회에 보내는 말씀(3:14-22)

3:14-22. **라오디게아**는 리쿠스(Lychus) 강의 남쪽, 수면 위 약 33미터 높이의 제방 위에 있었다. 라오디게아에는 시리아-팔레스타인을 목적지로 하는 로마의 광범위한 해상운송과 관계된 과적 검문소가 있었다. 또한 이곳은 안약과 양털 생산으로도 유명했다. 유대인들은 수 세기 전 바벨론에서 추방당한 후 2,000가구가 헬라에 정착해 살면서 인구가 크게 늘어났다. **충성되고 참된 증인**이신(14절) 분은 이 성읍에 자신과 비슷한 추종자들이 더 많기를 원하셨다. 예수님은 **하나님의 창조의 근본**(14절)으로서 회중에게 말씀하셨다. 수 세기 동안 거짓 선생들은 이를 삼위일체의 제2위격이 존재하게 된 출발점의 증거로 삼았지만 그런 이해는 그분의 영원하심을 주장하는 1:8과 1:18에 의해 설 땅을 잃는다. 그 구절은 예수님의 탁월하심을 의미한다. **근본**[헬라어로는 아르케(*arche*)]은 '창시자', '개시인'을 뜻하고(참고. 22:13; 골 1:27) 최초의 원인이 되는 까닭에 탁월한 자를 나타낸다. 그분은 만물의 주님이시다. 이 교회는 칭찬을 듣는 대신 **미지근하여**(16절) 질책을 받았다. 그리스도는 그들이 '차든지 뜨겁든지' 하기를 원하셨다. 두 단어 모두 문맥상 긍정적이다. 히에로폴리스 근처의 치유하는 온천과 골로새의 상쾌하게 하는 냉천처럼, 두 단어 모두 긍정적 속성을 드러냈다. 그 대신 그들은, 자신들이 사는 성읍의 미지근한 물처럼 영적으로 무관심했다. 17절은 돈과 약이 있으면 걱정할 것이 없다고 큰소리치다 쫄딱 망하고 영적으로 눈이 멀게 된 자들을 반어적으로 꾸짖는다. 그들은 내면 저 깊은 곳의 욕구를 알지 못했다. 이는 사람들의 깊은 영적 욕구는 외면하고 그들의 피상적 필요에만 초점을 맞추는 현대 목회에 경종을 울린다. 라오디게아 사람들은, 상을 받기에 합당한 날카로운 통찰과 노력 안으로 자신들을 이끄실 주님께 돌아오라는 권면을 받았다. 그들은 예수님의 질책을 애정 어린 관심의 행동으로 인식할 필요가 있었다. **누구든지 내 음성을 듣고 문을 열면**(20절)을 복음으로의 초대로 이해한다면 이는 번지수를 잘못 찾은 것이다. 라오디게아 교회의 회중은 나머지 교회들처럼 그리스도인 일색이었기 때문이다. 고대사회에서는 절친한 친구들만이 함께 음식을 나누었으므로 위 구절은 더 깊은 영적 사귐을 갖자는 호소이다. **이기는** 자에게는 놀라운 약속이 주어졌다. 두아디라 교회의 신실한 자들처럼 그는 메시아 왕국에서 성자와 함께 통치하게 될 것이다(21절). 인내하는 신자들은 로마 통치자들의 지배를 받는 대신 왕 같은 지위를 누리게 될 터이다.

Ⅲ. 미래의 일들(4:1-22:21)

A. 하늘에 계신 아버지와 어린 양(4:1-5:14)

4-5장은 이 책에서 처음으로 미래로 시선을 돌리고 하늘에 대한 요한의 첫 묘사를 담아낸다. 그는 환상 가운데 허다한 천사들에 둘러싸인 성부와 성자를 보았다. 아버지는 세상을 창조하셨고 아들은 십자가에서 구속 사역을 완성하셨기에 찬양받으셨다. 원래 독자들이 자기네 세상은 불확실한 것투성이지만 하늘은 조금도 흐트러짐이 없고 안정되어 있음을 알았다면 이로 말미암아 위로를 받았을 것이다.

1. 보좌에 대한 환상(4:1-11)

4:1. 어떤 이들은 **이리로 올라오라**를 환난 이전에 일어날 교회의 휴거를 나타내는 것으로 본다. 이 구절은 요한에게 다음 환상을 보라는 하나님의 음성으로 해석하는 편이 낫다(6:1, 3, 5, 7을 보라). 그는 하늘의

문을 통해 장차 일어날 일들을 보라는 요청을 받았다.

4:2-3. **성령에 감동되었**을(1:10을 보라) 때 그에게 보좌가 보였다. 거기에 앉으신 분은 신 현현, 곧 베일에 가린 아버지 하나님의 모습이었다. 요한은 그분의 이름을 전혀 언급하지 않은 채 그분의 아름다움과 장엄함을 묘사한다. 그는 그분의 모습을 벽옥(다이아몬드처럼 생긴 반투명한 돌)과 홍보석(불타는 듯한 적색 돌)에 비유한다. 에메랄드 무지개(창 9장)는 다가올 환난에서 이스라엘을 버리시지 않겠다는 하나님의 신실하심을 암시한다.

4:4-11. 성경에서 열둘 혹은 열둘의 배수(예를 들어, 장로들, 이스라엘 지파들 그리고 예수님의 제자들)는 종종 순서나 경륜을 나타낸다. 이 **이십사** 존재들(4절)은 하나님의 주권을 알아보았다. 어떤 학자들은 장로들을 하늘의 교회를 대표하는 자들로 이해해왔다. **장로들**이라는 용어가 양 떼를 보살펴 관(crown)을 받기도 하는 교회 지도자들(벧전 5:1-4)을 말할 때 종종 사용되는 것으로 보아, 그들이 하늘의 교회를 대표하는 것으로 이해해왔다. 게다가 성도들이 장로들처럼 하면 흰옷을 상으로 받게 될지 모른다(19:8). 다른 학자들은 이십사 존재들을 천사들로 보는데, 이 견해는 흰옷을 입은 천사들(요 20:12)로, (비록 악하기는 하지만) 관을 쓴 천사들(9:7)로 묘사하는 요한 문서들에 의해 뒷받침된다. 둘째 해석의 지지 근거는 7:13-14에서 장로들이 이유를 밝히는 것과 다른 대목(예를 들어 10:8-11; 17:1)에서 천사들이 이유를 밝히는 것이 유사하고, 7:14에서 요한이 어떤 장로를 "내 주여"라고 부르며(이 장로는 구속받은 인간이 아닌 초자연적 존재일 가능성이 있다) 또한 19:4-10에서 장로들과 그리스도의 신부(교회)가 뚜렷이 구별된다는 점이다. 아마 이 장로들은 천사 같은 존재일 것이다.

전율케 하는 소리들(번개와 천둥, 음성과 우렛소리, 5절)은 수정 같은 바다(6절)가 암시하는 더없는 평온과 공존했다. 하나님의 보좌 주위로 케루빔 품계(cherubic order)의 천사들(6절; 겔 1:4-24; 10:10-22을 보라)이 나타났다. 그들은 저마다 네 다른 얼굴, 여섯 날개 그리고 전후좌우의 눈들을 가지고 있었다. 이는 그들의 시선이 줄곧 보좌를 향하고 있음을 의미한다. **가운데**는 이 천사들이 앞뒤로 보좌를 둘러싸고 있음을 시사한다. 천사들이 또한 하나님의 거룩하심을 찬양하고 그분의 영원하심을 인정하며(1:8) 익숙한 후렴을 노래할 때 그들의 입에서 찬양이 흘러나왔다. 그들은 그분을 **전능하신 이**(8절)로 불렀다. 하나님의 이 이름은 신약에 딱 아홉 번 나오는데 그중 여덟 번이 요한계시록에 나온다(1:8; 4:8; 11:17; 15:3; 16:7; 16:14; 19:15; 21:22; 고후 6:18). 이 다양한 부류의 천사들은 자신들을 지으신 이를 경배할 때 하나같이 매우 다양한 표현을 썼다. 입술로 그분을 찬양한 그들은 영원하신 분의 보좌 앞에 엎드려 자신들의 관을 드리며 그분의 주권에 복종했다(10절). 그들은 하나님이 하신 한 가지 특별한 일, 곧 그분의 창조에 초점을 맞췄다. 하나님이 우주 만물을 지으셨기에 그들은 만물이 당연히 그분의 것임을 인정했다. 하나님의 뜻이 실현되어 만물이 존재하기에 그분은 영원한 장엄함에 걸맞은 영광을 받으시기에 **합당**한 분으로 묘사되었다(11절). 그분은 끊임없이 찬양받으셨다. 신자들은 독자적으로 행동할 권한이 없는 피조물인지라 그들을 지으신 이에게 겸손히 복종해야 할 것이다.

2. 어린 양에 대한 환상(5:1-14)

5:1. 5장의 초점은 보좌에 앉으신 하나님 아버지에 대한 요한의 환상에서 어린 양에 대한 요한의 환상으로 바뀐다. 여기서 성부는 안팎에 쓴 문서인 두루마리를 들고 계셨다. 그 **일곱 인**은 권위와 중요성을 알리는 듯하다. 인은 보통 진흙이나 밀납으로 찍어 특정한 장소에서 두루마리를 보호했고, 권한이 없는 사람은 내용물에 접근하지 말라는 경고였다. 카이사르 아우구스투스 황제와 베스파시아누스 황제 두 사람의 유언장은 로마법에 따라 그런 방식으로 표시되었다.

5:2-4. 한 힘 있는 천사가 어떤 문제로 주의를 환기했다. 두루마리를 펴려면 특별한 사람이 필요할 것이다. 그는 필요한 권위를 갖춘 **합당**한(2절) 인물이어야 할 것이다. 펴는 것을 언급하면서 4:1의 주제가 계속된다. 하나님은 내면의 성소에 숨겨진 비밀들, 곧 그분 자신과 그분이 거하시는 곳, 그분의 계획을 드러내셨다. 하지만 처음에는 두루마리를 펼 수 있는 자가 우주 만물 가운데 아무도 없는 것 같았다(3절). 그리하여 사도는 슬피 울었다(4절). 통찰에 대한 그의 깊은 갈망은 어느 누구도 서신 해독은커녕 펼 수도 없어 좌절되었다.

5:5-6. 요한은 곧 천사 같은 장로들 중 한 사람의 위로를 받았는데, 그는 영웅적 인물, 즉 '이겨서'(5절) 인을 뗄 수 있는 권리를 얻는 분에게로 시선을 돌렸다. 삼위일체의 둘째 위격인 이분은 **유대 지파의 사자**이자 **다윗의 뿌리**라는 은유로 묘사되었다. **유대 지파의 사자**라는 용어는 그분을 히브리인이자 격렬하기 이를 데 없는 왕족(창 49:9-10)으로 그려낸다. **다윗의 뿌리**는 이 육신적 왕의 후손을 되풀이하는 한편, 그분을 다윗 곧 자신이 유다 왕의 후손이자 지금 나타난 **뿌리**에 의해 마침내 성취된 언약의 수신인과 연결한다(삼하 7:12-16). 그분의 승리로 그분과 큰 어려움 가운데서 이기라는 임무가 부여된 일곱 교회 가운데 있는 그분의 추종자들이 연결된다. 요한의 시선은 죽임 당한 어린 양으로 나타나신 이에게 고정되었다. 여기서 사용된 **어린 양**(6절)이라는 단어의 형태는 작음을 넌지시 비치지만 헬라 사람들에게 낯선 개념인 귀여움을 암시하지는 않는다. 엄청나게 힘이 세고 매우 온화하신 그리스도에 대해 경외심을 불러일으키고자 그 단어를 선택했을 것이다. 어린 양에게 뿔이 있다는 것은 메시아의 성격을 암시하지 않았을까 싶다. 뿔은 종종 통치권을 묘사하기 때문이다(참고. 단 7:7-24에 대한 주석). 하지만 유월절에 희생되는 어린 양에 대한 언급으로도 볼 수 있겠다(요 1:29; 19:14, 31-46; 고전 5:7). **일곱 눈**은, 그것으로 그분이 땅에서 일어나는 모든 일을 계속 파악하고 인간의 마음자세를 읽는 전지(全知)를 나타낸다.

5:7-10. 이 절들은 5장의 중심 구조를 형성한다. 아울러 어린 양이 아버지의 손에서 두루마리를 받으려고 천사들의 무리 가운데서 나오실 때 나타난 그분의 권세를 강조한다(7절). 엎드려 경배드린 천사들은 저마다 **거문고와 향이 가득한 금 대접**을 가졌다(8절). 거문고는 음악 예배를 드리려는 그들의 의향을 암시한다. 이는 역대상 25:6-31에서 예배드리는 레위 지파 사람들의 순서에 상응하는 **이십사**라는 숫자로 확인된다. **대접**에 들어 있는 것은 아마 일반적 기도가 아닌 끔찍하게 순교당한 성도들의 입에서 나온 정의에 대한 외침이었을 것이다(6:9-11). 때가 되면 그 대접들은 비워질 것이다. 하나님이 그들을 고문한 자들에게 의로운 분노를 표출하실 것이기 때문이다. 무리가 노래한 구속은 값을 치른, 이 경우에는 어린 양이 십자가에서 흘리신 피로 비용을 지불한 구매를 암시한다. **각 족속**(9절)은 인류 전체의 구원을 보장하는 것이 아니라 상당수 사람들이 십자가의 공로로 영원히 혜택받을 것임을 시사한다. 이들은 **나라**와 **제사장**들로서 어린 양을 나타낼 것이다(10절). **땅에서 왕 노릇 하리로다**라는 단어들은 요점을 말한다. 신자들은 천년왕국 동안 하늘은 물론이고 땅에서도 어린 양을 위해 어린 양과 함께 통치할 것이다(3:21; 20:4; 21:1-3).

5:11-14. '무수히 많음'은 만(10,000)과 같다. 그것은 문자적으로 어린 양이 끝없이 찬양받으시기에 합당하다고 주장하는 수백만의 천사들이었다(11절). **모든 피조물**(13절)은 잃은 자들까지도 주님을 찬양할 수밖에 없게 될 것임을 시사한다(빌 2:9-11). 찬양 대상은 창조주 성부와 구속자 성자이시다. 오늘날 신자들은 창조론과 구원론이 바늘과 실처럼 뗄 수 없는 관계임을 알아야 한다. 구원론은 받아들이면서 창조에 대한 성경의 가르침을 온전히 수용하지 않는다면 이는 신학적으로 앞뒤가 안 맞는다. 완전하고도 원숙한 상태로 만물을 지으신 하나님(창 1:25, 31)은 타락 후 그 피조 세계를 구속하시는 그분과 동일하시다(롬 5:12-21; 고전 15:45-49에 대한 주석을 보라).

B. 인에 담긴 심판들(6:1-8:5)

이 장들은 환난을 묘사하는 더 큰 부분(6:1-18:24)의 일환으로, 이 환난 중에 하나님은 반역하는 죄인들에게 분노를 발하시고 이스라엘을 회개하게 하실 것이다. 이 부분은 1세기 신자들에게 하나님의 백성을 박해하는 자들은 결국 정의의 심판을 받게 될 것이라고 확신시켰다. **인**과 **나팔**, **대접**은 이 시한의 심판을 묘사하려고 요한이 사용한 표지들이다.

이 셋의 순서는 논란거리이다. 몇몇 학자들은 요약이나 반복 혹은 이론을 고수한다. 즉, 일련의 심판이 있는데 그것이 세 가지 다른 방식으로 묘사된다는 것이다. 다른 학자들은 세 개의 서로 다른 연속된 심판이 있다고 믿는다. 일곱째 인이 나팔들을 포함하고(8:1-6) 일곱째 나팔이 대접들을 예상하는 데에(11:15-19; 16:1) '약간의' 중첩이 있다. 하지만 재앙들은 대체로 잇달아 펼쳐지고 그것들이 진행되면서 강화된다(6:8에서는 인구의 사분의 일이 죽는다고 말하는 반면,

9:15에서는 그 비율이 삼분의 일이라고 한다). 배열에 대한 이러한 이해는 구약의 심판들과 비슷하다(예를 들어 출 7-11장). 하지만 이 연대기적 진행은 시간을 언급하지 않고 사건들을 기술하는 다수의 막간들로 인해 중단된다(7:1-17; 10:1-11:14; 12:1-14:8). 요한의 묘사는 인에 담긴 심판이 감람산 강화에 담긴 예수님의 가르침과 일맥상통한다는 것을 보여준다(마 24:4-31).

1. 처음 여섯 인에 담긴 심판들(6:1-17)

a. 첫째 인: 정복(6:1-2)

6:1-2. 어린 양은 이제 자신의 권리를 행사해 첫째 인을 떼셨다. 어떤 이들은 **흰 말을 탄 자**(2절)가 정복하시는 그리스도를 나타낸다고 보는데, 이는 '이기는 자'라는 주제와 일치한다. 그럼에도 불구하고, 나머지 모든 탄 사람들과 연관된 부정적 성향을 고려할 때 이 사람을 정복하는 짐승, 곧 예수님을 나쁘게 패러디한 환난 때의 악한 통치자(단 9:26-27)로 해석하는 것이 가장 무난하다. 그는 무력으로 주권을 세울 것이다.

b. 둘째 인: 전쟁(6:3-4)

6:3-4. 둘째 인을 떼시자 전쟁의 유혈 사태를 암시하는 **붉은 말**(4절)이 나왔다. 땅에서 평화가 없어지자 사람들은 서로에게 늑대가 되었다. 칼의 크기는 엄청난 인명 손실을 시사한다.

c. 셋째 인: 인플레이션과 기근(6:5-6)

6:5-6. **검은 말**은 죽음을 상징한다. **저울**은 일반적인 심판을 나타낸다고 볼 수도 있고 혹은 극히 부족한 식량의 무게를 재는 데 사용되는 도구를 가리킨다고 볼 수도 있다. 식량의 무게를 재는 도구라는 견해는 천사들 사이에서 가격이 엄청나게 올랐다고 알리는 음성이 들리는 것을 통해 뒷받침된다. **보리**는 가난한 사람들이 다른 식량과 섞어서 먹는 보조 식량이었다. **감람유**와 **포도주** 같은 흔한 필수품조차 서민들의 주머니 사정으로는 엄두가 나지 않는 것으로 묘사된다. 기근은 이제 온 땅을 덮칠 기세이다.

d. 넷째 인: 죽음(6:7-8)

6:7-8. **사망**은 넷째 말에 올라탄 자로 의인화된다. **음부**가 그 뒤를 따랐다. 이 용어들은 요한계시록에서 종종 짝을 이룬다(1:18; 6:8; 20:13-14). 성경에서 음부는 죽은 자들이 일반적으로 가는 곳을 더러 나타내지만 이 책의 다른 곳에서는 영원한 상실을 암시하는 것으로 사용된다(이에 대해서는 20:13-15에 대한 주석을 보라). **청황색** 말의 청황색은 인간의 살이 썩는 것을 암시한다. 지구 인구의 사분의 일이 죽는 대재앙이 일어난다면 시신을 제때에 매장하기가 아주 어려울 수도 있을 것이다. **검**과 **흉년**, **사망**은 둘째, 셋째 그리고 넷째 전염병을 요약한다. **짐승들**로 인한 파괴는 시한을 특징지을 창조 질서의 대변동을 가리킬지 모른다.

e. 다섯째 인: 순교(6:9-11)

6:9-11. 다섯째 인은 심판이 아닌 순교자들에 초점을 맞추고 있어 특별한 주의를 요한다. 이들은 하나님과 그분의 말씀에 충실했다는 이유로 **죽임을 당**했다(9절; 5:6을 보라). 자기 대적들에게 복수해달라고 하나님께 외치는, 순교자들의 저주하는 기도(10절)는 요한의 주제에 전략적으로 중요하다. 그리고 이 책은 환난 때 하나님이 세상을 심판하시는 이유 중 하나가 환난당한 성도들이 살해되었기 때문임을 보여준다(8:3-5; 16:7; 18:20을 보라). 하나님이 심판 이행을 미루시기는 해도 때가 되면 심판이 임할 것이다. 죽기까지 신실함을 지킨 자들은 보상으로 천국에서 **흰** 두루마기를 받고(11절) 그들의 기도는 응답될 것이다. 이 구절들은 로마의 폭정에 시달리던 1세기 교회들에게 큰 위로가 되었을 것이 분명하다.

f. 여섯째 인: 우주 대변동(6:12-17)

6:12-17. 여섯째 인은 우주 대변동을 예상한다. 완전한 은유들은 천체의 혼란을 묘사한다(12-14절). 지구의 반역자들은 작건 크건 선지자들이 예언한 이 사건들로 말미암아 벌벌 떨 것이다(15절; 사 2:19-21; 욜 2:30-31을 보라). 의로우신 아버지와 진노한 어린 양을 피해 숨을 곳은 어디에도 없다. 순교자들의 기도는 확실히 응답받을 것이다. 진노 이전 휴거(pre-wrath rapture)를 지지하는 자들은 이 단락에서, 즉 6:17의 하나님의 진노가 표출되기 직전에서 휴거를 찾는다. 이는 여러 이유로 가능성이 없다. (1) 교회는 시한에서 완전히 면제받는다고 한다(3:10에 대한 주석을 보라). (2) 이전의 인들과 이후의 인들에서 하나님의 영향력의 차이를 미세하게 구별하는 일은 지속될 수 없다. 그리스도가 그 모든 것의 입안자이시기 때문이다(6:1, 3, 5, 7, 9, 12). 전체 기간은 하나님의 진노의 기간이다. (3) 15절의 폭넓은 언어가 모든 신자를 제외시키는 것을 감

안할 가능성은 매우 낮다. (4) 인에 담긴 심판들의 연대순은, 그 심판들을 환난의 전반부에 놓음으로써 환난 중간과 환난 이전, 환난 이후 접근법들이 요구하는 대로, 단순히 환난의 후반부가 아닌 하나님의 진노가 환난 전체에 포함된다는 것을 나타내는 것처럼 보인다. 요한은 자신이 쓴 책들에서 종종 사랑을 강조했지만 하나님이 반역자들을 가혹하게 대하신다고 언급할 때는 주저하지 않았다. 오늘날 많은 신자들은 각자의 주님에 대해 좀 더 균형 잡힌 시각을 갖도록 애써야 한다.

2. 시련을 겪는 신실한 자들에 대한 막간(7:1-17)

요한계시록의 첫째 막간은 땅의 불신자들이 겪게 될 위기와 하나님의 신실한 자들 사이의 대비를 전개한다. 불신자들은 절망과 파멸을 겪을 테지만 신자들은 땅에서 보호받고 하늘에서 즐겁게 예배드릴 것이다.

a. 땅에서 섬기는 유대인 신자 144,000명 (7:1-8)

7:1-3. 네 천사들은 하나님의 종들이 인침을 받아 보호될 때까지 심판의 바람을 지연시키라는 주문을 받았다. 인은 하나님의 소유권과 그에 따른 그분의 보호하심을 나타낸다. 그들의 안전이 보장될 때까지 지구는 더 이상의 심판을 받지 않을 것이다. 그들은 6:17에서 제기된 중요한 질문에 대한 답변인 듯하다. 이들은 하나님과의 관계가 원만하고 자기들 이마에 그분의 인치심을 받기에 어린 양의 진노를 이겨낼 수 있다. 그들은, 짐승의 표를 받음으로써 나중에 짐승과 자신들을 동일시하는 것으로 보이는 자들과 극명한 대비를 이루는 듯하다(13:16).

7:4-8. 종들의 숫자 144,000은 이스라엘의 열두 지파에서 각각 12,000명씩 뽑은 것이다(4절). 성경의 다른 곳과 비교하면 이 지파 목록에 눈에 띄는 차이가 있다. 유다가 첫째로 나오는 것은 메시아가 이 지파의 후손이기 때문일 것이다. 창세기 49장에 나오는 단과 에브라임은 빠져 있다. 레위는 나중의 어떤 목록에는 없지만 포함된다. 단과 에브라임은 우상숭배에 가담해서 제외된 것으로 추정되지만(신 29:18-21; 삿 18:30-31), **레위**는 주님 앞에서 늘 섬기는 일을 유업으로 받았으므로 포함된다. 이 단락에서 숫자를 교회의 상징으로 해석하려는 시도는 변명할 여지없이 임의적이다. 예를 들어, 144,000은 숫자 12×12×10×10×10에서 나온 것으로, 구원의 완전성을 나타내기 때문에 당연히 교회를 언급하는 것이라는 접근 방식이 있다[Christopher R. Smith, "The Tribes of Revelation 7 and the Literary Competence of John," *Journal of the Evangelical Theological Society* 38(1995): 215]. 그러나 이 접근법은 144,000의 유권자들에 관한 요한계시록 7장의 본문 자체에서 단서를 이끌어내지 못한다. 좀 더 자연스러운 해석은, 단과 에브라임, 레위가 문자 그대로라고 가정하면서 문자 그대로의 이스라엘이 고려 대상이고(요한은 각 지파의 이름을 분명히 언급하면서 12지파 × 각 지파에서 차출된 12,000이라고 '뚜렷이' 명시한다) 그 숫자가 문자 그대로라는 것이다.

b. 하늘에서 경배하는 나라들(7:9-17)

7:9-12. **이 일 후에**(9절)의 의미는 불분명하다. 그것은 성부 앞에 모여든 허다한 사람들과 위에서 언급한 종들을 연결할 단서일지 모른다. 144,000은 많은 군중들에게 증언한 복음주의자들이었나? 그 단어들은 단순히 하늘의 새 장면으로 초점이 바뀌는 것으로 이해하는 편이 나을 듯하다. 그들의 **흰옷**은 순교를 나타낼지 모른다(6:11). **종려 가지**는 종종 찬양의 도구로 쓰였다(마 21:4-9에 대한 주석을 보라). 그들은 하나님을 찬양하면서 그분의 온전하심에 대해 경배하고 감사드렸다.

7:13-17. 수사적 질문은 군중들의 신원 확인으로 이어진다(13절). 그들의 흰옷으로 그들이 어린 양이 흘리신 피를 통한 구속의 수혜자임이 드러난다. 교회의 휴거가 **환난**(3:10을 보라) 이전에 일어난다고 가정하면 그들의 회심은 환난 시작 후 이루어짐에 틀림없다. 그들이 갑자기 하늘에 출현하는 것은 그들이 순교자임을 시사한다. 그들은 두 번 다시 고통당하지 않을 것이다. 오히려 그들은 **보좌에 앉으신**(15절) 이와 함께 영원을 만끽할 터이다. 모든 육체적 및 정신적 필요는 그들의 피난처가 되실 아버지 하나님이 채우실 것이다. 그들 존재의 바로 그 중심은 그들의 **목자**이신 **어린 양**이 될 것이다(17절). 그분은 궁극적 안식으로 그들을 부드럽게 이끄시고(시 23:1-2; 요 10:1-8) **그들의 눈에서 모든 눈물을 씻어주**시며 그분을 위해 땅에서 당한 고초에서 벗어나게 해주실 것이다. 일곱 교회의 박해받은 신자들은 이 구절에서 틀림없이 큰 위안을 얻

었을 것이다. 도미티아누스의 손에서 고난당하면 그들은 언젠가 어린 양과 함께 궁극적 축복 또한 누릴 것이다. 그날이 올 때까지 그들은 인내해야 할 것이다. 현세의 고난은, 그것이 육체적이든 정서적이든 정신적이든 언젠가 헤아릴 수 없는 행복을 낳을 것임을 현대 신자들은 주목해야 한다. 이 얼마나 힘이 되는지!

3. 일곱째 인에 담긴 심판(8:1-5)

8:1. 이 절은 일련의 처음 두 심판을 연결한다. 이전에 하늘에서 일어난 엄청난 일과 소란을 고려할 때 하늘의 침묵은 예사롭지 않다. 성경에서의 침묵은 존경과 복종, 기대를 나타낸다(합 2:20; 슥 2:13; 고전 14:34). 앨런 존슨(Alan Johnson)에 의하면, "하나님의 진노라는 큰 폭풍 이전에 침묵"이 있다(*Revelation*, 488). 일곱째 인에는 그 고유한 내용물이 없다. 오히려 그것은 나팔과 관련된 심판들을 담고 있으며 그것들을 소개하는 데 기여한다.

8:2-5. 일곱 천사들은 하나님의 분노가 표출됨을 알릴 나팔들을 받았다. 성도들의 기도는 하나님의 보좌 앞에 피운 향과 뒤섞였다(3-4절; 출 30:1-5을 보라). 그 기도는 성도들의 대적들 앞에서 하는 변호로서 제1위격의 노여움을 부추기고자 사용되었다(6:10). 하나님은 번개와 지진을 통해 자신의 격렬한 분노를 드러내셨다(5절).

C. 나팔을 통한 심판들(8:6-11:19)

8:6. **일곱 천사**가 이제 **일곱 나팔 불기를 준비하였**다. 각각의 나팔은 또 다른 일련의 심판들을 나타내는데 소리를 낼 때마다 심판의 강도가 커진다. 이 심판들은 인에 담긴 심판들 이후에 일어나며(계 6-7장), 그 시점은 아마 환난의 후반부가 될 것이다. 나팔과 연관된 사건들은 그 규모가 훨씬 더 광범위하다 할지라도 출애굽 사건들과 너무 닮았다.

1. 처음 여섯 나팔(8:7-9:21)

a. 첫째 나팔: 지구의 파멸(8:7)

8:7. 첫째 나팔(출 9:17-26)이 불자 소름끼치는 요소들이 뒤섞여 땅에 쏟아졌다. 그리하여 남아 있는 수목의 삼분의 일이 파괴되고 기근이 심해졌다.

b. 둘째 나팔: 바다의 파멸(8:8-9)

8:8-9. 다음으로 바다가 타격을 받으면서(출 7:20-25) 해양 생물과 인간의 상업이 파멸되었다. **불붙는 큰 산**은 아마도 하나님이 바다로 세게 던지신 거대한 운석을 묘사할 것이다. 바다에 사는 온갖 생명체의 삼분의 일이 자취도 없이 사라지고, 전 세계 바다 지역의 삼분의 일이 피해를 입을 것이다. 수중 생명체가 소멸되는 범위는 너무도 광범위해 바다는 그 피로 물들 것이다. 주된 식량 공급원이 없어지고 무수히 많은 배들이 선원들과 함께 수장될 것이다. 이 재앙은 로마와 같은 막강한 해군력의 지배를 받던 초대교회 신자들에게 지울 수 없는 인상을 심어주었는지 모른다.

c. 셋째 나팔: 물의 오염(8:10-11)

8:10-11. **셋째 나팔**이 울리면서 **쓴 쑥**이라는 **별**이 땅의 담수를 오염시켰다. 그 이름을 담고 있는, 쓰게 하는 나무처럼 그것은 땅에서 절대적으로 필요한 자원의 맛과 순수함을 더럽힐 것이다. 많은 사망자가 뒤를 이을 것이다.

d. 넷째 나팔: 빛의 파괴(8:12)

8:12. 천사가 넷째 나팔을 불자 요한의 눈에 지각변동의 재앙이 일어나는 것이 보였다. 그런 격변이 일어나면 견딜 수 없는 추위와 밤낮 지속되는 전대미문의 어둠이 자연스레 뒤따를 것이다. 일곱 교회 신자들은 자기 백성 이스라엘을 놓아주라는 하나님의 명령을 거부해서 큰 코 다친 옛날 애굽인들에 대해 생각했을지 모른다(출 10:21-29).

e. 다섯째 나팔: 마귀의 고통(8:13-9:12)

8:13. 그러자 날아오르는 **독수리**가 땅이 삼중의 화를 입을 것이라고 선언하는데, 이는 마지막 세 나팔 소리를 예감케 한다. **독수리**가 천사의 상징일 수도 있음(4:7; 14:6에서는 천사가 **공중에 날아**간다고 한다)은 공중을 나는 천사들과 (이 천사가 세상 심판에 참여할지도 모르는 것처럼) 먹잇감을 사냥하는 독수리들을 비교하기 때문일 것이다. 이 추가된 강조점은 9:12과 11:14의 의미심장한 진술들과 함께 더없이 두려운 심판이 장차 다가올 것이라는 조짐을 보였다. 8:13과 3:10의 유사한 단어 사용은 심판이 땅에 임할 때 하나님의 친구들과 대적들의 운명이 엇갈림을 보여주려는 의도일 것이다.

9:1-12. 사도는 다음으로 **하늘에서 땅에 떨어진 별**(1절) 하나로 시선을 돌렸는데, 이 별은 아마도 하나님 앞에서 쫓겨난 천사(욥 38:7)를 나타낼 것이다. 이 사

악한 천사는 **황충**(3절)으로 확인된 무저갱의 거주자들을 풀어줄 수 있었다. 이는 연기 나는 구멍에서 올라와 그들 가운데 있는 모든 것을 파멸시키는 허다한 마귀 무리들에 대한 비유적 표현에 불과하다. 어떤 학자들은 마귀들을 베드로후서 2:4-6의 반역한 천사들과 결부했다. 이들이 노리는 것은 농작물이 아니라 자신들이 그리스도와 무관하다고 말한 저 인간들이었다. 그들의 기괴한 모습은 섬뜩했다. 소름끼치는 다섯 달 동안 그들은 반역자들을 전갈에 쏘이게 할 것인데, 이는 죽음보다 더 심한 육체적·심리적 고문을 비유적으로 묘사한 것이다. 하나님은 그들을 사탄 무리들에게 넘기실 것이다. 극악한 무리들의 우두머리는 성경의 두 주요 언어로 된 이름을 가졌다. 히브리어로는 **아바돈**(11절)이고 헬라어로는 **아볼루온**인데, 둘 다 파멸을 암시한다. 하나님 아버지는 자기 영광을 위해 악한 영의 세계를 이용하셔서 그분의 뜻에 결사반대하는 인간들을 파멸시키실 것이다. 그런 반역자들은 주후 1세기 때와 마찬가지로 오늘날 전 세계 많은 지역에서 하나님의 백성을 박해한다. 하나님이 그들의 고난을 잊지 않으셨음을 오늘날의 그리스도인들이 안다면 얼마나 안심이 되는지. 그분은 언젠가 자기 백성을 박해하는 자들에게 맹렬한 복수를 하실 것이다. **화 둘이 이르리로다**(12절)라는 말은 나팔과 관련된 남아 있는 심판을 예고한다.

f. 여섯째 나팔: 죽음(9:13-21)

9:13-21. 여섯째 심판은 요한이 본 환상 중 최악의 파괴를 묘사한다. 천국의 예배 장소인 제단에서 한 음성이 들렸다(13절). 이는 아마 순교자들이 이전에 했던 탄원들을 상기시키려는 의도일 것이다(6:9-10; 8:3). 한 정체불명의 근원은 네 천사들을 놓아주어 더 많은 혼란을 일으키게 하라고 천사에게 지시했다(14절). 이들은 하나님 앞에서 추방당한 마귀들로서 장차 어떤 일을 꾀할 것이다. 그 일은 유브라데강에서 비롯되었다. 15절은 이 심판의 엄청난 범위를 밝힌다. 남아 있는 인간의 삼분의 일이 죽게 된다는 것이다. 그다음 절에 나오는 **이만 만**[2억]의 군대에 대해서는 주로 다음 두 질문을 중심으로 많은 논의가 있었다. (1) 말에 올라탄 자들은 인간인가, 악마인가? (2) 그들의 숫자는 비유적으로 해석해야 하는가, 문자적으로 해석해야 하는가? 인간의 군대일 것으로 믿는 자들은 하나님이 자신의 징벌 수단으로 그런 단위들을 사용하시는 성경의 많은 사례들을 언급한다. 월부어(John Walvoord)는 자신의 입장을 밝히지 않지만 숫자들이 그럴듯하다는 증거로 현대 중국군의 규모를 예로 든다[John Walvoord, *The Revelation of Jesus Christ*(Chicago: Moody, 1966), 166 n.13. 《요한계시록 해석》(보이스사)]. 이처럼 철저히 문자적 해석을 유지한다면 17-19절은 자신이 마음대로 사용하는 체험과 어휘를 고려할 때 요한이 최신 병기를 이용한 전투를 묘사하고자 애쓰는 모습을 보여준다. 악마를 정사로 보는 자들은 더 비유적인 접근법을 제시하면서 해를 끼치는 것은 말에 올라탄 자들이 아닌 말이라고 한다[Robert L. Thomas, *Revelation 8-22: An Exegetical Commentary*(Chicago: Moody, 1995), 46]. 이 견해는 자신에게 유리하도록 9:2-10의 황충 같은 악마들을 9:16-19의 **이만 만**과 결부시킨다(두 그룹은 말을 닮았고, 가슴받이들, 고통을 가하는 꼬리들, 사자의 특징들을 지녔다). 두 그룹은 똑같지 않다 하더라도 밀접한 연관이 있고 9:16의 **이만 만**의 정체가 악마임을 뒷받침한다. 다른 이들은, 그 숫자를 문자적으로 해석해야 하는지[Gregory Beale, *The Book of Revelation*(Grand Rapids, MI: Eerdmans, 1999), 509], 혹은 문자 그대로 그러한 거대 군단이라면 동원될 수 있는지 의문을 제기한다. 이 후자의 반대들은 둘째의 선호하는 견해에 걸림돌이 되지 않는다. 그런 숫자의 천사들이 요한계시록의 앞부분(5:11)에 등장하기 때문이다. 허다한 악마 무리들은 반역자들에게 고통을 안길 것이다. 이 장은 그러나 인간의 완악함에 대한 또 다른 고발로 끝난다. 땅의 거주자들은, 무서운 일들이 일어나면 찔림을 받아 회개하기보다 여러 모양의 우상숭배를 지속할 것이다. 오늘날 그리스도를 따르는 자들은 인간에게 타고난 반역 기질이 있고 이를 다루시는 그들의 하나님이 의로우신 분임을 알아야 한다.

2. 작은 두루마리와 두 증인에 대한 여담 (10:1-11:14)

이 절들은 내러티브를 연대순으로 진행시키기보다 더욱 세부적으로 언급하여 그 가치를 높이는 부분(10:1-11:14)에 속한다. 요한은 또한 하늘과 땅 사이를 오가며 다양한 장면을 연출한다. 교체라 불리는 이 문학 장치는 독자(혹은 청자)의 흥미를 더 크게 하려는 의도를 지닌다.

a. 작은 두루마리(10:1-11)

10:1-3. **내가 또 보니**는 이 책에서 새로운 움직임에 주의를 환기한다. 환상 속의 전달자는 하나님에게서 왔고 **작은 두루마리**를 들고 있었다. 어떤 이들은 이 전달자가 그리스도라고 믿는다. 구름을 타고 오는 그의 모습이 인자(단 7:13-14)를 연상시키는 데다 지배력까지 행사하기 때문이다. 하지만 그런 하강이 재림 이전에 이루어진다면 아주 뜻밖이다. 더욱이 성육신 이후의 다른 그리스도 현현은 성경에 없다. 마지막으로, 이 구절의 단어 선택은 전달자가 9:1에 언급된 천사와 같은 부류의 또 다른 천사(참고. 5, 8, 11절의 **천사**)일 가능성을 내비친다. 천사의 손에 펼쳐진 책은 5:1-2의 두루마리와 달랐고, 그 내용은 아직 공개되지 않았다. 그 대신 하나님은 **일곱 우레**를 통해 말씀하셨다.

10:4-7. 요한은 우레 가운데 들은 것을 기록하지 말고 혼자만 알고 숨겨두라는 지시를 받았다(4절). 이 은밀한 계시는 또 다른 일련의 심판들 혹은 하나님만이 아시는 이유로 요한이 드러내면 안 되는 예언의 어떤 측면이었을지 모른다(요 21:25; 고후 12:1-4). 천사는 하나님의 주권을 인정하면서(느 9:6) 자기 오른손을 들어 하나님께 맹세했다(5-6절; 단 12:7을 보라). 7절 초반부의 구절 "일곱째 천사가 소리 내는 날 그의 나팔을 불려고 할 때에"는 '나팔 소리가 들리는 날에'로 옮기는 편이 가장 무난하다. 종말은 나팔 소리가 들리기 전에 오지 않고 그 소리와 더불어 온다. 미래에 벌어질 이러한 대변동은 하나님이 이미 옛 선지자들에게 계시하셨다(사 24-27장).

10:8-11. 마지막으로, 요한에게는 **작은 두루마리**를 다루는 것이 허락되었다(9절). 하늘에서 나는 소리가 그에게 천사의 두루마리를 가지라고 하더니 이어서 그것을 먹으라고 지시했다. 결과는 앞서 언급한 선지자들의 달콤하면서도 씁쓸한 체험과 비슷했다(렘 15:15-18; 겔 2:8-3:3). 하나님과 그분의 말씀을 대변하는 기쁨에는 다가올 심판과 관계된 엄청난 충격과 슬픔이 수반된다. 오늘날 하나님의 말씀을 연구하는 신자들은 그분의 의로우심에 즉시 기뻐해야 하지만 반역하는 인간에게 끔찍한 결과가 따른다는 사실을 깊이 명심해야 할 것이다.

b. 두 증인(11:1-14)

이 구절들의 해석을 놓고 의견이 분분하다. 많은 주석가들은 성전 묘사를 교회의 상징으로 여기지만 본문의 세부 사항들은 이 견해를 배제한다. **성전**, **제단**, **성전 바깥마당**, **거룩한 성** 그리고 이방 **사람들**(여기서 **사람들**이 예배드리고 있지 않으며, 이것은 요한이 교회를 상징적으로 묘사한다면 사실일 수도 있음에 주목하라)의 억압과 관련해 언급된 세부 내용들은 교회가 고려 대상일 가능성을 배제한다.

11:1-2. 환난의 성전 건물은 마지막 날의 징표들 중 하나가 될 것이며, 에스겔이 천 년 때 세우는 것과 같을지도 모른다(겔 40-48장). 사도는 이스라엘 남부가 원산지인 속이 빈 갈대를 받았는데 이는 건물을 측량하기 위한 것이었다. 측량 대상에는 성소와 지성소만 포함되었고 환난이 지속되는 삼 년 반 동안 이스라엘을 지배할 이방인의 뜰은 포함되지 않았다. 인구 측량은 불가사의하지만 영적 진단을 나타낼지 모른다(겔 43:10). 만일 그것이 스가랴 2:1-13의 측량과 관계있다면 이제껏 들어본 적 없는 축복 이전에 이스라엘이 징벌받는 것은 당연할 것이다.

11:3-4. 요한은 42개월 동안 사역할 두 증인을 보았다. 이는 환난의 전반부에 증언에 대한 반대가 없는 것으로 미루어 환난의 후반부 중에 일어날 것이다. 그들의 베옷은 반역하는 세상의 죄에 대한 그들의 애통을 상징한다. 그들은 **감람나무**와 **촛대**로 불린다. 이 이미지는 기름 부음 받은 다른 두 증인(스룹바벨과 여호수아. 참고. 슥 4:11에 대한 주석)이 바벨론 포로 이후 문자적으로 예루살렘 성전의 또 다른 재건축과 연관되는 스가랴 4:9, 13-14을 떠올린다. 올리브유는 흔한 연료 공급원이었고 램프는 빛을 밝힌다. 아마도 이 둘은 성령의 능력으로 하나님 말씀의 빛을 퍼뜨릴 것이다. 그들은 주님의 명령이 떨어지기를 기다릴 것이다.

11:5-6. 이들 개개인의 지구력은 자신을 지킬 수 있는 그들의 비범한 능력이 근원이었다. 누구든 그들을 해코지했다면 그는 그들의 입에서 나오는 불로 파멸되었을 것이다! 그들 이전의 엘리야와 모세처럼 그들은 하나님의 권능에 힘입어 자연의 힘을 다스렸다(왕상 17:1; 출 7:20).

11:7-8. **그들이 그 증언을 마칠 때에**라는 구절은

이 장에서 매우 중요하다. 하나님을 위한 그들의 섬김이 끝날 때까지 그분은 이 신실한 증인들을 지켜 조금도 상하지 않게 하실 것이다. 죄인들은 하나님의 말씀을 한 번 더 들을 것이다. 그때 비로소 짐승은 그들을 자기 마음대로 할 것이다. 짐승의 승리와 관련해 '이기다'라는 단어를 사용한 것은 매우 의미심장하다. 요한계시록의 두 군데를 제외한 나머지 모든 곳에서 이 단어는 어린 양의 승리 혹은 그분을 따르는 자들의 인내를 위해 따로 떼어놓는다. 하지만 환상의 이 시점에서 신실한 자들에 대한 전망은 우울해 보였다. 요한은 증인들의 시체가 예루살렘 거리에 있는 것을 보았는데, 이 성은 예수님이 십자가에 못 박히신 곳이었다. 예루살렘을 **소돔**과 **애굽**으로 비유해서 언급하는 것은 한때 신실했던 이 성이 철저히 타락했음을 보여준다. 다시금 하나님의 선지자들은 순교를 당했다.

11:9-10. 모든 민족이 이 끔찍한 행동을 승인했다(하늘에서 어린 양을 따르는 자들을 묘사하는 비슷한 단어 선택에 대해서는 5:9을 보라). 하나님을 미워하는 이 무리들은 나아가 범죄자들에게 허용되는 적절한 매장조차 거부함으로써 선지자들의 시신을 훼손했다(신 21:22-23). 환난 전체에 대한 땅의 축하가 여기서만 일어난다는 것은 참으로 아이러니하다. 온 세상은 끊임없는 책망으로 자기들의 마음을 찔리게 한 선지자들이 사라져 몹시 기뻐할 것이다.

11:11-14. 요한이 다음에 본 것은 의인들이 크게 기뻐하는 근원이 될 것이다. 하나님은 죽은 선지자들에게 생기를 불어넣으셨고 그들을 살해한 자들에게 두려움을 안기셨다(11절). 선지자들은 순식간에 하늘로 들림 받았다(12절). **이리로 올라오라**는 4:1을 생각나게 하지만, 주님을 대표하는 이들은 환상을 보는 대신 직접 그분의 임재 안으로 들어갔다. 하나님은 지진을 일으켜 7,000명을 몰살시킴으로써 선지자들을 학대한 자들에게 복수하셨다(13절). 그 남은 자들은 **하늘의 하나님께 영광**을 돌릴 것이다. 이는 필시, 그들에게 국한되기는 하지만 이전에 그리스도에게 반대했던 사람들의 적법한 회심을 나타낼 것이다(반대 반응에 대해서는 16:9을 보라).

증인들의 환상은 그들의 1세기 신자들과 마찬가지로 현대 신자들에게도 교훈을 준다. 첫째, 신자는 그를 향한 하나님의 뜻이 이루어지기 전에 땅에서 들림 받지 않을 것이다. 이는 봉사 사역뿐 아니라 자신이 영향을 끼치도록 부르심을 받은 어떤 영역이든 해당된다. 둘째, 고난당하는 자들은 하나님이 그들을 괴롭힌 자들에게 내리시는 의로운 징벌에서 위안을 얻을 것이다. 셋째, 하나님의 긍휼은 완악한 죄인들의 마음에 가닿을 수 있을 만큼 아주 크시다.

3. 일곱째 나팔(11:15-19)

11:15. 이 절을 시작으로 요한은 재림의 끝으로 옮겨간다. 처음으로 권력의 이동을 알리는 여러 음성이 들린다. 아버지와 그분이 기름 부으신 자, 곧 주 예수의 공동 섭정을 통한 통치가 땅에서 가시적으로 이루어질 것이다. 일곱째 나팔 소리에는 대접에 담긴 심판들이 포함된다. 나팔 소리는 그 심판들과 더불어 재림에서 끝난다(12:1-6에 대한 주석을 보라). 여기서 몇몇 환난 중 휴거론자들(midtribulationists)은 교회 휴거의 근거를, 두 증인의 승천이 교회 휴거를 나타내고 마지막 나팔 소리를 데살로니가전서 4:16과 연관시켜야 한다는 가정에 둔다. 그렇지만 모세와 엘리야가 이 장에서 줄곧 실제 사람들로 소개되는 것처럼 보여 그들을 훨씬 더 큰 집단(교회)의 상징으로 보는 것은 무리이다. 또한 두 절의 단순한 나팔 소리는 그들을 동일시하기에 충분한 이유가 되지 않는다(또한 고전 15:51-58에 대한 주석을 보라). 그리고 일곱째 나팔 이후의 정황은 교회의 휴거보다 예수님의 지상 재림에 더 잘 들어맞는다(11:15-17에서 그리스도의 세상 통치와 11:18에서 이방들의 분노를 주목하라).

11:16-17. 하늘의 천사 무리들은 새 통치자들의 영원하심과 전능하심을 인정하면서 다시금 찬양하기 시작했다(4:4).

11:18. 이 절은 앞으로 일어날 사건들을 개관한다. 어떤 이들은 여기서 연대기적 진행을 보지만 이 절은 삼중으로 된 폭넓은 요약으로 이해하는 것이 최선이다. 하나님의 대적들이 분노했고 하나님도 분노하셨고, 하나님의 대적들이 심판받아 멸망했다. 선지자들이 상을 받았고 성도들도 상을 받았으며 하나님의 이름을 두려워하는 자들도 상을 받았다. 존슨(*Revelation*, 509)은 이 책 도처에서 신실한 선지자들을 크게 강조하고 있음을 지적한다(16:6; 18:20, 24; 22:6, 9).

11:19. 열린 하늘 성전은 환난의 시기라는 역경에도 불구하고 신실한 유대인 신자들이 하나님께 다가갈 것임을 나타낸다. 용서의 상징인 방주는 그들이 구속되었다고 그들을 안심시킬 것이다. 1세기 신자들은 환상을 통해 비슷한 위로를 받았을지 모른다(히10:19-22). 번개와 우레는 4:5에서처럼 하나님의 임재를 의미했다.

D. 일곱 이적(12:1-14:20)

이 이적들이 나팔을 통한 심판 혹은 대접에 담긴 심판 중 어느 것과 연관되는지는 분명치 않다. 대접에 담긴 심판들이 환난의 끝에 가까이 있고 메시아의 재림과 연관되기 때문에 이 일곱 이적은 나팔을 통한 심판의 때, 아마도 환난의 후반부 때(11:3의 1,260일; 12:6)에 눈에 띌 것이다. 그 이적들은 나팔을 통한 심판들과 거의 동시에 일어나고, 환난의 마지막 절반에 대해 조망하는 듯하다(Thomas, *Revelation*, 2:115).

1. 첫째 이적: 여자(12:1-6)

12:1-6. 첫째 이적은 **해를 옷 입고 발아래에는 달이 있고 머리에는 열두 별의 관을** 쓴(1절) 여자의 이적이다. 어떤 학자들은 그녀를 동정녀 마리아로 이해해 왔지만, 17장의 매춘부를 통해 분명히 의도하듯 상징적 의미로 보는 편이 나을 것이다. 다른 학자들은 교회가 고려 대상이라고 생각하지만, 어떤 의미에서든 교회는 예수님을 낳지 않았다. 가장 무난한 이해는 전문가들이 이 여자를 이스라엘의 상징으로 확인한다는 것이다. 이 해석은 창세기 37:9-10에서 요셉의 꿈에 나타난 상징들과 잘 맞아떨어진다. **해**와 **달**은 요셉의 부모인 야곱과 레아를 상징했다(창 37:10). 그리고 열한 **별**[요셉은 열두 번째]은 요셉의 형제들로서, 여기서는 이스라엘의 열두 지파를 나타냈다. **여자**에 대한 좀 더 그럴듯한 해석은 그녀가 이스라엘을 상징한다는 것이다. 여자가 밴 **아이**는 유대인의 혈통을 지닌(롬 9:5) 메시아 예수이시다(2절). 그녀가 산통을 겪자 큰 용(사탄)이 나타나 그 아이를 삼키려 했다(4절). **열 뿔**은 일곱 머리 위에 있고 그 뿔이 마귀 및 적그리스도와 동조하는 반역적 연합을 나타내는 가운데(13:2; 그리고 단 7:7-8, 24에 대한 주석을 보라) **일곱 머리**는 필시 요한계시록 17:10의 연이은 일곱 세계 제국을 상징할 것이다. **왕관**은 그의 정치적 영향력을 나타낸다. **끌어낸 하늘의 별들**(4절)은 아마도 순교한 유대인 신자들이 아닌, 사탄을 따르기로 선택한 타락한 천사들(12:7-8의 하늘에서 쫓겨난 천사들과 9:1에서 천사를 언급하는 데 사용된 '별'에 대한 언급을 보라)을 나타낼 것이다. 유대 지파의 **삼분의** 일은 살아남았다. 그 이미지는 **용**의 유혹하는 힘과 영향력을 묘사한다. 5절은, 사건들이 순서대로 되어 있지는 않지만 메시아 왕국의 다양한 특징들(탄생, 통치, 승천)을 개관한다. 마지막으로, 사탄은 이스라엘을 뒤쫓아 광야로 가는데, 거기서 하나님은 환난 시기의 마지막 삼 년 반(**천이백육십 일**) 동안 그들을 각별히 보호하실 것으로 드러났다(6절).

2. 둘째 이적: 하늘의 전쟁(12:7-12)

12:7-12. 둘째 이적은 **하늘의 전쟁**으로서 환난 시기를 통해 계속될 해묵은 싸움을 한층 강조한다. 이 대격전은 미가엘 추종자들이 우세한 가운데(8절) **미가엘**[하나님의 충실한 천사들의 지도자] 대 사탄(악마 같은 적들의 지도자)의 대결 구도라는 특징을 지녔다(7절). 분명 사탄은 이때까지 하늘에 접근할 것이다. 이 격돌에 대한 요한의 전반적 처리는 다음 순서로 이해할 수 있겠다. (1) 사탄은 자기를 추종하는 인간들이 땅에 많은데(요 8:42-44) 하나님의 허락을 받아 지금 그들을 지배하고 있다(요일 5:19). (2) 사탄의 궁극적 패배는 그리스도의 십자가 죽음으로 확실해졌다(요 12:31-32). (3) 큰 환난 동안 사탄은 하늘에서 내쫓겨(계 12:8) 땅에 와서 세상을 유혹할 것이다(13:4). (4) 환난 후 사탄은 하나님에 의해 결박당해 천 년이 끝날 무렵까지 신자들과 대적할 수 없을 것이다. (5) 그러고 나서 사탄은 풀려나 마지막 저항을 부추길 것이다(계 20:7-8). (6) 그 후에 사탄은 마침내 불의 못으로 던져져 세세토록 괴로움을 당할 것이다(계 20:10). 환상은 이 악령을 **뱀**(9절; 창 3:1을 보라), **마귀**['비방하는 자'] 그리고 **사탄**['적수']으로 묘사한다. 환상 중에 사도는 **우리 형제들을 참소하던 자**(10절)에게서 자기 백성을 주권적으로 구해내신 하나님을 찬양하는 큰 음성을 들었다. 신자들에 대한 악의적 비방은 하늘에서 두 번 다시 들리지 않을 것이다. 환상의 이 대목이 결론 내렸듯이 요한은 환난 중에 있는 이 신자들이 참소하던 자를 이겼다는 증언을 들었다(11절). 설령 사탄이 하나님의 백성에게 심각한 해를 입힌다 하더라도 결국은 그들이 우세할 것이다. 위의 절들은 사탄의 확실한

패배와 성도들의 인내를 강조하기 때문에 이 책의 신학적 중심으로 봐도 괜찮을 것이다. 비전은 궁극적 승리를 확약했지만 아직 갈 길이 멀었다. 마귀는 자신이 잠시 떠나 있는 동안 분노를 쏟아낼 것이다(12절). 패배한 반역자는 활동이 허락되는 한 파괴하려 들 것이다.

로마 압제 아래 시달리던 1세기 신자들이 그런 복된 소식을 들었다면 큰 격려가 되었을 것이다. 미래 세대의 신자들이 환난을 헤쳐나갈 수 있다면 인내 또한 꿋꿋하게 할 수 있을 것이다. 오늘날의 신자들도 그리스도의 십자가 공로로 궁극적 승리가 보장되었고 사탄이 두 번 다시 그들을 참소하지 못할 것이라는 사실에 크게 기뻐할 것이다.

3. 셋째 이적: 공격받은 이스라엘이 보호받다 (12:13–13:1a)

12:13–13:1a. 셋째 이적에서 용은 자신의 분노를 여자 이스라엘에게로 돌렸다. 하지만 이 나라는 광야에서 그들에게 피난처를 제공하신 하나님에 의해 초자연적 보호를 받았다. **한 때와 두 때와 반 때**(14절; 참고. 단 7:25)는 하나님이 이스라엘의 온갖 필요를 채워주실 큰 환난 중의 삼 년 반이라는 기간을 나타낸다. **큰 독수리의 두 날개**는 이스라엘의 애굽 탈출과 관련해 사용되는 구출에 대한 은유이다(출 19:4–6). 이 은유는 여기서 이스라엘을 압제에서 또다시 구출해낼 것임을 암시하기 위해 사용되는 듯하다. 하나님은 땅에 틈을 내어 강물을 삼키게 하심으로써 홍수로 이스라엘을 파멸하려는 사탄의 시도를 좌절시키실 것이다(15–16절). 문자적 의미의 홍수일 가능성을 배제할 수 없지만, 그들의 노력을 하나님이 좌절시키실 이스라엘의 대적들에 대한 은유로서 사용했을 가능성이 크다(시 144:7–8; 단 11:40). **땅**(16절) 역시 하나님이 행하시는 초자연적 구출에 대한 은유일 것이다. 출애굽기 15:12에서 모세는 "땅이 그들(출애굽에서의 애굽인들)을 삼켰나이다"라고 말했을 때 실제로 삼킨 것은 바다였다. 아니, 더 정확히는 하나님의 '오른손'과 '인자하심'이었다(출 15:12, 13). 마귀가 맹렬히 추격한 **그 여자의 남은 자손**은 환난 시기 중 메시아 예수를 믿게 되는 유대 백성의 남은 신자로 이해하는 것이 가장 무난하다. "그리고 용이 서 있더라"(NASB)는 가장 믿을 만한 헬라어 사본으로, 번역하면 뒤를 따른 악독한 인물을 호출한 사탄을 나타낸다.

4. 넷째 이적: 바다에서 나온 짐승(13:1b–10)

13:1b–10. 넷째 이적은 '바다에서 나오는 한 짐승'(1절)을 묘사했다. **짐승**의 상징적 사용은 사탄의 힘으로 세상을 다스릴 인간의 잔혹성을 나타낸다. 13장의 짐승이 용과 밀접한 관련이 있고 자기 권세의 근원이 용이라 할지라도(13:2) 이 **짐승**은, 또한 짐승이라고도 하는 12장의 용과 뚜렷이 구별된다. 요한의 저작들은 사도의 교리와 상반되는 어떤 개인이나 태도를 언급할 때 '적그리스도'라는 친숙한 용어를 사용하지만(요일 2:18, 22; 4:3), 그가 이끄는 이 개인 혹은 집단에 대해서는 **짐승**이라는 용어를 유보한다. 성경에서 **바다**는 하나님을 반대하는 상징으로 종종 사용된다(시 74:13–14; 사 57:20–21). 구약의 바다 괴물(욥 26:12–13)은 하나님의 백성을 괴롭히는 나라들을 일관되게 상징한다(Beale, *Revelation*, 683). 그러므로 짐승은 하나님의 대적들에 대한 전형이 될 것이다. **열 뿔**은 연합을 통해 짐승을 따를 나라들 혹은 지배자들을 상징한다(단 7:7–8). 다니엘이 이 짐승을 세계에서 넷째로 큰 제국(로마)에서 생겨난 것으로 확인했기에 많은 사람들은 이를, 부활한 로마제국을 나타내는 것으로 이해한다(단 7장에 대한 주석을 보라). **일곱 머리**는 다수의 과거 이방인 왕조들을 나타내고, **왕관**은 짐승의 정치적 권력을 상징한다. 짐승과 그가 이끄는 최후의 악한 제국은 이 계열에 속한 반역적 왕국의 연속이자 정점이다. 그는 하늘의 하나님을 대놓고 **비방**했다. 요한은 그가 다니엘이 예언한 "작은 뿔"(단 7:7–8, 20–25)이자 이스라엘을 억압했던 여러 이방인 군주들 중 가장 악하다는 것을 알아챘다. **그 죽게 되었던 상처가 나으매**(13:3)는 그리스도의 죽음과 부활의 짝퉁인 그의 거짓 죽음과 부활을 묘사한다. 그리고 그로 인해 전 세계는 그와 사탄 둘 다를 섬기게 될 것이다(4절; 살후 2:3–12). 그의 절정에 이른 권세는 환난의 후반부인 **마흔두 달** 동안 지속되고(5절; 참고. 단 9:27; 계 11:2) 하나님 백성에 대한 지배를 공표할 것이다. 7절은 그가 잠깐 동안 그들을 이길 것이라고 말하는데, 여기서 악의 세력이 이긴다는 표현은 요한계시록에서 단 두 차례 사용된다(또한 11:7을 보라). 요한은 여기서 그 단어를 사용해 내러티브에 팽팽한 긴장감이 돌게 하려는

듯하다. 누가 최후의 승리를 거둘 것인가? 짐승의 승리는 너무도 완벽해 보여 전 세계, 곧 '자기 이름'이 **생명책에…기록되지 못**한 '모든 사람들'이 그를 경배할 것이다(8절). 불신자의 이름은 하나님이 기록하시는 책에 남아 있을 수 없다(출 32:32; 시 69:28). 헬라어 본문의 어순은 **창세 이후로**를 그리스도의 죽음과 결부시키는 것을 선호한다는 인상을 주지만 17:8의 유사 구조는 이 책에 쓰인 이름들과의 연관성을 타당하게 만든다. 세상은 대규모 우상숭배로 전환할 것이다. 하지만 이 중 그 어느 것도 하나님의 섭리를 피하지 못했고, 그분은 자기 성도들의 인내를 기대하실 것이다. 환상의 이 측면은 도미티아누스의 박해를 받던 1세기 신자들에게 틀림없이 용기를 북돋웠을 것이다. 그들에게서도 신실함이 기대되었다.

5. 다섯째 이적: 땅에서 올라온 짐승(13:11-18)

13:11-18. [비슷한 부류의] **또 다른 짐승**은 13장의 짐승을 돕는 자, 곧 적그리스도의 악한 속성을 공유할 거짓 선지자를 묘사한다. 그는 **땅**[혹은 육지]**에서** 올라왔는데(11절), 이는 짐승이 바다에서 나온 것과 대비된다. 그러나 하늘의 어린 양과는 더 큰 대비를 이룬다(5:6). 이자는 땅에 속하고 세속적이며 경건치 않았다. 그 구절은 상징적이다. 그러므로 이 사람이 이스라엘 땅에서 왔고 그렇기에 유대인이라는 생각은 여기서 지지를 얻지 못한다. 그는 **어린 양같이 두 뿔이** 있는 자로 묘사되는데, 이는 그가 겉으로만 온화함을 나타낸다. 하지만 그가 **용처럼 말**했다(11절)는 것은 그의 위협이 장난이 아님을 보여준다. **그가 먼저 나온 짐승의 모든 권세를 그 앞**에 있는 동안 **행하**는(12절) 것은 그가 먼저 나온 짐승에게 종속되었음을 나타낸다. 이 거짓 선지자는 사탄의 능력으로 많은 기적을 행하고(살후 2:9-11), 경제의 보편적 영향력을 통해 먼저 나온 짐승이라는 말하는 우상에게 예배하라고 강요할 것이다. 자기 몸에 그런 충성을 나타내는 표가 없는 자들은 식량을 얻지 못하거나 어떤 경우에는 살해되기도 한다(13-17절). 먼저 나온 짐승은 그의 숫자 **육백육십육**으로 알게 될 것이다(18절). 어떤 이들은 이 숫자를 (단 3:1에 암시된) 바벨론의 기본 여섯 수 체계와 연관시키면서 이 개인이 인본주의의 완벽한 표현이라고 결론짓는다. 고대 세계에서 알파벳 문자에 이따금 수계수(numerical coefficient, 숫자와 문자의 곱으로 된 단항식에서 문자에 이어 곱해진 숫자 곧 알파벳마다 지닌 특정값을 이르는 말—옮긴이 주)를 부여하여 어떤 특정한 사람이 자기 이름의 가치에 걸맞은 숫자와 연관되게 하였다. 숫자 666에 해당하는 인물이 누구인지 확실히 밝혀진 바 없고, 현대 알파벳에 근거해 밝히려는 시도는 설득력이 없으며 불가능하다. 그 숫자에 대한 일반적 느낌은 위에 제시된 대로 받아들이는 것이 최선일 듯하다. 신자들은 예언과 관련된 사소한 세부 사항에 집착하는 대신 위기 상황에서 하나님께 변함없이 충성하는 데 신경 써야 할 것이다.

6. 여섯째 이적: 시온산에 선 어린 양(14:1-5)

14:1-5. 여섯째 이적은 **시온산에** 선 **어린 양**을 특징으로 삼았는데, 이 표현은 그분의 재림 이후 어린 양의 궁극적 승리에 대한 선지자의 환상을 나타낸다. 재림 때 어린 양은 자신의 천 년 통치를 시작하면서 문자 그대로의 시온산에서 144,000명을 모으신다. 이러한 이해를 뒷받침하기 위해 144,000명에게는 여기서 나타낸 그 보호하심으로 환난 내내 지켜주겠다는 약속을 했다(7:3-4). **시온**은 신약에서조차 일반적으로 지상의 예루살렘으로 이해된다(참고. 마 21:5; 요 12:15; 롬 9:33; 11:26; 벧전 2:6). 히브리서 12:22이 유일한 예외이지만 히브리서 12:23은 그곳의 '시온'이 '하늘의' 시온임을 명백히 나타낸다(히브리서 12:23에 대한 주석을 보라). 마지막으로, 시온산에 선 어린 양(1절)은 요한계시록에서 몇몇 다른 주요 참가자들의 행동에 필적한다(용, 13:1; 바다에서 올라온 짐승, 13:1; 그리고 땅에서 나온 둘째 짐승, 13:11). 이들은 7:1-8에 언급된 집단과 같은 집단으로 짐작된다. 하나님의 힘차면서도 선율 있는 음성이 들렸다. 천사들이 순서를 달리하면서 했듯이(5:8) 그들은 자신들만이 배울 수 있는 **새 노래**로 하나님을 찬양했다(3절). 환난의 공포라는 가장 큰 타격을 받은 이들에게 그분은 각별히 신경 쓰실 것이다. 그들은 그분과의 특별한 사귐을 누릴 것이다. 여자와 **더불어 더럽히지** 아니하고 순결을 유지한다는 것은 그들이 거짓 예배에 참석하지 않았다는 뜻으로 볼 수 있다. 구약에서 이스라엘의 우상숭배는 흔히 영적 간음으로 묘사되었다(출 34:11-17; 민 25:1-9; 호 1:2; 2:2). 이 신실한 종들은 어린 양에게 한시도 눈을

떼지 않았고, 하늘 주위로 그분을 계속 따라다녔다. 그들은 그리스도를 증언하면서 자신들이 초대교회의 어떤 이들과 달리 또한 진리를 말하는 사람임을 보여주었다(2:9; 3:9). **처음 익은 열매**(4절)인 그들의 존재는 큰 환난 동안 많은 이스라엘인들이 하나님의 가족으로 유입될 것이라는 기대를 갖게 했다.

7. 일곱째 이적: 반역자들에 대한 심판(14:6-20)

14:6-11. 나팔과 연관된 마지막 이적은 하늘의 하나님께 반역한 자들에 대한 현세적이며 영원한 심판을 특징으로 삼았다. **영원한 복음**[복음으로 번역된 유앙겔리온(*euangelion*)은 '좋은 소식'으로 번역하는 편이 낫다. 6절]의 내용은 심판에 초점을 맞추는 것으로, 여기서는 그리스도의 십자가 죽음이라는 긍정적 메시지를 뜻하는 것 같지 않다. 여기서 '좋은 소식'은 세상의 온갖 악을 제거하실 하나님의 임박한 심판과 관계있다. 하나님께 끊임없이 반항하는 자들은 파멸을 피할 수 없을 테지만 환난 중이라도 회개하는 자들은 자비를 얻을 것이다. 그런 은혜에 대해서는 경외심이라는 반응이 기대될 것이다. 믿지 않는 인간들에게는 **하나님을 두려워하고 그에게 영광을 돌리라**는 명령이 내려졌다(7절). 하나님을 두려워한다는 것은 그분을 불쾌하게 만드는 것에 대한 건전한 두려움으로 정의할 수 있을 것이다. 그분에게 영광을 돌린다는 것은 그분을 더없이 중요한 분으로 여긴다는 뜻이다. **큰 성 바벨론**(8절)이 곧 종말을 맞이할 것이므로 그들의 때는 얼마 남지 않을 것이다.

바벨론은 명확히 해석하기가 어려운 것으로 드러났다. 그동안의 시도는 다음 네 노선 중 하나를 따랐다. (1) 바벨론은 로마를 나타낼 수도 그렇지 않을 수도 있는데, 이는 초대교회가 자기를 박해하는 자들에게 어떤 진리들을 비밀로 하려 했기 때문이었다(벧전 5:13). 이 견해의 변형으로, 바벨론이 요한의 시대에 혹은 미래에 전 세계 배교를 주도하는 로마를 상징한다는 입장이 있다. 이 입장은 요한계시록의 예언이 이미 이루어졌다고 믿는 자들로부터 전천년 세대주의자들에 이르기까지 학자들에게 어떤 형태로든 광범위하게 지지를 받아왔다. (2) 바벨론은 하나님에게서 등을 돌린 성이자 심판의 대상인 예루살렘을 나타낸다. 하지만 성경은 일반적으로 하나님이 함께하시는 예루살렘을 그분에게 대항하는 바벨론과 나란히 한다. (3) 바벨론은 하나님에게서 등을 돌린 로마나 바벨론 혹은 소돔 같은 주요한 성들을 비롯한 전 세계적 체제를 비유적으로 상징한다. 이 견해는 위의 둘째 입장을 너무 협소한 것으로 본다. (4) 바벨론이라는 용어는 문자적으로 유프라테스 강둑에 재건된 바벨론 성을 나타낸다. 이 입장은 문자적 접근 방식을 좀 더 일관되게 유지한다는 장점을 지닌다. 이 견해의 반대자들은 바벨론의 최후 멸망에 대한 예언들(사 13:19-22; 렘 51:24-26)이 주전 6세기 중에 실현되었으므로 재건된 도시는 제외된다고 주장한다. 지지자들은 이 예언들의 '세부 내용들'이 결코 실현된 적이 없기에 아직도 미래를 기대하고 있다고 응수한다[Charles Dyer, "The Identity of Babylon in Revelation 17-18," *BibSac* 144(July-September 1987) 305-316; (October-December 1987) 433-449]. 게다가 벨사살의 바벨론 멸망(주전 539년) 후 20년경에 쓰인 스가랴 5:5-11은 바벨론 땅인 시날에 장차 우상숭배의 성지가 건립될 것을 기대한다(창 10:10). 고대 도시의 바로 그 토대 위에 건설하겠다는 사담 후세인의 20세기 후반 프로젝트는 (예언의) 성취가 아니라 문자적으로 도시 재건의 그럴듯함을 보여준다. 이 접근법이 옳다면 창세기 11:1-9의 심판은 벨사살 치하에 일어난 둘째 것으로, 큰 환난 중에 최후 멸망이 일어날 것이다(사 14:1-4, 7). 이것이 최선의 선택이다. 바벨론은 재건되었다가 또다시 파괴될 것이다.

무너졌도다 무너졌도다(14:8)라는 말은 예기된 것으로, 17:1-18:24의 파멸에 대한 세부 사항들을 기대한다. 셋째 천사가 짐승에게 경배하는 모두에게 다른 메시지, 곧 죽음의 하나를 선포했다(9-10절). 하나님은 그의 표를 받는 자가 누구든 관계없이(13:16) 그에게 영원한 지옥살이를 선고하실 것이다. 요한은 용어들을 많이 수집해 지옥의 끔찍함을 강조한다. 지옥은 그분을 버리고 우상숭배로 돌아서는 끈질긴 반역자들에게 **하나님의 진노**와 **그 진노의 잔**(10절)이 충분히 표현되는 곳이다. 하나님의 진노는 결코 변덕스럽지 않다. 그분은 자기 정의가 침해당하면 언제나 보응하신다. 지옥은 속수무책으로 길을 잃은 죄인들에게 **불과 유황**(창 19:24)이 쏟아지는 곳이다. 하나님의 **어린 양**과 **거룩한 천사들**이 나타나 그런 형벌을 승인할 것이다. 사도는 **세세토록**과 **밤낮 쉼을** 얻지 **못**함이라는 구절을 사용해 탈출 혹은 완화라는 실낱같은 소망조차 없애버린다. 11절은 그들의 고통이 영구히 지속됨을 또한 보여준다. 그들은 미래 어느 시점에서 '소멸되지' 않을 것이다[**세세토록**은 하나님의 수명(15:7) 및 하나님과 함께하는 그분의 종(22:5)의 통치를 말할 때 사용된다].

14:12-13. 환난에 처한 사람들은 매우 어렵지만 아주 분명한 선택에 직면할 것이다. 그것은 주 예수에 대한 믿음으로 심지어 죽기까지 인내하거나 짐승의 표를 받아 성부와 어린 양의 손을 통해 이해할 수 없는 고난을 선고받는 것이다. 짐승의 표를 거부해 순교한 자들은 하늘로 들림 받아 [땅에서의] **그들의 수고를 그치고 쉴 것이다**(13절). 성령이 몸소 그렇게 증언하신다. 초대교회가 그런 구절을 들었다면 용기를 얻어 믿음을 지켰을 것이다. 그들은 황제 숭배로 배교하기보다 그리스도와 함께 믿음을 지속해야겠다고 생각했을 것이다. 오늘날 신자들도 이를 유념해야 할 것이다. 인내는 극히 중요하다. 그리스도를 주장하는 자들은 한결같은 믿음으로 그런 충성을 나타내야 한다. 그들은 또한 지옥과 그 영원한 형벌이라는 교리를 분명히 받아들여야 한다. 이를 부인하는 것은 복음 자체를 부인하는 것과 마찬가지이다.

14:14-20. 예리한 낫의 환상이 뒤따랐다(14절). 14-16절의 수확이 환난 중간의 휴거를 묘사한다는 견해는, 휴거가 그러하듯이 유쾌한 거둠이 아닌 심판을 위한 거둠 중 하나(14:19-20)라는, 뒤이은 절들의 맥락을 무시하므로 거부해야 한다. 요한은 열방을 심판할 준비가 된(욜 3:13) **인자**(단 7:13-14)를 보았다. 천사가 동의한다고 크게 외치자 심판이 시작되었고 허다한 천사들이 도왔다. **큰 포도주 틀**(19절)은 자신의 독생자인 메시아를 통해 표출된 성부 하나님의 파괴적 분노를 묘사한다. 여기서 환상은 의외의 방향으로 전개되었다. 반역하는 군대가 파멸되었듯이(19:15-19) 심판은 예루살렘 **성 밖에서** 일어날 터였다(20절). **말 굴레에까지**라는 구절은, 군마가 피로 물든 지역을 달릴 때 피가 튀기는 정도를 그려낸다. 1세기 교회가 그 시련 가운데서 기뻐할 수 있었던 것은 악의 세력이 결국은 파멸될 것이기 때문이었다. 오늘날의 신자들 또한 그리스도에 대한 자신들의 이해를 높일 수 있을 것이다.

그분은 구주이실 뿐 아니라 자기 대적들을 파멸시키는 분이기도 하다.

E. 하늘의 막간(15:1-8)

15:1. 징벌의 마지막 단계를 선보이는 이 절은 15장과 16장의 표제가 된다(Johnson, *Revelation*, 546). 인에 담긴 심판과 나팔과 관련된 심판은 이미 지나갔다. 남아 있는, 대접에 담긴 심판들은 **일곱[마지막] 재앙**으로 불렸다. 하나님의 진노가 이것들로 속히 완료될 것이다.

15:2-4. 많은 사람들이 짐승의 표 받기를 거부해서 순교할 것이다. 끝까지 신실했으므로 그들은 하나님을 영화롭게 하고 이길 것이다(2절). **유리 바다**는 하나님의 거룩하심과 광채를 묘사한다. **짐승**과 **그의 우상**, **그의 이름의 수**가 모두 포함된 것은 성도들의 승리가 확고함을 나타내기 위해서이다. 순교자들은 이스라엘 백성이 애굽에서 구출되고 홍해를 건넌 후 부른 **모세의 노래**(3절; 출 15:1-18)를 불렀다. 이 노래는 시편과 선지서에서 따온 여러 행으로 구성되어 있고 그분의 속성으로 인해 하나님을 더없이 찬양한다. 요한의 이기는 자(승리자)라는 주제는 여기서도 계속 전개된다. 그는 인내가 승리임을 독자들이 아주 분명하게 인식하길 바란다. 그들이 도미티아누스에게 저항해 죽는다면 승리의 찬가를 부르는 무리에 합류할 것이다. 신자들은 장차 주님과 함께할 것이라는 기대로 현세의 삶을 바라보아야 한다.

15:5-8. 이 장면의 둘째 부분에서 요한은 하늘의 **증거 장막**이 열리고 거기서 천사들이 나오는 것을 보았다(6절). 그들의 **세마포** 옷과 **금 띠**는 하나님의 의로우심과 그분의 영광을 나타낼 것이다(6절). 그들의 가득히 담긴 **대접**(5:8; 8:1-5)은 자신의 거룩한 분노를 터뜨리시려는 하나님의 의도를 상징한다. 이 그릇들은 구약 장막에 있는 그릇들(왕상 7:50)을 상기시키려는 듯하다. 환상 속의 누구도 그 맹렬한 분노를 다시금 발하시려는 전능하시고 영광스러운 제1위격 앞에 나설 엄두가 나지 않았다.

F. 일곱 대접에 담긴 심판(16:1-21)

대접에 담긴 심판과 나팔을 통한 심판 사이에 유사점들이 있는 반면, 범위와 세부 사항에서는 큰 차이가 있다. 예를 들어, 나팔 심판이 영향을 받는 독립체의 삼분의 일에 충격을 준다면(8:7-8) 대접 심판은 전 세계에 영향을 미친다(16:3-4, 18). 게다가 대접 심판에 대한 반응에는 독기가 더 서려 있다. 신성모독과 사탄의 반대가 있는 것이다(16:9, 13-14). 최종적이라는 느낌도 대접 심판에 유일무이하다(16:17). 그러니까 그것들은 별개의 두 징벌 집단으로 보는 것이 바람직하다. 또한 출애굽기의 재앙들과 어느 정도 닮았다. 처음 여섯 대접에 대한 간략한 묘사는 마지막 때가 가까웠음을 혹은 일곱째 대접의 중요성을 강조하려는 듯하다.

1. 첫째 대접: 참기 힘든 상처(16:1-2)

16:1-2. 이 일련의 징벌은 하늘에서 내린 명령으로 시작되었다. 이는 자연재해나 우연한 환경 대재앙이 아닌, 신이 계획하고 조율한 징벌이었다. 첫째 대접을 쏟자 짐승의 표를 받은 우상숭배자들(2절)에게 악성 종기가 생겼다(출 9:9-11). 자기 대적들과 그처럼 동일시되는 것을 하늘의 하나님은 참으실 수 없었다.

2. 둘째 대접: 피로 변한 바다(16:3)

16:3. 둘째 대접을 쏟자 온갖 바다 생물이 멸절되었다(출 7:17-21). 천사가 쏟아낸 물질로 바다는 걸쭉하고 반쯤 엉긴 피로 변하면서 바다의 모든 생물이 죽었다. (8:8-9에서 둘째 나팔이 울렸을 때는 삼분의 일만 죽었다.)

3. 셋째 대접: 피로 변한 민물(16:4-7)

16:4-7. 다음 대접은 민물 생명체에 영향을 끼쳐(출 7:17-21) 바다에서 일어난 재앙과 비슷한 결과를 낳았다. 그런데 요한은 이 대접과 관련해 인상적인 말을 들었다. 하나님이 영원하시고(**전에도 계셨고 지금도 계신**) '거룩하시며' 또한 '의로우신'(7절) 분으로 찬양받으신 것이다. 이 마지막 속성은 자기 백성을 박해하는 자들을 심판하시겠다는 하나님의 결단과 직결되었다. 그들은 **성도들과 선지자들의 피를 흘렸으므로**(6절; 엡 4:11-12) 파멸될 것이다. 피를 흘리게 하면 피를 흘릴 것이다. 요한은 **제단**(6:9-10)과 자신이 사랑하시는 자들의 대적들에게 복수하시는 **전능하신** 하나님(4:4-11을 보라)이라는 주제로 다시 돌아온다. **그들에게 피를 마시게 하신 것이 합당하니이다**(6절)라는 구절은 문학적으로나 신학적으로 중요한 점을 시사한다. 주님에게 저항하고 반역하는 자들에 대한 요한계시록의 시선이 결코 동정적이지 않다는 점이다. 그들을 복음 전도의 수혜자로 묘사하는 법이 좀처럼 없고 기도의 수혜자로 묘사하는 일 또한 결코 없다. 이는 분명 그들이 오랫동안 하나님께 저항하면서 복음에 무감각해졌기 때문이다. 오히려 그들은 하나님을 거부하고 그분의 백성을 파멸시키는 자로 줄곧 소개된다. 그들은 스스로 무덤을 파는 셈인데, 마땅히 그래야 한다.

4. 넷째 대접: 불에 탄 땅(16:8-9)

16:8-9. 넷째 대접의 엄청난 열기로 태양은 타오르고 땅이 누렇게 말랐다. 반역자들은 **회개하지 아니하였다**. 즉, 그들은 어떤 식으로든 자신들의 마음을 하나님께로 돌리지 않았다. **비방**은 '어떤 사람에 대해 중상하는 말을 해서 그의 명성에 먹칠을 하는 것'을 뜻한다. **회개**는 '죄로 인해 쇠약해지는 결과가 초래됨을 깨닫게 되면서 마음에 큰 변화가 일어남으로 말미암아 삶이 확 바뀌는 것'을 의미한다.

5. 다섯째 대접: 어둠(16:10-11)

16:10-11. 다음 대접은 **짐승의 왕좌**(2:13)에 피해를 입혀 **그의 나라**를 어둡게 했다. 짐승은 땅에 대한 일시적 통치를 허락받았었지만(사탄에 관해서는 고후 4:4; 골 1:13을 보라) 지금은 그것이 없어졌다. 요한은 하나님이 어둠으로 이 영역을 치시는 것을 보았다. 정확히 이것이 어떻게 고통을 초래할지는 분명치 않다. 적어도 그것은 걱정과 두려움을 가중시킬 것이다. 이전의 재앙으로 인한 상처와 결합되면서 삶은 비참해질 것이다.

6. 여섯째 대접: 마귀의 공격(16:12-16)

16:12-16. 여섯째 대접으로 유프라테스강이 바닥을 드러내면서 동방의 대군은 쉽게 이동할 수 있었다. 요한은 **개구리** 모양을 한 '악마들'이 사탄의 3인조 무리에서 나오는 것을 보았다(16:13). 개구리는 노예 생활 당시 애굽의 여신인 헤크트(Heqt)와 상징적 관련이 있었고, 여기서는 저 억압받던 어두운 시절을 상기시키려고 사용하는 것 같다. 이 유혹하는 영들은 전 세계 군대를, 히브리어로 아마겟돈(단 11:40-45)이라고 하는 곳에 집결시켰다. 이 '산'과 그에 딸린 평야는, 갈릴리 바다 남동부의 거대하면서도 대체로 편평하고 비옥한 지역인 에스드라엘론 대평야가 확장된 것이다. 이 평야는 므깃도를 아우르고 남동부의 갈멜산 북부의 해안에서부터 요단강까지 쭉 뻗어 있다. 그곳은 아마겟돈 작전

에 참가할 군대가 주둔하기에 최적의 장소였다. 15절은 삽입 어구로 제시된 여담으로 요한계시록의 주장을 강화한다. 이 절은 2:1-3:22의 일곱 교회를 향해 박해에 직면해서도 변함없이 인내할 것을 촉구했다. 그들이 순전한 마음으로 그리스도에 대한 헌신을 계속한다면 상을 잃지 않을 것이다.

7. 일곱째 대접: 전 세계적인 황폐화(16:17-21)

16:17-21. 일곱째 대접과 연관 있는 **되었다**(17절)라는 말은, 이 심판이 완료되고 천국이 가까이 왔으므로 더 이상 심판은 없을 것임을 나타낸다. 비길 데 없는 큰 **지진**이 **큰 성**을 강타했다(18-19절). 어떤 이들은 이 성을 바벨론으로 보는데, 큰이라는 단어가 이 견해를 뒷받침하는 것처럼 보인다. 더 나은 견해는 그 성을 예루살렘으로 보는 것이다. 이는 스가랴 14:4에 기술된 지형상의 변화뿐 아니라 11:8에서 큰 성을 묘사하려고 사용한 단어의 정확한 순서와도 부합한다. 큰 성이 세 부분으로 갈라진 것의 의미는 분명치 않다. **큰 성 바벨론이 기억**되었다는 구절은 문자적으로 저 도시에 대한 심판을 고려할 때가 되었음을 암시한다. 하나님은 바벨론의 죄를 추적하여 벌하실 것이다. 하나님은 결코 변덕스럽게 행동하시지 않는다. 그분은 자신의 정의가 침해당하면 분노를 발하신다. **각 섬도 없어지고 산악도 간 데 없더라**(20절)라는 구절은 바벨론과 연관된 모든 것뿐 아니라 이 성에 들이닥친 완벽한 혼란에 대한 과장법이다. 하나님은 지나치게 큰 우박이 쏟아지게 하는 것과 같은 자연의 힘을 이용해 바벨론을 치실 것이다. 이런 현상들이 일어나더라도 자신들의 창조주를 계속 저주하는 반역자들은 눈 하나 깜짝하지 않을 것이다.

G. 큰 성 바벨론의 파멸(17:1-18:24)

요한이 본 환상의 이 부분은 유프라테스 위의 바벨론 성과 바벨론의 방식을 따르는 사람들의 세상이 끝났음을 기술했다. 그것은 사도가 이전에 쓴 서신(요일 2:15-17)의 진리를 강조했다. 바벨론이 그렇게 전형적으로 보여준 세상의 힘과 우상숭배, 재물을 사랑하는 모든 이들은 자신의 꿈이 파멸되는 것을 두 눈으로 보게 될 것이다. 이 부분은 인과 나팔, 대접을 넘어서는 더 많은 심판을 기술하지 않고 그 심판들의 어떤 측면들을 강조한다.

1. 파멸의 세부 사항(17:1-18)

17:1-2. 요한은 글자 그대로, 재건된 바벨론 성이 장차 파괴될 것을 증언하라는 요청을 받았다(1절; 14:6-20에 대한 주석을 보라). 바벨론의 도덕적 빈곤은 **음녀**(참고. 사 1:21)라는 상징으로 묘사되고, 그 야비한 성격은 새 예루살렘의 사랑스러운 거룩함과 나란히 놓인다(21:1-22:5). 유서 깊은 성이 문자적으로 많은 물 위에 있었지만(렘 51:13) 요한이 뜻하는 바는 15절에서 명확해진다. **많은 물**은 바벨론의 영향이나 지배를 받는, 전 세계에서 온 사람들의 집단을 상징한다. 이 장에서 **음녀**가 정확히 무엇을 나타내는지는 논란의 대상이다. 많은 사람들이 이 상징을 거짓 종교의 형태로 된 우상숭배를 나타내는 것으로 해석한다(호 2:5-8; 렘 3:8-9). 그들에게 음녀는 일정 기간 짐승을 지배할 전 세계적 종교 체제를 나타낸다. 그들은 또한 17장(종교적 바벨론)과 18장(상업의 바벨론) 사이의 주된 차이를 발견한다. 다른 사람들은 **음녀**가 이 두 장에서 일관되게 상업적 우상숭배를 나타낸다고 믿는다. 구조상의 특징은 그런 이해를 지지한다. 17장과 18장 둘 다에서 이 성은 이름이 붙여지고(17:5; 18:2), 고발당하고(17:6; 18:3), 하나님을 믿지 않는 왕들과 연계되고(17:12; 18:9) 사망 선고를 받는다(17:14-16; 18:8-9). **음녀**라는 용어 또한 상업적 우상숭배에 대한 비유로 사용될 수 있고(사 23:7-8, 17) 18장이 명백히 영리기업을 기술하기 때문에 그 상징이 17장에서도 상업적인 실체를 나타냄은 당연하다[Thomas R. Edgar, "Babylon: Ecclesiastical, Political or What?" *JETS* 25:3(September 1982) 333-341]. 이 견해가 옳다면 바벨론의 우상숭배는 엄밀히 종교적 성격이 아닌 상업적 성격을 지닌다. 그것과 연관된, 하나님에게서 담대히 벗어나는 우상숭배적 영성이 있지만 조직화된 종교의 의미에서는 아니다.

17:3-4. 요한은 음녀가 **일곱 머리**를 가진 **짐승** 위에 앉아 있는 것을 보았는데(3절; 13:1-10을 보라), 그녀의 **붉은빛**은 죄를 상징했다(사 1:18). 그녀는 바벨론 광야에 있었고(사 21:1) 엄청나게 돈이 많은 데다 부도덕하기 짝이 없었다. 붉은 짐승 위에 앉은 여자의 모습은 바벨론의 막강한 영향력을 암시한다. 짐승은 군사적이고 경제적인 힘을 지닐 것이지만(13:1-7, 16-17) 음녀의 성은 당분간 경제적인 영향력을 여전히 크게 행

사할 것이다. **일곱 머리**와 **열 뿔**의 의미는 불확실하다. 머리들이 연이은 여섯 이방인 제국(애굽, 앗시리아, 바벨론, 메데-바사, 헬라, 로마)을 상징하는 한편 일곱째 머리는 회복된 성에서 자신들의 단서를 취하는, 최종적이나 알 수 없는 그리고 협조적인 통치자들을 구성하는 **열 뿔**이라는 의견이 있다.

17:5-6. **비밀**이라는 단어는 성을 묘사한다. 그것은 상징적 해석을 암시한다는 점에서 '불가사의한' 것이라기보다 이전에는 알려지지 않은 그 무엇이다. **음녀들의 어미**는 회복된 바벨론이 역사상 모든 불충한 성들 중 으뜸이 되고 다른 성들을 영적으로 외도하게 만들 것임을 나타낸다. 그녀는 자신의 행위에 가담하기를 거부한 충성스러운 신자들을 처참하게 살해할 것이다.

17:7-8. 짐승은 열방을 감쪽같이 속여 자기가 죽은 자들 가운데서 거짓으로 부활한 것을 믿게 하겠지만(13:3, 14) 그가 죽는 건 시간문제이다. **지금은 없으나**는 짐승이 잠시 활개 치고 다니는 것을 허락받겠지만 하나님의 계획 안에서 패배했음을 의미한다. **전에 있었다가 지금은 없으나**라는 구절은 또한 "이제도 있고 전에도 있었고 장차 올"(1:8) 자에 대한 패러디로서 자신을 신적인 존재로 투사하려는 적그리스도의 계략을 나타낸다.

17:9-10. 이 절들은 음녀가 사라졌거나 소생했거나 그 어떤 형태로든, 로마제국이라는 학설에서 매우 중요하다. 이 학설은 **일곱 산**이 로마 시 외곽에 있는 산들이고 '왕들'은 연이은 일곱 로마 황제를 나타낸다고 상정한다. 그 시한으로부터 로마의 동전과 문학, 공식 문서는 그런 산들을 나타낸다. 하지만 환상 속의 산들은 여자가 아닌 짐승에게 속하고 산들은 지리적이고 정치적인 성격을 지니므로 이 해석은 설 자리를 잃는다. 다른 이들은 산들이 요한 당시의 로마를 가리키지만 성은 연이은 일곱 제국 중 하나만을 나타낸다고 주장한다. 더 확실한 설명은 일곱 산이 연이은 일곱 왕국의 이방인 지도자들을 상징한다는 것이다(3-4절을 보라). 요한이 이 책에서 사용하는 '왕'이라는 단어는 자신의 왕국을 대표하는 왕을 가리킨다. 이는 요한계시록 16:12, 14에서 사례로 나타나는데, 이 구절들에서 "동방에서 오는 왕들"이 전쟁을 위해 모이는 것은 소수의 왕족 그 이상이 고려 대상임을 암시한다. 요한계시록 18:3에서 음녀와 영적으로 부적절한 관계를 맺은 왕들은 똑같은 죄를 범한 나라들에 필적한다. 이는 요한계시록에서 '왕'이 그의 제국에 대한 환유로 사용되는 경우가 있음을 암시하면서 17:10의 **일곱 왕**을 연이은 일곱 세계 제국으로 보는 해석을 지지한다. 더욱이 **일곱 왕**(10절)이라는 구절은 로마 황제들을 언급할 가능성이 적다. 로마 황제는 10명(주후 68년의 갈바, 주후 69년의 오토, 주후 69년의 비텔리우스까지도 완전한 황제의 지위를 부여받았다)이 아닌 아우구스투스에서 도미티아누스에 이르기까지 11명이었기 때문이다. 처음 다섯 제국은 이미 멸망했다. **하나는 있고**는 요한의 독자들이 살던 당시의 로마 황제를, **이르면**(10절)은 장차 도래할 짐승을 나타낸다.

17:11-13. 짐승은 다른 세상 통치자들의 성품을 닮고 그들과 비슷한 영향을 끼칠 것이다. 따라서 짐승은 죽음을 생각하기 전에(13:3에 대한 주석을 보라) 이전의 일곱 제국 및 그 지도자들(짐승은 **일곱 중에 속한 자다**, 11절)과 연속성을 지닌다. 짐승은 또한 자신의 거짓 부활 후에 **여덟째** 왕국의 머리가 될 것이다. **열 왕**은, 그들의 영향력을 이용해 자신의 의제를 홍보하려는 짐승에 의해 임명받는, 동시대의 통치자들이 될 것이다.

17:14-18. 짐승과 열 왕은 어린 양과 그분의 신실한 추종자들을 상대로 싸우지만 결국 패하고 말 것이다(14절; 16:14-16; 19:19-21). 환난이 끝날 무렵, 그들은 자신의 영향력이 감소하고 권세가 떨어지면서 바벨론과 함께 비참한 최후를 맞이할 것이다. 그들의 **한 뜻**(17절)은 하나님의 칙령(시 75:6-7)에 따라 시행될 것이다. 그분은 그들의 이기적 의도를 이용해 우상숭배를 심판하실 것이다. 18절은 이 같은 형세 역전을 강조한다. 이 교훈은 분명 초대교회에 위안이 되었을 것이다. 상황을 늘 궁극적으로 통제하시는 하나님은 초대교회를 박해하는 자들이 우상숭배적 태도를 공유하는 그 음녀를 멸하실 것이다. 신자들은 하나님이 자기 영광을 위해 인간의 악까지도 사용하신다는 것에서 용기를 얻어야 한다(창 50:20).

2. 파멸을 애도하다(18:1-24)

18:1-3. 하나님의 복수하는 천사에게서 나오는 **영광**(1절)은 한때 활기찼던 성의 운명과 대비된다. 무

너졌도다 무너졌도다(2절)는 일찍이 예상했던 파멸(14:8)의 성취를 가리킨다. **더러운 영**과 **더럽고 가증한 새들**은 거기에 거처를 마련할 것이다. 새들이 사는 곳을 '옥'(난외주 참고—옮긴이 주)으로 묘사하는 것은 여기서 앞뒤가 맞지 않는다. 그곳을, 그들이 '많은 시간을 보내는 곳'이나 '망보기'로 보는 편이 더 낫다. 새들은 그 위를 맴돌았다. 3절은 그 이유를 설명한다. 바벨론 성은 탐욕스럽고 우상숭배적인 행동을 지나치게 많이 했기에 품위 있는 외관은 남아 있지 않았다. 악에게 완전히 농락당했다.

18:4-8. 이 절들에는 고대 바벨론에 대한 명백한 암시가 들어 있다. 들리는 음성은 바벨론 포로 생활이 끝난 후 이스라엘 백성에게 순결을 지키라고 촉구하기 위해 이전에 사용했던 단어들을 생각나게 했다(사 52:11). 그들은 바벨론의 도덕적 쓰레기를 털끝만치도 들여와서는 안 되었다. 음녀의 성 안과 주변에 살게 될 신자들에게도 똑같은 의무가 부과될 터이다. 그들은 또한 이 성의 가치와 행동을 멀리해야 할 것이다. 그렇다면 요한의 환상에 나타난 성은, 그 주민들이 으스대면서 지구라트를 세웠던 고대 시날에 비유된 셈이었다. 벽돌 위에 벽돌을 올리는 행위는 하나님에 대한 총체적 반역이었다(창 11:4-5). 시날 이야기에서처럼 하나님은 요한이 본 성을 심판하시고자 이번에도 내려오실 것이다. **나는 여왕으로 앉은 자요**(7절; 참고. 사 47:7-9)는 천사가 조롱하듯 그녀의 입에 넣은 단어들이다. 그녀의 파멸은 시간문제였다. 하나님이 자기 잔에 힘을 갑절로 섞으셔서 그녀가 마땅히 받을 징벌을 내리실 것이기 때문이다. **하루 동안**(8절)은 성과 그 체제가 갑자기 무너지게 될 상황을 묘사한다. 하나님은 으스대고 스스로 자랑하는 삶을 심판하실 것이므로(요일 2:16) 그분의 백성은 무슨 수를 써서라도 그것을 피해야 한다.

18:9-10. 특정한 이해 당사자들이 손실을 입을 것이다. 첫째 그룹은 **왕들**로 구성되었다(9절). 아마도 그들은 음녀와 손을 잡고 정치적 영향력을 얻을 것이다. 이 통치자들은 그녀를 공격했던 열 뿔과 다르고(17:10) 틀림없이 정치적 영향력을 덜 행사할 것이다. 그들의 후회는 **화 있도다 화 있도다…한 시간에**라는 구절을 통해 드러났고, 그들은 **멀리 섰다**(10절, 참고. 15-16, 17, 19절). 이 구조적 표시들이 되풀이되면서 왕들(9-10절)은 뒤를 잇는 땅의 상인들(11-17a절) 및 바다의 상인들(17b-19절)과 구별된다. 그들 중 누구도 자신들이 본 것을 감정적으로 다룰 수 없을 것이다.

18:11-17a. 요한은 고객들의 발길이 끊겨 시름에 찬 땅의 상인들을 보았다. **상품**(11, 12절)은 대개 바다로 운송되는 생산품을 묘사하는데, 이는 적합한 단어 선택이다. 상인들은 중간상으로서 세계 각지에서 수입된 매우 다양한 제품을 팔았다. 이를테면 값비싼 보석, 최상급 옷을 만들기 위한 옷감, 매우 아름다운 대리석과 나무로 만든 가구들, 탐나는 향신료, 값비싼 식료품, 동물 그리고 수레 등이다. 마지막 용어인 **종들과 사람의 영혼들**(13절)은 시장에 내다 팔 동일한 독립체, 곧 속박된 인간들을 묘사한다. 고대 세계에서 노예들은 동물이나 도구로 취급되었다. 어떤 노예들은 부자들의 큰 살림살이를 떠맡았고 어떤 노예들은 사창가에서 성매매를 하고 원형극장에서 짐승들에게 사료를 주기도 했다[Henry B. Swete, *The Apocalypse of St. John*(Grand Rapids, MI: Eerdmans, n.d.), 234]. 이 상인들에게 양심이라고는 눈곱만큼도 없었다. 그들은 돈벌이만 된다면 무슨 짓이든 했다. 그들의 고통스러운 외침(16절)은 왕들의 고통스러운 외침(10절)과 조금 달랐는데, 이는 권력 상실이 아닌 판매 손실을 강조한다. 1세기 그리스도인들의 다수는 노예 계층에 속했는데, 그처럼 야비한 인간들이 죄다 파멸하고 말 것이라는 소식은 그들에게 큰 위로가 되었을 것이다. 바벨론은 인신매매와 같은 타락과 우상숭배적 물질주의를 나타낸다. 이 둘은 심판의 대상이다.

18:17b-19. 바다 상인들은 너 나 할 것 없이 망연자실했다. 해상에서 입은 그들의 손실을 강조한다는 점에서만 그들은 다른 반응을 보였다.

18:20. 이 절은 삽입 어구로 제시된 격려로, 원래 독자들을 염두에 두었다(16:15을 보라). 그들은 음녀의 죽음에 대해 뛸 듯이 기뻐하라는 요청을 받았다. 어떤 식으로든 조의는 표하지 않았다. 심판은 하나님 자신을 위할 뿐 아니라 그분의 고난받는 성도들을 위로하는 것이기도 하다(참고. 6:9-11; 8:3-5; 16:7).

18:21-24. **맷돌**(21절)은 곡식을 가는 데 쓰는 옛날 기구의 일부였고 무게가 수천 킬로그램에 달하는 것도 있었다. 맷돌은 이 장에서 실현되는 예레미야의 예언

(렘 51:63-64)을 넌지시 말한다. 돌은 성과 성에 관계된 모든 것을 으스러뜨릴 것이다. 가족 관계와 사업, 예술 감상은 모두 중단될 것이다(18:22). 상인들은 자신들의 성공으로 우쭐했고 음녀의 **복술**에 넘어갔다(23절). 이 용어는 음녀가 상인들을 홀리거나 꾀었음을 뜻할지도 모른다. 음녀는 성도들에게 피를 흘리게 한 전력이 있다. 주후 1세기 신자들은 분명 미래 바벨론의 상황과 관련될 수 있었다. 그들은 재물로 특징지어지고 거짓 신들에 푹 빠진 로마 문화의 세례를 받았다. 그런 우상숭배의 주범이 마침내 최후를 맞게 될 것임을 알았더라면 신자들은 크게 안도했을 것이다.

H. 그리스도의 재림(19:1-21)

1. 하나님의 종들의 축하(19:1-10)

19장은 그리스도의 재림에 대한 묘사를 시작한다. 처음 10절은 그리스도의 재림 직전의 축하 행사를 언급하고, 11-21절은 메시아가 능력 가운데 다시 오시는 것의 세부 내용을 기술한다.

19:1-5. **이 일 후에**(1절)는 환상에서 시간 순서로 돌아가는 것을 나타내고, 바벨론 멸망 후 그리스도의 재림 전에 이루어질 축하 행사를 가리킨다. 축하 명목은 두 가지이다. 바벨론 멸망(19:1-5)과 어린 양의 혼인 잔치(19:6-10)이다. **할렐루야**(1, 3, 4, 6절)는 음녀의 죽음에 대한 인간과 천사들의 축하 행사에 간간이 네 번 끼어든다. 이 단어는 '야(Yah)를 찬양하라'[자신의 약속 이행과 관련된 하나님의 이름인 야훼(Yahweh)의 축약형]를 뜻한다. 그분은 자기 백성들이 박해받으면 반드시 복수하실 것이다(신 32:43). 주님은 자신의 속성, 곧 은혜와 능력, 영광으로 인해 찬양받으셨다.

19:6-10. **어린 양**이 결혼식에서 순결한 신부를 맞이할 준비를 하면서 축하 행사는 절정에 이른다(6-7절). 어린 양에게 하객들의 시선이 쏠리지만 신부의 아름다운 드레스도 빛을 발한다. 영적 정화의 상징으로 종종 사용되는 그 흰 **세마포**(슥 3:1-5)는 신자들의 충실한 행실을 나타낸다(8절). 흰옷이 전가된 의를 나타낸다고 볼 수 있지만 그 옷은 그런 의에서 흘러나오는 행실과 더 관련 있을 것이다. 신부는 이날을 위해 **자신을 준비하였**다(7절). 혼인 시기와 장소는 물론이고 신부의 정확한 신원도 논란의 대상이다. 어떤 이들은 축하 행사가 하늘에서 시작되어 땅에서 천 년 내내 지속되는 만큼 신부를 교회로 보는 것이 무난하다고 주장한다. 환난과 천 년 기한에서 회심한 자들은 휴거된 신자들 속에 훗날 합류할 것이다. 신자들은 이 축하 행사를 손꼽아 기다리고 자신들의 믿음에 걸맞게 착한 일을 많이 해야 할 것이다(엡 2:8-10; 딛 2:11-14).

2. 그리스도의 재림(19:11-21)

재림은 기독교의 핵심 교리이자 폭넓은 계시의 주제이다(예를 들어 시 2:1-12; 사 34:1-9; 단 7:13-14; 슥 14:1-8; 마 25:31-46; 딤전 5:1-11).

19:11-12. 요한은 다가올 심판을 나타내는 **백마**(11절)에 예수 그리스도가 앉아 계신 것을 보았다. 그분은 통치자의 관을 쓰셨고 그분의 눈은 순결함으로 불타고 있었다. 관에 쓰인 그분의 **이름**은 자기밖에 아는 자가 없었다(12절).

19:13-16. 그리스도의 피 묻은 옷을 그분의 십자가 처형에 대한 회상으로 볼 수 있지만 맥락은 이를 지지하지 않는다. 그 대신 얼룩이 묻은 옷은 그분이 이 대적들을 학살할 때 옷에 피가 튈 것을 내다본다(13절; 참고. 사 63:1-6). **하나님의 말씀**이신 그분의 이름은, 그분이 하나님의 뜻을 궁극적으로 계시하시는 분임을 나타낸다(요 1:1, 14). 그분을 호위하는 군대는 그분의 구속하심을 받은 자들로 보인다. **부르심을 받고 택하심을 받은 진실한**(17:14) 자들은 어린 양과 함께 전투를 벌인다. 그들은 그분의 신부와 비슷한 옷을 입었고(참고. 19:8, 14) 그들의 지도자처럼 **백마**에 올라탔는데(19:14), 이는 그들이 천사가 아님을 시사한다. 이들은 환난 전에 휴거된 신자들로서 나중에 그분과 함께 땅에 재림할 것이다. 그분의 입에 있는 **검**(15절)은 내뱉은 말을 상징하는데, 그것으로 그분은 자기 대적들을 물리치신다. 그분의 맹렬한 분노는 시편 2편의 성취로 표현되고, 그분은 만물의 왕으로 선포되실 것이다. **만왕의 왕, 만주의 주**라는 그분의 칭호는 그분의 다리에 적혀 있고, 대체로 여기에 검이 끈으로 묶여 있다(시 45:3). 그분의 **다리**에 대한 언급은 문자 그대로일 수도 있고 그분의 막강한 힘을 강조하려는 의도일 수도 있다. 대퇴부의 네갈래근이 인체에서 가장 강력한 근육 중 하나이기 때문이다. 하지만 칭호가 다리를 덮는 옷의 일부에 적혀 있어 눈에 잘 띌 가능성이 더 클 것이다. 어떤 로마 황제나 세상의 독재자도 감히 그분과 맞

설 수는 없을 것이다. 초대교회 신자들은 이 말들을 들으면서 틀림없이 기뻐했을 것이다.

19:17-18. **하나님의 큰 잔치**(17절)는 어린 양의 큰 잔치(9절)와 기괴한 대비를 이룬다. '새들'은 장차 일어날 인간 대학살에서 청소부 노릇을 하라는 부름을 받았다. 온갖 종류의 반역자들이 심판받을 것이다(18절).

19:19-21. 이 절들은 아마겟돈 작전과 그 결과를 요약한다(16:16). 환상 가운데 묘사된 짐승과 그의 협력자들은 숫자가 열이고(참고. 17:12-14) 하늘에서 내려오시는 만왕의 왕과 싸울 태세가 되어 있었다. 그들이 아마겟돈 전쟁을 계획했지만 예수님의 재림이 그것을 중단시키기에 그 전쟁이 실제로는 절대 일어나지 않을 것임에 주목하라. 그들의 저항은 헛수고가 될 것이다. 짐승과 거짓 선지자는 불붙는 못에 던져질 것이다(14:6-20을 보라). 그다음에 그들의 협력자들도 학살당해 영원한 사망으로 보내질 것이다(14:9-11). 설명이 간결한 것은 메시아의 승리가 수월하게 이루어짐을 보여주기 위해서이다.

I. 천 년(20:1-5)

천 년의 본질에 대해서는 다양한 논의가 이루어지고 있다. 전천년설주의자들(premillennialists)은 그리스도의 재림에 '뒤이어' 문자적으로 그분이 지상에서 천 년 동안 통치하실 것으로 믿는다. 무천년설주의자들(amillennilislists)은 천 년이 그리스도의 재림에 '차츰 다가가는' 교회를 통한 그리스도의 영적 통치를 비유한다고 믿는다. 무천년설주의자들은 자신들의 입장을 뒷받침하려고 세 가지 주장을 한다. (1) 구약에서 상징적으로 사용되는 1,000이라는 숫자는 완성을 뜻한다(대상 16:15; 시 50:10; 84:10). (2) 1,000년이라는 기간은 신약을 통틀어 여기서만 언급된다. (3) 20장은 19장을 순차적으로 따르지 않고 그것을 요약한다. 이에 맞서 전천년설주의자들은 이렇게 답한다. (1) 이 상징적 사용들로 인해 다른 곳에서의 문자적 해석이 배제되지는 않는다. (2) 구약에는 장차 땅에 도래할 문자적 왕국을 가리키는 구절들이 많다(예를 들어 시 2:1-12; 72:8-11; 사 2:1-4; 9:6-7; 11:1-9; 35:1-10; 렘 23:5-6; 미 4:1-8; 슥 14:9-11). 따라서 요한계시록의 끝에만 나오는 특정한 기간에 대한 언급은 점진적 계시를 나타낸다. (3) 요한계시록 19-20장에는 순차적 과정을 암시하는 구조적 단서들이 많다. 예를 들어, 사탄의 결박과 그리스도의 천 년 통치 둘 다 논리적으로 그분이 자기 대적들을 굴복시키기 위해 재림하신 후에 일어난다(참고. Blaising, *Three Views*, 212-227). 따라서 이 자료에 대한 그들의 해석은 재림 이후 그리고 영원한 상태 이전에 문자 그대로의 왕국이 땅에 임할 것이라는 결론으로 이어진다. 그 기간은 이 장에서 여섯 번 언급된다(2, 3, 4, 5, 6, 7절).

20:1-3. **무저갱**은 어떤 악마들이 불붙는 못에서 영원히 고통당하기 전에 감금되는 곳이다. 사탄은 그리스도가 통치하시는 동안 열방을 속이지 못하도록 **천 년** 동안 무저갱에 **결박**될 것이다. 무천년설주의자들은 긴장감이 흐르는 현재의 영적 천 년 동안 사탄이 결박되어 있다고 주장한다(눅 8:12; 벧전 5:8). **옛 뱀**에 대한 언급은 그가 에덴동산을 결딴낸 것을 생각나게 한다(창 3:1-19).

20:4-6. 4a-b절은 휴거 때 부활해 예수님과 함께 다스리고 왕 노릇 하는 교회 성도들을 나타낸다(**보좌들…거기에 앉은 자들**, 참고. 3:21). 이후에 요한은 부활한 또 다른 집단인 환난 성도들을 보았는데, 이들은 우상숭배를 거부해서 환난 중에 **목 베임 당한**[순교한] 자들이었다. **~한 자들이 살아서**는 부활을 통해 그들의 몸이 이미 하늘에 가 있는 그들의 영혼과 이제 재결합했음을 뜻한다(빌 1:21). 그들은 또한 **그리스도와 더불어 왕 노릇** 했다. 이는 왕국이 통치되는 동안 신자들과 그리스도가 공동 섭정을 한다는 네 주의를 환기한다. **이는 첫째 부활이라**(5b절)라는 구절은 환난에서 순교한 자들을 포함한 모든 신자들의 체험을 요약한다(참고. 4절). 5절의 첫 부분은 삽입 어구로 제시된 것으로 12절의 사악한 죽은 자들의 부활(둘째 부활)을 고대한다. 여기서 말하는 신자들은 음녀의 요구에 굴복하지 않음으로써 이겼다. 그들이 **제사장**(6절)으로서 하나님을 섬긴다는 것은 천 년과 함께 시작되는, 영원의 나머지 시간 동안 그분 앞에서 섬기게 될 것임을 뜻한다. 그들은 **둘째 사망**(14절)의 두려움에서 벗어날 것이다. 황제를 숭배하라는 압력에 시달린 1세기 신자들은 용기를 얻었음에 틀림없다. 그리스도를 위해 자신의 목숨을 바쳐야 했던 그들 앞에 상이 기다리고 있었다. 세대를 막론하고 신자들 또한 용기를 낼 수 있다. 그리

스도가 자기 백성에게 어떤 희생을 감수하라고 요구하시든, 그 희생은 영원의 세계에서 그만한 가치가 있을 것이다.

20:7-10. 천 년이 끝날 무렵 하나님은 사탄을 풀어주셔서 그가 땅의 백성 얼마를 유혹해 최후의 반역을 하게끔 내버려두실 것이다. **곡과 마곡**(8절)이라는 용어는 성도들과 예루살렘에 맞서려고 마지막으로 한 번 전 세계에서 모여들 나라들을 상징한다. 여기서는 에스겔 38-39장의 하나님의 대적들에 대한 무자비한 학살을 독자들에게 상기시키기 위해 사용하는 듯하지만(겔 38-39장에 대한 주석을 보라) 세부 사항들이 너무 많이 바뀌어 같은 사건으로 볼 수 없다. 천년왕국에서 그리스도가 천 년 가까이 왕 노릇 하신 후 이방인들(겔 38:23)이나 이스라엘(겔 39:7)이 굳이 그분을 알려고 할 필요는 없을 것이다. 또한 영원의 문턱에서 칠 년간의 정화가 있다는 것은 말이 안 된다(겔 39:7). 여기서 이전의 전사들에게 하셨듯이 하나님은 이 마지막 반역자들을 불로 파멸시키실 것이다. 설령 그리스도의 놀라운 리더십과 천 년의 이상적 환경을 체험한다 하더라도 이 반란자들은 순종의 필요성을 느끼지 않을 것이다. 이후에 **마귀**(10절)는 **불 못**에 던져져 **짐승** 및 **거짓 선지자**에 합류할 것이다. 세계사에서 하나님 백성을 괴롭힌 악명 높은 대적들은 세세토록 괴로워할 것이다. 하나님의 신실한 자들은 이길 것이다! 초대 그리스도인들은 자신들을 박해하는 로마보다 훨씬 더 큰 왕국에서 통치하기를 기대할 수 있었다.

휴거의 때에 관하여 환난 후 휴거론자들(posttribulationists)은 환난 중에 구원받는 모든 사람은 예수께서 재림하실 때 큰 환난의 끝에 휴거될 것이라고 주장한다. 불신자들이 재림 이후 심판받는다면 누가 원래 몸으로 남아 천년왕국에 거주할 것인가? 환난 후 휴거론자들은 환난 신자들의 휴거 직후 하나님이 이스라엘의 완악함을 누그러뜨리시고, 예수님이 공중에 나타나셔서 유대 백성에게 복음을 전하시면 그들이 그분을 신뢰해 불신 세상에 대한 심판에서 벗어나 원래 몸으로 살아남아 왕국에 거주하게 될 것이라고 주장한다[Robert Gundry, *The Church and the Tribulation*(Grand Rapids, MI: Zondervan, 1973), 82-83, 136, 169에서 그렇게 말한다]. 문제는 이 주장이 종말론적 시간표에 부합하지 않는다는 것인데, 이는 이스라엘이 재림에 대한 전제 조건으로 기여하면서 재림 전에 구원받음을 나타낸다(참고. 마 23:37-39; 행 3:19-21; 롬 11:25-27에 대한 주석). 또한 그 주장은 천년왕국에 이방인 나라들이 등장하는 것을 제대로 설명하지 못한다. 이 요소들은 이스라엘의 구원에 대한 환난 후 휴거론자들의 이해에 문제가 있음을 보여준다. 이스라엘은 환난 시기가 끝날 무렵, 그렇지만 재림 전에 예수님을 메시아와 구원자로 받아들일 것이다. 이에 반해 환난 전 휴거론자들(pretribulationists)은 허다한 유대 백성과 이방인들이 환난 중에 구원받을 것으로 상정한다. 이들 중 다수는 그리스도가 땅에 재림하실 때 자신들의 원래 몸으로 살아 있을 것이며, 그리스도를 거부하는 세상의 나머지 사람들이 그때 겪는 심판을 면제받을 것이다. 그들은 자신들의 원래 몸으로 천년왕국에 들어가 거주하게 되겠지만, 불행히도 반역하는 자손을 더러 낳기까지 할 것이다(20:7-10).

20:11-15. 요한은 어떤 인물을 보았는데 그에게서 **땅과 하늘이 피하**였다(11절). 이 과장법은 극도의 공포를 자아낸다. 사람들은 그리스도에게서 필사적으로 도망치고 싶어 한다(요 5:22-23). 그분은 자신이 앉으신 **크고 흰 보좌**에서 하나님과의 영원한 분리라는 선고를 내리실 것이다. 태어나 죄를 짓고 그들에게 내리신 하나님의 계시를 믿지 않은 사람은 모두 거기 있었다. 그들의 영은 죽는 순간 지옥으로 가는 반면, 그들은 심판 날에 부활한 몸으로 창조주 앞에 설 것이다. 그분은 자신의 더없이 완벽한 지식으로 그들을 **자기 행위를 따라**(12절; 참고. 또한 롬 2:6-11, 15-16) 심판하실 것이다. 이를, 행위에 의한 구원을 가르치는 것으로 해석하면 안 된다. 오히려 그것은 자신의 행위가 자신의 영적 상태를 나타낸다는 뜻이다(요일 3:7-10). 이 **둘째 사망**(14절)은 이 세상에서의 생명 소멸을 훨씬 넘어 오래 지속되는 상실을 나타낸다. 그리스도인들은 자신들에게 행해진 온갖 악을 하나님이 의롭게 처리하신다는 것을 믿어야 한다(롬 12:17-21). 크고 흰 보좌를, 신자들의 섬김이 상을 받기에 합당한지의 여부가 결정될 그리스도의 심판대와 혼동해서는 안 된다(롬 14:10-12; 고전 3:10-16; 고후 5:10).

J. 새 하늘과 새 땅(21:1-22:5)

이 부분은 천국에 대한 다른 환상들에서 드러나지 않은 정보들을 제공한다. 영원한 상태가 물리적 장소로 묘사된다. 거기에는 땅, 건물, 나무와 물이 포함된다. 신자들은 서로 사귐을 갖고 하나님을 위한 의미 있는 섬김에 참여할 것이다. 이로 인해 오랫동안 지속된 오해들이 바로잡힐 것이다. 천국은, 하는 일 없이 휴식하거나 하나님에 대해 더없이 행복한 묵상을 끝없이 하는 곳이 아니다.

21:1-2. 요한은 아름다운 **성**이 **하늘**에서 내려오는 영원한 상태를 보았다(2절). 이를 공중에 떠 있는 것으로 해석하는 사람들이 있지만, 성의 토대가 견고한 것으로 보아 땅에 있다고 주장하는 사람들도 있다. 후자가 더 그럴듯하다. 각각의 독립체는 **새것**으로 묘사된다. 여기서는 시간이 아닌 새로움 혹은 더 나은 질을 강조한다. 이곳은 일찍이 그보다 앞섰던 모든 것을 대체했다. 성은 에덴을 떠올리고 바벨론과 대비되는 배경을 이룬다(17:1-18:24). **바다**의 사라짐은 대적들로부터의 안전을 나타낸다(12:18; 13:1; 17:2). 그 성은 **예루살렘**이라는 이름을 가질 것이다(2절). 땅의 성처럼 그 성은 하나님의 사랑을 받을 것이다. 성의 이름이 같지만, 그 성은 결코 배신하지 않을 것이다. 그 성은 예수님이 자기를 따르는 자들을 위해 예비하신 곳이다(요 14:2-3).

21:3-4. 요한의 장막 주제(요 1:1, 14)는 여기서 정점에 이른다. 하나님과 자기 백성의 친밀한 사귐은 지속될 것이며, 그들이 마음고생을 하는 일은 결단코 없을 것이다. 박해로 인해 슬픔이 가중된 일곱 교회 신자들에게 이것은 틀림없이 균형 잡힌 시각을 갖게 해주었을 것이다. 신자들은 누구나 삶이 주는 이런저런 슬픔이 누그러질 것으로 기대해야 할 것이다.

21:5-8. **이루었도다**(6절)는 현세적인 모든 것의 종말을 나타낸다. 옛 하늘 및 땅과 관계된 모든 것은 그냥 제 길을 갔다. 하나님은 상황을 새롭게 바꾸실 것이다. **알파와 오메가**는 죄인들을 위해 자기 목숨을 버리신 성자의 영원성을 다시 생각나게 한다(1:18; 22:13). 사도는 물 주는 것을 구원으로의 초대에 대한 상징으로 사용한다(요 4:10-14; 7:37-39). 하나님은 너무 늦기 전에 그가 원래 독자들에게 이 복된 소식을 전하기를 바라셨다. 이기는 자, 믿음으로 인내하는 자는 사랑받는 아들들에게 합당한 특권을 받을 것이다. 이와 대조적으로, 8절의 행동들로 대표되는 모든 불신자는 새 예루살렘에 들어가지 못할 것이다.

21:9-11. 요한은 음녀의 광야(17:1)가 아닌 높은 산으로 옮겨졌다. **어린 양의 아내**(9절)는 음녀(17:3)와 대비되는 신실한 성, 곧 새 예루살렘을 나타낸다. 이 성은 **하나님의 영광**을 드러냈다(11절). 하나님의 영광은 본래 그분의 인격이 발하는 신의 빛이다. 그분의 **빛**(문자적으로, 빛나는 별)은 최상급의 벽옥과 같았다.

21:12-21. **높은 성곽**(12절)은 철옹성 같은 안전을 뜻한다. **문**들 위에 쓰인 **이스라엘 자손 열두 지파**의 이름은 에스겔의 천 년 성전(겔 48:30-35)을 생각나게 한다. 또 다른 유사점은, 그 이름들이 **초석** 위에 있는 **열두 사도**에 대한 언급으로 나타난다(14절). 어떤 이들은 사도들로 대표되는 교회와 열두 지파를 동일시한다. 하지만 사도들을 교회의 초석(엡 2:20)으로뿐 아니라 이스라엘의 확실한 대표자들과 이스라엘의 신실한 남은 자들의 지도자들로 보는 편이 더 낫다(마 19:28; 눅 22:30; 롬 11:1-6). 그러므로 이스라엘과 교회는 함께 하나님의 통일된 백성을 구성하지만 이 둘은 영원토록 뚜렷이 다른 정체성을 유지하는 것처럼 보인다. 이것이 이스라엘과 교회가 하늘에서 각기 다른 기능을 수행한다는 것을 암시하는지 아닌지는 불확실하다. 어떤 이들은 성을 피라미드로 상상했지만 아마도 이 성은 길이와 높이와 너비가 각각 12,000스다디온(약 2,304킬로미터)인 정육면체가 될 것이다(16절). 144규빗(약 65미터, 17절)는 성의 높이가 아닌 성곽의 두께를 가리킬 가능성이 높다. 분명 **천사의 측량**은 인간의 측량과 비슷하다. 성곽의 재료는 '값비싼' 돌과 같았고, 투명한 석영에 비유되어온 **벽옥**과 비슷했다. 재료는 벽옥이 아니라 요한에게 친숙한 땅의 돌과 비슷했다. 이 구절들에 나열된 다른 재료들도 아마 이와 비슷하게 이해해야 할 것이다. 길은 금과 '같았고' 문은 진주와 '같았다'. 안의 건물들은 **정금**과 같았다(18절). 성곽을 덮는 돌들의 색깔은 노랑에서 초록, 불타는 듯한 빨강, 자주와 파랑에 이르기까지 무지갯빛을 닮았다. 각 문은 **한 개의 진주**(21절)로 이루어졌다. '금으로 된 길'은 불순물이 티끌만큼도 없어 투명했다.

21:22-27. 하지만 성의 가장 찬란한 특징은 아름다

운 건축이 아니었다. 훨씬 더 인상적인 것은 그 성을 통치하시는 **주 하나님 곧 전능하신 이와 어린 양**(22절)이었다. 두 분이 발하시는 영광은 필요한 모든 빛을 제공하실 것이다. **빛**의 있음과 **밤**의 없음은 여기서 문자적 의미를 지니지만, 순결과 죄에 대한 요한의 신학을 여전히 생각나게 한다(요 1:4-5; 요일 1:5-7; 2:8-9). 삼위일체 하나님은 모든 부정적 영향을 없애신다. **만국**은 짐승과 바벨론에게 끈질기게 저항해 새 성에서 기쁘게 어린 양을 섬긴 이방인들이었다. **속된 것**(27절)이라는 표현은 또 다른 일련의 제외 사항들을 소개한다(21:6). 땅에 있는 동안 습관적으로 죄를 지은 불신자들은 새 예루살렘에 관여하지 않을 것이다. 천국이 눈을 의심할 정도로 아름답고 더없이 행복한 곳임을 인정하더라도 신자들은 그 때문에 들뜨면 안 된다. 그보다는 죄와 사귐을 제한하는 물리적 거리가 없는 가운데 아주 멋진 아버지 하나님 그리고 어린 양과 함께하기를 소망해야 할 것이다.

22:1-5. 물은 혼돈에서 평화를 가져오시는 하나님에 대한 비유로 더러 사용되지만(사 8:6; 33:21-24) 여기서는 그럴 가능성이 없다. 더 중요한 것은 에덴과의 지속적인 병행이다(창 2:10-17; 3:22-24). 낙원은 회복될 것이다. 강은 그 위에 있는 두 보좌 아래로 흐를지도 모른다. **치료하는** 나무(2절)의 존재로 인해 어떤 이는 이 단락을 천 년 뒤로 배치했는데, 이렇게 되면 본문의 확실한 순서가 흐트러진다. 그것은 하나님이 구속받은 자들의 안전을 계속 유지하시려는 노력을 나타낸다고 보는 편이 나을 것이다. 3-5절은 하늘의 놀라운 축복들을 얼마간 드러낸다. 에덴의 저주를 제거함으로써 없어진 죽음(3절; 창 3:1-24을 보라), 하나님을 '섬길' 수 있는 기회 및 원래 의도대로 다스릴 수 있는 특권(5절; 창 1:28을 보라)이 그것이다. 새 예루살렘의 신자들은 종으로 섬기는 왕이 되어 하나님을 찬양하고 섬기면서도 세세토록 왕 노릇 할 것이다.

K. 메시지의 결론(22:6-21)

22:6-9. 6절의 단어들이 지시하는 대상이 무엇인지는 아직 확실치 않다. **이 말은 신실하고 참된지라**는 천사가 한 말이고 뒤이은 것은 요한이 한 말이다. 아니면 6절 전체를 천사가 말했을 수도 있다. 천사의 말은 1:1과의 유사성에 기초했을 가능성이 크다. 곧(6절)과 **속히**(7절)로 번역된 단어들은 급박한 사정을 암시한다. 마지막 때는 전조 없이 급작스럽게 임할 것이다. **이 두루마리의 예언**(7,10절)에 유의한 자들은 이 책에 약속된 일곱 가지 축복(1:3; 14:13; 16:15; 19:9; 20:6; 22:7; 22:14) 중 하나를 받을 것이다. 천사는 자신을 **함께 된 종**(9절)으로 밝히고 요한의 예언자적 역할을 간파하면서 그의 부적절한 예배를 꾸짖는다(19:10). 신자들은 이 책에 대해 호기심을 갖는 차원을 넘어 그 가르침에 순종해야 할 것이다. 그들은 또한 하나님께만 경외심을 가져야 한다.

22:10-12. 요한은 자신이 본 환상을 다른 이들과 공유해 그들로 하여금 하나님의 계명에 유의하게 해야 할 터였다(10절). 지체할 시간이 없었다. 예수께서 재림하시면 영원한 운명이 확정될 것이다. 11절의 말은 반어적이다. 죄인이 회개하면 당연히 이보다 더 좋을 수는 없다. 하지만 회개하지 않는다면, 그래도 좋다. 이 절은 이렇게 암시한다. 그때 이런저런 상(12절)이 수여될 것이다(20:11-15을 보라).

22:13-15. 자신이 세세토록 있다는 하나님 아들의 마지막 언급은 인내할 수 있는 또 다른 힘이 되었다. **자기 두루마기를 빠는 자들**(14절)은 그들 주변의 우상숭배에 저항함으로써 구원하는 믿음을 보여줄 1세기 신자들을 가리킨다. 그들은 새 예루살렘에서 생명나무의 축복들(22:2)을 누릴 것이다. 요한은 영원한 생명에서 배제된 자들을 다시 언급한다(21:8, 27). **개들**(15절)은 회개하고 믿음으로 그리스도에게 나아오기를 거부하는 자들을 나타낸다. **점술가들**과 거짓말하는 자들 또한 성경의 다른 곳에서 요한이 표적으로 삼는다(요일 2:22-23; 5:21). 그들은 위에서 내려오는 성에 참예하는 기쁨을 누리지 못할 것이다.

22:16-17. 이 책은 다양한 지시를 내리면서 결론에 다가간다. 17절의 첫째 문장은 성령과 교회 전체가 그리스도의 재림을 갈망하고 있음을 나타낸다. 둘째 문장은 일곱 교회의 동의를 구한다. 이 절의 마지막 두 문장은 이 말씀이 들려졌을 때 아직 그리스도를 믿지 않았을 것으로 추정되는 일곱 교회의 어떤 사람에게든 구원을 제시한다. 예수님은 자신을 천사들이 중재했던 메시지의 근원으로 밝히신다. 예수님을 **다윗의 뿌리요 자손**(16절; 사 11:2을 보라)으로 언급함으로써 그분은

이스라엘 사람이자 자기 조상의 보좌를 물려받는 자로 나타난다. **광명한 새벽 별**은 예수님을 새날, 곧 메시아의 통치를 선보이실 분으로 밝힌다. 17절은 이사야 55:1-7에 기록된 메시아의 일방적인 초청을 떠올린다. 17절과 이사야 55:1-7 둘 다에서 수신인들은 값없이 생명수를 마시고 다윗과의 연계를 통해 하나님과의 관계를 지속하라는 요청을 받는다. **오라**의 삼중 사용으로 공개 초청이 강조된다. 초청장은 **성령**과 **신부**, 즉 거룩한 영과 교회가 발부한 것이다. 머뭇거릴 틈이 없었다. 초청을 수락하고 싶은 사람은 누구든 환영받았다. 돈은 내지 않아도 되었다. 예수님은 이 책의 메시지를 듣는 누구에게나 자기 구원을 확신할 기회를 주셨다. 일곱 교회 가운데 아직 신자가 아닌 사람들도 더러 있었을 것이다. 이 구절들은 그리스도를 따르는 현대인들에게 얼마나 큰 자극이 되는지! 그들은 그리스도의 재림을 기대해야 하고, 듣고자 하는 누구에게든 복음을 전해야 할 것이다. 구원은 하나님이 은혜로 거저 주시는 선물이다. 하나님은 자기에게 저항하는 모든 이에게 분노를 발하신다. 생명수를 마시는 자들은 구속받은 무리들과 함께 천년왕국에서 마침내 세세토록 왕 노릇 할 것이다(5:8-9; 22:5).

22:18-19. 요한은 이 책의 독자들에게 하나님이 하신 말씀에 다른 것을 더하지 말라고 경고했다. 그런 경고가 성경 전체와 관련이 있을 수도 있지만 여기서는 요한계시록으로 좁혀진다. 어떤 학자들은 이를, 이 책의 본문 자체에 이떤 식으로든 손을 대면 안 된다는 뜻으로 해석한다. 다른 학자들은 이 경고를 조금은 달리 해석한다. 현재 본문이 신명기 4:2 및 29:19-21과 비슷하다면 금하는 것은 요한이 말한 것을 부인한 거짓 예언이다(Beale, *Revelation*, 1150-1151). 이는 우상숭배적 종교 사상의 공격을 받은 일곱 교회의 정황에서 매우 타당하다. 이 일에 관해 불순종에 따른 두 가지 심한 벌이 부과되었다. 첫째, 경고를 어기는 누구에게나 이 두루마리에 기록된 **재앙**들이 내려질 것이다(18절). 거짓 선지자들은 큰 환난에서 구출되는 것이 아니라 오히려 그 환난의 격렬한 분노를 체험하는 신세가 될 것이다. 둘째, 그런 사람들은 **생명나무**(19절; 22:2을 보라)와 연관된 구원의 축복들을 누리지 못할 것이다. 이른바 주요 기독교 이단들은 저마다 성경 본문을 오용하고 자신들의 거짓 교리들을 옹호하고자 그 의미를 왜곡해왔다. 이단의 창립자들 또한 그 추종자들이 성경과 동등하다고 여기는 경전들을 갖고 있다. 이 거짓 선지자들과 그 제자들은 영원한 저주를 받을 것이다. 신자들은 그런 인간들과 어떤 식으로든 엮이면 안 된다.

22:20-21. 이 서신은 긍정적 어조로 끝난다. 일곱 교회가 열망하는 분이 오셔서 그들의 정당성을 입증하실 것이다(20절). **아멘**(21절)은 요한의 진심 어린 초청이다. 신자들은 자신들의 모든 고통에 종지부를 찍고 그들을 영원한 본향으로 인도하실 예수님의 오심을 고대한다. 마지막 말은 기독교 특유의 축복으로, 예수 그리스도의 복된 재림이 이루어질 때까지 교회들이 이 땅에 존재하면서 그분의 사랑을 계속 받게 되었으면 하는 소망을 나타낸다.

참 고 문 헌

Alcorn, Randy. *Heaven*. Wheaton: Tyndale, 2004. 《헤븐》(요단출판사).

Archer, Gleason L., Paul D. Feinberg, Douglas J. Moo, and Richard R. Reiter. *Three Views on the Rapture: Pre-Mid-, or Post-Tribulational?* rev. ed. Grand Rapids, MI: Zondervan, 1996.

Beale, Gregory. *The Book of Revelation*. Grand Rapids, MI: Eerdmans, 1999. 《NIGTC 요한계시록》(새물결플러스).

Blaising, Craig A., Kenneth L. Gentry Jr., and Robert B. Strimple. *Three Views of the Millennium and Beyond.* Grand Rapids, MI: Zondervan, 1999. 《천년왕국이란 무엇인가》(부흥과개혁사).

Constable, Thomas. *Notes on Revelation.* 2008 edition. www.soniclight.com/constable/notes.htm.

Dyer, Charles. "The Identity of Babylon in Revelation 17-18." 2 parts. *Bibliotheca Sacra* 144 (July-September 1987): 305-316; (October-December 1987): 433-449.

Edgar, Thomas R. "Babylon: Ecclesiastical, Political, or What?" *Journal of the Evangelical Theological Society* 25:3 (September 1982): 333-341.

Johnson, Alan. "Revelation." In vol. 7 of *The Expositor's Bible Commentary*. Edited by Frank E. Gaebelein, et al. 399-603. Grand Rapids, MI: Zondervan, 1981.

MacArthur, John. *Revelation*. 2 vols. MacArthur New Testament Commentary. Chicago: Moody, 2000.

Michaels, J. Ramsey. *Revelation*. Downers Grove, IL: Tyndale, 1999.

Pate, C. Marvin, Kenneth L. Gentry, Sam Hamstra Jr., and Robert L. Thomas. *Four Views on the Book of Revelation*. Grand Rapids, MI: Zondervan, 1998. 《요한계시록을 이해하는 4가지 견해》(아가페).

Seiss, Joseph A. *The Apocalypse*. Grand Rapids, MI: Zondervan, 1957.

Swete, Henry B. *The Apocalypse of St. John*. Grand Rapids, MI: Eerdmans, n.d.

Thomas, Robert. *Revelation 1-7: An Exegetical Commentary*. Chicago: Moody, 1992.

__________. *Revelation 8-22: An Exegetical Commentary*. Chicago: Moody, 1995.

Walvoord, John. *The Revelation of Jesus Christ*. Chicago: Moody, 1966. 《요한계시록 해석》(보이스사).

Wilson, Mark. *Charts on the Book of Revelation: Literary, Historical and Theological Perspectives*. Grand Rapids, MI: Kregel, 2007.

성구 색인

창세기
1-2 226, 924, 1087, 1115, 1565
1 27, 36, 298, 644, 737, 923, 1568, 1820, 2216
1:1-31 904
1:1-2 1247
1:1 951, 1820, 1254
1:2 172, 871, 1350, 1406, 1513
1:3-4 877
1:3 172, 2070
1:4-5 844
1:4 932
1:5 1568, 1610
1:6-8 855
1:6-7 1351
1:7-8 854, 972
1:8 1568, 1610
1:11-13 1247
1:11-12 1829, 2233
1:11 1820
1:13 1568, 1610
1:14-19 1288
1:14-16 2228
1:19 1568, 1610
1:20-28 1568
1:20-26 1247
1:20 1820
1:21 971, 1393
1:22 246, 334, 855
1:23 1568, 1610
1:24-25 1087, 1829, 2233
1:24 930
1:25 2169, 2300
1:26-30 1473
1:26-27 158, 843, 1504, 2044, 2232
1:26 846, 1820
1:27 327, 406, 545, 971, 1732
1:28 27, 216, 246, 843, 958, 1682, 2320
1:31 172, 1568, 1610, 2169, 2300
2-3 776
2 28, 1568
2:1-3 157
2:1 172
2:2-8 1087
2:2-3 172, 1837
2:2 172, 2201
2:3 172
2:4-3:24 23
2:4 27, 1633
2:5 1191
2:7 26, 770, 846, 931, 1040, 1087, 1561
2:8 1491
2:9 172, 861
2:10-17 2320
2:10 881
2:12a 172
2:15-25 2053
2:15 172, 814, 854, 897, 940, 1491, 2044
2:17 28, 189
2:18 845, 888, 2044
2:20 406, 888
2:21 839
2:22-24 324
2:22 1286
2:24 305, 895, 1110, 1115, 1618, 1673, 1732, 2036, 2116
3 245, 251, 761, 1090, 1099, 2135
3:1-24 2320
3:1-19 2317
3:1-7 172, 1391
3:1 132, 2307
3:4-5 1853
3:6 26
3:8 172, 846, 881, 890, 1406, 1880
3:14 132, 1224
3:15 25, 71, 89, 274, 391, 499, 836, 902, 917, 1099, 1544, 1563, 1840
3:16 1091, 1099
3:19 919, 931
3:21 28, 199
3:22-4:26 28
3:22-24 1350, 2320
3:22 890
3:23 930
3:24 41, 71, 172
4 317, 2216
4:1-8 90
4:1 835
4:3-5 846
4:4 201, 894
4:5-7 2216
4:6 1532
4:7 839
4:8-10 1685
4:8 1853, 2286
4:9 292
4:10 59, 1385
4:21 972
4:26 44, 135
5 27, 2216
5:1-24 2286
5:1 436, 1633
5:2 545
5:22 59, 928
5:24 56, 569, 2099
5:29 1139
5:32 2246
6-9 1367, 2216
6-8 2256
6 256
6:1-4 2255
6:3 1350, 1406, 2159
6:4 69, 255, 368
6:5 849, 998
6:6-7 463
6:7 844
6:9 54, 436, 928
6:11 846, 891
6:12 435
6:13-20 865

6:14 129
6:17 961
6:19 896
7:1-10 868
7:4 27, 844, 1191
7:6 2246
7:11 871, 991, 1513, 1562
7:16 1154
7:19-20 1562
7:21 961
7:23 844
8 241
8:1 1529
8:2 1513
8:8-12 1638
8:21 885
9:3 1435
9 1152, 2299
9:3-4 209
9:5-7 1505
9:5-6 285
9:6 158, 160, 303, 885, 2232
9:8-17 1214
9:9-11 871
9:12-17 181
9:20-27 53, 1113
9:20-22 1560
10-11 755
10:1-7 1408
10:2 949
10:6 931
10:7 763
10:8-11 1548
10:10 2310
10:11 1527
10:15-19 74
10:15-16 306
10:17 306
10:16 307, 496, 1368
10:19 306, 346
10:22 1318
10:23 760
11:1-9 883, 1434, 1595
11:1-4 430
11:4-5 2315
11:4 888, 893, 913, 968, 1442
11:9 914
11:10 436
11:14-17 275
11:26-12:3 384
11:27 436
11:30 573
11:31 729
11:32-12:1-3 755
11:32 755
12-35 786
12 76, 729, 1523, 2216, 2217
12:1-9 538, 542
12:1-8 306
12:1-7 1377, 1431, 1455
12:1-3 940
12:1-2 307, 1340
12:1 653, 1424
12:2-3 269, 307, 882, 897, 910, 951, 1322
12:2 65, 71, 103, 184, 277, 888, 893, 912, 913, 968, 1203, 1406, 1680, 2207
12:3 71, 274, 276, 282, 327, 337, 429, 499, 575, 739, 836, 853, 871, 891, 898, 902, 912, 943, 950, 955, 1217, 1242, 1287, 1320, 1335, 1402, 1495, 1496, 1520, 1525, 1558, 1665, 1767, 1854, 1928
12:3b 880, 915
12:6 24, 312, 380, 547
12:5-9 384
12:6-7 312
12:7 176, 1363
12:16 74, 760
13:1-4 74
13:2 760, 761
13:6 761
13:7 306
13:9 1303
13:10 1491
13:13 834
13:14-17 348, 1392, 1424
13:14-15 961
13:14 501
13:15 653, 881, 912, 950, 2094
13:16 641
13:18 313
14 75, 398, 1495, 2208, 2217
14:1-17 1398
14:1-9 1276
14:2 1482
14:8 1482
14:13 306
14:14 24, 122
14:15 1317
14:17-24 937, 938, 2208
14:17 515
14:18-20 1294
14:18 905, 1427
14:24 1240, 1254
15 76, 729, 730, 731, 1523, 2217
15:1-21 306, 585
15:1-18 1378
15:1-6 1406
15:2 501, 1317
15:4-18 1296
15:5 127, 293, 970
15:6 59, 76, 77, 81, 306, 619, 650, 838, 930, 933, 1308, 1367, 1376, 1399, 1414, 1418, 1559, 1559, 1581, 1988, 1994, 1997, 2013, 2016, 2093, 2231
15:6c 1997
15:7-21 1284
15:8 501, 853
15:9-21 1424
15:9-12 1603
15:12 44, 839
15:13-21 146
15:13-16 102, 117, 123, 130, 144
15:13-14 135, 647
15:13 122, 127, 128, 145, 307
15:14 145
15:16 306, 357, 367, 1505
15:17-21 1392, 1424
15:17 130
15:18-21 165, 604, 619, 653, 1270, 1455
15:18 68, 312, 653, 1047, 1245, 1263, 1363 1411, 1431
15:19-21 130, 346, 705
15:19 371
15:20 1368
16:1-16 445
16:4 1072

16:7-14 1361
16:7-13 568
16:7-12 625, 869
16:7 130, 1175
16:9 130, 1175
16:11 130, 893, 1134
16:13-14 36
16:13 188, 854, 1351
16-21 2097
17 23, 154, 354, 729, 1941, 1966, 2217
17:1-27 585, 2110
17:1-14 1253, 1282
17:1-8 86, 1231, 1294, 1375, 1496, 1544, 1667
17:1-5 590
17:3 1351
17:5 1825, 1997
17:6-8 605
17:6 114, 274
17:7-8 854, 897, 910, 931
17:7 705
17:8 287, 881, 898, 912, 950, 960, 961, 1263, 2094
17:9-22 134, 181
17:9-14 354, 1246, 1943, 1997
17:10-14 216, 1375
17:15-22 73
17:16 274
17:18 83
17:19 36, 83, 85, 591, 1134, 1760, 1793, 1997
17:21 1392
18:1-33 568
18:1-15 1590
18:1 1822
18:2 166
18:10 2008
18:12 1682
18:14 891, 956, 1291, 1733
18:19 869
18:20-33 1361
18:23-33 1382
18:23 864
18:25 922, 1067, 1368, 2205
18:26-32 1247
18:32 435
19 295, 336, 423, 426, 1508, 2221, 2285
19:3-38 327
19:4-5 1371
19:8 426
19:17 2229
19:23-29 2285
19:23-25 1371
19:24-25 1321
19:24 1637, 2310
19:25 962, 1530
19:26 203, 847
19:30-38 457, 1113, 1504
19:36-38 912
19:37 1312
19:38 1315
20 617
20:2-7 931
20:3 617
20:6-7 270
20:6 2036
20:7 617
21-22 401
21 250, 2216
21:1-21 90
21:1-8 445
21:2 941
21:4 216
21:9 53, 2097
21:12 2008, 2217
21:20-21 477
21:31 1509
2:32-33 373
21:33 113, 1541
22 897, 915, 957
22:1 449
22:2-4 2217
22:2 643, 908, 1608
22:5 2217
22:8 36, 1824
22:11-15 1361
22:11 449, 2231
22:12 855
22:13-14 644
22:14 36, 854
22:15-19 2231
22:16 1270, 1310, 1316, 1760
22:17 273, 335, 1201, 1453, 1471, 2207
22:18 858, 880, 897, 912, 1217, 1287, 1824
22:20-24 755
23:7 746
23:10-20 1368
23:10 306, 435
23:12-16 1155
23:19 492
24 1135, 1286
24:1-67 1106
24:2 245
24:3 961, 1437
24:4 331
24:7 961, 989, 1437
24:9 245
24:11 454, 1832
24:12 434
24:13 58
24:19-20 88
24:28-35 761
24:28 1106
24:40 57
24:43 1135, 1634
25-28 53
25:1-34 1316
25:1-2 269
25:2 409
25:3 763
25:5-6 610
25:7 760
25:8 94, 103, 117, 809
25:9-10 492
25:12-18 912
25:12 40
25:13 949, 1317
25:19-23 473
25:19 436
25:21 573, 941
25:22-23 454
25:23 1171, 2008
25:25-30 1387
25:26 1483
25:29-30 1504
25:30 1519
26 617
26:1-5 1335

26:1-3 72
26:1-4 585
26:1 369
26:2-4 1424
26:3-5 1263
25:4 912
26:5 650, 930, 1581, 2016
26:15 1055
26:23-25 931
26:23 1509
26:24 154, 277
27-28 268
27:15 1580
27:20 434
27:27-29 246
27:28 1035
27:29 955
27:35 1825
27:36 115
27:43-29:30 1483
28:4 1335
28:10-22 271, 376
28:10-13 1392
28:11-22 1483
28:12 1826
28:13-15 154, 1424
28:14 641, 912
28:16 1826
28:19 374
29 650
29:16-30 1286
29:23 44
29:30-31 90
29:31-35 1427
29:31 573
29:33 1427
29:34 1420
29:35 908
30 650, 1111
30:1 941, 1072
30:4-6 1427
30:7-8 1427
30:9-13 1427
30:14-16 1113
30:17-20 1427
30:22-24 1427
30:23 910
31:7 720, 1601
31:19 424, 865, 1380, 1603
31:11-13 1361
31:25-26 1477
31:26 1825
31:28 460
31:36 1219
31:41 941
31:46-49 452
32 1477
32:12 1471
32:20 201
32:22-32 271
32:24-25 130
32:28 848, 912, 1189, 1483, 1825
32:28-30 860
32:30-31 549
32:30 188, 304, 2049
33:1-17 99
33:3 746
33:4 1483
33:17 935
33:18-19 386, 935
33:18-20 547
33:19 760
34 380
34:2 306
34:3 1634
34:4 1560
34:29 1594
34:30 306
35:1-15 376
35:2-4 384
35:2 865, 1641
35:5 102
35:9-12 931, 1263, 1392
35:11-12 154
35:11-13 1392
35:16-21 1540
35:16-18 1427
35:18 375
35:19 1540
35:22b-26 610
35:22 115, 610, 615
36:1-19 1316
36:1-8 1387
36:7 958
36:8 267
36:11 1316
36:12 152, 275, 409, 462
36:20 347
36:31 24
36:33 1316
37-38 795
37 53, 409
37:2 436
37:4 90
37:7 890
37:9-10 2307
37:9 1453
37:10 2307
37:25 1252
37:28 114
37:29 257, 569
37:34 569, 577, 685, 705, 1332, 1358, 1335
1492
37:35 883
38 104
38:6-14 430
38:13-14 1244
38:20-21 1244
38:24 349, 1370
38:29-30 90
39-41 932
39 1002
39:2-3 908
39:7 508
39:8-9 995
39:9 885
39:19 908
39:21 913
39:23 908
40:1 1682
41-42 750
41:6 1155, 1246
41:32 1449
41:38 109
41:43 752
41:52 546

41:54 73
42:3 435
42:9 105
44:13 569
44:29 883
45:10 1395
46-50 1392
46 277
46:1-5 271
46:1-4 1509
46:1 376
46:3 432, 277
46:8-27 127, 277
46:8 121
46:27 127
46:34 214
47:27 73
48 1427
48:1 1427
48:5 908
48:8-20 1733
48:12 769
48:13-20 90
48:15-16 1590
48:15 859, 1377, 1401
48:16 1320
48:17-20 341, 1424
48:17-19 375
48:22 1368
49 338, 340
49:1-28 246, 950
49:1 1284
49:3-4 333
49:5-7 103, 370, 376
49:8-12 91, 880, 894, 895
49:9-10 1380, 2300
49:9 274, 341, 1158, 1374
49:10 71, 106, 274, 372, 610, 879, 935, 952, 1283, 1314, 1345, 1375, 1380, 1840
49:11 54
49:13-15 341
49:15 958
49:17 117
49:21 377
49:22-25 1480
49:24 1180, 1401
49:25 1513
49:29-33 492
50 2217
50:10 342
50:17 1219
50:20 746, 1529, 2124, 2314
50:24 386
50:25 386

출애굽기
1-14 961
1-13 932
1:1 68
1:7 114
1:8 109
1:11-14 955
1:11 145, 1395
1:12 97
1:14 97, 128
1:16 73
2:1-4:14 1420
2:1-7 267
2:1 926
2:3 1393
2:5 1393
2:6 1240
2:8 1135, 1634
2:10 105, 521
2:11 252
2:12 293
2:15-25 409
2:16 269, 1832
2:21 269
2:23-25 184
2:24 62, 940, 961
3 1590
3-4 293
3:1-10 1349, 1375
3:1-6 1921
3:1 129, 559, 1620
3:2-5 271
3:2-4 1619
3:2 298, 568, 1176, 1904
3:4 85, 449
3:5 1088
3:6 882, 1351, 1682, 1737, 1799
3:7-10 647
3:7 97, 1604
3:8 255, 262, 312, 705, 1108, 1255, 1375, 1496
3:11 410, 455, 866
3:12 285, 301, 866
3:13-17 854
3:13-16 888
3:13-15 844, 1292, 1505
3:14-15 859, 1032
3:14 199, 410, 1264, 1725, 1743
3:15 1332
3:17 255, 705, 1255
3:18 194, 236, 961
3:20 878, 1388, 1402
3:21 741, 913
4-6 906
4:2 263
4:9 1393
4:10 1240
4:11 1854
4:13 741
4:16 911
4:21 295, 367, 1620, 1841, 2008
4:22-23 1481
4:22 1221, 1285, 2006, 2007, 2095, 2134
4:24-26 271
4:24-25 1375
4:25 1569
5-15 1542
5-10 1320
5:3 194
5:6-19 348
5:7-18 548
5:7 910
6:2-8 1455
6:2-6 844
6:3 760, 1032
6:6-7 654, 1697
6:6 878, 1320, 1377
6:7 1378, 1471, 1493
6:16-20 1229
6:16-17 1608
6:20 278

6:23-25 703
6:27 1525
7-17 907
7-11 258, 2301
7:1-2 2014
7:1 314, 1525
7:3 1222, 1493, 2008
7:4 1388, 2008
7:5 878, 963, 1388
7:7 130
7:9-10 1393
7:11 2180
7:13 1620
7:14-12:30 1562
7:15 1393
7:17-21 2312
7:19 1397
7:20-25 2303
7:20-24 1562
7:20 1525, 2305
7:22 1620
8:15 2008
8:19 1620, 2095
8:32 2008
9:9-11 2312
9:12 1620
9:14 73
9:17-26 2302
9:23 865
9:25 1581
9:34-35 1029
9:34 2008
9:35 1620
10:1-20 1489
10:2 877, 1489
10:4-6 1490
10:20 1620
10:21-29 2303
10:21-23 1397
10:22 1703
10:27 1620
11:1 73
11:3 741, 913, 1525
11:4 910
11:6-12 920
11:10 1620
12-14 713
12 280, 416, 598, 679, 729
12:1-27 1802
12:1-23 907
12:1-14 701
12:1-13 1824, 2034, 2242
12:1-2 1413
12:2 62
12:6 686
12:11 1241
12:12 925, 1510
12:13 1154, 1375
12:14-27 877
12:14 751, 966
12:15-19 2034
12:15-16 230
12:18 741
12:21 1840
12:22 265, 885, 1885
12:23 1165, 1361
12:24-27 907
12:28-29 2034
12:32-33 73
12:33 897
12:35-42 73
12:35-36 171, 246, 1480
12:36 741, 913
12:37-38 1369
12:37 239
12:38 252, 741
12:40-41 278
12:40 122, 2094
12:42-51 354, 354
12:43-48 134
12:46 870, 1886
12:48 249, 751
13:2 235, 1762
13:3 1384
13:4 141
13:5 1496
13:7 2034
13:9 1062, 1683
13:12 235, 1762
13:17-19:25 266
13:17 166, 1161
13:19 386
13:21-22 646, 704, 1350
13:21 130, 569, 925, 2041
14-17 932
14-15 904
14 951
14:1-9 1563
14:10-15:21 1663, 1667
14:10 896
14:11-12 258
14:13-14 666, 699
14:18 2041
14:19-20 896
14:21-31 1316
14:21-22 1550, 1579
14:21 62, 942
14:22 63, 896
14:24 457, 2041
14:26-27 361
14:27-31 350
14:31 1550
15 338, 340, 1051
15:1-18 542, 918, 951, 2311
15:1 905, 971
15:2 896, 1563
15:3 861
15:4 1582
15:5 971
15:6 878, 905, 906, 925, 1332
15:8-10 865
15:8 852
15:11 447, 865, 914, 917, 941, 947, 1254, 1316, 1544
15:12 905, 963, 1332, 2308
15:13-18 904
15:13 897, 1036, 2108, 2308
15:14-16 295, 1562
15:14 896, 905
15:16 925, 1190, 1314
15:17 1264, 1319, 1339, 2108
15:19 896
15:20-21 243, 469
15:20 253, 461, 972, 1366
15:21 961, 971, 1563
15:22-27 251

15:22-25 1285
15:22 961
15:24 1846, 2124
15:25 217
15:26 1333
15:27 23
16 353
16:1-21 24
16:2 1843, 2124
16:7-9 1843
16:8 27, 1354
16:10 542, 1775, 1822
16:12 1843
16:14-21 911
16:19-21 1842
16:21 1171
16:23-26 40
16:23 229, 573
16:32-34 646
17:1-7 24, 310, 933, 1638
17:2-7 923
17:5-7 991
17:5 2041
17:6 942, 1201, 2041
17:7 306, 433
17:8-16 275, 306, 331, 463
17:8 104, 259
17:9-13 346
17:14 23, 104
17:16 463
18:1 398
18:8 1616
18:11 855, 925
18:13 27, 1683
18:13-27 293
18:13-26 252
18:14-15 293
18:15 844
18:21-27 1683
19-34 1376
19-20 196
19 196, 250
19:1-31:18 1287
19:1-25 560
19:1-3 559
19:3-8 1284
19:3-6 884, 1506
19:4-6 566, 2308
19:4 1181, 1478
19:5-6 210, 533, 880, 1620, 2294
19:5 223, 697, 1221, 1492
19:6 301, 600, 705, 848, 1203, 1378, 1680
19:9 560, 1775
19:10-19 1508
19:10 1863
19:11 130, 1850, 1863
19:13 301, 910
19:16-20 1579
19:16-19 1159
19:16-18 1222
19:16 301, 876, 925, 1690, 1562
19:18-25 1620
19:18-20 2220
19:18 876, 942, 1562, 2220
19:19 1561, 2220
19:20 1850
19:21 1283
19:22 1539
19:24 1539
20-31 276
20-23 285
20 224, 246, 260, 301, 303, 378, 729
20:1-17 1381
20:1-3 1370
20:2 1429
20:3 229, 1484
20:4-15 1561
20:4-6 1399
20:4-5 1114
20:4 350, 1360
20:5 257, 1290, 1373, 1404, 1492, 2233
20:6 713
20:7 231, 964, 1429, 1475
20:8-11 40, 224, 1265, 1837
20:8 301, 303, 1240
20:9-11 27
20:9-10 579
20:11 27, 301, 921
20:12-16 1733
20:12 989, 1039, 1049, 1071, 1664, 1726
20:13-16 1475
20:13 1399, 1641, 1846
20:14 223, 1373, 1641
20:15 98, 224, 1071, 1373
20:16 224, 928, 1252, 1699
20:17 301, 999, 1072
20:18-21 876
20:18 1491, 1562, 2220
20:19 2095
20:21 647
20:25-26 332-333
20:25 361, 697
20:26 1417
21:1 854
21:2-11 1295
21:2-3 579
21:2 232
21:5-6 234
21:6 874, 911, 2213
21:7-11 1505
21:8 722
21:12-14 231, 285, 534
21:12-13 378
21:12 506, 885
21:14 506, 536
21:17 226, 1664
21:19 859
21:24 1110, 1537, 1642
21:25 55
21:27 1110
21:29-30 282
21:30 883, 1000
21:32 1474, 1605, 1741
22:1-13 304
22:1-9 999
22:1 506
22:2 158, 1244
22:7-8 911
22:8-9 891
22:10-13 1507
22:16-17 327
22:16 508, 1367
22:20 186
22:21-22 1360
22:22 1329, 1382
22:25 1063

22:26-27 1505
22:26 788
22:27 911
22:28 231, 535, 1920, 1969, 2056
23:2-23 1590
23:4 1505
23:5 1274
23:8 1540
23:10-11 317, 732
23:12 1656
23:14-17 229, 445, 544, 1422, 1676, 1741
23:14-16 697
23:15 141
23:16 318, 732, 1579
23:17 1846
23:19 2056
23:20-26 1222
23:20-23 1541, 1619
23:20 1653
23:23-24 1368
23:24 552
23:28 385
23:31 312
23:32 865
24:1 1559
24:2 1283
24:4 23
24:5-6 1697
24:7-8 1371
24:8 1288, 1697
24:9 1669
24:12 1559
24:13-17 1836
24:13 152, 257, 346
24:15-17 1822
24:15 1669
24:16-18 1620
24:16-17 211
24:16 862, 1669
24:17 1669
24:18 559
25-40 1413
25 1418
25:1-5 641
25:1 1669
25:4 217
25:9 2212
25:10-22 540, 542
25:12-15 615, 616
25:14-15 686
25:16 263, 926
25:17-22 1350
25:22 219, 926, 1332
25:23-30 1717
25:23 1416
25:30 1416, 1655
25:40 2212
26:32 1106
26:34 959
27:21 1921
25:31-40 247
25:31-37 449, 1594
25:33-36 263
26:31-35 644
26-30 255
27:20-21 231, 449
28 261, 1418
28:1-4 301
28:1 703, 1420, 1756
28:2 210
28:4-9 448
28:5-14 210
28:30 475, 696, 1904
28:36 1593, 1611
28:39-41 1421
29 196
29:4 701, 1382
29:10-11 1382
29:12 175, 1417
29:16 1210
29:17 1785
29:18 1417, 2115
29:29 1562
29:30 1382
29:37 1421
29:38-46 279, 460, 571
29:38-42 1490
29:38-41 1423
29:40-41 943
29:40 1103, 1113
29:41 965
29:43 170
29:45 1579
30:1-10 674
30:1-5 2303
30:1-2 1416
30:8 263, 965
30:9-10 220
30:9 836
30:12-16 670
30:12 276, 282
30:13-14 732
30:17-21 645, 1664
30:18-21 219, 541
30:23 1108, 1249
30:29 1421
30:30-33 210
30:30 859, 1240
30:32-38 224
31:1-11 641, 1351
31:1-5 541
31:1-3 642
31:3 172, 886, 986, 1350
31:12-17 1217
31:12-18 172
31:13-17 157, 1376
31:13 1376
31:14-15 260
31:15-17 1265
31:15 230
31:17 65, 921
31:18 243, 263, 1559, 1850, 2068
32-34 191
32 172, 260, 276, 285, 309, 730, 1479, 1484, 1511
32:2-4 413
32:4-6 2042
32:4-5 549
32:4 932
32:6 83
32:8 276
32:9-14 1166
32:9 1200
32:10-14 2198
32:10-13 706
32:10 311

32:11-14 1361, 1457, 1492
32:11-13 257, 359
32:11 1181, 1377
32:13 276
32:14 463
32:16 1559
32:17 276
32:20 310, 1479
32:25-29 341
32:25 1068
32:26-29 704
32:26-28 276
32:27-28 2069
32:29 276
32:32-33 1264
32:32 1451, 2309
32:34 851, 1541, 1590
33:1-3 1377
33:3 926, 1255, 1496
33:11 279, 304, 2049
33:12-14 1579
33:13 1822
33:14-15 1619
33:14 923, 1541, 1590
33:15-16 196
33:18-23 1822
33:18-19 1822
33:19 542, 960, 1725, 2008
33:20 101, 167, 420, 2173
33:21-23 560
33:22 853, 862, 1725, 1822
34-40 200
34 285, 560
34:1-27 1287
34:1 310, 1287, 1850
34:4 1850
34:6-7 641, 859, 929, 955, 1335, 1455, 1471, 1492, 1532, 1548, 1822, 2205
34:6 914, 929, 940, 960, 989, 1035, 1520, 1725, 1822
34:7 892, 914, 1290, 1373, 1471
34:10 843
34:11-17 2309
34:11-16 705
34:12-16 383
34:14 914, 2079
34:17 551
34:18-26 164, 229
34:18-24 276, 1422
34:19-20 732
34:21 229, 1717
34:23 1741
34:23 1846
34:25 276
34:26 2056
34:28 559, 560, 1638
34:29-35 1775, 2069
34:29 2069
34:33-35 2069
34:34 2069
35:1-3 276
35:3 229
35:30-34 2170
35:30-31 279
35:31: 541, 886
36-40 255
36:36 1106
37:1-9 310
37:7-9 631
38:1-2 641
38:8 282, 448
38:26 145, 239
39:1-31 1416
39:14 240
39:32 172
39:43 172
40 200, 541, 542
40:1-33 196
40:1-16 196
40:2 247
40:9 1240
40:10 1417
40:12-16 1416
40:17-38 196
40:17 193, 196, 239, 241
40:20 263
40:29 1417
40:30-32 541
40:33-35 542
40:33 172
40:34-38 646, 905, 946
40:34-35 959
40:34 837, 894, 915, 1351
40:35 249, 862

레위기
1-16 196
1-8 1542
1:1-7:38 678
1 272, 1361
1:1 247
1:4 519, 1418, 1419, 1578, 2213
1:7 279, 460
1:9 205, 2128
1:17 1617
1:5-7 460
2:1-16 52
2:2 2115, 2128
2:3 1416
2:11 142
2:13 658, 1417
3:1-17 209, 224
3:1-16 458
3:1 이하 167
3:5 1106
3:16 448
3:17 462
4 208, 210, 1417
4:1 2205
4:3-12 212
4:3 835, 1193, 1458
4:5 1193, 1667
4:7 1603
4:12 1242
4:13-21 260
4:16 1193, 1667
4:20 519
4:26-31 2213
5:1-13 1418
5:1 1052, 1069
5:3 1647
5:7 1678
5:14-6:7 1212
5:15-19 2166
5:15 451
5:17-19 707

6:1-7 1911
6:2 1698
6:7 519
6:10-11 550
6:11 1421
6:15 1193
6:16 1416
6:17 1254
6:22 1667
6:26-30 1416
6:26 64
6:27 1421
7:7-10 1416
7:8 201
7:11-21 943
7:11-16 1508
7:12-15 934
7:12 926
7:13 1660
7:15-18 1423
7:16-18 1001
7:18 1996
7:21 706
7:28-36 320
7:30 230
7:34 1285
8-10 220
8-9 248, 726
8 248
8:1-13 1416
8:6 1908
8:10-13 958
8:15 175
9-10 241
9:1-7 247
9:7 2210
9:9 175
9:22 176
9:24 925
10 219, 248, 1756
10:1-20 231
10:1-3 674
10:2 251
10:3 921
10:6 1421, 1743
10:8-10 245
10:8-9 1421
10:10-22 1382
10:11 884
11 1929, 2091
11:1-8 1013
11:2-7 577
11:4 1685
11:12 1645
11:23 1684
11:24 1664
11:27-28 265
11:29 451
11:39-40 265, 1664
11:41 1684
11:44-45 447, 1910
11:44 697, 2242
11:47 1382
12-22 206
12:1-8 1762
12:1-3 1760
12:3 354, 1762, 1847, 2126
12:5 1609
12:6 208
12:8 208, 1762
13-17 1823
13-14 218, 329
13:1-46 574
13:2 1793
13:3-30 1647
13:3 1793
13:6 575
13:17 575
13:23 575
13:28 575
13:37 575
13:39 575
13:45-46 1646
13:46 674
14 265
14:1-33 1647, 1716
14:1-32 1715
14:2-32 1793
14:4-7 885
14:31 208
14:49-52 143
15:16-24 1330
15:16 155
15:18 504
15:19-33 1359
15:19-25 1650, 1771
15:19-23 1404
15:19-20 1331, 1609
15:21-22 1405
15:25 이하 1722
15:26 1609
15:28-30 265
15:31-33 1908
16 213, 217, 265, 279, 1415, 1995
16:2 175, 212, 1995
16:4 1257
16:6-13 519
16:8 1028
16:11-12 175
16:12 213
16:13-15 1995
16:14-15 143
16:16-19 201
16:16 219
16:17 220
16:18 1263
16:20-22 1418, 2213
16:21-22 178
16:21 2205
16:27 206, 1617
16:29-34 1717
16:29-30 175, 1367
16:29 1418, 1490, 2213
16:31 1418, 1490, 2213
16:34 175
17-27 196
17:3-9 223
17:4 560
17:6 1210
17:7 220
17:8-13 524
17:10-14 1399
17:10-12 313
17:11 64, 201, 263, 282, 883, 885, 1131, 1288, 1418, 2213
17:12-16 1367

17:13-14 1385
18 66, 356, 426
18:4-5 1376, 1376
18:5 1484, 1779, 2010, 2094
18:6-23 356
18:6-19 1197
18:6-18 1505, 1674
18:8 1505, 2033
18:11 508
18:15 1505
18:16 330, 1662
18:19 1373
18:20 214, 1609, 1698
18:21-30 347
18:21 418, 546, 588, 1251, 1369
18:22-23 1371
18:22 1011
18:24-30 356
18:25 219, 222, 706
18:26 222, 1367
18:27 219
19 225
19:2-4 884
19:2 55, 1910, 2242
19:3 157
19:5 2128
19:9-18 1381
19:9-10 433
19:10 884, 1249
19:11 1609, 1698
19:12 1642
19:13 1675
19:15-16 911
19:15 1030, 1609, 1698, 2230
19:16-18 2234
19:16 1012
19:17 873, 1609, 1698
19:18 25, 64, 72, 849, 875, 928, 1645, 1645, 1675, 1682, 1738, 1779, 1870, 2102, 2230
19:25 884
19:26 97, 955, 1366
19:27 1110
19:31 481, 884, 955, 1366
19:34 884, 1870, 2230
19:35-37 1422
19:35-36 1514, 1543
20:1-5 676
20:2-5 1251, 1369
20:2 222
20:5 349
20:6 225, 481, 955
20:7-8 850, 2124
20:7 2242
20:8 1376
20:10 158, 244, 282, 506, 885, 980, 1370 1373, 1384, 1472, 1850
20:11 1505
20:21 1662
20:24 1108, 1255, 1375, 1496
20:25 1382
20:27 481, 955, 1384
21:1-4 1421
21:5 1110, 1421
21:6 1616
21:7 1421, 1514
21:10 1421, 1700, 1743
21:11 1337
21:13-15 1421
21:14 1514
21:18-19 1678
22:8 1355
22:11 159
22:17-25 228
22:27-28 316
22:29-30 934
22:29 926
22:32 1408
23 279, 742, 941, 948, 950, 1422, 1572, 2005
23:2-3 38
23:2 930, 1421
23:4-44 1422
23:4-8 318
23:4 1421
23:5-8 142, 280
23:5-6 701
23:5 62, 1884
23:9-14 202, 1242
23:10-11 2056
23:13 1490
23:16 1904
23:15-22 202
23:15-18 1660
23:17-21 574
23:18 202
23:22 433, 884
23:23-44 1305
23:23-25 727
23:24-25 910, 2059
23:24 872, 1492
23:26-32 1298, 1422, 1717
23:27-29 742
23:27 1578
23:29-30 260, 1911
23:33-44 728, 864
23:33-43 1483, 1845
23:33-36 164, 542
23:34-43 544, 876
23:34 697, 910
23:39-44 1579
23:39 1480
23:40 697, 1611
23:41 1480
23:44 1421
24:1-4 449
24:5-9 473, 1416, 1655
24:5-8 174
24:8 1655
24:9 174
24:10-14 260
24:11-16 1920
24:14-17 1333
24:14 1922
24:15-16 1743
24:16 1700, 1859, 1882, 1884
24:19-21 1495
24:19 1609, 1698
24:20 1642
24:22 1425
24:23 260
25:1-22 317
25:2-7 732
25:3-5 1275
25:8-15 1423
25:9-25 1320

25:9 1155, 1492
25:10-13 369
25:10 286
25:14 1609, 1698
25:23 164, 223, 563, 908, 1242, 1257, 1387, 1403
25:24-34 1047
25:25-28 1048
25:25 369
25:35-36 1045, 2016
25:35-38 474
25:39-55 1295
25:47-55 1320
25:47-54 1048
26 713, 1284, 1287 1308, 1328, 1595
26:1-2 2074
26:1 552
26:4-45 1475
26:4 369, 1191, 1360
26:5 1402
26:6 1473, 1517
26:8 1148
26:11-12 1402, 2074
26:12 172, 1284, 1471
26:13 1331
26:14-39 1267, 1290, 1297, 1334, 1472
26:16 1284
26:17 1062
26:18-19 1258
26:19-20 1578
26:21-22 570
26:22 878
26:23-26 1259
26:25-26 933, 1356
26:26 1601
26:27-39 1381
26:27-33 1456
26:27-29 577, 1267, 1333
26:29 1356
26:32-33 1599
26:33-45 1280
26:33-39 933
26:33-35 1275
26:33 713, 878
26:34-35 688, 1457
26:40-45 1340
26:40-42 1340
26:42-45 1371
26:42-44 933
26:43-44 1378
26:43 688, 1457
26:44 1340
26:45 1680
27 280
27:1-25 1088
27:30-33 1684

민수기
1 241, 247, 277
1:1 193, 196, 200, 241, 246, 249, 258
1:3 525
1:4 263
1:46 128
1:47-54 285, 624
1:54 255
2 240, 250
2:1-31 23
3 542
3:1-28 1420
3:1 436
3:4 248
3:5-14 1914
3:5-8 704
3:7-8 42, 172
3:17-18 1608
4:3 249, 1343, 1349
4:5-15 451
4:5-14 615
4:15 498, 646
5:8 1320
6 419
6:1-21 1953, 1966
6:1-2 423
6:22-26 919, 947, 954
6:22-27 499, 909
6:23-27 176
6:24-26 897, 898, 1457, 1539
6:24 959
6:25 839, 867
7:1 239
8 203
8:5-6 247
8:7 701
8:19 1283
9:1 266
9:2-5 678
9:2 247
9:9-13 678
9:11 141, 247
9:12 1886
9:14 1420
9:15-23 1129, 1350, 1850
10 196
10:1-10 230
10:10 200, 910, 941, 1492
10:11-14:35 1376
10:11-12:16 266
10:11 192, 247
10:29 270, 1479
10:33 251, 310
10:35 898
11 907
11:1-3 310
11:1 258
11:3 310
11:4-35 24
11:4 145
11:7-8 23
11:15 771, 1532
11:16-17 1360
11:21 239
11:26-29 1904
11:29 1494
11:31-34 310
11:34-35 252
11:34 310
12 261, 1715
12:1-8 1525
12:2 150, 499
12:3 24
12:5 926
12:6-8 187, 321
12:9-10 1211
12:9-12 1647
12:11-15 217
12:14 330

13-14 258, 277, 283, 371, 1376
13 346, 715, 912
13:2 358
13:3 1562
13:25-26 1425
13:25 258, 1714
13:26 1562
13:27 1255, 1375
13:29 306, 307, 496, 1368
13:31-33 293
13:32-33 294, 368, 933
13:33 57, 58, 293
14 268, 309, 353, 721, 865, 2285
14:2 1846
14:8 350
14:11-20 1260
14:11-19 1457
14:13 1492
14:15-16 359, 1376
14:18 1290, 1532
14:20-38 268, 283
14:20-35 923
14:21 860, 1560
14:22-23 907
14:22 258, 720, 1601, 2228
14:24 255, 852
14:28-35 907
14:30-31 1376
14:30 371, 377
14:32-33 1377
14:33-34 1714
14:34 122
14:39-45 331
14:43-45 152
14:45 409
15 279, 285
15:1-10 1103, 1113
15:3-7 2128
15:5 943, 2181
15:7 943
15:13-16 1367
15:14-16 1420
15:18-21 2056
15:22-24 202
15:24 1911
15:27-31 204, 2166
15:29 1425
15:30-36 1911
15:31 212
15:32-36 229, 230
15:37-41 326
15:38-41 1650, 1771
15:38-40 1683
15:38 1601
15:40 850
16 2042, 2286
16:1-40 674, 876
16:3 263
16:5 1283
16:30-31 883
16:31-33 311
16:34 2013
16:40 213
16:41 2042
16:46-47 263
17:7 169
17:10-11 646
17:11 201
18:1-7 674
18:1 265
18:6-14 2113
18:8-32 1619
18:8-24 2040
18:8-9 320
18:17 1210
18:20 946, 1421
18:21-32 1684
18:27 1996
18:30 1996
19 282, 1823, 2213
19:1-10 208
19:1-2 245
19:6 885
19:9 248
19:11-22 227
19:13-21 1359
19:13 219, 1419, 2212
19:17-19 1405
19:18-19 143
19:18 597
19:20 219, 1419, 2212
20:1-22:1 266
20 417, 933
20:1-13 340, 865, 2041
20:1 267
20:2-13 933, 1285
20:6 2041
20:8-13 24
20:8-11 907
20:8 152
20:10-11 293
20:10 1222
20:11 933
20:12 294, 297, 299, 337, 1530
20:13 923
20:14-21 294, 473, 665, 1387
20:14-18 1504
20:14 267, 1616
20:25-26 310
20:28 266, 310
21 417
21:1-3 369
21:2-3 1171
21:3 36
21:4-9 1830, 2042
21:6 1130
21:8-9 591
21:9 1607, 1830
21:13 306
21:21-35 282, 292, 350, 368, 960, 961
21:21-26 416
21:23-26 335
21:23 295
21:26 269, 1313
21:27-30 1502
21:27-29 1315
21:33-35 335
22-24 82, 270, 338, 340, 736, 1312, 1387, 1542
22:1-25:16 2296
22:1-25:9 1387
22 273, 1570
22:1 281, 1824
22:5 275
22:21-35 271
22:22-35 625

22:22-27 1176
22:22 568
22:37 990
23-24 272, 276, 385
23:8 1056
23:10 641
23:19 58, 1246, 1277, 1513
23:21 231
23:22-24 1482
23:24 842
23:28 297
24 1069
24:5-9 1482
24:7 894
24:8 270
24:9 115, 842
24:11 990
24:14 115, 274
24:15-19 1638
24:17 448, 836, 894, 1571, 1635, 1840, 2296
24:18 886, 892
24:20 104, 273, 462
24:24 1646
25 251, 276, 281, 933
25:1-11 1480
25:1-9 270, 297, 349, 1617, 2042, 2286, 2309
25:1-8 381
25:1 269
25:3 276
25:6-8 381
25:7-8 276, 703
25:8 1607
25:9 2042
25:11-13 276, 1617
25:11 1048
25:12-13 1294
25:12 1215
25:13 1048
26:2-4 276
26:10-11 876
26:29 113
26:55 370, 456, 1028
26:59 129
27 278, 283, 374
27:1-11 276
27:8 760
27:14 1425
27:17 911
27:18-23 276
27:18-20 201
27:21 177, 696
27:23 342
28-29 164, 212, 280
28:2-4 697
28:3-4 1423
28:3-8 179
28:7 2181
28:9-10 276, 1655
28:11-31 276, 1422
28:11-15 910
28:11 1344, 1418
28:16-25 318
28:16-19 1882
28:26 318
29:1-39 1422
29:1-6 727
29:1 910
29:6 573
29:7-11 1717
29:7 221, 748
29:12-38 1579
30 245
30:1-2 1726
30:3 1642
30:6-12 47
31 89, 280, 282, 1562
31:1-24 409
31:15-16 2296
31:2 117
31:7 279, 303
31:16 2286
31:26 159
32 285, 368, 611
32:1-5 346
32:1-2 374
32:1 252, 381
32:3 1313
32:16-32 348
32:16-19 296
32:33 335, 337
32:37 1313
32:41 296
33:1-2 23, 122
33:4 137, 865
33:55 1368
34-36 287
34 1424
34:1-12 68, 72
34:1-2 1339
34:2-10 312
34:4 1425
34:5 1425
34:16-29 348
34:17-29 30
35 281, 322
35:1-8 379
35:4-5 380
35:6-34 322
35:6 492
35:9-34 1320
35:9-28 300
35:19-27 1048
35:30-34 519
35:30 1839, 1850, 2171
35:31-32 1000
35:31 300
35:33 285
35:34 170
36 278, 304, 374

신명기

1:1-3:29 197
1:3 237
1:4 309, 337
1:6-8 121
1:7-8 312
1:16-17 1848
1:17 2171
1:21 254
1:22 254
1:26-28 1505
1:28 368, 372
1:34 1590
1:36 371
1:39-40 301
2:2-4 1504

2:5 417
2:9 270, 417
2:10-11 368
2:14 1836
2:19 417
2:20-21 368
2:20 294
2:23 376, 1515
2:24 269, 1313
2:25 863
3:1-11 269
3:1-10 1340
3:3 309
3:5 1292
3:7 269
3:9 865, 1108
3:11 368
3:18-20 348
3:20 42, 923, 1824
4:2 1071, 2321
4:3-4 1480
4:5-6 1378
4:5 706, 1492
4:6-8 836
4:6 884, 1203, 1680
4:7 971
4:9-10 560
4:9 301
4:10-12 2220
4:10 1297
4:11 925
4:19 1360
4:20 596, 1254, 1256
4:23-24 1360
4:24-31 909
4:25-30 1474
4:25-29 1280
4:26 1170
4:27 738
4:29 1525
4:30 115, 738, 1166, 1245, 1315, 1340, 1431, 1598
4:31-33 1525
4:31 1431
4:34-35 1377
4:34 1269, 1290, 1314
4:39 350
4:40-43 1314
4:41-43 378
4:45 921
5-26 320
5-11 313
5 378
5:4 2049
5:5 2095
5:6-21 306
5:6 1493
5:7-21 332
5:7 314, 1484
5:8 350
5:9-10 1290
5:9 257, 311, 1373
5:12 301, 1265
5:13-15 157
5:14 1265
5:15 157, 301, 318, 1265, 1269, 1377, 1837
5:16 301, 2138
5:17 300
5:20 846
5:21 1609
5:22 925
5:24-25 560
5:29 984
6:2 984
6:3 312, 1108, 1255, 1496
6:4-9 849, 954, 970
6:4-5 875
6:4 884, 911, 923, 989, 1738, 2113
6:5-9 1381
6:5 25, 291, 353, 383, 384, 598, 849, 984, 1479
6:6-8 1369
6:7-9 976
6:7 963
6:8 1683
6:10-15 1166
6:10-12 1369
6:10-11 932
6:13-14 746
6:13 1638, 1763
6:14-15 1638
6:14 865
6:16 1763
6:20 921
6:22-23 961
7:1-5 67, 556, 706
7:1-2 544
7:1 940
7:2 166
7:3-4 87, 435, 545, 705
7:3 432
7:5 1263
7:6-11 1375
7:6-9 1376, 1400
7:6-8 698
7:6-7 931
7:6 154, 931, 932, 960, 1284, 1492
7:7-8 96, 537, 1187, 1615
7:8 878
7:9 641, 920, 1335, 1455
7:12 이하 166
7:12 641, 1335, 1455
7:13 369, 1490
7:14 573, 1757
7:15 1211
7:19 1114, 1269, 1377
7:20 166, 385
7:21 1491
7:22 이하 166
7:25 1536
8:1-2 239
8:2 1638, 1714
8:3-5 1638
8:3 1307, 1352, 1763, 1842
8:7-10 1375
8:7-8 1374
8:8 954
8:11-20 1369
8:11-14 1484
8:11 458, 535
8:14 956
8:15 942, 1130
8:17 1010
8:18 1010
8:19 458
9:2 368, 372

9:4 2010
9:6 183, 960, 1200
9:9 1638
9:10 1850, 2095
9:18-20 1260
9:25-29 1260
9:26 1319
9:27-29 932
9:28 1492
9:29 864, 960, 1319, 1492, 1918
10:1-5 173
10:5 926
10:8 498, 959, 1297, 1593
10:9 850, 1421
10:12-22 110
10:12-13 43, 381
10:16 906, 1246, 1319, 2126, 2136
10:17 960, 1139, 1290, 2171
10:18 707, 1329, 1382, 2229
10:19 234
10:21 935, 1264
10:22 127
11:1 92, 535
11:2 1314, 1377
11:8 706
11:14 369, 1191, 1360, 1402
11:24 348, 935
11:27 500
11:30 313, 354
12-26 302
12 331
12:2 887
12:5 1356
12:4-14 957
12:5-19 1684
12:5 542, 618, 926
12:6 331
12:10 923
12:11 642, 1593
12:13-14 201
12:14 957
12:16 1656
12:13-14 548
12:15-16 222
12:20-28 222
12:28 2117
12:30-32 347
12:30 1368
12:31 418, 588, 1369
12:32 1071
13:1-11 559, 2053
13:1-3 132, 1740
13:5-10 669
13:6-9 1609
13:9-10 1846
13:15-16 1370
14 1355
14:1-2 225
14:1 1070, 1262, 1671, 2095
14:2 697
14:4-8 577
14:4-5 215
14:21 697
14:22-29 1684
14:22-27 2042
14:22 1274
14:28-29 1508
14:29 919, 1250
15:1-11 474
15:1-8 1063
15:1-6 579
15:1-3 232
15:6 369, 421
15:7-11 1013, 1505
15:7 1373
15:11 1741
15:12-18 721, 1295
15:17b 160
15:21 1616
16:1-17 164, 229, 950,1422
16:1-8 142
16:1 141
16:5-17 948
16:6 141
16:7 141
16:11 1250
16:13-16 728
16:14-15 1611
16:15 919
16:16-17 445
16:16 913, 1741, 1836, 1846
16:18-20 1030
16:19 1505
16:21-22 552, 1263
16:21 1264
17:1 718
17:2-5 1848
17:3-5 537
17:5-7 1922
17:5 954
17:6 1507, 1743, 1839, 1850, 1882, 2171
17:7 1850
17:8-10 1683
17:9-10 629, 1580
17:9-11 1617
17:14-20 24, 535, 527, 537, 583, 588, 597, 1384
17:14-18:22 1597
17:16 366, 538, 545, 642, 855, 1161, 1541
17:17 497, 537, 545, 615, 1107, 1111
17:17b 544
17:18-20 361, 543, 642
17:18-19 545, 1026
17:18 289
17:19-20 540
17:19 657
17:20 548, 654
18 1730
18:3-5 574
18:3 209, 448
18:9-14 955
18:10-14 1366
18:10-13 589
18:10-12 1603
18:10-11 481
18:10 97, 270, 1367, 1369
18:11 244
18:15-19 254, 1736
18:15-18 1506
18:15 338, 1283, 1421, 1641, 1776, 1823, 1840, 1847, 1911, 1921
18:18 1641, 1823, 1841
18:20-22 1279
18:20 1268, 2014
18:21-22 1412
18:22 2053
19:1-13 161

19:10 104
19:11-12 378
19:13-19 1250
19:14 789, 1024, 1047, 1476
19:15-19 1848
19:15 1466, 1672, 1743, 1839, 1850, 1882, 2083, 2171
19:16-19 1699, 1850
19:18 1642, 1848
19:21 1642
20:1-4 461
20:2-4 710
20:4 666
20:8 1171
20:10-18 366
20:10-15 362
20:10 이하 159
20:16-18 356, 374
20:16 383
20:17-18 307
20:17 362
21:1-9 1250, 1664
21:1 1211
21:7-9 104
21:17 569, 1221
2:18-21 1062
21:18-19 1277
21:19 435, 954
21:22-23 365, 1745, 2306
21:23 1903, 1917, 2094
22:6 316
22:8 567
22:12 1601, 1650, 1771
22:21-24 1370
22:22 980, 1000, 1472, 1850
22:28-29 508
23:3-6 736
23:3-4 1381
23:3 432, 553
23:4 270, 1315
23:6 706
23:7 1338
23:12-14 1355
23:14 172
23:18 1701
23:19-20 1063, 1373
23:20 722
23:21-23 446, 1039, 1088
23:21 1039, 1642
23:24-25 1717
24 1673
24:1-4 1244, 1673, 1732
24:1 1642
24:7 161
24:8-9 217
24:10-13 788, 997
24:10 722, 2049
24:13-15 1373
24:14-15 224
24:15 861, 1675
24:16 156, 187, 257, 360, 586, 672
24:17 1505
24:19-22 2010
24:19-21 707, 1329
24:19 433, 919, 1250
24:21 1316
25:1-3 1029
25:1 1030
25:2-3 2081
25:4 208, 2040, 2171
25:5-10 563, 1681, 1737
25:5-6 107, 430, 695
25:5 213, 1662, 1681
25:6 430
25:7-10 435
25:9 254
25:13-16 1422
25:17-19 462, 463
25:17-18 152, 912
25:17 104
25:19 923, 1339
26:1-11 732
26:5 837
26:10 1274
26:8 1260, 1290
26:13 1329
26:15 855
26:16-19 1284
26:17 535
26:18-19 1378
27–30 1270
27–29 731
27–28 649, 989
27:5-6 361
27:11-14 361
27:15-16 66
27:15-26 1255
27:15 551
27:16 1039
27:17 789, 1047, 1476
27:19 1329
27:26 189, 2094
28 123, 290, 293, 1241, 1255, 1287, 1308, 1328, 1335, 1371, 1376, 1399, 1424, 1475, 1806
28-29 527, 590
28:1 881
28–30 1231, 1338, 1431, 1434
28:1–30:10 1284
28:1-68 1287
28:1-14 51, 1085, 1431, 1619
28:1-6 954
28:1-2 935
28:1-3 2117
28:1 881
28:6 949, 1251, 1517
28:7 554, 765
28:8 990
28:10 369
28:11-12 1194
28:12 1191, 1382, 1402, 1496
28:13 1292
28:14-68 1371
28:15-68 385, 685, 705, 1085, 1267, 1280, 1290, 1291,1297, 1333, 1472, 1595
28:15 535, 591
28:17 1508
28:18 1480, 1508
28:20-24 1502
28:21-22 1508
28:22-24 1256, 1258, 1273, 1508
28:22 1480, 1508, 1581
28:23-34 1382
28:23-24 1245, 1578
28:26 1267
28:27 766

28:28 1508
28:30-45 1252
28:30 1472
28:33 1284, 1476
28:35 766
28:36-37 878
28:36 1363
28:38-42 1508
28:38-40 1508
28:39 1183
28:45 535
28:47-50 589
28:48 47, 1508
28:52 1292
28:53-57 1267, 1333, 1356
28:62 1508
28:63-68 1456
28:63 369, 383, 1011
28:64-68 51, 1333, 1363, 1376, 1381
28:64-65 154, 1253, 1599
28:64 65, 1456, 1592
28:65-67 1339
29-31 2069
29:1-4 1364
29:3 1290
29:4 1378
29:5 239
29:9 680
29:10-21 1371
29:15-68 51, 1595
29:18-21 954, 2302
29:18 2219
29:19-21 2321
29:19 1569
29:23 1371, 1582
29:24-25 1378
29:25-28 369, 383
29:27 1476
29:29 854, 1052
30 1335
30:1-10 600, 1280, 1282, 1291, 1328, 1338, 1431
30:1-4 713, 1592
30:2-3 1336
30:2 1485, 1492
30:3-5 1281
30:3 1283, 1291, 1293, 1295
30:5 1283
30:6-8 1598
30:6 58, 154, 738, 906, 1246, 2126
30:7 1338
30:10 535, 1620
30:11-14 2010
30:15-20 1993, 2094, 2205
30:15-16 56
30:15 980, 1479
30:16 535
30:17-18 369, 383
30:19 1124, 1170
30:20 45
31-33 275
31:1-8 535
31:1-7 627
31:6 720, 1554, 1579
31:7-8 297
31:7 348, 535, 740, 863
31:8 100
31:9-14 970
31:9 23, 122
31:10-12 165
31:10-13 59
31:12 590
31:16-17 1265
31:17-18 246, 847, 916
31:17 740
31:18 741
31:19-21 1536
31:23 342, 348, 535
31:24-26 597
31:26 172
31:28 1124
31:29 115, 154, 274, 401, 435, 1434, 1988
31:30–32:43 918
32–33 338, 340
32 1559
32:1 1124
32:2 1562
32:4 447, 706, 1190, 1558
32:5 2124
32:6 927, 1285, 1617
32:7 877, 893, 918
32:9 864, 1242, 1495
32:10 850, 1592
32:11 36, 890, 1181, 1478
32:13 911, 1218, 1563
32:15-21 2074
32:15 447, 1189, 1190
32:17 2042
32:18 447, 1190
32:21-24 2042
32:21b 2011
32:23-25 1357
32:27 864
32:30 1190
32:32 1371
32:33 1393
32:35-36 2215
32:35 671, 724, 922, 2015
32:36 184, 960
32:37 1190
32:39-43 1562
32:39 1477
32:42 1513
32:43 943, 1257, 2018, 2196, 2316
32:48-50 1313
32:49 279
32:50 117
33:1-29 918
33:1 25, 342
33:2 1562
33:3-4 970
33:3 814
33:5 264, 1511
33:8-11 1617
33:8 1904
33:10-11 1578
33:10 629, 942
33:12a 878
33:12 935
33:17 663, 852, 904
33:19 839
33:23-24 878
33:26 1254
33:27 1540
33:28 839
33:29 814

34 24, 353, 1709
34:1-12 25
34:1-5 297
34:1 557, 935
34:4-8 348
34:4 499, 1363, 1377
34:5-12 345
34:5-8 346
34:5 852
34:6 296
34:9-12 1614
34:9 279
34:10-12 187, 1641, 1841, 1911
34:10 321, 814
34:11 37, 1290

여호수아
1:1-9 627, 1614
1:1 152
1:5 400
1:6-9 337, 630, 834
1:6-7 535
1:6 660, 680, 1579
1:7-9 704
1:7-8 23
1:7 122, 128, 501, 706, 863, 1579
1:8 28, 305, 728, 894
1:9 501, 680, 867, 1579
1:13 923
1:14-15 1824
1:14 146
1:18 1579
2–4 727
2 398, 715, 1207
2:1-24 2232
2:1 254, 424
2:6 455
2:8 455
2:9-11 350, 2008
2:9-10 1562
2:9 166
2:10-11 1562
2:10 1378
2:11 1171, 2232
2:12-20 1154
2:13 883
3:1 269, 1542
3:7-10 569
3:10 1665
3:13-17 569
3:13 942
3:15-17 1562
3:16 942
4 453
4:1-24 457
4:1-10 727
4:7 1542
4:12-13 355
4:12 146
4:18-19 1542
4:19 354, 1509
4:21 500
5:1-9 457
5:1 896, 1171, 1368
5:2-3 1352
5:6 1255
5:9 312, 1508
5:10 249, 1368
5:14 937, 1682, 1738
6 167, 710, 2217
6:4-5 1492
6:4 735
6:6 735
6:8 735
6:10 1602
6:13 735
6:15-20 562
6:16 735, 1155
6:18 558, 1171
6:20 735, 1155
6:21 463, 481, 1171
6:23 1207
6:25 1207
6:26 556, 570, 782
7–8 423, 427
7 235, 1223
7:1 707, 1914
7:2 1315
7:5 1171
7:6 569
7:9 1259, 1492
7:11 705, 707
7:14-26 456
7:14-18 1528
7:19 1855
7:24-26 1473
7:25-26 515
7:25 558, 1914
8:28-29 515
8:30-35 380, 384, 547
8:31-32 122
8:32 23
8:33 333
8:34 23
8:34-35 597
9:1 346
9:3-27 469, 519
9:7 306
9:9 990
9:9-10 1562
9:17 498
9:22-27 717
10 363, 398
10:1 365
10:5 1368
10:7-11 1410
10:10-11 1157
10:12-13 1562
10:13 268, 491
10:24 871, 938
11 405, 730
11:1-3 496
11:2 374
11:3 306
11:19 306
11:11-12 1171
11:11 377
11:16-23 908
11:20 1171
11:21-22 255
11:23 이하 1047
11:23 374, 710
12 91, 361
12:23 374
13–22 1425
13–19 710

13 398, 1424
13:2-3 1311
13:2 1371
13:3 1312
13:6-8 710
13:14-15 710
13:14 1421
13:16 710
13:17 1313
13:19 1313
13:22 270
13:23-24 710
13:26 1313
13:28-29 710
13:32-33 710
13:33 1421
14–19 1047
14:1 277
14:4 710, 716
14:6-15 296
14:7 345
14:10 345
14:15 87, 374
15-17 397
15:1 이하 284
15:3 284, 310
15:8 341, 615
15:9 340
15:13 398, 710, 716
15:21-63 1540
15:23-25 1317
15:25 1845
15:30 294
15:31 480
15:55 888
15:57 457
15:60 340
15:62 1424
15:63 307, 373, 496
16–17 546
16:1–17:18 1427
16:5 이하 284
16:8 587
16:10 933
17:1 이하 284
17:6 935
17:7-8 587
17:11 912
17:13 933
17:14 710, 716
18 551
18:1 1250, 1257
18:6 747
18:7 1421
18:10 1528
18:11 이하 284
18:13 374
18:21–28 373
18:21 556
18:22 658
18:23 1257
18:25 537, 554
18:28 341, 498
19:1-9 340
19:1 284
19:5 373
19:9 710, 716
19:10 이하 284
19:15 432, 1540
19:17 이하 284
19:18 573
19:24 이하 284
19:32 이하 284
19:32-39 541
19:33 406
19:40 이하 284
19:40-50 541
19:40-48 424, 425
19:43-45 555
19:47 24
19:50 284
20-21 426
20 369
20:4 435, 1339, 1420
20:7-9 322
20:7 300
21 320, 378, 611
21:1-42 1422
21:7-9 492
21:11 87
21:13 495
21:15-19 1229, 1239
21:17-18 1279
21:17 537
21:28-29 377
21:39 1313
21:45 1540
22 1824
22:1-4 296
22:5 23, 43
22:16-17 911
22:16 705
22:20-22 705
22:22 884
22:25 710, 716
23:1-16 535
23:6 23, 28, 237
23:8 45, 399
23:26b 166
24 413, 547, 1709
24:2-7 706
24:2-3 71
24:9 269
24:13 878
24:14 631, 984, 1375
24:15 290
24:16-25 1569
24:16 865
24:19 499
24:19b 1813
24:28 399
24:29 397, 852
24:31 356
24:32 760

사사기

1:1 1665
1:2 1202
1:3 376
1:8 373
1:12-15 372
1:13 371
1:16 275, 463, 1296
1:19 346
1:20 373, 492
1:21 374, 390, 496, 933

1:22-26 369
1:27-36 374, 369
1:27 369
1:28 374
1:31-32 377
1:34-36 1368
1:34 377
1:35 374
2:1-3 1361
2:1 1176
2:4 1176
2:9 377, 386
2:11-13 1242
2:13 1250
2:16 453
2:17 933
2:18 184, 453, 463
3 416
3:1-4 1388
3:3 416
3:5 1368
3:7-8 907
3:9 2169
3:10 660
3:12-30 82, 1387
3:12-14 1570
3:12 1571
3:13 104, 416, 1381
3:19 1569
3:31 1311, 1388
4 377, 380, 912
4–5 375
4:4-5 1366
4:4 150
4:11 463
4:15 1222
5 478, 1051
5:1-31 461
5:4-5 1562
5:4 1491, 1501, 1703
5:5 942
5:7 397
5:8 869, 911
5:11 306
6–8 281
6:1–8:28 270
6 89
6:3 761
6:11-23 625
6:11-16 101
6:11 130
6:12 1619
6:13 937, 1509, 1682
6:15 455
6:22 2049
6:25 1515
6:33 761
6:34 1155
7–8 912
7 416, 666, 912, 1562
7:1-8 721
7:6-8 1170
7:11 146
7:12–8:10 761
7:16 460
7:19-25 1138
7:19 457, 919
7:20-21 1222
7:22 1582
8:24 78
9 342, 1028, 1041
9:5-7 472
9:9 990
9:15 1270, 1396
9:54 1607
10:6–11:28 1381
10:6-18 82
10:7 1571
10:9 100
11 370, 1477
11:1 454
11:12 1315
11:17 1520
11:24 1313
11:25 269
11:26 122, 345, 392, 1315
11:29-40 1039
11:29 416
11:31 401
11:32 416
11:34 469
11:39 401
12:1-6 401
12:8-10 376
13-16 117, 373, 1311
13:1-25 1590
13 167, 188
13:1 377, 1311, 1371
13:2 573
13:2-23 1619
13:2 373
13:5-7 1134
13:6 568
13:13 130
13:15 130
13:16 130
13:15-21 1138
13:18 80
13:19-22 568
13:22 304, 1351, 1590
13:23 1212
13:25 377
14:1 377
14:3 1560
14:6 660
14:12-19 1371
14:19 1904
15:14 1171
15:19 991
16:5 1594
16:20 1904
16:21 1339
16:23-31 451, 1319
16:28-30 2217
16:29-30 1515
16:31 377
17:6 907, 1068
17:13 855
18 342, 377, 541, 643
18:1-31 373
18:1 391
18:2 377
18:8 377
18:11 377
18:12 373
18:29 24

18:30-31 2302
18:31 1250
19 1480
19:10 68
20:1 376, 452, 538
20:16 773, 1057, 1219, 1456, 1536, 1609
20:26 748, 1490
20:28 1593
21:1-15 457
21:19 551, 728
21:25 290, 907

룻기
1:6 896
1:8 431, 1106, 1532
1:11-13 941
1:14 45
1:15 865
1:16 45, 89
1:17 948
2 330
2:1 454
2:2-3 1521
2:2 1249
2:4 1009
2:7 430, 1249
2:9 2036
2:12 851, 890
2:17-18 430
2:17 244, 430
2:20 431
3–4 1048
3:9 851, 890, 1369
3:10 431, 1009
3:11 351, 430, 431, 1014, 1074
3:14 430
4:1-11 1277
4:1-6 1290
4:1-2 455, 1339
4:1 954, 1285, 1420
4:5 107
4:6 429
4:7 330
4:11 1339
4:12 430
4:13 1617
4:15 107
4:18-22 474, 610, 908
4:20-22 356

사무엘상
1:1-11 573
1:1 245, 376
1:3-5 165
1:3 728
1:5-6 1406
1:5 1254
1:6-7 941
1:8 1601
1:10 941
1:11 573, 1073
1:15 452
1:16 448
1:19 376
1:22-24 83
2:1-11 1406
2:1-10 350, 491, 520
2:1 1314, 1394, 1759, 1760
2:2 1190
2:8 941
2:10 856, 1314, 1458, 1760
2:11 83, 376
2:12 998
2:16 1202
2:18 177
2:27-36 536
2:28 177
2:30 1435
2:35 1458
3:4 85
3:17 948
3:20 376, 538, 559
4–7 1359
4–6 373, 383
4 454
4:1-11 425, 1330
4:1-2 452
4:2-11 375
4:2 1371
4:3-4 1250
4:4 713, 909, 926, 1350
4:21 1240
5-6 614
5:1-7 1319
5:1-5 1569
5:1 452
5:2 694, 1541
5:6 1334
5:10 567
6 243
6:4 1312
6:5 60, 1855
6:7 498, 614
6:18 439, 1312
6:21–7:2 373
7:1-2 376, 614
7:2-17 1311, 1388
7:2 957
7:3-11 1260
7:3 1492
7:15-17 926
7:16 457
7:17 376
8:1 440
8:4-20 1484
8:4 376
8:5 1185
8:7 566, 855, 1354
8:17 317
8:20 504, 1185, 1680
9:2 466
9:5 467
9:9 739, 1514
9:16 1216, 1402
9:20 1580
9:25 455
10:1 1216, 1242, 1338
10:6-12 1904
10:8 444
10:9-11 1351
10:9 1829
10:10 660, 1904
10:11 1480
10:20-21 359, 1528
10:24 881
10:25 429

10:27 448, 927
11:1-15 553
11:1-11 503, 1381
11:1-5 1571
11:1-4 492
11:1-2 622
11:1 428
11:6 886
11:8 397
11:11 460
11:14-15 1509
11:15 1480
12:1-2 535
12:1 1525
12:3 282, 800, 1193
12:5 1193
12:17-25 1056
12:17-18 1191
12:19-25 926, 1260
13:1–14:23 1311, 1388
13:3 376
13:8-14 613
13:14 497, 650, 855, 885, 908, 917, 956, 966
13:16 376
13:19-21 626
14–17 1371
14 1039
14:3 177
14:5-15 376
14:6 470
14:15 1703
14:21 482
14:29 359
14:39-42 359
14:40-42 1028
14:41 696
14:44 948
14:45 1978
14:47 1387, 1520
14:50 493
15 482
15:2-9 152
15:2 331
15:3 491
15:6 1296
15:8 746
15:11 463, 613
15:20 331
15:22-23 613, 1542
15:22 1023, 1026 1477, 1479
15:29 463, 1514
15:32-33 273
15:34 457
16 610, 613
16:1-13 647
16:1-3 917
16:1 908, 1338
16:3 908
16:6 619, 1193
16:7 619, 632, 908, 1025
16:8-10 619
16:11 619, 858
16:13-14 886
16:13 855
16:14 660, 886, 1904
16:18 454, 860
16:19 859,
16:21 889
17–18 1311
17 368, 373, 453, 520, 536, 912, 2217
17:1-47 972
17:16 836
17:20 859
17:26 470, 964, 1391
17:34-35 524
17:36 1391, 1560
17:37-49 1057
17:37 666
17:38-39 466
17:42 498
17:43 1057
17:45-47 964
17:45 904, 909, 1290
17:46-47 895
17:46 891, 895
17:47-51 895
17:51 68, 860
17:52 860
17:54 520, 861
18:6 916
18:7 837, 956, 1061
18:11 1262
18:17-19 477, 519
18:25-27 494
18:27 889
19:11-17 891
19:11 883, 2229
20:5 573
20:27-31 522
20:33 1262
21:1-6 1655, 1717
21:2 855
21:7 886
21:10-15 869
21:10 889
21:11-15 889
21:11 916
21:12 869
22 524
22:1-5 965
22:1-2 414
22:1 373, 890, 963, 1537
22:6-23 449, 473
22:7-29 522
22:9-10 887
22:9 473, 886
22:18-20 533
22:18 177, 448
22:20-23 536
22:20 1229
22:22 886
23 373
23:2 967
23:4 323
23:9-10 475
23:10-12 967
23:14 894
23:19 373, 888
23:24 894
23:29 373, 1424
24 841
24:1-7 965
24:1 373, 894
24:3 890, 963
24:8 746
24:10 835

24:11 841
24:12 1139
24:14 841
24:15 844
24:22 429
25 373, 508, 513, 848, 1027
25:1 894, 2013
25:2 761, 1035
25:17 448, 865
25:21-22 873
25:22 1013
25:25 1029, 1035
25:26 840, 853
25:27 1035
25:28 1219
25:32-34 853
25:32-33 870
25:33 870, 873
25:38 848
25:43 373
26 841, 889
26:1 888
26:6 1368
26:12 44, 839, 841
26:15 841
26:17 937
26:18 841
26:19 66, 842, 867
26:20 845, 889, 951
26:21 460
26:23 841
26:24 841
27 512
27:5-6 491
27:6 373, 376, 439
28:1-4 1311, 1388
28:2 105
28:3-25 464
28:4 573
28:6-7 613
28:7 226
28:13 842
28:19 886
29 614
29:1-2 1311, 1388
29:6 949
29:11 1311, 1388
30:1-20 152
30:6 913, 2117
30:7 475
30:8 967
30:12-13 1657
30:14 583, 1388
30:22 448, 927
31 377, 491, 612
31:1-13 520
31:1-10 1311
31:1-7 1570
31:1-3 1388
31:2 399, 472
31:4 1607
31:6 852
31:7-10 1388
31:8-10 399
31:10 451
31:11-13 520
31:13 117

사무엘하
1-4 613
1 490
1:1-16 1053
1:1 331
1:11 1492
1:14 455, 1193
1:15 516
1:16 1193
1:17-27 1328
1:18 268, 439, 892
1:19 1327, 1509
1:24 1075
1:25 860
1:27 860
2 371, 373
2:1-4 372
2:12-16 1305
2:14 83
2:18-23 524
3 503, 535
3:2-5 533
3:2-3 533
3:3 510
3:7 536
3:9 948
3:10 766
3:12-16 472
3:16 1474
3:20 536
3:24-30 840
3:25 1367
3:27 536
3:31 1358, 1490
3:34 1509
3:38 1402
3:39 840
4:5-12 477
5 614
5:2 465
5:3-5 87
5:3 429, 852
5:4 533
5:6-10 898
5:6-9 369, 376
5:6-7 1593
5:7-11 547
5:7 1330
5:8-10 366
5:9 584
5:10 1290, 1310
5:11 539, 1388
5:14 1269
5:17-25 377, 1311, 1388
5:19 967
5:20 1157
5:23-24 967
5:24-25 75
5:24 861, 891
6 243
6:1-11 641
6:1-8 596
6:1-7 451
6:1 373
6:2 542, 1350
6:5 1005
6:6-7 542
6:8 1539

6:10 541
6:16-17 541
6:21 1005
6:23 519
7 429, 610, 617, 640, 863, 899, 901, 1495, 1576, 1759, 1807, 1942
7:1-17 1231
7:1-7 957
7:1 866
7:2-16 956
7:6-16 1937
7:7-17 600
7:8-24 1378
7:8-17 478, 528, 535, 611, 840, 854, 956, 1270, 1287, 1989
7:8-16 542, 908, 950, 966, 1293, 1294
7:10-16 950, 954
7:10-11 1139
7:11-17 899, 917, 948
7:11-16 505
7:11 42, 865
7:12-17 837, 847, 855, 956, 1265
7:12-16 104, 440, 448, 546, 630, 1133, 1139, 1175, 1216, 1284, 1474, 1582, 1826, 1938
7:12-15 579
7:12-14 553
7:12-13 539, 917, 1633, 1906
7:13-16 619
7:13 540, 542, 546, 596, 879, 1866
7:14 618, 620, 1380, 1824, 2074
7:16 115, 591, 840, 867, 1294, 1339, 1340, 1488, 1496
7:18 455
7:24 929, 1757
8 892
8:1 1388
8:2 274, 1411
8:3-6 546
8:4 606
8:7 583
8:9-10 1302
8:12-13 892
8:12 503
8:13-18 546
8:13-14 1387, 1520
8:15 538, 869
8:17 533, 611
8:18 583, 1388
9:1-13 477
9:4 1512
10 837
10:1-4 515
10:4-5 1356
10:4 622, 1136
10:5 556
10:8 546
10:18 606
11 553, 623, 662
11:1 622
11:2 622
11:3 524
11:27 615
12 563, 623, 662, 885
12:1-25 533
12:1-15 533
12:1-7 1029
12:1 이하 870
12:7 455
12:8 536
12:9-10 1074
12:10-11 512
12:13 868, 1674
12:16 1490
12:24-25 1139
12:26-31 1571
12:31 417, 622
13–18 533
13 623
13:28-32 506
13:34 1313
14-18 623
14:25-27 515
15–19 837
15–18 370, 966
15:1-12 1563
15:7-12 373
15:11-12 533
15:18 583
15:19-20 1532
15:24-29 611
15:24 611
15:28 894
15:30 1259
15:31-37 374
15:36 611
16:5-13 535
16:7 448
16:8 837
16:10 1648
16:20-22 1869
16:21-23 535
16:21 536
17:5-16 374
17:8 1029
17:10 1171
17:11 837
17:17-20 611
17:23 1869
17:25 456
17:27-29 502, 1355
17:27 516, 1512
18 852
18:6-15 506
18:18 510
18:19 611
18:21-33 841
18:22 611
18:24-29 1480
18:24-25 1353
18:27 611
18:33 843
19:6 883
19:18-23 535
19:19 1996
19:21 535, 1193
19:26 1864
19:31-39 535
20 535, 623, 852
20:1 448
20:9-10 536
20:24 548
21 363, 428
21:1-14 502
21:1-9 363, 376, 477
21:1 469

21:3-4 201
21:3 1242
21:7-9 469
21:9 469
21:16-22 368
22–23 447
22 852
22:3 1394
22:5 921
22:7-8 647
22:8 1501
22:29 863
22:47 447, 971
22:51 1458
23:1-7 835
23:1-5 856
23:1 815, 835, 849, 1069, 1458, 1667
23:3 852, 893
23:5 499, 618, 853
23:6 448
23:8-39 407
23:13-15 497
23:15 839
24 351, 866
24:1 623
24:9 718
24:10 460
24:11 1514
24:13-14 1029
24:13 625
24:15 59
24:16 143, 184
24:18-25 373, 908, 957
24:18-24 1602
24:24-25 837
24:25 697

열왕기상
1-2 380
1 640
1:1-4 535
1:3 573, 1111
1:5-10 536
1:7 535, 1239
1:8-10 536
1:9-13 1296
1:10 2011
1:14 2011
1:18 2011
1:26-27 1415
1:32-35 1421
1:33 595
1:34 1155, 1562
1:35-39 641
1:35 1216
1:38 502, 538, 595
1:39-45 1338
1:39 1155
1:47-48 536
1:48 1760
1:50 1507
1:51 536
1:52 535
2 640
2:3 23
2:7 517
2:8-9 517
2:10 596, 1860
2:19-25 472, 506
2:19 2109
2:26-27 1239, 1421
2:26 1229
2:27 538
2:28-35 535
2:35 1421
2:36-46 517, 535
2:46 537
3 902, 975
3:1 552, 583
3:4-15 543
3:4 361
3:5 641
3:6-15 537, 543
3:6-9 642, 902
3:6 902
3:8 645
3:9 1053
3:9a 902
3:9 538, 902
3:10-13 1043
3:13 544
3:16-28 511, 539, 577, 640,
3:28 1026
4:6 548
4:11 374
4:21-23 1075
4:21-22 1296
4:25 546
4:29-34 975, 1097
4:29 978
4:31 813, 917
4:32 1052
4:33 1270, 1390, 1396
5 541, 643
5:1-18 539
5:1-12 544, 1504
5:1-8 540
5:5 542, 552
5:6 1106, 1108, 1390, 1396
5:7-9 643
5:8 1396
5:13 1016
6–7 643
6 908, 1416
6:1 25, 540, 644, 645
6:2-3 1360
6:2 700
6:3 1415
6:5-10 1415
6:5 1296
6:11-13 546
6:11-12 66
6:12 535
6:29 1414, 1416
6:32 1414
6:35 1414
6:38-7:1 649
6:38 539
7 643
7:1-12 641, 643
7:2-5 1270
7:14 643
7:15-22 600, 1596
7:15 644
7:50 2311
8 701, 734

8:1 1330, 1491
8:2 728
8:4-6 956
8:5 701
8:8 528
8:9 926
8:10-11 1775
8:11 837, 862
8:12-30 548
8:13 866
8:20-21 541
8:20 500
8:22-23 646
8:27-30 877, 949
8:27 1921
8:29 552, 596, 642
8:30 959
8:33 1508
8:37 1508
8:38 542
8:39 855
8:41-43 575, 896, 943
8:41-42 859
8:43 853
8:44-49 570, 1447
8:44 542, 546, 593
8:46-53 545
8:46 1037
8:48 542, 546
8:50 933
8:51 596, 927
8:53 932, 1495
8:58 535
9:2 537
9:3 546
9:6-9 546
9:10-14 377
9:10 649
9:11-13 376
9:11 545
9:13 528, 1155
9:15 584
9:16 366, 369, 374
9:20-21 552
9:21 528
9:22 539
9:26-28 1387
9:28 1254
10:1-13 1249
10:1-2 1636
10:1 이하 1657
10:4-5 1369
10:8 2000
10:9 869
10:11-13 541
10:17 540, 552, 1106
10:19-20 1158, 1374
10:19 881
10:21 540
10:23 953
10:26-29 538
10:26 1111
10:29 1368
11 545, 917, 1079
11:1-40 641
11:1-13 647
11:1-11 1074
11:1-8 537, 1368
11:1-6 1111
11:1-2 500
11:1 553
11:3 1097
11:4 553, 1107
11:5 1250
11:6 553
11:7-13 1369
11:7 572, 1313, 1381, 1566
11:9-12 500
11:9 653
11:13 500, 546, 552, 882
11:14-18 1387
11:14 1520
11:26–14:20 530
11:26-40 654
11:26-39 653
11:26 1407
11:29-39 551
11:29-37 548
11:29-33 655
11:29-31 724
11:31-32 548
11:32-36 882
11:33 1313
11:36 552, 553, 957
11:38 549, 551
11:41-43 553, 555, 596
11:41 527
11:42–41:31 531
11:42–25:30 917
11:42-43 537
11:43 1860
12 290, 376, 439, 653, 1024
12:1-24 552
12:1 380, 547, 549, 551, 935, 1477
12:4 544
12:15 546, 653
12:17 548
12:18 655
12:19 528, 655
12:20-33 1355, 1484
12:20-24 548, 1407
12:21 546, 548, 554
12:22 568, 1296
12:23 548, 655
12:24 553
12:25-33 551, 650, 656, 1245, 1371
12:25-30 570
12:25 415, 654, 935, 1477
12:26-32 582
12:26-30 1313, 1507
12:27-33 1500
12:28-33 659
12:28-29 1479
12:28 143
12:29-30 376
12:29 570
12:31-32 558, 1536
12:32-33 570
12:32 549
13 549
13:1 568
13:2 598, 684
13:3 1593
13:5 1593
13:26-32 598
13:26 1530

13:33-34 582
14:1-20 551
14:10 554, 555
14:11 563
14:15 552, 554, 555, 556, 596
14:16 582
14:19-20 555
14:19 527, 547, 553, 555, 596
14:21 547
14:23 1264
14:25-28 657, 1337
14:25-26 1243, 1496
14:29 527
14:30 549
14:31–15:8 531
15 553
15:1-8 553
15:2 658
15:3 553, 555, 658
15:7 527
15:8-24 531
15:9-24 553, 659
15:11 553
15:13 552, 1264
15:16-24 570
15:16-22 1305
15:16-20 1178
15:17-22 555
15:17-20 561
15:18 1317
15:20 1317
15:23 527
15:25-28 530
15:25 552
15:27–16:7 530
15:29 554, 555
15:31 527, 552
15:34 290
16:1–22:40 580
16:2 555, 941
16:4 551
16:5 527
16:6-14 530
16:7 555
16:8-20 581
16:9-20 530
16:12 554, 555
16:14 552
16:15-28 530
16:20 552
16:23-28 1312
16:23 552
16:24 551
16:26 555
16:27 552
16:28–22:40 530
16:29-33 1569
16:29-31 1504
16:30-33 2296
16:31-33 1242
16:31-32 582
16:31 556, 581
16:33 552
16:34 376, 554, 782
17–18 568, 574
17:1 557, 2305
17:3-24 558
17:8-16 1662
17:8-24 574
17:17-24 2217, 2236
17:17 1211
17:18 568, 1648
17:19-22 1960
17:21-22 1772
17:23 1835
18–19 1392
18 556, 567, 1420
18:3-16 1519
18:4 577
18:10 577
18:13-14 577
18:16-40 1273
18:16 577
18:18-46 1260
18:18-40 1242
18:19-40 1569
18:19 564
18:20-24 664
18:20 572
18:26 1643
18:28 1262, 1671
18:30-40 563
18:37 2236
18:38 410
18:39 55
18:40 314
18:41-46 1055
19 1261, 2217
19:4 1532
19:1-21 559
19:1-18 568
19:1-2 559
19:7 1176
19:8-14 1621
19:8 560, 1638
19:9 560
19:11-13 560, 1159
19:11 1725, 1904
19:12 1904
19:13 560
19:14 558, 560
19:15-17 579, 580
19:15-16 561, 1654
19:15 579
19:16 569, 668
19:17 668
19:18 560, 837, 971, 1131, 1223, 1367
19:19 1654
20:1-43 561
20:1-34 1317
20:1-30 563
20:1-21 1156
20:2-3 681
20:7 681
20:8-11 682
20:11 895, 1059
20:13 561
20:25 573
20:28 568
20:34 561, 564
20:43 563
21 1024
21:1-15 1537
21:1 668
21:2-3 581
21:10-16 1355

21:10 577, 927, 998, 1036
21:13-24 581
21:13 581
21:19 551, 565, 581, 596
21:20-24 582
21:20 577
21:21 580, 582
21:23 581
21:24 551
21:25-26 2296
21:29 582
22 380, 567, 580, 664
22:1-40 564
22:2 528
22:5-6 724
22:11 852, 904, 1314, 1394
22:19-23 1367
22:24 836
22:32b 664
22:35 596
22:39 527, 552
22:40 530
22:41-50 531, 569
22:45 527
22:47 104, 571
22:51-53 567, 568
22:51 567
22:52 555
22:53 556
23:13 1569

열왕기하
1 565, 567
1:2 1211
1:4 1211
1:6 568, 1367
1:8 568, 1257, 1637
1:9 568
1:17 667
1:18 527, 530, 552
2 579
2:1-25 569
2:1-15 1514
2:1-12 585
2:3 572
2:7 573
2:16 558, 1925
2:19-22 217
2:22 528
3:1–9:25 530
3:1 568, 1367
3:3-10 1312
3:4-27 1387
3:4 761, 1312
3:11 1367
3:13 1648
3:27 418
4:1–6:23 572
4:1-7 1505, 1663
4:1 1514
4:7 568
4:8-37 377, 573
4:8 1111
4:14-17 2217
4:14 941
4:29 1241
4:34-35 1960
4:38-41 574
4:42-44 574, 1663, 1841
5 1715
5:1-27 574
5:1-19 1768
5:8 568
5:11 55, 1590
5:14 1929
5:25 2000
6:1-7 576
6:8-23 576
6:8-20 1563
6:17 585
6:24–7:20 577
6:24-31 1333
6:24-29 335
6:24 1317
6:28-29 1356
6:30-33 2217
7:1-20 1156
7:1 244
8:7-8 1654
8:7 1317
8:8-9 1211
8:8 1367
8:12-29 1502
8:12 1491
8:16-24 531
8:16 1367
8:18 663
8:19 600
8:20-22 1371, 1520
8:22 528
8:23 527
8:24–9:29 531
8:24 596
9:1–10:36 530
9:1–10:11 1471
9 380, 668
9:1-37 564
9:1-3 724, 1654
9:1 562, 572, 1241
9:6 668
9:7 668
9:10 563, 1251
9:25 1601
9:30-37 564, 1251
10:15-27 1296
10:15 1339
10:18-29 1273
10:18-28 1242
10:27 528
10:32-34 1383
10:34 527, 552
11:1–12:21 531, 583, 1487
11:1-20 531
11:1-3 472
11:4 669
11:12 881, 1338
12:6 670
12:10-16 502
12:12 1581
12:17 1504
12:19 527
13:1-9 530
13:5 2169
13:8 552, 527
13:10–14:16 530
13:11 552

13:12 527
13:14 1211
13:19 586
14:1-20 531
14:2 672
14:3 553
14:6 23
14:7 528, 1387
14:9 1396, 1561
14:13-14 1337
14:13 1289
14:15 527
14:16 592
14:17 592
14:18 527
14:23-29 530
14:23 672
14:25-28 1499
14:25 852, 1512, 1525, 1526, 1527, 1849
14:28 527, 1302
14:29–15:12 530
15–17 1509
15 587, 1367, 1477
15:1-7 531, 587, 673
15:5 1211, 1499
15:6 527
15:8 672
15:10-15 530
15:10 1471
15:11 527
15:14-22 530
15:14 1547
15:15 527
15:19-22 1548
15:19-20 1383, 1476
15:20 1478
15:21 527
15:22-26 530
15:26 527
15:27-31 530
15:29 374, 1133
15:30–17:6 530
15:31 527
15:32-38 531
15:36 527
16:1-20 531, 1383
16:2-3 1251
16:2 553
16:3 588, 706, 1671
16:6 528, 588
16:7-18 1120
16:7-9 1147, 1244, 1317, 1548
16:10-20 1120
16:19 527
17 552, 566, 701, 1233, 1371, 1383
17:1-6 912, 1469
17:3-4 1383
17:5-20 1245
17:7-23 1469
17:13 595
17:16 1273
17:17 97
17:18-19 596
17:19-20 591
17:19 595
17:20 705
17:24-33 698
17:24 1133, 1302
17:28 854, 1493
17:34 528
17:37 535
17:41 528, 547, 553
18:1–25:30 590
18:1–23:30 590
18:1–20:21 531
18 680
18:1-12 1052
18:1-6 268
18:3 553
18:4-6 1505
18:4 1121
18:5 682
18:6 45
18:8 1570
18:9-10 1548
18:11 1276
18:13 680, 1550
18:13–20:19 1173
18:13–19:37 1548
18:14-16 1121
18:17–19:37 1269
18:17 1552
18:21 1393
18:26–19:37 1548
18:28 1552
19 680
19:1 705
19:21-22 1320
19:22 901, 1117
19:31 1591
19:32-36 1471
19:32 869
19:34 546
19:35 681
20 680, 681
20:3 852, 2099
20:7-9 217
20:7-8 1177
20:9-11 1177
20:12-18 1121
20:12-13 682
20:12b 682
20:16-19 682
20:16-18 682
20:17 528
20:20 527
21:1-26 595
21:1-18 531, 1260
21:1-9 1231, 1566
21:1-3 1242
21:2-6 1357
21:4-8 546
21:6 1251, 1369
21:7 1264
21:8 23
21:9-17 1260
21:10-15 1357
21:12-15 599
21:11 1505
21:14 1509
21:15 528
21:16 706, 1566
21:17 527
21:19-26 531
21:25 527
22:1–23:30 531

22 1556
22:2-14 1239
22:3–23:25 1231
22:3-14 1229
22:3-13 1277
22:11-13 1298
22:14-16 599
22:14 1366
22:16-20 1260
22:19 1476
22:24 1367
23–24 1372, 1567
23:1 1487
23:4 1515
23:6 1264
23:10 225, 676, 1251, 1566, 1732
23:13 1313
23:15-20 550, 1305
23:24-32 1374
23:24-27 1556
23:26 596, 682
23:28 527
23:29-37 1383
23:29-35 1302
23:29-33 1270
23:29-30 1243, 1311
23:29 1309
23:30 1417
23:31–24:5 598
23:31-34 1374
23:31-33 531
23:31 1229
23:34–24:5 1270
23:34-35 1233
23:34 1270
23:36–24:7 1555
23:37 599
24–25 1234
24 713, 1372, 1385
24:1-17 1271
24:1-5 1333, 1385
24:1-4 1575
24:1-2 1381
24:1 1233, 1297, 1367, 1383, 1555
24:2 1315
24:5 527
24:6-16 531
24:7 1271
24:8-17 1279, 1299, 1349, 1374
24:8-16 1274, 1372
24:8 1258, 1271, 1344
24:10-16 1488
24:10-14 59, 1575
24:12-16 1233, 1343
24:12-15 1349
24:12-14 1325
24:12 1258
24:13 695, 1278
24:14 1325, 1343, 1372
24:15-17 1299
24:15-16 1267
24:15 1258
24:17–25:30 531
24:17–25:7 1268
24:17 이하 650
24:17 688, 1300
24:18–25:30 527, 1229, 1231, 1324
24:18–25:7 1324
24:18 1229
24:20-25:1 1233
25 908, 1233, 1325, 1801
25:1-21 904, 1488
25:1-12 1343, 1505, 1575
25:1-7 1365, 1540
25:1 1302, 1354, 1383, 1384, 1393
25:2-4 1233
25:3-8 1393
25:4-12 1380
25:7 1269
25:8-12 1325
25:8-10 1233
25:8-9 1362, 1491, 1600
25:8 1324, 1399
25:11 1325
25:13-17 695
25:16 866
25:18-21 1296, 1362
25:20-21 1302
25:23 452
25:25-26 1600
25:25 1303, 1304
25:26 93
25:27-30 528, 1325, 1374

역대상
1:5-7 1408
1:7-13 652
1:8 66
1:36 1316
2:3-15 429
2:6 813
2:13 465
2:16 493
2:54-55 1296
3 26
3:2 533
3:15 1289
3:17-18 1271
3:17 699, 1272
3:21 1519
3:22 703
4:19 1547
5:1-2 375
5:10 912
5:24 1229
5:26 370
6:1-3 1608
6:7-10 702
6:13-15 1324
6:15 1577
6:22-28 876
6:31 876
6:45-46 1239
7:3 1519
7:20-29 278
7:20-27 735
8:34-35 503
8:38 1519
9:2 696
9:16 1519
9:17 696
9:19 1289
9:33 959
10 653
10:8-10 451
10:14 654

11 654
11:1-3 641
11:4-9 643
11:10 860, 2013
11:15 853
12:2 1057
12:4 1229
12:9 1519
12:10 1229
12:13 1229
13:1-14 646
13:5-14 641
13:6 376
13:9-10 674
14:3-7 650
14:3-4 1272
15:1-28 646
15:16 696
15:19 813
15:20 880
15:25 2013
16:1 646
16:4 734
16:7-36 813
16:8-36 924
16:8-22 931
16:8 844
16:15 2317
16:16 89, 1431
16:17 1371
16:18 733
16:23-33 924
16:29 666, 924, 938
16:34 698
16:35 853
16:36 1250
16:39-40 537
16:39 47
16:41 873, 960
17 640, 649, 653
17:1-15 533, 1989
17:4-14 1293
17:7-15 956, 1270
17:9-14 950
17:9-10 1473
17:9 1262
17:10-14 668
17:11-14 1474
17:11 102
17:12 689
17:13-14 650
17:13 646
17:24 909
18–19 1570
18 892
18:12 1520
18:14 869
19 82
19:17 2013
20:4-8 368
20:4 520
21:1–22:1 525
21:1 525, 762
21:12 1176
21:18 525, 643
21:25 373
21:27 58
21:28-29 537
22 542
22:2 643, 650
22:6-16 640
22:6 642
22:7-9 957
22:8 499
22:9-10 533, 536
22:13 660, 680
22:18c 669
22:19a 680
22:19 642
23:1 103
23:3 698
23:24-32 1420
23:24-25 249
23:24 698
23:27-31 734
23:35 669
24 733
24:4-19 1756
24:4 1756
24:5 456
24:7-18 1756
24:26-28 696
25 813, 873
25:1 677, 698, 873
25:6-31 2300
25:8 1028
26:5 659
26:10-11 1239
27:19 1519
27:27 1042
28:2-3 647
28:2 938, 1417, 1683
28:4 647
28:5 881, 2127
28:6-7 640
28:9 844, 2109
28:9b 680
28:10 1579
28:11-19 645
28:11-12 540
28:11 이하 670
28:12 678, 1296
28:18 644
28:19 676
29:22b-25 635, 640
29:23 839
29:24 1339
29:25 642
29:26 548
29:29 429

역대하
1:1–9:31 635, 640
1:1-17 635, 641
1:1 641, 642
1:3 537
1:4 376
1:7 이하 649
1-9 534
2 643
2:3 1389
2:8 1270
2:13-14 541
3:1–5:1 643
3 644
3:1-2 908

3:1 86, 882, 908, 915, 949
3:3 1414, 1417
3:10-13 646
4:1 1417
4:6 541
5:1 695
5:2 1330
5:3 644
5:13 698
6 956
6:6 1356
6:20 665
6:21 681
6:23 681
6:24 2017
6:25 681
6:27 681, 733
6:28-31 665
6:30 681
6:33 681
6:34 546
6:35 681
6:38 546
6:39 681
6:41 957
7:1-3 915
7:3 746
7:8-9 645, 679, 1417
7:11-12 649
7:14 649, 686
8:2-6 656
8:9 539
8:13 144
8:14 734
9:1 이하 1657
9:23-24 1636
9:29–13:22 530, 548
9:31–36:21 917
9:31–12:16 531, 547
10 653, 907
10:3 2013
10:5 1657
10:6 이하 670
10:12 1657
10:15 653
10:16 733
11 653
11:13-17 549
11:14 574
12:13 553, 647
12:14 655
12:15 549
13:1-22 532, 553
13:2 553
13:5 203, 499
13:12 1917
14:1–16:14 531, 553
14:11 676
15:2 657
15:3 1493
15:9 376
16:1-6 530, 555
16:7-12 554
16:7-10 554
16:9 554, 1350
16:12 554, 1211
16:13-14 671
16:14 1295
17:1–20:37 531, 565
17:7 1519
17:10-14 954
17:10-11 1311
18:1–19:3 553
18 643
18:1-34 530, 556
18:1 564
18:33 687
19:8-11 1421
19:9 1142
20 566, 1312
20:1-23 1381, 1387
20:1 665, 674
20:3-37 566
20:5-19 646
20:6-7 1431
20:7 1182, 2231
20:10 1387
20:15 323
20:19 813, 876
20:21 938
20:22-25 1410
20:29 457
20:35-37 530
20:36 652
21:1-20 531
21:8-20 1520
21:15 1211
21:16-17 1311, 1337, 1370, 1388, 1504
21:18-19 1211
21:19 1295
22:1–23:21 531, 583
22:1-9 531, 580
22:5-7 530
22:5 642
22:7-12 530, 580
22:8-11 1121
22:9 1590
22:10–24:27 531
22:11 583, 680
23:1 583
23:25 669
24:15 103
24:18 584
24:20-22 314, 1685
24:20-21 584
24:25 584
24:27 1581
25–28 586
25 666
25:1-28 531, 586
25:1 813
25:4 23, 28
25:8 676
25:12 965
25:17-24 530
25:20 586
25:23 672
26 587
26:1-23 531, 587
26:1 586, 1367
26:4 1120
26:6-15 1120
26:6-8 1121
26:6 1504, 1570
26:9 1120, 1289
26:16-21 587, 1597

26:16-20 1499
26:16 682, 956
26:20 1647
26:21 1499
27 588
27:1-9 531, 588
27:2 1121
27:6 57
28 588
28:1-27 531
28:1-4 1121
28:2 682
28:3 933
28:4 1475
28:5-8 530
28:5-6 589
28:6-8 1121
28:16-18 1311, 1388
28:17-18 588
28:17 1371, 1520
28:18 1145
28:22 1029
29:1–32:33 531, 591
29:3-11 1121
29:3 이하 677
29:5 1609
29:11 959, 1297, 1593
29:15-36 1121
29:30 813, 884
30:1-11 1121
30:1 이하 677, 686
30:2 686
30:8 183, 1339
30:9 940, 1532
30:13-27 646
30:16-20 1863
30:18-21 1121
30:24 701
31:1 1121
31:5 1490
31:10 669
31:11 1296
32 593, 595
32:2-5 1337
32:3-5 1121
32:6-8 1121
32:20-21 1121
32:24 1593
32:25-26 594, 1121
32:30 595, 1121, 1337
32:31 1177, 1593
33:1-29 531
33:1-20 1260
33:6 933, 1671
33:7 686
33:10-11 1549
33:13 1264
33:14 1337, 1569
33:15 836, 1264
33:21-25 531
34:1–35:27 531
34:3 597
34:9-22 1239
34:14-33 1255
34:19-32 1255
34:22 1569
34:29-33 646
34:33 1255, 1305
35:7 701
35:16-19 1802
35:20-27 1393, 1608
35:20-24 1233
35:25 491
36 598
36:1-4 531
36:5-8 1555
36:5-7 531
36:5-6 1434
36:6-7 1575
36:6 934
36:7 694
36:8-10 531, 1374
36:9-13 1371
36:10 599, 694, 1575
36:11-21 531
36:17-21 164
36:17-20 1361
36:18 694
36:20-21 1275, 1289, 1364
36:20 694
36:21 61, 232, 962, 1234, 1457
36:22-23 691, 952, 1459
36:23 643, 961

에스라

1–3 704
1:1-4 692
1:1-3 691, 1459
1:1 1591
1:2-4 691, 694
1:2 643, 702, 961, 1437, 1576
1:4 1576
1:5 695
1:7-11 1279
1:11 695
2 725, 726, 731
2:1 707
2:2 1593
2:36-42 704
2:40 698
2:59 696
2:64-65 1576
2:68-69 726
3 716, 908
3:1-6 1580
3:1-3 1576
3:2 289
3:3 943
3:4 728
3:7 1396, 1577
3:8-13 643, 1576
3:10-13 1579
3:10 972
3:12-13 1412
4:1-5 697
4:1-3 1420
4:2 696, 844, 1133
4:5 1461, 1589
4:6 702
4:8-23 692
4:8 700
4:9 700
4:10 1133
4:11-16 691
4:14 264
4:17-22 691

4:19-22 720
4:21 702, 714
4:24 698, 1461, 1589
5:1-2 1575, 1577
5:1 1585, 1590
5:2 697, 698
5:5-7 1589
5:7-17 691
5:11-12 643, 1437
5:11 961
5:12 961
5:14 695, 1577
5:16 1577
6:1-12 1577
6:1 1589
6:2-5 694, 1576
6:2b-5 691
6:3-5 692, 697
6:4 700
6:5 695
6:6-12 691
6:6 700
6:9-10 1437
6:9 961
6:10 643, 961
6:11 750
6:12 1589
6:14 703, 1585
6:15 697, 698, 702, 1589
6:16-21 943
6:16-18 678, 735
6:16 643
6:18 23, 30, 122
7:5 703
7:7-9 702
7:7 702
7:8-9 695, 1399
7:8 691, 704
7:9 703
7:10 707
7:11-26 1459
7:12-16 691
7:12 961, 1437
7:15-17 1614
7:17 704
7:21 961, 1437
7:23 1437
7:24 696
7:28 703
8:9 703, 1519
8:21 748
8:23 1454
8:24 704
8:31 702
9:1-2 328, 706
9:4 706
9:6-15 691
9:6-7 706
9-10 1613, 1614
9:11 1609
9:13 63, 862
9:15 703
9:31 704
10 731, 737
10:2 706
10:3 705, 706
10:6 704
10:9 705
10:10-12 737
10:18-22 696
10:44 706
20:9 859
20:14 859
20:22 859

느헤미야

1:1–7:5 691
1:1 691, 1318
1:3 1248, 1302
1:4-5 1437
1:4 961
1:5 961, 1491
1:8 66
1:9 1356
1:11 105
2:1-8 1459
2:1 141, 692
2:3 1248
2:4 961, 1437
2:8 716, 1108
2:9 704
2:10 950
2:11-17 1248
2:11 704
2:13-15 717
2:13 1266
2:17 1588
2:20 961, 1437
3 717
3:1 1289
3:3 1569
3:7 363
3:13-14 1266
3:14 1297
3:16 712
4:1–6:14 1459
4:1-8 1318
4:5 720
4:7 1315
4:12 1601
4:14 1491
5:1-13 474, 1261
5:2-13 1614
5:5 159
5:14 692, 1613
5:18 1613
6:1-14 1615
6:1-9 1318
6:1 89
6:15-16 882
6:15 1614
7 695
7:1-59 1392
7:6-73 695
7:7 695, 712, 1547, 1593
8 729
8:1-8 455
8:1 237
8:2 691
8:7-8 704
8:10 701
8:13-18 697
8:13 이하 165
8:17 346, 710
9:1 1332, 1455
9:4-5 704

9:6 2305
9:17 940, 957, 1532
9:20 1638
9:27-28 1570
9:27 2169
9:29 2010
9:30 933
9:31 940
9:32-36 691
9:32 1290, 1616
9:34 921
10:2 1229
10:5 1519
10:19 1490
10:28-39 1614
10:32-33 573
10:33 931
11:1 747, 1361
11:11 1458
11:25-36 1540
12 91, 710
12:1 1229
12:2 691
12:4 1343, 1585
12:4 1756
12:7 1239
12:8 704
12:10-12 716
12:12-16 1590
12:16 1343, 1585
12:24 704
12:25 1519
12:27 972
12:31-39 717
12:39 1289, 1569
13 732
13:1-9 1420
13:1-2 553
13:1 28, 122
13:6 691, 692
13:7-31 1614
13:7-9 1296
13:10-14 1613
13:17-18 1376
13:19 1274
13:23-29 707
13:23-28 731
13:23-27 1613
13:25 705
13:27 87

에스더
1:1 68, 1447, 1455
1:2 1318
1:3 67
1:6 243
1:12 1590
1:18 53
1:19 1447
1:20 66, 435
2:7 436
2:17-18 742
2:17 105
2:21 105, 1590
2:23 739
3:7 141, 739, 1028
3:12-15 739
3:12 742
4:1 1455, 1490
4:3 1455
4:11-14 741
4:11 713
4:14 714
4:16 743, 1455, 1490, 1529, 1657
5:1 742, 1529, 1657
5:2-3 713
5:2 742, 952
5:12 739
8:9 1447
8:15 750
6–7 965
6 109
6:1-2 739, 1620
6:8 739
7:1-10 702
7:9-10 840
8:2 109
8:8 1447
8:17 739, 741, 743, 863, 892, 898, 905
9:19 739, 741
10:2 739
10:3 105, 109
8:9-13 739
9:1-5 158
9:23-32 877
9:27-28 739

욥기
1–2 465
1 764
1:1 59, 756, 761
1:5 176
1:6-12 1391, 1593
1:7 762
1:11 763
1:15 760
1:17 760
1:20 685, 1251, 1356, 1492
1:21-22 525
1:21 525, 810
1:22 763
2 761
2:1-7 1593
2:5 763
2:7-8 447
2:8 1337, 1531
2:9 810
2:10 1335
2:11-13 1389
2:11 1316
2:12-13 1332
2:12 1455
3:1-19 1268
3:11 776
3:23 1472
4:2b 769
4:9 852
4:17 774, 1254
5:7 990
5:10 1191
5:11 1068
5:12 2032
5:13 770, 2032
5:19 1502
6:7 771
6:9 771

6:11 873
6:18-20 769
9:13 1161
9:33 785
10:9 1854
10:12 1087
10:15 1543
10:20-21 873
12:4 59
13:16 2122
13:23 852
13:28 1476
14:14 810
15:31 1570
16:1-4 1057
16:15 1358
16:19-21 785
17:6 1367
18:4 853
18:5-6 1018
18:13 765
19:3 258
19:7 1558
19:8 1472
19:21 1334
19:23-27 810
19:24 1263
19:25-27 1466, 1861
19:25 430
20:28 939
21:7 1256
21:17 1018
22:8-9 845
22:24 1254
24:15 1001
26:12-13 1515, 2308
26:12 807, 1161
26:13 1154
27:21 1155
27:23 1357
28 756, 757
28:18 1660
28:25 960
28:26 960
29:2-3 994
29:12 911
29:21 840
30:9 1367
30:17 1268
30:19 941
30:31 1054
31:5-7 878
31:6 810
31:27 837
31:29-30 1051
31:37 806
32:8 1040
32:22 1254
33:4 36
33:6 1854
33:19 873, 1268
33:28 1608
34:15 60
35:10 1254
36:11 958
37:4-5 1351
38–41 930
38–39 1070
38 569
38:3 853
38:4-7 35
38:7 761, 2303
38:8-11 807
38:10 1248
38:17 1668
38:22 1254
38:35 960
38:36 960
39:13 873
39:14-18 1337
39:19-20 1491
39:27 1560
40:6-14 569, 763
40:7 853
40:8 1374
40:9 1351
40:11 65
41 38
41:1 1154
41:3 2014
41:30 1562
42:1-6 810
42:2 1531
42:10-17 2235
42:10 914
42:15 760
42:16-17 760
42:17 103

시편

1–41 818, 834, 875
1–2 813
1 290, 815, 849, 850, 859, 868, 870, 872, 875, 917, 940, 945, 965, 1010, 1614
1:1-3 650, 919
1:1 816, 862, 867, 875, 954, 1261, 2099
1:2 766, 814, 849, 854, 1062, 1261
1:3 969
1:5-6 870, 965
1:6 80, 855, 871, 881, 967, 1240
2–3 962
2 815, 837, 849, 854, 868, 892, 902, 908, 912, 924, 929, 936, 942, 945, 971, 1070, 1153, 1938, 2127, 2203, 2296, 2316
2:1-12 1541, 1541, 2316, 2317
2:1-6 897, 1401
2:1-2 912
2:1 887, 1914
2:2 1193, 1563
2:3 954
2:4-12 905
2:4-8 929
2:4 891, 986, 1558
2:6-7 1004
2:6 837, 844, 877, 882, 952, 962, 1286, 1372, 1376, 1491, 1600
2:7-8 1541, 1638
2:7 1070, 1638, 1824, 1989, 2202
2:8-12 943
2:8 407, 1680
2:9 925, 1314
2:10-12 897, 891, 963
2:10 899
2:12 869, 875, 892, 893, 895, 897, 925, 954, 967, 2202
3–4 855, 912, 913, 916

3 817, 837, 840, 847, 855, 856, 858, 860, 863, 867, 869, 870, 871, 872, 929, 935, 936
3:4 1377
3:8 863, 873, 1530
4 838, 840, 843, 845, 892, 897, 909
4:1 840, 889, 923
4:4 2114
4:6 844, 885, 909, 940,
5 816
5:7 542, 871, 877, 878, 890, 922, 946, 960, 963, 967, 968, 970
5:9 840, 1993
5:10 955
5:11 940
6 873, 877
6:1-5 864
6:1 873
6:2 870, 889
6:4 883, 946
6:25 955
7:1-5 864
7:1-2 884
7:1 841, 1561
7:8 870
7:11 924
7:16 107
7:17 859, 888
8 843, 910, 2198
8:1 905, 930
8:2 938, 1180, 1678
8:3 854, 930
8:4-6 2057
8:4-5 1826
8:4 2057
8:5 843, 963
8:6 2109
8:9 905
9–10 816
9 843, 844
9:1-6 1321
9:1 671, 947, 960, 1114
9:5 936
9:7 930
9:8 870, 924
9:11 901, 926, 962
9:13 889, 1668
9:14 863, 1563
9:17 883
10:1-11 895
10:2-11 947
10:5-11 1563
10:7 1993
10:15 1314
10:16 150, 858, 1310, 1403, 1511
11:3 1030, 1557
11:4 930, 941, 1529
11:6 1698
11:7b 855, 878, 965
12:5 847
13:1-2 864
13:1 878, 1195
13:5 863, 893
13:6 888
14 847, 887, 922
14:1-3 1993
14:1 477
14:1a 887
14:2 922
14:5-6 887
14:7 860
15 848, 860
15:1 836, 860, 865, 887
15:3 928
15:4 349
15:5 952
15:5b 855, 893, 949
16 848, 891
16:2 861, 870
16:4 1530
16:8-11 1906
16:8 849, 888, 949
16:11 841, 850, 851, 916, 1011, 1115
17 914, 918, 965
17:2 1491
17:3-5 852
17:3 895, 969, 971
17:5 949
17:7-8 894
17:8 871, 890, 920, 1203
17:15 1861
18 520, 871, 1561
18:2 854, 863, 904, 957, 1558, 1760
18:4 998
18:6 1529, 1638
18:6-8 1703
18:7 1562, 1562
18:7-15 1562
18:15-16 921
18:16 868
18:21 1563
18:28 863, 934, 940
18:30 1071
18:31 1190
18:33 1563
18:46 854, 863, 867, 967, 971
18:46-50 891, 1561
18:49 859, 2018
18:51 1193
19 854, 860, 940, 945, 947
19:1-6 865
19:1 848
19:4 2011
19:7-14 854
19:7 1062
19:8 999
19:9 955
19:10 1352
19:14 852
19:15 430
20 854, 855, 1401
20:1 848
20:2 1330
20:4 855
20:5 888, 893, 901, 913, 942, 963
20:6 944
20:7 855, 859, 892
20:9 1284
21 816, 855
21:5 855
21:8 849, 938
21:9 1637
22:1 1636, 1699, 1703, 1745
22 855, 856, 859
22:1-18 1703
22:6-18 1810

22:6-8 1636
22:7-8 1703
22:7 1183, 1703
22:8 1703
22:12 1507
22:13 1636
22:14 1170
22:16 1703
22:18 1702, 1703, 1810, 1885
22:27 836, 891, 1560
22:27-31 963
23 859, 864, 935, 948, 1401
23:1-2 2302
23:1 1180, 1377, 1507
23:2 1285
23:3 436, 867, 869, 888, 940, 1376
23:4 1380
23:5 210, 2235
23:6 864, 892, 916, 932, 1062
24 860
24:1 1171
24:3-4 179
24:4-6 1377
24:5 306, 853
24:7 2109
24:8 879
24:9-10 860
25 816, 869, 2213
25:3 863
25:5 853, 863
25:6 1571
25:11 859, 888, 1259, 1871
25:21 863
25:22 901
26 862, 863
26:8 860
26:11 889, 901, 928
26:11-12 888
27 862
27:1 877, 890, 899, 940, 1821
27:4 860, 879, 887
27:4-5 1332
27:5 887, 1137, 1203
27:6 837
27:7 923
27:9 863, 1195
27:11 897, 964
28:1-2 864, 895, 935
28:1 852, 1490
28:2 212, 959, 965, 1033
28:3-5 864
28:6-9 864
28:6 1033
28:7 1563
28:9 859, 865, 869, 927, 1284
29 865
29:2 924
29:3 452, 2109
29:3-9 569
29:3-5 1361
29:3-4 921
29:4 905
29:6 1350
29:8 942
29:11 669, 872, 948, 954
30 865, 892
30:1 1563
30:4 407
30:5 928
30:6 949, 1570
30:7 1195
30:8 1490
30:10 889
31:1-5 901
31:2-3 852
31:3 853, 859, 967
31:5 1810
31:6 1529
31:7 1563
31:9 889
31:13 1268
31:16 909
31:20 1203
32 868, 876, 877, 879, 916, 955, 1063, 2213
32:1-2 1994, 1997
32:2a 1996
32:3-4 873
32:5 54
32:8-9 1056
32:11 919, 926
32:28 912
33 837, 868
33:1 2128
33:3 926
33:5 925, 1532
33:7 1254
33:9 1561
33:10-11 1036
33:10 1570
33:12 864, 967
33:15 1561
33:16-17 1044
33:16 1028
33:20 44
34 92, 816, 861
34:7 1448
34:8 1176, 2243
34:9 850, 859, 955
34:11 955
34:12-16 2245
34:15 893
34:18 1492
34:19 1558
34:20 1886
35:1 877
35:2 869
35:5-6 1176
35:9 1759, 2128
35:10 917
35:17 436
35:21-25 1386
35:27 954, 1321
36 852
36:4 993
36:5-9 891, 892
36:5 920, 1559
36:7 851, 890, 920, 1104
36:8 894
36:9 877, 897, 1833
37 816, 883, 886, 903, 1059
37:3-5 1069
37:7 863, 1563
37:9 861, 863, 1011
37:9-11 1640
37:11 861

37:17 888
37:18 861
37:22 861
37:23 1255
37:24 888
37:28 847, 1011
37:29 861
37:33 892
37:34 861, 1039
37:36 940
37:40 873
38 901, 955
38:11 889
38:22 872, 875
39 874, 893
40 869, 874, 875
40:5 960
40:6-10 1418, 2213
40:6-8 2213
40:6 874
40:11 492
40:13-17 901
40:13-15 901
40:16-17 901
40:16 1563
41 875
41:1-4 771
41:3 1211
41:4 889
41:7 1016
41:9 1741, 1803, 1869, 1879
41:12 878
41:13 814, 888, 1760
42–72 876, 902
42–43 915, 950
42 867, 876, 877, 901
42:1-4 966
42:1 2243
42:11 877
43 876, 901
43:1 870
43:3 836, 881, 890, 897, 1286
44 817, 867
44:3 246, 897, 917, 925, 940, 2109
44:5 878
44:8 869
44:14 1367
44:21 895
45 816, 867, 878, 880, 899, 909, 1097
45:1 1107
45:3 855, 2316
45:6-7 879
45:6 274, 952, 2197
45:7 859, 2197
45:8 1507
45:16-17 891
45:17 881, 897
46 898, 905, 912, 915, 916, 920, 935
46:1-7 948
46:4-11 1392
46:4-7 882
46:4 881
46:4 916
46:7 848, 909
46:11 848
47 881, 882
47:3 938
47:5 273, 1492
47:7 867, 1310
47:8-9 1254
48 816, 881, 950, 962,
48:1-3 1593
48:1-2 1402, 1413
48:2 1264, 1330, 1333, 1356, 1496
48:8 1155
48:9-11 891
48:9 1638
48:11 950
49:1 407
49:7-8 860, 885, 955
49:7-9 929
49:10-12 873
49:12-15 1087
49:12-13 1087
49:14-15 844, 850, 889, 915, 963
49:15 1157, 1177, 1529
49:17 2172
49:19 871
50 885, 910
50:2 1333
50:3 1491
50:4 924, 1124
50:7-15 934
50:7 923
50:10 2317
50:12 1171
50:14 446
50:15 1559
50:16-17 884
51 864, 955, 2213
51:1 889
51:2 1823
51:4 1993
51:5 891, 1045
51:7 1823
51:10-18 1418, 2213
51:10-13 1645
51:11 279, 1351
51:13-19 884
51:16-19 838, 874
51:16-17 846, 1088
51:17 849, 870, 1212, 1492
52–55 867
52 892, 903, 1028
52:5-7 1032, 1051
52:8 891
53 847, 887, 916
53:6 848
54 888, 1561, 1760
54:7 891
55 888
55:1 1195
55:12-14 1803
55:15 883
55:22 2249
56–60 849
56:1 890, 897
56:5 1069
56:12 1642
56:13 897
57 891, 904
57:1 851, 920
57:3 492, 963
57:4-5 949
57:7 671
57:7-11 935

58 890
58:3 885
58:7 944
58:8 1089
59 890
59:8 836, 986
59:9 863
60 879, 892, 893, 899, 909, 935
60:3 1607
60:5-12 935
60:7 952
60:8 1411
60:12 892
61:4 851, 890
61:7 492
61:8 542
62 905
62:5 863
62:6 949
62:9 873
62:11 1818
62:28 2127
63:4 965, 2167
63:7 851, 890, 923
63:8 45
64 895
64:2 1203
64:9 895
65:4 1638
65:4-6 896
65:5 896
66:3 938
66:6 896
66:10 1200
66:18 1872
66:8b-12 764
67 816, 897
67:1 909
67:4 880, 897, 924
68 899, 2113
68:1 65
68:2 1171
68:4 1563
68:13 920
68:25 418, 1634
68:32 963
68:35 903
69 879, 892, 899, 901, 1828, 1876
69:2 955
69:5 899
69:6 909
69:8 1636
69:9 900, 1828, 2018
69:12 455
69:14 955
69:17 1195
69:20-21 1636
69:21 1703
69:21b 1702
69:22-23 1378, 2011
69:25 813, 1879, 1903
69:28 187, 1264, 1466, 2309
69:36 861
70 874, 901
70:4-5 901
71 901
71:1-3 867
71:3 853
71:3a 918
71:16 838, 885
71:19 917
71:21 859
72 901, 902
72:1-2 1185
72:1b 902
72:2 1272
72:2a 902
72:4 1185
72:8-11 2317
72:8 1541
72:13 883
72:19 814, 860, 1560
73:1-14 787
73:3-5 1256
73:12 1256
73:15-28 787
73:16-20 790
73:23 949
73 883, 905, 1050, 1051
73:3 1048
73–89 902
74 867, 904
74:1-11 955
74:2 864, 927
74:4 1332
74:12-15 905
74:13-15 1154
74:13-14 772, 2308
74:22 870
74:23 938
74:5 971
75 890, 904
75:3 845, 911
75:4 1314
75:5 183
75:6-7 2314
75:7 870, 924
75:8 1384, 1734
75:10 1332
77:3 966
77:11-15 955
77:11 1384
77:13 917
77:14 947
77:15-17 1562
77:15 878, 925, 1314
77:16 942
77:18 569, 1501
77:19 921, 1562
77:20 897
78 867, 908
78:1-2 1660
78:4 1489
78:12 947
78:13 149
78:18 2228
78:24 1842
78:27 151
78:41 901
78:43 1225
78:49 144, 1029
78:52-55 1180
78:54 1242, 1257, 1263, 1403, 1593, 1615
78:56 921
78:57 1478, 1617
78:65-72 915

78:68-69 1330
78:70-72 1180, 1400
78:71 1242
79:9 1259
79:10-13 1544
79:10 942
80 879, 892, 899, 909, 910, 911
80:1 1293, 1350, 1377, 1857
81:3 573, 1492
81:13 928
81 842, 910
82 910, 911
82:1 963
82:5 845
82:6 842, 891, 1859
83 817, 864, 955, 1403, 1495
83:2-6 78
83:2-5 1441
83:2-3 1320
83:15 569, 986
83:17 921
83:18 881, 949
84 842, 950
84:5 1319, 1823
84:7 1594
84:10 734, 956, 2317
85 913, 932
85:1 878
85:12 897
86 851, 953, 958
86:2 1284
86:5 929, 1532
86:8 1254
86:10 1254
86:11 917, 919, 928
86:15 929, 989, 1559
86:17 859
87 950, 962
87:2 1356, 1427, 1496
87:2-3 882
87:4 1161, 1207
88 816, 867, 917, 932
88:7 921
88:11 920
88:11-12 955, 1023
88:14 1195
89 640, 867, 1372, 1807
89:2 920
89:3 499
89:4 1401
89:5 850, 947
89:6 865, 917
89:7 850
89:8-10 1207
89:8 1290
89:9-10 916
89:10 775, 938
89:11-12 924
89:11 1161
89:13 523, 1314
89:14 869
89:17 940
89:17 957, 1394, 1760
89:18 901
89:24 957
89:27 2006
89:34-37 1294
89:35-37 1866
89:39 1582
89:44 1582
89:46 1195
89:47 873
89:51 500, 938
89:52 814
90–106 918
90 851, 920, 920, 933
90:2 1250
90:3-6 873
90:4 1559, 2256
90:10-12 1087
90:10 533
91–92 921
91:1 851, 1104
91:4 890
91:9b 918
91:11 1448
91:11-12 1638, 1639
91:15 1559
92 816, 920
92:2 942
92:4 923
92:9 938
92:10 957
92:12 1396
93 921, 924
93:1 924
93:3-4 949
93–99 920, 926, 927
93–98 925
93–96 924
93–95 924
94 922
94:1 671
94:2-7 2032
94:3 1256
94:6 1250
94:11 2032
94:14 1242, 1492, 1495
94:9-11 2032
95 42, 813, 923, 924, 2201
95:1-7a 924
95:1-2 1339
95:6 746, 971
95:7 859
95:8-9 239
95:7-8 813
95:11 28, 432, 848, 859, 865, 2201
96 813, 924, 925, 1164
96:1-9 924
96:6 855
96:10 925, 1254
96:11 1171
96:13 870, 955
97:1 924
97:2 647, 869
97:3 1491
97:5 1171
97:8 950
97:10 847, 971
97:11 671, 940
98:1 1314
98:3 920
98:7 1171
99 924, 925
99:1 852, 1350
99:2 1491

99:4 869, 880
99:5 938, 1417, 1683
99:9 836
100 859
100:1-2 1292
100:3 928, 972, 1402
100:4 1292
100:5 698, 960
101 927
101:6-8 1053, 1067
102 906, 966
102:2 1195
102:11 930
102:12 1340
102:13 1411
102:19 972
102:21 930
102:25 2197
102:26-27 2197
103 929, 930, 2107, 2213
103:1 930, 951, 967
103:3-4 1479
103:4 641, 1335, 1455
103:6 1558
103:8 1532, 1548
103:13 1456
103:17 1036, 1250, 1760
103:19 2127
104 930, 932
104:1 855, 930
104:4 2196
104:5 911
104:9 1248
104:15 859, 1036, 1103, 1113
104:16 1396
104:26 807, 1154
104:27-30 1087
104:35 933
105 813, 932
105:1-15 813
105:1-8 647
105:1 55, 844
105:3 895
105:6 932, 960
105:8-13 1496
105:8-11 960, 961, 1392
105:8-10 72, 881, 897, 910
105:9 89
105:10 1371
105:10-11 74, 898, 912, 950
105:11 881
105:15 1193
105:28 1206
105:32 865
105:34 1490
105:37 694
105:40 1773
105:45 933
106 813, 933
106:1 813, 933
106:3 1542
106:4-5 1492
106:8 1259
106:9 852, 865
106:10 1760
106:22 896
106:23 1382
106:28-39 1480
106:28-31 1617
106:28 276
106:31 1996
106:32-33 206
106:33 1016
106:35 705
106:40-41 1222
106:47-48 813
106:47 933, 1690
106:48 814, 933
107–150 933
107 934, 933
107:1-3 933
107:1 960
107:9 1760
107:18 1668
107:23-32 1663, 1667
107:30 897
108 935
108:1-5 890
108:5 971
108:7-9 892
109 935
109:1 1264
109:6 1593
109:6-13 392
109:8 1879, 1903
109:21 1259
109:28 1056
109:31 949
110 689, 936, 937, 939, 958, 2203
110:1 1683, 1747, 1799, 1807, 2057, 2197
110:2 263, 836, 952, 1907
110:3 879, 881, 924, 958,
110:4 75, 463, 880, 1294, 1597, 2202, 2209
110:5-7 972, 1222
110:5-6 836
110:6 836, 870
110:6b 50
110:7 837, 969
111–112 816
111 940
111:5 1529
111:10 793, 849, 915, 940, 942, 946, 954, 955, 1142
112 940
112:1 954
112:4 940
112:6 849, 949
112:9 1013
113–115 941
113 942
113:4 890, 917
113:7 816
113:9 1757
114 942
114:3-5 865
114:4-6 865
114:4 1562
114:6-7 1562
114:7 888
115:1 989
115:3 890, 949
115:4-8 960, 1561
116 941
116:4 55
116:5 940, 2071
116:7 847

116:8 2071
116:9 890
116:10 2071
116:17 934
117–118 941
117:1 1532, 2018
118 936, 943, 1864
118:1-4 934
118:8 969
118:14 1563
118:15-21 1680
118:17-18 2073
118:22 1594, 1680, 1736, 1799, 1913, 2243
118:25-26 1735
118:26 1678, 1685
118:27 1417
118:29 934
119 940, 945, 947, 948, 1328
119:1-8 650
119:1 1062
119:6 81, 847
119:10 671
119:18 1644
119:20 770
119:22 921
119:24 921
119:48 965
119:59 921
119:64 1532
119:66 869, 1013
119:69 671
119:79 921
119:104 158
119:105 863, 940, 999
119:112 671
119:119 1382
119:130 940
119:134 2108
119:145 671
119:176 945
120–134 816, 959
120 949, 953, 961
120:1 1529
121-134 961
121 950, 953
121:1-2 44
121:2 1254
121:2b 959
121:4 878, 887, 1241
122 948, 950
122:1 948
123 950, 951
124 948, 954
124:4-5 967
124:8 923
124:8b 959
125 952
125:1 849, 949
125:2 949
125:5 2103
126 953
126:1 950
126:5 2102
127:1-2 1529
127 902, 954
127:1 699
127:2 749, 935
127:3-5 445, 940, 954
127:3 90, 128, 436
128 954
128:1 955
128:3-4 940
128:5a 959
130 2213
131 948
132:7 938, 1417, 1683
132:10 1193
132:11-12 1906
132:12 535
132:13-14 908, 1417
132:13 1356
132:15 897
132:16 923
132:17-18 500
132:17 969, 971, 1332, 1345, 1591, 1593
132 546, 948, 957
133 948, 957, 1495
133:1 959, 970
133:2 859
133:3 1035, 1485
133:3b 959
134 959
134:1 860, 959, 960
134:2 963, 965, 967, 2167
134:3 923
134:3a 959
134:3b 959
135 959, 960
135:2 860
135:3 958
135:4 154
135:12 881
135:13 1032
136 934
136:7 2228
136:10-12 1377
136:22 1182
137:1-4 1054, 1284
137:1-3 1543
137 543, 734, 950, 961
137:1 1343
137:4-6 968
137:5 1323, 1330
137:7 1317, 1338, 1387, 1403
138 963
138:1 911
138:2 970, 989, 1820
139 963, 1240
139:1-4 895
139:7-12 1527
139:7-8 1515
139:7 1350
139:12 1783
139:12-14 1087
139:13 1004
139:14 80
139:23-24 1029
139:24 897
140:3b 1993
140:7 1551
140:12 1322
140-143 967
140-142 966
140 965
141:2 179, 263, 2167
142 841, 845, 867, 890, 965

142:1-6 864
142:2 906
142:7 841, 851, 887
143:2 2092
143:7-12 967
143:7 1195
143:11 888, 1259
144:5-8 1561
144:7-8 2308
145 816, 968
145:1 1377
145:5 855
145:8 1532
145:9 852
145:13 1559
145:14 888
145:15 961
145:18 1025
145:20 816
146 969
146:5 848
146:8-9 1558
146:9 2229
146:10 908
147 970
147:1 958
147:7 916
147:9 961
148 970, 971
149:3 972
149:4 814
149:5 1563
150 814
150:6 814

잠언
1–24 975
1:1–22:16 975
1–7 1098
1:1-7 975
1:1 975, 1079
1:2-3 1247
1:3 869, 940, 1509
1:6 882
1:7 793, 940, 1062, 1095, 1292
1:8–9:18 975, 976
1:8-19 965
1:10-19 1543
1:12 1390
1:22 1160
1:29 1142
1:31 840
2:1-11 976
2:5 1142
2:6 978
2:9 869, 1509
2:12-19 976
2:16-19 1091
2:18-19 992
2:18 1837
2:20-22 976
2:20 952
3:1-2 1090
3:3 146
3:5-6 940, 1069, 1255
3:5 1014, 1057
3:11-12 875, 896, 934, 965, 1556
3:11 840, 1559
3:12 840
3:18 172
3:20 930
3:32 1011
3:34 2233, 2248
4:7 541
4:8 157
4:16 1537
4:17 1560
4:18 940
5:12 884
5:18-20 1109
5:18-19 1103
5:18 90, 1108
5:19-20 841
6:16 1818
6:20 2116, 2117
6:24-26 1384
6:29 2036
6:35 282
7:2 851
7:8 1106
7:12 1106
7:18 1108
7:23 204
8 1541
8:13 871, 925, 1142
8:15 1884
8:19 2101
8:20 940
8:22-31 991
8:22-23 1541
8:22 1541
8:23 1541
8:27-30 1070
8:30 1112
9:10 541, 769, 793, 861, 1142, 1159, 1542, 1794
9:18 1384
10:1 975, 1079
10:2-22:16 975
10:2 1011
10:12 2236
10:13 1380
10:14 944
10:19 1088, 2232
10:21 2232
10:24 1010
10:25 1010
10:27 1142, 2228
10:30 849
11:1 1422
11:14 1540
11:19 1837
11:20 927
11:21 892
11:31 2248
12:1 1559
12:3 849
12:18 2232
12:22 1011
12:25 1054
13:6 927
13:20 946, 965
13:22 940
13:24 1380
14:9 1160
14:21 1033

14:26-27 1142
14:26 940
14:31 1033
15:1 2236
15:3 1338, 1350
15:16-17 1087
15:16 946, 1142
15:33 1142
15:19 1472
15:20 1072
15:22 1540
15:5 887
15:26 1558
15:31 1559
15:33 1542
16:3 1014
16:4 1558
16:6 1142
16:9 1255
16:10b 1026
16:11 1422
16:14 1029
16:18 673, 1476
16:20 1014
16:31 901, 1040
16:33 456, 747, 1528, 1904
17:15 1086
17:23 1540
17:28 779
18:10 1069
18:18 1028
19:11 1009
19:17 1013, 1033, 2128
19:23 919, 1142
20:1 930, 1113, 2172
20:9 903
20:10 1422
20:20 226, 1072
20:24 928, 1255
21:1 109, 701, 744
21:3 869, 940
21:15 940
21:30 1528
22:1 1090
22:4 1142
22:6 683, 954
22:7 1261
22:8 2102
22:11 879
22:16 224
22:17–24:34 975
22:17 975
22:19 975, 1014
22:23 870
22:26 722
22:29 2000
23:7 849
23:7a 58
23:13 1380
23:14 883
23:17 1142
23:27-28 1384
23:29-30 1113
23:31-32 2172
24:5-6 1040, 1091
24:23-34 1046
24:23 975
25–29 975
25:1 975, 1097
25:4-5 1382
25:18 948
25:19 1110
25:21-22 2015
26:4-5 1085
26:5 1048
26:11 2256
27:1 997
27:6 965
27:9-10 1110
27:14 1110
27:17 1110
28:5 1030
28:9 1856
28:13 1373
28:25 1014
29:18 449
29:25 1014
30–31 975
30:1 975
30:7-9 305
30:11 1072
30:15-16 1502
30:18-19 1502
30:19 1135, 1634
30:27 1489
31 430
31:1 975
31:2 446
31:4-5 1113
31:5 865
31:10 430, 435
31:10-31 1014
31:17 2118
31:26 431
31:27 430
31:28 431, 940
31:31 431, 954

전도서
1:1 1079
1:2-4 873
1:2 1080, 1254
1:12–2:26 1079
1:12 1079
1:16 1079
2:7-8 1079
2:9 1079
3:1-8 1026
3:3 323
3:11 1039
3:16-17 1079
4:1-3 1079
4:2 357
5:1-7 1039
5:10-19 1024
5:11 1021
5:15 2172
5:17 1211
6:1 765
6:2 1211
6:7 1027
6:12 873
7:3 1023
7:20 838, 882, 885, 955, 966, 1037
7:27 1080
8:2-11 1079

8:17 1039
9:3 1726
9:8 958
9:13-16 1043
10:5-6 1079
10:10 1594
10:20 1079
11:5 1039, 1254
12:1 991
12:3 749
12:5 1253, 1650
12:8 1080
12:9-14 1080
12:11 859, 1293, 1401
12:13-14 1081
12:13 43, 854
12:14 854, 1010

아가
1:1 1079, 1097
1:2 1103
1:3 1135, 1634
1:4 1102
1:5 1097, 1317
1:14 1424
1:15 999
2:7 1098, 1099
2:9 996
2:10-13 1099
2:14 1099
2:17 996, 1099
3:1-5 1099
3:5 1098, 1099
3:6-11 1099
3:6 1636
3:7 1097
3:9 1097
3:11 1097
4:1 1104
4:1-7 1099
4:2 1098
4:5 996
4:8-15 1485
4:10 1103
4:14 1249
5:1 1103
5:2-8 1099
5:5 1485
5:9-16 1099
5:10 1337
5:12 1104
5:14 1337
6:4-10 1099
6:5 999
6:8 1135, 1634
6:13 1098
7:2 1103
7:9 1103
7:10 1099
7:12-13 1099
8:2 1103
8:4 1098, 1099
8:5b 1098
8:6 1098
8:11-12 1097
8:13-14 1099

이사야
1–39 1117
1–6 1119
1:1 675
1:4 901, 1117
1:5 1029, 1211, 1339
1:8 1330
1:9-10 1371
1:9 1508, 2010
1:10-18 1414
1:10 1170
1:11-17 1040, 1414, 1599
1:11-15 1418, 2213
1:11-14 1188
1:11 1043, 1376
1:12-20 1542
1:13-15 886
1:16 2234
1:17 911, 1329, 1360, 1599
1:18 885, 1418, 1451, 2213
1:19 706
1:21 1286, 1329, 1368, 1509, 2313
1:22 1382
1:24-25 947
1:25-26 110
1:25 848, 1382
1:26 1139, 1286, 1427
1:27 862, 869
1:31 422
2:1-4 1356, 1540, 1544, 1591, 2317
2:2 86, 115, 1413, 1902,
2:2-4 861, 943, 1598, 1616,
2:2-3 653
2:3-5 1266
2:3 954, 1413, 1843
2:4 54, 1495, 1592, 1680
2:6-22 1193
2:10 930
2:10 853
2:12-19 1488
2:13 1108, 1390
2:19 1809
2:19-21 2301
2:20-21 497
3:9 1371
3:10 189
3:11 1560
3:13 870, 911
3:14 909, 1244, 1488
4:1 593, 1488
4:2-6 1272, 1510, 1591
4:2 957, 1272, 1402, 1488
4:3 1271
4:4 1823
4:9 1561
5:1-7 909, 1244, 1368, 1374, 1490, 1543, 1679, 1873, 2101
5:1-6 1155
5:1 935
5:2 1085
5:7-30 1155
5:8-9 1024
5:11 1560
5:18-19 1199
5:19 1118
5:20 1030, 1557
5:21 990
5:25 963, 1703

5:26-30 1131
5:27 1257
5:30 934, 1491
6 1131
6:1-13 926, 1968
6:1-10 1349
6:1 이하 188
6:1-5 101
6:1-4 865
6:1-3 1350
6:1 565, 586, 587, 592, 1264, 1417
6:3 860, 921, 925, 1170, 1560, 1867
6:4 926, 1515
6:5-7 1572
6:5 675, 1202
6:6-7 884
6:6 1361
6:7 201, 868
6:8 85
6:9-11 1866
6:9-10 907, 1038, 1118, 1364, 1981
6:10 1118
6:11-13 1578
6:13 884
7–35 1119
7–12 1119
7–9 588
7 588, 1136, 1175
7:1–9:7 1634
7:1-2 882
7:3-17 589
7:3-9 676
7:3 1578
7:7-9 1383
7:10-25 594
7:11 595
7:13-25 1244
7:13-15 1173
7:14 675, 1135, 1634, 1759
7:17 908
7:18-20 1558
7:20 1356
8 1136
8:6-8 951
8:6 2320
8:7-8 868, 921, 1193
8:7 967
8:10 1199
8:14-15 1680
8:14 1884, 2243
8:18 1355, 1593
8:19 481
8:22 934, 1491
9:1-7 1544
9:1-2 377, 1639, 1849
9:1 1704
9:2-7 1738
9:2 871, 1218, 1425, 1760
9:4 1331
9:6-7 500, 619, 968, 1173, 1541
9:6 75, 80, 381, 854, 947, 1141, 1185, 1651, 1690, 1799
9:7 501, 526, 879, 950, 1592, 1580, 2317
9:8–11:16 1634
9:9-10 956, 2027
9:13 1029, 1600, 1866
9:14-15 2134
10:1-2 1360, 1382
10:5-15 2124
10:5 1193, 1560
10:9 1317
10:12-14 956
10:15-16 676
10:16-19 1379
10:20-22 705, 1272
10:20 1603
10:21 523, 1139
10:22-23 1471, 2009
11 1496
11:1-16 902, 924
11:1-9 1372, 1402, 1738, 2317
11:1-5 914, 1037
11:1-4 1293
11:1 500, 954, 1020, 1184, 1345, 1372, 1593
11:2-3 986
11:2 541, 2109, 2294, 2320
11:3-4 897
11:4-5 924, 2118
11:4 950, 1611, 2294
11:6-10 1415
11:6-9 1402
11:9-10 1591
11:9 902, 924, 1289, 1377, 1560, 1611
11:10-16 1690
11:10 500, 700, 896, 1544, 1690, 2018
11:11-12 1378
11:11 1276, 1363
11:12 970
11:14 1316, 1388
12:1-6 1264
12:1 859
12:2 856, 896
12:3 916, 1848
12:4 844
13–35 1119
13–14 1150
13:1–23:18 1143
13 1144
13:1 1117
13:1 1274, 1557, 1601
13:3-5 1570
13:4 1256
13:6 1488
13:6 1331, 1490, 2235
13:6-13 1488
13:6-16 1127
13:7 1171
13:8 1247, 1688
13:9 1476, 1488
13:9-10 1610
13:9 이하 1740
13:10 1491
13:13 1491, 1502
13:15 1607
13:19-22 2310
13:19 1117, 1582
13:20-22 1537
14 2254
14:1-4 2310
14:1-2 1411
14:1 1591
14:3-21 1391
14:4 1117
14:7 2310
14:8 1108
14:12 274

14:15 1390
14:19 892, 1390
14:22 1117
14:25 892, 1410
14:27 1310
14:28-32 1312
14:28 1274
14:30 859
14:32 915
15:1–16:14 1312
15:1 1274, 1557
15:2-3 1356
15:2 1313, 1537
16 912
16:3 1104, 1199
16:5 500, 950
16:6-12 1312
16:6 1314
16:7 1314
16:8-10 1312
16:11 1314
17:1 1274, 1557
17:10 1381
17:12-13 1193, 1449
18:4 1154
18:6 1072
19:1 569, 1171, 1274
19:3 1199
19:11 1199
19:16 1190
19:19-25 915, 1394
19:20 1259
19:22 433
19:23-25 958, 1488
19:24-27 1603
19:24-25 963, 1311
19:25 1221, 1242
20:3-4 68
20:3 1355, 1593
20:4 503
21:1-10 1117
21:1 1274, 2313
21:3 1247
21:9 1117
21:11 1274
21:13-17 89
21:13 1274
21:14 769
21:16-17 1317
21:16 949
22 1150
22:1 1274
22:6 1318
22:8 540
22:12 705
22:13 2057
22:15-23 502
22:15 1668
22:19 1608
22:22 1668, 2297
23 1389
23:1-8 544
23:1 1274
23:7-8 2313
23:8-9 1199
23:17 1389, 2313
24–27 1152, 2305
24:5 1505
24:16 1042, 1617
24:17-18 1703
24:18-20 1491
24:21-23 1495, 1510
24:23 882
25:1 947
25:6-10 1697
25:6-8 880
25:6 167, 1647, 1827
25:8-9 953
25:8 889, 2059
25:10-11 1571
26:1 846
26:4 852
26:7 863
26:11 965, 1591
26:17 1247
26:19 916, 1466, 1861, 2205
26:21 1385
27:1-3 807
27:1 38, 772, 904
27:2-6 1129, 1490
27:2 909
27:3 878, 887
27:6 2012
27:9 2013
27:12-13 1523
27:12 1322
27:13 1155, 1690
28:1-13 2052
28:1 1339
28:2 1193, 1581
28:3 1339
28:4 1274
28:5 1156, 1272
28:7 1113
28:11-12 2052
28:11 1248
28:14 1066
28:15 1570
28:16 1593, 1603, 2010, 2111, 2243
28:17 1172
29:1-4 1121
29:1 1374, 1664
29:2 1664
29:6 1646, 1703, 2220
29:7 1664
29:10 44, 1378
29:13 589, 838, 846, 849, 1726
29:14 80, 2027
29:15 1199
29:18 1186, 1650, 1768, 1856
29:21 954
30:1 1199
30:2-3 919
30:7 1207
30:18-26 1570
30:18-21 1249
30:20-23 1129
30:20-21 1215
30:20 1493
30:21 1266
30:23 1191, 1493
30:26 970, 1510
30:28 1193
30:29 852, 893
30:30 1581, 1646, 2220
30:31-33 1121

31:1 1570
31:4 1158
31:8-9 1121
31:35-57 1282
32 1167
32:1 1911
32:7-8 1199
32:7 928
32:9-13 1508
32:11 1537
32:18 1402
33:1 1149
33:5-6 1168
33:6 2135
33:9 1104
33:10 846
33:14 1190
33:17 879
33:21-24 2320
33:22 2205
33:24 929
34 972, 1222, 1387
34:1-9 2316
34:1 1170
34:3 1171
34:4-5 1309
34:4 1679
34:5-17 1222, 1316, 1496
34:5-8 1317
34:5-7 1387
34:6 1313, 1316, 1567
34:13-15 1386
34:16 187
35:1-10 1544, 2317
35:1-2 1621
35:1 881
35:2 923, 1104
35:5-10 929
35:5 1186, 1650, 1768, 1856
35:6 991, 1620, 1768
35:7 1337
35:8-10 1179, 1496
35:9 934
35:10 953, 972
36–66 1119
36–39 592, 680, 1119
36–37 1269, 1471
36:1 680
36:5 1199
36:6 592, 1392
36:12 965
37–39 592
37 1159
37:1 1490
37:2-7 1269
37:9 1176
37:16 1350
37:22 1259
37:23 878
37:35 1376
37:36 59, 882
38–39 681
38:1 1525
38:2-3 681
38:6 681
38:7-8 682
38:8 1177
38:9-20 681
38:10 1668
38:14 1219
38:18 1390
38:21-22 1177
38:21 681
39:1-7 1258
39:1 1117
39:1b 682
39:2 1434
39:3 1117
39:5-7 682
39:5 1525
39:6-7 682, 1117
39:7-8 682
40–66 804, 1119, 1516
40–60 963
40–55 1117, 1151
40–53 1911
40 948
40:1-3 1756
40:1-2 1492
40:1 859
40:2 950, 1209, 1221
40:3-5 1618, 1763
40:3 704, 1179, 1823
40:6-8 873, 930
40:9 1321
40:10-11 1204, 1857
40:10 1314
40:11 859, 1180
40:13-14 1199, 2014
40:13 2031
40:18-20 1253
40:18 1254
40:19 37
40:20 1476
40:24 1561
40:25 1254
40:26 970
40:31 929
41:4 1834, 1851
41:6-20 1479
41:8-11 1282
41:8 2231
41:10 1663
41:14 1118
41:15 1562
41:16 1118
41:18 1285
41:19 1591
41:20 1118
41:21-29 1513
41:28 1199
41:29 1561
42 1209
42:1-4 1764
42:1-3 1656
42:1 500, 1582, 1593, 1638
42:4 924
42:6 898, 1939
42:7 1650, 1856
42:8 1360, 1370
42:10 868, 914
42:15 1481
42:16-19 1378
42:16 994, 1186
42:17 1539
42:18 1856

43:1-2 1663
43:3 1259
43:3 282, 1493
43:5 1578
43:5-7 1318
43:5-6 934
43:6 2007
43:7 1378, 2108
43:8-13 1378
43:10 1663, 1834, 1851
43:13 1834, 1851
43:14 1117
43:15 1310
43:22-28 1378
43:25 885, 929, 1376, 1648
44–45 392
44:1-5 1607
44:3 1848
44:6-7 2294
44:6b 681
44:9-20 673, 1319
44:9-17 1475
44:9 677
44:12 1594
44:20 185, 928
44:22 1648
44:23 1378, 1403, 2108
44:24 430
44:26 705, 1199
44:28–45:1 1558
44:28 694, 1193, 1400, 1603
45:1-5 1570
45:1 694
45:5-7 1370
45:7 35
45:11 2007
45:13 694
45:14-17 972
45:15 1259
45:17 1493
45:19 1882
45:21 1199, 1259
45:22-23 836
45:22 1663
45:23 905, 924, 943, 1270, 1316, 2017, 2124
45:24 1272
46:1-2 1310
46:1 1319
46:4 1663, 1851
46:8-11 1513
46:8-9 1316
46:10-11 1531
46:10 1463, 1531, 1563
46:13 306, 848
47:1 941, 1117
47:3 1258
47:7-9 2315
48:8 885
48:9 1378
48:9-11 1259, 1376, 1382
48:10 1252, 1382
48:11 552
48:12 1851
48:14 1117
48:16 1882
48:17 1663
48:20 1117
49:1-6 1764, 2089
49:2 919
49:5 1582
49:6-7 430
49:6 836, 898, 1215, 1593, 1939
49:7 1616, 1636
49:10 949, 1285
49:13-16 1411
49:14-16 1492
49:15-16 929
49:15 878
49:23 938, 1493
49:26 896, 1259, 1378
50:1 1214, 1368
50:3 1491
50:4-9 1764
50:6 1883
50:10 1582, 1593
51:1 853
51:9-10 915
51:9 772, 775, 807, 1161, 1207, 1211
51:11 953, 972, 1902
51:12-13 1069
51:13 473
51:16 919, 950
51:17-23 1384, 1561, 1734
51:17 905, 1676
51:22 1676, 1698
52–53 212
52:1-10 1375
52:1 836, 1361, 1496
52:6 1603
52:7-13 231
52:7-10 1378
52:7 1651, 2118
52:8 923
52:9 950
52:11 2074, 2315
52:13–53:12 1699, 1729, 1730, 1764, 2244
52:13 965, 1582, 1593
52:14 1883
52:15 1544, 2019
53 1743, 1809, 2151
53:1-9 1608
53:1 878, 925, 1118, 1314, 1866
53:2-3 1636, 1883
53:2 879, 1272, 1823
53:3 1616
53:4-6 1288, 1994
53:4 970, 1647
53:5 1883
53:6 948, 1037, 2054
53:7 1475, 1700, 1808, 1824, 1884
53:8 1717
53:9 846, 1703, 1746, 1886
53:10-11 2054
53:10 85, 880, 1609
53:11-12 1655
53:11 1213, 1734, 1911, 1921
53:12 1703, 1810, 1824
54:1-8 1827
54:1 2097
54:4-5 880
54:4 1493
54:5-8 2116
54:5 880, 1254, 1290, 1310
54:6-7 1115
54:6 90
54:9 59

54:10 1036, 1408
54:17 856, 1321
55:1 1007, 1496, 1848
55:3-5 1378
55:3-4 500
55:3 1938
55:4 1458
55:6-7 1590
55:12 971
55:7 1492
55:11 1820, 2148
55:12 924, 1403
55:13 1591
56–66 1118
56:1-8 1376, 1377, 1540
56:1 1599
56:3-8 1367, 1425, 1678
56:6-7 1598, 1735
56:6 901
56:7 836, 897, 915, 929, 972, 1257, 1263, 1372, 1377, 1415, 1420, 1678
56:8 970
56:10 1353
56:12 934
57:4 1213
57:13 653, 1377
57:15 1492
57:16-17 1590
57:19 2111
57:20-21 1066, 2308
57:20 1449
58:1 1994
58:3-8 1599
58:5 1358
58:8-10 1594
58:14 1994
59:2 740, 851, 896, 1335, 1539
59:8 1994
59:9 934
59:17 853, 2106, 2118
59:20-21 1607, 2013
59:20 1272, 1318, 1593
60:1-7 1598
60:1-3 1620
60:3-11 1217
60:3-6 652
60:4-9 1591
60:5 1579
60:7 1317
60:9 1118
60:10 913, 928
60:13 1413, 1417
60:14 1118, 1427
60:16 1259
60:21 653, 861, 1402, 1664
61:1-2 1281, 1797
61:1 210, 1184, 1735, 1764, 1769, 1796, 1856
61:2-3 1600
61:2 1764
61:3 993
61:3 972, 1402, 1664
61:6 525
61:7 653
61:8 880
61:10 993
62:1-5 1827
62:4 1427
62:6-7 1353
62:8–63:6 1331
62:10-12 970
62:11 1678
62:12 934
63:1-6 1316, 1388, 1407, 1541, 1591, 1596, 1610, 2316
63:1-4 962, 1317
63:1 905, 1320
63:2-3 1331
63:6 1258
63:8 1259
63:9 779, 1541, 1590, 1619
63:10 1206
63:11 1204, 1400
63:16-17 2007
63:16 1285, 1617
63:17 864
64:1-3 1561
64:1 942, 1826
64:4 2030
64:5 1198, 1590
64:6 1335
64:8-12 2007
64:8 1285, 1617
65–66 1151
65:1 2011
65:2 2011
65:11 1377
65:17-25 1517
65:17 이하 2257
65:17 2030
65:18-19 1600
65:20 1224, 1415, 1421, 1424
65:25 49
66:1 938, 1683
66:2 81, 705, 1921
66:5 705
66:15 1491
66:18 1494
66:18-24 2013
66:18-21 1217, 2011
66:19 69
66:20-23 1415
66:20 1286
66:22 2257
66:24 884

예레미야

1:1-12 1358
1:1-10 1349
1:1-3 687
1:1 380, 1229, 1343, 1567
1:2 1229, 1491
1:3 1229
1:4-6 455, 1330
1:5 1268, 2089
1:14 1361
1:17 1352
1:19 1327
1:26-31 1059
1:31 869
2 1368
2:2 1115
2:2 1230, 1369, 1472
2:5 1263
2:6 1491
2:7 1410

2:8 1382, 1420, 1475
2:10 275
2:13 1264, 1833
2:16 1395
3:17 1427
2:20-28 1357
2:20 1125, 1474
2:21 909, 1368, 1679
2:31 1491
3:1 1125, 1369
3:3 1258
3:4 1285, 1392
3:6 1474
3:8 1214
3:8-9 2233, 2313
3:12 1277, 1590
3:14-17 1231
3:14 1214
3:16 1281, 1282
3:17 915, 943, 1417
3:18 1319, 1339, 1410
3:19 1070, 1285, 1375
3:20 1214, 1617
3:23 1230
4:3 1490
4:4 906, 1230, 1362, 1491, 2126
4:5-6 1491
4:5 1353
4:7 1449
4:8 1315
4:13 1479
4:14 950
4:22 1274
4:23-24 1491
4:23 36
4:31 1282, 1330, 1688
5:3 1029, 1420
5:4 2096
5:14-15 1539
5:14 1290, 1310
5:15 1169, 1230
5:17 1488
5:21 1364
5:22 1230
5:26-29 1360
6:1 1353
6:7 1211
6:10 2126
6:14 1246, 1255, 1259, 1366
6:17 1353, 1543
6:20 1108, 1188
6:23 1359
6:24 1247, 1282, 1688
6:26 1276, 1358
6:27-30 1382
7–10 1277
7:1-11 1230
7:1-15 1404
7:2-15 1330
7:2 1230
7:3-7 1277
7:3 1245, 1277
7:6 1599
7:7 908
7:10 1296
7:11 1234, 1678, 1735
7:14 1277
7:21-26 1230, 1277
7:23 1230, 1249, 1284
7:28 1230
7:29 1356, 1509
7:30-32 1369
7:30-31 1434
7:30 1233
7:31-32 1291
7:31 572, 676, 933, 1384
7:33 1296
7:34 1283, 1292
8:2 1276
8:11 1283, 1366
8:13 1156, 1679
8:14 1702
8:18-21 1798
8:21 1259
8:22 1252, 1321
9:1 1229, 1327, 1798
9:7 947, 1200, 1230
9:8 948
9:11 1337
9:12-16 1230
9:15 1273
9:18 1327
9:23-26 1230
9:23-24 869, 1059, 1230
9:24 1284, 2079
9:25-26 225, 1316
9:25 1921
9:26 227, 2126, 2136
9:25-26 1246
10:1-16 1233, 1475
10:1-10 1358
10:1-5 1479
10:6-7 1230
10:10 1667
10:11-16 1265
10:12-16 1230
10:15 1561
10:16 864, 1230, 1495
10:21 923, 1180
10:22 1337
10:24 1283
10:25 900
11 1230, 1334
11:1-13 686, 1230
11:1-8 1267
11:3-5 1255
11:3 1230
11:4 1284
11:5 1375
11:14-17 1362
11:15-16 954
11:17 1255
11:18-23 1276, 1336
11:19 180
11:20 844
12:4 1258
12:10 892, 909
12:14-15 1230
12:14 1319
12:15-16 1942
12:15 1230
13 1231
13:1-14 1231
13:4-7 1257
13:11 45
13:13-19 1339

13:16 934, 1491
13:17 1252
13:18-19 1271
13:18 1230, 1279
13:19 1302
13:21 1247, 1282
13:24 65
14 1245, 1251
14:1-9 1231
14:1-6 1273
14:8 1230
14:10-12 1599
14:12 1357
14:12 851, 1233, 1278
14:13-16 1230
14:13-14 1246
14:16 1276
14:17 1252, 1258
14:18 1358
14:21 859
14:22 1082, 1273, 1356
15:1 1367
15:2 1303
15:3 1296
15:4 682
15:5-8 1069
15:10 1276
15:13 1264
15:14 1362, 1379, 1491
15:15-18 2305
15:16 1032, 1352
15:19 1911
16:1-9 1231
16:1-2 1229
16:4-6 1276
16:4 1072, 1262, 1296
16:5-7 1385
16:6 225, 315
16:7 1650
16:8-9 1284
16:9 1251, 1292
16:10-15 1993
16:14-16 1281, 1363
16:14-15 1230, 1284
16:14 1282
16:15 1911
16:18 1434
16:19 1283
17:1-3 1357
17:2 1474
17:4 1362, 1379
17:5 680, 1570
17:9-10 848, 1726, 1770
17:9 1029, 1037, 1065
17:10 2146
17:13 1833
17:19-27 1376
17:21-24 1655
17:23 183
17:24-26 1542
17:26 926
17:27 1379, 1491
18 1231
18:1-8 1231
18:2 1701
18:7-10 1230
18:7-8 1530, 1531
18:8 463
18:9-12 1701
18:11 1230
18:17 1155
18:18 1230
18:23 720, 885
19:1-13 1231
19:1-4 1230
19:2-13 1701
19:2-6 933
19:3 1230
19:4-6 676
19:4-5 1371
19:5-6 1291
19:5 1242, 1251
19:6 1606, 1701
19:7 1296
19:9 1233, 1327, 1356
19:11-12 643
19:14 1701
20:1-6 1276
20:1 1458
20:2 1301, 2218
20:3-6 1230
20:5 1264, 1382
20:7 1334, 1367, 2218
21–22 1268
21:1-7 1261
21:1-2 599
21:3 1230
21:6-7 1259
21:8-9 1303
21:12 1185
21:12 1362
21:14 1379
22:1-2 1230
22:3 1185, 1360, 1599
22:6 1561
22:6-7 1271
22:7 351, 1324
22:11-17 599
22:11-12 1374
22:11 1230
22:13-15 1271
22:14 1383
22:15 1185
22:18 1230
22:23 1247, 1282, 1561, 1688
22:24 1367, 1582, 2109
22:24-27 1279
22:26-28 1262
22:27 861
22:28 1479
22:30 1633
23:1-5 1231, 1857
23:1-4 1400, 1856
23:1-2 2113
23:2-4 1603
23:3 701, 1285
23:3-6 1230
23:3-8 1375
23:14 1371
23:5 이하 1738
23:5-6 1281, 1293, 1345, 1372, 1594, 2317
23:5 500, 523, 957, 1129, 1165, 1281, 1401, 1597, 1654
23:6 75, 838, 885, 950,
23:7-8 1284
23:9 1230

23:9-32 1332
23:10 1490
23:13 763
23:15 1334
23:16-17 1246
23:16 2014
23:17 1366, 1570
23:18 1507
23:19 986
23:20 115
23:22 1507
23:23-24 1230
24 1231
24:1-10 1231
24:1-2 1280
24:1 1357, 1367
24:4-7 705
24:5 1679
24:5 1230
24:7 1284, 2109
24:8-9 1280
24:8 1679
24:9-10 705
24:9 1277, 1367
24:10 1357
25:1-11 913
25:1 694
25:5 908, 1250
25:8-11 1364, 1376
25:10-11 1284, 1339
25:10 1251, 1283, 1292
25:11-13 1455, 1459
25:11-12 694, 1280, 1591
25:11 232, 952, 1234, 1457
25:12-25 1495
25:12 1263
25:13 1229
25:15-29 1321
25:15-28 1338, 1734
25:15-25 1258
25:15-19 1384
25:15-17 1561
25:15 905, 1676
25:17-28 1230
25:17-26 1316
25:17 1676
25:20 756, 759
25:22 1392
25:23 769
25:27-28 1676
25:30 1496
25:31 60
25:32 1494
25:34-38 1400
25:34 941
26 1334
26:2-11 1330
26:7-9 1336
26:13 1245
26:17-18 1509
26:17 1487
26:18-19 1535
26:18 866
26:20-24 599
26:23 2218
26:24 1360
27 1231, 1372
27:1-11 1231, 1331
27:1-7 1381
27:1-3 1391
27:2 1279
27:5 1230
27:8 1279
27:9 949, 1280
27:11-12 1279
27:11 949
27:12-15 1300
27:13 1278
27:16-22 1279
27:16 694
27:17 1279
27:21-22 694
28 1332
28:1-4 1333, 1365
28:1 1278
28:2-4 1280
28:10-11 1333
28:15 1230
29:1-10 689
29:1-3 1459
29:1 1365
29:8-9 1365
29:10 694, 710, 952, 1230, 1457, 1459, 1591
29:17 1679
29:22 1440
29:25-29 1324
29:29-32 1333
30–33 1230
30:1-9 1230
30:2 1229
30:3 1282, 1378
30:3-10 1516
30:5-7 1688
30:6 1247, 1570
30:7 1223, 1319, 1394, 1460, 1686, 1801, 2153
30:8-9 1282
30:9 500, 1216, 1265, 1401, 1738
30:10 1182, 1378, 1493
30:11 962, 1378
30:17 970
30:18-22 1459
30:18 1230, 1292, 1295
30:21 111
30:22 1284, 1291
31 1282, 1287
31:1-17 1291
31:1 1284
31:2-22 1284
31:3 1230
31:3 1281
31:4 1284
31:4 54
31:7 919
31:8 1378
31:9 2007, 2134
31:10 1272, 1401
31:11 862, 1230
31:12 1827
31:15-20 1281
31:15 1234, 1286, 1636
31:17-18 1340
31:19 705
31:27-40 1230
31:27-34 1902
31:27 1281, 1282, 1315

31:29-30 1373
31:29 1282
31:31 이하 1319, 1636
31:31-40 1289, 1357
31:31-37 586, 1340, 1377
31:31-34 337, 1185, 1204, 1215, 1291, 1292, 1363, 1371, 1374, 1378, 1402, 1407, 1408, 1412, 1598, 1607, 1697, 2093, 2126, 2211, 2222
31:31-33 1377, 1405, 2068
31:31-32 1377, 2116
31:31 1282, 1288, 1363
31:32 1214
31:33-34 1265, 1994
31:33 901, 1234, 1265, 1284, 1829, 1904
31:34 212, 1560, 2214
31:35-37 748, 878, 912, 918, 955, 970, 1210, 1230, 1247, 1363
31:35 1254, 1558
31:36 739, 897
31:38-40 1459, 1591
31:38 1282, 1289
31:39 1172
32:1-15 1291
32:1-5 1338
32:6-15 1231
32:6-9 1701
32:12 744
32:17 1230
32:18 1139, 1254, 1284
32:20 1225
32:23-36 1701
32:24-25 1292
32:27 896, 1230
32:29 1317
32:33 1384
32:35 225, 1011, 1251, 1357, 1369
32:44 1293, 1295
33:3 1559
33:4-5 1292
33:10-11 1285
33:11 1295
33:12-13 859
33:14-21 1230
33:14-16 1282, 1372, 1407
33:14-15 1230
33:15-17 500
33:15-16 1654
33:15 523, 957, 1129, 1231, 1598
33:16 1272, 1427
33:17-18 1297
33:17 1294
33:18 1415
33:20-22 1294
33:24-26 1496
33:26 1293
34:1-22 599
34:6-7 1233
34:7 373
34:12-22 1434
35:2 1414
35:3 1229
35:6-10 1296
35:11 1296
35:14-19 582
36:2 1229
36:4 1229, 1234, 1290
36:8 1290
36:14 1565
36:26 1203, 1290
36:32 1230, 1234
37–38 1233
37 1371
37:1-10 1261, 1393
37:3 1324
37:4-8 1393
37:5-8 1383
37:6-10 1338
37:10 1607
37:11-16 1336
37:13 1301
37:15 1230
37:17-20 1261
38 1230
38:1-6 1336
38:1-4 1303
38:5 1300
38:7-13 1336
38:14-26 1261
38:17-23 1303
38:19 1300
38:22 1539
38:23 1317
38:24-28 1300
39 이하 713
39 1324
39:1-14 1234
39:1-7 1324
39:1 1343, 1384, 1600
39:2-7 1338
39:2 1600
39:3 1277
39:4-7 1336
39:4-5 1304
39:9 1234
39:14 1303, 1360
40:1 1230
40:5-16 1303
40:5 1360
40:7-16 600
40:8 1547
40:10 1339
40:13–41:15 600
40:13–41:10 1381
41:1-18 1303
41:1 1600
41:2 1229
41:3 1339
41:4-8 503
41:5 697, 698
43–44 1230
43:1-7 1327
43:7-8 1395
43:8-13 1231, 1393
43:9 1395
43:12 1317
43:25 885
44:6 1257
44:30 1393
46–51 1230, 1231
46 1539
46:1-25 1393
46:2 1233
46:8-9 1395
46:9 68
46:10-12 972

46:10 1488
46:11 1252, 1321
46:14 1310
46:15 1310
46:20-21 1395
46:24 1319
46:25 1395
46:28 1283
46–47 1487
47:4 1392
48 1146
48:10 66
48:12 1282
48:17 1329
48:25 1314, 1332, 1394
48:26 1403
48:27 1387
48:29-30 1571
48:34 1315
48:37 1251, 1356
48:41 1247, 1688
48:42 1403
48:45 1315
48:46 572
48:47 1282
49 1387
49:1 1569
49:2 1282
49:3 1569
49:7-22 962, 1338, 1387
49:7 769, 1379
49:12 1676, 1734
49:13 1316
49:19 1449
49:22 1247, 1449
49:24 1282
49:26 1603
49:28-29 1317
49:33 1337
49:34-39 1398
49:39 1282, 1315
50–51 1144, 1556, 1595
50 962
50:1 1282, 1285
50:2 1310
50:4 1282
50:15 1323, 1339
50:17 857, 1449
50:19 1508
50:20 1282
50:29 901, 1117
50:34 430, 1230, 1254, 1290
50:40 1508
50:43 1247, 1282
50:44 1449
51–52 962
51:4 1607
51:5 901, 1117, 1230
51:7 1258, 1734
51:8 1252
51:11 67, 694
51:13 2313
51:15-19 1230
51:19 864
51:20 1570
51:24-26 2310
51:25 963
51:26 1157
51:27 1491
51:30 1323
51:35 1330
51:37 1337
51:39 1258
51:44 1310, 1319
51:47 1282
51:52 1282
51:63-64 2316
51:64 1229
52 527, 543, 1229
52:3-4 1233
52:4-11 1365
52:4 1302, 1384
52:6-7 1600
52:7-11 1336
52:8-11 1362
52:10 1302
52:12-30 934
52:12-14 1234
52:12-13 1600
52:13 1233, 1305
52:17-23 1305, 1359
52:24-27 1296, 1336, 1362
52:28-30 1325
52:28 599
52:31-34 1374
52:31 1325

예레미야애가
1:1-4 1292
1:3 1331
1:11 1306, 1356
1:12 1488
1:15 1259
1:16 1327
1:19 1330
1:21-22 1338
2:1 938, 939, 1488, 1683
2:2 1331
2:5 1331
2:8-9 1302
2:8 1172
2:10-17 1543
2:11-12 1356
2:11 1327, 1333
2:15 1266, 1319, 1357
2:19 452, 457, 1337, 1356
2:20 335, 1233, 1267, 1327, 1356
2:21-22 939, 1127, 1394
2:22 1268
3:1 1608
3:5 1616
3:7 934, 1472
3:9 1472
3:15 1273
3:16 1110
3:19 1273
3:21-30 1340
3:22-23 871, 892
3:22 1253
3:32 1284
3:46-47 1336
3:48-51 1259
4:4-5 1356
4:5 447
4:6 1371
4:8-9 1356

4:9 1356
4:10 335, 1233, 1267, 1327, 1356
4:11 1320
4:19 1449
4:21-22 1316, 1317, 1331, 1734
4:21 759, 1276, 1561, 1676
4:22 1330
5:6 1306
5:8 961
5:9 1306

에스겔
1–3 1344, 1345
1 926, 930, 1451
1:1-8 1263
1:1-3 1267
1:1-2 599
1:1 1240, 1826
1:2 1343, 1344
1:3 1229, 1239, 1490
1:4-28 521, 925
1:4-24 2299
1:4-14 569
1:4 569
1:8 1293
1:13-14 925
1:22-28 909
1:26-28 565
1:24 1256
1:28 1345, 1360
1:62-63 1645
2–3 1345
2:1-10 1343
2:1 1345
2:2 1293
2:3 1344
2:5-6 1351
2:8–3:3 2305
2:8 1351
3:1 1344
3:4-11 1343
3:5-6 1168
3:9 1351
3:12 1345
3:14-21 1952
3:15 1343
3:16-27 1962
3:17 1543
3:23 1345, 1351
3:24-26 1343
3:24 1343
3:26-27 1351
4–24 1344, 1345
4:1–5:4 1257
4:1-3 1292
4:1-2 1248
4:1 1345
4:12 1343
5:1 227, 1343
5:2 1253, 1339
5:4 1491
5:8-12 1303
5:8 1378
5:12 1253, 1339
5:13 1378
5:17 59, 1400
6:1-7 1243
6:7 1345
6:9 349
6:10 1345
6:11 1259
6:13-14 1345
6:13 1264, 1475
6:14 1378
7:4 1345
7:9 1378
7:15 1259
7:16 1219
7:18 1251, 1356
7:19 1011, 1488
8–11 1345, 1413
8:1 1343, 1344
8:3-18 1251
8:3-16 1291
8:4 1345
8:5 1264
8:10 1383
8:15-20 1293
9:3 1345, 1677
9:4-6 2109
9:7 219
10–11 1427, 1854
10 1451
10:1-22 173
10:1-15 926
10:3-5 542
10:4 1345, 1677
10:18-19 1345, 1677
10:18 1417
10:19 718
11:1-21 1362
11:1-3 1279
11:1 1302
11:9 1829
11:14-15 1274
11:16 1137, 1412, 1412
11:17 934
11:18-20 1371
11:19 901, 2068
11:20 1284, 1408
11:22-25 1345
11:22-23 1345, 1678
12 1345
12:2 1248, 1728
12:3 1351
12:3-16 1254
12:6 1593
12:9 1351
12:10 1402
12:11 1593
12:15-17 1378
12:16 1259
12:19 1356
12:22-23 1345
12:25 1351
13:5 1488
13:10-16 1646, 1969, 2220
13:17-20 1514
14:1 1343
14:6 2205
14:11 1284, 1408
14:14-20 755
14:14 59
14:21 1400
15 1244, 1374
15:1-8 909

15:6-7 1491
15:7 1378
16 1115
16:3 398
16:20-21 1381
16:22 47
16:26-29 1247
16:26-28 1339
16:39-40 1472
16:44 1345
16:51-52 1245
16:53 914
16:55 1911
17 1345
17:3 1449
17:5-10 1374, 1873
17:8 921
17:10 1246, 1533
17:12 1351
17:22 1345
17:23 921
18:2-4 1287
18:2-3 1345
18:4 882
18:6 1331
18:7 474
18:9 2010
18:20 156
18:22 1418, 2213
18:23 891, 1492
18:32 891
19:10-14 909
19:11 1314
19:12 1246
19:14 1314
20:1 1343, 1344
20:5 844, 1493
20:6 1255
20:8 900
20:9 859, 1345
20:11 2010
20:14 859, 1345
20:15 1255
20:16 1376
20:22 859, 1345
20:27-32 962, 1536
20:30 이하 934
20:33-44 1378
20:33-38 1223, 1407
20:34-36 1222
20:34-38 1595, 1609
20:35-36 1610
20:35 2049
20:39 1345
20:40 1264
20:44 1345
21:5 1378
21:14 1357
21:17 1357
21:18-23 1304, 1315
21:21 470
21:26 1345
21:27 1130, 1345
22:9 1012
22:13 1357
22:18-22 1252
22:20 1637
22:26 1420
23 1115, 1243, 1244
23:3-8 933
23:11 1245
23:12 1339
23:21 1339
23:31-34 1734
23:31-33 1276
23:40-41 1247
23:47 1370
24:1-2 1302
24:1 1344
24:3 1351
24:15-24 1262
24:15-17 1343
24:16 1580
24:17 1103, 1650
24:22 1103, 1650
24:24 1593
24:27 1343, 1593
25–32 1344, 1345
25:1-7 1304
25:2 761
25:6 1357
25:8-11 1312
25:8-10 1315
25:8 962, 1403
25:12-14 962, 1338, 1402, 1496
25:13-14 1317
25:13 1316
25:15-17 1312
25:16 502
26:1–28:19 912
26–28 1504
26:3-14 1601
26:17-18 1509
26:27 2093
27:13-24 1408
27–30 1487
27–28 1311, 1504
27:6 275
27:9 912
27:12 1254
27:13 67, 1488
27:17 1252
27:18 1317
27:19 1108
27:21 89, 1317
27:22 1249
27:26 1155
28 2254
28:11-19 1462, 2285
28:20-24 1601
29–32 1344
29:1-20 1395
29:1 1344
29:6-9 1276
29:6-7 1309, 1338
29:9-16 1310
29:10-16 1311
29:17-20 1311
29:17-18 1304
29:17 1344
29:19 1307
29:21 1394
30:2-3 2235
36:20-23 1345
36:20 1403
36:22-36 1378

36:22-28 970
30:3 1258, 1282, 1331, 1395, 1491
30:4 845
30:5 68, 69, 1309
30:7 1490
30:13 1243
30:14-16 1311
30:16 1243
30:18 1243
30:20-26 1314
30:20 1344
30:21 1314
31:1 1344
31:12 1256
31:16 883
32:1 1344
32:4 1072
32:7-8 1258, 1395
32:7 1487, 1491, 1690
32:17 1344
32:21-27 883
32:26 1408
33–48 1344, 1345
33:2-6 1491
33:11 139, 891, 1331
33:21 1343, 1344
33:25 1404
33:23-29 1303
34:1-10 1255, 1268, 1272, 1856
34:1-6 1400
34:2-3 1180
34:11-31 1293, 1345
34:11-16 1378
34:12 859, 1258, 1395, 1491
34:13-14 1318
34:15 1654
34:22-24 1605
34:23-25 1654
34:23-24 500, 619, 1095, 1282, 1601, 1857
34:23 859
34:24 1582
34:25 1215
34:30 1284
35 1316, 1338, 1403
35:1-15 1171
35:10 1339
36–37 1424
36:5-6 1319
36:5 1316
36:6 1404
36:8-11 1287
36:17 1405, 1650, 1771
36:19 65
36:22-23 1263
36:24-32 337, 1274, 1287, 1291
36:24-29 1607
36:24-28 1902
36:24-26 1407
36:25-28 1609
36:25-27 1697, 1829, 1905, 1994, 2109
36:25-26 59
36:25 1210, 2214
36:26-28 1371, 1598
36:26-27 901, 1904, 2068
36:27 1485, 2126, 2136
36:28 1284, 1408
36:33-36 1523
36:35 1487
37 953, 1345, 1523
37:1-14 1257, 1291, 1477
37:26-28 1371
37:11 1345
37:14 1407
37:15-28 1272, 1345, 1516
37:15-22 958
37:21 1318
37:21-28 1826
37:22-24 115
37:23 1284
37:24-28 500
37:24-25 1282
37:24 859, 957
37:26 1215
37:27 1284, 1408
38–39 274, 1331, 1492, 1495, 2318
38:2 67
38:6 67
38:12 1356
38:19 1703
38:22 1646, 2220
38:23 2318
39:4 1145
39:7 1345, 2318
39:9-10 1409
39:11 1345
39:12-13 1409
39:13 1378
39:17-20 938
39:21-24 1378
39:21 1345, 1494
39:22 1345
39:23-24 741
39:25-29 1570, 1607
39:25 1048, 1345, 1404, 1591
39:27-28 970
39:27 1378
39:28-39 1487
40–54 1293
40–48 501, 540, 645, 1345, 1598, 2305
40:1 1344
40:5 1416
40:38-43 1611, 2214
41:16-20 1416
43 915
43:1-12 881
43:1-7 1592
43:1-5 646, 1345
43:2-5 1345
43:2 52
43:4 1591
43:7-8 969, 1345
43:7 877, 880, 881, 899, 915, 950, 952, 958, 959, 969, 1245
43:10 2305
43:18-19 1297
43:19 1294
43:24 203
44:4 1345
44:10-44 696
44:15-19 1294, 1297
44:15 1593
44:17-18 1257
45:8-9 1423
45:15 1419
45:18-25 229
46:1 573

46:6-7 1418
46:6 1344
47:1-12 645, 916, 953, 1496
47:7 1023
47:8-12 1611
47:10 373
47:12 1023
48:1-8 958
48:4-5 1424
48:15-18 1422
48:30-35 2319
48:35 1289, 1345, 1591

다니엘

1 688
1:1-17 1525
1:1-7 1555
1:1-6 1233
1:1-4 1297
1:1-2 1279
1:1 694, 1325, 1487
1:2 1595
1:9 913
1:19-20 1391
1:21 105, 1429, 1436
2 1027
2:1-49 1577
2:7 1590
2:28 1315
2:34 1592
2:44-47 1680
2:44-45 1372, 1592
2:44 1375
2:46-49 1391
2:49 745
3 1323, 2217
3:1 2309
3:16-18 1778
3:24-25 1818
4 1446
4:3 1570
4:17 1484, 1570
4:25 1484
4:32 1484
4:34 1431
4:35 1570
5 688
5:2-4 700
5:21 1430, 1484
5:23 694
5:28 1319
5:29-6:2 1323
5:30-31 1319
5:30 1319
5:31 1321
6:1-3 1319
6:3 1367
6:7-24 2181
6:8 750, 1276
6:10 542, 543, 949
6:15 1276
6:20 1667
7 1402
7:1-28 1577
7:7-24 2300
7:7-8 2307, 2308
7:7 957, 1591
7:8-12 1606
7:8 1148, 2159
7:9-14 2205
7:9 1264
7:10-14 842
7:11-12 1148
7:13-14 448, 1345, 1638, 1647, 1807, 1826, 1838, 1856, 1866, 1922, 2294, 2305, 2311, 2316
7:13 1345, 1690, 1801
7:14 967
7:19-27 1148
7:20-25 2308
7:24-26 1606
9:25 1216, 1459
9:26-27 1690
9:26 1375, 1563, 2159
7:24 2307
7:25 1460, 2308
7:27 969
8:2 712, 1276, 1318
8:17 1345
8:20 67
8:21 1602
9:1-13 122
9:1-2 1319, 1455
9:1 743
9:2-3 1280
9:2 952, 1275, 1591
9:3 1805
9:4 1284, 1491
9:9 955
9:11-13 23
9:15-19 1280
9:17 1257
9:18-19 83
9:23 1580, 1805
9:24-27 714, 1457, 1458, 1688, 1801, 2153
9:24-26 1881
9:24-25 1690
9:24 이하 1794
9:24 1413, 1689
9:24a 1798
9:27 61, 1282, 1460, 1570, 2159, 2308
9:27a 1409
9:27b 1409
10:1 1429
10:5 1361
10:9 1286
10:11 1580
10:12-14 1391
10:13 1758
10:14 115, 1315
10:19 1580
10:20 67
11:21 1211, 1616, 1781
11:30 275, 1243
11:36-39 1148
11:36 865
11:40-45 2312
11:40 1492, 2308
12:1-3 916, 2152
12:1 187, 1282, 1451, 1686
12:2 76, 882, 884, 921, 1740, 1860, 2205
12:3 2295, 2296
12:6-7 1361
12:7 2305
12:12 1660

호세아
1–3 2116
1–2 1368
1:1 675, 1489, 1565, 1567
1:2 2233
1:9 1363
1:10-11 1293, 1516
1:10 2007, 2009
1:11-23 1287
1:11 1408
2:2-23 1369
2:3 1258
2:5-9 1308
2:5-8 2313
2:7 1106
2:10 1258
2:12 1679
2:13 1266
2:14-23 1293
2:14-15 1284
2:15 955
2:16-23 1286
2:16 1603
2:18-23 1510
2:19-20 880
2:20 2109
2:23 1284, 1363, 1367, 1471, 2009
3:1-5 1363
3:1 1363
3:3-4 713
3:4-5 500, 1282, 1482, 1942
3:4 1380
3:5 299, 1282, 1340, 1471, 1636, 1738
4:1-4 1243
4:2 1250
4:3 1490
4:12 1125
4:13 1358
4:15-19 1476
4:15 1508
4:16 421
5:3 1407
5:5 1407
5:11-14 1407
5:13-14 1383
6:1 1492
6:2 2054
6:6 1026, 1040, 1479, 1599, 1649
7:10 1590
7:11 1243, 1383
8:5 1371
8:7 998
8:9 1383
8:14 1410
9:4 836, 1650
9:5 1480
9:8 1353
9:10 276, 1274, 1569, 1679
9:11-13 1537
9:15 1508
10:1 909, 1368, 1679
10:5-6 1479
10:8 1809
10:12-13 2102
11:1 1070, 1285, 1481, 1636, 1911, 2095
11:4 1284
11:9-11 1636
11:11 1911
12:1 1383
13:2 837
13:6 956
13:11 453
13:13 1689
13:14 1285, 2059
13:14a 1484
13:15 1155
14:4-7 1620
14:4 1284
14:5-6 1154
14:5 958, 1108
14:7 909

요엘
1:1 1470, 1565, 1567
1:4-12 1167
1:7 1156, 1679
1:12 1156
1:14 1298
1:15 1127, 1282, 1331, 1395, 1567
1:18-20 1531
1:20 807
2 1800
2:1-17 1491
2:1-11 1072
2:1-2 1282, 1510, 2257
2:1 이하 1740
2:1 1155
2:2 1395, 1703
2:3 1487
2:10-11 1476, 1510
2:10 1487
2:11 이하 1621
2:12-16 2153
2:12-14 1531
2:12-13 1478, 1590
2:12 1258
2:13 940, 1043, 1532
2:15 1155, 1298
2:17 1360, 1367
2:18-32 1491
2:19 1827
2:22 1156
2:23-24 1480
2:23 1163, 1493, 1496
2:26 1773
2:27-28 1487
2:28-3:21 1510
2:28-32 1166, 1412, 1902, 1905, 1906
2:28-29 2109
2:28 896, 986
2:30-32 2151, 2154
2:30-31 1801, 1906, 2301
2:31 1610, 1690, 1703, 2026
2:30-32 1488
2:32 649, 2010
3:1-21 1610, 1620
3:1-3 1331
3:1 1488, 2093
3:4-8 1504
3:5 55
3:9-21 1331, 1510
3:9-14 1407, 1410
3:13 1322, 1331, 2311
3:14 2026
3:15 1610, 1690
3:16 1491

3:17-21 2257
3:18-21 1510
3:18 116, 1413, 1424
3:19-21 1394
3:19 1316

아모스

1:2 852, 1276, 1496
1:3–2:16 1571
1:3 1562
1:4 1316, 1320, 1410, 1491
1:5 1516
1:7 1320, 1410, 1491, 1504
1:10 1320, 1410, 1491
1:11-12 1316, 1317, 1387
1:11 912
1:12 1316, 1320, 1379, 1504
1:13-15 912, 1381
1:14 1320, 1410, 1479
2:1-5 1146
2:1-3 1312
2:2 1320, 1410
2:6-12 1506
2:6-10 234
2:6 159
2:7 1505, 2033
2:9 1570
2:14-15 970
3:2 1240, 1992
3:4 1276
3:6 1491
3:8 1276
3:15 1298
4:1-5 1244
4:1 1411
4:4-12 1308
4:4-5 203
4:4 1475
4:5 926
4:6 1508
4:7-8 1508
4:8 1508
4:9 1156, 1508
4:10 1508
4:11 1508
4:13 1254, 1508
5:4-6 1590
5:5 1475
5:8 774
5:12 282, 799, 954
5:15 925
5:16 1253, 1650
5:18-20 1258, 1282, 1315, 1488, 2257
5:18 1127, 1394, 1488, 1610
5:20 1127, 1394, 1488
5:21-27 1542
5:21-24 1414, 1599
5:21 1043
5:22 81, 847
5:26 1511
5:27 1510
6:1 1570
6:3 1570
6:8 1270
6:10 1569
7:1-6 184
7:1-2 1167
7:10-17 724
7:13 570
8:5-6 1543
8:5 1500
8:6 159
8:9 1703, 1740
8:11 449
8:14 1371
9:5 925
9:7 1312
9:11-15 500, 953, 1293, 1654, 1902, 1942
9:11-14 1474
9:11-12 943, 1316
9:11 1603, 1738
9:12 886, 1317, 1403, 1523
9:13-15 1620, 1827
9:13 1262, 1402
9:14-15 1523

오바댜

1 473, 1316, 1504
2 1316
3 1316
4 1316, 1338
5 1316
5c 1316
8-10 769
8 1316
9-14 1387
10-14 1316
10 1316, 1317, 1403
11-14 962, 1171
14 54, 1255
15-21 1331
15-18 1338
15-16 1316
15 1127, 1394, 1488
16 1377
18-19 1517
18 886
19 1388, 1516
20–21 1338

요나

1 586
1:1 1239, 1567
1:2 1526, 1929
1:3 1254
1:9 1437
1:13 1537
1:4–2:10 1663, 1667
2:2-3 963
2:3-5 921
3:2-3 1526
3:5-6 1455
4:2 940
4:6-8 949
4:7 1183
4:8 1246

미가

1:1 675, 1470
1:2-5 1282
1:2 1504
1:4 1171
1:10 1276, 1531
2:1 993
2:6-11 1613
2:12 1285

2:12-13 1222, 1516, 1593, 1610
3:5 1366
3:9-12 1246
3:12 1277, 1359
4:1-12 1595
4:1-8 2317
4:4 1409
4:1-3 1356, 1372
4:1-2 1902
4:1 1413
4:2 1843
4:3 1495
4:4-7 1517
4:4 1284, 1825
4:6-8 1510
4:7 1203, 1680
4:8 1330
4:9-10 1247, 1688
4:9 1602
4:11–5:1 1495, 1687
4:11-12 1494
4:12-13 1322
4:13 1314, 1595
5:1-4 231
5:2 372, 373, 650, 1541, 1761
5:4 1285, 1593
5:5 1651, 1818, 2111
5:7-15 972
6:1-2 1243
6:5 269, 1571
6:6-8 1026, 1040, 1418, 2213
6:8 207, 311, 911, 1269, 1599
6:10-12 1422
7:1 1274, 1679, 1787
7:6 1786
7:7-20 1394
7:8-13 1331
7:9 1320, 1322
7:14 1107, 1285
7:17 49
7:18-20 1293, 1400
7:18 917, 1035

나훔
1:1 1274, 1849
1:2 1114, 1404, 1548
1:3 1532
1:4 852, 865, 1169
1:7 1542, 1553
1:11 998
1:14 1548, 1616
1:15 998, 1496, 1651
2:7 1219
3:1 1527, 1549
3:4 1125, 1527, 1549
3:8-10 1396
3:19 1357

하박국
1–2 720
1:1 1274, 1601
1:4 1030
1:5-11 1246, 1359
1:6-11 1249, 1339
1:7 1110
1:8 1338, 1449
1:12 1540
1:13 856
1:13a 704
1:15 1041
2:2 1559
2:3 1559
2:4 1990, 1994, 2094, 1931
2:11 1798
2:13 1323
3:3-6 967
2:14 902, 1287, 1372, 1388, 1611
2:16 905, 1383, 1734
2:18 1493
2:19 1493
2:20 1567
3:1-19 1560
3:1 841
3:7 253
3:11 569
3:13 1458
3:16-19 1308
3:17 1156
3:19 1504

스바냐
1:2–3:8 1282, 1567
1:2-3 1568, 1568
1:4-13 1246
1:4-6 1566
1:7 1127, 1394, 1488, 1491, 1567
1:14-18 2026
1:14-16 1740
1:14-15 1394, 2257
1:14 1127, 1394, 1488, 1491
1:15 1258, 1394
2:4-7 1388
2:5 1312
2:7 1510, 1565
2:8-11 1312
2:9 1203, 1680
3:8-9 943
3:9 649
3:10 1293
3:11 1377
3:14-17 1293
3:15-20 1410
3:17 1284
3:19-20 1620

학개
1:1 695, 699, 707, 734, 1589, 1613
1:2-4 1588
1:6-11 1600
1:6 1588
1:7-11 696
1:10 699
1:11 1588, 1615
1:12-15 701
1:12 734
1:13 1176, 1616
1:14 697, 700, 1613
1:15 697
2:2 700, 734, 1613
2:3 698, 699, 1412, 1615
2:6-7 1579
2:7-9 699
2:7 1413, 1579
2:9 1413
2:10 1590
2:12 1423

2:17 1581
2:20-23 448
2:18-19 699
2:20 1590
2:21-22 1591
2:21 700, 1613
2:23 852, 1614

스가랴
1–8 1585
1:1 671, 699, 1229, 1239, 1343, 1565
1:3 1585
1:4-5 1125
1:11 1588
1:14 1404
1:14-17 1404
1:16 700
1:17 647
1:18 1450
1:19-21 1314
2:1-13 2305
2:2-12 1265
2:4-5 1544
2:5 1378
2:8 1400
2:10 919
2:10-11 943, 1242, 1598, 1942
2:11 700,
2:12 1615
2:13 2303
2:17 1569
3–4 1577
3:1-10 734
3:1-5 2316
3:1-2 762, 1392
3:1 936
3:2 546, 884,
3:8 852
3:9-10 1284
3:9 700, 739
3:10 1825
4 1595
4:1 1286
4:6 457, 642, 1955
4:7 1736
4:8-10 698
4:9 700, 2305
4:11 2305
5:3 1352
5:5-11 1319
6:5 761
6:9-15 689
6:11-15 448, 501, 540, 734,
6:12-13 1272, 1372
6:12 523, 957, 1129, 1272
6:13 914, 1591
7:3 1298, 1585
7:4-14 1125
7:5 1275, 1298, 1537
7:11 671
7:13 671
8:2-3 1404
8:2 1356, 1404
8:3-8 1293
8:3 647, 700, 1265, 1427
8:4-5 1406
8:4 859
8:8 1284
8:12-13 700
8:13 1402
8:16 2114
8:19 1298
8:20-23 861, 943
8:22 1598
8:23 929, 1221
9–14 1585, 1586
9:1a 1615
9:2 1392
9:3-4 1390
9:8 1604
9:9-10 943, 1600
9:9 860, 879, 1285, 1381, 1797, 1864, 1911
9:10 1651
9:14 986, 1155
9:15 1585
9:16 이하 953
9:16 908, 1242, 1257, 1387,
9:17 1591
10:1 960, 1191
10:3 1585
10:4 1157
10:5 892
10:6 1293
10:7 1103, 1113
10:12 2117
11 1606
11:3-17 1180
11:4-14 1606, 1701
11:12-14 1585
11:12-13 1585
11:12 1741
12–14 1614
12:1-14 1407
12:1-9 1801
12:1-3 1407, 1687
12:1 1069
12:2-9 1571
12:5 1585
12:6-9 972, 1272, 1582
12:6 1523
12:10-13:1 956, 1246, 1282, 1288
12:10-14 299
12:10-12 1609
12:10 이하 1378
12:10 81, 739, 857, 858, 1224, 1280, 1318, 1319, 1363, 1378, 1392, 1402, 1405, 1407, 1409, 1412, 1427, 1452, 1466, 1494, 1572, 1621, 1886, 1911
13:1-6 1698
13:1 1594, 1601, 1621
13:2 1585
13:3 1609
13:6 1671, 1699, 1742
13:7 1585
13:8-9 1223, 1407, 1465
13:9 851, 947, 1200, 1284, 2031
14 1403, 1828
14:1-21 1466
14:1-11 1540
14:1-8 1282, 2316
14:1-7 1582
14:1-5 1903, 2153
14:1-3 1540
14:1-2 1522, 1571, 1687
14:1 1127, 1394, 2151, 2154
14:2-11 1407

14:2-3 943
14:2 912, 1145, 1407, 1465, 1492, 1495
14:3-11 1407
14:3-5 938, 1494
14:3-4 1222, 1372, 1871
14:4-6 1801
14:4-5 2059
14:4 1677, 2313
14:5 1499
14:12-15 1282
14:16-23 1616
14:16-21 1415
14:6-9 1510, 2257
14:6-7 1491
14:8 1424, 1848
14:9-21 899
14:9-20 1293
14:9-11 969, 2317
14:9 836, 845, 896, 943, 971, 1257, 1801
14:10 1289, 1299, 1413
14:11 1265, 1517
14:16-19 1245, 1257, 1423, 1572, 1848
14:16-18 865
14:16-17 1372
14:16 728, 836, 896, 958, 1534
14:17 1585
14:20-21 1289, 1496, 1828
14:21 1585, 1828

말라기
1:1 1567
1:2-5 863, 1182
1:2-3 91
1:2 864, 914, 1613, 2008
1:3-4 863
1:3 733, 1337
1:4 863, 1316
1:5 83, 110, 693, 864
1:6-14 1125, 1289
1:6-9 1274
1:6 1504
1:8 723, 1616
1:11-14 1541
1:11 912
1:13-14 525
2:1-9 1125
2:7 1176
2:10-17 1125
2:10-16 705
2:14-15 90
2:14 1108, 1369
2:15 1618
3:1-3 1828
3:1 1580, 1653, 1713
3:2-3 947
3:3-4 1415
3:3 1200
3:8-10 1415
3:12 943
3:16 187
3:17 154, 2007, 2109
3:18 775
3:24 1757
4:1-6 1127, 1394
4:1 925, 2151, 2154
4:2 1350, 1760
4:4-5 448, 1614
4:4 23, 112
4:5-6 1667, 1730, 1756
4:5 1488, 1614, 1670, 1773, 2151, 2154

마태복음
1:1-16 1294
1:1 619, 647, 908, 918, 943, 1287, 1293, 1401, 1563, 1989
1:3-5 429
1:3 108
1:4-17 356
1:5 350
1:6 506, 908
1:7-8 1902
1:11-12 1272
1:12 1271
1:17 918
1:18-25 1132
1:18-20 81
1:20 1282
1:21 85, 853, 1811
1:22-23 1135, 1759
1:22 1135
1:23 100, 1135
2:1-12 1220, 1541
2:2 274
2:6 859, 1377, 1401, 1857
2:11 179
2:14-15 1482
2:16 1285
2:17-18 1234, 1285
2:17 1285
2:23 1590
3:1-13 1763
3:1-4 618, 1523, 1759, 1829, 1901, 1956, 2134
3:2-3 1823
3:2 2247
3:3 1179
3:4 215
3:5-12 1714, 1902, 1907, 1955
3:7-10 1639
3:6 2017
3:7 900
3:10 1659
3:11 1824, 1955, 2047
3:13-17 1763
3:15-16 1184, 1714
3:16 1638, 1826
3:17 85, 1839, 1865, 2271
4 239
4:1-11 1763
4:1 1350
4:2 559
4:3 1703
4:4 291, 308, 1352, 1834
4:5 1628
4:5-7 306
4:6 920, 1703
4:8-9 1729
4:10 291, 306
4:11 559
4:12-16 1849
4:12-13 1831
4:12 1827
4:15-16 1635
4:15 1704
4:17 1827, 1831
4:21 1889, 1933, 2225

4:23 1639
4:25 1908
5:1-6 872, 2246
5:1-5 1766
5:1 1766, 1840
5:3-11 815, 834
5:4 2234
5:5 861, 872
5:7 1522, 2230
5:8 846
5:10-12 2245
5:11-12 2228
5:11 2247
5:12 1834, 2031, 2155, 2231
5:13-16 1732
5:13-14 1876
5:13 1874
5:14 2115
5:16 2043, 2230, 2231
5:17-19 2010
5:17-18 1412
5:17 1288
5:19 1063
5:20 900, 1640
5:21-48 1875
5:21-30 158
5:21-22 53, 2233
5:22 58, 2114, 2229
5:23-24 200, 207, 2236
5:27-28 158
5:28 58, 999
5:32 2037, 2100
5:38-42 323
5:38-41 162
5:42 1045, 2016
5:43-48 1766
5:43-45 1030
5:43 1738
5:44 935, 1878, 2015, 2155
5:45 775, 871, 896
5:46 2031
5:48 49, 54
6:1-6 1766
6:1-2 1834
6:1 1641, 2031, 2148
6:4 2031
6:7-8 1088
6:8 88, 838
6:9-15 1780
6:9-13 839, 1629
6:9-11 1071
6:9-10 839
6:9 1285
6:10 1025
6:11 152, 174, 1071
6:14-15 1780
6:15 1736
6:19-34 1065
6:20 158, 2078
6:21 1010, 2229
6:22-23 1781
6:24 156, 664, 2099, 2138
6:25-34 859, 1019, 1784
6:33-37 235
6:33 158, 859, 1043, 1578, 2129
7:1-2 2034
7:6 1048, 2273
7:7-27 1766
7:7-8 1877
7:12 1621, 1825, 1859
7:13-14 1787
7:13 2127
7:15-22 1543
7:16-20 1637
7:16 1720
7:17-18 2114
7:17 2133
7:19 1659
7:20 1018, 1720
7:21 2149, 2265
7:24-27 1010
8:1-4 1765
8:2-4 1715
8:5-13 1660, 1767, 1835, 1837
8:10-12 884
8:10 1724
8:11-12 1680
8:11 1827
8:14-18 1764
8:14-17 1184, 1715
8:14 1749
8:18-22 433, 1452, 1777
8:20 1345, 1636
8:23-27 1721, 1770
8:28-34 1722, 1771
9:1-8 1716, 1765
9:2-7 1837
9:3 1853
9:4 1770
9:5 2149
9:9 1716
9:10-13 1716, 1766
9:11 1493
9:13 1705
9:14-17 1716, 1766
9:17 2017, 2039
9:18-26 1722, 1771
9:18 1859
9:20-22 1837
9:20 1916, 2038
9:21 1771
9:22-23 1314
9:22 2038
9:23-25 1859
9:27-28 1665
9:27-29 1837
9:27 908, 1401
9:35-38 1605
9:35 1639
10:1-18 1772
10:1-14 1724, 1772
10:2-5 1718
10:2 1817
10:3 1716, 1825, 1872
10:6 1841
10:9 2150
10:10 2102, 2171
10:11-15 1652
10:14 723
10:15 1371
10:21-22 2054
10:22 1659, 1740
10:24-31 1783
10:24 1868
10:25 1493
10:28 357

10:32-33 1783, 2178
10:34-38 1788
10:37-38 228
11:1-19 1261
11:2-19 1767
11:4-5 218
11:5 1854, 2149
11:7-15 1667, 1768
11:9-13 1618
11:10 1618
11:12 2152
11:13-15 561, 1618, 1670
11:14 1637, 1730
11:15 1354
11:16-19 1768
11:18-19 1005
11:19 1345, 1636
11:21-22 1389
11:23-24 1371
11:23 1792
11:28-30 43
11:28 231
11:29 1243, 1249, 2186, 2233
11:30 2102, 2239
12:1-14 1787
12:1-8 1717, 1726
12:1-7 473
12:5 1640
12:7 1040
12:8 229, 1345
12:9-14 1627, 1717
12:14 1651
12:15-21 1184
12:16 1656
12:18 1656
12:21 1656
12:22-32 1719
12:22-27 1781
12:22 1781
12:24 568, 1651, 1847
12:27 568
12:28 2095
12:30 1732
12:31-32 2206
12:31 1853
12:33-37 1010, 1572
12:38-45 1529
12:38-42 1704
12:38 1493
12:39-41 1526
12:39-40 1526
12:40 1529, 2054
12:41-42 834
12:41 1526, 1531
12:45 2256
12:46-50 1720, 1770
13:1-23 1720, 1769
13:1-17 1523
13:2 1840
13:3-9 1637
13:9 1354
13:10-17 907, 1769, 1901, 1902, 2101, 2134
13:10 1721
13:11 60
13:13-15 1364
13:14-15 1038, 1118
13:15 2236
13:16-17 1627
13:18-23 1637, 1652, 1770
13:22 2128
13:24-30 2158
13:31-33 1787
13:31-32 1372, 1721
13:33 142, 143
13:35 907
13:36 1721
13:41-43 1226
13:41 523
13:43 1354
13:44 1794
13:54-58 1723
13:55-56 2285
13:55 1827, 1845, 2225, 2283
14:1-14 1772
14:1-12 1714
14:3-12 1724
14:3-5 1733
14:12 1724
14:13-21 1725, 1773
14:15-21 574
14:15 1666
14:21 1725, 1841, 2228
14:22-36 1725
14:22-23 1841
14:22 1842
14:27 1663
15:1-20 728, 1725
15:1-9 1726
15:1-2 1827
15:10-11 1726
15:4-6 303
15:4 226, 2116
15:7-8 1636
15:8 1043, 1256
15:11 1664
15:18 1770
15:21 1389
15:22-28 1726, 1837
15:22 1401, 2038
15:24 743
15:26 2125
15:28 2038
15:32-39 1727
16:1-12 1727
16:4 1526
16:6 143, 203, 1660
16:13-20 1728, 1773
16:16-20 1924
16:16-18 1927
16:17-19 1931
16:17-18 1729
16:18 1792, 1909, 2111, 2241, 2243
16:21–17:13 1729
16:21-26 1729
16:21 1668
16:22 1881
16:24-27 1774, 1865, 2229
16:27 894
16:28–17:8 1826, 2254
16:28 1955
17:1-13 1730
17:1-8 168, 1774, 2251
17:1 1817
17:2 1775
17:5 646, 1865
17:10-13 1730

17:11 1618, 1823
17:14-21 1730
17:14-20 1776
17:20 2047
17:21 1670
17:22-23 1776
17:27 1705
18:1-5 1731, 1776
18:6-7 2150
18:7-14 1731
18:7-10 1251
18:15-20 2161
18:15-18 2186
18:16 2171
18:17 1045
18:21-35 1532
18:30-32 1882
18:31-35 1780
19:1-9 1732, 2001, 2037, 2168
19:3-12 1629
19:3-9 329
19:3 1967
19:9 1629, 1732, 1733
19:11 2169
19:16-30 1796
19:16-23 1733
19:18-19 229
19:20 1733
19:22 1795
19:23 2230
19:24-30 1733
19:28 1523, 1903, 2034, 2178, 2319
19:30 1734
20:12 2102
20:16 1734
20:17-19 1734
20:20-28 1734
20:26 2020
20:28 1677
20:29-34 1734, 1796
20:30-31 1401, 1665
21:1-22 1735
21:1-11 1381, 1602, 1864
21:1-9 1797
21:1-6 1797
21:4-9 1685, 2302
21:4-5 1285
21:5 2309
21:9 943, 1284, 1401
21:12-13 736, 1250, 1798, 1827
21:12 1828
21:13 1234
21:15 1401
21:16 842, 843
21:18-22 1679
21:19 1787
21:23-27 1736, 1798
21:33-46 1736, 1798, 2147
21:33-41 1374, 1873
21:41 1736
21:42-46 2243
21:42 943, 1157, 1913
21:43 1799
22:1-14 1643
22:2 1827
22:7 1625
22:15-22 1737, 1799
22:16 1493
22:21 2016
22:23-33 1737, 1799
22:27-29 1040
22:30 57, 2038
22:31 1691
22:32 882
22:34-40 928, 1738, 2267
22:36-40 849, 2230
22:36-38 852
22:36-37 291
22:37 25, 875
22:39 64, 433, 875, 1645, 2102, 2230, 2234
22:40 25, 1621, 1825
22:41-46 1738, 1799
22:42 1401
22:43-45 936
22:44 937, 1683
23:1-36 1799, 1782, 1823
23:3 319, 1683
23:4 1655
23:5 305
23:7 2020
23:8 1731
23:11 2168
23:12 2124
23:13-39 1543
23:23 2230
23:27-39 1407-2013
23:27 1969
23:29-35 688
23:30 314
23:34-36 1528
23:35 671
23:37-39 299, 944, 1219, 1407, 1465, 1591, 1594, 1609, 1610, 1787, 1911, 2318
23:37 139, 920, 1244, 1356, 2097, 2146
23:38-39 1636, 1739
23:39 943, 1572
24–25 1739, 1798, 1800, 1849, 1902
24 1801, 1894, 2153
24:1-3 1739
24:1-2 1800
24:1 1625, 1800
24:2 1413
24:3-35 2152, 2154
24:3 1800, 1801
24:4-41 2154
24:4-31 1801, 2301
24:4-14 1739
24:4-8 1800
24:6-8 2154
24:8 2153
24:9-14 1800
24:9 2154
24:10-12 1379
24:13 2124
24:15-28 1740, 1800
24:15-22 1282, 1409
24:15-16 1801
24:15 1429, 1461, 1740, 1801, 2159
24:21-22 1282
24:21 1282, 1460, 1466, 1686, 2154
24:24 2136
24:29-51 2158
24:29-44 1794
24:29-31 1275, 1740, 1871, 2153
24:29-30 1610
24:29 1460, 1494, 1801

24:30-31 1282, 1407, 1801, 2059
24:31 1525, 2059, 2152, 2153
24:32-35 1740, 1801
24:34 1801
24:36-51 61, 2154
24:36-44 1871
24:36-41 1891, 2154, 2256
24:36 1740, 2151, 2173
24:37-39 1379, 1793
24:37 2148
24:38 59, 2039
24:45-51 1785
24:45-47 2148
25:1-13 1106
25:6 1831, 2153
25:10 1647
25:14-30 1796
25:19-23 2148
25:21 1643, 1675, 1865, 2031, 2248
25:23 1865, 2032, 2248
25:29-30 1797
25:31-46 1022, 1220, 1226, 1282, 1331, 1403, 1409, 1425, 1467, 1643, 2297, 2316
25:31-34 2127, 2134
25:31-33 1523
25:31-32 2059
25:34-40 1611
25:34 1224
25:36 2191
25:46 887, 2158
26:1-5 1802
26:3-5 1741, 1863, 1913
26:6-13 1863, 1741
26:8 1864
26:12 1864
26:14-16 1606, 1741, 1802
26:15 1741
26:17-19 1741, 1802
26:17 679
26:18 1493
26:20-29 1803
26:20-25 1741
26:21-24 1803
26:22 1869
26:25 1700
26:26-32 1405
26:26-29 943, 1742, 1869, 2046
26:27-28 1288
26:27 1844
26:28 1363, 1636, 1697, 1850, 2222
26:29 1827
26:30-46 1804, 1880
26:30-35 1609, 1742
26:30 941
26:31-32 1609
26:31 859, 1878, 1881
26:34 1700
26:36-46 1742, 2198, 2203
26:36 1804, 1880
26:37 1804
26:38 1865
26:39 1805
26:44 1742
26:47-56 1743, 1805
26:48-49 1805
26:51 1881
26:52 1041
26:53-54 1807
26:57-68 1743
26:59-68 1807
26:6-13 1741, 1863
26:64 937
26:65 1853
26:67 1206
26:69-75 1744, 1806
26:71 1882
27:1-2 1744, 1882
27:3-26 1744
27:3-10 1606
27:5 1869, 1888, 1903
27:6-7 1903
27:9 1231, 1585, 1606
27:11-19 2072
27:11-14 1807, 1883
27:14 1880
27:15-26 1808
27:15-23 1883
27:15 1883
27:19 1884, 2017
27:20 2147
27:24-26 1968
27:27-32 1744
27:27-31 1206
27:31-34 1809
27:32 1885
27:33-44 1744
27:33-37 1885
27:34 900, 2206
27:35-44 1809
27:35 1703
27:38-44 857
27:38 1699
27:39-44 1206
27:39 1702, 1703
27:43 1703
27:44 1810
27:45-56 1745, 1810
27:45 2272
27:46 856
27:48 900
27:51 170, 1810, 2272
27:52-53 2272
27:54 2272
27:55 1864, 1887
27:56 1885
27:57-66 1745, 1811
27:57-61 1699
27:57-60 1212
27:57 1886
27:60 1886
27:62-66 1746
28:1-8 1746, 1811
28:1 1887
28:2-5 1746
28:2-3 1812
28:5 1812
28:7 1889
28:11-15 1891
28:16-20 2054
28:18-20 93, 1633, 1651, 1665, 1831, 1875, 1879, 1888, 1907
28:18 1868
28:19-20 1747
28:19 65
28:20 100, 348

마가복음
1:3-4 1823
1:3 1179
1:8 1637, 1824, 2047
1:11 1839
1:14-15 1827, 1831
1:15 1902
1:19–20 1818
1:20 1881
1:21 1825
1:29 1825
1:24 1826
1:30 1749
2:10 2045
2:19 1831
2:27 157, 1647
3:1-6 1627
3:4 2234
3:6 1837
3:9 2072
3:17 865
3:18 1825, 1872
3:21 900
3:22 568
3:28-29 1853
4:1 1840
4:9 1354
4:19 895
4:31 2094
4:37-39 1528
4:38 1493
5:7 1826
5:15 2016
5:18-20 1648
5:26 1771
5:35 1650
6:3 1827, 1843, 1845, 2090, 2283
6:7-16 1772
6:8-9 1651
6:13 2235
6:14-29 1662
6:17-20 1733
6:18 2036
6:20 1662
6:30-32 1840
6:38 1840
6:45-46 1841
6:45 1662, 1842
6:47 1841
6:49 1841
7:5 2149
7:10 122
7:11 1664
7:19 1664, 2169, 2185
7:20-23 58, 994
7:31 1665
7:34 1878
8:6 2169
8:15 143
8:22 1666
8:22-26 1825
8:31 943
8:32 1668
8:34-38 1865, 2229
8:36 1083
9:2-8 2251
9:2 1775
9:11-12 1669
9:15 2020
9:17-27 1837
9:23 2047
9:29 1670
9:38 1718
9:42-48 1830
9:43-48 1226
9:43-45 2098
9:43 676
10:5-9 545
10:11 1629
10:12 2037
10:17-22 762
10:22 1795
10:33-34 1702
10:42 1677
10:45 86, 207, 222
10:47 1282
10:51 1888
11:1-10 1602, 1864
11:1 1859
11:9 943
11:14 1787
11:15-17 1827
11:17 1234
11:22 1994
11:27 1679
12:10-11 1913
12:10 1157
12:11 1481
12:16 2134
12:26 23, 28, 237, 1691
12:29-31 1542
12:31 2230
12:33 1477
12:36-37 936
12:36 937
12:40 1684
12:41-42 1851
13 1849
13:2 1413
13:9-13 433
13:14 2265
13:19 1460
13:24 1460
13:32-42 2203
14:3-9 1859, 1863
14:4 1864
14:5 1696
14:8 1864
14:13 1697
14:15 1903
14:19 1869
14:22-25 1697, 1869
14:22-24 2046
14:24 1363, 1850
14:26-42 1880
14:26 941
14:27 1878
14:27-28 1609
14:29 1890
14:31 1870
14:32 1804, 1880
14:34 1865
14:35 1805
15:43 1886
14:44 1805
14:50 1878

14:55-65 1807
14:61-62 1452
14:62 937, 1345
14:69 1882
14:71 1806, 2089
15:5 1880
15:6 1883
15:7 1701, 1883
15:11 2147
15:20 1702
15:21 1809, 1885
15:23 900, 1885
15:32 1810
15:34 856
15:40-41 1704
15:43 1704, 1829, 1886
16:1 1704, 1887
16:5 1812, 1887

누가복음
1:3 1893, 1901, 2176
1:1-4 269, 1894
1:4 1894
1:5-20 738
1:5-6 2126
1:8 731, 1628
1:9 456
1:10 965
1:13 36
1:17 561, 1485, 1618, 1637, 1670, 1823
1:19 761, 1454
1:26-56 1826
1:26-31 1824
1:26 1454
1:28-29 1683
1:30-33 1375
1:31 1282
1:31-33 500, 522, 1293
1:32-33 908, 917, 1294, 1412, 1637
1:32 836, 918, 1401
1:33 901, 968, 1652, 2057
1:34-37 1291
1:46-55 350
1:51 943
1:68-79 957
1:68-70 957
1:69 971, 1394, 1401
1:74 775
2:1-51 1826
2:4 497
2:11 497
2:15 1856
2:25-32 101
2:32 897, 1425
2:36-38 377
2:36-37 959
2:36 150
2:41 1802
2:46-47 291
3 1272
3:2 1696, 1882
3:3-4 1823
3:4 1179
3:8-14 1639
3:8 884, 1720
3:14 2119, 2128
3:15 1823
3:16 1637, 1823, 2047
3:22 85, 836
3:23-31 1294
3:31 1269, 1272
4:1-13 26, 1628
4:6 1873
4:8 914
4:10-11 920
4:13 2234
4:16 1844
4:16-21 1797
4:18-21 1220
4:18 210, 1768, 1796
4:22 879, 1843
4:38 1749
5:1-11 1889
5:1-10 1890
5:7 1714, 2206
5:10 1889
5:12-16 1768
5:17-26 1768
5:17 1682, 2236
5:24 2045
5:29-39 1716
6:6-11 1627
6:9 2229, 2234
6:13 1875
6:14-16 1718
6:14 1825
6:17 1392
6:35 722, 1045, 1533, 2016
6:39-42 228
6:45 994
7:1-10 1928
7:11-17 1859
7:11-15 1960
7:22 1854
7:29 2092, 2231
7:33-34 2172
7:38 2235
7:46 1643, 2235
7:47 1673
7:50 1673
8:1-3 1887
8:2 1885
8:3 1864
8:4-15 433
8:8 1354
8:12 2317
8:24 1528
8:31 1722
8:49 1650
9:7-10 1840
9:10-17 1825
9:16 454
9:22 1803
9:23-26 1865
9:28-36 2251
9:28 1669, 1670
9:31 1730
9:51-52 1629
9:51 1733, 1734
9:54 1718
10:1-20 1747
10:7 2171
10:13-14 1392
10:14 834
10:16 836
10:17 1731

10:18 1392
10:20 1451, 2127
10:23-24 1627
10:27 1779
10:29-37 1738
10:30 1477
10:34-35 2168
10:34 1762
10:38-42 1629, 1859
10:39 1741, 1860
11:2-4 1629
11:2 1643
11:14 1768
11:15 568
11:18-19 568
11:20 2095
11:22 2117
11:29-32 1526
11:31-32 834
11:32 1526, 1531
11:52 1668
12:1 1666
12:16-21 1059, 2234
12:20 137
12:21 1017
12:25 1245
12:32 100
12:43-44 2230
12:44 1865
12:48 1992
13:1-4 1379
13:20-21 143
13:30 1734
13:34-35 2097
13:34 1289
14:6 2009
14:7-11 1053
14:8 1738
14:11 2249
14:15-24 1007
14:15 1647
14:26-33 1832
14:26 2008
15:3-7 1671
15:10 1532
15:11-32 1039
15:18 1529
15:25-30 1532
16:13 1875
16:16 1825, 1845
16:18 1629, 2037
16:19-31 883, 1021
16:19-26 1859
16:20-25 795
16:20 765
16:22-23 1466
16:24 1226
16:29 1640
16:31 65, 1640
17:1-2 1063
17:27 1692
18:1 2118
18:12 2150
18:18-30 433
18:29-40 1364
18:35 1677
19-20 1894
19:2-10 207
19:4 1234
19:10 1755
19:17 1643
19:28-40 1459, 1864
19:29-38 1602
19:33 1735
19:37-38 1678
19:41-44 1605, 1798, 1800
19:41 890, 1862
19:45-46 1827
20:1 1679
20:17 943, 1157, 1913
20:42-44 918, 936
20:42-43 937
20:47 1684
21 1849
21:1-2 1851
21:5-36 1739
21:10-28 1798
21:18 2017, 2031
21:24 1430, 1590, 1636
21:41-43 2035
22:1-20 1288
22:1 679, 1882
22:3 1741
22:7 1802
22:8 1741
22:10 1697
22:11 1762
22:11-12 1903
22:14-20 1405, 1414
22:15-20 1869
22:17-20 1697
22:19 1414
22:19-20 1749, 2046
22:20 1231, 1234, 1288, 1363, 1850, 2068
22:24 1731
22:26-27 2168
22:28-30 1903
22:30 2178, 2227, 2319
22:31-32 1700
22:32 1529
22:39-46 1880, 2203
22:42 1025
22:58 1882
22:69 937
23:2 1744, 2147
23:6-12 1662
23:6-7 1884
23:9 1880
23:18 1967
23:19 1701, 1883
23:26 1885
23:33 1885
23:34 671, 1922, 2166
23:36 900
23:39-43 1745, 1885
23:46 867, 1922
23:50-51 1886
23:51 1704, 1746
24:10 1887
24:13-35 1746
24:13-15 1414, 1746
24:24 2054
24:34 2054
24:25-27 1864, 1975
24:27 23, 25, 1877
24:33 2054

24:44-49 1888, 2054
24:44-46 1864
24:47 1908
24:48 2048
24:53 1418, 1628

요한복음
1 1005, 1820
1:1-18 2186
1:1-2 132
1:1 212, 1962, 2023, 2025
1:3 2134
1:4-13 878
1:4-9 871
1:4-5 2320
1:6-7 57
1:9 2206
1:12 1828
1:14 85, 100, 879, 1817, 2113, 2316, 2319
1:17 168, 2054
1:18 48, 101, 130, 410,
1:21 1618
1:23 1179
1:29 86, 142, 229, 1415, 1811, 1817, 2300
1:32-33 1638
1:33 1637, 2047
1:35 870
1:38 1817
1:41 1817
1:42 36, 1718, 2241
1:43-47 1719
1:45-46 1636
1:45 1840
2:1 1871
2:3-5 2149
2:13-22 900
2:13-16 1735
2:17 900
2:18-22 1699
2:18-21 1412
2:19 1858
2:20 210
2:21 1743
2:23 836
3 2241
3:1-21 1407
3:10 1829
3:12 53
3:13-14 268
3:14 1840, 1933
3:16-18 2127
3:16-17 1821
3:16 85, 91, 1924, 2093, 2150
3:18 1828
3:19 1821
3:29 1717
3:30 1768
4:10-14 2319
4:18 2036
4:20 2253
4:22 1939, 1990
4:23 2126
4:24 156, 187, 226, 565
4:42 1817
4:47 2236
5:1-9 732
5:3 2235
5:22-24 2127
5:22-23 2318
5:23 836
5:28-29 1669, 1723, 2056
5:30 2044
5:31 2199
5:40 1817
5:45-47 289
5:46 23
6:7 1725
6:11 454
6:28-29 1669
6:28 1733
6:35 1817
6:38 2044
6:39 1272
6:40 1817
6:41-59 1007
6:44 93, 848
6:46 101
6:54 1817
6:64 1700
6:65 93
6:66 2149
6:70-71 1700
7:1-5 1723
7:2-5 2285
7:19 122
7:22-23 679
7:22 23
7:24 897
7:37-39 2319
7:37 1579
7:39 1888
8:18-19 900
8:26 1840
8:31-32 2135
8:31 1819
8:34 2108
8:41 2150
8:42-44 2307
8:56 1621, 1840
9:3 792, 809
9:7 718
9:14-16 679, 732
10:1-16 859
10:1-10 1345
10:1-8 2302
10:9 943, 1826
10:10-11 2291
10:11-18 1401, 1605
10:11-17 923
10:11 908, 1293
10:12 2152
10:16 1217
10:18 86, 1811
10:22 1465
10:24-26 433
10:25 65
10:26-30 923
10:27-28 1272
10:27 80
10:28-29 968, 2034
10:34 945
10:35 911
11 2134
11:11-15 1466
11:16 1719
11:35 890

11:38-44 1960
11:45 1819
11:47–53 1696, 2147
11:49 1912
12:1-3 1741
12:1 1678
12:3 1643, 2235
12:4-6 1696
12:4 1741
12:5 1696
12:6 1741
12:11 1819
12:12-19 1602
12:13 943
12:15 2309
12:31-32 2307
12:31 2291
12:37-38 1118
12:39-40 1118
12:40 2236
12:42-43 1059, 1061
12:46 2115
13:3-10 2248
13:13 1493
13:18 875
13:23 1817
13:27-30 1741
13:34 2173
14:1-3 2151, 2152, 2153
14:2-3 932, 2059, 2319
14:3 1692
14:6 1645, 1826, 1958, 2137
14:9 2134, 2173
4:13-14 2047
14:15 2276
14:16-18 100
14:16-17 423, 465, 886, 1902, 1908
14:16 1902, 1904
14:18 1682
14:21 2276
14:26 2265, 2285
14:28 2044
15:1-8 2101, 2233
15:14-17 2149
15:14 1901
15:18-21 1379
15:25 900, 2186
15:26 2265
16:2 2126
16:7 1888, 2186
16:8 2115
16:20-24 1021
16:21-22 1691
16:33 895, 990, 2291
17:3 2096
17:4-5 2294
17:13 1021
17:15 2297
17:17 1975
17:24 2108
18:3 1698
18:8 1698
18:10 1699, 1743, 1805
18:13-24 1696
18:17 2246
18:25-27 2246
18:31 1743
18:33-37 1808
18:40 1701
19:2 1702
19:5 1702
19:13 2017
19:14 1745
19:15 1967
19:16 1682
19:23-24 858
19:25 1704
19:26 1818
19:28 900
19:30 191, 1288, 1745, 1811
19:35 1817
19:36 249, 870
19:37 1607
19:38 1704, 1746
19:39-40 1704, 1746
20:1-3 1818
20:2-8 1817
20:12 2299
20:16 1734
20:19-23 2054
20:19 2281
20:25 1719
20:26-29 2054
20:30-31 1817, 1818
20:31 1817, 1828, 2260
21 2254
21:7 1817
21:15-17 1530, 2248, 2253
21:15 2239
21:18-19 1891, 2251
21:20-23 1818
21:20 1817
21:24 1817
21:25 2305

사도행전
1 1897
1:1-3 1749
1:1 1893, 1922
1:2 1875
1:3 1877
1:4-5 1814
1:4 1881
1:5 1637, 1881, 2047
1:8 1814, 1881, 1891, 2048, 2179
1:9-11 1677
1:9 646, 2152
1:11-12 2059
1:11 1610, 1903
1:13 1718, 1825, 2225
1:14 1679, 1846, 2225
1:16-20 900
1:16 813, 856
1:18-19 1701
1:18 1869, 1903, 2150
1:20 936, 1879
1:21-22 1876
1:24-26 456, 1528
1:24 1875
1:26 1028
2 229, 456, 1415, 1891, 1931, 1938, 2170
2:1-21 2068
2:1-13 370
2:1-12 1747
2:1 230
2:7-12 2051

2:13 1494, 2051
2:14-40 2010
2:14-39 1668
2:14-21 1494, 1906
2:16-21 986
2:16 1487
2:17 1493
2:20 2088
2:21 649, 1908
2:22-23 763
2:23-24 1697
2:23 85, 1731, 1734, 2006
2:24-32 850
2:24-28 1887
2:24 1529
2:27 1911
2:30-36 500, 2057
2:30-31 850, 899
2:31 849, 914
2:32-36 2051
2:32 1858
2:33-36 1747
2:33 2087
2:34-36 936
2:34-35 937
2:38 1705, 1814, 2108, 2136
2:41-47 1875
2:42 2118
2:43 1747, 2198
2:46 1414
3–4 1818
3 1939
3:1-4 1817
3:1 705, 1414, 1418
3:6 1814
3:8 1833
3:11-26 1668
3:12-26 2010
3:16 1814, 1994
3:18 2106
3:19-21 1407
3:19-20 1685
3:19 1908, 2013, 2025
3:20-23 1641
3:22 122, 343, 1776, 1823
3:23 955
4–5 1897
4 1912, 1915
4:1-31 1912
4:7 1814
4:8 1652
4:10 1858
4:11-12 1668
4:11 1913
4:13 1846
4:23 836
4:24-25 813
4:25-26 835, 2127
4:25 835, 856
4:27-28 763, 1608, 1697, 1702, 1884, 2124
4:28 2108
4:31-33 1679
4:32-35 1875
4:36 1936
5:4 1914
5:5 1915
5:10 1915
5:12 2198
5:15 1956
5:29 128, 1447
5:32 2136
5:33-39 1967
5:37 1688
5:40-42 1939
5:41 2123
5:42 1414
6 153
6:1-5 736, 2171
6:1 2170
6:2 2168, 2177
6:6 2171
6:7 2118
7:2-53 907
7:6 122, 128
7:14 1369
7:16 87
7:20 129
7:22 122, 129
7:23 129
7:29-30 129
7:37 343, 1823, 1911
7:39-43 907
7:42-43 1511
7:44-45 346
7:46-50 907
7:46 908
7:51 183
7:53 2095
7:55-56 2181
7:55 1652
7:56 2253
7:58-60 1876
7:59 1872
7:59–8:1 2181
7:60 671
8–10 2170
8 1834, 1905, 1919, 1931, 1937
8:1 2225, 2227
8:14-17 1927
8:15-17 2052
8:15 1679
8:16 1705
8:25 2015
8:30-35 1184
8:39 2152
9 1897, 1905
9:1-22 2126
9:1-9 2111
9:3-7 1462
9:4 449, 2135
9:12 1747
9:15 1379, 1989
9:23-25 2081
9:25 1727
9:34 2236
10 1895, 1896, 1925, 1927, 1931
10:9 455, 1679
10:10 1968
10:34-43 1707, 2010
10:34-35 1040
10:38 1842
10:40 85, 1529
10:41 1890
10:42 950
10:43 2092, 2108
10:44-45 2136

10:46 1747
10:48 1705
11:5 1968
11:14 1835
11:16 1637
11:22-24 1935
11:25-26 1935
11:26 2086, 2239
11:27-30 2019, 2064, 2090
11:27 2060
11:28 2090
11:30 2085
12:1-23 1974
12:2 1676, 1734
12:12 1707, 1903
12:17 2225, 2285
12:21 2016
12:25 1707, 2139
13-14 2086, 2086
13 1895
13:1-3 2166
13:1 2021
13:2-3 1679
13:4-12 1668
13:5 1707
13:9 1652
13:13–14:28 2086
13:13 1707, 2139, 2181
13:15 1621, 1844
13:16-41 2010
13:21 459
13:22 908
13:30 1529
13:33 835, 836, 1989
13:35-37 850
13:42 1844
13:44-52 1668
13:46 2108
13:47 1821
13:49 2085
14-15 2180
14:10 1833
14:11 1884
14:19-20 2081
14:20-21 1959
14:22 895, 2180
14:23 2163
15 1414, 1909, 1933, 1966, 2225
15:1-29 2183
15:1-5 2125
15:3 2280
15:8 895
15:11-18 1516
15:13 1723, 2225, 2285
15:16-21 1516
15:20 2100
15:23-29 2042
15:28 2102
15:29 2042
15:36-40 2086
15:37-39 1707
15:37 1707, 2139
15:38-39 2181
15:39 1707
16:1 2164, 2175
16:3 1965, 2091, 2126
16:6 2085
16:10-17 1749
16:11-15 2296
16:13 2120
16:14-15 1835
16:15 2140, 2190, 2275
16:16-24 2081
16:19-40 2123
16:19 2145
16:22-23 2146
16:22 2081
16:25 1030
16:31 1832, 1835, 1968, 2127
16:37-39 2120
16:40 1960, 2296
17:1-10 2160
17:1 2128
17:2 1844
17:5-19 2021
17:7 2275
17:10-13 725
17:16-31 2010
17:16 1698
17:24-26 2016
17:31 870
18:1-18 2063
18:2-26 2060
18:2-3 1963, 2181
18:2 2020
18:5-10 1668
18:5 1963, 2080
18:8 1835, 2027
18:12-17 1895, 2072
18:12-13 2141
18:12 2017
18:17 446, 2026
18:18-23 2023
18:18 1965
18:21 1025, 2234
18:23 2085
18:24-28 2187
18:25 2015
18:27 1996
19–21 2295
19 2019, 2170, 2178
19:3-5 1831
19:4 1823
19:5 1705
19:6 1747
19:7 943
19:8-10 2063
19:10 2131
19:11-12 1916
19:16 1677
19:21–20:1 2081
19:21 1985
19:22 2033, 2060, 2182
19:29 1959, 2021, 2139, 2279
19:32 1921
19:33 2181
19:34 1643
20:1-6 2075
20:1-3 2064
20:1-2 2019
20:2-3 1985
20:4 2021, 2118, 2139, 2181
20:5-15 1749
20:6 1965
20:16 1985
20:17-38 1961

20:17-35 1896
20:17 2167, 2171
20:20 2166
20:28 2108, 2167, 2171
20:29-30 2286
20:29 2176
20:32 1975, 2230
20:35 235, 2102, 2128, 2235
20:40 2139
21:1-18 1749
21:1 1805
21:8-9 1366
21:8 2275
21:9 150
21:11 1964, 2051
21:17 2020, 2078
21:18 2225
21:20 2078
21:25 1691
21:26 1414, 1418
21:27-32 1420
21:27 2020
21:29 1959, 2182
21:30 1964, 2051
21:31-33 1964, 2051
21:36 1964, 2051
21:38 1688
21:39 1965
22 2086
22:3 1917, 1965
22:3-5 2126
22:6-11 2070
22:9 1926
22:14 943
22:21 1989
22:22-36 1812
22:28 2150
23:11 1971
23:13-33 2131
23:14 2089
23:23-33 2105, 2131
23:23 2119
23:26 1755, 1901
23:35 2119
24:1-27 1895
24:3 1755, 1901
24:5 1636
24:14 2177
24:15 2056
24:17 1966
24:47 2105
25:6 2017
26:5 2006
26:16-20 1989
26:21 1964, 2051
26:23 898
26:25 1755, 1901
27:1–28:16 1749
27:2 1959
27:9 1965
27:10 2102
27:18-19 1528
27:24 100
27:25 2047
28 1895, 2020
28:3-5 1747
28:8 1747, 1965
28:15 2153
28:16 2117, 2189
28:17 1953
28:20 2098
28:24 1821
28:26-28 1364
28:27 2236
28:28 1982
28:30 2105, 2131

로마서
1:1 2088, 2105, 2143, 2190
1:2-3 1990
1:2 2111
1:3 499, 500, 1401
1:4 836, 874, 2169, 1963
1:7 1926, 2107
1:9 2146
1:11-13 1985
1:13 2123
1:16-17 2094
1:16 1912, 1939, 1947
1:17 1559, 1990, 2028, 2126, 2253
1:18–2:16 1013
1:18-32 299, 1062, 1821, 1940, 1950, 2023
1:18-28 367
1:18-23 854, 1280, 1843
1:18-22 1371
1:18-21 65
1:18 1504, 1832, 2108, 2115
1:19-20 848
1:20 643, 2110
1:21-23 1360
1:22-25 156
1:23-25 2179
1:23 1995
1:24-32 2046
1:24-28 1376
1:24 2115
1:29-31 2101
1:29 2115
2:4-5 1385
2:6-11 2318
2:6 189, 894
2:7-10 1995
2:9-10 2095
2:12 2096
2:14-15 1821
2:14-16 1152
2:15-16 2318
2:16 1783, 2125
2:17-24 2102-2103
2:20 2031, 2204
2:22-24 1208
2:25-29 1253, 2136
2:25 2199
2:28-29 743, 1246, 2297
2:29 1825
3–4 1756
3:1-2 970
3:1 1856
3:4 2092, 2231
3:5 2031
3:9-20 1037, 2003
3:9-18 1843
3:9 848
3:10-19 1852
3:10 838, 885
3:13 964

3:19-20 1846, 1988
3:19 2097
3:20 1418, 1419, 2092, 2094, 2110, 2165, 2213, 2231
3:21-31 2029
3:21-29 1213
3:21-28 1795
3:21-26 2010, 2253
3:21-22 2093
3:21 1621, 1859, 2049
3:22 838, 2097, 2126
3:23-26 1734
3:23 848, 883, 966, 1852, 2103
3:24 1601, 2035, 2110, 2134, 2139
3:25 173, 519, 1485, 2108
3:27-28 2230
3:28 1756, 2090, 2092
3:29 1525
3:31 92, 1641
4:1-22 1996
4:1-5 2231
4:3-6 838
4:3 2092, 2095
4:4-5 2230
4:4 1842
4:5 73, 2092
4:7-8 1988, 2108
4:9-12 2231
4:9 1996, 2092
4:12 1852
4:13-17 1988, 2018
4:13 2098
4:15 1988, 2094
4:16 1852
4:17-21 2231
4:19 2235
4:20-21 1821
4:22 1996
4:24 838, 2088
4:25 2151
5:1-5 1995
5:1-2 2072, 2111
5:1 212, 1528, 2106, 2111
5:2 1840
5:3-5 2125
5:4 2123
5:6-10 1998
5:6 2041, 2102
5:7-8 2098
5:9 2088
5:10 2072
5:11 2072, 2092
5:12-21 2300
5:12 1010, 1853
5:14 26, 2127
5:17 1677
5:18 1677
5:20 1822, 2094
6 223
6:1-15 2099
6:1-10 2099, 2246
6:1-14 1677, 2245
6:1-7 2072
6:1-4 1968, 2057, 2136
6:2-10 2101
6:2-4 1705, 2041, 2113
6:2 2099, 2101
6:3-4 1831, 1896, 2035
6:4-10 1647
6:4 2247
6:5-7 2138
6:5 842
6:6 1860, 2101, 2108
6:7 2099
6:8 1860, 2114
6:10 1288, 2093
6:11-14 2072
6:11 2099, 2101, 2114, 2137
6:13 2014, 2115, 2233
6:14-15 230, 2017, 2059
6:14 1822, 2041, 2094, 2166
6:15-23 2229, 2236
6:15-20 980
6:16 1852
6:17 2108
6:19 2035, 2233
6:20 1852
6:22 1879, 2035
6:23 189, 883, 1010, 2118,
7:1-12 2059
7:1-6 2093, 2096
7:1-4 2001, 2016, 2035, 2041, 2100, 2166
7:1-3 2017
7:5-6 2016, 2034, 2101, 2110
7:5 1698, 1988, 2002, 2093, 2099
7:7-25 2100
7:7-13 1999
7:7-12 2059, 2166
7:7 2095
7:8 2231
7:12 1376, 2210
7:16 1376
7:22 2112
7:23 2233
7:24 775
8:1-13 2002
8:1 835, 892
8:3-8 2099
8:3 1988, 2103, 2093
8:4 1641, 1995, 2087, 2099
8:9-13 2101
8:9-11 2109
8:9-10 2112
8:9 856, 886, 1288, 1351, 2286
8:10-11 2247
8:11 2246
8:12-14 1637
8:12-13 2016, 2099
8:13 2034, 2101
8:14-17 2087, 2096
8:14-16 2096
8:14 2099
8:15-17 1658
8:15-16 2111
8:15 2099
8:16 880
8:17 118, 842, 2112, 2123, 2137
8:18-25 1675
8:20-22 52
8:20 1531
8:20-21 1517, 1568, 2228
8:22-24 930
8:22 1531
8:23 2099, 2126
8:24-25 894
8:26-27 2118

8:28-30 1680
8:28-29 1516
8:28 362, 434, 1280, 1300, 2155
8:29-30 1998, 2108
8:29 2004, 2108, 2134, 2138
8:30 1995, 2088, 2092
8:31 943, 1026
8:33 1681, 1689, 2178
8:34 937, 1700
8:35-39 2112
8:35-36 878
8:37-39 886
8:37-38 1878
8:38-39 849, 892, 968, 1515, 1621
9:1-3 186, 2147
9:2-5 450
9:3 1927, 2060, 2089
9:4-5 960, 970
9:4 2096
9:5 1962, 2307
9:6-23 336
9:6-13 91
9:6-8 1115
9:6 897, 2103
9:7-8 909
9:7 89
9:10-16 115
9:10-13 2108
9:11-13 881
9:13-23 367, 1246
9:13 1182, 1615
9:14-29 886
9:14-23 2243
9:14-18 1866
9:14-16 189
9:17-23 113
9:17-18 135, 139, 148, 366, 2011
9:18-23 555
9:19-21 1160, 1195,
9:19-20 2231
9:20-21 1266, 1985
9:21 1854, 2179
9:22-23 1867, 2016, 2030
9:22 2127
9:23 2110
9:25-26 1471
9:27–10:4 1272
9:30 1867
9:33 1884, 2309
10:4 2016, 2166
10:5 122, 2098
10:6-8 337
10:9-10 2095, 2127
10:9 956, 1858, 2136
10:10 994
10:13 649
10:14 2109
10:17 1835, 2144
10:18 1688
11:1-6 1131, 1223, 1272, 1295, 1737, 2319
11:1-2 1288, 1968
11:1 1340, 1363
11:2 560, 2006
11:5 900
11:7-27 2069
11:9-10 900
11:11-24 1288, 1414, 1866, 1937
11:11 1651
11:12 1204
11:13-14 1952
11:13 2091
11:15 1204
11:17-24 1363, 2211
11:17-20 1403
11:17-18 1665
11:18-20 1571
11:20-27 1636
11:22 2186
11:23-25 900
11:25-26 1471
11:25-32 1937
11:25-28 1223
11:25-27 956, 1224, 1288, 1427, 1572, 1594, 1621, 1889, 1911, 2318
11:25 2108, 2135
11:26-27 1219, 1318, 1378, 1494, 1593, 1601
11:26 299, 971, 1219, 1273, 1452, 2309
11:27-28 1363
11:27-29 1363, 2018
11:27 1155, 1234, 1378
11:28-29 1286, 1295, 1340, 1400
11:28 1288
11:29 58, 647, 1371
11:30-31 2049
11:32 2095
11:36 1821
12:1-2 201, 229, 2113
12:1 200, 874, 2014
12:2 2088, 2114, 2115, 2186, 2242
12:4-5 2035, 2047
12:5 1880
12:6-8 2113
12:6 2053
12:8b 2191
12:12 2118
12:13 2102
12:14 1030
12:15 1054
12:16 1880
12:17-21 2318
12:17 1030
12:18 642
12:19-21 1039
12:19 671, 922, 936
12:20 1055
12:21 1030
12:41 1867
13:1-7 1026, 1039, 1051, 1737, 1799, 2244
13:1 1863, 1881, 1884, 2116
13:8-10 433, 2099, 2102
13:8-9 1645
13:9 229
13:11-12 2153
13:11 1528
13:13 1998
13:14 2034, 2099
14:5 230
14:10-12 1196, 1694, 2032, 2058, 2230, 2235, 2318
14:10 2248
14:11 905, 924, 943
14:13 1998
14:14 2039
14:15 215
14:17 1644, 2134
14:19 1998

14:23 2227
15:3 900
15:8-13 1942
15:8-9 2086
15:11 943
15:13 2179
15:14 2115
15:16 1412
15:17-19 2051
15:22-29 2079
15:23 2243
15:24-28 1958
15:24 1985, 2280
15:26-27 1966, 1985, 2075, 2090, 2091
15:27 2064, 2076, 2102
15:28 1985
16:1-16 2060
16:1 2168
16:3 2060, 2125, 2181, 2190
16:5 2140, 2172, 2190
16:13 2178
16:16 472, 2156
16:20 1675, 2034
16:21 1959, 2177
16:22 2102
16:23 1985, 2027, 2104, 2275, 2279
16:24 2140
16:25-27 2113, 2118

고린도전서
1:1-3 2088, 2144
1:1 1953, 2105, 2190
1:2 649, 1975
1:5 2076
1:7 1995
1:8 1652, 2125
1:10 1880
1:12 2186
1:14 1985, 2021
1:18-25 1951
1:18 906, 2070
1:23 1844, 2106
1:24 1005
1:26-31 1059
1:26-29 1654
1:26-28 1758
1:26-27 2108
1:30 842, 2093, 2134
2:1-5 2080
2:3 1952
2:4-5 2144
2:6-16 2109
2:6-9 699
2:6 2049, 2127
2:10-13 2144
2:12 2109
2:14 1853, 1813, 2160
3:1-4 2002, 2004, 2204
3:1 2093, 2204
3:3 2099
3:5 1955
3:6-15 1834
3:9-17 2102, 2111
3:9 2029
3:10-17 1693, 1694, 2017, 2230, 2058
3:10-16 2318
3:10-15 2248
3:11-15 2248
3:13-15 1874
3:14 2235
3:15 2072
3:16 1412, 2186
3:19 755, 770
3:20 922
4:1-5 2017, 2146
4:1-2 2111
4:4 1025
4:5 1643, 2032, 2072, 2248
4:9-13 2112
4:10 842
4:14-15 2097
4:15 2095, 2191
4:16 2115
4:17 2060, 2164
4:19-20 2179
4:20 2134
4:21 2098
5:1-5 2017
5:1 1674, 2036, 2067, 2115
5:3-5 2166
5:5 432, 2026
5:6-8 143, 1666
5:6 1660, 2098
5:7-8 142
5:7 86, 142, 230, 1287, 1824, 2300
5:9-13 2017, 2161
5:9-11 2063, 2073
5:11-13 723
5:21 1272
6:2 1675
6:6 2073
6:7 1642
6:9-11 2115
6:9-10 1674, 2033, 2101
6:11 1975, 2092, 2116
6:13 1674
6:18 108, 1674, 2100
6:19 1412, 2186
6:20 1857
7 706
7:1 1691, 2105, 2154
7:5 1685, 2117
7:10-16 706
7:10 1628
7:12-16 1674, 2001, 2168
7:12-15 2073
7:12-14 706
7:12 1628
7:15 1733
7:19 2125
7:21-22 2172
7:23 1857
7:25 2024
7:29 2036
7:31 2115
7:32-34 2171
7:34 1698, 2038, 2171
7:39 87, 2037
8–10 2074
8 215
8:1 1691, 2024
8:5 2096, 2113
8:8 1995
8:11-12 2235
9:1-2 2048
9:1 1967, 2089

9:2 1997
9:3-14 2082, 2102
9:4-14 735
9:4 2171
9:7-11 208
9:7 2178
9:8 2031
9:9 330, 2248
9:16-23 1989
9:16 2123
9:17 2031, 2111
9:19-23 1966, 2039
9:20-21 2096, 2166
9:20 2095
9:21 1647, 2100, 2102, 2234
9:24-27 2125, 2127
9:24 2126
9:25 2148
9:27 2181
10 215
1:1-10 896
10:1-5 267
10:4 1848
10:6 2127
10:8 276
10:11 26, 847, 1652
10:13 725, 838, 1879
10:16 1844, 1909
10:19-20 2136
10:26 860
10:27 2073
10:31 215
11:1 2115, 2144
11:2-9 44, 2116
11:3 2116, 2134
11:8-9 2053
11:17-22 728
11:18-19 2186
11:23-26 1288, 1418, 1697
11:23-25 1749
11:23 1414
11:25 1234
11:26 1414, 1803
11:28 2102
12 2113
12:1 1691, 2024, 2107
12:3 2095, 2136
12:7 1904, 1924, 2107
12:8-10 2113
12:10 1747, 2013
12:11 2113
12:12-27 2109
12:12-14 2035
12:12-13 1714, 1902, 2114, 2243
12:13 465, 1637, 1824, 1831, 1880, 1955, 2113
12:14-26 719
12:18 2049
12:26 1054, 2191
12:28 2088
12:29 2177
12:30 2005
13 2133
13:1-3 1875, 2001, 2016, 2048, 2138, 2253
13:1 2199
13:2 2047
13:3 2098
13:4-7 1009
13:7 1029
13:8-13 1896, 2051, 2156
13:13 2138
14 2014
14:1-3 2155
14:1 1905, 2101
14:3 2051
14:5 2050
14:14 2005
14:20-25 1157
14:21 1248, 2097
14:22-24 2073
14:23-25 2229
14:26 2050
14:28 2167
14:29-33 2155
14:29 2051
14:34 2303
14:35 436
15:1-11 2040
15:1-7 2090
15:1-3 2092, 2147
15:4 742, 2088
15:5-8 1890
15:6 1872
15:7 2090, 2225
15:8-10 2082
15:9 2112
15:10 1694, 2026, 2075
15:12-19 2179
15:20-28 2145, 2257
15:20 85, 742, 850, 2049, 2071
15:23 2056, 2294
15:24 2115
15:25-28 2134
15:27 2109
15:28 2116
15:29-34 2186
15:32 2031
15:33 1020
15:35-36 2231
15:43 742, 2102
15:45-49 2300
15:50-57 883
15:50-55 2071
15:50 52, 2101
15:51-58 2152, 2154, 2306
15:52-55 2109
15:52 230, 2152
15:53-54 217
15:54-57 1878
15:55 1484
16:1-4 2064
16:1-3 1966
16:1-2 1620
16:1 1691, 2024
16:2-8 2066
16:2 1620
16:5-9 2063
16:6 2280
16:7 2234
16:9 2139, 2190
16:10 2033, 2164
16:11 2280
16:12 1691, 2024
16:17 2056
16:19 2140, 2172, 2190
16:21 2085, 2102, 2140, 2191

16:22 2004, 2089
16:23 2104, 2140

고린도후서
1:1 2105, 2177
1:3-7 2015
7:15 2183
7:16 2098
1:5 2106
1:8-11 2123
1:8-9 2057
1:8 2178
1:12 1747, 2068
1:14 2040
1:15-16 2063
1:21 210
1:22 2109, 2186
1:24 2190
2:1 2063
2:3-4 2063
2:5-10 2063
2:5 2067
2:9 2063
2:11 1873, 2117
2:12 2139
2:16 1990
2:17 2068
3:6 1234, 1288, 2211
3:7-9 2094
3:7 190
3:12 2098
3:13 190, 1652
3:15 23
3:18 2138, 2229
4:3-4 1659
4:4 1854, 1866, 2073, 2134, 2312
4:6 2087
4:16 2112
4:18 1261
5:1-5 2127
5:1-3 2081
5:5 2109
5:7 2149
5:8 1466, 2081, 2122, 2151
5:10 2017, 2032, 2139, 2148, 2318
5:11 2072
5:13 1480
5:17 1287, 1288, 1633, 2102, 2229
5:19 1830
5:21 205, 856, 1852, 1855
6:9 943
6:10 1017
6:14 87, 94, 663
6:16-18 1412
6:18 2299
7:5-6 2068
7:6-8 2183
7:7 2243
7:8-12 2063, 2067
7:11 2124
7:12 2063
8-9 229, 235, 1966, 2024, 2090
8:1-5 1619
8:1-2 2128
8:4-5 171
8:4 1958, 2190
8:6 2064
8:8 2102
8:9 2080, 2112
8:16-17 2183
8:16 2124
8:22-23 2048
8:22 2049
8:23 2088, 2090, 2183
9:1 1958
9:6 2102
9:7-11 1619
9:7 1619, 2191
9:8 2119
9:13 2102
10:1 21186
10:3-5 2117
10:3-4 1462
10:4 2118
10:7 2080
10:10 2056
10:12 1831
11:1 2275
11:2 1831
11:2 2116
11:4 2088
11:8-9 2082
11:13-15 2078
11:13-14 136, 2117
11:13 2048
11:14-15 2136
11:14 2106
11:23-33 2112
11:23-30 2104
11:23 2080
11:29 2235
11:31 2090
12:1-4 2305
12:2 971
12:4 188
12:7-10 1024
12:7 776, 2102
12:8 1872
12:9 776, 1879, 2178
12:10 665
12:12 1909, 2019, 2051, 2090, 2198
12:21 2150
13:4 2106
13:11 472
13:13 2118
13:14 2104

갈라디아서
1 1939
1:1 2031, 2143
1:4 775, 1811, 2115
1:6-9 2146
1:8 2060
1:9 2060
1:10 2002
1:11-17 1949
1:11-12 2054
1:12 2111
1:13 2112
1:16-17 2081
1:23 2123
2 2086, 2090
2:1-10 1932, 2019, 2085
2:1 1932, 2085, 2183
2:3-5 1943
2:3 1943, 2183

2:4 2229
2:6-8 1895
2:7-9 2079
2:7-8 2239
2:9-10 2064
2:9 845, 1806, 1818, 2086
2:10 1932, 2060
2:11-14 2039, 2257
2:12 2225
2:13 2086
2:16 1987, 1994, 2110, 2229
2:19-20 1999
2:19 2101
2:20 1830, 1858
3:1-18 2018
3:1-6 2231
3:1 2105
3:2 1835, 1927, 1987
3:3 2099
3:5 1835, 1987
3:6–4:7 1994
3:6-14 1988
3:8 87, 739, 743, 898, 2111
3:10–4:11 2010
3:10-14 2069
3:10 189, 1987
3:11 1559, 1560, 1990, 2231
3:13 325, 1917
3:14 2086
3:15 78
3:16-17 26
3:16 85, 1854
3:17 71, 77
3:19 1921, 1999
1:1 2143
1:3-6 1843
3:23–4:7 334
3:23–4:3 2100
3:23 2090, 2123
3:26 2108
3 3:27-28
3:27 1896
3:28 1858, 1880, 2172, 2245
4:1-5 1875
4:3-9 2136
4:3 2031, 2204
4:4-7 2087
4:4 25, 1843, 1859, 2184
4:6 1927, 2087, 2111, 2186
4:13 2085
4:16 2114
5 2101
5:1-6 2166
5:1 2229
5:2-6 2125
5:5-6 2133
5:9 143
5:11 1844
5:13-23 2166
5:13 2229
5:16-26 1009
5:16-19 1991
5:16 57, 2004, 2149, 2150
5:18-25 2004
5:18 2100
5:19-21 182, 2137
5:19 2115, 2150
5:21 2033
5:22-23 1055, 1543, 2115, 2138, 2173
5:22 2115, 2124
5:23 664
5:24 1991
5:25 2149
6:1-2 1875
6:2 1641, 1870, 2041, 2100, 2234
6:3 2229
6:4 2040
6:6 735
6:7 1021, 1537
6:8 1991
6:9-10 1542
6:10 1695, 2078
6:11 2140
6:13-14 2234
6:13 2092
6:18 2140, 2191

에베소서

1:4 2178
1:7 1995, 2134
1:11 93, 1531
1:13 2087
1:15-16 2190
1:15 2132
1:17 2121, 2134
1:18-19 2133
1:18 2098
1:20 937, 1922, 1955
1:20-22 2124
1:20-21 1812
1:22-23 843, 1926
1:22 842, 843
2 2091
2:1-7 2135
2:1 403, 1838
2:2 1866, 1873, 2149
2:4 1529, 2144
2:5-7 2132
2:5 1838
2:7 2186
2:8-10 2316
2:8-9 896, 1842, 1968, 2139, 2230
2:8 26, 1996, 2090
2:10 2004
2:11-22 1288, 1363, 1665, 1863, 1909
2:11-13 2135
2:13-18 963
2:13 2049
2:14-15 743
2:15 972
2:19-22 2102
2:20 399, 1157, 1668, 1913, 2319
2:21-22 719, 1412
2:22 2186
3:1-13 1909, 2132
3:1-7 2105
3:3-6 1414
3:3 2108, 2135
3:4 2108
3:5a 1909
3:5b-6 1909
3:8 2091
3:9 2108
3:11-16 958
3:14-19 2093
3:16 2134, 2179

3:17 1874
3:19 2128
3:20-21 168
3:20 2128
4:1 2122
4:4 1880, 2243
4:7 1871
4:8 898
4:9-10 883
4:11-12 2312
4:11 1412
4:13-14 2049
4:22 2000
4:24 2095, 2229
4:25-28 1915
4:25 235
4:26 839
4:27 2117
4:28 1028, 2234
4:29 2233
5:2 202, 229, 1830, 1858, 1865
5:3 1674, 2150
5:5 2033, 2101, 2138
5:8 871
5:15-16 2139
5:16 2088
5:18-19 2235
5:19 2132
5:21–6:9 2132
5:22-33 1115, 2275
5:22-24 2138
5:22 2015, 2096
5:23 2134, 2166
5:24 2015
5:25 1830, 2138
5:25-26 179
5:26 436
5:27 201, 2151
5:28-30 45
5:32 2108
5:33 72, 435, 2138, 2185
6:1-3 157
6:1-2 303
6:2-3 2228
6:2 1049
6:3 2117
6:5-9 1028
6:5 2095, 2185
6:6 2132
6:11-12 1873
6:12 721, 1462
6:13-17 2078
6:14 1241
6:16-17 853
6:17 1639
6:18 2286
6:19 2108
6:20 2132, 2178
6:21-22 1959, 2105
6:21 2132, 2139, 2181

빌립보서
1:1 2105, 2143, 2163, 2168, 2177, 2178 2190
1:2 2107
1:3-4 2190
1:5 2190
1:6 2026
1:9-10 2133
1:10 2102, 2115
1:11 2110, 2115
1:12-18 2088
1:13 2105, 2178, 2191
1:15-17 2089
1:19-26 2119
1:21 1532, 2152, 2317
1:23 2152
1:21-23 1466
1:26 2040
1:27 1994, 2090
1:28 2127
1:29 1996
2:1-2 2112
2:5-11 2031
2:6-11 2134
2:6-7 1859
2:6 101
2:7-8 1843
2:7 1839, 2227
2:8 742
2:9-11 2109, 2113, 2137, 2300
2:9-10 1561
2:10-11 1196
2:10 905, 924, 943
2:12-13 2114
2:12 2056
2:13 2004
2:14-16 432
2:17 195
2:19-24 2148
2:20 2163
2:25 2048, 2088, 2090, 2178, 2190
2:27 1529
3:2-12 2010
3:2-6 2002
3:3 2136
3:4-6 2103
3:4b-6 2086
3:8-9 2118
3:9 2029
3:10 1871
3:12-14 2135
3:20 1024, 2111, 2166
4:2-3 2189
4:3 182, 1466, 2125
4:6 1644
4:8 2137
4:11-12 158, 1784
4:11 1072
4:15-20 1982
4:15 2102
4:16 2146
4:18 2115
4:19 951
4:23 2104

골로새서
1:1 2105, 2143
1:4 2144
1:5 2109, 2144
1:6 2147
1:10 2114, 2121
1:12-13 2033
1:13 1806, 2101, 2115, 2127
1:15-20 2119
1:15-17 1005

1:16 1821, 2109
1:17 132, 896, 905
1:18 1926, 2116, 2243
1:19 2109
1:20 2108
1:21 2114
1:22-23 1652
1:22 2026
1:23 2054
1:24 2106, 2112, 2123
1:25 2111
1:27 2298
2:2-3 1070
2:3 1292
2:6 2099, 2114
2:9-12 1896
2:9 2109
2:11 743
2:13 1838
2:16-17 157, 230, 742, 865
2:16 303
2:17a 220
2:17b 220
2:20 1860, 1999
2:22 2102, 2108
3:1-17 200
3:1-4 1802
3:1-3 1999
3:1-2 1024
3:1 937
3:3 2092
3:5 2034, 2101, 2115, 2150
3:6 2115
3:7 57
3:9 2000
3:10 2095, 2114, 2229
3:11 1858
3:12-15 2101
3:12 1681, 2178
3:15 2115, 2128
3:16 1875, 2116, 2132, 2177
3:17 2116
3:22 2132
3:24 2228
3:32 2185
4 1749
4:3 2105
4:6 203
4:7-9 2105
4:7-8 2132
4:7 2181
4:10-15 1981
4:10-11 1749

데살로니가전서
1:1 2157
1:2-3 2141
1:2 2141
1:3 2133
1:4 2160, 2178
1:5 2141, 2142
1:6-9 2142
1:6 838
1:9 679, 1943, 1950, 2142
1:10 2088, 2127
1:19 1940
2:1-4 1948
2:1 2141
2:4 2091
2:5 2090
2:6 723, 2141
2:7 2097
2:8 2142, 2191
2:9 723, 1952, 2142
2:12 2099, 2112, 2122, 2134
2:13 2141
2:14 2115
2:17-18 1948
2:18 2117, 2123, 2141
2:19-20 1060
2:19 2142, 2248
3:1 2141
3:2 2125, 2177
3:3 2158
3:5 2141
3:6 1952, 2141
3:7-8 2160
3:8 1060
3:9 2141
3:12 2121
3:13 2056, 2148
4 2153
4:10-14 2189, 2191
4:10 1707, 1895, 1943
4:11 2190
4:14 1749, 1893, 2181
4:15 2172
4:1-8 2141, 2160
4:1 2141
4:3 1674, 1879, 2105, 2115
4:5 2096
4:9-12 2141
4:9-10 2158
4:9 1691
4:11 2167
4:13–5:11 2026, 2158, 2235
4:13-18 1703, 1922, 2294
4:13-17 1871
4:13-15 2046, 2059
4:13 139, 1691, 2141
4:16-17 2059, 2145
4:16 1693, 2306
4:17 1871, 2122
5:1-11 2141, 2257, 2316
5:1-4 2256
5:1-3 1691
5:1 1691
5:2 1127, 1394, 1692
5:3 1688, 2059
5:4-8 1692
5:4-5 2026
5:4 1691
5:5 2142
5:6 1692, 2115
5:8 2109
5:9-10 2026, 2145
5:9 1786
5:10 1692
5:12 2141
5:14 2235
5:17 1642
5:18 2106, 2115
5:23-24 2161
5:26 472
5:27 2141

데살로니가후서

1	2159
1:3	2114
1:6-10	817
1:7-10	2026, 2137
1:7-8	1637
1:7	2158
1:11	2122
2:1-12	2141, 2265
2:1-10	2159
2:2	1127, 1394
2:3-12	1379, 2308
2:3	1451, 1606
2:4	1460
2:5	2142
2:7-8	2158
2:8-9	1689
2:9-11	2309
2:11-12	1377
2:12	2057
2:13	1994, 2141, 2154
3:6-15	2141
3:6-12	2171
3:6	2141
3:7-9	2115
3:8	2151
3:9	2127
3:11-13	2105
3:11	2151
3:12	2167
3:17	2085, 2102, 2140, 2141

디모데전서

1:1	2163, 2166
1:2	2143, 2183
1:3-11	2179
1:3-5	2186
1:3-4	2163
1:3	2170
1:4	2186
1:5-7	2185
1:5	2018
1:6	2171
1:8-9	2101
1:8	1376
1:12	1955
1:14	2186
1:15-16	2126
1:15	2169
1:16-17	188
1:17	1995
1:19	2018
1:20	2034, 2175, 2179
2:3-4	1492
2:5	2113
2:8	959, 1963
2:9	1660
2:11-15	406
2:12-15	44
2:12	1955, 2096, 2185
2:13	2056
2:14	47
2:15	2167
2:21-23	44
3:1-13	227, 2164
3:1-7	1896
3:1-2	2096
3:1	2169, 2184
3:2-7	2184
3:2	2170
3:3	2179
3:4-5	2015
3:5	2184
3:6	1391
3:10	2102
3:12	2168
3:14-16	2163
3:15	2102
3:16	1859, 2231
4:1	2285
4:3	2165
4:7	2179
4:10	2166
4:11	2170
4:12	1040, 2164
4:14	2171, 2175
5:3	2171
5:8	2082
5:10	1868
5:14	2036
5:17-18	2102, 2248
5:17	2015
5:19-20	2032
5:20	2115
5:23	1036, 2164
6:1	2185
6:4	2186
6:6-8	158, 1784, 2119
6:8	1071
6:9	2093
6:10	1659
6:12	2010
6:13	2170
6:16	101, 1822
6:17-19	1009, 1013
6:17	1014, 2170
6:18	2102

디모데후서

1:2	2143, 2184
1:5	2164, 2175, 2183
1:7	2164
1:8	838, 2178
1:10	2166
1:13	2175
2:2	1040, 2175
2:8-9	2191
2:8	500, 526, 1282, 1401, 1414, 1563
2:10	1681
2:11-13	2167
2:11	1860, 1999, 2169
2:12	1412
2:13	1371
2:14	2276
2:16-17	2186
2:18	2276
2:21	1975
2:22	108
2:23	2186
3:1	2175, 2235
3:6	2166, 2176, 2185
3:10-12	432
3:12	108, 895, 921, 935, 1941
3:16-17	194, 813, 892
3:16	108, 1230, 1879, 2177, 2254
4:1	950

4:2 2170
4:6-8 2175
4:7-8 2248, 2253
4:8 2167
4:9-13 2175
4:10 2139
4:11 1530, 1707, 1943, 2139, 2175
4:12 1959, 2118, 2139
4:13 2169
4:14 2175
4:18 775, 2127, 2134, 2253
4:20 1959, 2235

디도서
1:2 2184
1:4 2166
1:5-9 1896
1:5 2167
1:7 723, 2179
1:10 2165, 2169, 2183
1:12 1950, 2183
1:14 2165
1:16 2010
2:10 2166
2:11-14 2167, 2316
2:13 2152, 2153, 2166
2:14 2004
3:1-2 2015
3:3-6 2002
3:3 2126
3:5 1675, 1842
3:6-8 2167
3:6 2167
3:7 2109
3:8 2169
3:9 1779, 1897, 2179
3:12 1959, 2168
3:13 2280

빌레몬서
1:2 2140
2 2140, 2172, 2178, 2189
3 2189
9 2049, 2105
10 2139
11 2049
13 2105
15-16 2139
18-19 998
18 1999
19 2085
22 2189
23 2133
24 1707, 1749, 2139, 2181

히브리서
1:1-2 900, 1412
1:1-2a 1730
1:1 2184
1:2 1821
1:3 101, 212, 937, 2134
1:5 835
1:6 2134
1:8-9 879
1:8 274
1:9 2206
1:10-12 929
1:13 936, 937
1:14 920, 1933
2:2 1921, 2095
2:3-4 399, 1747, 1909, 2051
2:5-18 1452
2:6-10 842
2:6-9 2109
2:8-9 843
2:6-10 843
2:9-10 743
2:10 1911
2:11-12 856
2:14 743
2:17-18 167, 449
2:17 1412
2:20 1569
3–4 42, 1655
3:6 2040
3:7-11 924
3:14 2054, 2135
4:1-16 40, 890
4:1-11 28
4:1-10 859
4:1-7 924
4:3-11 229
4:3-10 42
4:4-17 875
4:7 813, 923
4:8 346, 368
4:10 40, 41
4:11-16 212
4:12 2118, 2190
4:14 1412, 1415
4:15 212, 841, 1420, 1852, 1873
4:16 167, 170, 2173
5 2203
5:1-3 212
5:4 220
5:5-6 220, 1294
5:5 835, 1989
5:6-10 936
5:6 938
5:10 938
5:11-14 2204
5:13-14 2049
5:14 2227
6 2206
6:11-12 2124
6:13-18 1270
6:13-14 1512
6:13 371, 1642
6:17 1906
6:20 938, 1294
7 75, 936, 937, 938
7:1-28 1294
7:1-10 75
7:3 75
7:7 75
7:8 75
7:11-28 936
7:11 938
7:17 75, 220, 938
7:15-25 221
7:20-28 220
7:21 220, 938
7:24-25 1294
7:24 75
7:25-27 202
7:25 170, 2109

7:26-28 75, 195, 221
7:26-27 170, 1412
7:27 208, 220, 1288
8 435
8:1 937
8:4 212
8:5 26, 169, 845, 855, 1350
8:6-13 1288, 1363
8:8-13 1234
8:8-12 1234
9:1-22 1288
9:4-5 173
9:4 646
9:6-7 1415
9:6 212
9:11-14 221
9:12 64, 212, 743, 1288
9:13-14 143
9:13 1419, 2213
9:14 212, 229
9:15 1288, 1363, 1995
9:22 51, 195, 201, 205
9:23–10:14 64
9:24-28 1412
9:24 743, 855
9:26-28 220
9:26 212
9:27 908, 1530, 1851, 1861
10 1418
10:1-18 930, 1414, 1418
10:1-14 519, 1485
10:1-4 1414
10:1 742, 2134, 2137
10:4 64, 221, 874, 1995
10:5-10 874
10:5-7 201
10:5 874
10:9 2044
10:10-12 1418
10:10 1288, 1414
10:11-14 1412
10:12 86, 743, 874, 937
10:14-16 1363
10:14 228
10:16-17 1234
10:19-27 222
10:19-25 1280, 1417
10:19-22 2307
10:19-20 1745, 1810
10:20 644
10:22 59
10:25 946
10:30 922
10:34 1024
10:36 2124
10:37 1559
10:38 1559
11 2218
11:1 848, 894
11:2 857
11:3-40 857
11:4 53
11:6 1308
11:7 60, 789
11:8-13 84
11:10 2097
11:17-19 84, 86
11:17 1822
11:18 85, 89
11:19 26, 85, 742, 1854, 2231
11:21 1825
11:23 129
11:25 129
11:28 144
11:31 350, 356, 2232
11:32-40 1278
11:32-38 2235
11:32 375, 417
11:34 1441
11:37 1118
12:1-11 792
12:2 743
12:3 2235
12:4-13 896
12:4-11 934, 990, 1556
12:5-12 1543
12:5-11 892
12:6 1508
12:8 2199
12:13 2236
12:15 2219
12:16-17 93
12:16 1387
12:18-24 2097
12:21 155
12:22-24 1288
12:23 2309
12:24 201, 1363
12:26-28 1579
13:1 2150
13:3 1054
13:4 219, 1098
13:5 2119, 2128
13:6 943
13:8 2228
13:11-13 221
13:11 206
13:15-16 229
13:16 2128, 2190
13:20 859, 1293, 1377
13:23 2164

야고보서
1:2-4 1280
1:3 2242
1:5-8 1003
1:9-11 1784
1:11 2017, 2031
1:12 2248
1:13-17 1542
1:13-15 999
1:13-14 1194
1:13 555, 565, 763, 1643
1:14-15 1012
1:15 1010
1:17 839, 1531
1:19 1068
1:22-25 1400
1:27–2:13 1542
2:1 1994
2:5 202
2:14-26 1399
2:17 2199
2:22-23 1875
2:23 1182
2:24 2092

2:26 47
3:18 2102
4:3 1872
4:4-5 2236
4:4 1830
4:6 2168
4:7 2117
4:9 2088
4:10 1068, 1684, 2124, 2168, 2248
4:13-16 1059
4:15 1025
4:17 2000
5:1-6 1784
5:1 1569
5:5 2170
5:7-8 2153
5:14 1747
5:15-18 559
5:16 2017
5:18 559
5:20 1009

베드로전서
1:2 2006
1:3 1822
1:4 1963
1:7 721, 1637
1:13 1241, 2118
1:15-16 2150
1:16 214
1:17 189
1:19 229, 1824
1:20 2006, 2108
1:23 1822, 1846
2:4-5 2111
2:4 943
2:5 207, 229, 1412
2:6 2309
2:7 1913
2:8 367, 1884
2:9 154, 195, 211, 736, 2109
2:13-20 432
2:13-14 1737
2:16 2229
2:17 1051
2:21-25 2151
2:24 178, 1212, 1857, 1999, 2236
2:25 859
3:1 2040
3:2 435, 2184
3:3-5 434
3:3 2167
3:6 1853
3:7 87, 1872, 2150
3:11 2101
3:15 2139
3:18-21 62
3:18-20 1968
3:18 1288, 1857
3:19 883, 2113
3:20 868
3:21 1829, 1896
4:3 182
4:7 1652
4:8 2236
4:10-11 2113
4:12-19 1379
4:15-19 1014
4:16 1932
4:17 1361
4:19 838
5:1-4 2299
5:1-2 2171
5:1 2167
5:2 1540, 2113, 2167
5:3 1677
5:4 859, 1293, 2248
5:6 2234
5:7 887, 899, 2128
5:8 762, 1873, 2106, 2117, 2316
5:9 2234
5:10 838
5:13 1707, 2275
5:14 472, 2156

베드로후서
1:4 2102
1:9 2229
1:10 2144
1:11 1857
1:13-15 1707, 1709, 2251
1:16-18 1775
1:17 1775
1:19 274
1:20-21 2149
1:21 813
2:1-3 1962
2:1-2 2283, 2285
2:3 2283
2:4-6 2304
2:4 761, 1251, 2285
2:6 74, 2283
2:7-8 81
2:9 775
2:10-11 2285
2:12 2102
2:15 270, 271
2:17 2283
2:19 1852
2:22 1057
3:3 1525, 2235
3:9 1559
3:10 1127, 1692
3:17-18 2252
3:17 2006

요한일서
1:5-7 2320
1:5 1821
1:5-10 1850
1:6-9 1868
1:6 1831
1:7 1831
1:8 2229
1:9 206, 1419, 1868, 2214
2:1-2 1287
2:1 1870, 1872, 2280
2:8 878
2:9 2115
2:12 1285
2:13 1879
2:14 1879
2:15-17 2291, 2313
2:15 2199
2:16-17 1061
2:16 26, 47, 1061, 2110, 2315

2:18 1451, 1606, 1889, 2308
2:22-23 2320
2:22 2308
2:28 1692, 1874
3:1 2108
3:5 1873, 2281
3:7-10 2318
3:9-10 2281
3:12 1879
3:14-15 1695
3:15 2233
3:16 1868, 1875
3:18 2098
4:1-3 2136
4:3 2308
4:4 1781
4:9 85
4:10 942
4:14 1830
4:19 2279
4:20 1682
4:21 2271, 2276
5:1 1527, 1822, 2276
5:2 2276
5:4 1822
5:10 1846, 2127
5:14-15 1872
5:16 1657
5:18 1879
5:19 1873, 1879, 2307
5:21 2320

요한이서
1 2279
5 2276

유다서
1 1723
3-4 2251
3 2253
4 2283
6 1648
7 2283
9 761, 1462, 2152
11 270
12 2283
19 2233
21 1874
24 2108

요한계시록
1:1 1877
1:5 2134
1:6 1412
1:7 1345, 1886
1:9 1676, 1734, 1817
1:12-16 1462
1:13 1345
1:14 1451
1:15 1416, 1862
1:17 100
1:18-19 756
1:18 1668
2:1 2149
2:4 1874
2:7 1354, 1810
2:10 2227
2:13 1994
2:14 269
2:21 2150
2:24 2102
2:26-27 1675, 1865, 2034
2:26 1652, 2230
2:27 836
3:3 1692
3:5 187, 900, 2127
3:10 139, 1691, 1654, 2298
3:12 1412
3:14 1005
3:21 2033, 2034
4 969
4:1 1826
4:3 1351
4:6 1351
4:7 1350
4:8 921, 1362
4:10 2248
4:11 2113
4:14-20 1494
5–6 2154
5:1 1352
5:5 115, 1282, 1345, 1374, 1495
5:6-10 972
5:6 229
5:8 179, 965
5:9-10 963, 2127, 2134
5:9 868
5:10 1021
5:12 1415, 1824
6 2154
6:1-14 1690
6:2 1688
6:4-6 1688
6:4 1596
6:5-6 1596
6:8 1259, 1596
6:9-11 1688, 2158
6:9 2154
6:10-11 817, 1496
6:11 2133, 2154
6:12-14 1610
6:12 1494
6:16 2153, 2154
6–19 1800
7:3-4 1361
7:14 1452, 1460
7:17 859, 2291
8:8-9 1494
8:8-12 1610
9:1-19 1494
9:1-18 1610
9:7-9 2153
9:8 1490
9:21 2150
10:9-11 1352
11 1595
11:1-2 1412
11:2 61, 2308
11:2-3 1460
11:3-13 1621
11:3-12 1730
11:4 1595
11:6 2045
11:15 150, 968, 1412, 1612, 2057, 2059
11:17 2057
12:2 1688

12:3-4 2285
12:4 2254
12:6 1172, 1222, 1467
12:7-13 1392
12:7-9 761, 807, 2291
12:7 1462, 1466, 1467
12:8 2307
12:9-12 1695
12:9 46
12:10 762, 1593, 1866
12:13-16 1610
12–13 972
12:14 1457, 1460
13:1-10 1451, 1606, 2159
13:1-8 1839, 2159
13:1 1449, 1450, 1591
13:5-7 1460
13:5 1460, 1467
13:8 742, 1466, 2108
13:11-17 1839
13:11 1449
13:13 1689
14:1-5 1494
14:2 1416, 1862
14:3 868
14:6-20 2249
14:7 969
14:8 1150
14:9-11 1830
14:10-11 2158
14:10 1561
14:13 357
14:14-19 1610
14:18-19 1495
14:19-20 1222, 1611
15–19 1801
15:4 915
16:2 765
16:4 1494, 1610
16:8-9 1494, 1610
16:9 2045
16:12-16 1331, 1495
16:12 2314
16:13-16 1465, 1606
16:14-16 1571
16:14 136
16:15 1692
16:16 687, 1494
16:19 1276, 1561
17–18 1319, 1595
17:1–18:24 2291
17:1 1449
17:3-4 1321
17:4 1660
17:5 1443
17:8 1466, 2127
17:10 2307
17:12-13 1452
17:12 1450, 1591
17:15 1449
17:16 2235
17:17 1879
17:18 2045
18 1144
18:1–19:4 962
18:2 1150, 1443
18:3 2314
18:3-19 2235
18:4 1321
18:6 1276, 1321
18:12 1660
18:16 1660
18:20 1322
18:21 68, 1323
19 1153, 1495
19:6-8 1115
19:7 1827
19:7-10 167, 1647, 1693
19:7-9 1697
19:8 2299
19:9 1827
19:11–20:6 2148
19:11-21 1225, 1282, 1871, 2059, 2235
19:11-19 1495, 1540
19:11-16 938, 1381, 1610, 1801
19:11-15 2158
19:11-14 1591, 1596
19:11 924, 1794, 1826
19:13-15 1222
19:15 860, 1331, 1611
19:16 1412, 1496
19:17-19 1379
19:19-21 1331
19:20 1461
19:21 1611
20:1-7 1675
20:1-6 1215, 1224, 1801, 1829
20:1-3 1392, 1517
20:2-3 2249
20:2 2308
20:4-15 80
20:4-6 1282, 1466
20:4 1021, 1381, 2034, 2056
20:6 80, 2045
20:7-15 2057
20:7-10 1541, 1611, 1657, 2158
20:7-9 1392, 1409
20:7-8 2307
20:7 1611
20:8 1408
20:10 50, 1392, 1648, 1866, 2307
20:11 1225
20:11-13 1409
20:11-14 756
20:11-15 834, 911, 1695, 2158
20:12 925, 1451, 2056
20:13-14 1792
20:13 870
20:14 872
20:15 1226, 1466
21:1 845
21:1–22:9 1224
21:1-8 901, 2158
21:1-5 881
21:1-4 1409
21:1 2257
21:2-4 969
21:2 1680, 2097
21:3-4 1021
21:3 195, 865, 881, 2291
21:4 889, 929, 953
21:6 958
21:7-9 1680
21:9 1831
21:14 1668
21:18 42

21:22-27 905, 908, 915, 959
21:22-24 836
21:22-23 871
21:22 1417
21:23-24 958
21:23 36
21:24-26 899
21:27 1611
22 881
22:1-22 1496
22:1-5 901, 958
22:1-3 916
22:1-2 42, 52, 881
22:2 890, 1023
22:3-5 952
22:3-4 896
22:3 916, 2057
22:4-5 118
22:5 36, 1021
22:12 2031
22:13 2298
22:16 274, 1635
22:17 958

주제 색인

| ㄱ |

가나안(노아의 손자) 66-67
가나안 땅, 또한 약속의 땅도 보라
이스라엘의 ~ 입성 351-353
이스라엘의 ~ 정복 313 도표, 361-366, 364 지도
입성 기념비 352
가나안 족속 306-307
과의 혼인 관계에 대한 경고 307
을 전멸하라는 부르심 307
가난한 이들
을 경제적으로 착취하는 이스라엘 1507-1508
을 돌보아야 할 책임 317-318
을 보호하는 법 328-330
가다라 1648
가르침
의 초점 1640
가말리엘 1917
가버나움 1647-1648
가브리엘(천사) 1454-1457, 1758
가시적 교훈 325
레갑 사람들을 통한 1296-1297
멍에를 통한 1278
베 허리띠를 통한 1257-1258
아나돗의 밭 매입을 통한 1289-1290
토기장이와 깨진 옹기를 통한 1265-1267
포도주 가죽 부대를 통한 1258
가야바 1696, 1863, 1884
가이사 아구스도의 인구조사 1760-1761
가이오 2279-2281
가인 52, 53-54
가정
생활의 특징 225-226
안에서의 관계 2116-2117, 2138-2139
안의 패역한 아들 325
호세아의 결혼과 1470-1471
간음 1641-1642, 1849-1850
과 이혼 1673-1674
십계명에서 말하는 303-304
에 대한 처벌 326-327
을 금지함 158
간질 1670
갈렙 255, 367, 371-375
갈라디아서
서론 2085-2087
에 기록된 동일한 복음을 소유한 예루살렘의 기둥들 2090-2091
에 기록된 바울의 개인적 호소 2096-2097
에 기록된 복음에 대한 갈라디아인들의 경험 2093
에 기록된 복음에 대한 전기 형식의 변호 2089-2093, 2093-2098, 2099-2102
에 기록된 어리석은 갈라디아인들 2093
갈리오 총독 앞의 바울 1952
갈릴리 사람(들) 1786, 1806
갈보리 1809, 1885
감독자 1962, 2167-2168
감람산 강화 1685-1695
감사
응답에 상관없이 드리는 842
의 노래 926-927
징계 받은 후 드리는 865-866
하나님의 도우심에 대한 951
하나님의 성실하심에 대한 962-963
개인적 탄원 837-838
거듭남 1829
거룩하심 903, 925-926
거짓말에 대한 금지 명령 158
거짓 선생
들에게 적용되는 구약의 인물들 2254-2255
에 대한 경고 2125-2126
에 대한 논쟁들 2135-2136
의 미래 2255-2256
의 사악한 성향 2172
의 위험 2165-2166
의 특징 2254
의 헛된 철학 2136
잠잠해야 하는 2185-2186
현재의 2285-2286
거짓 선지자 1645-1646, 1800
예레미야와 ~들의 갈등 1277, 1278, 1279-1281
에 대한 경고 1280-1281

의 특징 1273
겁탈/강간 102-103, 326-327, 508
게네사렛 1662-1663
게달과 하솔을 꾸짖는 예언 1317-1318
게헨나 1671
겟세마네
에서 잡히신 예수님 1698-1699, 1743, 1805-1806, 1880-1881
의 기도 1698, 1742-1743, 1804-1805
겨자씨 1659
결혼
과 이혼 1673-1674, 2037
관계에서 무관심의 문제 1109-1110
관계에서 부정함 1471-1472
관계에 신실한 남편 호세아 1474
내세에서의 1799
다른 민족과의 ~을 금지하심 307
믿지 않는 배우자와의 2037
생활을 위한 군 복무 면제 329
요셉과 마리아의 1634-1635
안에서의 친밀함 1110, 1113
에 대한 가르침 2036-2039
에 불충신한 백성을 꾸짖으시는 하나님 1617-1618
이 금지되는 관계 327
이방 민족과의 705, 737
일부다처의 324-325
첫날밤 1107-1109
행렬을 묘사하는 시 1106-1107
겸손 1671, 2123-2124
경배 2112
계보
다윗의 지파와 가문의 610-611
메시아의 1633-1634
사울의 612
아담에서 에서까지의 609-610
아브라함의 자손들의 610
에 기록된 여자들 1633-1644
의 기능 695-697
이스라엘의 609-612
이스라엘 지파의 611-612
포로기 이후의 695-697, 725, 726
고난
당하는 자에게 위로를 건넬 때 783
당한 자를 멸시하는 것 778
당한 자를 위한 기도 2235-2236
당할 때 받는 인내의 촉구 2235
바울의 2065-2066, 2071, 2081-2082
받는 종 1654-1655
의 시기에 끝까지 사역하는 것 2070-2072
중에 가져야 할 하나님에 대한 신뢰 808
하나님께서 ~을 허락하시는 이유 776
고난주간 1678-1679
고넬료 1928-1931
고니야(여호야긴) 1271-1272
고대 조약 297 도표
고라의 반역 261-263
고레스
에 대한 묘사 1192-1195
의 조서 687, 688-689
고린도에 대한 디도의 보고 2074
고린도전서
서론 2023-2024
에 기록된 가난한 신자들을 위한 헌금 2059-2060
에 기록된 결혼 생활의 의무와 중요성 2036
에 기록된 고린도 지역 2024 지도
에 기록된 고발의 문제 2034-2035
에 기록된 교회 예배의 혼란 2043-2053
에 기록된 교회의 분열 2027, 2028-2029
에 기록된 교회의 자라남 2031
에 기록된 권징 2033-2034
에 기록된 그리스도인의 목적의식 2057
에 기록된 그리스도인의 자유 제한 2041-2042
에 기록된 다양한 상황에 적합한 행동 2042-2043
에 기록된 도덕적 결함 2033-2036
에 기록된 도덕적 온전함 2035-2036
에 기록된 부활에 대한 증거 2054-2059
에 기록된 부활한 몸의 영광스러움 2058
에 기록된 시험의 통과 2042
에 기록된 신자를 동등하게 여김 2030-2031
에 기록된 신중하게 사용해야 하는 영적 은사 2047-2054
에서 다루는 성찬의 오용 문제 2045-2046
고린도후서
에 기록된 마지막 경고 2083
에 기록된 바울의 미래 고린도 사역 2078-2082
에 기록된 서론 2063-2064
에 기록된 예루살렘의 가난한 신자들을 위한 헌금 모금 2064, 2075-2076
에 기록된 용서 2067-2068
에 기록된 현재 바울의 사역 2075-2077
골고다 1702
골로새서

서론 2131-2132
에 기록된 개인의 행동 2139
에 기록된 그리스도를 삶에 적용하는 것 2137-2139
에 기록된 그리스도의 우월성 변호 2135-2137
에 기록된 그리스도의 우월성 선포 2134-2135
에 기록된 창조 세계를 넘어서는 그리스도의 우월성 2134
골리앗 466-468
공격 당한 소스데네 1953
공급하심 1644
떡을 1662-1663, 1665
공회 1807, 1912-1914
나사로의 부활 소식을 들은 1862-1863
베드로와 요한을 심문한 1912-1913
예수님의 증인들을 막으려 한 1918
과거주의 1685-1686
광야 61
광야의 이스라엘 지파 240 일러스트, 259 지도
에 대한 모세의 명령 337
열두 정탐꾼과 백성의 반응 293-294
요단강을 건너는 351
의 가나안 입성 전 할례 353-354
의 두 번째 세대를 위한 연설 311
의 반역 310
의 법적 분쟁을 해결할 방법 293
광적이고 율법주의적인 신앙에 대한 경고 1090-1091
괴롭히는 자를 피하여 위안을 찾는 다윗 895
교회
가 '그리스도의 몸'이 된 기원 1926
가 받은 박해 1915, 1932-1933
가 선택한 집사들 1918-1919
공동체의 교제 1908-1909
내 과부들로 인한 헬라파와 히브리파 대우 문제 1918
를 넘어서는 그리스도의 우월성 2134
를 위한 다양한 은사 2113-2114
를 위한 예수님의 가르침 1901-1902
를 위한 윤리적 가르침 2114-2115
바울과 바나바를 파송한 1934-1936
안디옥 1931-1932
안에 나타난 기사와 표적 1909
안의 리더 2043-2045
어둠 가운데 빛인 2115
예루살렘 ~를 떠날 수밖에 없는 신자들 1923
의 내적 다툼 1918-1919
의 다양한 지체 2016-2018, 2047-2048
의 문화적 관습과 복장 2044-2045
의 본질과 사명 2168-2169
의 새로운 삶 2114
의 성숙 상태 2050 도표
의 성장 1896, 1908-1909, 1912
의 연합 1924
의 화목자이신 그리스도 2135
이방인 ~에 보내는 편지 1942-1943
자원을 서로 나눈 1914
구레네 사람 시몬 1702
구름, 구름기둥 249, 338
구세주/대속자
욥의 785-786
하나님의 은혜 882-883
구속/상환/속량
기업 무를 자의 435-436
밭이나 부동산의 235
율법의 형벌에서의 2094
구속의 소망 56
구스를 꾸짖는 신탁 1147-1148
구원
개인의 847, 851-852
구약에 계시된 예수님의 1775
메시아를 통한 936-937
받기 위한 믿음의 필요성 1930-1931
빌립보 간수의 1946-1947
압제에서 ~해주실 것을 간구하는 기도 867
에 대한 구약의 예언 1910-1912, 1913, 1938-1939
에 대한 사회적 확신 2264-2265, 2267-2268, 2271
에 대한 신학적 확신 2265-2266, 2268-2269, 2271-2272
을 위한 찬양과 간구 874-875, 908-909, 948-949, 964-967
의 도덕적 확신 2263-2264, 2266-2267, 2270-2271
이방인의 1216-1217
이스라엘의 1214-1216
일반으로 받은 2285
출애굽 당시의 941-942
하나님의 846-847, 891-892
하나님의 ~에 의지 901
구혼의 진전 1103-1104
귀신
을 쫓아냄 1650, 1656, 1771, 1777
의 세력 1764
그달리야/그다랴 600, 1303-1305
그리스도, 또한 예수, 메시아도 보라
성육신하신 예수님 1773, 1807, 1826, 1846, 1857-1858, 1861, 2204, 2271

의 호칭 1667, 1688, 1700, 1728-1729, 1737-1738, 1743, 1810
그리스도의 법 2101-2102
그리스도의 비밀 2108
그리스도의 재림
과 신자들 2056
모습 1902-1903
에 대한 세대주의적 해석 1686
에 대한 예수님의 가르침 1793-1794
을 알리는 마지막 나팔 2059
징조 1690-1691
그리스도인
그리스도 안에 있는 2031-2032
불순종하는 ~의 회복 2236
산 제물로서의 2014
성령 안에 사는 2003, 2004-2006
에게 위임하심 1814
에게 주어지는 징계 2067-2068
영적으로 자란 2030-2031
우상에게 바친 음식을 먹는 일에서 ~의 자유 2039-2040
의 거룩함 1879
의 권리 2040-2041
의 권위자와의 관계 2015-2016
의 권위 체계 2043-2044
의 박해 1875
의 비방 2234
의 안전 1998-1999
의 재정적 보상 2040
의 조화로운 관계 2017-2018, 2020
의 죽음 2057, 2058, 2059
의 하나 됨 1879-1880
이라는 말의 근원 1932
이 받을 상 2031
일꾼, 섬기는 자로서의 2032
그리스도인의 몸
과 부활의 몸 2058
도덕적인 2035-2036
성전인 2032
그리스도인의 섬김 1791, 2220-2222
그물 비유 1660-1661
금 등잔대 174
금 송아지/송아지들
시내산의 181-189
여로보암의 두 549
금식 1598, 1643-1644, 1717, 2169
긍휼/자비 1640
을/를 간청하는 패러다임 840-841
을/를 구하는 외침 955-956
기도
겟세마네의 1804-1805
공회의 위협에 대한 반응으로 드린 1913-1914
구원을 위한 847-848, 867, 948-949, 965-967
귀신을 쫓아내는 유일한 길 1730-1731
그리스도의 대제사장적 1878-1880
느헤미야의 713
모임에서의 ~에 대한 지침 2166-2167
베드로를 위한 1932-1933
변호를 호소하는 842, 870-871
보호를 구하는 851
성전을 헌정하며 드린 솔로몬의 542-543
아히야의 ~를 멈춘 사울 461
악인들에게 탄압 당할 때 드린 964-965
에 담긴 요청 2112-2113
에 대한 비유 1794-1795
에 대한 예수님의 가르침 1643, 1780-1781
에 대한 확신 2272-2273
에 힘쓴 120명의 신자들 1903
요나의 1529-1530
의 동기 2139
의로운 남은 자의 1167-1168
의 응답이 더디어지는 것의 의미 714
잘못된 송사에 맞선 935-936
징계 받은 신자의 928-929
치유를 위한 1176-1177
하나님의 도움을 구하는 887-888
하나님의 보호하시는 인도를 구하는 965, 966-967
효율적인 2139
히스기야의 592-593
힘이 되는 2235-2236
기드온 409-411
의 아들 아비멜렉 413-414
기브온 362-363, 367, 519
기습 당한 세겜 성읍 102
기적
바울의 1956
의 목적 1957
의 입증 1654
길갈 352, 354

| ㄴ |

나다나엘(바돌로매) 1825-1826
나단

솔로몬을 구한 533-534
을 통해 다윗에게 주신 말씀 618-620
이 다윗에게 전한 부자와 가난한 자의 양 비유 505-506
나답(이스라엘 왕) 554-555
나답과 아비후(제사장) 212-213
나발 477, 478-479
나병
모세의 표적 132
미리암에게 닥친 254
에 관한 율법 216-218, 329
욥의 775-766
형벌로서의 576, 587, 674-675
환자 나아만의 치료 574-576
나봇의 포도원 563-564
나사렛의 예수님 1636, 1661
나실인
바울의 ~서원 1953, 1966
사무엘의 ~서원 445-446
삼손 419
서약 245-246
나아만의 치유 574-576
나오미 434, 436
나팔
마지막 2059
을 통한 심판들 2303-2304
나훔 서론 1547-1549
남방 여왕 1657-1658
남은 자들
바벨론의 ~에게 주는 경고 1322
애굽으로 가는 ~의 탈출 1306
남편들 2116, 2138, 2245
납치 304
노년
과 임박한 죽음에 대하여 1095
에 하나님을 의지함 901
노동 1087, 1675-1676
노아
족보의 목적 67
하나님과 ~의 언약 60
홍수 이후 ~의 벌거벗음 66
노예에 관한 법 317-318
놀라우신 조언자 1138-1139
놋뱀 268
누가
바울의 특사 1980-1981
복음 서론 1749-1750
사도행전의 저자 1893
선교에 대한 ~의 책 서언 1901
의 서언 1755-1756
의 저술 목적 1916
누룩
바리새인들의 1666, 1728
비유 1659-1660
느부갓네살
신상에게 절하라는 ~의 명령 1440
예루살렘을 파괴한 1434
의 꿈 1436-1439
의 정신병 1444
이스라엘의 하나님을 인정하는 1441-1442, 1444
하나님의 종 1275-1276
느헤미야 713
서론 709-710
의 기도 713
의 본보기 723
의 예루살렘으로 가는 여정 714, 715 지도
니느웨
사람들과 남방 여왕 1657-1658
의 선포에 대한 ~의 반응 1530-1531
파멸에 대한 묘사 1551-1552
니므롯 68-69

| ㄷ |

다니엘서
에 기록된 꿈의 해석 1437-1439, 1441-1443
에 기록된 느부갓네살
신상에게 절하라는 ~의 명령 1440
의 광기 1442
의 큰 신상에 관한 꿈 1438-1439
의 나무에 관한 꿈 1442-1443
이스라엘의 하나님을 인정하는 1441-1442,
에 기록된 사자 굴 속의 다니엘 1446-1448
에 기록 신상에게 절하기를 거부하는 다니엘 1440-1441
에 기록된 왕의 음식을 거절한 다니엘 1434-1435
에 기록된 적그리스도 묘사 1465
에 기록된 죽은 자들의 부활 1466
에 기록된 책의 인봉 1466
에 기록된 풀무불 시험 1440-1441
예언
그리스(헬라 제국)에 대한 1438-1439, 1450-1453, 1462-1463
기름 부음 받은 자 곧 왕 1458-1460
네 나라에 대한 1438-1439

로마제국에 대한 1438-1439, 1451-1453
바벨론 나라에 대한 1438-1444, 1449-1452
바사 제국에 대한 1438, 1449-1450, 1453-1454, 1462-1463
셀레우코스 왕국에 대한 1451, 1453, 1463-1464
애굽에 대한 1449, 1463-1464
적그리스도에 대한 1645
유대교 정경에서 ~의 위치 1430
의 서론 1429-1433, 1431 도표, 1436 도표, 1448 도표
환상
네 짐승에 대한 1449-1452
마지막 1461-1467
양과 염소에 대한 1453-1455
인자에 대한 1449-1452
70이레에 대한 1457-1461, 1457 도표
다림줄에 대한 환상 1513-1514
다말(다윗의 딸) 507-508
다메섹을 꾸짖는 신탁 1146-1147, 1317, 1502
다윗
가문 615, 압살롬, 암몬, 암논, 다말(다윗의 딸)도 보라
의 고통과 메시아 899
의 아내들 470, 479, 494
의 확대 497
가문의 회복 1516-1517
과 골리앗 466-468
과 밧세바 504-507
과 블레셋의 싸움 497
과 세바의 반란 517-518
과 안식일 관습 1655
과 요나단의 우정 468-469, 491-492
기름 부음 받은 465, 492
기브온 주민을 위한 ~의 공의 519
나라의 관리들을 조직한 627-628
메시아의 소망, 의로운 가지 1272, 1293-1294
므비보셋에 대한 ~의 친절 502-503
사울과 요나단의 죽음에 대한 ~의 반응 490-492
사울에게 쫓기는
과 블레셋 480-481, 482
모압에서 은거하는 ~의 부모 474
빼앗긴 것을 되찾은 483-484
사울을 살려준 476-477, 479-480
성별된 떡을 먹는 472-473
~에게 모인 원통한 자들 473-474
을 경멸하는 나발 477
을 보호하심 470-471
성전에 대한 ~의 고별 연설 629-632
성전 짓기를 열망한 618
솔로몬을 낳은 507
시므이의 ~ 저주 513
싸우는 동안의 공급 515-516
압살롬에 의해 폐위되는 510-511
언약궤를 예루살렘으로 옮기는 497-498
언약궤를 옮기는 614-615, 616
예루살렘을 새로운 수도로 결정한 613
왕궁을 지키도록 하는 511-512
을 구하신 하나님 520-521
을 위한 영원한 집 499-501
의 겸손 620-621
의 군대 및 행정 관원들 629
의 다스림 621
의롭게 다스리겠다는 ~의 결심 927-928
의 마지막 기도 632
의 삶의 중심이신 하나님 520-521
의 성전을 위한 준비 626-627
의 슬픔과 회복 516-517
의 신앙 956
의 역사 612-633
의 예루살렘 정복 496-497
의 왕궁 건설 497
의 용사들 522-524, 613-614, 622
의 인구조사와 재앙 524-525, 623-625
의 자손 1677, 1682
의 종들이 이스라엘과 싸우다 515
의 죽음 632-633
이 드린 제사 525-526
이 들은 승리와 죽음의 소식 515-516
이 솔로몬에게 임무를 맡김 627, 630-631
이 솔로몬에게 하달한 지침 535
이스라엘 왕 ~의 집권 496-497
이 요나단과 맺은 언약 471-472, 475
전쟁에서 승리한 501-502, 615-616, 622-623
하나님의 약속에 반응하는 501
다윗 언약 499-501, 617-620, 629-630, 649-650, 956-957, 1637, 1759, 1937-1938, 1989
다윗 왕국
영원한 1637
의 회복 1801
다윗이 받은 시글락 480
달란트 비유 1693-1695
대제사장들 1805, 1847, 1798
대제사장의 사역과 위대한 대제사장의 사역 220 도표
대 할렐루야 972

더럽게 하는 것 1663
데라 71
데메드리오 1958-1959, 2281
데살로니가에서 바울의 사역 1947-1948
데살로니가전서
서론 2141-2142
에 기록된 권면 2149-2151, 2155-2156
에 기록된 종말론과 관련한 격려 2151-2155
데살로니가후서
에 기록된 격려 2158
에 기록된 경고 1259-2160
에 기록된 권면 2160-2161
데오빌로 1755-1756, 1773-1774, 1894, 1901
도덕적 온전함 2035-2036
도둑처럼 올 주의 날 1692
도마 1888-1889
도벳(힌놈의 골짜기) 598, 1267, 1701
도피성 285-286, 300, 321-322, 379 지도
독신 생활의 유익 2038-2039
돈/부
문제에 대한 법 328
을/를 축적하는 것 1089
잠언에서 말하는 997, 1008, 1009-1010, 1017-1018, 1021, 1022, 1030, 1032-1033, 1034, 1038, 1042, 1043, 1044, 1045, 1046, 1047, 1051, 1062, 1063-1064
희생적으로 드린 1799
동물들
대우 330
방주 안의 60
부정한 1645, 1929
동물 제사
결함이 있는 319
를 위한 훈계 314
새 성전의 1414-1415, 1417
에 보충하는 곡식과 포도주 예물
에서 제사장의 행동 207-209
에스겔에서 구약의 ~와 비교하다 1418-1419
의 목적 199-201
전체를 불태우는 ~법 200-201, 208
돼지 1648, 1771
두로 1388-1392, 1665
를 꾸짖는 신탁 1151
에 대한 심판 1388-1392
왕 배후에 있던 권력 1391-1392
두아디라 교회 2296-2297
디나 102-103
디도서
서론 2183
에 기록된 거짓 교사들 2185
에 기록된 건전한 교리 2185
에 기록된 그리스도인 공동체의 표지들 2186
에 기록된 장로 임명 2184
에 기록된 회중의 하나 됨 2186
디모데(사도)
가 지닌 믿음의 유산 2177
거짓 가르침에 대한 ~의 반응 2169
를 보낸 바울 2148
사역자로서 ~의 책임 2169-2170
의 할례 1943-1944
디모데전서
서론 2163-2164
에 기록된 거짓 가르침의 위험 2165-2166
에 기록된 경건 2172-2173
에 기록된 교회가 직면한 위협 2169-2170
에 기록된 모임에서의 관계들을 위한 지침 2170-2172
에 기록된 모임을 위한 규정 2166-2167
디모데후서
서론 2175-2176
에 기록된 하나님의 견고한 토대 2178-2179
에 기록된 말세 2179-2181
에 기록된 은혜 2177-2178
디오드레베 비난 2280-2281
땅
들에게 주님을 찬양하라는 명령 970-971
의 심판 1152-1153
떡
그리스도의 ~ 비유 1665, 1788, 1803, 1840, 1841, 1842, 1843, 1890
성별된 ~을 먹은 다윗 473-474
진설병 1655, 1697

| ㄹ |

라멕 54-55
라반 94, 95-100
라오디게아 교회 2298
라합(생물) 775
라합(여리고 여인) 349-351
라헬 95, 98, 103
랍비 1684
레아 95-96
레위기 서론 193-197, 200 도표
레위인 241 도표, 242 도표

다윗 성전에 대한 ~의 임무 628-629
의 기업 310
의 성읍 286 일러스트, 285-286, 369-370, 378-379, 379 지도
포로에서 돌아온 733-734
로마서
서론 1985-1988
에 기록된 감람나무 유비 2012-2013
에 기록된 거룩함에 이르는 것 2001
에 기록된 고난 2004-2006
에 기록된 구원 1990
에 기록된 다른 그리스도인과의 관계 2016-2019
에 기록된 믿음 1995-1996, 1996 도표, 2003, 2007, 2010
에 기록된 박해 받는 신자들을 위한 연보 2019-2020
에 기록된 복음의 필요성 1990-1994
에 기록된 복음 전파 2021
에 기록된 본성을 따라 율법이 명하는 바를 행하는 것 1992-1994
에 기록된 사망 2002-2003
에 기록된 사역자들에게 전하는 바울의 명령 2020-2021
에 기록된 속량 1995
에 기록된 심판 1991-1992
에 기록된 우리를 위하시는 하나님 2006-2007
에 기록된 우상에게 바쳤던 음식을 먹는 문제 2016-2017
에 기록된 유대인들 1992-1993, 2013-2014
에 기록된 육신 2001, 2003-2004
에 기록된 율법 1997-1998, 2001-2003, 2016
에 기록된 율법의 행위 1992-1994
에 기록된 은혜 1995
에 기록된 이방인 2009-2014, 2018-2019
에 기록된 죄 1989-1990, 1994, 2001
에 기록된 하나님의 의 1990, 1994-1995
에 기록된 할례 1992-1993, 1997
롯
과 딸들의 근친상간 81-82
땅을 선택한 74-75
소돔에서 구출된 80-81
의 구출 75
룻기 서론 429-431
르무엘(왕) 1073-1076
르호보암(유다 왕) 547-548, 552-553, 654-656, 659 지도
리워야단 807-808, 1154

| ㅁ |

마가
복음 서론 1707-1710
신약성경에서 언급되는 1707, 1937, 1943
와 베드로 1707-1708
의 복음과 베드로의 설교 비교 1930 도표
마가단(막달라) 1665
마르다 1860-1861
마르다와 마리아 1780, 1861-1862
마른 뼈 환상 1406-1407
마리아(예수님의 어머니)
가나 혼인 잔치에 간 1826
다윗의 자손을 낳을 1759
에게 예수님의 탄생을 알림 1758-1759
엘리사벳을 방문한 1759-1760
처녀인 1758-1759
마음
과 목숨과 뜻 1682
사람을 비추는 994, 1061
살아 있는 1405
의 완악함 1673-1674, 1718, 1732, 1747
을 다하는 사랑 1738
할례를 받지 못한 1921-1922
마태를 제자로 부르심 1649
마태복음
서론 1625-1630, 1661 도표
에서 이루어진 예언 1634-1636
마헬살랄하스바스(이사야의 아들)의 표지 1136
막달라 마리아 1704, 1886-1888
만나 151-152, 252
말라기 서론 1613-1614
말세 2179-2181
맛디아 1904
망명자/포로
명단 695-697
바벨론 ~의 운명 1323
의 귀환 693-694
매춘(부)/행음
다말의 107-108
두 ~와 아기 538
예루살렘 백성의 1369-1371
유다와 이스라엘의 1243
맹인
을 고치심 1650, 1728, 1854-1856
하나님의 종, ~과 귀머거리 1186-1187
메데 사람 다리오 1446-1447, 1455, 1462-1463
메뚜기
떼에 대한 환상 1513

재앙 심판 1489-1490
메삭 1434, 1439-1441
메시아
가 죽으실 것에 대한 예언 1607-1608
다윗 왕조에 대한 ~의 성실하심 916-918
다윗의 혈통 1282
라고 하는 거짓 주장 1689
를 예표하는 여호수아(제사장) 1593-1594, 1596-1597
를 위한 기도 902
를 찬양하라는 권고 925
를 통한 구원 936-939, 1606-1609
복수로 전달된 ~ 예언 1135-1136
스승이신 1162-1164
십자가에 달리신 ~에 대한 예언 856-858
에돔에 대한 ~의 심판 1221-1222
여호와의 싹/가지인 1128-1129, 1141-1142, 1272-1273, 1293-1295, 1597-1598
오실 1540-1541, 1581-1582, 1601, 1602, 1618-1619
욥의 대속자이신 785-786
왕을 세우실 하나님 1165-1167
의 귀환 860
의 복과 심판 1132 도표
의 본성 1138-1139
의 연민에 대한 소망 1543-1544
의 제사장 사역과 아론의 제사장 사역 대조 212 도표
의 혼인 879-880
이스라엘을 위한 ~의 사역 1220-1221
이스라엘의 영도자이신 1283-1284
이신 예수님 1738, 1757, 1764, 1796, 1797, 1798, 1807, 1813
이신 제사장 왕 1596-1598
임마누엘이라 하는 1134-1135
참되신 목자이신 1604-1606
처녀에게서 탄생하실 1132
메시아 시 835-837, 842-843
메시지들(설교) 1951
바울의 1937-1938, 1940, 1947-1953, 1954-1965, 1974-1976, 1976-1981
베드로의 1905-1907, 1929-1930
스데반의 1919-1923
메추라기 253
멜기세덱 75-76, 2208-2210
멜리데
에서의 치유 사역 1979-1980
의 원주민들 1979-1980
멸망의 가증한 것 1688, 1800-1801
모독 1657, 1700
성령에 대항하는 1657
모든 일의 때 1085-1086
모레 상수리나무 곁에서 행해야 하는 의식 312
모르드개
에게 빚을 진 왕 745-746
와 에스더 744-745
의 존귀함 752
하만보다 영향력이 커진 749-750
모세
가 받은 표적 132-133
를 불붙은 떨기나무로 부르신 하나님 130-131
를 살린 십보라 133
매개자 304
민족을 보존한 ~의 기도 310
바로의 딸이 구한 129
반석을 친 267
성격 293
애굽 사람을 죽인 129
에게 맡겨진 임무와 반론 131-132
엘리야와 559-560, 1775-1776
여호수아를 임명하는 337-338
와 같은 선지자 321
와 선지자들 1792-1793
의 노래 149-150, 338-340
의 대변인 아론 133
의 메시지를 거부한 바로 134
의 목표 310-312
의 율법 1814
의 율법에 순종하라는 권면 297-300
의 죽음 346
의 축복 340-342
이드로의 조언을 들은 153
재판관 역할을 한 1683
처럼 물을 정화한 엘리사 570
모압 571-572
에 대한 심판 1387
에 은거한 다윗의 부모 474
을 꾸짖는 신탁 1146, 1312, 1504-1505
의 자손 82
이스라엘 자손이 약속의 땅으로 가는 동안 자극해서는 안 되는 294-295
평지와 시내산의 유사점 276 도표
목자
거짓(적그리스도) 1606
거짓 ~와 참 ~ 대조 1400-1402

되신 주님 858-860
선한 1856-1858
참되신(메시아) 1604-1606
몸을 더럽히는 것 1726
무덤 1685
무익
지혜와 지식 추구의 1083-1084
한 일에 대한 결론 1090-1091
무지개 증거 65
무화과나무 1678-1679
의 이미지 309
이상한 212-213
물
부족으로 불평하는 백성들 150-151
위를 걸으심 1725
정결하게 하는 265-266
물고기 배 속의 요나 1529
물질주의 1644
므나헴(유다 왕) 587
므낫세(유다 왕) 595-596, 682-683
므비보셋 495-496, 502-503, 512-513, 517
미가
가 예언한 성읍들 1538 지도
서론 1535-1536
의 벌거벗은 몸 표지 1537
미가야(선지자) 663-664
미가엘(천사) 1462, 1465-1466
미갈 469-470, 494, 498-499
미련
인간의 ~함에 대한 분석 847-848, 887
한 여인의 잔치 초대 1007-1008
미리암
과 아론의 반역 253-254
선지자 150
의 죽음 266-267
미모에 대한 불안 1103
미시나 1697
민수기
서론 237-238
와 출애굽기의 유사점과 차이점 252 도표
믿음
과 착한 행실 2230-2232
구약에서의 2216-2219
룻의 433-436
오는 2095-2096
의 상 436
의 시험 432-433
의 원리 1996
의 인내 433-436
작은 1670
하박국의 ~의 기도 1561-1564
밀과 가라지 비유 1659, 1660

| ㅂ |

바나바 1932
와 바울 1934-1936, 1943-1944
의 선교사 위임 1934-1936
바라바 1701, 1808
바로
모세의 요구를 거부한 135
사래를 아내로 삼은 72
와 모세의 첫 대결 136
의 마음을 완악하게 하신 하나님 135-136
의 몰락과 앗수르에 대한 우화 1396
큰 악어에 비유되는 1393
바룩 1297-1298, 1308
바르실래 517
바리새인 1823, 1847-1849, 1855-1856
고침 받은 맹인을 심문한 1854-1856
과 예수님의 식사 1768-1769, 1787-1788
들의 누룩 1782-1783
예루살렘 공의회에서의 1941-1942
예수님에 대한 ~의 반대 1650, 1663-1665, 1718, 1725-1726
예수님을 시험한 1681-1682
을 도둑과 강도에 비유하신 예수님 1857
의 율법주의적 관행들 1766
의 의 1641
의 태도 1790
이었던 바울 1975, 2126
바벨론
세삭과 1322
심판의 도구로서 1558-1560
안의 남은 자들에게 주는 경고 1322
에 있는 신실한 남은 자 1363
예루살렘을 파괴한 1433-1434
유다를 속박한 688-689
유다의 부를 자랑하는 ~ 사절단 594-595, 682, 1178
으로 옮겨진 에바 속의 여인 환상 1595-1596
을 꾸짖는 신탁 1143-1145, 1149-1150
의 애굽 침공 예언 1306-1307
의 통치 1433-1434

의 파멸 2313-2316
하나님의 ~ 심판 1196-1199
화 있을 진저 1560-1561
바벨론 유수 이후 찬송하는 무리 734-735
바벨탑 67-69
바산 왕 옥의 패배 269, 295-296
바스훌 1267
바아사(이스라엘 왕) 554-555
바알
에 대한 설명 400
엘리야와 ~ 선지자 558-559
예후와 ~ 선지자의 진멸 580-581, 597-598
바알세불 567-568
박사들 1635
발락(모압 왕) 269-270, 271-272
발람
이스라엘을 저주하려는
이스라엘을 타락시키는 276-277
발을 씻기심 1867-1868
밧세바 534
방언
과 앗수르어의 기호 2052
구속에 대한 표적으로서의 1905, 1924, 1930-1931, 1955
독특한 사건이었던 1905
에 대한 설명 2050-2053
에 대한 설명에 바울이 인용한 요엘의 예언 1494
을 주신 이유 1955-1956
의 규칙 2053
의 목적 1905, 2048-2050
이방인들에게 주신 선물인 1930
방주 60-61, 62-63, 또한 홍수도 보라
백부장 1767, 1811
버가모 교회 2296
번제 199-202
범죄의 명확성 772-773
범죄의 정의 772-773
베가(이스라엘 왕) 588, 1132-1133
베냐민(지파) 426-427
베드로
가 본 부정한 짐승에 대한 환상 1929
감옥 안의 1933
대제사장의 종의 귀를 벤 1881
를 통한 이방인 선교 1928-1931
변화산 사건 때의 1774-1776
시몬을 비난한 1924
예수님에 대한 ~의 사랑 1890
예수님을 부인한 1700
예수님의 무덤으로 간 1887
예수님이 발 씻기시는 것을 거절한 1868
예수님이 잡히실 때의 1881-1882
와 고넬료 1929-1930
와 사탄 1668-1669
와 요한 1915, 1924
의 고백 1667
의 물 위를 걷는 능력 1663
의 이름 1667-1668
의 일관성 없는 행동과 위선 2091
의 호소와 메시지 1905-1908, 1910-1912
베드로전서
서론 2239-2240
에 기록된 고난 2245-2248
에 기록된 그리스도인 가정 2245
에 기록된 그리스도인과 정부 2244
에 기록된 그리스도인의 사업 2244-2245
에 기록된 목사의 행동 2248
에 기록된 사람 앞에서 그리스도인의 행동 2244-2248
에 기록된 사랑 2242-2243
에 기록된 성장 2243
에 기록된 순종 2245-2247
에 기록된 찬송 2241
에 기록된 하나님 앞에서 그리스도인의 행동 2242-2244
베드로후서
서론 2251-2252
에 기록된 거짓 선생들 2254-2256
에 기록된 그리스도인의 삶에서의 확신 2256-2257
에 기록된 그리스도인의 삶의 특징들 2253-2254
베들레헴 1635, 1761
베뢰아 사람들 1948-1949
베스도
가 아그립바에게 바울에 대해 설명한 이유 1974
바울을 소환한 1973-1974
베헤못 807
벨릭스(안토니우스 벨릭스) 1970
벨사살 1444-1445
벳바게 1677
벳브올 295-296
변화산 사건 1669, 1737, 1774-1776
보물 1644
의 비유 1660
보아스 434-436
보호
를 구하는 851, 861-862, 893

와 목적의 근원이신 주님 953
자기 백성을 ~하시는 하나님 951
복음
다른 2088
사람으로부터 받지 않은 2089
에 대한 갈라디아인들의 경험 2093
에 대한 성경적 변호 2093-2098
에 대한 실제적인 변호 2099
에 대한 유대인의 반응 1938-1939, 1951-1953, 1956
에 대한 전기 형식의 변호 2089-2092
에베소 은장색들에게 위협을 가한 1957-1958
에서 떠나 표류할 위험 2197-298
유대인의 불신과 1937
을 거부할 위험 2219-2221
을 불신하게 될 위험 2199-2202
을 저버릴 위험 2204-2207
의 가치를 깎아내릴 위험 2215
의 기원 2089
의 전파 1925-1926
의 핵심 요소 2088
이 이교에 미친 영향 1959
본받음
바울을 2127, 2144
부당 1092
하나님의 ~에 대한 하박국의 인식 1558-1561
부도덕/음란
과 몸 2035-2036
과 이혼 1673-1674
부림 752
부모 공경에 대한 명령 157
부자들에게 전하는 당부 2173
부지런함 1061-1062
부활
몸의 2057-2058
성도의 1703-1704, 2000
에 대한 증거 2054-2055
예수님의 1704-1705, 1746-1747, 1811-1814, 1866-1888, 1901-1904, 1997-1998, 2101, 2071
의 중심성 2055-2057
의 증인 1906-1907
이 없을 때의 결과 2055
죽음에서의 ~로 생기는 목적의식 1838-1839, 2057-2058
첫 열매 이미지로 설명되는 2056-2057
불순종이 땅의 물리적 특성에 미칠 영향 336
불신
유대인들의 1936-1937, 1982
의 결과 1911-1912
자들과 거리를 두는 것 2073-2074
블레셋
에 대한 심판 1388
을 꾸짖는 신탁 1145, 1311-1312, 1502-1504
블레셋 사람들
다윗을 불신한 482
바벨론에게 정복될 1311-1312
사사 시대의 401, 405, 419
에게 승리를 거둔 다윗 615-616
의 군사적 우위와 경제적 착취 460
하나님의 궤를 빼앗고 재앙을 당한 451
비
가 내리기 전 있었던 안개 41-42
가 내릴 것이라는 엘리야의 예언 557-559
이른 1493
빌닷
의 비난에 답하는 욥 774-775
빌라델비아 교회 2297-2298
빌라도 1700-1704, 1786, 1807-1808, 1882-1885
빌레몬
의 순종 2191
빌레몬서 서론 2189-2190
빌립 1825, 1871
과 에디오피아 내시 1924-1925
사마리아인들을 대상으로 증거한 1923-1925
의 예언하는 딸들 1965
빌립보
에서 구원받은 귀신 들린 여종 1945-1946
에서 복음에 반응한 루디아 1945
에서 잡힌 바울과 실라 1946-1947
의 회심자들 1947
빌립보서
서론 2119-2120
에 기록된 순종의 삶 2124-2125
에 기록된 신자의 삶 2122-2123
에 기록된 율법주의 2125-2127
에서 주는 실제적인 교훈 2127-2128
빛
가운데 있음을 나타내는 사랑 2264
과 흑암 1138, 1821, 1830-1831
어둠 가운데 ~인 교회 2115
이신 예수님 1821, 1830-1831, 1850
이신 하나님 2262
인 신자들 1640

의 창조 36-37

사가랴 1756-1760
사데 교회 2297
사도
를 부르심 1766
모집 1714
바울 1895-1896
예루살렘에 남은 1923
유다를 대신할 1903
의 사역 1724, 1777-1778
의 직임 1989, 2048
의 특징 1718-1719
최후의 만찬에서 1803
사도 바울
가이사에게 상소한 1973-1974
갈라디아인들에게 개인적인 호소를 한 2096-2097
갈리오 앞에서 심문 받은 1952-1953
감옥 안의 ~과 실라 1946-1947
고린도인들을 염려한 2082-2083
과 빌립보인들과의 개인적인 관계 2121
과 오네시모 2191
데살로니가인들 가운데서 이루어진 ~의 사역 2145-2148
데살로니가인들을 염려한 2148-249
데살로니가인들을 향한 ~의 인사 2143-2144
데살로니가인들의 현재 상황에 대한 ~의 친절한 반응 2157-2159
동역에 감사하는 2128-2129
두려움에 떨던 1952
디모데에게 인사하는 2177
로마에서 증거한 1980-1981
메시아 안에서 ~의 새로운 삶 2126
믿음을 전하는 2090
바리새인이었던 2126
배의 파선에서 살아남은 1979
베드로를 책망한 2091
복음의 효과 2089-2090
비시디아 안디옥에서 메시지를 전한 1937-1938
사도직을 변호한 1927
사역에서 드러난 진리 1951
사역의 근원이신 그리스도 2135
셋째 하늘을 경험한 2081-2082
순수한 2146-2147
스스로를 칭찬하는 2079-2082
에게 주신 육체의 가시 2082
에베소에서 ~의 사역 1956-1959
예루살렘에서 ~의 증거 1966-1970
유대 의식에 참여하기로 한 1965
을 파송한 안디옥 교회 1936
의 결백함에 대한 선언 1976
의 고난 2065, 2177
의 능력 1956
의 동기 2089
의 마지막 인사 2181-2182
의 사도직이 적합함을 입증한 누가 1895
의 사역을 위한 전략 1947
의 상황 2121-2122
의 육체의 약함 2096-2097
의 이방인에게 증인되는 사명 1975
의 일관성에 대한 변호 2066-2067
의 전도 여행 1934-1943, 1935 지도, 1943-1954, 1944 지도, 1954-1965, 1964 지도, 1972 지도
이 경험한 은혜 2166
이 고린도인들에게 주는 경고 2083
이 데살로니가인들에게 준 권면 2149-2151
이 보상을 기대하는 근거 2148
자신의 권위를 보호하는 2078-2079
자신의 사역을 변호한 2068-2070
천막을 만드는 자 1952
회심의 증거로 세례를 받은 1968
하나님께 순종한 1965
사도행전과 그 배경 1893-1895, 1901
사두개인들의 질문 1681-1682, 1737, 1799
사드락 1434, 1439-1442
사라/사래
바로의 아내가 된 72-73
아비멜렉이 ~를 데려감 82
의 이름을 바꾸심 79
의 죽음 87
사람의 완전함에 대한 묵상 862-863
사랑
과 영적 은사들의 비교 2048-2049
그리스도의 2112
다른 사람에 대한 1870, 1874
부부간의 ~의 힘 1114
성숙한 1112-1113
언약 용어를 반영하는 1615
에 대한 경고 1104-1105
원수에 대한 1642-1643
을 통해 표현되는 믿음 2098

의 필요성 2048
의 행동 2242-2243
이웃에 대한 ~과 잃어버린 소유물을 돌려주어야 할 책임 325
하나님의 ~을 간구하는 기도 863-864
형제 2150-2151
사마리아(북 왕국)
의 심판 예언 1140
포위 종식 예언 577-578
사마리아인 1777, 1779-1780, 1793, 1832-1835
시몬의 마술에 대한 ~의 반응 1923-1924
에게 증거한 빌립 1923-1925
의 두 단계의 회심
사무엘
사울에게 기름 붓는 455
소년 시절의 449-450
을 본 신접한 여인 481-482
을 부르신 하나님 449
의 아들들의 죄 453
이스라엘에게 연설하는 458-459
사무엘상, 사무엘하 서론 439-440
사사기
서론 389-392
순종과 실패의 기록 397-399
의 연대 391 도표
죄와 은혜의 신학 399-401
사울(이스라엘 왕)
과 신접한 여인 481-482
기름 부음 받은 454-456
다윗을 왕으로 삼은 ~의 동족 614
아히야의 기도를 멈춘 461
암몬 사람을 무찌른 456-457
을 버리신 하나님 464
의 불순종 460, 463-464
을 살려준 다윗 476-477, 479
의 시기와 의심 469
의 아들 요나단 460-461
의 어리석은 맹세 461-462
의 죽음 484, 490-491, 612-613
의 통치 459-460
제사장들을 죽인 474
처형된 ~의 자손들 519
사사 시대
베냐민과의 내전 427
에브라임과의 내전 418
하나님과 이스라엘의 대면 416
의 우상숭배 399-400
북부 지파의 실패 398-399
배냐민 지파의 패악 426-428
의 적에게 미칠 화 1167-1170
사역
에서의 고난 2070-2072
재정적인 보상을 위한 2040
화목하게 하는 2072-2073
사울/바울
그리스도인들에 대한 ~의 적의 1925-1926
다메섹에서 변화된 1926
스데반이 처형된 자리에 있던 1922
에게 아나니아를 보내신 하나님 1926-1927
을 일꾼으로 삼은 바나바 1932
회심 후 예루살렘으로 돌아온 1927
사탄 1763, 1778, 1781, 1802, 1806
바알세불 1656
예수님을 시험한 1638-1639
의 몰락 1391-1392
의 통치권 2070
인구조사를 하도록 다윗을 유혹하는 623-624
사형 319
에 대한 추가 지침 330
이후 시체 처리 325
삭개오 1795-1796
산발랏과 도비야 714, 716, 719-721, 723-724
산헤립의 침공에 반격한 유다 680-681, 1173-1174
살룸 1270
살인
과 같은 분노 1641
두 번째 54-55
아기들을 ~한 헤롯 1636
에 대한 금지 명령 157-158
에 대한 처벌 64
십계명에서 정의한 303
최초의 52-53
해결되지 않은 ~에 대한 판례 324
삶
과 죽음의 선택 336-337
무익한 ~의 주기 1082-1083
에 대한 신뢰 849-850
에서 가치 있는 것들 1090
에서 겪는 좌절들 1091-1092
의 무의미함 1082
의 작은 즐거움 1085
의 주기 1085-1086

을 위한 하나님의 공급하심 63-34, 64 도표
창조주요 생명의 지속자이신 하나님을 찬양하는 930-931
삼갈 404-405
삼손 419-423
삼위일체 1820, 1829-1830, 1838, 2047
상징적 사실주의 899
새 성전 1412-1413
새 언약
과 '보라, 날이 이르리니' 어구 1286, 1289, 1293-1294
과 이스라엘의 영속적인 관계 1288
다락방에서 선언하신 1288
뛰어난 2210-2211
옛 언약을 대신하는 1850, 2068
율법의 내면화를 내포하는 1287
의 성취 1363-1364
의 시작 1697
의 축복들 1954
의 피 1742
생수 1832
서기관들 1738, 1782, 1788-1789, 1790
서머나 교회 2295-2296
서원 235-236
에 대한 교훈 1642
한나의 444-446
선지자
드보라 405
미가야 663-664
아히야 546-547, 551
유다에서 온 ~의 불순종과 늙은~의 속임수 550-551
설교
산 위에서의 1640-1646,
오순절 베드로의 1905-1906
섬김 1676-1677
성경 1763, 1813, 1814, 1948
을 인용한 사탄 1638-1639
하나님의 감동으로 된 2180
성령
과 기적 1656-1657
과 세례 1637-1638, 1902
과 예수님의 관계 1778
과 육체 2099-2100
교회 안에 연합과 사랑을 주신 1914
다윗을 보호하신 470-471
보혜사 1872
새로운 ~충만 1914
에 대한 약속 1783, 1876-1878, 2112
의 권능 1763
의 복 2108-2109
의 선물 1904-1905
의 소멸 2155-2156
의 지시 1901
의 특징 1141-1142
을 따라 행함 2115-2116
을 모독하는 문제 1783
이방인들에게 임한 1931
창조의 36
충만과 구원의 증거 1756-1757, 1904-1905, 1923-1925, 1930-1931, 1942, 1955
성막 173 일러스트
과 창조 비교 172 도표
건축을 위한 봉헌 168-171
설계안 171-175
에 관해 반복되는 명령 190-191
에 바른 관유와 향 179-180
에 임하신 주님 191-192
예배의 시작 211-212
의 건축자 180
의 기원에 관한 이론들 168-169
의 놋 물두멍 179
의 놋 번제단 175
의 뜰 175-176
의 목적 169-170
의 봉헌 246-247
의 제사장 176-179
의 진설병을 두는 상 173-174
의 휘장이 찢어짐 1810
을 일컫는 명칭들 169
휘장 175
성만찬 제정 1697, 1803
성적인 순결 2149-2150
성전 1827-1829, 1851 일러스트
세 1670-1671
에 대한 맹세 1684
에서 예수님의 사역 1678, 1802
의 파괴 1686-1687
성전에 비유된 그리스도인의 몸 2032
성찬의 오용 2045-2046
성화 2219
세례
물 1831
예수님의1637- 1639

와 구원 1705-1706, 1908-1909, 2136
요한 1760, 1763
요한이 베푼 ~의 근원 1679
회개를 위한 1637, 1714
세례 요한 1662, 1667
과 예수님 1637-1638, 1653-1654
보다 뛰어나신 예수님 1822
선구자 1757, 1768
선지자 1768, 1798
엘리야와 같은 1654, 1757-1758
예수님에 대한 ~의 질문 1768
예수님의 증인 1821
을 가둔 헤롯 1763
의 메시지 1760, 1763
의 부모 1756-1757
의 사역 1763
의 사자 역할 1714
의 설교 1637, 1713-1714
의 신원 1823-1824
의 탄생 1756, 1760
의 제자들 1955-1956
이 죽지 아니하겠다는 말씀에 대한 오해 1891
참수 당한 1724
세바 517-518
세베대 1676
세속을 따르는 것
과 자만심 2234
성냄의 근원이 되는 2233
에 대한 해결책인 겸손 2234
에 수반되는 심판 2234-2235
세스바살 694-695
소금 1640
소돔
심판 80-81
소발 776-778, 786-787
의 비난에 대한 욥의 대답 778-781, 787-788
속죄 1795, 1798, 1811
속죄소 173
속죄일 219-221, 230
솔로몬
성과 왕궁을 건축한 539-541
성전 건축을 준비하는 642-643
성전 건축 임무를 맡은 627
성전을 헌정한 541-543, 647-648
에게 다윗 언약에 순종하라고 말씀하심 540
온 이스라엘에 연설한 641
의 건축 프로젝트 650
의 견고한 왕위 535-536
의 대관식 534-535, 641
의 대적들 546
의 부 545
의 영적인 쇠락 545-547
의 재료 공급자 539, 642-643
의 지혜 537-538, 544-545, 641-642
의 항구도시와 무역 544-545, 652
일꾼을 조직한 539, 651 지도
하나님을 섬기라는 ~에 대한 명령 630-631
솔로몬 성전 539-541
건축을 위한 공급 642-643
건축을 위한 일꾼들 642
건축을 준비한 다윗 626-627
봉헌 646-647
봉헌 기도에 응답하신 하나님 648
안의 악 1359-1360
에 대한 다윗의 고별 연설 629-632
에 모신 언약궤 646
에 임한 하나님의 영광 646, 648
을 위한 준비 642
의 빼앗긴 그릇 1434, 1445
의 설계도 643-645
의 성물들 645
의식과 인원 652
의 파괴 1323-1324
짓기를 열망한 다윗 618
수넴 여인과 엘리사 573-574
수비학
다윗의 이름의 1634
홍수 기간의 61-63
수전절 1858-1859
순종 308-309, 1872-1873, 2124-2125, 2245-2246
술람미 여자
의 불안 1103
의 오빠들 1103, 1114
쉼 1654-1655
스가랴
가 밤에 본 환상들 1589-1596
돌에 맞은 671, 1685
서론 1585-1588, 1587 도표
의 경고들 1598-1601, 1601-1612
스데반
돌에 맞아 죽은 1922
에게 씌워진 죄목 1920

의 말과 예수님의 말씀 비교 1922 도표
의 설교 1920-1922
스라야 1323-1324
스바냐 서론 1565-1566, 1567
스알야숩(이사야의 아들) 1133, 1136
스올 1145
스토아학파 1949
슬로브핫의 딸들 278-281, 374
승리의 입성 1797-1798
승천 1747, 2168-2169
시돈 1665-1666
시드기야(유다 왕) 599-600, 688, 1269-1270
시므리(이스라엘 왕) 555
시므이 512-513, 517, 535
시온(예루살렘)
뛰어나온 915-916
에 두실 주춧돌 이미지 1157
에서 원수의 승리를 탄식함 961-962
의 찬양 882
의 회복 952-953
식가욘 841
십보라 133
스바의 여왕 544-545, 652-653
슬로브핫의 딸들의 상속 278-281, 374-375
시집가지 않은 자 2038
시편
과 토라(오경) 비교 814 도표
서론 813-817
성전에 올라가는
의 결론 968-969
할렐 941
시험
과 성냄 2233-2235
받을 때 더디 말하는 것 2232-2233
받을 때 순종하는 것 2229-2230
받을 때의 경건한 반응 2229-2235
에 관한 적용 2235-2236
시험/시련
나오미가 받은 432
뒤에 오는 상 2227-2228
룻과 오르바의 432-433
믿음의 2227-2228
엘리멜렉과 아들들의 432-434
하기 위해 남겨진 나라들 401
하나님의 1086-1087
시험이라는 단어의 사용 1134
식인 행위 1337
신뢰
삶과 죽음에 대한 849-850
의 근거가 되시는 하나님 863
신명기
4장과 고대 조약의 유사점 297 도표
서론 289-291
의 구조 304, 313, 332
제사장들에 맞서는 증거 338
신비로운 하나님의 주권 1934
신자들
을 위한 헌금 2059-2060, 2075-2078
징계 받은 ~의 기도 928-929
신자의 성장 2243
실물 교육으로 보여준 레갑 사람들 1296-1297
심판
가뭄 1258-1260
거짓 종교에 대한 1249-1250
과 규례에 대한 해설 312-313
과 축복의 요약 1170-1172
그리스도인의 행위에 대한 2071-2072
깨어진 언약에 대한 1255-1257
다가오는 ~과 미래의 회복 1291-1292
다가오는 ~의 이유 1247-1248
다가오는 ~의 환상 1359
다른 사람을 비판하는 것에 대한 1645
땅의 1152-1153
메뚜기 떼 1489-1491
민족들의 1480-1486, 1601-1602
베 띠와 포도주 가죽 부대를 통한 ~에 대한 교육 1257-1258
사마리아의 1140
세속을 따름에 수반되는 2234-2235
악인들에 대한 1284
안식일 위반에 대한 1265
에 관한 비유 1659-1660, 1692-1695
여호와의 날에 있을 1127
예루살렘의 불신앙에 대한 1242-1245
예루살렘의 통치자에 대한 1362-1364
예수님에 대한 믿음과 1830
유다의 죄와 624-625
의 원인, 우상숭배 1357
의 칼을 뽑음 1379
의 특성 1358-1359
최후의 1687-1689, 1695-1696
70년 포로~의 의미 1275-1276

호세아의 자식을 징후로 강조하는 1470-1471
확실한 1365-1368
십계명 156-158, 1640-1642
신명기와 출애굽기 20장의 ~ 비교 301
에발산에서 전한 저주의 경고와 333 도표
의 두 돌판 185, 188-189
의 분류 302 도표
십일조 235-236
를 내지 않은 이스라엘 1619
음식의 316-317
특별한 332
십자가 1774, 1786, 1809
의 능력 2027-

| ㅇ |

아가보 1932, 1963-1964, 1965
아가
서론 1097-1101
에 기록된 결혼 행렬 1106-1107
에 기록된 구혼 1102-1106
에 기록된 무관심의 문제 1109-1110
에 기록된 부부애의 힘 1114
에 기록된 부부의 애정 1109-1110
에 기록된 부부의 친밀함 1110-1112, 1113-1114
에 기록된 사랑에 대한 경고 1106
에 기록된 서로에 대한 칭송 1103-1104
에 기록된 성숙한 사랑 1112-1113
에 기록된 신부 예찬 1108
에 기록된 예루살렘의 딸들 1102-1103, 1104-1106
에 기록된 작은 여우 1105
에 기록된 하나님과 그분의 백성 간의 사랑을 가리키는 결혼의 은유 1115
아간 358-360
아굴 1069-1070, 1071-1072
아그립바, 헤롯 아그립바 2세 1974, 1981
아기스 480
아나니아(대제사장) 1969
아나니아와 삽비라 1914-1915
아낙 사람 368, 371-372
아닥사스다 713
아달랴(여왕) 583, 667-668
아담
동물들의 이름을 짓는 44
예수님의 선조 1763
의 죄 45-46, 1998-1999
아데미 1957-1958
아덴 1949-1951
아도니야(다윗의 아들) 533-534, 535, 536
아리마대 요셉 1704, 1811, 1886
아라비아를 꾸짖는 신탁 1150
아론
과 미리암의 반역 253, 254
모세의 대변인132
의 신원 263
의 제사장 사역과 메시아의 제사장 사역의 대조 212c
아리마대 1704
아마겟돈 전쟁 묘사 1606-1607
아마샤(유다 왕) 586, 671-673
아말렉 104, 331
아모리 295-296, 377, 385
아모스
부름 받은 1501
서론 1499-1500
의 신탁 1502-1506
의 환상에 대한 판단 1513-1516
제사장 아마샤를 만나다 1514
아몬(유다 왕) 683
아버지
를 부르는 기도 1780
와 예수님의 관계 1742, 1778
은혜로운 1790
의 공급하심 1644-1645
의 아람어 1643
하나님 1853
예수님 안에 계신 1871-1873
아버지들 2117, 2131
아벨, 살인의 시초 52, 1685
아벳느고 1434, 1439-1441
아볼로 1954
아브넬
과 다윗의 언약 494
이 살해되다 495
이 이스보셋을 왕으로 추대하다 493
아브라함/아브람, 또한 아브라함의 언약도 보라
과 맺은 언약 1760, 2018-2019
롯을 구한 75
믿음의 표본 1996 도표
의 아들이 태어날 것을 알리심 79-80
의 의심 76-78
의 죽음 89
의 참자손 2007-2008
이름을 바꾼 79

이 사라에 대해 한 거짓말 72-73, 82
이삭을 번제로 바치려는 85-86
이 아비멜렉과 맺은 평화의 맹세 84-93
하나님이 ~을 두 번째 부르심 72
아브라함 언약 71-72, 76-77, 912-913, 1920,1929, 1943, 1994
을 맺으신 하나님을 찬양하다 931, 932
을 통해 의를 확증하신 하나님 80
의 재확인 86-87
의 표지, 할례 78-79
절대적인 71, 73-74, 77
아비가일 477-479
아비멜렉
과 아브라함의 평화의 맹세 84-93
과 이삭의 언약 92
사라를 다시 보낸 82
아비아달 474
아비야/아비얌(유다 왕) 553, 658-659
아사(유다 왕) 553-554. 659-661
아이 358-361, 363
아침 기도와 복종 839-849
아하스 588-589, 675-677, 1132-1137
아하시야(유다 왕) 667-668
아하시야(이스라엘 왕) 565-566, 567-568
아합(이스라엘 왕) 558-559, 561-566, 581-582, 663
아히야(선지자) 546-547
악사 372
악인들에 대한 심판 1284
안나(선지자) 1762
안나스 1882
안드레 1825
안디옥(시리아)
과 바울 1964, 2091
예루살렘 교회에 대한 ~의 존경 1932
의 바나바와 사울 1931-1932
안식일 1717-1718
과 다윗 1655-1656
에 병을 고치심 1656-1657
위반에 대한 심판 1265
율법 제도 229-231
을 상기시키시는 하나님 180-181
을 지키라 157
정화 736-737
안일함, 영적인 경고 987
안티오코스 4세 에피파네스 1451-1454, 1460-1461, 1464-1465
안티오코스 3세 1463-1464
알렉산더 대왕 1450, 1453-1454, 1463
알지 못하는 하나님 1950
암논 508-509
암몬 82, 503, 1315, 1386-1387
암몬에 대한 심판 1386-1387
압살롬 507-511, 513
앗수르
심판 예언 1139-1140
에 의한 이스라엘의 패배 589-590
의 패배 1174-1175
의 예루살렘 포위 591-595, 1173-1174
하나님의 도성 진멸로 멸망하는 1550-1551
애굽
과 유다의 동맹 1161-1162
노예 문제 317-318
느부갓네살의 ~침략에 관한 예언 1306-1307
장자의 죽음 140-141
바벨론에 패한 1393-1394
스올로 내려간 1397-1398
에 내린 재앙 136-141
으로 가는 남은 자들의 탈출 1306
으로 피한 예수님 1636
의 이스라엘 억압 128
의 죄 1392-1393
을 꾸짖는 신탁 1148-1149
침략에 관한 예언
야고보서
믿음의 시련 2227-2228
서론 1749-1750
시험받을 때의 경건한 반응 2229-2235
심판에 관한 마지막 적용 2235-2236
와 산상수훈의 유사점 2226 도표
야고보의 순교 1749
야곱
과 에서의 비교 1615
과 에서의 화해 99-102
라반을 떠나는 97-99
복을 얻기 위해 노력한 93-94
에서의 장자권을 산 91
열두 지파를 축복한 115-117
요셉의 아들들을 축복한 114-115
의 결혼 95
의 딸이 겁탈 당한 후의 일 102-103
의 메소포타미아 여정 95
의 번성 96-97

의 영적 변화 101-102
의 자녀 96
의 죽음과 장사 117
의 환난의 때 1281-1282
하나님과 씨름하는 100-101
하나님의 주권적 선택으로 태어난 ~과 에서 90-91
약속의 땅
의 가나안 사람들을 정복하라는 명령 308-309
의 경계 284 지도, 285
양 1651
과 염소 1695
야곱의 소유가 된 얼룩 무늬와 점이 있는 97
으로 비유된 신자 1856-1858
언약궤 172-173
를 붙든 웃사 615
를 옮긴 다윗 614-615, 616
블레셋에 빼앗긴 450-452
안을 들여다봄 452
앞에서 드린 찬양 예배 616-617
예루살렘으로 돌아온 497-498
요단강을 건너는 351-352
언약, 또한 아브라함 언약, 다윗 언약, 새언약도 보라
깨어진 1255-1256
복과 저주 규정 312
에 대한 확언 1294-1295
옛 ~과 새 ~의 대조 2069, 2092, 2100
을 세움 731-732
을 위협하는 이방 민족과의 통혼 705
의 갱신 360, 384
이스라엘 자손의 ~ 이행 다짐 153-154
홍수 이후 65-66
언어의 혼잡 70
에녹 56-57
에덴동산 41
에서의 추방 51-52
의 선악을 알게 하는 나무 43
에돔
과 이스라엘 비교 1615
에 대한 메시아의 심판 1221-1222
에 대한 신원 요청 1338
에 대한 심판 1387-1388
에서의 자손으로서의 103-104
을 꾸짖는 신탁 1150, 1315-1317, 1504
의 파괴 1402-1403
이 이스라엘의 통과를 막음 267-268
에돔 사람 도엑 473, 474-475
에베소
교회 2295
에서 요한의 제자들에게 증거함 1955-1956
에서 일어난 폭동 1958-
의 아데미 숭배 1957-1959
에베소서
서론 2105-2106
하나님의 뜻을 선포하는 2109-2112
하나님의 뜻을 찬양하는 2107-2109
하나님의 뜻 적용을 다루는 2113-2118
에벤에셀 452-453
에서
야곱의 이스라엘과 ~의 에돔 비교 1615-1616
와 야곱의 화해 99-102
의 출생 90
의 자손 103-104
이방 여인들과 결혼한 93, 94-95
장자권을 판 91
에스겔
그발강가로 가라는 지시를 받은 1353
당시의 세계 1232 지도
서론 1343-1345
에 기록된 천년왕국 1423-1427
유다의 유배에 대한 설명 1354
을 선지자로 부르심 1349
의 신체적 제한 1353-1354
의 임무 1351-1352
이 이스라엘 족속의 파수꾼으로 임명됨 1353, 1398-1400
입이 닫힌 1354
입이 열린 1399-1400
비유
구원 받은 유아가 음란한 아내가 된 1368-1370
끓는 가마의 1384-1385
두 독수리 1371-1372
불타는 숲의 1379
열매 없는 포도나무의 1368-1369
음란한 두 자매의~(오홀라와 오홀리바) 1382-1384
자매의~(예루살렘, 소돔 그리고 사마리아) 1370-1371
예언(메시지)
개인의 책임에 관한 1372-1374
곡의 공격과 패배에 관한 1408-1412
확실한 심판에 관한 1365-1368
시드기야에 관한 1364-1365
심판의 원인인 우상숭배 1357-1358
심판의 특성에 대한 1358-1359

이스라엘의 거짓 목자에게 주는 1400-1401
이스라엘의 과거 반역과 회복에 대한 1375-1379
예루살렘 통치자에 대한 1362-1364
칼에 관한 1379-1381
표징
두 막대기의 1407-1408
떨면서 먹고 마시는 1365
불결한 음식의 1355-1356
의 민머리와 나누어진 머리카락의 1356-1357
의 아내가 죽는 1385-1386
이 옆으로 눕는 1355
토판의 1354-1355
행장과 성벽 구멍의 1364-1365
환상
궁창의 1351
네 생물의 1349-1350
두루마리 1352
다가오는 심판의 1359
마른 뼈 1406-1407
보좌의 1351
성전 안의 악에 대한 1359-1360
예루살렘 살육의 1361
하나님의 영광이 성전을 떠나는 1361-1362
에스더서
서론 739-743
에서 하나님 찾기 740-742, 742-743 도표
에 기록된 유대 백성의 구출 749-752
에 기록된 유대 백성의 위기 746-479
에 기록된 유대 백성의 준비 743-746
에 기록된 첫 번째 부림 752
에스더(왕후)
높은 자리에 오른 744-745
의 개입 748-749
에스라
서론 691-692
의 예루살렘 귀환 703-705
에피쿠로스 1949
에훗 403-404
엘람을 꾸짖는 예언 1318
엘리바스 769-771, 781-782, 788, 809
의 비난에 대답하는 욥 771-773, 789-790
엘리사
선지자로서 기름 부음 받는 560-561
엘리야의 예언을 수행하는 578-580
엘리야의 직분을 받은 569-570
의 기적 572-576
엘리사벳 1756-1757
엘리야
가 여호람에게 보낸 편지 667
아하시야의 죽음을 예언한 567-568
와 바알 선지자들 556-559
와 세례 요한 1654
하늘로 들려가는 569
엘리의 아들들 448
엘리후 795-801
여로보암 2세(이스라엘 왕) 586-587
여로보암 1세(이스라엘 왕) 547-553, 551-552, 654, 656-657
여리고
의 재건축 금지 556
정복 349-350, 355-356
정탐꾼의 침투 349-351
여부스 족속 351, 366, 373, 376
여자(들)
간음하다 잡힌 1849-1850
교회 안에서 말하는 것이 금지된 2053
머리에 무언가를 써야 하는 2043-2045
사로잡힌 324
신자가 된 데살로니가 1947-1948
십자가 곁의 1885
예루살렘 ~에 대한 심판 1128
예수님의 무덤에 간 1887
우물가의 1832-1835
의 리더십 406
의 상속권 278-279, 286-287
의 창조 44-45
잠언에 기록된 996, 1014, 1019, 1024-1025, 1033, 1035, 1041, 1060-1061, 1073-1076
여호람/요람(이스라엘 왕) 570-571, 577-578, 581
여호람/요람(유다 왕) 579, 666-667
여호사밧(유다 왕) 564-566, 571, 662-666
여호수아
모세의 부관 152-153
백성의 하나님에 대한 충성을 확증한 385
에게 준 모세의 메시지 337
와 요셉의 병행 386
의 고별사 380, 382-386
의 기도로 전투하는 동안 해가 길어짐 364-365
의 임무 279, 348-349
의 죽음 386
의 죽음 이후 399
의 특징 356-358, 384

여호수아서
서론 345-347
출애굽 사건과의 병행 352, 353 도표
여호수아(대제사장, 메시아의 상징) 1593, 1597
여호아하스(유다 왕) 598-599, 687-688
여호야긴/고니야(유다 왕) 599-600, 688, 1270-1271, 1325-1326
여호야김(유다 왕) 598-599, 687-688, 1268, 1270, 1297
여호야다(제사장) 583-584, 668-670
여호와의 날 1620, 2026
심판 1127, 1490-1491, 1510-1511, 1567-1568
에 대한 서술 1610
여호와의 사자 409-410, 419-420
여호와의 총회 참여 자격 제한 327
역대상
다윗의 역사 612-633
서론 604-606
이스라엘의 족보 609-612
역대하 서론, 역대상도 보라
역연혼 106-107, 330-331, 1682-1683
열매 1637, 1646, 1657, 1694
열왕기상, 열왕기하 서론 527-529
염려 1644-1645
영적 순결에 대한 촉구 1580-1581, 1617-1618
영적으로 새롭게 하실 여호와 1493-1494
영적 은사
방언 2048-2050
와 사랑 2048-2050
의 사용 2047-2054
염소 1695
영원한 생명 1645, 1653, 1674-1675, 1733, 1830, 1832, 1838, 1842-1843, 1848, 1867, 1939, 1991, 1999
영적 탄생 1822
예레미야 1667
당시의 세계 1232 지도
를 부르심 1239-1240
에 대한 하나님의 규제 1261-1262
에 대한 하나님의 도전 1241
와 하나냐 1279
웅덩이에 감금된 1299-1300
위로의 책 1281-1295
의 구체적인 예언 1268-1276
의 바룩을 위한 사역 1308-1309
의 불평 1260-1261
의 성전 설교 1251-1255
의 소명을 확증하는 환상 1241
의 유다에 남은 자들을 위한 사역 1303-1304
의 투옥 1289, 1299-1302
주님을 향한 ~의 소망 1334-1335
주님이 주신 ~의 고초 1334
예레미야서
서론 1229, 1234, 1239-1241
에 기록된 그다랴의 암살 1304-1305
에 기록된 남은 자의 응답 1338-1340
에 기록된 두루마리의 재기록 1298-1299
에 기록된 시드기야에게 주는 메시지 1278
에 기록된 여호야김의 두루마리 소각 1297-1299
에 기록된 예루살렘의 죄 1330
에 기록된 제사장과 백성들에게 주는 메시지 1278-1279
예레미야 때의 가뭄 1258-1261
예레미야애가 서론 1327-1328
예루살렘, 또한 포로 이후 예루살렘 성벽도 보라
끝 날의 구원 1610-1612
느헤미야 당시의 715 지도, 717 지도
살육의 환상 1361
심판의 대상 1382
앗수르의 ~ 공격 1173-1174
에 대한 예수님의 애가 1798
에 쏟아진 주님의 분노 1336-1338
에 임박한 심판 1330, 1569-1570, 1571
에 있던 사람들의 운명 1324-1325
여호와는 ~의 의 1293
을 꾸짖는 신탁 1150-1151
을 돌보시는 주님 969-970
의 남은 자의 응답 1338-1340
의 멸망 600
의 불신앙 1242-1244
의 역경과 유대 백성 712-716
의 운명 1260, 1291
의 죄 1329-1330
의 죄에 대한 징벌 1331-1333
의 통치자에 대한 심판 1362-1364,
의 파괴 1302-1303, 1322-1323, 1331-1332
이스라엘의 새로운 수도 613
이 장차 받을 축복 1496, 1540
포로 귀환 693-695
함락 이전 1295-1299
황폐해진 1229-1330
회의 1941-1943
예루살렘에 대한 심판 1383-1385
예배
공동 ~의 본보기 835-836

영과 진리로 드리는 1833-1834
와 지혜 989-990
위선적 ~를 드리는 이스라엘 1510-1511
의 독특한 특징 225-226
의 제물 199-202
예배를 위한 평화 950
예수님, 또한 하나님, 주님도 보라
가나 혼인잔치에서의 1826-1827
겟세마네 동산의 1742-1743
고난 받으신 1655, 1729, 2246
과 가족 1658, 1770, 1845-1846
과 모세 1669, 1730, 1840-1842, 1842-1843, 2198-2199
과 바리새인들 1663-1665, 1718, 1725-1726, 1781-1782
과부의 아들을 고치신 1767
과 사두개인 1799
과 선지자들 1641, 2196
과 유대교 1649
과 어린아이 1795
과 엘리야 1730
과 절기들 1848, 1858-1859
과 종교 지도자들의 논쟁 1736-1739
과 죄인들 1649, 1851
과 천사들의 비교 2196-2197
과 행악자들과 대화 1810
귀먹은 사람을 고치신 1727
귀신 들린 아이를 고치신 1731, 1776
기꺼이 섬기신 1677
나병환자를 고치신 1715-1716, 1764-1765, 1793
나사렛으로 떠나신 1661
나사로를 살리신 1859-1863
대제사장이신 2202-2203, 2208-2210
마가복음에 나타난 ~의 기적 1709-1710
마태복음에 나타난 ~의 기적 1646-1650
무리를 먹이신 1662-1663
맹인을 고치신 1728, 1854-1856
메시아 1640-1641, 1738, 1749-1750, 1796
모든 신자들을 위해 기도하신 1878-1880
물 위를 걸으신 1725, 1841
물을 포도주로 바꾸신 1826-1827
바다를 잠잠케 하신 1648, 1721
반대에 직면하신 1663-1665, 1721
발에 기름 부음 받으신 1768-1769, 1863-1864
백부장의 종을 고치신 1767
부활 후 나타나신 1705-1706, 1746-1747, 1887-1888
4천 명을 먹이신 1727
선생님이라 불리는 1647
성전 안에서 고치신 1678
신분이 드러난 1767-1769,
신하의 아들을 고치신 1835-1836
십자가에 못 박히신 1702, 1744-1745, 1809-1810, 1885-1886
아론보다 뛰어나신 2202-2210
안식일에 고치신 1655-1656, 1717-1718, 1787
안에서 신자의 변화 2003-2007, 2137-2138
앉은뱅이를 고치신 1836-1837
야이로의 딸을 살리신 1723
에 대한 거부 1605-1606, 1658-1659, 1661-1662
에 대한 믿음 1825
에 대한 배신 1698-1699, 1869, 1880-1881
에 대한 비난 1719, 1858-1859
에 대한 증인들 1823-1826, 1840 박스
예루살렘에 대한 ~의 애가 1798
5천 명을 먹이신 1773, 1840-1841
을 부인할 것에 대한 예고 1742
의 가르침
교만에 대한 1731
그분의 가까운 미래에 대한 1734
기도에 대한 1780-1781
다가오는 죽음에 대한 1729
당파심에 대한 1731-1732
믿음에 대한 1733, 1734-1735
포도나무 안에 거하라는 1873-1875
팔복에 대한 1640, 1766
산상에서의 1640-1646
생명의 떡 메시지에 대한 1841-1845
선한 목자 메시지에 대한 1856-1858
세상의 빛 메시지에 대한 1850-1854
의 요구에 대한 1729-1730
위대함에 대한 1776-1777
이혼에 대한 1732-1733
영생에 대한 1732, 1733
제자도에 대한 1788
제자들을 위한 1666-1668
하나님 나라에 대한 1793-1794
하나님 나라의 지위에 대한 1734
헌금에 대한 1739
환난에 대한 1739-1740
회개에 대한 1766, 1768, 1789, 1814
의 갈릴리 사역 1763-1778
의 겨자씨 비유 1721
의 계명 1872-1875
의 계보 1633-1634

의 과부와 재판관 비유 1797
의 권능 1763-1767, 1781
의 권위 1639-1653, 1679, 1715-1718, 1725, 1764-1765, 1797-1798, 1837-1840
의 기름 부음 1729
의 '나는 ~이다' 주장들 1843
의 두 빚진 자 비유 1768-1769
의 두 아들 비유 1679-1680
의 등불 비유 1721
의 메시지 2262
의 무덤 1811-1812
의 바리세인과 세리 비유 1795
의 변형 1730, 1774-1776
의 부에 대한 가르침 1733-1734, 1784
의 부자와 나사로 비유 1792-1793
의 부활 1704, 1746, 1811-1814, 2010, 2054
의 부활의 증거 1901
의 비밀 2108, 2111
의 사랑 2112
의 사역 1661-1662, 1714
의 선한 사마리아인 비유
의 성전 청결 1827-1829
의 세례 1637-1638, 1763
의 소년 시절 1762-1763
의 수난 1810-1811
의 순종하신 삶 2123-2124, 2212-2213
의 승리의 입성 1678-1679, 1735, 1797-1798, 1864-1865
의 승천 1747, 1814
의 시험 1638-1639, 1714, 1763
의 씨 뿌리는 자와 땅 비유 1658-1659, 1769-1770, 1720-1721
의 어리석은 부자 비유 1784
의 열 므나 비유 1796-1797
의 영적 양식 1834
의 예언 1739-1740
의 유월절 식사 1741-1742
의 이중적 기원 1683
의 잃어버린 동전 비유 1789
의 잃어버린 아들 비유 1790-1791
의 잃어버린 양 비유 1789
의 재림 1685-1695, 1764, 1793-1794, 2316-2317
의 재판 1699-1700, 1806-1809, 1881-1885
의 전략 1901
의 정직하지 못한 청지기 비유 1791
의 제사와 모세율법 비교 2212-2214
의 제자들 1650-1653, 1714-1715, 1766-1767
의 죄 사함 1716
의 죽음 1703-1704, 1745, 1796, 1810-1811, 1886
의 첫 열매 2056
의 체포 1698-1699, 1743, 1805-1806
의 초자연적 지식 1825, 1828-1829, 1834
의 큰 잔치에 대한 비유 1787-1788
의 탄생 1634-1635, 1758-1759
의 포도원 비유 1736-1737, 1798-1799
의 피 1677, 1697
의 할례 1762
의 해산하는 여자 비유 1877
장사되신 1704, 1745-1746, 1809, 1811, 1886
전통에 대해 권위를 나타내신 1716-1717
죄를 속하기 위한 제물이 되신 2072-2073
중풍병자를 고치신 1765
질병을 치유하신 1715-1716
채찍에 맞으신 1883
축사 1656-1657, 1771
풍랑을 잠잠케 하신 1770
혈루증 앓는 여자를 고치신 1650, 1771-1772
예수님의 무덤으로 달려간 사도 요한 1887
예수님의 제자들
고기 잡는 1889
에게 신실하라고 말씀하심 1785-1786
에게 영원한 관점에 대해 교훈하심 1784-1786
에게 예수님의 신분에 대해 물으심 1773-1774
에게 잡혀가실 것을 예고하심 1804
의 누가 크냐는 것에 대한 논쟁 1776-1777, 1803-1804
의 사명 1772-1773
의 자기부인 1774
을 부르심 1765-1766
을 위한 예수님의 경고 1766-1767, 1782-1786
예수님의 죽음 1696-1704, 1744-1745, 1804-1805, 1809-1810, 1867-1869
에 대한 예언 1670, 1696, 1828, 1851
예언 321
구약의 1801
메시아 275 도표, 1639
메시지의 평가 2051
신약과 구약의 ~ 비교 1285-1286, 1963-1694
에 대한 경고 1800
의 성취 1699-1700, 1757-1758, 1775-1776, 1797-1798, 1804, 1809-1811
포로기 이후의 1575
예정설 2006-2007, 2108-2109

예후(이스라엘 왕) 580-583
오네시모 2190-2191
오므리(이스라엘 왕) 555-556
오바댜 서론 1519-1520
오바댜(아합의 신하) 557-558
오홀라와 오홀리바 1382-1383
옥졸/고문하는 자 1673
옷니엘 403
와스디(왕후) 743
왕
미래의 ~에 대한 지침 320
을 위한 조언 1026-1027, 1037, 1038, 1066, 1073-1074
을 상대하는 일 1091-1092
이신 하나님에 대한 찬양 881-882
주님을 신뢰하는 855-856
왕국/나라
다윗 1801
을 위한 준비 1691-1694
에 대한 예수님의 가르침 1793-1794
의 전파 1772
의 존재 1656-1657
의 확립 1669
천년 1166-1167
하나님의 1640, 1788, 1803, 1901
요나 586
말씀을 전하기 위해 니느웨로 가야 하는 1527
서론 1525-1526
에 나타난 하나님의 은혜로운 성품 1531-1532
요나단 460-461, 468-469, 470, 475, 491-492
요단 동편
성읍의 도피성 300
을 정복한 이스라엘 368-370
이스라엘이 점령한 296 지도, 296-297
요담(유다 왕) 588, 675
요셉(마리아의 남편) 1758-1759
요셉(야곱의 아들) 104-106, 108-110, 112 도표, 111-114, 117-118
감옥에서 꿈을 해석한 108-109
끝까지 하나님을 믿은 117-118
노예로 팔려간 104-106
보디발의 아내가 ~을 무고함 108
애굽 사람들을 부양한 114
야곱의 가족을 부양한 113-114
의 신분 상승 과정과 나이 112 도표
의 아들들 109-110
총리에 오른 109
형제들과 화해한 112-113
형제들을 시험한 110-112
요시야(유다 왕) 596-598, 684-687
요아스/여호아스(이스라엘 왕) 584-585
요아스/여호아스(유다 왕) 583-584, 669-671
요아하스/여호아하스(이스라엘 왕) 584-586
요압
살인을 저지른 495, 515, 518
솔로몬에게 ~을 처리하라는 명령을 내린 다윗 535
압살롬을 위해 간계를 꾸민 509
의 인구조사에 대한 조언 624
의 전략과 믿음 622
요엘 서론 1487-1488
요한계시록
서론 2289-2291
에 기록된 나팔을 통한 심판들 2303-2307
에 기록된 두 증인 2305-2306
에 기록된 바벨론 2313-2316
에 기록된 보좌에 대한 환상 2298-2299
에 기록된 새 하늘과 새 땅 2319-2320
에 기록된 아시아의 일곱 교회 2290 지도
에 기록된 이적들 2307-2311
에 기록된 인 2301-2302
에 기록된 일곱 교회에 보낸 편지 2295-2298
에 기록된 일곱 대접에 담긴 심판 2311-2313
에 기록된 작은 두루마리 2305
에 기록된 장엄한 예수님에 대한 환상 2294-2295
에 기록된 재림 2316-2317
에 기록된 천 년 2317
에서 묘사하는 어린 양 2298-2300
의 결론에서 내리는 지시 2320-2321
의 짐승들 2301, 2306, 2308-2309
의 해석적 접근 2291
에 기록된 환난 2301-2302
요한복음
서론 1817-1819
에 기록된 예수님의 메시지 1821-1822
에 기록된 증거 1831
에 기록된 표적 1827 상자
요한삼서
서론 2279
에 기록된 가이오에 대한 칭찬 2280
에 기록된 데메드리오 확증 2281
에 기록된 디오드레베 비난 2280-2281
요한이서
서론 2275-2276

에 기록된 그리스도인의 길 2276
에 기록된 그리스도인의 위험 2276-227
요한일서
서론 2259-2260
에 기록된 구원의 확신 2263-2265, 2266-2269
에 기록된 신자의 확신 2272-2274
에 기록된 예수님의 메시지 2262-2263
에 기록된 이단자들 2266
에 기록된 죄 2263
욥
도움이 되지 않는 ~의 친구들 782
메시아로부터 변호 받을 785-787
모욕을 견디는 782-783
빌닷의 비난에 대답하는 774-775
삶을 되돌아보는 793-795
손실에 대한 ~의 반응 763, 767
악몽에 시달리는 772-773
에게 말씀하시는 하나님 805
에 대한 욥의 대답 806
에 대한 해설자의 견해 803-804
자신의 권능에 대해 806-808
에 대한 공격의 전개 797 일러스트
을 놓고 하나님께 도전하는 사탄 761-762
의 결백과 변호 794-795
의 고통
이 겪은 증상과 해석 765 도표
자신을 보호하지 않으시는 하나님을 비난하는 776
자신이 태어난 날을 한탄하는 768-769, 776
재앙 이전의 ~의 상태 759-761
적의 공격 이전과 이후의 764 도표
절망 중에도 하나님을 기다리겠다는 779-780
정의와 자신의 영광 회복을 요구하는 785
죽음과 부활에 대한 ~의 관점 780-781, 785-786
중재자를 원하는 775
친구들로부터 부당한 비난을 받는 771, 773-774, 777-778
하나님 앞에서 회개하는 808-809
하나님의 섭리에 대해 묘사하는 791
하나님의 억압에 대한 이야기를 늘어놓는 789-790
하나님의 위대하심에 대한 이해를 주장하는 791
하나님의 정의를 의심하는 773-774
하나님의 지혜에 관한 ~의 메시지 792-793
하나님이 회복시키시는 809-811
욥기
로부터 얻는 진리 810-811
서론 755-758
의 역사적 지표들 757 도표
용서/관대함 1643, 1672-1673, 1760, 1769, 1780, 1810-1811, 1814
를 위한 회개 1907-1908
와 치유 1648-1649
하나님의 다윗을 향한 885-886
하나님이 베푸시는 867-868
우리아 504-505
우상들
라반의 ~을 훔친 라헬 98-99
만드는 것을 금지함 298
미가의 ~과 단 지파의 우상숭배 424-426
바알(들) 399-400, 580-582, 597
바알세붑 567-568
시내산의 금송아지 181-186
아세라 1263-1264
애굽의 남은 자들의 1306-1308
에게 바친 음식과 자유 2016-2017, 2039-2043
에 대한 설명 400
을 신뢰하는 것에 대한 풍자 1190-1192
이슈타르/아스다롯 1250
하늘의 여왕 1307-1308
우상숭배
금송아지 사건의 회고 309-310
금지된 156-157
사람을 유혹하는 314-315
심판의 원인 1357-1358
에 대한 심판 예언 1249-1255
에 대한 징벌 299
예배 장소를 허물라는 명령 313
의 거부 315
웃사의 죽음 498
웃시야/아사랴(유다 왕) 587, 673-675
위선 1643, 1666-1667, 1684-1685
유다 1696-1698
를 대신할 사도 1903-1904
예수님을 배신한 1803, 1845, 1869
의 죽음 1903
의 후회 1700-1701
유다(남 왕국)
니느웨로부터 ~를 자유롭게 하신다는 약속 1550-1551
를 축복하신다는 예언 1496
를 향한 회개하라는 메시지 1265-1266
바벨론 포로로 잡혀간 688
애굽에 침공 당하는 657
에 관한 예언 1241-1309

에 대한 신탁 1505
에 대한 하나님의 윤리 규범과 비난 1541-1543
의 대적들에 임박한 심판 1570-1571
의 멸망 600
의 민족적 회복 1286
의 배반 1124-1126
의 범죄 역사 1375
의 심판 1131-1132, 1136-1138, 1569-1570
의 왕 531 도표
에 대한 예레미야의 책망 1268-123
의 죄 1536-1537
의 죄에 대한 하박국의 질문 1557
이스라엘에 승리한 65
유다서
서론 2283-2284
신실한 자들을 위한 프로그램 2286-2287
에 기록된 거짓 교사들 2285-2286
유다(야곱의 아들) 106-108, 111-112
유다(족속)가 차지한 땅 397-398
유다의 아들을 임신한 다말 106-107
유대인들
과 사마리아 여자 1832-1835
메시아를 거부한 1875-1876
아브라함의 후손 1852
유대인 마술사들의 주문 1956-1957
유월절
과 연결되는 무교절에 관한 명령 142-143
멸하는 자로부터 보호하시겠다는 ~약속 143-144
심판인 장자의 죽음 144
어린 양 141-142
의 피 142
이신 예수를 예표하는 유월절 양 142
어린 양이 제물로 바쳐진 것과 예수님의 십자가 처형 1884-1885
에 하나님의 구원을 기념하는 백성 230
예수님의 마지막 1802-1803
의례적 부정함으로 ~을 지키지 못하는 경우 249
의 전통 1697
의 첫 준수 701
유월절과 무교절 230
유혹
성공이 자신들의 공의 덕분이라고 생각하려는 309
으로부터의 구출 1643
하나님과 2228
예수님이 받으신 1638-1639
육체
를 십자가에 못 박음 2101
성령 VS 2099-2100
율법
가정과 성읍에서 지켜야 하는 312
개인적 재산에 관한 163
개인적 상해에 관한(사람과 동물) 160-163
개인적 행동에 관한 163-164
과 그리스도인 1999
과 선지자 1640, 1775, 1814
규정 300
노예제에 관한 159-160
모세의 1640
보복에 관한(동해보복법) 1642
사랑 실천의 2016
사회적, 윤리적 실천 223-225
성별된 가정생활에 대한 225-226
성에 관한 222-223
안식일 221-231
옷에 술을 부착하는 261
에 대한 끊임없는 묵상 305
에 대한 불순종의 결과 650
에 대한 순종 297-298
에 대한 죽음 2092-2093
예배에 관한 164-165
을 범한 자 2230
음식에 대한 214-216
의 공개 낭독 727-728
의 기념비 332-333
의 내면화 1287
의 목적 2094-2095
의 위반 1684-1685
의 책임 1803
의 형벌에서 속량하심 2094
제사에 대한 200 도표
좌와 1997, 1998-1999
질병과 감염에 대한 216
처음 난 수컷에 대한 318
행위와 2093-2094
율법주의 2125-2127
거짓교사들 2125-2126
를 넘어서는 그리스도의 우월성 2137
바리새인이었던 바울의 2126
은혜 1941-1942, 2177-2178
와 행위 1674-1675
의 능력 2233
풍족한 2026

하나님의 875-876, 895-896
음녀 998-1000, 1072, 1060
음식 규정 214-216
의 1640-1646, 1756, 1779, 1794
믿음으로 얻는 1995-1998
바리새인들의 1641, 1646
와 종교에 관하여 1599
이방인
과 할례 1941-1942
교회들에게 보내는 편지 1942-1943
에게 오신 예수님 1865-1867
을 차별하지 않으시는 하나님 1929
의 믿음 1647
의 때 1801
이사야
가 전한 위로 메시지 1178-1181
가 하나님의 용서를 요청함 1222-1223
구원의 메시지 1181-1184
메시아 탄생의 징조 1132, 1135-1136
서론 1117-1121, 1119 도표, 1143 도표
소묵시록 1152-1155
신약에서 ~의 인용 1118 도표, 1634-1635, 1639
의 신탁 1143 도표, 1143-1151
예언의 소명을 받은 1130-1131
종의 노래 1184-1185, 1192, 1210-1215
찬양시 1142-1143
해 그림자 징표 595
'화'의 책 1156
이삭
과 그랄 사람들의 다툼 92
과 아비멜렉의 언약 92-93
리브가에 관해 거짓말을 한 91-92
야곱을 축복하는 93-94
의 아내를 찾음 88
의 아들들이 태어남 90-91
을 놀리는 이스마엘 83
이 태어남 83
제물로 바쳐지려는 85-86
이상한 불 212
이스라엘 1763-1764, 1800-1801, 1813
가나안의 금지된 관행 320-321
과 하나님과의 언약
모세가 돌판을 받음 167-168
을 위해 주께 나아가는 167
구속의 시작 1219
나라를 새롭게 함 457-458
나라의 분열 548
눈이 멀게 될 1866
두 번째 세대의 영적 의무 279-281
땅을 정복한 165-167, 365 도표
메시아가 ~을 깨끗이 하심 1593-1594
미디안과 ~의 전쟁 281-283
민족의 배교에 대한 예언 338
백성에게 주신 율법 156-159
번성할 ~산 1404
40년간의 광야 256-258, 259
시내산에서 언약을 받은 ~ 백성과 제사장 153-154
시내산에서 출발하는 250-251
시온과 옥을 물리친 269
아말렉과 ~의 전쟁 152-153
안의 새로운 본성 1405
애굽으로 이주하는 113-114
애굽에서 ~을 위해 준비된 요셉 113-114
에게 신실하신 하나님의 역사 907-908
에게 약속을 상기시키시는 주님 135
에게 주신 만나 151-152
에게 회개를 촉구함 1589-1590
에 대한 종말론적 구원 1603-1604, 1606-1609
에 대한 교회의 선교 1652
에돔과 대조되는 1615
여정의 회고 283
왕을 요구하는 453
열두 정탐꾼과 계속되는 반역 254-258, 256 도표
요단 땅을 받은 283
유월절을 위한 ~ 백성의 준비 141-142
을 블레셋으로부터 구원하심 452-453
을 위한 메시아의 사역 1220-1221
을 이롭게 하신 하나님의 속성 1544
을 지키시는 하나님 905
음식과 물 부족에 대해 불평하는 150-151, 152, 251-252, 267, 268
의 구원 1164-1165, 1181-1184, 1214-1216, 1223-1224
의 구원자 하나님 1195-1196
의 남은 자 1540-1544
의 노예제 159-160
의 다가오는 심판과 미래의 회복 1291-1293
의 땅 분배 284 지도, 369-380
의 배반 1124-1126
의 소망, 새 언약 1284-1289
의 심판과 유배 1129-1130
의 악함 1219
의 역사를 회고하며 하나님의 구원을 구하는 기도 877-

878
의 영적 치유 1283
의 운명 1609-1610
의 재집결 1187, 1404-1406, 1572, 1604
의 족보 609-612
의 회복 1199-1202, 1206-1209, 1221, 1911
인구조사 239-241, 277-278
장로 칠십 인의 예언 253
주님을 찬양하라고 ~을 부르심 971-972
지도자들의 일 319, 1539-1540
지파의 배치 239-240, 240 일러스트
하나님의 종 1182, 1190
하나님이 택하신 민족 307-308
이스라엘(북 왕국), 또한 사마리아도 보라
뒤바뀐 출애굽 심판 1480
르호보암의 ~ 공격이 제지당함 655-656
모압에 대한 신탁 1504-1505
무사태평한 1511-1512
의 멸망 589-590
의 심판 1129-1130, 1480-1482
의 징계 1477-1483
의 왕 530 도표
의 회복 1282-1283, 1318-1319
하나님의 법적 소송 1474-1477
호세아의 부정한 아내 1471-1474
이스라엘(포로기 이후)
새 언약을 세움 731-732
에스라의 예루살렘 여정 702-703
율법의 공개 낭독 727-728
의 고리대금업 문제 721-723
의 고백 729-731
의 반대에 부딪힌 하나님의 갱신 사역 698-699
의 보안 지침 725-726
의 성전 완공 700-701
의 우선순위 1577-1578
의 역사 728-731
의 예언적, 정치적 사건들 699-700
의 의례와 예배 갱신 697-698
의 통혼 705-706, 737
의 포로 귀환 693-694
이 십일조를 내지 않는 것을 꾸짖으심 1619
초막절 728
최초의 귀환자 명단 695-697
하나님이 못마땅하게 여기신다는 증거 1578
이스라엘 군사를 도우러 올 왕벌 308
이스라엘을 저주하는 주정꾼 조롱 1156-1158
이스마엘
사막에 보내진 83-84
의 자손 89-90
이삭을 놀린 83
이스보셋 493, 496
이혼 329, 1634-1635, 1673-1674, 1732-1733, 2037
인간
에 대한 하나님의 관심 941
의 공통된 운명 1092-1093
의 수고 1083
의 어리석음 847-848
의 의미 추구 1083
의 이상적 책임 42-45
의 죽을 운명과 지혜의 필요성 919
의 창조 38-39
의 타락 45-51
이 영원히 거할 곳 886-887
인구조사 239, 277, 524-525, 623-624, 1760-1761

ㅈ

자녀에게 말씀을 가르치는 것 278
자녀와 부모 2116-2117
자유롭게 하는 2229
자유와 섬김 2099
작은 여우 1105
잘못된 송사에 맞서 정의를 구하는 기도 935
잠언
서론 975-981
에 기록된 건강과 쇠약 1030
에 기록된 게으름과 근면 997, 1008, 1010, 1016-1017, 1035, 1036, 1037, 1041, 1043, 1045, 1052, 1057, 1075-1076
에 기록된 겸손과 교만 1032
에 기록된 계획 1025, 1038, 1059
에 기록된 길/걸음 1009, 1011, 1019, 1024, 1026, 1039
에 기록된 노년 1028, 1040
에 기록된 돈/부 1009-1010, 1014, 1017-1018, 1020, 1021, 1023, 1024, 1026, 1029, 1030, 1033, 1038, 1041, 1042, 1044, 1045, 1046, 1047, 1062, 1063, 1064-1065
에 기록된 말씀에 대한 순종 1018, 1035, 1071
에 기록된 말 1010, 1011, 1015, 1022-1023, 1026-1027, 1029, 1033, 1037, 1039, 1043, 1052, 1053, 1057, 1058, 1066, 1068
에 기록된 분별/슬기 1013, 1035
에 기록된 불량한 자들 997-998
에 기록된 사람의 마음 994, 1061

에 기록된 사랑 1009
에 기록된 술 취하는 것 1036-1037
에 기록된 어리석은 자 996-998, 1010, 1014, 1021, 1030, 1049, 1055, 1056
에 기록된 여호와를 경외하는 것 1026, 1036, 1048
에 기록된 음녀 994-995, 1000-1002, 1045, 1049
에 기록된 음녀를 멀리하라는 경고 999-1002, 1060, 1072
에 기록된 자신감 1072-1073
에 기록된 정의/공의 1037, 1040, 1042, 1062
에 기록된 자제심 1022, 1031, 1055, 1067
에 기록된 정직함 1019, 1020, 1023, 1024, 1027, 1034, 1037, 1043, 1062
에 기록된 조롱하는 자 986, 1029, 1043, 1050
에 기록된 친구/동료 984-985, 1019, 1029, 1034, 1054, 1060
에 기록된 편파성 1051-1052
에 기록된 화/다툼 1024, 1030, 1033, 1037, 1046-1047, 1058-1059, 1066, 1068
에 기록된 화목 1028
에 기록된 훈련/훈계 1018, 1019, 1023, 1025, 1029, 1035-1036, 1040, 1045-1046, 1048
이 왕에게 주는 조언 1026-1027, 1038, 1040, 1066, 1067, 1073-1074
장례 관습 1648
장로들 1961-1963, 2171-2172, 2184
장차 오실 메시아 1685-1691
재앙
애굽에 내려진 136-140, 144
인구조사로 인한 524-252
재판장/사사
레위인 제사장과 319
사형을 집행하도록 위탁 받은 319
소(小) 416
에게 주는 지침 319
을 통한 이스라엘의 구원 400-401
인류의 ~이신 하나님 884
주요 ~ 및 대적의 위치 402 지도
저주
불순종의 결과 234
에발산에서 선포된 312, 332-333, 333 도표
욥의 아내의 766-767
이스라엘의 적에 맞선 954-955
하나님의 경고, ~의 언약 1508
적그리스도 1606, 2159, 2265-2266, 2269
전도서 서론 1079-1081
전쟁
고대 근동 ~의 관례 397-398
에 나가는 군대의 정결함 328
의 수행에 대한 법 323-324
전통 1663-1664
절기력 229-231
젊은 부자 관원 1795-1796
정결/순결 328
개인적 1671-1672
공동적 1672
도덕적 2266-2267
바울의 2145-2147
을 위한 법 243-245, 265-266, 324-325
이라는 토대 2179
정부가 하는 일의 무익함 1088-1089
정의
다가올 심판에서 드러날 하나님의 1618-1619
잘못된 송사에 맞서 ~를 구하는 기도 935-936
하나님의 891
젖과 꿀의 의미 1135
제물
로 바쳐야 하는 포도주 258-260
로 바쳐야 하는 곡식 202-203
속건 206-207
속죄 205-206
화목 203-204
제사
다윗의 525-526
뛰어난 2212-2214
에 대한 율법 220 도표
제사장
과 맺은 언약 1293-1294
레위 ~의 위임식 210-211
의 영적 권위 333
의 의무 207-210
의 자격 227-228
포로기 이후 깨끗게 된 737-738
제자도
를 아는 복 1778
에 대한 예수님의 가르침 1788
의 대가 1777-1778
종/노예 2117, 2138-2139, 2172, 2190
애굽에서의 ~ 살이 127-128, 134
이방 민족에게 도망쳐온 328
종 1185 도표
의 고난 900

의 굴욕 1211-1212
의 노래들 1184-1186, 1202-1204,1205-1206, 1209-1214
의 모양 1210
의 본보기 1205-1206
의 역할 1202-1204
종과 주인 2117
종교적 위선 1158-1160
종말론 1685-1686
종에서 하나님의 자녀로 2096
죄
남자가 지은 ~의 결과 46-47
를 나타내는 표시였던 육체적 장애 1717-1718
방탕의 ~로 탄식하심 1129, 1156-1158
불신의 ~와 죽음 1851
성도의 ~에 대한 권징 2033-2034
신성모독의 1129-1130
아담의 1998-1999
에 대한 예수님의 태도 1661, 2072
에 대한 하나님의 반응 48-51
에서 돌아섬 2137-2138
예루살렘의 1330
와 병 1715-1716
용서받지 못하는 1657
의 결과 1258
의 고백 48-49, 885, 1063-1064
의 심각성 1915
의 용서 2133-2134
의 치료 56-57
이후 51
인류 최초의 ~의 단계 45-47
종교적 위선의 ~로 인한 화 1158-1160
질병의 원인인 1837
차별 대우의 2229-2230
침묵의 873-874
타락한 세상에 고착된 55-56
탐욕의 ~로 인한 화 1129-1130
하나님을 배반한 1161-1164
하나님을 속이려고 시도한 1160-1161
홍수 이후 표출된 65-66ㄴ
죄 고백 885
죄인들 1762, 1766, 1768, 1789
주기도문 1643
주님
과 동행함 834-835, 954
살아가게 하시는 942-943
에 대한 신뢰 838-839, 845-846
유일한 주권자이신 914-915, 942
을 갈망함 876
을 경외하여 받는 혜택 940-941
을 찬양하라는 권고 924
의 임재를 구하는 찬양 963-964
이스라엘을 지키시는 949
인류에 이로운 ~의 역사 923-924
인자하심이 영원하신 943-944
판결하는 영이신 1156
주님 경외
를 위한 하나님의 계획 1086
의 정의 1141-1142
하는 것의 혜택 940-941
주님과 동행함 834-835
주님에 대한 신뢰 838-839
주님 찬양하기를 요청받는 구원받은 자들 933-935
주인 2117, 2138-2139, 2172, 2191
주정꾼의 조롱 1156-1158
중앙 성소 313-314
로 순례하는 절기 318-319
죽음
에서 구원해주시는 분 850
의 공통된 운명 1092-1093
의 실재 1086-1087
증인
범죄에 대한 322-323
사형에 대한 319
지옥 1641-1642
지혜
가 제공하는 보호 987-988
로운 관계의 유익 991-992
로운 생물 1072
로운 여인/아내 1014, 1019, 1033, 1035, 1041, 1066, 1074-1075
보다 뛰어나신 그리스도 1005-1006
여인과 그리스도 1005-1006
여인의 잔치 초대 1006-1007
역사 속의 1003
에 관한 숙고 1090-1091
예배로서의 989-990
우매보다 유익한 1084
의 가치 990-991, 992-993, 1027, 1038, 1050
의 두 번째 부름 1002
의 보상 1044
의 첫 번째 부름 985-987

인간의 한계를 뛰어넘는 하나님의 777
참된 1485
참된 ~의 본질 2233
하나님 말씀의 1070-1071
하나님의 ~에 관한 욥의 메시지 792-793
하나님의 ~와 인간의 2029-2030
직분자
감독 2167-2168
장로 2171-2172
집사 2168
직업적 애곡꾼들 1650
진노/다툼
예수님의 1718
와 세속을 따르는 것 2233-2234
잠언에 언급된 1021, 1023, 1030, 1031, 1033, 1035, 1046
1058, 1059, 1066, 1068
하나님의 ~가 이스라엘 압제자들을 일으키다 400
허락된 2015
진노의 잔 1676
질병과 감염
을 다루는 방식 216-218
짐승들 2301, 2306, 2308-2309
집사
빌립 1919
스데반 1919-1923
임명 1893-1894
징계, 또한 규율도 보라 1672
하나님의 ~를 확인함 892
하나님의 ~에 대한 반응 842, 844, 873
후 드리는 감사와 봉헌 865-867
징조/표적
를 거절한 아하스 1131-1136, 1136-1137
을 원한 바리새인들과 사두개인들 1666
하늘에 나타난 1635
히스기야가 수용한 1173

| ㅊ |

찬양
공동 ~의 적용 869
모든 민족이 부르는 897-898
안식일에 부른 920
창세기
서론 23-29
에 나타난 기독론 25-26
창조 33-38
를 넘어서는 그리스도의 우월성 2134
사람의 38-41
에 참여한 지혜 1004-1005
의 날 27-28, 35 도표
처녀(들)
비유 1693
예수님의 ~탄생 징조 1132-1136
의 의미 1634
처녀인 표 326
천국 1637
과 침노 1654
을 앗아가심 1680-1681
천국 열쇠 1668
천년왕국
때에 땅의 경계 1424-1425, 1426 지도
때의 평화 1149
반역이 일어날 1611
의 번영 1163, 1166-1167
의 예루살렘 1427
하나님 나라인 1153-1154
천사들 1682, 1699-1700, 1757, 1758, 1759, 1760-1761
첫 열매, 부활의 이미지 2056
초막절 318, 1848
축복, 또한 저주도 보라
그리스도 안에 있는 2107-2108
그리심산에서 선포된 333-334
더없는 ~을 주신 주님을 찬양 958-959
바벨론 유수 이후 ~의 약속 1581
불순종의 결과 234
의 근원되시는 주님 953-954
참된 913
하나님의 이름을 송축함으로 받는 968
출애굽기
서론 121-123
와 민수기의 유사점과 차이점 252 도표
와 여호수아서 사건의 병행 353 도표
에 기록된 구름/불 기둥 148
에 기록된 열두 정탐꾼 256 도표
에 기록된 외국인과 이방인에 관한 명령 145-146
에 기록된 요셉의 유골 147-148
에 기록된 장자의 성별 146
에 기록된 출애굽 이후 첫 두 달 동안 일어난 사건 247
도표
에 기록된 출애굽 인구 145
에 기록된 홍해 사건 146-148
출애굽 예상 경로 147 지도
치유

못 걷게 된 이의 1910-1911
와 죄 고백 2236
칠십 인의 사명 1778
칠칠절(오순절) 230
칭의 1756, 1779-1780, 1795
믿음으로 얻는 1994-1998, 2231-2232
와 율법 행위의 대조 2092-2093
의 정의 2091-2092

| ㅋ |

코헬렛(전도자) 1082
클라우디우스(로마 황제) 2020

| ㅌ |

탐함
경계를 표시하는 돌을 옮겨 이웃의 소유를 322
십계명에서 말하는 158

| ㅍ |

파수꾼 에스겔 1353-1354, 1398-1400
팔복 1640
편파성 1051-1052
포도원 1798-1799
포로기 이후 예루살렘 성벽
봉헌 733-736
을 살피는 느헤미야 714-716
재건 716-719, 717 지도, 720-721, 723-725
재건에 대한 반대 719-721
포로기 이후 성전 696-701, 735-736
과 솔로몬 성전의 비교 1578-1579
에 바쳐진 흠 있는 제물 1616
재건 1575-1576, 1578, 1614-1615
재건 공사로 용기를 얻을 사람 1600
제사장의 타락한 가르침 1616-1617
폭풍우를 잠잠하게 하심 1662-1663
피
거룩함 가운데 들어가는 216
언약의 1697, 1742
예수님의 1677, 1697, 1745, 1803, 1844
홍수 이후 ~를 먹는 것에 관한 규칙 63-64
희생제물의, 의 거룩함 222
피난처 되시는 하나님 880-881, 890
핍박 1651-1652
데살로니가에서 신자들이 당한 1947-1948
신자들이 받은 1915-1918, 1933-19334
예수님을 위한 1640

| ㅎ |

하갈 77, 78, 83-84
하나냐 1279
하나 됨 2123
완성된 예루살렘 주민들의 957
하나님의 갑주 2117-2118
하나님의 말씀
에 순종하는 것 2229
을 신뢰함 1071-1072
을 찬양하는 시 944-948
하나님의 메시지를 맡은 바울 2111-2112
하나님의 섭리 869-870
하나님의 아들 1667
하나님의 정의에 대한 묵상 843-844
하나님이 요구하시는 공동체적 갱신 910-911
하누카 1454, 1645
하만 746-749, 751
하와의 창조 44-45
학개 서론 1575-1576
한나 444-448
할례
광야 새 세대의 354
마음의 1847, 1921, 2136
언약의 표지 78, 1966, 2110
영적인 2136
에 관한 논쟁 1941
에 대한 유대적 관점 1992, 1997, 2165, 2180
예수님의 1762
율법주의자들의 2098
행동/행실
과 은혜 1674-1675, 1694
착한 ~의 가치 2230-2232
헤로도토스 1443, 1445, 1447, 1448
헤롯 아그립바 1세
베드로를 체포한 1933
앞에 서신 예수님 1808
야고보를 처형한 1933
에게 참수 당한 세례 요한 1724
의 죽음 1933-1934
헤롯 아그립바 2세 1974
앞에서 변론하는 바울 1974-1976
헤롯 안티파스 1639, 1649, 1808
헤롯 왕 1635-1636
헤스본의 시혼 269, 295-296
혀의 힘 2232-2233
호밥 250-251

호세아
서론 1469-1470
에 기록된 신실하지 않은 이스라엘을 상징하는 고멜 1471-1472
호세아(이스라엘 왕) 589-590
혼인 잔치
가나 1826-1827
어린 양의 1693, 2316
의 비유 1680-1681
홀다 597
홍수 이전 하나님의 아들들 57-58
홍해 150-153, 1648
화해 2110-2111
환난 1686-1689, 1739-1740, 1800-1802,
때 있을 곡의 공격 1408-1410
야곱의 환난으로 불리는 1281-1282
에 대한 예수님의 가르침 1800-1801
환상
날아가는 두루마리와 에바 속의 여인 1595-1596
네 뿔과 대장장이 네 명 1591-1592
뒤주 안의 악을 상징하는 여인 1595-1596
등잔대와 두 감람나무 1594-1595
무화과 두 광주리 1274
붉은 말을 탄 자 1590-1591
여름 과일 광주리에 대한 1514-1515
예레미야의 소명을 확증하기 위한 1241
측량줄을 잡은 사람 1592-1593
회개
개인의 ~를 촉구함 1509, 1511
고린도인들의 1955
다가올 심판에 비추어 ~를 촉구함 1490-1491
다윗의 885-886
를 거부함에 따른 결과 234-235
에 대한 가르침 1637, 1907-1908, 1911-1912
와 전례에 관하여 1598-1599
유다에게 한 ~ 요청 1245-1246
회당에서 가르치신 예수님 1661
회복
다윗 가문의 1516-1517
마른 뼈 환상에서 묘사된 1406-1408
메시아 왕국에서 실현될 1599-1600
여호와께서 약속하신 유다의 1281
여호와의 날에 있을 1492-1494, 1516-1517, 1620-1621
을 약속하신 하나님 649
을 위한 탄원 916
이스라엘의 1571-1572
이스라엘의 ~과 교회 비교 1378-1379
하나님의 북 왕국 1473
후새 512, 513-514
휴거 1686
환난 전 1871
희년 232-234
히람/후람(기술자) 541
히람/후람(두로 왕) 539-545, 642-643
히브리서
서론 2193-2195
에 기록된 교제 2214-2215
에 기록된 뛰어난 언약 2210-2211
에 기록된 믿음 2216-2219
에 기록된 섬김 2220-2222
에 기록된 성화 2219
에 기록된 예수, 탁월한 사람 2196-2210
에 기록된 예수, 탁월한 사역 2210-2214
에 기록된 예수, 탁월한 삶 2214-2222
에 기록된 완전한 제사장 2202
에 기록된 인내 2215-2219
에 기록된 제사 2212-2214
에 기록된 하나님 안에서의 격려 2207
히스기야(유다 왕) 591-595, 677-682, 1173, 1175-1178
힌놈의 골짜기 1251, 1671

옮긴이 소개

강봉재

서울교육대학교와 건국대학교를 졸업하고 오하이오대학교 대학원에서 언어학을, 감리교신학대학교 목회신학대학원에서 신학을 공부했다. 서울 영동일고등학교에서 영어 교사로 재직하다가 정년 퇴임했다. 옮긴 책으로《회개》,《십계명》,《내가 자랑하는 복음》(이상 복있는사람),《성경과 선교》(새물결플러스),《기도의 능력》(레베카) 등이 있다. 이 책의 '에스라~욥기, 다니엘~말라기, 히브리서~요한계시록'을 번역했다.

김명희

연세대학교 영어영문학과를 졸업하고 IVP 편집부에서 일했다. 옮긴 책으로《제자도》,《목회서신》,《행동하는 기독교》,《영성에의 길》,《자유》,《헌신》,《리더가 리더에게》(이상 IVP),《역설에서 배우는 삶의 지혜》(아바서원) 등이 있다. 이 책의 '로마서~빌레몬서'를 번역했다.

김순현

감리교신학대학교와 동 대학원을 졸업했다. 현재 여수 돌산 갈릴리교회 목사로 섬기며 영성이 담긴 고전들을 번역하고 있다.《메시지 성경》 번역에 참여했고《나를 따르라》,《옥중서신》,《안식》,《디트리히 본회퍼》,《베품과 용서》,《순례자의 노래》(이상 복있는사람) 등을 우리말로 옮겼다. 이 책의 '시편~아가'를 번역했다.

박세혁

서울대학교 서양사학과를 졸업하고 연세대학교와 에모리 대학교에서 신학을 공부했으며, 현재는 버클리 연합신학대학원에서 미국 종교사를 공부한다. 옮긴 책으로《온전한 성화》,《하나님을 누가 만들었을까》(이상 국제제자훈련원),《배제와 포용》,《복음주의 지성의 스캔들》,《하나님 나라의 모략》,《과학신학》(이상 IVP),《예수 왕의 복음》(새물결플러스) 등이 있다. 이 책의 '창세기~신명기'를 번역했다.

서경의

서울대학교와 동 대학원을 졸업한 후 웨스트민스터 신학교에서 목회학 석사 학위를 받았다. 현재 번역에이전시 엔터스코리아의 출판 기획자 및 전문 번역가로 활동 중이다. 옮긴 책으로 《응답이 보장된 기도》(NCD), 《존 비비어의 음성》, 《하나님을 보는 즐거움》(이상 터치북스), 《하나님의 섭리》(엔크리스토), 《그림과 함께 읽는 창세기》(시그마북스) 등이 있다. 이 책의 '여호수아~역대하'를 번역했다.

이철민

연세대학교 영어영문학과를 졸업하고, IVF와 IVP에서 사역한 후 장로회신학대학교 신학대학원에서 공부했다. 현재 IVF 학사사역부 간사와 예수길벗교회 협력목사로 섬긴다. 《IVP 성경주석》과 《IVP 성경배경주석》 번역에 참여했고, 《교회는 인소싱이다》(국제제자훈련원), 《누가복음》, 《요한복음》, 《요한계시록》, 《신 없는 사람들》(이상 IVP) 등을 우리말로 옮겼다. 이 책의 '이사야~에스겔'을 번역했다.

정옥배

한국외국어대학교 서반아어과를 졸업하고, IVP 간사를 역임했으며, 웨스트민스터 신학교와 풀러 신학교에서 공부했다. 《IVP 성경배경주석》 번역에 참여했고, 《하나님을 아는 지식》, 《존 스토트의 산상수훈》, 《로마서 강해》(이상 IVP), 《베이커 성경 주석》(부흥과개혁사), 《강해로 푸는 마가복음》(디모데), 《십자가로 돌아가라》(생명의말씀사) 등을 우리말로 옮겼다. 이 책의 '마태복음~사도행전'을 번역했다.

국제제자훈련원은 건강한 교회를 꿈꾸는 목회의 동반자로서 제자 삼는 사역을 중심으로
성경적 목회 모델을 제시함으로 세계 교회를 섬기는 전문 사역 기관입니다.

무디 성경 주석

초판 1쇄 발행 2017년 10월 20일
초판 5쇄 발행 2017년 12월 22일

지은이 무디 신학교 교수진
옮긴이 강봉재, 김명희, 김순현, 박세혁, 서경의, 이철민, 정옥배

펴낸이 박주성
펴낸곳 국제제자훈련원
등록번호 제2013-000170호(2013년 9월 25일)
주소 서울시 서초구 효령로 68길 98(서초동)
전화 02)3489-4300 **팩스** 02)3489-4329
이메일 dmipress@sarang.org

ISBN 978-89-5731-731-0 93230

※ 책값은 뒤표지에 있습니다. 잘못된 책은 구입하신 곳에서 교환해드립니다.